Klein

Abgabenordnung

Abgabenordnung

einschließlich Steuerstrafrecht

Bearbeitet von

Dr. Eva-Maria Gersch
Rechtsanwältin

Prof. Dr. Markus Jäger
Richter am Bundesgerichtshof

Bernd Rätke
Vorsitzender Richter am Finanzgericht

Dr. Eckart Ratschow
Richter am Bundesfinanzhof

Reinhart Rüsken
Rechtsanwalt,
Richter am Bundesfinanzhof a. D.

Prof. Dr. Franceska Werth
Richterin am Bundesfinanzhof

Begründet von

Prof. Dr. Franz Klein †
Präsident des Bundesfinanzhof a. D.

Gerd Orlopp †
Ministerialrat im Bundesministerium der
Finanzen a. D.

14., völlig neubearbeitete Auflage 2018

C.H.BECK

Zitierweise:

Klein/Gersch AO § 1 Rz. 1
Klein/Jäger AO § 369 Rz. 1
Klein/Rätke AO § 16 Rz. 1
Klein/Ratschow AO § 37 Rz. 1
Klein/Rüsken AO § 30 Rz. 1
Klein/Werth AO § 241 Rz. 1

www.beck.de

ISBN 978 3 406 72126 7

Wilhelmstraße 9, 80801 München
Satz, Druck und Bindung: Druckerei C. H. Beck Nördlingen
(Adresse wie Verlag)
Umschlaggestaltung: Druckerei C. H. Beck Nördlingen

Gedruckt auf säurefreiem, alterungsbeständigem Papier
(hergestellt aus chlorfrei gebleichtem Zellstoff)

Vorwort zur 14. Auflage

Der Verlag und die Autoren dieses Kommentars sind froh, nach nur wenig mehr als zwei Jahren nach dem Erscheinen der Vorauflage eine Neuauflage vorlegen zu können und damit das Versprechen einzulösen, durch einen Zwei-Jahres-Rhythmus des Erscheinens dieses Werkes größtmögliche Aktualität der Kommentierung zu garantieren.

Eine neue Auflage gibt zudem immer Anlass und Ansporn, auch den bisherigen Textbestand zu überdenken, unter Umständen neu zu gliedern oder sogar ganz neu zu gestalten, sofern es den treuen Lesern die Orientierung in „ihrem" Klein nicht zu sehr erschwert.

Vor allem aber bestand wieder kein Mangel an neuem gesetzgeberischen „Stoff", da der Gesetzgeber in den letzten zwei Jahren im Bereich des steuerlichen Verfahrensrechts aktiver und hektischer agierte als in manchen anderen materiellen Steuergesetzen. Schon die vor der Kommentierung zu § 1 abgedruckte Änderungshistorie weist 13 Gesetze aus, die in dem Zeitraum seit der letzten Auflage in den Normenbestand der Abgabenordnung eingegriffen haben. Zu nennen ist insbesondere das Gesetz zur Modernisierung des Besteuerungsverfahrens mit einer Vielzahl wesentlicher Änderungen der AO, die das Besteuerungsverfahren grundlegend neu gestalten. Zu den besonders bedeutsamen Änderungen gehören die vollautomatische Bearbeitung der Steuererklärung in § 155 Abs. 4 einschließlich der Einführung eines Risiko-Management-Systems durch § 88 Abs. 5, einer neuen Korrekturvorschrift in § 175b, die Verlängerung der Steuererklärungsfristen durch § 149, die Umgestaltung des Verspätungszuschlags in § 152, die elektronische Bekanntgabe von Steuerbescheiden in § 122a sowie die neue Korrekturnorm des § 173a bei Rechen- und Schreibfehlern des Steuerpflichtigen.

Erhebliche Bedeutung für international tätige Unternehmen hat das BEPS-Umsetzungsgesetz, das umfangreiche Berichtspflichten eingeführt hat, z. B. den Country-by-Country-Report in § 138a oder die Änderung der Dokumentationspflicht für Verrechnungspreise in § 90 Abs. 3.

Noch größer sind die Auswirkungen für die Unternehmen durch das Gesetz zum Schutz vor Manipulationen an Registrierkassen: Es regelt nunmehr ausdrücklich die Einzelaufzeichnungspflicht und deren Ausnahmen in § 146 Abs. 1, ermöglicht dem Finanzamt eine Kassen-Nachschau in § 146b und verpflichtet die Unternehmer – wenn diese elektronische Registrierkassen verwenden – ab 2020 zur Verwendung einer zertifizierten elektronischen Registrierkasse sowie zur Belegausgabe. Diese Vorschriften werden durch eine Erweiterung des Tatbestands der Steuergefährdung in § 379 abgesichert.

Weitere wesentliche Änderungen brachte das Steuerumgehungsbekämpfungsgesetz, das eine Reaktion auf die sog. Panama Papers ist und vor allem zahlreiche neue Mitteilungspflichten einführt. Hervorzuheben sind etwa § 138 Abs. 2 Satz 1 Nr. 4, der eine Anzeigepflicht bei Geschäftsbeziehungen zu Drittstaat-Gesellschaften begründet, sowie der neue § 138b, der insbesondere Banken zu einer Mitteilung bei Geschäftsbeziehungen des Bankkunden zu Drittstaat-Gesellschaften verpflichtet. Diese Regelungen werden durch eine erweiterte Pflicht zur Legitimationsprüfung in § 154 Abs. 2a, eine erweiterte Aufbewahrungspflicht in § 147a Abs. 2 und durch die Einführung eines neuen Regelbeispiels eines besonders schweren Falls der Steuerhinterziehung in § 370 Abs. 3 Satz 2 Nr. 6 AO abgerundet. Außerdem wird das Sammelauskunftsersuchen nun erstmals gesetzlich geregelt, nämlich in § 93 Abs. 1a. Zudem gab die – überfällige – Streichung des § 30a über das sog. Bankgeheimnis Anlass, die Kommentierung bezüglich der Ermittlungsmöglichkeiten der Finanzbehörden in diesem sensiblen Bereich in die Ausführungen zu den Kontrollmitteilungen bei § 194 Rz. 41 ff. einzugliedern. Mittelbare Auswirkungen auf das in den §§ 369 ff. normierte Steuerstrafrecht hatte auch das Gesetz zur Reform der strafrechtlichen Vermögensabschöpfung, das aufgrund der Streichung des bisherigen § 73 Abs. 1 Satz 2 StGB auch bei Steuerstraftaten die Einziehung von Taterträgen zulässt.

Hervorzuheben ist schließlich noch das Gesetz zur Änderung des Bundesversorgungsgesetzes und anderer Vorschriften. Dessen Titel lässt nicht erahnen, dass es im Wesentlichen nicht um das Bundesversorgungsgesetz geht, sondern um umfangreiche neue Vorschriften zur Umsetzung der EU-Datenschutz-Grundverordnung, die nun in die Abgabenordnung eingefügt werden und Teile des Datenschutzes in die AO verlagern. Der Gesetzgeber scheint dabei nicht bedacht zu haben, dass im Steuerrecht ohnehin das viel strengere Steuergeheimnis gilt. Bemerkenswert war im Gesetzgebungsverfahren der Verzicht auf die Veröffentlichung eines mit Begründung und Erläuterungen versehenen Gesetzentwurfs und die Einbringung der zahllosen wichtigen und substantiell neuen Vorschriften erst in den Ausschussberatungen des (federführenden) Ausschusses, der nicht der Finanzausschuss war.

Besonderer Dank ist den beiden Lektoren auszusprechen, nämlich Frau *Elisabeth Weber-Neumann* und Herrn *Julian Schmidt*, die das Lektorat umsichtig geführt haben. Ohne ihre engagierte und kritische Mitarbeit hätte dieser Kommentar gewiss nicht nur an formaler Einheitlichkeit eingebüßt. Wo es trotz umfassender und unermüdlicher Durchsicht der Manuskripte und aller Anstrengungen der Autoren noch nicht perfekt gelungen ist, dem Nutzer ein in allen Teilen formal und sachlich fehlerfreies Werk auf dem neuesten Stand von Gesetzgebung, Verwaltungspraxis und Schrifttum vorzulegen, sind die Leser auch diesmal herzlich eingeladen, ihre Anregungen und ihre Kritik unter Steuerrecht@beck.de oder unmittelbar dem betreffenden Autor mitzuteilen, auf Irrtümer oder Auslassungen hinzuweisen oder, was für jeden Kommentator von besonderem Wert ist, von dem Autor nicht erkannte Probleme der Auslegung und Anwendung der Abgabenordnung zu benennen, nachdem die Phantasie des Lebens bekanntlich immer wieder solche Probleme neu hervorbringt, welche am Schreibtisch nicht immer vorausgesehen werden können. Für all solche Mitteilungen schon heute herzlichen Dank!

Im Juli 2018 *Die Autoren*

Vorwort zur 1. Auflage

Die erste grundlegende Änderung der RAO von 1919 durch die AO 1977 macht es notwendig, daß alle Erläuterungswerke zur AO völlig neu bearbeitet werden müssen. In der bei den Juristen bekannten Reihe Beck'scher Kurzerläuterungen der Gerichts- und Verwaltungsverfahrensordnungen wird mit der Kommentierung der AO eine wesentliche Lücke für den steuerberatenden Beruf geschlossen. Die Autoren waren bemüht, ein handliches Erläuterungswerk für den täglichen Gebrauch in der Praxis zu schaffen, das sich an Art und Systematik der vorliegenden bewährten Bände der Reihe orientiert.

Bei den Erläuterungen wurde die Begründung des Gesetzentwurfs (BT-Drucks. VI/1982) und der schriftliche Bericht (BT-Drucks. VII/4292) soweit wie möglich aufgenommen. Die gerichtlichen Entscheidungen sind so ausgewählt, daß möglichst nur jeweils die letzte oder die wichtigste zitiert wurde, über die dann der Benutzer zu den früheren Entscheidungen finden kann. Da die Erlasse, Richtlinien und allgemeinen Verwaltungsanweisungen noch einer umfassenden Überprüfung bedürfen, ob und inwieweit sie unter der Geltung der AO 1977 überarbeitet und neu erlassen werden sollen, haben es die Verfasser auf sich genommen, die in den Verwaltungsanweisungen etc. niedergelegten Rechtsgrundsätze auf ihre Vereinbarkeit mit der AO zu überprüfen und, soweit sie als fortgeltend anzusehen sind, bei den betreffenden Bestimmungen in die Erläuterungen eingearbeitet. Die zur Ergänzung der RAO erlassene Beitreibungsordnung ist durch das Einführungsgesetz zur AO 1977 ausdrücklich aufgehoben worden. Eine neue Beitreibungsordnung ist in Vorbereitung.

Der Einführungserlaß zur AO 1977 wurde, soweit erforderlich, bei den einzelnen Paragraphen eingearbeitet und zum Teil im Wortlaut eingefügt.

Das ganze Werk ist von Grund auf neu erstellt und wird eventuell noch bestehende Verbesserungsmöglichkeiten gern in den weiteren Auflagen berücksichtigen. Die Bearbeitung entspricht dem Stande vom Februar 1977 und hat die in der Diskussion befindlichen Verwaltungsanordnungen soweit als möglich berücksichtigt.

Dem Verlag sind wir für die vortreffliche Betreuung und für viele Anregungen zu großem Dank verpflichtet.

Es haben bearbeitet die Paragraphen 1–3, 218–368 Ministerialdirektor Dr. Franz Klein, die Einführung sowie die Paragraphen 4–217 und 369–415 Ministerialrat Gerd Orlopp.

Bonn, im März 1977 *Die Verfasser*

Bearbeiterverzeichnis

Es wurden bearbeitet von

Dr. Eva-Maria Gersch

§§ 1–15, Vor 51–68

Prof. Dr. Markus Jäger

§§ 369–415

Bernd Rätke

§§ 16–29a, 78–117c, 134–154, Vor 347–368

Dr. Eckart Ratschow

§§ 37–49, 118–129, 179–190

Reinhart Rüsken

§§ 29b–36, 50, 69–77, 130–133, 155–178a, 191–240

Prof. Dr. Franceska Werth

Vor §§ 241–346

Inhaltsverzeichnis

Inhalt

Zweiter Teil
Steuerschuldrecht

Inhalt

Neunter Teil
Schlussvorschriften

Abkürzungsverzeichnis

aA	anderer Ansicht
aaO	am angegebenen Ort
ABl	Amtsblatt
Abs	Absatz
Abschn	Abschnitt
AbwAG	Abwasserabgabengesetz
abw	abweichend
AdV	Aussetzung der Vollziehung
aE	am Ende
AEAO	Anwendungserlass zur Abgabenordnung
AEUV	Vertrag über die Arbeitsweise der Europäischen Union
aF	alte Fassung
AfA	Absetzung für Abnutzung
AFG	Arbeitsförderungsgesetz
AG	Aktiengesellschaft, auch Zeitschrift „Die Aktiengesellschaft"; mit Ortsbezeichnung: Amtsgericht
AHRL-ÄndG	Gesetz zur Umsetzung der Änderungen der EU-Amtshilferichtlinie und von weiteren Maßnahmen gegen Gewinnkürzungen und -verlagerungen
AktG	Aktiengesetz
AktStR	Aktuelles Steuerrecht (Zeitschrift)
allg	allgemein
allgM	allgemeine Meinung
Alt	Alternative (in Gesetzestextzitat)
aM	anderer Meinung
AnfG	Anfechtungsgesetz
Anl	Anlage
Anm	Anmerkung
AnwBl	Anwaltsblatt (Zeitschrift)
AO-Hdb	AO-Handbuch 2018, Verlag C. H. Beck, München
AO-StB	AO-Steuerberater (Zeitschrift)
Ap	Außenprüfung
ArbG	Arbeitgeber
ArbGG	Arbeitsgerichtsgesetz
ArbN	Arbeitnehmer
Art	Artikel
AStBV (St)	Anweisungen für das Straf- und Bußgeldverfahren (Steuer) v. 1.16.2016 (BStBl I, 1338) – AStBV (St) 2017
AStG	Außensteuergesetz
AÜG	Arbeitnehmerüberlassungsgesetz
Aufl	Auflage
ausl	ausländische (n, r, s)
ausschl	ausschließlich
AVZ	Allgemeine Verwaltungsvorschriften zum Verwaltungszustellungsgesetz
AWD	Außenwirtschaftsdienst des Betriebs-Beraters
AWG	Außenwirtschaftsgesetz, mit Änderungen
Az	Aktenzeichen

BAFin	Bundesanstalt für Finanzdienstleistungsaufsicht
BAG	Bundesarbeitsgericht
BAnz	Bundesanzeiger
BAT	Bundesangestelltentarifvertrag
BaWü	Baden-Württemberg
Bay	Bayern
BayLfSt	Bayerisches Landesamt für Steuern
BayObLG	Bayerisches Oberstes Landesgericht
BayVBl	Bayerische Verwaltungsblätter
BayVerfGH	Bayerischer Verfassungsgerichtshof
BayVGH	Bayerischer Verwaltungsgerichtshof
BayVGHE	Entscheidungen des Bayer. Verwaltungsgerichtshofes
BB	Betriebs-Berater (Zeitschrift)
BBG	Bundesbeamtengesetz
Bbg	Brandenburg
BbgVerfG	Brandenburgisches Verfassungsgericht
BBK	Zeitschrift für Buchführung, Bilanz und Kostenrechnung
Bd	Band
BDSG	Bundesdatenschutzgesetz
BeckOK	Beck'scher Online-Kommentar
BeckRS	Rechtsprechungsdatenbank beck-online
BeckVerw	Verwaltungsanweisungen-Datenbank beck-online
Bender/Möller/ Retemeyer	Steuerstrafrecht (Loseblatt-Handbuch)
BEPS	Base Erosion and Profit Shifting
BergPG	Gesetz über Bergmannsprämien
betr	betreffend/betrifft
BewDV	Durchführungsverordnung zum Bewertungsgesetz
BewG	Bewertungsgesetz
bzgl	bezüglich
BfF	Bundesamt für Finanzen
BFH	Bundesfinanzhof
BFH BStBl	Entscheidung des Bundesfinanzhofs, abgedruckt Bundessteuerblatt Teil III (bis 1967) bzw Teil II, Jahrgang und Seite
BFHE	Sammlung der Entscheidungen des Bundesfinanzhofs
BFHG	Gesetz über den Bundesfinanzhof
BFH/NV	Sammlung amtlicher nicht veröffentlichter Entscheidungen des Bundesfinanzhofs (Zeitschrift)
BFH/R	Sammlung amtlich veröffentlichter Entscheidungen des Bundesfinanzhofs in der Zeitschrift BFH/NV
BG/Bearbeiter	Beermann/Gosch, Steuerliches Verfahrensrecht, AO, FGO, Nebengesetze, Kommentar (Loseblatt)
BGB	Bürgerliches Gesetzbuch
BGBl	Bundesgesetzblatt
BGH	Bundesgerichtshof
BGH LM	Lindenmaier-Möhring, Kommentierte BGH-Rechtsprechung
BGHR	Sammlung der Rechtsprechung des Bundesgerichtshofs
BGHSt	Amtliche Sammlung von Entscheidungen des Bundesgerichtshofs in Strafsachen
BGHZ	Amtliche Sammlung von Entscheidungen des Bundesgerichtshofs in Zivilsachen
BierStG	Biersteuergesetz
BilMoG	Gesetz zur Modernisierung des Bilanzrechts
BierStV	Biersteuer-Durchführungsverordnung
BKA	Bundeskriminalamt

BKAG	Gesetz über das Bundeskriminalamt und die Zusammenarbeit des Bundes und der Länder in kriminalpolizeilichen Angelegenheiten
BKGG	Bundeskindergeldgesetz
BLAH/Bearbeiter	Baumbach/Lauterbach/Albers/Hartmann, Zivilprozessordnung, 76. Aufl 2018
BLJ	Bucerius Law Journal (Zeitschrift)
Bln	Berlin
Blümich/Bearbeiter	Blümich, Kommentar zur EStG, KStG, GewStG und Nebengesetzen (Loseblatt)
BMBF	Bundesministerium für Bildung, Wissenschaft und Forschung
BMF	Bundesministerium der Finanzen
BMG	Bundesmeldegesetz
BMI	Bundesministerium des Innern
BMJV	Bundesministerium der Justiz und für Verbraucherschutz
BMWi	Bundesministerium für Wirtschaft
BNatSchG	Bundesnaturschutzgesetz
BND	Bundesnachrichtendienst
BNotO	Bundesnotarordnung
Bp	Betriebsprüfung
BpO	Betriebsprüfungsordnung
BPolG	Bundespolizeigesetz
BRat	Bundesrat
BRAGO	Bundesgebührenordnung für Rechtsanwälte (jetzt: Rechtsanwaltsvergütungsgesetz)
BRAK-Mitt	Mitteilungen der Bundesrechtsanwaltskammer
BranntwMonG	Gesetz über das Branntweinmonopol
BRAO	Bundesrechtsanwaltsordnung
BR-Drs	Bundesratsdrucksache
Brem	Bremen
BReg	Bundesregierung
BRRG	Beamtenrechtsrahmengesetz
BSG	Bundessozialgericht
BSGE	Entscheidungen des Bundessozialgerichts
BSHG	Bundessozialhilfegesetz (jetzt: SGB XII)
BStBl	Bundessteuerblatt
BT-Drs	Bundestagsdrucksache
BtMG	Betäubungsmittelgesetz
Buchholz	Sammel- und Nachschlagewerk der Rechtsprechung des Bundesverwaltungsgerichts
Buchst	Buchstabe
BuStra	Bußgeld- und Strafsachenstelle
BuW	Betrieb und Wirtschaft (Zeitschrift – eingestellt 2004)
BVerfG	Bundesverfassungsgericht
BVerfG/NV	Sammlung amtlicher nicht veröffentlichter Entscheidungen des Bundesverfassungsgerichts
BVerfGE	Amtliche Sammlung von Entscheidungen des BVerfG
BVerfGG	Gesetz über das Bundesverfassungsgericht
BVerfSchG	Bundesverfassungsschutzgesetz
BVerwG	Bundesverwaltungsgericht
BVerwGE	Amtliche Sammlung von Entscheidungen des BVerwG
BVG	Bundesversorgungsgesetz
BWahlG	Bundeswahlgesetz
BZBl	Bundeszollblatt
BZSt	Bundeszentralamt für Steuern

bzw	beziehungsweise
CbC-Report	Country-by-country-Report
CR	Computer und Recht (Zeitschrift)
CRS	Common Reporting Standard
DA-KG	Dienstanweisung zum Kindergeld nach dem Einkommensteuergesetz
DB	Der Betrieb (Zeitschrift)
DBA	Doppelbesteuerungsabkommen
Ddorf	Düsseldorf
DDR	Deutsche Demokratische Republik
DGVZ	Deutsche Gerichtsvollzieher-Zeitung
dh	das heißt
Diss	Dissertation
DNotZ	Deutsche Notar-Zeitschrift
DÖV	Die öffentliche Verwaltung (Zeitschrift)
DRiG	Deutsches Richtergesetz
DRiZ	Deutsche Richterzeitung (Zeitschrift)
DSAnpUG-EU	Datenschutz-Anpassungs- und -Umsetzungsgesetz EU
DS-GVO	Datenschutzgrundverordnung
DStJG	Deutsche Steuerjuristische Gesellschaft, Veröffentlichungen
DStR	Deutsches Steuerrecht (Zeitschrift)
DStRE	DStR Entscheidungsdienst (Zeitschrift)
DStZ	Deutsche Steuerzeitung (Zeitschrift)
DStZ/A	Deutsche Steuerzeitung Ausgabe A
DStZ/E	Deutsche Steuerzeitung Ausgabe B (Eildienst)
DVO	Durchführungsverordnung
DVBl	Deutsches Verwaltungsblatt (Zeitschrift)
DVR	Deutsche Verkehrsteuer-Rundschau (Zeitschrift)
DVStB	Verordnung zur Durchführung der Vorschriften über Steuerberater, Steuerbevollmächtigte und Steuerberatungsgesellschaften
EAG	Europäische Atomgemeinschaft
EDV	Elektronische Datenverarbeitung
EFG	Entscheidungen der Finanzgerichte (Zeitschrift)
EG	Europäische Gemeinschaft (Jetzt: Europäische Union)
EGAHiG	EG-Amtshilfe-Gesetz
EGAO	Einführungsgesetz zur AO
EGBGB	Einführungsgesetz zum Bürgerlichen Gesetzbuch
EGGVG	Einführungsgesetz zum Gerichtsverfassungsgesetz
EGInsO	Einführungsgesetz zur Insolvenzordnung
EGStGB	Einführungsgesetz zum Strafgesetzbuch
EGVO	Verordnung der Europäischen Gemeinschaft
EinigungsV	Einigungsvertrag v 31.8.1990 (BGBl II, 889)
einschl	einschließlich
EMRK	Europäische Konvention zum Schutze der Menschenrechte und Grundfreiheiten
EGMR	Entscheidungen des Europäischen Gerichtshofs für Menschenrechte
EGV	Vertrag über die Europäische Gemeinschaft, EG-Vertrag (bis 30.11.2009, jetzt: AEUV)
EnergieSt	Energiesteuer (früher: Mineralölsteuer)
EnergieStG	Energiesteuergesetz
entspr	entsprechend

Entw .... Entwurf
EnWG .... Energiewirtschaftsgesetz
Erbs/Kohlhaas/
  Bearbeiter .... Erbs/Kohlhaas, Strafrechtliche Nebengesetze, Kommentar (Loseblatt)
ErbStG .... Erbschaftsteuergesetz
ErbStRG .... Erbschaftsteuerreformgesetz
Erläut .... Erläuterung(en)
ESt .... Einkommensteuer
EStB .... Der Ertrag-Steuer-Berater (Zeitschrift)
EStDV .... Einkommensteuer-Durchführungsverordnung
EStG .... Einkommensteuergesetz
EStH .... Einkommensteuer-Hinweise
EStR .... Einkommensteuer-Richtlinien
EStZustV .... Einkommensteuer-Zuständigkeitsverordnung
EU/EWR .... Europäische Union/Europäischer Wirtschaftsraum
EuGH .... Gerichtshof der Europäischen Union
EuGHE .... Sammlung der Entscheidungen des EuGH
EÜR .... Einnahmenüberschussrechnung
EUSt .... Einfuhrumsatzsteuer
EuZW .... Europäische Zeitschrift für Wirtschaftsrecht
evtl .... eventuell
EW .... Einheitswert
EWG .... Europäische Wirtschaftsgemeinschaft
EWiR .... Entscheidungen zum Wirtschaftsrecht (Zeitschrift)
EWIV .... Europäische Wirtschaftliche Interessenvereinigung
Eyermann .... Kommentar zur Verwaltungsgerichtsordnung, 14. Aufl, 2014

f, ff .... folgend, fortfolgend
FA (FÄ) .... Finanza(ä)mt(er)
FAGO .... Geschäftsordnung für Finanzämter
FamFG .... Gesetz über das Verfahren in Familiensachen und in den Angelegenheiten der freiwilligen Gerichtsbarkeit
FamRZ .... Zeitschrift für das gesamte Familienrecht
FeuerschStG .... Feuerschutzsteuergesetz
FG .... Finanzgericht
FG BaWü .... Finanzgericht Baden-Württemberg
FG BBg .... Finanzgericht Berlin-Brandenburg
FG Bbg .... Finanzgericht Brandenburg
FG Bln .... Finanzgericht Berlin
FG Brem .... Finanzgericht Bremen
FG Ddorf .... Finanzgericht Düsseldorf
FG Hbg .... Finanzgericht Hamburg
FG Hess .... Hessisches Finanzgericht
FG Köln .... Finanzgericht Köln
FG Mchn .... Finanzgericht München
FG MeVo .... Finanzgericht Mecklenburg-Vorpommern
FG Mster .... Finanzgericht Münster
FG Nbg .... Finanzgericht Nürnberg
FG Nds .... Niedersächsisches Finanzgericht
FG RhPf .... Finanzgericht Rheinland-Pfalz
FG Saarl .... Finanzgericht des Saarlandes
FG Sachs .... Sächsisches Finanzgericht Leipzig
FG SachsAnh .... Finanzgericht Sachsen-Anhalt

Abkürzungen

FG SchlHol	Schleswig-Holsteinisches Finanzgericht
FG Thür	Finanzgericht Thüringen
FGG	Gesetz über Angelegenheiten der freiwilligen Gerichtsbarkeit (ab 1.9.2009 siehe FamFG)
FGO	Finanzgerichtsordnung
FGPrax	Praxis der Freiwilligen Gerichtsbarkeit (Zeitschrift)
FinArch	Finanzarchiv
FinBeh	Finanzbehörde
FinVerw	Finanzverwaltung
Fischer	Fischer, Strafgesetzbuch und Nebengesetze, 65. Aufl 2018
FK	Familienkasse
FKAustG	Gesetz zum automatischen Austausch von Informationen über Finanzkonten in Steuersachen
FM	Finanzministerium
Fn	Fußnote
FR	Finanz-Rundschau (Zeitschrift)
FS	Festschrift oder Festgabe
FVG	Finanzverwaltungsgesetz
G	Gesetz
GAufzV	Gewinnaufzeichnungsverordnung
GBl	Gesetzblatt
GBO	Grundbuchordnung
GbR	Gesellschaft des bürgerlichen Rechts
GDPdU	Grundsätze zum Datenzugriff und zur Prüfbarkeit digitaler Unterlagen
gem	gemäß
GemSOBG	Gemeinsamer Senat der obersten Gerichtshöfe des Bundes
GenG	Genossenschaftsgesetz
GewArch	Gewerbearchiv (Zeitschrift)
GewO	Gewerbeordnung
GewSt	Gewerbesteuer
GewStDV	Gewerbesteuer-Durchführungsverordnung
GewStG	Gewerbesteuergesetz
GewStR	Gewerbesteuerrichtlinien
GG	Grundgesetz
ggf	gegebenenfalls
ggü	gegenüber
GJW/Bearbeiter	Graf/Jäger/Wittig, Wirtschafts- und Steuerstrafrecht, Kommentar, 2. Aufl 2017
GKG	Gerichtskostengesetz
GKV	Gesetzliche Krankenversicherung
GKV-FQWG	GKV-Finanzstruktur- und Qualitäts-Weiterentwicklungsgesetz
glA	gleicher Ansicht
GmbH	Gesellschaft mit beschränkter Haftung
GmbHG	Gesetz betreffend die GmbH
GmbHR	GmbH-Rundschau (Zeitschrift)
GoB	Grundsatz (Grundsätze) ordnungsmäßiger Buchführung
GoBD	Grundsätze zur ordnungsmäßigen Führung und Aufbewahrung von Büchern, Aufzeichnungen und Unterlagen in elektronischer Form sowie zum Datenzugriff v 14.11.2014 (BStBl I, 1450)
GoBS	Grundsätze ordnungsmäßiger DV-gestützter Buchführungssysteme
Göhler/Bearbeiter	Göhler, Kommentar zum OWiG, 17. Aufl 2017

Gräber/Bearbeiter ...	FGO-Kommentar, 8. Aufl 2015
Graf/Bearbeiter	Graf, Strafprozessordnung, 2. Aufl 2012
grds	grundsätzlich
GrESt	Grunderwerbsteuer
GrEStDV	Durchführungsverordnung zum Grunderwerbsteuergesetz
GrEStG	Grunderwerbsteuergesetz
GrS	Großer Senat
GrSt	Grundsteuer
GrStG	Grundsteuergesetz
GrZS	Großer Senat in Zivilsachen
GüKG	Güterkraftverkehrsgesetz
GuV	Gewinn- und Verlust
GVBl	Gesetz- und Verordnungsblatt
GVG	Gerichtsverfassungsgesetz
GwG	Geldwäschegesetz
HandwO	Handwerksordnung
Hbg	Hamburg
Hdb	Handbuch
Hellmann	Hellmann, Das Nebenstrafverfahrensrecht der Abgabenordnung, Köln 1995
HFR	Höchstrichterliche Finanzrechtsprechung (Zeitschrift)
HGB	Handelsgesetzbuch
HHR/Bearbeiter	Herrmann/Heuer/Raupach, Einkommensteuer- und Körperschaftsteuergesetz, Kommentar (Loseblatt)
HHSp/Bearbeiter ...	Hübschmann/Hepp/Spitaler, Kommentar zur Abgaben- und zur Finanzgerichtsordnung (Loseblatt)
hL	herrschende Lehre
hM	herrschende Meinung
HRRS	Online-Zeitschrift für Höchstrichterliche Rechtsprechung im Strafrecht
HS	Halbsatz
HZA (HZÄ)	Hauptzollamt (-ämter)
iAllg	im Allgemeinen
iEinz	im Einzelnen
iErg	im Ergebnis
idF	in der Fassung
ID-Nummer	Identifikationsnummer
idR	in der Regel
idS	in dem Sinne
ieS	im engeren Sinne
IFG	Informationsfreiheitsgesetz
IHK	Industrie- und Handelskammer
iHv	in Höhe von
INF	Die Information (Zeitschrift)
insbes	insbesondere
InsO	Insolvenzordnung
InvZul	Investitionszulage
InvZulG	Investitionszulagengesetz
ISR	Internationale Steuer-Rundschau (Zeitschrift)
IRG	Gesetz über die internationale Rechtshilfe in Strafsachen
iSv (iSd)	im Sinne von (der/des)
iÜ	im Übrigen
iVm	in Verbindung mit
IWB	Internationale Wirtschaftsbriefe (Zeitschrift)

iwS	im weiteren Sinne
IZ	Investitionszulage
IZA	Informationszentrale für steuerliche Auslandsbeziehungen
iZm	in Zusammenhang mit
JA	Juristische Arbeitsblätter (Zeitschrift)
Jarass/Pieroth	Kommentar zum Grundgesetz, 14. Aufl 2016
JASchG	Jugendarbeitsschutzgesetz
JbFfSt	Jahrbuch der Fachanwälte für Steuerrecht
JGG	Jugendgerichtsgesetz
JJR/Bearbeiter	Joecks/Jäger/Randt, Steuerstrafrecht, Kommentar, 8. Aufl 2015
jM	juris – Die Monatszeitschrift
JR	Juristische Rundschau (Zeitschrift)
JStG	Jahressteuergesetz
JuS	Juristische Schulung (Zeitschrift)
JVEG	Justizvergütungs- und Entschädigungsgesetz
JWG	Jugendwohlfahrtsgesetz
JZ	Juristenzeitung (Zeitschrift)
KAG	Kommunalabgabengesetz
KassenSichV	Kassensicherungsverordnung
KfzSt	Kraftfahrzeugsteuer
KG	Kammergericht, Kommanditgesellschaft
KGaA	Kommanditgesellschaft auf Aktien
KHG	Krankenhausfinanzierungsgesetz
KiSt	Kirchensteuer
Kj	Kalenderjahr
KJ	Kritische Justiz (Zeitschrift)
KKStPO	Karlsruher Kommentar zur Strafprozessordnung, 7. Aufl 2013
KKZ	Kommunale Kassenzeitung (Zeitschrift)
KO	*Konkursordnung* (jetzt: Insolvenzordnung)
Koenig/Bearbeiter	Koenig, Kommentar zur Abgabenverordnung, 3. Aufl 2014 (zuvor: Pahlke/Koenig)
KÖSDI	Kölner Steuerdialog (Zeitschrift)
Kohlmann/Bearbeiter	Steuerstrafrecht, Kommentar (Loseblatt)
Kopp/Ramsauer	Verwaltungsverfahrensgesetz, 18. Aufl 2017
Kopp/Schenke	Verwaltungsgerichtsordnung, 23. Aufl 2017
Korn/Bearbeiter	Korn, Einkommensteuergesetz, Kommentar (Loseblatt)
KostO	Kostenordnung
KostRMoG	Gesetz zur Modernisierung des Kostenrechts
KraftSt	Kraftfahrzeugsteuer
KraftStDV	Kraftfahrzeugsteuer-Durchführungsverordnung
KraftStG	Kraftfahrzeugsteuergesetz
KrWaffenkontrG	Gesetz über die Kontrolle von Kriegswaffen
KSch/Bearbeiter	Koch/Scholtz, Kommentar zur Abgabenordnung, 5. Aufl 1996
KSM/Bearbeiter	Kirchhof/Söhn/Mellinghoff, Einkommensteuergesetz (Loseblatt)
KSt	Körperschaftsteuer
KStDV	Körperschaftsteuer-Durchführungsverordnung
KStG	Körperschaftsteuergesetz
KStZ	Kommunale Steuerzeitschrift
KvW/Bearbeiter	Kühn/von Wedelstädt, Abgabenordnung und Finanzgerichtsordnung, Kommentar, 21. Aufl 2015
KWG	Kreditwesengesetz

Lackner/Kühl	Strafgesetzbuch mit Erläuterungen, 28. Aufl 2014
LAG	Lastenausgleichsgesetz; mit Ortsbezeichnung Landesarbeitsgericht
Leip	Leipzig
Leitner	Leitner, Finanzstrafrecht
LfSt	Landesamt für Steuern
LG	Landgericht
LK/Bearbeiter	Leipziger Kommentar zum Strafgesetzbuch in 14 Bänden, 12. Aufl 2006–2014
LKiSt	Lohnkirchensteuer
LLP	Limited Liability Partnership
LM	Nachschlagewerk des Bundesgerichtshofs von Lindenmaier/Möhring
LSt	Lohnsteuer
LStDV	Lohnsteuer-Durchführungsverordnung
LStJA	Lohnsteuerjahresausgleich
LStH	Lohnsteuer-Hinweise
LStR	Lohnsteuer-Richtlinien
LSW	Lexikon Steuer- und Wirtschaftsrecht
MA-Kommentar, MK	OECD-Musterkommentar
Maunz/Dürig/ Bearbeiter	Maunz/Dürig, Grundgesetz (Loseblatt-Kommentar)
MCAA......................	Multilateral Competent Authority Agreement
Mchn	München
MDR	Monatsschrift für Deutsches Recht
mE	meines Erachtens
MeVo	Mecklenburg-Vorpommern
Meyer-Goßner/ Schmitt	Strafprozessordnung, Kommentar, 60. Aufl 2017
Mio	Million(en)
MOG	Gesetz zur Durchführung der Gemeinsamen Marktorganisationen und der Direktzahlungen
MRK	Europäische Konvention zum Schutze der Menschenrechte und Grundfreiheiten
Mstr	Münster
MüKo (BGB, StGB)	Münchener Kommentar (zum Bürgerlichen Gesetzbuch, zum Strafgesetzbuch)
MüKo-StGB/ Bearbeiter	Münchener Kommentar zum Strafgesetzbuch, Band 7, Nebenstrafrecht II, 2. Aufl 2015
mwN	mit weiteren Nachweisen
mWv	mit Wirkung vom
Nachw	Nachweise
Nbg	Nürnberg
nF	neue Fassung
NJW	Neue Juristische Wochenschrift (Zeitschrift)
NJW-RR	NJW-Rechtsprechungsreport Zivilrecht
Nr(n)	Nummer(n)
nrkr	nicht rechtskräftig
NRW	Nordrhein-Westfalen
NStZ	Neue Zeitschrift für Strafrecht
NStZ-RR	NStZ-Rechtsprechungsreport

nv (NV) .... nicht veröffentlicht
NWB .... Neue Wirtschaftsbriefe Fach (Zeitschrift)
NVwZ .... Neue Zeitschrift für Verwaltungsrecht
NVwZ-RR .... Neue Zeitschrift für Verwaltungsrecht/Rechtsprechungsreport
NZB .... Nichtzulassungsbeschwerde
NZI .... Neue Zeitschrift für Insolvenz- und Sanierungsrecht
NZWiSt .... Neue Zeitschrift für Wirtschafts-, Steuer- und Unternehmensstrafrecht

oa .... oben angeführt
odgl .... oder dergleichen
OECD-MA .... OECD-(Organization for Economic Cooperation and Development) Musterabkommen
öff-rechtl .... öffentlich rechtlich(e, er)
OFD .... Oberfinanzdirektion
OFH .... Oberster Finanzgerichtshof
oHG .... offene Handelsgesellschaft
OLG .... Oberlandesgericht
OVG .... Oberverwaltungsgericht
OWi .... Ordnungswidrigkeit
OWiG .... Ordnungswidrigkeitengesetz
owi-rechtl .... ordnungswidrigkeitsrechtlich(e, er)

Palandt/Bearbeiter .. Palandt, Kommentar zum BGB, 76. Aufl 2017
PartGG .... Gesetz über Partnerschaftsgesellschaften Angehöriger Freier Berufe
PatG .... Patentgesetz
PersGes .... Personengesellschaft
PKH .... Prozesskostenhilfe
PStR .... Praxis Steuerstrafrecht (Zeitschrift)

RA .... Rechtsanwalt
Rau/Dürrwächter/ Bearbeiter .... Kommentar zum Umsatzsteuergesetz, Loseblatt
RdVfg .... Rundverfügung
rechtl .... rechtlich(e)
regelm .... regelmäßig
RegEntw .... Regierungsentwurf
RhPf .... Rheinland-Pfalz
RiStBV .... Richtlinien für das Straf- und das Bußgeldverfahren
RiW .... Recht der internationalen Wirtschaft (Zeitschrift) – bis 1974 AWD
rkr .... rechtskräftig
RL .... Richtlinie
RMS .... Risikomanagementsystem
Rolletschke/Kemper Steuerstrafrecht (Loseblatt-Kommentar)
RPfleger .... Der Deutsche Rechtspfleger (Zeitschrift)
Rspr .... Rechtsprechung
RVG .... Rechtsanwaltsvergütungsgesetz
RVO .... Rechtsverordnung
Rz .... Randziffer

s .... siehe
S .... Satz, Seite
Saarl .... Saarland

Sachs	Sachsen
SachsAnh	Sachsen-Anhalt
SAM	Steueranwaltsmagazin (Zeitschrift)
SBS/Bearbeiter	Stelkens/Bonk/Sachs, VerfG, Kommentar, 9. Aufl 2018
SchaumwZwStV	Verordnung zur Durchführung des Gesetzes zur Besteuerung von Schaumwein und Zwischenerzeugnissen
SchenkSt	Schenkungsteuer
SchlHol	Schleswig-Holstein
Schmidt/Bearbeiter	Kommentar zum Einkommensteuergesetz, 36. Aufl 2017
Schönke/Schröder	Strafgesetzbuch, Kommentar, 29. Aufl 2014
Schwarz	Kommentar zur Abgabenordnung (Loseblatt)
SE	Societas Europaea (Europäische Gesellschaft)
SG	Sozialgericht
SGB	Sozialgesetzbuch
SGG	Sozialgerichtsgesetz
Simon/Vogelberg	Steuerstrafrecht, 3. Aufl 2011
sog	so genannt(e)
Sölch/Ringleb/Bearbeiter	Kommentar zum Umsatzsteuergesetz (Loseblatt)
SolZ	Solidaritätszuschlag
StA	Staatsanwaltschaft
StAnz	Staatsanzeiger
StAuskV	Steuerauskunftsverordnung
StB	Steuerberater
StBerG	Steuerberatungsgesetz
Stbg	Die Steuerberatung (Zeitschrift)
StbJb	Steuerberater-Jahrbuch
StBp	Die steuerliche Betriebsprüfung (Zeitschrift)
StBW	Steuerberater Woche (Zeitschrift)
StEd	Steuereildienst (Zeitschrift)
StEK	Steuererlasse in Karteiform
SteuerHBekV	Steuerhinterziehungsbekämpfungsverordnung
Steufa	Steuerfahndungsstelle (Steuerfahndung)
SteuK	Steuerrecht kurzgefasst (Zeitschrift)
StGB	Strafgesetzbuch
stl	steuerlich
StMBG	Missbrauchsbekämpfungs- und Steuerbereinigungsgesetz
StOWi	Steuerordnungswidrigkeit
Stpfl	Steuerpflicht(iger)
stpfl	steuerpflichtig
StPO	Strafprozessordnung
str	strittig
StraFo	Strafverteidiger Forum (Zeitschrift)
StrbEG	Gesetz über die strafbefreiende Erklärung von Einkünften aus Kapitalvermögen und von Kapitalvermögen
StRK	Steuerrechtsprechung in Karteiform
StRR	StrafRechtsReport (Zeitschrift)
stRspr	ständige Rechtsprechung
StSäumG	Steuersäumnisgesetz
StSäumVO	Steuersäumnis-VO
StV	Der Strafverteidiger (Zeitschrift)
StVA	Steuerverwaltungsakt
StVj	Steuerliche Vierteljahresschrift (Zeitschrift – eingestellt zum 31.12.1993)
StuW	Steuer und Wirtschaft (Zeitschrift)

Abkürzungen

StW .... Steuer-Warte (Zeitschrift)
SubvG .... Subventionsgesetz
Sz .... Säumniszuschlag

TabSt .... Tabaksteuer
TabStDV .... Tabaksteuer-Durchführungsverordnung
TabStG .... Tabaksteuergesetz
Thür .... Thüringen
TIEA .... Abkommen über den Informationsaustausch in Steuersachen
TK/Bearbeiter .... Tipke/Kruse, Kommentar zu AO und FGO (Loseblatt)
TL/Bearbeiter .... Tipke/Lang, Steuerrecht, 22. Aufl 2015
TP/Bearbeiter .... Thomas/Putzo, Zivilprozessordnung, 38. Aufl 2017
Tz .... Textziffer

uÄ .... und Ähnliche(s)
ua .... unter anderem; und andere(s)
überwM .... überwiegende Meinung
Ubg .... Die Unternehmensbesteuerung (Zeitschrift)
udgl .... und dergleichen
UmwG .... Umwandlungsgesetz
unstr .... unstrittig
unzutr .... unzutreffend
UR .... Umsatzsteuer-Rundschau (Zeitschrift)
Urt .... Urteil
USt .... Umsatzsteuer
UStDV .... Durchführungsbestimmungen zum Umsatzsteuergesetz
UStG .... Umsatzsteuergesetz
USt-IdNr .... Umsatzsteuer-Identifikationsnummer
UStR .... Umsatzsteuer-Richtlinien
usw .... und so weiter
uU .... unter Umständen
UVR .... Umsatzsteuer- und Verkehrsteuer-Recht (Zeitschrift)
UWG .... Gesetz gegen den unlauteren Wettbewerb
UZK .... Zollkodex der Union (ab 1.5.2016)
UZwG .... Gesetz über den unmittelbaren Zwang bei Ausübung öffentlicher Gewalt durch Vollzugsbeamte des Bundes

v .... von, vom
VA (VAe, VAen) ..... Verwaltungsakt(e, en)
VerfG .... Verfassungsgericht
VerglO .... Vergleichsordnung
VersR .... Versicherungsrecht
VersSt .... Versicherungsteuer
VersStDV .... Versicherungsteuer-Durchführungsverordnung
VersStG .... Versicherungsteuergesetz
VerwArch .... Verwaltungsarchiv (Zeitschrift)
VerwBeh .... Verwaltungsbehörde
Vfg .... Verfügung
VG .... Verwaltungsgericht
vGA .... verdeckte Gewinnausschüttung
VGFGEntlG .... Gesetz zur Entlastung der Gerichte in der Verwaltungs- und Finanzgerichtsbarkeit
VGH .... Verwaltungsgerichtshof
vgl .... vergleiche
vH .... vom Hundert
VO .... Verordnung

VOBl	Verordnungsblatt
Vogel DBA	Vogel/Lehner, Kommentar zu den Doppelbesteuerungsabkommen, 6. Aufl 2015
VollstrA	Vollstreckungsanweisung
VollzA	Vollziehungsanweisung
Vorbem	Vorbemerkung
Vorschr	Vorschrift
VorSt	Vorsteuer
VSt	Vermögensteuer *(aufgehoben)*
VStG	Vermögensteuergesetz *(aufgehoben)*
VStR	*Vermögensteuer-Richtlinien*
VuV	Vermietung und Verpachtung
VwGG	Verwaltungsgerichtsgesetz
VwGO	Verwaltungsgerichtsordnung
VwKostG	Verwaltungskostengesetz
VwVfG	Verwaltungsverfahrensgesetz
VwVG	Verwaltungsvollstreckungsgesetz
VwZG	Verwaltungszustellungsgesetz
VwZVG Bayern	Bayerisches Verwaltungszustellungs- und Vollstreckungsgesetz
VZ	Veranlagungszeitraum
WaffG	Waffengesetz
Wannemacher/ Bearbeiter	Steuerstrafrecht, 6. Aufl 2013
WG	Wechselgesetz
wistra	Zeitschrift für Wirtschaft, Steuer, Strafrecht
Witte/Bearbeiter	Zollkodex, 6. Aufl 2013
Wj	Wirtschaftsjahr
WoP	Wohnungsbauprämie
WoPG	Wohnungsbauprämiengesetz
WPg	Die Wirtschaftsprüfung (Zeitschrift)
WÜRV	Wiener Übereinkommen über das Recht der Verträge
ZA (ZÄ)	Zollamt, (-ämter)
ZAG	Zahlungsdiensteaufsichtsgesetz
zB	zum Beispiel
ZBR	Zeitschrift für Beamtenrecht
ZerlG	Zerlegungsgesetz
ZFA	Zollfahndungsamt
ZFdG	Zollfahndungsdienstgesetz
ZfIR	Zeitschrift für Insolvenzrecht
ZfWG	Zeitschrift für Wett- und Glücksspielrecht
ZfZ	Zeitschrift für Zölle und Verbrauchsteuern
Ziff	Ziffer
ZInsO	Zeitschrift für das gesamte Insolvenzrecht
ZIP	Zeitschrift für Wirtschaftsrecht und Insolvenzpraxis
ZK	Zollkodex (bis 30.4.2016)
ZK-DVO	Verordnung (EWG) zur Festlegung des Zollkodex
ZKF	Zeitschrift für Kommunalfinanzen
ZKostV	Zollkostenverordnung
Zöller	Zivilprozessordnung, Kommentar, 32. Aufl 2018
ZollV	Zollverordnung
ZollVG	Zollverwaltungsgesetz
ZPO	Zivilprozessordnung
ZRP	Zeitschrift für Rechtspolitik

ZSEG	Gesetz über die Entschädigung von Zeugen und Sachverständigen *(aufgehoben)*
ZSteu	Zeitschrift für Steuern & Recht
ZStW	Zeitschrift für die gesamte Strafrechtswissenschaft
zutr	zutreffend
ZVG	Gesetz über Zwangsversteigerung und Zwangsverwaltung
zweifelh	zweifelhaft
ZWH	Zeitschrift für Wirtschaftsrecht und Haftung in Unternehmen
zZt	zur Zeit
ZZP	Zeitschrift für Zivilprozess

Abgabenordnung (AO)

In der Fassung der Bekanntmachung vom 1. Oktober 2002
(BGBl I S 3866, berichtigt BGBl 2003 I S 61)

Geändert durch Zweites Gesetz für moderne Dienstleistungen am Arbeitsmarkt v 23.12.2002 (BGBl I S 4621), Steuervergünstigungsabbaugesetz (StVergAbG) v 16.5.2003 (BGBl I S 660), Kleinunternehmerförderungsgesetz v 31.7.2003 (BGBl I S 1550), Steueränderungsgesetz 2003 (StÄndG 2003) v 15.12.2003 (BGBl I S 2645), Drittes Gesetz für moderne Dienstleistungen am Arbeitsmarkt v 23.12.2003 (BGBl I S 2848), Gesetz zur Förderung der Steuerehrlichkeit v 23.12.2003 (BGBl I S 2928), Viertes Gesetz für moderne Dienstleistungen am Arbeitsmarkt v 24.12.2003 (BGBl I S 2954), Gesetz v 27.12.2003 (BGBl I S 3022), Gesetz v 23.4.2004 (BGBl I S 606), Kostenrechtsmodernisierungsgesetz (KostRMoG) v 5.5.2004 (BGBl I S 718), Gesetz v 21.7.2004 (BGBl I S 1753), 1. Justizmodernisierungsgesetz v 24.8.2004 (BGBl I S 2198), Gesetz zur Organisationsreform in der gesetzlichen Rentenversicherung (RVOrgG) v 9.12.2004 (BGBl I S 3242), Richtlinien-Umsetzungsgesetz (EURLUmsG) v 9.12.2004 (BGBl I S 3310), Justizkommunikationsgesetz (JKomG) v 22.3.2005 (BGBl I S 837), Gesetz v 21.6.2005 (BGBl I S 1818), Gesetz zur Novellierung des Verwaltungszustellungsrechts v 12.8.2005 (BGBl I S 2354), Gesetz zur Neuorganisation der Bundesfinanzverwaltung und zur Schaffung eines Refinanzierungsregisters v 22.9.2005 (BGBl I S 2809), Gesetz zur Eindämmung missbräuchlicher Steuergestaltungen v 28.4.2006 (BGBl I S 1095), Steueränderungsgesetz 2007 v 19.7.2006 (BGBl I S 1652), Erstes Gesetz zum Abbau bürokratischer Hemmnisse v 22.8.2006 (BGBl I S 1970), Föderalismusreform-Begleitgesetz v 5.9.2006 (BGBl I S 2098), Jahressteuergesetz 2007 (JStG 2007) v 13.12.2006 (BGBl I S 2878), Gesetz zur Änderung des Passgesetzes und weiterer Vorschriften v 20.7.2007 (BGBl I S 1566), Unternehmensteuerreformgesetz 2008 v 14.8.2007 (BGBl I S 1912), Zweites Gesetz zum Abbau bürokratischer Hemmnisse v 7.9.2007 (BGBl I S 2246), Gesetz zur weiteren Stärkung des bürgerschaftlichen Engagements v 10.10.2007 (BGBl I S 2332), Zweites Gesetz zur Änderung des Finanzverwaltungsgesetzes und anderer Gesetze v 13.12.2007 (BGBl I S 2897), Jahressteuergesetz 2008 v 20.12.2007 (BGBl I S 3150), Gesetz zur Neuregelung der Telekommunikationsüberwachung und anderer verdeckter Ermittlungsmaßnahmen sowie zur Umsetzung der Richtlinie 2006/24/EG v 21.12.2007 (BGBl I S 3198), Achtes Gesetz zur Änderung des Steuerberatungsgesetzes v 8.4.2008 (BGBl I S 666), Gesetz zur Ergänzung der Bekämpfung der Geldwäsche und der Terrorismusfinanzierung (GwBeKErgG) v 13.8.2008 (BGBl I S 1690, berichtigt BGBl 2009 I S 816), Gesetz zur Modernisierung des GmbH-Rechts und zur Bekämpfung von Missbräuchen (MoMiG) v 23.10.2008 (BGBl I S 2026), Gesetz zur Reform des Verfahrens in Familiensachen und in den Angelegenheiten der freiwilligen Gerichtsbarkeit (FGG-Reformgesetz – FGG-RG) v 17.12.2008 (BGBl I S 2586), Jahressteuergesetz 2009 (JStG 2009) v 19.12.2008 (BGBl I S 2794), Steuerbürokratieabbaugesetz v 20.12.2008 (BGBl I S 2850), Gesetz zur Fortführung der Gesetzeslage 2006 bei der Entfernungspauschale v 20.4.2009 (BGBl I S 774), Bilanzrechtsmodernisierungsgesetz (BilMoG) v 25.5.2009 (BGBl I S 1102), Gesetz zur Reform des Kontopfändungsschutzes v 7.7.2009 (BGBl I S 1707), Gesetz zur Reform der Sachaufklärung in der Zwangsvollstreckung v 29.7.2009 (BGBl I S 2258), Steuerhinterziehungsbekämpfungsgesetz v 29.7.2009 (BGBl I S 2302), Gesetz über die Internetversteigerung in der Zwangsvollstreckung u zur Änderung anderer Gesetze v 30.7.2009 (BGBl I S 2474), Jahressteuergesetz 2010 (JStG 2010) v 8.12.2010 (BGBl I S 1768), Zweites Gesetz zur erbrechtlichen Gleichstellung nichtehelicher Kinder, zur Änderung der Zivilprozessordnung und der Abgabenordnung v 12.4.2011 (BGBl I S 615), Gesetz zur Verbesserung der Bekämpfung von Geldwäsche und Steuerhinterziehung (Schwarzgeldbekämpfungsgesetz) v 28.4.2011 (BGBl I S 676), Steuervereinfachungsgesetz 2011 v 1.11.2011 (BGBl I S 2131), Beitreibungsrichtlinie-Umsetzungsgesetz – BeitrRLUmsG v 7.12.2011 (BGBl I S 2592), Gesetz zur Optimierung der Geldwäscheprävention v 22.12.2011 (BGBl I S 2959), Gesetz v 22.12.2011 (BGBl I S 3044 [3050, 3056]), Gesetz über die Vereinfachung des Austauschs von Informationen und Erkenntnissen zwischen den Strafverfolgungsbehörden der Mitgliedstaaten der Europäischen Union v 21.7.2012 (BGBl I S 1566), Gesetz zur Stärkung des Ehrenamts (Ehrenamtsstärkungsgesetz) v 21.3.2013 (BGBl I S 556), Gesetz zur Fortentwicklung des Meldewesens (MeldFortG) v 3.5.2013 (BGBl I S 1084), Amtshilferichtlinie-Umsetzungsgesetz – AmtshilfeRLUmsG v 26.6.2013 (BGBl I

S 1809), Gesetz zur Förderung der elektronischen Verwaltung sowie zur Änderung weiterer Vorschriften – E-Government-Gesetz – EGovG v 25.7.2013 (BGBl I S 2749), Gesetz zur Strukturreform des Gebührenrechts des Bundes v 7.8.2013 (BGBl I S 3154, 3175), AIFM-Steuer-Anpassungsgesetz – AIFM-StAnpG v 18.12.2013 (BGBl I S 4318), Gesetz zur Anpassung steuerlicher Regelungen an die Rspr des BVerfG v 18.7.2014 (BGBl I S 1042), Gesetz zur Anpassung des nationalen Steuerrechts an den Beitritt Kroatiens zur EU u zur Änderung weiterer steuerlicher Vorschriften v 25.7.2014 (BGBl I S 1266), Gesetz zur Änderung der AO und des EGAO v 22.12.2014 (BGBl I S 2415), Gesetz zur Anpassung der AO an den Zollkodex der Union u zur Änderung weiterer steuerlicher Vorschriften v 22.12.2014 (BGBl I S 2417), Bürokratieentlastungsgesetz v 28.7.2015 (BGBl I S 1400), Steueränderungsgesetz 2015 v 2.11.2015 (BGBl I S 1834), Gesetz zur Bekämpfung der Korruption v 20.11.2015 (BGBl I S 2025), Gesetz zur Neuordnung der Zollverwaltung v 3.12.2015 (BGBl. I S 2178), Gesetz zur Modernisierung des Besteuerungsverfahrens v 18.7.2016 (BGBl I S 1679), Neuntes Gesetz zur Änderung des Zweiten Buches Sozialgesetzbuch – Rechtsvereinfachung – sowie zur vorübergehenden Aussetzung der Insolvenzantragspflicht v 26.7.2016 (BGBl I S 1824), Gesetz zur Umsetzung der Änderungen der EU-Amtshilferichtlinie und von weiteren Maßnahmen gegen Gewinnkürzungen und -verlagerungen v 20.12.2016 (BGBl I S 3000), Gesetz zum Schutz vor Manipulationen an digitalen Grundaufzeichnungen v 22.12. 2016 (BGBl I S 3152), Bundesteilhabegesetz (BTHG) v 23.12.2016 (BGBl I S 3234), Branntweinmonopolverwaltung-Auflösungsgesetz (BfBAG) v 10.3.2017 (BGBl I S 420), Gesetz zur Reform der strafrechtlichen Vermögensabschöpfung v 13.4.2017 (BGBl I S 872), Steuerumgehungsbekämpfungsgesetz (StUmgBG) v 23.6.2017 (BGBl I S 1682), Gesetz zur Umsetzung der Vierten EU-Geldwäscherichtlinie, zur Ausführung der EU-Geldtransferverordnung und zur Neuorganisation der Zentralstelle für Finanztransaktionsuntersuchungen v 23.6.2017 (BGBl I S 1822), Gesetz zur Verbesserung der Sachaufklärung in der Verwaltungsvollstreckung v 30.6.2017 (BGBl I S 2094), Zweites Bürokratieentlastungsgesetz v 30.6.2017 (BGBl I S 2143), Gesetz zur Änderung des Bundesversorgungsgesetzes und anderer Vorschriften v 17.7.2017 (BGBl I S 2541) und eIDAS-Durchführungsgesetz v 18.7.2017 (BGBl I S 2745)

Erster Teil
Einleitende Vorschriften

Erster Abschnitt. Anwendungsbereich

§ 1 Anwendungsbereich

(1) [1]**Dieses Gesetz gilt für alle Steuern einschließlich der Steuervergütungen, die durch Bundesrecht oder Recht der Europäischen Union geregelt sind, soweit sie durch Bundesfinanzbehörden oder durch Landesfinanzbehörden verwaltet werden.** [2]**Es ist nur vorbehaltlich des Rechts der Europäischen Union anwendbar.**

(2) **Für die Realsteuern gelten, soweit ihre Verwaltung den Gemeinden übertragen worden ist, die folgenden Vorschriften dieses Gesetzes entsprechend:**

1. **die Vorschriften des Ersten, Zweiten, Vierten, Sechsten und Siebten Abschnitts des Ersten Teils (Anwendungsbereich; Steuerliche Begriffsbestimmungen; Datenverarbeitung und Steuergeheimnis; Betroffenenrechte; Datenschutzaufsicht, Gerichtlicher Rechtsschutz in datenschutzrechtlichen Angelegenheiten),**
2. **die Vorschriften des Zweiten Teils (Steuerschuldrecht),**
3. **die Vorschriften des Dritten Teils mit Ausnahme der §§ 82 bis 84 (Allgemeine Verfahrensvorschriften),**
4. **die Vorschriften des Vierten Teils (Durchführung der Besteuerung),**
5. **die Vorschriften des Fünften Teils (Erhebungsverfahren),**
6. **die §§ 351 und 361 Abs. 1 Satz 2 und Abs. 3,**

7. die Vorschriften des Achten Teils (Straf- und Bußgeldvorschriften, Straf- und Bußgeldverfahren).

(3) [1] **Auf steuerliche Nebenleistungen sind die Vorschriften dieses Gesetzes vorbehaltlich des Rechts der Europäischen Union sinngemäß anwendbar.** [2] **Der Dritte bis Sechste Abschnitt des Vierten Teils gilt jedoch nur, soweit dies besonders bestimmt wird.**

Abs 1 und Abs 3 Satz 1 geändert durch AmtshilfeRLUmsG v 26.6.13 (BGBl I, 1809); Abs 2 Nr 1 neu gefasst durch G v 17.7.17 (BGBl I, 2541) mWv 25.5.18.

Übersicht

1. Inhalt. Die Vorschrift legt den Anwendungsbereich der gesamten AO fest. 1
Nach **Abs 1** gilt sie für alle Steuern einschl der Steuervergütungen, die durch Bundesrecht oder EU-Recht geregelt sind und durch Bundes- oder Landesfinanzbehörden verwaltet werden. Ein genau bezeichneter Teil der Vorschriften gilt aufgrund **Abs 2** auch für die Realsteuern, wenn deren Verwaltung von den Ländern den Gemeinden übertragen worden ist. In **Abs 3** wird klargestellt, dass die AO grds, jedoch mit Einschränkungen, auch auf die steuerlichen Nebenleistungen anzuwenden ist. Für Erstattungsverfahren gilt die AO, da ein Erstattungsanspruch ein Umkehranspruch zum Steueranspruch ist. Darüber hinaus haben sich die FinBeh auch in nicht unmittelbar der Besteuerung dienenden Angelegenheiten, die in ihre Zuständigkeit fallen, an die AO zu halten, so zB bei der Ausstellung von Unbedenklichkeitsbescheinigungen (vgl AEAO zu § 1 Nr 4). Unter Berücksichtigung von Art 108 GG, der den Bundes- und Landesfinanzbehörden die Verwaltung von Steuern zuweist, ist der Anwendungsbereich der AO auf Steuern und ihre Nebenleistungen (§ 1 III, § 3) beschränkt. Soweit die AO für Abgaben gelten soll, die keine Steuern sind, muss dies besonders angeordnet sein (s Rz 13).

AO-Anpassungsgesetze der Länder erweitern den Anwendungsbereich der 2
AO über § 1 hinaus. Danach müssen auch andere Gebietskörperschaften, insb die Gemeinden, soweit sie nach den KAG verfahren, die AO anwenden. Die Regelungen sind in den einzelnen Ländern uneinheitlich, teils besteht eine Generalklausel, teils eine enumerative Übernahme bestimmter Vorschriften.

2. Steuern nach Bundesrecht. Die – unmittelbare – Anwendung der AO auf 3
Steuern ist an zwei Voraussetzungen geknüpft: Die Steuer muss erstens auf Bundesrecht oder EU-Recht beruhen und zweitens von Landesfinanzbehörden verwaltet werden. Bundesrecht liegt vor, soweit der Bund nach Art 105 GG das ausschließliche oder konkurrierende Gesetzgebungsrecht hat. Bei **nur teilweiser Verwaltung** der Steuern durch Bundes- oder Landesfinanzbehörden gilt die AO unmittelbar nur, soweit die Verwaltung diesen Behörden obliegt. Zur Gesetzgebungskompetenz und dem Steuerfindungsrecht des Gesetzgebers s § 3 Rz 4.

Der **Bund** hat das **ausschließliche Gesetzgebungsrecht** über die Zölle (jetzt 4
weitgehend EU-Recht), er hat die **konkurrierende Gesetzgebung** über die übrigen Steuern, wenn ihm das Aufkommen dieser Steuern ganz oder zum Teil

zusteht oder die Voraussetzungen des Art 72 II GG vorliegen. Nach Art 105 IIa GG haben die Länder nur noch die Befugnis zur Gesetzgebung über die örtlichen Verbrauch- und Aufwandsteuern, wie Hunde-, Vergnügungs-, Getränke-, Schankerlaubnis-, Jagdsteuer, Zweitwohnsteuer usw, solange sie nicht bundesgesetzlich geregelten Steuern gleichartig sind. Art 105 IIa GG will klarstellen, dass auch weiterhin ein Steuerfindungsrecht der Länder und Gemeinden nach Maßgabe der Landesgesetzgebung besteht (vgl BT-Drs V/2861, 87; FG Hbg DStRE 11, 111). Auf Landesebene finden sich herkömmlicherweise Verbrauch- und Aufwandsteuern (BVerfGE 40, 64; BVerwG BFH/NV 10, 1775). Dazu zählt zB die sog Kulturförderabgabe (Bettensteuer); die Ermächtigungsgrundlage bilden Satzungen der Gemeinden, die ihrerseits auf den landesrechtlichen Kommunalabgabengesetzen beruhen (Art 105 IIa GG; VG Köln BeckRS 2011, 52675; BFH BeckRS 2015, 95772: Tourismusabgabe Bremen; BFH BStBl 15, 1031, anhängig BVerfG 1 BvR 2887/15; BFH BStBl 16, 126: Kultur- und Tourismustaxe Hbg; BFH/NV 15, 1697; wegen möglicher Varianten OFD Frankfurt DStR 11, 1910; § 3 Rz 15). Eine Aufwandsteuer darf nur an Vorgänge anknüpfen, die die Verwendung von Einkommen betreffen. Sie darf nicht das Erzielen von Einkommen betreffen, zB Übernachtung im Hotel aus beruflichen Gründen (BFH/NV 15, 1697).

5 Die **Unterscheidungsmerkmale der verschiedenen Steuerarten** in Art 105 GG und Art 106 GG sind dem traditionellen deutschen StRecht zu entnehmen (BVerfGE 7, 252; 14, 16, 317; 26, 309; 31, 331; BVerfG NJW 17, 2249; s auch § 3 Rz 4). Im Bereich der konkurrierenden Gesetzgebung bedeutet das, dass die Inanspruchnahme eines Steuergegenstands durch den Bundesgesetzgeber eine erschöpfende Regelung iSd Art 72 I GG darstellt (BVerfGE 7, 258 f).

7 Für **Zulagen** und **Prämien,** die auf Bundesrecht beruhen, gilt die AO so, wie die Einzelgesetze es vorsehen (vgl AEAO zu § 1 Nr 2; Rz 13).

8 Im Bereich der **Amtshilfe** ist die AO über § 117 IV anwendbar.

9 **3. Anwendungsbereich der AO für landesrechtl geregelte Steuern.** Der Anwendungsbereich der AO **erfasst nicht unmittelbar** die landesrechtl geregelten Steuern. Grund dafür ist, dass die AO neben Verfahrensrecht auch in erheblichem Umfang materielles Recht enthält, für das der Bund auf Landesebene keine Gesetzgebungskompetenz hat. Inwieweit die AO auf die kleinen Gemeindesteuern und übrigen Kommunalabgaben anwendbar ist, regeln die **kommunalen Abgabengesetze.** Zu den Regelungen auf Landesebene vgl auch Rz 2.

10 **Kirchensteuern** unterliegen der Gesetzgebung der Länder. Für Kirchensteuern, die öff-rechtl Religionsgemeinschaften erheben, gilt die AO regelmäßig aufgrund der Kirchensteuergesetze der Länder. Rechtsweg jedoch meist zu den Verwaltungs-, nicht zu den Finanzgerichten.

11 **4. Anwendbarkeit auf Realsteuern.** Der Anwendungsbereich der AO auf Realsteuern ist mit Wirkung ab dem 25.5.2018 erweitert worden. Grund hierfür ist die Anpassung an die gleichzeitig geänderten Vorschriften der AO, deren Einfügung oder Änderung auf die ebenfalls ab 25.5.2018 geltende Europäische Datenschutz-Grundverordnung (DSGVO) erfolgte, vgl § 2a Rz 1. Realsteuern sind Grund- und Gewerbesteuer, § 3 II. Hier hat der Bund die volle Gesetzgebungskompetenz aufgrund der Art 105 II und Art 108 V 2 GG. Abs 2 bestimmt iEinz, inwieweit die AO auf die Realsteuern anwendbar ist, soweit die **Verwaltung den Gemeinden** übertragen worden ist. Die AO ist grds anwendbar, ausgenommen sind insbes die Vorschriften über die Vollstreckung und das außergerichtliche Rechtsbehelfsverfahren. Es ist zweckmäßig, dass die Gemeinden die Vollstreckung nach den Landesvorschriften durchführen, die sie auch sonst anzuwenden haben. Da der Rechtsweg in Realsteuersachen, soweit die Gemeinden zuständig sind, zu den Verwaltungsgerichten führt, werden auch die Vorschriften der Verwaltungsgerichtsordnung über das Widerspruchsverfahren angewendet (vgl zur Zweitwohnsteuer BVerwG NJW 09, 1097).

5. Anwendbarkeit auf Nebenleistungen. Nach Abs 3 gilt die AO mit wenigen Ausnahmen sinngemäß auch für die steuerlichen Nebenleistungen (definiert in § 3 IV). Unausgesprochen ist, dass es sich um Nebenleistungen zu Steuern handelt, die in den Anwendungsbereich der AO fallen. Die sinngemäße Anwendung ist im Einzelfall durch Auslegung festzustellen. Ausgenommen von der sinngemäßen Anwendung sind §§ 155–217 (Festsetzungs- und Feststellungsverfahren, Außenprüfung, Steuerfahndung und Steueraufsicht in besonderen Fällen), soweit nicht ausdrücklich etwas anderes in diesen Vorschriften geregelt ist. Ebenso ist eine besondere Bestimmung erforderlich, wenn Vorschriften aus Einzelsteuergesetzen (zB KStG) sinngemäß auf Nebenleistungen angewendet werden sollen (BFH BStBl 89, 116). Die Anwendbarkeit der AO auf die Nebenleistungen sagt noch nichts darüber aus, inwieweit diese von den Hauptleistungen abhängig sind (s dazu § 3 Rz 26). 12

6. Anwendbarkeit auf sonstige Rechtsgebiete. Die AO gilt sinngemäß für Verfahren nach Gesetzen, die eine Abgabe regeln und auf die AO Bezug nehmen. Dies können Bundes- oder Landesgesetze sein. Die AO ist dann kraft gesetzlicher Bestimmung unabhängig davon anzuwenden, ob die Abgabe eine Steuer ist oder nicht (BFHE 143, 523; 160, 87). 13

7. Normenkonflikte: EU-Recht und nationales Recht. Aus § 1 I 2 ergibt sich eindeutig, dass die Anwendbarkeit der AO grds durch EU-Recht eingeschränkt ist. Dies wirkt sich zZt insb im Geltungsbereich der zollrechtlichen Vorschriften der EU aus (Rz 15). Das Recht der EU geht damit im Regelungsbereich der AO dem Bundesrecht vor, vorausgesetzt, die jeweils kollidierende Norm hat denselben Regelungsinhalt wie die AO-Vorschrift. 14

Das EU-Recht und das innerstaatliche Recht der Mitgliedstaaten sind „zwei selbständige, voneinander verschiedene Rechtsordnungen"; das durch die Verträge der EU geschaffene Recht fließt aus einer autonomen Rechtsquelle" (BVerfGE 22, 293 [296]). Was das Rangverhältnis zwischen innerstaatlichem Recht und EU-Recht anbelangt, so sieht Art 288 AEUV den Vorrang von EU-Verordnungen vor nationalem Recht vor. Das BVerfG und der EuGH haben in ihrer Rechtsprechung klargestellt, dass dem EU-Recht der Vorrang ggü nationalem Recht im Rang unter Verfassungsrecht zukommt (BVerfGE 31, 145 [173 f]; EuGHE 10, 1253 [1270]). Die Regelung in § 1 I 2 entspricht diesem Grundsatz. Im Hinblick auf den Schutz der Grundrechte betont das BVerfG im sog „Maastricht-Urteil", dass Akte der EU auch die Gewährleistungen des GG berühren und demokratischer Legitimation durch die Staatsvölker der Mitgliedstaaten bedürfen, letztlich durch Rückkoppelung des Handelns europäischer Organe an die Parlamente der Mitgliedstaaten und in fortschreitendem Maße an das Europäische Parlament. Das demokratische Prinzip, soweit es gem Art 79 III GG iVm Art 20 I, II GG für unantastbar erklärt wird, muss auch bei der Mitgliedschaft in der EU gewahrt bleiben (BVerfG BVerfGE 89, 155). Soweit die Mitgliedstaaten das Gesetzgebungsrecht auf dem Gebiet der Steuern haben, sollen sie dieses unter Wahrung des EU-Rechts ausüben (EuGHE I 2005, 10837; vgl § 4 Rz 33a).

8. Anwendungsbereich der AO auf durch EU-Recht geregelte Steuern und Abgaben. Wegen § 1 I 2 und der ausdrücklichen Verzahnung von europäischem und deutschem Recht durch § 3 III, IV können Vorschriften der AO trotz ihrer in § 1 AO vorgesehenen Anwendbarkeit auf durch EU-Recht geregelte Steuern (Zölle), Abschöpfungen und Abgaben durch Vorschriften der EU verdrängt werden. Eine Konkurrenz ergibt sichinsbes im Bereich des Zollrechts, das durch den am 1.11.2013 in Kraft getretenen **Zollkodex der Union** (UZK, VO (EU) Nr 952/2013, ABl Nr L, 269), der ab 1.5.2016 anwendbar ist, geregelt ist. Der UZK löst den seit dem 1.1.1994 geltenden Zollkodex (VO EG Nr 2913/92 v 12.10.1992, ABl EG Nr L 302, VSF Z 0200) ab. Der UZK erfasst alle Einfuhr- 15 und Ausfuhrabgaben, die auf EU-Recht beruhen. Er enthält eigene Definitionen und auch verfahrensrechtliche Regelungen, die in seinem Anwendungsbereich den Regelungen der AO vorgehen. Dazu gehört auch der eigene Begriff der „Entscheidungen" (vgl Art 24 UZK), der sich allerdings im Wesentlichen mit dem Begriff des Verwaltungsakts der AO deckt, sowie Regelungen über die Form der Entscheidungen über Anträge einschl Begründungen und Rechtsbehelfsbelehrung sowie Widerruf und Änderung von Entscheidungen. Ferner hat der UZK verfahrensrechtliche Regelungen über Auskünfte, zollamtliche Prüfungen, Mitwirkungs- und Aufbewahrungspflichten sowie das Zollgeheimnis, die Zollschuld einschl der Sicherheitsleistung für den Zollschuldbetrag und das Rechtsbehelfsverfahren zum Inhalt. Beim Rechtsbehelfsverfahren ist auch eine Regelung über die AdV vorgesehen. Im Einzelnen ist anhand der zollrechtlichen Bestimmungen der EU und der Durchführungsbestimmungen zum UZK jeweils zu prüfen, ob und wie weit Regelungen der AO verdrängt werden.

16 **Entscheidungen des EuGH** können unmittelbare Bedeutung für das Recht der AO haben, soweit es um auf Recht der EU beruhende Abgaben geht. Nach der Rspr des BVerfG verletzt der BFH Art 101 I 2 GG, wenn er sich seiner Bindung zufolge Art 177 III EWGV an eine in demselben Verfahren oder auch in einem anderen Ausgangsverfahren ergangene Vorabentscheidung des EuGH entzieht (BVerfG BB 87, 2111). Die Auslegung von EU-Recht bleibt dem EuGH vorbehalten. Daher besteht für ein FG Vorlagepflicht, falls es nicht offenkundig ist, wie der AEUV zutreffend auszulegen ist (EuGHE 82, 3415).

17 **9. Örtlicher Anwendungsbereich.** Die AO regelt nur Rechtsakte im Geltungsbereich des GG. Außerhalb ihres Geltungsbereichs ist die AO nicht Rechtsgrundlage für hoheitliche Maßnahmen. Zu den Pflichten eines Stpfl außerhalb des Geltungsbereichs vgl § 90 II, zur Erweiterung des Zollgebiets vgl Art 4 II UZK.

§ 2 Vorrang völkerrechtlicher Vereinbarungen

(1) **Verträge mit anderen Staaten im Sinne des Artikels 59 Abs. 2 Satz 1 des Grundgesetzes über die Besteuerung gehen, soweit sie unmittelbar anwendbares innerstaatliches Recht geworden sind, den Steuergesetzen vor.**

(2) [1] **Das Bundesministerium der Finanzen wird ermächtigt, zur Sicherung der Gleichmäßigkeit der Besteuerung und zur Vermeidung einer Doppelbesteuerung oder doppelten Nichtbesteuerung mit Zustimmung des Bundesrates Rechtsverordnungen zur Umsetzung von Konsultationsvereinbarungen zu erlassen.** [2] **Konsultationsvereinbarungen nach Satz 1 sind einvernehmliche Vereinbarungen der zuständigen Behörden der Vertragsstaaten eines Doppelbesteuerungsabkommens mit dem Ziel, Einzelheiten der Durchführung eines solchen Abkommens zu regeln, insbesondere Schwierigkeiten oder Zweifel, die bei der Auslegung oder Anwendung des jeweiligen Abkommens bestehen, zu beseitigen.**

(3) **Das Bundesministerium der Finanzen wird ermächtigt, durch Rechtsverordnung mit Zustimmung des Bundesrates Vorschriften zu erlassen, die**

1. **Einkünfte oder Vermögen oder Teile davon bestimmen, für die die Bundesrepublik Deutschland in Anwendung der Bestimmung eines Abkommens zur Vermeidung der Doppelbesteuerung auf Grund einer auf diplomatischem Weg erfolgten Notifizierung eine Steueranrechnung vornimmt, und**
2. **in den Anwendungsbereich der Bestimmungen über den öffentlichen Dienst eines Abkommens zur Vermeidung der Doppelbesteuerung diejenigen Körperschaften und Einrichtungen einbeziehen, die auf Grund einer in**

diesem Abkommen vorgesehenen Vereinbarung zwischen den zuständigen Behörden bestimmt worden sind.

Abs 2 angefügt durch JStG 2010 v 8.12.10 (BGBl I, 1768); Abs 3 angefügt durch G v 20.12.16 (BGBl I, 3000).

Schrifttum: *vor 2010 s 13. Aufl; Jansen/Weidmann* Treaty Overriding und Verfassungsrecht – Beurteilung der verfassungsrechtlichen Zulässigkeit von Treaty Overrides am Beispiel von § 50d EStG, IStR 10, 596; *Koops/Kossmann* JStG 2010: Änderungen im Bereich der Abgabenordnung, DB, Beilage 7/2010, S 40; *Nacke* Das Jahressteuergesetz 2010, DB 10, 1142; *Daragan* Treaty Override und Rechtsstaatsprinzip, DB 11, 2681; *Hahn* Treaty Overiding sine ira et studio, IStR 11, 863; *Mitschke* Das Treaty Override zur Verhinderung einer Keinmalbesteuerung aus Sicht der Finanzverwaltung, DStR 11, 2221; *Lehner* Treaty Override im Anwendungsbereich des § 50d, IStR 12, 389; *Gebhardt* Deutsches Tax Treaty Overriding, Wiesbaden 2013; *Musil* Treaty Override als Dauerproblem des Internationalen Steuerrechts, IStR 14, 192; *Schwenke* DBA als Völkervertragsrecht und Treaty Override, in FS Wassermeyer 2015, S 23 ff; *Frotscher* Treaty Override – causa finita?, IStR 16, 561; *Lehner* Treaty Override ist nicht verfassungswidrig, IStR 16, 217; *v Oertzen* „Gegenseitigkeitserklärungs-Override" im Steueränderungsgesetz 2015, IStR 16, 443; *Roser* Praktische Folgerungen aus dem „Treaty-Override-Beschluss" des BVerfG, WPg 16, 1042; *Scherer* Treaty Override und Unionsrecht – ein Versuch, IStR 16, 741; *Stöber* Zur verfassungs- und europarechtlichen (Un-)Zulässigkeit von Treaty-Overrides, DStR 16, 1889.

1. Überblick. Als Kollisionsnorm begründet § 2 I im Bereich des StRechts den Vorrang von Normen, die auf internationalen Verträgen iSd Art 59 II 1 GG beruhen und – darauf liegt hier die Betonung – unmittelbar anwendbares innerstaatliches Recht geworden sind. Ein allgemeiner Vorrang völkerrechtlicher Verträge vor dem nationalen Recht wird durch § 2 I, der zum einfachen Recht gehört, nicht begründet (BFH BStBl 95, 129). Nach seinem Wortlaut gilt § 2 nicht für Verwaltungsabkommen iSd Art 59 II 2 GG. Unberührt bleibt Art 25 GG, nach dem Regeln des allgemeinen Völkerrechts als Bundesrecht mit Gesetzesvorrang anzusehen sind (zB gewohnheitsrechtliche Anwendung des WÜD/WÜK im Verhältnis zu Staaten, die diesen Abkommen nicht beigetreten sind, *TK/Drüen* § 2 Tz 13, 19). § 2 II ist durch das JStG 2010 eingefügt worden und ist bereits auf den VZ 2010 anzuwenden (Art 97 § 1 IX EGAO; *Nacke* DB 10, 1142, der die Rückwirkung für verfassungswidrig hält, und § 4 Rz 5). Die bisherige Regelung des § 2 ist § 2 I geworden. 1

2. Internationale Verträge/DBA. Verträge mit anderen Staaten iSd Art 59 II 1 GG über die Besteuerung sind nicht nur Doppelbesteuerungsabkommen (Stand am 1.1.2018 s BMF 17.1.2018, BStBl 18, 239), sondern auch andere völkerrechtliche, ggf auch multilaterale Verträge, die die politischen Beziehungen des Bundes regeln oder sich auf Gegenstände der Bundesgesetzgebung mit Bezug zum StRecht beziehen. Dazu gehören zB auch Vereinbarungen über internationale **Rechts- und Amtshilfe** (§ 117 Rz 78 ff) oder Vereinbarungen über die Behandlung von Angehörigen diplomatischer und konsularischer Vertretungen und von internationalen Organisationen sowie Vereinbarungen über Nichtdiskriminierung in Handelsabkommen und internationalen Verträgen. Zu EU-Recht unten Rz 4, § 1 Rz 14. 2

3. Art 59 II. Der **Vorrang völkerrechtlicher Vereinbarungen** iSd Art 59 II 1 gem § 2 I tritt nur unter der Voraussetzung ein, dass sie unmittelbar anwendbares innerstaatliches Recht geworden sind. Dies geschieht durch Bundesgesetz, sog **Zustimmungs- oder Transformationsgesetz.** Enthält es Vorbehalte oder Abweichungen von dem völkerrechtlichen Vertrag, so gelten die Bestimmungen des Zustimmungsgesetzes (BFH BStBl 95, 129). § 2 I gilt nicht, wenn ein – an sich notwendiges – wirksames Zustimmungsgesetz fehlt (vgl BFH BStBl 90, 4). Wird der völkerrechtliche Vertrag geändert, ist ein entsprechendes Zustimmungsgesetz notwendig. Die Wirkung des § 2 I besteht darin, dass die Regelungen eines ord- 3 nungsgemäß transformierten DBA oder eines anderen völkerrechtlichen Vertrags Vorrang vor dem bestehenden innerstaatlichen Recht haben und von den Steuerbehörden von Amts wegen zu beachten sind (vgl BFH BStBl 87, 171). Dabei ist die völkerrechtliche Vereinbarung nach völkerrechtlichen Regelungen auszulegen (Art 31 ff WÜRV). Problematisch sind Gesetze, die später zu einem Bruch der völkerrechtlichen Vereinbarung führen, sog **Treaty Overriding.** Auf der einen Seite wird der Gesetzgeber nicht durch einen völkerrechtlichen Vertrag in seiner Gesetzgebungshoheit eingeschränkt und kann etwa Vorbehalte gegen den Vertrag ins Zustimmungsgesetz aufnehmen, auf der anderen Seite muss § 2 I aber auch einen Regelungsinhalt haben. Nur dadurch, dass der Gesetzgeber später eine mit dem Zustimmungsgesetz kollidierende Regelung schafft, mag sie auch noch so „speziell" im Verhältnis zu ihr sein, wird der Vorrang des Zustimmungsgesetzes daher nicht nach allgemeinen Kollisionsregeln aufgehoben werden können. Das entsprechende Gesetz muss sich daher klar auf das Zustimmungsgesetz beziehen, um dessen Vorrang auszuschalten (BFH 95, 129). In der Sache gerechtfertigt wird ein Treaty Overriding mit dem Hinweis, dass eine missbräuchliche Ausnutzung eines DBA, die zu einer Nullzahlung von Steuern führt statt zur Vermeidung einer Doppelbesteuerung, abgewandt werden muss (s § 50d IX EStG; vgl *Mitschke* DStR 11, 2221; FG Brem DStRE 11, 679; aA Vorlagebeschluss BFH/NV 12, 1056). Die Entwicklung im europäischen Bereich geht dahin, völkerrechtlichen Vereinbarungen konsequent Vorrang vor dem innerstaatlichen Recht einzuräumen (*Vogel* IStR 05, 29; kritisch zur augenblicklichen Praxis des „erlaubten" Treaty Overriding *Gosch* IStR 08, 413; anders *Mitschke* DStR 11, 2221, 2223). Nach einer Auffassung des Schrifttums verlangt das Rechtsstaatsprinzip, das auch zu den allgemeinen Regeln des Völkerrechts zählt, dass völkerrechtliche Regelungen eingehalten werden (*Daragan* DB 11, 2681; aA FG Brem DStRE 11, 679; *Mitschke* DStR 11, 2221, 2224). Zu einer Abweichung von DBA-Regelungen kann § 50d VIII EStG führen, wenn Steuerfreiheit von bestimmten Nachweisen abhängig gemacht wird; das BVerfG hat § 50d VIII EStG (Fassung G v 15.12.2003) trotz Abweichung von einem DBA als verfassungsgemäß angesehen (BVerfG DStR 16, 359; anders noch BFH/NV 12, 1056; kritisch *Stöber* DStR 16, 1889; vgl BFH/NV 16, 1512 für den Fall, dass eine gesetzliche Regelung nicht durch ein späteres DBA verdrängt wird). Gleiches gilt zB für § 50d IX EStG (Zweifel an der Verfassungsmäßigkeit von § 50d EStG im Beschluss des BFH DStR 10, 1223; BFH/NV 12, 1056; aA FG Brem DStRE 11, 679).

Das **Rechtsstaatsprinzip** (Art 20 III GG) führt iÜ nach der Rspr des BVerfG (IStR 05, 31) dazu, dass Gewährleistungen der Konvention zum Schutze der Menschenrechte und Grundfreiheiten sowie Entscheidungen des EuGH für Menschenrechte im Rahmen methodisch vertretbarer Gesetzesauslegung zu berücksichtigen sind. In logischer Konsequenz muss diese Sichtweise auch Auswirkungen auf die Berücksichtigung anderer völkerrechtlicher Verträge haben (*Vogel* IStR 05, 29). Zum Treaty Override bei EU-Recht s *Forsthoff* IStR 06, 509.

4 **4. Europäisches Gemeinschaftsrecht.** Vorschriften der EU bilden ggü dem nationalen Recht eine selbständige Rechtsordnung (s § 1 Rz 14). Ihre **Verordnungen** (Art 249 II AEUV) sind unmittelbar geltendes innerstaatliches Recht, sodass § 2 I insoweit nicht zum Zuge kommt. Gleiches gilt für Entscheidungen nach Art 249 IV EGV in Bezug auf diejenigen, die darin bezeichnet werden (EuGHE 70, 825; FG Mchn EFG 86, 132). **Richtlinien** dagegen verpflichten die Mitgliedstaaten zur Anpassung des innerstaatlichen Rechts an EU-Recht und bedürfen grds der Transformation in innerstaatliches Recht, wenn sie ggü dem einzelnen wirken sollen. Ist die Umsetzung nicht fristgerecht oder nur mangelhaft erfolgt, so können Bürger jedoch unmittelbar Ansprüche aus einer Richtlinie ableiten, sofern die Regelung dort unbedingt, hinreichend klar und genau ist (EuGHE 1982, 53 und 2301; 1999, 1421). Soweit Richtlinien durch Transformation innerstaatliches

Recht geworden sind (Regelfall), findet § 2 Anwendung. § 2 gilt daher auch bei Anwendung des EUAHiG (s oben Rz 2, § 117 Rz 3, 4). Das EU-Recht enthält mehrere **Grundfreiheiten,** die bei der Anwendung des Gemeinschaftsrechts und des nationalen Rechts zu beachten sind. Dazu gehören zB die Kapitalverkehrsfreiheit, die Niederlassungsfreiheit oder die Arbeitnehmerfreizügigkeit. Verstößt eine inl Vorschrift gegen eine Grundfreiheit des EU-Rechts, zB gegen die Kapitalverkehrsfreiheit, kommt eine Anwendung des inl Rechts nicht mehr in Betracht; darauf noch gestützte Verwaltungsakte sind rechtswidrig (BFH BStBl 08, 976; BGH DStR 12, 1750; FG Köln EFG 11, 174 rkr; FG Hess EFG 14, 1014). Gemeinschaftswidrige Vorschriften des nationalen Rechts sind nicht anzuwenden, ohne dass es einer Vorlage an das BVerfG oder den EuGH bedarf (BFH BStBl 08, 976). Den Vorrang von EU-Recht im Verhältnis zur AO regelt § 1 I. Aus dem EU-Recht wird der Grundsatz der loyalen Zusammenarbeit der Mitgliedsstaaten und den Gemeinschaftsorganen abgeleitet. Aus diesem folgt der Grundsatz der unionsrechtskonformen Auslegung und Rechtsfortbildung des nationalen Rechts, der auch die Gerichte bindet. Danach haben die nationalen Gerichte unter Berücksichtigung des nationalen Rechts und der Auslegungsmethoden alles zu tun, um die volle Wirksamkeit des Gemeinschaftsrechts zu gewährleisten und zu einem Ergebnis zu gelangen, das mit dem vom Gemeinschaftsrecht verfolgten Ziel übereinstimmt (BFH DStR 12, 1750 mwN unter Berufung auf EuGH BeckRS 2006, 70506; EuGH DB 10, 228). Normen, die nicht vollständig mit dem EU-Recht übereinstimmen, sind normerhaltend und unionsrechtskonform auszulegen (VG Schleswig BeckRS 17, 135231; BMF BStBl 18, 13; § 4 Rz 33a).

5. Ermächtigung für Rechtsverordnung. § 2 II 1, geltend ab VZ 2010 5
(Rz 1), enthält eine Ermächtigungsgrundlage für das BMF, mit Zustimmung des Bundesrates eine VO iSd Art 80 I GG zu erlassen, mit der einzelne Konsultationsvereinbarungen mit einem DBA-Vertragspartner in deutsches Gesetzesrecht transformiert werden. Die Ermächtigungsgrundlage sieht ausdrücklich vor, dass dies nur zur Sicherung der Gleichmäßigkeit der Besteuerung und zwecks Vermeidung einer Doppelbesteuerung bzw einer doppelten Nichtbesteuerung geschehen darf. Anlass der Gesetzesänderung war die Rspr des BFH, nach der eine Konsultationsvereinbarung, die von einem innerstaatliches Recht gewordenem DBA abweicht, nur die beteiligten Finanzverwaltungen bindet, nicht aber wie ein Gesetz wirkt (BFH BStBl 10, 387; dies gilt nun im Rückschluss aus der Neuregelung für alle nicht umgesetzten Konsultationsvereinbarungen). Die FinVerw war dagegen der Auffassung, dass Konsultationsvereinbarungen iSd Art 25 III 1 OECD-MA für DBA eine innerstaatliche Bindungswirkung, auch für die Gerichtsbarkeit, entfalten würden, wenn das entsprechende DBA in innerstaatliches Recht transformiert worden war. Das BMF hat sofort nach Inkrafttreten des JStG 2010 mehrere Konsultationsvereinbarungen umgesetzt, zB mit den USA (BStBl 10, 2136), mit Belgien (BStBl 10, 2137), mit Frankreich (BStBl 10, 2138), mit den Niederlanden (BStBl 10, 2183), mit Österreich (BStBl 10, 185) und mit der Schweiz (BStBl 10, 2187). Gem Art 97 § 1 EGAO gelten diese vor dem 1.1.2011 veröffentlichten Rechtsverordnungen bereits für den VZ 2010. Vorschriften einer auf der Grundlage des § 2 II erlassenen Rechtsverordnung, die von der Ermächtigungsgrundlage nicht gedeckt sind, sind verfassungswidrig. Darüber hinaus hat es schon während des Gesetzgebungsverfahrens verfassungsrechtliche Bedenken hinsichtlich der hinreichenden Bestimmtheit der Ermächtigungsgrundlage in § 2 II 1 gegeben, was zur Änderung ggü der ersten Fassung im Referentenentwurf geführt hat (*Nacke* DB 10, 1142).

6. Konsultationsvereinbarung. § 2 II 2 enthält eine Legaldefinition des Be- 6
griffs Konsultationsvereinbarung. Es handelt sich dabei um eine Vereinbarung zwischen den zuständigen Behörden der Vertragsstaaten eines DBA über einzelne Punkte der Durchführung eines DBA, bei deren Auslegung oder Anwendung Zweifel oder Schwierigkeiten bestehen. Unabhängig von der Definition können

ohne Verfassungsverstoß nur die Teile einer Konsultationsvereinbarung umgesetzt werden, die den Zweck der Ermächtigungsgrundlage, wie er in § 2 II 1 bezeichnet ist, erfüllen.

7 **7. § 2 III** enthält eine weitere Ermächtigung zum Erlass einer Rechtsverordnung mit Wirkung ab dem 1.1.2017. Die Rechtsverordnung kann nur mit Zustimmung des Bundesrats wirksam werden. Die Regelung gewinnt Bedeutung, wenn ein DBA nachträglich geändert oder ergänzt wird, weil jede Steuerverschärfung einer gesetzlichen Grundlage bedarf. Durch diese Verordnungen werden die entsprechenden Zustimmungsgesetze, die sich auf das DBA beziehen, abgeändert. § 2 III kann als Ausnahmevorschrift nur in den im Gesetz genannten Fällen zur Anwendung kommen. Die auf § 2 III Nr 1 beruhenden Rechtsverordnungen sollen es ermöglichen, die in verschiedenen DBA enthaltenen **Notifikationsklauseln** anzuwenden. Dabei handelt es sich um Klauseln, die für bestimmte Einkünfte oder Vermögen bzw Teile davon einen Übergang von der Freistellung auf die Anrechnungsmethode vorsehen. Ziel der Regelung ist die kurzfristige Beseitigung ungerechtfertigter StVorteile (BT-Drs 18/9536, 44). *TK/Drüen* § 2 AO Rz 43k ist der Auffassung, dass ein Zustimmungsgesetz zu einem DBA nur durch ein ranggleiches Gesetz geändert werden kann. Dagegen ist zu bedenken, dass das Zustimmungsgesetz die Notifikationsklausel im DBA einschließt, die Zustimmung des Bundesrats eine Kontrolle durch Gesetzgebungsorgane gewährleistet und dass von der Notifikationsklausel Gebrauch gemacht wird, falls der andere Vertragsstaat die Besteuerung nicht wahrnimmt oder auf ein sehr niedriges Niveau bringt. Ohne den Übergang zur Anrechnungsmethode würde in einem solchen Fall statt der Vermeidung von Doppelbesteuerung eine Keinmal- oder nur sehr niedrige Besteuerung, die bei Abschluss des DBA nicht gewollt war, die Folge sein. Außerdem beruht § 2 III auf einem – ranggleichen – Gesetz in Bezug auf das Zustimmungsgesetz, sodass eine Situation eintritt, als wenn das Zustimmungsgesetz nachträglich durch die Ermächtigungsgrundlage erweitert worden wäre.

8 § 2 III Nr 2 bezieht sich auf die in mehreren DBA enthaltenen **Kassenstaatsklauseln,** nach denen das Besteuerungsrecht von Arbeitslohn, der von einer öffentlichen Stelle für eine Tätigkeit im Ausland gezahlt wird, bei Deutschland verbleibt. § 2 III Nr 2 schafft die Möglichkeit, die Kassenstaatsklausel auf Fälle auszudehnen, in denen die Wahrnehmung öffentlicher Aufgaben in privatrechtlichen Organisationsformen erfolgt (Beispiel: Goethe-Institut). § 2 III Nr 2 ermächtigt das BMF, mit Zustimmung des Bundesrats eine Rechtsgrundlage für die Anwendung der erweiterten Kassenstaatsklausel in den im Gesetz genannten Fällen zu schaffen. Voraussetzung ist ua eine Verständigungsvereinbarung zwischen den zuständigen Behörden der Vertragsstaaten.

§ 2a Anwendungsbereich der Vorschriften über die Verarbeitung personenbezogener Daten

(1) [1] Die Vorschriften dieses Gesetzes und der Steuergesetze über die Verarbeitung personenbezogener Daten im Anwendungsbereich dieses Gesetzes gelten bei der Verarbeitung personenbezogener Daten durch Finanzbehörden (§ 6 Absatz 2), andere öffentliche Stellen (§ 6 Absatz 1a bis 1c), und nichtöffentliche Stellen (§ 6 Absatz 1d und 1e). [2] Das Bundesdatenschutzgesetz oder andere Datenschutzvorschriften des Bundes sowie entsprechende Landesgesetze gelten für Finanzbehörden nur, soweit dies in diesem Gesetz oder den Steuergesetzen bestimmt ist.

(2) [1] Die datenschutzrechtlichen Regelungen dieses Gesetzes gelten auch für Daten, die die Finanzbehörden im Rahmen ihrer Aufgaben bei der Überwachung des grenzüberschreitenden Warenverkehrs verarbeiten. [2] Die Daten gelten als im Rahmen eines Verfahrens in Steuersachen verarbeitet.

(3) **Die Vorschriften dieses Gesetzes und der Steuergesetze über die Verarbeitung personenbezogener Daten finden keine Anwendung, soweit das Recht der Europäischen Union, im Besonderen die Verordnung (EU) 2016/679 des Europäischen Parlaments und des Rates vom 27. April 2016 zum Schutz natürlicher Personen bei der Verarbeitung personenbezogener Daten, zum freien Datenverkehr und zur Aufhebung der Richtlinie 95/46 EG (Datenschutz-Grundverordnung) (ABl. L 119 vom 4.5.2016, S. 1; L 314 vom 22.11.2016, S. 72) in der jeweils geltenden Fassung unmittelbar oder nach Abs 5 entsprechend gilt.**

(4) **Für die Verarbeitung personenbezogener Daten zum Zweck der Verhütung, Ermittlung, Aufdeckung, Verfolgung oder Ahndung von Steuerstraftaten oder Steuerordnungswidrigkeiten gelten die Vorschriften des Ersten und Dritten Teils des Bundesdatenschutzgesetzes, soweit gesetzlich nichts anderes bestimmt ist.**

(5) **Soweit nichts anderes bestimmt ist, gelten die Vorschriften der Verordnung (EU) 2016/679, dieses Gesetzes und der StGesetze über die Verarbeitung personenbezogener Daten natürlicher Personen entsprechend für Informationen, die sich beziehen auf identifizierte oder identifizierbare**
1. verstorbene natürliche Personen oder
2. Körperschaften, rechtsfähige oder nicht rechtsfähige Personenvereinigungen oder Vermögensmassen.

§ 2a eingefügt durch G v 17.7.17 (BGBl I, 2541) mWv 25.5.18.

Schrifttum: Myßen/Kraus Steuerliches Datenschutzrecht: Verfahrensrechtanpassung an die Datenschutz-Grundverordnung, DB 17, 1860; Neun/Lubitzsch EU-Datenschutz-Grundverordnung – Behördenvollzug und Sanktionen, BB 17, 1538.

1. Inhalt. § 2a gilt ab dem 25.5.2018. Zu diesem Zeitpunkt tritt auch die Europäische Datenschutz-Grundverordnung (DSGVO) v 27.4.2016 (VO (EU) 2016/679) in Kraft, die EU-Richtlinie 95/46/EG tritt außer Kraft. Die DSGVO dient der Harmonisierung des Datenschutzes in der EU. § 2a betrifft die Verarbeitung personenbezogener Daten und regelt den Anwendungsbereich der neuen Datenschutzregelungen im StRecht. BMF BStBl 18, 175 passt die Regelungen des AEAO an die DSGVO an. BMF BStBl 18, 185 behandelt den Datenschutz im Steuerverwaltungsverfahren. Die DSGVO gilt nicht im Bereich von Straf- und Ordnungswidrigkeiten und nicht im Bereich, der für die gemeinsame und nationale Sicherheit von EU-Mitgliedstaaten von Bedeutung ist. 1

2. Geltung von Datenschutzregelungen für Finanzbehörden. § 2a I 1 bezieht sich auf die **Verarbeitung personenbezogener Daten** durch (1) die Finanzverwaltung iSv § 6 II, (2) andere öffentliche Stellen iSv § 6 Ia bis Ic und (3) nicht-öffentliche Stellen iSv § 6 Id bis Ie. Für diesen Bereich wird die Geltung von Datenschutzrecht geregelt. Im Anwendungsbereich der AO (§ 1) gelten bei der Verarbeitung personenbezogener Daten die Vorschriften der AO sowie die der einzelnen StGesetze, soweit sie die Verarbeitung personenbezogener Daten betreffen. Wie sich aus einem Rückschluss aus § 2a IV ergibt, beschränkt sich die Regelung in § 2a I auf die Verarbeitung personenbezogener Daten von lebenden natürlichen Personen. Die Geltung von § 2a I wird durch § 2a III ausgeschlossen. 2

Verarbeitung personenbezogener Daten. Die DSGVO enthält in Art 4 diverse Begriffsbestimmungen. „Personenbezogene Daten" sind nach Art 4 Nr 1 DSGVO alle Informationen, die sich auf eine identifizierte oder identifizierbare natürliche Person beziehen. Unter „Verarbeitung" wird nach Art 4 Nr 2 DSGVO jeder mit oder ohne Hilfe eines automatisierten Verfahrens ausgeführte Vorgang bzw jede Vorgangsreihe verstanden, die iZm personenbezogenen Daten stehen. Der Vorgang kann ganz, teilweise oder gar nicht automatisiert sein. Im Text wer- 3 den als solche Vorgänge aufgeführt: das Erheben, das Erfassen, die Organisation, das Ordnen, das Speichern, das Anpassen oder Verändern, das Auslesen, das Abfragen, die Verwendung, die Offenlegung durch Übermittlung, die Verbreitung oder eine andere Form der Bereitstellung, der Abgleich oder die Verknüpfung, die Einschränkung, das Löschen oder die Vernichtung personenbezogener Daten. Die Verarbeitung personenbezogener Daten durch die Finanzbehörden wird in den gleichzeitig mit § 2a in die AO eingefügten §§ 29b, 29c, 31c behandelt. Die ebenfalls neuen §§ 32a ff befassen sich mit den Rechten der Person, deren personenbezogene Daten verarbeitet werden. § 30 (StGeheimnis) wurde dem neuen Recht angepasst. Zu den personenbezogenen Daten gehört zB auch eine dynamische IP-Adresse (BGH DB 17, 1645; EuGH BB 16, 2830).

5 **§ 2a I 2** schließt für den Anwendungsbereich der AO die Geltung des Bundesdatenschutzgesetzes und anderer Datenschutzvorschriften des Bundes sowie entsprechender Landesgesetze für Finanzbehörden aus, soweit nicht in der AO oder in den StGesetzen etwas anderes bestimmt ist. Eine dieser Ausnahmen enthält § 2a IV. Vgl dazu § 2a V (Rz 11).

7 **3. Grenzüberschreitender Warenverkehr. § 2a II** erstreckt die Geltung der datenschutzrechtlichen Regelungen der AO auch auf Daten, die die Finanzbehörden im Rahmen ihrer Aufgaben bei der Überwachung des grenzüberschreitenden Warenverkehrs verarbeiten, und behandelt sie wie Daten, die im Rahmen eines Verfahrens für Steuersachen verarbeitet werden. Eine Grenzüberschreitung liegt vor, wenn ein Vorgang zwei oder mehr Mitgliedstaaten der EU betrifft.

9 **4. Unmittelbare Geltung von EU-Datenschutzregelungen, § 2a III.** Die Regelungen des § 2a I, II, IV und V über die Verarbeitung personenbezogener Daten finden keine Anwendung, soweit das Recht der EU zum Datenschutz in der jeweils geltenden Fassung unmittelbar oder nach § 2 V entsprechend gilt. Der Gesetzestext nennt als EU-rechtliche Vorschriften insbes die Verordnung (EU) 2016/679 v 27.4.2016 zum Schutz natürlicher Personen bei der Verarbeitung personenbezogener Daten, zum freien Datenverkehr und zur Aufhebung der RL 95/46 EG (Datenschutz-Grundverordnung, ABl L 119 v 4.5.2016, S 1; L 314 v 22.11.2016, S 72). Nach Art 8 I Charta der Grundrechte der EU und Art 16 AEUV hat jede Person ein Grundrecht auf Schutz der sie betr personenbezogenen Daten. Die DSGVO ist eine EU-Verordnung und wirkt in der gesamten EU unmittelbar. An mehreren Stellen haben die Mitgliedstaaten die Möglichkeit, Präzisierungen und Abweichungen von der DSGVO in ihr nationales Recht aufzunehmen. Das Schutzniveau soll aber im gesamten EU-Raum gleich hoch sein. Soweit die DSGVO zwingendes Recht enthält, darf die nationale Gesetzgebung nicht davon abweichen.

11 **5. Straftaten und Steuerordnungswidrigkeiten, § 2a IV.** Abweichend von § 2a I 2 gelten die Vorschriften des Ersten und Dritten Teils des Bundesdatenschutzgesetzes, soweit gesetzlich nichts anderes bestimmt ist, sofern es bei der Verarbeitung personenbezogener Daten um die Verhütung, Ermittlung, Aufdeckung, Verfolgung oder Ahndung von Steuerstraftaten oder Steuerordnungswidrigkeiten geht. Für den in § 2a IV beschriebenen Bereich gilt die DSGVO nicht (Art 2 II Buchst d DSGVO). Art 10 DSGVO stellt die Verarbeitung personenbezogener Daten über Verurteilungen und Straftaten unter besondere Bedingungen.

13 **6. Erweiterung des persönlichen Geltungsbereichs, § 2a V.** Der Anwendungsbereich des § 2a I–IV wird durch § 2a V ausgedehnt auf identifizierte und identifizierbare (1) verstorbene natürliche Personen sowie auf (2) Körperschaften, rechtsfähige oder nicht rechtsfähige Personenvereinigungen und Vermögensmassen. (Begriffsbestimmung wie in § 1 KStG). Die für lebende natürliche Personen geltenden Vorschriften des § 2a sind auf diesen weiteren Kreis entsprechend anzu-

wenden. Nicht identifiziert bzw nicht identifizierbar sind Personen, deren Daten so anonymisiert sind, dass sie niemandem zugeordnet werden können. Eine Person ist identifizierbar, wenn sie durch Hinzuziehung zusätzlicher Daten (zB IP-Adressen, Cookies) identifiziert werden kann. Beispiele nennt Art 4 Nr 1 DSGVO. Die DSGVO gilt nicht für die Daten Verstorbener. In diesem Punkt weicht § 2a V vom europäischen Datenschutz – erlaubt – ab.

Zweiter Abschnitt. Steuerliche Begriffsbestimmungen

§ 3 Steuern, steuerliche Nebenleistungen

(1) **Steuern sind Geldleistungen, die nicht eine Gegenleistung für eine besondere Leistung darstellen und von einem öffentlich-rechtlichen Gemeinwesen zur Erzielung von Einnahmen allen auferlegt werden, bei denen der Tatbestand zutrifft, an den das Gesetz die Leistungspflicht knüpft; die Erzielung von Einnahmen kann Nebenzweck sein.**

(2) **Realsteuern sind die Grundsteuer und die Gewerbesteuer.**

(3) [1] **Einfuhr- und Ausfuhrabgaben nach Artikel 5 Nummer 20 und 21 des Zollkodex der Union sind Steuern im Sinne dieses Gesetzes.** [2] **Zollkodex der Union bezeichnet die Verordnung (EU) Nr. 952/2013 des Europäischen Parlaments und des Rates vom 9. Oktober 2013 zur Festlegung des Zollkodex der Union (ABl. L 269 vom 10.10.2013, S. 1, L 287, S. 90) in der jeweils geltenden Fassung.**

(4) **Steuerliche Nebenleistungen sind**

1. **Verzögerungsgelder nach § 146 Absatz 2b,**
2. **Verspätungszuschläge nach § 152,**
3. **Zuschläge nach § 162 Absatz 4,**
4. **Zinsen nach den §§ 233 bis 237 sowie Zinsen nach den Steuergesetzen, auf die die §§ 238 und 239 anzuwenden sind,**
5. **Säumniszuschläge nach § 240,**
6. **Zwangsgelder nach § 329,**
7. **Kosten nach den §§ 89, 178, 178a und 337 bis 345,**
8. **Zinsen auf Einfuhr- und Ausfuhrausgaben nach Artikel 5 Nummer 20 und 21 des Zollkodex der Union und**
9. **Verspätungsgelder nach § 22a Absatz 5 des Einkommensteuergesetzes.**

(5) [1] **Das Aufkommen der Zinsen auf Einfuhr- und Ausfuhrabgaben nach Artikel 5 Nummer 20 und 21 des Zollkodex der Union steht dem Bund zu.** [2] **Das Aufkommen der übrigen Zinsen steht den jeweils steuerberechtigten Körperschaften zu.** [3] **Das Aufkommen der Kosten im Sinne des § 89 steht jeweils der Körperschaft zu, deren Behörde für die Erteilung der verbindlichen Auskunft zuständig ist.** [4] **Das Aufkommen der Kosten im Sinne des § 178a steht dem Bund und den jeweils verwaltenden Körperschaften je zur Hälfte zu.** [5] **Die übrigen steuerlichen Nebenleistungen fließen den verwaltenden Körperschaften zu.**

Abs 4 geändert durch StVergAbG v 16.5.03 (BGBl I, 660); Abs 4 geändert und Abs 5 neu gefasst durch JStG 2007 v 13.12.06 (BGBl I, 2878); Abs 4 geändert durch JStG 2009 v 19.12.08 (BGBl I, 2794); Abs 4 geändert durch JStG 2010 v 8.12.10 (BGBl I, 1768); Abs 3, 4 und 5 mWv 1.5.2016 geändert durch G zur Anpassung der Abgabenordnung an den Zollkodex der Union und zur Änderung weiterer steuerlicher Vorschriften v 22.12.14 (BStBl I, 2417); Abs 4 neu gefasst durch G v 18.7.16 (BGBl I, 1679).

Schrifttum: *vor 2010 s 13. Aufl; Gersch* Verfassungsrechtliche Aspekte bei der Überprüfung von Steuertatbeständen, AO-StB 10, 313; *Hechtner/Siegel* Grenzsteuersätze im Tarifgeflecht der §§ 32a, 32b und 34 Abs. 1 EStG – Sinkende Einkommensteuer bei steigendem Einkommen möglich, DStR 10, 1593; *Becker* Leitlinien zum verfassungsrechtlichen Rahmen des Steuerrechts am Beispiel des zu reformierenden Grundsteuergesetzes, BB 11, 2391; *Balmes* Rechtfertigungsdefizite der Vergnügungsteuer, BB 12, 1259; *Drüen* Verfassungsrechtliche Positionen zur Mindestbesteuerung, FR 13, 393; *Korioth/Koemm* Gut gemeint, doch schlecht gemacht: Die neue Rundfunkabgabe ist verfassungswidrig, DStR 13, 833; *Hechtner* Zur zeitlichen Anwendung des Ehrenamtsstärkungsgesetzes – Kollateralschäden durch das Jahressteuergesetz 2013, DStR 13, 1313; *Kämmerer* Rundfunkbeitrag oder verkappte Wohnungsteuer?, DStR 16, 2370; *Kube* Verfassungsrechtliche Problematik der fortgesetzten Erhebung des Solidaritätszuschlags, DStR 17, 1792; *Musil* Verfassungsrechtliche Leitplanken einer Vermögensbesteuerung, DStR 17, 1903.

Übersicht

1 **1. Inhalt.** § 3 I definiert den Begriff der Steuer, angelehnt an die Entwicklung der Verfassungsrechtsprechung zum Steuerbegriff in Art 105 ff. GG bis 1977 (vgl dazu BVerfGE 3, 435; 7, 251; 10, 76; 29, 408; 36, 70; 40, 62; 42, 228; 49, 353; 55, 299; 67, 256; 75, 108; 78, 249). Das GG enthält verfassungsrechtliche Grundsätze und Vorschriften über die StGesetzgebung, an denen jedes StGesetz zu messen und nach denen es im Einzelfall verfassungskonform auszulegen ist (vgl § 4 Rz 33). Die 2016 vorgenommenen Änderungen sind redaktioneller Natur.

Abs 2 definiert ergänzend den Begriff der Realsteuern. Die Änderungen des § 3 zum 1.5.2016 sind Anpassungen an den Zollkodex der Union (UZK) und redaktioneller Art. **Abs 3** bezieht Zölle und Abschöpfungen im Rahmen der EU ausdrücklich in den Begriff der Steuer ein. Der UZK enthält keine abschließenden Vorschriften über die Verfahrensweise bei der Festsetzung und Erhebung von Kredit- und Verzugszinsen auf der Grundlage des UZK, sodass in diesem Bereich die AO ergänzend anzuwenden ist (BT-Drs 18/3017). **Abs 4** grenzt durch eine abschließende Aufzählung stl Nebenleistungen von den Steuern ab. **Abs 5** regelt die Verteilung der Kosten und Nebenleistungen.

2. Der finanzwissenschaftliche Steuerbegriff. Die finanzwissenschaftliche Steuerlehre behandelt die Steuer als Instrument des Staates, um in das Wirtschaftssystem einzugreifen. Eine einheitliche Begriffsbestimmung ist nicht entwickelt worden. Jedoch wird die Besteuerung immer als hoheitliche Maßnahme ohne Anspruch auf Gegenleistung zur Deckung eines staatlichen Finanzbedarfs gesehen, vgl 6. Aufl § 3 Anm 3. 2

3. Der rechtliche Steuerbegriff. Steuern, Gebühren und Beiträge sowie Sonderabgaben fallen unter den Oberbegriff öffentliche Abgaben. § 3 I definiert nur den Begriff der Steuer in der Tradition einer im deutschen StRecht eingebürgerten Begriffsbestimmung, die schon in Art 134 Weimarer Reichsverfassung zu finden war. Die Auslegung des Begriffs Steuer in der AO und in Art 105 ff GG ist gleich (BVerfGE 7, 251; 29, 408; 36, 70; 49, 353; 55, 299; 67, 282, BVerwGE 32, 259, BFHE 78, 124; 140, 396; BFH BStBl 90, 510). Über die Voraussetzung, dass die Erhebung von Steuern einer gesetzlichen Grundlage bedarf, sind § 3 AO und Art 105 ff GG sowie die Anwendung der Grundrechte im StRecht miteinander verzahnt. Auch die Ergänzungsabgabe zur ESt/KSt ist eine Steuer (Art 106 I Nr 6 GG), zB der Solidaritätszuschlag (zu dessen Verfassungsmäßigkeit BVerfG DStR 10, 1982 mwN; BFH BStBl 12, 43; *Kube* DStR 17, 1792: Abschmelzung notwendig wegen magelnder Berechtigung nach 2019). Eine Ergänzungsabgabe muss nicht zeitlich befristet werden. 3

4. Einzelne Begriffsmerkmale einer Steuer. a) Geldleistungen. Durch den Begriff Geldleistungen sind Sach- und Dienstleistungen ausgeschieden. Die Geldleistungen können einmalig oder fortlaufend sein. Die Verwendung von Steuerzeichen und Steuerstempeln, vgl § 167 I, ändert an der Geldleistungspflicht nichts (BFH BStBl 51, 207). 4

b) Hoheitliche Auferlegung durch Gesetz. Die Steuer muss von einem öffentlich-rechtlichen Gemeinwesen im Rahmen seiner **Gesetzgebungskompetenz** auferlegt sein. Bei der StGesetzgebung muss sich der Gesetzgeber an die in den Art 105, 106 GG vorgegebenen, weit zu interpretierenden Steuerarten halten; er darf keine dort nicht genannten Steuertypen einführen, da ihm dafür die Gesetzgebungskompetenz fehlt (BVerfG NJW 17, 2249). Die Merkmale für einen Steuertypus sind nicht in der Verfassung festgelegt, sondern ergeben sich aus dem traditionellen deutschen StRecht (BVerfG aaO; s § 1 Rz 4). Das Kernbrennstoffsteuergesetz war zB nichtig, weil es nicht dem Typ einer Verbrauchsteuer iSd Art 106 I Nr 2 GG, die nur den privaten Verbrauch belastet, vergleichbar war (BVerfG NJW 17, 2249; FG Mchn DStRE 12, 48; FG Hbg DStRE 13, 1212). Dem GG entsprechend, aber auch nach dem Wortlaut des § 3 I muss eine Steuer durch ein **Gesetz im materiellen Sinne** auferlegt sein. Soweit dies nicht gleichzeitig ein Gesetz im formellen Sinne ist, muss die Rechtsverordnung nach Art 80 GG auf einer Verordnungsermächtigung in einem formellen Gesetz beruhen (*Maunz/Dürig/Seiler* Art 105 Rz 7; aA *TK/Drüen* § 3 AO Rz 34, der nur formelle Gesetze genügen lässt). Ebenso muss Satzungsrecht auf einer formellen gesetzlichen Ermächtigungsgrundlage beruhen, um den Grundsatz des Vorbehalts des Gesetzes, der im Rahmen der Eingriffsverwaltung gilt, nicht zu verletzen. Das GG enthält verfassungsrechtliche Grundsätze und Vorschriften über die StGesetzgebung (unten Rz 11 ff), an denen jedes StGesetz zu messen und nach denen es im Einzelfall verfassungskonform auszulegen ist (vgl § 4 Rz 33). Bei der Schaffung eines Steuertatbestandes steht dem Gesetzgeber ein weites Ermessen bei der Ausgestaltung des Tatbestands und der Höhe der Steuer zu (BVerfG BVerfGE 123, 1; BVerfG NJW 5

17, 2249; BFH BStBl 12, 899; 13, 498; 17, 228; BFH/NV 17, 462; vgl auch BFH BStBl 13, 573), das allerdings das übergeordnete Recht, insb das GG und die daraus abgeleiteten Grundsätze (Rz 12 ff) beachten muss (BVerfGE 93, 121; BVerfG NVwZ 09, 968; BFH BStBl 12, 899 mwN; BFH/NV 14, 1970; FG Hbg EFG 10, 1177, rkr). So darf zB eine Ergänzungsabgabe zu einer Steuer nicht die vorgefundene Finanzordnung unterlaufen (BVerfG BStBl 72, 408; FG Mster EFG 10, 588). Das gesetzgeberische Ermessen ist iÜ vornehmlich durch zwei Leitlinien gebunden (BFH DStR 15, 2706). Dazu gehört einmal das Leistungsfähigkeitsprinzip, das sowohl die vertikale als auch die horizontale Steuergerechtigkeit beachten muss (BFH BStBl 14, 1016). Nicht minder wichtig ist das Prinzip der Folgerichtigkeit, das, ebenfalls aus Art 3 GG abgeleitet, den Gesetzgeber zu einer Systemtreue verpflichtet, bei der die einzelnen Steuertatbestände und Ausnahmen davon das einmal gewählte Grundsystem folgerichtig weiterzuentwickeln, um ungerechtfertigte Belastungen zu vermeiden (BVerfGE 93, 121; BVerfG DStRE 09, 63; BVerfG DStR 15, 31; BFH BStBl 12, 899; 14, 1016; BFH/NV 14, 1970). Die Erhebung einer Steuer, deren Rechtsgrundlage nicht mit dem GG vereinbar ist, ist rechtswidrig (BFH BStBl 95, 432, 438).

6 **c) Öffentlich-rechtliches Gemeinwesen.** Unter der Bezeichnung „öffentlich-rechtliches Gemeinwesen" sind alle Arten von juristischen Personen des öffentlichen Rechts zu verstehen. Vornehmlich gehören dazu die Gebietskörperschaften wie zB Bund, Länder und Gemeinden, aber auch alle Körperschaften, Anstalten und Stiftungen des öffentlichen Rechts (BFH/NV 95, 1093; vgl *TK/Drüen* § 3 AO Rz 11). Die öffentlich-rechtlichen Religionsgesellschaften sind juristische Personen und darum öff-rechtl Gemeinwesen iSd § 3 I und aufgrund der Art 140 GG und 137 WRV zur Erhebung von Kirchensteuern berechtigt.

7 **d) Ohne Gegenleistung.** Keine Gegenleistung für eine besondere Leistung zu sein, hebt die Steuer von anderen öffentlichen Abgaben wie Gebühren oder Beiträgen ab (BVerfG NJW 17, 2249; BFH/NV 95, 1093; BVerwG BFH/NV 12, 2111); Letztere stehen iZm einer Leistung, die das öffentliche Gemeinwesen dem Abgabepflichtigen erbringt (vgl Rz 15 ff). Eine Steuer ist dazu da, den allgemeinen Finanzbedarf eines staatlichen Gemeinwesens zu decken (BVerfGE 91, 186, 201; 113, 128). Eine **Zweckbindung des Aufkommens** aus der Abgabe widerspricht nicht dem Begriff der Steuer (zB Verwendung des Netto-Mehraufkommens aus der Alkopopsteuer für Maßnahmen zur Suchtprävention). Die Erfüllung der öffentlichen Aufgaben, zu deren Finanzierung Zwecksteuern dienen, hat nicht den Charakter einer Gegenleistung des Abgabeberechtigten zugunsten des Abgabepflichtigen (BVerfGE 7, 254; 9, 300; 49, 353). Der Abgabepflichtige hat weder bei einer Zwecksteuer noch bei einer ungebundenen Steuer das Recht, die Verwendung eines StAufkommens für bestimmte Haushaltstitel, zB für militärische Zwecke, zu verhindern (BFH BStBl 92, 303, Verfassungsbeschwerde dagegen „als offensichtlich unbegründet" erfolglos, BVerfG HFR 93, 89).

8 **e) Erzielung von Einnahmen.** Die Geldleistung muss zur Erzielung von Einnahmen auferlegt sein. Das Aufkommen aus der Abgabe muss dem öffentlichen Gemeinwesen endgültig zufallen zur Erfüllung öffentlicher Aufgaben. Merkmal einer Bundessteuer ist zB, dass das Aufkommen der Abgabe in den allgemeinen Bundeshaushalt fließt (nicht steuerliche Abgabe zB Zufluss in einen Sonderfonds, BVerfGE 113, 128). Rückzahlbare Zwangsanleihen oder Konjunkturschläge zählen wegen der Rückzahlung nicht zu den Steuern (BVerfGE 7, 14f; 36, 70). Eine zeitliche Begrenzung, zB hinsichtlich der Erhebung einer Ergänzungsabgabe, würde deren Charakter als Steuer nicht ändern (BVerfG DStR 10, 1982). Für den Begriff der Steuer ist es nicht erforderlich, dass eine Abgabe überwiegend oder in erster Linie der Erzielung von Einnahmen dient. Es genügt, dass dies einer von mehreren Zwecken ist (BFH BStBl 90, 510; unten Rz 10). Deshalb wäre auch eine als bodenordnende Maßnahme gedachte Wertsteigerungsabgabe, die der Ab-

schöpfung der ohne Aufwand an Arbeit und Kapital durch Maßnahmen der Allgemeinheit entstandenen Wertsteigerungen aufgrund städtebaulicher Planung dienen würde, eine Steuer (BVerfGE 3, 436; 67, 283). Die Einnahmen müssen öffentlichen Gemeinwesen zustehen, nicht anderen Körperschaften oder Personen, wie zB der Strompfennig (Sonderabgabe) den Unternehmen der Energieversorgung (vgl BVerfGE 8, 274; 37, 16; *Friauf* Festgabe BVerfG II, 308).

f) Erzielen von Einnahmen auch als Nebenzweck. Die Befriedigung des Finanzbedarfs der öffentlichen Haushalte muss wenigstens Nebenzweck bei der Erhebung von Steuern sein. Steuernormen dürfen daher auch Lenkungsfunktionen haben, wie zB Sozialzwecknormen oder StGesetze, mit denen wirtschaftspolitische Zwecke verfolgt werden (BFH BStBl 12, 899). Würde eine Steuer zB nur aus konjunkturpolitischen Gründen erhöht, so wären die Erhöhungsbeträge Steuern, auch wenn die Mehreinnahmen einer Konjunkturausgleichsrücklage zuzuführen wären (Beispiel nach einer früheren Regelung). Soweit außerfiskalische Ziele durch das Gesetz verfolgt werden, müssen solche Förderungs- oder Lenkungsziele erkennbar von gesetzgeberischen Entscheidungen getragen werden, damit Sonderbelastungen gerechtfertigt sein können (BVerfG DStR 08, 2460). Außerdem muss die Regelung selbst gleichheitsgerecht gestaltet sein; auch Vergünstigungen müssen ein Mindestmaß an zweckgerechter Ausgestaltung aufweisen (BVerfG DStR 08, 2460 mwN). Bedenklich können Steuernormen sein, bei denen das Erzielen von Einnahmen zwar ausschließlicher Zweck ist, aber die **Verwaltungskosten** zur Erhebung und Durchsetzung des Steueranspruchs in einem sehr ungünstigen Verhältnis zueinander stehen; denn Steuern finden ihre innere Rechtfertigung in der Erzielung von Einnahmen für öffentliche Aufgaben und nicht in der Verursachung von bloßem und übermäßigem Verwaltungsaufwand. Die Grenze des Zulässigen ist auf jeden Fall überschritten, wenn die Finanzfunktion der Abgabenerhebung in eine reine Verwaltungsfunktion mit Verbotscharakter umschlägt (BFH BStBl 96, 538 mwN). Zur Feststellung der erdrosselnden Wirkung einer Steuer s BFH/NV 12, 367 (Vergnügungsteuer). Geldleistungen, bei denen – wie bei Geld- und Erzwingungsstrafen – die Einnahmeerzielung als Zweck ausscheidet, fallen nicht unter den Begriff der Steuer (BVerfGE 3, 407 [435]). Zur Erdrosselungssteuer vgl BVerfGE 16, 147 [161]; 31, 8 [23]; 38, 61 [82]; 123, 111; BVerfG BStBl 71, 433; *Musil* DStR 17, 1903, 1906; *TK/Drüen* § 3 AO Rz 12a; s Rz 13. 9

5. Tatbestandsmäßigkeit der Besteuerung. Die Steuerleistungspflicht ist davon abhängig, dass beim Stpfl ein Tatbestand zutrifft, an den das Gesetz die Leistungspflicht knüpft. Dieser verfassungsrechtliche Grundsatz der Tatbestandsmäßigkeit der Besteuerung (Ausfluss des Rechtsstaatsprinzips) fordert, dass die Norm, die eine Steuerpflicht begründet, nach Inhalt, Gegenstand, Zweck und Ausmaß hinreichend bestimmt und begrenzt ist, sodass eine StLast aufgrund des Tatbestands und der daran geknüpften Rechtsfolge messbar und in gewissem Umfang für den Staatsbürger voraussehbar sowie überschaubar wird (BVerfGE 13, 160; 19, 267; 34, 365; BFH BStBl 02, 10; FG Hbg EFG 10, 1177). Diese Grundsätze gelten auch für die Tatbestände von Beiträgen und Gebühren. Kritisch sind in diesem Zusammenhang zu weitgehende Analogieanweisungen („und in ähnlichen Fällen") zu sehen (*Crezelius* FR 08, 889, 894). 11

6. Gleichmäßige Besteuerung. Durch die Bestimmung, dass die Geldleistungen allen auferlegt sein müssen, wird der aus **Art 3 I GG** abgeleitete Grundsatz der **Gleichmäßigkeit der Besteuerung** (s Rz 14) einschl der Forderung nach **effektivem Steuervollzug** Bestandteil des Steuerbegriffs (vgl dazu *TK/Drüen* § 3 AO Rz 41 ff). Für das BVerfG sind Gleichmäßigkeit der Besteuerung und Gerechtigkeit der Besteuerung inhaltsgleich. Art 3 GG gebietet, wesentlich Gleiches gleich und wesentlich Ungleiches ungleich zu behandeln; dies gilt sowohl für Belastungen als auch für Begünstigungen (BVerfG DStR 08, 2460; BFH BStBl 10, 12

617 mwN; 12, 603 mwN; BFH/NV 10, 1767; 14, 1970; 18, 462). Verboten ist zB auch ein gleichheitswidriger Ausschluss eines Personenkreises von einer Begünstigung, die einem anderen Personenkreis gewährt wird (BFH BStBl 12, 899 mwN). Ob Differenzierungen nach Art 3 GG gerechtfertigt sind, hängt davon ab, in welchem Maß sich die ungleiche Behandlung von Personen und Sachverhalten auf grundgesetzlich geschützte Freiheiten auswirken kann. Eine Entscheidung ist immer nur im Einzelfall möglich (stRspr, BVerfGE 122, 210) und muss dem Gegenstand, den die Norm regelt, und den Differenzierungsmerkmalen angepasst sein; je nachdem ergeben sich für den Gesetzgeber unterschiedliche Grenzen, die vom Willkürverbot bis zur strengen Bindung an den Grundsatz der Verhältnismäßigkeit reichen können (BFH BStBl 12, 603 mwN; 13, 573). Der Gleichheitssatz ist verletzt, wenn sich ein vernünftiger, sich aus der Natur der Sache ergebender oder sonst wie sachlich einleuchtender Grund für die gesetzliche Differenzierung oder Gleichbehandlung nicht finden lässt, wenn also die Bestimmung als willkürlich bezeichnet werden muss (BFH BStBl 03, 182; BVerfGE 81, 108, 228, 346; 87, 234; 93, 121; BFH DStR 12, 2063 mwN; FG Nds EFG 07, 1980, rkr; vgl auch *Klein* Gleichheitssatz und StRecht, 103 ff). Der Gleichheitssatz ist ferner dann verletzt, wenn der Staat eine Gruppe von Normadressaten im Vergleich zu anderen Normadressaten anders behandelt, obwohl zwischen beiden Gruppen keine Unterschiede von solcher Art und solchem Gewicht bestehen, dass sie die ungleiche Behandlung rechtfertigen könnten (BVerfGE 55, 72; 82, 60; BVerfG NJW 93, 643). Ausnahmen von der Belastungsgleichheit und dem Gebot der Folgerichtigkeit bedürfen eines besonderen, sachlichen Grundes (BVerfG DStR 15, 31; BFH/NV 14, 1970). Es reicht nicht aus, dass ein Gesetz in seinem Wortlaut eine ungleiche Behandlung vermeidet und seinen Geltungsbereich abstrakt allgemein umschreibt. Vielmehr kann auch ein solches Gesetz Art 3 I GG widersprechen, wenn sich aus seiner praktischen Auswirkung eine offenbare Ungleichheit ergibt und die ungleiche Auswirkung gerade auf die rechtliche Gestaltung zurückzuführen ist. Nicht die äußere Form, sondern der materiell-rechtliche Gehalt ist entscheidend (BVerfGE 8, 51 [64]). Unschädlich ist dagegen, dass der Steuertatbestand nur von wenigen erfüllt wird (BFH/NV 95, 1093). Die Gleichmäßigkeit der Besteuerung darf nicht ohne Weiteres hinter Gesichtspunkten der Verwaltungspraktikabilität zurücktreten (FG Ddorf EFG 13, 708). Zu den Prinzipien, die Ausfluss des Gleichheitsgrundsatzes sind, vgl die nachfolgenden Erläut.

13 **Strukturelle Mängel des Steuererhebungsverfahrens** verletzen den Grundsatz der Gleichmäßigkeit der Besteuerung ebenso wie Tatbestandsmängel, die mit Art 3 I GG nicht in Einklang zu bringen sind. Der Gleichheitssatz wird verletzt, wenn die Gleichheit im Belastungserfolg durch die rechtliche Gestaltung des Erhebungsverfahrens prinzipiell verfehlt wird und die gleichmäßige Anwendung des materiellen Rechts weitgehend behindert wird (BFH BStBl 03, 74). Die stl Lastengleichheit erfordert somit eine Gestaltung der gesetzlichen Erhebungsregelungen für eine Steuer, die verhindert, dass der Besteuerungsanspruch weitgehend nicht durchgesetzt werden kann (BVerfG BStBl 91, 654, sog Zinsurteil). Ein StGesetz entspricht dann dem Grundsatz der Gleichmäßigkeit der Besteuerung und dem Gebot der **horizontalen Steuergleichheit,** wenn idS gleichartige Tatbestände auch gleich besteuert werden (BVerfG DStR 05, 958; Hinweis auf BFHE 57, 473 ff).

14 **7. Zum Leistungsfähigkeitsprinzip.** Das Leistungsfähigkeitsprinzip betrifft die Wirkung einer Steuerbelastung. Es ist Ausdruck der allgemeinen Gerechtigkeitsordnung und fordert, dass eine Steuer nur einer Person auferlegt wird, die diese Steuer aus ihrem disponiblen Einkommen erbringen kann und dass die StLast gerecht gem der steuerlichen Leistungsfähigkeit auf die Steuerpflichtigen verteilt wird (BVerfGE 61, 319; 82, 60; 93, 121; BVerfG BStBl 95, 655; 03, 534; DStR 05, 958). In seinen einzelnen Ausformungen stützt es sich vornehmlich auf Art 3

GG (Gleichbehandlungsgarantie), aber auch auf die Art 6 GG (Schutz der Familie, vgl BFH BStBl 17, 903), Art 12 GG (Schutz von Berufs- und Gewerbefreiheit) durch Berücksichtigung der Ertragsfähigkeit sowie auf Art 14 GG (Eigentumsgarantie). Das Leistungsfähigkeitsprinzip ist auf keine Steuerart beschränkt (vgl BVerfG BStBl 95, 655, 660), hat aber seine stärkste Ausprägung bei den direkten Steuern, vor allem bei der ESt. Erkennbar sind vor allem zwei Grundkomponenten des Leistungsfähigkeitsprinzips: Einmal sind Stpfl bei gleicher Leistungsfähigkeit gleich zu besteuern (horizontale Steuergerechtigkeit) und zum anderen muss eine höhere Leistungsfähigkeit im Vergleich zu einer geringeren angemessen berücksichtigt werden (vertikale Steuergerechtigkeit; BVerfGE 8, 51 [58f]; BVerfG DStR 08, 2460; BFH BStBl 12, 899). Der Grundsatz, dass stl Lasten in gleicher Weise zugeteilt werden, verlangt eine Ausgestaltung der Steuer, die am Steuergegenstand orientiert ist und eine gleichheitsgerechte Verteilung der StLast sicherstellt und Ausnahmen davon nur zulässt, wenn ein besonders sachlicher, ein gewichtiger Grund dafür vorliegt und die Ausnahme hinreichend folgerichtig ist (BFH BStBl 12, 603 mwN; BFH/NV 14, 1970). Bei der Besteuerung von Vermögen entspricht die Leistungsfähigkeit der Ertragsfähigkeit des Vermögens. Soweit die Besteuerung an die Werte von Wirtschaftsgütern anknüpft, müssen als Besteuerungsgrundlage in ihrer Relation realitätsgerechte Werte angenommen werden (BVerfG BStBl 07, 192). Dies führt iEinz zu mehreren Konsequenzen:

a) Schutz des Existenzminimums. Das Leistungsfähigkeitsprinzip schützt 15
dort vor der Belastung mit Steuern, wo die wirtschaftliche Kraft zur Steuerzahlung ganz fehlt. Das **Existenzminimum** muss ebenso steuerfrei bleiben wie der Bedarf, der notwendig ist, den Bedarf der unterhaltsberechtigten Familien und von Kindern zu decken (BVerfGE 93, 413; 99, 246; BFH BStBl 03, 523; 11, 176; 18, 96 und Rz 14; vgl auch BVerfG NJW 10, 505; § 3 Rz 18) oder eine Mindestvorsorge im Alter zu ermöglichen (BVerfG v 28.6.1997 1 BvR 1523/88), jedoch müssen nicht alle Vorsorgeaufwendungen steuerfrei belassen werden (BFH BStBl 03, 179). Kindesbedingten Aufwand darf der Gesetzgeber statt im StRecht im Sozialrecht berücksichtigen (BVerfG HFR 04, 694). Nach Auffassung des FG Nds ist § 32 VI 1–3 EStG verfassungswidrig, weil die Höhe des Kinderfreibetrags seit 2014 den tatsächlichen Grundbedarf eines Kindes ab 4 Jahren nicht abdeckt (FG Nds EFG 17, 668; BVerfG 2 BvL 3/17, anhängiges Normenkontrollverfahren). Bei der Ermittlung der Einkünfte entspricht es dem Leistungsfähigkeitsprinzip, dass **unvermeidbare Ausgaben** die Bemessungsgrundlage als Werbungskosten oder Betriebsausgaben mindern (BVerfG DStR 08, 2460; BFH/NV 14,1970). Bei der Zweitwohnsteuer, die eine örtliche Aufwandsteuer ist, sieht das BVerfG das Leistungsfähigkeitsprinzip als gewahrt an, wenn der Aufwand als Indikator der Leistungsfähigkeit maßgeblich ist, und zwar auch dann, wenn für die Erstwohnung kein Entgelt gezahlt wird, weil es sich zB um ein Kinderzimmer eines Studenten im Haushalt der Eltern handelt (BVerfG NVwZ 10, 1022; mit Recht kritisch *Oelschläger* DStR 08, 590, 594, wenn es sich um Personen handelt, die Unterhalt erhalten). Eine Aufwandsteuer darf nicht auf Gegenstände oder Dienstleistungen erhoben werden, die nicht der Einkommensverwendung (Aufwand), sondern der Erzielung von Einkommen dienen (BVerfGE 65, 325; BFH/NV 12, 2111; 15, 1697).

b) Gesamtsteuerbelastung. Aufgrund des Leistungsfähigkeitsprinzips lässt sich 16
keine konkrete Obergrenze zur Gesamtsteuerbelastung ableiten, sondern nur im sachgerechten Vergleich ermitteln, wann die Leistungsfähigkeit überfordert ist. Vom sog **Halbteilungsgrundsatz** (BVerfG BStBl 95, 655, 661 – BVerfGE 93, 121) ist das BVerfG selbst wieder abgerückt, als über die Verfassungsmäßigkeit der Gewerbesteuer zu entscheiden war (auch BFH BStBl 99, 771). Trotzdem gibt es eine Grenze, ab der das Leistungsfähigkeitsprinzip verletzt ist und die im Einzelfall wertend zu ermitteln ist. Zutreffend ist auf jeden Fall, dass eine Übermaßsteuer

ebenso abzulehnen ist wie eine, die schon den Grundbedarf wegsteuert. Der Gedanke der Halbteilung ist ein geeigneter Ansatzpunkt, ab dem überlegt werden kann, wann die Leistung des Einzelnen, auf die sich die Leistungsfähigkeit gründet, aufgrund übermäßiger Besteuerung nicht mehr als primär eigennützig angesehen werden kann (vgl pointiert *Seer* FR 99, 1296; *KSM/Kirchhof* § 2 EStG Rz 153 ff für diverse Steuern). Allgemein anerkannt ist das **Verbot der Übermaßbesteuerung** im Zusammenhang mit der Ablehnung von sog Erdrosselungssteuern (BFH BStBl 10, 641; BFH DStR 09, 2657; BFH DStRE 10, 537). Gem Art 14 GG darf die Obergrenze einer zumutbaren steuerlichen Belastung nicht überschritten werden (BVerfGE 123, 111). Danach darf eine Steuer nicht so belastend wirken, dass zB eine Berufs- oder Gewerbetätigkeit wirtschaftlich nicht lohnt, sodass die Fortsetzung der Erwerbstätigkeit unmöglich gemacht wird (BVerfGE 16, 147, 161; 31, 8, 23; 38, 61; 95, 267; BVerfG HFR 92, 38; BFH BStBl 96, 538; zustimmend auch BFH BStBl 99, 771). Das Problem der Übermaßbesteuerung kann sich theoretisch in allen steuerbelastenden Bereichen ergeben. Zu §§ 32a, 32b, 34 EStG s *Hechtner/Siegel* DStR 10, 1593.

17 **c) Gebot der Folgerichtigkeit.** Die gleichmäßige Belastung im Rahmen der Leistungsfähigkeit erfordert auch, dass das **Gebot der Folgerichtigkeit** in dem Sinne beachtet wird, dass die einmal getroffene Belastungsentscheidung folgerichtig im Sinne der Belastungsgleichheit umgesetzt wird (BVerfG BStBl 03, 534; BVerfG DStR 15, 31; BFH BStBl 07, 571; 12, 899; 17, 1240; BVerfG DStR 08, 2460; BFH/NV 10, 1767; 14, 1970). Hat sich der Gesetzgeber einmal für ein System entschieden, nach dem die StLast auf die Steuerpflichtigen verteilt wird, so liegt eine Ungleichbehandlung vor, wenn dieses System ohne hinreichende Rechtfertigung durchbrochen wird. Das schließt nicht aus, dass im Einzelfall außerfiskalische Förderungs- bzw. Lenkungszwecke verfolgt werden dürfen oder dass nach Vereinfachungen und Typisierungen vorgegangen werden darf. Die Grenze einer zulässigen Typisierung ist aber überschritten, wenn Vereinfachungen nicht auf einer möglichst breiten Beobachtung aufbauen, die alle betroffenen Gruppen und Regelungsgegenstände einbezieht, oder wenn ein Ausnahmefall an Stelle des typischen Falls als Leitbild dient (BVerfG DStR 08, 2460). Das Motiv, die Steuereinnahmen erhöhen zu wollen, ist kein ausreichender Rechtfertigungsgrund (BVerfG BFH/NV 10, 1767).

18 **d) Leistungsfähigkeit bei der ESt.** Das Leistungsfähigkeitsprinzip und das Gebot der Folgerichtigkeit geben Leitlinien für die Ausübung des gesetzgeberischen Ermessens gerade auch im Bereich der ESt ab (BFH DStR 15, 2706). Beide Prinzipien greifen ineinander über. Danach ist zu entscheiden, welcher Belastungsaufwand zB auch im privaten Bereich belastungsmindernd berücksichtigt werden muss. Außerdem kommt es nicht nur auf den Veranlassungsgrund von Aufwand (beruflich oder privat) an, sondern auch auf die Unterscheidung zwischen freier oder beliebiger Verwendung des Einkommens auf der einen Seite und der zwangsläufigen oder pflichtgemäßen Verwendung auf der anderen Seite an (BVerfG BStBl 03, 534). Das Leistungsfähigkeitsprinzip erfordert die Berücksichtigung bestimmter sach- und personenbezogener Verhältnisse des Steuerpflichtigen (BVerfGE 43, 120; 61, 344; BFH BStBl 12, 899). Nach dem **subjektiven Nettoprinzip** (Unterprinzip des Leistungsfähigkeitsprinzips) sollen unvermeidbare Privatausgaben die StLast mindern (BFH/NV 14, 1970). Das hat zB zur Folge, dass bei der Besteuerung von Einnahmen auch die Ausgaben berücksichtigt werden müssen, die zur Erzielung der Einnahmen notwendig waren (BVerfG DStRE 99, 202; BFH BStBl 13, 512; s Rz 15). Ausnahmen von der Besteuerung müssen in besonderem Maß sachlich gerechtfertigt sein (BFH BStBl 12, 603). Bei gleicher Ertragskraft muss bei ESt und KSt die stl Belastung gleich ausfallen, soweit kein besonders sachlicher Grund für eine Ungleichbehandlung vorliegt (BFH BStBl 12, 602). Nach dem **objektiven Nettoprinzip** darf nur das verfügbare Einkommen (nach Abzug von zB Wer-

bungskosten oder Betriebsausgaben) zur Besteuerung herangezogen werden (BFH BStBl 03, 179; 10, 617; 17, 1240). Im Einzelnen gilt: Dem der Einkommensteuer unterworfenen Steuerpflichtigen muss nach Erfüllung seiner Einkommensteuerpflicht von seinem Erworbenen soviel verbleiben, als er zur Bestreitung seines notwendigen Lebensunterhalts und desjenigen seiner Familie bedarf (BVerfG BStBl 93, 413; BFH BStBl 10, 617). Daher muss der Staat auch den Unterhaltsaufwand für Kinder in dem Umfang als besteuerbares Einkommen außer Betracht lassen, in dem die Unterhaltsaufwendungen zur Gewährung des Existenzminimums erforderlich sind (BVerfG BStBl 90, 653; 99, 174; 99, 193; 99, 194); ebenso muss der Betreuungs- und Erziehungsbedarf für Kinder berücksichtigt werden (BVerfG BStBl 99, 182; BFH BStBl 12, 816). Aus Art 6 GG ergibt sich das spezielle Verbot, Eltern und allein erziehende Elternteile ggü Kinderlosen zu benachteiligen (BVerfG DStR 05, 958). Für das zu verschonende Existenzminimum ist als unterste Grenze auf jeden Fall der Bedarf für den notwendigen Lebensunterhalt iSd Sozialhilfe anzunehmen (BFH BStBl 10, 617 mwN;). Eine ideale Verwirklichung des Leistungsfähigkeitsprinzips ist nicht möglich. Hier wirkt sich das Gebot der Folgerichtigkeit aus. Die technischen Schwierigkeiten bei der vollständigen und richtigen Erfassung der Merkmale persönlicher Leistungsfähigkeit erfordern Typisierungen, Pauschalierungen und Schätzungen, damit die in der Person des Steuerpflichtigen liegenden Umstände, die die stl Leistungsfähigkeit beeinflussen, berücksichtigt werden können (vgl allgemein zur Typisierung und Pauschalierung im StRecht BVerfG NJW 93, 643; BStBl 97, 518; BFH BStBl 96, 538). Der Gleichheitssatz, der auch eine gleichmäßige Anwendung der StGesetze erfordert, erlaubt dem Gesetzgeber, Typisierungen bei der Berücksichtigung persönlicher Belastungen einzuführen, wenn dies der materiellen Gleichheit dient (BVerfG BStBl 97, 518; BFH/NV 17, 368; 18, 462).

In Einzelsteuermaßnahmen wird immer häufiger gegen das Nettoprinzip verstoßen, zB bei Einführung der Zinsschranke, bei Kürzung der Pendlerpauschale, Verlustabzugsbeschränkung nach § 8c KStG (*Drüen* StuW 08, 3 ff; BFH/NV 17, 368), bei vollständiger Beseitigung oder Ausschluss eines Verlustausgleichs (BFH BStBl 14, 1016) oder bei Ausschluss des Werbungskostenabzugs für ein Erststudium (BFH/NV 14, 1970). Die durch § 2 III EStG eingeführte Mindestbesteuerung könnte teilweise gegen das Leistungsfähigkeitsprinzip verstoßen, da Steuern gefordert werden, obwohl eine nur fiktive oder erst zukünftige Leistungsfähigkeit vorliegt (so FG Bln EFG 02, 597; BFH BStBl 03, 523; 11, 826; für Verfassungsmäßigkeit BFH BStBl 13, 512; Meinungsstand bei *Drüen* FR 13, 393; § 4 Rz 28).

8. Abgrenzung zu anderen Abgaben. Grenzen für die Auferlegung nicht steuerlicher Abgaben: Abgaben, die keine Steuern sind, bedürfen, da sie 18a
den Abgabepflichtigen belasten, einer gesetzmäßigen Grundlage; es gelten dafür die allgemeinen Regeln über Sachgesetzgebungskompetenzen (BVerfGE 4, 7; 13, 110, 370, 384; s auch Rz 11). Das Grundgesetz verbietet nicht steuerliche Abgaben nicht und enthält auch keinen Katalog zulässiger Abgaben ohne Steuercharakter. Trotzdem sind nicht steuerliche Abgaben nicht uneingeschränkt zulässig und müssen als Finanzierungsinstrument im Verhältnis zu den Steuern die Ausnahme bleiben. Der Gesetzgeber darf iÜ nicht unter Umgehung der im Grundgesetz festgeschriebenen Finanzverfassung und ihrer Verteilungsregeln beliebig viele nicht steuerliche Abgaben und ohne Maß den Bürgern auferlegen (BVerfGE 91, 186; 113, 128 mwN). Darüber hinaus bedarf jede nicht steuerliche Abgabe über die Einnahmeerzielung hinaus einer sachlichen Rechtfertigung. Gefordert wird eine Belastungsgleichheit bei der Erhebung der Abgabe. Der Verfassungsgrundsatz der Vollständigkeit des Haushaltsplans (Art 110 I GG) erfordert, dass das Parlament über das gesamte verfügbare Finanzvolumen, einschl der nicht steuerlichen Abgaben, einen vollen Überblick hat. Nicht steuerliche Abgaben müssen sich schließlich deutlich von einer Steuer unterscheiden (BVerfGE 113, 128). Dies setzt eine

entsprechende Dokumentation im Hinblick auf den Haushalt voraus. Bei den nicht steuerlichen Abgaben lassen sich Gebühren, Beiträge und Sonderabgaben unterscheiden.

19 **a) Gebühren.** Gebühren gehören zu den öffentlichen Abgaben, nicht aber zu den Steuern. Sie sind gesetzlich – oder aufgrund eines Gesetzes – festgelegte Entgelte in Form einer Gegenleistung für die Inanspruchnahme der öffentlichen Verwaltung in einem bestimmten Einzelfall (vgl BVerfG NJW 84, 1871; BFH BStBl 11, 536). Durch den Charakter einer Gegenleistung unterscheiden sie sich von den Steuern und Sonderabgaben. Für die Gebühren gilt – anders als für die Steuern – das Äquivalenzprinzip (BVerfGE 20, 269). Die Gebührenhöhe darf nicht in einem Missverhältnis zur Verwaltungsleistung stehen (FG BaWü EFG 08, 1342). Zur Tatbestandsmäßigkeit von Gebühren und Beiträgen s Rz 11. Zur Abgrenzung von Gebühren und Beiträgen vgl BVerfGE 9, 291; BVerwGE 13, 214; *Rupp* NJW 68, 271. Die AO kennt die in den §§ 89, 338 genannten Gebühren. Die Gebühr gem § 89 halten die FG für verfassungsgemäß (BFH BStBl 11, 536; FG BaWü EFG 10, 1284). Zur Einordnung der ab 1.1.2013 erhobenen Rundfunkabgabe s *Korioth/Koemm* DStR 13, 833 (nach denen eine – verfassungswidrige – Steuer vorliegt, weil jeder Haushalt und jede Betriebsstätte zahlungspflichtig ist, unabhängig von der tatsächlichen Nutzung).

20 **b) Beiträge.** Als Beitrag wird nach der üblichen Begriffsbestimmung die Beteiligung der Interessenten an den Kosten einer öffentlichen Einrichtung (Veranstaltung) bezeichnet (BVerfGE 7, 254 f; 42, 228). Abgegolten wird mit dem Beitrag die mögliche Inanspruchnahme einer Einrichtung oder Leistung (BVerfGE 110, 370; 113, 128). Der Gedanke der Gegenleistung, des Ausgleichs von Vorteilen und Lasten ist der den Beitrag im abgabenrechtlichen Sinne legitimierende Gesichtspunkt: er muss deshalb auch die rechtliche Gestaltung, vor allem die Abgrenzung des Kreises der Beitragspflichtigen und den Veranlagungsmaßstab bestimmen. Für die Beitragspflicht kann es nur auf den Vorteil ankommen, der einem bestimmten Personenkreis aus der sachlichen Zweckbestimmung der öffentlichen Einrichtung erwächst (BVerfGE 9, 291 [287 f]). Den Rundfunkbeitrag, der jeden Wohnungsinhaber unabhängig davon belastet, ob er ein Empfangsgerät nutzt oder nicht, hält das BVerwG für verfassungsgemäß; im Schrifttum wird der Rundfunkbeitrag zum Teil als verkappte Steuer angesehen (Überblick bei *Kämmerer* DStR 16, 2370).

21 **c) Sonderabgaben.** Zwischen den Steuern einerseits und den Gebühren und Beiträgen andererseits hat sich in der Praxis eine ganze Reihe von Abgabearten entwickelt, deren Abgrenzung von den Steuern sehr schwierig sein kann. Die Abgrenzung zwischen diesen Sonderabgaben und Steuern ist aber notwendig, da es nicht im Belieben des Gesetzgebers steht, ob er eine Abgabe unter die Steuern einordnet oder nicht. Nur so kann die bundesstaatliche Ordnungs- und Ausgleichsfunktion der Art. 104a ff GG gewahrt bleiben. Steuern und Sonderabgaben haben gemeinsam, dass sie den Abgabepflichtigen ohne Gegenleistung auferlegt werden. Bei den Sonderabgaben handelt es sich um Geldleistungspflichten, die einer bestimmten Gruppe (dh nicht der Allgemeinheit) im Hinblick auf vorgegebene besondere wirtschaftliche oder soziale Zusammenhänge zusätzlich gesetzlich auferlegt werden (BVerfG NJW 17, 2249). Die mit der Sonderabgabe belastete Gruppe muss homogen sein und dem mit der Erhebung der Abgabe verfolgten Zweck evident näher stehen als jede andere Gruppe oder die Allgemeinheit der Steuerzahler, sodass eine besondere Gruppenverantwortung für die Erfüllung des Zwecks, dem die Abgabe dient, besteht (BVerfG NJW 81, 329; 95, 381; BVerfGE 113, 128). Das Aufkommen der Sonderabgabe darf nicht dem allgemeinen Finanzbedarf und der Finanzierung von Staatsaufgaben zur Verfügung stehen. Die Sonderabgabe muss gruppennützig verwendet werden (BVerfG NVwZ 10, 35; BVerfG NJW 17, 2249). Die Sonderabgabe muss wenigstens überwiegend durch ihren

Finanzierungszweck geprägt sein. Sie darf nicht eine Vorteilsabschöpfung darstellen (BVerfGE 113, 128). Zusätzlich muss der Gesetzgeber die erhobenen Sonderabgaben haushaltsrechtl vollständig dokumentieren, damit eine parlamentarische Kontrolle möglich ist (BVerfGE 108, 186, 218; 113, 128). Bei der Unterscheidung zwischen Steuer und Sonderabgabe kommt es entscheidend auf den materiellen Gehalt der Abgabe an. Um die in Art 105 ff GG festgelegte Finanzordnung nicht zu stören, haben die Sonderabgaben die seltene Ausnahme ggü Steuern zu sein (BVerfGE 55, 308; 67, 275; 91, 186). Die Kompetenz zur Erhebung einer Sonderabgabe ergibt sich ais den allgemeinen Sachzuständigkeiten der Art 73 ff GG und hat sich in engen Grenzen zu halten (BVerfG NJW 81, 329 mwN). Die Sonderabgaben werden nicht von den Finanzbehörden verwaltet. Die Ergänzungsabgabe zu ESt und KSt, wie der Solidaritätszuschlag, ist nach dem Wortlaut des Art. 106 I Nr 6 GG eine Steuer und keine Sonderabgabe. Vor allem folgende Sonderabgaben lassen sich unter Berücksichtigung der Rechtsprechung des BVerfG unterscheiden (s auch *Jakob* FS *Klein,* S 663 ff).

aa) Gruppennützige Abgaben. Diese sind Sonderabgaben, die von einer abgrenzbaren, homogenen gesellschaftlichen Gruppe (zB Arbeitgeber) erhoben werden für die Erfüllung einer Aufgabe, für die diese Gruppe eine besondere Verantwortung hat. Dabei muss zwischen den Belastungen durch die Abgabe und den Begünstigungen, die die Abgabe bewirkt, eine sachgerechte Verknüpfung bestehen (gruppennützige Verwendung der Abgabe). Die gruppennützige Abgabe entlastet die Abgabepflichtigen von einer Aufgabe, die in ihren Verantwortungsbereich fällt; darin liegt der entscheidende Rechtfertigungsgrund dieser Sonderabgabe (BVerfGE 113, 128). Fremdnützige Sonderabgaben sind idR unzulässig (BVerfGE 55, 274 ff; 113, 128; vgl auch BVerfGE 37, 16). Zu den gruppennützigen Abgaben gehören auch die Ausgleichsabgaben,insbes die wirtschaftsverwaltungsrechtlichen Ausgleichsabgaben, die hauptsächlich den Ausgangspunkt für die Entwicklung der Sonderabgaben gebildet haben (vgl BVerfGE 4, 7 ff; 8, 274 ff; 17, 292; 18, 315 ff; 28, 119 ff). 22

bb) Abgaben mit Antriebs- und Ausgleichsfunktion. Sie sind Abgaben, mit denen zur Erfüllung bestimmter Pflichten angehalten und gleichzeitig eine Gegenleistung für die Nichterfüllung oder Befreiung von dieser Pflicht erhoben werden soll (BVerfGE 13, 167; 57, 167). 23

cc) Verursacherabgaben. Sie werden (insbesondere im Umweltschutz) als Gegenleistung für die Beeinträchtigung der öffentlichen Belange erhoben (vgl *Maunz/Dürig/Seiler* Art 105 Rz 17). 24

dd) Konzessionsabgaben. Sie knüpfen an die hoheitliche Gewährung von bestimmten Berechtigungen oder Vorteilen an (zB bergrechtliche Förderabgaben, vgl *Maunz/Dürig/Seiler* Art 105 Rz 15). Nicht Konzessionsabgaben, sondern Steuern sind die landesrechtlichen Spielbank- und Troncabgaben (BFH BStBl 95, 432; BFH/NV 95, 1012). 25

ee) Abschöpfungsabgaben. Sie dienen der Rückzahlung staatlich gewährter Subventionsvorteile (zB Fehlbelegungsabgabe im sozialen Wohnungsbau, BVerfGE 78, 249). 26

ff) Verbandslasten und sozialversicherungsrechtliche Abgaben. Hierzu gehören die Kammerbeiträge und die Sozialversicherungsbeiträge, die nicht nur von den Versicherten, sondern auch von den Arbeitgebern erhoben werden. 27

9. Realsteuern. Abs 2 bestimmt, dass unter Realsteuern die GrSt und die GewSt zu verstehen sind. Damit wird der Rspr des BVerfG Rechnung getragen, wonach sich der Realsteuerbegriff des GG in diesen beiden Steuern erschöpft (BVerfGE 3, 348). Zur Anwendung der AO auf sie oben § 1 Rz 11. 28

10. Zölle. Einfuhr- und Ausfuhrabgaben iSd Art 5 Nr 20 und 21 UZK (vorher Art 4 Nr 10 und 11 ZK) sind im Rahmen der EU nach der ausdrücklichen Klarstellung in § 3 III Steuern iSd AO. Zur Anwendung der AO auf die durch EU- 29

Recht geregelten Zölle s § 1 Rz 15. Der Zollkodex der Union und die – redaktionellen – Anpassungen in § 3 an ihn gelten ab dem 1.5.2016.

30 **11. Steuerliche Nebenleistungen.** Abs 4 legt in einer Legaldefinition fest, dass bestimmte, abschließend aufgezählte Abgaben nicht zu den Steuern, sondern zu den steuerlichen Nebenleistungen gehören, nämlich Verzögerungsgelder (seit VZ 2009), Verspätungszuschläge, Zuschläge gem § 162 IV, Zinsen, Säumniszuschläge, Zwangsgelder, Kosten und Verspätungsgelder gem § 22a EStG. Bei den Kosten nennt der Gesetzestext auch die Gebühren für verbindliche Auskünfte gem § 89; der Natur nach dürfte es sich dabei aber eher um wirkliche Gebühren handeln, da sie für die Gegenleistung „Auskunft" erhoben werden und nicht, wie zB Zinsen, ein Annex einer Steuer sind. Die Anwendbarkeit von Vorschriften der AO auf stl Nebenleistungen ergibt sich aus § 1 III (§ 1 Rz 12). Aus dem Begriff „Nebenleistungen" ergibt sich außerdem, dass diese grds von den Hauptleistungen abhängig (akzessorisch) sind. So sind Stundungs- oder Aussetzungszinsen rückwirkend zu mindern oder zu erhöhen, wenn sich der gestundete oder ausgesetzte StBetrag ändert (BFH/NV 91, 212; BFH BStBl 92, 497). Die Akzessorietät von Nebenleistungen wird nur insoweit durchbrochen, als dies gesetzlich ausdrücklich bestimmt ist (vgl §§ 152 II, 240 I 4, 329, 337 ff).

31 **12. Verteilung des Aufkommens aus Nebenleistungen.** Abs 5 regelt, welchen Körperschaften das Aufkommen der jeweiligen steuerlichen Nebenleistungen zufließt. Es wird jeweils ein Bezug zur Steuerberechtigung oder zur Verwaltung der Steuer hergestellt. Die Regelung ist durch Gesetz v 13.12.2006 neu gefasst worden.

§ 4 Gesetz

Gesetz ist jede Rechtsnorm.

Schrifttum: vor 2010 s 13. Aufl; *Bydlinski* Grundzüge der juristischen Methodenlehre, 2. Aufl 2011; *Canaris/Larenz* Methodenlehre der Rechtswissenschaft, 4. Aufl 2014, *Kramer* Juristische Methodenlehre, 5. Aufl 2016; *Koops/Dräger* Verfassungsrechtliche Grenzen der „unechten" Rückwirkung von Steuergesetzen, DB 10, 2247; *Klass* Vertrauensschutz im Steuerecht außerhalb von verbindlicher Auskunft und Zusage, DB 10, 2464; *Gelsheimer/Meyers* Verfassungsrechtliche Anforderungen an steuerverschärfende Vorschriften mit rückwirkendem Anwendungsbereich, DStR 11, 193; *Musil/Lammers* Die verfassungsrechtlichen Grenzen der Rückwirkung von Steuergesetzen am Beispiel der §§ 17, 23 EStG, BB 11, 155; *Nöcker* Verfassungskonforme Auslegung, AO-StB 11, 22; *Goldshteyn/Purer* Zur Verfassungskonformität des Mindestumfangs der E-Bilanz, StBp 11, 185; *Momen* Rückwirkung von Steuergesetzen, BB 11, 2781; *Schönfeld/Häck* Verfassungsrechtliche Zulässigkeit „unecht" rückwirkender Steuergesetze, DStR 12, 1725; *Desens* Echter Vertrauensschutz bei „unechten" Rückwirkungen im Steuerrecht, FR 13, 148; *Kube* Verfassungsrechtlicher Rahmen von Vermögensteuer und Vermögensabgabe, DStR Beihefter zu Heft 26/2013, S 37; *Scharfenberg* Grenzen der unechten Rückwirkung von Steuergesetzen nach der neueren Rechtsprechung des Bundesverfassungsgerichts, DB 13, 85; *Müller* Treu und Glauben contra Änderungsrecht, AO-StB 13, 114; *Hey* Verbot rückwirkender Klarstellung als Weg zu besserer Gesetzgebung?, NJW 14, 1564; *Wiese/Berner* Rückwirkende Gesetzesklarstellungen und ihre verfassungsrechtliche Zulässigkeit. Zugleich Anmerkung zum BVerfG vom 17.12.2013 – 1 BvL 5/08, DStR 14, 1260; *Kirchhof* Die verfassungsrechtlichen Grenzen rückwirkender Steuergesetze, DStR 15, 717; *Schönfeld/Bergmann* Das Ende rückwirkend „klarstellender" Gesetze im Steuerrecht, DStR 15, 257; *Theilen/Maciejewski* Von vermeintlichen Klarstellungen und zunehmenden Besteuerungsrechten: Der reformierte erweiterte Inlandsbegriff, IStR 16, 401; *Schüler-Täsch/Schulze* Die Entwicklung des Steuerverfassungsrechts und Missbrauchsregelungen im Steuerrecht, DStR 15, 1137.

Übersicht

1. Inhalt. § 4 definiert den Begriff „Gesetz" für den Anwendungsbereich der AO. Danach ist jede Rechtsnorm als Gesetz anzusehen. Der Begriff „Gesetz" ist nicht auf förmliche Gesetze beschränkt und umfasst zB auch Rechtsgrundsätze, wie den Grundsatz von Treu und Glauben. 1

2. Rechtsnorm, Begriff. Rechtsnorm bezeichnet den Inhalt der rechtlichen Sollanforderung. Rechtssätze haben dagegen nicht immer Normgehalt, man unterscheidet erläuternde, einschränkende, verweisende Rechtsnormen und gesetzliche Fiktionen. Zu unterscheiden ist die Rechtsnorm von der **Rechtsquelle.** Rechtsnorm ist die Konkretisierung einer Rechtsquelle. Zu den Rechtsquellen zählen Gesetz, Verordnung, autonome Satzung, Gewohnheitsrecht und Observanzen (vgl *Esser* Grundsatz und Norm 1956, 137 ff). 2

3. Gesetz im formellen und materiellen Sinne. Gesetz im formellen Sinne ist jeder in einem förmlichen Gesetzgebungsverfahren zu Stande gekommene Willensakt der Gesetzgebungsorgane ohne Rücksicht auf den materiellen Inhalt der Norm. Gesetz im materiellen Sinne ist jede abstrakte und generelle Anordnung, die an einen Adressatenkreis gerichtet ist (vgl auch § 3 Rz 7). 3

4. Rangordnung der Rechtsnormen. Die höhere Rechtsnorm geht der niederen vor, dh Verfassungsrecht vor Gesetz, dieses vor Verordnung, diese vor autonomer Satzung. Bundesrecht geht Landesrecht vor (Art 31 GG). Völkerrecht hat nur ausnahmsweise Verfassungsrang (Art 25 GG), regelmäßig aber Gesetzesrang (Art 59 II 1 GG). DBA haben nur Gesetzesrang, sie gehen jedoch nach § 2 den StGesetzen vor (dazu § 2 Rz 3). 4

5. Arten von Rechtsnormen. a) Gesetze. Gesetze im engeren Sinn sind förmliche Gesetze (vgl Terminologie in Art 104 I 1 GG). Soweit es sich um Bun- 5 desgesetze handelt, müssen bei ihrem Erlass die Art 70 ff GG beachtet werden. Ein Gesetz ist erst mit seiner Verkündung existent (BVerfG BStBl 86, 628; DStR 10, 1733; BFH BStBl 02, 503; 08, 140; 12, 867; FG Hbg EFG 11, 799). Eine Rechtsnorm ist anwendbar ab ihrem Inkrafttreten. Dieses kann vom Gesetzgeber individuell festgelegt werden, sonst regelt es sich gem Art 82 II GG. Eine gesetzliche Vorschrift gilt bis zur Aufhebung oder Änderung durch den Gesetzgeber oder bis zur Nichtigerklärung durch das BVerfG (§ 31 II BVerfGG). Das gilt auch für Rechtsnormen, die mit dem Grundgesetz oder mit anderem höherrangigen Recht/Gesetz nicht vereinbar sind.

6 Ein besonderes Problem ergibt sich, wenn eine Rechtsnorm auch Tatbestände betrifft, die schon vor der Verkündung des Gesetzes verwirklicht worden sind und für die dadurch nach dem Inkrafttreten des neuen Gesetzes eine neue Rechtslage geschaffen wird. Bei dieser **Rückwirkung** ist zwischen belastenden und nicht belastenden Gesetzen zu unterscheiden. Rückwirkende Gesetze, die nur **begünstigende Wirkung** haben und damit den Stpfl nicht belasten, sind uneingeschränkt zulässig (BFH BStBl 88, 967; BGH/NV 10, 1662). Bei Regelungen, die sich belastend auswirken, ist zwischen echter und unechter Rückwirkung zu differenzieren. Belastend ist auch die Aufhebung einer bisher bestehenden Steuervergünstigung (BVerfG BStBl 73, 431).

Echte Rückwirkung liegt vor, wenn ein Gesetz nach seiner Verkündung Wirkung für Tatbestände und Veranlagungszeiträume hat, die vor der Verkündung bereits abgeschlossen sind. Es handelt sich um eine Rückwirkung von Rechtsfolgen (BVerfG DStR 10, 1733; BFH BStBl 02, 503). Eine echte Rückwirkung wird beispielsweise angenommen, wenn eine bereits entstandene Steuerschuld nachträglich durch ein Gesetz geändert wird (FG Hbg EFG 11, 799; FG Nds EFG 12, 441). Nach stRspr des BVerfG sind **belastende** Gesetze, die sich **echte Rückwirkung** beilegen, mit Art 20 III **GG** grds **nicht vereinbar** (vgl ua BVerfGE 13, 278; 39, 128; 72, 258; 97, 67; BVerfG BStBl 71, 433; 73, 431; 127, 61; DStR 93, 356; 10, 1733; 12, 2332; BFH BStBl 11, 156). Unter das Rückwirkungsverbot kann auch ein Gesetz fallen, das angeblich nur eine bereits existierende Rechtslage „klarstellt". Nach der Rspr des BVerfG darf der Gesetzgeber ein schon bestehendes Gesetz mit Wirkung für die Vergangenheit nur in den verfassungsrechtlichen Grenzen präzisieren oder feststellend klären. Eine Rückwirkung liegt vor, wenn die nachträglich klärende Feststellung geltenden Rechts eine in der Fachgerichtsbarkeit offene Auslegungsfrage entscheidet oder eine davon abweichende Auslegung ausschließen soll (BVerfG BFH/NV 14, 653). Ob die „klarstellende" Gesetzesänderung deklaratorisch ist oder konstitutiv wirkt, ist von den Gerichten durch Auslegung zu ermitteln; an die Auffassung des Gesetzgebers besteht dabei keine Bindung (BVerfG BFH/NV 14, 653). Das Rechtsstaatsprinzip schützt das Vertrauen auf die Verlässlichkeit der Rechtsordnung und setzt der Eingriffsverwaltung Grenzen. Maßgeblich ist der Tag der Verkündung des neuen Gesetzes (BVerfG DStR 10, 1727; BFH BStBl 08, 140; FG Hbg EFG 11, 799). Von dem Verbot einer sog echten Rückwirkung gibt es nur sehr eng begrenzte Ausnahmen (BFH BStBl 08, 140). Darunter fallen: Verfassungswidrigkeit des bisherigen Rechtszustands, Regelung einer unklaren oder verworrenen Rechtslage (BFH/NV 14, 1970), zwingende Gründe des Gemeinwohls (BVerfGE 97, 67) und kein schutzwürdiges Vertrauen wegen Gewissheit der Änderungen oder Vorrang des öffentlichen Interesses (s BVerfGE 72, 200; *TK/Drüen* § 4 AO Rz 15 ff; offener, aus Fallbeispielen gebildeter Katalog). Als zulässig sieht die Rspr auch die rückwirkende Besteuerung von Erstattungszinsen in noch offenen Fällen an, weil die neu geschaffene Rechtsgrundlage eine frühere Rechtspraxis aufgreift (FG SchlHol EFG 11, 1687; FG Mchn DStRE 13, 521 mwN; mE bedenklich, weil die Rechtspraxis als nicht rechtens angesehen wurde: BFH BStBl 11, 503). Im Grunde sind für die Ausnahmen ähnliche Kriterien maßgebend wie für die Abwägung, ob eine unechte Rückwirkung zulässig ist. Es scheint so, als ob Abgrenzungsmerkmale aus einer Zeit „mitgeschleppt" werden, als noch nicht so eine klare Trennung von echter und unechter Rückwirkung getroffen wurde. ME ist mindestens bei der Berücksichtigung des öffentlichen Interesses immer der strikten Bewahrung des Rechtsstaatsprinzips der Vorrang zu geben. Nur auf diese Weise kann dem Rechtsstaatsprinzip die angemessene Geltung verschafft und ein deutlicher und sachgerechter Unterschied zwischen echter und unechter Rückwirkung im Bereich der Eingriffsverwaltung gewahrt werden. Im StRecht liegt eine echte Rückwirkung vor, wenn ein Gesetz eine bereits entstandene Steuerschuld nachträglich abändert. Danach liegt im Bereich des EStRechts eine unechte Rückwirkung vor, wenn die Änderung von Normen sich auf den laufenden VZ auswirkt (BVerfG BFH/NV 14, 653).

Eine sog **unechten Rückwirkung** liegt dann vor, wenn ein Gesetz rückwirkend für einen vor der Verkündung des Gesetzes bereits begonnenen („ins Werk gesetzten Sachverhalt"), aber noch nicht abgeschlossenen Tatbestand gilt, sog tatbestandliche Rückanknüpfung (BVerfG DStR 10, 1733 mwN). Änderungen des EStG im Laufe eines VZ führen zu unechten Rückwirkungen, da der Steuertatbestand gem § 38 EStG erst mit Ablauf des VZ erfüllt wird (BVerfG BFH/NV 10, 1959; DStR 10, 1736; BStBl 10, 76; BFH BStBl 11, 346; BFH/NV 15, 177; FG Hbg EFG 11, 799; FG Nds EFG 12, 441). Eine unechte Rückwirkung ist nicht uneingeschränkt unzulässig (BVerfGE 72, 200; BVerfG DStR 10, 1733; BFH BStBl 12, 867; *TK/Drüen* § 4 AO Rz 24ff; zu Recht kritisch und einengend *H. Schaumburg* DB 2000, 1884). Ob eine unechte Rückwirkung verfassungsrechtl gerechtfertigt und damit erlaubt ist, richtet sich nach einer **Gesamtabwägung** zwischen dem Schutz des Vertrauens des Stpfl an der Weitergeltung der bisherigen Rechtslage unter Berücksichtigung der Grenzen der Zumutbarkeit für den Einzelnen einerseits und dem Interesse der Allgemeinheit an der uneingeschränkten Rückwirkung unter Berücksichtung des Gemeinwohls andererseits. Die sog. unechte Rückwirkung ist nur zulässig, wenn die Grenzen der Zumutbarkeit für den Einzelnen nicht überschritten werden und besondere Gründe des Gemeinwohls für die unechte Rückwirkung sprechen (vgl ua BVerfG DB 10, 1858, BVerfGE 13, 278; 39, 156; 75, 280). Der Grundsatz der Verhältnismäßigkeit muss beachtet werden (BVerfG DStR 12, 2322). Auf **Seiten des Stpfl** ist zB zu berücksichtigen, ob eine bereits konkret verfestigte Vermögensdisposition betroffen ist (BVerfG DStR 10, 1727; 10, 1733; BFH BStBl 12, 658). Bei der Verkürzung der Spekulationsfrist beim Verkauf von Grundstücken wurde zB als verfestigte Vermögensposition angesehen, dass die bis zur Änderung geltende Spekulationsfrist von 2 Jahren schon abgelaufen war, so dass in diesen Fällen die Verlängerung der Spekulationsfrist auf 10 Jahre nicht anzuwenden war (BVerfG DStR 10, 1727; ebenso für den Ablauf der Spekulationsfrist bei Wertpapiergeschäften im Jahr 1999: FG Köln DStRE 13, 917). Bei der Beurteilung des **Interesses der Allgemeinheit** an der Rückwirkung vor Verkündung des Gesetzes ist zu erwägen, ob die Rückwirkung geeignet und erforderlich ist, um das Gemeinwohl zu fördern, dh wie dringlich und wichtig die Rechtsänderung ist (BVerfG DStR 10, 1727). In Betracht zu ziehen ist ua das gesetzgeberische Ziel der Änderung, wie etwa die Bereinigung einer unsystematischen Regelung oder das Vermeiden von Missbrauch sowie der Effekt einer erst späteren Wirkung der Rechtsnorm (Ausschluss eines Mitnahmeeffektes; s FG Hbg EFG 11, 799). Ein schutzwürdiges Vertrauen des Stpfl ist erschüttert, wenn dieser mit einer Änderung rechnen musste. Wann dieser Zeitpunkt eintritt, ist Frage des Einzelfalls. Beseitigt ein Gesetz Fehler, so ist das öffentliche Interesse an der Beseitigung der Fehler höher einzuschätzen als das Interesse Einzelner, diesen Fehler zwecks Erlangung von StVorteilen auszunutzen (FG Nds EFG 12, 441). Bei Abwägung der Interessen spielt der Tag der Einbringung des Gesetzes (Vertrauensschutz für bis dahin abgeschlossene Tatbestände, BVerfG DStR 10, 1736) sowie der Tag der Verkündung des Gesetzes (Vertrauensschutz für davor realisierte Vorteile, BVerfG DStR 10, 1733; kein Vertrauensschutz für danach vorgenommene Dispositionen BVerfG DStR 10, 1733; DStR 10, 1736) eine große Rolle. Ein Vertrauensschutz kann auch entfallen, sobald der Vermittlungsausschuss eine neue, belastende StRechtsregelung vorgeschlagen hat, spätestens aber dann, wenn der Deutsche Bundestag einen entsprechenden Beschluss gefasst hat (BVerfG DStR 12, 2322). Gleiches gilt für einen Vorschlag des Vermittlungsausschusses betr Neuregelung einer Vorschrift (BVerfG DStR 12, 2322). Der BFH hält dementsprechend die Rückwirkung von belastenden Vorschriften des EStG für generell verfassungswidrig, wenn dadurch Dispositionen betroffen sind, die vor der Verkündung des rechtsändernden Gesetzes und vor der Einbringung des betr Gesetzentwurfs getroffen wurden (BFH BStBl 11, 346; überzeugend auch *H. Schaumburg* DB 2000, 1884, nach der auch Dispositionen, die während eines VZ getroffen werden, dem Vertrauensschutz unterfallen müssen; ähnlich auch *Goebel/Eilinghoff* DStZ 08, 311). Das BVerfG hat in jüngster Rspr ebenso festgestellt, dass bei einer Änderung während des laufenden VZ deswegen teils Vertrauensschutz bestehen kann, teils nicht, weil nach einem bestimmten Zeitpunkt kein schutzwürdiges Vertrauen mehr bestand (BVerfG DStR 12, 2322). Bei Änderungen, die während eines VZ eintreten, kommt es daher auch darauf an, wann innerhalb des VZ eine Disposition getroffen wurde und welche Rechtslage zu diesem Zeitpunkt noch bestand (vgl *Desens* FR 13, 148, 151 ff mit Beispielen; rigoros für Durchsetzung der unechten Rückwirkung bei Verschärfung der GrSt BFH BStBl 12, 867). Der verfassungsrechtliche Vertrauensschutz schützt nicht vor jeder „gesetzgeberischen Enttäuschung", vgl hierzu BVerfG Inf 92, 47; BVerfG DStR 10, 1727; 10, 1733; 10, 1736; *Schmidt-Bleibtreu* Abbau von Steuervergünstigungen und Vertrauensschutz, BB 78, 1254. Auch das Vertrauen auf die Beibehaltung einer gegen das Gemeinschaftsrecht der EU verstoßenden Vorschrift ist nicht geschützt (BFH DStR 09, 2295, 2300). Im Ergebnis ist nach der Rspr des BVerfG eine unechte Rückwirkung nur dann mit rechtsstaatlichen und grundrechtl geschützten Vertrauensgrundsätzen vereinbar, wenn die Rückwirkung „zur Förderung des Gesetzeszwecks geeignet und erforderlich ist und wenn bei einer Gesamtabwägung zwischen dem Gewicht des enttäuschten Vertrauens und dem Gewicht und der Dringlichkeit der die Rechtsänderung rechtfertigenden Gründe die Grenze der Zumutbarkeit gewahrt bleibt" (BVerfG DStR 10, 1733; vgl auch BFH BStBl 12, 867). Das Rückwirkungsverbot erfasst **nicht Gesetzesänderungen, die allein die Zukunft** und keine bereits entstandene Steuerschuld betreffen; es gibt kein Vertrauen darauf, dass der Gesetzgeber Steuervergünstigungen und stl Freiräume beibehält (BFH BStBl 97, 730; DStR 11, 168). Ein der Rückwirkung von Gesetzen ähnliches Problem ergibt sich, wenn sich, ohne dass eine Änderung von Rechtsnormen vorliegt, die Rspr durch Auslegung ein Gesetz so verschärft, dass quasi ein neuer Steuertatbestand entsteht oder dass sich die StLast erhöht (dazu § 4 Rz 19, 28). Das gilt insbes, wenn eine Rechtsnorm die günstigere Auslegung zulässt und das Gesetz bereits in dieser Form im Einzelfall angewandt worden ist.

7 **b) Verordnungen.** Es handelt sich um generelle Rechtssätze. Rechtmäßigkeitsvoraussetzung ist eine **Ermächtigung** in einem förmlichen Gesetz (Art 80 GG). Die Ermächtigung muss nach Inhalt, Zweck und Ausmaß genügend bestimmt sein (Art 80 I 2 GG); vgl hierzu Zusammenstellung der von der Rspr entwickelten Leitsätze in BVerfGE 19, 354 (vgl auch BVerfGE 58, 283 ff; 78, 249 f). Zustimmung des **Bundesrats** ist aber im Rahmen des Art 80 II GG erforderlich (vgl BVerfGE 4, 203).

7a **c) Autonome Satzungen.** Es handelt sich um eine Rechtsnorm juristischer Personen des öffentlichen Rechts.

8 **d) Milderungserlasse.** Im Rahmen der §§ 163 und 227 sind Milderungserlasse oder -richtlinien für eine bestimmte Gruppe von gleich gelagerten Fällen (zB nach Unwetterkatastrophen; Anpassung an eine verschärfende Rspr) möglich (s näher unten § 227 Rz 30). An solche Milderungserlasse sind auch die Gerichte aus Gründen des Vertrauensschutzes gebunden (BFH BStBl 97, 245).

e) Verwaltungsvorschriften. Die Rechtsnormqualität von Verwaltungsvorschriften – Richtlinien, Verwaltungsanweisungen, Erlassen, Verfügungen – ist umstritten. Sie kommt nach zutreffender Ansicht allenfalls in Ausnahmefällen in Betracht (vgl dazu BFH BFHE 138, 157; BFH BStBl 90, 578). Eine besondere Ermächtigungsgrundlage für den Erlass von Verwaltungsvorschriften ist nicht erforderlich. Sie folgt aus dem **Weisungsrecht** der vorgesetzten Behörde. Verwaltungsvorschriften der Bundesregierung bedürfen jedoch der Zustimmung des Bundesrates, wenn es sich um Steuern handelt, die von den Ländern oder Gemeinden verwaltet werden (Art 108 VII GG). Zur Fragwürdigkeit von sog Nichtanwendungserlassen (Anordnung der FinVerw, ein Urteil des BFH nicht über den entschiedenen Einzelfall hinaus anzuwenden), die sich für den Stpfl belastend auswirken, vgl BFH BStBl 11, 346 unter Hinweis auf das Rechtsstaatsprinzip. Die FG sind nicht an Nichtanwendungserlasse gebunden (FG Ddorf EFG 13, 708; 13, 933. 9

Allgemein sind Verwaltungsanordnungen für die nachgeordneten behördlichen Stellen verbindlich (BFH BStBl 60, 97), nicht jedoch auch für die Gerichte (vgl hierzu *Kurz* Zur Bindung der Finanzgerichte an Verwaltungsanweisungen unter besonderer Berücksichtigung von Beurteilungsspielräumen, DStZ 82, 26). Eine weitergehende tatsächliche Bindungswirkung kann sich jedoch aus dem **Gleichheitsgrundsatz** ergeben, wenn der Verwaltung vom Gesetz eine Entscheidungsfreiheit eingeräumt wurde und die Verwaltungsanordnung die Ausübung des Ermessens, Grundsätze der Billigkeit, Typisierungen und Pauschalierungen betrifft (BFH BStBl 69, 612; 70, 380; BFH BStBl 10, 916 mwN), vgl hierzu Rz 13. Ändert die FinVerw ihre Verwaltungspraxis, so kann ein **Vertrauensschutz** zu beachten sein. Ob und wie weit der Vertrauensschutz reicht, hängt von den konkreten Umständen des Falles, insbes von den Erkenntnismöglichkeiten des Stpfl und dem Verhalten der FinVerw ab (BFH/NV 14, 1775). Bei der Beurteilung der Selbstbindung der FinVerw durch Verwaltungsanordnungen ist zu unterscheiden, zwischen norminterpretierenden Verwaltungsanordnungen, Typisierungsvorschriften und das Ermessen der Finanzverwaltung bindenden Richtlinien oder Erlassen (eingehend dazu *TK/Drüen* § 4 AO Rz 83 ff; vgl zur Unterscheidung auch BFH BStBl 91, 610).

aa) Norminterpretierende Verwaltungsanordnungen. Diese dienen lediglich der gleichmäßigen Auslegung und Anwendung des Gesetzes durch die nachgeordneten Behörden. Ob diese Auslegung oder Anwendung richtig ist, unterliegt voll der Nachprüfung durch die Gerichte. Solche Anordnungen binden die Gerichte daher nicht (vgl ua BFH BStBl 81, 161; 91, 610; 08, 186; BFH/NV 88, 393). 10

bb) Typisierungsvorschriften. Typisierungen, die in Bewertungsrichtlinien, AfA-Tabellen, Richt- und Pauschsätzen für Schätzungen oder in allgemeinen Pauschsätzen enthalten sind, vereinfachen aufgrund von Erfahrungswerten die Anwendung von unbestimmten Rechtsbegriffen. Sie werden von der Rechtsprechung des BFH im Interesse der Gleichbehandlung der Steuerpflichtigen für die Gerichte als verbindlich angesehen, soweit sie nicht im Einzelfall zu einer offenbar unzutreffenden Besteuerung führen (vgl ua BFH BStBl 79, 54; 82, 779; 84, 554; 91, 752; 92, 105; BFHE 165, 378; BFH/NV 86, 664; eingehend dazu *Gast-deHaan* FS 75 RFH-BFH, S 227). 11

cc) Ermessensrichtlinien. Ermessensrichtlinien oder -erlasse regeln die Ausübung eines der Verwaltung eingeräumten Ermessens. Sie enthalten eine sog **Selbstbindung** der Verwaltung (BFH BStBl 72, 649). Der Stpfl hat einen auch vor den Steuergerichten zu beachtenden Rechtsanspruch darauf, entsprechend den Ermessensrichtlinien oder -erlassen besteuert zu werden (vgl BFH BStBl 91, 752; BVerwGE 44, 72; BVerwG NJW 88, 2907). Allerdings muss die Ermessensrichtlinie die vom Gesetz vorgegebenen Grenzen einhalten (BFH/NV 11, 2005) und ihre Anwendung darf nicht zu einer im Einzelfall offensichtlich unzutreffenden Besteuerung führen. Außerdem sind die Richtlinien oder Erlasse und die danach 12 getroffenen Entscheidungen der FinVerw daraufhin überprüfbar, ob die Ermessensentscheidung rechtmäßig ergangen ist (BFH BStBl 88, 653; BFH/NV 11, 2005; s auch § 5 Rz 9). Die Richtlinien oder Erlasse dürfen dabei aber nicht wie Gesetze ausgelegt werden (BFH BStBl 91, 752), sondern es kommt auf die Handhabung durch die Verwaltung an. Maßgeblich ist, wie die FinVerw die Ermessenrichtlinie versteht. Die Gerichte können nur überprüfen, ob die Auslegung durch die FinVerw möglich ist (FG Hbg BeckRS 2015, 95341) und ob die FinVerw in Einzelfällen, die offensichtlich von der Verwaltungsanweisung gedeckt werden, willkürlich, dh ohne zwingende Sachgründe, die Anwendung der Verwaltungsanweisung ablehnt, iÜ sind die Gerichte an die Ermessensrichtlinie gebunden (BFH BStBl 08, 186).

13 **f) Gleichheitsgrundsatz.** Der Gleichheitsgrundsatz ist im StRecht zu beachten und findet sich dort in verschiedenen Ausprägungen wieder. Art 3 GG verbietet es, wesentlich Gleiches ungleich und wesentlich Ungleiches gleich zu behandeln, sofern kein rechtfertigender Grund für die Ungleichbehandlung besteht (BFH BStBl 13, 573). Die Anforderungen an den rechtfertigenden Grund sind umso strenger, je mehr sich personenbezogene Merkmale denen annähern, die in Art 3 III GG aufgeführt sind (BVerfG DStR 13, 1228). Zum Gleichheitsgrundsatz und dem daraus abgeleiteten Gebot der gleichmäßigen Besteuerung s § 3 Rz 12. Es gibt nach hM keinen Rechtsanspruch auf eine Gleichbehandlung im Unrecht (BVerfGE 21, 261; 25, 229; 50, 166; BFH BStBl 68, 19; 90, 721 mwN; vgl auch § 5 Rz 9). Unter besonders gravierenden Umständen kann ein Anspruch auf Gleichbehandlung in der Richtung auf die Prüfung eines Wettbewerbers in Betracht kommen (vgl *HHSp/Birk* § 4 AO Rz 425). Außerdem darf das Erhebungsverfahren für eine Steuer nicht so gestaltet werden, dass der Besteuerungsanspruch weitgehend nicht durchgesetzt werden kann und nur die steuerehrlichen Stpfl die Steuer zahlen (BVerfGE BStBl 91, 654; s auch oben § 3 Rz 12). Zur Wahrung des Gleichheitssatzes ist es grds geboten, das Ermessen gleichmäßig und nach generellen Gesichtspunkten zu binden (BVerfGE 31, 212; § 5 Rz 10). Die oben (§ 4 Rz 12) behandelten Ermessensrichtlinien sind daher ein Anwendungsfall des Gleichheitssatzes.

14 **g) Gewohnheitsrecht.** Das sind alle ungeschriebenen, nicht gesetzlich fixierten Rechtsnormen, die sich durch ständige Übung gebildet haben und vom allgemeinen Rechtsbewusstsein getragen werden. Jahrelange Verwaltungsübung schafft jedoch noch nicht ohne weiteres Gewohnheitsrecht (BFH BStBl 69, 310). Steuertatbestände können wegen des Vorbehalts des Gesetzes durch Gewohnheitsrecht nicht begründet werden, iÜ kann sich auch im StRecht Gewohnheitsrecht bilden (*TK/Drüen* § 4 AO Rz 100 ff).

15 **h) Treu und Glauben. aa) Allgemeine Grundsätze.** Der Grundsatz von Treu und Glauben ist ein in allen Rechtsgebieten allgemein anerkannter Grundsatz (§ 242 BGB). Er gilt allgemein und uneingeschränkt auch im StRecht (BFH BStBl 65, 270; 89, 990; 91, 256; 95, 764; BFH/NV 89, 356; 95, 862). Aus ihm kann sich sowohl die Bindung der FinVerw als auch des Stpfl ergeben (BFH/NV 95, 356; FG RhPf EFG 96, 370). Der Grundsatz von Treu und Glauben besagt, dass im konkreten StRechtsverhältnis jeder auf die berechtigten Belange des anderen Teils angemessen Rücksicht zu nehmen hat und sich nicht zu seinem eigenen früheren Verhalten in Widerspruch setzen darf, sofern der andere darauf vertraut und aufgrund dessen er unwiderruflich disponiert hat (BFH BStBl 89, 990; BFHE 117, 321; 130, 90; BFH/NV 89, 356; BFH/NV 17, 1313).

Der Grundsatz von Treu und Glauben kann bewirken, dass wegen treuwidrigen Verhaltens die Berufung auf eine bestimmte Rechtsposition (Einrede in verfahrens- oder materiell-rechtlicher Hinsicht, Gläubigerschaft usw) abgeschnitten ist (BFH BStBl 89, 990; 96, 53; BFH/NV 95, 862; BFH/NV 96, 733; BFH/NV 17, 1313) oder dass aus Billigkeitsgründen ein StVorteil nicht nachträglich versagt werden kann (BFH/NV 95, 1012f Befreiung von der Steuerpflicht für ein Kalenderjahr). Er verdrängt damit, allerdings nur ausnahmsweise, gesetzliche Rechte (BFH BStBl 89, 356). Dagegen begründet er wegen des in § 38 festgelegten Vorbehalts des Gesetzes keine Steueransprüche und -schulden und lässt sie auch nicht erlöschen (BFH BStBl 57, 300; BFH/NV 96, 733; BFH/NV 17, 1313; FG Köln EFG 91, 387). Er wirkt nur modifizierend auf ein bestehendes StRechtsverhältnis ein. Ein bereits erloschener Steueranspruch entsteht auch nach Treu und Glauben nicht wieder (BFH/NV 13, 802). Zum Vertrauensschutz in Bezug auf die Gesetzgebung s Rz 5.

bb) Einzelne Erfordernisse. Die Anwendung des Grundsatzes von Treu und Glauben setzt nach der Rspr regelmäßig voraus, dass ein **konkretes StRechtsverhältnis** (Steuerpflicht- und/oder Steuerschuldverhältnis nach §§ 33ff) besteht, in dem sich die Vertrauenssituation herausbildet (BFH BStBl 89, 990; 91, 258, 325; BFHE 117, 317; 130, 90). In dessen Rahmen muss jeder Teil konsequent bleiben und darf sich **nicht in Widerspruch** zu vorherigem nachhaltigen Verhalten setzen. Ein widersprüchliches Verhalten ist aber nur dann erheblich und vorwerfbar, wenn dem Handelnden bei seinem früheren Verhalten der **wahre Sachverhalt bekannt** war und er aufgrund dessen irrtümlich oder bewusst anders gehandelt hat als nunmehr. Die Kenntnis und das Verhalten der zuständigen Bediensteten der Behörde sind auf diese zu übertragen. 16

Auch das Wissen und das Verhalten von Vorgesetzten oder vorgesetzten Dienststellen können der Behörde zurechenbar sein, wenn diese Personen oder Dienststellen pflichtwidrig eine Unterrichtung der zuständigen Bediensteten unterlassen haben (BFH BStBl 89, 990; 91, 258, 325; BFHE 130, 90). Der Stpfl muss sich andererseits die Kenntnis und das Verhalten eines **Erfüllungsgehilfen,** den er in das StRechtsverhältnis eingeschaltet hat, zurechnen lassen (BFH BStBl 91, 325).

Wie das Verhalten des einen Teils vorwerfbar sein muss, erfordert das Verhalten des anderen Teils eine **Schutzwürdigkeit.** So ist ein Stpfl, der wusste, dass es sich bei dem früheren Verhalten der FinBeh um ein Fehlverhalten handelte, auch dann nicht schutzwürdig, wenn sich die FinBeh oder deren vorgesetzte Dienststelle über das Fehlverhalten im Klaren waren (BFH BStBl 91, 325). Außerdem mussten der Stpfl oder die FinBeh darauf **vertrauen dürfen,** dass sich das Verhalten des anderen Teils nicht änderte. So steht nach der Rspr des BFH zB eine (auch nach Außenprüfung) sieben Jahre anhaltende Nichtbeanstandung der späteren Auflösung einer Rückstellung in der Bilanz nicht entgegen, weil jede Rückstellung das Risiko einer späteren Auflösung in sich birgt (BFH BStBl 90, 630).

Schutzwürdigkeit des Stpfl nach dem Grundsatz von Treu und Glauben ist außerdem nur gegeben, wenn der Stpfl im Hinblick auf das frühere Verhalten der FinBeh eine **unwiderrufliche Vermögensdisposition** getroffen hat (BFH BStBl 73, 35; 89, 990; BFHE 130, 90; BFH/NV 94, 422). Ähnlich kann sich die FinBeh auf den Grundsatz von Treu und Glauben nur berufen, wenn sie im schutzwürdigen Vertrauen auf ein früheres Verhalten des Stpfl falsch vorgegangen ist oder ein richtiges Vorgehen unterlassen hat. Naturgemäß muss das frühere Verhalten, auf das vertraut wird, **vor dieser Disposition** liegen. Späteres Verhalten kann keinen Vertrauensschutz begründen (BVerfG HFR 89, 395; BFH/NV 91, 720 mwN). 17

Der Grundsatz von Treu und Glauben bindet sowohl die FinBeh als auch den Stpfl. Ein **einmaliges Verhalten** kann nur ausnahmsweise Vertrauensschutz begründen, wenn nach der Art dieses Verhaltens bereits das Vertrauen hierauf schutzwürdig ist. So legt zB die Rspr einer verbindlichen **Auskunft** außerhalb des Rahmens der §§ 204ff (s dazu Rz 22) eine Bindungswirkung unter dem Gesichtspunkt von Treu und Glauben zu (s näher § 118 Rz 7). An die in einem StBescheid unter Vorbehalt der Nachprüfung vertretene Auffassung ist das FA jedoch grds nicht gebunden (BFH/NV 90, 232; 91, 127). Die – ungerechtfertigte – Auszahlung von Kindergeld schafft allein keinen Vertrauenstatbestand; die Rückforderung ist ohne 18 besondere Umstände keine illoyale Rechtsausübung, die durch den Grundsatz von Treu und Glauben verboten wird (FG Ddorf 12.5.2015 – 10 K 2954/14). Auch im **Verfahrensrecht** kann das Vertrauen auf eine einmalige Handlung der FinBeh schutzwürdig sein. Wurden bei Erlass eines Steuerbescheids Ermittlungsmöglichkeiten, die sich dem FA hätten aufdrängen müssen, nicht genutzt, so kann eine spätere Änderung des Verwaltungsaktes nach § 173 gegen Treu und Glauben verstoßen (BFH/NV 02, 84). Sagt das FA zB in der mündlichen Verhandlung vor dem FG den Erlass eines Änderungsbescheids zu und erklären daraufhin die Beteiligten den Rechtsstreit für erledigt, so ist das FA nach Treu und Glauben an die Zusage gebunden (BFH BStBl 88, 121). Ein Verstoß gegen Treu und Glauben liegt auch vor, wenn das FA den Einspruch gegen einen unvollständig bekannt gegebenen StBescheid zunächst als wirksam behandelt, indem es eine Auflage zur Einreichung von Unterlagen macht, und nach Ablauf der nach Meinung des FA laufenden Einspruchsfrist nach Bekanntgabe des eigentlichen Bescheids den Rechtsbehelf als unzulässig behandelt (FG Bln EFG 78, 470). Auf der Seite des Stpfl kann eine Bindung bestehen, wenn das FA einen Steuererstattungsbetrag auf ein Konto überweist, das vom Stpfl in der StErklärung als das seine bezeichnet, aber schon vorher aufgelöst und von der Bank dann auf eine andere Person umgeschrieben worden ist. Der Stpfl kann dann keine weitere Überweisung verlangen.

19 In der Regel ist ein **nachhaltiges Verhalten** erforderlich, um darauf vertrauensgeschützte **Dispositionen** stützen zu können (BFH BStBl 60, 127; 62, 94; 70, 352; 72, 273; 78, 274; BFHE 130, 90; 158; 200; BFH/NV 91, 720; vgl auch BVerfG HFR 89, 395). Das Vertrauen des Stpfl auf eine für ihn günstige Rechtsprechung oder Verwaltungspraxis ist aber grds nicht geschützt (BFH/NV 85, 62; BFH BStBl 18, 174 betr fehlerhafte Verwaltungspraxis). Anders kann dies bei einer **rückwirkenden Änderung der Rechtsprechung** sein, bei der § 176 nur einen begrenzten Schutz bietet (§ 176 Rz 16 ff). Hier kann es das Rechtsstaatsprinzip im Einzelfall gebieten, Vertrauensschutz zu gewähren, wenn der Bürger durch Anwendung einer verschärfenden Rspr auf einen schon abgeschlossenen Sachverhalt beeinträchtigt wird (vgl BVerfGE 59, 165). Hierzu erfolgen meist – vor allem in Fällen mit großer Breitenwirkung – Übergangsregelungen im Rahmen des § 163 durch Verwaltungserlass (vgl BFH BStBl 83, 280; 91, 610). Es können bei Fehlen eines solchen Erlasses auch Billigkeitsmaßnahmen im Einzelfall erforderlich werden (BFH/NV 89, 80).

Die Verwaltung ist aber nicht in jedem Fall der rückwirkenden Änderung der Rspr zu Billigkeitsmaßnahmen verpflichtet. Voraussetzung ist zunächst, dass es sich um eine gefestigte Rspr handelt, die geändert wird (BVerfG HFR 89, 395), und dass das Vertrauen des Stpfl schutzwürdig ist, weil ihm keine Zweifel an der günstigeren rechtlichen Behandlung hätten kommen müssen (BFH BStBl 91, 610). Außerdem muss bei einer Regelung im Einzelfall feststehen, dass der Stpfl tatsächlich auf den Fortbestand der für ihn günstigen Regelung vertraut und entsprechende Dispositionen getroffen hat (BFH/NV 89, 80). Kein Vertrauensschutz besteht ferner, wenn die lediglich in einer **allgemeinen Verwaltungsvorschrift** enthaltene günstigere Rechtsauffassung später durch die Rspr rückwirkend verschärft wird. Eine solche Verwaltungsvorschrift kann die Gerichte nicht binden (s oben Rz 10) und steht daher konkludent unter dem Vorbehalt einer späteren Auslegung durch die Rspr (BFH BStBl 91, 610; BFH/NV 90, 195; BVerwGE 34, 278). Allgemeine Verwaltungsvorschriften schaffen daher für sich genommen keinen Vertrauensschutz (BFH BStBl 89, 284 mwN; zur haftungsbefreienden Wirkung eines beim ArbG durch LStR hervorgerufenen entschuldbaren Rechtsirrtums im Rahmen des § 42d EStG aber grundlegend BFH BStBl 81, 801; *HHR/Gersch* EStG, § 42d EStG Rz 95). Bei **Veranlagungssteuern** bedeutet iÜ die unterschiedliche Behandlung eines gleichartigen Sachverhalts in verschiedenen VZ auch bei einem früheren nachhaltigen Verhalten weder einen Verstoß gegen den Gleichheitsgrundsatz noch einen Verstoß gegen Treu und Glauben. Das FA ist an die Behandlung in früheren Veranlagungszeiträumen nicht gebunden (BFH BStBl 89, 18; 89, 829; BFH/NV 90, 499 mwN; vgl auch BVerfG HFR 90, 517). Allerdings kann eine in einem EStBescheid zum Ausdruck gebrachte Rechtsauffassung des FA ein schutzwürdiges Vertrauen darauf begründen, dass das FA endgültig auf die Festsetzung eines GewSt-Messbetrags verzichtet. Hierbei wird auf den EStBescheid des Folgejahres abgestellt, weil erst von dessen Erlass an das Unterbleiben der GewStVeranlagung als sicher angesehen werden kann (BFH/NV 89, 356). Bei **Zöllen** treten für den Bereich der Nacherhebung einer zunächst nicht richtig buchmäßig erfassten Schuld an die Stelle der allgemeinen Vertrauensschutzregelungen zollrechtliche Sonderregelungen (zu Art 220, 221 ZK vgl BFH/NV 92, 285; 99, 229 – jetzt Art 869 ff ZK-DVO; zum Vertrauensschutz allgemein BFH/NV 98, 1008). Ein Stpfl kann nach Treu und Glauben die Befugnis verlieren, aus der Nichtigkeit eines StBescheids abgeleitete Erstattungsansprüche geltend zu machen, wenn der Bestimmtheitsmangel des StBescheids vom Stpfl zu vertreten ist und er über lange Zeit die Nichtigkeit nicht geltend gemacht hat (BFH BStBl 93, 174).

Die **Arglisteinrede** stellt eine weitere Ausprägung des Grundsatzes von Treu und Glauben dar. Arglistig handelt derjenige, der etwas fordert, was er umgehend wieder zurückgeben muss (BFH BStBl 65, 466). Im Verfahrensrecht darf sich der Stpfl nicht auf die Unwirksamkeit eines Verwaltungsakts berufen, wenn er den Verfahrensmangel mit verursacht, sich jahrelang mit dem Verwaltungsakt abgefunden und die dadurch entstandene Lage aufrecht erhalten hat (BFH/NV 95, 862). 20

i) Verwirkung. Sie ist ein Ausfluss des Grundsatzes von Treu und Glauben und ein Fall der unzulässigen Rechtsausübung. Verwirkung setzt daher neben dem bloßen Zeitmoment (Untätigkeit des Berechtigten) sowohl ein bestimmtes Verhalten des Berechtigten voraus, aus dem der Verpflichtete bei objektiver Beurteilung darauf vertrauen durfte, nicht mehr in Anspruch genommen zu werden, als auch, dass der Verpflichtete tatsächlich auf die Nichtgeltendmachung des Anspruchs vertraut und sich hierauf eingerichtet hat (BFH BStBl 79, 121; 80, 368; 82, 107; 84, 780; 87, 12; BFH/NV 89, 78, 351, 356, 390; 14, 867). Die Verwirkung führt zum Verlust einer Rechtsposition, wenn der Verpflichtete dem Verhalten des an sich Berechtigten entnehmen muss, dass dieser sein Recht nicht mehr ausüben wolle, sodass die Rechtsausübung als illoyal erscheint (BFH BStBl 65, 657; 72, 864; 84, 697, 780; 87, 12; BFH/NV 89, 269, 356; FG Nds DStRE 10, 629). Zweck der Verwirkung ist es, den Stpfl vor (erheblichen) Nachteilen zu schützen, die nicht eingetreten wären, wenn der gegen ihn gerichtete Anspruch rechtzeitig geltend gemacht worden wäre (BFH/NV 14, 867). Verwirkung tritt ein, wenn das FA in Kenntnis des Steueranspruchs längere Zeit dem Stpfl ggü untätig bleibt und dieser sich infolge des Verhaltens des FA darauf einrichten darf, dass der **Steueranspruch nicht** mehr **geltend gemacht** wird (BFH BStBl 73, 668; 78, 168; BFH DStRE 09, 1121). Eine Verwirkung scheidet daher aus, wenn das FA den für die Entstehung des Steueranspruchs maßgebenden Sachverhalt nicht kannte (BFH/NV 89, 260). Die Voraussetzungen der Verwirkung können aber nicht für alle Fälle von vornherein festgelegt werden. Sie kann in Ausnahmefällen auch einmal durch bloßen Zeitablauf eintreten (BFH BStBl 79, 121; BFH/NV 89, 78, 351). Die FinBeh muss dann aber während eines sehr langen Zeitraums (zB deutlich über 10 Jahre) untätig geblieben sein. Ein Zeitraum, der lediglich erheblich über eine normale Verjährung hinausgeht, reicht nicht, da die Verwirkung kein Ersatz für eine Verjährung ist. In der Regel gilt daher, dass der StAnspruch allein durch jahrelanges Untätigbleiben der FinBeh nicht verwirkt wird (BFH BStBl 82, 107; 83, 182; 87, 12; BFH/NV 89, 78, 356; 96, 524). Besonders in den Fällen, in denen ein gesonderter Gewinnfeststellungsbescheid ergangen ist und die FinBeh im Anschluss daran untätig geblieben ist, wird jahrelanges Untätigbleiben der FinBeh allein keine Verwirkung herbeiführen, da der Stpfl nicht darauf vertrauen kann, nicht mehr zur Steuer herangezogen zu werden (BFH BStBl 80, 368; BFH/NV 89, 351; vgl auch BFH 21

BStBl 72, 331). Für die Verwirkung des GewStAnspruchs reicht es auch zB nicht aus, dass das FA die Einkünfte in der Vergangenheit bei der ESt ständig als Einkünfte aus selbständiger Arbeit eingeordnet oder in sonstiger Weise verneint hat (BFH/NV 89, 356). Bei Veranlagungssteuern tritt weder durch Verwirkung noch sonst nach Treu und Glauben eine Bindung des FA an die in früheren Veranlagungszeiträumen vertretene Rechtsauffassung ein (s Rz 19). Aber ein in solchen Fällen von der Behörde einmal durch Untätigbleiben erweckter Vertrauensschutz kann nur für die Zukunft unterbrochen werden und nur durch ein Behördenhandeln, aus dem der Stpfl bei verständiger Würdigung entnehmen kann, dass das FA nunmehr eine andere Rechtsauffassung vertritt (FG Saarl EFG 81, 242). Festzuhalten bleibt, dass es sich auch bei der Verwirkung um ein außergewöhnliches Gegenrecht handelt, das nur in Ausnahmefällen Platz greifen und nicht zu einer Aufweichung der Schuldnerverpflichtung führen darf. Das Rechtsinstitut der Verwirkung ist auch bei der Änderung von StBescheiden zu beachten, die unter dem Vorbehalt der Nachprüfung ergangen sind (BFH/NV 86, 215; 87, 312; 89, 284). Auch die Erhebung von Gerichtskosten kann verwirkt werden (BFH/NV 14, 867).

22 **j) Verbindliche Auskünfte und Zusagen.** Die Rspr sieht die Bindung der Verwaltung an verbindliche Auskünfte ebenfalls als einen Ausfluss des Grundsatzes von Treu und Glauben an (vgl ua BFH BStBl 90, 274 mwN; s auch § 118 Rz 7, 8; § 204 Rz 17 ff). Bei gesetzlich geregelten Auskünften ergibt sich die Bindungswirkung aus dem Gesetz (insb § 204; § 42e EStG; verbindliche Zolltarif- und Ursprungsauskunft). Zu den Voraussetzungen und zur Abgrenzung ggü unverbindlichen Auskünften wird auf die Erläut zu §§ 89, 201 und 204–207 verwiesen.

23 **6. Auslegung von StGesetzen. Überblick:** Nicht mehr in die AO aufgenommen sind Vorschriften über die Auslegung von StGesetzen (anders § 1 I, II StAnpG, wonach bei der Auslegung von StGesetzen und bei der Beurteilung steuerlicher Sachverhalte ua auch die Volksanschauung, die wirtschaftliche Bedeutung der Gesetze und die Entwicklung der Verhältnisse zu berücksichtigen waren). Der Regierungsentwurf enthielt noch einen Absatz 2, nach dem bei der Auslegung auch der wirtschaftliche Sinn und der Zweck der Gesetze sowie die Entwicklung der Verhältnisse zu berücksichtigen sein sollten. Dieser Absatz wurde vom Bundestag als überflüssig gestrichen. Das bedeutet jedoch nicht, dass diese Auslegungsregeln künftig nicht mehr gelten sollten (Schriftl Bericht des Finanzausschusses, BT-Drs 7/4292, 15). Verbindlich ist jedoch nur der tatsächliche Text des Gesetzes. Dieser enthält jene Auslegungsregel nicht.

24 Rechtssystematisch war die zunächst geplante Auslegungsnorm auch verfehlt. Sie findet sich auch sonst nicht in Gesetzen außerhalb des StRechts. Wie Gesetze auszulegen sind, haben Rspr und Wissenschaft festzustellen. Problematisch ist es auch, einen von vielen Auslegungsgrundsätzen besonders herauszustellen, wenn auch nicht zu leugnen ist, dass der sog **wirtschaftlichen Betrachtungsweise** im StRecht eine erhöhte Bedeutung im Vergleich zu anderen Rechtsgebieten zukommt (dazu iEinz Rz 34). Zivilrechtl zulässige Gestaltungsmöglichkeiten können den Weg eröffnen, wirtschaftlich denselben Erfolg zu erreichen, indem man eine Gestaltung wählt, die vom reinen Wortlaut der Besteuerungsgrundlage nicht erfasst wird. Hier muss abgegrenzt werden, ob es sich um eine zulässige Steuervermeidung oder um einen Fall der **missbräuchlichen** Verwendung von rechtlichen **Gestaltungsmöglichkeiten** handelt (vgl § 42). Auslegung einer einzelnen Vorschrift und die Anwendung des § 42 müssen aber auseinander gehalten werden. Vielfach wird man schon durch eine an den Sinn des Gesetzes anknüpfende Auslegung zu dem vom Gesetzgeber gewollten, aber nur unvollkommen zum Ausdruck kommenden Ziel gelangen.

25 **Subsumtion** betrifft die Frage, ob ein konkret festgestellter Lebenssachverhalt unter eine Norm „passt", also ihren Tatbestand erfüllt. In der AO gibt es keine dem § 1 III StAnpG entsprechende Vorschrift mehr, nach der die Auslegungsregeln

für Gesetze auch für die **Beurteilung von Tatbeständen** – gemeint waren Sachverhalte – galten. Die Verfasser des StAnpG gingen offenbar davon aus, dass zwischen der Anwendung des Gesetzes auf einen bestimmten Sachverhalt noch eine Art Zwischenstadium besteht, in dem gleichsam der Sachverhalt auf den gesetzlichen Tatbestand zurecht geformt wird. Nach der juristischen Methodenlehre ist aber die rechtliche Beurteilung eines bestimmten Sachverhalts allein eine Frage der **Subsumtion.** Die Frage, ob ein bestimmter Sachverhalt von einer gesetzlichen Norm erfasst wird, entscheidet die bei der Subsumtion vorzunehmende Auslegung des Gesetzes. Was nach allen denkbaren Auslegungsregeln nicht durch den Gesetzestext erfasst wird, kann auch nicht durch Zurechtbiegen dem Gesetz untergeordnet werden.

7. Auslegungsgrundsätze. Diese werden von der Rechtswissenschaft und von 26
der Rechtsprechung aufgestellt. In den Gesetzen selbst gibt es nur selten Hinweise für eine sachgerechte Auslegung (zB wenn der Zweck der Rechtsnorm betont wird oder wenn ein Katalog von Tatbeständen eindeutig als abschließend gekennzeichnet ist). Ein abstrakt gefasster Gesetzestext kann aufgrund seiner Abstraktheit mehrere Deutungen eines darin verwendeten Begriffs zulassen. Es kommt bei der Beurteilung eines bestimmten Sachverhaltes darauf an, festzustellen, ob dieser Sachverhalt vom Gesetzestext erfasst wird. Lässt sich das nicht auf Anhieb bejahen, ist zu prüfen, ob im Wege der Auslegung ein Wortsinn des Gesetzes erschlossen werden kann, nach dem der Sachverhalt dem abstrakten Gesetzestext zugeordnet werden kann. Der Wortlaut des Gesetzes bringt in Einzelfällen seinen Inhalt nur unvollkommen zum Ausdruck (s BFH BStBl 72, 134). Auslegung ist also Klarstellung des Sinnes einer Rechtsnorm (BFH BStBl 96, 281). Eine bestimmte **Rangfolge** für die Auslegungskriterien (Rz 31) besteht **nicht,** wenn auch zunächst vom Wortlaut des Gesetzes ausgegangen werden muss (Rz 27; BFH BStBl 73, 182; aA *Tipke* StW 74, 743, der auf den Zweck des Gesetzes abstellt). An den Wortlaut des Gesetzes dürfen aber, insb bei übereilt zu Stande gekommenen Gesetzen, keine übertriebenen Anforderungen gestellt werden (vgl BVerfGE 35, 263 [278]; BFH BStBl 73, 856; mE bedenklich). Bei Formulierungsfehlern dürfen sich Unklarheiten aber nicht zu Ungunsten des Steuerpflichtigen auswirken (vgl Rz 27). Im StRecht, das zum Bereich der Eingriffsverwaltung zählt, ergeben sich aus verfassungsrechtlichen Grundsätzen und der Natur dieses Rechtsgebiets bei der Auslegung Grenzen, die es in anderen Rechtsgebieten nicht gibt. Auf der anderen Seite ist zB die wirtschaftliche Betrachtungsweise eine speziell steuerrechtliche Art, ein Tatbestandsmerkmal zu beurteilen.

Wortsinn als Grenze der Auslegung. Grundlage jeder Auslegung ist der Ge- 27
setzestext (zu den einzelnen Auslegungskriterien Rz 31). Bei der Anwendung einer Norm ist der mögliche Wortsinn einzelner Begriffe, die diese Norm verwendet, gleichzeitig die Grenze der Auslegung dieser Norm und markiert so ebenfalls die Grenze ihrer Anwendung (BFH/NV 14, 1970). Auf diese Weise wird im StRecht der Vorbehalt des Gesetzes beachtet. Einzelne Tatbestandsmerkmale können zum Teil eng, zum Teil weit ausgelegt werden. Es ist selbstverständlich, dass eine weitgehende Auslegung des Gesetzestextes nicht zulässig ist, wenn der Wortsinn einzelner Tatbestandsmerkmale der Vorschrift so eindeutig ist, dass für eine weitergehende Interpretation kein Raum mehr ist. Je konkreter eine gesetzliche Vorschrift gefasst ist, desto weniger Raum ist für eine über den Wortlaut hinausgehende Auslegung; zB wäre es unzulässig, ein Hundesteuergesetz auch auf Katzen anzuwenden. Der klare Wortlaut lässt keine weitere Auslegung zu. Zweifel könnten schon entstehen, wenn das Gesetz den Begriff Haustier verwenden würde. Hier würde sich die Frage stellen, ob darunter nur Haustiere im herkömmlichen Sinn zu verstehen sind, oder auch Tiere, die lediglich gezähmt und im Hause gehalten werden. Ob eine solche Auslegung zulässig ist, entscheidet sichinsbes nach der Systematik und dem Zweck des Gesetzes. Jede Auslegung muss zunächst vom Wortlaut

des Gesetzes ausgehen, der sich aber nicht allein aufgrund seiner begrifflichen oder grammatikalischen oder sonstigen Eigenbedeutung erschließt, sondern häufig nur im Rahmen des Sinnzusammenhangs innerhalb des Gesetzes oder anhand des Sinns und Zwecks des Gesetzes.

28 Eine **Auslegung gegen den Wortlaut** ist in engen Ausnahmefällen uU möglich (BFH BStBl 73, 182; 75, 12; aA *Felix* Stbg 88, 15). Das ist in Einzelfällen angenommen worden, wenn der Wortlaut des Gesetzes unverständlich oder unsinnig ist (BFH BStBl 65, 82; FG SchlHol EFG 91, 564). Der BFH hat bei den Stpfl begünstigenden Vorschriften eine Auslegung gegen den Wortlaut vorgenommen, wenn der Sinn und Zweck des Gesetzes eindeutig für diese Auslegung spricht (vgl BFH BStBl 60, 401; 64, 188; 90, 393). Zulasten des Stpfl ist aus letzteren Gründen die Auslegung gegen den Wortsinn nicht möglich (BFHE 182, 480). Allgemein besteht weder im StRecht der Auslegungsgrundsatz „in dubio pro fisco" noch der gegenteilige Satz „in dubio contra fiscum" (*Felix* FR 59, 25; *Tipke* StKongrRep 1967, 53 ff). Bei unsinnigen oder in sich widersprüchlichen Steuernormen fehlt es mE wegen des Grundsatzes der Tatbestandsmäßigkeit der Besteuerung an einer rechtmäßigen Ermächtigungsgrundlage für den Fiskus. Gleiches gilt in Bezug auf derart kompliziert gefasste und auch bei mehrmaligem Lesen fast unverständliche Vorschriften (Beispiel: § 2b EStG aF); denn hier kann der Stpfl nicht überblicken, welche Steuer ihm konkret abverlangt werden soll (zurückhaltend BVerfG DStRE 10, 1467, das aus formalen Gründen die Vorlage des BFH DStR 06, 2019 zur Verfassungsmäßigkeit der Mindestbesteuerung nicht zur Entscheidung angenommen hat). Ein solcher, unklarer Tatbestand geht zulasten des Fiskus. Im Ergebnis ist die sog Auslegung gegen den Wortlaut dem Bereich der Rechtsfortbildung und Analogie zuzuordnen. Es handelt sich nicht um eine wirkliche Abweichung von dem Grundsatz, dass der Wortsinn die Grenze der Auslegung bildet (vgl *Geserich* Beihefter zu DStR 31/2001, S 59, 61; BFH BStBl 06, 868). Setzt sich die Auslegung einer Rechtsnorm in krassen Widerspruch zu ihr, so überschreiten Gerichte ihre Befugnisse, indem sie sich zum Gesetzgeber machen (BVerfG BFH/NV 14, 653). Vgl zum Problem einer sich nachträglich ändernden, verschärfenden Rspr § 4 Rz 6).

29 **8. Auslegungsmethoden.** Zu der Frage, welches Ziel eine Auslegung verfolgen darf, haben sich verschiedene Methoden der Auslegung entwickelt, für die es jedoch keine einheitliche Terminologie gibt. Die Darstellung zeigt, dass eine Auslegung nicht allein auf Gesetzgebungsgeschichte und den historischen Willen des Gesetzgebers gestützt werden darf. Von der Auslegungsmethode sind die Auslegungskriterien (Rz 31) zu unterscheiden.

30 **a) Subjektive Theorie.** Die sog subjektive Theorie (historisch-subjektive Theorie) versucht, den Sinn der Norm, so wie ihn sich der Gesetzgeber vorgestellt hat oder bei Kenntnis der Entwicklung vorgestellt haben würde, herauszufinden. Im Bereich der Eingriffsverwaltung ist diese Auslegungsmethode nicht verfassungskonform, wenn der Wortlaut des Gesetzes das Auslegungsergebnis nicht stützt. Außerdem ist diese Methode zu statisch und nicht in der Lage, sich der Entwicklung der Rechts- und Lebensverhältnisse anzupassen. Sie gilt deshalb als überholt (*Kramer* S 90).

30a **b) Objektive Theorie.** Die objektive Theorie stellt dagegen auf den vom Willen des Gesetzgebers losgelösten objektivierten Willen des Gesetzes ab, so wie er sich aus dem Wortlaut und dem Sinnzusammenhang ergibt (BVerfG 1, 299 [312]). Diese Theorie ist heute in der Rspr des BVerfG und des BFH maßgebend (vgl BVerfGE 1, 312; 11, 131; BFH BStBl 82, 576; 92, 241; 93, 790). Entscheidend ist der Wortlaut und der darin objektiv klar zum Ausdruck gekommene Wille des Gesetzgebers (BVerfGE 99, 341, 358; BFH BStBl 01, 109; 07, 714).

30b **c) Andeutungstheorie.** Die sog Andeutungstheorie vertritt etwa eine Mittelmeinung. Sie stellt auf den subjektiven Willen des Gesetzgebers ab, lässt diesen jedoch nur dann gelten, wenn er zumindest andeutungsweise im Gesetz zum Ausdruck gekommen ist (BFH BStBl 70, 119; 74, 22, 769). Diese Theorie spielt in der Rspr ebenfalls eine gewisse Rolle. Da es auf die Andeutung (den „hinreichend klaren Ausdruck") im Gesetz ankommt, liegt sie auf der Linie der objektiven Theorie (vgl BVerfGE 11, 130; 13, 286; BFH BStBl 82, 576). Die Darstellung der Theorien lässt erkennen, dass die obersten Bundesgerichte eine Auslegung von Fall zu Fall vornehmen, ohne von einer als verbindlich angesehenen Auslegungsmethode vorzugehen.

9. Auslegungskriterien. Auslegungskriterien sind Interpretationsansätze, die unabhängig von der Auslegungsmethode bei jeder Auslegung verwendet werden. 31
Es geht dabei darum, den in einer Rechtsnorm zum Ausdruck gekommenen Willen des Gesetzgebers zu erforschen, indem der **Wortsinn** einer Norm durch Auslegung festgestellt wird (vgl Auslegung von „Lebenspartner" durch BFH BStBl 17, 903). Dabei ist zB die grammatische, logische, systematische, teleologische und die historische Interpretation des Gesetzestextes zu berücksichtigen (BFH BStBl 84, 327; 07, 47; 11, 277 mwN). Die **grammatikalische Auslegung** orientiert sich streng am Text des Gesetzes. Die **systematische Auslegung** betrachtet den Zusammenhang, in dem eine Norm im Normgefüge steht (BFH/NV 08, 1529). Die danach zutreffende Interpretation ist diejenige, die sich folgerichtig in den Regelungszusammenhang einfügt und ein sinnvolles System erkennen lässt. Die **teleologische Auslegung** stellt fest, welchen Zweck die Norm hat und ob die angenommene Auslegung diesen Zweck unterstützt. Die **historische Auslegung** orientiert sich an der Gesetzgebungsgeschichte einschl der Gesetzesmaterialien und kann ggf auch schon geplante Neuregelungen zur Auslegung hinzuziehen. Obwohl es keine Rangfolge der Auslegungskriterien gibt (Rz 26), kann die Entstehungsgeschichte zB keine Auslegung rechtfertigen, die mit dem Gesetzestext nicht in Einklang steht (BFH BStBl 97, 476). Eine Intention des Gesetzgebers, die keine hinreichende Grundlage im Wortlaut der Norm gefunden hat, kann bei der Auslegung keine Beachtung finden (BFH BStBl 12, 553; 12, 557). Außerdem muss berücksichtigt werden, dass die Auslegung von Gesetzen den Gerichten obliegt. Der Gesetzgeber kann durch die Begründung eines Gesetzes die Auslegung durch die Gerichte nicht unterlaufen und die Rspr auf eine bestimmte Auslegung festlegen. Eine Gesetzesänderung, die in ihrer Begründung zB als Klarstellung bezeichnet wird, muss von der Rspr daraufhin überprüft werden, ob eine unzulässige Rückwirkung vorliegt (BVerfG BFH/NV 14, 653, vgl Rz 6). Die **logische Interpretation** bedient sich logischer Regeln, zu denen zB der **Umkehrschluss** (argumentum e contrario) gehört: Aus dem Schweigen des Gesetzes wird gefolgert, dass eine bestimmte Rechtsfolge nicht eintreten soll (BFH BStBl 97, 57). Ein logisches Hilfsmittel ist auch der **Schluss vom Weniger auf das Mehr** (argumentum a minore ad maius): Aus dem Umstand, dass das Gesetz ein Weniger geregelt hat, wird geschlossen, dass die Regelung erst recht für ein Mehr gelten soll. Diese sog klassischen Auslegungsregeln werden zum Teil um weitere Kriterien erweitert, wie „das innere System des oder der Gesetze", die Berücksichtigung der Verkehrssitte, die Betrachtung des Ergebnisses der Auslegung (*TK/Drüen* § 4 AO Rz 250 ff). Die verschiedenen Auslegungskriterien kommen zum Teil zu unterschiedlichen Ergebnissen. Eine am Zweck des Gesetzes ausgerichtete Interpretation wirkt jedoch idR am überzeugendsten (vgl *Canaris* Systemdenken und Systembegriff in der Jurisprudenz, Berlin 1969, 91), jedenfalls dann, wenn dies eine mögliche Auslegung ist, die dem Wortlaut des Gesetzes und seinem Sinnzusammenhang entspricht. Wegen der Zulässigkeit einer Analogie s § 4 Rz 37. Sie führt iErg zu einem Ergebnis, das sich nicht aus dem Wortsinn ergibt und über diesen hinausgeht (Rz 28).

Sinnzusammenhang und Zweck. In erster Linie ist neben dem **Wortlaut** 32
der **Sinnzusammenhang** maßgebend (BVerfGE 1, 299). Abweichungen vom Wortlaut sind aber nur zulässig, wenn zuverlässige Anhaltspunkte dafür vorliegen,

dass er den wirklichen Willen nicht zum Ausdruck bringt (BFH BStBl 62, 126; 73, 182; 97, 476). Der **Zweck eines StGesetzes** (teleologische Auslegung ist idR nur soweit maßgeblich, als er im Wortlaut des Gesetzes zum Ausdruck gekommen ist (BVerfGE 13, 267; 47, 107; 59, 153; BFH BStBl 68, 216; 95, 586; BFH DStR 99, 499; s aber auch Rz 36. Eine Auslegung über den Wortsinn hinaus ist nur in den Grenzen der Rechtsfortbildung möglich (s dazu Rz 36). Führt der Wortlaut zu einem sinnwidrigen Ergebnis, weil es dem Willen des Gesetzgebers nicht entspricht, so ist das Gesetz entsprechend dem gesetzgeberischen Zweck einschränkend auszulegen (teleologische Reduktion, BFH BStBl 03, 798; 06, 868; BFH DStR 15, 1295); eine **teleologische Reduktion** ist dagegen ausgeschlossen, wenn der Wortlaut auf einer bewussten rechtspolitischen Entscheidung beruht (BFH BStBl 07, 893; 08, 298). Gegen den Wortsinn kann ein StGesetz außer in Ausnahmefällen nicht ausgelegt werden (s Rz 28, 33).

33 **Verfassungskonforme Auslegung.** Lässt der Gesetzestext zwei Auslegungen zu, zB eine enge Auslegung und eine weite, und ist nur eine Auslegung mit dem GG vereinbar, so ist der Auslegung der Vorzug zu geben, nach der die Norm nicht als verfassungswidrig einzustufen ist (BFH BStBl 84, 327; 97, 27, 499; BFHE 181, 31; BFH BStBl 13, 512). Auch die verfassungskonforme Auslegung findet ihre Grenze am Wortlaut der auszulegenden Vorschrift und dem klar erkennbaren Willen des Gesetzgebers (BVerfGE 99, 341, 358; BFH/NV 14, 1970). Verfassungsrechtliche Grundsätze rechtfertigen eine diesen Grundsätzen entgegenstehende Anwendung des Gesetzes nicht (BFH BStBl 01, 109). Lässt der Wortlaut des Gesetzes keine unterschiedliche Auslegung zu, so ist für eine verfassungskonforme Auslegung kein Platz (BFH BStBl 10, 305; BFH DStR 10, 2179). Umgekehrt ist eine verfassungskonforme Auslegung nur erlaubt, wenn Wortlaut und Zweck des Gesetzes mehrere Deutungen zulassen, von denen eine den Anforderungen der Verfassung entspricht (BFH BStBl 17, 1122 unter Berufung auf BVerfGE 78, 350; FG Ddorf DStRE 15, 1484). Ist eine verfassungskonforme Auslegung möglich, darf keine Vorlage an das BVerfG zur Prüfung der Verfassungsmäßigkeit erfolgen (FG Nürnberg EFG 13, 214). Zur unionsrechtskonformen Auslegung s Rz 33a.

33a Die **unionsrechtskonforme Auslegung** oder richtlinienkonforme Auslegung leitet sich von dem auf dem EU-Recht beruhenden Grundsatz der loyalen Zusammenarbeit der Mitgliedsstaaten und den Gemeinschaftsorganen ab, Art 4 III EUV, s § 3 Rz 4. Die unionsrechtskonforme Auslegung sucht nach einem Ergebnis, das dem Recht und den Zielen der EU Wirksamkeit verschafft (BFH DStR 12, 1750; BFH/NV 15, 284). Soweit das Rechtsgebiet durch eine EU-Richtlinie geregelt ist, ist das Gesetz richtlinienkonform auszulegen (BFH BStBl 07, 16; BFH/NV 08, 1078). Inl Normen, die mit dem Recht der Gemeinschaft kollidieren, sind unter Beachtung des Vorrangs von Gemeinschaftsrecht normerhaltend unionsrechtskonform auszulegen (BFH/NV 14, 1470; FG Mchn BeckRS 2015, 95340; BMF BStBl 18, 13 betr § 50d EStG).

34 **Wirtschaftliche Betrachtungsweise.** Im Rahmen der Auslegung von StGesetzen kommt deren **wirtschaftlicher Bedeutung** eine nicht geringe Funktion zu. Sie ist Ausdruck der im StRecht bekannten wirtschaftlichen Betrachtungsweise (vgl BVerfGE 13, 329; BStBl 92, 212; s auch Rz 24). Diese findet jedoch, soweit sie sich zulasten des Stpfl auswirkt, ebenfalls ihre Grenzen an dem möglichen Wortsinn des Gesetzes (BFH BStBl 68, 216; 70, 757, 279, 419; vgl hierzu Rz 27). Die wirtschaftliche Betrachtungsweise ist nicht allein ausschlaggebend, sie ist nur bei der Auslegung von StGesetzen zu **berücksichtigen** (BFHE 91, 511; s auch *Dornbach* Bedeutung und Funktion der wirtschaftlichen Betrachtungsweise in der Rspr, DStR 77, 3; *Grimm* Das StRecht im Spannungsfeld zwischen wirtschaftlicher Betrachtungsweise und Zivilrecht, DStZ/A 78, 283). Bei der Erhebung von Abgaben findet die wirtschaftliche Betrachtungsweise iÜ ihre Grenze in den verfassungsrechtlichen Grundsätzen des Vorbehalts des Gesetzes und der Tatbestandsmäßigkeit der Besteuerung (vgl § 3). Der **BFH** ist verschiedentlich aus Gründen

der **wirtschaftl Betrachtungsweise** auch **zugunsten** des **Stpfl** von der **zivilrechtl** Gestaltung abgewichen, zB im Zusammenhang mit der Beurteilung von **Spekulationsgewinnen** nach § 23 EStG, wo es um die Frage der Einbeziehung des Gebäudes bei der Veräußerung von Grundstücken ging (vgl BFH BStBl 77, 384; 90, 1054, dort auch zur Unterscheidung zwischen Veräußerungsvorgang und Leistung iSv § 22 Nr 3 EStG aufgrund wirtschaftlicher Betrachtungsweise).

Schließlich rechtfertigt die sog wirtschaftliche Betrachtungsweise nicht eine außerrechtliche wirtschaftliche Beurteilung rechtlicher **Sachverhaltsgestaltungen** im StRecht, sondern fordert die an den spezifischen Regelungszielen einer steuerrechtlichen Regelung und deren eigengesetzlicher Terminologie auszurichtende steuerrechtliche Beurteilung, ob der bewirkte wirtschaftliche Erfolg einen Steuertatbestand erfüllt (so BVerfG BStBl 92, 212). StGesetze haben in erster Linie das Ziel, vergleichbare wirtschaftliche Vorgänge ohne Rücksicht auf deren rechtstechnisches Gewand bei der Besteuerung zu erfassen. Sie verwenden nicht selten zur Umschreibung des wirtschaftlichen Vorgangs zivilrechtliche Begriffe, die nicht immer auch das ausdrücken, was der Gesetzgeber erfassen wollte. Die sog wirtschaftliche Betrachtungsweise enthält daher nichts anderes als eine missverständliche Umschreibung der steuerrechtlichen Beurteilung eines autonom gestalteten Sachverhalts.

Die **zivilrechtliche Bedeutung** eines Begriffs ist für das StRecht nicht unbedingt verbindlich (BFH BStBl 68, 781). Das folgt auch nicht aus dem Begriff der Einheit der Rechtsordnung. Es ist jedenfalls nicht geboten, dass die Steuergerichte unter dem Gesichtspunkt der Einheit der Rechtsordnung und der Vorhersehbarkeit der Steuerbelastung die zur Anwendung kommenden steuerrechtlichen Begriffe und Institute stets und ausschl entsprechend ihrem **bürgerlich-rechtlichen** Gehalt **auslegen** (BVerfGE 25, 309; BVerfG BStBl 92, 212). Wo sich das Gesetz aber **zivilrechtlicher Begriffe** bedient, ist bei der Auslegung zunächst von der zivilrechtlichen Beurteilung auszugehen; von ihr kann aber **aus sachlich einleuchtenden Gründen** (BVerfGE 29, 104) ggf **abgewichen** werden. Es ist durch Auslegung zu ermitteln, ob das StRecht insoweit den Wertungen des jeweiligen Rechtsgebietes wie zB des Zivilrechts, aus dem der jeweilige Begriff entnommen ist, folgt oder ob es mit Hilfe des entlehnten Begriffes einen eigenständigen steuerrechtlichen Tatbestand bildet. Dabei gibt es keine Vermutung, der Begriff sei iSd zivilrechtlichen Verständnisses zu verstehen (BVerfG BStBl 92, 212). Die Zulässigkeit der **Abweichung** von der **zivilrechtlichen** Gestaltung ergibt sich aus der unterschiedlichen Zielrichtung des Zivilrechts und des StRechts. Für das **StRecht** ist die **wirtschaftliche Leistungsfähigkeit** maßgebend, dem **Zivilrecht** geht es dagegen um die **Abgrenzung** von **Rechtspositionen.** 35

10. Rechtsfortbildung. Eine Auslegung, die über den möglichen Wortsinn hinausgeht, wird als **Rechtsfortbildung** bezeichnet. Rechtsfortbildung ist namentlich die Ausfüllung von **Gesetzeslücken.** Sie liegen vor, wenn ein Gesetz keine Regelung für einen bestimmten Sachverhalt enthält, der jedoch nach dem Gedanken des Gesetzes hätte geregelt werden müssen (BFH BStBl 74, 295; BFH/NV 17, 541). Eine Gesetzeslücke liegt nicht vor, wenn der Gesetzgeber diesen Sachverhalt bewusst nicht in die gesetzliche Regelung einbeziehen wollte (BFH/NV 05, 695; BFH DStR 17, 763). In solchen Fällen ist eine Rechtsfortbildung nicht möglich, weil der Richter sich andernfalls an die Stelle des Gesetzgebers setzen würde (BFH BStBl 86, 741; 88, 600; BFHE 181, 31). Nach der Rspr sind Lücken so auszufüllen, wie der Gesetzgeber die Frage wahrscheinlich geregelt hätte, wenn er sie erkannt hätte (BFH BStBl 72, 866; 73, 782 [784]; auch BFH/NV 07, 1610). Dabei sind der Gesetzeszweck, die Entstehungsgeschichte und die Systematik zu berücksichtigen (BFH BStBl 98, 176; 06, 868). Ausinsbes diesen Gesichtspunkten ist auf einen vermeintlichen Willen des Gesetzgebers zu schließen, so wie er in dem Gesetz irgendwie zum Ausdruck gekommen ist und wie der 36

Gesetzgeber, müsste er heute entscheiden, mutmaßlich auch entscheiden würde. Für das StRecht ist eine solche Rechtsfortbildung nur mit der Einschränkung zulässig, dass dadurch keine neuen Steuertatbestände geschaffen werden dürfen (BVerfGE 13, 318 [328]; 26, 327 [335]; BVerfG BB 93, 402; BFH BStBl 69, 550 [552]; 70, 747 [749]; 72, 455; BStBl 86, 272; *Weber-Grellet* DStR 91, 438; vgl auch *Tipke* StW 72, 268 ff).

37 **11. Analogie.** Sie meint die Übertragung eines in einer Rechtsnorm oder einem Rechtssystem enthaltenen Rechtsprinzips oder Rechtsgedankens auf einen ähnlich gelagerten Sachverhalt, der – selbst unter Berücksichtigung aller in Betracht kommenden Auslegungsmethoden – nicht geregelt wurde, sodass eine Lücke im Gesetz gegeben ist. Die Anwendung einer im Gesetz vorgesehenen Folge auf einen im Gesetz nicht geregelten Tatbestand ist allgemein zulässig, wenn die gesetzliche Regelung, gemessen an ihrem Zweck unvollständig ist und die Ergänzung nicht in Widerspruch zu einer vom Gesetz beabsichtigten Beschränkung steht (BFH BStBl 06, 515; 08, 758). Die entscheidende Frage ist, ob und in welchen Bereichen eine Analogie gerade im StRecht zulässig ist. Ein allgemeines Analogieverbot ist für das StRecht nicht festzustellen (so auch *Tipke* „Grenzen der Rechtsfortbildung durch Rechtsprechung und Verwaltungsvorschriften im StRecht“, 1982, S 163; gegen Analogie zulasten des Stpfl *Felix* StBg 88, 15). Das BVerfG (vgl BVerfGE 1, 299; 7, 89; 13, 318, 328) hat ausgeführt, dass das strafrechtliche Analogieverbot des Art 103 II GG nicht für das StRecht gilt. Im Bereich der Eingriffsverwaltung darf eine Analogie zulasten des Stpfl im Interesse der Rechtssicherheit allerdings nur unter größter Zurückhaltung vorgenommen werden darf, ausgeschlossen ist sie aber nicht (vgl BFH BStBl 75, 12; 84, 221; 86, 272; BFHE 181, 31). Sie kann jedoch keine neuen Steuerpflichten begründen (BFHE 91, 511) und nicht zur Regelung von Fragen erfolgen, die der Gesetzgeber bewusst nicht in die Vorschrift einbezogen hat (BFHE 182, 480; BFH/NV 05, 695). Eine Rechtsfortbildung durch Analogie zugunsten des Stpfl ist uneingeschränkt möglich (BFH BStBl 74, 295).

38 Würde man eine **Analogie zulasten** des Stpfl uneingeschränkt für unzulässig halten, weil sie gegen das Prinzip der Rechtssicherheit verstoße, müsste man konsequenterweise bei jedem erheblichen Zweifel immer zugunsten des Stpfl entscheiden. Das würde auf die Anerkennung des Grundsatzes „in dubio contra fiscum“ hinauslaufen, eine Auffassung, die aber von niemandem vertreten wird, ebenso wenig wie der Grundsatz „in dubio pro fisco“ gilt. Wenn die Analogie ein von der Rechtsordnung anerkanntes mögliches Auslegungskriterium ist, dann ist sie auch Bestandteil unserer rechtsstaatlichen Ordnung, es sei denn, die Verfassung stellt ausdrücklich ein Analogieverbot auf, wie dies für das Gebiet des Strafrechts in Art 103 II GG geschehen ist. Gerade aus dem Umstand, dass die Verfassung für ein bestimmtes Gebiet meinte, ein Analogieverbot statuieren zu müssen, ergibt sich, dass iÜ ein solches Verbot nicht besteht. Die Analogie im StRecht verstößt nicht gegen das Rechtsstaatsgebot, dh die Bindung an Gesetz und Recht, oder gegen das Prinzip der Rechtssicherheit, wenn nämlich eindeutig dem Gesetz trotz entgegenstehenden Wortlauts entnommen werden kann, dass es einen bestimmten, tatsächlich aber nicht geregelten Fall mit Sicherheit hat erfassen wollen. **Lücken** in den StGesetzen können unter gewissen Voraussetzungen ausnahmsweise auch durch **Analogieschluss** mit **steuerverschärfender** Wirkung gefüllt werden, ohne dass das Gebot der Rechtssicherheit hierdurch verletzt wird (BFH BStBl 86, 272; BB 84, 515).

39 **12. Typisierende Betrachtungsweise.** Bei der Regelung von Massenerscheinungen darf der Gesetzgeber, ohne dabei gegen den Gleichheitssatz zu verstoßen, von einem „typischen Fall“ ausgehen, der sich aus einer Vielzahl ähnlicher Einzelfälle in dem zu regelnden Gesamtbild herausbildet; auf dieser Grundlage können typisierende, generalisierende und pauschalierende Regelungen getroffen werden

(BVerfG DStR 99, 202). Bedingung ist, dass für Härtefälle, die durch die Typisierung entstehen und für die es keine Ausnahmeregelungen gibt, ggf Billigkeitsmaßnahmen zur Verfügung stehen (BFH BStBl 13, 498). Die typisierende Betrachtungsweise hat iÜ gewisse Parallelen zum prima-facie-Beweis. Ein bestimmter Sachverhalt wird so gesehen, wie er normalerweise in Erscheinung tritt. Der Gegenbeweis wird aber zugelassen. Die Geltung der typisierenden Betrachtungsweise ist ständig zurückgedrängt worden. Der BFH (BStBl 70, 498) stellt fest, dass die Steuerpflicht nicht mit Hilfe einer im Gesetz nicht zum Ausdruck gekommenen Sachverhaltsfiktion begründet werden kann. Trotzdem klingt in einigen Entscheidungen des BFH der Gedanke von der typisierenden Betrachtungsweise immer wieder an (BFH BStBl 67, 95; 72, 855; 73, 631). Die Frage der typisierenden Betrachtungsweise spieltinsbes eine Rolle bei der Abgrenzung zwischen Werbungskosten/Betriebsausgaben und Kosten der Lebenshaltung. Es wird zB bei Kleidung gefordert, dass es sich um typische Berufskleidung handeln muss (BFH BStBl 71, 50). Es handelt sich hierbei wohl in erster Linie um die Interpretation sog unbestimmter Rechtsbegriffe und um eine Frage der **Beweislast,** dh um die Frage, wem letztlich die Unmöglichkeit der Aufklärung angelastet werden kann. Soweit es um Tatsachen geht, die sich steuermindernd auswirken, dürfte es zulässig sein, bei begründeten Zweifeln zuungunsten des Steuerpflichtigen zu entscheiden. Die typisierende Betrachtungsweise ist heute als formelle zu verstehen, dh sie ist zu einer Beweislasttheorie geworden (*Flume* JZ 53, 24 A 8, *Weiss* UStR 63, 135; *TK/Drüen* § 4 AO Rz 385 ff mwN).

§ 5 Ermessen

Ist die Finanzbehörde ermächtigt, nach ihrem Ermessen zu handeln, hat sie ihr Ermessen entsprechend dem Zweck der Ermächtigung auszuüben und die gesetzlichen Grenzen des Ermessens einzuhalten.

Schrifttum: *vor 2010 s 13. Aufl; Drüen* Das finanzbehördliche Ermessen bei der Anordnung einer Außenprüfung, AO-StB 14, 343; *Kment/Vorwalter* Ermessen und Beurteilungsspielraum, JuS 15, 193; *Helbich* Rechtsfragen der „automatisierten" Ermessensausübung im Steuerrecht, DStR 17, 574.

Übersicht

1. Inhalt. Nur aufgrund besonderer **Ermächtigung** ist den Finanzbehörden ein Verwaltungshandeln nach ihrem Ermessen erlaubt. § 5 regelt, wie die Behörde ihr Ermessen ausüben soll und welche Grenzen ihr gesetzt sind. Die Vorschrift stellt selbst keine Ermächtigungsgrundlage für eine Ermessensentscheidung dar, 1 sondern setzt eine solche ausdrückliche Regelung im Gesetz voraus. § 5 führt als Maßstab für die Ausübung des Ermessens weder das **Übermaßverbot** noch den **Verhältnismäßigkeitsgrundsatz** explizit auf; beide gehören aber zu den wichtigsten allgemeinen Rechtsgrundsätzen, die bei der Ausübung von Ermessen zu beachten sind. Der Verhältnismäßigkeitsgrundsatz hat **Verfassungsrang,** sodass er stets zu beachten ist (BFH BStBl 92, 57; BFH/NV 07, 1950; allgemein BVerfGE 43, 106; vgl auch § 328 II 2). Durch das Gesetz zur Modernisierung des Steuerverfahrens sind Regelungen eingeführt worden, die eine automatisierte Auswahl bei Ermessenstatbeständen vorsehen (§§ 149 IV, 155 IV).

2 **2. Ermächtigungsgrundlage.** Sie ist unabdingbare Voraussetzung dafür, dass die FinVerw einen Ermessensspielraum hat, aber andererseits auch Verpflichtung, dieses Ermessen auszuüben. Ob der Behörde ein Ermessensspielraum zugebilligt wird, ergibt sich regelmäßig aus dem Wortlaut der entsprechenden Bestimmung. Meist wird die Ermächtigung durch das Wort „kann" ausgedrückt. Weitere Ausdrucksformen für Ermessensspielräume können zB die Worte „darf" oder „ist zulässig" sein. Die Wortfassung muss aber nicht ausschlaggebend sein, sondern entscheidend ist die Auslegung nach dem Zweck der betr Gesetzesbestimmung. Auch das Wort „soll" kann eine Ermessensvorschrift umschreiben. Für eine Sollvorschrift ist charakteristisch, dass sie Tatbestand und Rechtsfolge für die typischen Fälle verknüpft, dass die Verwaltung aber berechtigt ist, in atypischen Fällen von der für den Regelfall vorgesehenen Rechtsfolge abzuweichen (BFH BStBl 84, 815). Neben den Billigkeitsbestimmungen betreffen die wichtigsten Ermessensvorschriften der AO StFestsetzung unter **Vorbehalt der Nachprüfung** und **vorläufige** StFestsetzung (§§ 164, 165, vgl BFH BStBl 90, 1043; 92, 592), **Duldungs- und Haftungsbescheide** (§ 191, vgl BFH BStBl 80, 103; 83, 544; 86, 156; 90, 284), **Prüfungsanordnungen** (§§ 193, 196, vgl BFH BStBl 82, 208; 85, 566; 86, 433; 92, 220), Aufforderung zur **termingebundenen Abgabe einer StErklärung** (BFH/NV 17, 777); **Billigkeitsmaßnahmen,** auch **Erlassentscheidungen** (§§ 163, 227, FG Hbg EFG 11, 116), die **Auswahl unter mehreren Gesamtschuldnern** (§ 44, vgl BFH BStBl 81, 493; BFHE 161, 117; BFH/NV 86, 256) und die **Maßnahmen der Vollstreckung** (§§ 249 ff, vgl BFH BStBl 85, 196).

3 **3. Ermessensentscheidung. a) Begriff.** Eine Ermessensvorschrift gibt der Verwaltung einen Spielraum, unter einer Mehrzahl rechtl zulässiger Verhaltensweisen zu wählen (BFH BStBl 72, 919 [920]; BFH in BFHE 148, 378). Es wird pflichtgemäßes Ermessen verlangt (so ausdrücklich § 42d III 2 EStG). Jede von der Behörde für **sachgerecht** erachtete **Entscheidung** ist insoweit **rechtmäßig.** Die Behörde muss aber bei allen **Eingriffen** in die **private Rechtssphäre** selbst bei weit gehender Ermächtigung nach dem Übermaßverbot und Verhältnismäßigkeitsgrundsatz (Rz 1) die Maßnahme auf das **unumgänglich Notwendige** beschränken. Sie muss prüfen, welche unter den an sich geeigneten Maßnahmen den Betroffenen am **wenigsten belastet** (BVerfGE 30, 316; BFH BStBl 92, 57; BFHE 144, 316). Außerdem muss die Maßnahme geeignet sein, den angestrebten Zweck zu erreichen (BFH BStBl 92, 57). Der Ermessensspielraum kann im Einzelfall so eingeengt sein, dass nur eine einzige Entscheidung richtig ist, selbst wenn die Ermessensvorschrift mit einem unbestimmten Rechtsbegriff gekoppelt ist, wie zB in den §§ 163, 227 (vgl GemSOBG BStBl 72, 603). Eine Ermessensentscheidung kann sich auch in einer allgemeinen Verwaltungsanordnung finden; diese **Ermessensrichtlinie** bindet die nachgeordneten Behörden und die Rspr (BFH BStBl 04, 927; FG Saarl EFG 02, 951; § 4 Rz 8, 12).

4 **b) Rechtmäßigkeitsvoraussetzungen verfahrensrechtlicher Art.** Nur die örtlich, sachlich und funktionell **zuständige Finanzbehörde** kann eine rechtmäßige Ermessensentscheidung treffen, da nur dieser die Ermessensentscheidung im Einzelfall übertragen worden ist und regelmäßig denkbar ist, dass eine andere Be-

hörde auch eine andere Entscheidung getroffen hätte (BFH BStBl 89, 483). § 127 gilt nicht für Ermessensvorschriften, und zwar auch dann, wenn die übergeordnete Finanzbehörde für beide Finanzämter zuständig ist (BFH/NV 99, 585; 13, 243; FG RhPf EFG 98, 914). Beim Wechsel der örtlichen Zuständigkeit ist entscheidend, ob das FA Kenntnis von den Tatumständen hatte, die die neue Zuständigkeit begründen, als es sein Ermessen ausübte (FG RhPf EFG 98, 914). Nach einem Zuständigkeitswechsel kann die alte Zuständigkeit aufgrund einer Zuständigkeitsvereinbarung gem § 27 erhalten bleiben (OFD Magdeburg DStZ 2001, 605, aus Beweisgründen schriftlich zu vereinbaren). Eine Aufhebung wegen Verstoßes gegen die Zuständigkeit kommt nicht in Betracht, wenn praktisch ausgeschlossen ist, dass der Inhalt des Bescheids durch die Regelungen über die örtliche Zuständigkeit beeinflusst worden ist (BFH/NV 13, 243). Allgemein gilt, dass eine fehlerfreie Ermessensausübung einen **umfassend und einwandfrei** durch die FinBeh **ermittelten Sachverhalt** voraussetzt (BFH BStBl 81, 740; 83, 672; 85, 489; 90, 179; 96, 2; FG Ddorf EFG 80, 478; 11, 1399; FG Brem EFG 81, 602). Es begründet einen Ermessensfehler, wenn die Entscheidung nicht auf einem ordnungsgemäß ermittelten Sachverhalt, sondern auf Vermutungen und Annahmen beruht (FG RhPf EFG 81, 341) oder wenn nicht der vollständige Sachverhalt Grundlage der Ermessensentscheidung ist (FG BBg DStRE 12, 901). Ermittelt werden müssen auch die **für den Stpfl günstigen** Umstände, und zwar nicht nur, sofern sie vom Stpfl vorgebracht werden, sondern auch dann, wenn sich nach Lage der Akten oder aus anderen Erkenntnissen die Erforderlichkeit von Nachforschungen aufdrängt (BFH BStBl 90, 179). Der auf diese Weise ermittelte Sachverhalt muss dann bei der Ermessensausübung berücksichtigt werden. Ein Ermessensfehler liegt vor, wenn Gesichtspunkte tatsächlicher oder rechtlicher Art außer acht gelassen werden, die nach Sinn und Zweck der Ermessensvorschrift zu berücksichtigen gewesen wären (BFH BStBl 90, 284; BFH/NV 89, 274; FG Saarl EFG 90, 611).

c) Gesetzliche Grenzen des Ermessens. Die FinBeh müssen die **gesetzlich gezogenen Grenzen** des Ermessens einhalten. Diese ergeben sich aus dem Wortlaut der Ermächtigungsgrundlage (zB bei der Anordnung einer Ap gegen Stpfl, die keinen gewerblichen oder land- und forstwirtschaftl Betrieb unterhalten und die auch nicht freiberuflich tätig sind, die Grenzen des § 193 II) und darüber hinaus aus den allgemeinen Rechtsinstituten wie dem Grundsatz der Verhältnismäßigkeit (Rz 1, BFH BStBl 08, 395), der Gleichmäßigkeit der Besteuerung oder aus Treu und Glauben. Die Entscheidung muss das Übermaßverbot beachten, dem Gebot der Zumutbarkeit und der Billigkeit entsprechen. Die Missachtung dieser gesetzlichen Grenzen führt zu rechtswidrigen Ermessensüberschreitungen (äußere Ermessensfehler). 5

d) Zweckverwirklichung. Dem Zweck der Ermächtigung **entsprechend** hat die zuständige FinBeh ihr Ermessen auszuüben. Das bedeutet, dass die aufgrund des Ermessens getroffene Anordnung den Sinn und Zweck der Vorschrift erfüllen muss (BFH BStBl 92, 57; 10, 382; 10, 955). Eine am Zweck des § 71 ausgerichtete Ermessensausübung muss zB dazu führen, dass die Höhe der Haftungsinanspruchnahme durch die Höhe des eingetretenen Schadens vorgeprägt ist (BFH/NV 91, 504). Andernfalls liegt ein Ermessensmissbrauch oder ein Ermessensfehlgebrauch vor (innerer Ermessensfehler). Enthält die Ermächtigungsgrundlage unbestimmte Rechtsbegriffe (Rz 15), so legen diese meistens die Richtung der Ermessensausübung fest. Der im Gesetz genannte Fall der Zweckverfehlung ist nur ein krasser Beispielsfall für einen Ermessensfehlgebrauch (*TK/Drüen* § 5 AO Rz 47 f; *Gräber/Stapperfend* § 102 Rz 5). Es kommen noch eine Reihe anderer Gründe für einen Ermessensmissbrauch in Betracht (s Rz 5 ff). 6

4. Inhalt der Ermessensentscheidung. Jede Ermessensentscheidung gliedert sich in zwei Stufen, in das **Entschließungsermessen** und das **Auswahlermessen** (BFH/NV 15, 85; FG BBg EFG 14, 989). Auf der ersten Stufe, dem Entschlie- 7 ßungsermessen, wird darüber befunden, ob die tatbestandsmäßigen Voraussetzungen dafür vorliegen, dass eine Ermessensentscheidung ergeht und ob von dem Ermessen Gebrauch gemacht wird. Bei der Prüfung, ob grds eine Ermächtigung zur Ausübung eines Ermessens vorliegt, ist für eine Ermessensausübung kein Raum; vielmehr liegt eine vom FG im vollen Umfang überprüfbare Rechtsentscheidung vor. Es gibt kein sog Tatbestandsermessen, sondern das Ermessen der Verwaltung ist immer ein **Rechtsfolgeermessen** (BFH BStBl 76, 800; *TK/Kruse* § 5 AO Rz 5). Ein **Entschließungsermessen** ist gegeben, wenn es im Ermessen der Behörde steht, ob sie eine vom Gesetz vorgesehene Rechtsfolge (zB Festsetzung eines Verspätungszuschlags, Verzögerungsgeld) eintreten lässt oder nicht. Sind die entsprechenden Voraussetzungen erfüllt, so wird auf der zweiten Stufe, dem Auswahlermessen, unter Abwägung des Für und Wider die eigentliche Ermessensentscheidung getroffen, deren Überprüfung sich im Rahmen des § 102 FGO zu halten hat (BFH BStBl 84, 321; 89, 425; 13, 266). Ein Auswahlermessen besteht, wenn der Behörde eine von mehreren Rechtsfolgen vorgeschrieben ist, es ihr aber freisteht, welche der zugelassenen Rechtsfolgen sie wählt, zB Auswahl unter mehreren Gesamtschuldnern (BFH BStBl 92, 3; 04, 579) oder Entscheidung, ob für Verspätungszuschlag die Gesellschaft oder ihr gesetzlicher Vertreter in Anspruch genommen werden soll (BFH BStBl 92, 3). Schließlich kann der Behörde im Rahmen des Auswahlermessens noch ein Ermessen über den Umfang und die Höhe der Inanspruchnahme (zB Höhe des Verspätungszuschlages) eingeräumt sein (BFH/NV 07, 1822; BFH BStBl 13, 266; FG Hess EFG 11, 1949). Diese rechtstheoretische Unterscheidung findet sich auch in der Terminologie der FG wieder (vgl zB außer der schon genannten Entscheidung BFH BStBl 92, 3; BFH BStBl 88, 929; 90, 179, 284; BFHE 161, 117).

8 5. **Ermessensfehler.** Ermessensfehler können unterschiedlicher Art sein, vgl § 102 FGO. Ein neues Problem ergibt sich aus den „automatisierten" Ermessensentscheidungen, bei denen zu klären sein wird, inwieweit ein Finanzbeamter an der Ermessensentscheidung mitwirken muss, wenn eine automatisierte Auswahl an die Stelle einer menschlichen Entscheidung tritt (vgl *Baldauf* DStR 16, 833; *Helbich* DStR 17, 574; s § 5 Rz 1).

a) Nichtausübung des Ermessens. Das FA muss **erkennen,** dass eine **Ermessensentscheidung zu treffen** ist (Entschließungsermessen). Ein Ermessensfehler in Form der Ermessensunterschreitung liegt vor, wenn die Behörde von dem ihr eingeräumten Ermessen keinen Gebrauch macht (BFH/NV 95, 754; BFH BStBl 07, 222; 11, 233; 13, 266). Ob sich das FA seiner Befugnis, Ermessen auszuüben, bewusst gewesen ist, ergibt sich regelmäßig aus der Begründung des VA (Rz 13). Das Entschließungsermessen ist auch verletzt, wenn die Behörde ihr Ermessen nicht ausübt, weil sie fälschlicherweise von einer Vorprägung der Entscheidung ausgeht (BFH BStBl 13, 266 zur Festsetzung eines Verzögerungsgeldes; FG Hess EFG 11, 1949). Zu den Ermessensfehlern zählt auch die Ermessensunterschreitung, die vorliegt, wenn nicht alle Möglichkeiten des Ermessens erkannt und deswegen bei der Ermessensausübung nicht in Betracht gezogen werden (BFH BStBl 04, 579).

9 **b) Ermessensfehlgebrauch und -überschreitung.** Weitere Ermessensfehler liegen vor, wenn die gesetzlichen Grenzen des Ermessens überschritten werden (zB weil die Ermessensvorschrift falsch ausgelegt wird: FG Hess EFG 11, 1949) oder von dem Ermessen in einer dem Zweck der Ermächtigung nicht entsprechenden Weise Gebrauch gemacht wird (vgl BFH BStBl 90, 1008; 92, 57; BFH/NV 88, 672; s auch Rz 10). Neben den ausdrücklich in der Ermächtigungsgrundlage festgelegten Ermessensgrenzen sind stets die Grundsätze der Gleichmäßigkeit der Besteuerung (Art 3 I GG), der Verhältnismäßigkeit der Mittel, der Erforderlichkeit, der Zumutbarkeit, der Billigkeit und von Treu und Glauben zu berücksichtigen sowie das Willkürverbot und das Übermaßverbot (vgl zB BFH BStBl 88, 359; 90,

198; 11, 233). Ein Verstoß gegen den **Gleichheitssatz** ist grds ermessensfehlerhaft. Da der FinBeh durch die Ermächtigung zur Ermessensentscheidung Wahlfreiheit zur Erreichung des Zwecks gewährt wird, bedeutet es nicht unbedingt einen Ermessensfehler, wenn gleichgelagerte Einzelfälle von verschiedenen Behörden oder auch von derselben Behörde verschieden behandelt werden (BFH BStBl 65, 700; FG RhPf EFG 74, 46). Solche unterschiedlichen Ermessensentscheidungen verstoßen nicht gegen Art 3 I GG. Erst die **Ermessensabweichung** im Falle der sog **Selbstbindung** der Verwaltung verletzt den Gleichheitsgrundsatz, wenn nämlich die Behörde ohne zureichenden Grund von einer einheitlich geübten Ermessenspraxis abweicht. Eine Selbstbindung der Verwaltung (s auch § 4 Rz 9) entsteht regelmäßig durch eine einheitliche Ermessenspraxis, die auf ständiger Wiederholung oder auf Befolgung ermessensregelnder Verwaltungsvorschriften beruht (BFH BStBl 72, 649; 79, 54; 82, 779; 91, 752; BFH/NV 86, 664; vgl auch BFH/NV 93, 392 zu Rundverfügung der übergeordneten OFD). Bei der Ausübung des Ermessens ist auch ein von der Praxis geprägtes Regel-Ausnahme-Verhältnis zu beachten mit der Folge, dass die Entscheidung für die Ausnahme ein besonderer Grund (Ausnahmefall) vorliegen muss (BFH/NV 15, 517 mwN betr Akteneinsicht). Allgemeine Verwaltungsanweisungen eines Landes können allerdings keine Selbstbindung des Ermessens eines anderen Landes herbeiführen (BFH BStBl 86, 36). Eine Abweichung von der einheitlichen Ermessenspraxis ist nur zulässig, wenn sich herausstellt, dass die Verwaltungspraxis rechtswidrig oder ermessensfehlerhaft ist. Art 3 I GG gewährt **keinen Anspruch** auf gleichmäßige **Falschbehandlung** und auf Fortsetzung einer rechtswidrigen oder ermessensfehlerhaften Verwaltungspraxis (vgl BFH BStBl 73, 494; 88, 653). Der Gleichheitsgrundsatz wird durch Verweigerung der Gleichbehandlung nicht verletzt, wenn die erstrebte Behandlung in sachverhaltsgleichen Fällen zu Unrecht gewährt worden ist (BVerwGE 5, 1; oben § 4 Rz 13). Es würde zur Aufhebung der Gewaltentrennung wie des Vorbehalts und des Vorranges des Gesetzes führen, wenn über den Gleichheitsgrundsatz die Bindung an das Gesetz von der Art und Weise seiner Beachtung abhängig gemacht würde. Grundlage für die Selbstbindung der Verwaltung kann auch nur die durch die Verwaltungsrichtlinie bestimmte **tatsächliche** Verwaltungsübung sein, nicht aber ein damit nicht in Einklang stehendes Ergebnis der Auslegung dieser Richtlinie (BFH StRK AO NF § 5 R 12; vgl auch BFH BStBl 91, 752).

aa) Verstöße gegen allgemeine Rechtsgrundsätze. Verstöße gegen den mit 10
Verfassungsrang ausgestatteten Grundsatz der **Verhältnismäßigkeit** sind gegeben, wenn zwischen dem angestrebten Zweck und dem angewendeten Mittel kein angemessenes Verhältnis besteht (vgl BVerfGE 23, 127 [133]; BFH BStBl 81, 208; 89, 265; 92, 57; 13, 266; FG Hess EFG 11, 1949); der Grundsatz der Verhältnismäßigkeit muss sowohl beim Entschließungsermessen als auch beim Auswahlermessen beachtet werden (BFH BStBl 13, 266) Ein Verstoß gegen den Grundsatz der **Erforderlichkeit der Mittel** liegt vor, wenn unter verschiedenen zur Auswahl stehenden Mitteln nicht die den StPfl am wenigsten hart treffende Maßnahme gewählt wird (BVerfGE 29, 245 [254]; BFH BStBl 78, 418; vgl aber auch BFH BStBl 92, 57). Eine Verletzung gegen das Erfordernis der **Zumutbarkeit** liegt zB vor, wenn die Existenz des Betroffenen vernichtet wird (vgl BFH BStBl 63, 342). Die Ermessensentscheidung mißachtet die **Billigkeit,** wenn die Maßnahme nach allgemeiner Auffassung unter Berücksichtigung der Belange der öffentlichen Hand und des Stpfl mit den Grundsätzen der Gerechtigkeit unvereinbar ist (BFH BStBl 72, 222; 10, 955; *TK/Drüen* § 5 Rz 49 mwN). Ein Verstoß gegen **Treu und Glauben** liegt zB vor, wenn die Behörde in einem Steuerfall gegen ihr eigenes früheres Verhalten verstößt (s § 4 Rz 18f; FG Mster EFG 95, 790, rkr); es verstößt gegen das **Willkürverbot,** wenn die Entscheidung nicht aus der Sache heraus gerechtfertigten (sondern unter sachfremden) Erwägungen getroffen worden ist (vgl BFH BStBl 59, 413; 90, 1008) und schließlich gegen das **Übermaßverbot,** wenn die Entscheidung zwar abstrakt durch die gesetzliche Ermächtigung gedeckt

ist, im Einzelfall aber über das im öffentlichen Interesse Gebotene hinausgeht (FG BaWü EFG 91, 715; *TK/Drüen* § 5 AO Rz 60 mwN). Die Grundsätze, die keinen Anspruch auf Vollständigkeit haben, überschneiden sich zum Teil oder lassen sich teilweise voneinander ableiten. Sie werden auch zum Teil unter dem Verhältnismäßigkeitsgrundsatz zusammengefasst (vgl BFH BStBl 92, 57; 13, 266). Zur Berücksichtigung des Gleichheitssatzes, insbes wenn Verwaltungsanweisungen bestehen, s § 4 Rz 12, 13.

11 **bb) Verstöße gegen die Ermächtigungsgrundlage.** Die Ermessensentscheidung muss von der Ermächtigungsgrundlage gedeckt sein. Einzelfälle von Ermessensfehlern, die sich aus der Ermächtigungsgrundlage ergeben, sind aus den jeweiligen Ermessensvorschriften abzuleiten. Wegen Zweckverfehlung, Verstoß gegen die Ermächtigungsgrundlage und verfahrensrechtlichen Voraussetzungen vgl oben Rz 2ff. IÜ sei nur auf folgende Beispiele verwiesen: Antrag auf Erteilung einer **Zweitschrift** der grunderwerbsteuerlichen Unbedenklichkeitsbescheinigung darf nur ausnahmsweise abgelehnt werden, FG Brem EFG 78, 187. Es ist nicht ermessensfehlerhaft, wenn das FA bei der Festsetzung von Vorauszahlungen in einer schwierigen, höchstrichterlich noch nicht entschiedenen Rechtsfrage der im Zeitpunkt der Entscheidung allgemein vertretenen Rechtsauffassung folgt, BFH BStBl 82, 446. Wenn im **DBA** ein **Verständigungsverfahren** vorgesehen ist, bedeutet dies, dass bei nachgewiesen er Doppelbelastung grds ein solches Verfahren einzuleiten ist; Ablehnung der Einleitung ist nur dann nicht unbillig, wenn beachtliche Belange der öffentlichen Hand entgegenstehen oder wenn das Begehren des Stpfl gegen Treu und Glauben verstößt (FG Nbg EFG 78, 157). Ein Ermessensfehler liegt auch vor, wenn die FinBeh sich bei einer Ermessensentscheidung auf Einwendungen gegen einen **vorausgegangenen Bescheid** einlässt und hierbei zu Unrecht von dessen Rechtmäßigkeit ausgeht (BFH BStBl 67, 156; 88, 139) oder über den Einspruch gegen einen Folgebescheid entscheidet, obwohl das Rechtsbehelfsverfahren gegen den Grundlagenbescheid noch nicht abgeschlossen ist (FG Nds v 28.1.2004, 2 K 167/03). Zum Erlass einer Steuer aus Billigkeitsgründen BFH/NV 15, 719.

12 **c) Ermessensreduzierung auf Null.** Im Einzelfall kann das Ermessen so eingeengt sein, dass nur eine einzige Entscheidung richtig ist (Ermessensreduzierung auf Null). Dann darf auch nur diese Entscheidung getroffen werden (BFH BStBl 81, 801; 82, 710; 84, 321; 92, 592; 10, 955 mwN; 10, 916 mwN; BFH/NV 14, 355). Dies hat Konsequenzen für den Fall der gerichtlichen Nachprüfung (Rz 9).

13 **6. Begründung der Ermessensentscheidung.** Eine Ermessensentscheidung bedarf grds einer Begründung. Im Regelfall ist eine **nicht begründete Ermessensentscheidung ermessensfehlerhaft** und rechtswidrig (BFH BStBl 81, 493; 83, 695; 88, 111, 176; BFHE 173, 274; BFH/NV 91, 283; 93, 215; BFH DStR 17, 934; FG RhPf EFG 98, 914). Die Begründung muss in nachvollziehbarer Weise und mit der gebotenen Sicherheit zeigen, dass die FinBeh den Ermessensspielraum erkannt hat und von welchen Gesichtspunkten sie bei der Ermessensentscheidung ausgegangen ist (vgl § 121). Es müssen die angestellten Erwägungen, die Abwägung des Für und Wider aus der Entscheidung erkennbar sein (BFH BStBl 81, 493; 90, 1008; 04, 579; 13, 266; BFH/NV 15, 150; BFH DStR 17, 934; FG Brem EFG 90, 377; s § 121 Rz 6). Dies gilt zB in Bezug auf die Beachtung des Grundsatzes der Verhältnismäßigkeit (FG Hess EFG 11, 1949). Eine fehlende oder nicht ausreichende Begründung kann gem § 126 I Nr 2, II noch in der Einspruchsentscheidung **nachgeholt** werden (ua BFH BStBl 88, 176; FG BBg EFG 14, 989), während vor dem FG nur Ergänzungen der Begründung zulässig sind (unten Rz 14). Das Fehlen einer notwendigen Begründung kann nicht mehr geheilt werden, wenn sich der VA vor Einlegung des Einspruchs erledigt hat (BFH/NV 17, 777). Eine ausreichende Begründung liegt vor, wenn der Finanzbeamte einen Textbaustein aus einem Computerprogramm verwendet, sofern er den

Text unter Berücksichtigung des Sachverhalts und unter Abwägung aller entscheidungserheblichen Kriterien auswählt; die Begründung muss auch in diesem Fall die tragenden Erwägungen nachvollziehbar darstellen (FG Ddorf EFG 01, 119, rkr). Eine nur formelhafte Begründung, die die Gründe für die Verwaltungsentscheidung nicht erkennen lässt, reicht dagegen nicht aus (BFH/NV 17, 777). Ist ein Verspätungszuschlag zu berechnen, so darf die automatische Berechnung durch das Computerprogramm nach diesem Grundsatz nur als Entscheidungsvorschlag angesehen werden. Eine Begründung ist nicht entbehrlich, weil sich der als Verzögerungsgeld festgesetzte Betrag „am unteren Limit" bewegt, es sei denn, es wird der Mindestbetrag festgesetzt (FG BBg DStRE 12, 901). Im Rahmen des § 121 I besteht eine verschärfte Begründungspflicht (FG BBg DStRE 12, 901). **Ausnahmsweise** darf unter den Voraussetzungen des § 121 II **von einer Begründung abgesehen** werden,insbes, wenn dem Adressaten des Verwaltungsaktes die Auffassung der Behörde über die Sach- und Rechtslage bekannt oder doch ohne weiteres erkennbar ist (BFH BStBl 83, 621; BFH/NV 15, 150; FG Brem EFG 00, 1106). Der BFH nimmt allerdings bei bestimmten Fallgruppen, dort vor allem beim Entschließungsermessen (s Rz 5), eine Vorprägung der Ermessensentscheidung in der Weise an, dass es einer besonderen Begründung nicht oder nur eines Hinweises auf die maßgebende gesetzliche Vorschrift bedarf. So geht die Rspr zB davon aus, dass § 193 I die Ap bei den dort genannten Betrieben idR als ermessensgerecht ansieht und daher in der Prüfungsanordnung ein Hinweis auf diese Bestimmung genügt (s näher § 121 Rz 8 und § 196 Rz 21). Eine nähere Begründung der Prüfungsanordnung nach § 193 I ist danach nur erforderlich, wenn der Stpfl Gründe vorträgt, die eine andere Beurteilung rechtfertigen können (BFH BStBl 92, 3). Eine Vorprägung der Ermessensentscheidung wird ferner zB bei der Inanspruchnahme des Steuerhinterziehers oder Steuerhehlers nach § 71 angenommen (BFHE 161, 225; BFH/NV 88, 692; 91, 504; vgl auch § 71 Rz 15). Der BFH hat für das Entschließungsermessen der FinBeh, einen Haftungsschuldner in Anspruch zu nehmen, dann keine besondere Begründung gefordert, wenn eine anderweitige Realisierung des Steueranspruchs nicht möglich ist (BFH BStBl 88, 176; BFH/NV 91, 283). Außerdem kann nach der Rspr des BFH von einer Begründung bei Haftungsfällen abgesehen werden, wenn die FinBeh erkennbar von einer Verwirklichung des Haftungstatbestandes in erschwerter Verschuldensform ausgegangen ist (BFH BStBl 78, 508; 88, 170; vgl auch Anm in HFR 88, 92). Das gilt aber nur bei vorsätzlicher Pflichtverletzung und nicht schon bei grob fahrlässiger (BFH BStBl 89, 219; BFH/NV 91, 504; vgl auch BFHE 161, 225 und § 191 Rz 43). Auch in Fällen formloser Inanspruchnahme des Arbeitgebers wegen LSt-Haftung müssen die für die Ermessensausübung maßgebenden Erwägungen spätestens in der Einspruchsentscheidung dargelegt werden. Dies gilt aber dann nicht, wenn der ArbG seine Verpflichtung zur Zahlung in derartigen Fällen regelmäßig schriftlich anerkannt hat (BFH BStBl 82, 710).

7. Überprüfbarkeit. Die FinVerw kann ihre eigene Ermessensentscheidung 14
während eines Einspruchsverfahrens sowie im Rahmen der §§ 169 ff überprüfen und ändern. Die Finanzgerichte sind dagegen wegen der Eigenart des Ermessens nicht ermächtigt, anstelle der FinVerw eine eigene Ermessensentscheidung zu treffen. Aus demselben Grund gilt § 127 bei der Überprüfung einer Ermessensentscheidung nicht (s Rz 4). Die FG dürfen eine Ermessensentscheidung in materiellrechtlicher Hinsicht nur daraufhin überprüfen, ob der Ermessensspielraum erkannt wurde, ob eine Ermessensüberschreitung oder ein Ermessensfehlgebrauch vorliegt (§ 102 FGO; BFH BStBl 07, 39; 08, 319, 794; BFH/NV 15, 837). Die FG sind auf die **Aufhebung** des angefochtenen VA beschränkt, wenn ein Ermessensfehler vorliegt. Sie werden der FinVerw aber den Spielraum einer rechtmäßigen Ermessensentscheidung in den Entscheidungsgründen aufzeigen. Eine eigene Entscheidung ist den Gerichten nur dann eröffnet, wenn im Einzelfall das Ermessen so

eingeengt ist, dass nur eine einzige Entscheidung möglich ist (Ermessenseinengung auf Null, s Rz 12 und BFH BStBl 83, 695; 86, 620; 90, 1008; FG Mster EFG 95, 790, rkr). Aber auch in diesem Fall kann das FG die Ermessensentscheidung der FinBeh nicht ersetzen, sondern die FinBeh nur zum Erlass des bestimmten Verwaltungsaktes verpflichten (vgl BFH 90, 179; 92, 592). Soweit bei der Ermessensentscheidung die Umstände des Einzelfalls entscheidend sind und die Ermessensentscheidung überprüft werden soll, kann eine Nichtzulassungsbeschwerde nicht darauf gestützt werden, die Entscheidung sei von grundsätzlicher Bedeutung (BFH/NV 15, 837). Vom **Zeitpunkt** her maßgebend für die Prüfung, ob ein Ermessensfehler vorliegt, sind die Verhältnisse bei Erlass der letzten Verwaltungsentscheidung, idR also bei Erlass der Einspruchsentscheidung (BVerwGE 20, 316; 60, 133; BFH BStBl 67, 49; 72, 649, 919; 76, 499; 78, 508; 81, 751, 801; 88, 364; 91, 545; BFH/NV 95, 754; 17, 593 mwN). Die FinBeh kann fehlende Ermessenserwägungen daher nicht mehr im Gerichtsverfahren nachholen, darf sie aber aufgrund der Neuregelung in § 102 S 2 FGO bis zum Abschluss der Tatsacheninstanz eines Verfahrens vor dem FG „ergänzen" (BFH BStBl 04, 579; BFH/NV 11, 2079). Diese Vorschriften sind restriktiv anzuwenden (glA FG BaWü EFG 2003, 64; *Gräber/Stapperfend* § 102 Rz 25 ff). Eine Änderung der Rechtsfolge in einem VA, zB Beschränkung eines Haftungsbescheids, die nicht mehr zu den Ermessenserwägungen passt, ist nicht mehr möglich (FG Ddorf EFG 17, 687). Die zulässigerweise ergänzten Gründe müssen vom FG berücksichtigt werden (s Erläut zu § 126 Rz 10 ff). Etwas anderes gilt, wenn das Gericht selbst eine Ermessensentscheidung als Tatsacheninstanz zu treffen hat, zB wenn es als Beschwerdegericht über einen Antrag auf Akteneinsicht zu entscheiden hat. In diesem Fall steht dem Beschwerdegericht ein eigenes Ermessen zu (BFH/NV 06, 963; 15, 517). Die eingeschränkte Überprüfbarkeit bei einer Ermessensentscheidung durch das FG betrifft nur die korrekte Ausübung des Ermessens – Erkennen des Ermessensspielraums und Ausübung des Ermessens in den gesetzlich vorgesehenen Grenzen. Die Tatsachen, die der Ermessensentscheidung zugrunde liegen, kann das FG selbst vollständig überprüfen (BFH/NV 17, 593).

15 **8. Unbestimmte Rechtsbegriffe.** Von Ermessensentscheidungen auf der Rechtsfolgenseite ist die Anwendung sog unbestimmter Rechtsbegriffe (meist auf der Tatbestandsseite) zu unterscheiden. Unbestimmte Rechtsbegriffe (zB öffentliches Interesse, Eignung) müssen im Einzelfall ausgelegt werden, ihre Anwendung ist **gerichtlich voll überprüfbar** (BFH 83, 506). Ein Beurteilungsspielraum der die Norm anwendenden Behörde ist nur anzuerkennen, wenn das Gesetz ihn vorsieht, dh wenn der Behörde eine Letztentscheidungskompetenz eingeräumt ist (BVerfGE 61, 82). Dies ist mangels ausdrücklicher Regelung im Gesetz durch eine sinnermittelnde Auslegung zu ermitteln; dabei ist zu berücksichtigen, ob und inwieweit es dem Gericht, ggf unter Inanspruchnahme von Sachverständigen, überhaupt aufgrund eigener Erkenntnisse möglich ist, die Verwaltungsentscheidung zu überprüfen. Ein wirklicher Beurteilungsspielraum kann daher einer Behörde nur in Ausnahmefällen zukommen. Anerkannt ist ein Beurteilungsspielraum bei **Prüfungsentscheidungen** (BVerfGE 84, 34 = NJW 91, 2005; BFH BStBl 94, 50; 99, 573), beschränkt auf die prüfungsspezifischen Wertungen der Behörde (höchstpersönliches Fachurteil), wobei die durch den Beurteilungsspielraum entstehenden Defizite gerichtlicher Kontrolle durch besondere Anforderungen an die verwaltungsinterne Kontrolle ausgeglichen werden sollen (BFH/NV 96, 180; BFH BStBl 99, 242; BVerwGE 99, 185 = NJW 96, 2670). Auch bei Prüfungsentscheidungen muss das Gericht die – uU mit Hilfe von Sachverständigen – gerichtlich überprüfbaren Fachfragen herausfiltern (BFH/NV 99, 1133). Sind unbestimmte Rechtsbegriffe in einer **Ermessensvorschrift** enthalten, wie zB der Begriff **„unbillig"** in § 227, wäre es theoretisch möglich, eine **Trennung** zwischen der **Auslegung** des unbestimmten **Rechtsbegriffs** und der **Ermessensentscheidung** zu vollziehen.

Dies hätte jedoch zur Folge, dass der Ermessensspielraum praktisch beseitigt würde. Der GemSOBG (BStBl 72, 603) hat in der Vorschrift des § 131 I 1 RAO, die dem § 227 entspricht, eine einheitliche Ermessensvorschrift gesehen und eine weit gehende Nachprüfbarkeit durch die Gerichte für möglich gehalten, sich gleichzeitig aber gegen eine „uferlose Kontrolle" der Verwaltung ausgesprochen. Inhalt und Umfang des Ermessens würden durch den Begriff „unbillig" näher bestimmt. Die Entscheidung ist auf starke **Kritik** gestoßen; danach soll der **unbestimmte Rechtsbegriff** zur **Tatbestandsseite** und das **Ermessen** zur **Rechtsfolgenseite** der Norm gehören. Ein sog Tatbestandsermessen existiert daher nicht. *TK/Drüen* § 5 AO (Rz 7) halten es insb unter rechtsstaatlichen Gesichtspunkten für bedenklich, wenn im Bereich der **Eingriffsverwaltung** Entscheidungen der Behörde praktisch der gerichtlichen Kontrolle entzogen werden. Dem könnte entgegengehalten werden, dass es sich zumindest bei den **Billigkeitsentscheidungen** nach §§ 163, 222, 223 quasi um Akte der gewährenden Verwaltung handelt, auch wenn sie im Rahmen der Eingriffsverwaltung getroffen werden.

§ 6 Behörden, öffentliche und nicht-öffentliche Stellen, Finanzbehörden

(1) **Behörde ist jede öffentliche Stelle, die Aufgaben der öffentlichen Verwaltung wahrnimmt.**

(1a) **Öffentliche Stellen des Bundes sind die Behörden, die Organe der Rechtspflege und andere öffentlich-rechtlich organisierte Einrichtungen des Bundes, der bundesunmittelbaren Körperschaften, der Anstalten und Stiftungen des öffentlichen Rechts sowie deren Vereinigungen ungeachtet ihrer Rechtsform.**

(1b) **Öffentliche Stellen der Länder sind die Behörden, die Organe der Rechtspflege und andere öffentlich-rechtlich organisierte Einrichtungen eines Landes, einer Gemeinde, eines Gemeindeverbandes oder sonstiger der Aufsicht des Landes unterstehender juristischer Personen des öffentlichen Rechts sowie deren Vereinigungen ungeachtet ihrer Rechtsform.**

(1c) [1] **Vereinigungen des privaten Rechts von öffentlichen Stellen des Bundes und der Länder, die Aufgaben der öffentlichen Verwaltung wahrnehmen, gelten ungeachtet der Beteiligung nicht-öffentlicher Stellen als öffentliche Stellen des Bundes, wenn**

1. **sie über den Bereich eines Landes hinaus tätig werden oder**
2. **dem Bund die absolute Mehrheit der Anteile gehört oder die absolute Mehrheit der Stimmen zusteht.**

[2] **Andernfalls gelten sie als öffentliche Stellen der Länder.**

(1d) **Nicht-öffentliche Stellen sind natürliche und juristische Personen, Gesellschaften und andere Personenvereinigungen des privaten Rechts, soweit sie nicht unter die Absätze 1a bis 1c fallen.** [2] **Nimmt eine nicht-öffentliche Stelle hoheitliche Aufgaben der öffentlichen Verwaltung wahr, ist sie insoweit öffentliche Stelle im Sinne dieses Gesetzes.**

(1e) **Öffentliche Stellen des Bundes oder der Länder gelten als nicht-öffentliche Stellen im Sinne dieses Gesetzes, soweit sie als öffentlich-rechtliche Unternehmen am Wettbewerb teilnehmen.**

(2) **Finanzbehörden im Sinne dieses Gesetzes sind die folgenden im Gesetz über die Finanzverwaltung genannten Bundes- und Landesfinanzbehörden:**

1. **das Bundesministerium der Finanzen und die für die Finanzverwaltung zuständigen obersten Landesbehörden als oberste Behörden,**

2. [*bis 31.12.2018: die Bundesmonopolverwaltung für Branntwein,*] das Bundeszentralamt für Steuern und die Generalzolldirektion als Bundesoberbehörden,
3. Rechenzentren sowie Landesfinanzbehörden, denen durch eine Rechtsverordnung nach § 17 Absatz 2 Satz 3 Nummer 3 des Finanzverwaltungsgesetzes die landesweite Zuständigkeit für Kassengeschäfte und das Erhebungsverfahren einschließlich der Vollstreckung übertragen worden ist, als Landesoberbehörden,
4. die Oberfinanzdirektionen als Mittelbehörden,
4a. die nach dem Finanzverwaltungsgesetz oder nach Landesrecht an Stelle einer Oberfinanzdirektion eingerichteten Landesfinanzbehörden,
5. die Hauptzollämter einschließlich ihrer Dienststellen, die Zollfahndungsämter, die Finanzämter und die besonderen Landesfinanzbehörden als örtliche Behörden,
6. Familienkassen,
7. die zentrale Stelle im Sinne des § 81 des Einkommensteuergesetzes und
8. die Deutsche Rentenversicherung Knappschaft-Bahn-See (§ 40a Abs. 6 des Einkommensteuergesetzes).

Abs 2 Nr 8 eingefügt durch G v 23.12.02 (BGBl I, 4637), geändert durch G v 9.12.04 (BGBl I, 3242); Abs 2 Nr 2 geändert durch G v 22.9.05 (BGBl I, 2809); Abs 2 Nr 4a eingefügt durch G v 13.12.06 (BGBl I, 2878); Abs 2 Nr 4 geändert durch G v 13.12.07 (BGBl I, 2897); Abs 2 Nr 8 geändert durch AmtshilfeRLUmsG v 26.6.13 (BGBl I, 1809); Abs 2 Nr 3 neu gefasst durch StÄndG 2015 v 2.11.15 (BGBl I, 1834); Abs 2 Nrn 2 und 4 neu gefasst durch G v 3.12.15 (BGBl I, 2178); Nr 2 geändert durch G zur Auflösung der Bundesmonopolverwaltung für Branntwein und zur Änderung weiterer Gesetze v 10.3.17 (BStBl I, 420) mWv 1.1.19;Überschrift neu gefasst, Abs. 1 geändert, Abs 1a bis 1e eingefügt durch G v 17.7.17 (BGBl I, 2541) mWv ab 25.5.18.

1 **1. Überblick.** Mit Wirkung ab dem 25.5.2018, dh ab Inkrafttreten des neuen Datenschutzrechts, ist § 6 I geändert und sind § 6 Ia bis Ie neu in das Gesetz eingefügt worden. § 6 definiert die Begriffe Behörde und Finanzbehörde für den Geltungsbereich der AO und unterscheidet dabei zwischen öffentlichen und nichtöffentlichen Stellen. Es handelt sich um eine eigenständige Definition im Verhältnis zu § 1 VwVfG oder zum FVG. § 6 II benennt als Finanzbehörden iSd AO nur einen Teil der im FVG als Finanzbehörden bezeichneten Behörden. Abweichend von § 6 enthält **§ 386 I 2** als **lex specialis** einen einengenden Begriff der Finanzbehörde, der aber nur für das StStrafverfahren nach §§ 385 bis 408 gilt.

2 **2. Behörde.** § 6 I nF stellt klar, dass es sich bei Behörden um öffentliche Stellen handelt. Zu den Behörden gehört jede öffentliche Stelle, die hoheitliche Aufgaben der öffentlichen Verwaltung wahrnimmt (§ 6 Ia und Rückschluss aus § 6 Id, Ie). Darunter fällt auch der in § 7 Nr 3 nicht als Behörde, sondern als „sonstige Stelle“ bezeichnete Teil der öffentlichen Verwaltung. Durch § 6 I wird klargestellt, dass auch die mit Aufgaben der öffentlichen Verwaltung betrauten Stellen der selbständigen Körperschaften (Anstalten, Stiftungen) des öffentlichen Rechts zur Amtshilfe verpflichtet sind. Gemeinsames Merkmal der öffentlichen Stellen ist die Wahrnehmung hoheitlicher Aufgaben (vgl § 7 Nr 3). Dies kann in der öffentlichen Verwaltung oder in Organen der Rechtspflege geschehen.

3 **3. § 6 Ia–Ie** sind mit Wirkung ab dem 25.5.2018 iZm dem Inkrafttreten der EU-Datenschutz-Grundverordnung in das Gesetz eingefügt worden. Die Begriffsbestimmungen der neuen Absätze stimmen mit dem dann geltenden § 2 BDSG überein.

4 **Öffentliche Stellen des Bundes** sind nach **§ 6 Ia** Bundesbehörden und Organe der Rechtspflege des Bundes, also Bundesgerichte und das Bundesverfassungsgericht. Dazu kommen noch andere öff-rechtl organisierte Einrichtungen des Bundes, die bundesunmittelbaren Körperschaften (zB Deutsche Rentenversicherung Bund, Agentur für Arbeit, DeutschlandRadio), die Anstalten und Stiftungen

des öffentlichen Rechts und deren Vereinigungen, ungeachtet ihrer Rechtsform. Entscheidend ist, dass alle diese Einrichtungen unter der Aufsicht des Bundes stehen. Zu Ausnahmen von § 6 Ia kraft Fiktion s § 6 Ie (Rz 8). Zusätzliche öffentliche Stellen können sich aufgrund § 6 Ic oder nach § 6 Id 2 ergeben.

Öffentliche Stellen der Länder sind nach **§ 6 Ib** Organe der Rechtspflege und Behörden, die unter der Aufsicht eines Bundeslandes stehen. Dazu kommen noch andere öff-rechtl organisierte Einrichtungen eines Landes, einer Gemeinde oder eines Gemeindeverbandes sowie unter der Aufsicht eines Landes stehende juristische Personen des öffentlichen Rechts sowie deren Vereinigungen ungeachtet der Rechtsform. 5

Öffentliche Stellen des Bundes oder der Länder kraft Fiktion sind nach **§ 6 Ic** Vereinigungen des privaten Rechts von öffentlichen Stellen, die Aufgaben der öffentlichen Verwaltung wahrnehmen, auch wenn nicht-öffentliche Stellen daran beteiligt sind. Es handelt sich um eine öffentliche Stelle des Bundes, wenn (1) diese Vereinigungen über den Bereich eines Landes hinaus tätig werden oder wenn (2) dem Bund die absolute Mehrheit der Anteile oder die absolute Mehrheit der Stimmen zusteht. Sind diese zuletzt genannten Voraussetzungen nicht erfüllt, werden diese Vereinigungen als öffentliche Stellen der Länder behandelt. 6

Nicht-öffentliche Stellen sind nach **§ 6 Id** natürliche und juristische Personen, Gesellschaften und andere Personenvereinigungen des privaten Rechts, soweit sie nicht unter die Absätze 1a bis 1c fallen. Eine Ausnahme besteht, wenn eine nicht-öffentliche Stelle hoheitliche Aufgaben der öffentlichen Verwaltung wahrnimmt (Beliehener). Für diesen speziellen Bereich ist die nicht-öffentliche Stelle doch als öffentliche Stelle iSd § 6 anzusehen. 7

Nicht-öffentliche Stellen des Bundes und der Länder kraft Fiktion sind nach **§ 6 Ie** öffentliche Stellen des Bundes oder der Länder, soweit sie als öff-rechtl Unternehmen am Wettbewerb teilnehmen. Betriebe gewerblicher Art einer Körperschaft des öffentlichen Rechts sind damit nicht-öffentliche Stellen. 8

4. Finanzbehörden. FinBeh iSd AO sind abschließend in § 6 II aufgeführt (wegen § 386 vgl Rz 1). In der AO wird durchgängig – ausgenommen die Vorschriften über die örtliche Zuständigkeit – der Begriff Finanzbehörde verwendet. Gemeint ist damit die jeweils zuständige Finanzbehörde. Nach Art 108 II GG sind die FinBehörden der Länder Bestandteil der unmittelbaren Staatsverwaltung. Daraus folgt, dass Steuern nicht von anderen als FinBehörden verwaltet werden dürfen. Sie müssen von den übrigen Staatsbehörden **organisatorisch getrennt** sein; sie dürfen nicht mit anderen, nicht zur StVerwaltung gehörenden Aufgaben in einer Weise betraut werden, dass eine **Mischbehörde** entsteht. 9

§ 6 II Nr 1 nennt als oberste Bundesbehörde das Bundesministerium der Finanzen. Die Bundesländer legen für die Finanzverwaltung jeweils oberste Landesfinanzbehörden (§ 2 I Nr 1 FVG) fest.

§ 6 II Nr 2 benennt die Oberbehörden. Die Aufgaben des BZSt ergeben sich aus § 5 FVG. Seit 2006 ist das Steuerliche Info-Center Teil des BZSt (www.steuerliches-info-center.de). Die Generalzolldirektion ist eine im Zuge der Neuorganisation der Zollverwaltung durch G v 3.12.2015 (BGBl I, 2178) neu eingerichtete Oberbehörde mit Sitz in Bonn, die bundesweit die Durchführung der Aufgaben der Zollverwaltung leitet (§ 5a FVG). In ihr gehen die bisherigen Mittelbehörden dieses Aufgabengebietes (Bundesfinanzdirektionen und Zollkriminalamt) auf, die vor der Änderung in § 6 II Nr 4 aF berücksichtigt wurden. Die Bundesmonopolverwaltung wird zum 1.1.2019 aufgelöst (Gesetz v 10.3.2017, BGBl I, 420); dementsprechend wird sie im Text des § 6 ab diesem Zeitpunkt nicht mehr erwähnt.

§ 6 II Nr 3. Rechenzentren (§ 2 II FVG) führen Aufgaben der Steuerverwaltung aus und müssen daher FinBehörden sein (Art 108 II GG). Sie sind Landesoberbehörden, die die elektronische Datenverarbeitung übernehmen.

§ 6 II Nr 4, 4a benennt als Mittelbehörden die Oberfinanzdirektionen oder die an ihrer Stelle eingerichteten Behörden (§ 2a FVG).

10 **5. Örtliche Behörden.** Diese werden in **§ 6 II Nr 5** aufgeführt. Nach § 2 III FVG können durch Rechtsverordnung der zuständigen Landesregierung für Kassengeschäfte andere örtliche Landesbehörden zu Landesfinanzbehörden bestimmt werden; sie sind dann besondere Landesfinanzbehörden.

11 **6. Familienkassen.** Sie sind funktionell und sachlich zuständig, den im X. Abschnitt des EStG geregelten **Familienleistungsausgleich durchzuführen** (BFH/NV 17, 839). Finanzbehörden iSd § 6 sind sie nur, soweit sie ihren Auftrag, das nach § 67 EStG zu beantragende Kindergeld festzusetzen und auszuzahlen, wahrnehmen. In diesem Bereich gilt die AO dann aber in vollem Umfang (zB hinsichtlich des Rechtsbehelfsverfahrens). Organisatorisch sind die Familienkassen im Wesentlichen bei den Agenturen für Arbeit angesiedelt, da sie aus den früheren Kindergeldkassen der BfA hervorgegangen sind. Die Bundesagentur stellt dem BZSt insofern ihre Dienststellen zur Verfügung (§ 5 I Nr 11 FVG). Daneben gelten die in § 72 Abs 1 EStG genannten öffentlichen Arbeitgeber, soweit sie im einkommensteuerlichen Kindergeldverfahren tätig werden und die Voraussetzungen des § 72 EStG iÜ erfüllen, als Familienkassen. Gleiches gilt nach § 72 Abs 2 EStG für die Nachfolgeunternehmen der Deutschen Bundespost, soweit sie deren ehemaligen Beamten (jetzt: unmittelbaren Bundesbeamten) als Beliehene Arbeitslohn auszahlen und diese Beamten Kindergeld beanspruchen können.

12 **7. Zentrale Stelle.** Die zentrale Stelle **iSd § 81 EStG** ist die Deutsche Rentenversicherung Bund, soweit sie im Rahmen der Regelungen über die Altersvorsorgezulage tätig wird (§§ 79 ff EStG).

13 **8. Deutsche Rentenversicherung.** Ein ArbG kann bei Lohnzahlungen an geringfügig Beschäftigte eine Pauschsteuer gem **§ 40a II EStG** erheben. Für deren Erhebung ist die Deutsche Rentenversicherung Knappschaft Bahn-See mit ihrer Abteilung Minijob-Zentrale bundesweit allein zuständig (Umbenennung ab 1.10.2005).

§ 7 Amtsträger

Amtsträger ist, wer nach deutschem Recht
1. **Beamter oder Richter (§ 11 Abs. 1 Nr. 3 des Strafgesetzbuchs) ist,**
2. **in einem sonstigen öffentlich-rechtlichen Amtsverhältnis steht oder**
3. **sonst dazu bestellt ist, bei einer Behörde oder bei einer sonstigen öffentlichen Stelle oder in deren Auftrag Aufgaben der öffentlichen Verwaltung wahrzunehmen.**

§ 7 Nr 3 geändert durch G vom 17.7.17 (BGBl I, 2541) mWv ab 25.5.18.

1 **1. Amtsträger.** § 7 **definiert** den Begriff des Amtsträgers, der in der AO in unterschiedlichsten Regelungen von Bedeutung ist, zB in § 30 (StGeheimnis), § 32 (Haftungsbeschränkung), § 187 (Akteneinsicht), § 371 (Selbstanzeige). § 7 kennt drei Gruppen von Amtsträgern. Allen gemeinsam ist, dass für den Begriff der Amtsträgerschaft allein **deutsches Recht** maßgebend ist. Zum Erscheinen eines Amtsträgers bei Bp BFH BStBl 10, 709. Amtsträger haben das StGeheimnis zu wahren, § 30 I.

2 **2. Beamte und Richter.** Nr 1 erfasst als Amtsträger deutsche **Beamte** und **Richter** (ebenso § 11 I Nr 2a StGB). Beamter ist, wer in ein öffentliches Amt durch Aushändigung einer Ernennungsurkunde berufen ist; die Art der übertragenen Aufgaben ist nicht ausschlaggebend. Berufsrichter werden durch ihre Ernennungsurkunde ausgewiesen. Zu den Richtern zählen auch ehrenamtliche Richter

(s § 11 I Nr 3 StGB). Ohne Rücksicht auf die Art ihrer Tätigkeit sind Beamte und Richter immer Amtsträger (AEAO zu § 7 Nr 2).

3. Öffentlich-rechtliches Amtsverhältnis. Nach Nr 2 ist Amtsträger auch, wer in einem sonstigen öffentlich-rechtlichen Amtsverhältnis steht (so auch § 11 I Nr 2b StGB). Diese Stellung ergibt sich regelmäßig aufgrund gesetzlicher Regelung. Beispiele: Mitglieder der Bundesregierung (§ 1 BundesministerG), parlamentarische Staatssekretäre (§ 1 III ParlStG), der Wehrbeauftragte des Bundestages (§ 15 I WehrbeauftragtenG), der Bundesbeauftragte für den Datenschutz (§ 22 IV BDSG), Notare und Notarassessoren (§ 1 BNotO). Die in § 7 Nr 2 genannten Personen sind Amtsträger unabhängig von ihrer Tätigkeit iEinz (AEAO zu § 7 Nr 2). 3

4. Öffentliche Verwaltung. Die Änderung des § 7 Nr 3 passt sich § 6 Ia–Ie nF an. § 7 Nr 3 legt fest, dass Amtsträger auch die Personen sind, die sonst dazu bestellt sind, **Aufgaben der öffentlichen Verwaltung** aufgrund aller Arten von Dienst- und Auftragsverhältnissen wahrzunehmen, ohne dass es auf eine förmliche Bestellung ankommt, also auch Angestellte im öffentlichen Dienst, die nicht bloß eine Hilfstätigkeit ausüben (Rz 5). Die Tätigkeit kann außer bei **Behörden** im organisatorischen Sinne (§ 6 Rz 2) auch bei Körperschaften oder Anstalten des öffentlichen Rechts („sonstige Stelle") ausgeübt werden. Ferner ist auch eine Tätigkeit ausreichend, die im Auftrag einer Behörde oder einer sonstigen Stelle erfolgt. Es muss sich nur um die Wahrnehmung von Aufgaben der öffentlichen Verwaltung handeln (vgl § 1 III VwVfG; 11 I Nr 2c StGB; AEAO zu § 7 Nr 3). Darunter fällt die eigenverantwortliche Erfüllung staatlicher Aufgaben aller Art innerhalb der gesetzlichen Grenzen, vor allem verwaltende Tätigkeit, aber auch die erwerbswirtschaftlich fiskalische Betätigung des Staates und anderer Körperschaften des öffentlichen Rechts. Der Begriff „öffentliche Verwaltung" ist weit zu sehen, er dient als Abgrenzung zu der sonstigen staatlichen Tätigkeit, dh der Rechtsprechung und der Gesetzgebung. 4

5. Keine Amtsträger. Das sind diejenigen, die Hilfstätigkeiten bei einer Behörde oder sonstigen Stelle ausführen, wie Schreibkräfte, Boten, Fahrer, und die keine eigenständigen Entscheidungen treffen (AEAO zu § 7 Nr 3). Ferner zählen nicht dazu: Abgeordnete (BGH NJW 06, 2050), Soldaten, Träger von Ämtern der Religionsgesellschaften des öffentlichen Rechts, soweit ihnen nicht Aufgaben der öffentlichen Verwaltung besonders übertragen sind. Amtsträger aufgrund ausl Rechts oder der EU sind keine Amtsträger nach deutschem Recht und werden daher von § 7 nicht erfasst. § 30 III nennt Personen, die keine Amtsträger nach § 7 sind, die aber hinsichtlich der Wahrung des StGeheimnisses den Amtsträgern gleichgestellt werden. 5

§ 8 Wohnsitz

Einen Wohnsitz hat jemand dort, wo er eine Wohnung unter Umständen innehat, die darauf schließen lassen, dass er die Wohnung beibehalten und benutzen wird.

Schrifttum: *vor 2010 s 13. Aufl; Milatz/Weist* Der „doppelte" Wohnsitz am Beispiel des DBA Deutschland-Schweiz, IWB 11, 408; *Dziadkowski* Anm zu BFH v 24.9.14 – III R 10/14, IStR 15, 144; *Wd* Anm zu BFH v 23.6.15 – III R 38/14, DStRE 15, 1365.

1. Überblick. § 8 enthält eine **steuerrechtliche Definition des Wohnsitzes.** Sie knüpft an tatsächliche Umstände an, an das Innehaben einer Wohnung und deren Nutzung (BFH BStBl 79, 335; gleich lautende Definition in § 30 III 1 SGB I). Davon zu unterscheiden sind bürgerlich-rechtliche Bestimmungen über Begründung, Beibehaltung und Aufgabe des Wohnsitzes sowie melderechtliche Vorschriften, die nicht zur Auslegung des § 8 herangezogen werden können (BFH 1

BStBl 96, 2; 15, 135 BFH/NV 08, 351). Der Wohnsitz hängt weder von der Steuerpflicht im Inland ab (FG RhPf EFG 09, 1038) noch von der Staatsangehörigkeit (FG Mster EFG 12, 70), noch von der Höhe der Einkünfte im Inland (BFH BStBl 15, 135) oder subjektiven Vorstellungen, sondern nur von objektiven Umständen (BFH BStBl 15, 135; BFH/NV 15, 266). Einen Wohnsitz kann nur eine natürliche Person haben. Teilen sich mehrere Personen eine Wohnung, so ist für jede Person (Ehe-, Lebenspartner, Eltern, Kinder usw) getrennt darüber zu entscheiden, ob und wo eine Person ihren Wohnsitz hat (AEAO zu § 8 Nr 5.1; FG Mchn EFG 16, 268). Familienangehörige können einem Familienmitglied einen Wohnsitz vermitteln, zB Wohnsitz eines Kindes bei seinen Eltern. Gibt ein Ehepartner seinen Wohnsitz auf, so begründen gelegentliche Besuche beim anderen Ehepartner keinen neuen gemeinsamen Wohnsitz (FG Mchn EFG 16, 268).

Der Wohnsitz ist steuerrechtlicher Anknüpfungspunkt für eine Vielzahl steuerrechtlicher Vorschriften (zB beschränkte/unbeschränkte Einkommensteuerpflicht, §§ 1 ff EStG; § 10 EStG. Kindergeldanspruch (§ 62, 63 EStG, BFH BStBl 14, 831; 15, 655), örtliche Zuständigkeit des FA, § 19 (BFH BStBl 16, 102). § 8 betrifft nicht die Auslegung des Begriffs „gewöhnlicher Wohnsitz" in Richtlinien der EU (BFH/NV 03, 833). Zur Erteilung einer Ansässigkeitsbescheinigung zur Vorlage bei einer ausl Steuerverwaltung s OFD Frankfurt v 8.4.2014, BeckVerw 287608). Zur Frage, ob ein inl Wohnsitz die Ansässigkeit im Ausland ausschließt BFH/NV 10, 1955. Fehlt es an den Merkmalen für einen Wohnsitz, ist es möglich, dass aufgrund der tatsächlichen Umstände ein gewöhnlicher Aufenthalt gem § 9 vorliegt. Der gewöhnliche Aufenthalt ist aber nicht ein „Wohnsitz minderer Qualität", sondern ein eigenständiger Anknüpfungspunkt. Zum mehrfachen Wohnsitz unten Rz 5. Im Streitfall stellt das FG die Tatsachen fest, die für die Frage, ob ein Wohnsitz vorliegt, von Bedeutung sind und würdigt diese Umstände im Einzelfall. In einem Revisionsverfahren ist der BFH an diese Tatsachenwürdigung nach § 118 II FGO gebunden, es sei denn, es liegt ein Verstoß gegen allgemeine Erfahrungs- und Denkgesetze vor oder ein Verfahrensfehler (BFH BStBl 15, 135; 16, 102 mwN).

2 **2. Wohnung.** Eine Wohnung liegt begrifflich nur dann vor, wenn **zum dauerhaften Wohnen geeignete Räume** vorhanden sind (BFH v 15.7.2010 III R 6/08; BFH/NV 12, 226). Notwendig ist eine Bleibe, die den persönlichen und wirtschaftlichen Umständen des Inhabers entspricht (BFH BStBl 15, 135). Es reicht eine bescheidene Unterkunft oder eine Beteiligung an einer Wohngemeinschaft aus (BFH/NV 13, 1909). Nicht erforderlich ist eine abgeschlossene Wohnung mit Küche und separater Waschgelegenheit (AEAO zu § 8 Nr 2). Ein zum Schlafen genutztes Standby-Zimmer eines Piloten (ohne Kochgelegenheit, Bad vom Zimmer getrennt) genügt ebenfalls, falls es jederzeit zur Verfügung steht (BFH/NV 13, 1909; FG Hbg BeckRS 2008, 26026186; 2013, 94908; anders wenn die Nutzung nur eingeschränkt möglich ist, AEAO zu § 8 Nr 3; BFH/NV 14, 1046). Wohnung kann auch ein Wohnwagen bei Dauermiete auf Campingplatz sein (FG Hbg EFG 74, 66), eine Ferienwohnung oder Baracke (FG Mster EFG 06, 1677). Eine Gemeinschaftsunterkunft auf einer Baustelle kann Wohnung sein, wenn der Stpfl zur Ausübung seines Hauptberufs gezwungen ist, ständig eine zweite Wohnung zu unterhalten (BFH BStBl 79, 224). Auch möblierte Zimmer kommen als Wohnung in Betracht (BFH BStBl 70, 153). Dagegen können gelegentliche Übernachtungen in einer Schlafstelle auf dem Betriebsgelände keinen Wohnsitz begründen (BFH BStBl 85, 331; 15, 135; FG Hbg BeckRS 2016, 94885), ebenso nicht Schlafstellen bei Verwandten oder Freunden (BFH 90, 687; FG RhPf EFG 11, 1437), eine notdürftige und nur zeitweise Unterkunft oder zeitweise Nutzung einer vom ArbG eingerichteten Sammelunterkunft (BFH BeckRS 2015, 95321; FG Hbg BeckRS 2016, 94885). Auch gelegentlich genutzte Hotelzimmer stellen keine Wohnung dar (FG RhPf EFG 11, 1437). Nicht ausreichend ist eine notdürf-

tige oder nur vorübergehende Unterbringungsmöglichkeit (BFH BStBl 15, 135). Ein Schiff kann unter ähnlichen Gesichtspunkten wie eine Gemeinschaftsunterkunft auf einer Baustelle Wohnung für Seeleute sein (zu den Voraussetzungen eines inl Wohnsitzes auf einem Schiff vgl BFH BStBl 74, 361; 78, 50). Die Räumlichkeiten müssen **zu Wohnzwecken** genutzt werden. Nicht ausreichend ist zB eine Nutzung nur zur beruflichen, geschäftlichen oder gewerblichen Nutzung (BFH BStBl 15, 135; AEAO zu § 8 Nr 4.1). Da jemand mehrere Wohnungen haben kann, sind auch mehrfache Wohnsitze möglich (BFH/NV 13, 1909; 14, 1046; unten Rz 5).

3. Innehaben einer Wohnung. Das **Innehaben einer Wohnung** erfordert, 3 **tatsächliche Verfügungsmacht** über eine Wohnung zu haben. Sie muss ständig genutzt, mindestens aber mit gewisser Regelmäßigkeit, wenn auch in größeren Zeitabständen, aufgesucht werden; nicht erforderlich ist aber eine Mindestaufenthaltszeit im Jahr (BFH BStBl 68, 439; 89, 182; 01, 294; BFH/NV 04, 917). Steht die Wohnung in objektiver Hinsicht nicht jederzeit zur Verfügung, liegt beim Verweilen in ihr nur ein Aufenthalt vor (BFH/NV 14, 1046). In subjektiver Hinsicht muss der Aufenthalt in der Wohnung Wohncharakter haben (BFH BStBl 15, 655; BFH/NV 14, 1046). Ein nur gelegentliches Verweilen in einer Wohnung zu Besuchs- und Erholungszwecken oder zu Verwaltungszwecken reicht nicht aus (st Rspr, BFHE 229, 270; BFH/NV 01, 1231; BFH BStBl 15, 655). Ebenso nicht ausreichend ist die unentgeltliche Überlassung von Wohnraum bei einem kurzfristigen Aufenthalt (FG Mchn DStRE 09, 1106), auch durch den ArbG (FG RhPf EFG 11, 1437) oder einen Verwandten (FG Thür BeckRS 2013, 94076). Auch das Wohnen bei Freunden (FG Mchn BeckRS 2008, 260250: unentgeltlicher Schlafplatz auf dem Sofa) oder die Angabe einer Adresse zu Korrespondenzzwecken führt nicht zum Innehaben einer Wohnung (BFH III R 38/12, BeckRS 2015, 94478). Ein Ehegatte/Lebenspartner, der nicht getrennt lebt, hat idR seinen Wohnsitz dort, wo sich seine Familienwohnung befindet (BStBl 85, 311; BFH/NV 95, 753; BFH BStBl 96, 2; FG BaWü EFG 91, 102). Dagegen hat ein im Ausland lebender Ehegatte, der den im Inland lebenden Ehegatten nur besucht, keinen Wohnsitz im Inland (FG Mchn BeckRS 2007, 26022758). Ein Verschollener hat seinen fiktiven Wohnsitz bei der Ehefrau (FG Ddorf EFG 58, 144). Minderjährige Kinder und Studenten haben ihren Wohnsitz bei den Eltern, falls keine Besonderheiten vorliegen, dazu vgl Rz 7. Die Voraussetzung des Innehabens ist nicht erfüllt bei Zweit- oder Ferienwohnung, die in unregelmäßigen Abständen nur gelegentlich benutzt wird (BFH BStBl 72, 949; 94, 887). Anders ist es, wenn jemand eine ihm gehörige Doppelhaushälfte zweimal jährlich zu bestimmten Zeiten über mehrere Wochen benutzt (BFH BStBl 89, 182). Das Innehaben einer Wohnung kann vermutet werden bei **beruflichen Auslandsaufenthalten,** wenn die Wohnung im Inland beibehalten wird, ihre Benutzung jederzeit möglich ist und sie als Wohnung ausgestattet ist (BFH BStBl 97, 447; BFH/NV 01, 1402; 07, 1893; aA FG Hbg BeckRS 2015, 94064); ob diese Rspr des BFH Bestand hat, wird im Revisionsverfahren BFH III R 9/17 geklärt werden. Nach FG Nds (EFG 17, 544) hat die Vermutung keine Grundlage, wenn die Wohnung zwar unverändert ausgestattet ist, aber zwei Jahre lang überhaupt nicht aufgesucht wird. Ein im Ausland tätiger Stpfl behält seine Wohnung im Inland, wenn seine Familie dort weiter wohnt (BFH/NV 11, 574; FG BaWü EFG 93, 422). Die Vermutung ist widerlegbar (BFH/NV 11, 574), zB im Falle einer Untervermietung (kurzfristige Vermietung bis zu sechs Monaten aber unschädlich, AEAO zu § 8 Nr 6) oder bei uneingeschränkter Residenzpflicht im Ausland (BFH BStBl 96, 2; FG SchlHol EFG 96, 553). So geben zB auch deutsche Soldaten oder andere Stpfl, die für längere Zeit ins Ausland entsandt werden und ihre Familien nachfolgen lassen, ihren Wohnsitz in Deutschland nur auf, wenn sie auch ihre deutsche Wohnung aufgeben (FG Münster EFG 91, 215; vgl auch BFH/NV 94, 456). Ein verheirateter oder unverheirateter Seemann, der zur Pflege familiärer Beziehungen in vergleichbaren Zeitabständen regelmäßig in die Wohnung seiner Familie zurückkehrt (und als Lediger dort noch ein Zimmer hat) behält dort einen Wohnsitz (FG Nds EFG 93, 135), ebenso, wer nur mit Touristenvisum im Ausland unterwegs ist und im Inland noch eine Wohnung hat (FG BaWü EFG 05, 494). Am Innehaben einer Wohnung fehlt es jedoch, wenn ein Stpfl zusammen mit seiner Familie im Ausland lebt und sich zusammen etwa drei Monate im Jahr in der Wohnung von Angehörigen im Inland aufhält, ohne einen Anspruch auf seinen Verhältnissen entsprechende Räume zu haben (FG BaWü EFG 85, 483; FG Mchn DStRE 09, 1106). Bei einem Auslandsaufenthalt, der auf eine Zeit von über einem Jahr angelegt ist, wird ein inl Wohnsitz nicht beibehalten oder begründet, wenn nur kurze Besuche zu Urlaubszwecken, beruflichen oder familiären Zwecken stattfinden, die nicht einem Aufenthalt mit Wohncharakter gleichkommen (zB zu kleine, für einen Daueraufenthalt ungeeignete Wohnung; BFH/NV 09, 554; 12, 226). Keinen Wohncharakter haben Aufenthalte nur zu Feiertagen, zwecks Urlaubs aus beruflichen oder familiären Gründen (FG Hbg BeckRS 2015, 94064). Ein Zweitwohnsitz des Ehemannes begründet keinen doppelten Wohnsitz der in der Familienwohnung lebenden Ehefrau (BFH/NV 95, 753). IÜ ist das Merkmal der ständigen Verfügbarkeit einer wertenden Betrachtung zugänglich. Wird bei der Anmietung von Wohnraum von Anfang an eine Nutzungseinschränkung vereinbart – zB nicht ins Gewicht fallende anderweitige Nutzung bei Abwesenheit – so ändert das nichts an der Verfügbarkeit über den angemieteten Wohnraum (BFH/NV 13, 1909).

4 **4. Beibehaltung und Nutzung als zusätzliche Umstände.** Neben dem Innehaben einer Wohnung setzt der Wohnsitzbegriff zusätzliche Umstände voraus, die darauf schließen lassen, dass diese **Wohnung beibehalten** und als solche **künftig** genutzt wird (BFH BStBl 96, 2; 97, 447; BFH/NV 87, 301; 04, 917; AEAO zu § 8 Nr 4.2). Der subjektive Wille, Räumlichkeiten jederzeit nach Wunsch zu nutzen, unterscheidet den Wohnsitz von bloßem Aufenthalt in einer Wohnung (BFH BStBl 94, 887; 01, 279). Aus objektiven Tatsachen ist im Wege einer Prognose im Einzelfall zu schließen, ob die Wohnung künftig genutzt werden soll (BFH BStBl 01, 294). Benutzt wird eine Wohnung von demjenigen, der sich in ihr ständig oder doch mit einer gewissen Regelmäßigkeit und Gewohnheit tatsächlich aufhält (BFH BStBl 96, 2 mwN). Ob im Einzelfall eine solche Benutzung vorliegt, ist Tatfrage und unter Würdigung der Gesamtumstände festzustellen (BFH/NV 08, 351). Die Wohnung muss dem Inhaber jederzeit (wann immer er es wünscht) als Bleibe zur Verfügung stehen (BFH/NV 14, 1046). Die Wohnung braucht nicht Mittelpunkt der Lebensinteressen zu sein (BFH BStBl 97, 447). Der Inhaber muss die Wohnung nicht dauernd nutzen und sich dauernd oder während einer Mindestzeit darin aufhalten (BFH/NV 87, 301; 04, 917; BStBl 97, 447; FG Mchn BeckRS 2015, 95163). Die Wohnung wird nicht beibehalten und künftig genutzt, wenn nur ein gelegentliches Verweilen während unregelmäßig aufeinander folgender Zeiträume zu Erholungs- oder Besuchszwecken stattfindet (FG Nbg BeckRS 2014, 94811). Nicht ausreichend ist ein kurzfristiger Aufenthalt zu Feiertagen oder Ferien von zweimal 2 bis 3 Wochen pro Jahr (BFH NV 15, 266), ebenso nicht ein zweijähriger Leerstand (FG Nds EFG 17, 544). Teilt sich ein Stpfl eine Standby-Wohnung mit 9 Personen, von denen jeweils nur drei gleichzeitig die Wohnung nutzen können, so liegt kein Wohnsitz vor, weil die Wohnung nicht dauernd, sondern nur eingeschränkt genutzt werden kann (BFH/NV 14, 1046). Ausreichend ist zB eine regelmäßige Nutzung der Wohnung zweimal jährlich für mehrere Wochen (BFH BStBl 89, 182; BFH/NV 10, 1402). Es schadet auch nicht die vorübergehende Vermietung (s oben Rz 3). Die zusätzlichen Umstände sind bei einem nicht getrennt lebenden Ehemann auch dann bzgl der Familienwohnung erfüllt, wenn er sich aus beruflichen Gründen dort vorübergehend nicht aufhält (BFH/NV 95, 753). Schwierig kann die Abgrenzung sein, ob ein Stpfl, der eine

Wohnung **nur vorübergehend** mietet, damit einen Wohnsitz begründet. § 8 sagt nichts darüber aus, für welche Zeitdauer bei Wohnsitzbegründung die Absicht bestehen muss, die Wohnung beizubehalten und zu nutzen. Ein **Zeitmoment** liegt dem Innehaben der Wohnung („Wohnung beibehalten und benutzen") aber zu Grunde. Nach der Rspr kann zur Bestimmung des Zeitmoments auf die Sechsmonatsfrist des § 9 S 2 zurückgegriffen werden, weil diese Frist ausdrückt, ab wann ein Aufenthalt nicht mehr „nur ein vorübergehender" ist (BFH BStBl 89, 956: kein Wohnsitz bei von vornherein begrenzter Mietdauer von unter 6 Monaten; BFH/NV 90, 211; 08, 351; FG Mchn BeckRS 2011, 95926; FG Mchn IStR 15, 179; AEAO zu § 8 Nr 4.2); vgl aber Rz 4. Es ist kein Mindestaufenthalt in der Wohnung erforderlich (BFH/NV 04, 917).

5. Begründung des Wohnsitzes. Steuerlicher und bürgerlich-rechtlicher Wohnsitz stimmen idR überein. Anders als im bürgerlichen Recht (§§ 7, 8 BGB) ist für den steuerlichen Wohnsitzbegriff die tatsächliche Gestaltung der Verhältnisse von ausschlaggebender Bedeutung (BFH/NV 15, 266). Entscheidend sind objektive äußere und wirtschaftliche Merkmale (BFH BStBl 89, 182; BFH/NV 95, 967; FG BaWü EFG 91, 102; FG Nbg EFG 15, 233). Die bloße Absicht, einen Wohnsitz begründen oder nicht begründen zu wollen, reicht nicht aus. Rein subjektive Momente oder Ansichten, die sich nach außen nicht äußern, sind nicht maßgebend. Die Anmeldung eines Wohnsitzes bei der Gemeinde zusammen mit dem Bezug der Wohnung ist Indiz für die Begründung des Wohnsitzes an diesem Ort. Der Anmeldung beim Einwohnermeldeamt kommt allein keine ausschlaggebende Bedeutung zu (BFH BStBl 70, 153; 78, 494; 79, 335; 86, 135; 15, 135; anders bei der Kinderzuordnung nach § 32 EStG). Die Begründung des Wohnsitzes erfordert natürlichen Willen (RFH RStBl 39, 1209; FG Nds EFG 99, 441), aber nicht Rechtsgeschäftsfähigkeit (BFH BStBl 70, 153; BFH/NV 87, 301). Ein Minderjähriger kann daher ohne bzw gegen den Willen des gesetzlichen Vertreters einen Wohnsitz begründen (vgl unten Rz 7). Ein im Ausland lebender Deutscher begründet einen Wohnsitz nicht dadurch, dass er sich für kurze Zeit zu Urlaubs-, Berufs- oder familiären Zwecken in einer für ihn zum dauerhaften Wohnen ungeeigneten Wohnung aufhält (BFH/NV 12, 226; 12, 917). **Mehrfacher Wohnsitz** im In- oder Ausland ist möglich (BFH BStBl 97, 447; 01, 294; BFH/NV 04, 917). Ein Wohnsitz im Inland setzt daher nicht voraus, dass sich dort auch der Lebensmittelpunkt des Stpfl befindet (BFH/NV 01, 1401). Ein Stpfl, der einen mehrfachen Wohnsitz hat, hat aber immer nur einen einzigen gewöhnlichen Aufenthalt iSd § 9 (BFH BStBl 84, 11). Die nur scheinbare Wohnsitzgründung („Briefkastenadresse") ist steuerrechtl unbeachtlich, § 41 II (BFH/NV 08, 907; vgl BFH 29.1.2018 – X B 122/17). Bestehen Zweifel an den Tatsachen, die einen Wohnsitz begründen, so trägt derjenige die Feststellungslast, der sich auf das Begründen des Wohnsitzes beruft (FG Mchn BeckRS 2013, 96607). 5

6. Aufgabe des Wohnsitzes. Diese folgt aus der Aufgabe der Wohnung. Die Wohnung ist aufgegeben, wenn sie aufgelöst oder nicht nur vorübergehend nicht mehr benutzt wird. Die Aufgabe des Wohnsitzes ist vollzogen, wenn Umstände eingetreten sind, die erkennen lassen, dass eine Rückkehr in die Wohnung in absehbarer Zeit nicht bevorsteht und nach dem Gesamtbild der Verhältnisse wahrscheinlich ist, dass die Wohnung in Zukunft nicht mehr benutzt wird (BFH BStBl 09, 632; FG Mchn EFG 04, 637: Ausweisung mit Aufenthaltsverbot; FG Nds EFG 03, 756: nur noch kurzfristiger Aufenthalt in gekündigter Wohnung, wenn bereits neue Wohnung vorhanden ist). Die Wohnung ist aufgegeben, wenn sie nur noch der Vermögensverwaltung des Stpfl untersteht, zB zwecks späteren Verkaufs oder Vermietung. Entscheidend für die Beibehaltung eines Wohnsitzes sind tatsächliche Umstände ohne Rücksicht auf subjektive Momente und Absichten (BFH/NV 01, 1231; 15, 266). Eine nur **vorübergehende** Unterbrechung des Innehabens der Wohnung beendet das Bestehen des Wohnsitzes nicht, sofern besondere Umstände 6 vorliegen, die auf das Beibehalten der Wohnung schließen lassen (vgl BFH BStBl 72, 949; FG SchlHol EFG 82, 5). Hier ist ebenso wie bei der Frage, wann die Begründung eines Wohnsitzes nur vorübergehend ist (s unten Rz 4), eine Orientierung an der Sechsmonatsfrist des § 9 S 2 sinnvoll, aber nicht zwingend (BFH BStBl 01, 294). Eine Wohnungsaufgabe liegt nicht vor, wenn die Wohnung lediglich für einen Zeitraum bis zu sechs Monaten vermietet oder untervermietet wird, anders bei Untervermietung für 1 Jahr (FG Hbg BeckRS 2001, 21009586). Bei voraussichtlicher Rückkehr innerhalb eines Jahres wird der Wohnsitz regelmäßig nicht aufgegeben (BFH/NV 15, 266). Bei einem zunächst nur vorübergehenden Aufenthalt im Ausland, wird der Wohnsitz aufgegeben, wenn Umstände vorliegen, die eine Rückkehr ins Inland ausschließen (BFH/NV 02, 1146; 15, 266). Bei einem auf länger als einem Jahr angelegten Auslandsaufenthalt wird der Wohnsitz nicht beibehalten, wenn zwischendurch nur Aufenthalte ohne Wohncharakter – kurze Besuche, Aufenthalt zu Ferien etc – stattfinden, auch wenn die alte Wohnung noch genutzt werden kann (BFH/NV 12, 226; FG Hbg BeckRS 2015, 94064). Das gilt insbes dann, wenn die Wohnung zu einem längeren Aufenthalt nicht geeignet ist (BFH/NV 12, 226). Anders wenn ein für drei Jahre abgeordneter Lehrer während der Ferien ins eigene Haus zur Familie zurückkehrt (FG BaWü EFG 15, 1615). Verlassen Kinder zusammen mit der Mutter die elterliche Wohnung in Deutschland wegen eines Auslandsaufenthalts für etwa 1 Jahr, so wird der Wohnsitz beim Vater aufgegeben (FG Mster EFG 12, 68). Ein Kind, das sich mehrere Jahre zur Ausbildung im Ausland aufhält, hat keinen Wohnsitz im Inland mehr, wenn es in 10 Monaten kein einziges Mal ins Inland zurückkehrt (FG Hbg BeckRS 2007, 26023757). Ist der Wohnsitz aufgegeben, wirkt eine spätere Rückkehr vom Ausland ins Inland nicht zurück (FG Nbg DStRE 10, 535). Es wird bei der Rückkehr ins Inland ggf ein neuer Wohnsitz begründet (BFH/NV 12, 917; FG Köln EFG 11, 889).

7 **7. Wohnsitz von Kindern und Studenten.** Kinder haben ihren Wohnsitz regelmäßig am Wohnsitz der Eltern, jedenfalls soweit sie minderjährig oder pflegebedürftig und nicht anderswo untergebracht sind. Ausnahmen sind aber möglich (BFH/NV 09, 1630; 10, 2272 mwN; FG Ddorf EFG 04, 1638; FG BaWü 23.3.2015 – 13 K 3853/13). Das gilt auch für ein im Ausland adoptiertes Kind (FG BaWü EFG 08, 693). Kinder teilen nicht automatisch mehrfache Wohnsitze der Eltern (BFH/NV 11, 1351). Ein im Ausland geborenes Kind, das nur dort lebt und den inl Wohnsitz seiner Eltern nicht nur kurzfristig nicht aufsuchen kann, hat seinen Wohnsitz nur im Ausland (BFH/NV 11, 1351). Ein in einem Drittland bei seinem Vater lebendes Kind hat seinen Wohnsitz nur im Drittland, auch wenn der Vater es an seinem Zweitwohnsitz im Inland angemeldet hat (BFH/NV 14, 1030). Statt mit den Eltern kann auch eine familienähnliche Gemeinschaft von Kindern mit Großeltern, Pflegeeltern usw zu einem Wohnsitz des Kindes dort führen (FG Ddorf EFG 04, 1638). Aufgrund der Gestaltung der tatsächlichen Verhältnisse ist es aber auch möglich, dass ein Kind einen vom Willen des gesetzlichen Vertreters abweichenden Wohnsitz begründet (BFH BStBl 94, 887; BFH/NV 10, 2272). Die Beibehaltung eines Zimmers im elterlichen Haus zu Besuchszwecken reicht für einen Wohnsitz nicht aus (BFH BStBl 61, 298), ebenso wenig wie Postadresse (FG Brem EFG 90, 93), weil es in diesen Fällen am Innehaben der Wohnung fehlt. Bei getrennt lebenden Eltern hat das Kind seinen Wohnsitz dort, wo es in den Haushalt aufgenommen wird. Ein nicht nur vorübergehender Aufenthalt ist idR anzunehmen, wenn ein Kind mehr als drei Monate im Haushalt eines Elternteils lebt (BFH/NV 11, 433). Bei **Studenten,** die am Studienort ein Zimmer haben, wird der Wohnsitz bei den Eltern idR nicht aufgegeben, weil die Bindung ans Elternhaus dadurch im Regelfall noch nicht verloren geht (BFH BStBl 01, 294; FG Münster EFG 76, 472). Fraglich ist jedoch, wie lange von einer Verfügungsmacht über das Kinderzimmer im Elternhaus ausgegangen werden kann (ablehnend OVG

RhPf v 22.4.2008 – 6 A 11354/07); aus der Bereitschaft der Eltern, aus familiären Gründen (finanzielle Unterstützung, Festigung der Familienbande) einem erwachsenen Kind ein altes Kinderzimmer zur Verfügung zu stellen, muss nicht unbedingt eine tatsächliche Verfügungsmacht des Kindes führen (s FG Nds EFG 08, 1440, rkr). Es kommt aber immer auf den Einzelfall an. Das Innehaben einer Drei-Zimmer-Wohnung durch das Kind spricht gegen die Beibehaltung des Wohnsitzes bei den Eltern im alten Kinderzimmer (FG Köln EFG 11, 889). Anders, wenn das erwachsene Kind zwar eine Wohnung am Arbeitsort hat, aber daneben über eine Wohnung im Elternhaus verfügt und dort, auch durch die Versorgung der Eltern, seinen Lebensmittelpunkt hat (FG Mchn BeckRS 2015, 94079). Die Absicht, ins Inland oder in die elterliche Wohnung nach einem Auslandsaufenthalt zurückzukehren, besagt allerdings noch nichts über die Beibehaltung der Wohnung bei den Eltern, weil in derselben Absicht auch der Wille, nach Aufgabe des Wohnsitzes erneut einen Wohnsitz im Inland zu begründen, liegen kann. Die Wohnung bei den Eltern wird beibehalten, wenn sie dem Kind dauernd zur Verfügung steht und sich dort sein Lebensmittelpunkt befindet (FG Nbg EFG 15, 233; FG Sachsen BeckRS 2014, 96490 betr minderjähriges Kind). Es ist zu unterscheiden zwischen Aufenthalten mit Besuchscharakter und einem zwischenzeitlichen Wohnen (FG Mchn IStR 15, 179). Es kommt entscheidend auf den Lebensmittelpunkt an und, je länger der Aufenthalt im Ausland dauert, darauf, ob er sich verlagert hat (FG Mchn IStR 15, 179); dabei sind auch zwei Wohnsitze denkbar (BFH BStBl 01, 294; BFH/NV 12, 375; FG Sachsen BeckRS 2014, 96490). Ein vorübergehender Auslandsaufenthalt von weniger als einem Jahr führt idR nicht zur Aufgabe des inl Wohnsitzes bei den Eltern (BFH BStBl 15, 655; 16, 102). Bei Auslandsaufenthalten, die für mehr als ein Jahr geplant sind, reichen kurzfristige Aufenthalte mit Besuchscharakter in der elterlichen Wohnung nicht aus, um auf Beibehaltung des bisherigen Wohnsitzes zu schließen (BFH BStBl 15, 655 betr 2 bis 3 Wochen/Jahr; FG Mchn BeckRS 2006, 26022733; FG Nbg EFG 15, 233; FG Mchn BeckRS 2015, 95163). Hier kommt es darauf an, wie oft und wie lange sich das Kind bei seinen Eltern aufgehalten hat (BFH/NV 10, 1542; FG Mchn BeckRS 2015, 95163). Der Wohnsitz im Inland wird beibehalten, wenn das Kind die unterrichtsfreie Zeit grds überwiegend im Inland verbringt (BFH BStBl 15, 655; 16, 102; AEAO zu § 8 Nr 6.2.7). Zu den Unterrichtzeiten zählt auch die Weiterbildung (Selbststudium, Kursbesuch, Praktikum, Anfertigung schriftlicher Arbeiten) in der vorlesungsfreien Zeit (BFH BStBl 15, 655; *Wd* DStR 15, 1365). Eine starre Zeitgrenze gibt es nicht. Ausreichend können auch bei langjährigen Studien im Ausland Aufenthalte von 5 Monaten pro Jahr im Inland sein während der ausbildungsfreien Zeit (BFH BStBl 01, 294; BFH/NV 09, 564; 10, 1542). Dabei kommt es nur auf die Zeit der Unterbrechung des Auslandsaufenthaltes an, die Zeiten vor und nach der Ausbildung im Ausland bleiben außer Betracht (BFH BStBl 10, 1013; BFH/NV 10, 2272). Entscheidend sind die tatsächlichen Umstände, auf persönliche Beweggründe oder finanzielle Verhältnisse kommt es nicht an (BFH BStBl 15, 655; 16, 102). Hält sich das Kind während einer Schul- oder Berufsausbildung im Ausland länger bei Verwandten auf, so bleibt der bisherige Wohnsitz im Inland bei den Eltern nur dann bestehen, wenn der Lebensmittelpunkt weiterhin am Wohnsitz der Eltern besteht, ggf liegen zwei Wohnsitze vor, wenn sich kein einheitlicher Lebensmittelpunkt feststellen lässt (BFH BStBl 01, 294; BFH/NV 09, 564; FG Köln EFG 12, 421; FG Ddorf 17.5.2015 – 10 K 2954/14). Dies gilt grds auch für **ausl Schüler und Studenten,** die das Inland verlassen, um sich in einem Land, das nicht der Heimatstaat der Eltern ist, ausbilden zu lassen. Die Staatsangehörigkeit oder Herkunft ist kein Umstand, der im Rahmen des § 8 zu berücksichtigen ist (BFH BStBl 16, 102; FG Köln EFG 12, 421). Bei der Beurteilung der tatsächlichen Umstände ist es allerdings zu berücksichtigen, wenn ausl Schüler und Studenten zwecks Ausbildung in ihr Heimatland gehen und dort in der Familie von nahen Angehörigen (zB von Großeltern) leben. Kinder, die sich zum Schulbesuch jahrelang bei Verwandten im Ausland aufhalten, teilen den Wohnsitz ihrer Eltern auch dann nicht, wenn sie die Eltern während der Ferien besuchen (BFH/NV 95, 967; 99, 285; 11, 1351; FG Mchn BeckRS 2006, 26023513; FG Köln EFG 11, 889; 12, 421, rkr; FG Ddorf BeckRS 2015, 95154).). Ziel eines solchen Schulbesuchs oder Studiums im Heimatland der Eltern ist typischerweise die Festigung, Wiederherstellung oder Herstellung der Bindungen zum heimatlichen Kultur- und Sozialbereich. Hier kann idR nicht davon ausgegangen werden, dass sie die gleiche Bindung an die Wohnung ihrer Eltern behalten wie deutsche oder ausl Schüler oder Studenten, die in ein für sie fremdes Ausland zur Ausbildung gehen. Insoweit liegt keine Diskriminierung von Ausländern ggü Deutschen vor, wenn sie in der Wohnsitzfrage anders als deutsche Schüler und Studenten behandelt werden, da vergleichbar den deutschen Schülern und Studenten nur solche Ausländer sind, die zur Ausbildung in ein für sie fremdes Ausland gehen (aA FG BaWü EFG 92, 238). Ausl Schüler und Studenten, die auf längere (unabsehbare) Zeit in ihr Heimatland zur Ausbildung gehen, behalten daher idR keinen Wohnsitz bei ihren Eltern in Deutschland, wenn sie im Heimatland im nahen Angehörigenkreise leben, auch wenn eine spätere Rückkehr ins Inland geplant ist (BFH BStBl 94, 887; BFH BStBl 01, 279; BFH BStBl 12, 883; BSGE 53, 59; FG BaWü EFG 88, 418; FG Hess EFG 93, 788; FG Köln EFG 12, 421, rkr; *TK/Drüen* § 8 AO Rz 11b; *Schmidt/Heinicke* § 1 Rz 24; AEAO zu § 8 Nr 6.2.4; 6.2.5), anders, wenn ein Kind gegen den Willen des sorgeberechtigten Elternteils im Ausland festgehalten wird (BFH/NV 03, 464). Leben ausl Schüler und Studenten in ihrem Heimatland nicht bei nahen Angehörigen, kommt es auf die Umstände des Einzelfalles an.

8 **8. Wohnsitz von Ausländern.** Die Frage, ob ein die unbeschränkte Steuerpflicht begründender Wohnsitz gegeben ist, ist auch nach § 8 zu beurteilen, soweit ein **DBA** eingreift. Die unbeschränkte oder beschränkte Steuerpflicht bestimmt sich allein nach nationalem Recht. Der Begriff des Wohnsitzes bzw der ständigen Wohnstätte in den DBA hat nur die Bedeutung eines Merkmals, nach dem sich die Verteilung der Steuergüter auf die Vertragsstaaten bestimmt (BFH BStBl 75, 708; FG BaWü EFG 85, 483). Ein Unternehmer mit Wohnsitz im Ausland hat keinen Wohnsitz und auch keinen gewöhnlichen Aufenthalt im Bundesgebiet, wenn er nach Geschäftsschluss regelmäßig von seinem Betrieb in der Bundesrepublik zu seiner Familienwohnung im Ausland zurückkehrt (BFH BStBl 84, 11; 85, 331). Wegen des Wohnsitzes ausl Kinder und Studenten, die sich im Ausland aufhalten und deren Eltern einen Wohnsitz in Deutschland haben vgl Rz 7. **Zwischenstaatliche Vereinbarungen** enthalten zum Teil Regelungen über den Wohnsitz (und gewöhnlichen Aufenthalt) die §§ 8, 9 vorgehen (AEAO vor §§ 8, 9 Nr 2). Dazu gehören Art 13 Protokoll über die Vorrechte und Befreiungen der EU v 26.10.12; Nato-Truppenstatut und Zusatzabkommen: WÜD; WÜK). Für **EU-Truppen** und **US-Streitkräfte** einschl Zivilpersonal und Familienangehörige begründet ein Aufenthalt in Deutschland aufgrund einer Fiktion regelmäßig noch keinen Wohnsitz (Art X NATO-Truppenstatut; Art 16 Gesetz zum EU-Truppenstatut), vgl BFH BStBl 70, 153; AEAO zu § 8 Nr 7ff. Etwas anderes gilt jedoch, wenn sie eine berufliche Tätigkeit außerhalb der Truppe im Inland aufnehmen (BFH BStBl 06, 374; BFH/NV 90, 488; BFH/NV 10, 1819), ebenso, wenn sie sich nicht nur in ihrer Eigenschaft als Mitglieder der Truppe, sondern auch mit Rücksicht auf ihre Eheschließung mit einem in der Bundesrepublik wohnhaften und dort berufstätigen Ehepartner im Inland aufhalten (BFH BFHE 153, 30; BFH/NV 92, 373) oder wenn der Armeeangehörige nach Heirat mit einer Deutschen Grundbesitz im Inland erwirbt (FG Hess EFG 82, 192). Die deutsche Ehefrau eines ausl Mitgliedes der Natotruppen hat ihren Wohnsitz in der Bundesrepublik, wenn sie die Voraussetzungen des § 8 erfüllt (BFH BStBl 70, 153). Nach WÜD/WÜK haben Diplomaten und Konsularbeamte einen Wohnsitz in ihrem

Heimatstaat. Von dieser Fiktion gibt es in Sonderfällen Ausnahmen. Ein Botschaftsangehöriger, der jahrelang eine eigene Wohnung im Inland bewohnt und im Inland geheiratet hat, hat unabhängig von den Bestimmungen des Wiener Übereinkommens über diplomatische Beziehungen seinen Wohnsitz im Inland (FG Köln EFG 2001, 552). Nach EU-Recht behält eine Person, die sich zur Amtsausübung in einem anderen Mitgliedstaat aufhält, ihren bisherigen Wohnsitz bei. Gleiches gilt für Ehepartner, Lebenspartner und Kinder, die noch unter Aufsicht stehen und unterhalten werden (AEAO zu § 8 Nr 9).

§ 9 Gewöhnlicher Aufenthalt

[1] Den gewöhnlichen Aufenthalt hat jemand dort, wo er sich unter Umständen aufhält, die erkennen lassen, dass er an diesem Ort oder in diesem Gebiet nicht nur vorübergehend verweilt. [2] Als gewöhnlicher Aufenthalt im Geltungsbereich dieses Gesetzes ist stets und von Beginn an ein zeitlich zusammenhängender Aufenthalt von mehr als sechs Monaten Dauer anzusehen; kurzfristige Unterbrechungen bleiben unberücksichtigt. [3] Satz 2 gilt nicht, wenn der Aufenthalt ausschließlich zu Besuchs-, Erholungs-, Kur- oder ähnlichen privaten Zwecken genommen wird und nicht länger als ein Jahr dauert.

1. Bedeutung. Der **gewöhnliche Aufenthalt** ist wie der Wohnsitz ein – eigenständiger – steuerrechtlicher Anknüpfungspunkt, der sich auf die persönlichen Verhältnisse des Stpfl bezieht. Von ihm kann die persönliche Steuerpflicht abhängen (zB §§ 1, 1a EStG), ebenso die **örtliche Zuständigkeit** des FA, wenn kein Wohnsitz vorhanden ist (§ 19 I 1). Fehlt es an einem Wohnsitz im Inland, so kann trotzdem ein gewöhnlicher Aufenthalt im Inland vorliegen. **DBA** teilen die Besteuerungsrechte ua nach dem gewöhnlichen Aufenthalt auf. Sie können für ihren Bereich den Begriff des gewöhnlichen Aufenthalts auch anders als § 9 definieren (BFH BStBl 97, 15 betr DBA-Niederlande). Zum Vorrang zwischenstaatlicher Vereinbarungen vor § 9 s § 8 Rz 8; AEAO vor §§ 8, 9 Nr 2). 1

2. Begriff. S 1 enthält eine **Definition** des gewöhnlichen Aufenthalts (gleichlautend wie § 30 III 2 SGB I), die von der Fiktion in S 2 überspielt werden kann. Ein mehrfacher gewöhnlicher Aufenthalt zu derselben Zeit ist nicht möglich (anders beim Wohnsitz, BFH BStBl 66, 522; 84, 11). Erste Voraussetzung für einen gewöhnlichen Aufenthalt ist ein **tatsächlicher Aufenthalt** („Anwesenheit") im Inland, bezogen auf einen Ort oder ein Gebiet (BFH BStBl 09, 632; BFH/NV 11, 1351). Eine Wohnung iSd § 8 ist nicht erforderlich, ebenso nicht die Beschränkung auf einen einzigen Ort. Fraglich, ob „Gebiet" das gesamte Inland sein kann. Entscheidend sind objektive Umstände. Innere Absichten, die im Widerspruch zu äußeren Umständen stehen, sind ohne Bedeutung. Geschäftsfähigkeit ist nicht erforderlich, natürlicher Wille genügt zur Begründung eines gewöhnlichen Aufenthalts. Auf Freiwilligkeit kommt es nicht an, zB Unfallkrankenhaus (BFH BStBl 71, 758), Justizvollzugsanstalt (BFH/NV 87, 262). **Grenzgänger,** die im Ausland wohnen und übernachten, haben einen gewöhnlichen Aufenthalt im Inland nicht schon deswegen, weil sie sich während der Arbeitszeit im Inland aufhalten (BFH BStBl 66, 522; 90, 687, 701 mwN; 12, 782). Zur Besteuerung von Grenzpendlern vgl § 1 III EStG. Ein Unternehmer mit Wohnsitz im Ausland hat daher keinen Wohnsitz (s § 8 Rz 8) und auch keinen gewöhnlichen Aufenthalt im Bundesgebiet, wenn er nach Geschäftsschluss regelmäßig von seinem Betrieb in der Bundesrepublik zur Familienwohnung zurückkehrt (BFH BStBl 84, 11; 85, 331; 90, 701). Das gilt auch dann, wenn der Unternehmer enge private und wirtschaftliche Beziehungen zum Inland hat oder häufige berufliche Reisen im Inland unternimmt (BFH BStBl 90, 701). Umgekehrt liegt ein gewöhnlicher Aufenthalt im Inland vor, wenn ein ArbeitN unter der Woche im Inland übernachtet und nur zum Wochen- 2 ende zu seiner Wohnung im Ausland fährt (BFH BStBl 88, 944; BFH/NV 11, 2001; FG Köln EFG 10, 921).

3 Zum **gewöhnlichen Aufenthalt** gehört neben der Anwesenheit, dass Umstände objektiv erkennen lassen, dass der Aufenthalt andauernd und nicht nur vorübergehender Natur ist. **Nicht nur vorübergehend** bedeutet nicht „immer" oder „ununterbrochen", sondern bezeichnet eine Dauer (BFH BStBl 89, 956). Kurzfristige Unterbrechungen (Rz 4) sind unschädlich. Da S 2 nur Aufenthalte ab 6 Monaten betrifft, kann auch ein Aufenthalt, der weniger als 6 Monate dauert, ausnahmsweise einen gewöhnlichen Aufenthalt begründen (BFH BStBl 62, 429; 78, 118; 89, 956; BFH BeckRS 2014, 95609; AEAO zu § 9). Entscheidend ist, ob ursprünglich ein mehr als 6 Monate dauernder Aufenthalt im Inland geplant war (BFH/NV 95, 968; FG RhPf EFG 11, 1437). Ist ein Aufenthalt von nicht mehr als sechs Monaten geplant und kehrt ein ArbeitN nach vier Monaten ins Ausland zurück, so kann es an einem gewöhnlichen Aufenthalt im Inland fehlen (FG Sachs v 24.6.2015 – 8 K 188/15). Die Einreise zur Erfüllung eines **Arbeitsvertrags** über ein Jahr begründet gewöhnlichen Aufenthalt, auch wenn die Ausreise bereits nach wenigen Monaten erfolgt (BFH 78, 119; FG RhPf EFG 75, 446; vgl auch zu Gastarbeitern, die nach Aufenthalt von unter 6 Monaten in längeren Heimaturlaub fahren und dann wieder zurückkehren FG BaWü EFG 76, 13; FG Nds EFG 78, 111); aus ihrem Verhalten ist zu schließen, dass sie einen gewöhnlichen Aufenthalt begründen wollten. Bei Auslandsaufenthalt eines deutschen Seemanns von mehr als 6 Monaten Dauer spricht Vermutung dafür, dass Inlandsaufenthalt aufgegeben ist, bei Auslandsaufenthalt von mehr als einem Jahr kann inl Aufenthalt nur ausnahmsweise angenommen werden (BFH/NV 05, 1756). Etwas anderes gilt auch dann nicht, wenn der Seemann während seines Urlaubs gelegentliche Besuche bei seinen Eltern im Inland macht (FG Brem EFG 90, 93). Ein **Ausländer** hat in der Bundesrepublik weder Wohnsitz noch gewöhnlichen Aufenthalt, wenn er sich zwar oft, aber **ausschl vorübergehend** und **kurzfristig** hier aufhält, selbst wenn er Postadresse und angemeldeten Wohnsitz hat und dort im Hause eines Freundes gelegentlich übernachtet (FG Nbg EFG 78, 548). Gleiches gilt für Kinder ausl Arbeitnehmer, die im Heimatland der Eltern die Schule besuchen und sich während der Ferien bei den Eltern im Inland aufhalten (BFH/NV 95, 967). Wenn ein Stpfl mit seiner Familie im Ausland lebt und sich zusammen etwa drei Monate im Jahr regelmäßig in der Wohnung von Angehörigen im Inland aufhält, ohne einen Anspruch auf seinen Verhältnissen entsprechende Räume zu haben, hat er nicht nur keine Wohnung in der Bundesrepublik (s § 8 Rz 3), sondern auch keinen gewöhnlichen Aufenthalt (FG BaWü EFG 85, 483). Ein **Asylbewerber** kann gewöhnlichen Aufenthalt im Bundesgebiet haben (BFH/NV 10, 2255). anders für Kindergeldanspruch, BSGE 49, 254; BFH BStBl 88, 14). Zum Verhältnis des Begriffs des gewöhnlichen Aufenthalts zu **DBA** gilt das zu § 8 Rz 8 Ausgeführte. Der gewöhnliche Aufenthalt im Inland endet idR, wenn der Stpfl seinen Aufenthalt für mehr als sechs Monate ins Ausland verlegt, es sei denn, aus den Umständen ergibt sich ein Rückkehrwille. Bei einem Aufenthalt von mehr als einem Jahr im Ausland liegt grds kein gewöhnlicher Aufenthalt im Inland mehr vor (AEAO zu § 9 Nr 4). Bestehen Zweifel am Vorhandensein eines gewöhnlichen Aufenthalts, so muss derjenige, der sich auf den gewöhnlichen Aufenthalt beruft, die Tatsachen beweisen, die für die Begründung des gewöhnlichen Aufenthalts sprechen (FG Mchn BeckRS 2013, 96607).

4 **3. Fiktion.** Vorbehaltlich des S 3 enthält S 2 eine Fiktion des gewöhnlichen Aufenthalts, die Satz 1 vorangeht: Bei einem zeitlich **zusammenhängendem** Aufenthalt von mehr als **6 Monaten** wird ein gewöhnlicher Aufenthalt unwiderleglich vermutet (BFH/NV 10, 2255; 11, 2001). Das gilt auch für mehrere aufeinander folgende Entsendungen, wenn objektive Umstände für einen Zusammenhang und eine Fortdauer des Anlasses sprechen (BFH/NV 15, 1386). Es kommt

dabei nur auf die objektive Dauer an, nicht auf subjektive Vorstellungen oder Pläne des Stpfl. Die **6-Monatsfrist** braucht nicht in einem **Kalenderjahr** erfüllt zu werden (BFH/NV 11, 2001; FG BaWü EFG 91, 102). Es muss sich um einen zeitlich zusammenhängenden Aufenthalt handeln; mehrere kurze Aufenthalte dürfen bei der Berechnung der Frist nicht zusammengerechnet werden. Kurzfristige **Unterbrechungen** hindern den zeitlichen Zusammenhang nicht (BFH BStBl 62, 429). Beispiele: Weihnachtsurlaub, Wochenendheimfahrt (BFH/NV 11, 2001; FG Köln EFG 10, 921). Ob mehrere kurze Aufenthalte oder nur kurzfristige Unterbrechungen eines gesamten Aufenthaltes vorliegen, ist nach den erkennbaren Plänen und Absichten des Stpfl und dem Zweck des Aufenthalts zu entscheiden (BFH BStBl 78, 118; BFH/NV 11, 2001). Maßgebend ist eine auf den Einzelfall bezogene zeitliche Gewichtung der kurzfristigen Unterbrechungen unter Berücksichtigung der Dauer des gesamten Aufenthaltes; Eine konkrete Zeitgrenze gibt es in diesem Zusammenhang nicht (BFH BeckRS 2015, 95321). Stehen mehrere Aufenthalte nicht durch ein Beschäftigungsverhältnis miteinander in Zusammenhang, so sind drei Monate keine „kurzfristige" Unterbrechung (BFH/NV 15, 169). Der Wille, keinen gewöhnlichen Aufenthalt begründen zu wollen, ist aufgrund der Fiktion unbeachtlich (FG Köln EFG 10, 921). Bei Überschreitung der Frist von 6 Monaten liegt ein gewöhnlicher Aufenthalt von Anfang an vor (BFH/NV 11, 2001).

4. Anwesenheit zu Besuchszwecken usw. S 3 ist eine Ausnahmeregelung 5
zu S 2 und betrifft nur Aufenthalte aus privaten Gründen. Die Fiktion gilt danach nicht, wenn der Aufenthalt zwar länger als ununterbrochen 6 Monate und nicht mehr als 1 Jahr dauert, aber **ausschl privaten Zwecken** dient, wie der Erholung, einem Besuch oder einer Kur.

§ 10 Geschäftsleitung

Geschäftsleitung ist der Mittelpunkt der geschäftlichen Oberleitung.

Schrifttum: *vor 2010 s 13. Aufl; Töben* Geschäftsleitung, in: FS Wassermeyer 2015, S 179.

1. Bedeutung. Der Ort der Geschäftsleitung ist ua Anknüpfungspunkt für die 1
Besteuerung von Gewerbebetrieben, ferner für örtliche Zuständigkeit (vgl § 18 I Nr 2, § 20) sowie bei der Anwendung von DBA zwecks Aufteilung des Besteuerungsrechts. Jedes gewerbliche Unternehmen hat eine Geschäftsleitung (BFH/NV 08, 672). Zur Geschäftsleitungsbetriebstätte s § 12 Rz 10.

2. Mittelpunkt der geschäftlichen Oberleitung. Dieser ist dort, wo sich 2
nach dem Gesamtbild der tatsächlichen Verhältnisse, abhängig von Struktur und Eigenart des Unternehmens (BFH BStBl 91, 554; BFH/NV 88, 63, 64), in organisatorischer und wirtschaftlicher Hinsicht die wichtigste Stelle befindet, an der dauernd die für die laufende Geschäftsführung nötigen Maßnahmen von einiger Wichtigkeit angeordnet werden (BFH BStBl 99, 437; BFH/NV 94, 193). Es handelt sich um die Geschäftsführung ieS (BFH BStBl 95, 175). Zur **laufenden Geschäftsführung** zählen die tatsächlichen und rechtsgeschäftlichen Handlungen des gewöhnlichen Betriebs des Handelsgeschäfts sowie die zur gewöhnlichen Verwaltung gehörenden organisatorischen Maßnahmen (Tagesgeschäfte), die für Rechnung der Person getroffen werden, deren Ort der Geschäftsleitung zu bestimmen ist (BFH BStBl 95, 175; FG Brem EFG 16, 88). Bei einer Körperschaft ist das regelmäßig dort, wo die zur Vertretung befugten Personen die ihnen obliegende laufende Geschäftsführertätigkeit entfalten. Bei einer Aufteilung in kaufmännische und technische Leitung kommt es nicht auf die oberste technische Betriebsleitung, sondern darauf an, wo sich das kaufmännische Büro, notfalls auch der Wohnsitz des leitenden Geschäftsführers befindet (BFH BStBl 91, 554 mwN). Im Einzelfall kann der maßgebende Wille auch von anderen Personen als den gesetzlich berufenen

gebildet werden, zB bei Treuhänderschaft. Greift ein Gesellschafter unter Überschreitung seiner Befugnisse dauernd in den laufenden Geschäftsbetrieb ein, so ist er faktisch Geschäftsführer mit der Folge, dass es für die geschäftliche Oberleitung auf seine Willensbildung ankommt (FG Hess EFG 98, 518). Fehlt es an einer geschäftlichen Oberleitung, muss für die stl Anknüpfung auf § 11 zurückgegriffen werden.

3 **3. Einzelfälle.** Wo der Mittelpunkt der geschäftlichen Oberleitung liegt, ist **Tatfrage.** Bei einer Kapitalgesellschaft sind es regelmäßig Büroräume der Geschäftsführung (BFH/NV 88, 64), evtl auch Wohnsitz des Leiters (BFH BB 99, 1416), nicht aber der Ort der Zweigniederlassung (BFH BStBl 76, 708). Nicht erforderlich ist eine feste eigene Geschäftseinrichtung oder Anlage, die der Tätigkeit des Unternehmens dient. Es reicht auch eine Privatwohnung, ein vom Unternehmer dem Subunternehmer zur Verfügung gestellter Baucontainer (BFH BB 1999, 1416). Innerhalb eines Wirtschaftsjahres kann der Ort wechseln. Es ist möglich, dass ein Unternehmen mehrere Orte der Geschäftsleitung hat. In diesem Fall sind sie zu gewichten und der Ort der geschäftlichen Oberleitung festzulegen (BFH BStBl 98, 86 betr Schifffahrtsunternehmen; BFH BB 99, 1417; § 12 Rz 10). Eine Organgesellschaft hat grds einen eigenen Ort ihrer Geschäftsleitung, der nicht mit dem Ort der Geschäftsleitung des Organträgers zusammenfallen muss (BFH BStBl 95, 175). Die Begründung eines nur scheinbaren Sitzes („Briefkastenfirma“) ist steuerrechtl ohne Bedeutung, § 41 II. Entscheidungen auf Geschäftsreisen können mangels Ortsbezogenheit keine Betriebstätte der Geschäftsleitung begründen (BFH BStBl 91, 554; BFH DStRE 98, 233).

§ 11 Sitz

Den Sitz hat eine Körperschaft, Personenvereinigung oder Vermögensmasse an dem Ort, der durch Gesetz, Gesellschaftsvertrag, Satzung, Stiftungsgeschäft oder dergleichen bestimmt ist.

Schrifttum: *vor 2010 s 13. Aufl; Dürrschmidt/Elser* Die deutsche Immobilien-GmbH mit Geschäftsleitung im Ausland, IStR 10, 79; *Thömmes* Identitätswahrende Sitzverlegung von Gesellschaften in der EU, IWB 12, 29; *Böttcher/Kraft* Grenzüberschreitender Formwechsel und tatsächliche Sitzverlegung – Die Entscheidung VALE des EuGH, NJW 12, 2701; *Seeger* Die Folgen des „Brexit“ für die britische Limited mit Verwaltungssitz in Deutschland, DStR 16, 1817.

1 **1. Überblick.** Die Regelung über den Sitz einer Körperschaft, Personenvereinigung oder Vermögensmasse entspricht in ihrer Funktion der Wohnsitzregelung bei natürlichen Personen. Abhängig vom Sitz sindinsbes die örtliche Zuständigkeit von Behörden (§ 20 III) und die Frage nach der unbeschränkten oder beschränkten Steuerpflicht. § 11 ist ergänzend neben § 10 anzuwenden.

2 **2. Subjekt der Regelung.** Ob eine Körperschaft, Personenvereinigung oder Vermögensmasse vorliegt, richtet sich zunächst nach deutschem Recht. Unter die Regelung fallen auf jeden Fall juristische Personen aller Art. Wie die Bezugnahme auf einen „Gesellschaftsvertrag“ zeigt, sind auch Gesellschaften gemeint, die unter ihrer Firma am Wirtschaftsverkehr teilnehmen, auch wenn sie nicht mit eigener Rechtspersönlichkeit ausgestattet sind. Das Wort „Satzung“ deutet auf Vereine und Stiftungen hin. Die Regelung ist jedoch nicht auf Rechtsgebilde nach deutschem Recht beschränkt. Sie bezieht sich auch auf Körperschaften und Gesellschaften nach ausl Recht (vgl BFH BStBl 99, 437, allerdings zu § 10). Befindet sich bei einer Gesellschaft mit statutarischem **Sitz im Ausland** die Geschäftsleitung im Inland, so richtet sich die Beurteilung der zivilrechtlichen Rechtsfähigkeit nach deutschem Recht (BFH BStBl 92, 972; BGHZ 53, 181; 97, 269; BayObLGZ 85, 272; str, aA ua *Meilicke* RIW 90, 449). Bei dieser sog **Sitztheorie** entspricht der

steuerrechtliche Sitz der Geschäftsleitung im Wesentlichen dem zivilrechtlichen Begriff des tatsächlichen **Verwaltungssitzes** (BFH BStBl 92, 972). Aber auch bei Gesellschaften, die nach dieser Sitztheorie keine Kapitalgesellschaften sind, kann unbeschränkte KStPflicht bestehen (BFH BStBl 92, 272).

3. Inhalt der Regelung. Der Sitz einer Körperschaft, Personenvereinigung oder Vermögensmasse wird idR durch **Rechtsgeschäft** (Gesellschaftsvertrag, Satzung, Stiftungsgeschäft/statutarischer Sitz) oder auch durch Gesetz festgelegt, während für den Ort der Geschäftsleitung nach § 10 die **tatsächlichen Verhältnisse** maßgebend sind. Der Ort des Sitzes eines Unternehmens ist nur dann gleichzeitig Ort der Geschäftsleitung, wenn eine tatsächliche, örtliche Verknüpfung mit der Geschäftsführung des Unternehmens besteht (BFH/NV 90, 353). IÜ ist dann, wenn rechtsgeschäftlicher und tatsächlicher Sitz auseinander fallen (vgl OLG Frankfurt BB 79, 1739; *Wessel* BB 84, 1057), der rechtsgeschäftliche Sitz somit fiktiv (Rz 5), stl ist der tatsächliche Sitz maßgebend. Ansonsten stimmt iErg der stl Sitz mit dem zivilrechtlichen überein (§§ 24, 80 BGB, § 17 ZPO). Ebenso wie im Zivilrecht (str, vgl zum Streitstand die Nachweise in BFH BStBl 90, 553) ist daher auch im StRecht die Begründung eines statuarischen **Doppelsitzes nicht möglich.** 3

4. Sitzverlegung. Bei einer Sitzverlegung befindet sich der Sitz an dem neuen Ort, wenn dort Büroräume angemietet sind, dem Geschäftsführer ein Büro für die Tagesgeschäfte zur Verfügung steht und sich dort die Geschäftsunterlagen befinden (FG RhPf EFG 1999, 914). Besondere Probleme haben Sitzverlegungen über die Grenze zur Folge, es sei denn, es handelt sich um die Sitzverlegung einer SE innerhalb von EU/EWR. Soweit es möglich ist, Verwaltungssitz und Satzungssitz zu trennen, kann der Satzungssitz im Inland erhalten bleiben, wenn der Verwaltungssitz ins Ausland verlegt wird. Ansonsten kommt es zur Änderung der Identität der Kapitalgesellschaft und zu ertragsteuerlichen Schwierigkeiten (*Thömmes* IWB 12, 29). 4

5. Scheinsitz. Er ist stl unbeachtlich, § 41 II. Das gilt auch, wenn der Ort des Scheinsitzes im Handelsregister oder bei der Gewerbeanmeldung angegeben wurde. Indizien dafür sind: keinerlei Geschäftsleitungs- oder Arbeitgeberfunktion (ggf mit Ausnahme der formalen Beauftragung eines Geschäftsführers, der keine unternehmerische Tätigkeit ausübt), kein Zahlungsverkehr am eingetragenen Firmensitz (BFH BStBl 96, 620; 04, 622). Beispiel: Büroserviceunternehmen am Sitz leitet sämtliche Post zur Bearbeitung weiter; Angabe der Adresse des Steuerberaters, Buchhalters als Sitz abweichend vom statuarischen Sitz (BFH BeckRS 2015, 94603); Briefkastenfirma (BFH BStBl 08, 695). 5

§ 12 Betriebstätte

[1] Betriebstätte ist jede feste Geschäftseinrichtung oder Anlage, die der Tätigkeit eines Unternehmens dient. [2] Als Betriebstätten sind insbesondere anzusehen:

1. die Stätte der Geschäftsleitung,
2. Zweigniederlassungen,
3. Geschäftsstellen,
4. Fabrikations- oder Werkstätten,
5. Warenlager,
6. Ein- oder Verkaufsstellen,
7. Bergwerke, Steinbrüche oder andere stehende, örtlich fortschreitende oder schwimmende Stätten der Gewinnung von Bodenschätzen,
8. Bauausführungen oder Montagen, auch örtlich fortschreitende oder schwimmende, wenn
a) die einzelne Bauausführung oder Montage oder

b) eine von mehreren zeitlich nebeneinander bestehenden Bauausführungen oder Montagen oder
c) mehrere ohne Unterbrechung aufeinander folgende Bauausführungen oder Montagen
länger als sechs Monate dauern.

Schrifttum: *vor 2010 s 13. Aufl; Blumers/Wenig* Betriebsstätte bei Einschaltung einer Managementgesellschaft, DStR 12, 551; *Ditz/Quilitzsch* Aktuelle Entwicklungen im Hinblick auf die Definition der Betriebsstätte, FR 12, 493; *Reiser/Cortez* Betriebsstättenbegriff im Wandel, IStR 13, 6; *Krömker* Land- und forstwirtschaftlich bewirtschaftete Flächen als Betriebstätte i. S. v. § 12 AO, AO-StB 14, 230; *Becker* Warenlager als umsatzsteuerliche Betriebsstätte bzw. feste Niederlassung, DStR 15, 1217; *Mende* Bau- und Montagebetriebsstätten, in: FS Wassermeyer 2015, S 143; *Stuffer* Dienstleistungsbetriebsstätte und technische Dienstleistungen, in: FS Wassermeyer 2015, S 147; *Kollruss* Zum Verhältnis zwischen DBA-Recht und nationalem Steuerrecht sowie zur Reichweite des § 2 AO: Zugleich kritische Anmerkung zu FG Köln v. 7.12.15 – 10 K 73/13, BFH I R 50/15, IStR 16, 419; *Kramer* Ungereimtheiten im Zusammenhang mit Geschäftsleitungsbetriebsstätten und häuslichen Arbeitszimmern, IStR 16, 499; *Salzmann* Keine abkommensrechtliche Auslegung des innerstaatlichen Betriebsstättenbegriffs, IStR 16, 309; *Wassermeyer/Andresen/Ditz* Betriebsstätten-Handbuch, 2. Aufl Köln 2018.

Übersicht

1 **1. Überblick.** Die Vorschrift enthält in S 1 die **Definition** der Betriebstätte. S 2 enthält eine **nicht abschließende Aufzählung** („insbesondere"; BFH/NV 14, 1248) einzelner Betriebstätten, die als bindende Teildefinition anzusehen ist und zwar auch insoweit, als S 2 teilweise über die allgemeine Definition in S 1 hinausgeht (zB Nr 1, 8). Ein Unternehmer kann mehrere Betriebstätten haben. Der Betriebstättenbegriff des § 12 gilt grds für alle Steuern, zB auch im Investitionszulagenrecht (BFH/NV 12, 267). Abweichendes gilt, wenn ein StGesetz für einen bestimmten Bereich ausdrücklich von einer anderen Definition ausgeht. Einen eigenständigen Betriebstättenbegriff enthält auch § 4 V Nr 6 EStG, der in einem anderen Sinnzusammenhang steht (BFH BStBl 91, 97, BFH/NV 15, 1365; unten Rz 2, 5). Im StRecht ist inzwischen die Schreibweise uneinheitlich, die zwischen Betriebstätte (§ 12) und Betriebsstätte (zB § 4 EStG; § 2 GewStG) wechselt. Die Betriebstätte ist für alle Unternehmen, aber auch für Freiberufler und Stpfl mit Einkünften aus Land- und Forstwirtschaft, ein stl relevanter Anknüpfungspunkt, von dem ua die beschränkte oder unbeschränkte Steuerpflicht abhängt. Durch Begründung und Unterhalten einer Betriebstätte kann die Besteuerung beeinflusst werden, sodass darin durchaus ein Gestaltungsmittel zu sehen ist.

Bestes Beispiel dafür ist die Betriebstätte von Steuerausländern im Inland (vgl *Kumpf* FR 01, 449 ff). Der Begriff der Betriebstätte hat insbes Bedeutung im Außensteuerrecht (vgl § 49 EStG; § 2 Nr 1, § 12 KStG). In **DBA** finden sich regelmäßig eigenständige Regelungen über die Betriebstätte mit der Funktion, die Aufteilung der Besteuerungsrechte zu regeln. Diese Vorschriften haben im Geltungsbereich des DBA Vorrang vor § 12 (unten Rz 19). Sie kommen aber erst zur Anwendung, wenn nach deutschem Recht eine Betriebstätte im Inland vorliegt (BFH/NV 99, 753).

2. Feste Geschäftseinrichtung oder Anlage. Geschäftseinrichtung ist jeder körperliche Gegenstand bzw jede Zusammenfassung körperlicher Gegenstände mit der Eignung, Grundlage für die Tätigkeit eines Unternehmens zu sein. Eine feste Geschäftseinrichtung setzt eine feste Beziehung zu einem bestimmten Teil der Erdoberfläche voraus, die von einer gewissen Dauer ist und einem Unternehmen dient (BFH/NV 14, 1248 mwN). Um Betriebstätte zu sein, muss der stpfl Unternehmer über die feste Geschäftseinrichtung oder Anlage eine nicht nur vorübergehende Verfügungsmacht haben. Eine **Betriebstätte** zB liegt vor, wenn dem Stpfl bestimmte Räume zur ständigen Benutzung zur Verfügung stehen, über die er eine nicht nur vorübergehende Verfügungsmacht besitzt (BFH BStBl 00, 592; 02, 512; BFH/NV 09, 1457 mwN). Es muss kein Vertrag vorliegen, der eine Verfügungsmacht einräumt, es reicht eine tatsächlich vorhandene Verfügungsmacht aus (FG Brem EFG 16, 88 betr Personengleichheit von gewährender und in Anspruch nehmender Gesellschaft; BFH/NV 15, 1553). Eine **feste Geschäftseinrichtung oder Anlage** besteht aus einer **räumlichen** und einer **zeitlichen Komponente,** die in einem gewissen Abhängigkeitsverhältnis zueinander stehen (BFH BStBl 08, 922; FG Mchn EFG 86, 259). Ob eine Betriebstätte gegeben ist, entscheidet sich nach den Umständen im Einzelfall und hängt vor allem von der Ausprägung der räumlichen und zeitlichen Komponenten ab (BFH/NV 10, 2020). Die Begriffe Geschäftseinrichtung und Anlage unterscheiden sich dabei kaum, allenfalls in der Größe der Einrichtung (BFH BStBl 93, 462). Eine fahrbare Verkaufsstätte (zB Marktstand) kann eine feste Geschäftseinrichtung sein (AEAO zu § 12 Nr 2; zur zeitlichen Komponente s Rz 4). Keine feste Geschäftseinrichtung ist ein Server, mit dem nur Hilfstätigkeiten ausgeführt werden (OFD Karlsruhe IStR 99, 439; *Watrin* IStR 01, 425; s auch § 12 Rz 19). Ein mit Büromöbeln ausgestatteter Raum, der neben der Erzielung von Einnahmen auch – in nicht nur untergeordneter Weise – privat genutzt wird, ist auch dann keine Betriebstätte, wenn dem Unternehmer/Freiberufler kein anderes Büro zur Verfügung steht (BFH DStR 17, 199). Anders verhält es sich mit einem betriebstättenähnlich ausgestatteten Raum, der nur betrieblich genutzt wird, zB eine Werkstatt innerhalb eines Wohnhauses (BFH DStR 16, 210) oder eine Notfallpraxis mit eigenem Zugang (BFH BStBl 05, 203). Zur Abgrenzung zwischen **Arbeitszimmer** (dazu BFH GrS BStBl 16, 265) **und Betriebstätte** in einem Raum, der in die häuslichen Sphäre eingebunden ist s BFH/NV 17, 1170 mwN: Die Betriebstätte setzt auch eine nach außen erkennbare Widmung für einen dauerhaften und intensiven Publikumsverkehr voraus; auf den tatsächlich stattfindenden Publikumsverkehr kommt es nicht an (s auch BFH BStBl 05, 203). Ein in die Privatsphäre eingebundener Raum, der sowohl zur Erzielung von Einnahmen als auch in nicht nur untergeordnetem Umfang privat genutzt wird, kann nicht Betriebstätte sein (BFH BStBl 17, 163). Ein mit Büromöbeln und Küchenzeile ausgestatteter Raum, der nur über einen privat genutzten Flur betreten werden kann, hat nicht das Gepräge einer Betriebstätte (BFH BStBl 17, 163). 2

3. Räumliche Voraussetzungen. Geschäftseinrichtung ist vor allem ein Gebäude oder ein Raum, eine Wohnung in einem Gebäude (BFH BStBl 93, 462). Die Geschäftseinrichtung muss nicht unbedingt fest mit der Eroberfläche verbunden sein (vgl § 12 S 2 Nr 7, 8 und BFH BStBl 75, 203). Es ist keine bestimmte 3

Größe oder Ausstattung vorgeschrieben, die Räumlichkeit muss nur für die unternehmerische Tätigkeit geeignet sein. Im Einzelfall reicht auch die Wohnung des Unternehmers aus (Rz 10, BFH BStBl 63, 38; BFH/NV 88, 119). Besondere Vorrichtungen oder Räume, die zum Aufenthalt von Menschen geeignet sind, sind nicht erforderlich (BFH/NV 14, 1248). Eine kann Betriebstätte auch außerhalb eines Gebäudes liegen. Sie kann sich auf eine bestimmte Fläche beziehen oder auch auf eine wechselnde Teilfläche eines Grundstücks. Dazu gehört zB eine Fläche, die als Parkfläche dauerhaft zur Verfügung steht (BFH/NV 05, 154; 09, 1457). Auch land- und forstwirtschaftlich genutzter Grund und Boden ist eine Betriebstätte (BFH/NV 14, 1248; FG Köln EFG 12, 2288; *Krömker* AO-StB 14, 230).

Eine Basisstation für ein Mobilfunkunternehmen ist keine Betriebstätte. Eine Website begründet, weil sie ein immaterielles Wirtschaftsgut darstellt, keine Betriebstätte, ein bloßer Provider ist nicht als ständiger Vertreter des Unternehmens, dem er Dienstleistungen erbringt, anzusehen (*Strunk* IWB F 10 Gr 2, S 1509). Der Abschluss eines Webhostingvertrags im Ausland begründet dort noch keine Betriebstätte. Zur Begründung einer Betriebstätte durch Aufstellung eines Servers Rz 19.

4 Es werden auch **bewegliche Geschäftseinrichtungen** (oder Anlagen) mit vorübergehend festem Standort als Betriebstätten erfasst, zB fahrbare Verkaufsstätten mit wechselndem Standplatz (BFH BStBl 63, 38). Diese sind aber nur dann Betriebstätten, wenn die einzelnen Standplätze jeweils auf eine gewisse Dauer (zB an bestimmten Wochentagen an der einen Stelle, an anderen Wochentagen an einer bestimmten anderen Stelle) genutzt werden (BFH BStBl 01, 734; 04, 396). Wird ein Unternehmer auf Jahr- und Weihnachtsmärkten tätig, so ist der jeweilige Marktstand seine Betriebstätte (BFH BStBl 92,90; FG Köln EFG 02, 485; Ausnahme bei nur sehr kurzer Dauer s Rz 7). Keine Betriebstätte kann ein ganzer Bezirk (zB Stadtbezirk oder Kehrbezirk) sein, in dem die Tätigkeit des Unternehmens ausgeübt wird (BFH BStBl 63, 38; 01, 734). Ständig wechselnde Standplätze (zB von Taxis, ambulanten Händlern) oder Messestände können keine Betriebstätten begründen (FG Mchn EFG 93, 707, rkr).

5 **4. Verfügungsmacht.** Eine Betriebstätte liegt nur vor, wenn eine gewisse, nicht nur vorübergehende Verfügungsmacht über die Räumlichkeiten oder den Platz der Geschäftsausübung besteht (BFH BStBl 90, 166; 97, 12; 12, 782; BFH/NV 88, 735). Alleinige Verfügungsmacht wird nicht verlangt (BFH/NV 09, 1457; FG Köln EFG 14, 2115). Ausreichend ist jedoch, wenn ein Geschäftsführer mit Verfügungsmacht über fremde Geschäftsräume dort auch für ein Untenehmen ohne vertragliche Verfügungsmacht tätig wird (Identität der Leitungsorgane, BFH/NV 11, 1354; 15, 1553; FG Brem EFG 16, 88). Ausreichend ist, wenn Räume dauernd oder bei Bedarf für eine gewisse Dauer kraft eigener Verfügungsmacht genutzt/mitgenutzt und dem Hauptmieter die Kosten anteilig erstattet werden (BFH BStBl 82, 624; BFH/NV 88, 82; FG BaWü EFG 92, 117). Entscheidend ist, dass die Verfügungsmacht über die bloße Mitbenutzung der Räume hinausgeht und mit einer Rechtsposition verbunden ist, die dem Unternehmer ohne seine Mitwirkung nicht mehr entzogen werden kann (BFH BStBl 90, 23, 166, 983; 93, 462; 08, 922; BFH/NV 88, 735; 02, 512; 09, 1457 mwN; 09, 1588; FG Ddorf EFG 93, 42; FG Köln EFG 14, 2115; zur Dauer der Verfügungsmacht s unten Rz 6). Bei einer Personengesellschaft ist es unerheblich, ob die Verfügungsmacht bei der Personengesellschaft oder bei einem der Gesellschafter liegt (BFH BStBl 92, 937). Die Rechtsposition muss nicht unbedingt ausdrücklich vereinbart sein oder sich permanent auf einen bestimmten Raum beziehen (BFH/NV 05, 154). Es genügt, wenn aus tatsächlichen Gründen anzunehmen ist, dass die Verfügungsmacht des Stpfl nicht bestritten wird und ihm irgendein Raum für seine Tätigkeit tatsächlich ständig zur Verfügung steht (BFH BStBl 93, 462; 02, 512; 12, 782; BFH/NV 05, 154; FG Köln EFG 14, 2115). Nicht ausreichend ist die ständi-

ge Nutzung fremder Räume im Interesse eines Dritten oder eine, wenn auch jahrelange, Duldung (BFH BStBl 90, 166; 08, 922) oder eine nur tatsächliche Nutzung (BFH BStBl 12, 782), auch, wenn sie sich dauerhaft wiederholt (FG Köln EFG 14, 2115). Der Telearbeitsplatz eines Heimarbeiters begründet idR mangels Verfügungsmacht des Arbeitgebers keine Betriebstätte (so *Pasch/Utescher* BB 2001, 1660). Entscheidend für die Begründung einer Betriebstätte ist, ob eine unternehmerische Tätigkeit in einer Geschäftseinrichtung oder Anlage mit fester örtlicher Bindung ausgeübt wird und sich in der Bindung eine gewisse „Verwurzelung" des Unternehmens mit dem Ort, an dem die unternehmerische Tätigkeit ausgeübt wird, ausdrückt (BFH BStBl 08, 922; 12, 782 mwN). Eine Tätigkeit in den Räumen des Vertragspartners (zB zum Putzen) reicht für eine Verfügungsmacht nicht aus, auch wenn ein Schlüssel Zutritt zu den Räumlichkeiten verschafft (BFH BStBl 08, 922); anders, wenn die Räume einem Subunternehmer zur Verfügung stehen, dessen Tätigkeit überwacht wird (BFH BStBl 07, 94; BFH/NV 15, 1553). Keine Verfügungsmacht hat, wer keinen Schlüssel zu den Räumlichkeiten hat, in den Räumlichkeiten über keinen festen Arbeitsplatz verfügt und wer die EDV-Ausstattung nicht benutzen darf (FG Köln EFG 13, 168). Gleiches gilt, wenn die Räumlichkeit bei Abwesenheit einem anderen Unternehmer zugewiesen wird; denn dann steht die Geschäftseinrichtung nicht dauernd zur Verfügung (FG Köln EFG 14, 2115). Wegen mangelnder Verfügungsmacht haben keine Betriebstätte: umherfahrende Milchverteiler, Taxifahrer ohne ständigen Halteplatz, Müllentsorger, Versicherungsvertreter in ihrem Tätigkeitsbezirk (BFH DStR 01, 432 mwN). Auf der anderen Seite reicht ein fest zugewiesener, büromäßig ausgestatteter Arbeitsplatz in von einem Dritten angemieteten Räumen aus (FG Köln EFG 14, 2115).

5. Dienende Funktion. Eine Betriebstätte muss dem Unternehmen **unmittelbar** dienen (BFH BStBl 66, 548; 76, 365; 87, 162; 88, 653; 12, 782). Damit ist auf ein Moment der organisatorischen Verfestigung von zeitlicher Dauer abgestellt (BFH BStBl 87, 162; BFH/NV 88, 735). Nicht ausreichend ist der bloße Besitz von Grundstücken oder Gebäuden ohne Ausübung einer eigenen unternehmerischen Tätigkeit (BFH BStBl 12, 782). Lediglich vermietete oder verpachtete Grundstücke oder Gebäudeteile begründen noch keine Betriebstätte (BFH BStBl 12, 782). Arbeiten zur Verwaltung vermieteter oder verpachteter Grundstücke/Gebäudeteile begründen keine Betriebstätte des Verpächters am Ort der Miet-/Pachtsache (BFH BStBl 12, 782). Das gilt auch im Fall einer Betriebsaufspaltung. Besitz- und Betriebsunternehmen sind rechtl selbständig und getrennt zu betrachten (BFH BStBl 99, 607; 12, 782). Als „Unternehmen" kommt neben einem Gewerbebetrieb auch der Betrieb einer selbständigen Tätigkeit oder der Betrieb von Land- und Forstwirtschaft in Betracht (BFH/NV 14, 1670). 6

Unerheblich ist, ob die in der Geschäftseinrichtung für das Unternehmen ausgeübte Tätigkeit mit einem gewissen Maß an Eigenständigkeit oder Eigenverantwortlichkeit ausgestattet ist, ob sie nach außen hinwirkt oder nur unternehmensintern (zB ggü den Arbeitnehmern, BFH BStBl 89, 755). Die dienende Funktion kann auch für Hilfstätigkeiten oder unwesentliche Tätigkeiten zutreffen (BFH BStBl 72, 289), zB Schutthalden, Anschlussgleise usw. Es genügen auch bloße mechanische Verrichtungen für ein Unternehmen (zB Verkaufsautomaten, Pumpstationen, zu Rohrleitungen und Schienennetzen s unten Rz 9). Gewisse Dauer ist aber erforderlich (BFH BStBl 66, 548). Hierunter fallen auch stillgelegte Anlagen, sofern sie gewartet werden (BFH BStBl 60, 468).

6. Dauer der Verfügungsmacht. Zeitlich muss die Beziehung zur Geschäftseinrichtung oder Anlage auf eine gewisse **Dauer** oder Stetigkeit angelegt sein (BFH/NV 88, 735; BFH BStBl 96, 12; 07, 100). Es darf sich **nicht** um eine **nur vorübergehende Verfügungsmacht** handeln, die auf eine von der Geschäftseinrichtung ausgehende **Dauer angelegte, nachhaltige Betätigung** bzw 7 auf einen dauerhaften Bezug zum Unternehmen hin ausgerichtet ist (BFH BStBl 76, 365; 79, 18; 87, 162; 88, 653; 93, 462; 12, 782). Die Tätigkeit muss am Ort selbst ausgeübt werden, die Verpachtung begründet keine Betriebstätte am Ort des Pachtobjekts (BFH BStBl 88, 653). Anders liegt es bei der Verpachtung, wenn der Verpächter am Belegenheitsort einer Immobilie eigenes Personal oder nachhaltig überwachtes Fremdpersonal zur Unterhaltung der Immobilie einsetzt (OFD Nds DStR 10, 554).

Für das zeitliche Moment kann eine Betätigungsdauer von länger als sechs Monaten, wie sie in S 2 Nr 8 für Bauausführungen und Montagen vorgesehen ist, auch für andere Betätigungsformen einen Anhalt bieten. Je nach Besonderheit des Einzelfalls ist eine kürzere Dauer ausreichend oder eine längere Betätigung erforderlich (vgl BFH BStBl 74, 107; FG Mchn EFG 86, 259; FG Köln EFG 14, 2115 betr dreimal wöchentlich für mehrere Stunden; aA BFH BStBl 93, 655; der immer auf eine Dauer von mindestens 6 Monaten abstellt). Ein Verkaufsstand, der nur einmal im Jahr für vier Wochen auf einem Weihnachtsmarkt betrieben wird, begründet – anders als Stände auf ständig wiederkehrenden Wochenmärkten – keine Betriebstätte wegen des nur geringen zeitlichen Bezugs zur Erdoberfläche (BFH BStBl 04, 396; FG Köln EFG 02, 485).

8 **7. Beginn und Ende.** Eine **Betriebstätte beginnt,** sobald das Unternehmen beginnt, seine Tätigkeit durch eine feste Geschäftseinrichtung auszuüben, und endet mit der Aufgabe der Verfügungsmacht über die feste Geschäftseinrichtung oder mit der Einstellung jeder durch sie ausgeübten Tätigkeit (BGH HFR 95, 476). Eine Montagebetriebstätte beginnt, wenn die erste Person eintrifft, die vom Montageunternehmen mit den Montagearbeiten, zu denen auch schon die Vorbereitung der eigentlichen Montage gehört, beauftragt worden ist (BFH BStBl 99, 694). Erfolgt die Montage aufgrund eines Werklieferungsvertrags, so endet die Montagebetriebstätte frühestens mit der Abnahme des Werks (BFH BStBl 99, 694). Ein **ruhender Betrieb,** aus dem noch Einkünfte zB wegen Verpachtung des Betriebs erzielt werden (vgl *Schmidt/Wacker* § 16 Rz 181), hat keine Betriebstätte an alter Stelle mehr. Der Vermieter oder Verpächter eines Betriebes unterhält nämlich am Ort des vermieteten oder verpachteten Betriebes idR keine Betriebstätte. Die mit der Pachtzinsvereinnahmung und Erhaltung des Miet- oder Pachtobjekts verbundenen Tätigkeiten werden regelmäßig vom Ort des Verwaltungs- oder Wohnsitzes des Verpächters aus vorgenommen (BFH BStBl 88, 653; FG Mchn EFG 91, 328). Über den Betrieb selbst hat der Vermieter oder Verpächter keine Verfügungsgewalt mehr. Bei gewerblicher Verpachtung ist daher Betriebstätte der Sitz des Verpächters (vgl BFH BStBl 78, 494; FG Mchn EFG 91, 328).

9 **8. Anwendungsfälle.** Für Betriebstätten auf **Schiffen** finden sich Regelungen in den §§ 5 und 6 GewStDV (vgl auch FG SchlHol EFG 71, 578; zu Bordkantinen s BFH BStBl 74, 361; keine Betriebstätte gem § 12 mangels fester Verbindung zum Land, wenn auch Gewerbebetrieb vorliegt; vgl auch BFH BStBl 66, 548; zu Lotsenbruderschaft s BFH StRK GewStG § 28 R 9). **Fluggesellschaften** begründen Betriebstätten im Inland, wenn sie bestimmte Flughäfen regelmäßig anfliegen, in denen sie sog Catering-Ersatzteillager unterhalten (FG Ddorf EFG 78, 503; zu Taxis, Wochenmarkthändlern und ambulanten Händlern s Rz 2, vgl auch FG Mster EFG 72, 325). Plakatsäulen (BFH BStBl 58, 379), Verkaufsautomaten und Spielautomaten (BFH BStBl 65, 668) können Betriebstätten sein, ebenso eine unterirdisch verlaufende Rohrleitung als feste Geschäftseinrichtung (BFH BStBl 96, 12). Filmdreharbeiten an verschiedenen Orten begründen an den Orten keine Betriebstätten (FG Mchn EFG 86, 259). Ebenso unterhält ein privates Theater, das während der Spielzeit in verschiedenen Städten Gastspiele gibt, an diesen Orten keine Betriebstätte (FG Hess EFG 90, 106). Ein selbständiger Mitarbeiter einer Versicherungsgesellschaft (Versicherungsvertreter) hat in den Schulungsräumen der Versicherungsgesellschaft, in denen er seine künftigen selbständigen Untervertreter

schult, eine Betriebstätte, wenn er für die Räumlichkeiten ein Entgelt entrichtet (FG BaWü EFG 92, 117).

9. Einzelne Betriebstätten. a) Geschäftsleitung. § 12 S 2 Nr 1: Die Stätte der Geschäftsleitung (§ 10) ist stets eine Betriebstätte (BFH/NV 94, 193). Die Betriebstätte der Geschäftsleitung befindet sich dort, wo die Befugnis zur rechtsgeschäftlichen Vertretung des Unternehmens gegeben ist. Eine feste Geschäftseinrichtung oder Anlage ist nicht Voraussetzung (Erweiterung im Verhältnis zu § 12 S 1; BFH DStR 94, 24; BStBl 99, 437), es muss aber einen Ort geben, an dem sich die Geschäftsleitung mit einer gewissen Regelmäßigkeit aufhält, um das Unternehmen zu leiten (BFH BStBl 91, 554; DStRE 98, 233; FG Mster DStRE 05, 194). Der Wohnsitz eines Gewerbetreibenden kann daher Betriebstätte sein, wenn sich dort der Mittelpunkt der beruflichen Tätigkeit befindet und dort die geschäftlichen Planungen erfolgen (BFH BStBl 94, 148; BFH/NV 08, 672), ggf Arbeitsecke im Wohnzimmer ausreichend (BFH BStBl 86, 744). Jede Kapitalgesellschaft hat eine eigene Geschäftsleitungsbetriebstätte (vgl § 10; BFH DStR 95, 488). Bei Organgesellschaften fällt sie nicht automatisch mit derjenigen des Organträgers zusammen. Der Ort der Geschäftsleitung ist dort, wo alle wichtigen Entscheidungen der laufenden Geschäftsführung getroffen werden (BFH BStBl 95, 175). Sind in einer Gesellschaft verschiedene Personen für die laufenden Geschäfte verantwortlich, so ist zu gewichten, da es nur eine geschäftliche Oberleitung geben kann (BFH BStBl 98, 86; 04, 602; BFH/NV 00, 300). Ein Berufssportler hat seine Betriebstätte an dem Ort, an dem sich der feste Mittelpunkt seiner Tätigkeit befindet, wo er trainiert und seine Wettkämpfe und sonstigen Aktivitäten plant (FG Mster EFG 06, 1677). 10

b) Zweigniederlassung. § 12 S 2 Nr 2: Vgl zum Begriff der Zweigniederlassung §§ 13, 13e HGB. Es müssen die Voraussetzungen einer festen Geschäftseinrichtung vorliegen. Handelsrechtl ist Eintragung der Zweigniederlassung ins Handelsregister erforderlich (§ 13 HGB). Aufgrund der Eintragung im Handelsregister besteht eine widerlegbare Vermutung dafür, dass eine Betriebstätte am Ort der Zweigniederlassung unterhalten wird (BFH BStBl 81, 560; BFH/NV 00, 688); entkräftet wird sie durch den Nachweis, dass bei der Eintragung die notwendigen Voraussetzungen nicht vorlagen. Eine Zweigniederlassung hat ggü der Hauptniederlassung eine gewisse Selbständigkeit. Eine selbständige Kapitalgesellschaft ist aber keine Zweigniederlassung (vgl FG RhPf EFG 73, 195), vgl iÜ BFH BStBl 60, 248. Zur Zweigniederlassung einer ausl Kapitalgesellschaft im Inland BFH RIW/AWD 81, 564 mit Anm *Ebling* RIW/AWD 82, 146. Ein tatsächlicher Verwaltungssitz mit ausschließlicher Geschäftstätigkeit im Inland führt bei einer private limited company zu einer Zweigniederlassung im Inland. Die Tätigkeit eines ständigen Vertreters führt nicht zu einer Betriebstätte (FG Nds DStR 06, 1466). Sind Fahrzeuge eines ausl Unternehmers in Deutschland zugelassen, so wird allein dadurch keine Zweigniederlassung an der Anschrift begründet, die bei der Zulassung angegeben wurde (FG Köln EFG 13, 168). 11

c) Geschäftsstelle. § 12 S 2 Nr 3: Eine Geschäftsstelle ist eine Geschäftseinrichtung, in der unternehmensbezogene, büromäßige Tätigkeiten für das Unternehmen ausgeführt werden (BFH BStBl 89, 755; BFH/NV 99, 753; FG Mchn EFG 98, 800). Der Begriff ist weit zu fassen. Eine besondere Ausstattung der Räumlichkeiten wird nicht gefordert. Ausreichend ist auch ein Kontaktbüro (BFH/NV 99, 753). Notwendig ist nur, dass ein Raum tatsächlich als Büro genutzt wird, zB Raum mit einem als geschäftlich angegebenen Telefonanschluss (BFH BStBl 89, 755; BFH/NV 99, 753). 12

d) Fabrikations- oder Werkstätten. § 12 S 2 Nr 4: Es handelt sich um eine feste Geschäftseinrichtung, in der Waren produziert werden. Sie können hergestellt, weiterverarbeitet oder zB veredelt werden. 13

14 **e) Warenlager. § 12 S 2 Nr 5:** Ein Warenlager ist eine Einrichtung des Unternehmens. Notwendig für die Eigenschaft als Betriebstätte ist, dass der Unternehmer Verfügungsmacht über den Raum des Warenlagers besitzt (BFH BStBl 62, 477). Kennzeichnend ist, dass vom Warenlager aus Waren verkauft oder ausgeliefert werden (FG Mchn EFG 97, 1482). Ist ein Raum von einem Reiseunternehmer als Warenlager angemietet worden, so reicht es für eine Betriebstätte aus, wenn der Verkauf von Waren in einem Nachbarraum stattfindet (FG Mchn DStRE 99, 229: Gaststättenraum).

15 **f) Ein- und Verkaufsstätten. § 12 S 2 Nr 6:** Verkaufsstellen müssen dem Unternehmen unmittelbar dienen. Notwendig ist eine nicht nur vorübergehende, rechtl abgesicherte (Mit-)Verfügungsmacht (BFH BStBl 06, 84). Außerdem muss eine feste Geschäftseinrichtung oder Anlage vorhanden sein (BFH BStBl 04, 396). Zu den Ein- und Verkaufsstätten zählen zB Tankstellen. Werden sie von einem Mineralölunternehmen einem Tankstellenverwalter (Kommissionär) überlassen, so wird dort keine Betriebstätte des Mineralölunternehmens begründet, sondern nur eine des Tankstellenverwalters (BFH BStBl 06, 84). Zu Marktständen (feste Geschäftseinrichtung als fahrbare Verkaufsstätte) s Rz 2, 4.

16 **g) Einrichtungen zur Gewinnung von Bodenschätzen. § 12 S 2 Nr 7:** Dazu gehören Bergwerke, Steinbrüche usw und auch schwimmende Einrichtungen zur Gewinnung von **Bodenschätzen** (zB Bohrinsel, Bohrschiff). Voraussetzung ist, dass Bodenschätze aller Art (Kohle, Erdöl, Erdgas, Erz, Salz, Torf usw) aus wirtschaftlichen Gründen gewonnen werden. Die Exploration, die Erkundung von Bodenschätzen begründete keine Förderbetriebstätte iSv § 12 S 2 Nr 7, kann aber bei einer Dauer von sechs Monaten und mehr eine Betriebstätte gem § 12 S 2 Nr 8 sein (AEAO zu § 12 Nr 3).

17 **h) Bauausführungen oder Montagen. § 12 S 2 Nr 8:** Bauausführungen oder Montagen sind ua Arbeiten aller Art, die zur Errichtung von Hoch- und Tiefbauten im weitesten Sinn ausgeführt werden (vgl BFH BStBl 79, 527). Der Begriff „Montage" hat neben dem Begriff „Bauausführungen" selbständige Bedeutung. Es ist daher auch eine Montage innerer Betriebseinrichtungen möglich (BFH BStBl 88, 653; 90, 23, 106, 983). Unter den **Montagebegriff** fallen das Zusammenfügen oder der Umbau von vorgefertigten Teilen, wobei es sich um wesentliche Arbeiten handeln muss, nicht dagegen bloße Reparatur- oder Instandsetzungsarbeiten (BFH BStBl 90, 983; 91, 94). Schweißarbeiten begründen nur dann eine Montagebetriebstätte, wenn sie die wesentlichen Arbeiten des Zusammenfügens von Teilen einer Sache mit umfassen (BFH/NV 93, 404). Eine Betriebstätte kann auch durch das Einfügen von Fenstern und Türen in einen Neubau begründet werden (BFH BStBl 82, 241). Zum Beginn und Ende einer Montagebetriebstätte BFH BStBl 99, 694. Eine Montage ist beendet, wenn die Anlage in den Verantwortungsbereich des Bestellers übergeht (BFH BStBl 99, 694; FG Ddorf EFG 98, 487). **Bauausführungen** sind auch das Abfahren von Erde, die für die Errichtung eines Gebäudes ausgehoben wurde, das Verfüllen von Rohrleitungsgräben durch einen Subunternehmer sowie Gerüstbauarbeiten (BFH BStBl 78, 140). Es kommt nach dem ausdrücklichen Wortlaut des § 12 darauf an, dass die Bauausführung tatsächlich **länger als 6 Monate** dauert; witterungs- oder bautechnisch bedingte Unterbrechungen werden in die Berechnung einbezogen (BFH BStBl 79, 479). Mehrere Bauausführungen werden zeitlich nicht zusammengerechnet. Arbeiten an mehreren Baustellen werden nur gemeinsam betrachtet, wenn zwischen ihnen ein geografischer oder wirtschaftlicher Zusammenhang besteht (BFH BStBl 04, 932; 06, 220), zB die gemeinsame Leitung von einer geschäftsleitenden Betriebstätte ausgeht (FG Mchn BeckRS 2004, 26016671). Nach den OECD-Musterabkommen für DBA betr direkte Steuern und Erbschaftsteuern liegen Betriebstätten aufgrund einer Bauausführung oder Montage nur vor, wenn deren Dauer 12 Monate

überschreitet. Diese Regelung ist auch von deutschen DBA übernommen worden, sodass für den Bereich der Aufteilung der Besteuerungsrechte ggf von einer abweichenden Definition der Betriebstätte auszugehen ist. Eine **ausl** Betriebstätte wird nicht dadurch begründet, dass Monteure eines inl Lieferanten über 6 Monate lang an einem Ort im Ausland mit der Aufstellung einer Maschine beschäftigt sind (BFH FR 79, 385; BStBl 79, 527). Die Definition der Betriebstätte stellt nicht auf ein bestimmtes Hoheitsgebiet (zB Gemeinde) ab. Das bedeutet aber nicht, dass ausl Bauausführungen oder Montagen in verschiedenen Ländern im Rahmen der Nr 8b und c insgesamt eine Betriebstätte bilden können. Eine Zusammenfassung zu einer Betriebstätte ist immer nur in den Grenzen des jeweiligen ausl Staates möglich (FG Ddorf EFG 91, 290).

10. Betriebstätten in mehreren Gemeinden. S § 28 GewStG. Voraussetzung für die Annahme einer mehrgemeindlichen Betriebstätte ist, dass jeder der auf mehrere Gemeinden entfallenden Teile dieser Einheit die Voraussetzungen des § 12 erfüllt (BFH/NV 88, 735). 18

11. Doppelbesteuerungsabkommen. Abweichende Definitionen des Begriffs der Betriebstätte finden sich in Art 5 OECD-Musterabkommen 2005, Art 6 OECD-Musterabkommen 1982 (Erbschaftsteuer) und häufig in DBA. Soweit ein DBA Anwendung findet, ist der Ort der Betriebstätte nach den Regeln des Abkommens zu bestimmen (zB BFH BStBl 06, 220; BFH BStBl 17, 230; Vorinstanz FG Köln EFG 15, 1558 für DBA Türkei). Die Definitionen dienen in diesem Bereich der Aufteilung von Besteuerungsrechten und sind deshalb auch unter diesem Gesichtspunkt auszulegen (vgl BFH BStBl 02, 271 zu Anknüpfungspunkten bei der Besteuerung eines österreichischen Berufssportlers nach DBA Österreich; AEAO zu § 12 Nr 4). Die Auffassung der FinVerw zur Auslegung ergibt sich aus BMF 25.8.2009 (BStBl I 09, 888 sog Betriebsstättenerlass; zu Einzelfragen kritisch *Göttsche/Stangl* DStR 00, 498; *Ditz/Schneider* DStR 10, 81). Für den Begriff „Betriebstätte" in DBA reicht es anders als nach § 12 AO (s dazu oben Rz 6) idR nicht aus, wenn die Geschäftseinrichtung der Tätigkeit eines Unternehmens dient. Die Tätigkeit des Unternehmens muss in der Geschäftseinrichtung vielmehr ganz oder teilweise ausgeübt werden (BFH HFR 90, 150; FG BaWü EFG 92, 653). Die Tätigkeit eines selbständigen Subunternehmers reicht dafür nicht aus (FG BaWü EFG 92, 653). Ein Unternehmen hat eine Betriebstätte am Standort seines Internet-Servers, wenn es Eigentümer des Servers ist und die Funktion des Servers nicht lediglich in der Ausführung von Hilfstätigkeiten iSv Art 5 IV OECD-Musterabkommen besteht (FG SchlHol IStR 02, 134; vgl *Pinkernell/Ditz* FR 01, 1193, 1196 und § 12 Rz 2). Der Begriff der Betriebsstätte bei der Anwendung von § 9 GewStG richtet sich auch dann nach § 10, wenn der Fall einen Auslandsbezug hat und sich die Aufteilung der Besteuerungsrechte nach einem DBA richtet (BFH BStBl 17, 230 mwN; s auch *Kollruss* IStR 16, 419, sowie § 12 AEAO Rz 4). 19

Das die Lohnsteuerabzugspflicht begründende Merkmal der Betriebstätte (§ 38 I Nr 1 EStG) bestimmt sich auch bei ausl Arbeitgebern nach § 12 AO und nicht nach den Vorschriften des jeweiligen DBA (BFH BStBl 78, 205; BFH/NV 88, 82; 99, 753), es sei denn, es geht um die Frage, welcher der Vertragsstaaten nach DBA das Besteuerungsrecht für den Lohn hat.

§ 13 Ständiger Vertreter

[1] Ständiger Vertreter ist eine Person, die nachhaltig die Geschäfte eines Unternehmens besorgt und dabei dessen Sachweisungen unterliegt. [2] Ständiger Vertreter ist insbesondere eine Person, die für ein Unternehmen nachhaltig

1. Verträge abschließt oder vermittelt oder Aufträge einholt oder
2. einen Bestand von Gütern oder Waren unterhält und davon Auslieferungen vornimmt.

Schrifttum: *vor 2010 s 13. Aufl; Rasch* Aktuelle Entwicklungen bei der Betriebsstättenbegründung – Renaissance des Kommissionärsmodells?, IStR 11, 6; *Leisner-Egensperger* Grenzen gesetzlicher Regelungen zum Internationalen Steuerrecht – Am Beispiel des „Ständigen Vertreters" bei beschränkter Steuerpflicht (§§ 1 Abs. 4, 49 EStG, 13 AO), IStR 13, 899; *Bendlinger* Die „neue" Vertreterbetriebsstätte IStR 16, 914; *Weber* Organe von Kapitalgesellschaften als ständige Vertreter iSd § 13 AO; IStR 17, 165.

1 **1. Bedeutung.** Der Begriff „ständiger Vertreter" wird in S 1 definiert und in S 2 für die wichtigsten Anwendungsfälle beispielhaft aufgeführt. Er dient subsidiär neben dem Begriff der Betriebstätte als steuerlicher Anknüpfungspunkt. Darüber hinaus wird er in einigen Einzelsteuergesetzen (s § 49 I Nr 2a EStG) verwendet und hat insb Bedeutung für das **Außensteuerrecht.** Die Bestellung eines ständigen Vertreters durch ein ausl Unternehmen kann dazu führen, dass inl Einkünfte der beschränkten Steuerpflicht unterfallen (§ 49 I Nr 2a EStG). In DBA-Fällen besteht die Möglichkeit, dass eine Vertreterbetriebstelle begründet wird (Rz 3).

2 **2. Ständiger Vertreter.** Dieser kann jede natürliche oder juristische Person sein (BFH BStBl 95, 238). Kennzeichnend für ihn ist die weisungsgebundene Geschäftsbesorgung für ein Unternehmen, die nachhaltig erfolgt, also nicht nur im Einzelfall (FG Mchn DStRE 98, 800; FG Nds EFG 03, 1626). Der Begriff des ständigen Vertreters setzt voraus, dass zwischen dem Vertreter und dem Unternehmen ein Vertretungsverhältnis besteht. Ein Unternehmer kann daher nicht gleichzeitig sein ständiger Vertreter sein (BFH BStBl 91, 395). Auf der Grundlage dieser Rspr überzeugt auch, dass auch das Organ einer Kapitalgesellschaft nicht ständiger Vertreter sein kann (FG Ddorf DStRE 03, 1059; FG RhPf EFG 16, 1324, Rev BFH I R 54/16; aA zB FG Mchn DStRE 98, 177). Der ständige Vertreter braucht kein Angestellter des Vertretenen zu sein (BFH BStBl 75, 626). Als ständiger Vertreter ist auch ein inl Gewerbetreibender anzusehen, der von einem ausl Unternehmen auf gewisse Dauer damit betraut ist, im Inland anstelle des Unternehmers in dessen Betrieb fallende Tätigkeiten auszuüben und der dabei die sachlichen Weisungen des Unternehmers befolgen muss. Dies gilt auch dann, wenn der Vertreter die Tätigkeit im Rahmen seines eigenen Gewerbebetriebes ausübt (BFH BStBl 72, 785; 78, 494). Es muss sich aber immer um Tätigkeiten handeln, die in den betrieblichen Bereich des Vertretenen fallen (BFH BStBl 71, 776; 78, 494; vgl auch BFH BStBl 75, 626). Außerdem darf es nicht um bloße Hilfstätigkeiten gehen (näher *Gebbers* StBp 89, 78). Der ständige Vertreter braucht keinen Wohnsitz oder gewöhnlichen Aufenthalt im Inland zu haben (FG Nds EFG 03, 1626).

3 **3. Einzelfälle.** Der **Pächter** eines inl Hotelbetriebs, der zugleich für den ausl Verpächter auf dessen **Weisung** nachhaltig tätig wird und es ihm so ermöglicht, im Inland durch die Verpachtung des Hotelbetriebs einen Gewinn zu erwirtschaften, ist ständiger Vertreter, wenn er über seine bloßen Pächterpflichten die Wahrnehmung der wirtschaftlichen Interessen des Verpächters hinsichtlich der Erhaltung, Erneuerung oder Erweiterung der Betriebseinrichtungen übernommen hat (BFH BStBl 78, 494; vgl auch FG Hess EFG 78, 127). Um die subsidiäre Ergänzung des Begriffs der Betriebstätte zu rechtfertigen, muss der Vertreter eine ständige **Geschäftseinrichtung** unterhalten, die zur Ausübung des Gewerbes des Vertretenen dient (BFH BStBl 75, 626; 91, 395). Diese Geschäftseinrichtung darf nicht im alleinigen Verantwortungs- und Verfügungsbereich des Vertreters liegen, sondern der Vertretene muss über die eigene Geschäftseinrichtung des Vertreters wenigstens eine gewisse, nicht nur vorübergehende Verfügungsmacht haben (BFH BStBl 75, 626; BFH/NV 91, 626). Der Vertreter braucht für den Vertretenen nicht rechtsgeschäftliche Handlungen vorzunehmen, sondern es genügt eine tatsächliche **wirtschaftliche Repräsentanz** (*Gebbers* StBp 89, 78 mwN; offen gelassen in BFH BStBl 91, 395). Ob er im eigenen oder im fremden Namen handelt, ist unerheblich (BFH BStBl 78, 494). Er muss jedoch den **Sachweisungen** des Vertretenen unterliegen. Außerdem muss er

anstelle des Vertretenen handeln. Der Vertretene kann daher nicht selbst sein ständiger Vertreter sein oder sich dazu bestellen (BFH BStBl 91, 395). **DBA:** Nach Art 5 OECD-MA begründet ein „abhängiger" Vertreter, der bevollmächtigt ist, Verträge für ein ausl Unternehmen abzuschließen, im Land seiner Tätigkeit eine Betriebstätte. Dagegen begründet ein unabhängiger Vertreter, wie zB ein Kommissionär oder Makler, nach Art 6 OECD-MA idR mit seiner Tätigkeit keine Betriebstätte für ein ausl Unternehmen (FG Mchn DStRE 00, 808).

§ 14 Wirtschaftlicher Geschäftsbetrieb

[1]Ein wirtschaftlicher Geschäftsbetrieb ist eine selbständige nachhaltige Tätigkeit, durch die Einnahmen oder andere wirtschaftliche Vorteile erzielt werden und die über den Rahmen einer Vermögensverwaltung hinausgeht. [2]Die Absicht, Gewinn zu erzielen, ist nicht erforderlich. [3]Eine Vermögensverwaltung liegt in der Regel vor, wenn Vermögen genutzt, zum Beispiel Kapitalvermögen verzinslich angelegt oder unbewegliches Vermögen vermietet oder verpachtet wird.

Übersicht

Schrifttum: *vor 2010 s 13. Aufl; Seer/Klemke* Abgrenzung des Betriebs gewerblicher Art vom Hoheitsbetrieb, BB 10, 2015; *Kraft* Anm zu BFH I R 60/10, DStR 11, 1460, 1462; *Krebbers* Abgrenzung zwischen wirtschaftlichem Geschäftsbetrieb und Vermögensverwaltung, AO-StB 12, 342; *Thomalla* Die Beteiligung gemeinnütziger Körperschaften an gewerblich geprägten Personengesellschaften, BB 12, 490; *Widmann* Anm zu BFH v 10.10.11 V R 14/11, BB 12, 1070; *Salzberger/Schröder* Gemeinnützigkeitsrecht: Übertragung eines wirtschaftlichen Geschäftsbetriebes oder Auslagerung von Hilfsfunktionen auf eine Tochter-GmbH, DStR 15, 1602.

1 **1. Überblick.** § 14 definiert den **Begriff des wirtschaftlichen Geschäftsbetriebs** in Abgrenzung zur Vermögensverwaltung (vgl auch BFH BStBl 08, 946; AEAO zu § 64 Nr 2 ff). Er hat in erster Linie Bedeutung für das Gemeinnützigkeitsrecht (§§ 51 ff), darüber hinaus aber auch zB für die Befreiung der Berufsverbände ohne öffentlich-rechtlichen Charakter § 5 I Nr 5 KStG, der Parteien § 5 I Nr 7 KStG (vgl ferner § 5 I Nr 9 KStG).

2 **2. Bedeutung.** Ob ein wirtschaftlicher Geschäftsbetrieb unterhalten wird, muss nur dort geklärt werden, wo ein Steuersubjekt sonst eine Steuervergünstigung für seine Tätigkeit beanspruchen kann (BFH/NV 87, 397), denn er wird von Steuerbefreiungen iAllg ausgeschlossen. § 14 enthält nur die Definition des wirtschaftlichen Geschäftsbetriebs, regelt aber noch nicht die daran geknüpften Folgen. Mit der Ausnahme eines wirtschaftlichen Geschäftsbetriebs von Steuerbegünstigungen wird die Wettbewerbsneutralität der Befreiungsvorschriften angestrebt. § 64 III hebt die Steuerpflicht nach KStG und GewStG jedoch auf, sofern die Einnahmen einschl USt 35 000 € nicht übersteigen. Der Begriff des wirtschaftlichen Geschäftsbetriebs ist weit auszulegen (BFH/NV 14, 1470).

a) Steuerbegünstigte Körperschaften des Privatrechts. Diese werden idR mit einem wirtschaftlichen Geschäftsbetrieb **partiell steuerpflichtig** (§ 64). Ausgenommen sind nur solche wirtschaftlichen Geschäftsbetriebe, die zusätzlich die Voraussetzungen eines Zweckbetriebs erfüllen (§ 65). Der wirtschaftliche Geschäftsbetrieb einer sonstigen juristischen Person des Privatrechts (also nicht Gesellschaft iSv § 2 II GewStG) gilt nach § 2 III GewStG als Gewerbebetrieb.

3 **b) Juristische Personen des öffentlichen Rechts.** Sie können nur im Rahmen ihrer Betriebe gewerblicher Art iSv § 1 I Nr 6, § 4 KStG einen wirtschaftlichen Geschäftsbetrieb haben. Ein **Betrieb gewerblicher Art** setzt eine Einrichtung voraus, die einer **nachhaltigen** wirtschaftlichen **Tätigkeit** zur Erzielung von Einnahmen außerhalb der Land- und Forstwirtschaft dient und die sich innerhalb der Gesamtbetätigung der juristischen Person wirtschaftlich heraushebt (§ 4 I KStG, BFH BeckRS 2014, 95592). Nach § 4 I 2 KStG ist die Absicht, Gewinn zu erzielen oder am allgemeinen wirtschaftlichen Verkehr teilzunehmen, nicht erforderlich. Ein Betrieb gewerblicher Art ist dort unmöglich, wo eine Tätigkeit der juristischen Person des öffentlichen Rechts vorbehalten ist mit der Folge, dass hoheitliches Handeln vorliegt (zur Abgrenzung zwischen vorbehaltener/hoheitlicher und wirtschaftlicher Tätigkeit: BMF DB 10, 84; BFH BeckRS 2014, 95592). Beispiele: Sparkassen im Verhältnis zum Gewährträger, Musik- und Volkshochschulen (BFH/NV 02, 1341), Leistungen im Rahmen des „Dualen Systems" für private Unternehmen (BFH DStR 08, 714; kommunale Kindergärten/-tagesstätten (OFD Hann DStZ 05, 52, anders, falls von öff-rechtl Religionsgemeinschaft betrieben). Das Vorliegen einer Einrichtung kann sich aus einer besonderen Leitung, aus einem geschlossenen Geschäftskreis, aus der Buchführung oder aus einem ähnlichen, auf eine Einheit hindeutenden Merkmal ergeben. Die Tätigkeit muss sich auch wirtschaftlich herausheben, dh von einigem **Gewicht** sein (BFH BStBl 57, 146; 61, 552). Dies wird idR bei einem Jahresumsatz von über 30 678 € vermutet (R 6 V KStR). Wird die Umsatzgrenze nicht erreicht, müssen besondere Gründe für die Annahme eines Betriebes gewerblicher Art vorliegen, zB unmittelbarer Wettbewerb zu anderen Unternehmen (vgl BFH BStBl 90, 868).

4 **Beispiele für Betriebe gewerblicher Art:** Zentralwäscherei mehrerer **Krankenhäuser** gegen Entgelt, Krankenhausapotheke, die auch andere Krankenhäuser beliefert. In solchen Fällen handelt es sich auch um wirtschaftliche Geschäftsbetriebe, wenn die Krankenhäuser von privatrechtlichen Körperschaften getragen werden (vgl BFH BStBl 91, 157, 268). **Müllverbrennungsanlage,** die zusätzlich Strom oder Fernwärme erzeugt (BMF BB 81, 1530). **Beschäftigungsförderungsgesellschaften,** die Waren produzieren, sofern nicht Zweckbetriebe iSd § 68 Nr 3 vorliegen. Auch die **Verpachtung** eines Betriebes gewerblicher Art durch eine juristische Person des öffentlichen Rechts kann bei dem Verpächter einen solchen Be-

trieb darstellen (BFH BStBl 90, 868; vgl auch § 4 IV KStG). Das ist anders als bei einer gemeinnützigen privatrechtlichen Körperschaft, bei der die Verpachtung eines Gewerbebetriebs grds keinen wirtschaftlichen Geschäftsbetrieb bildet (s unten Rz 15).

3. Voraussetzungen des wirtschaftlichen Geschäftsbetriebs. a) Allgemeines. Ein wirtschaftlicher Geschäftsbetrieb ist idR dadurch gekennzeichnet, dass er Einnahmen aus Gewerbebetrieb iSd § 15 EStG erzielt (BFH BStBl 11, 858 mwN) und dabei über den Rahmen einer Vermögensverwaltung hinausgeht. Allerdings handelt es sich bei dem wirtschaftlichen Geschäftsbetrieb iSd § 14 um einen abgabenrechtlichen Begriff und nicht um eine Übernahme des § 15 EStG, insbes nicht um eine Übernahme dessen Fiktion in § 15 III (BFH BStBl 11, 858). Es können mehrere wirtschaftliche Geschäftsbetriebe von einer Körperschaft betrieben werden. Im Gemeinnützigkeitsrecht werden diese dann zusammengefasst, § 64 II. Eine Teilnahme am allgemeinen Verkehr ist nicht erforderlich, eine entgeltliche Tätigkeit ggü Mitgliedern reicht aus (Ausrichtung eines Vereinsfestes, BFH BStBl 90, 750, 1012; 92, 684; BFH/NV 86, 238). Für jeden wirtschaftlichen Geschäftsbetrieb sind gesonderte Aufzeichnungen über die wirtschaftliche Tätigkeit zu führen. Ein besonders zu behandelnder wirtschaftlicher Geschäftsbetrieb ist der Zweckbetrieb von steuerbegünstigten Körperschaften (§§ 65 ff). Ein kirchlicher Kindergarten kann ein Betrieb gewerblicher Art sein (BFH BStBl 12, 837; FG Hbg EFG 13, 956; FG Nbg EFG 15, 148). 6

b) Selbständige Tätigkeit. Nur eine selbständige, dh abgrenzbare Tätigkeit kann zu einem wirtschaftlichen Geschäftsbetrieb führen. Die Tätigkeit muss daher von der übrigen Betätigung (zB hoheitliche Verwaltung oder Daseinsvorsorge, Förderung ideeller Zwecke) abgrenzbar sein und mit anderen Tätigkeiten der Körperschaft nicht so zusammenhängen, dass ohne ihre Ausübung die andere Tätigkeit nicht möglich wäre (BFH BStBl 84, 451; 92, 693; 98, 175; BFH/NV 14, 1670; FG Köln DStRE 13, 236). Es geht um eine Selbständigkeit in sachlicher Hinsicht. Die Tätigkeit in Form eines wirtschaftlichen Geschäftsbetriebs ist idS nicht gleichartig zB mit der ideellen Tätigkeit. Ein Unterscheidungsmerkmal kann die Entgeltlichkeit/Unentgeltlichkeit sein oder die Höhe der verlangten Gegenleistung oder die sachliche Abgrenzung von den satzungsmäßigen Leistungen (BFH BStBl 05, 900; FG Köln EFG 12, 1693). Nicht erforderlich für die Selbständigkeit ist, dass der wirtschaftliche Geschäftsbetrieb organisatorisch vollständig von der steuerbegünstigten Tätigkeit getrennt ist, zB indem ein anderer Personenkreis für den wirtschaftlichen Geschäftsbetrieb zuständig ist (BFH/NV 14, 1670). 7

c) Nachhaltige Tätigkeit. aa) Grundsatz. Nachhaltig ist eine Tätigkeit, wenn sie von der Absicht getragen ist, sie zu wiederholen und daraus eine ständige Erwerbsquelle zu machen, und wenn sie sich objektiv – idR durch Wiederholung – als nachhaltig darstellt (BFH BStBl 86, 88; 88, 293; 92, 143, 693; BFH/NV 87, 92; 88, 561; 92, 839). Da die Wiederholungsabsicht eine innere Tatsache darstellt, die nur anhand äußerer Merkmale beurteilt werden kann, kommt den tatsächlichen Umständen für die Beurteilung erhebliche Bedeutung zu. Das Merkmal der Nachhaltigkeit ist daher idR zu bejahen bei einer **Mehrzahl von Handlungen** im Gegensatz zu einer einmaligen Handlung (BFH BStBl 80, 106; 88, 244, 293; 92, 143; s aber Rz 9). Nachhaltig ist eine Tätigkeit auch dann, wenn sie auf einem einmaligen Beschluss beruht, aber mehrere Einzeltätigkeiten erfordert (BFH BStBl 84, 139; 86, 88), ebenso dann, wenn sie von vornherein nur für eine begrenzte Zeit beabsichtigt ist, zeitweilig unterbrochen wird oder wenn sie sich in größeren Abständen wiederholt (BFH BStBl 79, 530; 86, 88; BFH/NV 89, 342). Das Merkmal ist wie in § 15 II EStG zu verstehen und kann auch auf eine planmäßig und berufsmäßig andauernde Tätigkeit bezogen werden. 8

bb) Einmalige Tätigkeit. Ausnahmsweise kann sogar eine einmalige Tätigkeit nachhaltig sein, wenn sie von Wiederholungsabsicht getragen und auf Wiederholung angelegt ist, die Wiederholung aber wegen unvorhergesehener Hindernisse 9 oder mangels Gelegenheit unterbleibt oder aus sonstigen Gründen aufgegeben wird (BVerwG HFR 81, 127; BFH BStBl 69, 282). Es muss sich aber aus objektiven Umständen ergeben, dass noch weitere Tätigkeiten geplant waren (vgl BFH BStBl 92, 143). Dabei genügt der allgemeine Wille, die Tätigkeit oder ähnliche Handlungen bei sich bietender Gelegenheit zu wiederholen (FG Köln EFG 91, 574). Nicht entscheidend ist die Dauer des Eingangs der Einnahmen, sondern die Nachhaltigkeit der Tätigkeit (BFH BStBl 64, 139).

10 **cc) Beispiele für Nachhaltigkeit.** Die von einem **gemeinnützigen Verein** während einer mehrtägigen Sportveranstaltung betriebene **Restauration** (BFH BStBl 86, 88), Betreiben eines Bierzeltes anlässlich des 20-jährigen Gründungsjubiläums des Vereins (BFH/NV 89, 342); Veranstaltung eines Waldfestes mit selbst übernommener Bewirtung der Besucher durch einen gemeinnützigen Verein (BFH BStBl 86, 92); Verein **verkauft** über Jahre hinweg in seinem Clubheim immer wieder Getränke. Bei **Altmaterialsammlungen** kommt es darauf an, ob von vornherein mit dem Ziel gesammelt wird, das Sammelgut zu verkaufen. Falls ja, so liegt ein wirtschaftlicher Geschäftsbetrieb vor (BFH BStBl 92, 693; s auch Rz 11). Sammeln (zB durch Container) und Veräußerung bedingen einander und sind daher untrennbare Bestandteile eines wirtschaftlichen Geschäftsbetriebs (BFH BStBl 92, 693; BFH/NV 92, 839; zu besonderen Gestaltungen bei Altmaterialsammlungen s OFD Frankfurt DB 2002, 351; zur Ermittlung der Einnahmen s § 64 V). Werden Kleidungsstücke dagegen für sog **Kleiderkammern** gesammelt, um sie unmittelbar für steuerbegünstigte Zwecke zu verwenden, so kann ein Zweckbetrieb iSd § 66 vorliegen (vgl § 66 Rz 2). Das Sammeln von Zahngold – auch von anonymen Spendern – im Namen der Körperschaft und auf eigene Rechnung begründet einen wirtschaftlichen Geschäftsbetrieb; anders, wenn Zahngold im Rahmen einer treuhänderischen Verwertung im Namen und für Rechnung von Spendern gesammelt und in Vertretung des späteren Spenders bei einer Scheideanstalt eingereicht wird (AEAO zu § 63 Nr 11).

11 **d) Einnahmen oder wirtschaftliche Vorteile.** Sie werden nicht erzielt, wenn eine Tätigkeit unentgeltlich geschieht. Einnahmen sind nach § 8 I EStG alle Güter, die in Geld oder Geldeswert bestehen. **Spenden** und **Mitgliedsbeiträge** einschl Umlagen sind **keine Einnahmen** iSd § 14, es sei denn, dass sie verstecktes Entgelt für die Gewährung besonderer wirtschaftlicher Vorteile durch die Körperschaft sind (BFH BStBl 07, 8). Im Umsatzsteuerrecht liegt zwischen einem Verein, der Mitgliedsbeiträge erhält und dafür seinen Mitgliedern zB eine Sportanlage überlässt, nach der Rspr des EuGH und des BFH ein Leistungsaustausch vor, der ggf. aber steuerfrei ist oder dem ermäßigten Steuersatz unterliegt (BFH/NV 14, 1470; *Heuermann* DStR 14, 1542; *Wäger* DStR 14, 1517). Bei Altmaterialsammlungen können die gesammelten Gegenstände (zB Altkleider) nicht als Spenden behandelt werden, um einen wirtschaftlichen Geschäftsbetrieb zu vermeiden. Altmaterialspenden sind wirtschaftliche Vorteile und damit Einnahmen, die durch selbständige nachhaltige Tätigkeit (das Sammeln) erzielt werden.

12 **e) Gewinnerzielungsabsicht.** Die Absicht, einen Totalgewinn zu erzielen (BFH/NV 99, 1250; 02, 1341), ist nicht erforderlich. Unerheblich ist auch, ob tatsächlich Gewinne erwirtschaftet oder erzielt werden können. Die Steuerpflichtigkeit eines Gewinns aus wirtschaftlichem Geschäftsbetrieb wird nicht dadurch ausgeschlossen, dass der Gewinn von der Körperschaft für steuerbegünstigte Zwecke verwendet wird (BFH BStBl 86, 88; 92, 101).

13 **4. Vermögensverwaltung. a) Grundsatz.** Die **Abgrenzung zur Vermögensverwaltung** kann schwierig sein und ist durch kasuistische Entscheidungen geprägt. Allgemein wird private Vermögensverwaltung dahin umschrieben, dass sich bei ihr die zu beurteilende Tätigkeit noch als Nutzung von Wirtschaftsgütern durch Fruchtziehung aus zu erhaltender Substanz darstellt und die Ausnutzung substanzieller Vermögenswerte nicht entscheidend in den Vordergrund tritt (BFH

BStBl 73, 260; 80, 106; 88, 277; 91, 66; 92, 693; BFHE 148, 480; BFH/NV 92, 839). Vermögensverwaltung ist eine nichtunternehmerische Tätigkeit (BFH/NV 14, 1470). Demgemäß liegt grds bei der **VuV** von Wirtschaftsgütern (zB einer Vereinsgaststätte, von Räumen einschl Inventar) zu einem angemessenen Preis private Vermögensverwaltung vor. Der **Verkauf** langjährig durch VuV genutzter Wirtschaftsgüter muss noch nicht über eine Vermögensverwaltung hinausgehen, wenn der Verkauf nur Endpunkt der VuV ist (vgl die Urteile des BFH zu gewerblichem Grundstückshandel in BStBl 84, 137; 88, 293). Für die Abgrenzung der Vermögensverwaltung zum gewerblichen Grundstückshandel gilt typisierend eine Grenze von 3 Objekten in 5 Jahren (BFH BStBl 90, 1057; 92, 1007; 96, 369; BMF BStBl 04, 434). Weitere Beispiele für Vermögensverwaltung Rz 17 ff.

b) Überschreitung. Die Vermögensverwaltung wird dann überschritten, wenn die bei der Vermögensnutzung entfalteten Tätigkeiten über das übliche Maß hinausgehen. So können nachhaltige An- und Verkäufe, häufiger Wechsel der Mieter, nicht unbedeutende Nebenleistungen des Vermieters usw zur Überschreitung der Vermögensverwaltung führen. Ein Mietzins muss nicht wesentlich unter der Markt- bzw Kostenmiete liegen, um Vermögensverwaltung zu sein (BFH BStBl 96, 583). 14

c) Vermietungen. Die entgeltliche Überlassung von Sportanlagen ist keine Vermögensverwaltung mehr (BFH/NV 14, 1470). Zur verdeckten Überlassung von Sportanlagen und -geräten durch Sondermitgliedschaften s § 67a Rz 9, AEAO zu § 67a). Vermietung einer **Tennishalle** an häufig wechselnde Interessenten ist wirtschaftlicher Geschäftsbetrieb (BFH BStBl 90, 750; 90, 1012; 92, 684; BFH/NV 12, 670: BgA beim Betrieb einer Sport- und Freizeithalle; FG Ddorf EFG 79, 308). Ein Zweckbetrieb liegt nur vor, soweit die Halle an Mitglieder zu günstigeren Bedingungen als an Nichtmitglieder vergeben wird. Die Überlassung von Sportanlagen an Nichtmitglieder eines Sportvereins gegen Entgelt ist umsatzsteuerpflichtig und aufgrund der Rspr des EuGH nicht mehr als nach § 4 Nr 12a UStG steuerfreie Grundstücksvermietung anzusehen (EuGH UR 01, 153; BMF UR 01, 509; BFH/NV 14, 1470). Die jährliche Abhaltung von Schützenfesten und die sich dabei wiederholende **Vermietung von Standplätzen** auf dem Schützenplatz an Schausteller stellt einen wirtschaftlichen Geschäftsbetrieb dar (FG Nds EFG 81, 259; vgl auch BFH BStBl 69, 94). Ein wirtschaftlicher Geschäftsbetrieb ist ferner gegeben, wenn eine VuV im Wege der **Betriebsaufspaltung** erfolgt (BayLfSt DStR 10, 2518; vgl zur Betriebsaufspaltung BFH BStBl 72, 63; 86, 296, 611; *Schmidt/Wacker* EStG § 15 Rz 800 ff). 15

d) Werbung. Sie kann sowohl Vermögensverwaltung als auch wirtschaftlicher Geschäftsbetrieb sein. Zur Werbung bei Sportvereinen s § 67a I 2 (dort Rz 5). Entscheidend ist, ob eine Überlassung des Vermögens zur Nutzung gegen Entgelt (dann Vermögensverwaltung) vorliegt oder ob selbst aktiv Werbung betrieben wird (vgl FG Hbg EFG 07, 218). Letzteres liegt zB vor, wenn sich die Körperschaft aktiv an der Durchführung der Werbeaktion beteiligt und Einfluss auf die Werbung nimmt (BFH/NV 97, 688 mwN). **Vermögensverwaltung:** bloße Verpachtung von Werbeflächen (Bande, Lautsprecher), sofern dem Pächter ein angemessener Gewinn bleibt oder Verpachtung des Anzeigengeschäfts in der Vereinszeitung (BFH BStBl 07, 725). **Wirtschaftlicher Geschäftsbetrieb:** Verein tritt selbst als **Werbeträger** auf (zB durch Reklame auf Sportkleidung wie Trikots, Schuhen usw; Link auf der Homepage zum Sponsor; vgl AEAO zu § 64 Nr 10 und BFH BStBl 83, 27; 08, 949; FM NRW BB 83, 1669; OFD Hannover DStZ/E 84, 267); Bandenwerbung bei aktiver Tätigkeit (FG Mchn BeckRS 2003, 260151); Verein erlaubt einzelnen Unternehmen gegen Entgelt, während einer von ihm durchgeführten Fortbildungsveranstaltung für ihre Produkte zu werben (FG Mchn EFG 01, 539; FG Hbg EFG 07, 218). Das Anzeigengeschäft in der Vereinszeitung ist regelmäßig wirtschaftlicher Geschäftsbetrieb, auch dann, wenn kein Einfluss auf die 16

Gestaltung der Anzeigen genommen wird (BFH BStBl 02, 291; BFH/NV 08, 638; FG Köln EFG 15, 863: Vorsteuerabzug nur anteilig); anders nur bei dessen Verpachtung an einen Verlag (BFH BStBl 67, 373). Die Werbeleistungen sind Gegenleistungen für die Unterstützung des Sponsors; besondere Tätigkeiten der Körperschaft sind nicht erforderlich, ein Dulden reicht aus (BFH BStBl 08, 946). Die bloße Nennung des Sponsors auf Plakaten uä ist noch keine Werbeleistung der Körperschaft (BMF BStBl 12, 1169). Weitere Einzelfälle § 65 Rz 8, § 67 Rz 5, § 68 Rz 10. Zu einem wirtschaftlichen Geschäftsbetrieb führt auch die Einrichtung eines Links auf der Homepage der Körperschaft, um an einem Affiliate-Programm teilzunehmen (Hinweis auf BFH NJW 17, 823).

17 **e) Anlage von Vermögen.** Die Vermögensverwaltung muss, auch wenn sie vom ideellen Bereich getrennt ist, dem steuerbegünstigten Satzungszweck dienen. Steuerbegünstigte Körperschaften müssen ihr Vermögen daher gewinnbringend anlegen und sparsam verwalten. Es muss eine Strategie verfolgt werden, nach der Vermögen erhalten bleibt und Erträge für den steuerbegünstigten Zweck erwirtschaftet werden (FG Mster EFG 15, 739). In Zeiten niedriger Zinsen oder gar Minuszinsen liegt darin eine besondere Herausforderung, insbes wenn die Erfüllung des steuerbegünstigten Zwecks auf Erträge des vorhandenen Vermögens angewiesen ist. Vor allem Stiftungen sind auf die Erhaltung ihres Kapitals angewiesen. Im Einzelfall wird abzuwägen sein, ob ein Risiko bei der Anlage von Vermögen vertretbar ist mit Blick auf die Grundsätze des Gemeinnützigkeitsrechts. Sieht die Satzung Regelungen für die Verwaltung von Vermögen vor, so sind diese für die Geschäftsführung bindend. Die in § 14 S 3 als Vermögensverwaltung gewertete **verzinsliche Anlage von Kapitalvermögen** bedeutet nicht nur die Anlage von verfügbaren Mitteln auf Konten oder die Vergabe von Darlehen. Allgemein wird man den Erwerb und die Verwaltung von **Wertpapieren** nicht als wirtschaftlichen Geschäftsbetrieb ansehen können, auch dann nicht, wenn der Bestand immer wieder durch Verkauf und Zukauf zB zur Vermeidung von Verlusten oder Realisierung der Kursgewinne verändert wird (BFH BStBl 80, 389; 91, 631). Entscheidend ist aber immer, ob Ankauf und Veräußerung der Wertpapiere lediglich den Beginn und das Ende einer in erster Linie auf Fruchtziehung gerichteten Tätigkeit darstellen. Tritt dagegen die Umschichtung von Vermögenswerten und die Verwertung der Vermögenssubstanz entscheidend in den Vordergrund, so handelt es sich nicht mehr um Vermögensverwaltung, sondern um gewerbliche Tätigkeit und damit um einen wirtschaftlichen Geschäftsbetrieb. Unschädlich ist die kurzfristige Inanspruchnahme von Kontokorrentkrediten zwecks bloßer Umschichtung des Vermögens (FG RhPf v 14.1.1997 2 K 2227/93). Der Rahmen der Vermögensverwaltung wird daher dann überschritten, wenn besondere Umstände vorliegen, die für eine private Vermögensverwaltung ungewöhnlich sind (BFH BStBl 71, 620; 80, 389; 84, 132; 91, 66, 631; BFH/NV 88, 230; 94, 80). Das kann zB der Fall sein, wenn kein eigenes Vermögen eingesetzt, sondern durch Inanspruchnahme von Krediten lediglich Kursdifferenzen aus An- und Verkaufspreisen realisiert werden (BFH BStBl 71, 620; 91, 66, 631; BFH/NV 94, 80; vgl zu besonderen Umständen auch FG Nds EFG 89, 253). Die Vergabe ungesicherter Darlehen kann schädlich sein (FG Mster EFG 15, 739). Der An- und Verkauf wird iÜ dann zum wirtschaftlichen Geschäftsbetrieb, wenn er nachhaltig für Dritte (zB auch für Vereinsmitglieder) betrieben wird und dadurch Einnahmen oder wirtschaftliche Vorteile erzielt werden. So entspricht zB die Vergabe von rund 100 Darlehen jährlich an Mitglieder dem Bild eines kleinen Kreditunternehmens, das eine Tätigkeit fordert, die über reine Vermögensverwaltung hinausgeht (BFH BStBl 90, 550; vgl auch zu Bilderhandel BFH BStBl 82, 461).

18 **f) Beteiligungen.** Ebenso wie der Erwerb und die Verwaltung von Wertpapieren idR Vermögensverwaltung darstellt, ist die **Beteiligung** einer steuerbegünstigten Körperschaft **an einer Kapitalgesellschaft** grds Vermögensverwaltung (BFH/

NV 11, 312: 14, 1470; auch bei hundertprozentiger Beteiligung; FinMin Bbg DStR 05, 290). Ein wirtschaftlicher Geschäftsbetrieb ist nur dann gegeben, wenn die steuerbegünstigte Körperschaft auf die laufende Geschäftsführung der Gesellschaft, an der sie beteiligt ist, tatsächlich in erheblichem Maße Einfluss nimmt und dadurch am Geschäftsverkehr teilnimmt (BFH/NV 11, 312 mwN). Unschädlich ist jedoch die Beteiligung an einer Gesellschaft, die ausschl der Vermögensverwaltung dient (AEAO zu § 64 Nr 3). Ein wirtschaftlicher Geschäftsbetrieb entsteht auch durch eine **Betriebsaufspaltung** (BFH BStBl 71, 753; *Arnold* DStR 05, 581 mwN; OFD Frankfurt DStR 05, 600). Eine Betriebsaufspaltung ist gegeben, wenn eine sachliche (Mehrheitsbeteiligung) und personelle Verflechtung (Überlassung von wesentlichen Betriebsgrundlagen zur Nutzung) zwischen Besitz- und Betriebsunternehmen vorliegt. Liegt eine Betriebsaufspaltung vor, indem zB bestimmte Tätigkeiten auf eine neu gegründete, nicht steuerbegünstigte GmbH ausgegliedert werden, so sind Geschäfte mit dieser GmbH solche im Rahmen eines wirtschaftlichen Geschäftsbetriebs, auch wenn sie ohne Betriebsaufspaltung anders einzuordnen wären, zB als Vermietung im Rahmen der Vermögensverwaltung (oben Rz 15). Weitere Folge dieser rechtlichen Einordnung ist, dass einer nicht steuerbegünstigten Gesellschaft im Rahmen einer Betriebsaufspaltung keine Gebäude oder andere Wirtschaftsgüter überlassen werden dürfen, die mit zeitnah zu verwendenden Mitteln von der steuerbegünstigten Körperschaft angeschafft oder hergestellt worden sind (BayLfSt DStR 10, 2518). Die Grundsätze der Betriebsaufspaltung sind nicht anzuwenden, wenn sowohl Besitz- als auch Betriebsunternehmen steuerbegünstigt sind, vorausgesetzt, die überlassenen Betriebsgrundlagen werden nicht im Rahmen eines stpfl wirtschaftlichen Geschäftsbetriebs des Betriebsunternehmens eingesetzt (AEAO zu § 64 Nr 3 S 7, 8). Die mit einer Mitunternehmerschaft verbundene **Beteiligung an einer Personengesellschaft** (OHG, KG) ist regelmäßig ein wirtschaftlicher Geschäftsbetrieb (BFH BStBl 11, 858), es sei denn, dass die Personengesellschaft nur vermögensverwaltend tätig ist (vgl BFH BStBl 84, 751; BStBl 11, 858 mwN; *Wegehenkel* BB 85, 794). Die Beteiligung an einer gewerblich geprägten, aber vermögensverwaltenden Personengesellschaft ist als Vermögensverwaltung einzustufen (BStBl 11, 858; FG Nds EFG 14, 111; *Arnold* DStR 05, 581). Wird in einem einheitlichen Gewinnfeststellungsbescheid (§ 180) für die Personengesellschaft festgestellt, dass diese einen Gewerbebetrieb betreibt, so liegt darin nicht die bindende Feststellung, dass eine als Mitunternehmer beteiligte gemeinnützige Körperschaft einen wirtschaftlichen Geschäftsbetrieb unterhält (BFH BStBl 11, 858: Änderung der Rspr ua gegen BFH BStBl 89, 134). Steuerbegünstigte Körperschaften durften bis Ende 2013 Beteiligungen nicht aus zeitnah zu verwendenden Mitteln erwerben, sondern nur aus zulässig gebildetem Vermögen einschl der freien Rücklagen. Ab 1.1.2014 kann darüber hinaus auch eine Zuführung von Mitteln gem § 58 Nr 3 erfolgen. Mehrere Beteiligungen, die für sich gesehen einen wirtschaftlichen Geschäftsbetrieb darstellen, sind gem § 64 II wie ein einheitlicher Geschäftsbetrieb zu behandeln.

5. Getrennte Würdigung der Tätigkeiten und Zurechnung von Hilfspersonen. a) Einordnung einzelner Tätigkeiten. Gemischte verschiedenartige Tätigkeiten einer steuerbegünstigten Körperschaft sind auch dann, wenn zwischen ihnen bestimmte sachliche Berührungspunkte bestehen, regelmäßig getrennt zu würdigen und zu erfassen. Eine einheitliche Erfassung der gesamten Tätigkeit ist nur dann möglich, wenn die Tätigkeiten sich gegenseitig bedingen und derart miteinander verflochten sind, dass der gesamte Betrieb nach der Verkehrsanschauung als ein einheitlicher Betrieb anzusehen ist (BFH BStBl 84, 129; FG Saarl EFG 88, 135, getrennte Würdigung bei einem Verein für die Gestattung der Aufstellung von Werbeträgern am Sportplatz und Inserentenwerbung in der Vereinszeitung). Eine bloße gegenseitige Bedingtheit und Verflochtenheit der verschiedenen Tätigkeiten reicht für eine einheitliche Betrachtung also nicht aus (BFH BStBl 62, 73; 19

67, 373; 76, 472; 92, 103; BFH/NV 92, 412). So führt die Vermietung einer Sportstätte durch einen Verein an Mitglieder und Nichtmitglieder zu zwei wirtschaftlichen Geschäftsbetrieben, einen nicht steuerpflichtigen (Zweckbetrieb) und einen steuerpflichtigen, wenn sich die Nutzungsüberlassung an die Mitglieder und Nichtmitglieder (zB durch andere Bedingungen oder Zugriffsmöglichkeiten) tatsächlich unterscheiden (BFH BStBl 90, 750, 1012; 92, 684, vgl auch BFH BStBl 92, 101). Liegen keine Unterschiede vor, handelt es sich entweder einheitlich um einen steuerbefreiten Zweckbetrieb oder um einen steuerpflichtigen wirtschaftlichen Geschäftsbetrieb (s oben Rz 15). Aus ähnlichen Erwägungen sind zB Karnevalssitzungen Zweckbetriebe, die dabei erfolgenden Bewirtungen dagegen steuerpflichtige wirtschaftliche Geschäftsbetriebe (FM Hessen und OFD Frankfurt StEK § 52 Nr 63; s auch Erläut zu § 52 Rz 44, § 65 Rz 4).

20 **b) Hilfskräfte.** Tätigkeiten von Erfüllungsgehilfen muss sich eine gemeinnützige Körperschaft bzw ein Berufsverband zurechnen lassen, wenn sie bzw er sich bereit findet, bestimmte Leistungen zu erbringen, die einen wirtschaftlichen Geschäftsbetrieb begründen, und sich dabei der Unterstützung von Hilfskräften bedient (FG BaWü EFG 88, 88; kritisch *Meilicke* DB 88, 779; vgl allgemein zur Zurechnung der Tätigkeiten von Erfüllungsgehilfen BFH BStBl 91, 325; ferner unten § 33 Rz 41).

21 **6. Zuordnung von Einnahmen und Ausgaben. a) Mehrere Tätigkeiten.** Jeder wirtschaftliche Geschäftsbetrieb ist wirtschaftlich getrennt zu behandeln. Dies betrifft zB die Erfassung von Ein- und Ausgaben, die Bildung von Rückstellungen, Feststellung von Gewinn und Verlust. Daran ändert auch § 64 II nichts, der für steuerbegünstigte Körperschaften gilt. Diese Vorschrift ermöglicht iErg den Ausgleich von Verlusten unter den Geschäftsbetrieben und begrenzt die Inanspruchnahme der Vergünstigungen des § 64 (§ 63 Rz 3, § 64 Rz 5). Die Tätigkeit im wirtschaftlichen Geschäftsbetrieb ist bei steuerbegünstigten Körperschaften von der Tätigkeit im ideellen Bereich, in der Vermögensverwaltung und auch im Zweckbetrieb abzugrenzen.

22 **b) Beispiele.** Einem wirtschaftlichen Geschäftsbetrieb, mit dem eine steuerbefreite Körperschaft der Besteuerung unterliegt, sind die Einnahmen und Ausgaben zuzuordnen, deren Entstehen durch die den Geschäftsbetrieb begründende Tätigkeit veranlasst ist (FG Hess EFG 96, 250). Ausgaben für das **Training und die Spiele** der Vereinsmannschaft (zB Aufwendungen für Trainer, Schiedsrichter, Fahrtkosten, Hallenmiete) mindern daher nicht die Einkünfte, die ein Sportverein durch Werbung für Dritte (auch Trikotwerbung) während der Spiele seiner Mannschaft erzielt, sofern diese Ausgaben auch ohne die Werbetätigkeit entstanden wären (BFH BStBl 92, 103; BFH/NV 92, 409, 412; 93, 341; vgl auch § 64 Rz 5 und § 67a Rz 4). Abziehbar von den Einnahmen aus Werbung sind nur Ausgaben, bei denen der „primäre Anlass ihrer Entstehung" die Werbung ist. Das ist beispielsweise der Fall, wenn auf Verlangen des Werbekunden besonders teure Hallen angemietet werden (vgl BFH BStBl 92, 103) oder wenn ein Pferderennverein Einnahmen von einem bestimmten Werbekunden unmittelbar für erhöhte Preisgelder bestimmter mit dem Werbekunden in Verbindung gebrachter Rennen verwendet. Die FinVerw lässt ab dem 1.1.2000 nicht mehr zu, dass eine gemeinnützige Körperschaft die Betriebsausgaben des wirtschaftlichen Geschäftsbetriebs „Werbung" pauschal mit 25 % der Werbeeinnahmen (ohne USt) ansetzt.

23 **c) Gemischte Aufwendungen** sind solche, die sowohl den ideellen Bereich einer Körperschaft als auch den wirtschaftlichen Geschäftsbetrieb berühren. Sie führen zu einer Zuordnung der Ausgaben nach einer Gewichtung der unterschiedlichen Anlässe ihrer Entstehung. Bei einer steuerbefreiten Körperschaft ist nach früherer Rspr die ideelle Tätigkeit als primärer Anlass anzusehen, sodass eine Ausgabe dem ideellen Bereich zuzuordnen ist, wenn die Ausgabe auch ohne den stpfl

wirtschaftlichen Geschäftsbetrieb entstanden wäre (BFH BStBl 92, 103; BFH/NV 92, 412; FG Hess EFG 96, 250). Dieser Grundsatz bleibt nach wie vor bestehen, aber inzwischen hat sich die Auffassung zum Abzug gemischter Aufwendungen gelockert. Sofern und soweit objektive zeitliche und quantitative Abgrenzungskriterien vorhanden sind, kommt auch eine Aufteilung der Aufwendungen auf beide Bereiche in Betracht, ggf. im Wege der Schätzung (BFH BStBl 15, 713; FG Hbg EFG 07, 218; AEAO zu § 64 Nr 5, 6; FM BaWü StEK § 64 Nr 43; vgl auch § 64 Rz 3). Zur Abgrenzung von Spenden und Schulgeld/Entgelt bei Zahlung von Eltern an eine Privatschule s BMF BStBl 92, 266. Ist vor der Zahlung eine Aufteilung vereinbart worden, liegt ein objektiver Aufteilungsmaßstab vor (vgl BMF StEK § 14 AO 1977 Nr 31; OFD Mster DStR 89, 654; *Jansen* DStR 92, 133).

d) Betriebsausgaben. Aufwendungen ggü **Mitgliedern** können nur dann als 24
Betriebsausgaben des wirtschaftlichen Geschäftsbetriebs anerkannt werden, wenn wirklich Zahlungen geflossen sind, dh den Vermögensbereich der Körperschaft verlassen haben. Es kann sich bei den Betriebsausgaben auch um Unterhaltsaufwendungen handeln (BFH DB 98, 1063). Einem gemeinnützigen Verein entstehen daher dann keine als Betriebsausgaben eines wirtschaftlichen Geschäftsbetriebs abzugsfähigen Ausgaben, wenn Vereinsmitglieder auf die ihnen gegen den Verein zustehenden Ansprüche auf Zahlung von Aushilfslöhnen im engsten zeitlichen Zusammenhang mit der vorgesehenen Lohnzahlung bedingungslos verzichten (BFH BStBl 91, 308; BFH/NV 92, 226). Anders ist es, wenn der Verein die Aushilfslöhne wirklich zahlt und die Mitglieder die gezahlten Gelder dem Verein anschließend, ohne dass eine Verpflichtung dazu besteht, wieder spenden (FG RhPf EFG 96, 828, rkr; vgl OFD Köln DStR 92, 1687). Die FinVerw erkennt sog **Aufwandsspenden,** die im Verzicht eines Mitglieds auf tatsächlich entstandene Vergütungen und Aufwandsentschädigungen bestehen, an gemeinnützige Körperschaften an, wenn bestimmte Formalien eingehalten werden (zeitlicher Zusammenhang, Eintrag auf Sonderkonto Listenverfahren/Spenden, Überweisung/Zahlung an Durchlaufstelle, wenn nicht direkt zum Empfang von Spenden berechtigt, BMF BStBl 14, 1584).

e) Verluste eines wirtschaftlichen Geschäftsbetriebs. Sie dürfen nicht mit 25
Mitteln der gemeinnützigen Körperschaft ausgeglichen werden; denn diese würde sonst gegen das Gebot des § 55 I Nr 1 verstoßen, Mittel nur für satzungsmäßige Zwecke zu verwenden, und die Gemeinnützigkeit verlieren (AEAO zu § 64 Nr 22). Zu Verlusten aus wirtschaftlichem Geschäftsbetrieb bei steuerbegünstigten Körperschaften vgl § 64 Rz 5. Eine **Ausnahme** besteht bei gemischten Aufwendungen, die sich nach objektivem Maßstab teilweise der gemeinnützigen Körperschaft zuordnen lassen. Der – auch durch Abschreibungen entstandene – Verlust darf berücksichtigt werden, wenn er nur dadurch verursacht wurde, dass ein dem ideellen Bereich dienendes Wirtschaftsgut zwecks besserer Auslastung und zur Beschaffung zusätzlicher Mittel für den ideellen Bereich teil- oder zeitweise für einen stpfl wirtschaftlichen Geschäftsbetrieb genutzt wird. Voraussetzung ist ferner, dass marktübliche Preise für die Leistungen des wirtschaftlichen Geschäftsbetriebs verlangt werden, dass kein größeres Wirtschaftsgut angeschafft wurde, als für die gemeinnützige Tätigkeit notwendig ist und dass der wirtschaftliche Geschäftsbetrieb keinen eigenständigen Sektor eines Gebäudes bildet. Diese Grundsätze der FinVerw gelten für alle gemischten Aufwendungen (AEAO zu § 64 Nr 5; OFD Erfurt FR 96, 649).

§ 15 Angehörige

(1) **Angehörige sind:**

1. der Verlobte, auch im Sinne des Lebenspartnerschaftsgesetzes,

2. der Ehegatte oder Lebenspartner,

3. Verwandte und Verschwägerte gerader Linie,
4. Geschwister,
5. Kinder der Geschwister,
6. Ehegatten oder Lebenspartner der Geschwister und Geschwister der Ehegatten oder Lebenspartner,
7. Geschwister der Eltern,
8. Personen, die durch ein auf längere Dauer angelegtes Pflegeverhältnis mit häuslicher Gemeinschaft wie Eltern und Kind miteinander verbunden sind (Pflegeeltern und Pflegekinder).

(2) **Angehörige sind die in Absatz 1 aufgeführten Personen auch dann, wenn**

1. in den Fällen der Nummern 2, 3 und 6 die die Beziehung begründende Ehe oder Lebenspartnerschaft nicht mehr besteht;
2. in den Fällen der Nummern 3 bis 7 die Verwandtschaft oder Schwägerschaft durch Annahme als Kind erloschen ist;
3. im Fall der Nummer 8 die häusliche Gemeinschaft nicht mehr besteht, sofern die Personen weiterhin wie Eltern und Kind miteinander verbunden sind.

Abs 1 Nrn 1, 2, 6 und Abs 2 Nr 1 geändert durch G v 18.7.14 (BGBl I, 1042).

Übersicht

1 **1. Angehörige iSd AO.** § 15 definiert, welche Personen für den Geltungsbereich der AO als Angehörige anzusehen sind; denn der Begriff des Angehörigen wird in einer Vielzahl von steuerlichen Vorschriften verfahrens- und materiellrechtlicher Art verwendet. Es handelt sich um eine vom Zivilrecht unabhängige steuerrechtliche Definition in einem abschließenden Katalog. Sonderregelungen können aber Abweichungen vorsehen. Zum Teil beschränken einzelne gesetzliche Regelungen für ihren speziellen Regelungsbereich den Angehörigenbegriff des § 15 (vgl BFH/NV 92, 693). Auch die Rspr zieht den Begriff zur Eingrenzung von Regelungen heran. So besteht nach der Rspr des BFH eine sittliche Pflicht des Stpfl zur Leistung von Unterhalt nach § 33 II 1 EStG idR nur ggü Angehörigen iSd § 15, soweit sie nicht einen gesetzlichen Unterhaltsanspruch haben (BFH BStBl 87, 495; BFH/NV 87, 502; 92, 27). Wegen Regelung des Angehörigenbegriffs in anderen Gesetzen vgl § 11 I Nr 1 StGB, § 20 V VwVfG. Seit dem 1.1.2015 bezieht § 15 auch die Partner einer Lebenspartnerschaft in den Kreis der Angehörigen mit ein und stellt sie einem Ehegatten gleich.

2 **2. Verlobte, Abs 1 Nr 1.** Vgl § 1297 BGB. Es ist ein wirksames Eheversprechen erforderlich. Mit dessen Aufhebung endet die Angehörigeneigenschaft (Rückschluss aus § 15 II Nr 1). Wie Verlobte sind auch diejenigen zu behandeln,

die sich versprechen, eine Lebenspartnerschaft zu begründen (§ 1 IV LPartG). Das Versprechen muss wirksam sein.

3. Ehegatten, Abs 1 Nr 2. Zu den Angehörigen zählen Ehegatten, und ihnen gleichgestellt, die Partner einer Lebenspartnerschaft iSd LPartG. Die vor dem 1.10.2017 geschlossene Lebenspartnerschaft bleibt als solche bestehen, wenn sie nicht in eine Ehe gem § 20a LPartG umgewandelt wurde; ab dem 1.10.2017 kann eine Lebenspartnerschaft nicht mehr begründet werden. Ehegatten sind auch dann noch Angehörige, wenn die Ehe aufgelöst oder für nichtig erklärt ist (§ 15 II Nr 1). 3

4. Verwandte/Verschwägerte, Abs 1 Nr 3. Verwandte in gerader Linie sind Personen, von denen der eine vom anderen abstammt (§ 1589 I BGB). Nichteheliche Kinder sind seit 1.7.1970 auch in rechtlicher Hinsicht mit ihrem Vater verwandt. 4

Verschwägerte in gerader Linie sind Personen, die mit dem Ehegatten in gerader Linie verwandt sind (vgl § 1590 I 2 BGB). Davon zu unterscheiden sind Verwandte in Seitenlinie, nämlich Personen, die von derselben dritten Person abstammen (§ 1589 I 2 BGB). Sie gelten ebenso wie Verschwägerte in der Seitenlinie nicht als Angehörige iSd § 15.

5. Geschwister, Abs 1 Nr 4. Hierzu gehören auch die Halbgeschwister. Das sind Geschwister, die nur einen Elternteil gemeinsam haben. Nicht darunter fallen die mit in eine Ehe gebrachten Kinder, die keinen Elternteil gemeinsam haben (AEAO zu § 15 Nr 3). 5

6. Kinder der Geschwister, Abs 1 Nr 5. Neffen und Nichten zählen zu den Angehörigen. Dagegen sind die Geschwister der Kinder untereinander keine Angehörigen iSd § 15. 6

7. Schwager/Schwägerin, Abs 1 Nr 6. Sie zählen als Ehegatten oder Lebenspartner der Geschwister bzw Geschwister der Ehegatten bzw Lebenspartner zu den Angehörigen. Dagegen sind Schwäger und Schwägerinnen im Verhältnis zueinander keine Angehörigen iSd § 15. 7

8. Geschwister der Eltern, Abs 1 Nr 7. Onkel und Tanten sind Angehörige. Die Geschwister der Eltern des Ehegatten zählen schon nicht mehr dazu, ebenso nicht Cousins und Cousinen. 8

9. Pflegeeltern und -kinder, Abs 1 Nr 8. Sie sind Angehörige aufgrund eines auf längere Dauer angelegten **Pflegeverhältnisses.** Neben dessen Begründung muss eine **häusliche Gemeinschaft** zwischen Pflegeeltern und -kindern bestehen (FG BaWü EFG 93, 234, vgl aber Rz 12). Es bestehen grundlegende Unterschiede zwischen dem Pflegekindbegriff nach § 15 AO und nach § 32 I EStG (dazu zB BFH/NV 12, 1446). Im Rahmen des § 15 kann ein Pflegeverhältnis auch dann weiterbestehen, wenn die häusliche Gemeinschaft nicht mehr besteht, falls nach wie vor eine Beziehung wie zwischen Eltern und Kindern besteht, § 15 II Nr 3 (anders § 32 EStG: Ende des Pflegekindschaftsverhältnisses bei Auszug des Kindes, FG Köln EFG 11, 1435, rkr; BFH BeckRS 2017, 94134). Nach § 15 I Nr 8 ist nicht erforderlich, dass die Pflegekinder aus der Obhut und Pflege der leiblichen oder rechtlichen Eltern ausgeschieden sind (BFHE 157, 60; anders für § 32 I Nr 2 EStG BFH BStBl 96, 63; BFH/NV 92, 90, 164). Daher liegt ein Pflegeverhältnis nach § 15 I Nr 8 zB auch dann vor, wenn nicht nur das Kind, sondern auch dessen Mutter in den Haushalt aufgenommen wird (gemeinsamer Haushalt von Stiefvater, Stiefkind und leiblicher Mutter oder von Großeltern, Kind und Mutter). Unerheblich ist, ob und wieweit Pflegeeltern für den **Unterhalt** des Pflegekindes aufkommen (BFH BStBl 86, 14; FG Bln EFG 86, 124; anders § 32 I Nr 2 EStG, der auf 9 die Unterhaltsgewährung abstellt; BFH/NV 92, 589). Ein Pflegekindverhältnis setzt idR **Altersunterschied** voraus; bei Behinderten ist dies aber nicht erforderlich (BFH BStBl 75, 636; 77, 382; FG RhPf EFG 76, 337; aA FG Ddorf EFG 89, 286, das Altersunterschied generell nicht für erforderlich hält; vgl auch R 177 III EStR). Ein Pflegekindverhältnis kann auch dann vorliegen, wenn der Stpfl für die Betreuung eines dauernd pflegebedürftigen Kindes sowohl ein steuerfreies Pflegegeld als auch ein steuerpflichtiges Erziehungsgeld erhält (FG Bln EFG 82, 519). Schädlich ist nur die Aufnahme zu Erwerbszwecken in den Haushalt.

10 **10. Ehescheidung, Abs 2 Nr 1.** Das einmal nach § 15 I durch eine **Ehe oder Lebenspartnerschaft** begründete Angehörigkeitsverhältnis besteht in den Fällen des § 15 I Nr 2, 3 und 6 fort, wenn diese Ehe nicht mehr besteht.

11 **11. Adoption. Abs 2 Nr 2** weicht bei Adoption für das StRecht von der zivilrechtlichen Regelung des Verwandtschaftsverhältnisses ab; denn nach § 1755 BGB erlischt durch die Adoption das Verwandtschaftsverhältnis des Kindes und seiner Abkömmlinge zu den bisherigen Verwandten. Nach § 15 II Nr 2 besteht das Angehörigenverhältnis dagegen weiter. Zusätzlich entsteht durch die Adoption im Rahmen des § 15 I ein Angehörigkeitsverhältnis zu den neuen Verwandten.

12 **12. Beendigung der häuslichen Gemeinschaft zwischen Pflegeeltern und -kindern, Abs 2 Nr 3.** Pflegeeltern und Pflegekinder iSd § 15 I Nr 8 bleiben Angehörige, wenn die häusliche Gemeinschaft nicht mehr besteht, aber weiterhin eine persönliche Verbundenheit wie sonst nur zwischen Eltern und Kindern vorhanden ist. Bei Minderjährigen gehört dazu ein gewisser Altersabstand (vgl Rz 9).

Dritter Abschnitt. Zuständigkeit der Finanzbehörden

§ 16 Sachliche Zuständigkeit

Die sachliche Zuständigkeit der Finanzbehörden richtet sich, soweit nichts anderes bestimmt ist, nach dem Gesetz über die Finanzverwaltung.

1 **1. Inhalt.** Bei der sachlichen Zuständigkeit geht es um die den FinBeh (s § 6) nach sachlichen (im Gegensatz zu örtlichen) Gesichtspunkten zugewiesenen Aufgaben. Es geht also um die Frage, welche Aufgaben die FinBeh wahrnehmen darf und wahrnehmen muss (s AEAO zu § 16 Nr 1). Maßgebend für die sachliche Zuständigkeit ist das **Finanzverwaltungsgesetz (FVG).** Daneben enthält jedoch auch die AO in einigen Vorschriften Bestimmungen über die sachliche Zuständigkeit (zB § 208, § 224a II 3, § 249 I 3, § 387). Auch die Regelung in § 367 I, nach der das FA, das den VA erlassen hat, auch für die Einspruchsentscheidung zuständig ist, ist Ausdruck der sachlichen Zuständigkeit, weil sie den Devolutiveffekt und damit den Zuständigkeitsübergang auf eine andere FinBeh ausschließt (*HHSp/Birkenfeld* § 367 Rz 25; aA AEAO zu § 17 Nr 1). Ferner gibt es in anderen Gesetzen (zB § 27 StBerG, § 7 InvZulG 2010, §§ 70, 72 EStG) die Zuweisung von sachlichen Zuständigkeiten an FinBeh, zu denen auch die Familienkassen gehören (vgl § 6 Abs. 2 Nr 6).

Die sachliche Zuständigkeit ist von der örtlichen Zuständigkeit abzugrenzen, die in den §§ 17ff geregelt ist. Die **Abgrenzung zwischen sachlicher und örtlicher Zuständigkeit** hat zum einen Bedeutung für die Anwendung der §§ 25ff: Wird eine FinBeh aufgrund ihrer sachlichen Zuständigkeit tätig, kann sie zB keine Zuständigkeitsvereinbarung nach § 27 mit einer örtlich zuständigen FinBeh treffen, da § 27 die örtliche Zuständigkeit voraussetzt (vgl BFH/NV 15, 306). Zum anderen unterscheiden sich die Rechtsfolgen: Ein Verstoß gegen die örtliche Zuständigkeit führt nach § 127 nur bei Ermessensentscheidungen zur Rechtswidrigkeit, nicht aber bei gebundenen Entscheidungen wie zB StBescheiden. Hingegen ist bei einem Verstoß gegen die sachliche Zuständigkeit § 127 nicht anwendbar, sodass der VA rechtswidrig ist (s Rz 3).

2. Sachliche Zuständigkeit. Die sachliche Zuständigkeit im Bereich der **Steuern, einschl des Kindergelds,** ergibt sich aus folgenden Vorschriften: für Bundesoberbehörden aus § 4 FVG, für das Bundeszentralamt für Steuern aus § 5 FVG, für Landesoberbehörden der FinVerw aus § 6 FVG, für Oberfinanzdirektionen aus § 8a FVG und für Finanzämter aus § 17 FVG, für Familienkassen des öffentl Dienstes aus § 5 I Nr 11 FVG iVm § 72 EStG und für Familienkassen der Bundesagentur für Arbeit iSv § 70 EStG aus § 5 I Nr 11 FVG iVm Abschn V 1 DA-KG 2017. Im Bereich des **Zolls** ergibt sich die sachliche Zuständigkeit für die Generalzolldirektion aus § 5a I FVG, für die Zollkriminalämter aus § 5a II FVG und für die Hauptzollämter aus § 12 FVG. Neben § 16 soll nach Ansicht des BFH (BFH/NV 15, 306) auch § 19 VI eine Regelung zur sachlichen Zuständigkeit sein (str, s § 19 Rz 14). 2

Die **Veränderung der Bezirksgrenzen von FÄ** ist eine Frage der sachlichen und nicht der örtlichen Zuständigkeit (BFH BStBl 78, 310; BFH/NV 87, 283). Es kommt daher zu einem gesetzlichen Beteiligtenwechsel, wenn während eines finanzgerichtlichen Verfahrens aufgrund einer Neuabgrenzung der Bezirksgrenzen ein anderes als das beklagte FA zuständig wird (BFH BStBl 09, 612; BFH/NV 16, 939; anders jedoch bei Änderung der Zuständigkeit wegen Änderung der stl. Verhältnisse des Stpfl, BFH/NV 10, 663; 16, 939: Das ursprünglich zuständige FA bleibt Beteiligter; s auch § 26 Rz 24). Ebenfalls ein Wechsel der sachlichen Zuständigkeit ist bei der Übertragung von Zuständigkeiten nach **§ 17 II 3 FVG** gegeben, da hier Zuständigkeiten nach rein sachlichen Gesichtspunkten auf ein bestimmtes FA übertragen werden, unbeschadet der Zuständigkeit des regionalen FA für die anderen StAngelegenheiten (BFH BStBl 91, 439; FG RhPf EFG 07, 328; vgl auch § 18 II 2 AO); solche Zuständigkeiten können nach § 17 II 3 FVG durch RechtsVO der zuständigen Landesregierung zB für die ErbSt und SchenkSt (BFH/NV 13, 344) oder für Körperschaften oder GmbH & Co KGs (zB Anlage zu § 2 S 1 der Finanzämter-ZuständigkeitsVO Berlin v 21.12.2017, GVBl Berlin 17, 724) eingerichtet werden. Entsprechendes gilt für die Übertragung von Zuständigkeiten nach § 17 IV FVG durch Staatsvertrag unter den Ländern auf ein bestimmtes FA.

Aufgaben der **Steuerfahndung** wie auch der Zollfahndung sind in § 208 geregelt. Die Zollfahndungsämter sind danach mangels sachlicher Zuständigkeit nicht zur Beschlagnahme von Waren nach § 76 III 1 befugt, sondern nur die HZÄ (BFH BStBl 89, 3). Keine Bedenken bestehen, wenn die HZÄ oder FÄ an Außenprüfungen, die in eigener Zuständigkeit durchgeführt werden, Betriebsprüfungsbeamte einer sachlich unzuständigen Behörde (zB der OFD) beteiligen (BFH/NV 89, 76).

3. Folgen der Verletzung. Ein VA, der von einer sachlich unzuständigen Behörde erlassen worden ist, ist **fehlerhaft** (§ 130 II Nr 1); er kann zudem, muss aber nicht, gem § 125 I nichtig sein (BFH BStBl 94, 702; s § 130 Rz 44a); Nichtigkeit besteht nur, wenn die Verletzung der sachlichen Zuständigkeit offenkundig ist. Ist der VA nicht nichtig, sondern nur rechtswidrig, ist der sich aus der fehlenden sachlichen Zuständigkeit ergebende Verfahrensfehler nach § 127 stets beachtlich (BFH BStBl 93, 649; BFH/NV 12, 1411), da nach § 127 nur die Verletzung der örtlichen Zuständigkeit unbeachtlich sein kann; der VA kann daher nicht nach § 126 I geheilt werden. Das gilt nach oben (Rz 2) geschilderter Rechtsprechung des BFH auch dann, wenn ein aufgrund einer Neuabgrenzung der Bezirksgrenzen sachlich nicht mehr zuständiges FA einen VA erlässt. 3

Heilung einer Verletzung der sachlichen Zuständigkeit ist aber durch nachträgliche Rechtsvorschriften möglich, die rückwirkend oder auch nur für die Zukunft die sachliche Zuständigkeit begründen (BFH BStBl 86, 880; 87, 361). Die Heilung gilt aber nur verfahrensrechtlich, dh das FA ist nach Begründung seiner Zuständigkeit nicht gezwungen, den VA aufzuheben und nochmals zu erlassen. Hingegen tritt materiell-rechtl (zB Hemmung der Verjährung) keine Heilung ein, wenn der VA aufgehoben oder seine Rechtswidrigkeit bestandskräftig festgestellt worden ist (BFH BStBl 93, 649). Soweit weder Heilung noch Nichtigkeit anzunehmen ist, ist der VA der von einer sachlich unzuständigen Stelle erlassen ist, aufzuheben oder zu ändern, auch wenn er rechtl vorteilhaft ist (s auch § 172 I Nr 2b, § 130 II Nr 1).

4 **4. Funktionelle Zuständigkeit.** Die funktionelle Zuständigkeit ist eine Unterart der sachlichen Zuständigkeit. Sie bestimmt, welche von verschiedenen Behörden im Einzelfall tätig wird, dh welche Funktion die einzelnen sachlich zuständigen Behörden wahrzunehmen haben, zB StFestsetzung durch FA, Beschwerdeentscheidung gegen VA des FA bis 1995 durch OFD. Auch bei einem Verstoß gegen die funktionelle Zuständigkeit nimmt der BFH nicht in jedem Fall Nichtigkeit an. So sind verfahrensrechtliche Bedenken gegen die Beauftragung der Großbetriebsprüfungsstelle einer OFD mit der Ap dadurch beseitigt worden, dass die OFD durch Rechtsverordnung in ein FA für Großbetriebsprüfung umgewandelt worden ist; dies heilt aber nicht die materiell-rechtlichen Folgen (Hemmung der Verjährung) der von der Großbetriebsprüfungsstelle vorgenommenen Ap (BFH BStBl 87, 361; 93, 649; vgl Rz 3).

5 **5. Interne Zuständigkeit.** Die interne Zuständigkeit innerhalb der Behörde gehört nicht zur sachlichen Zuständigkeit (*TK/Drüen* § 16 Rz 4; *Koenig/Wünsch* § 16 Rz 16), sondern bestimmt sich nach der Geschäftsordnung für FÄ (FAGO). Eine Verletzung der internen Zuständigkeit ist grds unbeachtlich (BStBl 89, 344); allerdings ist ihre Beachtung bei der tatsächlichen Verständigung (s § 162 Rz 32) ebenso Wirksamkeitsvoraussetzung wie bei der verbindlichen Zusage (BFH/NV 07, 431). Zur **verbandsmäßigen Zuständigkeit** s § 17 Rz 4.

§ 17 Örtliche Zuständigkeit

Die örtliche Zuständigkeit richtet sich, soweit nichts anderes bestimmt ist, nach den folgenden Vorschriften.

Schrifttum: *vor 2010 s 13. Aufl; Füllbier/Beckert* Sachliche und örtliche Zuständigkeiten der Finanzbehörde, NWB 11, 2396; *Bergan/Martin,* Die örtliche Zuständigkeit im Steuererhebungsverfahren, DStR 12, 171.

1 **1. Inhalt.** Die Vorschriften über die örtliche Zuständigkeit regeln die Aufgabenverteilung unter mehreren sachlich zuständigen Behörden nach regionalen Gesichtspunkten. § 17 AO verweist auf die §§ 18–29 und stellt damit zugleich klar, dass diese Vorschriften nicht die sachliche Zuständigkeit iSv § 16 betreffen (BFH/NV 08, 1501). Zur Abgrenzung von der sachlichen Zuständigkeit s § 16 Rz 1. Weitere Zuständigkeitsvorschriften finden sich sowohl in der AO, zB § 89 II 2 und 3, § 195 S 2 und 3 (S 1 enthält nur Klarstellung, BFH/NV 14, 823), § 284 V (s hierzu BFH/NV 12, 690), § 388, § 409, als auch in anderen Einzelsteuergesetzen und Verordnungen, zB § 7 InvZulG 2010, § 17 GrEStG, § 152 BewG, § 35 ErbStG (Verweisung auf §§ 19, 20 AO), §§ 15, 30 Rennw-LottAB, § 1 KraftStDV und § 1 StromStV; hingegen ist § 367 I als sachliche Zuständigkeitsregelung zu verstehen (s § 16 Rz 1). Zu den Zuständigkeitsübertragungen nach § 17 II 3 und § 17 IV FVG s oben § 16 Rz 2.

2 **2. Bedeutung.** Die **örtliche** Zuständigkeit hat ua **Bedeutung** für die Frage der Steuerberechtigung (vgl Art 107 I GG), für die Wirksamkeit der Abtretung nach § 46 II, weil sie dem örtlich zuständigen FA angezeigt werden muss, für die Wirksamkeit einer Berichtigungsanzeige iSv § 153 AO, die an das örtlich und sach-

lich zuständige FA zu richten ist (s § 153 Rz 20), für eine Auftragsprüfung nach § 195 S 2 (s § 195 Rz 15), für die Ablaufhemmung nach § 171 III, weil ein Antrag auf StFestsetzung beim örtlich zuständigen FA gestellt werden muss (FG Köln EFG 17, 1736, Rev BFH VI R 37/17) und für die Wahrung der Festsetzungsfrist nach § 169 I 3 Nr 1, da Voraussetzung der Erlass des Bescheids durch das örtlich zuständige FA ist (BFH BStBl 02, 406, s auch § 169 Rz 41). Hingegen kommt es für die Wirksamkeit einer Selbstanzeige **nicht** mehr auf die Adressierung der **Selbstanzeige** an das örtlich zuständige FA an (s § 371 Rz 60). Ein Wechsel der örtlichen Zuständigkeit während eines Klageverfahrens führt nicht zu einem Beteiligtenwechsel auf Seiten des Beklagten (BFH/NV 16, 939, s auch § 16 Rz 2).

3. Maßgebender Zeitpunkt. Maßgebend für die örtliche Zuständigkeit sind idR nicht die Verhältnisse im Veranlagungszeitraum, sondern im **Zeitpunkt der Veranlagung bzw des jeweiligen Verwaltungshandelns** (BFH/NV 90, 568; 14, 823; 15, 468). Im Falle der **Gesamtrechtsnachfolge aufgrund des Todes des Stpfl** sind daher für die noch durchzuführenden EStVeranlagungen die Verhältnisse des Rechtsnachfolgers (Erben) im Zeitpunkt der Veranlagung für die örtliche Zuständigkeit entscheidend, sodass es zu einem Zuständigkeitswechsel kommen kann (BFH HFR 65, 522; FG Hbg EFG 89, 490; aA OFD Nds 10.5. 2012, DStR 12, 1561; BayLfSt 21.5.2013, DStR 13, 1609; s auch § 26 Rz 2). Insoweit haben sich die die örtliche Zuständigkeit begründenden Umstände geändert (§ 26). Zu Zuständigkeitswechseln bei **Umwandlungs**- oder **Anwachsungsfällen** s § 26 Rz 2. Bei einer **Ap** ist der Zeitpunkt der Bekanntgabe der Prüfungsanordnung maßgebend (BFH BStBl 89, 483; 14, 819; BFH/NV 14, 823). Im Rahmen des § 18 I Nr 2, § 180 I 1 Nr 2 Buchst b kommt es hingegen für die Frage, **ob** überhaupt eine gesonderte Feststellung wegen eines Auseinanderfallens von Wohnsitz-FA und BetriebsFA durchzuführen ist, auf die Verhältnisse zum Schluss des Gewinnermittlungszeitraums an und nicht auf die Verhältnisse im Zeitpunkt der Veranlagung (BFH/NV 14, 823; vgl auch § 18 Rz 4–6 und § 180 Rz 32. 3

4. Fehlerhafte örtliche Zuständigkeit. Fehler bei der örtlichen Zuständigkeit führen nicht zur Nichtigkeit (§ 125 III Nr 1), sondern nur zur **Rechtswidrigkeit**. Das bedeutet: Bei gebundenen Entscheidungen wie Steuerbescheiden (auch Schätzungsbescheide, s BFH/NV 11, 1663) kann die Aufhebung des VA nicht allein wegen örtlicher Unzuständigkeit beansprucht werden (§ 127; vgl BFH/NV 13, 512). Hingegen kann bei **Ermessensentscheidungen** (zB Prüfungsanordnungen oder Stundungen) idR davon ausgegangen werden, dass eine andere Entscheidung in der Sache iSv § 127 hätte getroffen werden können (BFH BStBl 89, 483), sodass Aufhebung des vom örtlich unzuständigen FA erlassenen VA geboten ist (s näher § 127 Rz 8). Eine echte **Heilung** eines von einer örtlich unzuständigen Behörde erlassenen VA tritt ein, wenn die Einspruchsentscheidung von der zuständigen Behörde erlassen wird (FG Nds EFG 14, 1838; angedeutet, aber letztlich offen gelassen von BFH/NV 89, 690). Das ergibt sich daraus, dass es sich beim Einspruchsverfahren um ein verlängertes Verwaltungsverfahren handelt und die Sache gem § 367 II 1 daher in vollem Umfang erneut zu prüfen ist (s auch Vorbemerkungen zu §§ 347 ff Rz 8). Im Ergebnis ist die Rechtslage ähnlich wie bei Bekanntgabemängeln, die ebenfalls durch die Einspruchsentscheidung geheilt werden können (vgl § 122 Rz 16). Nichtzuständigkeit eines FA wegen Zuständigkeit eines anderen FA kann nach FG BaWü (EFG 80, 514) im Wege der Feststellungsklage nach § 41 I FGO geltend gemacht werden, setzt mE allerdings voraus, dass das Abwarten des StBescheids nicht zumutbar ist. 4

5. Verbandsmäßige Zuständigkeit. Umstr ist, ob es neben der örtlichen und sachlichen Zuständigkeit noch die sog verbandsmäßige Zuständigkeit gibt (vgl *Söhn* FR 71, 410; *Felix* StW 61, 423; *Maunz* BB 75, 193; dagegen *von Wallis* DStZA 71, 34; offen gelassen von BFH/NV 15, 1421). Danach soll die Zuständigkeit einer 5

Landesfinanzbehörde an den Landesgrenzen enden und ein Verstoß zur Nichtigkeit des VA führen (so FG Ddorf EFG 70, 501). Dies wird aus dem föderalistischen Aufbau der Bundesrepublik abgeleitet.

Dem ist in dieser Allgemeinheit **nicht zuzustimmen.** Denn VA eines Bundeslandes gelten im gesamten Bundesgebiet. Dementsprechend hat der Gesetzgeber in der AO von einer Regelung zur verbandsmäßigen Zuständigkeit abgesehen, weil es nach seiner Auffassung bei der Anwendung von Bundesrecht durch die Landesbehörden neben der sachlichen und örtlichen Zuständigkeit keine verbandsmäßige Zuständigkeit gibt (vgl BT-Drs VI/1982 zu § 19). Nach **Auffassung des BFH** gibt es daher weder bei der ESt noch bei der USt oder KfzSt eine verbandsmäßige Zuständigkeit: Hinsichtlich der **ESt** ist das Wohnsitz-FA für die Besteuerung nach dem Einkommen auch für Veranlagungszeiträume zuständig ist, in denen der Stpfl zuvor in einem anderen Bundesland wohnte (BFH BStBl 71, 151; 73, 198; ebenso FG Thür EFG 12, 894; AEAO zu § 16 Nr 2). Das gilt erst recht für die **USt,** bei der der Länderanteil unter den Ländern nicht nach dem Prinzip des örtlichen Aufkommens, sondern nach anderen Gesichtspunkten (hauptsächlich nach deren Einwohnerzahl) verteilt wird (Art 107 I 4 GG; vgl auch FG Hbg BeckRS 2003, 26015923). Auch bei der KfzSt ist das Tätigwerden der FinBeh des einen Landes nicht dadurch ausgeschlossen, dass ihre Entstehung teilweise an in einem anderen Land verwirklichte Tatbestände anknüpft (BFH BStBl 85, 377).

Ausnahme: Nach dem BFH kann die verbandsmäßige Zuständigkeit allenfalls bei solchen Steuern eine Rolle spielen, bei denen der **Ort der Tatbestandsverwirklichung** entscheidend ist (BFH BStBl 71, 151; BStBl 73, 198); hierzu gehören die GewSt (BFH/NV 15, 1421) und GrSt sowie die GrESt (s BFH BStBl 78, 666; jedoch hat der BFH bei der früheren Gesellschaftsteuer das Bestehen einer verbandsmäßigen Zuständigkeit bejaht, s BStBl 68, 317; 70, 759). Bei diesen Steuern führt eine Verfehlung der verbandsmäßigen Zuständigkeit zur Nichtigkeit des VA.

Von der Frage der verbandsmäßigen Zuständigkeit ist die Frage zu unterscheiden, ob ein Bediensteter eines zuständigen FA in einem anderen Bundesland an Ort und Stelle Ermittlungen durchführen darf, zB bei Steuerfahndungsmaßnahmen (vgl *Jacob* StW 71, 118).

§ 18 Gesonderte Feststellungen

(1) **Für die gesonderten Feststellungen nach § 180 ist örtlich zuständig:**

1. **bei Betrieben der Land- und Forstwirtschaft, bei Grundstücken, Betriebsgrundstücken und Mineralgewinnungsrechten das Finanzamt, in dessen Bezirk der Betrieb, das Grundstück, das Betriebsgrundstück, das Mineralgewinnungsrecht oder, wenn sich der Betrieb, das Grundstück, das Betriebsgrundstück oder das Mineralgewinnungsrecht auf die Bezirke mehrerer Finanzämter erstreckt, der wertvollste Teil liegt (Lagefinanzamt),**
2. **bei gewerblichen Betrieben mit Geschäftsleitung im Geltungsbereich dieses Gesetzes das Finanzamt, in dessen Bezirk sich die Geschäftsleitung befindet, bei gewerblichen Betrieben ohne Geschäftsleitung im Geltungsbereich dieses Gesetzes das Finanzamt, in dessen Bezirk eine Betriebstätte – bei mehreren Betriebstätten die wirtschaftlich bedeutendste – unterhalten wird (Betriebsfinanzamt),**
3. **bei Einkünften aus selbständiger Arbeit das Finanzamt, von dessen Bezirk aus die Tätigkeit vorwiegend ausgeübt wird,**
4. **bei einer Beteiligung mehrerer Personen an Einkünften, die keine Einkünfte aus Land- und Forstwirtschaft, aus Gewerbebetrieb oder aus selbständiger Arbeit sind und die nach § 180 Absatz 1 Satz 1 Nummer 2 Buchstabe a gesondert festgestellt werden,**

a) das Finanzamt, von dessen Bezirk die Verwaltung dieser Einkünfte ausgeht, oder,

b) das Finanzamt, in dessen Bezirk sich der wertvollste Teil des Vermögens, aus dem die gemeinsamen Einkünfte fließen, befindet, wenn die Verwaltung dieser Einkünfte im Geltungsbereich dieses Gesetzes nicht feststellbar ist.

[2] Dies gilt entsprechend bei einer gesonderten Feststellung nach § 180 Absatz 1 Satz 1 Nummer 3 oder § 180 Absatz 2.

(2) **[1] Ist eine gesonderte Feststellung mehreren Steuerpflichtigen gegenüber vorzunehmen und lässt sich nach Absatz 1 die örtliche Zuständigkeit nicht bestimmen, so ist jedes Finanzamt örtlich zuständig, das nach den §§ 19 oder 20 für die Steuern vom Einkommen und Vermögen eines Steuerpflichtigen zuständig ist, dem ein Anteil an dem Gegenstand der Feststellung zuzurechnen ist. [2] Soweit dieses Finanzamt auf Grund einer Verordnung nach § 17 Abs. 2 Satz 3 und 4 des Finanzverwaltungsgesetzes sachlich nicht für die gesonderte Feststellung zuständig ist, tritt an seine Stelle das sachlich zuständige Finanzamt.**

Abs 1 Nrn 3 und 4 geändert durch SteuerbürokratieAbG v 20.12.08 (BGBl I, 2850); Abs 1 Nr 4 neugefasst durch StModernG v 18.7.16 (BGBl I, 1679).

Schrifttum: *Carlé* Die örtliche Zuständigkeit bei gesonderten Feststellungen, AO-StB 10, 211.

Übersicht

1. Inhalt. Die Vorschrift steht in engem Zusammenhang mit § 180: § 180 regelt die **gesonderte Feststellung** von Einheitswerten sowie von Gewinneinkünften gem §§ 13, 15 und 18 EStG; § 18 AO regelt die Frage der örtlichen Zuständigkeit in diesen Fällen, wobei vorab die Frage zu prüfen ist, ob eine gesonderte Feststellung nach § 180 I 1 Nr 2 Buchst b überhaupt zulässig ist; erst wenn diese Frage bejaht wird, ist zu prüfen, welches FA für die gesonderte Feststellung zuständig ist (s Rz 4–6). Darüber hinaus hat § 18 auch bei Wohnsitzgemeinden mit mehreren FÄ gem § 19 III Bedeutung, weil durch § 18 die örtliche Zuständigkeit des Wohnsitz-FA verdrängt wird (s § 19 Rz 8). Durch die Regelung in § 18 soll bei gesonderten Feststellungen dasjenige FA örtlich zuständig sein, in dessen Zuständigkeitsbezirk sich das Grundstück oder Unternehmen des Stpfl befindet; denn dieses FA ist mit den Verhältnissen vor Ort idR besser vertraut als das uU weiter entfernte Wohnsitz-FA (BFH/NV 15, 468). Sonderregelungen gibt es zB in § 1 I 2 ZerlG, § 18 II AStG. 1

Zur Zuständigkeit nach § 18 AO gehört alles, was Teil des gesonderten Feststellungsverfahrens ist, zB auch die Anordnung und Durchführung von **Außenprüfungen** einschl der Aufforderung zur Vorlage von Unterlagen und der Festsetzung eines Verzögerungsgelds (BFH BStBl 89, 483; 14, 819; FG Brem EFG 96, 466) oder die Erteilung von **Zusagen** (BFH/NV 90, 366) oder von **verbindlichen Auskünften** gem § 89 II 2 iVm § 1 I StAuskV. Wird von einer gesonderten Feststellung zB wegen geringer Bedeutung nach § 180 III AO abgesehen, bleibt es bei der für die jeweilige Einzelsteuer getroffenen Zuständigkeitsregelung (AEAO zu § 18 Nr 4).

4 **2. Voraussetzungen der gesonderten Feststellung.** § 18 setzt voraus, dass eine gesonderte Gewinnfeststellung überhaupt zulässig ist. Eine gesonderte Gewinnfeststellung findet zum einen nach § 180 I 1 Nr 2 Buchst a statt, wenn an den Einkünften mehrere Personen beteiligt sind. Diese gesonderte – und nach § 179 II 2 zugleich einheitliche – Feststellung betrifft sämtliche Einkunftsarten, sodass je nach Einkunftsart die örtliche Zuständigkeit nach Nr 1 (Land- und Forstwirtschaft), Nr 2 (Gewerbebetrieb), Nr 3 (selbständige Einkünfte) oder Nr 4 (alle anderen Einkünfte) zu beurteilen ist.

5 Zum anderen ist eine gesonderte Feststellung nach § 180 I 1 Nr 2 Buchst b durchzuführen, wenn das für die gesonderte Feststellung zuständige FA nicht auch für die Steuern vom Einkommen des Betriebsinhabers zuständig ist.

Beispiel: Der Stpfl wohnt in A-Stadt im Bezirk des FA A, führt seinen Betrieb aber in B-Stadt im Bezirk des FA B; hier muss eine gesonderte Feststellung der Einkünfte aus Gewerbebetrieb durch das FA B durchgeführt werden.

Die gesonderte Feststellung nach § 180 I 1 Nr 2 Buchst b betrifft nur Einkünfte iSv §§ 13, 15, 18 I Nr 1 EStG und wirkt sich damit nur im Rahmen des § 18 I Nrn 1 und 2 AO sowie – bei freiberuflichen Einkünften, nicht aber bei sonstigen selbständigen Einkünften – auch bei § 18 I Nr 3 AO aus. In diesen Fällen muss vorab aber geprüft werden, ob eine gesonderte Feststellung nach § 180 I 1 Nr 2 Buchst b überhaupt zulässig ist; nur wenn dies bejaht werden kann, stellt sich die Frage, welches FA nach § 18 I Nrn 1 bis 3 örtlich zuständig ist. § 180 I 1 Nr 2 Buchst b setzt inzident eine Prüfung der örtlichen Zuständigkeit voraus. Das bedeutet: Im Rahmen des § 180 I 1 Nr 2 Buchst b ist zunächst zu prüfen, **ob** das BetriebsFA iSv § 18 I Nrn 1 bis 3 überhaupt vom Wohnsitz-FA iSv § 19 abweicht. Wird nämlich eine gesonderte Feststellung iSv § 180 I 1 Nr 2 Buchst b zu Unrecht durchgeführt, führt dies zur Rechtswidrigkeit der gesonderten Feststellung und damit zur Aufhebung des Feststellungsbescheids (s Rz 30). Maßgebend für die Zulässigkeit einer gesonderten Feststellung nach § 180 I 1 Nr 2 Buchst b sind dabei die Verhältnisse am **Schluss des Gewinnermittlungszeitraums,** wie sich aus dem Wortlaut des § 180 I 1 Nr 2 Buchst b ergibt (BFH/NV 13, 1763; 15, 468; s § 180 Rz 32; AEAO zu § 18 Nr 1); abweichend von § 17 (s § 17 Rz 2), der lediglich die örtliche Zuständigkeit regelt, kommt es also bei der Frage, ob überhaupt eine gesonderte Feststellung iSv § 180 I 1 Nr 2 Buchst b durchzuführen ist, nicht auf die Verhältnisse im Zeitpunkt der Veranlagung an.

6 Fallen Wohnsitz-FA und BetriebsFA erst **nach Ablauf** des Gewinnermittlungszeitraums auseinander (zB durch Wohnsitzverlegung in einen anderen FA-Bezirk), entfällt eine gesonderte Feststellung für das abgelaufene Jahr, weil am Ende des Gewinnermittlungszeitraums das Wohnsitz-FA mit dem BetriebsFA noch identisch war (BFH/NV 14, 823); jedoch ist ab dem Jahr der Wohnsitzverlegung eine gesonderte Feststellung erforderlich, für die zB bei gewerblichen Einkünften nach § 18 Nr 2 das FA zuständig ist, an dem sich der Ort der Geschäftsleitung befindet (BayLfSt 25.3.2015, DB 15, 835, Tz 4, Bsp 2). Bei einer Betriebsaufgabe kommt es darauf an, ob im Zeitpunkt der Betriebsaufgabe der in Nr 1 bis 3 genannte Ort (zB Ort der Geschäftsleitung gem Nr 2) und der Wohnsitz im selben FA-Bezirk lagen: Ist dies der Fall, ist eine gesonderte Feststellung nicht zulässig (vgl BayLfSt 25.3.2015, DB 15, 835 Tz 2; s auch § 180 Rz 32). Weichen hingegen Wohnsitz-FA und Betriebs-FA im Zeitpunkt der Betriebsaufgabe voneinander ab, ist eine gesonderte Feststellung erforderlich (vgl BayLfSt 25.3.2015, DB 15, 835 Tz 3).

7 Ist eine gesonderte Feststellung nach § 180 I 1 Nr 2 Buchst b zulässig, ist in einem **zweiten Schritt** zu prüfen, welches FA nach § 18 Nr 1 bis 3 örtlich zuständig ist; s hierzu Rz 10ff. Ändern sich nach Schluss des Gewinnermittlungs-

zeitraums die für die örtliche Zuständigkeit maßgeblichen Verhältnisse durch Verlagerung des Betriebs bzw der Tätigkeit in den Bezirk des Wohnsitz-FA oder umgekehrt, so ist das nunmehr allein zuständige FA auch für die gesonderte Feststellung bereits abgelaufener Feststellungszeiträume zuständig; dies ergibt sich aus der **Neuregelung in § 180 I 2** durch das ZollkodexAnpG v 22.12.2014 (BGBl I, 2417) und gilt nach Art 97 § 10b S 2 EGAO für alle Feststellungszeiträume, die nach dem 31.12.2014 beginnen (s § 180 Rz 33 sowie OFD Nds 20.1.2016, BeckVerw 323189). Damit soll erreicht werden, dass das nunmehr zuständige FA hinsichtlich vergangener Besteuerungszeiträume nicht nur für die ESt und Betriebssteuern (zB USt) zuständig ist, sondern auch die gesonderte Feststellung durchführen kann.

Beispiel: A verlegt im Jahr 2017 seine Geschäftsleitung aus dem Bezirk des FA A in den Bezirk seines WohnsitzFA B. Damit entfällt zum einen ab 2017 eine gesonderte Feststellung, weil am Schluss des Gewinnermittlungszeitraums 2017 das WohnsitzFA und das Feststellungs-FA identisch sind, nämlich FA B. Zum anderen ist das FA B auch für die USt für vergangene Zeiträume zuständig sowie nach § 180 I 2 nun auch für die gesonderte Feststellung für 2016 gem § 180 I 1 Nr 2 Buchst b iVm § 18 Nr 1 bis 3. Allerdings kann nach Auffassung der Finanzverwaltung eine gesonderte Feststellung für 2016 nach § 180 III 1 Nr 2 entfallen, weil das FA B sowohl für die ESt als auch für die gesonderte Feststellung zuständig ist und damit ein Fall von geringer Bedeutung vorliegt (BayLfSt 25.3.2015, DB 15, 835 Tz 5; FM NRW 23.9.2015, BeckVerw 319585 Tz 4; s auch AEAO zu § 180 Nr 4).

Der Hinweis in § 180 I 2 auf § 26 betrifft den Zeitpunkt des Zuständigkeitswechsels, der von der Kenntnis eines der beiden FÄ abhängig ist.

3. Örtliche Zuständigkeit (Abs 1). a) Land- und Forstwirtschaft sowie Grundbesitz (Abs 1 Nr 1). Eine gesonderte Feststellung iSv Nr 1 kommt bei den Einkünften aus **Land- und Forstwirtschaft** nach § 180 I 1 Nr 2 Buchst a und b in Betracht. Diese erfolgt, wenn an den Einkünften mehrere Personen beteiligt sind oder wenn das nach § 18 I Nr 1 zuständige Lage-FA nicht auch für die Steuern vom Einkommen zuständig ist. Handelt es sich um eine gesonderte Feststellung nach § 180 I Nr 2 Buchst b, ist vorab zu prüfen, ob die Voraussetzungen hierfür am Schluss des Gewinnermittlungszeitraums vorlagen, s Rz 5. 10

Ist die Zulässigkeit einer gesonderten Feststellung nach § 180 zu bejahen, richtet sich die örtliche Zuständigkeit nach dem Bezirk, in dem der land- und forstwirtschaftliche Betrieb liegt. Zu nachträglichen Veränderungen bei der örtlichen Zuständigkeit nach Schluss des Gewinnermittlungszeitraums s Rz 6.

Bei **Grundbesitz** wird für gesonderte Feststellungen nach Abs 1 Nr 1 an die Belegenheit des Objekts angeknüpft und das LageFA (BelegenheitsFA) für zuständig erklärt. Die Bestimmung hat besondere Bedeutung für die Einheitswertfeststellung, während die in Nr 1 genannte Einheitswertfeststellung für Mineralgewinnungsrechte nur die Zeit bis 1992 betraf (Aufhebung der §§ 19 I Nr 3 und 100 BewG durch Art 3 ZinsabschlagsG v 9.11.1992, BGBl I, 1853). Einheitswertfeststellungen spielen insbes für die GrSt und als Bedarfsfeststellungen (s §§ 151 ff BewG) für die ErbSt (vgl dazu BFH BStBl 05, 463) und GrESt (vgl dazu BFH BStBl 05, 105) sowie bei einigen besonderen Verhältnissen für andere Steuerarten (zB § 13a V, § 55 EStG) eine Rolle. Das nach § 1 I Nr 1 örtlich zuständige Lage-FA hat bei einer Bedarfsbewertung allerdings nicht zu prüfen, ob die gesonderte Feststellung von Bedeutung für die jeweilige Steuer (ErbSt, GrESt) ist; diese Prüfung obliegt allein dem beauftragenden FA gem § 151 I 2, V 2 BewG (s auch FG MeVo, BeckRS 2009, 26028826). 11

b) Gewerbliche Betriebe (Abs 1 Nr 2). Bei einer gesonderten Feststellung für Einkünfte aus Gewerbebetrieb iSv § 180 I 1 Nr 2 Buchst b ist die Frage der örtlichen Zuständigkeit nach § 18 I Nr 2 ebenfalls zu trennen von der Frage, ob eine gesonderte Feststellung nach § 180 I 1 Nr 2 Buchst b überhaupt zulässig ist (s Rz 4–6). Ist die Zulässigkeit einer gesonderten Feststellung nach § 180 zu bejahen, 14 richtet sich die örtliche Zuständigkeit nach dem Bezirk, in dem der Betrieb liegt. Bei gewerblichen Betrieben mit Geschäftsleitung im Inland ist das Betriebs-FA für die gesonderte Feststellung zuständig; dies ist nach Abs 1 Nr 2 das FA, in dessen Bezirk sich der **Ort der Geschäftsleitung** (§ 10) befindet. Zu nachträglichen Veränderungen bei der örtlichen Zuständigkeit nach Schluss des Gewinnermittlungszeitraums s Rz 6. Hat der Stpfl mehrere Gewerbebetriebe in unterschiedlichen FA-Bezirken, kommt es zu mehreren gesonderten Feststellungen für jeden einzelnen Betrieb (FG Thür EFG 12, 894); anders ist dies bei selbständigen Einkünften (s Rz 18). Bei einer stillen Gesellschaft (auch atypischen) befindet sich die Geschäftsleitung am Sitz der Geschäftsleitung der Hauptgesellschaft (BFH BStBl 94, 702).

15 Befindet sich die Geschäftsleitung **im Ausland,** richtet sich die Zuständigkeit nach dem Ort der Betriebstätte (§ 12), unter mehreren Betriebstätten im Inland nach dem Ort der wirtschaftlich bedeutendsten Betriebstätte. Kann diese nicht festgestellt werden, richtet sich die Zuständigkeit nach Abs 2 sowie den §§ 24, 29. Es ist dann zu prüfen, ob es für die inländ Beteiligten einen Treuhänder oder Interessenvertreter im Inland gibt, sodass das FA, in dessen Bezirk der Treuhänder bzw Interessenvertreter seinen Sitz hat, zuständig ist (AEAO zu § 18 Nr 6 Buchst a). Anderenfalls ist das FA zuständig, in dessen Bezirk die Beteiligten mit den insgesamt höchsten Anteilen ansässig sind (AEAO zu § 18 Nr 6 Buchst b). Lässt sich danach die örtliche Zuständigkeit nicht ermitteln, kann die Aufsichtsbehörde nach § 25 entscheiden, ggf. auch das BZSt (AEAO zu § 18 Nr 6 Buchst c und d).

17 **c) Selbständige Tätigkeit (Abs 1 Nr 3).** Bei Einkünften aus selbständiger Tätigkeit iSv **§ 18 EStG** kommt eine gesonderte Feststellung nach § 180 I 1 Nr 2 Buchst a in Betracht; darüber hinaus kommt bei freiberuflichen Einkünften iSv § 18 I Nr 1 EStG – nicht jedoch bei den sonstigen selbständigen Einkünften iSv § 18 I Nr 2 bis 4 EStG – auch eine gesonderte Feststellung nach § 180 I 1 Nr 2 Buchst b in Betracht. In diesem Fall ist die Frage der örtlichen Zuständigkeit nach § 18 I Nr 3 ebenfalls zu trennen von der Frage, ob eine gesonderte Feststellung nach § 180 I 1 Nr 2 Buchst b überhaupt zulässig ist (s Rz 4–6). Zu nachträglichen Veränderungen der örtlichen Zuständigkeit s ebenfalls Rz 6.

18 Bei Einkünften iSv § 18 EStG ist das FA zuständig, in dessen Bezirk die **Tätigkeit vorwiegend ausgeübt** wird, denn es wird idR für die Feststellung der Einkünfte des Stpfl geeigneter sein als das Wohnsitz-FA (BFH BStBl 87, 195; 88, 230; BFH/NV 04, 909). Dabei ist eine gesonderte Feststellung nach § 180 I 1 Nr 2 Buchst b durchzuführen, wenn die Berufstätigkeit am Schluss des Gewinnermittlungszeitraums nicht vorwiegend vom Bezirk des Wohnsitz-FA aus ausgeübt wird (BFH/NV 96, 404). Übt ein Stpfl seine selbständige Tätigkeit in mehreren FA-Bezirken aus, so ist für die dadurch erzielten Einkünfte – anders als bei § 18 I Nr 2 in Fällen gewerblicher Einkünfte (s Rz 14) – nur **eine einzige** gesonderte Feststellung durchzuführen; dies ergibt sich aus dem Wortlaut, wonach „das Finanzamt" zuständig ist: Hierfür zuständig ist das FA, von dessen Bezirk aus die selbständige Tätigkeit vorwiegend ausgeübt wird (BFH/NV 07, 401; FG Thür EFG 12, 894). Die Frage der „vorwiegenden" Ausübung kann anhand der Höhe der jeweiligen Umsätze beantwortet werden (BFH VIII R 53/13 BeckRS 2015, 96081). Ist das FA, von dem aus die Tätigkeit vorwiegend ausgeübt wird, auch das Wohnsitz-FA, findet keine gesonderte Feststellung statt (BFH/NV 07, 401). Lässt sich hingegen kein Ort feststellen, von dem aus der Stpfl seine Tätigkeit vorwiegend ausübt, so kann § 18 I Nr 3 keine Zuständigkeitsbestimmung für die gesonderte Gewinnfeststellung für diese Tätigkeit entnommen werden (BFH/NV 04, 909 zur Lotsentätigkeit); es bleibt dann bei der Zuständigkeit des Wohnsitz-FA.

19 Abs 1 Nr 3 erfasst seit 2009 **sämtliche Einkünfte iSv § 18 EStG,** im Gegensatz zu § 180 I Nr 2 Buchst b nicht nur die freiberuflichen iSv § 18 I Nr 1 EStG. Zur Rechtslage bis 2008 s 9. Aufl.

d) Beteiligung mehrerer Personen bei Überschusseinkünften (Abs 1 Nr 4). Die Regelung betrifft die örtliche Zuständigkeit bei Überschusseinkünften iSv §§ 19–22 EStG, wenn mehrere Personen an den Einkünften beteiligt sind. Nr 4 wurde durch das StModernG v 18.7.2016 mWv 1.1.2017 geändert. Die Änderung hat aber nur redaktionellen und sprachlichen Charakter, indem die Regelung auf zwei Buchstaben aufgeteilt wurde. Buchst a betrifft Inlandsfälle, während Buchst b Auslandsfälle regelt. Nr 4 S 2 ist ebenfalls nur sprachlich geändert worden. 22

Eine Beteiligung mehrerer Personen an Einkünften iSv Abs 1 Nr 4 gibt es nach § 180 I 1 Nr 2 Buchst a – nicht aber nach § 180 I 1 Nr 2 Buchst b – auch bei den Überschusseinkünften, insbes bei Einkünften aus Kapitalvermögen (AEAO zu § 18 Nr 2) oder VuV, zB bei Grundstücksgesellschaften, Grundstücksfonds oder auch vermögensverwaltenden Personengesellschaften. Für diese gemeinschaftlichen Einkünfte, die nach § 180 I 1 Nr 2 Buchst a gesondert festgestellt werden, bestimmt Abs 1 **Nr 4 Buchst a** des § 18 die örtliche Zuständigkeit des FA, in dessen Bezirk die Einkünfte, dh die Einkunftsquelle (FG Hbg EFG 06, 1794), aus dem gemeinschaftlichen Vermögen verwaltet werden. Geschieht dies im Ausland, so entscheidet nach **Nr 4 Buchst b** die Lage des wertvollsten Teils des Vermögens, aus dem die gemeinsamen Einkünfte fließen. 23

Bei der gesonderten Feststellung von Einkünften aus **nur einem Grundstück** kann aus Vereinfachungsgründen davon ausgegangen werden, dass die Verwaltung des Grundstücks von dem Ort ausgeht, in dem das Grundstück liegt (AEAO zu § 18 Nr 3). Dies gilt nicht, wenn zB in der Feststellungserklärung ausdrücklich ein an einem anderen Ort ansässiger Verwalter benannt wird (OFD Nds 8.3.2016, DStR 16, 1035). Die Benennung eines Empfangsbevollmächtigten ist idR kein zwingendes Indiz für die Wahrnehmung der Verwaltung.

Die Regelung der Nr 4 gilt nach ihrem **Satz 2** entsprechend für die gesonderte Feststellung von sonstigen Vermögen, von Schulden und sonstigen Abzügen nach § 180 I 1 Nr 3 und zB für die Durchführung von Feststellungen bei Bauherrengemeinschaften nach § 180 II (AEAO zu § 18 Nr 2). Zu § 180 II s VO über die gesonderte Feststellung von Besteuerungsgrundlagen nach § 180 II AO v 19.12.1986 (BGBl I, 2663, BStBl I 87, 2), mehrfach geändert, abgedruckt unter Rz 60 zu § 180. Jedoch gilt Nr 4 nicht für die sonstigen selbständigen Einkünfte iSv § 18 I Nr 2 bis 4 EStG; diese werden seit 2009 von Abs 1 Nr 3 erfasst (s Rz 19). 24

4. Unmöglichkeit der Zuständigkeitsbestimmung (Abs 2). Bei Unmöglichkeit der Zuständigkeitsbestimmung nach den Nrn 1–4 des Abs 1 gilt der Auffangtatbestand des Abs 2. Die Bestimmung hat insbes Bedeutung für die **Beteiligung mehrerer inl Stpfl an ausl Einkünften.** Danach ist für die gesonderte Feststellung aller Beteiligten jedes FA zuständig, das nach §§ 19 oder 20 für die Steuern vom Einkommen und Vermögen auch nur eines Stpfl zuständig ist. Bei Zuständigkeit mehrerer Finanzbehörden entscheidet jedoch grds das FA, das zuerst mit der Sache befasst worden ist (§ 25). S 2 enthält einen Hinweis auf die in § 17 II 3 und 4 FVG vorgesehene Möglichkeit, durch Rechtsverordnung der zuständigen Landesregierung die Zuständigkeit für bestimmte Fälle auf ein FA zu konzentrieren. 27

5. Fehler. Die gesetzlichen Zuständigkeiten nach §§ 18 und 19 können nicht durch eine Zuständigkeitsvereinbarung nach § 27 mit Wirkung für § 180 abgeändert werden (s auch § 19 Rz 11). Ein gesonderter Gewinnfeststellungsbescheid, der unter Verletzung der örtlichen Zuständigkeit ergangen ist, ist zwar rechtswidrig, jedoch wirksam und **nicht nichtig** (BFH BStBl 87, 89; BFH/NV 01, 1). 30

Hiervon zu unterscheiden ist aber der Fall, dass aufgrund eines Fehlers bei der Prüfung der örtlichen Zuständigkeit iSv § 18 **die Voraussetzungen für eine gesonderte Feststellung** iSv § 18 zu Unrecht bejaht worden sind und deshalb eine gesonderte Gewinnfeststellung durchgeführt worden ist, obwohl die tatbestandsmäßigen Voraussetzungen für den Erlass eines gesonderten Gewinnfeststellungsbescheids nach § 180 gar nicht vorlagen (vgl BFH/NV 04, 909; 07, 401; 15, 468; BFH VIII R 53/13, BeckRS 2015, 96081; FG Sachs EFG 16, 1230); s hierzu Rz 4–6. Die Verletzung der §§ 18, 19 in der gem § 180 getroffenen Zuordnung ist dann ein nicht heilbarer Rechtsfehler und führt zur Aufhebung der gesonderten Feststellung. Der Bescheid kann also nicht gem § 127 mit der Begründung bestätigt werden, es hätte keine andere Entscheidung getroffen werden können (BFH BStBl 87, 195; 99, 691). Anders ist dies jedoch, wenn die Voraussetzungen für eine gesonderte Feststellung zwar vorliegen, jedoch ein örtlich unzuständiges FA die gesonderte Feststellung vornimmt (*BG/Schmieszek,* § 18 Rz 34); der Fehler ist dann nach Maßgabe des § 127 unbeachtlich (BFH/NV 07, 1628).

§ 19 Steuern vom Einkommen und Vermögen natürlicher Personen

(1) [1] **Für die Besteuerung natürlicher Personen nach dem Einkommen und Vermögen ist das Finanzamt örtlich zuständig, in dessen Bezirk der Steuerpflichtige seinen Wohnsitz oder in Ermangelung eines Wohnsitzes seinen gewöhnlichen Aufenthalt hat (Wohnsitzfinanzamt).** [2] **Bei mehrfachem Wohnsitz im Geltungsbereich des Gesetzes ist der Wohnsitz maßgebend, an dem sich der Steuerpflichtige vorwiegend aufhält; bei mehrfachem Wohnsitz eines verheirateten oder in Lebenspartnerschaft lebenden Steuerpflichtigen, der von seinem Ehegatten oder Lebenspartner nicht dauernd getrennt lebt, ist der Wohnsitz maßgebend, an dem sich die Familie vorwiegend aufhält.** [3] **Für die nach § 1 Abs. 2 des Einkommensteuergesetzes und nach § 1 Abs. 2 des Vermögensteuergesetzes unbeschränkt steuerpflichtigen Personen ist das Finanzamt örtlich zuständig, in dessen Bezirk sich die zahlende öffentliche Kasse befindet; das Gleiche gilt in den Fällen des § 1 Abs. 3 des Einkommensteuergesetzes bei Personen, die die Voraussetzungen des § 1 Abs. 2 Satz 1 Nr. 1 und 2 des Einkommensteuergesetzes erfüllen, und in den Fällen des § 1a Abs. 2 des Einkommensteuergesetzes.**

(2) [1] **Liegen die Voraussetzungen des Absatzes 1 nicht vor, so ist das Finanzamt örtlich zuständig, in dessen Bezirk sich das Vermögen des Steuerpflichtigen und, wenn dies für mehrere Finanzämter zutrifft, in dessen Bezirk sich der wertvollste Teil des Vermögens befindet.** [2] **Hat der Steuerpflichtige kein Vermögen im Geltungsbereich des Gesetzes, so ist das Finanzamt örtlich zuständig, in dessen Bezirk die Tätigkeit im Geltungsbereich des Gesetzes vorwiegend ausgeübt oder verwertet wird oder worden ist.**

(3) [1] **Gehören zum Bereich der Wohnsitzgemeinde mehrere Finanzämter und übt ein Steuerpflichtiger mit Einkünften aus Land- und Forstwirtschaft, Gewerbebetrieb oder freiberuflicher Tätigkeit diese Tätigkeit innerhalb der Wohnsitzgemeinde, aber im Bezirk eines anderen Finanzamts als dem des Wohnsitzfinanzamts aus, so ist abweichend von Absatz 1 jenes Finanzamt zuständig, wenn es nach § 18 Abs. 1 Nr. 1, 2 oder 3 für eine gesonderte Feststellung dieser Einkünfte zuständig wäre.** [2] **Einkünfte aus Gewinnanteilen sind bei Anwendung des Satzes 1 nur dann zu berücksichtigen, wenn sie die einzigen Einkünfte des Steuerpflichtigen im Sinne des Satzes 1 sind.**

(4) **Steuerpflichtige, die zusammen zu veranlagen sind oder zusammen veranlagt werden können, sind bei Anwendung des Absatzes 3 so zu behandeln, als seien ihre Einkünfte von einem Steuerpflichtigen bezogen worden.**

(5) [1] **Durch Rechtsverordnung der Landesregierung kann bestimmt werden, dass als Wohnsitzgemeinde im Sinne des Absatzes 3 ein Gebiet gilt, das mehrere Gemeinden umfasst, soweit dies mit Rücksicht auf die Wirtschafts- oder Verkehrsverhältnisse, den Aufbau der Verwaltungsbehörden oder andere örtliche Bedürfnisse zweckmäßig erscheint.** [2] **Die Landesregierung kann die Er-**

mächtigung auf die für die Finanzverwaltung zuständige oberste Landesbehörde übertragen.

(6) [1] **Das Bundesministerium der Finanzen kann zur Sicherstellung der Besteuerung von Personen, die nach § 1 Abs. 4 des Einkommensteuergesetzes beschränkt steuerpflichtig sind und Einkünfte im Sinne von § 49 Abs. 1 Nr. 7 und 10 des Einkommensteuergesetzes beziehen, durch Rechtsverordnung mit Zustimmung des Bundesrates einer Finanzbehörde die örtliche Zuständigkeit für den Geltungsbereich des Gesetzes übertragen.** [2] **Satz 1 gilt auch in den Fällen, in denen ein Antrag nach § 1 Abs. 3 des Einkommensteuergesetzes gestellt wird.**

Abs 6 angefügt durch JStG 2007 v 13.12.06 (BGBl I, 2878); Abs 6 S 1 geändert und S 2 angefügt durch JStG 2009 v 19.12.08 (BGBl I, 2794); Abs 1 2. HS geändert durch G zur Anpassung steuerlicher Regelungen an die Rspr des BVerfG v 18.7.14 (BGBl I, 1042).

Übersicht

1. Inhalt. Die Vorschrift regelt die örtliche Zuständigkeit für die **ESt** und die VSt (bis 1996) bei natürlichen Personen. Das nach § 19 jeweils örtlich zuständige FA ist auch für die vorangegangenen VZ zuständig, selbst dann, wenn der Stpfl seinerzeit in einem anderen Bundesland wohnte (BFH BStBl 71, 151; BFH/NV 08, 732; vgl auch § 17 Rz 2); maßgebender Zeitpunkt s unten Rz 5; Zuständigkeitswechsel s § 26. Aus § 19 ergibt sich nach § 195 auch die Zuständigkeit für die Ap (BFH/NV 11, 759). Ausdrückliche Bezugnahmen auf § 19 enthalten ua § 138 I 3, § 35 I 1 ErbStG, § 39 II 1 EStG und § 54 IV EStDV sowie § 1 EStZustV (hierzu s Rz 14). § 19 I gilt auch für die örtliche Zuständigkeit der Familienkassen der Bundesagentur für Arbeit (Abschn V 2 DA-KG 2017). Zum Wechsel der örtlichen Zuständigkeit während eines Klageverfahrens s § 17 Rz 2. **1**

Sonderregelungen zu § 19 finden sich in § 41a I Nr 1 EStG für die Abführung von Lohnsteuerabzugsbeträgen, in § 42d III 2 EStG für die Nachforderung von Lohnsteuer beim ArbN (BFH BStBl 92, 43; s aber auch BFH BStBl 92, 565; näher Rz 6), § 42e EStG für die Anrufungsauskunft durch den ArbN, § 44 I 5 EStG für die KapESt, § 46 II Nr 7b EStG für die Veranlagung von Stpfl iSv § 1 III, § 1a EStG und in § 13 I 1 BKGG für das Kindergeld; zur örtlichen Zuständigkeit der FK s Abschn V 2 DA-KG 2017. Die Zuständigkeit wegen **Haftung** für ESt bestimmt sich nach § 24 bzw nach § 73e EStDV (s § 24 Rz 2). **2**

§ 19 gilt **nach dem BFH** nur für das Besteuerungsverfahren (dh Festsetzungsverfahren), **nicht** aber **für das Erhebungsverfahren,** etwa für den Erlass eines Abrechnungsbescheids: Hierfür ist nach § 218 II das FA zuständig, das die Steuer festgesetzt hat; dessen Zuständigkeit wird durch einen Wohnsitzwechsel des Stpfl nicht berührt (BFH/NV 11, 1936; BFH VII B 49/17, nv). Auf diese Weise wird verhindert, dass das FA eines Bundeslands, in das der Stpfl gezogen ist, über die Steueransprüche eines anderen Bundeslandes, in dem der Stpfl bislang gewohnt hat und das die Steuer festgesetzt hat, entscheidet. Der BFH begründet seine Entscheidung mit dem Wortlaut des § 19, der die Zuständigkeit nur „für die Besteuerung" regle. Diese Begründung hat zur Folge, dass die §§ 19 ff auch nicht für das Vollstreckungsverfahren gelten. Dem ist **nicht zu folgen.** Der Begriff der „Besteuerung" ist nicht auf den Vierten Teil der AO (§§ 134 ff) beschränkt, sondern gilt auch für die Erhebung und Vollstreckung von Steuern, mithin für den Fünften und Sechsten Teil der AO (so auch *Bergan/Martin* DStR 12, 171). Dies wird daran deutlich, dass es – abgesehen von § 284 V – anderenfalls an Zuständigkeitsregelungen für die Erhebung und Vollstreckung fehlen würde. Auch ein Vollstreckungsersuchen nach § 250 wäre nicht möglich, weil die örtlich zuständige Behörde nicht feststünde. Die Ersatzzuständigkeit nach § 24 AO kommt ebenfalls nicht in Betracht, weil sie nur ausnahmsweise anwendbar sein soll (*Bergan/Martin* DStR 12, 171). Aus diesem Grund geht die Praxis daher **mE zu Recht** davon aus, dass §§ 19 ff **auch für das Vollstreckungsverfahren** anwendbar sind (FG Nds EFG 15, 740; *Koenig/Fritsch* § 249 Rz 10; *TK/Kruse* § 249 Rz 19; *BG/Neumann* § 249 Rz 25; *Bergan/Martin* DStR 12, 171; OFD Nds 20.1.2016, BeckVerw 323189 Tz. 1; BayLfSt 27.10.2017, BeckVerw 347969, Tz 1; LfSt RhPf 13.2.2017, BeckVerw 339417).

3 **2. Wohnsitz (Abs 1).** Nach Abs 1 richtet sich die Zuständigkeit nach dem Wohnsitz (§ 8) oder dem gewöhnlichen Aufenthalt (§ 9). Bei mehrfachem Wohnsitz entscheidet nach Abs 1 S 2 derjenige Wohnsitz, an dem sich der Stpfl vorwiegend aufhält. Dies ist eine Tatfrage (BFH/NV 11, 1663): Bei **verheirateten Stpfl** entscheidet nach Abs 1 S 2 2. HS der Wohnsitz, an dem sich die Familie vorwiegend aufhält, sofern die Ehegatten nicht dauernd getrennt leben. Diese Regelung gilt auch dann, wenn die Ehegatten eine Einzelveranlagung bzw bis VZ 2012 getrennte Veranlagung wählen (*HHSp/Sunder-Plassmann* § 19 Rz 7). Abs 1 S 2 gilt auch für **Lebenspartner** iSv § 15 I Nr 2, die im Inland mehrere Wohnsitze haben; die durch G v 18.7.2014 (BGBl I, 1042) eingeführte Neuregelung gilt für alle am 24.7.2014 anhängigen Verfahren (Art 97 § 1 X EGAO). Bei Lebenspartnern kommt es wie bei Ehegatten darauf an, wo sich die Familie, dh Eltern und Kinder, vorwiegend aufhält (BT-Drs 18/1306, 15; vgl auch AEAO zu § 19 Nr 1); dabei sind auch volljährige Kinder zu berücksichtigen, sofern sie noch zum Haushalt der Eltern gehören (FG BaWü EFG 09, 1182, bestätigt durch BFH/NV 10, 605). Ein Familienwohnsitz erfordert nicht die ständige Anwesenheit des Ehegatten bzw Lebenspartners, sondern es genügt, wenn er nach einer vorübergehenden Abwesenheit in die Familienwohnung zurückkehren wird (FG BaWü EFG 09, 1182). Bei **alleinstehenden Stpfl** spricht mit zunehmender Auswärtstätigkeit immer mehr dafür, dass sich der Hauptwohnsitz zum Beschäftigungsort hin verlagert hat (BFH BStBl 12, 618). Bei Soldaten und kasernierten Bundespolizisten, die nicht verheiratet sind, ist der Wohnsitz maßgeblich, der in der StErklärung angegeben wird; bei verheirateten Soldaten und kasernierten Bundespolizisten ist der Familienwohnsitz maßgeblich (FM MeVo 16.12.2014, BeckVerw 293999).

Nach Trennung/Scheidung von Eheleuten bzw Lebenspartnern gilt die Regelung nicht mehr, da sie einen Familienwohnsitz voraussetzt. Wenn die Eheleute oder Lebenspartner für das Jahr der Trennung noch Zusammenveranlagung wählen (s § 26 I 1, § 26b iVm § 2 VIII EStG), richtet sich daher die örtliche Zuständigkeit nach dem Wohnsitz des jeweiligen Ehegatten bzw Lebenspartners. Denn trotz der Zusammenveranlagung bleibt jeder Ehegatte bzw Lebenspartner Stpfl iSv § 19. Es gilt dann § 25, wenn die getrennt lebenden Eheleute bzw Lebenspartner in den Bezirken verschiedener FÄ wohnen (BFH/NV 02, 621; 08, 732; aA *TK/Drüen* § 19 Rz 5: Zuständigkeitsvereinbarung nach § 27); zu Einzelheiten s auch BayLfSt 11.12.2014, StEd 15, 61.

4 Für **Auslandsbeamte,** die nach § 1 II EStG und früher § 1 II VStG unbeschadet ihres ausl Wohnsitzes unbeschränkt steuerpflichtig sind, ist nach § 19 I 3 1. HS das FA zuständig, in dem sich die öffentliche Kasse, die die Dienstbezüge zahlt, befindet; denn bei diesen Personen kann nicht an die Begriffe Wohnsitz oder gewöhnlicher Aufenthalt angeknüpft werden. Gleiches gilt nach § 19 I 3 2. HS zum einen für Personen iSv § 1 III EStG, die auf Antrag als unbeschränkt steuerpflichtig zu behandeln sind und zusätzlich die Voraussetzungen des § 1 II EStG erfüllen, also

in einem Dienstverhältnis zu einer inländ juristischen Person des öffentlichen Rechts stehen und hierfür Lohn aus einer inl öffentlichen Kasse beziehen, und zum anderen für fiktiv unbeschränkt Stpfl iSv § 1a II 2 EStG.

Der für die Bestimmung der Zuständigkeit **maßgebliche Zeitpunkt** ist der Wohnsitz, den der Stpfl gegenwärtig, dh zum Zeitpunkt der Veranlagung bzw des Verwaltungshandelns, innehat (vgl § 17 Rz 3 sowie BFH/NV 14, 823). Ebenso ist bei Eheleuten bzw Lebenspartnern entscheidend, ob sie im Zeitpunkt der Veranlagung noch einen Familienwohnsitz haben. Wie oben (Rz 3) schon dargelegt worden ist, richtet sich daher nach der Trennung/Scheidung von Eheleuten bzw Lebenspartnern die Zuständigkeit nach dem Wohnsitz des jeweiligen Ehegatten bzw Lebenspartners. Diese Grundsätze gelten auch bei **Gesamtrechtsnachfolge** durch Erbfall (vgl § 45 Rz 2). Hier sind also die Verhältnisse beim Erben maßgebend: Zuständig ist demgemäß das Wohnsitz-FA des Erben, auch wenn es um die Festsetzung der den Erblasser betr Steuer geht (näher § 17 Rz 3). 5

Bei **Einkünften aus nichtselbständiger Arbeit** wird § 19 AO nach der Rspr des BFH durch § 42d III 2 EStG verdrängt, wenn die ESt durch die LSt abgegolten ist, LSt beim ArbN nachgefordert werden soll und der ArbN nicht zur ESt veranlagt worden ist. Zuständig ist dann das Betriebsstätten-FA, weil § 42d III 2 EStG nicht nur eine Ermessensvorschrift sondern auch eine Zuständigkeitsregelung enthält (BFH BStBl 92, 43). Die Zuständigkeit des Betriebsstätten-FA nach § 42d III 2 EStG gilt auch, wenn ein ESt-Bescheid noch nicht ergangen und nur die Vorauszahlungsschuld durch LSt-Nachforderungsbescheid geltend gemacht werden soll (FG Brem EFG 94, 944; *Schmidt/Krüger* § 42d Rz 17). Ist hingegen der ArbN für den Nachforderungszeitraum zur ESt veranlagt worden, ist die Nachforderung durch einen ggf geänderten ESt-Bescheid geltend zu machen (BFH BStBl 92, 565; s auch BFH/NV 14, 229). Die Zuständigkeit dafür richtet sich nach § 19 AO. 6

3. Kein vorhandener Wohnsitz (Abs 2). Abs 2 gilt in Fällen der beschränkten Steuerpflicht, wenn also weder ein Wohnsitz noch ein gewöhnlicher Aufenthalt im Geltungsbereich der AO vorhanden ist. Die örtliche Zuständigkeit richtet sich gem Satz 1 danach, wo sich das **Vermögen befindet** bzw – bei mehreren FÄ – wo sich der wertvollste Teil des Vermögens befindet; der Begriff des Inlandsvermögens bestimmt sich nach § 121 BewG; hierbei sind aber abweichend von § 121 Nr 4 BewG auch Streubesitzbeteiligungen an inl Kapitalgesellschaften von bis zu 10% zu berücksichtigen (AEAO zu § 19 Nr 5 S 1). Ist der Stpfl an einer Personengesellschaft beteiligt, die ein Grundstück verwaltet, kommt es auf den Ort des Grundstücks an (AEAO zu § 19 Nr 5 S 2). Hat der Stpfl **kein Vermögen,** kommt es gem Satz 2 auf den Ort an, an dem die gewerbliche oder berufliche Tätigkeit vorwiegend ausgeübt oder verwertet wird. Der Begriff der Verwertung bestimmt sich nach § 49 I Nrn 3, 4a EStG. 7

4. Wohnsitzgemeinden mit mehreren Finanzämtern (Abs 3). Bei Großstädten mit mehreren FÄ gilt Abs 3, der von Wohnsitzgemeinden mit mehreren Finanzämtern spricht. Abs 3 reagiert damit darauf, dass Stpfl in Großstädten oft in einem anderen FA-Bezirk wohnen als in dem Bezirk, in dem sie ihre **gewerbliche, freiberufliche oder land- und forstwirtschaftliche Tätigkeit** ausüben. Durch Abs 3 kommt es zu einer Zuständigkeitsverlagerung bei Einkünften iSv §§ 13, 15 und 18 I Nr 1 EStG (s Rz 9): Zuständig ist nicht mehr das Wohnsitz-FA, sondern das Betriebs-FA, dh das FA, das an sich für die gewerbliche, freiberufliche oder land- und forstwirtschaftliche Tätigkeit die gesonderte Feststellung nach § 18 vornehmen müsste. 8

Beispiel: A wohnt in Berlin-Zehlendorf und betreibt eine Arztpraxis in Berlin-Reinickendorf. Nach § 19 III 1 ist das FA Berlin-Reinickendorf für die ESt-Veranlagung des A zuständig; eine gesonderte Feststellung findet nicht statt.

Abs 3 vermeidet damit aus Gründen der Verwaltungsvereinfachung die gesonderte Feststellung, indem das an sich für eine gesonderte Feststellung zuständige FA gleichzeitig auch für die ESt für zuständig erklärt wird (BFH/NV 05, 1218); zur Ausnahme s Rz 8 aE. Aus dem Halbsatz in § 180 I 1 Nr 2 Buchst b ergibt sich, dass in diesen Fällen eine gesonderte Gewinnfeststellung nicht stattfindet. Abs 3 wird durch Abs 4 und Abs 5 noch modifiziert (s Rz 12 und 13).

Hat der Stpfl **mehrere Betriebe** oder übt er mehrere freiberufliche Tätigkeiten aus, so greift die Regelung des § 19 III auch dann, wenn die verschiedenen Betriebe bzw die freiberuflichen Tätigkeiten in verschiedenen FA-Bezirken innerhalb der Wohnsitzgemeinde ausgeübt werden. Es können dann nach § 19 III mehrere FÄ zuständig sein, sodass nach § 25 zu verfahren ist (vgl BFH BStBl 01, 116; AEAO zu § 19 Nr 3). Die Betriebs-FÄ, die danach nicht für die ESt-Veranlagungen zuständig werden, haben die in ihrem Bezirk anfallenden Einkünfte gesondert festzustellen (*TK/Drüen* § 19 Rz 11; aA *Schwarz* § 19 Rz 12). Abs 3 gilt weiterhin auch, wenn die Tätigkeiten iSv §§ 13, 15 oder 18 I Nr 1 EStG **daneben** noch außerhalb der Wohnsitzgemeinde (Großstadt) ausgeübt werden. Besteht dann außerhalb der Wohnsitzgemeinde ein Betrieb mit Geschäftsleitung, ist wegen dieser Einkünfte weiterhin eine gesonderte Feststellung notwendig. Bei außerhalb der Wohnsitzgemeinde ausgeübter freiberuflicher Tätigkeit neben einer solchen Tätigkeit innerhalb der Wohnsitzgemeinde ist die gesonderte Feststellung erforderlich, wenn es sich um eine andere Tätigkeit handelt. Anderenfalls gilt § 18 I Nr 3 (BFH BStBl 99, 691).

Abs 3 ist **nicht anwendbar,** wenn das Betriebs-FA, das an sich für die gesonderte Feststellung örtlich zuständig wäre, bereits **sachlich nicht zuständig** ist, weil die sachliche Zuständigkeit aufgrund einer Zuständigkeitsübertragung nach § 17 II 3 FVG (s § 16 Rz 2) auf ein anderes FA übergegangen ist; es bleibt dann bei der Zuständigkeit des Wohnsitz-FA gem Abs 1 (FG BBg EFG 09, 1986).

Beispiel: A wohnt in Berlin-Zehlendorf und ist an einer GmbH & Co KG in Berlin-Reinickendorf beteiligt. Sachlich zuständig für Beteiligungseinkünfte aus einer GmbH & Co KG mit Sitz in Reinickendorf ist in Berlin das FA für Körperschaften IV. Es kommt nicht zu einer Zuständigkeitsverlagerung nach Abs 3 auf das FA Reinickendorf, weil dieses sachlich für die ESt nicht zuständig ist. Das FA für Körperschaften IV wiederum ist nicht das in Abs 3 genannte FA, das an sich *örtlich* für die gesonderte Feststellung zuständig wäre. Es bleibt damit bei der Grundregel des Abs 1, wonach das FA Zehlendorf als Wohnsitz-FA zuständig ist.

9 Abs 3 **gilt nur bei bestimmten Gewinneinkünften,** nämlich bei Einkünften aus Land- und Forstwirtschaft gem § 13 EStG, Gewerbebetrieb gem §§ 15–17 EStG und freiberuflichen Einkünften gem § 18 I Nr 1 EStG. Abs 3 ist hingegen weder bei Überschusseinkünften iSv §§ 19–22 EStG noch bei sonstigen Selbständigen iSv § 18 I Nrn 2–4 EStG anwendbar; anders als § 18 I Nr 3 (s dort Rz 19) differenziert § 19 III also unverändert zwischen freiberuflich Tätigen und sonstigen Selbständigen wie auch § 180 I 1 Nr 2 Buchst b. Nach **Abs 3 S 2** gilt die Vorschrift auch bei **Gewinnanteilen,** wenn sie die einzigen Einkünfte des Stpfl aus diesen Tätigkeiten sind. Es geht um Gewinnbeteiligungen aus gewerblichen, freiberuflichen oder land- und forstwirtschaftlichen Mitunternehmerschaften, weil dann nach § 180 I 1 Nr 2 Buchst a eine gesonderte Gewinnfeststellung stattzufinden hat. Gemeint sind reale Einkünfte. Die bloße Möglichkeit weiterer derartiger gewerblicher Einkünfte reicht nicht aus, um die nach § 19 III 1 begründete Zuständigkeit zu verändern (BFH/NV 05, 1218). Trotz der Zuständigkeitsverlagerung auf das für die Gewinnfeststellung zuständige FA nach § 19 III 2 ist aufgrund der Beteiligungseinkünfte weiterhin eine gesonderte – und auch einheitliche (§ 179 II 2) – Gewinnfeststellung für die Mitunternehmerschaft erforderlich. In Fällen des Abs 3 S 2 wird eine gesonderte Gewinnfeststellung – anders als in Fällen des Abs 3 S 1 (s Rz 8) – also nicht vermieden.

Beispiel: A wohnt in Berlin-Zehlendorf und ist an einer Sozietät in Berlin-Reinickendorf beteiligt. Weitere Einkünfte erzielt er nicht. Nach § 19 III 2 ist das FA Berlin-Reinickendorf für A zuständig, weil es sich bei den Einkünften aus der Sozietät um die einzigen Einkünfte aus §§ 13, 15, 18 I EStG handelt. Hat A hingegen noch ein Einzelunternehmen in Berlin-Spandau, ist das FA Berlin-Spandau nach § 19 III 1 auch für die ESt zuständig, weil die Beteiligungseinkünfte nicht die einzigen Einkünfte iSv §§ 13, 15, 18 I EStG sind. In beiden Fällen ist aber eine gesonderte und einheitliche Feststellung vom FA Reinickendorf für die Einkünfte der Sozietät durchzuführen.

Bei der nach § 19 III 1 oder 2 begründeten Zuständigkeit bleibt es auch dann, wenn der Stpfl später im Bezirk seines Wohnsitz-FA eine Tätigkeit iSv §§ 13, 15, 18 I Nr 1 aufnimmt. In diesem Fall hat das Wohnsitz-FA im Verfahren der gesonderten Feststellung über die in seinem Bezirk erzielten Gewinneinkünfte zu entscheiden (FG Bln EFG 86, 586; *TK/Drüen* § 19 Rz 12; aA *Schwarz* § 19 Rz 14). 10

Die Zuständigkeit des Betriebs-FA iSv Abs 3 geht erst bei einer **Betriebsaufgabe** bzw Aufgabe der freiberuflichen Tätigkeit verloren. In diesem Fall ist das ehemalige BetriebsFA weder für die Veranlagung gem § 19 III noch für die gesonderte Gewinnfeststellung nach § 180 I 1 Nr 2 Buchst b zuständig (BFH BStBl 87, 195; 88, 230; vgl auch § 18 Rz 6), sondern das Wohnsitz-FA. Dessen Zuständigkeit erstreckt sich in zeitlicher Hinsicht auch auf die gesonderte Feststellung für bereits abgelaufene Feststellungszeiträume, wie sich aus § 180 I 2 idF des ZollkodexAnpG v 22.12.2014 (BGBl I, 2417) für Feststellungszeiträume ab 2015 ergibt; s hierzu § 18 Rz 7. Zu Zuständigkeitsfragen beim Wohnsitzwechsel und gleichzeitiger Betriebsaufgabe, bei Betriebsaufgabe ohne Wohnsitzverlegung, Aufteilung sowie Zusammenlegung von Wohnsitz und Geschäftsleitung s BayLfSt 25.3.2015, DB 15, 835, Tz 5, sowie FM NRW 23.9.2015, BeckVerw 319585 Tz 4.

Sofern es bei dem Übergang der Zuständigkeit auf das Wohnsitz-FA zweckmäßiger erscheint, dass weiterhin das Betriebs-FA des aufgegebenen Betriebs die Veranlagung durchführt (wegen der größeren Sachnähe), kann eine **Zuständigkeitsvereinbarung nach § 27** getroffen werden. Wenn das Veranlagungsverfahren schon begonnen hat, kann auch nach § 26 S 2 verfahren werden. Dem steht nicht entgegen, dass Zuständigkeitsvereinbarungen oder § 26 S 2 nicht bewirken können, dass die Voraussetzungen für gesonderte Feststellungen nach § 180 geschaffen werden oder entfallen (s § 18 Rz 30). Wegen § 19 III waren die Voraussetzungen für gesonderte Feststellungen nämlich nie gegeben. 11

5. Zusammenveranlagung in Großstadtfällen (Abs 4). Ehegatten und Lebenspartner in den Großstadtfällen des Abs 3 werden hinsichtlich der Anwendung des Abs 3 nach Abs 4 so behandelt, als ob die von jedem einzelnen Partner erzielten Einkünfte von einem **einzigen** Stpfl allein erzielt worden wären. Die Anwendbarkeit des Abs 4 auch auf Lebenspartner iSv § 15 I Nr 2 folgt aus § 2 VIII iVm §§ 26, 26b EStG, der Lebenspartnern die in Abs 4 angesprochene Möglichkeit der Zusammenveranlagung einräumt. Für die Anwendbarkeit des Abs 4 ist unerheblich, ob die Ehegatten bzw Partner Zusammenveranlagung gem § 26b EStG, Einzelveranlagung gem § 26a EStG oder – bei Ehegatten – getrennte Veranlagung gem § 26a EStG aF gewählt haben. Bei Ehegatten bzw Lebenspartnern gilt Abs 3 demgemäß nicht nur, wenn sich die Betriebe der Stpfl im Bezirk desselben FA befinden (BFH BStBl 01, 116). 12

Beispiel: Eheleute A und B mit Wohnsitz im Bezirk des FA Berlin-Zehlendorf. A betreibt seine Anwaltspraxis im Bezirk des FA Berlin-Reinickendorf, B die Arztpraxis im Bezirk des FA Berlin-Spandau. Gem § 19 IV ist § 19 III anzuwenden: Es ist sowohl das FA Berlin-Reinickendorf als auch das FA Berlin-Spandau zuständig (s Rz 8) und daher nach § 25 zu verfahren.

Erzielt hingegen A nur Beteiligungseinkünfte aus einer Anwaltssozietät in Berlin-Reinickendorf, bleiben diese nach Abs 3 S 2 außer Ansatz, weil es nicht die einzigen Gewinneinkünfte sind. Maßgeblich sind damit die Einkünfte der B, so dass das FA Berlin-Spandau zuständig ist; für die Einkünfte der Sozietät muss das FA Berlin-Reinickendorf eine einheitliche und gesonderte Feststellung gem § 18 I Nr 3, § 180 I 1 Nr 2 Buchst a durchführen (s auch Rz 9).

13 **6. Regelungsmöglichkeit für Ballungsgebiete (Abs 5).** Abs 5 erlaubt es, die Anwendung des Abs 3 in geeigneten Fällen durch RechtsVO einer Landesregierung (Satz 1) oder durch die zuständige oberste Landesfinanzbehörde (Satz 2) **auszudehnen.** Die erforderliche RechtsVO ist bislang aber nicht erlassen worden.

14 **7. Regelungsmöglichkeit für beschränkt Steuerpflichtige (Abs 6).** Durch Abs 6 wird das BMF ermächtigt, die Zuständigkeit in bestimmten Fällen der **beschränkten Steuerpflicht** durch RechtsVO mit Zustimmung des Bundesrats zu regeln. Nach dem BFH soll es sich bei Abs 6 um eine Regelung der sachlichen Zuständigkeit handeln; damit ist zB § 26 nicht anwendbar, weil er einen Wechsel in der örtlichen Zuständigkeit voraussetzt (BFH/NV 15, 306). Dem ist jedoch die systematische Stellung des Abs 6 entgegenzuhalten, der in § 19 iVm § 17 als Regelung der örtlichen Zuständigkeit angesiedelt ist; es handelt sich bei Abs 6 nicht um eine „andere Bestimmung" iSv § 16.

Abs 6 S 1 wurde durch das JStG 2007 angefügt, weil eine örtliche Zuständigkeitsregelung nach § 19 mangels Wohnsitzes, gewöhnlichen Aufenthalts, Vermögens oder Tätigkeit (Abs 1 und 2) in den von Abs 6 erfassten Fällen bislang nicht bestand. Ziel ist – wie bei der UStZustV (s § 21 Rz 3) – eine nach Ansässigkeitsstaat des beschränkt Stpfl differenzierte Zuständigkeit (BT-Drs 16/2712, 78).

Von dieser Ermächtigung hat das BMF Gebrauch gemacht und die **EStZustV** v 2.1.2009 (BGBl I, 3) erlassen. Nach §§ 1 und 2 der EStZustV ist das **FA Neubrandenburg** mWv 1.1.2009 ab VZ 2005 für folgende Fälle zuständig: Nach § 19 VI 1 bei beschränkter Steuerpflicht gem § 49 I Nr 7 EStG (seit VZ 2005) bzw § 49 I Nr 10 EStG (seit VZ 2009) von Personen, die im Ausland ansässig sind und entweder sonstige Einkünfte nach § 22 Nr 1 S 3 Buchst a EStG (Leibrenten und andere Leistungen aus gesetzlichen Rentenversicherungen oder anderen Versorgungseinrichtungen) erzielen oder ab VZ 2009 Einkünfte nach § 22 Nr 5 S 1 EStG (Leistungen aus Pensionsfonds, Pensionskassen und Direktversicherungen) erzielen, soweit die Leistungen auf im Inland steuerfrei gestellten Leistungen oder Zuwendungen beruhen. Außerdem ist das FA Neubrandenburg nach § 19 VI 2 in den Fällen des § 1 III EStG zuständig, in denen ein beschränkt Stpfl, der inl Einkünfte iSv § 49 I Nr 7 bzw Nr 10 EStG erzielt, aufgrund eines Antrags nach § 1 III EStG als unbeschränkt stpfl behandelt wird (s § 1 S 2 EStZustV). Die ursprüngliche Befristung der Zuständigkeit des FA Neubrandenburg bis zum VZ 2013 (§ 2 EStZustV idF v 2.1.2009) ist durch Art 3 der VO v 11.12.2012 (BGBl I, 2637) aufgehoben worden.

§ 20 Steuern vom Einkommen und Vermögen der Körperschaften, Personenvereinigungen, Vermögensmassen

(1) **Für die Besteuerung von Körperschaften, Personenvereinigungen und Vermögensmassen nach dem Einkommen und Vermögen ist das Finanzamt örtlich zuständig, in dessen Bezirk sich die Geschäftsleitung befindet.**

(2) **Befindet sich die Geschäftsleitung nicht im Geltungsbereich des Gesetzes oder lässt sich der Ort der Geschäftsleitung nicht feststellen, so ist das Finanzamt örtlich zuständig, in dessen Bezirk die Steuerpflichtige ihren Sitz hat.**

(3) **Ist weder die Geschäftsleitung noch der Sitz im Geltungsbereich des Gesetzes, so ist das Finanzamt örtlich zuständig, in dessen Bezirk sich Vermögen der Steuerpflichtigen und, wenn dies für mehrere Finanzämter zutrifft,**

das Finanzamt, in dessen Bezirk sich der wertvollste Teil des Vermögens befindet.

(4) **Befindet sich weder die Geschäftsleitung noch der Sitz noch Vermögen der Steuerpflichtigen im Geltungsbereich des Gesetzes, so ist das Finanzamt örtlich zuständig, in dessen Bezirk die Tätigkeit im Geltungsbereich des Gesetzes vorwiegend ausgeübt oder verwertet wird oder worden ist.**

Die Vorschrift regelt nur die Zuständigkeit für die **KSt.** Darüber hinaus gilt § 20 über § 7 I InvZulG 2010 auch für die **Inv-Zul,** die von einer Körperschaft beantragt wird. Erbringt die Körperschaft Bauleistungen und hat sie ihre Geschäftsleitung oder ihren Sitz im Ausland, wird § 20 von § 20a I verdrängt (s § 20a Rz 1 f). 1

§ 20 gilt **nicht für die USt und GewSt** (BFH BStBl 94, 702); diese Zuständigkeit ist in den §§ 21 und 22 abschließend geregelt. Die Zuständigkeit für **Haftungsbescheide** wegen Steuerschulden der Körperschaft nach § 69 bestimmt sich nicht nach § 20, sondern nach § 24 (s § 24 Rz 2).

Maßgeblicher Zeitpunkt für die Zuständigkeit nach § 20 sind die Verhältnisse bei Erlass des StBescheids (BFH/NV 87, 326) bzw bei Erlass der Prüfungsanordnung (FG SchlHol, EFG 10, 686). Zum Zuständigkeitswechsel in Umwandlungsfällen s § 26 Rz 2. Zum Wechsel der örtlichen Zuständigkeit nach § 20 während des Klageverfahrens s § 17 Rz 2.

Nach Abs 1 richtet sich die örtliche Zuständigkeit bei unbeschränkt steuerpflichtigen Körperschaften, Personenvereinigungen und Vermögensmassen iSv § 1 I KStG nach dem **Sitz der Geschäftsleitung** (§ 10). Dies gilt auch für eine von Deutschland aus betriebene britische Limited, sodass es zu einer unterschiedlichen Zuständigkeit für KSt (§ 20: Sitz der Geschäftsleitung) und USt (§ 21 I 2 AO iVm § 1 I Nr 7 UStZustV: FA Hannover-Nord) kommt, es sei denn, die Limited erbringt Bauleistungen und wird von § 20a erfasst (s auch § 21 Rz 3). Bei **Organgesellschaften** befindet sich die Geschäftsleitung idR bei der Organgesellschaft und nicht beim Organträger (BFH BStBl 57, 341). Anders kann dies sein, wenn der Organträger ständig mitentscheidend in die Geschicke der Organgesellschaft eingreift (BFH BStBl 68, 695; 70, 759). Nach Eröffnung des **Insolvenzverfahrens** über das Vermögen einer Kapital- oder Personengesellschaft kann die Geschäftsleitung auf den Insolvenzverwalter übergehen, wodurch ein Zuständigkeitswechsel für die Besteuerung eintreten kann, wenn der Insolvenzverwalter die Geschäfte der Gesellschaft von einem anderen Ort (zB seinem Büro) aus führt, der nicht im Bereich des bisher zuständigen FA liegt (OFD Hannover 23.12.2008, DStR 09, 588). Dieser Zuständigkeitswechsel kann ggf durch eine Verfahrensfortführung durch das bisher zuständige FA gem § 26 S 2 oder durch Zuständigkeitsvereinbarung nach § 27 vermieden werden. 2

Ist eine Geschäftsleitung im Geltungsbereich des Gesetzes nicht vorhanden, entscheidet nach **Abs 2** der **Sitz des Stpfl** (§ 11). Ist weder eine Geschäftsleitung noch ein Sitz im Geltungsbereich des Gesetzes vorhanden (Fall der beschränkten StPflicht nach § 2 Nr 1 KStG), richtet sich die Zuständigkeit gem **Abs 3** nach der **Belegenheit des Vermögens** bzw des wertvollsten Teils des Vermögens; insoweit gelten die Ausführungen zu § 19 II (s § 19 Rz 7) entsprechend (s AEAO zu § 20). Keine Bedeutung mehr hat § 20 III bei der Rückerstattung **gemeinschaftswidrig einbehaltener KapESt** bei beschränkt stpfl ausl Kapitalgesellschaften, die Dividenden aus einer inl Beteiligung von bis zu 15% erhalten haben und nun die einbehaltene KapESt zurückfordern können (BFH/NV 12, 871; EuGH DStR 11, 2038). Denn insoweit ist mWv 29.3.2013 dem BZSt die Zuständigkeit in § 5 Nr 39 FVG übertragen worden (G v 21.3.2013, BGBl I, 561). Zur Rechtslage vor dem Inkrafttreten des § 5 Nr 39 FVG s 13. Aufl Rz 3. 3

Schließlich kann sich nach **Abs 4** die Zuständigkeit auch aus dem **Ort der Ausübung und der Verwertung** der Tätigkeit ergeben (vgl hierzu § 19 Rz 7).

Bei beschränkt stpfl Körperschaften ist unter Tätigkeit diejenige zu verstehen, die im Inland stpfl Einkünfte auslöst (BFH BStBl 93, 462). Bei mehreren solcher Tätigkeiten kommt es darauf an, wo der Schwerpunkt der Tätigkeiten liegt. Lässt sich kein solcher Schwerpunkt feststellen, gilt § 25 (BFH BStBl 93, 462; *TK/Drüen* § 20 Rz 8: ggf auch § 24).

§ 20a Steuern vom Einkommen bei Bauleistungen

(1) [1] **Abweichend von §§ 19 und 20 ist für die Besteuerung von Unternehmen, die Bauleistungen im Sinne von § 48 Abs. 1 Satz 3 des Einkommensteuergesetzes erbringen, das Finanzamt zuständig, das für die Besteuerung der entsprechenden Umsätze nach § 21 Abs. 1 zuständig ist, wenn der Unternehmer seinen Wohnsitz oder das Unternehmen seine Geschäftsleitung oder seinen Sitz außerhalb des Geltungsbereiches des Gesetzes hat.** [2] **Das gilt auch abweichend von den §§ 38 bis 42f des Einkommensteuergesetzes beim Steuerabzug vom Arbeitslohn.**

(2) [1] **Für die Verwaltung der Lohnsteuer in den Fällen der Arbeitnehmerüberlassung durch ausländische Verleiher nach § 38 Abs. 1 Satz 1 Nr. 2 des Einkommensteuergesetzes ist das Finanzamt zuständig, das für die Besteuerung der entsprechenden Umsätze nach § 21 Abs. 1 zuständig ist.** [2] **Satz 1 gilt nur, wenn die überlassene Person im Baugewerbe eingesetzt ist.**

(3) **Für die Besteuerung von Personen, die von Unternehmen im Sinne des Absatzes 1 oder 2 im Inland beschäftigt werden, kann abweichend von § 19 das Bundesministerium der Finanzen durch Rechtsverordnung mit Zustimmung des Bundesrates die örtliche Zuständigkeit einem Finanzamt für den Geltungsbereich des Gesetzes übertragen.**

Abs 1 S 1 geändert durch G v 9.12.04 (BGBl I, 3310).

Übersicht

1 **1. Inhalt.** § 20a führt zu einer Zuständigkeitskonzentration bei **ausl** Bauunternehmen, bei deren ausl ArbN sowie bei ausl Verleihern im Bereich des Baugewerbes. Die Vorschrift knüpft in **Abs 1 S 1** die örtliche Zuständigkeit für die Ertragsbesteuerung ausl Bauunternehmen an die örtliche Zuständigkeit für deren Umsatzbesteuerung gem § 21 (s Rz 3 ff). Darüber hinaus gilt diese Verknüpfung nach **Abs 1 S 2** auch für das Lohnsteuerabzugsverfahren der ArbN des ausl Bauunternehmers (s Rz 7). § 20a **Abs 2** dehnt zusätzlich die besondere Zuständigkeit des Abs 1 S 2 auf die Verwaltung der Lohnsteuer in Fällen der gewerbsmäßigen Arbeitnehmerüberlassung durch ausl Verleiher im Baugewerbe aus (s Rz 8 ff). Schließlich gilt diese besondere Zuständigkeit nach **Abs 3** auch für die Besteuerung der ausl ArbN der ausl Bauunternehmer bzw Verleiher (s Rz 11 ff). Zu Einzelheiten s auch LfSt Nds 2.11.2017, StED 17, 748.

Im Ergebnis wird damit erreicht, dass für die Besteuerung ausl Unternehmen, die Bauleistungen im Bundesgebiet erbringen oder ArbN im Baugewerbe verleihen, sowie für die Besteuerung der ausl ArbN dieser Unternehmen ein je nach Staat **bestimmtes FA zentral zuständig** ist. Durch die Anknüpfung an § 21 durch § 20a I wird eine Aufspaltung der Zuständigkeit für die Ertragbesteuerung einerseits und Umsatzbesteuerung andererseits vermieden (s § 20 Rz 2); dies gilt auch für im Bauleistungsbereich häufig anzutreffende britische Limiteds, die von § 21 I 2 erfasst und zentral beim FA Hannover-Nord geführt werden (s § 21 Rz 3). Darüber hinaus ist das zentrale FA iSv § 21 I 2 auch für die Realsteuern wie die **GewSt** gem § 22 I 2 zuständig. Eine von § 20a, § 21 I 2, § 22 I 2 abweichende Zuständigkeitsvereinbarung kann jedoch nach § 27 zur Vermeidung eines erschwerten Verwaltungsvollzugs mit dem ortsnahen FA herbeigeführt werden, wenn das Unternehmen nur gelegentlich Bauleistungen erbringt, die Bauleistungen im Verhältnis zum Gesamtumsatz nur von untergeordneter Bedeutung sind oder eine zentrale Zuständigkeit weder für den Stpfl noch für die Finanzbehörden zweckmäßig ist (AEAO zu § 20a Nr 2).

Abs 1 ist im Jahr 2001 durch das Gesetz zur Eindämmung illegaler Beschäftigung im Baugewerbe eingefügt worden und steht im Zusammenhang mit den durch dasselbe Gesetz geschaffenen §§ 48 bis 48d EStG. Durch diese Vorschriften des EStG ist ein **besonderes Steuerabzugsverfahren für das Baugewerbe** eingeführt worden. Nach § 48a I EStG ist der Steuerabzug vom Leistungsempfänger bei dem für den Leistenden zuständigen FA anzumelden und an dieses abzuführen. Der Steuerabzug soll in bestimmtem Umfang die Einkommen- und Körperschaftsbesteuerung hinsichtlich des Gewinns des die Bauleistung erbringenden Unternehmers sowie die Besteuerung des Arbeitslohns der beim Erbringen der Bauleistung eingesetzten ArbN sichern (eingehend dazu BMF 27.12.2002, BStBl I, 1399; *Ebling* DStR 01, Heft 51–52, Beihefter).

Für **Bauleistungsunternehmer, die im Inland ansässig sind,** hat § 20a I 2
keine Bedeutung: Hier bleibt es bei der örtlichen Zuständigkeit nach §§ 19 und 20 AO: Ist der Leistende eine natürliche Person, ist also das Wohnsitz-FA gem § 19 zuständig; bei Leistenden, die Körperschaften oder Personenvereinigungen sind, ist es gem § 20 I das FA, in dessen Bezirk sich die Geschäftsleitung befindet (s auch OFD Koblenz 14.1.2011, BeckVerw 246791 Tz 2b). Ebenso gilt § 20a II nur für die LSt bei Überlassung von ArbN durch **ausl Vermittler.**

Ein **Verstoß gegen § 20a** ist nach Maßgabe des § 127 bei gebundenen Entscheidungen wie zB StBescheiden unbeachtlich; ansonsten (dh bei Ermessensentscheidungen) ist der VA rechtswidrig.

2. Zuständigkeit bei Bauunternehmen (Abs 1 S 1). Nach § 20a I 1 AO ist 3
für die Besteuerung von **im Ausland ansässigen** Unternehmern oder Unternehmen, die dem Steuerabzugsverfahren unterworfene Bauleistungen erbringen, das FA zuständig, das auch für die Besteuerung der entsprechenden Umsätze nach § 21 I zuständig ist. Dieses FA ist dann für **folgende Besteuerungen zuständig:** **(1)** für den Steuerabzug durch den Empfänger der Bauleistungen gem § 48a I 2 EStG; **(2)** für die Erteilung etwaiger Freistellungsbescheinigungen für den Leistenden gem § 48b I 1 EStG; **(3)** für die Anrechnung des Steuerabzugs gem § 48c I 1 EStG und eine etwaige Erstattung des Abzugsbetrags gem § 48c II; **(4)** für Entlastungsmaßnahmen nach § 48d II EStG; **(5)** für die Ertragsbesteuerung des Leistenden (vgl auch § 22 I 2), und zwar auch dann, wenn vom Leistungsempfänger kein Steuerabzug vorgenommen worden ist, weil eine Freistellungsbescheinigung (§ 48b EStG) vorgelegt worden ist oder die Betragsgrenzen des § 48 II EStG nicht überschritten worden sind; **(6)** für die USt (aufgrund des Verweises auf § 21 I); **(7)** für den GewSt-Messbetrag und dessen Zerlegung (§ 22 I 2).

a) Bauleistungen. Abs 1 S 1 betrifft nur Unternehmer oder Unternehmen, die 4
Bauleistungen erbringen. Zur Bestimmung des Begriffs der Bauleistungen wird auf § 48 I 3 EStG verwiesen. Danach sind Bauleistungen alle Leistungen, die der Herstellung, Instandsetzung; Instandhaltung, Änderung oder Beseitigung von Bauwerken dienen; zu weiteren Einzelheiten s BMF 27.12.2002, BStBl I 02, 1399 und *Schmidt/Loschelder* § 48 Rz 10 ff.

5 **b) Im Ausland ansässige Unternehmer.** Der Bauunternehmer bzw das Bauunternehmen muss im Ausland ansässig sein, dh entweder seinen Wohnsitz bzw (bei Unternehmen) seine Geschäftsleitung oder seinen Sitz außerhalb des Geltungsbereichs der AO haben. Seinen Wohnsitz hat ein Unternehmer außerhalb des Geltungsbereichs der AO, wenn er keinen Wohnsitz im Inland hat. Es genügt für die Anwendbarkeit des § 20a, wenn auch **nur eines der Kriterien** (Wohnsitz, Geschäftsleitung oder Sitz) sich **im Ausland** befindet (BMF BStBl I 01, 765). Bei einem Einzelunternehmer gilt die Zuständigkeitsregelung daher auch dann, wenn sich der Wohnsitz im Ausland und die Geschäftsleitung im Inland oder die Geschäftsleitung im Ausland und der Wohnsitz im Inland befinden; es ist also für die Anwendbarkeit des § 20a nicht erforderlich, dass er seinen Wohnsitz und seine Geschäftsleitung im Ausland hat. Ebenso reicht es bei Körperschaften oder Personenvereinigungen aus, wenn sich entweder die Geschäftsleitung oder der Sitz des Unternehmens im Ausland befinden. Die Begriffe Wohnsitz, Geschäftsleitung und Sitz bestimmen sich nach §§ 8–11 AO; es kommt nicht auf den umsatzsteuerlichen Begriff der „Ansässigkeit im Ausland" iSv § 13b II Nr 1 UStG an, sodass die umsatzsteuerliche Sichtweise hinsichtlich des Begriffs „Ansässigkeit" (s hierzu EuGH DStR 11, 1947) keine Bedeutung für § 20a hat.

6 **c) Verweisung auf § 21 I.** § 20a I 1 verweist auf § 21 I und damit nach dem Wortlaut auf beide Sätze des § 21 I. Da das BMF aber von der in § 21 I 2 vorgesehenen VO-Ermächtigung Gebrauch gemacht hat (durch **UStZustV v 20.12.2001,** BGBl I, 3794, nunmehr idF v 12.7.2017, BGBl I, 2360), betrifft der Verweis in § 20a I 1 nur § 21 I 2. Denn die Voraussetzungen „Wohnsitz, Sitz oder Geschäftsleitung" im Ausland in § 20a I 1 und § 21 I 2 decken sich. Damit ist die UStZustV nicht nur für die örtliche Zuständigkeit nach § 21 I 2, sondern auch für die örtliche Zuständigkeit gem § 20a I 1 maßgeblich. Danach ist je nach ausl Staat bundesweit grds nur jeweils ein bestimmtes FA in Deutschland zuständig (zB FA Dortmund-Unna für die Türkei).

7 **3. Lohnsteuerabzug vom Arbeitslohn (Abs 1 S 2). § 20a I 2** erstreckt die örtliche Zuständigkeit des § 20a I 1 (für das Steuerabzugsverfahren für Bauleistungen und für die Ertragsbesteuerung von im Ausland ansässigen Unternehmern oder Unternehmen) auch auf den Lohnsteuerabzug vom Arbeitslohn: Es geht dabei um den **vom Bauunternehmer vorzunehmenden Abzug** der LSt; die Besteuerung ausl ArbN richtet sich hingegen nach Abs 3. Die Regelung in Abs 1 S 2 ist eine Sonderregelung ggü den §§ 38 bis 42g EStG, insbes ggü § 41a EStG.

§ 20a I 2 AO betrifft bei **Einzelunternehmern** die Fälle, in denen der Unternehmer seinen Wohnsitz im Ausland, im Inland aber die Geschäftsleitung hat oder umgekehrt. Bei **Körperschaften** und Personenvereinigungen geht es um Fälle, in denen sich der Sitz des Unternehmens im Ausland, die Geschäftsleitung jedoch im Inland befindet oder umgekehrt. Hat der Unternehmer seinen Sitz (bzw Wohnsitz) **und** die Geschäftsleitung im Ausland, gilt § 20a I 2 ebenfalls, wenn der Unternehmer zumindest seinen gewöhnlichen Aufenthalt im Inland hat (§ 9), eine inl Betriebstätte unterhält (§ 12) oder einen ständigen Vertreter im Inland hat (§ 13). § 20a I 2 greift, weil in diesen Fällen der Unternehmer seinen Wohnsitz oder das Unternehmen seine Geschäftsleitung oder seinen Sitz außerhalb des Geltungsbereichs des Gesetzes gem § 20a I 1 hat. Die Pflicht zum Lohnsteuerabzug ergibt sich aus § 38 I 1 Nr 1 EStG.

Kommt § 20a I 2 zur Anwendung, ist das nach der UStZustV iVm § 20a I 1 zentral bestimmte FA (s oben Rz 6) auch für die Verwaltung des Lohnsteuerabzugs vom Arbeitslohn der ArbN zuständig. Der Steuerabzug ist anders als nach § 41a I 1 Nr 1 EStG nicht beim Betriebsstätten-FA sondern bei diesem zentral zuständigen FA anzumelden und abzuführen.

4. Arbeitnehmerüberlassung (Abs 2). Für das Lohnsteuerabzugsverfahren **im Baugewerbe** durch **ausl Verleiher** begründet Abs 2 hinsichtlich der Verwaltung der Lohnsteuer ebenfalls die zentrale Zuständigkeit des nach Abs 1 iVm der UStZustV zuständigen FA. Diese Zuständigkeit verdrängt die Zuständigkeit nach § 41a I 1 Nr 1 iVm § 41 II 2 2. HS EStG und **folgt** damit **der umsatzsteuerlichen Zuständigkeit** nach § 21. Die Einkommensbesteuerung des ausl Verleihers bestimmt sich hingegen nach §§ 19, 20, während sich die Umsatzbesteuerung des ausl Verleihers nach § 21 I 2 richtet (BayLfSt 6.5.2011, BeckVerw 250497 Tz 2.1 und 2.2). 8

Für die **Begriffsbestimmung** des ausl Verleihers verweist die Vorschrift auf § 38 I 1 Nr 2 EStG. Danach handelt es sich um einen ArbG, der einem Dritten (Entleiher) gewerbsmäßig ArbN zur Arbeitsleistung im Inland überlässt, ohne inl ArbG zu sein. Im Gegensatz zum inl ArbG iSv § 38 I 1 Nr 1 EStG handelt es sich bei einem ausl Verleiher um einen gewerbsmäßigen Arbeitnehmerverleiher, der keine Voraussetzung des § 38 I 1 Nr 1 EStG erfüllt (im Inland keinen Wohnsitz, keinen gewöhnlichen Aufenthalt, keine Geschäftsleitung, keinen Sitz, keine Betriebsstätte und keinen ständigen Vertreter). 9

Voraussetzung für die örtliche Zuständigkeit nach § 20a II 2 ist, dass der vom Verleiher überlassene ArbN beim Entleiher **im Baugewerbe eingesetzt** ist. § 20a knüpft an § 101 II SGB III an (früher: § 211 I SGB III aF, s BT-Drs 14/6071, 16; BMF v 27.12.2002, BStBl I, 1399 Tz 5), sodass auf die dortige Definition des Begriffs des Baugewerbes zurückgegriffen werden kann. Demgemäß ist ein Betrieb des Baugewerbes gegeben, wenn er gewerblich überwiegend Bauleistungen auf dem Baumarkt erbringt. 10

5. Besteuerung der ArbeitN (Abs. 3). § 20a III enthält eine VO-Ermächtigung, für die Besteuerung der ArbN der von Abs 1 S 2 oder Abs 2 erfassten ArbG (Bauunternehmer und Verleiher im Baubereich) ebenfalls die örtliche Zuständigkeit für den Geltungsbereich der AO zu übertragen. Voraussetzung für die Übertragung der Zuständigkeit ist also, dass die ArbN bei Unternehmern bzw Unternehmen iSv Abs 1 oder Abs 2 des § 20a beschäftigt sind. 11

Von der VO-Ermächtigung ist Gebrauch gemacht worden durch Erlass der **Arbeitnehmer-ZuständigkeitsVO-Bau** v 30.8.2001 (BGBl I, 2267, nunmehr idF v 8.5.2008, BGBl I, 810). Danach ist für die ESt des Arbeitnehmers, der seinen Wohnsitz im Ausland hat und der von einem Unternehmer iSv § 20a I oder II, dh im Baugewerbe, im Inland beschäftigt wird, das in der UStZustV (s dazu oben Rz 6) für den Wohnsitz des ArbN genannte FA zuständig. Die Arbeitnehmer-ZuständigkeitsVO-Bau erfasst **nur ArbN mit Wohnsitz im Ausland,** obwohl dem Wortlaut des § 20a III nach auch für ArbN mit inländischem Wohnsitz eine zentrale Zuständigkeit geschaffen werden könnte, wenn ihr ArbG im Ausland ansässig ist (vgl *Koenig/Wünsch* § 20a Rz 16). Eine besondere Regelung besteht seit dem 1.4.2008 für **polnische ArbN:** Nach § 1 I 2 Arbeitnehmer-ZuständigkeitsVO-Bau v 8.5.2008 ist für einen ArbN, der seinen Wohnsitz in Polen hat und ArbN eines in Polen ansässigen Baugewerbe-Unternehmens ist, das FA für die ESt dieses ArbN zuständig, das auch für seinen polnischen ArbG zuständig ist. Die Regelung knüpft an § 1 I Nr 20 UStZustV v 12.7.2017 (BGBl I, 3794) an, wonach die Zuständigkeit für die Besteuerung polnischer Baugewerbe-Unternehmen aufgeteilt wird auf das FA Hameln für die Anfangsbuchstaben des Nachnamens A bis G, auf das FA Oranienburg für die Anfangsbuchstaben des Nachnamens oder der Firma H bis M und auf das FA Cottbus für die Anfangsbuchstaben des Nachnamens oder Firma N bis Ż. 12

Durch die VO wird erreicht, dass jeweils **nur noch ein FA** im Bundesgebiet – bei polnischen ArbN und Baugewerbe-Unternehmen: zwei FÄ – für Unternehmer bzw Unternehmen und ArbeitN aus dem jeweiligen Staat zuständig ist (BT-Drs 14/4658, 9), wenn der Sitz des Unternehmers bzw Unternehmens und der

Wohnsitz des ArbN in demselben ausl Staat liegen. Befinden sich der Sitz des ArbG und der Wohnsitz des ArbN dagegen in **verschiedenen ausl Staaten,** ist für den ArbG das für seinen Wohnsitzstaat in § 1 Abs 1 oder 2 UStZustV genannte FA und für den ArbN das für seinen Wohnsitzstaat in § 1 Arbeitnehmer-ZuständigkeitsVO-Bau iVm § 1 UStZustV genannte FA zuständig. Es kommt dann zu auseinanderfallenden Zuständigkeiten (*HHSp/Lange* § 20a Rz 107).

13 Für ausl ArbN, die **außerhalb des Baugewerbes** eingesetzt werden, richtet sich die Zuständigkeit nicht nach § 20a III sondern nach § 19, insbes nach § 19 II 2, sodass es auf den Ort der überwiegenden Ausübung oder Verwertung der Tätigkeit ankommt. Jedoch kann eine hiervon abweichende Zuständigkeitsvereinbarung gem § 27 getroffen werden (s § 27 Rz 1).

§ 21 Umsatzsteuer

(1) [1] **Für die Umsatzsteuer mit Ausnahme der Einfuhrumsatzsteuer ist das Finanzamt zuständig, von dessen Bezirk aus der Unternehmer sein Unternehmen im Geltungsbereich des Gesetzes ganz oder vorwiegend betreibt.** [2] **Das Bundesministerium der Finanzen kann zur Sicherstellung der Besteuerung durch Rechtsverordnung mit Zustimmung des Bundesrates für Unternehmer, die Wohnsitz, Sitz oder Geschäftsleitung außerhalb des Geltungsbereiches dieses Gesetzes haben, die örtliche Zuständigkeit einer Finanzbehörde für den Geltungsbereich des Gesetzes übertragen.**

(2) **Für die Umsatzsteuer von Personen, die keine Unternehmer sind, ist das Finanzamt zuständig, das nach § 19 oder § 20 auch für die Besteuerung nach dem Einkommen zuständig ist; in den Fällen des § 180 Absatz 1 Satz 1 Nummer 2 Buchstabe a ist das Finanzamt für die Umsatzsteuer zuständig, das nach § 18 auch für die gesonderte Feststellung zuständig ist.**

Abs 1 S 2 geändert durch StVergAbG v 16.5.03 (BGBl I, 660); Abs 2 neugefasst durch StModernG v 18.7.16 (BGBl I, 1679).

1 **1. Anwendungsbereich.** Die Vorschrift regelt die örtliche Zuständigkeit für die Umsatzsteuer einschl der entsprechenden Prüfungsanordnung, hat über die USt hinaus jedoch auch Bedeutung im Rahmen des § 20a für die Ertragsbesteuerung sowie für das Lohnsteuerabzugsverfahren bei Bauunternehmen (s § 20a Rz 6). Sie gilt **nicht** für die **EUSt,** die nach der Zuständigkeitsregelung für die Zölle (§ 23) behandelt wird. Die besondere Zuständigkeitsbestimmung des § 16 V 3 UStG bleibt unberührt. Die Haftung für USt bestimmt sich nach § 24, nicht nach § 21.

2 **2. Ort des Unternehmens (Abs 1).** Die Zuständigkeit richtet sich gem **Satz 1** nach dem Ort, wo der Unternehmer sein Unternehmen ganz oder überwiegend betreibt. Zu den Begriffen Unternehmer und Unternehmen s § 2 UStG. Ein Unternehmen wird dort betrieben, wo der Unternehmer seine Tätigkeit anbietet, Aufträge entgegennimmt, ihre Ausführung vorbereitet und wo Zahlungen an ihn geleistet werden (BFH BStBl 71, 518; BFH/NV 01, 742). Das ist idR der Ort der Geschäftsleitung (BFH/NV 99, 747; 01, 742), der nicht mit dem Ort der Leistung oder – bei umsatzsteuerpflichtiger Vermietung eines Grundstücks – mit dem Ort des Grundstücks übereinstimmen und auch nicht der Sitz des Unternehmens sein muss (BFH/NV 01, 742). Eine Betriebstätte iSv § 12 braucht nicht vorhanden zu sein (BFH/NV 99, 747). Hat der Unternehmer mehrere Betriebe, kommt es darauf an, wo der Schwerpunkt der Tätigkeit liegt (BFH/NV 01, 742). Wenn der Unternehmer seinen Betrieb aufgibt, bleibt die Zuständigkeit für die USt erhalten (BFH BStBl 89, 483). Bei Organschaften ist der Organträger der Unternehmer (§ 2 II Nr 2 UStG), während sich bei der KSt die Zuständigkeit idR nach dem Sitz der Organgesellschaft bestimmt (§ 20 Rz 2); die Zuständigkeiten für die USt und KSt können bei Organschaften also auseinander fallen.

§ 21 I 2 enthält eine **VO-Ermächtigung,** für **im Ausland ansässige Unternehmen** die örtliche Zuständigkeit zentral einer FinBeh in Deutschland zu übertragen; dies ermöglicht auch eine Übertragung auf das BZSt. Zur Ansässigkeit im Ausland s § 20a Rz 5. Zum Hintergrund der Änderung des S 2 durch das StVergAbG v 16.5.2003 (BGBl I, 660) s 13. Aufl. 3

Von der Ermächtigung wurde Gebrauch gemacht durch Erlass der **UStZustV** idF des StÄndG 2001 v 20.12.2001 (BGBl I, 3794), zuletzt geändert am 12.7.2017 (BGBl I, 2360), s auch § 20 Rz 6. Nach der UStZustV ist die Zuständigkeit für 34 Staaten jeweils **einem bestimmten FA** (bei Polen: drei FÄ, s § 20 Rz 12) zugewiesen; eine Auffangzuständigkeit für die übrigen Staaten besteht beim FA Berlin-Neukölln (§ 1 II UStZustV). Das BZSt ist nach § 1 IIa UStZustV zuständig für Unternehmer, die in einem Drittland ansässig sind, Dienstleistungen auf elektronischem Wege an Nichtunternehmer erbringen und von dem Besteuerungsverfahren nach § 18 IVc UStG Gebrauch machen.

Da § 20a hinsichtlich der Zuständigkeit für die Ertragsbesteuerung ausl Bauunternehmen auf § 21 I 2 verweist, kommt es bei ausl Unternehmen, die **Bauleistungen** iSv § 48 EStG erbringen, **zu einer einheitlichen Zuständigkeit** für die Ertrags- und Umsatzbesteuerung. Gleiches gilt auch, wenn das Unternehmen im Inland weder est- noch kstpfl ist (AEAO zu § 21), da dann eine Zuständigkeit für die Ertragsbesteuerung nicht zu prüfen ist. Hingegen kann es bei den übrigen ausl Unternehmen, die keine Bauleistungen erbringen, zu einem Auseinanderfallen der Zuständigkeiten kommen (s § 20 Rz 2). Um dies zu vermeiden, kann – mit Zustimmung des Stpfl – eine Zuständigkeitsvereinbarung nach § 27 getroffen werden (AEAO zu § 27 Nr 3); s auch § 27 Rz 1.

3. Fehlende Bestimmbarkeit. Lässt sich die Zuständigkeit nicht mit hinreichender Sicherheit bestimmen, greifen die Vorschriften der §§ 24, 28, 29 und nicht § 25 ein (BFH/NV 99, 747). 4

4. Nichtunternehmer (Abs 2). Die Zuständigkeit für die Umsatzbesteuerung von Nichtunternehmen richtet sich nach Abs 2. Danach ist das für die Einkommensbesteuerung **gem §§ 19, 20 zuständige FA** auch für die Umsatzsteuer zuständig; in den Fällen des § 180 I 1 Nr 2 Buchst a ist das für die gesonderte Feststellung zuständige FA auch für die Umsatzsteuer zuständig. Durch das StModernG v 18.7.2016 ist der Verweis auf § 180 I 1 Nr 2 Buchst a richtig gestellt worden; der vorherige Verweis auf § 180 I Nr 2 Buchst a (also ohne Hinweis auf den dortigen S 1) war durch die Einfügung eines S 2 in § 180 I durch das Zollkodex-AnpG v 22.12.2014 (BGBl I, 2417) unzutreffend geworden. 5

Zur USt-Pflicht eines Nichtunternehmers kann es in den Fällen des § 13a I Nr 2 bis 5 UStG kommen; relevant sind insbes der unberechtigte USt-Ausweis durch einen Nichtunternehmer nach § 14c II iVm § 13a I Nr 4 UStG sowie der innergemeinschaftliche Erwerb eines neuen Fahrzeugs durch einen Nichtunternehmer gem § 1b I, § 13a I Nr 2 UStG.

§ 22 Realsteuern

(1) [1] **Für die Festsetzung und Zerlegung der Steuermessbeträge ist bei der Grundsteuer das Lagefinanzamt (§ 18 Abs. 1 Nr. 1) und bei der Gewerbesteuer das Betriebsfinanzamt (§ 18 Abs. 1 Nr. 2) örtlich zuständig.** [2] **Abweichend von Satz 1 ist für die Festsetzung und Zerlegung der Gewerbesteuermessbeträge bei Unternehmen, die Bauleistungen im Sinne von § 48 Abs. 1 Satz 3 des Einkommensteuergesetzes erbringen, das Finanzamt zuständig, das für die Besteuerung der entsprechenden Umsätze nach § 21 Abs. 1 zuständig ist, wenn der Unternehmer seinen Wohnsitz oder das Unternehmen seine Geschäftsleitung oder seinen Sitz außerhalb des Geltungsbereiches des Gesetzes hat.**

(2) [1] **Soweit die Festsetzung, Erhebung und Beitreibung von Realsteuern den Finanzämtern obliegt, ist dafür das Finanzamt örtlich zuständig, zu dessen Bezirk die hebeberechtigte Gemeinde gehört.** [2] **Gehört eine hebeberechtigte Gemeinde zu den Bezirken mehrerer Finanzämter, so ist von diesen Finanzämtern das Finanzamt örtlich zuständig, das nach Absatz 1 zuständig ist oder zuständig wäre, wenn im Geltungsbereich dieses Gesetzes nur die in der hebeberechtigten Gemeinde liegenden Teile des Betriebes, des Grundstücks oder des Betriebsgrundstücks vorhanden wären.**

(3) **Absatz 2 gilt sinngemäß, soweit einem Land nach Artikel 106 Abs. 6 Satz 3 des Grundgesetzes das Aufkommen der Realsteuern zusteht.**

1 **1. Realsteuern (Abs 1).** Abs 1 betrifft die Zuständigkeit für Realsteuern wie **GrSt und GewSt.** § 22 berücksichtigt, dass sich die Tätigkeit der FÄ bei der Verwaltung der Realsteuern idR auf die Festsetzung und Zerlegung der Steuermessbeträge beschränkt (vgl §§ 184–190). Hierzu gehören auch **Billigkeitsmaßnahmen** hinsichtlich des GewStMessbetrags iSv § 163 **S 1,** dh eine niedrigere Festsetzung des Messbetrags: Für eine derartige Billigkeitsmaßnahme, sind die FÄ ab 2015 nach Maßgabe des § 184 II AO iVm Art 97 § 10c EGAO idF des ZollkodexAnpG v 22.12.2014 (BGBl I, 2417) zuständig, wenn eine Billigkeitsfestsetzung in einer allg Verwaltungsvorschrift der Bundesregierung, der obersten Bundesfinanzbehörde (zB in einem BMF-Schreiben) oder einer obersten Landesfinanzbehörde vorgesehen ist.

2 Hingegen sind die Gemeinden aber auch weiterhin für Billigkeitsmaßnahmen iSv § 163 **S 2** zuständig. Der Streit, ob dies auch die Zuständigkeit für den Erlass der GewSt nach dem sog **Sanierungserlass** v 27.3.2003 (BStBl I, 240) umfasst, ist durch die Entscheidungen des BFH zur Rechtswidrigkeit des Sanierungserlasses nicht hinfällig geworden (BFH BStBl 17, 393; 18, 232, Verfassungsbeschwerde beim BVerfG: Az 2 BVR 2637/17; 18, 236), weil die FinVerw den Sanierungserlass bei einem Sanierungsgewinn, der aufgrund eines Schuldenerlasses bis zum 8.2.2017 entstanden ist, weiterhin anwenden will (BMF 29.3.2018, BStBl I, 588). Sofern es zu einer Anwendung des Sanierungserlasses in diesen Alt-Fällen kommt, bleibt es mE aber trotz der Neuregelung des § 184 II bei der Zuständigkeit der Gemeinden für den Erlass der GewSt (s OFD NRW 6.2.2015, Kurzinfo Gewerbesteuer 2/2015; s auch § 184 Rz 14). Sanierungsgewinne, die nach dem 8.2.2017 entstehen, sind nach § 7b iVm § 36 IIc 1 GewStG idF des G v 27.6.2017 (BGBl I, 2074) gewstfrei, sofern das Gesetz von der EU-Kommission genehmigt wird (Art 6 II des G v 27.6.2017); in diesem Fall stellt sich die Frage der Zuständigkeit nach § 22 nicht mehr.

3 Nach Abs 1 **S 1** ist für die Festsetzung und Zerlegung des **Grundsteuermessbetrags** das LageFA (§ 18 I Nr 1), des **Gewerbesteuermessbetrags** das BetriebsFA (§ 18 I Nr 2) zuständig. Die Vorschrift stellt eine abschließende Regelung für die Realsteuern dar. Für den Erlass eines Gewerbesteuermessbescheids ggü einer GmbH als Geschäftsinhaberin einer stillen Gesellschaft ist daher das BetriebsFA und nicht das KSt-FA (§ 20) sachlich zuständig (BFH BStBl 94, 702). § 22 enthält zwar keine Regelung für die Zuständigkeit für den Erlass von Zuteilungsbescheiden nach § 190. Hier ist jedoch eine sinngemäße Anwendung des Abs 1 geboten (*TK/Drüen* § 22 Rz 7). Auch nach der Gegenmeinung, die § 24 anwenden will (*BG/Schmieszek* § 22 Rz 13), kommt es praktisch zu keinen anderen Ergebnissen (*HHSp/Sunder-Plassmann* § 22 Rz 6). Die Verlegung des Betriebs in ein anderes Bundesland soll nach dem BFH zu einem Wechsel der sachlichen Zuständigkeit führen (BFH/NV 15, 1421).

4 Abs 1 **S 2** steht im Zusammenhang mit § 20a. Er erweitert die Regelung des § 20a I 1 (örtliche Zuständigkeit für die ESt oder KSt und Bauabzugsteuer für im Ausland ansässige Unternehmen oder Unternehmer, die Bauleistungen in Deutschland erbringen) auf die Festsetzung und Zerlegung der GewSt-Messbe-

träge. Da sich die Voraussetzungen für die örtliche Zuständigkeit nach § 22 I 2 mit denen für die örtliche Zuständigkeit nach § 20a I 1 decken, kann wegen näherer Einzelheiten auf die Erläut dort (Rz 2 bis 6) verwiesen werden.

§ 22 regelt **nicht die örtliche Zuständigkeit der Gemeinden** für die Verwaltung der Realsteuern, soweit ihnen diese – wie in den meisten Bundesländern hinsichtlich der StFestsetzung, Erhebung und Beitreibung – nach Art 108 IV 2 GG übertragen worden ist. Denn § 1 II führt die Vorschriften über die örtliche Zuständigkeit nicht auf (*HHSp/Sunder-Plassmann* § 22 Rz 8). Die örtliche Zuständigkeit der Gemeinde bestimmt sich vielmehr nach der Ertragshoheit (vgl § 4 GewStG, § 1 GrStG). 5

2. Keine Übertragung auf Gemeinden (Abs 2). Abs 2 **S 1** regelt den Fall, dass in einem Land von der Möglichkeit der **Übertragung** der Verwaltung der Realsteuern auf die Gemeinden kein Gebrauch gemacht worden ist. Dies betrifft nur **Bremen** als Stadtstaat mit den beiden Gemeinden Bremen und Bremerhaven (s auch BFH/NV 15, 1421). In Bremen ist damit für die Festsetzung, Erhebung und Beitreibung das FA zuständig, zu dessen Bezirk die hebeberechtigte Gemeinde gehört. In **S 2** geregelt ist der – in Bremen relevante – Fall, dass eine hebeberechtigte Gemeinde zu den Bezirken verschiedener FÄ gehört. Die Zuständigkeit bestimmt sich dann nach Abs 1, sodass entweder das LageFA für die GrSt oder das BetriebsFA für die GewSt zuständig ist. 7

3. Stadtstaaten ohne Gemeinden (Abs 3). Soweit in einem Land keine Gemeinden bestehen und daher das Land selbst nach Art 106 VI 3 GG realsteuerberechtigt ist, ordnet Abs 3 die sinngemäße Anwendung des Abs 2 an. Diese Regelung gilt für die Stadtstaaten **Hamburg** und **Berlin** (s auch § 186 Nr 2 S 2). Für die GrSt ist somit das Lage-FA und für die GewSt das Betriebs-FA zuständig (s Rz 4). 8

§ 22a Zuständigkeit auf dem Festlandsockel oder an der ausschließlichen Wirtschaftszone

Die Zuständigkeit der Finanzbehörden der Länder nach den §§ 18 bis 22 oder nach den Steuergesetzen im Bereich des der Bundesrepublik Deutschland zustehenden Anteils an dem Festlandsockel und an der ausschließlichen Wirtschaftszone richtet sich nach dem Äquidistanzprinzip.

Vorschr eingefügt durch KroatienAnpG v. 25.7.14 (BGBl I, 1266).

Schrifttum: *Becker* Gewerbesteuerliche Behandlung von Offshore-Windkraftanlagen in der Ausschließlichen Wirtschaftszone (AWZ) unter Berücksichtigung des StÄnd-AnpG-Kroatien, BB 14, 2270.

Die Neuregelung knüpft an § 1 I 2 EStG, § 1 III KStG und § 2 VII Nr 1 GewStG, jeweils idF v 25.7.2014 (BGBl I, 1266) an. Danach gehört zum Inland auch der Anteil der Bundesrepublik Deutschland am Festlandsockel, soweit dort Naturschätze des Meeresgrunds und Meeresuntergrunds ausgebeutet werden, sowie der Anteil an der ausschließlichen Wirtschaftszone, soweit dort Energieerzeugungsanlagen errichtet oder betrieben werden, die erneuerbaren Energien nutzen; dies betrifft insbes den Betrieb sog Offshore-Windparks und Bohrinseln. Die Begriffe der ausschließlichen Wirtschaftszone und des Festlandsockels werden in Art 55 und 76 des Seerechtsübereinkommens der Vereinten Nationen v 10.12.1992 (BGBl II 94, 1798) definiert. Danach handelt es sich bei der ausschließlichen **Wirtschaftszone** um die 200-Seemeilenzone, während der **Festlandsockel** aus dem Meeresgrund und dem Meeresuntergrund bis zu einer Tiefe von 200 m besteht. Die ausschließliche Wirtschaftszone und der Festlandsockel gehören, soweit sie über das Staatsgebiet – und damit über das Küstenmeer und die 12-Seemeilenzone – hinausgehen, nicht zum deutschen Staatsgebiet und damit nicht zu Finanz- 1 amtsbezirken; jedoch darf Deutschland insoweit Hoheitsrechte ausüben (*BG/Schoenfeld* § 22a Rz 2). Aus diesem Grunde erschien es notwendig, eine Zuständigkeitsregelung für die Landesfinanzbehörden zu schaffen (BT-Drs 18/1529, 81). Dies betrifft die FinBeh der Bundesländer Brem, Hbg, MeVo, Nds und SchlHol; in Nds ist zB das FA Wilhelmshaven zuständig (LfSt Nds 1.12.2017 StEd 18, 28).

2 Die Zuständigkeit für die in den §§ 18 bis 22 genannten Fällen richtet sich nach dem **Äquidistanzprinzip;** dieser Begriff wird weder im Gesetz noch in der BT-Drs (18/1529) definiert, sondern nur in § 137 BBergG genannt, dort aber ebenfalls nicht definiert. Definiert ist das Prinzip jedoch seerechtl durch Art 6 des Übereinkommens über den Festlandsockel v 29.4.1958 sowie durch Art 15 der United Nations Convention on the Law of the Sea v 10.12.1982. Danach dient das Äquidistanzprinzip der Grenzlinienziehung auf hoher See zwischen benachbarten oder gegenüberliegenden Staaten; dabei wird als Grenzlinie die mittlere Linie durch alle Punkte festgelegt, welche gleich weit entfernt (äquidistant) sind von den nächstgelegenen Punkten der Basislinien, von denen aus die Breite des Küstenmeeres jedes dieser Staaten gemessen wird (s auch *Waldhoff/Engler* FR 12, 254, 260f). Nach diesem Prinzip soll die Grenzziehung zwischen den Bundesländern und damit zwischen den Landesfinanzbehörden erfolgen. Ob die Zuständigkeitsregelung des § 22a praxistauglich ist, erscheint fragwürdig; insbes dürfte die vom Gesetzgeber bezweckte Rechtssicherheit (BT-Drs 18/1529, 81) nicht erreicht worden sein. Zudem bestehen finanzverfassungsrechtliche Zweifel hinsichtlich der Verteilung des GewSt-Aufkommens (*Becker* BB 14, 2270, 2274).

3 Eine Verletzung des § 22a führt nach Maßgabe des § 127, dh bei Ermessensentscheidungen, zur Rechtswidrigkeit des VA, nicht aber bei gebundenen Entscheidungen wie StBescheiden.

§ 23 Einfuhr- und Ausfuhrabgaben und Verbrauchsteuern

(1) **Für die Einfuhr- und Ausfuhrabgaben nach Artikel 5 Nummer 20 und 21 des Zollkodex der Union und Verbrauchsteuern ist das Hauptzollamt örtlich zuständig, in dessen Bezirk der Tatbestand verwirklicht wird, an den das Gesetz die Steuer knüpft.**

(2) [1] **Örtlich zuständig ist ferner das Hauptzollamt, von dessen Bezirk aus der Steuerpflichtige sein Unternehmen betreibt.** [2] **Wird das Unternehmen von einem nicht zum Geltungsbereich des Gesetzes gehörenden Ort aus betrieben, so ist das Hauptzollamt zuständig, in dessen Bezirk der Unternehmer seine Umsätze im Geltungsbereich des Gesetzes ganz oder vorwiegend bewirkt.**

(3) **Werden Einfuhr- und Ausfuhrabgaben nach Artikel 5 Nummer 20 und 21 des Zollkodex der Union und Verbrauchsteuern im Zusammenhang mit einer Steuerstraftat oder einer Steuerordnungswidrigkeit geschuldet, so ist auch das Hauptzollamt örtlich zuständig, das für die Strafsache oder die Bußgeldsache zuständig ist.**

Abs 1 und 3 geändert durch ZollkodexAnpG v 22.12.14 (BGBl I, 2417).

1 **1. Inhalt.** Die Vorschrift regelt die örtliche Zuständigkeit bei den Einfuhr- und Ausfuhrabgaben und den Verbrauchsteuern. Abs 1 S 1 ist durch das ZollkodexAnpG v 22.12.2014 mWv 1.5.2016 geändert worden, indem die Bezugnahme auf Art 4 Nrn 10 und 11 des Zollkodexes durch die Bezugnahme auf den ab 1.5.2016 gültigen UZK ersetzt worden ist.

2 **2. Anwendungsbereich.** Zu den in § 23 genannten **Verbrauchsteuern** gehören ua die StromSt, EnergieSt, TabakSt, BierSt, KaffeeSt, AlkopopSt und SchaumweinSt sowie nach § 21 I UStG auch die Einfuhrumsatzsteuer.

Unter den **Einfuhr- und Ausfuhrabgaben** nach Art 5 Nrn 20 und 21 UZK sind nicht nur die Zölle, sondern auch Abgaben mit gleicher Wirkung bei der Ein-

oder Ausfuhr von Waren sowie die bei der Ein- oder Ausfuhr erhobenen Abgaben zu verstehen, die im Rahmen der gemeinsamen Agrarpolitik oder aufgrund der für bestimmte landwirtschaftliche Verarbeitungserzeugnisse geltenden Sonderregelungen vorgesehen sind. Ein Rückgriff auf das Gesetz zur Durchführung der gemeinsamen Marktorganisationen – MOG – (vgl die 7. Aufl Rz 1) wegen des Begriffs der Ein- und Ausfuhrabgaben ist nicht mehr erforderlich. **Nicht erfasst** werden von § 23 weiterhin zB Ausgleichsabgaben, Garantiemengenabgaben, Erstattungen oder Subventionen nach EU-Recht (s auch § 1 Rz 15). Soweit allerdings solche Abgaben und Zahlungen vom MOG erfasst werden, gilt § 23 AO nach § 12 I 1 MOG entsprechend, wenn nicht durch Rechtsverordnungen aufgrund des MOG oder durch das MOG selbst abweichende Regelungen getroffen worden sind (vgl *HHSp/Müller-Eiselt* § 23 Rz 12). IÜ gilt auch im Rahmen des § 23 der § 17, wonach Sonderregelungen und Modifizierungen der örtlichen Zuständigkeit in anderen Gesetzen den Zuständigkeitsvorschriften der AO vorgehen.

Die Änderung des Abs 3 ab 1.5.2016 ist ebenfalls wie bei Abs 1 eine redaktionelle Anpassung an die Ersetzung des ZK durch den UZK ab 1.5.2016 (s § 1 Rz 15).

3. Ort der Tatbestandsverwirklichung (Abs 1). Nach Abs 1 ist das HZA 3
örtlich zuständig, in dessen Bezirk der stl Tatbestand verwirklicht wird. § 23 gilt nicht für den Antrag eines ausl Unternehmens auf steuerbegünstigte Entnahme von Strom (*Pohl/Tervooren* ZfZ 08, 89). Die Hilfszuständigkeit der FinBeh, in deren Bezirk der Anlass für die Amtshandlung hervortritt, ergibt sich aus den für alle Steuern geltenden §§ 24 und 29.

4. Ort des Unternehmens (Abs 2). Nach Abs 2 ist neben dem HZA der 4
Tatbestandsverwirklichung auch das HZA zuständig, von dessen Bezirk aus der Stpfl sein Unternehmen betreibt (vgl dazu § 21 Rz 2). Diese Vorschrift hat insbes Bedeutung für die Durchführung von Außenprüfungen, falls der Stpfl grenzüberschreitenden Warenverkehr über verschiedene Zollstellen abwickelt. Mit dieser Regelung soll für die Ap eine einheitliche Zuständigkeit erreicht werden. Die Vorschrift hat ferner Bedeutung für Stpfl mit mehreren Betrieben, in denen verbrauchsteuerpflichtige Waren hergestellt werden. Die Frage, welches von mehreren örtlich zuständigen FÄ entscheidet, regelt sich nach § 25. Für Unternehmen, die von Orten außerhalb des Geltungsbereichs der AO aus betrieben werden, bestimmt sich die Zuständigkeit nach **§ 23 II 2.** Danach ist das HZA zuständig, in dessen Bezirk der Unternehmer seine inl Umsätze ganz oder vorwiegend bewirkt. Im Zweifel kann auf die Umsatzhöhe abgestellt werden (*Koenig/Wünsch* § 23 Rz 15).

5. Straftaten (Abs 3). Durch den Abs 3 wird im Interesse der Verwaltungsver- 5
einfachung die Möglichkeit geschaffen, dass verkürzte Einfuhr- und Ausfuhrabgaben und Verbrauchsteuern auch von dem Hauptzollamt festgesetzt werden können, das für die Strafsache oder Bußgeldsache zuständig ist (§§ 388–390). Die Regelung gilt nicht für die Strafverfolgung durch den Zoll nach § 12b ZollVG im Bereich der Geldwäsche gem § 261 StGB (*HHSp/Müller-Eiselt* § 23 Rz 41).

§ 24 Ersatzzuständigkeit

Ergibt sich die örtliche Zuständigkeit nicht aus anderen Vorschriften, so ist die Finanzbehörde zuständig, in deren Bezirk der Anlass für die Amtshandlung hervortritt.

Die Vorschrift bildet einen **Auffangtatbestand** für die Fälle, in denen sich aus 1
anderen Vorschriften eine örtliche Zuständigkeit nicht herleiten lässt. Sie gilt daher **nicht** bei **Zuständigkeit mehrerer FinBeh** (zB nach § 18 II oder § 23): In diesen Fällen ist auf § 25 zurückzugreifen. § 24 ist aber anwendbar, wenn sich eine an sich aus den anderen Bestimmungen ergebende Zuständigkeit wegen tatsächlicher Un-

klarheiten nicht feststellen lässt (*BG/Schmieszek* § 24 Rz 7; vgl auch BFH BStBl 93, 462), zB wenn bei ausl ArbN ohne Wohnsitz, gewöhnlichen Aufenthalt und Vermögen der Ort der überwiegenden Tätigkeit iSv § 19 II 2 nicht festgestellt werden kann (s BayLfSt 11.1.2012, StEd 12, 125: für die ESt-Veranlagung ist dann das für die Ausstellung der Bescheinigung nach § 39 III EStG zuständige FA zuständig). Auch bei bewusst widersprüchlichen Angaben des Stpfl zum Wohnsitz oder Sitz kann eine Ersatzzuständigkeit nach § 24 begründet werden. Bei Unaufschiebbarkeit der Maßnahme kann auch § 29 eingreifen, wenn die örtliche Zuständigkeit nicht sofort eindeutig geklärt werden kann (AEAO zu § 24 Nr 2).

2 Nach § 24 ist die FinBeh zuständig, in deren Bezirk der Anlass für die Amtshandlung hervortritt; dies entspricht der Regelung in § 3 I Nr 4 VwVfG. Ein wichtiger Anwendungsbereich der Vorschrift ist der Erlass von **Haftungsbescheiden** gem § 191 iVm §§ 69ff, da die AO für VA in Haftungssachen keine besondere Regelung enthält und § 20 nur die Einkommensbesteuerung der Körperschaft betrifft (s § 20 Rz 1). Für den Erlass eines Haftungsbescheids ist das FA, in dessen Bezirk der Anlass für die Amtshandlung hervortritt, wegen des Sachzusammenhangs regelmäßig das für den StSchuldner zuständige FA (BFH/NV 99, 433; 11, 661; s auch § 191 Rz 87b). Dieser Sachzusammenhang besteht für alle VA, mit denen das FA Verfügungen über den Haftungsanspruch ggü dem Haftungsschuldner trifft, also zB auch für die Entscheidung über den Erlass der Haftungsschuld oder die Rücknahme des Erlasses (BFH/NV 99, 433). **Ausnahmen:** Für die Haftung nach § 73g EStDV iVm § 50a IV EStG ist gem § 73e I 1 EStDV das für die ESt des Vergütungsschuldners zuständige FA zuständig (BFH/NV 05, 1778). Für die Haftung nach § 42d EStG ist das Betriebsstätten-FA des ArbG zuständig (§ 42d III 2 EStG).

Zur möglichen Anwendbarkeit des § 24 für die Zuständigkeit bei der Vollstreckung s § 19 Rz 2.

3 § 24 greift zB auch ein bei Maßnahmen zur **Aufdeckung unbekannter Steuerfälle** durch sog Vorfeldermittlungen nach § 208 I Nr 3. In diesem Fall ist zB für die Zuständigkeit für ein Auskunftsersuchen an einen Dritten (zB an Makler über dessen Auftraggeber) nicht der Wohnsitz, die Geschäftsleitung oder der Sitz dieses Dritten maßgebend, sondern die Zuständigkeit richtet sich nach den §§ 24, 25 (BStBl 14, 225; BFH/NV 92, 791; FG Nds EFG 15, 1662). Auch im internationalen Rechts- und Amtshilfeverkehr kann die Vorschrift von Bedeutung sein. Wird zB im Rahmen des EUAHiG (s § 117 Rz 150ff) das BZSt um Auskunft ersucht, ist die FinBeh nach § 24 zuständig, die das BZSt mit der Erledigung des Auskunftsersuchens beauftragt (*BG/Schmieszek* § 24 Rz 13; *Koenig/Wünsch* § 24 Rz 6). Bei der Erfüllung eines Vollstreckungsersuchens der FinBeh eines Mitgliedstaates der EU ist das FA örtlich zuständig, in dessen Bezirk der Drittschuldner seinen Sitz hat (FG Hbg EFG 86, 608); vgl auch § 29. Die Ersatzzuständigkeit nach § 24 greift **nicht** bei Anträgen auf Erstattung gemeinschaftswidrig einbehaltener **KapESt** (s § 20 Rz 3).

§ 25 Mehrfache örtliche Zuständigkeit

[1] Sind mehrere Finanzbehörden zuständig, so entscheidet die Finanzbehörde, die zuerst mit der Sache befasst worden ist, es sei denn, die zuständigen Finanzbehörden einigen sich auf eine andere zuständige Finanzbehörde oder die gemeinsame fachlich zuständige Aufsichtsbehörde bestimmt, dass eine andere örtlich zuständige Finanzbehörde zu entscheiden hat. [2] Fehlt eine gemeinsame Aufsichtsbehörde, so treffen die fachlich zuständigen Aufsichtsbehörden die Entscheidung gemeinsam.

1 Bei **mehrfacher örtlicher** Zuständigkeit (zB nach § 18 II oder § 23) ist die FinBeh zuständig, die zuerst mit der Sache befasst ist. Zu einer mehrfachen örtli-

chen Zuständigkeit kann es zB bei einem Antrag auf Aufteilung nach § 269 durch zwei Gesamtschuldner oder bei einer Aufspaltung kommen, wenn die nach der Aufspaltung bestehenden Gesellschaften in unterschiedlichen Zuständigkeitsbereichen ihre Geschäftsleitung haben (§ 20 I) bzw ihre Tätigkeit ausüben (§ 21 I); s hierzu BayLfSt 11.6.2013, BeckVerw 275170 Tz 3. Relevant wird die Regelung des § 25 ferner bei einer Trennung von Eheleuten, wenn einer oder beide Ehegatten im Jahr der Trennung in einen anderen FA-Bezirk zieht bzw ziehen und die Zuständigkeit für die Zusammenveranlagung geklärt werden muss (BFH/NV 08, 732; s auch § 19 Rz 3). Es handelt sich bei § 25 um keine Zuständigkeitsvereinbarung nach § 27, da nicht eine an sich unzuständige Behörde zuständig wird.

Die örtlich zuständigen FinBeh können sich gem Satz 1 2. HS 1. Variante auf die Zuständigkeit einer von ihnen **einigen.** Dies gilt auch über die Ländergrenzen hinaus, es sei denn, es besteht ausnahmsweise eine verbandsmäßige Zuständigkeit (s näher § 17 Rz 5). Grds soll das FA zuständig sein, das zuerst mit der Sache befasst war, es sei denn, der dort stl geführte Ehegatte hat keine eigenen Einkünfte oder der andere Ehegatte wird auch zur USt bzw GewSt veranlagt; zu weiteren Einzelheiten s BayLfSt 11.12.2014, StEd 15, 61. Aus der Formulierung des § 26 geht hervor, dass die örtliche Zuständigkeit der übrigen FinBeh durch die Einigung nach § 25 nicht beseitigt wird (BFH BStBl 01, 116). Der Stpfl kann daher bei jeder der örtlich zuständigen Behörden eine wirksame Berichtigungsanzeige iSv § 153 stellen (s § 17 Rz 2). Die **Zustimmung** der Betroffenen ist **nicht erforderlich** (BFH/NV 97, 81; AEAO zu § 25).

Nach Satz 1 2. HS 2. Variante kann auch die gemeinsame **Aufsichtsbehörde** 2
bestimmen, welche FinBeh zuständig sein soll. Eine Bestimmung der zuständigen FinBeh durch die Aufsichtsbehörde ist allerdings nur solange möglich, wie die zuerst befasste FinBeh noch nicht entschieden oder ihre Tätigkeit noch nicht abgeschlossen hat (*TK/Drüen* § 25 Rz 4).

Bei **Fehlen einer gemeinsamen Aufsichtsbehörde** treffen gem **S 2** die fachlich zuständigen Aufsichtsbehörden die Entscheidung gemeinsam. Die Vorschrift gilt auch bei beschränkt Stpfl (BFH BStBl 93, 462). § 25 AO lässt auch eine sachliche Teilung der Aufgaben zu, zB Außenprüfungen werden vom Hauptzollamt am Sitz des Unternehmens, laufende Zollverwaltungsakte jedoch vom Grenzhauptzollamt erledigt.

§ 26 Zuständigkeitswechsel

[1] Geht die örtliche Zuständigkeit durch eine Veränderung der sie begründenden Umstände von einer Finanzbehörde auf eine andere Finanzbehörde über, so tritt der Wechsel der Zuständigkeit in dem Zeitpunkt ein, in dem eine der beiden Finanzbehörden hiervon erfährt. [2] Die bisher zuständige Finanzbehörde kann ein Verwaltungsverfahren fortführen, wenn dies unter Wahrung der Interessen der Beteiligten der einfachen und zweckmäßigen Durchführung des Verfahrens dient und die nunmehr zuständige Finanzbehörde zustimmt. [3] Ein Zuständigkeitswechsel nach Satz 1 tritt so lange nicht ein, wie

1. über einen Insolvenzantrag noch nicht entschieden wurde,
2. ein eröffnetes Insolvenzverfahren noch nicht aufgehoben wurde oder
3. sich eine Personengesellschaft oder eine juristische Person in Liquidation befindet.

S 3 angefügt durch JStG 2008 v 20.12.07 (BGBl I, 3150).

Schrifttum: *Rüsken* Zur Zuständigkeit für einen Abrechnungsbescheid nach Wohnsitzwechsel des Steuerpflichtigen, BFH/PR 11, 431; *Bergan/Martin* Die örtliche Zuständigkeit im Steuererhebungsverfahren – zugleich Anmerkung zum BFH-Urteil 12.7.2011 VII R 69/10, DStR 12, 171.

Übersicht

1 **1. Überblick.** Die Vorschrift regelt den örtlichen Zuständigkeitswechsel, insbes den Zeitpunkt, zu dem die Zuständigkeit auf das neue FA übergeht, sowie die Möglichkeit, das Verwaltungsverfahren unter bestimmten Voraussetzungen noch fortführen zu können. Ein Wechsel in der sachlichen Zuständigkeit fällt nicht unter § 26 (BFH/NV 15, 306, 1421). Der Zuständigkeitswechsel wird in Fällen des S 3 (Insolvenz, Liquidation) zeitlich gesperrt (s Rz 19). § 26 erfasst alle **laufend veranlagten Steuern,** bei denen sich die Umstände, die die Zuständigkeit begründen (Wohnsitz, Geschäftsleitung usw), ändern können. Die Vorschrift gilt nach dem BFH aber nicht für das Erhebungsverfahren wie zB einen Abrechnungsbescheid (BFH/NV 11, 1936); hier soll es also bei der Zuständigkeit desjenigen FA bleiben, das den streitigen Anspruch festgesetzt hat (s § 218 Rz 34d). Dem BFH ist nicht zu folgen (zur Begründung s § 19 Rz 2), sodass § 26 richtigerweise auch für das Erhebungs- sowie das Vollstreckungsverfahren anwendbar ist.

Die Zuständigkeit hat Auswirkungen auf die Steuerberechtigung der Länder (vgl Art 107 I GG).

2 **2. Zeitpunkt und Folgen des Zuständigkeitswechsels (S 1). a) Fälle des** **…ständigkeitswechsels.** Zum Zuständigkeitswechsel kommt es insbes bei einem **…ohnsitzwechsel** einer natürlichen Person (vgl § 19 I sowie Rz 5 für den Fall …ner gleichzeitigen Betriebsaufgabe) oder bei einer **Verlegung der Geschäftslei-…ung** oder des Sitzes einer juristischen Person (vgl § 20 I, II). Zur Gesamtrechts-…achfolge bei natürlichen Personen s § 17 Rz 3; zu weiteren Einzelheiten bei Be-…triebs- und Wohnsitzverlegung s OFD Nds 20.1.2016, BeckVerw 323189; zum Zuständigkeitswechsel beim Kindergeld s Abschn V 3.3 DA-KG 2017.

Zu einem Zuständigkeitswechsel kann es auch bei **Verschmelzungen, Umwandlungen und Anwachsungen** kommen, wenn diese Vorgänge zu einer Gesamtrechtsnachfolge führen und der Gesamtrechtsnachfolger seine Geschäftsleitung oder seinen Sitz gem § 20 I, II, § 22 I bzw seinen überwiegenden Tätigkeitsort iSv § 21 I im Zuständigkeitsbereich eines anderen FA hat und eines der FÄ hiervon erfährt. Die örtliche Zuständigkeit richtet sich also nach den Verhältnissen des Gesamtrechtsnachfolgers, dh des übernehmenden Rechtsträgers (FM NRW 20.4.2012, DB 12, 1596). Zu einer Gesamtrechtsnachfolge kommt es aber nur im Bereich der **Betriebssteuern** (GewSt-Messbetrag, USt) sowie der **KSt,** nicht bei der einheitlichen und gesonderten Feststellung, bei der die Zuständigkeit unverändert bestehen bleibt. Zur Gesamtrechtsnachfolge und damit zu einem Zuständigkeitswechsel kann es daher in den folgenden Fällen kommen (BayLfSt 11.6.2013, BeckVerw 275170; FM NRW 20.4.2012, DB 12, 1596): **(1)** bei Verschmelzung einer Kapitalgesellschaft auf eine andere Kapitalgesellschaft, sodass das FA der übernehmenden Kapitalgesellschaft für die USt, KSt und den GewSt-Messbetrag zuständig wird; **(2)** bei Verschmelzung einer Personengesellschaft auf eine andere Personengesellschaft, soweit es um die USt und den GewSt-Messbetrag geht; im Bereich der einheitlichen und gesonderten Feststellung kommt es hingegen nicht zu einer Gesamtrechtsnachfolge und damit auch nicht zu einem Zuständigkeitswechsel; **(3)** bei Verschmelzung einer Kapitalgesellschaft auf eine Personengesellschaft, soweit es um die KSt, USt und den GewSt-Messbetrag geht; im Bereich der einheitlichen und gesonderten Feststellung kommt es hingegen nicht zu einer Gesamtrechtsnachfolge und damit auch nicht zu einem Zuständigkeitswechsel; **(4)** bei einer nicht nur formwechselnden Umwandlung, soweit es um die USt, KSt und den GewSt-Messbetrag geht, nicht jedoch hinsichtlich der einheitlichen und gesonderten Feststellung; **(5)** bei einer Anwachsung gem § 738 BGB auf den verbleibenden Gesellschafter einer Personengesellschaft, nachdem der vorletzte Gesellschafter ausgeschieden ist, soweit es um die USt und den GewSt-Messbetrag geht; hingegen tritt im Rahmen der einheitlichen und gesonderten Feststellung keine Gesamtrechtsnachfolge des verbleibenden Gesellschafters ein (BayLfSt 5.5.2015, DStR 15, 1388). Zur Möglichkeit einer Zuständigkeitsvereinbarung in den vorstehend genannten Fällen der Gesamtrechtsnachfolge s § 27 Rz 1. Hingegen tritt bei der **Aufspaltung kein Zuständigkeitswechsel** nach § 26 ein (s § 25 Rz 1).

b) Zeitpunkt. Der Zuständigkeitswechsel tritt nach S 1 in dem Zeitpunkt ein, in dem entweder das bisher zuständige FA oder das neu zuständig werdende FA **hiervon erfährt** (BFH/NV 07, 870). Vgl auch § 3 III VwVfG. Entscheidend ist die positive Kenntnis und nicht ein Kennenmüssen oder Kennenkönnen (BFH BStBl 14, 819). Allein der Eintritt der die Zuständigkeit verändernden Umstände genügt also nicht für den Zuständigkeitswechsel. Aus Gründen der Rechtssicherheit und Praktikabilität müssen die die Zuständigkeit ändernden Umstände aus der Sicht der betroffenen FÄ sogar zweifelsfrei feststehen (BFH BStBl 89, 483; 14, 819; FG SachsAnh BeckRS 2012, 95308) und sind aktenkundig zu machen (AEAO zu § 26 Nr 1). Bei Verschmelzungen, Umwandlungen und Anwachsungen (s Rz 2) tritt der Zuständigkeitswechsel in dem Moment ein, in dem eines der FÄ von der Verschmelzung oä Kenntnis erhält. Sofern der Zuständigkeitswechsel unzweckmäßig erscheint, kann entweder das bisher für die übertragende Gesellschaft zuständige FA die bereits begonnenen Veranlagungsverfahren gem S 2 fortführen (s Rz 10 ff) oder es kann eine Zuständigkeitsvereinbarung gem § 27 getroffen werden (BayLfSt 11.6.2013, BeckVerw 275170, sowie BayLfSt 5.5.2015, DStR 15, 1388; FM NRW 20.4.2012, DB 12, 1596 Tz 5). Entsprechendes gilt in Umwandlungsfällen, sofern die Umwandlung zu einer Gesamtrechtsnachfolge führt (zu Einzelheiten s Rz 2). 3

c) Folgen des Zuständigkeitswechsels. Der Zuständigkeitswechsel wirkt sich nicht nur auf aktuelle und künftige, sondern auch auf frühere, **noch nicht abgeschlossene Veranlagungszeiträume** aus; er tritt in dem Stadium ein, in dem sich das Verfahren jeweils befindet, sodass auch ein noch nicht abgeschlossenes Veranlagungsverfahren auf das neue FA übergehen kann (BayLfSt 27.10.2017, BeckVerw 347967 Tz 1; s auch BayLfSt 11.12.2014, StEd 15, 61: Zuständigkeit bei geschiedenen bzw getrennt lebenden Ehegatten auch für VZ vor der Trennung). Anders ist dies nur, wenn die Zuständigkeit an ein früheres Ereignis (wie zB § 35 I ErbStG) anknüpft. Ist das maßgebliche Verwaltungshandeln hingegen bereits abgeschlossen, verbleibt es hinsichtlich dieses Verwaltungshandelns bei der Zuständigkeit des bisherigen FA (BFH/NV 14, 823). Zu Auswirkungen im Einspruchs- und Klageverfahren s Rz 23 f. 4

Mit dem Wechsel der örtlichen Zuständigkeit wird das nunmehr zuständig gewordene FA **Verfahrensbeteiligter** (BFH BStBl 79, 169). Das gilt auch dann, wenn die die Zuständigkeit begründenden Umstände sich in der Person des Gesamtrechtsnachfolgers ändern, der Steuerfall aber den Rechtsvorgänger betrifft (FG Hbg EFG 89, 490; näher § 17 Rz 3). Die Beauftragung eines anderen FA mit einer Ap wird hinfällig, wenn die Zuständigkeit der beauftragenden Behörde für die Besteuerung und damit für die Ap entfällt (FG Köln EFG 91, 110).

d) Betriebsaufgabe. Bei einer Wohnsitzverlegung unter **gleichzeitiger** Betriebsaufgabe sind die noch ausstehenden **BetriebsSt-Veranlagungen** noch von 5 dem bisher zuständigen FA abzuwickeln. Dies ergibt sich unmittelbar aus der AO, weil die Wohnsitzverlagerung für die Betriebssteuern keine Bedeutung hat (s § 21 Rz 2 für die USt, für die Realsteuern § 22 I und für die Verbrauchsteuern § 23 II), und wird durch den AEAO zu § 26 Nr 3 klargestellt. Es wechselt lediglich die Zuständigkeit für die Personensteuern; zu Einzelheiten s auch OFD Nds 20.1. 2016, BeckVerw 323189 Tz 3.3. Laut AEAO aaO hat aber das bisherige FA im Wege der Amtshilfe noch den Gewinn aus der Zeit bis zur Betriebsaufgabe zu ermitteln und dem neuen Wohnsitz-FA mitzuteilen. Zur Möglichkeit einer Zuständigkeitsvereinbarung gem § 27 s § 27 Rz 1. § 26 AO gilt nicht bei der GewSt, wenn der Betrieb in ein anderes Bundesland verlegt wird, da dies ein Wechsel der sachlichen Zuständigkeit ist (BFH/NV 15, 1421).

10 **3. Fortführung durch bisher zuständige Behörde (S 2).** Die bisher zuständige FinBeh kann im Interesse der Verwaltungsökonomie (s Rz 14) nach **S 2** das Verfahren fortführen, wenn die **andere Behörde zustimmt** (s Rz 12). In diesem Fall kommt es zur örtlichen Zuständigkeit einer an sich nicht mehr zuständigen FinBeh.

11 Das Verwaltungsverfahren muss allerdings schon **begonnen haben** (BFH BStBl 02, 406). Erfährt das FA erst nach Abschluss der Veranlagung von den Umständen, die zu einem Zuständigkeitswechsel führen, darf es von nun an keine Ap mehr anordnen, da das Außenprüfungsverfahren ein neues Verwaltungsverfahren darstellt (BFH/NV 14, 823; FG BaWü EFG 09, 1182). Hierfür wäre die Zustimmung des Stpfl nach § 27 erforderlich (FG Nds EFG 83, 530). S 2 berechtigt nicht dazu, die Zuständigkeit eines FA zu schaffen, wenn die Zuständigkeit bei Vornahme der Verwaltungsentscheidung noch gar nicht vorhanden war (FG Bln EFG 83, 268).

Abzulehnen ist die Auffassung des FG RhPf (EFG 81, 24; 91, 162), wonach bei Verlegung des Wohnsitzes in ein anderes Bundesland ohne die wirksame Zustimmung des zuständig gewordenen FA das frühere FA absolut unzuständig geworden sei. Dieser Fehler sei offenkundig und besonders schwerwiegend und führe daher zur Nichtigkeit der von diesem Bescheid nach Zuständigkeitswechsel ergangenen Bescheide (ablehnend auch *TK/Drüen* § 26 Rz 16). Entgegen der Auffassung des FG RhPf gibt es bei der ESt keine an den Ländergrenzen endende verbandsmäßige Zuständigkeit oder etwas ähnliches (s näher § 17 Rz 5), sondern nur bei der GrSt, GrESt und GewSt (BFH/NV 15, 1421).

12 Erforderlich ist nach S 2 die **Zustimmung** des neu zuständigen **FA.** Die Zustimmung muss unmissverständlich ggü dem bisher zuständigen FA erklärt werden (FG Nds EFG 14, 1838). Keine Zustimmung (auch nicht konkludente Zustimmung) liegt vor, wenn das neu zuständige FA seine Zuständigkeit bestreitet oder verkennt (FG Sachs BeckRS 2009, 26029200). Die Zustimmung ist kein VA, da sie nur behördenintern wirkt, und daher nicht anfechtbar (BFH/NV 10, 2230).

Die Zustimmung muss nicht unverzüglich, dh vor der Amtshandlung der an sich nicht mehr zuständigen Behörde, eingeholt werden, sondern kann nach § 126 I Nr 5 noch **bis zum Abschluss des Einspruchsverfahrens** nachgeholt werden (*BG/Schmieszek* § 26 Rz 23); danach ist eine Nachholung gem § 126 II nicht mehr möglich (vgl FG Hbg EFG 91, 440). Nicht zu folgen ist der Gegenauffassung, die eine unverzügliche Zustimmung fordert (FG RhPf EFG 81, 24; 91, 162; FG Bln EFG 83, 268; FG Hbg EFG 89, 490; 97, 1418; *TK/Drüen* § 26 Rz 12; *Koenig/Wünsch* § 26 Rz 21); denn diese zeitliche Vorgabe ist aus dem Gesetz nicht abzuleiten.

Eine einmal erteilte Zustimmung kann **nicht rückgängig** gemacht werden. Ebenso kann die Verweigerung der Zustimmung oder eine Absprache, dass das neu zuständige FA das Verfahren übernimmt, nicht später durch eine Zustimmung abgelöst werden (FG RhPf EFG 91, 162; 97, 1418). Das Erfordernis der Rechtssicherheit und Praktikabilität verbietet es, dass die FÄ die Zuständigkeit hin und her schieben. Gleichermaßen sind auch Absprachen und Anordnungen unzulässig, nach denen eine Zustimmung durch die zuständig gewordene FinBeh für eine Gruppe von Fällen oder unter bestimmten Voraussetzungen als erteilt gilt (*Koenig/Wünsch* § 26 Rz 21; BayLfSt 27.10.2017, BeckVerw 347969; aA *BG/Schmieszek* § 26 Rz 20). Die erforderliche Zustimmung der neu zuständigen Behörde kann nicht durch eine Zustimmung oder Genehmigung des Stpfl ersetzt werden (FG Hbg EFG 97, 1418).

Für die Fortführung des Verwaltungsverfahrens ist hingegen **keine Zustimmung** des **Steuerpflichtigen** erforderlich, weil keine neue Zuständigkeit begründet wird und eine missbräuchliche Anwendung der Vorschrift kaum in Betracht kommen dürfte; anders dagegen bei der Zuständigkeitsvereinbarung nach § 27. Bei § 26 geht es lediglich um die zeitliche Abgrenzung von zwei gegebenen Zuständigkeiten. Der Stpfl muss aber vorher **angehört** werden, weil nur so sein Interesse gewahrt werden kann (FG RhPf EFG 81, 24; FG Hbg EFG 85, 3; FG Köln EFG 91, 110; *TK/Drüen* § 26 Rz 7). Nr 2 des AEAO zu § 26 bestimmt, dass der Stpfl gehört werden „soll" und dass er von der Fortführung des Verwaltungsverfahrens zu benachrichtigen ist (ähnlich *BG/Schmieszek* § 26 Rz 20). Die Anhörung kann sowohl durch die bisher zuständige Behörde als auch durch das neu zuständige FA erfolgen (*Koenig/Wünsch* § 26 Rz 18; aA *TK/Drüen* § 26 Rz 7; FG Köln EFG 91, 110, wonach nur das bislang zuständige FA anhören muss). Unterbleibt die Anhörung, kann dieser Fehler nach § 126 I Nr 3 noch bis zum Abschluss des Einspruchsverfahrens geheilt werden. 13

Die **Verwaltungsökonomie** iSv § 26 S 2 ist zu bejahen, wenn das Veranlagungsverfahren kurz vor dem Abschluss steht, eine bereits durchgeführte Ap noch durch das FA ausgewertet werden soll, Pfandsachen bereits zur Verwertung abgeholt wurden, für die Bearbeitung eines Steuerfalles die Kenntnis der besonderen örtlichen Gegebenheiten erforderlich ist und das zuständig gewordene FA darüber nicht verfügt oder der Stpfl die Fortführung beantragt und hierfür sonstige wichtige Gründe benennt (LfSt RhPf 13.2.2017, BeckVerw 339417, Tz 2.1; OFD Nds 20.1.2016, BeckVerw 323189, Tz 2). 14

Auch im Fall der Verlegung der Geschäftsleitung weg vom Wohnsitz oder hin zum Wohnsitz kann die Zuständigkeit für die Betriebssteuern und für ein etwaiges Einspruchsverfahren noch beim bisher zuständigen FA verbleiben, falls die Veranlagung innerhalb kurzer Zeit ohne Schwierigkeit möglich ist (BayLfSt 25.3.2015, DB 15, 835, Tz 4 und 5; FM NRW 23.9.2015, BeckVerw 319585, Tz 4); zu beachten ist im Fall der Zusammenlegung von Wohnsitz und Betrieb die Neuregelung des § 180 I 2 für die gesonderte Feststellung nach § 180 I 1 Nr 2b für vorangegangene Feststellungszeiträume (s hierzu § 18 Rz 3 sowie § 180 Rz 33). Denkbar sind auch spezielle Kenntnisse oder Erfahrungen des bislang zuständigen FA, auf die es in dem Fall ankommt (*TK/Drüen* § 26 Rz 8). Zur gerichtlichen Überprüfbarkeit s Rz 15.

Die Fortführung des Verwaltungsverfahrens durch das bisher zuständige FA ist eine **Ermessensentscheidung,** die allerdings durch unbestimmte Rechtsbegriffe (Wahrung der Interessen der Beteiligten, einfache und zweckmäßige Durchführung) eingegrenzt wird (FG RhPf EFG 91, 162). Die richtige Handhabung dieser unbestimmten Rechtsbegriffe ist durch die Gerichte nachprüfbar (FG RhPf EFG 91, 162; FG Köln EFG 91, 110). Die Zustimmung selbst ist hingegen nicht anfechtbar (s Rz 12). 15

19 **4. Zeitlicher Ausschluss des Zuständigkeitswechsels (S 3).** Ein Zuständigkeitswechsel findet nach § 26 S 3 so lange nicht statt, bis ein **Insolvenzverfahren** oder eine **Liquidation abgeschlossen** ist; S 3 beinhaltet damit eine **zeitliche Sperre** für den Zuständigkeitswechsel. S 3 wurde durch das JStG 2008 (BGBl I, 3150) angefügt und gilt ab dem 29.12.2007. Der Grund für seine Anfügung liegt zum einen in der Verfahrensökonomie, da gerade bei komplizierten Fällen die bisherige Zuständigkeit des FA nicht kurz vor dem Erlöschen der Steuerpflicht auf

ein anderes FA übergehen soll (BT-Drs 16/6290, 80). Zum anderen soll in Insolvenzfällen sog Firmenbestattern die Möglichkeit genommen werden, die durch den Zuständigkeitswechsel gewonnene Zeit zur unrechtmäßigen Verwertung des Vermögens des Stpfl zu nutzen (BT-Drs aaO; kritisch hierzu *TK/Drüen* § 26 Rz 14a; s auch BayLfSt 18.5.2015, DStR 15, 1388). Die Regelungsmöglichkeit des § 26 S 2 ist hierfür nicht ausreichend, weil eine Beibehaltung der Zuständigkeit des bisherigen FA nach § 26 S 2 nicht möglich ist, wenn das Verwaltungsverfahren bei Veränderung der die Zuständigkeit begründenden Umstände noch nicht begonnen worden ist (s Rz 11). Dauert ein Insolvenzverfahren über mehrere Veranlagungszeiträume an, gilt § 26 S 2 allenfalls für den ersten Veranlagungszeitraum, nicht aber für die folgenden Veranlagungszeiträume.

Der Zuständigkeitswechsel ist gesperrt, solange einer der drei Voraussetzungen des § 26 S 3 im Zeitpunkt der Veränderung der die örtliche Zuständigkeit begründenden Umstände vorliegt. So bleibt es nach **S 3 Nr 1** bei der bisherigen Zuständigkeit, solange über einen Insolvenzantrag iSv §§ 13 oder 305 InsO (Verbraucherinsolvenz) noch nicht entschieden worden ist; die Sperre des Zuständigkeitswechsels endet erst mit der Ablehnung der Eröffnung des Insolvenzverfahrens mangels Masse nach § 26 InsO oder der Eröffnung des Insolvenzverfahrens nach § 27 InsO. Ist das Insolvenzverfahren bereits eröffnet gewesen, bleibt nach **S 3 Nr 2** die Zuständigkeit des bisherigen FA so lange bestehen, bis das Insolvenzverfahren nach Vollzug der Schlussverteilung durch Beschluss des Insolvenzgerichts gem § 200 InsO oder nach Bestätigung des Insolvenzplans gem § 258 I InsO aufgehoben wird. Die Einstellung des Insolvenzverfahrens nach §§ 211 ff InsO wird vom Wortlaut der Nr 2 zwar nicht erfasst; insoweit ist aber eine sinngemäße Anwendung geboten, da anderenfalls das bisher zuständige FA zuständig bliebe, obwohl das Insolvenzverfahren durch Einstellung beendet ist. Gleichermaßen endet die Sperre des S 3 bei Annahme eines Schuldenbereinigungsplans gem § 308 II InsO. **S 3 Nr 3** betrifft die Liquidation bei Personengesellschaften und juristischen Personen. Die Liquidation beginnt bei juristischen Personen und Personenhandelsgesellschaften mit der Auflösung und endet mit der Löschung im Handelsregister (für die GmbH: §§ 60, 74 I 2 GmbHG; für die AG: §§ 262, 273 I 2 AktG; für die OHG und KG: §§ 145, 157 I sowie § 161 II HGB); bei der GbR tritt an die Stelle der Liquidation die Auseinandersetzung, die mit der Auflösung gem § 726 BGB beginnt und mit der vollständigen Verteilung des Gesellschaftsvermögens gem §§ 733 ff BGB endet. Zu weiteren Einzelheiten s FM NRW 7.12.2017, AO-Kartei NW, § 26 AO Karte 801.

22 **5. Zuständigkeitsfehler.** Für einen VA, der unter Verletzung des § 26 erlassen wird, gilt § 127 (vgl BFH/NV 89, 690), sodass ein Zuständigkeitsfehler bei Ermessensentscheidungen relevant ist, nicht aber bei gebundenen Entscheidungen wie StBescheiden. Eine Heilung kann aber dadurch eintreten, dass die neu zuständige Behörde die Einspruchsentscheidung erlässt (s näher § 17 Rz 4).

23 **6. Auswirkungen auf das Einspruchs- und Klageverfahren.** § 26 wirkt sich nur auf das Einspruchsverfahren, nicht aber auf ein Rechtsmittelverfahren (Klage) aus.

Im **Einspruchsverfahren** ist § 26 S 1 anwendbar. Kommt es zu einem Zuständigkeitswechsel nach § 26 S 1, weil das bisherige oder das neue FA von den veränderten Umständen erfahren, so ist das neue FA auch für ein **bereits anhängiges Einspruchsverfahren** zuständig, wie sich aus § 367 I 2 ergibt. Zieht hingegen ein Stpfl während des Einspruchsverfahrens um und teilt er dies weder dem bislang noch dem nunmehr örtlich zuständigen FA mit und kann der neue Wohnsitz trotz Nachfrage beim Einwohnermeldeamt und beim StB des Stpfl nicht festgestellt werden, ist das ursprünglich zuständige FA mangels Kenntnis von den geänderten Umständen auch für den Erlass der Einspruchsentscheidung zuständig (FG Hess EFG 88, 60). Die Fortführung des Rechtsbehelfsverfahrens durch die bisher zuständige Behörde ist nach § 26 S 2 möglich, wenn eine der beiden Behörden während des Verfahrens von dem Übergang der Zuständigkeit erfährt (§ 367 I 2 2. HS). Führt das bisher zuständige FA das Einspruchsverfahren gem § 26 S 2 fort, ist auch ein etwaiger **AdV-Antrag** iSv § 361 AO, § 69 FGO gegen dieses FA zu richten; ohne Fortführung iSv § 26 S 2 ist hingegen das neu zuständig gewordene FA Antragsgegner im AdV-Verfahren (FG Mster EFG 09, 1663; 10, 1878). Generelle Absprachen über die Fortführung des Einspruchsverfahrens durch das bisher zuständige FA sind mit § 26 S 2 nicht vereinbar, da sonst die Interessen der Beteiligten nicht ordnungsgemäß gewahrt werden könnten (FG BaWü EFG 87, 274; *TK/Drüen* § 26 Rz 12).

Wenn der Zuständigkeitswechsel während des **Klageverfahrens** eintritt, ergibt sich daraus nach § 63 FGO grds **kein Beteiligtenwechsel,** da die Klage gegen das FA zu richten ist, das den VA erlassen oder unterlassen bzw die Einspruchsentscheidung erlassen hat (s BFH/NV 08, 1451; 10, 663; s auch § 16 Rz 2). Nach stRspr des BFH tritt ein Beteiligtenwechsel auf Seiten des Beklagten (FA) während des Klageverfahrens nur dann ein, wenn durch Organisationsakt die **Bezirksgrenzen von FÄ** verändert werden oder sich die sachliche Zuständigkeit einer FinBeh ändert, zB aufgrund einer Änderung der ZuständigkeitsVO auf der Grundlage des § 17 FVG, und dadurch während des Klageverfahrens ein FA neu zuständig wird. Es handelt sich insoweit aber um einen Wechsel der sachlichen Zuständigkeit (s näher § 16 Rz 2). Ändern sich während des Veranlagungsverfahrens die Zuständigkeitsvoraussetzungen und führt aber das ursprünglich für den Verwaltungsakt zuständige FA das begonnene Verwaltungsverfahren nach § 26 S 2 mit Zustimmung des neu zuständig gewordenen FA fort, bleibt das bisher zuständige FA auch im anschließenden Klageverfahren richtiger Beklagter (vgl BFH/NV 98, 420; 06, 805). 24

§ 27 Zuständigkeitsvereinbarung

[1]Im Einvernehmen mit der Finanzbehörde, die nach den Vorschriften der Steuergesetze örtlich zuständig ist, kann eine andere Finanzbehörde die Besteuerung übernehmen, wenn der Betroffene zustimmt. [2]Eine der Finanzbehörden nach Satz 1 kann den Betroffenen auffordern, innerhalb einer angemessenen Frist die Zustimmung zu erklären. [3]Die Zustimmung gilt als erteilt, wenn der Betroffene nicht innerhalb dieser Frist widerspricht. [4]Der Betroffene ist auf die Wirkung seines Schweigens ausdrücklich hinzuweisen.

S 2 bis 4 angefügt durch StÄndG 2003 v 15.12.03 (BGBl I, 2645).

1. Zuständigkeitsvereinbarung. Eine Vereinbarung mit Zustimmung des Stpfl ermöglicht eine von den Regelungen über die örtliche Zuständigkeit **abweichende Begründung der Zuständigkeit** (S 1). Im Gegensatz zur Verständigung nach § 25, bei der sich mehrere örtlich zuständige FÄ einigen, geht nach § 27 die Zuständigkeit auf ein an sich **örtlich unzuständiges** FA über (s § 25 Rz 1); die Rechtsfolge des § 27 entspricht damit der des § 26 S 2 (s § 26 Rz 10). Die Ertragshoheit für die Steuern verbleibt aber bei dem örtlich zuständigen FA und dem dahinter stehenden Bundesland (OFD Nds 4.1.2010, BeckVerw 234806). § 27 gilt nach § 365 I auch im Einspruchsverfahren (*TK/Drüen* § 27 Rz 5). Über das Einvernehmen der beiden FÄ und die Zustimmung des Betroffenen hinaus gibt es keine weiteren Einschränkungen für die Zulässigkeit von Zuständigkeitsvereinbarungen. Eine einschränkende Auslegung des § 27 dahin, dass die Zuständigskeitsvereinbarung der Verfahrensökonomie dienen müsse, findet im Gesetz keine Grundlage (*HHSp/Sunder-Plassmann* § 27 Rz 20; *BG/Schmieszek* § 27 Rz 12; aA *TK/Drüen* § 27 Rz 7). Da es um die Ermessensausübung des FA geht, muss sich der Abschluss einer Zuständigkeitsvereinbarung aber an Gründen der Zweck- 1 mäßigkeit orientieren. Beachtenswerte Interessen des Stpfl können dabei eine Rolle spielen (*HHSp/Sunder-Plassmann* § 27 Rz 20; vgl auch *Koenig/Wünsch* § 27 Rz 10).

In der Praxis relevant wird die Zuständigkeitsvereinbarung bei einem **Auseinanderfallen der Zuständigkeiten** für USt einerseits und KSt bzw ESt andererseits (s § 20 Rz 2 und § 21 Rz 3). Hier soll nach AEAO Nr 3 zu § 27 eine Zuständigkeitsvereinbarung zugunsten des für die Ertragbesteuerung (KSt, ESt) zuständigen FA herbeigeführt werden, wenn **(1)** der Einzelunternehmer sein Unternehmen ganz oder überwiegend im Inland betreibt, aber sowohl im Inland als auch im Ausland einen Wohnsitz hat oder wenn **(2)** eine Kapitalgesellschaft ihren statuarischen Sitz im Ausland und ihre Geschäftsleitung im Inland hat und ihr Unternehmen ganz oder überwiegend im Inland betreibt; damit sind vor allem von Deutschland aus gesteuerte Limiteds gemeint. Eine Zuständigkeitsvereinbarung zugunsten des ortsnahen FA kommt weiterhin in Fällen der **zentralen Zuständigkeit nach § 20a** in Betracht, wenn die Bauleistungen nur von geringer Bedeutung sind (§ 20a Rz 1 sowie AEAO Nr 2 zu § 20a). Auch in Fällen der **Umwandlung,** Anwachsung oder Verschmelzung (s auch § 26 Rz 2) kommt eine Zuständigkeitsvereinbarung in Betracht (BayLfSt 11.6.2013, BeckVerw 275170, sowie BayLfSt 5.5.2015, DStR 15, 1388; FM NRW 20.4.2012, DB 12, 1596, Tz 5). Weiterhin ist eine Zuständigkeitsvereinbarung zugunsten des sich nach der Arbeitnehmer-ZuständigkeitsVO-Bau (s § 20a Rz 12) ergebenden FA möglich bei **ausl Leiharbeitnehmern,** die **außerhalb** des Baugewerbes tätig sind (BayLfSt 6.5.2011, BeckVerw 250497, Tz 2.4.2). Bei Gesamtrechtsnachfolge durch den überlebenden Ehegatten (s § 17 Rz 3) kann eine Zuständigkeitsvereinbarung getroffen werden, um zu verhindern, dass die Zusammenveranlagung von zwei verschiedenen FÄ durchgeführt wird (BayLfSt 21.5.2013, DStR 13, 1609). Schließlich kann auch in Fällen der **Betriebsaufgabe** und gleichzeitiger Wohnsitzverlegung (s § 26 Rz 5) die Zuständigkeit des neuen Wohnsitz-FA für die Festsetzung und Erhebung der noch offenen Betriebssteuern vereinbart werden (zu weiteren Einzelheiten in Fällen der Betriebsaufgabe bei gleichzeitiger Wohnsitzverlegung vgl OFD Nds 20.1. 2016, BeckVerw 323189 Tz 4).

Wie im Wortlaut deutlich zum Ausdruck kommt, gilt die Regelung **nur für die örtliche** Zuständigkeit. Zuständigkeitsvereinbarungen über die sachliche oder über die funktionelle Zuständigkeit sind daher nicht möglich (FG Ddorf EFG 14, 813), ebenso nicht über die verbandsmäßige Zuständigkeit (zur verbandsmäßigen Zuständigkeit s § 17 Rz 5). Soweit keine verbandsmäßige Zuständigkeit ausnahmsweise gegeben ist, sind Zuständigkeitsvereinbarungen auch zwischen FÄ verschiedener Bundesländer zulässig (BFH/NV 87, 326; FG Thür EFG 12, 894; *TK/Drüen* § 27 Rz 4; aA FG RhPf EFG 91, 162).

2 **2. Einvernehmen.** Das Einvernehmen setzt zwei übereinstimmende Entschließungen der beiden FÄ voraus, dh insbes eine Zustimmung des an sich zuständigen FA (FG SachsAnh BeckRS 2009, 26029541). Die Zustimmung ist **ausdrücklich** zu erklären und sollte aus den Akten ersichtlich sein; Schweigen oder fehlender Widerspruch reichen ebenso wenig aus (BFH BStBl 02, 406) wie eine Duldung (FG Mchn 4 K 733/01, nv). Zweifelh erscheint die Auffassung des FG Thür (EFG 12, 894), wonach die Übersendung der Akten durch das zuständige FA an das neue FA und die Durchführung der Veranlagung durch das neue FA eine Zuständigkeitsvereinbarung begründen soll; denn dem neuen FA war die fehlende originäre Zuständigkeit und damit der Abschluss einer Vereinbarung möglicherweise nicht bewusst. Eine bestimmte **Form** ist **nicht erforderlich** (BFH BStBl 02, 406). Die Zuständigkeitsvereinbarung stellt keinen öffentlich-rechtlichen Vertrag dar, da nur ein Einvernehmen zwischen den beiden FÄ herzustellen ist (*TK/Drüen* § 27 Rz 10; aA *BG/Schmieszek* § 27 Rz 9, wonach Ähnlichkeit mit einem öffentlich-rechtlichen Vertrag besteht).

Die Zustimmung ist **kein VA,** da sie nicht an den Stpfl adressiert ist, sondern nur behördenintern wirkt; sie ist dem Stpfl aber (formlos) bekannt zu geben. Insoweit gelten also die gleichen Grundsätze wie bei § 26 S 2 zur Zustimmung (s § 26 Rz 12).

3. Zustimmung des Stpfl. Im Gegensatz zu § 26 S 2 (Fortführung des Verfahrens durch das bisher zuständige FA) ist für die Zuständigkeitsvereinbarung nach § 27 die Zustimmung des Stpfl erforderlich. Sie muss **ausdrücklich erklärt** werden; die kommentarlose Einreichung der StErklärung beim neuen FA genügt mE nicht (aA FG Thür EFG 12, 894). Für die Zustimmung ist keine bestimmte Form vorgeschrieben; allerdings ist die Zustimmungsfiktion des S 3 zu beachten (s Rz 6). Die Zustimmung darf nicht unter einer Bedingung erteilt werden und kann nur mit Wirkung für die Zukunft widerrufen werden (AEAO zu § 27 Nr 2). Sie kann auch nicht erzwungen werden. Will der Stpfl eine Zuständigkeitsvereinbarung nach § 27 verhindern, braucht er bloß seine Zustimmung zu verweigern. 3

Gibt der Betroffene selbst die **Anregung** zu einer Zuständigkeitsvereinbarung, ist die Anregung als Zustimmung zu werten (*TK/Drüen* § 27 Rz 11). Der Betroffene hat aber keinen Anspruch, dass seiner Anregung stattgegeben wird (*TK/Drüen* § 27 Rz 9). Der Abschluss einer Zuständigkeitsvereinbarung oder die Ablehnung des Abschlusses sind auch **keine anfechtbaren VA** (*TK/Drüen* § 27 Rz 15 mwN). Gleiches gilt für das Einvernehmen der an sich zuständigen FinBeh (s Rz 2). 4

4. Fiktion der Zustimmung. Nach S 2 bis 4 wird die Zustimmung fingiert, wenn der Stpfl einer Aufforderung eines der FÄ zur Erklärung der Zustimmung innerhalb einer ihm gesetzten angemessenen Frist **nicht widerspricht** und er ausdrücklich auf die Wirkung des Schweigens hingewiesen worden ist. Diese Regelung dient der Verwaltungsvereinfachung (BT-Drs 15/1562, 55). Bis zur Einführung der S 2 bis 4 durch das StÄndG 2003 konnten Schweigen oder fehlender Widerspruch des Betroffenen auf eine entsprechende Anfrage der FinBeh nicht für sich als Zustimmung gewertet werden (BFH BStBl 02, 406). Ob eines der FÄ von der Aufforderung zur Erklärung der Zustimmung unter Fristsetzung Gebrauch macht, steht ebenso wie die Zuständigkeitsvereinbarung als solche in seinem Ermessen. Die gesetzte **Frist muss angemessen** sein, dh dem Stpfl ausreichend Zeit für seine Entscheidung lassen (*BG/Schmieszek* § 27 Rz 14). Wie lange dies ist, hängt von den Umständen des Einzelfalls ab. IdR wird die übliche Monatsfrist ausreichend sein (*BG/Schmieszek* § 27 Rz 14). Insbes bei Fällen mit Auslandsbezug kann dies aber anders sein; hier erscheint unter Heranziehung des Rechtsgedanken des § 122 II Nr 2 eine Frist von zwei Monaten angemessen. Bei einer unangemessen kurzen Frist tritt die Fiktion nicht ein, ebenso bei Unterlassen des ausdrücklichen Hinweises auf die Folgen des Schweigens gem S 4 (*Koenig/Wünsch* § 27 Rz 15). 6

5. Zuständigkeitsfehler. Zu einem Verstoß gegen die Zuständigkeit kann es im Rahmen des § 27 kommen, wenn entweder das neue FA tätig wird, obwohl die Voraussetzungen des § 27 nicht erfüllt waren (zB fehlende Zustimmung des Stpfl), oder wenn trotz wirksamer Zuständigkeitsvereinbarung das bisherige FA weiterhin tätig wird. Derartige Fehler in der örtlichen Zuständigkeit führen nicht zur Nichtigkeit des Bescheids. Der Bescheid ist lediglich **rechtswidrig;** nach § 127 kann seine Aufhebung aber nicht allein wegen des Zuständigkeitsverstoßes beansprucht werden, wenn es sich um eine gebundene Entscheidung handelte (zB StBescheid, vgl BFH/NV 12, 67 und 71). Zu einer Aufhebung kann es **nur bei Ermessensentscheidungen** kommen (FG Hbg EFG 14, 1838; s § 127 Rz 4). 7

§ 28 Zuständigkeitsstreit

(1) [1]**Die gemeinsame fachlich zuständige Aufsichtsbehörde entscheidet über die örtliche Zuständigkeit, wenn sich mehrere Finanzbehörden für zuständig oder für unzuständig halten oder wenn die Zuständigkeit aus anderen Gründen zweifelhaft ist.** [2]**§ 25 Satz 2 gilt entsprechend.**

(2) **§ 5 Abs. 1 Nr. 7 des Gesetzes über die Finanzverwaltung bleibt unberührt.**

1 **1. Kompetenzstreit (Abs 1).** Die Vorschrift regelt die Fälle des negativen und positiven Kompetenzkonflikts und die der Zuständigkeitszweifel. Anders als bei § 25 geht es um Fälle, in denen objektiv nur ein FA zuständig ist, aber zwischen mehreren FÄ Meinungsverschiedenheiten darüber bestehen, welche von ihnen dies ist (*TK/Drüen* § 28 Rz 2). Für die Klärung ist die fachlich zuständige **Aufsichtsbehörde,** also regelmäßig die OFD oder – soweit diese nicht besteht – das Finanzministerium des Landes bzw der Finanzsenator gem § 2a FVG zuständig. Die entsprechende Anwendung des § 25 **S 2** bezieht sich auf die Fälle, in denen eine gemeinsame Aufsichtsbehörde fehlt: Die fachlich zuständigen Aufsichtsbehörden treffen die Entscheidung dann gemeinsam. Aufsichtsbehörde ist bei Steuern, die im Auftrag des Bundes verwaltet werden, auch das BMF (Art 85 IV iVm Art 108 II 2 GG).

2 Weisungen im Rahmen des § 28 I müssen sich im Rahmen der bestehenden Gesetze halten. Die Aufsichtsbehörde kann daher keine Weisung dahin erteilen, dass ein nach § 26 nicht mehr zuständiges FA tätig wird (FG BaWü EFG 87, 274).

3 **2. BZSt als Aufsichtsbehörde (Abs 2).** Gem § 28 Abs 2 bestimmt das BZSt nach § 5 I Nr 7 FVG das zuständige FA bei Personen, die **nicht** in der Bundesrepublik **ansässig** sind, wenn sich mehrere FÄ für örtlich zuständig oder unzuständig halten oder wenn sonst Zweifel über die örtliche Zuständigkeit bestehen.

§ 29 Gefahr im Verzug

[1]**Bei Gefahr im Verzug ist für unaufschiebbare Maßnahmen jede Finanzbehörde örtlich zuständig, in deren Bezirk der Anlass für die Amtshandlung hervortritt.** [2]**Die sonst örtlich zuständige Behörde ist unverzüglich zu unterrichten.**

§ 29 erfasst Fälle, in denen die Zuständigkeit entweder nicht sofort eindeutig geklärt werden kann, eine sonst nicht zu bewältigende Notsituation vorliegt, zB Gefahr einer verspäteten Anmeldung von Steueransprüchen im Insolvenzverfahren (BFH BStBl 10, 562), oder es sich um unaufschiebbare Maßnahmen handelt wie zB Fahndungs- oder Vollstreckungsmaßnahmen (s auch AEAO Nr 2 zu § 24); die Veräußerung eines im FA-Bezirk belegenen Grundstücks begründet aber keine Gefahr im Verzug (FG Nds EFG 14, 1838). Die Vorschrift dürfte für das StRecht nur selten praktisch werden; sie entspricht § 3 IV VwVfG.

§ 29a Unterstützung des örtlich zuständigen Finanzamts auf Anweisung der vorgesetzten Finanzbehörde

[1]**Die oberste Landesfinanzbehörde oder die von ihr beauftragte Landesfinanzbehörde kann zur Gewährleistung eines zeitnahen und gleichmäßigen Vollzugs der Steuergesetze anordnen, dass das örtlich zuständige Finanzamt ganz oder teilweise bei der Erfüllung seiner Aufgaben in Besteuerungsverfahren durch ein anderes Finanzamt unterstützt wird.** [2]**Das unterstützende Finanzamt handelt im Namen des örtlich zuständigen Finanzamts; das Verwal-**

tungshandeln des unterstützenden Finanzamts ist dem örtlich zuständigen Finanzamt zuzurechnen.

Vorschr eingefügt durch StModernG v 18.7.2016 (BGBl I, 1679).

1 § 29a soll die Flexibilisierung der Arbeitsorganisation der FinVerw verbessern, indem ein erhöhter Arbeitsanfall bei einem FA auf ein anderes – an sich örtlich nicht zuständiges – FA oder auch auf mehrere andere FÄ vorübergehend verteilt werden kann (BT-Drs 18/7457, 60). Dies soll möglich sein, ohne dass die Mitarbeiter des anderen FA versetzt werden oder räumlich umgesetzt werden müssen.

§ 29a gilt ab 23.7.2016. Die Regelung begründet **keine Pflicht** zur Verteilung von Arbeit auf andere FinBeh. Auch schränkt die Regelung die bereits bestehenden Möglichkeiten, auf Mehrarbeit mittels Versetzungen oder Umsetzungen zu reagieren, nicht ein.

2 Die Anordnung über die Unterstützung durch ein anderes FA wird von der obersten LandesFinBeh (FinMin bzw Senat) oder von der von ihr beauftragten Landesfinanzbehörde (zB OFD) getroffen. Die Anordnung **ändert nichts an der örtlichen Zuständigkeit** des unterstützten FA; das unterstützende FA wird also nicht örtlich zuständig, sondern handelt nach S 2 für das örtlich zuständige, unterstützte FA. Anders als bei § 27 kommt es also nicht zu einer Zuständigkeitsübertragung. Im Kern handelt es sich bei § 29a nicht um eine Zuständigkeitsregelung, sondern um eine **Amtshilferegelung,** die systematisch zu den §§ 111 bis 115 gehört.

Der Stpfl ist über eine Anordnung nach § 29a zu informieren, wenn das unterstützende FA ggü dem Stpfl auftritt oder wenn der Stpfl beim unterstützten FA, dh seinem örtlich zuständigen FA, Fragen stellt (BT-Drs 18/7457, 60). Die Anordnung ist nicht anfechtbar.

Vierter Abschnitt. Verarbeitung geschützter Daten und Steuergeheimnis

§ 29b Verarbeitung personenbezogener Daten durch Finanzbehörden

(1) **Die Verarbeitung personenbezogener Daten durch eine Finanzbehörde ist zulässig, wenn sie zur Erfüllung der ihr obliegenden Aufgabe oder in Ausübung öffentlicher Gewalt, die ihr übertragen wurde, erforderlich ist.**

(2) [1] **Abweichend von Artikel 9 Absatz 1 der Verordnung (EU) 2016/679 ist die Verarbeitung besonderer Kategorien personenbezogener Daten im Sinne des Artikels 9 Absatz 1 der Verordnung (EU) 2016/679 durch eine Finanzbehörde zulässig, soweit die Verarbeitung aus Gründen eines erheblichen öffentlichen Interesses erforderlich ist und soweit die Interessen des Verantwortlichen an der Datenverarbeitung die Interessen der betroffenen Person überwiegen.** [2] **Die Finanzbehörde hat in diesem Fall angemessene und spezifische Maßnahmen zur Wahrung der Interessen der betroffenen Person vorzusehen; § 22 Absatz 2 Satz 2 des Bundesdatenschutzgesetzes ist entsprechend anzuwenden.**

Eingefügt durch BVGuaÄndG 2017 v 17.7.17 (BGBl I 2541) mit Geltung ab 25.5.18, Art 31 IV des BVGuaÄndG.

Schrifttum: *Krumm* Grundfragen der steuerlichen Datenverarbeitung, DB 17, 2182; BMF v. 12.1.18, BStBl I 185.

Übersicht

1 **1. Allgemeines. Geltungsbereich.** Die Vorschriften dieses Vierten Abschnitts ergänzen die Regelungen, welche die Union in der Verordnung (EU) 2016/679 des Europäischen Parlaments und des Rates vom 27.4.2016 zum Schutz natürlicher Personen bei der Verarbeitung personenbezogener Daten, zum freien Datenverkehr und zur Aufhebung der Richtlinie 95/46/EG (**Datenschutz-Grundverordnung**; ABl-EU Nr L 119, 1; DS-GVO) getroffen hat. Diese gilt unmittelbar; die in § 29b ff enthaltenen Regelungen treten neben sie und sind unbeschadet der unmittelbaren Geltung der Datenschutz-Grundverordnung erforderlich, um die den Mitgliedstaaten dort eingeräumten Regelungsspielräume auszufüllen bzw Regelungsvorbehalten Rechnung zu tragen. Dieses für die Übersichtlich des Datenschutzregimes missliche Nebeneinander zweier eng miteinander verzahnter Regelungswerke schien dem Gesetzgeber offenbar deshalb unvermeidlich, weil er sich nicht befugt sah, die vom Unionsrecht getroffenen Regelungen – wiederholend und mithin deklaratorisch – in die AO zu übernehmen (vgl *Myssen/Kraus* DB 17, 1860 mit Hinw auf EuGHE 73, 101).

2 Die §§ 29b ff beruhen auf einem von den Fraktionen CDU/CSU/SPD in die Ausschussberatungen eines Gesetzes eingebrachten Antrags, welches ursprünglich das Bundesversorgungsgesetz (BVG) im Hinblick auf die Vermögensschonbeträge ändern sollte. Hierauf umfangreiche und bedeutsame Änderungen aufzusatteln und damit den Gang der **Gesetzesberatungen** entscheidend zu verkürzen, hat nachvollziehbare verfassungsverfahrensrechtliche Kritik erfahren (vgl *Myssen/Kraus* DB 17, 1860). Tragfähige Gründe für die Annahme einer formellen Verfassungswidrigkeit der betreff AO-Vorschriften dürften jedoch nicht bestehen, zumal gerade diese – neben zahlreichen anderen, vergleichbaren bereichsspezifischen Datenschutzregeln – Gegenstand einer eingehenden öffentlichen Anhörung unter Schirmherrschaft des Ausschusses für Arbeit und Soziales gewesen sind.

3 Der Grund für dieses – in der Verfassungswirklichkeit nicht ungewöhnliche, wenn auch angesichts des Umfangs und der Bedeutung der erst in der Ausschussberatung eingebrachten Vorschriften fragwürdige – Prozedere dürfte nicht die Vermeidung oder zumindest Verschleierung einer öffentlichen Debatte über den steuerlichen Datenschutz gewesen sein. Vielmehr wurde angestrebt, die betreff AO-Vorschriften frühzeitig vor dem Inkrafttreten der Datenschutz-Grundverordnung (DS-GVO) am 25.5.2018 zu verabschieden, um den Betroffenen, insbes den durch die Regelungen angesprochnen unterschiedlichen FinBeh ausreichend **Vorbereitungszeit** für deren Anwendung zu geben (vgl *Myssen/Kraus* DB 17, 1860).

5 Neben §§ 29b ff und der Datenschutz-Grundverordnung gelten das **BDSG** ebenso wie etwaige andere Datenschutzvorschriften des Bundes nur dann, wenn auf diese in einem anderen Gesetz ausdrücklich verwiesen wird (§ 2a I 2 BDSG); die Datenschutzgesetze der Länder gelten für die Verwaltung bundesgesetzlich geregelter Steuern nicht, auch nicht insoweit, als diese von Landesfinanzbehörden verwaltet werden.

7 §§ 29b ff und die DS-GVO gelten **in personeller Hinsicht** umfassend für lebende und tote natürliche Personen, Körperschaften und Personenvereinigungen sowie Vermögensmassen, auch wenn diese nicht rechtsfähig sind (§ 2a V). Die Geltung der DS-GVO beruht allerdings lediglich auf der (dynamischen) Verweisung des § 2a V Hbs 2, da ihre unmittelbare Geltung gem Art 4 Nr 1 DS-GVO auf (identifizierte oder identifizierbare) *natürliche* Personen beschränkt ist.

8 **In sachlicher Hinsicht** gelten die vorgenannten Vorschriften für die Verwaltung bundesgesetzlich geregelter Steuern und damit gem § 1 II auch für Ein- und Ausfuhrabgaben und darüber hinaus im Rahmen der Aufgaben der FinBeh bei der

Überwachung des grenzüberschreitenden Warenverkehrs. Sie gelten nicht für die Verarbeitung personenbezogener Daten im Rahmen des steuerlichen Straf- und Ordnungswidrigkeitenrechts; insofern gelten die Vorschriften des Ersten und des Dritten Teils des BDSG, soweit gesetzlich nichts anderes bestimmt ist (§ 2a IV).

2. Zulässigkeit der Verarbeitung personenbezogener Daten. § 29b soll eine Rechtsgrundlage für die Verarbeitung personenbezogener Daten auf der Grundlage des Art 6 I Buchst e, II der VO (EU) 2016/679 schaffen. Art 6 I DS-GVO lässt die Verarbeitung personenbezogener Daten nur unter einer Reihe von differenziert und teilweise ins Einzelne gehenden Voraussetzungen zu. Er enthält jedoch in Buchstabe e) auch eine Generalklausel, wonach die Verarbeitung zulässig ist, wenn sie „für die Wahrnehmung einer Aufgabe erforderlich [ist], die im öffentlichen Interesse liegt oder in Ausübung öffentlicher Gewalt erfolgt, die dem Verantwortlichen übertragen wurde". Insoweit ist jedoch nach Art 6 III DS-GVO eine entsprech Rechtsgrundlage im Recht des Mitgliedstaates (oder im Unionsrecht) erforderlich. Für den Anwendungsbereich der AO ist dies in Form des § 29b I geschehen. Dieser übernimmt jedoch schlicht den abstrakten Wortlaut des Art 6 I Buchst e) DS-GVO und trägt damit nichts zu dessen Konkretisierung bei. Ergänzend muss hier das FVG hinzugezogen werden, in dem die Aufgaben der unterschiedlichen FinBeh differenziert aufgeführt werden und klargestellt wird, bei welchen die Verarbeitung von personenbezogenen Daten in § 29b I zulässig ist. 13

Die Datenverarbeitung darf nur zur Erfüllung der Aufgaben der FinBeh erfolgen, also inbes für die StFestsetzung und Erhebung. Zulässig ist die Datenverarbeitung aber auch dann, wenn die FinBeh Aufgaben wahrnehmen muss, die ihr übertragen worden sind. In beiden Fällen kann sich die jeweilige Aufgabe aus der AO, den StGesetzen oder aus europarechtlichen Vorschriften ergeben. Ausnahmen ergeben sich aus Abs 2 sowie aus § 29c. 14

3. Verarbeitung besonderer Kategorien personenbezogener Daten. Art 9 I DS-GVO untersagt im Grundsatz die Verarbeitung personenbezogener Daten, aus denen die rassische und ethnische Herkunft, politische Meinungen, religiöse oder weltanschauliche Überzeugungen oder die Gewerkschaftszugehörigkeit hervorgehen, sowie die Verarbeitung von genetischen und biometrischen Daten zur eindeutigen Identifizierung einer natürlichen Person, Gesundheitsdaten oder Daten zum Sexualleben oder der sexuellen Orientierung einer natürlichen Person. Art 9 II DS-GVO enthält jedoch einen umfangreichen Katalog von Erlaubnistatbeständen für die Verarbeitung solcher Daten. Er enthält ua auch eine Generalklausel, wonach die Verarbeitung auf der Grundlage des Rechts eines Mitgliedstaats (oder des Unionsrechts) aus Gründen eines erheblichen öffentlichen Interesses zulässig sein kann. Voraussetzung dafür ist jedoch, dass die betreff Rechtsvorschriften in einem angemessenen Verhältnis zu dem verfolgten Ziel stehen, den Wesensgehalt des Rechts auf Datenschutz wahren und angemessene und spezifische Maßnahmen zur Wahrung der Grundrechte und Interessen der betroffenen Personen vorsehen. 16

§ 29b II macht von dieser **Ermächtigung** zur Verarbeitung personenbezogener Daten iSd Art 9 I DS-GVO Gebrauch, indem er die Verarbeitung zulässt, soweit die Interessen des Verantwortlichen an der Datenverarbeitung die Interessen der betroffenen Person überwiegen. Zudem wiederholt § 29b II als zusätzliche Voraussetzung einer solchen Verarbeitung das von Art 9 II Buchst g) aufgestellte Erfordernis, dass die Verarbeitung aus Gründen eines „erheblichen öffentlichen Interesses" erforderlich ist. Diese Einschränkung wird jedoch nichts daran ändern können, dass dort, wo die einschlägigen StGesetze auf solche „sensiblen" persönlichen Daten abstellen, wie sie Art 9 I GS-DVO auflistet, der öffentliche Belang des gleichmäßigen Vollzugs der StGesetze ohne weiteres die Datenspeicherung erfordert und folglich auch rechtfertigt. Zulässig sind daher zB die elektronische Verarbeitung einer Gewerkschafts- oder Konfessionszugehörigkeit im Hinblick auf den 17

Werbungskosten- bzw Sonderausgabenabzug oder die Verarbeitung geltend gemachter Krankheitskosten iSv § 33 EStG.

18 Hinsichtl der Anforderungen an die ***Durchführung* einer** unter diesen Voraussetzungen zulässigen **Verarbeitung** besonderer Kategorien personenbezogener Daten greift § 29b II 2 erneut lediglich – ohne dies zu konkretisieren – auf Art 9 II Buchst g) DS-GVO zurück und verlagt, dass die FinBeh „angemessene und spezifische Maßnahmen zur Wahrung der Interessen der betroffenen Person" ergreift.

19 Zusätzlich zu dieser Formel, die nur das Ziel beschreibt ohne die geeigneten und erforderlichen Maßnahmen irgendwie zu benennen, wird immerhin durch Verweis auf § 22 II 2 BDSG (idF des DSAnpUG-EU v 30.6.2017, siehe BGBl I 17, 2097) ein Katalog denkbarer Schutzmaßnahmen normiert. Diese sind nach Maßgabe des Stands der Technik unter Berücksichtigung der Implementierungskosten, Art, Umfang sowie der Umstände und Zwecke der Verarbeitung sowie der unterschiedliche Eintrittswahrscheinlichkeit und Schwere der mit der Verarbeitung verbundenen Risiken für die Rechte und Freiheiten natürlicher Personen in Erwägung zu ziehen.

20 Dazu gehören:

1. technisch organisatorische Maßnahmen, um sicherzustellen, dass die Verarbeitung gemäß der Verordnung (EU) 2016/679 erfolgt,
2. Maßnahmen, die gewährleisten, dass nachträglich überprüft und festgestellt werden kann, ob und von wem personenbezogene Daten eingegeben, verändert oder entfernt worden sind,
3. Sensibilisierung der an Verarbeitungsvorgängen Beteiligten,
4. Benennung einer oder eines Datenschutzbeauftragten,
5. Beschränkung des Zugangs zu den personenbezogenen Daten innerhalb der verantwortlichen Stelle und von Auftragsverarbeitern,
6. Pseudonymisierung personenbezogener Daten,
7. Verschlüsselung personenbezogener Daten,
8. Sicherstellung der Fähigkeit, Vertraulichkeit, Integrität, Verfügbarkeit und Belastbarkeit der Systeme und Dienste im Zusammenhang mit der Verarbeitung personenbezogener Daten, einschließlich der Fähigkeit, die Verfügbarkeit und den Zugang bei einem physischen oder technischen Zwischenfall rasch wiederherzustellen,
9. zur Gewährleistung der Sicherheit der Verarbeitung die Einrichtung eines Verfahrens zur regelmäßigen Überprüfung, Bewertung und Evaluierung der Wirksamkeit der technischen und organisatorischen Maßnahmen oder
10. spezifische Verfahrensregelungen, die im Fall einer Übermittlung oder Verarbeitung für andere Zwecke die Einhaltung der Vorgaben dieses Gesetzes sowie der Verordnung (EU) 2016/679 sicherstellen.

22 Im **Einzelfall** wird also künftig **sorgfältig zu prüfen** sein, ob alle Möglichkeiten solcher Schutzmaßnahmen von der FinVerw ausgeschöpft werden oder ob hinreichend gewichtige Gründe – wie etwa *unangemessen* hohe Implementierungskosten – einen Verzicht auf das, was an sich möglich wäre, rechtfertigen. Dass allein das StGeheimnis des § 30 zur Wahrung der Interessen der betroffenen Person ausreicht (so offenbar *Myssen/Kraus* DB 17, 1860), kann schon wegen des systematischen Zusammenhangs der AO-Vorschriften nicht angenommen werden; diese vertrauen gerade nicht auf das StGeheimnis, sondern verlangen für die Datenspeicherung spezifische Schutzvorkehrungen.

24 **4. Rechte der Betroffenen auf Information und Datenberichtigung. Rechtssschutz.** Die DS-GVO enthält hierzu umfangreiche Regelungen, die unmittelbar geltendes Recht darstellen. Zu den den Mitgliedstaaten vorbehaltenen Modifizierungen derselben und allfälligen Ergänzungen vgl § 32a bis j.

25 **5. Kritik an der Vorschrift.** Mitunter wird harsche Kritik an der Vorschrift geübt. § 29b sei rechtssystematisch falsch verorte: Zum einen regelten die Vor-

schriften, die bisher vor dem § 30 angesiedelt waren, Zuständigkeiten; durch die §§ 29b ff werde dieser Dritte Abschnitt der AO unterbrochen und ein scheinbarer Zusammenhang zwischen Zuständigkeit (bis § 29a) und Datenschutz (ab § 29b) hergestellt. Zum anderen gehörten die in §§ 32a ff enthaltenen Vorschriften über die Rechte der betroffenen Person zu den Datenschutzbestimmungen in den §§ 29b und 29c, würden jedoch von diesen durch die Regelungen zum StGeheimnis in §§ 30–31b abgetrennt.

§ 29b sei zudem weitgehend überflüssig, weil die Regelungen zum Datenschutz **26**
durch die praxisrelevanten Regelungen zum StGeheimnis faktisch überlagert würden: §§ 29a und 29b enthielten datenschutzrechtliche Spezialregelungen, die für die Besteuerungspraxis keine Bedeutung hätten und daher besser im BDSG hätten untergebracht werden sollen.

Außerdem werde durch die Neuregelung die AO mit einer Vielzahl von sog. **27**
Buchstabenvorschriften wie zB §§ 29a und 29b überschwemmt, die nicht das eigentliche StVerfahrensrecht, sondern „technische" Angelegenheiten wie die Datenverarbeitung regeln. Als symptomatisch für den – aus Sicht dieser Meinung – verfehlten Ansatz des Gesetzgebers wird insbes die Gesetzesbegründung zu § 29b (BT-Drs 18(11)1068, 46 f) angesehen, in der breite Ausführungen zu § 85 gemacht würden, das StGeheimnis als Gegenstück zu § 85 apostrophiert werde und Datenschutz als Ausdruck des verfassungsrechtl Gebots des StGeheimnisses bezeichnet werde.

§ 29c Verarbeitung personenbezogener Daten durch Finanzbehörden zu anderen Zwecken

(1) [1] **Die Verarbeitung personenbezogener Daten zu einem anderen Zweck als zu demjenigen, zu dem die Daten von einer Finanzbehörde erhoben oder erfasst wurden (Weiterverarbeitung), durch Finanzbehörden im Rahmen ihrer Aufgabenerfüllung ist zulässig, wenn**

1. sie einem Verwaltungsverfahren, einem Rechnungsprüfungsverfahren oder einem gerichtlichen Verfahren in Steuersachen, einem Strafverfahren wegen einer Steuerstraftat oder einem Bußgeldverfahren wegen einer Steuerordnungswidrigkeit dient,

2. die gesetzlichen Voraussetzungen vorliegen, die nach § 30 Absatz 4 oder 5 eine Offenbarung der Daten zulassen würden, oder zu prüfen ist, ob diese Voraussetzungen vorliegen,

3. offensichtlich ist, dass die Weiterverarbeitung im Interesse der betroffenen Person liegt und kein Grund zu der Annahme besteht, dass sie in Kenntnis des anderen Zwecks ihre Einwilligung verweigern würde,

4. sie für die Entwicklung, Überprüfung oder Änderung automatisierter Verfahren der Finanzbehörden erforderlich ist, weil
   a) unveränderte Daten benötigt werden oder
   b) eine Anonymisierung oder Pseudonymisierung der Daten nicht oder nur mit unverhältnismäßigem Aufwand möglich ist.

   Die Nutzung personenbezogener Daten ist dabei insbesondere erforderlich, wenn personenbezogene Daten aus mehreren verschiedenen Dateisystemen eindeutig miteinander verknüpft werden sollen und die Schaffung geeigneter Testfälle nicht oder nur mit unverhältnismäßigem Aufwand möglich ist,

5. sie für die Gesetzesfolgenabschätzung erforderlich ist, weil
   a) unveränderte Daten benötigt werden oder
   b) eine Anonymisierung oder Pseudonymisierung der Daten nicht oder nur mit unverhältnismäßigem Aufwand möglich ist,

   oder

6. sie für die Wahrnehmung von Aufsichts-, Steuerungs- und Disziplinarbefugnissen der Finanzbehörde erforderlich ist. [2] **Das gilt auch für die Veränderung oder Nutzung personenbezogener Daten zu Ausbildungs- und**

Prüfungszwecken durch die Finanzbehörde, soweit nicht überwiegende schutzwürdige Interessen der betroffenen Person entgegenstehen.

[2]In den Fällen von Satz 1 Nummer 4 dürfen die Daten ausschließlich für Zwecke der Entwicklung, Überprüfung oder Änderung automatisierter Verfahren verarbeitet werden und müssen innerhalb eines Jahres nach Beendigung dieser Maßnahmen gelöscht werden. [3]In den Fällen von Satz 1 Nummer 6 dürfen die Daten nur durch Personen verarbeitet werden, die nach § 30 zur Wahrung des Steuergeheimnisses verpflichtet sind.

(2) **Die Weiterverarbeitung besonderer Kategorien personenbezogener Daten im Sinne des Artikels 9 Absatz 1 der Verordnung (EU) 2016/679 ist zulässig, wenn die Voraussetzungen des Absatzes 1 und ein Ausnahmetatbestand nach Artikel 9 Absatz 2 der Verordnung (EU) 2016/679 oder nach § 29b Absatz 2 vorliegen.**

Eingefügt durch BVGuaÄndG 2017 v 17.7.17 (BGBl I 2541) mit Geltung ab 25.5.2018, Art 31 IV des BVGuaÄndG.

Übersicht

1 **1. Allgemeines.** Art 5 I Buchst b zweiter Hbs DS-GVO lässt die Weiterverarbeitung von Daten grds nicht zu. **Weiterverarbeitung** ist die Verwendung von erhobenen Daten für Zwecke, für die sie nicht erhoben worden sind – welche Zwecke nach der nämlichen Vorschrift „eindeutig" festgelegt sein müssen, um überhaupt eine Erhebung von Daten zuzulassen – (ausgenommen Verwendung für im öffentlichen Interesse liegende Archivzwecke, für wissenschaftliche oder historische Forschungszwecke oder für statistische Zwecke, bei welcher es sich nach Art 5 I Buchst b) DS-GVO nicht um „Weiterverwendung" iSd VO handelt).

2 Die DS-GVO lässt allerdings eine **weitgehende Durchbrechung dieses Verbots** – außer im Fall einer Einwilligung des Betroffenen mit der Weiterverarbeitung – zu (an eher versteckter Stelle des Art 6 III 2 DS-GVO sowie des Art 6 IV erster Halbsatz DS-GVO), indem sie eine Weiterverarbeitung sinngemäß für zulässig erklärt, wenn diese auf „einer Rechtsvorschrift der Union oder der Mitgliedstaaten [beruht], die in einer demokratischen Gesellschaft eine notwendige und verhältnismäßige Maßnahme zum Schutz der in Artikel 23 Absatz 1 genannten Ziele darstellt". Dabei sind diese Ziele so weit gefasst, dass kaum etwas ihnen nicht wird zugeordnet werden können; so gehört zu diesen Zielen ua der „Schutz (…) wichtiger Ziele des allgemeinen öffentlichen Interesses der Union oder eines Mitgliedstaats, insbesondere eines wichtigen (…) finanziellen Interesses der Union oder eines Mitgliedstaats, etwa im (…) Steuerbereich".

3 Es wäre nach alledem wohl ehrlicher gewesen, die Weiterverarbeitung im Verordnungstext grds zuzulassen und dem lediglich ein Verbot der Weiterverarbeitung zur Seite zu stellen, das eingreift, wenn es für die Weiterverarbeitung an einem im Verhältnis zum – mE im Allgem eher gering einzuschätzenden – Schutzbedürfnis des Betroffenen ausreichenden öffentlichen Interesse fehlt. Eine wesentlich über eine solche fast selbstverständliche Klausel hinausgehende normative Kraft dürfte den Regelungen der DS-GVO trotz all deren Emphase und Wortreichtum jedenfalls nicht zuzumessen sein.

Zur Kritik an der Regelungssystematik siehe § 29b Rz 11.

5 **2. Umfang der Weiterverarbeitung.** § 29b macht von vorgenannter Öffnungsklausel des Art 6 IV Gebrauch und lässt eine Weiterverarbeitung in Abs 1 Nr 2 in einer die im Grundsatz nach der Systematik des Gesetzes angelegte Diffe-

renz zwischen Daten(verwendungs)schutz und Steuergeheimnis konterkarierenden Weise zu, wenn ein **Offenbarungstatbestand iSd § 30 IV oder V** vorliegt. Damit ist insbes – nach wie vor – eine (Weiter-)Verwendung in einem steuerlichen Verfahren (§ 30 II Nr 1a) und b)) erhobener Daten für (andere) Verwaltungsverfahren, für Rechnungsprüfungsverfahren und gerichtliche Verfahren in Steuersachen, sowie in einem Strafverfahren wegen einer Steuerstraftat oder einem Bußgeldverfahren wegen einer Steuerordnungswidrigkeit zulässig. Warum alternativ hierzu in § 29c I 1 Nr 1 die Weiterverwendung von Daten in einem der vorgenannten Verfahren gesondert zugelassen wird, erschließt sich nicht.

§ 29b I Satz 1 **Nr 1** entspricht der Offenbarungsregelung in § 30 IV Nr 1 (s § 30 Rz 71 ff). **Nr 2** knüpft hingegen an § 30 IV und V an, wobei es nach Nr 2 genügt, dass deren Voraussetzungen zu prüfen sind; die Regelung ist enger als § 23 I Nr 4 bis 6 BDSG idF des DSAnpUG-EU v 30.6.2017.

Es dürfte angesichts dieser weiten Fassung des § 29c I (ebenso wie des Art 6 IV DS-GVO) nicht zweifelhaft sein, dass Daten, die in einem Verfahren betr einer **bestimmten StArt** erhoben worden sind, für die Erhebung anderer Steuern weiterverwendet werden dürfen, also zB ESt-Daten für die Festsetzung der USt (zweifelnd jedoch offenbar *Myssen/Kraus* DB 17, 1860). 6

Außer der Weiterverwendung in vorgenannten Fällen ist eine Weiterverarbeitung im **Interesse des Betroffenen** zulässig (§ 29c I 1 Nr 3; bei Einwilligung liegt von vornherein keine Weiterverwendung iSd auch hier zu beachtenden Definition des Art 6 DS-GVO vor). 7

Ferner gestattet § 29c I 1 Nr 4 eine Weiterverwendung für Zwecke der **Entwicklung, Überprüfung oder Änderung automatisierter Verfahren.** Insoweit ist auch das StGeheimnis aufgehoben, § 30 IV I Nr 1a – Dagegen erhobene rechtspolitische Kritik (vgl *Myssen/Kraus* DB 17, 1860) erscheint bei konsequenter Handhabung der vorgeschriebenen Schutzinstrumentarien (§ 29c I 2 zweiter Hs: Löschungsfrist, Art 32 DS-GVO: Anonymisierung und Pseudonymisierung, soweit möglich) kaum nachvollziehbar, nachdem Alternativen zu der zugelassenen Verwendung der Daten im Interesse einer unabweisbar notwendigen Pflege der betreff Verfahren nicht erkennbar sind (dazu näher *Myssen/Kraus* DB 17, 1860). 9

Entsprechendes gilt für die Weiterverwendung zum Zwecke der **Gesetzesfolgenabschätzung** (§ 29b I 1 Nr 5) – insoweit steht auch das StGeheimnis nicht entgegen, § 30 IV I Nr 2c – sowie für die Wahrnehmung von Aufsichts-, Steuerungs- und Disziplinarbefugnissen sowie Ausbildungs- und Prüfungszwecke (§ 29b I 1 Nr 6). Hierbei ist insofern eine Abwägung gegen die Interessen des Betroffenen vorgeschrieben, selbige dürfte jedoch nur ausnahmsweise der Weiterverwendung entgegenstehen. Geht es um eine Gesetzesfolgenabschätzung durch eine andere FinBeh, so ist die Offenbarung der Daten gegenüber der anderen FinBeh nach S 1 Nr 2 iVm § 30 IV Nr 2c zulässig. 10

3. Statistische Auswertung und Forschung. Unmittelbar aus der DS-GVO folgt im Übrigen, die Zulässigkeit einer Weiterverarbeitung von Daten zum Zwecke einer (im öffentlichen Interesse liegenden) **statistischen Auswertung** sowie für **Archivzwecke** und für wissenschaftliche oder historische **Forschungszwecke** (Art 5 I Buchst b) DS-GVO mit besonderen Schutzvorkehrungen in Art 89 DS-GVO). Allerdings ist das *StGeheimnis* in Deutschland nur insoweit ausdrücklich aufgehoben, als es um die Erfüllung der gesetzlichen Aufgaben des Statistischen Bundesamtes geht (§ 30 IV Nr 2b). § 30 durchbricht das StGeheimnis bei einer Verwendung personenbezogener Daten für Zwecke sonstiger (privater oder öffentlicher) Statistiken oder Forschungsvorhaben nur, sofern die Geheimnisträger in die diesbezügliche Verwendung ihrer Daten einwilligen. Dass eine Daten*verwertung* zulässig ist, wenn das Unionsrecht sie vorschreibt oder zulässt, ändert daran im Ergebnis nichts. Das Unionsrecht sieht die Zweckbindung von Daten bei einer Weiterverwendung für „wissenschaftliche oder historische Forschungszwecke oder 12 für statistische Zwecke" nicht verletzt (Art 5 I Buchst b zweiter Hbs DS-GVO). In der Folge wird – entspr der grundlegenden Unterscheidung zwischen Datenschutz und steuerl Geheimnisschutz – eine Offenbarung oder Verwertung solcher Daten nicht gestattet (*Myssen/Kraus* DB 17, 1860, auch unter Berufung auf BT-Drs 18/12611, Seite 89).

14 Daten aus den besonderen Kategorien mit erhöhter Sensibilität (Art 9 I DS-GVO, § 29b II) dürfen für keinen der vorgenannten Zwecke weiterverwendet werden, wenn nicht neben den Voraussetzungen des Art 9 II DS-GVO, die eine Verwendung solcher Daten als solche überhaupt erst gestatten, zusätzlich diejenigen des § 29b II vorliegen. Somit muss die Verarbeitung aus Gründen eines erheblichen öffentlichen Interesses erforderlich sein und die Interessen an der Datenverarbeitung müssen die Interessen der betroffenen Person überwiegen. Das bedeutet im Ergebnis, dass die zweckwidrige Verwendung solcher Daten unter den gleichen Voraussetzungen zulässig ist wie deren Verarbeitung überhaupt.

§ 30 Steuergeheimnis

(1) **Amtsträger haben das Steuergeheimnis zu wahren.**

(2) **Ein Amtsträger verletzt das Steuergeheimnis, wenn er**

1. personenbezogene Daten eines anderen, die ihm

a) in einem Verwaltungsverfahren, einem Rechnungsprüfungsverfahren oder einem gerichtlichen Verfahren in Steuersachen,

b) in einem Strafverfahren wegen einer Steuerstraftat oder einem Bußgeldverfahren wegen einer Steuerordnungswidrigkeit,

c) aus anderem Anlass durch Mitteilung einer Finanzbehörde oder durch die gesetzlich vorgeschriebene Vorlage eines Steuerbescheids oder einer Bescheinigung über die bei der Besteuerung getroffenen Feststellungen

bekannt geworden sind, oder

2. ein fremdes Betriebs- oder Geschäftsgeheimnis, das ihm in einem der in Nummer 1 genannten Verfahren bekannt geworden ist,

(geschützte Daten) unbefugt offenbart oder verwertet oder

3. geschützte Daten im automatisierten Verfahren unbefugt abruft, wenn sie für eines der in Nummer 1 genannten Verfahren in einem automationsgestützten Dateisystem gespeichert sind.

(3) **Den Amtsträgern stehen gleich**

1. die für den öffentlichen Dienst besonders Verpflichteten (§ 11 Abs. 1 Nr. 4 des Strafgesetzbuchs),

1a. die in § 193 Abs. 2 des Gerichtsverfassungsgesetzes genannten Personen,

2. amtlich zugezogene Sachverständige,

3. die Träger von Ämtern der Kirchen und anderen Religionsgemeinschaften, die Körperschaften des öffentlichen Rechts sind.

(4) **Die Offenbarung oder Verwertung geschützter Daten ist zulässig, soweit**

1. sie der Durchführung eines Verfahrens im Sinne des Absatzes 2 Nr. 1 Buchstaben a und b dient,

1a. sie einer Verarbeitung durch Finanzbehörden nach Maßgabe des § 29c Absatz 1 Satz 1 Nummer 4 oder 6 dient,

1b. sie der Durchführung eines Bußgeldverfahrens nach Artikel 83 der Verordnung (EU) 2016/679 im Anwendungsbereich dieses Gesetzes dient,

2. sie durch Bundesgesetz ausdrücklich zugelassen ist,

2a. sie durch Recht der Europäischen Union vorgeschrieben oder zugelassen ist,

2b. sie der Erfüllung der gesetzlichen Aufgaben des Statistischen Bundesamtes dient,

2c. sie der Gesetzesfolgenabschätzung dient und die Voraussetzungen für eine Weiterverarbeitung nach § 29c Absatz 1 Satz 1 Nummer 5 vorliegen,

3. der Betroffene zustimmt,
4. sie der Durchführung eines Strafverfahrens wegen einer Tat dient, die keine Steuerstraftat ist, und die Kenntnisse
a) in einem Verfahren wegen einer Steuerstraftat oder Steuerordnungswidrigkeit erlangt worden sind; dies gilt jedoch nicht für solche Tatsachen, die der Steuerpflichtige in Unkenntnis der Einleitung des Strafverfahrens oder des Bußgeldverfahrens offenbart hat oder die bereits vor Einleitung des Strafverfahrens oder des Bußgeldverfahrens im Besteuerungsverfahren bekannt geworden sind, oder
b) ohne Bestehen einer steuerlichen Verpflichtung oder unter Verzicht auf ein Auskunftsverweigerungsrecht erlangt worden sind,
5. für sie ein zwingendes öffentliches Interesse besteht; ein zwingendes öffentliches Interesse ist namentlich gegeben, wenn
a) die Offenbarung erforderlich ist zur Abwehr erheblicher Nachteile für das Gemeinwohl oder einer Gefahr für die öffentliche Sicherheit, die Verteidigung oder die nationale Sicherheit oder zur Verhütung oder Verfolgung von Verbrechen und vorsätzlichen schweren Vergehen gegen Leib und Leben oder gegen den Staat und seine Einrichtungen,
b) Wirtschaftsstraftaten verfolgt werden oder verfolgt werden sollen, die nach ihrer Begehungsweise oder wegen des Umfangs des durch sie verursachten Schadens geeignet sind, die wirtschaftliche Ordnung erheblich zu stören oder das Vertrauen der Allgemeinheit auf die Redlichkeit des geschäftlichen Verkehrs oder auf die ordnungsgemäße Arbeit der Behörden und der öffentlichen Einrichtungen erheblich zu erschüttern, oder
c) die Offenbarung erforderlich ist zur Richtigstellung in der Öffentlichkeit verbreiteter unwahrer Tatsachen, die geeignet sind, das Vertrauen in die Verwaltung erheblich zu erschüttern; die Entscheidung trifft die zuständige oberste Finanzbehörde im Einvernehmen mit dem Bundesministerium der Finanzen; vor der Richtigstellung soll der Steuerpflichtige gehört werden.

(5) **Vorsätzlich falsche Angaben des Betroffenen dürfen den Strafverfolgungsbehörden gegenüber offenbart werden.**

(6) [1] **Der Abruf geschützter Daten, die für eines der in Absatz 2 Nummer 1 genannten Verfahren in einem automationsgestützten Dateisystem gespeichert sind, ist nur zulässig, soweit er der Durchführung eines Verfahrens im Sinne des Absatzes 2 Nummer 1 Buchstabe a und b oder der zulässigen Übermittlung geschützter Daten durch eine Finanzbehörde an die betroffene Person oder Dritte dient.** [2] **Zur Wahrung des Steuergeheimnisses kann das Bundesministerium der Finanzen durch Rechtsverordnung mit Zustimmung des Bundesrates bestimmen, welche technischen und organisatorischen Maßnahmen gegen den unbefugten Abruf von Daten zu treffen sind.** [3] **Insbesondere kann es nähere Regelungen treffen über die Art der Daten, deren Abruf zulässig ist, sowie über den Kreis der Amtsträger, die zum Abruf solcher Daten berechtigt sind.** [4] **Die Rechtsverordnung bedarf nicht der Zustimmung des Bundesrates, soweit sie die Kraftfahrzeugsteuer, die Luftverkehrsteuer, die Versicherungsteuer sowie Einfuhr- und Ausfuhrabgaben und Verbrauchsteuern, mit Ausnahme der Biersteuer, betrifft.**

(7) **Werden dem Steuergeheimnis unterliegende Daten durch einen Amtsträger oder diesem nach Absatz 3 gleichgestellte Personen nach Maßgabe des § 87a Absatz 4 oder 7 über De-Mail-Dienste im Sinne des § 1 des De-Mail-Gesetzes versendet, liegt keine unbefugte Offenbarung, Verwertung und kein unbefugter Abruf von dem Steuergeheimnis unterliegenden Daten vor, wenn beim Versenden eine kurzzeitige automatisierte Entschlüsselung durch den**

akkreditierten Diensteanbieter zum Zweck der Überprüfung auf Schadsoftware und zum Zweck der Weiterleitung an den Adressaten der De-Mail-Nachricht stattfindet.

(8) **Die Einrichtung eines automatisierten Verfahrens, das den Abgleich geschützter Daten innerhalb einer Finanzbehörde oder zwischen verschiedenen Finanzbehörden ermöglicht, ist zulässig, soweit die Weiterverarbeitung oder Offenbarung dieser Daten zulässig und dieses Verfahren unter Berücksichtigung der schutzwürdigen Interessen der betroffenen Person und der Aufgaben der beteiligten Finanzbehörden angemessen ist.**

(9) **Die Finanzbehörden dürfen sich bei der Verarbeitung geschützter Daten nur dann eines Auftragsverarbeiters im Sinne von Artikel 4 Nummer 8 der Verordnung (EU) 2016/679 bedienen, wenn diese Daten ausschließlich durch Personen verarbeitet werden, die zur Wahrung des Steuergeheimnisses verpflichtet sind.**

(10) **Die Offenbarung besonderer Kategorien personenbezogener Daten im Sinne des Artikels 9 Absatz 1 der Verordnung (EU) 2016/679 durch Finanzbehörden an öffentliche oder nicht-öffentliche Stellen ist zulässig, wenn die Voraussetzungen der Absätze 4 oder 5 oder ein Ausnahmetatbestand nach Artikel 9 Absatz 2 der Verordnung (EU) 2016/679 oder nach § 31c vorliegen.**

(11) [1] **Wurden geschützte Daten**
1. **einer Person, die nicht zur Wahrung des Steuergeheimnisses verpflichtet ist,**
2. **einer öffentlichen Stelle, die keine Finanzbehörde ist, oder**
3. **einer nicht-öffentlichen Stelle nach den Absätzen 4 oder 5 offenbart, darf der Empfänger diese Daten nur zu dem Zweck speichern, verändern, nutzen oder übermitteln, zu dem sie ihm offenbart worden sind.** [2] **Die Pflicht eines Amtsträgers oder einer ihm nach Absatz 3 gleichgestellten Person, dem oder der die geschützten Daten durch die Offenbarung bekannt geworden sind, zur Wahrung des Steuergeheimnisses bleibt unberührt.**

Abs 6 S 4 neu gefasst durch AmtshilfeRLUmsG v 26.6.13 (BGBl I, 1809); Abs 7 angefügt durch G v 25.7.13 (BGBl I, 2749); Abs 2 neu gefasst, Abs 4 geändert, Abs 6 Satz 1 neu gefasst, Abs 7 Satz 1 geändert und Abs 8 bis 11 angefügt durch BVGuaÄndG v 17.7.17 (BGBl I 2541) mit Geltung ab 25.5.2018, Art 31 IV des BVGuaÄndG.

Schrifttum: *Hentschel* Die Durchbrechung des Steuergeheimnisses im internationalen Informationsaustausch am Beispiel der externen Prüfung in Steuersachen, Hamburg 2010; *Seer/Gabert* Der internationale Auskunftsverkehr in Steuersachen, StuW 10, 3; *Schomerus* Steuergeheimnis und Informationsfreiheitsrecht, Internationales Steuer- und Gesellschaftsrecht Aktuell 10, 239; *Lindwurm* Das Steuergeheimnis nach der mündlichen Verhandlung vor dem FG und dem Strafgericht, AO-StB 10, 378; *Pflaum* Voraussetzungen der Durchbrechung des Steuergeheimnisses zur Durchführung von Disziplinarverfahren, wistra 11, 55; *Tormöhlen* Die Durchbrechung des Steuergeheimnisses im zwingenden öffentlichen Interesse – Eine Schwachstelle im Geheimnisschutz, AO-StB 11, 309; *Drüen* Kommunale Informationsrechte im staatlichen Besteuerungsverfahren, DÖV 12, 493; *Haupt* (Kein) Steuergeheimnis nach dem Finanzgerichtsprozess?, DStR 14, 1025; *Beermann* Steuergeheimnis und EU-Recht, FS List, 2015, 22; *Jehke/Haselmann* Der Schutz des Steuergeheimnisses nach einer Selbstanzeige, DStR 15, 1036; *Myssen/Kraus* Steuerliches Datenschutzrecht: Verfahrensrechtsanpassung an die Datenschutz-Grundverordnung, DB 17, 1860.

Übersicht

1. Inhalt. Die Vorschrift regelt den Datenschutz in Steuersachen. Der Aufbau der Vorschrift des § 30 ist der Komplexität ihres Regelungsgegenstands entsprechend differenziert und dadurch etwas unübersichtlich. Sie gewährt im Grundsatz umfassende Geheimhaltung aller personenbezogenen Daten (früher: „Verhältnisse eines anderen") sowie – darüber hinausgehend – aller fremden Betriebs- und Geschäftsgeheimnisse (zusammenfassend sog „geschützte Daten"). Dies gilt jedoch nur unter der einschränkenden Voraussetzung, dass die geschützten Daten aus einer bestimmten Quelle stammen („bekannt geworden in einem … Verfahren, durch Mitteilung oder Vorlage von …"). Die insoweit bestehende Geheimhaltungspflicht trifft überdies nicht jedermann, sondern nur den in Abs 1 und 3 bestimmten Personenkreis. Unter welchen Voraussetzungen die Geheimhaltungspflicht für diese Personen nicht gilt, ist in mehreren umfangreichen, detaillierten Regelungen normiert, welche den Schwerpunkt der Vorschrift ausmachen (§ 30 IV). Abs 5 1 enthält einen besonderen Rechtfertigungsgrund für die Offenbarung vorsätzlich falscher Angaben.

2 Diese und die weiteren Bestimmungen des § 30 sind maßgeblich durch die Regelungen der Verordnung (EU) 2016/679 des Europäischen Parlaments und des Rates vom 27.4.2016 zum Schutz natürlicher Personen bei der Verarbeitung personenbezogener Daten, zum freien Datenverkehr und zur Aufhebung der Richtlinie 95/46/EG (Datenschutz-Grundverordnung; ABl-EU Nr L 119, 1; DS-GVO) mitbestimmt, denen die Änderung des § 30 durch das BVGuaÄndG – teilweise lediglich terminologisch – Rechnung getragen hat.

3 Wie das StGeheimnis im elektronischen Rechtsverkehr zu wahren und zu schützen ist, ist schließlich in § 87a I 3 gesondert geregelt (geeignetes Verfahren der Kryptographie).

5 **2. Verfassungsrechtliche Bedeutung und Zweck steuerlichen Geheimnisschutzes.** Anders als das Brief-, Post- und Fernmeldegeheimnis des Art 10 GG ist das StGeheimnis *kein Grundrecht* (BVerfGE 67, 100, 142; BFH/NV 93, 579), wofür eine verfassungsrechtl befriedigende Erklärung fehlt und wohl die Verfassungsgeschichte verantwortlich ist. Gleichwohl genießt das StGeheimnis in – allerdings mitunter überschätzten – Teilaspekten auch verfassungsrechtlichen Schutz. Es trägt in erster Linie verfassungsrechtlichen Vorgaben Rechnung und gewährt dem Recht auf informationelle Selbstbestimmung (BVerfGE 65, 1; BVerfG NJW 08, 3489) einfachgesetzlichen Schutz. Nach BVerfGE 65, 46 (vgl zuletzt BVerfGE 130, 151), umfasst das Persönlichkeitsrecht die aus dem Gedanken der Selbstbestimmung folgende Befugnis des Einzelnen, grds selbst zu entscheiden, wann und innerhalb welcher Grenzen persönliche Lebenssachverhalte offenbart werden sollen (sog Recht auf informationelle Selbstbestimmung; dazu auch BFH BStBl 12, 168). Aus der Gemeinschaftsbezogenheit und Gemeinschaftsgebundenheit der Person leitet das BVerfG indes ab, dass der einzelne Einschränkungen seines Rechts auf informationelle Selbstbestimmung im überwiegenden Allgemeininteresse hinnehmen müsse, sofern diese Beschränkungen eine (verfassungsmäßige) gesetzliche Grundlage haben, aus der sich die Voraussetzungen und der Umfang der Beschränkungen klar und für den Bürger erkennbar ergeben und die damit dem rechtsstaatlichen Gebot der Normenklarheit entspricht (vgl BVerfGE 45, 400) und dem Verhältnismäßigkeitsgrundsatz Rechnung trägt. Von vornherein verfassungsrechtl belanglose Daten gebe es nicht; inwieweit Informationen sensibel sind, hänge nicht allein davon ab, ob sie intime Vorgänge betreffen, sondern zu welchem Zweck Angaben verlangt werden und welche Verknüpfungsmöglichkeiten und Verwendungsmöglichkeiten bestehen.

6 Die StGesetze verlangen von dem Stpfl, staatlichen Stellen weitreichende Einblicke in seine beruflichen, unternehmerischen oder sonstigen wirtschaftlichen sowie in seine privaten Angelegenheiten zu geben (vgl BVerfGE 67, 100, 142). Ungeachtet ihres mehr oder weniger „intimen", den innersten Bereich der persönlichen Lebensführung betr Charakters, genießen diese Daten grds den Schutz des Rechts auf informationelle Selbstbestimmung. Nur bei den Maßstäben für die Zulässigkeit eines Eingriffs in dieses Recht (vgl dazu BFH BStBl 08, 42) kann es deshalb eine Rolle spielen, dass ein großer Teil der dem StGeheimnis unterliegenden Daten sog „marktoffene" Vorgänge betrifft (offen BVerfGE 84, 239; ebenso *Drüen* StuW 03, 211; anders *Kirchhof* FS Tipke, 1995, 33).

Diesen Offenbarungs- und Mitwirkungspflichten des Steuerbürgers korrespondiert die spezialgesetzliche Ausgestaltung, die der Datenschutz durch § 30 (vgl BFH BStBl 94, 552) und in der Strafbewehrung (§ 355 StGB) gefunden hat. Die Geheimhaltung steuerlicher Angaben und Verhältnisse ist zudem – neben Art 2 I iVm 1 I GG – insbes nach Art 14 GG, ggf iVm Art 19 III GG, geboten (BVerfGE 67, 100, 142).

7 Das StGeheimnis dient aber nicht nur dem verfassungsrechtl anerkannten (BVerfGE 84, 239) und geschützten Geheimhaltungsinteresse des Stpfl (Persönlich-

keitsrecht), sondern zugleich einem im **öffentlichen Interesse** (s § 355 III StGB) liegenden Zweck. Es ist nämlich sicherzustellen, dass die Besteuerungsgrundlagen richtig und vollständig erfasst werden und die Stpfl nicht etwa aus Furcht vor den Folgen einer Weitergabe ihrer ggü den FinBeh gemachten Angaben ihre steuerlichen Verhältnisse nicht oder nicht vollständig offenbaren (dagegen *Lindwurm* AO-StB 10, 378; ob in dieser Hinsicht viel erreicht wird, steht auf einem anderen Blatt). Für den Fall, dass ein gleichheitsgerechter Vollzug einer materiellen StNorm nicht ohne unzumutbare Mitwirkungsbeiträge der Stpfl bei der Sachverhaltsaufklärung möglich wäre, muss der Gesetzgeber nach BVerfG BStBl 05, 56 zur Vermeidung einer Belastungsungleichheit zB auf die Erhebungsart der Quellensteuer ausweichen (vgl auch BVerfGE 84, 239).

Die vorgenannten Schutzrichtungen stehen gleichwertig nebeneinander, wie 8
§ 355 II 1 StGB zeigt. Verzichtet der Stpfl auf die Wahrung des StGeheimnisses, hat also die FinBeh gleichwohl eine (Ermessens)Entscheidung über die Offenbarung zu treffen, die freilich iAllg zu deren Gunsten wird ausfallen müssen (vgl weitergehend BFH BStBl 67, 572: das Interesse der Öffentlichkeit an der Wahrung des StGeheimnisses gehe nicht weiter, als es der Schutz des Stpfl erfordere).

Die Schutzbedürftigkeit stl Angaben zeigt sich gesteigert dort, wo der Stpfl dem 9
FA auch **strafbare Handlungen offenbaren** muss, soweit sie stl von Bedeutung sind. Anders als nach anderen Auskunftsgesetzen hat er dabei kein Auskunftsverweigerungsrecht wegen der Gefahr einer Strafverfolgung oder der Verfolgung nach OWi-Recht. Allerdings kann immerhin seine steuerverfahrensrechtliche Mitwirkung nicht mit Zwangsmitteln erzwungen werden, wenn er sich wegen einer StStraftat oder StOrdnungswidrigkeit belasten würde (§ 393 I 2), oder wenn ein Straf- oder Ordnungswidrigkeitenverfahren gegen ihn eingeleitet ist, und zwar selbst wenn in dessen Rahmen – was idR zwangsläufig geschieht – auch um der Feststellung der Besteuerungsgrundlagen willen ermittelt wird. Die strafrechtl Verwertbarkeit seiner Angaben ist iÜ durch § 30 IV Nr 1 eingeschränkt (zu den gleichwohl bestehenden Problemen insbes hinsichtlich der Wahrung des nemo-tenetur-Grundsatzes *Salditt* StuW 2005, 367). Wenn dies beachtet wird, erweist sich das Institut der Selbstanzeige (§ 371) nicht etwa als eine – mitunter sogar als systemwidrig gebrandmarkte – Wohltat eines großzügigen Gesetzgebers, sondern als vom Grundsatz „nemo tenetur se ipsum accusare" verfassungsrechtl geforderte Ergänzung und Kompensation der steuerlichen Mitteilungspflichten.

Abgesehen von dem besonderen Strafrechtsschutz und der besonders detaillier- 10
ten Regelung der Offenbarungsbefugnisse (vgl aber für Sozialdaten §§ 67 ff SGB X) unterscheidet sich das StGeheimnis seinem Wesen nach nicht entscheidend von **anderen Amtsgeheimnissen** und entsprechenden persönlichen Verpflichtungen (vgl § 39 BRRG, § 61 BBG, § 14 SG, § 9 I BAT); § 24 II 1 BDSG kennzeichnet es zutreffend als besonderes (*Pohl* BB 95, 2093; anders *TK/Drüen* § 30 Rz 4) Amtsgeheimnis.

3. Konkurrierende Vorschriften. Beachte zunächst die DS-GVO der Union. 13
Soweit seine Regelungen reichen, ist § 30 lex specialis zum **BDSG** (vgl § 1 IV 2 BDSG; die Landesdatenschutzgesetze klammern die StVerwaltung hingegen teilweise ausdrücklich aus, wobei für steuerverfahrensrechtliche Regelungen in ihnen ohnehin weitgehend die Gesetzgebungskompetenz fehlen würde, *Förster* DStZ 95, 621). Die allg Datenschutzregelungen gelten aber auch für die FinBeh, soweit § 30 *keine* Regelung enthält (BStBl 04, 387 für den Auskunftsanspruch nach § 19 I 1 Nr 1 BDSG; vgl BVerfGE 120, 351) und eine ergänzende Anwendung jener auch nicht stillschweigend ausgeschlossen wird (BStBl 03, 790 für den Anspruch auf Auskunft über einen Informanten; kritisch dazu *TK/Drüen* § 30 Rz 5a). Hierzu ist auch § 24 II, VI BDSG (Kontrollauftrag der Datenschutzbeauftragten auch in Steuersachen) zu beachten. § 30 konkretisiert die beamtenrechtlichen bzw aus einem arbeitsvertraglichen öffentlichen Rechtsverhältnis herrührenden Verschwie-

genheitspflichten (§ 39 BRRG, § 61 BBG, Landesbeamtengesetze, BAT) und füllt idS die diesbzgl Vorschriften aus.

14 § 30 ist grds neben **Art 12 UZK** (früher: Art 15 ZK) und Art 8 Barmittel-Überwachungsverordnung (EG) Nr 1889/2005 ergänzend anwendbar, wenn auch ohne wesentliche praktische Bedeutung, da der Geheimnisschutz nach Art 12 UZK die entscheidenden Bereiche abdeckt (vgl aber *Friedrich* StuW 95, 15; *Hohrmann* DStZ 94, 449; enger *Witte* ZfZ 93, 162 und *Henke/Huchatz* ZfZ 96, 262, 264: abschließende Regelung, soweit nicht Art 15 HS 2 ZK die Anwendung insbes des § 30 IV ausdrücklich vorbehält). Ob § 30 eine über Art 12 UZK hinausgehende Schutzrichtung zu entnehmen ist, erscheint zweifelhaft. Die Vorschriften sind jedoch rechtstechnisch unterschiedlich angelegt und daher nicht kongruent, ohne dass Art 12 UZK der Anspruch entnommen werden kann, als eine abschließende Geheimschutzregelung weitergehende nationale Schutzvorschriften wie § 30 zu verdrängen (aA *Henke/Huchatz* ZfZ 96, 262 wegen des angeblichen Nutzens für die Funktionstauglichkeit des Unionszollrechts). Der Schutzbereich erfasst in § 30 alle Angaben, die nach Maßgabe des Abs 1 bekannt geworden sind, nach Art 12 UZK jedoch nur vertrauliche Angaben; Art 12 UZK verbietet nur die Weitergabe (nicht das Verwerten, vgl dazu *Henke/Huchatz* ZfZ 96, 262). Nach Art 12 UZK fallen nur solche Angaben, die ihrer Natur nach vertraulich sind oder vertraulich mitgeteilt werden, unter die Geheimhaltungspflicht; sie dürfen von den Zollbehörden nicht ohne ausdrückliche Zustimmung der Person oder Behörde, die die Angaben gemacht hat, weitergegeben werden. Die Weitergabe ist jedoch nach Art 12 UZK zulässig, soweit die Zollbehörden im Einklang mit dem geltenden Recht insbes Vorschriften im Bereich des Datenschutzes oder im Rahmen von Gerichtsverfahren, dazu gehalten oder befugt sind (näher *Dorsch/Schwendinger* ZK Art 15 Rz 65 ff). Zum geltenden Recht idS gehört – neben der Amtshilfe VO 515/97 (dazu BFHE 190, 522) – auch das nationale Recht. Unstrittig ist daher, dass für die Weitergabe von Daten auch im Bereich des UZK § 30 IV bis VI einschlägig ist (*Witte/Schulmeister* ZK Art 15 Rz 24 f; beachte auch §§ 11, 11a ZollVG). Ferner gelten § 146 MarkenG und das Übereinkommen v 18.12.1997 (Übereinkommen aufgrund von Artikel K.3 des Vertrags über die Europäische Union über gegenseitige Amtshilfe und Zusammenarbeit der Zollverwaltungen – „Neapel II" –, BGBl II 02, 1387; II 10, 203). Die Durchbrechungen des StGeheimnisses bleiben also vornehmlich im nationalen Recht geregelt.

§ 4 **EGAHiG** ist ggü § 30 lex specialis. Hingegen bleibt das StGeheimnis durch das **SchwarzArbG** (15 S 3 SchwarzArbG) unberührt (siehe aber § 31a).

15 Rechtsähnliche bereichsspezifische Geheimschutzregeln enthalten **§ 6 StStatG, § 9 BArchG** und insbes **§ 30 VwVfG** (alle unbekannten Daten, an deren Geheimhaltung der Betroffene ein sachlich begründetes Interesse hat; vgl *Kopp/Ramsauer* VwVfG § 30 Rz 8 f: nicht alle den Bürger persönlich betr Tatsachen, sondern nur nach allg Anschauung und Verfassungsrecht geheimhaltungsbedürftige). Daneben sind die eingehenden Bestimmungen der **§§ 35 SGB I, 67 ff SGB X** zu beachten. Eine allgemeine Datenschutzbestimmung enthält **§ 5 BDSG** und das entspr Landesrecht (zum Anwendungsbereich vgl oben). Diese Vorschriften verdrängen einander nicht, sondern können sich in ihrem Geltungsanspruch mitunter überschneiden und so einen mehrfachen (uU unterschiedlich weit gehenden) Datenschutz bewirken.

16 Die **Kommunalabgabegesetze** und **KirchenSt-Vorschriften** nehmen vielfach auf § 30 Bezug. Spezielle steuerrechtl Vorschriften finden sich im **BewG** §§ 64 IV 2.

31 **4. Die zur Wahrung des StGeheimnisses verpflichteten Personen (Absatz 1 und 3).** Abs 1 bestimmt, dass **Amtsträger** (§ 7) das StGeheimnis zu wahren haben, also insbes Beamte und Richter, auch ehrenamtliche, gleich welcher Behörde oder Gerichtsbarkeit (zB auch solche eines öffentl Archivs, eines Sozial-

versicherungsträgers, eines Amtes für Ausbildungsförderung). Wegen ihres öffentlichen Amtes zählen auch Notare, Minister und Staatssekretäre zu den Amtsträgern. Abgeordnete sind keine Amtsträger iSd § 7 (aA *HHSp/Alber* § 30 Rz 28; schief BVerfGE 40, 296), sie können aber aufgrund ihrer verfassungsrechtlichen Stellung ebenfalls Verschwiegenheitspflichten haben. Auch Mitglieder kommunaler Vertretungen wie des Gemeinderats sind nicht als Amtsträger anzusehen, es sei denn, sie sind mit Verwaltungsaufgaben betraut, die über ihre Mandatstätigkeit in der kommunalen Volksvertretung und den zugehörigen Ausschüssen hinausgehen (BGHSt 51, 44; BGH wistra 06, 419; aA *HHSp/Alber* § 30 Rz 22). Sonstige Beschäftigte, insbes Angestellte, können auch Amtsträger sein, sofern sie mit Aufgaben der sog öffentlichen Verwaltung betraut sind (Einzelheiten § 7 Rz 4). Dies ist zB der Fall bei dem Geschäftsführer einer GmbH, die sich in städtischem Alleinbesitz befindet und deren wesentliche Geschäftstätigkeit die Versorgung der Einwohner mit Fernwärme ist, sofern die Stadt die Geschäftstätigkeit im öffentlichen Interesse steuert, etwa durch satzungsmäßige Festlegung eines Anschluss- und Benutzungszwanges der Einwohner (BGH wistra 04, 99; anders mit Recht BGH NJW 07, 2932 für eine kommunale Wohnungsbaugesellschaft).

Den **Amtsträgern stehen** nach Abs 3 **gleich** 33

– die für den öffentlichen Dienst **besonders verpflichteten Personen** (vgl § 11 I Nr 4 StGB), Abs 3 Nr 1. Voraussetzung für die Gleichstellung mit dem Amtsträger ist die *förmliche Verpflichtung* auf Grund eines Gesetzes, insbes nach dem Verpflichtungsgesetz (BGBl I 74, 469). Es handelt sich dabei um Personen, die zwar bei einer Behörde oder bei einer sonstigen Stelle, die Aufgaben der öffentlichen Verwaltung wahrnimmt, beschäftigt oder für sie tätig sind, selbst aber keine öffentlichen Aufgaben wahrnehmen, zB Schreib- und Bürokräfte, Boten oder Reinigungspersonal. Ferner gilt dies bei Personen, die bei einem Verband oder einem sonstigen Zusammenschluss, Betrieb oder Unternehmen, von dem für eine Behörde oder sonstige Stelle Aufgaben der öffentlichen Verwaltung ausgeführt werden, beschäftigt oder (nämlich gelegentlich, zB als Gutachter, Berater) tätig sind, zB bei der technischen Durchführung von gesetzlichen Maßnahmen, bei Daten verarbeitenden Betrieben zur Erfassung und Auswertung statistischer Unterlagen oder zur Ausstellung von Massen-Bescheiden.

– die in **§ 193 II GVG** genannten Personen, Abs 3 Nr 1a. Das sind insbes ausländische Richter, Staats- oder Rechtsanwälte, die sich vorübergehend im Inland bei einer deutschen Behörde usw zB zu Studienzwecken aufhalten und ebenfalls auf Verschwiegenheit besonders verpflichtet werden müssen; 34

– die amtlich (dh von Amtsträgern) zugezogenen **Sachverständigen** (siehe § 96), Abs 3 Nr 2. Sie sind gleichsam Hilfspersonen der FinBeh oder des FG und stehen daher den Amtsträgern gleich; 35

– die Träger von Ämtern der **Kirchen** usw, Abs 3 Nr 3, die Steuerdaten idR nur erfahren, wenn sie mit der KiStErhebung befasst und folglich Amtsträger iSd Nr 1 bei einer öffrechtl Körperschaft sind (weitergehend *HHSp/Alber* § 30 Rz 26, die die Ausstellung von Spendenbescheinigungen als vom StGeheimnis erfasst ansehen). 36

– **Nicht** zur Wahrung des StGeheimnisses verpflichtet sind die sog **Abzugsverpflichteten** (insbes der ArbG im Zusammenhang mit der Einbehaltung und Abführung von LSt, für den jedoch als spezielle Geheimhaltungsvorschrift **§ 39b I 4 EStG** eingreift). Der Kreis der hier in Betracht Kommenden ist zu groß, als dass man ihn den strengen Vorschriften über das StGeheimnis unterwerfen wollte. Dies gilt namentlich für die Lohnkontenführer und ähnliche Personen. 37

Ebensowenig unterliegen Privatpersonen dem StGeheimnis, die zB als **Zeugen** in einer Steuersache von personenbezogenen Daten eines anderen erfahren (vgl BFH/NV 87, 265) oder die von dem Stpfl selbst Informationen erhalten, insbes als sein Berater, oder die von der FinBeh mit deren Prozessvertretung betraut sind (vgl 38 aber § 203 I Nr 3 StGB). Für **StB** ergeben sich die Verschwiegenheitspflichten jedoch aus § 57 I StBerG.

42 **5. Geschütztes Rechtsgut; Formen der Verletzung des StGeheimnisses (Absatz 2).** Die unübersichtliche Vorschrift regelt gleichzeitig, welche Daten Geheimschutz genießen (entscheidend: die Datenquelle) und wodurch das Geheimnis verletzt werden kann (Offenbarung, Verwertung, Abruf).

43 **a) Personenbezogene Daten** werden durch Nr 1 geschützt. Der Begriff umfasst alles, was das FA über eine bestimmte oder bestimmbare Person weiß. Art 4 Nr 1 DS-GVO enthält dazu eine Legaldefinition, die hier aufgrund der Unionstreue des nationalen Gesetzgebers ebenfalls anzuwenden ist. Danach sind „personenbezogene Daten" alle Informationen, die sich auf eine identifizierte oder identifizierbare natürliche Person beziehen. Als identifizierbar wird dabei eine natürliche Person angesehen, die direkt oder indirekt identifiziert werden kann, insbes mittels Zuordnung zu einer Kennung wie einem Namen, zu einer Kennnummer, zu Standortdaten, zu einer Online-Kennung oder zu einem oder mehreren besonderen Merkmalen, die Ausdruck der physischen, physiologischen, genetischen, psychischen, wirtschaftlichen, kulturellen oder sozialen Identität dieser natürlichen Person sind. Der Begriff umfasst insb die Familien- wie auch die beruflichen Verhältnisse und schließt die bloße Existenz des Stpfl ein (vgl auch BFH BStBl 02, 712). Erst recht wird die Tatsache seiner stl Erfassung oder Beteiligung an einem anhängigen oder anhängig gewesenen Verwaltungsverfahren, uU auch dessen Ablauf, etwa ob und wann ein Stpfl eine StErklärung abgegeben hat oder wann und auf welchem Weg die FinBeh Kenntnis von stpfl Vorgängen erlangt hat, vom StGeheimnis umfasst (BayVfGH NVwZ-RR 15, 81; vgl jedoch dort das Sondervotum mit gewichtigen Erwägungen zum – fehlenden – Schutzbedürfnis des Betroffenen). Auch erfasst werden die Verfahrenshandlungen des Stpfl selbst (BVerfG NJW 08, 3489; BayVfGH NVwZ-RR 15, 81 für die Selbstanzeige), die Zahl der Kinder, das Alter und deren Namen (FG Nbg EFG 82, 392; anders KG NJW 85, 1971). Auf die stl Bedeutung der Daten oder ihre nach den Verhältnissen des Einzelfalls zu vermutende Schutzbedürftigkeit kommt es nicht an, auch nicht darauf, ob die betr Gegebenheiten wirklich vorliegen oder jemandem zu Unrecht unterstellt werden (Problem des Dementis unwahrer Behauptungen und Gerüchte; vgl Rz 59a) oder ob sie aufgrund stl Auskunftspflichten offenbart worden sind (weshalb zB auch ein Informant des FA den Schutz des StGeheimnisses genießt; Rz 43b). Entscheidend ist lediglich, dass etwas in einem der in Abs 2 genannten Verfahren bekannt geworden sind. Es kommt auch nicht darauf an, ob der Stpfl an der Geheimhaltung mutmaßlich ein Interesse hat. Ggü dem Stpfl selbst oder *gegen* dessen Willen gibt es aber selbstredend kein schützenswerts Geheimnis.

43a Dem StGeheimnis unterliegen nicht in den StVerfahren anderer gewonnene, jedoch **anonymisierte** (zB Vergleichs-)Daten, Richtsätze udgl (vgl jedoch auch unten Rz 89 zur Überprüfung solcher Daten), erst recht nicht lediglich statistische Angaben und Auswertungen (BFH BStBl 94, 210). § 88a lässt das systematische Sammeln von Steuerdaten insbes zur Ermittlung von Vergleichswerten ausdrücklich zu.

43b Auch der Name und die Verhältnisse von Informanten des FA (**Anzeigenerstatter,** Gewährsleute, V-Männer, sog **„Denunzianten"**) unterliegen jedoch dem Schutz des StGeheimnisses (BFH BStBl 94, 552; 85, 571; zu verfassungsrechtl Fragen VerfGH RhPf DVBl 99, 309; *HHSp/Alber* § 30 Rz 54; *Eilers* DB 86, 19; *Streck/Olbing* BB 94, 1267; vgl auch *Gosch* StBp 94, 217, der gleichsam Verwirkung der Rechte des Informanten annimmt; zum Mitgeschäftsführer als Denunzianten *Hofmann* DStR 00, 1078). Das Gleiche gilt ggf für den genauen Inhalt der von ihnen erstatteten Anzeige (BFH/NV 07, 853). Der BFH hat das überzeugend mit dem Schutz des allgemeinen Persönlichkeitsrechts – das Recht auf informationelle Selbstbestimmung steht auch dem Informanten zu – und dem Zweck des StGeheimnisses begründet, die Steuerquellen möglichst vollständig zu erschließen, wozu es auch nötig sei, die Auskunftsbereitschaft Dritter zu erhalten. Name und sonstige Verhältnisse eines Anzeigenerstatters dürfen also von der FinBeh nur offenbart werden, wenn einer der Tatbestände des § 30 IV vorliegt; das kann insbes im Hinblick auf Nr 4 und Nr 5 der Fall sein (vgl dazu Rz 179, 185). Auch das IFG gibt abgesehen vom Vorrang des § 30 bei vertraulich übermittelten Informationen keinen Anspruch auf Offenlegung, solange das Interesse des Informanten an vertraulicher Behandlung fortbesteht (§ 3 Nr 7 IFG, vgl auch § 5 I IFG), was idR dauerhaft der Fall sein wird. Die FinBeh hat, auch wo die tatbestandlichen Voraussetzungen für eine Durchbrechung des StGeheimnisses vorliegen, hinsichtlich der Offenlegung Ermessen, jedoch kann der Schutz des allgemeinen Persönlichkeitsrechts des von den Mitteilungen des Informanten Betroffenen eine Offenbarung von dessen Identität gebieten (BFH BStBl 85, 571; 94, 552; Rechtsanspruch des Betroffenen verneinend jedoch OLG Hbg NJW 95, 3399). Siehe auch Rz 208.

b) Daten *eines anderen*. Dies sind nicht nur Verhältnisse eines Stpfl, sondern die jeglicher natürlicher oder juristischer Personen (Auskunftspersonen, stl Berater). **Ein anderer** ist jeder außer dem geheimhaltungspflichtigen Amtsträger bzw sonstigen Informationsempfänger und demjenigen selbst, dem etwas offenbar wird. Ist dieser Gesamtrechtsnachfolger eines anderen (auch bloßer Miterbe; nicht aber ein sonstiger erbrechtl Berechtigter, zB Vermächtnisnehmer), so hat er jedoch grds dieselben (Auskunfts-)Rechte wie dieser, sodass ihm ggü die seinen Rechtsvorgänger betr Daten den Schutz des StGeheimnisses nicht genießen. Dies dürfte jedoch nur insoweit gelten, wie der Gesamtrechtsnachfolger in die stl Rechte und Pflichten desselben eintritt, nicht also zB für Daten aus verjährten Veranlagungszeiträumen (vgl BFH BStBl 10, 729). Soweit der **Erbe** jedoch in die Rechtsstellung des Erblassers eintritt, hat er die gleichen Auskunftsansprüche wie dieser. Bei mehreren Erben ist jeder Gesamtrechtsnachfolger und daher auch auskunftsberechtigt. Vermächtnisnehmer, Pflichtteilsberechtigte (trotz seines Auskunftsrechts ggü dem Erben) sowie Erbersatzanspruchsberechtigte sind hingegen keine Gesamtrechtsnachfolger und daher andere. 44

Bei **Gesamtschuldnern** ist das StGeheimnis zwar nicht etwa generell untereinander aufgehoben und die bloße Tatsache eines steuerrechtlichen Gesamtschuldverhältnisses begründet zB auch kein gewichtiges rechtliches Interesse eines Gesamtschuldners, die Akten des von einem anderen der Gesamtschuldner geführten Finanzrechtsstreits einzusehen (BFH/NV 01, 1271). Das StGeheimnis ist jedoch bei Gesamtschuld stark eingeschränkt. Das gilt zum einen dort, wo die Offenbarung der StDaten anderer sinngemäß ausdrücklich vorgesehen ist wie in § 155 III (BFH BStBl 73, 625). Es gilt insbes bei zusammen veranlagten **Eheleuten** und mehreren **Haftungsschuldnern** (BFH BStBl 00, 431; 73, 625; vgl BFH/NV 87, 774). Der Mitschuldner ist allerdings ein „anderer"; die Offenbarung der eine StSchuld begründenden Verhältnisse ggü den anderen Gesamtschuldnern ist aber befugt, soweit (und nur soweit) jene für deren Schuld relevant sind, zB die StDaten ggü einem Haftenden (BFH BStBl 64, 647; 73, 119), auch schon vor Erlass eines Haftungsbescheids, denn anders kann dieser sich gegen seine Haftungsinanspruchnahme nicht umfassend wehren. Soweit zur Rechtsverteidigung erforderlich, kann der Haftungsschuldner also Einsicht in die StAkte (BFH BStBl 73, 119) und Auskunft über das Ergebnis einer Vollstreckung gegen den StSchuldner erhalten (FG RhPf EFG 73, 331, allerdings mit der fragwürdigen Begründung, die Zustimmung des anderen sei zu unterstellen). Für Ehegatten ergibt sich eine Offenbarungsbefugnis aus dem Institut der Zusammenveranlagung und darüber hinaus aus § 122 VII; auch die Zusammenfassung einer Prüfungsanordnung gegen jeden der Ehegatten in einer Verfügung verletzt das StGeheimnis nicht (BFH BStBl 89, 257; BFH/NV 92, 151). Bei Zusammenveranlagung von Ehegatten nach unwirksamem Widerspruch eines von ihnen kann *ein* Bescheid ergehen (BFH/NV 87, 774). Haben zusammenveranlagte Eheleute Klage erhoben und ist das einen Ehegatten 44a betr Verfahren unterbrochen, ist der Insolvenzverwalter auch vor Aufnahme des Verfahrens berechtigt, Akteneinsicht zu nehmen (BFH BStBl 00, 431).

45 Ein anderer ist zwar auch der Gesellschafter einer **Personengesellschaft** im Verhältnis zur stpfl Gesellschaft (dazu Rz 45d). Die steuerrechtl Verbundenheit der Gesellschafter einer Personengesellschaft bei einheitl und gesonderte Feststellung bewirkt aber, soweit sie kraft Gesetzes reicht (vgl BFH BStBl 03, 167 mit dem Zirkelschluss, das StGeheimnis schließe die Umqualifizierung von Gesellschaftereinkünften im Feststellungsbescheid der Gesellschaft aus), dass die für die Feststellung relevanten Verhältnisse den Feststellungsbeteiligten offenbart werden dürfen (BFH BStBl 97, 750 ohne nähere Begründung hinsichtlich der Grundlagen für die Festsetzung von Hinterziehungszinsen aufgrund einer nur einem Gesellschafter zuzurechnenden StHinterziehung), was jedenfalls aus § 30 IV Nr 2 folgt. Einem Gesellschafter dürfen aber die für die Besteuerung der Gesamthand relevanten Verhältnisse der Personengesellschaft(er) nur für die Zeiträume offenbart werden, in denen er dieser angehört oder angehört hat, auch sofern *dadurch* (nicht aber bloß: dabei) Verhältnisse seiner Mitgesellschafter bekannt werden. Das gilt grds für das gesamte Wirtschaftsjahr, da eine Gewinnfeststellung grds für das ganze Jahr zulässig ist, auch wenn ein Gesellschafter während des Jahres ausgeschieden oder hinzugetreten ist (BFH BStBl 79, 159; 89, 312; 93, 666) und ein Rumpfwirtschaftsjahr für die einheitl und gesonderte Feststellung nicht zu bilden ist (BFH BStBl 02, 309; 97, 750; 90, 561; 89, 312). Die Offenbarung ist selbst dann zulässig, wenn der Gesellschafter am laufenden Gewinn überhaupt nicht beteiligt war, sondern lediglich sein Veräußerungsgewinn mit festzustellen ist (BFH BStBl 93, 666). Eine Feststellung für ein Rumpfwirtschaftsjahr ist nur ausnahmsweise dann geboten, wenn besondere Geheimhaltungsbedürfnisse von Gesellschaftern geltend gemacht werden (vgl BFH BStBl 90, 561; 93, 666; BFH/NV 91, 653, 676). Unabhängig von solchen Bedürfnissen soll aber nach BFH BStBl (GrS) 74, 414 (dort auch zum Geheimnisschutz für sonstige Verhältnisse eines Gesellschafters); BFH BStBl 95, 531 der Gewinn einer Untergesellschaft nicht zusammen mit dem der Hauptgesellschaft festgestellt werden dürfen.

45b Ein Bericht über die Ap der Personengesellschaft kann (muss aber nicht, FG Hess EFG 73, 334, vgl § 183) auch den Gesellschaftern übersandt werden, weil diese insofern aufgrund der Vorschriften über die einheitl und gesonderte Feststellung als Stpfl iSd § 202 anzusehen sind (offen BFH BStBl 81, 457). Wenn der Gesellschafter jedoch vor Ende des Prüfungszeitraums ausgeschieden ist, muss ihm ggf ein Auszug aus dem Bericht erteilt werden (BFH BStBl 81, 457; vgl BFH/NV 93, 151); *insofern* kann er dann aber auch an der Schlussbesprechung teilnehmen.

45c Auch die **Sonderbetriebsausgaben** und -einnahmen eines Gesellschafters sind – unbeschadet des StGeheimnisses – stets in die gesonderte und einheitliche Feststellung der Gesellschaft einzubeziehen, selbst wenn ein Geheimhaltungsinteresse besteht (BFH BStBl 72, 803; 74, 62; 92, 4; BFH/NV 92, 515). Der Gesellschafter hat das Risiko des Bekanntwerdens seiner Daten selbst auf sich genommen (so auch bei einer Miteigentümergemeinschaft BFH/NV 91, 653; dagegen *Keuk* StuW 74, 44 und BFH BStBl 74, 414).

45d Ist die **Personengesellschaft selbst stpfl** (USt, GewSt), dürfen ihre Daten nur den vertretungsberechtigten Gesellschaftern oder sonstigen steuerverfahrensrechtl befugten Vertretern (zB Prokuristen) offenbart werden. Die Offenbarungsbefugnis besteht insofern ungeachtet eines etwaigen Gesellschafterwechsels fort.

46 Die **Kapitalgesellschaft** ist ebenfalls ein „anderer" im Verhältnis zu den Anteilseignern, sodass einem Gesellschafter einer GmbH deren Daten nur offenbart werden dürfen, wenn er Geschäftsführer ist; der nicht geschäftsführende GmbH-Gesellschafter hat auch keinen Anspruch auf Teilnahme an der Ap der GmbH (BFH/NV 93, 151).

47 Offenbarung ggü dem **gesetzlichen oder organschaftlichen Vertreter** eines Stpfl sowie seinem **Bevollmächtigten** (§ 80) stellt rechtl Offenbarung eigener

Daten dar. Vermögensverwalter oder Verfügungsberechtigte nach §§ 34 III, 35 sind im Hinblick auf die Daten des Vermögenseigentümers keine anderen, insbes nicht der **Insolvenzverwalter** (BFH/NV 07, 1182; OVG NRW DVBl 11, 1162) und der Treuhänder im vereinfachten Verfahren (§ 313 InsO), wohl aber im Restschuldbefreiungsverfahren (vgl § 292 InsO). Ihm können daher alle Auskünfte über die Daten des Insolvenzschuldners erteilt werden, deren er zur Erfüllung dessen stl Pflichten bedarf (BFH BStBl 00, 431). Er ist auch kraft seines Amtes befugt, den von ihm in einem gegen den Gesellschafter-Geschäftsführer der Gemeinschuldner-GmbH geführten Masseprozess als Zeugen benannten ehemaligen StBevollmächtigten des Schuldners von seiner Verpflichtung zur Verschwiegenheit zu entbinden (LG Krefeld ZIP 82, 861). Auch ein **Betreuer** ist, selbst wenn er das Verfahren des Betreuten noch nicht aufgenommen hat, kein Dritter (FG BaWü EFG 13, 383).

c) Verfahren in Steuersachen (Absatz 2 Nr 1 Buchst a). Daten sind in einem solchen Verfahren bekannt geworden, wenn zwischen der **Kenntniserlangung** und der Durchführung eines StVerwaltungsverfahrens ein unmittelbarer Zusammenhang besteht, der jedoch nicht eng zu verstehen ist. Bloß bei Gelegenheit eines StVerfahrens erlangte Kenntnisse, die jedermann sich, auch ohne in dem StVerfahren tätig zu sein, hätte verschaffen können, fallen jedoch nicht hierunter (vgl *Niewenhuis* NJW 89, 280), ebenso wenig Kenntnisse, die sich ein am Verfahren unbeteiligter Amtsträger heimlich aus den StAkten verschafft hat (aA *HHSp/Alber* § 30 Rz 101). Zu den Verwaltungsverfahren in Steuersachen im hier gemeinten Sinn gehören auch Rechnungsprüfungs- und gerichtl Verfahren in Steuersachen. Verwaltungsverfahren ist jede nach außen gerichtete, auf die Prüfung der Voraussetzungen, die Vorbereitung und/oder den Erlass eines VA (einschl des Einspruchsverfahrens) zielende Tätigkeit des FA (vgl § 9 VwVfG). Es ist indes nicht erforderlich, dass die Daten während eines schon laufenden Verfahrens („in") bekannt werden, sondern ausreichend, dass die Informationen der Behörde im Hinblick auf ein (möglicherweise erst einzuleitendes) Verfahren zugespielt oder von ihr ermittelt werden. Deshalb ist zB, obwohl bei Anzeige eines sog V-Mannes idR noch kein Verwaltungsverfahren anhängig ist, sondern dieses erst in Gang setzt, wenn eine Anzeige hinreichende Substanz hat, der erforderliche Zusammenhang zwischen Kenntniserlangung der FinBeh und einem Verwaltungsverfahren in StSachen gegeben. Außer bei rein privaten Anlässen oder nur in rein zeitlichem Zusammenhang mit dem Dienst gewonnenen Erkenntnissen unterliegen daher praktisch alle von der FinBeh im Rahmen ihrer dienstlichen Aufgaben zur Durchführung steuerlicher Verfahren erlangten Informationen dem Schutz des § 30, gleich ob sie zielgerichtet erhoben wurden oder Zufallsfunde darstellen, zB im Rahmen einer Ap. **50**

Verwaltungsverfahren „in **Steuersachen**" sind alle Verfahren, die der Festsetzung, der Erhebung und Vollstreckung von Steuern dienen oder damit im Zusammenhang stehen, wie Erstattungs-, Erlass-, Zerlegungsverfahren, Insolvenzeröffnungsverfahren unter Beteiligung der FinBeh (*Jörißen* AO-StB 08, 46). Dazu gehören auch Verfahren zur StVergütung (vgl § 1 I), zB wegen des Kindergeldes (§ 31 S 3, §§ 62ff EStG) und Verfahren, die als StVergütungen ausgestaltete Subventionen betreffen, zB die InvZul (§ 13 InvZulG 2007), die Wohnungsbauprämie (§ 8 I WoPG), die Arbeitnehmer-Sparzulage (§ 14 II 5. VermBG). Ein Verwaltungsverfahren in Steuersachen liegt auch dann vor, wenn Behörden außerhalb der FinVerw Bescheinigungen erteilen, die steuerlichen Zwecken dienen. Rechnungsprüfungsverfahren (Ergänzung des Abs 2 durch JStG 1996) und gerichtliche Verfahren in Steuersachen (auch vor anderen als Finanzgerichten) sind ausdrücklich im Gesetz genannt. **52**

Nicht dazu gehören Verfahren, die nach der AO abzuwickeln sind, aber keine Steuern betreffen, zB **berufsrechtliche Verfahren** (vgl § 164a StBerG), oder von den FinBeh durchgeführte Vollstreckungsverfahren wegen nicht stl Forderungen. **53**

Für von Zollbehörden verwaltete Einfuhr- und Ausfuhrabgaben gilt § 30 hingegen – neben Art 12 UZK, s Rz 11 –, weil diese Steuern sind (§ 3 III).

54 **d) Straf- und Bußgeldverfahren (Absatz 2 Nr 1 Buchst b).** Die geschützen Daten müssen im **Verfahren wegen einer StStraftat** (siehe § 369) oder im **Bußgeldverfahren** wegen einer StOrdnungswidrigkeit bekannt werden. Wegen des erforderl sachl Zusammenhangs zwischen Kenntniserlangung und Verfahren s Rz 50. Das StStrafverfahren ist eingeleitet, sobald die zuständigen Stellen (FinBeh, Polizei, StA, Gericht) Maßnahmen strafrechtlicher Art treffen (s § 397). Gegen welche Person sich das Verfahren richtet und ob etwaige in diesem Verfahren eingesetzte Zwangsmittel in einem Besteuerungsverfahren hätten eingesetzt werden können, ist ohne Bedeutung (BFH BStBl 95, 497); ebenso, ob es sich um stl relevante oder sonstige Erkenntnisse handelt. Daten, die der Stpfl in Erfüllung seiner Offenbarungspflichten vor Einleitung oder in Unkenntnis der Einleitung des Strafverfahrens offenbart hat, dürfen für ein außersteuerliches Strafverfahren nicht verwertet werden (vgl § 393 II); siehe Offenbarungsbefugnisse in § 30 IV Nrn 4 und 5 sowie in § 30 V.

55 **Subventionsbetrug** (§ 264 StGB) ist keine StStraftat (vgl aber Rz 140). Auch beim Bußgeldverfahren wegen **unbefugter Hilfe in Steuersachen** gem § 160 StBerG handelt es sich nicht um ein Verfahren iSd Abs 2 (str, ebenso *HHSp/Rüping* § 377 Rz 17). Die dort gewonnenen Erkenntnisse unterliegen daher nicht dem StGeheimnis; daher kann die StBeraterkammer, die Anzeige wegen unbefugter Hilfe in Steuersachen erstattet hat, über den Ausgang des Verfahrens unterrichtet werden. Wenn die Erkenntnisse, die zur Einleitung des Verfahrens geführt haben, in einem Besteuerungsverfahren gewonnen wurden, unterliegt freilich die Tatsache der Hilfeleistung als solche dem StGeheimnis; vgl jedoch § 10 StBerG zu Mitteilungsbefugnissen.

56 **e) Aus anderem Anlass (Absatz 2 Nr 1 Buchst c).** Die FinBeh sind unter bestimmten Voraussetzungen verpflichtet, anderen Behörden die im Besteuerungsverfahren bekannt gewordenen StVerhältnisse mitzuteilen, wenn eine entsprechende gesetzliche Vorschrift besteht, die das StGeheimnis aufhebt, vgl § 30 IV Nr 2. In diesem Fall ist auch die andere Behörde an das StGeheimnis gebunden („verlängerter Schutz des StGeheimnisses", *TK/Drüen* § 30 Rz 37). Das Gleiche gilt, wenn gesetzlich die Vorlage des StBescheids vorgeschrieben ist (nicht bei freiwilliger Vorlage!) oder eine Bescheinigung über stl Feststellungen vorzulegen ist. Diese Fälle sind sehr zahlreich. Insbes in Gesetzen der leistenden Verwaltung (Studienbeihilfen, Wohngeld, Arbeitslosenunterstützung uÄ) wird die Vorlage von StBescheiden zum Nachweis der Bedürftigkeit verlangt.

57 **f) Geschäfts- oder Betriebsgeheimnisse (Absatz 2 Nr 2).** Diese genießen wie die (persönlichen) Daten eines anderen (Nr 1) Schutz; erfasst sind solche Geheimnisse (zum Begriff vgl § 17 UWG) jedoch unabhängig davon, ob sie einem Geheimnisträger zugeordnet werden können. Ein Geheimhaltungswille des Inhabers muss jedoch bei ihnen aus den Umständen erkennbar sein (BGH NJW 63, 2120), freilich ist er idR anzunehmen, wenn die betr Daten für andere nur irgendwie von Interesse sein könnten. Hierunter fallen auch Geheimnisse von nicht geschäftlich oder betrieblich Tätigen, wie die der Erfinder und Freiberufler.

58 **g) Unbefugte Offenbarung oder Verwertung. Unbefugt** ist alles, was ohne einen Rechtfertigungsgrund geschieht; die Rechtfertigungsgründe sind in § 30 IV, V abschließend aufgezählt. Eine unbefugte Offenbarung ist auch innerhalb derselben Behörde möglich; auch jede Offenbarung ggü einem anderen Amtsträger derselben Behörde bedarf eines Rechtfertigungsgrundes; erst recht die Offenbarung ggü einer anderen Behörde. Befugt ist die Offenbarung nicht etwa schon dann, wenn auch die Stellen, denen offenbart worden ist, zur Wahrung des StGeheimnisses verpflichtet sind. § 30 geht den Amtshilfevorschriften vor; nicht durch

sie, sondern nur durch § 30 IV ist eine verwaltungsinterne Offenbarung von Steuerdaten gerechtfertigt.

Offenbarung ist jede Handlung, die bewirkt, dass die geheimzuhaltenden Tatsachen einem Dritten bekannt werden, der das Geheimnis noch nicht oder noch nicht sicher oder nicht vollständig kennt. Offenbaren setzt kein positives Tun und erst recht keine Absicht voraus und kann insbes auch durch nachlässigen Schutz der Akten vor dem unbefugten Zugriff Dritter geschehen. Offenbaren scheidet aus, wenn die Daten schon bekannt sind (BGH NJW 63, 2120; BFH BStBl 93, 666). Daten, die bereits *öffentlich* bekannt geworden sind, verlieren also den Schutz des StGeheimnisses und können nicht mehr „offenbart" werden. Öffentlich bekannt idS sind sie nicht nur, wenn sie jedermann kennt, sondern schon dann, wenn sich jedermann ohne Weiteres über sie aus allg zugänglichen Quellen unterrichten kann, etwa in einer Bibliothek oder im Internet (vgl BFH/NV 08, 1295). Das dürfte jedoch dann nicht gelten, wenn die betr Daten nur mit erheblichem Rechercheaufwand ermittelt oder nur bei Darlegung eines qualifizierten Interesses eingesehen werden können (BGHSt 48, 28). Auch bereits offenbarte Tatsachen können aber nach langer Zeit wieder in Vergessenheit geraten und dann erneut „offenbart" werden. **59**

Die Bestätigung oder das **Dementi** einer Behauptung oder eines Gerüchts stellt ein Offenbaren dar, wenn deren Wahrheit oder Unwahrheit noch nicht für jedermann bzw den jeweiligen Adressaten offenkundig, zweifelsfrei ist. **59a**

Ob das, was in einer **öffentlichen Verhandlung** gesagt worden ist, bereits bekannt ist, ist fraglich (kein Geheimschutz soll bestehen nach *TK/Drüen* § 30 Rz 51a; *Lindwurm* AO-StB 10, 378). ME ist auch insoweit eine Offenbarung möglich (ebenso *HHSp/Alber* AO § 30 Rz 124; zweifelnd jetzt auch BFH/NV 08, 1295), weil nicht fingiert werden kann, dass es sich um allgemein bekannte Daten handelt, es sei denn, durch öffentliche Berichte (Presse) oder die tatsächliche Anwesenheit von (nicht im Interesse des Gerichts, wie insbes dessen Mitarbeitern, oder der Beteiligten anwesenden) Zuhörern ist der Inhalt der Verhandlung jedermann ohne weiteres zugänglich, was nur ausnahmsweise der Fall sein wird. Überdies haben Dritte zwar die Möglichkeit, an öffentlichen Gerichtsverhandlungen teilzunehmen, können sich aber sonst nicht (durch Protokolle odgl) informieren, wenn sie dies versäumt haben (aA aber auch *Schönke/Schröder/Perron* StGB § 355 Rz 5 mit der wohl überwM). Allemal wird aber durch einen Erörterungstermin vor dem FG oder eine mündliche Verhandlung, bei der die Öffentlichkeit ausgeschlossen war, das StGeheimnis nicht aufgehoben (so auch *Lindwurm* AO-StB 10, 378). Die (erforderliche rechtliche) Grundlage für die „Fiktion" der Allgemeinkundigkeit von Gerichtsverhandlungen sieht *TK/Drüen* § 30 Rz 51a allerdings darin, dass die Zuhörer die Öffentlichkeit „repräsentierten". Die Praxis der (deutschen!) Finanzgerichte entspricht dem jedenfalls insofern nicht, als deren Entscheidungen auch nach mündlicher Verhandlung nur anonymisiert herausgegeben werden. **59b**

Durch den bei Gericht üblichen Aushang der Termine **(Terminrolle)** wird hingegen nichts unbefugt offenbart (so schon *Schomberg* NJW 79, 526; aA *Schnorr* StuW 08, 303; *Jesse* DB 08, 1994). Das StGeheimnis vermittelt keinen Anspruch darauf, dass ein Gerichtsverfahren geheim geführt wird. Die für die Information der Öffentlichkeit über ein Verfahren erforderlichen Informationen dürfen daher grds offenbart werden, wozu allemal die in einer Terminrolle üblichen Angaben gehören. Auch die Sachdarstellung in einer vom Gericht – bei einem entsprechenden Interesse der Allgemeinheit, wie es insbes bei höchstrichterlichen Entscheidungen oftmals besteht (vgl BVerwGE 104, 105) – veröffentlichten Entscheidung darf jedenfalls die zum Verständnis ihrer rechtlichen Aussage erforderlichen (Sachverhalts-)Angaben enthalten, auch wenn die Beteiligten infolgedessen nicht „anonym" bleiben oder sogar zB Umstände preisgegeben werden, die sie zB aus geschäftlichen Gründen gerne geheim gehalten wüssten. Anderes gilt nur dann, wenn die Voraussetzungen für eine Ausschließung der Öffentlichkeit wegen der **59c**

Geheimhaltungsbedürftigkeit bestimmter Tatsachen iSd §§ 171b, 172 GVG vorliegen, was das Gericht gegen das Informationsinteresse der Öffentlichkeit ggf abzuwägen hat (Beurteilungsspielraum). Dem mitunter von Beteiligten vorgetragenen Begehren, eine Entscheidung selbst bei allgemeiner Bedeutung für die Rechtsauslegung/Fortentwicklung auch nicht (so weit wie möglich) anonymisiert zu veröffentlichen, darf daher nicht entsprochen werden; insbes der BFH hat sich ihm freilich bisher großzügig geöffnet und sog „Zugriffssperren" verhängt. Anders verhält es sich freilich dann, wenn die Öffentlichkeit an der Entscheidung nur ein („Sensations"-)Interesse hat, um private oder geschäftliche Verhältnisse des Klägers kennenzulernen.

59d Wer an einer Gerichtsverhandlung nicht als Amtsträger teilgenommen hat, kann ihren Inhalt iÜ selbstverständlich zulässigerweise uneingeschränkt offenbaren, weil er nicht zur Wahrung des StGeheimnisses verpflichtet ist. Vgl auch Rz 75.

60 Die Weitergabe von Daten **innerhalb der Verwaltung** an die zuständigen Stellen der FinBeh (einschl der Aufsichtsbehörde und der Innenrevision, was § 30 IV Nr 1a zulässt) zwecks ordnungsgemäßer Erledigung des Verfahrens, in dem die fraglichen Daten bekannt geworden sind, und auf dem dafür vorgesehenen Weg wird bisweilen (zu Unrecht) schon begrifflich nicht als Offenbaren steuerlicher Daten angesehen. Jedenfalls aber ist eine solche Weitergabe zu dienstl Zwecken nicht unbefugt (vgl auch Rz 89). Die Weitergabe muss freilich durch die Zwecke der jener Behörde obliegenden Aufsicht gerechtfertigt sein (kein Selbsteintrittsrecht der vorgesetzten Behörde, vgl BFH/NV 91, 710) bzw auf sonstigen besonderen Befugnissen derselben beruhen (zB Mitwirkungsrechte im Erlassverfahren; Befugnisse des BZSt nach § 5 FVG).

61 **Verwertung** ist das Verwenden oder das Gebrauchmachen von Kenntnissen über geschützte Daten, um sich den in diesen Daten verkörperten Wert anzueignen, also einen (eigenen oder für einen Fremden einen) Vorteil zu erlangen; es besteht insbes darin, dass *wirtschaftlicher* Nutzen gezogen wird. Ob eine Verwertung auch zu anderen als wirtschaftlichen Zwecken (zB zur Ermöglichung von Straftaten gegen den Geheimnisträger oder zu wissenschaftlichen Zwecken) erfasst wird, ist zweifelhaft, weil der Begriff Verwertung ebenso wie in § 30 in § 355 StGB gebraucht und dort vom überwiegenden Schrifttum dahin ausgelegt wird, dass nur ein wirtschaftliches Verwerten Strafbarkeit begründet (vgl *Lackner/Kühl* StGB § 204 Rz 4; *Schönke/Schröder/Lenckner/Eisele* § 204 Rz 5).

62 **Rechtfertigungsgründe** für eine *Verwertung* nennt das Gesetz nicht; § 30 IV und VI sind *nicht* anwendbar. Nur eine Verwertung mit Einverständnis des Geheimnisträgers wird daher als befugt angesehen werden können (*HHSp/Alber* § 30 Rz 127).

64 **h) Unbefugter Abruf von Daten (Absatz 2 Nr 3).** Eine **Datei** ist eine Sammlung von personenbezogenen Daten, die entweder durch automatische Verfahren systematisch ausgewertet werden kann oder bereits systematisch aufgebaut ist (und deshalb nach bestimmten Merkmalen geordnet, umgeordnet und ausgewertet werden kann, vgl § 3 BDSG). Schon der bloße Zugriff auf solche Daten (zB durch Kopieren einer elektronischen Datei) wird vom Gesetz als Bruch des StGeheimnisses angesehen, weil das bloße Verbot des (unbefugten) Offenbarens oder Verwertens der aus der Datei abgerufenen Daten der hier bestehenden besonderen Gefährdungslage nicht Rechnung trage, die nämlich im Verhältnis zu dem Amtsträger sonst bekannt gewordenen (naturgemäß mengenmäßig ungleich begrenzteren bzw idR nicht ohne weiteres verfügbaren) Daten bestehe.

65 Der besondere, auf den bloßen Datenzugriff vorverlagerte Schutz bezieht sich nur auf den *automatisierten* Abruf **(EDV)** von Daten aus einer Datei mit Hilfe einer Suchmaske, die aus dem Datenbestand bestimmte abstrakt definierte Informationen herausfiltert. Der Zugriff auf eine elektronisch geführte Akte fällt nicht hierunter, auch wenn dabei ggf ein Suchprogramm angewandt wird.

6. Befugnis zur Offenbarung (Absatz 4). a) Allgemeines. § 30 IV regelt die Befugnis der FinBeh, geschützte Daten zu offenbaren. Weitere Ermächtigungen enthalten §§ 30 V, 31, 31a und 31b. Die Rechtfertigungsgründe sind abschließend und ggf gerichtlich voll überprüfbar. Eine Verpflichtung zur Offenbarung ergibt sich aus den Vorschriften nicht. Sie muss anderweit begründet werden; wo es an entspr verpflichtenden Normen fehlt, steht die Offenbarung im Ermessen der FinBeh. 71

Bei jeder Durchbrechung des StGeheimnisses ist die **Verhältnismäßigkeit des Eingriffs** unter Berücksichtigung der Umstände des Einzelfalls zu prüfen. Diese zu beurteilen steht nicht im Ermessen der FinBeh, sondern erfordert eine Rechtsentscheidung (anders offenbar *TK/Drüen* § 30 Rz 59a). Das gilt insbes bei der Offenbarung zu außersteuerlichen Zwecken und ggü Privaten, die nicht ihrerseits dem StGeheimnis unterliegen (§ 30 XI), sodass der Eingriff in das StGeheimnis besonders schwer wiegt. Auch sonst ist Zurückhaltung zu üben, wenn die FinBeh ohne Offenbarung der steuerlichen Daten eines anderen das Verfahren ebenfalls ohne unangemessen große Ermittlungsschwierigkeiten durchführen könnte. Es kann zB geboten sein, in einer Anordnung der Durchsuchung bei Dritten StDaten des Beschuldigten nicht im Rahmen der Beschreibung des steuerstrafrechtlichen Vorwurfs zu offenbaren (BVerfG DStRE 02, 1092). 72

b) Absatz 4 Nummer 1. Die Offenbarung steuerlicher Daten nach Nr 1a ist sowohl im Hinblick auf andere stl Verfahren desselben Stpfl als auch im Hinblick auf Verfahren anderer Stpfl, sowohl ggü anderen Behörden (nicht nur FinBeh) als auch den Gerichten zulässig, wenn sie der Durchführung eines steuerlichen Verfahrens nach Abs 2 Nr 1 Buchst a oder b „dient". Die Daten **„dienen"**, wenn sie eine Prüfung der in einem solchen Verfahren relevanten Tatbestandsmerkmale ermöglichen, erleichtern oder auf eine festere Grundlage stellen können, also ein unmittelbarer funktionaler Zusammenhang zwischen der Offenbarung und der Verfahrensdurchführung besteht (BFH BStBl 87, 545; BFH/NV 13, 2; 08, 1811). Es ist nicht erforderlich, dass die offenbarten Tatsachen Besteuerungsmerkmale des Stpfl sind oder zu diesen in Korrespondenz oder Konkurrenz (so aber *TK/Drüen* § 30 Rz 65) stehen (vgl zB BFH BStBl 07, 243; BFH/NV 01, 611). Es ist auch nicht erforderlich, dass Besteuerungsmerkmale nur aufgrund der Durchbrechung des StGeheimnisses beurteilt werden können, wenn auch der Verhältnismäßigkeitsgrundsatz iAllg einer Mitteilung entgegen stehen wird, wenn sich die FinBeh die betr Kenntnisse ohne Weiteres auch ohne Durchbrechung des StGeheimnisses verschaffen könnte. 73

Die Offenbarung muss der Durchführung **irgendeines Verfahrens** in StSachen dienen; dass die offenbarten Daten für ein Verfahren in der betr StArt erhoben worden sind, verlangt § 30 IV Nr 1 also nicht. Informationen, die sich eine Dienststelle der FinVerw rechtmäßig verschafft hat, dürfen von allen Dienststellen verwertet werden. Die FinVerw ist insoweit als Einheit anzusehen (BFH BStBl 92, 616 mit Hinw auf BVerfGE 65, 1; 67, 100 und BVerfG BStBl 91, 654, die nur die Verwendung von StDaten zu anderen als steuerlichen Zwecken beträfen). Deshalb können zB die Daten eines StSchuldners in einem akzessorischen Haftungsverfahren offenbart werden (BFH BStBl 73, 119); siehe auch Rz 85 ff. Erkenntnisse über das Vermögen des Erblassers dürfen also zB den für die ESt- und VStVeranlagung zuständigen Bezirken mitgeteilt werden (BFH BStBl 92, 616). 74

Die Offenbarung kann **aufgrund des allgemeinen Verfahrensrechts oder des Prozessrechts** notwendig sein, zB wegen öffentlicher Zustellung steuerlicher Entscheidungen (§ 15 VwZG). Selbstredend notwendig sind die Aktenvorlage beim FG, aber nur insoweit, wie sie für das Verfahren benötigt werden, andere Vorgänge sind aus ihnen ggf zu entfernen (BFH BStBl 94, 802). Schutzwürdige Teile müssen getrennt oder unlesbar gemacht werden. Zulässig ist ferner der Aktenvortrag des Gerichts in öffentlicher Verhandlung und die Veröffentlichung seines 75 nur soweit zu anonymisierenden Urteils, dass dessen rechtliche Würdigung noch verständlich und nachvollziehbar bleibt (vgl oben Rz 59b), auch wenn uU Rückschlüsse auf konkrete Personen möglich sind. Ferner der Aushang einer Terminrolle im FG (auch dazu schon Rz 59b). Zulässig ist die Offenbarung von StDaten in einem Gerichtsverfahren auch, sofern Dritte zu dem Verfahren hinzugezogen oder (auch einfach, vgl BFH/NV 01, 619) beigeladen werden, zB nach § 174 V (BFH BStBl 80, 314; 89, 539), jedoch nur, soweit die Offenbarung zur Wahrung der Rechte des Hinzugezogenen erforderlich ist (FG Ddorf EFG 90, 43). Deshalb hat BFH/NV 10, 1477 ein Akteneinsichtsrecht eines Beigeladenen im Verfahren der Beschwerde gegen den Beiladungsbeschluss nur für die Vorgänge gewährt, die Grundlage der Entscheidung über die Beiladung sein werden (wozu aber dort auch die FG-Akte gehörte). Vor einer einfachen Beiladung ist das Interesse an der Wahrung des StGeheimnisses des Klägers ggü dem Interesse des Beizuladenden an der Verbesserung seiner Rechtsposition abzuwägen (BFH/NV 14, 72).

76 Die **Verbindung** mehrerer **selbständiger Klageverfahren** unterschiedlicher Kläger kommt regelmäßig nur dann und insoweit in Betracht, als die Voraussetzungen einer Streitgenossenschaft (vgl §§ 59, 62 ZPO) gegeben sind, bei welcher die Kläger also sämtlich jeweils an dem oder den streitigen StRechtsverhältnis(sen) oder dem Rechtsvorgang beteiligt sind, durch den der StTatbestand verwirklicht wurde (BFH BStBl 97, 626; BFH/NV 02, 1036, 1610; kritisch dazu *Rößler* DStZ 98, 72).

77 Nach Beendigung eines finanzgerichtlichen Verfahrens darf das Finanzgericht der **Gerichtskasse** Mitteilungen über die Vermögensverhältnisse des Kostenschuldners machen und hierbei auch auf bestimmte Vollstreckungsmöglichkeiten hinweisen (*Bilsdorfer* DStZ 93, 295).

78 Zulässig ist ferner die Offenbarung von Steuerdaten zur Feststellung und Durchsetzung stl Forderungen, zB wenn die Aufklärung des Sachverhalts die Hinzuziehung von **Zeugen** und **Sachverständigen** erfordert, die nicht ohne Offenbarung von personenbezogenen Daten vernommen werden können; wenn die Beteiligung anderer (Fach-)Behörden notwendig ist, weil diese bestimmte stl Voraussetzungen fachlich beurteilen sollen (*BMF* BStBl I 93, 525, geändert BStBl I 95, 83; wenn möglich aber anonymisierte Anfrage geboten, sonst Hinweis darauf, dass auch die Fachbehörde das StGeheimnis zu wahren hat) oder für das Besteuerungsverfahren bindende VA erlassen (vgl BVerwG BStBl 86, 304; 69, 304).

79 Die Offenbarung von Steuerdaten ist zudem zulässig, wenn sie zur **Durchsetzung der StForderung** notwendig ist, insbes etwa bei Teilnahme der FinBeh am Insolvenzverfahren, zur Glaubhaftmachung des Insolvenzgrundes in dem Antrag des FA nach § 13 InsO (wozu grds die Angabe von Steuerart, Jahr und Betrag ausreichen wird; zu Nebenforderungen OLG SachsAnh ZInsO 00, 349), bei der Forderungsanmeldung nach §§ 174, 175 InsO oder im Vollstreckungsverfahren nach §§ 284 VIII, 298 II, § 867 ZPO, §§ 15, 16 ZVG. Eine Forderungspfändung rechtfertigt grds die Offenbarung der StSchuld ggü dem Drittschuldner (BFH BStBl 01, 5). Die FinBeh muss jedoch ihre Belange gegen das Schutzinteresse des Pfändungsschuldners abwägen und uU sogar von einer Forderungspfändung mit der dabei unvermeidlichen Durchbrechung des StGeheimnisses ganz absehen, wenn der Vollstreckungsschuldner nachprüfbar oder zumindest glaubhaft erschöpfende Auskunft über seine Bankverbindungen und seine sonstigen Schuldner gegeben hat (BFH BStBl 01, 5). Um prüfen zu können, ob ein *Drittschuldner* zahlungsfähig ist und deshalb eine Drittschuldnerklage gegen ihn aussichtsreich erscheint, kann dem FA, das Klage erheben will, Auskunft über die steuerlichen Daten des Drittschuldners gegeben werden (*Strunk* DStR 97, 704; AO-Kartei BaWü § 30 IV Nr 1 Karte 5). Solche Auskünfte können auch in das gerichtliche Verfahren gegen den Drittschuldner eingeführt werden, jedenfalls, soweit die Auskünfte Rechtsbeziehungen zwischen dem StSchuldner und dem Drittschuldner betreffen, zB wenn der Drittschuldner behauptet, die Forderung gegen ihn sei erloschen, oder wenn

der StSchuldner behauptet, er gehe keiner Tätigkeit nach. Das Gleiche gilt, wenn jemand die selbstschuldnerische Bürgschaft für die StSchulden übernommen hat und im Prozess gegen den Bürgen die StForderungen aufgeschlüsselt und iEinz belegt werden sollen.

Gesamtschuldnerschaft (Näheres Rz 44a ff) mehrerer StSchuldner oder von Steuer- und Haftungsschuldner kann eine Offenbarung von Steuerdaten des anderen rechtfertigen. 83

Eine Offenbarung ist ferner zulässig, wenn ein anderer die betr Informationen in seiner eigenen StSache **zwingend benötigt,** um seine Rechte wahrnehmen und verteidigen zu können, so bei der Wertberichtigung von Kundenforderungen, wenn das FA deren Insolvenz aufgrund ihrer StErklärung bezweifelt (mit Recht aber *TK/Drüen* § 30 Rz 65: anders im umgekehrten Fall, dass der Stpfl die Insolvenz erst anhand der Informationen der FinBeh *feststellen* will); oder um als Wettbewerber einen möglicherweise gegebenen **(Drittschutz-)Anspruch** geltend machen zu können, nicht stärker besteuert zu werden als ein Konkurrent (BFH BStBl 12, 541; 09, 126; 07, 243; dazu *Roth* DStR 08, 434; *Englisch* StuW 08, 43); im Rahmen der Auskunfterteilung ist nicht als Voraussetzung für eine zulässige Durchbrechung des StGeheimnisses zu prüfen, ob eine Konkurrentenklage tatsächlich zulässig wäre (anders offenbar noch BFH BStBl 04, 1034); es genügt, dass die Konkurrentenklage nicht offensichtlich unzulässig wäre (was allerdings bei Konkurrenz eines *privaten* Wettbewerbers iAllg der Fall sein wird, vgl *Roth* DStR 08, 434). Bei der Nichtbesteuerung einer konkurrierenden Einrichtung des öffentlichen Rechts für Leistungen, die im Rahmen der öffentlichen Gewalt erbracht werden, hat dies der BFH BStBl 07, 243 im Anschluss an EuGHE 06, I-4999 = DStR 06, 1082 („Feuerbestattungsverein Halle") bei der USt angenommen, wenn die Nichtbesteuerung zu „größeren" Wettbewerbsverzerrungen führt. Dargetan werden müssen aber eine aufgrund von Tatsachen zu vermutende oder zumindest nicht mit hinreichender Wahrscheinlichkeit auszuschließende unzutreffende Besteuerung des Konkurrenten und konkret feststellbare, durch Tatsachen belegte Wettbewerbsnachteile (vgl *Rüsken* BFH-PR 04, 486). Zur Zulässigkeit einer Konkurrentenklage vgl auch BFH BStBl 98, 63; ob die dort angewandte Schutznormtheorie allerdings nach BVerfG ZfZ 09, 291 noch Bestand haben kann, erscheint fraglich (*Rüsken* ZfZ 11, 17). 85

Will ein Stpfl wissen, ob eine Spende abzugsfähig ist, muss er sich zunächst an die betreffende Körperschaft wenden; eine Bestätigung einer ihm dort erteilten Auskunft durch FA ist jedoch ebenso zulässig wie eine Richtigstellung bei einer nach Auffassung des FA wahrheitswidrigen Auskunft. Wegen einer Auskunft über **Gemeinnützigkeit** siehe AEAO zu § 30 Nr 4.2; FG Hbg EFG 97, 508. Das FA kann öffentlich auf fehlende Gemeinnützigkeit hinweisen, wenn mit Abzugsfähigkeit von Spenden geworben wird (vgl auch BFH BStBl 87, 30). 86

Die Bekanntgabe der Einkünfte der Ehefrau an den geschiedenen Ehemann, der für **Unterhaltszahlung** eine StErmäßigung wegen außergewöhnlicher Belastungen beantragt, ist nur in der Form zulässig, dass mitgeteilt wird, die Einkünfte der Frau würden die im Gesetz festgelegten Grenzen überschreiten. Bei teilweiser Versagung der Anerkennung einer außergewöhnlichen Belastung ist jedoch auch die Mitteilung der Höhe der Einkünfte zulässig. 87

Die Offenbarung von StDaten eines anderen dient der Durchführung eines Verfahrens in StSachen auch dann, wenn sie lediglich der besseren Beurteilung der **Glaubhaftigkeit** dort aufgestellter Behauptungen dienen soll (BFH/NV 01, 611). 87a

Zu *nicht steuerlichen* Zwecken dürfen StDaten eines anderen auch dann nicht offenbart werden, wenn sich dieser in einem **Beweisnotstand** befindet und die notwendigen Informationen auf andere Weise nicht erlangt werden können. Das private Interesse an Steuerdaten kann insbes auch nicht wie ein zwingendes öffentliches Interesse iSd § 30 IV Nr 5 behandelt werden (BFH BStBl 69, 676; BFH/NV 86, 195), sofern es nicht *ausnahmsweise* gleichsam zu einem öffentl Interesse 88 erstarkt (*TK/Drüen* § 30 Rz 121a). Deshalb können StDaten nicht für die Durchführung eines Amtshaftungsprozesses oder eines Regresses gegen den StBerater ohne Zustimmung des Betroffenen offenbart werden; ebenso wenig, um in einem nichtsteuerlichen Strafverfahren die Höhe des gegen den Täter festzusetzenden Tagessatzes zu bestimmen (*Kindshofer* PStR 02, 68; *HHSp/Alber* § 30 Rz 483).

89 Zulässig ist die Offenbarung und Verwendung fremder StDaten innerhalb der FinVerw, wenn sie zur Durchführung der **Besteuerung anderer Stpfl** (BFH/NV 01, 611), insbes zur Überprüfung von StErklärungen (zB mittels Kontrollmitteilungen, Rz 90) oder zB wegen § 174 IV (BFH/NV 96, 195) oder der Durchführung einer Konkurrentenklage (BFH BStBl 98, 63; BFH BStBl 07, 243; siehe Rz 86), notwendig ist. Bei der Anwendung von **Richtsätzen, Vergleichswerten** udgl ist die Offenbarung der StSubjekte (Betriebe), aus deren Verhältnissen diese Vergleichswerte abgeleitet worden sind – mangels einer konkreten Beziehung zu dem auskunftsbegierigen Stpfl – hingegen unzulässig (BFH BStBl 86, 226). Das Gleiche gilt im Hinblick auf Berichte anderer FÄ über Vergleichsbetriebe, die zum Zwecke des Erfahrungsaustauschs beigezogen werden; auch sie dürfen die Identität des Vergleichsbetriebes nicht preisgeben. Das macht die betr Berechnungen auch bei Bestreiten nicht unverwertbar (BFH BStBl 94, 210; 82, 604; 81, 153; vgl auch BFH BStBl 65, 121 betr Ablehnung eines Erlasses unter Berufung auf ähnlich entschiedene Fälle). FA bzw FG haben im Rahmen ihrer Aufklärungspflicht die auch bei Wahrung der Anonymität der Vergleichsobjekte bestehenden Möglichkeiten zur Überprüfung der Vergleichszahlen auszuschöpfen (was auch bei Zahlen eines Gutachterausschusses notwendig ist); das FG hat insbes zB durch Rückfragen zu überprüfen, ob die Qualität der Datenerfassung bestimmten Mindestanforderungen gerecht wird. Scheitert eine Überprüfung aus Gründen des StGeheimnisses, kann dies zu Lasten der Beweiskraft der Vergleichsdaten gehen (BFH BStBl 04, 171). Diese können jedoch ggf ohne Kenntnis der Identität der Vergleichsobjekte übernommen werden, insbes wenn der Stpfl keine substantiierten Einwände erhebt, etwa seinerseits Vergleichsobjekte benennt. Nicht gangbar ist hingegen der von BFH BStBl 86, 226 aufgezeigte Weg, dass nur dem FG die Identität der Vergleichsobjekte offenbart wird, weil es diese Information ohne Verletzung des Gehörsanspruchs des Klägers nicht verwerten dürfte (BFH BStBl 04, 171; allgM); im Übrigen böte § 78 FGO keine Handhabe, dem Stpfl die Einsicht in die betreff Unterlagen zu verwehren, wenn sie zu den Gerichtsakten gelangt sind.

90 § 30 IV Nr 1 lässt die Erteilung von **Kontrollmitteilungen** (§ 194 Rz 28) zu steuerl Zwecken zu (vgl BFH BStBl 92, 616; BFH/NV 07, 190), etwa aus Anlass einer Ap bei anderen Stpfl (vgl dazu die MitteilungsVO und BMF BStBl I 02, 477). Soweit es für die Überprüfung der richtigen Besteuerung eines Dritten erforderlich ist, kann diesem offenbart werden, welche bestimmten Tatsachen bei welchem anderen Stpfl festgestellt worden sind. Die Verhältnismäßigkeit des von Kontrollmitteilungen ausgehenden Eingriffs in das StGeheimnis ist zu bejahen. Das BVerfG hat die Praxis bisher nicht beanstandet (BVerfGE 65, 46; 67, 143). Kontrollmitteilungen können auch ausländischen StBehörden erteilt werden (BFH BStBl 95, 358). Die speziellen Ermächtigungen finden sich insoweit in § 117 II (siehe dort) iVm den jeweils einschlägigen völkerrechtlichen Abkommen bzw dem EGAHiG und für den Zoll auch in der EWGVO Nr 515/97 (ABl EG 97 Nr L 82, 1; früher EWGVO Nr 1468/81, ABlEG 1981 Nr L 144, 1), deren Gültigkeit EuGHE I 99, 8067 = HFR 00, 150 bestätigt hat.

91 Eine Offenbarungsbefugnis besteht auch gegenüber den **Rechnungshöfen** (vgl BFHE 86, 488 = DB 66, 1460).

92 Der vom BFH und BVerwG für ein Verfahren in Steuersachen geforderte unmittelbare funktionale Zusammenhang zwischen der Offenbarung von Steuerdaten und der Durchführung des Verfahrens wird bei Mitteilungen an Ausländerbehörden zum Zwecke einer **Untersagung der Ausreise** (AuslG § 62 II) und an die Passbehörde wegen eines **Passentzugs** (PassG §§ 8, 7 I Nr 4; FG Ddorf EFG 02,

1130) bejaht, weil diese Verfahren ausschließlich der Durchsetzung von StAnsprüchen dienten (FG RhPf 1 V 2434/99, nv). Das **gewerberechtliche Untersagungsverfahren** ist kein Verfahren in StSachen, auch wenn es wegen steuerlicher Unzuverlässigkeit eingeleitet worden ist (BVerwGE 65, 1).

Die Offenbarung ist auch für **strafrechtliche und ordnungswidrigkeiten-rechtliche Verfahren in Steuersachen** zulässig; das gilt auch insoweit, als die StStraftat in Tateinheit mit nicht steuerlichen Taten steht oder jedenfalls eine einheitliche Tat im strafprozessualen Sinne vorliegt (*Küster* PStR 00, 110), durch die auch StGesetze verletzt werden, und sich die offenbarten Erkenntnisse auf Tatbestandmerkmale der verletzten nicht steuerl Strafnorm beziehen (str, ob allein der materiell-rechtl Tatbegriff maßgeblich ist; so offenbar ua *TK/Drüen* § 30 Rz 70). Zur Frage der Verletzung des StGeheimnisses, wenn die Bustra ein StStrafverfahren an die zuständige StA abgibt und die dabei übersandten Akten auch Vorgänge enthalten, die den Verdacht nichtsteuerlicher Delikte begründen, siehe BGH ZIP 81, 661 sowie *Joecks* wistra 98, 86 zur Verwertbarkeit von im Rahmen eines StStrafverfahrens gewonnenen Erkenntnissen für die Verfolgung wegen eines Allgemeindelikts. Vorbehaltlich der Nr 4 dürfen StDaten grds nicht zur selbständigen Verfolgung nichtsteuerlicher Delikte offenbart oder verwertet werden. 93

c) EDV-Entwicklung und Aufsichtsbefugnisse (Absatz 4 Nummer 1a). Diese Nummer lässt die Offenbarung geschützter Daten zu, um die Entwicklung, Überprüfung oder Änderung automatisierter Verfahren sowie die Wahrnehmung von Aufsichts-, Steuerungs- und Disziplinarbefugnissen der FinBeh gem § 29c I 1 Nr 4 bzw 6 zu ermöglichen. Soweit dafür die Offenbarung geschützter Daten erforderlich ist (diese solchen Projekten „dienen" sollen), ist das StGeheimnis aufgehoben. Aufsichts-, Steuerungs- und Disziplinarbefugnisse werden außer von den vorgesetzten Behörden der FinBeh zB in den Fällen des Art 85 IV 2, 108 III 2 GG oder aufgrund gemeinderechtl Befugnisse ausgeübt. Die gesonderte gesetzl Öffnung des StGeheimnisses für diese Fälle folgt der besonderen gesetzl Ermächtigung zur Weiterverarbeitung von Daten in § 29 I Nr 6 bzw Art 6 IV DS-GVO, die solche Datenverwendung als außerhalb ihrer Zweckbindung liegend behandelt (vgl *Myssen/Kraus* DB 17, 1860). 95

d) Bußgeldverfahren der Daten-Aufsichtsbehörden (Absatz 4 Nummer 1b). Die Daten-Aufsichtsbehörden, die nach Art 51 DS-GVO für die Überwachung der Anwendung dieser Verordnung in den Mitgleiedstaaten einzurichten oder als unabhängige Behörden zu bestimmen sind, können nach Art 83 DS-GVO für Verstöße gegen bestimte Bestimmungen der Verordnung sowie bei Nichtbefolgung einer Anweisung der Aufsichtsbehörde betr die Durchführung der Verordnung Geldbußen verhängen. Hinsichtl der Informationen, die sie zur Erfüllung dieser Aufgabe im Anwendungsbereich der AO, also hinsichtl steuerlicher Vorgänge und Verfahren, benötigt werden, wird das StGeheimnis von § 30 IV Nr 1b aufgehoben. 96

e) Absatz 4 Nummer 2. Offenbarungsbefugnis durch Bundesgesetz. aa) Allgemeines. Es muss sich aus dem Gesetz eindeutig und unmissverständlich ergeben, dass die Auskunftsverpflichtung/-berechtigung das *StGeheimnis* durchbrechen soll. Das schließt allerdings eine Auslegung des betr Gesetzes nicht gänzlich aus, um daraus die Durchbrechung des StGeheimnisses zu gewinnen (aA *TK/Drüen* § 30 Rz 71). Ein Zitiergebot enthält Nr 2 nicht; in den zur Auskunft ermächtigenden Gesetzen muss daher das StGeheimnis nicht genannt sein (FG Ddorf EFG 86, 541) und ist es auch iAllg nicht genannt. Dass die Zulassung durch ein Bundesgesetz erfolgen müsste, ist der Vorschrift ebenfalls nicht zu entnehmen und keine Folge ihrer eigenen bundesrechtlichen Qualität (vgl OVG NRW NWB 41/1997 F 1, 310 zur Einsicht in StAkten nach der GO); freilich muss für die Befugnisnorm eine Gesetzgebungskompetenz des Landes bestehen. Ob es sich um ein Gesetz im formellen Sinne handeln muss, ist ebenfalls zweifelh (so aber *TK/Drüen* 102

§ 30 Rz 71 wegen der Entstehungsgeschichte); praktische Bedeutung haben diese Fragen freilich, soweit ersichtlich, bisher nicht erlangt.

103 Die betr Vorschrift muss **hinreichend genau** festlegen, unter welchen Voraussetzungen welche Auskünfte zulässig sein sollen; eine allgemeine, generalklauselartige Zulassung genügt nicht (vgl *Benda* DStR 84, 351, 355 [sehr weitgehend]). **Art 5 GG** ist deshalb grds ungeeignet, die Offenbarung von Steuerdaten nach Nr 2 zu rechtfertigen (vgl auch OVG NRW DVBl 12, 1113, jedoch andererseits EGMR NJW 99, 1315). Nach BVerfG NJW 73, 1226 soll aufgrund des Art 5 GG zwar in bestimmten Ausnahmefällen ein Informationsanspruch von Presseorganen ggü Behörden bestehen (dazu *Sauerland* DStR 15, 1569). Sofern sich dieser auf die Mitteilung personenbezogener Daten richtet, was insbes bei sog (absoluten oder relativen) Personen der Zeitgeschichte in Betracht kommen kann, kann er indes das StGeheimnis allenfalls unter entsprechend strengen Voraussetzungen gem § 30 IV Nr 5 überwinden (so für einen parlamentarischen Untersuchungsausschuss BFH/NV 93, 579). Auch die **Landespressegesetze** enthalten iAllg keine Vorschriften, die den Anforderungen der Nr 2 genügen. Sie gehen dem § 30 nicht vor (vgl *Felix* NJW 78, 2134) und regeln keine Ausnahmen vom Verbot des Offenbarens unter das StGeheimnis fallender Daten (OLG Hamm, NJW 81, 356). Zu der Frage, ob der Inhalt einer öffentl Verhandlung (etwa vor dem FG oder dem Strafgericht) dem StGeheimnis unterliegt vgl oben Rz 59b.

104 Erst Recht nicht beinhalten die allgemeinen **Amtshilfevorschriften,** insbes Art 35 GG eine Zulassung iSd § 30 IV Nr 2 (vgl auch Rz 58), ebenso wenig §§ 96, 108, 161 StPO oder zB § 5 JWG.

104a Auch die **Informationsfreiheitsgesetze** des Bundes und der Länder durchbrechen das StGeheimnis nicht (*Roth* DStR 08, 434; vgl Rz 10), auch soweit sie grds auf Finanzbehörden anwendbar sein wollen. § 30 ist vielmehr eine lex specialis, die der Anwendung des IFG vorgeht (§ 1 III IFG; BFH/NV 07, 1141; BFH BStBl 07, 275). Überdies gewähren die genannten Gesetze ohnehin keinen uneingeschränkten Informationsanspruch, auch zB im Hinblick auf vertraulich übermittelte Informationen (§ 3 Nr 7 IFG, vgl auch § 5 I IFG). Zum Allgemeinen vgl *Korn* DÖV 12, 232; *Nitschke* DÖV 14, 1949; *Schmittmann* ZInsO 10, 1469; zum Rechtsweg bei Einsicht in StAkten BFH/NV 11, 992; 10, 1637; anders OVG Hbg ZIP 12, 492 und Anrufung des GemSOGB durch BVerwG ZIP 12, 2417; *Korn* DÖV 12, 232; vgl auch BGH HFR 10, 299, BSG ZInsO 12, 1789 und BVerwG NVwZ 12, 824 für Auskunftsbegehren im Insolvenzverfahren; vgl auch BVerwG ZInsO 12, 1268 mit Anm *Baatz*: Informationsanspruch des Insolvenzverwalters zur Durchsetzung eines Anfechtungsanspruchs durch AO nicht ausgeschlossen; anders FG Mster EFG 12, 1414; FG Saarl EFG 10, 616: IFG hinsichtlich Akteneinsichtsrecht durch AO verdrängt. Zum allg Auskunftsanspruch des Insolvenzverwalters ggü dem FA vgl BFH BStBl 13, 639.

104b Für einen **aus Treu und Glauben hergeleiteten Anspruch** siehe BFH BStBl 10, 729 (kein Anspruch auf Auskünfte, die nicht der Wahrnehmung von Rechten im Besteuerungsverfahren, sondern nur zB einer Erbauseinandersetzung dienen können). Zum Anspruch des Betroffenen auf Auskunft über die gem IZA-Erlass bei der zentralen Sammlung und Auswertung von Unterlagen über stl Auslandsbeziehungen (vgl BStBl I 97, 541) über den Stpfl gespeicherten Daten BVerfGE 120, 351 (grds gegebener Auskunftsanspruch darf zurückgestellt werden, weil ein gegenläufiges Geheimhaltungsinteresse das Auskunftsinteresse im Rahmen einer Abwägung aller wesentlichen Umstände überwiegt).

105 Die Gesetze, die eine **Offenbarung von Steuerdaten *zulassen*,** sind außerordentlich zahlreich. Im Einzelnen sind Voraussetzungen und Umfang der Durchbrechung des StGeheimnisses genau zu prüfen; wo eine Auskunft zugelassen wird, ist im Zweifel (aber nur dann) ein Auskunftsersuchen zu verlangen und eine Spontanmitteilung unzulässig (vgl aber BFH BStBl 92, 645; BFH/NV 05, 1503 zur Zulassung von Spontanauskünften im DBA-USA). Auch der Gegenstand der Offenbarung ist bisweilen näher eingegrenzt (zB in den §§ 19, 26, 141, 159 KostO: nur Einheitswerte), darüber hinaus durch den Zweck des jeweiligen Verfahrens zu begrenzen.

bb) Wichtige Einzelvorschriften. Diese sind: In der **AO** selbst §§ 31, 31a, 31b, 88a, 93a iVm der **MitteilungsVO** (BGBl 93 I, 1554; s dazu *BMF* BStBl I 02, 477), 117 (s dort und Rz 12, 57), 187, 249 II AO. **110**

Offenbarungsbefugnis ggü dem BMF im Rahmen seiner **Aufsichtsbefugnisse** nach Art 85 IV 2, 108 III 2 GG. Beteiligungsrecht der **Kommunen** bei Realsteuern (§ 21 III FVG) und der Länder bei Ap durch den Bund (§ 21 I FVG). **111**

IÜ sind zu nennen, obwohl nicht in allen Fällen ohne weiteres personenbezogene Daten (Verhältnismäßigkeitsgrundsatz, Rz 72) zu offenbaren sind: **112**

Anspruchs- und Anwartschaftsüberführungsgesetz – **AAÜG** § 9 IV; § 27 **VermG.** **113**

Den **Ausländerbehörden** dürfen nach § 76 I auf Ersuchen und nach § 76 II, V AuslG iVm VO über Datenübermittlungen an Ausländerbehörden (BGBl I 90, 2997 mit Änderungen) spontan zur Erfüllung ihrer Aufgaben, zB zum Zweck der Ausweisung, Steuerdaten übermittelt werden; personenbezogene Angaben über persönliche oder sachliche Verhältnisse, die dem StGeheimnis unterliegen, dürfen jedoch nach § 77 III AuslG nur übermittelt werden, wenn der Ausländer gegen eine Vorschrift des StRechts, einschl des Zollrechts und des Monopolrechts oder des Außenwirtschaftsrechts oder gegen Einfuhr-, Ausfuhr-, Durchfuhr- oder Verbringungsverbote oder -beschränkungen verstoßen hat und wegen dieses Verstoßes ein strafrechtliches Ermittlungsverfahren eingeleitet oder eine Geldbuße von mindestens 500 € rechtskräftig verhängt worden ist; in diesem Fall können die FÄ um die Untersagung der Ausreise nach § 62 II AuslG ersuchen. Siehe auch § 88 III **AufenthG.** **115**

BauGB § 197 II. **116**

BRRG § 125c (Mitteilungen zur Sicherstellung der erforderlichen dienstrechtlichen Maßnahmen im Falle strafrichterlicher Verurteilung eines Beamten, der Erhebung einer Anklage sowie einer Entscheidung über die Verfahrenseinstellung, wenn deren Kenntnis aufgrund der Umstände des Einzelfalls erforderlich ist, um zu prüfen, ob dienstrechtliche Maßnahmen zu ergreifen sind; dazu BFH/NV 08, 636: Übermittlung aller Daten, die für eine disziplinarrechtliche Prüfung des Dienstherrn des Beamten von Belang sein *können,* keine vorweggenommene disziplinarrechtliche Prüfung der FinBeh, außer dahin, ob es sich überhaupt um ein Dienstvergehen, § 77 BBG, handeln *kann* sowie ob eine Ahndung *offensichtlich* ausgeschlossen ist (vgl BVerwG NJW 10, 2229: Würdigung des Einzelfalls, Degradierung oder Entfernung aus dem Dienst muss nicht zu erwarten sein). Die Übermittlung ist auch zu dem Zeck zulässig, organisatorische Maßnahmen (zB Versetzung des Beamten) zu prüfen (BVerwG NJW 10, 2229; ablehnend *TK/Drüen* § 30 Rz 86a; zustimmend *Pflaum* wistra 11, 55). Die Übermittlungspflicht besteht auch bei strafbefreiender Selbstanzeige (so schon OVG NRW RiA 02, 43; vgl auch BVerfG NJW 08, 3489) oder Verfolgungsverjährung (zweifelnd *TK/Drüen* § 30 Rz 86a). Bei nur gelegentlich eines Strafverfahrens gewonnenen Erkenntnissen ist eine Abwägung mit den Belangen des Beamten erforderlich, dazu Rz 198. **116a**

Nach dem **Bundesarchivgesetz,** § 2 IV, ist Archivgut ungeachtet des § 30 dem Bundesarchiv zu überlassen. **117**

Bundesdatenschutzgesetz, § 24 II und VI (Kontrollbefugnisse des Bundesdatenschutzbeauftragten, die ihm bei gegebenem Anlass auch das Recht zur Einsicht in Steuerakten geben). **117a**

Doppelbesteuerungsabkommen. § 117 iVm den Regelungen von Doppelbesteuerungs- und Rechtshilfeabkommen befugt zur Erteilung von Informationen auch an ausl Steuer- bzw Zollbehörden (vgl zB BFH BStBl 06, 616; 92, 645 zum DBA-USA und die Kommentierung zu § 117; BFH/NV 06, 992; 05, 1503, 00, 531). Die Berechtigung und ggf Verpflichtung zur Auskunftserteilung ist dort dif- **117b**

ferenziert geregelt (unterscheide insbes die sog große von der kleinen Auskunftsklausel). Die Auskunfterteilung ist grds nicht von der Zulässigkeit oder Wahrscheinlichkeit einer StFestsetzung in dem anderen Vertragsstaat und einer diesbzgl vorherigen steuerrechtlichen Prüfung des deutschen FA abhängig zu machen (BFH/NV 05, 1503; 95, 358). Es reicht die ernstliche *Möglichkeit* aus, dass abkommensrechtl ein Besteuerungsrecht des Drittlandes besteht und dass dieses ohne die Auskunft nicht wahrgenommen werden kann (BFH/NV 08, 51; ähnlich BFH BStBl 95, 358 – Wahrscheinlichkeit der Besteuerung nicht erforderlich –; vgl BFH/NV 08, 836 zu § 124c BRRG, Rz 116a). Eine Spontanauskunft setzte aber nach § 2 II EGAHiG aF tatsächliche Anhaltspunkte für die Vermutung voraus, dass Steuern gerade dieses Mitgliedstaats verkürzt worden sind oder werden könnten (BFH BStBl 06, 616). Seit 2008 ist das Bestehen solcher tatsächlichen Anhaltspunkte nicht mehr generell Voraussetzung der Spontanauskunft im Falle einer sog großen Auskunftsklausel in dem betr DBA (vgl aber FG Köln EFG 08, 1764; zur Auskunft bei kleiner Auskunftsklausel BFH/NV 08, 1807), wohl aber Anknüpfungspunkt gebundenen Ermessens (vgl EGAHiG § 2 II nF). Den deutschen Behörden erteilte Auskünfte unterliegen selbstredend dem StGeheimnis.

118 **EStG** § 4 V Nr 10 S 3 (Mitteilungspflicht bei Anfangsverdacht hinsichtlich des *objektiven* Tatbestandes von Bestechungsdelikten, insbes §§ 333, 334, 299 II StGB; dazu BMF BStBl I 02, 1031; *Randt* BB 00, 1006; *Stapf* DB 00, 1092; unzutreffend *Heerspink* wistra 01, 441: einschränkende Auslegung dahin, dass die Voraussetzungen des § 30 V vorliegen müssen; ähnlich *Preising/Kiesel* DStR 06, 118; gegen die Norm kritisch auch *Spatscheck* NJW 06, 641); die Mitteilung an die StA/VerwBehörde darf auch dann nicht unterbleiben, wenn eine straf-/owirechtliche Verfolgung nach Ansicht der FinBeh nicht mehr in Betracht kommt, zB wegen Verjährung; diese Prüfung obliegt allein der StA (BFH BStBl 08, 850; jedoch im Hinblick auf den Verhältnismäßigkeitsgrundsatz zweifelhaft).

§ 45d II (Mitteilungen des BZSt an Sozialleistungsträger); Mitteilungen des BZSt über Zinszahlungen an StAusländer, Zinsinformationsverordnung – ZIV – (BStBl I 04, 297).

§ 68 IV (Mitteilungen der Familienkasse an öffentl Dienstherrn).

120 **FGG** § 125a II (Information von Registergerichten über Eintragungen im Handelsregister).

121 **GewO** § 14 Ia (Mitteilung bei Erlöschen der StPflicht); § 153a, § 149 II 3: Mitteilung von StOrdnungswidrigkeiten an das Gewerbezentralregister, vgl StEK § 30 Nr 3; vgl auch unten Rz 193 f.

122 **GKG** § 54 I 4 (Feststellung des Einheitswerts).

123 **GraduiertenförderungsG** § 12 (nur noch aktuell wegen der Rückzahlung von Darlehen).

124 **GüKG** § 3 V 3 (Mitteilung bei Nichterfüllung steuerlicher Verpflichtungen durch FinBeh).

125 **Handelsregister** FGG § 125a.

127 **HundeStGesetze** einiger Länder geben Informationsbefugnisse hinsichtl der Schadensersatzberechtigten bei durch Hunde verursachten Schäden (vgl Einzelnachweise *TK/Drüen* § 30 Rz 99).

KostO, Auskünfte über Einheitswerte gem §§ 19 II 2. Vorher haben jedoch die Gerichte sich an den Kostenschuldner zu wenden und diesen zu veranlassen, den Einheitswert durch Vorlage des EW-Bescheids selbst nachzuweisen, vgl § 15d Kostenverfügung v 26.8.2009, BAnz 09, 137 3245.

130 **KreditWG** § 8 II.

132 **Landwirtschaftssachen,** Gesetz über das gerichtliche Verfahren in Landwirtschaftssachen § 17.

132a **Melderegister,** § 4a MelderechtsrahmenG (Unterrichtung der Meldebehörden).

133 **PersBefördG** § 25 III.

Statistik: StStatG § 9 für Verbrauchsteuern; Preisstatistik, Gesetz über die Preisstatistik § 7 II. 134

SGB, insbes SGB X § 21 IV (Auskunft des FA über die Einkommens- oder Vermögensverhältnisse des Antragstellers, Leistungsempfängers, Erstattungspflichtigen, Unterhaltsverpflichteten, Unterhaltsberechtigten oder der zum Haushalt rechnenden Familienmitglieder. Die bisher in Einzelgesetzen enthaltenen Vorschriften über die Auskunftspflicht der FinBeh, zB § 47 III BAföG, § 144 II des früheren AFG, sind durch diese Generalbestimmung überholt und außer Kraft gesetzt, vgl Art 11 Gesetz v 18.8.1980 (BGBl I, 1469); diese gilt insbes für die Arbeitslosen- und sonstige Sozialversicherungen, Ausbildungsförderung, Entschädigungen nach §§ 12, 24 SGB I, Unterhaltssicherung. Für Auskünfte des BZSt über Kapitalerträge an die Sozialleistungsträger siehe aber § 45d II EStG. Die FA haben über das stl Verhalten des Stpfl auf Anfrage einer Behörde, deren Verfahren nach Maßgabe des § 1 I SGB X vom SGB geregelt wird, Auskunft zu geben; sie erteilen keine Spontanmitteilungen (*Stork* DB 94, 1321). Die FinBeh sind nur zur Auskunft verpflichtet, soweit es im Verfahren nach dem SGB „erforderlich" ist. Erforderlich ist die Einholung einer Auskunft der FinBeh nur, wenn die erbetenen Angaben nicht mit Hilfe der nach dem SGB auskunftspflichtigen Personen festgestellt werden können. Wenn jedoch im Verwaltungsverfahren die Betroffenen selbst nicht zur Auskunft verpflichtet sind, besteht auch keine Verpflichtung der FinBeh über die Betroffenen Auskunft zu erteilen. Zur Feststellung der Leistungen nach dem UnterhaltssicherungsG § 20 IV und AO-Kartei NRW § 30 IV Nr 2 Karte 821 v 1.5.2005. 135

StBerG: § 5 (Anzeige unbefugter Hilfeleistung zum Zwecke eines Bußgeldverfahrens); vgl FG BaWü EFG 07, 1902. 136

§ 10. Die Verpflichtung zur Mitteilung über Verfehlungen der Angehörigen der steuerberatenden Berufe an die zuständigen Berufskammern ergibt sich aus § 10 I StBerG; danach dürfen die FinBeh der zuständigen Stelle Tatsachen mitteilen, wenn diese den (hinreichend durch Tatsachen begründeten, also nicht lediglich auf Vermutungen beruhenden) Verdacht begründen, dass eine der in den §§ 3 oder 4 Nr 1 oder 2 StBerG genannten Personen eine Berufspflicht (§ 57 StBerG) verletzt hat (nicht notwendigerweise unmittelbar bei der Berufsausübung, sondern zB durch eine unerlaubte Nebentätigkeit). Dem Zweck der Vorschrift entsprechend muss aus der Sicht der mitteilenden FinBeh die Erwartung berufsrechtlicher Sanktionen bestehen. Wird daraufhin von den Berufskammern Akteneinsicht verlangt, so bestehen dagegen nur dann keine Bedenken, wenn die Akten zur Beurteilung der Tat erforderlich sind und keine weiteren schutzwürdigen Daten enthalten; sonst sind nur entspr Auszüge zu überlassen. Eine weitere Durchbrechung des StGeheimnisses erlaubt § 10 II StBerG für Gerichte und Behörden (auch FinBeh, für die sich die Befugnis jedoch teilw bereits aus Abs I ergibt) nur hinsichtl StBeratern, StBevollmächtigten, StBeratungsgesellschaften und LSt-Hilfevereinen bzw entspr Antragstellern, und zwar unter einschränkenden Voraussetzungen hinsichtl des Zwecks der Auskunftserteilung (Katalog des Satzes 1) und eines Abwägungsgebots (S 2: keine Beeinträchtigung schutzwürdiger Interessen des Betroffenen oder Überwiegen des öffentlichen Interesses). Die Datenübermittlung muss jedoch bei *besonderen* gesetzl Verwendungsregeln (nicht § 30 selbst) unterbleiben. Die Vorschrift ermöglicht es idR, der StBeraterkammer gerichtliche Verfahren unter Benennung der Beteiligten anzuzeigen, in denen ein StBerater zB ohne Vollmacht aufgetreten ist; ferner der Zulassungsbehörde Anhaltspunkte für einen Vermögensverfall des StBeraters zu offenbaren. Vgl auch § 36 II **BRAO.** 137

StPO § 147, § 474 III, 492 III; § 8 EGStPO (Mitteilung betr (auch steuer-) strafrechtl Verfehlungen von Abgeordneten). 139

Keine eigentlich „ausdrückliche", wohl aber eine ausreichende, im Wege zulässiger Auslegung zu ermittelnde gesetzliche Ermächtigung ist § 6 **SubvG** (dazu *Partsch/Scheffner* NJW 96, 2492; *Schwarz* NJW 97, 1550), wonach die Behörden von Bund und Ländern Tatsachen, die sie dienstlich erfahren und die den Verdacht 140 eines Subventionsbetruges (§ 264 StGB) begründen, den Strafverfolgungsbehörden mitzuteilen haben (anders bei InvZul, für die die Regeln über Steuern gelten).

141 **StraBEK** § 13 II (dazu *Bilsdorfer* NJW 04, 323).

142 **VermögensG** § 27 I (auch zur Durchführung des **EALG,** vgl FM SachsAnh v 12.4.1996, StEK Nr 79).

143 **Wirtschaftsprüferkammer,** Übermittlung personenbezogener Daten an diese nach WiPrO § 61a.

144 **Wohnungsbau:** § 5 III des Gesetz zum Abbau der Fehlsubventionierung im Wohnungswesen – **AFWoG** – (BGBl I 01, 2414); **WoFG** (BGBl I 01, 2376) §§ 32 IV, 35 IV (Auskunft über Einkommensverhältnisse); **WoBindG** (neu gefasst BGBl I 01, 2404) § 2 (entspr Anwendung des § 32 IV WoFG).

145 Für den **Zollbereich** durchbricht das StGeheimnis ferner die EWGVO 515/97 (ABl EG 97 Nr L 82, 1 mit Änd) über die gegenseitige Unterstützung der VerwBeh der Mitgliedstaaten und die Zusammenarbeit dieser Behörden mit der Kommission im Hinblick auf die ordnungsgemäße Durchführung der Zoll- und Agrarregelungen (zur Gültigkeit EuGHE I 99, 8067 = ZfZ 00, 88), die eine Erteilung aller zur Erreichung dieses Zwecks erforderlichen Auskünfte bei vertraulicher Behandlung zulässt (vgl BFHE 190, 522, wo freilich undeutlich bleibt, ob dies Folge des Vorrangs des Unionsrechts oder des § 30 IV Nr 2 ist); vgl auch § 117 Rz 12ff und *Weerth* ZfZ 10, 66.

147 **f) Unionsrecht (Absatz 4 Nummer 2a).** Art 5 I Buchst b HS 2 DS-GVO gestattet eine Durchbrechung des StGeheimnisses, wenn das Unionsrecht die Offenbarung oder Verwertung geschützter Daten vorschreibt oder zulässt. Diese deutsche Folgeregelung ist erforderlich, weil das Unionsrecht zwar die Zweckbindung von Daten bei einer Weiterverwendung für „wissenschaftliche oder historische Forschungszwecke oder für statistische Zwecke" nicht verletzt sieht (Art 5 I Buchst b GS-DVO), entspr der grundlegenden Unterscheidung zwischen Datenschutz und stl Geheimnisschutz damit jedoch nicht zugleich eine Offenbarung oder Verwertung solcher Daten gestattet wird (*Myssen/Kraus* DB 17, 1860).

149 **g) Statistisches Bundesamt (Absatz 4 Nummer 2b).** Die Vorschrift schließt sich an Art 5 I Buchst b DS-GVO (hinsichtl besonderer Kategorien personenbezogener Daten vgl § 31c) an, wodurch aber nur die – nach der Systematik des Unionsrechts – zweckwidrige Verwendung geschützter Daten gestattet und nicht zugleich das StGeheimnis aufgehoben wird. Dies bewirkt erst § 30 IV Nr 2b und nur im Hinblick auf die Arbeit des Statistischen Bundesamtes. Andere Statistiken etwa aus Privatwirtschaft, Wissenschaft odgl sind mithin ggf auf die Zustimmung der Betroffenen zur statistischen Auswertung ihrer Daten angewiesen.

150 **h) Gesetzesfolgenabschätzung (Absatz 4 Nummer 2c).** Auch diese gesonderte Öffnung geschützter Daten für eine Auswertung orientiert sich an der gesonderten Gestattung der diesbzgl (zweckwidrigen) Weiterverwendung der Daten in § 29c Nr 5, welche ihrerseits erforderlich ist, da die Verwendung von Daten zur Gesetzesfolgenabschätzung nach Art 6 DS-GVO nicht ohne Weiteres zulässig ist und deshalb einer mitgliedsstaatsrechtlichen besonderen Gestattung bedarf.

159 **i) Zustimmung des Betroffenen (Absatz 4 Nummer 3).** Ein vom Willen des Betroffenen unabhängiges öffentliches Interesse an der Geheimhaltung steuerlicher Daten besteht iAllg nicht; gegen den Willen des Betroffenen gibt es daher kein StGeheimnis (BFH BStBl 67, 572; vgl BVerfG DStRE 02, 1092), auch wenn die Zustimmung die FinBeh an sich nicht von der Wahrung des Dienstgeheimnisses entbinden kann. Das FA ist aber vorbehaltlich eines besonderen Anspruches etwa aus einem IFG nicht verpflichtet, alles zu offenbaren, was nicht dem Schutz des StGeheimnisses unterliegt, sondern nur nach seinem Ermessen dazu berechtigt. Die Verweigerung der Auskunftserteilung kann jedoch uU ermessensfehlerhaft sein, zB wenn der Stpfl ein berechtigtes Interesse an der Offenbarung hat (FG Hbg EFG 88, 426), etwa hinsichtlich der Identität eines Denunzianten.

Die Zustimmung ist **formfrei** und kann auch konkludent erteilt werden; sie kann auf einzelne Tatsachen beschränkt sein. Die Möglichkeit einer mutmaßlichen Zustimmung nennt § 30 nicht; sie zu regeln ist vom Gesetzgeber aber nur für überflüssig gehalten worden (BT-Drs 7/4292). Von einer Zustimmung kann deshalb ausgegangen werden, wenn der Betroffene sich mit einer Petition an das Parlament wendet oder einzelne Mitglieder des Parlaments bittet, sich seines Anliegens anzunehmen (vgl *Pump* StBp 03, 107; allg zur mutmaßlichen Zustimmung *Goll* NJW 79, 90). In einem Antrag, dessen Bescheidung die Kenntnis von StDaten verlangt (zB Gewerbeerlaubnis), liegt aber nicht ohne weiteres eine Zustimmung zu deren Offenbarung (BFH BStBl 87, 545). Die Verweigerung der Zustimmung darf nicht zulasten des Betroffenen gewertet werden, es sei denn dieser hat ausnahmsweise eine Pflicht zuzustimmen (zB in einem von ihm angestrengten Amtshaftungsprozess; str), etwa weil die Behörde die betr Informationen zur Klärung der Voraussetzungen ihres Verwaltungshandelns benötigt (aA *TK/Drüen* § 30 Rz 110). Dies gilt nicht, wenn ein gesetzl Anspruch *unabhängig* von der Offenbarung stl Daten besteht. 160

j) Offenbarung zur Durchführung eines nicht steuerlichen Strafverfahrens (Absatz 4 Nummer 4). Das StGeheimnis gilt grds auch im Hinblick auf ein Strafverfahren. Es wird jedoch durch Nr 1 Buchst b für *St*Strafverfahren generell und durch Nr 4 für Strafverfahren wegen anderer als StStraftaten wesentlich eingeschränkt. Nr 4 liegt der Gedanke zu Grunde, dass die Nicht-Weitergabe von StDaten nicht gerechtfertigt ist, wenn diese in einem StStraf- oder StOrdnungswidrigkeitenverfahren erhoben worden sind, in dem der Stpfl die Aussage nach § 136 StPO hätte verweigern können, und die gem § 393 I nicht hätten erzwungen werden können, die also auf einer *freiwilligen* Angabe beruhen. Bei allen anderen Angaben gewährt das StGeheimnis für Strafverfahren wegen einer nicht steuerlichen Straftat vorbehaltlich des § 30 IV Nr 5 Buchst a und b einen Ausgleich zu den umfassenden Offenbarungspflichten des Stpfl; denn dieser muss alle stl erheblichen Tatsachen, dh uU auch strafbare Handlungen, bei Gefahr einer Verfolgung wegen StHinterziehung ggü den FÄ offenbaren; die AO gibt dem Stpfl also kein Recht auf Auskunftsverweigerung (vgl hierzu § 103 Rz 7, § 393 Rz 1). Der Kernbereich der grundgesetzlichen Freiheit vom Zwang zur Selbstbelastung (sog nemotenetur-Grundsatz, vgl BVerfGE 56, 37) wird von den gesetzlichen Aufzeichnungs- und Vorlagepflichten auch dann nicht betroffen, wenn Unterlagen auch zur Ahndung von Straftaten und Ordnungswidrigkeiten verwendet werden dürfen (BVerfG wistra 10, 341), wobei versucht wird, den Konflikt zum nemo-tenetur Grundsatz dadurch als entschärft zu betrachten, dass ggf eine deliktische Herkunft erklärungspflichtiger Einnahmen nicht offenbart werden müsse (BGHSt 50, 299). § 393 I 2 und 3 bestimmt lediglich, dass im Besteuerungsverfahren Zwangsmittel gegen den Stpfl (nicht aber nach str Auffassung der Rspr, vgl BFH/NV 05, 503, eine Schätzung zu seinen Lasten!) unzulässig sind, wenn er dadurch gezwungen würde, sich selbst wegen einer von ihm begangenen StStraftat oder StOWi zu belasten, oder wenn gegen den Stpfl ein StStrafverfahren eingeleitet worden ist (nicht aber bei Verdacht eines sonstigen Delikts, gegen dessen Verfolgung ja gerade Nr 4 schützt; dem Stpfl wird insoweit lediglich gleichsam im Gegenzug zugesichert, dass seine Angaben grds nur für stl Zwecke verwertet werden). 161

Eine Offenbarungspflicht **(Anzeigepflicht)** erlegt das Gesetz den FinBeh nicht auf; diese können also ihre eigenen Interessen, uU von einer Anzeige abzusehen, berücksichtigen, was sich jedoch idR nicht zugunsten des straffälligen Stpfl auswirken wird. Auf ein Ersuchen der Strafverfolgungsbehörden muss die FinBeh freilich Auskunft erteilen (vgl § 161 StPO). Sie muss der StA ggf die StAkten vorlegen, wenn sich nur allgemeine Delikte betr Teile nicht aussondern lassen; das StGeheimnis wird jedoch in diesem Fall durch § 393 II dahin ergänzt, dass unter den dort definierten Voraussetzungen Angaben des Stpfl, die in den StAkten enthalten 162 sind, nicht gegen ihn strafrechtl verwendet werden dürfen (vgl § 393 Rz 45). Zur Frage, ob § 393 II auch bei Idealkonkurrenz einer allg Straftat mit einer StStraftat schützt, eine Ahndung unter dem betr rechtl Gesichtspunkt also ausschließt, vgl § 393 Rz 56.

Die Geheimhaltung ist für Daten aus *zweierlei Quellen* aufgehoben:

168 **aa) Nr 4 Buchstabe a.** Dieser lässt die Offenbarung von Kenntnissen zu, die in einem Verfahren wegen einer StStraftat oder einer SteuerOWi erlangt sind. Dieses Verfahren muss in zulässiger Weise eröffnet worden sein, es muss ihm also ein Anfangsverdacht (§ 152 StPO) zugrunde liegen (*Kemper* wistra 05, 290). Die Erkenntnisse dürfen nur für die Nutzung in einem Strafverfahren (nicht für die Verfolgung einer außersteuerlichen Ordnungswidrigkeit) offenbart werden. Bei den Strafverfahren iSd Vorschrift muss es sich aber nicht um ein Verfahren vor einem deutschen Gericht handeln.

169 Die Vorschrift hat Bedeutung vor allem für Zufallserkenntnisse (Zufallsfunde). Sie betrifft nur Fälle, in denen die StStraftat oder SteuerOWi und der Straftatbestand nach außersteuerlichen Gesetzes nicht durch dieselbe Tat (im prozessualen Sinne) begangen werden, was auch bei Tatmehrheit denkbar ist (*HHSp/Hellmann* § 393 Rz 167; *Küster* PStR 00, 108; anders offenbar *TK/Drüen* § 30 Rz 70: nur bei Tateinheit; vgl § 393 Rz 56); soweit Tateinheit gegeben ist, besteht eine Offenbarungsbefugnis nach § 30 IV Nr 1 iVm § 30 II Nr 1 Buchst b unabhängig von dem Gewicht des steuerstraflichen Vorwurfs einerseits und des außersteuerlichen Vorwurfs andererseits. Bei Verfahren wegen solcher Taten, die ein StStraf/OWi-Gesetz verletzen, schafft jedoch das weitreichende Verwertungsverbot des § 393 II einen Ausgleich für die Offenbarungsbefugnis, sofern man nicht § 393 II auf den Fall der Tatmehrheit beschränkt (so BayObLG wistra 98, 117).

170 Ob bestimmte Kenntnisse **in einem StStraf/OWi-Verfahren erlangt** sind, kann im Einzelfall zweifelh sein, weil neben diesem Verfahren das Besteuerungsverfahren iAllg weiter läuft und beide Verfahren meist in derselben Hand liegen (StFahndung, vgl § 208 I). Tatsachen, die nur straf(ordnungswidrigkeiten)rechtl von Bedeutung sind, nicht aber für die Besteuerung, wie etwa Feststellungen zur subjektiven Tatseite (Schuld), sind dabei eindeutig dem Straf/OWiVerfahren zuordnen; ebenso wird man eigenen Angaben des Stpfl zu dem stl erheblichen Tatbestand den Schutz des StGeheimnisses generell versagen müssen, weil solche Angaben „freiwillig" sind, da die Erfüllung steuerverfahrensrechtlicher Mitwirkungspflichten nach Einleitung eines StStrafverfahrens nicht mehr erzwungen werden kann (§ 393 I 2). Für anderweit gewonnene Erkenntnisse über die Besteuerungsgrundlagen wird hingegen eine Offenbarungsbefugnis idR zu verneinen sein, wenn sie in einem unmittelbaren sachlichen Zusammenhang (auch) mit dem Besteuerungsverfahren stehen.

172 Die Offenbarungsbefugnis entfällt (§ 30 IV Nr 4 Buchst a HS 2), wenn die Daten **in Unkenntnis des StStraf/OWi-Verfahrens** offenbart worden sind. Diese Ausnahme von der Offenbarungsbefugnis hinsichtl im StStraf/OWi-Verfahren gewonnener Erkenntnisse ist die logisch selbstverständliche gesetzgeberische Konsequenz daraus, dass der Stpfl auch Straftaten im Besteuerungsverfahren offenbaren muss, wenn sie stl von Bedeutung sind (zB muss er seine Einkünfte aus Betrug, Wucher, Wirtschaftsvergehen erklären), und sich anderenfalls bei Verschweigen der Tat der Gefahr einer zusätzlichen Verfolgung wegen StHinterziehung aussetzen würde; den Ausgleich des StGeheimnisses, dh der Nichtweitergabe solcher selbst bezichtigenden Angaben, verdient er auch dann, wenn er solche Angaben in einem StStraf/OWi-Verfahren macht, ohne von dessen Einleitung zu wissen; denn er weiß dann nicht, dass seine Angaben vermöge der Grundregel des § 30 IV Nr 4 Buchst a (Offenbarungsbefugnis hinsichtl im StStraf/OWi-Verfahren gewonnener Erkenntnis ggü allgemeinen Strafverfolgungsbehörden) strafrechtl gegen ihn verwertet werden können. Allerdings steht er, auch wenn er von dem Verfahren noch nichts weiß, in den Fällen, in denen ein StStraf/OWiVerfahren in Betracht kommt,

wegen § 393 I 2 von vornherein nicht unter demselben Druck der Erzwingbarkeit seiner steuerlichen Mitwirkung wie ein Stpfl sonst.

Zweifelh kann sein, wann Tatsachen vom Stpfl **„offenbart"** sind (vgl auch § 393 Rz 48). Denn aus einer StErklärung ergibt sich regelmäßig nicht, ob zB Einkünfte aus Gewerbebetrieb aus betrügerischen Geschäften herrühren oder nicht; hat der Stpfl solche Einkünfte ohne nähere Angaben erklärt, die auf eine solche Einkunftsquelle schließen lassen, und wird der Betrug später in einem StStrafverfahren entdeckt, so fragt sich, ob die den Betrugsvorwurf ergebenden Tatsachen iSd § 30 IV Nr 4 Buchst a bereits offenbart sind und deshalb dem StGeheimnis unterliegen. Das wird man nach dem Wortlaut und nach dem Sinn der Vorschrift, den Stpfl, der seinen steuerlichen Pflichten nachkommt, vor der Gefahr einer deshalb ausgelösten Strafverfolgung zu schützen, dann bejahen müssen, wenn die (erklärte) Tatsache der Einkünfteerzielung nicht hinwegzudenkender Bestandteil des Betrugsvorwurfs ist und die Offenbarung der erst im Straf/OWiVerfahren festgestellten Betrugsmerkmale eine (verbotene) Offenbarung dieser vom Stpfl offenbarten Tatsache einschlösse. Es kann deshalb auch nicht entscheidend darauf ankommen, ob die Angaben des Stpfl erst die zum Betrugsvorwurf führenden Ermittlungen ausgelöst haben oder ob der Betrug ohnehin entdeckt worden wäre und ob der stl Vorwurf mit jenem Tatvorwurf innerlich zusammenhängt. All dies ist iÜ auch sonst für das Verbot der Offenbarung bereits vom Stpfl offenbarter Tatsachen ohne Bedeutung. 173

Über ihren Wortlaut hinaus ist die Vorschrift auch dann anzuwenden, wenn **andere Personen als der Stpfl** Tatsachen in Unkenntnis eines gegen sie bereits eingeleiteten steuerlichen Verfahrens offenbart haben; denn sie sind nicht weniger schutzwürdig, weil auch sie Mitwirkungspflichten treffen können und sie ebenso wie ein Stpfl bei Gefahr eines steuerlichen Strafvorwurfs anderweit begangene Straftaten offenbaren müssen. 174

Die zweite Alternative des zweiten Halbsatzes enthält die Klarstellung, dass die Offenbarungsbefugnis nicht solche Tatsachen erfasst, die bereits **vor Einleitung des Verfahrens** wegen der StStraftat(ordnungswidrigkeit) aufgrund eines Besteuerungsverfahrens bekannt waren; denn solche Erkenntnisse sind nicht „in einem Verfahren wegen einer StStraftat(ordnungswidrigkeit) erlangt", auch wenn sie dort verwertet werden. Hier besteht schon nach dem Gesetzeswortlaut nicht die Beschränkung auf den Stpfl als Informationsquelle. Es kommt also nicht darauf an, woher das FA seine Kenntnisse hatte. 175

Neben § 30 IV Nr 4 sind iÜ immer die Offenbarungsbefugnisse nach § 30 IV Nr 5 (zwingendes öffentliches Interesse), nach Abs 5 (vorsätzlich falsche Angaben) und nach § 30 IV Nr 1 (Offenbarung zur Durchführung eines steuerlichen Straf- oder Ordnungswidrigkeitenverfahren) in Betracht zu ziehen. Auf Tatsachen, deren Kenntnis sich **jedermann ohne weiteres verschaffen** kann (zB anhand jedermann zugänglichen Prospektmaterials), darf das FA die Strafverfolgungsbehörden ohne die Bindungen des § 30 IV Nr 4 auch dann aufmerksam machen, wenn es selbst in einem Besteuerungsverfahren oder sonst unter den Voraussetzungen des 2. Halbsatzes auf sie aufmerksam geworden ist. Bei Offenbarung der Identität eines Informanten setzt § 30 IV keine vorsätzlich falschen Angaben voraus (anders § 30 V), die Wahrheit der Angaben kann aber für die Frage bedeutsam sein, ob ihre Offenbarung der Durchführung eines Strafverfahrens – zB wegen übler Nachrede – überhaupt dienen kann (vgl BFH BStBl 94, 552 und oben Rz 48). 176

bb) Nr 4 Buchstabe b. Kenntnisse, die ohne Bestehen einer steuerlichen Verpflichtung oder unter Verzicht auf ein Auskunftsverweigerungsrecht erlangt worden sind. 179

Unter die erste Alternative fallen insbes Kenntnisse, die von sog V-Männern oder Anzeigeerstattern erlangt worden sind, sowie eine Preisgabe der Identität eines Informanten der FinBeh (vgl schon Rz 48), deren Offenbarung ist dann allemal zulässig, wenn der Anzeigende vorsätzlich falsche Angaben gemacht hat.

Sonst ist abzuwägen (Ermessen der FinBeh, BFH BStBl 94, 552; BFH/NV 07, 853), ob die Informationen tatsächlich Ermittlungen gegen den Beschuldigten ausgelöst haben und ob sie, ggf zumindest teilweise, zutreffend (vgl BVerwG NJW 83, 2954) oder ob sie, ggf auch subjektiv, unrichtig waren (VerfGH RhPf DVBl 99, 309: dann regelmäßig kein Geheimhaltungsinteresse). Die Offenbarungs*befugnis* der FinBeh kann sich also im Einzelfall zu einer Verpflichtung verdichten, wenn durch die Handlung der Informationsperson das allgemeine Persönlichkeitsrecht des von der Anzeige Betroffenen verletzt wird (BFH BStBl 94, 552; 85, 571) und der Schutz des allgemeinen Persönlichkeitsrechts des von der Anzeige Betroffenen die Offenbarung gebietet (BFH BStBl 94, 552, 802; 85, 571). Nicht entscheidend ist hingegen, ob der Informant aus Gerechtigkeitsgefühl, Neid, Eifersucht oder anderen persönlichen Motiven gehandelt hat. Ist die Mitteilung tatsächlich von steuerlicher Relevanz (Anlass für StNachforderungen) gewesen, kommt eine Offenbarung nach BFH BStBl 94, 802 grds *nicht* in Betracht; die allgemeine beamtenrechtliche Verschwiegenheitspflicht greift vielmehr ein, eine Aussagegenehmigung darf insoweit nicht erteilt werden. Im StStrafverfahren kann allerdings die Identität des Informanten, der als Belastungszeuge in Betracht kommt, dem Gericht nur ausnahmsweise verborgen werden; insbes kann ein Beweisantrag der Verteidigung, diesen gem § 250 StPO in der Hauptverhandlung zu vernehmen, nicht abgelehnt werden (vgl BGH wistra 88, 72).

179a *Nicht* ohne Bestehen einer Verpflichtung ist eine Anzeige erstattet worden, wenn der Anzeigende durch die FinBeh **zur Auskunfterteilung aufgefordert** worden ist (BFH BStBl 94, 552).

Ohne Bestehen einer stl Verpflichtung sind hingegen auch Angaben in einer **Selbstanzeige** gemacht (BGHSt 49, 136); eine Strafverfolgung wegen der durch die Anzeige offenbarten Taten, die keine Steuerstraftaten sind, ist also zulässig, § 393 II 1 greift nicht ein; der Stpfl bleibt in dem Dilemma, nacheilend steuerehrlich nur um den Preis sein zu können, selbst die Grundlage für eine Strafverfolgung zu schaffen, was vor dem Grundsatz nemo tenetur se ipsum accusare (dazu BVerfG wistra 88, 302) nicht unproblematisch erscheint (kritisch ua *Wulf* wistra 06, 89).

179b Bei Abgabe einer falschen eidesstattlichen Versicherung in einem allgemeinen **Vollstreckungsverfahren** ist nach § 30 IV Nr 4 eine Offenbarung ggü den Strafverfolgungsbehörden zulässig, weil es sich insoweit um Kenntnisse handelt, die ohne Bestehen einer steuerlichen Verpflichtung erlangt sind (*Bilsdorfer* DStZ 93, 296).

179c Angaben des Stpfl im Besteuerungsverfahren, die für dessen Durchführung **unerheblich** waren, fallen ebenfalls unter diese Vorschrift (*TK/Drüen* § 30 Rz 115), aber nur, wenn ihre Unerheblichkeit (auch für den Stpfl) offenkundig war.

180 Verzicht auf ein **Auskunftsverweigerungsrecht** (§ 101: Auskunftsverweigerungsrecht der Angehörigen; § 103: Gefahr der Strafverfolgung; § 102 I Nr 4: Presseangehörige). Die übrigen in § 102 genannten Personen (Geistliche, Anwälte, Ärzte usw) können hingegen wegen ihrer aus § 203 IV StGB sich ergebenden Geheimhaltungsverpflichtung ohnehin nicht von sich aus auf das Auskunftsverweigerungsrecht verzichten können (für eine teleologische Reduktion auf das Aussageverweigerungsrecht nur des Betroffenen *TK/Drüen* § 30 Rz 115, jedoch mE nicht überzeugend). Beachte aber, dass Angehörige ua dann kein Auskunftsverweigerungsrecht haben, wenn sie in eigener Sache befragt werden. Rechtspolitischer Gedanke dieser Vorschrift: Tatsachen, die jemand „freiwillig" offenbart hat, unterliegen insoweit nicht dem StGeheimnis.

182 **k) Zwingendes öffentliches Interesse (Absatz 4 Nummer 5).** Diese Durchbrechung des StGeheimnisses birgt für den Stpfl außerordentliche Risiken, weil der Begriff zwingendes öffentliches Interesse keine festen Konturen aufweist. Aus der Auflistung in § 30 IV ergibt sich immerhin als Auslegungsrichtschnur, dass nach dem Willen des Gesetzgebers weder das Informationsinteresse Einzelner (BFH BStBl 69, 676; BFH/NV 86, 195), auch nicht ohne weiteres das der Öffentlichkeit (*Stahl/Demuth* DStR 08, 600 für ein bloßes „Sensationsinteresse"; siehe jedoch auch Rz 59b), noch die allgemeinen Kontrollrechte des Parlaments ein zwingendes öffentliches Interesse iSd § 30 IV Nr 5 begründen (zur Aktenvorlage bzw Auskunft an Parlamentarische Untersuchungsausschüsse siehe oben Rz 99 f). Insofern ist eine Offenbarung von StDaten grds nur mit dem Einverständnis des Betroffenen zulässig (§ 30 IV Nr 3). Die in § 30 IV Nr 5 Buchst a bis c nicht benannten Fälle müssen den dort genannten gleichwertig sein, um eine Durchbrechung des StGeheimnisses zu rechtfertigen. Es gibt aber kein Gebot, § 30 IV Nr 5 „restriktiv" anzuwenden (vgl BFH BStBl 03, 828; anders *TK/Drüen* § 30 Rz 121 unter Berufung auf verfassungsrechtl Gründe, jedoch dem zutreffenden Hinweis, dass aus der überkommenen Befugnis zur Information der Gewerbebehörden keine weitergehenden Befugnisse abgeleitet werden können, anders OVG NRW NVwZ-RR 01, 775; FG Ddorf EFG 02, 1130).

Nr 5 gerät mitunter in ein Spannungsverhältnis zum Grundsatz des nemo tenetur se ipsum accusare (dazu *Rogall* FS Kohlmann 2003, 465; vgl EGMR NJW 02, 501). Zwang jeglicher Art zur Selbstbeschuldigung ist unzulässig, auch solcher, der nur mittelbar durch die Gefahr einer Verfolgung wegen StHinterziehung ausgeübt wird. LG Göttingen hat deshalb § 393 II 2 für verfassungswidrig gehalten (LG Göttingen wistra 08, 231, vgl dazu BVerfG wistra 10, 341; ebenso *Hentschel* S 136). Die Rspr lässt hingegen weitgehende Durchbrechungen des StGeheimnisses aufgrund eines angeblich zwingenden öffentlichen Interesses zu (vgl BFH BStBl 08, 337; BGH NJW 2005, 763). 182a

aa) Nummer 5 Buchstabe a: Offenbarungsbefugnis bei Verbrechen etc. Es handelt sich jedenfalls um die in § 138 StGB enthaltenen Kapitalverbrechen und um die dort genannten Vergehen, zu deren Anzeige schon im Planungsstadium jedermann verpflichtet ist. Darüber hinaus sind aber auch schwerwiegende Vergehen gegen die in der Vorschrift genannten Schutzgüter erfasst, insbes Untreue und Unterschlagungshandlungen zulasten des Staates, wenn der drohende Schaden bedeutsam ist. Das war schon nach früherem Recht überw Meinung und wird jetzt durch die ausdrückliche Erwähnung ua der Abwehr erheblicher Nachteile für das Gemeinwohl und von Gefahren für die öffentliche Sicherheit verdeutlicht. Schwere Umweltgefährdungen (§§ 330, 330a StGB), die eine konkrete Gefahr für eine Vielzahl von Menschen mit sich bringen, gehören ebenfalls hierher, nicht jedoch §§ 325, 325a, 326 StGB. 183

bb) Nummer 5 Buchstabe b: Wirtschaftsstraftaten. Unter den wenig trennscharfen Begriff der Wirtschaftsstraftat, der aus § 74c GVG übernommen worden ist, fallen Straftaten, die unter Ausnutzung der Verhältnisse des Wirtschaftsverkehrs begangen werden und sich gegen das Vermögen oder gegen die gesamtwirtschaftliche Ordnung richten (*FGJ/Joecks* § 393 Rz 81). § 74c GVG (Zuständigkeit der Wirtschaftsstrafkammer beim LG) enthält eine enumerative Aufzählung bestimmter Straftaten nach besonderen, eindeutig das Wirtschaftsleben schützenden Straftatbeständen (Nebenstrafrecht in verschiedenen Wirtschaftsgesetzen). Er nennt ferner Verstöße gegen Bestimmungen des StGB, die einen spezifischen Bezug zum Wirtschaftsleben aufweisen wie Computer-, Subventions-, Kredit-, Kapitalanlagenbetrug, Bankrott, Gläubiger- und Schuldnerbegünstigung und solche Verstöße gegen allgemeine Strafbestimmungen, bei deren Beurteilung besondere Kenntnisse des Wirtschaftslebens erforderlich sind. Es muss sich jedoch um *besonders schwerwiegende* Wirtschaftsstraftaten handeln, die geeignet sind, die wirtschaftliche Ordnung erheblich zu stören; das kann der Fall sein bei großen Insolvenzen, betrügerischen Abschreibungs- und Anlagegesellschaften, Subventionsbetrug hinsichtlich eines außergewöhnl großen Betrags (weitgehend FG Nds EFG 91, 436: 350.000 DM). Entscheidend sind die Zahl der Geschädigten und der Schadensumfang (vgl BGH NJW 82, 1649; *JJR/Joecks* § 393 Rz 111). Unter die 2. Alternative 185

(Erschütterung des Vertrauens der Allgemeinheit auf die Redlichkeit des geschäftlichen Verkehrs) können vor allem Verstöße gegen das UWG, das AktG und Betrugsdelikte fallen. Die Rechtswidrigkeit einer Handlung macht sie aber noch nicht geeignet, das Vertrauen in die *Redlichkeit* des Geschäftsverkehrs zu erschüttern, in der Tat muss vielmehr eine besondere (unlautere) Gesinnung zum Ausdruck kommen. Die „Erschütterung" muss in solchen Fällen ein erhebliches Ausmaß erreichen, also wesentlich mehr öffentl Anteilnahme hervorrufen, als dies bei der Öffentlichkeit bekannt gewordenen Straftaten sonst der Fall zu sein pflegt. Alltagsdelikte wie Schwarzarbeit (siehe dazu jetzt § 31a) gehören deshalb nicht hierher. Das Vertrauen in die ordnungsgemäße Arbeit der Behörden kann zB im Zusammenhang mit großen Bestechungsfällen erschüttert werden (BGH NJW 82, 1649); eine diesbzgl Mitteilung ist jedoch nur an die Strafverfolgungsbehörden zulässig, nicht zum Zwecke disziplinarischer Ahndung. Unregelmäßigkeiten in der öffentlichen Auftragsvergabe erschüttern idR das Vertrauen nicht in der von der Vorschrift geforderten Weise. Vgl auch Rz 198.

186 Unter den Begriff „öffentliche Einrichtung" (§ 30 IV Nr 5 Buchst b letzter HS) dürfte auch das Parlament fallen.

190 **cc) Nr 5 Buchst c: Richtigstellung unwahrer Tatsachen.** Die Vorschrift ist als eine Art Notwehrrecht der FinBeh zu verstehen, falls verleumderische Angaben über die Behörde im Zusammenhang mit einem Fall gemacht werden (Anwendungsfall FG BaWü EFG 95, 1094; FG BBg EFG 08, 182, vgl dazu BFH/NV 08, 1295). Es ist nicht erforderlich, dass die Behauptungen vom Stpfl herrühren. Kommen sie von einer dritten Person, ohne dass der Stpfl daran beteiligt ist, kann es aber uU ermessensfehlerhaft sein, zur Widerlegung der Angaben gegen den Willen des Stpfl dessen stl Daten offen zu legen. Das Vertrauen in die Verwaltung, und zwar die FinVerw und nicht nur zB in die Amtsführung eines einzelnen Beamten, muss dafür *schwerwiegend* erschüttert sein (vgl *Koenig/Intemann* § 30 Rz 245), was nicht allzu oft zu befürchten sein dürfte. Die Entscheidung über die Richtigstellung trifft die zuständige oberste FinBeh im Einvernehmen mit dem BMF. Der Stpfl soll gehört werden. Diese verfahrensmäßige Schwerfälligkeit macht die Vorschrift zu einem relativ stumpfen Schwert, zumal unrichtige Tatsachen sich nur schwer aus dem Bewusstsein der Öffentlichkeit auslöschen lassen, wenn sie sich erst einmal festgesetzt haben.

191 **dd) Weitere Fälle von zwingendem öffentlichen Interesse.** Außer in den in Nr 5 ausdrücklich geregelten Fällen, die keine bloßen Regelbeispiele, sondern speziell geregelte Durchbrechungstatbestände und darüber hinaus verbindlicher Bewertungsmaßstab für die unbenannten Fälle sind (so zutreff *TK/Drüen* § 30 Rz 120), ist ein zwingendes öffentliches Interesse bisher in folgenden Zusammenhängen angenommen worden:

192 Zur **Verhinderung von Straftaten** der in § 30 IV Nr 5 Buchst a und b genannten Art, zB durch Mitteilung an die Verfassungschutzämter.

193 Mitteilungen steuerlicher Unzuverlässigkeit an **Gewerbebehörden** für Zwecke des Konzessionsentzugs. Die Gewerbeuntersagung muss im Einzelfall als geeignetes und erforderliches Mittel erscheinen, die künftige Verletzung stl Pflichten zu unterbinden, insbes das Anwachsen weiterer StRückstände zu verhindern. Der Verhältnismäßigkeitsgrundsatz muss gewahrt sein (dazu *Kalmes* BB 90, 113).

Die gewerberechtlichen Bestimmungen (zB §§ 35 GewO, 15 GastG) enthalten keine ausdrückliche Auskunftsermächtigung iSd § 30 IV Nr 2. Auskünfte an die Gewerbebehörden sind daher nur zulässig, wenn der Gewerbetreibende zustimmt oder die Auskunftserteilung im zwingenden öffentlichen Interesse liegt. Die Befugnis der FÄ, die ihnen bekannt gewordenen Tatsachen für die Durchführung eines Gewerbeuntersagungsverfahrens nach § 35 I GewO an die dafür zuständige Behörde mitzuteilen, folgt also nicht bereits aus § 30 IV Nr 1, sondern aus § 30 IV Nr 5. Sie wird jedoch von der Rspr bejaht (BFH BStBl 87, 545; 03, 828; vgl auch BVerwG StRK AO 1977 § 30 Nr 10; GewArch 95, 115; *Kröger* FR 71, 92; *Kröm-*

ker DStR 00, 1419), ist jedoch dogmatisch bis heute unbewältigt, weil § 30 IV Nr 5 auf den einzelnen Fall abstellt und die Gesamtbetrachtung, welche die Rspr in diesem Zusammenhang anstellt, an sich nicht zulässt (richtig *TK/Drüen* § 30 Rz 137). Die Tätigkeit eines einzelnen unzuverlässigen Gewerbetreibenden wird nämlich allenfalls in seltenen Fällen geeignet sein, die wirtschaftliche Ordnung erheblich zu stören. Wäre es indes der Gewerbebehörde verwehrt, im Rahmen des Untersagungsverfahrens auf die Erkenntnisse der FinBeh zurückzugreifen, so könnten in einer Vielzahl von Fällen unzuverlässige Gewerbetreibende nicht von weiterer gewerblicher Tätigkeit ausgeschlossen werden. Dies sieht die Rspr als eine erhebliche Störung der wirtschaftlichen Ordnung an, die eine Durchbrechung des StGeheimnisses erfordere, zumal wegen sonst entstehender beträchtlicher StAusfälle. Der Gesetzgeber hat sich damit zufrieden gegeben und mehrfach sich bietende Gelegenheiten, die Voraussetzungen einer Mitteilung an Gewerbebehörden zu regeln (vor allem: zu konkretisieren und einzugrenzen), nicht genutzt (zur Kritik hieran *TK/Drüen* § 30 Rz 137).

Die FinBeh hat die Offenbarung von solchen Tatsachen zu unterlassen, die ein- **194**
deutig von vornherein nicht geeignet sind, alleine oder iVm anderen Tatsachen eine Gewerbeuntersagung zu rechtfertigen. Dabei muss die FinBeh die Maßstäbe anlegen, die von den VerwBeh und -gerichten aufgestellt worden sind; ihr ist nicht gestattet, selbst zu beurteilen, ob die Voraussetzungen des § 35 GewO tatsächlich vorliegen (BFH BStBl 03, 828; aA *TK/Drüen* § 30 Rz 137; *Koenig/Intemann* § 30 Rz 258). Dass ein die Durchbrechung des StGeheimnisses rechtfertigendes „Gefährdungspotenzial" *(Intemann)* vorliegt, folgt – wenn überhaupt, siehe oben – nicht aus der Rechtmäßigkeit einer Gewerbeuntersagung, sondern aus den durch die stl Tatsachen ausgelösten *Zweifeln* an der Zuverlässigkeit des Gewerbetreibenden, welche die FinBeh uU gar nicht beurteilen kann. Deshalb ist auch eine Mitteilung über noch nicht bestandskräftige StFestsetzungen zulässig (BFH BStBl 03, 828), sofern nicht AdV gewährt ist; die AdV der StFestsetzung hingegen dürfte nämlich bei hinreichend umfassendem Verständnis des Begriffes Vollziehung auch eine Berücksichtigung derselben im gewerberechtl Untersagungsverfahren und mithin eine Auskunftserteilung hierüber ausschließen.

Danach kann ein zwingendes öffentliches Interesse an der Mitteilung von stl Da- **194a**
ten ggü den Gewerbebehörden nur anerkannt werden, soweit es sich um Steuern handelt, die **mit der Ausübung des Gewerbes in Zusammenhang** stehen. Bei *Personensteuern* besteht ein solcher Zusammenhang idR nicht, auch wenn diese durch eine gewerbliche Tätigkeit ausgelöst worden sind (vgl aber *Braun* PStR 05, 245). Etwas anderes gilt zB, wenn Nichtentrichtung dieser Steuern dafür ursächlich ist, dass der Gewerbetreibende sich Wettbewerbsvorteile verschafft (weiter gehend OVG Mster GewArch 88, 87: Mitteilungen im Hinblick auf Personensteuern auch bei Unzuverlässigkeit infolge wirtschaftlicher Leistungsunfähigkeit; zweifelh). Die Mitteilung im Gewerbeuntersagungsverfahren kommt danach insbes für *erhebliche* StRückstände bei der **LSt** und der **USt** und für den Fall der wiederholten und beharrlichen Nichterfüllung betrieblicher StErklärungspflichten in Betracht (vgl BFH BStBl 87, 545).

Zur Auskunfterteilung an Gewerbebehörden im gewerberechtlichem Verfahren vgl auch BMF 19.12.2013, BStBl I 14, 19.

Die FinBeh kann ggf von sich aus eine **Gewerbeuntersagung anregen,** insbes **195**
wenn die Pflichtverstöße des Stpfl derart schwer wiegen, dass ihm die Möglichkeit eigener wirtschaftlicher Betätigung ganz oder teilweise entzogen werden muss. Vorher ist allerdings die Genehmigung der OFD einzuholen. Entscheidend ist das öffentliche Interesse an der Eliminierung unzuverlässiger Gewerbetreibender, das weitgehend nicht befriedigt werden kann, wenn die FinBeh als Informationsquelle ausfällt. Daraus folgt aber auch, dass das öffentliche Interesse nur dann zwingend die Offenbarung verlangt, wenn es für die Unzuverlässigkeitsbeurteilung auf die Auskunft der FinBeh ankommt. Es dürfen keine Tatsachen mitgeteilt werden, die

mit der Unzuverlässigkeit in keinem Zusammenhang stehen oder die weder allein noch iVm anderen Tatsachen eine Untersagungsentscheidung zu tragen vermögen (BVerwG MDR 82, 873, NVwZ 88, 432). Erst recht nicht darf die Mitteilung nur als Druckmittel benutzt werden, um zur Erfüllung der steuerlichen Pflichten anzuhalten (BFH BStBl 87, 545; BVerwG StRK AO 1977 § 30 Nr 10); die Offenbarung von Steuerdaten ist also nur zulässig, wenn aufgrund konkreter Anhaltspunkte (zB Auskunftsersuchen der Gewerbebehörde) eine Gewerbeuntersagung in Betracht kommt. Ein Antrag auf Zwangslöschung (§ 125a II FGG, § 1 I, § 2 I LöschG) aus zwingendem öffentlichen Interesse ist nur in besonderen Ausnahmefällen zulässig, zB wenn die Vollstreckung gegen juristische Personen erfolglos ist und sich die StRückstände durch die Unterlassung der Löschung erhöhen würden.

196 Unter Verstoß gegen § 30 von der FinBeh offenbarte StDaten dürfen von den VerwBeh im Gewerbeuntersagungverfahren nicht verwertet werden (so zutreffend *Krömker* DStR 00, 1419 gegen *Krause/Steinebach* DÖV 85, 549 und BVerwG BB 88, 26).

197 Wenn der Verdacht besteht, dass **öffentliche Mittel** zu Unrecht verausgabt oder nicht vereinnahmt wurden, steht der Offenbarung von StDaten § 30 nicht entgegen, sofern sich nicht eine Offenbarungsbefugnis in diesen Fällen aus Nr 5 Buchst a oder b ergibt. Auch hier wird aber ein erheblicher Schaden der öffentl Hand vorauszusetzen sein.

197a Zulässig ist ferner Mitteilung an Strafverfolgungsbehörden im Rahmen eines Antrags auf **Strafverfolgung wegen Verletzung des StGeheimnisses** nach § 355 StGB.

198 **Dienstliche Verfehlungen** von Angehörigen der StVerwaltung können der für die Durchführung des Disziplinarverfahrens zuständigen Stelle ebenso wie außerdienstlich begangene StVerfehlungen aufgrund ausdrücklicher Regelung in § 125c BRRG mitgeteilt werden (BFH BStBl 08, 337; vgl Rz 116a; dazu BVerfG NJW 08, 3489: kein Verstoß gegen das Recht auf informationelle Selbstbestimmung). Das StGeheimnis ist insofern ggf durchbrochen (vgl *Pflaum* wistra 11, 55). Tatsachen, die in einem Strafverfahren bekannt werden, dürfen aber über § 125a I bis III BRRG (dazu Rz 116a) nur mitgeteilt werden, wenn ihre Kenntnis aufgrund *besonderer* Umstände des Einzelfalles für dienstrechtliche Maßnahmen gegen einen Beamten erforderlich ist und nicht für die übermittelnde Stelle erkennbar ist, dass schutzwürdige Interessen des Beamten an dem Ausschluss der Übermittlung überwiegen (§ 125c IV BRRG). Zum zu prüfenden öffentlichen Interesse vgl AEAO zu § 30 Nr 8.6 sowie die dort in Bezug genommenen BMF BStBl I 10, 222; I 11, 574 mit dem Gebot der Berücksichtigung nicht nur der Höhe der verkürzten Steuern, sondern auch von Art und Dauer der dafür begangenen Straftaten; auch eine ggf herausgehobene dienstl Stellung des Betreffenden dürfte von Bedeutung sein (kritisch ua *Schmidt-Keßeler* DStZ 09, 52; *FGJ/Joecks* § 371 Rz 218df). Eine Selbstanzeige schließt das zwingende öffentl Interesse an der Offenbarung freilich nicht ohne weiteres aus (BVerfG NJW 08, 3489). Entsprechendes gilt, soweit arbeitsrechtl Maßnahmen infrage kommen (BAG AP Nr 5 zu § 54 BAT). Hierbei dürfen auch die stl Daten Dritter mitgeteilt werden, wenn sonst das Disziplinarverfahren nicht durchgeführt werden kann. Zur Offenbarung von StDaten im Strafverfahren gegen einen Finanzbeamten vgl auch BVerwG NJW 10, 2229; VGH BaWü PStR 11, 276 und OLG Hamm wistra 08, 277.

199 § 30 IV enthält keinen besonderen Offenbarungstatbestand für Zwecke der **außenwirtschaftsrechtlichen und marktordungsrechtlichen Überwachung** und Verfolgung von Straftaten und OWi in diesem Bereich. Eine entsprechende Regelung müsste in den jeweiligen Spezialgesetzen (AWG, MOG) getroffen werden. In gewichtigen Fällen kann aufgrund zwingenden öffentlichen Interesses eine Mitteilung an die zuständigen Behörden erfolgen.

200 In StStrafverfahren von erheblicher Bedeutung und bedeutendem Umfang soll nach OLG Hamm (NJW 81, 356) ein zwingendes öffentliches Interesse gegeben sein, das Mitteilungen der Staatsanwaltschaft an **Presse** und Rundfunk nach § 30 IV Nr 5 rechtfertigt (zum Problem auch *Simgen,* FS für Rudolf Wassermann, 1985, 531; *Kürschner* DRiZ 81, 401). Eine Namensnennung der Beteiligten soll dabei allerdings nicht zulässig sein. Bei einer anonymisierten Mitteilung stellt sich natürlich gar nicht erst die Frage des StGeheimnisses. Problematisch wird die Unterrichtung der Öffentlichkeit jedoch dann, wenn bereits durch vorangegangene Presseveröffentlichungen die Namen der Beteiligten bekannt geworden sind und bei einer bloßen Sachverhaltsschilderung für jeden offenbar ist, dass sich diese nur auf einen bereits bekannten Personenkreis beziehen kann. Zur Frage, inwieweit die StA den Namen eines Beschuldigten der Presse mitteilen darf vgl OLG Koblenz wistra 87, 359 (öffentliche Identifizierung eines Beschuldigten nur im Ausnahmefall zulässig); zu eng *Stahl/Demuth* DStR 08, 600: keine Befugnis, durch Mitteilungen über bislang der Öffentlichkeit unbekannte Vorgänge deren Interesse erst zu wecken. Zum Problem der Wahrung der Persönlichkeitsrechte bei einstweilen unerwiesenem Tatverdacht BGHZ 143, 199.

Dem Auskunfts- und Vorlagebegehren von **parlamentarischen Untersuchungsausschüssen** (dazu (BVerfG BStBl 84, 634 = BVerfGE 67, 100 ff) steht das StGeheimnis grds nur dann nicht entgegen, wenn der Untersuchungsausschuss im Rahmen politischer Kontrolle handelt und nicht lediglich Verwaltungskontrolle ausüben will, da diese in die Zuständigkeit der Rechnungshöfe fällt. Die Kontrollbefugnis des Parlaments erstreckt sich grds nur auf bereits abgeschlossene Vorgänge; es kann nicht in laufende Verhandlungen und Entscheidungsvorbereitungen eingreifen. Beweiserhebungsrecht und grundrechtlicher Datenschutz müssen im konkreten Fall einander so zugeordnet werden, dass beide so weit wie möglich ihre Wirkungen entfalten. Das Kontrollrecht des Parlaments gestattet in aller Regel dann keine Verkürzung des Aktenherausgabeanspruchs zugunsten des Schutzes des allg Persönlichkeitsrechts und des Eigentumsschutzes, wenn Parlament und Regierung Vorkehrungen für den Geheimschutz getroffen haben, die das ungestörte Zusammenwirken beider Verfassungsorgane auf diesem Gebiete gewährleisten, und wenn der Grundsatz der Verhältnismäßigkeit gewahrt ist (BVerfG BStBl 84, 634 = BVerfGE 67, 100, 139 ff). 201

Ein Offenbarungsanspruch des Untersuchungsausschusses setzt ferner voraus, dass der Ausschuss in Ausübung von politischer Parlamentskontrolle mit einem hinreichend bestimmten Untersuchungsauftrag zur Aufklärung von Sachverhalten tätig wird, die in einem sachlichen Zusammenhang zu den vom Ausschuss erbetenen Auskünften und Akten stehen (BFH/NV 93, 579). Das Auskunftsbegehren darf den unantastbaren Bereich privater Lebensgestaltung, dh die Intimsphäre eines Betroffenen nicht berühren. Es darf sich nicht auf solche Informationen erstrecken, deren Weitergabe wegen ihres streng persönlichen Charakters für die Betroffenen unzumutbar ist (BVerfGE 67, 140, 144). Vor der Offenbarung von StGeheimnissen hat sich die FinBeh in eigener Verantwortung zu vergewissern, ob die von dem Untersuchungsausschuss getroffenen Geheimschutzvorkehrungen ausreichend sind (BVerfG 67, 140, 144). 202

Entsprechendes gilt für das **Fragerecht der Abgeordneten.** Grenzen der Antwortpflicht können sich ergeben, wenn die Beantwortung einer parlamentarischen Anfrage Grundrechte Dritter berührt. Diese und das Informationsinteresse des Abgeordneten sind unter Berücksichtigung der Bedeutung der Pflicht zur erschöpfenden Beantwortung parlamentarischer Anfragen für die Funktionsfähigkeit des parlamentarischen Systems gegeneinander abzuwägen. Die unterschiedlichen Belange müssen einander im Weg der praktischen Konkordanz so zugeordnet werden, dass jeder für sich soweit wie möglich seine Wirkungen entfaltet. Diese Bewertung ist einzelfallbezogen anhand der jeweiligen konkreten Gesamtumstände vorzunehmen (BayVfGH NVwZ-RR 15, 81; BayVerfGHE 59, 144, 182; BVerfGE 67, 100). Dabei hat der BayVfGH auch eine nur vertrauliche Beantwortung der Fragen in Betracht gezogen (BayVfGH NVwZ-RR 15, 81). Dies gilt auch für die Landes- 203 parlamente. § 30 AO geht nicht etwa gem Art 31 GG den landesrechtlichen Regelungen vor; das landesverfassungsrechtl begründete Fragerecht ist vielmehr durch Art 28 I 1 GG bundesverfassungsrechtl verankert (BayVfGH NVwZ-RR 15, 81).

205 **7. Vorsätzlich falsche Angaben (Absatz 5).** Die Vorschrift trägt dem Gedanken Rechnung, dass das StGeheimnis den Zweck hat, wahrheitsgemäße Angaben vom Stpfl zu erhalten. Wird dieser Zweck nicht erreicht, besteht keine Veranlassung, den Stpfl zu schützen. Die Bedeutung der Vorschrift dürfte gering sein. Denn iAllg ergibt sich bei vorsätzlich falschen Angaben, insbes des Stpfl, die Offenbarungsbefugnis bereits aus § 30 IV Nr 1. Ein Anwendungsfall könnte jedoch zB sein, dass der Stpfl eine falsche StErklärung einreicht, aus der sich ein Erstattungsanspruch ergibt, und durch Vorlage der StErklärung beim Kreditinstitut ein Darlehen erschleicht.

206 Eine Offenbarungsbefugnis nach § 30 V besteht nur dann, wenn durch die falschen Angaben ein Straftatbestand verwirklicht worden ist, und zwar in objektiver und subjektiver Hinsicht (BFH BStBl 94, 552); die FinBeh hat dies selbst zu prüfen, die Durchführung eines Strafverfahrens wegen der Tat ist nicht Voraussetzung für die Zulässigkeit der Offenbarung. Die Vorschrift gibt dem FA lediglich die Befugnis, unter bestimmten Umständen Angaben des Betroffenen den *Strafverfolgungsbehörden* mitzuteilen, nicht aber auch dem Stpfl oder sonstigen Dritten.

214 **8. Befugter Abruf von Daten (Absatz 6).** § 30 VI trägt den Gefahren der Speicherung von Steuerdaten in EDV-Anlagen die verfassungsrechtl gebotene Rechnung (BVerfG NJW 90, 701). Der Abruf von Steuerdaten aus einer in einem steuerlichen oder steuerstraf(ordnungswidrigkeiten) rechtlichen Verfahren (iSd Abs 2 Nr 1 Buchst a) und b) angelegten Datei im automatisierten Verfahren (EDV) – nicht erst die Offenbarung solcher Daten – ist nach Abs 2 Nr 3 unbefugt. Abs 6 enthält die Rechtfertigungsgründe für den Abruf solcher Daten. Der automatisierte Abruf von Daten ist danach erstens unter den gleichen Voraussetzungen zulässig, unter denen auch eine Offenbarung der Daten gem § 30 IV Nr 1 zulässig wäre, jedoch nur, wenn der Abruf zur Durchführung eines steuerlichen oder steuerstraf(ordnungswidrigkeiten)rechtlichen Verfahrens (§ 30 II Nr 1 Buchst a und b) erfolgt, iErg also: wenn StBehörden, Strafverfolgungsbehörden oder die diesen zugeordneten Gerichte solche Daten abrufen (vgl BT-Drs 10/4513). Der automatisierte Abruf solcher Daten ist zweitens zulässig, wenn die Daten zum Zwecke einer (befugten, dazu § 30 IV, V) Weitergabe (andere als FinBeh dürfen selbst auf StDaten grds nicht zugreifen) abgerufen werden (etwa um in einem allgemeinem Strafverfahren oder unter den Voraussetzungen des § 30 IV Nr 2 oder 5 in einen Verwaltungsverfahren Amtshilfe zu leisten). Dem BMF ist die Ermächtigung erteilt, durch Rechtsverordnung mit Zustimmung des Bundesrates zu bestimmen, welche technischen und organisatorischen Maßnahmen gegen den unbefugten Abruf von Daten zu treffen sind. Von dieser Ermächtigung ist durch die **Steuerdaten-Abruf-VO** (BGBl I 05, 3021) Gebrauch gemacht worden (vgl in diesem Zusammenhang auch die Steuerdaten-Übermittlungsverordnung – StDÜV –, BGBl I 03, 139, die mit dem Schutz des StGeheimnisses vereinbar ist; vgl BFH BStBl 12, 477; BFH/NV 15, 1115; FG Brem EFG 14, 1732).

216 Abs 6 S 4 zieht die Konsequenz daraus, dass das Luftverkehrsteuergesetz nicht der Zustimmung des BR bedurfte und die Verwaltungskompetenz für die VersSt und die KraftSt auf den Bund übergegangen ist, sodass insofern die RVO zur Konkretisierung der Bestimmungen über den befugten Datenabruf nicht der Zustimmung des BR bedürfen. Das Gleiche gilt im Hinblick auf Einfuhr- und Ausfuhrabgaben sowie Verbrauchsteuern mit Ausnahme der Biersteuer (wegen Art 106 II Nr 4 GG).

218 **9. De-Mail-Dienste (Absatz 7).** Die Regelung trägt dem Umstand Rechnung, dass bei Versendung einer verschlüsselten De-Mail diese vom De-Mail-

Provider in einem automatisierten Prozess entschlüsselt wird, um auf Schadsoftware überprüft werden zu können; die Daten werden anschließend für den Versand an den Provider des Empfängers erneut verschlüsselt, wo sie allerdings erneut automatisiert entschlüsselt und auf Schadsoftware überprüft werden. All dies erfolgt in einer vom Bundesamt für Sicherheit in der Informationstechnik (BSI) zertifizierten Sicherheitsumgebung, für die die De-Mail-Provider im Rahmen des im De-Mail-Gesetz geregelten Akkreditierungsprozesses organisatorische und technische Sicherheitskriterien erfüllen müssen. Eine Speicherung der Inhaltsdaten beim Provider darf nur im verschlüsselten Zustand erfolgen. Die Umschlüsselung bei den Providern könnte jedoch als eine „Offenbarung" der Daten diesen ggü gedeutet werden. Deshalb hat sich der Gesetzgeber zu der auch von ihm als Klarstellung verstandenen Regelung in dem neuen Absatz 7 veranlasst gesehen (vgl zu allem die BT-Drs 17/3630).

Akkreditierte Diensteanbieter sind solche, die eine Akkreditierung nach § 17 De-Mail-Gesetz besitzen.

10. Automatischer Datenabgleich (Absatz 8). Bei Einrichtung automatisierter Verfahren, die den Abgleich geschützter Daten innerhalb einer FinBeh oder zwischen verschiedenen FinBeh ermöglichen, hebt § 30 VIII das StGeheimnis insoweit auf, als eine solche Weiterverarbeitung oder Offenbarung geschützter Daten unter Berücksichtigung der schutzwürdigen Interessen der betroffenen Personen und der Aufgaben der beteiligten FinBeh angemessen ist. Die „Angemessenheit" wird im Allgem zu bejahen sein. 220

11. Auftragsverarbeitung (Absatz 9). Die FinBeh dürfen sich bei der Verarbeitung geschützter Daten nur dann externer Dienstleister („Auftragsverarbeiter" iSv Art 4 Nr 8 DS-GVO) bedienen, wenn die diesen notwendigerweise offenbarten geschützten Daten ausschließl Personen zugänglich werden und von ihnen verarbeitet werden, die zur Wahrung des StGeheimnisses als Amtsträger oder Gleichgestellte (§ 30 I, III) verpflichtet sind – woran es idR fehlen wird – oder die nach Maßgabe des Gesetzes über die förmliche Verpflichtung nichtbeamteter Personen (VerpflG; BGBl I 74, 469) verpflichtet worden sind. 224

12. Besondere Katagorien personenbezogener Daten (Absatz 10). Die Offenbarung besonderer Kategorien personenbezogener Daten iSv Art 9 I DS-GVO (also mutmaßlich besonders „sensibler" wie zB solcher über die Gesundheit des Stpfl, sein „Sexualleben" oder seine sexuelle Orientierung, Art 9 I DS-GVO) durch FinBeh an öffentliche oder nicht-öffentliche Stellen setzt voraus, dass einer der allgemeinen Offenbarungstatbestände (§ 30 IV, V) vorliegt; denn es versteht sich, dass wenn nicht einmal sonstige, nicht *besonders* geschützte Daten offenbart werden dürften, dies erst recht nicht bei Daten der besonderen Kategorien zugelassen werden kann. Einen besonderen, über das allgemeine Schutzniveau hinausgehenden Schutz, das durch § 30 IV, V bestimmt wird, gewährt § 30 X den Daten der besonderen Kategorien nicht. Insofern wird jedoch der Verhältnismäßgkeitsgrundsatz (im „engeren" Sinne) besonderer Beachtung und Abwägung bedürfen. 226

Über § 30 X HS 2 erste Alternative hinaus wird die Offenbarung aber auch zugelassen, wenn einer der zahlreichen (Ausnahme-)Tatbestände des Art 9 II DS-GVO gegeben ist. Die prinzipielle Unterscheidung zwischen dem Schutz der ganz oder teilweise automatisiert verarbeiteten Daten bzw solcher, die in einem Dateisystem gespeichert sind (Art 2 DS-GVO) und dem Geheimnisschutz des § 30 wird damit iErg aufgehoben und das StGeheimnis in dem gleichen Umfang wie das Verbot der Verwendung jener Daten außerhalb ihrer Zweckbindung durchbrochen. 227

Schließlich wird das StGeheimnis von § 30 X aufgehoben, soweit § 31c die Verarbeitung besonderer Kategorien personenbezogener Daten zu statistischen Zwe- 228 cken über die Tatbestände des Art 9 II DS-GVO hinaus bzw in Ausfüllung dort in den Buchst g bis j vorbehaltener Regelungen des Mitgliedstaats gestattet (also bei Erforderlichkeit der Datennutzung und Überwiegen des Interesses an der Verarbeitung ggü den Interessen der betroffenen Person).

232 **13. Datenübermittlung an Externe (Absatz 11).** Die Vorschrift stellt klar, dass ein gleichsam verlängertes StGeheimnis besteht, wenn geschützte Daten nicht zur Wahrung des StGeheimnisses verpflichteten Stellen, also anderen als FinBeh (bei denen die Amtsträger nicht ohne Weiteres nach § 30 II zur Wahrung des StGeheimnisses verpflichtet sind) oder einer nicht-öffentlichen Stelle nach Abs 4 oder 5 offenbart worden sind. Die betr Empfänger dürfen die Daten dann nur zu dem Zweck speichern, verändern, nutzen oder übermitteln, zu dem sie ihnen offenbart worden sind. Die Daten dürfen somit unter keinen Umständen zweckwidrig weiterverwendet werden

235 **14. Entscheidung über die Offenbarung.** In den Fällen des § 30 IV oder V ist die FinBeh zur Offenbarung nur befugt, aber iAllg nicht verpflichtet. Die Entscheidung über die Offenbarung steht, wenn diese an sich zulässig ist (was gerichtlich voll überprüfbar ist), grds im Ermessen der FinBeh. Ein Ersuchen nach § 161 StPO muss diese allerdings beantworten, wobei sie dabei ebenso wenig von einer eigenverantwortlichen Prüfung von dessen Voraussetzungen entbunden ist. Soweit sie steuerstraf(ordnungswidrigkeiten)rechtliche Ermittlungen führt (§ 386 II) und damit die Pflichten der StA hat (§ 399 I), wird sie außersteuerliche, strafrechtl relevante Erkenntnisse im Rahmen des § 30 IV der StA von sich aus mitteilen müssen (*Hardtke/Westphal* wistra 96, 91).

236 Vor Erteilung einer **Aussagegenehmigung** an einen Beamten ist zu prüfen, ob der von dem Beamten verlangten Aussage das StGeheimnis entgegensteht (vgl BFH BStBl 67, 572); die Aussagegenehmigung hebt hierbei das StGeheimnis nicht mit konstitutiver Wirkung auf und befreit den Beamten daher nicht von der Pflicht, selbst § 30 zu beachten und ggf die Aussage zu verweigern (vgl BFH BStBl 67, 572).

237 Im Streit um eine Auskunftserteilung hat der Auskunftsbegierige die Voraussetzungen eines Anspruchs auf **ermessensfehlerfreie Entscheidung** (BFH BStBl 85, 571; 94, 552) darzutun. Dieser kann sich zu einem Auskunfts(rechts)anspruch verdichten, wenn die Rechte des Auskunftsbegierigen (etwa sein Persönlichkeitsrecht) die des Dritten und das öffentliche Interesse überwiegen (vgl *Streck/Olbing* BB 94, 1267). Zur Offenbarung der Identität eines Informanten siehe Rz 48.

240 **15. Folgen der Verletzung des StGeheimnisses. Strafrechtliche Folgen** ergeben sich aus § 355 StGB (vgl aber auch § 202a StGB); Verletzung des StGeheimnisses ist daher keine *St*Straftat mehr (vgl § 369); die FinBeh haben insoweit keine selbständigen Ermittlungsbefugnisse. § 355 StGB ist lex spezialis zu §§ 203, 204 StGB; als Nebenfolge kommt nach § 358 StGB evtl Aberkennung der Fähigkeit, öffentliche Ämter zu bekleiden in Betracht. Tateinheit evtl möglich mit §§ 353b, 353c, 353d StGB; mit § 332 StGB regelmäßig Tatmehrheit. Tat wird nur auf Antrag verfolgt (§ 355 III StGB); antragsberechtigt sind Dienstvorgesetzter oder Verletzter. Der Amtsträger kann sich zur Rechtfertigung nicht auf dienstliche Anweisung berufen, evtl sind jedoch die Grundsätze des Verbotsirrtums anzuwenden (vgl Bundesdisziplinarhof JZ 58, 706); bei heute allgemein geschärftem Bewusstsein für den Datenschutz sind die Maßstäbe freilich strenger geworden. Eine Aussagegenehmigung befreit nur von der Pflicht zur Amtsverschwiegenheit (§ 54 StPO), nicht aber auch von der Pflicht zur Wahrung des StGeheimnisses. Im Zweifel entscheidet die Stelle, die das StStraf- oder Bußgeldverfahren verantwortl durchführt, dh ggf das Gericht oder die Staatsanwaltschaft (OFD Bremen StEK § 30 Nr 1).

Disziplinarrechtliche Folgen; dass diese generell schärfer sein sollen als bei der Verletzung der allgemeinen Pflicht zur Amtsverschwiegenheit (so *TK/Drüen* § 30 Rz 148), ist allerdings nicht anzuerkennen. **Schadensersatz** nach § 839 BGB iVm Art 39 GG. Es haftet die Anstellungskörperschaft. Ein Beamter haftet persönlich nur (nach § 823 II BGB iVm § 30), wenn er nicht in Ausübung seines Amtes gehandelt hat. 241

Unter Verletzung des StGeheimnisses offenbarte Daten dürfen **nicht verwertet** werden (*HHSp/Alber* § 30 Rz 599; anders für das Gewerbeuntersagungsverfahren *Krause/Steinbach* DÖV 85, 549). 242

16. Rechtsbehelfe. Wegen des Rechtsschutzes ggü den Daten-Aufsichtsbehörden nach Art 51 DS-GVO und gegen FinBeh oder gegen deren Auftragsverarbeiter wegen eines Verstoßes gegen datenschutzrechtliche Bestimmungen im Anwendungs-bereich der DS-GVO siehe § 32c. 245

Bei Ablehnung der Einsichtnahme in StAkten des StGeheimnisses wegen ebenso im Falle der Weitergabe von geschützten Daten an andere Stellen ist grds der **Finanzrechtsweg** gegeben (BFH BStBl 72, 284; 73, 119; 85, 571; 87, 545; 94, 552). Das gilt auch, wenn der Anspruch auf ein Informationsfreiheitsgesetz gestützt wird (BFH/NV 11, 992 für „allgemeine" Einsicht eines Insolvenzverwalters in StAkten, mit krit Anm *Blank* EWiR 11, 461; anders bei Akteneinsicht nach Insolvenzanfechtung bzw konkretem diesbzgl Vorhaben BFH/NV 10, 1637; vgl BGH HFR 10, 299; vgl auch schon Rz 104a). Verfahrensgegner ist bei Auskunfterteilung an ausl FinBeh nach § 2 II EUAHiG das BZSt (BFH BStBl 00, 648).

Wenn die FinBeh keine eigene Entscheidung über die Offenbarung eines Geheimnisses getroffen hat, sondern **Amtshilfe** leistet, weil ein Gericht eine Auskunft begehrt oder eine Akte zur Beweiserhebung anfordert, ist dagegen ein Rechtsbehelf zum FG nicht gegeben (BFH BStBl 75, 298; aA *TK/Drüen* § 30 Rz 61a). Der Umstand, dass der Schutz des StGeheimnisses, also eine Vorschrift abgaberechtlichen Charakters, zur Rede steht, ändert an der alleinigen Entscheidungsbefugnis des anfordernden Gerichts nichts. Bei einer Aktenanforderung einer VerwBeh ist für den Stpfl jedoch der Verwaltungsrechtsweg eröffnet, soweit es um die Entscheidung der VerwBeh geht, Amtshilfe anzufordern; ebenso bei einem Parlamentarischen Untersuchungsausschuss (BFH/NV 93, 579; BayVerfGH DÖV 92, 967). Auf dem Gebiet des AbgabeR liegt hingegen an sich der Streit um die Befugnis und Verpflichtung der FinBeh, der Anforderung zu entsprechen; einer diesbzgl Klage vor dem FG dürfte indes der Mangel des Rechtsschutzbedürfnisses entgegenstehen, sofern der Betroffene die Entscheidung der VerwBeh angreifen kann (beachte aber § 44a VwGO). Gleiches gilt bei Anfechtung einer auf StDaten beruhenden verwaltungsbehördlichen Entscheidung, mit der geltend gemacht wird, dass die von der FinBeh mitgeteilten Tatsachen wegen des StGeheimnisses nicht hätten offenbart werden dürfen und deshalb einem Verwertungsverbot unterlägen (FG RhPf EFG 93, 802; offen VGH BaWü NVwZ-RR 92, 15). Die VerwBeh selbst kann ohnehin nicht gegen die FinBeh das FG bemühen, sondern muss ihr Ersuchen ggf auf dem Dienstweg durchsetzen. 246

Da eine Streitigkeit über Abgabeangelegenheiten nicht schon dann vorliegt, wenn die Rechtswidrigkeit einer Maßnahme mit der Verletzung des § 30 begründet wird (BFH BStBl 72, 286; 75, 298), ist gegen Auskunftsersuchen der **StFahndung** oder der StA nach Einleitung eines StStrafverfahrens nicht der Finanzrechtsweg, sondern ggf der ordentliche Rechtsweg nach § 23 EGGVG gegeben, obwohl die Ermittlungen zwangsläufig auch der Feststellung der Besteuerungsgrundlagen dienen (BFH BStBl 83, 482; 81, 349; OLG Celle NJW 90, 1802) und zwar auch dann, wenn die Maßnahme nicht auf strafprozessuale Vorschriften, sondern auf stl Mitwirkungspflichten gestützt ist, jedoch in den Rahmen der Verfolgung einer Straftat fällt (vgl näher § 208 Rz 73). Werden jedoch lediglich *anlässlich* einer 248

StFahndungsprüfung Besteuerungsgrundlagen oder unbekannte StFälle ermittelt, ist gegen diesbzgl Mitteilungen wiederum der Finanzrechtsweg gegeben. Wegen des Rechtswegs bei Akteneinsichtsansprüchen im strafrechtl Verfahren vgl auch § 392 Rz 18, 23, 26.

249 Nach Abschluss oder **Einstellung eines Strafverfahrens** ist aber erneut der Finanzrechtsweg gegeben (BFH BStBl 97, 543; 85, 571).

250 Es besteht ein **subjektiv-öffentliches Recht auf Wahrung des StGeheimnisses,** das folglich durch Unterlassungsklage vor dem FG geltend gemacht werden kann (BFH BStBl 06, 616; 05, 1503; 00, 648; 94, 210; zum Rechtsschutzbedürfnis auch BFH BStBl 03, 858; überholt BFH BStBl 94, 356). Obwohl iAllg kein Anspruch auf Unterbindung eines behördeninternen Informationsaustauschs besteht, kann ein Anspruch auf Unterlassung von Mitteilungen an andere FÄ geltend gemacht werden, wenn diese Mitteilungen das StGeheimnis verletzen würden (BFH/NV 01, 578; vgl BFH BStBl 95, 497). Nach Auskunftserteilung kommt hingegen eine Leistungsklage gerichtet auf Folgenbeseitigung nicht in Betracht (BFH BStBl 94, 356). Es muss ggf rechtzeitig im Wege der einstweiligen Anordnung nach § 114 I 1 FGO dem zuständigen FA untersagt werden Mitteilungen über stl Daten an Dritte weiterzugeben (vgl BFH BStBl 01, 578; 87, 30; bei § 30 IV Nr 5 Buchst c soll nach BFH/NV 96, 457 jedoch auch AdV in Betracht zu ziehen sein, anders mit Recht BFH/NV 05, 1503). Zum indizierten Anordnungsgrund BFH BStBl 06, 616. Hat das FA Auskunft über ein StGeheimnis erteilt, kann aber mit der Feststellungsklage vor dem FG geltend gemacht werden, die Mitteilung verstoße gegen die Verpflichtung zur Wahrung des StGeheimnisses (BFH BStBl 03, 828; 87, 545; vgl auch BFH BStBl 01, 5). Das Feststellungsinteresse besteht bei einer Auskunft im Rahmen eines gewerberechtlichen Untersagungsverfahrens aufgrund des Genugtuungsinteresses des Stpfl, es hängt nicht davon ab, dass die Feststellung, das StGeheimnis sei verletzt worden, die rechtliche und tatsächliche Position des Klägers ggü der Gewerbebehörde verbessern könnte (BFH BStBl 03, 828).

252 Bei **Ablehnung der Erteilung einer Auskunft** kommt die Verpflichtungsklage in Betracht (BFHE 126, 358; FG Köln EFG 98, 963). Verweigert die FinBeh *dem FG* die Vorlage von StAkten, richtet sich das weitere Verfahren nach § 86 III FGO (Zwischenverfahren vor dem BFH, dazu *Rüsken* NWB Fach 2, 9277; BFH/NV 01, 1366 ist insoweit überholt). Dem FG dürfen StAkten vorenthalten werden, wenn zB das StGeheimnis eines Informanten dem allg Persönlichkeitsrecht des an der Offenbarung dessen Namens interessierten Person vorgeht, was ggf glaubhaft zu machen ist (vgl zuletzt BFH/NV 07, 853 und Rz 179). Die FinBeh kann dementsprechend die Vorlage vom FG angeforderter Akten, die stl Geheimnisse enthalten, unter den in § 86 II FGO genannten Voraussetzungen verweigern, wobei sie dem FG dafür Gründe weder darlegen noch gar glaubhaft machen muss. Über die Berechtigung dieser Weigerung hat vielmehr ggf der BFH in einem Zwischenverfahren zu entscheiden, wenn die Beteiligten eine solche Entscheidung beantragen. Voraussetzung hierfür ist jedoch, dass die FinBeh ein Vorlageersuchen *des FG* abgelehnt hat; hält das FG bereits von sich aus die Aktenvorlage aufgrund des StGeheimnisses nicht für zulässig oder hält sie diese zur Sachaufklärung nicht für nötig, handelt es sich bei einem Begehren der Beteiligten, die Akten beizuziehen, um einen schlichten Beweisantrag, über den das FG unanfechtbar (§ 128 II FGO) entscheidet (anders, jedoch ohne annehmbare Gründe, BFH BStBl 07, 275 mit Anm *Rüsken* NWB Fach 2, 9277); diese Entscheidung kann nur mit Rechtsmitteln gegen die Endentscheidung unter dem Gesichtspunkt mangelhafter Erfüllung der Amtsermittlungspflicht gerügt werden.

253 Begehrt jemand, ihm Auskunft über § 30 unterliegende Daten eines Dritten zu erteilen, so ist der Dritte zu dem finanzgerichtlichen Verfahren notwendig **beizuladen** (BFH/NV 04, 808; vgl BVerwG NVwZ 00, 436).

§ 31 Mitteilung von Besteuerungsgrundlagen

(1) [1]**Die Finanzbehörden sind verpflichtet, Besteuerungsgrundlagen, Steuermessbeträge und Steuerbeträge an Körperschaften des öffentlichen Rechts einschließlich der Religionsgemeinschaften, die Körperschaften des öffentlichen Rechts sind, zur Festsetzung von solchen Abgaben mitzuteilen, die an diese Besteuerungsgrundlagen, Steuermessbeträge oder Steuerbeträge anknüpfen.** [2]**Die Mitteilungspflicht besteht nicht, soweit deren Erfüllung mit einem unverhältnismäßigen Aufwand verbunden wäre.** [3]**Die Finanzbehörden dürfen Körperschaften des öffentlichen Rechts auf Ersuchen Namen und Anschriften ihrer Mitglieder, die dem Grunde nach zur Entrichtung von Abgaben im Sinne des Satzes 1 verpflichtet sind, sowie die von der Finanzbehörde für die Körperschaft festgesetzten Abgaben übermitteln, soweit die Kenntnis dieser Daten zur Erfüllung von in der Zuständigkeit der Körperschaft liegenden öffentlichen Aufgaben erforderlich ist und überwiegende schutzwürdige Interessen des Betroffenen nicht entgegenstehen.**

(2) [1]**Die Finanzbehörden sind verpflichtet, die nach § 30 geschützten Daten des Betroffenen den Trägern der gesetzlichen Sozialversicherung, der Bundesagentur für Arbeit und der Künstlersozialkasse mitzuteilen, soweit die Kenntnis dieser Daten für die Feststellung der Versicherungspflicht oder die Festsetzung von Beiträgen einschließlich der Künstlersozialabgabe erforderlich ist oder der Betroffene einen Antrag auf Mitteilung stellt.** [2]**Die Mitteilungspflicht besteht nicht, soweit deren Erfüllung mit einem unverhältnismäßigen Aufwand verbunden wäre.**

(3) **Die für die Verwaltung der Grundsteuer zuständigen Behörden sind berechtigt, die nach § 30 geschützten Namen und Anschriften von Grundstückseigentümern, die bei der Verwaltung der Grundsteuer bekannt geworden sind, zur Verwaltung anderer Abgaben sowie zur Erfüllung sonstiger öffentlicher Aufgaben zu verwenden oder den hierfür zuständigen Gerichten, Behörden oder juristischen Personen des öffentlichen Rechts auf Ersuchen mitzuteilen, soweit nicht überwiegende schutzwürdige Interessen des Betroffenen entgegenstehen.**

Abs 1 Satz 3 angefügt durch EURLUmsG v 9.12.04 (BGBl I, 3310); Abs 2 Satz 1 neu gefasst durch G v 23.12.03 (BGBl I, 2848); Abs 2 Satz 1 geändert durch StModernG v 18.7.16, BGBl I 1679.

1. Inhalt. Die Vorschrift enthält eine Durchbrechung des StGeheimnisses, steht also in engem Zusammenhang mit § 30. Eine Reihe von Körperschaften des öffentlichen Rechts knüpft bei der Bemessung der von ihnen erhobenen Abgaben an die von den FinBeh ermittelten Besteuerungsgrundlagen an, zB Kirchen, Industrie- und Handelskammern, Handwerkskammern, Ärztekammern, landwirtschaftl Berufsgenossenschaften, Deichverbände, Gemeinden (für GewSt, GrSt sowie Feuerwehrbeiträge und die Fremdenverkehrsabgabe). Die FinBeh können diese Besteuerungsgrundlagen den betr Körperschaften mitteilen, zB GewerbeSt-Messbeträge, Einheitswerte. 1

§ 31 I 3 soll den öff-rechtl Körperschaften die vollständige Erfassung ihres Mitgliederbestandes erleichtern und dem Umstand Rechnung tragen, dass nach Maßgabe landesrechtl Regelung bisweilen von den FinBeh die Beitragsverwaltung für öff-rechtl Körperschaften (teilweise) übernommen wird (BT-Drs 15/4050, 61); Entsprechendes ist, dort verpflichtend, für die Sozialversicherungsträger in § 31 II geregelt.

Die – teilweise sehr abstrakt gefassten – in dieser Vorschrift zugelassenen Durchbrechungen des StGeheimnisses, die einen weitreichenden Datenverbund (der mitunter auch in umgekehrter Richtung besteht, vgl §§ 71 I, 68 SGB X) zwischen

FinBeh und den Trägern der mittelbaren Staatsverwaltung sowie den öff-rechtl organisierten Kirchen herstellen, verletzen das Recht auf informationelle Selbstbestimmung nicht (vgl BFH BStBl 08, 42).

2 **2. Mitteilung von Besteuerungsgrundlagen udgl (Absatz 1).** Hat eine Körperschaft des öffentlichen Rechts in ihren Abgaberechtsvorschriften eine Anknüpfung an Besteuerungsgrundlagen vorgenommen, muss die FinBeh grds, allgemeinen Grundsätzen der Amtshilfe entsprechend, nach § 31 die für die Durchführung der Abgabefestsetzung und Erhebung notwendigen Daten mitteilen. Werden glaubensverschiedene Ehegatten zur ESt zusammenveranlagt, ist die Weitergabe personenbezogener Daten auch des nicht kirchenangehörigen Ehegatten an das für seine Ehefrau zuständige KirchenStAmt zulässig (FG Mchn EFG 88, 530 sowie 9 K 174/07, nv). Mitgeteilt werden allerdings nur bestimmte Ergebniszahlen, nicht aber die gesamten bei der StErmittlung bekannt gewordenen Verhältnisse, dh nur diejenigen Daten, die die entsprechenden Körperschaften zur Festsetzung ihrer Beiträge benötigen, nicht auch die Vermögensverhältnisse zum Zwecke der Prüfung von Erlass- oder Stundungsvoraussetzungen oder der Vollstreckungsmöglichkeiten. Weitergehende Offenbarungsbefugnisse im Hinblick auf andere Verhältnisse, die nicht Besteuerungsgrundlagen, StMessbeträge oder StBeträge sind, gewähren § 31 I 3 und bei Sozialversicherungsträgern § 31 II.

2a Die in Satz 1 vorgesehenen Mitteilungen sind **zwingend** zu erteilen, sofern nicht (ausnahmsweise) in einem atypischen Fall die Voraussetzungen des Satzes 2 vorliegen; die FinBeh hat die organisatorischen Voraussetzungen zu schaffen (EDV), um das Auftreten solcher Fälle zu vermeiden. Die Mitteilung nach Satz 2 hingegen steht im Ermessen der FinBeh.

3 Ein **Recht auf Akteneinsicht** können die vorgenannten Körperschaften aus § 31 I nicht herleiten (allgM). Es wäre wegen des idR insbes für die steuerlichen Zwecke der Gemeinden ausreichenden Auskunftsanspruchs und des iÜ zu beachtenden Datenschutzes (Recht auf informationelle Selbstbestimmung, das nicht unverhältnismäßig eingeschränkt werden darf) zur Erfüllung der öffentlichen Aufgaben der Gemeinden unnötig und daher unverhältnismäßig; der Wortlaut des § 31 ist iÜ eindeutig.

4 Ein Akteneinsichtsrecht kann sich freilich aus § 21 III **FVG** ergeben; danach dürfen sich insbes die Gemeinden bei den FÄ auch durch Akteneinsicht über die Vorgänge unterrichten, die für die Realsteuern im Einzelfall erheblich sind. Von diesem Recht darf aber nur nach dem Verhältnismäßigkeitsgrundsatz, dh idR gar nicht Gebrauch gemacht werden.

5 **3. Mitteilung von Steuerdaten an die Sozialversicherungsträger (Absatz 2).** Den gesetzlichen Sozialversicherungsträgern, auch der Künstlersozialkasse, und der Bundesagentur für Arbeit (nicht aber dem Träger der Sozialhilfe, *TK/Drüen* § 31 Rz 7) müssen von den FinBeh – von § 31 I 1 abweichend, der nur von den Besteuerungsgrundlagen spricht – die im Besteuerungsverfahren bekannt gewordenen (insbes etwa bei einer LSt-Ap), uU auch stl unerhebliche Verhältnisse (nicht nur des betroff Stpfl, sondern uU auch seines Ehepartners, aber nur soweit sie der FinBeh zufällig bekannt sind) mitgeteilt werden, soweit sie diese für die zutreffende Beitragsfestsetzung benötigen (insbes die Erfassung von versicherungspflichtigen Selbständigen und die Beitragsnachforderung im Rahmen des § 28p SGB IV). Akteneinsicht darf nicht gewährt werden. Der Arbeitslohn ist sowohl für die LSt, wie auch für die Festsetzung der Beiträge zur Sozialversicherung Bemessungsgrundlage. Seit dem GKV-FQWG (BGBl I 14, 1133) kann aber der Krankenversicherungsbeitrag auch bei freiwillig Versicherten ohne Kenntnis der beitragspflichtigen Einnahmen festgesetzt werden, sodass deren Mitteilung nicht (mehr) erforderlich und zulässig ist (FG BaWü EFG 16, 1133, Rev VII R 14/16).

Die Mitteilung an die Sozialversicherungsträger erfolgt offenbar in der Rechtspraxis regelmäßig nur auf Anfrage, weil es für die FinBeh sonst an einem Anlass fehlen wird, aus dem sich eine spontan zu erfüllende Mitteilungspflicht ergibt (Unkenntnis des Sozialversicherungsträgers?).

Die **Mitteilung auf Antrag** (2. Alternative des § 31 II) gibt dem Stpfl die Möglichkeit, den Versicherungsträgern mit Hilfe der FinBeh versicherungspflichtige Einnahmen nachzuweisen.

§ 31 II wird ergänzt durch § 21 IV SGB X und § 45d II EStG. Die Sozialversicherungsträger leisten den FinBeh ebenfalls Hilfe (vgl §§ 71 I Nr 3, 68 SGB X).

4. Grundsteuerdaten. Nach § 31 III dürfen Gemeinden Namen und Anschriften von Grundstückseigentümern, die ihnen bei der Verwaltung der Grundsteuer bekannt geworden sind, zur Verwaltung anderer Abgaben (zB Anliegerbeiträge, Gebühren für Abwasserbeseitigung) sowie zur Erfüllung sonstiger öffentlicher Aufgaben (zB baubehördliche Aufsicht) verwenden. Sofern nicht schutzwürdige Interessen des Betroffenen überwiegen, dürfen diese Verhältnisse den zuständigen Gerichten, Behörden (zB Grundbuchamt; auch öffentlich bestellter Vermessungsingenieur als Beliehener, vgl *HHSp/Alber* § 31 Rz 33) und anderen juristischen Personen auf Ersuchen ebenfalls offenbart werden. Eine Ablehnung der im Ermessen der FinBeh stehenden Mitteilungen dürfte idR nicht ermessensgerecht sein. 6

Wegen der Pflicht insbes der **Notare,** den StBehörden Mitteilungen zu machen), vgl § 18 GrEStG, § 54 EStDV sowie § 102 Rz 40.

§ 31a Mitteilungen zur Bekämpfung der illegalen Beschäftigung und des Leistungsmissbrauchs

(1) **Die Offenbarung der nach § 30 geschützten Daten des Betroffenen ist zulässig, soweit sie**

1. für die Durchführung eines Strafverfahrens, eines Bußgeldverfahrens oder eines anderen gerichtlichen oder Verwaltungsverfahrens mit dem Ziel
  a) der Bekämpfung von illegaler Beschäftigung oder Schwarzarbeit oder
  b) der Entscheidung
    aa) über Erteilung, Rücknahme oder Widerruf einer Erlaubnis nach dem Arbeitnehmerüberlassungsgesetz oder
    bb) über Bewilligung, Gewährung, Rückforderung, Erstattung, Weitergewährung oder Belassen einer Leistung aus öffentlichen Mitteln
oder

2. für die Geltendmachung eines Anspruchs auf Rückgewähr einer Leistung aus öffentlichen Mitteln

erforderlich ist.

(2) [1] **Die Finanzbehörden sind in den Fällen des Absatzes 1 verpflichtet, der zuständigen Stelle die jeweils benötigten Tatsachen mitzuteilen.** [2] **In den Fällen des Absatzes 1 Nr. 1 Buchstabe b und Nr. 2 erfolgt die Mitteilung auch auf Antrag des Betroffenen.** [3] **Die Mitteilungspflicht nach den Sätzen 1 und 2 besteht nicht, soweit deren Erfüllung mit einem unverhältnismäßigen Aufwand verbunden wäre.**

Abs 1 geändert durch StModernG v 18.7.16, BGBl I 1679.

Schrifttum: *Rütters* Behördliche Mitteilungen nach § 31a AO und Freiheit vom Zwang zur Selbstbelastung, wistra 14, 378.

Übersicht

1 **1. Inhalt.** Die Vorschrift enthält wie § 31 weitere Gründe, die eine Offenbarung der geschützten Daten des Stpfl zulassen, und durchbricht das StGeheimnis. Sie wird für den Zoll ergänzt durch § 6 SchwarzArbG. Siehe ferner hinsichtlich von Kapitalerträgen an die Sozialleistungsträger § 45d II EStG. Es besteht eine Mitteilungs*pflicht* der FinBeh. Auch soweit § 31a die Weitergabe von stl Angaben des Stpfl zum Zwecke von dessen Strafverfolgung vorsieht, liegt dem eine vernünftige, wenn auch §§ 393 II entgegengesetzte Bewertung der kollidierenden Belange zugrunde. Jedoch ist das Verhältnis der Vorschrift zu § 393 II str (Verwertungsverbot der übermittelten Daten unter den Voraussetzungen des § 393 II, anders wohl mit Recht *Wulf* wistra 06, 89; ohne Stellungnahme BVerfG HFR 10, 1222).

1a Die Vorschrift verletzt den Bestimmtheitsgrundsatz nicht, auch nicht das Recht auf informationelle Selbstbestimmung (BFH BStBl 08, 429; offen BVerfG HFR 10, 1222; zweifelnd ua *Böse* Wirtschaftsaufsicht und Strafverfolgung, 2005, 537); BVerfG NJW 07, 2464 ist auf sie nicht übertragbar.

2 **2. Zwecke zulässiger Mitteilungen.** Eine Mitteilungspflicht der FinBeh besteht hinsichtl aller Informationen, die der **Bekämpfung der Schwarzarbeit** dienen können (zum Begriff, der jetzt auch Verstöße gegen steuer- und sozialversicherungsrechtl Pflichten einschließt, § 1 Schwarzarbeitsbekämpfungsgesetz – SchwarzArbG, BGBl I 04, 1842; zuletzt geändert BGBl I 12, 1566). Hierzu zählen Informationen, aus denen sich Anhaltspunkte ergeben für die Verletzung der Mitteilungspflichten nach § 60 I Nr 2 SGB I, der Meldepflicht nach § 8a AsylbewerberLeistungsG, die Aufnahme einer selbständigen Tätigkeit ohne dies vorher anzuzeigen (§ 14 GewO) oder ohne die Reisegewerbekarte erworben zu haben (§ 55 GewO), die Ausübung eines Handwerks ohne in die Handwerksrolle eingetragen zu sein (§ 1 HandwO).

3 Der Schwarzarbeit gleichgestellt ist die **illegale Beschäftigung** oder Tätigkeit ausl ArbN ohne die (Arbeits-)Genehmigung nach § 284 I 1 SGB III; die Erlaubnis kann jedoch aufgrund zwischenstaatlicher Vereinbarungen entbehrlich sein und ist durch die Freizügigkeit der ArbN in der EU obsolet.

4 Die FinBeh haben ferner Tatsachen mitzuteilen, die zu Versagung, Rücknahme oder Widerruf einer **Erlaubnis nach dem Arbeitnehmerüberlassungsgesetz (AÜG)** führen können, vgl AÜG idF der Bekanntmachung v 3.2.1995 (BGBl I, 158, zuletzt geändert BGBl I 11, 2854). Danach bedarf der ArbG (Verleiher), der Dritten (Entleihern) ArbN (Leiharbeitnehmer) gewerbsmäßig zur Arbeitsleistung überlassen will, ohne damit Arbeitsvermittlung zu betreiben (vgl § 35 I 2 SGB III), einer Erlaubnis, § 1 I AÜG. Versagung, Rücknahme, Widerruf der Erlaubnis regeln §§ 3–5 AÜG. Die Erlaubnis zur gewerbsmäßigen Arbeitnehmerüberlassung hängt nach dem AÜG ua von der steuerlichen Zuverlässigkeit des Verleihers ab.

5 Die Mitteilungspflicht bezieht sich auch auf die Voraussetzungen für den **Bezug öffentlicher Leistungen.** Neben der für den Nachweis der Anspruchsvoraussetzungen zugelassenen Antragsmitteilung besteht eine Mitteilungspflicht der FinBeh sowohl bei der missbräuchlichen Inanspruchnahme von Sozialleistungen (vgl den Katalog AEAO Nr 2.1) ggü Sozialleistungsträgern (§§ 18 bis 29 SGB I) als auch beim Bezug von Subventionen (AEAO Nr 2.2) ggü den Subventionsgebern (§ 264 I Nr 1 StGB, § 1 I SubventionsG). Der Begriff der „Leistung aus öffentlichen Mitteln" ist allerdings weiter (vgl *HHSpAlber* § 31a Rz 69: Fördermittel für Kunst und Kultur), wobei eine Mitteilung immer voraussetzt, dass als deren Folge eine der in der Vorschrift genannten Maßnahmen (Gewährung, Rückforderung etc) in Betracht kommen kann.

9 **3. Bekanntgabeadressat.** Abs 1 sagt nicht ausdrücklich, ggü welchen Stellen die Offenbarung vorgenommen werden kann; dies ergibt sich aber aus der Zweckbestimmung der Vorschrift (Durchführung eines Strafverfahrens, eines Bußgeldverfahrens oder eines anderen gerichtlichen oder Verwaltungsverfahrens; Geltendmachen von Ansprüchen). In Betracht kommen für die Bekämpfung der

Schwarzarbeit zB die Dienststellen der Bundesagentur für Arbeit, die Träger der gesetzlichen Kranken-, Unfall- und Rentenversicherung, die Träger der Sozialhilfe bzw Leistungsträger nach dem AsylbewerberLeistungsG sowie die nach Landesrecht für die nach GewO oder HandwO erforderlichen Anzeigen bzw die Erteilung der Reisegewerbekarte zuständigen Behörden, kurzum alle Behörden/Gerichte, die mit dem Vollzug der einschlägigen Gesetze befasst sind.

4. Voraussetzungen der Mitteilungspflicht (Absatz 2). Die Mitteilungen sind spontan zu erteilen, wobei der Verhältnismäßigkeitsgrundsatz Bagatellmitteilungen verbietet und für die Erfüllung der Mitteilungspflicht kein (gemessen an dem mutmaßlichen Effekt der Mitteilung) unverhältnismäßiger Aufwand betrieben werden muss (S 3). Das schließt es auch aus, von der FinBeh eine Prüfung zu verlangen, ob irgendwelche Erkenntnisse, die sie gewinnt, für die Bekämpfung der Schwarzarbeit dienlich sein können; die Erforderlichkeit der Weitergabe muss vielmehr für die FinBeh ohne Weiteres offen zu Tage liegen (ähnlich *Koenig/Intemann* § 31a Rz 47). IÜ besteht aber kein Ermessensspielraum. Eine Mitteilung ist sowohl zur präventiven Verhinderung von Schwarzarbeit etc wie zur repressiven Ahndung eines Verstoßes gegen die einschlägigen Gesetze zu machen. 10

Die Mitteilung setzt voraus, dass gewisse – uU nur sehr vage – **Anhaltspunkte** (kein „Tatverdacht" iSd § 152 StPO; BFH BStBl 08, 850; *Wienands* DStZ 94, 694) dafür bestehen, dass ein Leistungs-VA aufzuheben und Sozialleistungen zurückzuzahlen sind. Ausreichend ist bereits, dass die FinBeh Anlass hat anzunehmen, dass die betr Behörde bei Kenntnis der vom FA festgestellten Tatsachen vernünftigerweise ein Rückforderungsverfahren, zumindest eine amtsinterne Vorprüfung hierzu, einleiten wird (BFH BStBl 08, 42). Lässt sich die Rechtmäßigkeit des Leistungsbezugs anhand der der FinBeh bekannten Tatsachen nicht beurteilen, muss diese nicht etwa zunächst weitere (steuerrechtl unerhebliche) Tatsachen ermitteln, sondern sie kann dies der anderen Behörde überlassen (BFH BStBl 08, 42). Routinemäßige Kontrollmitteilungen sind aber unzulässig, ebenso ein Datenabgleich vor der Gewährung solcher Leistungen. Die FinBeh muss also vor einer Weitergabe der Daten nicht prüfen, ob die Kenntnis der zu offenbarenden Tatsachen die Rückforderung von öffentlichen Leistungen rechtfertigt oder doch zumindest mit einer gewissen Wahrscheinlichkeit rechtfertigen wird. Die Daten müssen nur nach Maßgabe des einschlägigen Rechts für die andere Behörde entscheidungserheblich sein *können* (BFH BStBl 08, 42; kritisch *TK/Drüen* § 31a Rz 12, der aber übersieht, dass der BFH „Anhaltspunkte" als Auslöser der Übermittlung verlangt), was die FinBeh auch nur überschläglich zu prüfen hat; sie darf das einschlägige Recht jedoch nicht schlicht unberücksichtigt lassen. Eine Verletzung steuerlicher Pflichten verlangt § 31 nicht, ebensowenig ein vorheriges Auskunftsersuchen des Sozialleistungsträgers. 12

§ 31b Mitteilungen zur Bekämpfung der Geldwäsche und der Terrorismusfinanzierung

(1) **Die Offenbarung der nach § 30 geschützten Daten des Betroffenen an die jeweils zuständige Stelle ist auch ohne Ersuchen zulässig, soweit sie einem der folgenden Zwecke dient:**

1. **der Durchführung eines Strafverfahrens wegen Geldwäsche oder Terrorismusfinanzierung nach § 1 Absatz 1 und 2 des Geldwäschegesetzes,**
2. **der Verhinderung, Aufdeckung und Bekämpfung von Geldwäsche oder Terrorismusfinanzierung nach § 1 Absatz 1 und 2 des Geldwäschegesetzes,**
3. **der Durchführung eines Bußgeldverfahrens nach § 56 des Geldwäschegesetzes gegen Verpflichtete nach § 2 Absatz 1 Nummer 13 bis 16 des Geldwäschegesetzes,**

4. dem Treffen von Maßnahmen und Anordnungen nach § 51 Absatz 2 des Geldwäschegesetzes gegenüber Verpflichteten nach § 2 Absatz 1 Nummer 13 bis 16 des Geldwäschegesetzes oder
5. der Wahrnehmung von Aufgaben nach § 28 Absatz 1 des Geldwäschegesetzes durch die Zentralstelle für Finanztransaktionsuntersuchungen.

(2) [1]**Die Finanzbehörden haben der Zentralstelle für Finanztransaktionsuntersuchungen unverzüglich Sachverhalte unabhängig von deren Höhe mitzuteilen, wenn Tatsachen vorliegen, die darauf hindeuten, dass**
1. es sich bei Vermögensgegenständen, die mit dem mitzuteilenden Sachverhalt im Zusammenhang stehen, um den Gegenstand einer Straftat nach § 261 des Strafgesetzbuchs handelt oder
2. die Vermögensgegenstände im Zusammenhang mit Terrorismusfinanzierung stehen.
[2]**Mitteilungen an die Zentralstelle für Finanztransaktionsuntersuchungen sind durch elektronische Datenübermittlung zu erstatten; hierbei ist ein sicheres Verfahren zu verwenden, das die Vertraulichkeit und Integrität des Datensatzes gewährleistet.** [3]**Im Fall einer Störung der Datenübertragung ist ausnahmsweise eine Mitteilung auf dem Postweg möglich.** [4]**§ 45 Absatz 3 und 4 des Geldwäschegesetzes gilt entsprechend.**

(3) **Die Finanzbehörden haben der zuständigen Verwaltungsbehörde unverzüglich solche Tatsachen mitzuteilen, die darauf schließen lassen, dass**
1. ein Verpflichteter nach § 2 Absatz 1 Nummer 13 bis 16 des Geldwäschegesetzes eine Ordnungswidrigkeit nach § 56 des Geldwäschegesetzes begangen hat oder begeht oder
2. die Voraussetzungen für das Treffen von Maßnahmen und Anordnungen nach § 51 Absatz 2 des Geldwäschegesetzes gegenüber Verpflichteten nach § 2 Absatz 1 Nummer 13 bis 16 des Geldwäschegesetzes gegeben sind.

(4) **§ 47 Absatz 3 des Geldwäschegesetzes gilt entsprechend.**

Neu gefasst durch G v 23.6.17, BGBl I 1822; Abs 1 geändert durch BVGuaÄndG 2017 v 17.7.17 (BGBl I 2541) mit Geltung ab 25.5.2018, Art 31 IV des BVGuaÄndG.

Schrifttum: *Höll* Die Mitteilungspflichten bei Korruptionssachverhalten im Regelungsgefüge des Steuergeheimnisses, ZIS 10, 309; *Krahl* Der Finanzbeamte als Geldwäschekontrolleur?, PStR 11, 63; *Frank* Neue Entwicklungen zur Geldwäscheprävention durch die Finanzbehörden, StW 12, 134.

1 Die Vorschrift durchbricht das StGeheimnis weitgehend und verstärkt die in diesem Zusammenhang in § 30 geregelten Offenbarungsbefugnisse teilweise zu einer Offenbarungs*pflicht*. Sie soll der Bekämpfung der finanziellen Unterstützung einer terroristischen Vereinigung (§§ 129a, 129b StGB) sowie der Geldwäsche dienen. Diese ist strafbar nach § 261 StGB und dort durch einen umfangreichen und differenzierten Katalog von Vortaten definiert, aus denen der „gewaschene" Gegenstand (nicht notwendig Geld) „herrühren" muss (was auch bei Surrogaten, nicht aber beim Erwerb von arglosen Dritten der Fall ist). Die einschlägigen Vorschriften erfahren unionsrechtliche Vorgaben durch die Geldwäsche-Richtlinie 2005/60/EG (ABl EG Nr L 309, 15).

Bei Verdacht der Geldwäsche (§ 261 StGB) erlegt § 11 GwG Banken spontan zu erfüllende Mitteilungspflichten hinsichtlich von Finanztransaktionen auf. Die in diesem Zusammenhang insbes bei Bareinlieferungen zu erstellenden Aufzeichnungen können von der FinBeh und den Strafverfolgungsbehörden herangezogen und verwertet werden. Wegen der Maßnahmen zur Bekämpfung der sog Geldwäsche im grenzüberschreitenden Verkehr siehe § 12a FVG und EGVO 1889/05.

3 **Absatz 1** enthält eine abschl Aufzählung der Zwecke, denen die Mitteilungen der FinBeh an die andere Behörden oder die Gerichte dienen müssen. Die Mitteilungen können spontan erfolgen. Voraussetzung einer Mitteilung ist aber stets, dass

Anhaltspunkte für nach dem GwG aufsichtsrelevante Sachverhalte bestehen. Allgemeine Vermutungen hinsichtlich eines Verstoßes gegen Pflichten nach dem GwG reichen dafür nicht aus; es muss sich um auffällige Sachverhalte handeln, die wahrscheinlich machen, dass Maßnahmen der betr Behörde geboten sind.

Ein zulässiger Übermittlungszweck liegt vor, wenn Daten im Rahmen eines **Strafverfahrens wegen Geldwäsche** oder Terrorismusfinanzierung, von anderen Behörden zur Verhinderung, Aufdeckung oder Bekämpfung solcher Taten oder durch die Aufsichtsbehörden im Nichtfinanzsektor zur Durchführung eines Bußgeldverfahrens oder für Maßnahmen nach § 51 GewG benötigt werden. 4

Mitteilungen kommen insbes in Betracht im Hinblick auf ein Verfahren zur Ahndung einer Ordnungswidrigkeit nach § 17 GwG, insbes des vorsätzlichen oder leichtfertigen Unterlassens einer Identifizierung nach § 3 I Nr 1 GwG, des Unterlassens der Aufzeichnung von Informationen nach § 8 I GwG oder deren unterlassene Aufbewahrung (§ 8 III GwG), der unterlassenen Anzeige nach § 11 GwG, unterlassener Ermittlungsmaßnahmen (§§ 3 I, 6 II GwG) und der verbotenen Weitergabe von Informationen nach § 12 I GwG. 5

StB, **Rechtsanwälte,** Wirtschaftsprüfer und vereidigte Buchprüfer werden zwar durch das GwG ebenfalls zur Identifikation von Mandanten und zu Aufzeichnungs-, Aufbewahrungs- und Anzeigepflichten bei Geldwäscheverdacht verpflichtet; sie haben aber keine Anzeigepflicht, wenn der Verdacht bei der Rechtsberatung oder Prozessvertretung auftaucht. 6

Absatz 2 verpflichtet die FinBeh zu **Spontanmitteilungen an die Zentralstelle für Finanztransaktionsuntersuchungen,** wenn ihr Tatsachen bekannt werden, die auf eine Begehung von Geldwäsche oder Terrorismusfinanzierung iSv § 1 I, II GwG hindeuten, unverzüglich eine Mitteilung abzugeben. Das ist anzunehmen, wenn Vermögensgegenstände aufgefunden werden, die auf eine Straftat nach § 261 StGB hindeuten oder im Zusammenhang mit Terrorismusfinanzierung zu stehen scheinen. 7

An Stelle eines **strafrechtlichen Anfangsverdachts** verlangt die Vorschrift „Tatsachen, die darauf hindeuten …". Das soll offenbar (etwas) weniger sein als ein strafrechtlicher Anfangsverdacht (§ 152 StPO; vgl BFH BStBl 08, 42; aA wohl *TK/Drüen* § 31b Rz 3: „ähnlich" § 152 StPO) und wird sich nur einzelfallbezogen konkretisieren lassen. Es muss jedenfalls irgendwelche – wenn auch möglicherweise nur vagen – Anhaltspunkte geben, die den ganz allgemeinen, niemals völlig ausgeschlossenen Verdacht, Geldflüsse könnten im Zusammenhang mit Geldwäsche oder der Finanzierung des Terrorismus, insbes einer terroristischen Vereinigung stehen, verdichten; bloße, nicht durch solche Tatsachen gestützte allgemeine Vermutungen reichen nicht aus. Eine eingehende strafrechtliche (Vor-)Prüfung ist von der FinBeh weder in tatsächlicher noch in rechtlicher Hinsicht zu verlangen (vgl BFH BStBl 08, 42 zu § 31a und noch weitergehend BStBl 08, 850 zu § 4 V Nr 10 EStG), erst recht nicht dahingehend, ob Verurteilungswahrscheinlichkeit besteht und ob möglicherweise Verjährungsvorschriften einschlägig sind (vgl BFH BStBl 08, 850). Mitteilungswürdige Anhaltspunkte, welche die Offenbarung von Steuerdaten ggü den Strafverfolgungsbehörden rechtfertigen (und zwingend gebieten), werden sich insbes im Rahmen der Ap oder einer Fahndungsprüfung sowie einer USt-Nachschau (§ 27b UStG) ergeben, wenn festgestellt wird, dass Geldzuflüsse durch die Geschäftstätigkeit des Stpfl/Unternehmers nicht wirtschaftlich plausibel erklärt werden können. Eine Pflicht, in dieser Richtung eigens zur Bekämpfung der Geldwäsche Ermittlungen durchzuführen, besteht nicht; solche Ermittlungen dürfen auch nicht Zweck einer Ap oder Nachschau sein. Die Mitteilungspflicht besteht im gesamten weiten Vorfeld der vorgenannten Straftaten, die das Versuchsstadium noch nicht erreicht haben müssen; es kommt nur darauf an, ob die von der FinBeh entdeckten Tatsachen in einem Zusammenhang mit künftigen solchen Taten zu stehen scheinen, sodass ihre Offenbarung geeignet sein kann, diese zu verhindern. Rechtsstaatliche Bedenken gegen eine solche weitreichende Durch- 9 brechung des StGeheimnisses (vgl *Hartmann* KJ 07, 2; *Salditt* PStR 06, 36) werden sich nur durch eine strenge Prüfung der im Einzelfall vorliegenden Verdachtsmomente ausräumen lassen, welche freilich an die FinBeh (zu?) hohe Anforderungen stellt (vgl *BG/Tormöhlen* § 31b Rz 36: Anfangsverdacht erforderlich).

Die Mitteilungen sind grds durch elektronische Datenübermittlung zu erstatten.

11 **Absatz 3** verpflichtet die FinBeh zu Spontanmitteilungen an die zuständige Verwaltungbehörde, welche gerade erst die Einleitung eines Verfahrens nach § 56 GewG oder die Verhängung von Maßnahmen und Anordnungen nach § 51 II GewG anstoßen sollen.

12 Zur Anzeigepflicht von Kreditinstituten und Spielbanken siehe § 11 GwG, der für die Vorschrift Pate stand. Zur in Umsetzung der EG-Geldwäsche/Terrorismusbekämpfungs-Richtlinie 2005/60/EG (vgl *Wegner* NJW 02, 794) normierten Meldepflicht der Rechtsanwälte und Notare siehe ebenfalls das ua insofern 2008 neu gefasste GwG. Vgl auch die umfassenden Aufsichtsbefugnisse nach § 16 GwG, ferner §§ 11, 14 GwG (Anzeige von Verdachtsfällen nach § 261 StGB und der Terrorismusfinanzierung durch einen weiten Kreis Verpflichteter und Behörden), § 12a ZollVG (Anzeigepflicht bei Mitführung von Bargeld oder anderen Zahlungsmitteln; dazu *Brauch/Bugdoll* ZfZ 10, 197), § 33 ZFdG und die EGVO 1889/05 über die Überwachung von Barmitteln, die in die Gemeinschaft oder aus der Gemeinschaft verbracht werden.

14 **Absatz 4** stellt klar, dass die FinBeh, wenn sie im Zuge eines Auskunftsersuchens der Zentralstelle für Finanztransaktionsuntersuchungen Kenntnis von einer Meldung nach § 43 I GewG erlangt, diese nicht an den betroff Stpfl weitergeben darf.

§ 31c Verarbeitung besonderer Kategorien personenbezogener Daten durch Finanzbehörden zu statistischen Zwecken

(1) [1] **Abweichend von Artikel 9 Absatz 1 der Verordnung (EU) 2016/679 ist die Verarbeitung besonderer Kategorien personenbezogener Daten im Sinne des Artikels 9 Absatz 1 der Verordnung (EU) 2016/679 durch Finanzbehörden auch ohne Einwilligung der betroffenen Person für statistische Zwecke zulässig, wenn die Verarbeitung zu diesen Zwecken erforderlich ist und die Interessen des Verantwortlichen an der Verarbeitung die Interessen der betroffenen Person an einem Ausschluss der Verarbeitung erheblich überwiegen.** [2] **Der Verantwortliche sieht angemessene und spezifische Maßnahmen zur Wahrung der Interessen der betroffenen Person vor; § 22 Absatz 2 Satz 2 des Bundesdatenschutzgesetzes gilt entsprechend.**

(2) **Die in den Artikeln 15, 16, 18 und 21 der Verordnung (EU) 2016/679 vorgesehenen Rechte der betroffenen Person sind insoweit beschränkt, als diese Rechte voraussichtlich die Verwirklichung der Statistikzwecke unmöglich machen oder ernsthaft beinträchtigen und die Beschränkung für die Erfüllung der Statistikzwecke notwendig ist.**

(3) [1] **Ergänzend zu den in § 22 Absatz 2 Satz 2 des Bundesdatenschutzgesetzes genannten Maßnahmen sind zu statistischen Zwecken verarbeitete besondere Kategorien personenbezogener Daten im Sinne des Artikels 9 Absatz 1 der Verordnung (EU) 2016/679 zu pseudonymisieren oder anonymisieren, sobald dies nach dem Statistikzweck möglich ist, es sei denn, berechtigte Interessen der betroffenen Person stehen dem entgegen.** [2] **Bis dahin sind die Merkmale gesondert zu speichern, mit denen Einzelangaben über persönliche oder sachliche Verhältnisse einer bestimmten oder bestimmbaren Person zugeordnet werden können.** [3] **Sie dürfen mit den Einzelangaben nur zusammengeführt werden, soweit der Statistikzweck dies erfordert.**

Eingefügt durch BVGuaÄndG 2017 v 17.7.17 (BGBl I 2541) mit Geltung ab 25.5.2018, Art 31 IV des BVGuaÄndG.

Die Vorschrift ist eine **Komplementärbestimmung zu § 30 X,** der das StGeheimnis betr Daten besonderer Kategorien bei Verarbeitung von solchen Daten zu statistischen Zwecken durchbricht (Erforderlichkeit der Datennutzung und Überwiegen des Interesses an der Verarbeitung ggü den Interessen der betroffenen Person vorausgesetzt). Sie gestattet die (aus der Sicht des Unionsrechts) zweckwidrige Verwendung automatisiert verarbeiteter Daten und Daten in Dateisystemen zu statistischen Zwecken und macht damit von der Öffnungsklausel des Art 9 II Buchst j DS-GVO Gebrauch, wonach die Verarbeitung solcher besonderen Daten für statistische Zwecke auf der Grundlage des Rechts eines Mitgliedstaats zulässig ist, das in angemessenem Verhältnis zu dem verfolgten Ziel steht, den Wesensgehalt des Rechts auf Datenschutz wahrt und angemessene und spezifische Maßnahmen zur Wahrung der Grundrechte und Interessen der betroffenen Person vorsieht. 1

§ 31c I verschärft diese Voraussetzung in gewissem Grade, indem er ein ***„erhebliches Überwiegen"*** der Interessen an der Verarbeitung gegnüber den Interessen der betroffenen Person an einem Ausschluss der Verarbeitung verlangt. 2

Absatz 2 beschränkt das unionsrechtliche Auskunfts- und Widerspruchrecht sowie das Recht des Betroffenen auf Einschränkung der Verarbeitung (die nach Art 18 DS-GVO dem Verzicht auf die statistische Auswertung gleichkommt) sowie darauf, unverzüglich die Berichtigung sie betreffender unrichtiger personenbezogener Daten zu verlangen (Art 15, 21, 18 bzw 16 DS-GVO). Diese Beschränkung greift ein, wenn durch die Wahrnehmung solcher Rechte voraussichtlich die Verwirklichung der Statistikzwecke unmöglich gemacht oder ernsthaft beinträchtigt würde (was idR der Fall sein dürfte). Die Beschränkung darf jedoch nur so weit gehen, wie es für die Erfüllung der Statistikzwecke notwendig ist. 4

Absatz 3 verlangt angemessene und spezifische Maßnahmen zur Wahrung der Interessen der betroffenen Person und erklärt insofern § 22 II 2 BDSG (siehe dazu § 29b Rz 18) für entsprechend anwendbar. Außerdem verlangt Abs 3, Daten zu Einzelangaben über persönliche oder sachliche Verhältnisse sowie die Personenangaben zu trennen und gesondert Daten zu speichern, mit denen jene Verhältnisse bei Bedarf aufgrund des Statistikzwecks einer bestimmten oder bestimmbaren Person zugeordnet werden, schließlich jene Daten über Einzelangaben sobald möglich zu pseudonymisieren oder zu anonymisieren. 6

Fünfter Abschnitt. Haftungsbeschränkung für Amtsträger

§ 32 Haftungsbeschränkung für Amtsträger

Wird infolge der Amts- oder Dienstpflichtverletzung eines Amtsträgers
1. **eine Steuer oder eine steuerliche Nebenleistung nicht, zu niedrig oder zu spät festgesetzt, erhoben oder beigetrieben oder**
2. **eine Steuererstattung oder Steuervergütung zu Unrecht gewährt oder**
3. **eine Besteuerungsgrundlage oder eine Steuerbeteiligung nicht, zu niedrig oder zu spät festgesetzt,**

so kann er nur in Anspruch genommen werden, wenn die Amts- oder Dienstpflichtverletzung mit einer Strafe bedroht ist.

1. Inhalt. Die Vorschrift betrifft ausschl das Innenverhältnis zwischen dem Amtsträger und seiner Anstellungskörperschaft. Sie regelt den Anspruch des Dienstherrn auf Ersatz seines Schadens und damit eine dienstrechtliche Frage. Deshalb unterscheidet sie nicht zwischen einer reinen Dienstpflichtverletzung und einer Verletzung darüber hinaus nach außen wirkender (Amts-)Pflichten. Sie gibt steuerlichen Amtsträgern ein ähnliches – allerdings gegenständlich be- 1 schränktes und vornehmlich in Fürsorge für den Amtsträger gewährtes – Privileg wie § 839 I BGB Richtern, um der Förderung einer entscheidungsfreudigen und von fiskalischer Engherzigkeit freien Einstellung der Amtsträger willen (BGH VersR 79, 1054). Die Haftung der Anstellungskörperschaft des Amtsträgers ggü dem Stpfl oder einem sonstigen Dritten ist in Art 34 GG iVm § 839 BGB sowie durch die Rechtsinstitute des enteignungsgleichen und enteignenden Eingriffs geregelt.

2 **2. Voraussetzungen für den Haftungsausschluss.** § 32 schließt eine persönliche Haftung des Amtsträgers vor allem für Einnahmeausfälle des Fiskus aus, sofern eine die Amts- oder Dienstpflicht verletzende Handlung nicht mit Strafe bedroht ist. Wodurch eine Haftung der Anstellungskörperschaft begründet wird, zB (wenn auch nur mittelbar) durch fehlerhafte Sachaufklärung oder durch Rechtsanwendungsfehler, ob durch Fehler bei der StFestsetzung oder Erhebung, bei hoheitl oder nicht hoheitl Tätigkeit des Amtsträgers etc, ist ohne Bedeutung. Auf die in Nrn 1 bis 3 nicht genannte falsche Handhabung von Vorschriften über die Haftung für Ansprüche aus dem StSchuldverhältnis ist § 32 entspr anzuwenden (allgM). Die Vorschrift nennt nur die Varianten der Minderung des StAufkommens als Schadensereignisse, bei denen kein Regress genommen werden soll. Schadensersatzleistungen, mit denen der Dienstherr gem Art 34 GG, § 839 BGB bei einer zu hohen oder zu frühen StFestsetzung einen *Folgeschaden* des Stpfl ausgleichen muss (insbes durch Erstattung der Kosten eines Einspruchsverfahrens) oder zB bei einer Verletzung des StGeheimnisses, werden von der Vorschrift nicht erfasst und sollten nach der Entstehungsgeschichte auch nicht erfasst werden; bei ihnen kommt daher dem Amtsträger das Haftungsprivileg nicht zugute (überzeugend *HHSp/Alber* § 32 Rz 8 f; aA *TK/Drüen* § 32 Rz 1).

2b Strafe iSd 2. Halbsatzes ist nur die **Kriminalstrafe** (zB Unterschlagung, Untreue, evtl auch StHinterziehung zugunsten des Stpfl, Amtsdelikte wie Bestechlichkeit udgl), nicht eine Disziplinarstrafe oder gar eine Sanktion nach Ordnungswidrigkeitenrecht (allgM). Strafdrohung reicht aus, tatsächl Bestrafung oder gar Fehlen von Verfolgungshindernissen sind also nicht erforderlich. Die Straftat muss die Ursache des Schadens des Fiskus sein („infolge").

Ungeachtet des § 32 kann iÜ die interne Haftung des Amtsträgers gem § 254 BGB beschränkt sein, wenn seine Behörde **Mitverschulden** an der Schadensentstehung trifft (vgl aber BVerwG ZBR 78, 236).

3 Zum Begriff des **Amtsträgers** vgl § 7. Sinn und Zweck der Vorschrift gebieten es nicht, sie entsprechend auf andere Personen, die mit der Verwaltung der Steuern zu tun haben, anzuwenden (str; aA *BG/Schmieszek* § 32 Rz 6); denn sie befinden sich typischerweise nicht in der vom Gesetz bei Amtsträgern angenommenen Entscheidungsnot. Umgekehrt verlangt § 32 nicht, dass der Amtsträger ausschließlich, schwerpunktmäßig oder auch nur überhaupt mit Aufgaben der Abgabenverwaltung betraut ist (vgl BGH VersR 79, 1054). Auch einem Bürgermeister kann daher § 32 zu Gute kommen (SächsOVG SächsVBl 01, 246).

4 **Haftungsgrundlagen im Verhältnis Amtsträger/Anstellungskörperschaft** sind bei beamteten Amtsträgern die einschlägigen Regelungen der Beamtengesetze (zB § 46 BRRG, § 78 BBG bzw die entsprechenden landesrechtlichen Vorschriften), sonst das Arbeitsvertragsrecht udgl. § 32 schließt die nach diesen Vorschriften bestehende Haftung im Innenverhältnis aus, wenn nicht die Voraussetzungen des letzten Hs vorliegen.

5 Die Regelung einer **Haftung der steuerverwaltenden ggü der steuerberechtigten Körperschaft** in einem Ausführungsgesetz zu Art 104a V GG (vgl BT-Drs VI/1982) ist nicht zustande gekommen. Art 104a V GG ist insofern jedoch aufgrund richterrechtlicher Lückenfüllung für die Haftung der Länder ggü dem Bund unmittelbar anwendbar (BVerwGE 96, 45, sog Haftungskernrechtsprechung: Haftung bei rechtswidriger Verwaltungsführung und vorsätzlichem Han-

deln; ob auch grob fahrlässiges Handeln der Bediensteten des Landes zur Schadensersatzpflicht führt, ist bisher offen geblieben; vgl dazu *Selmer* JuS 95, 747).

3. Amtshaftung als Haftungsgrundlage im Verhältnis Finanzbehörde/ Steuerpflichtiger. Die steuerverwaltende Körperschaft haftet ggü dem Stpfl nach § 839 BGB, Art 34 GG, wenn ein StBescheid auf einem schuldhaft begangenen Fehler des Sachbearbeiters der FinBeh beruht (zu den Anspruchsvoraussetzungen iEinz eingehend *Hermes* DStZ 96, 9 sowie *Nacke* DStZ 96, 20; andere Grundlagen wie der enteignungsgleiche Eingriff dürften kaum praktisch werden, vgl BGH NJW 86, 2952, insbes auch nicht im Hinblick auf für verfassungswidrig erklärte StGesetze, BGH BB 88, 1701: auch keine Amtspflichtverletzung). Denn dem subjektiven öffentlichen Recht auf richtige Anwendung der StGesetze, bei deren Verletzung der Inhaltsadressat eines StVA klagebefugt ist, korrespondiert idR eine entspr Amtspflicht (vgl BGH NJW 94, 1647). 7

Auch Fehler bei der **Sachaufklärung** können eine Amtspflichtverletzung darstellen, zB eine rechtsfehlerhafte Schätzung (OLG Ddorf NVwZ 95, 201; NJW 93, 1210); ferner unrichtige Prüfungsfeststellungen (BGH NJW 87, 434), überhaupt jedwede unzureichende Sachaufklärung oder voreilige Schätzung (OLG Ddorf 93, 1210). 7a

Auch Rechts- und Ermessensfehler im **Erhebungs- und Vollstreckungsverfahren** können Amtshaftungsansprüche auslösen, zB unzulässige Aufrechnung (BGH VersR 91, 334), ungerechtfertigter Insolvenzantrag (BGH DB 90, 2519) oder Arrestantrag (BGH NJW 86, 2952). Die bei der Beitreibung von StForderungen zu beachtenden Schuldnerschutzbestimmungen enthalten Amtspflichten, die den zuständigen Amtsträgern dem StSchuldner ggü obliegen, zB Beachtung der Wochenfrist, die zwischen Zustellung des Leistungsgebots und der Zwangsvollstreckung liegen muss; Mahnfrist im Regelfall; Fälligkeit; Beachtung der Verhältnismäßigkeit; Prüfung der Voraussetzungen für eine Stundung oder einen Vollstreckungsaufschub. Auch nach Einführung der Vollverzinsung (§ 233a) kann jedoch bei Vollziehung eines nicht bestandskräftigen Bescheids nach dessen Aufhebung kein Schadensersatz entspr § 717 II verlangt werden (BGH DStRE 01, 223). 7b

Der Stpfl muss den Schaden ggf durch Gebrauch eines **Rechtsmittels** abzuwenden versuchen (§ 839 III BGB), insbes wenn er fachkundig beraten oder vertreten ist (vgl BGH DStRE 01, 223). Das gilt auch bei amtswegig zu Berücksichtigendem selbst dann, wenn der Schaden durch nicht förmliche Rechtsbehelfe hätte abgewendet werden können (anders LG Mchn VersR 03, 1308). 7b

In allen Fällen ist das **Verschulden** sorgfältig zu prüfen, an dessen Fehlen der Anspruch häufig scheitern wird; mehr als eine sorgfältige Prüfung und eine auf deren Grundlage „vertretbare" Entscheidung kann nicht verlangt werden (vgl BGH NJW 87, 434; OLG Ddorf NVwZ 95, 200). Nicht jede später, etwa vom FG, als unrichtig erkannte Rechtsanwendung stellt eine schuldhafte Amtspflichtverletzung dar, auch nicht jede Abweichung von einem Anwendungserlass (so aber LG Hannover DStR 92, 234 mit Zustimmung § 32 Rz 12). Hat das FG mit drei Berufsrichtern die Rechtmäßigkeit eines VA bejaht, scheidet ein Verschuldensvorwurf gegen den Amtsträger grds von vornherein aus (BGHZ 187, 286; 120, 184). Die Rspr, auch die des BFH, ist für die FinBeh über die Rechtskraftwirkung deren Entscheidungen hinaus (anders als nach § 32 BVerfGG) nicht bindend (aA, jedoch ohne annehmbare Gründe offenbar *Spindler* DStR 07, 1061). Sie bindet die FinBeh – ungeachtet dessen, ob ihretwegen ein Nichtanwendungserlass (dazu *Kessler/Eicke* DStR 06, 1913; *Djanani/Brähler/Krenzin* StuW 11, 323; *Vinken* FS Spindler 2011, 549) ergangen ist oder nicht – auch nicht idS, dass von ihr nur aufgrund „besserer Gründe" abgewichen werden dürfte (so jedoch in der Tat *Pezzer* DStR 04, 525; aber wer soll eigentlich darüber entscheiden, ob die Verwaltung oder der BFH die besseren Argumente hat? Vgl zum Problem auch *Lange* NJW 02, 3657 und – wie hier – treffend *Wieland* DStR 04, 1). Allerdings müssen selbstredend schlechthin zwingende *Erkenntnisse* der 8 höchstrichterl Rspr (auch wenn sie sich zunächst nicht ohne Weiteres als offensichtlich aufdrängen) berücksichtigt werden, sofern diese dem Amtsträger bekannt sein muss; das wird bei Entscheidungen des BFH grds erst bei einer Veröffentlichung im BStBl II angenommen werden können (abwegig OLG Koblenz NVwZ-RR 03, 168 mit Anm *Weyand* INF 03, 238, wonach der Finanzbeamte offenbar sämtliche irgendwo veröffentlichten BFH-Entscheidungen soll kennen müssen bzw ein Organisationsverschulden vorliegt, wenn ihm dies nicht ermöglicht wird; zustimmend jedoch ua *Lange* DB 03, 360). Stets sind die Schadensminderungspflicht des Stpfl und in diesem Rahmen § 839 III BGB zu beachten (BGH VersR 84, 947).

9 Dem Stpfl kann auch Schadensersatz für das **Honorar seines Steuerberaters im Einspruchsverfahren** zuzubilligen sein, wenn die Voraussetzungen eines Amtshaftungsanspruches iÜ vorliegen. Die Tatsache, dass dem im Einspruchsverfahren obsiegenden Stpfl nach der AO ein Anspruch auf Erstattung seiner Auslagen für einen Vertreter nicht gewährt wird, soll ohne Bedeutung für einen Anspruch auf Ersatz solcher Kosten sein, der auf eine Amtspflichtverletzung des tätig gewordenen StBeamten gestützt wird (vgl BGH NJW 75, 972; OLG Frankfurt BB 81, 228; OLG Mchn BB 79, 1335; LG Kiel Stbg 94, 348; vgl auch BFH BStBl 95, 916; aA nur noch LG Bochum Stbg 94, 20 und LG Verden DB 87, 2292). Denn die Vorschriften der AO und der FGO (s § 139 III 3 FGO) haben die Vorschrift des § 839 BGB über Schadensersatz bei Amtspflichtverletzung weder ausdrücklich außer Kraft gesetzt noch eine ihr vorgehende Sonderregelung getroffen (OLG Frankfurt, BB 81, 228; vgl auch BGH BB 82, 1451).

Sechster Abschnitt. Rechte der betroffenen Person

§ 32a Informationspflicht der Finanzbehörde bei Erhebung personenbezogener Daten bei betroffenen Personen

(1) **Die Pflicht der Finanzbehörde zur Information der betroffenen Person gemäß Artikel 13 Absatz 3 der Verordnung (EU) 2016/679 besteht ergänzend zu der in Artikel 13 Absatz 4 der Verordnung (EU) 2016/679 genannten Ausnahme dann nicht, wenn die Erteilung der Information über die beabsichtigte Weiterverarbeitung oder Offenbarung**

1. **die ordnungsgemäße Erfüllung der in der Zuständigkeit der Finanzbehörden liegenden Aufgaben im Sinne des Artikels 23 Absatz 1 Buchstabe d bis h der Verordnung (EU) 2016/679 gefährden würde und die Interessen der Finanzbehörden an der Nichterteilung der Information die Interessen der betroffenen Person überwiegen,**
2. **die öffentliche Sicherheit oder Ordnung gefährden oder sonst dem Wohl des Bundes oder eines Landes Nachteile bereiten würde und die Interessen der Finanzbehörde an der Nichterteilung der Information die Interessen der betroffenen Person überwiegen,**
3. **den Rechtsträger der Finanzbehörde in der Geltendmachung, Ausübung oder Verteidigung zivilrechtlicher Ansprüche oder in der der Verteidigung gegen ihn geltend gemachter zivilrechtlicher Ansprüche im Sinne des Artikels 23 Absatz 1 Buchstabe j der Verordnung (EU) 2016/679 beeinträchtigen würde und die Finanzbehörde nach dem Zivilrecht nicht zur Information verpflichtet ist, oder**
4. **eine vertrauliche Offenbarung geschützter Daten gegenüber öffentlichen Stellen gefährden würde.**

(2) **Die ordnungsgemäße Erfüllung der in der Zuständigkeit der Finanzbehörden liegenden Aufgaben im Sinne des Artikels 23 Absatz 1 Buchstabe d bis h der Verordnung (EU) 2016/679 wird insbesondere gefährdet, wenn die Erteilung der Information**

1. den Betroffenen oder Dritte in die Lage versetzen könnte,
a) steuerlich bedeutsame Sachverhalte zu verschleiern,
b) steuerlich bedeutsame Spuren zu verwischen oder
c) Art und Umfang der Erfüllung steuerlicher Mitwirkungspflichten auf den Kenntnisstand der Finanzbehörden einzustellen,
oder
2. Rückschlüsse auf die Ausgestaltung automationsgestützter Risikomanagementsysteme oder geplante Kontroll- oder Prüfungsmaßnahmen zulassen
und damit die Aufdeckung steuerlich bedeutsamer Sachverhalte wesentlich erschwert würde.

(3) **Unterbleibt eine Information der betroffenen Person nach Maßgabe von Absatz 1, ergreift die Finanzbehörde geeignete Maßnahmen zum Schutz der berechtigten Interessen der betroffenen Person.**

(4) **Unterbleibt die Benachrichtigung in den Fällen des Absatzes 1 wegen eines vorübergehenden Hinderungsgrundes, kommt die Finanzbehörde der Informationspflicht unter Berücksichtigung der spezifischen Umstände der Verarbeitung innerhalb einer angemessenen Frist nach Fortfall des Hinderungsgrundes, spätestens jedoch innerhalb von zwei Wochen, nach.**

(5) **Bezieht sich die Informationserteilung auf die Übermittlung personenbezogener Daten durch Finanzbehörden an Verfassungsschutzbehörden, den Bundesnachrichtendienst, den Militärischen Abschirmdienst und, soweit die Sicherheit des Bundes berührt wird, andere Behörden des Bundesministeriums der Verteidigung, ist sie nur mit Zustimmung dieser Stellen zulässig.**

Eingefügt durch BVGuaÄndG 2017 v 17.7.17 (BGBl I 2541) mit Geltung ab 25.5.18, Art 31 IV des BVGuaÄndG.

Schrifttum: *Erkis* Die neuen steuerlichen Datenschutzrechte im Besteuerungsverfahren, DStR 18, 161; *Krause/Myßen* Steuerliches Datenschutzrecht: Verfahrensrechtanpassung an die Datenschutz-Grundverordnung, DB 17, 1860.

Die Informationspflicht der FinBeh bei Erhebung personenbezogener zur automatisierten Verarbeitung bestimmter Daten ist bereits in **Art 13 I DS-GVO** festgelegt. Es wird unterschieden zwischen einer Datenerhebung *bei der betroffenen* Person (Art 13 DS-GVO) und einer Datenerhebung, die nicht bei der betroffenen Person erfolgt. Dem folgt die AO in § 32a und § 32b. 1

Die Details, über die bei einer Datenerhebung bei der betroffenen Person informiert werden muss – sofern diese nicht anderweitig über die Informationen verfügt (Art 13 IV DS-GVO) – ergeben sich aus Art 13 I DS-GVO. Informiert werden muss insbes über die Kontaktdaten des für die Datenerhebung Verantwortlichen und des Datenschutzbeauftragten, über die Zwecke, für die die personenbezogenen Daten verarbeitet werden sollen sowie über die Rechtsgrundlage für die Verarbeitung. Ggf muss auch über die Absicht die Daten an ein Drittland oder eine internationale Organisation zu übermitteln, informiert werden (vgl hierzu Art 13 I Buchst a bis f DS-GVO). Darüber hinaus verlangt Art 13 II DS-GVO, dass dem Betroffenen weitere Informationen *zur Verfügung gestellt* werden. 3

Diese unmittelbar geltenden Regelungen werden durch § 32a nicht berührt.

Art 13 III DS-GVO verlangt jedoch dann, wenn eine Weiterverarbeitung von Informationen zu einem anderen Zweck als dem, zu dem sie erhoben worden sind, beabsichtigt ist, dass auch über diesen anderen Zweck informiert wird. Dieses **Informationsrecht beschränkt** § 32a I dahin, dass auf die Information aus – näher beschriebenen – Gründen des öffentlichen Wohls, wegen zivilrechtlicher Ansprüche der FinBeh oder zur Wahrung der Vertraulichkeit der Informationshingabe verzichtet werden kann. Die Zulässigkeit dieser Einschränkung des unionsrechtlich gewährten umfassenden Informationsanspruchs ergibt sich aus Art 23 I Buchst e und h DS-GVO (vgl *Myssen/Kraus* DB 17, 1860). 5

7 Im Falle eines nur **vorübergehenden Verzichts auf die Information** ist gem § 32 IV nach Wegfall des Informationshinderungsgrunds spätestens innerhalb von zwei Wochen nachzuholen. Das dauerhafte Unterbleiben der Information ist gem § 32a III ggf durch zusätzliche Schutzmaßnahmen zu kompensieren.

8 Bei Übermittlung personenbezogener Daten durch die FinBeh an **Verfassungsschutzbehörden**, den BND, den Militärischen Abschirmdienst oder andere Behörden des Bundesministeriums der Verteidigung ist deren Zustimmung zur Information des Betroffenen einzuholen (§ 32a V).

§ 32b Informationspflicht der Finanzbehörde, wenn personenbezogene Daten nicht bei der betroffenen Person erhoben wurden

(1) [1] **Die Pflicht der Finanzbehörde zur Information der betroffenen Person gemäß Artikel 14 Absatz 1, 2 und 4 der Verordnung (EU) 2016/679 besteht ergänzend zu den in Artikel 14 Absatz 5 der Verordnung (EU) 2016/679 und § 31c Absatz 2 genannten Ausnahmen nicht,**

1. soweit die Erteilung der Information

a) die ordnungsgemäße Erfüllung der in der Zuständigkeit der Finanzbehörden oder anderer öffentlicher Stellen liegenden Aufgaben im Sinne des Artikel 23 Absatz 1 Buchstabe d bis h der Verordnung (EU) 2016/679 gefährden würde oder

b) die öffentliche Sicherheit oder Ordnung gefährden oder sonst dem Wohl des Bundes oder eines Landes Nachteile bereiten würde

oder

2. wenn die Daten, ihre Herkunft, ihre Empfänger oder die Tatsache ihrer Verarbeitung nach § 30 oder einer anderen Rechtsvorschrift oder ihrem Wesen nach, insbesondere wegen überwiegender berechtigter Interessen eines Dritten im Sinne des Artikel 23 Absatz 1 Buchstabe i der Verordnung (EU) 2016/679, geheim gehalten werden müssen

und deswegen das Interesse der betroffenen Person an der Informationserteilung zurücktreten muss. [2] **§ 32a Absatz 2 gilt entsprechend.**

(2) **Bezieht sich die Informationserteilung auf die Übermittlung personenbezogener Daten durch Finanzbehörden an Verfassungsschutzbehörden, den Bundesnachrichtendienst, den Militärischen Abschirmdienst und, soweit die Sicherheit des Bundes berührt wird, andere Behörden des Bundesministeriums der Verteidigung, ist sie nur mit Zustimmung dieser Stellen zulässig.**

(3) **Unterbleibt eine Information der betroffenen Person nach Maßgabe der Absätze 1 oder 2, ergreift die Finanzbehörde geeignete Maßnahmen zum Schutz der berechtigten Interessen der betroffenen Person.**

Eingefügt durch BVGuaÄndG 2017 v 17.7.17 (BGBl I 2541) mit Geltung ab 25.5.2018, Art 31 IV des BVGuaÄndG.

1 Die Informationspflicht der FinBeh bei Erhebung personenbezogener, zur automatisierten Verarbeitung bestimmter Daten, die nicht bei der betroffenen Person, sondern anderweit, insb bei Dritten erfolgt, ergibt sich aus den umfangreichen Regelungen des **Art 14 DS-GVO.** Der Umfang der Informationspflich und die Ausnahmen von ihr entsprechend weitgehend denen nach Art 13 DS-GVO im Falle der Datenerhebung bei der betroffenen Person.

2 § 32b ergänzt auch die unionsrechtliche Regelung über die **Ausnahmen von der Informationspflicht** in § 32a vergleichbarer Weise, fügt diesen Ausnahmen jedoch eine wichtige Ergänzung hinzu: Nicht informiert werden muss über Daten, ihre Herkunft, ihre Empfänger oder die Tatsache ihrer Verarbeitung, wenn der Information das StGeheimnis (§ 30) oder eine Rechtsvorschrift entgegensteht bzw die Informationen dem „Wesen" der betreff Daten nach geheim gehalten werden müssen, zB wegen überwiegender berechtigter Interessen eines Dritten. Eine ähn-

liche Einschränkung ist bereits in der DS-GVO konkret angelegt, wenn dort in Art 14 IV, V Buchst d der Wahrung eines Berufsgeheimnisses der Vorrang vor dem Informationsbedürfnis des Betroffenen eingeräumt wird (*Myssen/Kraus* DB 17, 1860).

Das Unterbleiben der Information ist gem § 32b III ggf durch zusätzliche **Schutzmaßnahmen zu kompensieren.** 4

Bei Übermittlung personenbezogener Daten durch die FinBeh an **Verfassungsschutzbehörden,** den BND, den Militärischen Abschirmdienst oder andere Behörden des Bundesministeriums der Verteidigung ist deren Zustimmung zur Information des Betroffenen einzuholen (§ 32b II). 6

§ 32c Auskunftsrecht der betroffenen Person

(1) Das Recht auf Auskunft der betroffenen Person gegenüber einer Finanzbehörde gemäß Artikel 15 der Verordnung (EU) 2016/679 besteht nicht, soweit

1. die betroffene Person nach § 32b Absatz 1 oder 2 nicht zu informieren ist,

2. die Auskunftserteilung den Rechtsträger der Finanzbehörde in der Geltendmachung, Ausübung oder Verteidigung zivilrechtlicher Ansprüche oder in der der Verteidigung gegen ihn geltend gemachter zivilrechtlicher Ansprüche im Sinne des Artikels 23 Absatz 1 Buchstabe j der Verordnung (EU) 2016/679 beeinträchtigen würde; Auskunftspflichten der Finanzbehörde nach dem Zivilrecht bleiben unberührt,

3. die personenbezogenen Daten

a) nur deshalb gespeichert sind, weil sie auf Grund gesetzlicher Aufbewahrungsvorschriften nicht gelöscht werden dürfen, oder

b) ausschließlich Zwecken der Datensicherung oder der Datenschutzkontrolle dienen

und die Auskunftserteilung einen unverhältnismäßigen Aufwand erfordern würde sowie eine Verarbeitung zu anderen Zwecken durch geeignete technische und organisatorische Maßnahmen ausgeschlossen ist.

(2) Die betroffene Person soll in dem Antrag auf Auskunft gemäß Artikel 15 der Verordnung (EU) 2016/679 die Art der personenbezogenen Daten, über die Auskunft erteilt werden soll, näher bezeichnen.

(3) Sind die personenbezogenen Daten weder automatisiert noch in nicht automatisierten Dateisystemen gespeichert, wird die Auskunft nur erteilt, soweit die betroffene Person Angaben macht, die das Auffinden der Daten ermöglichen, und der für die Erteilung der Auskunft erforderliche Aufwand nicht außer Verhältnis zu dem von der betroffenen Person geltend gemachten Informationsinteresse steht.

(4) [1] Die Ablehnung der Auskunftserteilung ist gegenüber der betroffenen Person zu begründen, soweit nicht durch die Mitteilung der tatsächlichen und rechtlichen Gründe, auf die die Entscheidung gestützt wird, der mit der Auskunftsverweigerung verfolgte Zweck gefährdet würde. [2] Die zum Zweck der Auskunftserteilung an die betroffene Person und zu deren Vorbereitung gespeicherten Daten dürfen nur für diesen Zweck sowie für Zwecke der Datenschutzkontrolle verarbeitet werden; für andere Zwecke ist die Verarbeitung nach Maßgabe des Artikels 18 der Verordnung (EU) 2016/679 einzuschränken.

(5) [1] Soweit der betroffenen Person durch eine Finanzbehörde keine Auskunft erteilt wird, ist sie auf Verlangen der betroffenen Person der oder dem Bundesbeauftragten für den Datenschutz und die Informationsfreiheit zu erteilen, soweit nicht die jeweils zuständige oberste Finanzbehörde im Einzelfall feststellt, dass dadurch die Sicherheit des Bundes oder eines Landes gefährdet würde. [2] Die Mitteilung der oder des Bundesbeauftragten für den Da-

tenschutz und die Informationsfreiheit an die betroffene Person über das Ergebnis der datenschutzrechtlichen Prüfung darf keine Rückschlüsse auf den Erkenntnisstand der Finanzbehörde zulassen, sofern diese nicht einer weitergehenden Auskunft zustimmt.

Eingefügt durch BVGuaÄndG 2017 v 17.7.17 (BGBl I 2541) mit Geltung ab 25.5.2018, Art 31 IV des BVGuaÄndG.

1 Auch die Auskunftsrechte des Betroffenen ergeben sich zunächst aus **Art 15 DS-GVO,** der unmittelbar geltendes Recht darstellt. Danach kann Auskunft ua darüber verlangt werden, ob Daten über den Betreffenden verarbeitet werden, wenn ja, über die Verarbeitungszwecke, die Kategorien personenbezogener Daten, die Empfänger der betreff Informationen und, wenn die Daten nicht bei der betroffenen Person erhoben wurden, über die Herkunft der Daten.

2 § 32c I normiert jedoch dazu einen umfangreichen Katalog von Tatbeständen, bei deren Vorliegen das **Auskunftsrechts ausgeschlossen oder eingeschränkt** ist. Solche Regelungen lässt die Öffnungsklausel des Art 23 I DS-GVO zu, wonach ua die Rechte gem Art 15 durch nationale Gesetze eingeschränkt werden können, sofern der Wesensgehalt der Grundrechte und Grundfreiheiten geachtet wird und die Einschränkung „in einer demokratischen Gesellschaft eine notwendige und verhältnismäßige Maßnahme" darstellt; diese wenig konkrete Regelung versucht Art 23 DS-GVO durch einen Katalog von jedoch ebenfalls teilweise nur generalklauselartig erfassten öffentlichen Belangen mitunter tautologisch zu konkretisieren. § 32c I greift diese Elemente auf und schafft die erforderliche gesetzliche Grundlage für die Verweigerung bzw Beschränkung von dem Betroffenen begehrter Auskünfte über seine Daten.

§ 32d Form der Information oder Auskunftserteilung

(1) **Soweit Artikel 12 bis 15 der Verordnung (EU) 2016/679 keine Regelungen enthalten, bestimmt die Finanzbehörde das Verfahren, insbesondere die Form der Information oder der Auskunftserteilung, nach pflichtgemäßem Ermessen.**

(2) **Die Finanzbehörde kann ihre Pflicht zur Information der betroffenen Person gemäß Artikel 13 oder 14 der Verordnung (EU) 2016/679 auch durch Bereitstellung der Informationen in der Öffentlichkeit erfüllen, soweit dadurch keine personenbezogenen Daten veröffentlicht werden.**

(3) **Übermittelt die Finanzbehörde der betroffenen Person die Informationen über die Erhebung oder Verarbeitung personenbezogener Daten nach Artikel 13 oder 14 der Verordnung (EU) 2016/679 elektronisch oder erteilt sie der betroffenen Person die Auskunft nach Artikel 15 der Verordnung (EU) 2016/679 elektronisch, ist § 87a Absatz 7 oder 8 entsprechend anzuwenden.**

Eingefügt durch BVGuaÄndG 2017 v 17.7.17 (BGBl I 2541) mit Geltung ab 25.5.2018, Art 31 IV des BVGuaÄndG.

Hinsichtl der Form der Information- oder Auskunftserteilung hat die FinBeh weitgehende Ermessensfreiheit. Die Auskunft oder Information kann insbes auch elektronisch erfolgen oder in Gestalt einer öffentlichen Mitteilung, soweit das StGeheimnis eine solche zulässt, was bei personenbezogenen Informationen nur ganz ausnahmsweise der Fall sein dürfte. § 87a VII, VIII ist anzuwenden, also ein „sicheres Verfahren" zu wählen (zu Details siehe die Erl zu § 87a Rz 46 ff).

§ 32e Verhältnis zu anderen Auskunfts- und Informationszugangsansprüchen

[1] **Soweit die betroffene Person oder ein Dritter nach dem Informationsfreiheitsgesetz vom 5. September 2005 (BGBl. I S. 2722) in der jeweils geltenden**

Fassung oder nach entsprechenden Gesetzen der Länder gegenüber der Finanzbehörde ein[en] Anspruch auf Informationszugang hat, gelten die Artikel 12 bis 15 der Verordnung (EU) 2016/679 in Verbindung mit den §§ 32a bis 32d entsprechend. 2 Weitergehende Informationsansprüche über steuerliche Daten sind insoweit ausgeschlossen. 3 § 30 Absatz 4 Nummer 2 ist insoweit nicht anzuwenden.

Eingefügt durch BVGuaÄndG 2017 v 17.7.17 (BGBl I 2541).

Die Rechtsregeln betr Informations- und Auskunftsansprüche nach der DS-GVO und den §§ 32a bis 32d gelten im Hinblick auf Informationsansprüche nach den IFG entsprechend. Die Ableitung weitergehender Ansprüche aus diesen Gesetzen ist ausgeschlossen, §§ 32a ff sind insofern leges speciales bzw vorrangiges Bundesrecht. Satz 3 stellt zusätzlich klar, dass das IFG (des Bundes) im Hinblick auf steuerliche personenbezogene Daten nicht gem § 30 IV Nr 2 die Durchbrechung des StGeheimnisses gestattet.

§ 32f Recht auf Berichtigung und Löschung, Widerspruchsrecht

(1) **1 Wird die Richtigkeit personenbezogener Daten von der betroffenen Person bestritten und lässt sich weder die Richtigkeit noch die Unrichtigkeit der Daten feststellen, gilt ergänzend zu Artikel 18 Absatz 1 Buchstabe a der Verordnung (EU) 2016/679, dass dies keine Einschränkung der Verarbeitung bewirkt, soweit die Daten einem Verwaltungsakt zugrunde liegen, der nicht mehr aufgehoben, geändert oder berichtigt werden kann. 2 Die ungeklärte Sachlage ist in geeigneter Weise festzuhalten. 3 Die bestrittenen Daten dürfen nur mit einem Hinweis hierauf verarbeitet werden.**

(2) **1 Ist eine Löschung im Falle nicht automatisierter Datenverarbeitung wegen der besonderen Art der Speicherung nicht oder nur mit unverhältnismäßig hohem Aufwand möglich und ist das Interesse der betroffenen Person an der Löschung als gering anzusehen, besteht das Recht der betroffenen Person auf und die Pflicht der Finanzbehörde zur Löschung personenbezogener Daten gemäß Artikel 17 Absatz 1 der Verordnung (EU) 2016/679 ergänzend zu den in Artikel 17 Absatz 3 der Verordnung (EU) 2016/679 genannten Ausnahmen nicht. 2 In diesem Fall tritt an die Stelle einer Löschung die Einschränkung der Verarbeitung gemäß Artikel 18 der Verordnung (EU) 2016/679. 3 Die Sätze 1 und 2 finden keine Anwendung, wenn die personenbezogenen Daten unrechtmäßig verarbeitet wurden.**

(3) **1 Ergänzend zu Artikel 18 Absatz 1 Buchstabe b und c der Verordnung (EU) 2016/679 gilt Absatz 1 Satz 1 und 2 entsprechend im Fall des Artikels 17 Absatz 1 Buchstabe a und d der Verordnung (EU) 2016/679, solange und soweit die Finanzbehörde Grund zu der Annahme hat, dass durch eine Löschung schutzwürdige Interessen der betroffenen Person beeinträchtigt würden. 2 Die Finanzbehörde unterrichtet die betroffene Person über die Einschränkung der Verarbeitung, sofern sich die Unterrichtung nicht als unmöglich erweist oder einen unverhältnismäßigen Aufwand erfordern würde.**

(4) **Ergänzend zu Artikel 17 Absatz 3 Buchstabe b der Verordnung (EU) 2016/679 gilt Absatz 1 entsprechend im Fall des Artikels 17 Absatz 1 Buchstabe a der Verordnung (EU) 2016/679, wenn einer Löschung vertragliche Aufbewahrungsfristen entgegenstehen.**

(5) **Das Recht auf Widerspruch gemäß Artikel 21 Absatz 1 der Verordnung (EU) 2016/679 gegenüber einer Finanzbehörde besteht nicht, soweit an der Verarbeitung ein zwingendes öffentliches Interesse besteht, das die Interessen der betroffenen Person überwiegt, oder eine Rechtsvorschrift zur Verarbeitung verpflichtet.**

Eingefügt durch BVGuaÄndG 2017 v 17.7.17 (BGBl I 2541) mit Geltung ab 25.5.2018, Art 31 IV des BVGuaÄndG.

1 Der Anspruch des Betroffenen auf Berichtung und Löschung **(„Recht auf Vergessenwerden")** über ihn erhobener und verarbeiteter Daten – mit Ergänzung durch eine diesbezügl Mitteilungspflicht, Art 19 DS-GVO – sowie sein Recht auf Widerspruch gegen die Erhebung und Verarbeitung ergeben sich aus den Art 16 und 17 bzw Art 21 DS-GVO. Diese Vorschriften enthalten auch bereits die erforderlichen Begrenzungen dieser Rechte. § 32f ergänzt – entspr der Öffnungsklausel des Art 23 DS-GVO für nationale Gesetzesregelungen – diese Einschränkungen, insbes für den Fall, dass eine Löschung der Daten nur mit unverhältnismäßig hohem Aufwand möglich ist (§ 32f II) oder dass ihr schutzwürdige Interessen des Betroffenen bzw vertragliche Aufbewahrungsfristen entgegenstehen (§ 32f III, IV).

2 Nach **Absatz 1** können Daten, deren Richtigkeit sich nicht aufklären lässt, uneingeschränkt (Art 18 DS-GVO) verarbeitet werden, soweit sie bereits einem VA zugrunde liegen, der nicht mehr aufgehoben, geändert oder berichtigt werden kann. Die ungeklärte Sachlage ist jedoch festzuhalten und bei Verarbeitung der Daten ist diesbezüglich hinzuweisen.

4 **Absatz 5** schränkt das Widerspruchsrecht des Art 21 DS-GVO für den Fall ein, dass an der Verarbeitung ein zwingendes öffentliches Interesse besteht oder eine Rechtsvorschrift zur Verarbeitung verpflichtet.

Siebter Abschnitt. Datenschutzaufsicht, Gerichtlicher Rechtsschutz in datenschutzrechtlichen Angelegenheiten

§ 32g Datenschutzbeauftragte der Finanzbehörden

Für die von Finanzbehörden gemäß Artikel 37 der Verordnung (EU) 2016/679 zu benennenden Datenschutzbeauftragten gelten § 5 Absatz 2 bis 5 sowie die §§ 6 und 7 des Bundesdatenschutzgesetzes entsprechend.

Eingefügt durch BVGuaÄndG 2017 v 17.7.2017 (BGBl I 2541) mit Geltung ab 25.5.2018, Art 31 IV des BVGuaÄndG.

1 Zur Benennung eines Datenschutzbeauftragten enthält bereits Art 37 DS-GVO detaillierte verbindliche Regelungen. Diese verlangen ua, dass ein (ggf behördenangehöriger) Datenschutzbeauftragter in jeder Behörde bestellt wird, wenn diese personenbezogene Daten verarbeitet, wobei für mehrere Behörden unter Berücksichtigung deren Organisationsstruktur und Größe ein gemeinsamer Datenschutzbeauftragter benannt werden kann. Zudem muss der Datenschutzbeauftragte über ausreichende berufliche Qualifikation und insbes Fachwissen auf dem Gebiet des Datenschutzrechts und der Datenschutzpraxis besitzen. Ferner sind die „Kontaktdaten" des Datenschutzbeauftragten zu veröffentlichen und der Aufsichtsbehörde mitzuteilen. Unter Kontaktdaten wird zu verstehen sein, dass die Angaben die Erreichbarkeit einer eindeutig zu identifizierenden Person gewährleisten, wozu nicht notwendig, aber praktisch doch idR die namentliche Benennung desselben gehören wird.

2 Wegen nationaler Regelungen verweist § § 32g auf das BDSG, das entsprechend auch im steuerlichen Datenschutz gelten soll, dessen in Bezug genommene §§ 5, 6 und 7 freilich im Vergleich zu den Art 38 DS-GVO (Stellung des Datenschutzbeauftragten mit Regelungen zu dessen Unabhängigkeit und seinem Anspruch auf umfassende Information und unbeschränkten Zugang zu den Daten und Verarbeitungsvorgängen) und Art 39 DS-GVO (Aufgaben des Datenschutzbeauftragten mit programmatischer Hervorhebung seiner umfassenden Beratungs-, Unterrichtungs- und Überwachungsfunktion) nichts substantiell anderes enthalten.

§ 32h Datenschutzrechtliche Aufsicht, Datenschutz-Folgenabschätzung

(1) [1]**Die oder der Bundesbeauftragte für den Datenschutz und die Informationsfreiheit nach § 8 des Bundesdatenschutzgesetzes ist zuständig für die Aufsicht über die Finanzbehörden hinsichtlich der Verarbeitung personenbezogener Daten im Anwendungsbereich dieses Gesetzes.** [2]**Die §§ 13 bis 16 des Bundesdatenschutzgesetzes gelten entsprechend.**

(2) [1]**Entwickelt eine Finanzbehörde automatisierte Verfahren zur Verarbeitung personenbezogener Daten im Anwendungsbereich dieses Gesetzes für Finanzbehörden anderer Länder oder des Bundes, obliegt ihr zugleich die Datenschutz-Folgenabschätzung nach Artikel 35 der Verordnung (EU) 2016/679.** [2]**Soweit die Verfahren von den Finanzbehörden der Länder und des Bundes im Hinblick auf die datenschutzrelevanten Funktionen unverändert übernommen werden, gilt die Datenschutz-Folgenabschätzung auch für die übernehmenden Finanzbehörden.**

(3) **Durch Landesgesetz kann bestimmt werden, dass die oder der Bundesbeauftragte für den Datenschutz und die Informationsfreiheit für die Aufsicht über die Verarbeitung personenbezogener Daten im Rahmen landesrechtlicher oder kommunaler Steuergesetze zuständig ist, soweit die Datenverarbeitung auf bundesgesetzlich geregelten Besteuerungsgrundlagen oder auf bundeseinheitlichen Festlegungen beruht und die mit der Aufgabenübertragung verbundenen Verwaltungskosten der oder des Bundesbeauftragten für den Datenschutz und die Informationsfreiheit vom jeweiligen Land getragen werden.**

Eingefügt durch BVGuaÄndG 2017 v 17.7.17 (BGBl I 2541) mit Geltung ab 25.5.2018, Art 31 IV des BVGuaÄndG.

Die Aufgaben und Befugnisse der Behörden, die für die Aufsicht über die Datenverarbeitung in den Behörden zuständig sind, ergeben sich nicht aus der AO, sondern der unmittelbar geltenden DS-GVO. Die DS-GVO regelt in Art 57 in einem umfangreichen Katalog die **Aufgaben der Datenaufsichtsbehörden** und in Art 58 deren **Befugnisse.** Die betreff Behörden verfügen zum einen über umfassende *Untersuchungsbefugnisse* einschl der Befugnis, die Verantwortlichen und den Auftragsverarbeiter anzuweisen, bestimmte Informationen bereitzustellen. Sie verfügen ferner über *Abhilfebefugnisse*; aufgrund derer sie ua die Verantwortlichen und Auftragsverarbeiter warnen, verwarnen und anweisen können, den Anträgen Betroffener auf Berichtigung oder Löschung von Daten oder die Einschränkung ihrer Verarbeitung entsprechen können und schließlich auch Verarbeitungsvorgänge auf bestimmte Weise und innerhalb eines bestimmten Zeitraums verändern können. Dem entspricht die Möglichkeit auch öffentlicher Stellen **gerichtlichen Rechtsschutz gegen den Datenschutzbeauftragten** in Anspruch zu nehmen; dazu § 32i I. 1

Absatz 1 statuiert erstmals ein Konzentrationsprinzip für die Aufsicht über den Datenschutz. Nicht die aktive Behörde oder deren vorgesetzte Behörden führen diese Aufsicht, sondern der der Bundesbeauftragte für den Datenschutz und die Informationsfreiheit (§ 8 BDSG) und zwar auch soweit der Vollzug der StGesetze – wie es im Allgem der Fall ist – den *Landes*finanzbehörden obliegt. Diese aus der Sicht des Verfassungsorganisationsrechts nicht unproblematische Regelung wurde für erforderlich gehalten, um Kompetenzen zu bündeln, vor allem aber um eine Zersplitterung der Datenaufsicht und daraus resultierende unterschiedliche Schutzanforderungen in den einzelnen Ländern zu verhindern (vgl *Myssen/Kraus* DB 17, 1860). 3

Die in **Absatz 2** angesprochene **Datenschutz-Folgenabschätzung** hat ihre Grundlage in Art 35 DS-GVO. Danach ist eine vorherige Abschätzung der Folgen neu einzurichtender Verarbeitungsvorgänge, insb bei Verwendung neuer Techno- 5 logien, erforderlich, wenn diese ein hohes Risiko für die Rechte und Freiheiten natürlicher Personen zur Folge haben (vgl zu allem *Hamann* BB 17, 1090). § 32h bestimmt dazu ergänzend, dass eine solche Datenschutz-Folgenabschätzung von demjenigen vorzunehmen ist, der den betreff Verarbeitungsvorgang entwickelt. In Deutschland ist dies entweder die Bundesfinanzverwaltung oder eines der Länder (dessen Entwicklung von den übrigen übernommen wird). In einem solchen Fall gilt die Verpflichtung zur Datenschutz-Folgenabschätzung auch für die übernehmenden Körperschaften als erfüllt.

7 **Absatz 3** schafft die im Interesse einer Konzentration der Datenschutzaufgaben liegende Möglichkeit, die Aufsicht über die Verarbeitung personenbezogener Daten im Rahmen landesrechtlicher oder kommunaler StGesetze dem Bundesbeauftragten für den Datenschutz und die Informationsfreiheit zu übertragen. Das muss durch ein Landesgesetz geschehen (Übertragung von Hoheitsaufgaben) und bei Kostenübernahme seitens des Landes. Die Übertragung wird allerdings nur insoweit zugelassen, als die betreff StGesetze bundesgesetzlich geregelte Besteuerungsgrundlagen zugrundelegen (wie den GeSt-Messbetrag) oder „auf bundeseinheitliche Festlegungen" zurückgreifen, womit offenbar die von der Bundesfinanzverwaltung entwickelten oder betreuten Arbeitsroutinen (Verarbeitungssoftware) gemeint sind (*Myssen/Kraus* DB 17, 1860).

§ 32i Gerichtlicher Rechtsschutz

(1) [1]**Für Streitigkeiten über Rechte gemäß Artikel 78 Absatz 1 und 2 der Verordnung (EU) 2016/679 hinsichtlich der Verarbeitung nach § 30 geschützter Daten zwischen einer betroffenen öffentlichen Stelle gemäß § 6 Absatz 1 bis 1c und Absatz 2 oder ihres Rechtsträgers, einer betroffenen nicht-öffentlichen Stelle gemäß § 6 Absatz 1d und 1e oder einer betroffenen Person und der zuständigen Aufsichtsbehörde des Bundes oder eines Landes ist der Finanzrechtsweg gegeben.** [2]**Satz 1 gilt nicht in den Fällen des § 2a Absatz 4.**

(2) **Für Klagen der betroffenen Person hinsichtlich der Verarbeitung personenbezogener Daten gegen Finanzbehörden oder gegen deren Auftragsverarbeiter wegen eines Verstoßes gegen datenschutzrechtliche Bestimmungen im Anwendungsbereich der Verordnung (EU) 2016/679 oder der darin enthaltenen Rechte der betroffenen Person ist der Finanzrechtsweg gegeben.**

(3) [1]**Hat die nach dem Bundesdatenschutzgesetz oder nach dem Landesrecht für die Aufsicht über andere öffentliche Stellen oder nicht-öffentliche Stellen zuständige Aufsichtsbehörde einen rechtsverbindlichen Beschluss erlassen, der eine Mitwirkungspflicht einer anderen öffentlichen Stelle oder einer nicht-öffentlichen Stelle gegenüber Finanzbehörden nach diesem Gesetz oder den Steuergesetzen ganz oder teilweise verneint, kann die zuständige Finanzbehörde auf Feststellung des Bestehens einer Mitwirkungspflicht klagen.** [2]**Die Stelle, deren Pflicht zur Mitwirkung die Finanzbehörde geltend macht, ist beizuladen.**

(4) **Die Finanzgerichtsordnung ist in den Fällen der Absätze 1 bis 3 nach Maßgabe der Absätze 5 bis 10 anzuwenden.**

(5) [1]**Für Verfahren nach Absatz 1 Satz 1 und Absatz 3 ist das Finanzgericht örtlich zuständig, in dessen Bezirk die jeweils zuständige Aufsichtsbehörde ihren Sitz hat.** [2]**Für Verfahren nach Absatz 2 ist das Finanzgericht örtlich zuständig, in dessen Bezirk die beklagte Finanzbehörde ihren Sitz oder der beklagte Auftragsverarbeiter seinen Sitz hat.**

(6) **Beteiligte eines Verfahrens nach Absatz 1 Satz 1 sind**
1. **die öffentliche oder nicht-öffentliche Stelle oder die betroffene Person als Klägerin oder Antragstellerin,**

2. die zuständige Aufsichtsbehörde des Bundes oder eines Landes als Beklagte oder Antragsgegnerin,
3. der nach § 60 der Finanzgerichtsordnung Beigeladene sowie
4. die oberste Bundes- oder Landesfinanzbehörde, die dem Verfahren nach § 122 Absatz 2 der Finanzgerichtsordnung beigetreten ist.

(7) **Beteiligte eines Verfahrens nach Absatz 2 sind**

1. die betroffene Person als Klägerin oder Antragstellerin,
2. die Finanzbehörde oder der Auftragsverarbeiter als Beklagte oder Antragsgegnerin,
3. der nach § 60 der Finanzgerichtsordnung Beigeladene sowie
4. die oberste Bundes- oder Landesfinanzbehörde, die dem Verfahren nach § 122 Absatz 2 der Finanzgerichtsordnung beigetreten ist.

(8) **Beteiligte eines Verfahrens nach Absatz 3 sind**

1. die zuständige Finanzbehörde als Klägerin oder Antragstellerin,
2. die Aufsichtsbehörde des Bundes oder eines Landes, die den rechtsverbindlichen Beschluss erlassen hat, als Beklagte oder Antragsgegnerin,
3. die Stelle, deren Pflicht zur Mitwirkung die Finanzbehörde geltend macht, als Beigeladene und
4. die oberste Bundes- oder Landesfinanzbehörde, die dem Verfahren nach § 122 Absatz 2 der Finanzgerichtsordnung beigetreten ist.

(9) **Ein Vorverfahren findet nicht statt.**

(10) [1] **In Verfahren nach Absatz 1 Satz 1 haben eine Klage oder ein Antrag aufschiebende Wirkung.** [2] **Die zuständige Aufsichtsbehörde darf gegenüber einer Finanzbehörde, deren Rechtsträger oder deren Auftragsverarbeiter nicht die sofortige Vollziehung anordnen.**

Eingefügt durch BVGuaÄndG 2017 v 17.7.17 (BGBl I 2541) mit Geltung ab 25.5.2018, Art 31 IV des BVGuaÄndG.

Für Streitigkeiten über Angelegenheiten des (steuerlichen) Datenschutzes ist nach § 32i I, II der **Finanzrechtsweg** gegeben (örtliche Zuständigkeit: § 32i V 2). Solche Streitigkeiten können einerseits zwischen einer FinBeh bzw Auftragsverarbeitern und Bürgern über die Achtung und Anwendung der §§ 32a ff und der DS-GVO entstehen (§ 32i II). Dies ist etwa bei Streitigkeiten über die Zulässigkeit der Erhebung und Verarbeitung von personenbezogenen Daten, den Anspruch auf Information, auf Auskunft, Berichtigung oder Löschung solcher Daten, Einschränkungen bei ihrer Verarbeitung oder die Begründetheit eines Widerspruchs gegen die Verarbeitung etc der Fall. Sie können aber auch zwischen dem Bundesbeauftragten als Datenschutzaufsichtsbehörde und der FinBeh wegen von jenem erteilter Anweisungen oder Untersuchungsbegehren etc geführt werden (§ 32i I). 1

Für **andere Stellen als FinBeh** und nicht-öffentliche Stellen besteht keine Datenaufsicht des Bundesbeauftragten, sondern eine Datenaufsicht nach Maßgabe des BDSG bzw der einschlägigen Landesgesetze mit entsprech Rechtsschutzmöglichkeiten. Wird von diesen Aufsichtsbehörden eine Mitwirkungspflicht solcher Stellen gegenüber einer FinBeh durch ein entsprech rechtsverbindliche Verfügung verneint, kann die FinBeh aufgrund ihrer Drittbetroffenheit auf Feststellung des Bestehens einer Mitwirkungspflicht vor dem für die betreff Aufsichtsbehörde zuständigen FG Klage erheben. Das regelt **Absatz 3.** Gehören Aufsichtsbehörde und FinBeh zur selben Körperschaft, kommt es also zu einem In-Sich-Prozess. Die Stelle, deren Pflicht zur Mitwirkung von der FinBeh behauptet wird, ist **beizuladen** (§ 32i III 2). 3

Auf vorgenannte Streitigkeiten ist die **FGO anzuwenden** mit den Maßgaben, die sich aus § 32i VI, VII und VIII ergeben, welche den Kreis der Beteiligten des Rechtsstreits verdeutlichen und einen Beitritt der obersten Bundes- oder Landesfinanzbehörde gem § 122 II FGO zulassen. Ein Vorverfahren findet nicht statt (§ 32i IX). 5

7 Klagen der FinBeh nach § 32i I haben **aufschiebende Wirkung;** die sofortige Vollziehung kann vom Bundesbeauftragten nicht angeordnet werden.

§ 32j Antrag auf gerichtliche Entscheidung bei angenommener Rechtswidrigkeit eines Angemessenheitsbeschlusses der Europäischen Kommission

Hält der oder die Bundesbeauftragte für den Datenschutz und die Informationsfreiheit oder eine nach Landesrecht für die Kontrolle des Datenschutzes zuständige Stelle einen Angemessenheitsbeschluss der Europäischen Kommission, auf dessen Gültigkeit es bei der Entscheidung über die Beschwerde einer betroffenen Person hinsichtlich der Verarbeitung personenbezogener Daten ankommt, für rechtswidrig, so gilt § 21 des Bundesdatenschutzgesetzes.

Eingefügt durch BVGuaÄndG 2017 v 17.7.17 (BGBl I 2541) mit Geltung ab 25.5.2018, Art 31 IV des BVGuaÄndG.

Nach Art 45 I DS-GVO ist die Übermittlung personenbezogener Daten an ein Drittland oder eine internationale Organisation nur zulässig, wenn die Europäische Kommission beschlossen hat, dass das betr Drittland, ein Gebiet oder ein oder mehrere spezifische Sektoren in diesem Drittland oder die betr internationale Organisation ein angemessenes Schutzniveau bieten (sog **Angemessenheitsbeschluss;** dazu *Ambrock/Karg* ZD 17, 154; *Piltz* K&R 16, 777). Eine Datenübermittlung bedarf dann keiner weiteren besonderen Genehmigung. Für Einwände des Bundesbeauftragten oder einer Landesaufsichtsbehörde gegen einen solchen Beschluss der Europäischen Kommission gilt § 21 BDSG. Die Behörde hat einen Antrag auf gerichtliche Entscheidung zu stellen, über den nach Maßgabe der VwGO das BVerwG entscheidet.

Zweiter Teil
Steuerschuldrecht

Erster Abschnitt. Steuerpflichtiger

§ 33 Steuerpflichtiger

(1) **Steuerpflichtiger ist, wer eine Steuer schuldet, für eine Steuer haftet, eine Steuer für Rechnung eines Dritten einzubehalten und abzuführen hat, wer eine Steuererklärung abzugeben, Sicherheit zu leisten, Bücher und Aufzeichnungen zu führen oder andere ihm durch die Steuergesetze auferlegte Verpflichtungen zu erfüllen hat.**

(2) **Steuerpflichtiger ist nicht, wer in einer fremden Steuersache Auskunft zu erteilen, Urkunden vorzulegen, ein Sachverständigengutachten zu erstatten oder das Betreten von Grundstücken, Geschäfts- und Betriebsräumen zu gestatten hat.**

Übersicht

1. Inhalt. Stpfl ist, wer von einem StGesetz als „Adressat" seiner Regelung angesprochen wird, wem also aus diesem Rechte und Pflichten erwachsen und er damit Beteiligter eines StRechtsverhältnisses sein kann – es sei denn, er wird insoweit als Pflichtiger in fremder Sache und idS als „Dritter" angesprochen (§ 32 II, wozu neben den dort Genannten auch Anzeigepflichtige gehören können; vgl Rz 36). StEntrichtungspflichtige und nach §§ 34, 35 Pflichtige sind jedoch Beteiligte in eigener Sache, also StPflichtige iSd § 33, weil ihnen in gewissem Umfang selbständige (wenn auch uU zB akzessorische) stl Pflichten auferlegt sind. Den Stpfl zu bestimmen ist zum einen dafür von Bedeutung, in wessen Namen im Gesetz ausgelobte StVergünstigungen beantragt werden müssen. Für die FinBeh ist umgekehrt die Bestimmung des Stpfl als Inhaltsadressat ihrer VA erforderlich. 1

Soweit die Einzelsteuergesetze den Begriff Stpfl (ggf mit entsprechendem Präfix, zB § 1 EStG, § 1 VStG, § 2 ErbStG) gebrauchen, meinen sie damit iAllg die subjektiven Voraussetzungen der StSchuld. Hingegen ist nach § 33 der StSchuldner (derjenige, der eine Steuer als Geldleistung schuldet) nur ein Unterfall des Stpfl. Stpfl ist jeder, der durch die StGesetze auferlegte Handlungs- oder Duldungspflichten irgendwelcher Art zu erfüllen hat (deren wichtigste in Abs 1 beispielhaft aufgezählt werden), ausgenommen die in Abs 2 bezeichneten und ihnen gleichzustellende Pflichten in fremder Steuersache. Der von der AO nicht benutzte Begriff des 2

StRechtssubjekts kennzeichnet im Wesentlichen den gleichen Personenkreis wie § 33, wobei er die obrigkeitsstaatliche Betonung der Pflichten und das Verschweigen der ihnen korrespondierenden Rechte vermeidet; er schließt jedoch darüber hinaus den StGläubiger ein.

3 **2. Abgrenzung zu anderen Rechtsbegriffen. a) StRechtsfähigkeit.** Der Stpfl ist Träger von steuerlichen Rechten und Pflichten; das setzt *StRechtsfähigkeit* voraus. Wer nicht, noch nicht oder nicht mehr steuerrechtsfähig ist, kann nicht Stpfl sein. Wenn die StGesetze jemandem Rechte und/oder Pflichten zuordnen, ihn also zum Stpfl machen, verleihen sie ihm damit auch (zumindest partielle) StRechtsfähigkeit; insofern sind StPflichtigkeit und StRechtsfähigkeit zwei Facetten eines und desselben Tatbestandes. Der Begriff der StRechtsfähigkeit entspricht aber nur seiner Funktion nach dem der Rechtsfähigkeit iSd BGB; er meint die allgemeinen subjektiven Voraussetzungen dafür, dass jemand stl Rechte oder Pflichten haben und damit Subjekt eines StRechtsverhältnisses sein kann. Dass er Subjekt auch eines Zivilrechtsverhältnisses sein könnte, ist dafür nicht vorauszusetzen. Die StRechtsfähigkeit wird vielmehr (meist konkludent) von den StGesetzen, jedoch jeweils nur für ihren Regelungsbereich, verliehen, mitunter begrenzt auf bestimmte Angelegenheiten; sie ist also für die *jeweilige* stl Pflicht bzw das *jeweilige* Recht durch Auslegung der StGesetze zu ermitteln. Rechtsfähigkeit iSd BGB ist nicht nur nicht stets Voraussetzung von StRechtsfähigkeit, sondern auch umgekehrt hat jene nicht rechtslogisch die StRechtsfähigkeit zur Folge, wenn auch zivilrechtsfähige Personen *iAllg* auch für die in den StGesetzen geregelten Rechte und Pflichten steuerrechtsfähig, also Zuordnungsobjekt der dort vorgesehenen steuerlichen Rechte/Pflichten sind.

4 **aa) Beginn und Ende der StRechtsfähigkeit.** Natürliche Personen besitzen StRechtsfähigkeit von der Geburt bis zum Tod, nach dem StSchulden wie das sonstige Vermögen in den Nachlass fallen (BFH BStBl 73, 544); bei Verschollenheit beachte § 49. Durch Eröffnung des Insolvenzverfahrens erlischt nicht die StRechtsfähigkeit, sondern lediglich die Verfügungsbefugnis des Schuldners wird eingeschränkt und ein besonderes Verfahren zur Geltendmachung (auch) von StRechtsforderungen eröffnet (vgl BFH BStBl 13, 131; 88, 716; 95, 194; BFHE 177, 257 = DB 95, 1642; BFH/NV 94, 477 mwN; BFH/NV 95, 663). Das gilt auch für die USt, deren Schuldner nicht etwa die Insolvenzmasse bzw der Verwalter, sondern der Insolvenzschuldner ist und bleibt, wenn auch aus insolvenzrechtl Gründen eine gesonderte Erfassung der vor und nach Insolvenzeröffnung und ggf aufgrund frei gegebener Tätigkeiten entstandener USt erforderlich ist (zu der vom V. Senat des BFH kreierten Konstruktion einer ustrechtl Zuordnung zu bei Insolvenzeröffnung entstehenden Unternehmensteilen siehe BFH BStBl 12, 298). Ebenso bleibt, wenn über die Grundstücke eines Unternehmers die Zwangsverwaltung angeordnet ist, der Vollstreckungsschuldner als Unternehmer iSd UStRechts StSchuldner und damit Stpfl; neben ihn tritt der Zwangsverwalter (BFH BStBl 02, 171).

5 Bei **juristischen Personen** (insbes Kapitalgesellschaften wie der GmbH und der AG, aber auch rechtsfähigen Vereinen) ergeben sich die Entstehungsvoraussetzungen, zu denen idR eine Registereintragung gehört, aus den einschlägigen Normen, insbes §§ 23 ff AktG, §§ 1 ff GmbHG. Jedoch beginnt deren StRechtsfähigkeit teilweise schon vor ihrer Rechtsfähigkeit, so insbes bei der **Vorgesellschaft** (Gesellschaft zwischen Abschluss des Gesellschaftsvertrags und Eintragung ins Handelsregister; früher auch: Gründergesellschaft, zur modernen Terminologie BFH BStBl 90, 91; sie ist mit der später entstehenden jurist Person rechtl identisch), sofern dem Entstehen der Gesellschaft als jurist Person keine ernstlichen Hindernisse im Wege stehen (BFH BStBl 83, 247) und die Eintragung alsbald erfolgt (BFH BStBl 93, 352; BFH/NV 94, 413). Die letztgenannte Einschränkung wird mit Recht kritisiert, weil die StRechtsfähigkeit nicht von einem ungewissen zukünftigen Ereignis abhängen kann (*TK/Drüen* § 33 Rz 47); anderenfalls, jedenfalls

bei von vornherein fehlender ernstl Eintragungsabsicht, handelt es sich um eine Personengesellschaft, die nur nach den für diese geltenden Regeln steuerrechtsfähig sein kann (sog unechte Vorgesellschaft). Die **Vorgründungsgesellschaft** hingegen (Gesellschaft vor Abschluss des Gesellschaftsvertrags für die betr Kapitalgesellschaft) ist eine bloße BGB-Gesellschaft, die mit der zu gründenden Kapitalgesellschaft nicht identisch ist (BFH BStBl 90, 91; 83, 247; vgl aber BFH BStBl 99, 836 zur InvZul bei Investitionen der Vorgründungsgesellschaft). Diese wird nur StRechtssubjekt, soweit BGB-Gesellschaften auch sonst steuerrechtsfähig sind (bei GewSt und UStG); ihre steuerlichen Rechte gehen nicht auf die später entstehende Kapitalgesellschaft über (BFH BStBl 05, 155 für die VorSt). Sie ist aber nach neuerer Rspr des BGH (BGHZ 146, 341) rechts- und parteifähig.

Die **StRechtsfähigkeit der juristischen Person endet** *nicht* mit der (bürgerlich-rechtl) Existenz der juristischen Person, sondern erst mit der vollständigen Abwicklung ihrer steuerlichen Rechte und Pflichten und der Beendigung deswegen anhängiger Verfahren (stRspr des BFH, zB BStBl 93, 864; BFH/NV 95, 759, jedoch sehr str; kritisch ua *Heidner* DStR 92, 205). Dies gilt sogar noch nach Löschung im Handelsregister, sofern Aktivvermögen, ggf in Form eines StErstattungsanspruchs, vorhanden ist.

Von einer formwechselnden **Umwandlung** einer Kapitalgesellschaft bleibt deren StRechtssubjektivität unberührt, bei der übertragenden Umwandlung endet die StRechtssubjektivität hingegen (BFH BStBl 86, 230); Rechte/Pflichten gehen auf das Nachfolgeunternehmen über.

Zum kstrechtl Status einer **Stiftung** vor deren Genehmigung vgl BFH BStBl 05, 149 (einschränkend FG SchlHol EFG 09, 1486).

bb) StRechtsfähigkeit einzelner Rechtssubjekte. Jur Personen des öffentl Rechts. Sie sind mitunter nach Maßgabe der einzelnen StGesetze stpfl, nämlich insbes Betriebe gewerbl Art von Körperschaften des öffentl Rechts für die KSt (§ 1 I Nr 6, § 4 KStG; vgl *TK/Drüen* § 33 Rz 65; *anders* jedoch BFH BStBl 74, 391, 04, 425; stRspr), wohingegen USt-Subjekt nicht diese, sondern die Körperschaft selbst ist (§ 2 III UStG; vgl BFH BStBl 88, 932). Jedenfalls kann selbst eine an sich rechtl unselbständige Untergliederung einer Körperschaft Beteiligtenfähigkeit für das Erstattungsverfahren (§ 37 II) geltend machen, wenn gegen sie KSt festgesetzt worden ist und sie die KSt gezahlt hat (BFH/NV 97, 10). 6

Nicht-(zivil)**rechtsfähige Personengesellschaften, Vereinigungen und Vermögensmassen.** Sie werden für bestimmte Angelegenheiten gleichwohl *steuerrechtl* in Anspruch genommen. Sie besitzen insoweit („partielle") StRechtsfähigkeit (vgl indes *BG/Schindler* § 33 Rz 19); das gilt auch für zivilrechtl fehlerhafte, jedoch faktisch durchgeführte Gesellschaften (*Schwarz/Dumke* § 33 Rz 34). So ist die Personengesellschaft insbes als StRechtssubjekt angesprochen bei einer Ap im Rahmen einheitl und gesonderter Gewinnfeststellung (BFH BStBl 90, 272 für die GbR, BFH BStBl 93, 82 für die KG, BFH BStBl 82, 59 für die atypische stille) und der EW-Feststellung des Betriebsvermögens (*Schwarz/Dumke* § 33 Rz 22), bei USt (BFH BStBl 81, 408; 87, 524, 93, 729; beachte aber die fehlende USt-Rechtsfähigkeit der Organgesellschaft, § 2 II Nr 2 UStG) und GrESt (BFH/NV 89, 615 für die KG; BFH BStBl 88, 377; 87, 183; 87, 325; BFH/NV 90, 594 für GbR; BFH BStBl 73, 370 für Erbengemeinschaft), ferner bei der GewSt (§ 5 I 3 GewStG, BFH BStBl 95, 390; nicht aber Erbengemeinschaften, BFH BStBl 87, 120) und LSt (BFH BStBl 95, 390); siehe auch § 1 I KStG. Eine Personenmehrheit kann ferner als Kfz-Halter für die KraftSt steuerrechtsfähig sein (BFH BStBl 91, 600; HFR 64, 20). Atypische **stille Gesellschaften** (Innengesellschaft) sind hingegen von der vorgenannten Ausnahme abgesehen nicht steuerrechtsfähig (BFH BStBl 86, 311; 82, 678). Strechtsfähig ist hingegen die **faktische Gesellschaft,** dh eine Personenmehrheit, die nach außen hin als Einheit auftritt, und zwar ungeachtet der Gestaltung ihres Innenverhältnisses zB als bloße Bürogemeinschaft von Anwälten (BFH BStBl 70, 833). 7

Auch bei diesen Gebilden **überdauert die StRechtsfähigkeit die zivilrechtliche Existenz** bis zur Abwicklung aller steuerlichen Angelegenheiten (BFH BStBl 71, 540; 81, 293; 87, 183; 88, 316; 93, 82; BFH/NV 89, 615; 90, 386).

8 Ein **Gesellschafterwechsel** (Ausscheiden eines Gesellschafters; Eintritt eines zusätzlichen Gesellschafters; Austausch eines oder mehrerer Gesellschafter) berührt die StRechtsverhältnisse der Personengesellschaft nicht. Die steuerrechtl Identität einer Personengesellschaft ist also von einem Gesellschafterwechsel unabhängig; neu eintretende Gesellschafter setzen das Gesellschaftsverhältnis fort und die Gesellschaft bleibt folglich als das nämliche StRechtssubjekt erhalten (BFH BStBl 92, 291; 97, 299; BGH NJW 73, 328). Das gilt auch bei einem gleichzeitigen Wechsel aller Gesellschafter durch Abtretung ihrer Gesellschaftsanteile an neue Gesellschafter (BFH BStBl 80, 598; BGHZ 44, 229). StSchulden der Altgesellschaft gehen auf die neuen Gesellschafter über. Im Besteuerungsverfahren wegen der Annahme einer Geschäftsveräußerung im Ganzen in Folge des vollständigen Gesellschafterwechsels treten an die Stelle der vollbeendeten Altgesellschaft ihre sämtlichen Altgesellschafter. Ihnen ggü ist einheitlich zu entscheiden (BFH BStBl 88, 92; zur Umwandlung einer KG vgl BFH BStBl 88, 316).

Übernimmt jedoch einer der Gesellschafter das Gesellschaftsvermögen ohne Liquidation, geht die Gesellschaft als StRechtssubjekt unter und der übernehmende Gesellschafter wird ihr Rechtsnachfolger (§ 738 II BGB; vgl BFH BStBl 90, 272; BFH/NV 96, 685); die Gesellschaft verwandelt sich in ein Einzelunternehmen und ist vollbeendigt. In anderen Fällen der Auflösung der Gesellschaft (Liquidation) bleibt diese hingegen steuerrechtl bestehen, sogar wenn sie kein Aktivvermögen mehr besitzt, bis alle StRechtsbeziehungen abgewickelt sind (vgl BFH BStBl 93, 82; 87, 183 zur Rechtsmittelfähigkeit).

Eine Gewinnfeststellung richtet sich jedoch materiell nicht gegen die Gesellschaft, sondern gegen ihre Gesellschafter. Deshalb bleiben die ehemaligen Gesellschafter Inhaltsadressaten und klagebefugt (BFH BStBl 86, 672; BFH/NV 99, 1483). Jeder der Gesellschafter ist gegen einen Gewinnfeststellungsbescheid, der einen Zeitraum seiner Gesellschaftszugehörigkeit betrifft, klagebefugt (BFH/NV 90, 208). Auch im Falle des Wegfalls des letzten Gesellschafters geht die Klagebefugnis nach § 48 I Nr 3 FGO nicht auf den Einzelunternehmer über (BFH BStBl 84, 15; *HHSp/Boeker* § 33 Rz 43).

Nach der inzwischen gefestigten Rspr des BGH ist die BGB-Gesellschaft iÜ auch zivilrechtsfähig, wenn auch mit der Einschränkung „soweit sie durch Teilnahme am Rechtsverkehr eigene Rechte und Pflichten begründet" (grundlegend BGHZ 146, 341; zur Haftung der Gesellschafter BStBl 09, 600 und § 69 Rz 166).

9 **Miteigentümergemeinschaften an einem Grundstück.** Sie sind als solche iAllg nicht steuerrechtsfähig. Sie haben weder einen Namen, noch können sie selbst Träger von Rechten und Pflichten sein. StRechtsfähig sind hier nur die einzelnen Mitglieder (BFH/NV 88, 214). Eine Grundstücksgemeinschaft, die nach außen als Vermieterin auftritt, ist jedoch im Verfahren der einheitlichen und gesonderten Feststellung steuerrechtsfähig (BFH BStBl 10, 202).

10 **Organschaftsverhältnisse.** Die EinzelStGesetze entscheiden (wenn auch meist nicht expessis verbis), ob beim Zusammenwirken mehrerer zivilrechtl selbständiger Unternehmen die einzelnen Unternehmen selbständig steuerrechtsfähig sind oder nicht. So sind nicht die **Organgesellschaften,** sondern der Organträger bei USt stpfl (Rz 6). Auch gewerbesteuerrechtl ist StSchuldner der Organträger, da die Organgesellschaft wie dessen Betriebsstätte behandelt wird (vgl § 2 II 2 GewStG); die StPflicht wird also für die Dauer der Organschaft dem Organträger zugerechnet (BFH BStBl 90, 916). Der Messbetrag ist für die zum Organkreis gehörenden Gewerbebetriebe des Organträgers und der Organgesellschaft allein ggü dem Organträger festzusetzen (BFH BStBl 98, 748).

Die Rechtsfigur der Unternehmereinheit ist überholt (BFH BStBl 79, 352).

b) Beteiligungsfähigkeit. Der Stpfl wird als Beteiligter bezeichnet, wenn es um seine Stellung im Verfahren geht (s § 78 Nr 1); nicht alle Beteiligten sind aber Stpfl. Ob jemand Beteiligter (§ 78, § 359) eines steuerrechtlichen Verfahrens ist, richtet sich nach rein formalen Merkmalen; auch nicht Beteiligungsfähige können daher Beteiligte sein, wenn sie sich tatsächlich beteiligen bzw etwa durch Erlass eines gegen sie gerichteten (mangels Beteiligungsfähigkeit rechtswidrigen) StBescheids von der FinBeh in das Verfahren hineingezogen werden. Ist der Beteiligte jedoch nicht Stpfl iSd Abs 1, *darf* in dem Verfahren keine Sachentscheidung ergehen und keine stl Pflicht gegen ihn geltend gemacht werden, außer eine der Mitwirkungspflichten iSd Abs 2, die zwar nicht iSd Abs 1 stpfl machen, deren Geltendmachung aber zur Beteiligtenfähigkeit in dem *wegen dieser Pflicht* entstehenden Verfahren (nicht in dem Verfahren des Stpfl) führt. Beteiligungsfähigkeit ist also nicht die Fähigkeit, im formellen Sinn Beteiligter zu sein, sondern diejenige, Beteiligter eines zur Sachentscheidung führenden Verfahrens zu sein. Beteiligungsfähigkeit besitzt daher nur der StRechtsfähige, soweit seine StRechtsfähigkeit reicht, und derjenige, der Pflichten iSd Abs 2 hat. 11

c) Handlungsfähigkeit (§ 79) ist die Fähigkeit, stl Verfahrenshandlungen vorzunehmen (*Ebling* DStZ 98, 322); sie setzt weder eine Rechtsstellung nach § 33 I oder II voraus, noch ist sie mit dieser notwendig verbunden. Wer für nicht handlungsfähige StRechtssubjekte deren Pflichten zu erfüllen und deren Rechte wahrzunehmen hat, ist in § 79 (iVm den diese Vorschrift ausfüllenden Vorschriften, vor allem des BGB und des HGB) geregelt. 12

3. Die einzelnen Gruppen Steuerpflichtiger. § 33 I ist eine Blankettnorm; wer iEinz zu den dort aufgeführten Gruppen von Stpfl gehört, ergibt sich erst aus den Einzelbestimmungen der unterschiedlichen StGesetze und ihrer Auslegung. Dort sind die Voraussetzungen der Inpflichtnahme geregelt, und zwar iAllg unterschiedlich, je nachdem um welche Art von Pflicht es sich handelt; die Unterscheidungen des § 33 I sind daher genau zu beachten. 15

a) StSchuldner. Das ist, wer die in den einzelnen StGesetzen geregelten subjektiven und objektiven Voraussetzungen der Besteuerung in seiner Person verwirklicht, vgl § 43 und die Kommentierung dort, auch zur Unterscheidung des StSchuldners vom Entrichtungspflichtigen. Danach sind StSchuldner: 16

- bei der **ESt** grds die natürlichen Personen, denen Einkünfte zuzurechnen sind. Personengesellschaften sind zwar „Subjekt der Gewinnerzielung" (BFH BStBl 84, 751), aber nicht StSchuldner; sie haben einkommensteuerrechtl Verfahrensrechte (vgl zB § 48 FGO) und verdrängen uU insoweit die Gesellschafter (BFH BStBl 92, 559; jedoch nicht nach handelsrechtlicher Vollbeendigung, BFH BStBl 90, 333; BFH/NV 93, 674). 17
- Die Verpflichtung zur Duldung einer Ap ist jedoch keine Pflicht iSd § 33 I, sondern bei der Personengesellschaft Folge ihrer verfahrensrechtl Stellung als Gewinnerzielungssubjekt. Diese kann also Adressat einer Prüfungsanordnung sein, insoweit sich die Ap auf die einheitl und gesonderte Feststellung der gewerbl Einkünfte sowie auf den Einheitswert des Betriebsvermögens erstreckt (BFH/NV 91, 716; 96, 660; BFH BStBl 90, 272; 93, 82); die Gesellschafter sind dabei nicht unmittelbar betroffen, es ist keine einheitliche Entscheidung notwendig. Anders bei VuV (BFH/NV 96, 660 mN). 17a
- Die pauschale **Lohnsteuer** (§ 40 EStG) ist eine vom ArbN übernommene Steuer (nur steuertechnisch eine „Unternehmenssteuer eigener Art", wie der BFH bis BStBl 90, 767 formuliert hatte), die in der Person des ArbG entsteht (BFH BStBl 94, 715), *unabhängig* von dessen Rechtsgestalt (vgl BFH BStBl 95, 390: auch GbR; offen BFH BStBl 90, 939); bei der zu übernehmenden LSt, vgl §§ 40-40b EStG, ist der ArbG StSchuldner (nicht bloß Haftender), bei der einzubehaltenden LSt (§§ 38, 41a EStG) hingegen nach überwM StEntrichtungsschuldner (*Schmidt/Krüger*, EStG, § 41a Rz 1). 17b

18 – bei der **KStG** die in § 1 I genannten Jurist Personen, Personenvereinigungen und Vermögensmassen, die Jurist Personen des öffentlichen Rechts für (alle) ihre Betriebe gewerblicher Art (BFH BStBl 88, 932; 83, 147; aA *TK/Drüen* § 33 Rz 65 mit dem überzeugenden Einwand, dass der BFH ungeachtet der steuerrechtl Regelung an die Zivilrechtsfähigkeit anknüpft) oder diese selbst, wenn sie selbst ebenfalls Jurist Personen sind (§ 4 II KStG).

19 – bei der **GewSt** ist StSchuldner der Unternehmer, für dessen Rechnung ein Gewerbe betrieben wird, vgl § 5 GewStG, dh auch Personengesellschaften wie OHG, KG, die Partenreederei, die nach außen auftretende BGB-Gesellschaft, nach § 5 I 4 GewStG (vgl BFH BStBl 95, 390); die Europäische wirtschaftliche Interessenvereinigung (EWGV Nr 2137/85), deren Mitglieder nach Art 24 EWGV Nr 2137/85 gesamtschuldnerisch für die StSchulden der EWIV haften.

20 – die **USt** schuldet der Unternehmer ungeachtet seiner bürgerlich-rechtlichen Gestalt, also auch GbR, EWIV, nicht rechtsfähiger Verein, selbständige Zweckvermögen (vgl ua BFH BStBl 95, 867; 93, 729), auch eine faktische Gesellschaft oder eine bloße Bürogemeinschaft, wenn sie nach außen hin als Subjekt von Rechtsbeziehungen auftritt, hingegen nicht die stille Gesellschaft. Insolvenzfreies Vermögen gehört aber nicht hierzu, ist jedoch verfahrensrechtl gesondert zu behandeln (BFH BStBl 00, 639); die an sich einheitlich entstehende USt für das eine Unternehmen des Schuldners (Grundsatz der über die Eröffnung des Insolvenzverfahrens hinaus bestehenden Unternehmenseinheit) ist in zwei Bescheiden festzusetzen, von denen der eine an den Schuldner und der andere an den Insolvenzverwalter zu richten ist (jeweils für den ihrer Verwaltung unterstehenden Unternehmensteil) ggf auch ein dritten, in dem der Schuldner das insolvenzfreie Vermögen nutzt.

21 – **GrESt**-Schuldner können auch Gesamthandsgesellschaften sein (BFH BStBl 1987, 183; vgl bei Gesellschafterwechsel BFH BStBl 97, 299; s iEinz § 13 GrESt), nicht jedoch bei der **ErbSt** (BFH BStBl 95, 81; BFH BStBl 89, 237 ist überholt).

22 – Art 5 Nr 4 **UZK** nennt als im Zollrecht steuerrechtsfähig nur natürliche und juristische Personen sowie Personenvereinigungen, wenn „nach Unionsrecht oder nach einzelstaatlichem Recht" die Möglichkeit vorgesehen ist, dass sie im Rechtsverkehr auftreten können. Das wird nicht im Sinne einer ausdrücklichen (national)gesetzlichen Anerkennung solcher Personenvereinigungen zu verstehen sein, sondern als Vorbehalt zu Gunsten auch ungeschriebener nationaler Rechtstraditionen, die sinngemäß eine Möglichkeit zum wirksamen Auftreten im Zollrechtsverkehr beinhalten, mithin als Anerkennung der Zollrechtsfähigkeit der Personengesellschaften deutschen Rechts (*Dorsch/Lux* ZK Art 4 Rz 4f; vgl FG Mchn EFG 90, 659).

26 **b) Haftungsschuldner.** Für eine Steuer haftet, wer kraft Gesetzes für eine fremde StSchuld mit seinem eigenen Vermögen einzustehen hat. Bei wem das der Fall ist, ergibt sich insbes aus §§ 69 bis 76, aus § 42d EStG, § 44 V EStG, aber auch aus außersteuerlichen Gesetzen (zB §§ 427, 124 HGB). Auch eine Gesamthandsgemeinschaft kann insofern stpfl sein (BFH BStBl 89, 87). Haftung aufgrund einer Übernahme der StSchuld eines anderen (zB als StBürge) ist hingegen keine unmittelbar durch die StGesetze begründete Haftung und führt daher nicht zur StPflicht (richtig *TK/Drüen* AO § 33 Rz 7). Zur Verwirklichung der Haftung durch Haftungsbescheid siehe § 191. Wer für eine Steuer Schuldner ist, kann nicht als Haftungsschuldner in Anspruch genommen werden (aA *Bender* ZfZ 18, 190).

32 **c) Steuerentrichtungspflichtiger. Eine Steuer einzubehalten und abzuführen** hat insbes der ArbG nach §§ 38 III, 41a I Nr 2 EStG (LSt, ferner KiSt; beachte auch § 73e EStDV), der Schuldner von Kapitalerträgen (§ 44 I EStG), der Leistungsempfänger die USt idF des § 51 UStDV, der Milchkäufer nach § 40 MilchQuotV. StSchuldner bleibt in diesen Fällen derjenige, an den bürgerlich-

rechtl der betr Betrag (Lohn, Kapitalertrag, Milchgeld) auszukehren wäre, was sich insbes bei unterlassener Einbehaltung auswirkt, für die der StEntrichtungspflichtige uU nach Maßgabe des Gesetzes haftet. Die Personengesellschaft kann Entrichtungspflichtige sein.

d) Sonstige Pflichtige. Pflichten zur Abgabe einer StErklärung (vgl § 149), **zur Leistung einer Sicherheit, zum Führen von Büchern und Aufzeichnungen** finden sich in zahllosen EinzelStGesetzen und in der AO (etwa §§ 34, 35, 149 für Erklärungspflichten, 109 II, 165 I, 221 bis 223, 361 II für Sicherheiten, 140, 141 für Aufzeichnungspflichten). Handlungsfähigkeit ist nicht erforderlich, die für Handlungsunfähige aufgrund rechtsgeschäftlicher Übernahme Handelnden sind selbst keine Stpfl. Die Personengesellschaft ist selbst buchführungspflichtig (BFH BStBl 90, 272; 91, 401). 33

Weitere durch die StGesetze auferlegte Verpflichtungen: vgl die EinzelStGesetze sowie §§ 34, 35, 77, 137 bis 139. Hierher gehört die Verpflichtung zur StEntrichtung durch Verwendung von StZeichen, zB nach § 17 TabStG (StSchuldentstehung mit Bezug der StZeichen). Der Verwendungspflichtige ist Stpfl, sodass bei Fehlen der StZeichen die Steuer durch Bescheid festgesetzt werden kann (BFH/NV 95, 733), ebenso, wenn die Steuer abweichend festzusetzen ist, § 167 I 2, ggf jedoch nur für den Unterschiedsbetrag (so nach TabStG, BFH/NV 92, 415). Ferner bestehen vielfach Duldungs- und Mitwirkungspflichten (in eigener StSache). 34

StPflichten haben ferner der **Vermögensverwalter** (§ 34) und die **Verfügungsberechtigten** iSd § 35. Der Zwangsverwalter hat die ESt des Vollstreckungsschuldners zu entrichten, soweit sie aus der Vermietung der im Zwangsverwaltungsverfahren beschlagnahmten Grundstücke herrührt; das gilt auch während eines Insolvenzverfahrens (BFH BStBl 17, 367). Er hat die bei der Ausübung seines Amtes begründete USt zu entrichten, eine USt-Prüfungsanordnung entgegen zu nehmen etc (BFH/NV 11, 1931; 94, 77). EStBescheide, denen mit Mitteln des Nachlasses erzielte Einkünfte zugrunde liegen, sind jedoch an die Erben, nicht den Nachlassverwalter zu richten; denn er ist anders als der Nachlasspfleger nicht gesetzlicher Vertreter der Erben (BFH BStBl 91, 820). Auch der Testamentsvollstrecker verwaltet nicht die Rechte des Erben (BFH/NV 92, 223), kann indes nach FG BaWü EFG 90, 400 je nach dem Umfang seiner Befugnisse Pflichtiger einer Ap (§ 193) sein. Ein Testamentsvollstrecker ist nicht befugt, einen Feststellungsbescheid oder eine gegen den Erblasser gerichtete Prüfungsanordnung aus eigenem Recht (als Partei kraft Amtes) anzufechten. Das gilt auch dann, wenn es um die Feststellung von Besteuerungsgrundlagen aus der Zeit vor dem Erbfall geht (BFH BStBl 91, 120; 78, 491). 35

StPflichten hat schließlich der **Insolvenzverwalter** (nicht der schwache vorläufige!) vor allem im Hinblick auf die USt für von ihm bei Verwaltung der Masse vorgenommene Geschäfte. KfzSteuer für ein zur Masse gehörendes Fahrzeug (BFH BStBl 11, 944) ist gegen ihn festzusetzen, nach verfehlter Ansicht von BFH/NV 15, 240; 14, 581, BFH BStBl 05, 309 sogar unter Erstattung aufgrund entspr Festsetzung voraus entrichteter Steuer (dazu kritisch *Kahlert* ZIP 14, 981; *Rüsken* BFH/PR 14, 154). 36

4. Nicht Steuerpflichtige (Absatz 2). Nicht Stpfl ist, wer in fremder Steuersache bloße aktive oder passive **Mitwirkungspflichten** hat. Die Aufzählung in Abs 2 ist (unbeabsichtigt) nicht abschließend; über die genannten Fälle hinaus gehören hierher alle Duldungspflichten nach §§ 99, 93a, 100 AO, § 33 ErbStG, §§ 18, 135, 136 GrEStG, §§ 29, 54 EStDV. 39

5. Erfüllungsgehilfen. Ein Stpfl, der bei der Erfüllung seiner Pflichten einen Erfüllungsgehilfen einschaltet, hat insoweit dessen Verschulden wie eigenes zu vertreten (BFH BStBl 91, 325). Der BFH folgert dies nicht aus einer analogen Anwendung 41 des § 278 BGB, sondern aus einem in dieser Vorschrift, im Vertretungsrecht (§§ 164 I 1, 166 BGB, § 85 II ZPO) und im allgemeinen Abgabenrecht (§§ 80, 110 I 2, 152 I 3) konkretisierten allgemeinen Rechtsgedanken. Die Zurechnung von Handlungen eines Erfüllungsgehilfen spielt daher über die vorgenannten Vorschriften der AO hinaus eine erhebliche Rolle. Anders kann die Rechtslage sein, wenn das Gesetz an das persönliche Verschulden eines anderen als des unmittelbaren Trägers der steuerlichen Pflichten anknüpft und diesen anderen für dieses persönliche Verschulden in Anspruch nimmt (zB im Falle der Haftung, vgl § 69 Rz 9 f).

§ 34 Pflichten der gesetzlichen Vertreter und der Vermögensverwalter

(1) [1] **Die gesetzlichen Vertreter natürlicher und juristischer Personen und die Geschäftsführer von nicht rechtsfähigen Personenvereinigungen und Vermögensmassen haben deren steuerliche Pflichten zu erfüllen.** [2] **Sie haben insbesondere dafür zu sorgen, dass die Steuern aus den Mitteln entrichtet werden, die sie verwalten.**

(2) [1] **Soweit nicht rechtsfähige Personenvereinigungen ohne Geschäftsführer sind, haben die Mitglieder oder Gesellschafter die Pflichten im Sinne des Absatzes 1 zu erfüllen.** [2] **Die Finanzbehörde kann sich an jedes Mitglied oder jeden Gesellschafter halten.** [3] **Für nicht rechtsfähige Vermögensmassen gelten die Sätze 1 und 2 mit der Maßgabe, dass diejenigen, denen das Vermögen zusteht, die steuerlichen Pflichten zu erfüllen haben.**

(3) **Steht eine Vermögensverwaltung anderen Personen als den Eigentümern des Vermögens oder deren gesetzlichen Vertretern zu, so haben die Vermögensverwalter die in Absatz 1 bezeichneten Pflichten, soweit ihre Verwaltung reicht.**

Schrifttum: *Ehlers* Die persönliche Haftung von ehrenamtlichen Vereinsvorsitzenden, NJW 11, 2689; *Kahlert* Das BMF-Schreiben vom 3.5.2017 betreffend die ertragsteuerlichen Pflichten des Zwangsverwalters, ZfIR 17, 649.

Übersicht

1 **1. Inhalt.** Die Vorschrift begründet für die gesetzlichen Vertreter natürlicher und juristischer Personen, für Geschäftsführer nicht rechtsfähiger Personenvereinigungen und Vermögensmassen ein *eigenständiges Pflichtenverhältnis* zur FinBeh. Diese haben als eigene die Pflichten zu erfüllen, die den von ihnen Vertretenen auferlegt sind, zB Abgabe der StErklärungen, Buchführungspflichten, Auskunftspflichten; insbes haben sie aus den von ihnen verwalteten Mitteln die Steuern zu zahlen; vgl zu allem auch die Kommentierung zu § 69. Ihre Pflichtenstellung beinhaltet aber, wie sich aus § 34 I 2 ergibt, nicht ein Einstehenmüssen mit eigenem Vermögen, sondern nur die Pflicht zur Entrichtung der Steuern aus den tatsächlich verfügbaren Mitteln des Vertretenen (BFH BStBl 91, 678; BFH/NV 88, 487). StSchuldner bleiben die Vertretenen (BFH BStBl 70, 826). Die nach § 34 Verpflichteten werden erst dann Beteiligte eines StSchuldverhältnisses iSd § 37 I, wenn sie ihre Pflichten aus § 34 verletzen und deshalb nach § 69 Haftungsschuldner sind.

2 Die Vertreter iSd § 34 werden **Verpflichtete kraft eigenen Rechts,** nicht kraft abgeleiteten Rechts (BFH BStBl 89, 955; 91, 675). Gegen sie kann daher

auch ein Verspätungszuschlag festgesetzt werden (BFH BStBl 89, 955; 91, 675; BFH/NV 92, 256), ebenso wie gegen den von ihnen vertretenen StSchuldner selbst (BFH BStBl 87, 764; 91, 384; 91, 675; 92, 3; BFH/NV 92, 577; s näher § 152 Rz 9), weil die Pflicht, eine StErklärung abzugeben, ggf ihre eigene Pflicht ist. Ebenso kann gegen den nach § 34 Verpflichteten ein Zwangsgeld (§ 328) festgesetzt werden. Schuldner von Zinsen Hinterziehungszinsen wird hingegen nur der StSchuldner und nicht der nach § 34 Verpflichtete (BFH BStBl 82, 689; 91, 781; 92, 163; BFH/NV 92, 150, 156). Denn § 235 I 3 soll nur Fälle einer eigenen StEinbehaltungs- und Entrichtungsschuld (zB ArbG für LSt, vgl § 33 Rz 1; Versicherer, § 7 VersStG) erfassen. Wer als Sachwalter des Stpfl nach §§ 34, 35 dessen Pflichten zu erfüllen hat, ist nicht „anderer" iSd § 235 I 3 (s auch § 235 Rz 14). Sz (§ 240) treffen ebenfalls nur den StSchuldner oder StEntrichtungs-(Abzugs-) Schuldner; die nach § 34 Verpflichteten sind nur Haftende (vgl § 240 Rz 47; vgl auch § 69 Satz 2).

2. Gesetzliche Vertreter. Das sind bei **natürlichen Personen** die Eltern von ehelichen Kindern als Gesamtvertreter (§ 1629 BGB), die Mutter oder die Eltern von einem nicht ehelichen Kind (§ 1626a BGB), Jugendamt oder der Vormund für elternlose Minderjährige (§§ 1791b, 1793ff BGB), der Betreuer für Betreute (§§ 1902 BGB; dazu BFH/NV 11, 1844) und der Pfleger (§§ 1911, 1912, 1913, 1914 BGB; vgl auch FG Mster EFG 00, 1217). Wegen § 181 BGB bedarf der gesetzl Vertreter ggf eines Ergänzungspflegers (dazu BFH BStBl 92, 1024; 94, 635). 5

Bei **juristischen Personen** des öffentlichen Rechts ist Vertreter (dh Organ, durch das die handlungsunfähige Person rechtswirksam handelt) der durch Gesetz, VO, Satzung oder internen Organisationsakt (zB Verwaltungsvorschrift) berufene Vertreter, bei juristischen Personen des Privatrechts: der nach Maßgabe des betr Gründungsakts berufene Vorstand (bei AG, Genossenschaft, eingetragenem Verein, Versicherungsverein auf Gegenseitigkeit und Stiftung), der Geschäftsführer (bei der GmbH) und der Abwickler oder Liquidator (zur Haftung bei Abwicklung einer GmbH vgl BFH BStBl 71, 614; 73, 465; BayObLG GmbHR 82, 274). Ist der Geschäftsführer einer GmbH nicht im Gesellschaftsvertrag benannt, so ist für seine Bestellung ein Beschluss der Gesellschafter erforderlich, aber auch ausreichend; dieser bedarf keiner besonderen Form. Die Eintragung in das Handelsregister ist für die Pflichtenstellung und Haftung unerheblich (BFH/NV 88, 683; 90, 71; VGH Kassel GmbHR 89, 350), auch für die Beendigung der Pflichtenstellung (BFH/NV 85, 20). Die Geschäftsführung ist mit der Löschung der GmbH im Handelsregister beendet; auch bei Löschung wegen Vermögenslosigkeit (§ 394 FamFG) bleibt er nicht ipso iure gesetzlicher Vertreter, sofern er nicht zum Liquidator bestellt wird (vgl BFH BStBl 80, 587; BFH/NV 01, 1217). 6

Der gerichtlich bestellte **Liquidator** ist das Vertretungs-/Geschäftsführungsorgan der betr juristischen Person (§ 265 AktG, § 66 GmbHG, § 48 BGB, § 83 GenG) bzw Personengesellschaft (§ 730 II BGB, § 146 HGB) im Liquidationsstadium und hat insbes deren noch unerledigte stl Pflichten zu erfüllen. Der Liquidator hat – ähnlich dem Geschäftsführer der illiquiden GmbH – die vorhandenen Mittel gleichmäßig auch zur Tilgung vorhandener und anlässlich der Liquidation entstehender StSchulden zu verwenden. Der im Handelsregister eingetragene Liquidator ist auch dann verpflichtet, wenn seine Bestellung unwirksam ist (BFH/NV 96, 530). Ist kein Liquidator (mehr) vorhanden, muss die FinBeh ggf die Bestellung eines (Nachtrags-)Liquidators betreiben (BFH/NV 95, 759); die Rechtsstellung der früheren Liquidatoren lebt nicht wieder ipso iure auf (BGH NJW 79, 1987 = HFR 80, Nr 43). Die Bestellung eines Nachtragsliquidators ist jederzeit möglich, weil auch eine gelöschte Gesellschaft bis zur vollständigen Abwicklung ihrer stl Angelegenheit fortbesteht (BFH/NV 98, 1447). Zur sog Nachtragsliquidation bei Feststellung verteilbaren Vermögens einer bereits gelöschten 6a

GmbH oder AktG vgl auch BFH BStBl 86, 589; 69, 656; BFH/NV 94, 214). Nachtragsliquidatoren können auch bei einer Personengesellschaft zu bestellen sein (BFH BStBl 71, 540; BFH/NV 90, 386), deren Geschäftsführer indes Liquidatoren sind und folglich nicht erneut bestellt werden müssen (BFH/NV 93, 303; BGH NJW 79, 1987). Zum Abwickler einer atypischen stillen Gesellschaft vgl BFH BStBl 92, 59.

6b **Vereinsvorsitzende** (§ 26 BGB) vertreten den Verein; sie treffen daher grds die gleichen Pflichten wie GmbH-Geschäftsführer (BFH BStBl 98, 761, vgl auch BFH/NV 98, 814), wegen deren Haftung die BFH-Rspr überwiegend ergangen ist. Das gilt auch für einen zweiten Vorsitzenden (BFH/NV 01, 413) und bei ehrenamtlicher Tätigkeit, Gemeinnützigkeit, sozialen Zielen des Vereins etc. Es besteht kein Haftungsprivileg. Auch der Verschuldensmaßstab ist nicht deswegen ein anderer, weil es sich um ehrenamtliche Tätigkeit etc handelt (allenfalls das subjektive Unvermögen ist zu berücksichtigen, wenn die Übernahme des Vorsitzes trotz mangelhafter Kenntnisse und Fähigkeiten nicht als solche Verschulden begründet); ebenso wenig ist ein Absehen von der Inanspruchnahme aus diesem Grunde eine zweckgerechte Ermessensausübung.

6c Die für das Verhältnis mehrerer Geschäftsführer entwickelten Grundsätze für die Möglichkeit einer Begrenzung der Verantwortlichkeit des gesetzlichen Vertreters einer juristischen Person durch eine Verteilung der Aufgaben innerhalb derselben (dazu § 69 Rz 106) gelten auch für die Übertragung steuerlicher Pflichten eines Vereins auf dessen Abteilungen (BFH BStBl 03, 556).

6d Ein **Prokurist** ist Bevollmächtigter (mit gesetzl bestimmtem Vollmachtsumfang), kein gesetzlicher Vertreter (zum Fall satzungsmäßiger Gesamtvertretung zusammen mit einem Gesellschafter *Nacke* AO-StB 06, 189), soweit er nicht nach außen hin als Vermögensverwalter (§ 35) aufgetreten ist (BFH BStBl 85, 147).

6e **Insolvenzverwalter, Zwangsverwalter, Nachlassverwalter und Testamentsvollstrecker** sind keine Vertreter, sondern sog Parteien kraft Amtes und haben stl Pflichten nach § 34 III, nicht nach § 34 I. Für sie siehe Rz 22 ff.

7 **3. Geschäftsführer nicht rechtsfähiger Personenvereinigungen und Vermögensmassen.** Der Begriff „nicht rechtsfähige Personenvereinigungen" umfasst die Gebilde, die – wie die OHG und KG und die GbR – zwar keine juristischen Personen sind, aber am Rechtsverkehr teilnehmen und stl Rechte erwerben bzw Verpflichtungen eingehen können. Durch die zivilrechtliche Anerkennung einer Teilrechtsfähigkeit der GbR (BGHZ 146, 341) hat sich daher steuerrechtl nichts geändert (BFH/NV 05, 156).

8 Bei nicht rechtsfähigen Personenvereinigungen und Vermögensmassen, die steuerrechtl Träger von Rechten und Pflichten sind, sind ungeachtet der Terminologie des bürgerlichen Rechts alle Personen als Geschäftsführer angesprochen, die die Geschäfte dieser Gebilde tatsächlich führen und entspr nach außen auftreten (BFH BStBl 99, 237). Die bloß interne Ermächtigung, wie ein Geschäftsführer auftreten zu dürfen, genügt hingegen nicht (BFH/NV 90, 7). Einige nicht rechtsfähige Personenvereinigungen haben indes auch zivilistisch Geschäftsführer (zB OHG und KG, Partnerschaft), welche dann deren stl Pflichten zu erfüllen haben.

9 Wer Geschäftsführer ist, bestimmt ggf der **Gesellschaftsvertrag** oder die Satzung, aber uU auch eine mit dem Betreffenden getroffene besondere Vereinbarung; hilfsweise greift bei Fehlen eines Geschäftsführers Abs 2 Satz 2 ein. Die Haftung ergibt sich schon aus der nominellen Bestellung zum Geschäftsführer und ohne Rücksicht darauf, ob die Geschäftsführung auch tatsächlich ausgeübt werden kann (BFH/NV 86, 266; 87, 210, 212, 422; 88, 6; 89, 757; 95, 941; 96, 589) und ob sie ausgeübt werden soll (BFH BStBl 04, 579, BFH/NV 98, 1325: vorgeschobener Schein-Geschäftsführer, Strohmann; 96, 657: kein Haftungsausschluss durch Treuhandabrede). Dasselbe gilt auch für Angehörige desjenigen, der die GmbH beherrscht, etwa dessen Kinder (BFH/NV 97, 7). Vertretungsbefugnis ist grds

nicht Voraussetzung für eine Pflichtenstellung als Geschäftsführer, weil die Verpflichtung einen tatsächlichen Vorgang betrifft (BFH/NV 91, 641; 92, 785); die Verpflichtung des Geschäftsführers richtet sich ggf darauf, sich um die Mitwirkung der/des Vertretungsberechtigten zu bemühen (BFH/NV 96, 3). Die zur Vertretung berufenen Gesellschafter von OHG und KG (§§ 125, 161, 170 HGB; s auch §§ 493, 496 HGB) treffen die Pflichten aus § 34 I *nicht,* weil sie nicht deren „gesetzliche Vertreter" sind (*HHSp/Boeker* § 34 Rz 25). Vielmehr sind dort ebenso wie bei einer nicht zur Entstehung gelangten GmbH oder bei einer GmbH vor deren Entstehung (Vorgesellschaft) die steuerlichen Pflichten (zB zur Abführung der LSt) von dem bestellten Geschäftsführer zu erfüllen.

Ein sog **faktischer Geschäftsführer** hat dieselben Pflichten zu erfüllen wie der 9a bestellte, allerdings nicht nach § 34, sondern nach § 35 (BFH BStBl 80, 526; 89, 491; 93, 213; unklar BFH/NV 00, 1322); auch der faktische Geschäftsführer einer juristischen Person hat keine Pflichten nach § 34 I, sondern allenfalls nach § 35 (BFH BStBl 89, 491). Neben den bestellten Geschäftsführern sind also ggf diejenigen nach § 35 verpflichtet, die tatsächlich die Geschäfte führen. Dafür kommt es auf das Gesamterscheinungsbild seines Auftretens an (FG Hmb EFG 17, 1225).

Die Pflichtenstellung des Geschäftsführers setzt voraus, dass er zum Zeitpunkt der 10 Fälligkeit der StSchuld befugt ist, über Mittel der GmbH zu verfügen (BFH BStBl 93, 471; vgl BFH/NV 90, 71; 91, 500). Die steuerlichen Pflichten des Geschäftsführers enden mithin insbes **mit dem Ausscheiden** als Geschäftsführer oder mit der Eröffnung eines Insolvenzverfahrens bzw eines Verfügungsverbots (zB nach § 21 II Nr 2 InsO). Wird ein schwacher vorläufiger Insolvenzverwalter mit Zustimmungsvorbehalt bestellt, hat der Geschäftsführer zwar keine Möglichkeit mehr, gegen dessen Entscheidung die stl Pflichten zu erfüllen; er muss aber versuchen, diesen zur Zustimmung zur Pflichterfüllung zu bewegen (vgl BFH/NV 07, 2225; 05, 661); ein Verschuldensvorwurf bedarf aber dabei besonderer Prüfung (vgl Rz 23). Der Insolvenzverwalter selbst hat in diesem Fall hingegen keinerlei stl Pflichtenstellung, deren Missachtung seine Haftung auslösen könnte (BFH/NV 09, 1591). Die Pflichtenstellung endet ferner mit dem Zugang des Widerrufs der Bestellung beim Geschäftsführer oder mit der Erklärung der Amtsniederlegung durch den Geschäftsführer. Auf die Eintragung im Handelsregister kommt es nicht an (BFH/NV 88, 485). Die steuerlichen Pflichten können hingegen idR nicht rückwirkend durch eine Anfechtung des Gesellschaftsvertrags beseitigt werden (FG BaWü EFG 90, 92).

4. Mitglieder und Gesellschafter bei nicht rechtsfähigen Personenvereinigungen. Sie haben die Pflichten der nicht rechtsfähigen Personenvereinigung zu 19 erfüllen, wenn *keine* Geschäftsführer vorhanden sind oder vorhandene Geschäftsführer bestimmte Handlungen nicht vornehmen dürfen; anderenfalls haben sie keine besonderen steuerrechtl Pflichten zu erfüllen und können folglich zu einer steuerrechtl Haftung wegen Verletzung solcher Pflichten nicht herangezogen werden (vgl BFH/NV 00, 1442). Verpflichtet sind also die Gesellschafter einer GbR, wenn sie keine Regelung über die Geschäftsführung nach § 710 BGB getroffen haben, ihnen die Geschäftsführung nach § 709 BGB also gemeinschaftlich zusteht (BFH BStBl 96, 256; 86, 539), ebenso bei der Partnerschaft (§ 7 III PartGG) und ähnlich bei der OHG (jeder Gesellschafter zur Geschäftsführung befugt, §§ 114, 115 HGB). Da die Mitglieder oder Gesellschafter in diesem Fall die Pflichtenstellung der gesetzlichen Vertreter der Personenvereinigung haben, gelten die obigen Ausführungen für die gesetzlichen Vertreter entsprechend. Die FinBeh kann sich bei mehreren an jeden einzelnen halten, etwa bei der Bekanntgabe an die Gesellschaft gerichteter VA, auch nach Auflösung der Gesellschaft (BFH BStBl 96, 256). Bei (naturgemäß mitgliedslosen) Vermögensmassen trifft diese Pflichtenstellung ggf diejenigen, denen die Vermögensmasse zusteht.

5. Vermögensverwalter. Es kommt nicht darauf an, wodurch die Vermögens- 21 verwaltung begründet worden ist. Abs 3 betrifft also auch die durch Rechtsgeschäft (zB Treuhandvertrag) bestellten Vermögensverwalter (str; wie hier *BG/Jatzke* § 34 Rz 20; *Heidner* DB 96, 1203). Es handelt sich bei den von § 34 III erfassten Personen jedoch überwiegend um *Parteien kraft Amtes.*

22 Hierzu zählen vor allem der **Insolvenzverwalter** nach § 56 InsO, bzw der Treuhänder im vereinfachten Insolvenzverfahren (nicht im Restschuldbefreiungsverfahren, § 292 InsO). Die Pflichtenstellung des Insolvenzverwalters entspricht der des früheren Konkursverwalters. Er hat alle massebezogenen (sonst BFH BStBl 91, 678) steuerlichen Pflichten zu erfüllen, die dem Schuldner oblägen, wenn über sein Vermögen nicht das Insolvenzverfahren eröffnet wäre (BFH BStBl 95, 194). Dazu gehört auch die Ausübung des Veranlagungswahlrechts hins in die Masse fallenden Neuerwerbs (BFHE 259, 229).

23 Die Rechts- und Pflichtenstellung des **vorläufigen Insolvenzverwalters** (§ 22 II 1 InsO) gleicht der des Insolvenzverwalters, wenn ein *allg* Verfügungsverbot erlassen worden ist (§ 21 II InsO; sog starker vorläufiger Insolvenzverwalter); anderenfalls („schwacher vorläufiger Insolvenzverwalter") treffen ihn die Pflichten nach Abs 2 nur dann, wenn sie ihm gem § 22 InsO auferlegt sind, uz selbst wenn Verfügungen von seiner Zustimmung abhängig gemacht sind (§ 21 II Nr 2 InsO; vgl *HHSp/Boeker* § 34 Rz 79). Dies gilt auch dann, wenn er die ihm vom Insolvenzgericht übertragenen Verwaltungsbefugnisse überschreitet und tatsächlich über Gelder des noch verfügungsberechtigten Schuldners verfügt (BFH/NV 09, 1591). Seine Stellung ähnelt zwar der des nach altem Recht vom Konkursgericht für die Zeit bis zur Entscheidung über den Konkursantrag zur Sicherung der künftigen Masse eingesetzten Sequesters, der die Aufgabe hatte, die Masse möglichst unversehrt zu erhalten, und dem daher grds keine Verwaltungsbefugnisse und -pflichten zukamen (vgl BFH BStBl 86, 586; BGHZ 86, 190; BGH NJW 83, 887); er durfte nur Schulden begleichen, deren Nichterfüllung den Sequestrationszweck gefährdet (zB Bezahlung der Strom- und Telefonrechnung, vgl BFH BStBl 86, 586). Er haftete nicht für die USt, die durch seine im Rahmen der Anordnung des Gerichts getroffenen Maßnahmen entstehen (wohl aber für LSt hinsichtl im Sequestrationszeitraum gezahlter Löhne, vgl BFH BStBl 86, 586; 84, 776). Die zum Sequester entwickelten Haftungsgrundsätze sind jedoch auf den vorläufigen Insolvenzverwalter *nicht* ohne Weiteres übertragbar. Führt dieser allerdings einen Betrieb fort, haftet er für die Abführung der betrieblichen Steuern; er muss insbes USt anmelden und abführen, wenn er sie durch laufende Geschäfte begründet hat. Bei Bestellung eines vorläufigen Insolvenzverwalters mit bloßem Zustimmungsvorbehalt verbleibt die Verwaltungsbefugnis und Verfügungsbefugnis hingegen beim Schuldner, sodass eine Haftung des Verwalters grds ausscheidet (BFH/NV 05, 665); vgl schon Rz 10. Sperrt zB ein schwacher vorläufiger Insolvenzverwalter das Konto des StSchuldners, sodass die LSt aufgrund einer Rücklastschrift nicht entrichtet wird, haftet der Stpfl hierfür nicht (FG Mster EFG 10, 1670). Bei Verweigerung der Zustimmung muss der Geschäftsführer idR keine *rechtl* Schritte gegen den Verwalter ergreifen (nicht ganz klar BFH/NV 05, 661). Das führt allerdings zu dem bemerkenswerten Ergebnis, dass das FA in der Vorinsolvenzphase jedes Haftungssubjekt verlustig geht.

25 Auch der **Sachwalter** (§ 270c InsO) ist kein Vermögensverwalter, wohl aber der **Zwangsverwalter** (BFH BStBl 86, 500; 88, 920; BFH/NV 94, 77); er ist selbst – neben dem Vermögensinhaber – Stpfl, aber nur soweit seine Verwaltung reicht (sie bezieht sich nur auf die Nutzungen; zur *Verfügung* über das der Verwaltung unterliegende Grundstück ist der Zwangsverwalter nicht befugt (BFH BStBl 17, 367; BFH BStBl 17, 367). Der Vollstreckungsschuldner bleibt jedoch Unternehmer (vgl *Onusseit* ZfIR 05, 265). Führt der Vollstreckungsschuldner außerhalb des Unternehmensbereichs, auf den sich die Beschlagnahme erstreckt, Umsätze aus, ist die hieraus entstandene USt durch einen an den Vollstreckungsschuldner zu richtenden USt-Bescheid geltend zu machen, der Zwangsverwalter hat insofern nur mitzuwirken (BFH BStBl 02, 171). Eine Ap ist jedoch (ggf auch) gegen den Zwangsverwalter zu richten (BFH/NV 94, 77), wenn sie nicht ausschl Vorgänge vor Anordnung

der Zwangsverwaltung betrifft (vgl BFH BStBl 92, 59; BFH/NV 90, 545) bzw der Vollstreckungsschuldner außerhalb des Unternehmensbereichs, auf den sich die Beschlagnahme erstreckt, keine Umsätze ausführt (BFH BStBl 88, 920). Zu den umsatzsteuerrechtl Pflichten eines Zwangsverwalters vgl auch FG Mchn EFG 99, 101 (mit zweifelhaften Überlegungen zum angeblich fehlenden Verschulden eines RA als Zwangsverwalter). Der Zwangsverwalter hat, ggf neben einem Insolvenzverwalter, vor welchem die Anordnung der Zwangsverwaltung Vorrang hat, auch die ESt des Vollstreckungsschuldners zu entrichten, soweit sie aus der Vermietung der im Zwangsverwaltungsverfahren beschlagnahmten Grundstücke herrührt (BFH BStBl 17, 367). Gehört das verwaltete Grundstück zum Vermögen einer Erbengemeinschaft, hat der Zwangsverwalter jedoch nicht für die Entrichtung der ESt von deren Mitgliedern zu sorgen (BFH BStBl 16, 852; FG Ddorf EFG 17, 1452).

Vermögensverwalter ist auch der **Testamentsvollstrecker** (BFH BStBl 70, 826; 26
71, 119; 78, 383). Die Verantwortlichkeit des Testamentsvollstreckers erstreckt sich auf die in der Person des Erblassers entstandenen Steuern insoweit, als er für sie StErklärungen abzugeben und ggf die Zwangsvollstreckung in den Nachlass zu dulden hat. StSchulden, die auf die Erben übergegangen sind, können durch einen an den Testamentsvollstrecker gerichteten StBescheid geltend gemacht werden, wenn diesem die Verwaltung des gesamten Nachlasses zusteht (BFH BStBl 89, 782). Die StForderungen sind sonst jedoch gegen die Erben festzusetzen (BFH BStBl 78, 383, 491; 77, 481), jedenfalls wenn der Erbe bekannt ist; sie können nicht unmittelbar gegen den Nachlass vollstreckt werden. Für die nach dem Erbfall liegenden Besteuerungsabschnitte haben die Erben auch die StErklärungen abzugeben (BFH BStBl 80, 605; 96, 322; einschränkend FG BaWü EFG 90, 400); sie sind bei Erträgen des Nachlasses StSchuldner (BFH BStBl 80, 605; 74, 100). Nach § 31 V ErbStG hat jedoch der Testamentsvollstrecker eine ErbStErklärung abzugeben (dazu BFH BStBl 97, 73, andererseits BFH BStBl 99, 529); er ist insoweit auch (Bekanntgabe-)Adressat des ErbStBescheids (§ 32 I 1 ErbStG), nicht jedoch hinsichtl eines Vermächtnisnehmers udgl (BFH BStBl 91, 181).

Ist die ErbSt aus dem der Testamentsvollstreckung unterliegenden Nachlass gezahlt 27
worden, so sind bei Überzahlung zwar die Erben Inhaber des Erstattungsanspruchs. Verfügungsberechtigt und daher empfangsberechtigt ist jedoch der Testamentsvollstrecker (BFH BStBl 86, 704). Der Testamentsvollstrecker eines Gesellschafters einer OHG ist auch nicht befugt, einen nicht gegen ihn ergangenen Gewinnfeststellungsbescheid an Stelle der Erben anzufechten, wenn dieser Besteuerungsgrundlagen aus der Zeit vor dem Erbfall zum Gegenstand hat (BFH BStBl 78, 491).

Ist der Testamentsvollstrecker als Treuhänder oder Bevollmächtigter der Erben 28
zur **Fortführung des Handelsgeschäfts** des Erblassers ermächtigt, ergeben sich seine Pflichten aus diesem Rechtsverhältnis (vgl BGHZ 12, 100; BFH BStBl 91, 191; *HHSp/Boeker* § 34 Rz 78).

Ein **Nachlassverwalter,** § 1985 BGB, ist ebenfalls Vermögensverwalter, nicht 29
Vertreter der Erben, die ggf nach dem Tod des Erblassers den Tatbestand der Einkünfteerzielung selbst verwirklichen (BFH BStBl 91, 820): Die Bekanntgabe eines StBescheids an ihn kommt deshalb nur in Betracht, wenn Nachlasserbenschulden geltend gemacht werden und der Nachlassverwalter deshalb Drittbetroffener ist.

Der **Nachlasspfleger** ist hingegen im Besteuerungsverfahren der gesetzliche 30
Vertreter der noch unbekannten Erben. VA sind bis zur Aufhebung der Nachlasspflegschaft an ihn zu richten, selbst wenn die Erben inzwischen bekannt wurden (BFH BStBl 82, 687). IÜ werden jedoch wie bei Testamentsvollstreckung insbes Einkünfte allein von den Erben erzielt (BFH BStBl 91, 820).

6. Inhalt der Pflichten. Die Pflicht, die steuerlichen Pflichten der vertretenen 35
Person bzw der Vereinigung oder Vermögensmasse, deren Geschäft der Verpflichtete führt, zu erfüllen, ist grds umfassend (Buchführungs- und Aufzeichnungspflichten, Erklärungs-, Auskunfts-, Vorlagepflichten, StEinbehaltungs- und Ent-

richtungspflichten, Duldungspflichten); sie kann jedoch durch den Umfang der Verwaltungsrechte des Betreffenden nach dem Inhalt des Rechtsverhältnisses, das seine Pflichtenstellung nach § 34 begründet, beschränkt sein, als öffentlich-rechtl Pflicht aber nicht durch Vereinbarung mit dem Vertretenen etc eingeschränkt oder ganz abbedungen werden (BFH BStBl 83, 655). Wegen aller weiteren Einzelheiten zur Pflichtenstellung siehe die Kommentierung zu § 69.

§ 35 Pflichten des Verfügungsberechtigten

Wer als Verfügungsberechtigter im eigenen oder fremden Namen auftritt, hat die Pflichten eines gesetzlichen Vertreters (§ 34 Abs. 1), soweit er sie rechtlich und tatsächlich erfüllen kann.

Schrifttum: *Weßeler/Schneider* Die steuerliche Haftung des vorläufigen Insolvenzverwalters mit Zustimmungsvorbehalt nach §§ 35, 69 AO wegen des Widerrufs einer genehmigten Lastschriftbuchung im Einzugsermächtigungsverfahren, ZInsO 12, 301; *Brandau/Darga* Die Entrichtungspflicht der Einkommensteuer für den Zwangsverwalter, ZfIR 16, 700.

Übersicht

1 **1. Inhalt.** § 35 ergänzt § 34. § 34 I, III erfasst nur die kraft Gesetzes berufenen oder rechtsgeschäftlich bestellten Dritten, insbes also Fälle, in denen es der Stpfl (§ 33) Dritten übertragen hat, sein Vermögen zu verwalten und die dafür notwendigen Verfügungen zu treffen, und diese dann die entsprechenden stl Pflichten als eigene tragen sollen. § 35 schließt eine Lücke, indem er die gleichen Pflichten denen auferlegt, die ohne eine (bürgerlich-rechtl) Bestellung zum Geschäftsführer etc bzw gesetzliche Berufung zum Vertreter die gleichen rechtlichen Möglichkeiten des Zugriffs auf fremdes Vermögen haben und von diesen auch tatsächlich nach außen hin erkennbar Gebrauch machen. § 35 soll neben dem Grundtatbestand des § 34 nur zum Zuge kommen, wenn nicht bereits dieser eingreift (BFH/NV 88, 139; dagegen mit Recht *Gmach* DStZ 01, 341, 350, wobei jedoch bei der Ermessensauswahl in der Tat der nach § 34 Verpflichtete idR vorrangig in Anspruch zu nehmen sein wird).

2 **2. Verfügungsberechtigter.** Verfügungsberechtigter ist an sich nur jemand, der über Mittel, die einem anderen zuzurechnen sind, verfügen *darf.* § 35 lässt freilich genügen, dass jemand diesen Anschein erweckt (so „auftritt“). Das Eingehen von Verpflichtungen *für* einen anderen, die Abgabe von Erklärungen für ihn, auch einer StErklärung (siehe jedoch Rz 12) oder rein tatsächliche Handlungen drücken keine Verfügungsmacht aus und sind deshalb für § 35 nicht ausreichend. Zum Auftreten als Verfügungsberechtigter muss freilich als Zweites hinzukommen, dass der Betreffende die (steuerlichen) Pflichten, die ein gesetzl Vertreter hätte, rechtl und tatsächlich (dh wirtschaftlich) tatsächlich erfüllen *kann* (vgl BFH BStBl 89, 491; 91, 284; *Carl* DStR 90, 271).

3 Die **Verfügungsmacht** muss darin bestehen, mit Wirksamkeit nach außen wie ein Vertreter oder ein nach § 185 I BGB Ermächtigter selbst und ggf gegen den Willen des Stpfl Verfügungen vornehmen zu können; bloß vorgetäuschte oder irrtümlich angenommene Verfügungsbefugnisse können daher den Tatbestand des § 35 nicht erfüllen (BFH/NV 09, 1591). Eine rechtliche Verfügungsmöglichkeit kann sich jedoch daran zeigen, dass der Betreffende *mittelbar* seinen Verfügungswillen durchsetzen kann (vgl BFH BStBl 91, 284; 95, 859), wie zB der Alleingesellschafter einer GmbH (BFH BStBl 91, 284, 286) oder der beherrschende Gesellschafter (BFH

BStBl 80, 526). Dass ein Geschäftsführer bestellt und tätig ist, schließt deshalb nicht aus, dass ein Dritter Verfügungsberechtigter ist und den Geschäftsführer nur vorschiebt (vgl BFH/NV 93, 213). Verfügungsmacht kann auch dadurch zum Ausdruck kommen, dass jemand Zahlungen leistet (BFH BStBl 89, 491) oder über eine Kontovollmacht verfügt (BFH BStBl 91, 284; BFH/NV 89, 139).

Die Verfügungsmacht kann auf Gesetz, behördlicher oder gerichtlicher Anordnung (dann aber meist Fall des § 34 I, III) oder Rechtsgeschäft beruhen (BFH BStBl 95, 859; BFH/NV 11, 740), insbes einer Ermächtigung des Berechtigten gem § 185 I BGB (vgl BFH/NV 89, 139: Treuhänder; BFH/NV 94, 128: Generalbevollmächtigter; BFH/NV 89, 139: Vergleichsverwalter, der als Treuhänder berechtigt, über das Anlage- und Umlaufvermögen des Vergleichsschuldners zu verfügen; vgl aber BFH BStBl 95, 859: Sicherungsabtretung aller Kundenforderungen genügt nicht). Auch eine Anscheins- oder Duldungsvollmacht kann die Verfügungsmacht vermitteln (FG Nds EFG 92, 239), sodass der faktische Geschäftsführer hierher gehört (vgl BFH BStBl 89, 491; BFH/NV 08, 10; 08, 748). Eine bloß tatsächliche Verfügungs*möglichkeit* reicht jedoch nicht aus, um die Pflichten eines gesetzlichen Vertreters zu begründen (BT-Drs 7/4292; BFH/NV 04, 1369, *Gmach* DStZ 01, 341). Es bedarf vielmehr auch der Fähigkeit, aufgrund bürgerlich-rechtl begründeter Verfügungsmacht im Außenverhältnis *wirksam* zu handeln (BFH BStBl 89, 491; 95, 859). Die Möglichkeit, durch wirtschaftlichen Druck den Stpfl zu bestimmten Verfügungen zu bewegen (FG RhPf EFG 85, 587), Kontroll- und Einwirkungsmöglichkeiten auf das Vermögen oder auf die Geschäftsführung des Stpfl reichen daher selbst iVm sonstiger völliger Abhängigkeit des Stpfl (zB von einer Bank) nicht aus (BFH BStBl 95, 859). Deshalb ist ein schwacher vorläufiger Insolvenzverwalter selbst bei Zustimmungsvorbehalt weder Verfügungsberechtigter (BFH/NV 09, 1591) noch Vermögensverwalter.

Einschränkungen, denen der Verfügungsberechtigte ggf im **Innenverhältnis** unterliegt, ändern an der Verfügungsmacht nichts; denn öff-rechtl Pflichten, die § 35 dem als verfügungsberechtigt Auftretenden auferlegt, können nicht durch private Abmachungen abbedungen werden (BFH/NV 11, 740). 4

Eine **Sicherungsübereignung** oder **Sicherungsabtretung** genügt für § 35 nur, wenn dem Sicherungsnehmer vom Sicherungsgeber Verfügungsbefugnisse eingeräumt sind, die über den bloßen Sicherungszweck hinausgehen. Ob es ausreicht, dass diese Befugnisse zu einer Befriedigung des Sicherungsnehmers führen können, wie zB die Befugnis, die sicherungsübereigneten Gegenstände zu verwerten oder die sicherungsweise abgetretenen Forderungen einzuziehen (so schon RFH RStBl 30, 24), erscheint fraglich. Der Sicherungsnehmer ist jedoch als Verfügungsberechtigter anzusehen, wenn er sich eigene Mitsprache- oder Verfügungsrechte im Betrieb des Sicherungsgebers vorbehalten hat, sodass er wirtschaftlich über die Mittel des Sicherungsgebers verfügen kann, zB wenn er sich die gesamten Kundenforderungen mit dem Recht zur Einziehung abtreten lässt und aus diesen Forderungen nur diejenigen Mittel freigibt, die er zur Unternehmensfortführung des Sicherungsgebers für erforderlich hält (*HHSp/Boeker* § 35 Rz 26), oder er sonst, sei es auch nur zum Zwecke seiner eigenen Befriedigung, versucht, den Betrieb auf Kosten der Lieferanten und des StGläubigers selbst aufrecht zu erhalten (BFH BStBl 95, 859; iEinz sehr str). 5

3. Auftreten als Verfügungsberechtigter. Dieses muss zur Verfügungsberechtigung hinzukommen, um die Pflichtenstellung gem § 35 auszulösen (vgl BFH BStBl 80, 526; nur das Auftreten auch ohne Verfügungsmacht genügen lässt BFH BStBl 69, 539; zustimmend *Koenig/Koenig* § 35 Rz 7). Für die Tatbestandsverwirklichung des § 35 ist also zusätzlich zur tatsächlich bestehenden Verfügungsmacht erforderlich, dass jemand nach außen hin so auftritt, als dürfe er umfassend über fremdes Vermögen verfügen (BFH/NV 13, 898; vgl BGH HFR 05, 1220; FG Köln EFG 14, 610). Dass der Betreffende **tatsächlich verfügungs*berechtigt*** ist, 7 setzt Halbsatz 1 allerdings *nicht* voraus. Das Innenverhältnis zum Vermögensinhaber, etwa der Inhalt des Arbeitsvertrags, ist also bedeutungslos (BFH BStBl 80, 526; BFH/NV 88, 275). Ein ausdrückliches internes Verbot, stl Pflichten zu erfüllen, hebt die Verpflichtung nach § 35 nicht auf. § 35 knüpft also Pflichten nicht an den Anschein der Verfügungsbefugnis als solchen, sondern an die im Auftreten als Verfügungsberechtigter zum Ausdruck kommende mutmaßliche Verfügungsberechtigung; er erübrigt nicht die Feststellung, dass für die Erfüllung steuerlicher Pflichten, insbes die Begleichung der StSchuld, ggf erforderliche Verfügungsmacht rechtl und tatsächlich besteht, sondern vielmehr nur eine Aufklärung des *Innenverhältnisses* zwischen dem Betreffenden und dem Rechtsinhaber und des Bestehens einer schuldrechtlichen Verfügungsbefugnis. Tritt jemand als Generalbevollmächtigter eines anderen auf, so kommt es also nicht darauf an, welcher Aufgabenbereich ihm von seinem Geschäftsherrn zugewiesen ist (BFH/NV 92, 76).

Das Auftreten muss nach außen hin erfolgen (BFH BStBl 80, 526) und verlangt Teilnahme am Rechtsverkehr. An das Merkmal des Nach-außen-hin sind aber keine besonders hohen Anforderungen zu stellen; Unterzeichnung der Eröffnungsbilanz kann genügen (BFH/NV 08, 10). Ein Auftreten durch Disposition über fremdes Vermögen ist nicht erforderlich; es reicht aus, dass sich die Person so geriert, als könne sie über fremdes Vermögen verfügen (BFH/NV 92, 76), und zwar selbst wenn das Auftreten nach außen weisungsabhängigen Personen überlassen wird (BFH/NV 92, 76; 11, 81. Das kann jedoch nur gelten, wenn die Weisungsabhängigkeit ebenfalls nach außen hin deutlich wird). Es ist auch nicht etwa gerade ein Auftreten ggü den FinBeh oder in steuerlichen Angelegenheiten erforderlich (BFH BStBl 91, 284, 285; BFH/NV 89, 139). Auftreten als Verfügungsberechtigter ggü irgendjemandem genügt (BFH/NV 86, 192; FG Nds EFG 92, 239, 498), auch nur ggü einer begrenzten Öffentlichkeit, zB ggü Gesellschaftern und Organen der Gesellschaft auf Gesellschafterversammlungen und Aufsichtsratssitzungen; „nach außen" verlangt also kein Auftreten ggü Nichtgesellschaftern (BFH/NV 11, 81; 92, 76).

7a Ob jemand sog **faktischer Geschäftsführer** ist und deshalb dieselben Pflichten zu erfüllen wie der bestellte hat, ist nach dem Gesamterscheinungsbild seines Auftretens zu beurteilen; es ist nicht erforderlich, dass sechs der acht klassischen Merkmale im Kernbereich der Geschäftsführung vorliegen (FG Hbg EFG 17, 1225).

8 Wer nicht als Verfügungsberechtigter auftritt, ist nach § 35 selbst dann nicht verpflichtet, wenn er tatsächlich verfügungsberechtigt ist; er wird dann freilich meist nach § 34 verpflichtet sein.

12 **4. Einzelne Anwendungsfälle.** Als Verfügungsberechtigter tritt zB auf, wer für das Konto eines anderen Schecks und Überweisungen unterschreibt (BFH BStBl 91, 284; BFH/NV 89, 139; vgl auch BFH/NV 93, 213), die Eröffnungsbilanz und die StErklärungen einer GmbH unterzeichnet (BFH BStBl 80, 526; BFH/NV 08, 10), an Kreditverhandlungen teilnimmt (BFH BStBl 91, 284, jedoch zweifelhaft; vgl auch BFH/NV 89, 478, wo außer auf das Führen der Bücher und die Bearbeitung der StErklärungen (?) ua auf die Annahme von Wechseln und Zahlungsanweisungen in nicht klarer Gewichtung abgestellt wird). Es muss sich aber nicht notwendig darum handeln, dass Dispositionen über fremdes Vermögen bereits vorgenommen worden sind; es reicht aus, dass sich die Person nach außen hin so geriert, als könne sie künftig über fremdes Vermögen verfügen (vgl auch BFH/NV 92, 76), soweit der Betreffende die Pflichten eines gesetzlichen Vertreters rechtl und tatsächlich erfüllen kann.

13 Der Alleingesellschafter einer GmbH (BFH BStBl 91, 284), der sich jederzeit selbst zum Geschäftsführer bestellen oder einen anderen Geschäftsführer bestellen kann, oder der beherrschende Gesellschafter einer Kapitalgesellschaft (BFH BStBl 80, 526) gehören hierher. Ebenso der Leiter der inl Betriebsstätte einer ausl Kapi-

talgesellschaft (BFH/NV 95, 662) und wer als Generalbevollmächtigter eines ausl Unternehmens auftritt (BFH/NV 13, 898; 87, 69). Der faktische Geschäftsführer einer juristischen Person oder nicht rechtsfähigen Personenvereinigung, wenn er formell nicht zum Geschäftsführer bestellt ist, jedoch mit dem Anschein einer entsprechenden Berechtigung tatsächlich nach außen hin auftritt (BFH BStBl 80, 526; 89, 491; BFH/NV 90, 7; 91, 500); auch derjenige, der für einen Einzelunternehmer so auftritt (BFH/NV 08, 748). Der abberufene Geschäftsführer haftet für Vorgänge nach seiner Abberufung, wenn er weiter als Geschäftsführer auftritt (vgl FG Mchn EFG 92, 642).

Keine Verfügungsberechtigten: Der Gläubiger eines Gewerbetreibenden, der unter seinem Namen ein Bankkonto unterhält, auf das der überwiegende Teil der Tageseinnahmen des Schuldners eingezahlt wird, sodass dadurch dessen Verbindlichkeiten getilgt werden (anders FG Brem EFG 77, 508), ebenso wenig eine Bank, die sich sämtliche Forderungen eines Darlehensnehmers erfüllungshalber hat abtreten lassen (anders FG Hess EFG 93, 2, s jedoch BFH BStBl 95, 859). Erst Recht nicht reichen für die Begründung einer Pflichtenstellung nach § 35 die Einflussmöglichkeiten eines Darlehensgebers aus, auch wenn sie tatsächlich weitreichend sind (vgl BFH/NV 90, 7). 14

Kein Verfügungsberechtigter ist auch der **Bevollmächtigte** des Stpfl bei einem Mandatsverhältnis, das ihm keine einem Treuhänder ähnliche Stellung vermittelt; der RA oder StBerater ist daher auch dann nicht Verfügungsberechtigter, wenn er von seinem Mandanten zum Inkasso ermächtigt ist (FG Bln EFG 90, 28). Erst recht nicht der nur als Zahlstelle für die Empfangnahme von EStErstattungsbeträgen fungierende Dritte (FG Nds EFG 77, 612). 15

Kein Fall des § 35 ist folglich auch die Zollanmeldung im Namen eines Dritten. Wenn die Vertretungsmacht fehlt, wird der Anmelder Zollbeteiligter (Art 77 III 1 UZK). 16

5. Beendigung und Grenzen der Pflichtenstellung. Eine nach § 35 begründete Verpflichtung erlischt erst dann, wenn sich der Verpflichtete nach außen erkennbar deutlich von seiner bisherigen Position losgesagt hat, nicht schon, wenn er vorübergehend nicht mehr aufgetreten ist (vgl auch BFH BStBl 88, 490); zur Fortdauer bereits begründeter Pflichten über diesen Zeitpunkt hinaus vgl § 36. 20

Wie bei § 34 ist die Verpflichtung darauf beschränkt, dass die steuerlichen Pflichten mit den Mitteln dessen erfüllt werden, für den der Verfügungsberechtigte aufgetreten ist, insbes also die Steuern aus den von ihm verwalteten Vermögen bezahlt werden, soweit dieses dafür ausreicht (vgl BFH/NV 86, 192; 89, 478). Der als verfügungsberechtigt Auftretende hat also dann keine Verpflichtung, wenn er tatsächlich und rechtl nicht in der Lage ist, die steuerlichen Pflichten der Gesellschaft zu erfüllen oder Verhältnisse herbeizuführen, aufgrund derer er die Pflichten erfüllen oder erfüllen lassen könnte (BFH BStBl 91, 284; FG RhPf EFG 94, 134). Er kann sich aber auf das Fehlen von Mitteln zur Tilgung von StRückständen nicht berufen, wenn dieses Fehlen seine Ursache in Vorausabtretungen an andere Gläubiger hat (BFH BStBl 84, 776; 88, 172; BFH/NV 89, 139) oder wenn sich seine Verpflichtung gerade darauf richtete, Vorsorge zu treffen, dass die erforderlichen Mittel am Fälligkeitstage zur Verfügung stehen wie bei der Entnahme verbrauchsteuerpflichtiger Waren aus einem Steuerlager (BFH BStBl 88, 490). Zur Vermögensvorsorgepflicht näher s § 69 Rz 55 f. 21

Ferner beschränkt sich die stl Verpflichtung auf den übernommenen Geschäftsbereich; so ist der faktische Geschäftsführer nur zur Erfüllung der mit dem Betrieb zusammenhängenden Steuern verpflichtet, der Sicherungsnehmer allenfalls zur Erfüllung der durch die Verwertung des Sicherungsguts entstehenden Steuern, nicht sonstiger StSchulden des Sicherungsgebers. 22

§ 36 Erlöschen der Vertretungsmacht

Das Erlöschen der Vertretungsmacht oder der Verfügungsmacht lässt die nach den §§ 34 und 35 entstandenen Pflichten unberührt, soweit diese den Zeitraum betreffen, in dem die Vertretungsmacht oder Verfügungsmacht bestanden hat und soweit der Verpflichtete sie erfüllen kann.

1 Mit der Vorschrift soll sichergestellt werden, dass die Möglichkeit des Zugriffs auf einen früheren Vertreter, einen ausgeschiedenen Geschäftsführer oder Insolvenzverwalter udgl bestehen bleibt (vgl *Hein* DStR 88, 65). Die nach §§ 34, 35 während der Zeit der Vertretungs- oder Verfügungsbefugnis entstandenen stl Pflichten entfallen nicht bereits mit dem Erlöschen der Vertretungs- oder Verfügungsmacht, der Stellung eines Geschäftsführers bzw der Beendigung des Auftretens als Verfügungsberechtigter. Insbes kann sich der Betreffende nicht nach deren Erlöschen auf ein Auskunftsverweigerungsrecht nach §§ 101, 102, 103 berufen. Die Verpflichtung besteht aber nur insoweit fort, als der Vertreter sie erfüllen kann; sie besteht nicht bei Pflichten, deren Erfüllung fortbestehende Verfügungs- oder Vertretungsmacht erfordert, aber zB auch dann nicht, wenn der frühere Vertreter etc Unterlagen bereits zurückgegeben hat, soweit ihn das zur Erfüllung seiner Pflichten schlechthin außer Stand setzt und er zB weder aus dem Gedächtnis noch aufgrund zumutbarer Erkundigungen Erklärungen abgeben kann. Unterlagen, die inzwischen Dritte in Besitz genommen haben und nicht ohne Weiteres freiwillig herausgeben, muss er nicht hinzuziehen (vgl BFH/NV 95, 570). Zu einer nachträglichen Berichtigung einer falschen StErklärung, zu der uU nur der frühere Vertreter aufgrund seines damaligen Wissens in der Lage ist, bleibt dieser aber verpflichtet.

2 Ob die FinBeh von der Möglichkeit, an den früheren Vertreter/Verfügungsberechtigten heranzutreten, Gebrauch macht, liegt in ihrem Ermessen; eine Inanspruchnahme wird idR ermessenswidrig sein, wo der Vertretene seine Pflichten selbst zu erfüllen in der Lage ist (BFH/NV 90, 71; *HHSp/Boeker* § 36 Rz 14). Er ist dazu allemal verpflichtet, selbst wenn schon der frühere Vertreter die betr Handlungen hätte vornehmen müssen; dementsprechend muss ein neuer Geschäftsführer zB alle rückständigen StErklärungen abgeben und dafür sorgen, dass StSchulden getilgt werden (BFH/NV 93, 143; 90, 71). Verlangt werden kann von dem Ausgeschiedenen nur die Erfüllung von Verpflichtungen, die bereits im Zeitpunkt des Ausscheidens etc bestanden haben, also zB nicht Abgabe einer StErklärung, die damals noch nicht fällig war.

Zweiter Abschnitt. Steuerschuldverhältnis

§ 37 Ansprüche aus dem Steuerschuldverhältnis

(1) **Ansprüche aus dem Steuerschuldverhältnis sind der Steueranspruch, der Steuervergütungsanspruch, der Haftungsanspruch, der Anspruch auf eine steuerliche Nebenleistung, der Erstattungsanspruch nach Absatz 2 sowie die in Einzelsteuergesetzen geregelten Steuererstattungsansprüche.**

(2) **[1] Ist eine Steuer, eine Steuervergütung, ein Haftungsbetrag oder eine steuerliche Nebenleistung ohne rechtlichen Grund gezahlt oder zurückgezahlt worden, so hat derjenige, auf dessen Rechnung die Zahlung bewirkt worden ist, an den Leistungsempfänger einen Anspruch auf Erstattung des gezahlten oder zurückgezahlten Betrags. [2] Dies gilt auch dann, wenn der rechtliche Grund für die Zahlung oder Rückzahlung später wegfällt. [3] Im Fall der Abtretung, Verpfändung oder Pfändung richtet sich der Anspruch auch gegen den Abtretenden, Verpfänder oder Pfändungsschuldner.**

Schrifttum: *Heuermann* Entrichtungspflicht – Steuerpflicht – Grundpflicht?, FR 13, 354; *Krüger* Kein Anspruch des Leistungsempfängers auf Erstattung nicht geschuldeter Umsatzsteuer aus § 37 Abs. 2 AO bei Insolvenz des Rechnungsausstellers, BFH/PR 15, 433; *Kahlert* Zu den Rechtsfolgen einer Berichtigung des Umsatzsteuerausweises, NZI 15, 1986; *Hagemann* Auszahlung von steuerlichen Erstattungs- und Vergütungsansprüchen an Dritte ohne formelle Abtretung oder Verpfändung, KKZ 16, 102; *Banzhaf* Die Grundsteuerabgrenzung im Grundstückskaufvertrag, ZfIR 16, 433; *Rukaber* Anrechnung von Einkommensteuervorauszahlungen bei Ehegatten, NWB 16, 250; *Stadie* Neues vom V. Senat des BFH: Uneinbringlichkeit des Umsatzsteuerbetrages entsprechend § 17 Abs. 2 Nr. 1 UStG, MwStR 16, 481.

Übersicht

1. Inhalt. Abs 1 zählt die Ansprüche aus dem StSchuldverhältnis auf, ohne sie iEinz zu definieren. Die Aufzählung konkretisiert den Ausdruck „Ansprüche aus dem Steuerschuldverhältnis", der in der AO mehrfach vorkommt (zB §§ 38, 47, 69, 218). Auf Abs 1 bezieht sich auch die amtliche Überschrift. **Abs 2** regelt den allg Erstattungsanspruch. Abs 2 S 1 enthält den Grundfall, wonach eine ohne Rechtsgrund erbrachte Leistung grds zurückgefordert werden kann und bestimmt den Anspruchsgegner. Der Rechtsgrund fehlt nach S 2 auch dann, wenn er später wegfällt. S 3 begründet einen besonderen (Haftungs-)Tatbestand insbes bei der Abtretung und Verpfändung eines Erstattungsanspruchs. 1

2. Ansprüche aus dem Steuerschuldverhältnis (Abs 1). Anspruch ist das Recht, von einem anderen ein Tun oder Unterlassen zu verlangen (vgl § 194 BGB). Dadurch entsteht ein Schuldverhältnis zwischen mindestens zwei Rechtssubjekten, dem **Gläubiger** und dem **Schuldner,** wobei dem Forderungsrecht (auch Anspruch oder Forderung) des einen die Schuld (Verpflichtung, vgl § 33) des anderen entspricht. Der Begriff des Anspruchs ist weit und umfasst nicht nur 2 die Ansprüche aus dem StSchuldverhältnis (zB § 120 Anspruch auf einen VA). Einseitige Verpflichtungen, denen kein Anspruch entspricht, an deren Verletzung sich jedoch Sanktionen knüpfen können, sodass sie im eigenen Interesse beachtet werden sollten, werden auch als **Obliegenheit** bezeichnet (vgl § 70).

3 **Steuerschuldverhältnis.** Abs 1 zählt die Ansprüche aus dem StSchuldverhältnis **abschließend** auf (BFH BStBl 99, 3). Sie sind sämtlich auf die **Bewirkung einer Geldleistung** (§ 3) durch den Schuldner gerichtet. Wer Rechtssubjekt (Gläubiger oder Schuldner) steuerschuldrechtl Ansprüche sein kann, regelt die AO nicht (vgl § 33 Rz 3 ff und § 43). Dies ergibt sich aus den Einzelsteuergesetzen. Die in Abs 1 aufgezählten Ansprüche aus dem StSchuldverhältnis müssen **öff-rechtl** Natur sein. Dabei handelt es sich in Zweifelsfällen um eine Vorfrage. Ansprüche, die nach den für die Rechtswegzuweisung geltenden Kriterien (vgl Rz 14) nicht öff-rechtl Natur sind, sind auch keine Ansprüche aus dem Steuerschuldverhältnis. Die Ansprüche aus dem Steuerschuldverhältnis entstehen iAllg kraft Gesetzes, sobald der Tatbestand verwirklicht ist, an den das Gesetz die Leistungspflicht knüpft (§ 38). Nicht dazu gehören Ansprüche aus Strafen und Geldbußen (AEAO zu § 37 Nr 1) sowie Ansprüche aus Einbehaltungs- und Abführungspflichten zB bei der LSt und KapErtrSt. Der Steuerentrichtungspflichtige ist zwar Steuerpflichtiger iSv § 33, aber nicht Schuldner der Steuer, die er einzubehalten und abzuführen hat, sondern er ist verpflichtet, die Steuerschuld eines anderen zu erfüllen. Ob insoweit die ihrem Wortlaut nach nur für Ansprüche aus dem StSchuldverhältnis geltenden Vorschr (wie § 47, § 222) analog angewandt werden können, ist str (offen lassend BFH BStBl 99, 3; 01, 742 mwN). Nicht zum StSchuldverhältnis gehören ferner alle Ansprüche und Pflichten aus dem sog Steuerverfahrensverhältnis (*TL/Seer* § 6 Rz 2).

4 **Steueranspruch** ist der Anspruch des Steuergläubigers gegen den StSchuldner auf die geschuldete Steuer (Geldleistung). Eine Steuer schuldet, wer selbst oder durch Dritte den Tatbestand erfüllt hat, an den das Gesetz die Leistungspflicht knüpft (vgl § 38). Die Steuertatbestände sind in den StGesetzen geregelt (§ 43). Zum Steueranspruch gehören auch die Ansprüche auf **Vorauszahlungen.** Die Steuer schuldet nicht, wer sie auf Rechnung eines anderen einzubehalten und abzuführen hat, zB LSt oder KapESt (BFH BStBl 99, 3; Rz 3), oder wer sich nach § 48 II verpflichtet, für die Steuerschuld eines Dritten einzustehen (§ 48 Rz 8).

5 **Vergütungsanspruch** ist der Anspruch auf eine Steuervergütung. Der Begriff der Steuervergütung ist in der AO nicht definiert. Steuervergütung ist die Erstattung einer mit Rechtsgrund erhobenen Steuer. Der Anspruch steht idR demjenigen zu, der die StLast *wirtschaftlich getragen* hat, ohne StSchuldner zu sein, und richtet sich gegen den Steuergläubiger. Durch die Vergütung von Steuern werden Belastungen ausgeglichen, die durch die Überwälzung von StLasten oder durch Mehrfachbelastung (zB im früheren Vollanrechnungssystem der KSt) eintreten und keinen Bestand haben sollen (*TL/Seer* § 7 Rz 86 ff). Die Vergütungsansprüche ergeben sich aus den StGesetzen (§ 43 S 2). Wirtschaftlich überwälzt wird zB die USt, indem sie den Preis von Gütern und Dienstleistungen erhöht. Zu den Vergütungsansprüchen gehört deshalb der **Vorsteuererstattungsanspruch** (vgl BFH BStBl 10, 257). Vergütungsansprüche bestehen ferner bei den **Verbrauchsteuern** (zB gem § 10 StromStG), die auf den Abnehmer überwälzt werden. Im laufenden Jahr wird auch das **Kindergeld** als Steuervergütung gezahlt, jedoch an den StSchuldner (§ 31 S 3 EStG; BFH/NV 99, 1597). Wegen der Zahlung „als" Steuervergütung richtet sich die Festsetzung von Kindergeld nach § 155 IV. Auf **Zulagen und Prämien** sind die Vorschr über Steuervergütungen **entsprechend anzuwenden.** Hierzu zählen zB Investitionszulagen (zB § 14 I 1 InvZulG 2010), die Arbeitnehmer-Sparzulage (§ 14 II 5. VermBG), die früheren Bergmannsprämien (§ 5a I 1 BergPG), die früheren Eigenheim- und Berlinzulagen sowie die Altersvorsorgezulage (§ 96 I 1 EStG).

6 **Haftungsanspruch** ist der Anspruch des Steuergläubigers gegen den Haftungsschuldner auf die Bewirkung der von diesem geschuldeten Geldleistung (*Koenig/*

Koenig § 37 Rz 8). Haften bedeutet zunächst nur, für fremde Schuld mit eigenem Vermögen einstehen zu müssen. Wer als Haftungsschuldner in Anspruch genommen worden ist, muss aber nicht mehr nur mit seinem Vermögen einstehen, sondern die Leistung selbst bewirken (vgl § 33 Rz 26). Haftungsansprüche ergeben sich insbes aus den §§ 69ff und den StGesetzen. Einbehaltungs- und Abführungspflichten sind keine Haftungspflichten; der Steuerentrichtungspflichtige haftet idR aber bei schuldhafter Nichterfüllung dieser Pflichten (*TK/Drüen* § 37 Rz 7). Die Haftungsschuld ist keine Steuer (BFH/NV 12, 1938).

Der Anspruch auf stl **Nebenleistungen** erstreckt sich auf die in § 3 IV aufgezählten Verzögerungsgelder, Verspätungszuschläge, Zuschläge gem § 162 IV, Zinsen, Säumniszuschläge, Zwangsgelder, Kosten, Zinsen iSd UZK und Verspätungsgelder nach § 22 V EStG. Nicht dazu gehören Bußen und Strafen. 7

Erstattungsanspruch. Zu den Ansprüchen aus dem StSchuldverhältnis gehören der Erstattungsanspruch nach Abs 2 (Rz 10ff) und die in Einzelsteuergesetzen geregelten Erstattungsansprüche (zB § 272 I 6; §§ 36 IV, 44b, 48c, 48d I, 50d I EStG; § 20 III GewStG). Die dort enthaltenen Regelungen gehen § 37 II vor und ergänzen ihn; iÜ gelten die allg Grundsätze des § 37 II (*HHSp/Boeker* § 37 Rz 19). 8

3. Erstattungsanspruch (Abs 2). a) Allgemeines. Die Vorschr regelt den allg steuerschuldrechtl Erstattungsanspruch grds **umfassend** (BFH BStBl 95, 847 mwN zur Entstehungsgeschichte; *Koenig/Koenig* § 37 Rz 13; *TK/Drüen* § 37 Rz 9). Eines Rückgriffs auf allg Grds bedarf es danach nicht mehr (zum allg öffrechtl Erstattungsanspruch BVerwG NJW 06, 3225). Art 116, 117 UZK enthalten vorrangig ausschließliche Regelungen für Einfuhr- oder Ausfuhrabgaben. Keine **Anspruchskonkurrenz** besteht insbes zum Bereicherungsrecht des BGB. Ein auf die §§ 812ff BGB gestützter bereicherungsrechtl Anspruch kommt neben dem öffrechtl Erstattungsanspruch nicht zum Tragen (BFH BStBl 89, 223; 03, 43; BFH/NV 10, 1783; näher zur Abgrenzung Rz 16). Die Erstattung von in der DDR gezahlten Steuern richtet sich nicht nach § 37 II, sondern nach § 1 VII VermG (BFH/NV 10, 967). Die in Einzel*steuer*gesetzen enthaltenen Erstattungsregeln ergänzen § 37 II und gehen ihm als speziellere Normen vor (Rz 8). Der allg sowie die besonderen Erstattungsansprüche treten als Ansprüche aus dem StSchuldverhältnis (Abs 1) nicht in Konkurrenz zueinander. Sie bezwecken gleichermaßen den Ausgleich von nicht gerechtfertigten, weil mit dem materiellen StRecht nicht vereinbaren Vermögensverschiebungen. Der Anspruch aus § 16 GrEStG ist kein Erstattungsanspruch (BFH/NV 15, 1668; 02, 1053). Die Durchsetzung öff-rechtl Erstattungsansprüche hängt davon ab, dass eine entgegenstehende Bescheidlage zuvor beseitigt wird (Rz 46ff). 10

b) Inhalt (Übersicht). Abs 2 erfasst einerseits Ansprüche des StSchuldners, Haftungsschuldners oder Entrichtungspflichtigen gegen den Steuergläubiger wegen rechtsgrundloser Zahlung **(Erstattungsanspruch ieS).** Andererseits regelt die Vorschr auch Ansprüche des Steuergläubigers gegen den Empfänger einer rechtsgrundlosen Zahlung (Vergütung) oder Rückzahlung (Erstattung; BFH BStBl 11, 607). Dieser sog **Rückforderungsanspruch** ist Ausdruck des allg Prinzips, dass derjenige, der vom Staat (auf Kosten der Allgemeinheit) etwas ohne Rechtsgrund erlangt hat, das Erlangte zurückgewähren muss (vgl BFH BStBl 10, 255). Bei *Zahlung aufgrund vorheriger Festsetzung* entsteht der Erstattungsanspruch, soweit die erbrachte Leistung nicht geschuldet war oder wenn der rechtl Grund später wegfällt. Bei schlicht *fehlgehenden Zahlungen* entsteht der Erstattungsanspruch mit der Zahlung. 12

c) Rechtsnatur. Der Anspruch bildet die Umkehrung von Ansprüchen aus dem StSchuldverhältnis (Rz 2ff). Ungeschriebene Voraussetzung für die Anwendung von § 37 ist deshalb die **öff-rechtl Natur** des Anspruchs (Rz 3). Maßgebend für die Zuweisung eines Anspruchs zum öffentlichen oder privaten Recht ist die Natur des Rechtsverhältnisses, aus dem der Anspruch hergeleitet wird (GemSOGB BGHZ 102, 280). Die öff-rechtl Natur des Anspruchs ergibt sich noch 14 nicht daraus, dass ein Hoheitsträger als Leistender oder Berechtigter betroffen ist. Es kommt vielmehr darauf an, ob mit der rückgängig zu machenden ursprünglichen Vermögensverschiebung ein vermeintlicher Anspruch aus einem StSchuldverhältnis erfüllt werden sollte. Dazu kann auch eine freiwillige Verpflichtung aufgrund eines öff-rechtl Vertrags gehören (FG Köln EFG 15, 622: sog Düsseldorfer Verfahren). Das Bestehen eines (wirksamen) StSchuldverhältnisses ist nicht Voraussetzung für einen öff-rechtl Erstattungsanspruch (BFH BStBl 95, 847). Auch ein von einem untreuen Finanzbeamten bloß fingiertes StRechtsverhältnis führt zu einem öff-rechtl Erstattungsanspruch (BFH/NV 14, 1721). Die LSt gehört zwar zum Arbeitslohn, nicht jedoch im Erstattungsfall (BGH NJW 05, 2988; BFH BFHE 259, 229). Weist die ursprüngliche Vermögensverschiebung dagegen keinen hinreichenden Bezug zu einem StSchuldverhältnis auf, ist § 37 nicht anwendbar (zutr. *Krumm* ZIP 12, 959). An der öff-rechtl Natur des Anspruchs ändert nichts, wenn er abgetreten, verpfändet oder gepfändet wird (BFH BStBl 98, 499).

15 Nicht unter § 37 AO fällt der **insolvenzanfechtungsrechtliche Rückforderungsanspruch** des Insolvenzverwalters gem § 143 InsO. Dieser Anspruch ist privat-rechtl Natur und deshalb vor den Zivilgerichten zu verfolgen, auch wenn er sich gegen eine FinBeh richtet und eine Steuerzahlung betrifft (BGH NJW 11, 1365; zust BFH BStBl 12, 854; 13, 109; aA *Stadie* UR 13, 158). Die FinVerw hält insofern ebenfalls den Rechtsweg zu den ordentlichen Gerichten für gegeben (BStBl 12, 298 Fn zu Rz 32). Entsprechendes gilt, wenn umgekehrt das FA das an den Insolvenzverwalter zur Erfüllung eines vermeintlichen insolvenzanfechtungsrechtlichen Rückforderungsanspruchs Geleistete mit der Begründung zurückverlangt, die Anfechtungsvoraussetzungen hätten nicht vorgelegen. Auch dieser Anspruch ist vor den Zivilgerichten zu verfolgen und kann nicht durch VA geltend gemacht werden (BFH BStBl 14, 359; FG Mster EFG 14, 626). Das gilt auch, wenn sich nachträglich die zugrunde liegende Steuerforderung mindert (BFH/NV 15, 8; offen gelassen für Drei-Personen-Verhältnisse). Um einen zivilrechtl Bereicherungsanspruch handelt es sich auch, wenn der **Drittschuldner** von dem FA den Betrag zurückfordert, den er über den gepfändeten Anspruch hinaus (versehentlich oder irrtümlich) an das FA gezahlt hat (Regressanspruch); über diesen Anspruch darf das FA nicht durch Abrechnungsbescheid entscheiden (BFH/NV 13, 897). Auf den ursprünglichen Rechtsgrund kommt es dagegen an, wenn der Schuldner in diesem Fall den Drittschuldner wegen Nichterfüllung auf Leistung in Anspruch nimmt. Für die Klage gegen einen (zu Unrecht ergangenen) Abrechnungsbescheid ist allerdings stets der Finanzrechtsweg eröffnet.

16 **d) Abgrenzung zum Bereicherungsrecht.** Auf den steuerschuldrechtl Erstattungsanspruch sind die §§ 812 ff BGB weder direkt noch analog anwendbar (str, wie hier *TK/Drüen* § 37 Rz 26, 102 ff), zumal § 37 II, anders als § 49a II 1 VwVfG, nicht auf die Vorschriften des BGB verweist. Dessen ungeachtet beachtet der BFH in jüngerer Zeit zur Bestimmung der Person des Leistungsempfängers insbes bei Mehrpersonenverhältnissen (vgl Rz 80 ff) auch den **Rechtsgedanken des § 812 BGB** und orientiert sich damit stärker an der Rspr des BGH (vgl BFH BStBl 06, 353; 10, 255; BGH NJW 07, 914). Ob § 814 BGB auf den steuerschuldrechtl Erstattungsanspruch entsprechend anwendbar ist, hat der BFH (BStBl 97, 522) offen gelassen. Die Weiterzahlung (von Kindergeld) in Kenntnis der Umstände, die zum Wegfall des Anspruchs führen, steht der Rückforderung aber nicht entgegen (BFH BStBl 11, 722; BFH/NV 15, 590).

18 **e) Entreicherung.** Auf den **Wegfall der Bereicherung** (§ 818 III, § 819 I BGB) kann sich der Erstattungsschuldner nicht berufen (vgl BFH BStBl 90, 671; BFH/NV 11, 405; 11, 2112; 14, 1721). Das gilt auch im Kindergeldrecht (BFH/NV 06, 722). Dem ist aus rechtl Gründen zuzustimmen, zumal § 37 II keine § 48 II 2 VwVfG oder § 45 II 2 SGB X entspr Regelung enthält, nach der das Vertrauen in eine gewährte Leistung schutzwürdig ist, wenn der Begünstigte sie ver-

braucht oder eine Vermögensdisposition getroffen hat, die er nicht mehr oder nur unter unzumutbaren Nachteilen rückgängig machen kann (vgl BFH/NV 05, 2007; anders BFHE 130, 90). Nicht einzusehen ist allerdings, weshalb die dem Entreicherungseinwand allg zugrunde liegenden Wertungen (nur) für das StRecht nicht gelten sollen (aA BFH BStBl 98, 499).

4. Anwendungsbereich. Persönlicher Anwendungsbereich. Nach Ansicht des BFH kann auch eine rechtl unselbständige (nicht rechtsfähige und auch nicht steuerrechtsfähige) Untergliederung einer Körperschaft des öff Rechts Inhaber eines Erstattungsanspruchs sein und diesen gerichtlich geltend machen (BFH/NV 97, 10). Dieser Ansicht ist nicht zu folgen (zweifelnd auch FG BaWü EFG 12, 783). Inhaber eines Erstattungsanspruchs kann nur sein, wer Inhaber von Rechten sein kann; StRechtsfähigkeit (vgl § 33 Rz 3) genügt. 20

Gegenstand der Leistung: Eine Steuer (§ 3), Steuervergütung (Rz 5), ein Haftungsbetrag (Rz 6) oder eine stl Nebenleistung (§ 3 IV; Rz 7) muss **gezahlt oder zurückgezahlt** worden sein. Zum Begriff der Zahlung vgl § 47 Rz 2 ff. Die Rückzahlung ist ebenfalls Zahlung, nur in umgekehrte Richtung. Da ihr stets eine (Hin-)Zahlung vorausgegangen ist, ist sie zugleich Erstattung. Deshalb ist der Erstattungsanspruch in Abs 2 nicht genannt. Keine Zahlung (auch keine Zahlung durch Dritte) ist die Überweisung von einem FA an ein anderes FA (BFH BStBl 09, 514). 21

Eingriffskondiktion. Der Wortlaut der Vorschr spricht dafür, dass § 37 II nur zweckgerichtete Vermögensverschiebungen erfassen will (sog Leistungskondiktion). Dazu zählt als Unterfall auch die Kondiktion wegen Zweckverfehlung (BFH BStBl 90, 520). Ob Bereicherungen **in sonstiger Weise** (zB nach rechtswidriger Vollstreckung) der Vorschr unterfallen, ist unklar (vgl BFH BStBl 01, 525; ablehnend *Koenig/Koenig* § 37 Rz 16). Die Pflicht zur Rückgewähr des ohne Rechtsgrund Erlangten soll sich dann aus dem allg (staatshaftungsrechtl) Folgenbeseitigungsanspruch ergeben. Dafür wäre allerdings nach § 71 II GVG die Zuständigkeit der Landgerichte eröffnet. 22

5. Ohne rechtlichen Grund. a) Allgemeines. Der Anspruch entsteht nur, wenn ein rechtl Grund für das Behaltendürfen fehlt oder später wegfällt (Abs 2 S 2; Rz 40 ff). Es ist umstritten, worin der Rechtsgrund für das Behaltendürfen zu sehen ist. Nach der sog **formellen Rechtsgrundtheorie** kommt es grds nur auf die Bescheidlage an. Danach besteht ein Rechtsgrund für das Behaltendürfen der Leistung auch dann, wenn der die Leistungspflicht konkretisierende (vollziehbare) VA zwar materiell unrichtig ist, aber nicht mehr geändert werden kann oder noch nicht geändert worden ist (*HHSp/Boeker* § 37 Rz 31; *BG/Schmieszek* § 37 Rz 26; *Schwarz* § 37 Rz 10 ff; *Koenig* DStR 91, 638; *Nacke/Peichert* DStZ 96, 07; *Grams* BB 97, 70; *Koenig/Koenig* § 37 Rz 52). Nach der **materiellen Rechtsgrundtheorie** kommt es dagegen auf die materielle Rechtslage an, also darauf, ob (nach den StGesetzen) ein Anspruch auf die Zahlung bestand. Die Durchsetzung des Erstattungsanspruchs hängt allerdings auch nach dieser Theorie davon ab, dass ein entgegenstehender Leistungsbescheid noch geändert werden kann und auch geändert wird (*Drenseck* Das Erstattungsrecht der Abgabenordnung, 1977; *Hein* DStR 90, 301; *TK/Drüen* § 37 Rz 34 ff). 25

Die **Rechtsprechung** ist uneinheitlich. Der BFH geht überwiegend von der formellen Theorie aus (BFH BStBl 10, 257; 12, 854; 16, 868; BFH/NV 10, 1412; 10, 2237 für Kindergeld) oder lässt die Frage nach Möglichkeit offen (vgl BFH BStBl 97, 796; 03, 43; BFH/NV 12, 1686). Der materiellen Theorie folgt er allerdings, wenn es auf den Zeitpunkt der Entstehung des Erstattungsanspruchs ankommt, wie zB bei der Abtretung (§ 46 II). Der Erstattungsanspruch entsteht danach bereits mit der Zahlung ohne rechtl Grund und nicht erst mit seiner Festsetzung (vgl BFH BStBl 68, 496; 90, 523; 97, 796; 00, 491; vgl iEinz § 38 Rz 30 ff). Die **FinVerw** hat sich im Grds der materiellen Theorie angeschlossen (AEAO zu § 37 Nr 2). 26

27 **Stellungnahme.** Die formelle Rechtsgrundtheorie ist abzulehnen. Ein (materiell unrichtiger) VA schafft keinen Rechtsgrund (causa) für das Behaltendürfen. Sonst gäbe es keine rechtswidrigen VAe. Nach § 218 I sind die VAe Grundlage für die **Verwirklichung** (nicht die **Entstehung,** vgl § 38) von Ansprüchen aus dem Steuerschuldverhältnis. Verwirklichung bedeutet die Durchsetzung von Ansprüchen (Erhebung). Sie setzt bereits entstandene Ansprüche voraus. Die SteuerVAe haben deshalb grds nur feststellenden Inhalt. Mit ihrer Hilfe soll der (bereits entstandene) Steueranspruch vollzogen werden. Kein Einwand gegen die materielle Theorie ist darin zu sehen, dass es Fälle gibt, in denen die Entstehung des Anspruchs und seine Festsetzung zusammenfallen. Das ist zB der Fall, wenn die Entstehung des Anspruchs davon abhängt, dass die zuständige Behörde ihr Ermessen ausgeübt hat (zB Verzögerungsgelder gem § 146 II b; *TK/Drüen* § 37 Rz 43). Der Anspruch entsteht dann (über den insoweit unvollständigen Wortlaut des § 38 hinaus; vgl *TL/Seer* § 6 Rz 11) nicht schon kraft Gesetzes, sondern erst mit seiner Festsetzung. Das ändert nichts daran, dass es für das Behaltendürfen darauf ankommt, ob zB ein Verzögerungsgeld erhoben werden *durfte* und nicht darauf, dass es festgesetzt worden ist.

30 **b) Rechtlicher Grund.** Das Merkmal „ohne rechtlichen Grund" lässt sich besser verstehen, wenn man betrachtet, welche Voraussetzungen für eine Leistung *mit rechtlichem Grund* erfüllt sein müssen. Der rechtl Grund (Anspruch) muss **entstanden** sein. Wer nach Entstehung, aber **vor Fälligkeit** leistet, kann die Leistung verweigern, leistet jedoch auf eine bestehende Verpflichtung und nicht ohne Rechtsgrund (*Nacke/Peichert* DStZ 96, 207; *HHSp/Boeker* § 37 Rz 37; aA *TK/Drüen* § 37 Rz 29; *Hein* DStR 90, 302). Dadurch erlischt die Forderung (BFH/NV 97, 112; § 47 Rz 4). Gleiches gilt für eine Leistung trotz **Stundung** (aA BFH BStBl 93, 479; offen gelassen BFH BStBl 95, 490), **Zahlungs-** oder **Vollstreckungsaufschubs** oder nach **AdV** (*Nacke/Peichert* DStZ 96, 207; *HHSp/Boeker* § 37 Rz 37; *BG/Schmieszek* § 37 Rz 32; aA *TK/Drüen* § 37 Rz 29). Die Forderung bleibt erfüllbar; die den Schutz des Schuldners bezweckenden Leistungsverweigerungsrechte müssen nicht ausgeübt werden. Wird die **Aufhebung der Vollziehung** eines Leistungsbescheids angeordnet, müssen die aufgrund des Bescheids erbrachten Leistungen (vorläufig) erstattet werden; das gilt auch für Vorauszahlungen (BFH GrS BStBl 95, 730). Unter diesen Umständen könnte der Gläubiger eine erneute Leistung jedenfalls als treuwidrig zurückweisen wegen widersprüchlichen Verhaltens (vgl allg zum Verbot widersprüchlichen Verhaltens BFH BStBl 10, 720). Zum Umfang der Erstattung vgl § 361 II 4 und § 69 II 8 FGO.

31 Die **Festsetzung** des Anspruchs ist nicht erforderlich. Bei (freiwilliger) Zahlung (Aufrechnung) vor Festsetzung der Leistungspflicht durch VA entsteht *kein* Erstattungsanspruch. Vielmehr wird der materiell bereits entstandene Anspruch durch die Leistung erfüllt (BFH BStBl 95, 490; 97, 112). Ein Erstattungsanspruch entsteht aber grds trotz Leistung (Vorauszahlung, Zahlung) auf eine materiell bestehende Schuld, wenn bis zum Ablauf der Festsetzungsfrist keine wirksame Festsetzung vorliegt, denn mit dem Eintritt der Verjährung erlischt der Anspruch nach § 47 (BFH/NV 89, 412; 96, 454; FG Nds EFG 10, 538; ob § 171 Abs 14 dem Ablauf der Festsetzungsfrist in diesen Fällen entgegen steht, ist noch nicht höchstrichterlich geklärt. Zum Wegfall des rechtl Grundes vgl Rz 40.

32 **Tilgungsbestimmung.** Der Leistende muss **auf die bestehende Schuld** leisten. Er bestimmt selbst, auf wessen und auf welche Schuld er leisten möchte (§ 225). Dies kann ausdrücklich oder konkludent geschehen. Eine bloße Fehlbezeichnung schadet idR nicht (BFH/NV 09, 545). Im Zweifel ist die Bestimmung aus der Sicht eines objektiven Zahlungsempfängers **auszulegen** (BFH BStBl 90, 41; 95, 492; BFHE 177, 257; BFH/NV 97, 10; FG SchlHol EFG 05, 4). Eine einmal getroffene Tilgungsbestimmung kann, auch wenn sie nicht ausdrücklich

erklärt worden ist, grds nicht mehr geändert werden (BFH/NV 04, 314; 08, 1802). Kann der Leistende seine Tilgungsbestimmung nicht mit Erfolg, zB wegen Irrtums, anfechten oder widerrufen (vgl § 225 Rz 3), bleibt es bei der Bewirkung der Leistung. Deshalb führen vorzeitige Zahlungen (Rz 30) häufig auch dann zu einer Leistung mit Rechtsgrund, wenn der Leistende über die Fälligkeit des Anspruchs im Unklaren war.

Der rechtl Grund muss **im Leistungsverhältnis,** also zwischen dem Leistenden und dem Leistungsempfänger, bestehen. Wer Leistender ist, steht idR fest. Zur Leistung durch Dritte vgl § 48. Schwierigkeiten bereitet dagegen häufig die Bestimmung des Leistungsempfängers, sobald auf Empfängerseite mehr als zwei Personen an dem Zahlungsvorgang beteiligt sind (zB Bank, Geldbote oder Insolvenzverwalter; vgl iEinz Rz 80). Der Anspruch (rechtl Grund) muss **dem Leistungsempfänger zustehen** (vgl Abtretung gem § 46 und Rz 85 ff) und das **Einziehungsrecht** darf nicht (für den Leistenden erkennbar) einem anderen als dem Forderungsinhaber zustehen. Das kann der Fall sein, wenn der Anspruch verpfändet oder gepfändet worden ist und das FA ungeachtet des Leistungsverbots an den Anspruchsinhaber zahlt (BFH BStBl 90, 520). Entsprechendes gilt auch bei der Abzweigung von Kindergeld gem § 74 EStG (Rz 93). Bei Zahlung an den nicht zur Einziehung berechtigten Forderungsinhaber wird ohne Rechtsgrund geleistet, denn die Leistung verfehlt den mit ihr verfolgten Zweck, den Anspruch durch Erfüllung zum Erlöschen zu bringen (vgl Rz 22). 33

Steht zur Erfüllung eines Zahlungsanspruchs nur eine bestimmte **Vermögensmasse** zur Verfügung (zB im Insolvenzverfahren), muss aus dieser Vermögensmasse geleistet werden. Andernfalls fehlt für die Leistung der rechtliche Grund (BFH BStBl 16, 372: auf den Nachlass beschränkte Erbenhaftung; FG Nds EFG 17, 1189 zu ehemaligen Masseverbindlichkeiten nach Aufhebung des Insolvenzverfahrens, Rev BFH VII R 13/17). Entsprechendes gilt im umgekehrten Fall: Gehört ein Anspruch (Erstattungsanspruch) zu einer bestimmten Vermögensmasse, kann mit befreiender Wirkung nur in diese Masse geleistet werden (BFH/NV 17, 442). Die Zahlung an den Schuldner anstatt an den Insolvenzverwalter hat keine befreiende Wirkung; sie ist dem Schuldner ggü rechtsgrundlos (vgl auch Rz 64 und 94). 34

c) Zahlung ohne rechtlichen Grund. Diese liegt folglich immer dann vor, wenn eine (oder mehrere) der in den Rz 30–34 genannten Voraussetzungen nicht erfüllt ist (sind). Das ist zB der Fall bei Zahlung auf einen (noch) nicht entstandenen (oder bloß irrtümlich angenommenen) Anspruch, bei **Überzahlung, Doppel- oder Mehrfachzahlung** auf denselben Anspruch, aber grds auch bei Zahlung an einen anderen als den Anspruchsinhaber, insbes bei fehlgeleiteten Zahlungen an nicht beteiligte Dritte oder irrtümliche Zahlung an den vermeintlich Berechtigten. Eine Zahlung (Erstattung) ohne rechtl Grund liegt auch vor, wenn das FA zu Unrecht von einer wirksamen Insolvenzanfechtung ausgeht (BFH BStBl 10, 215); der Anspruch ist allerdings zivil-rechtl Natur und vor den ordentlichen Gerichten zu verfolgen (Rz 15). 35

Steuervorauszahlungen sind ohne rechtl Grund erbracht, soweit sie nach materiellem StRecht (als Vorauszahlung) schon anfänglich nicht geschuldet waren (zur Entstehung vgl § 38 Rz 38) oder wenn der rechtl Grund später wegfällt, insbes sobald eine niedrigere Jahressteuerschuld entsteht. Das gilt auch für Zahlungen aufgrund von **Steueranmeldungen.** Ergibt sich im Verhältnis zur maßgeblichen Steuer eine Überzahlung, entsteht in dieser Höhe ein Erstattungsanspruch spätestens mit Entstehung der Jahressteuer (vgl § 38 Rz 31). 36

d) Maßgeblicher Zeitpunkt (Abs 2 S 2). Der rechtl Grund muss grds im **Zeitpunkt der Leistungsbewirkung** (Zahlung) fehlen. Der Erstattungsanspruch entfällt nicht automatisch, wenn der rechtl Grund nachträglich entsteht. 38

Beispiel: Hat das FA ohne rechtl Grund an den vermeintlichen Zessionar gezahlt, entfällt der gegen diesen bestehende Rückforderungsanspruch nicht, wenn er sich den Erstattungsanspruch, den das FA mit der Zahlung erfüllen wollte, nachträglich (wirksam) abtreten lässt. Der Rückforderung kann in diesem Fall aber der Einwand unzulässiger Rechtsausübung *(dolo agit)* entgegenstehen (vgl Rz 53).

40 Dem anfänglichen Fehlen steht der **spätere Wegfall** des rechtl Grundes nach Abs 2 S 2 gleich. Nach der formellen Rechtsgrundtheorie (Rz 25) fällt der rechtl Grund (VA) nachträglich weg, sobald der VA geändert oder aufgehoben wird, der die Leistungspflicht ausspricht; der Erstattungsanspruch entsteht im Zeitpunkt der Bekanntgabe des geänderten Bescheids (*HHSp/Boeker* § 37 Rz 42). Nach der zutr materiellen Rechtsgrundtheorie (Rz 25) kommt es dagegen auf die materielle Rechtslage an. Der rechtl Grund fällt danach weg, wenn er nach seiner Entstehung (außer durch Erfüllung) **erlischt** (Wegfall aus Rechtsgründen) oder wenn ein Ereignis eintritt, das die Besteuerungsvoraussetzungen in erheblicher Weise verändert (Wegfall aus tatsächlichen Gründen). Der Erstattungsanspruch entsteht in dem Zeitpunkt, in dem die veränderte Sach- oder Rechtslage ihre Wirkung entfaltet (ex tunc oder ex nunc).

41 Aus **tatsächlichen Gründen** entfällt der rechtl Grund **ex tunc**, wenn nachträglich (also nach seiner Entstehung; BFH/NV 06, 1945) ein Ereignis eintritt, das den Sachverhalt **rückwirkend** verändert (vgl § 38 Rz 8). Ist das der Fall, wird die Sachlage (fiktiv) von Anfang an so behandelt, wie sie sich (tatsächlich) erst nach dem Eintritt des Ereignisses darstellt. Wäre der Anspruch (rechtl Grund) dann nicht oder nicht in derselben Höhe entstanden, ist die materiell-rechtl Folge, dass der rechtl Grund rückwirkend entfällt. Bereits erbrachte Zahlungen sind zu erstatten. Der Erstattungsanspruch ist bereits mit der (rückwirkend rechtsgrundlosen) Zahlung entstanden. Seine Durchsetzung hängt davon ab, dass auch die Bescheidlage korrigiert wird. § 175 I 1 Nr 2 erlaubt insoweit die Durchbrechung der Bestandskraft. Welche nachträglich eintretenden Ereignisse (Tatsachen) auf die Entstehung des Anspruchs zurückwirken, ergibt sich aus den StGesetzen (vgl iEinz § 175 Rz 50 ff).

42 Nach der Rspr des BFH entsteht ein Erstattungsanspruch auch bei einer Änderung der Bemessungsgrundlage iSv **§ 17 UStG.** Dabei geht es um zwei Fragen: **(1)** Kann das FA mit eigenen Insolvenzforderungen gegen Erstattungsansprüche aufrechnen, die entstehen, wenn der Insolvenzverwalter Ausgangsrechnungen des Schuldners aus der Zeit vor Eröffnung des Insolvenzverfahrens wegen Uneinbringlichkeit nach § 17 UStG berichtigt? Das nahm der BFH früher an und verneinte **§ 96 I Nr 1 InsO.** Das FA sei die Erstattung (dem Grunde nach) nicht erst nach Eröffnung des Insolvenzverfahrens schuldig geworden. Diese Rspr hat der BFH korrigiert. Das FA werde die Erstattung erst schuldig, wenn der materiell-rechtl Berichtigungstatbestand erfüllt sei. Der BFH geht (stillschweigend) davon aus, dass dies erst nach Eröffnung des Insolvenzverfahrens der Fall sei mit der Folge, dass das FA schon deshalb gegen den Erstattungsanspruch nicht mit eigenen Forderungen aufrechnen könne (BFH BStBl 13, 36; iErg aA *Stadie* UR 13, 158; vgl auch FG Saarl EFG 17, 354 Rev BFH VII R 18/16). **(2)** Kann das FA an den Zessionar ausgezahlte Vorsteuer nach einer Berichtigung gem § 17 UStG von diesem zurückfordern? Die Frage stellt sich vor allem, wenn der Zedent zwischenzeitlich (planmäßig) insolvent geworden ist. Der VII. Senat bejaht die Frage (BFH BStBl 02, 562; 09, 90; 10, 257; aA FG BBg EFG 16, 2017). Der V. Senat hat daran im Rahmen eines AdV-Beschlusses Zweifel geäußert (BFH BStBl 07, 415). Im Schrifttum wird die Rspr des VII. Senats mit zum Teil unterschiedlicher Begründung abgelehnt (*Gotthardt/Kubaczinynska* DStR 09, 1015; *TK/Drüen* § 37 Rz 39). Der Kritik ist iErg zuzustimmen. Geht man mit dem V. Senat des BFH davon aus, dass es sich bei den im Rahmen der Steuerberechnung zu saldierenden Größen (§ 18 III iVm § 16 I bis IV und 17 UStG) um **unselbständige Besteuerungsgrundlagen** und nicht um Ansprüche handelt (BFH BStBl 83, 612; 12, 298; BFH/NV 96, 277), kann umgekehrt aus einer Berichtigung ebenfalls kein Anspruch erwachsen. Ein (abtretbarer, pfändbarer, verpfändbarer oder aufrechenbarer) Anspruch entsteht erst, wenn sich nach der Berechnung (Verrechnung) für einen bestimmten Zeitraum zB ein Vorsteuerüberschuss ergibt. Eine nachträgliche Berichtigung gem § 17 UStG wirkt sich auf diesen Anspruch jedoch nicht aus. Vielmehr geht der Berichtigungsbetrag als unselbständige Besteuerungsgrundlage bei demjenigen, der die Berichtigung vorzunehmen hat, in die Steuerberechnung des Zeitraums ein, in dem er die Berichtigung vornimmt. Nichts anderes ergibt sich, wenn man davon abweichend annimmt, dass im Rahmen der Steuerberechnung selbständige Ansprüche miteinander verrechnet werden, also auch Erstattungsansprüche (zB *Rau/Dürrwächter/Stadie* § 17 UStG Rz 117, 122, 128, 129). Diese Ansprüche können jedenfalls nur gem § 18 III iVm § 16 I bis IV und 17 UStG durchgesetzt werden, wobei die Verrechnung (beim Zedenten, der berichtigen muss) die Inanspruchnahme des Zessionars ausnahmsweise (vgl Rz 85) ausschließt, denn auch unter dieser Annahme wirkt sich die Berichtigung nicht auf den abgetretenen Anspruch aus. Der Rechtsgrund für die vom Zessionar erhaltene Zahlung bleibt vielmehr bestehen. Einer einschränkenden Auslegung von § 37 II 2, wonach (bei Abtretung des Anspruchs) nur ein rückwirkendes Ereignis dazu führt, dass gegen den Zessionar ein Rückforderungsanspruch entstehen kann, bedarf es nicht (so aber *Rau/Dürrwächter/Stadie* § 17 UStG Rz 146; wohl auch *TK/Drüen* § 37 Rz 39).

Aus Rechtsgründen entfällt der Anspruch, wenn der ihn begründende Sachverhalt unverändert bleibt, der Anspruch aber (außer durch Erfüllung) erlischt, zB wegen **Verjährung** gem §§ 47, 232. Vorauszahlungen und Zahlungen sind danach grds zu erstatten (iErg ebenso BFH/NV 89, 412; 96, 454; 96, 866). Nach § 171 Abs 14 kann allerdings die Festsetzung der Steuer nachgeholt werden, solange ein damit zusammenhängender Erstattungsanspruch noch nicht (gem § 228) verjährt ist (BFH BStBl 04, 896; vgl aber Rz 48). Für Säumniszuschläge entfällt der Rechtsgrund, wenn die Vollziehung des StBescheids rückwirkend aufgehoben wird (BFH BStBl 87, 389; 09, 524; 12, 839; BVerwGE 154, 68). Ein auflösend bedingter Anspruch erlischt mit dem **Bedingungseintritt.** Der Anspruch auf **Vorauszahlungen** ist nach der älteren Rspr des BFH auflösend bedingt durch die *Festsetzung* der Jahressteuerschuld (vgl BFH BStBl 79, 461; 87, 8). Dem ist im Grds zu folgen (vgl § 38 Rz 31). Allerdings kommt es nicht auf die Festsetzung, sondern die *Entstehung* der Jahressteuer an (wie hier *Schmidt/Loschelder* § 37 Rz 1). Ein etwaiger Erstattungsanspruch kann allerdings erst durchgesetzt werden (Rz 46), wenn der Vorauszahlungsbescheid geändert oder aufgehoben oder mit dem Ergehen des Jahressteuerbescheids gem § 124 II auf andere Weise erledigt ist (Rz 48). **43**

Der Rechtsgrund entfällt auch beim **Erlass aus Billigkeitsgründen.** Ein Erlass nach § 227 setzt voraus, dass der Anspruch entstanden ist, da er sonst (Wortlaut) nicht erlassen werden könnte. Soweit bereits Zahlung geleistet worden ist, ist der Anspruch zwar durch die Zahlung erloschen und kann theoretisch durch Erlass nicht noch einmal erlöschen (vgl § 47). § 227 sieht für diesen Fall jedoch ausdrücklich die Erstattung von bereits entrichteten Beträgen vor. Der Erstattungsanspruch richtet sich dann nach § 37 II (aA *TK/Drüen* § 37 Rz 12). Dass idR kein Rechtsanspruch auf einen Erlass besteht, sondern nur ein Anspruch auf Ermessensausübung, rechtfertigt nicht die Annahme einer **Erstattung aus Billigkeitsgründen,** sofern der Erlass ausgesprochen worden ist. Für das weitere Behaltendürfen besteht dann kein Grund mehr, weshalb auf die Erstattung ein Anspruch besteht. Der BFH wendet **§ 227** auf der Grundlage der formellen Rechtsgrundtheorie in ähnlichen Fällen an, wenn ein bestandskräftiger Steuerbescheid aus Billigkeitsgründen überprüft (und aufgehoben) werden soll. Dies soll möglich sein, wenn die Abgabenfestsetzung offensichtlich und eindeutig unrichtig ist und wenn es dem Abgabenpflichtigen nicht möglich und nicht zumutbar war, sich gegen die Fehlerhaftigkeit rechtzeitig zu wehren (vgl BFH BStBl 88, 512; BFH/NV 04, 79). Die Rspr überzeugt nicht. § 227 erlaubt **keine Durchbrechung der Bestands-** **44**

kraft aus Billigkeitsgründen. Dafür besteht auch keine Veranlassung. Wenn ein Anspruch nicht besteht, weil die Abgabenfestsetzung offensichtlich und eindeutig unrichtig ist, können Ansprüche aus dem Steuerschuldverhältnis nicht erlassen werden.

45 **6. Verwirklichung des Erstattungsanspruchs.** Der Anspruch kann nur verwirklicht werden, wenn a) VAe mit anderem Inhalt zuvor aufgehoben oder geändert worden sind. Der Anspruch muss b) fällig und c) einredefrei sein. d) Fristen und Formen sind nicht zu beachten. Erstattungsansprüche werden als solche nicht festgesetzt (vgl § 218 I); nur bei Streitigkeiten entscheidet die FinBeh durch Abrechnungsbescheid.

46 **a) Beseitigung entgegenstehender VAe.** Der Erstattungsanspruch kann nur verwirklicht werden, *soweit* ein entgegenstehender VA aufgehoben oder geändert worden ist (§ 218 I). Ein materiell rechtswidriger, aber nicht mehr anfechtbarer VA begründet zumindest eine *formelle* Leistungspflicht und gewährt einen *formellen* Behaltensgrund. Das ist die beabsichtigte Folge der **Bestandskraft,** die (formellen) Rechtsfrieden schaffen soll. Dahinter tritt der Anspruch auf materielle Richtigkeit zurück. Zwar ist die Beseitigung der (materiell unrichtigen) formellen Rechtslage nicht Voraussetzung für die Entstehung des Erstattungsanspruchs (aA die formelle Rechtsgrundtheorie, Rz 25), aber für seine Verwirklichung.

47 Ist der StBescheid **nichtig** (§ 125), muss er nicht zuvor aufgehoben werden, da er wirkungslos ist (BFH/NV 89, 412); auch die formelle *Feststellung der Nichtigkeit* ist nicht erforderlich (BFH BStBl 98, 499). Das gilt auch, wenn der Bescheid nicht wirksam bekannt gegeben worden ist. Ist der StBescheid (VA) nur **rechtswidrig,** muss seine Änderung oder Aufhebung nach den dafür geltenden Vorschr, insbes nach den §§ 129 ff, 172 ff noch möglich sein und herbeigeführt werden.

48 **Vorauszahlungsbescheide** sind mit Ergehen des Jahressteuerbescheids iSv § 124 II „auf andere Weise“ erledigt (BFH BStBl 85, 370; 94, 38; BFH GrS BStBl 95, 730). Der Jahressteuerbescheid bildet danach die alleinige Grundlage für die Verwirklichung des Anspruchs auf die für das Jahr entstandene Steuer (BFH GrS BStBl 95, 730; BFH BStBl 00, 46; 00, 486). Auf einen Vorauszahlungsbescheid gestützte Vollstreckungsmaßnahmen bleiben wirksam (BFH BStBl 85, 370). Wird der Jahressteuerbescheid aufgehoben, lebt der Vorauszahlungsbescheid grds *nicht wieder auf* (BFH/NV 96, 454; 13, 506); etwas anderes kommt jedoch in Betracht, wenn die Aufhebung nicht auf Gründen beruht, die zugleich auf das Fehlen einer Vorauszahlungsschuld schließen lassen (vgl BFH BStBl 13, 3). Andernfalls verhindert § 171 Abs 14 die Erstattung, da die Festsetzungsverjährung für den Steueranspruch nicht endet, bevor ein damit zusammen hängender Erstattungsanspruch verjährt (und erloschen) wäre. Ergeht vor Ablauf der Festsetzungsfrist kein Jahressteuerbescheid, entfällt der Vorbehalt der Nachprüfung (§ 164 IV 1); der Vorauszahlungsbescheid wird dann zu einem endgültigen Bescheid. Entsprechendes gilt für das Verhältnis von **StAnmeldung** und Jahresbescheid zB bei der LSt und USt (offen gelassen BFH BStBl 13, 3). Die Erstattung einbehaltener und abgeführter **KapESt** setzt entweder den Erlass eines Freistellungsbescheids oder eine Änderung oder Aufhebung der StAnmeldung voraus (BFH/NV 09, 1543). Zur Bedeutung des Widerrufs der Dauerfristverlängerung für die Abgabe von USt-Voranmeldungen vgl BFH BStBl 10, 91. Die Bewilligung der Investitionszulage gewährt nur einen vorläufigen Behaltensgrund. Nach Eröffnung des **Insolvenzverfahrens** erledigt sich ein Investitionszulagenbescheid gem § 124 II auf andere Weise; das FA kann den Rückforderungsanspruch zur Tabelle anmelden, ohne den Bewilligungsbescheid aufheben zu müssen, was wegen des Vorrangs des Insolvenzverfahrens (§ 251 II 1) ausgeschlossen wäre. Der Zessionar muss die Anmeldung zur Tabelle als Wegfall des formellen Rechtsgrunds gegen sich gelten lassen (BFH BStBl 13, 778).

49 Die **Anrechnungsverfügung** ist ein deklaratorischer VA, der keine Ansprüche begründet, die nicht bereits bestehen (BFH BStBl 12, 220). Daraus leitet der BFH

ab, dass die Anrechnungsverfügung nicht mehr geändert werden kann, wenn für den zugrunde liegenden *Steueranspruch* Zahlungsverjährung eingetreten ist. Nach diesem Zeitpunkt können die infolge einer fehlerhaften Anrechnung zu viel (vgl BFH BStBl 08, 504) oder zu wenig entrichtete Steuern deshalb nicht mehr zurückverlangt werden. Dem ist iErg zuzustimmen. Der Erstattungsanspruch entsteht mit der rechtsgrundlosen Leistung und wird auch sofort fällig. Die Anrechnungsverfügung steht dem nicht entgegen, da sie als bloß deklaratorischer VA keinen (formellen) Rechtsgrund für das Behaltendürfen schafft. Damit beginnt die Zahlungsverjährung für den Erstattungsanspruch sofort zu laufen. Nach deren Ablauf erlischt der Erstattungsanspruch (§ 232); auf das Erlöschen des Steueranspruchs kommt es nicht an.

b) Fälligkeit. Mangels besonderer Vorschriften richtet sich die Fälligkeit des Erstattungsanspruchs grds nach § 220. Liegt der Zahlung keine oder eine unwirksame Festsetzung zugrunde, wird der Erstattungsanspruch mit seiner Entstehung, also im Zeitpunkt der Leistung, fällig (§ 220 II 1; vgl BFH BStBl 02, 447; BFH/NV 09, 1404). Das gilt auch dann, wenn der Stpfl die Unwirksamkeit nicht sicher erkennen kann (BFH/NV 13, 1378). Bei Zahlung auf eine bestehende, aber materiell unzutr Festsetzung wird der Anspruch fällig mit Bekanntgabe der (materiell zutr) Festsetzung (§ 220 II 2) oder der Verfügung, mit der die Aufhebung der Vollziehung angeordnet worden ist (vgl Rz 30). § 36 IV 2 regelt als *lex specialis* die Fälligkeit des Erstattungsanspruchs bei zu hohen Vorauszahlungen auf die ESt. 50

c) Einreden, Verjährung. Der Erstattungsanspruch verjährt gem § 228 in 5 Jahren (sog **Zahlungsverjährung;** BFH BStBl 02, 447; vgl auch BFH BStBl 13, 3). Die Frist beginnt mit Ablauf des Jahres, in dem der Anspruch erstmals fällig geworden ist (Rz 50; § 229 I 1; vgl BFH BStBl 12, 220). Sie wird ua unterbrochen durch **schriftliche Geltendmachung** des Anspruchs (§ 231 I). Der Eintritt der Zahlungsverjährung führt zum Erlöschen des Anspruchs (§ 232). 51

Ein Änderungs- oder Aufhebungsbescheid, der die Geltendmachung des Erstattungsanspruchs erst ermöglicht (Rz 46), kann nur innerhalb der dafür geltenden **Festsetzungs- oder Feststellungsfrist** (§§ 169 ff, 181) ergehen. Der Ablauf der Festsetzungsfrist wird ua gehemmt, wenn die Änderung der StFestsetzung beantragt wird (§ 171 III). 52

Treu und Glauben. Die Geltendmachung des Erstattungsanspruchs kann treuwidrig sein (vgl *Becker* DÖV 73, 388). Insofern gelten die allg Grds (vgl § 4 Rz 15 ff). Der Anspruchsgegner kann insbes **Verwirkung** geltend machen (s dazu § 4 Rz 21). Jahrelange Untätigkeit der FinBeh führt für sich genommen noch nicht zur Verwirkung (BFH/NV 05, 3). Es kommt auf die Umstände des Einzelfalls an (vgl BFH BStBl 95, 846; 98, 499; BFH/NV 96, 238). Die **Familienkasse** verwirkt den Anspruch auf Rückforderung des ohne rechtl Grund gezahlten Kindergelds nur, wenn Umstände vorliegen, die die Geltendmachung des Rückforderungsanspruchs als **illoyale Rechtsausübung** erscheinen lassen und wenn der Kindergeldempfänger aus ihrem Verhalten bei objektiver Betrachtung den Schluss ziehen durfte, dass ihm das ohne rechtl Grund gezahlte Kindergeld belassen werde (BFH BStBl 04, 123; BFH/NV 05, 499; 07, 1120; 08, 553; 10, 837). Die Weiterzahlung des Kindergeldes trotz Kenntnis der Behörde von Umständen, die zum Wegfall des Kindergeldanspruchs führen, reicht dafür nicht aus. Die Folgerungen können nur im Festsetzungs- und nicht im Erhebungsverfahren gezogen werden (vgl BFH/NV 10, 1412). 53

Weiterleitung. Die Behauptung, der materiell Berechtigte habe das Empfangene (insbes Kindergeld) tatsächlich erhalten, kann dem Rückforderungsanspruch grds nicht mit Erfolg entgegen gesetzt werden, selbst wenn sie zutrifft (stRspr BFH BStBl 12, 734). Soweit die Familienkassen die Weiterleitung aus Vereinfachungsgründen als Erfüllung des Rückforderungsanspruchs behandeln, müssen die (for- 54 mellen) Voraussetzungen erfüllt sein, die hierfür in den Verwaltungsanweisungen aufgestellt sind (BFH/NV 04, 23).

55 **d) Geltendmachung.** Über den Erstattungsanspruch entscheidet die zuständige FinBeh von Amts wegen. Ein Antrag ist deshalb nicht erforderlich. Wegen der die Verjährung unterbrechenden (§ 231 I) bzw hemmenden (§ 171 III) Wirkung empfiehlt sich jedoch die (alsbaldige) **schriftliche Geltendmachung.** Fristen sind insoweit nicht zu beachten.

56 **e) Abrechnungsverfahren.** Der Erstattungsanspruch bedarf grds nicht der Festsetzung. Er ergibt sich nach Aufhebung oder Änderung des der Zahlung zugrunde liegenden Leistungsbescheids, worin sich das Fehlen oder der Wegfall des rechtl Grundes ausdrückt, durch Gegenüberstellung von verbleibender Schuld und erbrachter Leistung. Ob danach eine Überzahlung vorliegt und ob sie zu erstatten ist, entscheidet die FinBeh gem § 218 II 2 bei Streitigkeit durch **Abrechnungsbescheid.** Die Leistungsklage ist insoweit nicht gegeben (BFH BStBl 86, 702; BFH/NV 99, 150; 00, 412). Abrechnungsbescheide haben grds nur die Feststellung zum Inhalt, ob eine bestimmte Zahlungsverpflichtung erloschen ist. Dabei ist vom Regelungsinhalt der Leistungsbescheide auszugehen (formelle Bescheidlage); das Bestehen der Zahlungsverpflichtung ist nicht Gegenstand des Abrechnungsbescheids, sondern wird vorausgesetzt (BFH/NV 10, 1412; § 218 Rz 14). Über das Bestehen oder Nichtbestehen von Erstattungsansprüchen wird folglich im Abrechnungsverfahren nur inzident (grundlegend BFH BStBl 00, 46) und nur insoweit mitentschieden, als hinsichtlich der formellen Bescheidlage eine Überzahlung festgestellt werden kann. Die Abrechnung wird idR mit der Festsetzung der Steuer oder der StVergütung verbunden. Hierbei handelt es sich jedenfalls dann nicht um eine bloße Kassenmitteilung, wenn es um die Abrechnung von Vorauszahlungen (oder von aufgrund der Voranmeldungen erstatteten Vorsteuerüberschüssen) geht. Insoweit liegt ein selbständiger VA nach § 218 II vor (BFH BStBl 87, 405; 92, 713).

58 **Festsetzungsverfahren.** Ob der Steueranspruch materiell nicht bestand und ob deshalb die Leistung ohne rechtl Grund erbracht worden ist (Rz 25), kann nur im Verfahren über die Festsetzung des Steueranspruchs geklärt werden. Dort – und nicht im Abrechnungsverfahren – wird deshalb der Sache nach über das Bestehen oder Nichtbestehen von Erstattungsansprüchen (Leistung ohne Rechtsgrund) entschieden. Kommt eine Änderung des Festsetzungsbescheids (wegen Bestandskraft oder Festsetzungsverjährung) nicht mehr in Betracht, kann der Erstattungsanspruch nicht verwirklicht werden. Ist der Steueranspruch infolge einer fehlerhaften Anrechnungsverfügung zahlungsverjährt, kommt eine Änderung der Anrechnungsverfügung nicht mehr in Betracht (vgl BFH BStBl 12, 220). Das Institut der Erstattung kann nicht dazu benutzt werden, ein Rechtsbehelfsversäumnis wett zu machen (BFH BStBl III 62, 494).

59 **Rechtsbehelfe.** Gegen die Steuer oder Steuervergütung festsetzende VAe ist der Einspruch (§§ 347 ff) gegeben. Zu den Rechtsbehelfen gegen den Abrechnungsbescheid vgl § 218 Rz 35 ff.

60 **7. Erstattungsanspruch ieS. a) Voraussetzungen.** Zu den allg Voraussetzungen für die Entstehung des Anspruchs, insbes zum Merkmal „ohne rechtl Grund" vgl oben Rz 25 ff. Besonderheiten bestehen insofern nicht.

61 **b) Erstattungsberechtigter.** Der Erstattungsanspruch steht demjenigen zu, *auf dessen Rechnung* die Zahlung bewirkt worden ist (Abs 2 S 1). Die Vorschr ist missverständlich formuliert. Es kommt letztlich nicht darauf an, *für wessen Rechnung,* sondern *auf wessen Schuld* gezahlt worden ist. Zwar setzt der Erstattungsanspruch voraus, dass eine Schuld gerade nicht besteht oder weggefallen ist. Abzustellen ist danach aber auf die vermeintliche Schuld. Berechtigt ist also, auf wessen „vermeintliche Schuld" gezahlt worden ist (BFH BStBl 09, 38). Unerheblich ist, ob der Berechtigte die Belastung selbst getragen hat, denn die FinBeh soll das Innen-

verhältnis zwischen dem Stpfl und dem Dritten (Leistenden) nicht erforschen müssen (vgl BFH BSBl 90, 41).

Einzelschuld. Erstattung kann idR derjenige verlangen, der in dem der Zahlung zugrunde liegenden (unrichtigen) Steuerbescheid, Haftungsbescheid oder in dem eine stl Nebenleistung festsetzenden VA als Schuldner ausgewiesen ist (BFH BStBl 02, 330; BFH/NV 97, 10). Im Regelfall ist davon auszugehen, dass der Schuldner auf seine eigene Schuld leistet. Die Erstattung von **Vorauszahlungen** steht demjenigen zu, der die Vorauszahlungen geleistet hat. Bei **Zahlung durch einen Dritten** (§ 48 I) kommt es darauf an, wessen Schuld nach dem Willen des Dritten getilgt werden sollte (BFH/NV 14, 1504; BStBl 16, 730; zur Tilgungsbestimmung vgl § 225 und oben Rz 32; zu USt-Zahlungen bei vermeintlicher **Organschaft** BFH BStBl 02, 330; BFH/NV 97, 537; 04, 1370; 05, 660). Zahlt ein dem FA nachrangiger Gläubiger an das FA, um die Freigabe von Sicherheiten des Schuldners zu erlangen, so steht der Erstattungsanspruch, wenn ein rechtl Grund für die Zahlung fehlte, dem Schuldner und nicht dem zahlenden Gläubiger zu; dieser muss sich nach Bereicherungsrecht an den Schuldner halten (*TK/Drüen* § 37 Rz 64; anders die Voraufl). 62

Die Erstattung von **einbehaltenen und abgeführten Steuern** steht grds demjenigen zu, dessen Steuer gezahlt worden ist, bei der **LSt** also idR dem ArbN und nicht dem entrichtungspflichtigen ArbG, da er erkennbar für Rechnung des ArbN gezahlt hat (vgl BFH BStBl 10, 72; anders jedoch BFH/NV 00, 547); bei der KapESt dem Gläubiger der Kapitalerträge und nicht dem entrichtungspflichtigen Kreditinstitut (BFH/NV 15, 950). Das soll nicht gelten bei Über- oder Mehrfachzahlung, durch die der ArbN nicht belastet worden ist (*TK/Drüen* § 37 Rz 67). Gem § 44b V 2 EStG ist (aus Vereinfachungsgründen) ausnahmsweise der Antragsteller (Entrichtungspflichtiger) berechtigt für die Erstattung von zu Unrecht einbehaltener und abgeführter **KapESt** (BFH BStBl 05, 31; BFH/NV 15, 950; vgl zum Ausschluss der Erstattung von KapESt in besonderen Fällen § 45 EStG). 63

Insolvenzverfahren. Der Erstattungsanpruch steht dem Schuldner zu. Unterfällt er dem Insolvenzbeschlag (§ 80 I, § 35 I InsO) kann das FA mit befreiender Wirkung nur noch an den Insolvenzverwalter leisten. Gleiches gilt, wenn die Nachtragsverteilung angeordnet ist (§ 203 InsO; BFH/NV 17, 442). Leistet das FA gleichwohl an den Schuldner, geschieht dies ohne Rechtsgrund (vgl Rz 34). An den Schuldner muss das FA dagegen leisten, wenn eine freiberufliche Tätigkeit gem § 35 II InsO freigegeben worden ist und **Vorauszahlungen** zu erstatten sind, die nach der Freigabe und allein aus dem freigegebenen Vermögen geleistet worden sind (BFH/NV 14, 1013; 15, 532). Die Zahlung an den Insolvenzverwalter wäre insofern rechtsgrundlos. Zahlungen an den Insolvenzverwalter werden dem Schuldner nur im Rahmen des Insolvenzverfahrens zugerechnet (vgl Rz 93). 64

Gesamtschuld. Bei (rechtsgrundloser) Zahlung auf eine Gesamtschuld sind die Gesamtschuldner hinsichtlich der Erstattung idR **nicht Gesamtgläubiger** iSv § 428 BGB (BFH BStBl 83, 162) und auch nicht Mitgläubiger iSv § 432 BGB. Der Erstattungsanspruch steht nicht jedem Gläubiger in voller Höhe zu, sondern es kommt nach Abs 2 S 1 darauf an, *auf wessen Rechnung* gezahlt worden ist, dh wessen Schuld getilgt werden sollte (Rz 61; zur Tilgungsbestimmung Rz 32). 65

Grds steht die Erstattung dem Gesamtschuldner zu, der gezahlt hat (stRspr BFH BStBl 90, 41; 97, 522) oder für dessen Rechnung von einem Dritten die Zahlung bewirkt worden ist (vgl oben Rz 62). Nach Ansicht der Rspr zahlt jeder Gesamtschuldner im Zweifel nur für sich selbst (BFH/NV 97, 482). Anderes soll aber für zusammen veranlagte Eheleute gelten, solange die Ehe besteht und die Eheleute nicht dauernd getrennt leben (vgl Rz 70). Haben mehrere Gesamtschuldner Teilzahlungen erbracht, sind sie entspr anteilig an der Erstattung berechtigt (BFH/NV 14, 1714). Nur wenn ein Gesamtschuldner (oder ein Dritter) erkennbar für Rechnung aller Gesamtschuldner gezahlt hat, sind die Gesamtschuldner nach Köpfen erstattungsberechtigt (BFH BStBl 90, 41; 95, 492 mwN). 66

68 **Kritik.** Die Rspr erscheint zweifelhaft. Sie lässt außer Betracht, dass jede Zahlung eines Gesamtschuldners kraft Gesetzes die Erfüllung auch für die übrigen Schuldner bewirkt (§ 44 II 1). Vor diesem Hintergrund kann nicht ernsthaft danach gefragt werden, wessen Schuld mit der Zahlung getilgt werden sollte, denn jeder von der gesetzl Bestimmung abweichende Tilgungswille des Leistenden wäre rechtl unbeachtlich. Insbes ist die Einzeltilgung von Gesamtschulden nicht vorgesehen. Die Rspr, die gleichwohl darauf abstellt, benachteiligt den Erstattungsschuldner. So wird die FinBeh von der Erstattungspflicht nicht frei, wenn sie an einen *falschen* Gesamtschuldner erstattet und läuft Gefahr, die Erstattung noch einmal leisten zu müssen, wenn sie mit dem Rückforderungsanspruch gegen den Zahlungsempfänger ausfällt. Wären dagegen die Gesamtschuldner hinsichtlich des Erstattungsanspruchs Gesamtgläubiger iSv § 428 BGB, könnte der Schuldner (nach Ermessen) an jeden Gläubiger leisten und sich dadurch befreien. Für eine Anlehnung an die zivilrechtl Umkehrthese (Gesamtschuldner sind im Erstattungsfall Gesamtgläubiger) spricht auch, dass in der AO eine Regelung zur Gesamtgläubigerschaft fehlt. Die Rspr läuft letztlich darauf hinaus, den FinBeh (teilweise) das Risiko zuzuweisen, welches nach § 430 BGB die Gesamtgläubiger zu tragen haben in Bezug auf die Durchsetzung ihrer Ausgleichsansprüche im Innenverhältnis. Allerdings ist auch im Zivilrecht umstritten, ob Gesamtschuldnern ein Bereicherungsanspruch stets nur als Gesamtgläubiger zusteht (vgl *Palandt/Grüneberg* § 428 Tz 2; zweifelnd BGH NJW 04, 1169 mwN).

70 **Eheleute und Lebenspartner** (§ 2 VIII EStG; BMF BStBl I 13, 1251) **als Gesamtschuldner** (gem § 44 I 1 iVm § 26b EStG; vgl AEAO zu § 37 Nr 2.3 iVm BMF BStBl I 15, 83; dazu BayLfSt v 6.3.2015 StEd 15, 204). Im Grds steht die Erstattung ebenfalls demjenigen zu, *auf dessen Rechnung* die Zahlung bewirkt worden ist. Nach der Rspr ist allerdings (anders als bei nicht miteinander verheirateten Gesamtschuldnern, Rz 66) idR davon auszugehen, dass der eine Partner mit seiner Zahlung die Schuld des anderen mitbegleichen will. Die (widerlegliche) Vermutung (BFH/NV 11, 1661) für eine dahin gehende Tilgungsbestimmung **(Tilgungsvermutung)** gilt, solange die Ehe/Lebenspartnerschaft besteht (intakt ist) und die Partner nicht dauernd getrennt voneinander leben; auf den ehelichen Güterstand kommt es nicht an (stRspr vgl BFH BStBl 06, 453; 09, 38). Maßgeblich ist, wie sich die Umstände dem FA zum Zeitpunkt der Zahlung darstellen (BFH BStBl 07, 742). Die Tilgungsvermutung greift deshalb auch ein, wenn die Ehe im Zeitpunkt der Zahlung nicht mehr bestand, das FA hiervon jedoch keine Kenntnis hatte (BFH/NV 15, 1346). **Vorauszahlungen** eines Partners auf eine Gesamtschuld dienen idR der Tilgung der zu erwartenden Steuerzahlungen beider Partner; sie sind deshalb (auch bei getrennter Veranlagung) zunächst auf die festgesetzten Steuern beider Partner anzurechnen (BFH BStBl 11, 607). Ein Erstattungsbetrag steht den Partnern dann jeweils zur Hälfte zu, dh der Erstattungsbetrag ist zwischen ihnen **nach Köpfen** aufzuteilen (stRspr BFH BStBl 09, 38; BFH/NV 17, 906). Über die Aufteilung muss nicht notwendig einheitlich entschieden werden (BFH BStBl 94, 405; BFH/NV 05, 1222: keine Beiladung). Der Leistende kann die Erstattung nur dann in voller Höhe beanspruchen, wenn er *im Zeitpunkt der Zahlung* eindeutig erkennbar gemacht hat, nur seine eigene Schuld tilgen zu wollen (BFH/NV 05, 833; 10, 834); eine nachträgliche Tilgungsbestimmung ist nicht möglich (BFH/NV 15, 1347). Unbeachtlich ist auch, wenn nach dem Ableben eines Partners dessen Erben Rechtsnachfolger geworden sind (BFH/NV 08, 1802) oder wenn über das Vermögen des einen Partners das Insolvenzverfahren eröffnet worden ist (BFH BStBl 09, 38; BFH/NV 17, 906).

71 Die Tilgungsvermutung (Rz 70) ist **nicht anzuwenden** bei im **Abzugsverfahren** erhobenen Steuern (LSt, KapESt) oder wenn fällige Forderungen im Wege der **Vollstreckung** beigetrieben werden (BFH/NV 13, 1217; 15, 946). Der Erstattungsanspruch steht insofern allein demjenigen Partner zu, für dessen Rechnung der Steuerabzug durchgeführt worden ist (BFH/NV 05, 830; 08, 330; BSG NZS

15, 551) bzw gegen dessen Vermögen sich die Vollstreckung richtete. Sind für beide Partner Steuern im Abzugsverfahren einbehalten worden, steht jedem ein Erstattungsanspruch nach dem Verhältnis der bei ihnen jeweils einbehaltenen Abzugsbeträge zu; im selben Verhältnis entfällt ein Rückzahlungsbetrag auf jeden der Partner, wenn der Rechtsgrund für die Erstattung später wegfällt (BFH BStBl 90, 520; 90, 719; 91, 47; BFH/NV 07, 1825; 10, 1078).

Fallen individuell anzurechnende Leistungen (zB LSt) und für beide Partner geleistete Zahlungen (zB ESt-Vorauszahlungen) zusammen, ist der anteilige Erstattungsbetrag wie folgt zu ermitteln: Sämtliche Zahlungen werden den Partnern zunächst einzeln zugerechnet; die für gemeinsame Rechnung geleisteten Zahlungen nachrangig und nach Kopfteilen. Auf den Zeitpunkt der Zahlung kommt es nicht an. Anschließend ist der Erstattungsbetrag nach dem Verhältnis der jeweils erbrachten Teilzahlungen zur Summe der gemeinsam erbrachten Zahlungen aufzuteilen (vgl BMF BStBl 13, 70 Tz 3.5 mit Berechnungsbeispielen auch bei getrennter Veranlagung Tz 3.6). 72

§ 36 IV 3 EStG beeinflusst die materielle Rechtslage nicht. Die Vorschr enthält die widerlegliche gesetzl Vermutung für eine **Empfangsvollmacht** des jeweils anderen Ehegatten (Lebenspartners) bei Geldzahlung. Sie dient der Verwaltungsvereinfachung und räumt der FinBeh ein Auswahlermessen ein, mit befreiender Wirkung an den einen oder anderen zu zahlen. § 36 IV 3 EStG gilt nicht bei Aufrechnung oder Zahlung an Dritte infolge Abtretung, Verpfändung oder Pfändung des Erstattungsanspruchs; in diesen Fällen muss der Erstattungsberechtigte bestimmt werden (BMF BStBl I 13, 70 Tz 2.2.2). Das Auswahlermessen kann eingeschränkt sein, wenn ein Partner erkennbar mit der Auszahlung an den anderen aus nachvollziehbaren Gründen nicht einverstanden ist oder wenn sich aus den sonstigen Umständen ergibt, dass die Vorgehensweise der FinBeh nicht gebilligt werden kann (BFH BStBl 90, 719; 96, 436). Eine Auszahlung an den überlebenden Ehegatten entspricht nicht dem Willen des Rechtsnachfolgers des anderen Ehegatten (BFH/NV 08, 1802). Die Zahlung auf ein anderes als das von den Eheleuten übereinstimmend angegebene Konto hat keine schuldbefreiende Wirkung, wenn die Unterschrift des einen Ehegatten unter die abw Auszahlungsanweisung gefälscht ist (FG Ddorf EFG 11, 1302). 73

c) Verpflichteter. Verpflichtet ist der Leistungsempfänger. Das ist grds diejenige Körperschaft, welche die (rechtsgrundlose) Leistung tatsächlich erhalten hat (zB bei fehlgeleiteter Zahlung), bei Zahlung im Rahmen eines bestehenden StSchuldverhältnisses diejenige Körperschaft (Bund, Land, Gemeinde, Gemeindeverband oder Religionsgemeinschaft), der das Aufkommen aus der Steuer nach Art 106–106b GG zusteht (BFH BStBl 09, 514; zur Zuweisung des Aufkommens aus Nebenleistungen vgl § 3 V). Treibt eine deutsche FinBeh auf Ersuchen einer ausl FinBeh deren Forderung in Deutschland bei, richtet sich der Erstattungsanspruch, wenn der Rechtsgrund fehlte oder später wegfällt, gegen die ersuchende ausl Behörde (§ 13 III 3 EUBeitrG; FG Ddorf EFG 15, 610). Die Klage ist, sofern der Finanzrechtsweg gegeben ist, nach den Vorschr der FGO (insbes § 63 FGO) grds gegen die zuständige Behörde und nicht gegen die Körperschaft selbst zu richten. 74

8. Rückforderungsanspruch. a) Allgemeines. Rückforderungsanspruch ist der umgekehrte Erstattungs- oder Vergütungsanspruch (Rz 12). Er entsteht zugunsten des Steuergläubigers, wenn eine Erstattung oder Steuervergütung zu Unrecht (ohne rechtl Grund) gezahlt worden ist. Für den Rückforderungsanspruch gelten die allg Ausführungen (Rz 10–59) entspr. 75

b) Leistungsempfänger. Schuldner des abgabenrechtl Rückforderungsanspruchs ist grds der **Zahlungsempfänger,** also derjenige, der die Geldleistung (Erstattung oder Vergütung) ohne rechtl Grund erhalten hat (BFH BStBl 81, 44). Das ist idR der vermeintlich Berechtigte, denn an diesen will die FinBeh zahlen (Tilgungsbestimmung s Rz 32). Zahlt das FA trotz Mitteilung einer neuen Konto- 76 verbindung auf ein früher vom Stpfl mitgeteiltes Konto, ist der Stpfl auch dann zur Rückzahlung verpflichtet, wenn das Konto gepfändet ist und er über den Zahlbetrag nicht verfügen konnte (BFH/NV 10, 1414).

78 Bei nicht beabsichtigter Zahlung an einen anderen als den Berechtigten, zB bei bloßer **Fehlzahlung** (BFH/NV 90, 4; 98, 143), ist Leistungsempfänger und Rückforderungsschuldner, wer die Zahlung tatsächlich ohne rechtl Grund erhalten hat. Bei irrtümlicher Zahlung auf das **Konto eines anderen** als des vermeintlich Berechtigten, richtet sich der Rückforderungsanspruch gegen den Kontoinhaber, bei Zahlung auf ein von einem Rechtsanwalt als Insolvenzverwalter eingerichteten **Anderkonto** gegen den Rechtsanwalt (BFH ZIP 13, 2370); bei Zahlung auf eine **nicht vergebene Kontonummer** gegen das Kreditinstitut (BFH/NV 03, 1532). Das FA trägt die objektive Feststellungslast dafür, dass das Kreditinstitut Leistungsempfänger und nicht bloß Zahlstelle (Rz 81) war (FG Mster EFG 08, 1426). Zur Zahlung auf ein ehemaliges Konto des Berechtigten Rz 81.

80 **Zahlung an einen Dritten.** Abw von Rz 76 ist der tatsächliche Empfänger der Zahlung nicht Leistungsempfänger, wenn er lediglich als **Zahlstelle, Vertreter oder Bote** für den (vermeintlich) Erstattungsberechtigten *aufgetreten ist* oder wenn die FinBeh aufgrund einer **Anweisung** des vermeintlich Erstattungsberechtigten an den Dritten gezahlt hat (BFH BStBl 89, 223). (Bei (willentlicher) Zahlung an einen anderen als den Berechtigten ist Leistungsempfänger und Schuldner des Rückforderungsanspruchs derjenige, dessen (vermeintlicher) Anspruch mit der Zahlung erkennbar erfüllt werden sollte (vgl BFH/NV 16, 1278; 01, 1117). Maßgeblich ist insofern nicht der innere Wille der FinBeh. Der Leistungsempfänger ist im Zweifel aus dem objektiven Empfängerhorizont desjenigen zu bestimmen, der die Zahlung tatsächlich erhalten hat (vgl BFH BStBl 06, 353). Musste oder durfte dieser davon ausgehen, dass die Leistung nicht für ihn bestimmt war, so ist er nicht Leistungsempfänger und nicht Rückforderungsschuldner.

81 Ist in den Zahlungsvorgang ein vom Stpfl angegebenes **Kreditinstitut** eingeschaltet, ist in aller Regel davon auszugehen, dass das Kreditinstitut nicht selbst Leistungsempfänger, sondern **Zahlstelle** ist (vgl BFH BStBl 10, 255; BFH/NV 10, 1414; ebenso BGH NJW 07, 914). Die frühere Rspr, wonach das Kreditinstitut Leistungsempfänger sein soll, wenn das FA die Zahlung auf ein ehemaliges, aber nach Kündigung durch das Kreditinstitut **nicht mehr bestehendes Konto** des Berechtigten geleistet hat und das Kreditinstitut mit verbleibenden eigenen Ansprüchen aus der beendeten Geschäftsbeziehung gegen den Weiterleitungs- und Auszahlungsanspruch des Berechtigten aufrechnet, ist überholt (BFH BStBl 12, 167; AEAO zu § 37 Nr 2.1 aE; so nun auch *TK/Drüen* § 37 Rz 113c). Der BFH hat seine gegenteilige Ansicht (vgl BFH/NV 03, 1532; 04, 762; offen gelassen BFH BStBl 10, 255) aufgegeben (BFH BStBl 12, 167). Das Kreditinstitut ist auch nach Beendigung der Geschäftsbeziehung – jedenfalls für eine bestimmte Zeit – noch Zahlstelle (BGH aaO); es ist unerheblich, wie das Kreditinstitut mit dem in Empfang genommenen Geld verfahren ist (BFH BStBl 13, 270; BFH/NV 13, 689); die Aufrechnung entspricht der Weiterleitung (BFH BStBl 13, 270; AEAO zu § 37 Nr 2.1 aE). Die Person des Leistungsempfängers hängt nicht von ihrer Bonität ab; auch der Fiskus hat das Insolvenzrisiko seines Schuldners selbst zu tragen.

82 Das **Innenverhältnis** zwischen dem Empfänger der Zahlung und dem vermeintlich Berechtigten ist der zahlenden FinBeh idR nicht zugänglich. Auf den Inhalt und die Wirksamkeit des Vereinbarten kommt es deshalb grds nicht an. Das FA zahlt auch dann mit befreiender Wirkung an den Dritten, wenn sich der Berechtigte das Auftreten des Dritten ggü der FinBeh aufgrund einer Duldungs- oder Anscheinsvollmacht oder nach Rechtsscheinsgrundsätzen zurechnen lassen muss. Maßgeblich ist, ob die FinBeh (bei objektiver Betrachtung) aufgrund von Umständen, die der Berechtigten gesetzt hat oder die ihm zurechenbarer sind, davon ausgehen durfte, die eigene Schuld durch Zahlung an den Dritten erfüllen zu dürfen oder zu müssen. Ein bloßer Irrtum des FA genügt hierfür allerdings nicht (so aber

AEAO zu § 37 Nr 2.1); soweit das FA den Irrtum zu vertreten hat, ist es nicht schutzwürdig. Die Unwirksamkeit einer Empfangsvollmacht ist unbeachtlich, solange sie dem FA ggü nicht widerrufen ist. Gleiches gilt grds für eine unwirksame Zahlungsanweisung. Hat das FA keine Kenntnis davon, dass der Girovertrag zwischen dem Berechtigten und dem von ihm (als Zahlstelle) angegebenen Kreditinstitut beendet ist, ist nicht das Kreditinstitut, sondern der Berechtigte zur Rückgabe verpflichtet (aA BFH, vgl Rz 81).

Einzelfälle. Leistungsempfänger ist der (vermeintlich) Kindergeldberechtigte, auch wenn das Kindergeld aufgrund seiner Anweisung an den anderen Elternteil (BFH/NV 01, 1117; 03, 905; 03, 1404; 07, 858; 07, 1453) oder das Kind (BFH/NV 10, 641; 10, 836) oder einen Dritten (BFH/NV 16, 1278; BFHE 259, 78). gezahlt worden ist (zur Abzweigung vgl Rz 92). Der vermeintlich Kindergeldberechtigte bleibt auch dann zur Rückzahlung verpflichtet, wenn er das zu Unrecht erhaltene Kindergeld selbst an den (berechtigten) Elternteil weitergeleitet hat (BFH/NV 99, 1592; 10, 2062). In solchen Fällen verzichtet die Familienkasse zu Recht nur dann auf die Rückzahlung, wenn der (vorrangig) berechtigte Elternteil auf amtlich vorgeschriebenem Vordruck schriftlich bestätigt, dass er das Kindergeld erhalten hat und dadurch die Erfüllung seiner Ansprüche als erfüllt anerkennt (Rz 54; vgl auch BFH/NV 01, 33 zur Unerheblichkeit einer zivilrechtl Unterhaltsregelung zwischen den Eltern). 83

Abtretung. Erstattungsansprüche können gem § 46 abgetreten werden. Bei der Abtretung richtet sich der Rückforderungsanspruch grds gegen den Abtretungsempfänger (Zessionar), wenn er die Zahlung ohne rechtl Grund erhalten hat (stRspr BFH BStBl 02, 47; 07, 738; 09, 953; 10, 257; 13, 778; zur Haftung des Abtretenden (Zedent) nach Abs 2 S 3 vgl Rz 100 ff). Der Zessionar wird Inhaber der Forderung; er kann die Leistung als eigene behalten (zu den Rechtswirkungen der Abtretung iEinz vgl § 46 Rz 41). Die FinBeh zahlt deshalb grds an den Zessionar (Zahlung an den Berechtigten). Der Zedent ist (daneben) grds nicht auch Leistungsempfänger, denn der Rückforderungsanspruch erstreckt sich nur auf Zahlungen; die Befreiung von einer Verbindlichkeit ist nicht zu erstatten. Zum Sonderfall der Rückforderung eines abgetretenen Vorsteuerüberschusses vgl Rz 42. 85

Der Anspruch entsteht, wenn der vermeintlich abgetretene Anspruch nicht bestand oder später weggefallen ist (BFH BStBl 96, 436; 97, 522; 06, 353; BFH/NV 00, 305) oder wenn die Abtretung unwirksam war (BFH/NV 89, 223; 89, 751; 96, 5). Selbst wenn die Unterschrift auf der Abtretungsanzeige von einem Dritten gefälscht worden ist, richtet sich der Rückforderungsanspruch gegen den Zessionar (BFH BStBl 98, 499). Der Zessionar ist auch dann zur Rückerstattung verpflichtet, wenn die FinBeh bei der Zahlung die Unwirksamkeit der Abtretung kannte; § 814 BGB findet keine Anwendung (Rz 16). Muss die FinBeh wegen § 46 V an den Zedenten noch einmal zahlen, obwohl sie bereits an den Zessionar gezahlt hat, richtet sich der Rückforderungsanspruch gegen den Zessionar, auch wenn die FinBeh die Unwirksamkeit der Abtretungsanzeige erkennen musste (vgl § 46 Rz 25). Zum Anspruch gegen den Zedenten in diesem Fall vgl Rz 103. 86

Ausnahme. Zahlt die FinBeh trotz Abtretung an den Zedenten und muss sie deshalb an den Zessionar noch einmal leisten, richtet sich der Rückforderungsanspruch allein gegen den Zedenten als Empfänger der Leistung (*Seer/Drüen* StuW 98, 208; aA BFH/NV 96, 5). Das Gleiche gilt, wenn die FinBeh als Drittschuldner eine Pfändung unbeachtet lässt und entgegen dem Zahlungsverbot (ohne befreiende Wirkung) an den Gläubiger leistet. Muss die FinBeh deshalb an den Pfändungsgläubiger noch einmal leisten, richtet sich der Rückforderungsanspruch nur gegen den Gläubiger (BFH BStBl 90, 520). 87

Bei mehreren Zessionaren, an die ein Erstattungsanspruch (anteilig) abgetreten worden ist, hat jeder Zessionar dasjenige zurückzugewähren, das an ihn zu Unrecht gezahlt worden ist. Bei nachträglicher Verminderung des Erstattungsbetrags hat jeder Zessionar die Differenz zwischen dem (zuviel) erstatteten Betrag 88 und dem zu Recht bezahlten Betrag jeweils nach dem ihn betr Anteil zurückzuzahlen (BFH/NV 05, 3).

89 Bei der **Sicherungsabtretung** richtet sich der Rückforderungsanspruch grds ebenfalls gegen den Zessionar. Zahlt die FinBeh auf das in der Abtretungsanzeige angegebene Konto, so leistet sie nach Auffassung des BFH wegen des durch die Abtretung bewirkten Vollrechtsübergangs stets an den Zessionar und zwar auch dann, wenn der Zedent Kontoinhaber ist (BFH BStBl 07, 738). Etwas anderes soll nur dann gelten, wenn der FinBeh ausdrücklich mitgeteilt worden ist, dass der Zedent Leistungsempfänger sein soll (BFH aaO). Dem kann nicht uneingeschränkt zugestimmt werden. Wegen § 46 III kommt eine verdeckte Abtretung nicht in Betracht. Bei einer zur Sicherheit abgetretenen Forderung geht das **Einziehungsrecht** aber erst mit dem Eintritt des Sicherungsfalls auf den Zessionar über. Bis zu einer entspr Mitteilung muss das FA deshalb an den Zedenten leisten. Das Kreditinstitut ist grds nur Zahlstelle. In dieser Phase richtet sich der Rückforderungsanspruch nicht gegen das Kreditinstitut, sondern allein gegen den Zedenten. Hat der Zessionar dem FA jedoch angezeigt, dass der Sicherungsfall eingetreten ist und dass ab sofort an ihn gezahlt werden muss, so zahlt das FA danach im Zweifel an den Zessionar (überzeugend *TK/Drüen* § 37 Rz 114b; *Seer/Drüen* StuW 98, 208).

90 **Verpfändung, Pfändung.** Im Fall der **Verpfändung** und Zahlung ohne rechtl Grund richtet sich der Rückforderungsanspruch grds gegen den (einziehungsberechtigten) Pfandgläubiger (BFH/NV 98, 281), ebenso bei der **Pfändung** (BFH BStBl 96, 436; vgl auch Abs 2 S 3). Das gilt bei Nichtbestehen oder Wegfall des Anspruchs ebenso wie bei Unwirksamkeit der Pfändung oder Verpfändung. Hat das FA (als Drittschuldner) an den Pfändungsgläubiger ein von dem Pfändungs- und Überweisungsbeschluss (§§ 829, 835 ZPO) nicht erfasstes Guthaben ausgezahlt, richtet sich der Rückforderungsanspruch gegen den Pfändungsgläubiger als Empfänger der Leistung (BFH/NV 00, 305).

91 Allerdings wird der Pfändungs- oder Pfandgläubiger nicht Inhaber der Forderung. Er erlangt vielmehr nur eine **Einziehungs- und Empfangsbefugnis,** die vor und nach der Pfandreife unterschiedlich ausgestaltet ist (vgl BFH BStBl 95, 817). Vor Pfandreife (§ 1228 II BGB) steht das Einziehungsrecht dem Pfandgläubiger und dem Gläubiger gemeinschaftlich zu (§ 1281 BGB). Hat das FA an den Pfandgläubiger und den Gläubiger gemeinschaftlich ohne rechtl Grund gezahlt, richtet sich auch der Erstattungsanspruch gegen beide gemeinschaftlich; Gläubiger und Pfandgläubiger sind nicht Gesamtschuldner. Nach Eintritt der Pfandreife steht das Einziehungsrecht dem Pfandgläubiger zu. Ob das FA mit befreiender Wirkung an den Pfandgläubiger zahlen *durfte,* richtet sich nach den Umständen des Falls (objektiver Empfängerhorizont).

92 **Abzweigung.** Zahlt die Familienkasse das Kindergeld gem **§ 74 I EStG** an einen Dritten (Abzweigungsempfänger) aus, so ist dieser zur Erstattung verpflichtet, wenn die Zahlung ohne rechtl Grund erfolgt ist (BFH BStBl 02, 47), zB weil die Abzweigung rechtswidrig war. Die Abzweigung führt nicht zum Rechtsübergang, sondern hat eine ähnliche Wirkung wie die Pfändung und Überweisung einer Geldforderung nach §§ 829, 835 ZPO, allerdings verlagert in das Verwaltungsverfahren. § 37 II 3 (vgl Rz 100 ff) ist bei der Abzweigung von Kindergeld nach § 74 I EStG nicht entsprechend anwendbar (BFH BStBl 02, 47).

93 **Insolvenzbeschlag.** Unterfällt der Erstattungsanspruch dem Insolvenzbeschlag (§ 80, 35 I InsO), kann das FA nur an den Insolvenzverwalter mit befreiender Wirkung leisten (BFH/NV 17, 442). Rückforderungsschuldner ist jedoch grds der Schuldner und nicht der Insolvenzverwalter (BFH/NV 15, 1611; FG BaWü EFG 15, 1788). Der Schuldner verliert zwar die Verwaltungs- und Verfügungsbefugnis, er bleibt jedoch Inhaber des Erstattungsanspruchs. Die Zahlung an den Insolvenzverwalter wird dem Schuldner zugerechnet (mE zweifelh, da die Vermögenssphären ansonsten streng getrennt werden, Rz 34, 64). Etwas anderes gilt bei Zahlung auf ein von einem Rechtsanwalt als Insolvenzverwalter eröffnetes **Anderkonto.**

Sie steht nur dem Kontoinhaber zu und fällt nicht in die Masse (BGH ZIP 09, 531; BFH ZIP 13, 2370; FG Mster EFG 16, 1221). Anders auch, wenn der Erstattungsanspruch nicht (mehr) dem Insolvenzbeschlag unterliegt (vgl Rz 64).

c) Berechtigter. Hinsichtlich der Person des Berechtigten gelten die Ausführungen zu Rz 74 entspr. 94

9. Rechtsfolgen. Bei Vorliegen sämtlicher Voraussetzungen entsteht der Erstattungsanspruch kraft Gesetzes (§ 38). Zu den allg Wirkungen der Anspruchsentstehung vgl § 38 Rz 22 ff. Zum Zeitpunkt der Entstehung von Erstattungsansprüchen vgl § 38 Rz 30 ff. Private Steuererstattungsansprüche des Erblassers unterfallen mit dem beim Eintritt des Erbfalls materiell-rechtl zutr Wert der ErbSt, ohne dass es auf die Durchsetzbarkeit zu diesem Zeitpunkt ankommt (BFH BStBl 08, 626). Für die Bilanzierung des Erstattungsanspruchs kommt es nicht entscheidend auf dessen Entstehung an (BFH BStBl 12, 190), wohl aber darauf, ob das FA zu erkennen gibt, dass es die Ansprüche erfüllen wird (BFH/NV 12, 991). 95

Umfang der Erstattung. Nach der materiellen Rechtsgrundtheorie (vgl Rz 25) entsteht der Erstattungsanspruch in Höhe der Differenz zwischen der geschuldeten und der erbrachten Leistung. Wegen des Vorbehalts der StFestsetzung (§ 218 I), die auch für die Verwirklichung der Erstattungsansprüche zu beachten ist (Rz 46 ff, 58), ist er allerdings stets nur in Höhe der Differenz zwischen der festgesetzten und der erbrachten Leistung durchsetzbar. 97

10. Haftung nach Abs 2 S 3. Die durch das JStG 1996 eingeführte Vorschr bestimmt, dass sich im Fall der Abtretung, Verpfändung oder Pfändung der Rückforderungsanspruch „auch" gegen den Abtretenden, Verpfänder oder Pfändungsschuldner richtet. Die Formulierung erscheint verfehlt. Der Rückforderungsanspruch kann sich nur gegen den Leistungsempfänger richten. Wer die Zahlung nicht erhalten hat, kann nicht zu ihrer Erstattung verpflichtet sein. Abtretender, Verpfänder und Pfändungsschuldner sind aber nach zutr hM nicht Leistungsempfänger. Es handelt sich deshalb der Sache nach um einen **gesetzlichen Haftungsanspruch** (*Seer/Drüen* StuW 98, 208; *TK/Drüen* § 37 Rz 118; *BG/Schmieszek* § 37 Rz 78; *aA HHSp/Boeker* § 37 Rz 77c; *Koenig/Koenig* § 37 Rz 48: gesetzl Schuldbeitritt), der neben den Rückforderungsanspruch tritt. Diese Einordnung des Anspruchs hat Auswirkungen auf das Innenverhältnis (Rz 102) und die Form seiner Geltendmachung (Rz 104). 100

Voraussetzung für die Entstehung des Anspruchs nach Abs 2 S 3 ist die **Entstehung eines Rückforderungsanspruchs** nach Abs 2 S 1 und 2 gegen den Zedenten, Pfand- oder Pfändungsgläubiger. Hierfür gelten die von der Rspr aufgestellten Grds. Daran wollte der Gesetzgeber bei der Einführung von Abs 2 S 3 nichts ändern. Er wollte lediglich erreichen, dass sich der Anspruch „nicht nur" gegen den Zessionar richtet (BT-Drs 13/901, 160). Aus dem Wortlaut der Vorschr („auch") ergibt sich ebenfalls, dass der Zedent ua nicht selbst Leistungsempfänger sein darf (*Seer/Drüen* NJW 99, 265). Der Anspruch nach Abs 2 S 3 entsteht kraft Gesetzes, jedoch nicht, bevor der Rückforderungsanspruch gegen den Leistungsempfänger entstanden ist. Die Wirksamkeit der Abtretung, Verpfändung oder Pfändung ist nicht Voraussetzung für die Entstehung (aA *BG/Schmieszek* § 37 Rz 79). 101

Der Schuldner nach Abs 2 S 3 haftet **akzessorisch** für die Erfüllung der Rückzahlungsschuld des Leistungsempfängers (aA die hM: *TK/Drüen* § 37 Rz 119; *HHSp/Boeker* § 37 Rz 77c; *BG/Schmieszek* § 37 Rz 81; *Koenig/Koenig* § 37 Rz 48; so auch BT-Drs 13/901, 160: als gleichrangiger Gesamtschuldner). Denn der Anspruch gem Abs 2 S 3 ist der Sache nach ein Haftungsanspruch (Rz 100). Für die Einführung einer Ausgleichsverpflichtung im Innenverhältnis (vgl § 426 BGB) bestand kein Grund. Zum Begriff der Akzessorietät vgl § 44 Rz 4. Die Inanspruchnahme (im Außenverhältnis) richtet sich nach den für die Gesamtschuld geltenden Regeln. Die FinBeh hat deshalb ein **Auswahlermessen,** wen sie in 102

Anspruch nehmen will (FG Bln EFG 00, 403; *BG/Schmieszek* § 37 Rz 81). Für die Ausübung des Ermessens gelten die allg Grds (§ 44 Rz 13). Das Ermessen ist in der Weise vorgeprägt, dass der Zedent, Verpfänder oder Pfändungsschuldner als Haftender idR nur **nachrangig** nach dem Leistungsempfänger in Anspruch zu nehmen ist (BFH BStBl 09, 90; BFH/NV 12, 1409; str FG Bln aaO; FG BaWü DStR 05, 292; aA FG BBg EFG 10, 1946; *BG/Schmieszek* aaO; *Koenig/Koenig* § 37 Rz 48; *Leitner* EFG 10, 1851).

103 **Einzelfragen.** Hat die FinBeh aufgrund einer unwirksamen Abtretung an den vermeintlichen Zessionar gezahlt und muss sie auf Verlangen des Zedenten an diesen noch einmal leisten, weil sie ihm die Abtretung nicht mit Erfolg entgegenhalten kann (vgl § 46 V; dort Rz 24), so hindert dies die Entstehung des Anspruchs nach Abs 2 S 3 zumindest dann nicht, wenn der Abtretende an der (unwirksamen) Abtretung mitgewirkt und dadurch den Haftungstatbestand selbst gesetzt hat (vgl *Seer/Drüen* StuW 98, 208). Die FinBeh kann dann ggf mit dem Anspruch aus Abs 2 S 3 aufrechnen (aA FG BBg EFG 10, 1850: Rückforderung nur vom Zessionar trotz Abs 2 S 3). Bei Zahlung des FA auf eine nach § 46 VI 1 u 2 nichtige Pfändungs- und Einziehungsverfügung an den Pfändungsgläubiger ist Abs 2 S 3 dagegen nicht anwendbar (iErg zutr FG Bln EFG 04, 1732). Die Vorschr muss insofern einschränkend ausgelegt werden, weil ein dem Pfändungsschuldner zurechenbarer Sachverhalt, der seine Mithaftung begründen könnte, im Fall der Pfändung nicht gegeben ist.

104 **Geltendmachung.** Der Anspruch nach Abs 2 S 3 ist mE gem § 191 durch **Haftungsbescheid** festzusetzen. Das ergibt sich aus seiner Einordnung als gesetzl Haftungsanspruch (Rz 100). Im Haftungsbescheid sind auch die Ermessenserwägungen darzustellen (§ 191 Rz 30ff). Die Inanspruchnahme des Haftungsschuldners (Zahlungsaufforderung) wird durch § 219 begrenzt (wie hier *BG/Schmieszek* § 37 Rz 81). Der Anspruch iSv Abs 2 S 3 ist insbes kein Erstattungsanspruch iSv § 218 II; Erstattungsschuldner ist nur der Leistungsempfänger. Der Anspruch unterliegt der Festsetzungs- und der Zahlungsverjährung (§ 228ff). Seiner Geltendmachung können die Grds von Treu und Glauben, insbes die Verwirkung entgegenstehen (vgl oben Rz 53).

§ 38 Entstehung der Ansprüche aus dem Steuerschuldverhältnis

Die Ansprüche aus dem Steuerschuldverhältnis entstehen, sobald der Tatbestand verwirklicht ist, an den das Gesetz die Leistungspflicht knüpft.

Schrifttum: *Kruse* Zum Entstehen und Erlöschen von Steueransprüchen, FS für *Tipke* 1995, 277; *von Groll* Zur mittelbaren Tatbestandsverwirklichung im Steuerrecht, StuW 95, 326; *Crezelius* Besteuerung aus Drittverhalten, FR 02, 805; *Bahns* Steuerlich rückwirkende Ereignisse auf Grund von Steuerklauseln in Kaufverträgen über Kapitalgesellschaftsanteile, Ubg 08, 762; *Halaczinsky*, Zeitpunkt der Verwirklichung des grunderwerbsteuerbaren Rechtsvorgangs und Zeitpunkt des Entstehens der Grunderwerbsteuer, UVR 15, 300.

Übersicht

1. Inhalt. Die Vorschr regelt trotz ihres scheinbar weiteren Wortlauts nur den **Zeitpunkt der Entstehung** der Ansprüche aus dem StSchuldverhältnis (§ 37). Insofern formuliert § 38 den *Grundsatz,* der allerdings durch zahlreiche Regelungen in Einzelsteuergesetzen modifiziert wird (vgl Rz 35 ff). Nicht zum Regelungsgehalt der Vorschr gehören die aus dem *Rechtsstaatsprinzip* (Art 20 III GG) abgeleiteten Anforderungen an die Gesetzmäßigkeit der Besteuerung und die methodischen Grundlagen der Gesetzesanwendung. Die **Tatbestandsmäßigkeit der Besteuerung** (vgl auch § 3 Rz 11) wird als normatives Postulat in § 38 vorausgesetzt und in Bezug genommen und erfährt hier eine einfach-rechtl Verankerung. Die auch in § 38 enthaltene Aussage, dass die Ansprüche aus dem StSchuldverhältnis **kraft Gesetzes** entstehen, enthält ebenfalls keine eigenständige Regelung, sondern ist Ausdruck des unabhängig von § 38 geltenden Prinzips der Gesetzmäßigkeit der Besteuerung. Sie trifft außerdem nicht uneingeschränkt zu (Rz 2). 1

2. Anwendungsbereich. § 38 nimmt Bezug auf die abschließende Aufzählung der Ansprüche aus dem StSchuldverhältnis in § 37 I. Zum Begriff des Anspruchs § 37 Rz 2. Der Wortlaut ist zu weit. Keine Anwendung findet § 38 auf Ansprüche, deren *Entstehung* von einer **Ermessensentscheidung** abhängt (Rz 28). § 38 findet auch keine Anwendung, wenn die *Entstehung* des Anspruchs von der Ausübung eines stl **Wahlrechts** abhängt, wie zB bei der Gesamtschuld zusammen veranlagter Eheleute. Soweit dadurch ein neuer Anspruch begründet wird, entsteht er nach zutr Auffassung erst im Zeitpunkt der (erstmaligen) Ausübung des Wahlrechts (*BG/Schmieszek* § 38 Rz 21; *HHSp/Schuster* § 38 Rz 33; *HHSp/Boeker* § 44 Rz 16) und mithin nicht kraft Gesetzes. Da die Wahl geändert werden kann, entsteht der Anspruch zudem aufschiebend bedingt durch den Eintritt der Bestands- oder Rechtskraft. Zu Ausübung von Wahl- und Gestaltungsrechten iÜ vgl Rz 12. 2

Im **Insolvenzverfahren** ist § 38 nicht anwendbar. Das Insolvenzrecht verdrängt in seinem Anwendungsbereich das Abgabenrecht (§ 251 Rz 4). Gem § 38 InsO kommt es für die Anwendung des Insolvenzrechts darauf an, ob der Anspruch im Zeitpunkt der Eröffnung des Insolvenzverfahrens **nach insolvenzrechtl Grundsätzen** „begründet" war. Dieser Zeitpunkt liegt idR vor dem der stl Entstehung (BFH/NV 05, 1745; 08, 925; vgl auch *BMF* v 17.12.1998 BStBl I 98, 1500 Nr 4.2; näher § 251 Rz 25, 26). Nichts anderes gilt für die Frage, ob ein Anspruch aus dem StSchuldverhältnis als Masseverbindlichkeit vorweg aus der Insolvenzmasse berichtigt werden muss (§§ 53, 55 InsO). Insofern kommt es ebenfalls auf den Zeitpunkt der Begründung nach InsO und nicht auf die Entstehung nach der AO an (BFH/NV 05, 1745; vgl auch § 105 S 1 InsO). Ob es sich bei einem **Umsatzsteueranspruch** des FA um eine Insolvenzforderung (§ 38 InsO) oder um eine Masseverbindlichkeit (§ 55 InsO) handelt, bestimmt sich nach dem Zeitpunkt, zu dem der den Anspruch begründende Tatbestand (nach steuerrechtl Grds) vollständig verwirklicht und damit abgeschlossen ist; unerheblich ist der Zeitpunkt der Steuerentstehung (BFH BStBl 10, 138; 11, 1000). Entsprechendes gilt für die Frage, ob die **Aufrechnung im Insolvenzverfahren** ausgeschlossen ist, weil der Insolvenzgläubiger erst nach der Eröffnung des Verfahrens etwas zur Insolvenzmasse schuldig geworden ist (§§ 94 ff InsO; BFH BStBl 11, 822). Mit **§ 55 Abs 4 InsO** (rückwirkend mit Wirkung zum 1.1.2011 eingefügt durch 3

HBeglG 2011) ist das bei Einführung der InsO aufgegebene **Fiskusprivileg** teilweise wieder eingeführt worden. Die im Eröffnungsverfahren begründeten Verbindlichkeiten aus dem Steuerschuldverhältnis gelten danach in weitem Umfang als Masseverbindlichkeiten (*Sterzinger* DB 11, 1367).

5 **3. Tatbestandsverwirklichung.** Der Tatbestand, an den das Gesetz (§ 4) die Leistungspflicht knüpft, ist verwirklicht, wenn ein Sachverhalt vorliegt, der die (alle) gesetzlichen Voraussetzungen erfüllt (BFH BStBl 92, 680; 94, 591). **Tatbestand** ist die als Einheit zu verstehende Summe aller materiell-rechtl, normativen Merkmale (Voraussetzungen), die nach Maßgabe der StGesetze erfüllt sein müssen, damit die Steuer *entsteht* (vgl BFH/NV 97, 551). **Sachverhalt** ist die Summe der im Einzelfall rechtl erheblichen Tatsachen (der Fall). Rechtl erheblich sind diejenigen Tatsachen, auf die es für die Entstehung des Anspruchs im Einzelfall ankommt. Ob der Sachverhalt die Merkmale des gesetzl Tatbestands erfüllt, ist im Wege der **Subsumtion** zu beurteilen (§ 4 Rz 25).

6 **a) Tatbestand.** Zum Begriff s Rz 5. Zum Begriff des Anspruchs vgl § 37 Rz 2. Es kommt auf die Fassung des Gesetzes an, die im Zeitpunkt der Verwirklichung des Sachverhalts in Kraft war. Jede Änderung des Gesetzes mit Wirkung für zurückliegende Sachverhalte **(Rückwirkung)** bedarf einer besonderen Rechtfertigung vor dem Rechtsstaatsprinzip und den Grundrechten (vgl BVerfGE 127, 1; 127, 31; 127, 61). Die bloße Erwartung, das geltende Recht werde unverändert fortbestehen, wird zwar nicht geschützt. Der Gesetzgeber muss aber, soweit er für künftige Rechtsfolgen an zurückliegende Sachverhalte anknüpft, dem verfassungsrechtl Gebot des **Vertrauensschutzes** hinreichend Rechnung tragen und im Einzelfall schutzwürdiges Vertrauen gegen das mit der Rechtsänderung verfolgte Interesse abwägen. Jede Rückwirkung muss **verhältnismäßig** sein (vgl auch BVerfG, NJW 13, 145). Das BVerfG unterscheidet traditionell zwischen sog *unechter* und *echter* Rückwirkung. Von echter Rückwirkung ist im StRecht auszugehen, wenn eine (zurückwirkende) Rechtsänderung eintritt, nachdem der Anspruch (die Steuer) bereits entstanden ist. Ist hingegen nur der Sachverhalt verwirklicht, an den das Gesetz die Entstehung der Steuer knüpft, entsteht der Anspruch nach Maßgabe der materiellen StGesetze aber erst nach dem Eintritt der Rechtsänderung, soll eine sog unechte Rückwirkung vorliegen. Im Falle echter Rückwirkung überwiegt idR das Vertrauen der Stpfl in den Fortbestand der bisherigen Rechtslage (BVerfG aaO).

8 **b) Sachverhalt.** Tatsachen können grds weder ungeschehen gemacht noch verändert werden. Dem entspr kommt es auch stl auf den einmal verwirklichten Sachverhalt an. Eine zurückwirkende Umgestaltung des stl erheblichen Sachverhalts kommt idR nicht in Betracht (BFH GrS BStBl 93, 897; BFH BStBl 99, 225; 00, 208; 05, 94; BFH/NV 05, 1509; 06, 2236; Ausnahme: Richtigstellung einer *falsa demonstratio,* BFH/NV 13, 989). Ausnahmen gelten insbes für sog **Rechtstatsachen** (zB Vertrag). Soweit die Besteuerung (explizit) an *rechtliche* Handlungsformen oder Vorgänge anknüpft, die unter bestimmten rechtl Voraussetzungen rückgängig gemacht oder rückwirkend verändert werden können, kommt auch eine nachträgliche Änderung des stl erheblichen Sachverhalts in Betracht (zB Bedingung, Genehmigung, Rücktritt, Anfechtung). Maßgeblich ist dann der später verwirklichte Sachverhalt **(rückwirkendes Ereignis).** Ob ein Ereignis stl zurückwirkt, bestimmt sich nach dem materiellen StRecht (vgl iEinz § 175 Rz 50 ff). Soweit die Besteuerung nicht an rechtl, sondern an wirtschaftliche Gegebenheiten anknüpft, kommt eine nachträgliche Veränderung des einmal verwirklichten Sachverhalts idR nicht in Betracht (vgl § 41 I 1).

10 Die **bloße Rückdatierung** ist grds unbeachtlich, sofern sie nicht eine schon vorher bestehende (zB mündlich abgeschlossene) und tatsächlich beachtete Vereinbarung dokumentiert (BFH/NV 02, 1157). Nur in sehr engen Grenzen wird eine stl **unschädliche Rückwirkung** akzeptiert, zB bei der Auseinandersetzung von Erbengemeinschaften oder Mitunternehmerschaften, sofern die Frist kurz ist und

Manipulationen ausgeschlossen erscheinen (BFH BStBl 02, 850; BMF BStBl I 02, 1392). Zur Frage, ob und wieweit sog **Steuer- oder Satzungsklauseln** einen Sachverhalt rückwirkend gestalten können, vgl § 175 Rz 91.

c) Ausübung steuerlicher Wahl- und Gestaltungsrechte. Wahl- und Gestaltungsrechte gehören zwar zum Sachverhalt iwS, sie beeinflussen idR aber nicht den Zeitpunkt der Entstehung des Anspruchs, sondern nur dessen Höhe (vgl BFH BStBl 09, 1026 zum rückwirkenden Übergang von der Ist- zur Sollbesteuerung). Das gilt insbes für die Bewertung von Bilanzansätzen, die Änderung oder Berichtigung von Bilanzen, die Inanspruchnahme antragsgebundener Steuervergünstigungen und die Ausübung stl Optionsrechte (wie hier vgl *TK/Drüen* § 38 Rz 23; *HHSp/Schuster* § 38 Rz 29; *BG/Schmieszek* § 38 Rz 20). Zur Entstehung der Gesamtschuld bei Wahl der Zusammenveranlagung vgl oben Rz 2. 12

Gleiches gilt idR für die **Ausübung behördlichen Ermessens.** Es wirkt sich idR nur auf die Höhe der Ansprüche aus und beeinflusst nicht den Zeitpunkt ihres Entstehens. **Vorauszahlungsansprüche** entstehen deshalb nicht erst mit der Ausübung des Schätzungsermessens (aA *TK/Drüen* § 38 Rz 18), sondern bereits zu den im Gesetz angegebenen Zeitpunkten (Rz 38). Nur ausnahmsweise ist die Ausübung des Ermessens Voraussetzung für die Entstehung eines Anspruchs (vgl Rz 2, 28). 13

d) Tatsachenfeststellung. Tatsachen sind Realität, unabhängig davon, ob sie in einem Verfahren festgestellt (erkannt) werden können. Die Entstehung der Ansprüche ist dem ihrer Feststellung dienenden Verfahren vorgelagert. Weder durch die **Schätzung der Besteuerungsgrundlagen** (§ 162) noch durch den Abschluss einer **tatsächlichen Verständigung** (vgl § 78 Rz 5; § 162 Rz 30 ff; *Bruschke* DStR 10, 2611) wird der für die Entstehung von Ansprüchen relevante Sachverhalt verändert. Das Verfahrensrecht berücksichtigt lediglich den Umstand, dass der nachträglichen Erkenntnis von Tatsachen in einem Verfahren Grenzen gesetzt sind und dass bestehende Unsicherheit nach Möglichkeit beseitigt werden muss. Eine *Besteuerung auf wahldeutiger Grundlage* kommt nicht in Betracht (BFH BStBl 90, 188). Das Verfahrensrecht ist indes darauf ausgerichtet, den (kraft Gesetzes bereits) entstandenen Anspruch möglichst zutr zu erfassen, um die Allgemeinheit und Gleichmäßigkeit der Besteuerung zu gewährleisten. 15

Ein Anspruch entsteht auch dann, wenn nicht festgestellt werden kann, gegen wen er sich richtet. *Idealiter* ist davon auszugehen, dass jeder für die Besteuerung erhebliche Sachverhalt einem bestimmten Steuersubjekt in der Weise zugerechnet werden kann, dass nur dieses Steuersubjekt mit den sich daraus ergebenden Rechtsfolgen belastet werden darf. Fragen der **subjektiven Zurechnung** von Handlungen und anderen stl erheblichen Tatsachen beeinflussen die Entstehung von Ansprüchen grds nicht. 16

e) Festsetzung der Ansprüche (§§ 218 I, 155). Für die Entstehung eines Anspruchs kommt es auf dessen Festsetzung nicht an (BFH/NV 97, 551). Umgekehrt setzt die rechtmäßige Festsetzung einer Steuer das Bestehen des Steueranspruchs voraus und bringt diesen nicht zur Entstehung (BFH BStBl 12, 489). Es entsteht der *abstrakte Anspruch,* der noch nicht durch StFestsetzung konkretisiert zu sein braucht (BT-Drs VI/1982 S 113). Nach § 218 I sind die Festsetzungsbescheide Grundlage für die *Verwirklichung* (nicht für die Entstehung) der Ansprüche aus dem StSchuldverhältnis. Sie schaffen kein Recht. Durch unrichtige Festsetzung entsteht kein Anspruch. Es wird nur ein **formeller Behaltensgrund** geschaffen, der bei Änderung oder Aufhebung der Festsetzung (teilweise) entfällt oder bei Eintritt der Bestandskraft perpetuiert wird (sog materielle Rechtsgrundtheorie). Die Gegenansicht (sog formelle Rechtsgrundtheorie), nach der die Ansprüche bis zu ihrer Festsetzung *nicht* entstehen, vermag insbes im Hinblick auf die Rechtswirkungen der Anspruchsentstehung (Rz 22) nicht zu überzeugen und ist daher abzulehnen (vgl § 37 Rz 25 mwN). Für die Festsetzung von Ansprüchen aus dem StSchuldverhält- 18 nis muss (anders als für ihre Entstehung vgl Rz 15, 16) feststehen, gegen wen der Anspruch gerichtet ist und auf welche Tatsachen er sich gründet.

20 **4. Rechtsfolge.** Die Konjunktion „sobald" deutet darauf hin, dass § 38 nur den Zeitpunkt der Entstehung regelt (Rz 1). „Sobald" bedeutet: in derselben juristischen Sekunde. In diesem Moment entsteht der Anspruch kraft Gesetzes, sofern sich nicht aus dem Gesetz etwas anderes ergibt (vgl Rz 35 ff). Von der Entstehung ist die **Fälligkeit** des Anspruchs zu unterscheiden, vgl aber § 220 II. Der allg Grds von **Treu und Glauben** kann Steueransprüche weder zum Entstehen noch zum Erlöschen bringen; er kann allenfalls das StRechtsverhältnis modifizieren und verhindern, dass ein Recht geltend gemacht werden darf (BFH BStBl 89, 990; 91, 610; BFH/NV 16, 881; vgl § 4 Rz 15 f).

22 **a) Bedeutung.** Die Entstehung des Anspruchs hat ua Bedeutung für seine Erfüllbarkeit (vgl § 47 Rz 3; BFH/NV 97, 112), den Übergang bei Gesamtrechtsnachfolge (§ 45) und Einzelrechtsnachfolge (§ 46), die Pfändung und Verpfändung, für den Beginn der Festsetzungsfrist (§ 170 I), die Fälligkeit (§ 220, 221), die Aufrechnung (§ 226 I) und den Beginn der Verzinsung nach § 233a II. Die Entstehung des Anspruchs ist idR auch Voraussetzung für seine Festsetzung. *Entstandene* private StErstattungsansprüche des Erblassers unterfallen mit dem beim Eintritt des Erbfalls materiell zutreffenden Wert der ErbSt (BFH BStBl 08, 626). Zivilrechtl kommt es auf die Entstehung ua in den Fällen des gesetzl Forderungsübergangs (zB § 268 III BGB, § 426 II BGB, § 774 I BGB, § 1143 I BGB) oder für die Haftung des in eine oHG eintretenden Gesellschafters (vgl § 130 HGB) an.

24 **b) Reichweite.** Der kraft Gesetzes entstandene Anspruch kann außer in den gesetzl geregelten Fällen (zB § 47) nachträglich weder verändert noch beseitigt werden, auch nicht einvernehmlich. Das FA kann auf den Steueranspruch nicht verzichten (zB BFH BStBl 14, 272). Insbes **Vergleiche** über Steueransprüche sind im Hinblick auf die verfassungsrechtl gebotene Gleichmäßigkeit der Besteuerung grds unzulässig (zB BFH/NV 08, 213). § 78 Nr 3 steht dem nicht entgegen. Eine privatrechtl Vereinbarung über die Steuerfreiheit einer vereinbarten Leistung ist nichtig (BFH/NV 10, 2176). Der Stpfl kann aber, soweit es gesetzl vorgesehen ist, durch Ausübung von Wahl- und Gestaltungsrechten auf die Höhe der Steuer Einfluss nehmen (Rz 12). Bei Unaufklärbarkeit des Sachverhalts besteht die Möglichkeit, im Wege einer **tatsächlichen Verständigung** mittelbar durch Einigung über einen wahrscheinlichen Sachverhalt einvernehmlich auf die Höhe der Steuer einzuwirken (so auch BMF BStBl I 08, 831); eine *rechtl Verständigung* über den StAnspruch ist aber nicht möglich. Eine rechtl vertretbare Beurteilung bindet das FA auch nicht, soweit sie der Gewinnermittlung des Stpfl zugrunde liegt; der Steueranspruch entsteht vielmehr stets, also auch bei der Bilanzierung, nach Maßgabe der objektiven Rechtslage (BFH GrS 1/10 BStBl 13, 317).

25 **5. Einzelfälle.** Im Zeitpunkt der Tatbestandsverwirklichung entstehen nach § 38 (mangels spezialgesetzl Regelung) grds der **Haftungsanspruch,** der **Anspruch auf stl Nebenleistungen,** soweit sie § 38 unterfallen (dazu oben Rz 2), sowie der **Erstattungsanspruch** nach § 37 II und die in den Einzelsteuergesetzen geregelten Erstattungsansprüche (§ 37 Rz 8). Die **Kfz-Steuer** entsteht gem § 38 durch das Halten eines Fahrzeugs grds tageweise (BFH/NV 98, 86); die Zahlungsschuld entsteht hingegen bereits mit Beginn des jeweiligen Entrichtungszeitraums (§ 6 KraftStG; BFH BStBl 94, 207). Für die meisten Steuer- und Steuervergütungsansprüche hat § 38 keine Bedeutung, da der Zeitpunkt ihrer Entstehung überwiegend spezialgesetzlich (abweichend) geregelt ist (Rz 35 ff).

26 **a) Haftungsansprüche** entstehen gem § 38 in dem Zeitpunkt, in dem alle Voraussetzungen des jeweiligen gesetzl Tatbestands (zB §§ 69–76) erfüllt sind (BFH BStBl 11, 534). Das bei der Inanspruchnahme eines Haftungsschuldners auszuübende Ermessen ist nicht Voraussetzung für die *Entstehung* des Haftungsanspruchs

(BFH BStBl 90, 523; 97, 171; BFH/NV 97, 209). Der Haftungsanspruch entsteht wegen der Akzessorietät der Haftungsschuld (vgl § 44 Rz 4) allerdings nicht, bevor die Hauptschuld entstanden ist (BFH BStBl 00, 486; 05, 3).

b) Nebenleistungsansprüche. Steuerliche Nebenleistungen (§ 3 IV), die nach § 38 entstehen, sind Säumniszuschläge (§ 240), Stundungs- und Hinterziehungszinsen (§§ 234, 235; zu den übrigen Zinsansprüchen vgl Rz 29) sowie einzelne Kosten (Gebühren nach § 89 bei Erteilung einer verbindlichen Auskunft; Kosten bei besonderer Inanspruchnahme der FinBeh gem §§ 178, 178a, die Pfändungsgebühr nach § 339 II, die Wegnahmegebühr nach § 340 II und die Verwertungsgebühr nach § 341 II). **Nicht gem § 38** entstehen Verzögerungsgelder (§ 146 IIb), Verspätungszuschläge (§ 152), Zuschläge gem § 162 IV, Zwangsgelder (§§ 328, 329) und Zollzuschläge (§ 32 III ZollVG). Da ihre Entstehung die Ausübung behördlichen Ermessens voraussetzt, entstehen sie erst mit der Bekanntgabe des Festsetzungsbescheids (vgl Rz 2). 28

Der **Anspruch auf Erstattungszinsen** nach § 233a entsteht nach der Rspr des BFH wegen § 233 I nicht vor *Festsetzung der Steuer,* die zu dem eine Erstattung auslösenden Unterschiedsbetrag gem § 233a I führt (BFH BStBl 02, 677). Der Anspruch auf **Prozesszinsen** entsteht wegen § 236 I nicht vor Rechtskraft der gerichtl Entscheidung oder Unanfechtbarkeit des VA, durch den sich der Rechtsstreit nach Rechtshängigkeit erledigt hat (BStBl 89, 821; 92, 319). Der Anspruch auf **Zinsen bei AdV** entsteht gem § 237 I nicht, bevor ein förmlicher außergerichtl Rechtsbehelf oder eine Anfechtungsklage gegen einen Steuerbescheid (endgültig) keinen Erfolg gehabt hat (BFH BStBl 87, 320; 95, 4). Der Zinslauf beginnt danach in allen Fällen bereits vor der Entstehung des Anspruchs. Diese Rspr überzeugt nicht; die Verzinsung kann nicht vor der Anspruchsentstehung einsetzen. Die Vorschr sind mE für die *Entstehung* des Anspruchs dahin auszulegen, dass es auf den Unterschied zwischen der (unzutr) festgesetzten und der materiell richtigen Steuer ankommt. Für den *Umfang* der zu verzinsenden Schuld kann dem Wortlaut gem allerdings nur auf den Unterschiedsbetrag abgestellt werden, der sich aus zwei verschiedenen Festsetzungen ergibt (vgl auch § 37 Rz 97). 29

c) Erstattungsanspruch (§ 37 II). Dieser entsteht nach § 38 in dem Zeitpunkt, in dem die Leistung ohne rechtl Grund erbracht wird oder in dem der rechtl Grund später wegfällt (vgl § 37 Rz 40). Auf die **Festsetzung** des Erstattungsanspruchs kommt es für die Entstehung nicht an (ebenso AEAO zu § 38 Nr 2). Insofern folgt auch der BFH der sog materiellen Rechtsgrundtheorie (grundlegend BFH BStBl 90, 523; § 37 Rz 26). Der Erstattungsanspruch kann aber nur verwirklicht werden, wenn ein die Leistungspflicht (unzutr) festsetzender VA zuvor geändert oder aufgehoben worden ist. Der Umfang der Erstattung richtet sich dann nach der Differenz der Festsetzungen (§ 37 Rz 97). Beruht der Erstattungsanspruch auf einem **Verlustrücktrag** nach § 10d EStG, entsteht er erst mit Ablauf des Verlustentstehungsjahrs und nicht schon mit Ablauf des Verlustabzugsjahrs (BFH BStBl 00, 491). 30

Der Anspruch auf Erstattung zu hoher **Vorauszahlungen** oder **Abzugsbeträge** (LSt, KapESt bis 2008) entsteht bereits im Zeitpunkt der Entrichtung unter der aufschiebenden Bedingung, dass am Ende des Besteuerungszeitraums die geschuldete Steuer geringer ist als die Vorauszahlung (BGH BFH/NV 13, 1376). Mit dem Entstehen der niedrigeren Jahressteuer entfällt der Rechtsgrund für die Vorauszahlung (vgl § 37 Rz 43; aA BFH), also idR mit Ablauf des jeweiligen Veranlagungs- oder Erhebungszeitraums (unten Rz 36). Er kann deshalb ab diesem Zeitpunkt abgetreten und gepfändet werden (vgl BFH BStBl 90, 523; 96, 557; 08, 626). Das gilt für die **ESt,** die **KSt,** die **GewSt** (BFH/NV 94, 839) und die **USt.** § 36 IV 2 EStG bestimmt nichts anderes (vgl *Schmidt/Loschelder* § 36 Rz 27). Der **Vorsteuerrückforderungsanspruch** (Differenz zw JahresSt und im Voranmeldungverfahren vergüteter/erstatteter USt) ist mit Entstehung der Jahressteuer und Auszahlung 31 der USt-Vergütung für den Voranmeldungszeitraum entstanden (BFH/NV 93, 208).

33 **Sonderfälle.** Der Anspruch nach § 272 I 6 auf Erstattung von Vorauszahlungen nach **Aufteilung** entsteht wegen des nach § 268 erforderlichen Antrags erst nach Durchführung der Aufteilung und nicht bereits mit der Zahlung. Die **§§ 44b, 50d I EStG** regeln das Verfahren bei Erstattung von KapESt, die trotz Steuerfreiheit der Erträge erhoben worden ist. Der Erstattungsanspruch entsteht in diesen Fällen gem § 38 im Zeitpunkt des Steuerabzugs. Zur Entstehung des Anspruchs auf **Anrechnung des Bausteuerabzugs** gem § 48c I EStG vgl *Diebold* DStZ 02, 471.

35 **6. Steueransprüche und Steuervergütungsansprüche.** Diese entstehen überwiegend nicht gem § 38 bei Tatbestandsverwirklichung, sondern aufgrund spezieller Vorschr später (Rz 36 ff). Das gilt nicht für die **GrESt.** Sie entsteht gem § 38, sobald ein steuerbarer Erwerbsvorgang verwirklicht ist. Das ist der Fall, sobald die Vertragsbeteiligten im Verhältnis zueinander zivilrechtl gebunden sind (BFH BStBl 94, 951; 15, 402). Bei nachträglicher Vereinbarung einer höheren Gegenleistung entsteht ein weiterer Steueranspruch im Zeitpunkt der Vereinbarung (BFH BStBl 06, 604). Entsprechendes gilt für den Anspruch gem § 16 GrEStG (FG Sachs ZinsO 15, 2279).

36 **a) Steueransprüche.** Die **zu veranlagende ESt oder KSt** entsteht mit Ablauf des VZ für die in diesem Zeitraum verwirklichten Sachverhalte (§ 36 I iVm § 25 I EStG, § 30 Nr 3 KStG), ebenso die zu veranlagende **GewSt** (§ 18 I GewStG). Die der Erhebung von Veranlagungssteuern dienenden **Abzugssteuern** (LSt, KapESt) entstehen grds im Zuflusszeitpunkt der Kapitalerträge (§ 44 I 2 EStG vgl iEinz auch § 44 VI 2, 3, VII 1) bzw des Arbeitslohns (§ 38 II 2 EStG; BFH BStBl 11, 534). Das gilt auch für die **Pauschalierungen** der LSt (vgl iEinz §§ 40, 40a, 40b, § 34c V, 50a V 1).

37 Die **USt** entsteht idR mit Ablauf des Voranmeldungszeitraums, in dem die Leistung ausgeführt oder das Entgelt vereinnahmt worden ist (vgl iEinz § 13 I UStG). Übersteigt die Jahressteuer die Höhe der anzurechnenden Vorauszahlungen, entsteht der Nachzahlungssaldo mit Ablauf des Kalenderjahres (BFH/NV 93, 208; BStBl 96, 662). Ansprüche gegen das FA infolge der Berichtigung von Rechnungen mit unzutreffendem StAusweis entstehen nach § 14c I 2 UStG erst im Jahr der Berichtigung (BFH BStBl 10, 55; 12, 719).

38 **Vorauszahlungsansprüche** (vgl Rz 13) entstehen grds mit Beginn des Vierteljahres, in dem sie zu entrichten sind und spätestens mit Begründung der Steuerpflicht (§ 37 I 2 EStG, § 30 I Nr 2 KStG, § 21 GewStG). **USt-Vorauszahlungen** (§ 18 I S 1 UStG) entstehen für alle in einem Voranmeldungszeitraum ausgeführten Umsätze mit Ablauf des Voranmeldungszeitraums (BFH BStBl 00, 486); das gilt auch, wenn sich nach Verrechnung ein Vorsteuerüberschuss ergibt (BFH/NV 93, 583).

40 Die **ErbSt** entsteht grds mit dem Tode des Erblassers, bei Schenkung unter Lebenden mit der Ausführung der Zuwendung (§ 9 ErbStG; BFH/NV 17, 980). Bei der Erfüllung eines formunwirksamen Vermächtnisses kommt es gem § 41 I 1 auf den Zeitpunkt der Erfüllung an (BFH, BStBl 07, 461). Die **GrSt** entsteht mit dem Beginn des Kalenderjahres, für das die Steuer festzusetzen ist (§ 9 II GrStG).

42 Die **KraftSt** entsteht mit Beginn der (sachlichen) Steuerpflicht (§ 6 KraftStG) und bis zu deren Wegfall grds tageweise (BFH BStBl 05, 309). Zur Entstehung von **Verbrauchsteuern** vgl *Beermann* DStZ 98, 306. Die Entstehung der **Zollschuld** ist ab 1.5.2016 in Art 77 ff UZK geregelt (bis dahin: §§ 201–212 ZK). Das Verhältnis dieser Bestimmungen zu § 38 AO ist str, jedoch ohne praktische Bedeutung (vgl die 11. Aufl). Zu den Ansprüchen auf **Luftverkehrsteuer** (§ 4 LuftVStG) und **Kernbrennstoffsteuer** (§ 5 I 1 KernbrStG) vgl *Friedrich* DStR 00, 2601.

44 **b) Steuervergütungen.** Der **negative USt-Leistungsanspruch** (Vergütungsanspruch) entsteht wie der positive (Rz 38) mit Ablauf des jeweiligen Voranmel-

dungszeitraums (BFH/NV 93, 583; vgl auch BFH/NV 90, 331). Der Anspruch auf das (gem § 31 S 3 EStG) als Steuervergütung zu zahlende **Kindergeld** entsteht monatsweise nach § 66 II EStG vom Beginn des Monats an, in dem die Anspruchsvoraussetzungen erfüllt sind. Die **Altersvorsorgeprämie** entsteht mit Ablauf des Beitragsjahrs (§ 88 EStG). Der Anspruch auf eine **Investitionszulage** entsteht erst mit Ablauf des Wirtschaftsjahres, in dem die Investition vorgenommen worden ist (BFH BStBl 00, 208; 10, 839; BFH/NV 12, 1658; BStBl 18, 20).

§ 39 Zurechnung

(1) **Wirtschaftsgüter sind dem Eigentümer zuzurechnen.**

(2) **Abweichend von Absatz 1 gelten die folgenden Vorschriften:**

1. **[1]Übt ein anderer als der Eigentümer die tatsächliche Herrschaft über ein Wirtschaftsgut in der Weise aus, dass er den Eigentümer im Regelfall für die gewöhnliche Nutzungsdauer von der Einwirkung auf das Wirtschaftsgut wirtschaftlich ausschließen kann, so ist ihm das Wirtschaftsgut zuzurechnen. [2]Bei Treuhandverhältnissen sind die Wirtschaftsgüter dem Treugeber, beim Sicherungseigentum dem Sicherungsgeber und beim Eigenbesitz dem Eigenbesitzer zuzurechnen.**
2. **Wirtschaftsgüter, die mehreren zur gesamten Hand zustehen, werden den Beteiligten anteilig zugerechnet, soweit eine getrennte Zurechnung für die Besteuerung erforderlich ist.**

Schrifttum: *Englisch* Wirtschaftliches Eigentum beim Kauf girosammelverwahrter Aktien, FR 10, 1023; *Podewils* Neues zum „Dividenden-Stripping" aus Finanzverwaltung nach Rechtsprechung, FR 11, 69; *Peters* Die Besteuerung der Personengesellschaften mit Überschusseinkünften, Forum Steuerrecht 13, 115; *Schwenke,* Cum/Ex-Geschäfte: Übergang des wirtschaftlichen Eigentums beim Handel mit Aktien, jM 15, 83; *Brandis,* Sog. cum/ex-Geschäfte: Übergang des wirtschaftlichen Eigentums, FS Gosch 16, 37; *Florstedt,* Anteilszurechnung und Alternativität – Zugleich zur Frage der Legalität einer mehrfachen Erstattung einmal gezahlter Kapitalertragsteuer bei „Cum-ex"-Geschäften, FR 16, 641; *Hoffmann/Lüdenbach/Freiberg,* Wirtschaftliches Eigentum und Ertragsrealisierung bei Sale-and-Lease-back im Drei-Stufen-Modell des BFH, BB 17, 874; *Schmich/Schnabelrauch,* Die steuerliche Behandlung der „strukturierten" Wertpapierleihe, GmbHR 17, 224.

Übersicht

1 **1. Inhalt.** Die Vorschr regelt, nach welchen Kriterien im StRecht ein Wirtschaftsgut (Rz 8) einem Besteuerungssubjekt persönlich zuzuordnen ist. Nach Abs 1 folgt die stl Zurechnung im Grds dem Zivilrecht („Eigentum"). Davon abw sieht Abs 2 die Zurechnung nach **steuerrechtl Kriterien** vor. Abs 2 Nr 1 S 1 regelt die Zurechnung nach wirtschaftlichen Kriterien und definiert in S 1 das sog **wirtschaftliche Eigentum.** Darin kommt der (Teile des StRechts prägende) Grds der wirtschaftlichen Betrachtungsweise (vgl § 4 Rz 24) zum Ausdruck. S 2 regelt exemplarisch die Zurechnung bei Treuhandverhältnissen, Sicherungseigentum und Eigenbesitz. Abs 2 Nr 2 erlaubt die **Bruchteilsbetrachtung** bei Gesamthandsgemeinschaften, soweit dies für die Besteuerung erforderlich ist.

2 **Bedeutung.** § 39 setzt voraus, dass es darauf ankommt, wem ein Wirtschaftsgut zuzurechnen ist. Nur wenn das StRecht die Frage aufwirft, welchem Besteuerungssubjekt ein Wirtschaftsgut zuzurechnen ist, kommt § 39 zur Anwendung (zB § 17, § 20 Abs 5 EStG). § 39 regelt auch nicht, ob sich die Zurechnung nach Abs 1 oder nach Abs 2 richtet. Weder aus dem Regel-Ausnahme-Verhältnis von Abs 1 und Abs 2 noch aus der Definition des wirtschaftlichen Eigentums in Abs 2 Nr 1 S 1 ergibt sich, ob eine Zurechnung nach wirtschaftlichen Kriterien überhaupt in Betracht kommt (Rz 5). Dies ist ebenfalls durch Auslegung des materiellen Rechts zu klären. Abs 2 Nr 1 S 1 schränkt die sachliche Reichweite der sog wirtschaftlichen Betrachtungsweise im StRecht ein, denn die Zurechnung nach wirtschaftlichen Gesichtspunkten gelingt grds nur, wenn die wirtschaftliche Stellung im Einzelfall hinreichend stark ausgeprägt ist.

4 **2. Allgemeines.** § 39 ist im Anwendungsbereich der AO grds unbeschränkt (nicht nur subsidiär) anwendbar. Speziellere Zurechnungsregeln gehen jedoch nach allg Grds vor. Bei der **Vollstreckung** kommt es nach **§ 262** auf die zivilrechtl Rechtslage an (zu Treuhandverhältnissen vgl § 262 Rz 16 f). Ob § 39 im Anwendungsbereich von § 5 I EStG von den Ansatz- und Bewertungsvorschr des Handelsbilanzrechts und den handelsrechtl GoB verdrängt wird, hat wegen inhaltl Übereinstimmung der jeweiligen Zurechungsgrundsätze keine Bedeutung (*HHSp/Fischer* § 39 Rz 25).

5 Der **Anwendungsbereich von Abs 2 Nr 1 S 1** ist sachlich beschränkt durch die Reichweite der wirtschaftlichen Betrachtungsweise im StRecht (Rz 2). Eine eigenständige steuerrechtl Begriffsbildung und Auslegung (vgl nur *Kirchhof* EStG Einleitung Rz 41 ff) erscheint jedenfalls insoweit gerechtfertigt, als sie zur Gewährleistung einer gleichheitsgerechten Besteuerung nach der wirtschaftlichen Leistungsfähigkeit erforderlich ist (zur wirtschaftlichen Betrachtungsweise vgl *TL/Englisch* § 5 Rz 70 ff; *Weber-Grellet,* Steuern im modernen Verfassungsstaat, S 207 ff; § 4 Rz 23). Auf Steuern, die nicht wirtschaftliche Vorgänge erfassen, sondern explizit an bürgerlich-rechtl Vorgänge anknüpfen, ist die Vorschr nicht oder zumindest nur nach Lage des Einzelfalls anwendbar (BFH BStBl 83, 179). Das gilt zB für die **GrESt** (BFH BStBl 05, 148; BFH/NV 09, 214). Eine mittelbare Änderung im Gesellschafterbestand (§ 1 IIa GrEStG) kann aber auch vorliegen, wenn der Anteil aufgrund schuldrechtl Verträge einem anderen als dem Inhaber zuzurechnen ist (BFH BStBl 13, 833; 16, 57; DStR 16, 242). Die **ErbSt** und **SchenkSt** knüpft grds an die bürgerlich-rechtl Gestaltungsform an; maßgebend

sind nicht wirtschaftliche, sondern rechtl Vorgänge (BFH BStBl 83, 179; 89, 237; DStR 18, 671). Dem Erwerb durch Erbanfall unterliegen daher auch Grundstücke, die im wirtschaftlichen Eigentum eines Dritten stehen (BFH BStBl 97, 820; FG Mchn EFG 01, 406; zweifelnd FG BBg EFG 15, 2047). Für eine **freigebige Zuwendung** iSv § 7 I Nr 1 ErbStG kommt es ausschl auf die Zivilrechtslage und nicht darauf an, wem nach wirtschaftlicher Betrachtungsweise das übertragene Vermögen zuzurechnen ist (BFH BStBl 07, 319). Bereichert sind die Gesamthänder (BFH BStBl 95, 254 nicht die Gesamthand); auch als Zuwendende sind die Gesamthänder StSchuldner (BFH BStBl 98, 630). Geringe Bedeutung hat die Vorschrift für das **Zollrecht.** Die Zollschuldnerschaft (Art 77 ff UZK) knüpft nicht an das Eigentum an den ein- oder ausgeführten Waren an. § 39 ist ferner nicht beachtlich im Verfahren nach § 154 Abs. 1 Nr. 1 BewG (BFH BStBl 12, 05).

Der **Begriff des Wirtschaftsguts** ist aus §§ 4 ff EStG und § 2 BewG übernommen (*TK/Drüen* Rz 17; *HHSp/Fischer* Rz 16) und stimmt inhaltlich auch mit dem handelsrechtl Begriff **Vermögensgegenstand** (vgl §§ 240, 241, 246 I 2 HGB) überein (BFH GrS BStBl 70, 382; 88, 348). Wirtschaftsgüter sind nicht nur Sachen, Tiere (§ 90a BGB) und Rechte iSd BGB, sondern auch Nutzungsrechte wie das Urheberrecht (FG Köln EFG 17, 298, Rev BFH I R 83/16; FG Köln EFG 17, 311, Rev BFH I R 69/16), tatsächliche Zustände, konkrete Möglichkeiten und vermögenswerte Vorteile, deren Erlangung sich ein Kaufmann etwas kosten lässt, die einer selbständigen Bewertung zugänglich sind, idR eine Nutzung für mehrere Wj erbringen und zumindest mit dem Betrieb übertragen werden können (BFH GrS BStBl 00, 623; BFH BStBl 03, 878). Nicht erforderlich ist die isolierte Übertragbarkeit (BFH/NV 04, 1393). Die selbstständige Bewertbarkeit richtet sich insbes nach dem (konkreten) Funktions- und Nutzungszusammenhang im Einzelfall und letztlich nach der Verkehrsanschauung (vgl *Schmidt/Weber-Grellet* § 5 Rz 96). Auch ein Teil eines Geschäftsanteils kann (im Rahmen einer Quoten-Treuhand) ein Wirtschaftsgut sein (BFH BStBl 10, 460). Nicht als Wirtschaftsgüter gelten Nutzungsvorteile (vgl BFH GrS BStBl 88, 348) und bloße Bewertungsfaktoren (vgl BFH BStBl 11, 875). Zu eigenen Anteilen vgl *Breuninger/Müller* DStR 01, 10; *Köhler* DB 01, 15. 8

Keine Wirtschaftsgüter (und deshalb nicht nach § 39 zurechenbar) sind **Einkünfte** und andere Besteuerungsgrundlagen (§ 179 I). Einkünfte sind demjenigen zuzurechnen, der den Tatbestand der Einkünfteerzielung selbst oder durch Dritte verwirklicht hat (§ 38 Rz 5). Dasselbe gilt grds für **Erträge** und **Aufwendungen** (Einnahmen und Ausgaben), auch soweit sie mit Wirtschaftsgütern in Zusammenhang stehen (*HHSp/Fischer* § 39 Rz 36 ff). Maßgeblich ist insoweit idR die Zugehörigkeit zum Betriebsvermögen (Einkünfteerzielungsvermögen) bzw die Veranlassung durch die Erzielung von Einkünften (vgl BFH BStBl 10, 670). Die Einzelheiten ergeben sich aus dem materiellen Recht (vgl zB *Schmidt/Heinicke* § 4 Rz 500 ff sowie *Schmidt/Loschelder* § 9 Rz 21 ff zur persönlichen Zurechnung von sog **Drittaufwand** bei der ESt). Wegen Abs 2 Nr 2 ist der **Anteil an einer Personengesellschaft** grds kein Wirtschaftsgut; persönlich zurechenbar ist jedoch, soweit eine Bruchteilsbetrachtung gem Abs 2 Nr 2 erforderlich ist (vgl Rz 77) die (ideell) anteilige Berechtigung an den einzelnen zum Gesamthandsvermögen gehörenden Wirtschaftsgütern (stRspr BFH BStBl 94, 645; 99, 820; 03, 250; BFH/NV 10, 1544); vgl iÜ Rz 76. 9

Rechtsfolgen. Zurechnung iSv § 39 bedeutet die für das StRecht verbindliche Zuordnung eines Wirtschaftsguts zu *einem* StRechtssubjekt (vgl BFH BStBl 92, 211). Dadurch entsteht eine Relation zwischen dem Wirtschaftsgut und einer bestimmten Person, die es rechtfertigt, die Person mit den Rechtsfolgen zu belasten, die das materielle StRecht an die Zurechnung des Wirtschaftsguts knüpft. Dafür muss das Ergebnis der Zurechnung **eindeutig** bestimmt sein. Ein Wirtschaftsgut kann nur einem oder mehreren Steuersubjekten gemeinsam und nicht 10 zugleich einem oder mehreren anderen zurechenbar sein (ebenso *Florstedt* FR 16, 641). Abs 1 und Abs 2 schließen sich gegenseitig aus, soweit sie im Einzelfall zu unterschiedlichen Ergebnissen führen. Ist ein Wirtschaftsgut dem wirtschaftlichen Eigentümer oder Treugeber zuzurechnen, kann es mit steuerlicher Wirkung nicht gleichzeitig nach anderen (zB zivilrechtl) Vorschriften einem anderen Stpfl (ebenfalls) zugerechnet werden (BFH BStBl 92, 199; FG Hess EFG 17, 656 zu „cum-ex-Gestaltungen"). Widerstreitende Zurechnungen sind auf der Grundlage von § 174 I zu korrigieren (*HHSp/Fischer* § 39 Rz 82).

11 Die Zurechnung muss, soweit dies zur Vermeidung von Wertungswidersprüchen erforderlich ist, für alle Steuerarten **einheitlich** sein (*Koenig/Koenig* § 39 Rz 9), zumindest aber für alle Steuerarten, die der wirtschaftlichen Betrachtungsweise nicht entgegenstehen (Rz 4). Dazu gehört auch die **USt** (vgl BFH BStBl 08, 909). Entsprechendes gilt für die **Investitionszulage** bei Anschaffung eines Gebäudes (BFH BStBl 03, 772; BFH/NV 04, 44; 05, 2131; bei der Herstellung kommt es auf wirtschaftliches Eigentum nicht an BFH BStBl 07, 131).

12 Die Zurechnung nach § 39 betrifft nur das **materielle StRecht** und hat für das Verfahrensrecht keine Bedeutung (BFH/NV 96, 197). Eine nicht existente, aber nach § 39 als existent behandelte Personengesellschaft kann deshalb nicht klagebefugt sein (BFH/NV 96, 197). § 39 ist nur im StRecht und insbes **nicht im Zivilrecht** anwendbar. Soweit ein Gesellschafter einer Personengesellschaft für Steuerschulden der Gesellschaft persönlich haftet, kann er nicht mit Erfolg einwenden, er habe den Gesellschaftsanteil nur treuhänderisch gehalten (BFH BStBl 95, 300; BFH/NV 90, 59). Für das Handelsbilanzrecht ergibt sich die wirtschafliche Betrachtungsweise zB aus § 246 I 2 HGB.

13 **3. Zurechnung zum Eigentümer.** Abs 1 verweist auf das Zivilrecht. Die Formulierung ist zu eng. Eigentum kann zivilrechtl nur an Sachen und Tieren bestehen (§ 903 BGB). Der Begriff des Wirtschaftsguts ist weiter (Rz 6). Insofern ist Abs 1 (im Wege teleologischer Extension) so zu lesen, dass es auf die dem Eigentum, verstanden als grds unbeschränkter Herrschaftsmacht (*Koenig/Koenig* § 39 Rz 10), entsprechende persönliche Zurechnung nach **zivilrechtl Grundsätzen** ankommt. Danach sind Rechte dem Inhaber, Forderungen dem Gläubiger, Geschäftsanteile dem Gesellschafter usw zuzurechnen (vgl BFH BStBl 94, 645; 10, 590).

14 Die zivilrechtl Zurechnung von Wirtschaftsgütern (Vermögensgegenständen) hat als Grundsatz **Vorrang** vor der Zuordnung nach wirtschaftl Grundsätzen. Auf das wirtschaftl Eigentum kommt es demgemäß vor allem an, wenn die Zielperson, auf die ein Wirtschaftsgut übertragen werden soll, noch kein Eigentum daran erlangt hat. Hat sie jedoch Eigentum erlangt, kommt eine davon abw Zurechnung nur noch in Betracht, wenn beim Übertragenden die Voraussetzungen von Abs 2 vorliegen (BFH/NV 14, 847). Das ist idR nicht der Fall. In Übertragungsfällen gibt es deshalb grds kein zurückbehaltenes wirtschaftliches Eigentum (vgl BFH/NV 15, 489; Sonderfall BFH BStBl 09, 140; zu Recht abl *HHSp/Fischer* § 39 Rz 71). Ausnahmsweise soll nach neuerer Rspr der **zivilrechtl Durchgangserwerb** einer (qualifizierten) Beteiligung unbeachtlich sein, wenn hiermit Befugnisse weder verbunden sein sollten noch waren, die für die Annahme von wirtschaftlichem Eigentum ausreichend wären (vgl BFH BStBl 11, 540; 12, 3; 12, 318; BFH/NV 14, 1813 „Cum-Ex"; abl *Schmid* DStR 15, 801). Zwar kommt es auf Abs 2 nicht an, wenn das Wirtschaftsgut bereits nach Abs 1 zugerechnet werden muss. Der Rspr, die den Anwendungsbereich von Abs 1 einschränkt, ist jedoch mit der Maßgabe zuzustimmen, dass auch die Zurechnung nach Abs 1 vom Grundsatz der wirtschaftlichen Betrachtungsweise geprägt sein kann; maßgeblich hierfür ist das materielle Recht (hier: § 17 EStG; vgl auch Rz 2).

15 **4. Wirtschaftliches Eigentum (Abs 2 Nr 1 S 1).** Die Vorschr bestimmt nur *formelhaft*, welche Voraussetzungen vorliegen müssen, damit eine vom Zivilrecht

abw persönliche Zurechnung nach wirtschaftlichen Kriterien in Betracht kommt. Die allg Umschreibung des wirtschaftlichen Eigentums umfasst dabei eine Vielzahl ungleichartiger zivilrechtl Rechtslagen, die Nichteigentümern eine eigentumsähnliche Rechtsposition verschaffen. Ihre Anwendung erfordert deshalb die Bildung von **Fallgruppen** und eine wertende Zuordnung (BFH BStBl 02, 741; 04, 305). Die Zurechnung muss (wie jede Zurechnungsentscheidung) an objektiv feststellbare Tatsachen anknüpfen und darf nicht auf bloßen Behauptungen beruhen. Entscheidend ist stets das **Gesamtbild der Verhältnisse** im jeweiligen Einzelfall (BFH BStBl 92, 812; 00, 527; 09, 140). Deshalb ist revisionsrechtl insoweit die grds Bedeutung iSv § 115 II Nr 1 FGO idR zu verneinen (BFH/NV 10, 395; 10, 464; 14, 1204); Entsprechendes gilt auch für die Frage, ob im Einzelfall ein Treuhandverhältnis vorliegt (BFH/NV 08, 751; 08, 1159; 10, 1409).

a) Idee. Nicht das Wirtschaftsgut, sondern die zivilrechtl Rechtsposition iSv 16
Abs 1 kann aus rechtl oder tatsächlichen Gründen so ausgehöhlt sein, dass sie für den Inhaber wirtschaftlich (nahezu) wertlos ist. Das ist der Fall, wenn die mit dem Vollrecht verbundenen rechtl Befugnisse, soweit sie wirtschaftlich wertvoll sind, dauerhaft einem anderen zustehen oder tatsächlich von einem anderen wahrgenommen werden können. Welche mit dem Vollrecht verbundenen Befugnisse wirtschaftlich wertvoll sind, hängt vom jeweiligen Wirtschaftsgut und den tatsächlichen Umständen ab. Bei *Eigentum* an Sachen erschöpft sich der wirtschaftliche Wert idR in der grds unbeschränkten Verfügungsmacht über **Substanz und Ertrag** (vgl BFH BStBl 98, 97; 02, 281). Der dem Eigentümer verbleibende Herausgabeanspruch und die Befugnis zur Übertragung des Eigentums können dagegen praktisch wertlos sein, etwa wenn ein anderer dauerhaft, insbes bis zu deren Verbrauch den Besitz und die Nutzungen der Sache für sich beanspruchen kann. Für andere Rechtspositionen gilt Entsprechendes. Die Sache ist dem wirtschaftlich Berechtigten zuzurechnen, wenn dessen Position gem Abs 2 Nr 1 S 1 **hinreichend werthaltig** ist.

b) Inhalt. Abs 2 Nr 1 S 1 schafft keinen steuerrechtl Eigentumsbegriff (*Heidner* 18
DB 96, 1203). Die Formulierung des Gesetzes geht auf das **Leasing-Urteil** des BFH zurück (BStBl 70, 264; BT-Drs 7/4292 S 19) und knüpft an die „tatsächliche Herrschaft" über ein Wirtschaftsgut an. Diese muss so ausgeprägt sein, dass der andere den Eigentümer (oder Inhaber einer eigentumsähnlichen Rechtsposition, vgl Rz 14) im Regelfall für die gewöhnliche Nutzungsdauer von der Einwirkung auf das Wirtschaftsgut *wirtschaftlich* ausschließen kann (vgl BT-Drs VI/1982 S 114).

c) Tatsächliche Herrschaft. Voraussetzung ist bei Sachen idR mindestens 20
(unmittelbarer) **Besitz** (vgl § 854 BGB; BFH/NV 07, 386; 09, 547). Ergänzend kommt es darauf an, wem die **Nutzungen** zustehen und wer die **Gefahren und Lasten** zu tragen hat (zB BFH BStBl 03, 751). Erforderlich ist eine idR (auch) rechtl abgesicherte Position, die es dem Inhaber ermöglicht, sich den wirtschaftlichen Wert des Wirtschaftsgut grds uneingeschränkt („Herrschaft"; § 903 S 1 BGB) anzueignen, zB indem er darüber wie über **eigenes Vermögen** verfügt (BFH BStBl 77, 206). Wer dagegen die Sachherrschaft ausschl (oder ganz überwiegend) im Interesse (für Rechnung) eines Dritten ausüben darf und auch tatsächlich ausübt, begründet kein wirtschaftliches Eigentum (BFH BStBl 89, 414). Nicht generell erforderlich ist Eigenbesitz (§ 872 BGB) oder *animus domini* (BFH BStBl 70, 264; vgl aber Rz 72).

d) Ausschluss des Berechtigten. Kraft der tatsächlichen Herrschaft des ande- 22
ren muss der Berechtigte von der Einwirkung auf das Wirtschaftsgut **wirtschaftlich** ausgeschlossen sein. Beim Eigentum an Sachen ist das grds der Fall, wenn der **Herausgabeanspruch des Eigentümers** wirtschaftlich wertlos ist oder nicht mehr besteht (stRspr BFH BStBl 92, 182; 02, 284; BFH/NV 04, 306; 04, 1725; 05, 1005). **Besitzloses wirtschaftliches Eigentum** setzt allg voraus, dass der

Eigentümer bzgl des Wirtschaftsguts allein den Weisungen des anderen zu folgen verpflichtet ist und dieser jederzeit die Herausgabe (Übertragung des Eigentums an sich) verlangen kann (BFH BStBl 04, 305; 09, 140; BFH/NV 11, 41; aA *Fischer* juris PR-SteuerR 3/2011 Anm 1; näher unten Rz 48).

23 **Nicht ausreichend** ist idR die Begründung von schuldrechtl oder dinglichen Nutzungsrechten (BFH/NV 15, 1577 mwN; näher Rz 42), Veräußerungs- oder Belastungsverboten, auch wenn sie durch eine Auflassungsvormerkung gesichert sind (BFH BStBl 99, 263; 00, 653; 09, 45; BFH/NV 06, 704) sowie von Rückübertragungsverpflichtungen (BFH BStBl 99, 263; BFH/NV 99, 9; 07, 1891). Ebenfalls nicht ausreichend ist die Begründung einer **Erwerbsoption** (BFH BStBl 94, 23; 07, 937; BFH/NV 11, 848), es sei denn, dass nach dem typischen zu erwartenden Geschehensablauf mit der Ausübung des Optionsrechts gerechnet werden kann (vgl FG Bawü EFG 17, 1433, Rev BFH I R 44/17). Davon soll bei Vereinbarung einer **Doppeloption** (Erwerbs- und Andienungsoption) regelmäßig auszugehen sein (BFH BStBl 07, 296; kritisch FG Ddorf EFG 12, 998). Eine sog **Scheidungsklausel,** wonach der Ehepartner im Fall der Scheidung ein Wirtschaftsgut zu übertragen oder zurückzuübertragen hat, führt allein noch nicht dazu, dass der Eigentümer sein wirtschaftliches Eigentum verliert (BFH BStBl 98, 542; FG SchlHol EFG 05, 80). Bei einer zeitlich begrenzten Übertragung von Nutzungsrechten (Urheberrecht) kommt es darauf an, ob eine Rückübertragung bei Vertragsbeginn praktisch ausgeschlossen ist (FG Köln EFG 17, 298 Rev BFH I R 83/16).

24 Für die Beurteilung von **Vereinbarungen** (Auslegung, Anerkennung) gelten die allg Grds. Das Verhältnis von Abs 2 Nr 1 S 1 zu § 41 I ist für den Fall formunwirksamer Erwerbsgeschäfte geklärt. Die zivilrechtl **Formunwirksamkeit** von Verträgen steht der Annahme wirtschaftlichen Eigentums nicht entgegen (BFH/NV 08, 745; 12, 1099; vgl auch Rz 49, 64 und § 41 Rz 3). Demgemäß ist auch bei der Bestimmung des wirtschaftlichen Eigentums nicht das formal Erklärte, sondern **das wirtschaftlich Gewollte** und **das tatsächlich Bewirkte** maßgeblich (BFH BStBl 07, 296; BFH/NV 01, 1041; 08, 2004; 10, 623; 12, 1099; zu Verträgen zwischen nahen Angehörigen vgl § 41 Rz 30 ff). Die einvernehmliche Festlegung des Gefahrübergangs auf einen **Zeitpunkt** vor Abschluss des Vertrags ist deshalb unbeachtlich (BFH/NV 12, 377). Steht der Übertragungsvertrag unter einer aufschiebenden Bedingung, geht das wirtschaftliche Eigentum nicht vor dem Eintritt der Bedingung über, wenn der Eintritt der Bedingung nicht allein vom Willen des Erwerbers abhängt (BFH BStBl 10, 182).

26 **e) Für die gewöhnliche Nutzungsdauer.** Die Nutzungsdauer (vgl § 7 I 2 EStG; *Schmidt/Kulosa* § 7 Rz 152 ff) ist bei abnutzbaren Wirtschaftsgütern unter Berücksichtigung der besonderen (betrieblichen) Verhältnisse zu schätzen (BFH BStBl 92, 1000). Es kommt auf das Wirtschaftsgut und nicht auf die Lebenserwartung des Nutzenden an (BFH BStBl 98, 203). Maßgeblich ist im Zweifel die *wirtschaftliche,* nicht die technische Nutzbarkeit (BFH BStBl 98, 59). Als Hilfsmittel der Schätzung können die **AfA-Tabellen** herangezogen werden. Sie sind für die Gerichte aber nicht bindend (BFH BStBl 01, 311; BFH/NV 01, 1041 jeweils mwN; zu Besonderheiten bei Gebäuden BFH/NV 04, 474). Entscheidend ist, ob das Wirtschaftsgut bei Beendigung der Nutzung voraussichtlich „verbraucht" ist (BFH/NV 04, 474; *HHSp/Fischer* § 39 Rz 96). Dem steht es gleich, wenn der Nutzungsberechtigte, der die Anschaffungskosten getragen hat, gegen den Eigentümer bei Beendigung der Nutzung einen Anspruch auf **Ersatz des vollen Verkehrswerts** hat (BFH BStBl 02, 281; vgl Rz 28, 44). Abzustellen ist auf den **Regelfall,** also auf den typischerweise erwartbaren Verlauf der Dinge (BFH BStBl 07, 296; BFH/NV 04, 306; 11, 143). Auszugehen ist bei Verträgen zB von deren Einhaltung und Erfüllung (BFH BStBl 05, 46). Die bloß theoretische Möglichkeit einer anderen Entwicklung schadet nicht (BFH BStBl 75, 281).

f) Wirtschaftliche Mitberechtigung. Wirtschaftliches Miteigentum kann nach allg Grds (Rz 14ff) vorliegen, wenn Mehrere den Berechtigten gemeinschaftlich oder anteilig dauerhaft ausschließen können (*Koenig/Koenig* § 39 Rz 20). Wirtschaftliches Miteigentum an einem Gebäude entsteht auch, wenn der Alleineigentümer eines Grundstücks und ein anderer auf dem Grundstück ein Gebäude errichten und vereinbaren, dass ihnen das Gebäude (wirtschaftlich) gemeinsam zustehen soll. In diesem Fall ist das Gebäude (abw von § 946 BGB) anteilig (ideell oder real) einem anderen zuzurechnen (BFH BStBl 98, 97). Bei **Eheleuten** kommt es darauf an, ob sie für den Fall der Beendigung der Ehe (und damit zusammenhängend der gemeinsamen Nutzung) einen Anspruch auf Wertersatz vereinbart haben, da er andernfalls durch die familienrechtl Vorschr (insbes den Zugewinnausgleich) verdrängt sein kann (BFH BStBl 02, 284; 02, 740; 08, 749; 09, 15). 28

5. Einzelfälle. a) Leasing. Abw vom Zivilrecht ist der Leasinggegenstand nicht dem Leasinggeber, sondern dem Leasingnehmer zuzurechnen, wenn er nach dem Inhalt des Vertrags und bei normalem Verlauf der Dinge den Leasinggeber bis zum wirtschaftlichen Verbrauch der Sache von der Einwirkung wirtschaftlich ausschließen kann. Danach kommt die Zurechnung des Leasinggegenstands zum Leasingnehmer vor allem in Betracht, wenn sich die betriebsgewöhnliche Nutzungsdauer und die (unkündbare) Grundmietzeit annähernd decken **(Vollamortisation)** oder wenn der Leasingnehmer ein *Recht* auf Vertragsverlängerung oder Kauf des Leasinggegenstands ausüben kann und er dann keinen oder nur einen geringeren Mietzins oder Kaufpreis zu entrichten hat, sodass die Ausübung des Rechts und die Verdrängung des Eigentümers für die gesamte Nutzungsdauer wahrscheinlich ist (**Teilamortisation;** BFH BStBl 70, 264; 84, 825; 01; 311; BFH/NV 05, 517; 16, 1433). Insofern kommt es auf den typischen Geschehensablauf an (BFH BStBl 71, 133). Es genügt nicht, wenn dem Leasinggeber ein *Andienungsrecht* zu so günstigen Konditionen eingeräumt wird, dass bei wirtschaftlich vernünftiger Entscheidungsfindung mit der Ausübung des Rechts zu rechnen ist. In diesem Fall kann der Leasingnehmer den Leasinggeber nicht aktiv von der Einwirkung auf das Wirtschaftsgut ausschließen (BFH BStBl 18, 81 sale-and-lease-back; Nichtanwendungserlass OFD Nds S 2241-419-St 221/St 222). Dem Leasingnehmer ist das Wirtschaftsgut auch dann zuzurechnen, wenn der Leasinggegenstand speziell auf die Verhältnisse des Leasingnehmers zugeschnitten ist und nach Ablauf der Grundmietzeit nur noch beim Leasingnehmer eine Verwendung finden kann (**Spezialleasing).** Zum Ganzen BMF BStBl I 71, 264; 87, 440; 92, 13; 96, 9; zum Versicherungsstatus des Leasinggebers BayFM DStR 04, 1835). 30

b) Miete und Pacht. Diese begründen grds kein wirtschaftliches Eigentum (RFH RStBl 38, 524; 40, 322; BFH BStBl 66, 61; BFH/NV 96, 101; zu Nutzungsrechten nach dem Recht der DDR vgl BFH BStBl 98, 203; BFH/NV 98, 640 und die Voraufl). Anders kann dies sein bei 30jähriger Pachtung eines Steinbruchs (RFH RStBl 40, 979), bei langjähriger Pachtung eines Mineralölvorkommens oder eines Mineralgewinnungsrechts **(Ausbeutevertrag)** unter Ausschließung des Verpächters (BFH BStBl 74, 504; 89, 963; 90, 388; 94, 293). Die Einräumung eines Nutzungsrechts für die Dauer von mindestens 50 Jahren an einer bereits seit 50 Jahren bestehenden Wohnung kann zu wirtschaftlichem Eigentum des Nutzungsberechtigten führen (BFH/NV 07, 1097). Wirtschaftliches Eigentum an gepachtetem Grundstück kann vorliegen, wenn das Eigentum beim Tod des Verpächters auf den Pächter übergehen soll und wenn das Objekt vor dem Tode des Eigentümers dem Mieter oder Verpächter unwiderruflich überlassen ist (BFH BStBl 75, 281; BFH/NV 96, 101); iÜ sind die zu Leasingverträgen geltenden Grds entspr anwendbar. Der landwirtschaftliche Pächter ist grds nicht als wirtschaftlicher Eigentümer zu behandeln (AEAO zu § 39 Nr 1). Beim **Mietkauf** entsteht wirtschaftliches Eigentum des Mietkäufers an der Mietkaufsache, wenn dem Mietkäufer eine Kaufoption zu einem bereits festgelegten Kaufpreis ein- 32 geräumt ist und die Mietzahlungen bis zur Annahme des Verkaufsangebots in voller Höhe angerechnet werden (BFH BStBl 71, 133) oder wenn sich aus dem Gesamtbild der Vereinbarungen ergibt, dass der wesentliche Sinn des Vertrags im Erwerb des Wirtschaftguts liegt und hierfür von dem Nutzungsberechtigten eine bestimmte Gegenleistung erbracht wird (BFH BStBl 92, 182). Allein die Vereinbarung eines Optionsrechts reicht nicht aus (BFH/NV 89, 348; BFH/NV 96, 101; FG Ddorf EFG 05, 1248).

34 **c) Mietereinbauten.** Es spricht eine Vermutung dafür, dass der Einbau nur zu eigenen Zwecken und damit vorübergehend geschieht (BFH/NV 07, 1836; § 95 BGB). Mietereinbauten gehen deshalb idR nicht in das Eigentum des Vermieters (Grundstückseigentümers) über (*Köhler* StBp 15, 39). Andernfalls sind sie (abw von § 946, 95 BGB) dem Mieter zuzurechnen, wenn sie bei Beendigung des Mietverhältnisses wirtschaftlich verbraucht sind oder wenn der Mieter vom Vermieter Ersatz in Höhe des Restwerts der Einbauten verlangen kann (BFH BStBl 97, 774; 98, 542; BFH/NV 99, 266; vgl auch einerseits BFH BStBl 00, 144, 449 zu Einbau einer Heizstation in einem gemieteten Raum des beheizten Gebäudes und andererseits BFH BStBl 04, 305 zu im Zusammenhang mit der Heizstation eingebauten Heizkörpern, Steigleitungen und Anbindungen). Es bedarf genauer Prüfung im Einzelfall, ob dem Mieter neben den mietvertraglichen Ansprüchen ein Anspruch auf Ersatz des vollen Restwerts gegen den Vermieter zusteht (vgl Voraufl).

36 **d) Grundstücke.** Daran erlangt der Erwerber idR wirtschaftliches Eigentum ab dem Zeitpunkt, von dem ab er nach dem Willen der Vertragspartner wirtschaftlich über das Grundstück verfügen kann. Das ist idR der Fall, sobald **Besitz, Nutzungen, Lasten und Gefahren** auf den Erwerber übergegangen sind (stRspr ua BFH BStBl 84, 820; 02, 284; 03, 565; 03, 751; 05, 82; BFH/NV 07, 386; 09, 937). Umgekehrt wird das Grundstück trotz wirksamer Übertragung des Eigentums weiter dem bisherigen Eigentümer zugerechnet, solange Besitz, Nutzungen, Lasten und Gefahren noch nicht auf den Erwerber übergegangen sind (BFH BStBl 09, 140). Das ist zweifelhaft, da der bisherige Eigentümer den Erwerber nicht auf Dauer von der Nutzung des Grundstücks ausschließen kann (zutr *Mayer* DStR 09, 674; vgl auch Rz 14). Da es auf das Gesamtbild ankommt (Rz 15), kann wirtschaftliches Eigentum auch dann anzunehmen sein, wenn die genannten Voraussetzungen nicht in vollem Umfang gegeben sind (BFH BStBl 91, 70; 92, 182). Ist die Gefahr der zufälligen Verschlechterung übergegangen, kann wirtschaftliches Eigentum vorliegen, auch wenn die Nutzungen noch nicht in vollem Umfang übergegangen sind (BFH DStR 17, 1642 fehlendes Recht zum Holzeinschlag). Erforderlich ist idR allerdings, dass der Besitz (in Erwartung des Eigentumsübergangs) eingeräumt worden ist (BFH/NV 89, 348; 02, 327; 04, 1515). Der Übergang des wirtschaftlichen Eigentums kann bereits vor der Auflassung (BFH/NV 06, 706), regelmäßig jedoch nicht vor Abschluss des Übertragungsvertrags vorliegen (BFH/NV 12, 377). Zu Stiftungsgeschäft FG Saarl BeckRS 2016, 126677, Rev BFH X R 11/17). Bei **Wohnungs- oder Teileigentum** können die Voraussetzungen bereits vor Abgabe der Teilungserklärung vorliegen (FG Nds EFG 00, 1193). Dem Übergang des wirtschaftlichen Eigentums steht nicht entgegen, wenn der Veräußerer unter bestimmten Voraussetzungen zum **Rücktritt** vom Vertrag berechtigt ist, wenn mit dem Eintritt der Voraussetzungen und der Ausübung des Rücktrittsrechts nicht zu rechnen ist (BFH BStBl 97, 382; BFH/NV 88, 86; 99, 9; vgl auch BFH BStBl 05, 46). Auch eine zugunsten des Veräußerers vereinbarte **Rückerwerboption** hindert grds nicht den Übergang des wirtschaftlichen Eigentums (BFH BStBl 94, 23; BFH/NV 99, 9). Hat sich der Veräußerer das Eigentum bis zur vollständigen Kaufpreiszahlung vorbehalten, kann das wirtschaftliche Eigentum schon vor vollständiger Kaufpreiszahlung auf den Erwerber übergehen (BFH BStBl 05, 46). Durch die Ausübung eines **Vorkaufsrechts** wird kein wirtschaftl Eigentum am Grundstück verhindert (aA FG Köln EFG 18, 6, Rev BFH II R 44/17).

Nicht ausreichend sind der Abschluss des notariellen Kaufvertrags und die Eintragung einer Auflassungsvormerkung (BFH/NV 07, 1272). Ist vereinbart, dass Besitz, Nutzungen, Lasten und Gefahr erst zu einem späteren Zeitpunkt als der Zahlung des Kaufpreises übergehen, wird der Käufer mit Zahlung des Kaufpreises noch nicht wirtschaftlicher Eigentümer (BFH/NV 02, 327). Durch den Abschluss eines Kaufvertrags kann wirtschaftliches Eigentum des Käufers, der im Besitz des Grundstücks ist, nicht begründet werden, wenn der Verkäufer nicht Eigentümer des Grundstücks ist (BFH/NV 04, 1515). Durch die Belastung des Eigentums mit einem dinglichen oder schuldrechtl **Nutzungsrecht** wird idR kein wirtschaftliches Eigentum am Grundstück begründet (vgl Rz 23 sowie Rz 42 ff). 37

e) Erbbaurecht. Dieses ist als besondere Berechtigung anzusehen (RFHE 32, 239). Es begründet daher idR kein wirtschaftliches Eigentum des Erbbauberechtigten an dem Grundstück (BFH BStBl 84, 820; BFH/NV 96, 101). Anders, wenn entgeltlich ein Erbbaurecht mit der Abrede bestellt wird, dass der Erbbauberechtigte die unentgeltliche Übertragung des belasteten Grundstücks verlangen kann (BFH BStBl 65, 613; BFH/NV 96, 101). 39

f) Nießbrauch an einem Grundstück. Dieser führt nur dann zu wirtschaftlichem Eigentum, wenn sich die rechtl und tatsächliche Stellung des Nießbrauchers ggü dem Eigentümer von der normalen, lediglich eine *Nutzungsbefugnis* vermittelnden Stellung eines Nießbrauchers so deutlich unterscheidet, dass der Nießbraucher die tatsächliche Herrschaft über das Grundstück ausübt (BFH BStBl 83, 735; 84, 202; 08, 349; BFH/NV 07, 1891). Die Rspr des BFH zu Bauten auf fremdem Grund und Boden (Rz 44) hat die Rechtstellung des Nießbrauchers nicht verändert (BFH/NV 04, 44). Im Normalfall reicht die Bestellung eines Nießbrauchs nicht aus, um dem Nießbraucher die Stellung eines wirtschaftlichen Eigentümers zu verschaffen (BFH BStBl 82, 454; 91, 909; 99, 263), auch nicht die Bestellung auf die Lebenszeit des Nießbrauchers (BFH BStBl 05, 80). Selbst wenn das Gebäude bei Berücksichtigung der durchschnittlichen Lebenserwartung des Nießbrauchers wirtschaftlich verbraucht wäre, ist kein wirtschaftliches Eigentum anzunehmen (BFH/NV 01, 9; 04, 44; aA wohl FG Saarl EFG 04, 1029). Das gilt idR ebenso für den Fall, dass Eltern ihren Kindern schenkweise Grundstücke übertragen und sich gleichzeitig den unentgeltlichen lebenslangen Nießbrauch an den Grundstücken vorbehalten (BFH BStBl 84, 202; 89, 763; 91, 909; 99, 263). Der **Vorbehaltsnießbrauch** begründet auch dann kein wirtschaftliches Eigentum, wenn der Nießbraucher Schuldner der auf dem Grundstück gesicherten Darlehen geworden ist und alle mit der Grundstücksnutzung zusammenhängenden Kosten zu tragen hat (BFH BStBl 82, 454; 83, 627; BFH/NV 86, 149; 87, 502; vgl BFH BStBl 16, 765: ruhender Eigentümerbetrieb). Das gilt selbst dann, wenn (nur) der Nießbraucher das Grundstück mit Grundpfandrechten belasten darf und wenn er das Gebäude abreißt und ein neues errichtet, denn dem Eigentümer bleibt es unbenommen, das Grundstück durch Verkauf zu verwerten (BFH BStBl 91, 909; BFH/NV 06, 2225). Daran ändert sich bei Grundstücken auch nichts, wenn für den Eigentümer ein schuldrechtl Veräußerungsverbot besteht. Denn dieses Veräußerungsverbot besteht nur für die Dauer des vorbehaltenen Nießbrauchs und daher idR nicht für die gesamte gewöhnliche Nutzungsdauer des Grundstücks (BFH/NV 06, 704; 07, 1891). 40

g) Andere Nutzungsrechte an Grundstücken. Sie führen ebenfalls grds nicht zu wirtschaftlichem Eigentum an dem belasteten Grundstück: **dingliches (lebenslanges) Wohnungsrecht** (§ 1093 BGB; BFH/NV 06, 2225), auch wenn zugunsten des Berechtigten eine Vormerkung zur Sicherung des Anspruchs auf Übertragung des Eigentums eingetragen ist (BFH/NV 12, 1094); eigentumsähnliches **Dauerwohnrecht** gem §§ 31 ff WEG (BFH/NV 07, 1471) oder vergleichbar ausgestaltetes **schuldrechtliches Dauerwohnrecht** (BFH BStBl 98, 203; BFH/NV 01, 1108); **Sondernutzungsrecht** nach § 5 IV WEG (FG Mster EFG 42

15, 1590 Rev BFH VI R 67/15). Trägt aber der (dinglich oder schuldrechtl) Nutzungsberechtigte statt des Eigentümers die Kosten der Anschaffung oder Herstellung einer von ihm selbst genutzten Wohnung, ist er wirtschaftlicher Eigentümer, wenn ihm auf Dauer, nämlich für die voraussichtliche Nutzungsdauer der Wohnung, Substanz und Ertrag der Wohnung zustehen (zu Bauten auf fremdem Grund und Boden Rz 44). Das ist ua der Fall, wenn ihm für den Fall der Nutzungsbeendigung ein Anspruch auf Ersatz des vollen Verkehrswerts der Wohnung gegen den Eigentümer zusteht. Ein vertraglicher Anspruch auf Entschädigung in Höhe des Verkehrswerts des Dauernutzungsrechts genügt nicht (vgl BFH/NV 07, 1471). Noch schwächer ist die eigentumsähnliche Ausprägung bei Belastung eines Grundstücks mit einer **Dienstbarkeit** (BFH BStBl 77, 796, 83, 203). Etwas anderes kann aber gelten, wenn die Vertragspartner anstelle der Eigentumsübertragung die Belastung mit einer Dienstbarkeit gewählt haben, wenn die Dienstbarkeit ihrem Inhalt nach dazu führt, dass der Besteller zwar bürgerlich-rechtl Eigentümer des belasteten Grundstücksteils bleibt, er jedoch seine Herrschaftsgewalt daran wirtschaftlich gesehen endgültig in vollem Umfang verliert und eine Rückübertragung dieser Herrschaftsgewalt praktisch unmöglich wird (BFH BStBl 05, 578 mwN). Unbefristetes **Bergwerkseigentum iSv § 151 BBergG** vermittelt regelmäßig das wirtschaftliche Eigentum an den bergfreien Bodenschätzen, wenn das Unternehmen beabsichtigt, die Vorkommen vollständig zu heben (BFH BStBl 13, 165).

44 **h) Bauten auf fremdem Grund und Boden.** Diese sind grds zivilrechtl (vgl §§ 946, 95 BGB) und steuerrechtl (Abs 1) dem Grundstückseigentümer zuzurechnen (BFH/NV 05, 2195). Davon abw sind sie dem Nutzungsberechtigten zuzurechnen, wenn er aufgrund vorher getroffener und tatsächlich durchgeführter Vereinbarung mit dem Eigentümer des Grundstücks die wirtschaftliche Verfügungsmacht und Sachherrschaft unter dauerndem Ausschluss des bürgerlich-rechtl Eigentümers deswegen innehat, weil ihm allein **Substanz und Ertrag** des Gebäudes für dessen voraussichtliche Nutzungsdauer zustehen (BFH BStBl 98, 97; BFH/NV 02, 171). Das ist idR anzunehmen, wenn dem Bauenden ein (unentziehbares) Nutzungsrecht für die gesamte voraussichtliche Nutzungsdauer des Gebäudes zusteht (BFH BStBl 05, 80; vgl auch BMF BStBl I 05, 305 Tz 6). Zur voraussichtlichen gewöhnlichen Nutzungsdauer vgl Rz 26. Dasselbe gilt, wenn der Nutzungsberechtigte bei Beendigung der Nutzung vom Eigentümer vollen **Ersatz des Verkehrswerts** für das Gebäude verlangen kann (BFH BStBl 02, 281; 02, 741; 04, 305; 05, 80; BFH/NV 04, 1397; 05, 2195; 08, 1442). Ein solcher Anspruch kann sich aus Vertrag oder aus dem Gesetz ergeben, zB gem §§ 951, 812 BGB. Die gegenteilige frühere Rspr ist überholt. Durch den Wertersatzanspruch des Gebäudeherstellers erscheint der Herausgabeanspruch des Eigentümers des Grundstücks dann auch bzgl der ihm verbleibenden restlichen Nutzungsdauer des Gebäudes wertlos. Die Voraussetzungen liegen allerdings nicht vor, wenn der Gebäudehersteller auf einen solchen Anspruch verzichtet hat (BFH/NV 02, 761). Bei **Eheleuten** fehlt idR ein Ausgleichsanspruch. Die finanzielle Mehrleistung des einen Ehegatten wird dem anderen idR zugewendet. Ein Anspruch aus ungerechtfertigter Bereicherung aus § 426 BGB oder aus einer Innengesellschaft scheidet danach grds aus (vgl BFH BStBl 08, 749; 02, 741 zu Sonderfall).

46 **i) Forderungen.** Die „wirtschaftliche Inhaberschaft" einer Forderung hängt insbes davon ab, wem die Erlöse letztlich zufließen sollen und wer das wirtschaftliche Risiko des Forderungsausfalls zu tragen hat (BFH BStBl 17, 1265 Rn 24 mwN). An Forderungen wird wirtschaftliches Eigentum begründet, wenn nach den zugrunde liegenden Verträgen das Bonitätsrisiko ohne Regressmöglichkeit (BGH NJW 94, 2483) übergeht. Verbleibt das Bonitätsrisiko trotz Abtretung der Forderungen (teilweise) beim Verkäufer, bleibt dieser wirtschaftlich Inhaber der Forderung. Es liegt sog unechte Forfaitierung vor. Die Zahlung des „Kaufpreises" stellt dann eine bloße Vorfinanzierung der Forderung (Darlehen) dar (BFH/NV

10, 1622; 11, 143 – wirtschaftliches Eigentum an Forderungen im **Asset-Backed-Securities-Modell;** *Schmid* DStR 10, 145; 11, 794; bei Lebensversicherung FG Köln EFG 15, 620).

j) Anteile an Kapitalgesellschaften. Diese sind in das wirtschaftliche Eigentum des Erwerbers übergegangen, sobald der Erwerber (ohne zivilrechtl schon Eigentümer oder Inhaber geworden zu sein; vgl *Mayer* DStR 09, 674) nach dem Willen der Vertragspartner über die betr Anteile verfügen kann (BFH BStBl 07, 296; 08, 579). Bei verkörperten (verbrieften) Anteilen (insbes Aktien) ist das idR der Fall, sobald Besitz, Gefahr, Nutzungen und Lasten, insbes die mit Wertpapieren verbundenen Kursrisiken und -chancen, auf den Erwerber übergegangen sind (BFH BStBl 88, 832; 00, 527; BFH/NV 08, 551; FG Ddorf EFG 03, 20). Bei der **Abtretung nicht verbriefter Anteile** (zB GmbH-Geschäftsanteile) entsteht wirtschaftliches Eigentum, wenn (1) der Käufer des Anteils aufgrund eines bürgerlich-rechtl Rechtsgeschäfts bereits eine rechtl geschützte, auf den Erwerb des Rechts gerichtete Position erworben hat, die ihm gegen seinen Willen nicht mehr entzogen werden kann (BFH BStBl 09, 140) und wenn (2) die mit dem Anteil verbundenen wesentlichen Rechte (insbes Gewinnbezugsrecht und Stimmrecht) sowie (3) das Risiko einer Wertminderung und die Chance einer Wertsteigerung auf ihn übergegangen sind (stRspr BFH BStBl 84, 825; 88, 832; 07, 296; 07, 937; 09, 124; 09, 140; BFH/NV 10, 2067; 11, 41; DStR 11, 1895; *Kleinheisterkamp/Schell* DStR 10, 833; *Deubert/Lewe* BB 14, 1835). Die noch ausstehende kartellrechtliche Genehmigung steht der Entstehung von wirtschaftlichem Eigentum idR entgegen (BFH BStBl 10, 182; FG Mster EFG 16, 594 Rev BFH I R 16/16). Eine von der zivilrechtl Inhaberstellung abw Zuordnung der Beteiligung kann auch dann anzunehmen sein, wenn diese Voraussetzungen nicht in vollem Umfang erfüllt sind (vgl BFH BStBl 07, 296; BFH/NV 14, 291; Rz 15). Das gilt in gleicher Weise, wenn die Anteile an einer durch Bargründung errichteten **Vor-GmbH** (vor Eintragung in das Handelsregister) übertragen werden (BFH BStBl 08, 579). Ein an einem Kapitalgesellschaftsanteil **Unterbeteiligter** ist nur dann wirtschaftlicher Eigentümer, wenn er nach dem Inhalt der Abrede alle mit der Beteiligung verbundenen wesentlichen Rechte (Vermögens- und Verwaltungsrechte) ausüben und im Konfliktfall effektiv durchsetzen kann (BFH BStBl 05, 857; BFH/NV 08, 2004; 13, 9). Bei Verträgen zwischen Angehörigen kommt es zusätzlich darauf an, ob der Unterbeteiligungsvertrag steuerrechtl anzuerkennen ist (BFH BStBl 10, 823). 48

Wirtschaftliches Eigentum des Erwerbers kann auch entstehen, wenn die Übertragung des Anteils wegen **Formmangels** (zB § 15 IV GmbHG) nichtig ist (§ 41 I 1; vgl Rz 24, 64). Bei einem formunwirksamen Vertrag zwischen Fremden über den Erwerb eines Geschäftsanteils an einer GmbH geht das wirtschaftliche Eigentum auf den Erwerber über, wenn in dem Vertrag das Gewinnbezugsrecht übertragen, das Stimmrecht eingeräumt oder eine Stimmrechtsbindung des zivilrechtl Gesellschafters an die Interessen des Erwerbers vereinbart ist und wenn die Vereinbarungen und die formwirksame Abtretung in der Folgezeit **tatsächlich vollzogen** werden (BFH BStBl 04, 651; BFH/NV 08, 2004). Wird eine formwirksame Übertragung nachträglich unwirksam, bleibt der Erwerber wirtschaftlicher Eigentümer, wenn die Beteiligten die wirtschaftlichen Folgen des Rechtsgeschäftes bestehen lassen (§ 41 I 1; BFH BStBl 05, 46). Dient die (unwirksame) Übertragung von GmbH-Geschäftsanteilen auf minderjährige Kinder der Gläubigerbenachteiligung, kann eine verdeckte Treuhand vorliegen (BFH BStBl 13, 862). Der obligatorische Anspruch auf Übertragung eines Anteils reicht nicht aus, um wirtschaftliches Eigentum an dem Anteil zu begründen (BFH BStBl 69, 18); ebenso wenig führt allein schon die Vereinbarung eines **Optionsrechts** zur Begründung wirtschaftlichen Eigentums des Optionsberechtigten an den veräußerten Wirtschaftsgütern (BFH BStBl 94, 23; 07, 937; vgl Rz 23). 49

50 Hat sich der Gesellschafter bei der unentgeltlichen Übertragung seines Anteils den **Nießbrauch** vorbehalten mit der Maßgabe, dass er auch weiterhin alle mit der Beteiligung verbundenen wesentlichen Rechte (Vermögens- und Verwaltungsrechte) ausüben und im Konfliktfall effektiv durchsetzen kann, sind die Anteile gleichwohl nicht ihm, sondern dem Eigentümer zuzurechnen (FG Ddorf EFG 14, 447; vgl auch Rz 40 und 14). Der BGH stellt einen solchen Nießbraucher hinsichtlich des Eigenkapitalersatzrechts dem Eigentümer gleich (BGH DStR 11, 1475); daraus ergibt sich jedoch nichts für die stl Zurechnung. Weder ist der Nießbraucher Eigentümer iSd § 39 I, noch kann er diesen in dem erforderlichen (zeitlichen) Umfang von der Einwirkung auf das nicht abnutzbare Wirtschaftsgut Beteiligung ausschließen (aA BFH BStBl 12, 308 obiter dictum).

51 Beim Erwerb **girosammelverwahrter Aktien** im Börsenhandel geht nach der Rspr das wirtschaftliche Eigentum bereits dann auf den Erwerber über, sobald ihm nach den einschlägigen Börsenusancen und den üblichen Abläufen die mit den Anteilen verbundenen *Gewinnansprüche* nicht mehr entzogen werden können. Hierzu genügt idR der Abschluss entsprechender schuldrechtl Verträge und die Einbuchung auf dem Depotkonto des Erwerbers; die regelmäßig noch fehlende Besitzübertragung ist hingegen unschädlich (BFH BStBl 00, 527; 13, 287; die FinVerw hat den Nichtanwendungserlass BMF BStBl I 00, 1392 für Neufälle aufgehoben durch BMF BStBl I 11, 356). Entsprechendes dürfte auch für den **außerbörslichen Handel** (OTC-Geschäft) gelten, soweit er durch Vereinbarung entsprechend gestaltet wird (*Englisch* FR 10, 1023; *Desens* DStR 12, 142; offen gelassen BFH/NV 14, 1813 m Anm *Schwenke* JM 15, 83). Tritt der Eigentumsübergang hingegen erst mit Lieferung der Aktien ein, wird wirtschaftliches Eigentum regelmäßig nicht bereits mit Abschluss der schuldrechtl Vereinbarung erworben (FG Hess EFG 16, 761; abl *Loritz* WM 17, 309).

52 Ob dies auch bei einem **Leerverkauf** gelten kann, ist umstr (bej FG Hbg EFG 12, 351 Anm *Demuth* DStR 13, 1117; *Englisch* FR 10, 1023; *Desens* DStZ 12, 142; *Podewils* FR 13, 481; aA *Bruns* DStR 10, 2061; *Rau* DStR 10, 1267; 13, 838; *Spengel/Eisgruber* DStR 15, 785). Dagegen spricht, dass der Verkäufer im Zeitpunkt des Abschlusses des Geschäfts weder zivilrechtl noch wirtschaftlicher Eigentümer der Aktien ist und deshalb dem Erwerber noch keine gesicherte Rechtsposition vermitteln kann (ebenso FG Ddorf EFG 17, 602). Hinzu kommt, dass die vom Leerverkäufer noch zu beschaffenden Aktien bis zu ihrer Lieferung sowohl dem zivilrechtl Eigentümer als auch dem Erwerber als wirtschaftlichem Eigentümer zugerechnet werden müssen. Dies widerspricht der Grundannahme, dass ein Wirtschaftsgut und die daraus fließenden Dividendenerträge nicht zu gleicher Zeit zwei Steuersubjekten exklusiv persönlich zugerechnet werden können (Rz 10; FG Hess EFG 17, 656 rkr; *Rau* DStR 17, 1852; aA *Desens* DStR 12, 142; *Müller/Schade* BB 17, 1239; *Loritz* WM 17, 309). Der **BFH** hat diese Fragen bisher unentschieden gelassen und lediglich für einen Sonderfall den Übergang des wirtschaftlichen Eigentums ausgeschlossen, wenn ein modellhaft aufgelegtes Gesamtvertragskonzept vorliegt, sodass beim Erwerber lediglich ein **unbeachtlicher Durchgangserwerb** stattfindet (BFH/NV 14, 1813; *Schwenke* jM 15, 83; vgl auch Rz 14).

53 **Wertpapierleihe**. Regelmäßig sind die Wertpapiere dem Entleiher zuzurechnen, sofern er an ihnen Eigentum erlangt (BFH/NV 02, 240; 14, 1813; 16, 341). Ausnahmsweise kann das wirtschaftliche Eigentum beim Verleiher verbleiben, wenn die Gesamtwürdigung der Umstände des Einzelfalles ergibt, dass dem Entleiher lediglich eine formale Rechtsposition verschafft werden sollte (BFH BStBl 16, 961; FG Nbg EFG 17, 59; abl *Haisch* Der Konzern 16, 278; *Ditz/Tcherveniachki* DB 16, 615; *Behnes/Kühnel* RdF 16, 141; *Ebel* FR 17, 371). Der BFH hebt darauf ab, ob die Geschäfte darauf angelegt sind, dem Entleiher in einem wirtschaftlichen Sinn die Erträge aus den „verliehenen" Aktien zukommen zu lassen (ebenso FG Nds DStRK 17, 76). Die FinVerw (BMF BStBl 16, 1324) verneint das wirtschaftliche Eigentum beim Entleiher schon dann, wenn die Wert-

papiere nur über einen kurzen Zeitraum (weniger als 45 Tage) über den Dividendenstichtag hinaus übertragen werden (widerlegliche Vermutung; Beweislastumkehr). Dafür dürfte – jedenfalls vor Einführung von § 36a – eine Rechtsgrundlage fehlen (ebenso *Spilker* FR 17, 138). IÜ soll es auch nach Auffassung der FinVerw auf eine Gesamtschau der Umstände ankommen.

k) Anteile an einer Personengesellschaft. Zivilrechtl kann der Gesellschafter über seinen Anteil als solchen (nicht jedoch über seinen Anteil am Gesellschaftsvermögen und den einzelnen Wirtschaftsgütern) im Wege der Abtretung verfügen (*Palandt/Sprau* § 719 Rz 6). An dieser Rechtsposition kann abw von der zivilrechtl Inhaberschaft auch wirtschaftliches Eigentum bestehen. Das ist unter den für besitzlose Rechte allg geltenden Voraussetzungen (Rz 22, 48) der Fall, sobald (vor der Abtretung) die wirtschaftlich werthaltigen mit der Gesellschafterstellung verbundenen Rechte im Wesentlichen auf den Erwerber übergegangen sind. Entsprechendes gilt für eine mittelbare Änderung im Gesellschafterbestand gem **§ 1 IIa GrEStG** (BFH BStBl 16, 57; zu Treuhand BFH DStR 16, 242; vgl auch Rz 5). Wirtschaftl Eigentum an einem Kommanditanteil setzt voraus, dass der zukünftige Erwerber schon als Mitunternehmer anzusehen ist (FG Hbg EFG 15, 976, Rev BFH IV R 15/15). Die bloße Einräumung einer **Vollmacht** zur Ausübung der Gesellschafterrechte sowie zur Vereinbarung und Abtretung des Anteils genügt nicht (BFH DStR 18, 26). Steht der Übertragungsvertrag unter einer **aufschiebenden Bedingung,** geht das wirtschaftliche Eigentum nicht vor dem Eintritt der Bedingung über, wenn der Eintritt der Bedingung nicht allein vom Willen des Erwerbers abhängt (BFH BStBl 10, 182). Kann ein Gesellschafter bestimmen, dass ein anderer Gesellschafter jederzeit zum Buchwert aus der Gesellschaft gedrängt werden kann, ist ihm auch dessen Anteil wirtschaftlich zuzurechnen (BFH/NV 91, 223). Ist in einem Gesellschaftsvertrag zwischen Eheleuten vereinbart, dass der Ehemann den Vertrag jederzeit mit einer Frist von sechs Monaten kündigen und dass die Ehefrau im Fall der Scheidung ausgeschlossen werden kann und ihr Ehemann an ihre Stelle tritt, dann ist der Anteil der Ehefrau an der Personengesellschaft dem Ehemann zuzurechnen (BFH BStBl 94, 645). Der Schenker von Kommanditanteilen bleibt wirtschaftlicher Eigentümer, wenn die schenkweise Übertragung mit der Maßgabe erfolgt, dass der Schenker jederzeit ohne Angabe von Gründen einseitig die Rückübertragung veranlassen kann (BFH BStBl 89, 877; 94, 645) oder wenn er sich hinsichtlich des Kernbereichs der Kommanditistenstellung ein Weisungsrecht vorbehält (FG Bbg EFG 00, 16). Der Kommanditanteil einer einen Betrieb pachtenden Familien-GmbH & Co KG ist weiter dem bisherigen Alleinunternehmer wirtschaftlich zuzurechnen, wenn dieser alleiniger Geschäftsführer und Großgläubiger der KG ist, die Mittel für die Kommanditeinlage geschenkt hat und den Betriebspachtvertrag jederzeit mit kurzer Frist kündigen kann (BFH/NV 93, 314). Hat sich der Zedent wesentliche Rechte vorbehalten, ist der Anteil gleichwohl grds dem Zessionar zuzurechnen (vgl Rz 14). **Kein wirtschaftliches Eigentum** liegt vor, wenn sich der frühere Gesellschafter bei der Übertragung eines Kommanditanteils (lediglich) den lebenslangen **Nießbrauch am Gewinnanteil** vorbehält (BFH/NV 10, 1544). Bei der Übertragung von Anteilen an Personengesellschaften zwischen Eheleuten sind die Anteile nicht deshalb weiterhin dem Übertragenden zuzurechnen, weil er zur Wahrnehmung der Gesellschafterinteressen des anderen Ehegatten bevollmächtigt worden ist (BFH BStBl 96, 5; BFH/NV 96, 35). 54

l) Bewegliche Wirtschaftsgüter. Werden bewegliche Wirtschaftsgüter angeschafft, kann das wirtschaftl Eigentum vor Erlangung des zivilrechtl Eigentums auf den Erwerber übergehen. Dies erfordert idR den Übergang von Besitz, Gefahr, Nutzungen und Lasten (BFH BStBl 77, 553; 88, 1009). Fremdbesitz in Erwartung des Eigentumserwerbs genügt (BFH BStBl 73, 591; BFH/NV 02, 944; 06, 706; Kauf unter Eigentumsvorbehalt). Hat der Verkäufer eine **technische Anlage** zu übereignen, die vom Erwerber erst nach erfolgreichem Abschluss eines Probebetriebs 56 abgenommen werden soll, geht das wirtschaftliche Eigentum frühestens auf den Erwerber über, sobald er die Gefahr des zufälligen Untergangs zu tragen hat (BFH/NV 07, 975; BStBl 12, 407 zu Windkraftanlage). Dies gilt unabhängig davon, ob der Erwerber während des Probebetriebs die Nutzung ziehen kann (BFH BStBl 17, 171). Bis zur Abnahme wird die Anlage auf Gefahr des Verkäufers betrieben.

60 **6. Besondere Zurechnungsfälle (Abs 2 Nr 1 S 2). a) Allgemeines.** Die in Abs 2 Nr 1 S 2 aufgezählten Fallgruppen haben im Wesentlichen die Bedeutung von **Beispielen** (BFH BStBl 98, 152; vgl *Koenig/Koenig* § 39 Rz 49). Sicherungseigentum ist als fiduziarisches Rechtsverhältnis ein Unterfall der eigennützigen Treuhand. Aber auch der Begriff der Treuhand hat weder zivil- noch steuerrechtl einen feststehenden Inhalt und ist deshalb kaum subsumtionsfähig. Nicht jede als Treuhandvertrag bezeichnete Vereinbarung führt zu einer vom Zivilrecht abw Zurechnung des Wirtschaftsguts (BFH BStBl 99, 514; BFH/NV 08, 745). Ob ein stl anzuerkennendes Treuhandverhältnis vorliegt, bestimmt sich letztlich nach den allg Kriterien (Rz 63 ff). Entsprechendes gilt für das Merkmal des Eigenbesitzes (BFH BStBl 08, 749; Rz 72).

61 Abs 2 Nr 1 S 2 unterliegt den allg **Anwendungsbeschränkungen** und ist insbes bei einzelnen Steuern nicht anwendbar (vgl Rz 2). Zugerechnet werden nach dieser Vorschr nur **Wirtschaftsgüter** (Rz 8), nicht aber Einkünfte. Soweit insbes dem Treugeber auch die Einkünfte zugerechnet werden, beruht dies nicht auf Abs 2 Nr 1 S 2, sondern auf der Verwirklichung des Besteuerungstatbestands durch den Treugeber (BFH BStBl 94, 615; zu Einkünften aus Gewerbebetrieb BFH BStBl 89, 722; 91, 691; zu Einkünften aus Kapitalvermögen BFH BStBl 86, 404; 91, 327; BFH/NV 06, 57; zu Einkünften aus VuV BFH BStBl 94, 615; BFH/NV 94, 535; BMF BStBl I 94, 604).

62 **b) Treuhand.** Im **Zivilrecht** fehlt eine gesetzliche Regelung. Kennzeichnend für alle Treuhandverhältnisse ist, dass der Treugeber dem Treunehmer (Treuhänder) mit Wirkung nach außen eine Rechtsstellung einräumt, von der dieser im Innenverhältnis zum Treugeber nur eingeschränkt Gebrauch machen darf, sodass rechtl **Können** und rechtl **Dürfen** in der Person des Treuhänders auseinanderfallen. Im Außenverhältnis ist der Treuhänder Eigentümer oder zivilrechtl Inhaber des Wirtschaftsguts; er ist jedoch im Verhältnis zum Treugeber (schuldrechtl) verpflichtet, die mit der Inhaberschaft verbundenen Rechte und Befugnisse nur im vereinbarten Umfang auszuüben und schuldet bei Zuwiderhandlung idR Schadenersatz. Auf die zivilrechtl unterscheidbaren **Erscheinungsformen** der Treuhandverhältnisse (vgl iEinz *Palandt/Ellenberger* Überbl vor § 104 Rz 25) kommt es bei der Anwendung von Abs 2 Nr 1 nur insoweit an, als die zivilrechtl Wirksamkeit der Verträge auch steuerrechtl von Bedeutung ist (Rz 64; § 41 Rz 10). Ein Treuhandvertrag ist grds immer dann formbedürftig, wenn das Erwerbsgeschäft formbedürftig ist (vgl BFH/NV 06, 997 mwN). Die Begründung einer Treuhand an bereits existierenden Geschäftsanteilen bedarf der Form, die für die Übertragung der Geschäftsanteile gesetzlich bestimmt ist (zB § 15 IV GmbHG). Wird der Treuhänder damit beauftragt, Anteile an einer noch zu gründenden GmbH zu erwerben **(Erwerbstreuhand),** unterliegt der Treuhandvertrag ausnahmsweise keinem Formerfordernis (vgl BGH DStR 99, 861; 06; 1378; BFH/NV 08, 745).

63 **Im StRecht** fehlt ebenfalls eine gesetzliche Regelung. Eine vom Zivilrecht abw Zurechnung von Wirtschaftsgütern kommt nur in Betracht, wenn im Einzelfall ein stl anzuerkennendes Treuhandverhältnis vorliegt (vgl BFH BStBl 10, 590). Das ist der Fall, wenn die im Außenverhältnis bestehende Rechtsmacht des Treuhänders durch die schuldrechtliche Abrede im Innenverhältnis derart eingeschränkt ist, dass sie als „leere Hülle" erscheint (BFH BStBl 99, 514; 10, 460; 15, 4; *TK/Drüen* § 39 Rz 33), weil der Treugeber das Treuhandverhältnis sowohl rechtl als auch tatsächlich „beherrscht" (BFH BStBl 92, 459; 94, 615; 99, 514; 10; 590; BFH/NV 04, 620; 08, 745). Wesentliche Kriterien dafür sind die **Weisungsbefugnis des Treu-**

gebers (BStBl 99, 514; 00, 590), die korrespondierende Weisungsunterworfenheit des Treunehmers sowie (im Grds) dessen Verpflichtung zur **Rückgabe des Treuguts** (BFH BStBl 98, 152; 99, 514; 10, 590; 13, 862; BFH/NV 17, 1174; *Heidner* DB 96, 1203). Der Weisungsbefugnis des Treugebers steht nicht entgegen, wenn mehrere Treugeber ihre Rechte ggü dem Treuhänder nur gemeinschaftlich ausüben können (BFH BStBl 15, 4). Die Vereinbarung einer angemessenen Kündigungsfrist ist unschädlich (BFH BStBl 93, 538; 10, 590).

Verträge müssen grds im Vorhinein abgeschlossen und inhaltlich eindeutig sein. 64
Das gilt jedenfalls, soweit die persönliche Zurechnung von Wirtschaftsgütern für die persönliche Zurechnung von Einkünften Bedeutung hat (Rz 61), denn insoweit kann eine rückwirkende Gestaltung des Sachverhalts im StRecht grds nicht anerkannt werden (vgl § 38 Rz 8). Enthält ein **notariell beurkundeter Vertrag** keine Treuhandvereinbarung, wird vermutet, dass eine solche Einigung nicht Gegenstand der Vereinbarung war, denn für notarielle Urkunden gilt die Vermutung der Vollständigkeit und Richtigkeit (BGH NJW 03, 2330; FG Hbg 3 K 204/11, juris). Ein Treuhandvertrag kann, sofern er nicht formbedürftig ist (vgl Rz 62) auch **konkludent** geschlossen werden; der Zeitpunkt des Vertragsschlusses und der Inhalt des Vertrags müssen dann jedoch anhand objektiver Umstände überprüfbar sein und im Zweifel festgestellt werden. Für die Auslegung und Anerkennung von Verträgen gelten iÜ die allg Grundsätze (Rz 24). Wirtschaftliches Eigentum kann auch entstehen, wenn die Verträge zivilrechtl **unwirksam** sind (vgl Rz 24, 49; § 41 Rz 2). Für Treuhandverträge gilt nichts anderes (aA BFH/NV 08, 745 obiter dictum). Der vom Treuhänder erworbene Geschäftsanteil an einer GmbH kann deshalb auch dann dem Treugeber zuzurechnen sein, wenn der vor dem Erwerb vereinbarte Treuhandvertrag formunwirksam war (BGH NJW 12, 3455). Voraussetzung ist aber, dass die Beteiligten die Vereinbarung ungeachtet ihrer Unwirksamkeit als verbindlich beachten und tatsächlich vollziehen (BFH/NV 06, 1819). Ist (nur) das **schuldrechtl Rechtsgeschäft** unwirksam, kann der Treugeber die vereinbarte Weisungsbefugnis und seine weiteren Rechte ggü dem Treunehmer zwar rechtl nicht durchsetzen. Die fehlende zivilrechtl Wirksamkeit der schuldrechtl Abrede spricht aber nicht allg gegen die Beherrschbarkeit des Treuhandverhältnisses (aA *Koenig/Koenig* § 39 Rz 53), sondern allenfalls dann, wenn der Treunehmer davon weiß. Ist (auch) das **dingliche Übertragungsgeschäft** unwirksam, so bleibt der vermeintliche Treugeber Eigentümer (Abs. 1). Maßgeblich ist iÜ immer der tatsächlich verwirklichte Sachverhalt; das (wirksam oder unwirksam) Vereinbarte muss jedenfalls **tatsächlich durchgeführt** werden (BFH BStBl 98, 152; BFH/NV 98, 994; 01, 468; 04, 610; 08, 745 mwN; 08, 751; 08, 1159; 11, 1677; BGH NJW 05, 3584). Entscheidend sind die Umstände im Einzelfall (vgl Rz 15).

Feststellung der Treuhand. Bei der Prüfung, ob ein Treuhandverhältnis tat- 65
sächlich besteht, ist ein strenger Maßstab anzulegen (stRspr BFH BStBl 98, 152; 10, 460; BFH/NV 08, 745). Das Handeln des Treuhänders im fremden Interesse muss wegen der vom zivilrechtl Eigentum abweichenden Zurechnung (anhand objektiver Merkmale) **eindeutig erkennbar** sein (BFH BStBl 98, 152; BFH/NV 06, 1819). Das gilt insbes für **verdeckte Treuhandverhältnisse** (BFH BStBl 01, 468; BFH/NV 04, 1109). Die Ernsthaftigkeit des Vereinbarten ist indiziell zu beurteilen. Es besteht insbes kein Rechtssatz, dass ein Treuhandverhältnis immer schon dann stl nicht anzuerkennen ist, wenn einzelne vertragliche Abreden nicht eingehalten worden sind (BFH/NV 03, 1536; 04, 915). Für die tatsächliche Durchführung kommt der bilanziellen Behandlung des Wirtschaftsguts indizielle Bedeutung zu (BFH BStBl 98, 152; 10, 590). Ausreichend ist es für die indizielle Wirkung aber uU, wenn das Wirtschaftsgut nicht bereits in der laufenden Buchführung, sondern erst im Jahresabschluss als Treuhandvermögen ausgewiesen wird (BFH BStBl 01, 468). Zu den Anforderungen an die Anerkennung einer sog Vereinbarungstreuhand BFH BStBl 98, 152. Die fehlende vereinbarungsgemäße Durchführung stellt ein gewichtiges Indiz gegen die Ernstlichkeit einer Treuhand-

vereinbarung dar (BFH BStBl 01, 468; BFH/NV 03, 1536; 08, 745; 11, 1677). Die **objektive Feststellungslast** trifft denjenigen, der sich auf das Vorliegen einer Treuhandvereinbarung (wirtschaftliches Eigentum) beruft. § 159 I 1 enthält für einen Sonderfall eine Beweisführungslastregelung, entbindet das Gericht jedoch nicht davon, nach § 96 I 1 FGO nach seiner freien, aus dem Gesamtergebnis des Verfahrens gewonnenen Überzeugung zu entschieden (BFH BStBl 10, 460).

66 **Einzelfälle.** Zivilrechtl ist ausschl der den Gesellschaftsanteil haltende Treuhänder Gesellschafter. Er ist ggf notwendig beizuladen (BFH/NV 91, 51). Gleichwohl kann der Treugeber Mitunternehmer sein. Das ist der Fall, wenn der Treuhänder (bei Handeln auf eigene Rechnung) Mitunternehmer wäre (vgl BFH BStBl 89, 722; 92, 512; 95, 722) und wenn ein stl anzuerkennendes Treuhandverhältnis vorliegt. Treuhänderin kann auch eine Kapitalgesellschaft sein (vgl BFH BStBl 10, 751 mwN). **Kein Treuhandverhältnis** besteht allerdings zwischen Alleingesellschafter und seiner GmbH, denn eine Kapitalgesellschaft kann im Rahmen ihrer Zweckbestimmung nicht Treuhänder ihrer Gesellschafter sein (vgl BFH BStBl 75, 553; 77, 263; *TK/Kruse* § 39 Rz 36). Besonderheiten gelten beim sog **Treuhandmodell.** Hält die Komplementär-GmbH ihre Beteiligung an der KG treuhänderisch für den Kommanditisten und halten auch die Gesellschafter der Komplementär-GmbH ihre Anteile treuhänderisch für den Kommanditisten, ist gleichwohl die Komplementär-GmbH Mitunternehmerin der KG (BFH BFHE 152, 230). Eine Mitunternehmerschaft liegt jedoch nicht vor, wenn der Kommanditanteil von einem Treuhänder für die Komplementär-GmbH gehalten wird; bei dieser Gestaltung vermittelt der Treuhandanteil (Kommanditanteil) dem Treuhänder-Gesellschafter keine Mitunternehmerstellung (BFH/NV 05, 1994; BStBl 10, 751).

67 Bei einer **atypisch stillen Gesellschaft** ist der atypisch Unterbeteiligte nicht Treugeber und der Hauptgesellschafter nicht Treuhänder für den Gesellschaftsanteil des atypisch Unterbeteiligten. Denn der Hauptbeteiligte wird teilweise auch für eigene Rechnung und nicht ausschl für Rechnung des atypischen Unterbeteiligten tätig (BFH BStBl 92, 512). Bei Abwicklung eines Grundstückskaufvertrags und Zahlung des Kaufpreises auf ein **Notar-Anderkonto** entsteht ein Treuhandverhältnis zugunsten des Käufers oder Verkäufers. Wer Treugeber ist, richtet sich nach dem Inhalt der Hinterlegungsvereinbarung. Soweit darin keine ausdrückliche Regelung getroffen worden ist, ist bis zum Zeitpunkt der Auszahlungsreife der Käufer als Treugeber anzusehen (BFH BStBl 86, 404). Eine ähnliche Stellung wie der Treuhänder nimmt der **Testamentsvollstrecker** ein. So verliert ein Vermächtnisnehmer durch die mit der Testamentsvollstreckung verbundene Verfügungsbeschränkung nicht seine Mitunternehmerstellung (BFH BStBl 95, 714).

70 **c) Sicherungsübereignung.** Sie ist eine Variante eigennütziger, also im Interesse des Treuhänders begründeter, Treuhandverhältnisse. Das Vollrecht wird nach den dafür geltenden Vorschr auf den Treuhänder übertragen. Dessen Rechtsmacht, über das Eigentum zu verfügen (§ 903), wird zugleich in einer schuldrechtl Sicherungsabrede nach Maßgabe des Sicherungszwecks beschränkt. Danach darf der Sicherungsnehmer die Sicherheit in der vereinbarten Weise erst dann verwerten, wenn der Sicherungsfall eingetreten ist, zB wenn der Schuldner nicht mehr zahlt. Sobald der Sicherungszweck entfällt, muss er die Sicherheit zurückgewähren. Entsprechendes gilt für die **Sicherungsabtretung,** die **Sicherungsgrundschuld** und den **Eigentumsvorbehalt.** Diese fiduziarischen Sicherungsformen haben die in § 232 BGB vorgesehenen Sicherheiten in der Praxis weitgehend verdrängt.

71 **Zurechnung.** Nach Abs 2 Nr 1 S 2 ist das zur Sicherheit übereignete Wirtschaftsgut dem **Sicherungsgeber** zuzurechnen. Diese Anordnung ist aber nicht zwingend. Das Gesetz geht vom **Normalfall** aus, bei dem der Sicherungsgeber zugleich Schuldner ist. Solange der Sicherungsfall noch nicht eingetreten ist, hat es der Sicherungsgeber in der Hand, durch rechtzeitige Zahlung die Voraussetzungen für die Rückgabe der Sicherheit herbeizuführen. IdS beherrscht er das Geschehen;

die mit dem Vollrecht verbundenen Befugnisse sind für den Rechtsinhaber und Sicherungsnehmer wertlos, weil er sie (bei zu erwartendem Verlauf der Dinge) nicht verwerten darf. Nach dem **Eintritt des Sicherungsfalls** kann sich die Zurechnung ändern. Darf danach der Sicherungseigentümer von den wesentlichen Befugnissen Gebrauch machen, die ihm als Eigentümer zustehen, ist das Wirtschaftsgut nunmehr ihm zuzurechnen (*BG/Schmieszek* § 39 Rz 41.1). Ist der Sicherungsgeber nicht zugleich Schuldner der gesicherten Forderung, kommt es darauf an, ob er den Schuldner beherrscht. Andernfalls ist das Sicherungsgut von Anfang an dem Sicherungsnehmer zuzurechnen.

d) Eigenbesitz. Eigenbesitzer ist, wer eine Sache „als ihm gehörend" besitzt 72
(§ 872 BGB). Eigenbesitz setzt neben der objektiven Herrschaftsmacht (vgl BFH/NV 10, 1099) als subjektives Merkmal den **Herrschaftswillen** (animus domini) voraus, das Wirtschaftsgut wie ein Eigentümer zu besitzen (BFH BStBl 01, 844; 05, 80; 08, 749). Er kann auch auf Irrtum beruhen oder trotz Kenntnis der wahren Eigentumsverhältnisse (zB bei einem Dieb) vorhanden sein (*TK/Drüen* § 39 Rz 53; *Palandt/Bassenge* § 872 Rz 1). Ein Fremdbesitzer übt dagegen die tatsächliche Herrschaft in Anerkennung des fremden Eigentums aus. Kein Eigenbesitz ist daher der Besitz in Ausübung eines Nutzungsrechts. Eigenbesitz ist kein originär steuerrechtl Begriff; eine von § 872 BGB abweichende Auslegung ist aus steuerlichen Gründen nicht (mehr) geboten, da die vom Zivilrecht abw Zurechnung von Wirtschaftsgütern abschließend durch die Generalklausel in Abs 2 Nr 1 S 1 geregelt wird und sich aus der Erwähnung des Eigenbesitzes in Abs 2 Nr 1 S 2 darüber hinaus nichts anderes ergibt (vgl Rz 60).

Zurechnung. Bloß tatsächlicher Eigenbesitz genügt für sich genommen nicht, 73
um ein Wirtschaftsgut steuerrechtl dem Eigenbesitzer zuzurechnen (BFH BStBl 08, 749), denn er vermittelt ggü dem Eigentümer kein Recht zum Behaltendürfen (§§ 985, 986 BGB). Anwendungsfälle sind durch Diebstahl oder Unterschlagung erlangte Wirtschaftsgüter (bösgläubiger Eigenbesitz) und Fälle irrtümlich nicht erkannter missglückter Übereignung. Hinzukommen muss eine **gewisse Dauerhaftigkeit** des Eigenbesitzes („unwiederbringlich", vgl BFH BStBl 05; 80; 08, 749). Darüber hinausgehende Bedeutung hat das Merkmal Eigenbesitz nicht (BFH BStBl 05, 80; 08, 749). Einem bösgläubigen Eigenbesitzer ist das Wirtschaftsgut jedenfalls dann zuzurechnen, wenn mit einer Rückforderung durch den Eigentümer aus rechtl oder tatsächlichen Gründen nicht mehr zu rechnen ist (beachte §§ 937 ff BGB). Welche Voraussetzungen iÜ erfüllt sein müssen, damit das Wirtschaftsgut einem bösgläubigen Eigenbesitzer zuzurechnen ist, bedarf iEinz noch der Klärung (insofern unergiebig BFH/NV 11, 1512).

7. Gesamthand (Abs 2 Nr 2). Gesellschaften mit Gesamthandsvermögen sind 75
die GbR, der nichtrechtsfähige Verein, die Partnerschaftsgesellschaft, OHG und KG, die EWIV, die eheliche Gütergemeinschaft und die Erbengemeinschaft. Nach traditionell (individualistischem) Verständnis steht das Vermögen den Gesellschaftern gem §§ 718, 719 BGB zur gesamten Hand zu. Über die einzelnen Vermögensgegenstände (Wirtschaftsgüter) können die Gesellschafter nicht anteilig, sondern nur gemeinsam verfügen. Dagegen ist das Gesamthandsvermögen nach neuerer Sichtweise, der sich der BGH angeschlossen hat, (im Außenverhältnis) der Gesellschaft zuzurechnen, soweit sie selbst Träger von Rechten sein kann. Nach neuerer Rspr des BGH ist neben der OHG und der KG auch die Außen-GbR teilrechtsfähig und Zuordnungssubjekt des Gesellschaftsvermögens (vgl iEinz *Palandt/Ellenberger* Einf vor § 21 Rz 2 sowie *Palandt/Sprau* § 705 Rz 24). Beide Sichtweisen ordnen das Gesamthandsvermögen den Gesellschaftern jedenfalls nicht nach Quoten zu (vgl BFH BStBl 92, 543); diese in Abs 2 Nr 2 vorgesehene Zurechnung wird deshalb von der zivilrechtl Streitfrage nicht berührt.

Steuerliche Zurechnung. Die stl Zurechnung von Wirtschaftsgütern folgt 76
auch bei Gesamthandsgemeinschaften im Grds (Abs 1) dem **Zivilrecht** (BFH

BStBl 89, 237; Rz 75). Nur soweit es für die Besteuerung erforderlich ist, tritt an die Stelle der zivilrechtl Zurechnung die (nach Quoten) anteilige und (individuell) getrennte Zurechnung von Wirtschaftsgütern (sog **Bruchteilsbetrachtung,** vgl BFH BStBl 99, 820; BFH/NV 01, 17). Abs 2 Nr 2 ist nur **für die Besteuerung** zu beachten. Ein Gesellschafter kann deshalb nicht (auch nicht anteilig) mit einer Forderung der Gesellschaft aufrechnen, denn die Aufrechnung betrifft nicht die Besteuerung, sondern das Erhebungsverfahren (BFH/NV 07, 1622). Die danach bei der Besteuerung grds anwendbare Bruchteilsbetrachtung wird ihrerseits verdrängt durch § 15 I 1 Nr 2 EStG und die von der Rspr (speziell) für gewerblich tätige Mitunternehmerschaften entwickelte partielle Rechtsfähigkeit der Personengesellschaft (sog **Einheitsbetrachtung;** vgl Rz 78).

77 **Erforderlichkeit.** Die anteilige, getrennte Zurechnung des Gesamthandsvermögens findet nur statt, wenn sie erforderlich ist. Ob das der Fall ist, ergibt sich nicht aus Abs 2 Nr 2, sondern (ggf nach entsprechender Auslegung, vgl BFH BStBl 99, 820) aus den Einzelsteuergesetzen (BFH BStBl 92, 211; BFH/NV 03, 770; *Wacker* DStR 05, 2014, AEAO zu § 39 Nr 2). Eine anteilige Zurechnung des Gesamthandsvermögens ist immer dann erforderlich, wenn der auf der Stufe der Gesellschaft verwirklichte Handlungstatbestand (ertrag-)steuerrechtl nicht von Bedeutung und deshalb beim Gesellschafter selbst zu berücksichtigen ist (BFH BStBl 10, 751 mwN), zB wenn die Gesamthand den Tatbestand der Besteuerung erfüllt, ohne die dadurch verwirklichte Steuer selbst zu schulden (BFH BStBl 92, 211; 05, 33) oder soweit (nach Sinn und Zweck der anzuwendenden Besteuerungsnorm) eine personenbezogene Betrachtung geboten ist (BFH BStBl 91, 327 zu § 17 II BerlinFG; BFH BStBl 05, 82 zu § 15 EigZulG). **Nicht erforderlich** ist eine Bruchteilsbetrachtung grds, soweit die Gesamthand selbst Schuldner der Steuer ist, wie etwa bei der **USt** und **GewSt** (§ 5 I 3 GewStG; nicht jedoch beim **Treuhandmodell** vgl BFH BStBl 10, 751; Rz 66). Soweit die Gesamthand als Eigentümerin handelt, schuldet sie auch die **GrESt** (BFH BStBl 97, 299). Nicht erforderlich ist die Bruchteilsbetrachtung im Normbereich des § 1 I 2 **FördG** (BFH/NV 07, 2097) oder beim **InvZulG** (BFH/NV 08, 345) oder soweit es auf eine unmittelbare Beteiligung ankommt (BFH BStBl 13, 742 zu § 13a IV Nr 3 ErbStG aF). Trotz Erbfähigkeit der GbR kommt es für die **ErbSt** und **SchenkSt** nach der Rspr des BFH auf die Gesellschafter und nicht auf die Gesellschaft an (vgl BFH BStBl 95, 81; 98, 630; abl *Koenig/Koenig* § 33 Rz 22). Die Aufteilung des Einheitswerts eines Grundstücks ist (nur für die **GrSt**) nicht mehr erforderlich (BFH BStBl 01, 476; BFH/NV 05, 73).

78 **Gewerblich tätige Mitunternehmerschaft.** Soweit nach der Rspr des BFH die Personengesellschaft selbst „StRechtssubjekt", insbes Subjekt der Einkünftequalifikation und Gewinnermittlung ist (vgl *Schmidt/Wacker* § 15 Rz 164 ff; BFH BStBl 10, 751), ist eine gesonderte Zurechnung der Wirtschaftsgüter oder Geschäftsvorfälle zu den einzelnen Gesellschaftern entbehrlich. Ihnen wird vielmehr das von der Gesellschaft ermittelte (und bei ihr idR einheitlich und gesondert festgestellte) Ergebnis nach Maßgabe ihrer jeweiligen Beteiligung am Gewinn und Verlust zugerechnet. Im Umfang der insoweit nach der Rspr des BFH geltenden (besonderen steuerrechtl) **Einheitsbetrachtung** wird Abs 2 Nr 2 von **§ 15 Abs 1 S 1 Nr 2 EStG** als lex specialis verdrängt (stRspr, vgl BFH GrS BStBl 91, 691; BFH BStBl 03, 700; 10, 751; 13, 494). Dieses Sonderrecht gilt aber nur für Mitunternehmer und nur für gewerblich tätige, **nicht** für **vermögensverwaltende Personengesellschaften;** insofern bleibt es bei der dann grds erforderlichen Bruchteilsbetrachtung (BFH BStBl 99, 820; 05, 33; 05, 324; 08, 679; 17, 202; BFH/NV 09, 921; 10, 1099). Die Einheitsbetrachtung wird zudem durchbrochen und durch die Bruchteilsbetrachtung ersetzt, soweit es im Interesse einer sachlich zutr Besteuerung des Gesellschafters geboten ist, etwa bei der Feststellung eines gewerblichen Grundstückshandels (vgl BFH BStBl 95, 617; 99, 390; 03, 250; 10, 974).

Rechtsfolge. Anteilige, getrennte Zurechnung bedeutet die Zurechnung nach Bruchteilen (BFH BStBl 92, 543; 99, 820; 04, 898). Im Anwendungsbereich von Abs 2 Nr 2 wird steuerrechtl die Gesamthandsgemeinschaft als **Bruchteilsgemeinschaft** angesehen (BFH BStBl 08, 679). Abs 2 Nr 2 betrifft nur die Zurechnung von Wirtschaftsgütern, nicht dagegen die persönliche Zurechnung von Einkünften etc. Die Zurechnung von Wirtschaftsgütern kann jedoch Auswirkungen auf die Erzielung von Einkünften haben. So erzielt derjenige keine Einkünfte aus **VuV,** dem der gemietete Gegenstand (zumindest anteilig) selbst zuzurechnen ist, weil er den Mietgegenstand insoweit nicht zur Nutzung „überlässt". Vielmehr liegt insoweit eine Eigennutzung vor (BFH BStBl 84, 128; 04, 898; BFH/NV 05, 168). Eine **Veräußerung/Anschaffung** liegt nicht vor bei der Einbringung eines Wirtschaftsguts in eine vermögensverwaltene PersGes, soweit dem Einbringenden das Wirtschaftsgut auch weiterhin anteilig zugerechnet wird (vgl auch *Brunsbach/Mock* BB 13, 1051). Die anteilige persönliche Zurechnung aufgrund der Bruchteilsbetrachtung rechtfertigt nach der Rspr nicht die Inanspruchnahme der **erweiterten Kürzung nach § 9 Nr 1 Satz 2 GewStG** (BFH BStBl 11, 367; aA FG BBg DStRE 14, 1232, Rev BFH IV R 27/14; abl auch *Peters* Forum StRecht 2013, 115). **Bilanzierung:** Wird die Beteiligung an einer vermögensverwaltenden PersGes im Betriebsvermögen gehalten, führt dies zum anteiligen Ausweis sämtlicher aktiver und passiver Wirtschaftsgüter des Gesamthandsvermögens (BFH GrS BStBl 05, 679; 13, 142; BFH/NV 15, 27). 80

Aufteilungsmaßstab. Abs 2 Nr 2 ordnet die getrennte Zurechnung an, ohne einen Aufteilungsmaßstab zu bestimmen. Maßgeblich sind grds die vermögensmäßigen Beziehungen der Gesellschafter zueinander, wie sie sich aus dem Gesellschaftsvertrag und dem Gesetz ergeben (vgl AEAO zu § 39 Nr 2 S 1). Den Ausgangspunkt bilden die Kapitalkonten der Gesellschafter in der Handelsbilanz (BFH BStBl 92, 543; 94, 88; 96, 181) bzw die Beteiligung (BFH BStBl 96, 5). Der Maßstab ist jedoch ggf zu verändern und fortzuentwickeln (vgl BFH BStBl 96, 181, jeweils zur Aufteilung des Einheitswerts des Betriebsvermögens). 81

Einzelfälle zur Bruchteilsbetrachtung. Gehören Anteile an einer Kapitalgesellschaft zum Gesamthandsvermögen einer Vermögen verwaltenden Personengesellschaft, so sind sie für Zwecke der Veräußerungsgewinnbesteuerung den Gesellschaftern nach Abs 2 Nr 2 anteilig zuzurechnen (zu § 17 EStG: BFH BStBl 99, 820; 00, 686; BFH/NV 01, 17; zu § 23 EStG: BFH BStBl 08, 679). Das gilt nicht für die Zurechnung einer vGA (BFH BStBl 15, 687). Die Veräußerung eines Anteils an einer vermögensverwaltenden Grundstücksgesellschaft gilt als Veräußerung eines Grundstücks beim **gewerblichen Grundstückshandel** (BFH BStBl 10, 974; BFH/NV 12, 16). Der Erwerb eines Anteils an einer vermögensverwaltenden PersGes gilt als anteiliger Erwerb des Grundstücks, wenn die Gesellschaft das Grundstück innerhalb eines Jahres veräußert (BFH BStBl 16, 515 obiter dictum; BFH/NV 16, 529. Ist eine „Ein-Unternehmer-Personengesellschaft" (sog **Treuhandmodell,** Rz 66) wie ein Einzelunternehmen und die allein unternehmerisch beteiligte Komplementärin ertragsteuerrechtl wie ein Einzelunternehmer zu behandeln, so sind ihr gem Abs 2 Nr 2 die Wirtschaftsgüter des Gesamthandsvermögens wie einem Alleineigentümer zuzurechnen (BFH BStBl 10, 751). Bringen Bruchteilseigentümer ein Grundstück in eine personenidentische GbR mit Vermietungseinkünften ein, liegt steuerrechtl kein **Anschaffungsvorgang** vor, weil die Gesellschafter gem Abs 2 Nr 2 weiterhin wie bisher als Bruchteilseigentümer anzusehen sind (BFH BStBl 05, 324; 08, 679; „Zurechnungskontinuität" vgl BFH BStBl 10, 751); ein Anschaffungsvorgang liegt nur vor, soweit sich die nach Abs 2 Nr 2 zuzurechnenden Anteile der Gesellschafter an dem Grundstück ggü den bisherigen Beteiligungsquoten erhöht haben (BFH BStBl 12, 205). Überträgt der gewerblich tätige Gesellschafter einer vermögensverwaltenden PersGes **(Zebra-Gesellschaft)** ein Grundstück aus seinem Betriebsvermögen in das Gesamthandsvermögen der vermögensverwaltenden PersGes, führt dies nicht zur Aufdeckung der stillen Reserven, soweit er an der 83

Gesellschaft beteiligt ist (BFH BStBl 13, 142). Der **Mietvertrag** zwischen einer GbR und einem ihrer Gesellschafter ist steuerrechtl unbeachtlich, soweit dem Gesellschafter das Grundstück nach Abs 2 Nr 2 anteilig zuzurechnen ist (BFH BStBl 04, 898; BFH/NV 06, 1290; vgl auch BFH/NV 05, 168 zu Vermietung an den Ehegatten des Gesellschafters). Vermietet eine Eigentümergemeinschaft, an der der Besitzeinzelunternehmer beteiligt ist, Wirtschaftsgüter an die Betriebs-GmbH, kann dies aus Sicht des Besitzeinzelunternehmers dazu dienen, die Vermögens- und Ertragslage der Betriebsgesellschaft zu verbessern und damit den Wert der Beteiligung daran zu erhalten oder zu erhöhen. Ist dies der Fall, ist sein Miteigentumsanteil am vermieteten Wirtschaftsgut beim Besitzunternehmen als notwendiges Betriebsvermögen zu erfassen, und zwar als ideeller Anteil an dem Sachwert (BFH BStBl 94, 551; FG BaWü EFG 16, 423). **AfA** oder erhöhte Absetzungen für Wirtschaftsgüter einer vermögensverwaltenden Gesellschaft können nur demjenigen zugerechnet werden, der die Anschaffungs- oder Herstellungskosten getragen hat. Das sind regelmäßig die Gesellschafter, weil eine Gesamthandsgemeinschaft zwar den Besteuerungstatbestand erfüllt, selbst aber nicht Schuldnerin der ESt ist (BFH BStBl 05, 33 mwN, dort auch zu anderer Rechtslage bei Sonderabschreibungen nach FördG).

84 Für die Gewährung des **Altersvorsorge-Eigenheimbetrags** (§ 92a EStG) genügt die nach Maßgabe der Bruchteilsbetrachtung anteilige Zurechnung eines Grundstücks (BFH/NV 16, 1018). Erwirbt ein Ehegatte eine selbstgenutzte Wohnung von einer Erbengemeinschaft, der der andere Ehegatte als Miterbe angehört, liegt darin iHv dessen Erbquote eine nicht nach **§ 10e EStG** aF begünstigte Anschaffung vom Ehegatten (BFH/NV 03, 770). Im Anwendungsbereich des **§ 49 I Nr 2 Buchst f EStG** führt die Veräußerung eines Anteils an einer vermögensverwaltenden Gesellschaft nicht zur Veräußerung des im Gesamthandvermögens befindlichen Grundstücks (FG Mchn EFG 13, 1852).

§ 40 Gesetz- oder sittenwidriges Handeln

Für die Besteuerung ist es unerheblich, ob ein Verhalten, das den Tatbestand eines Steuergesetzes ganz oder zum Teil erfüllt, gegen ein gesetzliches Gebot oder Verbot oder gegen die guten Sitten verstößt.

Schrifttum: *Fellmeth* Die Übernahme von Geldbußen und Geldstrafen durch den Arbeitgeber auf dem lohnsteuerrechtlichen Prüfstand, FR 12, 1064; *Puls,* Seminar B: Besteuerung von Einkünften aus rechtswidrigen Handlungen, IStR 16, 703; *Heine/Trinks,* Steuerliche Folgen einer Erpressung für Täter und Opfer, NWB 16, 2109; *Krüger,* Die steuerliche Abzugsfähigkeit von Kartellbußen – ungeklärte Fragen?, DStR 16, 895; *Schönfeld/Haus/Bergmann/Erne,* Geldbußen von Bundeskartellamt und Kommission wegen Kartellverstößen sind abzugsfähig, DStR 17, 73.

Übersicht

1 **1. Allgemeines.** Die Vorschr stellt klar, dass die Besteuerung an das wirtschaftliche Ergebnis anknüpft. Die **Steuerbarkeit** entfällt nicht, wenn das die Besteuerung auslösende Verhalten rechts- oder sittenwidrig war. Das gilt grds für **alle Steuerarten,** sofern sich nicht aus dem Einzelsteuergesetz etwas anderes ergibt. Auch strafbares Verhalten löst die Besteuerung der damit erzielten Einkünfte aus, wenn und soweit es einen Besteuerungstatbestand erfüllt. Darin liegt nicht etwa ein

die Einheit der Rechtsordnung störender Wertungswiderspruch (näher *HHSp/Fischer* Rz 23 ff). Die gegenteilige Annahme würde vielmehr eine nicht gerechtfertigte Privilegierung unredlichen oder rechtswidrigen Verhaltens bedeuten (vgl BVerfG HFR 96, 597; BGH HFR 95, 273). Der Stpfl muss die auf strafbare Weise erzielten Einkünfte auch erklären; der steuerlichen Erklärungspflicht entspricht allerdings ein strafrechtl Verwertungsverbot (§ 393 II 1).

Die steuerrechtl Folgen sind daher **wertneutral,** ohne Rücksicht auf die Ver- 2
werflichkeit des zu Grunde liegenden Verhaltens zu ziehen (BFH BStBl 78, 105;). Die FinVerw ist weder verpflichtet, mit den Mitteln des StRechts auf eine Beseitigung der gesetz- und sittenwidrigen Zustände hinzuwirken, noch führt allein die Durchführung der Besteuerung aufgrund von § 40 dazu, dass von Seiten der FinVerw eine strafbare Beihilfe zu den zu besteuernden Tatbeständen geleistet wird (BGH HFR 95, 273). Die Vorschr ist grds **auch zugunsten des Stpfl** anwendbar. Dies folgt aus ihrer allg Formulierung („die Besteuerung"; BFH BStBl 90, 251; vgl auch *Kruse* FR 62, 5). Die Rspr prüft demgegenüber einschränkend, ob die anzuwendende Vorschr des Einzelsteuergesetzes nach ihrem Sinn und Zweck die Tatbestandsverwirklichung durch ein einer außersteuerrechtl Verbotsnorm widersprechendes Verhalten nicht ausschließt (BFH BStBl 90, 251; 95, 875; BFH/NV 92, 696; näher Rz 6).

2. Einnahmen. a) Allgemeines. Das **Verhalten** des Stpfl muss ganz oder zum 4
Teil den Tatbestand eines StGesetzes erfüllen. § 40 schafft keinen Besteuerungstatbestand, sondern verweist auf die Tatbestände in den Einzelsteuergesetzen. § 40 unterscheidet nicht zwischen rechtsgeschäftlichem und sonstigem Verhalten, sondern erfasst beides. Rechtsgeschäftliches Verhalten unterfällt der Vorschr insbes, soweit der Gesetzes- oder Sittenverstoß nicht zur Unwirksamkeit des Rechtsgeschäfts führt. Ist ein **Rechtsgeschäft** hingegen wegen Gesetzes- oder Sittenverstoßes unwirksam (insbes §§ 125, 134, 138 BGB), ergeben sich die Rechtsfolgen aus § 41 I 1 als der spezielleren Norm (*HHSp/Fischer* Rz 10, *BG/Schmieszek* Rz 8; aA *TK/Drüen* Rz 12). Unterfallen die aus einem gesetz- oder sittenwidrigen Verhalten erzielten Einnahmen der Besteuerung, ist grds auch der erwerbsbedingte Aufwand abziehbar und notfalls zu schätzen. Das objektive Nettoprinzip wird durch § 40 grds weder suspendiert noch eingeschränkt.

b) Einzelfälle. Strafrecht: Ein leitender Bankangestellter, der unter Ausnut- 6
zung seiner Vertrauensstellung Bankgeschäfte zulasten der Bank tätigt und sich dabei der fortgesetzten Untreue schuldig macht, handelt gewerblich (BFH BStBl 91, 802). Der Annahme einer verdeckten Gewinnausschüttung steht nicht entgegen, dass der Gesellschafter den Tatbestand einer Untreue begangen haben könnte (FG Hbg v 19.6.2008, juris). Wer sich durch Abschluss eines Scheinvertrags und Überlassung einer Meisterurkunde daran beteiligt, eine Krankenkasse zu betrügen und dafür ein Entgelt erhält, verwirklicht den Tatbestand des § 22 Nr 3 EStG (FG Mster EFG 13, 1345). **Andere gesetzliche Verbote oder Erlaubnisvorbehalte:** Das Verbot, nicht genehmigte Lotterien zu veranstalten, schließt eine Besteuerung grds nicht aus (BFH BStBl 09, 735). Der Ansatz eines Wirtschaftsguts als (notwendiges) Betriebsvermögen ist steuerrechtl nicht deshalb ausgeschlossen, weil sein Einsatz gegen ein gesetzliches (baurechtl) Verbot verstößt (BFH/NV 06, 1155). Unerheblich ist, ob die Beteiligung einer Kapitalgesellschaft an einer Rechtsanwaltssozietät standes- oder gesetzwidrig ist (BFH BStBl 08, 681); ob die Beteiligung eines Nichtberufsträgers an einer Steuerberatersozietät gegen Berufsrecht und gegen ein gesetzliches Verbot verstößt (BFH/NV 11, 20); ob Vereinbarungen zwischen Deponiebetreibern und Abfallanlieferern gegen ein gesetzliches Verbot verstoßen (BFH BStBl 03, 950); ob ein Bauvertrag gegen Bestimmungen der Makler- und Bauträgerverordnung verstößt (BFH/NV 09, 1801) oder ob Zahlungen, die dem Insolvenzschulder zurechenbar sind, gegen ein insolvenzrechtliches Verfügungsverbot verstoßen (BFH BStBl 16, 391).

7 Für **Zölle** und **Einfuhrumsatzsteuer** (§ 21 II UStG) sind vorrangig die Vorschr des UZK zu beachten (Anwendungsvorrang des EU-Rechts). Nach Art 83 II UZK entsteht ausnahmsweise keine Zollschuld, wenn Betäubungsmittel (Suchtstoffe) und Falschgeld in das Gebiet der EU verbracht werden. Der dem scheinbar widersprechende § 370 V setzt voraus, dass eine Zollschuld entsteht, regelt dies aber nicht (vgl § 370 Rz 146). Ein Mitgliedstaat darf die unerlaubte Veranstaltung eines Glücksspiels dann nicht der Mehrwertsteuer unterwerfen, wenn die Veranstaltung eines solchen Glücksspiels durch eine zugelassene öffentliche Spielbank steuerfrei ist (EuGH Slg 98, I 3368).

9 **3. Ausgaben.** Betriebsausgaben und Werbungskosten sind grds abziehbar, auch wenn sie durch Handlungen iSv § 40 ausgelöst werden oder mit Einnahmen im Zusammenhang stehen, die § 40 unterfallen (Rz 2). **(1)** Aufwendungen, die durch schuldhafte (fahrlässig oder vorsätzlich begangene) Handlungen ausgelöst sind, können abgezogen werden, wenn sie im Zusammenhang mit einer steuerbaren betrieblichen oder beruflichen Tätigkeit stehen. Dasselbe gilt für dadurch ausgelöste Schadenersatzpflichten. Voraussetzung ist allerdings, dass die die Aufwendungen auslösenden schuldhaften Handlungen noch im Rahmen der (erlaubten) betrieblichen oder beruflichen Aufgabenerfüllung liegen (stRspr, zuletzt BFH NJW 17, 3022). **(2)** Abziehbar sind Aufwendungen, die mit Einnahmen im Zusammenhang stehen, für deren Steuerbarkeit es auf § 40 ankommt. Beispiel: So kann der Hehler von dem Erlös aus dem Verkauf der gestohlenen Sache nicht nur die Aufwendungen für den Ankauf stl absetzen (*Martens* FR 70, 151; Schwarzhandelsgeschäfte vgl BFH BStBl 51, 77; Schwarzarbeit FG Nbg EFG 76, 453), sondern auch allgemeine Betriebsausgaben wie Telefonkosten. Steuerschulden aus StHinterziehung dürfen nach der Rspr erst abgezogen werden, wenn die Tat entdeckt ist (BFH BStBl 13, 76).

10 **Spezialgesetzliche Abzugsverbote.** Die in § 4 V, § 9 V EStG angeordneten Abzugsverbote gehen als leges speciales § 40 vor (vgl auch § 12 Nr 4 EStG). **Schmier- und Bestechungsgelder** sind dem Grunde nach Betriebsausgaben oder Werbungskosten, soweit sie durch eine steuerbare Tätigkeit veranlasst sind (BFH BStBl 56, 336; 82, 394). Ihre Abziehbarkeit ist aber durch § 4 V Nr 10 EStG praktisch abgeschafft (vgl *Stapf* DB 00, 1092). Entsprechendes gilt für die Abziehbarkeit von **Geldstrafen und Geldbußen** gem § 4 V Nr 8 EStG. Die Vorschr gilt nur für eigene Geldbußen, nicht solche, die der ArbG im eigenbetrieblichen Interesse für den ArbN übernimmt (BFH BStBl 09, 147; 14, 278; *Fellmeth* FR 12, 1064). Zinsen auf hinterzogene Steuern sind nach § 4 V Nr 8a EStG nicht abziehbar. **Keinem Abzugsverbot** unterliegen: der **Verfall** von Gegenständen und Tatvorteilen nach § 73 StGB. Gewerbsmäßige Drogenhändler dürfen deshalb für die zu erwartende Verfallanordnung eine Rückstellung bilden (BFH BStBl 01, 536); ferner die **Kosten der Strafverteidigung** (auch bei vorsätzlicher Begehung), sofern sie durch die Einkünfteerzielung (und nicht privat) veranlasst sind (BFH BStBl 82, 467; 86, 845; 89, 831; 95, 457; 08, 223 mwN; *Bergkemper* FR 08, 232; BFH/NV 02, 1441; 03, 1054; 04, 42; 04, 1639). Zur Nichtigkeit einer Versorgungsregelung wegen StVerkürzung BFH GmbHR 79, 270.

12 **4. Begünstigungen, Subventionen.** Es ist zwischen **Fiskalzwecknormen** und **Sozialzwecknormen** (Steuervergünstigungen mit Subventionscharakter) zu unterscheiden (*HHSp/Fischer* § 40 Rz 18 f; *BG/Schmieszek* § 40 Rz 8). Auf letztere Normen ist § 40 nicht anwendbar (krit *TK/Drüen* § 40 Rz 20: teleologische Auslegung der Begünstigungsvorschrift), denn es wäre ein Verstoß gegen die Einheit der Rechtsordnung, wenn der Staat etwas verbieten, aber zugleich subventionieren würde.

13 Eine **Kraftfahrzeugsteuerbefreiung** (Fiskalzwecknorm) ist deshalb in Übereinstimmung mit § 40 auch dann zu gewähren, wenn die Verwendung des Fahrzeugs mit der entsprechenden Kennzeichnung verkehrsrechtl nicht zugelassen ist

(BFH BStBl 90, 251) bzw wenn der tatsächlich betriebene Linienverkehr nicht genehmigt ist (BFH/NV 92, 696).

Die Begünstigung nach **§ 10e EStG** kann dagegen nicht gewährt werden für Wohnungen, Ausbauten oder Erweiterungen, die entgegen den baurechtl Vorschriften ohne Baugenehmigung errichtet wurden (BFH BStBl 95, 875). Für Gebäude und Gebäudeteile, die entgegen den materiellen baurechtlichen Vorschriften ohne Baugenehmigung errichtet worden sind, kann die **Investitionszulage** nicht beansprucht werden (BFH BStBl 80, 474; 90, 1037). Für Kinder, die unter Verletzung des JASchG mitarbeiten kann eine **Arbeitnehmersparzulage** nicht gewährt werden und zwar auch dann, wenn ein arbeitsrechtl und steuerrechtl zu beachtendes Arbeitsverhältnis bestand (FG Nds EFG 78, 574). Die Begründung der Rspr ist uneinheitlich; der Rspr ist jedoch iErg zuzustimmen. 14

5. Sittenwidriges Verhalten. Ob sich aus sittenwidrigem Verhalten stl Folgen ergeben, richtet sich nach den Einzelsteuergesetzen (zB § 33 II 1). **Sittenwidrig** ist ein Verhalten, wenn es dem Rechtsgefühl aller billig und gerecht Denkenden widerspricht. Auf das sittliche Empfinden der Beteiligten kommt es nicht an. Ein Rechtsgeschäft, das gegen die guten Sitten verstößt, ist nichtig (§ 138 II BGB). Die Steuerbarkeit der Einkünfte aus **Prostitution** ist stets bejaht worden (BFH GrS BStBl 64, 500; zur Umsatzsteuerpflicht BFH BStBl 87, 653; BFH/NV 88, 128; zu „Telefonsex" als gewerblicher Tätigkeit BFH BStBl 00, 610). Nunmehr folgt die Steuerbarkeit des vorher vereinbarten Entgelts für sexuelle Handlungen schon aus § 1 Prostitutionsgesetz v 20.12.2001 (BGBl I 01, 3983). Selbständig tätige Prostituierte erzielen Einkünfte aus Gewerbebetrieb (BFH GrS BStBl 13, 441), ebenso der Betreiber eines Bordells (vgl BFH/NV 11, 1715). Eine Körperschaft, die gegen die Rechts- oder Sittenordnung verstößt, ist **nicht gemeinnützig,** da sie nicht die Allgemeinheit fördert; § 51 I verdrängt § 40 (BFH BStBl 95, 134). Von einem „räuberischen Aktionär" vereinnahmte Abfindungszahlungen unterliegen der Einkommensteuer (FG Köln EFG 15, 1540). 16

§ 41 Unwirksame Rechtsgeschäfte

(1) [1] **Ist ein Rechtsgeschäft unwirksam oder wird es unwirksam, so ist dies für die Besteuerung unerheblich, soweit und solange die Beteiligten das wirtschaftliche Ergebnis dieses Rechtsgeschäfts gleichwohl eintreten und bestehen lassen.** [2] **Dies gilt nicht, soweit sich aus den Steuergesetzen etwas anderes ergibt.**

(2) [1] **Scheingeschäfte und Scheinhandlungen sind für die Besteuerung unerheblich.** [2] **Wird durch ein Scheingeschäft ein anderes Rechtsgeschäft verdeckt, so ist das verdeckte Rechtsgeschäft für die Besteuerung maßgebend.**

Schrifttum: *Hahn* Das Scheingeschäft im steuerrechtlichen Sinne – Zur Dogmatik des § 41 Abs 2 AO, DStZ 00, 433; *Pezzer* Der Fremdvergleich als Prüfmaßstab für Verträge zwischen nahestehenden Personen – Sachverhaltswürdigung oder rechtliche Subsumtion, DStZ 02, 850; *Heuermann* Verträge zwischen nahen Angehörigen und zivilrechtliche Unwirksamkeit, StBp 06, 355; *ders* Simulation im Steuer- und Zivilrecht, DB 07, 416: *ders* Irritationen über einen alten Rechtsgrundsatz – Verträge zwischen nahe stehenden Personen ohne zivilrechtliche Wirksamkeit?, DB 07, 1267; *Schoor* Darlehensverträge zwischen nahen Angehörigen, StBp 08, 340; *Spilker* Steuerliche Beurteilung einer rechtsmangelbehafteten Anteilsübertragung, FR 09, 891; *Kulosa* Verträge zwischen nahen Angehörigen, DB 14, 972.

Übersicht

1 **1. Allgemeines.** Die Vorschr geht auf § 5 III und IV StAnpG zurück und stellt klar, dass die Besteuerung grds an das **wirtschaftliche Ergebnis** und nicht an das (unwirksam oder nur zum Schein) Vereinbarte anknüpft. Die Norm ist Ausdruck der **wirtschaftlichen Betrachtungsweise** im StRecht und des gesetzgeberischen Willens, für die steuerrechtl Behandlung den wirtschaftlichen Umständen grds den Vorrang vor der Zivilrechtslage einzuräumen (BFH BStBl 04, 651). Die Berücksichtigung unwirksamer oder unwirksam gewordener Rechtsgeschäfte steht unter dem Vorbehalt, dass sich aus den StGesetzen nichts anderes ergibt (Abs 1 S 2 vgl Rz 8; zur Reichweite der wirtschaftlichen Betrachtungsweise im StRecht vgl auch § 39 Rz 5); für Scheingeschäfte und Scheinhandlungen gilt keine solche Einschränkung. Sie sind für die Besteuerung generell unbeachtlich (Abs 2 S 1). Beachtlich ist aber das durch ein Scheingeschäft verdeckte Geschäft (Abs 2 S 2). § 41 gehört zum allg **Steuerschuldrecht** und prägt unmittelbar die Tatbestände, an die das Gesetz die Entstehung der Steuer knüpft (§ 38). Zur Reichweite dieses normativen Gehalts vgl unten Rz 17 f.

2 Die Vorschr gilt grds für **alle Steuerarten** (*TK/Drüen* Rz 8). Die Aussage, § 41 sei auf **laufend veranlagte** Steuern generell nicht anzuwenden (so insbes BFH BStBl 68, 93), lässt sich nicht rechtfertigen (BFH/NV 06, 913). Zwar kann nicht jedes Unwirksamwerden eines Rechtsgeschäfts stl auf den Zeitpunkt seiner Entstehung zurückwirken, denn der einmal verwirklichte Sachverhalt ist grds der Besteuerung zugrunde zu legen (§ 38 Rz 8). Aber auch bei den Veranlagungssteuern kommen Ereignisse mit rückwirkender Wirkung durchaus vor (vgl BFH BStBl 92, 472; 93, 894, 897; BFH/NV 99, 1181; zur Anwendung des § 20 I UmwStG 1977 iVm § 41 I vgl BFH/NV 90, 537). Für die Nichtigkeit iSv **§ 16 II Nr 2 GrEStG** kommt es nur auf die Zivilrechtslage an (BFH/NV 17, 1); iÜ ist § 41 auch bei der GrESt anwendbar (vgl BFH BStBl 17, 63).

3 § 41 ist auch zu beachten im **Anwendungsbereich von § 39** bei der wirtschaftl Zurechnung von Wirtschaftsgütern aufgrund unwirksamer Erwerbsverträge (BFH BStBl 04, 651; 05, 46; BFH/NV 06, 1819; 08, 745 jeweils zu Kapitalgesellschaftsanteilen) oder Treuhandverträge (vgl BFH BStBl 10, 460; BGH NJW 12, 3455; vgl auch § 39 Rz 24, 49, 64). Das gilt auch für Fälle mit Auslandsbezug (BFH/NV 15, 955).

4 Auf **Verträge zwischen nahen Angehörigen** ist § 41 grds ebenfalls anwendbar. Etwas anderes ergibt sich nicht daraus, dass die Rspr einem zwischen Angehörigen tatsächlich durchgeführten Leistungsaustausch stl Bedeutung idR nur beimisst, wenn er jedenfalls im Grds auf zivilrechtl wirksamen Vereinbarungen beruht. Die von der Rspr entwickelten Indizien für die Anerkennung von Verträgen zwischen nahen Angehörigen dienen der Abgrenzung zwischen der Erwerbssphäre und der Privatsphäre und berühren nicht die in § 41 geregelte Frage der Steuerbarkeit (oben Rz 1).

6 **2. Unwirksame Rechtsgeschäfte (Abs 1). a) Rechtsgeschäft.** Rechtsgeschäft (vgl Abschn 3 BGB §§ 104 ff) und Unwirksamkeit sind zivilrechtl Begriffe. Abs 1 S 1 erfasst seinem Wortlaut nach gleichermaßen die anfängliche Unwirk-

samkeit wie das nachträgliche Unwirksamwerden (2. Alt) von Rechtsgeschäften. **Rechtsgeschäft** ist grds jede durch zumindest eine wirksame Willenserklärung herbeigeführte Rechtsfolge. Erfasst werden auch geschäftsähnliche Handlungen wie zB Mahnung, Fristsetzung, Abnahme oder Tilgungsbestimmung, soweit auf sie die Vorschr über Willenserklärungen anwendbar sind. Ein Rechtsgeschäft muss zustande gekommen sein; ein noch nicht zustande gekommenes Rechtsgeschäft kann nicht unwirksam sein (BFH/NV 97, 739; 06, 1045).

Abzugrenzen ist das Rechtsgeschäft vom **Realakt** (vgl BFH/NV 06, 1045). 7
Damit ist schlicht tatsächliches Handeln gemeint, das zwar ebenfalls Rechtsfolgen auslösen kann, jedoch nicht deshalb, weil sie gewollt sind. Realakte sind im StRecht zB die Einlage oder Entnahme, der Zu- oder Abfluss sowie bestimmte Tathandlungen iSd Verbrauchssteuergesetze. Auf sie ist die Vorschr nicht anwendbar. Sie lassen sich mit steuerlicher Wirkung nicht ungeschehen machen (BFH/NV 06, 1819 zu Entnahme), auch wenn das zugrunde liegende Rechtsgeschäft zivilrechtl mit Erfolg angefochten wurde (BFH BStBl 92, 472). Ein Irrtum über die tatsächlichen und rechtl Folgen der Handlung ist unbeachtlich (BFH BStBl 05, 160). Gleiches gilt für die Übertragung des **wirtschaftlichen Eigentums** (BFH BStBl 85, 55; 05, 46) sowie die **verdeckte Gewinnausschüttung.** Sie kann nicht mit steuerlicher Wirkung rückgängig gemacht werden, selbst wenn der zugrunde liegende Vorgang zurückabgewickelt wird (BFH BStBl 01, 173; 01, 226; BFH/NV 09, 1815).

b) Anwendungsvorrang (Satz 2). Nach **Satz 2** ist Abs 1 S 1 nicht anzuwen- 8
den, soweit sich aus den StGesetzen etwas anderes ergibt. Das ist stets der Fall, sofern das Einzelsteuergesetz ausdrücklich oder sinngemäß (vgl § 39 Rz 5) die Wirksamkeit einer zivilrechtl Vereinbarung voraussetzt. So verlangt zB § 14 KStG einen wirksamen Gewinnabführungsvertrag. Auch § 1 I Nr 1 GrEStG setzt einen formwirksamen Vertrag voraus (BFH BStBl 89, 989; 94, 687; BFH/NV 05, 1368). Deshalb lässt ein Gesellschaftsvertrag, aufgrund dessen Grundstücke einzubringen sind, der aber nicht gem § 313 BGB (§ 311b BGB) beurkundet ist, keine GrESt nach § 1 I Nr 1 GrEStG über § 41 AO entstehen, weil kein dem Entstehen eines Anspruchs auf Übereignung vergleichbares wirtschaftliches Ergebnis eintreten kann (BFH BStBl 76, 465; 89, 732). Für eine Ausdehnung des Gegenstands der **Versicherungssteuer** auf Zahlungen, die nicht die Merkmale eines Versicherungsentgelts erfüllen, ist auf der Grundlage von § 41 kein Raum (BFH BStBl 10, 1097). Ob die zivilrechtl Wirksamkeit eines Rechtsgeschäfts stl beachtlich ist, ergibt sich aus den Einzelsteuergesetzen.

c) Unwirksamkeit (1. Alt). Unwirksam ist ein Rechtsgeschäft, wenn es **nach** 10
Maßgabe des Zivilrechts nichtig oder schwebend unwirksam ist. Zivilrechtl wirksam sind dagegen anfechtbare, bedingte sowie relativ unwirksame Rechtsgeschäfte (dazu unten Rz 14). Abs 1 S 1 verweist auch hinsichtlich der Gründe für die Unwirksamkeit auf das Zivilrecht. § 125 gilt nur für VA, nicht für Rechtsgeschäfte. Bei zivilrechtl Teilnichtigkeit richten sich die Folgen nach § 139 BGB.

Nichtig ist ein Rechtsgeschäft, das niemandem ggü Rechtswirkung entfaltet; es 11
ist absolut unwirksam. Nichtig ist zB die Willenserklärung eines Geschäftsunfähigen (§ 105 BGB). Die **Geschäftsunfähigkeit** beeinträchtigt grds nicht die StRechtsfähigkeit und steht deshalb der Anwendung von Abs 1 S 1 grds nicht entgegen. Nichtig ist auch die Erklärung eines nicht rechtsfähigen Gebildes. Abs 1 S 1 betrifft aber nur die sachlichen Voraussetzungen des Besteuerungstatbestands und schafft deshalb keine Grundlage für eine Besteuerung bei fehlender StRechtsfähigkeit. Nichtig ist auch ein Rechtsgeschäft, das unter Verletzung einer zwingenden **Formvorschrift** zustande gekommen ist (§ 125 BGB). Die Formvorschriften ergeben sich aus dem Gesetz (zB § 126 Schriftform und § 313b notarielle Beurkundung). Ein zur Nichtigkeit führender Formmangel kann nachträglich nur geheilt werden, wenn dies in Rechtsvorschriften ausdrücklich vorgesehen ist

(BFH/NV 03, 469 zur Wirksamkeit einer Bescheinigung gem § 7h EStG). Nichtig sind ferner alle Rechtsgeschäfte, die gegen ein **gesetzliches Verbot** verstoßen, sofern sich aus dem Gesetz nichts anderes ergibt (§ 134 BGB) sowie sittenwidrige Rechtsgeschäfte (§ 138 BGB). Verstößt eine Vereinbarung gegen **zwingende Rechtsvorschr**, kann sie nichtig sein, sofern dadurch der Schutzzweck der Norm nicht unterlaufen wird, gegen die sie verstößt; beachte auch § 139 BGB.

12 **Schwebend unwirksam** ist ein Rechtsgeschäft, das insbes wegen **fehlender Zustimmung** (zB §§ 108, 177, 181 BGB) noch keine Rechtswirkungen entfaltet. Wird die Genehmigung nicht erteilt, bleibt es unwirksam.

14 **d) Unwirksamwerden (2. Alt).** Abs 1 S 1 ist auch anzuwenden, wenn ein Rechtsgeschäft (zivilrechtl) unwirksam wird. Es muss ursprünglich wirksam gewesen sein. Das ist der Fall, wenn das Rechtsgeschäft anfechtbar, bedingt (betagt) oder relativ unwirksam war. Ein **anfechtbares Rechtsgeschäft** ist zivilrechtl wirksam; es wird erst unwirksam, sobald die Anfechtung wirksam erklärt worden ist (§ 142 BGB). Auch **bedingte Rechtsgeschäfte** sind wirksam. Bei einer aufschiebenden Bedingung tritt die vereinbarte Rechtsfolge zwar erst ein, wenn die Bedingung eingetreten ist. Die Parteien sind jedoch an ihre Erklärungen gebunden und können sich nicht mehr einseitig davon lösen (vgl BFH BStBl 15, 487). Ein bedingtes Rechtsgeschäft wird unwirksam beim Eintritt der auflösenden Bedingung oder, bei einer aufschiebenden Bedingung, wenn die Bedingung endgültig ausgefallen ist. **Relativ unwirksam** ist ein (dingliches) Rechtsgeschäft, das nicht ggü jedermann, sondern nur dem ggü unwirksam ist, der durch ein Verfügungsverbot geschützt werden soll (zB § 135, § 883 II BGB, § 80 II 1 InsO). Es wird (ggü jedermann) unwirksam, sobald sich der Geschützte auf die relative Unwirksamkeit beruft; iÜ ist es wirksam.

16 **e) Maßgeblicher Zeitpunkt. Zivilrechtl** kann die Unwirksamkeit rückwirkend (ex tunc) oder mit Wirkung für die Zukunft (ex nunc) eintreten. Die Anfechtung wirkt zivilrechtl grds zurück (§ 142 BGB). Bereits vollzogene Verträge werden bereicherungsrechtl rückabgewickelt. Davon macht die Rspr Ausnahmen bei bestimmten Dauerschuldverhältnissen, deren Rückabwicklung in der Vergangenheit untunlich wäre (zB Grundsätze über die fehlerhafte Gesellschaft) oder regelmäßig schutzwürdige Belange verletzen würde (zB Arbeitsverhältnisse). Auch ein schwebend unwirksames Geschäft wird grds rückwirkend wirksam, wenn die erforderliche Zustimmung erteilt wird (§ 185 I BGB). Bei bedingten Geschäften tritt die Unwirksamkeit beim Eintritt der auflösenden oder beim Ausfall der aufschiebenden Bedingung idR mit Wirkung für die Zukunft ein (§ 158 BGB). Ein Aufhebungsvertrag wirkt ebenso wie ein Rücktritt vom Vertrag zivilrechtl nur für die Zukunft (BFH/NV 89, 399).

17 **StRechtl** besteht insofern keine Bindung an das Zivilrecht. **Abs 1 S 1** enthält keine Rechtsfolgenverweisung. Die Vorschr ordnet nur dem Grunde nach an, dass die Unwirksamkeit des Rechtsgeschäfts für die Besteuerung materiell-rechtl unerheblich ist. Das bedeutet, dass der Steueranspruch bei Vorliegen der weiteren Voraussetzungen grds ohne Rücksicht darauf entsteht, dass die zugrunde liegenden Vereinbarungen unwirksam sind oder unwirksam werden. Sie enthält jedoch keine allg Aussage dazu, in welchem Zeitpunkt die Folgen hieraus zu ziehen oder zB wegen des Prinzips der **Abschnittsbesteuerung** nicht zu ziehen sind (aA *HHSp/Fischer* Rz 91: normative Grundlage einer allg Doktrin der Rückgängigmachung von Steuertatbeständen).

18 Auch **§ 175 I 1 Nr** 2 setzt nicht etwa ein zivilrechtl zurückwirkendes Ereignis voraus. Erforderlich ist vielmehr, dass das spätere Ereignis ungeachtet der zivilrechtl Wirkungen den für die Besteuerung maßgeblichen Sachverhalt anders gestaltet und dass der nunmehr veränderte anstelle des zuvor verwirklichten Sachverhalts der Besteuerung zugrunde zu legen ist (vgl BT-Drs VI/1982, 114; BFH GrS BStBl 93, 894; 09, 473). Auf welchen Zeitpunkt bezogen die steuerlichen Rechtsfolgen aus

dem Wegfall der Rechtswirkungen eines ursprünglich wirksamen Rechtsgeschäfts gezogen werden müssen, bestimmt sich deshalb allein nach dem materiellen StRecht (näher hierzu § 175 Rz 50 ff). Haben die Beteiligten das Ergebnis zunächst eintreten und bestehen lassen und verlässt ein Beteiligter diesen (faktischen) Konsens, kann darin ein rückwirkendes Ereignis liegen. Das gilt jedenfalls, wenn später durch rechtskräftiges Urteil die Unwirksamkeit des ursprünglich besteuerten Rechtsgeschäfts festgestellt wird (BFH/NV 12, 1095). Das gilt iÜ auch im umgekehrten Fall: Ob zB die Genehmigung eines schwebend unwirksamen Rechtsgeschäfts stl zurückwirkt, bestimmt sich (ohne Rücksicht auf Abs 1 S 1) allein nach steuerrechtl Maßstäben (st Rspr vgl BFH BStBl 02, 10; 07, 294; 08, 126).

f) Eintreten und Bestehenlassen des Ergebnisses. Die Beteiligten müssen das **wirtschaftliche Ergebnis** des Vertrags ohne Rücksicht auf dessen Unwirksamkeit eintreten und bestehen lassen. Beteiligter ist nicht der Beteiligte iSv § 78, sondern die Vertragspartei (AEAO zu § 41 Nr 3). Wirtschaftliches Ergebnis ist der tatsächliche Zustand wie er bei ordnungsgemäßer Erfüllung eingetreten wäre. Eintreten lassen heißt, dass die Beteiligten den unwirksamen Vertrag vollziehen, sich also so verhalten, als ob er wirksam wäre; Bestehenlassen bedeutet, dass sie die hierdurch bewirkten Vermögensverschiebungen auch (tatsächlich) als dauerhaft akzeptieren und nicht rückgängig machen. In beiden Fällen ist eine entsprechende tatsächliche Gestaltungsmacht vorausgesetzt (BFH/NV 12, 1095 zu Mitunternehmerschaft). 20

Unbeachtlich ist die Unwirksamkeit des Rechtsgeschäfts nur, **solange und soweit** diese Voraussetzungen (vollständig) erfüllt sind. Im **Umkehrschluss** lässt sich aus Abs 1 S 1 folgern, dass die Unwirksamkeit des Rechtsgeschäfts stl (wieder) beachtlich ist, sobald und soweit *ein Beteiligter* die Folgerungen aus ihr zieht und das wirtschaftliche Ergebnis nicht eintreten lässt oder es rückgängig macht (BFH/NV 12, 1095). Ein wirtschaftlich nicht vollständig durchgeführtes oder (teilweise) rückgängig gemachtes Rechtsgeschäft verliert regelmäßig seine Funktion, Indikator steuerlicher Leistungsfähigkeit zu sein (*HHSp/Fischer* Rz 91). Zum **Zeitpunkt** der Berücksichtigung der rückgängig gemachten Leistungen vgl Rz 17 f. 21

Die Beteiligten müssen die erbrachten Leistungen eindeutig und **insgesamt,** dh vollständig rückgängig machen; bloße Vorbereitungshandlungen genügen nicht (BFH BStBl 05, 46). Ein unwirksamer Anteilskaufvertrag, der zur Übertragung des wirtschaftlichen Eigentums an den Anteilen geführt hat, wird nicht rückgängig gemacht, wenn die Beteiligten lediglich den Kaufpreis ermäßigen (BFH BStBl 05, 46). Bei Verträgen zwischen Angehörigen muss die Rückabwicklung dem Fremdvergleich standhalten. Eine faktische Gesellschaft wird nicht dadurch rückgängig gemacht, dass die Beteiligten eine Auseinandersetzungsvereinbarung treffen, die dem einen Teil im Wesentlichen die von ihm erwirtschafteten Gewinnanteile belässt (vgl BFH/NV 11, 20). 22

g) Rechtsfolge. Grundfall: Der tatsächlich verwirklichte Besteuerungstatbestand löst die Entstehung der Steuer aus. Auf den Umstand, dass das zugrunde liegende Rechtsgeschäft zivilrechtl unwirksam ist, kommt es nicht an. Der Zuwachs an Leistungsfähigkeit muss nicht (aus Rechtsgründen) sicher oder endgültig sein. 24

Umkehrfall: Lassen die Beteiligten das wirtschaftliche Ergebnis nicht eintreten, fehlt es an einem Sachverhalt, der der Besteuerung zugrunde gelegt werden kann; eine Steuer entsteht nicht. Ziehen die Beteiligten erst nach anfänglicher Vollziehung des Rechtsgeschäfts die Folgerungen aus dessen Unwirksamkeit, indem sie die erbrachten Leistungen rückabwickeln, bleibt es nach der Rspr bei der Rechtsfolge aus Abs 1 S 1, wenn dies nicht vollständig oder fremdüblich geschieht (zB BFH/NV 13, 1584 mwN). Wird das wirtschaftliche Ergebnis vollständig beseitigt, muss durch Auslegung des StGesetzes geklärt werden, ob das Ereignis stl zurückwirkt oder ob ihm ggf Rechtswirkungen für die Zukunft zukommen. 25

26 **Einzelfälle:** Eine **Mitunternehmerschaft** kann vorliegen, wenn der Erwerb der Beteiligung unwirksam war (BFH BStBl 74, 100) oder der Gesellschaftsvertrag, sofern die Gesellschafter die Vereinbarungen im Gesellschaftsvertrag tatsächlich vollzogen (BFH BStBl 98, 401; BFH/NV 10, 2056) und in wirtschaftlicher Hinsicht nicht wieder rückgängig gemacht haben (BFH/NV 11, 20). Ein formnichtiges **Testament** kann stl beachtlich sein, sofern es erfüllt worden ist (BFH BStBl 74, 340); ebenso kann die Erfüllung eines unwirksamen **Vermächtnisses** stl zu berücksichtigen sein (BFH BStBl 00, 588; 07, 461; FG Nbg BeckRS 2016, 94421). Ein formunwirksamer Kaufvertrag über ein **Grundstück** kann maßgebend sein für die Berechnung der Spekulationsfrist nach § 23 I Nr 1a aF EStG (BFH BStBl 94, 687); ein nach dem Willen der Beteiligten als Ertrag (Zins) gezahlter Betrag kann zu **Einkünften aus Kapitalvermögen** führen, auch wenn ein Zinsanspruch nicht besteht. Das gilt nach der Rspr jedenfalls dann, wenn sich der Schuldner erkennbar auf zivilrechtliche Einwendungen und Einreden nicht berufen will und im Falle der Anforderung durch den Gläubiger zahlungswillig und -fähig ist (BFH BStBl 97, 755, 761, 767; 01, 646; 09, 190; BFH/NV 10, 1527 zu Schneeballsystem). Ferner kann zB die Hingabe eines an den Pensionspreis in einem Heim geknüpften Darlehens zu Einkünften aus Kapitalvermögen führen, wenn entgegen der HeimsicherungsVO Art, Umfang und Zeitpunkt der Verrechnung des Darlehens nicht geregelt sind, aber die Zinslosigkeit vereinbart ist (FG Nbg EFG 99, 437).

30 **h) Verträge zwischen nahestehenden Personen.** Die ältere Rspr ging davon aus, dass Abs 1 S 1 **im Ertragsteuerrecht** bei Verträgen zwischen nahen Angehörigen **nicht anzuwenden** sei (vgl ua BFH BStBl 81, 297; 92, 506; bestätigend BVerfG StRK, EStG ab 1975 § 15 I Nr 2, FamPersG, Rspr 8; iErg ferner BVerfG HFR 93, 544; 03, 171). Die Rspr verlangte vielmehr, dass solche Verträge **rechtswirksam** sein mussten und versagte ihnen ua bei zivilrechtl Unwirksamkeit die stl Anerkennung. Wegen des zwischen nahen Angehörigen prinzipiell fehlenden Interessengegensatzes spreche die Unwirksamkeit eines solchen Vertrags gegen einen ernst gemeinten Bindungswillen der Beteiligten mit der Folge, dass die Vereinbarung nicht der Erwerbs-, sondern der stl unbeachtlichen Privatsphäre zuzuordnen sei (vgl § 12 Nr 1 und Nr 2 EStG).

31 Diese Rspr war willkürlich und **verfassungswidrig,** soweit einzelne Indizmerkmale (wie die zivilrechtl Wirksamkeit von Verträgen) mit ausschlaggebender Bedeutung herangezogen wurden, obwohl der Sachverhalt nicht beweisbedürftig war und schon aus anderen Quellen mit hinreichender Sicherheit festgestellt werden konnte (BVerfG BStBl 96, 34 zum **Oderkonto**). Zwar darf zur Abgrenzung der erwerblichen von der privaten Veranlassung auf äußerlich erkennbare Merkmale als Beweisanzeichen (Indizien) abgestellt werden. Diese dürfen jedoch nicht zu einem Tatbestandsmerkmal verselbständigt werden, das schon für sich genommen eine Rechtsfolge auslösen kann.

32 Der BFH stellt seitdem auf eine **Gesamtwürdigung der objektiven Gegebenheiten** ab, innerhalb derer die Beweisanzeichen zu würdigen sind. Dabei kann einzelnen Beweisanzeichen eine unterschiedliche Bedeutung zukommen. Dementsprechend schließt nicht jede Abweichung vom Üblichen die stl Anerkennung des Vertragsverhältnisses aus. Innerhalb des Rechtszuges in der Finanzgerichtsbarkeit ist die Gesamtwürdigung Sache des FG als Tatsacheninstanz (BFH/NV 03, 191; 03, 793; 03, 1206; 03, 1604). Dabei können auch vor dem Streitjahr liegende Umstände herangezogen werden (BFH BStBl 04, 722). Diese vom BVerfG eingeleitete Entwicklung hat ua zur Folge, dass § 41 nunmehr grds auf Verträge mit nahen Angehörigen anwendbar ist (s Rz 4). Allerdings ist die Unwirksamkeit eines Vertrags insofern nicht generell ohne Bedeutung.

33 Insbes die **Nichtbeachtung zivilrechtl Formvorschriften** bei Vertragsschluss bildet auch weiterhin ein Beweisanzeichen bei der im Rahmen einer Gesamtbe-

trachtung zu treffenden Entscheidung, ob die streitigen Aufwendungen in einem sachlichen Zusammenhang mit der Erzielung von Einkünften stehen oder dem nicht steuerbaren privaten Bereich zugehörig sind (BFH BStBl 00, 386; 04, 826; 07, 294; 11, 20). Das Außerachtlassen zivilrechtl Formvorschriften spricht (indiziell) gegen die Ernsthaftigkeit der getroffenen Vereinbarung. Diese Indizwirkung wird noch verstärkt, wenn den Vertragspartnern die Nichtbeachtung der Formvorschriften insbes bei klarer Zivilrechtslage angelastet werden kann (BFH BStBl 00, 386). Dies schließt es jedoch nicht aus, unwirksame Verträge der Besteuerung zugrunde zu legen, wenn aus anderen Umständen, insbes aus dem tatsächlichen Vollzug der Vereinbarung auf die Ernstlichkeit geschlossen werden kann (BFH BStBl 07, 294). Die **FinVerw** hat sich dieser Rspr angeschlossen (BMF BStBl I 11, 37 Tz 2).

Einzelfälle: Bei wegen fehlender notarieller Beurkundung (§ 518 I 1 BGB) formnichtigen **Schenkungsverträgen** tritt die Wirksamkeit mit Vollzug des Vertrags ein (§ 518 II BGB). Indes wird (insbes zwischen Eltern und ihren Kindern) die versprochene Leistung iSd § 518 II BGB nach der Rspr des BFH nicht bewirkt, wenn der geschenkte Geldbetrag dem Schenker (zumindest als Mitunternehmer) darlehensweise sofort wieder zur Verfügung gestellt werden muss, sodass ihm der geschenkte Geldbetrag bei wirtschaftlicher Betrachtung verbleibt. Bei den als Zinsen bezahlten Beträgen handelt es sich dann in Wirklichkeit um Zuwendungen (stRspr vgl nur BFH BStBl 08, 568 mwN). Schenkungs- und Darlehensvertrag sind idR getrennt zu beurteilen (BFH BStBl 91, 911; BFH/NV 94, 156); entscheidend sind die Umstände des Falles. Hat der Beschenkte den Geldbetrag einer GmbH darlehensweise überlassen, kommt eine einheitliche Betrachtung nicht in Betracht (BFH BStBl 08, 568). Sind Schenkung und Darlehensgewährung voneinander unabhängig, kann aber noch Missbrauch nach § 42 vorliegen (vgl BFH BStBl 96, 443). 34

Entsprechendes gilt für die **Nichtbeachtung zivilrechtl Vertretungsverbote.** Ein Vertrag zwischen Eltern (oder Großeltern) und **minderjährigen** Kindern ist zivilrechtl (schwebend) unwirksam, wenn es zum Abschluss des Vertrags gem §§ 181, 1629 II, 1795 oder 1909 BGB der Mitwirkung eines Ergänzungspflegers oder der Einwilligung des Familiengerichts (früher: Vormundschaftsgerichts) bedurft hätte und dies nicht geschehen ist (BFH BStBl 81, 435; 92, 506, 1024; BFH/NV 87, 159). Die **Bestellung eines Ergänzungspflegers** ist bei solchen Geschäften gem § 107 BGB nur dann entbehrlich, wenn der Minderjährige durch das Geschäft lediglich einen rechtlichen Vorteil erlangt (vgl BFH BStBl 89, 137; 08, 568 zB bei Schenkung einer Darlehensforderung). Die nachträgliche Zustimmung (Genehmigung) wirkt zwar zivilrechtl (§ 184 BGB), nicht aber steuerrechtl auf den Zeitpunkt der Vornahme des Geschäfts zurück (BFH BStBl 11, 24). Die gegen einen Bindungswillen sprechende Indizwirkung wird noch verstärkt, wenn den Vertragspartnern die Nichtbeachtung der Formvorschriften insbes bei klarer Zivilrechtslage **angelastet** werden kann (BFH BStBl 00, 386; 11, 20; 11, 24). Davon geht die Rspr hinsichtlich der beim Vertragsschluss nach den Vorschriften des BGB erforderlichen Mitwirkung eines Ergänzungspflegers aus (BFH/NV 09, 1427; vgl aber BFH BStBl 00, 386). 36

IÜ kommt es auf die Eigenqualifikation des Rechtsverhältnisses durch die Parteien an (BFH BStBl 10, 823 – formunwirksamer Treuhandvertrag bei Unterbeteiligung an existierendem GmbH-Anteil; *Bode* FR 10, 992). Indiziell ist aber zu berücksichtigen, ob die Vertragspartner nach Erkennen der Unwirksamkeit zeitnah auf eine Genehmigung durch einen Ergänzungspfleger hingewirkt haben (BFH BStBl 07, 294). 37

Was für die Indizien selbst gilt (Rz 31 ff), ist auch zu beachten bei der Frage, wer zum **Kreis der nahen Angehörigen** zählt, die von den strengen Anforderungen an die Anerkennung zwischen ihnen geschlossener Verträge betroffen ist. Nach zutr neuerer Auffassung kommt es nicht auf den Begriff des Angehörigen (§ 15), 39 sondern allein darauf an, ob im Einzelfall ein den Gleichklang der wirtschaftlichen Interessen indizierendes persönliches, dh privates Näheverhältnis angenommen werden kann (BFH/NV 03, 617 mwN). Das schließt die Anwendung auf geschiedene Eheleute (BFH/NV 03, 318), Verlobte (BFH/NV 99, 24) oder auf die Beteiligten einer Bruchteilsgemeinschaft, die in nichtehelicher Lebensgemeinschaft leben (BFH/NV 07, 2235) nicht aus und kommt sogar in Betracht bei Personen, die nicht in einem Verwandtschaftsverhältnis zueinander stehen, insbes bei Verträgen zwischen den Gesellschaftern einer Personengesellschaft, wenn wirtschaftliche Beziehungen außerhalb des Gesellschaftsverhältnisses bestehen und diese insbes auf die Gewinnverteilung Einfluss gewinnen können (BFH BStBl 01, 299) oder bei Verträgen zwischen einer Gesellschaft (Personen- oder Kapitalgesellschaft) und deren Gesellschafter, insbes dem beherrschenden Gesellschafter. Entsprechendes gilt für die Partner einer eingetragenen **Lebenspartnerschaft** (§ 2 VIII EStG).

40 **3. Scheingeschäft und Scheinhandlung (Abs 2). a) Allgemeines. Abs 2 S 1** stellt klar, dass Scheingeschäfte und Scheinhandlungen im StRecht wie im Zivilrecht (vgl §§ 117, 118 BGB) keinerlei Wirkungen entfalten. Die Vorschr ist verfassungsgemäß, insbes hinreichend bestimmt (BVerfG NJW 08, 3346). Nach **Abs 2 S 2** ist das durch ein Scheingeschäft verdeckte Rechtsgeschäft der Besteuerung zugrunde zu legen.

42 **b) Scheingeschäft.** Der Begriff des Scheingeschäfts in Abs 2 entspricht der Definition in § 117 BGB (vgl BFH BStBl 85, 33; 04, 622). Ein Scheingeschäft liegt vor, wenn die Vertragspartner einverständlich lediglich den äußeren Schein eines Rechtsgeschäfts hervorrufen, dagegen die mit dem betr Rechtsgeschäft verbundenen Rechtswirkungen nicht eintreten lassen wollen (vgl BGH NJW 82, 569; 02, 1963; BeckRS 2017, 131899), insbes weil sie sich darin einig sind, dass sie das Erklärte nicht wollen und der Wille nur zum Schein erklärt wird (RFH StW 30 Nr 383; BFH BStBl 97, 655; BFH/NV 88, 151; 07, 2233), bzw dass die Rechtswirkungen des Geschäfts nicht zwischen ihnen, sondern zwischen nur einer Vertragspartei und einem Dritten eintreten sollen (BFH BStBl 04, 622; 11, 769).

43 Der maßgebende (übereinstimmende) **innere Vorbehalt** der Vertragspartner kann idR nur indiziell, dh anhand äußerer Umstände festgestellt werden. Entscheidende Bedeutung kommt dabei dem Umstand zu, dass die Parteien (offenkundig) die notwendigen Folgerungen aus dem Vertrag bewusst nicht ziehen (stRspr BFH BStBl 07, 372; BFH/NV 03, 612; 04, 1270; 05, 192; 05, 498; 05, 1245) oder die mit dem betr Rechtsgeschäft verbundenen Rechtsfolgen nicht eintreten lassen (BFH/NV 95, 659; BGH NJW 82, 596; 02, 1963). Ob das der Fall ist, ist weitgehend Tatfrage (BFH/NV 04, 833; 06, 139; 08, 402).

44 **Keine Scheingeschäfte** sind zB **Scherzgeschäfte.** Sie sind nach § 118 BGB nichtig und daher nach Abs 1 zu beurteilen. **Umgehungsgeschäfte** (dazu § 42) sind idR keine Scheingeschäfte. Die Parteien wollen das Umgehungsgeschäft, um eine ansonsten entstehende Steuer zu vermeiden oder um erhöhte Zuschüsse zu erhalten. Darin kann ein Missbrauch steuerlicher Gestaltungsmöglichkeiten liegen. **Treuhandgeschäfte** sind ebenfalls regelmäßig keine Schein- oder Umgehungsgeschäfte (vgl RFHE 6, 62).

45 Bei **Einschaltung von Strohmännern** treten die steuerlichen Folgen für den Hintermann ein, wenn und soweit ein verdecktes Treuhandverhältnis zu Grunde liegt (BFH BStBl 70, 127; 92, 143; BFH/NV 04, 1109; vgl aber auch BFH BStBl 05, 168). Anders ist dies, wenn der Steuertatbestand an die formale Rechtsstellung oder das Auftreten nach außen anknüpft (*Koenig/Koenig* § 39 Rz 52). Das ist idR bei der USt der Fall. Hier kann auch der Strohmann leistender Unternehmer für Leistungen sein, die der Hintermann als Subunternehmer im Namen des Strohmanns tatsächlich ausgeführt hat (BFH BStBl 04, 622; BFH/NV 99, 1694; 10, 259; vgl auch BFH BStBl 99, 628; BFH/NV 05, 255). Unbeachtlich ist das vorgeschobene Strohmanngeschäft allerdings, wenn es zwischen dem Leistungs-

empfänger und dem Strohmann nur zum Schein abgeschlossen worden ist und der Leistungsempfänger weiß oder davon ausgehen muss, dass der Strohmann keine eigene (ggf auch durch Subunternehmer auszuführende) Verpflichtung aus dem Rechtsgeschäft übernehmen will und dementsprechend auch keine eigene Leistung versteuern will (BFH BStBl 04, 622; BFH/NV 05, 255 mwN; 06, 139; BGH NJW 12, 3455 und NStZ 15, 283; zustimmend BFH/NV 14, 813; 14, 816; 14, 1711; 15, 943; 16, 80; 17, 327; 17, 487). Allgemein kann auch eine Haftung des Strohmanns in Betracht kommen (vgl BFH BStBl 04, 579).

Einzelfälle: Ein Scheingeschäft kann vorliegen, wenn der Zahlungsempfänger das Empfangene aufgrund eines gemeinsam gefassten Gesamtplans alsbald dem Vertragspartner wieder zuwendet **(Rückfluss von Aufwendungen),** ohne hierzu verpflichtet zu sein (BFH BStBl 97, 655; 09, 532; BFH/NV 03, 612; 05, 192; 05, 498; 07, 657; 09, 768). Ein **Mietverhältnis** kann Scheingeschäft sein, wenn der Mieter wirtschaftlich nicht oder nur schwer in der Lage ist, die Miete aufzubringen (BFH BStBl 97, 655; BFH/NV 03, 612; 03, 768) oder wenn der Vermieter dem Mieter die erforderlichen Geldmittel aufgrund eines Gesamtplans im Vorhinein zur Verfügung stellt. Ein **Darlehensvertrag** kann ein Scheingeschäft sein, wenn bei seinem Abschluss erkennbar ist, dass der Darlehensnehmer auf Dauer nicht zu Zahlungen auf die Darlehensverbindlichkeit in der Lage sein wird (BFH BStBl 07, 372; BFH/NV 09, 1804; FG BBg EFG 09, 1125). In die Beurteilung ist das gesamte im Streitjahr verfügbare Einkommen einzubeziehen (BFH/NV 03, 768). Ein **Anteilsübertragungsvertrag** kann zum Schein unentgeltlich abgeschlossen sein (FG Mchn BeckRS 2016, 95002). Die **Zwischenschaltung einer PersGes** zur Verdeckung von Scheinselbständigkeit kann Scheingeschäft sein (FG Köln EFG 16, 448). Allein der dingliche Vollzug eines nur zum Schein abgeschlossenen Geschäfts beseitigt noch nicht den Scheincharakter der Erklärungen (BFH/NV 07, 2233). Ziehen die Vertragspartner die Folgerungen aus einem **Treuhandverhältnis** und einem Unterbeteiligungsvertrag bewusst nicht, spricht dies als Beweisanzeichen für den Scheincharakter der Vereinbarungen (BFH BStBl 10, 823). Für die Annahme eines Scheingeschäftes ist aber kein Raum, wenn das Geschäft so, wie es durchgeführt worden ist, gewollt ist (vgl BFH BStBl 89, 216; 91, 866; FG Nds EFG 89, 601; 92, 634; FG Hbg EFG 90, 162; FG Nbg EFG 98, 585). Die Gründung einer **Basisgesellschaft** im Ausland ist im Zweifel kein Scheingeschäft, weil sie ernstlich gewollt ist (vgl BFH BStBl 76, 608; vgl aber auch BFH BStBl 89, 216); es kann sich aber um einen Missbrauch von Gestaltungsmöglichkeiten iSd § 42 handeln. 46

c) Scheinhandlung. Diese sind tatsächliche Handlungen, an deren Vornahme Rechtsfolgen geknüpft sind, die jedoch zum Zwecke der Erreichung der Rechtsfolge nur vorgetäuscht sind. Beispiele: Begründung, Beibehaltung eines Wohnsitzes; Standort im Güterkraftverkehr (BFH BStBl 63, 396; 65, 218); alsbaldige Wiederzuwendung eines zugeflossenen Betrags im Rahmen eines Gesamtplans an den Zahlenden (BFH BStBl 97, 655). 48

d) Rechtsfolgen. Scheingeschäfte und Scheinhandlungen sind **grds unbeachtlich** (Abs 2 S 1). Soll durch ein Scheingeschäft oder eine Scheinhandlung ein anderes Geschäft oder eine andere Handlung verdeckt werden, so ist für die Besteuerung das **verdeckte Geschäft** oder die verdeckte Handlung maßgebend. **Abs 2 S 2** erwähnt zwar nur Scheingeschäfte. Die Vorschr ist jedoch auch auf Scheinhandlungen anzuwenden (vgl BFH BStBl 91, 308; 97, 655). Ist das verdeckte Geschäft unwirksam, wird es der Besteuerung zugrunde gelegt, soweit und solange die Beteiligten das Geschäft wie ein wirksames behandeln und durchführen (Abs 1). Beispiel: Lassen die Parteien eines Grundstückskaufvertrags den Kaufpreis einvernehmlich niedriger als gewollt beurkunden, so ist dieses Geschäft als Scheingeschäft nichtig. Der Kaufvertrag über den höheren von den Parteien gewollten Preis ist zwar ebenfalls nichtig wegen fehlender notarieller Beurkundung. Gleichwohl wird dieser Kaufpreis für die Besteuerung nach § 1 I 1 GrEStG zu Grunde 50 gelegt, wenn die Beteiligten ihren Erklärungen gem auf die Erfüllung hinwirken (BFH BStBl 89, 989; BFH/NV 08, 1698; 09, 1666).

§ 42 Missbrauch von rechtlichen Gestaltungsmöglichkeiten

(1) [1] **Durch Missbrauch von Gestaltungsmöglichkeiten des Rechts kann das Steuergesetz nicht umgangen werden.** [2] **Ist der Tatbestand einer Regelung in einem Einzelsteuergesetz erfüllt, die der Verhinderung von Steuerumgehungen dient, so bestimmen sich die Rechtsfolgen nach jener Vorschrift.** [3] **Anderenfalls entsteht der Steueranspruch beim Vorliegen eines Missbrauchs im Sinne des Absatzes 2 so, wie er bei einer den wirtschaftlichen Vorgängen angemessenen rechtlichen Gestaltung entsteht.**

(2) [1] **Ein Missbrauch liegt vor, wenn eine unangemessene rechtliche Gestaltung gewählt wird, die beim Steuerpflichtigen oder einem Dritten im Vergleich zu einer angemessenen Gestaltung zu einem gesetzlich nicht vorgesehenen Steuervorteil führt.** [2] **Dies gilt nicht, wenn der Steuerpflichtige für die gewählte Gestaltung außersteuerliche Gründe nachweist, die nach dem Gesamtbild der Verhältnisse beachtlich sind.**

Vorschrift neu gefasst durch JStG 2008 v 20.12.07 (BGBl I, 3150).

Schrifttum zu § 42 nF (ab 2010): *Hüttemann* (Hrsg) Gestaltungsfreiheit und Gestaltungsmissbrauch im Steuerrecht, DStJG 33 (2010) mit Beiträgen ua von *Seer, Kirchhof, Schön, Neumann, Rödder, Wendt, Hey, Tanzer; Demleitner* Das Verhältnis von § 42 AO zu spezialgesetzlichen Missbrauchsvorschriften, AO-StB 10, 174; *Offerhaus* § 42 AO und der „Gesamtplan" FR 11, 878; *Gabel* Spezielle Mißbrauchsnormen und der allgemeine Gleichheitssatz StuW 11, 3;

Schrifttum zu Missbrauchsabwehr und Europarecht bzw DBA (ab 2010): *Kofler* Steuergestaltung im Europäischen und Internationalen Recht, DStJG 33 (2010), 213; *Musil/Fähling* Neue Entwicklungen bei den europarechtlichen Rechtfertigungsgründen im Bereich des Ertragsteuerrechts, DStR 10, 1501; *Wäger* Rechtsmissbrauch und Qualifikationskonflikt im Umsatzsteuerrecht, DStR 11, 49; *Niemann* Der allgemeine Missbrauchsvorbehalt nach der Rechtsprechung des EuGH und seine Auswirkungen auf die Anwendung des § 42 AO, Diss 2012; *Fischer* Plus est in re quam in existimatione: „Es gilt, was ist, nicht was geschwätzt wird" (EnnoBecker), FR 14, 146; *Linn* Abkommensmissbrauch und Missbrauchsklauseln, FS Wassermeyer 15, 115; *Rautenstrauch* BEPS-Aktionspunkt 6: Verhinderung von Abkommensmissbrauch, IWB 15, 95; *Hey* Harmonisierung der Missbrauchsabwehr durch die Anti-Tax-Avoidance-Directive (ATAD), StuW 17, 248; *Kemper* Der „Missbrauch" und die Steuerhinterziehung bei der Umsatzsteuer, UR 17, 449; *Hennigfeld* Rechtsmissbrauch im Bereich des Unionsrechts, DB 18, 544.

Schrifttum zu aktuellen Gestaltungsfragen: *Dornheim* Die steuerrechtliche Beurteilung des „Disagio-Modells", DStZ 13, 306; *Demuth* Gestaltungsmissbrauch – neue Rechtsprechung, Probleme und Lösungsansätze KöSDi 13, 18410; *Kleinert/Lübbehüsen* Noch nicht existente Regelungen können nicht umgangen werden, DB 15, 1007; *Kamchen/Kling* Disquotale Gewinnausschüttungen, NWB 15, 819; *Hüttemann* Steuerrechtsprechung und Steuerumgehung, DStR 15, 1146; *Schmidtmann* Normative Verankerung der Gesamtplanrechtsprechung, FR 15, 57; *Hutmacher* Die interpolierende Auslegung der Steuerbefreiungsvorschriften bei der Grunderwerbsteuer, ZNotP 15, 55; *Wassermeyer* Anrechnung und Abzug ausländischer Steuern gemäß § 34c in Missbrauchsfällen, IStR 16, 825; *Kempelmann* Gesamtplan: Vom Schlagwort zu einer Dogmatik, StuW 16, 385. *Wichmann* Verdeckte Gewinnausschüttungen – zu Recht steuerlich nicht anerkannte Gestaltungen?, DStZ 17, 487;

Übersicht

1 **1. Inhalt.** Abs 1 S 1 formuliert die für alle Staatsgewalten verbindliche (Art 20 III GG) **Aufforderung,** Umgehungen der StGesetze, soweit sie auf einem Missbrauch von Gestaltungsmöglichkeiten des Rechts beruhen, zu erkennen und im Einzelfall mit der in Abs 1 S 3 vorgesehenen Rechtsfolge zu belegen. Abs 1 S 2 und 3 regeln das Konkurrenzverhältnis zu speziellen gesetzlichen Regeln, die ebenfalls der Verhinderung von Steuerumgehung dienen. Abs 2 versucht, den Missbrauchsbegriff definitorisch einzugrenzen.

2 **Neufassung.** § 42 ist ergänzt und neu gefasst worden durch **JStG 2008** (BGBl I, 3150). Nur Abs 1 S 1 ist unverändert. Neu hinzugekommen sind die Kollisionsregeln in Abs 1 S 2 und S 3 (sie ersetzen Abs 2 aF) sowie die Definition des Missbrauchs in Abs 2; die Rechtsfolgenanordnung in Abs 1 S 3 ist redaktionell angepasst worden. Mit der Neuregelung reagierte der Gesetzgeber auf die seines Erachtens unzureichende Anwendung von § 42 durch die Rspr des BFH (vgl nur *Heintzen* FR 09, 599). Eine „präzise und effektive" Regelung sei im Interesse der Gleichmäßigkeit der Besteuerung und der Rechtssicherheit unerlässlich (BT-Drs 16/6290, 81; zur Entstehungsgeschichte *Mack/Wollweber* DStR 08, 182; ausführlich auch *HHSp/Fischer* § 42 Rz 10 ff). Es handelt sich nach der Einführung von Abs 2 aF durch das StÄndG 2001 um die zweite Änderung innerhalb weniger Jahre. Diese Hyperaktivität zeugt von einem tiefen Misstrauen des Gesetzgebers (*Wienbracke* DB 08, 664) ggü den Finanzgerichten (dagegen zu Recht *Hüttemann* DStR 15, 1146). Die Neufassung thematisiert vor allem drei Probleme der Generalklausel: (1) das Verhältnis zu speziellen Missbrauchsvorschriften (vgl Rz 90 ff), (2) die Frage der einheitlichen Rechtsanwendung (zur Definition des Missbrauchs vgl Rz 45 ff) und (3) die (bisher allerdings kaum problematische) Verteilung der Fest-

stellungslast (vgl Rz 80 ff). Nach ganz überwiegender Ansicht im Schrifttum wird die Neuregelung (in allen drei Punkten) **keine tiefgreifenden Veränderungen** bewirken (*Brandt* BB 08, Heft 4, M1; *Drüen* Ubg 08, 31; *Geerling/Gorbauch* DStR 07, 1703; *Mack/Wollweber* DStR 08, 182; *v Wedelstädt* DB 07, 2558; *Hey* BB 09, 1044; *Heintzen* FR 09, 605; *Spindler* StbJb 08/09, 39; *TK/Drüen* Vor § 42 Rz 36 ff; aA *Wendt* DStJG 33 (2010), 117). Der Gesetzgeber hat aber offenbar eine Verschärfung der Rechtslage beabsichtigt und deswegen eine Übergangsvorschrift erlassen, wonach die Neufassung nicht rückwirkend anzuwenden ist.

3 **Zeitlicher Anwendungsbereich.** Die Neufassung ist nach Art 97 § 7 EGAO (idF des JStG 2008) ab dem 1.1.2008 anzuwenden für Kj, die nach dem 31.12.2007 enden. Auf frühere Kj ist § 42 in der früher geltenden Fassung weiter anzuwenden. Unklar ist, an welches Ereignis die Übergangsvorschrift anknüpft (*Mack/Wollweber* DStR 08, 182). Es kommt auf den verwirklichten Sachverhalt, nicht auf die steuerlichen Auswirkungen an (FG Hbg BeckRS 2017, 124288). Um unzulässige Rückwirkung zu vermeiden, sollte bei mehraktigen Gestaltungsvorgängen grds auf den frühesten Teilakt abgestellt werden. Gestaltungen mit Dauerwirkung, die beim Inkrafttreten des JStG 2008 bereits bestanden, unterfallen weiterhin § 42 aF. Auf die Kommentierung in der 9. Aufl wird insoweit verwiesen.

5 **2. Grundlagen.** Über die theoretische, methodische und systematische Einordnung der Vorschrift besteht wenig Klarheit.

6 **a) Theoretische Einordnung.** Die Steuerumgehung ist ein Unterfall der **Gesetzesumgehung** (BFH BStBl 80, 598; 86, 620; *Fischer* DB 96, 644; *TK/Drüen* § 42 Rz 1). Gesetzesumgehung kann von Rechts wegen nicht hingenommen werden. Durch sie wird der **Geltungsanspruch der Norm** missachtet (vgl *Fischer* FR 01, 1212). Wird die Umgehung – wie von § 42 I 1 vorausgesetzt – mit Gestaltungsmöglichkeiten des Rechts bewerkstelligt, ist auch die Idee der **Einheit der Rechtsordnung** berührt. Eine Rechtsordnung, die es hinnimmt, dass einzelne Regeln mit Hilfe anderer Regeln unterlaufen werden, ist defekt. Rechtl Gestaltungserlaubnisse können innerhalb einer als Einheit verstandenen Rechtsordnung schon aus normlogischen Gründen nicht in Anspruch genommen werden, um andere (zwingende) Normen zu umgehen. Ihre Ausübung unterliegt insofern einer immanenten Schranke, deren Missachtung in § 42 als Missbrauch bezeichnet wird.

7 Die allg **Selbstverständlichkeit,** dass der Geltungsanspruch einer Norm unhintergehbar sein muss, ist in § 42 für das StRecht exemplarisch kodifiziert. Die scheinbar unpassende deskriptive Ausdrucksweise des Gesetzes trifft dabei letztlich ganz genau: Steuerumgehung ist nicht etwa verboten („darf nicht"), sondern im Wortsinne (normlogisch) unmöglich („kann nicht"). Sie kann unter keinen Umständen hingenommen werden. Allerdings ist es im Einzelfall eine normative und keine normlogische Frage, ob das Gesetz umgangen wird. Dies kann nur anhand der jeweiligen Norminhalte festgestellt werden.

8 **Staatsrechtl** ist die Abwehr missbräuchlicher Gesetzesumgehungen **Aufgabe aller drei Staatsgewalten** und nicht nur des Gesetzgebers (aA wohl *Leisner-Egensperger* DStZ 08, 358). Zwar müssen im freiheitlichen Verfassungsstaat Belastungsentscheidungen grds durch den Gesetzgeber angeordnet werden **(Gesetzesvorbehalt).** Auch trägt der Gesetzgeber die Verantwortung für eine möglichst fehler- und lückenlose Gesetzgebung. Eine vollständig unhintergehbare Formulierung des Gesetzes ist jedoch eine praktisch nicht erfüllbare Anforderung. Das gilt auch für Maßnahmen des Gesetzgebers zur Missbrauchsabwehr; auch sie können umgangen werden. Im Einzelfall ist es deshalb Aufgabe der vollziehenden Gewalt und der Rspr, nicht hinnehmbare Missbräuche aufzudecken und rechtl zu sanktionieren. Sie müssen § 42 „anwenden" (Art 20 III GG; BVerfG BGBl I 15, 4 Rz 255 Erbschaftsteuer; zweifelnd *Hüttemann* DStR 15, 1146), ohne sich dabei Kompetenzen des Gesetzgebers anzumaßen. **Rechtsanwendung** setzt ein Mindestmaß an methodischem Vorgehen voraus; eine völlig freie Rechtsfindung ver-

stieße (jedenfalls auch) gegen den Grundsatz der Gewaltenteilung (*TL/Englisch* § 5 Rz 55). Im Hinblick darauf hat § 42 vor allem **Warn- und Hinweisfunktion.** Im Steuer- und Abgabenrecht ist der Anreiz, belastende Gesetzesbefehle zu umgehen oder sich nicht gerechtfertigte Vorteile zu verschaffen, besonders groß. Entsprechendes Verhalten ist mikroökonomisch rational und kommt massenhaft vor. Dem kann das Recht nicht tatenlos zusehen. Zur verfassungsrechtlichen Begründung einer speziell steuerrechtl Missbrauchsverhinderungspflicht vgl *Drüen* StuW 08, 154; *Gabel* StuW 11, 3.

b) Methodische Einordnung. Die methodische Einordnung des § 42 ist äußerst str. Es geht darum, wie § 42 auf den Einzelfall angewandt werden kann. Nach der sog **Innentheorie** hat § 42 nur Hinweisfunktion: Er solle den Rechtsanwender lediglich zu einer methodisch gesicherten Anwendung der materiellen Steuernorm auffordern, ggf mittels Analogie oder teleologischer Reduktion (vgl nur *HHSp/Fischer* § 42 Rz 72). Früher als problematisch angesehene Umgehungssachverhalte könnten heute vom StRecht mit einer fortentwickelten Methodik „aus eigener Kraft" (*Teichmann,* Die Gesetzesumgehung 1962, 69) bewältigt werden. Für eine schulmäßige Subsumtion unter den Tatbestand des § 42 verbleibe kein Raum. Diesem Ansatz ist der X. Senat des BFH in einigen Entscheidungen gefolgt (zB BFH/NV 02, 1286; BStBl 05, 817; ablehnend *Söffing* BB 05, 2101; *Heuermann* StBp 05, 239). Die sog **Außentheorie** fordert dagegen, § 42 als eine Norm mit Tatbestandsvoraussetzungen und Rechtsfolge ernst zu nehmen und wie jede andere konditional formulierte Rechtsnorm durch Subsumtion des Sachverhalts unter die Elemente des Tatbestands anzuwenden (Vorauflage Rz 13 aE; *Hahn* DStZ 05, 183; *Hüttemann* DStR 15, 1146). Diesem Ansatz folgt die Rspr überwiegend. 10

Der Innentheorie wird vor allem entgegen gehalten, dass die vermeintlich verfügbaren (neuen) Methoden unsicher seien, der Justiz zu viel Wertungsspielraum schafften und zu Planungsunsicherheit führten (*Clausen* DB 03, 1589; *Heuermann* StuW 04, 124; *Hahn* DStZ 05, 183; kritisch auch *Rose* FR 03, 1274). An der Außentheorie wird vor allem kritisiert, dass § 42 keinen subsumtionsfähigen Inhalt habe. Insbes das zentrale Merkmal des Missbrauchs lasse sich nicht hinreichend konkretisieren (vgl *Fischer* DB 96, 644; *HHSp/Fischer* § 42 Rz 74). 11

Stellungnahme: Die praktische Bedeutung des Streits ist gering. Teilweise wird schon die Aussagekraft der Gegenüberstellung infrage gestellt (vgl *Heuermann* StuW 04, 124), denn unbestritten enthält § 42 den für seine Anwendung im Einzelfall erforderlichen Wertungsmaßstab nicht. Maßstab ist immer das StGesetz (Rz 49); § 42 löst das Problem gerade nicht „von außen". Alle Definitionen des Missbrauchsbegriffs kommen nicht über ebenso unbestimmte Umschreibungen hinaus, die noch keinen Weg zur Lösung des Einzelfalles weisen (ebenso *BG/Schmieszek* Rz 11; *HHSp/Fischer* Rz 95 ff). Auch die Definition in Abs 2 wird daran nichts ändern. Die Unschärfe der Norm bereitet dem Rechtsanwender Schwierigkeiten, macht ihre Anwendung jedoch weder überflüssig noch unmöglich. Dabei darf die Unschärfe der Norm keinesfalls als Ermächtigung zu gefühlsmäßiger Ergebniskorrektur oder zur Durchsetzung rein fiskalischer Interessen missverstanden werden. Wer als Rechtsanwender das Vorliegen einer missbräuchlichen Steuerumgehung begründen will, muss rechtl argumentieren und den **Vorwurf des Missbrauchs** erheben. Eindeutige Fälle von Gestaltungsmissbrauch sind erkennbar und lassen sich rational begründen. Die aus argumentativen Gründen in solchen Fällen häufig erforderliche **Evidenz** gewährleistet mittelbar ein hinreichendes Maß an Rechts- und Planungssicherheit. 12

Die Innentheorie geht demgegenüber zu weit, wenn sie § 42 letztlich für entbehrlich erklärt. Die ihr zugrunde liegende Annahme der Gleichwertigkeit aller Begründungsmethoden trifft nicht zu. Zumindest sind nicht alle Begründungsmethoden gleichermaßen anerkannt. Indem die Innentheorie den Missbrauchsvor- 13 wurf nicht erhebt, macht sie es sich und dem Rechtsanwender tendenziell zu einfach und läuft Gefahr, die durch das Kriterium des Missbrauchs bewirkte faktische Evidenzschwelle auch in problematischen Fällen zu unterschreiten. Der Innentheorie ist allerdings insofern zu folgen, als es auf einen Missbrauch nicht (mehr) ankommt, sobald sich bestimmte Wertungen dogmatisch derart verfestigt haben, dass ihre Übertragung auf den Einzelfall *lege artis* wie etwa beim **Fremdvergleich** zu hinreichend rechtssicheren Ergebnissen führt. Dabei darf allerdings nicht vergessen werden, dass es sich nicht um die Merkmale eines Tatbestands, sondern um Indizien handelt (vgl BVerfG BStBl 96, 34; BFH BStBl 08, 568). Wo entsprechende methodische Fortschritte indes (noch) nicht als gesichert gelten können (zB **Gesamtplan,** vgl dazu BFH BStBl 96, 443; 04, 787; 06, 359; 12, 638; *Crezelius* FR 03, 537; *Spindler* DStR 05, 1; *Förster* FS für Klaus Korn, S 3; *Tanzer* DStJG 33 (2010), 189; *Offerhaus* FR 11, 878; BFH/NV 11, 636 mit Anm *Fischer* juris PR-SteuerR 14/2011 Anm 1; *Schmidtmann* FR 15, 57; *Kempelmann* StuW 16, 385), muss – soweit damit ein Gestaltungsmissbrauch verbunden ist – nach geltendem Recht der Missbrauchsvorwurf zusätzlich erhoben und begründet werden. IÜ ist die Rechtsnatur der Argumentationsfigur des Gesamtplans umstritten. Nach Ansicht des IV. Senat des BFH ergibt sich die Rechtsprechung allein aus einer teleologischen Auslegung von § 34 EStG (BFH BStBl 15, 536); der X. Senat hat dagegen einen Anwendungsfall von § 42 angenommen (BFH/NV 11, 636; vgl auch Rz 148).

15 **c) Abgrenzung zur StHinterziehung.** Steuerumgehung ist grds weder verboten noch strafbar. Legt der Stpfl die „gestalteten" Verhältnisse pflichtgemäß offen, kann die FinBeh die Steuer ggf nach § 42 festsetzen. Eine StHinterziehung kann aber vorliegen, wenn der Steuerpflichtige pflichtwidrig **unvollständige** oder **unrichtige** Angaben macht, um das Vorliegen einer Steuerumgehung zu verschleiern (AEAO zu § 42 Nr 3). Die Strafbarkeit hängt dann unter Berücksichtigung des strafrechtl Bestimmtheitsgebots (Art 103 II GG) davon ab, ob eine Fallgruppe betroffen ist, für welche die Rspr im Zeitpunkt der Begehung bereits hinreichend bestimmte Grundsätze herausgearbeitet hatte.

16 **d) Verfassungsmäßigkeit.** § 42 aF und § 42 nF sind verfassungsgemäß. Grundsätzliche Bedenken gegen die Vorschr bestehen nicht. Die Abwehr von Gesetzesumgehungen ist Aufgabe aller Staatsgewalten (Rz 8). Für das StRecht verlangt Art 3 I GG darüber hinaus die tatsächlich und rechtl gleichmäßige Belastung der Stpfl. Die Bekämpfung von Steuerumgehungen ist auch unter diesem Gesichtspunkt verfassungsrechtl relevant (vgl BT-Drs 16/7036 S 6). Eine Generalklausel wie § 42 ist ein zur Erreichung dieser Zwecke geeignetes, erforderliches und – bei entsprechend restriktiver Handhabung durch die Rspr (*Spindler* StbJb 08/09, 39) – auch verhältnismäßiges Mittel (ähnlich *TK/Drüen* Vor § 42 Rz 38; *BG/Schmieszek* § 42 Rz 44 ff; aA *Hahn* DStZ 08, 483). Das rechtsstaatlich mindestens gebotene Maß an Bestimmtheit dürfte trotz zahlreicher unbestimmter Rechtsbegriffe noch gewahrt sein. Die Anwendung des § 42 durch den BFH ist vom BVerfG in der Vergangenheit nicht beanstandet worden.

30 **3. Umgehung des StGesetzes (Abs 1 S 1). a) StGesetz** ist jede Rechtsnorm des deutschen StRechts (§ 4), soweit die AO Anwendung findet (vgl BVerwG BayVBl 11, 25). Jede Rechtsnorm kann prinzipiell umgangen werden; § 42 hat einen grds universellen Anwendungsbereich (*TK/Drüen* § 42 Rz 19). Zum Verhältnis von § 42 zu speziellen Missbrauchsbekämpfungsvorschr vgl Rz 90 ff. Eine Norm kann nicht umgangen werden, wenn ihr kein Angemessenheitsmaßstab entnommen werden kann (vgl Rz 49; BFH BStBl 14, 363 zu § 146 II BewG aF). Gesetze können grds erst ab ihrem **Inkrafttreten** umgangen werden (BFH BStBl 05, 436; DB 15, 1449: Keine Umgehung des ab VZ 09 geltenden WK-Abzugsverbots in § 20 Abs. 9 EStG durch Vereinbarung und Zahlung einer Vorabverwaltungsgebühr 2007 im Rahmen eines langfristigen Anlagemodells). Ist

eine Gestaltung zur Umgehung eines neuen Gesetzes bereits vor dessen Inkrafttreten verwirklicht worden, ist § 42 jedenfalls dann anzuwenden, wenn das Gesetz zulässigerweise rückwirkend in Kraft tritt und wenn (auch) durch die Anwendung von § 42 schutzwürdiges Vertrauen nicht verletzt wird.

EU-Recht. Inwiefern die Umgehung von unmittelbar anwendbarem EU-Recht oder auf EU-Recht beruhendem nationalen Recht ebenfalls an § 42 zu messen ist, ist derzeit **noch umstritten** (vgl die Nachweise zum Schrifttum). Bei grenzüberschreitenden Sachverhalten mit Bezug zum EU-Recht ist jedenfalls die zwischenzeitliche Entwicklung der Rspr des EuGH zur Missbrauchsabwehr zu beachten (BFH BStBl 05, 14; *Englisch* StuW 09, 3). Weder der BFH noch der EuGH haben bisher geklärt, auf welcher Ebene letztverbindlich über das Vorliegen einer missbräuchlichen Gestaltung entschieden wird. Der EuGH erkennt den Gesichtspunkt der Missbrauchsabwehr als Rechtfertigung für den Eingriff in Grundfreiheiten grds an (vgl auch Mitteilung der Kommission KOM (2007) 785 zur Anwendung von Maßnahmen zur Missbrauchsbekämpfung im Bereich der direkten Steuern innerhalb der EU und im Hinblick auf Drittländer; *Fischer* FR 14, 146). Unionsrechtl verboten sind rein künstliche, jeder wirtschaftlichen Realität bare Gestaltungen, die allein zu dem Zweck erfolgen, einen StVorteil zu erlangen (BFH BStBl 15, 1024 mwN). Der BFH wendet § 42 im USt-Recht unter Beachtung der EuGH-Rspr (BFH/NV 13, 1638) daneben an (BFH BStBl 07, 344; 08, 153; 15, 1024; FG Mster EFG 17, 530: Erschleichung im Unionsrecht nicht vorgesehener Vorteile). 32

DBA-Recht. § 42 ist beim Missbrauch von DBA allenfalls **subsidiär** anzuwenden. Enthalten DBA abschließende Regeln zur Missbrauchs- und Umgehungsabwehr (zB Art 23 DBA-Schweiz), wird dadurch jede nationale Einzelnorm verdrängt (BFH BStBl 08, 619). Enthält ein DBA keine solche Regel, wird § 42 durch die spezielle Vorschrift in **§ 50d III EStG** (früher: § 50d Ia EStG) **abschließend verdrängt** (BFH/NV 08, 1044). Nach § 42 I 2 und 3 soll zwar § 42 wieder anwendbar sein, wenn nur *eine* Tatbestandsvoraussetzung einer speziellen Missbrauchsvorschrift nicht erfüllt ist (dazu Rz 90 ff und Rz 120 „Auslandsbeziehungen"). Es erscheint aber fraglich, ob dadurch ein substantieller eigener Anwendungsbereich für § 42 eröffnet wird, da die in § 50d III EStG zum Ausdruck gebrachten Wertungen des Gesetzgebers auch bei der Anwendung des § 42 beachtet werden müssen. 33

b) Umgehung. Ansprüche aus dem StSchuldverhältnis entstehen, sobald der Tatbestand verwirklicht ist, an den das Gesetz die Leistungspflicht knüpft (§ 38). Ein StGesetz kann deshalb nur umgangen werden, indem der Stpfl einen *Sachverhalt* gezielt gestaltet, der (je nach Zielrichtung) den Tatbestand erfüllt oder nicht erfüllt. Erforderlich ist in jedem Fall eine zweckgerichtete Handlung (BFH BStBl 04, 787; 17, 466). Keine Umgehung, sondern eine bloße **Steuervermeidung** liegt vor, wenn ein Sachverhalt verwirklicht wird, bei dem keine Steuer anfällt. Wer keinen Sekt trinkt, vermeidet die Sektsteuer, umgeht sie aber nicht. Eine **Steuerumgehung** liegt erst vor, wenn zugleich der Gesetzeszweck verfehlt wird, weil aufgrund des gezielt gestalteten Sachverhalts entweder eine an sich gebotene (belastende) Rechtsfolge nicht eintritt **(Tatbestandsvermeidung)** oder weil eine (begünstigende) Rechtsfolge eintritt, die an sich nicht eintreten sollte **(Tatbestandserschleichung).** § 42 erfasst beide Formen der den Gesetzeszweck verfehlenden Tatbestandsverwirklichung. Eine Umgehung kommt grds bei allen Ansprüchen aus dem StSchuldverhältnis (§ 37) in Betracht. Die Rspr wendet die Vorschr deshalb zu Recht auch auf **Erstattungs-** und **Vergütungsansprüche** sowie auf die Erwirkung von Steuerbefreiungen oder Steuervergünstigungen an (vgl BFH BStBl 85, 680; 91, 327, 866; 92, 446, 541; 93, 253; 98, 637; BFH/NV 88, 151). 35

Methodenproblem. Die Umgehung setzt denklogisch voraus, dass eine methodisch korrekte Anwendung des StGesetzes zu unrichtigen (den Zweck des Ge- 36 setzes verfehlenden) Ergebnissen führen kann. Die Steuerumgehung beginnt, wo die Auslegung des Gesetzes endet (BFH/NV 90, 812; *Hensel* FS für Zitelmann, S 224; BT-Drs 16/6290, 80). Dieser verstörende Befund, den die Innentheorie (vgl oben Rz 10) bestreitet, ist *de lege lata* hinzunehmen. Die Relevanz der Aussage und der Anwendungsbereich des § 42 hängen mithin maßgeblich vom Methodenverständnis des Rechtsanwenders ab. Die **Grenzen der Auslegung** sind str; insbes das steuerrechtl Methodenverständnis befindet sich derzeit im Umbruch. Rechtl verbindliche Grundlagen der Methodenlehre gibt es nicht; das strafrechtl **Analogieverbot** ist im StRecht nicht anzuwenden (BVerfG BFH/NV Beilage 2 05, 108). Das traditionelle Methodenverständnis sieht dennoch den **Vorbehalt des Gesetzes** nur gewahrt, wenn bei der Auslegung die Grenze des möglichen Wortsinns nicht überschritten wird. Nach dieser Auffassung begründet § 42 die Ermächtigung zu einer eingeschränkten, situationsbezogenen Methodenerweiterung (so *Koenig/Koenig* § 42 Rz 3). Diese Sichtweise erscheint indes zu eng. Eine von materiellen Gerechtigkeitsprinzipien beherrschte StRechtsordnung bedarf zu ihrer effektiven Durchsetzung einer Judikative, die generell ermächtigt ist, den materiellen Rechtsgrundsätzen auch im Einzelfall zum Durchbruch zu verhelfen. Dazu steht ihr grds das gesamte methodische Instrumentarium einschl Analogie und teleologischer Reduktion zur Verfügung; aus dem Gesetzesvorbehalt ergibt sich insofern nichts anderes (zu den Grenzen richterlicher Rechtsfortbildung BVerfG NJW 11, 836 allg und im StRecht BVerfG NJW-RR 14, 105; vgl *TL/Englisch* § 5 Rz 58 ff; näher zum Ganzen auch § 4 Rz 36 ff). Bei diesem Verständnis bleibt für die Anwendung des § 42 nur ein schmaler Bereich, der durch unvermeidbare **methodische Unsicherheiten** bei der Rechtsanwendung gekennzeichnet ist (vgl *HHSp/Fischer* § 42 Rz 141; *Wienbracke* DB 08, 664). Dabei ist jedoch zu beachten, dass § 42 nicht zu methodenfreier Rechtsanwendung ermächtigt. ME gewährleistet der von § 42 vorausgesetzte Missbrauchsvorwurf die Einhaltung einer Evidenzschwelle und kompensiert auf diese Weise die in Grenzfällen bestehende methodische Unsicherheit (Rz 12). Die Überlegung verdeutlicht zugleich, dass eine methodengerechte Anwendung der StGesetze stets vorausgehen muss. Nur wenn diese zu einem unrichtigen Ergebnis führt, was darzulegen ist, kommt § 42 in Betracht; § 42 ist immer nur **ultima ratio.**

38 **c) Personen.** Alle Stpfl, also auch **beschränkt Stpfl** können das StGesetz umgehen. Für eine Differenzierung zwischen unbeschr und beschr StPflicht bietet der Wortlaut keinen Anhaltspunkt. Soweit die StPflicht im Inland besteht, ist grds auch Raum für Steuervermeidung (BFH BStBl 98, 235 mwN; 02, 819; 08, 978; BFH/NV 03, 289; 08, 1044; 12, 924; aA wohl *HHSp/Fischer* § 42 Rz 20 ff).

40 **4. Gestaltungsmöglichkeiten des Rechts (Abs 1 S 1).** Sie bestehen immer dann, wenn das StRecht einen wirtschaftlichen Erfolg oder Vorgang erfassen will (vgl § 39 Rz 5). Wie ein wirtschaftlicher Erfolg erzielt werden kann, gibt das Recht idR nicht vor. Insbes das Zivilrecht eröffnet häufig mehrere Wege zur Erreichung eines Ziels. § 42 erfasst aber auch Gestaltungsmöglichkeiten des öffentlichen Rechts (BFH BStBl 85, 636; 86, 735) einschl des StRechts (vgl zB BFH/NV 87, 714 zu § 39a I Nr 6 aF bis 1989). Die frühere Beschränkung auf Gestaltungsmöglichkeiten des privaten Rechts ist in § 42 bewusst aufgegeben worden. Deshalb kann auch die **Ausübung steuerlicher Wahlrechte** missbräuchlich sein (BFH BStBl 92, 695; zur Wahl eines abweichenden Wirtschaftsjahres BFH BStBl 92, 486; BFH/NV 04, 936; 07, 1002; unten „Subjektive Rechte"). Ein Missbrauch von Gestaltungsmöglichkeiten soll aber von vornherein nicht in Betracht kommen, wenn der Stpfl von einem Gestaltungsspielraum Gebrauch macht, den ihm die jeweilige steuerrechtl Regelung selbst einräumt (unklar BFH/NV 96, 17; vgl auch BFH BStBl 91, 866; 93, 700, 889). Die Gestaltung muss wirksam sein, sonst gilt § 41 I; bei Scheingeschäften gilt § 41 II (vgl BFH/NV 08, 1565). Kein Missbrauch von Gestaltungsmöglichkeiten liegt in der Ausübung oder Nichtausübung von

Verfahrensrechten; insofern kann aber ein Verstoß gegen Treu und Glauben vorliegen (unzulässige Rechtsausübung; s § 4 Rz 15 ff).

Keine Gestaltungsmöglichkeiten bestehen, soweit das StRecht nicht an wirtschaftliche Vorgänge, sondern unmittelbar an die rechtl Verhältnisse anknüpft, wie insbes bei statusbegründenden Rechtsakten (zB Ehe, Kindschaft oder Verwandtschaft). Die Wahl einer gesellschaftsrechtl Rechtsform kann ebenfalls grds nicht missbräuchlich sein, soweit die stl Rechtsfolge an die gewählte Gesellschaftsform anknüpft (BFH BStBl 87, 310; 17, 466: gewerblich geprägte KG trotz vermögensverwaltender Tätigkeit). **§ 1 Nr 1 GrEStG** setzt einen Anspruch auf Übereignung voraus. Eine Gestaltung, die formnichtig ist, kann diesen Tatbestand nicht erfüllen; insofern kann auch kein Gestaltungsmissbrauch angenommen werden, weil § 42 in diesem Zusammenhang eine wirksame Gestaltung voraussetzt (BFH BStBl 12, 355). 41

Grundsatz. Von den Gestaltungsmöglichkeiten des Rechts darf grds Gebrauch gemacht werden; die Absicht, Steuern zu sparen oder zu vermeiden, ist unschädlich („Magna Charta des Stpfl" *Fischer* DB 96, 644). Von mehreren möglichen darf der Stpfl denjenigen Weg wählen, bei dem keine oder die geringste Steuer anfällt (BFH BStBl 83, 272; 92, 486; BFH/NV 07, 1002). Kein Stpfl ist verpflichtet, einen Sachverhalt so zu gestalten, dass ein StAnspruch entsteht. Das Bestreben, Steuern zu sparen bzw den Tatbestand für die Inanspruchnahme eines Steuerfreibetrags zu verwirklichen, macht eine rechtl Gestaltung noch nicht unangemessen (BFH BStBl 98, 379; 01, 677; 13, 16; BFH/NV 08, 1565; 14, 904). Auch **Angehörigen** steht es frei, ihre Rechtsverhältnisse untereinander möglichst günstig zu gestalten (stRspr BFH/NV 04, 1272; 04 1273; BStBl 08, 502). Inbes kann das Ausnutzen eines in einer gesetzlichen Regelung angelegten StVorteils (zB § 7g EStG aF) nicht zugleich als Gestaltungsmissbrauch unterbunden werden (BFH BStBl 12, 118). Rechtl missbilligt wird erst der Missbrauch von Gestaltungsmöglichkeiten. 42

5. Missbrauch (Abs 1 S 1, Abs 2). Der Begriff des Missbrauchs steht seit jeher im Zentrum der Vorschr (s auch die Überschrift). Er bestimmt und beschränkt zugleich ihren Anwendungsbereich. Nur wenn die Grenze zum Missbrauch überschritten ist (Rz 12, 36), darf (abw von § 38) ausnahmsweise der gestaltete Sachverhalt aus Rechtsgründen ignoriert werden. Daran hat die Neufassung nichts geändert (aA *Wendt* DStJG 33 (2010), 117, der den gesetzlich nicht vorgesehenen StVorteil in den Mittelpunkt stellt; dazu Rz 69). Die Generalklausel in Abs 1 S 1 ist sprachlich unverändert. Für den Begriff des Missbrauchs enthält Abs 2 nun den Versuch einer **Definition** (zu früheren Definitionen vgl *Wienbracke* DB 08, 664) mit im Wesentlichen drei Elementen: (1) unangemessene rechtl Gestaltung, (2) gesetzlich nicht vorgesehener Vorteil und (3) keine beachtlichen Gründe. Nach der Vorstellung des Gesetzgebers soll die Definition die in der Rspr entstandene **Kasuistik** ersetzen (BT-Drs 16/6981, 2). Dieses Vorhaben wird nicht gelingen. Zum einen lässt sich der Begriff des Missbrauchs nicht so konkretisieren, dass sich aus ihm konkrete Lösungsvorgaben für den Einzelfall entnehmen lassen. Wäre das möglich, hätte die Rspr diesen Weg gewählt. Zum anderen sind die Elemente der Legaldefinition der Rspr des BFH zu § 42 aF entnommen. Auch dies spricht nicht für eine grundlegende Neuorientierung der Rspr. Nach der **Formel der Rspr** war ein Gestaltungsmissbrauch gegeben, wenn eine rechtliche Gestaltung gewählt wird, die (1) gemessen an dem angestrebten Ziel unangemessen ist, (2) der Steuerminderung dienen soll und (3) durch wirtschaftliche oder sonst beachtliche nicht stl Gründe nicht zu rechtfertigen ist (stRspr BFH BStBl 99, 119; 01, 43; 03, 509; 04, 648; BFH/NV 05, 186, 392; näher *Spindler* StbJb 08/09, 39, 41). Bereits auf den ersten Blick enthält die gesetzliche Definition keine über die Formel der Rspr hinausgehenden Elemente. 45

Statt einer Begründung hat der Gesetzgeber eine **Prüfungsreihenfolge** mitgeteilt: Zunächst sind danach die Auswirkungen einer angemessenen Gestaltung und 46 der gewählten Gestaltung ggü zu stellen. Ergibt sich ein StVorteil bei dem Stpfl oder einem Dritten, ist zu prüfen, ob dieser Vorteil gesetzlich vorgesehen ist, wie etwa bei der Ausübung gesetzlicher Wahlrechte oder bei der Nutzung steuerlicher Lenkungs- und Fördernormen. Ist der gesetzliche Vorteil nicht vorgesehen, muss geprüft werden, ob die Gestaltung unangemessen ist. Dabei soll es wie bisher auf die Rspr des BFH ankommen. Maßstab sei, ob ein „verständiger Dritter" die Gestaltung in Anbetracht des wirtschaftlichen Sachverhalts und der wirtschaftlichen Zielsetzung auch ohne den StVorteil gewählt hätte (BT-Drs 16/7036, 24). Diese Prüfungsreihenfolge (ähnlich AEAO zu § 42 Nrn 2.2 bis 2.6) ist **abzulehnen,** weil sie zirkulär ist; welche Gestaltung angemessen ist, muss dabei offenbar von vornherein feststehen. Das ist jedoch die Kernfrage.

48 **a) Unangemessene rechtliche Gestaltung.** Der Begriff der Unangemessenheit steht im Zentrum der gesetzlichen Definition des Missbrauchs. Damit knüpft der Gesetzgeber ersichtlich an die Rspr zu § 42 aF an (*Mack/Wollweber* DStR 08, 182; aA *Fischer* FR 08, 306). Er hat bewusst davon abgesehen, den Begriff der Unangemessenheit näher zu definieren. Dies trägt einerseits der Unmöglichkeit des Vorhabens Rechnung (Rz 12, 49), lässt andererseits aber auch am Sinn der Definition in Abs 2 zweifeln (*Spindler* StbJb 08/09, 39, 54; *Heintzen* FR 09, 599, 602). IÜ weist die Gesetzesbegründung zutr darauf hin, dass Unangemessenheit als wertender Begriff nicht mit dem empirischen Begriff der **Ungewöhnlichkeit** gleichgesetzt werden dürfe (BT-Drs 16/7036, 24). Soweit die Rspr in der Vergangenheit zur Umschreibung der Unangemessenheit auf die Ungewöhnlichkeit einer Gestaltung abgestellt hat (etwa BFH BStBl 91, 607), sind diese Präzisierungsversuche wohl überholt (*Wendt* DStJG 33 (2010), 117, 128). **Indiziell** kann (und muss) aber weiterhin auch auf die Ungewöhnlichkeit abgestellt werden (*TK/Drüen* Vor § 42 Rz 19). Die von der Rspr bisher entwickelten Indizien, wonach eine angemessene Gestaltung tendenziell eher einfach, zweckmäßig, übersichtlich und ökonomisch, eine unangemessene Gestaltung hingegen eher **unwirtschaftlich, umständlich, kompliziert, schwerfällig, gekünstelt, überflüssig, ineffektiv** oder **widersinnig** erscheint (BFH BStBl 01, 43; 01, 520; vgl *TK/Drüen* § 42 Rz 34; AEAO zu § 42 Nr 2.2), können auch weiterhin herangezogen werden. Eine unangemessene Gestaltung kann auch vorliegen, wenn sie von vornherein nur **kurzfristig (insbes vorübergehend) angelegt** war (BFH BStBl 69, 232; BFH/NV 12, 1901). Diese Indizien bilden aber lediglich einen Anlass für eine Angemessenheitsprüfung und bestimmen nicht deren Ergebnis. Aus dem äußeren Erscheinungsbild eines Sachverhalts lässt sich nicht auf dessen (normativ zu bestimmende) Angemessenheit schließen.

49 Angemessenheit ist ein qualifizierender **Relationsbegriff.** Aussagen über die Angemessenheit oder Unangemessenheit von etwas benötigen stets (1) einen Bezug und (2) einen Bewertungsmaßstab (vgl *Drüen* Ubg 08, 31).

Beispiele: Eine Freiheitsstrafe von drei Jahren ist angemessen (1) im Verhältnis (Bezug) zu einer Freiheitsstrafe von vier Jahren oder einer Geldstrafe, die (2) gemessen an der Schwere der Schuld (Maßstab), zu hoch oder zu niedrig wären.

Vorgaben für eine methodisch überzeugende Angemessenheitsprüfung enthält BVerfG NJW 15, 1935 zum Alimentationsprinzip, wobei das BVerfG prüft, ob die Bezüge der Richter evident unangemessen (unzureichend) sind.

Die Angemessenheit oder Unangemessenheit einer rechtl Gestaltung lässt sich nur im Verhältnis zu einer oder mehreren *anderen rechtl Gestaltungen* beurteilen (Bezug). In Betracht kommen nur „den **wirtschaftlichen Vorgängen** angemessene" Gestaltungen. Gemeint sind andere rechtl Gestaltungen, die zum selben wirtschaftlichen Ergebnis führen. Das ergibt sich (wie bisher) aus der Rechtsfolgeanordnung (jetzt Abs 1 S 3). Einen Maßstab für die Angemessenheit nennt § 42 nicht. In Abs 1 S 1 ist aber immerhin „das **StGesetz**" erwähnt. Der normative Maßstab ist deshalb dem StGesetz zu entnehmen, dessen Telos durch die gewählte

Gestaltung (mutmaßlich) umgangen wird (allgM, vgl nur *Fischer* DB 96, 644; *Heuermann* StuW 04, 124; *Drüen* Ubg 08, 31; *Spindler* StbJb 08/09, 39; AEAO zu § 42 Nr 2.2; BFH/NV 14, 904). Die aufgrund der Angemessenheitsprüfung letztlich zu treffende Aussage geht dahin, ob es – gemessen am Zweck der Norm – angemessen ist, dass die verwirklichte rechtl Gestaltung den Tatbestand der Norm nicht erfüllt im Verhältnis zu anderen rechtl Gestaltungen, die zum selben wirtschaftlichen Ergebnis führen und ihrerseits den Tatbestand der Norm erfüllen (oder umgekehrt).

Hiervon ausgehend kann die Formulierung eines rationalen Urteils über die Angemessenheit einer rechtl Gestaltung in **drei Schritten** beschrieben werden. Der erste Schritt besteht darin, von der verwirklichten rechtl Gestaltung zu abstrahieren und den Sachverhalt wirtschaftlich zu verstehen. Hierbei sind die vom Steuerpflichtigen dargelegten Zwecke zu berücksichtigen, soweit sie rechtl erheblich sind. Es muss geklärt werden, ob sich dasselbe wirtschaftliche Ergebnis auch mit einer *anderen rechtl Gestaltung* erreichen ließe. Ist das nicht der Fall, ist die gewählte rechtl Gestaltung alternativlos und kann nicht unangemessen sein. Nur wenn eine andere rechtl Gestaltung wirtschaftlich zum selben Ergebnis führen würde, ist im zweiten Schritt danach zu fragen, ob die verwirklichte rechtl Gestaltung vom Tatbestand der (mutmaßlich) umgangenen StRechtsnorm erfasst sein sollte. Das ist idR der Fall, wenn die Norm den wirtschaftlichen Vorgang erfassen soll und lediglich unvollständig formuliert ist. Es kommt insofern auf die der Norm zugrunde liegende Wertung an, die im Wege der Auslegung zu ermitteln ist. Im dritten Schritt ist zu beurteilen, ob die Gestaltung im Hinblick auf die stl Relevanz des wirtschaftlichen Vorgangs (Vorteil) noch angemessen ist, ob sie vom StRecht also hingenommen oder missbilligt wird. 50

Wirtschaftlicher Zweck der Gestaltung. Jede Gestaltung muss einen wirtschaftlich vernünftigen Zweck verfolgen (BFH BStBl 91, 607). § 42 fordert dazu auf, die wirtschaftlichen Zwecke einer Gestaltung zu ermitteln und sie der (weiteren) Rechtsanwendung zugrunde zu legen. Die Norm ist insofern auch Ausdruck der **wirtschaftlichen Betrachtungsweise** im StRecht. Eine Gestaltung, die überhaupt keinen erkennbaren wirtschaftlichen Zweck hat, kann der Besteuerung nicht zugrunde gelegt werden. Sie ist *per se* unangemessen. Unangemessen ist eine Gestaltung danach, wenn sie ausschl der Steuerminderung dienen soll und durch wirtschaftliche oder sonst beachtliche außersteuerliche Gründe nicht zu rechtfertigen ist (stRspr vgl BFH BStBl 08, 269 mwN). Das ist zB der Fall, wenn durch mehrere Geschäfte, die sich wirtschaftlich gegenseitig neutralisieren, lediglich ein steuerlicher Vorteil erzielt werden soll oder wenn die Gestaltung in ihrer wirtschaftlichen Auswirkung durch eine gegenläufige Gestaltung kompensiert wird und sich deshalb iErg lediglich als formale Maßnahme erweist (BFH/NV 12, 1901). Zum „Gesamtplan" vgl Rz 13. 52

Bei der **Ermittlung des wirtschaftlichen Zwecks** sind die vom Stpfl dargelegten Gründe zu berücksichtigen (zur Nachweispflicht Rz 80 ff). Der Zweck, Steuern zu sparen, wird nicht berücksichtigt. Kann der Stpfl keine plausiblen Gründe anführen, wird vermutet, dass die Gestaltung ausschl der Umgehung der Besteuerung dient (BFH BStBl 93, 84). Die vom Stpfl angeführten Gründe müssen beachtlich (vernünftig) sein (vgl BFH BStBl 08, 502). Maßgeblich ist, ob verständige Beteiligte die Gestaltung in Anbetracht des wirtschaftlichen Sachverhalts und der wirtschaftlichen Zielsetzung ebenfalls gewählt hätten (BFH/NV 01, 829). Die Ungewöhnlichkeit einer Gestaltung kann (indiziell) dafür sprechen, dass ein wirtschaftlich vernünftiger Zweck nicht verfolgt wird, etwa wenn die Gestaltung gekünstelt, umständlich, teuer, kompliziert oder unpraktikabel ist (Rz 48). Steht hingegen fest, dass eine Gestaltung wirtschaftlich vernünftigen Zwecken dient, darf das Verhalten der Beteiligten nicht mehr daraufhin untersucht werden, ob es auch *wirtschaftlich* angemessen ist (BFH BStBl 92, 541; 98, 637; 04, 1068; BFHE 207, 142). Der wirtschaftliche Zweck muss objektiv (intersubjektiv nachprüfbar) festste- 53 hen. Die Ermittlung des mit einer Gestaltung verfolgten wirtschaftlichen Zwecks ist im Wesentlichen **Tatfrage,** deren Aufklärung in die Zuständigkeit der Finanzgerichte fällt.

55 **Zweck der StRechtsnorm.** Liegen vernünftige wirtschaftliche Zwecke vor, stellt sich die Frage, ob der Sachverhalt in den Anwendungsbereich der (mutmaßlich umgangenen) StRechtsnorm fallen sollte. Bei potentieller **Tatbestandsvermeidung** ist zu fragen, ob er nach der dem Gesetz zugrunde liegenden Wertung von der umgangenen Norm erfasst sein sollte. Bei potentieller **Tatbestandserschleichung** kommt es darauf an, ob er nach den Wertungen des StGesetzes ausgeschlossen sein sollte.

Beispiel: Der Gesetzgeber hat die Abziehbarkeit von Schuldzinsen als Werbungskosten (§ 9 I 3 Nr 1 EStG) oder Betriebsausgaben (§ 4 IV EStG) nicht davon abhängig gemacht, dass die Kreditaufnahme für den Steuerpflichtigen unvermeidbar gewesen sein muss. Die Entscheidung zu Gunsten der Fremdfinanzierung eines Wirtschaftsgutes und die Herbeiführung von Betriebsausgaben ist deshalb auch dann nicht rechtsmissbräuchlich, wenn der Stpfl die Anschaffung aus eigenen Mitteln hätte bestreiten können (BFH/NV 01, 28).

Die **Ungewöhnlichkeit** einer Gestaltung (Rz 48) kann in diesem Zusammenhang ein Indiz sein, dass der Sachverhalt nur deshalb von dem StGesetz (nicht) erfasst wird, weil der Gesetzgeber bei der Formulierung des Gesetzes diese Gestaltung nicht vor Augen hatte. Hat der StGesetzgeber bei der Formulierung der StRechtsnorm erkennbar einen bestimmten Weg als typisch zugrunde gelegt und liegt dem StGesetz mithin eine andere Vorstellung davon zugrunde, wie sich der wirtschaftliche Vorgang im Regelfall vollzieht, ist dies ein Indiz für die Unangemessenheit der Gestaltung (vgl BFH/NV 97, 619; BStBl 98, 637).

60 **Beurteilung der Angemessenheit.** Für die abschließende Beurteilung, ob der ungewöhnliche Weg nach den Wertungen des Gesetzes stl **missbilligt** wird, lassen sich keine allg Maßstäbe aufstellen. Auf dieser Stufe ist letztlich zu bewerten, ob die der Gestaltung zugrunde liegenden wirtschaftlichen Erwägungen bei der Besteuerung zu berücksichtigen sind oder ob sie vom StRecht nicht hingenommen werden können. Die Rspr stellt darauf ab, ob auf einem ungewöhnlichen Weg das Ziel, Steuern zu sparen, nicht erreichbar sein soll (BFH BStBl 92, 541; 96, 214, 443; 98, 637; BFH/NV 99, 241) bzw ob der Weg bei einer sinnvollen, die Zwecke und Ziele der Rechtsordnung berücksichtigenden Auslegung des Gesetzes missbilligt wird (BFH BStBl 92, 486; 95, 722; BFH/NV 93, 25; 04, 920; 05, 186). Maßgebend sind die gesamten Umstände des Einzelfalls (BFH BStBl 98, 637).

Beispiele: Ein ungewöhnlicher Weg wird steuerlich nicht missbilligt, wenn der an sich vorgegebene Weg mit erheblichen Hindernissen verbunden ist (BFH BStBl 96, 214; 99, 119).

Der Abschluss eines Mietvertrages mit dem geschiedenen Ehegatten und die Verrechnung der Miete mit dem geschuldeten Barunterhalt ist nicht missbräuchlich, denn der Unterhaltsverpflichtete kann die Leistung von Sachunterhalt durch kostenlose Überlassung der Wohnung nach § 1612 I 2 BGB nur in begründeten Fällen durchsetzen (BFH BStBl 96, 214 mE zweifelhaft).

Ein Handelsvertreter darf seine Tätigkeit auf eine von ihm und seiner Ehefrau gegründete GmbH (Untervertretung) übertragen, wenn die an sich näher liegende Möglichkeit der Umwandlung der Einzelfirma in eine GmbH mit der Gefahr verbunden ist, den Ausgleichsanspruch nach § 89b HGB zu verlieren (BFH BStBl 99, 119).

61 Die Angemessenheit einer Gestaltung ist für **jede Steuerart gesondert** nach den Wertungen, die den jeweils maßgeblichen steuerrechtl Vorschr zugrunde liegen, zu beurteilen (BFH BStBl 98, 721; 04, 787; BFH/NV 04, 1597; 05, 392; ebenso AEAO zu § 42 Nr 2.2; kritisch *Rose/Glorius-Rose* DB 99, 1673).

65 **b) StVorteil.** Die Gestaltung muss beim Stpfl oder einem Dritten zu einem StVorteil führen, der gesetzlich nicht vorgesehen ist. Als gesetzliche Vorgabe ist die Formulierung neu. Nach der Rspr musste eine missbräuchliche Gestaltung aber „der Steuerminderung dienen" (Rz 45). Auch insofern knüpft die Missbrauchsde-

finition an die bisherige Rspr an. Es kommt stets auf das einzelne StRechtsverhältnis an (BFH BStBl 01, 43). Dieselbe Gestaltung kann deshalb für einen Steuerpflichtigen als Missbrauch zu beurteilen sein, für einen anderen jedoch nicht (BFH/NV 15, 495).

Der Begriff **„Dritter"** ist zu weit geraten (*Hahn* DStZ 08, 483). Nicht jeder Vorteil bei einem Dritten, der in keinerlei Nähebeziehung zum Stpfl steht, kann den Missbrauch auslösen (*Drüen* Ubg 08, 31). Wegen dieser Unbestimmtheit ist § 42 jedoch nicht verfassungswidrig. Nach AEAO zu § 42 Nr 2.3 muss der Dritte in einer gewissen Nähe zum Stpfl stehen. Das soll insbes der Fall sein, wenn er ein Angehöriger (§ 15) des Stpfl oder persönlich oder wirtschaftlich mit ihm verbunden ist (zB nahe stehende Personen iSv H 8.5 KStH 2015 oder § 1 II AStG; vgl auch § 41 Rz 39). Dem ist zuzustimmen. 66

Der Begriff **„StVorteil"** ist nicht identisch mit dem entsprechenden Begriff in § 370 I (vgl dort Rz 80 ff). Gemeint ist jede Differenz, die sich bei der Betrachtung von mindestens zwei rechtl Gestaltungen (vgl Rz 49) in steuerlicher Hinsicht ergibt. StVorteile sind daher nicht nur Steuervergütungen und Steuererstattungen, sondern auch geringere Steueransprüche (AEAO zu § 42 Nr 2.4). Diese unsystematische Verwendung eines bereits belegten Begriffs wäre vermeidbar gewesen (vgl *Drüen* AO-Stb 09, 241). Voraussetzung für die Anwendung des § 42 war schon immer, dass auf dem angemessenen Weg eine **höhere Steuer zu zahlen** wäre als auf dem tatsächlich eingeschlagenen (BFH BStBl 85, 2; 89, 205; 90, 113; 95, 705; 03, 869; BFHE 209, 262; BFH/NV 04, 920). Eine höhere Steuer wäre auch dann zu zahlen, wenn das Entstehen oder die Fälligkeit eines StAnspruchs nur **hinausgeschoben** wird (BFH BStBl 04, 195; BFHE 166, 550) oder die Durchsetzung des Steueranspruchs zeitweilig oder dauerhaft verhindert wird (BFH/NV 05, 186). Daran hat sich durch die Neufassung des Gesetzes nichts geändert. Ob eine **grenzüberschreitende Gestaltung** zu einem StVorteil führt, kann nicht aus der Sicht eines Staats allein beurteilt werden; vielmehr ist die Gesamtbelastung des Konzerns zu betrachten (FG Mchn EFG 12, 1894, aus anderen Gründen aufgehoben durch BFH/NV 15, 11). 67

Dreh- und Angelpunkt der Prüfung ist die Frage, ob der StVorteil **gesetzlich vorgesehen** ist. Dies kann nach der Vorstellung des Gesetzgebers der Fall sein bei der Ausübung gesetzlicher Wahlrechte oder bei der Nutzung steuerlicher Lenkungs- und Fördernormen. Nach AEAO zu § 42 Nr 2.5 ist ein StVorteil insbes dann gesetzlich vorgesehen, wenn der Tatbestand einer Norm erfüllt ist, mit der der Gesetzgeber ein bestimmtes Verhalten durch stl Anreize fördern wollte. Diese Aussagen sind wenig hilfreich („banal und falsch" *Hahn* DStZ 08, 483). Die Frage, ob ein StVorteil (Rechtsfolge) gesetzlich vorgesehen ist, bestimmt sich allein danach, ob der Tatbestand der entsprechenden Norm erfüllt ist. Wenn der Tatbestand erfüllt ist, verbleibt kein Raum mehr für eine weitere Prüfung, ob die Rechtsfolge vom Gesetz „vorgesehen" ist. Zutr weist die Formulierung allerdings darauf hin, dass bei der Auslegung und Anwendung sog Lenkungsnormen der Lenkungszweck zu berücksichtigen ist und dass Wahlrechte grds ausgeübt werden dürfen (vgl *Mack/Wollweber* DStR 08, 182). Durch beide Aussagen wird jedoch nicht infrage gestellt, dass Wahlrechte und Lenkungsnormen auch missbraucht werden können. Zur Lösung des Problems, wann das der Fall ist, trägt das zusätzliche Kriterium, ob der erstrebte Vorteil gesetzlich vorgesehen ist, nichts bei. Es wird deshalb voraussichtlich keine eigenständige Bedeutung erlangen (iErg ebenso *Spindler* StbJb 08/09, 39, 59; *Hey* BB 09, 1044, 1046). 68

Nach aA *Wendt* (DStJG 33 (2010), 117), sollte gerade die Frage, ob der StVorteil *vorgesehen* ist, von nun an im Mittelpunkt der Missbrauchsprüfung stehen. Dafür verlangt *Wendt* objektivierbare Anhaltspunkte. Der Gesetzgeber müsse also deutlich gemacht haben, dass der StVorteil für die gewählte Gestaltung **nicht vorgesehen** sei. Lasse sich dies nicht feststellen, sei der Tatbestand des § 42 nicht erfüllt. Bei diesem Verständnis wäre der Anwendungsbereich von § 42 ggü dem früheren Zu- 69 stand erheblich eingeschränkt. *Wendt* fordert deshalb eine weitere Neuregelung auf der Grundlage von Regelbeispielen. Die Auslegungshypothese *Wendts* widerspricht nicht nur dem erklärten Willen des Gesetzgebers (ebenso *TK/Drüen* § 42 Rz 20a), der eine Einschränkung von § 42 gerade nicht beabsichtigt hat, sie weist iErg auch zu einseitig dem Gesetzgeber die Verantwortung für die Vermeidung von Steuerumgehungen zu (vgl oben Rz 8). Der Wortlaut des Abs 1 S 1 und die Definition in Abs 2 sprechen außerdem (ganz unabhängig vom Willen des Gesetzgebers) dafür, dass der Begriff des Missbrauchs auch weiterhin im Mittelpunkt der Missbrauchsbekämpfung stehen muss.

71 **c) Beachtliche außersteuerliche Gründe (Abs 2 S 2).** Ein Missbrauch von Gestaltungsmöglichkeiten soll nicht vorliegen („dies gilt nicht"), wenn der Stpfl für die gewählte Gestaltung außersteuerliche Gründe „nachweist", die nach dem Gesamtbild der Verhältnisse beachtlich sind. Mit diesem Satz will der Gesetzgeber vor allem Fragen der Beweislast klären (dazu Rz 80). Als Bestandteil einer materiellrechtl Missbrauchsdefinition ist die Formulierung missraten. Abs 2 S 2 ist zu Unrecht als Ausnahmevorschrift zu Abs 2 S 1 konzipiert. Von zwei Stpfl, die mit identischen rechtl Gestaltung gesetzlich nicht vorgesehene StVorteile erstreben, darf nicht derjenige von der Rechtsfolge des Abs 1 S 3 verschont bleiben, dem auf Nachfrage die besseren Gründe hierfür eingefallen sind (vgl *Fischer* FR 01, 1212; 08, 306). Das mag tatsächlich so sein, wäre jedoch von Rechts wegen nicht akzeptabel. Richtigerweise ist die Frage, ob mit einer Gestaltung wirtschaftliche Zwecke verfolgt werden, die vom StRecht akzeptiert werden müssen, eine objektive Anwendungsvoraussetzung des § 42 und darf nicht vom Einfallsreichtum des Stpfl abhängen (vgl Rz 50 ff). Zu Unrecht wird auch der Eindruck vermittelt, als gehe es um eine persönliche Rechtfertigung. Eine Rechtfertigungsebene gibt es schon deshalb nicht, weil die Feststellung eines Gestaltungsmissbrauchs nicht mit einem Unwerturteil verbunden ist. Steuerumgehung ist weder rechtswidrig noch strafbar (vgl Rz 15). Zudem ist der Ausdruck „Gründe" schlecht gewählt. Der Zweck einer Gestaltung ist objektiv festzustellen; die subjektiven Gründe oder Motive des Stpfl sind dafür grds unbeachtlich (*Leisner-Egensperger* DStZ 08, 358). Ob „Gründe", die tatsächlich nachgewiesen worden sind, auch rechtl berücksichtigt werden können („beachtlich sind"), ist Rechtsfrage (zutr BT-Drs 16/6290, 81). Rechtsfragen können nicht „nach dem **Gesamtbild der Verhältnisse**" beurteilt werden. Die tatsächlichen Verhältnisse geben keinen normativen Maßstab, nach dem über die Beachtlichkeit von Gründen entschieden werden kann. Maßgeblich können nur rechtl Wertungen sein.

Beispiel: Der Zweck, Notargebühren zu sparen oder ein gemeindlichen Vorkaufsrecht zu umgehen, ist zwar vernünftig, aber *von Rechts wegen* nicht beachtlich, wenn der Verkauf eines Grundstücks dadurch umgangen wird, dass die Anteile an einer ausschließlich grundstücksverwaltenden Personengesellschaft abgetreten werden (vgl BFH BStBl 96, 377; BFH/NV 94, 903; 99, 1640; aber BFH/NV 03, 1345).

72 Nach **Auffassung der FinVerw** (AEAO zu § 42 Nr 2.6) sollen die vom Stpfl vorgebrachten Gründe unbeachtlich sein, wenn sie „im Vergleich zum Ausmaß der Unangemessenheit der Gestaltung und den vom Gesetzgeber nicht vorgesehenen StVorteilen nicht wesentlich oder sogar nur von untergeordneter Bedeutung" sind (zust *Hey* BB 09, 1044, 1047). Das läuft auf eine mehrdimensionale „Verrechnung" aller relevanten Gesichtspunkte miteinander hinaus, die – von kategorialen Fehlern (Rz 71) einmal abgesehen – nicht nur überkomplex, sondern auch praktisch unerfüllbar wäre (abl auch *Spindler* StbJb 08/09, 39, 60). Die Anweisung schafft iErg die Vorlage für rational nicht mehr überprüfbare Ergebnisbehauptungen und ist deshalb abzulehnen. Letztlich fehlt es an einem Maßstab, mit dem die Unangemessenheit einer Gestaltung, das Ausmaß des StVorteils und der Grad an rechtl Beachtlichkeit der vom Stpfl vorgebrachten Gründe gegeneinander abgewogen werden könnten. Zutr können die vom Stpfl erklärten Zwecke nur bei der Frage berück-

sichtigt werden, welchem Zweck eine Gestaltung dient (Rz 52). Vorbringen des Stpfl wird berücksichtigt, wenn es glaubhaft ist (Tatfrage). Normativ werden die festgestellten Zwecke berücksichtigt, wenn sie von der Rechtsordnung gebilligt werden. Erst wenn das der Fall ist, kann untersucht werden, ob sich die außersteuerlichen Zwecke gegen den Fiskalzweck durchsetzen, wie also die StRechtsordnung und eine angrenzende Teilrechtsordnung richtig miteinander verzahnt werden (dazu Rz 60 ff).

d) Missbrauchsabsicht. Die hM verlangte zur Anwendung des § 42 aF den **Nachweis der Absicht** der Steuerumgehung (vgl *Hensel* FS für Zitelmann S 272; BFH BStBl 53, 284; 92, 532; 93, 84; FG Brem EFG 94, 604; vgl auch BFH BStBl 92, 486, 549; FG Mster DStRE 02, 1273; aA BFH BStBl 89, 396; 93, 253; BFH/NV 90, 131; *HHSp/Fischer* § 42 Rz 107; *von Wallis* FR 60, 9; 63, 190; *Schmidt,* 75 Jahre Reichsfinanzhof-Bundesfinanzhof, S 351; *Wagner* FS für Franz Klein, S 982; *Clausen* DB 03, 1589; offen gelassen in BFH BStBl 88, 604; 91, 904; 92, 549). Ob sich diese Auffassung nach der Neufassung des § 42 aufrechterhalten lässt, ist fraglich. Immerhin muss aber die Gestaltung vom Stpfl „gewählt" worden sein. Die Frage hat jedoch kaum praktische Bedeutung. Die Tatsache, dass der Stpfl eine unangemessene Gestaltung gewählt hat, lässt den Schluss auf das Vorliegen der Umgehungsabsicht zu (BFH BStBl 88, 604; 91, 904; 92, 202, 549; 93, 84; BFH/NV 98, 988). Der BFH spricht auch von einer Missbrauchsvermutung (BFH BStBl 98, 667; 04, 787; anders evtl BFH DStRE 06, 117 „Die Umgehungsabsicht ist nachzuweisen"). Irrtumsfragen oder sonstige Willensmängel haben in der Rspr jedenfalls bislang keine Rolle gespielt. 75

6. Beweisfragen. Der Stpfl muss außersteuerliche Gründe für die von ihm gewählte Gestaltung **nachweisen** (Abs 2 S 2). Im Gegenschluss dazu ergibt sich, dass die FinBeh (wie bisher) die objektive Feststellungslast für das Vorliegen einer missbräuchlichen Gestaltung trägt. Daraus ergibt sich ein zweistufiges Prüfungsverfahren, das im Großen und Ganzen der dem bisher geltenden Recht zugrunde liegenden Sphärenverantwortlichkeit entspricht (vgl *Geerling/Gorbauch* DStR 07, 1703; *Lenz/Gerhard* BB 07, 2429; *Mack/Wollweber* DStR 08, 182; *v Wedelstädt* DB 07, 2558; *Hey* BB 09, 1044; *Spindler* StbJb 08/09, 39, 60; *Heintzen* FR 09, 599, 604; aA *Brockmeyer* DStR 07, 1325). 80

Zweifel am Vorliegen einer Steuerumgehung gehen **zulasten der FinBeh** (BFH BStBl 66, 509; BFH/NV 96, 383; BVerfGE 16, 210). Eine allgemeine Vermutung, dass eine ungewöhnliche Gestaltung auch unangemessen ist, gibt es nicht (BFH/NV 88, 64). Der BFH hat dennoch bei objektiv unangemessenen Gestaltungen **Vermutungen** für eine Steuerumgehung aufgestellt, wenn für die jeweilige Gestaltung wirtschaftliche oder sonst beachtliche Gründe fehlen. Es handelt sich um häufig wiederkehrende missbräuchliche Gestaltungen (vgl BFH BStBl 90, 100) oder Gestaltungen, die regelmäßig den Schluss auf eine Umgehungsabsicht zulassen (BFH BStBl 92, 532). Besteht eine solche Vermutung, obliegt es dem Stpfl im Rahmen seiner Mitwirkungspflichten, beachtliche Gründe substantiiert darzulegen. Der BFH spricht von einer erhöhten Pflicht des Stpfl zur Mitwirkung hinsichtlich solcher Umstände, aus denen sich ergibt, dass eine missbräuchliche Gestaltung ausgeschlossen ist (BFH BStBl 98, 429). Der Beweis des Gegenteils ist nicht erforderlich; zur Entkräftung einer Vermutung oder eines indiziellen Schlusses genügt der Gegenbeweis. Er ist erbracht, wenn die ernstliche Möglichkeit eines anderen tatsächlichen Ablaufs in Betracht kommt. Der Stpfl trägt (jedenfalls nach Abs 2 S 2) die **objektive Feststellungslast** hinsichtlich der von ihm vorgetragenen tatsächlichen Grundlagen (eingehend BFH BStBl 93, 84; ferner BFH BStBl 85, 756; 88, 45, 96; 92, 202; BFH/NV 89, 203; aA zu § 42 aF *TK/Drüen* § 42 Rz 54). 81

Aus der Neufassung des Gesetzes ergibt sich nichts anderes (*Geerling/Gorbauch* DStR 07, 1703). Bereits die Begründung des RegE (BT-Drs 16/6290, 81) betont, 82 dass die Neuregelung insoweit nur der **Klarstellung** dienen soll. Die partielle Umkehr der Feststellungslast zulasten des Stpfl sei (ähnlich wie im Fall des § 90 II) erforderlich, weil nur er in der Lage sei, die außersteuerlichen Gründe für die Gestaltung darzulegen. Die zwischenzeitlich geplante vollständige Umkehr der „Beweislast" (*Wienbracke* DB 08, 664) ist nicht Gesetz geworden. **Gründe** (Motive) sind als innere Tatsachen einer unmittelbaren Feststellung ohnehin nicht zugänglich. Auf sie kann nur aus äußeren Tatsachen geschlossen werden. Allein diese (Anknüpfungs-)Tatsachen sind beweisfähig. Für ihr Vorliegen trägt der Stpfl wie bisher die objektive Feststellungslast (vgl *Hahn* DStZ 08, 483, 490). Eine dem Zivilprozessrecht entlehnte subjektive Beweislast ist nicht vorgesehen. Durch die Neufassung des § 42 ist der Amtsermittlungsgrundsatz weder aufgegeben noch verändert worden (*Brandt* BB 4.08 M1; ausführlich *Mack/Wollweber* DStR 08, 182; aA *TK/Drüen* Vor § 42 Rz 30). Die in der Sphäre des Stpfl liegenden Gründe für die von ihm gewählte Gestaltung können stl nur berücksichtigt werden, wenn und soweit sie von ihm in Erfüllung seiner Mitwirkungspflicht beigebracht worden sind. Die **Beachtlichkeit** der vom Stpfl mitgeteilten Gründe ist ohnehin nicht beweisfähig, sondern das Ergebnis einer rechtl Bewertung, die das Gericht vornimmt (Rz 71).

85 **7. Rechtsfolge (Abs 1 S 3).** Der **Steueranspruch** entsteht so, wie er bei einer den wirtschaftlichen Vorgängen angemessenen rechtl Gestaltung entstanden wäre („entsteht"). § 42 durchbricht den Grundsatz des § 38, indem er anordnet, dass der tatsächlich verwirklichte Sachverhalt ausnahmsweise nicht der Besteuerung zugrunde gelegt wird. Ob § 42 einen anderen Sachverhalt fingiert (so *TK/Drüen* § 42 Rz 11 ff; BFH BStBl 16, 887) oder ob er dem äußerlich verwirklichten Sachverhalt nach Maßgabe seiner wirtschaftlichen Bedeutung eine andere Rechtsfolge zuordnet, ist unerheblich. § 42 bezweckt, den gesetzlich nicht vorgesehenen StVorteil nicht eintreten zu lassen. Für die Bestimmung der Reichweite der Rechtsfolge sind diejenigen steuerlichen Folgen in den Blick zu nehmen, die mit der gewählten Gestaltung umgangen werden sollten (BFH BStBl 16, 887). Betroffen ist deshalb (nur) jede Person, die aus der missbräuchlichen Gestaltung (für sich) einen Vorteil zieht (BFH BStBl 01, 43; BFH/NV 05, 239; 12, 1901), auch wenn sie den Sachverhalt nicht selbst gestaltet hat (Abs 2 S 1). § 42 wirkt **nur zulasten** des Steuerpflichtigen. Eine Steuer ist auch dann entstanden, wenn ein vergleichbares wirtschaftliches Ergebnis steuerfrei hätte erzielt werden können. Das Begehren einer Steuerminderung kann nicht auf § 42 gestützt werden (vgl BFH/NV 14, 1886). Für einen Grundsatz der „Umkehrung des Missbrauchs" in Anlehnung an § 42 AO fehlt es an einer gesetzlichen Grundlage (BFH/NV 10, 1131).

86 Ist eine Gestaltung verworfen worden, darf sie der Besteuerung insgesamt nicht zugrunde gelegt werden. Hatte die Gestaltung Auswirkungen auf **mehrere Steuerarten,** entstehen alle Steueransprüche so, wie sie bei angemessener Gestaltung entstanden wären. Eine **Doppelbesteuerung** aufgrund des verwirklichten und des angemessenen Sachverhalts ist nicht erlaubt. Sind aufgrund einer unangemessenen Gestaltung Steuern bereits entrichtet worden, sind sie auf die angemessene Steuer anzurechnen (BFH BStBl 92, 1029; 93, 426). Sind Steuern in anderen Steuerarten oder in früheren Veranlagungszeiträumen aufgrund unangemessener Gestaltung festgesetzt worden, sind diese Festsetzungen rückgängig zu machen. Ein Vorsteuerabzug kann nicht nach § 9b I 1 als WK bei den Einkünften aus VuV abgezogen werden, wenn er umsatzsteuerlich wegen § 42 AO zu versagen ist (BFH/NV 16, 1455).

87 § 42 hat darüber hinaus grds **keine Auswirkungen** auf den verwirklichten **Sachverhalt.** Die zugrunde liegende (idR zivilrechtl) Gestaltung bleibt als solche unberührt (BFH BStBl 96, 377); insbes Vereinbarungen bleiben wirksam. Zivilrechtl Folgen können sich allenfalls nach den Grundsätzen der ergänzenden Vertragsauslegung (§ 157 BGB), des Wegfalls der Geschäftsgrundlage (§ 242 BGB)

oder aus § 812 I 2 zweite Alt BGB ergeben (BGH BFH/NV Beilage 02, 115). Die Gestaltung bleibt – außerhalb der durch sie ausgelösten Besteuerung – auch steuerrechtl beachtlich. Wird nach § 42 aufgrund eines vollständigen Gesellschafterwechsels bei einer nur eigenen Grundbesitz verwaltenden Personengesellschaft GrESt erhoben, ist der Steuerbescheid gegen die Gesellschaft und nicht gegen die Gesellschafter zu richten, die die Veräußerung des Grundstücks umgangen haben (BFH BStBl 97, 299). Ist eine missbräuchliche Gestaltung auf Empfehlung des Beraters gewählt worden, kommt grds ein Schadenersatzanspruch in Betracht. Problematisch ist jedoch die Darlegung eines kausalen Schadens (*Al-Hami* DStR 16, 1949).

Verfahrensfragen. Sind Steuern auf der Grundlage einer missbräuchlichen Ge- 88
staltung festgesetzt worden, so richtet sich die **Aufhebung** oder **Änderung** der Bescheide nach den allgemeinen Berichtigungsvorschriften für Steuerbescheide. Wird die missbräuchliche Gestaltung (Sachverhalt) dem FA erst nachträglich bekannt, ist der Steuerbescheid nach **§ 173 I** zu ändern (aA *TK/Drüen* § 42 Rz 52: § 175 I 1 Nr 2). Entscheidend kommt es auf die Kenntnis des zuständigen Beamten an und nicht auf diejenige des Betriebsprüfers (BFH/NV 88, 151). Hat sich die missbräuchliche Gestaltung bei einer Steuerart günstig und bei einer anderen Steuerart erhöhend ausgewirkt, kommt eine Änderung nach § 174 I in Betracht.

8. Konkurrenz (Abs 1 S 2 und S 3). Abs 1 S 2 und 3 ersetzen die mit 90
StÄndG 2001 eingeführte Konkurrenzregel in § 42 Abs 2 aF. Ist der Tatbestand einer Regelung in einem Einzelsteuergesetz erfüllt, die der Verhinderung von Steuerumgehungen dient, bestimmen sich die Rechtsfolgen nach dieser Vorschrift. „Anderenfalls“ tritt die Rechtsfolge des § 42 ein, wenn ein Missbrauch vorliegt. Diese Aussagen sollen das Verhältnis von § 42 zu speziellen Missbrauchsvorschriften iS einer eindeutigen **Prüfungsreihenfolge** klarer regeln (BT-Drs 16/7036 S 6). Nach der Vorstellung des Gesetzgebers soll zukünftig als erstes geprüft werden, ob das im Einzelfall anzuwendende Einzelsteuergesetz eine Regelung enthält, die der Verhinderung der Steuerumgehung dient. Ist dies der Fall, soll weiter geprüft werden, ob die Tatbestandsmerkmale dieser Norm erfüllt sind. Dann bestimmen sich die Rechtsfolgen nach der einschlägigen Norm des Einzelsteuergesetzes. Ist der Tatbestand einer derartigen Norm nicht erfüllt, soll stets § 42 II geprüft werden. Das Vorliegen eines Missbrauchs soll sich dann allein nach § 42 II richten (BT-Drs 16/7036 S 24). Dem hat sich die FinVerw angeschlossen: Allein das Vorliegen einer einzelgesetzlichen Regelung, die der Verhinderung von Steuerumgehungen dient, schließe die Anwendbarkeit des § 42 I 3 iVm II nicht aus (AEAO zu § 42 Nr 1).

Die Neuregelung zielt insbes auf die Rspr des I. Senats des BFH zu sog **Basis-** 91
gesellschaften (vgl unten „Auslandsbeziehungen“). Danach schließt eine spezielle Missbrauchsnorm die Anwendung des § 42 auch dann aus, wenn im Einzelfall nicht alle ihre Tatbestandsvoraussetzungen erfüllt sind (ausführlich *Hahn* DStZ 08, 483, 486 ff), denn eine Spezialnorm entfaltet in ihrem abstrakten Anwendungsbereich eine Art von **Abschirmwirkung** ggü der allg Vorschr des § 42. Aus der Sicht des Gesetzgebers bewirkt die spezielle Umgehungsvorschrift bei dieser Lesart **Schutzlücken,** die geschlossen werden müssen. Die Neuregelung ist der zweite Versuch des Gesetzgebers, das Problem zu lösen, nachdem § 42 II aF eine Änderung der Rspr nicht bewirken konnte (vgl BFH BStBl 03, 50; 17, 700; BFH/NV 14, 904). Unabhängig von der Frage, welche Normen iSd Vorschr „der Verhinderung von Steuerumgehungen“ dienen und wie dies erkannt werden kann (Rz 92), wird das Vorhaben erneut scheitern. Die Rspr löst Fragen der Gesetzeskonkurrenz seit jeher mit Hilfe der Regeln der systematischen Auslegung. Im Spezialitätsverhältnis wird die allgemeinere Norm von der spezielleren verdrängt *(lex specialis derogat legi generali)*. Ob und wieweit dies der Fall ist, hängt vom Sinn und Zweck der Spezialnorm ab. Selbst wenn der Gesetzgeber eine Anwendung von § 42 im abstrakten Anwendungsbereich der Spezialnorm erzwingen kann, wird es ihm

nicht gelingen, seine in der Spezialnorm zum Ausdruck gekommenen eigenen Wertungen dadurch zu unterlaufen. Die Spezialnorm gibt idR den rechtl Maßstab vor, nach dem sich (in Ermangelung eines dem § 42 eigenen Maßstabs; vgl Rz 12, 49) auch die allg Grenzen der Gestaltungsfreiheit bestimmen (vgl *Drüen* Ubg 08, 31; *Fischer* FR 08, 306). Die Spezialnorm konkretisiert die Unangemessenheit mit der Folge, dass eine danach *nicht* unangemessene Gestaltung nicht nach anderen Maßstäben (welchen?) im Rahmen des § 42 zugleich (doch) unangemessen sein kann (*Spindler* StbJb 08/09, 39, 52; *Hey* BB 09, 1044, 1048; BFH BStBl 17, 700 zu § 15b). Die vom Gesetzgeber bekämpften Schutzlücken sind in Wahrheit die Folge einer immer kasuistischeren Rechtssetzung. Dadurch ist aber Vollständigkeit nicht zu erreichen (*Hey* DStJG 33 (2010), 140). § 42 AO soll aber anwendbar sein, wenn eine spezielle Missbrauchsvermeidungsnorm ihrerseits missbräuchlich umgangen wird (FG Hbg BeckRS 2017, 124288, Rev BFH I R 52/17 zu § 8b IV 1 Nr 1 KStG).

92 **Spezielle Missbrauchsnorm.** Ob eine Regelung in einem Einzelsteuergesetz der Verhinderung von Steuerumgehungen dient, ist nach dem Wortlaut der Regelung und dem Sinnzusammenhang, nach der systematischen Stellung im Gesetz sowie nach der Entstehungsgeschichte der Regelung – kurz: **im Wege der Auslegung** – zu beurteilen (AEAO zu § 42 Nr 1; *Spindler* StbJb 08/09, 39, 51). Die Entscheidung dürfte dennoch im Einzelfall schwierig und häufig nicht eindeutig sein (grundlegend *Hey* DStJG 33 (2010), 139). Ein allg akzeptierter Begriff der speziellen Missbrauchsnorm fehlt (*Hahn* DStZ 08, 483, 490). Auch der Gesetzgeber hat weder ein Kriterium noch ein Beispiel für eine spezielle Missbrauchsnorm genannt. Fraglich ist, ob die Missbrauchsabwehr einziger oder zumindest überwiegender Zweck der Norm sein muss und worauf abzustellen ist, wenn sich die Bedeutung einer Norm mit der Zeit verändert, was häufig vorkommt (vgl *Drüen* Ubg 08, 31; *Hahn* DStZ 08, 483). Eine echte Spezialnorm, die § 42 in ihrem Anwendungsbereich verdrängt, ist **§ 50d III EStG** (vgl BFH/NV 08, 1044; BMF BStBl 07, 446). Dagegen sind die **§§ 7 ff AStG** nicht *lex specialis* zu § 42. Die Rspr geht vielmehr zutr davon aus, dass § 42 den §§ 7 ff AStG vorgeht (BFH BStBl 01, 222; 05, 14). Eine mittelbare Änderung im Gesellschafterbestand **(§ 1 IIa GrEStG)** ist nach wirtschaftlichen Maßstäben zu beurteilen (BFH BStBl 13, 833); ob § 42 dadurch vollständig verdrängt wird, hat der BFH nicht entschieden (BFH BStBl 16, 57). Zum Verhältnis von **§ 1 IIa und III GrEStG** zu § 42 vgl iÜ BFH/NV 11, 1539. Zu **§ 15b EStG** vgl FG Nds EFG 13, 328. **§ 18 IV 1, 2 UmwStG 1995** gehen § 42 vor (BFH BStBl 16, 725). Umgekehrt kann sich die Missbilligung einer Gestaltung auch erst daraus ergeben, dass der Gesetzgeber zur Verhinderung der steuerlichen Vorteile tätig wird (BFH BStBl 17, 456: kein Missbrauch bei physischem Goldhandel vor Einführung von § 32b II 1Nr. 2 S 2 Buchst. c EStG und § 15b IIIa).

120 **9. Fallgruppen.** Die Rspr zu § 42 ist überwiegend kasuistisch. Allerdings sind bestimmte Grundsituationen erfahrungsgemäß anfälliger für Gestaltungsmissbräuche als andere. So lassen sich typische Umgehungssituationen fallgruppenweise beschreiben. Dadurch wird aber nur eine grobe Einteilung gewonnen. Die den einzelnen Entscheidungen zugrundeliegenden Sachverhalte sind vielfältig und müssen zum Verständnis jeder einzelnen Entscheidung jeweils genau und für sich betrachtet werden. Die Einteilung ist außerdem nur vorläufig. Eine Gestaltungsidee ist idR verbraucht, sobald sie von der Rspr als Missbrauch erkannt worden ist. Immer häufiger versucht der Gesetzgeber, vorauseilend sog Schlupflöcher zu schließen, um das StAufkommen zu verstetigen. Nicht immer handelt es sich dabei um Missbrauchsfälle. Schließlich entwickelt sich die Methodik und Dogmatik in der Rspr weiter. Viele klassische Umgehungsfälle werden heute nicht mehr unter Rückgriff auf § 42 gelöst, sondern durch teleologische Rechtsanwendung. Die Bildung von Fallgruppen läuft deshalb Gefahr, historisches Wissen zu konservieren.

Zukünftige neue Fallgruppen des § 42 können nicht sicher antizipiert werden. Die historischen Erkenntnisse können jedoch uU als Maßstab zur Lösung zukünftiger Fragen dienen (Gleichbehandlung in der Zeit).

a) Angehörige und Ehegatten. Nahen Angehörigen und Ehegatten steht es – 121
wie allen Stpfl – grds frei, ihre Verhältnisse untereinander stl möglichst günstig zu gestalten und Steuern zu sparen (vgl BFH BStBl 08, 502; 09, 663). Wegen der zwischen nahen Angehörigen typischerweise fehlenden Interessengegensätze ist jedoch die Gefahr des Missbrauchs von Gestaltungsmöglichkeiten bei ihnen größer als sonst (vgl BVerfG BStBl 96, 34 und § 41 Rz 30). Ziel solcher Gestaltungen ist häufig die Senkung der Gesamtsteuerbelastung zB durch die mehrfache Ausnutzung von Freigrenzen und Freibeträgen durch die **Verlagerung von Einkünften** oder die Schaffung von künstlichem Aufwand. Die Rspr hat es insbes als rechtsmissbräuchlich beurteilt, wenn die Beteiligten durch zivilrechtl mögliche Gestaltungen zwar wechselseitige Zahlungsverpflichtungen begründen, damit aber ihre jeweilige Position weder tatsächlich noch wirtschaftlich verändern (BFH BStBl 08, 502). Kennzeichnend dafür ist, dass durch **gegenläufige Gestaltung** die rechtl und tatsächlichen Wirkungen von Rechtsgeschäften ganz oder teilweise rückgängig gemacht werden und damit die Position des Nutzenden tatsächlich und wirtschaftlich nicht verändert wird. Häufig dienen Gestaltungen zugleich der Leistung von **Unterhalt** oder der Vermögensübertragung. Da Unterhaltsleistungen nach § 12 Nr 2 EStG stl unbeachtlich sind, sind zahlreiche Gestaltungen darauf gerichtet, Unterhaltsleistungen und andere privat veranlasste Vermögensverschiebungen in den stl relevanten Einkunftsbereich zu verlagern. Dafür bietet sich insbes die (verlustträchtige) Vermietung von Wohnraum an.

Fremdvergleich. Verträge zwischen nahen Angehörigen oder Ehegatten wer- 122
den der Besteuerung nur zugrunde gelegt, wenn sie dem sog Fremdvergleich standhalten. Die Fremdvergleichsgrundsätze sind ggü § 42 **vorrangig** anzuwenden (Rz 13). Daneben kann in Ausnahmefällen aber auch ein Missbrauch von Gestaltungsmöglichkeiten vorliegen (BFH/NV 95, 112).

VuV. Früher nahm die Rspr Missbrauch an, wenn Eltern eine Wohnung an ihr 123
Kind vermieteten und das Kind den Mietzins nur aus von den Eltern erhaltenem Barunterhalt leisten konnte; bei einer wirtschaftlichen Gesamtbetrachtung leisteten die Eltern nämlich Sachunterhalt (vgl BFH BStBl 88, 604; BFH/NV 90, 97; weitere Nachw s 7. Aufl). Diese Rspr ist überholt (BFH BStBl 00, 224; BFH/NV 03, 611, 749, 750). Der BFH akzeptiert nun die Entscheidung der Eltern, Barunterhalt zu leisten und unterstellt, dass der Mietvertrag davon unabhängig zustande kommt. Unschädlich ist deshalb auch, wenn die Miete mit dem Barunterhalt verrechnet wird (BFH BStBl 00, 223; BFH/NV 00, 429). Der BMF hat die Änderung der Rspr akzeptiert (vgl H 21.4 EStH). Auch unabhängig von Unterhaltspflichten hat es der BFH akzeptiert, wenn der Stpfl sein Haus zu fremdüblichen Bedingungen an seine Eltern vermietet und selbst ein Haus seiner Eltern unentgeltlich nutzt (BFH BStBl 03, 509). Schließlich wird Missbrauch auch verneint, wenn ein Ehegatte dem anderen Ehegatten seine am auswärtigen Beschäftigungsort belegene Wohnung im Rahmen einer doppelten Haushaltsführung zu fremdüblichen Bedingungen vermietet (BFH BStBl 03, 627). Missbräuchlich ist aber die Vermietung einzelner Räume von der im Miteigentum stehenden Ehewohnung zwischen Ehegatten (FG Mchn EFG 09, 153). Beachte auch Rz 180 zu wechselseitiger Vermietung.

Dingliche Nutzungsrechte. Die Einräumung eines unentgeltlichen, befriste- 124
ten **Zuwendungsnießbrauchs** an einem Grundstück zugunsten des unerhaltsberechtigten Kindes mit der Folge, dass das Kind Einkünfte aus VuV erzielt, ist nicht missbräuchlich (FG BaWü EFG 17, 965). Die Rspr akzeptiert auch weitgehend Gestaltungen, bei denen Mietverträge im Zusammenhang mit dinglichen Nutzungsrechten vereinbart werden, selbst wenn durch **Hin- und Herzahlung** oder

wechselseitige Verrechnung im wirtschaftlichen Ergebnis eine unentgeltliche Nutzung erreicht wird. Wird ein bebautes Grundstück im Wege der vorweggenommenen Erbfolge gegen Einräumung eines **Nießbrauchs** übertragen, ist es noch kein Missbrauch, wenn gleichzeitig mit der Vereinbarung des Nießbrauchs ein Mietvertrag über die durch den Nießbrauchsberechtigten genutzte Wohnung vereinbart wird und das dingliche Nutzungsrecht lediglich zur Sicherung des Mietverhältnisses dient und nicht tatsächlich ausgeübt wird (BFH BStBl 98, 539; BFH/NV 01, 309). Problematisch wird es aber, wenn ein Nießbrauch oder ein unentgeltliches Nutzungsrecht in solchen Fällen zunächst ausgeübt und später durch einen Mietvertrag oder eine sonstige entgeltliche Nutzung abgelöst wird. Hier müsste sich im Hinblick auf die besondere Interessenlage an sich stets die Frage stellen, ob Missbrauch vorliegt (vgl BFH BStBl 98, 429; FG Köln EFG 01, 638). Der IX. Senats des BFH nimmt aber auch insoweit idR keinen Missbrauch an. Ein Missbrauch ist lediglich bejaht worden, wenn ein im Zusammenhang mit einer Grundstücksübertragung eingeräumtes unentgeltliches Wohnrecht gegen Vereinbarung einer dauernden Last aufgehoben und gleichzeitig ein Mietverhältnis mit einem Mietzins in Höhe der dauernden Last vereinbart wird (BFH BStBl 04, 648). Kein Missbrauch soll dagegen vorliegen, wenn auf die Ausübung eines mit der Grundstücksübertragung eingeräumten unentgeltlichen Wohnungsrecht verzichtet und stattdessen zwischen dem Übertragenden und dem neuen Eigentümer des Grundstücks ein Mietvertrag geschlossen wird (BFH BStBl 04, 646; BFH/NV 04, 1265, 1272, 1273, 1276; 05, 1008; 13, 914; *Heuermann* StuW 04, 124; *Spindler* StbJb 08/09, 39, 44). Der Fortbestand des dinglichen Wohnrechts allein hindert die Wirksamkeit des Mietvertrags nicht (BFH BStBl 04, 646). Das gilt unabhängig davon, ob der Verzicht auf das Wohnrecht und der Abschluss des Mietvertrags in zeitlichem Zusammenhang mit der Einräumung des Wohnrechts oder später erfolgen (vgl zB einerseits BFH/NV 04, 1265 und andererseits BFH BStBl 04, 646). Der IX. Senat des BFH lehnt die Annahme eines Missbrauchs iÜ nicht nur idR ab, wenn auf ein unentgeltliches Wohnrecht verzichtet und stattdessen ein Mietvertrag geschlossen wird. Ein Missbrauch liegt nach dieser Rspr idR auch dann nicht vor, wenn der Mieter das Grundstück zuvor gegen wiederkehrende Leistungen (insbes Versorgungsleistungen als dauernde Last) auf den Vermieter übertragen hat (BFH BStBl 04, 643; BFH/NV 04, 1267, 1268, 1270, 1271, 1274, 1275). Dabei soll es auch als alleiniger Gesichtspunkt unerheblich sein, wenn die mit der Übertragung vereinbarten Versorgungsleistungen an den Übertragenden (als dauernde Last) der Höhe nach im Wesentlichen der vereinbarten Miete entsprechen (BFH BStBl 04, 643; aA FG Köln EFG 01, 1139; FG Nds DStRE 02, 1515 und die 8. Aufl).

125 **Unentgeltliche Überlassung.** Bei unentgeltlicher Überlassung (nicht Übertragung) und entgeltlicher **Zurückmietung** kann aber Missbrauch vorliegen (BFH BStBl 91, 205; BFH/NV 96, 122). Es ist missbräuchlich, wenn Eltern durch Vereinbarungen mit ihren Kindern nur so gestellt werden, wie sie wirtschaftlich auch ohne die Vereinbarung gestanden hätten (BFH/NV 96, 123; vgl auch FG Nds EFG 94, 1089). Ferner handelt es sich um Gestaltungsmissbrauch, wenn ein Stpfl einen gebrauchten PKW zum Buchwert an seine Tochter veräußert, ihn am selben Tag von ihr zurückmietet und der vereinbarte Mietzins für Fahrten, die nicht solche zwischen Wohnung und Arbeitsstätte sind, erheblich über den km-Pauschsätzen für Dienstreisen liegt (FG Mchn EFG 92, 278).

126 **Andere Verträge.** Die **Zwischenschaltung Angehöriger** bei Rechtsgeschäften kann missbräuchlich sein. Schaltet zB ein StB beim Erwerb einer für den Einsatz in seiner Kanzlei bestimmten EDV-Anlage mit Anwendersoftware ein minderjähriges einkommens- und vermögensloses Kind als Käufer vor, von dem er die EDV-Anlage mietet, ist eine rechtsmissbräuchliche Gestaltung gegeben (BFH BStBl 91, 607). Andererseits ist es nicht missbräuchlich, wenn der Betriebsinhaber seiner Ehefrau einen Vermögensgegenstand (oder die Mittel zu seiner Anschaffung)

ernsthaft und gegenwärtig schenkt, um ihn dann von ihr für seinen Betrieb zu mieten. Daran ändert auch nichts, wenn die Ehefrau nicht in der Lage sein sollte, die laufenden Aufwendungen aus den Mieten oder sonstigen eigenen Mitteln zu bestreiten (BFH BStBl 96, 5; BFH/NV 96, 35; aA wohl FG Köln EFG 01, 1501; anders aber bei der USt hinsichtlich des Vorsteuerabzugs). Kein Missbrauch ist gegeben, wenn Eltern ihrem minderjährigen Kind (zivilrechtl wirksam) ein schuldrechtl Nutzungsrecht an einem Einfamilienhaus bestellen, das das Kind – vertreten durch die Eltern – an fremde Dritte vermietet (BFH/NV 96, 122; aA FG RhPf EFG 97, 411). Als Missbrauch kann es aber anzusehen sein, wenn ein Stpfl an seinem Betriebsgrundstück eine beschränkt persönliche Dienstbarkeit zugunsten seiner Eltern einräumt und die Eltern das Grundstück anschließend an eine vom Stpfl beherrschte GmbH vermieten, um beim Stpfl die nachteiligen Folgen einer Betriebsaufspaltung zu vermeiden (BFH/NV 97, 659).

Darlehensverträge. Missbrauch kommt bei Darlehensverträgen insbes in Betracht, wenn dem (häufig minderjährigen) Darlehensgeber die finanziellen Mittel zuvor schenkweise zugewandt worden sind (BFH BStBl 96, 443; FG Nds DStRE 02, 686; vgl aber auch BFH BStBl 02, 674; FG Mster EFG 01, 1364 zu solchen Gestaltungen unter Eheleuten). Ein Missbrauch soll aber nicht vorliegen, wenn die Mutter ihren Kindern einen Geldbetrag schenkt, den die Kinder zeitnah dem Vater zur Finanzierung der Anschaffung eines Grundstücksanteils als Darlehen zur Verfügung stellen, der Vater dann die Hälfte des Grundstücks auf die Mutter überträgt und diese einen Betrag in die Renovierung des Gebäudes investiert, der dem Wert ihres Anteils entspricht (BFH BStBl 02, 674; vgl demgegenüber noch BFH BStBl 96, 443). Auch Darlehensverträge im Zusammenhang mit **Grundstücksübertragungen** können missbräuchlich sein. Verkaufen zB Eltern ein Grundstück an ihr Kind und versprechen sie gleichzeitig, ihm einen bestimmten Geldbetrag zu schenken, so kann darin Missbrauch zu sehen sein mit der Folge, dass der Kaufpreis in Höhe der Schenkung nicht anerkannt wird (BFH BStBl 92, 239; BFH/NV 92, 448; vgl auch FG Mster EFG 92, 535). Ebenso kann der Kauf eines bebauten Grundstücks von der betagten Mutter unter Verrechnung des Kaufpreises mit einem gleichzeitig von den Eltern gewährten Darlehen, dessen Rückzahlung auf 20 Jahre gestundet ist, missbräuchlich sein (BFH BStBl 92, 397; vgl auch FG Nds EFG 89, 166; FG Mster EFG 96, 234). Der Grund liegt darin, dass die betagte Mutter die Rückzahlung des Darlehens voraussichtlich nicht mehr erleben wird. Kein Missbrauch ist in solchen Fällen gegeben, wenn die Eltern ein Kündigungsrecht für das Darlehen haben und der Darlehensnehmer mit der vorzeitigen Kündigung und Rückzahlung des Darlehens rechnen muss (FG Mchn EFG 98, 305). Entscheidend ist, dass es nicht in der Macht des Darlehensschuldners steht, eine wirtschaftliche Belastung durch das Darlehen zu vermeiden. Deshalb ist es auch nicht rechtsmissbräuchlich, wenn eine 64 Jahre alte Mutter ein Einfamilienhaus an ihren Sohn verkauft, die Kaufpreisforderung ohne eine Tilgungsvereinbarung stundet, sie durch eine Hypothek sichern und verzinsen lässt und der Sohn ihr das Haus auf 30 Jahre vermietet (BFH/NV 97, 404). Privat veranlasste Darlehen können aber dadurch in den Einkünftebereich verlagert werden, dass vermieteter Grundbesitz gegen Übernahme von Schulden in eine GbR eingebracht wird (BFH BStBl 12, 205). 127

Die dargelegten Maßstäbe für den Missbrauch bei Verträgen zwischen Familienangehörigen gelten grds auch für Verträge zwischen **geschiedenen Ehegatten** (BFH/NV 95, 782) und wohl auch zwischen **Lebenspartnern** (§ 2 VIII EStG). Sie können aber nicht – jedenfalls nicht ohne Weiteres – auf **nichteheliche Lebensgemeinschaften** übertragen werden. Bewohnen Partner einer nicht ehelichen Lebensgemeinschaft gemeinsam eine Eigentumswohnung, die einem von ihnen gehört, kann dieser seine Wohnung nicht steuerrechtl wirksam zur Hälfte an den anderen vermieten. Die als Mietzins erklärten Zahlungen des Partners sind als Beiträge zur gemeinsamen Haushaltsführung zu werten (BFH BStBl 96, 359). 128

129 **Gewerblicher Grundstückshandel.** Missbrauch kann auch vorliegen bei der Zwischenschaltung von Angehörigen zur Vermeidung eines gewerblichen Grundstückshandels. So ist zB die Schenkung von Wohnungen an die Ehefrau und der Weiterverkauf durch diese missbräuchlich und dem Ehemann zuzurechnen, wenn dafür andere wirtschaftliche Gründe als die Vermeidung der Überschreitung der Grenze des gewerblichen Grundstückshandels nicht ersichtlich sind (BFH/NV 99, 302; 03, 162 mwN; 05, 1559). Ebenso kann Missbrauch vorliegen, wenn die Gesellschafter einer Grundstücksgesellschaft ihre Anteile vor Veräußerung des zuvor erworbenen und bebauten Grundstücks zu unüblichen Bedingungen an ihre Ehefrauen veräußern (BFH/NV 99, 146). Nicht immer kommt es in diesen Fällen auf § 42 an. Einkünfte werden stl derjenigen Person zugerechnet, die den Tatbestand der Einkünfteerzielung verwirklicht. Die wirtschaftlich zutreffende Zurechnung von Einkünften kann häufig schon durch Rechtsanwendung geklärt werden (so BFH BStBl 05, 817).

130 **Umsatzsteuer** vgl Rz 32 und 175 ff.

135 **b) Auslandsbeziehungen.** Zahlreiche Gestaltungen bezwecken die Ausnutzung des internationalen Steuergefälles durch Verlagerung von im Inland erzielten Einkünften (Vermögen) in das niedriger besteuernde Ausland. Dem wirkt vor allem das **AStG** entgegen. § 42 findet daneben jedoch ebenfalls Anwendung (vgl BFH BStBl 03, 50 mwN). Bei der Beurteilung von Gestaltungen **innerhalb der EG** ist außerdem dem Gemeinschaftsrecht und der Rspr des EuGH Rechnung zu tragen (BFH BStBl 05, 14).

136 **Wegzug.** § 1 AStG gilt „unbeschadet anderer Vorschriften"; § 42 geht deshalb der Wegzugsbesteuerung grds vor. Die entgeltliche Abtretung einer verzinslichen Forderung an eine im Ausland ansässige Person kann danach einen Gestaltungsmissbrauch darstellen, wenn sie dazu dient, das Fortbestehen wesentlicher wirtschaftlicher Interessen im Inland und damit den Eintritt der erweiterten beschränkten Steuerpflicht nach § 2 I 1 AStG zu vermeiden. Ein Gestaltungsmissbrauch liegt jedenfalls dann vor, wenn die Abtretung dem Forderungsschuldner ggü nicht offen gelegt worden ist und das vom Zessionar zu zahlende Entgelt sich nach dem Betrag der vom Schuldner geleisteten Zahlung abzüglich eines Festbetrags bemisst (BFH BStBl 99, 123).

137 **Basisgesellschaften.** Nach der stRspr des BFH erfüllt die Zwischenschaltung einer Basisgesellschaft in der Rechtsform einer Kapitalgesellschaft im niedrig besteuernden Ausland den Tatbestand des Rechtsmissbrauchs, wenn für sie wirtschaftliche oder sonst beachtliche Gründe fehlen (BFH BStBl 92, 1026; 92, 1029; 10, 688 mwN; FG BaWü EFG 15, 1776). In dem Fall wird vermutet, dass die Einschaltung ausschl dazu dienen soll, die Besteuerung im Inland zu umgehen (BFH BStBl 1993, 84). Dies setzt eine „gesellschaftsrechtl Verflechtung" zwischen dem Inländer und der ausl Kapitalgesellschaft voraus, die auch erfüllt sein kann, wenn eine dem Inländer nahestehende Person an der Gesellschaft beteiligt ist (BFH/NV 10, 688). Keine Anrechnung ausl Dividendensteuer nach § 34c EStG bei bloßer Durchleitung der Dividende durch ausl Basisgesellschaften (BFH BStBl 16, 887).

138 **Wirtschaftliche oder sonst beachtliche Gründe.** Es sind nur solche Gründe anzuerkennen, die die Wahl des Sitzes und der Rechtsform gerade in diesem Fall rechtfertigen; lässt sich die Wahl nur mit der Absicht der Steuerersparnis begründen, mangelt es an sonst beachtlichen Gründen (BFH BStBl 77, 263; vgl auch BFH BStBl 77, 261, 265 und 268). Anders kann dies sein, wenn die Basisgesellschaft zum Beteiligungserwerb im In- und Ausland unter Ausnutzung der günstigen ausl Finanzierungsmöglichkeiten dient (BFH BStBl 77, 268). Beachtliche Gründe können auch sein, dass der Stpfl ernsthaft beabsichtigt, seinen Wohnsitz oder seine berufliche Tätigkeit ins Ausland zu verlegen (BFH BStBl 76, 608), oder die Absicht, nur einen kleinen Teil des beträchtlichen Vermögens für etwaige Krisenzeiten in das Ausland zu verlagern (BFH BStBl 71, 721).

139 **Eigene wirtschaftliche Tätigkeit.** Als **Indiz** für das Vorliegen eines wirtschaftlichen Grundes hat es die Rspr stets angesehen, wenn die ausl Kapitalgesellschaft (auch) eine eigene wirtschaftliche Tätigkeit entfaltete (BFH BStBl 93, 84; 98, 235 mwN). Das Verständnis von der Bedeutung und Reichweite dieser Indiztatsache, mit dem sich auch die frühere Rspr vorwiegend befasst hat (vgl BFH BStBl 72, 679; 81, 339; 86, 496; 93, 84; 97, 118; 98, 235; BFH/NV 92, 271; 93, 416), hat sich in jüngerer Zeit grundlegend gewandelt. Die Entwicklung ist noch nicht abgeschlossen. Nach der neueren Rspr des BFH zu den sog IFS C-Gesellschaften **(Dublin Docks)** reicht das Erzielen von Einkünften aus passivem Erwerb (zB aus Kapitalanlagegeschäften) aus (BFH BStBl 92, 1029; 92, 1026), um einen Gestaltungsmissbrauch auszuschließen. Es genügt, wenn die Gesellschaft einen Board of directors hat und zB Kapitalanlagegeschäfte durch Einschaltung eines irischen Dienstleisters **(Outsourcing)** betreibt (BFH BStBl 01, 222; 03, 50; 05, 14; BFH/NV 00, 824; Nichtanwendungserlass BStBl 01, 243; aufgehoben durch BMF BStBl 05, 28; 07, 440). Diese Einschränkung des § 42 ergibt sich im Grundsatz aus der den §§ 7 ff AStG zugrunde liegenden Wertung. Danach löst das Erzielen von passiven Einkünften (nur) die Hinzurechnungsbesteuerung aus und rechtfertigt deshalb nicht die Annahme eines Gestaltungsmissbrauchs. Für die Annahme eines Gestaltungsmissbrauchs müssen weitere Umstände hinzutreten (BFH BStBl 01, 222). Um eine **funktionslose Briefkastengesellschaft,** auf die der BFH auch weiterhin § 42 anwendet, handelt es sich jedenfalls dann nicht, wenn sie auf eine gewisse Dauer angelegt ist und über ein Mindestmaß an personeller und sachlicher Ausstattung verfügt, die die unternehmerische Entscheidungs- und Handlungsfähigkeit sicherstellt. Im Gegenschluss wird eine funktionslose Briefkastengesellschaft wohl nur noch anzunehmen sein, wenn sie weder über eigenes Personal verfügt noch über eigene Geschäftsräume oder eine eigene Geschäftsausstattung, wenn nur ein Mehrfachgeschäftsführer vorhanden und wenn eine eigene wirtschaftliche Tätigkeit nicht nachweisbar ist (vgl BFH BStBl 03, 50; BFH/NV 03, 289). Nach diesen Grundsätzen verbleibt für § 42 nur noch ein sehr schmaler Anwendungsbereich.

140 Die Rspr ist – soweit sie **EU-Auslandsgesellschaften** betrifft – durch europarechtl Überlegungen mitbeeinflusst. Der EuGH hatte die Missbrauchsbekämpfung zunächst nicht als Rechtfertigung von Beschränkungen der Niederlassungsfreiheit akzeptiert. Vor diesem Hintergrund hat der BFH geäußert, es lasse sich schwerlich rechtfertigen, die Zwischenschaltung einer Kapitalgesellschaft in einem Mitgliedstaat als Missbrauch iSd § 42 zu behandeln. Kapitalgesellschaften in anderen Mitgliedstaaten müssten vielmehr wie inl Kapitalgesellschaften grds ohne jede Einschränkung stl berücksichtigt werden. Missbräuchlich könne die Zwischenschaltung im EU-Ausland allenfalls noch sein, wenn sie lediglich vorübergehend erfolge und nur zu dem Zweck bestimmt sei, einer anderweitig drohenden steuerlichen Belastungen zu entgehen (BFH BStBl 05, 14, Rz 160). Nachdem der EuGH mit Urteil v 12.9.2006 (DStR 06, 1686 **„Cadbury Schweppes"**) die (englische) Hinzurechnungsbesteuerung überwiegend verworfen und nur in eindeutigen Missbrauchsfällen für zulässig gehalten hat, soll nun wieder zu prüfen sein, ob die ausl Gesellschaft eine „wirkliche" eigenwirtschaftliche Tätigkeit entfalten konnte und ob es sich nicht iSd EuGH-Entscheidung um eine „rein künstliche, jeder wirtschaftlichen Realität bare Gestaltung" gehandelt habe (BFH/NV 08, 1044; BMF BStBl I 07, 99). Offen bleibt, ob diese Prüfung im Rahmen des § 42 oder der §§ 7 ff AStG vorzunehmen ist und wie nach „Cadbury Schweppes" das Verhältnis der Regelungen zueinander (evt neu) bestimmt werden muss. Nach den bisherigen Grundsätzen spricht vieles dafür, dass § 42 die §§ 7 ff AStG für EU-Auslandsgesellschaften zukünftig verdrängt, da nach Maßgabe der neuen EuGH-Rspr nur die Bekämpfung von eindeutigen Missbrauchsfällen europarechtl erlaubt ist, die nach dem logischen Vorrang des § 42 in dessen Anwendungsbereich fallen.

141 **Unerheblich** für die Anwendung des § 42 ist, ob es sich bei dem Sitzstaat der ausl Gesellschaft um ein Niedrigsteuerland handelt. Werden im Inland erzielte Einnahmen zur Vermeidung der inl Besteuerung durch eine ausl KapGes durchgeleitet, greift § 42 auch dann ein, wenn es sich bei dem Sitzstaat der ausl Gesellschaft nicht um ein Niedrigsteuerland handelt (BFH BStBl 98, 235; 02, 819). Nicht erforderlich ist ferner, dass an der ausl Gesellschaft Inländer beteiligt sind; § 42 ist auch bei beschränkt Stpfl anzuwenden (BFH BStBl 98, 163; 98, 235; BFH/NV 08, 1044). Schließlich kommt es auch nicht darauf an, dass die Beteiligten einander nahe stehende Personen sind (BFH BStBl 93, 426; 98, 235).

142 **Rechtsfolge.** Vgl Rz 85 ff. Die Basisgesellschaft oder die zu ihr bestehenden Rechtsbeziehungen bleiben stl außer Betracht. Die Einkünfte werden den Gesellschaftern unmittelbar zugerechnet (BFH/NV 86, 255; BFH BStBl 92, 1026; 92, 1029; 98, 63). Vorrangig ist allerdings im Zweifelsfall zu prüfen, ob nicht die Basisgesellschaft den Ort ihrer Geschäftsleitung im Inland hat und daher dort unbeschränkt stpfl ist. In einem solchen Fall kommt die Anwendung des § 42 nicht in Betracht (BFH/NV 02, 1411).

143 **DBA.** Durch Einschaltung ausl Kapitalgesellschaften ohne andere Ziele können die abkommensrechtl Voraussetzungen für die Freistellung oder Ermäßigung (sog **„Treaty-Shopping"**) oder die Umqualifizierung bestimmter Einkünfte (sog **„Rule-Shopping"**) gezielt herbeigeführt werden. Soweit DBA abschließende Vereinbarungen zur Missbrauchsbekämpfung enthalten, werden die nationalen Vorschr durch sie vollständig verdrängt; die Anwendung von § 42 ist insofern ausgeschlossen (BFH BStBl 08, 619 zu Art 23 DBA-Schweiz). IÜ enthält **§ 50d III EStG** eine speziellere Vorschr zur Bekämpfung von Abkommensmissbrauch, von deren Anwendungsbereich § 42 vollständig verdrängt wird (BFH/NV 08, 1044; BStBl 08, 619; BMF BStBl I 07, 446). Ob sich daran aufgrund der in § 42 I 2 und 3 vorgesehenen neuen Anwendungsvorschrift etwas ändern wird, erscheint fraglich. Die Wertungen des § 50d III EStG würden unterlaufen, wenn eine fehlende Anwendungsvoraussetzung durch § 42 AO ergänzt würde. Die allgemeinere Vorschr kann keine strengeren Anforderungen stellen als die speziellere.

145 **c) Bauherrenmodell.** Nach der neueren Rspr des BFH werden alle Aufwendungen, die von Anlegern eines Bauherrenmodells geleistet worden sind (zB Provisionszahlungen, Mietgarantien oder Treuhänderleistungen), als **Anschaffungskosten** und nicht als sofort abziehbare Werbungskosten behandelt (BFH BStBl 90, 299), wenn sich die Anleger aufgrund eines vom Projektanbieter vorformulierten Vertragswerks beteiligen (FG BBg EFG 12, 1227). Die stl Beurteilung der Aufwendungen für den Erwerb eines Grundstücks kann nicht davon abhängen, ob die Gegenleistung für den Erwerb aufgrund eines Vertrags in einer Summe gezahlt wird oder aufgrund mehrerer Verträge, in die der einheitliche Vorgang aus steuerlichen Gründen aufgespalten wird. Voraussetzung ist, dass alle Verträge in wirtschaftlichem Zusammenhang mit der Erlangung der Immobilie stehen; Grundlage dieser Rspr ist § 42. Als einheitliches Vertragswerk können danach auch die Verträge zu beurteilen sein, die der Errichtung von **Immobilienfonds** zugrunde liegen, sei es in der Rechtsform einer KG (BStBl 95, 166) oder einer gewerblich geprägten KG (BStBl 01, 717; 01, 720; BFH/NV 11, 1516). Diese Grds gelten entsprechend für die Beteiligung an einem in der Rechtsform einer GmbH & Co KG geführten geschlossenen **Windkraftfonds** (BFH BStBl 11, 706), **Schiffsfonds** (BFH BStBl 11, 709; BFH/NV 11, 1334; 11, 1361) oder einem **Zweitmarkt-Fonds**, der in bestehende Schiffsfonds investiert (FG Hbg EFG 15, 1911 Rev BFH IV R 33/15).

147 **d) Betriebsaufspaltung.** Gestaltungen zur Herstellung oder (häufiger) Vermeidung einer Betriebsaufspaltung stehen unter dem Vorbehalt des § 42 (BFHE 187, 570; BFH BStBl 02, 363; BFH/NV 02, 631). Dabei geht es idR darum, die **personelle Verflechtung** zu vermeiden. Sie beruht aber ohnehin auf Zurechnungserwägungen. Die in diesem Zusammenhang auftretenden Fragen der richti-

gen Zurechnung werden deshalb zumeist ohne Rückgriff auf § 42 bewältigt. Die personelle Verflechtung entfällt nicht, wenn der Alleineigentümer das Betriebsgrundstück an eine GmbH vermietet, die es an die Betriebsgesellschaft weiter vermietet (vgl BFH BStBl 02, 363; BFH/NV 02, 631 Zurechnung der personellen Verflechtung aufgrund wirtschaftlicher Betrachtungsweise). Eine Betriebsaufspaltung wird aber vermieden, wenn an der Betriebsgesellschaft nicht alle Personen der Besitzpersonengesellschaft beteiligt sind und bei der Besitzpersonengesellschaft das Einstimmigkeitsprinzip gilt. Die Vereinbarung des Einstimmigkeitsprinzips bei der Besitzpersonengesellschaft ist kein Missbrauch (BFH/NV 00, 601), auch nicht die Beteiligung eines Minderheitsgesellschafters mit einem Zwerganteil von 1% (FG Köln EFG 17, 593 Rev BFH IV R 4/17). Die Begründung einer unechten Betriebsaufspaltung mit einer vermögensverwaltenden GmbH stellt keinen Missbrauch von rechtlichen Gestaltungsmöglichkeiten dar (BFH/NV 15, 1398).

e) Gesamtplan, Allgemeines. Ein Gesamtplan (vgl auch Rz 13) ist nach der Rspr regelmäßig dadurch gekennzeichnet, dass ein einheitlicher wirtschaftlicher Sachverhalt aufgrund eines vorherigen, zielgerichteten Plans „künstlich" zergliedert wird und den einzelnen Teilakten dabei nur insoweit Bedeutung zukommt, als sie die Erreichung des Endzustands fördern (BFH BStBl 12, 648). Ein Gesamtplan ist demnach zu verneinen, wenn wirtschaftliche Gründe für die einzelnen Teilschritte vorliegen und es dem Steuerpflichtigen gerade auf die Konsequenz dieser Teilschritte ankommt (BFH BStBl 01, 101). Die Feststellung, ob ein Gesamtplan vorlag, ist Sache der Tatsachen- und Beweiswürdigung durch das Finanzgericht (BFH/NV 13, 376). Nach Auffassung des IV. Senats gibt es keinen allgemeingültigen Rechtsgrundsatz des Inhalts, dass eine aufgrund einheitlicher Planung in engem zeitlichen und sachlichen Zusammenhang stehende Mehrzahl von Rechtsgeschäften für die stl Beurteilung zu einem einheitlichen wirtschaftlichen Vorgang zusammenzufassen und sodann unter den Steuertatbestand zu subsumieren ist. Grundlage der StRechtsanwendung ist jeweils nur die verwirklichte zivilrechtliche Gestaltung, sofern nicht im Einzelfall ein Gestaltungsmissbrauch anzunehmen ist (BFH BStBl 17, 766; DStR 17, 1376). 148

Gesamtplan, Einzelheiten. Nach § 6 III 1 HS 1 EStG in der seit VZ 2001 gültigen Fassung scheidet die Aufdeckung der stillen Reserven im unentgeltlich übertragenen MU-Anteil auch dann aus, wenn ein funktional wesentliches Betriebsgrundstück des Sonderbetriebsvermögens vorher bzw. zeitgleich zum Buchwert nach § 6 V EStG übertragen worden ist (BFH/NV 12, 2053; ablehnend *Brandenberg* DB 13, 17: Abschied vom Gesamtplan). Ein schädlicher Gesamtplan liegt ebenfalls nicht vor, wenn vor einer **Einbringung nach § 24 I UmwStG** eine wesentliche Betriebsgrundlage des einzubringenden Betriebs unter Aufdeckung der stillen Reserven veräußert wird und die Veräußerung auf Dauer angelegt ist (BFH BStBl 12, 638). Anders als § 42 wendet die Rspr den Gesamtplan auch **zugunsten** des Stpfl an. Der Durchgangserwerb einer wesentlichen Beteiligung ist danach für die Anwendung von § 17 I 4 EStG unschädlich, wenn wirtschaftlich lediglich eine Beteiligung von 25% übertragen werden sollte und letztlich auch übertragen worden ist (BFH BStBl 12, 318; BFH/NV 11, 1388). 149

f) Gewerbesteuer. Der BFH hat Gestaltungsmissbrauch angenommen, wenn zB die GewSt umgangen werden soll durch vorübergehende **stichtagsbezogene Mittelzuführung,** wenn die Mittel kurz darauf wieder entnommen werden (BFH BStBl 70, 205; 72, 344). Ebenso ist Steuerumgehung bejaht worden, wenn ein Gesellschafter kurz vor dem Bilanzstichtag Mittel entnommen und kurz danach wieder eingelegt hat (BFH BStBl 69, 232). Zahlt ein Darlehensschuldner im Einvernehmen mit dem Gläubiger ein zu Beginn des Jahres in Anspruch genommenes Darlehen am Ende des Kalenderjahres zurück und wird das Darlehen aufgrund einer schon bei der Rückzahlung getroffenen Vereinbarung zu Beginn des folgenden Jahres erneut gewährt und ausbezahlt, kann darin eine missbräuchliche Umge- 150 hung des § 8 Nr 1 GewStG liegen (BFH BStBl 85, 680; vgl auch FG RhPf EFG 87, 198 zur Anwendung des § 42 auf hintereinander folgende Kredite bei verschiedenen Banken). Unerheblich ist, ob die kurzfristige Kreditabdeckung aus Fremd- oder aus Eigenmitteln erfolgt (BFH/NV 04, 810). Der vorübergehende Ausgleich eines Kontokorrentkredits zur Vermeidung von Dauerschulden iSv § 8 Nr 1, § 12 II Nr 1 GewStG durch kurzfristige Kreditaufnahme bei einer Schwester-KG ist jedenfalls dann rechtsmissbräuchlich, wenn die Schwester-KG den Kredit durch vorübergehende Kreditaufnahme refinanzieren muss (BFH/NV 87, 324). Ein Rechtsmissbrauch zur Vermeidung von Dauerschulden ist auch in einem kurzfristigen Kontoausgleich durch Umschichtung innerhalb einer Bankverbindung zu sehen (FG Hbg EFG 87, 316). S auch unter Rz 182 „Zinsen".

152 **g) Gewerblicher Grundstückshandel.** Um die Gewerblichkeit zu umgehen, wird häufig versucht, den Sachverhalt so zu gestalten, dass einzelne Veräußerungsgeschäfte anderen Personen zuzurechnen sind. Soweit es sich dabei nicht um Scheingeschäfte handelt, wird die richtige Zurechnung von Einkünften idR bereits durch die Subsumtion unter den Tatbestand der Einkunftserzielung gewährleistet. Für die Anwendung des § 42 verbleibt daneben nur wenig Raum. Missbräuchlich kann die **Zwischenschaltung** einer Personen- oder Kapitalgesellschaft sein, wenn sie nur dazu dient, die Erfüllung der Voraussetzungen des gewerblichen Grundstückshandels zu vermeiden (BFH BStBl 92, 143; 98, 667, 721; BFH/NV 93, 728; 96, 746; eingehend zu Zwischenschaltung einer Personengesellschaft BFH GrS BStBl 95, 617, zu Kapitalgesellschaft BFH BStBl 04, 787, jeweils mwN). Für einen Gestaltungsmissbrauch kann sprechen, wenn der Alleingesellschafter „seine" GmbH in die Veräußerung eines Grundstücks zwischenschaltet und die Mittel für den an den Alleingesellschafter zu entrichtenden Kaufpreis zum erheblichen Teil erst aus dem Weiterverkaufserlös zu erbringen sind (BFH BStBl 04, 787). Ein Missbrauch liegt jedoch nicht vor, wenn die zwischengeschaltete GmbH nicht funktionslos ist, insbes wenn sie eine wesentliche wertschöpfende Tätigkeit selbst ausübt (BFH BStBl 10, 622).

154 **h) Grunderwerbsteuer.** Die Umgehung der GrESt durch Vermeidung eines Grundstückskaufvertrags gehörte zu den klassischen Missbrauchsfällen (zur Rspr vgl die 8. Aufl; *Heine* INF 06, 866). Die Problematik ist durch die Einfügung von **§ 1 IIa GrEStG** seit 1997 gesetzlich geregelt. Danach wird ein auf die Übereignung eines Grundstücks gerichtetes Rechtsgeschäft fingiert, wenn zum Vermögen einer Personengesellschaft ein inländisches Grundstück gehört und sich innerhalb von fünf Jahren der Gesellschafterbestand unmittelbar oder mittelbar dergestalt ändert, dass mindestens 95% der Anteile auf neue Gesellschafter übergehen (zur Reichweite des § 1 IIa GrEStG über die bisherigen Anwendungsfälle des § 42 AO hinaus BFH BStBl 02, 777). Die frühere Rspr hat im Wesentlichen nur noch für Altfälle Bedeutung. § 1 Abs 2a und 3 GrEStG schließen die Anwendung von § 42 aber nicht grds aus, zB wenn ein mit einem Grundstück verknüpfter Gesellschaftsanteil übertragen wird (BFH/NV 05, 721; 11, 1539; vgl auch Rz 119 und § 39 Rz 5).

155 **Einzelfragen.** Die Übertragung bloß eines Gesellschaftsanteils einer Gesellschaft bürgerlichen Rechts (GbR) kann nach § 1 I Nr 1 GrEStG iVm § 42 AO der GrESt unterliegen, wenn zum Gesamthandseigentum der GbR mehrere Wohnungs- bzw Teilerbbaurechte oder Grundstücke gehören und jeder der Gesellschaftsanteile untrennbar mit je einem Wohnungs- bzw Teilerbbaurecht oder einem bestimmten Grundbesitz untrennbar verknüpft ist und der Gesellschafter ggf durch einseitige Erklärung (zB Kündigung oder Auflösung der Gesellschaft) seine Gesellschafterstellung ohne Weiteres in einen Anspruch auf Eigentum an diesem Grundbesitz umwandeln kann (BFH BStBl 89, 628; 92, 680; 93, 879; BFH/NV 01, 1144; FG MeVo 01, 909; vgl aber auch FG Sachs EFG 02, 1104). Liegt dagegen keine Verknüpfung mit einem Wohnungs- bzw Teilerbbaurecht, Miteigen-

tumsanteil oder bestimmten Grundbesitz vor, entsteht GrESt auch nicht über § 42 (BFH BStBl 90, 446). Diese Grundsätze gelten auch für die Übertragung eines Kommanditanteils, wenn der Gesellschaftsvertrag vorsieht, dass der beitretende Gesellschafter jederzeit über seinen Gesellschaftsanteil verfügen, seine Beteiligung jedoch nicht vor Ablauf von fünf Jahren kündigen kann und dass der Gesellschafter oder sein Rechtsnachfolger für den Fall der Kündigung an Stelle der Zahlung eines Auseinandersetzungsguthabens nur die Übertragung eines in der Beitrittserklärung bezeichneten (von der Gesellschaft noch zu erwerbenden und zu bebauenden) Grundstücks verlangen kann (BFH BStBl 92, 680). Hier entsteht über § 42 GrESt. Kann der Gesellschafter seine Gesellschafterstellung durch einseitige Erklärung nicht ohne weiteres in einen Anspruch auf Übertragung des (Teil-)Eigentums an einem Grundstück umwandeln, ist kein Fall des § 42 gegeben (BFH BStBl 93, 879; BFH/NV 01, 1144; 04, 367). Führt ferner zB das Ausscheiden aus einer Gesellschaft, zu deren Gesamthandsvermögen ein mit mehreren Wohnungseinheiten bebautes Grundstück gehört, nach dem Gesellschaftsvertrag nicht zu einem Anspruch auf ein (noch zu bildendes) Wohnungseigentum oder Teilerbbaurecht oder Grundstück, so unterliegt die Übertragung des Gesellschaftsanteils nicht nach § 1 I Nr 1 GrEStG iVm § 42 AO der GrESt (BFH BStBl 91, 731). Werden für die Übertragung eines Grundstücks zwischen Geschwistern die **Eltern dazwischengeschaltet,** nur um auf diesem Wege die GrEStBefreiung des § 3 Nr 6 GrEStG in Anspruch nehmen zu können, kann ein Missbrauch vorliegen (BFH BStBl III 61, 21; FG Mster EFG 91, 346; FG Mchn EFG 13, 1952). Anders ist dies, wenn sich die Übertragung als abgekürzter Leistungsweg einer freigebigen Zuwendung eines Elternteils darstellt (BFH/NV 15, 5; FG Ddorf EFG 15, 1625 Rev BFH II R 38/15; vgl auch BFH BStBl 16, 292).

Erfolgt die **Rückgängigmachung eines Kaufvertrags** über ein Grundstück 156
ausschl im Interesse eines Dritten, so kann § 42 dazu führen, dass die GrESt trotz § 16 GrEStG nicht entfällt oder aufgehoben wird, wenn die Bindungen eines der Vertragsbeteiligten an den Dritten sowie dessen Einflussnahme auf die gewählte Vertragsgestaltung sich als Gestaltungsmissbrauch darstellen (BFH BStBl 88, 296; FG Nbg EFG 91, 341).

i) Kapitaleinkünfte. Bei Einkünften aus Kapitalvermögen (vor Einführung der 158
Abgeltungsteuer) kann Missbrauch vorliegen, wenn sich ein Rechtsgeschäft nur aufgrund des Sparerfreibetrags für den Stpfl vorteilhaft auswirkt. Erwirbt der Stpfl am Ende eines Jahres Bundesobligationen, dann scheidet trotz bestehender Überschusserzielungsabsicht die Berücksichtigung der gezahlten **Stückzinsen** als negative Einnahmen iSv § 20 II Nr 3 EStG dieses Jahres wegen Missbrauchs aus, wenn bereits im Zeitpunkt des Erwerbs feststeht, dass bis zur Veräußerung zu Beginn des Folgejahres unter Einbeziehung der Vermögensebene ein Verlust eintreten wird und sich dieses Wertpapiergeschäft deshalb nur im Falle seiner steuerlichen Anerkennung aufgrund der Sparerfreibeträge (§ 20 IV EStG aF) für den Stpfl vorteilhaft auswirken würde (BFH BStBl 99, 769; BFH/NV 00, 188). Zu Veräußerungsgeschäften vgl Rz 177.

KapESt. Es ist nicht missbräuchlich (§ 42), wenn eine inl Bank ihre Kunden veranlasst, Zinsscheine von Inhaberschuldverschreibungen (sog Tafelpapiere) über ein ausl Kreditinstitut einzulösen (BFH/NV 10, 1353). Zu „Dividendenstripping" im Zusammenhang mit der Anrechnung oder Erstattung von KapESt vgl Rz 162.

j) Kapitalgesellschaft (Inland). Kapitalgesellschaften unterliegen als solche 160
keinem erhöhten Missbrauchsverdacht. Die Gründung einer Kapitalgesellschaft ist vom StRecht grds zu beachten. Ein Missbrauch von Gestaltungsmöglichkeiten liegt deshalb idR nicht vor, wenn der Stpfl zwischen sich und eine Einkunftsquelle auf Dauer eine inl Kapitalgesellschaft schaltet und alle sich daraus ergebenden Konsequenzen zieht (BFH BStBl 98, 90; 99, 119). Das gilt bei einer auf Dauer angelegten Umstrukturierung auch dann, wenn die Umstrukturierung auf der Übertra-

gung nicht wesentlicher Beteiligungen beruht (BFH BStBl 10, 1104). Missbrauch kann jedoch vorliegen, wenn die KapGes **nur vorübergehend** zwischengeschaltet wird und (allein) dem Zweck dient, sonst drohenden steuerlichen Belastungen zu entgehen (BFH BStBl 05, 14; FG BaWü EFG 17, 1433, Rev BFH I R 44/17). Das gilt auch für die Zwischenschaltung von EU-Auslandsgesellschaften (Rz 140). Dem Stpfl steht es iAllg frei, ob er als Einzelunternehmer, Mitunternehmer oder durch eine Kapitalgesellschaft, an der er beteiligt ist, tätig wird (BFH BStBl 99, 119). Es ist deshalb nicht zu beanstanden, wenn ein Handelsvertreter einen Teil seiner Tätigkeiten auf eine von ihm und seiner Ehefrau gegründete GmbH (Untervertretung) überträgt (BFH BStBl 99, 119). **Versicherungsbeiträge,** die mittelbar über eine konzernfremde Erstversicherung an eine konzerneigene Rückversicherung im Ausland geleistet werden, stellen keine vGA dar; es liegt auch kein Gestaltungsmissbrauch vor (BFH/NV 12, 885).

161 **Verträge zwischen Gesellschaft und Gesellschafter** sind grds anzuerkennen. Es ist deshalb nicht missbräuchlich, wenn eine GmbH einen von ihrem Gesellschafter-Geschäftsführer gemieteten Gegenstand (zB PKW) diesem Gesellschafter (auch zur privaten) Nutzung überlässt (BFH BStBl 93, 530; BFH/NV 95, 741). Unangemessene (Gegen-)Leistungen werden als **vGA** oder **verdeckte Einlage** bei der Einkommensermittlung der Kapitalgesellschaft neutralisiert. Eine missbräuchliche Gestaltung zur **Vermeidung einer vGA** liegt nicht vor, wenn die Ehefrau des Gesellschafters im Rahmen eines Mantelkaufs die gegen die Gesellschaft gerichteten Forderungen erwirbt und die Gesellschaft später hierauf Zahlung leistet (Darlehensrückzahlung; FG SchlHol EFG 15, 1150, Rev BFH VIII R 21/15). Ein Missbrauch von rechtl Gestaltungsmöglichkeiten liegt aber vor, wenn ein Einzelunternehmer mit einer von ihm beherrschten GmbH nicht nur einen als Werkvertrag bezeichneten Vertrag abschließt, nach dem die GmbH insbes verpflichtet ist, die vom Einzelunternehmer in Auftrag gegebenen Reparaturarbeiten durchzuführen, sondern zusätzlich ausschl aus steuerlichen Gründen weitere Verträge, welche die mit dem Erstvertrag verbundenen wirtschaftlichen Folgen wieder aufheben und in ihr Gegenteil verkehren (BFH BStBl 88, 629; FG BaWü EFG 90, 657). Die gewinnmindernde Wirkung von Betriebsausgaben kann nicht deshalb nach § 42 verneint werden, weil ein Gesellschafter den Erlös aus den mit der KapGes abgeschlossenen Geschäften der KapGes in Form einer offenen oder verdeckten Einlage wieder zuführt (BFH BStBl 89, 473). Ein Gestaltungsmissbrauch kann vorliegen, wenn statt der geplanten Übertragung von Versorgungsansprüchen auf eine Versorgungskasse B zunächst eine Versorgungskasse A übertragen wird, um den gewinnmindernden Abzug einer Einmalzahlung zu erreichen (FG Köln EFG 13, 654).

162 **Ausschüttungen.** Die Gesellschafter können über die Verteilung des Gewinns grds frei bestimmen. **Inkongruente (disquotale) Gewinnausschüttungen** sind idR nicht als missbräuchlich anzusehen, auch wenn sie dazu dienen, einem Anteilseigner einen Verlustabzug zu ermöglichen und auch, wenn der hierdurch Begünstigte die ausgeschütteten Gewinne anschließend inkongruent in die GmbH wieder einlegt (vgl BFH BStBl 01, 43; Nichtanwendungserlass BStBl 01, 47, aufgehoben durch BMF BStBl 14, 63; BFH/NV 06, 2207; 10, 1865; FG BaWü EFG 08, 1206). Die Vereinbarung einer inkongruenten Gewinnausschüttung an einen ausscheidenden Gesellschafter in Höhe der thesaurierten Gewinne kann nicht als Missbrauch angesehen werden (BFH/NV 15, 495; FG Köln EFG 16, 1875 Anm *Paus* FR 17, 677; Rev BFH VIII R 28/16). Etwas anderes kann aber gelten, wenn an der Kapitalgesellschaft nahe Angehörige beteiligt sind und die inkongruente Verteilung des Gewinns in krassem Missverhältnis zur Höhe der Beteiligung steht (BFH BStBl 82, 248). Die FinVerw hält § 42 für einschlägig, wenn die Gewinnverteilungsabrede nur kurzzeitig gilt oder wiederholt geändert wird (BMF BStBl I 14, 63; näher zum BMF-Schreiben *Schmidtmann* Ubg 14, 502; *Bender/Bracksiek* DStR 14, 121; *Kamchen/Kling* NWB 115, 819).

Cum-Ex und Cum-Cum. Cum-Ex-Geschäfte zielen auf die doppelte oder mehrfache **Anrechnung bzw Erstattung der Kapitalertragsteuer.** Insbes durch Leerverkäufe von Aktien cum und ex Dividende rund um den Dividendenstichtag soll erreicht werden, dass die Aktien zeitgleich mehreren Personen zuzurechnen sind (dazu § 39 Rz 52). Jeder Berechtigte soll dann zur Anrechnung bzw. Erstattung der nur einmal abgeführten KapESt berechtigt sein (aus dem umfangreichen Schrifttum vgl zB *Podewils* AG 10, 391; FR 11, 69; *Englisch* FR 10, 1023; *Rau* DStR 10, 1269). Die FinVerw hat darauf mit bislang drei BMF-Schreiben reagiert (BMF BStBl I 09, 631; 10, 753 und BMF DStR 11, 477; aufgehoben durch BMF BStBl I 11, 1112, jedoch weiter anzuwenden für Vorgänge vor dem 1.1.2012). Der Gesetzgeber hat den Kapitalertragsteuerabzug bei sammelverwahrten Aktien und Investmentanteilen ab dem 1.1.2012 neu geregelt (OGAW IV-UmsG v 22.6.2011 BGBl 11, 1126; dazu *Hahne* AG 11, 503, *Rau* DStR 13, 838). Für Vorgänge aus den Jahren vor 2012 geht es vorrangig um die Frage, ob durch die Art der Geschäfte wirklich (wenn auch vorübergehend) eine steuerrechtl anzuerkennende Berechtigung mehrerer an denselben Papieren entstehen kann (bejahend zB *Desens* DStZ 12, 246; verneinend *Rau* FR 14, 1012; *Spengel/Eisgruber* DStR 15, 785). Der BFH hat bisher lediglich für einen Sonderfall den Übergang des wirtschaftlichen Eigentums und die Anrechnungsvoraussetzungen verneint (BFH DStR 14, 2012; vgl auch § 39 Rz 53; BFH/NV 12, 1089). Für die Jahre 2007 bis 2011 ergeben sich besondere Fragestellungen im Zusammenhang mit § 20 I Nr 1 Satz 4 EStG (Dividendenkompensationsleistung) und den Anrechnungsvorschriften. Die nachrangige Frage, ob ein Gestaltungsmissbrauch vorliegt, wenn eine mehrfache Berechtigung bejaht werden muss, hat der BFH ausdrücklich offen gelassen (BFH DStR 14, 2012; vgl auch FG Hess EFG 16, 761; zust wohl die FinVerw; kein Missbrauch: *Podewils* FR 13, 481; 14, 1064; *Seer/Krumm* DStR 13, 1757; *Desens* FR 14, 265; 14, 305). Bei sog **Cum-Cum-Gestaltungen** geht es darum, dass zur Vermeidung einer Definitivbelastung mit KapESt insbes Steuerausländer ihre dividendenberechtigten Anteile vorübergehend im Wege einer strukturierten Wertpapierleihe (vgl § 39 Rz 53, *Behnes/Kühnel* RdF 16, 141) auf einen anrechnungsberechtigten Steuerinländer übertragen. Die FinVerw nimmt Missbrauch an, wenn für eine solche Gestaltung keine außersteuerlichen Gründe angeführt werden können (BMF BStBl 17, 986; aA *Hahne* BB 17, 1896; *Helios/Lenz* DB 17, 1738; *Brühl/Holle/Weiss* DStR 17, 2093; vgl auch § 36a EStG). 163

Verlustnutzung. Verlustvorträge einer Kapitalgesellschaft können weder auf die Gesellschafter noch auf andere Gesellschaften übertragen werden. Kein Missbrauch liegt aber vor, wenn eine Schwestergesellschaft Einkünfte auf eine andere Schwestergesellschaft verlagert, und zwar auch dann nicht, wenn dies ausschl oder überwiegend dazu dient, Verlustvorträge zu neutralisieren (BFH BStBl 99, 123; 01, 43; BFHE 197, 63; BFH/NV 03, 205). Ein Missbrauch liegt ferner nicht vor, wenn die Verlagerung von Zinserträgen auf die Gesellschaft durch Gewährung eines zinslosen Gesellschafterdarlehens dem Verbrauch eines vom Verfall bedrohten Verlustabzugs dient (BFHE 197, 63; vgl auch BFH/NV 03, 205). Gestaltungen, mit denen die Übertragung von Verlustvorträgen erstrebt wurde (insbes sog **Mantelkauf**), wurden ursprünglich von der Rspr anerkannt (BFH BStBl 87, 308; 87, 310; BFH/NV 12, 1901). Durch StRefG 1990 hat der Gesetzgeber in **§ 8 IV KStG** bestimmt, dass nicht ausgenutzte Verluste bei Körperschaften nur vorgetragen und stl abgezogen werden können, wenn neben der rechtlichen Identität auch die wirtschaftliche Identität gegeben war (zur Rspr vgl die 8. Aufl; *Kaeser* DStR 05, 349). § 8 IV KStG ist aufgehoben worden gem Art 2 Nr 4 UntStRefG 2008v 14.8.2007 (BGBl I 07, 1912). An seine Stelle ist mit **§ 8c KStG** eine stark vereinfachte Regelung getreten, die davon ausgeht, dass jede Anteilsveräußerung über mehr als 25% innerhalb von fünf Jahren (schädlicher Beteiligungserwerb) die wirtschaftliche Identität der Gesellschaft ändert mit der Folge des hälftigen – oder bei schädlichem Anteilserwerb von 50% vollständigen – Untergangs der vorhandenen Verlustvor- 164 träge (zum zeitl Anwendungsbereich vgl § 34 Abs 6 S 4 und Abs 7b KStG idF durch das **UntStRefG 2008;** zum Ganzen BMF 4.7.2008 BStBl I 08, 736). § 8c I 1 KStG ist verfassungswidrig (BVerfG BGBl 17, 1281). Der Gesetzgeber kann den Sachverhalt bis zum 31.12.2018 rückwirkend neu regeln; bis dahin bleibt § 8c I 1 KStG anzuwenden. Für die Anwendung des § 42 verbleibt daneben – wie bereits zu § 8 IV KStG – trotz § 42 I 2 und 3 voraussichtlich kein Raum; BFH/NV 12, 1901: kein Missbrauch bei Forderungsverzicht mit Besserungsschein sowie späterer Abtretung der Besserungsanwartschaft an den Anteilserwerber). Kein Missbrauch bei Verschmelzung einer Verlustgesellschaft auf eine Gewinngesellschaft vor 2003 (BFH/NV 14, 904).

165 **Veräußerung im Privatvermögen gehaltener Anteile (§ 17 EStG).** Die Besteuerung von Veräußerungsgewinnen nach § 17 EStG aF war in der Vergangenheit Anlass zu vielfältigen, teilweise auch missbräuchlichen Gestaltungen mit dem Ziel, die Steuerpflicht entweder zu vermeiden oder sie – bei einem erwarteten Veräußerungsverlust – gezielt herbeizuführen. Die Gestaltungsanreize sind weitgehend entfallen durch die Einfügung von **§ 23 II 2 EStG** (Vorrang des § 23 EStG vor § 17 EStG) und **§ 17 II 4b EStG** (Verlustabzug nur noch bei Halten der Beteiligung länger als fünf Jahre) sowie durch Absenkung der Wesentlichkeitsschwelle auf derzeit nur noch 1 %. Gewinnfall: Gestaltungsmissbrauch kann vorliegen, wenn ein Teil der Gegenleistung als Darlehen ausgewiesen wird (FG Mchn BeckRS 2015, 100131, Rev BFH IV R 24/15). Missbrauch soll auch vorliegen bei schenkweiser Übertragung der Aktien auf minderjährige Kinder (FG RhPf EFG 17, 1357 Rev BFH IX R 19/17). Verlustfall: Die Veräußerung von GmbH-Anteilen an eine von den Gesellschaftern neu gegründete, beteiligungsidentische GmbH ist nicht missbräuchlich (BFH/NV 08, 1565). Auch die **ringweise Anteilsveräußerung** zur gezielten Verlustreduzierung ist nicht missbräuchlich (BFH BStBl 11, 427, vgl auch FG Mchn EFG 10, 715; BFH/NV 10, 2104). Missbrauch soll aber vorliegen bei Veräußerung und sofortigem Rückerwerb von Bezugsrechten an einer Börse, wenn der Steuerpflichtige als Börsenmakler die Geschäfte selbst steuern konnte (BFHE 157, 211). Außer bei der Voraussetzung der wesentlichen Beteiligung kann § 42 bei dem Veräußerungsgeschäft als solchem im Rahmen des § 17 EStG eine Rolle spielen. Wird das Bezugsrecht für die Erhöhung des Stammkapitals einer GmbH einem Nichtgesellschafter gegen einen an die GmbH gezahlten Ausgleich (Agio) für die auf den neuen Gesellschaftsanteil übergehenden stillen Reserven eingeräumt und wird dieser Ausgleich in zeitlichem Zusammenhang damit wieder an die Gesellschafter ausgezahlt, kann Missbrauch vorliegen. Die Zahlung an die Gesellschafter ist dann als Entgelt für die Einräumung des Bezugsrechts zu behandeln (BFH BStBl 93, 477; vgl auch FG BaWü EFG 97, 743). Eine nach Beginn der Liquidation geleistete Einlage führt nicht zu nachträglichen Anschaffungskosten, wenn sie allein dazu dient, vom Gesellschafter früher gewährte Darlehen und andere Finanzierungshilfen alsbald abzulösen (FG Nds GmbHR 13, 613). Eine Einzahlung in das Eigenkapital der Ges führt nicht zu nachträglichen AK, wenn sie durch die Ablösung einer Sicherheit zugunsten des Gters veranlasst ist (FG Ddorf 11 K 3617/13 E, Rev BFH IX R 5/15). In dem Verfahren hat der BFH das BMF aufgefordert, zu der Frage Stellung zu nehmen, ob Zuzahlungen in das Eigenkapital einen Missbrauch darstellen können (BFH BStBl 18, 18).

166 **Beendigung der Gesellschaft.** Diesbzgl Gestaltungen haben seit Aufhebung des körperschaftsteuerlichen Vollanrechnungsverfahrens an Bedeutung verloren (**Anteilsrotation**; vgl 13. Aufl).

168 **k) Personengesellschaft, Einzelunternehmen.** Die Gründung einer Sozietät im sog **Zwei-Stufen-Modell** ist idR nicht missbräuchlich, wenn zwischen dem Vertrag über die Aufnahme des Sozius in die Einzelpraxis und dem über die Erhöhung des Anteils ein Zeitraum von mindestens einem Jahr liegt und wenn sich nicht mindestens einer der Vertragschließenden bei Gründung der Sozietät unwi-

derruflich verpflichtet hat, einen weiteren Anteil zu erwerben bzw. zu veräußern (BFH BStBl 04, 1068; BFH/NV 09, 1117). In besonders gelagerten Einzelfällen kann die Gestaltung zur Ausnutzung von §§ 16, 34 EStG ausnahmsweise unter § 42 fallen (BFH/NV 07, 391; 07, 1268). Dem Zwei-Stufen-Modell ist indes durch die Neufassung des § 16 I 2 iVm § 18 III 2 EStG seit dem 1.1.2002 die Grundlage entzogen, weil seither die Veräußerung eines Anteils eines Mitunternehmeranteils (Teilanteil) nicht mehr tarifbegünstigt ist (BFH/NV 09, 1258). **Inkongruente Gewinnausschüttungen** vgl Rz 162.

Gestaltungen mit dem Ziel, die **Veräußerungsgewinnbesteuerung** zu vermeiden, werden von der Rspr zunehmend anerkannt: Die unentgeltliche Übertragung eines Unternehmens mit negativem Kapitalkonto, welches durch Überentnahmen vor Übertragung entstanden ist, ist nicht missbräuchlich, sondern eine von mehreren legalen Gestaltungen, auch wenn sie zu einer geringeren Steuerbelastung des Übertragenden als im Falle der Veräußerung führt (FG Ddorf EFG 10, 803). Die anteilige Vollausschüttung der thesaurierten Gewinne und anschließende unentgeltliche Abtretung des so „entwerteten" Anteils ist kein Gestaltungsmissbrauch (BFH/NV 15, 274). Der Abschluss einer **Kapitallebensversicherung** ist nicht missbräuchlich, wenn der Zweck der Vertragsgestaltung darin liegt, Geldmittel für die Tilgung betrieblicher Kredite anzusparen (BFH BStBl 11, 552). **169**

l) Subjektive Rechte. Die Ausübung subjektiver Rechte, insbes die Ausübung steuerlicher **Wahlrechte,** steht unter dem allg Vorbehalt des Rechtsmissbrauchs. Ehegatten können grds unbefristet und ohne Bindung an die gewählte LSt-Klasse das Wahlrecht auf Zusammenveranlagung oder **getrennte** Veranlagung ausüben (BFH BStBl 04, 980). Die nachträgliche Wahl der getrennten Veranlagung ist nicht bereits deshalb missbräuchlich, weil dies bei dem einen Ehegatten zur Erstattung von einbehaltener Lohnsteuer führt, während sich bei dem anderen Ehegatten nach Anrechnung von Vorauszahlungen ergebende Zahllasten nicht mehr beigetrieben werden können (BFH/NV 13, 193; FG Mster EFG 13, 97; FG Mster EFG 16, 1177 Rev BFH III R 12/16). Die Rechtsausübung kann aber missbräuchlich sein bei wiederholter widersprüchlicher Ausübung des Wahlrechts unter Wechsel der LSt-Klasse mit dem Ziel, die Durchsetzung der festgesetzten Steuer zeitweilig oder dauerhaft zu vereiteln (BFH/NV 05, 186; vgl auch BAG HFR 05, 271 missbräuchlicher Wechsel der LSt-Klasse zulasten des Arbeitgebers; BSG NJW 10, 1485 nicht missbräuchlicher Wechsel der LSt-Klasse im Hinblick auf die Bemessung des Elterngeldes;). Der Übergang vom StAbzug auf der Grundlage einer LSt-Karte zur **LSt-Pauschalierung** nach § 40a EStG oder umgekehrt im Laufe eines Kalenderjahres ist dann als Gestaltungsmissbrauch zu beurteilen, wenn der Wechsel in der Besteuerungsart allein zum Ziel hat, durch Ausnutzung der mit den Lohneinkünften zusammenhängenden Freibeträge für einen Teil des Lohnes der Besteuerung zu entgehen (BFH BStBl 92, 695). Kein Missbrauch ist dagegen gegeben, wenn der ArbG nach Ablauf des Kalenderjahres die zunächst vorgenommene Pauschalversteuerung rückgängig macht (BFH BStBl 04, 195). Die Wahl eines **abweichenden Wirtschafsjahres** ist nicht missbräuchlich, wenn dadurch die Entstehung eines Rumpfwirtschaftsjahrs vermieden wird (BFH/NV 07, 1002). Der **Verzicht auf Gehaltsansprüche** oder Bezüge kann missbräuchlich sein, wenn dadurch die kindergeldrechtliche Einkünfte- und Bezügegrenze unterschritten werden soll (FG Thür EFG 01, 512; FG BaWü EFG 01, 1307; FG BaWü DStRE 02, 825). **170**

m) Umsatzsteuer. Zur Anwendbarkeit von § 42 auf inländisches Recht, das auf EU-Recht beruht und zur Frage, welche Maßstäbe dabei anzulegen sind, vgl Rz 32. Bei Gestaltungen im Zusammenhang mit der USt geht es idR darum, den Vorsteuerabzug zu erreichen. Insbes die **Option** zur USt steht insofern unter dem Vorbehalt des § 42 (BFH BStBl 03, 337). Veräußert ein **insolventer Schuldner** seinem Gläubiger ein Grundstück unter Verzicht auf die Steuerbefreiung nach § 4 Nr 9a UStG, so kann in der Person des Erwerbers ein Missbrauch von rechtlichen **175**

Gestaltungsmöglichkeiten vorliegen, wenn der Erwerber als Gläubiger des Veräußerers in den vollen Genuss des von ihm geschuldeten Kaufpreises kommt, ohne dass die USt-Schuld des Veräußerers getilgt wird (BFH BStBl 91, 866; BFH/NV 94, 745; kritisch *Reiss* UR 92, 42; vgl auch BGH BFH/NV 02 Beilage 3, 115). In diesen Fällen soll dem Erwerber der Vorsteuerabzug zu versagen sein. Das überzeugt nicht. Vorzugswürdig ist es, die Lösung solcher Fälle im **Haftungsrecht** zu suchen. Zutr hat der BFH insofern ausgeführt, dass die Option des Veräußerers zur Steuerpflicht immer dann nicht missbräuchlich ist, wenn der Vorsteuerabzug des Erwerbers gerechtfertigt ist. Die Rechtfertigung zum Vorsteuerabzug auf der Erwerberseite ist indes immer gegeben, wenn der Erwerber den Kaufpreis in voller Höhe bezahlt hat (BFH/NV 95, 1029; BFH BStBl 03, 337; BFHE 204, 391; vgl auch BFH/NV 03, 1224). Der Veräußerer haftet aber möglicherweise für die nicht abgeführte USt. Seine haftungsbegründende Pflichtverletzung liegt dann nicht in der Ausübung der Option, sondern darin, nicht dafür gesorgt zu haben, dass er über den vom Erwerber geleisteten Bruttokaufpreis zur Begleichung der durch das Geschäft ausgelösten USt verfügen kann (BFH BStBl 03, 337; BFH/NV 08, 16 „Mittelvorsorgepflicht"). Die Frage, ob und unter welchen Voraussetzungen die Option zur USt bei insolventen Grundstücksveräußerern rechtsmissbräuchlich sein kann, hat durch die Neufassung des § 13b I 1 Nr 3 UStG durch Gesetz v 29.12. 2003 (BGBl I 03, 3076) an Bedeutung verloren. Nach der neuen Bestimmung ist der Grundstückserwerber der StSchuldner, obwohl die Option weiterhin nur vom Veräußerer ausgeübt werden kann (vgl dazu aber die Einschränkung in dem neuen § 9 III 2 UStG). Das galt vor der Einfügung des § 13b UStG durch das StÄndG v 20.12.2001 (BGBl I 01, 3794) schon dann, wenn der Erwerber das Grundstück in der Zwangsversteigerung erworben hatte (vgl BFH BStBl 93, 736; BFH/NV 94, 510; 94, 588 und die 8. Aufl). Die Rspr zur Haftung des Veräußerers gilt nicht nur für Grundstücksgeschäfte, sondern für alle Geschäfte, die USt auslösen.

176 Die Zwischen- oder Vorschaltung einer Personen- oder Kapitalgesellschaft **(Vorschaltmodelle)** kann missbräuchlich sein, wenn sie nur dazu dient, um an sich nicht vorgesehene umsatzsteuerliche Vorteile zu erlangen (BFH BStBl 97, 374; BFH/NV 00, 1368, ausführlich FG Mster EFG 16, 152 zur Gründung einer GmbH durch eine Stadt bei Errichtung einer Mehrfeldsporthalle). Das Problem der sog Zwischenmietverhältnisse (näher dazu 7. Aufl) hat durch die Einfügung von § 9 II UStG weitgehend an Bedeutung verloren, kann aber zB noch eine Rolle spielen bei der Vorschaltung eines Gesellschafters oder einer Gesellschaft vor eine nach **§ 24 UStG** (land- und forstwirtschaftliche Betriebe) besteuerte Gesellschaft (vgl BFH/NV 02, 681; FG BaWü EFG 13, 731). Dient der Verkauf und Rückkauf von Vieh unter Beteiligung miteinander verwandter Landwirte lediglich dazu, einen „Vorsteuerüberhang" mehrfach entstehen zu lassen, kann Missbrauch vorliegen (BFH BStBl 98, 637; FG Mchn DStRE 17, 241). Liefert dagegen ein seine Umsätze pauschal versteuernder Landwirt von ihm gezogene Pflanzen an seinen Sohn, der sie wetterfest macht und weiterveräußert (Zwischenhändler), so soll nach FG RhPf EFG 90, 137 der Vorsteuerabzug beim Sohn anzuerkennen sein (zustimmend *Hässel* UR 91, 312). Zur USt-Pflicht von innergemeinschaftlichen Lieferungen, wenn der Unternehmer die Identität seines Abnehmers verschleiert vgl BFH BStBl 11, 769; BFH/NV 11, 1448 (Lieferung im „USt-Karussell"). Die **Aufteilung einer USt-pflichtigen Tätigkeit** durch Zwischenschaltung mehrer PersGes zur Erlangung von § 19 UStG (Kleinunternehmer) kann missbräuchlich sein (FG Bbg EFG 17, 1473, Rev BFH XI R 26/17).

177 **n) Veräußerungsgeschäfte.** Werden Wertpapiere, die innerhalb der Jahresfrist des § 23 I 1 Nr 2 EStG mit Verlust veräußert werden, zwei Tage danach in gleicher Art, aber in unterschiedlicher Anzahl und *zu unterschiedlichem Kurs* wieder gekauft, so liegt hierin kein Gestaltungsmissbrauch iSv § 42 (BFH BStBl 09, 999; BFH/NV 10, 387). Anders kann dies sein, wenn der Steuerpflichtige als Bör-

senmakler den Verkauf und Rückkauf so steuern kann, dass ein Marktrisiko ausgeschlossen ist (BFHE 157, 211 zu Handel mit Bezugsrechten).

o) Vorausleistung. Grds können Gläubiger und Schuldner einer Geldforderung im Rahmen der zivilrechtl Gestaltung des Erfüllungszeitpunkts auch die steuerrechtl Zuordnung der Erfüllung gem § 11 I EStG zu einem Veranlagungszeitraum gestalten (BFH BStBl 86, 284; 10, 746). Rechtsmissbrauch kommt in derartigen Fällen regelmäßig nicht in Betracht. Werden **Leistungen** vertragsgemäß, jedoch ohne vernünftigen Grund **im Voraus** erbracht, kann hierin ein Missbrauch von Gestaltungsmöglichkeiten des Rechts liegen (BFH BStBl 89, 702). So kann zB bei Vorauszahlung einer sog Treuhändergebühr für zukünftige in einem Zeitraum von 30 Jahren zu erbringende Verwaltungsleistungen und einer sog Haftungsgebühr für erst sehr viel später eintretende Haftungsrisiken der Abzug als Werbungskosten bei den Einkünften aus VuV im Zahlungsjahr nach § 42 ausgeschlossen sein (BFH BStBl 87, 219). Die Vorauszahlung einer sich über mehrere Jahre erstreckenden Zahnbehandlung zur Umgehung der zumutbaren Belastung (§ 33 III EStG) kann missbräuchlich sein (FG Mchn EFG 14, 1683). Eine erhebliche Rolle haben unzeitgemäße Zahlungen auch im Rahmen des ausgelaufenen § 10e VI EStG gespielt, wonach ein vorzeitig gezahltes **Damnum** an sich wie Sonderausgaben abziehbar war (vgl dazu OFD Frankfurt DStR 98, 1091). Wegen näherer Einzelheiten wird auf die 8. Aufl verwiesen. § 42 spielt idR aber dann keine Rolle, wenn ein steuerliches Fördergesetz vorzeitige Zahlungen begünstigte. So begünstigte das FördG als Anzahlungen auf die Anschaffungskosten die volle Vorauszahlung des Kaufpreises jedenfalls dann, wenn die Voraussetzungen des § 7 I MABV vorlagen (BFH BStBl 04, 750 und BFH IX R 9/07, BStBl 2009, 471; vgl auch BFH BStBl 03, 945). Ein Missbrauch liegt auch nicht vor, wenn die **Vorauszahlung des Honorars** durch betriebliche Gründe, wie zB die Motivierung des Mitarbeiters, veranlasst ist (FG RhPf EFG 88, 641). Ferner liegt uU kein Missbrauch vor, wenn eine Vorauszahlung erfolgt, um auf eine Verschlechterung steuergesetzlicher Rahmenbedingungen zu reagieren (FG Ddorf EFG 99, 964). 178

p) Wechselseitige Verträge. Nicht nur unter Angehörigen, sondern auch allg kann die wechselseitige Vereinbarung von Austauschverträgen (die sich im wirtschaftlichen Ergebnis gegenseitig neutralisieren) missbräuchlich sein, wenn ihre Vereinbarung allein dazu dient, stl Vorteile zu erzielen (BFH BStBl 04, 648). Eine Gestaltung kann missbräuchlich sein, wenn sie von vornherein nur kurzfristig angelegt war oder in ihrer wirtschaftlichen Auswirkung durch gegenläufige Gestaltung kompensiert wird und sich deshalb iErg lediglich als formale Maßnahme erweist (BFH/NV 12, 1901), etwa wenn ein Fonds darauf abzielt, den Anlegern durch wirtschaftlich gegenläufige Geschäfte steuerfreie Veräußerungsgewinne zu vermitteln (FG Nds EFG 13, 328), wenn die Kombination aus einer Schuldverschreibung mit nachschüssigen Zinseinnahmen und einem Darlehensvertrag mit vorschüssigen Zinszahlungen nur dazu dient, dem „Anleger" einen Steuerstundungseffekt zu verschaffen (BFH BStBl 16, 388 zu § 15b), wenn sich zwei Stpfl gegenseitig ihre Eigentumswohnungen zu dem Zweck vermieten, um Schuldzinsen und sonstige Belastungen als Werbungskosten geltend machen zu können (BFH BStBl 91, 904; BFH/NV 13, 1094 sowie BFH BStBl 94, 738; BFH/NV 94, 64 zur wechselseitigen Vermietung von Arztpraxen zur Erreichung des umsatzsteuerlichen Vorsteuerabzugs) oder wenn derjenige, der einen Gebäudeteil für eigene Zwecke benötigt, einem anderen daran die wirtschaftliche Verfügungsmacht einräumt, um ihn anschließend von diesem zurückzumieten (BFH BStBl 14, 527). Eine missbräuchliche Gestaltung ist idR gegeben, wenn beide Wohnungen in räumlicher Nähe zueinander liegen, in etwa gleich groß und gleichwertig sind (FG Thür EFG 98, 1323), ferner auch dann, wenn von vornherein geplant war, zwei Wohnungen wechselseitig zu vermieten und die Wohnungen für die Bedürfnisse des Mieters individuell gestaltet werden (FG BaWü EFG 99, 951). Ein Missbrauch 180 von Gestaltungsmöglichkeiten liegt zB auch vor bei einer wechselseitigen Vermietung zwischen zwei Parteien, wenn die eine Partei ihr selbstgenutztes Wohnhaus an die andere Partei verkauft, das Gebäude sogleich wieder anmietet und ebenfalls gleichzeitig ein gleichwertiges Wohnhaus, in dem die andere Partei bisher zur Miete wohnte, erwirbt und dieses weiter an die andere Partei vermietet (FG Mster EFG 96, 985). Andererseits muss die Übertragung des Eigentums an einer von zwei dem Stpfl gehörenden Eigentumswohnungen an einen nahen Angehörigen mit gleichzeitiger wechselseitiger Vermietung dieser Wohnungen nicht immer Gestaltungsmissbrauch sein (BFH BStBl 96, 158). Kein Missbrauch ist allerdings gegeben, wenn der ArbG einen Raum als Außendienst-Mitarbeiterbüro von seinem ArbeitN anmietet, der ArbG gleichlautende Mietverträge auch mit fremden Dritten abschließt und die Anmietung des Raumes im eigenbetrieblichen Interesse des Arbeitgebers erfolgt. Die Mietzahlungen sind nicht dem LSt-Abzug zu unterwerfen (BFH BStBl 02, 300; vgl auch FG Ddorf EFG 02, 173).

182 **q) Zinsen.** Die kurzfristige Einlage von Geld ist missbräuchlich, wenn sie allein dazu dient, die Hinzurechnung nach **§ 4 IVa EStG aF** nicht abziehbarer Schuldzinsen zu umgehen; der Steueranspruch entsteht so, wie er entstanden wäre, wenn die Einlage unterblieben wäre (BFH BStBl 13, 16).

§ 43 Steuerschuldner, Steuervergütungsgläubiger

[1] Die Steuergesetze bestimmen, wer Steuerschuldner oder Gläubiger einer Steuervergütung ist. [2] Sie bestimmen auch, ob ein Dritter die Steuer für Rechnung des Steuerschuldners zu entrichten hat.

1 Die Vorschr, die im Zusammenhang mit § 33 zu sehen ist, hat nur **deklaratorischen** Charakter (wie hier *HHSp/Boeker* § 43 Rz 2; aA *TK/Drüen* § 43 Rz 1; *BG/Schindler* § 43 Rz 1: Verweisungsnorm). Wer StSchuldner oder Gläubiger einer Steuervergütung ist, ergibt sich nicht aus der AO, sondern aus den Einzelsteuergesetzen. Das gilt auch für die Frage, wer entrichtungspflichtig ist. Die Definition der Entrichtungspflicht in S 2 geht nicht über diejenige in § 33 hinaus.

2 **StSchuldner** ist, wer eine Steuer (§ 3, Geldleistung) schuldet (vgl § 38 Rz 5), weil er (selbst oder durch Dritte) den Tatbestand verwirklicht hat, an den das Gesetz die Entstehung der Steuerschuld knüpft (vgl § 38). Zugerechnet werden zB die Handlungen gesetzlicher Vertreter, des Insolvenzverwalters (vgl hinsichtlich des früheren Vergleichsverfahrens BFH BStBl 88, 716; hinsichtlich des früheren Konkursverfahrens BFH BStBl 78, 356, 483; 88, 716), des Zwangsverwalters (BFH BStBl 17, 367), Nachlassverwalters oder Testamentsvollstreckers (vgl BFH BStBl 98, 705; FG Brem EFG 94, 562; s auch § 33 Rz 35). Weiter ist der Begriff des Steuerpflichtigen (§ 33). Darunter fallen auch Einbehaltungs- und Abführungspflichtige. Der Anspruch auf **Abführung einbehaltener Abzugsteuern** fällt daher nicht unter die Ansprüche aus dem Steuerschuldverhältnis iSv § 37 I (BFH BStBl 99, 3; s § 37 Rz 3). Bei Steuern, die im Wege des Steuerabzugs entrichtet werden, ist StSchuldner derjenige, **für dessen Rechnung** der Steuerabzug erfolgt. Der zum Steuerabzug Verpflichtete kann aber ggf als Haftender in Anspruch genommen werden (vgl *Heuermann* StuW 06, 332). Bei der LSt, die der ArbG abzuführen hat, handelt es sich um eine eigene StEntrichtungsschuld des Arbeitgebers (vgl BFH/NV 03, 798). Welche Voraussetzungen erfüllt sein müssen, damit die Steuerschuld entsteht, ergibt sich nicht aus der AO, sondern aus den Einzelsteuergesetzen. StSchuldner der GewSt kann auch die Gesellschaft sein (§ 5 I 3 GewStG); Entsprechendes gilt für die USt (s näher § 33 Rz 20). Auch eine Bruchteilsgemeinschaft kann Schuldnerin der USt sein (BFH BStBl 93, 734).

3 **Gläubiger einer Steuervergütung.** Zum Begriff der Steuervergütung vgl § 37 Rz 5. Gläubiger der Steuervergütung ist, wem der Anspruch auf eine Steuervergütung zusteht. Die Vergütung ist zu unterscheiden von der **Erstattung** (§ 37

II). Der Anspruch auf Erstattung einer Steuer steht idR demjenigen zu, der zuvor eine Steuer *ohne rechtl Grund* gezahlt hat. Der Steuervergütungsanspruch entsteht im Unterschied dazu, wenn eine Zahlung *mit rechtl Grund* vorausgegangen ist. Wem der Anspruch zusteht, ergibt sich aus der jeweiligen gesetzlichen Regelung (vgl iEinz die Aufzählung in § 37 Rz 5 mwN).

Steuerentrichtungspflicht (S 2). Grds hat der StSchuldner die Steuer selbst (auf eigene Kosten und Gefahr) zu entrichten (zahlen). Hiervon abweichend kann die Entrichtungspflicht durch Gesetz einem Dritten zugewiesen werden. Dieser ist nicht StSchuldner (Rz 2; *Heuermann* StuW 06, 332), sondern er hat die Steuer für Rechnung des StSchuldners einzubehalten und abzuführen (§ 33). Für die Erfüllung dieser eigenen Pflicht, die sich nicht aus dem StSchuldverhältnis ergibt (§ 37), haftet der Entrichtungsschuldner dem Steuergläubiger. Ihn treffen auch die Folgen bei verspäteter Zahlung (§ 240; BFH BStBl 00, 246). Die Anordnung von Steuerentrichtungspflichten ist grds nicht verfassungswidrig (BVerfG NJW 77, 176; *Drüen* DStJG 31 (2008), 167; *Heuermann* FR 13, 354). Die für die Betroffenen häufig kostenintensive Inanspruchnahme beim Steuervollzug kann jedoch im Hinblick auf eine **Kumulation** von Pflichten insgesamt die Grenzen der Verhältnismäßigkeit überschreiten (*TK/Drüen* § 43 Rz 8; differenzierend *Drüen* FR 04, 1134; vgl auch *Drüen* DStJG 31 (2008), 167). Entrichtungspflichtig ist zB für die **LSt** der ArbG (§ 38 III 1, § 41a I EStG; vgl auch BAG BFH/NV 08 Beil 4, 325), für die **KapESt** der Schuldner der Kapitalerträge, die den Verkaufsauftrag ausführende bzw die auszahlende Stelle (§ 44 I 3 EStG), der Leistungsempfänger für die **Bauabzugssteuer** (§ 48 I 1, § 48a I EStG), der Schuldner hinsichtlich des Steuerabzugs bei **beschränkter Steuerpflicht** (§ 50a V 1). Gem **§ 7 I 1 VersStG** ist der Versicherer Entrichtungspflichtiger für den Versicherten (näher *BG/Schindler* § 43 Rz 14). Entrichtungspflichten ergeben sich für den Insolvenzverwalter und den Zwangsverwalter auch aus **§ 34 I 2 iVm III** (BFH BStBl 17, 367). 4

§ 44 Gesamtschuldner

(1) [1] **Personen, die nebeneinander dieselbe Leistung aus dem Steuerschuldverhältnis schulden oder für sie haften oder die zusammen zu einer Steuer zu veranlagen sind, sind Gesamtschuldner.** [2] **Soweit nichts anderes bestimmt ist, schuldet jeder Gesamtschuldner die gesamte Leistung.**

(2) [1] **Die Erfüllung durch einen Gesamtschuldner wirkt auch für die übrigen Schuldner.** [2] **Das Gleiche gilt für die Aufrechnung und für eine geleistete Sicherheit.** [3] **Andere Tatsachen wirken nur für und gegen den Gesamtschuldner, in dessen Person sie eintreten.** [4] **Die Vorschriften der §§ 268 bis 280 über die Beschränkung der Vollstreckung in den Fällen der Zusammenveranlagung bleiben unberührt.**

Schrifttum: *Bartone* Die Gesamtschuld im Steuerrecht – Auswirkungen und Maßnahmen im jeweiligen Verfahrensstadium, AO-Stb 03, 13; *Witt* Interner Ausgleich zwischen zusammen veranlagten Eheleuten, DStR 07, 56; *Binnewies/Wollweber* Die Verjährung von Innenausgleichsansprüchen bei steuerrechtlicher Gesamtschuld, ZEV 08, 517; *Thietz-Bartram* Die dolosen Gesamtschuldner in der USt-Kette bzw. im USt-Karussell, DB 13, 418.

Übersicht

1 **1. Inhalt.** Abs 1 enthält eine Definition des Begriffs Gesamtschuldner für das StRecht (Satz 1). Hervorgehoben wird die Kumulation von Schuldnern. Jeder Gesamtschuldner schuldet, soweit nichts anderes bestimmt ist, die gesamte Leistung (Satz 2). Die Gläubigerbefugnisse werden – anders als im Zivilrecht – in § 44 nicht explizit geregelt. Insoweit kann ergänzend auf § 421 BGB Bezug genommen werden. Danach kann der Gläubiger grds nach Belieben entscheiden, welchen Gesamtschuldner er ganz oder teilweise in Anspruch nehmen will. Im StRecht tritt an die Stelle des „Beliebens" gebundenes sog Auswahlermessen (§ 5). Abs 2 regelt, welche Handlungen für und gegen alle Gesamtschuldner wirken. § 44 gilt für alle Ansprüche aus dem StSchuldverhältnis, insbes auch für den StErstattungsanspruch.

2 **§ 44 regelt nicht,** unter welchen Voraussetzungen mehrere Schuldner in der beschriebenen Art gemeinsam schulden oder haften oder wann sie zusammen veranlagt werden. Das ergibt sich insbes aus den Gesetzen. Näher dazu Rz 5 (und *TK/Drüen* § 44 Rz 6ff). Die Vorschr regelt auch nicht die Frage des **Ausgleichs** zwischen den Gesamtschuldnern. Der Ausgleich richtet sich allein nach den im Innenverhältnis getroffenen Vereinbarungen oder nach § 426 BGB (BGH DStR 06, 1455; BFH BStBl 83, 763; 94, 197). Es handelt sich um eine Angelegenheit des bürgerlichen Rechts.

4 **2. Merkmale der Gesamtschuld.** Mehrere Personen müssen dieselbe Leistung aus dem StSchuldverhältnis nebeneinander schulden, für sie haften oder zu einer Steuer zusammen veranlagt werden. Kennzeichnendes Merkmal der Gesamtschuld ist das **Nebeneinander der Verpflichtungen** (vgl *Koenig/Koenig* Rz 2 „Gleichstufigkeit" mwN). Die Gesamtschuld ist insofern zu unterscheiden von der **Akzessorietät.** Bei akzessorischer Verknüpfung stehen mehrere gleichgerichtete Verpflichtungen in einem Stufenverhältnis zueinander. Für das StRecht, das sich nur mit dem Außenverhältnis zwischen dem Stpfl und der FinBeh befasst (vgl Rz 2), ist die Unterscheidung von geringer Bedeutung. Aus der Sicht des StGläubigers unterscheiden sich die Gesamtschuld und die akzessorische Schuldverknüpfung kaum. Insbes kann der StGläubiger in beiden Fällen (nach Ermessen) auswählen, wen er in Anspruch nehmen will. Von Bedeutung ist die Unterscheidung aber für das Innenverhältnis (näher dazu Rz 7).

5 **a) Mehrere StSchuldner.** Eine Gesamtschuld wird insbes begründet durch **gemeinsame Tatbestandsverwirklichung,** dh wenn mehrere Personen den Tatbestand gemeinsam erfüllen, an den das Gesetz die Entstehung der Steuerschuld knüpft (vgl § 38). Einzelsteuergesetze enthalten häufig entsprechende Regelungen (zB § 13 GrEStG; § 20 ErbStG). Sieht das Einzelsteuergesetz dagegen vor, dass mehrere Stpfl die Steuer nach Anteilen schulden, liegt keine Gesamtschuld vor (vgl § 17 EStG). Erwerben mehrere ein Grundstück zu ideellem Miteigentum, sind sie im Hinblick auf die GrESt keine Gesamtschuldner (BFH BStBl 59, 98). Auch aus **zivilrechtlichen Bestimmungen** kann sich Gesamtschuldnerschaft ergeben. Gesamtschuldner sind zB die Miterben für Nachlassverbindlichkeiten (BFH BStBl 68, 376; 73, 544). Die Miterbengemeinschaft kann aber auch selbständiger Rechtsträger sein (BFH BStBl 73, 372). Wer sich durch Rechtsgeschäft verpflichtet hat, für die StSchuld eines anderen einzustehen, ist Gesamtschuldner (§ 421 BGB), kann aber von der FinBeh nur nach Zivilrecht in Anspruch genommen werden (§ 192).

b) Mehrere Haftende. Steuerliche Haftung wird nur aufgrund gesetzlicher Vorschriften begründet, vgl zB §§ 69–76. Die Entstehung von gesamtschuldnerischer Haftung setzt idR **gemeinsame Tatbestandsverwirklichung** voraus, zB gemeinsame Pflichtverletzung durch Geschäftsführer oder Mittäterschaft Mehrerer bei einer StHinterziehung. Erwerben mehrere ein Unternehmen zu Bruchteilen, so haften sie für die USt gesamtschuldnerisch (BFH BStBl 11, 477). Auf den Rechtsgrund der Haftung soll es dagegen nicht entscheidend ankommen, sodass mehrere Haftende auch dann Gesamtschuldner sind, wenn sie aus unterschiedlichen Gründen haften (BFH/NV 93, 215). Aus den Rechtsgedanken der §§ 421, 427 BGB ergibt sich die persönliche, gesamtschuldnerische Haftung der Gesellschafter einer GbR für StSchulden der Gesellschaft (BFH BStBl 86, 156; 89, 952; 90, 939; 95, 817; BFH/NV 96, 71). Als Gesamtschuldner haften ferner der Erwerber eines Handelsgeschäftes und der frühere Inhaber nach § 25 HGB (zum Verhältnis der zivilrechtl Haftungsbestimmungen zu den §§ 69ff vgl § 69 Rz 155ff). 6

c) Verhältnis von Steuerschuld und Haftung. Zwischen dem Schuldner und dem Haftenden besteht **keine Gesamtschuld** (zutr *Koenig/Koenig* § 44 Rz 2; aA die hM und die FinVerw R 42d.1 LStH 2011). Der BFH bezeichnet StSchuldner und Haftende dennoch als Gesamtschuldner (vgl BFH BStBl 72, 384; 87, 419; 91, 939; 02, 267; früher als unechte Gesamtschuldner BStBl 68, 376). Die hM übersieht, dass es im Verhältnis zwischen StSchuldner und Haftendem an der für die Gesamtschuld kennzeichnenden Gleichstufigkeit der Schuld fehlt. Beide Pflichten entstehen unabhängig voneinander aus unterschiedlichen Gründen und werden auch nicht durch den Fiskalzweck „zu einem Gebilde höherer Ordnung zusammengeschlossen" (so aber *TK/Drüen* § 44 Rz 5). § 44 ordnet dies nicht an; iÜ fehlt dafür eine Rechtsgrundlage. Es überzeugt auch nicht, den Begriff der Gesamtschuld nur für das Außenverhältnis weiter zu fassen (so aber *Krumm* Verw 13, 59ff). Die Haftung ist ggü der Hauptschuld und auch ggü der Gesamtschuld **akzessorisch** (vgl § 191 V; § 219 und oben Rz 4). Das zeigt sich vor allem im Innenverhältnis. Während sich mehrere Gesamtschuldner nach der gesetzl Regelung gegenseitig zum Ausgleich verpflichtet sind (vgl § 426 BGB), besteht zwischen StSchuldner (Gesamtschuldner) und Haftenden nur eine asymmetrische Ausgleichsverpflichtung. So kann, wer als Haftender in Anspruch genommen wird, beim Schuldner uU Regress nehmen (vgl zB BFH BStBl 16, 74 zur Haftung des Zessionars gem § 13c UStG); umgekehrt gilt dies aber nicht. Demgemäß leistet der Haftende grds nur auf die Haftungsschuld und nicht auf die Steuerschuld (BGH DStR 12, 527). Die Unterscheidung mag im Außenverhältnis ohne große Bedeutung sein. Aus Gründen terminologischer Klarheit sollte gleichwohl auch im StRecht zwischen Gesamtschuld und akzessorischer Schuldverknüpfung eindeutig unterschieden werden. Haftung und Schuld können grds auch **nicht in einer Person** zusammenfallen. Ausnahmsweise kann der GmbH-Geschäftsführer als Haftungsschuldner für von der GmbH nicht abgeführte LSt auch insoweit in Anspruch genommen werden, als die Steuer auf seinen eigenen Arbeitslohn entfällt, weil er sie als Schuldner nicht entrichten muss (BFH/NV 89, 150; *Heuermann* StBp 06, 267). 7

d) Zusammenveranlagung. Eine Gesamtschuld entsteht auch durch Zusammenveranlagung. Zusammenveranlagung gibt es nach dem Wegfall der VSt nur noch bei Ehegatten (§§ 26, 26b EStG) und Lebenspartnern (§ 2 VIII EStG). Die Gesamtschuld entsteht in diesem Fall (abw von § 38) nicht schon mit der Verwirklichung des StTatbestands, denn zu diesem Zeitpunkt steht die Art der Veranlagung noch nicht fest. Erst wenn aufgrund einer gemeinsamen Erklärung oder gesetzlicher Vermutung (§ 26 III EStG) von der Zusammenveranlagung auszugehen ist, entsteht die Gesamtschuld (vgl § 38 Rz 2). Wird die Wahl der Veranlagungsart nachträglich geändert, entfällt die Gesamtschuld rückwirkend. Die Möglichkeit der Aufteilung einer Gesamtschuld bleibt unberührt (vgl Rz 19). 8

9 **e) Einzelfragen. Säumniszuschläge** entstehen bei jedem Gesamtschuldner, sodass sich die Gesamtschuld auch auf die Säumniszuschläge erstreckt (BFH/NV 91, 3); insgesamt dürfen die Säumniszuschläge jedoch nicht höher sein, als wenn sie bei nur einem entstanden wären (§ 240 IV 2). **Verspätungszuschläge** können ggü Gesamtschuldnern einheitlich festgesetzt werden, wenn die nicht fristgerecht erfüllte Verpflichtung zur Abgabe einer StErklärung die Gesamtschuldner gemeinsam traf. Das ist bei Ehegatten im Falle der Zusammenveranlagung zur ESt der Fall. Der Verspätungszuschlag kann daher im Fall der Zusammenveranlagung auch dann ggü beiden Ehegatten festgesetzt werden, wenn nur einer von ihnen Einkünfte erzielt hat (BFH BStBl 01, 60). Der bei Zusammenveranlagung einheitlich festgesetzte Verspätungszuschlag wird von den Ehegatten als Gesamtschuldnern geschuldet (BFH/NV 88, 545). Schuldner von **Aussetzungszinsen** ist allerdings nur der Rechtsbehelfsführer, der den Bescheid, dessen Vollziehung ausgesetzt worden ist, angefochten hat. Hat das von mehreren Gesamtschuldnern nur einer getan, schuldet nur dieser die Zinsen (BFH BStBl 75, 129; BFH/NV 92, 506, vgl auch § 237 Rz 23).

12 **3. Inanspruchnahme von Gesamtschuldnern.** Der FinBeh steht es grds frei, an welchen Gesamtschuldner sie sich halten will. Sie muss ihre Forderung auch nicht in einem Vorgehen geltend machen. Hat sie die Steuer ggü einem Gesamtschuldner bestandskräftig zu niedrig festgesetzt, so kann sie ggü einem anderen Gesamtschuldner dieselbe Steuer in zutr Höhe festsetzen (BFH BStBl 88, 188). Sie muss die Steuer ggü einem Gesamtschuldner nicht mehr festsetzen, wenn sie bereits einen anderen Gesamtschuldner auf die gesamte Leistung in Anspruch genommen hat (BVerwG NVwZ 83, 222; OVG Mster KStZ 91, 57). Wird nur ein Gesamtschuldner in Anspruch genommen, muss nicht zur Bestimmung des StSchuldners auf die anderen Gesamtschuldner und deren Behandlung hingewiesen werden (BFH BStBl 81, 176; 84, 784; OVG Mster KStZ 91, 57). Haftungsschuldner müssen durch **Haftungsbescheid** in Anspruch genommen werden (vgl § 191). Zur Zahlung dürfen sie grds erst aufgefordert werden, soweit die Vollstreckung in das bewegliche Vermögen des StSchuldners ohne Erfolg geblieben oder anzunehmen ist, dass die Vollstreckung aussichtslos sein würde (§ 219). Ein Haftungsbescheid kann aber auch ohne Zahlungsaufforderung ergehen.

13 **Ermessen.** Die FinBeh kann nach Ermessen bestimmen, welche(n) von mehreren Gesamtschuldnern sie in Anspruch nehmen möchte. Insofern hat sie ein Auswahlermessen (BFH BStBl 08, 897). Das gilt auch für die Auswahl zwischen mehreren Haftungsschuldnern (BFH/NV 05, 827). Für die Ermessensausübung gelten die allg Grundsätze (§ 5). Die Entscheidung bedarf grds einer Begründung, soweit sie nicht entbehrlich ist (§ 121). Das Ermessen kann vorgeprägt sein, zB wenn sich von mehreren Erwerbern eines Grundstücks einer bereit erklärt hat, die GrESt zu übernehmen. Bei der GrESt muss das FA ansonsten idR den Erwerber des Grundstücks heranziehen, wenn dieser im Kaufvertrag die GrESt übernommen hat (BFH BStBl 76, 579; BFH/NV 91, 189; 97, 2; FG Mster EFG 95, 943; 03, 258). Die **SchenkSt** ist vorrangig gegen den Beschenkten geltend zu machen (FG Mster EFG 12, 1576; *Konrad* HFR 08, 1264). Hat sich der Schenker im Verhältnis zum Beschenkten verpflichtet, die geschuldete Steuer zu übernehmen und war dies dem FA bei Erlass des SchenkSt-Bescheids bekannt, erfordert die Inanspruchnahme des Bedachten eine Begründung der Auswahlentscheidung, es sei denn, die Gründe sind dem Bedachten bekannt oder für ihn ohne Weiteres erkennbar (BFH BStBl 08, 897). Haftet nach dem Eintritt des Nacherbfalls neben dem Nacherben auch der Vorerbe oder dessen Erbe für die durch den Vorerbfall ausgelöste Erbschaftsteuer, entspricht es regelmäßig pflichtgemäßem Ermessen, die Steuer gegen den Nacherben festzusetzen (BFH BStBl 16, 746). Ist über das Vermögen eines Gesamtschuldners das Insolvenzverfahren eröffnet worden, kann das FA ohne weiteres den anderen Gesamtschuldner heranziehen (BFH BStBl 04, 658; 05, 780). Auch entspricht es im Regelfall pflichtgemäßem Ermessen, den Täter oder Teil-

nehmer einer vorsätzlichen Steuerstraftat in Anspruch zu nehmen (BFH BStBl 85, 688; BFH/NV 88, 692; 05, 1240); soll daneben auch ein Gesamtschuldner in Anspruch genommen werden, dem keine Straftat zur Last fällt, bedarf diese Auswahlentscheidung einer Begründung (BFH/NV 05, 318).

4. Wirkung von Handlungen (Abs 2). Abs 2 beschreibt die Wirkung von Handlungen. Die Sätze 1 und 2 regeln abschließend, welche Rechtshandlungen eines einzelnen auch für die anderen Gesamtschuldner wirken. Satz 3 bekräftigt für „andere Tatsachen" (alle) den gegenteiligen Grundsatz (Individualität der Schuldverhältnisse). Die Wirkungen beziehen sich nur auf das Außenverhältnis. Interne Vereinbarungen werden dadurch so wenig berührt wie die gesetzliche Ausgleichsverpflichtung nach § 426 BGB. Umstritten ist, ob nach **Befriedigung** des Gläubigers durch einen Gesamtschuldner die **Forderung** auf diesen **übergeht,** vgl § 426 II 1 BGB (bej BFH BStBl 76, 579). Der Anspruch wird damit bürgerlichrechtlich. 15

a) Erfüllung und Aufrechnung. Beide wirken schuldbefreiend auch für alle anderen Gesamtschuldner. Das ist zwingend, denn der Gläubiger kann die Leistung nur einmal verlangen. Die **Erfüllung** ist in der AO nicht definiert, wohl aber das Erlöschen von Ansprüchen (§ 47). Nach § 362 BGB erlischt das Schuldverhältnis, wenn die geschuldete Leistung an den Gläubiger bewirkt wird. Steuerliche Zahlungspflichten werden erfüllt insbes durch Zahlung (§ 224) oder nach Maßgabe des § 224a auch durch Hingabe von Kunstgegenständen an Erfüllungs statt. Ob freiwillig erfüllt wird oder im Vollstreckungsverfahren ist gleichgültig. Wirkt die Erfüllung für die übrigen Schuldner, ist sie idR endgültig. Die Forderung lebt daher gegen diese Schuldner auch dann nicht wieder auf, wenn das Geleistete an den Gesamtschuldner, der erfüllt hat, zu Recht oder zu Unrecht erstattet wird (BFH BStBl 12, 489; FG Ddorf EFG 17, 142; *HHSp/Boeker* § 44 Rz 30; *BG/Schindler* § 44 Rz 23; vgl auch BFH/NV 04, 1546; aA *Krumm* Verw 13, 59: Rückgängigmachung der Erfüllung). Ausnahmsweise lebt die Forderung wieder auf, wenn der Insolvenzverwalter die Zahlung mit Erfolg angefochten hat (§ 144 I iVm § 129 ff. InsO; VG Ddorf BeckRS 2013, 56389) und soweit ein Gesamtschuldner Zahlungen leistet, nachdem ein Antrag auf Aufteilung gestellt worden ist; § 276 VI hebt die Erfüllungswirkung dann rückwirkend auf (BFH BStBl 02, 214). Auch die **teilweise Erfüllung** hat Wirkung für die übrigen Schuldner (BFH BStBl 91, 939). Allerdings erlischt der Steueranspruch dadurch nicht. Hat die FinBeh den Steueranspruch gegen den leistenden Gesamtschuldner zu niedrig festgesetzt, kann sie die Differenz von jedem anderen Gesamtschuldner fordern (BFHE 257, 353). Keine Erfüllung ist die Zustimmung des Insolvenzgläubigers zum Insolvenzplan; sie wirkt nur zwischen den Planbeteiligten und schließt die spätere Inanspruchnahme weiterer Schuldner nicht aus (BFH/NV 13, 1732). Auch die **Aufrechnung** wirkt schuldbefreiend mit Wirkung für alle Gesamtschuldner, wenn sie wirksam ist (vgl Erläut zu § 226). Im Fall der **Erstattung** sind Gesamtschuldner idR nicht Gesamtgläubiger (vgl § 37 Rz 65 ff). Die Erstattung steht grds dem Gesamtschuldner zu, der gezahlt hat; das gilt aber nach stRspr nicht für Eheleute und Lebenspartner (§ 37 Rz 70). 16

b) Sicherheitsleistung. Die Sicherheitsleistung durch einen Gesamtschuldner wirkt auch für alle anderen Gesamtschuldner. Die FinBeh kann keine weitere Sicherheit verlangen, zB bei AdV (§ 361). Durch eine Sicherheitsleistung erlischt die StSchuld nicht, wohl aber durch spätere Verwertung der Sicherheit, soweit der Gläubiger daraus Befriedigung erlangt. 17

c) Andere Tatsachen. Zu den anderen Tatsachen iSd Satz 3, die nicht für und gegen alle Gesamtschuldner wirken, zählen insbes **Stundung** § 222, **Zahlungsaufschub** § 223, bekannt gegebene **Niederschlagung** § 261, **Erlass** § 227 (vgl hierzu aber § 191 V), sowohl aus sachlichen als auch aus persönlichen Billigkeitsgründen (Erlassunwürdigkeit eines Gesamtschuldners daher auch kein Hinderungs- 18 grund für Erlass bei anderem Gesamtschuldner, BFH/NV 89, 761), **AdV** § 361 und die **Erstattung** (BFH BStBl 12, 489). Grds läuft gegen jeden Gesamtschuldner eine besondere **Festsetzungsfrist** und eine besondere **Zahlungsverjährung** nach §§ 228 ff. Hat ein Gesamtschuldner durch Verletzung der Berichtigungspflicht (§ 153) eine StHinterziehung begangen, gilt die 10-jährige Festsetzungsfrist nicht für andere Gesamtschuldner, die zwar ebenfalls zur Berichtigung verpflichtet waren, denen die Straftat jedoch nicht nachgewiesen werden kann (aA FG Hess EFG 16, 523 Rev BFH VIII R 32/15). Nach § 191 V kann ein Haftungsbescheid nicht mehr ergehen, wenn die StSchuld nicht mehr festgesetzt werden kann, weil die Festsetzungsfrist für die StSchuld abgelaufen ist oder soweit die gegen den StSchuldner festgesetzte Steuer verjährt oder erlassen worden ist (BFH/NV 16, 994). Im Umkehrschluss berührt der Eintritt der Festsetzungsverjährung für den (festgesetzten) StAnspruch (Primäranspruch) nach Erlass des Haftungsbescheids die Rechtmäßigkeit des Haftungsbescheids nicht (BFH BStBl 93, 407; 02, 267; BVerwG BFH/NV Beilage 02, 168). Ebenso ändert der Eintritt der Zahlungsverjährung des StAnspruchs nichts an der Rechtmäßigkeit des Haftungsbescheids (BFH BStBl 02, 267).

19 **d) Aufteilung einer Gesamtschuld.** Die Verweisung in § 44 II 4 ist deklaratorisch. Nach den §§ 268 ff können Gesamtschuldner die **Aufteilung der Gesamtschuld** beantragen. Dadurch entfällt die Gesamtschuld nicht (BFH/NV 11, 1537); ihre Wirkungen werden aber weitgehend beseitigt (BFH BStBl 88, 406; 02, 214; 07, 597); § 276 VI beseitigt rückwirkend die Tilgungswirkung (BFH/NV 10, 604). Der Antrag muss gestellt werden, bevor die Gesamtschuld zB im Wege der Aufrechnung vollständig erfüllt ist (BFH BStBl 91, 493); die Aufteilung wirkt auf den Zeitpunkt der Antragstellung zurück. Näher zur Aufteilung s Erläut zu § 268 und § 278 Rz 1).

20 **5. Verfahrensfragen.** Ansprüche gegen Gesamtschuldner können in einem zusammengefassten Steuerbescheid festgesetzt werden (§ 155 III). Ein zusammengefasster Bescheid kann auch nach dem Tode eines Ehegatten ggü dem überlebenden Ehegatten und den Erben des verstorbenen Ehegatten erlassen werden (BFH BStBl 86, 545). Ein zusammengefasster Bescheid muss aber nicht ergehen (BFH BStBl 85, 583; BFH/NV 00, 678). Näher dazu § 155 Rz 45 ff. Zur Bekanntgabe § 122 VI und VII. Zur Vollstreckung gegen Gesamtschuldner s § 342 II. In dem Bescheid muss nicht auf die Gesamtschuld hingewiesen werden, weil der Hinweis die Lage des Gesamtschuldners nicht verbessert (BVerwG NJW 93, 1667; BFH/NV 16, 726). Legt einer von mehreren Gesamtschuldnern gegen den an ihn gerichteten Bescheid **Rechtsmittel** ein, liegt grds weder ein Fall notwendiger Hinzuziehung gem § 360 III noch ein Fall notwendiger Beiladung (§ 60 III FGO) vor. Die Gesamtschuldnerschaft begründet kein Verhältnis gegenseitiger Abhängigkeit; die Entscheidung muss ggü mehreren Gesamtschuldnern **nicht einheitlich** ergehen (BFH/NV 10, 1854). Durch Leistung des Schuldners werden der Haftungsbescheid und die Zahlungsaufforderung nicht rechtswidrig, sondern sind nach § 131 I zu widerrufen (BFH/NV 15, 155).

§ 45 Gesamtrechtsnachfolge

(1) [1]**Bei Gesamtrechtsnachfolge gehen die Forderungen und Schulden aus dem Steuerschuldverhältnis auf den Rechtsnachfolger über.** [2]**Dies gilt jedoch bei der Erbfolge nicht für Zwangsgelder.**

(2) [1]**Erben haben für die aus dem Nachlass zu entrichtenden Schulden nach den Vorschriften des bürgerlichen Rechts über die Haftung des Erben für Nachlassverbindlichkeiten einzustehen.** [2]**Vorschriften, durch die eine steuerrechtliche Haftung der Erben begründet wird, bleiben unberührt.**

Schrifttum: *Söffing* Einkünfteerzielungsabsicht in der Nachfolgeplanung, FS Herzig 2010, 407; *Kobor* Einkommensteuerschulden des Erblassers als Nachlassverbindlichkeiten gem. § 10

Abs. 5 Nr. 1 ErbStG, FR 12, 1075; *Sahrmann* Abziehbarkeit von Einkommensteuerschulden des Erblassers für dessen Todesjahr als Nachlassverbindlichkeiten, FR 12, 1104; *Dusch* Die Dürftigkeitseinrede für Nachlassschulden im Steuerrecht, DStR 13, 844.

Übersicht

1. Inhalt. Abs 1 S 1 regelt die steuerlichen Rechtsfolgen für alle Fälle der Gesamtrechtsnachfolge. Die übrigen Bestimmungen enthalten Sonderregelungen für den Erbfall (Rechtsfolgen der Rechtsnachfolge und Erbenhaftung). 1

2. Gesamtrechtsnachfolge. Kennzeichnend für die Gesamtrechtsnachfolge (Universalsukzession) ist, dass sämtliche Rechtsverhältnisse einer Person *in einem Akt* kraft Gesetzes oder aufgrund gesetzlicher Anordnung auf eine andere Person übergehen. Sie ist abzugrenzen von der Einzelrechtsnachfolge (Singularsukzession), die sich auf einzelne Rechte oder Vermögensgegenstände bezieht. § 45 setzt den Eintritt der Gesamtrechtsnachfolge voraus, regelt aber nicht, in welchen Fällen sie eintritt. Das ergibt sich abschließend aus anderen, zumeist zivilrechtl gesetzlichen Regeln. Gesamtrechtsnachfolge tritt zB ein im Erbfall (§ 1922 BGB), bei Nacherbfolge (§ 2139 BGB) oder bei der Begründung von Gütergemeinschaft (§ 1416 BGB) sowie bei Umwandlungen nach dem UmwG (näher AEAO zu § 45 Nrn 1–3; Ausnahmen s Rz 3), zB wenn eine GmbH gem § 46 iVm § 3 II und § 4 UmwG in der Weise umgewandelt wird, dass ihr Vermögen unter Ausschluss der Abwicklung auf einen ihrer Gesellschafter übertragen wird (BFH BStBl 93, 352) oder wenn eine Personengesellschaft in eine GmbH umgewandelt wird (FG Hbg EFG 97, 1028). Bei einer GbR tritt durch **Anwachsung** nach § 738 I 1 BGB Gesamtrechtsnachfolge ein, wenn bis auf einen alle Gesellschafter ausscheiden und daher der einzige verbleibende Gesellschafter alleiniger Inhaber des Gesellschaftsvermögens wird (BFH BStBl 90, 272; BFH/NV 98, 232; vgl auch BGH NJW 08, 2992). Entsprechendes gilt, wenn sich die Miteigentumsanteile einer Bruchteilsgemeinschaft zu Alleineigentum vereinigen und die Bruchteilsgemeinschaft dadurch untergeht (FG Mster EFG 17, 1210 Rev BFH V R 26/17 zu USt-Schulden der Bruchteilsgemeinschaft). 2

Keine Gesamtrechtsnachfolge tritt ein bei Erbschaftskauf nach §§ 2371 ff BGB (vgl Rz 10) oder bei Vermächtnisnahme (BFH BStBl 75, 739; BFH/NV 11, 1722). Ebenfalls keine Gesamtrechtsnachfolge findet statt bei einer Ausgliederung eines Unternehmensbereichs durch Neugründung gem § 123 III Nr 2 UmwG (BFH BStBl 03, 835), bei einer Ausgliederung auf einen anderen Rechtsträger (BFH BStBl 06, 432) oder bei einer Abspaltung durch Neugründung (BFH/NV 10, 356; *Wacker* HFR 10, 235; AEAO zu § 45 Nr 2). In allen diesen Fällen wird nicht das gesamte Vermögen übertragen und der übertragende Rechtsträger erlischt nicht. Ferner tritt nicht bereits durch bloße Schuldübernahme Gesamtrechtsnachfolge ein. 3

3. Rechtsfolgen. Nicht nur Forderungen und Schulden gehen auf den Gesamtrechtsnachfolger über. Der **Wortlaut** der Vorschrift ist **zu eng.** Der Gesamtrechtsnachfolger tritt vielmehr materiell- und verfahrensrechtl in die abgabenrechtl Stellung seines Rechtsvorgängers ein (BFH GrS BStBl 08, 608). So bleibt das Un- 5 ternehmensvermögen des Erblassers beim Erben stl verhaftet mit der Folge, dass die Veräußerung eine steuerbare und steuerpflichtige Lieferung ist (BFH/NV 10, 1373; *Michel* DB 10, 1276; *von Cölln* BB 10, 2032). Das gilt nicht für **höchstpersönliche Verhältnisse** oder Umstände, die unlösbar mit der Person des Rechtsvorgängers verbunden sind. Wird ein Gesamtschuldner Gesamtrechtsnachfolger des einzigen anderen oder aller anderen Gesamtschuldner, so verwandelt sich die Gesamtschuld in eine Einzelschuld die allerdings auf zwei Schuldgründen beruht (FG BaWü EFG 89, 268). Die Rechtsfolgen treten erst mit dem jeweiligen Stichtag (und nicht rückwirkend) ein (BFH/NV 08, 1055).

6 **a) Forderungen und Schulden aus dem StSchuldverhältnis.** Sie gehen (alle) auf den Rechtsnachfolger über, sofern sie im maßgeblichen Zeitpunkt (Stichtag) **entstanden** sind. Noch nicht entstandene Steuerschulden des Erblassers wie zB die ESt des Todesjahres gehen zwar nicht auf den Erben über; sie können aber als Nachlassverbindlichkeiten abgezogen werden, weil und soweit sie vom Erblasser „herrühren" (BFH BStBl 12, 790). Zu den Forderungen und Schulden, die auf den Rechtsnachfolger übergehen, gehören auch stl **Nebenleistungen,** die beim Rechtsvorgänger entstanden sind, soweit sie nicht wie das gem Abs 1 S 2 ausdrücklich von der Gesamtrechtsnachfolge ausgenommene **Zwangsgeld** reinen Beugecharakter haben und daher nach Erfüllung der Verpflichtung nicht mehr zu vollziehen sind (vgl § 335). Vom Erblasser verwirkte Säumniszuschläge werden auch nach seinem Tod noch erhoben und sind daher nicht ohne weiteres zu erlassen (BFH/NV 93, 455). Das Gleiche gilt für Verspätungszuschläge. Die (repressive) Verpflichtung zur Zahlung eines Verspätungszuschlags geht als Schuld aus dem StSchuldverhältnis auf den Gesamtrechtsnachfolger über (BFH/NV 10, 12). Gleiches gilt für Zinsen oder Kosten, die in der Person des Rechtsvorgängers angefallen waren. Aussetzungszinsen sind vom Rechtsnachfolger nicht nur für die auf den Rechtsvorgänger entfallenden Zeiten zu zahlen. Wer als Rechtsnachfolger ein vom Rechtsvorgänger begonnenes Rechtsbehelfs- oder Klageverfahren fortführt, ist im Unterliegensfall Schuldner für die nach dem Eintritt der Rechtsnachfolge entstandenen Aussetzungszinsen (BFH/NV 92, 506). **Keine Rechtsnachfolge,** sondern eine besondere persönliche Zurechnung liegt § 24 Nr 2 EStG zugrunde, wonach nachträgliche Einkünfte des Rechtsvorgängers dem Rechtsnachfolger zuzurechnen sind (vgl BFH GrS BStBl 08, 608).

7 **b) Verluste.** Verluste sind keine verkehrsfähigen Wirtschaftsgüter; sie besitzen aber potentielle Vermögensqualität (BFH GrS BStBl 08, 608). Ob sie deshalb nach § 45 im Wege der Gesamtrechtsnachfolge übergehen, kann nur unter Heranziehung der für die betr Rechtsbeziehung einschlägigen materiell-rechtl Normen und Prinzipien des jeweiligen Einzelsteuergesetzes gefunden werden (BFH BStBl 02, 441; aaO). Für die **Einkommensteuer** hat der Große Senat den Verlustübergang verneint. Vom Erblasser nicht ausgenutzten Verlustabzug kann der Erbe bei seiner eigenen Veranlagung zur Einkommensteuer nicht geltend machen (BFH GrS BStBl 08, 608). Der Große Senat hat damit eine seit 1962 bestehende stRspr geändert und die Rechtsfrage (vgl dazu iEinz die 9. Aufl) iSd Vorlagebeschlusses (BFH BStBl 05, 262) entschieden. Für Erbfälle, die bis zum 12.3.2008 (FinVerw 18.8.2008) eingetreten sind, bleibt es bei den Grundlagen der alten Rspr. Die Erwägungen des BFH dürften über die Erbfolge hinaus für alle Fallgruppen der Gesamtrechtsnachfolge im ESt-Recht gelten. Für die **Körperschaftsteuer** schließt **§ 12 III iVm § 4 II 2 UmwStG** den Verlustübergang zB bei Verschmelzungen aus. Die alte Rechtslage (dazu BFH/NV 05, 1399; 12, 1271) ist nur noch auf Vorgänge anzuwenden, die vor dem 12.12.2006 zur Eintragung angemeldet worden sind. Der Verlustabzug nach **§ 10a GewStG** steht dem Rechtsnachfolger idR steht nicht zu (BFH BStBl 94, 331).

8 **c) Höchstpersönliche Verhältnisse.** Sie gehen nicht mit steuerlicher Wirkung auf den Rechtsnachfolger über, sondern wirken sich nur bei der StFestset-

zung des Rechtsvorgängers aus (BFH BStBl 72, 80; 98, 148). So ist zB der **Sonderausgabenabzug** des § 10 I Nr 1 EStG personenbezogen. Der Erbe kann daher Unterhaltsleistungen gem § 1586b BGB an den geschiedenen Ehegatten des Erblassers nicht als Sonderausgaben abziehen (BFH BStBl 98, 148), wohl aber die von ihm beglichene Kirchensteuer des Erblassers (§ 10 I Nr 4 EStG; BFH BStBl 17, 256). Bei dem für die Beurteilung eines gewerblichen Grundstückshandels maßgeblichen zeitlichen Zusammenhang zwischen Anschaffung und Veräußerung eines Objekts kann die Besitzdauer des Erblassers grds nicht wie eine eigene Besitzzeit des Erben gewertet werden, der das Objekt veräußert (BFH BStBl 01, 530). **Geldstrafen** gehen grds nicht auf den Erben über. Das Gleiche gilt für **Geldbußen** (vgl § 101 OWiG). Ein höchstpersönlicher Umstand ist auch die Zuwendungsentscheidung des Erblassers. Der Erbe kann deshalb den nicht verbrauchten Betrag einer Großspende nicht als eigene Spende abziehen (BFH/NV 09, 375). Höchstpersönlich ist auch die Erlaubnis zur Entnahme von begünstigtem Strom (BFH/NV 12, 344).

d) Verfahrensrechtliche Positionen. Der Rechtsnachfolger tritt auch in die verfahrensrechtl Positionen des Vorgängers ein. StBescheide, die gegen den Erblasser ergangen sind, muss der Nachfolger gegen sich gelten lassen. Er kann sie nur anfechten, soweit die Anfechtungsfrist noch nicht abgelaufen ist. Die Klagebefugnis eines Mitunternehmers nach § 48 I FGO geht auf seine Erben über; sie sind deshalb auch dann beizuladen, wenn sie nicht Mitunternehmer geworden sind (BFH/NV 09, 604). Auch in ein schwebendes **Rechtsmittelverfahren** tritt der Erbe ein (vgl ua BFH BStBl 77, 428; BFH/NV 92, 506); beachte aber § 239 ZPO. Ggf muss für das Jahr des Eintritts des Erbfalles je eine ESt-Festsetzung für den Erblasser und je eine für den Erben durchgeführt werden (BFH BStBl 72, 621). Zu der auf den Erben übergehenden verfahrensrechtl Rechtsstellung gehören auch Antrags- und Wahlrechte (BFH BStBl 84, 31; FG Nbg EFG 00, 27). Auch steuerrechtl Gestaltungsrechte gehen auf den Erben über, soweit es sich nicht um höchstpersönliche Rechte handelt, die nach den jeweils maßgeblichen Steuervorschriften unlösbar mit der Person des Rechtsvorgängers verknüpft sind (BFH BStBl 02, 441). Hat der Erblasser eine leichtfertige StVerkürzung oder eine StHinterziehung begangen, verlängert sich die Festsetzungsfrist für die Steuer auch ggü dem Rechtsnachfolger. 9

4. Verfahrensfragen. Der Gesamtrechtsnachfolger ist **StSchuldner,** nicht Haftender. Er wird daher durch **StBescheid** in Anspruch genommen (BFH BStBl 73, 544). Der Gesamtrechtsnachfolger muss im StBescheid namentlich als Adressat genannt werden (BFH BStBl 72, 502; 88, 410; BFH/NV 92, 506). Es genügt grds nicht, dass der Steuerbescheid an „die Erben des X" gerichtet wird (vgl aber auch BFH/NV 16, 726). In den Bescheidkopf ist der Hinweis aufzunehmen, dass der StSchuldner als Gesamtrechtsnachfolger des Rechtsvorgängers in Anspruch genommen wird (AEAO zu § 122 Nr 2.12). Bei einem einheitlichen Feststellungsbescheid bleibt der Erblasser **Zurechnungssubjekt,** wenn der Bescheid auf einen vor dem Erbfall liegenden Stichtag ergeht. Feststellungsbeteiligte sind aber die Erben; ihnen ist der Bescheid bekannt zu geben (BFH BStBl 88, 410). Wenn jemand in einem StBescheid irrtümlich als Erbe bezeichnet ist, berührt dies die Wirksamkeit des Bescheids nicht, wenn dieser aus einem sonstigen Grund wirksam bekannt gegeben worden ist. Ein nach dem Tode des Ehemanns an „Herrn und Frau … (Name der Ehefrau)" gerichteter ESt-Bescheid ist daher jedenfalls dann hinreichend bestimmt, wenn in der Einspruchsentscheidung nachträglich klargestellt wird, dass nur die Ehefrau von dem Bescheid betroffen werden sollte (vgl allg zur Heilung von Bekanntgabemängeln durch Einspruchentscheidung § 122 Rz 16). Unschädlich ist, wenn das FA in der Einspruchsentscheidung die Ehefrau auch als Erbin ihres Mannes angesehen und als solche bezeichnet hat (BFH BStBl 86, 545). 10

Ist der Nachlass noch nicht geteilt, muss der Steuerbescheid ebenfalls an die einzelnen beteiligten Erben gerichtet werden und nicht etwa an die **Erbengemein-** 11

schaft, soweit sie nicht ausnahmsweise selbst die Steuer schuldet (BFH BStBl 72, 502; 73, 544; 06, 287). Da aber die einzelnen Erben Gesamtschuldner sind, kann der Bescheid nach Wahl auch an nur einen oder mehrere von ihnen gerichtet werden (BFH BStBl 73, 544, FG Brem EFG 94, 562; aA FG Mster EFG 73, 240; vgl *Schuhmann* Zustellung von ESt-Bescheiden bei Erbfolge, DStZ/A 76, 18). Ein einheitlicher Feststellungsbescheid entfaltet schon mit der Bekanntgabe an einzelne Erben diesen ggü Wirksamkeit, unbeschadet der Tatsache, dass er erst mit der Bekanntgabe an alle Feststellungsbeteiligten allen ggü wirksam wird (BFH BStBl 92, 865; s iEinz zu StBescheiden gegen Erbengemeinschaft § 122 Rz 38 und AEAO zu § 122 Nr 2.12).

12 Bei **Testamentsvollstreckung** nach § 45 II iVm § 2213 BGB kann die St-Schuld sowohl gegen die Erben als auch gegen den Testamentsvollstrecker (Nachlass) geltend gemacht werden (BFH BStBl 88, 120). Für die Vollstreckung in den Nachlass setzt § 265 iVm § 748 ZPO allerdings voraus, dass entweder ein StBescheid oder ein auf Duldung der Vollstreckung gerichteter Bescheid gegen den Testamentsvollstrecker ergangen ist. Zu unbestimmt und daher unwirksam ist ein an den Testamentsvollstrecker adressierter StBescheid mit dem Zusatz als „Testamentsvollstrecker und Zustellungsvertreter der Erben" (vgl AEAO zu § 122 Nr 2.13).

15 **5. Erbenhaftung (Abs 2).** Nach Abs 2 S 1 hat der Erbe nur beschränkt für die aus dem Nachlass zu entrichtenden Schulden einzustehen, sofern er den Umfang seiner Haftung **nach den Vorschr des bürgerlichen Rechts** beschränkt hat. Mit dem Erbfall wird der Erbe (§ 1922 I) Schuldner und hat nach § 1967 I BGB für die Nachlassverbindlichkeiten nicht nur mit dem Ererbten, sondern grds auch mit seinem eigenen Vermögen einzustehen. Mehrere Erben haften für die gemeinschaftlichen Nachlassverbindlichkeiten gesamtschuldnerisch (§ 2058 BGB). Der Erbe kann die Haftung (Einstehenmüssen) jedoch auf den Nachlass beschränken. Maßgeblich sind die zivilrechtlichen Möglichkeiten der Haftungsbeschränkung; sie gelten vorbehaltlich von Abs 2 S 2 auch im StRecht (vgl *Dusch* DStR 13, 844). Abs 2 setzt den Übergang der Verbindlichkeiten voraus und regelt nur den Umfang der Haftung. Die Vorschrift gilt nur für Erben und ist auf andere Gesamtrechtsnachfolger nicht (analog) anwendbar. Gegenstand der Haftungsbeschränkung sind die Nachlassverbindlichkeiten.

16 **Nachlassverbindlichkeiten.** Es kommt darauf an, ob **zivilrechtl** eine Nachlassverbindlichkeit vorliegt (geänderte Rspr BFH BStBl 16, 372; entgegen BFH BStBl 92, 781). Nach § 1967 II BGB sind dies zum einen die vom Erblasser herrührenden Schulden **(Erblasserschulden).** Sie müssen nicht in der Person des Erblassers entstanden sein; es genügt, dass sie von ihm herrühren. Das ist etwa der Fall bei der ESt des Todesjahres (BFH BStBl 12, 790). Eine Nachlassverbindlichkeit soll auch vorliegen, wenn der Erblasser zu seinen Lebzeiten einen Geschehensablauf ins Werk gesetzt hatte, kraft dessen es nach dem Erbfall und nach Eröffnung des Nachlassinsolvenzverfahrens im Nachlassvermögen *zwangsläufig*, ohne Zutun des Erben oder des Nachlassinsolvenzverwalters zur Verwirklichung eines Besteuerungstatbestandes gekommen ist, den weder der Erbe noch der Nachlassinsolvenzverwalter verhindern konnten (BFH BStBl 98, 705). Nachlassverbindlichkeiten sind zum andern die den Erben „als solchen", nämlich aus Anlass des Erbfalls treffenden Verbindlichkeiten **(Erbfallschulden).** Dazu gehören nicht nur die im Gesetz erwähnten Verbindlichkeiten aus Pflichtteilsrechten, Vermächtnissen und Auflagen, sondern u.a. auch Verbindlichkeiten, die zwar nicht *mit* dem Erbfall, aber *infolge* des Erbfalls entstehen (**Nachlasskosten- bzw. Nachlassverwaltungsschulden**) wie die durch die Tätigkeit eines Nachlassverwalters verursachten Verbindlichkeiten (vgl BFH BStBl 16, 372). Gleiches gilt für die durch Handlungen des Nachlassinsolvenzverwalters, Nachlasspflegers oder Testamentsvollstreckers (§ 2206 BGB; BGH NJW 12, 316) begründete Verbindlichkeiten. Auch die vom

Erben als Gesamtrechtsnachfolger aufgrund des Erbanfalls geschuldete ErbSt ist eine Erbfallschuld (BFH BStBl 16, 482).

Nicht beschränkbar ist die Haftung für **Eigenverbindlichkeiten** des Erben. 17
Maßgeblich ist ebenfalls die zivilrechtliche Sichtweise (§ 1967 II BGB). Dabei handelt es sich um Verbindlichkeiten, die der Erbe selbst im Rahmen der „eigenhändigen" Verwaltung des Nachlasses eingeht. Solche Verbindlichkeiten können zugleich Nachlassverbindlichkeiten sein, soweit sie auf ordnungsgemäßer Verwaltung des Nachlasses beruhen. Die Haftungsbeschränkung auf den Nachlass greift jedoch schon dann nicht ein, wenn es sich zumindest auch um eine Eigenverbindlichkeit handelt (vgl BGH NJW 13, 3446 zu Wohngeldanspruch bei Eigenverwaltung des Nachlasses).

Die Haftungsbeschränkung tritt ein durch Anordnung der **Nachlassverwaltung** 18
oder Eröffnung des **Nachlassinsolvenzverfahrens** (§ 1975 BGB; §§ 315 ff InsO). Ansprüche können dann nur noch gegen den Nachlass (Nachlassverwalter) geltend gemacht werden (§ 1984 I 3 BGB). Wird mangels einer die Kosten des Verfahrens deckenden Masse weder eine Nachlassverwaltung noch ein Nachlassinsolvenzverfahren angeordnet, kann der Erbe subsidiär die Befriedigung eines Nachlassgläubigers insoweit verweigern, als der Nachlass nicht ausreicht (**Dürftigkeitseinrede,** § 1990 BGB). Grds muss der StSchuldner mit seinem gesamten Privatvermögen einstehen. Das gilt auch für den StSchuldner kraft Gesamtrechtsnachfolge. Von diesem Grundsatz enthält Abs 2 S 1 eine (nicht analogiefähige) Ausnahme (BFH BStBl 88, 716). Die Beschränkung ist grds erst im **Zwangsvollstreckungsverfahren** geltend zu machen (stRspr BFH/NV 16, 1453; vgl auch BFH BStBl 04, 35 zur Haftungsbeschränkung für Minderjährige nach § 1629a BGB). Zur Vollstreckung gegen den Erben vgl § 265. Ein dem Erblasser ggü ergangenes Leistungsgebot muss dem Erben erneut bekannt gegeben werden (§ 254 I 3). Wie die Beschränkung der Erbenhaftung im Vollstreckungsverfahren geltend zu machen ist, ist in der AO nicht geregelt. Eine Möglichkeit ist, einen Rechtsbehelf gegen die Vollstreckungsmaßnahme einzulegen (BFH BStBl 98, 705). Da der Erbe aber auch in der Lage sein muss, bereits gegen eine drohende Vollstreckungsmaßnahme vorzugehen, muss auch eine formlose Erklärung ggü der Vollstreckungsbehörde genügen, solange noch kein VA zur Durchführung der Vollstreckung ergangen ist (vgl BFH BStBl 98, 705; *HHSp/Müller-Eiselt* § 265 Rz 23). Nach neuerer Rspr des BFH kann der Erbe darüber hinaus die Steuerschuld (unter Protest) begleichen und anschließend einen **Erstattungsanspruch** geltend machen. Im Fall der Geltendmachung der dauerhaften Einrede des § 1975 BGB wird die Steuer ohne rechtlichen Grund gezahlt (BFH BStBl 16, 372; § 37 Rz 34).

Abs 2 S 2 schränkt Abs 2 S 1 ein. Auf die Beschränkung der Erbenhaftung 19
kann sich der Erbe nicht berufen, soweit er im Hinblick auf eine Nachlassverbindlichkeit selbst einen steuerrechtl **Haftungstatbestand** (vgl §§ 69 ff) verwirklicht hat, zB weil er eine ihn treffende Berichtigungspflicht verletzt oder dem Erblasser bei dessen StHinterziehung geholfen hat (§ 71; *HHSp/Boeker* § 45 Rz 83). Für die Nachlassverbindlichkeit muss der Erbe als Schuldner kraft Gesamtrechtsnachfolge zwar nur beschränkt einstehen; dem daneben bestehenden und gegen ihn gerichteten Haftungsanspruch, den er durch eigenes Tun ausgelöst hat und der nicht im Wege der Rechtsnachfolge auf ihn übergegangen ist, kann er die Beschränkung der Erbenhaftung aber nicht entgegenhalten. Es handelt sich um einen gesetzlich geregelten Fall der Eigenschuld (s Rz 17).

§ 46 Abtretung, Verpfändung, Pfändung

(1) **Ansprüche auf Erstattung von Steuern, Haftungsbeträgen, steuerlichen Nebenleistungen und auf Steuervergütungen können abgetreten, verpfändet und gepfändet werden.**

(2) **Die Abtretung wird jedoch erst wirksam, wenn sie der Gläubiger in der nach Absatz 3 vorgeschriebenen Form der zuständigen Finanzbehörde nach Entstehung des Anspruchs anzeigt.**

(3) [1]**Die Abtretung ist der zuständigen Finanzbehörde unter Angabe des Abtretenden, des Abtretungsempfängers sowie der Art und Höhe des abgetretenen Anspruchs und des Abtretungsgrundes auf einem amtlich vorgeschriebenen Vordruck anzuzeigen.** [2]**Die Anzeige ist vom Abtretenden und vom Abtretungsempfänger zu unterschreiben.**

(4) [1]**Der geschäftsmäßige Erwerb von Erstattungs- oder Vergütungsansprüchen zum Zweck der Einziehung oder sonstigen Verwertung auf eigene Rechnung ist nicht zulässig.** [2]**Dies gilt nicht für die Fälle der Sicherungsabtretung.** [3]**Zum geschäftsmäßigen Erwerb und zur geschäftsmäßigen Einziehung der zur Sicherung abgetretenen Ansprüche sind nur Unternehmen befugt, denen das Betreiben von Bankgeschäften erlaubt ist.**

(5) **Wird der Finanzbehörde die Abtretung angezeigt, so müssen Abtretender und Abtretungsempfänger der Finanzbehörde gegenüber die angezeigte Abtretung gegen sich gelten lassen, auch wenn sie nicht erfolgt oder nicht wirksam oder wegen Verstoßes gegen Absatz 4 nichtig ist.**

(6) [1]**Ein Pfändungs- und Überweisungsbeschluss oder eine Pfändungs- und Einziehungsverfügung dürfen nicht erlassen werden, bevor der Anspruch entstanden ist.** [2]**Ein entgegen diesem Verbot erwirkter Pfändungs- und Überweisungsbeschluss oder erwirkte Pfändungs- und Einziehungsverfügung sind nichtig.** [3]**Die Vorschriften der Absätze 2 bis 5 sind auf die Verpfändung sinngemäß anzuwenden.**

(7) **Bei Pfändung eines Erstattungs- oder Vergütungsanspruchs gilt die Finanzbehörde, die über den Anspruch entschieden oder zu entscheiden hat, als Drittschuldner im Sinne der §§ 829, 845 der Zivilprozessordnung.**

Schrifttum: *Fest* Zivilprozessuale Zwangsvollstreckung in Steuererstattungsansprüche, WM 12, 1565; *Pelke* Pfändung von Steuererstattungsansprüchen in der Insolvenz, SteuK 13, 379; *Clausnitzer/Stumpf* Pfändung und (Sicherungs-)Zession steuerlicher Erstattungs- und Vergütungsansprüche, BB 15, 1377; *Hagemann*, Auszahlung von steuerlichen Erstattungs- und Vergütungsansprüchen an Dritte ohne formelle Abtretung oder Verpfändung, KKZ 16, 102.

Übersicht

1 **1. Inhalt.** Forderungen **des Stpfl** gegen die FinBeh können grds nach den Vorschr des bürgerlichen Rechts abgetreten (§§ 398 ff BGB) oder verpfändet (§§ 1273 ff BGB) oder von Gläubigern des Stpfl gepfändet und eingezogen werden

(§§ 829ff ZPO; §§ 309, 314). § 46 schränkt diese Möglichkeiten ein. Abs 2–4 enthalten für die Abtretung zusätzliche, insbes formale Anforderungen. Abs 5 schützt die FinBeh (ähnlich § 409 BGB). Sie wird von der Verpflichtung zur Leistung frei, wenn sie (ohne Rücksicht auf die Wirksamkeit der Abtretung) an den in der Anzeige bezeichneten Empfänger zahlt. Diese Regeln gelten für Verpfändungen entsprechend (Abs 6 S 3). Abs 6 und 7 enthalten Sondervorschriften für die Pfändung von Forderungen.

Die Einschränkung der Abtretbarkeit bezweckt nach stRspr auch den **Schutz des Zedenten.** Dieser solle davor bewahrt werden, Erstattungs- oder Vergütungsansprüche unüberlegt, zu unangemessenen Bedingungen oder an unseriöse Zessionare abzutreten (BFH BStBl 10, 839; 12, 92). Dafür besteht indes **keine Veranlassung.** Das Zivilrecht geht insofern zu Recht nicht von einer allg Schutzbedürftigkeit des Zedenten aus, sondern erlaubt die Abtretung von Zahlungsansprüchen grds formfrei. Für das StRecht gelten insoweit keine Besonderheiten. Die Abtretung von Ansprüchen aus dem StSchuldverhältnis hat für den Stpfl keine weiter reichenden Folgen als die Abtretung von sonstigen Zahlungsansprüchen. Die insbes formale Beschränkung der Abtretbarkeit kann deshalb allein damit gerechtfertigt werden, dass sie den FinBeh die Bearbeitung von Erstattungs- und Vergütungsansprüchen erleichtern soll (BFH BStBl 85, 572; 89, 223). Diese Einschränkung des Zwecks ist bei der Auslegung der Vorschr zu beachten. 2

2. Anwendungsbereich. Die Vorschr gilt für die in ihr aufgezählten Ansprüche (des Stpfl) aus dem Steuerschuldverhältnis (§ 37). Auf Forderungen **des StGläubigers** ist § 46 nicht anwendbar. Das bedeutet nicht, dass diese nicht abtretbar wären. Vielmehr finden insoweit die §§ 398ff BGB uneingeschränkt Anwendung (BFH BStBl 73, 513; 89, 1004). Eine festgesetzte Steuerforderung kann zwecks Einziehung von einem Hoheitsträger auf einen anderen Hoheitsträger übertragen werden (BFH BStBl 00, 46). 4

Erstattungsanspruch. Er ist auf Rückzahlung einer *ohne rechtlichen* Grund zur Erfüllung einer vermeintlichen Schuld erbrachten Leistung gerichtet (näher § 37 Rz 10ff). Nur Ansprüche auf Erstattung von Steuern, Haftungsbeträgen oder steuerlichen Nebenleistungen fallen nach dem eindeutigen Wortlaut (Abs 1 S 1) in den Anwendungsbereich. § 46 gilt auch für die Abtretung ua des Anspruchs auf Erstattung von **Einfuhr- oder Ausfuhrabgaben.** Sie sind Steuern iSd AO (§ 3 III 1 iVm Art 5 Nr 20 und 21 UZK). Der UZK enthält keine Spezialvorschrift, die § 46 AO verdrängt (*HHSp/Boeker* Rz 13). Nicht unter § 46 fallen Ansprüche auf **Kostenerstattung** zB nach § 77 EStG (FG Hess EFG 15, 1616) oder § 139 FGO (BFH/NV 00, 4). Sie können formlos abgetreten werden. Das gilt auch für den gegen den ArbG gerichteten Erstattungsanspruch des ArbN aus dem vom ArbG durchgeführten LSt-Jahresausgleich (§ 42b II 5 EStG; wie hier *HHSp/Boeker* Rz 139; aA *Koenig/Koenig* Rz 5; *TK/Drüen* § 46 Rz 36 mwN). Für die Abtretung von **KSt-Guthaben** und **KSt-Minderungen** suspendiert § 37 V 10 KStG von der Anwendung von Abs 4. 5

StVergütungsansprüche sind ua der Anspruch auf Vergütung von Vorsteuerbeträgen (§§ 16, 18 UStG), die Vergütungsansprüche in den Verbrauchsteuergesetzen und das Kindergeld (§ 31 S 3 EStG; näher § 37 Rz 5). 6

Zukünftige Ansprüche können abgetreten oder verpfändet, nicht aber gepfändet werden (§ 46 VI 1). Die Abtretung oder Verpfändung setzt nach zivilrechtl Grundsätzen voraus, dass die Forderung bestimmbar ist (vgl *Palandt/Grüneberg* BGB, § 398 Rz 14ff mwN; vgl auch BGH DStR 03, 1990 zur Auslegung einer Abtretungsvereinbarung über künftige Forderungen). Die Abtretung oder Verpfändung wird aber erst wirksam, wenn sie der zuständigen FinBeh **nach Entstehung der Forderung** angezeigt wird (BFH BStBl 96, 557; BFHE 209, 18; vgl Rz 10ff). Auch die Abtretung eines **Teilbetrags** eines Steuererstattungsanspruchs ist zulässig (BFH BStBl 86, 565). 7

8 **3. Abtretung und Verpfändung.** Diese werden nach § 46 gleichbehandelt. Die zivilrechtl Begriffsinhalte werden von der AO vorausgesetzt. Abtretung ist ein **Vertrag,** der auf Übertragung einer Forderung gerichtet ist (§ 398 BGB). Verpfändung ist ein Vertrag, durch den ein dingliches Sicherungsrecht begründet wird, das den Pfandgläubiger berechtigt, unter bestimmten Voraussetzungen das Pfand zu verwerten und sich daraus zu befriedigen (§§ 1273 ff BGB). Das Zustandekommen richtet sich nach den jeweiligen zivilrechtl Voraussetzungen (BFH BStBl 78, 688; 94, 789). An einem Abtretungsvertrag fehlt es zB, wenn eine Personengesellschaft im eigenen Namen oder im Namen ihres Gesellschafters beantragt, StSchulden der Gesellschaft mit Erstattungsansprüchen des Gesellschafters zu verrechnen. Durch die Annahme eines solchen Antrags kann aber ein Verrechnungsvertrag zustande kommen (BFH BStBl 78, 606). Abtretung und Verpfändung sind **Verfügungen** und nur wirksam, wenn der Verfügende zur Verfügung über die Forderung befugt ist. An der Verfügbarkeit kann es aus sachlichen und persönlichen Gründen fehlen. Eine Forderung kann nicht abgetreten werden, soweit sie nicht pfändbar ist (§ 400 BGB). Zur Pfändbarkeit des Kindergeldanspruchs § 76 EStG (nach dem BKKG BFH/NV 88, 14). An der persönlichen Verfügungsbefugnis des Forderungsinhabers fehlt es zB nach Eröffnung des Insolvenzverfahrens (§ 80 I InsO). Über Forderungen des Zedenten, die zur Insolvenzmasse gehören, kann nur noch der Insolvenzverwalter verfügen (vgl BFH BStBl 96, 557). Zur Wirksamkeit der Abtretung oder Verpfändung von Ansprüchen aus dem StSchuldverhältnis müssen zu den zivilrechtl Voraussetzungen noch die besonderen Voraussetzungen des § 46 (Anzeige, kein geschäftsmäßiger Erwerb) hinzukommen.

9 Der Gläubiger kann auch auf andere Weise als durch Abtretung und Verpfändung bewirken, dass die FinBeh an einen Dritten leistet. Er kann der FinBeh zB eine **Zahlungsanweisung** erteilen (BFH BStBl 86, 511; 89, 223; 91, 3; 97, 522; BFH/NV 00, 1321). Aufgrund der Anweisung zahlt die FinBeh zwar an den Dritten. Dadurch leistet sie jedoch an den Anweisenden. Rückforderungsansprüche richten sich deshalb gegen den Anweisenden (BFH BStBl 86, 511). Die Zahlungsanweisung kann frei widerrufen werden, da sie kein Vertrag ist. Das FA ist auch nicht verpflichtet, der Zahlungsanweisung Folge zu leisten, es sei denn die Befolgung erfordert keine erhebliche Mehrarbeit (vgl FG Hbg EFG 96, 458). Anstelle einer Zahlungsanweisung kann auch eine **Empfangsvollmacht** erteilt werden. Auch dann leistet die FinBeh an den Gläubiger und nicht an den Bevollmächtigten.

10 **4. Anzeige (Abs 2 und 3).** Die Anzeige ist Voraussetzung für die Wirksamkeit der Abtretung oder Verpfändung nach § 46. Ohne eine wirksame Anzeige ist die Abtretung nicht nur ggü dem Fiskus, sondern allg unwirksam (BGH NJW 78, 642). Die Anzeige ist eine (einseitige, form- und empfangsbedürftige) **Willenserklärung** (vgl BFH BStBl 05, 238) und als solche nach den allg Grundsätzen unter Beachtung des Zwecks des Formerfordernisses (vgl Rz 2) auslegungsfähig (BFH/NV 10, 2238). Die Abtretung oder Verpfändung kann erst **nach Entstehung des Anspruchs** angezeigt werden (Abs 2 aE; zur Entstehung von Erstattungsansprüchen vgl Rz 37 sowie § 38 Rz 30). Eine vor Entstehung des Anspruchs angezeigte Abtretung wird auch nicht wirksam, wenn der abgetretene Anspruch später entsteht, weil die Finanzbehörde sich nicht schon vor der Entstehung des Anspruchs mit dessen Abtretung befassen soll (BFH BStBl 96, 557).

11 **a) Allgemeines.** Die Anzeige obliegt dem (alten) **Gläubiger** (Zedent). Der Zedent kann sich bei Abgabe der Anzeige vertreten lassen und zB den Zessionar **bevollmächtigen** (BFH BStBl 94, 789; 97, 522). Entscheidend ist, dass die Anzeige von dem Abtretenden stammt (FG Bln EFG 92, 103) oder in dessen Namen abgegeben worden ist. Gehört die abgetretene Forderung zur Insolvenzmasse des Zedenten, muss der Insolvenzverwalter nicht nur bei der Abtretung, sondern auch bei der Anzeige mitwirken (BFH BStBl 96, 557). Eine unwirksame Anzeige bleibt auch nach Beendigung des Insolvenzverfahrens unwirksam (BFH/NV 02, 1127).

Die Anzeige ist an die (örtlich, sachlich und funktionell) zuständige FinBeh zu richten. Sind **mehrere FinBeh zuständig,** genügt der Zugang bei einer zuständigen Behörde (vgl BFH/NV 99, 747). Geht die Anzeige einem nicht zuständigen FA zu, leitet dieses die Anzeige an das zuständige FA weiter; die Wirksamkeit tritt erst mit Eingang beim zuständigen FA ein. Zur Übermittlung der Anzeige kann sich der Abtretende eines Boten bedienen. Er kann die formgerecht von ihm ausgefüllte Anzeige daher auch dem Abtretungsempfänger überlassen, damit dieser sie der FinBeh übermittelt (BFH BStBl 97, 522). Die Abtretungsanzeige muss dem FA **im Original** zugehen. Es genügt nicht, wenn sie nur gezeigt, aber nicht übergeben wird oder wenn dem FA lediglich eine Ablichtung davon übersandt wird (BFH/NV 88, 416). Auch die Übermittlung per Telefax genügt nicht. Eine wirksame Anzeige kann nur mit Zustimmung desjenigen zurückgenommen werden, welcher als der neue Gläubiger bezeichnet worden ist (§ 409 II BGB analog). 12

b) Inhalt der Anzeige. Erforderlich sind Angaben zum Abtretenden, zum Abtretungsempfänger, zu Art und Höhe des abgetretenen Anspruchs sowie zum Abtretungsgrund. Die Angaben müssen sich aus der Anzeige ergeben. Nicht ausreichend ist es, wenn sich Art und Höhe des Anspruchs nur aus einem Anschreiben ergeben, auf das in der Abtretungsanzeige nicht Bezug genommen worden ist (FG Hbg EFG 00, 976). 14

Abtretender und **Abtretungsempfänger** müssen in der Anzeige so genau bezeichnet werden, dass sie eindeutig erkennbar sind (BFH BStBl II 2000, 491; 02, 402). Die Angaben zur **Art** und zur **Höhe** des abgetretenen Anspruchs (ESt, LSt, Erstattungsanspruch etc) müssen so genau sein, dass er bestimmbar ist. Der Erstattungszeitraum sollte angegeben werden. Die Höhe muss nicht beziffert werden (BFH/NV 94, 598). Es ist unschädlich, wenn die Höhe des Anspruchs von den Angaben in der Anzeige abweicht. Falschbezeichnung schadet nicht, wenn das Gemeinte eindeutig erkennbar ist; Unklarheiten können ggf unter Beachtung des Zwecks der Formvorschrift berichtigt oder im Wege der Auslegung beseitigt werden. 15

Der **Abtretungsgrund** (zB Sicherungsabtretung, Abtretung zahlungshalber) ist ebenfalls anzugeben. Die Angaben zum Abtretungsgrund sollen dem FA die Möglichkeit zur schnellen und einfachen Prüfung eröffnen, ob eine Sicherungsabtretung vorliegt, die nur Bankunternehmen gestattet ist, oder ob es sich bei der Abtretung um einen geschäftsmäßigen Erwerb von Erstattungs- oder Vergütungsansprüchen handeln könnte, der gem Abs 4 zur Nichtigkeit der Abtretung führen würde (BFH BStBl 02, 402). Um dem Anliegen des Gesetzgebers zu genügen, bedarf es daher der kurzen **stichwortartigen Kennzeichnung** des der Abtretung zugrunde liegenden schuldrechtl Lebenssachverhalts (BFH BStBl 02, 402; 05, 238). Das gilt auch für den Fall einer Sicherungsabtretung; insofern genügt es nicht, das Feld „Sicherungsabtretung" anzukreuzen (BFH BStBl 12, 92; BFH/NV 13, 498; FG Ddorf EFG 13, 182). Es muss für die FinBeh aus den Angaben im Vordruck erkennbar sein, ob eine Sicherungsabtretung vorliegt oder ob ein Fall des geschäftsmäßigen Erwerbs vorliegen könnte (BFH/NV 05, 1969). Fehlen jegliche Angaben zum Abtretungsgrund, so ist die Abtretung unwirksam (BFH BStBl 12, 92; BFH/NV 05, 1969; 10, 2238). Auf dem Vordruck beigefügte Anlagen kommt es nicht an, wenn es an einer durch Unterschrift vollzogenen Bezugnahme auf diese Anlagen im Vordruck fehlt (BFH BStBl 14, 507). 16

c) Form der Anzeige. Die Anzeige ist **formbedürftig** (Abs 3). Ein Formmangel führt grds zur Unwirksamkeit der Anzeige. Formmängel können allenfalls in besonderen Ausnahmefällen nach Treu und Glauben unbeachtlich sein (BFH BStBl 05, 238). Die Einhaltung der in Abs 3 vorgeschriebenen Form ist Voraussetzung für die **Wirksamkeit der Anzeige** und mittelbar auch für die Wirksamkeit der Abtretung oder Verpfändung (BFH BStBl 96, 557). 18

19 **Vordruck (Abs 3 S 1).** Die Anzeige ist auf amtlich vorgeschriebenem Vordruck abzugeben. Der Vordruck ist in der Anlage zu Nr 6 AEAO zu § 46 (AO-Hdb 2017) bestimmt. Der Vordruck soll die Bearbeitung durch die FinBeh erleichtern (Rz 2). Es müssen nicht notwendig die von der FinBeh vorgehaltenen Formulare verwendet werden (vgl BFH BStBl 07, 2). Private Nachdrucke müssen aber inhaltlich und äußerlich dem aktuellen Vordruck entsprechen. Allenfalls geringe Abweichungen sind unschädlich und nur, wenn die mit dem Vordruck verfolgten Zwecke nicht beeinträchtigt werden (BFH BStBl 83, 123; BFH/NV 96, 385; FG Nds EFG 10, 540). Es ist der jeweils aktuelle Vordruck zu verwenden; die Verwendung nicht mehr gebräuchlicher amtlicher Vordrucke kann jedoch unschädlich sein (BFH BStBl 05, 238; BFH/NV 94, 598; 96, 382). Die **notarielle Beurkundung** der Abtretung eines StErstattungsanspruchs **ersetzt nicht** die Anzeige auf amtlichem Vordruck. Die Beurkundung der Abtretung erleichtert dem FA nicht die Bearbeitung (zutr *Koenig/Koenig* Rz 23; aA *TK/Drüen* § 46 Rz 29). Eine der Abtretungsanzeige beigefügte notarielle Urkunde kann aber zur ergänzenden Auslegung herangezogen werden, wenn in der Abtretungsanzeige der abgetretene Anspruch nicht bezeichnet ist (FG Köln EFG 93, 194).

20 **Unterschrift (Abs 3 S 2).** Abtretender und Abtretungsempfänger müssen die Anzeige unterschreiben. Beide Unterschriften müssen auf derselben Urkunde angebracht sein (vgl § 126 II 1 BGB). Die Unterschrift kann hierbei nicht durch einen Faksimilestempel ersetzt werden (vgl BGH NJW 70, 1078). Die Unterschrift muss in Kenntnis des Inhalts der Anzeige geleistet werden; eine Blankounterschrift genügt dem Formerfordernis nicht (vgl BGH NJW 96, 1467). Die eigenhändige Unterschrift (arg § 150 III 1) ist in § 46 nicht angeordnet, sodass auch ein Stellvertreter unterschreiben kann (BFH BStBl 83, 123; aA AEAO zu § 46 Nr 7). Die Bevollmächtigung zur Abgabe der Anzeige ist nur wirksam, wenn der Zweck der Formvorschr nicht unterlaufen wird. Der Zedent muss bei Erteilung der Vollmacht den Abtretungsvordruck gekannt haben (BFH BStBl 96, 557). Unerheblich ist, ob die Vollmacht unwiderruflich oder widerruflich erteilt wird (BFH BStBl 88, 178). Bei zusammenveranlagten Ehegatten ist, wenn nur eine Unterschrift vorhanden ist, nicht von stillschweigender Bevollmächtigung durch den anderen Ehegatten auszugehen. Fehlt die Unterschrift eines Ehegatten, bleibt die Abtretung wirksam, soweit der abgetretene Anspruch auf den Ehegatten entfällt, der die Anzeige unterschrieben hat (BFH BStBl 97, 522). Ob das Unterschriftserfordernis vom allein validen Zweck der Vorschr, das Verwaltungsverfahren zu erleichtern (vgl Rz 2), gedeckt ist, erscheint zweifelhaft.

21 **Zugang.** Als empfangsbedürftige Willenserklärung (Rz 10) muss die Anzeige dem FA auch **zugehen.** Ausreichend ist die Übermittlung per **Telefax** (BFH BStBl 10, 839). Die FinVerw lässt auch die Übermittlung einer eingescannten Abtretungsanzeige per E-Mail genügen (AEAO zu § 46 Nr 7). Der Verwaltungsvereinfachungszweck wird dadurch nicht verfehlt (vgl Rz 2).

22 **d) Rechtsfolgen der Anzeige.** Mit dem Zugang der wirksamen Anzeige bei der zuständigen FinBeh wird die Abtretung wirksam. Der Zugang der Anzeige **wirkt nicht** auf den Zeitpunkt der Abtretung **zurück.** Die Abtretung ist also nicht etwa bis zur Anzeige nur schwebend unwirksam, sondern unwirksam (*TK/Drüen* § 46 Rz 33), da die Anzeige materielle Wirksamkeitsvoraussetzung der Abtretung ist (BFH/NV 12, 82). Bei mehrfacher Abtretung oder Verpfändung kommt es auf die erste Anzeige an. Nur die zuerst angezeigte Abtretung ist wirksam (BFH/NV 89, 751 mwN); mehrfache Verpfändung ist wirksam, aber nur derjenige Gläubiger ist zur Einziehung befugt, dessen Pfandrecht zuerst angezeigt worden ist (§ 1290 BGB). Es besteht ggf die Möglichkeit, zur Rangsicherung zunächst eine Vorpfändung nach § 845 ZPO durchzuführen.

24 **e) Schutzwirkung der Anzeige (Abs 5).** Die Vorschr begründet eine **Einrede** der FinBeh gegen den Zedenten. Die FinBeh kann mit befreiender Wirkung

an den in der Anzeige bezeichneten Zessionar leisten, auch wenn die Abtretung unwirksam ist. Zedent und Zessionar müssen die angezeigte Abtretung gegen sich gelten lassen, dh der Zedent kann nicht mehr verlangen, dass die Behörde an ihn zahlt. Die Vorschr soll es der Behörde ersparen, die Wirksamkeit *der Abtretung* zu prüfen. Sie bezweckt den Schutz des Schuldners. Abs 5 entspricht § 409 I 1 BGB. Einzige Voraussetzung ist, dass die Abtretung angezeigt worden ist. Nach hM kann die FinBeh auch dann an den Abtretungsempfänger leisten, wenn sie weiß oder nach den Umständen wissen muss, dass die Abtretung oder Verpfändung unwirksam ist (BFH BStBl 94, 789; 07, 738; 10, 839, *HHSp/Boeker* Rz 72). Dem ist nicht zu folgen (kritisch jetzt auch *TK/Drüen* § 46 Rz 40). Der Schuldner ist **nicht schutzwürdig,** wenn er positiv weiß, dass die Abtretung nicht wirksam ist. § 409 I BGB und § 46 V schützen nur bis zur Grenze positiven Wissens (aA FG Bawü EFG 16, 1770). Wie § 409 I BGB geht auch § 46 V iÜ davon aus, dass *der Gläubiger* die Abtretung angezeigt hat. Nur dann ist es gerechtfertigt, ihn trotz Unwirksamkeit der Abtretung an seiner Erklärung festzuhalten. Daran fehlt es, wenn ein anderer als der Gläubiger die Abtretung angezeigt hat und wenn das Verhalten des Dritten dem Gläubiger nicht als eigenes zurechenbar ist. Dasselbe gilt (keine Schutzwirkung), wenn der Gläubiger im maßgeblichen Zeitpunkt über die Forderung nicht mehr verfügen konnte und der Schuldner davon Kenntnis hatte (vgl BGH NJW 87, 1703).

25 Die FinBeh ist außerdem im Hinblick auf die formellen Voraussetzungen der Abtretung und deren Zweck (Rz 2) nicht schutzwürdig, wenn die **Anzeige formell unwirksam** ist. Der BFH nimmt demgegenüber an, die Behörde könne auch dann mit befreiender Wirkung an den in der Anzeige bezeichneten Zessionar leisten, wenn sie positiv weiß, dass die Abtretungs*anzeige* nicht der vorgeschriebenen Form entspricht (vgl BFH BStBl 10, 839; BFH/NV 06, 1442; jeweils *obiter dictum*). Die Schutzwürdigkeit entfällt jedenfalls dann, wenn die Unterschrift des Abtretenden oder seines Vertreters fehlt oder für die Behörde erkennbar gefälscht ist (BFH/NV 09, 1236). Der BFH hat iÜ offen gelassen, ob die Schutzwirkung nur eingreifen kann, wenn sämtliche Formerfordernisse der Anzeige erfüllt sind. Davon ist indes auszugehen. Zumindest die Einhaltung der Form und des Mindestinhalts kann und muss das FA stets prüfen. Ist die *Anzeige* insofern erkennbar unwirksam (und deshalb auch die Abtretung), entfällt (trotz des weiteren Wortlauts der Vorschr) das Schutzbedürfnis mit der Folge, dass die FinBeh durch Zahlung an den vermeintlichen Zessionar von ihrer Verpflichtung zur Leistung nicht frei wird und der vermeintliche Zedent die Leistung noch einmal verlangen kann. Auf Mängel der Anzeige muss das FA nicht hinweisen. Darüber hinaus hat das FA nicht zu prüfen, ob die Abtretung wirksam ist. Bei Zweifeln (insbes auch hinsichtlich der Voraussetzungen des Abs 4) ist das FA nicht zur Überprüfung der (Angaben in der) Abtretungsanzeige verpflichtet (BFH BStBl 91, 201).

26 Auf den Schutz von Abs 5 kann sich die FinBeh auch dann nicht berufen, wenn er von einem **höherrangigen Schutzzweck** überlagert wird. Der **Schutz Geschäftsunfähiger** geht vor. Ist die Abtretung unwirksam, weil der Abtretende geschäftsunfähig war, wird die FinBeh durch Leistung an den Abtretungsempfänger trotz Abs 5 nicht von der Leistungspflicht frei (vgl BGH NJW 77, 622). Ob sich die FinBeh auf den Schutz des Abs 5 beruft, steht in ihrem Ermessen. Der Eintritt der Schutzwirkung hängt jedoch nicht von der Ausübung des Ermessens ab, sondern ist uU eingeschränkt (Rz 24ff; aA *TK/Drüen* § 46 Rz 41; *HHSp/Boeker* § 46 Rz 73a: Ermessensfehler).

27 Muss die FinBeh an den vermeintlichen Zedenten noch einmal zahlen, weil sie sich auf den Schutz des Abs 5 nicht berufen kann, so hat sie grds einen Rückforderungsanspruch gegen den vermeintlichen Zessionar. Dieser kann der FinBeh nicht entgegenhalten, die Anzeige sei erkennbar unwirksam gewesen (BFH/NV 96, 5). Anders evtl, wenn die FinBeh positiv wusste, dass sie zur Leistung an den in der

Anzeige bezeichneten Zessionar nicht verpflichtet war (vgl § 814 BGB; BFH BStBl 97, 522; vgl Rz 16).

28 **5. Geschäftsmäßiger Erwerb (Abs 4).** Die Vorschr untersagt den **geschäftsmäßigen Erwerb** von Erstattungs- oder Vergütungsansprüchen. Das Verbot soll den Zedenten davor schützen, übervorteilt zu werden. Verbotswidriges Handeln führt zur **Nichtigkeit** der Übertragung (BFH BStBl 99, 430) und kann nach § 383 mit Geldbuße bis zu 50 000 Euro geahndet werden. Eine Ausnahme gilt nach S 2 und 3 für Sicherungsabtretungen, aber nur, wenn dem Zessionar das Betreiben von Bankgeschäften erlaubt ist. Abs 4 ist nach § 37 V 10 KStG nicht anwendbar auf die Abtretung von KSt-Guthaben und KSt-Minderungen.

29 **Geschäftsmäßigkeit** liegt vor bei selbständigem Tätigwerden mit Wiederholungsabsicht (BFH BStBl 86, 124; BFH/NV 88, 9; 89, 210; 95, 473; 99, 430). Für die Geschäftsmäßigkeit spricht, wenn der Zessionar für den Erwerb von Erstattungsansprüchen organisatorische Vorkehrungen trifft und etwa vorformulierte Abtretungserklärungen bereit hält (vgl BFH BStBl 86, 124; BFH/NV 89, 210). Auch die Zahl der Erwerbsfälle und der Zeitraum ihres Vorkommens können für die Beurteilung von Bedeutung sein (BFH/NV 95, 473 zu vier Abtretungen innerhalb etwa eines Jahres; vgl auch FG Hess EFG 99, 930). Es kommt auf die Verhältnisse im Einzelfall an (BFH BStBl 06, 348). Selbst ein einzelner Erwerb kann in selbständiger Tätigkeit und Wiederholungsabsicht erfolgt sein (vgl BFH/NV 01, 1531). Nicht ausreichend ist aber, dass eine vereinzelte Abtretung im Rahmen eines Handelsgeschäfts vorgenommen wurde (AEAO zu § 46 Nr 2.1). Der geschäftsmäßige Erwerb von Erstattungs- oder Vergütungsansprüchen ist ohne Rücksicht auf das Rechtsverhältnis zwischen dem Zedenten und dem Zessionar unzulässig. § 46 IV 1 kann daher auch dann nicht einschränkend ausgelegt werden, wenn der EStErstattungsanspruch des ArbN aufgrund eines nach ausl Recht zu beurteilenden Arbeitsvertrags zivilrecht dem ArbG zusteht (BFH BStBl 99, 430). Maßgeblich ist der Kenntnisstand der FinBeh bei Eingang der Abtretungsanzeige (FG Mster EFG 11, 5).

32 **Sicherungsabtretung.** Bei der Sicherungsabtretung (Abtretung sicherungshalber) wird wie bei jeder Abtretung das Vollrecht vom Abtretenden auf den Abtretungsempfänger (Sicherungsnehmer) übertragen. Dieser ist jedoch im Innenverhältnis ggü dem Zedenten nach Maßgabe einer schuldrechtlichen Sicherungsabrede oder entsprechend dem Sicherungszweck in der Ausübung des Rechts beschränkt. Auf die Sicherheit darf er nur unter bestimmten Voraussetzungen zugreifen, zB wenn die zu sichernde Forderung ausgefallen ist oder nicht realisiert werden kann (vgl auch § 39 Rz 70). Dies ist anders als bei der Abtretung erfüllungshalber. Der Sicherungszweck muss für beide Beteiligten im Vordergrund stehen (AEAO zu § 46 Nr 2.2). Im Einzelfall kann der Sicherungszweck so weit zurücktreten, dass eine unzulässige Abtretung erfüllungshalber anzunehmen ist. Bei der Abgrenzung sind die von der Zivilrechtsprechung entwickelten Grundsätze zu beachten (vgl BFH BStBl 84, 178; 84, 183; 84, 411).

33 Der geschäftsmäßige Erwerb von **Pfandrechten** an StErstattungsansprüchen ist ebenfalls nur zulässig, wenn der Verpfändungsvertrag dem Pfandgläubiger im wirtschaftlichen Ergebnis keine weitergehenden Rechte an der verpfändeten Forderung als bei einer Sicherungsabtretung verschafft (BFH BStBl 84, 413). Der Inhaber des Pfandrechts muss insbes vorrangig Befriedigung aus dem zu sichernden Anspruch suchen.

34 Dem Erwerber muss das **Betreiben von Bankgeschäften** erlaubt sein. Bei einer Tätigkeit im Inland ist dafür idR erforderlich, dass die Erlaubnis nach **§ 32 KWG** zum Betrieb von Bankgeschäften erteilt worden ist (BFH BStBl 86, 124; BFH/NV 88, 9; 89, 210). Auskünfte darüber erteilt die BAFin oder die Deutsche Bundesbank (AEAO zu § 46 Nr 2.4). Für EU-Ausländer kann sich die entsprechende Erlaubnis aus dem jeweiligen Heimatrecht ergeben. Steuerberatern und

Steuerberatungsgesellschaften ist es nicht gestattet, sich zur Sicherung ihrer Honorarforderungen geschäftsmäßig von ihren Mandanten Steuererstattungsansprüche abtreten zu lassen (BFH/NV 88, 9; 89, 210). Kein unzulässiger Erwerb, sondern eine unbedenkliche Bevollmächtigung liegt aber vor, wenn sich zB der stl Berater über die allg Vollmacht hinaus bevollmächtigen lässt, den Erstattungsanspruch im Namen des Mandanten und für dessen Rechnung ggü dem FA geltend zu machen und entgegenzunehmen (Empfangsvollmacht). Außerdem fällt eine Zahlungsanweisung des Mandanten nicht unter das Verbot des § 46. In beiden Fällen erwirbt der Bevollmächtigte keinen Anspruch gegen die FinBeh. Darüber hinaus dürfte es zulässig sein, den Erstattungsbetrag ohne formelle Abtretung der Forderung auf **Antrag** des Berechtigten auf Steuerschulden eines Dritten **umzubuchen.** Eine Grundlage hierfür bietet ein öffentlich-rechtl **Verrechnungsvertrag,** der durch Angebot des Erstattungsberechtigten und Annahme durch das FA zustande kommt und auch stl zu beachten ist. Das FA ist aber zum Abschluss eines Verrechnungsvertrags nicht verpflichtet (FG Mster EFG 08, 1597) und kann ihn zB mit der Begründung ablehnen, dass es nicht zur Umgehung von Abs 4 beitragen dürfe. Abs 4 hat **keine drittschützende Wirkung** in dem Sinne, dass sich ein Lohnsteuerhilfeverein mit der Konkurrentenklage gegen die Duldung einer rechtswidrigen Beratungspraxis eines konkurrierenden Lohnsteuerhilfevereins wehren könnte (BFH BStBl 88, 67; BFH/NV 89, 243).

6. Pfändung (Abs 6). Abs 6 setzt voraus, dass Erstattungs- und Vergütungsan- 35
sprüche (des Stpfl) aus dem StSchuldverhältnis gepfändet werden können (Rz 8). An der Pfändbarkeit fehlt es uU beim **Kindergeld.** Es wird zwar als Steuervergütung gezahlt (§ 31 S 3 EStG), ist aber wegen seiner Zweckbindung nur beschränkt pfändbar (§ 76 EStG). Für die Pfändung durch Private gelten die Vorschr der **ZPO** (§§ 829, 835, 840, 845 ZPO), für die Pfändung durch Körperschaften des öffentlichen Rechts die für diese geltenden Vollstreckungsregeln (zB §§ 309, 314). Bei Anwendung der ZPO-Vorschriften auf die Pfändung von Ansprüchen aus dem StSchuldverhältnis gelten prinzipiell keine Besonderheiten. Der zu pfändende Anspruch muss so **genau bezeichnet** werden, dass er von anderen Ansprüchen des Schuldners eindeutig unterschieden werden kann. Hinsichtlich der erforderlichen Konkretisierung der Bestimmtheitsanforderungen folgt der BFH der gefestigten Rspr des BGH. Eine ausdrückliche Bezeichnung des gepfändeten Anspruchs nach dem Kalenderjahr ist nicht erforderlich (BFH BStBl 99, 439). Fehlt eine Angabe zum Vergütungszeitraum, ist der Beschluss dahin auszulegen, dass alle bereits entstandenen Ansprüche betroffen sind (BFH BStBl 02, 67). Zusätzlich müssen die Voraussetzungen des § 46 vorliegen.

Ein Pfändungs- und Überweisungsbeschluss oder eine Pfändungs- und Ein- 36
ziehungsverfügung dürfen nicht erlassen werden, bevor der Anspruch entstanden ist. **Erlassen** iSd § 46 VI ist ein gerichtlicher Pfändungs- und Überweisungsbeschluss, wenn er nach der abschließenden Zeichnung durch den Richter oder Rechtspfleger aus dem internen Geschäftsgang des Gerichts zum Zwecke der Beförderung weggegeben und zB der Poststelle oder dem Gerichtswachtmeister übergeben worden ist; nicht erforderlich ist der Zugang beim Gläubiger oder die Zustellung an den Drittschuldner (BFH BStBl 90, 946; BGH NJW 05, 3724). Entsprechendes gilt für den maßgeblichen Zeitpunkt bei der Entstehung einer behördlichen Pfändungs- und Einziehungsverfügung. Sie ist zu dem Zeitpunkt erlassen (erwirkt), in dem die Verfügung den internen Bereich der Vollstreckungsbehörde endgültig verlassen hat, indem sie zum Zwecke der Zustellung an den Drittschuldner, der Post oder dem zustellenden Bediensteten der Behörde übergeben worden ist (vgl §§ 2 bis 6 VwZG; BFH 90, 946). Auf die **Vorpfändung** von StErstattungsansprüchen ist Abs. 6 entsprechend anwendbar; sie ist „erlassen" im Zeitpunkt ihrer Zustellung durch den Gerichtsvollzieher (BGH BFH/NV 12, 541).

37 Der **Erstattungsanspruch** gem § 37 II entsteht im Zeitpunkt der rechtsgrundlosen Zahlung und nicht erst mit seiner Festsetzung (vgl § 38 Rz 30). Bei Durchführung des LSt-Jahresausgleichs durch den ArbG entsteht der Erstattungsanspruch (§ 42b II 5 EStG; vgl Rz 4) nicht erst mit Ablauf des Veranlagungszeitraums, sondern bereits mit dem Einbehalt der (iErg zu hohen) LSt. Er kann daher bereits im laufenden Jahr gepfändet werden (*Zöller/Stöber* ZPO § 829 Rz 33 „Steuererstattung" aE; aA AEAO zu § 46 Nr 1). Der Anspruch ist nicht Teil des Arbeitseinkommens und unterliegt daher auch nicht den Beschränkungen der §§ 850 ff ZPO (BFH/NV 96, 10).

38 Ein entgegen dem Verbot erwirkter Pfändungs- und Einziehungsbeschluss oder eine Pfändungs- und Einziehungsverfügung sind **unheilbar nichtig** (Abs 6 S 2). Ansonsten wird die Pfändung mit Zustellung des Pfändungs- und Überweisungsbeschlusses oder der Pfändungs- und Einziehungsverfügung wirksam (§ 829 ZPO, § 309 II 1). Zustellungsempfänger ist der Vorsteher der FinBeh (§ 170 II ZPO).

40 **7. Rechtswirkungen.** Eine wirksame **Abtretung** führt zum Übergang des abgetretenen Rechts auf den Abtretungsempfänger (§ 398 S 2). Er wird Inhaber der Forderung und kann über sie verfügen, bei der Sicherungsabtretung im Innenverhältnis nur nach Maßgabe der Vereinbarungen in der Sicherungsabrede bzw dem Sicherungszweck entsprechend. Der Zessionar kann insbes die Zahlung an sich verlangen. Durch die **Verpfändung** oder **Pfändung** geht demgegenüber nicht das Vollrecht auf den Gläubiger über, sondern es wird ein Pfandrecht (Pfändungspfandrecht) an der Forderung begründet, das den Gläubiger uU dazu berechtigt, die Forderung einzuziehen (§ 1282 BGB; § 835 ZPO). Der alte Gläubiger bleibt aber Inhaber der Forderung. Die Erfüllungswirkung tritt ihm ggü ein; bei rechtsgrundloser Leistung ist er zur Rückgabe verpflichtet.

41 **a) Rechtsstellung des Abtretungsempfängers.** Die Abtretung eines Anspruchs aus dem StSchuldverhältnis hat abw vom Zivilrecht nicht zur Folge, dass die gesamte Rechtsstellung auf den Zessionar übergeht (vgl BFH/NV 99, 43). Entsprechendes gilt für die Rechtsstellung des Pfandrechtsgläubigers. Der Zessionar tritt **nur im Erhebungsverfahren** und nur hinsichtlich des Zahlungsanspruchs an die Stelle des Zedenten. Am Festsetzungsverfahren ist er nicht beteiligt. Er kann für den Schuldner weder eine StErklärung abgeben noch den Antrag auf Durchführung der Veranlagung nach § 46 II Nr 8 EStG stellen (BFH BStBl 99, 84). Der Pfändungsgläubiger ist auch nicht berechtigt, für den Vollstreckungsschuldner und dessen Ehegatten einen Antrag auf Zusammenveranlagung zu stellen (BFH BStBl 00, 573). Er ist auch nicht zum Festsetzungsverfahren hinzuzuziehen (offen gelassen BGH NJW 08, 1675). Der StBescheid ist nicht an ihn, sondern an den Stpfl zu richten und nur diesem bekannt zu geben. Dem neuen Gläubiger ist nur mitzuteilen, ob und ggf in welcher Höhe sich aus der Veranlagung ein Erstattungsanspruch ergeben hat und ob und ggf in welcher Höhe aufgrund der Abtretung, Pfändung oder Verpfändung an ihn zu leisten ist. Bei Streitigkeiten hierüber kann der neue Gläubiger einen Abrechnungsbescheid beantragen (vgl AEAO Nr 4 zu § 46). Gegen den StBescheid kann er nicht Einspruch einlegen und auch nicht klagen (BFHE 209, 29; BFH/NV 93, 350). Die davon abw Ansicht, wonach der neue Forderungsinhaber effektiv in der Lage sein müsse, die Forderung oder das Pfandrecht auch durchzusetzen (BGH DStR 04, 1618), hat der BGH (NJW 08, 1675) aufgegeben. Wer einen Anspruch auf Erstattung von ESt gepfändet und zur Einziehung überwiesen erhalten hat, kann danach aufgrund des Pfändungs- und Überweisungsbeschlusses weder einen Anspruch auf Vornahme von Verfahrenshandlungen im StFestsetzungsverfahren gem § 888 ZPO durch Haftantrag gegen den Schuldner vollstrecken noch nach § 887 ZPO ermächtigt werden, Verfahrenshandlungen des Schuldners im StFestsetzungsverfahren selbst vorzunehmen. Diese Handlungen sind sämtlich unvertretbar. Das Forderungsrecht wird vielmehr mit den bestehenden Beschränkungen erworben; darin liegt kein Verstoß gegen Art 14

GG (BGH aaO). Die Gegenansicht ist damit überholt (ebenso *TK/Drüen* § 46 Rz 56). Die Abtretung des Kindergeldanspruchs bewirkt nur den Übergang des Zahlungsanspruchs im Auszahlungsverfahren, nicht die Antragsberechtigung im Festsetzungsverfahren (BFH BStBl 16, 958).

b) Aufrechnung. Der FinBeh wird durch die Abtretung, Verpfändung oder Pfändung eine im maßgeblichen Zeitpunkt bestehende **Möglichkeit der Aufrechnung** nicht genommen (§ 226 I iVm § 406 BGB; BFH BStBl 76, 549; 90, 523; BFH/NV 96, 387). Die Aufrechnung ist jedoch nur möglich, wenn die Aufrechnungslage (mit Ausnahme der Gegenseitigkeit) im Zeitpunkt der Aufrechnungserklärung noch besteht. Die Aufrechnung ist ggü dem Zessionar zu erklären. Erklärt der Zessionar seinerseits mit der ihm abgetretenen Forderung die Aufrechnung ggü dem FA, geht eine spätere Aufrechnungserklärung des FA ins Leere (BFH BStBl 90, 523; BFH/NV 96, 387). Erklärt das FA die Aufrechnung ggü dem Zedenten, obwohl es weiß, dass der Anspruch abgetreten worden ist, muss der Zessionar die Aufrechnung nicht gegen sich gelten lassen (BFH/NV 96, 387). Näher zum Ganzen § 226 Rz 57. 42

c) Verfahrensfragen. Besteht der Abtretungsempfänger auf seinem vermeintlichen Recht, kann er, wenn das FA die Auszahlung an ihn ablehnt, Antrag nach **§ 218 II** stellen. Im Abrechnungsbescheid kann nur geklärt werden, ob die Abtretung wirksam ist. Bestehen und Höhe des abgetretenen Anspruchs sind nicht Gegenstand des Verfahrens. Gegen den Abrechnungsbescheid sind Einspruch und Anfechtungsklage statthaft. Im Einspruchsverfahren ist der Abtretende nicht notwendig (§ 360 III), sondern allenfalls einfach hinzuzuziehen. 43

8. Finanzbehörde als Drittschuldner (Abs 7). Drittschuldner iSd §§ 829, 840 ZPO wäre eigentlich der Steuergläubiger. Dem neuen Gläubiger soll aber kein Nachteil daraus entstehen, dass er evtl den Steuergläubiger nicht kennt. Als **Drittschuldner,** dh als derjenige, dem der Pfändungsbeschluss zuzustellen ist und gegen den evtl im Klagewege vorzugehen ist, gilt deshalb das FA, das über den Anspruch entschieden oder zu entscheiden hat (vgl dazu FG BaWü EFG 05, 82; ferner *Forgach* BB 76, 266). 45

§ 47 Erlöschen

Ansprüche aus dem Steuerschuldverhältnis erlöschen insbesondere durch Zahlung (§§ 224, 224a, 225), Aufrechnung (§ 226), Erlass (§§ 163, 227), Verjährung (§§ 169 bis 171, §§ 228 bis 232), ferner durch Eintritt der Bedingung bei auflösend bedingten Ansprüchen.

Schrifttum: *Hartmann* Die Festsetzungsverjährung als Erlöschensgrund nach § 47 AO, DStZ 03, 154; *Hartmann* Hemmen Vorauszahlungen den Ablauf der Festsetzungsfrist nach § 171 Abs. 14 Abgabenordnung?, DStZ 05, 34.

Übersicht

1. Inhalt. Die Vorschr zählt die wichtigsten **Erlöschenstatbestände** auf. Die Aufzählung ist jedoch nicht erschöpfend („insbesondere"). Die Voraussetzungen ergeben sich aus den einzelnen Vorschriften. § 47 regelt nur die Rechtsfolge des Erlöschens. § 47 ist auf alle Ansprüche aus dem StSchuldverhältnis (§ 37) anwend- 1 bar, also auch auf Ansprüche des Stpfl gegen die FinBeh (vgl BFH BStBl 88, 41; 91, 3, 442). Für das Erlöschen der **Zollschuld** enthält Art. 124 UZK Spezialregelungen, die § 47 jeweils verdrängen.

2 **2. Zahlung.** Zahlung iSv § 47 ist ein im Wesentlichen nach privatrechtl Vorschr zu beurteilender Vorgang, der aus öffentlich-rechtl Grund und mit öffentlich-rechtl Wirkung erfolgt (BGH BFH/NV 04, Beilage 4, 386; BVerwG NJW 84, 2114; BFH BStBl 88, 41 mwN; FG Ddorf EFG 00, 243). Öffentlich-rechtl Grund der Zahlung ist die Pflicht des Schuldners zu einer Geldleistung an den Gläubiger, wie sie sich aus dem (öff-rechtl) StSchuldverhältnis ergibt (vgl § 37 Rz 14). Wird die geschuldete Leistung bewirkt, erlischt der Anspruch.

3 Zahlung ist **kein Rechtsbegriff,** sondern eine Sammelbezeichnung für zur Erfüllung von Geldleistungspflichten geeignete Leistungshandlungen. Zahlung in § 47 bedeutet **Erfüllung.** Das ergibt sich aus der Rechtsfolge des § 47. Denn der Anspruch erlischt nur, wenn die geschuldete Leistung bewirkt worden ist. Welche Leistung geschuldet ist, ergibt sich aus dem Inhalt des jeweiligen Schuldverhältnisses, im StRecht aus den gesetzlichen Vorschr, die das StSchuldverhältnis konstituieren. Dazu gehören zuerst die anspruchsbegründenden Normen. Ferner die den Leistungsort und die Leistungszeit modifizierenden Vorschr der §§ 224, 224a und 225, wie sich aus der Klammerverweisung ergibt. Diese Regelungen sind gleichwohl für die Anwendung des § 47 nur eingeschränkt maßgeblich (vgl Rz 5). Die Leistung muss grds **an den Berechtigten** erbracht werden; Leistungen an Dritte haben nur dann Erfüllungswirkung, wenn sie (noch) dem Berechtigten zugerechnet werden können. Nach wirksamer Abtretung, Verpfändung oder Pfändung kann der Schuldner mit befreiender Wirkung nur noch an den neuen Gläubiger (vgl § 46), nach Insolvenzeröffnung nur noch an den Insolvenzverwalter leisten (vgl § 80 I InsO). Das gilt nicht, wenn der Schuldner zur Zeit der Leistung keine Kenntnis von der Insolvenzeröffnung hatte (§ 82 InsO). Insofern schadet nur positive Kenntnis (BFH/NV 11, 1936). Dem Insolvenzverwalter soll die Berufung auf positive Kenntnis der FinBeh aber verwehrt sein, wenn er selbst Mitwirkungspflichten verletzt hat (BFH BStBl 16, 255; mE zweifelh, weil die Frage, ob Erfüllung eingetreten ist, rechtssicher beantwortbar sein muss).

4 Auf die **Person** des Leistenden kommt es (bei Geldschulden) grds nicht an (§ 48). Der Leistende muss auf eine bestehende Verpflichtung zahlen und den Leistungserfolg herbeiführen wollen (vgl § 37 Rz 32 ff). Auch eine Leistung **vor Fälligkeit** hat grds Erfüllungswirkung und führt im StRecht zum Erlöschen des Anspruchs (BFH BStBl 97, 112; s auch § 224 Rz 3). Eine Zahlung **unter Vorbehalt** führt allerdings nicht zum Erlöschen der Steuerschuld (§ 224 Rz 3; aA BFH/NV 88, 105). Das dingliche Erfüllungsgeschäft ist idR bedingungsfeindlich und deshalb unwirksam, wenn es mit einem Vorbehalt versehen ist.

5 Bei der **Barzahlung** wird Bargeld nach den Vorschr des bürgerlichen Rechts übereignet (§§ 929 ff BGB). Sie setzt Einigung und Übergabe voraus. Mit der Übergabe der Zahlungsmittel erlischt der Anspruch, wenn auch die Voraussetzungen des § 224 erfüllt sind. Bei **Scheckzahlung** führt erst die Gutschrift des Scheckbetrags auf dem Konto des Empfängers zum Erlöschen des Anspruchs. § 224 II Nr 1 behandelt den Scheck als Zahlungsmittel. Die Vorschr fingiert einen bestimmten Zeitpunkt, um die Berechnung von Zinsen und Säumniszuschlägen zu erleichtern. Erfüllung tritt aber erst ein, wenn die geschuldete Leistung dem Gläubiger auch zugegangen ist (vgl BFH BStBl 88, 41). Die **unbare Zahlung** wird ebenfalls erst bewirkt durch Gutschrift des überwiesenen Betrags auf dem richtigen Konto des Empfängers (BGHZ 58, 108; BGH DStR 99, 170; BFH BStBl 88, 41; 91, 442; FG Saarl EFG 91, 227; FG Ddorf EFG 00, 243; FG Thür EFG 03, 1354). Die Überweisung ist Anweisung. Die von einer geschäftsunfähigen Person erteilte Anweisung ist nichtig und muss rückabgewickelt werden. Die ausgeführte Überweisung führt dann nicht zum Erlöschen des Steueranspruchs des FA (BGH

BFH/NV 04, Beilage 4, 386). Beim **Lastschriftverfahren** ist die Zahlung erst bewirkt, wenn der Betrag vom Konto des Schuldners abgebucht, dem Konto des Empfängers zugebucht worden ist und wenn die Frist für den Widerruf durch den Kontoinhaber abgelaufen ist oder der Kontoinhaber die Abbuchung ausdrücklich genehmigt hat. § 224 III 3 spricht nicht gegen das Erlöschen des Anspruchs erst mit der Gutschrift bei Überweisung (BFH BStBl 88, 41).

Geldschulden sind **Bringschulden.** Der Zahlende trägt deshalb bei der Über- 6
mittlung oder Überbringung von Zahlungsmitteln nach § 270 BGB idR die **Verlustgefahr.** Das gilt auch für das FA. Nach Treu und Glauben geht die Verlustgefahr jedoch auf den Zahlungsempfänger über, wenn er in zurechenbarer Weise den Grund für den Verlust gesetzt hat (BFH BStBl 91, 442; BFH/NV 95, 179; FG Thür EFG 03, 1354). Das kann zB der Fall sein, wenn der Empfänger der Leistung eine nicht oder nicht mehr zutreffende Bankverbindung angegeben hat (BFH BStBl 88, 41; BFH/NV 92, 505).

Rechtsfolgen. Durch Zahlung nach § 47 erlischt der abstrakte Anspruch aus 7
dem Steuerschuldverhältnis ganz oder zum Teil. Bei Überzahlung erlischt der im StBescheid zu niedrig festgesetzte StAnspruch in voller Höhe (BFH BStBl 97, 112; vgl auch BFH BStBl 95, 490); bei Gesamtschuldnern auch ggü denjenigen, die keine Zahlung geleistet haben (BFH BStBl 12, 489). Die Rechtmäßigkeit des Bescheids, durch den der Anspruch festgesetzt worden ist, entfällt nicht. Das Erlöschen durch Zahlung betrifft nur das Erhebungsverfahren. Bei zu niedriger Festsetzung erlischt der Anspruch nur teilweise. Gegen einen noch nicht in Anspruch genommenen Gesamtschuldner kann die Differenz festgesetzt werden, auch wenn der Bescheid gegen den Leistenden nicht mehr geändert werden kann (vgl § 44 Rz 16). Das Erlöschen ist **endgültig.** Weder die FinBeh noch der Stpfl können diese Wirkung einseitig oder im Konsens rückgängig machen. Ist ein Anspruch auf Kindergeld durch Auszahlung erloschen, muss über einen vor Zahlung gestellten Antrag auf Abzweigung nicht mehr entschieden werden (BFH BStBl 13, 583; BFH/NV 12, 720; 13, 1422). Entsprechendes gilt, wenn das Kindergeld aufgrund einer Abzweigung an den Abzweigungsempfänger gezahlt worden ist. In diesem Fall tritt Erfüllung allerdings erst ein, wenn der Abzweigungsbescheid bestandskräftig geworden ist (BFH BStBl 16, 690). Durch Beachtung einer (rechtswidrigen) Anrufungsauskunft erlischt der Anspruch auf LSt; der ArbeitN kann damit nicht mehr in Anspruch genommen werden (BFH BStBl 14, 89). Wird der Antrag auf eine Steuervergütung erst nach dem Erlöschen des Vergütungsanspruchs gestellt, kommt eine Wiedereinsetzung in den vorigen Stand mit der Folge einer rückwirkenden Ablaufhemmung nach § 171 III nicht in Betracht (BFH BStBl 08, 462). Eine behördliche Aufforderung zur Abgabe einer StErklärung entfaltet keine Wirkung, wenn sie erst nach Erlöschen des Steueranspruchs ergeht (BFH BStBl 01, 14; BFH/NV 01, 574). Die eine Pflichtveranlagung begründende StErklärung entfaltet keine anlaufhemmende Wirkung, wenn sie erst nach dem Ablauf der Festsetzungsfrist abgegeben wird (BFH BStBl 12, 711). Ist der Anspruch erloschen, muss die Vollstreckung eingestellt werden (§ 257 I Nr 3); ein Haftungsanspruch kann nicht mehr geltend gemacht werden (BFH BStBl 02, 267; BFH/NV 12, 695). Etwas anderes ergibt sich aus § 144 InsO. Danach lebt die Forderung wieder auf, wenn der Insolvenzverwalter die Leistung nach erfolgreicher Insolvenzanfechtung zurückerhalten hat (vgl BFH BStBl 09, 342).

3. Weitere Fälle. Wegen der anderen in § 47 genannten Erlöschensgründe 8
verweist das Gesetz abschließend auf die Normen, aus denen sich ergibt, ob im Einzelfall die von § 47 vorausgesetzte Erfüllungswirkung oder der Erlöschensgrund eingetreten ist. Die **Aufrechnung** ist für das StRecht unter Verweisung auf die Vorschriften des bürgerlichen Rechts in § 226 geregelt, der **Erlass** in den §§ 163, 227, die **Verjährung** in den §§ 169–171, 228–232. Wegen der Einzelheiten wird auf die dortigen Erläut verwiesen. Der **Eintritt einer auflösenden Bedingung**

kommt vor allem im Zoll- und Verbrauchsteuerrecht vor. Als speziellere Norm geht § 50 I allerdings vor.

10 **4. Andere Erlöschensgründe.** Zu den in § 47 nicht erwähnten Erlöschensgründen gehört zB die **Anrechnung von Vorauszahlungen und Anrechnungsbeträgen.** Sie führt zum Erlöschen der ESt-Schuld (§ 36 II, IV EStG; BFH BStBl 81, 767). **Befriedigung im Wege der Zwangsvollstreckung:** Zum Erlöschen führt die Verwertung von gepfändeten Sachen, die Einziehung von Geldforderungen und die Verwertung von Sicherheiten, soweit sie nicht als Zahlung gilt (vgl § 296 II, 301 II). Die Beschlagnahme von Vermögenswerten aufgrund dinglichen Arrestes steht der Zahlung der Steuer nicht gleich. Für die Zeit nach der Beschlagnahme der Vermögenswerte können deshalb auch Hinterziehungszinsen festgesetzt werden (BFH/NV 03, 353). **Konfusion:** Durch Vereinigung von Forderung und Schuld (zB § 1936 BGB) erlischt die StSchuld (BFH BStBl 06, 584; *Grube* FR 12, 551). Durch **Verrechnungsvertrag** können Ansprüche aus dem StSchuldverhältnis wechselseitig zum Erlöschen gebracht werden, auch wenn sie nicht gegenseitig aufgerechnet werden können (BFH BStBl 84, 418; 87, 8; BFH/NV 91, 69; § 226 Rz 75; zur Abgrenzung von Aufrechnung und Angebot zu Verrechnungsvertrag bei Umbuchungsmittlung des FA vgl FG Bln EFG 05, 7). **Verzicht** des Stpfl führt zum Erlöschen der gegen das FA gerichteten Ansprüche. Ein **Zwangsgeld** erlischt mit dem Tode des Stpfl, weil es nach § 45 I 2 nicht auf den Rechtsnachfolger übergeht. **Nicht zum Erlöschen führen:** die Vollbeendigung einer Kapitalgesellschaft, wohl aber der (seltene) ersatzlose Wegfall des Schuldners, ohne dass Rechtsnachfolge eintritt (*TK/Drüen* § 47 Rz 10), der Eintritt der Festsetzungsverjährung in Haftungsfällen (§ 191 V regelt nur, ob noch ein Haftungsbescheid ergehen darf; aA *HHSp/Boeker* § 47 Rz 48), der Eintritt eines rückwirkenden Ereignisses (zutr *Koenig/Koenig* § 47 Rz 20), die Niederschlagung einer Forderung (§ 261), jede Form der Sicherheitsleistung (§ 242; beachte aber § 378 BGB), die Verwirkung des Anspruchs (aA *Koenig/Koenig* § 47 Rz 17), die Kürzung von Verbindlichkeiten aufgrund eines rechtskräftigen Insolvenzplans (BGH BFH/NV 11, 1646: es entstehen unvollkommene Verbindlichkeiten, die erfüllt, aber nicht mehr durchgesetzt werden können).

13 **5. Abrechnungsbescheid.** Besteht Streit, ob eine Zahlungsverpflichtung erloschen ist, ist durch VA gem § 218 II darüber zu entscheiden, ob und in welcher Höhe der geltend gemachte Anspruch noch besteht (BFH BStBl 86, 702; 88, 41; BFH/NV 94, 285). Dagegen sind Einspruch und Anfechtungsklage gegeben.

§ 48 Leistung durch Dritte, Haftung Dritter

(1) **Leistungen aus dem Steuerschuldverhältnis gegenüber der Finanzbehörde können auch durch Dritte bewirkt werden.**

(2) **Dritte können sich vertraglich verpflichten, für Leistungen im Sinne des Absatzes 1 einzustehen.**

Schrifttum: *Birkholz* Die Bürgschaft und die Stellung des Bürgen im Steuerrecht, DStZ 80, 48; *Günther* Sicherung des Steueranspruchs durch Bürgschaft AO-StB 13, 15.

1 **1. Abs 1.** Die Vorschr stellt klar, dass auch Dritte eine Leistung aus dem StSchuldverhältnis bewirken können (vgl § 267 BGB). Das gilt aber nur, soweit der Gläubiger an der Person des Leistenden nicht interessiert ist. Das ist bei den auf eine Geldleistung (§ 3) gerichteten Ansprüchen aus dem StSchuldverhältnis idR der Fall. Hat der Schuldner nach dem Inhalt des Schuldverhältnisses in Person zu leisten (zB Erklärungs- oder Auskunftspflichten), kann § 48 I nicht entsprechend angewandt werden.

2 **Leistungen** sind (alle) Handlungen, durch die ein geschuldeter Erfolg bewirkt werden soll. Der Dritte muss den geschuldeten Erfolg auch tatsächlich bewirken.

Dann erlischt durch seine Leistung (Drittleistung) der Anspruch. Der Dritte ist in der Wahl der zulässigen Leistungshandlung nicht eingeschränkt. Er kann bei Geldleistungspflicht zwischen den verschiedenen Zahlungsarten (dazu oben § 47 Rz 5) frei wählen oder die Aufrechnung erklären. Er muss eine Leistung **aus dem Steuerschuldverhältnis** bewirken. Der Ausdruck ist sprachlich verkürzt. Bewirkt wird die Leistung auf eine Schuld, die sich aus dem StSchuldverhältnis ergibt. Auf Geldbußen und Strafen ist § 48 nicht anwendbar. Es handelt sich nicht um Ansprüche aus dem StSchuldverhältnis (§ 37 Rz 7).

Dritter ist nur, wer nicht selbst am StSchuldverhältnis beteiligt ist. Dritter ist 3
insbes nicht, wer die Steuer selbst schuldet. Der ArbG ist nicht Dritter, wenn er die LSt für seine ArbeitN abführt, denn damit erfüllt er seine eigene Steuerentrichtungspflicht (BFH/NV 00, 547). Ob auf eigene Schuld geleistet werden soll, bestimmt sich nach dem Willen des Leistenden, wie ihn die FinBeh verstehen durfte (BFH/NV 96, 92).

Rechtsfolge. Durch die Leistung des Dritten **erlischt** der **Anspruch.** Das gilt 4
nicht, soweit der Dritte von einem **Ablösungsrecht** Gebrauch macht, zB wenn er durch die Vollstreckung sein Eigentum oder den Besitz an der Sache verlieren würde, vgl §§ 268, 1142, 1150, 1249 BGB; dann geht der Anspruch auf den Leistenden über. Durch den Übergang verliert der Anspruch seinen öff-rechtl Charakter (zweifelnd *TK/Drüen* § 48 Rz 2). Der Dritte ist daher zB nicht befugt, sich anschließend gem §§ 34, 69 an den gesetzl Vertreter des Stpfl zu halten (BGH NJW 79, 2198). Ein Erstattungsanspruch steht nicht dem leistenden Dritten, sondern dem Schuldner zu (BFH BStBl 16, 730 zum sog Düsseldorfer Verfahren: freiwillige Entrichtung von einbehaltenen Beträgen durch Bordellbetreiber als ESt-Vorauszahlungen für selbständig tätige Prostituierte).

2. Abs 2. Die Vorschr bestimmt, dass sich ein Dritter auch **vertraglich ver-** 8
pflichten kann, Leistungen aus dem Steuerschuldverhältnis zu erbringen. Als zivilrechtl Verpflichtungsgründe kommen Bürgschaft (§§ 765 ff BGB), Garantievertrag, Hingabe eines Wechsels, Schuldversprechen (§ 780 BGB), kumulative Schuldübernahme oder Vergleich (§ 779 BGB) in Betracht (näher *TK/Drüen* § 48 Rz 7). Der Dritte wird dadurch ggü der FinBeh nicht zum StSchuldner (weder privativ noch kumulativ); vielmehr kann die FinBeh gegen den Dritten nur zivilrechtl, dh ggf durch Klage vor den Gerichten der ordentlichen Gerichtsbarkeit vorgehen (§ 192; BFH/NV 95, 558) oder durch Aufrechnung (FG Nds EFG 13, 570). In der Ausgestaltung des Schuldbeitritts sind die Beteiligten frei.

§ 49 Verschollenheit

Bei Verschollenheit gilt für die Besteuerung der Tag als Todestag, mit dessen Ablauf der Beschluss über die Todeserklärung des Verschollenen rechtskräftig wird.

Nach bürgerlichem Recht (VerschG) ist für den Todeszeitpunkt eines Verschollenen der Tag maßgebend, der als solcher in der **Todeserklärung** bestimmt ist. Davon abw wird ein Verschollener im StRecht bis zur Rechtskraft der Todeserklärung als lebend behandelt. Andernfalls müssten Veranlagungen ggf aufgehoben und gegen den Erben wiederholt werden. Einkommen und Vermögen wird stl dem Verschollenen und nicht dem Erben zugerechnet. Dadurch wird die Haftung des Erben nicht berührt. Lagen die Voraussetzungen für eine Zusammenveranlagung bei Eintritt der Verschollenheit eines Ehegatten vor, so kann Zusammenveranlagung grds weiterhin begehrt werden, solange nicht die Entwicklung der Verhältnisse die Annahme rechtfertigen, die Beziehung zu dem Verschollenen bestehe nicht mehr (FG Köln EFG 84, 551). Die Vorschr ist nicht anzuwenden, soweit das Verfahren nach dem Verschollenheitsgesetz lediglich zum Zweck der Feststellung des Todeszeitpunktes durchgeführt worden ist (§ 39 VerschG).

§ 50 Erlöschen und Unbedingtwerden der Verbrauchsteuer, Übergang der bedingten Verbrauchsteuerschuld

(1) **Werden nach den Verbrauchsteuergesetzen Steuervergünstigungen unter der Bedingung gewährt, dass verbrauchsteuerpflichtige Waren einer besonderen Zweckbestimmung zugeführt werden, so erlischt die Steuer nach Maßgabe der Vergünstigung ganz oder teilweise, wenn die Bedingung eintritt oder wenn die Waren untergehen, ohne dass vorher die Steuer unbedingt geworden ist.**

(2) **Die bedingte Steuerschuld geht jeweils auf den berechtigten Erwerber über, wenn die Waren vom Steuerschuldner vor Eintritt der Bedingung im Rahmen der vorgesehenen Zweckbestimmung an ihn weitergegeben werden.**

(3) **Die Steuer wird unbedingt,**

1. **wenn die Waren entgegen der vorgesehenen Zweckbestimmung verwendet werden oder ihr nicht mehr zugeführt werden können. [2]Kann der Verbleib der Waren nicht festgestellt werden, so gelten sie als nicht der vorgesehenen Zweckbestimmung zugeführt, wenn der Begünstigte nicht nachweist, dass sie ihr zugeführt worden sind,**
2. **in sonstigen gesetzlich bestimmten Fällen.**

1 Das Rechtsinstitut der bedingten Steuer bzw der Steuervergünstigung unter der Bedingung, dass Waren einer (gesetzlich) bestimmten Zweckbestimmung zugeführt wird, war in den früheren Verbrauchssteuergesetzen das übliche rechtliche Instrumentarium, um die Zahlung der – auf Abwälzung auf den Endverbraucher angelegten – Verbrauchsteuern solange hinauszuschieben, bis die betr Waren den diesen Verbrauchern zugänglichen Markt erreichten; damit wurde der Zweck verfolgt und erreicht, insb Importeure, Hersteller, Weiterverarbeiter und Lagerhalter nicht mit (vorzufinanzierenden) Verbrauchsteuern zu belasten. Das Rechtsinstitut der bedingten Steuer ist jedoch inzwischen dadurch praktisch bedeutungslos geworden, dass das Recht der bundesrechtl erhobenen Verbrauchsteuern ausnahmslos nach den Vorgaben des zur Steuerharmonisierung in den Mitgliedstaaten der EG ergangenen Gemeinschaftsrechts, insbes der sog Systemrichtlinie 92/12/EWG (ABl EG 92 Nr L 76, 1; heute: RL 2008/118/EG des Rates vom 16.12.2008 über das allgemeine Verbrauchsteuersystem, ABl EU 09 Nr L 9, 12), neu gefasst und dabei auf das Rechtsinstitut der bedingten Steuer nicht mehr zurückgegriffen worden ist, welches die Systemrichtlinie nicht vorsieht. Die „bedingte Steuer" behält deshalb eine (einstweilen jedenfalls nicht mehr als marginale) Bedeutung; zu angeblichen, trotz diesbzgl Schweigens der Verbrauchsteuergesetze bestehenden Anwendungsfällen *Schröer-Schallenberg* ZfZ 93, 300; dagegen *Jatzke* ZfZ 97, 408, 108 ff. Bei den Verbrauchsteuern, die – wie die eben genannten, mit Ausnahme der KaffeeSt – gemeinschaftsrechtl vorgesehen sind, ist die Verfahrensstruktur durch gemeinschaftsrechtliche Vorschriften (Richtlinien) jedenfalls weitestgehend festgelegt.

2 Entsprechend den Vorgaben der Systemrichtlinie sehen die neuen VerbrauchStG eine **„Steueraussetzung"** vor (vgl zB § 5 I EnergieStG; dazu zuletzt BFHE 254, 90; vgl auch eingehend *Jatzke* Das System des deutschen Verbrauchsteuerrechts, passim), die als Rechtsinstitut dem deutschen Recht bisher fremd war (und keinesfalls mit der AdV zu verwechseln oder in Verbindung zu bringen ist). Sie übernimmt im Wesentlichen die Funktion der bedingten Steuer. Nach der Systemrichtlinie und den ihr folgenden neuen Verbrauchsteuergesetzen *entsteht* die Steuer auf verbrauchsteuerpflichtige Waren erst, wenn diese aus dem Verfahren der Verteilung oder (begünstigten) Verwendung in den sog freien Verkehr gelangen. Dies gilt auch für Fälle von „Zuwiderhandlungen und Unregelmäßigkeiten" während des Verfahrens der StAussetzung, auch Diebstahl (vgl EuGH ZfZ 08, 19) und Austreten aus einer Rohrleitung (EuGH ZfZ 08, 165). Solange sich die Waren jedoch innerhalb dieses Verfahrens befinden und entsprechend den für das Verfahren aufgestellten Regelungen behandelt werden, ist hingegen die Steuer „ausgesetzt".

Dritter Abschnitt. Steuerbegünstigte Zwecke

Vorbemerkungen zu § 51

1. Bedeutung steuerbegünstigter Tätigkeit. Zur Geschichte des Gemeinnützigkeitsrechts *Hammer* StuW 2001, 19. Steuerbegünstigte Tätigkeit steht außerhalb des wirtschaftlichen Wettbewerbs. Sie ist am Gemeinwohl orientiert und zeichnet sich durch mangelndes Gewinnstreben aus. Steuerbegünstigte Körperschaften stellen trotzdem einen nicht zu vernachlässigenden Wirtschaftsfaktor dar, allein schon als ArbG (zB 2002 ca 1,7 Mio Arbeitsplätze, ca 250 000 gemeinnützige Vereine, Tendenz ansteigend). Die Bezeichnung als „Dritter Sektor“ bekräftigt das. Neben professionell tätigen Verbänden und Stiftungen stehen kleine Vereine, die nur vom idealistischen Einsatz ihrer Mitglieder leben. Etwa 36% der Bevölkerung, vornehmlich Jugendliche, Frauen und Rentner stellen ihre Arbeitskraft zeitweise im Dritten Sektor und überwiegend unentgeltlich zur Verfügung und tragen so durch Eigeninitiative zu einer als unbürokratisch empfundenen Belebung der Gesellschaft und Förderung der Allgemeinheit neben staatlichen Angeboten bei. Etwa 72% aller gemeinnützigen Organisationen arbeiten nur mit ehrenamtlichen Kräften (Stifterverband, ZiviZ-Survey 2017). Die meisten Arbeitsplätze bestehen in der Wohlfahrtspflege. 2017 war jeder fünfte Verein ein Förderverein (Stifterverband, ZiviZ-Survey 2017). Das Gemeinnützigkeitsrecht ist Ausdruck der Anerkennung des Staates bzw der Gesellschaft für eine nicht staatliche Initiative zugunsten des Gemeinwohls im weitesten Sinne (vgl *Kirchhof* Gemeinnützigkeit – Erfüllung staatsähnlicher Aufgaben durch selbstlose Einkommensverwendung, DStJG 26 – 2003, S 1 ff). 1

2. System des Gemeinnützigkeitsrechts. Das Gemeinnützigkeitsrecht ist so gegliedert, dass einleitend grundlegende Begriffe (§ 51) und steuerbegünstigte Zwecke geregelt werden. Steuerbegünstigte Zwecke ist der Oberbegriff für gemeinnützige (§ 52), mildtätige (§ 53) und kirchliche Zwecke (§ 54). §§ 55–58 enthalten die für alle steuerbegünstigten Körperschaften verpflichtenden Grundsätze für ihre ideelle Tätigkeit. §§ 59–63 betreffen die Verankerung dieser Grundsätze in der Satzung einer steuerbegünstigten Körperschaft und die Bindung der Geschäftsführung daran. Dem schließen sich die §§ 64 ff zur wirtschaftlichen Betätigung steuerbegünstigter Körperschaften in wirtschaftlichen Geschäftsbetrieben und Zweckbetrieben an. 2

Die Tätigkeiten der Körperschaft sind entweder dem ideellen Bereich, der Vermögensverwaltung, einem stpfl wirtschaftlichen Geschäftsbetrieb oder einem steuerbegünstigten Zweckbetrieb zuzuordnen. Die Abgrenzung dieser vier Sphären ist von grundlegender Bedeutung. Je nach Bereich gelten unterschiedliche Regelungen bei der Verwendung von Mitteln und der Besteuerung von Einnahmen.

Das Spendenrecht und Vorschriften in zahlreichen Einzelsteuergesetzen bauen auf den Regelungen der §§ 51 ff auf. Das Ausstellen einer Zuwendungsbestätigung gehört zur Geschäftsführung einer steuerbegünstigten Körperschaft. Zur Befugnis, Zuwendungsbestätigungen auszustellen, vgl § 63 V (dort Rz 5 f).

3. StVorteile. Diese unterstützen die Arbeit der steuerbegünstigten Körperschaften, einmal direkt durch Befreiung von Steuerpflichten auf Seiten der Körperschaft und zum anderen dadurch, dass stl Anreize für Dritte geschaffen werden, diese Körperschaften zu unterstützen. Die Befreiung von Steuerpflichten minimiert den bürokratischen Aufwand, einen steuerbegünstigten Verein zu führen und stellt auch eine Kompensation für ehrenamtlich geleistete Arbeit dar, die wiederum den Staat bei der Förderung von Zwecken entlastet, die dem Gemeinwohl im weitesten Sinn dienen. Allerdings nimmt der bürokratische Aufwand zu, auch durch das komplizierter werdende StRecht, das zB zu immer mehr Nebenrech- 3 nungen verpflichtet. Zu den StVorteilen s § 51 Rz 2. Eine Körperschaft, die StVorteile in Anspruch nehmen will, muss nachweisen, dass die Voraussetzungen dafür vorliegen (BFH BeckRS 2017, 94595). Das **Erzielen von Einnahmen** wird begünstigt, indem **Spenden** (einschl Buchwertprivileg bei Sachspenden aus Firmenvermögen; zum Begriff der Spende BFH BStBl 14, 484, BFH/NV 15, 853; zur Abgrenzung zwischen Spende und Gegenleistung für eine Leistung FG Hess EFG 06, 141; § 52 Rz 33) und je nach Zweck des steuerbegünstigten Vereins auch die Mitgliedsbeiträge beim Zuwendenden stl berücksichtigt werden (Ausnahmen § 10b I 2 EStG, § 52 Rz 1; BMF BStBl 13, 1333; 14, 791: Muster für Zuwendungsbestätigungen; s auch § 60a Rz 5 ff). Die Abzugsfähigkeit von Spenden bis 200 € ohne Vorlage einer Zuwendungsbestätigung durch den Spender gem § 50 II EStDV (nicht anwendbar auf Zahlungen durch PayPal: LFD Thüringen DStR 13, 143) entlastet die steuerbegünstigten Körperschaften von Verwaltungsarbeit. Erleichterungen wie in § 50 II Nr 1 EStDV vorgesehen, werden in Katastrophenfällen für eine begrenzte Zeit ohne Beschränkung auf die Höhe der Spende von der FinVerw zugelassen, wenn Spenden auf ein Sonderkonto fließen (zB BMF BStBl 16, 1425: bis 31.12.2018 betr Hilfe für Flüchtlinge). Außerdem sind Zuwendungen an eine steuerbegünstigte Körperschaft von der ErbSt befreit, Lotterien werden begünstigt. § 3 EStG Nr 26, 26a führen zu persönlichen Steuerbefreiungen bei Personen, die für eine steuerbegünstigte Körperschaft tätig werden. Die Kapitalausstattung einer gemeinnützigen Stiftung in den ersten 10 Jahren ist nach §§ 10b Abs 1a EStG, 9 Nr 5 GewStG seit VZ 2007 bis zu einem Betrag von 1 Mio € steuerbegünstigt. Zu Spenden an steuerbegünstigte Stiftungen BMF BStBl 14, 1278). In Zeiten niedriger Zinsen wird das Einwerben von Spenden für die steuerbegünstigten Körperschaften immer wichtiger, da das vorhandene Vermögen kaum noch Zinsen, die für die steuerbegünstigten Zwecke verwendet werden können, abwirft.

Die Unterstützung von steuerbegünstigten Körperschaften durch **Sponsoring,** verkürzt ausgedrückt Öffentlichkeitsarbeit von Unternehmen durch Unterstützung eines „guten Zwecks", verlangt eine steuerrechtliche Einordnung in Spenden oder Betriebsausgaben auf der Seite des Förderers und auf Einordnung in den ideellen Bereich (mäzenatisches Sponsoring) oder in den Bereich der Vermögensverwaltung oder des wirtschaftlichen Geschäftsbetriebs (BFH BStBl 08, 946; AEAO zu § 64 Nr 7 ff) auf Seiten der gemeinnützigen Körperschaft (ua BMF BStBl 98, 212; 12, 1169). Vgl auch § 51 Rz 1. Zu der Frage, ob es zu einem umsatzsteuerlichen Leistungsaustausch zwischen steuerbegünstigter Körperschaft und Sponsor kommt s BMF v 25.7.2014, BStBl 14, 1114).

Eine neue Form, Mittel für eine steuerbegünstigte Körperschaft einzuwerben, ist **Crowdfunding.** Unter Beteiligung vieler Personen wird die Finanzierung eines bestimmten, nicht unbedingt steuerbegünstigten Projekts unterstützt. Beim spendenbasierten Crowdfunding erreicht der zugewandte Betrag nicht unbedingt direkt eine steuerbegünstigte Körperschaft. Beim nicht spendenbasierten Crowdfunding einer Körperschaft wird ein Anlagemodell angeboten, mindestens aber eine Gegenleistung, sodass auf Seiten des Anlegers keine Spende vorliegt. Crowdlending und Crowdinvesting haben nicht den Charakter einer Spende (BMF DStR 18, 133). Abhängig von den Umständen des Einzelfalls kann aber eine Spende vorliegen, wenn eine steuerbegünstigte Körperschaft, auch in Form einer Förderkörperschaft, selbst oder über einen Treuhänder eine Crowdfunding-Plattform betreibt und ohne Gegenleistung ein steuerbegünstigter Zweck gefördert wird (BMF DStR 18, 133). Durch das KleinanlegerschutzG v 3.7.2015 (BGBl 15, 1114; Gesetzesbegründung ua BT-Drs 18/3994; 18/4708) sind diverse Gesetze geändert worden, die ggf auch von steuerbegünstigten Körperschaften beachtet werden müssen. Das betrifft ua Projekte, die beim Crowdfunding beworben werden. Das VermögensanlageG, das auch für Vermögensanlagen in Form eines partiarischen Darlehens oder eines Nachrangdarlehens gilt, sieht in § 2b (Befreiungen für soziale Projekte) und

§ 2c (Befreiungen für gemeinnützige Projekte und Religionsgemeinschaften) teilweise Befreiungen für steuerbegünstigte Körperschaften vor.

4. Auslandsberührungen. Die Tätigkeit von steuerbegünstigten Körperschaften im Ausland ist regelmäßig möglich, wird aber aufgrund aktueller Entwicklungen in der Rspr in § 51 II besonders geregelt, s § 51 Rz 7. Das Gemeinnützigkeitsrecht ist herkömmlich auf die stl Förderung inl Körperschaften, die steuerbegünstigt tätig werden, beschränkt. Diese Beschränkung ist aber im Bereich der EU mit dem Recht auf Kapitalverkehrsfreiheit dann unvereinbar, wenn eine beschränkt steuerpflichtige Organisation mit Sitz in der EU nur deswegen nicht wie eine steuerbegünstigte Körperschaft behandelt wird, weil sie weder Sitz noch Betriebsstätte im Inland hat, § 51 Rz 7 ff (BFH/NV 07, 805). Aufgrund einer Änderung des § 5 I Nr 9 KStG durch das JStG 2009 ist die Steuerbegünstigung auf beschränkt steuerpflichtige Körperschaften, die im Bereich von EU und EWR ansässig sind, ausgedehnt worden, sofern mit dem Sitzstaat ein Amtshilfeabkommen besteht. Nicht davon erfasst sind Körperschaften außerhalb des EU/EWR-Raums (FG Köln IStR 14, 412). Die Beurteilung gemeinnützigkeitsrechtlicher Kriterien erfolgt nach inländischem Recht gem §§ 51 ff (BFH BStBl 10, 331; 15, 588; BFH/NV 15, 203; FG Mster EFG 12, 1539; FG BBg EFG 14, 2168). Zur Vergleichbarkeit der Rechtsform von ausl Körperschaften s § 58 Rz 2; zu Auslandsspenden s § 61 Rz 5; § 63 Rz 3, 7. 4

Entsprechend ist in § 3 Nr 26 und Nr 26a EStG geregelt, dass auch Leistungen ausl gemeinnütziger Organisationen, die im EU/EWR-Raum ansässig sind und den Anforderungen des § 5 II Nr 2 KStG genügen, im Inland steuerfrei sein können (unten Rz 15).

5. Ausgliederungen, Tochtergesellschaften. Aus wirtschaftlicher Notwendigkeit werden vermehrt einzelne Sparten steuerbegünstigter Körperschaften ausgegliedert auf neu gegründete Gesellschaften. Das Gesetz kennt nur die Organisation nach oben, die Zusammenfassung in einem Spitzenverband (§ 57 II). Bei der Ausgliederung ist grds jede Körperschaft für sich zu betrachten (Ausnahme § 64 IV). Jede muss sämtliche Voraussetzungen erfüllen, an die die Steuerbegünstigung geknüpft ist. Hier kommt es auf eine exakte Einordnung in die verschiedenen Sphären (oben Rz 2) und vor allem auf das Merkmal der Unmittelbarkeit (§§ 57, 58) an. Ist die übertragende Körperschaft (noch) selbst steuerbegünstigt, ist in der Ausgliederung auf eine steuerbegünstigte Tochtergesellschaft grds eine zulässige Verwendung von Mitteln zu sehen (§ 14 Rz 18). Nach neuerer Rspr können von der öffentlichen Hand gegründete Eigengesellschaften grds steuerbegünstigt tätig werden, auch wenn sie iErg öffentliche Aufgaben und gesetzliche Pflichtaufgaben ihrer Trägerkörperschaft wahrnehmen (BFH/NV 14, 984 mwN und zum Meinungsstand; FG BBg EFG 12, 1395). Im Ergebnis wird eine moderne und kostenbewußte Aufgabenteilung durch das Gemeinnützigkeitsrecht, dessen Leitbild der kleine, aus Eigeninitiative gegründete steuerbegünstigte Verein ist, erschwert. Bei Betriebsaufspaltungen droht der Verlust der Steuerbegünstigung (bei nur mittelbarer Zweckerfüllung) und Tätigkeiten erhalten einen anderen Charakter (Vermietung im Bereich der Vermögensverwaltung wird bei Betriebsaufspaltung wirtschaftlicher Geschäftsbetrieb). Auch bei arbeitsteiliger Erfüllung von steuerbegünstigten Zwecken ergeben sich Probleme, die insbes die Frage der Unmittelbarkeit bei der Erfüllung des Satzungszwecks betreffen (§ 57 Rz 1). Betroffen ist vor allem der Bereich der Wohlfahrtspflege (s § 66 Rz 2). 5

6. Sportliche und kulturelle Veranstaltungen. Das Gemeinnützigkeitsrecht hilft Vereinen, die besondere Veranstaltungen ausrichten, von StLasten verschont zu bleiben, indem sportliche Veranstaltungen (§ 67a mit Wahlrecht) und kulturelle Veranstaltungen (§ 68 Nr 7) in den Bereich der Zweckbetriebe fallen. Ggf Steuerbefreiung nach § 4 Nr 22b UStG für sportliche Veranstaltungen möglich. Ausge- 6 nommen von der Sonderregelung sind der Verkauf von Speisen und Getränken bei diesen Veranstaltungen (immer wirtschaftlicher Geschäftsbetrieb) sowie Werbung.

7 **Gesellige Veranstaltungen** für Vereinsmitglieder sind keine Zweckbetriebe (anders vor 1990 der gestrichene § 68 Nr 7h aF), sondern normale wirtschaftliche Geschäftsbetriebe. Bei Vereinsveranstaltungen ist es aber möglich, einer geselligen Veranstaltung eine davon getrennte kulturelle Veranstaltung (zB Festakt mit Konzert) anzugliedern. Es müssen nur beide Veranstaltungen wirklich voneinander getrennt sein; die kulturelle Veranstaltung kann dann Zweckbetrieb sein. Zu geselligen Veranstaltungen im Rahmen der Wohlfahrtspflege s § 66 Rz 3.

10 **7. Besteuerung der Vereine.** Steuerbegünstigte Körperschaften/Vereine sind durch zahlreiche Sonderregelungen von der allgemeinen Besteuerung ausgenommen (§ 51 Rz 2). Für die zutreffende Einordnung eines Vorgangs ist vorab zu klären, in welcher Vermögenssphäre des Vereins er sich abspielt. Nur Einnahmen/Umsätze aus wirtschaftlichen Geschäftsbetrieben sind grds von den allgemeinen Steuervergünstigungen ausgenommen, vgl § 64 (mit Besteuerungsgrenze in § 64 III).

Bei der USt gilt, dass Mitgliedsbeiträge keine Entgelte für Leistungen sind. Soweit umsatzsteuerpflichtige Leistungen erbracht werden, können Vereine auch von der Kleinunternehmerregelung profitieren, § 19 UStG. § 12 II Nr 8 UStG kennt für gemeinnützige Vereineinsbes im Rahmen eines Zweckbetriebs den ermäßigten Steuersatz von 7%. Die Anwendung des ermäßigten Steuersatzes ist aber aufgrund EU-rechtlicher Vorgaben im Sinne einer Ausnahmevorschrift zu handhaben und auf wohltätige und der sozialen Sicherheit dienende Leistungen zu begrenzen, auch innerhalb eines Zweckbetriebs (BFH DStR 12, 1177 mwN; BFH DStRE 17, 160; FG Brem DStRE 17, 1056; *Nolte* DStR 16, 19). Tätigkeiten, die der Einnahmeerzielung von steuerbegünstigten Körperschaften dienen, werden nicht bei der USt begünstigt (BFH DStRE 17, 160). Auf Umsätze, die nicht aus einem Zweckbetrieb kommen, zB Bewirtung in der Vereinsgaststätte, ist der allgemeine Steuersatz von 19% anzuwenden. Vereine, deren stpfl Umsatz im Vorjahr 35 000 € nicht überschritten hat, haben gem § 23a UStG die Möglichkeit, ihre Vorsteuer pauschal mit 7% abzuziehen (Bindung an die Wahl 5 Jahre). Dann entfallen auch die Aufzeichnungspflichten nach § 22 II Nr 5 und 6 UStG (§ 66a UStDV). Zu USt-Befreiungen, die im Inland nicht umgesetzt worden sind BFH/NV 14, 460.

15 **8. Nebenberufliche Tätigkeit für steuerbegünstigte Körperschaften.** Eine Tätigkeit im Nebenberuf für juristische Personen des öffentlichen Rechts mit Sitz im EU/EWR-Raum sowie für steuerbegünstigte Körperschaften iSd § 5 I Nr 9 KStG kann gem **§ 3 Nr 26 EStG** bis zu 2400 € (bis 31.12.2012: 2100 €) je Kalenderjahr steuerfrei sein. Es muss sich um **Einnahmen aus nebenberuflicher Tätigkeit** als Übungsleiter, Ausbilder, Erzieher, Betreuer oder aus vergleichbarer Tätigkeit handeln. Beispiele: Trainer in Sportvereinen, Chorleiter, Jugendwarte oder Jugendleiter, ausdrücklich einbezogen auch künstlerische Tätigkeiten sowie die Pflege alter, kranker oder behinderter Personen. Zur letzteren gehört auch die Tätigkeit als Rettungsschwimmer des DLRG (OFD Frankfurt 14.5.2014, BeckVerw 285687). Die nebenberufliche Tätigkeit muss im Dienst oder im Auftrag einer juristischen Person des öffentlichen Rechts aus dem Gebiet der EU/des EWR oder einer steuerbegünstigten Körperschaft gem § 5 I Nr 9 KStG ausgeübt werden, und zwar im ideellen Bereich oder in einem Zweckbetrieb (zur Ausdehnung auf Lehrtätigkeit in der Schweiz s EuGH DStRE 16, 1275). Nebenberuflich ist jede Tätigkeit, die ein Drittel der Arbeitszeit einer vergleichbaren Vollzeittätigkeit nicht übersteigt. Zum Werbungskostenabzug bei Übungsleitern s BFH DStR 18, 782.

§ 3 Nr 26a gewährt einen Freibetrag von 720 € (bis 31.12.2012: 500 €) jährlich für Einnahmen aus nebenberuflicher Tätigkeit im Dienst oder im Auftrag einer im EU/EWR-Raum ansässigen Körperschaft des öffentlichen Rechts oder einer nach § 5 I Nr 9 steuerbefreiten Körperschaft (§ 5 II Nr 2 KStG) im ideellen Bereich/

Zweckbetrieb, sofern keine Steuerbefreiung gem § 3 Nr 12 oder Nr 26 gegeben ist. Eine verwaltende Tätigkeit (zB als Vorstand, Bürokraft, Kassierer) reicht hier aus, die Beschränkungen des § 3 Nr 26 EStG gelten hier nicht. Die Tätigkeit muss jedoch wenigstens mittelbar den steuerbegünstigten Zweck fördern und darf nicht einem wirtschaftlichen Geschäftsbetrieb oder der Vermögensverwaltung dienen (BMF BStBl 14, 1581). Die Tätigkeit von Amateursportlern fällt nicht unter die Begünstigung von § 3 Nr 26a, wohl aber die des Schiedsrichters im Amateurbereich oder des Aufsichtspersonals. IÜ begründet eine ehrenamtliche Tätigkeit kein Arbeitsverhältnis (BAG NZA 12, 1433; zum Begriff der ehrenamtlichen Tätigkeit BFH/NV 12, 1831). Ob eine Tätigkeit nebenberuflich ist, bemisst sich nach dem Arbeitsumfang im Kalenderjahr, der nicht mehr als ein Drittel der Arbeitszeit eines vergleichbaren Vollzeiterwerbs betragen darf (BMF BStBl 14, 1581). Ein Hauptberuf muss neben der Tätigkeit des § 3 Nr 26a EStG nicht ausgeübt werden, sodass auch nicht anderweitig Erwerbstätige den Freibetrag nutzen können. Mehrere verschiedenartige Tätigkeiten sind getrennt zu betrachten, gleichartige dagegen nicht, wenn sie nach der Verkehrsanschauung einem einheitlichen Hauptberuf entsprechen, zB Buchführung für mehrere steuerbegünstigte Körperschaften. Es liegt keine nebenberufliche Tätigkeit vor, wenn sie Teil eines Hauptberufs und nur formal davon getrennt ist (iEinz BMF BStBl 14, 1581). Denkbar ist, dass eine Person für eine Körperschaft sowohl im Rahmen des § 3 Nr 26 EStG als auch des § 3 Nr 26a EStG tätig wird, vorausgesetzt, die Tätigkeiten sind klar voneinander abgrenzbar, werden gesondert vergütet und basieren auf eindeutigen Vertragsbedingungen, die auch durchgeführt werden (BMF BStBl 14, 1581). Einsatz- und Bereitschaftsdienst als Rettungssanitäter oder Ersthelfer sind nicht trennbar und unterfallen insgesamt § 3 Nr 26 EStG (BMF BStBl 14, 1581).

§ 22 Nr 3 EStG (Freigrenze von 256 €/Kalenderjahr) bei sonstigen Einkünften ist neben § 3 Nr 26a EStG anwendbar. Bleibt bei einer nebenberuflichen Tätigkeit nach Ausschöpfung des Freibetrags des § 3 Nr 26a EStG ein Betrag von weniger als 256 € übrig, so kann er nach § 22 Nr 3 EStG steuerfrei bleiben (Beispiel bei BMF BStBl 14, 1581).

§ 51 Allgemeines

(1) [1] **Gewährt das Gesetz eine Steuervergünstigung, weil eine Körperschaft ausschließlich und unmittelbar gemeinnützige, mildtätige oder kirchliche Zwecke (steuerbegünstigte Zwecke) verfolgt, so gelten die folgenden Vorschriften.** [2] **Unter Körperschaften sind die Körperschaften, Personenvereinigungen und Vermögensmassen im Sinne des Körperschaftsteuergesetzes zu verstehen.** [3] **Funktionale Untergliederungen (Abteilungen) von Körperschaften gelten nicht als selbständige Steuersubjekte.**

(2) **Werden die steuerbegünstigten Zwecke im Ausland verwirklicht, setzt die Steuervergünstigung voraus, dass natürliche Personen, die ihren Wohnsitz oder ihren gewöhnlichen Aufenthalt im Geltungsbereich dieses Gesetzes haben, gefördert werden oder die Tätigkeit der Körperschaft neben der Verwirklichung der steuerbegünstigten Zwecke auch zum Ansehen der Bundesrepublik Deutschland im Ausland beitragen kann.**

(3) [1] **Eine Steuervergünstigung setzt zudem voraus, dass die Körperschaft nach ihrer Satzung und bei ihrer tatsächlichen Geschäftsführung keine Bestrebungen im Sinne des § 4 des Bundesverfassungsschutzgesetzes fördert und dem Gedanken der Völkerverständigung nicht zuwiderhandelt.** [2] **Bei Körperschaften, die im Verfassungsschutzbericht des Bundes oder eines Landes als extremistische Organisation aufgeführt sind, ist widerlegbar davon auszugehen, dass die Voraussetzungen des Satzes 1 nicht erfüllt sind.** [3] **Die Finanzbehörde teilt Tatsachen, die den Verdacht von Bestrebungen im Sinne des § 4 des**

Bundesverfassungsschutzgesetzes oder des Zuwiderhandelns gegen den Gedanken der Völkerverständigung begründen, der Verfassungsschutzbehörde mit.

§ 51 neu gefasst durch JStG 2009 v 19.12.08 (BGBl I, 2794).

Schrifttum: vor 2010 s 13. Aufl; *Buchna* Gemeinnützigkeit im Steuerrecht, 10. Aufl 2010; *Droege* Gemeinnützigkeit im offenen Steuerstaat, Tübingen 2010; *Geserich* Der Abzug von Auslandsspenden, NWB 10, 1408; *Hüttemann* Rechtsfragen des grenzüberschreitenden Spendenabzugs, IStR 10, 118; *Unger* Steuerbegünstigung grenzüberschreitender Gemeinnützigkeit im Binnenmarkt, DStZ 10, 154; *Schauhoff* Handbuch der Gemeinnützigkeit, 3. Aufl 2010; *Balmes* Wann führen Rechtsverstöße zum Verlust der Gemeinnützigkeit?, AO-StB 11, 47; *Förster, Jutta* Grenzüberschreitende Gemeinnützigkeit – Spenden schwer gemacht?, BB 11, 663; *Geserich* Auslandsspenden leicht gemacht? NWB 11, 2188; *Roberts* Terrorismusfinanzierung, Frankfurt 2011; *Hüttemann* Der neue Anwendungserlass zum Abschnitt „Steuerbegünstigte Zwecke", DB 12, 250; *ders* Bessere Rahmenbedingungen für den Dritten Sektor, DB 12, 2592; *Schleder* Steuerrecht der Vereine, 10. Aufl 2012; *Roth* Änderungen im Gemeinnützigkeitsrecht durch den neuen Anwendungserlass zur Abgabenordnung (AEAO), SteuK 12, 157; *Kirchhain/Schauhoff* Was bringt der neue AO-Anwendungserlass für gemeinnützige Körperschaften?, DStR 12, 261; *Förster, Jutta* Immer Ärger mit den Nachweisen – Verfahrensprobleme bei grenzüberschreitenden Spenden, DStR 13, 1516; *Weidmann/Kohlhepp* Rechtsprechung zum Gemeinnützigkeitsrecht 2013, DStR 14, 1197; *Kirchhain,* Neue Verwaltungsrichtlinien für NPOs – Der neue Anwendungserlass zur Abgabenordnung im Lichte des Ehrenamtsstärkungsgesetzes, DStR 14, 289; *Hüttemann* Gemeinnützigkeits- und Spendenrecht, 3. Aufl Köln 2015; *Hüttemann* Gemeinnützigkeitsrecht als organisationsbezogener Fördertatbestand – Funktion, Stand und Reformfragen, FR 16, 969; *Nolte* Die gemeinnützige Körperschaft zwischen Umsatzsteuer- und Gemeinnützigkeitsrecht, DStR 16, 19; *Reuber,* Die Besteuerung der Vereine, Stuttgart 2015, laufende Aktualisierung; *Kirchhain* Der neue Anwendungserlass zur AO: neue Herausforderungen für gemeinnützige Körperschaften. DStR 16, 505; *Weidmann/Kohlhepp,* Rechtsprechung zum Gemeinnützigkeitsrecht 2015/2016, DStR 16, 2673; *Winheller/Geibel/Jachmann-Michel (Hrsg)* Gesamtes Gemeinnützigkeitsrecht, Baden-Baden 2016; *Weitemeyer/Bornemann,* Problemstellungen gemeinnütziger Tätigkeit mit Auslandsbezug, FR 16, 437; *Priemer/Krimmer/Labigne,* Vielfalt verstehen, Zusammenhalt stärken, ZiviZ-Survey 2017, Edition Stifterverband 2017; *Winheller/Dzionska* Änderung des Anwendungserlasses zur Abgabenordnung (AEAO) – Ein Überblick, ZStV 16, 110; *Wallenhorst/Halaczinsky* Die Besteuerung gemeinnütziger Vereine, Stiftungen und der Personen des öffentlichen Rechts, München 7. Aufl 2017; *Heuermann* Anm zu BFH v 14.3.2018 – V R 36/16, DStR 18, 955.

Übersicht

1 **1. Grundsätze der Steuerbegünstigung.** § 51 kann als Grundnorm des Gemeinnützigkeitsrechts bezeichnet werden. Die Sonderregelungen, die steuerbegünstigte Körperschaften betreffen, sind über die verschiedensten Gesetze verteilt. § 51 Satz 1 legt fest, dass die §§ 51 ff, die allgemeine Begriffsbestimmungen und Grundsätze sowie Ergänzungen zu den **Einzelsteuergesetzen** enthalten, allgemein und einheitlich für diesen Rechtsbereich, der als Gemeinnützigkeitsrecht bezeichnet wird, gelten. Zu den Vergünstigungen iEinz unten Rz 2 und vor § 51 Rz 3, 6 ff. § 51 legt außerdem fest, dass allein gemeinnützige (§ 52), mildtätige (§ 53) und kirchliche Zwecke (§ 54) zu den **steuerbegünstigten Zwecken** zählen. Der **Zweck,** dem eine Körperschaft dient, entscheidet damit in erster Linie darüber, ob eine Körperschaft steuerbegünstigt sein kann. Die **Zweckverwirklichung** muss gem § 51 S 1 **ausschl** und **unmittelbar** erfolgen. Auf diese Weise wird eine Begrenzung der Förderung steuerbegünstigter Zwecke auf einen förde-

rungswürdigen und kontrollierbaren Bereich erreicht. Durch die erforderliche Ausschließlichkeit wird gleichzeitig die **selbstlose** Zweckverwirklichung gefordert, denn wer in erster Linie eigenwirtschaftliche Zwecke verfolgt, verfolgt die steuerbegünstigten Zwecke nicht ausschließlich. Die Beschränkung auf unmittelbare Zweckverfolgung dient auch dem Schutz von Unternehmen, die ähnliche Leistungen wie die steuerbegünstigte Körperschaft erbringen, aber nicht selbstlos tätig werden. In Grenzen ist den steuerbegünstigten Körperschaften eine **wirtschaftliche Betätigung** erlaubt, teilweise bei partieller Steuerpflicht, wie beim **wirtschaftlichen Geschäftsbetrieb** (§§ 14, 64), teilweise im vollkommen steuerbegünstigten Bereich wie beim **Zweckbetrieb** (§§ 65 ff). Aufgrund der vorhandenen gesetzlichen Regelungen ist auch zu beurteilen, inwieweit die Einnahme von Sponsorengeldern steuerbegünstigten Zwecken dient. Zum Sponsoring vgl AEAO zu § 64 Nr 7; OFD Nürnberg FR 00, 407; *Kasper* DStZ 05, 397 und oben Vor §§ 51 ff Rz 3. Die Körperschaft muss grds die Tatsachen nachweisen, aus denen sich ergibt, dass sie steuerbegünstigte Zwecke erfüllt (BFH/NV 12, 1352 mwN; iÜ § 51 Rz 11 f).

2. Regelungen in Einzelsteuergesetzen. Steuerbefreiungen und stl Vergünstigungen wegen Verfolgung kirchlicher, gemeinnütziger oder mildtätiger Zwecke enthalten zB § 5 I Nr 9 KStG, § 10b EStG, § 13 I Nr 16 und 17 ErbStG, § 3 Nr 6 GewStG, § 3 Nr 3b, § 3 Nr 4, § 4 Nr 6 GrStG, § 4 UStG,(vgl aber vor §§ 51 ff Rz 10), § 12 II Nr 8 UStG, § 18 Nr 2 Rennwett- und LotterieG, s auch vor § 51 Rz 2. 2

3. Allgemeine Voraussetzungen. Für eine Begünstigung wegen Verfolgung steuerbegünstigter Zwecke müssen folgende Voraussetzungen erfüllt sein: 3

a) die steuerbegünstigte Tätigkeit muss von einer **Körperschaft** ausgeübt werden (unten Rz 4).

b) die begünstigte Tätigkeit muss nach der Satzung, dem Stiftungsgeschäft oder der sonstigen Verfassung sowie nach der tatsächlichen Geschäftsführung **verwirklicht werden,** und zwar

c) **selbstlos** (§ 55),

d) **ausschließlich** (§ 56); erfüllt eine Körperschaft daher nur für einen ihrer satzungsmäßigen Zwecke nicht die Voraussetzungen der Gemeinnützigkeit, muss ihr für alle ihre Tätigkeitsbereiche die Gemeinnützigkeit versagt werden (BFH BStBl 79, 496; BFH/NV 92, 90),

e) und **unmittelbar** dem begünstigten Zweck dienen (§ 57).

Eine steuerbegünstigte Körperschaft kann nach ihrer Satzung einen einzigen oder auch mehrere steuerbegünstigte Zwecke verfolgen (vgl § 59 Rz 1; § 63 Rz 1). Die Entscheidung darüber, ob der Körperschaft eine stl Vergünstigung gewährt wird, ist im **Veranlagungsverfahren** zur KSt zu treffen (§ 59 Rz 3). Sie ist grds für jede Steuerart und auch für jeden Veranlagungszeitraum oder Stichtag erneut zu prüfen (BFH BStBl 79, 481; 86, 677; 89, 595; BFH/NV 92, 90; FG Hbg EFG 98, 916, NZB BFH 1 B 56/98). Zur Feststellung der Satzungsmäßigkeit § 60a. Zum Verfahren bei Anerkennung und Verlust der Gemeinnützigkeit vgl iEinz § 59 Rz 3, 4. Zur Beginn der Steuerbegünstigung § 63 Rz 1. Durch Einstellung der steuerbegünstigten Tätigkeit und durch Eröffnung eines Insolvenzverfahrens ändert sich der Zweck einer steuerbegünstigten Körperschaft, sodass unter Berücksichtigung von § 63 die Steuerbegünstigungen für den gesamten VZ entfallen (BFH BStBl 07, 808; AEAO zu § 51 Nr 6; aA *Becker* FR 08, 909, mit dem Hinweis, dass eine Auslaufphase notwendig sei und eine evtl Weitergabe von Mitteln noch dem gemeinnützigen Zweck diene).

4. Körperschaften. § 51 Satz 2 legt fest, dass unter dem in verschiedenen Vorschriften verwendeten Begriff **„Körperschaft"** nicht nur Körperschaften ieS, sondern auch **Personenvereinigungen** und **Vermögensmassen** iS des § 1 KStG zu verstehen sind, insbes die in § 1 I Nr 5 KStG genannten. Dazu gehören zB 4 auch unselbständige und Anhangstiftungen und, wie sich aus § 55 III ergibt, auch Betriebe gewerblicher Art von Körperschaften des öffentlichen Rechts (vgl § 1 I Nr 6 KStG; BFH BStBl 85, 162; zur Tätigkeit als Betrieb gewerblicher Art § 14 Rz 3), nicht aber die Körperschaft des öffentlichen Rechts selbst (§ 5 I Nr 9 KStG). Steuerbegünstigt kann auch eine Körperschaft sein, mit denen sich die öffentliche Hand mit ihren Untergliederungen in privatrechtlicher Form am Wirtschaftsleben beteiligt; nach der Rspr gilt das auch für die Eigengesellschaft einer juristischen Person des öffentlichen Rechts, mit der diese eine bisher hoheitlich erfüllte Pflichtaufgabe ihrer Trägerin erfüllt (BFH/NV 14, 984 mit ausführlicher Darstellung des Meinungsstands; s auch § 55 Rz 3). **Steuervergünstigungen** nach §§ 51 ff können grds nur **unbeschränkt stpfl Körperschaften** in Anspruch nehmen (§ 5 II Nr 2 KStG), sofern nicht **Doppelbesteuerungsabkommen** etwas anderes bestimmen. Seit einer Änderung aufgrund des JStG 2009 können auch in Deutschland **beschränkt steuerpflichtige ausl Körperschaften** mit Sitz im Gebiet von EU/EWR steuerbefreit sein, sofern die Voraussetzungen des § 5 II Nr 2 KStG vorliegen und ihre Tätigkeit den §§ 51 ff entspricht. § 5 II Nr 2 KStG betrifft Gesellschaften iSd § 5 I Nr. 9 KStG mit Sitz in einem EU/EWR-Mitgliedsstaat, die nach dem Recht des Sitzstaats Gesellschaften iSd Art 48 AEUV bzw Art 34 Abkommen über den Europäischen Wirtschaftsraum sind und mit deren Sitzstaat ein Amtshilfeabkommen besteht. Die Öffnung des Gemeinnützigkeitsrechts für beschränkt stpfl Körperschaften bedeutet nicht, dass sie ohne weitere Prüfung wie unbeschränkt stpfl Körperschaften behandelt werden können. Sie müssen dafür alle Anforderungen erfüllen, die auch an unbeschränkt stpfl Körperschaften gestellt werden; dabei gelten auch für ausl Organisationen uneingeschränkt die Grundsätze des deutschen Rechts. Das beginnt mit der Frage, ob eine Organisation überhaupt eine „Körperschaft" idS darstellt, dass sie bei einem Typenvergleich (BFH BStBl 95, 653; 07, 521; BFH/NV 17, 549) einer inl Körperschaft, Personenvereinigung oder Vermögensmasse vergleichbar ist; die Wertung des ausl Rechts ist dabei nicht maßgeblich (BFH/NV 17, 549). Im Ergebnis ist eine in ihrem Sitzstaat als wohltätig oä behandelte Organisation nicht automatisch eine nach deutschem Recht beschränkt stpfl, steuerbegünstigte Körperschaft. Andere ausl Körperschaften als die aus dem EU/EWR-Raum können nicht wie eine unbeschränkt stpfl Körperschaft behandelt werden (Ausnahme: DBA). Ausl Organisationen haben aber die Möglichkeit, einen in Deutschland ansässigen Förderverein zu gründen, der seine Zwecke unter den Voraussetzungen des § 51 II im Ausland verwirklicht. Nicht anwendbar sind die §§ 51 ff auf natürliche Personen und auf Personengesellschaften. Natürliche Personen können eine Steuervergünstigung nur hinsichtlich ihrer Spenden gem § 10b EStG (zur Zuwendungsbestätigung s auch § 63 Rz 5 ff) und nach § 3 Nr 26, 26a EStG hinsichtlich ihres Arbeitseinsatzes in Anspruch nehmen (Vor § 51 Rz 15).

5 **5. Funktionale Untergliederungen.** Diese gelten aufgrund der Fiktion in § 51 S 3 im Gemeinnützigkeitsrecht nicht als selbständige KStSubjekte, auch wenn sie ein eigener eingetragener oder ein nicht rechtsfähiger Verein mit eigener Satzung sind. Einziges KStSubjekt ist vielmehr der Hauptverein, zu dem die funktionalen Untergliederungen gehören. Eine funktionale Untergliederung ist daran erkennbar, dass (1) zwischen ihr und dem Hauptverein ein Über- und Unterordnungsverhältnis besteht und dass (2) die Untergliederung/Abteilung sich als Teil des Hauptvereins darstellt, weil entweder die Mitglieder gleichzeitig Mitglieder des Hauptvereins sind oder die Untergliederung selbst Mitglied oder Teilhaber des Hauptvereins ist. Eine Über-/Unterordnung ist gegeben, wenn die Zwecke des Hauptvereins die Zwecke der Abteilung bestimmen und ihnen Vorrang zukommt. Keine Untergliederung in Abteilungen ist gegeben, wenn sich Körperschaften zusammenschließen, zB um ihre gemeinsamen Interessen besser zu vertreten oder Teile ihrer Vorhaben, etwa Förderung der Forschung, in einer neuen Körperschaft

gemeinsam zu betreiben. Als belastende Vorschrift ist S 3 eng auszulegen. Unschädlich ist es daher, wenn aufgrund eigenen Entschlusses der Mitglieder eine Mitgliedschaft in beiden Körperschaften besteht. Funktionale Untergliederungen sind vor allem bei großen Sportvereinen anzutreffen, zB als Fußball- oder Handballabteilung. Der Grund der Fiktion liegt darin, dass eine Aufteilung eines Vereins in verselbständigte Abteilungen – auch ohne Missbrauchsabsicht – nicht dazu führen soll, die Vergünstigungen des Gemeinnützigkeitsrechts mehrfach in Anspruch zu nehmen. Folge des § 51 S 3 ist daher, dass zB Freibeträge, die Freigrenze des § 64 III, die Zweckbetriebsgrenze nach § 67a I nur einmal, vom Hauptverein, in Anspruch genommen werden können. Der Hauptverein muss alle Merkmale der Steuerbegünstigung erfüllen. Eine nicht steuerbegünstigte Abteilung kann evtl als wirtschaftlicher Geschäftsbetrieb einzustufen sein.

6. Selbständigkeit regionaler Untergliederungen. Regionale Untergliede- 6
rungen einer steuerbegünstigten Körperschaft, also Landes-, Bezirks- oder Ortsverbände von Großvereinen, werden aufgrund des eindeutigen Wortlauts von § 51 Satz 3 nicht erfasst. Regionale Untergliederungen sind selbständige gemeinnützige Körperschaften, wenn sie über eigene satzungsmäßige Organe (Vorstand, Mitgliederversammlung) verfügen und über diese auf Dauer nach außen im eigenen Namen auftreten, eine eigene Satzung und eine eigene Kassenführung haben (zur Aufgliederung s § 64 Rz 12). Die Satzung muss den Erfordernissen einer steuerbegünstigten Körperschaft entsprechen, Zweck, Aufgaben und Organisation können sich aber aus der Satzung des Hauptvereins ergeben.

7. Auslandstätigkeit (Abs 2). Im Ausland können steuerbegünstigte Zwecke 7
ebenso wie im Inland verwirklicht werden – vorausgesetzt, der Satzungszweck lässt eine Förderung im Ausland zu. Seit dem 1.1.2009 sieht § 51 II ausdrücklich vor, dass die Gewährung einer Steuervergünstigung dann aber daran geknüpft ist, dass die Förderung der steuerbegünstigten Zwecke entweder natürlichen Personen zugute kommt, die ihren Wohnsitz oder ihren gewöhnlichen Aufenthalt im Geltungsbereich der AO haben oder dass diese Förderung auch zum Ansehen der Bundesrepublik Deutschland im Ausland beitragen kann. Die Einschränkung gilt aufgrund der Stellung im Gesetz für alle steuerbegünstigten Zwecke und ist nicht auf die gemeinnützigen beschränkt. Beide Voraussetzungen des § 51 II sind unabhängig voneinander zu prüfen, sie müssen nicht kumulativ vorliegen („oder"). Die Regelung ist eine Reaktion auf die Erkenntnis, dass es nach EU-Recht unzulässig ist, Steuervergünstigungen grds nur inl gemeinnützigen Körperschaften zu gewähren, beschränkt stpfl gemeinnützige Körperschaften aus EU-Staaten aber davon auszuschließen (BFH/NV 07, 805; EuGH ABl EU Nr C 281/9 „Stauffer"). Da § 51 II auch für unbeschränkt steuerpflichtige Körperschaften gilt, geht von dieser Regelung keine Diskriminierungswirkung gegen ausl Körperschaften mehr aus. Der Abzug von Spenden und ggf. auch Mitgliedsbeiträgen an ausl steuerbegünstigte Institutionen, die im Gebiet der EU oder in EWR-Staaten ihren Sitz haben, gem § 10b I 2 Nr 3, I 3–6 EStG ist auf die Regelung in § 51 II abgestimmt. Der sog Inlandsbezug darf nicht mit der Prüfung der Frage, ob eine Körperschaft generell die Anforderungen erfüllt, die an eine steuerbegünstigte Körperschaft gestellt werden, verwechselt werden. § 51 II setzt die Steuerbegünstigung einer Körperschaft voraus und enthält nur eine zusätzliche Voraussetzung, wenn die steuerbegünstigten Zwecke im Ausland erfüllt werden (AEAO zu § 51 II Nr 7). Die Körperschaft kann ihre Zwecke im Ausland selbst, also mit eigenem Personal, oder auch mit Hilfe einer Hilfsperson (§ 57 I 2) verwirklichen. Eine Hilfsperson muss entsprechend beauftragt und überwacht werden (§ 57 Rz 1). Als Weg, um im Ausland Mittel einzusetzen, erlaubt mit Einschränkungen iÜ § 58 Nr 1 auch die Weitergabe von Mitteln an Körperschaften im Ausland (AEAO zu § 58 Nr 2; s auch Erläut § 58 Rz 3). Bei einer Tätigkeit mit Auslandsbezug hat die steuerbegünstigte Körperschaft erhöhte Mitwirkungspflichten (§ 90 II) und muss nachweisen, dass alle Erfordernis-

se des Gemeinnützigkeitsrechts erfüllt sind; Art und Umfang richten sich nach der Bedeutung des Einzelfalls. Die FinVerw macht hier umfangreiche Vorgaben, die von der Rspr bestätigt worden sind (OFD Frankfurt StEd 13, 652; § 63 Rz 3); Verstöße gegen die Nachweispflichten sind nach § 63 III zu beurteilen (§ 63 Rz 1, 3).

8 Der von § 51 II geforderte „Auslandsbezug" sieht in der **ersten Alternative** vor, dass durch die steuerbegünstigte Tätigkeit im Ausland **Personen mit Wohnsitz** oder **gewöhnlichem Aufenthalt im Inland** gefördert werden. Gleichgültig ist, welche Staatsangehörigkeit die geförderte Person hat. Es muss sich um natürliche Personen handeln. Diese Voraussetzung des § 51 II kann von in- und ausl Körperschaften erfüllt werden. Bei ausl Körperschaften fällt darunter auch die Tätigkeit für im Inland lebende Personen, die sich im Inland oder im Ausland aufhalten (AEAO zu § 51 Nr 7). Dagegen wird humanitäre Hilfe im Ausland, die von inl Körperschaften den nur im Ausland ansässigen Menschen geleistet wird, nicht davon erfasst. Dass es möglich ist, nur solche Tätigkeiten als steuerbegünstigt einzustufen, die der inl Allgemeinheit zugute kommen, lässt sich einer Erwägung im Urteil des EuGH im Fall Stauffer entnehmen (EuGH DStR 06, 1736: „setzt § 52 AO … nicht voraus, dass die Förderungsmaßnahmen der inl Allgemeinheit zugute kommen"). Vom Gesetz nicht bedacht ist die Behandlung der Körperschaften, die ihren steuerbegünstigten Zweck teils im Ausland, teils im Inland verwirklichen, sofern es auf dieses Merkmal ankommt. Das ist nicht der Fall, sofern die zweite Alternative erfüllt ist. Sonst ist ungelöst, in welchem Umfang die Förderung von Inländern ausreicht.

9 Die zweite, **alternativ** in § 51 II genannte **Voraussetzung,** dass die Steuerbegünstigung bei Zweckverwirklichung im Ausland daran geknüpft ist, dass die Tätigkeit neben der Verwirklichung der steuerbegünstigten Zwecke, die in der Satzung festgelegt sind, auch zum **Ansehen der Bundesrepublik Deutschland** beitragen kann, ist vage formuliert (*Hüttemann* DB 08, 1061; *Geserich* DStR 09, 1173, 1177 „für die praktische Rechtsanwendung ungeeignet"; glA *TK/Seer* § 51 Rz 9 mwN „nicht vollzugsfähig", daher „unwirksam"; verfassungskonform auszulegen FG Köln EFG 16, 653, Rev BFH X R 5/16) und soll es ermöglichen, dass unbeschränkt steuerpflichtige Körperschaften ihre Zwecke auch im Ausland verwirklichen können. Die dahinter stehende Idee scheint zu sein, dass deutsche Körperschaften im Non-Profit-Bereich schon durch die Zurechnung zu Deutschland das Ansehen Deutschlands im Ausland verbessern können und die Wertschätzung Deutschlands nicht mit der Tätigkeit einer ausl gemeinnützigen Körperschaft in Zusammenhang gebracht wird. Dementsprechend geht die FinVerw von einer Indizwirkung aus, wenn eine in Deutschland ansässige Körperschaft sich personell, finanziell, planend, schöpferisch oder anderweitig an der Förderung gemeinnütziger oder mildtätiger Zwecke im Ausland beteiligt (AEAO zu § 51 Nr 7; OFD Frankfurt DStR 14, 102; zu im Ausland ansässigen Körperschaften s Rz 10). FG Köln sieht – in verfassungskonformer Auslegung – den Inlandsbezug dann als gegeben an, wenn die Steigerung des Ansehens Deutschlands nicht evident ausgeschlossen werden kann (FG Köln EFG 16, 653, Rev BFH X R 5/16). Die Formulierung im Gesetz würde auch eine Differenzierung bei der konkreten Zweckverfolgung zulassen, zB Ausschluss der Steuervergünstigung für Projekte, die der Rechtsordnung, insbes der Verfassung, evtl auch der Politik der Bundesrepublik Deutschland zuwiderlaufen (etwa Projekte, die bei ihrer Durchführung die Gleichberechtigung von Geschlecht, Religion und Rassen missachten, dem Gedanken von Völkerverständigung zuwiderlaufen oder sonst gegen Werte des GG gerichtet sind). Die FinVerw legt als Maßstab für die Frage, ob eine Förderung des Ansehens Deutschlands erwartet werden kann, die deutsche Sicht und nicht ausl Wertvorstellungen zugrunde (AEAO zu § 51 Nr 7). Die Regelung in § 5 II KStG gibt iÜ einen deutlichen Hinweis darauf, dass Steuerbegünstigungen für ausl Körperschaften, die ihren Sitz nicht innerhalb von EU/EWR haben, auf keinen Fall in Betracht kommen (Ausnahme: ausdrückliche Regelung in DBA, § 51 Rz 4). Ein Erfolg bei der Förderung

des Ansehens Deutschlands muss aufgrund der Formulierung nicht nachgewiesen werden („kann"). Es ist auch nicht notwendig, dass alle im Ausland Begünstigten oder Mitwirkenden von der Beteiligung deutscher Organisationen bei der Verwirklichung steuerbegünstigter Zwecke Kenntnis haben (AEAO zu § 51 Nr 7).

Die zweite in § 51 II genannte Alternative kann auch von ausl Körperschaften 10
erfüllt werden. Nach Auffassung der FinVerw entfällt aber die sog Indizwirkung, egal, wo die steuerbegünstigte Tätigkeit ausgeübt wird (AEAO zu § 51 Rz 7). Im Einzelfall muss also festgestellt werden, ob eine Förderung des Ansehens Deutschlands durch die Tätigkeit der ausl Körperschaft erwartet werden kann. Das wäre zB der Fall bei einer Förderung der deutschen Kunst, Kultur, Literatur oder Sprache, bei einem Förderverein für ein deutsches Museum oder Theater, bei der Pflege des Heimatgedankens bei deutschen Auswanderern, bei der Förderung der Völkerverständigung zwischen Sitzstaat und Deutschland, aber evtl auch bei einer Beteiligung an einem von einer deutschen Körperschaft geförderten Projekt, das dem steuerbegünstigten Zweck der deutschen Körperschaft dient. Der BFH fordert im Fall Stauffer – unabhängig von § 51 II, der damals noch nicht in der jetzt geltenden Fassung existierte – nach der Entscheidung des EuGH, dass ausl gemeinnützige Körperschaften alle Voraussetzungen der §§ 51 ff erfüllen und nachweisen müssen (BFH/NV 07, 805; BFH IStR 18, 321; FG Mster IStR 12, 542; ebenso *Musil* DStR 09, 2453, 2455; FG Bln-Bbg DStRE 16, 1102). Daran ist auf jeden Fall zutreffend, dass ausl Körperschaften nicht in größerem Ausmaß gefördert werden dürfen als inländische. Insbesondere kann keine Förderung von Zwecken in Betracht kommen, die im Inland nicht grds als gemeinnützig oder mildtätig gelten. Am wichtigsten ist es in diesem Zusammenhang aber sicherzustellen, dass nicht nur die Satzung, sondern vor allem die tatsächliche Geschäftsführung einer ausl Körperschaft deren Gemeinnützigkeit/Mildtätigkeit garantiert (vgl *Fischer* FR 09, 249). Dies wird grds voraussetzen, dass die ausl Körperschaft auch nach dem Recht ihres Sitzes vergleichbar steuerbegünstigt ist (aA *Hüttemann* IStR 10, 118, 120 allerdings iZm dem Spendenabzug über die Grenze: Anerkennung im ausl Sitzstaat als gemeinnützig weder ausreichend noch notwendig). Die Tatsache, dass eine beschränkt steuerpflichtige ausl Gesellschaft ua nur dann steuerbegünstigt sein kann, falls mit ihrem Sitzstaat ein Amtshilfeabkommen besteht, bedeutet mE, dass im Einzelfall die Voraussetzungen der §§ 51 ff überprüfbar sein sollen. Über die Umsetzung in der Praxis ist damit aber nichts gesagt. Es ist aber schwer vorstellbar, wie eine Gleichwertigkeit mit inl steuerbegünstigten Körperschaften gegeben sein soll, wenn nicht einmal der Sitzstaat deren Gemeinnützigkeit nach Sitzstaatrecht anerkennt. Die Gleichwertigkeitsprüfung, die § 5 II KStG vorschreibt (sog Typenvergleich), hat ihren Sinn vor allem darin, Voraussetzungen, die nur dem inl Recht, nicht aber dem Sitzstaatrecht geläufig sind, zu prüfen, damit ausl Organisationen iErg nicht besser gestellt sind als inländische.

Spenden an ausl Organisationen. Die FinVerw verlangt beim Spendenabzug vom Spender den Nachweis, dass der Empfänger den Anforderungen an das deutsche Gemeinnützigkeitsrecht entspricht (glA FG Ddorf EFG 13, 678; FG Bln-Bbg DStRE 16, 1102). Dafür reicht eine ausl Spendenbescheinigung nicht aus, sondern es sollen geeignete Nachweise – Satzung, Rücklagenbildung uÄ – vorgelegt werden (BMF v 16.5.2011, BStBl I 11, 559; konkrete Anforderungen im Einzelfall offen gelassen von FG Bln-Bbg DStRE 16,1102; s auch § 63 Rz 3). Die Anforderungen richten sich nach dem Einzelfall und müssen eine Verwendung, die dem gemeinnützigen Zweck nicht entspricht, ausschließen. So hat der BFH im Einzelfall die Gemeinnützigkeit einer EU-Körperschaft als „offensichtlich" vorhanden anerkannt und den Hinweis des FA, deren Überprüfung sei schwierig und die Gemeinnützigkeit nicht nachgewiesen, als nicht stichhaltig behandelt (BFH/NV 11, 342: EU-Stiftung, die Forschungsstipendien vergibt). Eine Zuwendungsbestätigung nach deutschem Vordruck kann nicht verlangt werden, der Inhalt der ausl Zuwendungsbestätigung muss aber deren Kerninhalt wiedergeben (FG Köln EFG

16, 653, Rev BFH X R 5/16). Zum notwendigen Inhalt einer Zuwendungsbestätigung gehört, dass eine Spende wann in welcher Höhe von wem bei der ausl Körperschaft eingegangen ist, dass die Körperschaft nach ihrer Satzung einen gemeinnützigen Zweck verfolgt und dass die Spende dafür verwendet wird (FG Bln-Bbg DStRE 16, 1102). Klassischerweise geschieht die Überprüfung der Körperschaft im internationalen Bereich durch gegenseitiges bilaterales Vertrauen in die ausl Finanzverwaltung. Unter den Schweizer Kantonen ist zB eine Gleichbehandlung nur auf der Grundlage einer Gegenrechtsvereinbarung üblich. Diese internationale Übung und Übereinstimmung, nicht im Inland ansässige gemeinnützige Organisationen nicht unbesehen in den Genuss von StVorteilen kommen zu lassen, hat der EuGH in der Stauffer-Entscheidung durchbrochen, wenn nicht missachtet. Auf der anderen Seite hat der EuGH verdeutlicht, dass jeder Mitgliedsstaat festlegen kann, unter welchen Voraussetzungen eine Körperschaft steuerbegünstigt tätig werden kann (so auch *Schäfers* ZEV 06, 459). Die in § 60 I vorgesehene Regelung, dass die Satzung die Festlegungen der sog Mustersatzung enthalten muss, ist ein Ansatzpunkt, um auch ausl Körperschaften hinsichtlich ihrer Eignung für Steuerbegünstigungen zu überprüfen; ausl Körperschaften, die weder beschränkt noch unbeschränkt steuerpflichtig sind, können jedoch keine Prüfung gem § 60a verlangen (§ 60a Rz 1). Bei Auslandsspenden trifft die Nachweispflicht den Spender (FG Bln-Bbg DStRE 16, 1102).

Man muss iÜ sehen, dass jedenfalls innerhalb der EU die gemeinnützigen Organisationen grenzüberschreitend tätig werden und auch Deutsche davon profitieren (BFH/NV 11, 342; 15, 1170: ausl Stipendium für Deutsche im Inland auch dann gem § 3 Nr 44 EStG steuerfrei, wenn die gemeinnützige EU-Organisation im Inland weder beschränkt noch unbeschränkt steuerpflichtig ist; BFH BStBl 06, 685; BFH/NV 15, 1170; und EuGH DStRE 08, 666; zu Rs Jundt BFH BStBl 10, 265: Aufwandsentschädigung aus Frankreich; Städel Friends, ein in USA gegründeter Verein zur Unterstützung des Städel Frankfurt; Nobelpreise; OFD Frankfurt StEd 14, 634 zu § 3 Nr 44 EStG betr Nachweise und Beurteilung von Stipendien). Ein völliges Abschotten des Gemeinnützigkeitsrechts zu beiden Seiten hin entspricht nicht mehr den tatsächlichen Lebensumständen und nach dem EuGH auch nicht dem Gemeinschaftsrecht. Ein geeigneter Weg könnte sein, eine EU-gerechte Lösung zu finden, die der grenzüberschreitenden Tätigkeit der gemeinnützigen Organisationen in der EU gerecht wird und iÜ nur Gegenrechtsvereinbarungen oder Anerkennung im Einzelfall zuzulassen. Global tätige gemeinnützige Organisationen gehen iÜ den pragmatischen Weg, in den einzelnen Staaten jeweils Körperschaften nach nationalem Recht zu gründen (zB Amnesty International oder Gemeinnützige Wikimedia Fördergesellschaft mbH, die Spenden für Wikimedia Deutschland e. V. und Wikimedia Foundation Inc, USA, sammelt). Im Spendenrecht und bei der Behandlung beschränkt steuerpflichtiger Körperschaften im Gebiet von EU/EWR wird nun darauf abgestellt, dass mit den ausl Sitzstaaten ein Amtshilfeabkommen besteht (§ 10b I Nr 3 EStG, § 5 II KStG). Zum Inlandsbezug bei der Förderung religiöser Zwecke im Ausland vgl § 54 Rz 2. Bei der Verwirklichung steuerbegünstigter Zwecke im Ausland ist die Einhaltung aller Voraussetzungen durch geeignete Aufzeichnungen von der steuerbegünstigten Körperschaft nachzuweisen; dies ist Teil der ordnungsgemäßen Geschäftsführung (§ 63 III, § 63 Rz 3; OFD Frankfurt DStR 14, 102).

11 **8. Ausschluss der Steuerbegünstigung (Abs 3).** Seit VZ 2009 gilt § 51 III. Auch vorher entsprach es gefestigter Rechtsauffassung, dass verfassungsfeindliche Ziele und Tätigkeiten zum Verlust der Gemeinnützigkeit führen, denn Tätigkeiten, die mit den Wertvorstellungen des Grundgesetzes unvereinbar sind, insbes wenn sie den Grundrechten widersprechen, können keine Förderung der Allgemeinheit darstellen (BFH BStBl 85, 106; 13, 146; 18, 218 mwN; BFH/NV 05/1741; 12, 1352 mwN; FG Ddorf DStRE 16, 529; § 52 Rz 2). Vgl auch § 52 Rz 2.

Eine Steuervergünstigung setzt nach **§ 51 III 1** voraus, dass eine Körperschaft weder aufgrund ihrer Satzung noch aufgrund der tatsächlichen Geschäftsführung Bestrebungen iSd § 4 BVerfSchG fördert und dem Gedanken der Völkerverständigung nicht zuwiderhandelt (BFH/NV 12, 1352; FG Sachs EFG 11, 1675; BVerwG BeckRS 2012, 52298: Kriterien, die gegen den Gedanken der Völkerverständigung verstoßen unter dem Deckmantel humanitärer Hilfe). Die Körperschaft muss diese Voraussetzungen (Ausschluss negativer Tatsachen) nur nachweisen, wenn das FA bezweifelt, dass die Körperschaft sich verfassungsgemäß verhält und die Vermutung des § 51 III 2 nicht greift (BFH BStBl 13, 146; kritisch dazu *v Lersner* DStR 12, 1685). Durch die Stellung im Gesetz ist die Einschränkung der steuerbegünstigten Zwecke nicht auf die gemeinnützigen Zwecke beschränkt, sondern kann sich auch bei den kirchlichen und mildtätigen Zwecken auswirken. § 4 BVerfSchG meint Bestrebungen, die gegen den Bestand oder die Sicherheit des Bundes oder eines Landes gerichtet sind oder die sich gegen die freiheitliche demokratische Grundordnung als solche richten. Zur freiheitlichen demokratischen Grundordnung zählen vor allem das demokratisch organisierte Staatswesen, das auf freien und geheimen Wahlen basiert, die Bindung der Gesetzgebung an die verfassungsmäßige Ordnung und die Bindung aller Staatsgewalt an Gesetz und Recht, die Unabhängigkeit der Gerichte, der Ausschluss jeder Gewalt- und Willkürherrschaft und die Bindung an die im Grundgesetz konkretisierten Menschenrechte (FG Sachs EFG 11, 1675, 1676). Die benannten Bestrebungen können auch schon eine Tätigkeit aus dem Vorfeld einer konkreten Bedrohung erfassen (vgl BFH BStBl 85, 106). Dem Gedanken der Völkerverständigung zuwider handeln vor allem gegen Frieden und Verständigung unter den Staaten gerichtete Bestrebungen (zB Verbreitung einer Herrschaftsideologie, die die Grundrechte des GG nicht achtet). Vgl auch § 52 Rz 2, 32. § 51 III 2 enthält eine widerlegbare Vermutung, die zum Verlust der Steuerbegünstigung führt. Zur satzungsmäßigen Geschäftsführung im Rahmen der verfassungsmäßigen Ordnung s § 63 Rz 1.

Nach **§ 51 III 2** wird vermutet, dass eine Körperschaft die Voraussetzungen des **12**
§ 51 III 1 nicht erfüllt, wenn sie im Verfassungsschutzbericht eines Bundes oder eines einzelnen Landes für den zu beurteilenden VZ ausdrücklich als extremistisch eingestuft wird. Diese Vermutung ist widerlegbar. Es reicht für die Vermutung nicht aus, wenn der Verfassungsschutzbericht Zweifel anmeldet oder einen Verdacht äußert. Notwendig ist die klare Einstufung der Körperschaft als extremistisch; die Feststellung muss sich auf den VZ beziehen, der Gegenstand der Überprüfung ist (BFH BStBl 13, 146; BFH/NV 12, 1352; BFH DStR 18, 955; FG Sachs EFG 11, 1675). Ausreichend ist die Beschreibung als extremistisch an einer beliebigen Stelle in einem Verfassungsschutzbericht, zB in einem Anhang zum Verfassungsschutzbericht oder in einer Fußnote (vgl BFH 18, 955). Sind die Voraussetzungen für die gesetzliche Vermutung erfüllt, so ist die Körperschaft ohne weitere Prüfung für den VZ als nicht steuerbegünstigt anzusehen; will die Körperschaft die Vermutung widerlegen, so trägt sie die Beweislast dafür, dass sie alle Anforderungen, von denen die Steuerbegünstigung abhängt, erfüllt (BFH/NV 12, 1352; BFH/NV 17, 882; BFH DStR 18, 955; möglich auch Rechtsweg gegen Nennung im Verfassungsschutzbericht, vgl *Heuermann* DStR 18, 955). Dass die Körperschaft nicht gegen die Wertordnung des GG verstößt, muss sie erst dann belegen, wenn das FA konkrete Anhaltspunkte dafür vorträgt, dass die Wertordnung des GG verletzt wird, zB durch die tatsächliche Geschäftsführung (BFH/NV 12, 1352). Fehlt es an einer Feststellung als extremistisch in einem Verfassungsschutzbericht, so kann sich ein Verstoß gegen die Grundsätze der Steuerbegünstigung auch aus anderen Umständen ergeben. Die bloße Erwähnung in einem Verfassungsschutzbericht kann einen Hinweis darauf geben. § 51 III 2 macht nur zunächst eine Überprüfung überflüssig, wenn eine Einstufung als extremistisch in einem Verfassungsschutzbericht getroffen wird. Dies gilt auch für Zeiträume vor VZ 2009, in denen es den § 51 III in der zZt geltenden Fassung nicht gab. Die

FinVerw geht auch dann von einer extremistischen Einstellung aus, wenn ein Verfassungsschutzbericht belegbare Hinweise für die eine Einstufung als extremistisch enthält und hält eine Überprüfung gem § 51 III 1 in allen Verdachtsfällen für erforderlich (AEAO zu § 51 Nr 8). Wird eine bisher begünstigte Körperschaft als extremistisch beurteilt, kommt eine Änderung des KStBescheids nach § 173 I Nr 1 in Betracht (AEAO zu § 51 Nr 8).

13 **§ 51 III 3** verpflichtet ein FA, den Verfassungsschutzbehörden eine Mitteilung zu machen, wenn es den Verdacht hat, dass eine Körperschaft Bestrebungen iSd § 4 BVerfSchG hat oder gegen den Gedanken der Völkerverständigung verstößt. Diese Bestimmung erstreckt sich auf alle VZ (AEAO zu § 51 Nr 12).

§ 52 Gemeinnützige Zwecke

(1) [1] **Eine Körperschaft verfolgt gemeinnützige Zwecke, wenn ihre Tätigkeit darauf gerichtet ist, die Allgemeinheit auf materiellem, geistigem oder sittlichem Gebiet selbstlos zu fördern.** [2] **Eine Förderung der Allgemeinheit ist nicht gegeben, wenn der Kreis der Personen, dem die Förderung zugute kommt, fest abgeschlossen ist, zum Beispiel Zugehörigkeit zu einer Familie oder zur Belegschaft eines Unternehmens, oder infolge seiner Abgrenzung, insbesondere nach räumlichen oder beruflichen Merkmalen, dauernd nur klein sein kann.** [3] **Eine Förderung der Allgemeinheit liegt nicht allein deswegen vor, weil eine Körperschaft ihre Mittel einer Körperschaft des öffentlichen Rechts zuführt.**

(2) [1] **Unter den Voraussetzungen des Absatzes 1 sind als Förderung der Allgemeinheit anzuerkennen:**

1. **die Förderung von Wissenschaft und Forschung;**
2. **die Förderung der Religion;**
3. **die Förderung des öffentlichen Gesundheitswesens und der öffentlichen Gesundheitspflege, insbesondere die Verhütung und Bekämpfung von übertragbaren Krankheiten, auch durch Krankenhäuser im Sinne des § 67, und von Tierseuchen;**
4. **die Förderung der Jugend- und Altenhilfe;**
5. **die Förderung von Kunst und Kultur;**
6. **die Förderung des Denkmalschutzes und der Denkmalpflege;**
7. **die Förderung der Erziehung, Volks- und Berufsbildung einschließlich der Studentenhilfe;**
8. **die Förderung des Naturschutzes und der Landschaftspflege im Sinne des Bundesnaturschutzgesetzes und der Naturschutzgesetze der Länder, des Umweltschutzes, des Küstenschutzes und des Hochwasserschutzes;**
9. **die Förderung des Wohlfahrtswesens, insbesondere der Zwecke der amtlich anerkannten Verbände der freien Wohlfahrtspflege (§ 23 der Umsatzsteuer-Durchführungsverordnung), ihrer Unterverbände und ihrer angeschlossenen Einrichtungen und Anstalten;**
10. **die Förderung der Hilfe für politisch, rassisch oder religiös Verfolgte, für Flüchtlinge, Vertriebene, Aussiedler, Spätaussiedler, Kriegsopfer, Kriegshinterbliebene, Kriegsbeschädigte und Kriegsgefangene, Zivilbeschädigte und Behinderte sowie Hilfe für Opfer von Straftaten; Förderung des Andenkens an Verfolgte, Kriegs- und Katastrophenopfer; Förderung des Suchdienstes für Vermisste;**
11. **die Förderung der Rettung aus Lebensgefahr;**
12. **die Förderung des Feuer-, Arbeits-, Katastrophen- und Zivilschutzes sowie der Unfallverhütung;**
13. **die Förderung internationaler Gesinnung, der Toleranz auf allen Gebieten der Kultur und des Völkerverständigungsgedankens;**
14. **die Förderung des Tierschutzes;**
15. **die Förderung der Entwicklungszusammenarbeit;**

16. die Förderung von Verbraucherberatung und Verbraucherschutz;
17. die Förderung der Fürsorge für Strafgefangene und ehemalige Strafgefangene;
18. die Förderung der Gleichberechtigung von Frauen und Männern;
19. die Förderung des Schutzes von Ehe und Familie;
20. die Förderung der Kriminalprävention;
21. die Förderung des Sports (Schach gilt als Sport);
22. die Förderung der Heimatpflege und Heimatkunde;
23. die Förderung der Tierzucht, der Pflanzenzucht, der Kleingärtnerei, des traditionellen Brauchtums einschließlich des Karnevals, der Fastnacht und des Faschings, der Soldaten- und Reservistenbetreuung, des Amateurfunkens, des Modellflugs und des Hundesports;
24. die allgemeine Förderung des demokratischen Staatswesens im Geltungsbereich dieses Gesetzes; hierzu gehören nicht Bestrebungen, die nur bestimmte Einzelinteressen staatsbürgerlicher Art verfolgen oder die auf den kommunalpolitischen Bereich beschränkt sind;
25. die Förderung des bürgerschaftlichen Engagements zugunsten gemeinnütziger, mildtätiger und kirchlicher Zwecke.

[2] Sofern der von der Körperschaft verfolgte Zweck nicht unter Satz 1 fällt, aber die Allgemeinheit auf materiellem, geistigem oder sittlichem Gebiet entsprechend selbstlos gefördert wird, kann dieser Zweck für gemeinnützig erklärt werden. [3] Die obersten Finanzbehörden der Länder haben jeweils eine Finanzbehörde im Sinne des Finanzverwaltungsgesetzes zu bestimmen, die für Entscheidungen nach Satz 2 zuständig ist.

Abs 2 neu gefasst durch Gesetz v 10.10.07 (BGBl I, 2332).

Schrifttum: vor 2010 s 13. Aufl; *v Lersner* Schwierigkeiten bei der Feststellung des Vorliegens einer extremistischen Organisation i. S. des § 51 Abs. 3 Satz 2, Zugleich Anmerkung zum Urteil des BFH vom 11.4.2012, I R 11/11, DStR 12, 1685; *Joisten/Vossel* Karneval im Steuerrecht, FR 13, 57; *Hüttemann* Steuerliche Gemeinnützigkeit und politische Betätigung, DB 15, 821; *Weitemeyer/Kamp* Zulässigkeit politischer Betätigungen durch Gemeinnützige, ZRP 15, 72; *dies,* Zulässigkeit politischer Betätigungen durch gemeinnützige Organisationen, DStR 16, 2623; *Bruschke* Gemeinnützigkeit: Förderung der Allgemeinheit bei reinen Männervereinen, SteuK 2016, 171; *Radkow* Grenzen der politischen Betätigung gemeinnütziger Organisationen im deutschen und US-amerikanischen Recht – ein Rechtsvergleich, npoR 16, 145; *Weidmann/Kohlhepp* Rechtsprechung zum Gemeinnützigkeitsrecht, Entscheidungen der Finanzgerichte und des BFH, DStR 16, 2673; *Heuer/von Cube* Die steuerliche Behandlung von Kunstsammlungen im Licht der jüngsten BFH-Rechtsprechung, DStR 17, 129; *Unger* Kostümparty eines gemeinnützigen Karnevalsvereins kein Zweckbetrieb, DStRK 17, 98; *Steinmeyer* Gewährung eines gemeinnützigen Darlehens nach § 83 Abs. 1 Nr. 7 SGB IV – Eine Finanzierugsalternative? NSZ 17, 401; *Wiemers* Anm zu BFH-Urteil v 17.5.2017 – V R 52/15, BB 17, 2152.

Übersicht

1. Überblick. § 52 I definiert den Begriff „Gemeinnützigkeit" in allgemeiner Hinsicht, in dem er die Anforderungen an den Gegenstand und die Durchführung 1 einer als gemeinnützig anzusehenden Förderung festlegt. Es ergeben sich folgende Kriterien: Förderung der Allgemeinheit (Rz 2ff), selbstlos (§ 55 Rz 2ff) und auf materiellem, geistigen oder sittlichen Gebiet (Rz 15ff). Das letzte Kriterium wird durch Abs 2 S 1 ausgefüllt; der seit VZ 2007 eine **grds abgeschlossene Aufzählung** einzelner gemeinnütziger Zwecke enthält, die das Ziel der Förderung konkreter beschreiben. Ferner legt Abs 2 fest, dass **weitere Zwecke** nur dann gemeinnützig sein können, wenn sie im Einzelfall von der FinVerw als solche anerkannt worden sind (Rz 50). Wie die Förderung der Zwecke iEinz durchzuführen ist – selbstlos, unmittelbar, ausschl und satzungsgebunden – ergibt sich aus den §§ 55ff.

2 **2. Förderung der Allgemeinheit.** Dies ist ein unbestimmter Rechtsbegriff, der durch § 52 I S 2 und 3 negativ abgegrenzt wird. Ergänzend sind die Regelungen in § 51 II, III zu beachten (§ 51 Rz 7ff). Im Gegensatz zur Förderung der Allgemeinheit steht die Förderung eines fest abgeschlossenen Personenkreises, S 2. Eine Förderung der Allgemeinheit ist damit eine **Förderung des Gemeinwohls.** „Allgemeinheit" ist nicht notwendig identisch mit der Gesamtheit der Bundesbürger oder deren Mehrheit, vgl aber § 51 II bei Zweckverwirklichung im Ausland. Nicht erforderlich ist, dass der Personenkreis, der durch eine gemeinnützige Einrichtung gefördert werden soll, selbst die „Allgemeinheit" darstellt, sondern es kommt darauf an, dass ihre Auswahl nicht aus einem Personenkreis getroffen wird, der nicht als „Allgemeinheit" angesehen werden kann. Vgl § 51 Rz 3, 3a. Der gemeinnützige Zweck kann auch zeitlich oder örtlich begrenzt sein.

Vom Grundsatz her scheidet eine Förderung der Allgemeinheit dort aus, wo sich Zweck und Zweckverwirklichung außerhalb der **verfassungsmäßigen Ordnung** bewegen und vom Wertesystem des Grundgesetzes abweichen (BFH/NV 05, 1741; FG Ddorf BeckRS 2015, 95469; § 51 Rz 11; zum Begriff der freiheitlich demokratischen Grundordnung BVerfG NJW 17, 611). Das stellt auch § 51 III klar für den besonders krassen Fall der Verfolgung extremistischer Ziele (§ 51 Rz 11). Dies ist an Hand der Satzung und der tatsächlichen Geschäftsführung festzustellen (BFH BStBl 98, 9, auch schon bei Ankündigung von gewaltfreiem Widerstand und Nichtbefolgung polizeilicher Anordnungen, BFH BStBl 85, 106). Gewaltfreier Widerstand, wie zB durch Sitzblockaden, verstößt noch nicht gegen die verfassungsmäßige Ordnung (AEAO zu § 52 Nr 16). Nach der Rspr ist eine traditionelle Freimaurerloge nicht gemeinnützig, weil sie nur auf die Förderung des Wohls von Männern gerichtet ist und Frauen davon ausschließt, obwohl sie in derselben Weise gefördert werden könnten (BFH BStBl 73, 430; BFH BStBl 18, 218, Verfassungsbeschwerde anhängig, Az: BVerfG 2 BvR 1966/17; FG Ddorf DStRE 16, 529; ähnlich *Bruschke* SteuK 16, 171; zur fehlenden Gemeinnützigkeit aus einem anderen Grund, s § 52 Rz 3). Richtig ist, dass ein Verein, der nach seiner Satzung den Grundrechtskatalog ablehnt (BFH/NV 05, 1741: Verfolgung rassistischer Ideen) und sich zB zum Ziel gesetzt hat, einzelne Grundrechte zu bekämpfen (zB Abschaffung des Privateigentums, der Pressefreiheit) nicht gemeinnützig sein kann. Soweit es um das Grundrecht der Gleichberechtigung von Mann und Frau geht, kommt es darauf an, ob dieses Grundrecht insgesamt in Abrede gestellt wird (zB Abschaffung des Frauenwahlrechts) und bekämpft wird (vgl BVerfG NJW 17, 611 LS 6 für das Ablehnen der freiheitlich demokratischen Grundordnung einer Partei) oder nicht. In Deutschland gibt es eine Vielzahl von Vereinen, deren Mitglieder nur Männer oder nur Frauen sind. Viele Frauenvereine setzen sich gerade für die Gleichberechtigung von Frauen im Leben ein. Wenn diese Vereine keine Männer als Mitglieder haben, kann man ihnen wohl kaum – obwohl sich auch Männer für mehr Rechte von Frauen einsetzen können – vorwerfen, sie agierten außerhalb der verfassungsmäßigen Ordnung, denn sie wollen gerade die allgemeinen Lebensumstände der Gleichbehandlung von Mann und Frau anpassen. Es ist auch sophistisch zu fordern, dass ein Männergesangsverein, in dessen Chor nur Männer singen, Frauen aufnehmen muss, um gemeinnützig zu sein, obwohl natürlich auch Frauen – wenn auch nur passiv – den Gesang von Männern zu schätzen wissen und fördern können. Nach dem vorher Gesagten sollte mE die Frage, ob ein Verein das Grundrecht des Art 3 GG achtet und sich innerhalb der verfassungsmäßigen Ordnung befindet, nicht schematisch davon abhängig gemacht werden, ob ein Verein sowohl Männer als auch Frauen aufnimmt (kritisch auch *Weidmann/Kohlhepp* DStR 16, 2673, 2675; *Wiemers* BB 17, 2152). Dazu kommt noch – wie auch der BFH ausführt (BFH/NV 17, 1220) –, dass durchaus ein sachlicher Grund vorliegen kann, der im Einzelfall eine Nicht-Gleichbehandlung rechtfertigt. IÜ bestätigt der Gesetzestext die hier vertretene Auffassung, denn der Katalog des § 52 II 1 Nr 25 führt zB das traditionelle Brauchtum ohne ausdrückliche Ausnahme als gemeinnützigen Zweck auf, obwohl dem Gesetzgeber bekannt war, dass zB Schützenbruderschaften Männervereine sind. Ähnliches gilt für die ausnahmslose Aufführung von Soldaten- und Reservistenbetreuung als gemeinnützig sowie die Förderung der Gleichberechtigung von Frauen und Männern in § 52 II 1 Nr 18. Davon abgesehen war dem Gesetzgeber von 1977 auch bekannt, dass es darüber hinaus viele Männer- oder Frauenvereine gab und es wurde offensichtlich akzeptiert, denn sonst hätte eine Ausnahmeregel geschaffen werden müssen. Abschließend bemerkt wäre es schon eigenartig, wenn zB ein Männergesangsverein nicht als gemeinnützig anerkannt werden würde, wohl aber ein Verein, der demokratiefeindliche Ideen vertritt (vgl BFH/NV 12, 1352).

Die Förderung der Allgemeinheit erfordert auch die **Beachtung der allgemeinen Rechtsordnung** (BFH BStBl 98, 9; 15, 713 betr Lohnsteuerverkürzung; FG Köln EFG 04, 664). Nicht gemeinnützig ist ein Zweck, der iErg darauf gerichtet ist, gegen ein gesetzliches Verbot zu verstoßen (FG Ddorf BeckRS 2002, 21012941 betr Verstoß gegen UrhSchG). Schon nach der allgemeinen Rechtsordnung können Vereine verboten werden, deren Tätigkeit zB durch die Begehung von Straftaten geprägt wird (OVG Bremen BeckRS 2014, 55454; OVG Schleswig BeckRS 2014, 52184; Rockerclub). Solche Vereine können keinesfalls gemeinnützig sein. Es sollten nicht die Augen davor verschlossen werden, dass ua auch sog gemeinnützige Organisationen zur Geldwäsche und zur Finanzierung von Straftaten eingesetzt werden können (*Roberts,* Terrorismusfinanzierung, Diss 2011; FG BBg DStRE 14, 840 betr Kapitalanlagemodell am grauen Kapitalmarkt), beides ist strafbar nach dem Geldwäschegesetz (in Kraft ab 1.1.2017).

Die Förderung des Gemeinwohls ist nicht identisch mit der Förderung öffentlicher Interessen (zB Kollision zwischen Umweltschutz und Verkehrsplanung einer Gemeinde). Bürgerinitiativen sind nicht per se gemeinnützig; es fehlt daran, wenn durch sie nur ein Sonderinteresse gefördert wird. Gegen das Gemeinwohl gerichtet ist auch eine Auswahl der Mitglieder nach Kriterien, die gegen das Diskriminierungsverbot des Art 3 GG verstoßen (FG Hbg EFG 05, 158: Beschränkung auf Menschen einer Glaubensgemeinschaft, oder einer bestimmten Rasse). Bei einer Zweckverwirklichung im Ausland ist zusätzlich das Ansehen der Bundesrepublik Deutschland im Ausland von Bedeutung, § 51 Rz 9.

Abs 1 Satz 2: Keine Förderung der Allgemeinheit liegt vor, wenn die 3
Förderung nur einem abgeschlossenen Kreis zugute kommt oder aufgrund einer allgemeinen Abgrenzung der Kreis der geförderten Personen dauernd nur klein sein kann. § 52 I 2 soll ausschließen, dass exklusive Kreise oder reine Sonderinteressen gefördert werden (BFH BStBl 79, 482; 97, 794; anders: Berufsverband). An einer Förderung der Allgemeinheit fehlt es, wenn in erster Linie die Interessenförderung einer Gruppe oder einzelner Personen angestrebt wird, zB bei Selbsthilfegruppen und Nachbarschaftshilfe (FG Mchn BeckRS 2016, 95701; *Hüttemann* Gemeinnützigkeits- und Spendenrecht, Rz 3.55, 3.59). Aus diesem Grund fördert mE auch eine Freimaurerloge, die strenge Anforderungen an die Auswahl ihrer Mitglieder stellt und nur diese Mitglieder – gleichgültig ob Männer oder auch Frauen – in besonderer Weise fördert (zum Sachverhalt s BFH/NV 17, 1220) nicht die Allgemeinheit (BFH BStBl 73, 430; s auch § 52 Rz 3a). Die im Gesetz auf-

gezählten Kriterien sind Beispiele, zB ist die Ausgrenzung durch finanzielle Kriterien nicht aufgeführt (§ 52 Rz 6).

3a **a) Fest abgeschlossener Kreis.** Beispielhaft zählt das Gesetz hier die Zugehörigkeit zu einer Familie oder zur Zugehörigkeit eines Unternehmens auf. Entscheidend ist die endgültige Begrenzung der Förderung auf bestimmte Personen. Nicht entscheidend ist hier, wie vielen Personen die Förderung zugute kommt. Nicht gemeinnützig ist daher ein Verein zur Unterstützung eines einzelnen Künstlers im Gegensatz zur Förderung der Kunst.

4 **b) Dauernd nur kleiner Kreis.** Ein solcher kann ebenfalls nicht gemeinnützig gefördert werden. Hier kommt es darauf an, ob aufgrund von Abgrenzungskriterien, die sich aus der Konkretisierung des Zwecks ergeben, der geförderte Personenkreis auf Dauer nur klein sein kann. Exklusive Kreise sollen nicht gefördert werden. Auch hier nennt das Gesetz mit der Erwähnung von räumlichen oder beruflichen Merkmalen nur Beispiele. Dieses Kriterium betrifft vor allem Vereine, deren Förderung ausschl den Mitgliedern zugute kommt. Gemeinnützigkeit ist hier nur möglich, wenn im Grundsatz jedermann freien Zutritt zur Körperschaft hat, sodass die Mitglieder einen Ausschnitt der Allgemeinheit darstellen (BFH BStBl 73, 430; 79, 482; 97, 794). Auch eine bewusste Abkapselung von der Allgemeinheit schließt die Gemeinnützigkeit aus (BFH BStBl 73, 430).

5 **aa) Räumliche oder berufliche Abgrenzungen.** Die Bewohner einer Region, die Auszubildenden einer Stadt stellen keinen „dauernd nur kleinen" Kreis dar. Nicht schädlich ist die Unterstützung einer Minderheit, wenn die Zugehörigkeit zur Minderheit nicht begrenzt ist (FG Bln EFG 85, 146). Gemeinnützig ist daher auch eine Stiftung zur Bekämpfung einer äußerst gefährlichen, aber seltenen Krankheit; die Förderung eines neuen Wissenschaftszweiges, der erst wenige Vertreter hat, aber von großer volkswirtschaftlicher Bedeutung ist; eine Stiftung, die von einer bestimmten, seltenen, aber schweren Kriegsverletzung betroffene Personen beruflich fördern soll (*Felix* FR 61, 236). Bei den großen Religionsgemeinschaften ist davon auszugehen, dass die Zahl der in Betracht kommenden Personen nicht nur klein sein kann (zur Gemeinnützigkeit eines Ordens, der nur ggü seinen Mitgliedern tätig wird BFH BStBl 79, 492). Nicht gemeinnützig ist die Förderung eines Rechtsstreits, weil dadurch nur ein Einzelinteresse gefördert wird.

6 **bb) Andere Beschränkungen.** Fördert eine Körperschaft in erster Linie nur eigene Mitglieder, so können **überhöhte Aufnahmegebühren und Mitgliedsbeiträge** dazu führen, dass nur ein dauerhaft kleiner Kreis von der Körperschaft gefördert wird (BFH BStBl 97, 794 – Golfclub; 82, 336 – Segelclub). Weitere satzungsmäßige Leistungen und fest erwartete, iErg nicht freiwillig geleistete sog Spenden sind in diesem Zusammenhang als verdeckte Mitgliedsbeiträge anzusehen. Für eine faktische Verpflichtung zum Spenden spricht, dass 75% der Mitglieder die in etwa erwartete Spende leisten. Die FinVerw hat als Richtschnur feste Zahlen vorgegeben (AEAO zu § 52 Nr 1.2, 1.3). Danach ist eine Förderung der Allgemeinheit noch anzunehmen, wenn Mitgliedsbeiträge und Umlagen je Mitglied und Jahr 1023 € nicht übersteigen und die Aufnahmegebühr für die im Jahr neu aufgenommenen Mitglieder im Durchschnitt nicht mehr als 1534 € beträgt (zu der sehr detaillierten Durchschnittsberechnung AEAO zu § 52 Nr 1.3). Spielgeldvorauszahlungen zählen zu den Aufnahmegebühren, Sonderumlagen und Zusatzentgelte (Platzbenutzungsentgelte) zu den Mitgliedsbeiträgen. Darlehen, die bei der Aufnahme gegeben werden, sind keine zusätzlichen Aufnahmegebühren, ein damit verbundener Zinsverzicht (im Verhältnis zum Kapitalmarkt) ist Mitgliedsbeitrag. Mit Ausnahme eines Agios ist kein Mitgliedsbeitrag darin zu sehen, dass ein Mitglied einen Anteil an einer Gesellschaft erwerben muss, die neben der gemeinnützigen Körperschaft Spielflächen errichtet und betreibt (Änderung der Rechtslage, AEAO zu § 52 Nr 1.3.1.6). Unschädlich ist es, wenn Sportvereine zusätzlich, jedoch höchstens alle 10 Jahre, eine durch Satzungsbestimmung und Mitgliederbe-

schluss geregelte **Investitionsumlage** oder ein Investitionsdarlehen von höchstens 5113 € (mit der Möglichkeit von Ratenzahlung bis zu 10 Jahren) je Mitglied für ein konkretes Investitionsvorhaben fordern (keine Durchschnittsberechnung, Zahlung ist keine Spende, AEAO zu § 52 Nr 1.2).

cc) Abgeschlossener Personenkreis. Eine zahlenmäßige Begrenzung der Mitglieder auf einen dauerhaft kleinen Kreis liegt noch nicht bei einem vorläufigen Mitgliederstopp vor, wenn dies dem geordneten Ablauf zB des Spielbetriebs dient. Restriktive Voraussetzungen für die **Aufnahme neuer Mitglieder** in einen Verein können die Förderung der Allgemeinheit ausschließen. Wird zB aufgrund der Satzung Einstimmigkeit des Entscheidungsgremiums bei Neuaufnahmen verlangt, kann dies, wenn die Praxis auch nach der Satzung verfährt, steuerschädlich sein (BFH BStBl 79, 482; FG Hbg EFG 98, 916). Die Rspr leitet allein aus der Regelung, dass Neuaufnahmen von zwei Mitgliedern zu befürworten sind, noch keine Nachteile für den Verein ab (BFH BStBl 97, 794). 7

3. Begriffe der Förderung. Sie setzt ein eigenes **Handeln** der Körperschaft voraus, das nicht nur durch die Organe, sondern auch durch Mitglieder zum Ausdruck kommen kann (zB Vorträge von Mitgliedern, vgl BFH BStBl 92, 62). Voraussetzung ist aber nicht erst die Vollendung der Förderung; es genügen uU auch schon vorbereitende Tätigkeiten („darauf gerichtet"; § 63 Rz 1). 10

Die Förderung darf sich nur auf die **Verwirklichung eines Zwecks** aus dem Beispielskatalog des Abs 2 S 1 beziehen oder auf die Verwirklichung eines gem Abs 2 S 2 genehmigten Zwecks. Eine Förderung der Allgemeinheit kann nicht allein deshalb nicht vorliegen, weil die Tätigkeit einer Körperschaft staatlichen Interessen (Planungen) widerstreitet. Insoweit ist es vielmehr ausreichend, aber auch erforderlich, dass sich die Körperschaft im Rahmen der verfassungsmäßigen Ordnung iSd Grundgesetzes, dh im Rahmen der allgemeinen Rechtsordnung, betätigt (BFH BStBl 98, 9). Förderung öffentlicher Interessen ist nicht mit der Verfolgung gemeinnütziger Zwecke gleichzusetzen. Daher sind kommunale Parkhäuser und die Unterhaltung kommunaler Versorgungs- und Verkehrsbetriebe nicht gemeinnützig, *anders* aber kommunale Badeanstalten (vgl auch § 55 Rz 3). Zur Gemeinnützigkeit von kommunalen Eigenbetrieben vgl § 55 Rz 3.

4. Förderung öffentlicher Zwecke (§ 52 I 3). Die **Förderung einer Körperschaft öffentlichen Rechts** durch Bereitstellung finanzieller Mittel führt nicht automatisch dazu, dass dadurch die Allgemeinheit in gemeinnütziger Weise gefördert wird. Nur wenn die Mittel dazu dienen, die Körperschaft bzw einen ihrer Betriebe gewerblicher Art (im Rahmen eines Zweckbetriebs) bei einer gemeinnützigen Tätigkeit zu unterstützen, wird ein gemeinnütziger Zweck gefördert (BFH BStBl 06, 198). Ergänzt wird diese Bestimmung durch § 58 Nr 1–4. 11

5. Katalog der gemeinnützigen Zwecke. § 52 II 1 ist seit VZ 2007 neu gefasst und hat im Wesentlichen die bis dahin im Spendenrecht des EStG genannten gemeinnützigen Zwecke folgerichtig in die AO übernommen. Angestrebt wurde eine Vereinheitlichung ohne inhaltliche Veränderung. In Abkehr zur vorherigen Rechtslage enthält § 51 II 1 einen umfangreichen Katalog der gemeinnützigen Zwecke. Die Formulierung in § 52 II 2 „sofern der … Zweck nicht unter Satz 1 fällt, … kann dieser Zweck für gemeinnützig erklärt werden", lässt nur den Schluss zu, dass der Katalog des S 1 abschließend ist und nicht im Wege der Analogie auf ähnliche Zwecke ohne weiteres ausgedehnt werden kann (BFH/NV 17, 926; glA *TK/Seer* § 52 Tz 18). Die einzige Ausnahme von der Exklusivität der Zwecke eröffnet Abs 2 Satz 2 (unten Rz 55). Verfolgt eine Körperschaft ein der Allgemeinheit dienendes Ziel und lässt sich dafür kein ausdrücklich genannter Katalogzweck finden, zB Förderung des Hospizwesens, so ist es möglich, die Einzeltätigkeiten einzelnen Katalogzwecken zuzuordnen (zB Bildung, Forschung, öffentliche Gesundheitspflege, mildtätige Zwecke) und in der Satzung mehrere Zwecke festzule- 15 gen. Nicht aufgeführt unter den Zwecken ist zB die Förderung des Einsatzes für nationale Minderheiten in Deutschland. Sie kann verstanden werden als Förderung von Kunst und Kultur, Förderung des traditionellen Brauchtums, der Heimatkunde und Heimatpflege (Beispiel nach AEAO zu § 52 Nr 2.4). Entsprechend ist die Satzung je nach den Umständen im Einzelfall zu gestalten. Eine Körperschaft ist iÜ nicht schon dadurch gemeinnützig, dass sie einen der in Abs 2 Satz 1 genannten Zwecke verwirklicht. Dazu kommen muss, dass auch die Voraussetzungen des § 52 I vorliegen (vgl Vorbehaltsklausel „unter den Voraussetzungen des Absatzes 1") sowie die besonderen Anforderungen des § 51 II, III und der §§ 55 ff (s auch § 60 betr Satzung).

16 **Förderung von Wissenschaft und Forschung (§ 52 II 1 Nr 1).** Kennzeichnend für Wissenschaft und Forschung ist methodisches Vorgehen zur Klärung grundsätzlicher Fragen oder konkreter Vorgänge nach streng objektiven Gesichtpunkten. Wissenschaftlich tätig ist, wer schöpferische oder forschende Arbeit leistet oder wer das aus der Forschung hervorgegangene Wissen und Erkennen auf konkrete Vorgänge anwendet (BFH BStBl 07, 628). Aufgrund der Methodik ist die wissenschaftliche Leistung im Einzelfall nachprüfbar und nachvollziehbar, also beweisbar (BFH BStBl 76, 464). Bei der Forschung wird zwischen Eigenforschung, die regelmäßig uneigennützig und daher gemeinnützig ist, sowie Auftragsforschung – gegen Entgelt und im Interesse des Auftraggebers, nicht der Allgemeinheit – unterschieden. Nicht entscheidend ist die Organisation, auch eine ausgegliederte Forschungsgesellschaft einer Universität kann gemeinnützig sein (*Strahl* DB 98, 761). Auftragsforschung bildet bei entsprechender Finanzierung gem § 68 Nr 9 einen Zweckbetrieb (vgl § 68 Rz 16). Ist die Auftragsforschung eigenständiger Zweck und greift § 68 Nr 9 nicht, so besteht wegen Verletzung des Ausschließlichkeitsgebots keine Gemeinnützigkeit (BFH BStBl 07, 631). Juristische Personen des öffentlichen Rechts begründen mit ihren Wissenschafts- und Forschungseinrichtungen einen Betrieb gewerblicher Art. Ist er nicht steuerbefreit, so ist aber dessen Auftragsforschung (dh Tätigkeiten, die mit der Auftragsforschung in Zusammenhang stehen) nach § 5 I Nr 23 KStG steuerbefreit (dazu OFD Mster FR 10, 915).

17 **Förderung der Religion (§ 52 II 1 Nr 2).** Religion bekennt sich zum Glauben an Gott oder eine Gottheit und ist nicht gleichbedeutend mit Weltanschauung (Art 4 GG, BFH BStBl 79, 492). Im Rahmen der Gemeinnützigkeit ist es nicht erforderlich, dass die gemeinnützige Körperschaft als öff-rechtl Körperschaft anerkannt ist. Gefördert werden gerade auch Religionsgesellschaften, die diesen Status nicht haben (zB evangelische Freikirchen, Ordensgemeinschaften). Es kann sich auch um die Förderung einer nicht christlichen Religion handeln (BFH BStBl 79, 492). Da Religion in vielfältiger Weise gefördert werden kann, muss der Satzungszweck „Förderung der Religion" in der Satzung hinreichend bestimmt sein, um der formellen Satzungsmäßigkeit (§ 60 Rz 1) iEinz zu genügen; nicht ausreichend ist die allgemeine Bezugnahme auf die „Lehre Jesu Christi", weil sich daraus kein begrifflich fest umrissenes Konzept entnehmen lässt (OFD Magdeburg DB 01, 1969, FG Nbg EFG 00, 1351). Nicht gemeinnützig sind sog Jugendreligionen, weil sich mit ihnen Merkmale wie Totalitätsanspruch, Anerkennung einer umstrittenen autoritären Führergestalt, Verfolgung fester Gruppenstrukturen und gruppenspezifischer Rituale verbinden (BFH/NV 92, 695; BFH/NV 05, 1741; FG Hess EFG 83, 196; FG Ddorf EFG 90, 2) oder der Verein der Scientology-Kirche, weil die von ihr verbreitete Weltanschauung in geschäftsmäßiger Form, also nicht selbstlos angeboten wird (FG Hbg EFG 85, 525). Nicht gemeinnützig ist ein Weltanschauungsverein, der rassistische Ideen fördert und die Gleichheit aller Menschen grds in Abrede stellt (BFH/NV 05, 1741). Abgrenzung von religiösen zu kirchlichen Zwecken s § 54 Rz 2. Die Islamforen fördern nicht die Religion, sondern die Volksbildung, da sie durch Kontakte das interkulturelle und interreligiöse Zusammenleben verbessern wollen (OFD Mster 24.1.2013, StEK 213/2013). Einer traditionellen Freimaurerloge wurde die Gemeinnützigkeit aberkannt, weil sie sich

von der Allgemeinheit abkapselt und diese nicht unmittelbar iSd § 57 fördert (BFH BStBl 73, 430) sowie nur das Wohl von Männern fördert, die bei ihr Mitglied sind und nicht für Frauen offen ist (BFH BStBl 18, 218, Verfassungsbeschwerde anhängig, Az: BVerfG 2 BvR 1966/17; FG Ddorf DStRE 16, 529; vgl § 52 Rz 2, 3).

Allgemeine Förderung des öffentlichen Gesundheitswesens und der öffentlichen Gesundheitspflege (§ 52 II 1 Nr 3). Zur Förderung des öffentlichen **Gesundheitswesens** gehören alle Tätigkeiten, die der Gesundheit der Bürger dienen, insbes die Verhinderung und Bekämpfung von akuten und übertragbaren Krankheiten (BFH BStBl 06, 198; 07, 628; 13, 603); dabei ist „übertragbare" Krankheit umfassender als „Seuche". Die Tätigkeiten müssen eine von der individuellen Hilfe ggü einem einzelnen Patienten losgelöste, auf das öffentliche Gesundheitswesen bezogene, übergreifende Funktion haben. Die Hilfe in individuellen Krankheitsfällen (medizinische Versorgung im Einzelfall/s § 53, auch im Notfall, Rettungsdienst und Krankentransport vgl § 52 II 1 Nr 11) gehört nicht in den Zweckbereich des § 52 II 1 Nr 3 (BFH BStBl 13, 603 mwN; BFH/NV 14, 984). 18

Die öffentliche **Gesundheitspflege** befasst sich mit der Gesundheitsvorsorge, insbes mit Verhütung und Bekämpfung von übertragbaren Krankheiten/Seuchen (auch durch Krankenhäuser iSd § 67, BFH BStBl 15, 123) und von Tierseuchen mit Blick auf die Erhaltung der Gesundheit bei Menschen. Dazu gehört zB auch ein Verein, der sich mit Erforschung und Lehrtätigkeit auf dem Gebiet der Akupunktur befasst; ebenso Förderung der Forschung und Lehre hinsichtlich von Heilmethoden außerhalb der Schulmedizin, nicht aber die Förderung esoterischer Heilslehren (zB Reiki-Verein). Raucherentwöhnung fällt in den Bereich der Gesundheitsvorsorge (BFH BStBl 15, 310). Gemeinnützig gem § 52 II 1 Nr 3 ist ein Verein zur Sicherstellung eines ärztlichen Bereitschaftsdienstes, seine wirtschaftliche Tätigkeit ist Zweckbetrieb (OFD Frankfurt v 16.6.2008, BB 08, 1720). Nicht gemeinnützig gem § 52 II 1 Nr 3 sind die Entwicklung eines Abrechnungssystems für Krankenhäuser (BFH BStBl 07, 628), das Erbringen von Laborleistungen durch ein eigenständiges/ausgegliedertes Labor (BFH BStBl 13, 603).

Jugend- und Altenhilfe (§ 52 II 1 Nr 4). Jugendhilfe ist der gesamte Bereich der Jugendpflege und Jugendfürsorge; auf die Organisationsform der Trägerschaft kommt es nicht an (vgl § 1 III SGB VIII, § 4 Nr 25 UStG). Zu den Jugendlichen zählen alle Personen bis vor Vollendung des 27. Lebensjahres (AEAO zu § 52 Nr 2.1). Bestimmte Einrichtungen für Kinder, Jugendliche und ältere Menschen können Zweckbetriebe sein, § 68 Nr 1. **Nachhilfe** kann im Rahmen der Förderung der Jugendhilfe gemeinnützig erteilt werden. Zum Begriff der **Altenhilfe** vgl § 71 II SGB XII. Danach soll Altenhilfe Schwierigkeiten, die durch das Alter entstehen, entgegenwirken und alten Menschen die Möglichkeit erhalten, am Leben der Gemeinschaft teilzunehmen. Zu den körperlich hilfebedürftigen Personen zählen alle, die das 75. Lebensjahr vollendet haben. Die Altenhilfe umfasst auch die Altenfürsorge (BR-Drs 418/99, 16). Auch hier müssen die übrigen Voraussetzungen des § 52 I vorliegen. Es ist eine Überschneidung mit mildtätigen Zwecken möglich. Nicht gemeinnützig sind idR Nachbarschaftshilfevereine, Tauschbörsen usw, die zwar Jugendlichen und älteren Menschen helfen, aber auf einer gegenseitigen Hilfeleistung basieren; sie sind nämlich typischerweise nicht selbstlos und unmittelbar tätig, weil der Helfende im Austausch für seine Hilfeleistung ebenfalls Hilfsdienste erwarten kann (OFD Frankfurt 3.1.2011, BeckVerw 256240). Soweit aber die Grundsätze der §§ 51 ff beachtet werden, sind Vereine zur Förderung der Jugend- und Altenhilfe möglich (AEAO zu § 52 Nr 5). Die OFD Frankfurt hat dafür Leitlinien und eine Mustersatzung entworfen (OFD Frankfurt 3.1.2011, BeckVerw 256240). 19

Kunst und Kultur (§ 52 II 1 Nr 5). Hierzu gehören Musik, Literatur, die darstellenden und bildenden Künste, einschl der Förderung von kulturellen Einrichtungen (Oper, Theater, Museen, Kunsthallen) und der kulturellen Veranstaltungen (zB Konzerte, Kunstausstellungen) sowie die Förderung der Pflege und Erhaltung von Kulturwerten. Darunter sind Gegenstände von künstlerischer und 20 sonstiger kultureller Bedeutung. Kunstsammlungen (zur ihrer steuerlichen Behandlung *Heuer/von Cube* DStR 17, 129; § 68 Rz 2), künstlerische Nachlässe, Bibliotheken, Archive und vergleichbare Einrichtungen zu verstehen. Der zentrale Begriff Kunst ist ein unbestimmter Rechtsbegriff. Es fehlt an einer allgemein anerkannten Definition. In Anlehnung an die Rspr des BVerfG (BVerfGE 30, 173) ist die künstlerische Betätigung zu verstehen als freie schöpferische Gestaltung, in der Eindrücke, Erfahrungen, Erlebnisse des Künstlers durch das Medium einer bestimmten Formensprache zu unmittelbarer Anschauung gebracht werden. Alle künstlerische Tätigkeit ist ein Ineinander von bewussten und unbewussten Vorgängen, die rational nicht aufzulösen sind, künstlerische Tätigkeit ist Ausdruck der individuellen Persönlichkeit des Künstlers, eine eigenschöpferische Leistung (bejahend für Musikunterricht auf gewissem Niveau durch Orchestermusiker BFH BStBl 84, 491; Vortragskünstler, der eine Figur verkörpert, auch im Karneval und keine Redeschablonen verwendet, FG Ddorf DStRE 04, 638; verneinend für Klavierstimmer BFH BStBl 90, 643; verneinend für Werbung durch Schauspieler BFH BStBl 92, 353; differenzierend für Holzschnitzer BFH BStBl 91, 889; ablehnend für Büttenredner BFH 87, 376 und für Magie und Zauberkunst BFH/NV 90, 146, bestätigt durch BVerfG HFR 90, 518; FG SchlHol EFG 96, 940; betr Kunst/Kunstgewerbe s *Kempermann* FR 92, 252). Kochkunst ist keine Kunst iSd § 52 II 1 Nr 5 (FG BaWü EFG 2017, 1, nrkr: BFH V B 153/16). Zur Selbstlosigkeit iVm einer Kunstsammlung vgl § 55 Rz 2. Die Förderung von Kunst und Kultur erfasst auch die sog Förderung kultureller Zwecke. Unter Kultur wird die Gesamtheit der geistigen und künstlerischen Ausdrucksformen eines Volkes verstanden (FG BaWü EFG 17, 1). Dazu gehört auch die Förderung und Erhaltung von Kulturwerten, zB von Kunstsammlungen, Archiven und Bibliotheken von allgemeinem Interesse. Mitgliedsbeiträge an Kunst- und Kulturfördervereine sind wie Spenden abzugsfähig, auch wenn die Mitglieder vom Verein Vergünstigungen erhalten (Jahresgaben, verbilligter Eintritt, § 10b I 7 EStG). Wegen kultureller Einrichtungen und Veranstaltungen vgl § 68 Nr 7; Vor §§ 51 ff Rz 6.

21 **Denkmalschutz-** und **Denkmalpflege (§ 52 II 1 Nr 6).** Sie umfasst die Erhaltung und Wiederherstellung von nach Landesrecht anerkannten Bau- und Bodendenkmälern, AEAO zu § 52 Tz 2.3 (Nachweis durch Bescheinigung). Denkmalpflege dient der dauernden Unterhaltung dieser Denkmäler. Das nach Auffassung der FinVerw notwendige Anerkenntnis nach Landesrecht kann sich nur auf inl Denkmäler beziehen. Aus dem Gesetz lässt sich eine Beschränkung des Denkmalschutzes und der Denkmalpflege auf inl Objekte nicht ablesen. In der Praxis empfiehlt sich eine Absprache mit dem FA, wenn ein Objekt im Ausland gefördert werden soll; ggf kann die Förderung auch einem anderen gemeinnützigen Zweck zugeordnet werden, zB der Förderung von Kunst und Kultur.

22 **Erziehung, Volks- und Berufsbildung einschl Studentenhilfe (§ 52 II 1 Nr 7).** Die Änderung der Zweckbeschreibung ggü der Rechtslage vor 2007 ist nur sprachlicher Natur. **Erziehung** ist eine planmäßige Tätigkeit zur umfassenden Entwicklung junger Menschen (ab dem Kleinkindalter) in körperlicher, geistiger und charakterlicher Hinsicht (BFH BStBl 97, 652; Hinweis auf § 3 Nr 11 EStG). **Bildung** betrifft neben der Allgemeinbildung auch Berufsausbildung, berufliche Weiterbildung und das Studium (FG Nds EFG 87, 339; FG SchlHol EFG 96, 940). Beispiele für Förderung der Bildung: Eltern- und Schulfördervereine sowie Vereine zur Betreuung von Schülern in der Schule vor und nach dem Unterricht; bei Letzteren sind Entgelte, auch in Form von Mitgliedsbeiträgen, die eine konkrete Betreuung abgelten, Einnahmen eines wirtschaftlichen Geschäftsbetriebs (OFD Ddorf DB 96, 2364). Auch Verkehrserziehung und -bildung werden von § 52 II 1 Nr 7 erfasst (OFD Frankfurt StEd 15, 142; zum Fahrsicherheitstraining § 65 Rz 5). Studentenwerke (zu Patenschaftsabonnements von Tageszeitungen OFD Frankfurt/M DB 10, 2533); Studentenverbindungen und Burschenschaften fallen nicht unter Nr 7, da sie in erster Linie der Freizeitgestaltung dienen. Sog Internet-Vereine

können mit der Förderung der Volksbildung im Umgang mit elektronischen Medien gemeinnützige Zwecke verfolgen, wenn ihr Ziel darüber hinausgeht, Zugang zum Internet zu verschaffen (AEAO zu § 52 Nr 3; zu Freifunkverein s § 52 Rz 50). Trägervereine Offener (Hörfunk-)Kanäle, die medienpädagogische Arbeit leisten (OFD Hannover DB 2002, 661). Volksbildung erfasst auch die politische Bildung, die auf der Grundlage einer rechtsstaatlichen Demokratie die politische Wahrnehmungsfähigkeit und das politische Verantwortungsbewusstsein fördert unter Verzicht auf unkritische Indoktrination oder parteipolitisch motivierte Einflussnahme (BFH BStBl 00, 200). Zur Gemeinnützigkeit der Förderung politischer Bildung in Abgrenzung zur Förderung politischer Parteien vgl Rz 48; FG Hess DStRE 17, 1128; *Weitemeyer/Kamp* DStR 16, 2623. Ersatzschulen sind gemeinnützig, Ergänzungsschulen können es sein, wenn mindestens 25% der Schüler ohne Rücksicht auf eine Sonderung und die Besitzverhältnisse der Eltern aufgenommen werden.

Naturschutz, Landschaftspflege, Umweltschutz, Küsten- und Hochwasserschutz (§ 52 II 1 Nr 8). Die Förderung des **Naturschutzes** und der **Landschaftspflege** muss ausdrücklich in Einklang mit den Naturschutzgesetzen des Bundes und der Länder stehen. Diese begrenzen ua das Gebiet, auf das sich die Förderung beziehen kann. Naturschutz und Landschaftspflege im Ausland unterfallen damit nicht § 52 II 1 Nr 8. Dem Naturschutz können auch Anglervereine (nichtgewerbliche Fischerei) dienen, Verkauf von Angelkarten an Mitglieder ist Zweckbetrieb, an Fremde wirtschaftlicher Geschäftsbetrieb (BMF DB 01, 2518). 23

Der **Umweltschutz** ist nicht räumlich gebunden und umfasst alle Maßnahmen, die darauf gerichtet sind, die natürlichen Lebensgrundlagen des Menschen zu sichern, den Naturhaushalt (Boden, Wasser, Luft, Klima, Pflanzen und Tiere) zu schützen und dort eingetretene Schäden zu beheben; ein Erfolg oder die Vollendung einer Maßnahme werden nicht verlangt, es reicht das Bemühen, sofern es sich um eine geeignete Maßnahme handelt, die ggf auch nur einen Zwischenschritt auf dem Weg zur Verbesserung der Umwelt darstellt (BFH DStR 17, 1754). Es reicht der Versuch der Einflussnahme auf die Willensbildung staatlicher Stellen, solange sich die Maßnahmen im Rahmen der verfassungsmäßigen Ordnung halten (BFH DStR 17, 1754 mwN). Bundes- und Landesgartenschau fördern Umwelt- und Landschaftsschutz (OFD Frankfurt/M DStZ 02, 578, BayLfSt DB 11, 503). Der Klimaschutz ist Teil des Umweltschutzes (BFH DStR 17, 1754). Zur Anerkennung der Gemeinnützigkeit bei **Umweltschutzorganisationen** BFH BStBl 89, 482; FG BaWü EFG 78, 189, DStZ B 78, 102. Umweltschutz als Satzungszweck umfasst seinem weiten Bereich entsprechend eine Vielzahl verschiedenartiger und vielgestaltiger Tätigkeiten. Dazu können auch satzungsmäßige Aktivitäten gegen die Vorbereitungen zum Bau einer Schnellbahntrasse der Deutschen Bundesbahn oder einer nuklearen Entsorgungsanlage gehören (BFH BStBl 79, 482; 85, 106; FG Nds EFG 81, 588). Bei Umweltschutzorganisationen ist besonders auf den Nachweis der Selbstlosigkeit zu achten. Hinterhofsanierung kann unter dem Gesichtspunkt des Umweltschutzes gemeinnützig sein, sofern die Maßnahmen tatsächlich der Allgemeinheit zu Gute kommen und nicht nur den betr Anliegern. Gemeinnützigkeit kann iÜ nur vorliegen, wenn die Körperschaft ihren Satzungszweck verfolgt, sich im Rahmen der verfassungsmäßigen Ordnung betätigt und parteipolitische Neutralität wahrt (BFH DStR 17, 1754; *Hüttemann* DB 15, 821). Der Versuch, Einfluss auf die Willensbildung des Staates bei der Gestaltung der Umwelt zu nehmen, ist noch mit der Förderung der Allgemeinheit in Einklang zu bringen, solange nicht überwiegend politische Ziele von Satzung und Geschäftsführung verfolgt werden (BFH BStBl 89, 391; BFH DStR 17, 1754; s auch § 55 I 3). Zum Verlust der Gemeinnützigkeit, wenn sich ein Verein nicht im Rahmen der verfassungsmäßigen Ordnung hält, s § 52 Rz 2. 24

Wohlfahrtswesen (§ 52 II 1 Nr 9). Förderung des **Wohlfahrtswesens** (vgl BFH BStBl 70, 190). Zum Begriff der Wohlfahrtspflege § 66 II (§ 66 Rz 2). Im Wohlfahrtswesen sind vor allem die amtlich anerkannten Verbände der freien 25

Wohlfahrtspflege und deren Unterverbände sowie die ihnen angeschlossenen Anstalten und Einrichtungen (§ 66 Rz 2) tätig. Wie die Formulierung in § 52 II 1 Nr 9 zeigt („insbesondere") ist die Förderung des Wohlfahrtswesens nicht auf die Tätigkeiten der amtlich anerkannten Verbände beschränkt. Zur Förderung der Wohlfahrtspflege kann auch die Hilfe in individuellen Krankheitsfällen gezählt werden, wenn sie sich im Rahmen des § 66 II hält (BFH BStBl 13, 603 mwN).

26 **Förderung der Hilfe für Verfolgte, Flüchtlinge usw (§ 52 II 1 Nr 10).** Es geht sowohl um die Hilfe für akut Verfolgte usw als auch um das Gedenken an Verfolgte, Opfer usw in historischer Zeit. Die Förderung des Andenkens an Verfolgte usw umfasst auch die Errichtung von Denkmälern und Ehrenmalen. § 65 Rz 9 zur Billigkeitsregelung bis VZ 2018 bei der Unterbringung von Bürgerkriegsflüchtlingen und Asylbewerbern. Zur USt bei Unterbringung von Bürgerkriegsflüchtlingen und Asylbewerbern OFD Frankfurt DStR 17, 157.

28 **Förderung der Rettung aus Lebensgefahr (§ 52 II 1 Nr 11).** Sie ist ein eigenständiger gemeinnütziger Zweck (vor VZ 2007 mildtätiger Zweck, ggf Teil der Förderung des Gesundheitswesens) Flugrettungsdienste sind daher grds gemeinnützig (FM BaWü 12.12.1988, DStR 89, 255; BFH/NV 14, 984), ebenso zB Rettung Ertrinkender und Schiffbrüchiger, Bergwacht. Vgl § 66 Rz 3 zum Zweckbetrieb bei Rettungsdienst und Krankentransport. Für Rettungssanitäter sind Einsatz- und Bereitschaftszeiten eine einheitliche Tätigkeit iSd § 3 Nr 26 EStG (vor §§ 51 ff Rz 15).

30 **Förderung von Feuer-, Arbeits-, Katastrophen- und Zivilschutz, Unfallverhütung (§ 52 II 1 Nr 12).** Es handelt sich vor allem um die Förderung von Präventivmaßnahmen, wie auch die Zuordnung der Unfallverhütung zu Nr 12 zeigt. Es besteht eine Nähe zur Gesundheitsvorsorge, jedoch bezogen auf eine durch Unglücke, Unfälle und höhere Gewalt ausgelöste Beeinträchtigung. Die Förderung der Verkehrssicherheit dient der Unfallverhütung. Der ADAC ist nicht gemeinnützig.

32 **Förderung Internationaler Gesinnung, Toleranz, Völkerverständigung (§ 52 II 1 Nr 13).** Diese Zweckbenennung tritt an Stelle des bisherigen Zwecks „Völkerverständigung" und ist aus Nr 10 Anlage 1 zu § 48 EStDV übernommen worden. Diesem Zweck dient auch die Förderung des friedlichen Zusammenlebens zwischen ausl Staaten, es muss sich nicht nur um die Vertiefung des Friedens zwischen Deutschland und anderen Staaten handeln. Außerdem ist er in der Friedensforschung Gegenstand der wissenschaftlichen Forschung (BFH BStBl 89, 391). Toleranz/Völkerverständigung umfasst das Akzeptieren der Eigenarten fremder Völker (Nationen) im Inland und umgekehrt (FG SchlHol EFG 98, 520). Sie wird zB durch Begegnung von Angehörigen verschiedener Völker, durch Wissensvermittlung über fremde Völker und die Idee des friedlichen Zusammenlebens verschiedener Nationen (dazu FG Brem EFG 99, 526), Kulturen und Religionen gefördert (zB Interkultureller Rat in Deutschland eV). Die Förderung des Gedankens der Völkerverständigung umfasst auch die Förderung des Friedens (BFH BStBl 89, 391; FG Hess DStRE 17, 1128). Zur Förderung steuerbegünstigter Zwecke im Ausland vgl allgemein § 51 Rz 7 ff, 9. Nicht gemeinnützig sind vorwiegend touristisch ausgerichtete Reisen ins Ausland. Dagegen dienen der Völkerverständigung zB die Betreuung ausl Besucher in Deutschland, die Förderung der Begegnungen zwischen Deutschen und Ausländern sowie die Förderung des Austauschs von Informationen über Deutschland und das Ausland. Die Förderung der **Kriegsgräber** zählt zu den gemeinnützigen Zwecken. Nicht dazu gehört die wirtschaftliche Förderung einer Grenzregion oder einer grenzübergreifenden Region (FG SchlHol EFG 98, 520).

33 **Förderung des Tierschutzes (§ 52 II 1 Nr 14)** muss in Einklang mit TierschutzG stehen und betrifft insbes die Lebensbedingungen von Tieren und deren Schutz vor artfremder Haltung und Quälerei. Ein Verein, der Tiere aus dem Ausland einführt, um sie im Inland zu verkaufen, unterhält einen wirtschaftlichen

Geschäftsbetrieb. Eine Geldleistung, die anlässlich der Ausstellung eines Tierpasses uä eingeworben wird, kann Gegenleistung oder Spende sein; schwanken die gezahlten Beträge sehr stark untereinander, spricht dieser Umstand für eine Spende (FG Hess EFG 06, 141).

Förderung der Entwicklungszusammenarbeit (§ 52 II 1 Nr 15) entspricht 34 dem früheren Zweck Entwicklungshilfe. Es ist ein neuer Begriff für dieselben Betätigungen. Es ist ein Zweck, der typischerweise auch im Ausland verwirklicht wird.

Förderung von Verbraucherberatung und -schutz (§ 52 II 1 Nr 16). Ge- 35 dacht ist an den Schutz der Verbraucher vor unseriösem, sittenwidrigem oder kriminellem Verhalten im Geschäftsleben (BR-Drs 418/99).

Förderung der Fürsorge für Strafgefangene, ehemalige Strafgefangene 36 (§ 52 II 1 Nr 17). Dieser Zweck ist aus Anl 1 Abschn A Nr 14 zu § 48 EStDV aF übernommen worden. Er umfasstinsbes den Schutz vor Rückfall und die Hilfe zur Wiedereingliederung von Strafgefangenen in die Gesellschaft. Es besteht eine Nähe zu Nr 20.

Förderung der Gleichberechtigung von Frauen und Männern **(§ 52 II 1 37 Nr 18)** wird als eigenständiger Zweck aufgeführt und erfasst den Schutzbereich des Art 3 GG. S auch § 51 Rz 11.

Förderung des Schutzes von Ehe und Familie (§ 52 II 1 Nr 19) wird als 38 eigenständiger Zweck genannt und erfasst den Schutzbereich von Art 6 GG.

Förderung der Kriminalprävention (§ 52 II 1 Nr 20), zB durch Präven- 39 tionsräte, die durch Öffentlichkeitsarbeit und Aufklärung Kriminalprävention betreiben wollen (OFD Hannover FR 98, 81).

Förderung des Sports (§ 52 II 1 Nr 21). Sport ist im Wesentlichen auf 40 „körperliche Ertüchtigung" gerichtet. Nicht vorausgesetzt wird aber, dass dies durch Leibesübungen erfolgt (BFH BStBl 98, 9; AEAO zu § 52 Nr 6; *Trzaskalik* StuW 96, 219). Die körperliche Ertüchtigung muss zumindest wie beim Pferdesport auch eine Rolle spielen. Erforderlich ist eine körperliche, über das ansonsten übliche Maß hinausgehende Aktivität, die durch äußerlich zu beobachtende Anstrengungen oder durch die einem persönlichen Können zurechenbare Kunstbewegung gekennzeichnet ist (BFH BStBl 98, 9; BFH/NV 00, 1071; 17, 926). Eine Betätigung wird nicht dadurch automatisch zu „Sport", weil Wettkämpfe/Wettbewerbe dazu ausgetragen werden (BFH/NV 00, 1071; FG BaWü EFG 2017, 1 betr Frage, ob Grillen als Sport anzusehen ist, s auch § 52 Rz 55). Zum Sport zählen zB Motorsport jeder Art (BFH BStBl 98, 9), Betreiben eines öffentlichen Schwimmbads (OFD Hannover DStZ 04, 844, gleichzeitig auch Förderung der Gesundheitspflege möglich); Flugsport (mit Flugschule als Zweckbetrieb, BFH/NV 14, 535; FG BBg BeckRS 2001, 21011206); Ballonfahren; Sportangeln; Billard, wenn es sportmäßig betrieben wird und die Pflege der Geselligkeit nicht im Vordergrund steht (OFD Ddorf DStZE 82, 194); Tischfußball galt lange Zeit nicht als Sport (BFH/NV 87, 705; OFD Frankfurt DStR 07, 2214). Die FinVerw führt Tischfußball nicht mehr unter den Nicht-Sportarten auf (AEAO zu § 52 Nr 6), nachdem in der Rspr Drehstangen-Tischfußball, der wettkampfmäßig betrieben wird, als Sport eingestuft wird (FG Hess BeckRS 2010, 26029518). Zum Sport gehört auch Sportschießen (BFH/NV 00, 1071; FG Mchn EFG 14, 1436). Paintball, auch wenn turniermäßig betrieben, ist schon deswegen kein Sport, weil die prägenden Merkmale – Schießen auf Menschen uä – eine körperliche Betätigung und die Förderung der Allgemeinheit überlagern (AEAO zu § 52 Nr 6; FG RhPf DStRE 15, 294). Nach Auffassung der FinVerw können auch Gotcha und IPSC-Schießen nicht zum gemeinnützigen Sport gezählt werden (AEAO zu § 52 Nr 6). Das IPSC-Schießen wird vom FG Nds als Sportschießen betrachtet, Rev BFH V R 48/16. Schach ist nur aufgrund gesetzlicher Fiktion als Sport anzusehen, die nicht auf andere Denksportarten ausgedehnt werden kann. Kein Sport sind zB (Aufzählung bei AEAO zu § 52 Nr 6) Bridge, Go, Tipp-Kick, Skat (BFH/NV 00, 1071), Kein Sport sind Tätigkeiten wie Grillen/Kochen, auch wenn sie wettkampfmäßig betrieben weerden, weil es an einer körperlichen Betätigung, die über das übliche Maß hinausgeht, fehlt (so FG BaWü EFG 17, 1, nrkr, Rev BFH V B 153/16). Dagegen soll Turnierbridge zwar nicht § 52 II 1 Nr 21 zuzuordnen sein, wohl aber nach § 52 II 2 außerhalb der Katalogzwecke als gemeinnützig anzuerkennen sein (so BFH/NV 17, 926; 17, 928; FG Köln EFG 14, 484, s § 52 Rz 55). Zu sportlichen Veranstaltungen § 67a.

Vergünstigungen für Sportvereine: §§ 58 Nr 9, 67a. Bei der USt: vgl vor §§ 51 ff Rz 10; § 4 Nr 22 UStG enthält eine Befreiung von der USt für Kurse, Vorträge usw sowie für Teilnehmergebühren von sportlichen Veranstaltungen (§ 67a). Aufgrund von Art 13 Teil A Abs 1 Buchstb m RL 77/388/EWG besteht USt-Freiheit für Dienstleistungen, die in engem Zusammenhang mit Sport oder Körperertüchtigung stehen und an Personen erbracht werden, die selbst Sport ausüben (BFH DStR 08, 1481). Darunter fallen zB entgeltliche Überlassungen von Sportanlagen und Sportgeräten. Außerdem kann eine USt-Befreiung gem § 4 Nr 25 UStG bestehen, soweit Sport iZm Jugendhilfe steht (zB anerkannte Jugendabteilung eines Sportvereins). Kein Spendenabzug für Mitgliedsbeiträge an Sportvereine gem § 10b I 8 Nr 1 EStG. Sporthilfefördervereine, die nur Sportler mit Geld und Sachleistungen unterstützen, müssen bestimmte Vorgaben einhalten, um als gemeinnützig angesehen zu werden; dazu OFD Frankfurt DB 97, 1692.

41 Sporthilfe-Fördervereine zur **Förderung des Leistungssports** erkennt die FinVerw nur unter engen Voraussetzungen als gemeinnützig an: Leistungsabhängige Richtlinien müssen bei der Vergabe von Mitteln beachtet werden, es dürfen nur solche Sportler unterstützt werden, die unter Berücksichtigung ihrer persönlichen und finanziellen Situation keine andere Finanzierungsmöglichkeit, zB Werbetätigkeit, haben (iEinz FM Thür 25.4.1996, DStR 96, 921).

Die Förderung **bezahlten Sports** ist nicht gemeinnützig, weil damit eigenwirtschaftliche Ziele verfolgt werden; sie kann aber neben der Förderung des nicht bezahlten Sports stehen (vgl §§ 58 Nr 9, 67a). Sofern die Förderung des bezahlten Sports neben dem gemeinnützigen Zweck die Gemeinnützigkeit nicht ausschließt, führt sie zu einem wirtschaftlichen Geschäftsbetrieb der steuerbegünstigten Körperschaft (BFH/NV 15, 1752).

42 **Förderung von Heimatpflege und Heimatkunde (§ 52 II 1 Nr 22).** Unter die Förderung der Heimatpflege (vor 2007: Förderung des Heimatgedankens) fallen zB Heimatverein; Freizeitwinzerverein, sofern er nicht die gewerbliche Tätigkeit seiner Mitglieder fördert und Winzerfeste nicht Satzungszweck sind (FM Sachs DStR 98, 1306). Nicht dazu gehört die Förderung des Fremdenverkehrs mit dem Ziel, die regionale Wirtschaft zu fördern (OFD Erfurt 26.2.1996, DStR 96, 1246; vgl auch FG SchlHol EFG 98, 520). Die Förderung des Einsatzes für nationale Minderheiten, vorgezeichnet durch das Rahmenübereinkommen zum Schutz nationaler Minderheiten sowie die Charta der Regional- und Minderheitensprachen (Sorbisch, Dänisch, Friesisch, Romanes), kann je nach Betätigung auch der Förderung von Kunst und Kultur zugeordnet werden. Kein Spendenabzug für Mitgliedsbeiträge gem § 10b I 8 Nr 3 EStG.

43 **Förderung von Tier- und Pflanzenzucht, Kleingärtnerei (§ 52 II 1 Nr 23).** Erfasst wird auch die Förderung der Erhaltung vom Aussterben bedrohter Nutzpflanzen- und Nutztierarten. **Tierzucht** wird auch betrieben durch Pferdevereine. Deren Pferderennen sind allerdings wirtschaftliche Geschäftsbetriebe, die mit dem Betrieb eines Totalisators einen einheitlichen wirtschaftlichen Geschäftsbetrieb bilden können (BFH BStBl 11, 475 in Abkehr von BFH BStBl 05, 305, ebenso BMF BStBl I 11, 539 mit Übergangsregelung bis zum 31.12.2011 insbes für Vereine, die schon am 27.5.2009 als gemeinnützig anerkannt waren), Förderung der Aquarien- und Terrarienkunde. Bei der Förderung der Tierzucht ist das Gebot der Selbstlosigkeit besonders zu beachten. Nicht gemeinnützig ist gewerbliche Tier- und Pflanzenzucht (BFH DStRE 08, 522; BFH BStBl 11, 475). **Pflanzenzucht** kann durch Obst- und Gartenbauvereine gefördert werden. Bonsaikunst

zählt zur Pflanzenzucht. Freizeitwinzervereine müssen hinsichtlich der Selbstlosigkeit und Ausschließlichkeit besonders geprüft werden, Festveranstaltungen (Winzer-, Maifest) dürfen nicht im Vordergrund stehen.

Förderung des traditionellen Brauchtums einschl Karneval/Fasching/ Fastnacht (§ 52 II 1 Nr 23). Die Förderung des traditionellen, also geschichtlich überlieferten **Brauchtums** überschneidet sich zum Teil mit der Heimatpflege und ist ihr wesensverwandt. Es geht um Erhalt und Pflege landsmannschaftlicher und kultureller Werte, wie sie in überlieferten Bräuchen und Riten, ggf auch in traditionellen Volksfesten und Spielen zum Ausdruck kommen (BFH/NV 00, 1071). Das traditionelle Brauchtum wird zB gefördert durch Heimatvereine, Trachtenvereine, Junggesellen- und Burschenvereine, Maiclubs (Aufstellung eines traditionellen Maibaums), Freizeitwinzervereine (vgl aber § 52 Rz 2), historische Schützenbruderschaften. Die Regelung in § 52 II 1 Nr 23 erfasst nicht nur das heimatbezogene Brauchtum, sondern allgemein traditionelles Brauchtum. Ausdrücklich vom Gesetz erwähnt ist der Karneval (gleichbedeutend: Fasching, Fastnacht, etwa alemannische Volksfastnacht). Bei allen Brauchtumsvereinen, auch bei der Förderung des Karnevals, ist jedoch zu unterscheiden, ob vordergründig die Geselligkeit (nicht gemeinnützig, § 58, FG RhPf EFG 10, 1552; BFH/NV 11, 660; BFH/NV 17, 510 = DStRE 17, 308 m Anm *Heuermann*) oder im Wesentlichen das traditionelle Brauchtum gefördert wird. Letzteres muss **eindeutig im Vordergrund** stehen (s § 58 Nr 7). Überwiegend der Geselligkeit dienen Country- und Westernvereine (OFD Hannover DB 98, 1062); reine Kirmesvereine (OFD Koblenz DB 90, 1641, anders, wenn es nur um eine bloße Namensweiterführung aus Tradition handelt) Bei Karnevalsvereinen sind die Karnevalssitzungen, Umzüge einschl Verkauf von Plaketten/Festabzeichen Zweckbetriebe. Dagegen sind Maskenbälle, Tanzveranstaltungen sowie der Verkauf von Speisen und Getränken stpfl wirtschaftliche Geschäftsbetriebe (näher OFD Frankfurt 7.8.1991, DB 91, 2315; *Joisten/Vossel* FR 13, 57; BFH/NV 17, 510 = DStRE 17, 308 m Anm *Heuermann* gegen FG Köln BeckRS 2015, 95691, *Unger* DStRK 17, 98), ebenso der Verkauf von Karnevalsorden im Unterschied zu deren unentgeltlicher Verleihung (FG Köln DStRE 13, 236). **Schützenvereine,** die vornehmlich der traditionellen Brauchtumspflege dienen, werden vom Förderungszweck erfasst. Schützenvereine, die nach ihrer Satzung neben dem Sportschießen als Hauptzweck auch das Schützenbrauchtum fördern, sind allein wegen Förderung des Sports als gemeinnützig anzuerkennen (FM Nds 28.3.2000, DStR 00, 1093). **Oldtimervereine** fördern nicht das Brauchtum, ebenso Vereine, die vorwiegend örtliche Volksfeste veranstalten (Schützenfest, Kirmes). 44

Förderung von Soldaten- und Reservistenbetreuung (§ 52 II 1 Nr 23). Soldaten- und Reservistenbetreuung wird als gemeinnütziger Zweck anerkannt. Das bedeutet **nicht,** dass damit **Traditionsvereine** oder -verbände ehemaliger Reichswehreinheiten oder gar der SS wie die HIAG erfasst werden. Ihre Gemeinnützigkeit scheitert schon daran, dass sie nur bestimmte ehemalige Soldatengruppen und daher im Grundsatz einen abgeschlossenen Kreis betreffen. Sie dienen nicht der Allgemeinheit. Auch im Rahmen des § 52 II 1 Nr 23 gilt § 58 Nr 8, nach dem die Pflege der Geselligkeit nur von untergeordneter Bedeutung sein darf. Soldaten und Reservistenvereine, die vornehmlich der Kameradschaftspflege durch Zusammenkünfte dienen, bei denen Geselligkeit und die Unterhaltung der Teilnehmer im Vordergrund stehen, sind daher nicht gemeinnützig. Nur wenn sie aktive und ehemalige Wehrdienstleistende, Zeit- und Berufssoldaten betreuen, zB über mit dem Soldatsein zusammenhängende Fragen beraten, Möglichkeiten zu sinnvoller Freizeitgestaltung bieten oder beim Übergang in das Zivilleben helfen, sind sie gemeinnützig (AEAO zu § 52 Nr 13). 45

Förderung von Amateurfunk, Modellflug, Hundesport, Förderung des Amateurfunkens (§ 52 II 1 Nr 23). Amateurfunkvereine sind nicht nur dann gemeinnützig, wenn sie sich nach ihrer Satzung und tatsächlichen Geschäftsfüh- 46 rung auf Hilfsmaßnahmen bei Unfällen beschränken, sondern auch, wenn sie den Funkverkehr zum Zeitvertreib und zur gegenseitigen Unterhaltung der Teilnehmer betreiben oder begünstigen. Wegen der Vergleichbarkeit mit dem Amateurfunken wurde auch das CB-Funken als gemeinnützig anerkannt (FM Bayern 6.11.1996, DB 96, 2415); diese Ausweitung ist jetzt fragwürdig, s unten. Aufgrund positiver Regelung im Gesetz sind auch reine **Modellflugvereine** gemeinnützig. Für die Gemeinnützigkeit eines Flugsportvereins ist es unschädlich, wenn er eine Modellflugabteilung unterhält. Zur Förderung des Modellflugs zählt auch die Förderung des Modellbaues und des Modellflugsports (BFH BStBl 95, 499). Nachdem der Katalog der steuerbegünstigten Zwecke ausdrücklich als abgeschlossen bezeichnet wird, ist es wohl nicht mehr möglich, auch den Schiffs-, Automodellbau- und -sport, den Drachenflug mit Modellen oder den Eisenbahnmodellbau als gemeinnützigen Zweck zu bezeichnen (anders aber wegen Identität noch AEAO zu § 52 Nr 9 gem BFH/NV 95, 1045). Diese Zwecke müssten von der FinVerw eigens als gemeinnützig anerkannt werden (Rz 50). **Hundesport** liegt bei einer sportähnlichen Betätigung vor, die sich eine Leistungsverbesserung von Hunden mit Blick auf Wettkämpfe zum Ziel gesetzt hat. Bloße Hundeausbildung zB für Wach- oder Jagdzwecke reicht nicht aus. Kein Spendenabzug für Mitgliedsbeiträge an steuerbegünstigte Körperschaften iSd § 52 II Nr 23 gem § 10b I 8 Nr 4 EStG.

48 **Allgemeine Förderung des demokratischen Staatswesens (§ 52 II 1 Nr 24).** Diese Förderung ist nach dem Wortlaut des Gesetzes auf den Geltungsbereich der AO begrenzt, bezieht sich zB nicht auf die Förderung im Ausland (kritisch dazu *Weitemeyer/Kamp* DStR 16, 2623). Sie ist nur gegeben, wenn sich eine Körperschaft umfassend mit den demokratischen Grundprinzipien befasst und diese objektiv und neutral würdigt (BFH BStBl 00, 200). Die Inhalte des demokratischen Staatswesens sind aus dem Grundgesetz abzuleiten (FG Hess DStRE 17, 1128). Gemeinnützige Körperschaften dürfen sich allerdings zur Erfüllung ihres Zwecks gelegentlich zur Tagespolitik äußern, sofern die Tagespolitik nicht Mittelpunkt ihrer Tätigkeit ist und dies der Vermittlung der Ziele der Körperschaft dient (BFH BStBl 84, 844; FG Köln EFG 96, 1091, rkr; FG Hess DStRE 17, 1128). Die Förderung der allgemeinen (neutralen) politischen Bildung lässt sich der gemeinnützigen Volksbildung (Nr 7) zuordnen, nicht aber die unkritische Indoktrination oder eine parteipolitisch motivierte Einflussnahme (BFH BStBl 00, 200; zur Abgrenzung auch BFH DStR 17, 1754). Nicht gemeinnützig sind Betätigungen, die nur bestimmte Einzelinteressen staatsbürgerlicher Art verfolgen oder sich auf den kommunalpolitischen Bereich beschränken. Die Förderung extremistischen Gedankenguts ist nicht gemeinnützig (§ 51 III). Die Förderung **politischer Zwecke** (Beeinflussung der politischen Meinungsbildung, Förderung politischer Parteien udgl) ist kein gemeinnütziger Zweck, auch dann nicht, wenn der politische Zweck durch Förderung der Jugendpflege verwirklicht werden soll (§ 55 I Nr 1 S 3; BFH/NV 91, 485; BFH BStBl 00, 200; FG Hess DStRE 17, 1128). Für die Gemeinnützigkeit unschädlich ist es, wenn die Körperschaft im Interesse ihrer zweifelsfrei gemeinnützigen Zwecke hin und wieder auch in einer politischen Auseinandersetzung Stellung bezieht (BFH BStBl 89, 391; BFH/NV 11, 1113; BFH DStR 17, 1754; AEAO zu § 52 Nr 15). Als schädlich ist dagegen die finanzielle oder ideelle Unterstützung einer Partei anzusehen (vgl § 55 I Nr 1). Politische Meinungsbildung und politische Strategien zur Durchsetzung politischer Ziele fallen in den Aufgabenbereich der politischen Parteien und können daher – abgesehen von den dargestellten Ausnahmen im Rahmen der konkreten Zweckverfolgung – nicht gemeinnützig sein. Vgl zu diesem Thema BFH DStR 17, 1754; *Weitemeyer/Kamp* ZRP 15, 72; *Hüttemann* DB 15, 821).

49 **Förderung des bürgerschaftlichen Engagements (§ 52 II 1 Nr 25)** ist seit 2007 im Bereich des StRechts eine sprachliche Neuschöpfung. Dazu heißt es in der Regierungsbegründung: „Die Anerkennung der Förderung des bürgerschaftlichen Engagements unter der Voraussetzung, dass es sich auf die Förderung steuer-

begünstigter Zwecke iSd AO beschränkt, dient der Hervorhebung der Bedeutung, die ehrenamtlicher Einsatz für unsere Gesellschaft hat. Eine Erweiterung der vorstehenden gemeinnützigen Zwecke ist damit nicht verbunden." Vgl. dazu § 4 Rz 27, 28! Eine inhaltslose Regelung oder Werbung für ehrenamtliches Engagement ist im Gesetz fehl am Platze. Im Schrifttum wird § 52 II 1 Nr 25 ein Regelungsinhalt wegen der inhaltslosen Formulierung abgesprochen (*TK/Seer* § 52 Tz 69). Eine **Freiwilligenagentur/Ehrenamtsbörse** zur Ausbildung von ehrenamtlich Tätigen zwecks Weitervermittlung an gemeinnützige Vereine lässt sich der Förderung der Bildung zuordnen und kann Zweckbetrieb sein (BMF DStR 03, 1660). Diese aus der Zeit vor 2007 getroffene Verwaltungsentscheidung zeigt, dass sich durchaus Aktivitäten zur Förderung des bürgerschaftlichen Engagements finden lassen, die Regelung jedoch nicht unbedingt notwendig ist. Zur ehrenamtlichen Tätigkeit s BFH/NV 12, 1831.

Freifunk, also die Förderung eines kostenlosen und freien Kommunikationsnetzwerks, sollte aufgrund einer Gesetzesinitiative als eigenständiger gemeinnütziger Zweck anerkannt werden (BR-Drs 107/17). Das Gesetzgebungsverfahren ist bis September 2017 nicht abgeschlossen worden. Nach Anweisung der FinVerw sollen offene Fälle, die Freifunkvereine betreffen, vorerst nicht weiter bearbeitet werden (LfSt Bayern 30.3.2017, DStR 17, 1706). Bisher werden Freifunkvereine nicht als gemeinnützig angesehen (AEAO zu § 52 Nr 3). 50

6. Zwecke außerhalb des Katalogs. Vor 2007 gab es keinen abgeschlossenen Katalog der gemeinnützigen Zwecke. Zum Ausgleich ist eine Öffnungsklausel für weitere gemeinnützige Zwecke geschaffen worden. Diese können aufgrund der Öffnungsklausel des § 52 II 2 neben den Katalogzwecken gemeinnützig sein; denn die Auffassung darüber, was als gemeinnützig anerkannt werden kann, ist Wandlungen unterworfen (BFH BStBl 74, 83; vgl § 52 Rz 1). Wie die Katalogzwecke müssen die gem § 52 II 2 und 3 genehmigten Zwecke die Allgemeinheit auf materiellem, geistigem oder sittlichem Gebiet fördern und die übrigen Kriterien des § 52 I erfüllen. Nach Auffassung der FinVerw ist die Öffnungsklausel nicht dazu geschaffen, Zwecke, die bei der Änderung des § 52 im Jahr 2007 schon bekannt waren und nicht in den Katalog des § 52 II 1 aufgenommen wurden, nachträglich als gemeinnützig anzuerkennen (OFD Koblenz DB 10, 756); dafür fehlt jedoch ein Anhaltspunkt im Gesetz. Beim BFH war ein Verfahren anhängig, in dem darüber zu entscheiden war, ob Turnierbridge als gemeinnütziger Zweck im Verfahren nach § 52 II 2 anzuerkennen ist (so BFH/NV 17, 926; 17, 928; FG Köln EFG 14, 484). Zum Verfahren vgl § 52 Rz 56. **Keine Aussicht auf Genehmigung** haben Zwecke, die auf eine reine Förderung von **Freizeitaktivitäten** gerichtet sind, mögen sie auch noch so sinnvoll sein (FG BaWü EFG 2017, 1 betr Förderung des Grillsports/Kochens). Es gibt jedoch die Möglichkeit, dass eine Freizeitaktivität einem gemeinnützigen Zweck zugeordnet werden kann, zB der Strafprävention, der Volksbildung, Jugendpflege oder der Förderung von Kunst und Kultur; es geht dann nur um eine Subsumtion unter einen Katalogzweck, ein Fall des § 52 II 2 liegt nicht vor (vgl FG Hess DStRE 17, 1128). Im Verfahren gem § 60a oder im Verfahren zur Veranlagung zur KSt ist zu entscheiden, ob sich ein Satzungszweck einem Katalogzweck zuordnen lässt oder ob es sich um einen Zweck außerhalb des Katalogs handelt, der durch die jeweils zuständige Landesfinanzbehörde für gemeinnützig erklärt werden könnte. 55

Verfahren bei Öffnungsklausel: Ein Gericht kann nicht von sich aus einen Zweck außerhalb des Katalogs des § 51 II für gemeinnützig erklären. Gem § 52 II 3 steht die Befugnis, einen Nicht-Katalogzweck für gemeinnützig zu erklären, einer Landesbehörde zu, die auf Länderebene von einer obersten Finanzbehörde (§ 2 I Nr 1 FVG) zu bestimmen ist (zweifelnd, ob dazu eine Landes- statt einer Bundesfinanzbehörde ermächtigt sein darf *Kirchhain/Schauhoff* DStR 07, 1985; *TK/Seer* § 52 Rz 71 bzw ob diese Entscheidung überhaupt einer Behörde übertra- 56 gen werden darf *Nacke* DStZ 08, 445, 451). In BaWü ist das Ministerium der Finanzen, in RhPf ist das Landesfinanzministerium zuständig. In RhPf lehnt das FA den Antrag im Wege der Veranlagung zur KSt ab, wenn zweifelsfrei kein gemeinnütziger Zweck vorliegt. In den übrigen Fällen ist die Entscheidung des Landesfinanzministeriums einzuholen (OFD Koblenz DB 10, 756). Ist die Entscheidung in einem Land keiner speziellen Behörde übertragen worden, so ist nach der Rspr das Landesfinanzministerium zuständig.

Abgesehen davon, dass die obersten Finanzbehörden der Länder jeweils eine Finanzbehörde bestimmen sollen, die dafür zuständig ist, einen Zweck außerhalb des Katalogs für gemeinnützig zu erklären, ist das Verfahren in § 52 II 2 und 3 nicht iEinz geregelt. Ohne dass es aus dem Gesetzestext ganz genau hervorgeht, ist ihm zu entnehmen, dass dem Gesetzgeber auch eine Abstimmung der Länder untereinander über die Anerkennung eines neuen gemeinnützigen Zwecks vorschwebte. Eine solche Absprache ist zwischen den Bundesländern vereinbart (AEAO zu § 52 Tz 2.6; OFD Koblenz DB 10, 756: einheitliche Entscheidung von Bund und Ländern). Die Regelung des § 52 II 3 ist problematisch, weil die Öffnung für einen weiteren Zweck wohl bundesweit gelten soll, die AO aber in die Zuständigkeit der Bundesgesetzgebung fällt und ein Bundesland grds eine Regelung nur für sein eigenes Landesgebiet treffen kann (so schon *TK/Seer* § 52 Rz 71).

Die Entscheidung gem § 52 II 2 liegt nicht im Ermessen der Behörde (FG Köln EFG 14, 484; *TK/Seer* § 52 Rz 72; *HHSp/Musil* § 52 Rz 257; *Hüttemann* DB 07, 2053; *Hüttemann* Gemeinnützigkeits- und Spendenrecht Rz 3.151; *Kirchhain/Schauhoff* DStR 07, 1985). Nicht entschieden ist, ob die Entscheidung der jeweils zuständigen Landesbehörde ein VA, also eine Entscheidung mit unmittelbarer Außenwirkung ist und als solche eigenständig angefochten werden kann oder ob der Stpfl nur die endgültige Entscheidung des FA anfechten kann (so OFD Koblenz DB 10, 756; *Kirchhain/Schauhoff* DStR 07, 1985, 1990): die Überprüfung der Entscheidung der Landesbehörde erfolgt dann inzident).

Im Schrifttum wird die Auffassung vertreten, die Öffnungsklausel verlange einen mehrstufigen Verwaltungsakt, der aus vier Stufen bestehe: (1) Verfahren vor dem FA, Einschaltung der nach § 52 II 3 zuständigen Landesbehörde, falls Gemeinnützigkeit anzunehmen ist, (2) Entscheidung dieser Landesbehörde nach Abstimmung mit den übrigen Ländern, (3) Mitteilung des Ergebnisses an den Stpfl, (4) VA des FA (so *HHSp/Musil* § 52 Rz 258). Nach einer Variante teilt die Landesbehörde auf Stufe 3 das Ergebnis dem zuständigen FA mit, dass dann auf Stufe 4 entscheidet; die Entscheidung der Landesfinanzbehörde hat aber Außenwirkung (mehrstufiger VA, so *TK/Seer* § 52 Rz 72, 73). Im Ergebnis ist jedenfalls die Entscheidung der Landesfinanzbehörde gerichtlich überprüfbar. Offen ist bei dieser Variante, was zu tun ist, wenn die Mehrheit der Länder den Zweck nicht für gemeinnützig hält, aber ein Gericht die Behörde zur Anerkennung verpflichtet hat.

Das FG Köln sieht in dem Verfahren nach § 52 II 2, 3 ein eigenständiges, in vollem Umfang gerichtlich überprüfbares Verwaltungsverfahren; lehnt die Landesbehörde die Anerkennung des neuen Zwecks ab, so kann die Entscheidung der Landesbehörde im Wege einer Verpflichtungsklage überprüft werden und ggf durch eine positive Entscheidung des Gerichts ersetzt werden (FG Köln EFG 14, 484). Nach Abschluss der Klage auf der Grundlage des § 51 II 2 über die Gemeinnützigkeit wird dann über die Klage gegen das FA entschieden. Bei einer Klage gegen die Festsetzung von KSt muss zunächst der Ausgang der Verpflichtungsklage abgewartet werden (FG Köln EFG 14, 484). Bei dieser Variante hat die Entscheidung der Landesfinanzbehörde eigene Bedeutung, allerdings hat letztlich die Abstimmung zwischen Bund und Ländern kein Gewicht. Für die Körperschaft ungünstig ist, dass zwei Klageanträge gestellt werden müssen: Die Klage gegen den KSt-Bescheid ist eine Anfechtungsklage, kombiniert mit einer Leistungsklage in Bezug auf die Anerkennung des Satzungszwecks als gemeinnützig über den Katalog des § 52 II 1 hinaus.

Die Regelung in § 52 II 3 ist mE schon deswegen problematisch, weil die Entscheidung über Bundesrecht einer Landesfinanzbehörde übertragen wird und außerdem das förmliche Gesetzgebungsverfahren umgangen wird (*Kirchhain/Schauhoff* DStR 07, 1985, 1990; ähnlich *Hüttemann* Gemeinnützigkeits- und Spendenrecht Rz 3.23). Dazu kommt, dass deren Entscheidung rechtl nicht überprüfbar ist, wenn sie nicht angefochten werden kann, sondern hingenommen werden muss, weil das FA als nachgeordnete Behörde an die Entscheidung gebunden ist. Dass letztlich die Rspr darüber entscheidet, ob über die Öffnungsklausel ein weiterer Zweck als gemeinnützig anerkannt werden muss, also über den Einzelfall hinausgehend, dürfte dem Gesetzgeber wahrscheinlich nicht vorgeschwebt haben. Er hätte dann auf die Regelung in § 52 II 3 verzichten und die Entscheidung gleich der Rspr überlassen sollen. Wie die Entscheidung des Parlaments bei der Diskussion um die Gemeinnützigkeit von Freifunk zeigt, möchte sich der Gesetzgeber jedoch sehr wohl vorbehalten, über den Umfang der Gemeinnützigkeit selbst zu entscheiden. Die Regelung in § 52 II 2, 3 ist bestenfalls als unglücklich zu beschreiben und sollte geändert werden.

§ 53 Mildtätige Zwecke

Eine Körperschaft verfolgt mildtätige Zwecke, wenn ihre Tätigkeit darauf gerichtet ist, Personen selbstlos zu unterstützen,

1. **die infolge ihres körperlichen, geistigen oder seelischen Zustands auf die Hilfe anderer angewiesen sind oder**
2. **deren Bezüge nicht höher sind als das Vierfache des Regelsatzes der Sozialhilfe im Sinne des § 28 des Zwölften Buches Sozialgesetzbuch; beim Alleinstehenden oder Alleinerziehenden tritt an die Stelle des Vierfachen das Fünffache des Regelsatzes. [2] Dies gilt nicht für Personen, deren Vermögen zur nachhaltigen Verbesserung ihres Unterhalts ausreicht und denen zugemutet werden kann, es dafür zu verwenden. [3] Bei Personen, deren wirtschaftliche Lage aus besonderen Gründen zu einer Notlage geworden ist, dürfen die Bezüge oder das Vermögen die genannten Grenzen übersteigen. [4] Bezüge im Sinne dieser Vorschrift sind**
   a) **Einkünfte im Sinne des § 2 Abs. 1 des Einkommensteuergesetzes und**
   b) **andere zur Bestreitung des Unterhalts bestimmte oder geeignete Bezüge,**

   aller Haushaltsangehörigen. [5] Zu berücksichtigen sind auch gezahlte und empfangene Unterhaltsleistungen. [6] Die wirtschaftliche Hilfebedürftigkeit im vorstehenden Sinne ist bei Empfängern von Leistungen nach dem Zweiten oder Zwölften Buch Sozialgesetzbuch, des Wohngeldgesetzes, bei Empfängern von Leistungen nach § 27a des Bundesversorgungsgesetzes oder nach § 6a des Bundeskindergeldgesetzes als nachgewiesen anzusehen. [7] Die Körperschaft kann den Nachweis mit Hilfe des jeweiligen Leistungsbescheids, der für den Unterstützungszeitraum maßgeblich ist, oder mit Hilfe der Bestätigung des Sozialleistungsträgers führen. [8] Auf Antrag der Körperschaft kann auf einen Nachweis der wirtschaftlichen Hilfebedürftigkeit verzichtet werden, wenn auf Grund der besonderen Art der gewährten Unterstützungsleistung sichergestellt ist, dass nur wirtschaftlich hilfebedürftige Personen im vorstehenden Sinne unterstützt werden; für den Bescheid über den Nachweisverzicht gilt § 60a Absatz 3 bis 5 entsprechend.

Nr 2 S 5 geändert durch G v 24.12.03 (BGBl I, 2954); Nr 2 S 1 geändert durch G v 27.12.03 (BGBl I, 3022); Nr 2 S 5 und 6 ersetzt durch S 5 bis 8 durch Ehrenamtsstärkungsgesetz v. 21.3.13 (BGBl I, 556); § 53 Nr 2 S 1 und 4 geändert durch AmtshilfeRLUmsG v 26.6.13 (BGBl I, 1809).

Schrifttum: *Hüttemann* Der neue Anwendungserlass zum Abschnitt „Steuerbegünstigte Zwecke", DB 12, 250; *Emser* Erleichterungen für gemeinnützige Körperschaften und ehrenamtlich Tätige im Bereich des Steuerrechts, Gesetz zur Stärkung des Ehrenamtes, NWB 13, 908; *Schauhoff/Kirchhain* Steuer- und zivilrechtliche Neuerungen für gemeinnützige Körperschaften und deren Förderer. Zum Gesetz zur Stärkung des Ehrenamts, FR 13, 301.

Übersicht

1 **1. Inhalt.** Die Vorschrift definiert den Begriff der **Mildtätigkeit.** Das Gesetz fordert ausdrücklich auch bei der Verfolgung mildtätiger Zwecke die **Selbstlosigkeit.** Anders als bei der Gemeinnützigkeit (§ 52) kommt es bei der Mildtätigkeit nicht auf eine Förderung der Allgemeinheit, sondern auf die Förderung der in § 53 genannten zwei Personengruppen an. Eine Aufzählung der amtlich anerkannten Verbände der freien Wohlfahrtspflege enthält § 23 UStDV. § 53 Nr 2 ist durch das AmtshilfeRLUmsG im Jahr 2013 sprachlich geändert worden. Dabei handelt es sich um eine Anpassung an das im Jahr 2011 geänderte SGB XII (insbes Anlage zu § 28 SGB XII: Festlegung der Regelbedarfsstufen).

Es gilt § 52 II, wenn der mildtätige Zweck im Ausland verwirklicht wird. Wird eine inl mildtätige Körperschaft im Ausland tätig, so wird von der FinVerw angenommen, dass ihre Tätigkeit zum Ansehen der Bundesrepublik Deutschland im Ausland beitragen kann (Indizwirkung, § 51 Rz 9; AEAO zu § 51 Nr 7). Zu ausl mildtätigen Körperschaften s § 51 Rz 10.

2 **2. Mildtätigkeit.** Mildtätigkeit beinhaltet die selbstlose Unterstützung entweder der in Nr 1 genannten **persönlich hilfebedürftigen Personen** oder der **wirtschaftlich hilfebedürftigen Personen,** die die Voraussetzungen der Nr 2 erfüllen (OFD Frankfurt StEd 16, 271 zu Regelbedarfsstufen gem Anlage zu § 28 SGB XII). Beide Gründe, die zur Hilfebedürftigkeit führen, stehen gleichberechtigt und unabhängig nebeneinander. Sie sind deshalb getrennt zu prüfen, auch wenn eine Person im Einzelfall einmal beiden Gruppen angehören kann. Die Entscheidung darüber, ob eine Körperschaft mildtätige Zwecke verfolgt, hat jeweils das zuständige FA im Rahmen des Verfahrens gem § 60a und bei der **Veranlagung** zu treffen. Die Anerkennung von Verbänden und Einrichtungen der Wohlfahrtspflege als besonders förderungswürdig sagt nichts darüber aus, ob und wieweit diese Verbände und Einrichtungen mildtätige Zwecke verfolgen.

3 **3. Selbstlosigkeit.** Diese wird vom Gesetz eigens als Eigenschaft mildtätiger Körperschaften betont und bedeutet, dass eine Körperschaft weder für sich selbst noch zugunsten ihrer Mitglieder eigenwirtschaftliche oder eigennützige Ziele verfolgt (BFH BStBl 79, 482, iÜ § 55). Selbstlosigkeit liegt nicht vor, wenn Satzungszweck die Förderung hilfebedürftiger Personen ist, die zum Kreis einer bestimmten Firma, einer bestimmten Familie gehören oder Mitglied, Genosse oder Ähnliches in Bezug auf die Körperschaft sind. Eine Ausnahme macht nur § 58 Nr 6 für Stiftungen. Unschädlich ist es aber, wenn Hilfebedürftige aus diesen Personenkreisen wie jeder fremde Dritte gefördert werden. Weitere Voraussetzung ist nach § 55 I Nr 1, dass die Mittel nur für die satzungsmäßigen Zwecke verwendet werden. **Entgeltlichkeit** der mildtätigen Zuwendung schließt die Mildtätigkeit nicht aus; diese darf jedoch nicht nur wegen des Entgeltes erfolgen (AEAO zu § 53 Nr 2). Gewinnstreben ist schädlich.

4 **4. Unmittelbarkeit.** Auch bei der Verfolgung mildtätiger Zwecke muss die entsprechende Tätigkeit **unmittelbar** dem steuerbegünstigten Zweck zugute

kommen. So ist zB ein Grundstück, auf dem eine Diakonissenanstalt ein Erholungsheim für ihre Schwestern unterhält, keine Einrichtung, die mildtätigen Zwecken unmittelbar dient (BFH/NV 88, 740 für Verwaltungsgebäude). Vgl § 57, § 68 Rz 3.

5. Persönliche Hilfebedürftigkeit. Nach **§ 53 Nr 1** kann die Hilfebedürftigkeit aufgrund des **körperlichen, geistigen** oder **seelischen** Zustandes gegeben sein, vgl § 32 VI Nr 7 EStG. Wirtschaftliche Not oder Bedürftigkeit muss im Rahmen von § 53 Nr 1 nicht gegeben sein. Es kommt auch **nicht** darauf an, ob die Hilfebedürftigkeit dauernd oder für längere Zeit besteht. Die Formulierung greift daher auch für Aktionen wie „Essen auf Rädern", die Telefonseelsorge oder die Einrichtung von Frauenhäusern ein (AEAO zu § 53 Nr 1 und 4; s oben Rz 4; § 68 Rz 3). Auch Hilfe in individuellen Krankheitsfällen kann unter den Zweck der Mildtätigkeit fallen (BFH BStBl 13, 603). Bei Personen, die das 75. Lebensjahr vollendet haben, unterstellt die FinVerw ohne weitere Nachprüfung die körperliche Hilfebedürftigkeit (AEAO zu § 53 Nr 4). 5

6. Wirtschaftliche Hilfebedürftigkeit. § 53 Nr 2 S 1: Wirtschaftlich hilfebedürftig sind solche Personen, deren Bezüge das Vierfache des Regelsatzes der Sozialhilfe (§ 28 SGB XII) nicht übersteigen; bei **Alleinstehenden** und beim **Alleinerziehenden** (früher: Haushaltsvorstand) tritt an die Stelle des Vierfachen das Fünffache des Regelsatzes. Leistungen für Unterkunft werden nicht besonders berücksichtigt. Zuschläge für Mehrbedarf, zB wegen Erwerbsunfähigkeit oder Alters, oder die Mietbeihilfe sind nicht zu berücksichtigen. Die Beträge für die Regelbedarfsstufen 2017 werden festgelegt durch das Gesetz zur Ermittlung der Regelbedarfe nach § 28 SGB XII v 22.12.2016 (BGBl I 3159). Wegen des Nachweises der Voraussetzungen für die wirtschaftliche Hilfebedürftigkeit s § 53 Rz 7. Die Grenzen der wirtschaftlichen Unterstützungsbedürftigkeit iSd Nr 2 sind ua bedeutsam für **Wohlfahrtseinrichtungen,** insbes **Alten-, Altenwohn- und Pflegeheime,** Erholungsheime, Mahlzeitendienst uÄ, wenn die unterstützten Personen nicht oder nicht alle hilfebedürftig sind. Hier gelten Erleichterungen nach § 66 III und § 68 Nr 1a. Die Leistungen der Einrichtungen der Wohlfahrtspflege müssen nur – in Bezug auf ihren Wert – zu zwei Dritteln den in § 53 genannten Personen zugute kommen (FG Köln EFG 17, 1378; Rev BFH V R 10/17; vgl § 66 Rz 5). 6

Nachweispflichten. Die mildtätige Körperschaft muss nachweisen, dass sie mit ihren Leistungen in dem notwendigen Umfang hilfebedürftige Personen iSd § 53 unterstützt hat. Ggf muss sich aus den Aufzeichnungen auch die Art der Ermittlung ergeben (BFH/NV 17, 80; FG Köln EFG 15, 1119). Soweit bedürftige Personen iSd § 53 Nr 2 Leistungen erhalten, ist eine Berechnung der maßgeblichen Bezüge und Einkünfte den Unterlagen der Körperschaft zwecks Beweisführung immer beizufügen (AEAO zu § 53 Nr 10). Eine Erklärung des Bedürftigen zum Nachweis der Bedürftigkeit muss Angaben über Einkünfte und Vermögen enthalten (OFD Chemnitz DB 07, 257). Mit Recht wird in der Literatur darauf hingewiesen, dass in vielen Fällen, zB bei Tafeln, Einrichtungen für Obdachlose und Kleiderkammern, der Nachweis der Bedürftigkeit „nicht ernsthaft gefordert" werden kann (*Hüttemann* DB 12, 250, 251). In diesen Fällen sollte die Körperschaft beantragen, von einer Nachweispflicht generell befreit zu werden (§ 53 S 8). Zu Erleichterungen der Nachweispflichten gem § 53 Nr 2 S 6 s Rz 12, zum Verzicht auf Nachweise nach einem Antrag der Körperschaft gem § 53 Nr 2 S 8 s Rz 13. 7

Vermögensanrechnung, § 53 Nr 2 S 2. Bei Vorhandensein eines Vermögens, das zur nachhaltigen Verbesserung des Unterhalts ausreicht, ist abweichend von Nr 2 S 1 eine wirtschaftliche Bedürftigkeit nicht gegeben, wenn es zumutbar ist, das Vermögen für den Unterhalt zu verwenden. Ein Vermögen bis zu einem Verkehrswert von mehr als 15 500 € ist idR als ausreichend anzusehen, vgl AEAO zu § 53 Nr 9. Auch bei einem Mehrpersonenhaushalt bezieht sich die Schongrenze auf jede unterstützte Person. Bei der Berechnung des sog **Schonvermögens** bis 8 zur Geringfügigkeitsgrenze bleiben Vermögensgegenstände außer Ansatz, deren Veräußerung offensichtlich zu einer Verschleuderung führen würde oder die für die unterstützte Person einen besonderen Wert, zB einen Erinnerungswert, haben oder zu seinem Hausrat gehören. Gleiches gilt für ein angemessenes Hausgrundstück iSv § 90 II Nr 8 SGB XII, das die unterstützte Person allein oder zusammen mit Angehörigen, denen es auch nach dem Tod der unterstützten Person weiter als Wohnraum dienen soll, bewohnt (AEAO zu § 53 Nr 9). Soweit die Körperschaft verpflichtet ist, den Nachweis zu führen, dass sie wirtschaftlich hilfebedürftige Personen fördert, muss sie auch das verfügbare Vermögen in ihre Berechnung einbeziehen.

10 **Notlage, § 53 Nr 2 S 3.** Ein **Überschreiten** der Einkunftsgrenzen ist **unschädlich** bei solchen Personen, die aus besonderen Gründen in eine Notlage geraten sind, zB bei Katastrophenfällen, aber evtl auch bei größeren finanziellen Belastungen, zB infolge Krankheit.

11 **Berechnung der maßgeblichen Bezüge. § 53 Nr 2 S 4** umschreibt den Begriff der Bezüge; vgl auch § 33a I EStG; AEAO zu § 53 Nr 5. „Einkünfte" und „Bezüge" stimmen mit den Ausführungen in H 33a EStH überein. Maßgeblich sind auch die Anweisungen im AEAO zu § 53 Nr. 6ff. Es fallen nicht nur Einkünfte iSd EStG darunter, sondern in Anlehnung an die Rspr (BFH BStBl 75, 139) auch sonstige einkommensteuerlich nicht erfasste Bezüge, zB steuerfreie Einnahmen nach §§ 3, 3b EStG, steuerfreie Teile der Versorgungsbezüge nach § 19 II EStG, stl Freibeträge, Kindergeld oder Wohngeld; bei den Renten zählt der über den von § 53 Nr 2a erfassten Anteil hinausgehende Teil der Rente zu den Bezügen iSd § 53 Nr 2b. Das Gleiche gilt nach S 6 für Unterhaltsansprüche. Bei der Feststellung der Bezüge sind aus Vereinfachungsgründen insgesamt 180 € im Kj abzuziehen, wenn nicht höhere Aufwendungen, die in wirtschaftlichem Zusammenhang mit den entsprechenden Einnahmen stehen, nachgewiesen oder glaubhaft gemacht werden (AEAO zu § 53 Nr 8). Die Bezüge der Haushaltsangehörigen sind zusammenzurechnen. **Satz 5** bestimmt, dass zu den Bezügen auch gezahlte und empfangene Unterhaltsleistungen zählen. Entscheidend ist also, dass die Unterhaltsleistung beim Empfänger auch angekommen ist. Da viele Unterhaltsansprüche nicht erfüllt werden, führt der Anspruch allein noch nicht zur Berücksichtigung als Bezug. Vom Wortlaut abweichend berücksichtigt die FinVerw nicht Unterhaltsansprüche von Schwangeren und von Müttern, die ein bis zu 6 Jahre altes Kind betreuen, gegen Verwandte 1. Grades; bei minderjährigen Schwangeren und Müttern, die bei Eltern wohnen, bleiben Unterhaltsansprüche gegen die Eltern außer Betracht (AEAO zu § 53 Nr 6).

12 **Erleichterungen der Nachweispflicht. § 53 Nr 2 S 6** enthält eine Erleichterung für die Körperschaften, wenn es darum geht, eine wirtschaftliche Hilfebedürftigkeit der unterstützten Person nachzuweisen. Das Gesetz sieht bei allen, die Leistungen nach SGB II und XII, nach dem Wohnungsgeldgesetz, nach § 27a BundesversorgungsG sowie nach § 6a BundeskindergeldG erhalten, die wirtschaftliche Hilfebedürftigkeit als nachgewiesen an. **§ 53 Nr 2 S 7** regelt, dass als Nachweis der für den Unterstützungszeitraum maßgebliche Leistungsbescheid oder eine entsprechende Bestätigung des Sozialleistungsträgers ausreicht. Die mildtätigen Körperschaften müssen insofern keine eigenen Ermittlungen anstellen. Sie müssen aber den Leistungsbescheid oder die Bestätigung des Sozialhilfeträgers mindestens in Kopie für jeden Einzelfall vorweisen können (AEAO zu § 53 Nr 11). Dabei ist darauf zu achten, dass die Nachweise und die Leistungen denselben Zeitraum betreffen. Weichen die Zeiträume voneinander ab (Leistungsempfänger legt einen Leistungsbescheid nur für einen früheren, abgeschlossenen Zeitraum vor), dann muss die Körperschaft den vollen Nachweis der Hilfebedürftigkeit führen und kann keine Erleichterung nach § 53 Nr 2 S 6 in Anspruch nehmen.

13 **Verzicht auf Nachweise.** Nach **§ 53 Nr 2 S 8** ist seit dem 1.1.2013 ein Nachweis nicht erforderlich, falls das zuständige FA in einem Bescheid auf den

Nachweis verzichtet. Der Verzicht setzt einen **Antrag** der Körperschaft voraus und kann nur in den Fällen ausgesprochen werden, in denen aufgrund der Art der Unterstützung sichergestellt ist, dass nur wirtschaftlich hilfebedürftige Personen Nutznießer dieser Leistung sind. Diese Regelung ist notwendig, weil die Körperschaften teilweise faktisch nicht in der Lage sind, den an sich notwendigen Nachweis zu führen. Zu denken ist etwa an die Unterstützung von Obdachlosen (*Emser* NWB 13, 908, 910), an die Unterhaltung von Tafeln, Suppenküchen und Kleiderkammern (AEAO zu § 53 Nr 12). Im Schrifttum wird darauf hingewiesen, dass für die Umsetzung des § 53 Nr 2 S 8 entscheidend sein muss, ob eine Leistung typischerweise nur Bedürftigen zugute kommt (*Schauhoff/Kirchhain* FR 13, 301, 303). Ob der Verzicht auf den Nachweis in Betracht kommt, entscheidet das zuständige FA, das insofern einen Beurteilungsspielraum hat. Der Verzichtsbescheid ist änder- und aufhebbar, es gelten die Regeln des § 60a III–V entsprechend. Sind Nachweise gem § 53 Nr 2 S 8 nicht erforderlich, entfällt eine Überprüfung der Hilfebedürftigkeit im Einzelfall vor der Unterstützungsleistung.

§ 54 Kirchliche Zwecke

(1) **Eine Körperschaft verfolgt kirchliche Zwecke, wenn ihre Tätigkeit darauf gerichtet ist, eine Religionsgemeinschaft, die Körperschaft des öffentlichen Rechts ist, selbstlos zu fördern.**

(2) **Zu diesen Zwecken gehören insbesondere die Errichtung, Ausschmückung und Unterhaltung von Gotteshäusern und kirchlichen Gemeindehäusern, die Abhaltung von Gottesdiensten, die Ausbildung von Geistlichen, die Erteilung von Religionsunterricht, die Beerdigung und die Pflege des Andenkens der Toten, ferner die Verwaltung des Kirchenvermögens, die Besoldung der Geistlichen, Kirchenbeamten und Kirchendiener, die Alters- und Behindertenversorgung für diese Personen und die Versorgung ihrer Witwen und Waisen.**

1. Inhalt. § 54 Abs 1 enthält eine **Legaldefinition** des „kirchlichen" Zwecks, 1
dessen Förderung ausdrücklich selbstlos erfolgen muss. Abs 2 enthält eine beispielhafte Aufzählung typischer kirchlicher Zwecke. Der Status einer Körperschaft des öffentlichen Rechts zwecks Verfolgung kirchlicher Zwecke wird durch Verleihung erlangt (s unten Rz 5).

2. Kirchliche Zwecke. Kirchliche Zwecke sind aufgrund des Gesetzestextes 2
nur solche, die eine Religionsgemeinschaft, die den Status einer öffentlich-rechtlichen Körperschaft hat, selbstlos fördern (BFH/NV 05, 1741; BFH DStRE 10, 1184; AEAO zu § 51 Nr 7). Die Sonderbehandlung von kirchlichen Körperschaften des öffentlichen Rechts ist nicht verfassungswidrig (BFH DStRE 10, 1184 zur Befreiung von der Grundsteuer). Die Steuerbegünstigung der öffentlich-rechtlichen Körperschaft setzt einen entsprechenden Verleihungsakt voraus. Andere Religionsgemeinschaften können zwar nicht durch einen kirchlichen Zweck, wohl aber im Rahmen der gemeinnützigen Förderung als Förderung der Religion (§ 52 Rz 17) unterstützt werden. Beide Zwecke sind jedoch nicht gleichbedeutend. Eine Körperschaft des öffentlichen Rechts ist notwendigerweise eine inländische, da es diese Rechtsform nur im Inland gibt. Die Formulierung will erreichen, dass die Steuerbegünstigung sich nicht auf vergleichbare kirchliche Körperschaften, die im Ausland gegründet wurden, erstreckt. Dieses Ziel wird erreicht, weil vergleichbare Religionsgemeinschaften auch im Inland nicht nach § 54, sondern nur nach § 52 II Nr 2 wegen Förderung der Religion steuerbegünstigt sein können. Insofern ist eine Diskriminierung ausgeschlossen. Der Papst als Vertreter der katholischen Weltkirche wird den öffentlich-rechtlichen Körperschaften nicht gleichgestellt, sodass eine dem Papst persönlich übergebene Spende nicht abzugsfähig ist (FG

Köln IStR 14, 412). IÜ ist § 51 II auch im Rahmen des § 54 zu berücksichtigen (§ 51 Rz 7 ff). Unabhängig von dieser Rechtslage lässt die FinVerw im Rahmen des § 10 I Nr 4 EStG den Sonderausgabenabzug auch dann zu, wenn Kirchensteuer an Religionsgemeinschaften gezahlt wird, die außerhalb Deutschlands in einem EU/EWR-Staat ansässig sind und die, wären sie im Inland ansässig, als öff-rechtl Körperschaft behandelt werden müssten; die FinVerw spricht insofern von einer „fiktiven" Einordnung als Körperschaft des öffentlichen Rechts (BMF DStR 10, 2458). In diesem Fall liegt eine gewisse Abkehr von § 51 II, auch wenn die Religionsgemeinschaften, die betroffen sind, in einer Liste aufgeführt werden und eine Kirchensteuerzahlung zwar eine Sonderausgabe, aber keine Spende ist. Jedenfalls ist bei der Entrichtung ausl Kirchensteuer das Prinzip der Rückbezogenheit auf das Inland, wie es in § 51 II zum Ausdruck kommt, nicht mehr erkennbar.

3 **3. Förderung kirchlicher Zwecke. Abs 2** enthält eine **beispielhafte Aufzählung** der kirchlichen Zwecke; daneben ist auch die Verfolgung anderer steuerbegünstigter Zwecke möglich. Verfolgt eine Körperschaft **kirchliche Zwecke,** so ist sie stets auch gemeinnützig wegen Förderung der Religion. Die StBefreiung wegen kirchlicher Zwecke durch Verwaltung des Kirchenvermögens setzt keine gemeinnützige oder mildtätige Verwaltung des Kirchenvermögens voraus (BFH BStBl 96, 583). Für die StBegünstigung nach § 54 kommt es nicht darauf an, ob die Allgemeinheit gefördert wird. Aus Einzelsteuergesetzen ergeben sich einzelne Steuerbefreiungen, zB gem § 3 GrStG. Nach § 3 I Nr 4 S 2 GrStG sind auch jüdische Kultusgemeinden, die nicht den Status einer öffentlich-rechtlichen Körperschaft haben, von der Grundsteuer befreit; diese Vorschrift ist eng auszulegen (FG Nds DStRE 09, 1318).

4 **Beispiele:** Förderung kirchlicher Zwecke liegt vor: Verein zur Durchführung von Kirchentagen (OFD Ddorf StEK § 54 Nr 1); Stiftung zur zusätzlichen Versorgung von Witwen von Geistlichen (RFH RStBl 41, 317); GmbH, deren Gesellschafter Gliedkörperschaften einer Kirche sind und die kirchliches Vermögen verwaltet (BFH BStBl 96, 583: Vermietung von Wohnraum im Rahmen der Vermögensverwaltung). Keine Förderung kirchlicher Zwecke: Unterhaltung eines einem Priesterseminar angeschlossenen Knabenseminars, das nur der Vorbereitung zum Beruf des Priesters dient (RFH RStBl 41, 892). Keine GrStBefreiung für die Wohn-, Schlaf- und Gemeinschaftsräume der Besucher von kirchlichen Bildungsanstalten und des Betreuungspersonals sowie der der Verpflegung und sonstigen Versorgung dienenden Wirtschaftsräume (RFH RStBl 41, 892). Kirchturmbesteigung und Kirchenbesichtigung gegen Entgelt ist ein Betrieb gewerblicher Art.

5 **Status einer Religionskörperschaft.** Religionskörperschaften sind trotz ihrer Bezeichnung mit öffentlich-rechtlichen Körperschaften, die Organe des Staates und dessen öffentlicher Verwaltung sind, nicht gleichzusetzen, sondern sie sind Körperschaften eigener Art. Sie sind keine Staatsorgane und vom Staat aufgrund der Religionsfreiheit unabhängig. Der Kreis der Religionsgemeinschaften, die eine Körperschaft des öffentlichen Rechts sind, ist nicht abgeschlossen. Aufgrund Art 137 V WRV blieben Religionsgesellschaften, die sich zunächst nach bürgerlichem Recht gebildet hatten, Körperschaften des öffentlichen Rechts, soweit sie diesen Status bei Inkrafttreten der WRV schon hatten. Zu diesen sog geborenen Religionskörperschaften zählen die evangelischen Landeskirchen und römisch-katholischen Bistümer. Im Ergebnis betroffen sind die christlichen Religionsgemeinschaften, die von ihrem Recht zur Erhebung von Kirchensteuer Gebrauch machen. Das Grundgesetz hat diese Rechtslage durch Art 140 GG übernommen. Weitere Religionskörperschaften sind zB die Altkatholische Kirche, evangelische Freikirchen, die Neuapostolische Kirche, die Christengemeinschaft (gegründet 1922), die Zeugen Jehovas, die Erste Kirche Christi Wissenschaften, die Israelitischen Kultusgemeinden, der Zentralrat der Juden in Deutschland oder der Bund für Geistesfreiheit Bayern.

6 Den Status einer Körperschaft des öffentlichen Rechts können weitere Religionsgemeinschaften und Weltanschauungsgemeinden durch Verleihung erlangen.

Die Rspr des BVerfG hat dazu Grundprinzipien entwickelt, zu denen auch die Rechtstreue gehört (BVerfGE 102, 370: ua Länge des Bestehens, Mitgliederzahl, Innenorganisation durch Satzung). Zuständig dafür sind gem Art 30 GG die Landesregierungen. In NRW wird Religions- und Weltanschauungsgemeinden der Status einer Körperschaft des öffentlichen Rechts auf der Grundlage des Körperschaftsstatusgesetzes v 16.9.2014 (GV.NRW. 2014, 543) durch eine Rechtsverordnung verliehen. Eine nicht abschließende Liste von in Deutschland vorhandenen Religionskörperschaften, die im Internet veröffentlicht ist, hat die Universität Trier erarbeitet (www.uni-trier.de/?id=26713). In Hessen ist 2013 zum erstenmal mit der Ahmadiyya Muslim Jamaat eine islamische Religionsgemeinschaft (muslimische indo-pakistanische Reformbewegung) zur Körperschaft des öffentlichen Rechts geworden.

§ 55 Selbstlosigkeit

(1) Eine Förderung oder Unterstützung geschieht selbstlos, wenn dadurch nicht in erster Linie eigenwirtschaftliche Zwecke – zum Beispiel gewerbliche Zwecke oder sonstige Erwerbszwecke – verfolgt werden und wenn die folgenden Voraussetzungen gegeben sind:

1. **[1] Mittel der Körperschaft dürfen nur für die satzungsmäßigen Zwecke verwendet werden. [2] Die Mitglieder oder Gesellschafter (Mitglieder im Sinne dieser Vorschriften) dürfen keine Gewinnanteile und in ihrer Eigenschaft als Mitglieder auch keine sonstigen Zuwendungen aus Mitteln der Körperschaft erhalten. [3] Die Körperschaft darf ihre Mittel weder für die unmittelbare noch für die mittelbare Unterstützung oder Förderung politischer Parteien verwenden.**
2. **Die Mitglieder dürfen bei ihrem Ausscheiden oder bei Auflösung oder Aufhebung der Körperschaft nicht mehr als ihre eingezahlten Kapitalanteile und den gemeinen Wert ihrer geleisteten Sacheinlagen zurückerhalten.**
3. **Die Körperschaft darf keine Person durch Ausgaben, die dem Zweck der Körperschaft fremd sind, oder durch unverhältnismäßig hohe Vergütungen begünstigen.**
4. **[1] Bei Auflösung oder Aufhebung der Körperschaft oder bei Wegfall ihres bisherigen Zwecks darf das Vermögen der Körperschaft, soweit es die eingezahlten Kapitalanteile der Mitglieder und den gemeinen Wert der von den Mitgliedern geleisteten Sacheinlagen übersteigt, nur für steuerbegünstigte Zwecke verwendet werden (Grundsatz der Vermögensbindung). [2] Diese Voraussetzung ist auch erfüllt, wenn das Vermögen einer anderen steuerbegünstigten Körperschaft oder einer juristischen Person des öffentlichen Rechts für steuerbegünstigte Zwecke übertragen werden soll.**
5. **[1] Die Körperschaft muss ihre Mittel vorbehaltlich des § 62 grundsätzlich zeitnah für ihre steuerbegünstigten satzungsmäßigen Zwecke verwenden. [2] Verwendung in diesem Sinne ist auch die Verwendung der Mittel für die Anschaffung oder Herstellung von Vermögensgegenständen, die satzungsmäßigen Zwecken dienen. [3] Eine zeitnahe Mittelverwendung ist gegeben, wenn die Mittel spätestens in den auf den Zufluss folgenden zwei Kalender- oder Wirtschaftsjahren für die steuerbegünstigten satzungsmäßigen Zwecke verwendet werden.**

(2) Bei der Ermittlung des gemeinen Werts (Absatz 1 Nr. 2 und 4) kommt es auf die Verhältnisse zu dem Zeitpunkt an, in dem die Sacheinlagen geleistet worden sind.

(3) Die Vorschriften, die die Mitglieder der Körperschaft betreffen (Absatz 1 Nr. 1, 2 und 4), gelten bei Stiftungen für die Stifter und ihre Erben, bei Betrieben gewerblicher Art von juristischen Personen des öffentlichen Rechts für

die Körperschaft sinngemäß, jedoch mit der Maßgabe, dass bei Wirtschaftsgütern, die nach § 6 Absatz 1 Nummer 4 Satz 4 des Einkommensteuergesetzes aus einem Betriebsvermögen zum Buchwert entnommen worden sind, an die Stelle des gemeinen Werts der Buchwert der Entnahme tritt.

Abs 3 Zitat geändert durch G v 19.7.06 (BGBl I, 1652) und G v 20.4.09 (BGBl I, 774); Abs 1 Nr 4 Satz 2 und Abs 3 geändert durch JStG 2010 v 8.12.10 (BGBl I, 1768); Abs 1 Nr 5 Sätze 1 und 3 geändert durch Ehrenamtsstärkungsgesetz v 21.3.13 (BGBl I, 556).

Schrifttum: vor 2010 s 13. Aufl; *Lehr* Wenn „Fördervereine" weniger fördern sollen. Die Auslegung des Selbstlosigkeitsgebots durch die Finanzverwaltung ist nicht haltbar, DStR 10, 795; *Unger* Mittelbeschaffung und Mittelverwendung gemeinnütziger Körperschaften, DStZ 10, 141; *Kirchhain* Privatnützige Zuwendungen gemeinnütziger Körperschaften, FR 11, 640; *Falk* Vermögensanlage: Stiftungsvermögen professionell verwalten – ein Leitfaden, Berlin 2011; *Weber/Schneeweiss* Mission Investing im deutschen Stiftungssektor, Impulse für wirkungsvolles Stiftungsvermögen, Berlin 2012; *Fleisch* Stiftungsmanagement, Berlin 2013; *Emser* Änderungen der Voraussetzungen für eine steuerliche Anerkennung sog „Aufwandsspenden" durch das BMF Schreiben v 25.11.2014, DStR 15, 1960; *Salzberger/Schröder* Gemeinnützigkeitsrecht: Übertragung eines wirtschaftlichen Geschäftsbetriebes oder Auslagerung von Hilfsfunktionen auf eine Tochter-GmbH, DStR 15, 1602; *Schröder/Salzberger* Gemeinnützigkeitssteuerrecht – Die steuerbegünstigte und steuerpflichtige Hilfspersonen-GmbH, SteuK 15, 369; *Roth* Vom Förderer zum Geförderten: Zur Gemeinnützigkeitsfähigkeit der öffentlichen Hand und ihrer Untergliederungen, GmbHR 15, 953; *Hüttemann* Anmerkungen zum geänderten Anwendungserlass zur Gemeinnützigkeit, DB 16, 1338; *Kirchhain* Der neue Anwendungserlass zur AO: neue Herausforderungen für gemeinnützige Körperschaften, DStR 16, 505; *Seeger/Milde* Leistungsaustausch und Gewinnzuschläge bei Non-Profit-Unternehmen nach dem AEAO 2016, DStR 16, 2736.

Übersicht

1 **1. Inhalt.** Die Vorschrift definiert den Begriff der **Selbstlosigkeit,** der notwendiges Tatbestandsmerkmal für stl Vergünstigungen ist. Selbstlosigkeit verbietet, dass in erster Linie eigenwirtschaftliche Zwecke verfolgt werden (§ 55 I 1 1. HS) und erfordert außerdem, dass die Voraussetzungen des § 55 I Nrn 1–5 erfüllt sind. Ob Selbstlosigkeit vorliegt, ist aufgrund einer Gesamtschau der objektiven Umstände festzustellen. Die Körperschaft trägt dafür die Feststellungslast (BFH/NV 17, 882). Die zusätzlichen Voraussetzungen betreffen die Verwendung der Mittel (§ 55 Nrn 1 und 5) sowie Leistungen an Mitglieder und andere Personen (§ 55 Nr 1 S 2, Nr 2–4). § 55 III betrifft Stiftungen. § 55 II ergänzt die Vorschriften über die Selbstlosigkeit durch eine Regelung zur Ermittlung des gemeinen Werts. Durch das JStG 2010 wurde der Begriff „Körperschaft des öffentlichen Rechts" durch „juristische Person des öffentlichen Rechts" ersetzt (§ 55 I Nr 4, III). Durch diese Änderung soll deutlich werden, dass alle juristischen Personen des öffentlichen Rechts gemeint sind, neben den Körperschaften des öffentlichen Rechts auch Anstalten und Stiftungen des öffentlichen Rechts.

2 **2. Selbstlosigkeit.** Diese erfordert zunächst, dass **nicht in erster Linie eigenwirtschaftliche Zwecke** verfolgt werden und die besonderen Voraussetzungen, die in § 55 I Nr 1 bis 5 aufgezählt sind, erfüllt werden (BFH/NV 14, 984). Beispiele für eigenwirtschaftliche Zwecke sind nach dem Gesetz gewerbliche und

sonstige Erwerbszwecke. Eine Körperschaft verfolgt in erster Linie eigenwirtschaftliche Zwecke, wenn sie **vorrangig** und nicht nur nebenbei ihre **eigenen wirtschaftlichen Interessen** oder die **ihrer Mitglieder oder Gesellschafter** fördert (BFH BStBl 92, 62; 06, 198; BFH/NV 14, 984). Durch das Gebot der Selbstlosigkeit ist Eigenwirtschaftlichkeit nicht generell verboten, sie darf nur nicht „in erster Linie" verfolgt werden. Ob eine für die Selbstlosigkeit schädliche Eigenwirtschaftlichkeit vorliegt, ist aufgrund einer Gesamtschau der objektiven Umstände festzustellen. Bei einer Preisverleihung darf kein schädlicher Selbstförderungszweck verfolgt werden; die Preisverleihung darf auch nicht an die Stelle eines Entgelts treten (OFD Frankfurt DB 01, 1751).

Eigene wirtschaftliche Interessen verfolgt die Körperschaft noch nicht **in erster Linie,** wenn sie aus der Verfolgung steuerbegünstigter Zwecke nebenbei auch gewisse, in der Bedeutung zurücktretende Vorteile erzielt (FG Köln EFG 86, 144). Eine Gewinnerzielung tritt dann als **geringfügig** in der Bedeutung zurück, wenn lediglich in einzelnen Wirtschaftsjahren die Einnahmen die Ausgaben übersteigen, die Körperschaft aber keine Gewinnerzielungsabsicht hat und langfristig höchstens ausgeglichene Ergebnisse erzielt (FG Köln EFG 86, 144, zu weitgehend *Gmach* FR 92, 313, nach dem es nicht auf Gewinnerzielungsabsicht, sondern auf bloße Einnahmeerzielungsabsicht ankommt). Der **wirtschaftliche Eigennutz** des Vereins oder seiner Mitglieder darf nicht in den Vordergrund treten. Dies ist zB regelmäßig bei Nachbarschaftshilfevereinen der Fall, die sich in allen Lebensbereichen unterstützen (s auch § 52 Rz 19). Bei der Gewichtung im Einzelfall ist aber nicht nur von den Einnahmen, sondern auch vom Zeit- und Personalaufwand auszugehen. Widmet der Verein die meiste Zeit der Verfolgung seiner ideellen Interessen, ist es unschädlich, wenn die Haupteinnahmen aus wirtschaftlichem Geschäftsbetrieb stammen (OFD Kiel DB 03, 2360). **Beispiele** für nicht selbstlos tätige Vereine: Verein zur Förderung von Arbeitsschutz und Unfallverhütung, der acht Jahre lang ununterbrochen Gewinne aus wirtschaftlicher Tätigkeit erzielt hat (FG Köln EFG 86, 144); Verein der Scientology-Kirche (FG Hbg EFG 85, 525); Verein, der im Erwerbsinteresse der Mitglieder oder zum Zweck der materiellen, auch gegenseitigen Selbsthilfe gegründet wurde (FG Köln EFG 03, 422). Eine Kunst-Stiftung handelt eigennützig, wenn der Kunstbesitz nicht dem Gemeinwohl zur Verfügung steht, sondern in erster Linie dem Stifter; die Selbstlosigkeit verlangt, dass ein Ausleihkonzept zugunsten der Öffentlichkeit zur Verfügung steht (zB Zugriffsrecht eines Museums aufgrund eines Leihvertrags/Kooperationsvertrags; geregelte Möglichkeit zur Besichtigung durch die Allgemeinheit, BFH/NV 17, 882; FG Thür EFG 16, 408); die bloße Bewahrung und Pflege des Kunstbesitzes reicht nicht aus (vgl BFH/NV 16, 1253; *Heuer/von Cube* DStR 17, 129).

Ein **wirtschaftlicher Geschäftsbetrieb** (§ 14; vgl § 64) ist generell erlaubt, kann aber im Einzelfall gegen Selbstlosigkeit und ebenso gegen den Grundsatz der Ausschließlichkeit (§ 56 Rz 3) sprechen. Nach Abrücken von der sog Geprägetheorie wird die Frage, ob ein wirtschaftlicher Geschäftsbetrieb ein solches Gewicht hat, dass er die Steuerbegünstigung gefährdet, insbes gem § 56 beurteilt. IÜ kommt es entscheidend darauf an, wie die erwirtschafteten Mittel verwendet werden. Das Schrifttum stellt teilweise darauf ab, ob die wirtschaftliche Tätigkeit überwiegend zur Förderung des gemeinnützigen Zwecks aufgenommen wird und die erwirtschafteten Mittel zweckfördernd verwendet werden (*Lehr* DStR 10, 795 f; *Wallenhorst* DStR 09, 717; vgl auch FG Köln EFG 17, 1378, Rev BFH V R 10/17). Diese Sicht ist zutreffend, da auch ein Spendensammelverein steuerbegünstigt sein kann und die Eröffnung eines wirtschaftlichen Geschäftsbetriebs nur zur Förderung des gemeinnützigen Zwecks dem gleichzusetzen ist. § 55 ist teleologisch so auszulegen, dass gemeinnützige Tätigkeit gefördert wird, nicht aber die Anhäufung von Vermögen im wirtschaftlichen Geschäftsbetrieb oder im Vermögensstock. Nach ähnlicher Auffassung ist eine Mittelbeschaffung – auch durch einen wirtschaftlichen Geschäftsbetrieb – nur dann unzulässig, wenn sie bei Anlegung eines großzügigen Maßstabs von vornherein keine Überschüsse oder Gewinne erwarten lässt oder wenn neben der Mittelbeschaffung keine steuerbegünstigten Zwecke verfolgt werden (*Unger* DStZ 10, 141, 143).

Schädlicher Eigennutz bei der Führung eines wirtschaftlichen Geschäftsbetriebs liegt noch nicht vor, wenn die Körperschaft zur Sicherung ihres wirtschaftlichen Geschäftsbetriebs eine umfangreiche Tätigkeit entfaltet, Gewinne erzielt, eine wettbewerbsfähige Größe des Unternehmens erreicht und zur Sicherung ihrer Existenz in kaufmännisch vernünftigem Umfang Eigenkapital und Rücklagen bildet (BFH/NV 99, 244; BStBl 02, 162; s auch Rz 5). Der Nachweis dafür, dass die Voraussetzungen für die Bildung einer Rücklage vorliegen, ist von der Körperschaft zu erbringen. Nur ausnahmsweise darf die Körperschaft den gesamten Gewinn aus wirtschaftlichem Geschäftsbetrieb einer Rücklage zuführen (BMF DStR 02, 449). IÜ müssen Gewinne aus wirtschaftlichem Geschäftsbetrieb für steuerbegünstigte Zwecke verwendet werden (BFH BStBl 02, 162; 07, 631; FG Köln EFG 17, 1378, Rev BFH V R 10/17). Vgl dazu § 63.

3 Die **Förderung der Interessen der Mitglieder** (und ihnen nahestehender Personen) ist oft notwendiges Nebenprodukt der Tätigkeit und kann das Merkmal der Selbstlosigkeit tangieren. Selbstlosigkeit liegt erst dann nicht mehr vor, wenn der Eigennutz der Mitglieder in den Vordergrund tritt (BFH BStBl 79, 482; 92, 62; 06, 198; 10, 335; BFH/NV 14, 984). Dazu muss kommen, dass die Regelungen in § 55 I Nr 1 S 2, Nr 2–4 bei Leistungen an Mitglieder und andere Personen eingehalten werden (Rz 15, 20ff). Es dürfen nicht in erster Linie gewerbliche Zwecke oder sonstige Erwerbszwecke der Mitglieder eines Vereins gefördert werden (BFH BStBl 10, 335). Nicht selbstlos tätig sind zB: Abmahnverein (OFD Rostock DStZ 01, 605); Wettbewerbsverein, dessen Satzung nicht ausschließt, dass er vornehmlich im Interesse der Mitglieder tätig ist (BFH BStBl 10, 335); ein Verein, der sich darauf beschränkt, seinen Mitgliedern preisgünstige Reisen zu vermitteln und zinsgünstige Darlehen zu gewähren (BFH BStBl 90, 550; BFH/NV 12, 1478); ein ohne Eigenkapital gegründeter Verein, der nur durch Darlehen der Mitglieder, die er verzinsen und tilgen muss, anfangs finanziert wird (BFH BStBl 89, 670, 90, 550 wegen Vermögensmehrung bei Mitgliedern durch Tilgung der Darlehen). Bislang galt eine Kapitalgesellschaft, wenn sie **Pflichtaufgaben ihrer Gesellschafter** wahrnahm, wegen fehlender Selbstlosigkeit nicht als gemeinnützig (BFH BStBl 07, 628 betr Erfüllung gesetzlicher Pflichten). Das betraf zB Kapitalgesellschaften, die von Hoheitsträgern zur Erfüllung der ihnen gesetzlich zugewiesenen Aufgaben der Müll- oder Abwasserbeseitigung eingeschaltet waren (FM SchlHol DStR 85, 345; vgl auch FG Brem EFG 91, 26, zu Fallgestaltungen, bei der von einer Gemeinde getragene Müllverbrennungsanlage auch noch für andere Gemeinden tätig wird; offen gelassen in BFH BStBl 94, 314, dort aber Zweckbetrieb abgelehnt). Inzwischen hat die Rspr eine kommunale Eigengesellschaft, die in Form einer GmbH den der Kommune übertragenen Rettungsdienst durchführt, als gemeinnützig angesehen (BFH/NV 14, 984); im Anschluss an diese Rspr ergab sich die Frage nach der Begünstigung des Gesellschafters, iZm der Frage des von der Eigengesellschaft berechneten Entgelts (§ 55 I Nr 3; zum angemessenen Entgelt AEAO zu § 55 Nr 2 und § 55 Rz 15). Zu kommunalen Versorgungs- und Verkehrsbetrieben s § 52 Rz 10.

4 **3. Mittelverwendung. § 55 I Nr 1 S 1** bestimmt, dass die Mittel der Körperschaft **nur für die satzungsmäßigen Zwecke verwendet** werden dürfen (Ausnahmen s unten). Das hat zur Folge, dass diese Mittel nur für den ideellen Zweck und für einen Zweckbetrieb eingesetzt werden dürfen (OFD Frankfurt DStR 14, 1394). Die Satzung gibt Auskunft darüber, für welchen Zweck Mittel eingesetzt werden dürfen. „Mittel der Körperschaft" meint nicht Einkünfte im technischen Sinn, sondern **sämtliche Vermögenswerte** der Körperschaft, nicht nur die ihr durch Spenden, Beiträge und Erträge ihres Vermögens und ihrer Zweckbetriebe

zur Verfügung stehenden Geldbeträge (BFH BStBl 92, 62; BFH DStR 17, 1754). Auch die (versteuerten) Gewinne aus wirtschaftlichen Geschäftsbetrieben unterliegen der Bindung des § 55 I Nr 1, jedoch nur insoweit, als sie nach vernünftiger kaufmännischer Beurteilung nicht für die Sicherung des wirtschaftlichen Erfolgs des wirtschaftlichen Geschäftsbetriebs benötigt werden (BFH/NV 99, 244, vgl § 55 Rz 2, Rz 5). Bei Stiftungen zählen das Grundstockvermögen und die Einlagen der Stifter nicht zu den „Mitteln" der gemeinnützigen Stiftung, da diese sonst durch deren Verwendung in ihrer Existenz bedroht wäre (*Seifart/v Campenhausen* Handbuch des Stiftungsrechts, 2. Aufl, § 37 Rz 226). Eine dauerhafte **Ausnahme** von der Mittelverwendung nur für satzungsmäßige Zwecke enthält § 58 (s dort). Eine zeitweise Ausnahme von § 55 Abs. 1 Nr 1 wird von der FinVerw regelmäßig in Verwaltungsanweisungen in **Katastrophenfällen** erlaubt. Dann dürfen alle steuerbegünstigten Körperschaften unabhängig von ihrem Satzungszweck Spenden für die Katastrophenhilfe einsammeln, sofern sie diese für den Sammelzweck weiterleiten an eine mildtätige Körperschaft, an eine inl Dienststelle des öffentlichen Rechts oder an eine inl Körperschaft des öffentlichen Rechts (vgl zB BMF DStR 15, 1178: Hilfe für Nepal; BMF BStBl I 15, 745; BMF BStBl 16, 1425; Hilfe für Flüchtlinge in Deutschland bis zum 31.12.2018). Die sammelnde Körperschaft stellt Zuwendungsbestätigungen über diese Sonderspenden aus und weist darin auf die Sonderaktion hin.

Als **Verwendung von Mitteln** für den satzungsmäßigen Zweck ist auch die Anschaffung oder Herstellung von Vermögensgegenständen, die dem satzungsmäßigen Zweck dienen, anzusehen, § 55 I Nr 5 Satz 2 (zB Bau eines Altenheims, Kauf von Sportgeräten). Nicht dazu zählen Ausgaben für die Werbung von Mitgliedern und Spenden (§ 55 Rz 13). Abweichend davon sind im ideellen Bereich Verwendungen, die § 58 ausdrücklich erlaubt, sowie die Bildung von Rücklagen und Vermögen im Rahmen des § 62 möglich. Das Verbot, die Mittel für andere als für die satzungsmäßigen Zwecke zu verwenden (§ 55 I Nr 1 S 1), gilt nicht nur nach außen hin, sondern auch vereinsintern. Die Mittel der Körperschaft dürfen unter Berücksichtigung des Satzungszwecks und der Umstände im Einzelfall nur für notwendige und zweckmäßige Ausgaben in angemessenem Umfang eingesetzt werden (BFH BStBl 00, 320; BFH/NV 03, 1025; FG MeVo EFG 17, 1137, Rev BFH V R 5/17). Die Körperschaften dürfen ihre Mittel daher auch nicht teilweise ihren wirtschaftlichen Geschäftsbetrieben zuführen oder ihrem Vermögen (OFD Frankfurt DStR 05, 600). **Gewinne aus wirtschaftlichen Geschäftsbetrieben** dürfen nur soweit im Betrieb verbleiben, als eine Rücklage zulässig ist. Ein im stpfl wirtschaftlichen Geschäftsbetrieb erzielter Gewinn darf zu einer Rücklage im wirtschaftlichen Geschäftsbetrieb führen, soweit das nach vernünftiger kaufmännischer Beurteilung wirtschaftlich notwendig ist. Dazu gehören Rücklagen zur Sicherung der Existenz, ggf sogar bis zur Höhe des gesamten Gewinns (AEAO zu § 55 Nr 3). Diese Rücklagen sind von denen im ideellen Bereich zu unterscheiden. IÜ sind Gewinne für den ideellen Bereich zu verwenden, s § 55 Rz 2. Außerdem können Verluste des wirtschaftlichen Geschäftsbetriebs aus Vorjahren oder in Folgejahren ausgeglichen werden, soweit ein Verlustausgleich nach § 8 I KStG iVm § 10d EStG zulässig ist (*Herbert* BB 91, 178). Ferner findet bei mehreren wirtschaftlichen Geschäftsbetrieben einer Körperschaft ein Verlustausgleich gem § 64 II statt. **5**

Der **Ausgleich aus Verlusten** aus wirtschaftlichem Geschäftsbetrieb durch Mittel aus dem ideellen Bereich ist nur unter engen Voraussetzungen nicht steuerschädlich. Bei der Feststellung eines Verlusts ist gem § 64 II vorzugehen (§ 64 Rz 5). **Fehlkalkulation:** Nach der Rspr dürfen aus Gründen der Wettbewerbsneutralität Verluste eines wirtschaftlichen Geschäftsbetriebs nur dann mit Mitteln des ideellen Bereichs steuerunschädlich ausgeglichen werden, wenn die Verluste auf Fehlkalkulationen beruhen und die Körperschaft bis zum Ende des Wirtschaftsjahrs nach Entstehung des Verlusts dem ideellen Tätigkeitsbereich wieder Mittel in entsprechender Höhe zuführt; dabei dürfen die wieder zugeführten Mittel nicht aus **6**

Beiträgen, anderen Zuwendungen, aus Zweckbetrieb oder steuerbegünstigter Vermögensverwaltung stammen (BFH BStBl 98, 711). **Zweckbetrieben** darf die Körperschaft **unbeschränkt Mittel zuführen.**

7 **Gewinnrückgabe:** Die FinVerw lässt den Verlustausgleich mit ideellen Mitteln zu, wenn dem ideellen Bereich in den sechs vorangegangenen Jahren Gewinne des einheitlichen stpfl Geschäftsbetriebs in mindestens gleicher Höhe zugeführt worden sind (AEAO zu § 55 Nr 4 ff). Der Verlustausgleich aus dem ideellen Bereich wird als Gewinnrückgabe und unschädlich angesehen. Liegt eine sechsjährige Gewinnzuführung nicht vor, so ist eine Gewinnrückgabe innerhalb von 12 Monaten nach Ende des Wirtschaftsjahres, in dem der Verlust entstanden ist, möglich, jedoch nur mit Gewinnen aus wirtschaftlichem Geschäftsbetrieb oder speziell erhobenen Umlagen (BFH/NV 09, 1837; AEAO zu § 55 Nr 6 und § 55 Rz 9).

8 **Abschreibungsverlust:** Des Weiteren ist ein Verlustausgleich aus Mitteln des ideellen Bereichs unschädlich, wenn der Verlust ausschl durch Berücksichtigung von anteiligen Abschreibungen auf gemischt genutzte Wirtschaftsgüter entstanden ist und bestimmte Voraussetzungen (Anschaffung des Wirtschaftsguts für den ideellen Teil, marktübliche Preise für die Leistungen des wirtschaftlichen Geschäftsbetriebs, wirtschaftlicher Geschäftsbetrieb bildet keinen eigenständigen Sektor in einem Gebäude, zB Gaststätte in einer Sporthalle, Einzelheiten AEAO zu § 55 Nr 5) erfüllt sind. Entsprechendes gilt bei Verlusten durch andere gemischte Aufwendungen, zB für Personal.

9 **Verlustgleich durch zweckgebundene Umlagen** ist immer möglich und das letzte Mittel, Verluste aus wirtschaftlichem Geschäftsbetrieb aufzufangen, ohne die Mittel der Körperschaft steuerschädlich zu verwenden. Die Umlagen oder Zuschüsse müssen dem Verlustausgleich ausdrücklich gewidmet sein, sie werden nicht als Beitrag oder Spende berücksichtigt. Der wirtschaftliche Geschäftsbetrieb darf auch ein Darlehen zum Verlustausgleich aufnehmen (iEinz AEAO zu § 55 Nr 7). **Anlaufverluste** bei neu gegründeten Betrieben werden 3 Jahre lang toleriert (BFH/NV 09, 1837; AEAO zu § 55 Nr 8). Die Beträge, die aus dem ideellen Bereich zum Ausgleich von Verlusten verwendet wurden, müssen ihm aber wieder zugeführt werden, und zwar regelmäßig innerhalb von 3 Jahren nach dem Ende des Verlustjahres. Ein wirtschaftlicher Geschäftsbetrieb, der zeitnah keine Überschüsse mehr erzielen wird, ist zu dem Zeitpunkt, in dem das absehbar ist, einzustellen (BFH/NV 09, 1837).

11 **Vermögensverwaltung** ist unschädlich. Zur Abgrenzung gegen einen wirtschaftlichen Geschäftsbetrieb s § 14. Obwohl zu den Mitteln iSv § 55 nicht nur die Erträge des Vermögens, sondern auch das Vermögen selbst zählen, braucht die Körperschaft nicht etwa vorhandenes Vermögen zu veräußern und den satzungsmäßigen Zwecken zuführen. Sie darf das Vermögen daher verwalten, auch umschichten, um daraus Erträge für ihre satzungsmäßigen Zwecke zu erzielen (BFH BStBl 92, 62; s auch § 56 Rz 2). Eine sachgerechte Vermögensverwaltung muss sich an den Zwecken der steuerbegünstigten Körperschaft orientieren, wirtschaftlich sinnvoll sein und diese im Endeffekt aus der Sicht zum Zeitpunkt der Anlage fördern. Bei der wirtschaftlichen Betrachtung müssen insbes die Rendite und das Risiko bedacht werden (FG Mchn EFG 17, 753 mwN, Rev BFH X R 46/16). Unschädlich ist es, mit Vermögen und freien Rücklagen Kapitalgesellschaften oder wirtschaftliche Geschäftsbetriebe auszustatten oder Anteile an nicht steuerbegünstigten Gesellschaften (zB im Falle der Betriebsaufspaltung) zu erwerben (BayLfSt DStR 10, 2518; mit zeitnah zu verwendenden Mitteln allerdings nur, falls die Gesellschaft selbst steuerbegünstigt ist, zB als ausgegliederter Zweckbetrieb, FinMin Bbg DStR 05, 290). Hochspekulative Geldanlagen können im Einzelfall als Fehlverwendung von Mitteln anzusehen sein. Ob und wieweit die Körperschaft Erträge aus Vermögensverwaltung oder sonstige Mittel wieder der **Vermögensverwaltung zuführen** darf, regelt sich nach § 62 I Nr 3 (früher § 58 Nr 7 aF; s Rz 7). Außerdem darf die Körperschaft einen ihr zugewendeten Betrag oder Gegenstand

ihrem Vermögen zuführen, wenn der Spender dies wünscht (zB Spendenaufruf zur Aufstockung des Vermögens, Zustiftungen) oder wenn es sich um eine Zuwendung von Todes wegen handelt. Gleiches gilt für Sachzuwendungen, die ihrer Natur nach der Vermögensbildung dienen, etwa Schenkung eines Mietwohngrundstücks (§ 63 III Nr 4). Ferner bestehen keine Bedenken gegen die Zuführung von Mitteln zur Vermögensverwaltung, wenn sie gleichwohl (wie zB bei nicht langfristigen Festgeldern) zeitnah (s dazu Rz 18) für satzungsmäßige Zwecke zur Verfügung stehen (näher *Herbert* BB 91, 178).

Verwaltungskosten in angemessener, jedoch nicht in beliebiger Höhe sind unschädlich. Für Personalkosten enthält § 55 I Nr 3 eine spezielle Regelung (§ 55 Rz 24). Überhöhte Gehälter für Geschäftsführer fallen auch unter die Mittelfehlverwendung (FG MeVo EFG 17, 1137, Rev BFH V R 5/17). Die steuerbegünstigte Körperschaft kann ohne Nachteile Mittel für ihre **Innenverwaltung** (zB Anmietung von Büroräumen, Beschäftigung von Angestellten, Bürokosten, Mitglieder- und Spendenwerbung, Beratungskosten usw) und für die Werbung von Mitgliedern und Spenden (dafür jedoch keine spezielle Höchstgrenze mehr vorgesehen) verwenden. Anders lassen sich die steuerbegünstigten Zwecke idR überhaupt nicht erfüllen. Verwaltungskosten von über 50% der im Durchschnitt zur Verfügung stehenden Mittel sind jedoch regelmäßig schädlich (BFH BStBl 00, 320; AEAO zu § 55 Nr 18), im Einzelfall genügt auch schon eine geringere Verwaltungsquote. Die Körperschaft fördert dann nicht mehr vorrangig steuerbegünstigte Zwecke gem ihrer Satzung, sondern ihre Selbstverwaltung. Anders kann dies bei Körperschaften sein, die ihre steuerbegünstigten satzungsmäßigen Zwecke vornehmlich durch Einsatz von Personen (zB Pflegern, Betreuern usw) erfüllen (vgl *Herbert* BB 91, 178). In der ersten Zeit nach Gründung einer gemeinnützigen Körperschaft (Aufbauphase; nach AEAO zu § 55 Nr 19, Obergrenze nach den Verhältnissen des Einzelfalls bis höchstens 4 Jahre, idR weniger) sieht die Rspr noch Ausgaben iHv über 50% der Spenden für Verwaltungskosten und Werbung von Spenden als angemessen an (BFH BStBl 00, 320; zustimmend *Schulz* DStR 99, 354). 13

§ 55 I Nr 1 S 2. Zuwendungen an Mitglieder und Gesellschafter sind nur sehr begrenzt mit dem Grundsatz der Selbstlosigkeit in Einklang zu bringen. Unter das Gebot, Mittel nur für die satzungsmäßigen Zwecke zu verwenden, fällt auch das in **§ 55 I Nr 1 S 2** ausgesprochene Verbot, Mitgliedern und Gesellschaftern **Gewinnanteile und sonstige Zuwendungen,** die auf der Mitgliedschaft beruhen, zukommen zu lassen. Zu den Gewinnanteilen gehören auch **verdeckte Gewinnausschüttungen** (BFH BStBl 12, 226; BFH/NV 14, 984; FG Hess BeckRS 2014, 95423). Zu den verdeckten Gewinnausschüttungen zählt eine als Spende deklarierte Zahlung, die im Ergebnis einem Gesellschafter der steuerbegünstigten Körperschaft zugute kommt und im Vergleich mit dem übrigen Spendenverhalten (erlaubte Weitergabe von Mitteln) an andere Körperschaften keine fremdübliche Spende ist, weil sie deutlich höher ausfällt (FG Hess EFG 14, 1225). Eine verdeckte Gewinnausschüttung kann auch in der Hingabe eines Darlehens liegen, das nicht genügend gesichert ist und zu niedrig/gar nicht verzinst wird (FG Mchn EFG 17, 753 mwN, Revision anhängig BFH X R 46/16). Verdeckte Gewinnausschüttung ist auch eine verhinderte Vermögensmehrung, die dadurch entsteht, dass Leistungen für ein zu geringes Entgelt erbracht werden (BFH BStBl 13, 1024; BFH/NV 14, 984). Das ist zB bei einer kommunalen Eigengesellschaft der Fall, wenn diese für ihre Leistungen von der Körperschaft des öffentlichen Rechts ein Entgelt erhält, das einem Fremdvergleich nicht standhält (BFH BStBl 16, 68; § 55 Rz 3). In diesem Zusammenhang hält der BFH einen Kostenausgleich zuzüglich eines marktüblichen Gewinnaufschlags für notwendig, um eine verdeckte Gewinnausschüttung auszuschließen. Bei der Anwendung der Rspr auf andere Fälle ist zu bedenken, dass das Urteil zu einem speziellen Einzelfall (Gemeinde erfüllt nicht nur gemeinnützige Zwecke) ergangen ist und es um die Erfüllung von 15 hoheitlichen Aufgaben des Gesellschafters/der Gemeinde ging. Die Finanzverwaltung lässt daher abseits dieser Konstellation bereits ein kostenausgleichendes Entgelt ohne Gewinnaufschlag genügen, weil eine gemeinnützige Organisation nicht gewinnorientiert arbeitet und Gewinnaufschläge in der Regel nicht marktüblich sind (AEAO zu § 55 Tz 2; vgl auch *Hüttemann* DB 16, 1138). Die FinVerw erkennt damit die Rechtsprechungsänderung des BFH zu den Eigengesellschaften der öffentlichen Hand an, ohne für andere steuerbegünstigte Körperschaften daraus im AEAO neue Auslegungen und ungünstige Folgen abzuleiten. Maßstab bleibt die Regelung im Gesetz. Zu den nach § 55 Nr 1 verbotenen Zuwendungen gehören auch Zahlungen, die das eingebrachte Kapital (zum Nennwert) übersteigen. Das Verbot, Mitglieder durch Gewinnanteile, auch im Rahmen einer verdeckten Gewinnausschüttung, oder Zuwendungen zu begünstigen (Satz 2 der Nr 2), wird vor allem bei der gemeinnützigen GmbH praktisch, bei der schon die Satzung entsprechend gefasst sein muss. Zuwendungen, die entgegen oder ohne Grundlage in der Satzung erfolgen, sind generell schädlich (BFH/NV 01, 1536; BMF BStBl 09, 1318; 14, 1581). Folge einer verdeckten Gewinnausschüttung kann im Einzelfall auch ein Verstoß iSd § 61 III sein (BFH BStBl 12, 226). § 55 I Nr 1 S 2 bezieht sich nicht auf Zuwendungen im Rahmen der Verwendung von Mitteln, die von § 58 Nr 2 gedeckt sind und ggf Mitglieder oder Gesellschafter betreffen, die selbst eine steuerbegünstigte Körperschaft sind (§ 58 Rz 3). Eine verdeckte Gewinnausschüttung kann nicht als Verwendung iSd § 58 I Nr 1 angesehen werden (BFH BStBl 16, 68).

16 Verbotene Zuwendungen an Mitglieder oder Personen, die ihnen nahe stehen, sind nicht nur gewinnähnliche Zuwendungen, sondern **wirtschaftliche Vorteile aller Art** (auch ersparte Aufwendungen), die die Körperschaft den Mitgliedern unentgeltlich oder verbilligt durch Einsatz ihrer Vermögenswerte gewährt (BFH/NV 12, 1478: Finanzierung einer Reise mit touristischem Einschlag; FG Mchn EFG 96, 938). Dies gilt auch im Rahmen eines wirtschaftlichen Geschäftsbetriebs. Kennzeichnend für verbotene Zuwendungen im Rahmen des § 55 I Nr 1 S 2 ist, dass ihre Rechtfertigung auf der Mitgliedschaft beruht und ihr, abgesehen von einem Mitgliedsbeitrag, keine Gegenleistung des Mitglieds gegenübersteht. Verboten ist auch sog **Aufwendungsersatz,** der, pauschal gezahlt, über die tatsächlichen Aufwendungen hinausgehen kann. Es reicht, wenn die Zuwendungen mit Blick auf die Mitgliedschaft solchen Personen gewährt werden, die den Mitgliedern nahe stehen. Als Zuwendung dürfen Mitglieder nur **Annehmlichkeiten** (Wertgrenze nicht geregelt, in Anlehnung an R 19.6 LStR ab 1.1.2015 im Wert bis ca 60 €) erhalten, die allgemein üblich bei der Betreuung von Mitgliedern sind und nach der Verkehrsauffassung als angemessen anzusehen sind (AEAO zu § 55 Nr 10). Außerdem erlaubt § 58 Nr 8 die Finanzierung geselliger Zusammenkünfte (Einzelheiten § 58 Rz 15). IÜ kann die Zuwendung an ein Mitglied insbes auch gem § 55 I Nr 3 steuerschädlich sein; zu Vergütungen s Rz 24.

18 Nach **§ 55 I Nr 1 S 3** schließt eine Spende an eine **politische Partei** (Höhe gleichgültig) die Selbstlosigkeit für den betr Veranlagungszeitraum aus (BFH/NV 99, 145). Die Unterstützung einer Partei kann daher nie als satzungsmäßiger Zweck einer steuerbegünstigten Körperschaft festgelegt werden. Vgl auch § 52 Rz 48; § 56 Rz 4.

20 **4. Auflösung oder Aufhebung der Körperschaft. § 55 I Nr 2** legt fest, dass Mitglieder nach ihrem Ausscheiden oder bei Auflösung oder Aufhebung der Körperschaft nicht mehr als ihre eingezahlten Kapitalanteile und den gemeinen Wert ihrer geleisteten Sacheinlagen zurückerhalten dürfen. Eingezahlte Kapitalanteile iSv § 55 Nrn 1 und 4 liegen nicht vor, soweit für eine Kapitalerhöhung Gesellschaftsmittel verwendet worden sind (AEAO zu § 55 Nr 23). Bei Rückgabe einer Sacheinlage in natura ist es unschädlich, wenn die zur Verfügung gestellte Sache in der Zeit der Benutzung durch die Körperschaft eine Wertsteigerung er-

fahren hat, es sei denn, dass diese Wertsteigerung durch die Körperschaft selbst vorgenommen worden ist, zB durch Renovierung oder Umbau eines Hauses. Wertsteigerungen sind in Geld auszugleichen (AEAO zu § 55 Nr 29).

Bei den genannten Sacheinlagen geht es **nur um Einlagen iS des Handelsrechts,** für die dem Mitglied Gesellschaftsrechte eingeräumt worden sind. Es sind also nur Kapitalgesellschaften, nicht Vereine betroffen. Unentgeltlich zur Verfügung gestellte Vermögensgegenstände (Leihgaben oder Sachspenden) fallen nicht unter § 55 Nrn 2 und 4.

5. Begünstigung von Personen. § 55 I Nr 3 verbietet Ausgaben, die eine Person begünstigen, aber nicht dem Zweck der Körperschaft entsprechen (1. Alternative) oder aber eine unverhältnismäßig hohe Vergütung (2. Alternative) darstellen. Ausgaben sind nicht nur Verwaltungsausgaben. Die Vorschrift betrifft **Zuwendungen und Vergütungen an Dritte und Mitglieder** („keine Person"), während § 55 I Nr 1 S 2 die Gewährung von Vorteilen und Zuwendungen nur an Vereinsmitglieder erfasst. Es gelten im Prinzip dieselben Grundsätze, die Regelungen überschneiden sich. Obwohl die Vorschrift nur von Ausgaben und Vergütungen spricht, ist wie ggü den Mitgliedern jede Zuwendung von Vermögensvorteilen grds verboten, sofern die Zuwendung satzungsfremd ist und ohne entsprechenden Gegenwert erfolgt (BFH/NV 11, 2009; FG Mchn EFG 11, 1214). Darunter fällt zB die Übernahme von fremden Kosten **ohne Gegenleistung** und **ohne vertragliche Verpflichtung** (BFH/NV 11, 2009). Das gilt auch, wenn die Aufwendungen mittelbar im Interesse der Körperschaft liegen (vgl FG Mchn EFG 11, 1214). Es gelten ähnliche Erwägungen wie oben (Rz 15, 16) zu Zuwendungen an Mitglieder. Übliche und angemessene Werbegeschenke, die sich zB an einen potentiellen Spender richten (zB Adressaufkleber) sind erlaubt. 22

Eine **satzungswidrige Zuwendung** liegt nicht nur vor, wenn eine Zuwendung nicht vom satzungsmäßigen Zweck getragen wird, sondern auch dann, wenn die Auszahlung einer Gegenleistung für Dienste, die der Körperschaft zugute kommen, nicht in der Satzung vorgesehen ist. Ein Verstoß gegen das Gebot der Selbstlosigkeit liegt vor, wenn die Körperschaft ein Wirtschaftsgut unentgeltlich oder gegen zu geringes Entgelt überlässt (BFH BStBl 92, 62). Die unentgeltliche Verteilung von Veröffentlichungen eines gemeinnützigen Vereins an dessen Mitglieder ist nicht unbedingt eine unzulässige sonstige Zuwendung aus den Mitteln der Körperschaft (BFH BStBl 56, 173), ebenso nicht die verbilligte Abgabe von Eintrittskarten an Vereinsmitglieder für Veranstaltungen des Vereins, solange der im Jahr zu erzielende Vorteil des Mitglieds seinen Jahresbeitrag nicht übersteigt (vgl *Jansen* 92, 133 zu Eintrittskarten für Fußball-Bundesligaspiele; ähnlich *Reimer/Waldhoff* FR 02, 318, 324). Zur angemessenen Gegenleistung von Personen für Zuwendungen einer Körperschaft s auch unten Rz 24. Bei Geldzuwendungen ist zwischen Tätigkeitsvergütungen und Erstattung von Aufwendungen zu unterscheiden. **Tätigkeitsvergütungen** müssen ausnahmslos in der Satzung verankert sein (vgl § 27 III 2 BGB, der für den Vorstand eines Vereins von einer unentgeltlichen Tätigkeit ausgeht); andernfalls liegt ein Verstoß gegen das Gemeinnützigkeitsrecht vor (AEAO zu § 55 Nr 24). Das Gebot der Selbstlosigkeit ist auf jeden Fall verletzt, wenn die Satzung von ehrenamtlicher, dh unentgeltlicher Tätigkeit einer Person ausgeht und trotzdem ein, wenn auch sonst angemessenes Entgelt gezahlt wird (FG Mchn EFG 01, 538; BFH/NV 01, 1536 OFD Frankfurt BeckVerw 279358). Das gilt auch für Beträge, die wegen § 3 Nrn 26, 26a EStG für den Empfänger steuerfrei sind (Vor § 51 Rz 15). Die bloße Übernahme von § 4 der Mustersatzung in die Satzung führt nicht dazu, dass nach der Satzung ein angemessenes Entgelt gezahlt werden darf (BMF DStR 09, 2254; BStBl 14, 1581); das Entgelt muss immer explizit in der Satzung geregelt sein oder – mit entsprechendem Satzungsvorbehalt – in einer Vereinsordnung, die auf der Satzung fußt. Regelungen in einer Vereinsordnung, die ihrerseits auf einer Satzungsregelung beruhen, 23 stehen Regelungen in einer Satzung gleich (BMF BStBl 14, 1583, Tz 2). Eine rückwirkende Satzungsänderung ist nicht möglich. Pauschal bemessene Vergütungen für Arbeits- und Zeitaufwand des Vorstands sind nur zulässig, wenn sie ausdrücklich in der Satzung vorgesehen sind (BMF BStBl 14, 1581).

23a **Aufwendungsersatz** bezieht sich auf die Erstattung von Aufwendungen, die im eigenen Namen für die steuerbegünstigte Körperschaft gemacht wurden (Einkauf von Büromaterial, Fahrtkosten). Ein Vorstandsmitglied hat nach § 670 BGB, auch im Rahmen einer ehrenamtlichen Tätigkeit (§ 27 III 2 BGB) Anspruch auf Aufwendungsersatz (vgl *Reiffs* DStR 91, 1237, auch zu zivilrechtlichen Ansprüchen anderer Personen, die für eine steuerbegünstigte Körperschaft tätig sind). Die im Zivilrecht vorgesehene Regelung gilt für alle Vereine, auch für die nicht steuerbegünstigten. Tatsächlich entstandene Auslagen (eigene Aufwendungen und nachgewiesene Ausgaben im Namen und für Rechnung der steuerbegünstigten Körperschaft) können ohne Regelung in der Satzung ersetzt werden; denn insoweit liegt keine Abgeltung von Arbeits- und Zeitaufwand vor (BMF BStBl 14, 1581; zutreffend einschränkender BMF BStBl 14, 1584). Das kann mE nur für Aufwendungen zutreffen, die nicht mit einer Tätigkeit für die steuerbegünstigte Körperschaft zusammenhängen (zB Einkauf von Briefmarken für Spendenaufrufe).

Ob Vorstandsmitglieder und Vereinsmitglieder ihren Anspruch auf Aufwendungsersatz ohne Verstoß gegen das Prinzip der Selbstlosigkeit durchsetzen können, ist bei Aufwendungen, die mit einer ehrenamtlichen Tätigkeit für die steuerbegünstigte Körperschaft zusammenhängen, auch nach § 55 zu beurteilen. In der Regel,insbes aus wirtschaftlichen Gründen, wird ehrenamtliche Arbeit für steuerbegünstigte Körperschaften nicht nur unentgeltlich, sondern auch ohne Ersatz von Aufwendungen geleistet (FG Mchn BeckRS 2001, 21010816; FG Nds EFG 15, 904; BMF BStBl 14, 1584); zivilrechtliche Ansprüche auf Aufwendungsersatz können ausdrücklich oder auch stillschweigend abbedungen sein. Soll Aufwendungsersatz von der steuerbegünstigten Körperschaft ohne Verstoß gegen die §§ 51 ff beansprucht werden können, so muss dies aus Sicht des StRechts zwischen der steuerbegünstigten Körperschaft und demjenigen, der die Aufwendungen aufbringt, vereinbart und ggf in Schriftform nachgewiesen werden (BFH/NV 17, 593).; dies gilt auf jeden Fall dann, wenn später eine Aufwandsspende stattfindet; das folgt aus den Voraussetzungen, die § 10b III 5 EStG für die Abziehbarkeit von Spenden und die Ausstellung korrekter Zuwendungsbestätigungen in diesem Fall aufstellt (BMF v 25.11.2014, BStBl I, 1584; BFH/NV 17, 593). Ist der Vorstand einer steuerbegünstigten Körperschaft nach den Bestimmungen in der Satzung ermächtigt, Aufwandsentschädigungen auszuzahlen, so reicht ein – zeitlich vor den Aufwendungen gefasster – Vorstandsbeschluss aus, um Aufwandsentschädigungen zu rechtfertigen (BMF BStBl 14, 1584, Tz 2). Aufwandsentschädigungen dürfen nicht ersetzt werden, wenn die Grundlage dafür erst nach der Tätigung von Auslagen geschaffen worden ist. Als Auslage können nur solche Aufwendungen ersetzt werden, die den Satzungszweck fördern und bei dem Aufwendenden wirtschaftlich zu einer Entreicherung geführt haben (BMF BStBl 14, 1584, Tz 4, 6; BFH/NV 07, 2251; FG Mster EFG 12, 1539; FG Thür BeckRS 2002, 26020149). Eine Entreicherung liegt zB nicht vor, wenn die Aufwendung auch dem eigenen Vorteil dient (BFH/NV 07, 2251; FG BBg EFG 14, 989).

Ob Aufwendungsersatz auch pauschal ersetzt werden darf, ist eine weitere Frage, sofern die Erstattung von Aufwendungsersatz überhaupt gestattet ist. Pauschaler Aufwendungsersatz ist auch unter dieser Voraussetzung nur möglich, wenn er den tatsächlichen Aufwand offensichtlich nicht übersteigt und damit nicht Arbeits- und Zeitaufwand pauschal abgegolten werden (BMF DStR 09, 2254; BStBl 14, 1581). Im Einzelfall kann die Abgrenzung zur Tätigkeitsvergütung jedoch schwierig sein, zB wenn der Verdacht besteht, eine vereinbarte Gegenleistung sei überhöht und enthalte damit eine versteckte Zuwendung.

Bei einer **Rückspende oder Aufwandsspende,** also dem Verzicht des Mitglieds/Vorstands oder eines Dritten auf Entlohnung, Aufwendungsersatz oder auf einen sonstigen Anspruch gegen Ausstellung einer Zuwendungsbestätigung, sind bestimmte Regeln zu beachten (§ 10b III EStG). Die Tatsache, dass bei der Rück- oder Aufwandsspende kein Geldfluss zwischen der Körperschaft und dem Spender stattfindet oder die Auszahlung rückgängig gemacht wird, hilft über die Notwendigkeit, dass Vergütungsansprüche **satzungsmäßig** verankert sein müssen, nicht hinweg. Die Rückspende ist technisch gesehen eine Geldspende. Sie fließt im Zeitpunkt des Verzichts zu und kann erst dann von der steuerbegünstigten Körperschaft bestätigt werden (BMF BStBl 14, 1584; FG Mchn EFG 09, 1823). Eine Rückspende wird nur anerkannt, wenn ein durch Satzung vorgesehener Anspruch auf eine Vergütung für Arbeitsaufwand und damit zusammenhängende weitere Aufwendungen (zB Fahrtkosten, Kommunikationskosten) vorliegt und der Spender auf einen mit ihm **ernsthaft** vereinbarten, ihm **tatsächlich zustehenden** und **erfüllbaren,** dh werthaltigen, Anspruch ggü der steuerbegünstigten Körperschaft verzichtet (BMF BStBl 14, 1584; 16, 994; BFH/NV 07, 2251; FG Mchn EFG 09, 1823; FG BBg EFG 14, 989, falls die Körperschaft keinen eigenen Abrechnungszeitpunkt, zB einmal jährlich, vorgibt) erklärt werden; andernfalls geht die FinVerw davon aus, dass der Anspruch, auf den verzichtet wird, nicht ernsthaft vereinbart wurde (BMF 25.11.2014, BStBl I, 1584). Indiz dafür, dass der Anspruch ernsthaft vereinbart wurde, ist ein in Bezug auf seine Entstehung zeitnaher Verzicht. Die FinVerw geht von einem zeitnahen Verzicht aus, wenn die Erklärung bei einem einmaligen Anspruch innerhalb von drei Monaten nach Fälligkeit abgegeben wird; bei Ansprüchen aus einer regelmäßigen, dh gewöhnlich monatlich ausgeübten Tätigkeit, verlängert sich die Frist auf ein Jahr nach Fälligkeit des Anspruchs (BMF BStBl 16, 994). Bei einem Anspruch auf Fahrtkostenersatz kommt es auf den Abrechnungszeitpunkt der Körperschaft an. In allen Fällen darf gem § 10b III 6 EStG nicht von vornherein ein Verzicht erwartet werden. Für eine Rückspende muss der Anspruch, auf den verzichtet wird, schriftlich nachgewiesen werden, weil sonst die Vermutung für eine ehrenamtliche Tätigkeit besteht; die Vereinbarung muss vor dem Beginn der Tätigkeit abgeschlossen sein (§ 10b III 5 EStG, BMF BStBl 14, 1584). 23b

Erhält eine Körperschaft Vermögen, das bereits mit Ansprüchen belastet ist (zB Nießbrauch, Vermächtnis), so liegt in der Erfüllung dieser Ansprüche auch dann keine verbotene Zuwendung iSd § 55 I Nr 1, wenn die Körperschaft diese Ansprüche aus ihrem Vermögen (einschl Rücklage) oder aus Erträgen erbringt (AEAO zu § 55 Nr 12). Unschädlich sind von § 58 Nr 7 gedeckte Zuwendungen. 23c

Eine **unverhältnismäßig hohe Vergütung** verstößt auch dann gegen den Grundsatz der Selbstlosigkeit, wenn sie in der Satzung der Körperschaft ausdrücklich vorgesehen ist. Daran ändert sich nichts dadurch, dass sich die Ausgaben der Körperschaft für Verwaltungsaufwendungen insgesamt in einem angemessenen Rahmen bewegen (AEAO zu § 55 Nr 21). Das Verbot des § 55 I Nrn 1 und 3 (Rz 22) wird nicht verletzt, wenn angemessene **Vergütungen** (zB Aufsichtsratsvergütungen) oder Gehälter und Vergütungen an Mitglieder für geleistete Arbeit und für die Überlassung von Räumen gezahlt werden (BFH BStBl 97, 474). Entscheidend ist, ob die Körperschaft einen Vermögensvorteil zuwendet, den sie bei Anwendung der Sorgfalt eines ordentlichen und gewissenhaften Geschäftsführers einem Nichtmitglied nicht gewährt hätte (vgl BFH BStBl 88, 301; 92, 690; FG Hbg EFG 05, 158: Zinsen für ein Darlehen, das der Verein nicht benötigt hätte). Es dürfen nur erforderliche und wirtschaftlich sinnvolle Tätigkeiten entlohnt werden (BFH/NV 03, 160). Ob eine Vergütung „angemessen" ist, richtet sich auch nach der Art der Tätigkeit für die gemeinnützige Körperschaft und danach, was der Stpfl sonst verdient (BFH/NV 01, 1536 zu FG Mchn EFG 01, 538). Es gibt keine feste Summe, aber die Unangemessenheit kann durch Vergleich mit Vergütungen festgestellt werden, die unter ähnlichen Verhältnissen intern und allgemein extern 24 gezahlt werden; sprunghafte Gehaltssteigerungen können ein Indiz für Unangemessenheit sein (FG MeVo EFG 17, 1137 mwN, Rev BFH V R 5/17). Über die Zahlung von Spesen und Vergütungen an Sportler s § 67a Rz 25; Rz 36 auch zur Zahlung von Ablösesummen bei Vereinswechsel. Eine schädliche Zuwendung an Mitglieder liegt unter dem Gesichtspunkt einer übermäßigen Bevorteilung nicht vor, wenn das Mitglied für die Zuwendung eine nach wirtschaftlichen Grundsätzen abgewogene Gegenleistung erbringt, zB Dienstleistung, Kaufpreiszahlung. Dienstleistungen und Zeitaufwand können jedoch wegen der Maßgeblichkeit der Satzung und dem Grundsatz der Selbstlosigkeit, der zur Ehrenamtlichkeit führt, auch in angemessenem Umfang nur entgolten werden, wenn die Satzung dies vorsieht. Empfehlenswert ist eine sorgfältige Vertragsgestaltung mit Mitgliedern, aber auch mit Dritten. Zur Rückspende von Ansprüchen s § 55 Rz 23b. Unangemessen hohe Vergütungen oder unangemessener Ersatz von Aufwendungen sowie die Bestätigung von Aufwandsspenden, die sich auf solche unangemessenen Leistungen beziehen, können zum Verlust der Gemeinnützigkeit führen (BMF BStBl 14, 1584).

25 **6. Satzungsmäßige Vermögensbindung. § 55 I Nr 4:** Der Grundsatz der **satzungsmäßigen Vermögensbindung** erhält das einem gemeinnützigen Zweck gewidmete Vermögen auch über das Bestehen der Körperschaft hinaus oder bei Wegfall ihres Zwecks. § 61 enthält dazu weitere Regelungen über die Berücksichtigung der Vermögensbindung in der Satzung. Bei der **Abwicklung der Körperschaft** dürfen den Mitgliedern nur ihre eingezahlten Kapitalanteile und die von ihnen geleisteten Sacheinlagen, bewertet mit dem gemeinen Wert (unten Rz 30), zurückerstattet werden. Der Vermögensbindung unterliegt auch Vermögen, das vor Anerkennung der Steuerbegünstigung angesammelt worden ist (FM Brdbg DStR 93, 1902). Die Widmung des Vermögens für gemeinnützige Zwecke muss auch bei **Wegfall des Zwecks** der steuerbegünstigten Körperschaft erhalten bleiben. Eine gemeinnützige Gartenbaugesellschaft darf ihr Restvermögen auf eine Kommune übertragen, wenn diese Mittel dort gemeinnützig verwendet werden (BayLfSt DB 11, 503). Eine Satzungsbestimmung, nach der das bei Beendigung einer Körperschaft, die eine Untergliederung ist, noch vorhandene Vermögen treuhänderisch der entsprechenden Dachorganisation zwecks Neugründung einer neuen Körperschaft übertragen wird, genügt § 55 I Nr 4 nicht (OFD Chemnitz BeckVerw 066363). Der bisherige Zweck kann auch durch Änderung des Zwecks bzw durch Ersetzung des Zwecks entfallen. Dies ist nicht nur durch Satzungsänderung, sondern auch durch faktische Änderung aufgrund der tatsächlichen Geschäftsführung möglich (BFH BStBl 12, 226: verdeckte Ausschüttung von Gewinnen, die durch gemeinnützige Tätigkeit erwirtschaftet wurden, an Gesellschafter einer bisher steuerbegünstigten Körperschaft, auch bei Umweg über eine weitere steuerbegünstigte Körperschaft). Das, was nach Tilgung der Schulden und der zulässigen Rückgewähr an Mitglieder an Vermögen übrig bleibt, darf nur für steuerbegünstigte Zwecke verwendet werden. Zulässig ist es jedoch, dass die Körperschaft das Vermögen einer anderen steuerbegünstigten Körperschaft oder einer Körperschaft des öffentlichen Rechts für steuerbegünstigte Zwecke zur Verfügung stellt. Neben inl steuerbegünstigten Körperschaften kann das Vermögen auch einer in § 5 II Nr 2 KStG genannten Körperschaft übertragen werden (AEAO zu § 55 Nr 25).

26 **7. Zeitnahe Verwendung der Mittel. § 55 I Nr 5.** Zum Grundsatz der zeitnahen Verwendung der Mittel für steuerbegünstigte Zwecke s § 55 Rz 18. **§ 55 I Nr 5 S 2** sagt ausdrücklich, dass Mittel auch dann zeitnah ordnungsgemäß verwendet werden, wenn sie zur Anschaffung oder Herstellung von Gegenständen eingesetzt werden, die ihrerseits den satzungsmäßigen Zwecken der steuerbegünstigten Körperschaft dienen. Steuerschädlich ist es umgekehrt, wenn solche Gegenstände dem ideellen Bereich wieder entzogen werden, etwa durch deren

Verlagerung in einen wirtschaftlichen Geschäftsbetrieb oder in eine nicht steuerbegünstigte Gesellschaft. Konsequenzen werden aus einer solchen, im Prinzip steuerschädlichen Verlagerung von Vermögen nicht gezogen, wenn dem ideellen Bereich gleichzeitig nicht gebundenes Vermögen aus dem Vermögensstock, insbes aus der freien Rücklage, in gleichem Wert zugeführt wird, damit es zeitnah verwendet werden kann (BayLfSt DStZ 10, 2518).

Zeitnahe Verwendung der Mittel. Die Selbstlosigkeit ist nur gewahrt, wenn die Körperschaft ihre Mittel grds **zeitnah iSd § 55 I Nr 5** für ihre steuerbegünstigten Zwecke verwendet. Das Ehrenamtsstärkungsgesetz erweiterte mit Wirkung ab dem 1.1.2013 die Frist, in der Mittel zu verwenden sind, um ein Jahr. Zeitnah ist die Verwendung danach, wenn die in einem Wirtschaftsjahr zugeflossenen Mittel im Laufe der folgenden zwei Kalender- oder Wirtschaftsjahre verwendet werden (ausdrücklich § 55 I Nr 5; AEAO zu § 55 Nr 28 ff). Sie müssen direkt bis zu diesem Zeitpunkt verwendet werden, sofern sie nicht in eine Rücklage oder in das Vermögen fließen dürfen. Eine zeitnahe Mittelverwendung erfordert nicht, dass Spenden, die projektbezogen auf einem separaten Bankkonto gesammelt wurden, innerhalb der gesetzlichen Frist entsprechend von diesem Konto abgezogen und für den gemeinnützigen Zweck eingesetzt werden; es reicht aus, dass dafür ein entsprechend hohes Guthaben von einem anderen Bankkonto der Körperschaft für das gemeinnützige Projekt verbraucht wird (BFH DStR 17, 1754 mwN gegen Vorinstanz FG Hbg EFG 16, 534, das eine statische Betrachtung der Bankkonten befürwortete). Eine Unternehmergesellschaft, die gem § 5a III GmbHG zur Bildung einer Rücklage verpflichtet ist, verstößt nicht gegen das Gebot der zeitnahen Verwendung von Mitteln, wenn sie ihrer gesetzlichen Pflicht nachkommt (AEAO zu § 55 Nr 22). Nicht verwendete Beträge sind in der Bilanz oder Vermögensaufstellung auszuweisen (AEAO zu § 55 Nr 29). Zum Nachweis der zeitgerechten Verwendung von Mitteln im ideellen Bereich ist eine **Mittelverwendungsrechnung** zu erstellen, aus der sich der Zeitpunkt und Umfang von Zufluss und Abfluss der Mittel ergeben. Ausgenommen vom Gebot der zeitnahen Verwendung der Mittel ist die Bildung von Rücklagen, soweit sie gem § 62 zulässig sind. Das gilt für den ideellen Bereich und schließt nicht die Bildung freier Rücklagen im wirtschaftlichen Geschäftsbetrieb und im Bereich der Vermögensverwaltung aus, wenn ein konkreter Anlass gegeben ist, der aus objektiver unternehmerischer Sicht die Bildung der Rücklage rechtfertigt (AEAO zu § 62 Nr 1).

Darlehen. Bei der Vergabe von Darlehen ist zu unterscheiden: Bis zum Zeit- 27
punkt der noch zeitnahen Verwendung dürfen Mittel vorübergehend angelegt oder als Darlehen vergeben werden. Die Gewährung von Darlehen aus zeitnah zu verwendenden Mitteln ist ferner unschädlich, wenn damit der steuerbegünstigte satzungsmäßige Zweck unmittelbar (zB Vergabe eines Stipendiums für wissenschaftliche Zwecke) oder mittelbar (durch Vergabe an andere steuerbegünstigte Körperschaft, die diese Mittel selbst für steuerbegünstigten Zweck zeitnah verwendet) erfüllt wird; in diesen beiden letzten Fällen muss die Darlehensvergabe zu günstigeren Bedingungen als am Kreditmarkt erfolgen (zB Zinslosigkeit oder -verbilligung). Diese Darlehen müssen im Rechnungswesen kenntlich gemacht werden, damit auch überprüft werden kann, ob die Rückflüsse wieder zeitnah verwendet werden (AEAO zu § 55 Nr 15). Aus nicht zeitnah zu verwendenden Mitteln (Vermögen einschl zulässig gebildeter Rücklagen) können Darlehen zu normalen Bedingungen vergeben werden. Bei der Verwendung einer nach § 58 Nr 6 gebildeten Rücklage darf sich die Maßnahme nicht durch die Darlehensvergabe verzögern (AEAO zu § 55 Nr 16).

8. Ermittlung des gemeinen Werts. § 55 II stellt klar, dass es bei der Er- 30
mittlung des gemeinen Werts auf die Verhältnisse im Zeitpunkt der Vornahme der Sacheinlage ankommt und nicht auf die Verhältnisse im Zeitpunkt der Rückgabe der Sacheinlage. Eine Ausnahme davon ist nur nach Abs 3 möglich (Rz 32).

32 **9. Stiftungen, Betriebe gewerblicher Art. § 55 III** ordnet die sinngemäße Anwendung der Grundsätze, die für Mitglieder einer steuerbegünstigten Körperschaft bestehen, auf Stiftungen in Bezug auf die Stifter und deren Erben sowie auf Betriebe gewerblicher Art von Körperschaften des öffentlichen Rechts an. Für Stiftungen gelten die Grundsätze, die bei Zahlungen an den Vorstand eines Vereins zu beachten sind, entsprechend (AEAO zu § 55 Nr 24; BMF BStBl 09, 1318). Abweichend von den für Körperschaften geltenden Regelungen sind Wirtschaftsgüter bei ihrer Rückgewähr mit dem Buchwert der Entnahme (anstatt mit dem gemeinen Wert, Abs 2) zu bewerten, falls sie früher aus einem Betriebsvermögen zum Buchwert entnommen worden sind (§ 55 III aE). Auf diese Weise bleiben die stillen Reserven erhalten. Bei Stiftungen dient das Grundstockvermögen dem Erhalt der Stiftung; es gehört daher nicht zu den Mitteln der Stiftung, die zeitnah und unmittelbar für gemeinnützige Zwecke zu verwenden sind. Zur gemeinnützigen Stiftung vgl auch *Schauhoff* Handbuch der Gemeinnützigkeit, 3. Aufl 2010, S 118 ff; *Seifart/v Campenhausen* Stiftungsrechts-Handbuch, 3. Aufl 2009.

§ 56 Ausschließlichkeit

Ausschließlichkeit liegt vor, wenn eine Körperschaft nur ihre steuerbegünstigten satzungsmäßigen Zwecke verfolgt.

Schrifttum: *Hüttemann* Der neue Anwendungserlass zum Abschnitt „Steuerbegünstigte Zwecke", DB 12, 250; *Schunk* Das organisationsgebundene Förderkonzept im steuerlichen Gemeinnützigkeitsrecht. Aufgabe im Rahmen der Hilfe für Flüchtlinge, DStR 17, 1748.

1 **1. Verfolgung satzungsmäßiger Zwecke. Ausschließlichkeit** erfordert, dass die Körperschaft allein im Rahmen ihres Satzungszwecks tätig wird. Die StBegünstigung entfällt, wenn der Grundsatz der Ausschließlichkeit verletzt wird. Es ist aber stl unschädlich, wenn aufgrund der Satzung mehrere steuerbegünstigte Zwecke nebeneinander verfolgt werden, zB kirchliche oder religiöse neben mildtätigen Zwecken (BFH BStBl 56, 22; AEAO zu § 56 Nr 2). Diese verschiedenen steuerbegünstigten Zwecke müssen sich aber zwingend aus der Satzung ergeben, notfalls muss sie ergänzt werden. Soweit nicht im Gesetz Ausnahmen zugelassen sind (§ 56 Rz 2), ist es mit dem Gebot der Ausschließlichkeit unvereinbar, einen anderen Zweck als in der Satzung genannt zu verfolgen oder einen Zweck zu fördern, der nicht steuerbegünstigt ist (zB die Förderung von beruflichen Interessen, FG Hess BeckRS 2017, 126701).

2 **2. Lockerungen des Ausschließlichkeitsgrundsatzes.** Das Gesetz enthält eine Reihe von Ausnahmen von dem strikten Gebot der Ausschließlichkeit, zB in § 58 (steuerlich unschädliche Betätigungen), § 65 (Zweckbetrieb), § 66 (Wohlfahrtspflege), § 67 (Krankenanstalten), § 68 (einzelne Zweckbetriebe). Ein wirtschaftlicher Geschäftsbetrieb, also eine wirtschaftliche und stpfl Betätigung neben dem ideellen Bereich und der Vermögensverwaltung (§§ 14, 64), ist grds von § 56 nicht verboten. Der wirtschaftliche Geschäftsbetrieb darf aber nicht so weit gehen, dass die wirtschaftliche Betätigung faktisch zu einem weiteren Zweck der steuerbegünstigten Körperschaft wird (Einzelheiten s Rz 3). Gleiches gilt nach Auffassung der FinVerw für die Vermögensverwaltung (AEAO zu § 56 Nr 1). In der Regel verstößt eine neben den steuerbegünstigten satzungsmäßigen Zwecken ausgeübte **vermögensverwaltende Tätigkeit** nicht gegen das Ausschließlichkeitsgebot (BFH BStBl 92, 62; s auch § 55 Rz 11). Davon geht auch § 58 Nr 7a aus. Anders als bei wirtschaftlichen Geschäftsbetrieben sind die Erträge aus Vermögensverwaltung (zB Mieteinnahmen, Zinsen usw) steuerbegünstigt. Sie müssen für die steuerbegünstigten Zwecke verwendet oder – höchstens in den Grenzen des § 58 Nr 7a – der freien Rücklage zugeführt werden BFH FR 96, 758).

3 Ein **wirtschaftlicher Geschäftsbetrieb** (§ 14, vgl § 64) ist generell erlaubt, kann aber im Einzelfall nicht nur das Gebot der Selbstlosigkeit (§ 55) verletzen,

sondern vor allem dem Grundsatz der Ausschließlichkeit widersprechen. Gleiches gilt für die **Vermögensverwaltung** einer Körperschaft; hier gelten dieselben Abgrenzungskriterien wie beim wirtschaftlichen Geschäftsbetrieb. Die Grenzen der Vereinbarkeit eines wirtschaftlichen Geschäftsbetriebs, der nicht Zweckbetrieb ist, mit den Regeln der §§ 51 ff werden nicht mehr nach der sog Geprägetheorie bestimmt, die sich vor allem am Gebot der Selbstlosigkeit orientierte. Nach früherer Rspr und Verwaltungsauffassung war die Steuerbegünstigung von Körperschaften ausgeschlossen, wenn ein wirtschaftlicher Geschäftsbetrieb der Körperschaft das Gepräge gab (früher AEAO zu § 55 Nr 2). Diese Sichtweise konnte im Einzelfall an sich gemeinnützige Tätigkeiten unmöglich machen, nämlich dann, wenn die wirtschaftliche Betätigung die einzige wirksame Finanzierungsmöglichkeit eines Vereins war (zB Basar zur Mittelbeschaffung, so noch OFD Frankfurt StEK § 55 Nr 29); dies war nicht gewünscht. Nach der Abkehr von der Geprägetheorie stellen Rspr und FinVerw darauf ab, ob der wirtschaftliche Geschäftsbetrieb dazu führt, dass der gemeinnützige Zweck nicht mehr ausschl verfolgt und von einem anderen Zweck durch die wirtschaftliche Betätigung verdrängt wird. Ein wirtschaftlicher Geschäftsbetrieb ist danach nur schädlich, wenn er in der Gesamtschau zum Selbstzweck wird und damit eigenständig neben den steuerbegünstigten Zweck tritt bzw diesen verdrängt (BFH BStBl 07, 631; AEAO zu § 56 Nr 1). Der wirtschaftliche Geschäftsbetrieb muss immer im Dienst des gemeinnützigen Zwecks stehen, indem durch ihn Mittel für den gemeinnützigen Zweck beschafft werden. Soweit es an einer anderen ausreichenden Finanzierung fehlt und zwingende wirtschaftliche Umstände es erfordern, darf nach der Rspr der wirtschaftliche Geschäftsbetrieb im Einzelfall überwiegen, um Mittel für den steuerbegünstigten Zweck zu beschaffen (BFH BStBl 02, 162; aA BMF BStBl I 02, 267). Es muss aber gewährleistet sein, dass die Körperschaft ausschl die Förderung ihres Zwecks verfolgt (BFH BStBl 07, 631). Damit sind vor allem auch solche wirtschaftlichen Geschäftsbetriebe schädlich, die auf Dauer nur defizitär arbeiten (s *Hüttemann* DB 12, 250, 253, der bei der Wirtschaftlichkeitsprognose alle Geschäftsbetriebe als mit dem Ausschließlichkeitsgrundsatz vereinbar ansieht, die ex ante mit der berechtigten Erwartung einer Gewinnerzielung aufgenommen werden). Von der Abgrenzung betroffen sind vor allem kleine Fördervereine, die Basare oder gesellige Veranstaltungen durchführen. Bei Mittelbeschaffungskörperschaften und anderen Körperschaften ist das Gebot der Ausschließlichkeit auch dann erfüllt, wenn sie sich nur über wirtschaftliche Geschäftsbetriebe oder die Vermögensverwaltung finanzieren, aber sämtliche zu verwendende Mittel dem steuerbegünstigten Zweck zuführen (AEAO zu § 56 Nr 1). Vgl auch § 55 Rz 2 zum Gebot der Selbstlosigkeit. Unschädlich ist die Errichtung eines wirtschaftlichen Geschäftsbetriebs mit Mitteln aus der freien Rücklage einer steuerbegünstigten Körperschaft.

3. Einzelfälle. Die Verfolgung der steuerbegünstigten Zwecke muss **politisch** 4
nicht völlig wertneutral sein. Es kann vielmehr im Interesse der Förderung gemeinnütziger Zwecke liegen, wenn eine Körperschaft bei Verfolgung ihrer satzungsmäßigen Zwecke gelegentlich auch zu einem besonders wichtigen Gegenstand der Tagespolitik Stellung nimmt (BFH BStBl 84, 844; 89, 391; s auch § 52 Rz 48 und § 55 I Nr 1). Eine **sportliche Betätigung** wird nur dann nach der Satzung ausschl gefördert, wenn die Förderung bloßer **Freizeitgestaltung** ohne sportliche Ambitionen nach der Satzung ausgeschlossen ist (FG Bln EFG 82, 372). Eine in der Satzung festgelegte Verwendung des **Vereinsnamens** als **Werbeträger** führt nicht unbedingt wegen Verstoßes gegen das Ausschließlichkeitsgebot zum Verlust der Gemeinnützigkeit. Die Werbeeinnahmen sind als Einnahmen aus einem wirtschaftlichen Geschäftsbetrieb zu beurteilen.

§ 57 Unmittelbarkeit

(1) [1] **Eine Körperschaft verfolgt unmittelbar ihre steuerbegünstigten satzungsmäßigen Zwecke, wenn sie selbst diese Zwecke verwirklicht.** [2] **Das kann auch durch Hilfspersonen geschehen, wenn nach den Umständen des Falls, insbesondere nach den rechtlichen und tatsächlichen Beziehungen, die zwischen der Körperschaft und der Hilfsperson bestehen, das Wirken der Hilfsperson wie eigenes Wirken der Körperschaft anzusehen ist.**

(2) **Eine Körperschaft, in der steuerbegünstigte Körperschaften zusammengefasst sind, wird einer Körperschaft, die unmittelbar steuerbegünstigte Zwecke verfolgt, gleichgestellt.**

Schrifttum: vor 2010 s 13. Aufl; *Holland* Kooperationen zwischen gemeinnützigen Organisationen – Neues zur Hilfsperson, DStR 10, 2057; *Hüttemann* Der neue Anwendungserlass zum Abschnitt „Steuerbegünstigte Zwecke", DB 12, 250; *Schunk* Kooperationen zwischen gemeinnützigen Körperschaften und das Unmittelbarkeitsgebot des § 57 AO, Hamburg 2014; *Schunk* Kooperationen zwischen gemeinnützigen Körperschaften und das Unmittelbarkeitsgebot des § 57 AO. Das BFH-Urteil zur Ausgliederung von Laborbetrieben vom 6.2.2013, DStR 14, 934; *Salzberger/Schröder* Gemeinnützigkeitsrecht: Übertragung eines wirtschaftlichen Geschäftsbetriebes oder Auslagerung von Hilfsfunktionen auf eine Tochter-GmbH, DStR 15, 1602; *Schröder/Salzberger* Gemeinnützigkeitssteuerrecht – Die steuerbegünstigte und steuerpflichtige Hilfspersonen-GmbH, SteuK 15, 369.

1 **1. Unmittelbare Erfüllung.** Unmittelbare Erfüllung des steuerbegünstigten satzungsmäßigen Zwecks ist weitere Grundvoraussetzung für die Gewährung der Steuerbegünstigung. Unmittelbar wird der Zweck verfolgt, wenn die Körperschaft den satzungsmäßigen Zweck **selbst,** dh persönlich durch ihre Organe verwirklicht. Sie kann sich dazu auch anderer Personen **(Hilfspersonen)** bedienen, wenn deren Tätigkeit wie eine eigene Tätigkeit der Körperschaft anzusehen ist und von ihr überwacht wird. Ob dies der Fall ist, hängt von den rechtlichen und tatsächlichen Beziehungen zwischen Körperschaft und Hilfsperson ab. Als Hilfsperson im Ausland können sowohl private als auch juristische Personen für die inl steuerbegünstigte Körperschaft tätig werden; wegen der Auslandsberührung treffen die steuerbegünstigte Körperschaft in einem solchen Fall gem § 90 erhöhte Nachweispflichten (OFD Frankfurt DStR 14, 102). Ggü der FinVerw muss die steuerbegünstigte Körperschaft durch Vorlage von Vereinbarungen nachweisen, dass sie Inhalt und Umfang der Tätigkeit der Hilfsperson im Innenverhältnis bestimmen kann (AEAO zu § 57 Nr 2 S 4). Aus diesem Grund muss die Hilfsperson durch einen schriftlichen Vertrag verpflichtet werden. Das giltinsbes bei einer Zweckverwirklichung im Ausland (OFD Frankfurt StEd 13, 652). Aus der Vereinbarung muss sich auch ersehen lassen, wie die Hilfsperson Rechenschaft ablegt; Die Vertragsunterlagen müssen gem § 146 II im Inland aufbewahrt werden. Die Körperschaft wird zB unmittelbar tätig, wenn für sie fremdes Personal im Wege der Arbeitnehmerüberlassung tätig wird (BFH BStBl 95, 767). Hilfsperson kann auch ein, ggf. ausgelagertes, Unternehmen sein; dieses ist nicht automatisch steuerbegünstigt, sondern nur dann, wenn es selbst alle Voraussetzungen einer gemeinnützigen Körperschaft erfüllt (BMF BStBl I 03, 107; BFH BStBl 13, 603; nachfolgend Rz 1a).

2 **Status der Hilfsperson.** Dieser Status wird in § 57 nicht angesprochen, da § 57 sich nur mit dem Auftraggeber und dessen Unmittelbarkeit beim Handeln über eine Hilfsperson befasst. Die wirtschaftliche Organisation von und die Kooperation zwischen steuerbegünstigten Körperschaften führt dazu, dass Gesellschaften für steuerbegünstigte Körperschaften als Hilfsperson tätig werden. Sie übernehmen zB nach einer Auslagerung Tätigkeiten, die vorher von der steuerbegünstigten Körperschaft selbst durchgeführt wurden und zB im Rahmen eines Zweckbetriebs von der Steuerbegünstigung profitierten. Hier muss zwischen der Hilfsperson und der gemeinnützigen Körperschaft differenziert werden. Die Tatsache, dass eine Hilfs-Körperschaft für eine steuerbegünstigte Körperschaft tätig

wird, führt nicht automatisch dazu, dass die Hilfs-Körperschaft selbst ebenso steuerbegünstigt ist wie die Körperschaft, für die sie tätig wird (BFH BStBl 07, 628). Um steuerbegünstigt zu sein, muss die als Hilfsperson tätige Körperschaft selbst, dh bei isolierter Betrachtung, alle Voraussetzungen der §§ 51 ff erfüllen, also auch iSd § 57 unmittelbar selbst einen steuerbegünstigten Zweck erfüllen (BFH BStBl 13, 603; BMF BStBl I 03, 107). Eine als Hilfsperson tätige Gesellschaft, welche kraft Satzung beratend für ihre gemeinnützigen Gesellschafter tätig wird, fördert deren gemeinnützige Zwecke nur mittelbar und kann aus diesem Grund nicht selbst gemeinnützig sein (BFH BStBl 07, 628; kritisch *Schröder* DStR 08, 1069). Wer selbst nur als Hilfsperson tätig wird (zB durch Personalgestellung), erfüllt damit nicht unmittelbar eigene Zwecke, sondern die des Auftraggebers (BFH BStBl 07, 628). Die Frage, ob unmittelbares Handeln vorliegt, folgte bisher der zivilrechtlichen Gestaltung. Unmittelbarkeit liegt auch vor, wenn eine Körperschaft für ihre Gesellschafter aufgrund eines Auftrags tätig wird, aber gleichzeitig damit auch eigene steuerbegünstigte Zwecke verfolgt (BFH BStBl 10, 1006; 12, 83; 13, 603; BFH/NV 14,984; ähnlich schon BFH BStBl 04, 798; AEAO zu § 57 Nr 2 S 9). Dies kann der Fall sein, wenn mehrere steuerbegünstigte Körperschaften zusammenwirken oder wenn die öffentliche Hand eine Körperschaft mit einer steuerbegünstigten Tätigkeit betraut (BFH BStBl 10, 1006; 13, 603; BFH/NV 14, 984). Nach Auffassung der FinVerw muss die Hilfsperson, die gleichzeitig eigene Satzungszwecke erfüllt, im Außenverhältnis ihren Beitrag selbständig und eigenverantwortlich erbringen (AEAO zu § 57 Nr 2 aE; Hinweis auf Ungereimtheiten zu Recht bei *Hüttemann* DB 16, 1338, 1340). Unabhängig von der vertraglichen Gestaltung kann Unmittelbarkeit auch gegeben sein, wenn sie „faktisch" in dem Sinne vorliegt, dass unmittelbarer Empfänger nicht (nur, dh im Wege der Vertragserfüllung) der Vertragspartner, sondern zB unmittelbar ein Hilfsbedürftiger ist (BFH BStBl 13, 603). In einem früher vom BFH entschiedenen Fall ging es um die Betreuung Jugendlicher. Sie gehörte sowohl nach der Satzung des Auftraggebers als auch nach der Satzung des Auftragnehmers zum steuerbegünstigten Zweck. Insofern stellt das Urteil klar, dass die Tätigkeit als Hilfsperson das an sich steuerbegünstigte Handeln nicht qualitativ ummünzt in eine nicht steuerbegünstigte Tätigkeit. Allerdings stellte der BFH damals noch fest, bei einer Tätigkeit als Hilfsperson könne kein Zweckbetrieb vorliegen (vgl auch die Analyse des Urteils bei *Holland* DStR 10, 2057, 2060 „unverständlich"). Inzwischen geht die Rspr davon aus, dass auch eine kommunale Eigengesellschaft, die den der Kommune übertragenen Rettungsdienst durchführt, steuerbegünstigt ist und grds auch einen Zweckbetrieb haben kann (BFH/NV 14, 984). Die FinVerw hat sich inzwischen bei der Beurteilung, wann eine Hilfsperson selbst als steuerbegünstigt anzusehen ist, der Auffassung der Rspr angeschlossen, auch soweit es um Tätigkeiten für juristische Personen des öffentlichen Rechts im Hoheitsbereich geht (AEAO zu § 57 Nr 2 S 10 aF ist entfallen).

Ausnahmen vom Grundsatz der Unmittelbarkeit. Davon gibt es jedoch 3
Ausnahmen (vgl hierzu insbes § 58). Über die gesetzlich ausdrücklich geregelten Ausnahmen hinaus wird es außerdem im Hinblick auf die Unmittelbarkeit als unschädlich angesehen, wenn die Körperschaft ihr vorhandenes **Vermögen verwaltet** und lediglich die Erträge unmittelbar für die steuerbegünstigten satzungsmäßigen Zwecke einsetzt (BFH BStBl 92, 62; Grenze § 57 Rz 3; s auch § 52 Rz 11 sowie Erläut zu § 56). Unschädlich ist auch die **Rückzahlung von Darlehen,** die zwecks Verwirklichung steuerbegünstigter Zwecke aufgenommen wurden, zB zur Durchführung von Investitionsvorhaben bei Sportstätten (BMF BStBl 98, 1424). Vereine zur Förderung der Denkmalpflege können auch dann gemeinnützig sein, wenn sich ihre Tätigkeit auf die Vergabe von Zuschüssen für die Pflege von Objekten fremder Eigentümer beschränkt (OFD Köln DStZ/E 84, 116).

2. Beispiele zum Grundsatz der Unmittelbarkeit. Unmittelbarkeit liegt 5
vor, wenn ein Preis (anlässlich eines Preisausschreibens oder als Förderpreis) verlie-

hen wird (OFD Frankfurt DB 01, 1761; zur Selbstlosigkeit § 55 Rz 2). Unmittelbarkeit ist nicht gegeben, wenn eine Körperschaft, die nicht unter § 58 Nr 1 fällt, sich über § 58 Nr 2 hinaus (§ 58 Rz 3) darauf beschränkt, einer anderen Körperschaft lediglich Mittel zu gemeinnützigen Zwecken zur Verfügung zu stellen oder ausschl Grundstücke, Sportstätten oä zu vermieten (vermögensverwaltende Tätigkeit, BFH BStBl 92, 62). Unmittelbarkeit fehlt bei einem Sportverein, falls seine Mitglieder Sportstätten nur dann nutzen können, wenn sie eine Nutzungsberechtigung von einer neben dem Verein bestehenden Gesellschaft erwerben müssen. Keine Unmittelbarkeit bei Finanzierung einer Festschrift durch Werbeanzeigen (BFH BStBl 76, 472) oder wenn Sportanlagen eines Sportvereins nur unter der Voraussetzung genutzt werden können, dass Nutzungsberechtigungen von einer neben dem Verein bestehenden Gesellschaft erworben werden (BMF StEK § 52 AO Nr 161). Eine GmbH, deren Gesellschafter öff-rechtl Körperschaften sind und deren Gegenstand in der Entwicklung und dem Betreiben eines Industriebezirkes besteht, fördert, wenn sie zum Zwecke der Arbeitsplatzbeschaffung und -erhaltung ein Gewerbegelände erschließt, Gewerbegrundstücke an- und verkauft und Gewerbebetriebe anwirbt, die Allgemeinheit nicht unmittelbar (FG Nds EFG 81, 202; FG Saarl EFG 82, 214; aA *Seemann* DB 91, 2359). Ebenso erbringt eine Zentralwäscherei, die von Krankenhäusern oder Krankenhausträgern in Form einer GmbH betrieben wird und die ausschl die Krankenhauswäsche ihrer Gesellschafter oder anderer Krankenhäuser wäscht, ihre Leistungen ggü den Patienten nicht unmittelbar (BFH BStBl 91, 157; FG Ddorf EFG 92, 99). Dasselbe gilt für einen Laborbetrieb, der für einen steuerbegünstigten Krankenhausträger tätig wird, auch wenn das Krankenhaus zu einem früheren Zeitpunkt dieselben Tätigkeiten innerhalb eines Zweckbetriebs durchgeführt hat; denn das Labor wird nicht unmittelbar, auch nicht „zumindest faktisch", für die Patienten des Krankenhauses tätig (BFH BStBl 13, 603).

7 **3. Spitzenverband. Abs 2** bestimmt, dass ausnahmsweise **Spitzenverbände** und Spitzenorganisationen von steuerbegünstigten Körperschaften selbst steuerbegünstigt sind, obwohl sie nicht selbst unmittelbar steuerbegünstigte Zwecke verfolgen. Voraussetzung ist, dass **jede** der zusammengefassten Körperschaften steuerbegünstigt ist. Die Steuerbegünstigung des Spitzenverbands geht damit verloren, wenn ein einzelnes Mitglied seine Steuerbegünstigung verliert. Will ein Spitzenverband seine Gemeinnützigkeit nicht von den angeschlossenen Körperschaften abhängig machen, so kann in seine Satzung die Klausel aufgenommen werden, dass ein Mitglied, das die Gemeinnützigkeit verliert, mit sofortiger Wirkung seine Mitgliedschaft im Spitzenverband verliert. Verfolgt der Spitzenverband oder die Spitzenorganisation selbst steuerbegünstigte Zwecke, liegt kein Fall des Abs 2 vor; die bloße Mitgliedschaft einer nicht steuerbegünstigten Organisation ist dann für die Steuerbegünstigung unschädlich. Der Spitzenverband oder die Spitzenorganisation darf die nicht steuerbegünstigte Organisation aber nicht mit Rat und Tat, zB durch Zuweisung von Mitteln oder Rechtsberatung, fördern (AEAO zu § 57 Nr 3). Die Vorschrift erstreckt sich nur auf Spitzenverbände und nicht auf Körperschaften, in denen einzelne Tätigkeitsbereiche gemeinnütziger Körperschaften zur gemeinsamen Aufgabenwahrnehmung zusammengefasst sind (BFH BStBl 74, 664; BStBl 75, 121; FG Ddorf EFG 92, 99).

§ 58 Steuerlich unschädliche Betätigungen

Die Steuervergünstigung wird nicht dadurch ausgeschlossen, dass

1. eine Körperschaft Mittel für die Verwirklichung der steuerbegünstigten Zwecke einer anderen Körperschaft oder für die Verwirklichung steuerbegünstigter Zwecke durch eine juristische Person des öffentlichen Rechts beschafft; die Beschaffung von Mitteln für eine unbeschränkt steuerpflich-

tige Körperschaft des privaten Rechts setzt voraus, dass diese selbst steuerbegünstigt ist,

2. eine Körperschaft ihre Mittel teilweise einer anderen, ebenfalls steuerbegünstigten Körperschaft oder einer juristischen Person des öffentlichen Rechts zur Verwendung zu steuerbegünstigten Zwecken zuwendet,

3. eine Körperschaft ihre Überschüsse der Einnahmen über die Ausgaben aus der Vermögensverwaltung, ihre Gewinne aus den wirtschaftlichen Geschäftsbetrieben ganz oder teilweise und darüber hinaus höchstens 15 Prozent ihrer sonstigen nach § 55 Absatz 1 Nummer 5 zeitnah zu verwendenden Mittel einer anderen steuerbegünstigten Körperschaft oder einer juristischen Person des öffentlichen Rechts zur Vermögensausstattung zuwendet. [2]Die aus den Vermögenserträgen zu verwirklichenden steuerbegünstigten Zwecke müssen den steuerbegünstigten satzungsmäßigen Zwecken der zuwendenden Körperschaft entsprechen. [3]Die nach dieser Nummer zugewandten Mittel und deren Erträge dürfen nicht für weitere Mittelweitergaben im Sinne des ersten Satzes verwendet werden,

4. eine Körperschaft ihre Arbeitskräfte anderen Personen, Unternehmen, Einrichtungen oder einer juristischen Person des öffentlichen Rechts für steuerbegünstigte Zwecke zur Verfügung stellt,

5. eine Körperschaft ihr gehörende Räume einer anderen, ebenfalls steuerbegünstigten Körperschaft oder einer juristischen Person des öffentlichen Rechts zur Nutzung zu steuerbegünstigten Zwecken überlässt,

6. eine Stiftung einen Teil, jedoch höchstens ein Drittel ihres Einkommens dazu verwendet, um in angemessener Weise den Stifter und seine nächsten Angehörigen zu unterhalten, ihre Gräber zu pflegen und ihr Andenken zu ehren,

7. eine Körperschaft gesellige Zusammenkünfte veranstaltet, die im Vergleich zu ihrer steuerbegünstigten Tätigkeit von untergeordneter Bedeutung sind,

8. ein Sportverein neben dem unbezahlten auch den bezahlten Sport fördert,

9. eine von einer Gebietskörperschaft errichtete Stiftung zur Erfüllung ihrer steuerbegünstigten Zwecke Zuschüsse an Wirtschaftsunternehmen vergibt,

10. eine Körperschaft Mittel zum Erwerb von Gesellschaftsrechten zur Erhaltung der prozentualen Beteiligung an Kapitalgesellschaften im Jahr des Zuflusses verwendet. [2]Dieser Erwerb mindert die Höhe der Rücklage nach § 62 Absatz 1 Nummer 3.

Nr 1 geändert durch G v 21.7.04 (BGBl I, 1753); Nr 7 Buchst a geändert durch G v 13.12.06 (BGBl I, 2878); Nrn 3 und 4 neu gefasst durch G v 10.10.07 (BGBl I, 2332); Nrn 1, 2, 3 und 4 geändert durch JStG 2010 v 8.12.10 (BGBl I, 1768); Nr 3 eingefügt, bisherige Nrn 3 bis 5 werden Nrn 4 bis 6, Nrn 6 und 7 aufgehoben, bisherige Nrn 8 bis 10 werden Nrn 7 bis 9, Nrn 11 und 12 ersetzt durch neue Nr 10 durch Ehrenamtsstärkungsgesetz v 21.3.13 (BGBl I, 556).

Schrifttum: vor 2010 s 13. Aufl; *Seeger/Thier* Cash Pooling – Ein sinnvolles Finanzinstrument zur Nutzung von Kostensenkungspotenzialen auch im gemeinnützigen Konzern, DStR 11, 184; *Volkmann/Wittke* NPO 2.0 – Internetspendenportale, virtuelle Markplätze und Online-Förderwerke auf dem Prüfstand des Gemeinnützigkeitsrechts, BB 10, 859; *Schauhoff/Kirchhain* Steuer- und zivilrechtliche Neuerungen für gemeinnützige Körperschaften und deren Förderer, FR 13, 301; *Kirchhain* Vom Fördern und Gefordertsein – Auslegungsfragen zur Mittelweitergabe gemeinnütziger Förderkörperschaften, DStR 13, 2141; *Schütz/Runte* Das Ehrenamtsstärkungsgesetz – neue Impulse für den Non-Profit-Bereich?, DStR 13, 1261; *Suck* Zur Zulässigkeit einer mehrfachen Mittelweitergabe nach § 58 Nr. 1 AO, SteuK 13, 184; *Weidmann/Kohlhepp* Rechtsprechung zum Gemeinnützigkeitsrecht 2014, DStR 15, 1273; *Winheller/Auffenberg* Benötigen gemeinnützige Mittelbeschaffungskörperschaften eine BaFin-Erlaubnis? DStR 15, 589; *Salzberger/Schröder* Ausgliederung von steuerbegünstigten Betrieben und Vermögensausstattung einer steuerbegünstigten Körperschaft, DStR 15, 1655; *Hüttemann/Schauhoff/Kirchain* Fördertätigkeiten gemeinnütziger Körperschaften und Konzerne,

Insbesondere zur Investition zeitnah zu verwendender Mittel in unentgeltlich oder verbilligt überlassenes Sachvermögen, DStR 16, 633.

Übersicht

1 **1. Steuerlich unschädliche Betätigungen.** Die Vorschrift fasst stl unschädliche Betätigungen zusammen. Es kommt hierbei nicht darauf an, ob es sich um eine Ausnahme von dem Grundsatz der Ausschließlichkeit oder von dem Grundsatz der Unmittelbarkeit handelt. In allen Fällen obliegt es der Körperschaft, die Voraussetzungen für die Ausnahmen durch **geeignete Aufzeichnungen** nachzuweisen (§ 63 III), falls notwendig, durch gesonderte Rechnungen neben der insgesamt notwendigen Rechnungslegung (OFD Hannover BB 01, 1724 zählt zum Nachweis geeignete Unterlagen auf; s auch § 63 Rz 3). Durch das JStG 2010 wurde der Begriff „Körperschaft des öffentlichen Rechts" durch „juristische Person des öffentlichen Rechts" ersetzt, vgl § 55 Rz 1 zum Sinn dieser Änderung. Durch das Ehrenamtsstärkungsgesetz wurde § 58 zum Teil neu geordnet und systematisiert, indem Regelungen über erlaubte Rücklagen aus § 58 entfernt und nach § 62 übernommen wurden. Betroffen von der Umgruppierung nach § 62 sind § 58 Nrn 6, 7, 11 und 12 aF. Neu eingefügt wurden § 58 Nrn 3 und 10. Die in § 58 verbliebenen Regelungen wurden zum Teil innerhalb der Vorschrift verschoben.

2 **2. Beschaffung von Mitteln. § 58 Nr 1** ermöglicht mit einer Ausnahme vom **Grundsatz der Unmittelbarkeit** (BFH BStBl 90, 28), dass eine Körperschaft (sog Mittelbeschaffungskörperschaft oder Förderkörperschaft) zB einer anderen Körperschaft **Mittel** für die Verwirklichung deren steuerbegünstigter Zwecke **beschafft.** Darunter fallen nicht nur Förder- oder Spendensammelvereine, die Mittel sammeln, sondern auch Körperschaften, die aus ihren Erträgen, zB auch aus Vermögensverwaltung, steuerbegünstigte Zwecke mittelbar unterstützen, also etwa als Stiftung, die einzelne steuerbegünstigte Projekte unterstützt (AEAO zu § 58 Nr 1). Die FinVerw verlangt außerdem, dass die Beschaffung von Mitteln als **Satzungszweck** festgelegt ist (§ 60; AEAO zu § 58 Nr 1; OFD Frankfurt StEd 14, 459; FG Köln EFG 84, 83; FG RhPf DStRE 10, 549; zur Formulierung der Satzung: *Kirchhain* DStR 13, 2141). Die Beschaffung von Mitteln muss nicht notwendig als einziger Zweck in der Satzung vorgesehen sein (OFD Frankfurt StEd 13, 588). Daneben können nach der Satzung auch andere steuerbegünstigte Zwecke unmittelbar gefördert werden. Ist die Mittelbeschaffung nicht Satzungszweck, kommt eine Weitergabe von Mitteln nur im Rahmen des § 58 Nr 2 in Betracht. Ebenso soll es – anders als im Rahmen des § 58 Nr 2 – erforderlich sein, dass die Mittelbeschaffungskörperschaft festlegt, für welchen steuerbegünstigten Zweck sie Mittel beschafft und ihre Mittel nur einer Körperschaft überlässt, die genau diesen Zweck fördert (BFH/NV 15, 235; FG Hess DStRE 13, 434; AEAO zu § 58 Nr 1, OFD Frankfurt StEd 14, 459; *TK/Seer* § 58 Rz 2: ausreichend, dass die Satzung von vornherein die Weitergabe aller Mittel an eine – nicht notwendig namentlich be-

nannte – steuerbegünstigte Körperschaft zwecks Verwirklichung steuerbegünstigter Zwecke vorsieht; aA/Kompatibilität ausreichend: *Hüttemann,* Gemeinnützigkeits- und Spendenrecht, Rz 3.188; *Weidmann/Kohlhepp* DStR 15, 1273). Dass der Zweck der Mittelbeschaffungskörperschaft und der geförderten Körperschaft übereinstimmen sollen, rechtfertigt sich aus dem Grundsatz der Unmittelbarkeit, den § 58 Nr 1 iErg erweitert, indem der konkrete Einsatz der gesammelten Mittel einer anderen Körperschaft überlassen wird. Eine andere Sicht erschwert auch die Kontrolle der FinVerw über die Verwendung der Mittel, und zwar mindestens dann, wenn die Mittel einer nicht unbeschränkt steuerpflichtigen Körperschaft überlassen werden (s unten). Nicht erforderlich ist es, eine bestimmte Körperschaft namentlich in der Satzung zu benennen. Sieht die Satzung das aber vor, so sind die Mittel auch nur so satzungsgemäß zu verwenden (Hinweis bei BFH/NV 15, 235). Die Körperschaft hat die satzungsgemäße Verwendung ihrer Mittel nachzuweisen (§ 63 III). Verstößt eine Körperschaft bei der Weitergabe der Mittel gegen die in der Satzung festgelegten Bestimmungen und fördert sie einen anderen Zweck als dort angegeben, so ist ihr gem § 63 I die Gemeinnützigkeit für den betr VZ zu versagen; die Satzung ist genau zu beachten und lässt keinen Auslegungsspielraum (BFH/NV 15, 235; FG Hessen DStRE 13, 434). Das Gesetz regelt nicht die Frage, ob eine Mittelbeschaffungskörperschaft ihre Mittel auch einer anderen Mittelbeschaffungskörperschaft zuwenden kann, die die empfangenen Mittel erst ihrerseits für einen bestimmten steuerbegünstigten Zweck einsetzt (bejahend *Suck* SteuK 13, 184); dafür spricht ua ein Rückschluss aus § 58 Nr 3 Satz 3, da dort eine weitere Weitergabe ausdrücklich ausgeschlossen ist. Die FinVerw erlaubt im Rahmen des § 58 Nr 1 die Weitergabe von Mitteln an eine andere Förderkörperschaft, auch über noch weitere Stationen, wenn letztendlich der steuerbegünstigte Zweck gefördert wird (OFD Frankfurt StEd 14, 459). Dies zieht entsprechende Nachweisprobleme nach sich. Durch die Weitergabe der Mittel in einer Kette dürfen mE aber auf keinen Fall die Regeln der Gemeinnützigkeit umgangen werden und die Mittel zB für einen anderen Satzungszweck als ursprünglich zulässig verwendet werden.

Nach § 58 **Nr 1** können **sämtliche Mittel** (anders gem Nr 2) für fremde steuerbegünstigte Zwecke überlassen werden. Ist Empfängerin eine Körperschaft des privaten Rechts (auch falls Gesellschafter die öffentliche Hand ist), so muss diese selbst steuerbegünstigt sein und die Voraussetzungen der §§ 51 ff während des gesamten VZ, in dem Mittel zufließen, erfüllen (OFD Frankfurt StEd 13, 588). Daraus ist abzuleiten, dass diese Empfängerkörperschaft schon gegründet sein muss und eine Satzung zu Beginn des VZ vorgelegen hat (so OFD Frankfurt StEd 14, 459). Gehen die Mittel an eine Körperschaft des öffentlichen Rechts, so reicht es aus, dass die Mittel dort zur Verwendung für einen konkreten steuerbegünstigten Zweck bestimmt sind, zB Theater, das von einem Betrieb gewerblicher Art einer Gemeinde betrieben wird, Museum oder kommunaler Kindergarten (Nachweis erforderlich). Eine Satzung ist in diesem Fall nicht erforderlich (OFD Frankfurt StEd 14, 459).

Eine Mittelbeschaffungsgesellschaft soll auch für im Ausland zu verwirklichende gemeinnützige Zwecke sammeln können (BR-Drs 545/08 Tz 50), vorausgesetzt, dass ein Auslandsbezug iS des § 51 II vorliegt. Weitere Voraussetzung ist, dass die Mittel einer Gesellschaft überlassen werden, die einer Körperschaft des § 5 II Nr 2 KStG der Rechtsform nach vergleichbar ist (OFD Frankfurt DStR 14, 102, wegen der Nachweise, zB auch Vorlage der Satzung der ausl Empfängerkörperschaft § 63 Rz 1). Bei Zweifeln darüber, ob eine Rechtsformgleichheit vorliegt, kann eine Auskunft des BZSt eingeholt werden. Unerlässlich ist die Verwendung für einen steuerbegünstigten Zweck iS des deutschen Rechts. Werden Mittel für eine nicht unbeschränkt steuerpflichtige Körperschaft beschafft, so verlangt die FinVerw einen „ausreichenden" Nachweis für die zweckgerichtete Verwendung (AEAO zu § 58 Nr 1). Insgesamt sind die Regeln der §§ 51 ff zu beachten, Liegen die Voraussetzungen des § 58 Nr 1 nicht vor, kommt iÜ eine Weitergabe nach § 58 Nr 2 in Betracht. In Katastrophenfällen lässt die FinVerw für begrenzte Zeit Spendensammelaktionen auch dann zu, wenn sie nicht dem Satzungszweck der steuerbegünstigten Körperschaft entsprechen (vgl zB BMF DStR 15, 1178: Hilfe für Nepal; DStR 15, 2240: Hilfe für Flüchtlinge in Deutschland; § 58 Rz 21).

3 **3. Teilweise Weitergabe von Mitteln zur Verfolgung steuerbegünstigter Zwecke. § 58 Nr 2** enthält eine Ausnahme vom Grundsatz der Unmittelbarkeit, indem die teilweise Weitergabe von Mitteln zu steuerbegünstigten Zwecken erlaubt wird. Die gebende steuerbegünstigte Körperschaft kann einen anderen steuerbegünstigten Zweck verfolgen als die empfangende Körperschaft. Das gilt auch für eine sog Förderkörperschaft iSd § 58 Nr 1 (OFD Frankfurt StEd 14, 459). Stammen Mittel aus Mitgliedsbeiträgen, die wie Spenden steuerbegünstigt sind, so sollen sie nur einer Körperschaft überlassen werden, bei der die Mitgliedsbeiträge in derselben Weise steuerbegünstigt sind (OFD Frankfurt StEd 13, 588; StEd 14, 459); in diesem speziellen Fall reicht zum Nachweis die Kopie des letzten Freistellungsbescheids der Empfängerkörperschaft aus. Eine inl Körperschaft, die Mittel empfängt, muss selbst steuerbegünstigt sein. Empfänger kann auch eine inl Körperschaft des öffentlichen Rechts sein, die die Mittel für ihre steuerbegünstigten Zwecke verwendet. An ausl Körperschaften dürfen Mittel nur weitergegeben werden, wenn sie die Voraussetzungen des § 5 II Nr 2 KStG erfüllen (beschränkt steuerpflichtige EU/EWR-Körperschaften iSd § 5 I Nr 9 KStG, AEAO zu § 58 Nr 2; OFD Frankfurt DStR 14, 102). Die inl Körperschaft ist verpflichtet, die zweckentsprechende Verwendung der Mittel durch ordnungsmäßige Aufzeichnungen nachzuweisen, § 63 III. Nach § 58 Nr 2 dürfen Mittel nur **teilweise** weitergeleitet werden. Ein bestimmter prozentualer Obersatz, bis zu dem die Körperschaft ihre Mittel der anderen steuerbegünstigten Körperschaft zuwenden darf, lässt sich nicht festlegen (*Herbert* BB 91, 178 mwN). Es dürfen nur nicht sämtliche Mittel sein. Die FinVerw sieht die überwiegende Weitergabe eigener Mittel, dh mehr als 50%, als steuerschädlich an (AEAO zu § 58 Nr 2; OFD Frankfurt StEd 13, 588). Die Rspr sieht es als unschädlich an, wenn in einem VZ sämtliche Mittel einer anderen Körperschaft überlassen werden und in einem anderen VZ die Mittel selbst für den Satzungszweck eingesetzt werden (BFH BStBl 02, 162; aA BMF BStBl I 02, 267). Unter „Mitteln", die nach § 58 Nr 2 weitergegeben werden dürfen, versteht die FinVerw nicht nur die in einem VZ zufließenden Mittel, sondern auf der Grundlage sämtlicher Vermögenswerte das gesamte Nettovermögen (Vermögenswerte abzüglich Verbindlichkeiten) einer Körperschaft (OFD Frankfurt StEd 14, 459; AEAO zu § 58 Nr 2.2). Die Mittel, auch Sachmittel, können ebenso wie im Rahmen der Nr 1 auch aus Gewinnausschüttungen aus Vermögensverwaltung oder wirtschaftlichem Geschäftsbetrieb stammen.

Die Weitergabe von zeitnah zu verwendenden Mitteln zum Vermögen einer anderen steuerbegünstigten Körperschaft ist seit dem 1.1.2014 im Rahmen des § 58 Nr 3 möglich (Rz 4). Zum Erwerb von Anteilen an einer gemeinnützigen Kapitalgesellschaft s § 58 Nr 10. Handelt es sich bei der Zuwendung von Mitteln um Ausschüttungen oder sonstige Zuwendungen, so ist dies unschädlich, wenn die Gesellschafter oder Mitglieder, die begünstigt werden, ausschl steuerbegünstigte Körperschaften sind oder juristische Personen des öffentlichen Rechts, die die Mittel für steuerbegünstigte Zwecke verwenden (AEAO zu § 58 Nr 2; § 55 Rz 3). Nicht von § 58 Nr 2 erlaubt sind Zuwendungen für andere als steuerbegünstigte Zwecke (BFH BStBl 12, 226).

4 **4. Teilweise Weitergabe von Mitteln zur Vermögensausstattung. § 58 Nr 3** wurde durch das Ehrenamtsstärkungsgesetz mit Wirkung ab dem 1.1.2014 eingefügt und betrifft nur die Weitergabe von Mitteln an inl steuerbegünstigte Körperschaften und juristische Personen des öffentlichen Rechts (OFD Frankfurt StEd 14, 459); es kann sich sowohl um bereits bestehende als um noch zu grün-

dende Körperschaften handeln. § 58 Nr 3 erlaubt einer steuerbegünstigten Körperschaft unter drei Voraussetzungen, einer anderen steuerbegünstigten Körperschaft **Mittel zur Vermögensausstattung** zu überlassen. Diese Mittel dürfen aus drei Quellen stammen, nämlich (1) aus den Überschüssen der Einnahmen über die Ausgaben aus Vermögensverwaltung, (2) aus Gewinnen aus wirtschaftlichen Geschäftsbetrieben (einschl Zweckbetrieben, BT-Drs 17/12 123, 22) und (3) aus zeitnah zu verwendenden Mitteln. Die Körperschaft kann frei entscheiden, ob sie ihre so verfügbaren Mittel ganz oder teilweise zur Vermögensaufstockung weitergibt, es sei denn, die Mittel sind den zeitnah zu verwendenden Mitteln zuzuordnen. Bei diesen ist die Weitergabe auf höchstens 15% der nach § 55 I Nr 5 zeitnah zu verwendenden Mittel begrenzt. Die zweite Voraussetzung besteht darin, dass Mittel zur Vermögensausstattung nur einer solchen Körperschaft überlassen werden dürfen, die nach ihrer Satzung dieselben steuerbegünstigten Zwecke fördert wie die Geber-Körperschaft, § 58 Nr 3 S 2. Hierin liegt ein wesentlicher Unterschied zur Weitergabe von Mitteln gem § 58 Nr 2. Im Schrifttum wurde von Anfang an die Auffassung vertreten, dass die vollständige Identität der Zwecke nicht dem Willen des Gesetzgebers entsprechen dürfte, eine teilweise Identität in dem Sinn, dass der Zweck, der gefördert werden soll, von beiden Körperschaften (neben anderen Zwecken) verfolgt werde, müsse ausreichen (*Hüttemann* DB 13, 774, 775; *Schauhoff/Kirchhain* FR 13, 301, 304; *Schütz/Runte* DStR 13, 1261, 1263). Die FinVerw folgt dem und betont, dass die weitergegebenen Mittel nur dem Zweck zugute kommen dürfen, den Geber- und Empfängerkörperschaft übereinstimmend fördern (OFD Frankfurt StEd 14, 459). Dies entspricht der im Gemeinnützigkeitsrecht angelegten Satzungsstrenge. Die dritte Voraussetzung besteht darin, dass die zur Vermögensausstattung gem § 58 Nr 3 zugewendeten Mittel nicht von der Empfänger-Körperschaft an andere Körperschaften weitergegeben werden dürfen, sondern bei ihr verbleiben müssen, § 58 Nr 3 S 3. Dieses Verbot soll eine Kettenweitergabe von Mitteln verhindern (dazu *Schauhoff/Kirchhain* FR 301, 304). Die neue Vorschrift ermöglicht es einer steuerbegünstigten Körperschaft zB, eine ebenfalls gemeinnützige Tochtergesellschaft mit einem Stamm-/Grundkapital auszustatten. Gefördert werden sollen vor allem auch Stiftungslehrstühle. Dieses gesetzgeberische Motiv hat aber keinen Niederschlag im Gesetzestext gefunden. Steuerschädlich ist die Weitergabe an eine nicht steuerbegünstigte Körperschaft (OFD Frankfurt StEd 14, 349).

Nachweise. Die Voraussetzungen, an die die Weitergabe von Mitteln zur Vermögensausstattung geknüpft ist, erfordern eine entsprechende Dokumentation. Sonst ist nicht nachweisbar, dass die Geschäftsführung im Rahmen des § 58 Nr 3 gehandelt hat und sich damit im Rahmen der Satzung bewegt hat. Das Gesetz regelt diese Dokumentationspflichten nicht iEinz im Rahmen des § 58. Wegen § 58 Nr 3 S 3 müssen sowohl die Geber- als auch die Empfänger-Körperschaft entsprechende Aufzeichnungen vornehmen. Ungeregelt ist auch, welche Auswirkungen bei der Geber-Körperschaft eintreten, wenn gegen das Weitergabeverbot verstoßen wird. 5

5. Zurverfügungstellung von Arbeitskräften. Es ist gem **§ 58 Nr 4** (bis 31.12.2013: § 58 Nr 3 aF) unschädlich, wenn eine gemeinnützige Körperschaft ihre **Arbeitskräfte** unentgeltlich oder verbilligt anderen, auch Körperschaften des öffentlichen Rechts, **für steuerbegünstigte Zwecke** zur Verfügung stellt. Gedacht ist in erster Linie an den Einsatz von Krankenschwestern und Pflegepersonal. Der steuerbegünstigte Zweck der überlassenden Körperschaft braucht nicht mit dem durch den Einsatz verwirklichten identisch zu sein (kirchlicher Orden wird in der Wohlfahrtspflege tätig, BFH BStBl 72, 70). Die Arbeitskräfte müssen jedoch nicht unbedingt einer anderen steuerbegünstigten Körperschaft zur Verfügung gestellt werden. Es ist nur notwendig, dass die Arbeitskräfte für einen steuerbegünstigten Zweck tätig werden (OFD Frankfurt StEd 14, 459). Es ist damit zB 6 auch ein Einsatz zu einer häuslichen Pflege in einer Familie möglich. Nach AEAO zu § 58 Nr 4 ist es unschädlich, wenn mit den Arbeitskräften zugleich Arbeitsmittel (zB Krankenwagen) zur Verfügung gestellt werden. § 58 Nr 4 stellt nur eine Ausnahme von den §§ 51 ff dar und sagt nichts darüber aus, ob, wenn ein Entgelt für den Arbeitseinsatz anfällt, ein wirtschaftlicher Geschäftsbetrieb oder ein Zweckbetrieb vorliegt.

7 **6. Überlassung von Räumen. § 58 Nr 5** (bis 31.12.2013: § 58 Nr 4 aF) enthält wie § 58 Nr 1 eine Ausnahme vom Grundsatz der **Unmittelbarkeit** und erlaubt, dass eine Körperschaft ihr gehörende **Räume** (auch Sportstätten, Sportanlagen und Freibäder, vgl AEAO zu § 58 Nr 5) einer anderen steuerbegünstigten Körperschaft oder Körperschaft des öffentlichen Rechts für steuerbegünstigte Zwecke **überlässt** (OFD Frankfurt StEd 14, 459). Die Überlassung von Räumen nach § 58 Nr 5 darf nur **für einen steuerbegünstigten Zweck** erfolgen, dh für den ideellen Bereich, für einen Zweckbetrieb oder auch für die Vermögensverwaltung (zu Letzterem aA *Herbert* BB 91, 178) der steuerbegünstigten Körperschaft. Die Überlassung für Zwecke eines wirtschaftlichen Geschäftsbetriebes einer steuerbegünstigten Körperschaft oder die Überlassung an eine nicht steuerbegünstigte Körperschaft darf nur gegen angemessenes Entgelt im Rahmen der Vermögensverwaltung oder im Rahmen eines wirtschaftlichen Geschäftsbetriebs (s dazu § 55 Rz 5; vgl auch § 14 Rz 14, 15, 18) erfolgen, da § 58 Nr 5 diesen Sachverhalt nicht erfasst. Da § 58 Nr 5 lediglich eine Ausnahme von dem Grundsatz der Unmittelbarkeit ist, wird dadurch kein eigenständiger gemeinnütziger Zweck begründet. Ein Hallenbauverein, dessen alleiniger Zweck es ist, eine Halle zu errichten und anderen steuerbegünstigten Körperschaften für deren steuerbegünstigte Zwecke zu überlassen, kann deshalb nicht gemeinnützig sein (FM NRW 6.8.1990 DStR 90, 502; aA OFD Münster 1.3.1989 DStR 89, 429; *Herbert* BB 91, 178). Ob in der Überlassung von Räumen gegen Entgelt ein steuerpflichtiger wirtschaftlicher Geschäftsbetrieb liegt oder ob es sich um Vermögensverwaltung handelt, ergibt sich nicht aus § 58 Nr 5 und ist entsprechend den Umständen zu entscheiden (OFD Frankfurt StEd 13, 588).

8 **7. Versorgung durch Stiftungen. § 58 Nr 6** hat einen neuen Inhalt. Die bisherige Regelung über die Regelung einer konkreten Rücklage ist aufgrund der Änderungen durch das Ehrenamtsstärkungsgesetz nach der Streichung in § 58 nun in § 62 Nr 1 zu finden (wörtliche Übereinstimmung). § 58 Nr 6 (bis 31.12.2013: § 58 Nr 5 aF) enthält als Sonderregelung für Stiftungen eine Ausnahmevorschrift im Verhältnis zu §§ 55 Nr 1, 56, die dann Anwendung findet, wenn eine Zuwendung dem Grunde nach gegen § 55 Nr 1 verstieße. Danach kann eine Stiftung einen Teil ihres Einkommens, also auch Erträge, für die Pflege der Gräber des Stifters und seiner nächsten Angehörigen sowie für deren Unterhalt verwenden. Der Begriff der „nächsten“ Angehörigen ist enger als der Begriff der Angehörigen nach § 15. Die FinVerw (s AEAO zu § 58 Nr 7) zählt dazu: Ehegatten, Eltern, Großeltern, Kinder, Enkel (auch im Falle der Adoption), Geschwister, Pflegeeltern und -kinder. Es ist nicht erforderlich, dass die Grabpflege usw ausdrücklich als Auflage in der Satzung der Stiftung enthalten ist, s auch Erläut zu § 59. § 58 Nr 6 gestattet eine Zuwendung aber nur, wenn sie notwendig ist, um einen angemessenen Unterhalt zu gewährleisten; es ist nicht erlaubt, generell ein Drittel der Erträge an die nächsten Angehörigen auszuschütten (OFD Magdeburg StEK § 55 Nr 33). Maßstab für die Angemessenheit ist der Lebensstandard des Zuwendungsempfängers (AEAO zu § 58 Nr 8). Unter „Einkommen“ ist die Summe aller stpfl und nicht stpfl Einkünfte aus den Einkunftsarten des § 2 I EStG zu verstehen. Positive und negative Einkünfte sind zu saldieren. Weitergehende Zuwendungen müssen, wenn sie nicht steuerschädlich sein sollen, vom Stiftungsgeschäft gedeckt sein (§ 58 Rz 9).

9 **Vorbehaltenes Vermögen,** dh Verbindlichkeiten, die in Ausführung des Stiftungsgeschäfts auf die Stiftung übergehen, steht der Stiftung von Anfang an nicht

zur Verfügung, weil es von Anfang an mit Ansprüchen belastet ist (vgl FG Mster EFG 15, 736). Die Gemeinnützigkeitsvorschriften beziehen sich nur auf das einer Stiftung tatsächlich zur Verfügung stehende Vermögen, nicht auf das vorbehaltene. Die Erfüllung von Ansprüchen aus vorbehaltenem Vermögen ist daher nicht gemeinnützigkeitsschädlich (BFH HFR 98, 445). Auf diese Weise kann der Stifter andere Personen als „nächste Angehörige", andere Zwecke als in § 58 Nr 6 vorgesehen und alles auch in größerem Umfang unterstützen. Der Stifter darf bei der Errichtung der Stiftung Teile seines Vermögens zurückbehalten oder sich oder den ihm nahe stehenden Personen einen Nießbrauch an einem Teil des gestifteten Vermögens einräumen. Dadurch wird die Gemeinnützigkeit der Stiftung nicht berührt (Begr zu Art 1 Nr 2 Buchst a, BT-Drs 11/4176). Es handelt sich dann um steuerunschädliche Leistungen aus dem von Anfang an belasteten Stiftungsvermögen (AEAO zu § 55 Nr 6 iVm AEAO zu § 55 Nr 12 bis 14). Bei einer Zahlung in das Stiftungsvermögen mit der Absprache, dass dem Zahlenden ein Darlehen von der Stiftung gewährt wird, liegt keine Spende vor, weil eine Gegenleistung vereinbart wurde (FG BBg DStRE 14, 840 betr Kapitalanlagemodell am grauen Kapitalmarkt).

8. Gesellige Zusammenkünfte. § 58 Nr 7 aF (idF bis zum 31.12.2013) ist durch das Ehrenamtsstärkungsgesetz gestrichen worden. Die bisher darin geregelten Sachverhalte werden mit Wirkung ab dem 1.1.2014 – im Kern unverändert – in § 62 I Nr 3 (freie Rücklage) und in § 62 I Nr 4 (Rücklage zum Erwerb von Gesellschaftsmitteln und zur Erhaltung der Beteiligung an Kapitalgesellschaften) geregelt (§ 62 Rz 4 ff). 15

§ 58 Nr 7 enthält seit der Änderung durch das Ehrenamtsstärkungsgesetz die vorher in § 58 Nr 8 aF enthaltene Regelung. **§ 58 Nr 7** erlaubt die Durchführung geselliger Zusammenkünfte unter der Voraussetzung, dass diese Veranstaltungen im Verhältnis zur steuerbegünstigten Tätigkeit von untergeordneter Bedeutung sind. Im Umkehrschluss ergibt sich, dass gesellige Veranstaltungen, die im Vergleich zur steuerbegünstigten Tätigkeit nicht von untergeordneter Bedeutung sind, wegen Verstoßes gegen das Gebot der Selbstlosigkeit steuerschädlich sind. Schädlich ist es insbes, wenn gesellige Veranstaltungen zu den Satzungszwecken gehören (FG Bln EFG 85, 146). Zu Karnevalssitzungen s § 52 Rz 44, § 65 Rz 5. Einnahmen aus geselligen Zusammenkünften, zB durch Verkauf von Eintrittskarten) führen zu einem wirtschaftlichen Geschäftsbetrieb (FG RhPf EFG 10, 1552).

9. Sportvereine. § 58 Nr 8 (bis zur Änderung durch das Ehrenamtsstärkungsgesetz bis 31.12.2013 gleichlautend § 58 Nr 9) enthält eine **Ausnahme von dem Erfordernis der Selbstlosigkeit** für **Sportvereine,** die Sport nicht nur selbstlos betreiben. Die Förderung des **Amateursports** darf aber **nicht** lediglich **von untergeordneter Bedeutung** in dem Verein sein, sie muss jedoch nicht überwiegen („neben"). 16

Die Regelung des § 58 Nr 9 ist im **Zusammenhang mit § 67a** (§ 67a Rz 3 und 4) zu sehen, nach der auch sportliche Veranstaltungen mit bezahlten Sportlern grds als Zweckbetrieb anzusehen sind, wenn die Einnahmen 35 000 € im Jahr nicht übersteigen. Die Bezahlung der Sportler würde dann aber nach § 55 zum Verlust der Gemeinnützigkeit führen. Die Ausnahmevorschrift des § 58 Nr 9 verhindert diese Folge (vgl BT-Drs 11/4176). Deshalb muss auch nicht überwacht werden, ob Sportler in einem Zweckbetrieb nach § 67a bezahlt worden sind.

10. Von Gebietskörperschaften errichtete Stiftungen. § 58 Nr 9 (bis zur Änderung durch das Ehrenamtsstärkungsgesetz bis 31.12.2013 gleichlautend § 58 Nr 10) **durchbricht** den in § 57 geforderten **Grundsatz der Unmittelbarkeit** der Verfolgung gemeinnütziger Zwecke. Sie gilt nur für **von Gebietskörperschaften** (Städten, Kreisen usw) **errichtete Stiftungen** (BFH/NV 97, 904, Kritik bei *Dehesselles* BB 05, 72). Diese können so Zuschüsse an Wirtschaftsunternehmen 17 zur Erfüllung ihrer gemeinnützigen Zwecke vergeben (Verwendungsnachweis notwendig). Das bedeutet, dass sie zB Forschungsvorhaben auf dem Gebiet der Umweltforschung gegen Entgelt durch Wirtschaftsunternehmen ausführen lassen können, ohne die Steuerbegünstigung zu verlieren. Die mittelbare Verwendung des Satzungszwecks muss in der Satzung festgelegt sein (AEAO zu § 58 Nr 20).

19 **11. Mittelverwendung zum Erwerb von Gesellschaftsrechten. § 58 Nr 10** ist durch das Ehrenamtsstärkungsgesetz neu gefasst worden. Die Neuregelung tritt am 1.1.2014 in Kraft. Danach darf eine Körperschaft Mittel im Jahr ihres Zuflusses zum Erwerb von Gesellschaftsrechten verwenden, sofern dies zwecks Erhaltung einer prozentualen Beteiligung an einer Kapitalgesellschaft geschieht. Es besteht eine Wechselwirkung zu dem Recht, eine freie Rücklage nach § 62 I Nr 3 zu bilden. Der zulässige Umfang dieser Rücklage mindert sich in Höhe der für den Erwerb der Gesellschaftsanteile eingesetzten Mittel. Zur Bildung einer Rücklage zum Erwerb von Gesellschaftsrechten s § 62 I Nr 4. IÜ verstößt es gegen das Gebot der Selbstlosigkeit, mit zeitnah zu verwendenden Mitteln Anteile an einer Kapitalgesellschaft zu erwerben (OFD Rheinland DStR 13, 44).

20 **§ 58 Nrn 11, 12 aF** sind gestrichen und mit Wirkung ab dem 1.1.2014 inhaltlich als § 62 III wieder in die AO aufgenommen worden.

21 **12. Sonderaktionen in Katastrophenfällen.** Durch Verwaltungsanweisungen wird in Katastrophenfällen regelmäßig für eine festgelegte Zeit lang eine Ausnahme von dem Grundsatz gemacht, dass Spenden nur für den satzungsmäßigen Zweck gesammelt und dass Mittel nur für den satzungsmäßigen Zweck eingesetzt werden dürfen, vgl. § 55 Rz. 4; § 58 Rz 2 aE.

§ 59 Voraussetzung der Steuervergünstigung

Die Steuervergünstigung wird gewährt, wenn sich aus der Satzung, dem Stiftungsgeschäft oder der sonstigen Verfassung (Satzung im Sinne dieser Vorschriften) ergibt, welchen Zweck die Körperschaft verfolgt, dass dieser Zweck den Anforderungen der §§ 52 bis 55 entspricht und dass er ausschließlich und unmittelbar verfolgt wird; die tatsächliche Geschäftsführung muss diesen Satzungsbestimmungen entsprechen.

Schrifttum: vor 2010 s 13. Aufl; *Becker* Der Wegfall des gemeinnützigkeitsrechtlichen Status – Eine Bestandsaufnahme und Hilfestellung für die Praxis, DStR 10, 953; *Hüttemann* Zum Entwurf eines Gesetzes zur Entbürokratisierung des Gemeinnützigkeitsrechts, DB 12, 2592; s auch Schrifttum zu § 61.

1 **1. Die Satzung und ihr Inhalt.** § 59 legt die grundlegenden Anforderungen an die **Satzung** einer steuerbegünstigten Körperschaft fest. Unter „Satzung" versteht das Gesetz auch das Stiftungsgeschäft einer steuerbegünstigten Stiftung oder eine sonstige Verfassung einer steuerbegünstigten Körperschaft, auf der ihre Gründung beruht. § 59 benennt **Mindestanforderungen,** die an eine Satzung gestellt werden, wenn eine Steuerbegünstigung gem §§ 51 ff gewährt werden soll. Die Regelung in § 59 ist nicht abschließend, sie wird zB durch § 61, der die satzungsmäßige Vermögensbindung betrifft, ergänzt. Hat eine juristische Person des öffentlichen Rechts mehrere Betriebe gewerblicher Art, so ist für jeden davon eine eigene Satzung erforderlich. Ändert oder erweitert die Körperschaft ihren Zweck, muss die Satzung angepasst werden.

Die Satzung ist Gegenstand der Prüfung im Rahmen des § 60a. Entspricht die Satzung nicht den erforderlichen Anforderungen, kann die Steuerbegünstigung schon aus diesem Grund nicht anerkannt werden.

Für die Gewährung der steuerlichen Vergünstigungen ist es notwendige Bedingung, dass die Satzung bestimmte Elemente zum **Inhalt** hat (formelle Satzungsmäßigkeit). § 59 betrifft den **Zweck der Körperschaft** und dessen **tatsächliche**

Umsetzung durch die Geschäftsführung. Danach ist unerlässlich, dass die Satzung der Körperschaft deren Zweck angibt und dass dieser Zweck den Anforderungen der §§ 52 bis 55 entspricht. Das Zitat der Paragraphen in § 59 ist unvollständig. Bei der Abfassung der Satzung ist zB auch § 51 III zu beachten (dazu § 51 Rz 11 ff). Der in der Satzung genannte Zweck kann gemeinnütziger, kirchlicher oder mildtätiger Natur sein. Zur Benennung des gemeinnützigen Zwecks in der Satzung s unten § 60. Bei Mittelbeschaffungsgesellschaften (§ 58 Nr 1) muss sich das Sammeln von Mitteln als Zweck aus der Satzung ergeben (§ 58 Rz 2; FG Köln EFG 84, 83). Darüber hinaus ist es möglich, auch das Gründen von wirtschaftlichen Geschäftsbetrieben, Zweckbetrieben oder andere steuerunschädliche Tätigkeiten in die Satzung aufzunehmen, solange dadurch nicht andere als steuerbegünstigte Zwecke zum Zweck der Körperschaft werden (BFH BStBl 03, 384). Zur Folge der Änderung der satzungsmäßigen Vermögensbindung s § 61 III. Eine Körperschaft kann nach ihrer Satzung auch **mehrere steuerbegünstigte Zwecke** nebeneinander verfolgen (FG Hess DStRE 17, 1128; wegen der Auswirkung auf die Geschäftsführung vgl § 63 Rz 1). Benennt die Satzung mehrere Zwecke und erfüllt die Körperschaft hinsichtlich eines dieser Zwecke nicht die Voraussetzungen der §§ 51 ff, so ist die Körperschaft insgesamt nicht steuerbegünstigt (BFH/NV 17, 1220).

Der steuerbegünstigte Zweck muss gem § 59 **ausschl** (§ 56) und **unmittelbar** (§ 57) von der Körperschaft verfolgt werden. Auch das muss aus dem Wortlaut der Satzung hervorgehen. Werden die Wörter „ausschließlich" und „unmittelbar" nicht ausdrücklich verwendet, so muss die Auslegung des Textes der Satzung ergeben, dass der steuerbegünstigte Zweck tatsächlich ausschl und unmittelbar verfolgt werden soll; das gilt auch für ausl Körperschaften, die von der Steuerbegünstigung profitieren wollen (BFH/NV 17, 549).

Die tatsächliche **Geschäftsführung** muss der Satzung entsprechen (§ 63 I; § 63 Rz 1), sodass § 63 den § 59 ergänzt. Eine neu gegründete Körperschaft kann daher grds erst dann umfassend und abschließend auf ihre Steuerbegünstigung hin geprüft werden, wenn sie ihre tatsächliche Geschäftsführung aufgenommen hat (FG Hbg EFG 91, 749). Vor diesem Zeitpunkt können nur die satzungsmäßigen Voraussetzungen gesondert festgestellt werden (§ 60a).

2. Maßgeblichkeit der Satzung. Die genannten Anforderungen müssen grds 2
durch die **Satzung selbst** erfüllt sein. Die bloße Bezugnahme in der Satzung auf andere Regelungen oder Satzungen Dritter genügt nicht (BFH BStBl 89, 595; 92, 1048; BFH/NV 91, 485). Ebenso reicht die Bezugnahme auf Unterlagen der Körperschaft außerhalb der Satzung nicht aus (*Gmach* FR 92, 313; vgl aber auch BFH/NV 91, 485). Ausreichend ist es aber, wenn eine den Anforderungen entsprechende Satzung der regionalen Untergliederung eines Großvereins von der Mitgliederversammlung des Hauptvereins beschlossen worden ist (BMF DB 89, 1168).

3. Anerkennung der Steuerbegünstigung. Ein besonderes **Anerkennungs-** 3
verfahren in Bezug auf die Steuerbegünstigung einer Körperschaft ist in § 59 nicht vorgesehen. Gem § 60a wird aber gesondert festgestellt, ob die satzungsmäßigen Voraussetzungen der §§ 51, 59, 60 und 61 vorliegen. Dies kann bei Neugründung einer Körperschaft auf deren Antrag oder sonst von Amts wegen bei der Veranlagung zur KSt gesondert festgestellt werden (§ 60a Rz 1 ff). Eine vorläufige Bescheinigung, wie sie vor Inkrafttreten des § 60a bekannt war, wird nicht mehr erteilt (vgl dazu Erläut in der 12. Aufl zu § 59 Rz 3). Ob eine Körperschaft steuerbegünstigt ist, entscheidet das FA iÜ im Veranlagungsverfahren durch Steuerbescheid (ggf durch Freistellungsbescheid, AEAO zu § 59 Nr 3). Stellt die FinVerw die Steuerbegünstigung fest, so ist ein Verzicht auf die Behandlung als steuerbegünstigte Körperschaft seitens der Körperschaft unbeachtlich (AEAO zu § 59 Nr 3); dies kann aber durch Änderung der Satzung erreicht wer-

den (ggf aber Wegfall der Steuerbegünstigung von Anfang an und Nachbesteuerung gem § 61 III).

4 **4. Verlust der Gemeinnützigkeit.** Die Steuerbegünstigung wird grds nur gewährt, sofern Satzung und/oder Geschäftsführung während eines ganzen VZ die satzungsmäßigen Zwecke fördern und verfolgen. Verstöße gegen § 59 haben allerdings unterschiedliche Folgen. Bei einem **Verstoß gegen die formelle Satzungsmäßigkeit** (Festlegung des Zwecks und dessen Erfüllung durch die Geschäftsführung) entfällt die Steuerbegünstigung grundsätzlich. Es gibt jedoch eine Ausnahme, falls hinsichtlich der Satzungsmäßigkeit **Vertrauensschutz** besteht. Hier kann die Körperschaft die Satzung anpassen, AEAO zu § 59 Nr 4 (vgl § 60a Rz 12). Vertrauensschutz kann bestehen, falls die FinVerw einen Satzungszweck bei einer früheren Veranlagung kannte und als gemeinnützig anerkannt hat und diesen Satzungszweck bei einer späteren Prüfung als nicht gemeinnützig einstuft (FG Hess DStRE 17, 1128). Bei **Verstößen im Rahmen der laufenden Geschäftsführung** hängt es von der Art und der Schwere des Verstoßes ab, ob die Gemeinnützigkeit entfällt oder ob der Verstoß heilbar ist, § 63 Rz 2 (FG MeVo EFG 17, 1137, Rev BFH V R 5/17). Körperschaften unterliegen der Abschnittsbesteuerung, sodass der Status der Gemeinnützigkeit idR nur in dem Kalenderjahr fehlt, für das kein Freistellungsbescheid erteilt wird (BFH BStBl 12, 226). Beseitigt die Körperschaft die ihr vorgeworfenen Mängel, zB bei der Verwendung von Mitteln, so kann die Gemeinnützigkeit in anderen VZ wieder vorliegen. Verstöße bei der Verwendung von Mitteln können geheilt werden, wenn die FinVerw eine Frist gem § 63 IV gewährt (§ 63 Rz 6; (FG MeVo EFG 17, 1137, Rev BFH V R 5/17). Schwere Verstöße, wie zB gegen die satzungsmäßige Vermögensbindung, bewirken allerdings einen Wegfall der Steuerbegünstigung gem §§ 61 III, 63 II (§ 63 Rz 2). Wird eine Voraussetzung für die Gemeinnützigkeit erst in einem späteren VZ erfüllt, so wirkt das nicht auf einen früheren VZ zurück. Ob auf Antrag eine Körperschaft vorläufig und für begrenzte Zeit als steuerbegünstigt anerkannt werden kann (vorläufige Freistellung von der KSt), wenn zu erwarten ist, dass alle Merkmale der Steuerbegünstigung in dem VZ, der dem Verlust der Steuerbegünstigung nachfolgt, wieder erfüllt sein werden (AEAO zu § 59 Nr 6.1), ist fraglich. Möglicherweise rückt die FinVerw mit Blick auf § 60a von diesem Verfahren ab.

Wird einer Körperschaft die Gemeinnützigkeit dem Grunde nach durch einen Körperschaftsteuerbescheid abgesprochen, so ist die Körperschaft auch dann klagebefugt, wenn die KSt auf **Null €** festgesetzt wird (BFH BStBl 95, 134; 95, 499; BFH/NV 14, 984; BFH/NV 16, 1754; BFH IStR 18, 321; FG Hess DStRE 17, 1128); wegen des Verlusts des Status als steuerbefreit und dessen Folgewirkung ist hier ein Rechtsschutzinteresse gegeben. Das gilt auch bei juristischen Personen des öffentlichen Rechts (BFH/NV 16, 1754 gegen FG Mster EFG 15, 744). Der Bescheid über KSt, mit dem die Steuerfreiheit verloren geht, ist jedoch kein Grundlagenbescheid in Bezug auf andere Steuerarten, bei denen die Voraussetzungen der §§ 51 ff auch eine Rolle spielen (FG Köln 04, 664; FG Mster EFG 15, 739). Betrifft der angefochtene Steuerbescheid eine andere Steuer als die KSt, wie zB die USt, so muss bei einem Nullbescheid ein besonderes Rechtsschutzinteresse vorliegen, auch wenn die Steuerpflicht grds mit der Begründung bejaht wird, dass die Voraussetzungen für eine Steuerbegünstigung nicht vorlägen (BFH/NV 15, 147; 15, 235 betr gesonderte Feststellung von Besteuerungsgrundlagen; zu besonderen Umständen, die zum Rechtsschutzinteresse bei nicht belastenden Steuerbescheiden führen s BFH/NV 13, 1581; 14, 903 mwN; BFH DStR 17, 774; allgemein zur Klagebefugnis gegen Nullbescheid BFH DStR 17, 868).

Zur Aufhebung oder Änderung § 60a Rz 15, 16. Das gilt auch bei juristischen Personen des öffentlichen Rechts (BFH/NV 16, 1754).

5 **Zuwendungsbestätigungen** dürfen nur unter den Voraussetzungen des § 63 erteilt werden. Eine Haftung für unrichtige Zuwendungsbestätigungen oder für

zweckwidrig verwendete Spenden ergibt sich aus § 10b IV EStG. Fehlerhafte Zuwendungsbestätigungen tangieren den Status der Gemeinnützigkeit, § 63 Rz 6.

§ 60 Anforderungen an die Satzung

(1) [1] **Die Satzungszwecke und die Art ihrer Verwirklichung müssen so genau bestimmt sein, dass auf Grund der Satzung geprüft werden kann, ob die satzungsmäßigen Voraussetzungen für Steuervergünstigungen gegeben sind.** [2] **Die Satzung muss die in der Anlage 1[1)] bezeichneten Festlegungen enthalten.**

(2) **Die Satzung muss den vorgeschriebenen Erfordernissen bei der Körperschaftsteuer und bei der Gewerbesteuer während des ganzen Veranlagungs- oder Bemessungszeitraums, bei den anderen Steuern im Zeitpunkt der Entstehung der Steuer entsprechen.**

Abs 1 S 2 eingefügt durch JStG 2009 v 19.12.08 (BGBl I, 2794).

Schrifttum: vor 2010 s 13. Aufl; *Gersch* Steuerbegünstigte Zwecke: Satzung und Satzungszwecke, AO-StB 10, 213; *Köster* Bindende Mustersatzung für gemeinnützige Körperschaften? DStZ 10, 166.

1 **1. Formelle Satzungsmäßigkeit/Konkretisierung.** Während § 59 den materiellen Inhalt der Satzung festlegt, regelt § 60 die **formellen Anforderungen** an die Satzung. § 60 wird durch § 61 ergänzt (satzungsmäßige Vermögensbindung). In der Satzung genügt nicht die allgemeine Zweckangabe, dass „gemeinnützige Zwecke“ verfolgt werden oder dass einfach einer der in § 52 genannten einzelnen gemeinnützigen Zwecke als Zweck angegeben wird (vgl BFH/NV 89, 479; FG Hbg EFG 89, 32; FG Ddorf EFG 94, 594). Der steuerbegünstigte **Zweck und die Art seiner Verwirklichung** müssen in der Satzung so genau bezeichnet werden, dass allein aufgrund der Satzung vom FA geprüft werden kann, ob die satzungsmäßigen Voraussetzungen für die Steuervergünstigung vorliegen (BFH BStBl 79, 482; 97, 794; 04, 798; BFH/NV 92, 695; BFH/NV 01, 1223; BFH IStR 18, 321; FG Hbg EFG 98, 916). Ggf muss sich auch der geförderte Personenkreis eindeutig aus der Satzung ergeben (Beispiel: „Blinde“ und nicht „insbesondere Blinde“, FG Mster BeckRS 1992, 08633). Eine eingehende Konkretisierung von Satzungszweck und der Art seiner Verwirklichung ist vor allem dann erforderlich, wenn ein Zweck verfolgt wird, dem kein jedermann bekanntes, begrifflich fest umrissenes Konzept zu Grunde liegt (BFH/NV 87, 632; 92, 695; 01, 1223; zu allgemein zB „Förderung der Religion iSd Lehre Jesu Christi und des Heiligen B: FG Nbg EFG 00, 1351, rkr; keine Nennung eines Zwecks, nur Aufzählung von Tätigkeiten: FG Hess BeckRS 2017, 126701). Eine sog Mittelbeschaffungskörperschaft/Förderkörperschaft, die Mittel zur Weitergabe an eine andere steuerbegünstigte Körperschaft oder eine juristische Person des öffentlichen Rechts sammelt (§ 58 Nr 1), muss nach Auffassung der FinVerw diese Mittelbeschaffungstätigkeit in der Satzung erkennen lassen und darüber hinaus festlegen, für welchen steuerbegünstigten Zweck Mittel beschafft werden (zur Formulierung der Satzung s *Kirchhain* DStR 13, 2141; § 58 Rz 2), Eine steuerbegünstigte Körperschaft kann mehrere Zwecke verfolgen, zB mehrere gemeinnützige oder sowohl gemeinnützige als auch mildtätige Zwecke oder die Weitergabe von Mitteln für einen bestimmten Zweck (OFD Frankfurt StEd 14, 459). Verfolgt eine Körperschaft **mehrere Zwecke,** ist es zweckmäßig, diese in der Satzung klar voneinander zu trennen. Die Körperschaft muss nicht immer alle Zwecke gleichmäßig fördern. Es ist zulässig, einen der verschiedenen Zwecke über einen längeren Zeitraum nicht zu fördern. Erst bei der Aufgabe eines Zwecks ist eine Satzungsänderung vorzunehmen (OFD

---

1) **Anlage zur AO (Mustersatzung)** hinten abgedruckt nach § 415.

Frankfurt StEd 14, 459). Zur Übereinstimmung von Zwecken von verschiedenen Körperschaften bei der Weitergabe von Mitteln vgl § 58 Nr 1, 3.

Außerdem muss die Satzung zweifelsfrei erkennen lassen, dass die Körperschaft **ausschl** steuerbegünstigte Zwecke verfolgt (BFH/NV 18, 544). Ein geförderter Personenkreis muss eindeutig in der Satzung festgelegt werden (FG Mster EFG 93, 188). Unklarheiten der Satzung gehen zulasten der Körperschaft (BFH/NV 01, 1223). Mit Blick auf die Selbstlosigkeit sind Vergütungen und Zahlungen von pauschalem Auslagenersatz, der von der steuerbegünstigten Körperschaft gezahlt werden soll, in der Satzung festzulegen (§ 55 Rz 15, 23f). Der Passus in der Mustersatzung, der Vergütungen betrifft, ist nicht dahin zu verstehen, dass nicht übermäßige Vergütungen automatisch erlaubt sind (BMF BStBl 14, 1581). Nur der Ersatz von tatsächlichen Aufwendungen für die steuerbegünstigte Körperschaft ist auch ohne Regelung in der Satzung zulässig, sofern damit nicht Arbeits- oder Zeitaufwand abgegolten werden (BMF BStBl 14, 1581). Die Regelung der Vermögensbindung in der Satzung ist in § 61 geregelt. Soll eine Auslandsspende im EU/EWR-Raum anerkannt werden, muss die formelle Satzungsmäßigkeit gem § 61 AO auch bei der ausl Körperschaft gegeben sein, wobei es auf den deutschen Rechtsstandpunkt ankommt (BFH BStBl 14, 440; FG Mster EFG 12, 1539 mwN; FG Bln-Bbg DStRE 16, 1102; § 61 Rz 5).

2 **Mustersatzung.** Die Satzung muss gem § 60 I 2, der seit dem 1.1.2009 gilt, die Festlegungen aus der Mustersatzung (Anlage 1 zur AO) übernehmen, falls die Körperschaft Steuerbegünstigungen in Anspruch nehmen will. Eine wörtliche Übernahme ist nach der Rspr nicht notwendig, der Wortlaut des Gesetzes erfordert das nicht (FG Hess BeckRS 2017, 126701). Inhaltlich muss die Mustersatzung aber übernommen werden. Die für die Steuerbegünstigung wichtigen Schlüsselbegriffe – ausschließlich, selbstlos, unmittelbar – müssen in der Satzung auftauchen (BFH BStBl 10, 179) und die Voraussetzungen des § 61 I müssen erfüllt sein. In der Mustersatzung sind alle Festlegungen enthalten, von denen die Steuerbegünstigung iEinz abhängt. Die FinVerw sieht wohl eine strengere Anlehnung an die Mustersatzung vor, indem sie vorschreibt, dass die Satzung alle in der Mustersatzung bezeichneten Festlegungen enthalten muss, die für die jeweilige Körperschaft einschlägig sind; für einzelne Typen von steuerbegünstigten Körperschaften werden ausdrücklich bestimmte Abweichungen von der Mustersatzung zugelassen (AEAO zu § 60 Nr 2). Aus diesem Grund dürfen Mittelbeschaffungskörperschaften auf das Gebot der Unmittelbarkeit verzichten, Stiftungen dürfen den Begriff „Mitglieder" ersetzen und Körperschaften, deren Gesellschafter oder Mitglieder steuerbegünstigte Körperschaften/juristische Personen des öffentlichen Rechts sind, die die Mittel für steuerbegünstigte Zwecke verwenden, dürfen auf die Regelung in § 3 S 2 der Mustersatzung verzichten. § 5 der Mustersatzung kann in Satzungen von Vereinen ohne die Formulierung „Aufhebung" verwendet werden (AEAO zu § 60 Nr 2). Für Ordensgemeinschaften hat die FinVerw eine Ergänzung der Mustersatzung vorgesehen (AEAO Anlage zu § 60 Nr 5). Denselben Aufbau und dieselbe Reihenfolge der Bestimmungen wie in der Mustersatzung verlangt auch die FinVerw nicht. Die FinVerw hat eine Mustersatzung für Kreisverbände des DRK Hessen und dessen Ortsverbände entwickelt, die alle nach §§ 51ff erforderlichen Voraussetzungen enthält; an dieser Satzung können sich auch andere steuerbegünstigte Körperschaften orientieren (OFD Frankfurt StEd 15, 142). Die FinVerw hat ebenso in Zusammenarbeit mit dem Interkulturellen Rat in Deutschland e. V. eine Mustersatzung für noch zu bildende Islamforen entwickelt, die alle Anforderungen des § 60 erfüllt und als Beispiel für eine Satzung dienen kann (OFD Mster v 29.1.2013, BeckVerw NRW 268794). Mustersatzung für Jugend- und Altenhilfeverein (Seniorenhilfeverein) im Gegensatz zu Tauschringen, Nachbarschaftshilfevereinen auf Gegenseitigkeit s § 52 Rz 19. § 60 I 2 kann sich für ausl gemeinnützige Körperschaften als Hindernis erweisen, um im Inland wie eine inl steuerbegünstigte Körperschaft behandelt zu werden, es sei denn, es liegt eine ge-

genseitige Anerkennung aufgrund eines DBA vor (§ 51 Rz 10). Eine ausl Körperschaft aus dem EU/EWR-Raum genügt den Anforderungen, wenn ihre Satzung den Bestimmungen der Mustersatzung vergleichbar ist; insbes müssen Regelungen über die Verwendung der Mittel, über die Vermögensbindung vorhanden sein; die Angabe eines gemeinnützigen Zwecks ist allein nicht ausreichend (BFH DStR 15, 989; FG Mster EFG 12, 1539; *Schauhoff/Kirchhain* FR 13, 301, 305). Es ist nicht ausreichend, dass die ausl Körperschaft in ihrem Sitzland nach den dort bestehenden Bestimmungen als gemeinnützig behandelt wird (BFH/NV 09, 1633; FG Brem EFG 12, 1539; DStRE 12, 1321, BFH BStBl 14, 440 insbes zur Vermögensbindung in der Satzung; BMF BStBl 11, 559). Maßgeblich sind die Anforderungen des inl Gemeinnützigkeitsrechts (BFH DStR 15, 989 mwN).

Zum **Geltungszeitpunkt** ist festzuhalten: § 60 gilt in der vorliegenden Fassung 3
für Körperschaften, die nach dem 31.12.2008 gegründet worden sind oder die ihre Satzung mit Wirkung nach dem 31.12.2008 ändern. Körperschaften, die schon vor dem 1.1.2009 bestanden haben, brauchen ihre Satzung nicht allein deswegen zu ändern, um die Satzungsbestimmungen an die Mustersatzung anzupassen. Eine Anpassung ist nur notwendig, wenn die Satzung nach dem 31.12.2008 geändert worden ist bzw in Zukunft geändert wird (AEAO zu § 60 Nr 3).

Fehlt es schon an der sog formellen Satzungsmäßigkeit, kommt eine Steuerbe- 4
günstigung allein aus diesem Grund nicht in Betracht. Es kommt dann nicht mehr darauf an, ob die Geschäftsführung die Vorschriften, von denen die Steuerbegünstigung abhängt, tatsächlich erfüllt. Von der Umschreibung des Satzungszwecks ist dessen Umsetzung zu unterscheiden, also, ob die **tatsächliche Geschäftsführung** den Anforderungen des § 63 entspricht. Die Satzung kann auch Richtlinien für die Durchführung der Geschäftsführung enthalten, zB über die Aufnahme neuer Mitglieder. Dies hat jedoch nichts mit der Konkretisierung des Satzungszwecks zu tun, auch nicht, soweit es um das Merkmal Förderung der Allgemeinheit geht (so auch *Gast-deHaan* DStR 96, 405; anders wohl FG SchlHol EFG 96, 604).

2. Dauer der Freistellung. Die KSt-Befreiung ist für den gesamten VZ zu 5
versagen, falls die Satzung nur zeitweise den Anforderungen entspricht und die Voraussetzungen für die Gemeinnützigkeit erst durch eine Satzungsänderung im Laufe des VZ geschaffen werden (FG Nds EFG 91, 362) oder falls eine notwendige behördliche Anerkennung einer Stiftung noch nicht erteilt wurde (FG Hess EFG 04, 1251). Eine Ausnahme gilt nur im Rahmen des § 60a, falls der Satzungsmangel fristgerecht behoben wird, s § 59 Rz 3f. Ist die Steuerbegünstigung nicht anerkannt worden, kann je nach Lage des Falles durch eine Satzungsänderung die Anerkennung als steuerbegünstigt für einen folgenden VZ erreicht werden (vgl § 59 Rz 4). § 60 I 2 ist in seiner Neufassung durch das JStG 2009 von allen Körperschaften anzuwenden, die nach dem 31.12.2008 gegründet werden. Gleiches gilt für alle Satzungsänderungen schon vor dem 1.1.2009 gegründeter Körperschaften, sofern sie nach dem 31.12.2008 wirksam werden (Art 97 § 1f II EGAO).

§ 60a Feststellung der satzungsmäßigen Voraussetzungen

(1) [1]**Die Einhaltung der satzungsmäßigen Voraussetzungen nach den §§ 51, 59, 60 und 61 wird gesondert festgestellt.** [2]**Die Feststellung der Satzungsmäßigkeit ist für die Besteuerung der Körperschaft und der Steuerpflichtigen, die Zuwendungen in Form von Spenden und Mitgliedsbeiträgen an die Körperschaft erbringen, bindend.**

(2) **Die Feststellung der Satzungsmäßigkeit erfolgt**
1. **auf Antrag der Körperschaft oder**
2. **von Amts wegen bei der Veranlagung zur Körperschaftsteuer, wenn bisher noch keine Feststellung erfolgt ist.**

(3) **Die Bindungswirkung der Feststellung entfällt ab dem Zeitpunkt, in dem die Rechtsvorschriften, auf denen die Feststellung beruht, aufgehoben oder geändert werden.**

(4) **Tritt bei den für die Feststellung erheblichen Verhältnissen eine Änderung ein, ist die Feststellung mit Wirkung vom Zeitpunkt der Änderung der Verhältnisse aufzuheben.**

(5) [1] **Materielle Fehler im Feststellungsbescheid über die Satzungsmäßigkeit können mit Wirkung ab dem Kalenderjahr beseitigt werden, das auf die Bekanntgabe der Aufhebung der Feststellung folgt.** [2] **§ 176 gilt entsprechend, außer es sind Kalenderjahre zu ändern, die nach der Verkündung der maßgeblichen Entscheidung eines obersten Gerichtshofes des Bundes beginnen.**

§ 60a eingefügt durch Ehrenamtsstärkungsgesetz v 21.3.13 (BGBl I, 556).

Schrifttum: *Hüttemann* Das Gesetz zur Stärkung des Ehrenamts, DB 13, 774; *Schauhoff/Kirchhain* Steuer- und zivilrechtliche Neuerungen für gemeinnützige Körperschaften und deren Förderer, zum Gesetz zur Stärkung des Ehrenamts, FR 13, 301; *Schütz/Runte* Das Ehrenamtsstärkungsgesetz – neue Impulse für den Non-Profit-Bereich?, DStR 13, 1261; *Sachse* Die Satzung auf dem Prüfstand – das neue Feststellungsverfahren, ZStV 14, 106.

Übersicht

1 **1. Überblick.** § 60a ist durch das Ehrenamtsstärkungsgesetz eingefügt worden und trat am Tag nach der Verkündung dieses Gesetzes, also am 29.3.2013, in Kraft. Die Vorschrift regelt ein Verfahren, dass die Feststellung zum Inhalt hat, die steuerbegünstigte Körperschaft erfülle die Voraussetzungen der §§ 51, 59, 60 und 61. Inhalt und Voraussetzungen sind in den beiden ersten Absätzen geregelt, während die Abs 3–5 sich mit der Aufhebung dieses Feststellungsbescheids befassen. Das Feststellungsverfahren tritt neben die Veranlagung zur Körperschaftsteuer. Nach Auffassung der FinVerw können nur unbeschränkt oder beschränkt körperschaftsteuerpflichtige Körperschaften den Antrag nach § 60a stellen (AEAO zu § 60a Nr 3). Ziel der Regelung in § 60a ist es, den steuerbegünstigten Körperschaften Klarheit über die Rechtslage und über ihren Status zu verschaffen. Das Verfahren gem § 60a ersetzt die vorläufige Bescheinigung über die Gemeinnützigkeit (AEAO zu § 60a Nr 1). Der Feststellungsbescheid kann mit dem Einspruch angefochten werden, ggf kommt später eine Verpflichtungsklage in Betracht.

2 **2. Feststellung der satzungsmäßigen Voraussetzungen. § 60a I 1** bestimmt, dass gesondert festgestellt wird, ob eine steuerbegünstigte Körperschaft die Anforderungen der §§ 51, 59, 60 und 61 erfüllt. Der auf § 60a gestützte Feststellungsbescheid ist ein Steuerbescheid. Die Feststellung betrifft zunächst die Frage, ob eine Körperschaft tatsächlich einen steuerbegünstigten Zweck verfolgt. Dabei ist auch § 51 III zu überprüfen (FG Nds EFG 17, 179, Rev BFH V R 48/16). Die Verankerung des gewählten Zwecks in der Satzung und die Art der Zweckverfolgung sind Gegenstand der Prüfung gem § 59. §§ 60, 61 betreffen die Ausgestaltung der Satzung, auch im Hinblick auf die Übernahme der Mustersatzung und die Regelung der Vermögensbindung in der Satzung. Keine Satzungsmäßigkeit ist gegeben, wenn sich aus den Formulierungen der Satzung bereits künftige Verstöße zB gegen die Selbstlosigkeit ablesen lassen. Es wird im Verfahren nach § 60a nur

die Satzungsmäßigkeit geprüft (FG Nds EFG 17, 179, Rev BFH V R 48/16). Nicht Gegenstand der Feststellung kann dagegen sein, ob die Geschäftsführung tatsächlich satzungsgemäß ist. Verstößt die Geschäftsführung gegen die Satzungsbestimmungen, so kann dies unabhängig von der Feststellung der Satzungsmäßigkeit zum Verlust der Gemeinnützigkeit führen (BFH/NV 15, 235).

§ 60a I 2 verleiht dem Feststellungsbescheid Wirkung ggü der steuerbegünstigten Körperschaft. Der Feststellungsbescheid soll darüber hinaus auch Wirkung für die Besteuerung derjenigen Stpfl haben, die die Körperschaft durch Spenden oder Mitgliedsbeiträge fördern (AEAO zu § 60a Nr 2). Die Bindungswirkung des Feststellungsbescheids betrifft alle Steuerarten. 3

3. Feststellung auf Antrag oder von Amts wegen. § 60a II betrifft die Einleitung des Feststellungsverfahrens. Sie erfolgt zunächst **auf Antrag** der Körperschaft. Gedacht ist vor allem an einen Zeitpunkt bei der Gründung der steuerbegünstigten Körperschaft. Dies geht indirekt aus § 60 II Nr 2 hervor. Da § 60a ins Gesetz eingefügt ist, um den Körperschaften Rechtssicherheit zu geben, muss der Antrag schon vor Aufnahme der steuerbegünstigten Tätigkeit möglich sein. Antragsteller kann auch ein noch nicht eingetragener Verein sein (FG Nds EFG 17, 179, Rev BFH V R 48/16). Der Antrag kann auch jederzeit gestellt werden, wenn eine Satzungsänderung vorgenommen wird. Die Körperschaft kann durch den Antrag einer Aufhebung des bisherigen Feststellungsbescheids zuvorkommen und so ihr rechtliches Schicksal selbst in die Hand nehmen. Die Feststellung gem § 60a hat eine andere Qualität als eine verbindliche Auskunft nach § 89 und ist, da nicht anders geregelt, gebührenfrei. Gem § 60a II Nr 2 erfolgt die Feststellung zur Satzungsmäßigkeit spätestens dann, wenn die steuerbegünstigte Körperschaft erstmals zur KSt veranlagt wird. Es ist dann kein Antrag notwendig, der Feststellungsbescheid ist in diesem Fall von Amts wegen zu erteilen. Der Feststellungsbescheid ergänzt ggf den Freistellungs- oder KStBescheid und entfaltet eine Bindungswirkung (dazu § 60a Rz 11 ff). Er bleibt daher wirksam, bis er entsprechend den Regeln der § 60a III–V entfällt, geändert oder aufgehoben wird. Bei ausl Körperschaften ergibt sich, wenn kein Anknüpfungspunkt im Inland besteht, die Frage nach dem zuständigen FA, das einen Antrag nach § 60a bearbeitet (vgl *Schütz/Runte* DStR 13, 1261, 1263). Vorgeschlagen wird im Schrifttum das BZSt (*Hüttemann* DB 12, 2592). AEAO zu § 60a Nr 3 wendet § 60a nur auf beschränkt/unbeschränkt stpfl Körperschaften an. 5

4. Änderung des Feststellungsbescheids nach Rechtsänderungen. § 60a III sieht vor, dass die Bindungswirkung des Feststellungsbescheids (§ 60a I 1) entfällt, sobald die Rechtsvorschriften, auf denen die Feststellung beruht, aufgehoben oder geändert werden. Rechtsänderung ist eine förmliche Änderung der Vorschriften. Davon zu unterscheiden ist eine geänderte Auslegung weiterhin bestehender Vorschriften in der Rspr, obwohl darin faktisch eine Rechtsänderung liegen kann, die in ihrer Auswirkung einer Gesetzesänderung gleichen kann. Eine Änderung der Auslegung von Vorschriften durch den BFH ist gem § 60a V zu behandeln (§ 68 Rz 15). Die Feststellungswirkung aufgrund einer Rechtsänderung entfällt, sobald die Vorschrift, auf die es im Einzelfall ankommt, wirksam aufgehoben oder geändert worden ist. Maßgebend ist der Zeitpunkt, zu dem die neue Rechtslage in Kraft tritt. Die geänderten Vorschriften müssen diejenigen sein, die bei der Feststellung der Satzungsmäßigkeit der konkreten Körperschaft eine Rolle spielen. Da die Mustersatzung (Anlage 1 zur AO) gem § 60 I 2 einen Standard für steuerbegünstigte Körperschaften vorgibt, kann auch eine wesentliche Änderung der Mustersatzung zu einem Anwendungsfall von § 60a III führen (anders eine Änderung der konkreten Satzung, s § 60a Rz 15). 11

§ 60a III sieht eine sofortige **Wirkungslosigkeit des Feststellungsbescheids** bei einer Änderung von Rechtsvorschriften vor. Bei dem früheren Verfahren zur vorläufigen Feststellung der Steuerbegünstigung gem AEAO zu § 59 Nr 8 aF (nun 12 zu § 59 Nr 4) war eine Zeit des Vertrauensschutzes vorgesehen, wenn nachträglich eine Satzung beanstandet wurde. In der Frist konnte dann eine Satzungsänderung erfolgen und die Steuerbegünstigung so erhalten bleiben. Im Schrifttum wird deshalb die Meinung vertreten, es bestehe auch nach dem Unwirksamwerden eines Feststellungsbescheids Vertrauensschutz für die Vergangenheit und während des Jahres, in dem die Bindungswirkung entfällt (*Schauhoff/Kirchhain* FR 13, 301, 306; vgl auch § 59 Rz 4). Auf jeden Fall treten keine Änderungen für die Vergangenheit ein. In § 60a III heißt es im Gesetzestext ausdrücklich „ab dem Zeitpunkt“, was einen Wegfall ex nunc meint. IÜ wäre die in der Literatur vorgeschlagene Lösung sachgerecht; es ist aber fraglich, ob dies mit dem Text des Gesetzes – zB mit Rücksicht auf die besondere Regelung in § 60a V – vereinbar ist. Zu denken wäre an eine analoge Anwendung, da es keinen Sinn macht, Körperschaften wegen einer Änderung von Rechtsvorschriften für kurze Zeit, nämlich bis zur Anpassung der Satzung an die neuen Rechtsverhältnisse, die Steuerbegünstigung zu nehmen.

15 **5. Änderung der Verhältnisse. § 60a IV** bestimmt, dass der gem § 60a I 1 ergangene Bescheid, der die Satzungsmäßigkeit der Körperschaft feststellt, aufzuheben ist, wenn eine Änderung der für die Feststellung erheblichen Verhältnisse eintritt. Gemeint sind Änderungen der tatsächlichen Verhältnisse, die zB durch eine Änderung der Satzung der Körperschaft eintreten. „Erheblich“ ist nach dem Sinnzusammenhang eine Änderung, die zur Folge hat, dass die Frage nach der Satzungsmäßigkeit neu beurteilt werden muss. Der Feststellungsbescheid muss förmlich aufgehoben werden, der Feststellungsbescheid verliert, anders als gem § 60 III, seine Wirkung nicht automatisch. Es besteht eine Verpflichtung des FA zur Aufhebung des Bescheids. Nach Wirksamwerden des Aufhebungsbescheids entfällt die Feststellung der Satzungsmäßigkeit zu dem im Aufhebungsbescheid festgelegten Zeitpunkt. Dies muss der Zeitpunkt sein, an dem die Änderung der Verhältnisse eingetreten ist. Anders als bei Änderungen durch eine Änderungen von Rechtsvorschriften ist kein schutzwürdiges Vertrauen der Körperschaft bis zu einer Satzungsänderung erkennbar, da die Körperschaft die Änderung der tatsächlichen Verhältnisse selbst zu verantworten hat (vgl § 60a Rz 12). Die Körperschaft hätte in einem Fall, der zur Aufhebung des Feststellungsbescheids führen kann, auch selbst die Möglichkeit, einen Antrag auf – erneute – Feststellung der Satzungsmäßigkeit zu stellen.

16 **6. Korrektur eines Fehlers bei der Anwendung materiellen Rechts. § 60a V** betrifft die Aufhebung der Feststellung, dass die Satzungsmäßigkeit gegeben ist. Die Aufhebung des Feststellungsbescheids kann nur dann auf § 60a V gestützt werden, wenn ein materieller, dh ein materiell-rechtlicher Fehler vorliegt. Das ist der Fall, wenn ein Fehler bei der Rechtsanwendung vorliegt. Dazu gehört auch eine fehlerhafte Annahme des FA, der Satzungszweck lasse sich einem steuerbegünstigten Tatbestand zuordnen. Die Aufhebung der Feststellung wird sofort bekannt gegeben, der materiell-rechtliche Fehler wird aber erst mit Wirkung ab dem Kalenderjahr beseitigt, das auf die Bekanntgabe des Aufhebungsbescheids folgt. Diese Regelung gibt der Körperschaft Zeit, die vom FA aufgegriffenen Fehler zu beheben, zB durch eine Satzungsänderung. § 176, der die Berücksichtigung des Vertrauensschutzes regelt, gilt entsprechend, es sei denn, es sind Kalenderjahre zu ändern, die nach der Verkündung der maßgeblichen Entscheidung eines obersten Gerichtshofes des Bundes beginnen. Fehler des materiellen Rechts können auch nachträglich erkannt werden, wenn sich zu einem für die Feststellung erheblichen Begriff zB eine neue Rechtsauslegung durch ein Urteil des BFH ergibt (etwa Auslegung des Begriffs „Selbstversorgungsbetrieb“ in § 68 Nr 2 Buchst a).

§ 61 Satzungsmäßige Vermögensbindung

(1) **Eine steuerlich ausreichende Vermögensbindung (§ 55 Abs. 1 Nr. 4) liegt vor, wenn der Zweck, für den das Vermögen bei Auflösung oder Aufhebung der Körperschaft oder bei Wegfall ihres bisherigen Zwecks verwendet werden soll, in der Satzung so genau bestimmt ist, dass auf Grund der Satzung geprüft werden kann, ob der Verwendungszweck steuerbegünstigt ist.**

(2) *(aufgehoben)*

(3) [1] **Wird die Bestimmung über die Vermögensbindung nachträglich so geändert, dass sie den Anforderungen des § 55 Abs. 1 Nr. 4 nicht mehr entspricht, so gilt sie von Anfang an als steuerlich nicht ausreichend.** [2] **§ 175 Abs. 1 Satz 1 Nr. 2 ist mit der Maßgabe anzuwenden, dass Steuerbescheide erlassen, aufgehoben oder geändert werden können, soweit sie Steuern betreffen, die innerhalb der letzten zehn Kalenderjahre vor der Änderung der Bestimmung über die Vermögensbindung entstanden sind.**

Abs 2 aufgehoben durch G v 10.10.07 (BGBl I, 2332).

Schrifttum: vor 2010 s 13. Aufl; *Becker* Der Wegfall des gemeinnützigkeitsrechtlichen Status – Eine Bestandsaufnahme und Hilfestellung für die Praxis, DStR 10, 953; *Kirchhain* Privatnützige Zuwendungen gemeinnütziger Körperschaften, Möglichkeiten und Grenzen vor dem Hintergrund des Gebots der Vermögensbindung – Überlegungen im Anschluss an BFH v 12.10.10 I R 59/09, FR 11, 317; 11, 640; *Wallenhorst* Die Nachversteuerung in § 61 Abs. 3 AO bei Verstößen gegen die Vermögensbindung durch die tatsächliche Geschäftsführung – Konsequenzen aus dem Urteil des BFH vom 12.10.2010 I R 59/09, DStR 11, 698; *Riethmüller* Aberkennung der Gemeinnützigkeit von steuerbegünstigten Körperschaften, AOStB 15, 53.

1. Grundsatz der Vermögensbindung. Durch den Grundsatz der Vermö- 1
gensbindung soll sichergestellt werden, dass Vermögen, das eine Körperschaft nach den Vorgaben des Gemeinnützigkeitsrechts gebildet hat, auf Dauer für gemeinnützige Zwecke verwendet wird (BFH/NV 11, 1111). **§ 61 I** nimmt auf den in § 55 I Nr 4 festgelegten Grundsatz der Vermögensbindung Bezug und enthält eine Vorschrift, die zwingend bei der Formulierung der Satzung zu berücksichtigen ist. Für den Fall der Auflösung oder Aufhebung der Körperschaft oder bei Wegfall ihres Zwecks muss die Körperschaft zwingend in der Satzung festlegen, welchem konkreten steuerbegünstigten Zweck verbleibende Mittel nach Abwicklung der Geschäfte (ggf auch Rückgewähr der Einlagen an Mitglieder) zugeführt werden sollen (BFH/NV 18, 544). Eine Vereinbarung außerhalb der Satzung reicht nicht aus (BFH/NV 00, 297; BFH BStBl 10, 719; 14, 440; FG Mster EFG 12, 1539). Der Zweck, für den das Vermögen gedacht ist, muss so genau bestimmt sein, dass die Lektüre der Satzung erkennen lässt, dass es sich um einen steuerbegünstigten Zweck handelt. Die Satzung hat hier die Funktion eines Buchnachweises (BFH/NV 00, 297; BFH BStBl 10, 719; 14, 440; FG Mster EFG 12, 1539). Das bedeutet, dass bei der satzungsmäßigen Festschreibung der künftigen Vermögensverwendung nicht auf Umstände außerhalb der Satzung verwiesen werden kann, auch nicht auf gesetzliche Bestimmungen (BFH BStBl 14, 440; s unten Rz 5). Als nicht ausreichend hat der BFH die Regelung angesehen, nach der die letzte Mitgliederversammlung beschließen soll, welcher steuerbegünstigten Körperschaft das Restvermögen überlassen werden darf, ohne dass ein konkreter steuerbegünstigter Zweck in der Satzung benannt wurde (BFH BStBl 14, 440). Gleiches gilt, wenn nur eine Körperschaft des öffentlichen Rechts als Empfänger bestimmt ist (BFH/NV 18, 544). Bei dem steuerbegünstigten Zweck braucht es sich nicht um denjenigen zu handeln, den die Körperschaft selbst fördert. Benennt die Satzung namentlich eine steuerbegünstigte Körperschaft, so muss diese im Zeitpunkt des Zuflusses steuerbegünstigt sein (FG Nbg DStRE 08, 523) und es muss ein steuerbegünstigter Zweck angegeben werden, für den die Mittel verwendet werden sollen; mE muss in einem solchen Fall Vorsorge für den Fall getroffen werden, dass

die namentlich genannte Körperschaft dann nicht mehr steuerbegünstigt ist oder nicht mehr besteht. Je nach rechtlichem Schicksal dieser Körperschaft muss die Satzung angepasst werden. **Empfänger des Vermögens** können eine inl steuerbegünstigte Körperschaft, eine juristische Person des öffentlichen Rechts oder eine ausl Körperschaft, die den Voraussetzungen des § 5 II Nr 2 KStG entspricht, sein. Die FinVerw lässt als Empfänger des der Vermögensbindung unterliegenden Vermögens auch eine juristische Person des öffentlichen Rechts zu, sofern sie in einem EU-/EWR-Staat ansässig ist (OFD Frankfurt StEd 17, 222). § 62 aF, der zum 1.1. 2009 aufgehoben ist, sah noch eine Ausnahme von der satzungsmäßigen Vermögensbindung für Betriebe gewerblicher Art von Körperschaften des öffentlichen Rechts, für staatlich beaufsichtigte Stiftungen, für von einer Körperschaft des öffentlichen Rechts verwaltete unselbständige Stiftungen sowie für geistliche Genossenschaften von Orden vor (s Erläut zu § 62 aF in der 9. Aufl). Diese Regelung gilt nach Art 97 § 1f EGAO nur noch für die vor dem 1.1.2009 errichteten Rechtssubjekte, auf die sich § 62 aF bezog. Liegt die Errichtung nach dem 31.12. 2008, gibt es keine Ausnahme von der satzungsmäßigen Vermögensbindung mehr. Die Einhaltung des Grundsatzes der Vermögensbindung soll nach dem Willen des Gesetzgebers auch von ausl gemeinnützigen Körperschaften aus dem EU/EWR-Raum gefordert werden; dies ist der Hintergrund der Streichung von § 62.

2 **2. Zeitpunkt der Festlegung der Vermögensbindung. § 61 II** (betr die Verschiebung der Festlegung gem § 61 I) ist seit VZ 2007 gestrichen. Eine 2007 vorhandene Satzung, die den Anforderungen des Abs 1 nicht entspricht, muss angepasst werden. Aus Vereinfachungsgründen ist es zulässig, damit zu warten, bis die Satzung ohnehin geändert wird. Wird die Änderung dann allerdings unterlassen, droht der Verlust der Gemeinnützigkeit (§ 60 II).

3 **3. Aufhebung der Vermögensbindung. § 61 III** sieht für den Fall einer Satzungsänderung, durch den die satzungsmäßige Vermögensbindung aufgehoben wird, als Sanktion die Fiktion vor, die Vermögensbindung sei von Anfang an nicht vorhanden gewesen. Die Folge ist, dass sämtliche Steuerbescheide, in denen von den vorliegenden Voraussetzungen für die Steuervergünstigung wegen Verfolgung steuerbegünstigter Zwecke ausgegangen worden ist, rückwirkend geändert werden können. Soweit davon Zeiten betroffen sind, in denen alle Voraussetzungen für eine Steuerbegünstigung erfüllt worden sind, erscheint die Sanktion als weit über das Ziel hinausschießend, soweit die Satzungsänderung nicht auch rückwirkend wirkt und die angesammelten Mittel entsprechend der Zweckbindung eingesetzt worden sind (ähnlich *TK/Seer* § 61 Rz 5, der in Fällen des Übermaßes für eine verfassungskonforme Auslegung und ggf für eine Billigkeitsmaßnahme plädiert; *Herbert* BB 91, 178; sonst müsste die Körperschaft aufgelöst und mit neuer Satzung eine neue gegründet werden). Der Ablauf der Festsetzungsfrist (§ 169) hindert eine solche rückwirkende Aufhebung nicht (vgl § 175 I 2). § 61 III 2 begrenzt den Zeitraum (10 Jahre vor Satzungsänderung), für den durch Erlass, Aufhebung und Änderung von Steuermessbescheiden stl Folgerungen gezogen werden dürfen, schließt aber die Anwendung der Vorschriften über die Festsetzungsverjährung nicht aus (BFH BStBl 01, 518). Die Festsetzungsfrist nach § 169 beginnt mit Ablauf des Kj, in dem das Ereignis, zB die Satzungsänderung, eingetreten ist (AEAO zu § 61 Nr 7; vgl auch § 63 Rz 2). Bei einer Satzungsänderung ist § 61 III 2 erst dann erfüllt, wenn das Änderungsverfahren mit Eintragung der Satzungsänderung im Handels- oder Vereinsregister abgeschlossen ist (BFH BStBl 01, 518).

4 **4. Bruch der Vermögensbindung.** Nach **§ 63 II** gilt die Regelung des § 61 III sinngemäß, wenn eine schwerwiegende Verletzung der Vermögensbindung, die einer schädlichen Satzungsänderung in ihrer Bedeutung gleichzusetzen ist, durch die **tatsächliche Geschäftsführung** erfolgt. Es handelt sich um Verletzungen der Vermögensbindung iSd § 55 I Nr. 4 ohne Satzungsänderungen. Dies kann dadurch

geschehen, dass Vermögen der steuerbegünstigten Körperschaft satzungswidrig verteilt wird, zB indem es für nicht steuerbegünstigte Zwecke verwendet wird oder indem Gesellschafter das überwiegende Vermögen der steuerbegünstigten Körperschaft verdeckt erhalten (BFH/NV 11, 329 mwN; AEAO zu § 61 Nr 6). Das Gesetz legt nicht iEinz fest, welche Verstöße der Geschäftsführung so gravierend sind, dass sie einer schädlichen Satzungsänderung gleichkommen (kritisch und restriktiv dazu *Kirchhain* FR 11, 633, 643). Die Entscheidung muss dem Einzelfall überlassen bleiben und wird mE wohl von dem Gedanken getragen sein müssen, dass die Vorteile, die durch die Steuerbegünstigung erlangt werden können, nicht für den vermögensmäßigen Eigennutz von Personen, die mit der Geschäftsführung betraut sind, und Gesellschaftern nachhaltig oder planmäßig missbraucht werden können. Zur analogen Anwendung des § 61 III 2 auf eine nach § 5 I Nr 18 KStG steuerbefreite Wirtschaftsförderungsgesellschaft, der jahrelange Mittelfehlverwendungen vorgeworfen werden, s FG Hess EFG 14, 1225.

5. Ausl Körperschaften. Der Grundsatz der Vermögensbindung zählt zu den essentiellen Merkmalen einer steuerbegünstigten Körperschaft und muss auch von einer ausl Körperschaft erfüllt werden, wenn eine Auslandsspende gem § 10b Abs. 1 Satz 2 Nr 3 EStG abzugsfähig sein soll (BFH BStBl 14, 440; FG Mster EFG 12, 1539; FG Ddorf EFG 13, 678; FG BBg EFG 14, 2168; BMF BStBl 11, 559). Nach FG Brem DStRE 12, 1321, nrkr, reicht es aus, wenn eine EU-Körperschaft als gemeinnützig anerkannt ist, der staatlichen Aufsicht unterliegt und das – hier italienische – ausl Recht für den Fall der Beendigung der Körperschaft die Zuweisung der noch vorhandenen Mittel an eine andere gemeinnützige Körperschaft mit ähnlichem Zweck vorsieht; die Verankerung der Vermögensbindung in der Satzung wird als nicht notwendig angesehen, wenn das ausl Recht eine solche Vorschrift nicht vorsieht. Der BFH ist dem FG Brem nicht gefolgt und stellt an ausl Körperschaften genau dieselben Anforderungen wie an inl (Berufung auf das nationale Recht: BFH BStBl 14, 440; BFH/NV 15, 903 mwN, insbes unter Bezug auf EuGH DStR 11, 1262 Meilicke; FG Mster EFG 12, 1539; oben Rz 1). FG BBg erwägt einen Verzicht auf die Verankerung in der Satzung, falls eine gesetzliche ausl Vorschrift eine Regelung enthält, die dem Grundsatz der Vermögensbindung entspricht (FG BBg EFG 14, 2168, Revision BFH/NV 17, 549 geht darauf nicht ein, weil grundlegende Feststellungen zum Typenvergleich fehlen). Dem ist entgegenzuhalten, dass sich der Grundsatz der Vermögensbindung für inl Körperschaften auch dem Gesetz entnehmen lässt – was aber nach deutschem Gemeinnützigkeitsrecht die Verankerung dieses Grundsatzes in der Satzung nicht ersetzt. Auch die Abschaffung von § 62 aF unterstreicht, dass der Grundsatz der Vermögensbindung ausnahmslos für inl Körperschaften in der Satzung verankert sein soll (Ausnahme: Altfälle gem Art 97 § 1f EGAO, s § 61 Rz 1 aE). Dies muss dann auch für ausl Körperschaften gelten, und zwar auch dann, wenn verständlich ist, warum sich eine solche Bestimmung nicht in Satzung der betroffenen ausl Körperschaft befindet. Die FinVerw erleichtert die Einhaltung des Grundsatzes der Vermögensbindung für ausl Körperschaften, indem sie als Empfänger auch eine juristische Person des öffentlichen Rechts akzeptiert, die in der EU oder im EWR ansässig ist (OFD Frankfurt StEd 17, 222). 5

§ 62 Rücklagen und Vermögensbildung

(1) **Körperschaften können ihre Mittel ganz oder teilweise**

1. **einer Rücklage zuführen, soweit dies erforderlich ist, um ihre steuerbegünstigten, satzungsmäßigen Zwecke nachhaltig zu erfüllen;**
2. **einer Rücklage für die beabsichtigte Wiederbeschaffung von Wirtschaftsgütern zuführen, die zur Verwirklichung der steuerbegünstigten, satzungsmäßigen Zwecke erforderlich sind (Rücklage für Wiederbeschaffung). [2] Die Höhe der Zuführung bemisst sich nach der Höhe der regulären Absetzun-**

gen für Abnutzung eines zu ersetzenden Wirtschaftsguts. [3]Die Voraussetzungen für eine höhere Zuführung sind nachzuweisen;
3. der freien Rücklage zuführen, jedoch höchstens ein Drittel des Überschusses aus der Vermögensverwaltung und darüber hinaus höchstens 10 Prozent der sonstigen nach § 55 Absatz 1 Nummer 5 zeitnah zu verwendenden Mittel. [2]Ist der Höchstbetrag für die Bildung der freien Rücklage in einem Jahr nicht ausgeschöpft, kann diese unterbliebene Zuführung in den folgenden zwei Jahren nachgeholt werden;
4. einer Rücklage zum Erwerb von Gesellschaftsrechten zur Erhaltung der prozentualen Beteiligung an Kapitalgesellschaften zuführen, wobei die Höhe dieser Rücklage die Höhe der Rücklage nach Nummer 3 mindert.

(2) **[1]Die Bildung von Rücklagen nach Absatz 1 hat innerhalb der Frist des § 55 Absatz 1 Nummer 5 Satz 3 zu erfolgen. [2]Rücklagen nach Absatz 1 Nummer 1, 2 und 4 sind unverzüglich aufzulösen, sobald der Grund für die Rücklagenbildung entfallen ist. [3]Die freigewordenen Mittel sind innerhalb der Frist nach § 55 Absatz 1 Nummer 5 Satz 3 zu verwenden.**

(3) **Die folgenden Mittelzuführungen unterliegen nicht der zeitnahen Mittelverwendung nach § 55 Absatz 1 Nummer 5:**
1. Zuwendungen von Todes wegen, wenn der Erblasser keine Verwendung für den laufenden Aufwand der Körperschaft vorgeschrieben hat;
2. Zuwendungen, bei denen der Zuwendende ausdrücklich erklärt, dass diese zur Ausstattung der Körperschaft mit Vermögen oder zur Erhöhung des Vermögens bestimmt sind;
3. Zuwendungen auf Grund eines Spendenaufrufs der Körperschaft, wenn aus dem Spendenaufruf ersichtlich ist, dass Beträge zur Aufstockung des Vermögens erbeten werden;
4. Sachzuwendungen, die ihrer Natur nach zum Vermögen gehören.

(4) **Eine Stiftung kann im Jahr ihrer Errichtung und in den drei folgenden Kalenderjahren Überschüsse aus der Vermögensverwaltung und die Gewinne aus wirtschaftlichen Geschäftsbetrieben nach § 14 ganz oder teilweise ihrem Vermögen zuführen.**

Vorschrift geändert durch JStG 2007 v 13.12.06 (BGBl I, 2878) und aufgehoben durch JStG 2009 v 19.12.08 (BGBl I, 2794); neu gefasst durch Ehrenamtsstärkungsgesetz v 21.3.13 (BGBl I, 556) mWv 1.1.2014.

Schrifttum: vor 2010 s 13. Aufl; *Günther* Rücklagenbildung und Vermögenszuführungen bei steuerbegünstigten Körperschaften, EStB 12, 174; *Hüttemann* Bessere Rahmenbedingungen für den Dritten Sektor: Zum Entwurf eines Gesetzes zur Entbürokratisierung des Gemeinnützigkeitsrechts, DB 12, 2592; *Jochum* Die Vermögensstockspende – Deutscher Sonderweg oder europäisches Pionierstück? IStR 12, 325; *Roth* Reform des Gemeinnützigkeitsrechts – „Gesetz zur Stärkung des Ehrenamtes", SteuK 13, 136; *Schauhoff/Kirchhain* Steuer- und zivilrechtliche Neuerungen für gemeinnützige Körperschaften und deren Förderer, zum Gesetz zur Stärkung des Ehrenamts, FR 13, 301; *Spitaler/Schröder* Gemeinnützigkeitssteuerrecht: Neuerungen bei der zeitnahen Mittelverwendung und Rücklagenbildung (Teil I) DStR 14, 2144; (Teil II), DStR 14, 2194; *Kirchhain* Rücklagen- und Vermögensbildung bei gemeinnützigen Körperschaften – Prüfung zurück bis ins anno Tobak? DStR 16, 104.

Übersicht

1. Gesetzgebungsgeschichte und Überblick. § 62 in der ursprünglichen Fassung der AO 1977 wurde durch das JStG 2009 aufgehoben. Inhalt der Regelung war eine Ausnahme von der satzungsmäßigen Vermögensbindung für Betriebe gewerblicher Art von Körperschaften des öffentlichen Rechts, für staatlich beaufsichtigte Stiftungen, für unselbständige Stiftungen, die von einer Körperschaft des öffentlichen Rechts verwaltet werden, sowie für geistliche Genossenschaften, s dazu und zur beschränkten Fortgeltung § 61 Rz 1 aE sowie die Erläuterungen der 9. Aufl zu § 62 aF. Durch das Ehrenamtsstärkungsgesetz wurde § 62 mit Wirkung ab dem 1.1.2014 neu eingefügt und regelt in der neuen Fassung die Zulässigkeit von Rücklagen (§ 62 I, II) und von Vermögensaufstockungen (§ 62 III, IV). Ergänzend zu den Anweisungen der FinVerw im AEAO zu § 62 ist die Verfügung der OFD Frankfurt (DStR 14, 803) zu beachten. 1

§ 62 regelt Ausnahmen vom Grundsatz der zeitnahen Verwendung von Mitteln (§ 55 I Nr 5). Die **Bestimmungen über die Rücklagen** betreffen sämtlich den **ideellen Bereich** einer steuerbegünstigten Körperschaft. § 62 I benennt die Voraussetzungen für einzelne Arten von Rücklagen. Rücklagen müssen von bilanzierenden Körperschaften in der Bilanz offen, dh getrennt vom übrigen Vermögen, ausgewiesen werden; ausreichend ist auch eine Nebenrechnung zum Jahresabschluss. Nicht bilanzierende Körperschaften müssen Rücklagen in einer gesonderten Nebenrechnung neben ihren Aufzeichnungen über ihre Einnahmen und Ausgaben gem § 63 III ausweisen (OFD Frankfurt DStR 14, 803). § 62 II enthält Regelungen über die Bildung und Auflösung von Rücklagen, die bei allen Rücklagen zu beachten sind. Verstößt die Rücklagenbildung gegen das Gesetz, so kommt § 63 IV zur Anwendung (§ 63 Rz 4). § 62 III betrifft die **Aufstockung des Vermögens** von steuerbegünstigten Körperschaften in verschiedenen Fällen. § 62 IV ist eine Sonderregelung für Stiftungen und betrifft die Vermögensaufstockung bei Gründung und in den drei auf die Errichtung der Stiftung folgenden Jahren. Der **Katalog** der Rücklagen, der sich aus § 62 ergibt, ist **nicht abschließend** (*Hüttemann* DB 12, 2592, 2594; *Schauhoff/Kirchhain* FR 13, 301, 307). Es darf zB eine sog **Betriebsmittelrücklage** gebildet werden (§ 62 Rz 3). Bei der Bildung und Auflösung von Rücklagen ist § 62 II zu beachten. Ob die Voraussetzungen für eine Rücklage vorliegen, ist von der FinVerw in jedem Prüfungszeitraum zu überprüfen (OFD Frankfurt DStR 14, 803, Tz 1.1). Nicht von § 62 berührt sind Rücklagen, die in **wirtschaftlichen Geschäftsbetrieben** und Zweckbetrieben gebildet werden dürfen (Betriebsmittelrücklage etc). Zur Rücklage von wirtschaftlichen Geschäftsbetrieben s § 62 Rz 20. 2

2. Erforderliche Rücklage für konkrete Vorhaben (zweckgebundene Rücklage). § 62 I Nr 1 übernimmt den Wortlaut des § 58 Nr 6 aF, der nur formal durch das G zur Stärkung des Ehrenamts gestrichen worden ist. Geregelt wird die Zulässigkeit einer konkreten, dh **projektbezogenen bzw zweckgebundenen Rücklage.** Die Vorschrift enthält eine **Ausnahme** von dem Grundsatz, dass Mittel **grds zeitnah** für die steuerbegünstigten Zwecke zu verwenden sind (vgl oben § 55 Rz 18). § 62 I Nr 1 kann nur dann die Grundlage für die Bildung einer Rücklage sein, wenn im Einzelfall keine Rücklage in Betracht kommt, die sich § 62 I Nrn 2 bis 4 zuordnen lässt; denn sonst würden die dort geregelten Sondervorschriften für spezielle Rücklagen im ideellen Bereich unterlaufen (Subsidiarität ggü § 62 Nrn 2 bis 4). Gem § 62 I Nr 1 muss die Rücklage wegen eines konkre- 3 ten Vorhabens erforderlich sein, um die satzungsmäßigen Zwecke einer Körperschaft in bestimmter Hinsicht zu erfüllen. Grund für die Bildung der Rücklage muss ein konkreter Anlass sein, der die Bildung einer Rücklage rechtfertigt (zB Ansparung für konkretes Investitionsvorhaben, BMF BStBl 98, 1424, nicht jedoch für die Wiederbeschaffung eines Wirtschaftsguts, § 62 I Nr 2). Daraus wird abgeleitet, dass eine Rücklagenbildung nach § 62 I Nr 1 **zwei Voraussetzungen** zu erfüllen hat. Erstens müssen die der Rücklage zugeführten Mittel dazu bestimmt sein, die **satzungsmäßigen Zwecke nachhaltig zu erfüllen.** Zweitens muss die Bildung einer Rücklage zwecks nachhaltiger Erfüllung des satzungsmäßigen Zwecks **erforderlich** sein. Dies ist nach objektiven Kriterien des konkreten Falles hinsichtlich Grund, Höhe und zeitlichem Umfang des konkreten Vorhabens in jedem Prüfungszeitraum erneut zu überprüfen (BFH BStBl 90, 28; OFD Frankfurt DStR 14, 803). Für die Durchführung des konkreten Vorhabens soll ein bestimmter Zeitplan vorliegen. Fehlt es an einem Zeitplan, so muss die Durchführung des geplanten Vorhabens realistisch sein und bei den finanziellen Verhältnissen der steuerbegünstigten Körperschaft in einem angemessenen Zeitraum durchführbar sein (AEAO zu § 62 Nr 4). Grds soll dabei ein Zeitraum von sechs Jahren nicht überschritten werden (OFD Frankfurt DStR 14, 803). Nicht gerechtfertigt ist eine Rücklage, mit der ein in unabsehbarer Ferne liegendes Ziel verwirklicht werden soll (Erforderlichkeit fehlt) oder die einfach die Finanzkraft der Körperschaft stärken oder erhalten soll (wie die freie Rücklage oder Vermögensaufstockung, der Aufbau eines Vermögensstocks zur Gewinnung von Einnahmen). Deshalb rechtfertigt auch die allgemeine Geldentwertung keine Rücklagenbildung nach § 62 I Nr 1 (*Reiffs* DB 91, 1247). Schädlich ist es, wenn Zinsen dem Kapital zugeschlagen werden, ohne dass ein bestimmtes, eine Steuerbegünstigung begründendes Ziel ins Auge gefasst wird (RFH RStBl 1943, 259). Im Gegensatz zu § 62 I Nr 3 kommt es auf die Herkunft der Mittel nicht an (AEAO zu § 62 Nr 3). Zulässig ist dagegen auch im ideellen Bereich eine **Betriebsmittelrücklage** für periodisch wiederkehrende Ausgaben (zB Löhne, Gehälter, Mieten) in Höhe des Mittelbedarfs für eine angemessene Zeitperiode (AEAO zu § 62 Nr 4; OFD Frankfurt DStR 14, 803, Tz 1.1; *Reiffs* DB 91, 1247), die ebenfalls eine zweckgebundene Rücklage ist. Die Rücklagenbildung darf nur so lange aufrechterhalten werden, wie die Zielvorstellung verfolgt wird (*Reiffs* DB 91, 1247). Stellt sich heraus, dass das Vorhaben geringere Kosten erfordern wird, muss auch die überschüssige Rücklage abgebaut werden (*Herbert* BB 91, 178). Bei der Bildung und Auflösung der Rücklage ist § 62 II zu beachten. Es dürfen bei Bedarf mehrere projektbezogene Rücklagen gem § 62 I Nr 1 gleichzeitig gebildet werden. Zu den Folgen zu hoher oder sonst ungerechtfertigter Rücklagenbildung s § 63 IV. Die in § 62 I Nr 1 enthaltenen Grenzen unschädlicher Rücklagenbildung gelten auch für Spendensammel- und Fördervereine iSd § 58 Nr 1 (BFH BStBl 90, 28). Im Bereich der Vermögensverwaltung dürfen Rücklagen, abgesehen von § 62, nur für die Durchführung konkreter Reparatur- und Erhaltungsmaßnahmen an Vermögensgegenständen des § 21 EStG gebildet werden (AEAO zu § 62 Nr 1).

5 **3. Rücklage für Wiederbeschaffung. § 62 I Nr 2** lässt eine Rücklage zu für die Wiederbeschaffung von Wirtschaftsgütern, die zur Verwirklichung der steuerbegünstigten, satzungsmäßigen Zwecke erforderlich sind. Dazu können zB Grundstücke, Fahrzeuge und andere Wirtschaftsgüter, für deren Anschaffung die laufenden Einnahmen nicht ausreichen, zählen (AEAO zu § 62 Nr 6). Die Wirtschaftsgüter müssen dem ideellen Bereich der steuerbegünstigten Körperschaft dienen und außerdem erforderlich sein zur Verwirklichung der satzungsmäßigen Zwecke. Die Wiederbeschaffung muss außerdem „beabsichtigt" sein. Damit setzt eine Wiederbeschaffungsrücklage voraus, dass entsprechende Neuanschaffungen konkret geplant und in absehbarer Zeit in einem angemessenen Zeitraum möglich sind. Problematisch ist dabei die Rücklage für Wiederbeschaffung bei langlebigen

Wirtschaftsgütern, wie zB Gebäuden. Regelmäßig wird bei einer langen Abschreibungszeit noch nicht iEinz geplant sein, wie und ob ein Neubau aussehen soll. Trotzdem steht fest, dass auch ein Gebäude der Abnutzung unterliegt und eine Körperschaft dafür Vorsorge treffen muss. Im Schrifttum wird daher zu Recht dafür plädiert, eine Wiederbeschaffungsrücklage nur dann nicht zuzulassen, wenn eine Wiederbeschaffung mit Sicherheit nicht geplant ist (*Hüttemann* DB 12, 250, 255). Wird nicht beabsichtigt, die Tätigkeit der Körperschaft zu beenden, muss für alle der AfA unterliegenden Wirtschaftsgüter iÜ eine Wiederbeschaffungsrücklage zulässig sein. Der Rücklage dürfen die Beträge zugeführt werden, die den regulären laufenden Abschreibungen des zu ersetzenden Wirtschaftsguts entsprechen. Sollen höhere Beträge der Rücklage zugeführt werden, so sind die Voraussetzungen dafür nachzuweisen. Ein höherer Bedarf kann zB entstehen, wenn ein Wirtschaftsgut vorzeitig ersetzt werden soll (AEAO zu § 62 Nr 6). Der Fall, dass tatsächlich ein geringerer Wertverlust eintritt, wird vom Gesetz nicht ausdrücklich geregelt. Man darf aber davon ausgehen, dass dann ein höherer Rücklagenbedarf nicht „erforderlich" ist und damit die Voraussetzungen für die Rücklage in voller Höhe nicht gegeben sind (zB Verkleinerung des Fuhrparks, Sonderabschreibungen, die über dem tatsächlichen Wertverlust liegen, AEAO zu § 62 Nr 6; OFD Frankfurt DStR 14, 803; für eine restriktive Auslegung *Hüttemann* DB 12, 250, 256). Nach der FinVerw liegt eine zu hohe Rücklagenbildung vor, wenn eine Sonderabschreibung übernommen wird, deren Höhe über dem tatsächlichen Wertverlust liegt (OFD Frankfurt DStR 14, 803). Für die Wiederbeschaffungsrücklage gelten iÜ die weiteren Bestimmungen des § 62 II.

4. Freie Rücklage. § 62 I Nr 3 regelt anstelle des durch das Ehrenamtsstärkungsgesetz gestrichenen § 58 Nr 7 Buchst a aF die Voraussetzungen für eine sog 7
freie Rücklage. Es handelt sich dabei um eine Ausnahme des in § 55 I Nr 5 geregelten Gebots, Mittel zeitnah zu verwenden. Betroffen ist nur die Verwendung von Mitteln im gemeinnützigen Bereich. Die Regelung dient der Erhaltung der Leistungsfähigkeit von steuerbegünstigten Körperschaften. Die Höhe der Rücklage ist unverändert ggü § 58 Nr 7 Buchst a aF zu bestimmen. Bei der Bildung der Rücklage ist nach der Quelle der Mittel, die der Rücklage zugeführt werden sollen, zu unterscheiden. Voraussetzung für die Rücklagenbildung ist, dass entsprechende Mittel vorliegen. Stammen die **Mittel aus Vermögensverwaltung** (§ 14 S 3, zB Zinserträge, Dividenden, Miet- und Pachteinnahmen, § 14 Rz 3 ff), so darf die freie Rücklage höchstens ein Drittel des Überschusses aus Vermögensverwaltung betragen. Die Bemessungsgrundlage für die Rücklage wird ermittelt, indem alle Ergebnisse aus dem Bereich der Vermögensverwaltung zusammengerechnet werden. Dabei darf sich insgesamt kein Überhang der Kosten, die mit der Vermögensverwaltung in Zusammenhang stehen, ergeben (Unterdeckung). Bei einer Unterdeckung stehen in dem Jahr ihrer Entstehung keine Mittel aus Vermögensverwaltung für die freie Rücklage zur Verfügung. Die Unterdeckung ist in nachfolgende Jahre vorzutragen und mit späteren Überschüssen zu verrechnen mit der Folge, dass Mittel aus Vermögensverwaltung erst dann wieder für eine freie Rücklage eingesetzt werden können, wenn die Unterdeckung vollkommen verrechnet worden ist (OFD Frankfurt DStR 14, 803). In begrenztem Umfang dürfen zusätzlich andere zeitnah zu verwendende Mittel für eine Rücklage genutzt werden. Wird die Rücklage **aus anderen zeitnah zu verwendenden Mitteln** gebildet, so darf sie höchstens 10% dieser Mittel betragen. Berechnungsgrundlage sind die zeitnah zu verwendenden Mittel, darunter die Bruttoeinnahmen aus dem ideellen Bereich (AEAO zu § 62 Nr 10; Einzelheiten OFD Frankfurt DB 03, 2255), Überschüsse aus wirtschaftlichen Geschäftsbetrieben und aus Zweckbetrieben. In diesen Teil der Bemessungsgrundlage für die Rücklage dürfen keine Überschüsse aus Vermögensverwaltung eingerechnet werden (OFD Frankfurt DStR 14, 803).

8 Die zulässige Höhe der Mittel, die der freien Rücklage zugeführt werden dürfen, ist für jedes Kalender- oder Wirtschaftsjahr getrennt festzustellen. Wird neben der freien Rücklage auch eine Rücklage gem § 62 I Nr 4 gebildet, so mindert deren Höhe den möglichen Höchstbetrag der freien Rücklage in dem konkreten Jahr (§ 62 Rz 10). Ist der Höchstbetrag der freien Rücklage in einem Jahr nicht ausgeschöpft, so darf nach der ausdrücklichen Regelung im Gesetz die unterbliebene Zuführung noch in den folgenden zwei Jahren nachgeholt werden. Eine nachträgliche Ausschöpfung des Rücklagenvolumens ist erst ab dem 1.1.2014 zulässig. Zur Bemessungsgrundlage, wenn unter den Zuwendungen ein Wirtschaftsgut des § 62 III Nr 4 liegt, s § 62 Rz 18. Zu den Folgen schädlicher Rücklagenbildung s § 63 IV. Die freie Rücklage darf unbegrenzt bestehen bleiben.

9 **Höhe und Verwendung der freien Rücklage.** Die Höhe der freien Rücklage, die sich während des Bestehens der steuerbegünstigten Körperschaft ansammelt, ist unbegrenzt. Das Gebot, Mittel zeitnah zu verwenden, bezieht sich nicht auf die freie Rücklage. Die Rücklage muss jedoch insgesamt dem steuerbegünstigten Zweck zur Verfügung stehen und darf zB nicht zum Ausgleich von Verlusten eines wirtschaftlichen Geschäftsbetriebs verwendet werden. Dagegen darf sie zur Gründung eines wirtschaftlichen Geschäftsbetriebs eingesetzt werden (OFD Frankfurt DStR 14, 1394). Die freie Rücklage darf auch der Vermögensverwaltung zugeführt werden. Sie steht zur Vermögensumschichtung zur Verfügung oder zur Ausstattung für eine andere steuerbegünstigte Körperschaft oder auch für die Erhöhung einer gesellschaftsrechtlichen Beteiligung (OFD Frankfurt DStR 14, 803).

10 **5. Rücklage zum Erwerb von Gesellschaftsrechten. § 62 I Nr 4** regelt mit Geltung ab dem 1.1.2014 anstelle des durch das Ehrenamtsstärkungsgesetz gestrichenen § 58 Nr 7 Buchst b aF die Voraussetzungen für eine **Rücklage zum Erwerb von Gesellschaftsrechten zur Erhaltung einer prozentualen Beteiligung** an einer Kapitalgesellschaft. § 62 I Nr 4 gestattet abweichend von § 55 ausdrücklich die Ansammlung von Mitteln zum Erwerb von Gesellschaftsrechten zwecks Erhaltung der prozentualen Beteiligung an einer Kapitalgesellschaft. Um erstmalig eine Beteiligung an einer Gesellschaft zu erwerben oder zur Erhöhung einer gesellschaftsrechtlichen Beteiligung ist eine Rücklagenbildung nicht von § 62 I Nr 4 gestattet. Anders als in § 62 I Nr 3 ist die Herkunft der Mittel unerheblich. Eine Begrenzung hinsichtlich der Höhe ist nicht zahlenmäßig festgelegt, sondern richtet sich nach dem Zweck der Regelung. Zulässig ist die Bildung einer Rücklage gem § 62 I Nr 4 nur, wenn ein konkreter Anlass für eine Kapitalerhöhung gegeben ist und sich diese konkret abzeichnet (OFD Frankfurt DStR 14, 803). Grenze der Rücklage ist der zu erwartende Anteil an der Kapitalerhöhung. Die Bildung dieser Rücklage hat Auswirkungen auf die zulässige Höhe der freien Rücklage gem § 63 I Nr 3. Der Höchstbetrag der freien Rücklage in einem Jahr mindert sich um die Höhe der Rücklage zum Erwerb von Gesellschaftsrechten in demselben Jahr. Etwaige Unterdeckungen müssen in die nächsten Jahre vorgetragen werden. Sofern die Rücklage gem § 62 I Nr 4 alle Mittel aufbraucht, die für eine freie Rücklage zur Verfügung stehen würden, darf die freie Rücklage erst wieder erhöht werden, wenn ein entsprechender Spielraum zur Verfügung steht (OFD Frankfurt DStR 14, 803; AEAO zu § 62 Nr 13). Durch die Anrechnungsvorschrift wird iErg eine Beeinträchtigung der Förderung der begünstigten Zwecke in den Jahren der Vermögensansammlung verhindert (Beispiele für die Technik der Anrechnung s AEAO zu § 62 Nr 12f; Einzelheiten OFD Frankfurt DB 03, 2255). Zum Erwerb von Gesellschaftsrechten s § 58 Nr 9 (§ 58 Rz 19).

12 **6. Bildung und Auflösung einer Rücklage (Abs 2).** Eine **Frist für die Bildung** aller in § 62 I geregelten Rücklagen legt § 62 II 1 fest und bestimmt, dass die Mittel, die den Rücklagen zugeführt werden, innerhalb der Frist des § 55 I Nr 5 S 3 dafür verwendet werden müssen. Der Zufluss zu einer Rücklage ist damit wie der Einsatz von zeitnah zu verwendenden Mitteln für den satzungsmäßigen

Zweck zu behandeln. Das bedeutet, dass die der Körperschaft zugeflossenen Mittel entweder im Jahr des Zuflusses und in den auf den Zufluss folgenden zwei nächsten Jahren unmittelbar für den steuerbegünstigten Zweck eingesetzt werden können oder stattdessen in demselben Zeitraum in eine Rücklage nach § 62 I fließen dürfen, sofern die Voraussetzungen dafür iEinz gegeben sind.

Auflösung einer Rücklage: Die Rücklagenbildung darf nur so lange auf- 13
rechterhalten werden, wie die Zielvorstellung verfolgt wird (AEAO zu § 62 Nr 14; *Reiffs* DB 91, 1247). Entfällt der Grund für die Bildung einer Rücklage, so muss sie unverzüglich aufgelöst werden. Stellt sich heraus, dass das Vorhaben geringere Kosten erfordern wird, muss auch die überschüssige Rücklage abgebaut werden (*Herbert* BB 91, 178). Frei gewordene Mittel können ggf auch anderen Rücklagen zugeführt werden. (AEAO zu § 62 Nr 14). Ansonsten sind freigewordene Mittel zeitnah zu verwenden. Zu den Folgen zu hoher Rücklagenbildung s § 63 IV. Zur Darlehensvergabe aus Mitteln einer nach § 58 Nr 6 gebildeten Rücklage vgl § 55 Rz 3, 10. Zur Frage, in welchem zeitlichen Umfang schon gebildete Rücklagen nach Grund und Höhe vom FA überprüft werden können s *Kirchhain* DStR 16, 104, nach dem die Ansammlung von Mitteln als Akt der Geschäftsführung nur innerhalb der jeweiligen Festsetzungsfrist überprüft werden darf. Davon zu unterscheiden ist das Problem, ob der Rechtsgrund für die Bildung einer zeitweiligen, noch bestehenden Rücklage (zB für Wiederbeschaffung) im Zeitraum eines Prüfungsjahres fortbesteht.

7. Vermögensaufstockung durch Erwerb von Todes wegen. § 62 III 14
Nr 1 erlaubt, ebenso wie vorher der durch das Ehrenamtsstärkungsgesetz gestrichene § 58 Nr 11 Buchst a aF, eine Aufstockung des Vermögens der Körperschaft durch einen Erwerb von Todes wegen (zB Erbschaft, Vermächtnis). Voraussetzung ist, dass der Erblasser keine Verwendung für den laufenden Aufwand der Körperschaft vorgeschrieben hat. Es kommt allein auf den Willen des Erblassers an.

8. Vermögensaufstockung durch gebundene Zuwendungen. § 62 III 15
Nr 2 ersetzt wortgleich den durch das Ehrenamtsstärkungsgesetz gestrichenen § 58 Nr 11 Buchst b aF. Danach ist es zulässig, eine Körperschaft mit Vermögen auszustatten, wenn der Zuwendende ausdrücklich erklärt, dass seine Zuwendung dafür bestimmt ist. Außerdem ist es zulässig, das Vermögen einer Körperschaft mit einer Zuwendung zu erhöhen, wenn der Zuwendende ausdrücklich erklärt, dass seine Zuwendung dafür bestimmt ist. Auf diese Weise ist es zB möglich, Nachschüsse von Mitgliedern zu erhalten, um etwa Verluste aus einem wirtschaftlichen Geschäftsbetrieb auszugleichen und damit den Verlust der Steuerbegünstigung zu verhindern. Es kommt auf die ausdrückliche Erklärung des Zuwendenden an. Die Körperschaft muss die Voraussetzungen für die Vermögensaufstockung oder Vermögensausstattung nachweisen.

9. Vermögensaufstockung durch Spendenaufrufe. § 62 III Nr 3 regelt 17
anstelle des wortgleichen, durch das Ehrenamtsstärkungsgesetz gestrichenen § 58 Nr 11 Buchst c aF die Voraussetzungen für eine Vermögensaufstockung aus Mitteln, die durch einen speziellen Spendenaufruf eingenommen wurden. Aus dem Spendenaufruf muss sich eindeutig ergeben, dass die erbetene Zuwendung zur Vermögensaufstockung bestimmt sein soll. Trotz der Bezeichnung als „Spendenaufruf" handelt es sich bei der darauf eingegangenen Zuwendung nicht um eine Spende iSd § 10b EStG. Die Körperschaft muss die Voraussetzungen für die Vermögensaufstockung nachweisen. Eine private Stiftung, die zur Erfüllung der Satzungszwecke Kapital sammelt, bleibt gemeinnützig, wenn die Mittel in einer besonderen nachprüfbaren und kontrollierbaren Rücklage gebunden sind (BFH BStBl 79, 496 zu § 58 Nr 6 aF).

10. Vermögensaufstockung durch Sachzuwendungen. § 62 III Nr 4 tritt 18
mit Wirkung ab dem 1.1.2014 an die Stelle des wortgleichen § 58 Nr 11 Buchst d

aF, der durch das Ehrenamtsstärkungsgesetz gestrichen worden ist. Sachzuwendungen, die ihrer Natur nach zum Vermögen gehören, dürfen dem Vermögen der Körperschaft zugeführt werden. Welche Sachzuwendungen konkret dazu zählen, ist im Einzelfall zu entscheiden. Zu den gemeinten Sachzuwendungen gehören vor allem Immobilien und Wirtschaftsgüter des Anlagevermögens. Diese Zuwendungen können je nach ihrer Art im ideellen Bereich, in der Vermögensverwaltung oder auch im wirtschaftlichen Geschäftsbetrieb genutzt werden (AEAO zu § 62 Nr 16). Mittel, die nach § 62 III Nr 4 dem Vermögen zugeführt werden, sind aus der Bemessungsgrundlage für die freie Rücklage herauszurechnen.

19 **11. Ansparrücklage bei Stiftungen (Abs 4). § 62 IV** übernimmt im Prinzip § 58 Nr 12 aF und enthält eine Sonderregelung für Stiftungen. Sie gilt für rechtsfähige und nicht rechtsfähige Stiftungen. Dabei kommt es nicht auf die Bezeichnung an, sondern nur auf die Rechtsform. § 62 IV erlaubt die Aufstockung des Vermögens im Jahr der Gründung und in den drei darauf folgenden Kalenderjahren. Der Zeitraum für eine Vermögensaufstockung im Gründungsstadium wird damit ggü der alten Rechtslage um ein Jahr verlängert. In dieser Zeit dürfen Überschüsse aus der Vermögensverwaltung und die Gewinne aus allen wirtschaftlichen Geschäftsbetrieben iSd § 14, also auch aus den Zweckbetrieben, ganz oder teilweise dem Stiftungsvermögen zugeführt werden (OFD Frankfurt DB 03, 2255). Eine rechtsfähige Stiftung liegt erst vor, wenn die Anerkennung durch die zuständige Landesbehörde vorliegt (BFH BStBl 15, 545; *Schiffer/Pruns* BB 15, 1756).

20 **12. Rücklagen des wirtschaftlichen Geschäftsbetriebs** sind nicht von den Regelungen des § 62 betroffen. Trotzdem beeinflusst das Gemeinnützigkeitsrecht auch die Bildung von Rücklagen im wirtschaftlichen Geschäftsbetrieb, weil auch dieser letztlich dem steuerbegünstigten Zweck dienen muss. Die Gewinne aus wirtschaftlichem Geschäftsbetrieb dürfen wie die übrigen Mittel der steuerbegünstigten Körperschaft nur für die satzungsmäßigen Zwecke verwendet werden, § 55 I (BFH BStBl 02, 162). In die Rücklage eines wirtschaftlichen Geschäftsbetriebs dürfen nur Mittel eingestellt werden, die als Gewinne auch aus dem wirtschaftlichen Geschäftsbetrieb stammen (OFD Frankfurt DStR 14, 803). Jede Rücklage muss bei vernünftiger kaufmännischer Beurteilung wirtschaftlich begründet sein und für den wirtschaftlichen Erfolg des wirtschaftlichen Geschäftsbetriebs benötigt werden (BFH BStBl 02, 162). Aus konkretem Anlass muss die Rücklage aus objektiver unternehmerischer Beurteilung gerechtfertigt sein (AEAO zu § 62 Nr 1). Eine fast vollständige Zuführung des Gewinns in eine Rücklage ist nur dann steuerunschädlich, wenn diese Maßnahme notwendig ist, um die Existenz des wirtschaftlichen Geschäftsbetriebs zu sichern (BFH BStBl 02, 162).

§ 63 Anforderungen an die tatsächliche Geschäftsführung

(1) **Die tatsächliche Geschäftsführung der Körperschaft muss auf die ausschließliche und unmittelbare Erfüllung der steuerbegünstigten Zwecke gerichtet sein und den Bestimmungen entsprechen, die die Satzung über die Voraussetzungen für Steuervergünstigungen enthält.**

(2) **Für die tatsächliche Geschäftsführung gilt sinngemäß § 60 Abs. 2, für eine Verletzung der Vorschrift über die Vermögensbindung § 61 Abs. 3.**

(3) **Die Körperschaft hat den Nachweis, dass ihre tatsächliche Geschäftsführung den Erfordernissen des Absatzes 1 entspricht, durch ordnungsmäßige Aufzeichnungen über ihre Einnahmen und Ausgaben zu führen.**

(4) [1] **Hat die Körperschaft ohne Vorliegen der Voraussetzungen Mittel angesammelt, kann das Finanzamt ihr eine angemessene Frist für die Verwendung der Mittel setzen.** [2] **Die tatsächliche Geschäftsführung gilt als ordnungsgemäß**

im Sinne des Absatzes 1, wenn die Körperschaft die Mittel innerhalb der Frist für steuerbegünstigte Zwecke verwendet.

(5) [1]**Körperschaften im Sinne des § 10b Absatz 1 Satz 2 Nummer 2 des Einkommensteuergesetzes dürfen Zuwendungsbestätigungen im Sinne des § 50 Absatz 1 der Einkommensteuer-Durchführungsverordnung nur ausstellen, wenn**

1. **das Datum der Anlage zum Körperschaftsteuerbescheid oder des Freistellungsbescheids nicht länger als fünf Jahre zurückliegt oder**
2. **die Feststellung der Satzungsmäßigkeit nach § 60a Absatz 1 nicht länger als drei Kalenderjahre zurückliegt und bisher kein Freistellungsbescheid oder keine Anlage zum Körperschaftsteuerbescheid erteilt wurde.**

[2]**Die Frist ist taggenau zu berechnen.**

Abs 4 neu gefasst, Abs 5 angefügt durch Ehrenamtsstärkungsgesetz v 21.3.13 (BGBl I, 556); Abs 4 S 2 angefügt durch G v. 25.7.14 (BGBl I, 1266).

Schrifttum: vor 2010 s 13. Aufl; *Lehmann* Wesentliche Änderungen in der Spendenbilanzierung durch den neuen IDW-Standard RS HFA 21, DB 10, 2513; *Busse* Rechnungslegung spendensammelnder Organisationen in Deutschland, Göttingen 2010; *Pfeffer* Eine systematische Einführung in die Buchführung gemeinnütziger Vereine, 2. Aufl 2010; *Schwalme* Grundsätze ordnungsgemäßer Vermögensverwaltung bei Stiftungen, Berlin 2010; *Hüttemann* Ausstellung von Zuwendungsbestätigungen und Anerkennung als gemeinnützige Körperschaft, FR 12, 241; *Weidmann/Kohlhepp* Die gemeinnützige GmbH, 2. Aufl 2011; *Schauhoff/Kirchhain* Steuer- und zivilrechtliche Neuerungen für gemeinnützige Körperschaften und deren Förderer, Zum Gesetz zur Stärkung des Ehrenamts, FR 13, 301; *Schütz/Runte* Das Ehrenamtsstärkungsgesetz – neue Impulse für den Non-Profit-Bereich?, DStR 13, 1261; *Förster* Immer Ärger mit den Nachweisen – Verfahrensprobleme bei grenzüberschreitenden Spenden, DStR 13, 1516; *Günther* Verpflichtung zur Abgabe einer E-Bilanz bei steuerbegünstigten Körperschaften, AO-StB 14, 35; *Koss/Doll* Rechnungslegung von Stiftungen, WPg 13, 805; *Weitemeyer/Vogt* Verbesserte Transparenz und Non-Profit Governance Kodex für NPOs, NZG 14, 12; *Wiegand/Haase-Theobald/Heuel/Stolte* Stiftungen in der Praxis, 4. Aufl Wiesbaden 2015; *Fischer* Anmerkung zu BFH v 21.1.2015 – X R 7/13, FR 15, 716; *Kippenberg* Anmerkung zu BFH v 21.1.2015 – X R 7/13, IStR 15, 404; *Müller/Tolksdorf* Falsche Zuwendungsbestätigungen durch gemeinnützige Körperschaften?! – Die (Vermögensstock-)Spende eines Wertpapierdepots ist tot! DStR 15, 2116; *Kussmaul/Meyering/Richter* Rechnungslegung der Stiftung – Darstellung und Analyse der jüngsten Entwicklungen, DStR 15, 1328; *Kock/Wallenfels* Die Gewinnermittlung des wirtschaftlichen Geschäftsbetriebs von gemeinnützigen Körperschaften unter Berücksichtigung der aktuellen BFH-Rechtsprechung, ZStV 16, 111. *Berndt/Nordhoff* Rechnungslegung und Prüfung von Stiftungen, München 2016; *Herkens* Falschbewertungen von Sachspenden, EStB 17, 328.

1. Geschäftsführung. Die **tatsächliche Geschäftsführung,** die dem Inhalt 1
der Satzung über die Voraussetzungen der Steuerbegünstigung und den Anforderungen der §§ 52ff entsprechen muss, und damit auf die ausschließliche und unmittelbare Erfüllung der steuerbegünstigten Zwecke gerichtet ist, umfasst alle Handlungen und Tätigkeiten, die der Körperschaft zuzurechnen sind. Bei einer neu gegründeten Körperschaft zählen dazu auch vorbereitende Handlungen (Organisationsaufbau, Sammelaktionen) die ernsthaft auf die Erfüllung des satzungsmäßigen Zwecks gerichtet sind und über eine bloße Absicht, zu einem unbestimmten Zeitpunkt in der Zukunft satzungsmäßige Zwecke zu erfüllen, hinausgehen (BFH BStBl 03, 930; vgl auch § 59 Rz 1). Die tatsächliche Geschäftsführung umfasst auch das Ausstellen von Zuwendungsbestätigungen, die nach Formblatt zu erteilen sind (BMF BStBl I 12, 884; zur maschinellen Erteilung und Übermittlung von Zuwendungsbestätigungen in Form von schreibgeschützten Dateien, die von verfahrensrechtlichen und technischen Voraussetzungen abhängig ist, BMF BStBl 17, 287; s auch § 63 Rz 7). Missbrauch beim Ausstellen einer Zuwendungsbestätigung kann zum Verlust der Gemeinnützigkeit führen (AEAO zu § 63 Nr 1; s auch § 59 Rz 3). Versehentlich falsch ausgestellte Zuwendungsbestätigungen sind zu korrigieren (OFD Rheinland StEd 13, 124). Eine einmal falsch oder zu Unrecht

ausgestellte Zuwendungsbestätigung wird nicht ordnungsgemäß, wenn sich zB die Umstände ändern; ggf kann aber zu einem späteren Zeitpunkt eine rechtmäßige Zuwendungsbestätigung erteilt werden (FG BBg BeckRS 2016, 115136, Rev BFH X R 46/16). Die tatsächliche Geschäftsführung muss sich im Rahmen der allgemeinen Rechtsordnung (BFH BStBl 95, 134) und insbes im Rahmen der verfassungsmäßigen Ordnung halten. Diese wird bereits durch die Nichtbefolgung von polizeilichen Anordnungen durchbrochen (BFH BStBl 85, 106; AEAO zu § 63 Nr 5). Gewaltfreier Widerstand, zB in Form von Sitzblockaden, ist grds erlaubt (BVerfG BVerfGE 92, 1). StDelikte stehen nicht in Einklang mit der Rechtsordnung. Eine Körperschaft, die ihre satzungsmäßigen Ziele über längere Zeit nicht mehr verfolgt und nur noch Vermögensverwaltung betreibt, verstößt gegen § 63 I, es sei denn, die Erfüllung der satzungsmäßigen Zwecke wird durch Umstände, auf die die Körperschaft keinen Einfluss hat, gegen ihren Willen verhindert (BFH BStBl 75, 458; FG Mchn BeckRS 2003, 26014759).

Zum **Nachweis** einer satzungsmäßigen Geschäftsführung einschl der satzungsgemäßen Verwendung der Mittel wird idR die Vorlage eines Geschäfts- oder Tätigkeitsberichts und das Protokoll der Mitgliederversammlung verlangt. Werden die satzungsmäßigen Zwecke im Ausland verwirklicht, besteht eine erhöhte Mitwirkungspflicht (§ 90 II). Die Geschäftsführung muss dann lückenlos nachweisen, dass ihre Mittel tatsächlich und satzungsgemäß verwendet werden, zB durch Vorlage von Verträgen, Quittungen, Projektbeschreibungen, Gutachten, Auskünften von Auslandsvertretungen, alles ggf in deutscher Übersetzung (OFD Frankfurt DStR 14, 102). Bei der Weitergabe von Mitteln gem § 58 Nr 1 oder 2 an eine ausl Organisation gehört dazu auch der Nachweis, dass eine rechtliche Vergleichbarkeit mit einer Körperschaft iSd § 5 II Nr 2 KStG gegeben ist. Der Umfang der Nachweise richtet sich nach der Bedeutung des einzelnen Falles (OFD Frankfurt DStR 14, 102, ggf kann eine Auskunft des BZSt zum Rechtsformvergleich eingeholt werden). Geht es um die Anerkennung einer Spende an eine ausl gemeinnützige Körperschaft, so muss der inl Stpfl auch nachweisen, dass die tatsächliche Geschäftsführung der ausl Körperschaft die Anforderungen des § 63 erfüllt (BFH/NV 15, 903 und unten Rz 3). Für die Beurteilung, ob die Geschäftsführung den Anforderungen der §§ 51 ff entspricht, darf das FG auch die Selbstdarstellung auf der Internetseite der Körperschaft heranziehen (BFH/NV 11, 1113; 17, 1220; FG Mchn BeckRS 2016, 95701).

2 **2. Folgen von Verstößen bei der Geschäftsführung. Während des gesamten VZ** müssen die gesetzlichen Anforderungen an die tatsächliche Geschäftsführung erfüllt sein (BFH BStBl 07, 808; BFH DStR 11, 20). Eine tatsächliche Geschäftsführung, die nicht auf die ausschließliche und unmittelbare Erfüllung der gemeinnützigen Zwecke gerichtet ist, entspricht nicht den Anforderungen des § 63 I (FG Nds BeckRS 2010, 26030189). Verstöße werden unterschiedlich geahndet. Zu unterscheiden sind einfache Verstöße gegen die Grundsätze der §§ 51 ff und schwerwiegende Verstöße, die die Anwendung des § 61 III rechtfertigen (§ 59 Rz 4). Bei Verstoß gegen das Gebot der Übereinstimmung der tatsächlichen Geschäftsführung mit der **Satzung** ist § 60 II anzuwenden, dh Steuervergünstigungen bei KSt und GewSt werden während des ganzen VZ nicht gewährt; bei anderen Steuern hängt eine Vergünstigung davon ab, ob die Geschäftsführung im Zeitpunkt der Entstehung dieser Steuern satzungsgemäß war. Gedacht ist dabei an einfache Verstöße gegen die Satzung, zB der satzungswidrige Einsatz von Vermögen. Verstößt die tatsächliche Geschäftsführung nicht während des gesamten Besteuerungszeitraums gegen die Grundsätze der Ausschließlichkeit und Unmittelbarkeit, so ist idR die Steuerbegünstigung nur für den betroffenen VZ zu versagen (BFH BStBl 12, 226). Hält sich die Geschäftsführung bei der Verwendung der Mittel nicht an die Satzung und gibt sie zB Mittel an eine Körperschaft weiter, die einen anderen Zweck als sie selbst fördert, obwohl die Satzung nur die Weitergabe zwecks Förde-

rung des identischen Zwecks vorsieht, so ist die Gemeinnützigkeit für die betroffenen VZ zu versagen (BFH/NV 15, 235). Die FinVerw zählt zu den minderschweren Verstößen der Geschäftsführung solche bei der Weitergabe von Mitteln gem § 58 Nr 1, 2 (OFD Frankfurt StEd 15, 495). Ein Anlass, die Gemeinnützigkeit für einzelne VZ zu entziehen, sind auch Lohnsteuerverkürzungen und nicht vollständig erklärte Einnahmen (BFH BStBl 15, 713). Gleiches gilt, wenn nicht nur geringfügige Fehlverwendungen über einen längeren Zeitraum hinweg, zB 5 Jahre, vorliegen (FG BaWü EFG 15, 1851).

Verstößt die tatsächliche Geschäftsführung dagegen gegen die Vorschrift über die **Vermögensbindung** iSd § 55 I Nr 4, entfällt rückwirkend die stl Vergünstigung auch für die früheren Veranlagungs- oder Bemessungszeiträume entsprechend § 61 III (s § 61 Rz 4). Bei einem Verstoß gegen die satzungsmäßige Vermögensbindung sind auch insoweit etwa gewährte Steuerbefreiungen rückwirkend wieder zu beseitigen. Nach der Rspr ist § 61 III nicht auf zweckwidrige Satzungsänderungen beschränkt (§ 61 Rz 4). Ein Verstoß gegen § 61 III kann auch darin liegen, dass die steuerbegünstigte Körperschaft ihre aus einer gemeinnützigen Tätigkeit erzielten Gewinne entgegen § 55 I Nrn 1–3 überwiegend verdeckt an ihre stpfl Gesellschafter ausschüttet (BFH BStBl 12, 226). Vgl auch § 61 Rz 4.

Nach dem **Verlust der Gemeinnützigkeit** verbleibt einem Verein, der von Gesetzes wegen gem § 21 BGB ein nicht wirtschaftlicher Verein ist, eine „außersteuerliche Sphäre", innerhalb der keine steuerpflichtigen Einnahmen erzielt werden. Das gilt für die Zeit, in der ohne Gewinnerzielungsabsicht der steuerbegünstigte Zweck verfolgt wurde und betrifft den ehemals ideellen Bereich (BFH BStBl 15, 713 mwN). Das bedeutet auch, dass die Aufwendungen, die für den außensteuerl Bereich gemacht werden, den Gewinn einer daneben gewerbl ausgeübten Tätigkeit nicht mindern dürfen. Der Verlust der Gemeinnützigkeit hat die weitere Folge, dass Zuwendungen beim Spender nicht steuerbegünstigt sind (allerdings Vertrauensschutz gem § 10b IV 1 EStG). Dagegen führen diese Spenden nicht unbedingt zu stpfl Einkommen der Körperschaft, weil es mangels konkreter Leistungsbeziehung bei der Hingabe von Spenden an eine für gemeinnützig gehaltene Körperschaft idR an einem stpfl Tatbestand im Rahmen einer Einkunftsart des § 2 I EStG fehlt (FG RhPf EFG 96, 937). Zum Übermaß der Rückwirkung s § 61 Rz 3.

3. Aufzeichnungen/Rechnungslegung. Ordnungsgemäße Aufzeichnungen sind zwecks Nachweises einer ordnungsgemäßen Geschäftsführung zu machen (bei abweichendem Wj ggf durch Vorlage für zwei Wj). Die Aufzeichnungen über Ein- und Ausgaben müssen ordnungsgemäß sein. Der Nachweis kann im Einzelfall auch anders als durch die Vorlage detaillierter Geschäfts- und Tätigkeitsberichte oder Aufzeichnungen über die finanziellen Verhältnisse erfolgen, insbes wenn solche Berichte nicht schon vorliegen (BFH BStBl 03, 930 betr vorbereitende Tätigkeiten). Eine bestimmte Rechnungslegungsmethode für alle steuerbegünstigten Körperschaften ist nicht vorgeschrieben, die §§ 140 ff über Führung von Büchern sind anwendbar. Eine kaufmännische Buchführung ist nicht erforderlich, es sei denn, eine Körperschaft ist dazu wegen ihrer Rechtsform oder nach § 141 verpflichtet (OFD Rostock DStZ 03, 395). Ggf müssen sich steuerbegünstigte Körperschaften Rechnungslegungsstandards unterwerfen, zB IDW-Standard für Spenden sammelnde Organisationen und viele andere im Gemeinnützigkeitsbereich. Für Krankenhäuser und Pflegeeinrichtungen gibt es spezielle Buchführungsvorschriften (KrankenhausbuchführungVO, Pflege-BuchführungsVO). Steuerbegünstigte Körperschaften haben zusätzlich zur laufenden Buchführung Aufzeichnungen zu führen, die zwecks Nachweises der Voraussetzungen, von denen die Steuerbegünstigung abhängt, die unterschiedliche Behandlung von Vorgängen in den unterschiedlichen Sphären einer steuerbegünstigten Körperschaft berücksichtigen. Bei Auslandsbezug vgl § 63 Rz 1; die entsprechenden Aufzeichnungen sind im Inland 3 aufzubewahren. Der Nachweis von Bildung und Entwicklung von **Rücklagen** hat darauf Rücksicht zu nehmen. Zum getrennten Ausweis von Rücklagen s § 62 Rz 2. **Im ideellen Bereich** muss wegen des Gebots der zeitnahen Verwendung von Mitteln eine **Mittelverwendungsrechnung** geführt werden. Es muss eine Übersicht über langlebige Wirtschaftsgüter geben, die mit zeitnah zu verwendenden Mitteln angeschafft oder hergestellt worden sind, da sie der steuerbegünstigten Körperschaft im Prinzip erhalten bleiben. Wegen § 62 I Nr 3 (vorher § 58 Nr 7 Buchst a aF) ist neben dem Jahresabschluss eine Nebenrechnung erforderlich, aus der sich die Entwicklung und Zusammensetzung der freien Rücklage ergibt (§ 58 Rz 1). Es ist der Nachweis zu führen, dass die laufende Geschäftsführung den Anforderungen des § 63 entspricht (§ 63 Rz 3). Bei der **Vermögensverwaltung** muss sich das Vermögen aus einer Vermögensaufstellung ergeben. Aufwendungen für Vermögensverwaltung sind von deren Einnahmen abzuziehen, Rückstellungen können gebildet werden, endgültige Überschüsse sind dem ideellen Bereich zuzuführen.

Für **wirtschaftliche Geschäftsbetriebe** und **Zweckbetriebe** sind getrennte Aufzeichnungen zu führen, da hier unterschiedliche Regeln über Rücklagen und Verluste gelten. Die Gewinnermittlung erfolgt nach § 4 IV EStG (iEinz AEAO zu § 64 Nr 4ff, 14ff; s auch § 64). Ausgaben wirtschaftlicher Geschäftsbetriebe und Zweckbetriebe sind von deren Einnahmen abzuziehen. § 64 II ist insbes beim Verlustausgleich zu beachten. Bei abweichendem Wj eines stpfl wirtschaftlichen Geschäftsbetriebs kann auf Antrag bei der Körperschaft das Wj dieses Geschäftsbetriebs zu Grunde gelegt werden (OFD Frankfurt DB 05, 1547). Zur Abgabe einer sog E-Bilanz durch steuerbegünstigte Körperschaften s § 5b EStG und BMF BStBl 13, 59; BMF StEd 14, 14. Körperschaften, die nur wegen ihres wirtschaftlichen Geschäftsbetriebs eine E-Bilanz einreichen müssen, können freiwillig Daten über die Minimalanforderungen hinaus elektronisch übermitteln. Erleichterungen bei der Abgabe einer E-Bilanz sind im Einzelfall möglich. Zur Rechnungslegung auch *Hoppen* in *Schauhoff* Handbuch der Gemeinnützigkeit, 3. Aufl 2010, S 1031ff; *Schröder* DStR 05, 1238; *Thiel* DB 92, 1900.

Verwirklicht eine Körperschaft ihre steuerbegünstigten Zwecke im Ausland, so ist die Einhaltung aller Voraussetzungen der §§ 51ff als Teil ihrer Geschäftsführung von der steuerbegünstigten Körperschaft auch unter Beachtung des § 90 nachzuweisen. Bei der Anforderung von Nachweisen ist von der FinVerw der Grundsatz der Verhältnismäßigkeit zu beachten. Im Einzelnen können angefordert werden zB Verträge uä hinsichtlich der Verwendung der Mittel, Belege seitens des Zuwendungsempfängers über Erhalt und Verwendung von Mitteln, Projekt- und Tätigkeitsberichte (OFD Frankfurt DStR 14, 102). Diese Anforderungen sind berechtigt, um Fehlleitungen von Mitteln (unterschiedliche Auffassungen von Gemeinnützigkeit, Geldwäsche, Korruption), die dem steuerbegünstigten Zweck dienen sollen, auszuschließen.

Im Falle einer **Auslandsspende** muss der Spender nachweisen, dass die Geschäftsführung der ausl Körperschaft den Anforderungen des deutschen Gemeinnützigkeitsrechts an eine ordnungsgemäße Geschäftsführung entspricht. Die FinVerw kann nach ihrem Ermessen bestimmen, wie der Nachweis zu führen ist. Liegen zB bereits Tätigkeits- oder Rechenschaftsberichte vor, die für eine ausl Stiftungsaufsicht angefertigt worden sind, so können diese angefordert werden (§ 51 Rz 10; BFH/NV 15, 203 in Bestätigung von FG Ddorf EFG 13, 678; *Fischer* FR 15, 716, 719). Auch hier ist die FinVerw aufgerufen, etwaige Fehlverwendungen von zweckgebundenen Mitteln zu unterbinden.

4 **4. Fristsetzung für Verwendung der Mittel. § 63 IV** behandelt den Fall, dass eine steuerbegünstigte Körperschaft Mittel, die sie zeitnah hätte verwenden müssen, entgegen den gesetzlichen Vorschriften angesammelt hat. Dazu gehört zB auch die Bildung einer Rücklage, die nicht den vom Gesetz vorgegebenen Regeln

(s § 62) entspricht (OFD Frankfurt DStR 14, 803). An sich entfällt bei solchen Verstößen nach Abs 2 die Steuerbegünstigung bei der KSt und GewSt für die gesamten VZ, in denen die Verstöße vorgekommen sind und fortdauern, und bei den anderen Steuern zu den Zeitpunkten, zu denen die Verstöße bestehen (vgl BFH BStBl 90, 28). Diese Rechtsfolge wird durch die Regelung des § 63 IV abgemildert. Danach kann das FA eine Frist zur Beseitigung der Verstöße setzen. Werden die zu Unrecht angesammelten Mittel fristgerecht, dh innerhalb der vom FA gesetzten (Nach-)Frist für satzungsmäßige Zwecke verwendet, wird der Verstoß der Körperschaft gegen das Gebot der zeitnahen Mittelverwendung geheilt, § 63 IV 2. Die entsprechende gesetzliche Regelung war zwischenzeitlich nur versehentlich gestrichen worden (BT-Drs 184/14, 100), wurde aber wieder eingeführt. Daraus wird mE deutlich, dass die Neuregelung im Wege der Analogie auch für die Vergangenheit angewendet werden kann.

Es steht im **pflichtgemäßen Ermessen** des FA (§ 5), eine Frist gem § 63 IV 1 zu bestimmen und damit die Möglichkeit zu eröffnen, die Steuerbegünstigung zu erhalten. Das Gesetz sieht seit 2013 ausdrücklich vor, dass die Frist angemessen sein soll. Zur Länge des Zeitraums schweigt das Gesetz. Ursprünglich war im Gesetzgebungsverfahren eine Frist von 2 Jahren angedacht worden, daran wurde aber nicht festgehalten. Die FinVerw legt fest, dass die Frist nach den Umständen des Einzelfalls zu bemessen ist und im Regelfall einen Zeitraum von zwei bis drei Jahren nicht übersteigen soll (OFD Frankfurt DStR 14, 803). Bei einer zu Unrecht angesammelten Rücklage kann die Frist zu ihrer Auflösung nicht mit dem Argument verlängert werden, die Überlegungen zur Verwendung einer zweckgebundenen, projektbezogenen Rücklage gem § 62 I Nr 1) seien noch nicht abgeschlossen (OFD Frankfurt DStR 14, 803). Im Normalfall wird man davon ausgehen können, dass das FA die Frist setzen muss (*TK/Seer* § 63 Rz 15). Anders ist es aber, wenn die Körperschaft planmäßig Vermögen erheblich über die Grenzen des § 58 Nr 6 und 7 hinaus gesammelt und nicht von einer Unkenntnis der Grenzen ausgegangen werden kann oder wenn wiederholt Verstöße unter Fristsetzung vorgekommen sind (vgl *TK/Seer* § 63 Rz 15). Setzt das FA keine Frist gem § 63 IV, so ist die Steuerbegünstigung für die entsprechenden VZ oder Zeitpunkte zu versagen.

5. Ausstellung von Zuwendungsbestätigungen. Die **Berechtigung zum Ausstellen von Zuwendungsbestätigungen** wird in § 63 V geregelt. Der durch das Ehrenamtsstärkungsgesetz neu eingefügte § 63 V betrifft die grundsätzliche Berechtigung einer Körperschaft, Zuwendungsbestätigungen iSd § 50 I EStDV auszustellen. Die Regelung ist seit dem Tag nach der Verkündung des Gesetzes in Kraft. Die Berechtigung ist abhängig von einer steuerlichen Überprüfung der Körperschaft. Ist die Körperschaft bereits einmal zur KSt veranlagt worden, so darf das Datum der Anlage zum KStBescheid oder des Feststellungsbescheids nicht länger als fünf Jahre zurückliegen. Alternativ ist die Berechtigung gegeben, wenn die Feststellung der Satzungsmäßigkeit gem § 60a I nicht länger als drei Kalenderjahre zurückliegt und bisher kein Freistellungsbescheid oder keine Anlage zum KStBescheid erteilt worden ist. Sind die Fristen abgelaufen, darf keine Zuwendungsbestätigung mehr ausgestellt werden (BMF BStBl 14, 791; FG Mchn BeckRS 2010, 21010662). Für eine Übergangszeit sollte die vor der Neuregelung erteilte vorläufige Bescheinigung über die Behandlung einer Körperschaft als steuerbegünstigt wie eine Bescheinigung nach § 60a wirken, wenn noch keine Veranlagung zur KSt stattgefunden hat. Die neue Vorschrift ist iÜ geeignet, eine Hürde darzustellen, wenn eine ausl Körperschaft eine den deutschen Vorschriften entsprechende Zuwendungsbestätigung erteilt (*Hüttemann* DB 13, 774, 776; FG Mster IStR 12, 542). Ob eine Berechtigung zur Ausstellung von Zuwendungsbestätigungen besteht, kann Gegenstand einer Feststellungsklage gem § 41 FGO sein (BFH BStBl 00, 533; FG Mchn EFG 11, 1214). 5

6 **Zu Unrecht ausgestellte Zuwendungsbestätigungen.** Vorbehaltlich der Vertrauensschutzregelung in § 10b IV 1 EStG berechtigt eine Zuwendungsbestätigung, die zum Zeitpunkt ihrer Ausstellung nicht hätte erteilt werden dürfen, nicht zum Spendenabzug beim Zuwendenden. Für die Frage, ob eine Zuwendungsbestätigung ohne Berechtigung und daher zu Unrecht ausgestellt worden ist, ist ein wirksamer KStBescheid, der der Körperschaft die Steuerbefreiung versagt, maßgeblich. Das gilt auch dann, wenn die Körperschaft für den fraglichen VZ, in dem die Zuwendungsbestätigung erteilt wurde, später – nach erfolgreichem Rechtsbehelfsverfahren – doch einen Freistellungsbescheid erhält (BFH/NV 12, 179). Nach Erteilung des (späteren) Freistellungsbescheids kann die Körperschaft ggf eine neue und wirksame Zuwendungsbestätigung für die frühere Zuwendung ausstellen. Ist bei der Ausstellung einer Zuwendungsbestätigung ein Fehler unterlaufen, kann die Körperschaft die fehlerhafte Bestätigung widerrufen und eine fehlerlose ausstellen (OFD Rheinland BeckVerw 269447). Eine inhaltlich unrichtige Zuwendungsbestätigung ist gegeben, wenn ihr Inhalt, soweit er für die Abzugsfähigkeit einer Zuwendung als Spende von Bedeutung ist, von der objektiven Rechts- und Sachlage abweicht (BFH BStBl 00, 65; FG Nds EFG 15, 904). Dazu gehört auch, dass die Zuwendungsbestätigung den richtigen Spender benennt, nämlich denjenigen, der die Spende aus seinem Vermögen aufgebracht hat. Sammelt ein Privater zB Spenden und gibt er sie gebündelt weiter, so ist er nicht Spender, sondern nur Spendensammler, falls die Spendenbeträge nicht vorher in sein Eigentum übergegangen sind. Eine unrichtig erteilte Zuwendungsbestätigung steht nicht in Einklang mit einer ordnungsmäßigen Geschäftsführung

7 **Zuwendungsbestätigung/Form und Inhalt.** Eine von einer steuerbegünstigten Körperschaft ausgestellte Zuwendungsbestätigung muss eine von der FinVerw vorgegebene Form wahren und einen bestimmten Inhalt haben. Sie muss inhaltlich richtig sein, dh zutreffende Angaben über die Umstände machen, die für den Steuerabzug wichtig sind, wie Zufluss und Höhe der Spende, deren Verwendungszweck und Status der Körperschaft (BFH BStBl 00, 65; FG Mster EFG 12, 1539 betr Sachspende; FG BBg EFG 14, 989). Zu Einzelheiten zur Ausstellung einer Zuwendungsbestätigung gem § 50 EStDV und die Verwendung der dafür verbindlichen Muster s BMF BStBl 13, 1333; 14, 791. Über die Ausstellung einer Sammelbestätigung auch bei Kleinspenden OFD Magdeburg 18.9.2012, AO-StB 12, 324). Die FinVerw lässt seit VZ 2016 auch die Erteilung einer Zuwendungsbestätigung auf elektronischem Wege als schreibgeschützte Datei zu, wenn die in R 10b.1 Abs 4 EStR genannten Voraussetzungen vorliegen; Grundvoraussetzung ist eine Anzeige ggü dem FA betr Teilnahme am Verfahren zur maschinellen Erstellung von Zuwendungsbestätigungen (BMF BStBl 17, 287, gilt nicht für Aufwands- und Sachspenden; vgl auch § 50 II EStDV). Zur Durchlaufspende FG Mchn BeckRS 2010, 21010662. Zu Besonderheiten bei Spenden in Katastrophenfällen § 55 Rz 4 (§ 50 IIa EStDV; ua BMF DStR 15, 1178). Die Beachtung dieser Vorgaben fällt in den Bereich der ordnungsgemäßen Geschäftsführung der steuerbefreiten Körperschaft (BMF BStBl 14, 791). Bei einer **Auslandsspende** muss der deutsche Spender nachweisen, dass Empfänger der Spende eine Körperschaft ist, die einer inl steuerbegünstigten Körperschaft vergleichbar ist und dass seine Zuwendung die Voraussetzungen einer nach § 10b EStG abzugsfähigen Spende erfüllt (FG Ddorf EFG 13, 678; FG Kln IStR 14, 412). Nach der Rspr kann aus europarechtlichen Gründen nicht verlangt werden, dass die ausl Körperschaft eines der amtlichen Muster für eine Zuwendungsbestätigung benutzt (FG Brem DStR 14, 517). Es wird aber verlangt, dass die ausl Körperschaft den wesentlichen Inhalt einer solchen Zuwendungsbestätigung berücksichtigt. Dazu gehört, dass sie bescheinigt, nach ihrer Satzung einen steuerbegünstigten Zweck zu verfolgen, eine Spende erhalten zu haben und dass sie diese Spende ausschl für den von ihr geförderten steuerbegünstigten Zweck verwendet (BGH/NV 15, 203; FG Mster IStR 12, 542; FG Ddorf EFG 13, 678). Nicht ausreichend ist die Vorlage einer Zuwen-

dungsbestätigung, wie sie im Ausland üblich und ggf. ausreichend ist, die aber nicht den Inhalt einer inl Zuwendungsbestätigung hat (BFH DStR 15, 989 unter Berufung auf EuGH DStR 11, 1262 Meilicke); denn der Spendenabzug soll nicht im Ausland, sondern im Inland vorgenommen werden.

§ 64 Steuerpflichtige wirtschaftliche Geschäftsbetriebe

(1) **Schließt das Gesetz die Steuervergünstigung insoweit aus, als ein wirtschaftlicher Geschäftsbetrieb (§ 14) unterhalten wird, so verliert die Körperschaft die Steuervergünstigung für die dem Geschäftsbetrieb zuzuordnenden Besteuerungsgrundlagen (Einkünfte, Umsätze, Vermögen), soweit der wirtschaftliche Geschäftsbetrieb kein Zweckbetrieb (§§ 65 bis 68) ist.**

(2) **Unterhält die Körperschaft mehrere wirtschaftliche Geschäftsbetriebe, die keine Zweckbetriebe (§§ 65 bis 68) sind, werden diese als ein wirtschaftlicher Geschäftsbetrieb behandelt.**

(3) **Übersteigen die Einnahmen einschließlich Umsatzsteuer aus wirtschaftlichen Geschäftsbetrieben, die keine Zweckbetriebe sind, insgesamt nicht 35 000 Euro im Jahr, so unterliegen die diesen Geschäftsbetrieben zuzuordnenden Besteuerungsgrundlagen nicht der Körperschaftsteuer und der Gewerbesteuer.**

(4) **Die Aufteilung einer Körperschaft in mehrere selbständige Körperschaften zum Zweck der mehrfachen Inanspruchnahme der Steuervergünstigung nach Absatz 3 gilt als Missbrauch von rechtlichen Gestaltungsmöglichkeiten im Sinne des § 42.**

(5) **Überschüsse aus der Verwertung unentgeltlich erworbenen Altmaterials außerhalb einer ständig dafür vorgehaltenen Verkaufsstelle, die der Körperschaftsteuer und der Gewerbesteuer unterliegen, können in Höhe des branchenüblichen Reingewinns geschätzt werden.**

(6) **Bei den folgenden steuerpflichtigen wirtschaftlichen Geschäftsbetrieben kann der Besteuerung ein Gewinn von 15 Prozent der Einnahmen zugrunde gelegt werden:**

1. Werbung für Unternehmen, die im Zusammenhang mit der steuerbegünstigten Tätigkeit einschließlich Zweckbetrieben stattfindet,
2. Totalisatorbetriebe,
3. Zweite Fraktionierungsstufe der Blutspendedienste.

Abs 3 Betrag geändert durch G v 10.10.07 (BGBl I, 2332).

Schrifttum: vor 2010 s 13. Aufl; *Salzberger/Schröder* Gemeinnützigkeitsrecht: Übertragung eines wirtschaftlichen Geschäftsbetriebes oder Auslagerung von Hilfsfunktionen auf eine Tochter-GmbH, DStR 15, 1602.

Übersicht

1. Inhalt. § 64 nimmt wirtschaftliche Geschäftsbetriebe (§ 14) von steuerbe- 1
günstigten Körperschaften grds von der Steuerbegünstigung aus. Abgemildert wird diese Regelung durch § 64 III, nach dem bis zu einer Besteuerungsgrenze von 35 000 € aus dieser Anordnung keine Folgen gezogen werden. § 64 schließt nicht

aus, dass die Körperschaften, die steuerpflichtige Einnahmen haben, von allgemeinen Steuervergünstigungen profitieren, wie zB von der Kleinunternehmerregelung im UStG. Außerdem wird die Regelung dadurch entschärft, dass wirtschaftliche Betätigungen auch innerhalb von Zweckbetrieben möglich sind; deren Einnahmen wie Einnahmen aus dem ideellen Bereich und aus Vermögensverwaltung nicht der Besteuerung unterliegen. IÜ enthält § 64 Regelungen zur Gewinnermittlung eines wirtschaftlichen Geschäftsbetriebs.

2 **2. Steuerschädlichkeit wirtschaftlicher Geschäftsbetriebe.** Welche steuerlichen Folgen sich aus der Unterhaltung eines wirtschaftlichen Geschäftsbetriebes ergeben, richtet sich nach den **Einzelsteuergesetzen.** Vgl insb § 5 I Nr 9 KStG, § 3 Nr 6 S 2 GewStG, §§ 4a Nr 6, 12 II Nr 8 S 2 UStG, § 97 II BewG, § 13 I Nr 16 ErbStG, §§ 3 I Nr 3 Buchst b und 4 Nr 6 GrStG. Die Einzelsteuergesetze können abweichend von § 64 I selbst eine Ausnahme für die Besteuerung wirtschaftlicher Geschäftsbetriebe steuerbegünstigter Körperschaften treffen (so für selbstbewirtschaftete Forstbetriebe § 5 I Nr 9 S 3 KStG). Im Einzelfall kann ein wirtschaftlicher Geschäftsbetrieb, der für die Tätigkeit der Körperschaft prägend ist, die Steuerbegünstigung nicht nur partiell, sondern insgesamt ausschließen (BFH BStBl 92, 41).

3 **Zuordnung.** Die Steuerschädlichkeit eines wirtschaftlichen Geschäftsbetriebs gilt für alle ihm „zuzuordnenden Besteuerungsgrundlagen". Die Rspr stellt bei der Zuordnung allgemein darauf ab, ob das Entstehen der Einnahmen oder Ausgaben durch die den Geschäftsbetrieb begründende Tätigkeit veranlasst ist (BFH BStBl 92, 103; 05, 305; BFH/NV 92, 409, 412; 93, 341; s auch § 14 Rz 21; § 67a Rz 2). Es handelt sich also um ein reines **Kausalitätsprinzip** (zur Kritik daran vgl *Gmach* FR 92, 313; *Lang/Seer* FR 94, 521), das inzwischen aber gelockert worden ist. Zur Aufteilung gemischter Zuwendungen/Aufwendungen BFH BStBl 92, 103; 15, 713; FG Hbg EFG 07, 218; AEAO zu § 64 Nrn 5, 6; s § 14 Rz 23. Eine Aufteilung ist nur möglich, falls objektivierbare Abgrenzungskriterien betr Grund und Umfang vorhanden sind (BFH BStBl 15, 713); ansonsten verbleibt es dabei, dass der primäre Veranlassungszusammenhang entscheidend ist (AEAO zu § 64 Nr 6).

4 Die Zuordnung der Einnahmen und Ausgaben (oder des Vermögens oder der Umsätze) ist nicht nur wichtig für die allgemeine Abgrenzung des steuerbaren wirtschaftlichen Geschäftsbetriebs von dem steuerbegünstigten Bereich der Körperschaft, sondern auch für eine Abgrenzung zu einem Zweckbetrieb. So kann zB die Vermietung einer Tennishalle teils ein steuerbegünstigter Zweckbetrieb (Vermietung an Mitglieder) und teils ein steuerpflichtiger wirtschaftlicher Geschäftsbetrieb (Vermietung an Nichtmitglieder) sein, wenn sich die Nutzungsüberlassungen an Mitglieder und Nichtmitglieder unterscheiden (BFH BStBl 90, 750, 1012; 92, 684; s näher § 14 Rz 15; vgl auch § 67a Rz 2). Hier müssen die Unkosten des Vereins für die Halle ggfs im Verhältnis der zeitlichen Nutzungsanteile der Mitglieder und Nichtmitglieder aufgeteilt werden. Besteht durch Werbemaßnahmen bei sportlichen oder kulturellen Veranstaltungen ein stpfl wirtschaftlicher Geschäftsbetrieb „Werbung", so sind diesem nicht die Veranstaltungskosten als Betriebsausgaben zuzuordnen, die auch ohne die Werbung entstanden wären. IÜ BFH BStBl 15, 713; OFD Hannover StEK AO 1977 § 64 Nr 43.

5 **3. Saldierung.** Ausgaben des wirtschaftlichen Geschäftsbetriebs (Rz 4) sind von dessen Einnahmen abzuziehen, die Gewinnermittlung erfolgt nach § 4 IV EStG (BFH BStBl 05, 305; Einzelheiten: AEAO zu § 64 Nr 15 ff), s aber § 64 V, VI. Da der wirtschaftliche Geschäftsbetrieb insbes vom ideellen Bereich einer Körperschaft zu trennen ist, stellen Verluste aus wirtschaftlichem Geschäftsbetrieb eine Gefahr für die Gemeinnützigkeit dar, denn ein Verlustausgleich mit ideellen Mitteln ist nur begrenzt möglich (§ 55 Rz 6). Dauerhafte Verluste aus wirtschaftlichem Geschäftsbetrieb, die nicht durch Gewinne aus anderen Jahren ausgeglichen werden können,

führen zum Verlust der Gemeinnützigkeit einer Körperschaft, wenn sie nicht aufgegeben werden, sobald sich ergibt, dass zeitnah keine Überschüsse erzielt werden können (BFH/NV 09, 1837). Für den Fall, dass eine Körperschaft mehrere wirtschaftliche Geschäftsbetriebe betreibt, bestimmt § 64 II, dass diese zusammen iErg wie ein einziger wirtschaftlicher Geschäftsbetrieb behandelt werden. Dadurch ist es möglich, dass ein Verlust aus einem Geschäftsbetrieb durch Gewinn aus einem anderen wirtschaftlichen Geschäftsbetrieb ausgeglichen werden kann mit der Folge, dass am Schluss kein Verlust aus der wirtschaftlichen Betätigung zu verzeichnen ist (AEAO zu § 64 Nr 14; zu § 55 Nr 4). Die Saldierung ist nicht mit dem Ergebnis von Zweckbetrieben erlaubt.

Die Saldierung ist **auch** vorzunehmen, wenn die Einnahmen aus den wirt- 6
schaftlichen Geschäftsbetrieben einer Körperschaft insgesamt die **Besteuerungsgrenze** des § 64 III nicht übersteigen, denn die unter die Besteuerungsgrenze fallenden wirtschaftlichen Zweckbetriebe gehören nicht wie die Zweckbetriebe zum ideellen Bereich der Körperschaft. Sich nach der Saldierung ergebende dauerhafte Verluste aus wirtschaftlichen Geschäftsbetrieben führen daher ebenfalls zum Verlust der Gemeinnützigkeit (AEAO zu § 64 Nr 23). Die Zusammenfassung mehrerer wirtschaftlicher Geschäftsbetriebe wirkt sich auch auf die Grenze bei der Pflicht zur Führung von Büchern gem § 141 aus (AEAO zu § 64 Nr 12).

4. Besteuerungsgrenze. § 64 III gilt nur für wirtschaftliche Geschäftsbetriebe, 7
die keine Zweckbetriebe sind. Betragen die Bruttoeinnahmen (Einnahmen einschl USt) aus allen wirtschaftlichen Geschäftsbetrieben (§ 64 II) insgesamt nicht mehr als 35 000 € (vor VZ 2007: 30 678 €) im Jahr, so sind diese Einnahmen von **KSt und GewSt** befreit. Entscheidend ist die Höhe der Einnahmen, nicht die Höhe des Gewinns. Es handelt sich um eine Freigrenze, dh wird die Grenze überschritten, unterliegen alle Gewinne der Besteuerung. § 5 I Nr 9 KStG bestimmt allerdings, dass selbstbewirtschaftete Forstbetriebe wie Zweckbetriebe behandelt werden. Durch § 64 III wird der Charakter der Tätigkeit nicht verändert, daher kann für die wirtschaftlichen Geschäftsbetriebe bei der USt nicht der ermäßigte Steuersatz nach § 12 I Nr 8a UStG in Anspruch genommen werden. In § 23a UStG ist aber geregelt, dass für gemeinnützige Körperschaften, die nicht buchführungspflichtig sind und deren stpfl Vorjahresumsatz 35 000 € nicht überschritten hat, zur Berechnung der abziehbaren Vorsteuerbeträge ein Durchschnittsatz iHv 7% des stpfl Umsatzes festgesetzt wird (Wahlrecht mit Bindung für 5 Jahre).

Überschreitung der Besteuerungsgrenze. Wird die Besteuerungsgrenze 8
überschritten, kommen die allgemeinen Freibeträge iHv 5000 € zum Zuge (§§ 24 KStG, 11 GewStG). Geistliche Orden und ähnliche Gemeinschaften dürfen pauschale Unterhaltsleistungen für die tätigen Ordensmitglieder vom Ergebnis eines wirtschaftlichen Geschäftsbetriebs abziehen (OFD Frankfurt 4.11.2015, BeckVerw 321821).

Aufzeichnungspflichten der Körperschaft nach § 63 III. Sie werden durch die 9
Besteuerungsgrenze nicht berührt, ebenso nicht eine etwaige Verpflichtung zu einer kaufmännischen Buchführung (vgl § 63 Rz 3 und oben Rz 6). Hat ein wirtschaftlicher Geschäftsbetrieb ein abweichendes Wirtschaftsjahr, so ist im Rahmen des § 64 III das Ergebnis des jeweils abweichenden Wirtschaftsjahrs maßgebend.

5. Missbrauchstatbestand. Einer gemeinnützigen Körperschaft steht die In- 10
anspruchnahme der Freigrenze des § 64 III nur einmal je Kalender-/Wirtschaftsjahr zu. Abspaltungen zwecks mehrmaliger Inanspruchnahme erklärt Abs 4 im Wege der Fiktion zu einem Missbrauch iSd § 42. Aufgrund der Fiktion brauchen die Tatbestandsvoraussetzungen des § 42 nicht mehr iEinz geprüft zu werden, die Besteuerung ist so vorzunehmen, als ob die Aufteilung nicht erfolgt wäre.

11 Unter den Begriff **Aufteilung** fallen alle Aufspaltungen zu mehreren selbständigen Körperschaften **durch die ursprüngliche Körperschaft selbst** (zB satzungsgemäßer Beschluss der Mitgliederversammlung des aufteilenden Vereins) mit deren Willen. Erfasst werden aber auch **Abspaltungen** ohne Willen der ursprünglichen Körperschaft. Andernfalls könnte die Vorschrift leicht umgangen werden, indem zB die Mitgliederversammlung des sich aufteilenden Vereins einen formalen Beschluss vermeidet und ein Teil der Mitglieder mit mehr oder weniger großem Einverständnis aller aus dem Verein austritt und einen neuen Verein gründet. Zu funktionalen Untergliederungen s § 51 Rz 5.

12 Entscheidend ist immer das **Motiv für die Aufteilung** (einschl Abspaltung). Der entscheidende **ausschlaggebende Zweck** muss die mehrfache Inanspruchnahme der Besteuerungsgrenze sein. Die Voraussetzungen sind nicht erfüllt, wenn andere Gründe (zB Streit oder bessere Wahrnehmung unterschiedlicher Interessen in getrennten Körperschaften oder Regionalisierung) ausschlaggebend sind. § 64 IV ist nicht erfüllt, wenn Hauptzweck für die Aufteilung andere Gründe sind, als angenehmer Nebenzweck jedoch die günstigere stl Gestaltung in Kauf genommen wird. Für die Gründung **regionaler Untergliederungen** gibt es idR sachliche außersteuerliche Gründe, sodass kein Missbrauch vorliegt (AEAO zu § 64 Nr 25). Die Gründung von selbständigen **Fördervereinen** wird ebenfalls **nicht erfasst,** da sie nach § 58 Nr 1 ausdrücklich zugelassen sind.

20 **6. Überschüsse aus Altmaterialsammlungen.** § 64 V, eine eng auszulegende Sonderregelung, betrifft nur den **wirtschaftlichen Geschäftsbetrieb,** der idR durch Sammlung und Weiterverkauf von Altmaterial durch steuerbegünstigte Körperschaften entsteht. Die Behandlung von gesammeltem Altmaterial als Sachspende statt als Einnahme aus wirtschaftlichem Geschäftsbetrieb ist als unzulässige Steuerumgehung anzusehen (BFH BStBl 92, 693; BFH/NV 92, 839; s näher § 14 Rz 10, 11). § 64 V gilt nicht für einen Zweckbetrieb. Ein Zweckbetrieb kann aber nur vorliegen, wenn zB Altkleider nicht von vornherein für die Weiterveräußerung, sondern für eine Kleiderkammer oder ein Katastrophenlager gesammelt werden und unbrauchbare oder nicht mehr benötigte Kleidungsstücke nur gelegentlich veräußert werden (s näher § 14 Rz 6, § 65 Rz 5a, § 66 Rz 3). Die Schätzung gem § 64 V muss nach Auffassung der FinVerw beantragt werden; fehlt der Antrag, ist nach allgemeinen Regeln zu ermitteln (AEAO zu § 64 Nr 27, 33). Im Falle einer Schätzung sind die mit den Altmaterialsammlungen zusammenhängenden tatsächlichen Ausgaben als abgegolten anzusehen. Die Körperschaft muss die mit den Altmaterialsammlungen zusammenhängenden Ein- und Ausgaben getrennt aufzeichnen (AEAO zu § 64 Nr 34, 35); diese Ausgaben dürfen das Ergebnis weiterer Geschäftsbetriebe der Körperschaft nicht mindern. Die Bruttoumsatzsteuer gehört bei einer Schätzung des Gewinns nicht zu den Einnahmen aus Altmaterialsammlungen. § 64 V gilt nur für steuerbegünstigte Körperschaften und kann zB nicht angewandt werden, wenn ein nicht steuerbegünstigtes Unternehmen Altmaterial sammelt und einen Teil des Erlöses einer steuerbegünstigten Körperschaft überlässt (FG Thür EFG 15, 874).

21 **Grenzen des § 64 V.** Die Vorschrift gilt **nur** für **zur Verwertung** unentgeltlich **erworbenes Altmaterial** (Schrott, Altpapier uä), das nur noch den Altmaterialwert und keinen Gebrauchswert hat (BFH/NV 16, 1252). Auf die Sammlung von Edelmetallen findet § 64 V daher keine Anwendung. Gleiches gilt für den Verkauf von gebrauchten, gespendeten oder gesammelten Sachen, die nicht wegen ihres Altmaterialwerts verkauft werden (BFH/NV 16, 1252 mwN). Die Erträge aus Basaren und Flohmärkten, bei denen gebrauchte Sachen aller Art einzeln verkauft werden, können daher nicht nach § 64 V geschätzt werden (BFH BStBl 09, 516; AEAO zu § 64 Nr 26).

Das Altmaterial muss schließlich **unentgeltlich** erworben sein. Die Verwertung darf aus Gründen verbotenen Wettbewerbs außerdem nicht in einer **ständig** vorgehaltenen Verkaufsstelle erfolgen. 22

Wahlrecht. § 64 V eröffnet einer steuerbegünstigten Körperschaft ein Wahlrecht („kann"). Auf nicht steuerbegünstigte Körperschaften ist diese Regelung nicht anwendbar (BFH BStBl 15, 713). Durch die vom Gesetz zugelassene Schätzung, die auf der Einbeziehung fiktiver Lohnkosten basiert, kommt der unentgeltliche Arbeitseinsatz von Helfern den steuerbegünstigten Körperschaften zu Gute und erhöht, in Folge ersparter Aufwendungen, nicht den zu versteuernden Überschuss (zu den Vorteilen der Schätzung oben Rz 1). Die Körperschaft braucht die Schätzung nicht in Anspruch zu nehmen, sondern kann die Gewinnermittlung nach den allgemeinen steuerlichen Grundsätzen durchführen. Die Schätzung gem § 64 V muss beantragt werden (AEAO zu § 64 Nr 27). Der **branchenübliche Reingewinn** ist bei Altpapier mit 5%, iÜ mit 20% der Einnahmen ohne USt anzusetzen (AEAO zu § 64 Nr 28). Entscheidet sich die Körperschaft für die Schätzung, so hat sie gesonderte Aufzeichnungen für die mit der Altmaterialsammlung zusammenhängenden Einnahmen und Ausgaben führen. Es müssen sämtliche Einnahmen aus der Altmaterialsammlung angegeben werden. Fehlen entsprechende Aufzeichnungen, kommt § 64 V nicht zur Anwendung; eine Schätzung ist nicht möglich (FG Thür EFG 15, 874, rkr). Ausgaben für diesen wirtschaftlichen Geschäftsbetrieb dürfen das Ergebnis der anderen wirtschaftlichen Geschäftsbetriebe nicht mindern (AEAO zu § 64 Nr 35). 23

Abgrenzungen. Einen wirtschaftlichen Geschäftsbetrieb eigener Art, der nicht eine Gewinnschätzung nach § 64 V, sondern nur eine normale Gewinnermittlung zulässt, sieht die FinVerw als gegeben an, wenn die Körperschaft von einem gewerblichen Altmaterialhändler Vergütungen dafür erhält, dass dieser mit dem Namenszug der Körperschaft versehene **Altmaterialcontainer** aufstellt, bei deren Aufstellung und fortwährender Sauberkeitskontrolle die Körperschaft behilflich ist (OFD Ddorf DStR 92, 1364). 24

Die Vereine können sich auch an BGB-Gesellschaften beteiligen, die die Sammlungen durchführen. Die Anwendung des § 64 V ist auch dann möglich, wenn an der BGB-Gesellschaft nicht nur gemeinnützige Körperschaften beteiligt sind (FM BaWü 2.4.1993 DStR 93, 915). Zu Altmaterialsammlungen vgl iÜ OFD Frankfurt DB 95, 2449.

7. Pauschalbesteuerung. § 64 VI lässt eine Pauschalbesteuerung des Überschusses iHv 15% der Einnahmen seit dem 1.1.2000 zu und muss nach Auffassung der FinVerw beantragt werden (AEAO zu § 64 Nr 29). Die Regelung ist als Ausnahmevorschrift auf die ausdrücklich genannten wirtschaftlichen Geschäftsbetriebe beschränkt. Alle steuerbegünstigten Körperschaften können prinzipiell von der Regelung des § 64 VI Gebrauch machen, wenn sie einen in § 64 VI genannten Geschäftsbetrieb unterhalten. Es besteht ein Wahlrecht der steuerbegünstigten Körperschaft. Sinn der Regelung ist es, eine möglicherweise eintretende Überbesteuerung zu verhindern. Steuerbegünstigte Körperschaften dürfen nämlich nach den Grundsätzen der Rspr (BFH BStBl 92, 103) Ausgaben, die auch ohne einen wirtschaftlichen Geschäftsbetrieb in gleicher Höhe in einem Zweckbetrieb angefallen wären, nicht als Betriebsausgaben abziehen. Die genannten Geschäftsbetriebe sind aber ohne die ideelle Tätigkeit nicht denkbar (BT-Drs 14/4626, 17ff). Die Pauschalbesteuerung kann daher nur dann gewählt werden, wenn die in § 64 VI genannten wirtschaftlichen Geschäftsbetriebe nicht mit der Tätigkeit eines wirtschaftlichen Geschäftsbetriebs in Zusammenhang stehen; sie müssen iZm der ideellen Tätigkeit der Körperschaft oder mit einem ihrer Zweckbetriebe stehen. Eine Pauschalbesteuerung ist zB möglich bei dem Gewinn aus Bandenwerbung bei einer sportlichen Veranstaltung iSv § 67a, nicht aber bei einem Wettkampf mit bezahlten Sportlern (zum wirtschaftlichen Geschäftsbetrieb durch Werbetätigkeit 26 vgl § 65 Rz 5, § 14 Rz 16). § 64 VI begünstigt nicht wirtschaftliche Geschäftsbetriebe, bei denen der Verkauf im Vordergrund steht (Verkauf von Speisen und Getränken sowie anderen Waren zB bei einem Vereinsfest). Die Aufzählung in § 64 VI besagt nichts über die Zuordnung der Tätigkeit zu einem wirtschaftlichen Geschäftsbetrieb oder zu einem Zweckbetrieb (BFH BStBl 11, 475). Wird die Pauschalierung gewählt, so sind die mit diesem wirtschaftlichen Geschäftsbetrieb in Zusammenhang stehenden Einnahmen (ohne USt) und Ausgaben gesondert aufzuzeichnen; diese Ausgaben dürfen das Ergebnis bei anderen wirtschaftlichen Geschäftsbetrieben nicht mindern (AEAO zu § 64 Nr 35, 36). Von dem Wahlrecht sollte nicht Gebrauch gemacht werden, wenn sonst Verluste aus anderen wirtschaftlichen Geschäftsbetrieben nicht im Rahmen des § 64 II ausgeglichen werden können.

27 **Einzelfälle.** Da § 64 VI eine Ausnahmenorm ist, wird die Regelung eng ausgelegt. Wirtschaftliche Geschäftsbetriebe, die in § 64 VI nicht genannt werden, können nicht von der Pauschalierung profitieren. **„Werbung für Unternehmen"** wird eng so ausgelegt, dass darunter nur die Werbung fällt, die der Gesetzgeber bei der Schaffung des § 64 VI vor Augen hatte, also die Werbung, die der Verein selbst durchführt, zB durch Tragen von Trikots eines Sponsors. § 64 VI Nr 1 soll daher nicht die Vermietung von Messeständen an Unternehmen erfassen, die den Mietern eine Werbung für sich ermöglicht (FG Hbg EFG 07, 218). Demgegenüber wird auch die Auffassung vertreten, dass auch das Ermöglichen von Werbung von Unternehmen anlässlich einer Zweckbetriebsveranstaltung unter § 64 VI subsumiert werden könne und auch in diesem Fall ohne die Pauschalierung eine Überbesteuerung eintreten würde (FG Mster EFG 17, 1024, Rev BFH I R 27/17). Diese zweite Auffassung ist mit dem Wortlaut des § 64 VI vereinbar und entspricht dem Zweck der Vorschrift, eine Überbesteuerung beim wirtschaftlichen Geschäftsbetrieb „Werbung" zu vermeiden. § 64 VI kann nicht nur auf den Bereich des Sports bezogen werden, zB fallen auch kulturelle Veranstaltungen in den Regelungsbereich.

§ 65 Zweckbetrieb

Ein Zweckbetrieb ist gegeben, wenn

1. **der wirtschaftliche Geschäftsbetrieb in seiner Gesamtrichtung dazu dient, die steuerbegünstigten satzungsmäßigen Zwecke der Körperschaft zu verwirklichen,**
2. **die Zwecke nur durch einen solchen Geschäftsbetrieb erreicht werden können und**
3. **der wirtschaftliche Geschäftsbetrieb zu nicht begünstigten Betrieben derselben oder ähnlicher Art nicht in größerem Umfang in Wettbewerb tritt, als es bei Erfüllung der steuerbegünstigten Zwecke unvermeidbar ist.**

Schrifttum: vor 2010 s 13. Aufl; *Hüttemann/Schauhoff* Der BFH als Wettbewerbshüter – Neue Rechtsprechung zum steuerbegünstigten Zweckbetrieb, DB 2011, 319; *Kohlhepp* Konkurrentenklagen im Umsatzsteuerrecht, DStR 11, 145; *Eversberg/Baldauf* Der gemeinnützige Betrieb gewerblicher Art als steuerbegünstigter wirtschaftlicher Geschäftsbetrieb (Zweckbetrieb) einer juristischen Person des öffentlichen Rechts, DStZ 11, 597; *Schotenroehr* Kooperation von Zweckbetrieben gemeinnütziger Körperschaften in Form der Gesellschaft bürgerlichen Rechts, DStR 12, 14; *Frase/Sineve* Die Praxis der steuerrechtlichen Konkurrentenklage, BB 11, 1567; *Dehesselles* Das Ende des Zweckbetriebs? DStR 12, 2309; s auch Schrifttum zu § 66.

1 **1. Inhalt.** § 65 enthält die allgemeine Definition des Zweckbetriebs. Die Vorschrift wird durch die §§ 66–68 ergänzt, die für bestimmte Zweckbetriebe (sog Katalogzweckbetriebe) Spezialregelungen enthalten und § 65 ggf als leges speciales vorgehen (BFH BStBl 91, 157). Die Regelungen über den Zweckbetrieb stellen

eine besondere Form der Steuerbegünstigung dar, weil sie den betroffenen Körperschaften eine wirtschaftliche Betätigung im steuerbegünstigten Raum ermöglichen. Es handelt sich um eine eng auszulegende Ausnahmevorschrift. Sollte im Einzelfall kein sog Katalogzweckbetrieb vorliegen, kann trotzdem ein Zweckbetrieb iSd § 65 vorliegen (BFH/NV 13, 89).

2. Zweckbetrieb. Im Gegensatz zum Betrieb eines **wirtschaftlichen Geschäftsbetriebs** (s §§ 14, 64) ist die wirtschaftliche Betätigung einer steuerbegünstigten Körperschaft in einem **Zweckbetrieb** steuerbegünstigt. Ein wirtschaftlicher Geschäftsbetrieb muss alle **drei Voraussetzungen** erfüllen, um Zweckbetrieb zu sein, vgl Rz 3, 4 und 6 (BFH/NV 11, 1). Fehlt es daran und lässt sich die wirtschaftliche Betätigung auch nicht den sog Katalogzweckbetrieben (§§ 66–68) zuordnen, liegt ein stpfl wirtschaftlicher Geschäftsbetrieb vor. Es ist allein auf die Tätigkeit in dem Betrieb abzustellen; die Tatsache, dass sie zB von einem Wohlfahrtsverband durchgeführt wird, lässt die Tätigkeit noch nicht zum Zweckbetrieb werden (BFH BStBl 09, 126; FG Köln EFG 17, 1378, Rev BFH V R 10/17). Wird die Tätigkeit um des Erwerbes willen durchgeführt, so liegt ein wirtschaftlicher Geschäftsbetrieb vor – auch wenn Überschüsse für den steuerbegünstigten Zweck verwendet werden (BFH BStBl 09, 126; BFH DStRE 17, 308). Umgekehrt liegt ein Zweckbetrieb nur vor, wenn eine steuerbegünstigte Körperschaft ihn führt, es reicht nicht aus, dass zB eine Jugendeinrichtung eines gewerblichen Unternehmens keine Überschüsse erzielen will (BFH DStRE 17, 426 betr Steuerbefreiung gem § 4 Nr 24 UStG). 2

Nr 1: Erfüllung der steuerbegünstigten Zwecke der Körperschaft muss die Gesamtausrichtung der wirtschaftlichen Tätigkeit bestimmen (BFH BStBl 05, 545). Das bedeutet, dass sich die wirtschaftliche Betätigung und der satzungsmäßige Zweck nicht voneinander trennen lassen. Bei der Abgrenzung kommt es nicht auf die subjektive Einschätzung der Körperschaft, sondern auf den objektiven Charakter der verfolgten Ziele an (BFH BStBl 11, 475). Tätigkeiten, die nicht unmittelbar die satzungsmäßigen Zwecke verfolgen, dürfen auf keinen Fall überwiegen und sollten nicht mehr als etwa 10% ausmachen (BFH BStBl 95, 446). Wird diese Grenze überschritten und lassen sich die Tätigkeiten trennen, können ein stpfl wirtschaftlicher Geschäftsbetrieb und ein steuerbegünstigter Zweckbetrieb nebeneinander vorliegen. Ist eine Abgrenzung nicht möglich, liegt insgesamt ein stpfl wirtschaftlicher Geschäftsbetrieb vor. Ein Zweckbetrieb muss tatsächlich und unmittelbar die satzungsmäßigen Zwecke der Körperschaft verwirklichen, die ihn betreibt. Es genügt nicht, wenn er begünstigte Zwecke verfolgt, die nicht satzungsmäßige Zwecke der ihn tragenden Körperschaft sind (AEAO zu § 65 Nr 2). Verfolgt die Körperschaft dagegen eigene satzungsmäßige Zwecke, indem sie eine andere steuerbegünstigte Körperschaft bei deren Verwirklichung satzungsmäßiger Zwecke gegen Entgelt selbständig und eigenverantwortlich unterstützt, so kann ein Zweckbetrieb vorliegen (BFH BStBl 10, 1006). Die Rspr wird als Erleichterung bei der arbeitsteiligen Erfüllung steuerbegünstigter Zwecke gesehen, weil neben der zivilrechtlichen Gestaltung auf die tatsächliche Durchführung der Aufgabe abgestellt wird (*Holland* DStR 10, 2057, 2058). Dagegen ist es für einen Zweckbetrieb nicht ausreichend, wenn der Betrieb der Verwirklichung der satzungsmäßigen Zwecke der Körperschaft nur mittelbar dient, zB durch Abführung der Erträge aus dem Verkauf von Getränken, Lebens- und Genussmitteln anlässlich einer Veranstaltung (BFH BStBl 86, 88, 92; 11, 475). Ebenso ist die bloße Überlassung von Arbeitskräften gegen Entgelt zwecks Verwirklichung des Zwecks derjenigen Körperschaft, die das Entgelt entrichtet, kein Zweckbetrieb, anders, falls gleichzeitig eigene steuerbegünstigte Zwecke erfüllt werden (BFH BStBl 10, 1006; § 57 Rz 1a). Fehlen die Voraussetzungen für einen Zweckbetrieb, handelt es sich bei der Überlassung von Arbeitskräften um einen wirtschaftlichen Geschäftsbetrieb (OFD Mster DStR 09, 1699). 3

4 **Nr 2: Notwendigkeit.** Ein Zweckbetrieb liegt nur vor, wenn die wirtschaftliche Betätigung nicht vermeidbar/zwingend notwendig, also unentbehrlich ist, um den satzungsmäßigen Zweck zu erfüllen. Es muss unmöglich sein, die satzungsmäßigen Zwecke ohne den Zweckbetrieb zu erfüllen. Darin liegt der Grund, dass potentielle Konkurrenten, die der Besteuerung unterliegen, die Ausnahme von der Besteuerung aus übergeordneten Gesichtspunkten hinzunehmen haben (BFH BStBl 86, 831; 94, 312). Ein Zweckbetrieb liegt nicht vor, wenn der Geschäftsbetrieb nur einen finanziellen Beitrag zur Förderung des Vereinszwecks leistet, weil dann abstrakt gesehen der Zweck auch ohne die Unterstützung gefördert werden kann (BFH BStBl 11, 475; BFH/NV 17, 510). Diese Voraussetzungen für einen Zweckbetrieb sind auch dann nicht gegeben, wenn der Zweck ohne weiteres durch die Inanspruchnahme selbständiger Unternehmer erreicht werden könnte (FG Kln EFG 91, 574). Als Beispiel nennt die FinVerw den Betrieb einer Beschaffungsstelle, über die ein zentraler Einkauf/Verkauf durchgeführt wird (AEAO zu § 65 Nr 3).

5 **a) Beispiele für notwendigen Zweckbetrieb.**

- **Alpenvereinshütten** sind nach ihrer Ausstattung in Kategorien eingeteilt. Alpenvereinshütten der Kategorie I und II sind Zweckbetriebe; anders Alpenvereinshütten der Kategorie III, sie sind wirtschaftliche Geschäftsbetriebe (LfSt Bayern BeckVerw 261 732).
- **Blutspendedienst.** Werbung für freiwillige Blutspenden, Organisation und Durchführung der Blutspendeaktion, Betreuung der Blutspender etc sind notwendige Voraussetzungen für die Erfüllung des Satzungszwecks eines Blutspendedienstes, auch dann, wenn die Gewinnung des Blutes bis zur Lieferung an ein Krankenhaus von einem Dritten übernommen wird (BFH BStBl 04, 798; DStRE 09, 1455). Die den Blutspendediensten gesetzlich vorgeschriebene Kreuzprobe (Laborleistung) ist eine Nebenleistung zum Blutspendedienst und wird im Rahmen eines Zweckbetriebs erbracht (BayLfSt BeckVerw 245 660).
- **Druckschrift.** Herausgabe einer Druckschrift für einen breiten Interessenkreis über die Mitglieder hinaus, wenn der Inhalt der Druckschrift unmittelbar den gemeinnützigen Zwecken der Körperschaft (zB Verbreitung des Friedensgedankens) dient (BFH BStBl 89, 391).
- **Eigenbewirtschaftung** eines Rittergutes durch eine Stiftung (BFH BStBl 63, 532).
- **Fahrsicherheitstraining,** das von der Deutschen Verkehrswacht und ähnlichen steuerbegünstigten Körperschaften angeboten wird und das nach den Umständen des Einzelfalls, wenn es überwiegend auf die Unfallverhütung und auf die Verkehrserziehung und -bildung gerichtet ist, ein Zweckbetrieb sein; überwiegt dagegen der Aspekt der Freizeitgestaltung und Freizeitbetätigung, so liegt ein steuerpflichtiger wirtschaftlicher Geschäftsbetrieb vor (OFD Frankfurt StEd 15, 142).
- **Karnevalssitzungen** von Vereinen zur Förderung des traditionellen Brauchtums (§ 52 II Nr. 23) sind Zweckbetriebe, ebenso Karnevalsumzüge einschließlich Verkauf von Zugplaketten, nicht dagegen Maskenbälle und Tanzveranstaltungen von Karnevalsvereinen sowie Verkauf von Karnevalsorden (FG Köln DStRE 13, 236), auch nicht die Bewirtung auf den Karnevalssitzungen. Eine Kostüm- und Tanzparty mit klassischen Elementen einer Karnevalssitzung ist auch dann kein Zweckbetrieb, wenn die Veranstaltung zwischen Weiberfastnacht und Aschermittwoch stattfindet (BFH/NV 17, 510 = DStRE 17, 308 mit Anm *Heuermann* gegen FG Köln BeckRS 2015, 95691; *Unger* DStRK 17, 98).
- Kongress, der dem Vereinszweck dient (BFH BStBl 18, 55 gegen FG Mster EFG 17, 1024, s auch § 68 Rz 15.
- **Laden,** Ladenkette für Konsumwaren aus **Behindertenwerkstätten** sind Zweckbetrieb, wenn keine anderen Erzeugnisse zugekauft werden, die nicht von einer anderen Werkstätte für Behinderte hergestellt worden sind (OFD Frankfurt DB 12, 1358). Zu Handelsbetrieben, die entweder einer Werkstätte für Behinderte oder einem Integrationsprojekt zugeordnet werden können, s § 68 Rz 7, 10. Sog Dritte-Welt-Läden sind keine Zweckbetriebe (OFD Frankfurt DB 12, 1358).
- **Mahlzeiten.** Die Versorgung von Schülern an Ganztagsschulen mit Speisen und Getränken kann ein Zweckbetrieb sein. Sog Mensavereine oder Schulfördervereine, die eine solche Versorgung als einzigen Zweck fördern, können gemeinnützig sein (OFD Koblenz 30.10.00 NWB F 1 S 26, OFD Frankfurt DB 00, 2350; anders noch OFD Kiel DStZ 00, 689).
- **Mahlzeitendienst,** der überwiegend Langzeitarbeitslose mit dem Ziel der Wiedereingliederung in den ersten Arbeitsmarkt beschäftigt und auch sozialtherapeutisch betreut ist

Zweckbetrieb, jedoch nicht über den für den Erfolg der Maßnahme notwendigen Umfang hinaus (BFH/NV 13, 09; FG Thür EFG 12, 8).
- **Musikunterricht.** Entgeltlicher Musikunterricht gemeinnütziger Musikschulen ist Zweckbetrieb (BFH/NV 90, 683; FM Nds DStR 91, 40).
- **Reitsportverein.** Die Pferdepension/die Unterhaltung von Stallungen, die von einem Reitsportverein betrieben wird, kann Zweckbetrieb sein, wenn die Unterbringung der Pferde erst die Ausübung des Sports auf dem Gelände des Vereins ermöglicht (BFH/NV 14, 460).
- **Pflege.** Pflegeheime sind nur Zweckbetrieb, wenn sie in besonderem Maß den in § 53 genannten Personen dienen. Leistungen einer steuerbegünstigten Körperschaft im Rahmen der **häuslichen Pflege** sind idR Zweckbetrieb (FM SachsAnh v 11.4.96 DB 96, 1703).
- **Schauauftritte** einer Formationstanzgruppe, sofern diese Auftritte zur sportlichen Vorbereitung auf Turniere und Meisterschaften unentbehrlich sind und hierdurch der Verein nicht in Konkurrenz zu rein professionellen Tanzgruppen tritt (FG Ddorf EFG 90, 81).
- **Schwimmbad.** Schwimmen für jedermann im öffentlichen Schwimmbad, falls andere Angebote (Sauna, Solarium) von untergeordneter Bedeutung sind (OFD Hannover DStZ 04, 844).
- **Skilift.** Unterhaltung eines Skilifts durch Skiverein (FG Mster EFG 74, 593).
- **Tierpflege.** Einstellen, Betreuen von Pferden durch einen gemeinnützigen Verein kann Zweckbetrieb sein (BFH BStBl 04, 672).
- **Vermietung** einer Sportstätte an Mitglieder, auch dann, wenn die Sportstätte daneben an Nichtmitglieder vermietet wird, die Vermietung an die Mitglieder sich aber deutlich von der Vermietung an Nichtmitglieder (insoweit steuerpflichtiger wirtschaftlicher Geschäftsbetrieb) unterscheidet (BFH BStBl 90, 705). Auch die Vermietung an Nichtmitglieder zu denselben Bedingungen wie an Mitglieder ist unschädlich, wenn sie nur von ganz untergeordneter Bedeutung (nicht über 10 vH) ist (BFH BStBl 92, 684) und nicht gegen das Wettbewerbsverbot in Nr 3 verstößt (BFH UVR 01, 34).
- **Wohlfahrtspflege** s. § 66
- **Unterbringung** von Bürgerkriegsflüchtlingen und Asylbewerbern kann aus Billigkeitsgründen ein Zweckbetrieb sein, Rz 9.
- **Zeitschrift.** Übertragung des Verlagsrechts an einer von einer steuerbegünstigten Körperschaft herausgegebenen Zeitschrift an einen privaten Verlag ist nicht steuerpflichtig, weil eine solche Maßnahme nicht über den Rahmen der Vermögensverwaltung hinausgeht. Dies gilt selbst dann, wenn der Verlag mit der Zeitschrift ein Anzeigengeschäft betreibt und sich die steuerbegünstigte Körperschaft an den Anzeigenerlösen beteiligten lässt (BFH BStBl 67, 373).

b) Keine Zweckbetriebe. Nach der Rechtsprechung keine Zweckbetriebe: 5a

- **Altkleidersammlung,** wenn sie ua dazu dient, durch Verkauf eines Teils des Sammelguts Mittel für die steuerbegünstigten Tätigkeiten der Körperschaft zu erlangen (BFH BStBl 92, 693; BFH/NV 95, 568). Sammelt die steuerbegünstigte Körperschaft selbst zum Weiterverkauf, liegt regelmäßig ein wirtschaftlicher Geschäftsbetrieb vor. Vgl aber § 66 Rz 3 betr Kleiderkammer. Sammelt ein Dritter, der nicht Hilfsperson ist, unter Verwendung des Namens der steuerbegünstigten Körperschaft für sich und beteiligt er die Körperschaft an seinem Gewinn, so handelt es sich auf Seiten der Körperschaft um Vermögensverwaltung.
- **Anzeigengeschäft** im Rahmen einer Vereinszeitung (BFH BStBl 62, 73); vgl aber Rz 4 „Zeitschrift".
- **Bergung.** Die entgeltliche Bootsbergung durch die DLRG oder andere gemeinnützige Rettungseinrichtungen ist nicht als Zweckbetrieb iSd § 65 anzusehen.
- **Beschaffungsstellen,** die dem zentralen Ein- oder Verkauf von zB Ausrüstungsgegenständen dienen oder der zentralen Auftragsbeschaffung (AEAO zu § 66 Nr 3; OFD Mster FR 1998, 291).
- **Betriebsaufspaltung.** Eine Tätigkeit, die sich äußerlich als reine Vermögensverwaltung darstellt, ist als steuerpflichtige wirtschaftliche Betätigung anzusehen, wenn die eigentliche wirtschaftliche Tätigkeit im Wege der Betriebsaufspaltung auf eine selbständige Kapitalgesellschaft ausgegliedert worden ist (BayLfSt DStR 10, 2518; s § 14 Rz 15).
- **Carsharing:** FG Köln EFG 05, 1234, in erster Linie werden finanzielle Interessen der Mitglieder gefördert.
- **Dritte-Welt-Läden** sind wirtschaftliche Geschäftsbetriebe (FG Bbg EFG 99, 199).
- **Filmproduktion.** Produktion von Fernsehfilmen unterhaltenden, belehrenden und informierenden Inhalts über wichtige soziale Fragen durch von einer Kirche getragene steuerbe-

günstigte Körperschaft im Auftrag einer öffentlich-rechtlichen Rundfunkanstalt (BFH BStBl 86, 831).
– Flugtag als Veranstaltung eines Flugsportvereins mit Rundflügen, Darbietungen zum Brandschutz und zur Lebensrettung, weil sportliche Betätigung von untergeordneter Rolle ist (FG BBbg BeckRS 2001, 21011206).
– **Jugendreise.** Beschränkt sich die Tätigkeit eines Vereins auf die Durchführung von Jugendreisen, die ähnlich auch von gewerblichen Konkurrenten angeboten werden, so liegt kein Zweckbetrieb, sondern nur ein wirtschaftlicher Geschäftsbetrieb vor (FG Köln BeckRS 2017, 115465, Revision anhängig BFH V R 10/17).
– **Kirmesveranstaltungen** eines gemeinnützigen Schützenvereins (FG Ddorf EFG 74, 34), da sie nicht die Heimatpflege fördern.
– **Kommerzielle Werbung** ist wirtschaftlicher Geschäftsbetrieb, sofern die Körperschaft selbst als Werbeträger (zB auf Trikots) auftritt (vgl näher § 14 Rz 22; dort auch zur Vermietung von Werbeflächen durch Vereine); Pauschalbesteuerung nach § 64 VI möglich.
– **Krankenhausapotheke,** die Personal, andere Krankenhäuser und ehemals ambulante/stationäre Patienten zwecks Überbrückung gegen gesondertes Entgelt beliefert (OFD Frankfurt DStR 15, 1450). Anders, wenn die Medikamentenabgabe sich aus dem Versorgungsauftrag des Krankenhauses ergibt und zur Anwendung im Krankenhaus dient (BMF BStBl 15, 76; OFD Frankfurt DStR 15, 1450).
– Krankentransport (BFH BStBl 07, 243), zur abweichenden Auffassung der FinVerw s § 66 Rz 3.
– Rettungsdienst (BFH BStBl 07, 243; anders BFH/NV 14,984), zur abweichenden Auffassung der FinVerw s § 66 Rz 3.
– **Totalisatorbetrieb** und Gastwirtschaft eines gemeinnützigen Rennvereins (RFH RStBl 1938, 913; BFH BStBl 53, 109, ebenso allgemein für Sportvereine BFH BStBl 92, 103), Totalisator- und Rennbetrieb eines Pferdevereins (BFH BStBl 11, 475; s § 52 Rz 43), Es ist eine Pauschalbesteuerung der Einnahmen nach § 64 VI Nr 2 möglich.
– **Vereinsjubiläum:** Bierzelt eines Vereins zur Bewirtung der Gäste im Rahmen eines Vereinsjubiläums (BFH/NV 89, 342).
– **Wirtschaftsförderungsgesellschaften** der Kommunen sind schon idR nicht gemeinnützig. Sollten sie ausnahmsweise aus besonderen Gründen doch gemeinnützig sein, ist der von ihnen betriebene Grundstückshandel jedenfalls kein Zweckbetrieb (*Seemann* DB 91, 2359). Für Wirtschaftsförderungsgesellschaften sind aber durch das StandortsicherungsG v 13.9.93 (BGBl I, 1569) besondere Steuerbefreiungsvorschriften im KStG und GewStG geschaffen worden (vgl FM NRW DStR 93, 1908; *Oppermann* DB 94, 1489).

6 **3. Wettbewerb.** Nr 3 begrenzt die Tätigkeit eines Zweckbetriebs zum Schutz der nicht steuerbegünstigt tätigen Mitbewerber auf das notwendige Mindestmaß, und zwar sowohl in Bezug auf das Leistungsangebot als auch in Bezug auf den Umfang der Tätigkeit (BFH BStBl 08, 126; 09, 560). Bei der Begrenzung des Leistungsangebots ist Vergleichsobjekt ein nicht steuerbegünstigter Betrieb derselben oder ähnlicher Art. Dabei muss der Wettbewerb nicht tatsächlich stattfinden, sondern es reicht ein potentieller Mitbewerber aus. **Nicht erforderlich** ist, dass **tatsächlich** ein **Wettbewerb** stattfindet. Ein potentieller Wettbewerb reicht für einen Verstoß gegen das Wettbewerbsverbot aus (BFH BStBl 94, 573; BStBl 09, 560; 00, 705; BFH/NV 11, 1; 13, 89; BFH DStRE 17, 308; AEAO zu § 65 Nr 4). Von einem Zweckbetrieb ist daher nicht auszugehen, wenn ein nicht steuerbegünstigter Unternehmer gleiche Leistungen wie die steuerbegünstigte Körperschaft in ihrem Einzugsbereich erbringt oder erbringen könnte (BFH BStBl 86, 831). Das Kriterium **„vergleichbare Leistungen"** wird im Gesetz nicht definiert und unterliegt einem Beurteilungsspielraum. Unter Beachtung von Art. 3 I GG ist abzuwägen, ob der Wettbewerb oder die Förderung steuerbegünstigter Zwecke Vorrang hat (BFH BStBl 94, 573; 10, 1006). Kein Zweckbetrieb liegt zB vor bei von Kommunen gegründeten Kapitalgesellschaften zum Betrieb eines Müllheizkraftwerkes (BFH BStBl 00, 705) oder zur Müll- und Abfallbeseitigung (BFH BStBl 94, 314).

7 Ein Zweckbetrieb liegt außerdem nur dann vor, wenn **Wettbewerb** nur in dem Rahmen stattfindet, der sich bei der Erfüllung der satzungsmäßigen Zwecke **nicht vermeiden lässt.** Der **Wettbewerb** mit anderen Konkurrenten ist **unvermeid-**

bar, wenn der steuerbegünstigte Zweck nur durch die wirtschaftliche Betätigung erreicht wird, sie muss ein unentbehrliches und das einzige Mittel sein, um den steuerbegünstigten Zweck zu erfüllen (BFH BStBl 03, 438; 04, 672; 05, 545; BFH/NV 10, 1047). Ein Zweckbetrieb muss sich auf den notwendigen Umfang seiner Tätigkeit beschränken und sich insofern eine Zurückhaltung bei der Marktteilnahme auferlegen; andernfalls wird er in größerem Umfang tätig als vom Gesetz begünstigt (BFH/NV 13, 89 mwN). Umgekehrt ist der Wettbewerb vermeidbar, wenn auch ein nicht steuerbegünstigter Mitbewerber eine vergleichbare Leistung erbringt (BFH BStBl 10, 1006). An der Vergleichbarkeit fehlt es aber, wenn die die steuerbegünstigte Körperschaft für einen bestimmten Personenkreis, zB Hilfebedürftige iSd § 53, tätig wird, der die Waren oder Dienstleistungen des steuerpflichtigen Unternehmens überwiegend nicht in Anspruch nimmt (BFH BStBl 10, 1006). Dasselbe gilt, wenn das Angebot der steuerbegünstigten Körperschaft ein notwendiges Mittel zum Erreichen eines ideellen Zwecks ist, den das steuerpflichtige Unternehmen nicht verfolgt (BFH BStBl 95, 767; BStBl 10, 1006). Zu Beschäftigungsgesellschaften § 68 Nr 3 Buchst b. Die Abwägung erfolgt immer im Einzelfall (BFH/NV 13, 89). **Einzelfälle:** Ein Verstoß gegen das Wettbewerbsverbot ist zB gegeben bei einem **Erholungsheim** auf christlicher Grundlage, bei dem der Erholungszweck zu den religiös kirchlichen Betreuungszwecken hinzutritt, den die kirchlichen Zwecke könnten außerhalb der Erholung verfolgt werden (BFH BStBl 61, 109; vgl auch BFH BStBl 86, 831 zu kirchlichen Produktionsgesellschaften von Fernsehfilmen). Bei einer **Jugendreise,** an der nur Jugendliche unter 18 Jahre teilnehmen, kann idR davon ausgegangen werden, dass damit auch eine erzieherische Betreuung verbunden ist und deshalb ein Zweckbetrieb vorliegt. Nehmen auch Personen über 18 Jahre teil, kommt es auf den Einzelfall an. Eine Wettbewerbsverletzung iSd Nr 3 liegt vor, wenn die Reise lediglich der Erholung der Jugendlichen dient, zB dann, wenn die Jugendlichen den Urlaub frei gestalten können (BdF DStZ/E 81, 107). **Gastronomische** Einrichtungen in Jugendzentren sind keine Zweckbetriebe (FM Bbg DStR 93, 1408). Zu **Krankenfahrten** § 66 Rz 3.

Konkurrentenklage. Wettbewerber haben einen Anspruch auf Besteuerung 8
des wirtschaftlichen Geschäftsbetriebs einer Körperschaft, falls dieser zu Unrecht als Zweckbetrieb behandelt wird und sich das zum Nachteil des Mitbewerbers auswirkt (Verpflichtungsklage, BFH BStBl 98, 63; BFH/NV 08, 490). Voraussetzung für die Zulässigkeit einer Konkurrentenklage ist, dass der Kläger substantiiert geltend macht, dass eine rechtswidrige Nichtbesteuerung oder eine zu geringe Besteuerung des Konkurrenten vorliegt und dass der Kläger dadurch in seinem (eigenen) Recht auf Teilnahme an einem steuerrechtl nicht zu seinem Nachteil verfälschten Wettbewerb verletzt sei (BFH BStBl 98, 63; 07, 243). Das Recht des Wettbewerbers ist verletzt, wenn durch die Nichtbesteuerung eines wirtschaftlichen Geschäftsbetriebs die Wettbewerbslage des Wettbewerbers/Klägers zu seinem Nachteil beeinflusst wird (BFH BStBl 98, 63). Zur Vorbereitung einer solchen Konkurrentenklage kann der Wettbewerber der steuerbegünstigten Körperschaft vom FA, das für die Besteuerung der steuerbegünstigten Körperschaft zuständig ist, Auskunft darüber verlangen, mit welchem Steuersatz gleichartige Leistungen des Mitbewerbers besteuert werden. Der Auskunftsanspruch erfordert, dass ernstlich in Betracht kommt, dass ein Wettbewerber durch die unzutreffende Besteuerung Wettbewerbsnachteile von erheblichem Gewicht erleidet (BFH BStBl 12, 541; geringere Anforderungen an das Rechtsschutzbedürfnis stellt das iErg vom BFH bestätigte Urteil des FG Mster DStRE 11, 172; dagegen enger *Englisch* DStR 08, 43). Wird die Auskunft verweigert, kann eine allgemeine Leistungsklage erhoben werden. Der Anspruch ist Ausfluss des Rechtsstaatsprinzips und des Grundrechts auf Berufsfreiheit (BFH BStBl 07, 243). Die Auskunft muss so umfassend sein, dass auf ihrer Grundlage eine Konkurrentenklage erhoben werden kann (*Kohlhepp* DStR 11, 145, 147). Kein Anspruch auf Auskunft besteht wohl dann, wenn Wett-

bewerbsnachteile nicht substantiiert vorgetragen werden, also wenn nur ein potentieller Wettbewerb vorliegt (zweifelnd *Sterzinger* SteuK 12, 258). Ausgeschlossen ist der Auskunftsanspruch jedenfalls, falls die Konkurrentenklage keinerlei Aussicht auf Erfolg hat (BFH BStBl 12, 541). Ob die Besteuerung tatsächlich unzutreffend ist, ist Gegenstand der Konkurrentenklage und nicht des Auskunftverfahrens.

9 **Billigkeitsregelung bis VZ 2018:** Die vorübergehende **Unterbringung von Bürgerkriegsflüchtlingen und Asylbewerbern** in Einrichtungen einer steuerbegünstigten Körperschaft, die ausschl dem satzungsgemäßen Zweck dienen (einschl Zweckbetrieben und Vermögensverwaltung) wird aus Billigkeitsgründen von der FinVerw als Zweckbetrieb iSd § 65 bzw § 66 anerkannt. Soweit den Einrichtungen stl Vergünstigungen zustehen, erstrecken sich diese auch auf die Unterbringung von Bürgerkriegsflüchtlingen und Asylbewerbern. Die Billigkeitsregelung erfasst auch die Unterbringung in einer Einrichtung eines Betriebs gewerblicher Art, wenn dieser gemeinnützig ist. Diese Ausnahmeregelung gilt für die VZ 2014–2018 (BMF DStR 16, 319).

§ 66 Wohlfahrtspflege

(1) **Eine Einrichtung der Wohlfahrtspflege ist ein Zweckbetrieb, wenn sie in besonderem Maß den in § 53 genannten Personen dient.**

(2) [1] **Wohlfahrtspflege ist die planmäßige, zum Wohle der Allgemeinheit und nicht des Erwerbs wegen ausgeübte Sorge für notleidende oder gefährdete Mitmenschen.** [2] **Die Sorge kann sich auf das gesundheitliche, sittliche, erzieherische oder wirtschaftliche Wohl erstrecken und Vorbeugung oder Abhilfe bezwecken.**

(3) [1] **Eine Einrichtung der Wohlfahrtspflege dient in besonderem Maße den in § 53 genannten Personen, wenn diesen mindestens zwei Drittel ihrer Leistungen zugute kommen.** [2] **Für Krankenhäuser gilt § 67.**

Schrifttum: vor 2010 s 13. Aufl; *von Holt* Steuerrechtliche Streitpunkte bei der arbeitsteiligen Zusammenarbeit gemeinnütziger Träger der Wohlfahrtspflege, DB 10, 1791; *Theobald* Arbeitsteilige Zusammenarbeit gemeinnütziger und gewerblicher Körperschaften: Auswirkungen auf die Anwendung des § 4 Nr 18 UStG, DStR 11, 946; *Helm/Haaf* Das BFH-Urteil vom 27.11.2013 – ein Impuls zur Auslegung des Zweckbetriebs der Wohlfahrtspflege, DStR 14, 2004; *Kirchhain* Wie viel Gewinn nötig, wie viel möglich? Leistungsbeziehungen gemeinnütziger Unternehmen auf dem Prüfstand, DB 14, 1831; *Musil* Die Gemeinnützigkeit von kommunalen Eigengesellschaften, FR 14, 825; *Wackerbeck* Anm zu BFH Urt v 27.11.2013 – I R 17/12, ZVSt 14, 218; *Schröder/Salzberger* Gemeinnützigkeitssteuerrecht – Die steuerbegünstigte und steuerpflichtige Hilfspersonen-GmbH, SteuK 15, 369; *Kirchhain* Der neue Anwendungserlass zur AO: neue Herausforderungen für gemeinnützige Körperschaften, DStR 16, 505.

1 **1. Inhalt.** § 66 ist eine Sonderregelung zu § 65 mit der Folge, dass es im Rahmen des § 66 nicht auf die in § 65 genannten Voraussetzungen ankommt (vgl FG Köln BeckRS 2017, 115465, Rev BFH V R 10/17). § 66 schafft Klarheit über den Bereich der Zweckbetriebe auf dem Gebiet der Wohlfahrtspflege. Ergänzt wird § 66 durch die Bezugnahme auf § 53. § 66 I, III legen fest, wann ein Zweckbetrieb der Wohlfahrtspflege iSd § 66 vorliegt. Die Regelung gilt für wirtschaftliche Geschäftsbetriebe, die aufgrund ihrer speziellen Leistungen auf dem Gebiet der Wohlfahrtspflege als – steuerbefreite – Zweckbetriebe zu behandeln sind. Fehlt es an einer nach § 66 notwendigen Voraussetzung, zB am notwendigen Nachweis, so kann im Einzelfall noch ein Zweckbetrieb nach § 65 gegeben sein (BFH BStBl 95, 767; 04, 798; 10, 1006; BFH/NV 13, 89). Andernfalls liegt ein wirtschaftlicher Geschäftsbetrieb vor (§ 14; BFH/NV 17, 80). § 66 II enthält eine Legaldefinition der Wohlfahrtspflege. Sie wird – außer für Krankenhäuser iSd § 67 – von § 66 III ergänzt. § 68 nennt weitere Zweckbetriebe, die aufgrund gesetzlicher Definition, dh ohne weitere Voraussetzungen, als solche einzustufen sind; fällt eine Einrich-

tung der Wohlfahrtspflege unter die Voraussetzungen des § 68, so liegt ein Zweckbetrieb vor, ohne dass es auf die Voraussetzungen der §§ 65, 66 ankommt.

2. Zweckbetriebe der Wohlfahrtspflege. Nach **Abs 1** ist eine Einrichtung der Wohlfahrtspflege ein Zweckbetrieb, sofern sie in besonderem Maß den in § 53 genannten Personen dient. Ergänzt wird diese Regelung durch die Definition der Wohlfahrtspflege in § 66 II und die Klärung der Frage, wann eine Unterstützung der in § 53 genannten Personen in „besonderem Maß" vorliegt, in § 66 III. Neben diesen Voraussetzungen müssen die Voraussetzungen des § 65 nicht erfüllt sein, damit ein Zweckbetrieb gegeben ist. 2

Die Körperschaft wird im Bereich der **Wohlfahrtspflege** ua nur tätig, wenn sie zum Wohle der Allgemeinheit dem in § 53 genannten Personenkreis dient, also ihm ihre Leistungen ummittelbar (§ 57) erbringt. Dies kann auch durch eine Hilfsperson geschehen. Wird eine Hilfsperson im Auftrag einer Körperschaft tätig, so geschieht dies unmittelbar, wenn die im Rahmen der Wohlfahrtspflege betreuten Personen die ihnen dienenden Leistungen unmittelbar durch die als Hilfsperson tätige Körperschaft erhalten (BFH/NV 14, 984 in Abkehr von BFH BStBl 09, 560; 10, 1047; 11, 398; BFH/NV 13, 89). Ob damit gleichzeitig vertragliche Leistungen für eine weitere Körperschaft, die ebenfalls wohltätig ist und eine Hilfsperson eingeschaltet hat, erbracht werden, ist für die Frage nach dem Zweckbetrieb der tatsächlich tätigen Körperschaft belanglos. Die Unmittelbarkeit ist schon gegeben, wenn die Leistungen den hilfebedürftigen Personen „wenigstens faktisch" direkt zugute kommen (BFH BStBl 13, 603; AEAO zu § 66 Tz 3; § 57 Rz 1a). Es können auch mehrere steuerbegünstigte Körperschaften arbeitsteilig zur Verwirklichung eines Zwecks der Wohlfahrtspflege zusammenwirken (BFH BStBl 10, 1006). Übernimmt Pflegepersonal neben den Wohlfahrtsleistungen für einen Dritten auch andere Leistungen, die mit der Wohlfahrt nichts zu tun haben, zB Verwaltungstätigkeiten, so zählen diese Tätigkeiten nicht zum Zweckbetrieb (AEAO zu § 66 Tz 3 aE).

Einzelne Zweckbetriebe. Häusliche Pflege, die von steuerbegünstigten Körperschaften im Rahmen des SGB VII, SGB XI. SGB XII oder BVG durchgeführt wird, begründet idR einen Zweckbetrieb der Wohlfahrtspflege, s AEAO zu § 66 Nr 4. **Krankentransport und Rettungsdienst,** der von steuerbegünstigten Körperschaften durchgeführt wird, ist nach der Rspr und FinVerw als Zweckbetrieb anzusehen, sofern nicht Gewinne angestrebt werden, die über den allgemeinen Finanzierungsbedarf hinausgehen (BFH BStBl 16, 68 in Abkehr von BFH BStBl 09, 126). Auch in diesem Bereich kann es daher möglich sein, dass die steuerbegünstigte Körperschaft zu denselben Bedingungen anbietet wie eine nicht steuerbegünstigte (BFH BStBl 16, 68). Kein Zweckbetrieb der Wohlfahrtspflege liegt dagegen vor, wenn Kranke nur in Pkws, Taxen oder Mietwagen befördert werden, auch wenn ein Arzt diese Krankenfahrt verordnet hat (AEAO zu § 66 Nr 2). **Mensa- und Cafeteriabetriebe** eines Studentenwerks können grds ein Zweckbetrieb iSd § 66 sein, sofern der Handel mit Waren, die nicht der Deckung des Grundbedarfs dienen – Tabakwaren, Alkohol, sonstige Waren – nicht mehr als 5% des Gesamtumsatzes ausmacht (AEAO zu § 66 Nr 5). Das gilt auch für andere steuerbegünstigte Körperschaften, die Studenten auf dem Campus oder Schüler in Schulen und Kinder in Kindertagesstätten mit Speisen und Getränken versorgen. Zu den Zweckbetrieben gem § 66 zählt ein **Hofladen,** der von einer Einrichtung der Wohlfahrtspflege betrieben wird, wenn mindestens zwei Drittel seiner Leistungen hilfebedürftigen Personen iSd § 53 zugute kommen (FG Köln EFG 15, 1634). **Tafeln,** die mindestens zwei Drittel ihrer Leistungen gegen geringe Bezahlung Hilfebedürftigen anbieten, begründen einen Zweckbetrieb des § 66. Gehören die Tafeln direkt oder mittelbar einem anerkannten Verband der Wohlfahrtspflege an, so sind die Lieferungen nach § 4 Nr 18 UStG zu behandeln. (OFD Nds DB 17, 941; OFD Nds DStR 16, 2710). Der **Einzelverkauf** von gesammelten **Altkleidern** in einer 3

Kleiderkammer oder einer ähnlichen Einrichtung ist ausnahmsweise ein Zweckbetrieb, wenn mindestens zwei Drittel der Leistungen dieser Einrichtung Hilfebedürftigen iSd § 53 zugute kommen (BMF BStBl I 95, 630; OFD Frankfurt DB 02, 351). **Gesellige Veranstaltungen,** die in erster Linie dazu durchgeführt werden, behinderte Personen zu betreuen, können die Voraussetzungen des § 66 erfüllen (AEAO zu § 66 Nr 8). Dasselbe muss mE auch für gesellige Veranstaltungen gelten, die für andere hilfebedürftige Personen stattfinden, zB in Altenheimen.

Keine Zweckbetriebe der Wohlfahrtspflege sind die **Krankenhauswäscherei,** die auch für andere Krankenhäuser wäscht, oder die **Krankenhausapotheke,** die auch andere Krankenhäuser beliefert. Diese sind ebenfalls keine Zweckbetriebe iSd § 66, weil mit ihnen eigenwirtschaftliche Ziele verfolgt werden (OFD Frankfurt DStR 15, 1054). Gleiches gilt für die Essenslieferung an eine öffentliche Einrichtung, auch wenn das Essen letztlich für bedürftige Personen gedacht ist (BFH/NV 13, 89).

4 **3. Definition der Wohlfahrtspflege.** Abs. 2 definiert den Begriff der Wohlfahrtspflege. Sie umfasst die Sorge für notleidende oder gefährdete Mitmenschen. Diese Sorge kann sich auf das gesundheitliche, sittliche, erzieherische oder wirtschaftliche Wohl erstrecken und sowohl auf Abhilfe als auch auf Vorbeugung gerichtet sein. Diese Sorge muss planmäßig, zum Wohl der Allgemeinheit und nicht um des Erwerbs wegen ausgeübt werden.

Um **des Erwerbs wegen** wird die Tätigkeit ausgeübt, wenn Gewinne angestrebt werden, die den konkreten Finanzierungsbedarf des jeweiligen wirtschaftlichen Geschäftsbetriebs übersteigen (BFH BStBl 16, 68 unter Hinweis auf *Hüttemann* Gemeinnützigkeits- und Spendenrecht, 3. Aufl, Rz 4.101). Das bedeutet nicht, dass der Zweckbetrieb überhaupt keine Gewinne machen darf. Er darf aber nicht in erster Linie darauf gerichtet sein, das Vermögen der Körperschaft zu mehren. Die Tätigkeit wird nicht um des Erwerbs wegen ausgeübt, wenn ein angemessenes Entgelt gefordert wird. Mit Blick zB auf den Inflationsausgleich, auf die Finanzierung von Erhaltungsaufwendungen und Modernisierungsmaßnahmen schließen entsprechende Gewinneinnahmen die Steuerbegünstigung nicht aus (BFH BStBl 16, 68; ebenso *Kirchhain* DStR 16, 505, 508, der eine großzügige Umsetzung der Rspr forderte; ähnlich *Hüttemann* DB 16, 1338, 1341). Der Zweckbetrieb darf unter Berücksichtigung seines Finanzierungsbedarfs (zB unter Berücksichtigung des Erhaltungs- und Modernisierungsbedarfs) seine Leistungen auch zu demselben Preis anbieten wie ein gewerblicher Unternehmer. Der Rspr folgend ist AEAO zu § 66 Nr 2 Ende 2017 geändert worden. Nach Auffassung der FinVerw umfasst der konkrete Finanzierungsbedarf die Erträge, die benötigt werden, um den Betrieb und die Fortführung der Einrichtung der Wohlfahrtspflege zu garantieren, inklusiv der zulässigen Rücklagenbildung gem § 62 I Nr 1, 2. Die Erträge dürfen für alle Wohlfahrtseinrichtungen iSd § 66, die derselbe Träger unterhält, eingesetzt werden sowie für dessen Zweckbetriebe iSd §§ 67, 68 und für ideelle Tätigkeiten, für die die Voraussetzungen des § 66 gegeben wäre, wenn sie gegen Entgelt erbracht werden würden. Mit den Erträgen einer Einrichtung der Wohlfahrtspflege dürfen also Zweckbetriebe der §§ 66, 67, 68 mitfinanziert werden und Ausgleich von Verlusten zwischen mehreren dieser Zweckbetriebe desselben Trägers ist zulässig (Nichtbeanstandungsregelung für eine Querfinanzierung verlängert bis einschließlich VZ 2016).

Die FinVerw vermutet eine Tätigkeit um des Erwerbs willen, wenn eine Körperschaft in drei VZ hintereinander Gewinne erwirtschaftet, die den Bedarf ihrer gesamten wohlfahrtspflegerischen Sphäre übersteigt. Diese Vermutung ist widerlegbar, wenn belegt wird, dass die Gewinne zB unbeabsichtigt durch Marktschwankungen erzielt wurden. Unschädlich ist auch, wenn Gewinne durch staatlich regulierte Preise, etwa durch Anwendung einer Gebührenordnung gem § 90 SGB XI, entstanden sind.

Anders als § 65 Nr 3 enthält § 66 keine Wettbewerbsklausel. Eine entsprechende Anwendung der Wettbewerbsklausel kommt im Bereich der speziellen Zweckbetriebe des § 66 nicht in Betracht (BFH BStBl 16, 68 mwN; *Schauhoff/Kirchhain* DStR 08, 1713, 1715).

Abs 3 enthält in S 1 – außer für Krankenhäuser – eine nähere Umschreibung 5
dafür, unter welchen Voraussetzungen eine Einrichtung der Wohlfahrtspflege **im besonderen Maße** den in § 53 genannten Personen dient. Voraussetzung ist, dass diesen hilfebedürftigen Personen mindestens zwei Drittel der Leistungen der Einrichtung zugute kommen. Profitieren von den Leistungen der Einrichtung auch nicht hilfebedürftige Personen, so kommt es nicht auf das Zahlenverhältnis zwischen den in § 53 genannten Personen und den übrigen Personen an, sondern auf den Wert der Leistungen, die die in § 53 genannten Personen erhalten haben im Verhältnis zur Gesamtleistung des Geschäftsbetriebs (BFH/NV 17, 80; 17, 139; FG Köln EFG 17, 1378, Rev BFH V R 10/17). Beweispflichtig ist der Betreiber der Einrichtung, zB durch Aufzeichnungen über Umfang der Leistung und Leistungsempfänger (BFH/NV 17, 80; 17, 139; § 66 Rz 6). Ist diese in § 66 III 1 genannte, am Wert der Leistungen orientierte Voraussetzung erfüllt, so liegt insgesamt ein einheitlicher wirtschaftlicher Geschäftsbetrieb vor, der als Einrichtung der Wohlfahrtspflege als Zweckbetrieb zu behandeln ist (AEAO zu § 66 Nr 7). Von § 66 III 1 abweichend gilt für **Krankenhäuser** die Sonderregelung des § 67, der von einem anderen Maßstab ausgeht (§ 66 III 2).

4. Nachweispflichten. Die Körperschaft muss den **Nachweis** für das Vorlie- 6
gen der in § 66 genannten Voraussetzungen erbringen. Erforderlich sind Aufzeichnungen darüber, wer unterstützt wurde, aufgrund welcher Ermittlungen einzelne Personen dem Personenkreis des § 53 zugeordnet worden sind und in welchem wertmäßigen Umfang ihnen Leistungen erbracht worden sind (BFH/NV 17, 80). Hierzu reicht es nicht aus, dass sich die Körperschaft darauf beschränkt, zB die Berufsangaben der Gäste eines ihrer Erholungsheime anzuführen (BFH BStBl 1961, 109) oder dass die Körperschaft sich auf die eigenen, evtl noch lückenhaften Angaben der unterstützten Personen verlässt. Die Körperschaft muss im Besitz von Unterlagen sein, mit denen sich der erforderliche Nachweis über die Höhe der Einkünfte, der Bezüge und über das Vermögen der unterstützten Personen erbringen lässt (AEAO zu § 53 Nr 10), soweit nicht eine Beweiserleichterung nach § 53 II in Betracht kommt. – Auch die Rspr verlangt detaillierte Aufzeichnungen, die nicht durch Schätzungen ersetzt werden können (BFH/NV 17, 80 in Bestätigung von FG Köln EFG 15, 1119; FG Bbg EFG 99, 199). Nachweiserleichterungen sind denkbar, wenn sich auch aus der Art der Einrichtung ergibt, dass die Voraussetzungen einer Einrichtung der Wohlfahrtspflege vorliegen; die analoge Anwendung des § 53 Nr 3 S 8 ist allerdings in BFH/NV 17, 80 nur kurz erwähnt worden, weil diese Vorschrift für den entschiedenen Fall noch nicht galt. Die FinVerw verzichtet bei Kleiderkammern, Suppenküchen, Obdachlosenasylen und Tafeln analog § 53 Nr 2 S 8 auf den Nachweis der Zweidrittelgrenze, wenn ein entsprechender Bescheid (auf Antrag ergangen) vorliegt.

§ 67 Krankenhäuser

(1) **Ein Krankenhaus, das in den Anwendungsbereich des Krankenhausentgeltgesetzes oder der Bundespflegesatzverordnung fällt, ist ein Zweckbetrieb, wenn mindestens 40 Prozent der jährlichen Belegungstage oder Berechnungstage auf Patienten entfallen, bei denen nur Entgelte für allgemeine Krankenhausleistungen (§ 7 des Krankenhausentgeltgesetzes, § 10 der Bundespflegesatzverordnung) berechnet werden.**

(2) **Ein Krankenhaus, das nicht in den Anwendungsbereich des Krankenhausentgeltgesetzes oder der Bundespflegesatzverordnung fällt, ist ein Zweck-**

betrieb, wenn mindestens 40 Prozent der jährlichen Belegungstage oder Berechnungstage auf Patienten entfallen, bei denen für die Krankenhausleistungen kein höheres Entgelt als nach Absatz 1 berechnet wird.

Abs 1 und 2 geändert durch JStG 2007 v 13.12.06 (BGBl I, 2878).

Schrifttum: *Schmieszek* Medikamentenabgabe durch „Zweckbetrieb Krankenhaus", AO-StB 14, 74; *Bölke* Integrierte medizinische Versorgung im Lichte der Finanzrechtsprechung, DStR 15, 1856.

1 **1. Inhalt.** § 67 enthält eine Sonderregelung darüber, unter welchen Voraussetzungen ein Krankenhaus ein Zweckbetrieb ist. Aufgrund der Regelung in § 66 III 2 geht § 67 dem § 66 vor. § 67 verdrängt als Sondervorschrift die Regelungen des § 65, wie zB den Wettbewerbsvorbehalt (BFH BStBl 15, 123).

2 **2. Krankenhaus als Zweckbetrieb der Wohlfahrtspflege.** Bei Krankenhäusern, die von einer steuerbegünstigten Körperschaft unterhalten werden, wird unter den in dieser Vorschrift näher bezeichneten Voraussetzungen das Vorhandensein eines **Zweckbetriebes** unterstellt. Die Definition des Krankenhauses findet sich in § 2 Nr 1 KHG und § 107 I SGB V (BFH BStBl 05, 545; s auch AEAO zu § 67). Diese sozialrechtlichen Definitionen sind erläuternd heranzuziehen (BFH DStR 17, 980 für § 20 GewStG). Dass die Definitionen nicht einheitlich sind, ist unschädlich, weil es für die Abgrenzung von anderen Einrichtungen grds darauf ankommt, ob das Krankenhaus in den Anwendungsbereich des Krankenhausentgeltgesetzes oder der Bundespflegesatzverordnung fällt, § 67 I. Der Begriff des Krankenhauses iSd § 67 ist darauf aber nicht begrenzt, wie § 67 II zeigt. Ein Zweckbetrieb Krankenhaus kann auch vorliegen, wenn von mindestens 40% der Belegungs- bzw Berechnungstage auf Patienten entfallen, von denen kein höheres Entgelt als nach § 67 I vorgesehen berechnet wird. Ein **Krankenhaus** iSd § 67 setzt voraus, dass ein wesentlicher Teil der Unternehmensleistung auf den **stationären Bereich** (mit Vollverpflegung) oder auf den teilstationären Bereich der betr Einrichtung entfällt (BFH BStBl 89, 506; FG Mster EFG 15, 315). Ob im Verhältnis zur ambulanten Behandlung ein wesentlicher Teil auf den stationären bzw. teilstationären Bereich entfällt, ist durch Vergleich der Entgelte zu ermitteln, die auf den (teil-)stationären und auf den ambulanten Teil der Behandlungen entfallen (BFH BStBl 89, 506). Zu den Krankenhäusern können zählen: Kliniken, Heilstätten, Sanatorien (Einzelumstände entscheidend, BFH BStBl 60, 222), Kurheime, Krankenheime und Entbindungsheime; Tag- und Nachtkliniken (BFH DStR 17, 980). **Kein Krankenhaus** ist zB ein Alten- oder Erholungsheim (aber ggf Zweckbetrieb gem § 68 Nr 1a). Gleiches gilt für eine Einrichtung zur **ausschl ambulanten** Behandlung, wie zB eine Dialysestation, die nur ambulante fachärztliche Leistungen abrechnet (BFH BStBl 15, 123; FG Mster EFG 15, 315; BFH DStR 17, 980). Für Krankenhäuser gibt es Vergünstigungsvorschriften in verschiedenen EinzelsteuerG, zB § 3 Nr 20 GewStG (s BFH DStR 17, 980), § 4 Nr 6 GrStG.

3 **3. Voraussetzungen.** § 67 soll traditionell die allgemeine stationäre medizinische Versorgung fördern und betrifft zwei Gruppen von Krankenhäusern.

a) Zweckbetrieb. Ein Krankenhaus ist ein Zweckbetrieb nach § 67 I, wenn es in den Anwendungsbereich des Krankenhausentgeltgesetzes oder der BundespflegesatzVO fällt und wenn mindestens **40 % der jährlichen Belegungs-/Berechnungstage** auf Patienten entfallen, denen lediglich Entgelte für allgemeine Krankenhausleistungen berechnet werden. § 67 II überträgt diese Regelung auf die übrigen Krankenhäuser, falls dort mindestens 40% der jährlichen Belegungs-/Berechnungstage auf Patienten entfallen, bei denen kein höheres Entgelt als nach § 67 I berechnet wird. Kein Zweckbetrieb liegt vor, wenn mehr als 60% der jährlichen Belegungs-/Berechnungstage auf Patienten entfallen, die sonstige gesondert berechenbare Leistungen (zB besondere Unterbringungen und Behandlungen durch einen bestimmten Arzt) in Anspruch nehmen (vgl BFH BStBl 94, 212).

b) Separater wirtschaftlicher Geschäftsbetrieb. Ein zusätzlicher wirtschaftlicher Geschäftsbetrieb „Krankenhaus" liegt vor, wenn nicht ausgelastete Kurkliniken und Sanatorien aus wirtschaftlichen Gründen Personen aufnehmen, bei denen nicht wie in § 7 Krankenhausentgeltgesetz/§ 10 BundespflegesatzVO abgerechnet werden kann. Die FinVerw toleriert, wenn für die Versorgung dieser Personen ein wirtschaftlicher Geschäftsbetrieb gebildet wird, der dann allerdings einen räumlich und funktional abgegrenzten Krankenhausteil bilden muss (Einzelheiten s OFD Cottbus BB 99, 407, auch zum Erhalt der Selbstlosigkeit, wenn Mittel des Zweckbetriebs auch vom wirtschaftlichen Geschäftsbetrieb genutzt werden). 4

c) Umfang des Zweckbetriebs/Abgrenzung zum wirtschaftlichen Geschäftsbetrieb. Zum Zweckbetrieb Krankenhaus gehören alle Einnahmen und Ausgaben, Umsätze und Vermögensgegenstände, die mit den ärztlichen und pflegerischen Leistungen an die Patienten als Benutzer des jeweiligen Krankenhauses zusammenhängen (weite Auslegung: vgl BFH BStBl 91, 268; 05, 545; 15, 123; AEAO zu § 67), zB auch Chefarztbehandlung als Wahlleistung. Mit den ärztlichen und pflegerischen Leistungen eines Krankenhauses hängen die Einnahmen auch dann in einem ausreichenden Maß zusammen, wenn sie auf einer typischerweise auf einer von einem Krankenhaus ggü seinen Patienten erbrachten Leistung beruhen, auch wenn sie nicht direkt auf ärztlichen oder pflegerischen Leistung beruhen (BFH BStBl 05, 545; 15, 123). Eine zum Krankenhaus gehörende Apotheke, die Patienten des Krankenhauses stationär und ambulant mit Arzneimitteln versorgt, ist eine unselbständige Funktionseinheit des Krankenhauses und gehört zum Zweckbetrieb (BFH BStBl 15, 123; betr Abgabe individuell hergestellter Arzneimittel/Zytostatika BFH/NV 15, 284; zur Krankenhausapotheke als wirtschaftlicher Geschäftsbetrieb s § 66 Rz 3). Ambulante Behandlungen durch das Krankenhaus gehören zum Zweckbetrieb. Die Abgabe von Medikamenten an stationär untergebrachte und ambulant behandelte Patienten, die der Behandlung im Krankenhaus dienen, sieht auch die FinVerw als Abgabe im Rahmen des Zweckbetriebs an (BMF BStBl 15, 76; OFD Frankfurt DStR 15, 1054). Die Abgabe von Faktorpräparaten an Patienten zur ärzlich kontrollierten Heimselbstbehandlung ist dem Zweckbetrieb zuzurechnen, die Anwendung muss nicht im Krankenhaus erfolgen (BFH DStR 18, 159). Nicht zum Zweckbetrieb gehören Leistungen, die nicht vom Versorgungsauftrag eines Krankenhauses iSd § 8 I 4 KrankenhausentgeltG umfasst werden (AEAO zu § 67). **Nebenbetriebe** der Krankenhäuser (zB Wäschereien, Krankenhausapotheken) sind daher nur insoweit Teil des Zweckbetriebes Krankenhaus, als sie keine Leistungen an Dritte (zB an Krankenhäuser anderer Träger; Personal) erbringen (BFH BStBl 91, 157; 91, 268; OFD Frankfurt DStR 15, 1054). Bei den Leistungen an Dritte (zB bei einer selbständigen Zentralwäscherei für mehrere Krankenhausträger, entgeltliche Überlassung von medizinischem Großgerät und medizinisch-technischem Personal von einem Krankenhaus an eine Arztpraxis, BFH BStBl 05, 545; Gestellungsleistungen an Chefarzt für Praxis in Nebentätigkeit; vgl § 65 Rz 7) handelt es sich um einen wirtschaftlichen Geschäftsbetrieb (zur Trennbarkeit des Zweckbetriebes vom wirtschaftlichen Geschäftsbetrieb vgl § 14 Rz 2 und § 64 Rz 4), sofern nicht die Voraussetzungen des § 68 Nr 2 Buchst b für einen besonderen Zweckbetrieb vorliegen (vgl § 68 Rz 5; OFD Mchn/Nbg DStZ 05, 425). Ein wirtschaftlicher Geschäftsbetrieb entsteht durch entgeltliche Tätigkeiten außerhalb des medizinischen/pflegerischen Bereichs, wenn der steuerbegünstigte Zweck auch ohne diese Tätigkeit erreicht werden kann, zB Überlassung eines TV oder von Fernsprecheinrichtungen (OFD Frankfurt DStR 16, 1994 Tz 1), Betreiben einer Cafeteria. Wird ein Labor, das zunächst unselbständiger Teil eines Zweckbetriebs „Krankenhaus" ist, einer vom Krankenhausträger neu gründeten GmbH zugeordnet, so ist es kein Zweckbetrieb mehr, sofern Laborleistungen auch fremden Dritten erbracht werden (FG Mster EFG 12, 437, BFH BStBl 13, 603). Zu weiteren wirtschaftlichen Geschäftsbetrieben durch 9

Personal- oder Sachgestellungen seitens des Krankenhauses s OFD Frankfurt DStR 16, 1994.

§ 67a Sportliche Veranstaltungen

(1) [1] **Sportliche Veranstaltungen eines Sportvereins sind ein Zweckbetrieb, wenn die Einnahmen einschließlich Umsatzsteuer insgesamt 45 000 Euro im Jahr nicht übersteigen.** [2] **Der Verkauf von Speisen und Getränken sowie die Werbung gehören nicht zu den sportlichen Veranstaltungen.**

(2) [1] **Der Sportverein kann dem Finanzamt bis zur Unanfechtbarkeit des Körperschaftsteuerbescheids erklären, dass er auf die Anwendung des Absatzes 1 Satz 1 verzichtet.** [2] **Die Erklärung bindet den Sportverein für mindestens fünf Veranlagungszeiträume.**

(3) [1] **Wird auf die Anwendung des Absatzes 1 Satz 1 verzichtet, sind sportliche Veranstaltungen eines Sportvereins ein Zweckbetrieb, wenn**

1. **kein Sportler des Vereins teilnimmt, der für seine sportliche Betätigung oder für die Benutzung seiner Person, seines Namens, seines Bildes oder seiner sportlichen Betätigung zu Werbezwecken von dem Verein oder einem Dritten über eine Aufwandsentschädigung hinaus Vergütungen oder andere Vorteile erhält und**
2. **kein anderer Sportler teilnimmt, der für die Teilnahme an der Veranstaltung von dem Verein oder einem Dritten im Zusammenwirken mit dem Verein über eine Aufwandsentschädigung hinaus Vergütungen oder andere Vorteile erhält.**

[2] **Andere sportliche Veranstaltungen sind ein steuerpflichtiger wirtschaftlicher Geschäftsbetrieb.** [3] **Dieser schließt die Steuervergünstigung nicht aus, wenn die Vergütungen oder andere Vorteile ausschließlich aus wirtschaftlichen Geschäftsbetrieben, die nicht Zweckbetriebe sind, oder von Dritten geleistet werden.**

Abs 1 S 1 Betrag geändert durch G v 10.10.07 (BGBl I, 2332) sowie erneut durch Ehrenamtsstärkungsgesetz v 21.3.13 (BGBl I, 566).

Schrifttum: vor 2010 s 13. Aufl; *Wäger* Sportvereine in der Umsatzsteuer: Steuerbare, steuerfreie und steuerermäßigte Umsätze, DStR 14, 1517; *Fein* Gemeinnützigkeit der Sportvereine und Sportverbände – Ein Überblick, ZVSt 17, 48.

Übersicht

1 **1. Inhalt.** § 67a ist in Bezug auf Sportveranstaltungen eine Spezialregelung zu § 65. Sportliche Veranstaltungen sind von Gesetzes wegen Zweckbetriebe, sofern die Einnahmen aus sportlichen Veranstaltungen die Zweckbetriebsgrenze nicht

übersteigen. Die Zweckbetriebsgrenze des § 67a I ist ab VZ 2007 von 30 678 € auf 35 000 € pro Jahr, und ab dem 1.1.2013 auf 45 000 € erhöht worden. Soweit diese Zweckbetriebsgrenze Anwendung findet, wird nicht zwischen bezahltem und nicht bezahltem Sport unterschieden. Die Sportvereine können wählen, ob die Zweckbetriebsgrenze für sie gelten soll. Liegen die Einnahmen aus sportlichen Veranstaltungen über der Zweckbetriebsgrenze, liegt insgesamt ein wirtschaftlicher Geschäftsbetrieb vor.

2. Sportliche Veranstaltungen. Erfasst werden von § 67a nur sportliche Veranstaltungen von **Sportvereinen,** die gem § 52 II Nr 21 gemeinnützig sind (§ 52 Rz 21). Dazu gehören auch Sportverbände (AEAO zu § 67a Nr 2). Das bedeutet aber noch nicht, dass alle Veranstaltungen solcher Vereine sportliche Veranstaltungen sind. 3

a) Begriff der sportlichen Veranstaltung. Unter dem Begriff sportliche Veranstaltungen sind organisatorische Maßnahmen eines Sportvereins zu verstehen, die es aktiven Sportlern (nicht notwendig Mitgliedern) ermöglichen, Sport zu treiben (Begriffsidentität mit § 4 Nr 22 Buchst b UStG, BFH BStBl 97, 154; FG Mchn EFG 14, 1436; AEAO zu § 67a Nr 3). Es gibt keine bestimmte Organisationsform oder Organisationsstruktur. Eine sportliche Veranstaltung liegt nicht mehr vor, wenn die Maßnahme sich in der Nutzungsüberlassung von Sportgegenständen oder Sportanlagen (zB Golfplatznutzung, Vermietung eines Schwimmbads an Schulträger; § 55 Rz 11; § 67a Rz 6) erschöpft oder nur eine konkrete Dienstleistung (zB Beförderung zum Ort des Sports, spezielles Training für einzelne Sportler) zum Gegenstand hat (BFH/NV 08, 1631; FG Köln DStRE 10, 490; FG Mchn EFG 14, 1436) oder wenn die Organisation sportlicher Veranstaltungen durch Sportvereine von einem Dachverband unterstützt wird (BFH/NV 15, 1752). **Beispiele** für sportliche Veranstaltungen: Vereinsschwimmen, Wettbewerbe wie ein einzelnes Meisterschaftsspiel; jedes Turnierspiel, für das gesondert Eintritt verlangt wird (Folge: getrennte Ermittlung der Ein- und Ausgaben für jedes Spiel); Trimmläufe (auch für Nichtmitglieder), Volksläufe; Fitnessstudios mit Betreuung durch Trainer (ohne Betreuung Zweckbetrieb nach § 65, OFD Frankfurt NWB F 1 S 195; FG Köln DStRE 10, 490); Schießen eines Schützenvereins zur Übung und bei Wettbewerben (FG Mchn EFG 14, 1436). 4

Sportkurse und Sportlehrgänge für Mitglieder und Nichtmitglieder (Sportunterricht, Training, Schwimmkurs) ohne Bezug zu Wettkämpfen sind als sportliche Veranstaltungen zu beurteilen (AEAO zu § 67a Nrn 5, 13; OFD Hannover DStZ 04, 844). Die Konkurrenz zu gewerblichen Sportlehrern ist unerheblich, weil § 67a als speziellere Vorschrift dem § 65 vorgeht (AEAO zu § 67a Nr 5). Für Schwimmbäder von Sportvereinen und juristischen Personen des öffentlichen Rechts hat die FinVerw besondere Regeln aufgestellt, weil sie sich wesentlich von kommerziellen Schwimmbädern (Spaßbädern) unterscheiden; ein schädlicher Wettbewerb zu sog Spaßbädern wird nicht angenommen, sodass der Betrieb eines sog Vereinsschwimmbads grds als Zweckbetrieb einzustufen ist, sofern die nicht unmittelbar dem Schwimmen dienenden Angebote, wie Sauna oder Solarium, von untergeordneter Bedeutung sind (AEAO zu § 67a Nr 13). **Sportreisen,** wie etwa Fahrten zu Wettkämpfen und Trainingslagern, bei denen der Sport wesentlicher und notwendiger Bestandteil der Reise ist, sind sportliche Veranstaltungen; etwas anderes gilt, wenn touristische Interessen im Vordergrund stehen (AEAO zu § 67a Nr 4), ebenso Wandern und Radwandern, weil Ziel nicht die körperliche Ertüchtigung, sondern das Naturerlebnis ist (FG Köln DStRE 10, 490).

b) Abgrenzung zu § 14. Bei sportlichen Veranstaltungen, die Zweckbetriebe sind, ist die eigentliche sportliche Veranstaltung von dem anlässlich dieser sportlichen Veranstaltung unterhaltenen wirtschaftlichen Geschäftsbetrieb abzugrenzen. **Werbung** bei einer sportlichen Veranstaltung darf daher nicht mit dem Zweckbetrieb zusammengefasst werden, wenn sie keine bloße Vermögensverwaltung, son- 5 dern wirtschaftlicher Geschäftsbetrieb ist (BFH BStBl 92, 103; BFH/NV 92, 409, 412; 93, 341; vgl auch BFH BStBl 86, 424 und § 14 Rz 13, dort auch zu den der Werbung zuzuordnenden Ausgaben, und § 64 Rz 2, 3). Zur Abgrenzung zwischen wirtschaftlichem Geschäftsbetrieb und Vermögensverwaltung bei der Werbung s oben § 14 Rz 16. Jedenfalls ist zB die Überlassung von Reklameflächen in einer Sportstätte keine sportliche Veranstaltung (BFH BStBl 92, 101). Ebenso ist der **Verkauf von Speisen, Getränken** und Genussmitteln bei sportlichen Veranstaltungen nicht Teil des Zweckbetriebes sondern ein wirtschaftlicher Geschäftsbetrieb. Das wird durch § 67a I 2 ausdrücklich klargestellt. Die früher von der FinVerw zugelassene Ausnahme, wenn der Verkauf ausschl an Wettkampfteilnehmer, Schiedsrichter, Kampfrichter, Sanitäter usw erfolgt, wird nicht mehr anerkannt (AEAO zu § 67a Nr 6). Wird für die Teilnahme an der sportlichen Veranstaltung mit Bewirtung ein einheitlicher Eintrittspreis gezahlt, so ist dieser durch Schätzung teils der sportlichen Veranstaltung, teils dem wirtschaftlichen Geschäftsbetrieb zuzuweisen (AEAO zu § 67a Nr 6). Keine sportliche Veranstaltung ist die Veranstaltung eines Sportvereins, bei der die sportliche Betätigung von untergeordneter Bedeutung ist und Darbietungen von allgemeinem Interesse und Bewirtung im Vordergrund stehen (FG BBg BeckRS 2001, 21011206 betr Flugtag eines Flugsportvereins mit Rundflügen und Informationen zum Brandschutz und zur Lebensrettung).

6 Die **Vermietung** von Sportstätten ist **keine sportliche Veranstaltung.** Bei **längerfristiger Vermietung** handelt es sich um Vermögensverwaltung (§ 14 Rz 13, 15). Bei der Vermietung eines Schwimmbads an den Träger einer Schule ist eine Vermietung auf längere Dauer anzunehmen, wenn die Schule das Schwimmbad stundenweise über den Zeitraum von mindestens sechs Monaten (ein Schulhalbjahr lang) nutzen kann; unselbständige Nebenleistungen, zB Reinigung des Schwimmbads, gehören mit zur Vermögensverwaltung (AEAO zu § 67a Nr 13). Die Vermietung **auf kurze Dauer** schafft lediglich die Voraussetzungen für sportliche Veranstaltungen. Die kurzfristige Vermietung kann entweder zu einem wirtschaftlichen Geschäftsbetrieb oder zu einem Zweckbetrieb führen. Sind die kurzfristigen Mieter Mitglieder, handelt es sich um einen Zweckbetrieb nach § 65 Nr 3, da der Verein nicht in größerem Umfang in Wettbewerb zu nicht begünstigten Vermietern tritt, als es bei Erfüllung seiner steuerbegünstigten Zwecke unvermeidbar ist (AEAO zu § 67a Nr 12). Dagegen liegt ein wirtschaftlicher Geschäftsbetrieb vor, wenn eine Mitgliedschaft nur darauf gerichtet ist, die Sportstätten der Körperschaft zu nutzen (sog Sondermitgliedschaft, Gastmitgliedschaft): Indizien dafür sind eine Mitgliedschaft von unter sechs Monaten Dauer, der Mitgliedsvertrag und die Einräumung nur eingeschränkter zivilrechtlicher Rechte durch die Satzung, zB Beschränkung des Stimmrechts (AEAO zu § 67a Nr 12 aE. Wird kurzfristig an Nichtmitglieder vermietet, liegt insofern ein stpfl wirtschaftlicher Geschäftsbetrieb vor. Die Vermietungsbedingungen spielen für die FinVerw keine Rolle mehr (AEAO zu § 67a Nr 12; so aber noch BFH BStBl 92, 684; vgl auch § 14 Rz 15 und § 64 Rz 3). Die Überlassung von Sportanlagen/Sportstätten (auch an Mitglieder) ist dem Grunde nach umsatzsteuerbar, bei Einrichtungen ohne Gewinnstreben, also bei gemeinnützigen Körperschaften, aber nach Art 13 Teil A Abs 1 Buchst m RL 77/388/EWG von der USt befreit (EuGH UR 02, 320; BFH/NV 08, 1631).

10 **3. Zweckbetriebsgrenze.** Bis zu Einnahmen von insgesamt 45 000 € im Jahr (inklusiv USt ab 1.1.2013, vorher 35 000 €) sind alle sportlichen Veranstaltungen ohne weitere Voraussetzungen Zweckbetriebe. Das hat eine Vereinfachung für Vereine zur Folge, denn innerhalb dieser Umsatzgrenze braucht keine Unterscheidung zwischen stpfl und nicht stpfl Bereichen getroffen zu werden. Übersteigen die Einnahmen diese Grenze, sind alle sportlichen Veranstaltungen steuerpflichtige wirtschaftliche Geschäftsbetriebe, unabhängig davon, ob daran bezahlte Sportler teilnehmen oder nicht. Die Heraufsetzung der Zweckbetriebsgrenze soll vor allem

kleine Vereine entlasten und die Zunahme sportlicher Veranstaltungen fördern. Wird die Zweckbetriebsgrenze überschritten, ist die sportliche Veranstaltung ein wirtschaftlicher Geschäftsbetrieb.

Gesamteinnahmen aus sportlichen Veranstaltungen im Jahr sind für die Berechnung der Umsatzgrenze entscheidend. Ähnlich wie in § 64 ist nicht jede sportliche Veranstaltung für sich zu beurteilen. Maßgeblich sind die **Bruttoeinnahmen** einschl USt. Bei abweichendem Wj ist dessen Ergebnis maßgebend (OFD Frankfurt DB 05, 1547). Die Höhe der Überschüsse ist unerheblich. Zu den Einnahmen aus sportlichen Veranstaltungen zählen zB Eintrittsgelder, Startgelder, Zahlungen für Übertragungsrechte, Lehrgangsgebühren und Ablösezahlungen (s näher unten Rz 35). Wird die Zweckbetriebsgrenze nicht überschritten, kommt es nicht darauf an, ob der Verein seinen Sportlern allgemein oder für einzelne der sportlichen Veranstaltungen Vergütungen oder Vorteile gewährt oder ob er Teilnehmer anderer Vereine für die Teilnahme bezahlt oder mit anderen Vorteilen bedenkt. Die dadurch erfolgende **Förderung des bezahlten Sports** ist nach § 58 Nr 9 unschädlich (s § 58 Rz 12). Allerdings darf der Verein nicht ausschl den bezahlten Sport fördern, sondern er muss auch Amateurabteilungen haben. 11

§ 67a I 2 begrenzt die Zweckbetriebsgrenze auf die Einnahmen aus den **sportlichen Veranstaltungen selbst.** Zu trennen davon sind die anlässlich der sportlichen Veranstaltungen unterhaltenen wirtschaftlichen Geschäftsbetriebe wie zB Verkauf von Speisen/Getränken und Werbung. Auch Einnahmen aus vermögensverwaltenden Tätigkeiten anlässlich von Sportveranstaltungen (zB Werbung, die kein wirtschaftlicher Geschäftsbetrieb ist, vgl § 14 Rz 16) sind nicht in die Zweckbetriebsgrenze einzubeziehen. Einnahmen aus den getrennt zu beurteilenden Tätigkeiten sind folglich unschädlich für die Berechnung der Zweckbetriebsgrenze der sportlichen Veranstaltungen. Sie können andererseits aber auch nicht dadurch zu steuerbegünstigten Einnahmen gemacht werden, dass sie in die Einnahmen aus den sportlichen Veranstaltungen einberechnet werden, falls die Einnahmen zusammen dann immer noch die Grenze von 45 000 € nicht überschreiten. 12

4. Überschreiten der Zweckbetriebsgrenze. Wenn der Verein Einnahmen aus sportlichen Veranstaltungen von über 45 000 € im Jahr hat, werden **alle sportlichen Veranstaltungen** zu wirtschaftlichen Geschäftsbetrieben. Es kann also nicht zwischen Zweckbetrieben (bis zu insgesamt 45 000 € Einnahmen) und wirtschaftlichen Geschäftsbetrieben (Sportveranstaltungen, mit Einnahmen jenseits der Zweckbetriebsgrenze) getrennt werden. Das Überschreiten der Zweckbetriebsgrenze führt gem § 64 II dazu, dass die Einnahmen und Ausgaben aus den sportlichen Veranstaltungen (Amateursport- und Berufssportveranstaltungen) untereinander als auch – was noch wichtiger ist – die Einnahmen und Ausgaben aller sportlichen Veranstaltungen **mit anderen wirtschaftlichen Geschäftsbetrieben saldiert** werden dürfen (vgl § 64 Rz 5). 15

Ebenso wie innerhalb der Zweckbetriebsgrenze ist es bei Überschreiten der Grenze für die Gemeinnützigkeit eines Vereins unerheblich, ob er seine Sportler oder andere Sportler für die Teilnahme an seinen Veranstaltungen bezahlt. Nach dem Grundsatz des Gemeinnützigkeitsrechts (§ 55), dass für die gemeinnützigen Zwecke gebundene Mittel (Beiträge, Spenden, Vermögenserträge usw) nicht für steuerpflichtige wirtschaftliche Geschäftsbetriebe verwendet werden dürfen, müssen die Mittel für die Bezahlung der Sportler aber aus den wirtschaftlichen Geschäftsbetrieben oder von Dritten stammen. 16

5. Wahlmöglichkeit. Ein Verein kann wählen, ob auf ihn § 67a I angewendet wird oder nicht. § 67a III soll verhindern, dass die als Vorteil angesehene Zweckbetriebsgrenze sich im Einzelfall nachteilig für einen Verein auswirkt. Folgende Voraussetzungen können kumulativ dazu führen: Der Verein bezahlt keine Sportler; die Einnahmen aus sportlichen Veranstaltungen übersteigen die Zweckbetriebsgrenze; es entstehen Verluste aus sportlichen Veranstaltungen, und die Ver- 20 luste können nicht auf Dauer mit Überschüssen aus anderen wirtschaftlichen Geschäftsbetrieben oder mit Zuschüssen Dritter ausgeglichen werden. Diese Voraussetzungen treffen hauptsächlich auf **große Vereine,** die den **Breitensport fördern,** oder auf **Sportverbände** zu. Neben diesen genannten Voraussetzungen gibt es auch andere Bedingungen, unter denen die Ausübung der Wahl zu günstigeren Ergebnissen führt. So kann zB ein Verein, der auch in erheblichem Umfang bezahlten Sport fördert und dessen Einnahmen aus sportlichen Veranstaltungen insgesamt über der Zweckbetriebsgrenze liegen, die Ertragsbesteuerung durch die Wahl der Anwendung des Abs 3 vermeiden, wenn seine Einnahmen aus Veranstaltungen mit bezahlten Sportlern die **Besteuerungsgrenze des § 64 III nicht übersteigen** (vgl *Jansen* DStR 90, 61). Selbst wenn dies nicht der Fall ist (zB bei Bundesligavereinen), kann die Besteuerung unter Inanspruchnahme des Abs 3 günstiger sein, weil dann **Verluste** bei sportlichen Veranstaltungen im Amateurbereich (Zweckbetrieb) durch Mittel aus dem ideellen Bereich ausgeglichen werden können (vgl *Jansen* DStR 92, 133; zu weiteren Beispielen *Jansen* DStR 90, 61).

Die Wahlmöglichkeit besteht nicht nur, wenn die Einnahmen aus sportlichen Veranstaltungen innerhalb der Zweckbetriebsgrenze bleiben, sondern gerade auch in den Fällen, in denen sie höher sind. Das ergibt sich zwar nicht aus dem Wortlaut des Abs 2, aber aus dessen Zweck (*Jansen* DStR 90, 61). Der Verzicht auf die Anwendung des Abs 1 muss bis zur Unanfechtbarkeit des KStBescheids erklärt werden und ist für mindestens fünf VZ bindend. Liegt kein Zweckbetrieb vor, entfällt auch die Vergünstigung des § 12 II Nr 8 UStG.

22 **6. Zweckbetriebe nach Wahl.** Verzichtet der Verein auf die Anwendung des Abs 1, so ist nach Abs 3 für das Vorliegen eines Zweckbetriebes zu unterscheiden zwischen der Teilnahme von Sportlern des veranstaltenden Vereins und der Teilnahme von anderen Sportlern an der Veranstaltung.

23 **a) Bezahlter Sport.** Bei **vereinsangehörigen Sportlern,** die an der Veranstaltung teilnehmen, ist jede über einen Aufwendungsersatz hinausgehende Bezahlung oder sonstige Vergütung (zB ein Preisgeld) steuerschädlich (zur pauschalen Aufwandsentschädigung s unten Rz 25). Es ist unerheblich, ob die Bezahlung oder Vergütung für die jeweilige Veranstaltung, für andere Veranstaltungen oder unabhängig davon erfolgt. Entscheidend ist allein, dass der Sportler in dem Kj/Wj für seine sportliche Betätigung oder für die Benutzung seiner Person, seines Namens, seines Bildes eine Bezahlung erhält. Bedeutungslos ist auch, ob die Bezahlung durch den Verein selbst oder einen Dritten erfolgt. Unerheblich ist ferner, ob der Verein die Bezahlung (zB für Werbeeinnahmen) kennt. Es ist deshalb Sache der Vereine, in ihren Beziehungen zu den Sportlern sicherzustellen, dass sie von solchen Bezahlungen Kenntnis erhalten.

Die Steuerschädlichkeit beschränkt sich nicht auf die Teilnahme von bezahlten vereinsangehörigen Sportlern, die formell Mitglied des Vereins sind. Sportler des Vereins sind vielmehr auch solche Sportler, die – **ohne formell Mitglied** zu sein – für den Verein auftreten, zB in einer Mannschaft des Vereins mitwirken (AEAO zu § 67a Nr 31).

24 **b) Grenzen des Zweckbetriebs.** Durch die **Teilnahme von nicht vereinszugehörigen Sportlern** verliert die sportliche Veranstaltung nur dann ihre Eigenschaft als Zweckbetrieb, wenn einer dieser Sportler für die Veranstaltung selbst eine über einen Aufwendungsersatz hinausgehende Bezahlung oder Vergütung durch den veranstaltenden Verein erhält (pauschale Aufwandsentschädigung nicht möglich, Rz 25). Die Zahlung durch einen Dritten, zB Gastverein, ist nur schädlich, wenn sie im Zusammenwirken mit dem veranstaltenden Verein erfolgt. Die Bezahlung durch den Gastverein für die Veranstaltung oder unabhängig davon oder eigene Werbeeinnahmen des Sportlers sind also unschädlich.

Nimmt ein Sportler an einer Sportveranstaltung eines **Sportverbandes** teil, dem sein Verein, nicht aber der Sportler unmittelbar angehört, ist der Sportler bei der Beurteilung der Zweckbetriebseigenschaft dieser Sportveranstaltung als „anderer" Sportler iSd § 67a II Nr 2 anzusehen.

c) Übersteigen einer Aufwandsentschädigung. Schädlich sind Vergütungen oder sonstige Vorteile, die vereinszugehörigen Sportlern überhaupt oder anderen Sportlern für die Veranstaltung gewährt werden, wenn sie über eine Aufwandsentschädigung hinausgehen. Die FinVerw sieht zur **Abgrenzung der bezahlten von den unbezahlten Sportlern** Zahlungen eines Vereins an einen seiner Sportler bis zu 400 € je Monat im Jahresdurchschnitt noch als Aufwandsentschädigung und daher als unschädlich an. Wenn höhere Aufwendungen erstattet werden, sind die gesamten Aufwendungen iEinz nachzuweisen. Zahlungen der Deutschen Sporthilfe sind nicht auf die Aufwandspauschale anzurechnen. Die Pauschalregelung gilt iÜ nur für Sportler des Vereins, nicht aber für Zahlungen an andere Sportler. In den Fällen des § 67a III 1 Nr 2 führt jede Zahlung, die über eine Erstattung des tatsächlichen Aufwands hinausgeht, zum Verlust der Zweckbetriebseigenschaft der Veranstaltung (s näher zu der Verwaltungsregelung AEAO zu § 67a Nr 33 ff, dort auch zur Behandlung von Spielertrainern). Auch **Preisgelder** sind schädliche Bezahlungen. 25

7. Option gegen den Zweckbetrieb. Andere sportliche Veranstaltungen iSd Abs 3. Auch bei Verzicht auf die Anwendung des Abs 1 führt die Bezahlung von Sportlern wegen § 58 Nr 9 idR nicht mehr zum Verlust der Gemeinnützigkeit schlechthin. 30

a) Wirtschaftlicher Geschäftsbetrieb des Sportvereins. Bei **Teilnahme von bezahlten vereinszugehörigen Sportlern** oder bei Vergütungen an andere Sportler für die jeweilige Veranstaltung, ist die betr Sportveranstaltung ein **wirtschaftlicher Geschäftsbetrieb.** Ansonsten bleibt der Verein gemeinnützig. Das ergibt sich aus § 67a III 2 und 3. Voraussetzung ist allerdings, dass die Vergütungen oder Zahlungen nicht aus dem gemeinnützigen Bereich geleistet werden, sondern ausschl aus dem wirtschaftlichen Geschäftsbetrieb oder von Dritten. Eine **Aufteilung** der Vergütungen ist daher **nicht zulässig.** Es ist folglich stl nicht zulässig, Vergütungen an bezahlte Sportler bis zu 400 € im Monat als Ausgaben des steuerbegünstigten Bereichs und nur die 400 € übersteigenden Vergütungen als Ausgaben des steuerpflichtigen wirtschaftlichen Geschäftsbetriebs „Sportveranstaltungen" zu behandeln (AEAO zu § 67a Nr 27). An sich ist auch etwaiger Aufwendungsersatz an unbezahlte Sportler für die Teilnahme an einer Veranstaltung mit bezahlten Sportlern als eine Ausgabe dieser Veranstaltung anzusehen. Die FinVerw lässt es aus Vereinfachungsgründen aber zu, wenn die Aufwendungspauschale von bis zu 400 € (s Rz 25) für unbezahlte Sportler nicht als Betriebsausgabe des wirtschaftlichen Geschäftsbetriebs behandelt, sondern aus Mitteln des ideellen Bereichs abgedeckt wird (AEAO zu § 67a Nr 28). 31

Ein wirtschaftlicher Geschäftsbetrieb liegt auch vor, wenn ein Verein seinen gesamten Spielbetrieb der Profi-Liga einschl Ablösen, Vermietungen, Verwertungsrechten usw einer speziell dafür gegründeten Gesellschaft überträgt. Die Gemeinnützigkeit geht dadurch nicht verloren, wenn die Förderung des bezahlten Sports die gemeinnützige Tätigkeit des Vereins nicht überwiegt und Verluste nicht auf Dauer den ideellen Bereich treffen (so OFD Erfurt FR 96, 503). 32

b) Grenzen der Gemeinnützigkeit. Ein **genereller Ausschluss** der **Gemeinnützigkeit** durch bestimmte sportliche Veranstaltungen ist nach wie vor möglich. Die Steuervergünstigung geht nämlich nicht nur partiell, sondern generell verloren, wenn die Vergütungen oder andere Vorteile an Sportler nicht ausschl aus dem steuerpflichtigen wirtschaftlichen Geschäftsbereich oder von Dritten geleistet werden. Das ist bei Anwendung des Abs 3 ebenso wie bei Anwendung des Abs 1 der Fall, wenn die Zweckbetriebsgrenze überschritten wird (s oben Rz 15). Schädlich ist zB, Beiträge, Spenden, öffentliche Zuschüsse, Überschüsse aus Zweckbetrieben, Vermögen oder Erträge der Vermögensverwaltung für die Be- 33 zahlung von Spielern zu verwenden. Auch können Verluste aus dem wirtschaftlichen Geschäftsbetrieb nicht mit Mitteln aus dem ideellen Bereich ausgeglichen werden. Da nach § 64 II aber alle wirtschaftlichen Geschäftsbetriebe eines Vereins als ein einziger wirtschaftlicher Geschäftsbetrieb behandelt werden, findet automatisch ein Verlustausgleich mit anderen wirtschaftlichen Geschäftsbetrieben des Vereins statt. Außerdem können Sportler aus den anderen wirtschaftlichen Geschäftsbetrieben (zB aus der Werbung oder aus der Vereinsgaststätte) bezahlt werden.

35 **c) Ablösezahlungen.** Fließen sie einem gemeinnützigen Verein für die Freigabe von Sportlern zu, sollen sie nach Auffassung der Verwaltung (AEAO zu § 67a Nr 39) die Gemeinnützigkeit des Vereins niemals beeinträchtigen. Bei Anwendung des Abs 1 gehören sie zu dem Zweckbetrieb sportliche Veranstaltungen, wenn die Zweckbetriebsgrenze nicht überschritten wird (s oben Rz 15), ansonsten zu den Einnahmen aus wirtschaftlichem Geschäftsbetrieb. Wird die Anwendung des Abs 3 gewählt, sollen die Ablösezahlungen zu den Einnahmen aus dem steuerpflichtigen wirtschaftlichen Geschäftsbetrieb „sportliche Veranstaltungen" zählen, wenn der den Verein wechselnde Sportler in den letzten 12 Monaten vor seiner Freigabe bezahlter Sportler war; ansonsten soll es sich um Einnahmen aus dem Zweckbetrieb „sportliche Veranstaltungen" handeln.

36 **Zahlungen eines gemeinnützigen Vereins an einen anderen** (abgebenden) Verein für die Übernahme eines Sportlers führen dann nicht zum Verlust der Gemeinnützigkeit des zahlenden Vereins, wenn sie aus einem stpfl wirtschaftlichen Geschäftsbetrieb „sportliche Veranstaltungen" gezahlt werden und der wechselnde Sportler beim zahlenden Verein in den ersten 12 Monaten nach dem Vereinswechsel bezahlter Sportler ist. Bei Sportlern, die beim aufnehmenden Verein nicht als bezahlte Sportler anzusehen sind, dürfen höchstens die Ausbildungskosten gezahlt werden. Die Verwaltung erkennt Zahlungen bis zu 2557 € noch als Erstattung von Ausbildungskosten an (AEAO zu § 67a Nr 40).

37 **Übungsleiter,** die aus einem wirtschaftlichen Geschäftsbetrieb „sportliche Veranstaltungen" Einnahmen erhalten, haben diese in jedem Fall zu versteuern. § 3 Nr 26 EStG gilt insoweit nicht (AEAO zu § 67a Nr 15).

§ 68 Einzelne Zweckbetriebe

Zweckbetriebe sind auch:

1. a) Alten-, Altenwohn- und Pflegeheime, Erholungsheime, Mahlzeitendienste, wenn sie in besonderem Maß den in § 53 genannten Personen dienen (§ 66 Abs. 3),

b) Kindergärten, Kinder-, Jugend- und Studentenheime, Schullandheime und Jugendherbergen,

2. a) landwirtschaftliche Betriebe und Gärtnereien, die der Selbstversorgung von Körperschaften dienen und dadurch die sachgemäße Ernährung und ausreichende Versorgung von Anstaltsangehörigen sichern,

b) andere Einrichtungen, die für die Selbstversorgung von Körperschaften erforderlich sind, wie Tischlereien, Schlossereien,

wenn die Lieferungen und sonstigen Leistungen dieser Einrichtungen an Außenstehende dem Wert nach 20 Prozent der gesamten Lieferungen und sonstigen Leistungen des Betriebs – einschließlich der an die Körperschaften selbst bewirkten – nicht übersteigen,

3. a) Werkstätten für behinderte Menschen, die nach den Vorschriften des Dritten Buches Sozialgesetzbuch förderungsfähig sind und Personen Arbeitsplätze bieten, die wegen ihrer Behinderung nicht auf dem allgemeinen Arbeitsmarkt tätig sein können,

b) Einrichtungen für Beschäftigungs- und Arbeitstherapie, in denen behinderte Menschen aufgrund ärztlicher Indikationen außerhalb eines Beschäftigungsverhältnisses zum Träger der Therapieeinrichtung mit dem

Ziel behandelt werden, körperliche oder psychische Grundfunktionen zum Zwecke der Wiedereingliederung in das Alltagsleben wiederherzustellen oder die besonderen Fähigkeiten und Fertigkeiten auszubilden, zu fördern und zu trainieren, die für eine Teilnahme am Arbeitsleben erforderlich sind, und

c) Inklusionsbetriebe im Sinne des § 215 Absatz 1 des Neunten Buches Sozialgesetzbuch, wenn mindestens 40 Prozent der Beschäftigten besonders betroffene schwerbehinderte Menschen im Sinne des § 215 Absatz 1 des Neunten Buches Sozialgesetzbuch sind; auf die Quote werden psychisch kranke Menschen im Sinne des § 215 Absatz 4 des Neunten Buches Sozialgesetzbuch angerechnet,

4. Einrichtungen, die zur Durchführung der Fürsorge für blinde Menschen und zur Durchführung der Fürsorge für körperbehinderte Menschen unterhalten werden,

5. Einrichtungen über Tag und Nacht (Heimerziehung) oder sonstige betreute Wohnformen,

6. von den zuständigen Behörden genehmigte Lotterien und Ausspielungen, wenn der Reinertrag unmittelbar und ausschließlich zur Förderung mildtätiger, kirchlicher oder gemeinnütziger Zwecke verwendet wird,

7. kulturelle Einrichtungen, wie Museen, Theater, und kulturelle Veranstaltungen, wie Konzerte, Kunstausstellungen; dazu gehört nicht der Verkauf von Speisen und Getränken,

8. Volkshochschulen und andere Einrichtungen, soweit sie selbst Vorträge, Kurse und andere Veranstaltungen wissenschaftlicher oder belehrender Art durchführen; dies gilt auch, soweit die Einrichtungen den Teilnehmern dieser Veranstaltungen selbst Beherbergung und Beköstigung gewähren,

9. Wissenschafts- und Forschungseinrichtungen, deren Träger sich überwiegend aus Zuwendungen der öffentlichen Hand oder Dritter oder aus der Vermögensverwaltung finanziert. [2] Der Wissenschaft und Forschung dient auch die Auftragsforschung. [3] Nicht zum Zweckbetrieb gehören Tätigkeiten, die sich auf die Anwendung gesicherter wissenschaftlicher Erkenntnisse beschränken, die Übernahme von Projektträgerschaften sowie wirtschaftliche Tätigkeiten ohne Forschungsbezug.

§ 68 Nr 3 Buchst a–c neu gefasst durch G v 23.4.04 (BGBl I, 606); Nrn 2 und 3 Buchst c geändert durch G v 13.12.06 (BGBl I, 2878); Nr 5 neu gefasst durch AmtshilfeRLUmsG v 26.6.13 (BGBl I, 1809); Nr 3c erweitert durch Neuntes Gesetz zur Änderung des Zweiten Buches Sozialgesetzbuch – Rechtsvereinfachung – sowie zur vorübergehenden Aussetzung der Insolvenzantragsfrist v 26.7.16 (BGBl I, 1824); Nr 4 geändert durch G v 20.12.16 (BGBl I, 3000); Nr 3c geändert durch Gesetz zur Stärkung der Teilhabe und Selbstbestimmung von Menschen mit Behinderungen v 23.12.16 (BGBl I, 3234) mWv 1.1.2018.

Schrifttum: vor 2010 s 13. Aufl; *Leisner-Egensperger* Besteuerung der Forschungstätigkeit im Hochschulbereich – Zur Zweckbetriebsregelung des § 68 Nr 9 AO, FR 10, 493; *Lutz/Kurz* Steuerliche Behandlung von Integrationsprojekten, DStR 12, 1260; *Schauhoff/Kirchhain* Werkstätten für behinderte Menschen und Integrationsprojekte – Ermäßigter Umsatzsteuersatz auf dem Prüfstand, sinnvolle Beschäftigungsmöglichkeiten in Gefahr, DStR 15, 2102.

Übersicht

1 **1. Zweckbetriebe von Gesetzes wegen.** § 68 ergänzt § 65, der nur eine allgemeine Definition des Zweckbetriebs enthält. § 68 zählt einzelne **Zweckbetriebe mit rechtsbegründender Wirkung** auf (BT-Drs 11/4174, 12; FG RhPf DStRE 10, 549). Das bedeutet, dass § 68 im Verhältnis zu § 65 als lex specialis anzusehen ist mit der Folge, dass bei einer in § 68 genannten Einrichtung die Zweckbetriebseigenschaft auch dann vorliegt, wenn sie die in § 65 genannten Voraussetzungen nicht erfüllt, zB weil die vom Zweckbetrieb ausgehende Wettbewerbswirkung das zur Erfüllung des steuerbegünstigten Zwecks unvermeidbare Maß übersteigt (BFH BStBl 95, 446; 04, 660, 09, 560; FG Köln EFG 17, 1378, Rev BFH V R 10/17; § 65 Rz 1; AEAO zu § 68 Nr 1: gesetzlicher Katalog einzelner Zweckbetriebe). Ein Zweckbetrieb liegt immer dann vor, wenn die in § 68 genannten Voraussetzungen erfüllt sind. Sind die Voraussetzungen des § 68 nicht erfüllt, so kann trotzdem ein Zweckbetrieb nach § 65 gegeben sein (BFH BStBl 04, 798). Bei nebenberuflicher Tätigkeit für einen Zweckbetrieb (zB Kartenverkauf für Museum/Theater) ist § 3 Nr 26a EStG anwendbar (Vor §§ 51 ff Rz 15).

2 **2. Bedeutung des Regelungskatalogs.** Der Regelungskatalog ist nicht erschöpfend, außerhalb des § 68 sind Zweckbetriebe jedoch nur dann gegeben, wenn die Voraussetzungen des § 65 vorliegen.

Die Erwähnung einer Einrichtung im Beispielskatalog macht nicht jede Prüfung, sondern nur die nach § 65 überflüssig (insbes Überprüfung der Wettbewerbswirkung). Die Einrichtung muss sich innerhalb ihres Satzungszwecks betätigen, um Zweckbetrieb zu sein, auf den Namen allein kommt es nicht an (BFH DStRE 03, 1273). Bei einer **Betätigung außerhalb des Satzungszwecks** sind zwei Möglichkeiten denkbar. Ist sie von der satzungsmäßigen Tätigkeit eindeutig zu trennen, so kann ein wirtschaftlicher Geschäftsbetrieb neben dem Zweckbetrieb vorliegen. Ist keine eindeutige Differenzierung möglich, nimmt der BFH bei Aktivitäten von nur untergeordneter Bedeutung außerhalb des Satzungszwecks insgesamt noch einen Zweckbetrieb an (BFH BStBl 95, 466). Eine untergeordnete Bedeutung liegt danach innerhalb der Grenze vor, bis zu der allgemein eine wirtschaftlich unbedeutende Betätigung oder anderweitige Nutzung angenommen wird. Als Spezialvorschrift ist § 68 eher eng auszulegen (BFH BStBl 04, 660; OFD Kiel DStZ 00, 689 betr Mensavereine).

3 **3. Altenwohnheime usw.** In **§ 68 Nr 1 Buchst a** werden Altenheime, Altenwohn- und Pflegeheime erwähnt. Gemeint sind solche iSd HeimG (BFH BStBl 95, 220). Wohnstifte für vornehmlich begüterte Personen fallen zunächst nicht darunter, jedoch ist zu berücksichtigen, dass Personen nach Vollendung des 75. Lebensjahres generell als körperlich hilfebedürftig gelten. Betreutes Wohnen als Zweckbetrieb ist nur innerhalb eines Heims iSd HeimG möglich (OFD Rostock StEK § 68 AO Nr 27). Zu den **Erholungsheimen** zählen zB Heime für erholungsbedürftige Mütter, nicht aber als Hotel betriebene Unterkünfte, auch wenn sie spezielle Ferienangebote für Familien und Behinderte vorhalten (BFH/NV 17, 80; FG Köln EFG 15, 1119). Mahlzeitendienst umfasst zB: Essen auf Rädern, Versorgung von Schülern mit Speisen und Getränken durch Mensa- oder Schulvereine usw (OFD Hannover FR 00, 1296; aA unter dem Gesichtspunkt der Gemeinnützigkeit OFD Mchn DStR 00, 1393; vgl dazu aber § 65 Rz 4 „Mahlzeiten"). Die Verweisung auf §§ 53, 66 III verdeutlicht, dass Zweckbetriebe unter der Vorausset-

zung vorliegen, dass es sich um Einrichtungen der Wohlfahrtspflege handelt. Bei einem Pflegeheim bedeutet das, dass dort zwei Drittel der in § 53 bezeichneten Personen aufgenommen sein müssen, andernfalls liegt ein wirtschaftlicher Geschäftsbetrieb vor. Bei Leistungen im Rahmen der häuslichen Pflege, die von einer steuerbegünstigten Körperschaft erbracht werden, liegt idR ein Zweckbetrieb vor (so FinMin Sachsen-Anhalt DStZ 96, 384). Eine Cafeteria eines Heims, die für die Allgemeinheit zugänglich ist, ist stpfl wirtschaftlicher Geschäftsbetrieb (AEAO zu § 68 Nr 2).

4. Kindergärten usw. In **§ 68 Nr 1 Buchst b** werden neben Kindergärten 4
Kinderheime, Schullandheime, Jugendheime, Jugendherbergen und Studentenheime genannt; dies dient der Klarstellung und ist nicht als geschlossener Katalog anzusehen. Die Voraussetzungen des § 53 brauchen nicht vorzuliegen. Ein von einer Kommune betriebener **Kindergarten** ist ein Betrieb gewerblicher Art (FG Nbg EFG 15, 148). Bei einer vergleichenden Auslegung kann herangezogen werden, dass Jugendliche alle Personen vor der Vollendung des 27. Lebensjahres sind (AEAO zu § 52 Nr 2.1). Ein **Studentenheim** ist Zweckbetrieb, soweit satzungsgemäß an Studenten vermietet wird, bei Vermietung an andere Personen liegt ein wirtschaftlicher Geschäftsbetrieb vor (BFH BStBl 05, 900; vgl auch § 4 Nr 23 UStG). Eine **Jugendherberge** (Hinweis auf § 4 Nr 24 UStG, der ermäßigte Steuersatz gilt aus unionsrechtlichen Gründen nur für den steuerbegünstigten Bereich (Beherbergung Jugendlicher und deren Begleitpersonen), nicht für die Beherbergung allein reisender Erwachsener, BFH DStR 17, 160)) ist nur insoweit Zweckbetrieb, als sich ihre Umsätze im Rahmen ihres Satzungszwecks halten (BFH BStBl 95, 446; BFH DStRE 17, 160). Für VZ ab 2018 begründet die Beherbergung allein reisender Erwachsener einen selbstständigen wirtschaftlichen Geschäftsbetrieb (BMF BStBl 18, 204; BFH DStRE 17, 160). Zur Rechtslage vor dem 1.1.2018 vgl 13. Aufl, dort Rz 4.

5. Selbstversorgungseinrichtungen. Diese sind Teil der steuerbegünstigten 5
Körperschaft und versorgen in Erfüllung des steuerbegünstigten Zwecks entweder Anstaltsangehörige (Nr 2 Buchst a) oder die Körperschaft selbst (Nr 2 Buchst b; BFH BStBl 96, 28). Die namentlich aufgeführten Einrichtungen sind als richtungsweisende Beispiele zu verstehen, entscheidend ist die Funktion für die Selbstversorgung. Unter **§ 68 Nr 2 Buchst b** können nur Einrichtungen fallen, die den aufgezählten Handwerksbetrieben vergleichbar sind (BFH BStBl 91, 268: 09, 560; AEAO zu § 68 Nr 4). Vergleichbar sind nach der Rspr nur Einrichtungen des Handwerks und von Dienstleistungen, bei denen „Hand angelegt" wird (zB Krankenhauswäscherei, BFH BStBl 91, 157). Nicht vergleichbar sind dagegen Handelsbetriebe (zB Krankenhausapotheke, BFH BStBl 91, 268) und Verwaltungseinrichtungen (Dienstleistungen im Bereich der Verwaltung, auch Geschäftsführung für andere Vereine, BFH BStBl 09, 560). Im Schrifttum wird geltend gemacht, dass die Abgrenzung zwischen handwerklichen Leistungen und Dienstleistung zum Teil schwierig sei und nicht vereinbar mit dem Gedanken, eine selbständige Eigenversorgung zu begünstigen; gefordert wird, die eigenständige Versorgung durch eigene Leistungen generell zu begünstigen (*Seeger/Brox* DStR 09, 2459; *Hüttemann/Schauhoff* DB 11, 319, 320). Soweit Außenstehende (auch: andere steuerbegünstigte Körperschaften iSd § 68 Nr 2) mitversorgt werden, dürfen die Leistungen an sie wertmäßig 20% der Summe aller Lieferungen und Leistungen der Vorsorgungseinrichtung nicht übersteigen, falls noch ein Zweckbetrieb vorliegen soll (§ 65 Rz 7, § 67 Rz 9; BFH BStBl 91, 157; AEAO zu § 68 Nr 4). Eine Überschreitung der Grenze führt zum wirtschaftlichen Geschäftsbetrieb. Die 20%-Grenze ist für jede Selbstversorgungseinrichtung getrennt festzustellen (so auch *Baumann/Penné-Goebel* DB 05, 695). Außenstehende sind auch Mitarbeiter der Körperschaft (FG Bbg EFG 99, 199; Kantine; AEAO zu § 68 Nr 4). Die neuere Rspr nimmt an, dass auch bei Beachtung der 20%-Grenze nur noch dann von einer für die Selbstver-

sorgung erforderlichen Einrichtung ausgegangen werden soll, wenn die Mitversorgung Dritter nur gelegentlich zwecks besserer Auslastung und nicht dauerhaft und planmäßig erfolgt (BFH BStBl 09, 560). Nach aA fehlt für diese Einschränkung eine Grundlage im Gesetz (*Seeger/Brox* DStR 09, 2453, 2463; *Hüttemann/Schauhoff* DB 11, 319, 320; nach *Hüttemann* DB 12, 250, 257 widerspricht die Einschränkung der Rspr dem Willen des historischen Gesetzgebers). Die FinVerw folgt der Rspr des BFH (AEAO zu § 68 Nr 4), zieht aber aus ihr übergangsweise bis zum Ende des VZ 2012 keine nachteiligen Folgen, soweit ein Selbstversorgungsbetrieb bereits am 1.1.2009 bestanden hat; für nach diesem Stichtag gegründete Selbstversorgungsbetriebe gilt diese Übergangsregelung nicht (BMF 12.4.2011, BStBl I 11, 538). Die Übernahme der Rspr führt dazu, dass zB Verwaltungstätigkeiten, aber auch „handwerkliche" Selbstversorgungsleistungen (Wäscherei, Küche) unter gemeinnützigen Körperschaften nicht zum Zwecke der Kostenersparnis gebündelt werden können, obwohl gerade gemeinnützige Körperschaften gehalten sind, ihre Mittel sparsam/effektiv einzusetzen. Die restriktive Auslegung des § 68 Nr 2 wirkt sich damit zum Nachteil gemeinnütziger Körperschaften aus, obwohl § 68 insgesamt unter erleichterten Bedingungen zur Annahme eines Zweckbetriebs führen soll. Liegt kein Zweckbetrieb gem § 68 Nr 2 vor, so führt die Betätigung zu einem wirtschaftlichen Geschäftsbetrieb.

6 **6. Werkstätten für Behinderte, Nr 3 Buchst a. Werkstätten für behinderte Menschen** (Definition s § 136 SGB IV), die gem § 136 SGB IX förderungsfähig und als solche förmlich von der Bundesagentur für Arbeit anerkannt sind, sind einschl einer Verkaufsstelle oder eines Ladens Zweckbetriebe. In der Verkaufsstelle sollen die in der jeweiligen Werkstatt für behinderte Menschen hergestellten Waren oder Waren aus anderen Werkstätten für behinderte Menschen verkauft werden. Der Verkauf von zugekaufter Ware, die nicht aus einer Behindertenwerkstätte stammt (Handelsware), ist ein stpfl wirtschaftlicher Geschäftsbetrieb (AEAO zu § 68 Nr 5; OFD Frankfurt DB 12, 1358). Als zugekaufte Waren gelten nur diejenigen, die nicht in einer Werkstatt für behinderten Menschen (der eigenen oder einer fremden) in die Produktion eingegangen sind und so, wie sie eingekauft wurden, weiterverkauft werden (FM Thür DStR 98, 648). Der Einkauf von Waren für die eigene Produktion ist unschädlich (OFD Hannover DB 06, 1871). Zu den Zweckbetrieben nach Nr 3 Buchst a gehören auch die von den Trägern der Behindertenwerkstätten betriebenen Kantinen, weil die besondere Situation der behinderten Menschen auch während der Mahlzeiten eine Betreuung erfordert (AEAO zu § 68 AO Nr 5). Ein unschädlicher Warenaustausch mit Behindertenwerkstätten aus anderen EU-Ländern erfordert den Nachweis, dass es sich um Zweckbetriebswaren handelt und die ausl Werkstätte einer Werkstatt iSd § 136 SGB IV vergleichbar ist (OFD Frankfurt DB 12, 1358).

7 **Handelsbetriebe** bieten zusätzliche Beschäftigungsmöglichkeiten für behinderte Menschen. Soweit sie keine Verkaufsstelle und keinen Laden einer Werkstatt für Behinderte sind, können sie als zusätzlicher Arbeitsbereich, als zusätzlicher Betriebsteil oder zusätzliche Betriebsstätte einer Werkstatt für behinderte Menschen iSd § 68 Nr 3 Buchst a gegründet werden. Diese zusätzlichen Handelsbetriebe müssen den Behörden iSd § 142 SGB IX (Anerkennungsbehörden) wegen des Anerkennungsverfahrens für Werkstätten für Behinderte angezeigt werden. Die Anerkennungsbehörden prüfen, ob die Werkstätten für Behinderte auch nach einer Erweiterung um den Handelsbetrieb noch als solche anerkannt werden können. Die Entscheidung der Sozialbehörden soll regelmäßig von der FinVerw übernommen werden. Der **Anerkennungsbescheid** ist jedoch kein Grundlagenbescheid für die FinVerw, sodass sie selbst rechtsverbindlich entscheiden können, welche rechtliche Qualität die Handelsbetriebe im Einzelfall haben. Ein Handelsbetrieb, der behinderte Menschen einstellt, kann auch ein Integrationsprojekt gem § 68 Nr 3 Buchst c darstellen (§ 68 Rz 10).

7. Beschäftigungs- und Arbeitstherapie. Einrichtungen für Beschäftigung und Arbeitstherapie (§ 68 Nr 3 Buchst b) behandeln physisch oder psychisch Behinderte aufgrund ärztlicher Indikation, um sie in das Alltags- oder Arbeitsleben einzugliedern, indem sie sie an Arbeitsprozessen beteiligen (Beispiel BFH HFR 2004, 45; BStBl 04, 660; allg OFD Ddorf StEK § 68 Nr 29). Die Behandlung erfolgt regelmäßig außerhalb eines Beschäftigungsverhältnisses (anders als bei § 58 Nr 3 Buchst a und c). Die Förderung eines Arbeitsplatzes ist dagegen nicht steuerbegünstigt. 8

8. Integrationsprojekte (bis 31.12.2017). § 68 Nr 3 Buchst c aF war bis zum 31.12.2017 in Kraft. Die nachfolgenden Erläuterungen beziehen sich daher auf Altfälle. **Integrationsprojekte (§ 68 Nr 3 Buchst c aF,** in Kraft bis 31.12.2017**)** iSd § 132 SGB IX sind Integrationsunternehmen (rechtlich und wirtschaftlich selbständig), Integrationsbetriebe oder Integrationsabteilungen (von öffentlichen Arbeitgebern), deren Aufgabe die Beschäftigung schwerbehinderter Menschen ist, deren Teilhabe an einer sonstigen Beschäftigung auf dem allgemeinen Arbeitsmarkt wegen der Art oder Schwere der Behinderung oder wegen sonstiger Umstände voraussichtlich auf besondere Schwierigkeiten stößt (AEAO zu § 68 Nr 6). Außer Beschäftigung bieten die Integrationsbetriebe eine arbeitsbegleitende Betreuung iSd § 133 SGB IX und ggf Fortbildung. Die Eigenschaft als Integrationsprojekt wird durch Vorlage eines Leistungsbescheids bewiesen, in dem das zuständige Integrationsamt erbrachte Leistungen gem § 134 SGB IX bescheinigt (FG BBg EFG 17, 1396, Revision BFH XI R 2/17). Es gibt kein förmliches Anerkennungsverfahren. Ein Zweckbetrieb gem § 58 Nr 3 Buchst c muss alle Merkmale des § 132 I SGB IX erfüllen. Diese Vorschrift definiert in ihrem Abs 2 auch den Begriff der Schwerbehinderung. Welche Behinderten den Schwerbehinderten gleichgestellt sind, ergibt sich aus § 73 SGB IX. Anders als § 132 III SGB IX (mindestens 25%) verlangt die Zweckbetriebseigenschaft gem § 68 Nr 3 Buchst c, dass mindestens 40% der in einem Integrationsprojekt Beschäftigten besonders betroffene schwerbehinderte Menschen iSv § 132 I SGB IX sind. Damit erfüllen nicht alle Integrationsprojekte des § 132 SGB IX die an einen Zweckbetrieb gem § 68 Nr 3 Buchst c gestellten Anforderungen. Die FinVerw hat sich darauf geeinigt, die erforderliche Quote von 40% nach den Grundsätzen des § 75 SGB IV zu berechnen, sodass Teilzeitbeschäftigte mit einer Arbeitszeit von weniger als 18 Std wöchentlich bei der Berechnung nicht berücksichtigt werden (OFD Frankfurt DB 12, 2429). Mit Wirkung ab dem 1.1.2016 werden auf die Quote von 40 % psychisch kranke Menschen im Sinne des § 132 IV SGB IX angerechnet. 9

Ein **Handelsbetrieb** (zB wohnortsnah für Lebensmittel) kann auch als Integrationsprojekt geführt werden, sofern er keine Verkaufsstelle und kein Laden einer Behindertenwerkstatt ist. Sofern Handelsbetriebe von den Sozialbehörden als Integrationsprojekte gefördert werden und sie mindestens eine Beschäftigungsquote von 40% der in § 68 Nr 3 Buchst c genannten Personen erreichen, sind grds steuerbegünstigte Zweckbetriebe (AEAO zu § 68 Nr 7). Alternativ kann ein solcher Handelsbetrieb auch einer Werkstatt für behinderte Menschen zugerechnet werden (§ 68 Rz 7).

8a. Inklusionsbetriebe, § 68 Nr 3 Buchst c nF (ab 1.1.2018). § 68 Nr 3 Buchst c ist mit Wirkung ab dem 1.8.2018 geändert worden. Zweckbetrieb ist ab diesem Datum ein Inklusionsbetrieb iSv § 215 I SGB IX, wenn mindestens 40% der Beschäftigten besonders betroffene schwerbehinderte Menschen iSd § 215 I SGB IX sind. Auf die Quote von 40% werden psychisch kranke Menschen im Sinne des § 215 IV SGB IX angerechnet. 10

9. Fürsorge für Blinde und Körperbehinderte. Einrichtungen der Blindenfürsorge nach **Nr 4** sind insbes Werkstätten in Form von Zweckbetrieben; sie brauchen nicht von einem Blindenverein betrieben zu sein. 11

12 **10. Kinder- und Jugendhilfe.** § 68 **Nr 5** ist durch das AmtshilfeRLUmsG neu gefasst worden. Als Zweckbetriebe sind seitdem die Heimerziehung (Betreuung Tag und Nacht) und sonstige betreute Wohnformen anzusehen (früher: Fürsorgeerziehung und Freiwillige Erziehungsbeihilfe). Die Neufassung übernimmt die Begriffe aus SGB VIII, in dem Kinder- und Jugendhilfe geregelt sind. Zweckbetrieb ist eine Einrichtung, die auf der Grundlage des § 42 SBG VIII ein Kind oder einen Jugendlichen über Tag und Nacht in Obhut nimmt. Zweckbetrieb ist auch eine sonstige Wohnform iSd § 48a SGB VIII, in der Kinder oder Jugendliche betreut werden.

13 **11. Lotterien und Ausspielungen.** Diese dürfen nach **Nr 6** von gemeinnützigen Körperschaften ab dem 1.1.2000 auch mehrmals im Jahr veranstaltet werden. Ein Zweckbetrieb liegt nur vor, wenn die Lotterie oder Ausspielung behördlich genehmigt wurde (für Bayern FM Bayern DB 94, 914, 1447) und der Reinertrag unmittelbar und ausschl zur Förderung mildtätiger, kirchlicher oder gemeinnütziger Zwecke verwendet wird (OFD Rostock DStZ 01, 255). Die Regelung befreit nicht von LotterieSt. Eine besondere Einschränkung ist für den Umfang der jeweiligen Lotterie nicht vorgeschrieben, sodass auch sog Dauerveranstaltungen Zweckbetriebe sind. Nicht genehmigungsfähige Lotterieveranstaltungen, zB Tombola (Ausspielung) anlässlich einer geselligen Veranstaltung, fallen nicht unter § 68 Nr 6.

14 **12. Kulturelle Einrichtungen.** Die unter **Nr 7** fallenden kulturellen Einrichtungen und Veranstaltungen lehnen sich begrifflich an § 52 II Satz 1 Nr 1 („Kunst und Kultur") an (s § 52 Rz 20). Kulturelle Einrichtungen oder Veranstaltungen iSd § 68 Nr 7 können daher nur vorliegen, wenn die Förderung der Kultur (oder der Kunst) Satzungszweck der Körperschaft ist (AEAO zu § 68 Nr 12). Es zählen dazu zB Museen und kulturelle Veranstaltungen wie Ausstellungen (FG RhPf DStRE 10, 549), Theater und Opernhäuser (BFM BStBl 14, 1581, Tz 4). Unter den Begriff Theater fallen auch Aufführungen von Theaterstücken, Opern und Operetten, Tanztheater, Pantomine, Kleinkunst- und Varieteaufführungen, Eisrevuen und Puppenspiel (BFH BStBl 15, 166 mwN). Es sind auch Mischformen möglich, sodass auch eine Feuerwerksdarbietung mit Musik und anderen Effekten als Show eine Theaterdarbietung sein kann (BFH BStBl 15, 166). Ausdrücklich wird von der FinVerw klargestellt, dass der Verkauf von Speisen und Getränken nicht zu den kulturellen Veranstaltungen zählt. Dasselbe muss für die **Werbung** auf solchen Veranstaltungen gelten (AEAO zu § 68 Nr 14). Insoweit handelt es sich um steuerpflichtige wirtschaftliche Geschäftsbetriebe. Zu beachten ist allerdings die Besteuerungsgrenze des § 64 III.

Kulturelle Einrichtungen und Veranstaltungen sind seit 1990 **immer Zweckbetriebe,** unabhängig davon, wie hoch die Einnahmen oder Überschüsse daraus sind.

15 **13. Volkshochschulen usw.** Vorbild für die Regelung in **Nr 8** war § 4 Nr 22a UStG, der insoweit eine USt-Befreiung enthält. Die Zweckbetriebseigenschaft nach UStG und nach AO ist aber nicht deckungsgleich und jeweils für sich zu betrachten (BFH BStBl 12, 630). Zu den Volkshochschulen gehören auch Einrichtungen der sog gebundenen Erwachsenenbildung. Das sind Einrichtungen, die von einer festen politischen, sozialen oder weltanschaulichen Grundeinstellung ausgehen, soweit sie den Kreis der Hörer nicht ausdrücklich einengen und auf das Ganze der zu bildenden Person abzielen (BFH BStBl 62, 458). Ein Zweckbetrieb liegt auch vor, wenn die Einrichtung neben dem Bildungsangebot den Teilnehmern selbst Beherbergung und Beköstigung gewährt. Es darf sich aber nur um die Beherbergung und Beköstigung von Teilnehmern handeln. Die zusätzliche Beherbergung oder Beköstigung ist nicht notwendig auch Zweckbetrieb, sondern schadet nur der Zweckbetriebseigenschaft der Bildungseinrichtung nicht (BFH BStBl 12, 630). Ein von der Einrichtung unterhaltener **gastronomischer Betrieb,** der nicht nur Leistungen an Teilnehmer der Veranstaltungen erbringt, kann kein Zweckbetrieb sein (BFH BStBl 90, 724).

Nach § 68 Nr 8 kann als „andere Einrichtung" auch ein Kongress, auf dem überwiegend Vorträge belehrender Art gehalten werden, als Zweckbetrieb anerkannt werden; das Niveau der Vorträge kann dem einer Volkshochschule entsprechen (BFH BStBl 18, 55).

14. Wissenschafts- und Forschungseinrichtungen. § 68 Nr 9 ist eine Spezialvorschrift zu § 65, die durch eine Fiktion verhindert, dass Auftragsforschung ausnahmslos zu einem wirtschaftlichen Geschäftsbetrieb führt. § 68 Nr 9 gilt nur für gemeinnützige Körperschaften, deren satzungsmäßiger Zweck die Förderung von Wissenschaft und Forschung (vgl § 52 Rz 16) ist und die sich überwiegend aus Zuwendungen der öffentlichen Hand oder Zuwendungen Dritter oder aus Mitteln der eigenen Vermögensverwaltung finanzieren. Dazu können alle Forschungseinrichtungen die von Körperschaften iSd § 1 KStG sind, gehören, zB auch Forschungseinrichtungen von staatlichen Hochschulen und Körperschaften, soweit sie im Rahmen von Betrieben gewerblicher Art tätig werden (FG Mster EFG 11, 842). Wird die Forschung von einem Betrieb gewerblicher Art betrieben, so kommt es auf dessen Finanzierung an, nicht auf die der Trägerkörperschaft (FG Mster EFG 14, 1521). Unselbständige Forschungsstätten werden ihrer Trägerkörperschaft zugerechnet (FG Mster EFG 11, 842). Unter **Zuwendung** ist eine Leistung von Mitteln ohne Gegenleistung zu verstehen (Spenden, Projektförderungszahlungen, Fördergelder, Mitgliedsbeiträge). Leistungen der öffentlichen Hand als Gegenleistung im Rahmen eines Auftrags gehören nicht zu diesen Zuwendungen (BFH BStBl 07, 631; BFH/NV 17, 1148 = DStR 17, 1433 mit Anm *Heuermann*). Zur **Vermögensverwaltung** rechnet im Bereich des § 68 Nr 6 nur eine Tätigkeit, die nicht entgeltlich bzw unternehmerisch durchgeführt wird; zur Vermögensverwaltung zählen damit zB Erträge aus Beteiligungen, nicht aber zB Mieteinnahmen (BFH/NV 14, 1470; BFH/NV 17, 1148 = DStR 17, 1433 mit Anm *Heuermann*); diese einschränkende Auslegung wird auch bei der Anwendung des UStG vorgenommen. **Überwiegend** ist die Finanzierung aus Zuwendungen und Vermögensverwaltung, wenn die Einnahmen (nicht Gewinne) zu mehr als 50% aus Quellen stammen, die keine Gegenleistungen für Auftrags- oder Ressortforschung sind oder die aus – nicht unternehmerischer – Vermögensverwaltung stammen (BFH BStBl 07, 631; BFH/NV 17, 1148 = DStR 17, 1433 mit Anm *Heuermann;* FG Köln EFG 05, 1492). Bei der Feststellung der Einnahmen, die nicht aus Zuwendungen und zulässiger Vermögensverwaltung stammen, sondern zB aus Auftrags- und Ressortforschung, wird die USt nach der Rspr nicht berücksichtigt (BFH/NV 17, 1148 = DStR 17, 1433 mit Anm *Heuermann;* anders FM Bayern DB 00, 254, Tz 3). Durch das Abstellen auf Art und Umfang der Finanzierung wird erreicht, dass der Forschungsbetrieb von Körperschaften, deren Schwergewicht auf Auftragsforschung liegt, nicht im Rahmen eines Zweckbetriebs stattfindet. Die FinVerw prüft die Finanzierungsvoraussetzungen unter Betrachtung eines Zeitraums von drei Jahren (AEAO zu § 68 Nr 15 iVm BMF BStBl 99, 944, Tz III 5; offen gelassen in BFH BStBl 07, 631; BFH/NV 17, 1148 = DStR 17, 1433 mit Anm *Heuermann:* zustimmend *Weidmann/Kohlhepp,* DStR 15, 1273). Werden die Voraussetzungen des § 68 Nr 9 nicht erfüllt, weil die Finanzierungsvoraussetzungen nicht vorliegen, so ist nach allgemeinen Kriterien zu entscheiden, ob ein wirtschaftlicher Geschäftsbetrieb oder ein Zweckbetrieb vorliegt (noch unentschieden BFH BStBl 07, 631). Bei dieser Abgrenzung ist nicht zwingend davon auszugehen, dass in erster Linie eigenwirtschaftliche Zwecke verfolgt werden (AEAO zu § 68 Nr 15 ausdrücklich gegen BMF BStBl 99, 944 Tz 1.5). **Auftragsforschung** ist von Eigenforschung (Grundlagenforschung, Forschung zum allgemeinen Wohl) zu unterscheiden (BFH BStBl 07, 631). Auftragsforschung liegt vor, wenn eine Forschungseinrichtung Drittmittel für eine nach Art und Umfang genau bezeichnete Forschungstätigkeit erhält und sich verpflichtet, dem Auftraggeber die gesamten Forschungsergebnisse schriftlich zur Verfügung zu stellen (zB als Gutachten, vgl 16

Doemen UR 97, 285, 293). Auftragsforschung ist wirtschaftlicher Geschäftsbetrieb, wenn sie von einer Körperschaft betrieben wird, die die Kriterien des § 68 Nr 9 nicht erfüllt, zB Forschungsstätte, die ausschl Auftragsforschung für Unternehmen oder sog Ressortforschung betreibt (BMF BStBl 99, 944; BFH BStBl 97, 189; FG Mster EFG 14, 1521); vgl aber auch § 52 Rz 16 zum Verlust der Gemeinnützigkeit. **Nicht zum Zweckbetrieb** gem § 68 Nr 9 gehören die Tätigkeiten der Forschungseinrichtung, die nicht notwendig zur Erfüllung des Satzungszwecks bestimmt sind oder die vorrangig der Beschaffung von Mitteln für den steuerbegünstigten Zweck dienen (FG Mster EFG 11, 842). Tätigkeiten ohne Forschungsbezug und Dienstleistungen, wie Projektträgerschaften (Unterstützung des BMBF bei der Förderung von Projekten im Bereich Wissenschaft und Forschung, vgl *Doemen* UR 97, 285, 293), Materialprüfungen, Verwaltungstätigkeiten für andere Forschungseinrichtungen, Kantinen für die Versorgung des eigenen Personals sind stpfl wirtschaftliche Geschäftsbetriebe. Wegen Einzelheiten vgl BMF BStBl 99, 944, zum Finanzierungsschlüssel und zur Ausgliederung von Auftragsforschung auf eine stpfl Tochtergesellschaft FM Bayern DB 00, 854. Auftrags- und Ressortforschung kann iÜ in einem normalen wirtschaftlichen Geschäftsbetrieb stattfinden, der neben der ideellen Tätigkeit der gemeinnützigen Körperschaft besteht. Von einem solchen ist auszugehen, wenn die Voraussetzungen des § 69 Nr 9 nicht vorliegen (BFH BStBl 07, 631; FG Köln DStRE 06, 294) und sich beide Bereiche voneinander trennen lassen. Ist dann die Auftragsforschung ggü der Eigenforschung von untergeordneter Bedeutung, kann hinsichtlich der Eigenforschung ein Zweckbetrieb gem § 68 Nr 9 vorliegen und hinsichtlich der Auftragsforschung ein wirtschaftlicher Geschäftsbetrieb (BFH BStBl 07, 631). Die Forschungseinrichtung verliert nur dann die Steuerbefreiung, wenn die Auftragsforschung als eigenständiger Zweck neben die Eigenforschung tritt mit der Folge, dass gegen das Gebot der Ausschließlichkeit verstoßen wird (BFH BStBl 07, 631; AEAO zu § 68 Nr 15).

Vierter Abschnitt. Haftung

§ 69 Haftung der Vertreter

[1] Die in den §§ 34 und 35 bezeichneten Personen haften, soweit Ansprüche aus dem Steuerschuldverhältnis (§ 37) infolge vorsätzlicher oder grob fahrlässiger Verletzung der ihnen auferlegten Pflichten nicht oder nicht rechtzeitig festgesetzt oder erfüllt oder soweit infolgedessen Steuervergütungen oder Steuererstattungen ohne rechtlichen Grund gezahlt werden. [2] Die Haftung umfasst auch die infolge der Pflichtverletzung zu zahlenden Säumniszuschläge.

Schrifttum: *Bartone* Haftung des Insolvenzverwalters für LSt-Schulden des Insolvenzschuldners bei Neuerwerb, DB 10, 359; *Peetz* Steuerhaftung des GmbH-Geschäftsführers und Mitwirkungspflichten, GmbHR 09, 186; *Schneider* Die Pflichten des Geschäftsführers in der Krise der GmbH – Zwölf Handlungsanweisungen an den Geschäftsführer zur Haftungsvermeidung, GmbHR 10, 57; *Daumke* Zur Haftung für Steuerschulden im Gründungsstadium einer GmbH, StW 10, 78; *Heintzen* Steuerliche Haftung und Duldung auf zivilrechtlicher Grundlage, DStZ 10, 199; *Augusten/Walter* Zur Neuregelung der Haftung der Mitglieder von Vereins- und Stiftungsvorständen, DStZ 10, 148; *Bendix* Die Haftung des Geschäftsführers nach § 69 AO für Verbrauchsteuerausfälle einer insolventen GmbH bei Bestellung eines „schwachen" vorläufigen Insolvenzverwalters, ZfZ 11, 169; *Ehlers* Die persönliche Haftung von ehrenamtlichen Vereinsvorständen, NJW 11, 2689; *Kahlert/Rühland* Sanierungs- und Insolvenzsteuerrecht, 2. Aufl, Köln 2011; *Nacke* Die Haftung für Steuerschulden, 4. Aufl, Köln 2017; *Bruschke* Die „Geschäftsführerhaftung" nach § 69 AO, DStZ 12, 407; *Weßeler/Schneider* Die steuerliche Haftung des vorläufigen Insolvenzverwalters mit Zustimmungsvorbehalt nach §§ 35, 69 AO wegen des Widerrufs einer genehmigten Lastschriftbuchung im Einzugsermächtigungsverfahren, ZInsO 12, 301; *Kahlert* Steuerzahlungspflicht im Eröffnungsverfahren der Eigenverwaltung?, ZIP 12, 2089; *Halaczinsky* Die Haftung im Steuerrecht, 4. Aufl, Herne/Berlin 2013; *Krause/Meier* Fallgruppen zur Haftung von „faktischen" GmbH-Geschäftsführern im Steuerrecht, DStZ 14, 905; *Meyer* Die Geschäftsleiterhaftung für nicht entrichtete Steuern (§§ 69, 34 Abs. 1 AO) in Krise und Insolvenz der Kapitalgesellschaft, DStZ 14, 228; *Skauradszun/Schmidt* Detailfragen zur steuerlichen Haftung des Insolvenzverwalters, ZInsO 14, 1784; *Thole* Der Konflikt zwischen Steuerpflicht und Massesicherung in der vorläufigen Eigenverwaltung, DB 15, 662; *Sonnleitner/Winkelhog* Unternehmen saniert, Geschäftsführer pleite? – Zur steuerrechtlichen Haftung von Geschäftsführer und Vorstand in der Krise und im Rahmen der vorläufigen Eigenverwaltung, BB 15, 88; Unternehmen saniert, Geschäftsführer pleite? – Zur steuerrechtlichen Haftung von Geschäftsführer und Vorstand in der Krise und im Rahmen der vorläufigen Eigenverwaltung, BB 15, 88; *Gehm* Die Haftung für Lohnsteuer gemäß § 42d EStG – Risikoprofil in der Praxis, StBp 16, 315; *Rose* Haftung des Insolvenzverwalters nach § 69 AO bei Masseunzulänglichkeit, ZIP 16, 1520; *Gehm* Die Haftung der Vertreter gemäß § 69 AO – Risikoprofil in der Praxis, StBp 17, 135; *Buchalik/Schröder/Rekers* Rechte und Haftungsrisiken des Geschäftsführers und des vorläufigen Sachwalters für Umsatzsteuerverbindlichkeiten im vorläufigen Eigenverwaltungsverfahren, ZInsO 17, 905; *Adam* Die abgaberechtliche Haftung des Geschäftsführers, schwachen vorläufigen Insolvenzverwalters und vorläufigen Sachwalters, ZInsO 17, 2289.

Übersicht

1. Inhalt; Struktur des Haftungstatbestandes. Die Vorschrift begründet für die in den §§ 34, 35 bezeichneten Personen die öffentlichrechtliche (steuerliche) Pflicht, für eine zulasten eines anderen begründete StSchuld mit ihrem eigenen Vermögen unbeschränkt einstehen zu müssen. Ziel der Haftung ist es, StAusfälle auszugleichen, die durch schuldhafte Pflichtverletzungen jener Personen verursacht worden sind; die Haftung läuft also auf einen Schadensersatzanspruch des Fiskus hinaus (BFH BStBl 88, 859; 91, 678; BFH/NV 94, 526; 96, 522; 97, 7), wenngleich der BFH eine stringente Übernahme schadensersatzrechtl Gesichtspunkte ablehnt, insbes die Berücksichtigung eines hypothetischen Kausalverlaufs (dazu Rz 72c), aber auch des § 254 BGB, der allenfalls einen Ermessengesichtspunkt vermittle. Die stl Haftung ist (anders als die zivilrechtl insbes des Gesellschafters) Außenhaftung und Fremdhaftung, also Einstehenmüssen für die Schuld eines Dritten ggü der FinBeh. Daraus ergibt sich eine gewisse Abhängigkeit der Haftungs- 1 schuld vom materiell-rechtlichen Entstehen und vom Fortbestehen einer StSchuld. Der StAnspruch darf bei Erlass des Haftungsbescheids (genauer gesagt: bei der letzten Verwaltungsentscheidung über die Haftungsinanspruchnahme) nicht durch Zahlung, Aufrechnung, Befriedigung in der Vollstreckung, auch nicht durch Erlass (§ 191 V) erloschen sein. Diese sog Akzessorietät der Haftungsschuld ggü der StSchuld ist jedoch keineswegs umfassend; der BFH betont vielmehr, dass die Haftungsschuld ggü der StSchuld weitgehend verselbständigt ist und dass zwischen der StSchuld und der Haftungsschuldinsbes was ihr verfahrensrechtliches Schicksal angeht, sorgfältig und streng unterschieden werden muss. Insbes ist die Festsetzung der Steuer nicht Voraussetzung der Haftung (BFH BStBl 95, 300), ebenso wenig wird die Haftung dadurch ausgeschlossen, dass die festgesetzte Steuer zu erstatten gewesen wäre (was allerdings für die Ermessensausübung nach § 191 bedeutsam sein kann). Der Haftende hat nicht etwa die Stellung eines Bürgen für die Erfüllung der StAnsprüche (*Beermann* DStR 94, 805). Der Haftungsanspruch ist nicht davon abhängig, dass die Realisierung der StSchuld bei dem StSchuldner erfolglos versucht worden ist (siehe § 219). Die Haftung ist insofern keine „Ausfallhaftung". Sie ist allerdings ggü der St-Schuld subsidiär (§ 191 Rz 35).

2 § 69 knüpft die Einstandspflicht für die StSchuld eines anderen (Haftung) an **mehrere Voraussetzungen.** Die stl Haftung trifft **(1)** nur die in den §§ 34, 35 bezeichneten Personen. **(2)** tritt sie nur ein, wenn Ansprüche nach § 37 nicht (durch StBescheid oder Anmeldung) festgesetzt worden sind, nicht rechtzeitig festgesetzt worden sind, nicht erfüllt worden sind, nicht rechtzeitig erfüllt worden sind oder wenn StVergütungen/Erstattungen rechtsgrundlos gezahlt worden sind (*Schaden* der FinBeh); Haftung setzt also ein (anderweit begründetes) StSchuldverhältnis (im Falle der beiden letzten Alternativen der Schadensentstehung: in Gestalt eines Rückforderungsanspruches nach § 37 II 1) voraus (ist also insofern vom Bestehen jener Schuld abhängig [akzessorisch]); **(3)** muss einer der Haftungsschuldner seine steuergesetzlichen Pflichten verletzt haben *(Pflichtverletzung);* **(4)** muss er dies vorsätzlich oder grob fahrlässig getan haben *(Verschulden);* und **(5)** muss *infolgedessen* ein steuerlicher Schaden eintreten *(Kausalität).* An diese Systematik knüpfen die folgenden Erläuterungen an.

3 Unter welchen Voraussetzungen die FinBeh die Haftungsschuld **geltend machen** darf und in welcher Weise dies zu geschehen hat (Haftungsbescheid), ist in § 191 geregelt und dort erläutert. Der Haftungsanspruch entsteht jedoch bereits mit der Verwirklichung des Haftungstatbestandes, nicht erst mit Erlass eines Haftungsbescheids (BFH BStBl 13, 3; 97, 171, mit entspr Folgerungen für die Aufrechnungsmöglichkeiten; vgl auch BGHZ 192, 221).

4 Macht die FinBeh die Haftung geltend, so tritt der Haftende neben den StSchuldner als **Gesamtschuldner** (§ 44 II 1) (BFH BStBl 02, 267). Seine Inpflichtnahme als Haftender bewirkt also, dass die Ansprüche der FinBeh eine zusätzliche Sicherung erfahren und hat genau diesen Zweck; seine Haftung ist nicht in erster Linie „steuermoralisch", sondern dadurch zu rechtfertigen, dass StSchulden anders als es bei sonstigen Schulden der Fall zu sein pflegt, ungeachtet der Leistungsfähigkeit des StSchuldners entstehen und daher in besonderer Weise gefährdet sind. Ob der Haftende neben dem StSchuldner oder gar statt seiner in Anspruch genommen werden soll, ist eine Frage des § 191 und von der FinBeh nach Ermessen zu entscheiden, wobei jedoch die Subsidiarität der Haftung grds zu beachten ist. Zahlt der Haftungsschuldner, ist im Zweifel davon auszugehen, dass er damit seine Haftungsschuld und nicht die StSchuld tilgen will, selbst wenn die Haftungsverbindlichkeit noch nicht durchsetzbar war (BGHZ 192, 221).

5 Ein Geschehensablauf kann gleichzeitig und nebeneinander die Haftung nach §§ 34, 69 und nach § 71 begründen (BFH BStBl 84, 776; 93, 8; BFH/NV 95, 657). Neben solche steuerrechtl Haftung tritt die zivilrechtliche persönliche gesamtschuldnerische Haftung der Gesellschafter für die StSchulden der Gesellschaft bei einer OHG (§ 128 HGB), KG (§ 161 HGB) oder Gesellschaft bürgerlichen

Rechts (Rechtsgedanken der §§ 421, 427 BGB, vgl BFH BStBl 86, 156; 89, 952; 90, 939; siehe näher Rz 166 ff). Diese zivilrechtliche Haftung wird ebenso wie die steuerrechtliche Haftung gem § 191 geltend gemacht (vgl § 191 Rz 1). Die Haftung des Geschäftsführers nach § 69 verdrängt aber uU bei sachgemäßer Ermessensausübung (§ 191) die zivilrechtliche Haftung der Gesellschafter. Weitere zivilrechtl Haftungstatbestände sind in Rz 165 ff, steuerrechtl in Rz 140 ff erläutert.

2. Kreis möglicher Haftungsschuldner. Unter die Vorschrift fallen die ge- 9
setzlichen Vertreter natürlicher und juristischer Personen, die Personen, die für nicht rechtsfähige Personenvereinigungen und Vermögensmassen die Geschäfte führen (geschäftsführende Personen), Vermögensverwalter und Verfügungs-berechtigte. Siehe dazu die Kommentierung zu §§ 34, 35. Alle diese treten kraft Gesetzes in ein unmittelbares Pflichtverhältnis zur FinBeh. Wegen aller weiteren Einzelheiten und zur möglichen Begrenzung der steuerlichen Pflichten bei mehreren Geschäftsführern, gesetzlichen Vertretern, Vermögensverwaltern oder Verfügungsberechtigten, siehe unten Rz 105 f. § 69 stellt iVm §§ 34, 35 allein auf die Stellung als gesetzlicher Vertreter, geschäftsführende Person, Vermögensverwalter oder Verfügungsberechtigter ab. Der Einfluss des Geschäftsführers innerhalb der Gesellschaft, ggf nach dem Umfang der Kapitalbeteiligung bemessen, ist daher kein Kriterium für die Haftung, idR auch nicht einmal für die sachgerechte Ausübung des Auswahlermessens (BFH BStBl 90, 1008); vgl näher § 191 Rz 58 ff. Gewillkürte Vertreter, die nicht zugleich (ausnahmsweise) die Voraussetzungen des § 34 oder § 35 erfüllen, insbes StBerater und Rechtsanwälte, kommen für eine Haftung nicht in Betracht.

Der StSchuldner kann nicht als Haftender in Anspruch genommen werden; 10
denn Haftung ist Einstehen müssen für fremde Schuld (BFH BStBl 84, 695), sodass der StSchuldner nicht Haftender in eigener Sache sein kann (BFH BStBl 70, 606; 77, 255; BFH/NV 89, 549). Ein gegen den StSchuldner ergangener Haftungsbescheid kann nicht in einen StBescheid umgedeutet werden (BFH BStBl 83, 517; 85, 170; BFH/NV 85, 10; 87, 401) oder umgekehrt. Führt allerdings der Geschäftsführer einer GmbH für seinen eigenen Arbeitslohn keine LSt ab, so ist er zwar für diese LSt nach § 38 II 1 EStG selbst Schuldner; das schließt jedoch eine Haftung nach § 69 nicht aus, denn in diesem Fall haftet der Geschäftsführer nicht für die eigene StSchuld, sondern für die aus seiner Sicht fremde StEntrichtungsschuld der GmbH (BFH BStBl 88, 167; BFH/NV 89, 150; 89, 549).

3. Gegenstand der Haftung; Formen der Verursachung des Haftungs- 13
schadens. a) Gegenstände. Die Haftung bezieht sich auf Ansprüche aus dem StSchuldverhältnis (vgl § 37), einschl der auf Unionsrecht beruhenden Abgaben, insbes der Zölle (FG MeVo 3 K 86/13, rkr; vgl dazu Rz 160); aufgrund Verweisung auch auf die Ausgleichsabgabe nach § 37c Abs 5 S 1 BImSchG (BFH/NV 16, 173). Erfasst werden daher verkürzte StForderungen und StErstattungen sowie StVergütungen (zB Investitionszulagen). Es geht dabei immer nur um das konkrete StSchuldverhältnis; eine Haftung für nicht entrichtete EUSt besteht daher auch dann, wenn die EUSt im Falle ihrer Entrichtung vom Stpfl als Vorsteuer abgezogen werden könnte (BFH BStBl 85, 688 für die Ermessensausübung im Falle des § 71; 89, 491; BFH/NV 89, 81). Diese Rspr erscheint überprüfungsbedürftig, weil sie sich mit dem Schadensersatzcharakter der Haftung kaum verträgt (richtig FG Hbg IV 126/00, nv).

Zu den Ansprüchen aus dem StSchuldverhältnis gehören nach § 3 III auch die 14
steuerlichen Nebenleistungen: Die Haftung besteht daher auch für Verspätungs- und Sz, die infolge vorsätzlicher oder grob fahrlässiger Verletzung der Pflichten nicht oder nicht rechtzeitig festgesetzt oder erfüllt worden sind (so für Verspätungszuschläge BFH BStBl 80, 375; aA *Mösbauer* DStZ 06, 148; für Sz vgl BFH BStBl 82, 355; 88, 859; 89, 315); dabei ist bisher nicht völlig geklärt, ob die Haftung nur eintritt, wenn der Haftende für die Nichtzahlung der Verspä-

tungszuschläge verantwortlich ist (so – mE zu Unrecht – FG Mchn EFG 87, 331; FG BaWü EFG 88, 94; iErg ebenso BFH BStBl 01, 271: eine vor Entstehung des Anspruchs aus dem StSchuldverhältnis begangene Pflichtverletzung sei nicht ursächlich für einen erst nach Entstehung des Anspruchs infolge dessen Nichterfüllung entstandenen Schaden; kritisch *Rüsken* KFR F 2 AO § 69, 1/01, S 39) oder ob nicht auch die pflichtwidrig verspätete StAnmeldung im Falle späterer Festsetzung von Verspätungszuschlägen haftungsbegründend ist; dies muss allerdings zur Folge haben, dass ungeachtet bei Festsetzung eingetretener begrenzter oder gänzlich fehlender Zahlungsfähigkeit des Vertretenen die Grundsätze anteiliger Tilgung auf Verspätungszuschläge, soweit sich diese auf die vom Geschäftsführer für die Erklärungsabgabe genutzte Zeit beziehen (sonst ggf Aufteilung), in solchen Fällen nicht anwendbar sind (anders indes BFH BStBl 01, 271).

15 Für die **Säumniszuschläge** haftet der Vertreter *nach Satz 1* nur dann, wenn diese während seiner Tätigkeit durch schuldhafte Pflichtverletzung entstanden sind (BFH BStBl 88, 859; 89, 315), er also dafür unmittelbare Verantwortung trägt. *Satz 2 erweitert* jedoch die Haftung auf solche Sz, die infolge seiner Pflichtverletzungen später entstanden sind (deren Entstehen der Pflichtige also selbst gar nicht mehr durch alsbaldige Begleichung der StSchuld hätte abwenden können), weil pflichtwidrig nicht dafür gesorgt worden ist, dass die Steuern (während der Tätigkeit des Betreffenden) rechtzeitig entrichtet wurden. Es kommt bei Satz 2 im Gegensatz zu § 69 S 1 nur auf Pflichtverletzungen bei Entstehen von StSchulden und nicht auf eine unmittelbare Verantwortlichkeit für das Entstehen der Sz an.

16 Die Heranziehung des Haftungsschuldners für Sz, die nach Eintritt der **Überschuldung und Zahlungsunfähigkeit** des Hauptschuldners entstanden sind (BFH BStBl 01, 217: Haftung nur zur Hälfte; weitergehend *TK/Loose* § 69 Rz 36) oder die dem StSchuldner hätten aus irgendwelchen Gründen sogar vollständig erlassen werden müssen, ist *nicht* zulässig (BFH BStBl 88, 859; 89, 315). Eine insoweit für den StSchuldner bestehende Erlasslage kommt dem Haftenden auch dann zu Gute, wenn die StSchulden nicht erlassen worden sind und damit auch – etwa wegen Insolvenz des StSchuldners – nicht mehr zu rechnen ist (BFH/NV 88, 685); dabei kann sich die FinBeh die Berücksichtigung dieses Gesichtspunktes nicht – wie bei Festsetzung der StSchuld – für ein gesondertes Erlassverfahren vorbehalten, sondern muss ihn bei Erlass des Haftungsbescheids berücksichtigen (BFH BStBl 01, 217). Das gilt sowohl für die Sz, für die der Haftungsschuldner nach Satz 1 des § 69 in Anspruch genommen wird, weil er die StSchulden nicht beglichen hat, als auch für diejenigen, für die nach Satz 2 gleichsam unmittelbar in der Person des Haftenden ein Haftungsanspruch entsteht, obwohl er für ihr Entstehen nur mittelbar verantwortlich ist. Außerdem gilt auch der Grundsatz der anteiligen Tilgung für gegen den Stpfl festgesetzte Verspätungs- und Sz sowohl bei Unternehmenssteuern wie bei der LSt (BFH BStBl 01, 271), sofern sich nicht der Schuldvorwurf – wie regelm bei Festsetzung eines Verspätungszuschlags (vgl aber BFH BStBl 01, 271) – gerade darauf richtet, zB durch Nichtabgabe der StErklärung die Erhebung der betr Nebenleistung verursacht zu haben (also nicht lediglich die Tilgung versäumt zu haben).

17 Wird gegen den StSchuldner aufgrund des pflichtwidrigen Verhaltens des Geschäftsführers ein Zwangsgeld festgesetzt oder entstehen durch die **Zwangsvollstreckung** nicht entrichteter Steuern Kosten, haftet der Geschäftsführer hierfür nicht (*TK/Loose* § 69 Rz 44).

19 **b) Verursachungsformen.** Haftung tritt ein, soweit Steuern oder stl Nebenleistungen (§ 3 III) nicht oder nicht rechtzeitig festgesetzt oder entrichtet werden oder StVergütungen/Erstattungen ohne rechtl Grund gezahlt werden. Denn dadurch wird das Vermögen des StGläubigers geschädigt.

19a **Nicht festgesetzt** wird eine Steuer, wenn über sie weder ein StBescheid ergeht noch eine Erhebung im Abzugsverfahren (zB LSt, § 7 I 3 VersStG) oder durch

Verwendung von StZeichen erfolgt ist, ferner wenn eine vom Gesetz verlangte Anmeldung, welche die Wirkung der Festsetzung (unter Vorbehalt, § 168 I) hätte, unterlassen wird. **Nicht rechtzeitig festgesetzt** wird eine Steuer folglich, wenn eine solche Anmeldung nicht zu dem gesetzlich bestimmten Zeitpunkt abgegeben wird (nicht zB bei Nacherhebung nach Nichterfüllung eines Benennungsverlangens gem § 162, OVG Saarl NVwZ-RR 10, 653), selbst wenn noch die Frist des § 240 III lief (BFH BStBl 91, 282). Bei durch Bescheid festzusetzenden Steuern ist der maßgebliche Zeitpunkt schwieriger – und im Zweifel in der dem Haftungsschuldner günstigsten Weise – nach dem mutmaßlichen Geschehensablauf zu bestimmen; auch BFH BStBl 70, 556 (Abstellen auf Erklärungsfrist für den nächsten VZ) hat keine starre Regel aufgestellt (gleichwohl zu Recht kritisch *Gast-deHaan* DStJG 6 [1983], 190). Haftung wegen nicht rechtzeitiger StErklärung tritt iÜ nur ein, wenn die FinBeh die StForderung bei rechtzeitiger Abgabe der Erklärung hätte realisieren können (BFH/NV 07, 1067).

Nicht rechtzeitig entrichtet wird eine Steuer, wenn sie bei Fälligkeit nicht gezahlt wird. Solange gestundet oder Zahlungsaufschub (§ 223) gewährt ist, besteht keine Fälligkeit. Anders ist es aber, wenn erst nach Fälligkeitseintritt Stundung gewährt wird etc (BFH BStBl 82, 521; BFH/NV 88, 7; 98, 1199), selbst wenn damit von vornherein zu rechnen war, es sei denn, es war eine verbindliche Stundungszusage erteilt (vgl BFH/NV 91, 578); denn eine Stundung nach Fälligkeit kann die vorherige Verwirklichung des Haftungstatbestandes nicht ungeschehen machen. Ein Geschäftsführer, der im Falle eines noch nicht beschiedenen Antrags auf Stundung Steuern zum Fälligkeitszeitpunkt nicht abführt, handelt idR auch schuldhaft. 20

Ob **AdV** wie die Stundung die Fälligkeit hinausschiebt, ist str; jedenfalls ist eine wegen AdV nicht entrichtete Steuer nicht iSd § 69 „nicht rechtzeitig" entrichtet. Die Anhängigkeit eines AdV-Antrages beseitigt aber trotz des „Stillhaltens" der FinBeh bis zu einer Entscheidung des FG nicht die Pflicht, die ggf erforderlichen Mittel zumindest bereitzuhalten (FG RhPf DStRE 97, 732 mit krit Anm *Mack* DStR 98, 281; ebenso *Nacke,* Die Haftung für Steuerschulden, Rz 117; anders offenbar FG Brem EFG 99, 518: keine Pflichtverletzung, solange AdV-Möglichkeiten ausgeschöpft, insbes FinBeh angemessene Frist zur Entscheidung über AdV gelassen wird). Ist einem AdV-Antrag im Zeitpunkt der gesetzlichen Fälligkeit der StSchuld noch nicht entsprochen worden, ist hinsichtlich der Verwirklichung des Haftungstatbestandes nicht auf den Zeitpunkt der bei späterer Gewährung von AdV herausgeschobenen Fälligkeit, sondern auf den der gesetzlichen Fälligkeit des Steueranspruchs abzustellen; in diesem Zeitpunkt müssen die Mittel zur Begleichung der Steuer bereitstehen (BFH BStBl 04, 967). 20a

Vollstreckungsaufschub und Niederschlagung der StForderung sind in diesem Zusammenhang hingegen ohne Belang.

Ohne rechtlichen Grund ist eine **Vergütung/Erstattung** gezahlt, wenn sie materiell zu Unrecht erfolgt (vgl BFH BStBl 85, 488); auf die etwaige formelle Festsetzung des Rückforderungsanspruch (vgl die Erläut zu § 37 II) kommt es für die Haftung nicht an. 21

Zu den Fragen der **Kausalitätsfeststellung** siehe Rz 130 f. 22

4. Verhältnis der Haftungsschuld zur Steuerschuld. Haftung tritt nur ein, wenn eine **StSchuld (materiell-rechtl) entstanden** ist. Auszugehen ist von der materiell-rechtl bestehenden bzw – in den Fällen des § 166 – der bestandskräftig festgesetzten (beachte BFH DStRE 18, 47) StSchuld des Vertretenen. Die danach zu Grunde zu legende StSchuld muss bei Geltendmachen der Haftung noch bestehen (Einschränkung: § 191 V 2), sie darf im Zeitpunkt des Erlasses des Haftungsbescheids und einer ggf nachfolgenden Einspruchsentscheidung in Höhe der dort angegebenen Haftungsbeträge noch nicht ganz oder teilweise getilgt worden sein (BFH BStBl 80, 58; 81, 138; 83, 544; 91, 939). Zahlungen auf die StSchuld, die nach Abschluss des Verwaltungsverfahrens bzw Klageerhebung erfolgen, führen 24 hingegen nicht zur (teilweisen) Rechtswidrigkeit des Haftungsbescheids (BFH BStBl 81, 138). Dieser ist dann aber ggf nach § 131 II Satz 2 Nr 3 zu widerrufen (Ermessensreduktion).

25 Die StSchuld muss **nicht festgesetzt** werden; allerdings droht Festsetzungsverjährung, welche die StSchuld zum Erlöschen bringt und folglich auch den Haftungsanspruch (sofern noch nicht geltend gemacht) vernichtet. Eine etwaige Festsetzung der Steuer hat allerdings insofern Bedeutung, als dem Haftenden Einwendungen gegen die StFestsetzungen abgeschnitten sind, wenn er als Vertreter die Festsetzungen hätte angreifen können, hierzu also *rechtl* in der Lage war (§ 166; BFH BStBl 93, 581; BFH/NV 98, 814; 86, 512). Vgl Näheres bei § 166.

25a Befreiung von der Steuer durch einen Insolvenzplan beseitigt die Haftungsschuld nicht (BFH/NV 13, 1543).

26 Haftung für **USt-Vorauszahlungen** kann auch dann bestehen, wenn die JahresSt inzwischen festgesetzt ist (die Vorauszahlungsbescheide sich also erledigt haben, BFH BStBl 94, 538) und für die JahresSt keine Haftung besteht, etwa weil der Geschäftsführer inzwischen sein Amt niedergelegt hat (BFH BStBl 00, 486; aA FG SachsAnh EFG 99, 101). Es stellen sich dann allerdings uU schwierige Fragen zur Haftungshöhe, wenn der Saldo von USt und VorSt seit dem Ausscheiden des Geschäftsführers zu (entspr festgesetzten) Vergütungsansprüchen geführt hat, welche die zuvor nicht beglichenen StSchulden ausglichen; sind Vorauszahlungen nicht entrichtet worden, das USt-Konto der Gesellschaft aber später in dieser Weise zum Ausgleich gebracht worden, so wird der Geschäftsführer für erst nach seinem Ausscheiden erneut entstandene USt-Schulden nicht mehr in Anspruch genommen werden können.

30 **5. Schuldhaftigkeit der Pflichtverletzung.** Neben der Verletzung einer (objektiven) Pflicht (dazu Rz 46f) ist das (subjektive) Verschulden des Verpflichteten daran Voraussetzung der Haftung. Haftung tritt nur bei Vorsatz oder *grober* Fahrlässigkeit ein. Pflichtwidrigkeit und Verschulden hängen oftmals eng miteinander zusammen und Rspr und Schrifttum bemühen sich insoweit bisweilen nicht um eine Unterscheidung. Ferner besteht gleichsam ein gewisses Austauschverhältnis zwischen den Anforderungen an den Haftungstatbestand und an die Ermessensausübung nach § 191: was als für die Erfüllung des Haftungstatbestandes unerheblich angesehen wird, ist uU im Rahmen der Ermessensausübung dennoch zu berücksichtigen; daher ist bereits bei der Auslegung des § 69 auch § 191 im Blick zu behalten. Zu beachten ist ferner, dass auf die Frage, ob eine (schuldhafte) Verletzung der Pflichten nach §§ 34, 35 vorliegt, nicht ohne Weiteres bei den Unternehmenssteuern (insbes USt, KSt, GewSt, pauschale LSt), den Abzugsteuern (insbes LSt) und Einfuhrabgaben oder Verbrauchsteuern für Waren, die aus einem Verfahren der StAussetzung in den freien Verkehr entnommen werden (vgl § 50), eine einheitliche Antwort gegeben werden kann, weil bei den unterschiedlichen Steuern die jeweiligen StGesetze uU dem StSchuldner (und folglich auch dem Geschäftsführer etc) unterschiedliche Pflichten auferlegen.

31 **Vorsätzlich** handelt, wer sich bewusst ist, dass sein Handeln oder Unterlassen pflichtwidrig ist (BFH BStBl 83, 655). Der Vorsatz muss sich nicht auch auf die Verkürzung der Steuern beziehen (BFH/NV 88, 7); es kommt also nicht darauf an, ob der pflichtwidrig Handelnde beabsichtigt oder doch wenigstens billigend in Kauf nimmt, dass Steuern nicht oder nicht rechtzeitig entrichtet werden odgl. Haftung wegen Vorsatzes ist auch ohne Erfüllung des § 370 gegeben. Bei schlechter Liquiditätslage dürfen StRückstände nicht im Vertrauen darauf ungetilgt bleiben, dass sie alsbald aufgrund unsicherer Zuflüsse ausgeglichen werden können. Bei nicht rechtzeitiger Entrichtung der Steuer schließt es Vorsatzhaftung also nicht aus, wenn der Geschäftsführer darauf vertraut und möglicherweise sogar vertrauen konnte, dass er die Steuer aus einer erwarteten StErstattung oder aus Außenständen – und zwar selbst dann nicht, wenn diese bei öffentl Kassen bestehen (BFH/NV 00, 939) – oder aus einer Kapitalzuführung eines Gesellschafters bezahlen kann

(BFH/NV 89, 150; 90, 756; 91, 427, 578). Während die Erwartung eines Kapitalzuflusses den Vertreter grds nicht entschuldigt, soll dies „allenfalls" dann der Fall sein können, wenn er aufgrund verbindlicher Zusagen fest mit einem Zahlungseingang rechnen konnte (BFH/NV 08, 1291) oder wenn er durch das Verhalten der FinBeh in seinem Vertrauen auf eine Verrechnung mit existenten StGuthaben bestärkt wurde (BFH/NV 05, 1753; 98, 4), wobei die Rechtfertigung dieser Einschränkung angesichts der Prämisse, der Haftungsschaden müsse nicht verschuldet sein, dunkel ist (dennoch offenbar zustimmend *BG/Jatzke* § 69 Rz 62). Wenn der Geschäftsführer allerdings aufgrund der Liquiditätslage, zB bei Auszahlung der Löhne, darauf vertrauen darf, dass *zum Fälligkeitszeitpunkt* der LSt genügend Mittel vorhanden sind, führt eine unvermutete Verschlechterung der Liquiditätslage *nicht* zur Haftung (BFH/NV 94, 142); denn dann gebot die Vermögensvorsorgepflicht nicht die Kürzung der Lohnzahlung, weil eine Art Absonderungspflicht für den StAnteil nicht besteht. Die Hoffnung auf eine *spätere* Tilgung der StForderung beseitigt hingegen allenfalls die Haftungsfolge, nicht den Vorsatz, und macht die Erfüllung des Haftungstatbestandes nicht ungeschehen (BFH/NV 98, 814). Das gilt auch dann, wenn lediglich die Schonfrist (§ 240 III) ausgenutzt werden sollte, sich dann jedoch – auch unerwartet – die Liquiditätslage verschlechtert und die Steuer deshalb nicht bezahlt wird (BFH BStBl 91, 282).

Grobe Fahrlässigkeit liegt vor, wenn jemand die Sorgfalt, zu der er nach den 32
Umständen verpflichtet und nach seinen persönlichen Kenntnissen und Fähigkeiten im Stande ist, in *ungewöhnlich* hohem Maße verletzt (BFH BStBl 89, 491; BFH/NV 92, 785; 95, 941; 96, 589; ebenso FG Brem EFG 92, 496; aA *Friedl* DStR 91, 1616). Der rein objektive Fahrlässigkeitsbegriff des Zivilrechts (§ 276 I 2 BGB), nach dem es allein auf die Vernachlässigung der im Verkehr *erforderlichen* Sorgfalt ankommt, gilt für § 69 also nicht. Diese Rspr steht nicht in Widerspruch zu der Auffassung des BFH (vgl oben Rz 1 und 130), dass der steuerrechtliche Haftungsanspruch auf Schadensersatz gerichtet sei. Denn aus dem Ziel der Vorschrift, dem StFiskus Ersatz seines durch das pflichtwidrige Verhalten eines Vertreters entstandenen Schadens zu verschaffen, ergibt sich nichts für die Frage, ob der Vertreter auch für subjektiv nicht vorwerfbares Verhalten einstehen müssen soll (wofür das Zivilrecht strengere Maßstäbe entwickeln mag als das auf den Ausgleich öffentlicher [fiskalischer] und privater Interessen bedachte stl Haftungsrecht). Ob über § 69 hinaus der Rechtssatz aufgestellt werden kann, für das StRecht gelte (schlechthin) ein subjektiver Sorgfaltsmaßstab, ist indes nicht zweifelsfrei.

Die Rspr allerdings neigt nicht zu einer restriktiven Auslegung und Anwendung 33
des Fahrlässigkeitsbegriffs. Zudem ist zu beachten: Obwohl der Fahrlässigkeitsmaßstab an sich subjektiv ist (Sorgfaltsanforderungen nach den persönlichen Kenntnissen und Fähigkeiten), wird er durch die weitgehende Annahme eines **Übernahmeverschuldens** (wer eine der in den §§ 34, 35 bezeichneten Funktionen übernimmt, muss sich die zu deren Erfüllung notwendigen Kenntnisse und Fähigkeiten verschaffen) einem *objektiven* Maßstab angenähert.

Ein Vertreter wie der Geschäftsführer kann sich nicht auf sein eigenes **Unver-** 34
mögen, seinen Aufgaben nachzukommen, berufen; wer den Anforderungen an einen gewissenhaften Geschäftsführer nicht entsprechen kann, muss vielmehr von der Übernahme des Geschäftsführeramtes absehen bzw es niederlegen; sonst haftet er auch dann, wenn er nicht befähigt oder aus irgendwelchen Gründen nicht in der Lage ist, seinen Überwachungsaufgaben und seiner Pflicht, diejenigen Personen sorgfältig auszuwählen, denen er die Erledigung steuerlicher Angelegenheiten der Gesellschaft und damit die Erfüllung seiner eigenen Pflichten überlässt, nachzukommen (BFH/NV 98, 1325). Er darf die Geschäftsführung insbes nur übernehmen, wenn er auch die dafür erforderlichen **steuerrechtlichen Kenntnisse** besitzt (BFH BStBl 82, 521; 86, 384; BFH/NV 87, 210, 212). Er muss sich mit den handels- und steuerrechtlichen Erfordernissen seines Amtes vertraut machen (BFH/NV 92, 785; 95, 941; 96, 589). Grob fahrlässig handelt, wer dies unterlässt

und keine Erkundigungen über die hierfür zu beachtenden allgemeinen Pflichten des StRechts eingezogen hat (vgl BFH/NV 92, 785; 88, 704; 95, 941). Er kann sich auch nicht auf seine mangelnden Erfahrungen berufen, auch nicht als Ausländer (FG RhPf EFG 86, 322; FG BaWü EFG 87, 591). Zweifelsfragen steuerrechtlicher Art müssen nach bestem Wissen geprüft werden; ein Geschäftsführer muss nötigenfalls fachkundige Hilfe herbeiholen (BFH/NV 04, 1363; 96, 589). Er muss für den Fall von Krankheit, Schwangerschaft (BFH BStBl 90, 1008) odgl Vorsorge treffen, dass ein anderer seine Pflichten erfüllt, wobei er diesen hinreichend überwachen muss (BFH/NV 87, 422).

35 Ist der Geschäftsführer nicht in der Lage, sich innerhalb der Gesellschaft **durchzusetzen,** so muss er zurücktreten und darf nicht im Rechtsverkehr den Eindruck erwecken, er sorge für eine ordnungsgemäße Abwicklung der Geschäfte (BFH/NV 87, 210; 94, 71; 96, 589), sofern ihm ein solcher Schritt nicht aufgrund außergewöhnlicher Umstände tatsächlich unmöglich ist (vgl BFH/NV 87, 459). Bis zu diesem Zeitpunkt bleibt er für die Erfüllung der steuerlichen Pflichten voll verantwortlich (BFH/NV 93, 707; 95, 941). Der Geschäftsführer kann sich auch nicht damit entlasten, dass der Ehepartner in Wirklichkeit die Geschäftsführertätigkeit wahrgenommen habe (BFH/NV 87, 210, 389). Anders kann es nur in Fällen sein, in denen jemand zur Übernahme der Geschäftsführung gezwungen worden ist (BFH/NV 87, 422, 459, 461, 462). Zu den Pflichten, ggü einem schwachen vorläufigen Insolvenzverwalter die Notwendigkeit von StZahlungen durchzusetzen, vgl § 34 Rz 23.

40 Ein **Rechtsirrtum** über die steuerlichen Pflichten kann entschuldbar sein (vgl BFH BStBl 81, 801; BFH BStBl 06, 397; BFH/NV 87, 5; 88, 625). Die Geschäftsführerhaftung tritt daher nicht ein, wenn die Rechtslage hinsichtlich der StPflicht eines Vorgangs zweifelh ist und nicht anzunehmen ist, dass der Kläger bei Einholung einer Auskunft von sachverständiger Seite eine die StPflicht zweifelsfrei bejahende Antwort erhalten hätte (BFH/NV 86, 189). Deshalb hat BFH BStBl 09, 129 es nicht als schuldhaft bewertet, wenn ein Geschäftsführer bei Erkennen der bevorstehenden Zahlungsunfähigkeit der GmbH und Insolvenzantragstellung von der LSt-Abführung aufgrund einer vermeintlichen Kollision mit seinen Pflichten nach § 64 II GmbHG vor Aufgabe der diesbzgl Rspr des BGH (DStR 07, 1174) abgesehen hatte. Ebenso kann die Haftung ausgeschlossen sein, wenn der Geschäftsführer in einem durch eine frühere Ap hervorgerufenen Rechtsirrtum gehandelt hat (vgl BFH BStBl 62, 23; 81, 801; 92, 696), ferner zB dann, wenn das FA von einem fehlerhaften LSt-Abzug Kenntnis erhalten hat und den ArbG nicht auf den Fehler aufmerksam macht (BFH BStBl 63, 574; 92, 696) oder wenn ein streitiger LSt-Abzug Gegenstand der Vorprüfung war und nicht beanstandet worden ist (BFH BStBl 92, 696). Allein der Umstand, dass eine StBeratungsgesellschaft mangelhaften Rat erteilt hat, entschuldigt aber dann nicht, wenn der Vertreter sich nicht darum bemüht hat, sich über seine umsatzsteuerlichen Erklärungspflichten selbst zu informieren (BFH/NV 06, 1439).

43 **Mitwirkendes Verschulden** des FA soll *nicht* in entsprechender Anwendung des § 254 BGB tatbestandsmäßig zur Haftungsminderung führen (zuletzt BFH/NV 14, 1489; so schon BFH HFR 61, 109; aA *Kanzler* DStR 85, 339; *Buciek* DStR 87, 190), sondern allenfalls bei der Ermessensausübung berücksichtigt werden können (BFH BStBl 78, 683; BFH/NV 86, 518; 89, 150, 545, 757; 91, 290; 98, 4; 00, 1442; 01, 1222; 02, 310; 14, 1489; *Bley* DStR 90, 25). Das verträgt sich freilich schlecht mit dem vom BFH betonten Schadensersatzcharakter der steuerlichen Haftung; allerdings muss die Annahme einer Schadensminderungspflicht der FinBeh iAllg ausscheiden, weil es in erster Linie Sache des StSchuldners ist, seine Pflichten zu erfüllen. Weitere Einzelheiten bei § 191 Rz 44a f.

43a Eine Zurechnung von **Drittverschulden** findet bei § 69 nicht statt (stRspr, BFH BStBl 95, 278; BFH/NV 96, 2).

44 Die objektive Pflichtwidrigkeit des Verhaltens des Vertreters **indiziert** dessen **Verschulden** (BFH BStBl 03, 556; BFH/NV 03, 1540; 06, 241). Androhung von psychischer oder physischer Gewalt zur Übernahme der Vertreterstellung kann aber entschuldigen (BFH/NV 87, 210, 459). Zum entschuldigenden Rechtsirrtum siehe Rz 40.

6. Inhalt der Pflichten. a) Allgemeines. Die Pflicht, deren (schuldhafte) Verletzung die Haftung auslöst, kann sich sowohl auf die Entrichtung der Steuer als auch auf die Abgabe einer StErklärung beziehen (BFH BStBl 91, 678; BFH/NV 94, 526) oder auf beides nebeneinander (BFH/NV 96, 97). Es muss sich um eine durch die StGesetze auferlegte Pflicht, nicht zB eine bloß handelsrechtliche handeln (vgl BFHE 123, 398; BFH/NV 96, 97). Insolvenzverschleppung begründet daher keine Haftung (BFH/NV 88, 487). Die Verletzung der (außersteuerlichen) Pflicht, einen Insolvenzantrag zu stellen, und Weiterführung der Geschäfte mit der Folge eines voraussehbaren und folglich vermeidbaren StAusfalls (BFH BStBl 03, 337) begründet ebenfalls keine stl Haftung (volle Haftung bejahend jedoch FG BaWü EFG 94, 75; *Urban* DStR 97, 1146; *Nacke* Die Haftung für Steuerschulden, Rz 89 f; *TK/Loose* § 69 Rz 35). Nichtbenennung des Empfängers trotz Verlangens nach § 160 ist ebenfalls keine Verletzung einer StErklärungspflicht (FG Saarl EFG 12, 478). 46

b) Verletzung von Vermögensvorsorgepflichten. Die Pflicht, für die Entrichtung der Steuern aus dem Vermögen des StSchuldners (BFH BStBl 91, 678; BFH/NV 88, 487) zu sorgen, entsteht nicht erst mit Fälligkeit der Steuer (BFH BStBl 84, 776), wenn die StAnsprüche zu erwarten sind (BFHE 112, 539; BFH BStBl 80, 526; BFH/NV 16, 370; 97, 324; 87, 2) **(Vermögensvorsorgepflicht);** vgl jedoch Rz 57 ff. Eine Haftung kommt zwar nicht in Betracht, wenn der Vertretene zur Zahlung der Steuer bei Fälligkeit nicht in der Lage ist (vgl BFH BStBl 90, 357; 82, 521; BFH/NV 89, 422; 89, 478; 87, 5; 86, 192; 86, 387; 85, 19). Bereits vor Fälligkeit der Steuern sind aber die Mittel des StSchuldners so zu verwalten, dass dieser zur pünktlichen Zahlung erst später fällig werdender StSchulden in der Lage ist; das gilt auch dann, wenn AdV gewährt worden ist. Diese Vermögensvorsorgepflicht kann sogar zu einer Haftung eines schon ausgeschiedenen Geschäftsführers führen (BFH/NV 14, 1353; 13, 1063). Der Vertreter eines StSchuldners verletzt seine Pflichten insbes dann, wenn er sich durch Vorwegbefriedigung anderer Gläubiger oder in sonstiger Weise (zB durch Globalzession oder Einräumung von Sicherungsrechten) *schuldhaft* außerstande setzt, künftig fällig werdende Steuern zu tilgen, deren künftige Entstehung ihm bekannt ist (BFH BStBl 95, 230; 91, 678; 88, 172; 85, 702; 84, 776; 90, 767; BFH/NV 89, 478; 87, 2; BVerwG NJW 89, 139, 1873; BVerwG NJW 89, 1873; für die Einräumung von Sicherungsrechten zuletzt FG Mster EFG 14, 1254). Der Geschäftsführer darf auch nicht dulden, dass die Bank einzelne Gläubiger bevorzugt befriedigt (BFH BStBl 83, 655), selbst wenn die Zahlungen aus Kreditmitteln erfolgen, die nach der getroffenen Vereinbarung oder der Weisung des Kreditgebers nur in dieser Weise (zB im Interesse der Aufrechterhaltung des Betriebes für den Nettolohn) verwendet werden sollten (BFH/NV 92, 575; 86, 583). Beruht jedoch die bevorzugte Befriedigung darauf, dass ein einzelner Gläubiger, zB die Bank selbst, von einer Aufrechnungsmöglichkeit ohne Zutun des Haftenden Gebrauch gemacht hat, so tritt dessen Haftung mangels Kausalität seines Handelns selbstverständlich nicht ein (vgl BFH/NV 88, 74). 55

Eine Pflichtwidrigkeit kann auch in der Herbeiführung eines StAusfalls durch eine entsprechende, bei wirtschaftlicher Betrachtung vermeidbare Vertragsgestaltung liegen (vgl schon BFH/NV 87, 2). Allerdings tritt Haftung in solchen Fällen nicht ein, wenn der Geschäftsführer im Zeitpunkt der Einräumung von solchen Rechten zugunsten anderer Gläubiger udgl davon als *sicher* ausgehen konnte, dass er die StSchulden bei Fälligkeit trotzdem werde begleichen können (vgl BFH BStBl 91, 678; FG Saarl EFG 14, 1738; aA FG Mster EFG 14, 1254, Rev VII R 20/14 erledigt).

56 Steuerliche Pflichten werden unter dem Gesichtspunkt der Vermögensvorsorgepflicht ferner verletzt, wenn aufgrund einer Vereinbarung mit einem Grundpfandgläubiger ein **Grundstück** unter Verzicht auf die USt-Befreiung freihändig verkauft und der Kaufpreisanspruch an den Grundpfandgläubiger abgetreten wird, obwohl vorauszusehen ist, dass Mittel zur Tilgung der StSchuld nicht zur Verfügung stehen werden; in diesem Fall muss vielmehr, wenn möglich, Vermögensvorsorge durch eine Nettokaufpreisvereinbarung getroffen werden (BFH BStBl 03, 337). Dabei entspricht es einer Erfahrungsregel, dass dort, wo die Sicherungsabrede nicht eine Bruttokaufpreisvereinbarung und die Abrede enthält, der Sicherungsnehmer könne ggf freihändige Verwertung des Sicherungsguts verlangen, es praktisch ausgeschlossen erscheint, dass der Sicherungsnehmer sich nicht darauf einlässt, dem Verkäufer den USt-Anteil des Kaufpreises zu überlassen (BFH BStBl 05, 249). Eine Kausalität einer solchen Pflichtverletzung für den Eintritt des Haftungsschadens kann dann auch nicht deshalb verneint werden, weil ohne Option ein uneinbringlicher VorStBerichtigungsanspruch nach § 15a UStG entstanden wäre (nicht zu berücksichtigender hypothetischer Kausalverlauf, BFH BStBl 03, 337). Siehe jedoch jetzt § 13b I Nr 3 UStG (Leistungsempfänger als StSchuldner), der die Problematik in weiten Bereichen ausräumt.

56a Hat ein **vorläufiger Insolvenzverwalter** mit Zustimmungsvorbehalt eine Kontosperrung veranlasst, haftet der Vertreter auch nicht etwa deshalb, weil er das Verhalten des Insolvenzverwalters nicht vorausschauend bedacht und für die Entrichtung der LSt noch vor dem Antrag auf Eröffnung des Insolvenzverfahrens gesorgt hat (BFH/NV 07, 2225). Auch eine Gewinnausschüttung als Maßnahme der Gesellschaft kann Geschäftsführerpflichten nicht verletzen, selbst wenn der Gesellschafter selbst Geschäftsführer ist (FG Saarl EFG 12, 478; anders im Fall einer verdeckten Gewinnausschüttung FG Köln EFG 14, 713).

57 **c) Verwirklichung von Besteuerungstatbeständen trotz Zahlungsunfähigkeit. Spekulatives Wirtschaften,** das die Zahlung der Steuern gefährdet, ist dem Geschäftsführer nicht verwehrt, auch wenn es die Nichtzahlung von Steuern am Fälligkeitstag zur Folge hat (BFH/NV 88, 485). Er ist auch nicht etwa verpflichtet, von wirtschaftlichen Maßnahmen oder stl Gestaltungen abzusehen, weil er die daraus entstehenden Steuern voraussichtlich nicht begleichen kann (vgl BFH BStBl 03, 337; siehe auch BFH/NV 07, 2233; 08, 16; zweifelh deshalb FG Hbg EFG 04, 74 zur Gewinnausschüttung trotz fehlender KapESt).

57a BFH/NV 97, 324 hat, allerdings für einen besonders gelagerten Sachverhalt (USt-Option, wobei der Geschäftsführer selbst als Erwerber des Objekts den USt-Abzug in Anspruch nehmen wollte; vgl zu Sonderfällen ferner BFH/NV 97, 324; 7, 2), angenommen, eine Pflichtverletzung könne darin liegen, dass der Geschäftsführer in Kenntnis der voraussichtlichen Zahlungsunfähigkeit der Gesellschaft eine StForderung überhaupt erst zum Entstehen bringt. Freilich hat der BFH sonst niemals angenommen, ein Geschäftsführer dürfe bei voraussehbaren Zahlungsschwierigkeiten der Gesellschaft keine umsatzsteuerpflichtigen Geschäfte mehr tätigen (so aber wohl für die Mineralölsteuer BFH/NV 88, 428, zweifelhaft) bzw müsse sofort den auf die USt entfallenden Teil der vereinnahmten Entgelte abzweigen und für den Fälligkeitszeitpunkt bereithalten (vgl BFH/NV 01, 1100 und BFH BStBl 03, 337). Eine Pflicht des Vertreters, die Entstehung von StForderungen, die nicht beglichen werden können, zu vermeiden, besteht dementsprechend nicht; das gilt auch im Hinblick auf StSchulden, deren Entstehen Folge der Ausübung eines Wahlrechts ist (zB nach § 9 UStG; BFH BStBl 03, 337; haftungseinschränkend schon *Valentin* DStR 97, 1794, sofern die Option im Rahmen der umsatzsteuerrechtl Zielsetzung ausgeübt werde). Die Ausübung eines Optionsrechts ist deshalb in der neueren Rspr des BFH auch bei bekannter Zahlungsunfähigkeit nicht als solche als eine haftungsbegründende Pflichtverletzung gewertet worden (BFH BStBl 03, 337; vgl auch *Haunhorst* DStR 03, 1907; zur Gewinnausschüttung nach KStG aF trotz Unfähigkeit, die KSt zahlen zu können, vgl *Nacke* Die Haftung für Steuerschulden, Rz 87: volle Haftung; vgl aber BFH BStBl 89, 489).

d) Gleichbehandlungspflicht (Grundsatz der anteiligen Tilgung). Steuern, insbes die USt, sind grds (anders die LSt, dazu Rz 71 ff) nicht *vorrangig* vor anderen Verbindlichkeiten zu tilgen, aber in dem gleichen Umfang wie diese. Dieses auf den ersten Blick so plausible Verbot, den Fiskus im Schuldendienst zu benachteiligen, dürfte dogmatisch nur überzeugend zu begründen sein, wenn man es als *Einschränkung* der von Gesetzes wegen unbedingten StZahlungspflicht und richterrechtliche Auflösung der bei Zahlungsschwierigkeiten eintretenden Kollision jener Pflicht mit der wirtschaftlichen Dispositionsfreiheit des Stpfl versteht, zu der gehört, die Dringlichkeit der Schuldentilgung nach wirtschaftlichen Gesichtspunkten zu bestimmen. Damit ist für die nähere Ausgestaltung des Gebots anteiliger Tilgung ein (von der Rspr genutzter) weiter Gestaltungsspielraum eröffnet (siehe dazu insbes Rz 63 f). Weshalb hingegen der genannte Grundsatz aus dem Schadensersatzcharakter der Haftung folgen soll (so *TK/Loose* § 69 Rz 34) oder einen Rechtfertigungsgrund für nur teilweise Erfüllung der StSchuld darstellen soll (so FG Mchn EFG 92, 642), ist nicht nachvollziehbar. 58

Der Grundsatz der gleichmäßigen anteiligen Tilgung aller Schulden begrenzt die Haftung, wenn der dem Haftenden gemachte Vorwurf darin besteht, die Steuer nicht beglichen zu haben; er ist hingegen grds nicht einschlägig, wenn der primäre Haftungsvorwurf die Verletzung von Erklärungspflichten ist (vgl auch Rz 60b und 62), es sei denn, auch bei pflichtgemäßer Abgabe der Erklärung hätte nur anteilig getilgt werden können; dann beschränkt sich auch die durch nicht/nicht rechtzeitige Erklärungsabgabe ausgelöste Haftung nach dem Grundsatz der anteiligen Tilgung (BFH BStBl 93, 8; 91, 678), wobei allerdings der Beurteilungszeitraum auf den Zeitpunkt der pflichtgemäßen Erklärungsabgabe zu beziehen ist. 58a

Standen zur Begleichung der StSchulden keine ausreichenden Mittel zur Verfügung, so betrifft die durch die schuldhafte Pflichtverletzung verursachte Schmälerung der Ansprüche aus dem StSchuldverhältnis aufgrund eingangs genannten Gebots nur einen Teil der StSchulden. Bei unzureichenden Zahlungsmitteln, die nicht zur gleichzeitigen Bezahlung aller fälligen Schulden ausreichen, richtet sich die bei Gefahr haftungsauslösender schuldhafter Pflichtverletzung bestehende Obliegenheit des Vertreters nämlich lediglich darauf, die fälligen Steuern *etwa* in gleicher Weise zu bezahlen wie die Forderungen anderer Gläubiger befriedigt werden (Grundsatz der anteiligen Tilgung der StSchulden; so für die USt: BFH BStBl 83, 249; 84, 776; 85, 539; 88, 172; 88, 980; 90, 201; 90, 357; 91, 678; 93, 8; BFH/NV 92, 785; 96, 97; für KSt: BFH BStBl 85, 702; BFH/NV 89, 478; 92, 785; 95, 281; 97, 7; für GewSt: VGH Kassel GmbHR 89, 350; *Spriegel/Jokisch* DStR 90, 433; für die pauschale LSt BFH BStBl 90, 767, jedoch zumindest in der Begründung durch BFH BStBl 94, 715 überholt). Dabei ist ist auf die Situation des jeweiligen StSchuldners abzustellen, auch wenn er mit anderen zahlungsfähigeren StSchuldnern verbunden ist (BFH/NV 16, 372 für die Komplementär-GmbH einer GmbH & Co. KG). Reichten die Zahlungsmittel zur Tilgung sämtlicher Verbindlichkeiten nicht aus, so haftet der Geschäftsführer also ggf nur in dem Umfang, wie er das FA ggü den anderen Gläubigern benachteiligt hat und er bei Beachtung des genannten Grundsatzes aus den ihm im Fälligkeitszeitpunkt zur Verfügung stehenden Mitteln die StSchulden hätte tilgen können (BFH BStBl 91, 678; 89, 979). Er muss dem Gebot anteiliger Tilgung aber nur überschläglich Rechnung tragen und nicht etwa die Tilgungsquote laufend neu exakt berechnen (vgl BFH BStBl 86, 657; 88, 172). Siehe zu den Einzelheiten Rz 63 f. 58b

Insolvenzrechtliche Vorschriften über den Vorrang bestimmter Forderungen sind nicht entsprechend anwendbar und gestatten deshalb nicht die Bevorzugung bestimmter Gläubiger (BFH BStBl 84, 776; 88, 172), und zwar selbst wenn in dem fraglichen Zeitpunkt handelsrechtl die Verpflichtung zur Einleitung des Insolvenz- 59 verfahrens bestanden hat; denn deren Nichterfüllung löst keine Haftung nach § 69 aus (BFH/NV 96, 97). Ob es sich dabei um eine Verschuldensfrage und nicht vielmehr um Umstände handelt, welche die Verpflichtung des Vertreters des StSchuldners zur vollen Begleichung von deren StSchuld ausschließen, erscheint fraglich, ist aber iErg bedeutungslos. Erst recht nicht sind wirtschaftliche Überlegungen zu berücksichtigen, die eine vorrangige Befriedigung bestimmter Gläubiger angeblich erfordert haben (vgl BFH BStBl 88, 172; BFH/NV 04, 1363; 05, 665).

60 Der Grundsatz anteiliger Tilgung begrenzt die Haftung auch dann, wenn eine Voranmeldung nicht oder nicht rechtzeitig abgegeben worden ist (BFH BStBl 88, 980; 91, 678; 93, 8; BFH/NV 90, 481; 92, 79; 94, 526; 01, 1097; vgl auch *Friedl* UR 92, 38; *Haunhorst* DStZ 02, 368; 97, 7; 96, 97). Er gilt jedoch dann nicht, wenn eine VorStVergütung aufgrund unrichtiger USt-Voranmeldung zu Unrecht ausgezahlt worden ist (FG Mchn 2 K 40/12).

60a Volle Haftung besteht *nur dann nicht,* wenn für das FA im Falle richtiger und rechtzeitiger Anmeldung keine von der späteren Liquidität des StSchuldners unabhängigen Befriedigungsmöglichkeiten bestanden haben (vgl auch *TK/Loose* § 69 Rz 45). Ein haftungsbegründender ursächlicher Zusammenhang zwischen der nicht erfolgten oder nicht rechtzeitigen Abgabe einer StErklärung bzw der Anmeldung von Vorauszahlungen (BFH BStBl 88, 172) und dem eingetretenen StAusfall kann also dann gegeben sein, wenn durch jene Verletzung der Erklärungspflicht aussichtsreiche Vollstreckungsmöglichkeiten des FA (BFH BStBl 91, 678; 93, 8) oder Aufrechnungsmöglichkeiten vereitelt worden sind, zB mit dem (angeblichen) Vorsteueranspruch der FinBeh durch Nichtabgabe der Voranmeldung für nachfolgende Zeiträume, oder wenn Vorsteuer geltend gemacht wurde, ohne dass die USt-Lasten für den entsprechenden Zeitraum angemeldet wurden und dadurch unter Verletzung der Pflicht aus § 16 II 1 UStG die Vergütung von VorSt erreicht wird (BFH/NV 96, 97; 90, 618; vgl auch BFH BStBl 85, 488). In diesen Fällen richtet sich die Haftung nicht nur auf die anteilige Tilgungssumme, sondern auf die tatsächlich entgangene Befriedigungsmöglichkeit; diese Haftung wegen Nichtabgabe der StAnmeldung tritt ggf neben die Haftung wegen Nichtentrichtung der Steuer trotz Möglichkeit anteiliger Befriedigung (BFH/NV 96, 97). Die Kausalitätsfeststellung wird freilich oftmals nicht möglich sein, weil eine sofortige (erfolgreiche) Vollstreckung einer angemeldeten, aber nicht fristgerecht beglichenen StSchuld nicht unterstellt werden kann.

60b Auch die Verletzung der **Pflicht, keine Rechnung zu erteilen,** ohne dass ihr eine Lieferung oder sonstige Leistung zu Grunde liegt, begründet ggf *volle* Haftung (BFH BStBl 95, 230; vgl auch BFH/NV 97, 637: kein genereller Ausschluss des Grundsatzes der anteiligen Tilgung; so aber *Nacke* Die Haftung für Steuerschulden, Rz 92, jedoch zweifelh für den Fall, dass Zahlungs- oder spätere Leistungsbereitschaft bestand, vgl FG Saarl 1 K 103/00, nv, es sich also lediglich um eine Vorausrechnung handelte, BFH/NV 94, 603).

60c Nur anteilige Haftung besteht auch dann nicht, wenn wegen der EUSt Zahlungsaufschub gewährt und die Ware aus der Sachhaftung freigegeben worden ist (BFH DStRE 18, 104; vgl Rz 92).

61 Die Grundsätze der anteiligen Tilgung der USt können auch im Falle der Haftung wegen **StHinterziehung** nach § 71 angewandt werden (BFH BStBl 93, 8). Sie gelten hingegen selbstredend nicht im Hinblick auf die **Gesellschafterhaftung.** Auch im Falle der **Verletzung von StErklärungspflichten** sind sie von vornherein nicht einschlägig (FG Köln EFG 09, 1359); vgl jedoch Rz 60.

62 Sie gelten ferner nicht, wenn die Steuer überhaupt erst durch vorsätzliches rechtswidriges Tun zum Entstehen gebracht worden ist, zB BranntwSteuer durch **Schwarzbrennen** (volle Haftung des Hehlers: BFH BStBl 15, 117 mit krit Anm *Gehm* NZWiSt 14, 467).

e) Berechnung der Haftungsquote. Die nach den Grundsätzen der anteiligen Tilgung zu ermittelnde Haftungsquote ist unter Berücksichtigung der Mittelverwendung während des gesamten Haftungszeitraums überschlägig zu berechnen (BFH BStBl 83, 249; 84, 776; 85, 539; 86, 657; 88, 172; BFH/NV 88, 764). Es besteht also nicht etwa die Verpflichtung zur Abführung bzw zum Zurücklegen eines USt-Anteils von jedem eingehenden Entgelt (*Beermann* DStR 94, 805, 808). Eine angebliche Tilgungsvordringlichkeit bestimmter Zahlungsverpflichtungen ist indes unberücksichtigt zu lassen; die Vergleichsrechnung soll nicht mit unübersehbaren Ausnahmen und Komplikationen belastet werden (BFH/NV 04, 1363). Die Berechnung der Höhe der Haftungssumme bei insgesamt nicht ausreichenden Zahlungsmitteln setzt also lediglich die Feststellung der gesamten im Haftungszeitraum fälligen Verbindlichkeiten und der darauf insgesamt geleisteten Zahlungen sowie etwaiger nicht ausgeschöpfter Kreditlinien voraus. Sie ist für das Unternehmen einheitlich und nicht etwa getrennt für einzelne Geschäftsbereiche oder Tätigkeitsfelder zu berechnen (BFH/NV 16, 1672). 63

Es ist anhand eines Vergleichs der gesamten Schulden (einschl der StSchulden mit Ausnahme derjenigen, die ungekürzt zu befriedigen waren, insbes also der abzuführenden LSt, vgl BFH/NV 00, 1322) und der auf diese tatsächlich geleisteten Zahlungen (einschl der vom FA vorgenommenen Verrechnung von StGuthaben) die (durchschnittliche) Tilgungsquote zu ermitteln (BFH BStBl 90, 201). Der hierfür maßgebliche „Haftungszeitraum" beginnt, sobald der Geschäftsführer erkennen muss, dass die Mittel zur vollständigen Befriedigung aller Gläubiger voraussichtlich nicht ausreichen; er endet mit dem Verlust der Verfügungsbefugnis (vgl FG BBg EFG 09, 1988). Woher die für die Zahlungen verwendeten Mittel stammten, ist bedeutungslos; auch von Gesellschaftern oder dem Geschäftsführer selbst freiwillig zur Verfügung gestellte eigene Mittel sind zu berücksichtigen (BFH/NV 06, 1792, jedoch zweifelhaft). Sind auf die StSchulden im Haftungszeitraum überhaupt keine Zahlungen geleistet worden, ergibt sich die Haftungssumme aus der Anwendung der Tilgungsquote auf die Summe der StSchulden. Sind auf die StSchulden (und zwar auf sämtliche, für deren Erfüllung der Haftende zu sorgen hatte, nicht nur auf diejenigen, deretwegen er auf Haftung tatsächlich in Anspruch genommen wird!) Teilzahlungen geleistet worden, ist zunächst die stl Tilgungsquote (auf StSchulden geleistete Zahlungen in Prozent der gesamten StSchulden) und alsdann die Differenz zwischen der tatsächlichen steuerlichen Tilgungsquote und der Soll-Tilgungsquote zu errechnen und auf die StSchulden anzuwenden. Soweit „überobligatorische" StZahlungen geleistet worden sind, die also über dem Betrag liegen, der sich ergibt, wenn man den in dem jeweiligen Zeitraum maßgebenden, bei gleichmäßiger Befriedigung der Gläubiger sich ergebenden Prozentsatz zu Grunde legt, führt dies in Höhe des überschießenden Betrags allerdings zu einer Ermäßigung der Haftung für die übrigen Steuern (BFH BStBl 85, 702; BFH/NV 00, 1322). 63a

Bei der Ermittlung der Tilgungsquote (Verhältnis der fälligen Schulden zu den geleisteten Zahlungen) ist die **LSt-Schuld** ebenso außer Betracht zu lassen wie bei der Ermittlung der ggü dem FA geleisteten StZahlungen und ihres Verhältnisses zu den StSchulden (BFH BStBl 08, 508; BFH/NV 00, 1322; dazu näher Rz 71 f). Angesichts der besonderen haftungsrechtl Behandlung der LSt durch den BFH müssen in, gemessen an der tatsächlichen Lohnauszahlung, zutreffender Höhe abgeführte LSt völlig außer Betracht bleiben; zu wenig abgeführte LSt muss hingegen in voller Höhe der Haftungssumme hinzugerechnet werden und bei der Anwendung der Tilgungsquote auf die StSchulden unberücksichtigt bleiben. Eine Anrechnung des Betrags, um den die stl Tilgungsquote „übererfüllt" worden ist, oder eines VorStÜberschusses (sofern nicht Verrechnung beantragt worden war, BFH/NV 89, 150; BFH BStBl 90, 201) auf die Haftungssumme für die LSt ist nicht zulässig (BFH/NV 95, 373); Näheres Rz 71. 64

Wird der Haftende wegen Nichtentrichtung von **Vorauszahlungen** in Anspruch genommen, so ist maßgeblicher Haftungszeitraum nicht das StJahr, sondern 64a der Voranmeldungszeitraum (BFH BStBl 88, 742). Bei UStRückständen ist in die Berechnung der Haftungssumme die Liquiditätslage im Vorauszahlungszeitraum und nicht nur im Veranlagungszeitpunkt einzubeziehen, wenn der StRückstand darauf beruht, dass in vorwerfbarer Weise zu niedrige Vorauszahlungen erbracht worden sind (BFH BStBl 88, 742). Bei einer Inanspruchnahme für USt ist aber nicht nur auf die Zahllasten in einzelnen Voranmeldungszeiträumen abzustellen, sondern die Abschlusszahlung zu berücksichtigen (FG Köln EFG 10, 1359).

66 **Umbuchungen,** die außerhalb des Haftungszeitraumes vorgenommen werden, sind bei der Ermittlung der Haftungsquote ohne Bedeutung. Denn eine nachträgliche Minderung der StSchuld durch Verrechnung mit nachträglich festgesetzten Erstattungsansprüchen vermag den Haftungsschuldner nicht vom Vorwurf der Verletzung seiner steuerlichen Pflichten während des Haftungszeitraumes zu entlasten. Auch kann der Haftungsschuldner nicht darauf vertrauen, dass er StRückstände mit erwarteten StGuthaben werde ausgleichen können (BFH/NV 05, 665). Anderes kann gelten, wenn im Haftungszeitraum tatsächlich StGuthaben bestanden haben, ein entsprechender Verrechnungsantrag gestellt worden ist und das FA in der Vergangenheit solche Verrechnungen auch vorgenommen hat (BFH/NV 98, 4).

68 **Ungleichmäßigkeiten in der Zahlungsfähigkeit** des Stpfl während des Haftungszeitraums können durch pauschale Abschläge von der überschlägig ermittelten durchschnittlichen Tilgungsquote ausgeglichen werden (BFH BStBl 88, 172; vgl *Prugger* INF 90, 343). Auch insoweit ist also ggf zu schätzen und nur eine annäherungsweise Ermittlung der Tilgungsquote geboten (und möglich!).

69 Im Zweifel ist die **Tilgungsquote zu schätzen**. Ist die Tilgungsquote wegen mangelhafter Mitwirkung des Haftenden (zu dessen Mitwirkungspflichten BFH/NV 02, 6; 95, 570; vgl näher Rz 70 ff) auch mit Hilfe einer Schätzung nicht zu ermitteln, geht dies zulasten des Haftenden (also volle Haftung; vgl BFH/NV 07, 185; 86, 321).Dies gilt obwohl die FinBeh grds die objektive Feststellungslast für einen Verstoß gegen den Grundsatz der anteiligen Befriedigung trägt (BFH BStBl 90, 357). Ungeachtet einer Nichterfüllung der Mitwirkungspflicht des Haftungsschuldners ist eine Schätzung zulässig, wenn die Gründe für die Unaufklärbarkeit der für die Ermittlung der Haftungsquote maßgeblichen Geschäftsvorfälle im Verantwortungsbereich der vom Haftungsschuldner vertretenen GmbH liegen, auch wenn der Haftungsschuldner daran persönlich keine Schuld trägt (BFH/NV 06, 708). Macht das FG von seiner eigenen Schätzungsbefugnis Gebrauch, muss es ggf die Verletzung der Mitwirkungspflicht im Verwaltungsverfahren zulasten des Haftungsschuldners ansetzen und hinreichend gesicherte Anhaltspunkte (Schätzungsgrundlagen) benennen, wenn es das Schätzungsergebnis des FA korrigieren will (BFH/NV 12, 777). Die Forderung eines einzelnen Gläubigers und eine einzige nachweisbare Zahlung im Haftungszeitraum sind idR keine verlässliche Grundlage für eine Schätzung (BFH/NV 04, 1498). Auch bei grober Verletzung der Mitwirkungspflicht muss das Schätzungsergebnis den allgemeinen Anforderungen genügen, insbes wirtschaftlich vernünftig sein (FG BBg EFG 12, 1802). Die Schätzung einer Quote von 100% wird danach allenfalls in Ausnahmefällen in Betracht kommen (vgl BFH/NV 01, 1217; weitergehend offenbar *Halaczinsky* Rz 93, der eine volle Inanspruchnahme für zulässig hält). IÜ müssen, auch wenn der Haftungsschuldner erfolglos zur Auskunftserteilung aufgefordert worden ist, greifbare Unterlagen von der FinBeh gem § 97 I herbeigeholt und ggf der Insolvenzverwalter gem § 93 I 1 um Erteilung der benötigten Auskünfte ersucht werden (BFH/NV 95, 570; 08, 521).

70 Die FinBeh kann vom Vertreter (Geschäftsführer usw) **Auskunft verlangen** über die anteilige Gläubigerbefriedigung im Haftungszeitraum, soweit dieser dazu in der Lage ist, insbes anhand der in seinem Besitz befindlichen Unterlagen (BFH/NV 00, 1). Bei Dritten verwahrte und nicht freiwillig herausgegebene Unterlagen müssen nicht hinzugezogen werden (BFH BStBl 84, 776; 87, 419; BFH/NV 95, 570). Der Vertreter muss insbes Feststellungen zur Höhe der Gesamtverbindlich-

keiten der Gesellschaft im Zeitpunkt der Fälligkeit der StSchulden, der Höhe der StSchulden sowie der an sämtliche Gläubiger geleisteten Zahlungen ermöglichen (BFH BStBl 86, 657; zur Mitwirkungspflicht BFH/NV 95, 570). Er darf sich auch nicht selbst – durch Weggabe der einschlägigen Unterlagen bei drohender Haftung – der Fähigkeit berauben, später Auskunft erteilen zu können (FG BBg EFG 12, 1802). Stehen dem Vertreter jedoch die Geschäftsunterlagen nicht mehr zur Verfügung – etwa weil der Insolvenzverwalter sie in Besitz genommen hat – so genügt er seiner Mitwirkungspflicht, wenn er nach seiner Erinnerung Auskunft gibt (BFH/NV 96, 570). Einen etwaigen Herausgabeanspruch muss er jedenfalls nicht gerichtlich geltend machen (BFH/NV 95, 570) und sich auch nach Einstellung des Insolvenzverfahrens nicht Einblick in die noch bei dem Verwalter befindlichen Geschäftspapiere verschaffen oder sich aufgrund seiner potenziellen Auskunftspflicht vorsorglich in den Besitz der nötigen Unterlagen setzen, damit er ein künftiges Auskunftsverlangen des FA erfüllen kann (BFH/NV 99, 447).

Angaben über die Gläubiger, Schuldgrund, Fälligkeitszeitpunkt und Zahlungszeitpunkt der einzelnen Verbindlichkeiten können nicht verlangt werden, sofern diese nicht erforderlich sind, um zu beurteilen, ob die Grundsätze der anteiligen Tilgung von dem Vertreter beachtet worden sind (BFH BStBl 90, 357; BFH/NV 95, 570). **70a**

Aus der **Verletzung der Mitwirkungspflicht** bei der Aufklärung des Sachverhalts können sich Nachteile bei der Beweiswürdigung für den Haftungsschuldner ergeben (BFH BStBl 83, 249; BFH/NV 86, 321; 95, 570; siehe § 88 Rz 25 ff und zu § 90 Rz 4 f). Bei unzureichender Mitwirkung des Haftungsschuldners ist die FinBeh nicht verpflichtet, die nach dem Grundsatz anteiliger Tilgung haftungsbeschränkenden Tatsachen unter unverhältnismäßig großem Aufwand selbst zu ermitteln. **70b**

Die **Feststellungslast** für eine nicht anteilige, sondern nachteilige Befriedigung des FA trägt dieses (BFH BStBl 83, 249; 90, 359). **70c**

f) Abführungspflicht bei der Lohnsteuer. Die Grundsätze der anteiligen Tilgung haben für die LSt im Falle zur Befriedigung aller Gläubiger nicht ausreichender Zahlungsmittel zwar ebenfalls grds Bedeutung (so ausdrücklich BFH BStBl 88, 859), führen allerdings iErg nur selten tatsächlich zu einer Haftungsbeschränkung. Die Haftungsquote bemisst sich bei der LSt nämlich nicht nach dem möglichen Umfang einer gleichmäßigen Befriedigung *aller* Gläubiger, sondern nur nach dem möglichen Umfang *einer anteiligen Befriedigung des FA und der ArbN* (BFH BStBl 82, 521; 88, 859), mithin nach der auf die tatsächlich ausgezahlten (Netto-)Löhne zu entrichtenden (nicht: der wegen der vereinbarten Bruttolöhne angemeldeten) LSt. Der ArbG kann sich nicht damit entschuldigen, dass bei Auszahlung der um die entstandene LSt gekürzten Nettolöhne die Gefahr einer Arbeitsniederlegung bestanden hätte (BFH/NV 86, 266, 378). Der ArbG darf unabhängig von dem Umfang der Befriedigung der übrigen Gläubiger das FA hinsichtlich der LSt nicht schlechter behandeln als die ArbN hinsichtlich der ausgezahlten Nettolöhne (BFH/NV 88, 764). Löhne sind vielmehr in einem Umfang zu kürzen, der eine gleichmäßige Befriedigung der ArbN und des FA hinsichtlich der auf die gekürzten Löhne entfallenden LSt sicherstellt (vgl auch BGH wistra 85, 104; BGHZ 134, 304 = DStR 97, 546 für die Abführung der Sozialversicherungsbeiträge; dazu kritisch *TK/Loose* § 69 Rz 41, die insbes auch das Verschulden wegen einer „notstandsähnlichen Zwangslage" – ein Schuldausschließungsgrund, obwohl für solche Lagen an sich die InsO den richtigen Weg weist? – verneinen). Denn die abzuführende LSt ist nach Ansicht des BFH ein Teil des geschuldeten Bruttoarbeitslohns, den der ArbG „treuhänderisch" für den ArbN und den StFiskus einzuziehen habe (vgl BFH BStBl 82, 521; BFH/NV 88, 764; *Halaczinsky* Rz 87; gegen die Verwendung des – sicher nicht in streng rechtstechnischem Sinne zu rechtfertigenden – Treuhandbegriffs, denn der ArbG erfüllt eine *eigene* öff-rechtl Pflicht, BGHZ 157, 350). **71**

71a Anders als hinsichtlich der LSt selbst führen Pflichtverletzungen im Zusammenhang mit der Entstehung von Sz zur LSt nur zur Haftung nach Maßgabe des Grundsatzes anteiliger Tilgung (FG BBg EFG 11, 1680).

72 Die Pflicht zur Abführung der LSt kann in Widerspruch zu der Pflicht geraten, bei drohender Insolvenz eine Bevorzugung einzelner Gläubiger zu unterlassen, § 64 II GmbHG, § 92 II AktG **(Masseerhaltungspflicht).** BFH/NV 94, 142 hatte, um diesen Widerspruch zu vermeiden, in Betracht gezogen, die lohnsteuerrechtliche Pflicht darauf zu reduzieren, die LSt *einzubehalten;* an das FA abgeführt werden müsse sie nicht. Das würde der FinBeh freilich wenig nützen; denn im Insolvenzverfahren könnte das FA die Auskehrung der einbehaltenen LSt nicht verlangen (kein Vorrecht). Deshalb hat sich der BFH später darauf verstanden, die lohnsteuerrechtlichen Pflichten in der Zeit unmittelbar vor dem Insolvenzantrag zu suspendieren, und dadurch einen Konflikt mit BGH DStR 05, 1867 zu vermeiden gesucht: erkennt der Geschäftsführer die drohende Insolvenzreife und unterlässt die Abführung der LSt, so konnte er nach BFH BStBl 09, 348 für einen StAusfall nicht haftbar gemacht werden, wenn (spätestens) innerhalb von drei Wochen nach Fälligkeit der LSt Insolvenzantrag gestellt wird (vgl ähnlich bereits BGH DStR 05, 1867). Der BFH wollte mit anderen Worten dem Geschäftsführer ab Kenntnis der Insolvenzreife eine dreiwöchige Frist einräumen, um die Sanierungsfähigkeit der GmbH zu prüfen und Sanierungsversuche durchzuführen und ihm in diesem Zeitraum kein Verschulden bei Nichtabführung der LSt anlasten (vgl auch BFH/NV 08, 521). Ob es sich dabei um eine Höchstfrist handeln sollte oder bei Aussichtslosigkeit der Sanierung ggf sofort Insolvenzantrag zu stellen ist – was den Geschäftsführer aus vorgenannter Pflichtenkollision befreit (dazu *Heeg* DStR 07, 2134) – ist offen geblieben, aber auch wohl eher theoretisch bedeutsam, weil sich solche Aussichtslosigkeit durch die beweisbelastete FinBeh kaum jemals würde nachweisen lassen. § 64 II GmbHG hätte jedoch bei dieser Konstruktion des BFH allenfalls für einen einzigen LSt-Fälligkeitstermin haftungseinschränkende Bedeutung; sieht der Geschäftsführer von einem Insolvenzantrag schließlich ab, muss er für die Abführung der ausstehenden und der künftigen LSt-Zahlungen sorgen.

72a Der *BGH* hat freilich nunmehr seine frühere Rspr aufgegeben und erkannt, ein Vertreter, der bei Insolvenzreife der Gesellschaft den sozial- oder steuerrechtlichen Normbefehlen folgend Sozialversicherungsbeiträge und Lohnsteuer abführt, handele mit der Sorgfalt eines ordentlichen und gewissenhaften Geschäftsleiters und sei nicht nach § 92 III AktG oder § 64 II GmbHG der Gesellschaft ggü erstattungspflichtig (BGH DStR 07, 1174; vgl GmbHR 11, 367). Die dafür vom BGH angeführte Begründung, es könne dem Geschäftsführer nicht zugemutet werden, sich wegen Nichtzahlung strafrechtlicher Verfolgung auszusetzen, passt freilich für StZahlungen nicht recht, weil deren Unterlassen anders als bei den Sozialversicherungsbeiträgen nicht strafbewehrt ist. Gleichwohl will der BFH offenbar angesichts dieses Sinneswandels des BGH seine in BFH BStBl 09, 348 begründete Rspr wieder aufgeben und auf der uneingeschränkten Erfüllung der LSt-Abführungspflicht auch unmittelbar vor Insolvenzantragsstellung doch wieder bestehen (BFH BStBl 09, 129, wo dem Geschäftsführer lediglich die bislang verworrene Rspr zugute gehalten und mit Rücksicht hierauf sein Verschulden verneint worden ist).

72b Zweifelh ist, ob diese uneingeschränkte StAbführungspflicht auch im Falle der **Eigenverwaltung** (§§ 270 ff InsO) besteht, obwohl dann der Geschäftsführer wie ein Insolvenzverwalter zur Massesicherung verpflichtet ist (gleichwohl bejahend FG Mster EFG 17, 452; vgl BFH BStBl 09, 129; *HHSp/Boeker* Rz 41e; *Kahlert* ZIP 12, 2089); im sog Schutzschirmverfahren nach § 270b III InsO hingegen werden Masseverbindlichkeiten begründet, die selbstredend zu begleichen sind.

72c Keine Einschränkung der Haftung im Vorfeld eines Insolvenzverfahrens soll sich nach der Rechtsprechung des BFH unter dem Gesichtspunkt ergeben können, dass LSt-Zahlungen in den letzten drei Monaten vor Insolvenzantragstellung **durch den Insolvenzverwalter angefochten** werden können, wenn das FA die Insolvenzreife des Stpfl kannte, § 130 I Nr 1 InsO (anders BGHZ 146, 264 = DStR 01, 175 zu USt-Vorauszahlungen; BGH DStR 05, 978 für die unterlassene Abführung von Sozialbeiträgen). Ein solcher hypothetischer Kausalverlauf (richtiger: eine Korrektur der Schadenszurechnung wegen Schadenseintritts auch bei rechtmäßigem Alternativverhalten des Geschäftsführers) soll für die Haftungsinanspruchnahme bedeutungslos sein (vgl dazu auch Rz 130a f), weil dessen Berücksichtigung ungeachtet des vom BFH grds anerkannten Schadensersatzcharakters des § 69 dem Normzweck widerspreche (BFH BStBl 08, 273; noch offen BFH BStBl 09, 348; vgl auch BFH/NV 09, 1605 für die StromSt). Der vom BFH zunächst aufgeworfenen (BFH/NV 99, 745; zweifelnd jedoch schon wieder BFH/NV 05, 2084), vom BGH daraufhin entschieden verneinten Frage (BGHZ 157, 350), ob ungeachtet dessen § 142 InsO der Anfechtung durch den Insolvenzverwalter entgegenstehen könnte, ist die Rspr dadurch dauerhaft ausgewichen.

Die durch diese Rspr verneinte Frage nach der Bedeutung eines Anfechtungsrechts des Insolvenzverwalters für die Haftung des Geschäftsführers stellt sich allerdings von vornherein nicht, wenn eine Anfechtung mangels der subjektiven Voraussetzungen auf Seiten des FA nicht in Betracht kommt (BFH/NV 99, 745) oder es schließlich nicht zur Eröffnung eines Insolvenzverfahrens kommt (BFH/NV 07, 1736). **72d**

Ein Rechtfertigungs-/Entschuldigungsgrund für die unterbliebene Abführung der einbehaltenen LSt ist es *nicht,* dass die Banken die **Kreditmittel mit** der ausdrücklichen **Zweckbestimmung** gezahlt haben, diese nur für Lohnzahlungen zu verwenden (BFH BStBl 83, 655; BFH/NV 86, 583). Der Geschäftsführer einer GmbH darf daher auch nicht einer Vereinbarung mit der kreditgebenden Bank zustimmen, die einseitig den Fiskus schlechter stellt als die ArbN (BFH/NV 92, 575); vgl schon Rz 56. Die Verpflichtung, Nettolöhne nur gekürzt auszuzahlen, gilt auch für den eigenen Arbeitslohn eines Geschäftsführers (BFH BStBl 88, 167) und wenn der Geschäftsführer Arbeitslöhne der GmbH nicht aus Gesellschaftsmitteln, sondern aus eigenen Mitteln bezahlt (BFH BStBl 06, 397; anders mit Recht FG Ddorf EFG 92, 240); das beruht im Grunde auf einer zweifelhaften Fiktion, der Geschäftsführer handle als Vertreter für die GmbH, die die LSt abzuführen hat. **73**

Solange ein Unternehmen gesund ist, dürfen allerdings die Löhne voll ausbezahlt werden, so wie auch bei sonstigen ungekürzten Zahlungen, Sicherungsabreden udgl die Vermögensvorsorgepflicht nicht verletzt wird; die später fällige LSt muss nicht zurückgelegt werden. Für eine zwischen Lohnzahlung und Fälligkeit **unerwartet eintretende Illiquidität** wird folglich nicht gehaftet (BFH BStBl 82, 521; 91, 281; BFH/NV 86, 126; 94, 142). Sorgt der Geschäftsführer jedoch zum Fälligkeitszeitpunkt nicht für Zahlung, trägt er das Risiko einer später eintretenden Zahlungsunfähigkeit, auch wenn diese dann unerwartet eintritt (BFH BStBl 91, 282). **74**

Die Beschränkung der Haftung auf die LSt-Beträge, die bei der wegen durch die knappen Mittel gebotenen **Kürzung der Nettolöhne** an das FA hätten abgeführt werden können (Rz 71), kommt nur in Ausnahmefällen und im Rahmen eines längeren Haftungszeitraums allenfalls für die letzten LSt-Anmeldungszeiträume zum Zuge. Der BFH zieht in diesem Zusammenhang die Beweisregel des typischen Geschehensablaufes (siehe näher § 88 Rz 28) heran: Der für die Beschränkung der Haftung erforderliche Sachverhalt, dass gerade noch die Nettolöhne in voller Höhe ausgezahlt werden konnten, sei so außergewöhnlich, dass dafür der Haftungsschuldner die Beweislast trage (BFH BStBl 88, 859; BFH/NV 88, 685, 764; 90, 756; 94, 336; 96, 591; 01, 1222). Denn niemand könne sich ohne Weiteres glaubhaft darauf berufen, dass ihm während der Dauer eines sich über mehrere Monate erstreckenden Haftungszeitraums stets nur Zahlungsmittel in Höhe der ausgezahlten Nettolöhne zur Verfügung gestanden hätten. Aus der Tatsache, dass über mehrere Monate hinweg die Löhne immer wieder ungekürzt ausgezahlt oder noch andere Verbindlichkeiten getilgt worden sind, folgert der BFH vielmehr, dass **75** ausreichende Mittel vorhanden waren, um jeweils die für den vorangegangenen Monat angemeldete LSt in vollem Umfang zu entrichten. Wer in Kenntnis der für den Vormonat entstandenen, noch nicht abgeführten LSt die Löhne für den laufenden Monat in vollem Umfang auszahle, handele seiner Verpflichtung zuwider und hafte insoweit unbeschränkt (BFH BStBl 88, 859; BFH/NV 88, 685; 89, 422, 424). Denn die Berechnung der Haftungssumme richte sich nicht nach den Umständen der einzelnen Lohnzahlungszeitpunkte, sondern – wie bei der USt-Haftung (BFH BStBl 86, 657) – nach den Verhältnissen während des gesamten Haftungszeitraums; während dieses Zeitraums sind die ArbN und das FA gleichmäßig zu befriedigen. Eine betragsmäßige Beschränkung der LSt-Haftung kommt deshalb nur für den oder die letzten Monate eines Haftungszeitraums in Betracht, wenn nachfolgende Lohnzahlungen nicht mehr erfolgen und auch aus den für die letzte Lohnzahlung verwendeten Mitteln die LStRückstände des Vormonats nicht hätten beglichen werden können. Dies setzt jedoch voraus, dass ab dem Zeitpunkt der letzten Lohnzahlung andere Gläubiger nicht mehr befriedigt worden sind, sondern gerade nur noch die Mittel für die Auszahlung der Nettolöhne in voller Höhe zur Verfügung standen. Dies sieht der BFH als einen außergewöhnlichen Sachverhalt an, sodass der Haftungsschuldner die objektive Beweislast (Feststellungslast) für diese Behauptung trage (BFH BStBl 83, 760; BFH/NV 88, 685, 764; 96, 589). Auch die Behauptung, die Löhne seien entgegen der LSt-Anmeldung *nicht voll ausbezahlt* worden, muss der Haftungsschuldner beweisen (BFH/NV 89, 7; 01, 1222).

76 Der Geschäftsführer haftet nicht für nicht abgeführte LSt, wenn er darauf vertrauen konnte, dass die StSchuld aus einem UStGuthaben der GmbH getilgt werde, er einen **Verrechnungsantrag** gestellt hatte und das FA in der Vergangenheit derartige Verrechnungen vorgenommen hatte (BFH/NV 87, 74) oder eine generelle Verrechnungsabrede besteht. Ein Vorsteuer-Überschuss mindert die Haftung für nicht abgeführte LSt aber nicht, wenn die Verrechnung des UStGuthabens mit der LSt nicht ausdrücklich beantragt worden ist (BFH/NV 89, 150) oder die FinBeh bisher solche Verrechnungen abgelehnt hatte (vgl BFH/NV 98, 4). Erst recht nicht ist die Anrechnung eines Betrags, um den die Tilgungsquote bei der USt „übererfüllt" worden ist, auf die Haftungssumme für die LSt zulässig. Das bloße Vertrauen auf einen zukünftigen Mittelzufluss oder das Bestehen einer Aufrechnungslage hinsichtlich eines Vorsteuer-Guthabens entbindet von der Pflicht, die LSt zum gesetzlichen Fälligkeitstermin zu entrichten (BFH/NV 04, 1069) ebenso wenig wie eine später entstehende Verrechnungsmöglichkeit, selbst wenn der Geschäftsführer meint, einen Stundungsanspruch zu haben (BFH/NV 88, 7).

76a Die Haftungssumme ist ggf durch **Schätzung** zu ermitteln, wenn der ArbG, zB bei Schwarzarbeitern, seiner Aufzeichnungspflicht nach § 41 EStG nicht nachgekommen ist (vgl BFH BStBl 94, 536 zu § 42d EStG). Dabei kann die Nettolohnsumme auf 2/3 des Nettoumsatzes geschätzt werden (FG Köln BB 13, 405 unter Hinw auf BGH wistra 10, 148).

77 Die verschärfte LSt-Haftung nach vorgenannten Grundsätzen besteht nicht bei der **pauschalen LSt** nach § 40 EStG, weil es sich hierbei um eine Unternehmenssteuer handelt (BFH BStBl 90, 767 unter Hinweis auf BFH BStBl 83, 472 und 83, 517); maßgeblicher Zeitpunkt für die Beurteilung einer Pflichtverletzung soll hier deshalb der Fälligkeitszeitpunkt der pauschalierten LSt sein (BFH/NV 92, 785); ob das nach Aufgabe der früheren Rspr zum Entstehenszeitpunkt der pauschalen LSt durch BFH BStBl 94, 715 noch zutrifft, erscheint allerdings zweifelh. Die Haftung für rechtswidrig, jedoch bestandskräftig nach dem Nettosteuersatz berechnet LSt auf zu Unrecht pauschal versteuerte Löhne ist auf den Bruttosteuersatz beschränkt (BFH/NV 96, 285).

78 Was für die LSt gilt, gilt entsprechend für den **Solidaritätszuschlag** zur LSt (*Halaczinsky* Rz 88). Zur LSt-Haftungsschuld *des ArbG* gem **§ 42d EStG** siehe Rz 147.

g) Pflichten bei Einfuhrabgaben und Verbrauchsteuern. Strenge Anforderungen wie bei der LSt hat der BFH mitunter – vielleicht aber nur missverständlich – bei der Verpflichtung zur Entrichtung von Einfuhrabgaben oder Verbrauchsteuern aufgestellt. Ob die bisherige Rspr für die durch den UZK und das VerbrauchStBinMG geschaffene Rechtslage (vgl § 50) fortgesetzt werden kann (zweifelnd offenbar *BG/Jatzke* § 69 Rz 47), bedarf ggf noch der genauen Prüfung und ist bislang ungeklärt. Es handelt sich bei diesen Abgaben freilich ähnlich wie bei der LSt nach wie vor um Abgaben, die mittels des Warenpreises an den Endverbraucher weitergegeben werden sollen und auch idR tatsächlich weitergegeben werden, so gesehen also von dem Abgabepflichtigen gleichsam „für" einen Dritten entrichtet werden (vgl den Treuhandgedanken der LSt-Rspr des BFH, Rz 71); das ist freilich bei der USt nicht weniger der Fall, worin sich die ungelöste Problematik der argumentativen Abgrenzung der diesbzgl Rspr ggü der LSt-Rspr zeigt. Es handelt sich im Kern in allen diesen Fällen um die Indienstnahme des Unternehmers für die Erhebung von Steuern, die wirtschaftlich der Endverbraucher tragen soll. Allerdings besteht anders als bei der LSt nicht nur eine StEntrichtungsschuld, sondern echte StSchuld, worauf sich BFH BStBl 86, 261 für seine Ansicht berufen hat, es bestehe bei jenen Abgaben keine Pflicht sicherzustellen, dass für deren Begleichung zu den gesetzlichen Fälligkeitsterminen ausreichende Mittel zur Verfügung stehen und zB die in den Erlösen aus veräußerten Waren (kalkulatorisch) enthaltene Mineralöl- und EUSt als durchlaufende und wirtschaftlich fremde Gelder zu behandeln. Dass die rechtstechnisch aus Gründen im Wesentlichen der Verwaltungspraktikabilität unterschiedliche schuldrechtliche Konstruktion bei den vorgenannten Abgaben diese Konsequenz haben soll, leuchtet jedoch nicht ohne Weiteres ein. 90

Im Gegensatz hierzu steht allerdings, dass der Inhaber eines Zoll- oder Steuerlagers von BFH BStBl 89, 491; BFH/NV 88, 428 für verpflichtet erklärt wird, sicherzustellen, dass die Abgaben, die bei Entnahme aus dem Lager entstehen bzw nach altem Recht auf den aus dem Lager entnommenen Waren ruhten, im Fälligkeitszeitpunkt entrichtet werden. Um diese Verpflichtung erfüllen zu können, müsse er dafür sorgen, dass am Fälligkeitstag auch Mittel zur Entrichtung der Einfuhrabgaben vorhanden sind. Dem Grundsatz der Vermögensvorsorge entspricht es, dass der Inhaber eines Zoll- oder Steuerlagers nicht gestatten darf, dass ein anderer seine Verkaufserlöse im eigenen Namen und für eigene Rechnung einzuziehen in der Lage ist, und er sich dadurch in eine Lage bringt, in der er nicht mehr eigenverantwortlich für Bezahlung der MinöSt (jetzt: EnergieSt) am Fälligkeitstag sorgen kann (BFH BStBl 86, 577), was ungeachtet der eben erörterten grds Problematik einer Sonderbehandlung der Einfuhrabgaben/VerbrauchSt als Folge der Vermögensvorsorgepflicht Bestand haben dürfte. 91

Entsprechendes gilt bei Inanspruchnahme von **Zahlungsaufschub,** weil dabei der Abgabengläubiger durch die Freigabe der Ware vor Begleichung der Abgabenschuld auf die Sachhaftung verzichtet und dem Abgabenschuldner die Möglichkeit einräumt, den Verkaufserlös schon vor Zahlung der Abgaben realisieren zu können (BFH DStRE 18, 71; FG Brem EFG 92, 496). 92

Der Grundsatz der anteiligen Tilgung ist überdies jedenfalls beim Überschreiten einer vom HZA gewährten Aufschubsumme und bei Nichteinhaltung des Fälligkeitstermins bei aufgeschobenen Eingangsabgaben nicht anwendbar (FG Brem EFG 92, 496). 93

7. Pflichtenverteilung unter mehreren. a) Mehrere Geschäftsführer. Diese haben jeder für sich die Pflicht, die stl Pflichten der Gesellschaft zu erfüllen *(Grundsatz der Gesamtverantwortung);* sie trifft bei Nichterfüllung dieser Pflichten eine solidarische Verantwortung (BFH BStBl 98, 761; 84, 776; 75, 206; BFH/NV 89, 4; BGH NJW 97, 130). Sie können gem § 44 als Gesamtschuldner in Haftung genommen werden (vgl ua BFH BStBl 98, 761; 90, 1008; BFH/NV 95, 941; 91, 105

500). Es kann allerdings im Rahmen des Auswahlermessens bei mehreren Geschäftsführern eine erhebliche Rolle spielen, wer faktisch intern in der Geschäftsführung für den kaufmännischen Bereich oder zB nur für den technischen Bereich zuständig ist (vgl BFH BStBl 04, 579; BFH/NV 92, 575; 95, 941). Es darf aber nicht ohne weitere Ermessensgründe nur der alleinvertretungsberechtigte Geschäftsführer in Haftung genommen werden (BFH/NV 96, 3). Auch ein ehrenamtliches und unentgeltlich tätiges Vorstandsmitglied eines Vereins haftet für die Erfüllung dessen steuerlicher Pflichten und kann jedenfalls neben dem Vorstandvorsitzenden ermessenfehlerfrei in Anspruch genommen werden (FG Bbg EFG 99, 974). Ein Geschäftsführer kann sich nicht dadurch entlasten, dass er nur zusammen mit anderen Geschäftsführern zur Vertretung befugt sei. Er hat dann vielmehr die Pflicht, die Zustimmung der anderen herbeizuführen, um die steuerlichen Pflichten erfüllen zu können (BFH/NV 92, 785; 96, 3). Kann er sich diesen ggü nicht durchsetzen, muss er notfalls zurücktreten (BFH BStBl 93, 581; BFH/NV 94, 71; 93, 707; 89, 757).

106 Die Haftung von mehreren Geschäftsführern kann durch eine **Verteilung der Geschäfte** zwar begrenzt, aber nicht aufgehoben werden (BFH BStBl 84, 776; BFH/NV 87, 550; 89, 4; 96, 657; OLG Hbg DB 86, 2173). Eine schriftliche Vereinbarung über die Verteilung der Aufgaben innerhalb der Geschäftsführung ist grundlegende Voraussetzung dafür, dass ein Geschäftsführer von der umfassenden Sorge für die ordnungsgemäße Erfüllung der steuerlichen Pflichten der Gesellschaft (teilweise) entlastet ist (BFH/NV 04, 157). Der einzelne Geschäftsführer wird nur dann von bestimmten Pflichten frei, wenn sich die Aufgabenverteilung zwischen den mehreren Geschäftsführern aus klaren (BFH BStBl 98, 761: eindeutigen) und *schriftlichen* Regelungen im Gesellschaftsvertrag, in einem Gesellschafterbeschluss odgl ergibt (BFH BStBl 84, 776; 86, 384; BFH/NV 87, 550; 89, 4; 96, 589; 98, 1460). Dieses auf den ersten Blick willkürlich anmutende Schriftformerfordernis kann damit gerechtfertigt werden, dass nur eine schriftliche Fixierung der Aufgabenverteilung (auch) für die beteiligten Verantwortungsträger ermöglicht, sich jederzeit von ihrer Pflichtenstellung sichere Gewissheit und Klarheit über deren Grenzen zu verschaffen. Eine mündliche Vereinbarung reicht für eine Begrenzung der Pflichtenstellung nicht aus, selbst wenn eine entsprechende Ressortverteilung unter den Geschäftsführern tatsächlich praktiziert wurde (FG Brem EFG 94, 594). Der mit der alleinigen Erledigung bestimmter Angelegenheiten betraute Mitgeschäftsführer muss iÜ vertrauenswürdig sein (BFH/NV 98, 1460, 1325: auf Tatsachen gegründetes Urteil über die Zuverlässigkeit notwendig; BFH/NV 98, 11).

107 Der nicht mit den steuerlichen Angelegenheiten der Gesellschaft betrauter Geschäftsführer muss sich fortwährend von dem pflichtgemäßen Verhalten des Mitgeschäftsführers, dem diese Aufgaben übertragen sind, überzeugen **(Überwachungspflicht).** Er muss sich so eingehend selbst über den Geschäftsgang unterrichten, dass er unter normalen Umständen damit rechnen kann, eine nicht ordnungsgemäße Erledigung rechtzeitig aufzudecken. Dafür ist es erforderlich, aber auch ausreichend, sich „generelle Kenntnis" davon zu verschaffen, dass die Geschäftsführung durch den Mitgeschäftsführer ordnungsgemäß ist (BFH/NV 98, 11). Bei der Bemessung der Anforderungen an diese Überprüfung können bekannte Vertrauenswürdigkeit und Pflichterfüllung des anderen Geschäftsführers berücksichtigt werden (BFH/NV 10, 2227: als tatrichterliche Würdigung nur eingeschränkt revisibel). Welche Überwachungsmaßnahmen und organisatorischen Vorkehrungen für eine ausreichende Unterrichtung über die den Vertretenen betr Vorgänge bei wirksamer (siehe Rz 106) Übertragung der Erledigung stl Pflichten auf Mitgeschäftsführer nach den Umständen erforderlich sind, ist Frage des Einzelfalls (BFH BStBl 95, 278; 91, 284; BFH/NV 86, 61; 87, 273, 274, 210, 212, 213; 88, 220, 221; 89, 72, 757; 91, 12; 96, 2); über längere Zeit andauernde Unregelmäßigkeiten indizieren jedoch ein Verschulden. Verwandtschaftliche oder sonstige enge persönliche Beziehungen zu dem Dritten schließen einen Verschuldensvorwurf auch dann nicht aus, wenn sie die Ausübung der Überwachungsfunktion bzw die Möglichkeiten einer Niederlegung des Amtes wesentlich erschwerten; nur in ganz besonderen Ausnahmefällen entschuldigen solche Umstände (BFH/NV 87, 459). Jede einzelne Verrichtung selbst kontrollieren muss der nicht zuständige Mitgeschäftsführer aber nicht (vgl BFH BStBl 91, 284; BFH/NV 89, 72). Das Einbehalten und Abführen von LSt zB gehört zum laufenden Geschäftsverkehr, zu dessen Kontrolle der intern damit nicht betraute Geschäftsführer nur bei einem solchen besonderen Anlass verpflichtet ist (BFH/NV 10, 2227; 89, 149).

Für die Überwachungspflicht macht es keinen wesentlichen Unterschied, ob mit bestimmten Angelegenheiten ein **leitender Angestellter** (zB Prokurist) oder ein Mitarbeiter mit geringeren Vollmachten (zB Buchhalter) betraut worden ist (BFH/NV 89, 72). Geringere Anforderungen können sich für ein Vorstandsmitglied einer AG ergeben, wenn nach einer vom Aufsichtsrat festgelegten Geschäftsverteilung für die steuerlichen Angelegenheiten ein leitender Angestellter (zB Finanzdirektor) zuständig ist (BFH/NV 91, 12). Dass die Überwachungspflichten erfüllt worden sind, ist jedenfalls nicht anzunehmen, wenn über ein Jahr keine LSt abgeführt worden ist (BFH/NV 91, 283), wenn es einen Hinweis des FA auf die nicht immer korrekte Pflichterfüllung gegeben hat (BFH/NV 91, 209) oder wenn der nach § 34 Verpflichtete lediglich Schecks unterschreibt und sich ansonsten auf die Leitung des technischen Bereichs des Unternehmens beschränkt (BFH/NV 89, 72). 107a

Die Begrenzung der Haftung gilt auch nur insoweit und nur so lange, wie kein Anlass besteht, an der exakten Erfüllung der steuerlichen Pflichten durch den hierfür zuständigen Geschäftsführer zu zweifeln. Der Geschäftsführer muss einschreiten, wenn die Person des Mitgeschäftsführers dazu Anlass gibt (BFH BStBl 84, 776; BFH/NV 87, 349; 89, 4; 96, 657), zB wenn er Kenntnis von unterbliebener StZahlung erhält oder sonst Anlass hat, an der exakten Erfüllung der Pflichten durch den zuständigen Geschäftsführer zu zweifeln (BFH BStBl 98, 761). Ferner kann die **wirtschaftliche Lage der Gesellschaft** eine detaillierte Überprüfung der ordnungsgemäßen Erfüllung der steuerlichen Pflichten durch den Mitgeschäftsführer erfordern (BFH BStBl 84, 776; 86, 384). Anlass dafür besteht zB in finanziellen Krisensituationen (BGH HFR 64, 96; BGH NJW 97, 130), wobei sichergestellt sein muss, dass der Geschäftsführer von diesen überhaupt erfährt (BFH BStBl 84, 776; 86, 384; BFH/NV 98, 1460; 87, 550). Der nicht mit steuerlichen Angelegenheiten befasste Geschäftsführer ist also von Pflichten nie *völlig* frei (BGH NJW 97, 130; FG Saarl EFG 94, 493: stichprobenweise Kontrolle), sondern ist zumindest zu einer gewissen Überwachung der Geschäftsführung im Ganzen verpflichtet (BFH BStBl 98, 761). 107b

Diese Grundsätze gelten auch zB bei einer Mehrzahl von Vorsitzenden eines Vereins (BFH BStBl 98, 761; BFH/NV 01, 413).

Der **Nachfolgegeschäftsführer** hat die Erledigung der bei seinem Amtsantritt offenen steuerlichen Pflichten nachzuholen (BFH/NV 06, 897; 95, 662; 93, 213; 90, 71). Er muss ggf unrichtige StErklärungen seines Vorgängers richtig stellen und StRückstände ausgleichen (BFH/NV 07, 1801; 90, 71; 93, 143). Der BFH hat aber Zweifel angedeutet, ob von ihm auch eine nachträgliche Überprüfung zurückliegender Zeiträume verlangt werden kann (BFH/NV 91, 12), was aber in den Grenzen der Zumutbarkeit grds zu bejahen ist, soweit *konkreter* Anlass besteht, an der Pflichterfüllung des Vorgängers zu zweifeln. Verschulden seines Vorgängers kann ihm aber nicht wie eigenes zugerechnet werden (BFH/NV 06, 897; vgl Rz 122). 109

b) Mitarbeiter und fremde Dritte. Diesen kann die Erledigung der steuerlichen Pflichten ebenfalls übertragen werden, ohne dass der Geschäftsführer befürchten müsste, dass ihm deren Fehlverhalten wie eigenes zugerechnet wird; denn eine solche Zurechnung von Drittverschulden würde den Zweck des § 69 verfehlen 122

(BFH BStBl 95, 278), der darin besteht, den Vertreter des Stpfl für schuldhaftes eigenes Verhalten zur Verantwortung zu ziehen, und nicht etwa ihn gleichsam zum Garanten der steuerlichen Pflichterfüllung des Stpfl zu machen. Die Erledigung darf Dritten aber ebenso wie Mitgeschäftsführern nur überlassen werden, wenn sie vertrauenswürdig sind und sorgfältig ausgewählt und überwacht werden (BFH BStBl 95, 278; 93, 581; 91, 284; BFH/NV 96, 2). Die Einschätzung der persönlichen Zuverlässigkeit darf nicht erfolgen, ohne dass die Persönlichkeit anhand von Tatsachen zuverlässig eingeschätzt werden kann (BFH/NV 98, 1325: unerkannte frühere Straffälligkeit; BFH/NV 00, 541; 98, 1325). Bei der Verletzung dieser Pflichten haftet der Geschäftsführer sonst ggf aus eigenem Auswahl- oder Überwachungsverschulden (BFH BStBl 95, 278; BFH/NV 96, 2). Bei unterlassener Überwachung eines sorgfältig ausgewählten, mit steuerlichen Angelegenheiten beauftragten Mitarbeiters liegt ein die Geschäftsführerhaftung begründendes, grob fahrlässiges Verhalten jedoch idR nur dann vor, wenn die Überwachungsmaßnahmen, zu deren Vornahme im Einzelfall Anlass bestand, auch geeignet gewesen wären, die Beanstandungen zu verhindern (BFH BStBl 95, 278; 91, 284).

128 **c) Steuerberater.** Die für Mitarbeiter dargestellten Grundsätze gelten sinngemäß, wenn die Wahrnehmung steuerlicher Pflichten auf einen StBerater übertragen wird (vgl BFH/NV 87, 273; vgl auch BFH/NV 09, 1589 für einen sog Sanierungsexperten). Der nach § 34 Verpflichtete kann für eine schuldhafte Pflichtverletzung des StBeraters nur dann in Haftung genommen werden, wenn ihn ein eigenes Auswahl-, Organisations- oder Überwachungsverschulden trifft (BFH BStBl 95, 278; BFH/NV 96, 2). Wenn der StBerater als zuverlässig bekannt ist und bei der Erledigung steuerlicher Angelegenheiten in Anspruch genommen wird, kann man sich auf ihn verlassen (BFH/NV 04, 1363). Die Qualifikation eines Angehörigen der rechts- und steuerberatenden Berufe muss nur dann überprüft werden, wenn für den Vertreter aufgrund seines persönlichen Beurteilungsvermögens *Anlass* besteht, an dessen Können und Zuverlässigkeit zu zweifeln (BFH BStBl 95, 278). Man darf aber auch einem StB oder Wirtschaftsprüfer nicht „blind" vertrauen (BFH/NV 09, 362; 06, 480). Für die inhaltliche Richtigkeit der von dem StB gefertigten StErklärung trägt jedoch grds allein dieser die Verantwortung (BFH/NV 04, 1363). Enttäuschtes Vertrauen auf den Rat eines Rechtsanwalts ist selbstredend nur dann entschuldigt, wenn der Vertreter den RA voll und zutreffend in Kenntnis gesetzt und daraufhin die unmissverständliche Auskunft erhalten hat, er habe stl Pflichten im Hinblick auf die betr Steuern nicht zu erfüllen (BFH/NV 86, 133). Zur zögerlichen Arbeit eines Steuerberaters FG Hbg 6 K 132/16, BeckRS 2017, 94542.

129 **8. Insolvenzverwaltung.** Ein Insolvenzverwalter hat im Hinblick auf die Vorsorge für eine anteilige Tilgung der Schulden die gleichen Pflichten wie ein Geschäftsführer (BFH BStBl 95, 230) und haftet für StForderungen, die Masseverbindlichkeiten sind (daneben rein zivilrechtl Haftung nach §§ 60, 61 InsO zB bei schuldhaft verspäteter Zahlung von zur Tabelle festgestellten steuerlichen Forderungen, BGHZ 106, 134 = NJW 89, 303; vgl dazu *Neeb* DStZ 89, 407). Er ist handelsrechtl und steuerrechtl verpflichtet, Bücher zu führen (BFH BStBl 72, 784), Bilanzen aufzustellen (wenn das dem Schuldner, wie in der Insolvenz einer KG, obliegt, BFH BStBl 95, 194), StErklärungen abzugeben (auch wegen Säumnis des Geschäftsführers überfällige) und unrichtige Erklärungen zu berichtigen (BFH BStBl 51, 212) und zwar ggf sowohl für den Zeitraum vor der Verfahrenseröffnung als auch danach (BFH BStBl 95, 194; 93, 265; 72, 784; vgl *Klasmeyer/Kübler* BB 78, 369; einschränkend bei bekannter Masseunzulänglichkeit BFH BStBl 95, 194). Er hat die Erklärungspflichten und Bilanzierungspflichten auch dann zu erfüllen, wenn das Honorar eines Steuerberaters für die Erstellung dieser Erklärungen durch die Masse nicht gedeckt ist (BFH/NV 08, 334), sofern er die Unrichtigkeit der von dem Geschäftsführer abgegebenen Erklärung erkennt (nicht bloß erkennen

könnte). Massearmut und dadurch bedingte Unmöglichkeit der Beauftragung eines StB befreien (zur Hinzuziehung eines StB und den diesbzgl Kosten BGHZ 160, 176) von diesen Pflichten grds nicht, ebenso wenig, dass der Verwalter kein angemessenes Entgelt zu erwarten hat (BFH BStBl 95, 194), jedenfalls wenn keine besonders umfangreichen Vorarbeiten dafür erforderlich sind (BFH/NV 96, 13). An ihn sind auch Anordnungen einer Ap zu richten (BFH BStBl 92, 59). Er hat die GewStErklärung und die Vermögensaufstellung (§ 28 BewG) abzugeben (BFH BStBl 95, 194). Er muss USt bei der Verwertung von Sicherungsgut als Massekosten nur abführen, wenn die Masse ergiebig ist; denn er muss den Erlös bei entsprechender Sicherungsabrede ungekürzt (Bruttoerlös einschl USt-Anteil) an die Sicherungsnehmer auskehren (BFH/NV 96, 522); zur Haftung, wenn er trotzdem zur USt optiert FG Mster EFG 97, 193 (mit Recht kritisch dazu *Onusseit* EWiR 97, 869). Im Fall der Haftung des Verwalters für eine von diesem nach § 14c II UStG zur Entstehung gebrachte USt-Schuld schließt bei für ihn erkennbarer Masseunzulänglichkeit die Tatsache fehlender Zahlungsmittel im Zeitpunkt der Fälligkeit der StSchuld die Haftung nicht (wegen mangelnder Ursächlichkeit der Pflichtverletzung für den eingetretenen Schaden) aus (BFH BStBl 95, 230).

Der Verwalter ist bei einer Personengesellschaft jedoch nicht verpflichtet, die Erklärungen zur gesonderten **Gewinnfeststellung** für die Gesellschaft – auch für die vor Verfahrenseröffnung liegenden Jahre – beim FA einzureichen (BFH BStBl 95, 194; 79, 780; *Frotscher* Besteuerung bei Insolvenz, S 37; überwM, jedoch str, anders zB BFH BStBl 72, 784; offen gelassen in BFH BStBl 93, 265; siehe näher § 251 Rz 14). Daran ändert § 181 II 2 Nr 4 nichts. Denn die Durchführung der einheitlichen Gewinnfeststellung (§§ 179 ff) gehört zu den insolvenzfreien Angelegenheiten der Gesellschaft, weil ihre Folgen den Vermögensbereich der Gesellschaft nicht berühren (BFH BStBl 79, 780; 93, 265); sie liegen deshalb außerhalb des Bereichs seiner Verwaltung. Erklärungspflichtig sind die Liquidatoren der Gesellschaft, idR also sämtliche Gesellschafter (BFH BStBl 79, 780). Wegen der Buchführungsunterlagen müssen sie beim Insolvenzverwalter Einblick nehmen. Mit Einstellung des Verfahrens mangels Masse (§ 207 InsO) enden die Pflichten des Verwalters aus § 34 III (BFH/NV 96, 13). 129a

Die Überwachung der beruflichen **Pflichterfüllung des Insolvenzschuldners** gehört nicht zu den Verwaltungsaufgaben des Insolvenzverwalters, sodass dieser wegen Pflichtverletzungen, welche der Geschäftsführer nach Eröffnung des Insolvenzverfahrens im Rahmen einer freigegebenen Tätigkeit (vgl § 35 InsO) begeht, nicht haftet; zu den in die Insolvenzmasse fallenden Einkünften aus einer Erwerbstätigkeit während des Insolvenzverfahrens gehören auch sonst daraus herrührende Schadenersatzansprüche nicht (BFH/NV 10, 15, offen lassend, ob unter der Geltung des § 35 InsO nF etwas anderes gelten könnte, wenn der Verwalter eine solche Tätigkeit lediglich duldet, was zu verneinen sein dürfte). Der Insolvenzverwalter haftet ebenso wenig, wenn der Insolvenzschuldner im Rahmen einer unselbständigen Tätigkeit während des Insolvenzverfahrens seinerseits einen Haftungstatbestand verwirklicht, etwa als Geschäftsführer LSt nicht abführt (BFH BStBl 10, 13). 129b

Der Antrag auf Eröffnung des Insolvenzverfahrens und die Bestellung eines **vorläufigen schwachen Insolvenzverwalters** befreien den Geschäftsführer nicht von der StHaftung, selbst wenn ein Zustimmungsvorbehalt verfügt worden ist (FG Köln EFG 14, 1350). Gegen die Verweigerung der Zustimmung muss der Geschäftsführer aber idR nicht etwa unverzüglich das Gericht anrufen, um seine Beurteilung der steuerlichen Pflichten durchzusetzen (BFH/NV 05, 661). Es besteht auch sonst keine Pflicht in umfassender Weise auf einen vorläufigen Insolvenzverwalter dahin einzuwirken, die Erfüllung stl Pflichten nicht zu vereiteln oder zu behindern (vgl FG Mster EFG 17, 883); die Auswahl der dafür angemessenen und effektivsten Mittel bleibt grds dem Geschäftsführer überlassen (BFH/NV 10, 1120 zum Fall einer von jenem veranlassten Rücklastschrift von Steuern). Das wird indes 129c nicht dahin verstanden werden können, dass er gleichsam tatenlos zusehen darf, wenn wegen der Einstellung des Verwalters Steuern nicht mehr gezahlt werden, zumal der vorläufige schwache Insolvenzverwalter seinerseits nicht haftet!

130 **9. Kausalzusammenhang.** Zwischen der Pflichtverletzung und den stl Wirkungen muss ein kausaler Zusammenhang bestehen. Das folgt aus dem **Schadensersatzcharakter** der Vorschrift (BFH BStBl 91, 678; siehe auch oben Rz 1). Die Feststellung des Kausalzusammenhanges ist nicht nur im Falle der Haftung infolge Nichterfüllung der StSchuld, sondern insbes auch im Falle der Verletzung von StErklärungspflichten erforderlich (BFH BStBl 91, 678; BFH/NV 94, 526; 96, 97; 01, 1100). Es gilt die Adäquanztheorie (BFH BStBl 09, 342; stRspr): Pflichtverletzungen sind also nur dann ursächlich, wenn sie allgemein oder erfahrungsgemäß den eingetretenen Erfolg verursachen und im konkreten Fall der Erfolg ohne sie nicht eingetreten wäre. Bei Pflichtverletzung durch Unterlassen darf die Pflichtverletzung nicht hinweggedacht werden können, ohne dass der Erfolg entfiele; dass er ohne die Pflichtverletzung vielleicht oder wahrscheinlich nicht eingetreten wäre, genügt für die Kausalitätsfeststellung nicht (vgl BFH BStBl 93, 471). Ein ursächlicher Zusammenhang kann zB auch dann vorliegen, wenn durch eine unterlassene oder verspätete StAnmeldung eine aussichtsreiche Vollstreckungsmöglichkeit des FA vereitelt worden ist (BFH BStBl 91, 678; 93, 8) oder die USt-Forderung nicht mehr mit VorStVergütungsansprüchen verrechnet werden kann (BFH/NV 96, 97). Das gleiche muss gelten, wenn aufgrund unterlassener oder verspäteter StErklärung die Steuer erheblich verspätet festgesetzt wird und sich die Liquiditätslage des Stpfl zwischenzeitlich wesentlich verschlechtert hat. An der Ursächlichkeit fehlt es aber, wenn im Fälligkeitszeitpunkt der Steuer bereits ein gerichtliches Verfügungsverbot bestand (BFH BStBl 93, 471) oder wenn im Zeitpunkt der pflichtwidrigen Nichtabgabe oder der unrichtigen oder unvollständigen Abgabe der StErklärung ohnehin Zahlungsunfähigkeit gegeben war (vgl BFH/NV 01, 1100; 89, 409), ebenso nach FG Köln, EFG 13, 1817 bei Nichtbeachtung der Tilgungsreihenfolge (§ 225 II). Zur Kausalität der Fälschung einer Freistellungsbescheinigung betr Bauabzugsteuer FG Köln EFG 10, 1274.

130a Die neuere Rspr des BFH hat allerdings die **Bezugnahme auf den Schadensbegriff stark relativiert** und eingeschränkt; die betr zivilrechtlichen Grundsätze wie die Berücksichtigung eines hypothetischen Kausalverlaufs oder die Lehre vom Schutzzweck der verletzten Norm sollen nicht „uneingeschränkt" angewendet werden können (BFH/NV 13, 337), ebenso wie der BFH seit langem Zweifel an der Berücksichtigung eines haftungsmindernden Mitverschuldens des FA geäußert hatte (allenfalls Ermessensgesichtspunkt, BFH/NV 89, 150). Bei der Haftung handele es sich nämlich um eine *„Sonderverbindlichkeit"* *ggü* dem Fiskus, die mit den zivilrechtlichen Ansprüchen aus rechtsgeschäftlicher Haftung, Vertrauenshaftung und unerlaubter Handlung zwar vergleichbar sei; sie habe aber den Zweck, den Vertreter zur ordnungsgemäßen Erfüllung der ihm obliegenden Pflichten anzuhalten *und* das StAufkommen durch Schaffung einer Rückgriffsmöglichkeit zu sichern (BFH/NV 08, 521).

131 Die im (zivilen) Schadensersatzrecht gleichsam als normatives Korrektiv der bloßen Kausalitätsfeststellung selbstverständliche Frage nach dem sog **Rechtswidrigkeitszusammenhang,** welche die Haftung auf solche Schäden beschränken soll, die dem Schädiger nach dem Sinn der von ihm verletzten Verhaltensnorm zugerechnet werden können – denn für gleichsam zufällig, ohne wertungsmäßigen Zusammenhang durch sein Verhalten ausgelöste Schäden soll er nicht haften müssen – wird von BFH BStBl 09, 342 auch bei der steuerlichen Haftung gestellt (enger jedoch jetzt BFH/NV 13, 337: nicht „uneingeschränkt" übertragbar); der BFH meint aber (ohne dies überzeugend ableiten zu können), die stl Fälligkeitsvorschriften hätten den Sinn, den Fiskus vor einer Insolvenzanfechtung zu schützen, und hat eine Haftung bejaht, wenn die StSchuld mit der Folge verspätet beglichen

worden ist, dass die Zahlung in die insolvenzrechtliche Anfechtungsfrist fällt und vom Insolvenzverwalter (erfolgreich) angefochten wurde (BFH BStBl 09, 342). Das müsste der BFH dann auch bei anderen Ereignissen annehmen (etwa: unberechtigte Intervention des vorläufigen Insolvenzverwalters), die zur Folge haben, dass trotz (wenn auch verspäteter) Zahlung die StForderung letztlich unbefriedigt bleibt. Dass hingegen eine Haftung bei wegen erwarteter Insolvenzanfechtung unterbliebene StZahlung gegeben ist, wenn die Anfechtung ausbleibt (etwa weil mangels Masse kein Insolvenzverfahren eröffnet wird, BFH BStBl 09, 622), versteht sich von selbst.

Dementsprechend sind **hypothetische alternative Kausalverläufe** nach der Rspr des BFH, die zunächst zur LSt ergangen ist, aber sinngemäß auch für die Haftung bei anderen Steuern gilt, nicht zu berücksichtigen (vgl Rz 72ff und BFH/NV 09, 1605 für die StromSt; BFH/NV 16, 893 für USt). Das soll sich aus „der Funktion und dem Schutzzweck des Haftungstatbestandes" ergeben (BFH BStBl 08, 273; BFH/NV 08, 1), wofür die Rspr eine überzeugende Begründung freilich mitnichten liefert, auch nicht durch den Hinweis auf zwischen den Schadensersatznormen des Zivilrechts und der steuerrechtlichen Haftung bestehende, verfassungsrechtl nicht zu beanstandende Unterschiede (BFH/NV 16, 893; 08, 18); offenbar führte hier die Sorge vor einer Verkomplizierung der Haftungsinanspruchnahme die entscheidende Regie. **131a**

Auch den Gesichtspunkt des **Vorteilsausgleichs** will der BFH nicht (oder nur „eingeschränkt"?) angewendet wissen (BFH/NV 13, 337). Deshalb sei auch bei einem bloßen Scheingeschäft nicht zu berücksichtigen, dass der durch die unberechtigte Geltendmachung von VorStBeträgen aus einer Eingangsrechnung in vollem Umfang dadurch kompensiert wird, das der angebliche Empfänger der Leistung die in der Rechnung des Lieferanten ausgewiesene USt entrichtet (BFH/NV 13, 337). Das gelte sogar bei einer Überkompensation. Die dem ustrechtl Neutralitätsprinzip geschuldete Korrekturmöglichkeit biete das UStG, das ein Verfahren zur Berichtigung der geschuldeten USt vorsehe, soweit die Gefährdung des StAufkommens – durch Rückzahlung der geltend gemachten Vorsteuer – beseitigt worden ist. Dem entspräche es nicht, von einer Haftungsinanspruchnahme deshalb abzusehen, weil die verkürzte oder hinterzogene USt als VorSt hätte geltend gemacht werden können; es ist keine Gesamtbetrachtung aller steuerlichen Verhältnisse des Vertretenen durchzuführen, sondern auf die konkret ausfallende Steuer abzustellen (FG MeVo 3 K 86/13, rkr). **131b**

Soweit die pflichtwidrige Nichtbeachtung der in § 13b II 2 iVm I 1 Nr 4 UStG angeordneten Umkehr der StSchuldnerschaft dazu führt, dass die USt zwar nicht vom Leistungsempfänger (StSchuldner), aber stattdessen von dem Leistenden abgeführt wird, hat BFH/NV 12, 807 mit Recht Zweifel an einem haftungsbegründenden Schadenseintritt geäußert. **131c**

Der **Zeitpunkt des pflichtwidrigen Verhaltens** ist für die Kausalitätsfrage selbstredend ohne Belang. Er kann auch vor Fälligkeit, ggf auch vor Entstehung der verkürzten StAnsprüche liegen (Verletzung der Vermögensvorsorgepflicht; siehe Rz 55). **132**

Für **Sz** besteht nach **Satz 2** eine Haftung auch dann, wenn diese infolge von Pflichtverletzungen dadurch entstanden sind, dass der Vertreter nicht dafür gesorgt hat, dass die Steuern zum Ablauf des Fälligkeitstages entrichtet werden; die Haftung ist nicht davon abhängig, dass der Haftungsschuldner unmittelbar dafür Verantwortung trägt, dass ein Anspruch auf Zahlung von Sz entstanden ist, dh die Säumnis des StSchuldners eingetreten oder weiter aufrecht erhalten worden ist (BFH/NV 05, 495). Vgl näher Rz 15. **133**

Für **Verspätungszuschläge** soll das Gleiche aber gerade nicht gelten. Bei Verspätungszuschlägen soll Kausalität des pflichtwidrigen Anmeldeverhaltens des Geschäftsführers für deren Entstehen fehlen, sodass für diese nur nach den Grundsätzen anteiliger Tilgung gehaftet werde, wenn im Zeitpunkt ihrer Festsetzung keine **134**

Mittel mehr vorhanden sind, um sie zu begleichen (BFH BStBl 01, 271, wo indes Kausalität mit Zwangsläufigkeit verwechselt wird; das Entscheidungsergebnis lässt sich allenfalls aus einem Umkehrschluss aus § 69 Satz 2 ableiten). Auch sonst hat die Rspr mitunter die Unterscheidung zwischen der Haftung wegen nicht rechtzeitiger Anmeldung und Nicht-Begleichung der StSchuld nicht konsequent durchgeführt (kritisch auch *TK/Loose* § 69 Rz 45).

135 **10. Beweislast.** Für den Umfang der Pflichtverletzung, deren Ursächlichkeit und für das Verschulden des in Anspruch genommenen Haftenden trägt die FinBeh die Beweislast (Feststellungslast), da es um den anspruchsbegründenden Tatbestand (normative Tatbestandsmerkmale) geht (BFH BStBl 90, 357; 86, 657; vgl § 88 Rz 51).

136 Auch bei den nur anteilig zu tilgenden Unternehmenssteuern hat grds die FinBeh darzutun, dass hinreichend Mittel für die StZahlung zur Verfügung standen oder in welchem Umfang der Fiskus andernfalls ggü anderen Gläubigern benachteiligt worden ist (BFH BStBl 83, 249; 90, 357; BFH/NV 89, 563). Sie trägt also auch für die **Nichtbeachtung der Grundsätze anteiliger Tilgung** bei Zahlungsschwierigkeiten des Vertretenen die Beweislast (BFH BStBl 83, 249; 90, 357). Dieser Grds wird in seiner praktischen Wirkung jedoch dadurch wesentlich eingeschränkt, dass die FinBeh von dem Haftungsschuldner verlangen kann, dass er die zur Feststellung des Haftungsumfangs notwendigen Auskünfte erteilt und die nötige Mitwirkung leistet, damit die Haftungsquote ermittelt werden kann. Denn bei der Feststellung der Voraussetzungen für Haftungsbeschränkungen bestehen für das FA erhebliche Schwierigkeiten, da es um Verhältnisse geht, die im Wesentlichen in der Sphäre des Stpfl liegen und daher für das FA – wenn überhaupt – nur schwer zu ermitteln sind.

140 **11. Andere steuerrechtliche Haftungstatbestände.** Neben der durch § 69 begründeten steuerrechtlichen Haftung wegen Verletzung der Pflichten aus §§ 34, 35 stehen zahlreiche weitere Haftungstatbestände, die neben § 69 anwendbar bleiben. Sie ergeben sich sowohl aus den StGesetzen, als auch aus dem Zivilrecht. Weitere steuerrechtliche und nicht steuerrechtliche Haftungstatbestände enthalten insbes:

141 **AO** (§§ 45 II, 70, 71, 72, 73, 74, 75); diese Haftungsnormen treten ggf konkurrierend neben § 69, vgl schon Rz 5. Siehe ferner die Sachhaftung nach § 76, die aber eine nur dingliche Haftung darstellt;

142 Eine Haftung ist auch durch **§ 9 StADV** für Daten verarbeitende Unternehmen begründet worden, soweit aufgrund unrichtiger Verarbeitung oder Übermittlung Steuern verkürzt oder zu Unrecht stl Vorteile erlangt werden.

143 **Einzelsteuergesetze:**
AStG, § 5 II (Sachhaftung).

144 **BergmannsprämienG,** § 3 II (ArbG).

145 **ErbStG,** § 20 III (dingliche Haftung des Nachlasses), V (unentgeltliche Zuwendung), VI (Versicherungsunternehmen, Testamentsvollstrecker, Banken; dazu FG Köln EFG 08, 475: bei Auslandsüberweisung aus Anlass der Abwicklung eines Erbfalls Nachforschungen über das Bestehen der ErbStPflicht erforderlich; Haftung für gesamte ErbSt, auch soweit auf Erwerben außerhalb der Erbschaft beruhend).

146 **EStG:** Nach § 10b IV 2 EStG (siehe auch § 9 III 2 KStG und § 9 Nr 5 S 5 GewStG; dazu *Rathke/Ritter* NWB 12, 3373) haftet, wer vorsätzlich oder grob fahrlässig eine unrichtige Bestätigung über Spenden ausstellt, für die entgangenen Steuern (Ausstellerhaftung), sowie wer veranlasst, dass Zuwendungen nicht zu dem in der Bestätigung angegebenen steuerbegünstigten Zweck verwendet werden (sog – verschuldensunabhängige – Veranlasserhaftung). Haftungsschuldner ist der Zuwendungsempfänger, der durch seinen vorsätzlich oder grob fahrlässig handelnden Repräsentanten eine unrichtige, dh eine in steuererheblichen Aussagen der objektiven Sach- und Rechtslage nicht entsprechende oder unvollständige Zuwendungs-

bestätigung ausstellt (vgl BFH BStBl II 00, 65), bzw derjenige, der die Zuwendung zweckwidrig verwendet hat; eine Fehlverwendung ist aber nicht gegeben, wenn der Spendenempfänger die Zuwendung zu dem in der Bestätigung angegebenen steuerbegünstigten Zweck verwendet hat, er jedoch im KStVeranlagungsverfahren nicht als gemeinnützig anerkannt wird (BFH BStBl 04, 352; *Geserich* DStJR 03, 245, 273). Die Körperschaft haftet auch nur, wenn sie sich das Fehlverhalten ihrer Repräsentanten gem § 31 BGB zurechnen lassen muss. Deshalb hat der Zuwendungsempfänger lediglich für das Fehlverhalten des Vorstands, einzelner Vorstandsmitglieder, verfassungsmäßig berufener Vertreter sowie sämtlicher selbständiger und eigenverantwortlicher Funktionsträger einzustehen, die diesen im Rechtsverkehr repräsentieren und den Haftungstatbestand „in Ausführung" und nicht „bei Gelegenheit" der ihnen zustehenden Verrichtung verwirklicht haben. Die Haftung setzt voraus, dass der Repräsentant die unrichtige Bestätigung vorsätzlich oder grob fahrlässig falsch ausgestellt hat. Eingehend hierzu *Oppermann/Peter* DStZ 98, 424. Hier tritt die Haftung an die Stelle der durch § 10b IV 1 EStG ausgeschlossenen StSchuld des Spenders – Sonderausgabenabzug nach Abs 1 – (vgl *Brodersen* FS Thieme 1993, 895). Ob die Haftungsinanspruchnahme voraussetzt, dass der Spender von der Bescheinigung stl Gebrauch gemacht hat, ein StAusfall also tatsächlich eingetreten ist, und ob er noch in Anspruch genommen werden könnte – Vertrauensschutz nach Satz 1? –, ist str (vgl einerseits *Gierlich* FR 91, 518, andererseits *Schmidt/Heinicke* EStG § 10d Rz 56; *Gast-deHaan* Der Fachanwalt für Steuerrecht im Rechtswesen, S 619), welche Ansicht der Vorschrift jedoch ihren Sinn weitgehend nähme (dagegen auch FG Mchn EFG 97, 322). Auch eine Gemeinde haftet, wenn einer ihrer Amtsträger in grob fahrlässiger Weise die unrichtige Bestätigung erteilt hat (BFH BStBl 03, 128). Mitverschulden der FinBeh soll auch insoweit grds nicht entgegenstehen (ebenda).

Haftung des **ArbG für LSt** nach § 42d EStG, sofern wegen der Nichterfüllung der LSt-Entrichtungspflicht die ESt des ArbN bzw eines Dritten (§ 38 IIIa EStG) verkürzt worden ist, und zwar bei Einbehaltung der LSt in zu geringer (vgl BFH BStBl 93, 775) Höhe, sofern dazu nicht eine verbindliche Auskunft nach § 42e EStG erteilt war; ferner für im Rahmen des internen LSt-Jahresausgleichs zu Unrecht erstattete LSt (§ 42d I Nr 2 EStG) sowie für unrichtig bescheinigte LSt (§ 42d I Nr 3 EStG), wobei in diesem Fall die Inanspruchnahme ermessenswidrig sein kann, wenn die FinBeh zB bei der Veranlagung des ArbN den Fehler des ArbG hätte erkennen müssen (vgl *Nacke* Die Haftung für Steuerschulden, Rz 196). Wird der LSt-Abzug trotz Nichtvorliegen der Bescheinigung nach § 39d I 3 EStG bzw der LSt-Karte nicht nach der Steuerklasse VI durchgeführt, kann der ArbG auch nach Ablauf des Kalenderjahres, für das die Bescheinigung/LSt-Karte gilt, grds in Haftung genommen werden (BFH BStBl 03, 151). Die LSt-Haftung ist verschuldensunabhängig (*Schmidt/Krüger* EStG § 42d Rz 7; str, offen BFH BStBl 94, 197, vgl aber BFH/NV 07, 969 und BFH BStBl 10, 833), fehlendes Verschulden jedoch bei der Inanspruchnahme (Ermessen) zu berücksichtigen (BFH BStBl 81, 801). Die Haftungsinanspruchnahme kann ausgeschlossen sein, wenn sich der ArbG in einem Rechtsirrtum befunden hat, dessen Ursache in der Sphäre der FinBeh lag (BFH BStBl 92, 696; 06, 30). Ein solcher Irrtum kann insbes anzunehmen sein, wenn sich der ArbG auf unklare Verwaltungsanweisungen beruft und sein auf dieser Unklarheit beruhender Rechtsirrtum entschuldbar ist. Ein entschuldbarer Rechtsirrtum liegt indes regelmäßig nicht vor, wenn die Möglichkeit der Anrufungsauskunft (§ 42e EStG) nicht genutzt worden ist (BFH BStBl 08, 933; vgl BFH BStBl 06, 30). Der Höhe nach richtet sich die Haftung auf die abzuführende LSt, nicht auf die zu veranlagende ESt (str, aA *Schmidt/Krüger* EStG § 42d Rz 2; vgl *Blümich/Heuermann* EStG § 42d Rz 67 und BFH/NV 95, 297, jedoch insofern unklar; vgl auch BFH/NV 07, 204); bei nicht versteuerten Leistungen ist sie nach Maßgabe des tatsächlichen Zuflusses beim ArbN nach dem Bruttosteuersatz (also ohne Einbeziehung der LSt in die Bemessungsgrundlage bei der Bestim- 147 mung der zu entrichtenden LSt) zu berechnen (BFH BStBl 94, 197). Für die maßgebliche Höhe der tatsächl gezahlten Löhne trägt das FA die Feststellungslast (BFH/NV 89, 7), es sei denn ihm wird dies durch entspr StAnmeldungen abgenommen. Unter den Voraussetzungen des § 42d II Nr 1 kann die Haftung ausgeschlossen sein. Der Haftungsausschluss setzt jedoch eine Korrekturberechtigung (§ 41c I EStG) voraus, an der es fehlt, wenn die Anmeldung vorsätzlich fehlerhaft abgegeben worden ist und dies dem ArbG zuzurechnen ist (BFH BStBl 10, 833). Gem § 42d III 1 EStG sind der ArbG als Haftender und der ArbN als Schuldner der LSt Gesamtschuldner. Zu den Ermessenserwägungen bei der Haftungsinanspruchnahme des ArbG siehe § 191 Rz 51 ff, zu den formalen Anforderungen an den LSt-Haftungsbescheid § 191 Rz 79 ff.

147a Kein Haftungs-, sondern ein Nachforderungsbescheid liegt vor, wenn der ArbG wegen ausschl im **Pauschalierungsverfahren** erhobener LSt in Anspruch genommen wird, denn insoweit ist der ArbG Schuldner der LSt und nicht der ArbN (BFH BStBl 83, 91; 83, 472; 83, 517; 90, 767). Unter den Voraussetzungen des § 40 I 1 Nr 2 EStG kann auf Antrag des ArbG die LSt pauschaliert nachgefordert werden; ob dies ggf auch über den Anwendungsbereich der Vorschrift eine wahlweise Haftungsinanspruchnahme des ArbG ausschließt (vgl zur KapESt BFH BStBl 01, 67), erscheint zweifelh (LSt-Festsetzung bei unzutreffender Anmeldung zulässig: BFH BStBl 04, 1087; BFH/NV 05, 357; zustimmend *Nacke* DStR 05, 1297).

148 Haftet der ArbG in einer Vielzahl von Fällen, in denen er keine Aufzeichnungen gemacht hat, nach § 42d EStG für LSt, ist die Haftungsschuld mit dem Brutto- und nicht mit dem Nettosteuersatz zu berechnen, und zwar selbst dann, wenn feststeht, dass er keinen Regress nehmen wird (BFH BStBl 94, 187; BFH BStBl 85, 164 ist überholt).

149 Haftung für den **StAbzug bei beschränkt Stpfl** nach § 50a V 5 EStG (dazu BFH BStBl 08, 95; 08, 190: keine unionsrechtswidrige Überbesteuerung, wenn der Haftende auf der Grundlage einer Freistellungsbescheinigung eine Erstattung in Höhe der auf der ersten Stufe angefallenen Abzugsteuer erreichen kann).

150 Bei einer (gewerbsmäßigen) **Arbeitnehmerüberlassung** (zum Begriff BFH BStBl 91, 409) haftet der Entleiher für die LSt-Haftungsschuld des Verleihers bzw eine ggf eigene LSt-Schuld desselben nach § 42d VI bis VIII EStG. Selbst wenn die Überlassung des ArbN nach dem AÜG unzulässig ist, bleibt der Verleiher grds steuerrechtl ArbG (BFH BStBl 82, 502), es sei denn, er zahlt dem ArbN im eigenen Namen und für eigene Rechnung seinen ArbLohn. Denn wenn die Beteiligten das wirtschaftliche Ergebnis des nach § 9 AÜG unwirksamen Arbeitsverhältnisses zwischen Verleiher und LeihArbN eintreten und bestehen lassen wollen, ist nach der für das StRecht geltenden Sonderregelung des § 41 I die Unwirksamkeit des Arbeitsverhältnisses für Zwecke der Besteuerung nicht zu berücksichtigen (BFH BStBl 91, 409). Das gilt bei der erlaubten Arbeitnehmerüberlassung (Ausnahme: § 1 III AÜG) ebenso wie bei der unerlaubten, bei der erlaubten kann jedoch die Haftung nach Maßgabe des § 42d VI EStG ausgeschlossen sein; ist der Entleiher nach den tatsächlichen Verhältnissen als ArbG anzusehen, haftet der Verleiher ebenfalls nach § 42d VII EStG. Zu Einzelheiten und Haftungsausschlüssen vgl *Schmidt/Krüger* EStG § 42d Rz 66 ff.

151 Haftung für **KapESt** nach §§ 44 V, 45a VII EStG. Gibt ein Stpfl keine Anmeldung ab, kann das FA anstelle eines Haftungsbescheids einen Nachforderungsbescheid erlassen (Wahlrecht, BFH/NV 09, 1237), der materiell Geltendmachung eines Haftungsanspruchs beinhaltet, sodass die Voraussetzungen des § 44 V EStG erfüllt sein müssen; ob dem Bescheid eine Ermessenausübung zu Grunde liegt, soll dabei unbeachtlich sein (BFH BStBl 01, 67). Die Haftung soll auch bei zweifelhafter Rechtslage hinsichtlich der Einbehaltungspflicht bestehen; die KapESt muss also in Zweifelsfällen vorsorglich einbehalten werden, auch wenn strittig ist, ob es sich um abzugspflichtige Zahlungen handelt (BFH BStBl 11, 417).

Haftung des Leistungsempfängers beim **Bauabzug,** §§ 48a III EStG (dazu BFH/NV 09, 377; FG Mchn EFG 10, 147). Der Leistungsempfänger haftet nach § 48a III grds verschuldensunabhängig (siehe aber Satz 2) für einen nicht oder zu niedrig abgeführten Abzugsbetrag (Einzelheiten bei *Ebling* DStR 01, Heft 51–52, Beih und BMF 27.12.2002, BStBl I 02, 1399). Hat der Leistungsempfänger den StAbzug angemeldet und abgeführt, entfällt seine Haftung nach § 46d VI, VIII EStG ebenso wie dann, wenn ihm eine Freistellungsbescheinigung des Leistenden (§ 48b EStG) vorgelegen hat, auf deren Richtigkeit er vertrauen konnte (dazu näher *Ebling* DStR 01, Heft 51–52, Beih); er kann die Gültigkeit der Bescheinigung im Wege elektronischer Abfrage bei https://eibe.bff-online.de überprüfen. Die Haftungsinanspruchnahme erfolgt durch Bescheid nach § 191. 152

Haftung der ArbG etc wegen einer Pflichtverletzung hinsichtlich der **Arbeitnehmer-Sparzulage** nach § 15 III 5. VermBG. 154

GrStG, § 11 (Nießbraucher; Erwerber für GrSt seit dem Beginn des letzten Kalenderjahres vor der Auflassung); siehe auch die dingliche Haftung in § 12 GrStG. 155

LAG, § 110. 156

USt. § 13c Haftung des Zessionars für die in der (ggf still) abgetretenen Forderung enthaltene USt, wenn er den Forderungsbetrag vereinnahmt hat (dazu BMF BStBl I 2006, 207; Vorschrift unanwendbar bei Abtretung der Forderung vor dem 8.11.2003, BFH BStBl 10, 520); näher dazu *Haunhorst* UVR 04, 377 und die Richtlinienkonformität bezweifelnd *de Weerth* DStR 08, 1071, anders BFH BStBl 16, 74. 158

Haftung nach § 25d UStG bei Kenntnis oder fahrlässiger Unkenntnis von der Absicht des Leistenden, die geschuldete USt nicht abzuführen, bzw sich dazu außer Stand zu setzen (dazu *Schuska* MwStR 15, 323 sowie BMF BStBl I 2004, 450; diese Haftung erstreckt sich über die Besteuerung des Eingangsumsatzes hinaus auf sämtliche ggf vorausgegangenen Umsätze, um „Karussellgeschäfte" zur Erschleichung von VorStVergütungen zu verhindern (wegen gemeinschaftsrechtl Zweifel an dieser Vorschrift siehe die Nachw BFH BStBl 08, 586).

VersStG, § 7 I, II (Haftung des Versicherers und seines Empfangsbevollmächtigten). 159

Art 94 II UZK sieht ein Einstehen müssen des Bürgen aufgrund von ihm vertraglich übernommener Verpflichtung vor (dazu *Fuchs* ZfZ 07, 57; BFH/NV 95, 558; 00, 1265); iÜ erweitert der UZK in Art 77 ff den Kreis der Zollschuldner erheblich und bezieht Personen ein, die nach deutscher Rechtstradition Haftende wären (*Henke/Huchatz* ZfZ 96, 262, 268). Soweit sich insoweit der Haftungstatbestand des nationalen Rechts mit einem Zollschuldentstehungstatbestand des UZK im Wesentlichen deckt (enger *Witte* ZK Vor Art 201 Rz 16: Überschneidungen schädlich), sind die AO-Haftungstatbestände im Zollrecht unanwendbar (obwohl das Unionsrecht eine Haftung gerade nicht regelt); denn ein (Zoll-)Schuldner kann nicht Haftender sein. IÜ allerdings, auch soweit Art 113 UZK eingreift (Nichtentrichtung des Abgabebetrags durch den Zollschuldner), sind die AO-Vorschriften über die Haftung (insbes §§ 69, 70, 71) anwendbar (FG Ddorf EFG 01, 206; vgl jedoch *Olgemöller* ZfZ 06, 74). Es handelt sich freilich bei der Haftungsinanspruchnahme um Entscheidungen auf dem Gebiet des ZollR iSd Art 5 Nr 39 UZK, sodass die AO-Vorschriften durch Art 116 ff UZK überlagert werden (vgl *Gellert* Zollkodex und Abgabenordnung, S 70). 160

Die **Kommunalabgabegesetze** verweisen iAllg auf die AO oder enthalten ergänzende oder eigene Haftungsbestimmungen. Hingegen dürfte in kommunalen Abgabensatzungen keine Haftungsregelung getroffen werden können (*Kasper* DStR 06, 509), allemal nicht, soweit das einschlägige KAG bzw die AO solche trifft und die Satzungsregelung diese Regelung abändert oder erweitert. 161

12. Zivilrechtliche Haftungstatbestände. Die zivilrechtlichen Haftungstatbestände, die auch eine (durch Bescheid geltend zu machende, vgl § 191; anders 165 jedoch die vertragliche, insbes die Bürgenhaftung) Haftung für StSchulden begründen, sind zahllos; hervorzuheben ist:

166 Die **Gesellschafter einer Personengesellschaft** haften unabhängig vom Verschulden persönlich für die StSchulden der Gesellschaft einschl stl Nebenleistungen (vgl FG Hbg EFG 00, 1047). StSchuldner können Personengesellschaften zB bei der GewSt, USt, EUSt, GrESt, GrSt und Kraftsteuer sein (vgl § 33 Rz 6). Die Haftung beruht auf entsprechender Anwendung des § 128 HGB (BFH BStBl 07, 600; BFH/NV 05, 1141). Mit diesen Entscheidungen hat sich der BFH der neuen Rspr des BGH angeschlossen, der – anknüpfend an im Schrifttum seit langem vertretene Ansichten – in § 128 HGB einen für alle Personengesellschaften gültigen Rechtsgrundsatz erkannt hat (BGHZ 146, 341 = DStR 01, 310). Der vom BFH früher herangezogene (im Schrifttum kritisierte) Rechtsgedanke einer Doppelverpflichtung von Gesellschafter und BGB-Gesellschaft, den der BFH aus §§ 421, 427 BGB abgeleitet hatte (vgl zB BFH BStBl 89, 952; 95, 300), ist damit überflüssig geworden. Die Haftung erstreckt sich auch auf Altschulden der Gesellschaft (BGH NJW 03, 1803). Die spätere Auflösung der Gesellschaft ändert an der grds fortbestehenden Haftung der Gesellschafter für die im Zeitpunkt ihrer Beteiligung an der Gesellschaft entstandenen StSchulden nichts (BFH BStBl 97, 745).

166a Stets kommt es allein auf die formale Stellung des potenziell Haftenden als Gesellschafter an (BFH/NV 95, 186). Auch wenn Vereinbarungen in einem Gesellschaftsvertrag oder eine Eintragung im Handelsregister fehlen, kann sich die Stellung als Gesellschafter daraus ergeben, dass der Betreffende Mitunternehmerinitiative und Mitunternehmerrisiko hat, wofür die Rspr zu § 15 I Nr 2 EStG heranzuziehen ist (vgl BFH/NV 09, 355). Die Gefahr strafrechtlicher Verfolgung wegen der Tätigkeit in einem betrügerischen Unternehmen ist kein solches Risiko (BFH/NV 09, 355). Die Haftung kann nicht mit steuerrechtlicher Wirkung auf das Gesellschaftsvermögen beschränkt werden (so schon BFH BStBl 90, 939; BVerwG BStBl 94, 140). Selbst eine schriftlich vereinbarte Freistellung von der steuerlichen Verantwortung im Innenverhältnis ist bei der Haftungsinanspruchnahme eines Gesellschafters – anders als bei der Haftung mehrerer Geschäftsführer – nicht notwendigerweise zu berücksichtigen (BFH/NV 08, 733). Eine nur geringe Beteiligung an der Gesellschaft wird aber im Rahmen der Ermessensausübung dann (und nur dann) zu berücksichtigen sein, wenn die Haftungsforderung bei anderen erfolgversprechend geltend gemacht werden kann (BFH/NV 05, 827).

166b Im **Insolvenzverfahren** kann die Gesellschafterhaftung nur vom Insolvenzverwalter geltend gemacht werden (§ 93 InsO; vgl *App* StBp 99, 63); die Geschäftsführerhaftung nach § 69 wird jedoch von der Sperrwirkung des § 93 InsO nicht erfasst und kann von der FinBeh daher auch nach Eröffnung eines Insolvenzverfahrens mit Haftungsbescheid geltend gemacht werden (BFH BStBl 02, 73; 786; BFH/NV 13, 587).

166c Auf eine reine **Innengesellschaft** wendet der BGH § 128 HGB *nicht* an (vgl BGHZ 146, 341 = DStR 01, 310). Diese wird jedoch grds nicht StSchuldnerin (BFH BStBl 86, 311; BFH/NV 03, 1308), wenngleich sie als Subjekt der Gewinnerzielung, Gewinnermittlung und Einkünftequalifikation anerkannt ist (vgl BFH/NV 00, 420).

167 Gesellschafter einer **OHG** haften für alle Verbindlichkeiten der Gesellschaft als Gesamtschuldner persönlich (vgl BFH BStBl 87, 363; 95, 395; BFH/NV 88, 477) (§ 128 HGB), auch für die Zeit nach ihrem Ausscheiden (§ 159 HGB), soweit die Verbindlichkeiten zZt ihrer Zugehörigkeit zur Gesellschaft entstanden sind. Dies ergibt sich schon aus § 128 IV HGB (BFH BStBl 85, 541). Eine Mitwirkung an den Geschäften der OHG (etwa iS einer Mitunternehmerschaft) ist nicht erforderlich (BFH/NV 11, 1473). Handlungen zur Unterbrechung der Verjährung, die vor Auflösung einer Gesellschaft im Verhältnis zur Gesellschaft vorgenommen worden sind, wirken gegen die Gesellschafter auch nach Auflösung der Gesellschaft. § 159 IV HGB regelt die Wirkung von Unterbrechungshandlungen nach Auflösung der

Gesellschaft gegen deren Gesellschafter – unter der Voraussetzung, dass diese der Gesellschaft zurzeit ihrer Auflösung angehört haben – nur dann, wenn die Unterbrechungshandlung nach Auflösung der Gesellschaft innerhalb der zugunsten der Gesellschafter nach Auflösung der Gesellschaft laufenden Fünf-Jahres-Frist nach § 159 I HGB vorgenommen worden ist. Diese Frist läuft jedoch nicht an, solange die Verjährung der Forderung gegen die Gesellschaft unterbrochen ist (BFH/NV 99, 1440). In der Insolvenz kommen die auf der Ebene der OHG erzielten Gewinne dem Gesellschafter haftungsmindernd zugute (BFH BStBl 08, 787).

Komplementäre einer **KG** haften nach § 161 HGB. Der aus einer KG ausgeschiedene Komplementär haftet für die nach seinem Ausscheiden entstandenen StSchulden der KG aber nicht allein deshalb, weil sein Ausscheiden noch nicht im Handelsregister eingetragen war (BFH BStBl 78, 490; § 15 HGB ist nicht anwendbar, weil ein Zusammenhang zwischen Entstehung des StAnspruchs und des Haftungsanspruchs einerseits sowie der Handelsregister-Eintragung undenkbar ist). Der Kommanditist haftet bis zur Höhe seiner Einlage unmittelbar; die Haftung ist ausgeschlossen, soweit die Einlage geleistet ist (§ 171 I HGB). Beim Ausscheiden eines Kommanditisten sind diejenigen Verpflichtungen der KG als vor dem Ausscheiden entstanden anzusehen, deren Rechtsgrundlage bereits vor diesem Zeitpunkt gelegt worden ist (BFH BStBl 86, 872 unter Hinweis auf BGHZ 55, 267). Dies gilt zB insoweit, als das FA vor dem Ausscheiden zu Unrecht Auszahlungen auf VorStÜberschüsse geleistet hat. 168

Die Haftung der Partner einer **Partnerschaftsgesellschaft** ergibt sich aus § 8 I PartGG. 169

Wer sich ggü dem FA als **Gesellschafter geriert,** muss sich nach dem Maß des von ihm erzeugten Rechtsscheins auch als solcher behandeln lassen (BFH BStBl 77, 364; 07, 600; BFH/NV 86, 646; 88, 615). Voraussetzung für die Haftung ist aber, dass das FA nach Treu und Glauben auf den gesetzten Rechtsschein vertrauen durfte. Das ist nicht der Fall, wenn das aktive Handeln des in Anspruch Genommenen weder unmittelbar ggü dem FA noch zur Erfüllung steuerlicher Pflichten oder zur Verwirklichung steuerlicher Sachverhalte veranlasst war und ihm iÜ bloß passives Verhalten ggü dem FA vorzuhalten ist (BFH BStBl 07, 600: kein Haftung wegen Gewerbeanmeldung bei sonstiger Untätigkeit; zweifelh). Ist ein Unternehmen dem FA ggü jahrelang als GbR aufgetreten, so kann die Inanspruchnahme eines Mitinhabers als Haftungsschuldner für die StSchulden der Gesellschaft nicht mit der Begründung abgewendet werden, die Gesellschaft habe wegen Fehlens eines Gesellschaftsvertrags nicht bestanden (BFH/NV 88, 615). 172

Der **stille Gesellschafter** haftet nicht (BFH BStBl 69, 203; vgl § 230 HGB), auch nicht ohne Weiteres der atypische, der im Gesellschaftsvertrag einem Kommanditisten gleichgestellt ist (BGH DStR 10, 1489). 172a

Auch das Mitglied einer **Miteigentümergemeinschaft** haftet nicht, es sei denn wegen Unterlassens der Bestellung eines Geschäftsführers (*Carl* DStR 90, 270). 172b

Die Mitglieder eines **nicht rechtsfähigen Vereins** haften grds wie BGB-Gesellschafter (dazu Rz 166), Haftung kann aber durch Satzung auf Anteil an Vereinsvermögen beschränkt werden; der für einen nicht rechtsfähigen Verein Handelnde haftet persönlich nach § 54 BGB. 173

Haftung des **Erben** bei **Fortführung** eines **Handelsgeschäfts** nach § 27 HGB. 175

Erbschaftskäufer haften nach §§ 2371 ff BGB; §§ 2382, 2383 BGB. Hat der Erblasser durch eine Rechtshandlung einen Geschehensablauf ins Werk gesetzt, kraft dessen es nach dem Erbfall im Nachlassvermögen ohne irgendein Handeln des Erben zu einem Güteraustausch gekommen ist, den auch der Erbe durch eigenes Handeln verhindern konnte, und ist dadurch der Erbe Einkommensteuerschuldner hinsichtlich des Veräußerungsgewinns geworden, so ist dieser Veräußerungsgewinn und die darauf entfallende Steuer nach erbrechtlichen Grundsätzen 176 dem Erblasser zuzurechnen, sodass der Erbe seine Haftung gem § 1975 BGB beschränken kann (BFH BStBl 98, 705).

177 **§ 419 BGB** ist außer Kraft getreten ab 1.1.1999, s Art 32 Nr 16 EG-InsO v 5.10.1994, BGBl I, 2911, jedoch auf Vermögensübernahmen, die bis zum 31.12.1998 wirksam geworden sind, weiter anzuwenden (BFH/NV 09, 1233). Er gilt auch für Ansprüche aus dem StSchuldverhältnis (BFH BStBl 86, 504; 90, 355; BVerwG ZFK 90, 181). Die Haftung des Vermögensübernehmers tritt ggf neben die Haftung nach § 75 (vgl § 75 Rz 3). Aber auch ein Geschäftsführer, Vertreter oder Verfügungsberechtigter kann außer nach § 69 nach § 419 BGB haften, wenn er das Vermögen des StSchuldners übernimmt. Die von dem Übernehmer erbrachte Gegenleistung berührt grds dessen Haftung nicht (BGHZ 33, 123, 125; BGHZ 66, 217, 220; BGHZ 93, 135, 138; BGH NJW-RR 91, 205; BFH BStBl 86, 504; BFH/NV 95, 561). Die Haftung des Übernehmers beschränkt sich auf den Bestand des übernommenen Vermögens.

178 Haftung der Gesellschaft bei **Einbringung** eines **Handelsgeschäfts** nach § 28 HGB; Haftung der **Hauptgesellschaft** für Schulden der eingegliederten Gesellschaft nach § 322 I AktG. Zur **konzernrechtl Durchgriffshaftung** s BAG HFR 99, 1018.

179 Kraft Gesetzes haftet der **Erwerber eines Handelsgeschäftes** nach (dazu BFH/NV 12, 1572). Erwerb eines Handelsgeschäfts ist jede (auch eine rechtsunwirksame) Übertragung oder Überlassung aufgrund von Kauf, Schenkung, Erbteilung, Vermächtnis, Pacht oder Nießbrauch. Maßgeblich ist allein die tatsächliche Weiterführung des Handelsgeschäfts in seinem wesentlichen Bestand unter der bisherigen Firma mit oder ohne Beifügung eines das Nachfolgeverhältnis andeutenden Zusatzes; es ist die Bezeichnung maßgebend, die der Erwerber für sein Auftreten am Markt wählt (BFH/NV 92, 360 im Anschluss an BGH NJW 84, 1186). Der Name eines Restaurants ist aber idR keine Firma, weil er den Betrieb, nicht aber den Inhaber individualisiert und kennzeichnet (BFH BStBl 15, 107). Dem Erwerb eines Handelsgeschäfts steht nicht entgegen, dass die Gegenstände, die dem Unternehmen dienen, von Dritten erworben worden sind (BFH/NV 92, 360 mN). Es reicht aus, wenn ein Vollkaufmann sein Unternehmen auf eine GmbH & Co KG überträgt und die Firma der KG seinen Familiennamen enthält (BGH NJW 82, 577; BFH BStBl 86, 383). Eine Haftung nach § 25 HGB tritt auch bei Wechsel der Gesellschaftsform und geringfügiger Änderung des Firmennamens ein (BFH BStBl 86, 383), nicht aber bei bloßer Fortführung eines Firmenzusatzes (FG Mchn EFG 98, 617) oder des Firmennamens (FG Mster EFG 09, 989). Entscheidend ist, ob der Verkehr aufgrund der „prägenden Kraft" der bisherigen Firma das neue Geschäft mit dem alten gleichsetzt und in dem Verhalten des Erwerbers eine Fortführung der Firma sieht (bn 12, 1572). Der Übernehmer wird nicht StSchuldner, weil er kein Gesamtrechtsnachfolger ist (BFH BStBl 91, 729). Er haftet auch nur für die im Betrieb des Geschäfts begründeten Verbindlichkeiten, wozu die USt (BFH BStBl 98, 765; BFH/NV 06, 1110), nicht aber die KStSchuld des vorherigen Betriebsinhabers gehört (BFH/NV 16, 1491). Vgl iÜ zu den Voraussetzungen des § 25 HGB BGH NJW 82, 1648; 92, 911; BFH/NV 92, 360. Beim Erwerb im Wege der Zwangsversteigerung, vom Nachlassverwalter, aus einer Konkursmasse oder im Vergleichsverfahren tritt die Haftung nach § 25 HGB – entsprechend dem Rechtsgedanken des § 75 II – jedoch nicht ein (BGH NJW 88, 1912); dass dies beim Erwerb vom Sequester nicht gelten soll, wie der BGH annimmt, hat BFH BStBl 98, 765 mit Recht als zweifelh angesehen.

Die Haftung kann § 25 II HGB durch Eintragung im Handelsregister oder Erklärung ggü dem FA ausgeschlossen werden (vgl BFH/NV 06, 1110); § 75 bleibt davon freilich unberührt.

180 Ferner sind als Haftungsvorschriften zu nennen **§§ 130, 173 HGB.**

181 Bei **juristischen Personen** haftet grds nur das Gesellschaftsvermögen (vgl § 1 I 2 AktG, § 278 I AktG; § 13 II GmbHG). Das Gleiche gilt für rechtsfähige Verei-

ne (jedoch Vorstandshaftung nach § 26 BGB). Bei Genossenschaften ist zu unterscheiden zwischen solchen mit unbeschränkter Nachschusspflicht und solchen mit beschränkter Nachschusspflicht (vgl § 105 GenG). Eine unmittelbare Haftung der Genossen ggü den Gläubigern der Genossenschaft besteht nicht.

Bei einer **GmbH** kann sich für einen Allein- oder Mehrheitsgesellschafter, der gleichzeitig deren alleiniger Geschäftsführer ist und sich außerdem als Einzelkaufmann unternehmerisch betätigt, eine zivilrechtliche Haftung entsprechend § 303 AktG ergeben (vgl BGH DB 91, 2176; *Woring* DStZ 92, 426). Zur Haftung des Gesellschafters für Schulden einer GmbH nach § 826 BGB siehe BAG HFR 99, 1025; unter dem Gesichtspunkt des § 242 BGB: BGH NJW 77, 1449, BSG NJW-RR 97, 94. Allein wegen Unterkapitalisierung ist eine Durchgriffshaftung grds nicht gegeben, BAG HFR 00, 52. Eine Haftung kann sich aber bei nicht eingezahlter oder entgegen § 30 I GmbHG zurückgezahlter Einlage ergeben (§§ 24, 31 GmbHG), auch bei der Ein-Mann-GmbH, deren Gesellschafter aber sonst grds ebenfalls nicht für Gesellschaftsschulden haftet (BGHZ 119, 257 = BB 93, 1498). 182

Für die Haftung im **Gründungsstadium von Kapitalgesellschaften** ist zwischen der sog Vorgesellschaft und der Vorgründungsgesellschaft (Gesellschaft vor Abschluss des Gesellschaftsvertrags) zu unterscheiden: 183

Bei der **Vorgründungsgesellschaft** gelten noch die Regeln über die Personengesellschaften (OHG bzw GbR) mit der Folge, dass die Gesellschafter nach § 128 HGB für etwaige StSchulden persönlich haften (siehe Rz 166, 167; vgl BFH BStBl 98, 531; BFH/NV 13, 182). Das gilt auch, wenn die Vollgründung (Eintragung ins Handelsregister) gar nicht ernstlich gewollt ist oder die Gesellschaft trotz Ablehnung der Eintragung fortgesetzt wird, obwohl die Eintragungshindernisse voraussichtlich nicht beseitigt werden können oder sollen (sog unechte Vorgesellschaft; vgl BAG BB 97, 2535; offen BGHZ 134, 333 = BB 97, 905; FG BBg EFG 07, 32, aus verfahrensrechtlichen Gründen aufgehoben). Ob der einzelne Gründungsgesellschafter aktiv an der Geschäftstätigkeit beteiligt war, ist dabei ohne Bedeutung, sofern er von dieser wusste (OLG Koblenz GmbHR 01, 433). 184

Die **Vorgesellschaft** (auch sog **Gründungsgesellschaft;** hierzu *Gehrlein* DB 96, 561) wird zivilistisch nach Maßgabe des GmbH- bzw AG- oder Genossenschaftsrechts behandelt mit der Maßgabe, dass die Gründungsgesellschafter im Verhältnis zur Gründungsgesellschaft persönlich bis zur Höhe ihrer ggf noch nicht erbrachten Einlage haften (BGHZ 152, 290; 134, 333 = DStR 97, 625; Gründerhaftung in der Form der Verlustdeckungs- und Vorbelastungshaftung als Innenhaftung; ebenso BAGE 93, 151 = DStZ 00, 875 und BSGE 85, 192 = DStR 00, 741; BFH BStBl 10, 991; 98, 531). Eine Haftung der GmbH-Gesellschafter für zulasten einer Vor-GmbH (zwischen Abschluss des Gesellschaftsvertrags und Eintragung der GmbH) entstandene StSchulden besteht grds auch dann nicht, wenn die GmbH nicht zur Entstehung gelangt. Das gilt nicht nur bei rechtsgeschäftlich begründeten Verpflichtungen (dazu BGHZ 134, 333 = BB 97, 905), sondern auch bei auf Gesetz beruhenden wie StSchulden (anders BSGE 69, 29); denn der Ausschluss der (Außen-)Haftung der Gesellschafter der Vor-GmbH beruht maßgeblich nicht auf einer Art stillschweigend vereinbarter Haftungsbeschränkung gem GmbH-Recht, sondern auf der gebotenen Gleichbehandlung der Gesellschafter vor Eintragung mit den Gesellschaftern der eingetragenen GmbH, die unstreitig im Außenverhältnis für die Vor-GmbH-Schulden nicht mehr einstehen müssen (*Goette* DStR 98, 179). 185

Die FinBeh muss sich danach an die Gründungsgesellschaft halten und ggf auf deren Ansprüche gegen die Gründungsgesellschafter zugreifen (BGHZ 134, 33). Der Geschäftsführer einer GmbH-Gründungsgesellschaft haftet jedoch ggf nach den §§ 34, 69, aber nicht nach § 11 II GmbHG, § 41 I AG, die keine Haftung im Rahmen gesetzlicher Schuldverhältnisse begründen (BFH/NV 97, 4); es handelt sich insoweit um eine Haftung allein für durch Rechtsgeschäft begründete Ver- 186 bindlichkeiten, nicht auch für daraus mittelbar entstehende öffrechtl Verbindlichkeiten (vgl auch BAG BB 97, 1208 = NJW 97, 3331; BAGE 60, 29 für Beitragsschulden).

187 Die StSchulden der Vor-GmbH gehen wie alle Aktiva und Passiva nach Eintragung der GmbH auf diese über (allgM).

190 Die gleichen Grundsätze gelten bei der **Vorgenossenschaft** (BGHZ 149, 273 = DStR 02, 556).

192 Einen **unmittelbaren Zugriff** gestattet jedoch der BGH nach den zur Ein-Mann-GmbH entwickelten Rechtsgrundsätzen bei Vermögenslosigkeit der Vor-GmbH (vgl BFH BStBl 98, 531) oder bei Nichtvorhandensein konkurrierender Gläubiger, nicht aber bei bloßer Unterkapitalisierung. Die Feststellung vorgenannter Voraussetzung will jedoch FG Ddorf nicht im haftungsrechtlichen, sondern nur im Insolvenzverfahren zulassen (EFG 97, 325; rkr, jedoch zweifelh, vgl *Goette* DStR 98, 179, 181: Konkursunfähigkeit maßgeblich; kritisch auch FG Saarl EFG 98, 261; vgl auch LSG BaWü DStR 98, 177: Durchgriffshaftung jedenfalls nach Abschluss des Konkursverfahrens, Hess LAG GmbHR 98, 782: nach Ablehnung des Konkursantrages mangels Masse). Zur unmittelbaren und unbeschränkten Haftung der Gesellschafter nach GbR/OHG-Grundsätzen, wenn nach dem Scheitern der Eintragung der GmbH die Geschäftstätigkeit der (dann zur Schein-GmbH in Gründung gewordenen) Gesellschaft (sog unechte Vor-Gesellschaft) fortgesetzt wird oder wenn die Eintragungsabsicht schon ursprünglich fehlte, siehe Rz 184.

194 An die Stelle des § 191 Abs 3 treten in allen diesen Fällen die **zivilrechtl Verjährungsvorschriften** (§ 191 IV); die *Zahlungsverjährung* (§ 231) richtet sich aber wegen der Festsetzung der Haftung durch VA nach der AO (BFH BStBl 97, 745). Bei einer aufgelösten GbR ist § 149 I HGB entspr anzuwenden (kritisch *Rößler* DStZ 98, 302), sodass die Verjährungsfrist ggü dem Gesellschafter früher enden kann als ggü der Gesellschaft (StSchuldner); an die Stelle der Eintragung im Handelsregister tritt in diesem Fall die Kenntniserlangung des StGläubigers (BFH BStBl 97, 745).

195 Auch aus der **InsO** können sich schließlich konkurrierende Haftungsvorschriften ergeben, insbes aus § 61 InsO (Haftung des Insolvenzverwalters für die Nichterfüllung von ihm begründeter Masseverbindlichkeiten; beachte dazu jedoch auch die Vermögensvorsorgepflicht gem § 69) und uU aus § 60 InsO (bei verspäteter Zahlung auf eine zur Tabelle festgestellte StForderung). Zur Geltendmachung dieser Haftungsansprüche im ordentlichen Rechtsweg BGHZ 106, 134; aA *HHSp/Boeker* Vor §§ 69–77 Rz 80.

§ 70 Haftung des Vertretenen

(1) **Wenn die in den §§ 34 und 35 bezeichneten Personen bei Ausübung ihrer Obliegenheiten eine Steuerhinterziehung oder eine leichtfertige Steuerverkürzung begehen oder an einer Steuerhinterziehung teilnehmen und hierdurch Steuerschuldner oder Haftende werden, so haften die Vertretenen, soweit sie nicht Steuerschuldner sind, für die durch die Tat verkürzten Steuern und die zu Unrecht gewährten Steuervorteile.**

(2) [1] **Absatz 1 ist nicht anzuwenden bei Taten gesetzlicher Vertreter natürlicher Personen, wenn diese aus der Tat des Vertreters keinen Vermögensvorteil erlangt haben.** [2] **Das Gleiche gilt, wenn die Vertretenen denjenigen, der die Steuerhinterziehung oder die leichtfertige Steuerverkürzung begangen hat, sorgfältig ausgewählt und beaufsichtigt haben.**

Schrifttum: *Fehsenfeld* Die Reichweite der Haftung des Vertretenen nach § 70 AO, DStZ 12, 852.

Übersicht

1. Inhalt. IdR werden steuerrechtl vertretene Personen wie die juristischen Personen, (steuerrechtsfähigen) Vereinigungen und Vermögensmassen selbst StSchuldner; sie verwirklichen iAllg in eigener Person den StEntstehungstatbestand. Die stl Verpflichtung der in den §§ 34, 35 genannten Vertreter, Geschäftsführer und sonstigen Sachwalter, die die steuerlichen Pflichten jener Personen zu erfüllen haben, tritt nur neben deren StPflicht. Eine eigene StPflicht wird ferner auch für denjenigen begründet, für den von einem Stellvertreter mit Vertretungsmacht stl Handlungen vorgenommen werden, an welche die StGesetze die StEntstehung knüpfen (etwa eine Zollanmeldung, vgl Art 77 UZK). In diesen (Regel-)Fällen besteht kein Bedürfnis, eine *Haftung* der Vertretenen vorzusehen. Es sind jedoch insbes bei Einfuhrabgaben, Verbrauchsteuern und der EUSt, für welche die Zollvorschriften gelten (§ 21 II UStG), Fälle denkbar, in denen keine StSchuldnerschaft derjenigen eintritt, für welche die in den §§ 34, 35 genannten Dritten handeln; das wäre etwa bei einer Zollanmeldung in nicht offengelegter indirekter Stellvertretung (Art 18 I UZK) der Fall, vor allem aber zB bei einer Zollschuldentstehung gem Art 79 I UZK im Falle der Nichterfüllung zollrechtl Verpflichtungen. Da die StSchuldentstehung in diesen Fällen an tatsächliche Handlungen anknüpft, ohne dass Zurechnungsregeln existieren, die deren Folgen ggf anderen anlasten, weil die Handelnden zu ihnen in einem der in den §§ 34, 35 vorausgesetzten Verhältnisse (zB als Geschäftsherr) stehen, würden diese ohne eine Haftungsregelung, wie sie § 70 enthält, frei sein; das erschiene unbillig, wenn sie aus der Tat Vorteile gezogen haben oder sie mittelbar erst ermöglicht haben (instruktiver Sachverhalt: BFH/NV 92, 219). Es könnte auch leicht dazu führen, dass es an einem potenten Stpfl fehlt. Die Vorschrift will also den Vertretenen zum Schadensersatz heranziehen, wenn er für den Schaden (mit) verantwortlich ist oder einen Nutzen hat; sie schafft damit einen Ausgleich dafür, dass sich der StGläubiger die für den Vertretenen handelnden Dritten nicht aussuchen kann (vgl BFH BStBl 95, 278). Die Vorschrift hat demgemäß insbes Bedeutung für das Zoll- und Verbrauchsteuerrecht. 1

Nach dem Wortlaut erfasst die Vorschrift auch die Fälle, in denen eine AbzugSt hinterzogen oder leichtfertig verkürzt wird und der Geschäftsherr des Täters nicht StSchuldner ist. Bei den AbzugSt (LSt, KapESt), bei denen eine Abführungspflicht ohne eigene StSchuldnerschaft des zum Abzug Verpflichteten besteht, greifen jedoch mit ähnlicher Wirkung wie § 70 die §§ 42d I, 44 V, 50a EStG bzw § 7 I VersStG als speziellere Vorschriften ein; daneben ist § 70 nicht anwendbar, auch wenn dessen Anwendung nur für den Fall der Erfüllung eines anderen Haftungstatbestandes ausdrücklich ausgeschlossen ist (aA FG Mster EFG 14, 801; *BG/Jatzke* § 70 Rz 2; str). Der Anwendungsbereich der Vorschrift ist allerdings sonst nicht von vornherein auf Zölle und Verbrauchsteuern beschränkt (FG Mster EFG 14, 801; FG Ddorf EFG 10, 998), für welche sie geschaffen worden ist (BFH BStBl 95, 278). Wegen der Haftung einer Bank bei mit Hilfe von deren Mitarbeitern hinterzogenen Steuern auf Kapitaleinkünfte siehe BFH BStBl II 13, 526. 1a

Voraussetzung der Haftung ist das Vorliegen einer der in Abs 1 Hs 1 genannten Taten und dass diese von einer der von §§ 34, 35 erfassten Personen begangen worden ist (bloße Arbeitgeberstellung des Haftenden genügt also nicht), und zwar „bei Ausübung ihrer Obliegenheiten". Die Haftung entfällt nach Abs 2 für Handlungen gesetzlicher Vertreter natürlicher Personen, wenn diese keinen Vermögens- 2 vorteil aus der Tat erlangt haben; das Gleiche gilt bei sorgfältiger Auswahl und Beaufsichtigung dessen, der die Tat begangen hat.

3 **2. Steuerliche Verfehlung; sonstige Voraussetzungen der Haftung.** Vertreter (§§ 34, 35) müssen bei Ausübung ihrer Obliegenheiten eine stl Verfehlung begangen haben, und zwar StHinterziehung, leichtfertige StVerkürzung, Teilnahme an StHinterziehung, vgl §§ 370, 378, also Anstiftung oder Beihilfe (vgl §§ 26, 27 StGB), nicht Anschlussstraftaten wie Begünstigung und Hehlerei, die selbständige Taten sind. Infrage kommt zB die Verletzung von Buchführungs- und Aufzeichnungspflichten, der Pflicht zur Abgabe von StErklärungen, zur Gestellung (Art 139 UZK) oder Anmeldung von einfuhrabgabepflichtigen Waren. Ob der Täter dem Vertretenen einen finanziellen Vorteil verschaffen *will,* ist bedeutungslos. Zur Feststellung der haftungsbegründenden Taten gelten die zu § 71 Rz 7 dargestellten Grundsätze entsprechend. Eine vorgängige strafrichterl Verurteilung wird nicht vorausgesetzt. Die Veranlagungsstelle ist an die Entscheidung der Strafsachenstelle nicht gebunden und umgekehrt; sie kann die Besteuerungsvoraussetzungen ohne Rücksicht darauf prüfen, ob und mit welchem Ergebnis die Strafsachenstelle dies getan hat (aA bei Behördenidentität *TK/Loose* § 71 Rz 12 wegen des angeblichen, aus dem Rechtsstaatsprinzip zu entnehmenden Rechtssatzes, dieselbe Behörde müsse in derselben Sache widerspruchsfrei entscheiden, wobei – zu Unrecht – angenommen wird, die Entscheidung der Strafsachenstelle erfolge „in Vertretung" der FinBeh auch für das Besteuerungsverfahren, was andererseits für das FG-Verfahren nicht mehr gelten soll); die Einstellung eines Strafverfahrens – aus welchen Gründen auch immer sie erfolgt –, selbst ein Strafurteil (BFH BStBl 73, 68), beinhaltet keine bestandskräftige Feststellung im Hinblick auf Besteuerungsmerkmale und entfaltet daher für das StVerwaltungsverfahren keine Bindungswirkung.

4 Die Handlung des Vertreters muss **im Zusammenhang mit seinen Aufgaben** stehen („in Ausübung ihrer Obliegenheiten"). Das ist der Fall, wenn seine Tat ohne die Aufgabenübertragung nicht begangen worden wäre (BFH BStBl 52, 16) und in unmittelbarem örtlichen, zeitlichen und sachlichen Zusammenhang mit der Erfüllung der steuerlichen Pflichten des Vertretenen steht (BGH DStZ-RR 17, 342; vgl *Fehsenfeld* DStZ 12, 852: keine uferlose Ausdehnung der Haftung). Ob *die Tat* in den Rahmen seiner Befugnisse fiel und stl Pflichten des Vertretenen verletzt wurden, ist nicht entscheidend. Die für §§ 34, 35 kennzeichnende Beziehung des Täters zum Haftenden muss jedoch die Tatausführung objektiv ermöglicht oder erleichtert haben; denn das ist nach den obigen Erläuterungen (Rz 1) der Rechtfertigungsgrund des § 70 (vgl auch BFH/NV 92, 219, offen lassend).

5 Der Vertreter muss durch die Tat StSchuldner – was der Regelfall sein wird – oder Haftender werden, zB nach §§ 69 oder 71. Die Haftung des Vertretenen tritt jedoch nur ein, wenn er nicht ohnehin schon StSchuldner ist (vgl Rz 1). Bei den Betriebs- und VerkehrSt ist dies regelmäßig der Fall.

8 **3. Umfang der Haftung.** Der Vertretene haftet nur für die verkürzten Steuern (§ 3 I), nicht für infolge seiner Tat entstandene Nebenleistungen (BFH BStBl 86, 872), auch nicht für Hinterziehungszinsen, die § 70 im Unterschied zu § 71 nicht nennt (BFH BStBl 06, 3; FG Mchn EFG 89, 611); § 239 regelt nur das Verfahren, erweitert aber keine Haftungstatbestände. Ferner wird gehaftet für in Folge der Tat zu Unrecht gewährte StErstattungen/Vergütungen (vgl § 370 IV 2). Die Vorschriften über die Festsetzungsfrist gelten auch für den Haftungsbescheid.

9 Die **Festsetzungsfrist** beträgt bei hinterzogenen Steuern 10 Jahre, bei leichtfertiger StVerkürzung 5 Jahre (§ 191 III 1). Beginn mit Ablauf des Kalenderjahres, in dem der Haftungstatbestand verwirklicht ist (§ 190 III 2).

10 **4. Haftungsausschlüsse (Abs 2).** Eine Haftung tritt nach Abs 2 Satz 1 nicht ein, wenn die Vertretenen keinen oder nur einen verhältnismäßig geringen (BFH/NV 92, 219) **Vermögensvorteil** aufgrund der Tat erlangt haben oder sie

denselben auch bei hypothetischem anderen Geschehensablauf hätten erhalten können, weil er ihnen materiell-rechtl zusteht. Der Begriff des Vermögensvorteils ist umfassender als der des StVorteils. Er umfasst jede Verbesserung der Vermögenslage (BFH BStBl 89, 442; BFH/NV 92, 219; kritisch *Fehsenfeld* DStZ 12, 852), sofern sie unmittelbar durch die Tat des Vertreters (nicht andere hypothetische Geschäfte, BFH BStBl 89, 442) erreicht worden ist. Das gilt auch, wenn ein dem Vertretenen zunächst zugeflossener Vermögensvorteil vor der Haftungsinanspruchnahme wieder weggefallen ist, zB weil ihn der Täter inzwischen an sich gebracht hat oder der Vorteil entsprechend § 818 III BGB sonst weggefallen ist (allgM, zB *HHSp/Boeker* § 70 Rz 22).

Während dies bei Taten gesetzlicher Vertreter natürlicher Personen der einzige Haftungsausschlussgrund ist, tritt **bei gewillkürten „Vertretern"** (Geschäftsführern, Vermögensverwaltern oder Verfügungsberechtigten) sowie den organschaftlichen Vertretern juristischer Personen, für deren Auswahl die juristische Person die Verantwortung trifft, die Haftung nach Abs 2 Satz 2 darüber hinaus auch dann nicht ein, wenn der Vertreter sorgfältig ausgewählt und beaufsichtigt wurde. Der vertretungsberechtigte Gesellschafter einer Personengesellschaft ist nicht deren gesetzlicher Vertreter iSd Abs 2 Satz 1, sodass nur ein Haftungsausschluss nach Satz 2 in Betracht kommt. Auch ein Insolvenzverwalter (§ 34 III) oder sonst jemand, der als Partei kraft Amtes die steuerlichen Pflichten eines Dritten zu erfüllen hat, ist nicht deren „gesetzlicher Vertreter"; da der Dritte auf seine Auswahl und seine Handlungen jedoch keinen unmittelbaren Einfluss hat, wäre es nicht gerechtfertigt, auf ihn Abs 2 Satz 2 (statt Satz 1) anzuwenden. Sorgfältige Auswahl und Beaufsichtigung entlasten den Vertretenen jedoch nicht, wenn er aus der Tat einen Vermögensvorteil erlangt hat; denn Abs 2 Satz 2 enthält insofern eine ungeschriebene Rechtsvoraussetzungsverweisung auf Abs 2 Satz 1 (BFH/NV 92, 219). Satz 2 setzt also lediglich an die Stelle der Voraussetzung „gesetzlicher Vertreter" den „sorgfältig ausgewählten und beaufsichtigten Vertreter". 11

Der **Sorgfaltsmaßstab** ist subjektiv; der Vertretene muss nur die ihm persönlich mögliche Sorgfalt bei der Auswahl walten lassen (offen gelassen in BFH/NV 92, 219). Wie bei der Verschuldensprüfung im Rahmen des § 69 werden die Anforderungen jedoch dadurch iErg verobjektiviert, dass der Vertretene gewillkürte Vertreter nur bestellen und ihnen stl Angelegenheiten nur überlassen darf, wenn er ihre Zuverlässigkeit beurteilen und die an sie gestellten steuerrechtl Anforderungen einschätzen kann. 12

Im Rahmen der **Mitwirkungspflicht** der Haftenden nach § 90 muss der Vertretene Umstände darlegen, aus denen sich die von ihm angewandte Auswahlsorgfalt ergibt. Abs 2 verlangt jedoch nicht, dass er einen „Entlastungsbeweis" führt (vgl *HHSp/Boeker* § 70 Rz 25). Die materielle Feststellungslast liegt indes bei ihm; verbleibende Zweifel an der sorgfältigen Auswahl gehen also zu seinen Lasten. 13

Die Inanspruchnahme des Vertretenen erfolgt nach § 191 und liegt mithin im Ermessen der FinBeh. Keine Umdeutung eines auf § 69 gestützten Haftungsbescheids in einen solchen nach § 70 (FG Mster PStR 12, 209). 14

§ 71 Haftung des Steuerhinterziehers und des Steuerhehlers

Wer eine Steuerhinterziehung oder eine Steuerhehlerei begeht oder an einer solchen Tat teilnimmt, haftet für die verkürzten Steuern und die zu Unrecht gewährten Steuervorteile sowie für die Zinsen nach § 235 und die Zinsen nach § 233a, soweit diese nach § 235 Absatz 4 auf die Hinterziehungszinsen angerechnet werden.

Geändert durch StModernG v 18.7.16, BGBl I 1679.

Schrifttum: *Pflaum* Zu den Voraussetzungen der Haftung des Steuerhinterziehers, § 71 AO, wistra 10, 368; *Jope* Haftung des Täters und des Gehilfen einer Steuerhinterziehung nach

§ 71 AO, Stbg 10, 299; *Moritz* Steuerhinterziehung und Voraussetzungen der Haftung gemäß § 71 AO, BB 13, 1562.

Übersicht

1 **1. Inhalt.** Die Verletzung strafrechtlicher Schutzgesetze löst eine Schadenersatzpflicht nach § 823 II BGB aus. § 370 gehört aber nicht zu diesen Gesetzen (BFH BStBl 97, 308; *Grundmann* DStZ 88, 387: Schutzzweck ist die Sicherung des StAufkommens). § 71 begründet jedoch auch insofern eine (Schadenersatz-)Haftung. Täter und Teilnehmer bestimmter StStraftaten haften nach dieser Vorschrift für die durch ihre Tat verkürzten Steuern und die Hinterziehungszinsen, sofern sie nicht selbst StSchuldner sind, was ungeschriebenes negatives Tatbestandsmerkmal ist (aA FG Hbg EFG 17, 182 mit eingehender Auseinandersetzung mit der hM); denn niemand kann nach der Systematik der AO für eigene StSchulden haften (BFH BStBl 77, 255); wohl aber aufgrund eines Tatbestands, den er unabhängig von dem StSchuld-Entstehungstatbestand verwirklicht.

2 § 71 hat ebenso wie § 69 Schadensersatzcharakter (BFH BStBl 93, 8, 775; 95, 198; BFH/NV 94, 359, 526; 02, 891; vgl auch BFH/NV 91, 504; 92, 79). Die Haftung gem § 71 ist also keine zusätzliche Strafsanktion für steuerunehrliches Verhalten, sondern soll allein den durch die Hinterziehungshandlung verursachten Vermögensschaden des Fiskus ausgleichen (BFH BStBl 95, 198). Die Beschränkung der Haftung zB auf die anteilige Tilgung bei der USt gilt daher ebenso wie bei § 69 auch bei § 71 (BFH BStBl 95, 198; zu einer Einschränkung BFH/NV 02, 891 bei mit Hilfe von Scheinrechnungen erschlichener VorStVergütung; vgl auch Rz 22); jedoch soll insoweit der Haftende die Feststellungslast tragen (BFH BStBl 93, 8). Hinsichtlich der Feststellung des Schadens(umfanges) unterscheidet sich § 71 also nicht von § 69 und ist insbes – obwohl auch in diesen Fällen eine strafbare StVerkürzung vorliegt – nicht anwendbar, wenn die hinterzogene Steuer hätte ermäßigt oder ein StVorteil aus anderen Gründen hätte beansprucht werden können (BFH BStBl 95, 198). Die Haftung auch des Hinterziehers ist insofern ggü der StSchuld akzessorisch (BFH BStBl 95, 198). Sie setzt voraus, dass die StSchuld, für die gehaftet werden soll, entstanden ist und noch besteht (BFH BStBl 97, 171, 308).

2a § 71 ist auch bei Hinterziehung von **Zöllen** (*Witte* ZK Vor Art 201 Rz 39 f) anwendbar. Nach bisheriger Rspr des BFH galt dies auch für die **InvZul** und andere stl Subventionen mit Generalverweis auf die AO (vgl BFH BStBl 99, 670; 77, 524; 97, 827 zum BerlinFG). Mit der Entscheidung BFH BStBl 15, 119 ist der BFH jetzt von dieser Auffassung abgerückt und hat damit die gegen seine bisher Rspr im Schrifttum vorgetragenen Einwände aufgegriffen.

Wegen der Geltendmachung der Haftung siehe § 191, § 219.

3 **2. Haftende Personen.** Als Haftende kommen in Betracht zB Angestellte, die für den Stpfl tätig sind, sowie StBerater; der Dieb, wenn die Entfernung von verbrauchstpfl Ware aus einem besonderen Verfahren zur StEntstehung führt (vgl *Jatzke* Das System des deutschen Verbrauchsteuerrechts, S 152 f); der ArbG im LSt-Abzugsverfahren; der Mittäter, selbst wenn er selbst die betr stl Pflichten nicht zu erfüllen hatte (FG Hbg BB 13, 150, NZB); der Hersteller von Software zur Manipulation der Aufzeichnungen einer elektronischen Kasse (FG RhPf DStRE 16, 40).

4 Voraussetzung der Haftung ist, dass eine **StHinterziehung** (§ 370) oder **Steuerhehlerei** (§ 374) vorliegt; **Teilnahme** (§§ 26, 27 StGB) an vorgenannten Delik-

ten genügt ebenfalls. Einzelheiten dazu in den Erläut zu §§ 370, 374. Der bloße Versuch löst keine Haftung aus (FG Mchn EFG 14, 1724). Haftung besteht auch dann, wenn ein persönliches strafbegründendes Merkmal des Täters beim Teilnehmer nicht vorliegt (BFH/NV 87, 10).

Wahlfeststellung zwischen den vorgenannten Delikten oder zwischen Täterschaft und Teilnahme reicht für Haftung aus (BFH BStBl 55, 215; FG Mster StBW 11, 212). Objektiver und subjektiver Straftatbestand müssen erfüllt sein (BFH BStBl 89, 118, 216), einerlei ob durch Tun oder durch Unterlassen (BFH/NV 87, 560). Die Vorschriften des StGB sind für die Beurteilung uneingeschränkt anzuwenden. Das bedeutet, dass *alle Merkmale der Straftat* gegeben sein müssen. Es dürfen daher auch nicht Schuldunfähigkeit oder sonstige Schuldausschließungsgründe vorliegen (FG Ddorf EFG 92, 702). Strafbefreiende Selbstanzeige (Strafaufhebungsgrund nach § 371) schließt die Haftung selbstredend *nicht* aus. 5

Diese Erfordernisse erstrecken sich aber nur auf die Straftat, deretwegen der Haftende in Anspruch genommen wird; bei Inanspruchnahme wegen StHehlerei ist deshalb nicht erforderlich, dass der Vortäter (der StHinterzieher) schuldfähig war oder dass kein Verbotsirrtum oder ein anderer Schuldausschließungsgrund vorgelegen hat (vgl BFH BStBl 89, 118; siehe § 374 Rz 40). 5a

Ob die StStraftat, deretwegen gehaftet werden soll, hinsichtlich Täter und von ihm hinterzogener Steuer individuell und konkret festgestellt werden muss, ist trotz BFH BStBl 13, 526 noch nicht restlos geklärt. Der BFH scheint für die Inanspruchnahme eines Gehilfen (Bankmitarbeiter, der für eine namentlich nicht feststellbare Zahl von Kunden Vermögenswerte ins Ausland schafft und dadurch bei der Hinterziehung der an sich geschuldeten Steuern hilft) nicht genügen lassen zu wollen, dass feststeht, dass StHinterziehungen in einem bestimmten Umfang begangen worden sind, wenn der Haupttäter nicht ermittelt werden und seine Tat strafrechtl nicht gewürdigt werden kann (BFH BStBl 13, 526 Rz 31, jedoch wieder offenlassend). Eine „gruppenbezogene Betrachtung" finde im Gesetz keine Stütze, selbst wenn sie zu einer „hinreichend sicheren Annahme einer Steuerhinterziehung" führe (BFH BStBl 13, 526). Es werde sonst eine „Wahrscheinlichkeitsbetrachtung" (hinsichtl der von den Bankkunden nicht erklärten Kapitalerträge) angestellt, der menschliche Willenentschlüsse nicht zugänglich seien; bei der Feststellung der Haupttat müsse ein individueller und nicht ein statistischer Maßstab angelegt werden (BFH BStBl 10, 8; iErg ebenso FG Ddorf EFG 10, 998; zustimmend *Frank* PStR 09, 236; *Balmes/Graessner* DStZ 10, 499). Im Entscheidungsfall BStBl 13, 526 konnte sich der BFH freilich letztlich darauf zurückziehen, dass das FG in ihm zustehender, weil möglicher, revisionsrechtl deshalb nicht zu beanstandender freier richterlicher Beweiswürdigung einen haftungsbegründenden Tatbestand nicht festgestellt habe. 6

Es geht bei alledem freilich wohl eher um das Problem, ob mehrere selbständige Hinterziehungs- bzw Beihilfetaten als haftungsrechtliche Einheit betrachtet werden können oder der Grundsatz der Akzessorietät der Haftung und das verfahrensrechtliche Bestimmtheitsgebot (Bestandskraftwirkung eines solchen Haftungsbescheids?) dies nicht vielmehr ausschließen, obgleich jener Grundsatz freilich im Haftungsrecht nicht uneingeschränkt gilt (vgl auch *Pflaum* wistra 10, 368). Dass der Grundsatz in dubio pro reo allerdings nicht durch Wahrscheinlichkeitsberechnungen verdrängt werden darf, versteht sich von selbst.

3. Haftung für verkürzte Steuern. Die Haftung greift nur ein für den durch die Hinterziehungshandlung verursachten **Vermögensschaden** des Fiskus (Tatbestandsvoraussetzung, BFH/NV 92, 79). Versuchte StHinterziehung kann daher keine Haftung auslösen (BFH BStBl 95, 198); ebensowenig ein den Hinterziehungstatbestand verwirklichendes (BGHSt 53, 99) Erwirken eines unzutreffenden Feststellungsbescheids, solange dieser sich nicht in einer zu niedrigen Veranlagung eines Stpfl konkret auswirkt (FG Nds EFG 12, 1716). 11

Zum Haftungsumfang kann auf die Erläut zu § 69 verwiesen werden; auch die Grundsätze der anteiligen Tilgung (§ 69 Rz 58f) sind anzuwenden (BFH/NV 94, 359; 02, 891), sofern der StAusfall nicht durch rechtzeitige Erfüllung der StErklärungspflicht vermieden worden wäre; erst recht die Grundsätze des Haftungsausschlusses bei gänzlich fehlenden Zahlungsmitteln (BFH/NV 01, 1100). Die Haftungssumme entspricht den verkürzten Steuern, die der Haftende zu entrichten verpflichtet war (BFH BStBl 95, 230; BFH/NV 02, 891; 07, 508; 13, 337), bei einem Umsatzsteuerkarussell also grds den nicht angemeldeten nominalen StBeträgen und nicht den VorStBeträgen des Leistungsempfängers (BFH/NV 11, 81). Ein StAusfall durch unberechtigte Geltendmachung von Vorsteuer aus einem Scheingeschäft löst eine Haftung ungeachtet dessen aus, dass uU die betreffende, in der Rechnung ausgewiesene USt vom Leistenden an das FA abgeführt worden ist (BFH/NV 13, 337), und zwar selbst dann nicht, wenn vorgenannter Schaden sogar bei Betrachtung der gesamten (Schein-)Lieferkette überkompensiert worden sein sollte. Der zivilrechtl Gedanke des Vorteilsausgleichs ist insoweit nicht zu berücksichtigen (BFH/NV 13, 337).

11a Die Haftung reicht nur soweit, wie der **Vorsatz** des Täters gereicht hat, beschränkt sich also auf den fiskalischen Schaden, der durch die *vorsätzliche* Tat eingetreten ist (BFH BStBl 95, 198; BFH/NV 02, 891; 01, 1100; vgl auch FG Mchn ZfZ 00, 319). Die Rechtslage ist also anders als bei § 69, wo sich das Verschulden nur auf die Pflichtverletzung und nicht auf die Folgen beziehen muss (vgl § 69 Rz 42). Hat zB der erklärte Verlust fingierte Betriebsausgaben bei Weitem überschritten, sodass auch bei steuerehrlichem Verhalten keine höhere KSt als 0 € hätte festgesetzt werden können, scheidet eine Haftung aus. Sie scheidet auch aus, wenn sich der StHinterzieher den fiskalischen Schaden zu gering vorgestellt hat; die Kenntnis von der Höhe der hinterzogenen Steuern ist allerdings unerheblich, die Kenntnis von der Höhe der verschleierten Einnahmen und damit von der StBemessungsgrundlage reicht aus (BFH/NV 91, 504). Es ist unzulässig, in diesem Zusammenhang darauf abzustellen, dass im Rahmen einer erst nach der Erstveranlagung stattgefundenen Ap weitere Feststellungen getroffen worden sind, die zu positiven Einkünften geführt haben, wenn die gewinnerhöhenden Tatsachen nicht in strafbarer Weise verschwiegen worden sind (BFH BStBl 95, 198).

11b Die Haftung für verkürzte USt-Vorauszahlungen entfällt, soweit die geschuldete USt wegen Änderung der Bemessungsgrundlage oder Uneinbringlichkeit des vereinbarten Entgelts (§ 17 II 1 UStG) zu berichtigen ist (BFH BStBl 81, 627; vgl auch BFH BStBl 95, 198); anders bei der EUSt, welche als VorSt hätte abgezogen werden können (BFH BStBl 85, 688; mit Recht zweifelnd *Koenig/Intemann* § 71 Rz 22 und hier § 69 Rz 13).

12 Geht der Vorsatz des StHinterziehers weiter als der eines **Teilnehmers,** haftet dieser nur teilweise. Der Teilnehmer an einer fortgesetzten StHinterziehung haftet nur dann für die gesamten hinterzogenen Abgaben, wenn sein Vorsatz darauf gerichtet war, sich an der fortgesetzten Hinterziehung in dieser Gesamtheit zu beteiligen (RFH RZBl 1936, 120).

13 Die Haftung bezieht sich auch auf die Hinterziehungszinsen (bei StHehlerei keine Zinshaftung, weil keine Zinsen entstehen) sowie jetzt auch auf darauf angerechnete Nachzahlungszinsen gem § 233a, sofern solche entstehen, nicht aber auf sonstige Nebenleistungen. Die Geltendmachung der Haftung für Zinsen setzt nicht voraus, dass zuvor ggü dem Steuer- und Zinsschuldner oder ggü dem Haftungsschuldner Tatbestand und Umfang der StHinterziehung in einem Grundlagenbescheid gesondert festgestellt worden sind (BVerwG BStBl 97, 782).

15 **4. Strafrechtliche Voraussetzungen der Haftung.** Für die Haftungsinanspruchnahme ist nicht notwendig, dass der Täter **wegen der Straftat verurteilt** worden ist (BFH BStBl 73, 68; BFH/NV 13, 337). Ob eine StHinterziehung vorliegt, ist vielmehr vom FA/FG in eigener Verantwortlichkeit festzustellen (BFH

BStBl 74, 125; 88, 213; BFH/NV 94, 294). Das FA muss die Überzeugung von der Richtigkeit eines ergangenen Strafurteils bzw seiner Strafsachenstelle gewinnen (vgl jedoch auch AEAO: Einvernehmen mit BuStra, sowie *TK/Loose* § 71 Rz 12: Bindung wegen des Rechtsstaatsprinzips (?), wenn BuStra zur selben Behörde gehört). Der neuerdings abw Ansicht des FG Bln (EFG 99, 680, rkr), eine strafgerichtliche Verurteilung habe „rechtsgestaltende Wirkung", wenn nicht Tatbestandswirkung, sodass FA und FG an sie gebunden seien, ist nicht zu folgen (ebenso jetzt *Kamps/Wulf* DStR 03, 2045), da § 71 die Haftungsfolge an das Vorliegen einer StStraftat (nicht an eine diesbzgl Verurteilung) knüpft und der vom FG angeführte Grundsatz der Einheit der Rechtsordnung jedenfalls nicht die aus ihm vom FG abgeleitete Rechtsfolge hat.

Es ist aber **kein höherer Grad von Gewissheit** erforderlich als für die Feststellung anderer Tatsachen, für die die FinBeh die Feststellungslast trägt (BFH BStBl 92, 128; 07, 364; 16, 868; BFH/NV 01, 478; anders offenbar BFH BStBl 89, 216). **15a**

Ist eine Verurteilung erfolgt, kann sich die FinBeh in tatsächlicher Hinsicht die Feststellungen des Strafurteils zu eigen machen (einschränkend *Rüsken* BB 94, 761; *Dirk Beyer* NWB 15, 3307), es sei denn, dass die Beteiligten gegen die strafgerichtlichen Feststellungen substantiierte Einwendungen erheben und entsprechende Beweisanträge stellen (BFH BStBl 78, 311; 95, 198; 88, 692; 92, 257; 88; BFH/NV 14, 164 eingehend zu den Darlegungserfordernissen;zu den Anforderungen iEinz auch *Rüsken* BB 94, 761); das gilt auch, wenn nur ein Strafbefehl ergangen ist (BFH/NV 01, 330). Eine Verfahrenseinstellung nach § 153a StPO lässt einen tatrichterl Schluss auf das Vorliegen einer Straftat schwerlich zu, die Zustimmung des Stpfl kann aber als (schwaches) Indiz dafür berücksichtigt werden (BFH/NV 01, 639; aA *Kamps/Wulf* DStR 03, 2045). Keinesfalls ist die FinBeh jedoch an die strafgerichtlichen Feststellungen gebunden (BFH BStBl 73, 666; 78, 311; vgl auch BFH BStBl 74, 125) oder nach dem Tod des Täters gehindert, den Sachverhalt selbst aufzuklären (BFH BStBl 78, 359; 92, 9, 128). Auch ein Freispruch hindert die Haftungsinanspruchnahme nicht, kann aber Anlass sein, den Haftungsbescheid gem § 130 I aufzuheben, wenn jener nachträglich ergeht. **15b**

Die FinBeh trägt die Feststellungslast für das Vorliegen einer StStraftat (BFH BStBl 79, 570; 13, 526; 14, 295, 698; BFH/NV 13, 1057). Für das Verfahren ist, auch soweit es um die **Feststellung der Straftat** geht, ausschl die AO bzw die FGO maßgeblich (BFH BStBl 79, 570; 92, 128; 13, 526). Ungeachtet dessen muss, da materiell-rechtliche Voraussetzung der Haftung das Vorliegen strafrechtlicher Schuld ist, der strafprozessuale Grundsatz „in dubio pro reo" angewandt werden (BFH BStBl 99, 28; 92, 128; 89, 216; 79, 570; BFH/NV 99, 1188; 94, 149; vgl auch BGH HFR 08, 70; *Kamps/Wulf* DStR 03, 2045; strittig, aA *TK/Loose* AO § 71 Rz 9, der freilich missachtet, dass § 71 lediglich eine stl Rechtsfolge eines strafrechtlichen Vorwurfs anordnet, welcher folglich mit der für strafrechtliche Vorwürfe erforderlichen Gewissheit muss erhoben werden können, wobei *Loose* den vorgenannten Grundsatz allerdings im Gefolge des BGH offenbar nur nicht hinsichtl der Höhe der hinterzogenen Abgaben anwenden will). **16**

Von der Frage der Feststellungslast für das Vorliegen der StStraftat soll zu unterscheiden sein (vgl BFH BStBl 07, 364) die Frage, wie die **Höhe der hinterzogenen** und deshalb der Haftungsinanspruchnahme zugrunde gelegten **Steuern** ermittelt werden darf (vgl *Moritz* BB 13, 1562). Der BGH scheint insofern eine Schätzung (§ 162) zuzulassen (vgl BGH HFR 99, 578; 95, 476; NJW 07, 2934), jedoch eine „Berücksichtigung" des Grundsatzes in dubio pro reo bei der Schätzung zu verlangen. Beides schließt sich freilich in Wahrheit aus, es sei denn, man meint mit „Schätzung" lediglich den Verzicht auf eine gleichsam punktgenaue, auf den einzelnen steuerlichen Berechnungsmerkmalen beruhende Ermittlung der hinterzogenen Steuer. Dieser Verzicht ist zulässig, es kann aber nur die Steuer berücksichtigt werden, die jedenfalls mit Gewissheit hinterzogen worden ist (vgl FG Mchn EFG 10, 298). Es darf nicht frei gegriffen oder an die obere Grenze des **17**

Schätzungsrahmens gegangen werden (insofern auch BFH BStBl 07, 364). Auch steuerrechtl Feststellungslastregeln dürfen nicht zulasten des Betr angewendet werden. Das gilt auch bei einer Verletzung der Mitwirkungspflicht des Stpfl. Hingegen hält der BGH offenbar sogar eine (echte) Schätzung der Höhe der hinterzogenen Steuern, also deren Ansatz nicht aufgrund richterlicher Überzeugung, sondern nach Wahrscheinlichkeitsüberlegungen, im Strafverfahren für zulässig und ist von einer durchschnittlichen, an Wahrscheinlichkeitskriterien ausgerichteten Ertragsberechnung ausgegangen, insbes wenn der Stpfl Aufzeichnungen vernichtet oder Unsicherheiten durch Verletzung von Mitwirkungspflichten nach § 90 II verursacht hat, und hat die Anwendung der stl Schätzungsmethoden einschl der Richtsätze für zulässig gehalten (BGH HFR 08, 70; 99, 587; vgl BGH wistra 95, 67; 07, 470). Die Übernahme der Schätzung der FinBeh komme allerdings nur in Betracht, wenn der Strafrichter diese nachgeprüft habe und von ihrer Richtigkeit „auch bei Zugrundelegung der strafrechtlichen Verfahrensgrundsätze" (?) überzeugt sei (BGH BFH/NV 08, Beilage 1, 69).

20 Der Stpfl muss nicht – ebenso wenig wie im Strafverfahren – an der Aufklärung des für § 71 erheblichen Sachverhalts mitwirken; es tritt folglich keine Minderung des Beweismaßes ein, wenn er seine Mitwirkung verweigert (anders BFH BStBl 99, 28; *BG/Jatzke* § 71 Rz 13). Die Gegenansicht ist mit dem nemo-tenetur-Grundsatz nicht zu vereinbaren, der allemal vor rechtskräftigem Abschluss des Strafverfahrens gegen den Haftungsschuldner zu beachten ist.

22 **5. Konkurrenzen.** Die Haftung nach § 71 und die Haftung nach § 69 können gleichzeitig und nebeneinander bestehen (BFH BStBl 84, 776; 83, 8; BFH/NV 95, 657); dann kommt eine Anwendung des Grundsatzes anteiliger Tilgung (dazu § 69 Rz 57b ff) auch im Rahmen des § 71 in Betracht (BFH BStBl 93, 8; BFH/NV 94, 526, 359 für Fälle der nicht rechtzeitigen Abgabe der StErklärung in Hinterziehungsabsicht). Bringt hingegen die Hinterziehungshandlung die Steuer erst zum Entstehen oder begründet der Haftende seine Schuld in Kenntnis der so entstandenen StSchuld (zB Erwerb schwarz gebrannten Branntweins durch StHehler), kann der Grundsatz *nicht* angewandt werden, auch nicht bei Zahlungsunfähigkeit des StSchuldners (BFH BStBl 15, 117).

23 Eine Haftung aufgrund unerlaubter Handlung (**§ 823 II BGB** iVm § 370, § 826 BGB) wird durch § 71 an sich nicht ausgeschlossen; sie wäre jedoch vor dem ordentlichen Gericht geltend zum machen und ist schon deshalb ohne praktische Bedeutung. Zudem ist § 370 kein Schutzgesetz, weil die Interessen des StGläubigers nicht als Individualinteresse anzusehen sind (siehe schon Rz 1).

§ 72 Haftung bei Verletzung der Pflicht zur Kontenwahrheit

Wer vorsätzlich oder grob fahrlässig der Vorschrift des § 154 Abs. 3 zuwiderhandelt, haftet, soweit dadurch die Verwirklichung von Ansprüchen aus dem Steuerschuldverhältnis beeinträchtigt wird.

Schrifttum: *Gehm* Haftung nach § 72 bei Verletzung der Pflicht zur Kontenwahrheit, BuW 01, 1022; *Gehm* Haftung der Bank bei grob fahrlässigem Verstoß gegen die Kontenwahrheit, DB 12, 1648; *Gehm* Die Haftung bei Verletzung der Pflicht zur Kontenwahrheit gem § 72 AO – Risikoprofil in der Praxis, StBp 16, 7.

1 **1. Inhalt.** Die Vorschrift betrifft nicht nur Banken, sondern jeden, der Konten führt, Wertsachen verwahrt oder ein Schließfach überlässt. Sie ordnet eine verschuldensabhängige Ausfallhaftung an und steht in engem Zusammenhang mit § 154 I.

Nach § 154 I darf niemand auf einen falschen oder erdichteten Namen für sich oder einen Dritten ein Konto errichten oder Buchungen vornehmen lassen (vgl dazu FG Hess EFG 98, 1556), Wertsachen in Verwahrung geben oder sich ein Schließfach geben lassen, weil anderenfalls die Nachprüfung steuerlicher Verhältnisse erschwert oder unmöglich gemacht würde. Der Name ist falsch, wenn er geeignet ist, einen Irrtum über die Identität der als Gläubiger genannten Person zu erwecken (FG Hess EFG 98, 1556). Zu den Nachprüfungspflichten siehe § 154 Rz 9ff.

Wird gegen die Pflicht zur Kontenwahrheit verstoßen, so dürfen die Guthaben usw von der kontoführenden Bank nach § 154 III nur mit Zustimmung des FA (bei mehreren Verfügungsbefugten aller betr FÄ) herausgegeben werden, das für die ESt und KSt des verfügungsberechtigten Kontoinhabers zuständig ist. Anderenfalls droht eine Haftung nach § 72. Die Pflicht, vor der Herausgabe die Zustimmung des FA einzuholen und ohne diese Zustimmung das Guthaben nicht herauszugeben, trifft unmittelbar die Bank, dh deren Träger, unabhängig davon, ob es sich um eine natürliche oder juristische Person handelt (siehe näher § 154 Rz 4). Anders als § 69 ordnet § 72 nicht die Haftung von (natürlichen) Personen an, die diese Pflicht für die Bank wahrnehmen, sondern es geht – was der Wortlaut durch sein Abstellen auf das Handelndenverschulden allerdings nicht deutlich werden lässt – unmittelbar um die Haftung der Bank selbst (BFH BStBl 90, 263). Die Bank muss sich folglich das Verschulden ihrer Organe, Angestellten oder sonstigen Erfüllungsgehilfen wie eigenes Verschulden zurechnen lassen (BFH BStBl 90, 263). Die Haftung kann somit auch eine Personengesellschaft oder eine Juristische Person treffen, wenn ein Angestellter gegen § 154 III verstößt (BFH 90, 263, überwM; aA *TK/Loose* § 72 Rz 2). Es lässt sich zwar nicht aus einem allgemeinen Prinzip herleiten, dass das Verhalten eines Dritten dem Geschäftsführer zuzurechnen ist, ergibt sich aber aus dem Zusammenhang des § 72 mit § 154 III einerseits und desselben mit § 154 II, der nur das Kreditinstitut, nicht den Bankangestellten am Schalter meinen kann (vgl BFH BStBl 90, 263). Andernfalls liefe die Vorschrift weitgehend leer. 2

2. Schadensverursachung. Die Haftung tritt ein, soweit durch die gegen § 154 III verstoßende Handlung die Verwirklichung von Ansprüchen aus dem StSchuldverhältnis (§ 37), also auch im Hinblick auf Zinsen und sonstige Nebenleistungen, beeinträchtigt worden ist und nur in diesem Umfang (Ausfallhaftung). Die haftungsbegründende Handlung besteht darin, dass der Haftende daran mitwirkt, dass der Inhaber des Kontos, Schließfaches etc das Guthaben, dessen Inhalt etc dem Zugriff des FA entzieht. Deshalb vermag eine Aufrechnung des Kontoinhabers für sich genommen keine Haftung der Bank zu begründen, weil sie ohne ihr Zutun erfolgt und Rechtswirkungen zeitigt; anders kann es sein, wenn die Bank die Aufrechnung durch Kreditgewährung oder Zustimmung zur Verpfändung des Kontos ermöglicht (BFH BStBl 90, 263). 3

An einer Beeinträchtigung von Ansprüchen aus dem StSchuldverhältnis fehlt es, wenn die Forderungen ohne unzumutbare Erschwernis durch Vollstreckung in sonstiges Vermögen des StSchuldners realisiert werden könnten (ex-post-Perspektive, vgl BFH BStBl 90, 263). Die Vorschrift hat also ebenso wie §§ 69 bis 71 Schadensersatzcharakter (vgl § 69 Rz 1 und § 71 Rz 2). Die neuere Rspr des BFH hat freilich diesen Grundsatz auch iR des § 72 stark eingeschränkt und es abgelehnt, die Wirksamkeit und Durchsetzung einer Kontenpfändung, die zur Realisierung des StAnspruchs geführt hätte, näher zu prüfen (BFH BStBl 12, 398). Die Kausalität ist idR auf den Zeitpunkt bezogen zu beurteilen, in dem das FA die StForderungen nach deren Bekanntwerden festgesetzt hat, weil sie erst in diesem Zeitpunkt fällig geworden sind. Unerheblich ist daher, ob die Vermögenslage des Stpfl bereits bei der einzelnen Zuwiderhandlung so schlecht war, dass schon zu diesem Zeitpunkt eine Gefährdung der Verwirklichung der StAnsprüche bestand (BFH BStBl 90, 263). 3a

Für die Kausalität gilt ebenso wie bei § 69 die **Adäquanztheorie** (vgl § 69 Rz 130; vgl BFH BStBl 12, 398). Die Kausalität fehlt, wenn das FA der Auszahlung aus dem Konto etc nach § 154 III seine Zustimmung erteilt hätte, sofern die 4

Bank darum ersucht hätte. Das hat der BFH BStBl 90, 263 mit Recht für den (eher theoretischen) Fall angenommen, dass im Zeitpunkt der Auszahlung alle bereits für vor der Auszahlung liegende Zeiträume entstandenen (auch noch nicht fällige und vom FA noch gar nicht erkannte) StForderungen, einschl insbes auch etwaiger StForderungen hinsichtlich auf dem Konto eingezahlter „schwarzer" Gelder, befriedigt waren. Dabei sei die Ermessensfreiheit des FA zu berücksichtigen und nicht durch hypothetische Erwägungen (des FG) seine (tatsächlich nicht getroffene) Ermessensentscheidung zu ersetzen. Dem ist zuzustimmen, freilich nicht (wie der BFH offenbar annimmt) wegen der eingeschränkten Überprüfbarkeit von Ermessensentscheidungen, sondern weil die Bank die Beweislast für die mutmaßliche Zustimmung des FA als einem der Kausalitätsfeststellung einwendungsartig entgegengehaltenem Umstand trägt. Im Ergebnis fehlt danach jedenfalls die Kausalität idR nur, wenn die bei Auszahlung dem FA bekannten StSchulden getilgt und, wäre das Konto dem FA bekannt gewesen, durch die auf dem Konto eingezahlten Gelder neue StForderungen oder Nachforschungen wegen solcher Forderungen (vgl BFH BStBl 90, 263) nicht ausgelöst worden wären. Allein dass im Zeitpunkt der Auszahlung eine Gefährdung von StForderungen aufgrund anderweit vorhandenen Vermögens (noch) nicht gegeben war, reicht zur Verneinung der Kausalität nicht aus.

8 **3. Verschulden.** Es muss in Form von Vorsatz oder grober Fahrlässigkeit gegeben sein. Es gilt auch hier wie bei § 69 *nicht* der zivilrechtliche (objektive) Fahrlässigkeitsbegriff; es kommt also nicht auf die Beachtung der im Verkehr erforderlichen, sondern der dem Haftenden nach seinen persönlichen Kenntnissen und Fähigkeiten möglichen Sorgfalt an, was freilich einer Bank, die sich selbstredend auf mangelnde Kenntnisse/Fähigkeiten ihrer Mitarbeiter nicht berufen kann (anderenfalls Organisationsverschulden), idR kaum zugute kommt. Da § 154 II eine Legitimationsprüfung verlangt, kann sich die Bank insbes idR nicht darauf berufen, nicht erkannt zu haben, dass das Konto unter falschem Namen errichtet worden ist. Auch wenn die Legitimation des Verfügungsberechtigten bei der Kontoerrichtung geprüft worden ist, darf die Bank später keine Buchungen vornehmen, wenn sie wissen muss, dass der ursprüngliche Kontoinhaber nicht mehr existiert; grobe Fahrlässigkeit genügt, sodass bei Zweifeln an der Berechtigung des Verfügenden nachgefragt werden oder das Handelsregister eingesehen werden muss (BFH BStBl 12, 398). Ob die Bank die steuerlichen Folgen ihres Handelns kannte oder erkennen musste, ist ohne Bedeutung.

§ 72a Haftung Dritter bei Datenübermittlungen an Finanzbehörden

(1) [1] **Der Hersteller von Programmen im Sinne des § 87c haftet, soweit die Daten infolge einer Verletzung seiner Pflichten nach § 87c unrichtig oder unvollständig verarbeitet und dadurch Steuern verkürzt oder zu Unrecht steuerliche Vorteile erlangt werden.** [2] **Die Haftung entfällt, soweit der Hersteller nachweist, dass die Pflichtverletzung nicht auf grober Fahrlässigkeit oder Vorsatz beruht.**

(2) [1] **Wer als Auftragnehmer (§ 87d) Programme zur Verarbeitung von Daten im Auftrag im Sinne des § 87c einsetzt, haftet, soweit**

1. **auf Grund unrichtiger oder unvollständiger Übermittlung Steuern verkürzt oder zu Unrecht steuerliche Vorteile erlangt werden oder**
2. **er seine Pflichten nach § 87d Absatz 2 verletzt hat und auf Grund der von ihm übermittelten Daten Steuern verkürzt oder zu Unrecht steuerliche Vorteile erlangt werden.**

[2] **Die Haftung entfällt, soweit der Auftragnehmer nachweist, dass die unrichtige oder unvollständige Übermittlung der Daten oder die Verletzung der**

Pflichten nach § 87d Absatz 2 nicht auf grober Fahrlässigkeit oder Vorsatz beruht.

(3) **Die Absätze 1 und 2 gelten nicht für Zusammenfassende Meldungen im Sinne des § 18a Absatz 1 des Umsatzsteuergesetzes.**

(4) **Wer nach Maßgabe des § 93c Daten an die Finanzbehörden zu übermitteln hat und vorsätzlich oder grob fahrlässig**
1. unrichtige oder unvollständige Daten übermittelt oder
2. Daten pflichtwidrig nicht übermittelt,
haftet für die entgangene Steuer.

Eingefügt durch StModernG v. 18.7.16, BGBl I, 1679; Abs 2 Satz 1 geändert durch StModernG v 18.7.16, BGBl I, 1679; Abs. 2 Satz 1 einl. Satzteil geändert mWv 25.5.2018 durch G v 17.7.17, BGBl I, 2541).

72a AO entspricht im Wesentlichen § 5 der jetzt aufgehobenen StDÜV (Haftung der Hersteller und Verwender von Programmen für die Verarbeitung von für das Besteuerungsverfahren erforderlichen Daten), begründet jedoch bei fehlerhafter Datenübermittlung eine Haftung auch des Datenübermittlers (zB des Steuerberaters), der im Auftrag des Stpfl (§ 87d) handelt. 1

Abs 1 und 2 begründen eine Haftung des Herstellers bzw des Verwenders von Datenübermittlungsprogrammen. Die Haftung tritt jedoch erst ein, wenn die Fehlerhaftigkeit des Programms kausal dafür wird, das Steuern verkürzt bzw unberechtigte StVorteile erlangt werden. Sie greift nur bei Daten ein, die aufgrund der betr StGesetze nach amtlich vorgeschriebenem Datensatz durch Datenfernübertragung über die amtlich bestimmten Schnittstellen für stl Zwecke an die FinVerw zu übermitteln sind oder freiwillig übermittelt werden. Abs 1 und 2 gelten auch nicht für die Zusammenfassenden Meldungen (§ 18a I UStG) über innergemeinschaftliche Warenlieferungen unter den Voraussetzungen des § 25b II UStG bei Dreiecksgeschäften an den letzten Abnehmer gelieferte Waren (Abs 3). 2

Die Haftung entfällt bei Fehlen von grober Fahrlässigkeit und Vorsatz (Abs 2 S 2; Feststellungslast des Auftragnehmers). 3

Abs 4 bewehrt die Pflichten, die Dritte ggf hins der Übermittlung von Daten des Stpfl an die FinBeh treffen und deren Erfüllung in § 93c iEinz geregelt ist, durch einen allgemeinen Haftungstatbestand im Falle unrichtiger oder unvollständiger Datenübermittlung und der pflichtwidrigen Unterlassung der Übermittlung von Daten. Seine Anwendung wird durch eine Reihe von Regelungen der EStDV sowie § 93a I Satz 2 ausgeschlossen. Er hat keine Bedeutung für Einfuhr- und Ausfuhrabgaben, Verbrauchsteuern und die Luftverkehrsteuer, weil insoweit keine Daten aufgrund gesetzlicher Vorschriften von einem Dritten (mitteilungspflichtige Stelle) an FinBeh elektronisch zu übermitteln sind. Vorsatz oder grobe Fahrlässigkeit sind – anders als bei Abs 1 und 2 – Haftungsvoraussetzungen (Feststellungslast der FinBeh). 4

Die Vorschrift ist nur anzuwenden, soweit Daten seit dem 1.1.2017 zu übermitteln sind oder freiwillig übermittelt werden (Art 97 § 27 I EGAO). Abs 4 gilt, wenn die zu übermittelden Daten Besteuerungszeiträume seit 2017 betreffen (Art 97 § 27 II EGAO). 5

§ 73 Haftung bei Organschaft

[1]Eine Organgesellschaft haftet für solche Steuern des Organträgers, für welche die Organschaft zwischen ihnen steuerlich von Bedeutung ist. [2]Den Steuern stehen die Ansprüche auf Erstattung von Steuervergütungen gleich.

Schrifttum: *Lüdicke* Die Haftung in der körperschaftsteuerlichen und gewerbesteuerlichen Organschaft, FS Herzig 2010, 259; *Mayer* Asset deal wegen § 73 AO? – Reichweite der Haftung bei Unternehmensverkäufen, DStR 11, 109.

Übersicht

1 **1. Inhalt.** KStG (§§ 14, 17, 18), GewStG (§ 2 II) und UStG (§ 2 II Nr 2) rechnen unter bestimmten, dort iEinz festgelegten Voraussetzungen StSchuldentstehungstatbestände, die durch die Tätigkeit zivilrechtl selbständiger Gesellschaften verwirklicht werden, einer anderen Gesellschaft zu, wenn diese im Rahmen einer Organschaft als Organträger anzusehen ist, dh wenn ihr jene Gesellschaften (Organgesellschaft) eingegliedert sind, wozu vorgenannte Gesetze unterschiedliche Anforderungen aufstellen. Ein solches Organschaftsverhältnis kann zu einer Gefährdung des StAnspruches führen, zumal wenn durch entsprechende gesellschaftsrechtliche Gestaltungen die Vermögensbasis des Organträgers uU willkürlich geschwächt ist. Denn die Annahme einer Organschaft führt im stl Ergebnis dazu, dass die Besteuerungsmerkmale dem Organträger (Muttergesellschaft) zugerechnet werden und dieser alleiniger StSchuldner der USt, KSt bzw GewSt wird oder sich infolge der Einkommenszurechnung seine ESt erhöht, wenn der Organträger eine natürl Person ist. Die persönliche StPflicht der Organgesellschaften zB als selbständige Gewerbebetriebe (BFH BStBl 92, 630) wird also für die Dauer der Organschaft dem Organträger zugerechnet (BFH BStBl 94, 768) – sie gelten als deren Betriebsstätten –, ihr Gewinn wird körperschaftsteuerrechtl der Mutter zugerechnet und von dieser versteuert bzw es werden ihre Umsätze als solche des Trägers behandelt (BFH BStBl 02, 255; 05, 671). § 73 kompensiert dies, indem er die Organgesellschaften für die betr StSchulden haften lässt (vgl BFH BStBl 02, 230; 06, 3). Es kommt dabei nicht darauf an, in wessen Person die StSchuld, die Vorschriften der betr Gesetze über die Organschaft hinweggedacht, hypothetisch entstanden wären; die Haftung besteht vielmehr für alle in dem Organkreis entstandenen Steuern (str, aA *Lüdicke* FS Herzig 2010, S 259; *Braunagel/Paschke* Ubg 11, 233).

1a Etwa von der Organgesellschaft, womöglich in Verkennung der Organschaft, geleistete StZahlungen sind dieser zu erstatten, sofern sie nicht in Haftung genommen wird und folglich der Erstattungsanspruch mit dem Haftungsanspruch verrechnet werden kann; weder hat der Organträger einen Anspruch darauf noch kann die StZahlung der Organgesellschaft mit der StSchuld des Organträgers verrechnet werden (BFH BStBl 02, 330). Im Verhältnis zwischen einer insolventen Organgesellschaft, Organträger und FA liegt jedoch ein Verstoß gegen Treu und Glauben vor, wenn der Organträger einen USt-Erstattungsanspruch geltend macht, obwohl das FA den Betrag bereits wegen einer (vermeintlichen) Anfechtung in die Insolvenzmasse der Organgesellschaft gezahlt hat und ohne die Anfechtung eine Verpflichtung des Organträgers zur Weiterleitung des Betrags an die Organgesellschaft bestanden hätte (BFH/NV 15, 8).

2 Die **Haftung** ist aber nur **für die jeweilige Steuerart** begründet (*TK/Loose* § 73 Rz 5: steuerartspezifisch). Die Haftung der Tochtergesellschaft bezieht sich also nicht auf die KSt oder GewSt der Muttergesellschaft, wenn nur hinsichtlich der USt Organschaft besteht.

3 **2. Begriff der Organschaft.** Organgesellschaften sind solche juristischen Personen, die dem Willen einer anderen Gesellschaft (Organträger) derart untergeordnet sind, dass sie keinen eigenen Willen haben. Ob für eine bestimmte Steuer die Organschaft stl von Bedeutung ist, richtet sich nach den Bestimmungen der EinzelStGesetze.

4 Nach § 2 II **UStG** wird eine gewerbliche oder berufliche Tätigkeit nicht selbständig ausgeübt, wenn eine juristische Person nach dem Gesamtbild der Verhält-

nisse finanziell, wirtschaftlich und organisatorisch in das Unternehmen eines Organträgers eingegliedert ist; es ist unschädlich, wenn das eine oder andere Merkmal weniger in Erscheinung tritt, alle drei Merkmale müssen jedoch vorliegen (vgl BFH BStBl 97, 441; zum umsatzsteuerrechtlichen Organschaftsbegriff zuletzt BFH BStBl 11, 597). § 14 **KStG** verlangt keine wirtschaftliche und organisatorische Eingliederung der Organgesellschaft, sondern lediglich deren finanzielle Eingliederung in den Organträger durch die Verpflichtung, ihren ganzen Gewinn an die Mutter abzuführen. § 2 II **GewStG** hat diese Regelung auch für die gewerbesteuerrechtl Organschaft übernommen (zur gewerbesteuerrechtlichen Organschaft vgl statt aller BFH BStBl 11, 181).

Die ustrechtl Organschaft entfällt mit der **Insolvenzeröffnung** beim Organträger (BFH BStBl 17, 600; ebenso zur KO schon BFH BStBl 99, 258), auch bei Anordnung der Eigenverwaltung im Insolvenzverfahren des Organträgers. Unabhängig von den Verhältnissen beim Organträger endet die Organschaft mit der Insolvenzeröffnung bei der Organgesellschaft (BFH BStBl 17, 600; zur Beendigung bereits mit Bestellung eines vorläufigen Insolvenzverwalters vgl BFHE 255, 310; 242, 433; BFH/NV 17, 242). Kritisch zu dieser Rspr jedoch *Wagner/Fuchs* BB 14, 2583 sowie *Höink/Hudasch* BB 14, Heft 19, M8. Die Organschaft endet aber nicht schon bei Bestellung eines schwachen vorläufigen Insolvenzverwalters (BFH BStBl 04, 905; BFH/NV 09, 235; 07, 787, 1936). 5

3. Gegenstand der Haftung. Dies sind nur solche Steuern, die während des Bestehens des Organschaftsverhältnisses entstanden (§ 38) sind. Bei der KSt muss die Organschaft (außer bei Umstellung des Wirtschaftsjahres mit Beendigung der Organschaft) vom Beginn bis zum Ende des Wirtschaftsjahres ununterbrochen bestanden haben (FG Mchn EFG 92, 373). Im Gegensatz dazu haftet die Organgesellschaft bei der USt auch für USt-Schulden des Organträgers, die vor Beendigung der Organschaft im laufenden Wirtschaftsjahr entstanden sind (FG Mchn EFG 92, 373), sofern bei Ende des betr Voranmeldungszeitraums die Organschaft noch bestand (vgl § 13 I UStG). 6

Die **Haftung beschränkt** sich auf solche Beträge, die ohne stl Anerkennung des Organschaftsverhältnisses von der Organgesellschaft zu entrichten wären, also wirtschaftlich von ihrer Tätigkeit verursacht worden sind (*Lüdicke* FS Herzig 2010, S 259; *HHSp/Boeker* § 73 Rz 15 mit der überwiegenden Literaturmeinung; FG Ddorf DB 18, 871). BFH BStBl 18, 54 hat mit Rücksicht auf den angeblich eindeutigen Gesetzeswortlaut die kstl Organhaftung auf solche StAnsprüche beschränkt, die gegen den durch das konkrete Organschaftsverhältnis bestimmten Organträger gerichtet sind. Besteht eine Organschaftskette (Mutter/Tochter/Enkelin) aus zwei Organschaftsverhältnissen („mittelbare Organschaft"), greift eine Haftung der Enkelin nur für die Tochter bzw der Tochter für die Mutter. Ob es der künftige Gesetzgeber dabei belassen wird, erscheint offen. Eine Haftung für den gesamten Organkreis würde allerdings für einen Unternehmenserwerber (Sanierungsfall) oftmals kaum überschaubare Risiken bergen, die nur unzureichend dadurch begrenzt werden, dass dieser auf eine Ermessenausübung der FinBeh setzt, durch die Tätigkeit „fremder" Organgesellschaften generierte Steuern nicht im Haftungswege geltend zu machen. Der Haftungstatbestand des § 73 ginge insofern über den eigentlichen Zweck der Haftung bei Organschaft hinaus, einer Gefährdung des StAnspruches durch finanzielle Schwäche der Muttergesellschaft entgegenzuwirken und die Tochter (als Haftende) heranzuziehen, weil ohne die Organschaft die betr StSchuld von ihr zu tragen gewesen wäre. 7

§ 73 begrenzt die Haftung nicht auf Betriebsteuern, weil der Grund für die Haftung der Organgesellschaften (Töchter) nicht nur für die Betriebsteuern gilt, sondern ordnet Haftung für **alle Steuern** an, für die die Organschaft besteht (BFH BStBl 18, 54), einschl der Ansprüche auf Erstattung von **StVergütungen** (Satz 2). Keine Haftung besteht aber für **StAbzugsbeträge,** weil diese keine Steuern des 10

Organträgers sind, oder für Ansprüche aus § 37 (*HHSp/Boeker* § 73 Rz 17) und für Nebenleistungen (§§ 152, 240), ebenso wenig für Zinsen (BFH BStBl 06, 3); § 239 hat insofern nur verfahrensrechtl Bedeutung, regelt aber nicht den Haftungsumfang (BFH BStBl 06, 3).

11 Ist Organträger eine Personengesellschaft, haftet jedoch die Organgesellschaft nicht für die persönliche ESt derer Gesellschafter; denn die Haftung besteht nur für Steuern des Organträgers, der jedoch in einem solchen Fall estrechtl nicht einmal steuerrechtsfähig ist (überzeugend *Lüdicke* FS Herzig 2010, 259).

11a Für stl Nebenleistungen wird *nicht* gehaftet (FG SachsAnh EFG 13, 1094).

12 **4. Haftungsinanspruchnahme.** Der Haftungsanspruch entsteht, sofern Organschaft vorliegt, mit dem Entstehen einer Steuer zulasten des Organträgers unabhängig von deren Festsetzung (BGHZ 192, 221; BFH BStBl 07, 914, dort auch zu den Folgen für die Aufrechenbarkeit). Ob er geltend gemacht wird, ist wie bei allen anderen Haftungsnormen, nach § 191 Ermessensentscheidung. Zur Modifizierung des Bescheides während des Klageverfahrens FG Ddorf 17, 687, Rev XI R 56/17. Diese muss insbes dem Zweck der Haftungsnorm entsprechen (Rz 1). Sie ist deshalb ggü der Inanspruchnahme der StSchuldnerin (Organmutter) subsidiär (BFH BStBl 10, 215; HessFG 1 K 1239/15, Rev V R 2/18). Kann die Haftungssumme bei mehreren Organgesellschaften realisiert werden, ist bei der gebotenen Ausübung des Auswahlermessens (BFH BStBl 03, 160) zu berücksichtigen, wem die betr StSchuld wirtschaftlich zuzurechnen ist. Eine *generelle* Haftungsbeschränkung auf von der betr Organgesellschaft ausgelöste Besteuerungstatbestände im Rahmen der Ermessensausübung (so offenbar FG BaWü EFG 85, 533; FG Nbg EFG 91, 437) – und damit eine wirksame Begrenzung der Haftungsrisiken eines Unternehmenserwerbs zum Zwecke einer Sanierung des Organkreises – würde jedoch die nach dem Gesetz gebotene Haftung für den Organkreis unterlaufen. Nur wenn im Einzelfall ohne Weiteres und klar und eindeutig feststeht, dass die Organgesellschaft aus dem steuerbegründenden Vorgang keinen Vorteil gehabt hat (sondern dieser wirtschaftlich ausschl der Mutter oder einer anderen Tochter zuzurechnen ist) *und* dass die finanzielle Basis der Mutter auch nicht willkürlich zugunsten der in Anspruch genommenen Tochter geschmälert worden ist, ist dies bei der Ermessensausübung zu ihren Gunsten zu berücksichtigen. Entsprechendes gilt für die Haftung für in anderen Betrieben der Organschaft begründete Steuern; sie ist allemal dann ermessensgerecht, wenn der in Anspruch genommenen Organgesellschaft so erhebliche Vermögenswerte übertragen worden sind, dass die Beschränkung der Haftung auf ihren StAnteil in einem Missverhältnis zu den haftenden Vermögenswerten stehen würde (FG BaWü EFG 85, 533; FG Nbg EFG 91, 437) oder die Begründung der Organschaft zu besonderen StVorteilen führte (zB Verlustausgleich bei der KSt), erst recht, wenn die StForderungen in Vorgängen im Bereich der Organgesellschaft ihre Wurzeln haben (Vorsteuer-Rückforderungsanspruch nach § 17 UStG bei Konkurs der Tochter, BFH/NV 92, 140).

14 Die Haftungsinanspruchnahme der Organgesellschaft kann selbstredend auch noch nach Auflösung des Organschaftsverhältnisses erfolgen (vgl BFH UR 83, 222).

15 Zur Aufrechnung und Insolvenzanfechtung im Organschaftsverhältnis BFH BStBl 10, 215; 07, 914; 04, 815. Zahlungen der Organgesellschaft sind im Zweifel solche auf deren Haftungsschuld und nicht solche auf die StSchuld des Organträgers; ebenso bei Lastschrifteinzug des FA (BGHZ 192, 221).

§ 74 Haftung des Eigentümers von Gegenständen

(1) [1] **Gehören Gegenstände, die einem Unternehmen dienen, nicht dem Unternehmer, sondern einer an dem Unternehmen wesentlich beteiligten Person, so haftet der Eigentümer der Gegenstände mit diesen für diejenigen Steuern des Unternehmens, bei denen sich die Steuerpflicht auf den Betrieb**

des Unternehmens gründet. [2]Die Haftung erstreckt sich jedoch nur auf die Steuern, die während des Bestehens der wesentlichen Beteiligung entstanden sind. [3]Den Steuern stehen die Ansprüche auf Erstattung von Steuervergütungen gleich.

(2) **[1]Eine Person ist an dem Unternehmen wesentlich beteiligt, wenn sie unmittelbar oder mittelbar zu mehr als einem Viertel am Grund- oder Stammkapital oder am Vermögen des Unternehmens beteiligt ist. [2]Als wesentlich beteiligt gilt auch, wer auf das Unternehmen einen beherrschenden Einfluss ausübt und durch sein Verhalten dazu beiträgt, dass fällige Steuern im Sinne des Absatzes 1 Satz 1 nicht entrichtet werden.**

Übersicht

1. Inhalt. Die Vorschrift soll die Vollstreckbarkeit von Betriebsteuern sichern. 1
Diese kann gefährdet sein, wenn Sachen („Gegenstände“, zu Rechten siehe unten), die die Grundlage des Unternehmens bilden, dem Unternehmen nicht gehören und das Unternehmen kein (ausreichendes) eigenes Vermögen hat (zB bei Betriebsaufspaltung). In diesen Fällen soll die Beitreibung der StSchuld mit Hilfe des Zugriffs auf jene Gegenstände, mit denen das Betriebsergebnis erwirtschaftet worden ist, ermöglicht werden, wenn deren Eigentümer wirtschaftlich als am Unternehmen beteiligt anzusehen ist (BVerfG BStBl 67, 166). Grund für die Haftung ist also der objektive Beitrag, den der Eigentümer der Gegenstände für die Weiterführung des Unternehmens und damit für die Verwirklichung von StSchuldentstehungstatbeständen leistet (BFH BStBl 16, 365; 08, 790; 84, 127). Deshalb meint das BVerfG (BStBl 67, 166), die Haftung leite sich aus einer dem Gesellschafter selbständig zuzurechnenden Tatbestandsverwirklichung her und stelle keinen die zivilrechtliche Ordnung durchbrechenden „Durchgriff“ dar. Diese auf den „eigentlichen, tieferen“ Grund für die Haftung (BFH BStBl 84, 127) abstellende Betrachtungsweise darf nicht vergessen lassen, dass die Vorschrift ihrem Tatbestande nach ein Einstehenmüssen wesentlich beteiligter Gesellschafter und sonst iSd Abs 2 an einem Unternehmen beteiligter Dritter für dessen StSchulden vorsieht und dass deshalb die Tatbestandsstruktur als (gegenständlich, zeitlich und sachlich beschränkte) Durchgriffshaftung gekennzeichnet werden kann, die dem StGläubiger ein Privileg gibt, das andere Schuldner nicht haben.

Die Vorschrift ist mit Art 3 GG vereinbar (BVerfG BStBl 67, 166; BFH BStBl 2
84, 127); das gilt nach zutreff Ansicht des BVerfG insbes auch für die Haftung des Gesellschafters mit weniger als hälftiger Beteiligung, weil dieser eine Sperrminorität besitzt und infolge seines Eigentums an wesentlichen Grundlagen des Unternehmens einen „häufig wesentlich verstärkten Einfluss“ auf das Unternehmen hat.

2. Persönliche, gegenständlich beschränkte Haftung. Die (Ausfall-)Haf- 3
tung ist **verschuldensunabhängig** und **persönlich,** aber **gegenständlich beschränkt** (BFH/NV 86, 314). Der Dritte haftet nur „mit“ den ihm zivilrechtl gehörenden Gegenständen. Daraus ist mitunter gefolgert worden, dies schließe eine Inanspruchnahme aus, wenn der betr Gegenstand nicht mehr (im Vermögen des Haftenden) vorhanden ist, zumindest wenn er bei Ergehen des Haftungsbescheids nicht mehr vorhanden war (vgl FG Mster EFG 11, 8; FG Köln EFG 10, 198; 00, 203; 98, 162). Haftung mit Surrogaten liegt indes vom Sinn der Vorschrift her mehr als nahe und kann allein die sonst eintretenden befremdlichen Ergebnisse

vermeiden (Privilegierung des rasch handelnden Haftungsschuldners; Anreiz zum Unterlassen vorheriger Anhörung seitens der FinBeh). Deshalb sprechen die besseren Gründe dafür, die Vorschrift korrigierend jedenfalls dahin auszulegen, dass die Haftungsinanspruchnahme wegen eines noch vorhandenen Surrogats des ursprünglichen Haftungsgegenstands zulässig ist (so schon ua *Mösbauer* DStR 96, 513; *Delcker* BB 84, 55; *BG/Jatzke* § 74 Rz 19). So hat auch der BFH entschieden (BFH BStBl 12, 223; BVerfG HFR 13, 1156). Eine Haftung mit dem Wert der ehemals dienenden Gegenstände dürfte hingegen mit dem schon vom BFH strapazierten Wortlaut des Gesetzes nicht mehr zu vereinbaren sein und die Grenzen richterrechtl korrigierender Auslegung überschreiten. Offen ist, ob gehaftet wird, wenn der Wertersatz im Vermögen des Haftenden nicht mehr unterscheidbar vorhanden ist.

3a Ist der Haftungsgegenstand weggegeben worden, kommt iÜ zB eine Schenkungsanfechtung nach § 3 AnfG in Betracht (*Adamek/Loose* GmbHR 01, 654).

3b Gehaftet wird mit **„Gegenständen".** Gegenstände sind nicht nur Sachen, sondern auch **Rechte,** wenn es bei ihnen auch oft an der Voraussetzung des Dienens (siehe Rz 8) fehlen wird (str, aA ua *BG/Jatzke* § 74 Rz 7; *Mösbauer* DStZ 96, 513 und AEAO zu § 74 Nr 1, welche die Haftung des Inhabers von Rechten verneinen, ohne dafür außer dem Anschein des Wortlauts ein Argument geltend zu machen). Es schließt die Haftung aber aus, wenn die betr dem Unternehmen überlassenen Werte nicht Gegenstand einer Zwangsvollstreckung sein können (zB rechtl unselbständige Räume eines Gebäudes). Bei einer grundbuchlich unselbständigen Teilfläche eines Grundstücks soll aber ein Haftungsanspruch bestehen, weil diese Vollstreckungsgegenstand sein könne (BFH BStBl 61, 216; aA *HHSp/Boeker* § 74 Rz 25). Hingegen kann ein Erbbaurecht ebenso wie das Grundstück selbst Vollstreckungsgegenstand sein, sodass die Haftungsvorschrift eingreift (BFH BStBl 12, 763).

3c Eigentümer ist auch der Miteigentümer (BFH/NV 95, 89), der Wohnungs- oder Teileigentümer. Unter Eigentumsvorbehalt erworbene Gegenstände „gehören" dem Erwerber nicht (BFH BStBl 57, 279). Für sicherungsübereignete Gegenstände dürfte das Gleiche gelten.

4 **Gesamthänder** haften als Eigentümer nur, wenn sie alle am Unternehmen wesentlich beteiligt sind (BFH BStBl 84, 127; BFH/NV 12, 1509) oder das Grundstück im Eigentum einer KG steht, sofern Gesellschafter der KG ausschl der Haftende und eine andere am Unternehmen wesentlich beteiligte Person sind (BFH BStBl 12, 763). Nach abzulehnender Ansicht von *TK/Loose* § 74 Rz 4 sollen auch einzelne wesentlich beteiligte Gesamthandseigentümer mit dem Wert ihres Anteils am Gesamthandsvermögen haften, wenn auch ohne einen Titel gegen die Gesamthand weder eine Vollstreckung in den betr Gegenstand noch in den Anteil des Betreffenden am Gesamthandsvermögen und erst recht keine Vollstreckung einer entspr Geldforderung zulässig sei (wie hier *HHSp/Boeker* § 74 Rz 13; anders jedoch für den Fall einer Entsprechung von Anteil am überlassenen Gegenstand und am Gesamthandsvermögen, *Jestädt* DStR 89, 243).

8 **3. Betrieblich genutzte Gegenstände.** Gegenstände dienen einem Unternehmen, wenn sie diesem zur Verfügung stehen und für die Führung des Betriebs von Bedeutung sind (BFH BStBl 84, 127), weil sie für betriebliche Zwecke *irgendwie* verwendet werden (vgl BFH/NV 88, 617). Sie dürfen dem Betrieb nicht nur vorübergehend dienen und dürfen nicht von untergeordneter Bedeutung für den Betrieb sein (BFH BStBl 57, 279); dass es sich um die *wesentliche* Betriebsgrundlage handelt, ist aber nicht zu fordern. Eine nähere begriffliche Festlegung des Begriffs Dienen vorzunehmen, hat der BFH vermieden und auf die Verhältnisse des Einzelfalls verwiesen.

§ 75 setzt nicht voraus, dass der Haftungsgegenstand *ausschl* dem Unternehmen des an diesem beteiligten Eigentümers gedient hat; es genügt, wenn er dem Unternehmen unter Mitbenutzung anderer dient (BFH/NV 88, 617); auch eine geringfügige außerbetriebliche Mitbenutzung ist unschädlich (FG Brem EFG 56, 224). Es ist unerheblich, ob der Gegenstand unmittelbar durch den Eigentümer oder durch einen zwischengeschalteten Dritten dem Betrieb zur Verfügung gestellt wird (FG Köln EFG 00, 203; 98, 162). Ebenso ist ohne Belang, ob der Haftungsschuldner die Möglichkeit gehabt hätte, den Gegenstand dem Unternehmen vor Begründung der Steuer zu entziehen oder ob er daran aus tatsächlichen und rechtlichen Gründen gehindert war (BFH/NV 06, 1615). Auch eine dingliche Belastung eines dienenden Grundstücks schließt die Haftung selbstredend nicht aus, sondern schränkt allenfalls die Vollstreckungsmöglichkeiten ein (BFH BStBl 08, 790).

„Unternehmen" iSd Vorschrift ist jede selbständige Ausübung einer gewerblichen oder beruflichen Tätigkeit; auch land- und forstwirtschaftliche Unternehmen oder die Praxis eines Freiberuflers gehören dazu (vgl *BG/Jatzke* § 74 Rz 8). 9

Die Gegenstände, mit denen der Eigentümer haftet, müssen dem Unternehmen im Zeitpunkt der Entstehung der Steuer gedient haben (FG Köln EFG 98, 162; vgl BFH/NV 88, 617), auch wenn das im Wortlaut der Vorschrift nicht zum Ausdruck kommt. Es ist hingegen nicht erforderlich, dass sie dem Haftenden damals schon gehört haben (FG Mster EFG 10, 287; *HHSp/Boeker* § 74 Rz 18), erst recht nicht, dass sie dem Unternehmen noch im Zeitpunkt der Geltendmachung der Haftung dienen (NdsFG EFG 81, 58). 10

4. Wesentliche Beteiligung. Diese liegt bei unmittelbarer oder mittelbarer Beteiligung am Stammkapital einer Kapitalgesellschaft bzw bei einem Gesellschaftsanteil an einer Personengesellschaft (vgl dazu BFH BStBl 84, 59; 59, 377) von mehr als einem Viertel vor; eine typische stille Beteiligung genügt nicht (vgl BFH BStBl 97, 724). Die Vorschrift geht davon aus, dass derjenige, der eine Beteiligung von mehr als 25 % an einem Unternehmen hat, nicht ohne Einflussmöglichkeit auf das Unternehmen ist. Sie knüpft insoweit an die Bestimmungen des GmbHG und des AktG über die Sperrminorität an. Häufiger Fall einer wesentlichen Beteiligung iSd Vorschrift ist die Betriebsaufspaltung (vgl *Jestädt* DStR 89, 243 und iEinz *Mösbauer* DStZ 96, 513), auch in der Form der Inhaberschaft gleicher, aber unterschiedlich beteiligter Personengruppen bei Besitz/Betriebsgesellschaft (*HHSp/Boeker* § 74 Rz 16); hier kann Identität von Haftendem und StSchuldner auftreten (vgl *Mösbauer* DStZ 96, 513). Das Stimmrechtsverhältnis kann jedoch ebenso wie die Höhe der Stammeinlage und der Gewinnverteilungsschlüssel für die Beurteilung berücksichtigt werden, ob die Beteiligung wesentlich ist (vgl auch BFH BStBl 59, 377 zum Gewinnvoraus als Tätigkeitsvergütung). 13

Es kommt auf die **wirtschaftliche Beteiligung** an, nicht auf die rechtliche (vgl auch Satz 2). Auch der atypische stille Gesellschafter kann Beteiligter sein, ebenso ein Gesellschafter ohne Stimmrecht (BFH BStBl 51, 16; zweifelh weil Haftungsgrund gerade [auch] die Einflussmöglichkeiten des Gesellschafters sind, vgl oben). 14

Bei der Feststellung der wesentlichen Beteiligung sind Anteile der **Familienangehörigen** allenfalls als mittelbare Beteiligung zu berücksichtigen; dass die weiter gehende Zurechnung mit Art 6 GG noch vereinbar wäre, dürfte zu bezweifeln sein (vgl auch BVerfG BStBl 67, 166). Auch mit der für die Betriebsaufspaltung entwickelten Personengruppentheorie lässt sich eine wesentliche Beteiligung durch Zusammenrechnung der von mehreren Familienmitgliedern gehaltenen Anteile nicht begründen (BFH BStBl 16, 375). 15

Als wesentlich beteiligt gilt auch **(§ 74 II 2),** wer einen **beherrschenden Einfluss** ausübt, auch wenn er vermögensmäßig am Unternehmen nicht beteiligt ist, zB der Kreditgeber, der durch Einflussnahme auf das Geschäft die tatsächliche Herrschaft ausübt, insbes auf den Geldverkehr Einfluss nimmt. Haftung jedoch nur, wenn er dazu beiträgt, dass fällige Steuern nicht entrichtet werden. Bei dieser Alternative des Haftungstatbestandes bedarf es also einer konkreten Feststellung der 16

Kausalität des Verhaltens des Dritten für die Nichtentrichtung der Betriebssteuern. Zur Tatbestandsverwirklichung ist ein aktiver Beitrag zur Nichtentrichtung von fälligen Steuern erforderlich; ein bloßes Unterlassen ist grds nicht ausreichend, sodass die Weigerung Kredit zu gewähren keine Haftung begründet, selbst dann nicht, wenn die Kreditgewährung zur Abwendung einer Insolvenz geboten erschien (BFH BStBl 16, 375). Erst recht nicht kann eine Haftung für Masseverbindlichkeiten eines in Insolvenz geratenen Unternehmens angenommen werden (offen *Koenig/Intemann* § 74 Rz 24).

18 **5. Haftung für Betriebssteuern.** Gehaftet wird nur für die Betriebssteuern des Unternehmens (insbes GewSt, USt, LSt/LKiSt, auch bei Rückforderung einer InvZul oder VorStBerichtigung, BFH/NV 06, 1615), nicht zB für Ansprüche aus § 37 oder von dem Betrieb einzubehaltende und abzuführende Steuern, die Dritte schulden (auch nicht in den Fällen der §§ 40, 40a, 40b EStG); auch nicht für Personensteuern. Betriebssteuern sind ferner von einem Herstellungsbetrieb geschuldete Verbrauchsteuern, weil es auch hier an dem erforderlichen inneren Zusammenhang der StEntstehung mit dem Betrieb des Unternehmens nicht fehlt. Keine Betriebssteuern sollen hingegen nach allgM (vgl *HHSp/Jatzke* § 75 Rz 73) Zölle und EUSt (zweifelh insbes bei einem mit der Einfuhr befassten Betrieb, zB einer Außenhandelsspedition), KraftSt (denn diese gründe sich nicht auf das Unternehmen, sondern auf das Halten eines Kfz, vgl *Heinke* DStZ 80, 208, jedoch zweifelh für betrieblich genutzte Kfz) und VersSt sein. Es wird nur für die Steuern gehaftet, die entstanden sind, während sämtliche Haftungsvoraussetzungen vorlagen, dh wesentliche Beteiligung und Eigentum.

20 **6. Geltendmachung der Haftung.** Vgl § 191. Die Haftung wird durch ein auf Zahlung der rückständigen Steuern gerichtetes Leistungsgebot geltend gemacht, verbunden mit der Feststellung, dass die Haftung gegenständlich beschränkt ist (FG Mchn EFG 00, 203). Der Haftungsbescheid muss die dingl Haftungsbeschränkung aussprechen (Bestimmtheitserfordernis) und genau angeben, mit welchen konkreten Gegenständen gehaftet wird; diese müssen zumindest bestimmbar sein (vgl FG Mchn EFG 78, 474; FG SchlHol EFG 79, 369; NdsFG EFG 81, 58; FG Hbg EFG 81, 162), sodass ohne weitere Feststellungen eine Vollstreckung möglich wäre (FG Mster EFG 93, 423). Ob die StSchuld dem Wert des in Haftung genommenen Gegenstandes entspricht oder hinter diesem zurückbleibt, ist keine Frage der Rechtmäßigkeit des Haftungsbescheids, sondern in der Vollstreckung zu klären (BFH/NV 95, 720).

Eine **Aufrechnung** gegen StVergütungsansprüche kommt nicht in Betracht (BFH BStBl 14, 551). Ob das auch dann gilt, wenn ohnehin nur noch durch Zugriff auf Forderungen des Haftungsschuldners vollstreckt werden kann, weil an die Stelle der dem Unternehmen ehemals überlassenen Gegenstände inzwischen ein entsprechendes Surrogat getreten ist, hat BFH BStBl 14, 551 ausdrücklich offen gelassen.

§ 75 Haftung des Betriebsübernehmers

(1) [1] **Wird ein Unternehmen oder ein in der Gliederung eines Unternehmens gesondert geführter Betrieb im Ganzen übereignet, so haftet der Erwerber für Steuern, bei denen sich die Steuerpflicht auf den Betrieb des Unternehmens gründet, und für Steuerabzugsbeträge, vorausgesetzt, dass die Steuern seit dem Beginn des letzten, vor der Übereignung liegenden Kalenderjahrs entstanden sind und bis zum Ablauf von einem Jahr nach Anmeldung des Betriebs durch den Erwerber festgesetzt oder angemeldet werden.** [2] **Die Haftung beschränkt sich auf den Bestand des übernommenen Vermögens.** [3] **Den Steuern stehen die Ansprüche auf Erstattung von Steuervergütungen gleich.**

(2) **Absatz 1 gilt nicht für Erwerbe aus einer Insolvenzmasse und für Er-
'erbe im Vollstreckungsverfahren.**

Übersicht

1 **1. Inhalt.** Die Vorschrift lässt denjenigen für rückständige Steuern (begrenzt) aften, der ein Unternehmen oder einen Teilbetrieb eines Unternehmens „im ;anzen" erwirbt. Zweck der Haftungsvorschrift ist es, durch den Übergang des Jnternehmens von dem StSchuldner auf einen anderen für die sich auf den bisheгen Betrieb gründenden StSchulden die Sicherung nicht verloren gehen zu las-:n, die in dem Unternehmen (Teilbetrieb) als solchem (dh unabhängig von etwai-em Vermögen in Gestalt materieller oder immaterieller Betriebsgrundlagen) liegt 3FH BStBl 93, 700; BFH/NV 86, 65). Auf die mit dem Erwerb verfolgte Absicht ommt es deshalb nicht an (BFH BStBl 74, 145). Der Haftungszugriff auf den rwerber ist gerechtfertigt, weil das Unternehmen im Ganzen den Erfolg der teuerpflichtigen) wirtschaftlichen Betätigung des Veräußerers verkörpert und es aher der Billigkeit entspricht, den Erwerber, der den Nutzen aus dem Unterneh-1en zieht, für die Steuern in Anspruch zu nehmen, die angefallen sind, während ie Voraussetzungen für die unternehmerische Tätigkeit des Erwerbers mit Hilfe es erworbenen Unternehmens (Teilbetriebes) geschaffen worden sind. Der Er-/erber kann sich zudem gegen nachteilige wirtschaftliche Folgen seiner Haftung :hützen, indem er sich vor dem Erwerb über etwaige rückständige Steuern unter-chtet (*Pump* StBp 90, 65) oder vereinbart, dass er zur Sicherheit insbes für die JSt-Schuld des Veräußerers wegen der Veräußerung einen Teil seines Entgelts unächst einbehalten darf (vgl BFH BStBl 93, 700).

2 Die Vorschrift ähnelt **§ 25 HGB** und wird durch diesen auch im Hinblick auf teuerforderungen ergänzt (dazu *App* KKZ 04, 10). Dieser begründet eine Haf-.ıng für „alle im Betrieb des Geschäfts begründeten Verbindlichkeiten des früheren ıhabers". Ob dies weiter geht als die Haftung nach § 75, hat BFH/NV 16, 1491 ffen gelassen. Die Haftung bezieht sich jedenfalls nicht auf die KSt, auch nicht bei ?, deren Einkünfte nicht gem § 8 II KStG als Einkünfte aus Gewerbebetrieb be-andelt werden. Gesichtspunkte einer Rechtsscheinshaftung, die bei § 25 HGB ısbes in der Voraussetzung einer Fortführung des Unternehmens unter der bishe-.gen Firma zum Ausdruck zu kommen scheinen (str), spielen für § 75 keine Rol-:. Die Haftung nach § 25 HGB kann durch Eintragung im Handelsregister ausge-:hlossen werden und kann nur innerhalb von 5 Jahren nach der Eintragung des Jbernehmers im Handelsregister geltend gemacht werden.

4 Wenn eine Geschäftsveräußerung und nicht nur eine Übertragung einzelner Virtschaftsgüter eines Unternehmens vorliegt, ist der Umsatz nach **§ 1 Ia UStG** icht steuerbar. BFH BStBl 04, 662; 07, 730 nehmen in Anspruch, wegen der nionsrechtlichen Fundierung dieser Vorschrift den Begriff der Geschäftsveräuße-ung autonom auszulegen. Die diesbzgl Rspr des BFH und des EuGH kann leichwohl auch für die Auslegung des § 75 zumindest Denkanstöße geben (vgl uletzt BFH BStBl 15, 1212; 13, 1053; 12, 848; 12, 842; EuGHE 03, I-14393, 11, -11071 = BStBl 12, 848).

5 Der **Haftungstatbestand** enthält folgende Voraussetzungen: Auslöser der Haftung ist der Erwerb eines „Unternehmens" oder eines bestimmten Unternehmensteils *„im Ganzen"*; ausgenommen von der Haftung ist jedoch (Abs 2) der Erwerb aus einer Insolvenzmasse sowie insbes im Vollstreckungsverfahren (gleicher Haftungsausschluss bei dem Erwerb eines Grundstückes hinsichtlich GrSt, § 11 II 2 GrStG). Gegenstand der Haftung sind die *Betriebssteuern* und die von dem Unternehmen einzubehaltenden und abzuführenden Steuern (StAbzugsbeträge) sowie Erstattungsschulden wegen zu Unrecht in Anspruch genommener StVergütungen, sofern sie seit dem *Beginn des letzten Jahres* vor Übereignung entstanden (nicht: fällig geworden) und *spätestens* ein Jahr nach Anmeldung des Betriebes durch den Erwerber bei der FinBeh (§ 138) festgesetzt (oder mit Festsetzungswirkung angemeldet) worden sind. Der *Umfang* der Haftung wird auf den „Bestand" des übernommenen Vermögens beschränkt. Daraus ergibt sich die Gliederung der folgenden Bemerkungen:

8 **2. Unternehmen.** Das ist nach der Rspr die „organische Zusammenfassung von Einrichtungen und dauernden Maßnahmen", die es ermöglichen, auf dieser Grundlage ohne nennenswerte zusätzliche finanzielle Aufwendungen ein Unternehmen zu betreiben (vgl BFH BStBl 62, 455; 86, 654; 93, 700). Der Unternehmensbegriff entspricht dem des UStG (BFH BStBl 11, 477; BFH/NV 96, 726). Es kann sich also nicht nur um einen Gewerbebetrieb, sondern auch um Land- und Forstwirtschaft, um stpfl Vermietung oder Verpachtung (BFH BStBl 11, 477; FG Köln EFG 14, 2106; anders für VuV, wenn es sich um Vermögensverwaltung handelt, *TK/Loose* § 75 Rz 6) oder einen freien Beruf handeln (vgl BFH BStBl 93, 700; BGH DStR 94, 1193).

9 Strittig ist, ob zum Begriff des Unternehmens das **Vorhandensein bestimmter sächlicher Einrichtungen** (zB Maschinen, Büro etc) oder zumindest persönlicher Betriebsmittel (Mitarbeiterstamm), ein fester Kundenstamm odgl notwendig dazugehören, an denen es insbes bei freiberuflich tätigen „Unternehmungen" häufig fehlt; oder ob auch die im Wesentlichen auf die persönlichen Fähigkeiten und die Arbeitsleistung gestützte Tätigkeit des Unternehmers oder die Nutzung des Vermögens ohne Entfaltung einer eine unternehmerische Organisation erfordernden Tätigkeit (zB Vermietung eines Hauses oder einer Eigentumswohnung) „Unternehmen" iSd § 75 sein können (vgl *Mösbauer* BB 90, Beil 3 S 3). Die Rspr des BFH hat diese Grundsatzfrage offen gelassen (BFH BStBl 93, 700); der BFH hat jedoch solche Anforderungen an das Bestehen einer mit einem Mindestmaß an sachlichen und persönlichen Mitteln ausgestatteten betrieblichen Organisation nicht aufgestellt. Er geht für § 75 von dem umsatzsteuerlichen Unternehmensbegriff aus (BFH/NV 96, 726). Die Entstehungsgeschichte der Vorschrift (BFH BStBl 93, 700; BFH/NV 96, 726), vor allem aber der Zweck der Vorschrift, den Zugriff des StGläubigers auf jeglichen wirtschaftlichen Wert zu ermöglichen, der auf einen anderen Unternehmer übertragen wird und die Grundlage für dessen unternehmerische Tätigkeit bildet, rechtfertigen diese weite Auslegung. Auch der bloße good will oder Kontakte zu wenigen Geschäftspartnern können also das Unternehmen ausmachen (vgl FG Saarl EFG 95, 148: Überlassung der Nutzung eines LKW's zum Einsatz als Subunternehmer auf einer bestimmten Strecke als Unternehmensübertragung; FG Nbg EFG 91, 710).

10 Die Notwendigkeit, das Unternehmen zu „übereignen", setzt freilich der Substanzlosigkeit des Unternehmensbegriffs äußerste Grenzen. Eine einschränkende Auslegung des Unternehmensbegriffs hat BFH/NV 96, 726 auch in besonders gelagerten Einzelfällen aufgrund des Gedankens für möglich gehalten, dass § 75 nicht auf einem reinen Vermögensübernahmeprinzip beruht, sondern auf dem Gedanken, dass auf den Erwerber ein lebendes Unternehmen übergeht, dessen wirtschaftliche Kraft die Annahme rechtfertigt, der Erwerber werde Gewinne erwirtschaften.

Für den Begriff des **gesondert geführten Teilbetriebs** kann auf die Rspr zu § 16 I Nr 1 EStG (BFH BStBl 87, 275; nicht auf die unionsrechtl geprägte Rspr zum UStG, vgl BFH BStBl 13, 1053) zurückgegriffen werden, wonach es sich dabei um einen organisch geschlossenen, mit einer gewissen (nicht völliger) Selbständigkeit ausgestatteten Teil des Gesamtbetriebs (des Veräußerers, nicht beim Erwerber BFH BStBl 85, 245; 84, 486) handelt, der – für sich betrachtet – alle Merkmale eines Betriebs iSd EStG aufweist und als solcher lebensfähig ist (BFH BStBl 89, 653; 96, 409; 07, 772; BFH/NV 86, 315; 87, 275; 92, 516), dessen Tätigkeit sich jedoch von der des Gesamtbetriebes deutlich abheben muss. Ob ein gesondert geführter Betrieb (Teilbetrieb) vorliegt, ist nach dem Gesamteindruck der tatsächlichen Verhältnisse zu entscheiden (BFH BStBl 80, 498; 84, 486). Kein Merkmal ist allein entscheidend. Die Merkmale haben unterschiedliches Gewicht, je nach dem ob es sich um einen Fertigungs-, einen Handels- oder einen Dienstleistungsbetrieb handelt (BFH/NV 92, 516). 11

Ein solcher Betrieb kann zB vorliegen bei selbständiger Geschäftsführung; wenn der aus dem Hauptunternehmen herausgelöste Betriebsteil andere Aufgaben wahrnimmt als jener, zB die Zuckerrübenfabrik im Verhältnis zu einem landwirtschaftlichen Anbaubetrieb; eigene Buchführung (die aber ebenso wenig wie gesonderte Gewinnermittlung zwingend erforderlich ist, BFH BStBl 90, 373), eigener Kundenstamm (BFH/NV 94, 694). Eigene Einkaufsbeziehungen bei einer Einzelhandelsfiliale führen zu einem gesonderten Betrieb (BFH/NV 92, 516). Grundstücksvermietung eines gewerblich tätigen Stpfl kann Teilbetrieb sein, wenn sie für sich gesehen die Voraussetzungen eines Gewerbebetriebs erfüllt und wenn sie sich als gesonderter Verwaltungskomplex aus dem Gesamtbetrieb heraushebt (BFH/NV 98, 690; vgl auch BFH BStBl 05, 395; BFH/NV 94, 617; 07, 2093). Auch eine Spielhalle, die neben der Aufstellung und Betreuung von Spielautomaten in Gaststätten betrieben wird, kann Teilbetrieb sein (BFH/NV 02, 336). Weiteres Beispiel: Hotel und Vermietung von Ferienwohnungen (BFH BStBl 89, 376). 12

3. Übereignung eines Unternehmens *im Ganzen*. Sie liegt dann vor, wenn die bei Beginn der Übertragung vorhandenen Betriebsgrundlagen im Wesentlichen vollständig auf den Erwerber übergehen (BFH BStBl 11, 477; BFH/NV 04, 1509). Sie besteht also in dem Übergang des gesamten lebenden Unternehmens, dh der durch das Unternehmen repräsentierten organischen Zusammenfassung von sächlichen Einrichtungen, persönlichen Mitteln und dauernden Maßnahmen, die dem Unternehmen dienen oder seine wesentlichen Grundlagen ausmachen, sodass der Erwerber das Unternehmen ohne nennenswerte finanzielle Aufwendungen in der bisherigen Form fortführen kann (BFH BStBl 86, 654; 93, 700; BFH/NV 88, 479; 92, 712; 93, 215; 04, 1509). Die bloße Übertragung von betrieblich genutzten Vermögenswerten ist also nicht Grund der Haftungsinanspruchnahme. 15

Ob der Erwerber das Unternehmen selbst fortführen oder nur verpachten will, ist für die Haftung belanglos (BFH BStBl 74, 434), ebenso wenn der Übernehmer einen wesentlichen Betriebs*teil* nicht selbst übernommen hat (BFH/NV 92, 712) oder von Anfang an nicht fortführen wollte (BFH/NV 86, 573) oder wenn er das Unternehmen nicht in dem bisherigen Umfang, sondern nur eingeschränkt fortführen kann (BFH/NV 92, 712). Wenn jedoch das Unternehmen *überhaupt nicht* weitergeführt wird, muss aus der Unternehmenseinstellung Nutzen gezogen worden sein, zB durch Ausschaltung eines Konkurrenten (RFH RStBl 34, 1087; BFH BStBl 92, 712). Jedoch hat FG Köln EFG 14, 2106 angenommen, es sei nicht Haftungsvoraussetzung, dass bei Erwerb eines bisher ustpflichtig vermieteten Grundstücks eine ustpflichtige Anschlussvermietung erfolgt (zweifelh). 15a

Maßgeblich für die Beurteilung, ob die wesentlichen Grundlagen übereignet werden, sind die tatsächlichen **Verhältnisse im Zeitpunkt der Übereignung** (BFH BStBl 66, 333; 85, 651; 03, 226; BFH/NV 89, 617); hat der Veräußerer vor der Übereignung Betriebsgrundlagen weggegeben (vgl FG Hbg EFG 75, 601: 15b geschrumpftes Unternehmen), so ist dies ohne Belang, sofern im Übereignungszeitpunkt überhaupt noch ein lebendes Unternehmen vorhanden ist (BFH/NV 86, 573; 92, 712; 03, 226) und das übriggebliebene Unternehmen nicht nur einen Kernbestand des früheren Unternehmens umfasst und deshalb mit diesem nicht identisch ist (BFH BStBl 11, 477).

16 Die **wesentlichen Grundlagen** des Unternehmens müssen erworben worden sein, um die Voraussetzung des Unternehmensübergangs im Ganzen zu erfüllen (BFH BStBl 69, 303; BFH/NV 91, 718; 92, 712). Was für den Betrieb wesentlich ist, hängt von einer Gesamtbetrachtung der Verhältnisse ab, die ggf dem Tatrichter obliegt (BFH/NV 92, 712; BFH BStBl 03, 226), wobei dabei dem Gegenstand des Unternehmens wesentliche Bedeutung zukommt (vgl zB FG Mchn DStRE 09, 1138). Die einzelnen Betriebsgrundlagen (zB Gegenstände des Anlagevermögens wie Fuhrpark, Geräte und Maschinen – vor allem bei einem Industriebetrieb, vgl BFH BStBl 98, 388 –, eine Werkstatteinrichtung, Inventar wie die Geschäftsausstattung, Büroeinrichtung, Mobiliar, vgl BFH/NV 94, 762; 89, 617, aber auch Warenbestand, vgl BFH/NV 88, 479, und Materialien, vgl BFH/NV 89, 617, gewerbliche Nutzungsrechte, Lizenzen etc, das Betriebsgelände, die Beziehungen zu Kunden und Mitarbeitern, BFH BStBl 80, 258; 86, 654) haben je nach Unternehmensgegenstand unterschiedlich große Bedeutung. Es ist wie bei einem Typbegriff eine bewertende und abwägende Gesamtbetrachtung der tatsächlichen Verhältnisse erforderlich. Dementsprechend kann wesentliche Grundlage das Geschäftsgrundstück für sich alleine sein (BFH BStBl 66, 333), aber auch der Kundenstamm (BFH StRK AO § 116 R 5; BFH/NV 87, 358). Immaterielle Betriebsgrundlagen wie Firma, Know how, Kundenstamm (dieser vor allem, vgl BFH BStBl 03, 236) können eine ebenso wesentliche Bedeutung haben wie Maschinen, Inventar oder Betriebsgrundstück (vgl BFH BStBl 03, 226 für ein landwirtschaftliches Lohnunternehmen). Zu den wesentlichen Grundlagen gehört oftmals das Betriebsgrundstück (BFH BStBl 86, 589; BFH/NV 92, 712; vgl auch BFH/NV 94, 762), auch wenn es nur gemietet oder gepachtet ist (BFH/NV 86, 65; 89, 617), aber die fehlende Mit-Übereignung des Inventars der Betriebsräume kann die Anwendung des § 75 ausschließen (BFH StRK RAO § 116 R 12). Ob die Rechtsbeziehungen zu den ArbN zu den wesentlichen Grundlagen eines Unternehmens gehören, hängt ebenfalls von den Verhältnissen des Einzelfalls ab (BFH/NV 92, 712). Es ist jedenfalls nicht erforderlich, andererseits aber ggf ausreichend, dass die ArbN gem § 613a BGB übernommen werden; Neueinstellung der bisherigen ArbN steht dem gleich (BFH/NV 86, 64; 92, 712), auch ohne Mitwirkung des Veräußerers.

17 Von vornherein unschädlich ist nur die **Zurückbehaltung einzelner unbedeutender Gegenstände,** erst recht eine fehlende Übernahme der Verbindlichkeiten des Unternehmens und die Nichtübertragung seiner Forderungen. Das wertmäßige Verhältnis der fehlenden Gegenstände zu den ursprünglich vorhandenen ist ohne Bedeutung (vgl BFH BStBl 03, 236).

17a Auch bei Erwerb bloßen **Bruchteilseigentums** kann die Haftung eintreten, wenn dieser gemeinsam mit anderen Käufern durchgeführt wird. Die Miteigentümer haften dann aufgrund der gemeinsamen Tatbestandsverwirklichung als Gesamtschuldner (BFH BStBl 11, 477).

18 Die **Übereignung** vollzieht sich bei Sachen, die im Eigentum des StSchuldners stehen, nach §§ 873 oder 929 BGB (BFH BStBl 82, 483; 85, 651; BFH/NV 89, 617). Ggü dem bürgerlich-rechtlichen Recht ist der Begriff „übereignet" aber weiter zu fassen; er bezieht sich auch auf solche Wirtschaftsgüter, die nicht dem StSchuldner gehören oder die nicht im bürgerlich-rechtlichen Sinne übereignet werden können, zB Erfahrungen, Geheimnisse, Beziehungen zu Kunden, Lieferern und Mitarbeitern. Hierfür genügt eine Übereignung im wirtschaftlichen Sinne. Es muss ein eigentümerähnliches Herrschaftsverhältnis an den sachlichen Grundlagen des Betriebs auf den Erwerber übergegangen sein (BFH BStBl 86, 589

mwN). Der Erwerber muss über das Unternehmen verfügen und es fortführen können. Dafür ist bürgerlich-rechtliches Eigentum nicht zwingend erforderlich, eine bloße treuhänderische Überlassung aber nicht ausreichend. Ob eine Nießbrauchsvereinbarung ausreicht, ist str, aber zu bejahen (ebenso *TK/Loose* § 75 Rz 29). Gehören zu den wesentlichen Grundlagen des Unternehmens allerdings im Eigentum des Veräußerers stehende bewegliche Sachen oder Grundstücke, so sollen diese an den Erwerber übereignet werden müssen (BFH BStBl 86, 589; 82, 483); eine Vermietung/Verpachtung an den Erwerber – anders als die Mitwirkung beim Eintritt in einen Vertrag mit einem Dritten (dazu BFH/NV 91, 718) – reichen nicht aus (BFH/NV 92, 712: Erwerb beruht auf unterschiedlichen Rechtspositionen). Ein Übergang des Betriebes im Ganzen wird nicht dadurch ausgeschlossen, dass das Betriebsvermögen ganz oder zum Teil im Sicherungseigentum Dritter (BFH/NV 93, 215) oder des Übernehmers (FG BaWü EFG 93, 194) steht, sofern der Erwerber vollen Umfangs in die Rechte des Sicherungsgebers (oder des Vorbehaltskäufers) einrückt und wie dieser wirtschaftlicher Eigentümer des Sicherungsguts (Vorbehaltsguts) wird (BFH/NV 86, 64; 88, 479, 480; 92, 712). Keine Haftung hingegen bei Sicherungsübereignung als solcher (BFH BStBl 62, 455; 67, 684).

Ein **auf einem fremden Grundstück** unterhaltener Betrieb ist erst dann übereignet iSv § 75, wenn der Pacht- oder Mietvertrag zwischen dem Grundeigentümer und dem Erwerber unter Mitwirkung des Veräußerers zu Stande kommt (vgl schon BFH BStBl 66, 333). Das gilt auch dann, wenn andere Betriebsgrundlagen bereits vorher auf den Erwerber übergegangen sind (BFH/NV 88, 755). Zu den wesentlichen Grundlagen eines Handelsunternehmens gehören Betriebsräume (BFH BStBl 86, 589; BFH/NV 92, 712). Sind diese nur gemietet oder gepachtet worden, so genügt es, dass sie dem Erwerber im wirtschaftlichen Sinne übereignet werden. Hierzu muss der Veräußerer dem Erwerber die Möglichkeit *verschaffen,* über die dem Betrieb des Unternehmens dienenden Räume einen neuen Mietvertrag abzuschließen (BFH/NV 86, 64, 65; BFH BStBl 86, 589). In diesen Fällen ist es für die Haftung ausreichend, dass der Erwerber unter Mitwirkung des Veräußerers einen Miet- oder Pachtvertrag abschließt (BFH BStBl 69, 303; 86, 589; BFH/NV 86, 64; 88, 755; 89, 617; 91, 718). Die erforderliche Mitwirkung des Veräußerers beim Zustandekommen des Mietvertrags mit dem Erwerber setzt jedoch grds ein aktives Tun des Veräußerers voraus (BFH/NV 91, 718; vgl aber BFH/NV 92, 712: bloßes Einverständnis des Veräußerers kann ausreichend sein; zu nicht ausreichenden Mitwirkungshandlungen siehe FG Nbg EFG 97, 195). Ausnahmsweise bedarf es keiner aktiven Mitwirkung, wenn der Erwerber von sich aus Zugriff auf die Räume hat und es des Abschlusses eines Mietvertrags nach Lage der Dinge nicht bedarf, zB aufgrund verwandtschaftlicher, gesellschaftsrechtlicher oder sonstiger wirtschaftlicher Beziehungen (BFH/NV 92, 712; 89, 617; 86, 65); dann genügt es, wenn der Veräußerer mit dem Eintritt des Betriebsübernehmers in den alten Vertrag oder mit dem Neuabschluss des Vertrags einverstanden ist (BFH/NV 89, 617; 92, 712); siehe aber sogleich Rz 21. Keine Haftung tritt ein, wenn die Übertragung des notwendigen Mietrechts an der fehlenden Zustimmung des Vermieters scheitert; das soll selbst dann gelten, wenn der Erwerber über mehrere Jahre den unmittelbaren Besitz an dem Mietobjekt innehatte (FG SchlHol EFG 79, 109; zweifelh). **20**

Nicht ausreichend ist es, wenn das Betriebsgrundstück im **Eigentum eines Dritten** steht, dieser jedoch als Gesellschafter und Geschäftsführer des Erwerbers mit diesem eng verbunden ist (BFH BStBl 82, 483; 86, 589); denn dann beruht die fortbestehende Nutzungsmöglichkeit für das Unternehmen ggf auf unterschiedlichen Rechtspositionen (Eigentum und Miete) und nicht auf einer Unternehmensübernahme (BFH/NV 92, 712; 94, 762). Wesentlich für die Haftung ist nämlich, dass das Unternehmen im Ganzen aus einer Hand unmittelbar in die Hand eines anderen übergeht (BFH/NV 94, 762; 87, 750). **21**

22 Das Vorliegen einer Betriebsübereignung im Ganzen wird aber nicht dadurch ausgeschlossen, dass der Übernehmer den Betrieb nur dann in der bisherigen Weise fortführen kann, wenn er an der Stelle des Veräußerers in das **Vertragsnetz** eines anderen Unternehmers (zB Kundendienstverträge des Inhabers einer Kfz-Werkstatt mit Automobilfirmen) eintritt (BFH BStBl 86, 505).

24 Eine **Übereignung in mehreren Akten** ist dann als eine Übertragung im Ganzen anzusehen, wenn die einzelnen Teilakte in wirtschaftlichem Zusammenhang stehen und der Wille von vornherein auf Erwerb des Unternehmens gerichtet ist (BFH BStBl 82, 483; BFH/NV 94, 762). Wird daher im maßgebenden Zeitpunkt der Übereignung des Unternehmens von dem Betriebsinhaber eine wesentliche Betriebsgrundlage zurückbehalten – gleich aus welchen Gründen – und erst später an den Betriebsübernehmer übereignet, so kommt eine Haftung nach § 75 nicht in Betracht (BFH BStBl 85, 651). Auch bei Betriebsaufspaltung, dh im Zusammenhang geschehenem Erwerb eines Besitz- und des dazugehörigen Betriebsunternehmens, liegt Erwerb im Ganzen vor (FG SchlHol EFG 98, 163; offen BFH BStBl 98, 765).

27 **4. Erwerb eines lebenden Unternehmens.** Das verlangt fortbestehende Ertragskraft des Unternehmens (BFH BStBl 82, 483; 93, 700; BFH/NV 04, 1509). Ein Übergang des lebenden Unternehmens liegt nach der vom BFH ständig gebrauchten Formel vor, wenn der Erwerber das Unternehmen ohne nennenswerte finanzielle Aufwendungen fortführen kann (BFH BStBl 11, 477; 03, 226; 93, 700; 86, 589; 83, 282). Stilllegung nach Erwerb kann Anzeichen für fehlende Lebenskraft sein (BFH StRK AO § 116 R 18; vgl BFH/NV 86, 573. Finanzielle Schwierigkeiten oder eine Überschuldung des erworbenen Unternehmens stehen aber einer Haftung des Betriebsübernehmers grds nicht entgegen (BFH/NV 92, 712). Eine Haftung des Erwerbers besteht mangels Übertragung eines lebenden Unternehmens nicht, wenn dieser erst erhebliche finanzielle Mittel einsetzen muss, um das Unternehmen fortführen zu können (BFH/NV 88, 1; 88, 140; FG Brem EFG 85, 426). Erhebliche Neuinvestitionen nach der Übernahme gestatten indes nicht ohne Weiteres den Schluss, dass kein lebendes Unternehmen übereignet worden ist (BFH BStBl 03, 236; 86, 65); es muss vielmehr feststehen, dass ohne die Investitionen das Unternehmen überhaupt nicht hätte fortgeführt werden können (BFH/NV 88, 1, 140; BVerwG NJW 93, 2453).

28 Bei Erwerb eines **stillliegenden Unternehmens** ist entscheidend, ob es seinen Charakter als lebender Organismus verloren hat oder nicht, zB wenn der Erwerber den Betrieb ohne Weiteres fortsetzen kann (vgl BFH BStBl 70, 676; 74, 145; BFH/NV 88, 140). Kurzfristige Stilllegung schließt Haftung jedenfalls nicht aus (BFH HFR 62, 19); aber Stilllegung über zwei Jahre (BFH/NV 86, 62; 88, 615).

29 Ein übereignungsfähiges Unternehmen liegt nicht vor, wenn die Eröffnung des **Insolvenzverfahrens** über das Vermögen des veräußernden Unternehmens mangels Masse abgelehnt worden ist und sich die wesentlichen verwertbaren Betriebsgegenstände im Eigentum Dritter befunden haben (BFH BStBl 83, 282). Das Gleiche muss gelten, wenn eine Ablehnung des Insolvenzantrags mangels Masse nur deshalb nicht mehr erfolgt ist, weil der Antrag zurückgenommen und das Unternehmen stillgelegt worden ist (FG Hbg EFG 85, 5). Die Ablehnung eines Insolvenzantrags des bisherigen Betriebsinhabers schließt aber die Haftung nicht generell aus (BFH BStBl 11, 477; BFH/NV 93, 215). Überschuldung schließt die Existenz eines lebenden Unternehmens erst recht nicht aus (BFH/NV 86, 65; 92, 712; 04, 1509), ebenso wenig, dass der Veräußerer mit Verlust gearbeitet hat (FG BaWü EFG 80, 422).

34 **5. Gegenstand der Haftung.** Haftung für BetriebSt (vor allem also GewSt, USt, LSt/LKiSt sowie VerbrauchSt wegen der Herstellung von Waren; Näheres zum Begriff siehe § 74 Rz 18) und die Rückerstattung diesbzgl StErstattungen oder Vergütungen (*TK/Loose* § 75 Rz 39, str), auch wenn der Erwerber sie bei der

Übereignung nicht kannte und auch nicht kennen konnte. Es kommt nicht einmal darauf an, dass es sich um Betriebssteuern des Veräußerers handelt; es können auch Steuern seines Vorgängers sein, für die der Veräußerer seinerseits haftete. Bei mehrfacher Veräußerung innerhalb des Haftungszeitraums des letzten Erwerbers haftet dieser auch für die Steuer des Rechtsvorgängers des letzten Veräußerers (BFH HFR 63, 413). Haftung auch für Gemeindesteuern, soweit die Vorschrift für anwendbar erklärt wird. Gehaftet wird ferner für StAbzugsbeträge, also insbes die vom Betrieb abzuführende LSt (jedoch nicht in Fällen der LSt-Pauschalierung, §§ 40, 40a EStG), KapESt (§ 43 EStG), StAbzugsbeträge bei beschränkt Stpfl (§ 50a EStG), LKiSt (BFH/NV 08, 1108) und für zu erstattende StVergütungen bei den sog betriebsbedingten Steuern. Die Haftung erstreckt sich aber *nicht* auf stl Nebenleistungen.

35 Die Steuern müssen „auf dem Betrieb des [übernommenen] Unternehmens gründen". Gehaftet wird deshalb auch für nach der Betriebsübernahme entstandene USt des Veräußerers, wenn sie auf Lieferungen oder Leistungen vor der Übereignung zurückgeht (vgl BFH BStBl 82, 490; *TK/Loose* § 75 Rz 56, str); denn der Rechtsgrund für die Entstehung der StSchuld war schon in der Person des Veräußerers gelegt.

36 **6. Zeitliche Beschränkung der Haftung.** Haftung nur, soweit Steuer und Abzugsbeträge seit Beginn des letzten vor Übereignung liegenden Kalenderjahres *entstanden* sind. Übereignung bedeutet dabei tatsächliche Übergabe des Unternehmens (nicht also Vertragsschluss). Vollzieht sich Übergabe über einen Zeit-raum hinweg, ist als maßgeblicher Zeitpunkt von dem Tag auszugehen, an dem der Erwerber tatsächliche Verfügungsmacht über alle diejenigen zum Betrieb gehörenden Güter erhalten hat, die für die Annahme einer Unternehmensübertragung (mindestens) erforderlich sind (vgl BFH/NV 88, 755). Deshalb kommt es auf die vollständige Verwirklichung des bürgerlich-rechtlichen Übereignungstatbestandes (bei einem Grundstück etwa die Grundbucheintragung) nicht maßgeblich an.

38 Die Beträge, für die gehaftet wird, müssen bis zum Ablauf von einem Jahr nach Anmeldung des Betriebes durch den Erwerber festgesetzt oder angemeldet sein. Unter der Anmeldung des Betriebes ist die nach § 138 I vorzunehmende Anzeige des Stpfl über die Eröffnung des Betriebes zu verstehen. Eine Gewerbeanmeldung setzt die Frist nur dann in Lauf, wenn die FinBeh von ihr erfährt, ebenso wie wenn die FinBeh sonst auf andere Weise (zB durch Ap) Kenntnis von der Betriebsübernahme erhält. Für den Beginn der Frist wird der Tag der Anmeldung nicht mitgerechnet (vgl § 108 AO iVm § 187 BGB); Anmeldung vor Betriebsübernahme setzt die Frist erst ab dem Zeitpunkt der Betriebsübernahme in Lauf (*TK/Loose* § 75 Rz 59). Nachforderungen nach Fristablauf können die Haftung nicht erweitern, eine Herabsetzung der Steuern gebietet aber die Aufhebung des Haftungsbescheids (§ 130 I).

39 Kann eine Festsetzung gegen den früheren Betriebsinhaber nicht erfolgen, genügt zur Fristwahrung nicht, dass der Haftungsbescheid innerhalb der Frist ergeht.

41 **7. Gegenständliche Haftungsbeschränkung.** Haftung beschränkt sich auf den Bestand des übernommenen Vermögens, ggf bezieht sie sich (ebenso wie bei § 74, dazu BFH BStBl 12, 223) jedoch auf Surrogate (FG Mchn EFG 85, 587; vgl BFH/NV 96, 661) oder einen Ersatzanspruch (*Adamek/Loose* GmbHR 01, 654). Übernommene Schulden sind belanglos. Auf einen untergegangenen Vermögenswert wird nicht gehaftet.

42 Die Haftungsbeschränkung ist nach BFH BStBl 86, 589 (vgl FG Nbg EFG 91, 710 und ebenso zum früheren § 419 BGB BGHZ 66, 217) erst im Zwangsvollstreckungsverfahren auf eine entsprechende Einwendung hin relevant. Wenn feststeht, dass kein verwertbares Vermögen übernommen wurde, kann aber eine Inanspruchnahme ermessensfehlerhaft sein (vgl FG Nds EFG 10, 2064).

43 Nach Geltendmachung der Haftung macht sich der Vermögensübernehmer wie ein Nachlassverwalter **schadensersatzpflichtig,** wenn er das übernommene Unternehmen nicht im Interesse des StFiskus ordnungsgemäß verwaltet (vgl BGHZ 30, 267; BGH NJW 83, 120). Der Haftungsanspruch verwandelt sich dann in einen Wertersatzanspruch, der (bei Verkauf unter Preis) auch höher sein kann als der erzielte Erlös und außerdem nicht davon abhängt, ob mit dem erzielten Erlös noch neue Wirtschaftsgüter angeschafft werden.

45 **8. Erwerbe aus der Insolvenzmasse.** Bei ihnen besteht keine Haftung. Gegenstände, die nach §§ 47, 48, 49 InsO aus- oder abgesondert werden dürfen, fallen jedoch nicht hierunter, es sei denn die Absonderung führt zum Erwerb im Wege der Zwangsvollstreckung. Beim Erwerb vom vorläufigen Insolvenzverwalter (auch bei einem Erwerb mit dessen bloßer Zustimmung, vgl *BG/Jatzke* § 75 Rz 37) greift der Haftungsausschluss ebenfalls ein (vgl BFH BStBl 98, 765), selbst wenn es schließlich gar nicht zur Eröffnung des Insolvenzverfahrens kommt (zweifelnd offenbar *TK/Loose* § 75 Rz 37; vgl auch BFH BStBl 98, 765).

46 Erwerb im **Vollstreckungsverfahren** kann entweder durch Zwangsversteigerung oder freihändige Verwertung vollzogen werden (vgl §§ 814 ff, § 825 ZPO, § 65 ZVG, § 305); in beiden Fällen greift der Haftungsausschluss ein.

48 **9. Inhalt des Festsetzungsbescheids.** Die Geltendmachung der Haftung erfolgt nach § 191 durch nicht fristgebundene Ermessensentscheidung. Ob die Haftungsgegenstände pfändbar sind, ist kein Ermessensgesichtspunkt (BFH/NV 13, 1905), ebenso wenig die Höhe der Steuern, für die gehaftet wird (BFH/NV 97, 386). Ein Hinweis auf die Beschränkung der Haftung auf das übernommene Vermögen im Bescheid ist ausreichend (BFH/NV 09, 118; 08, 333; 93, 215). Eine genaue Bezeichnung der Haftungsgegenstände ist nicht erforderlich, wenn der Bescheid auch ohne diese das Ausmaß der Haftung erkennen lässt und vollzogen werden kann und nur in der Vollstreckung die haftenden Gegenstände von Bedeutung werden (vgl BFH/NV 08, 333; aA FG Mster EFG 93, 423; FG Köln EFG 00, 203). Soweit BFH/NV 93, 215 dahin zu verstehen ist, es müsse auch der Wert des haftenden Vermögens angegeben werden (so auch FG BaWü EFG 03, 662), ist dies freilich widersprüchlich und dem nicht zu folgen.

§ 76 Sachhaftung

(1) **Verbrauchsteuerpflichtige Waren und einfuhr- und ausfuhrabgabenpflichtige Waren dienen ohne Rücksicht auf die Rechte Dritter als Sicherheit für die darauf ruhenden Steuern (Sachhaftung).**

(2) **Die Sachhaftung entsteht bei einfuhr- und ausfuhrabgaben- oder verbrauchsteuerpflichtigen Waren, wenn nichts anderes vorgeschrieben ist, mit ihrem Verbringen in den Geltungsbereich dieses Gesetzes, bei verbrauchsteuerpflichtigen Waren auch mit Beginn ihrer Gewinnung oder Herstellung.**

(3) [1] **Solange die Steuer nicht entrichtet ist, kann die Finanzbehörde die Waren mit Beschlag belegen.** [2] **Als Beschlagnahme genügt das Verbot an den, der die Waren im Gewahrsam hat, über sie zu verfügen.**

(4) [1] **Die Sachhaftung erlischt mit der Steuerschuld.** [2] **Sie erlischt ferner mit der Aufhebung der Beschlagnahme oder dadurch, dass die Waren mit Zustimmung der Finanzbehörde in einen steuerlich nicht beschränkten Verkehr übergehen.**

(5) **Von der Geltendmachung der Sachhaftung wird abgesehen, wenn die Waren dem Verfügungsberechtigten abhanden gekommen sind und die verbrauchsteuerpflichtigen Waren in einen Herstellungsbetrieb aufgenommen oder die einfuhr- und ausfuhrabgabenpflichtigen Waren eine zollrechtliche Bestimmung erhalten.**

1. Inhalt. Die Sachhaftung gibt dem StGläubiger das Recht, sich ohne Rücksicht auf private Rechte irgendwelcher Art wegen der auf den zoll- oder verbrauchsteuerpflichtigen Waren ruhenden Steuern an die Waren zu halten, insbes durch Verwertung der Waren gem §§ 327, 296 für die Tilgung der StSchuld zu sorgen, die Bezahlung durch deren Zurückhaltung zu erzwingen und zur Sicherung dieses Rechts die tatsächliche Verfügung Dritter über die Ware zu verhindern (BFH BStBl 89, 491; FG Brem EFG 92, 496). Sachhaftung wirkt also wie ein öffrechtl Pfandrecht, das allen Rechten anderer Dritter ungeachtet deren uU guten Glaubens vorgeht. Sie begründet ein Absonderungsrecht nach §§ 50, 51 Nr 4 InsO, unterliegt aber ggf der Insolvenzanfechtung (BGH NJW-RR 10, 118, dazu *Schmittmann* ZInsO 09, 1949). Sie sichert jeweils nur die für die betr Ware entstandene Abgabenschuld. Sie ähnelt der öffentlichen Last (§ 77 II), unterscheidet sich jedoch von ihr dadurch, dass sie nicht in gleicher Weise einer StSchuld streng akzessorisch ist. Ein Haftungsbescheid ergeht zur Begründung der Sachhaftung nicht, sie entsteht ipso iure (BFH BStBl 97, 171; BGH HFR 05, 903); die Bekanntgabe der Verwertungsabsicht ist jedoch in § 327 Satz 3 vorgeschrieben und VA, der an den Vollstreckungsschuldner, zB den Lagerhalter, in dessen Besitz sich die haftende Sache befindet, nicht den Eigentümer zu adressieren ist (BGH HFR 05, 903, offen lassend ob auch eine Unterrichtungspflicht ggü dem Eigentümer bestehen kann); die Verwertung darf erst erfolgen, wenn dem Vollstreckungsschuldner die Verwertungsabsicht bekannt gegeben worden und seit der Bekanntgabe mindestens eine Woche verstrichen ist. 1

AdV der Beschlagnahme soll unzulässige Vorwegnahme der Hauptsache sein (BFH/NV 91, 607). 2

Die Sachhaftung wird im Bereich der Einfuhrabgaben bei Versäumung der Zollanmeldung, vorschriftswidrigem Verbringen und Nichterfüllung der Voraussetzungen für die Überführung in ein Zollverfahren durch entspr Regelungen des UZK verdrängt (Art 53, 57, 75 UZK). 3

2. Entstehen der Sachhaftung. Haftung setzt iAllg eine StSchuld voraus (Akzessorietät); die Sachhaftung entsteht hingegen idR schon vor Entstehung der StSchuld, nämlich mit dem **Verbringen einer Ware** in den Geltungsbereich der AO bzw mit Beginn ihrer Gewinnung oder Herstellung (Abs 2). Aber nur insoweit ist sie nicht akzessorisch. Durch den tatsächlichen Akt des Verbringens entstehen Einfuhrabgaben idR nur, wenn dieses vorschriftswidrig erfolgt (Art 79 UZK); sonst ist eine zollrechtl Abfertigung aufgrund einer diesbzgl Anmeldung Entstehungstatbestand (Art 77 UZK). Die Entstehung der Sachhaftung ist folglich nicht identisch mit der Entstehung der Einfuhrzollschuld (ebenso *BG/Jatzke* § 76 Rz 14). 5

Bei VerbrauchSt gilt: Diese entstehen nicht mit Beginn der Herstellung der Ware (sofern diese erlaubt ist), sondern erst mit Entfernung aus dem Steuerlager des Herstellungsbetriebs, dem Empfang im Steuergebiet, dem Verbringen in das Steuergebiet etc. Es entsteht aber zuvor schon die Sachhaftung, ggf an den Vorprodukten/Materialien, für die (ggf zukünftigen) Abgaben. Die Gewinnung verbrauchsteuerpflichtiger Waren ist neben ihrer Herstellung ausdrücklich genannt, um klarzustellen, dass die Haftung auch die Urproduktion verbrauchsteuerpflichtiger Waren erfasst (vgl BT-Drs 12/3432, 96), wobei die Ware noch nicht ihre endgültige Gestalt gewonnen haben muss. 6

Werden Waren im Falle einer StErhöhung einer **Nachsteuer** unterworfen, entsteht die Sachhaftung selbstredend erst mit der Nachsteuer (*BG/Jatzke* § 76 Rz 15). 7

Einfuhr- und (derzeit nur theoretisch bedeutsame) Ausfuhrabgaben (siehe dazu Art 4 Nr 10 und 11 UZK) sind vor allem die (Regel-, spezifischen sowie Antidumping- und Ausgleichs-)Zölle sowie die EUSt. Der Begriff des „Verbringens in den Geltungsbereich des Gesetzes“ entspricht europarechtlicher Terminologie und ist an die Stelle der früheren Einfuhr getreten, die jetzt Verbringen in das Zollgebiet der Europäischen Union (Art 3 UZK) bedeutet. Verbringen ist das willent- 8 liche Bewegen von Ware über die Grenze (BFH/NV 02, 1117), sei es zum dauerhaften oder zum vorübergehenden Verbleib, sei es über die Unionsgrenze, sei es über die innergemeinschaftliche Grenze des Geltungsbereichs der AO. Bei einem Fahrzeug bezieht sich der Verbringungswille selbstredend auf dessen gesamte Ladung, auch wenn der Fahrer deren Zusammensetzung nicht kennt oder sich darüber falsche Vorstellungen macht (EuGH ZfZ 04, 159; BFH/NV 02, 1191 ist damit überholt).

9 Verbrauchsteuern sind Energie-, Strom-, Bier-, Branntwein-, Schaumwein-, Alkopop-, Kaffee-, Tabak- und Zwischenerzeugnissteuer sowie die KernbrennSt und gem § 21 I UStG die EUSt. Für die rechtsähnliche (allg) USt gilt § 76 aber nicht (*BG/Jatzke* § 76 Rz 12).

11 Der Sachhaftung unterliegen hinsichtlich der Verbrauchsteuern (einschl EUSt) auch **aus anderen Mitgliedstaaten stammende Waren.** Der vorgenannte Begriff des Verbringens gilt auch in diesem Fall (BFH HFR 08, 606).

12 **3. Erlöschen der Sachhaftung.** Die Sachhaftung erlischt nach Abs 4 mit Erlöschen der StSchuld (dazu § 47, Art 124 UZK), die sie sichert (insbes also durch Tilgung oder Verjährung der Zoll- bzw VerbrauchStSchuld); ferner nach Abs 4 Satz 2 insbes mit der Aufhebung einer Beschlagnahme oder einer (auch allg) gestatteten Überführung in den freien Verkehr; sie erlischt dann endgültig, kann also später nicht mehr geltend gemacht werden, auch wenn zB die Aufhebung irrtümlich erfolgt ist. Die Gestattung seitens der FinBeh muss nicht im konkreten Einzelfall erteilt sein; gemeint ist vielmehr eine vorschriftsmäßige Überführung in einen stl nicht beschränkten Verkehr, für die es iAllg zumindest einer allgemeinen Bewilligung der FinBeh bedarf (vgl etwa Art 264 der früheren ZK-DVO; vgl BFH BStBl 89, 491: Entnahme aus dem Zolllager). Eine Warenabfertigung ist nicht stets erforderlich.

16 **4. Beschlagnahme (Absatz 3).** Sie ist von der Sicherstellung nach § 215 zu unterscheiden (vgl BFH BStBl 89, 3); siehe auch § 13 I ZollVG, der aber insbes bei schon dem Zollschuldner überlassenen Waren nicht eingreift. Sie setzt nach Wortlaut und Sinn des Gesetzes nicht voraus, dass die StSchuld schon entstanden ist (für mit bedingter StSchuld nach früherem Recht belastete Ware BFH BStBl 80, 592). ZFA sind mangels sachlicher Zuständigkeit nicht zur Beschlagnahme befugt (BFH BStBl 89, 3; FG Hbg EFG 86, 51). Zu den Folgen einer rechtsfehlerhaften Beschlagnahme vgl aber BFH/NV 87, 485. Beschlagnahme der Sachhaftung unterliegender Waren in der Form, dass dem Inhaber verboten wird, über diese zu verfügen, ist VA (mit vollziehbarem Inhalt); einer gerichtl Vollziehungsaussetzung soll dieser indes nicht zugänglich sein (BFH BStBl 80, 592; BFH/NV 87, 485, zweifelh); statt dessen ggf Zustimmung der FinBeh, Ware in bestimmter Weise wirtschaftlich zu nutzen (BFH BStBl 80, 592). Verfügungsverbot nach Abs 3 Satz 2 schließt Veräußerung der Ware oder sonstige Verfügungen, die Sicherungsinteresse der FinBeh nicht berühren, nicht aus. Die Verwertung erfolgt nach § 327.

20 **5. Abhanden gekommene Waren etc (Absatz 5).** Die Haftung bleibt in Fällen des Abs 5 an sich bestehen, von ihrer Geltendmachung wird lediglich abgesehen. Bei Aufnahme in einen Herstellungsbetrieb (nicht erst bei tatsächl Verarbeitung, vgl § 950 BGB) ist ebenfalls von der Geltendmachung abzusehen, ferner bei der Überführung in ein Zollverfahren (Art 5 Nr 16 UZK, insbes ein Versandverfahren, das Zolllagerverfahren oder ein Veredelungsverfahren). Zur Geltendmachung der Sachhaftung gehören auch Maßnahmen nach Abs 3.

§ 77 Duldungspflicht

(1) **Wer kraft Gesetzes verpflichtet ist, eine Steuer aus Mitteln, die seiner Verwaltung unterliegen, zu entrichten, ist insoweit verpflichtet, die Vollstreckung in dieses Vermögen zu dulden.**

(2) [1]**Wegen einer Steuer, die als öffentliche Last auf Grundbesitz ruht, hat der Eigentümer die Zwangsvollstreckung in den Grundbesitz zu dulden.** [2]**Zugunsten der Finanzbehörde gilt als Eigentümer, wer als solcher im Grundbuch eingetragen ist.** [3]**Das Recht des nicht eingetragenen Eigentümers, die ihm gegen die öffentliche Last zustehenden Einwendungen geltend zu machen, bleibt unberührt.**

Schrifttum: *Hartung* Grundsteuer und weitere öffentliche Grundstückslasten in der Zwangsverwaltung, RPfleger 13, 661.

Übersicht

1. Inhalt. Die Vorschrift regelt zwei verschiedene Fälle der Duldungspflicht. 1
Die in **Absatz 1** genannten Personen sind in erster Linie zur Zahlung von Steuern aus den von ihnen verwalteten Mitteln verpflichtet. Es handelt sich deshalb um eine sog unechte Duldungspflicht (*HHSp/Boeker* § 76 Rz 6). Sie betrifft insbes die in den §§ 34, 35 genannten Personen, soweit sie eigenen Gewahrsam an den von ihnen verwalteten Mittel haben; anderenfalls stehen ihre Rechte der Vollstreckung in das betr Vermögen von vornherein nicht entgegen, sodass es weder einer besonderen materiellen Duldungspflicht noch eines Duldungsbescheids den betr Personen ggü bedarf. Üben sie den Gewahrsam für den Vertretenen aus oder sind sie nur Besitzdiener (§ 855 BGB), so sind sie ebenfalls zur Duldung der Vollstreckung verpflichtet, ohne dass es eines Duldungsbescheids bedarf. Das Gleiche gilt für diejenigen, die zB nach § 25 HGB gegenständlich beschränkt haften; auch bei ihnen bedarf es keiner Duldungsinanspruchnahme, wenn diese Haftung durch Zugriff auf das haftende Vermögen geltend gemacht werden soll. Gesamtrechtsnachfolger werden ggf StSchuldner, sie haben folglich nicht nur eine Duldungspflicht.

2. Öffentliche Lasten (Abs 2). Eine Duldungspflicht besteht für den Eigen- 2
tümer von Grundbesitz iSd BewG. Er hat die Vollstreckung in den Grundbesitz zu dulden, soweit sich die Vollstreckung auf eine Abgabe bezieht, die als öffentliche Last auf dem Grundbesitz ruht (mag er insofern selbst StSchuldner sein oder nicht), was sich jeweils aus dem einschlägigen Abgabengesetz ergeben muss. Solche Lasten bestehen zB bei der GrSt (BVerwG NJW 93, 871) und Beiträgen nach dem BBauG (wegen Erschließung) bzw den Kommunalabgabengesetzen (wegen Ausbaus) sowie für andere landesrechtl geregelte Abgaben, sofern auf die AO verwiesen ist. Solche Lasten sind „dingliche Rechte" iSd EuInsVO (VO (EG) Nr. 1346/2000; dazu EuGH NJW-RR 17, 240).

Eine öffentliche Last ist ein auf öffentlichem Recht beruhendes Grundpfand- 3
recht an einem Grundstück für Abgaben und andere Leistungen, die nicht auf einem privatrechtlichen Titel beruhen. Sie verpflichtet den jeweiligen Eigentümer des Grundstücks, wegen der Forderung die Zwangsvollstreckung in dieses zu dulden. Sie knüpft an die sachliche Beitragspflicht an und ist in zweierlei Hinsicht akzessorisch: die Duldungspflicht ist vom Bestehen der Abgabepflicht abhängig und kann nur geltend gemacht werden, wenn durch Heranziehungsbescheid ggü dem Grundeigentümer eine persönliche Beitragspflicht entstanden und nicht wieder erloschen ist (vgl *Driehaus* Kommunalabgabenrecht, § 8 Rz 185 f).

Die Haftung kann, ohne dass dies besonders bestimmt ist, gegen den jeweiligen 6
Eigentümer des Grundstücks geltend gemacht werden. Der persönlich Beitragspflichtige ist grds vorrangig vor dem nur dinglich Haftenden in Anspruch zu neh-

men (SächsOVG 5 B 207/10, nv); seine Inanspruchnahme hat aber keinen unbedingten Vorrang (BayVGH NJW-RR 12, 944). Eine öffentliche Last kann auch während eines Insolvenzverfahrens entstehen; Adressat des für ihre Geltendmachung vorausgesetzten Bescheids ist dann der Verwalter. Der Abgabengläubiger erlangt die Stellung eines absonderungsberechtigten Massegläubigers.

7 Wer als Eigentümer im Grundbuch eingetragen ist, kann von der FinBeh in Anspruch genommen werden, auch wenn das Grundbuch falsch ist (Abs 2 Satz 2; Fiktion). Der wahre Eigentümer kann jedoch nach Abs 2 Satz 3 sein Eigentum verteidigen. Der StGläubiger ist nicht verpflichtet, den Erwerber eines Grundstücks von Amts wegen über GrStRückstände des Voreigentümers oder über vergebliche Beitreibungsversuche gegen den Voreigentümer zu unterrichten (BVerwG NJW 87, 634 = KStZ 87, 112).

Der Ersteher eines Grundstücks haftet trotz § 52 I ZVG mit für die GrSt, die auf die Zeit vom Zuschlag bis zum Ende des Kalenderjahres entfällt (BVerwG NJW 93, 871).

9 **3. Sonstige Duldungspflichten.** Neben den Duldungspflichten nach § 77 stehen Duldungspflichten aufgrund anderer Vorschriften, insbes solcher des Zivilrechts. Duldungspflichten haben insbes: Nießbraucher nach §§ 1086, 1059, Eheleute nach §§ 740–745, 860 ZPO, Nachlassverwalter nach § 1984, Testamentsvollstrecker nach §§ 2213f BGB, Nacherben nach § 2115, ggf auch Pächter nach § 581 BGB, Vormund und Pfleger nach §§ 1793, 1909ff BGB, Liquidatoren nach §§ 149 HGB, 268 I AktG, 70 GmbHG, Anfechtungsgegner nach § 7 AnfG (vgl BFH BStBl 78, 663, hierzu *Lück* BB 88, 1095); siehe ferner §§ 143ff InsO.

11 **4. Durchsetzung der Duldungspflichten.** Die Duldungsansprüche iSd § 77 werden durch Bescheid geltend gemacht (siehe § 191). Sie unterliegen nicht der Festsetzungsverjährung (BVerwG BStBl 87, 745). Die Geltendmachung setzt, anders als es beim Haftungsbescheid der Fall ist, voraus, dass der zu Grunde liegende StAnspruch festgesetzt, fällig und vollstreckbar ist (BVerwG BStBl 87, 745). Die Einwendungen, die der Stpfl gegen den StBescheid hat, kann auch der Duldungspflichtige geltend machen (BFH BStBl 88, 408). Zinsen und sonstige Nebenleistungen werden nicht erfasst (OVG Lüneburg 9 LC 31/16), wofür ein sachl Grund freilich nicht erkennbar ist; § 1 III bedeutet nicht, dass ungeachtet der in § 3 enthaltenen Unterscheidungen stl Nebenleistungen Steuern gleichzustellen sind.

Dritter Teil
Allgemeine Verfahrensvorschriften

Erster Abschnitt. Verfahrensgrundsätze

1. Unterabschnitt. Beteiligung am Verfahren

§ 78 Beteiligte

Beteiligte sind

1. **Antragsteller und Antragsgegner,**
2. **diejenigen, an die die Finanzbehörde den Verwaltungsakt richten will oder gerichtet hat,**
3. **diejenigen, mit denen die Finanzbehörde einen öffentlich-rechtlichen Vertrag schließen will oder geschlossen hat.**

Schrifttum: *vor 2010 s 13. Aufl; Desens* Wer ist ein „am Verfahren Beteiligter" iSd § 50b EStG?, FR 12, 946; *Krüger* Die tatsächliche Verständigung: als „Ding an sich" ein „Unding in sich"?, DStZ 15, 478; *Seer* Verständigungen an der Schnittstelle von Steuer- und Steuerstrafverfahren, BB 15, 214; *Hartmann* Aktuelles zur tatsächlichen Verständigung, NWB 16, 1014; *Billan* Bindungswirkung einer tatsächlichen Verständigung, NWB 18, 261.

1. Inhalt. § 78 regelt, wer Beteiligter des Verfahrens ist und damit zB Anspruch auf rechtl Gehör hat (FG Nds EFG 10, 2051). Von der Beteiligtenfähigkeit zu unterscheiden sind die Geschäftsfähigkeit und Handlungsfähigkeit: Ein Geschäftsunfähiger kann zwar Beteiligter iSv § 78 sein, ist aber nicht handlungsfähig iSv § 79 (s § 79 Rz 2). Die Vorschrift entspricht § 13 I Nr 1–3 VwVfG. 1

Der Beteiligtenbegriff des § 78 gilt auch im Rahmen des **§ 174 V.** Der Dritte iSv § 174 V war daher auch dann an dem zur Änderung oder Aufhebung des fehlerhaften StBescheids führenden Verfahren beteiligt, wenn er – ohne Einspruchsführer gewesen zu sein – durch eigene verfahrensrechtl Initiative auf die Aufhebung oder Änderung des Bescheids hingewirkt hat, indem er zB den entsprechenden Aufhebungs- oder Änderungsantrag gestellt hatte (BFH BStBl 95, 764; BFH/NV 03, 1142).

Hingegen ist der Beteiligtenbegriff **weder im Zerlegungs- noch im Einspruchs- oder Klageverfahren** anwendbar. Der Beteiligtenbegriff richtet sich in diesen Verfahren nach §§ 186 und 359 AO sowie § 57 FGO; vgl auch BFH BStBl 10, 729. Über den Beteiligtenbegriff des § 78 hinaus geht der Beteiligtenbegriff des **§ 50b EStG,** der der FinVerw ein Recht zur Ap im Bereich der KapErtrSt einräumt. Zu den Verfahrensbeteiligten des § 50b EStG gehören die am Verfahren der Erstattung und Anrechnung der KapESt beteiligten Personen und Institutionen, zB die Depotbank, der Aussteller einer Steuerbescheinigung oder der Gläubiger der Kapitalerträge (FG Hess BeckRS 2012, 96025; kritisch hierzu: *Desens* FR 12, 946, 947 f).

2. Antragsteller und Antragsgegner (Nr 1). Beteiligte im Besteuerungsverfahren sind nach Nr 1 der Antragsteller und Antragsgegner. Antragsteller ist in erster Linie der **Stpfl.** Es können auch mehrere sein, zB Ehegatten im Falle der Zusammenveranlagung. Beteiligter kann iÜ auch ein anderer als der Stpfl sein, zB eine Auskunftsperson, wenn die Frage der Verpflichtung zur Auskunftserteilung strittig ist. Beim **Kindergeld** kann nach § 78 Nr 1 AO iVm § 67 S 2 EStG nicht nur der eigentlich Anspruchsberechtigte Beteiligter sein, sondern auch eine Person, die die Auszahlung des Kindergeldes an sich an Stelle der Auszahlung an einen Berechtigten verlangen kann (BFH/NV 01, 896; 09, 193; FG SchlHol EFG 08, 64; vgl auch Abschn V 4.1 DA-KG 2017). **Antragsgegner** ist zwar regelmäßig das 2

FA. Es ist aber idS nicht Beteiligter am Verfahren iSv § 78 Nr 1. Gemeint ist in Nr 1 also nicht das FA, sondern Dritte, in deren Rechte die Stattgabe eines Antrags ausnahmsweise eingreift, zB die einzelnen Gemeinden bei einem Zerlegungsbescheid über GewSt (*Koenig/Wünsch* § 78 Rz 14).

3 **3. Adressat eines VA (Nr 2).** Nach Nr 2 ist derjenige Beteiligter, an den das FA einen VA gerichtet hat oder richten will. Die Beteiligteneigenschaft setzt also nicht erst nach Erlass des VA ein. Das ist wichtig für die den Beteiligten zustehenden Rechte, zB das Recht auf **Anhörung** uÄ. Beteiligter iSv Nr 2 ist etwa derjenige, an den das FA einen Haftungsbescheid richten will (BFH BStBl 87, 419).

4 **4. Öffentlich-rechtlicher Vertrag (Nr 3).** Die Bedeutung der Nr 3 ist fraglich, da umstritten ist, ob es im StRecht wegen des Erfordernisses der Gesetzmäßigkeit und Gleichmäßigkeit der Besteuerung überhaupt öffentlich-rechtl Verträge geben kann (vgl *HHSp/Söhn* § 78 Rz 158 ff).

Unzulässig sind Verträge, insbes **Vergleiche,** über den StAnspruch als solchen oder über anzuwendendes Recht (ua BFH BStBl 96, 232; 01, 520, 714; BFH/NV 08, 532; s auch § 85 Rz 7), insbes über reine Rechtsfragen (BFH BStBl 85, 354; 04, 742). Diese Rspr ist zutreffend, auch wenn sie von Teilen des Schrifttums abgelehnt wird (*Wiese* DStZ 97, 745; *Seer* BB 99, 78; kritisch auch FG Brem EFG 00, 95; vgl auch FG Hbg EFG 11, 1790, das Vergleiche im Erhebungsverfahren für zulässig hält, bestätigt durch BFH/NV 13, 942). Denn nach § 38 entstehen die Ansprüche aus dem StSchuldverhältnis, sobald der Tatbestand verwirklicht ist, an den das Gesetz die Leistungspflicht knüpft. Insbes aus den Grundsätzen der Gesetzmäßigkeit und Gleichmäßigkeit der Besteuerung gem § 85 ergeben sich Beschränkungen für die FinVerw, die gesetzlich vorgeschriebene Besteuerung zu unterlassen; zu Einzelheiten s auch Rz 5 sowie § 85 Rz 7 f.

Zulässig sind aber im finanzgerichtlichen Verfahren außergerichtliche oder gerichtliche Vergleiche über die **Kosten,** da es hier nicht um die Festsetzung oder Erhebung von Steuern geht (FG Brem EFG 00, 95; FG Hbg EFG 11, 1790, bestätigt durch BFH/NV 13, 942).

5 Zulässig und bindend ist weiterhin im StRecht eine **„tatsächliche Verständigung"** über schwierig zu ermittelnde Sachverhalte (nicht aber über Rechtsfragen, s BFH BStBl 13, 76; 17, 1155), sofern sie nicht zu einem offensichtlich unzutreffenden Ergebnis führt; zu den Einzelheiten des Inhalts, Umfangs sowie der Form der tatsächlichen Verständigung s § 162 Rz 30 ff. Das ist mittlerweile in der Praxis (ausführlich: BMF 30.7.2008, BStBl I, 831; Abschn R 12.4 DA-KG 2017) und in der Rspr des BFH anerkannt (BFH BStBl 85, 354; 10, 808 mwN; 17, 1155, 1165; BFH/NV 16, 742; 15, 821). Der Rechtsnatur nach handelt es sich bei der tatsächlichen Verständigung um einen öffentlich-rechtl Vertrag (s § 162 Rz 30a). Der Referentenentwurf zu § 42 S 3 AO idF des JStG 2008 sah die Möglichkeit einer tatsächlichen Verständigung vor, wurde aber nicht Gesetz (s hierzu auch *Brockmeyer* DStR 07, 1325, 1329).

6 Abgesehen von der tatsächlichen Verständigung ist als öffentlich-rechtl Vertrag zB denkbar, dass im **Zollrecht** im grenznahen Raum mit Unternehmern, zB Verkehrsunternehmen, oder mit Eigentümern von Grundstücken öffentlich-rechtliche Verträge über Nutzung oder Betretungsrecht ua geschlossen werden (s auch *Streck/Olgemöller* DB 06, 971). Auch **Verrechnungsverträge,** die eine Aufrechnung trotz fehlender Aufrechnungserklärung ermöglichen, sind zulässige Formen öffentlicher Verträge, richten sich aber nach den Vorschriften des Zivilrechts (FG Mster EFG 08, 1597; zum Verrechnungs- bzw Aufrechnungsvertrag s auch BFH BStBl 10, 839). Schließlich kommt es im internationalen StRecht zum Abschluss **völkerrechtlicher Vereinbarungen** iSv § 2, die auch einen Einzelfall betreffen können, wie § 178a zeigt; denn dort verständigen sich die FinVerw mehrerer Staaten über die stl Behandlung eines grenzüberschreitend verwirklichten Sachverhalts (s § 178a Rz 1).

§ 79 Handlungsfähigkeit

(1) **Fähig zur Vornahme von Verfahrenshandlungen sind:**

1. **natürliche Personen, die nach bürgerlichem Recht geschäftsfähig sind,**
2. **natürliche Personen, die nach bürgerlichem Recht in der Geschäftsfähigkeit beschränkt sind, soweit sie für den Gegenstand des Verfahrens durch Vorschriften des bürgerlichen Rechts als geschäftsfähig oder durch Vorschriften des öffentlichen Rechts als handlungsfähig anerkannt sind,**
3. **juristische Personen, Vereinigungen oder Vermögensmassen durch ihre gesetzlichen Vertreter oder durch besonders Beauftragte,**
4. **Behörden durch ihre Leiter, deren Vertreter oder Beauftragte.**

(2) **Betrifft ein Einwilligungsvorbehalt nach § 1903 des Bürgerlichen Gesetzbuchs den Gegenstand des Verfahrens, so ist ein geschäftsfähiger Betreuter nur insoweit zur Vornahme von Verfahrenshandlungen fähig, als er nach den Vorschriften des bürgerlichen Rechts ohne Einwilligung des Betreuers handeln kann oder durch Vorschriften des öffentlichen Rechts als handlungsfähig anerkannt ist.**

(3) **Die §§ 53 und 55 der Zivilprozessordnung gelten entsprechend.**

Schrifttum: *vor 2010 s 13. Aufl; Demme* Verfahrensrechtliche Fragen im Zusammenhang mit der Betreuung von Steuerpflichtigen, AO-StB 10, 150; *Bisle* Steuerstrafrechtliche Risiken des Betreuers eines steuerunehrlichen Betreuten, PStR 11, 125; *Pedak* Bekanntgabe von Steuerbescheiden bei Steuerpflichtigen, die unter Betreuung stehen, DStZ 13, 104; *Deinert/Lütgens* Die Stellung von Betreuern und (Vorsorge-)Bevollmächtigten gegenüber Behörden, Betreuungsrechtliche Praxis 17, 135.

1. Inhalt. Nach § 79 kann Verfahrenshandlungen nur vornehmen, wer auch handlungsfähig ist; dies richtet grds nach dem BGB. Die Handlungsfähigkeit hat eine doppelte Funktion: Sie ist zum einen zwingende Voraussetzung für die Wirksamkeit von Verfahrenshandlungen. Zum anderen muss diese Voraussetzung auch im Zeitpunkt der einzelnen Verfahrenshandlung gegeben sein; insoweit ist die Handlungsfähigkeit auch Sachentscheidungsvoraussetzung (LfSt RhPf 28.9.2016, BeckVerw 333123). Eine unwirksame Verfahrenshandlung kann allerdings durch den gesetzlichen Vertreter gem § 108 I, III BGB analog **genehmigt** werden. Bei fristgebundenen Verfahrenshandlungen wie zB einem Einspruch muss die Genehmigung aber innerhalb der Frist erteilt werden; anderenfalls kommt allenfalls eine Wiedereinsetzung in den vorigen Stand gem § 110 in Betracht. Die Genehmigung einer zunächst unwirksamen Bekanntgabe eines VA an den Handlungsunfähigen wirkt nur für die Zukunft, sodass die Einspruchsfrist erst mit der Genehmigung beginnt (LfSt RhPf 28.9.2016, BeckVerw 333123, Tz 7). 1

Die Handlungsfähigkeit ist von Amts wegen zu prüfen. Die Vorschrift entspricht § 12 VwVfG und im Wesentlichen § 58 FGO. Von der Handlungsfähigkeit (zur Vornahme von Verfahrenshandlungen) zu **unterscheiden** ist die **Beteiligtenfähigkeit** gem § 78 (FG Ddorf EFG 99, 1162); die Beteiligtenfähigkeit kann auch ein Handlungsunfähiger haben (s auch § 78 Rz 1). 2

2. Begriff der Verfahrenshandlung. Unter Verfahrenshandlungen fällt in erster Linie die Abgabe und Entgegennahme von Erklärungen. Hierzu gehört also nicht nur die **aktive,** sondern auch die **passive** Handlungsfähigkeit, zB bei der Entgegennahme eines VA (BFH BStBl 94, 787; BFH/NV 07, 1630). Verfahrenshandlungen ggü dem geschäftsunfähigen Stpfl sind daher unwirksam und können weder Verjährungs- noch Festsetzungsfristen hemmen. Das gilt auch für Ermittlungsmaßnahmen der Ap oder der Steuerfahndung (BFH BStBl 97, 595). 3

3. Geschäftsfähige Personen (Nr 1). Handlungsfähig sind nach Nr 1 natürliche Personen, die nach BGB geschäftsfähig sind. Die Geschäftsfähigkeit tritt nach 4

§ 2 BGB mit der Vollendung des 18. Lebensjahres **(Volljährigkeit)** ein. Die Geschäftsfähigkeit – und damit auch die Handlungsfähigkeit iSv Nr 1 – bleibt auch im Fall der Anordnung einer Betreuung nach § 286 FamFG (BGBl I 08, 2586) bestehen (*Demme* AO-StB 10, 150); s auch unten Rz 5 und 14.

4 Die **Geschäftsunfähigkeit** bestimmt sich nach § 104 BGB. Geschäftsunfähige sind nach § 79 Nr 1 nicht handlungsfähig. Bei Geschäftsunfähigkeit muss der gesetzliche Vertreter handeln. Dies sind bei Minderjährigen die Eltern gem § 1629 BGB, ein Vormund gem §§ 1173 ff BGB oder ein Ergänzungspfleger nach §§ 1909 ff BGB.

5 **Volljährige**, die aufgrund einer Krankheit oder Behinderung ihre Angelegenheiten nicht selbst besorgen können, bleiben geschäftsfähig, sofern nicht die Voraussetzungen des § 104 Nr 2 BGB erfüllt sind. Für sie kann ein Betreuer nach §§ 1896 BGB bestellt werden (zu Einzelheiten s LfSt RhPf 28.9.2016, BeckVerw 333123, Tz 3.3). Der Betreuer ist dann gesetzlicher Vertreter gem § 1902 BGB und damit – neben dem Betreuten, sofern dieser nicht unter § 104 Nr 2 BGB fällt – handlungsfähig, soweit der Aufgabenkreis durch das Betreuungsgericht nach § 1896 II BGB vorgegeben worden ist. Die sich hierdurch ergebende doppelte Handlungsfähigkeit des Betreuten sowie des Betreuers wird durch Abs 3 gelöst (s Rz 14). Das Familiengericht kann auch einen Einwilligungsvorbehalt iSv § 1903 BGB anordnen; in diesem Fall ist Abs 2 zu beachten (s Rz 13).

6 Vom Begriff der Geschäftsunfähigkeit weicht der Verhinderungsbegriff des § 150 III 1 ab; denn § 150 III betrifft an sich handlungsfähige Personen, die aber wegen eines körperlichen oder geistigen Zustands nur keine Unterschrift leisten können (FG Mchn EFG 98, 1102).

Die Handlungsfähigkeit beschränkt Geschäftsfähiger iSv § 106 BGB richtet sich nach § 79 Nr 2 (s Rz 7).

7 **5. Beschränkt geschäftsfähige Personen (Nr 2).** Beschränkt geschäftsfähig iSv § 79 I Nr 2 sind **Minderjährige,** die das 7., aber noch nicht das 18. Lebensjahr vollendet haben (§ 106 BGB). Sie sind insoweit handlungsfähig, als sie nach den Vorschriften des BGB für den Gegenstand des Verfahrens als geschäftsfähig anerkannt sind, zB bei Ermächtigung zum selbständigen Betrieb eines Erwerbsgeschäfts für alle Geschäfte, die der Betrieb mit sich bringt (§ 112 BGB), oder im Rahmen eines Dienst- oder Arbeitsverhältnisses (§ 113 BGB). Soweit sich nach diesen Vorschriften eine beschränkte Geschäftsfähigkeit ergibt, ist der Minderjährige handlungsfähig und kann zB als Inhaber eines Gewerbebetriebs wirksam Erklärungen und Anmeldungen zur **USt, LSt** und **GewSt** abgeben. Die Abgabe einer **EStErklärung** ist von Nr 2 iVm § 112 BGB aber **nicht gedeckt,** weil auch Angaben zu den Sonderausgaben oder außergewöhnlichen Belastungen erforderlich sind, die nichts mit dem Erwerbsgeschäft iSv § 112 BGB zu tun haben (*TK/Drüen* § 79 Rz 17).

8 Es gibt zudem auch Vorschriften des öffentlichen Rechts, die Minderjährige als handlungsfähig für bestimmte Verfahren anerkennen, zB § 5 des Gesetzes über die religiöse Kindererziehung, sodass nach Vollendung des 14. Lebensjahrs der Austritt aus der Kirche wirksam erklärt werden kann und die **KiStPflicht** endet.

9 Ist eine beschränkte Geschäftsfähigkeit des Minderjährigen zu verneinen, muss der gesetzliche Vertreter handeln, s Rz 4.

10 **6. Juristische Personen und Personengesellschaften (Nr 3).** Nach Abs 1 Nr 3 handeln **juristische Personen** durch ihre **gesetzlichen Vertreter** (Vorstand, Geschäftsführer, Liquidatoren usw, vgl § 34 Rz 6 ff; s auch BFH BStBl 09, 352). Die gesetzlichen Vertreter werden dadurch aber nicht selbst zu Beteiligten; sie müssen jedoch selbst handlungsfähig und damit geschäftsfähig sein (BFH/NV 17, 1445). Keine gesetzlichen Vertreter iSv Nr 3 sind Prokuristen (BFH/NV 13, 2020; BFH BStBl 14, 46; s auch § 80 Rz 11). Bei nur gemeinschaftlicher Vertretung müssen die Vertreter gemeinsam handeln (vgl FG Mchn EFG 04, 1707).

Nr 3 nennt zwar auch die „besonders Beauftragten". Dies bezieht sich aber nicht auf juristische Personen, sondern auf nicht rechtsfähige Vereinigungen und Vermögensmassen; denn anderenfalls wären die besonders Beauftragten befugt, für die juristische Person zu handeln, ohne dass für die Beauftragten eigene stl Pflichten gem § 34 I begründet würden (BFH BStBl 99, 237; BFH/NV 08, 1969; aA FG Sachs EFG 97, 761; *BG/Rüsken* § 79 Rz 64.2).

Hingegen handeln nicht rechtsfähige Vereinigungen, die Träger steuerlicher Rechte oder Pflichten sein können, durch besondere Beauftragte. Zu diesen Vereinigungen gehören zB nicht rechtsfähige Vereine, aber auch **Personengesellschaften** wie KG, OHG oder GbR im Bereich der **Betriebssteuern** (wie zB USt, GewSt), der GrESt (zur GbR s BFH BStBl 04, 898, zu § 58 II FGO, BFH/NV 08, 1235; s auch § 33 Rz 7) oder der Ap (vgl § 194 I 3; s BFH/NV 15, 832). Diese Vereinigungen haben keinen gesetzlichen Vertreter, sodass für sie der durch Gesellschaftsvertrag bestellte **Geschäftsführer** als besonderer Beauftragter handelt. Bei der KG ist dies der Komplementär (§ 164 HGB). Bei der GmbH & Co KG ist dies die Komplementär-GmbH, für die wiederum der GmbH-Geschäftsführer handelt; darüber hinaus kann die GmbH & Co KG aber auch zusätzlich noch durch andere Personen als besonders Beauftragte vertreten werden, zB durch einen vertretungsberechtigten Kommanditisten (BFH BStBl 09, 352).

§ 79 I Nr 3 gilt weiterhin auch für **Vermögensmassen** wie zB ein Zweckvermögen, dh eine selbständige, einem bestimmten Zweck dienende Vermögensmasse, die aus dem Vermögen des Widmenden ausgeschieden ist und eigene Einkünfte besitzt (RFH RStBl 36, 442).

Fehlt einem für die juristische Person, Vermögensmasse oder Vereinigung Handelnden die **Vertretungsmacht** oder die besondere Beauftragung, können seine Verfahrenshandlungen dadurch geheilt werden, dass ein vertretungsberechtigter Vertreter oder besonderer Beauftragter des Beteiligten die Handlung genehmigt (BFH BStBl 89, 76 mwN; BFH/NV 96, 289). Das gilt aber nicht für Verfahrenshandlungen, die innerhalb einer Ausschlussfrist vorzunehmen sind, wie zB der Vorsteuervergütungsantrag (FG Köln BB 15, 2774; EFG 15, 1869) oder früher die Stellung eines InvZulAntrags mit eigenhändiger Unterschrift (vgl BFH BStBl 02, 668; BFH/NV 99, 559). 11

7. Behörden (Nr 4). Behörden handeln nach § 79 I Nr 4 durch ihre **Leiter,** deren Vertreter oder Beauftragte. Beauftragte sind die, die sich aus dem Geschäftsverteilungsplan oder aus einer schriftlichen organisatorischen Einzelmaßnahme des Behördenleiters oder seines Vertreters (FG Hess EFG 90, 338; *TK/Drüen* § 79 Rz 28) als solche ergeben. Es handelt sich hierbei nicht um einen Fall der Vollmacht. Handlungen Unzuständiger können aber durch den zuständigen Beamten geheilt werden (FG Hess EFG 93, 354). 12

8. Betreute Personen (Abs 2 und 3). Abs 2 betrifft den sog **Einwilligungsvorbehalt** iSv § 1903 BGB. Nach § 1903 BGB kann das Betreuungsgericht anordnen, dass eine Willenserklärung einer betreuten Person der Einwilligung des Betreuers bedarf, soweit dies zur Gefahrenabwendung erforderlich ist und die Willenserklärung den Aufgabenbereich des Betreuers betrifft. Nach § 79 II führt dieser Einwilligungsvorbehalt zur **Handlungsunfähigkeit des Betreuten,** soweit der Vorbehalt den Gegenstand des stl Verfahrens betrifft, zB die streitige Einkunftsquelle oder allgemein die stl Angelegenheiten (s auch LfSt RhPf 28.9.2016, BeckVerw 333123, Tz 3.3 Buchst a). Der Umfang des Einwilligungsvorbehalts richtet sich nach der Anordnung des Betreuungsgerichts; erstreckt sich die Anordnung auf den beruflichen oder betrieblichen Bereich des Betreuten, umfasst sie auch die entsprechenden stl Pflichten (*TK/Drüen* § 79 Rz 29; aA *Pedak* DStZ 13, 104, 106, wonach die Wahrnehmung der stl Pflichten ausdrücklich in der Anordnung genannt sein muss). **Handlungsfähig** ist dann **nur der Betreuer,** der im Rahmen seines Wirkungskreises gesetzlicher Vertreter der betreuten Person gem § 1902 BGB ist 13 und damit auch dessen stl Pflichten gem § 34 I erfüllen muss (s Rz 5 sowie § 34 Rz 5). Der Regelung in Abs 2 bedarf es, weil der Betreute trotz der Betreuung zivilrechtl geschäftsfähig bleibt (s Rz 5) und damit nach Abs 1 Nr 1 weiterhin handlungsfähig wäre. Die Handlungsfähigkeit des Betreuten für Verfahrenshandlungen **außerhalb des Einwilligungsvorbehalts** besteht daher nach Abs 1 Nr 1 uneingeschränkt.

Zustellungen sind gem § 6 I 2 VwZG an den Betreuer vorzunehmen, soweit er für die stl Pflichten verantwortlich ist. Gleiches gilt für die Bekanntgabe von VA durch einfachen Brief (OFD Nds 24.11.2010, StEd 11, 42).

14 Soweit ein Betreuer bestellt ist, kommt es zu einer Doppelzuständigkeit des (weiterhin geschäfts- und damit handlungsfähigen) Betreuten einerseits und des Betreuers andererseits, die durch **Abs 3** iVm § 53 ZPO **zugunsten des Betreuers** gelöst wird (BFH/NV 07, 1630; FG Hbg EFG 12, 953; s auch LfSt RhPf 28.9.2016, BeckVerw 333123, Tz 3.3 Buchst b). Danach wird der Betreute als nicht handlungsfähig angesehen, soweit sich das Amt des Betreuers auf das Verwaltungsverfahren erstreckt und er die Vertretung tatsächlich übernommen hat (s § 81 I Nr 4; BFH/NV 96, 289). Entsprechendes gilt nach § 53 ZPO auch für Pflegschaftsfälle, sofern der Pflegling nicht ohnehin geschäftsunfähig ist. **Für Ausländer** gilt § 79 III iVm § 55 ZPO: Danach wird ein Ausländer als handlungsfähig angesehen, wenn er nach deutschem Recht geschäftsfähig ist, auch wenn er nach dem Recht seines Landes nicht geschäftsfähig ist.

§ 80 Bevollmächtigte und Beistände

(1) [1]**Ein Beteiligter kann sich durch einen Bevollmächtigten vertreten lassen.** [2]**Die Vollmacht ermächtigt zu allen das Verwaltungsverfahren betreffenden Verfahrenshandlungen, sofern sich aus ihrem Inhalt nicht etwas anderes ergibt; sie ermächtigt nicht zum Empfang von Steuererstattungen und Steuervergütungen.** [3]**Ein Widerruf der Vollmacht wird der Finanzbehörde gegenüber erst wirksam, wenn er ihr zugeht; Gleiches gilt für eine Veränderung der Vollmacht.**

(2) [1]**Bei Personen und Vereinigungen im Sinne der §§ 3 und 4 Nummer 11 des Steuerberatungsgesetzes, die für den Steuerpflichtigen handeln, wird eine ordnungsgemäße Bevollmächtigung vermutet.** [2]**Für den Abruf von bei den Landesfinanzbehörden zum Vollmachtgeber gespeicherten Daten wird eine ordnungsgemäße Bevollmächtigung nur nach Maßgabe des § 80a Absatz 2 und 3 vermutet.**

(3) **Die Finanzbehörde kann auch ohne Anlass den Nachweis der Vollmacht verlangen.**

(4) [1]**Die Vollmacht wird weder durch den Tod des Vollmachtgebers noch durch eine Veränderung in seiner Handlungsfähigkeit oder seiner gesetzlichen Vertretung aufgehoben.** [2]**Der Bevollmächtigte hat jedoch, wenn er für den Rechtsnachfolger im Verwaltungsverfahren auftritt, dessen Vollmacht auf Verlangen nachzuweisen.**

(5) [1]**Ist für das Verfahren ein Bevollmächtigter bestellt, so soll sich die Finanzbehörde an ihn wenden.** [2]**Sie kann sich an den Beteiligten selbst wenden, soweit er zur Mitwirkung verpflichtet ist.** [3]**Wendet sich die Finanzbehörde an den Beteiligten, so soll der Bevollmächtigte verständigt werden.** [4]**Für die Bekanntgabe von Verwaltungsakten an einen Bevollmächtigten gilt § 122 Absatz 1 Satz 3 und 4.**

(6) [1]**Ein Beteiligter kann zu Verhandlungen und Besprechungen mit einem Beistand erscheinen.** [2]**Das von dem Beistand Vorgetragene gilt als von dem Beteiligten vorgebracht, soweit dieser nicht unverzüglich widerspricht.**

(7) [1] **Soweit ein Bevollmächtigter geschäftsmäßig Hilfe in Steuersachen leistet, ohne dazu befugt zu sein, ist er mit Wirkung für alle anhängigen und künftigen Verwaltungsverfahren des Vollmachtgebers im Zuständigkeitsbereich der Finanzbehörde zurückzuweisen.** [2] **Die Zurückweisung ist dem Vollmachtgeber und dem Bevollmächtigten bekannt zu geben.** [3] **Die Finanzbehörde ist befugt, andere Finanzbehörden über die Zurückweisung des Bevollmächtigten zu unterrichten.**

(8) [1] **Ein Bevollmächtigter kann von einem schriftlichen, elektronischen oder mündlichen Vortrag zurückgewiesen werden, soweit er hierzu ungeeignet ist.** [2] **Dies gilt nicht für die in § 3 Nummer 1, § 4 Nummer 1 und 2 und § 23 Absatz 3 des Steuerberatungsgesetzes bezeichneten natürlichen Personen sowie natürliche Personen, die für eine Landwirtschaftliche Buchstelle tätig und nach § 44 des Steuerberatungsgesetzes berechtigt sind, die Berufsbezeichnung „Landwirtschaftliche Buchstelle" zu führen.** [3] **Die Zurückweisung ist dem Vollmachtgeber und dem Bevollmächtigten bekannt zu geben.**

(9) [1] **Ein Beistand ist vom mündlichen Vortrag zurückzuweisen, falls er unbefugt geschäftsmäßig Hilfe in Steuersachen leistet.** [2] **Ferner kann er vom mündlichen Vortrag zurückgewiesen werden, falls er zu einem sachgemäßen Vortrag nicht fähig oder willens ist; Absatz 8 Satz 2 und 3 gilt entsprechend.**

(10) **Verfahrenshandlungen, die ein Bevollmächtigter oder ein Beistand vornimmt, nachdem ihm die Zurückweisung bekannt gegeben worden ist, sind unwirksam.**

Vorschr neu gefasst durch StModernG v 18.7.16 (BGBl I, 1679).

Schrifttum: *vor 2010 s 13. Aufl; Lemaire* Zurückweisung eines Steuerbevollmächtigten, EFG 10, 543; *Obermair* Zurückweisung ausländischer Steuerberatungsgesellschaften, HFR 11, 1075; *Besau/Bell* Steuerberatung durch ausländische Steuerberatungsgesellschaften, NWB 12, 1544; *Jatzke* Hausverwalter zur Hilfeleistung in Steuersachen nur eingeschränkt befugt, DStR 15, 1406; *Kämmerer* Steuerliche Hilfeleistung durch ausländische Gesellschaften?, DStR 15, 540; *Baum/Sonnenschein* Modernisierung des Besteuerungsverfahrens – Teil 5: Neuerungen bei Vollmachten zur Vertretung im Besteuerungsverfahren und bei den amtlichen Vollmachtformularen, NWB 16, 2935; *Hölscheidt* Dienstleistungsfreiheit versus Verbraucherschutz, NWB 16, 298; *Jatzke* Die Rechtsprechung des VII. BFH-Senats in Steuerberater- und Steuerbevollmächtigtensachen in den Jahren 2014 und 2015, DStR 16, 497; *Kämmerer* Zurückweisung von geschäftsmäßiger Hilfeleistung in Steuersachen durch eine Steuerberatungsgesellschaft aus dem Ausland unionsrechtswidrig, falls die Dienstleistung im Herkunftsstaat erbracht wurde, DStR 16, 559; *Kämmerer* Geschäftsmäßige Hilfeleistung in Steuersachen durch im EU-Ausland niedergelassene Steuerberatungsgesellschaften für inländische Steuerpflichtige, DStR 17, 1287.

Übersicht

1 **1. Inhalt.** Nach der Vorschrift kann sich ein Beteiligter (§ 78) durch einen Bevollmächtigten vertreten oder von einem Beistand unterstützen lassen. Von Amts wegen ist ein Bevollmächtigter nur in den in § 81 genannten Fällen zu bestellen (BFH/NV 01, 1363). Für die Unterzeichnung einer StErklärung durch Bevollmächtigten vgl AEAO zu § 80 Nr 3 sowie § 150 III (dort Rz 35 ff). § 80 gilt über § 18h VI UStG bei Abgabe einer USt-Erklärung beim BZSt für einen anderen Mitgliedstaat.

Die Vorschrift wurde durch das StModernG v 18.7.2016 neu gefasst und gilt ab 1.1.2017 (Art 23 des G v 18.7.2016, BGBl I, 1679). Der Umfang der Änderungen wird in den folgenden Erläuterungen zu den einzelnen Absätzen dargestellt. Zu § 80 aF s 13. Aufl.

2 **2. Neuregelung des Abs 1.** Durch das StModernG v 18.7.2016 wurde Abs 1 dahingehend geändert, dass der bisherige S 3 zum Nachweis der Vollmacht entfernt wurde; eine vergleichbare Regelung findet sich nun im neuen Abs 3 (s Rz 37). Der bisherige S 4 wurde dadurch zum neuen S 3 und und durch einen 2. HS ergänzt, der inhaltlich neu ist. Die S 1 und 2 sind unverändert geblieben.

3. Bevollmächtigung (Abs 1 S 1). a) Vertretung durch Bevollmächtigten. Abs 1 S 1 regelt die Bevollmächtigung, den Umfang der Vollmacht sowie den Widerruf und die Veränderung der Vollmacht. Die elektronische Übermittlung von Vollmachtsdaten wird in § 80a geregelt. Der Beteiligte iSv § 78 kann einem anderen (einem Dritten oder einem anderen Beteiligten) eine Bevollmächtigung erteilen und sich durch diesen dann im Besteuerungsverfahren vertreten lassen. Die Vollmachtserteilung ist Verfahrenshandlung (BFH/NV 98, 1454 mwN). Sie entfaltet ihre Wirkung daher grds unabhängig von Willensmängeln bei ihrer Erteilung oder Ausübung. Auch eine nur zum Schein erteilte Vollmacht ist wirksam, wenn die Erteilung zum Schein für das FA nicht erkennbar ist (BFH/NV 98, 1454; zur Anscheins- und Duldungsvollmacht s Rz 5). 4

Mit der Bestellung eines Bevollmächtigten verliert der Stpfl nicht die Möglichkeit, **selbst rechtswirksame Erklärungen** ggü dem FA abzugeben. So kann er zB einen von seinem Bevollmächtigten eingelegten Einspruch persönlich zurücknehmen (AEAO zu § 80 Nr 5).

b) Vertretung ohne Vollmacht. Bevollmächtigter ist auch derjenige, der ohne Vollmacht ggü dem FA wie ein Bevollmächtigter auftritt, wenn der von ihm durch sein Auftreten erzeugte Rechtsschein der Bevollmächtigung dem Vertretenen zurechenbar ist (BFH BStBl 76, 344; 91, 120; BFH/NV 03, 884; 05, 1130). Dabei kann es sich entweder um eine **Anscheinsvollmacht** handeln, wenn der Vertretene das Handeln des angeblichen Vertreters nicht kennt, er es aber bei pflichtgemäßer Sorgfalt hätte erkennen und verhindern können, und wenn ferner das FA nach Treu und Glauben annehmen durfte, der Vertretene dulde und billige das Handeln seines Vertreters (BFH/NV 97, 542; 10, 1242; BStBl 03, 156; FG Köln EFG 11, 1850). Ein einmaliges Handeln des angeblichen Vertreters führt grds aber nicht zu einer Anscheinsvollmacht (FG Saarl EFG 91, 294). Oder es liegt eine **Duldungsvollmacht** vor, wenn der Vertretene Kenntnis davon hat, dh es wissentlich geschehen lässt, dass ein anderer für ihn wie ein Vertreter auftritt und das FA dieses Dulden nach Treu und Glauben dahin verstehen darf, dass der als Vertreter Handelnde bevollmächtigt ist (BFH BStBl 91, 120; BFH/NV 10, 432). 5

Besteht weder eine Anscheins- noch eine Duldungsvollmacht, handelt es sich um einen **vollmachtlosen Vertreter,** dessen Handeln aber noch nachträglich genehmigt werden kann. So ist ein fristgerecht von einem vollmachtlosen Vertreter eingelegter Einspruch rechtzeitig, wenn er nach Ablauf der Einspruchsfrist von dem Stpfl, für den der Einspruch eingelegt worden ist, genehmigt wird (FG Hbg EFG 04, 954, 1003; FG BaWü EFG 98, 1105). Die Genehmigung kann auch in der Klageerhebung durch den Stpfl liegen (FG BaWü EFG 98, 1105) oder noch während des Klageverfahrens erfolgen (FG Hbg EFG 04, 954, 1003). Die Genehmigung kann auch auf einen in sich geschlossenen Verfahrensabschnitt beschränkt werden (BFH BStBl 05, 855). 6

4. Umfang der Vollmacht (Abs 1 S 2 1. HS). a) Grundsätze. Die Vollmacht ermächtigt nach § 80 I 2 1. HS **zu allen** das Verwaltungsverfahren betr **Verfahrenshandlungen,** sofern sie keine Beschränkung erhält (BFH/NV 10, 1242; 13, 954; BayLfSt 31.3.2017, StEd 17, 253, Tz 2). Wird das **amtliche Muster für Vollmachten** verwendet (vgl Anlage 1, BMF 1.8.2016, BStBl I 16, 662) und hat der Mandant keine Einschränkungen hinsichtlich des Umfangs der Vollmacht angekreuzt, gilt die Bevollmächtigung für alle stl und sonstigen Angelegenheiten iSv § 1 StBerG. Ansonsten kann in dem Vollmachtsmuster eine Einschränkung durch Ankreuzen der auszuschließenden Bereiche unproblematisch vorgenommen werden. Die Beschränkung kann sich insbes auf bestimmte StArten sowie auf bestimmte VZ beziehen. Eine Beschränkung der Vollmacht, die für das FA nicht erkennbar ist, wirkt nicht nach außen (BFH/NV 00, 163). Erfolgt keine Einschränkung, umfasst die Vollmacht daher zB auch die Erteilung einer Untervollmacht (BFH/NV 10, 1242), die Einlegung und die Zurücknahme eines Ein- 7 spruchs (BFH/NV 94, 525; FG BaWü EFG 96, 350), die Aufrechnung (s Rz 13), eine tatsächliche Verständigung (FG Ddorf EFG 10, 1090, bestätigt durch BFH/NV 11, 1884) oder eine rechtsgestaltende Betriebsaufgabeerklärung (BFH/NV 07, 1640). Im Zweifel ist der Umfang der Vollmacht als verfahrensrechtl Willenserklärung durch Auslegung unter Beachtung des Empfängerhorizonts zu ermitteln (BFH/NV 01, 86; FG Hbg EFG 07, 370). Zur Bekanntgabevollmacht s Rz 8, zu Einzelfragen s Rz 10ff. Bei der Unterzeichnung von StErklärungen ist, wenn die Einzelsteuergesetze die eigenhändige Unterschrift vorsehen, eine Vertretung durch Bevollmächtigte nur unter den Voraussetzungen des § 150 III AO zulässig.

8 **b) Empfangsvollmacht.** Hinsichtlich der Bekanntgabe von VA ist Abs 5 S 4 iVm § 122 I 3 und 4 vorrangig (s Rz 57), sodass eine **ausdrückliche** Empfangsvollmacht erforderlich ist; diese ist aber ebenfalls im amtlichen Muster für Vollmachten (vgl Anlage 1, BMF 1.8.2016, BStBl I 16, 662) enthalten und kann daher in diesem Muster ausdrücklich erteilt werden. Auch insoweit ist eine Beschränkung auf bestimmte StArten oder VZ sowie eine Erweiterung auf die Vertretung im Vollstreckungsverfahren möglich.

Wird das amtliche Vollmachtsmuster nicht verwendet, ist zu prüfen, ob nach der erteilten Vollmacht der Bevollmächtigte berechtigt ist, für den Stpfl rechtsverbindliche Erklärungen entgegenzunehmen; die Vollmacht umfasst dann auch den Empfang von StBescheiden und sonstigen VA (OFD Nds 21.10.2016, StEd 16, 775, Tz 2). Etwas anderes gilt nur dann, wenn die Vollmacht die Entgegennahme ausdrücklich ausschließt (FG Hbg EFG 14, 803; OFD Koblenz 13.1.2014, BeckVerw 281799, Tz 2); zur Empfangsvollmacht s auch § 122 Rz 42ff.

9 **c) Wissenserklärungen.** Die Vollmacht umfasst auch die Abgabe von **Wissenserklärungen,** wie zB StErklärungen durch den Bevollmächtigten (so BFH BStBl 62, 493, zur Vorgängervorschrift des § 107 I RAO), auch wenn es sich streng genommen nicht um eine Verfahrenshandlung, sondern um die Erfüllung einer materiell-rechtl Pflicht handelt (s auch Rz 56).

10 **d) Einzelfragen.** Eine anlässlich eines **Strafverfahrens** ausgestellte Vollmacht kann auch für das StFestsetzungsverfahren gelten (BFH/NV 13, 954; FG SachsAnh BeckRS 2012, 94779). Sofern keine Generalvollmacht vorliegt, muss die Vollmacht einen hinreichend konkreten Bezug auf das konkrete Verfahren haben (BFH/NV 01, 888). Für dieses konkrete Verfahren umfasst die Vollmacht aber ebenfalls alle Verfahrenshandlungen, sofern sich aus ihrem Inhalt nicht etwas anderes ergibt. Eine **nur für das Einspruchsverfahren** erteilte Vollmacht erlischt erst, wenn der Bevollmächtigte dem Stpfl die Einspruchsentscheidung übersendet und auf die Klagemöglichkeit hingewiesen hat (FG Mchn BeckRS 2008, 26026266). Eine bei einem FA eingereichte Empfangsvollmacht in StAngelegenheiten eines Stpfl erstreckt sich nicht auf StSachen oder Haftungsangelegenheiten des Stpfl bei einem anderen FA (FG Mster EFG 97, 1277). Eine **unter einer bestimmten StNummer** erteilte Vollmacht bezieht sich allerdings nur auf solche StSachen, die unter dieser StNummer geführt werden. Der Bevollmächtigte kann also nicht ohne Weiteres Einsprüche in StSachen desselben Stpfl einlegen, die unter einer anderen StNummer (zB GrESt-Sachen) geführt werden (BFH/NV 95, 475; 01, 888). Er ist für diese anderen StSachen auch nicht ohne Weiteres Empfangsbevollmächtigter. Zur Vermutung einer Bevollmächtigung durch Angabe eines Beraters in der StErklärung s Rz 32. Eine Ausnahme gilt nur für die Erteilung einer Vollmacht wegen eines längeren Auslandaufenthalts unter Angabe einer bestimmten StNummer: Hier soll die Vollmacht umfassend, also auch für Steuersachen mit einer anderen StNummer ausgelegt werden (OFD Nds 21.10.2016, StEd 16, 775, Tz 2). Wird im Fragebogen zur **Gewerbeanmeldung** ein Bevollmächtigter genannt, gilt diese Bevollmächtigung nur für diejenigen laufenden stl Angelegenheiten, die sich aus der Betriebseröffnung ergeben (OFD Nds 21.10.2016,

StEd 16, 775, Tz 2). Ebenso gilt eine für ein bestimmtes Jahr erteilte Vollmacht (zB auf dem **Mantelbogen** der StErklärung für ein ganz bestimmtes Jahr) auch nur für dieses Jahr (BFH/NV 01, 888).

Ein **Prokurist** ist zwar gem §§ 80 I 2 AO und 62 FGO als Bevollmächtigter zu allen Verfahrenshandlungen im außergerichtlichen und gerichtlichen Steuerverfahren ermächtigt, die zum Betrieb gehören (FG BaWü EFG 88, 147). Denn seine Vertretungsmacht erstreckt sich nach § 49 I HGB auf sämtliche Rechtshandlungen, die im Betrieb des Vertretenen vorkommen; eines Rückgriffs auf Anscheins- oder Duldungsvollmacht bedarf es somit nicht. Er gehört aber nicht zu den besonders Beauftragten iSv § 79 I Nr 3 und kann daher nicht als gesetzlicher Vertreter einen wirksamen Vergütungsantrag für eine Kapitalgesellschaft stellen (BFH/NV 13, 2451; s § 79 Rz 10). Gleiches gilt für einen Handlungsbevollmächtigten gem § 54 HGB (BFH BStBl 03, 156). 11

Mit der Wahl der **Zusammenveranlagung** bei der ESt ist noch **keine Vollmacht** zu sonstigen Verfahrenshandlungen verbunden. Soweit nach § 36 IV 3 EStG die Auszahlung eines Erstattungsbetrags an einen Ehegatten für und gegen den anderen Ehegatten wirkt, handelt es sich nur um eine widerlegbare Vermutung, dass sich die Eheleute gegenseitig zur Empfangnahme des Erstattungsbetrags bevollmächtigt haben (s dazu näher § 37 Rz 70 ff). Über den Anwendungsbereich des § 36 IV 3 EStG und die Zusammenveranlagung hinaus kann aber nicht davon ausgegangen werden, dass sich die Ehegatten allgemein gegenseitig ermächtigt haben, ihr eigenes Konto für Erstattungszahlungen anzugeben, die allein dem anderen Ehegatten zustehen (zB bei der USt, vgl FG Ddorf EFG 00, 243; FG Saarl EFG 91, 294). Legt ein Ehegatte gegen einen Zusammenveranlagungsbescheid **Einspruch** ein, so wirkt dies nur dann auch für den anderen Ehegatten, wenn der den Einspruch einlegende Ehegatte klar und unmissverständlich zum Ausdruck bringt, dass er den Einspruch auch für den anderen Ehegatten einlegt (s § 357 Rz 10). Allein aus der gegenseitigen Bevollmächtigung in der gemeinsamen ESt-Erklärung ergibt sich nämlich noch nicht die konkrete Vertretung für den anderen Ehegatten (BFH/NV 06, 1800). 12

e) Ausschluss für StErstattungen und StVergütungen (Abs 1 S 2 2. HS). IÜ wird die Vollmacht gesetzlich durch **Abs 1 S 2 2. HS** eingeschränkt: Die Vollmacht ermächtigt nicht zum Empfang von StErstattungen und StVergütungen. Die Vollmacht kann aber durch entsprechenden Zusatz auch hierauf erstreckt werden. Solche Zahlungen dürfen daher nur dann auf ein Konto des stl Beraters des Stpfl überwiesen werden, wenn der Berater ausdrücklich und eindeutig zum Empfang der Erstattungs- oder Vergütungsbeträge ermächtigt worden ist (BFH BStBl 91, 3; AEAO zu § 80 Nr 2, wonach eine Verpflichtung des FA zur Zahlung an den Berater jedoch nicht besteht). Zur Möglichkeit, Zahlungsanweisungen für den Bevollmächtigten zu erteilen s § 46 Rz 9 sowie *Grönwoldt* DStR 07, 1058. Die Vollmacht umfasst iÜ die **Aufrechnung** durch den Berater im Namen des Stpfl (AEAO zu § 80 Nr 2). 13

5. Widerruf und Veränderung (Abs 1 S 3). a) Neuregelung. Durch das StModernG v 18.7.2016 ist aus dem bisherigen S 4 der neue S 3 1. HS geworden; zudem wurde ein 2. HS angefügt (s. Rz 24). 21

b) Widerruf der Vollmacht. Die Bevollmächtigung kann durch formfreien Widerruf beendet werden. Der Widerruf kann durch den Stpfl als Vertretenen, aber auch durch den bisherigen oder neuen Bevollmächtigten erfolgen. Ein Widerruf erfolgt zB bei Verwendung des amtlichen Musters für Vollmachten (Anlage 1 zu BMF 1.8.2016, BStBl I, 662), wenn die Vollmacht für einen neuen Bevollmächtigten übermittelt wird, weil danach alle bisherigen Vollmachten erlöschen (Zeile 26 und 28 des Vollmachtsmusters). Solange aber der Widerruf **dem FA nicht zugegangen** ist, bleibt die Vollmacht nach Abs 1 S 4 im Außenverhält- 22 nis ggü dem FA wirksam (s BFH/NV 13, 693; OFD Nds 21.10.2016, StEd 16, 775, Tz 4). Die Regelung dient der Rechtssicherheit.

Im Einzelnen bedeutet dies: Der Bevollmächtigte kann noch wirksam Erklärungen für den Stpfl abgeben, solange der Widerruf dem FA nicht zugegangen ist. So ist zB die Rücknahme eines Einspruchs durch den Bevollmächtigten wirksam, auch wenn der Stpfl im Innenverhältnis zum Bevollmächtigten nicht damit einverstanden war (BFH/NV 98, 681). Ebenso muss sich der Stpfl ein Verschulden des Bevollmächtigten zurechnen lassen, solange das Vertretungsverhältnis nicht durch Erklärung ggü dem FA beendet ist (BFH/NV 91, 74; 08, 1017).

23 Darüber hinaus muss dem Widerruf auch eine **wirksame Kündigung im Innenverhältnis** zu Grunde liegen, insbes muss die Niederlegung des Mandats durch den Bevollmächtigten dem Stpfl (Mandanten) zugegangen sein; anderenfalls kann das FA weiterhin die StBescheide dem Bevollmächtigten bekannt geben (BFH BeckRS 2011, 94015; FG Hbg EFG 11, 200, iE bestätigt durch BFH/NV 13, 3; FG Köln EFG 98, 988; OFD Nds 21.10.2016, StEd 16, 775, Tz 4; aA *TK/Drüen* § 80 Rz 34). So genügt es nicht für einen wirksamen Widerruf iSv Abs 1 S 4, wenn der Bevollmächtigte dem FA mitteilt, dass er **den Mandanten nicht mehr erreiche** und deshalb sein Mandat niederlege (FM NRW 24.10. 2011, BeckVerw 268355, Tz 4.2). Die Rücksendung eines Schriftstücks des FA durch den Bevollmächtigten kann allenfalls als Widerruf der Bevollmächtigung für die Zukunft angesehen werden, sofern das Mandatsverhältnis wirksam beendet wurde; in jedem Fall ist das zurückgesandte Schriftstück aber bereits wirksam bekannt gegeben worden (OFD Nds 21.10.2016, StEd 16, 775, Tz 4). Allein die Auflösung einer Sozietät der Bevollmächtigten führt nicht zum Erlöschen der Vollmacht; jeder der Sozien bleibt bevollmächtigt (BFH/NV 11, 755).

24 **c) Veränderung der Vollmacht.** Gleiches gilt für eine Veränderung der Vollmacht nach dem durch das ModernisierungsG v 18.7.2016 eingefügten **2. HS** in S 3. Wird also die Vollmacht erweitert oder beschränkt, zB auf bestimmte StArten oder Zeiträume, setzt dies den Zugang der geänderten Vollmacht bei der FinBeh sowie eine wirksame Änderung im Innenverhältnis voraus. Bei Verwendung des amtlichen Vollmachtsmusters genügt es dann, wenn die geänderten Vollmachtsdaten elektronisch nach amtlich vorgeschriebenem Datensatz an die Finanzverwaltung übermittelt werden (BMF 1.8.2016, BStBl I, 662).

27 **6. Form und Erteilung der Vollmacht. a) Form der Vollmacht.** Das Gesetz verlangt grds **keine bestimmte Form** der Vollmacht (BFH BStBl 92, 224; BFH/NV 88, 3; 06, 237). Sie kann nicht nur schriftlich, sondern auch mündlich, telefonisch, elektronisch (s auch § 80a) oder auch durch schlüssiges Handeln (FG Mchn EFG 98, 1102; FG BaWü EFG 98, 1105; OFD Nds 21.10.2016, StEd 16, 775, Tz 1) erteilt werden. Die Formfreiheit gilt auch für eine Untervollmacht (BFH/NV 10, 1242). Die Form kann lediglich für den Nachweis nach Abs 3 Bedeutung haben (s Rz 39). Jedoch ist es für Angehörige der steuerberatenden Berufe ratsam, frühzeitig eine schriftliche Vollmacht vorzulegen, wenn ihnen VA bekannt gegeben oder zugestellt werden sollen (s dazu Rz 8 und § 122 Rz 42). Dabei kann und sollte auf das **standardisierte Vollmachtsmuster** der FinVerw zurückgegriffen werden (Anlage zu BMF 1.8.2016, BStBl I, 662). Diese Vollmacht kann in der Vollmachtsdatenbank der StB- und Rechtsanwaltskammern hinterlegt werden und ermöglicht damit auch die Steuerkontoabfrage sowie den Datenabruf im Rahmen der sog vorausgefüllten StErklärung (vgl hierzu www.elster.de/belegabruf/index.php; *Gebhardt* EStB 14, 113; *Kleemann* DStR 13, 2721; *Eichhorn* DStR 13, 2722).

29 **b) Erteilung der Vollmacht.** Erteilt wird die Vollmacht durch **einseitige empfangsbedürftige Willenserklärung** ggü dem Bevollmächtigten oder ggü dem FA (FG Bbg EFG 99, 203; vgl auch zur Prozessvollmacht *Gräber/Stapperfend*

FGO, § 62 Rz 6). Bei Angehörigen der steuerberatenden Berufe wird nach Abs 2 eine ordnungsgemäße Bevollmächtigung vermutet, s Rz 31 ff.

7. Vermutung der Bevollmächtigung (Abs 2). a) Neuregelung des Abs 2. Abs 2 ist durch das StModernG v 18.7.2016 neu eingefügt worden. Die Aussage des Abs 2 war bislang im AEAO zu § 80 Nr 1 in der bis zum 1.1.2017 gültigen Fassung enthalten. 31

b) Angehörige der steuerberatenden Berufe (Abs 2 S 1). Nach Abs 2 **S 1** wird bei Angehörigen der steuerberatenden Berufe eine ordnungsgemäße Bevollmächtigung vermutet. Dies gilt für alle in § 3 und § 4 Nr 11 StBerG genannten Berufsgruppen wie zB StBerater, Rechtsanwälte, Wirtschaftsprüfer, die entsprechenden Gesellschaften (zB StBeratungsgesellschaften oder -partnerschaften) sowie für LSt-Hilfevereine. Die ordnungsgemäße Vermutung einer Bevollmächtigung entspricht der bisherigen Rspr des BFH (BFH BStBl 91, 3). Die Vermutung gilt zB dann, wenn **in der StErklärung** angegeben wurde, dass der Berater an der Erstellung der StErklärung mitgewirkt hat (OFD Nds 21.10.2016, StEd 16, 775, Tz 1). Die Bevollmächtigung gilt dann aber nur für diesen VZ und weder für Vor- oder Folgejahre noch für andere Steuerarten (AEAO zu § 122 Nr 1.7.2); denn der Berater wird insoweit nur als Erfüllungsgehilfe und nicht als Bevollmächtigter des Stpfl tätig (BFH/NV 17, 170). Vermutung bedeutet, dass ein schriftlicher Nachweis der Vollmacht nicht erforderlich ist; allerdings kann nach Abs 3 ein solcher Nachweis verlangt werden (s Rz 38). 32

Hat der Stpfl eine Vollmacht für seinen Berater eingereicht, fehlt aber in der aktuellen StErklärung – im Gegensatz zu den Vorjahren – der Hinweis auf die Mitwirkung des Beraters, kann dies dafür sprechen, dass die Vollmacht bereits erloschen ist (OFD Nds 21.10.2016, StEd 16, 775, Tz 1). Die Vermutung einer Bevollmächtigung erstreckt sich nicht auf die Empfangnahme von StErstattungen und StVergütungen (s Rz 13).

Die Vermutung der Bevollmächtigung gilt nicht für **Speditionsunternehmen,** auch wenn sie nach § 4 Nr 9a StBerG Hilfe bei Eingangsabgaben leisten können; denn sie sind keine Angehörigen der steuerberatenden Berufe (FG BaWü EFG 89, 472; FG Mster EFG 81, 319). Eine Bevollmächtigung kann sich auch nicht nach den Grundsätzen der Anscheins- oder Duldungsvollmacht ergeben, da der Vertretene nicht ohne seinen Willen in die Stellung als Zollbeteiligter oder ggf Zollschuldner gedrängt werden kann (BFH/NV 88, 746; FG BaWü EFG 89, 472; FG BBg BeckRS 2012, 94949).

c) Datenabruf (Abs 2 S 2). Die Vermutung einer ordnungsgemäßen Bevollmächtigung wird durch S 2 eingeschränkt, soweit es um den Datenabruf durch einen Bevollmächtigten geht. Hier besteht eine Vermutung nur dann, wenn die Voraussetzungen des § 80a II und III vorliegen. Die Vollmacht muss also ua elektronisch übermittelt worden sein (§ 80a I und II). Ist dies nicht der Fall, muss eine Vollmacht für den Datenabruf vom Bevollmächtigten im Einzelfall nachgewiesen werden (BT-Drs 18/7457, 62). 33

8. Nachweis der Vollmacht (Abs 3). a) Neuregelung des Abs 3. Abs 3 wurde durch das StModernG v 18.7.2016 ersetzt. Die bisherige Regelung in Abs 3 zur Bekanntgabe an den Bevollmächtigten findet sich nun im neuen Abs 5 wieder. Der neue Abs 3 betrifft hingegen den Nachweis der Vollmacht. Dabei knüpft Abs 3 an den bisherigen Abs 1 S 3 an und modifiziert dessen Aussage. 37

b) Verlangen der FinBeh. Die Neuregelung in Abs 3 lässt das Vollmachtsverlangen „auch ohne Anlass" zu. Die bisherige Regelung in Abs 1 S 3 aF setzte bei Angehörigen der steuerberatenden Berufe hingegen erhebliche Zweifel an der Vertretungsmacht voraus (s hierzu 13. Aufl Rz 17). Aufgrund der Neuregelung kann nunmehr ohne derartige Zweifel und ohne Begründung jederzeit ein Nachweis der Vollmacht verlangt werden (BT-Drs 18/7457, 62). Damit sollen zB Stich- 38 proben ermöglicht werden, und zwar sowohl bei den Angehörigen der steuerberatenden Berufe als auch bei sonstigen Bevollmächtigten (zB einem Verwandten des Stpfl, der als Bevollmächtigter auftritt). Diese uneingeschränkte Befugnis der FinBeh steht bei Angehörigen der steuerberatenden Berufe durchaus in einem Widerspruch zur Vollmachtsvermutung nach Abs 2. Daher sollte mE von einem Verlangen iSv Abs 3 trotz der weitgehenden Befugnis außerhalb von Stichproben nur im Ausnahmefall, nämlich bei Zweifeln an der Bevollmächtigung, Gebrauch gemacht werden.

Ein weiteres Nachweisverlangen ist in Abs 4 S 2 im Fall des Todes des Vollmachtgebers geregelt (s Rz 46).

39 **c) Führung des Nachweises.** Der Nachweis kann auf **jede beliebige Art** geführt werden, zB durch Übersendung per Brief im Original oder in Kopie oder per Telefax oder durch elektronische Übermittlung, aber auch durch mündliche Bestätigung durch den Mandanten an Amtsstelle (BT-Drs 18/7457, 62) oder durch schriftliche Bestätigung des Mandanten; an der Form des Nachweises hat sich durch die Neuregelung nichts geändert (s auch Rz 77; *HHSp/Söhn* § 80 Rz 104; *TK/Drüen* § 80 Rz 27; zur bisherigen Rechtslage s 13. Aufl Rz 17).

40 Wird der Nachweis der Bevollmächtigung nicht geführt, gilt die Bevollmächtigung als nicht erteilt. Die FinBeh kann sich dann direkt an den Stpfl wenden.

44 **9. Tod des Vollmachtgebers (Abs 4). a) Neuregelung des Abs 4.** Der durch das StModernG v 18.7.2016 eingefügte Abs 4 ist mit dem bisherigen Abs 2 nahezu identisch; aus zwei Halbsätzen sind jetzt jedoch zwei Hauptsätze geworden. Der bisherige Abs 4 ist in den neuen Abs 6 übernommen worden.

45 **b) Fortgeltung der Vollmacht (Abs 4 S 1).** Die Vollmacht wirkt nach Abs 4 **S 1** grds über den Tag des Todes des Vollmachtgebers oder des Verlusts seiner Handlungsfähigkeit (zB Entmündigung, vgl § 79) hinaus; die Vollmacht erlischt dann erst mit dem Widerruf durch die Erben. Etwas anderes gilt jedoch gem Abs 1 S 2, wenn die Vollmacht nur zu Lebzeiten gelten sollte. Eine von einer **juristischen Person oder Personengesellschaft** erteilte Vollmacht erlischt erst mit der Vollbeendigung der Gesellschaft, nicht bereits mit der Liquidation (*TK/Drüen* § 80 Rz 40; FM NRW 24.10.2011, BeckVerw 268355, Tz 4.5); zur Fortgeltung der Vollmacht in Umwandlungsfällen s OFD Nds 21.10.2016, StEd 16, 775, Tz 4. Der **Tod des Bevollmächtigten** führt hingegen zum Erlöschen der Vertretungsmacht, weil der Bevollmächtigte nicht mehr handlungsfähig ist (*HHSp/Söhn* § 80 Rz 179).

46 **c) Verlangen der FinBeh (Abs 4 S 2).** Nach Abs 4 **S 2,** der dem bisherigen Abs 2 2. HS entspricht, kann die FinBeh einen Nachweis der Vollmacht verlangen, wenn der Bevollmächtigte nach dem Tod seines Vollmachtgebers nun für dessen Rechtsnachfolger auftritt. Der Nachweis ist dann schriftlich beizubringen; diese Nachweisführung ist enger als nach Abs 3 (s Rz 38). Nachzuweisen ist die Bevollmächtigung durch den Rechtsnachfolger, nicht die Bevollmächtigung durch den verstorbenen Erblasser.

54 **10. Stellung des Bevollmächtigten (Abs 5). a) Neuregelung des Abs 5.** Abs 5 ist durch das StModernG v 18.7.2016 geändert worden. Die bisherige Regelung in Abs 5 betraf die Zurückweisung von Bevollmächtigten, die jetzt in Abs 7 enthalten ist. Der neue Abs 5 übernimmt die bisherige Regelung des Abs 3 und ergänzt diese um einen neuen S 4.

55 **b) Adressat des finanzamtlichen Handelns (Abs 5 S 1).** Das FA soll sich nach Abs 5 S 1 an den Bevollmächtigten wenden. Die Vorschrift bedeutet für das FA im Regelfall ein **„Muss“**, wenn eine Vollmacht erteilt worden ist oder wenn zumindest der Berater im Namen des Stpfl einen Antrag gestellt hat (OFD Nds 21.10.2016, StEd 16, 775, Tz 3). Nur bei **Vorliegen besonderer Gründe** kann

sich das FA unmittelbar an den Beteiligten wenden (BFH/NV 06, 243; AEAO zu § 80 Nr 4). Dies ist zB der Fall, wenn der Bevollmächtigte nicht mehr reagiert, nicht erreichbar ist oder Zweifel an seiner Bevollmächtigung bestehen, weil er etwa in der aktuellen StErklärung nicht mehr genannt wird (s OFD Nds 21.10.2016, StEd 16, 775, Tz 3; s auch Rz 32); in diesen Fällen ist der Bevollmächtigte aber nach **Abs 3 S 3** durch Übermittlung einer Kopie des Schreibens an den Stpfl zu verständigen. Für die Bekanntgabe von VA enthält Abs 5 S 4 eine eigenständige Regelung (s Rz 57).

c) Mitwirkung des Stpfl (Abs 5 S 2 und 3). Zur Mitwirkung iSv Abs 5 **S 2** verpflichtet ist der **Beteiligte** (§ 78) anstelle des Bevollmächtigten ua dann, wenn es um die Erfüllung von Erklärungspflichten geht, dh um die Abgabe von Wissenserklärungen (AEAO zu § 80 Nr 4; s auch oben Rz 9), um Vorlagepflichten bei Außenprüfungen oder um die Erzwingung von Mitwirkungspflichten wie zB die Duldung des Betretens des Grundstücks oder zur Abgabe einer StErklärung; allerdings kann auch eine Bekanntgabe an den nach § 80 bestellten Bevollmächtigten zulässig sein (BFH BStBl 01, 463). Bei einer Bekanntgabe an den Beteiligten besteht nach Abs 5 **S 3** eine Pflicht des FA zur **Unterrichtung des Bevollmächtigten.** 56

d) Bekanntgabe von VA (Abs 5 S 4). Die Neuregelung in Abs 5 **S 4** löst die bislang problematische **Abgrenzung zu § 122 I 3,** der dem FA ein Ermessen eröffnet, ob es den VA dem Stpfl oder dem Bevollmächtigten bekannt gibt, während sich nach § 80 III aF das FA an den Bevollmächtigten werden „soll". Der neue S 4 verweist nämlich auf den ebenfalls neu durch das StModernG v 18.7.2016 eingefügten § 122 I 4 (s § 122 Rz 42 ff). Nunmehr sieht auch § 122 I 4 vor, dass ein VA dem Bevollmächtigten bekannt gegeben werden „soll" (zur bisherigen Rechtslage s 13. Aufl Rz 25). 57

Gibt das FA trotz ordnungsgemäßer Empfangsvollmacht den VA dem Stpfl bekannt, kommt es idR **erst mit der Weiterleitung** an den Bevollmächtigten zu einer wirksamen Bekanntgabe und zu einem Beginn der Einspruchsfrist (s FG Hbg EFG 10, 927, mwN; FG Hess EFG 10, 840; s auch § 122 Rz 48).

Eine Sonderregelung gilt nach § 122 V AO iVm § 7 I 2 VwZG für die **Zustellung** von VA, da die Zustellung ggü dem Bevollmächtigten vorzunehmen ist, wenn er eine schriftliche Vollmacht vorgelegt hat. Diese Regelung des § 7 VwZG geht § 80 V vor (s auch § 366 Rz 4). Hingegen ist eine Aufforderung zur Abgabe der eidesstattlichen Versicherung dem Stpfl selbst zuzustellen gem § 284 VI 1 (BFH/NV 07, 2230).

11. Beistand (Abs 6). Der neue Abs 6 ist durch das StModernG v 18.7.2016 eingeführt worden und mit dem bisherigen Abs 4 identisch. Die bisherige Regelung in Abs 6 ist in veränderter Form in den neuen Abs 8 übernommen worden. 60

Ein Beistand iSv Abs 6 S 1 unterstützt den Beteiligten (§ 78) durch mündlichen oder – abweichend von § 90 ZPO – schriftlichen Vortrag bei Verhandlungen oder Besprechungen mit dem FA oder aber auch durch geschäftsmäßige Mitwirkung bei der Erstellung der StErklärung, ohne dabei den Beteiligten zu vertreten (BFH/NV 17, 170). Die Handlungen eines Beistands wirken nach Abs 6 S 2 grds für und gegen den Beteiligten, es sei denn, dass dieser unverzüglich widerspricht. Die Zurückweisung eines Beistands richtet sich nach Abs 9 (s Rz 99 ff).

12. Zurückweisung unbefugter Bevollmächtigter (Abs 7). a) Überblick und Neuregelung des Abs 7. Abs 7 regelt die Zurückweisung eines Bevollmächtigten, der unbefugt geschäftsmäßig Hilfe in StSachen leistet. Die Regelung gilt nicht für ungeeignete Bevollmächtigte, da dies von Abs 8 erfasst wird. Die Zurückweisung unbefugt tätiger Beistände wird in Abs 9 geregelt. Weitere Rechtsfolgen der Zurückweisung nach Abs 7 werden in Abs 10 behandelt. 64

Abs 7 ist durch das StModernG v 18.7.2016 neu eingefügt worden. Bislang war Abs 7 nicht besetzt. Die Zurückweisung eines unbefugt tätigen Bevollmächtigten war bisher in Abs 5 und Abs 8 S 1 geregelt und wird im neuen Abs 7 zusammengefasst sowie um einen neuen S 3 ergänzt; zudem ist die bisherige Ausnahme für Notare und Patentanwälte in Abs 5 2. HS aF nicht im neuen Abs 7 übernommen worden.

65 **b) Hilfeleistung in StSachen (Abs 7 S 1).** Hierunter ist jede Tätigkeit zur Erfüllung steuerlicher Pflichten oder zur Wahrnehmung steuerlicher Rechte Dritter, die durch StRechtskenntnisse unterstützt wird, zu verstehen (FG Nbg 4 K 1870/10 BeckRS 2013, 94360). Hierzu gehören die Erstellung von StErklärungen, StAnmeldungen (zB USt-VA, s Rz 70) und Jahresabschlüssen sowie die Buchführung, aber auch wissenschaftliche Gutachten (s § 82 Rz 3), Anträge auf Zuteilung einer USt-IdNr, auf Erteilung einer Freistellungsbescheinigung nach § 48b EStG sowie Anträge auf Erteilung einer verbindlichen Auskunft (FG Nbg BeckRS 2013, 94360). Sind hingegen nur kaufmännische Kenntnisse erforderlich, aber keine StRechtskenntnisse, handelt es sich nicht um Hilfeleistung in StSachen (FG Nbg BeckRS 2013, 94360).

66 **c) Geschäftsmäßigkeit.** Die Hilfeleistung ist geschäftsmäßig bei selbständigem Handeln mit Wiederholungsabsicht, die sich auch auf denselben Stpfl beziehen kann (BFH BStBl 73, 743; BFH/NV 02, 51; 11, 73; vgl auch § 46 Rz 28 ff). Auf Entgeltlichkeit kommt es ebenso wenig an wie auf die Haupt- oder Nebenberuflichkeit der Hilfeleistung (§ 2 S 2 StBerG). Eine rein altruistische Tätigkeit ist jedoch nicht geschäftsmäßig (BFH/NV 11, 1531; BVerfG NJW 06, 1502).

67 **d) Fehlende Befugnis.** Die Befugnis zur geschäftsmäßigen Hilfeleistung in StSachen bestimmt sich nach §§ 3–4 StBerG. Nach § 3 StBerG sind insbes StBerater, Rechtsanwälte, Wirtschaftsprüfer – auch in der Rechtsform einer Partnergesellschaft oder GmbH – unbeschränkt befugt.

Hingegen ergibt sich aus §§ 3a, 4 StBerG nur eine **beschränkte Befugnis.** Danach können die in den §§ 3a und 4 StBerG genannten Personen bzw Vereine von einer Zurückweisung betroffen sein, wenn sie ihre Befugnis überschreiten: So sind nach § 3a StBerG in der EU/EWR oder in der Schweiz beruflich niedergelassene Personen zur vorübergehenden und gelegentlichen Hilfeleistung in StSachen befugt, wenn sie sich im Inland gem § 3a II StBerG anmelden. Ob die Tätigkeit nur vorübergehend und gelegentlich erfolgt, ist Tatsachenfeststellung, die dem FG obliegt (BFH/NV 16, 1046). Außerdem müssen die in § 3a StBerG genannten Personen ihre Tätigkeit „auf dem Gebiet der Bundesrepublik" erbringen, dürfen also nicht vom Ausland aus tätig werden (BFH/NV 17, 170). Der Umfang ihrer Befugnis bestimmt sich iÜ nach der Befugnis im Niederlassungsstaat. Sie unterliegen aber denselben Berufsregeln wie die in § 3 StBerG genannten Personen, müssen also auch eine Berufshaftpflichtversicherung gem § 50 VI StBerG, § 51 DVStB vorweisen; anderenfalls sind sie zurückzuweisen (BFH BStBl 17, 663, 797; 11, 906).

68 Eine Befugnis kann sich aber auch aus der Niederlassungsfreiheit gem Art 49 AEUV oder aus der Dienstleistungsfreiheit gem Art 56 AEUV ergeben. Die **Niederlassungsfreiheit** gilt nach dem BFH nur dann, wenn in Deutschland eine Niederlassung unterhalten wird; dies setzt eine dauernde Präsenz in Deutschland voraus, zB ein ständig besetztes Büro; allein die regelmäßige Ausübung der Steuerberatungstätigkeit in Deutschland genügt nicht, um sich auf die Niederlassungsfreiheit zu berufen (BFH/NV 17, 170; 619 ff).

69 Die **Dienstleistungsfreiheit** kann hingegen auch ohne Niederlassung in Deutschland greifen. Der Umstand, dass eine Steuerberatungsgesellschaft in einem anderen EU/EWR-Staat nur gegründet wurde, um in den Genuss vorteilhafterer Rechtsvorschriften zu kommen, stellt keinen Missbrauch dar und führt nicht dazu, dass sich die Gesellschaft nicht auf die Freiheitsrechte des AEUV berufen darf (BStBl 17, 797). Nach dem EuGH ist § 3a StBerG mit der Dienstleistungsfreiheit

nach Art 56 AEUV nicht **vereinbar** (EuGH DStRE 16, 120). Nach dem EuGH muss vielmehr auch die Qualifikation des ausl Beraters, die er im Ausland erworben hat, angemessen berücksichtigt werden. Der BFH (BStBl 17, 797) greift insoweit auf § 3a I 4 iVm II 3 Nr 7 StBerG zurück, wenn der Beruf als StB sowie die Ausbildung zum StB im anderen EU/EWR-Staat nicht geregelt ist. Das bedeutet: Der Steuerberatungsberuf muss im Staat der Niederlassung während der vorhergehenden zehn Jahre mindestens zwei Jahre ausgeübt worden sein. Beschränkt sich die Tätigkeit von vornherein darauf, ausschl grenzüberschreitende Beratungsleistungen für deutsche Stpfl zu erbringen, muss eine berufliche Qualifikation in dem anderen EU/EWR-Staat erworben worden sein; denn nur dann ist der ausl Berater unionsrechtl dazu befugt, für inl Stpfl tätig zu werden.

Zudem gilt die Dienstleistungsfreiheit nur dann, wenn der ausl Berater auch über eine **Berufshaftpflichtversicherung** oder über einen anderen individuellen oder kollektiven Schutz bzgl der Berufshaftpflicht verfügt (BFH BStBl 11, 906; 17, 797; BFH/NV 17, 619, 620, 621). Der Versicherungsschutz muss auch Beratungsleistungen umfassen, die der ausl Berater vom anderen EU/EWR-Staat aus für inländ Stpfl erbringt, ohne dass physisch die Grenze zu Deutschland überschritten wird. Ein Versicherungsschutz für Beratungsleistungen iSv § 3a StBerG reicht nicht aus, weil § 3a StBerG nur Beratungsleistungen erfasst, die auf deutschem Gebiet erbracht werden. Die Beweislast für eine Tätigkeit iSv Art 56 AEUV liegt beim Berater (BFH BStBl 11, 906; 17, 797). Unter die Dienstleistungsfreiheit fällt nicht die Einlegung eines Rechtsmittels durch eine ausl Steuerberatungsgesellschaft im eigenen Namen (BFH BStBl 17, 663).

Nach § 4 StBerG ist ebenfalls eine **beschränkte geschäftsmäßige Hilfeleistung** in StSachen zulässig (zB **LSt-Hilfevereine** gem § 4 Nr 11 StBerG; s hierzu Oberste FinBeh der Länder v 15.1.2010, BStBl I, 66). LSt-Hilfevereine sind danach aber nicht befugt, einem Mitglied Hilfe in StSachen zu leisten, wenn das Mitglied Einkünfte aus selbständiger Tätigkeit erzielt, selbst wenn diese nur geringfügig sind (BFH HFR 08, 674). Zur Hilfeleistung in StSachen durch Hausverwalter s BFH/NV 15, 932 – sowie *Beck* Grundeigentum 17, 942. **Bilanzbuchhalter** dürfen zwar umsatzsteuerliche Sachverhalte kontieren und eingeben (*Rätke* BBK 15, 231); nicht zulässig ist aber die Erstellung und anschließende Übermittlung von USt-Voranmeldungen an das FA (BFH BStBl 17, 973; BGH BeckRS 2016, 117386). Zu zivilrechtlichen Folgen einer unbefugten Hilfeleistung s *Besau/Bell* NWB 12, 1544, 1547. 70

e) Zurückweisung. Die Zurückweisung von Bevollmächtigten ist in Abs 7 S 1 **zwingend** vorgeschrieben, wenn sie unbefugt geschäftsmäßig Hilfe in StSachen leisten. Die bisherige Ausnahme für Notare und Patentanwälte nach Abs 5 2. HS aF ist durch das StModernG v 18.7.2016 aufgehoben worden. Weitere Rechtsfolgen der Zurückweisung werden durch Abs 10 geregelt (s Rz 110). 75

Die Zurückweisung erfolgt durch die FinBeh. Sie gilt nicht nur für das aktuelle Verfahren, sondern für **alle** bereits anhängigen sowie für alle künftigen Verwaltungsverfahren des Vollmachtgebers im Zuständigkeitsbereich der zurückweisenden FinBeh. Dies entspricht der Rechtslage bis einschl 2016, die allerdings erst durch BFH in BStBl 17, 663 geklärt worden ist. Der zurückgewiesene Bevollmächtigte kann daher noch für den Vollmachtgeber bei anderen FinBeh auftreten oder aber für andere Vollmachtgeber bei derselben FinBeh auftreten, bis er in diesen Verfahren ebenfalls zurückgewiesen wird. Auch gilt die Zurückweisung nicht für eine nach der Zurückweisung iSv Abs 5 erhobene Klage (BFH/NV 15, 1692, 1694); hier müsste das FG nach § 62 III FGO zurückweisen. 76

Solange das FA von der Zurückweisung keinen Gebrauch macht, bleibt die Bevollmächtigung wirksam (BFH BStBl 91, 120). Erlangt der Bevollmächtigte später die Befugnis zur Hilfeleistung in StSachen, kann die Zurückweisung ab diesem Zeitpunkt **widerrufen** werden (BT-Drs 18/7457, 62).

77 Will das FA eine umfassende Zurückweisung wegen einer Hilfeleistung in StSachen erreichen, die gegen §§ 3–4 StBerG verstößt, muss es die Hilfeleistung in StSachen nach **§ 7 I Nr 1 StBerG** untersagen (s hierzu auch BFH/NV 16, 424). Allerdings sieht § 7 StBerG nicht die Unwirksamkeit der Verfahrenshandlungen des Bevollmächtigten vor – anders als Abs 10 des § 80. Die Untersagung der Hilfeleistung in Steuersachen nach § 7 StBerG kann nur mit Zwangsmitteln (Zwangsgeld gem § 159 StBerG iVm § 249 I 1, §§ 328 f AO) und Geldbußen gem § 160 StBerG durchgesetzt werden, was insbes bei ausl Gesellschaften ohne Niederlassung im Inland schwer durchsetzbar ist (BFH BStBl 17, 663).

Die Zurückweisung ist auch dann möglich, wenn der Bevollmächtigte zugleich gesetzlicher Vertreter des Stpfl ist, aber ausschl als Bevollmächtigter tätig wird; er darf dann aber weiterhin als gesetzlicher Vertreter auftreten (FG Nds EFG 07, 987).

78 **f) Bekanntgabe der Zurückweisung (Abs 7 S 2).** Nach Abs 7 S 2 ist die Zurückweisung dem Vollmachtgeber sowie dem Bevollmächtigten bekannt zu geben. Der Vollmachtgeber wird auf diese Weise in die Lage versetzt, einen neuen Bevollmächtigten bestellen zu können. Die Neuregelung weicht von der bisherigen Regelung in Abs 8 S 1 aF ab, wonach die Zurückweisung „auch" dem Vollmachtgeber „mitzuteilen" ist. Die Verwendung des Begriffs „Bekanntgabe" und die Gleichstellung von Vollmachtgeber und Bevollmächtigten spricht dafür, die **Wirksamkeit** der Zurückweisung abweichend von der bisherigen Rechtslage (s 13. Aufl Rz 48) erst dann zu anzunehmen, wenn die Zurückweisung sowohl dem Vollmachtgeber als auch dem Bevollmächtigten bekannt gegeben worden ist (so wohl auch BT-Drs 18/7457, 62).

80 **g) Unterrichtung anderer FinBeh (Abs 7 S 3).** Nach Abs 7 S 3 darf die FinBeh auch andere FinBeh über die Zurückweisung informieren. Dies soll eine Zurückweisung in anderen Verfahren bei den unterrichten FinBeh ermöglichen. Zugleich stellt S 3 einen Offenbarungsgrund iSv § 30 IV Nr 2 dar. Eine vergleichbare Regelung war in der bisherigen Fassung des § 80 nicht enthalten.

81 **h) Rechtsbehelf.** Die Zurückweisung ist **VA,** der sowohl vom Vollmachtgeber als auch vom Bevollmächtigten mit Einspruch angefochten werden kann und dessen Vollziehung nach § 361 sowie § 69 FGO ausgesetzt werden kann (s auch BT-Drs 18/7457, 62; zur bisherigen Rechtslage s BFH/NV 15, 473; FG Köln EFG 15, 135). Für die Prüfung der Rechtmäßigkeit eines Zurückweisungsbescheids sind die Verhältnisse bei dessen Ergehen maßgebend (BFH/NV 17, 619 ff).

90 **13. Zurückweisung ungeeigneter Bevollmächtigte (Abs 8). a) Neuregelung des Abs 8.** Abs 8 wurde durch das StModernG v 18.7.2016 geändert. Die bisherige Regelung in Abs 8 S 1 und 2 aF ist in Abs 7 S 2 sowie Abs 10 übernommen worden. Der neue Abs 8 übernimmt die Regelung des bisherigen Abs 6 und ergänzt diese um eine Zurückweisungsmöglichkeit auch für den elektronischen Vortrag in S 1, um eine Ausnahme für landwirtschaftliche Buchstellen in S 2 sowie um einen neuen S 3 (zu Abs 6 aF s 13. Aufl Rz 40). Der neue Abs 8 regelt eine Zurückweisung ungeeigneter Bevollmächtigter und gilt nicht für Beistände; für diese findet sich eine entsprechende Regelung in Abs 9 S 2. Die Rechtsfolgen der Zurückweisung ergeben sich aus Abs 10.

91 **b) Zurückweisung wegen fehlender Eignung (Abs 8 S 1).** Nach Abs 8 S 1 können Bevollmächtigte zurückgewiesen werden, wenn sie ungeeignet sind (vgl BFH/NV 95, 889 zur früheren Rechtslage nach Abs 6). Es handelt sich um eine Ermessensentscheidung, anders als bei Abs 7; die Ermessensentscheidung ist nach § 121 zu begründen. Die fehlende Eignung kann sich auf den schriftlichen, mündlichen oder auch elektronischen Vortrag (zB E-Mail) beziehen; die bisherige Unterscheidung zwischen mündlichem und schriftlichem Vortrag in Abs 6 S 1 2. HS wird nicht aufrechterhalten, sondern um den elektronischen Vortrag ergänzt.

Ob ein Bevollmächtigter zum Vortrag subjektiv oder objektiv ungeeignet ist, ist eine Sachverhaltsentscheidung im Einzelfall. **Beispiele** für Zurückweisungsgründe sind zB Sprachschwierigkeiten, Trunkenheit, beleidigende oder verworrene Ausführungen, schwere Erkrankung, fehlende stl Mindestkenntnisse oder aber lange Abwesenheit, zB wegen einer hohen Freiheitsstrafe (*HHSp/Söhn* § 80 Rz 447; BT-Drs 18/8434, 107). Die fehlende Eignung muss nicht dauerhaft bestehen; bei nur vorübergehender fehlender Eignung ist die Zurückweisung zu widerrufen, wenn der Zurückweisungsgrund entfällt. Bloßes **Querulantentum** reicht **nicht** aus (*Koenig/Wünsch* § 80 Rz 93).

c) Ausnahmen für bestimmte Berufsgruppen (Abs 8 S 2). Die Zurückweisung wegen fehlender Eignung ist nach S 2 nicht möglich bei den in § 3 Nr 1 und § 4 Nr 1 und 2 StBerG genannten Personen, zB **Steuerberatern, Rechtsanwälten, Wirtschaftsprüfern, Notaren und Patentanwälten.** Neu ist die Ausnahme für die in § 23 III StBerG genannten Leiter einer Beratungsstelle eines LSt-Hilfevereins sowie für die Personen, die die Bezeichnung als „Landwirtschaftliche Buchstelle" gem § 44 StBerG tragen dürfen, die ebenfalls nicht zurückgewiesen werden dürfen. 92

d) Bekanntgabe der Zurückweisung (Abs 8 S 3). Nach S 3 ist die Zurückweisung sowohl dem Vollmachtgeber als auch dem Bevollmächtigten bekannt zu geben. Insoweit gelten die gleichen Grundsätze wie zu Abs 7 S 2 (s Rz 78). Eine Information anderer FinBeh wie bei Abs 7 S 3 ist in Abs 8 nicht vorgesehen; denn die fehlende fachliche Eignung muss nicht auch in anderen Verfahren des Bevollmächtigten hervortreten. 93

14. Zurückweisung eines unbefugten Beistands (Abs 9). a) Neuregelung des Abs 9. Durch das StModernG v 18.7.2016 ist Abs 9 erstmalig eingeführt worden. Die Regelung des neuen Abs 9 S 1 war zuvor in Abs 5 enthalten, und die Regelung des neuen Abs 9 S 2 war zuvor in Abs 6 aF enthalten; Abs 5 und 6 aF hatten zwischen Bevollmächtigten und Beiständen nicht unterschieden. Nunmehr differenziert das Gesetz zwischen beiden Gruppen. 99

b) Unbefugte Hilfeleistung in StSachen (Abs 9 S 1). Die Regelung entspricht Abs 7, der die Zurückweisung von Bevollmächtigten wegen unbefugter Hilfeleistung in StSachen regelt, während es in Abs 9 S 1 um Beistände geht; insoweit kann auf die Ausführungen zu Abs 7 verwiesen werden (s Rz 64 ff). Der Beistand wird in Abs 6 behandelt (s Rz 60). Die Rechtsfolgen der Zurückweisung ergeben sich aus Abs 10 (s Rz 110). 100

c) Unsachgemäßer Vortrag (Abs 9 S 2). Die Regelung entspricht nur teilweise dem Abs 8 S 1. Denn nach Abs 9 S 2 1. HS kann eine Zurückweisung **nur vom mündlichen Vortrag** erfolgen, nicht aber vom schriftlichen oder elektronischen Vortrag. Insoweit unterscheidet sich die Zurückweisung nicht fähiger oder nicht williger Beistände von der Zurückweisung ungeeigneter Bevollmächtigter. Der Gesetzgeber geht dabei von der Annahme aus, dass ein Beistand nur beim mündlichen Vortrag unterstützen könne; diese Annahme ist jedoch falsch (BStBl 17, 797; s Rz 60). Angesichts des eindeutigen Wortlauts des S 2 kann eine Zurückweisung wegen nicht sachgemäßen schriftlichen oder elektronischen Vortrags aber nicht erfolgen. 101

Die Zurückweisung vom mündlichen Vortrag kann erfolgen (Ermessensentscheidung), wenn der Beistand zu einem sachgemäßen Vortrag nicht fähig oder nicht willens ist. Dies ist zB bei **sachfremden Äußerungen** oder bei **erkennbarer Behinderung** des Verfahrens der Fall (BT-Drs 18/7457, 63).

Über S 2 **2. HS** gilt Abs 8 S 2 und 3 entsprechend. Damit dürfen die in Abs 8 S 2 genannten Angehörigen der steuerberatenden Berufe wie zB Rechtsanwälte, StBerater, Beratungsstellenleister von LSt-Hilfevereinen oder Inhaber einer „Landwirtschaftlichen Buchstelle" nicht als Beistand wegen unsachgemäßen Vortrags 102 zurückgewiesen werden (s Rz 92). Die Zurückweisung ist nach S 2 2. HS iVm Abs 8 S 3 dem Vollmachtgeber und Bevollmächtigten bekannt zu geben; beide können hiergegen Einspruch einlegen (s Rz 81).

110 **15. Rechtsfolgen der Zurückweisung (Abs 10).** Der durch das StModernG v 18.7.2016 eingefügte Abs 10 übernimmt weitgehend die Regelung des bisherigen Abs 8 S 2. Nach Abs 10 sind Verfahrenshandlungen des zurückgewiesenen Bevollmächtigten oder Beistands, die er **nach** der Bekanntgabe der Zurückweisung vornimmt, **unwirksam.** Eine fristwahrende Verfahrenshandlung durch den Zurückgewisesenen, zB ein Einspruch für den Stpfl, ist dann nicht mehr möglich. **Vor** der Bekanntgabe der Zurückweisung vorgenommene Verfahrenshandlungen bleiben **wirksam** (FG BaWü EFG 99, 364; AEAO zu § 80 Nr 6).

Die Bekanntgabe richtet sich nach § 124 I. Da die Zurückweisung sowohl ggü dem Stpfl als auch ggü dem Bevollmächtigten bzw Beistand bekannt zu geben ist, kommt es mE auf den Zeitpunkt an, an dem beide Bekanntgaben wirksam erfolgt sind (s Rz 78).

§ 80a Elektronische Übermittlung von Vollmachtsdaten an Landesfinanzbehörden

(1) [1] **Daten aus einer Vollmacht zur Vertretung in steuerlichen Verfahren, die nach amtlich bestimmtem Formular erteilt worden sind, können den Landesfinanzbehörden nach amtlich vorgeschriebenem Datensatz über die amtlich bestimmten Schnittstellen übermittelt werden.** [2] **Im Datensatz ist auch anzugeben, ob der Vollmachtgeber den Bevollmächtigten zum Empfang von für ihn bestimmten Verwaltungsakten oder zum Abruf von bei den Finanzbehörden zu seiner Person gespeicherten Daten ermächtigt hat.** [3] **Die übermittelten Daten müssen der erteilten Vollmacht entsprechen.** [4] **Wird eine Vollmacht, die nach Satz 1 übermittelt worden ist, vom Vollmachtgeber gegenüber dem Bevollmächtigten widerrufen oder verändert, muss der Bevollmächtigte dies unverzüglich den Landesfinanzbehörden nach amtlich vorgeschriebenem Datensatz mitteilen.**

(2) [1] **Werden die Vollmachtsdaten von einem Bevollmächtigten, der nach § 3 des Steuerberatungsgesetzes zur geschäftsmäßigen Hilfeleistung in Steuersachen befugt ist, nach Maßgabe des Absatzes 1 übermittelt, so wird eine Bevollmächtigung im mitgeteilten Umfang vermutet, wenn die zuständige Kammer sicherstellt, dass Vollmachtsdaten nur von den Bevollmächtigten übermittelt werden, die zur geschäftsmäßigen Hilfeleistung in Steuersachen befugt sind.** [2] **Die für den Bevollmächtigten zuständige Kammer hat den Landesfinanzbehörden in diesem Fall auch den Wegfall einer Zulassung unverzüglich nach amtlich vorgeschriebenem Datensatz mitzuteilen.**

(3) **Absatz 2 gilt entsprechend für Vollmachtsdaten, die von einem anerkannten Lohnsteuerhilfeverein im Sinne des § 4 Nummer 11 des Steuerberatungsgesetzes übermittelt werden, sofern die für die Aufsicht zuständige Stelle in einem automatisierten Verfahren die Zulassung zur Hilfe in Steuersachen bestätigt.**

Vorschr eingefügt durch StModernG v 18.7.16 (BGBl I, 1679).

Schrifttum: *Baum/Sonnenschein* Modernisierung des Besteuerungsverfahrens – Teil 5: Neuerungen bei Vollmachten zur Vertretung im Besteuerungsverfahren und bei den amtlichen Vollmachtformularen, NWB 16, 2934; *Höreth/Stelzer* Gesetz zur Modernisierung des Besteuerungsverfahrens, DStZ 16, 520; *Rätke* Gesetz zur Modernisierung des Besteuerungsverfahrens, BBK 16, 634; *Vetten* Steuermodernisierungsgesetz – eine Praxisanalyse, NWB 16, 3105; *Zaumseil* Die Modernisierung des Besteuerungsverfahrens, NJW 16, 2769.

1 **1. Inhalt.** Die Vorschrift wurde durch das StModernG v 18.7.16 mWv 1.1.2017 neu eingefügt. Sie enthält in Abs 1 die rechtl Rahmenbedingungen für

die elektronische Übermittlung von Vollmachtsdaten durch den Bevollmächtigten an die FinBeh. In Abs 2 wird eine Vermutung der Bevollmächtigung von Angehörigen steuerberatender Berufe aufgestellt, wenn der Bevollmächtigte in der Vollmachtsdatenbank seiner Berufskammer authentifiziert worden ist. Über Abs 3 gilt diese Vermutung auch für LSt-Hilfevereine.

Die Vorschrift ist mE **überflüssig,** weil die Regelungen des § 80a bereits in anderen Vorschriften enthalten sind. So regelt § 80 die Erteilung einer Vollmacht und gilt auch für die Verwendung eines amtlichen Vollmachtsmusters sowie für die elektronische Übermittlung (s § 80 Rz 27). Die Vermutung einer Bevollmächtigung in Abs 2 und 3 ist bereits in § 80 II enthalten (s Rz 12). 2

2. Elektronische Übermittlung von Vollmachtsdaten (Abs 1). Abs 1 **S 1** betrifft die elektronische Übermittlung einer Vollmacht durch den Bevollmächtigten bei Verwendung des amtlichen Vollmachtsmusters (Anlage 1 zu BMF v 1.8.16, BStBl I, 662). Die Vorschrift regelt die elektronische Übermittlung nach amtlich vorgeschriebenem Datensatz, dh nach § 87a VI und § 87b. Die Übermittlung nach Abs 1 bietet Angehörigen der steuerberatenden Berufe zwar den Vorteil, dass ihre Bevollmächtigung gem Abs 2 und 3 vermutet wird. Allerdings ergibt sich diese Vermutung auch bereits aus § 80 II (s Rz 12). § 80a soll daher vorrangig die **Arbeit der FinVerw erleichtern,** indem die Verwendung des Vollmachtsmusters und dessen elektronische Übermittlung der FinBeh die Prüfung erleichtert, ob auch eine Empfangsvollmacht erteilt worden ist und in welchem Umfang und für welche VZ die Vollmacht erteilt worden ist (*Zaumseil* NJW 16, 2769, 2773). 5

Nach AEAO zu § 80a Nr 1 kann die FinBeh jederzeit den **Nachweis** einer nach § 80a übermittelten Vollmacht ohne besonderen Anlass und ohne Begründung verlangen. Dieses Verlangen lässt sich zwar auf § 80 III stützen (s § 80 Rz 38); es ergibt aber idR keinen Sinn, da die elektronisch übermittelte Vollmacht bei der FinBeh gespeichert sein müsste. Nur bei einem Streit, ob eine Vollmacht elektronisch übermittelt worden ist, kann ein solches Verlangen geboten sein; der Nachweis ist dann durch Vorlage oder Übersendung einer Ausfertigung oder Kopie der nach amtlichem Formular erteilten Vollmacht zu führen (AEAO zu § 80a Nr 1 S 2). 6

Die Vorschrift begründet **keine Pflicht** zur Verwendung des amtlichen Vollmachtsmusters oder zur elektronischen Übermittlung. Wird also nicht das amtliche Vollmachtsmuster verwendet oder wird das amtliche Vollmachtsmuster nur schriftlich oder per E-Mail übersandt, ist die Bevollmächtigung gleichwohl wirksam iSv § 80 I. Bei Angehörigen der steuerberatenden Berufe gilt in diesem Fall eine Vermutung der ordnungsgemäßen Bevollmächtigung nach § 80 II.

In der Vollmacht ist nach **S 2** anzugeben, ob auch eine **Empfangsvollmacht** iSv § 122 I 4, § 80 V 4 sowie eine Vollmacht über den **Datenabruf** durch den Bevollmächtigten erteilt wird; auf diese Weise sollen insbes Unklarheiten über den Umfang der Vollmacht vermieden werden (s § 80 Rz 8) und die Umsetzung der sog vorausgefüllten StErklärung erleichtert werden (s § 85 Rz 24). 7

S 3 enthält eine Selbstverständlichkeit und verlangt, dass die übermittelten Daten zutreffend sein müssen. Dieses Erfordernis ist vor dem Hintergrund zu sehen, dass die Übermittlung unzutreffender Daten eine Ordnungswidrigkeit nach § 383b I Nr 1 darstellt und mit einem **Bußgeld von bis zu 10 000 €** belegt werden kann. Dies gilt auch bei einer Verletzung der in Abs 1 **S 4** festgelegten Pflicht des Bevollmächtigten, einen Widerruf oder eine Veränderung der Vollmacht unverzüglich, dh ohne schuldhaftes Zögern, der FinBeh anzuzeigen; diese Anzeige muss ebenfalls elektronisch nach Maßgabe des § 87a VI, § 87b erfolgen. Der Vollmachtgeber kann den Widerruf nicht nur elektronisch, sondern auch schriftlich, elektronisch oder mündlich an Amtsstelle ggü der Finanzbehörde widerrufen. 8

3. Vermutung einer Bevollmächtigung (Abs 2). Bei Angehörigen der steuerberatenden Berufe iSv § 3 StBerG, dh insbes bei Rechtsanwälten, StBeratern 11 und Wirtschaftsprüfern, wird nach **S 1** eine ordnungsgemäße Bevollmächtigung vermutet, wenn die Übermittlung der Vollmachtsdaten nach Abs 1 erfolgt. Weitere Voraussetzung ist aber, dass die zuständige StBerater-, Rechtsanwalts- oder Wirtschaftsprüferkammer sicherstellt, dass die Übermittlung nur durch Personen oder Gesellschaften iSv § 3 StBerG erfolgt. Dies wird in der Weise umgesetzt, dass die Vollmachtsdaten zunächst in sog **Kammerdatenbanken** erfasst werden und eine Authentifizierung des Beraters erfolgt. Die jeweilige Kammer muss nach **S 2** dafür sorgen, dass nach Wegfall der Befugnis zur Hilfe in StSachen iSv § 3 StBerG eine Übermittlung von Vollmachtsdatenbanken an die FinBeh nicht mehr erfolgen kann und dass der Wegfall der Befugnis der FinBeh unverzüglich elektronisch gem §§ 87a VI, 87b übermittelt wird.

12 Abs 2 lässt sich wie folgt **gegenüber § 80 II abgrenzen:** Nach § 80 II besteht eine Vermutung der ordnungsgemäßen Bevollmächtigung, wenn der Berater im Namen seines Mandanten handelt. Nach Abs 2 des § 80a besteht eine Vermutung der Bevollmächtigung, wenn der Berater die Vollmacht elektronisch übermittelt. Ein großer Mehrwert ergibt sich für den Berater aus der Regelung des Abs 2 somit nicht. Der Vorteil liegt vielmehr in der rechtl Absicherung der Vollmachtsdatenbanken, die insbes die ordnungsgemäße Bekanntgabe von VA an den Bevollmächtigten sicherstellen – sofern die Empfangsvollmacht nach Abs 1 S 2 erteilt worden ist – und zugleich die Arbeit der FinVerw erleichtern (s Rz 5).

14 **4. Vermutung für LSt-Hilfevereine (Abs 3).** Die Vermutung einer Bevollmächtigung in dem übermittelten Umfang besteht auch bei LSt-Hilfevereinen iSv § 4 Nr 11 StBerG, wenn die für die Aufsicht zuständige **LandesFinBeh** – also nicht die Kammer – in einem automatisierten Verfahren die Zulassung zur Hilfe in StSachen bestätigt.

§ 81 Bestellung eines Vertreters von Amts wegen

(1) **Ist ein Vertreter nicht vorhanden, so hat das Betreuungsgericht, für einen minderjährigen Beteiligten das Familiengericht auf Ersuchen der Finanzbehörde einen geeigneten Vertreter zu bestellen**

1. für einen Beteiligten, dessen Person unbekannt ist,

2. für einen abwesenden Beteiligten, dessen Aufenthalt unbekannt ist oder der an der Besorgung seiner Angelegenheiten verhindert ist,

3. für einen Beteiligten ohne Aufenthalt

a) im Inland,

b) in einem anderen Mitgliedstaat der Europäischen Union oder

c) in einem anderen Staat, auf den das Abkommen über den Europäischen Wirtschaftsraum anzuwenden ist,

wenn er der Aufforderung der Finanzbehörde, einen Vertreter zu bestellen, innerhalb der ihm gesetzten Frist nicht nachgekommen ist,

4. für einen Beteiligten, der infolge einer psychischen Krankheit oder körperlichen, geistigen oder seelischen Behinderung nicht in der Lage ist, in dem Verwaltungsverfahren selbst tätig zu werden,

5. bei herrenlosen Sachen, auf die sich das Verfahren bezieht, zur Wahrung bei der sich in Bezug auf die Sache ergebenden Rechte und Pflichten.

(2) **Für die Bestellung des Vertreters ist in den Fällen des Absatzes 1 Nr. 4 das Betreuungsgericht, für einen minderjährigen Beteiligten das Familiengericht zuständig, in dessen Bezirk der Beteiligte seinen gewöhnlichen Aufenthalt (§ 272 Abs. 1 Nr. 2 des Gesetzes über das Verfahren in Familiensachen und in den Angelegenheiten der freiwilligen Gerichtsbarkeit) hat; im Übrigen ist das Gericht zuständig, in dessen Bezirk die ersuchende Finanzbehörde ihren Sitz hat.**

(3) [1] **Der Vertreter hat gegen den Rechtsträger der Finanzbehörde, die um seine Bestellung ersucht hat, Anspruch auf eine angemessene Vergütung und auf die Erstattung seiner baren Auslagen.** [2] **Die Finanzbehörde kann von dem Vertretenen Ersatz ihrer Aufwendungen verlangen.** [3] **Sie bestimmt die Vergütung und stellt die Auslagen und Aufwendungen fest.**

(4) **Im Übrigen gelten für die Bestellung und für das Amt des Vertreters in den Fällen des Absatzes 1 Nr. 4 die Vorschriften über die Betreuung, in den übrigen Fällen die Vorschriften über die Pflegschaft entsprechend.**

Abs 1 und 2 geändert durch FGG-RG v 17.12.08 (BGBl I, 2586) mWv 1.9.2009; Abs 1 Nr 3 neu gefasst durch StModernG v 18.7.16 (BGBl I, 1679).

Schrifttum: *Demme* Verfahrensrechtliche Fragen in Zusammenhang mit der Betreuung von Steuerpflichtigen, AO-StB 10, 150; *Deinert/Lütgens* Die Stellung von Betreuern und (Vorsorge-)Bevollmächtigten gegenüber Behörden, Betreuungsrechtliche Praxis 17, 135.

1. Inhalt. Die Vorschrift soll die zügige Durchführung des Verfahrens gewährleisten, wenn der **Beteiligte nicht handeln kann** und kein Vertreter vorhanden ist. Zur fehlenden Handlungsfähigkeit des Beteiligten, für den ein Vertreter nach § 81 bestellt worden ist, vgl § 79 Rz 5 und 13 sowie BFH/NV 96, 289. Die Bestellung eines Vertreters von Amts wegen ist auf die in § 81 genannten Fälle beschränkt und abschließend (BFH/NV 01, 1363). Im Allgemeinen besteht für das FA kein Anlass, die Bestellung eines Vertreters von Amts wegen zu beantragen (AEAO zu § 81). § 81 entspricht § 16 VwVfG und weitgehend § 207 BauGB. 1

2. Bestellung eines Vertreters (Abs 1). Nr 1 erfasst den **unbekannten Beteiligten** und gilt insbes für Fälle, in denen nicht sicher ist, wer Stpfl oder Erstattungsberechtigter ist. Die Bestellung eines Vertreters von Amts wegen kommt zB auch in Betracht, wenn der Erbe nicht feststellbar ist. Das FA kann dann beim Nachlassgericht die Bestellung eines Nachlasspflegers beantragen, um feststellen zu lassen, dass der Fiskus Erbe geworden ist (OFD Nds 2.3.2010, BeckVerw 236475). **Nr 2** betrifft zum einen den **abwesenden** Beteiligten, dessen Aufenthaltsort nicht ermittelbar ist, zum anderen den **verhinderten** Beteiligten, der dauerhaft nicht oder in nicht zumutbarer Weise an den Ort kommen kann oder will, an dem er seine stl Angelegenheiten wahrnehmen soll, und dessen Angelegenheiten weder telefonisch noch per E-Mail erledigt werden können, vgl auch § 1911 BGB. **Nr 3** behandelt den sich dauerhaft **im Ausland** aufhaltenden Beteiligten. Die Vorschrift ist durch das StModernG v 18.7.2016 geändert worden, indem nun nach Inland, EU und EWR differenziert wird; hierdurch sollen europarechtl Zweifel beseitigt werden, die bei einem Aufenthalt des Beteiligten in einem anderen EU-Staat entstehen konnten (BT-Drs 18/7457, 64). Nunmehr wird nicht nur auf den fehlenden Aufenthalt im „Geltungsbereich dieses Gesetzes“ (so die bisherige Regelung), sondern auf den fehlenden Aufenthalt im Inland, in der EU oder im EWR abgestellt. Das FA kann nach § 123 einen Beteiligten ohne Wohnsitz oder gewöhnlichen Aufenthalt im Inland, in der EU oder im EWR auffordern, innerhalb einer angemessenen Frist einen Empfangsbevollmächtigten zu benennen. Eine Frist von weniger als zwei Monaten (vgl § 122 II Nr 2) wird idR nicht angemessen sein; bei Einschaltung diplomatischer oder konsularischer Vertretungen wird sich die angemessene Frist entsprechend verlängern (*TK/Drüen* § 81 Rz 17, unter Hinweis auf AEAO zu § 122 Nr 3.1.4.2). Bei **Nr 4** geht es um **kranke oder behinderte Beteiligte,** die im StVerfahren nicht mehr selbst tätig werden können. Nr 4 entspricht § 1896 I 1 BGB. Es handelt sich bei dem bestellten Vertreter iSv Nr 4 nicht um einen Betreuer, sondern es gelten nach Abs 4 lediglich die Vorschriften über die Betreuung entsprechend. Ist hingegen **ein Betreuer bestellt,** der auch für die Erfüllung der stl Pflichten verantwortlich ist (s § 79 Rz 7), besteht kein Bedürfnis für die Bestellung eines Vertreters nach § 80 I Nr 4 (OFD Nds 24.11.2010, StEd 11, 42, Tz 3). **Nr 5** betrifft **herrenlose Sachen,** für die eine Sachhaftung nach 2

§ 76 oder eine dingliche Haftung gem § 12 GrStG in Betracht gezogen wird. Der Begriff der Herrenlosigkeit richtet sich nach § 959 BGB.

3 **3. Zuständigkeit (Abs 2).** Zuständig für die Bestellung des Vertreters ist in den Fällen der **Nrn 1–3 und 5** das Gericht, in dessen Bezirk das ersuchende FA seinen Sitz hat. Diese Regelung ist zweckmäßig, weil das Gericht in erster Linie mit dem antragstellenden FA verhandeln muss.

In den Fällen der **Nr 4** (kranke oder behinderte Beteiligte) ist das **Betreuungsgericht** bzw bei minderjährigen Beteiligten das Familiengericht gem § 272 Abs 1 Nr 2 FamFG zuständig, in dem der Beteiligte seinen gewöhnlichen Aufenthalt hat. Hier ist also die Nähe zum Beteiligten maßgebend.

4 **4. Vergütung (Abs 3).** Die Regelung über die Vergütung des Vertreters in Abs 3 weicht von der entsprechenden Regelung des § 1836 BGB ab. Nach § 1836 I 1 BGB hat der Betreuer oder Pfleger keinen Anspruch auf Vergütung. Dagegen kann der gem § 81 bestimmte **Vertreter** nach Abs 3 eine angemessene Vergütung und die Erstattung seiner baren Auslagen verlangen. Das **FA** kann wiederum von dem Vertretenen Ersatz seiner Aufwendungen verlangen. Gegen die Festsetzung der Vergütung und der Auslagen und Aufwendungen ist der **Einspruch** gegeben.

5 **5. Verweis (Abs 4).** Der Verweis in Abs 4 auf die Vorschriften über die Betreuung (für Nr 4) und Pflegschaft macht besondere Vorschriften über die Beendigung und Aufhebung der Vertretung entbehrlich (vgl § 1908d, § 1918 III, §§ 1919, 1921 BGB). Es gelten nicht nur die entsprechenden Bestimmungen des BGB, sondern auch die des FamFG (BGBl I 08, 2587) und der Kostenordnung.

2. Unterabschnitt. Ausschließung und Ablehnung von Amtsträgern und anderen Personen

§ 82 Ausgeschlossene Personen

(1) [1]**In einem Verwaltungsverfahren darf für eine Finanzbehörde nicht tätig werden,**

1. wer selbst Beteiligter ist,

2. wer Angehöriger (§ 15) eines Beteiligten ist,

3. wer einen Beteiligten kraft Gesetzes oder Vollmacht allgemein oder in diesem Verfahren vertritt,

4. wer Angehöriger (§ 15) einer Person ist, die für einen Beteiligten in diesem Verfahren Hilfe in Steuersachen leistet,

5. wer bei einem Beteiligten gegen Entgelt beschäftigt ist oder bei ihm als Mitglied des Vorstands, des Aufsichtsrats oder eines gleichartigen Organs tätig ist; dies gilt nicht für den, dessen Anstellungskörperschaft Beteiligte ist,

6. wer außerhalb seiner amtlichen Eigenschaft in der Angelegenheit ein Gutachten abgegeben hat oder sonst tätig geworden ist.

[2]**Dem Beteiligten steht gleich, wer durch die Tätigkeit oder durch die Entscheidung einen unmittelbaren Vorteil oder Nachteil erlangen kann.** [3]**Dies gilt nicht, wenn der Vor- oder Nachteil nur darauf beruht, dass jemand einer Berufs- oder Bevölkerungsgruppe angehört, deren gemeinsame Interessen durch die Angelegenheit berührt werden.**

(2) **Wer nach Absatz 1 ausgeschlossen ist, darf bei Gefahr im Verzug unaufschiebbare Maßnahmen treffen.**

(3) [1]**Hält sich ein Mitglied eines Ausschusses für ausgeschlossen oder bestehen Zweifel, ob die Voraussetzungen des Absatzes 1 gegeben sind, ist dies dem Vorsitzenden des Ausschusses mitzuteilen.** [2]**Der Ausschuss entscheidet**

über den Ausschluss. [3] Der Betroffene darf an dieser Entscheidung nicht mitwirken. [4] Das ausgeschlossene Mitglied darf bei der weiteren Beratung und Beschlussfassung nicht zugegen sein.

1. Inhalt. Die Vorschrift soll Interessenkonflikte vermeiden und das Vertrauen 1
in die Objektivität der Behörde sichern. Sie entspricht § 20 I, III und IV VwVfG.

2. Inhalt des Tätigkeitsverbots (Abs 1). Die in Abs 1 genannten Personen 2
dürfen für das FA **nicht tätig werden.** Abs 1 erfasst aber nur solche Tätigkeiten, die für die Bildung des Entscheidungsprozesses irgendwie von Bedeutung sind, nicht jedoch rein mechanische Tätigkeiten wie Datenerfassung, Schreibarbeiten, Botengänge uÄ.

3. Ausgeschlossene Personen (Abs 1 S 1). Ausgeschlossen sind nach Nr 1 3
der **Beteiligte (§ 78)** und nach Nr 2 der **Angehörige eines Beteiligten** (§ 15); es fallen darunter alle Angehörigen, also auch die Verlobten, Pflegeeltern und Pflegekinder. Zum **Vertreter** eines **Beteiligten (Nr 3)** gehören nicht nur gesetzliche Vertreter (zB Eltern bei natürlichen Personen, Geschäftsführer bei juristischen Personen), sondern auch Vertreter und Bevollmächtigte nicht rechtsfähiger Vereinigungen, da diese ggf auch Beteiligte sein können, zB also Geschäftsführer von Personengesellschaften. **Nr 4** betrifft zB den Finanzbeamten, dessen Sohn die StBeratung für einen Beteiligten macht. Dabei kommt es nicht darauf an, ob der Sohn zur Hilfeleistung nach §§ 2–4 StBerG befugt ist; auch Buchführungsarbeiten und wissenschaftliche Gutachten gelten als Hilfeleistung (AEAO zu § 82 Nr 2; s auch § 80 Rz 65). **Nr 5** schließt jeden aus, der bei einem Beteiligten gegen Entgelt beschäftigt ist usw; diese Regelung gilt jedoch nach Nr 5 2. HS nicht für den, dessen Anstellungskörperschaft Beteiligte ist. Dieser Fall kann eintreten, wenn die Anstellungskörperschaft (zB das Land) als Steuerpflichtige beteiligt ist. **Nr 6** betrifft insbes die privaten Gutachter. Der Regelung liegt der Gedanke zu Grunde, dass diese Personen nicht mehr unbefangen sind.

4. Gleichgestellte Personen (Abs 1 S 2 und 3). Den Beteiligten stehen 4
nach Satz 2 Personen gleich, die durch die Tätigkeit oder durch die Entscheidung einen **unmittelbaren Vor- oder Nachteil** erlangen können. Mittelbare Vor- oder Nachteile kommen nicht in Betracht (BFH BStBl 04, 842).

Ein **unmittelbarer Vorteil** ist nur gegeben, wenn dieser direkt durch die be- 5
hördliche Tätigkeit oder Entscheidung verursacht wird und nicht nur mittelbar durch Folgeakte oder das Hinzutreten weiterer Umstände eintritt (BFH BStBl 84, 409; 04, 842). Dementsprechend ist der Einsatz eines **Betriebsprüfers** nicht deshalb rechtswidrig, weil seine Ehefrau am Ort als Steuerberaterin tätig ist und die dortigen Stpfl die Ehefrau als Beraterin wegen ihrer ehelichen Verbindung zum Betriebsprüfer als Berater wählen könnten (BFH BStBl 84, 409). Unbeachtlich ist nach Abs 1 **Satz 3** die Zugehörigkeit zu einer Berufs- oder Bevölkerungsgruppe, deren gemeinsame Interessen berührt werden. Anderenfalls könnte ein zu großer Personenkreis angeschlossen werden; möglich ist aber ein Befangenheitsgrund iSv § 83 (s § 83 Rz 4).

5. Gefahr im Verzug (Abs 2). Die Regelung des Abs 1 tritt nach Abs 2 zu- 6
rück, wenn bei Gefahr im Verzug unaufschiebbare Maßnahmen zu treffen sind. Gefahr im Verzug liegt zB vor, wenn anderenfalls das Besteuerungsverfahren nicht ordnungsgemäß durchgeführt werden könnte (s § 29), zB bei Maßnahmen, die den **drohenden Eintritt der Verjährung** verhindern sollen, oder bei der **StFahndung.**

6. Prüfungsausschuss (Abs 3). Abs 3 hat nach Wegfall der Steuerausschüsse 7
durch das AOStrafÄndG v 10.8.1967 (BGBl I, 877) nur geringe Bedeutung. Er ist allerdings gem § 164a I StBerG auf die Prüfungsausschüsse der **StB-Prüfung** sinngemäß anzuwenden (BFH BStBl 83, 344; 04, 842). Außerdem gilt die Vor-

schrift für den Bewertungsbeirat gem § 63 BewG und den Gutachterausschuss gem § 67 BewG (s *HHSp/Söhn* § 82 Rz 119 iVm § 84 Rz 7, der zu Recht auf die auch insoweit fehlende praktische Bedeutung hinweist).

9 **7. Folgen der Verletzung.** Bei einer Verletzung der Vorschrift ergeben sich die Rechtsfolgen aus § 127, sodass nur bei **Ermessensentscheidungen** die Aufhebung des VA durch Einspruch erreicht werden kann; evtl kann auch Nichtigkeit nach § 125 angenommen werden, aber nur in den Fällen des § 82 I Nr 1 (§ 125 III Nr 2; s auch FG Nbg EFG 08, 1842), es sei denn, es liegen sonstige Nichtigkeitsgründe iSv § 125 vor.

§ 83 Besorgnis der Befangenheit

(1) [1] **Liegt ein Grund vor, der geeignet ist, Misstrauen gegen die Unparteilichkeit des Amtsträgers zu rechtfertigen oder wird von einem Beteiligten das Vorliegen eines solchen Grundes behauptet, so hat der Amtsträger den Leiter der Behörde oder den von ihm Beauftragten zu unterrichten und sich auf dessen Anordnung der Mitwirkung zu enthalten.** [2] **Betrifft die Besorgnis der Befangenheit den Leiter der Behörde, so trifft diese Anordnung die Aufsichtsbehörde, sofern sich der Behördenleiter nicht selbst einer Mitwirkung enthält.**

(2) **Bei Mitgliedern eines Ausschusses ist sinngemäß nach § 82 Abs. 3 zu verfahren.**

1 Die Fassung ist an § 42 II ZPO angelehnt und entspricht § 21 VwVfG; zur Ablehnung von Sachverständigen s § 96 Rz 3. § 83 I 1 schafft – anders als § 84 – **kein** förmliches **Ablehnungsrecht,** sondern stellt nur klar, dass der Verfahrensbeteiligte Befangenheit des Amtsträgers (s § 7) behaupten kann (BFH/NV 95, 758; FG BaWü StEd 08, 455). Der betr Amtsträger ist daher **nicht automatisch** von der Mitwirkung ausgeschlossen, sondern nur auf entspr Anordnung des Behördenleiters (aA *TK/Brandis* § 83 Rz 6). Dem Leiter des FA kann aber nicht durch einstweilige Anordnung aufgegeben werden, einen Amtsträger von der Mitwirkung in einem Steuerverfahren wegen der Besorgnis der Befangenheit auszuschließen (BFH BStBl 81, 634; BFH/NV 09, 1080).

2 Die Entscheidung des Behördenleiters ist **kein VA** ggü dem Verfahrensbeteiligten, sondern eine der endgültigen Entscheidung vorausgehende innerdienstliche Maßnahme. Es gibt daher kein selbständiges Rechtsmittel gegen die Entscheidung des Behördenleiters, den Befangenheitsantrag abzulehnen und damit den Amtsträger nicht auszuschließen (BFH BStBl 81, 634; BFH/NV 12, 1412; zweifelnd: BFH BStBl 02, 507; offen gelassen: BFH/NV 05, 1236). Der Stpfl hat nur die Möglichkeit, die Handlungen des nicht ausgeschlossenen Amtsträgers **im Verfahren gegen den VA,** der aufgrund dieses Handelns ergangen ist, gerichtlich nachprüfen zu lassen (BFH/NV 95, 758; FG Köln EFG 12, 1715; AEAO zu § 83 Nr 2; vgl *TK/Brandis* § 83 Rz 9; *Beyer* AO-StB 09, 290). Er kann dabei auch geltend machen, dass wegen der Mitwirkung eines befangenen Amtsträgers ein Verfahrensfehler vorliege. Es gilt allerdings § 127, sodass sich der Verfahrensfehler nur bei Ermessensentscheidungen auswirken kann, nicht aber bei gebundenen Entscheidungen wie StBescheiden (FG Mchn 4 V 3686/10, nv).

4 Ein Grund, der geeignet ist, Misstrauen gegen die Unparteilichkeit des Amtsträgers zu rechtfertigen, liegt vor, wenn ein Beteiligter von seinem Standpunkt aus **bei vernünftiger und objektiver Betrachtung** davon ausgehen darf, der Amtsträger werde nicht objektiv entscheiden. Unerheblich ist, ob ein solcher Grund wirklich vorliegt (FG SachsAnh EFG 98, 334). Eine bloß subjektive Besorgnis genügt nicht (BFH/NV 05, 921). Wegen näherer Einzelheiten wird auf das Schrifttum zu § 51 FGO verwiesen, da die Ablehnung wegen Besorgnis der Be-

fangenheit im Gerichtsverfahren eine wesentlich größere Rolle spielt (s ua *Gräber/Stapperfend* FGO, § 51 Rz 45 ff). § 83 tritt ergänzend neben § 82. Treten also besondere Umstände hinzu, können uU mittelbare Vor- oder Nachteile, die sich der Amtsträger verspricht und die nach § 82 I 2 kein Grund für einen Ausschluss sind (s § 82 Rz 4, 5), die Besorgnis der Befangenheit begründen (*Koenig/Wünsch* § 83 Rz 1; offen gelassen in BFH BStBl 04, 842 mwN).

§ 84 Ablehnung von Mitgliedern eines Ausschusses

[1]Jeder Beteiligte kann ein Mitglied eines in einem Verwaltungsverfahren tätigen Ausschusses ablehnen, das in diesem Verwaltungsverfahren nicht tätig werden darf (§ 82) oder bei dem die Besorgnis der Befangenheit besteht (§ 83). [2]Eine Ablehnung vor einer mündlichen Verhandlung ist schriftlich oder zur Niederschrift zu erklären. [3]Die Erklärung ist unzulässig, wenn sich der Beteiligte, ohne den ihm bekannten Ablehnungsgrund geltend zu machen, in eine mündliche Verhandlung eingelassen hat. [4]Für die Entscheidung über die Ablehnung gilt § 82 Abs. 3 Sätze 2 bis 4. [5]Die Entscheidung über das Ablehnungsgesuch kann nur zusammen mit der Entscheidung angefochten werden, die das Verfahren vor dem Ausschuss abschließt.

Die Relevanz der Vorschrift, die § 71 III VwVfG entspricht, ist nach Wegfall der 1
Steuerausschüsse (s § 82 Rz 7) gering. Bedeutung hat sie aber noch bei der sinngemäßen Anwendung auf die Prüfungsausschüsse der **StB-Prüfung** (vgl § 82 Rz 7; BFH BStBl 04, 842; FG BBg EFG 09, 51). Deshalb muss die Ablehnung von Mitgliedern des Prüfungsausschusses für die StB-Prüfung grds **vor dem Beginn** der Prüfung geltend gemacht werden (FG SachsAnh EFG 98, 334). Dies gilt allerdings nicht, wenn sich der Ablehnungsgrund erst aus dem Verhalten des Prüfers während der Prüfung ergibt (BFH BStBl 94, 333; BFH/NV 86, 57). Das gilt ferner nicht für eine schriftliche Prüfung, bei der den Prüflingen erst bei Einsichtnahme in die Prüfungsakten bekannt wird, wer ihre Prüfungsarbeiten korrigiert hat. Hier kann die Besorgnis der Befangenheit erst danach, ggf erst im Klageverfahren geltend gemacht werden (BFH/NV 94, 269; vgl auch FG SachsAnh EFG 98, 334). Eine Besorgnis der Befangenheit bei der schriftlichen Prüfung ist aber wegen des Anonymitätsgrundsatzes nur dann gegeben, wenn der Anonymitätsgrundsatz verletzt worden ist und sich daraus Gründe für eine Befangenheit eines Prüfers herleiten lassen (BFH/NV 94, 269). Bei einer Verletzung des § 84 ist die Prüfungsentscheidung aufzuheben.

S 2 schreibt **Schriftform** für den Ablehnungsantrag vor, allerdings nur bei Ab- 2
lehnung **vor** mündlicher Verhandlung. Ab Beginn der mündlichen Prüfung kann der Antrag auch mündlich gestellt werden.

Die Ablehnung ist nach **S 3** unzulässig, wenn sich ein Beteiligter trotz Kenntnis 3
der Ablehnungsgründe auf die mündliche Prüfung eingelassen hat; dies entspricht § 43 ZPO. Bei Unkenntnis bleibt Rügerecht bestehen (FG Hbg EFG 04, 1166).

3. Unterabschnitt. Besteuerungsgrundsätze, Beweismittel

I. Allgemeines

§ 85 Besteuerungsgrundsätze

[1]Die Finanzbehörden haben die Steuern nach Maßgabe der Gesetze gleichmäßig festzusetzen und zu erheben. [2]Insbesondere haben sie sicherzustellen, dass Steuern nicht verkürzt, zu Unrecht erhoben oder Steuererstattungen und Steuervergütungen nicht zu Unrecht gewährt oder versagt werden.

Schrifttum: *vor 2010 s 13. Aufl; Drüen* Kooperation im Besteuerungsverfahren, FR 11, 101; *Spindler* Kooperation im Besteuerungsverfahren, FR 11, 122; *Kaiser* Zur Terminologie „Risikomanagement" aus Sicht der Finanzverwaltungen, Ubg 12, 631; *Drüen* Risikomanagement im Besteuerungsverfahren, Europäische Perspektiven im Steuerrecht, Steuergerechtigkeit und Steuervereinfachung (Achter und Neunter Deutscher Finanzgerichtstag) Köln 2013, 253; *Eckhoff* Gleichmäßigkeit der Besteuerung, Leitgedanken des Rechts (Paul Kirchhof zum 70. Geburtstag) 2013, 1601; *Schmitt* Steuerverwaltung, Leitgedanken des Rechts (Paul Kirchhof zum 70. Geburtstag) 2013, 1743; *Hardeck* Kooperative Compliance Programme zwischen Finanzverwaltungen und Unternehmen, StuW 13, 156; *Kaiser* Die kooperativ ausgerichtete Konzernbetriebsprüfung in Niedersachsen, StBp 13, 1; *Kowalik* Das Risikomanagementsystem der Finanzverwaltung für Gewinneinkünfte, IWB 14, 406; *Ehrke-Rabel* Steuervollzug im Umbruch?, StuW 15, 101; *Seer* Modernisierung des Besteuerungsverfahrens, StuW 15, 315; *Seer* Verständigungen an der Schnittstelle von Steuer- und Steuerstrafverfahren, BB 15, 214; *Höng/Baumgartner* Nichtanwendungsgesetzgebung im Unternehmenssteuerrecht – Handlungsempfehlungen für die Praxis, Ubg 16, 751; *Seer/Hardeck* Strukturelle Implementierung kooperativer Verfahrenselemtente in das Unternehmenssteuerrecht, StuB 16, 366; *Breuer* Untauglicher Versuch: Das Risikomanagement in der Finanzverwaltung, FR 17, 335; *Roth* Verständigung in Steuer(straf)verfahren, Stbg 17, 124.

Übersicht

1 **1. Inhalt.** Die Vorschr ist eine Aufgabennorm (*TK/Seer* § 85 Rz 1) und Ausdruck des **Legalitätsprinzips,** nach dem die Behörde tätig werden muss (BFH BStBl 17, 393; 14, 225). § 85 ist vergleichbar mit §§ 152 II, 160 I StPO. § 85 überträgt die verfassungsrechtl **Grundsätze der Gesetzmäßigkeit** (Art 20 III GG) sowie der **Gleichmäßigkeit** (Art 3 I GG) auf das Besteuerungsverfahren (BFH BStBl 17, 393; 14, 225). Die FinBeh haben nach S 2 insbes sicherzustellen, dass Steuern nicht verkürzt, zu Unrecht erhoben oder StErstattungen und StVergütungen nicht zu Unrecht gewährt werden (so auch BFH BStBl 16, 822; 14, 225). Die Pflicht des Stpfl zur gesetzmäßigen StZahlung entspricht der Pflicht der FinBeh zur gesetzmäßigen StErhebung (BFH BStBl 17, 393). Die FinBeh sind mit dem Vollzug der StGesetze beauftragt und müssen daher die Besteuerungsvorgaben in strikter Legalität umsetzen und so Belastungsgleichheit gewährleisten (BVerfGE 84, 239). Die Vorschrift gilt für das gesamte Verfahren von der Erfassung der Stpfl über das Festsetzungs-, Erhebungs- und Vollstreckungsverfahren bis hin zum Einspruchsverfahren sowie Haftungsverfahren (FG BBg EFG 14, 989). Der Anwendungsbereich ist nicht auf konkrete Besteuerungsverfahren beschränkt, sondern erfasst auch die Aufdeckung und Erforschung unbekannter Steuerfälle (s Rz 15). Folgerichtig finden die §§ 85 ff (sogar mit gewissen Erweiterungen) nach § 208

auch im Bereich der StFahndung Anwendung, soweit es dort nicht um die Wahrnehmung der strafverfahrensrechtl Aufgabe geht (vgl BFH BStBl 07, 227; näher § 208 Rz 3ff).

2. Gleichmäßigkeit und Gesetzmäßigkeit der Besteuerung (Satz 1). a) Korrektur fehlerhafter Rechtsauffassung. Die Vorschr hat daher vielfältige Auswirkungen: So erfordert sie bei der Abschnittsbesteuerung zB, dass das FA in jedem VZ die einschlägigen Besteuerungsgrundlagen erneut zu prüfen und zu würdigen hat. Eine als falsch erkannte Rechtsauffassung muss das FA **zum frühestmöglichen Zeitpunkt aufgeben,** auch wenn der Stpfl auf diese Rechtsauffassung vertraut haben sollte (BFH BStBl 14, 302; 17, 472; BFH/NV 17, 36). Dies gilt auch im Einspruchsverfahren, sodass eine **Pflicht zur Verböserung** (nach entspr Verböserungshinweis gem § 367 II 2; s § 367 Rz 6) besteht, wenn das FA erkennt, dass seine bisherige Rechtsauffassung falsch war (FG Hbg BB 13, 150). Eine Pflicht zur Fehlerberichtigung besteht auch dann, wenn die fehlerhafte Rechtsauffassung in einem Prüfungsbericht zum Ausdruck gekommen ist (*Klass* DB 10, 2464, 2466). Eine Einschränkung des Grundsatzes der Abschnittsbesteuerung ergibt sich nur bei **verbindlichen Auskünften** iSv § 89 oder § 42e EStG bzw verbindlichen Zusagen gem § 204. Allerdings hat das FA dann die Möglichkeit, die Auskunft bzw Zusage aufzuheben (zB nach § 207 II) und sich hierbei auf § 85 zu berufen, wenn es die Rechtswidrigkeit der Auskunft bzw Zusage erkennt (s § 89 Rz 44ff). 2

b) Pflicht zur StFestsetzung und -erhebung. Aus § 85 ergibt sich die Pflicht, Steuern festzusetzen und zu erheben. Die FinBeh dürfen hierauf **nicht frei verzichten**, dh ohne gesetzliche Grundlage Steuern erlassen oder nicht erheben (BFH BStBl 17, 393); s hierzu auch Rz 8. Zugleich ergeben sich aus § 85 auch Konsequenzen für die Ausübung des Entschließungsermessens nach § 172 I Nr 1: Nicht erhobene Steuern sind somit innerhalb der Festsetzungsfrist **festzusetzen und nach zu erheben,** soweit dies nicht gegen Treu und Glauben verstößt (FG Köln EFG 14, 1061). Dies gilt auch für die Inanspruchnahme des Verkäufers bei der GESt, wenn der Käufer nicht zahlt (BFH BStBl 18, 24) oder für den Haftungsbescheid (FG BBg EFG 14, 989); ein Ermessensfehler liegt daher grds nicht vor, wenn sich aus der Begründung der Ermessensentscheidung ergibt, dass die Abgaben geschuldet werden und dass keine besonderen Gründe gegeben sind, die der Nachforderung entgegenstehen (BFH/NV 89, 335; vgl zur Begründung des Entschließungsermessens auch § 5 Rz 13). 3

c) Außenprüfungen. Das Interesse an einer gesetzmäßigen und gleichmäßigen StFestsetzung kann auch Vorrang vor dem Interesse an einem formal ordnungsgemäßen Verfahren haben: So besteht zwar grds ein sog einfaches **Verwertungsverbot,** wenn das FA eine Ap ohne wirksame Prüfungsanordnung durchgeführt hat oder die Prüfungsanordnung aufgrund eines Einspruchs aufgehoben worden ist; dieses einfache Verwertungsverbot gilt aber nicht bei erstmaliger StFestsetzung oder bei Änderung eines unter dem Vorbehalt der Nachprüfung ergangenen StBescheids (BFH BStBl 06, 400; s näher § 193 Rz 57). 5

Das Gebot einer gleichmäßigen Besteuerung wird etwa in der Weise umgesetzt, dass **Außenprüfungen** auch bei solchen Berufsgruppen durchgeführt werden, die einer Verschwiegenheitspflicht unterliegen, wie zB Rechtsanwälten (BFH BStBl 09, 579); s auch § 102 Rz 11ff. Auch die zeitnahe Ap iSv § 4a BpO (s hierzu § 194 Rz 33; *Risse* FR 11, 117) dient der Umsetzung des § 85. Dem Zweck des § 85 dienen ferner sog **betriebsnahe Veranlagungen,** die nicht ausdrücklich gesetzlich geregelt sind (s § 203 Rz 1a). Sie sind dem StFestsetzungsverfahren zuzuordnen und daher keine Ap (BFH BStBl 00, 306). Sie bezwecken eine punktuelle Sachverhaltsaufklärung im Rahmen eines Steuerermittlungsverfahrens an Ort und Stelle mit anschließender StFestsetzung, um unschlüssige StErklärungen und schwierige Sachverhaltsfragen an Ort und Stelle aufzuklären. Für sie gelten daher die allg Verfahrensvorschriften der §§ 85, 88, 90ff. Gleiches gilt für die USt- und 6

LSt-Nachschau gem § 27b UStG, § 42g EStG sowie für die Kassennachschau gem § 146b. Darüber hinaus sind die Grundsätze des § 85 auch durch Auswertung von Prüfungsfeststellungen umzusetzen (BFH BStBl 16, 353).

7 **d) Vergleiche und Verständigungen.** Vergleiche über den StAnspruch oder über Rechtsfragen sind im StRecht grds **unzulässig.** Jedoch ist eine Verständigung über schwierig zu ermittelnde Tatsachenfragen möglich (s näher § 78 Rz 5). Auch Verfahren zur vereinfachten Erhebung von Steuern wie zB das sog Düsseldorfer Verfahren für die Einkünfte von Prostituierten sind zulässig (FG Köln EFG 15, 622, bestätigt durch BFH BStBl 16, 730).

8 **e) Verwaltungserlasse.** Das FA darf **nicht durch Verwaltungserlasse Ausnahmen** von der gesetzlich vorgeschriebenen Beteuerung zulassen (BFH BStBl 17, 393; 14, 272; *Rößler* DStZ 98, 582). Jede vollständige oder teilweise Nichtfestsetzung gesetzlich entstandener Steuern muss durch Gesetz besonders zugelassen sein (BFH BStBl 18, 232, 236; 17, 393; 12, 782). Die Entscheidung über die Festsetzung oder Erhebung von Steuern darf nicht von der FinVerw im Wege einer Ermessensentscheidung ohne gesetzliche Grundlage getroffen werden; denn dann läge der StErlass allein im Ermessen der FinBeh. Dies wäre mit dem Legalitätsprinzip und dem Grundsatz der Gesetzmäßigkeit der Verwaltung nicht vereinbar (BFH BStBl 18, 232, 236; 17, 392). Auch Zweckmäßigkeitserwägungen können eine Abweichung vom Gesetz und damit ein Absehen von der gesetzlich vorgeschriebenen StFestsetzung und -erhebung grds nicht rechtfertigen (BFH BStBl 18, 232, 236; 17, 393). Die FinVerw darf derartige Erlasse daher weder veröffentlichen noch anwenden (s BFH BStBl 18, 232). Auch ein Gericht darf einer auf Erlass oder Stundung gerichteten Klage, die sich auf einen entsprechenden Verwaltungserlass ohne gesetzliche Grundlage stützt, nicht stattgeben.

Unter dem Gesichtspunkt der Gesetzmäßigkeit der Besteuerung ist es daher rechtswidrig, wenn sich die FinVerw mit einzelnen BMF-Schreiben immer wieder über den Wortlaut des Gesetzes hinwegsetzt, auch wenn dies zugunsten des Stpfl erfolgt, zB durch den **Sanierungserlass** v 27.3.2003, BStBl I, 240, dessen Rechtswidrigkeit der BFH nunmehr festgestellt hat (BFH BStBl 18, 232, 236; 17, 393). Auch das Festhalten des BMF an dem Sanierungserlass in Alt-Fällen (Sanierungsgewinne, die bis 8.2.2017 entstehen, vgl BMF 29.3.2018, BStBl 18, 588 sowie BMF 27.4.2017, BStBl I 17, 741) ist mit § 85 nicht vereinbar und kann nicht mit Vertrauensschutz gerechtfertigt werden (so BFH BStBl 18, 232, 236 zum BMF 27.4.2017, BStBl 17, 741). Ebenso wenig ist es unter rechtsstaatlichen Gesichtspunkten akzeptabel, dass durch BMF-Schreiben geplante Gesetzesänderungen bereits umgesetzt werden, **bevor das Gesetz in Kraft tritt** (so etwa BMF 28.12.2012, BStBl I 13, 53, zur geplanten – und dann gescheiterten – Änderung der §§ 43d–45 EStG durch das JStG 2013; BMF 19.12.2012, BStBl I, 1258, zur geplanten – und ebenfalls gescheiterten – Fortgeltung der LSt-Karte 2010 durch § 52b EStG idF des JStG 2013; kritisch zu dieser Vorgehensweise des BMF: *Rätke* BBK 13, 89). In vergleichbarer rechtswidriger Weise hatte das BMF die körperschaftsteuerliche Organschaft bei ausl Organgesellschaften mit Geschäftsleitung im Inland „über den Wortlaut der Regelungen des § 14 und § 17 KStG hinaus" anerkannt (BMF 28.3.2011, BStBl I, 300).

10 **f) Keine Gleichheit im Unrecht.** Kommen die FÄ ihrer Verpflichtung zur Rechtsanwendungsgleichheit nicht nach, ergibt sich daraus kein Anspruch des einzelnen Stpfl, dass auch ihm ggü zu seinen Gunsten unrechtmäßig verfahren wird. Es gibt nur eine Gleichheit im Recht und keine Gleichheit im Unrecht (BVerfGE 21, 245; 25, 229; BFH BStBl 89, 836). Ausnahmsweise kann allerdings ein sog **strukturelles Gesetzes- und Vollzugsdefizit** zur Verfassungswidrigkeit auch der materiellen Steuernorm führen. In diesem Fall kommt es zu einer gleichheitswidrigen Besteuerung, wenn der Gesetzgeber quasi in Kauf nimmt, dass das Gesetz ggü Stpfl, die keine wahrheitsgemäßen Angaben machen, nicht durchge-

setzt werden kann (BVerfG BStBl 91, 654; s auch BFH BStBl 03, 74 und dazu BVerfG BStBl 05, 56; näher § 93 Rz 3).

g) Fremdvergleich. Der BFH sieht zB in den §§ 85 und 88 die Rechtsgrundlage für das Erfordernis des sog Fremdvergleichs für die Anerkennung von Verträgen unter Angehörigen (BFH BStBl 17, 273; 15, 638; 09, 299; näher zum Erfordernis des Fremdvergleichs § 41 Rz 30 ff). 11

3. Sicherstellung der Steuererhebung (Satz 2). a) Überprüfung der Angaben des Stpfl. Das FA muss die Angaben der Stpfl auf Vollständigkeit und Richtigkeit überprüfen, sog Verifikationsprinzip (*TK/Seer* § 85 Rz 4). Dies erfordert zwar keine umfassende Prüfung jedes einzelnen Falls. Eine Kontrolle kann aber in Gestalt einer elektronischen Plausibilitätsprüfung, durch Stichproben oder aber durch Außenprüfungen erfolgen, wobei diese Kontrollen durch ein Risiko-Management (s Rz 25 und § 88 Rz 90 ff) unterstützt werden können. Außerdem sind bei Unstimmigkeiten Einzelfallprüfungen bzw Außenprüfungen oder betriebsnahe Veranlagungen geboten (s Rz 6). Zudem können die FinBeh Auskünfte und Unterlagen bei Dritten anfordern (BFH BStBl 16, 822). 13

b) Erforschung unbekannter Steuerfälle. Aus § 85 lässt sich ableiten, dass das FA auch **unbekannten StFällen** nachzugehen hat. Nur so kann die von § 85 geforderte Rechtsanwendungsgleichheit sichergestellt werden (BFH BStBl 16, 822; 14, 225). Nach § 85 iVm § 86 S 1 sind aber Ermittlungen ins Blaue hinein grds unzulässig (BFH BStBl 87, 484; 07, 227 mwN). Es muss aufgrund konkreter Momente oder aufgrund allgemeiner Erfahrung ein begründeter Anlass für die Ermittlungen gegeben sein (vgl § 93 Rz 6 und § 208 Rz 40 ff). Unter diesen Voraussetzungen sind zB Sammelauskunftsersuchen nach § 93 I aF bzw § 93 Ia nF zulässig (s BFH BStBl 16, 822, zu § 93 I aF, sowie § 93 Rz 30 ff). Ein konkreter Verdacht, dass Steuern verkürzt werden, ist **nicht** erforderlich (vgl BFH BStBl 68, 365, 369). Grenzen der Ermittlungsbefugnis können sich ergeben aus dem Grundsatz der pflichtgemäßen Ermessensausübung und dem Grundsatz der Verhältnismäßigkeit (s auch BFH/NV 13, 431). Schließlich kann auch die Verhinderung von StStraftaten geboten sein, zB durch Auskunftsersuchen der Steufa bei anderen Behörden (AEAO zu § 208 Nr 1 Buchst a; gleich lautende Ländererlasse v 28.1.2014, BStBl I, 538, Tz 6.3). 15

c) Kontrollmitteilungen. § 85 bildet auch die Grundlage für die Verpflichtung der FÄ zur Fertigung von Kontrollmitteilungen (vgl auch § 194 III). Es gehört zu dem Aufgabenbereich eines örtlich nicht zuständigen FA nach § 85 iVm § 88, dass es tatsächliche oder rechtl Kenntnisse, die ihm bei seiner amtlichen Tätigkeit bekannt geworden sind, dem örtlich zuständigen FA mitteilt (BFH BStBl 87, 440). Zu Kontrollmitteilungen anderer Behörden s § 93a; zu Kontrollmitteilungen der Banken s § 30a aF. 16

4. Grundsätze und Entwicklungen des Steuervollzugs. a) Maßvoller Gesetzesvollzug. Unter dem Grundsatz der Verhältnismäßigkeit iVm gleichmäßiger StFestsetzung und -erhebung ist auch der sog maßvolle Gesetzesvollzug zu rechtfertigen (vgl dazu *Buciek* DStZ 95, 513; *Seer* FR 97, 553; *Karl* DStZ 02, 598). Die Verwaltungskapazität reicht faktisch nicht aus, jeden materiellen Steueranspruch zu ermitteln und durchzusetzen (vgl *HHSp/Söhn* § 85 Rz 44, der dies als verfassungswidrig ansieht). Der maßvolle Gesetzesvollzug dient unter dem Gesichtspunkt der **Verhältnismäßigkeit** dem Ausgleich zwischen Gesetzmäßigkeit der Besteuerung, Rechtsanwendungsgleichheit und den betroffenen Freiheitsgrundrechten (*Seer* FR 97, 553; s auch *Drüen* FR 11, 101, 104 ff). 20

b) Tax-Compliance. In jüngerer Zeit geht die FinVerw zunehmend zu einer sog Tax-Compliance-Strategie über, bei der sie schwerpunktmäßig diejenigen Stpfl prüft, die ihre **Mitwirkungspflichten** wie zB die fristgerechte Abgabe von StErklärungen oder pünktliche Zahlung von Steuern verletzt haben (ausführ- 21 lich hierzu *Haunhorst* DStR 10, 2105). Tax-Compliance knüpft also an die (fehlende) Kooperation durch den Stpfl an (*TK/Seer* § 85 Rz 28). Allerdings ist es nicht zwingend, aus der pünktlichen Abgabe einer StErklärung auch auf deren Vollständigkeit und Richtigkeit zu schließen. Daher sind mE auch im Rahmen der Tax-Compliance-Strategie **regelmäßige Überprüfungen** der „korrekten" Stpfl geboten, um die StEhrlichkeit und ggf auch die Tax-Compliance-Strategie zu überprüfen (wie etwa beim Risiko-Management gem § 88 V 3 Nr 1, s § 88 Rz 98).

22 **c) Osnabrücker Modell.** Auch das sog Osnabrücker Modell ist mit § 85 AO nur eingeschränkt vereinbar: Bei diesem Modell wird eine noch nicht unterschriebene StErklärung eingereicht und von der Betriebsprüfungsstelle vorab geprüft (*Richter/Welling* FR 11, 123, 124; *Hermenau* FR 11, 120). Die mangels Unterschrift unverbindliche StErklärung und die sehr große Kooperation schränken jedoch die Verantwortlichkeit des Stpfl und die Kontrolle durch das FA zu sehr ein (glA *HHSp/Söhn* § 85 Rz 48). Damit droht, dass aus dem Legalitätsprinzip des § 85 ein Opportunitätsprinzip wird. Zudem können nicht alle Stpfl an diesem Modell teilnehmen, sodass eine unterschiedliche Besteuerung droht.

24 **d) Vorausgefüllte Steuererklärung.** Das Projekt „Vorausgefüllte Steuererklärung" (VaSt) soll dem Stpfl ermöglichen, seine bei der FinVerw gespeicherten Daten einsehen und abrufen zu können. Diesem Zweck dient § 93c, der zunächst die Übermittlung der Daten durch Dritte (zB Rentenversicherung) vorsieht, die dann über das ELSTER-Portal vom Stpfl oder dessen Bevollmächtigten abgerufen werden können (vgl www.elster.de/belegabruf). Dieser Zugriff kann auch durch den Bevollmächtigten erfolgen, wenn er nach § 80a I 2 eine Vollmacht nach dem amtlichen Muster übermittelt hat, die auch zum Datenabruf berechtigt (s § 80a Rz 7). Die VaSt beschränkt sich aber nur auf die der FinVerw nach § 93c elektronisch übermittelten Daten wie zB Krankenversicherungsbeiträge gem § 10 IIa EStG oder Rentenzahlungen gem § 22a EStG; diese Daten werden von der FinVerw in ein elektronisches StErklärungsformular eingespielt und können so vom Stpfl übernommen werden, wobei sich eine Prüfung der Daten empfiehlt (vgl *Eichhorn* DStR 13, 2722, 2723). Im Ergebnis ist die VaSt bislang nur eine „Ausfüllhilfe" (*Kleemann* DStR 13, 2721). Dieser Bereich kann künftig aber noch ausgebaut werden, indem noch weitere Daten wie zB KiSt-Zahlungen oder Zinsen auf StErstattungen bereitgestellt werden.

25 **e) Risiko-Management.** Mit § 85 AO grds vereinbar ist auch das sog **Risiko-Management,** bei dem es um eine Auswahl der näher zu prüfenden Fälle geht (s hierzu § 88 Rz 90 ff).

§ 86 Beginn des Verfahrens

[1]Die Finanzbehörde entscheidet nach pflichtgemäßem Ermessen, ob und wann sie ein Verwaltungsverfahren durchführt. [2]Dies gilt nicht, wenn die Finanzbehörde auf Grund von Rechtsvorschriften
1. von Amts wegen oder auf Antrag tätig werden muss,
2. nur auf Antrag tätig werden darf und ein Antrag nicht vorliegt.

Grds entscheidet das FA nach pflichtgemäßem Ermessen (§ 5), ob und wann es ein Verwaltungsverfahren durchführt. S 2 enthält Ausnahmen von diesem Grundsatz: Das FA **muss** nach **Nr 1** ein Verwaltungsverfahren durchführen, wenn es dazu aufgrund von Rechtsvorschriften entweder von Amts wegen oder auf Antrag (zB Kindergeld) verpflichtet ist. Das FA **darf** nach **Nr 2** ein Verwaltungsverfahren **nicht** einleiten, wenn es nur auf Antrag tätig werden darf und ein Antrag nicht vorliegt, zB auf InvZul gem § 7 InvZulG 2010, vgl BFH/NV 12, 1658. Eine Sonderregelung enthält § 355 für den Beginn des Einspruchsverfahrens, da dieses mit Einlegung des Einspruchs beginnt.

§ 87 Amtssprache

(1) **Die Amtssprache ist deutsch.**

(2) [1] **Werden bei einer Finanzbehörde in einer fremden Sprache Anträge gestellt oder Eingaben, Belege, Urkunden oder sonstige Dokumente vorgelegt, kann die Finanzbehörde verlangen, dass unverzüglich eine Übersetzung vorgelegt wird.** [2] **In begründeten Fällen kann die Vorlage einer beglaubigten oder von einem öffentlich bestellten oder beeidigten Dolmetscher oder Übersetzer angefertigten Übersetzung verlangt werden.** [3] **Wird die verlangte Übersetzung nicht unverzüglich vorgelegt, so kann die Finanzbehörde auf Kosten des Beteiligten selbst eine Übersetzung beschaffen.** [4] **Hat die Finanzbehörde Dolmetscher oder Übersetzer herangezogen, erhalten diese eine Vergütung in entsprechender Anwendung des Justizvergütungs- und -entschädigungsgesetzes.**

(3) **Soll durch eine Anzeige, einen Antrag oder die Abgabe einer Willenserklärung eine Frist in Lauf gesetzt werden, innerhalb deren die Finanzbehörde in einer bestimmten Weise tätig werden muss, und gehen diese in einer fremden Sprache ein, so beginnt der Lauf der Frist erst mit dem Zeitpunkt, in dem der Finanzbehörde eine Übersetzung vorliegt.**

(4) [1] **Soll durch eine Anzeige, einen Antrag oder eine Willenserklärung, die in fremder Sprache eingehen, zugunsten eines Beteiligten eine Frist gegenüber der Finanzbehörde gewahrt, ein öffentlich-rechtlicher Anspruch geltend gemacht oder eine Leistung begehrt werden, so gelten die Anzeige, der Antrag oder die Willenserklärung als zum Zeitpunkt des Eingangs bei der Finanzbehörde abgegeben, wenn auf Verlangen der Finanzbehörde innerhalb einer von dieser zu setzenden angemessenen Frist eine Übersetzung vorgelegt wird.** [2] **Andernfalls ist der Zeitpunkt des Eingangs der Übersetzung maßgebend, soweit sich nicht aus zwischenstaatlichen Vereinbarungen etwas anderes ergibt.** [3] **Auf diese Rechtsfolge ist bei der Fristsetzung hinzuweisen.**

Abs 2 S 4 geändert durch KostRMoG v 5.5.04 (BGBl I, 718).

1. Inhalt. Die Vorschrift regelt die Amtssprache und entspricht mit Ausnahme des Abs 2 S 1 dem § 23 VwVfG. Für das **gerichtliche** Verfahren erklärt § 184 GVG die deutsche Sprache als Gerichtssprache für verbindlich. 1

2. Deutsch als Amtssprache (Abs 1). Abs 1 stellt klar, dass bei amtlichen Mitteilungen, Entscheidungen, VA usw die deutsche Sprache zu verwenden ist. StBescheide zB sind daher in deutscher Sprache abzufassen, auch wenn sie an einen Ausländer gerichtet sind und dieser der deutschen Sprache nicht kundig ist; das gilt auch für die dem Bescheid beigefügte Rechtsbehelfsbelehrung (BFH/NV 10, 1239). Aus der Verwendung des Begriffs „Amtssprache" ergibt sich, dass die Angehörigen der Behörde nicht gehindert sind, ggf beim Umgang mit Ausländern sich in deren Sprache zu unterhalten; das Gleiche gilt für die Verteilung von Merkblättern in fremden Sprachen. Zur Wiedereinsetzung bei Fristversäumnis wegen Sprachschwierigkeiten s Rz 5 sowie § 110 Rz 17. 2

3. Verwendung einer Fremdsprache (Abs 2). Nach Abs 2 **S 1** ist es **grds unschädlich,** wenn bei einem FA Anträge oder Eingaben **in fremder Sprache** gestellt oder sonstige Urkunden vorgelegt werden. Das FA kann daher auch in einer fremden Sprache verhandeln, wenn der Amtsträger diese beherrscht (Nr 1 zu § 87 AEAO). 3

Das FA **kann** aber auch eine unverzügliche (dh ohne schuldhaftes Zögern) Übersetzung verlangen. Hiervon unterscheidet sich § 23 II 1 VwVfG, wonach die Behörde die Übersetzung verlangen soll. Übersetzungen sollen vom FA nur im

Rahmen des Notwendigen, nicht aber grds gefordert werden (Nr 1 zu § 87 AEAO). Zunächst soll das FA prüfen, ob eine Übersetzung durch eigene Bedienstete oder im Wege der Amtshilfe durch andere Behörden beschafft werden kann (Nr 1 zu § 87 AEAO). Im Ergebnis steht es damit im pflichtgemäßen Ermessen des FA, ob es eine Übersetzung verlangt. Bei dem Übersetzungsverlangen hat das FA die Grundsätze der Verhältnismäßigkeit und Zumutbarkeit zu beachten (vgl *Jung* StBp 91, 186). Das FA kann nach **S 2** in begründeten Fällen auch Vorlage einer beglaubigten Übersetzung verlangen.

Erst wenn die Übersetzung iSv S 1 bzw die beglaubigte Übersetzung iSv S 2 nicht unverzüglich vorgelegt wird, kann das FA nach **S 3 auf Kosten des Beteiligten** selbst eine Übersetzung beschaffen. Die Entschädigung des Übersetzers richtet sich gem **S 4** des Abs 2 nach dem JVEG.

4 **4. Fristlauf (Abs 3).** Abs 3 betrifft den Fall, dass durch eine Anzeige oder einen Antrag eine Frist in Lauf gesetzt werden soll. Diese Vorschrift hat für das StRecht nur eine geringe Bedeutung (vgl *BG/Schmieszek* § 87 Rz 17). Der Fristlauf beginnt erst mit dem Zeitpunkt, in dem dem FA eine Übersetzung vorliegt. Aus **Abs 2 S 2** ist zu entnehmen, dass in diesen Fällen das FA eine Übersetzung verlangen soll. Es dürfte aber auch zulässig sein, dass das FA auf Kosten des Beteiligten selbst eine Übersetzung beschafft (vgl **Abs 2 S 3**).

5 **5. Fristwahrung (Abs 4).** Abs 4 betrifft den Fall, dass eine **Frist zugunsten** eines Beteiligten ggü dem FA **gewahrt** werden soll, zB Antrag auf StFestsetzung oder Änderung der StFestsetzung vor Ablauf der Festsetzungsverjährung (§§ 169, 171 III). In diesem Fall ist es zwar unschädlich, wenn der entsprechende Antrag innerhalb der Frist in fremder Sprache abgegeben wird; Voraussetzung ist aber, dass nun innerhalb einer vom FA gesetzten angemessenen Frist eine Übersetzung vorgelegt wird. Angemessen ist die Frist, wenn die Übersetzung bis Fristablauf ohne unverhältnismäßigen Aufwand möglich und zumutbar ist (*HHSp/Söhn* § 87 Rz 80); mE wird je nach Geläufigkeit der Sprache eine Frist von zwei bis vier Wochen idR angemessen sein. Wird die Übersetzung nicht innerhalb der gesetzten Frist vorgelegt, gilt der Antrag nach Abs 4 S 1 erst im Zeitpunkt des Eingangs der Übersetzung als gestellt, wenn das FA auf diese Rechtsfolge gem Abs 4 S 2 hingewiesen hat; ist der Hinweis unterblieben, tritt kein Fristablauf ein.

In einer **Rechtsbehelfsbelehrung** zu einem an einen Ausländer gerichteten VA kann zwar, muss aber nicht auf die Möglichkeit des Abs 4 hingewiesen werden, den Einspruch fristwahrend in einer fremden Sprache einzulegen; denn dies gehört nicht zu den Mindestanforderungen an die Rechtsbehelfsbelehrung iSv § 356 I (FG Hbg EFG 04, 164; s § 356 Rz 14).

§ 87a Elektronische Kommunikation

(1) [1]**Die Übermittlung elektronischer Dokumente ist zulässig, soweit der Empfänger hierfür einen Zugang eröffnet.** [2]**Ein elektronisches Dokument ist zugegangen, sobald die für den Empfang bestimmte Einrichtung es in für den Empfänger bearbeitbarer Weise aufgezeichnet hat; § 122 Absatz 2a sowie die §§ 122a und 123 Satz 2 und 3 bleiben unberührt.** [3]**Übermittelt die Finanzbehörde Daten, die dem Steuergeheimnis unterliegen, sind diese Daten mit einem geeigneten Verfahren zu verschlüsseln.** [4]**Die kurzzeitige automatisierte Entschlüsselung, die beim Versenden einer De-Mail-Nachricht durch den akkreditierten Diensteanbieter zum Zweck der Überprüfung auf Schadsoftware und zum Zweck der Weiterleitung an den Adressaten der De-Mail-Nachricht erfolgt, verstößt nicht gegen das Verschlüsselungsgebot des Satzes 3.** [5]**Eine elektronische Benachrichtigung über die Bereitstellung von Daten zum Abruf oder über den Zugang elektronisch an die Finanzbehörden übermittelter Daten darf auch ohne Verschlüsselung übermittelt werden.**

(2) [1] Ist ein der Finanzbehörde übermitteltes elektronisches Dokument für sie zur Bearbeitung nicht geeignet, hat sie dies dem Absender unter Angabe der für sie geltenden technischen Rahmenbedingungen unverzüglich mitzuteilen. [2] Macht ein Empfänger geltend, er könne das von der Finanzbehörde übermittelte elektronische Dokument nicht bearbeiten, hat sie es ihm erneut in einem geeigneten elektronischen Format oder als Schriftstück zu übermitteln.

(3) [1] Eine durch Gesetz für Anträge, Erklärungen oder Mitteilungen an die Finanzbehörden angeordnete Schriftform kann, soweit nicht durch Gesetz etwas anderes bestimmt ist, durch die elektronische Form ersetzt werden. [2] Der elektronischen Form genügt ein elektronisches Dokument, das mit einer qualifizierten elektronischen Signatur versehen ist. [3] Bei der Signierung darf eine Person ein Pseudonym nur verwenden, wenn sie ihre Identität der Finanzbehörde nachweist. [4] Die Schriftform kann auch ersetzt werden
1. durch unmittelbare Abgabe der Erklärung in einem elektronischen Formular, das von der Behörde in einem Eingabegerät oder über öffentlich zugängliche Netze zur Verfügung gestellt wird;
2. durch Versendung eines elektronischen Dokuments an die Behörde mit der Versandart nach § 5 Absatz 5 des De-Mail-Gesetzes.

[5] In den Fällen des Satzes 4 Nummer 1 muss bei einer Eingabe über öffentlich zugängliche Netze ein sicherer Identitätsnachweis nach § 18 des Personalausweisgesetzes oder nach § 78 Absatz 5 des Aufenthaltsgesetzes erfolgen.

(4) [1] Eine durch Gesetz für Verwaltungsakte oder sonstige Maßnahmen der Finanzbehörden angeordnete Schriftform kann, soweit nicht durch Gesetz etwas anderes bestimmt ist, durch die elektronische Form ersetzt werden. [2] Der elektronischen Form genügt ein elektronisches Dokument, das mit einer qualifizierten elektronischen Signatur versehen ist. [3] Die Schriftform kann auch ersetzt werden durch Versendung einer De-Mail-Nachricht nach § 5 Absatz 5 des De-Mail-Gesetzes, bei der die Bestätigung des akkreditierten Diensteanbieters die erlassende Finanzbehörde als Nutzer des De-Mail-Kontos erkennen lässt. [4] Für von der Finanzbehörde aufzunehmende Niederschriften gelten die Sätze 1 und 3 nur, wenn dies durch Gesetz ausdrücklich zugelassen ist.

(5) [1] Ist ein elektronisches Dokument Gegenstand eines Beweises, wird der Beweis durch Vorlegung oder Übermittlung der Datei angetreten; befindet diese sich nicht im Besitz des Steuerpflichtigen oder der Finanzbehörde, gilt § 97 entsprechend. [2] Für die Beweiskraft elektronischer Dokumente gilt § 371a der Zivilprozessordnung entsprechend.

(6) [1] Soweit nichts anderes bestimmt ist, ist bei der elektronischen Übermittlung von amtlich vorgeschriebenen Datensätzen an Finanzbehörden ein sicheres Verfahren zu verwenden, das den Datenübermittler authentifiziert und die Vertraulichkeit und Integrität des Datensatzes gewährleistet. [2] Nutzt der Datenübermittler zur Authentisierung seinen elektronischen Identitätsnachweis nach § 18 des Personalausweisgesetzes oder nach § 78 Absatz 5 des Aufenthaltsgesetzes, so dürfen die dazu erforderlichen Daten zusammen mit den übrigen übermittelten Daten gespeichert und verwendet werden.

(7) [1] Wird ein elektronisch erlassener Verwaltungsakt durch Übermittlung nach § 122 Absatz 2a bekannt gegeben, ist ein sicheres Verfahren zu verwenden, das die übermittelnde Stelle oder Einrichtung der Finanzverwaltung authentifiziert und die Vertraulichkeit und Integrität des Datensatzes gewährleistet. [2] Ein sicheres Verfahren liegt insbesondere vor, wenn der Verwaltungsakt
1. mit einer qualifizierten elektronischen Signatur versehen und mit einem geeigneten Verfahren verschlüsselt ist oder

2. mit einer De-Mail-Nachricht nach § 5 Absatz 5 des De-Mail-Gesetzes versandt wird, bei der die Bestätigung des akkreditierten Diensteanbieters die erlassende Finanzbehörde als Nutzer des De-Mail-Kontos erkennen lässt.

(8) [1]**Wird ein elektronisch erlassener Verwaltungsakt durch Bereitstellung zum Abruf nach § 122a bekannt gegeben, ist ein sicheres Verfahren zu verwenden, das die für die Datenbereitstellung verantwortliche Stelle oder Einrichtung der Finanzverwaltung authentifiziert und die Vertraulichkeit und Integrität des Datensatzes gewährleistet.** [2]**Die abrufberechtigte Person hat sich zu authentisieren.** [3]**Absatz 6 Satz 2 gilt entsprechend.**

Abs 5 S 1 geändert durch AmtshilfeRLUmsG v 26.6.13 (BGBl I, 1809); Abs 1 S 4 angefügt, Abs. 3 S 2 neu gefasst, S 4 Nr 1 und S 5 angefügt, Abs 4 S 2 und 3 neu gefasst und S 4 angefügt durch G v 25.7.13 (BGBl I, 2749); Abs 1 S 2 geändert, S 5 angefügt, Abs 6 geändert sowie Abs 7 und 8 angefügt durch StModernG v 18.7.16 (BGBl I, 1679); Abs 3 S 2 geändert, S 3 neu gefasst, Abs 4 S 2 geändert und Abs 5 S 2 neu gefasst durch G v 18.7.17 (BGBl I, 2745).

Schrifttum: *vor 2010 s 13. Aufl; Wenzel* Keine Beihilfe zur Steuerhinterziehung durch Authentifizierung, NWB 12, 905; *Hagen* Verfahrensrechtliche Aspekte der elektronischen Kommunikation mit dem Finanzamt, StW 14, 90; *Lewandowski/Ackermann* Elektronische Kommunikation mit dem Finanzamt, DStR 14, 1646; *Baum* Modernisierung des Besteuerungsverfahrens – Teil 3: Neuerungen bei der elektronischen Kommunikation im Besteuerungsverfahren, NWB 16, 2778; *Braun Binder* Elektronische Bekanntgabe von Verwaltungsakten über Behördenportale, NVwZ 16, 342; *Ortwald* Elektronischer Steuerbescheid per einfacher E-Mail?, DStR 17, 477.

Übersicht

1 **1. Inhalt. a) Überblick.** Die Vorschr ist die grundlegende Bestimmung zur **Erleichterung elektronischer Kommunikation** zwischen den Bürgern und den FinBeh und damit Teil des sog E-Government. § 87a regelt insbes die Arten der elektronischen Kommunikation, die Zulässigkeit, den Zugang eines elektronischen Dokuments und die Verschlüsselung.

2 § 87a ist 2002 (G v 21.8.2002, BGBl I, 3322) eingeführt worden; vergleichbare Regelungen enthalten § 3a VwVfG und § 36a SGB I. Zahlreiche Vorschriften nehmen entweder auf § 87a Bezug oder ermöglichen nun ebenfalls die elektronische Kommunkation mit der FinBeh (zB §§ 80, 80a, 122, 122a, 356, 357), auch Vorschriften außerhalb der AO (zB § 61 UStDV; § 18h UStG, § 19 GrEStG). § 87a ist mehrfach geändert worden (s 13. Aufl Rz 1), so etwa durch das ModernisierungsG v 18.7.2016, durch das auch die §§ 87b bis 87e sowie §§ 93c, 93d ein-

geführt worden sind, die ebenfalls die elektronische Kommunikation und Datenübermittlung regeln, und zuletzt durch das eIDAS-DurchführungsG v 18.7.2017, durch das die Aufhebung des SignaturG berücksichtigt worden ist. Die Änderungen des § 87a durch das StModernG gelten grds ab 1.1.2017 (s aber Rz 46 zur Anwendbarkeit des Abs 6) und betreffen insbes die Aufhebung der Verordnungsermächtigung in Abs 6 durch eine Regelung zur Anwendbarkeit des ELSTER-Verfahrens, wie sie bislang in § 150 VI S 3 und 4 enthalten war.

b) Kritik. Die Vorschrift ist **misslungen.** Denn sie vermischt technische Ein- 3
zelheiten wie zB die Erwähnung eines Eingabegerätes in Abs 3 S 3 Nr 1 oder eines akkreditierten Diensteanbieters in Abs 4 S 3 mit allg Begriffen wie dem „geeigneten Verfahren" in Abs 1 S 3. Zudem lässt der Gesetzgeber unverändert drei verschiedene Verfahren zu, von denen sich bereits zwei Verfahren in der Praxis nicht durchgesetzt haben. Weder die qualifizierte elektronische Signatur noch die DE-Mail-Nachricht sind praxisrelevant. Einzig und allein ELSTER, das auch von der DATEV verwendet wird, hat sich in der Praxis als „anderes sicheres Verfahren" durchgesetzt (s Rz 47); insoweit wird § 87a aber durch § 150 VI ff (vgl § 150 Rz 70 ff) überlagert. Des Weiteren tragen die permanenten Änderungen des § 87a (s Rz 2) nicht zur Rechtssicherheit bei; zudem wird die Datenübermittlung durch Dritte wie zB Krankenversicherungen gesondert in § 93c geregelt (zur Kritik an § 93c s § 93c Rz 5). Schließlich ist auch der Begriff der Schriftform in Abs 3 nicht identisch mit dem von § 357 I 1 verwendeten Begriff „schriftlich" (BFH BStBl 15, 790; s auch § 357 Rz 5).

c) Elektronische Kommunikation. Insgesamt gibt es vier Möglichkeiten der 5
elektronischen Kommunikation: **(1)** die elektronische Kommunikation **in vereinfachter Form,** dh ohne qualifizierte elektronische Signatur (zB E-Mail), die neben der schriftlichen und anderen Formen der Kommunikation zwischen Bürgern und Finanzbehörden zulässig ist (s Rz 10); **(2)** die Übermittlung nur mit einer **qualifizierten elektronischen Signatur,** die grds vorgesehen ist, soweit die AO (zB § 87a III 2, IV 2) oder Einzelsteuergesetze die Schriftform vorschreiben (s Rz 25 ff); **(3)** die **Nutzung elektronischer Formulare,** die von der FinVerw bereit gestellt werden, zB ELSTER (Rz 47); **(4)** die sog **De-Mail** nach dem De-Mail-G (s Rz 30). Die elektronische Kommunikation kann allerdings im Einzelfall durch Gesetz ausgeschlossen sein (s Rz 26).

**2. Übermittlung elektronischer Dokumente (Abs 1 S 1). a) Elektroni- 10
sche Dokumente.** Dokumente sind elektronisch iSv § 87a, wenn sie elektronisch erstellt, übermittelt und vom Empfänger elektronisch geöffnet werden. Hierzu gehören **E-Mails** und **elektronische StErklärungen, nicht** aber **Telefax** oder **Computer-Fax** (bzw sog Ferrari-Fax), bei dem der Absender eine E-Mail an ein Rechenzentrum übermittelt, wo die E-Mail in ein Fax umgewandelt, an den Empfänger gesendet und bei diesem ausgedruckt wird (BFH BStBl 14, 748; BFH/NV 15, 657; s auch AEAO zu § 87a Nr 4); insoweit gilt also nicht die Zugangsregelung des Abs 1 S 2 und auch nicht die grds Verpflichtung zur Verwendung einer qualifizierten elektronischen Signatur.

b) Übersender. Abs 1 S 1 erlaubt grds die Übermittlung elektronischer Do- 11
kumente **sowohl** durch den **Stpfl als auch** durch das **FA.** Die elektronische Übermittlung iSv Abs 1 kann in vereinfachter Form (zB E-Mail) geschehen (s Rz 5). Verpflichtet werden zur elektronischen Kommunikation kann der Stpfl aber nur durch besondere gesetzliche Regelung, zB für EStErklärungen gem § 25 III EStG oder USt-Jahreserklärungen gem § 18 III UStG (s § 150 Rz 11). § 87a begründet also keine Pflicht zur elektronischen Kommunikation (AEAO zu § 87a Nr 1.3).

c) Voraussetzungen. Voraussetzung für die Verwendung der elektronischen 12
Übermittlungsform ist immer, dass der **Empfänger** (FA oder Stpfl) **hierfür einen Zugang eröffnet.** Die Zugangseröffnung kann durch ausdrückliche Erklärung

oder konkludent sowie generell oder nur für bestimmte Fälle erfolgen (AEAO zu § 87a Nr 1.1). So erklärt ein **FA,** das eine E-Mail-Adresse angibt, damit konkludent die Eröffnung des Zugangs. Bei **natürlichen oder juristischen Personen,** die eine gewerbliche oder berufliche Tätigkeit selbständig ausüben, geht die AEAO zu § 87a Nr 1.2 S 1 von einer Zugangseröffnung aus, wenn diese Person auf einem im Verkehr mit dem FA verwendeten Briefkopf, in einer StErklärung oder in einem Antrag an das FA ihre E-Mail-Adresse angegeben oder sich per E-Mail an das FA gewandt hat. Nur bei Stpfl, die keine gewerbliche oder berufliche Tätigkeit selbständig ausüben, verlangt die FinVerw eine ausdrückliche, nicht formgebundene Zugangseröffnung (AEAO zu § 87a Nr 1.2 S 2).

Soweit eine Pflicht zur elektronischen Übermittlung von StErklärungen oder sonstigen Mitteilungen (zB nach § 93c) oder Daten besteht, wird der Zugang mit der Bereitstellung der Schnittstelle nach § 87b II eröffnet (AEAO zu § 87a Nr 1.4). Bei der elektronischen Übermittlung von StErklärungsdaten sind auch Abs 6, §§ 87b bis 87d sowie § 150 I 1 Nr 4 S 2 zu beachten.

15 **3. Zugang (Abs 1 S 2).** Zugegangen ist das elektronische Dokument nach **Abs 1 S 2,** sobald es das Empfangsgerät in bearbeitbarer Weise aufgezeichnet hat, dh das Dokument gelesen und gespeichert werden kann. Auf die Möglichkeit zur **Weiterverarbeitung,** die zB bei schreibgeschützten Dateien ausgeschlossen sein kann, kommt es nicht an (*TK/Brandis* § 87a Rz 8; aA *Burchert* Inf 03, 179). Unerheblich ist auch, ob und wann der Empfänger das Dokument in seinem Bildschirm aufruft oder sich ausdrucken lässt. Allerdings gilt nach dem FG Nds (EFG 14, 1257) eine im Verfahren „ELSTER I“ (zum Begriff s Rz 47) übermittelte StErklärung erst dann als zugegangen, wenn die komprimierte schriftliche StErklärung mit der Telenummer beim FA eingegangen ist; denn nur mit Hilfe der Telenummer kann das FA das elektronische Dokument öffnen. Dem FG ist mE nicht zuzustimmen, weil es sich bei der Telenummer um eine technische Selbstbeschränkung handelt, die an der Aufzeichnung des Dokuments und generellen Bearbeitbarkeit nichts ändert; zur Frage der Wiedereinsetzung s § 110 Rz 25. Bei der elektronischen Übermittlung eines VA gilt die Zugangsvermutung des § 122 IIa (s Rz 50 und § 122 Rz 70); die Bereitstellung eines VA zum Datenabruf richtet sich nach § 122a (s hierzu Rz 51).

Der durch das StModernG v 18.7.2016 eingefügte 2. HS in S 2 stellt klar, dass die **gesetzlichen Bekanntgabefiktionen** in den §§ 122 IIa, 122a sowie § 123 S 2 und 3 unberührt bleiben und nicht durch einen tatsächlichen früheren Zugang nach Abs 1 S 2 1. HS unterlaufen werden; auch die im Rahmen der Bekanntgabe entwickelten Grundsätze zur Widerlegbarkeit der Bekanntgabefiktion bei verspätetem Zugang oder Nicht-Zugang eines VA bleiben anwendbar (BT-Drs 18/7457, 64; AEAO zu § 87a Nr 2.2).

17 **4. Verschlüsselung (Abs 1 S 3 bis 5).** Die FinBeh muss nach **S 3** die Daten, die dem StGeheimnis unterliegen, verschlüsseln; dies ergibt sich aber bereits aus § 30. Verstoß gegen das Verschlüsselungsverbot führt nicht zur Unwirksamkeit der Übermittlung (FG Köln EFG 16, 159; *Ortwald,* DStR 17, 477 f), kann aber wegen Verletzung des StGeheimnisses iSv § 30 nach § 355 StGB strafbar sein. Von dem Verschlüsselungsgebot gibt es **zwei Ausnahmen,** die in S 4 und S 5 enthalten sind: So ist nach **S 4** eine kurzzeitige automatisierte Entschlüsselung durch den akkreditierten Anbieter iSv § 17 De-Mail-G zwecks Überprüfung auf Schadsoftware unschädlich, da die Entschlüsselung und erneute Verschlüsselung (sog Umschlüsselung) in einer vom Bundesamt für Sicherheit in der Informationstechnik zertifizierten Sicherheitsumgebung erfolgt (BT-Drs 17/11473, 51 und 44 f). Die Regelung in S 4 wird durch § 30 VII flankiert. Nach dem durch das StModernG v 18.7.2016 eingefügten **S 5** braucht eine bloße Benachrichtigung, dass Daten zum Abruf bereitgestellt worden sind, sowie eine Zugangsbestätigung, dass die vom Stpfl elektronisch übermittelten Daten bei der FinBeh eingegangen sind, nicht

verschlüsselt zu werden. Denn diese Benachrichtigungen enthalten keine schützenswerten Daten.

5. Bearbeitbarkeit der Datei (Abs 2). Kann der Empfänger (FA oder Stpfl) das Dokument wegen der Verwendung unterschiedlicher Systeme oder aus sonstigen Gründen **objektiv nicht bearbeiten,** dh nicht öffnen, ist es nach Abs 2 S 1 **nicht zugegangen.** Will also der Stpfl zB mit der elektronischen Übermittlung an das FA eine Frist wahren, sollte er vorher die Kompatibilität der verwendeten Systeme abklären, da er sonst die Frist versäumen könnte. Unter den Voraussetzungen des § 110 kann allerdings eine Wiedereinsetzung in den vorigen Stand in Betracht kommen. Dabei dürfen die Anforderungen nicht überspannt werden, da die elektronische Übermittlung von Dokumenten hinsichtlich der Bearbeitbarkeit (zB Lesbarkeit, Probleme beim Öffnen einer Datei) immer noch fehleranfällig ist. Kein Problem der Bearbeitbarkeit ist die Möglichkeit der Weiterverarbeitung der Datei (s Rz 15) oder ein subjektives Unvermögen des Empfängers zur Bearbeitung, weil er für die Bearbeitung zB nicht genügend ausgebildet ist: In diesen Fällen ist der Zugang also zu bejahen. Gleiches gilt mE für das Verfahren nach ELSTER I, in dem die FinVerw bewusst eine Bearbeitung erst nach Übersendung der Telenummer zulässt; hier ist der Zugang bereits mit Eingang der elektronischen StErklärung erfolgt (s Rz 15). 20

6. Ersetzung der Schriftform durch elektronische Form (Abs 3). a) Zulässigkeit der Ersetzung (Abs 3 S 1). Nach Abs 3 S 1 können Anträge, Erklärungen oder Mitteilungen des Stpfl an das FA, für die das Gesetz die Schriftform vorschreibt, durch die elektronische Form ersetzt werden können, ohne dass es einer besonderen Regelung in dem Gesetz bedarf, das die Schriftform vorschreibt; dies folgt an sich schon aus Abs 1, sodass die Regelung in Abs 3 S 1 insoweit überflüssig ist. 25

Ausgeschlossen ist die Ersetzung der Schriftform durch die elektronische Form aber dann, wenn eine ausdrückliche Regelung dies vorsieht wie insbes im Vollstreckungsrecht (zB § 224a II 1 2. HS, § 244 I 3 2. HS, § 309 I 2, § 324 II 3). Eine Ersetzung ist ferner ausgeschlossen, wenn Anträge, Anzeigen usw „auf amtlich vorgeschriebenem Vordruck" zu stellen bzw zu erstatten sind (zB § 46 III, § 138 I AO, der jedoch durch § 138 Ia eingeschränkt wird, § 50d I 3 2. HS EStG). 26

Die Ersetzung durch eine elektronische Form ist nur zulässig, wenn die **Schriftform durch Gesetz angeordnet ist.** Dies ist durch Auslegung zu ermitteln, falls das Gesetz nicht ausdrücklich eine Schriftform verlangt (BFH BStBl 15, 790; FG Köln EFG 16, 159). Eine Schriftform wird insbes dann angeordnet, wenn das Gesetz eine Unterschrift oder eigenhändige Unterschrift verlangt. Verlangt der Gesetzgeber nur eine schriftliche Übersendung, so kann dies analog § 126 I BGB für ein Unterschriftserfordernis und damit für die Anordnung einer Schriftform sprechen (vgl AEAO zu § 87a Nr 3.2.2). Auch für die Erteilung von StBescheiden wird die Schriftform angeordnet (aA FG Köln EFG 16, 159). 27

b) Qualifizierte elektronische Signatur (Abs 3 S 2). Nach Abs 3 S 2 bedarf es für die Ersetzung der Schriftform einer **qualifizierten elektronischen Signatur;** weitere Möglichkeiten der Ersetzung ergeben sich aus S 4 (s Rz 30). Die bisherige Bezugnahme auf das Signaturgesetz ist durch das G v 18.7.2017 (BGBl I, 2745) aufgehoben worden, da das Signaturgesetz durch Art 12 I Nr 1 das G v 18.7.2017 aufgehoben worden ist; der Begriff der qualifizierten elektronischen Signatur ergibt sich nunmehr unmittelbar aus der VO (EU) 910/2014 v 23.7.2014 (BT-Drs 266/17, 49). Die qualifizierte elektronische Signatur dient dem Nachweis der Urheberschaft (Authentizität) und dem Schutz vor nachträglicher Veränderung (Integrität; vgl BFH BStBl 14, 748). Bei Verwendung einer qualifizierten elektronischen Signatur muss der Name des Stpfl mit dem Namen des im Zertifikat angegebenen Signaturschlüssel-Inhabers identisch sein. Außerdem ist die Einschaltung einer Zertifizierungsstelle sowie die Anschaffung eines Chipkartenlesegerätes erfor- 28 derlich, sodass sich das Signaturverfahren bislang nicht durchgesetzt hat (*Lewandowski/Ackermann* DStR 14, 1646, 1649, unter Hinweis auf BR-Drs 557/12, 29). Die Signierung mit einem Pseudonym ist nach **Abs 3 S 3** nur zulässig, wenn die Person, die das Pseudonym verwendet, sich ggü dem FA indentifiziert hat. Das bisherige Verbot der Signierung mit einem Pseudonym ist durch das G v 18.7.2017 aufgehoben worden, da es gegen Art 5 II der VO (EU) 910/2014 verstieß (BT-Drs 266/17, 49). Die Signierung mit einem Wahlnamen, dem die Funktion des bürgerlichen Namens zukommt, wird von der FinVerw allerdings akzeptiert (AEAO zu § 87a Nr 3.4).

29 Vom Signaturerfordernis iSv S 2 gibt es aber **Ausnahmen:** So bedarf es nach § 357 I 1 bei elektronischer Einlegung eines Einspruchs abweichend von § 87a III 2 keiner qualifizierten elektronischen Signatur (BFH BStBl 15, 790; AEAO zu § 357 Nr 1). Bei Abgabe von StErklärungen ist § 150 VI zu beachten (s § 150 Rz 70 ff). Weitere Einzelheiten werden durch §§ 87b ff geregelt.

30 **Alternativen** zur qualifizierten elektronischen Signatur ergeben sich seit dem 1.7.2014 aus **S 4 und 5** idF des G v 25.7.2013 (BGBl I, 2749): So kann der Stpfl nach S 4 **Nr 1** ein **elektronisches Formular** verwenden, das zB die FinVerw auf ihrer Internetseite bereit gestellt hat (zB www.elsteronline.de); zusätzliche Voraussetzung ist nach S 5 aber ein sicherer Identitätsnachweis iSv § 18 PersonalausweisG oder § 78 V AufenthaltsG. Nach S 4 **Nr 2** kann der Stpfl sein Dokument auch per **De-Mail** versenden; dabei handelt es sich um eine nach Ansicht des Gesetzgebers besonders sichere Form der E-Mail, die durch das De-Mail-G v 28.4.2011 (BGBl I, 666) idF des G v 25.7.2013 (BGBl I, 2749) geregelt wird, sich in der Praxis aber nicht durchgesetzt hat. Zugelassen ist nach Nr 2 nur die Versandart nach § 5 V De-Mail-G. Hierzu muss der Diensteanbieter das Schriftstück mit einer qualifizierten elektronischen Signatur gem § 5 V 3 De-Mail-G versehen.

35 **7. Ersetzung der Schriftform bei Verwaltungsakten (Abs 4).** Abs 4 enthält die spiegelbildlichen Regelungen zu Abs 3 für VA oder sonstige Maßnahmen des **FA.** Die Ausführungen zu Abs 3 (Rz 25 ff) gelten deshalb mit Ausnahme des Abs 3 S 4 Nr 1 entsprechend, wenn das FA einen VA, für den das Gesetz die Schriftform anordnet, dem Stpfl elektronisch übermitteln will: Das elektronische Dokument ist dann entweder nach Abs 4 **S 2** mit einer **qualifizierten elektronischen Signatur** zu versehen oder nach Abs 4 **S 3** per **De-Mail** nach § 5 V des De-Mail-G zu versenden (s auch § 119 III 4); der bisherige Verweis in S 2 auf das Signaturgesetz ist durch G v 18.7.2017 aufgehoben worden, da das Signaturgesetz aufgehoben worden ist (s Rz 28). Verstoß gegen diese Formerfordernisse führt zur Unwirksamkeit des VA (s auch § 125 Rz 6). Nicht zu folgen ist der Auffassung des FG Köln (EFG 16, 159), wonach StBescheide bis zum Inkrafttreten des ModernisierungsG v 18.7.2016 durch einfache E-Mail übermittelt werden konnten; denn § 157 I 1 sah die schriftliche Erteilung eines StBescheids vor und ordnete damit die Schriftform an; daher waren die Voraussetzungen des Abs 4 S 2 und 3 des § 87a zu beachten. Die elektronische Übermittlung eines VA nach § 122 IIa muss nunmehr – seit dem Inkrafttreten des ModernisierungsG v 18.7.2016 – die Anforderungen des Abs 7 erfüllen. Bei Bekanntgabe eines VA durch Bereitstellung zum Datenabruf gem § 122a sind die Anforderungen des Abs 8 zu beachten. Eine Übermittlung oder ein Abruf des Bescheids per E-Mail genügt weder den Anforderungen des Abs 7 noch des Abs 8.

Für **aufzunehmende Niederschriften** wird das Regel-Ausnahmeverhältnis durch **Abs 4 S 4** umgedreht. Hier kann die Schriftform nur durch die elektronische Form ersetzt werden, wenn dies durch Gesetz ausdrücklich zugelassen ist.

40 **8. Beweis durch elektronische Dokumente (Abs 5).** Nach Abs 5 **S 1** kann ein elektronisches Dokument **Gegenstand eines Beweises** sein. S 1 entspricht § 371 I 2 und II ZPO. Der Beweis wird durch Vorlage oder Übermittlung der Datei erbracht. Wenn die Datei nicht im Besitz des Stpfl oder des FA ist, hat das

FA nach § 97 entsprechende Rechte (s § 97 Rz 8 und 24). Zum Hintergrund der Änderung des S 1 durch das AmtshilfeRLUmsG v 26.6.2013 (BGBl I, 1809) s 13. Aufl Rz 7.

Nach Abs 5 **S 2** gilt für die Beweiskraft eines elektronischen Dokuments § 371a ZPO entsprechend. Abs 5 S 2 ist durch G v 18.7.2017 geändert worden, da das Signaturgesetz aufgehoben worden ist (s Rz 28). Nach § 371a I 2 ZPO bedarf es ernstlicher Zweifel, um den Anschein der Echtheit der Signatur zu erschüttern. Insoweit gelten die Grundsätze der AdV nach § 361 II 2: Der Anscheinsbeweis ist also erschüttert, wenn die Wahrscheinlichkeit, dass das Dokument **nicht** mit dem Willen des Signaturschlüssel-Inhabers versendet wurde, mindestens ebenso hoch ist wie die Wahrscheinlichkeit, dass das Dokument vom Signaturschlüssel-Inhaber übermittelt wurde. 41

9. Datenübermittlung an FinBeh (Abs 6). Abs 6 wurde durch das ModernisierungsG v 18.7.2016 neu geregelt. Die bisherige Regelung enthielt eine Ermächtigung zum Erlass einer RechtsVO, durch die von den strengen Anforderungen an eine qualifizierte elektronische Signatur abgewichen werden durfte. Von dieser Ermächtigung war durch die Steuerdaten-Übermittlungsverordnung – StDÜV – v 28.1.2003 (BGBl I, 139) Gebrauch gemacht worden. 45

Durch Art 23 I 2 des StModernG ist die StDÜV mWv 1.1.2017 grds aufgehoben worden (s aber nachfolgenden Hinweis zu Art 97 § 27 EGAO). Zugleich ist Abs 6 geändert worden, indem die bisherige Regelung von § 150 VI 3 und 4 sowie die Anforderungen des § 1 III, § 6 I StDÜV in § 87a VI übernommen werden; weiterhin ist neben der StDÜV auch die bisherige Regelung in § 150 VI 3 und 4 entfallen. Nach **Art 97 § 27 I 1 EGAO** gilt Abs 6 erstmals, wenn Daten nach dem 31.12.2016 aufgrund gesetzlicher Vorschriften nach amtlich vorgeschriebenem Datensatz an FinBeh zu übermitteln sind oder freiwillig übermittelt werden. Für Daten, die vor dem 1.1.2017 zu übermitteln sind oder freiwillig übermittelt werden, gelten § 150 VI und VII aF sowie die StDÜV weiter (Art 97 § 27 I 2 EGAO). 46

Die Neuregelung ermöglicht statt der qualifizierten elektronischen Signatur iSv Abs 3 S 2 ein anderes „sicheres" Verfahren, das den Datenübermittler (Stpfl oder Bevollmächtigten) authentifiziert und die Vertraulichkeit und Integrität des übermittelten Datensatzes gewährleistet. Dies gilt nicht nur für StErklärungen, sondern für **sämtliche Daten,** die mittels amtlichen Datensatzes **an die FinBeh** zu übermitteln sind, zB Vollmachten iSv § 80a, Mitteilungen iSv § 93c, E-Bilanzen gem § 5b EStG, die Anlage EÜR gem § 60 EStDV, Freistellungsdaten iSv § 45d EStG oder Daten im Rahmen der Altersvorsorgezulage gem § 91 EStG (BT-Drs 18/7457, 65). Unbeachtlich ist, ob eine Pflicht zur elektronischen Datenübermittlung besteht (BT-Drs 18/7457, 65). Für die Datenübermittlung an den Stpfl bzw Bevollmächtigten gelten die Abs 7 und 8.

Mit dem in Abs 6 S 1 genannten sicheren Verfahren ist insbes das ELSTER-Verfahren gemeint, das einen der qualifizierten elektronischen Signatur vergleichbaren Standard gewährleistet. Durch ELSTER können StErklärungen in authentifizierter Form (sog **ELSTER II,** dh eine Übersendung des unterschriebenen komprimierten Ausdrucks ist nicht mehr erforderlich) oder in nicht authentifizierter Form (sog **ELSTER I,** der komprimierte Ausdruck der StErklärung muss noch unterschrieben und an das FA übersendet werden) dem FA übermittelt werden (zu Einzelheiten s *Lewandowski/Ackermann* DStR 14, 1646, 1652); bei den meisten StErklärungen ist nunmehr aber eine authentifizierte Übersendung und damit ELSTER II erforderlich. **S 2** des neuen Abs 6 erlaubt eine Speicherung der Daten, die die Identität des Datenübermittlers betreffen. 47

10. Elektronische Übermittlung eines VA (Abs 7). Der durch das StModernG v 18.7.2016 eingeführte Abs 7 betrifft die technischen Anforderungen an die elektronische Übermittlung eines VA, insbes StBescheids, nach § 122 IIa. Hier ist nach S 1 ein sicheres Verfahren wie bei Abs 6 S 1 zu verwenden (s Rz 47); dies 50 soll dem Datenschutz dienen (BT-Drs 18/7457, 65). **S 2** geht bei der Verwendung einer qualifizierten elektronischen Signatur oder einer Übermittlung per De-Mail von einem sicheren Verfahren aus.

51 **11. Bereitstellung eines VA zum Datenabruf (Abs 8).** Der ebenfalls durch das StModernG eingeführte Abs 8 bezieht sich auf § 122a, der die Bereitstellung eines VA durch Datenabruf regelt. S 1 stellt die gleichen Anforderungen an das technische Verfahren wie Abs 7 S 1 und Abs 6 S 1 (s Rz 47). Zudem verweist S 3 auf Abs 6 S 2 (s Rz 47). Gefordert wird iE ein SSL-Zertifikat (BT-Drs 18/7457, 65) und nach S 2 eine Authentifizierung der zum Datenabruf berechtigten Person.

§ 87b Bedingungen für die elektronische Übermittlung von Daten an Finanzbehörden

(1) [1]**Das Bundesministerium der Finanzen kann in Abstimmung mit den obersten Finanzbehörden der Länder die Datensätze und weitere technische Einzelheiten der elektronischen Übermittlung von Steuererklärungen, Unterlagen zur Steuererklärung, Daten über Vollmachten nach § 80a, Daten im Sinne des § 93c und anderer für das Besteuerungsverfahren erforderlicher Daten mittels amtlich vorgeschriebener Datensätze bestimmen.** [2]**Einer Abstimmung mit den obersten Finanzbehörden der Länder bedarf es nicht, soweit die Daten ausschließlich an Bundesfinanzbehörden übermittelt werden.**

(2) [1]**Bei der elektronischen Übermittlung von amtlich vorgeschriebenen Datensätzen an Finanzbehörden hat der Datenübermittler die hierfür nach Absatz 1 für den jeweiligen Besteuerungszeitraum oder -zeitpunkt amtlich bestimmten Schnittstellen ordnungsgemäß zu bedienen.** [2]**Die amtlich bestimmten Schnittstellen werden über das Internet zur Verfügung gestellt.**

(3) [1]**Für die Verfahren, die über die zentrale Stelle im Sinne des § 81 des Einkommensteuergesetzes durchgeführt werden, kann das Bundesministerium der Finanzen durch Rechtsverordnung mit Zustimmung des Bundesrates die Grundsätze der Datenübermittlung sowie die Zuständigkeit für die Vollstreckung von Bescheiden über Forderungen der zentralen Stelle bestimmen.** [2]**Dabei können insbesondere geregelt werden:**
1. das Verfahren zur Identifikation der am Verfahren Beteiligten,
2. das Nähere über Form, Inhalt, Verarbeitung und Sicherung der zu übermittelnden Daten,
3. die Art und Weise der Übermittlung der Daten,
4. die Mitwirkungspflichten Dritter und
5. die Erprobung der Verfahren.
[3]**Zur Regelung der Datenübermittlung kann in der Rechtsverordnung auf Veröffentlichungen sachverständiger Stellen verwiesen werden.** [4]**Hierbei sind das Datum der Veröffentlichung, die Bezugsquelle und eine Stelle zu bezeichnen, bei der die Veröffentlichung archivmäßig gesichert niedergelegt ist.**

Vorschr eingefügt durch StModernG v 18.7.16 (BGBl I, 1679).

Schrifttum: *Baum* Modernisierung des Besteuerungsverfahrens – Teil 3: Neuerungen bei der elektronischen Kommunikation im Besteuerungsverfahren, NWB 16, 2778.

1 **1. Inhalt.** Der grds mWv 1.1.2017 eingeführte § 87b übernimmt die bisherigen Regelungen der §§ 1 II und 2 StDÜV. Eine Einschränkung zur zeitlichen Anwendbarkeit ergibt sich für § 87b ebenso wie für § 87a VI aus Art 97 § 27 EGAO (s hierzu § 87a Rz 46). Die Vorschrift betrifft nur technische Einzelheiten und hat daher für Stpfl keine praktische Bedeutung und war daher in der StDÜV besser aufgehoben. Für die in § 87e genannten Abgaben und Steuern gilt die Vorschrift ohnehin nicht.

2. Ermächtigung des BMF (Abs 1). Nach Abs 1 kann das BMF die Datensätze und weitere technische Einzelheiten der Übermittlung der StErklärungen und der weiteren in Abs 1 genannten Daten bestimmen. Dies entspricht § 1 II StDÜV. 2

3. Bedienung der amtlichen Schnittstellen (Abs 2). Der Benutzer muss bei der Übermittlung der Daten die amtlichen Schnittstellen verwenden, die von der FinVerw nach Abs 2 S 2 – wenig überraschend – über das Internet zur Verfügung gestellt werden. Hierbei handelt es sich um die ELSTER-Schnittstellen ERiC und COALA, die sich hinsichtlich der unterstützten StArten, Dienste und Plattformen unterscheiden. Abs 2 richtet sich an externe Softwarehersteller, die die Möglichkeiten zur elektronischen Übermittlung von StDaten nutzen möchten. Die Regelung entspricht § 2 StDÜV. 3

4. Ermächtigung für Verfahren der Deutschen Rentenversicherung (Abs 3). Abs 3 enthält eine Ermächtigung für den Erlass einer RechtsVO durch das BMF für Verfahren, die durch die Deutsche Rentenversicherung Bund durchgeführt werden. Dies betrifft zB die Zulage für die Riester-Rente oder das Rentenbezugsmitteilungsverfahren. Abs. 3 ist die neue Ermächtigungsgrundlage für die Altersvorsorge-Durchführungsverordnung v 28.2.2005 (BGBl I, 487), zuletzt geändert durch das StModernG v 18.7.2016 (BGBl I, 1679), und löst damit § 150 VI aF als bisherige Ermächtigungsgrundlage ab. 4

§ 87c Nicht amtliche Datenverarbeitungsprogramme für das Besteuerungsverfahren

(1) **Sind nicht amtliche Programme dazu bestimmt, für das Besteuerungsverfahren erforderliche Daten zu verarbeiten, so müssen sie im Rahmen des in der Programmbeschreibung angegebenen Programmumfangs die richtige und vollständige Verarbeitung dieser Daten gewährleisten.**

(2) **Auf den Programmumfang sowie auf Fallgestaltungen, in denen eine richtige und vollständige Verarbeitung ausnahmsweise nicht möglich sind, ist in der Programmbeschreibung an hervorgehobener Stelle hinzuweisen.**

(3) **[1] Die Programme sind vom Hersteller vor der Freigabe für den produktiven Einsatz und nach jeder für den produktiven Einsatz freigegebenen Änderung daraufhin zu prüfen, ob sie die Anforderungen nach Absatz 1 erfüllen. [2] Hierbei sind ein Protokoll über den letzten durchgeführten Testlauf und eine Programmauflistung zu erstellen, die fünf Jahre aufzubewahren sind. [3] Die Aufbewahrungsfrist nach Satz 2 beginnt mit Ablauf des Kalenderjahres der erstmaligen Freigabe für den produktiven Einsatz; im Fall einer Änderung eines bereits für den produktiven Einsatz freigegebenen Programms beginnt die Aufbewahrungsfrist nicht vor Ablauf des Kalenderjahres der erstmaligen Freigabe der Änderung für den produktiven Einsatz. [4] Elektronische, magnetische und optische Speicherverfahren, die eine jederzeitige Wiederherstellung der eingesetzten Programmversion in Papierform ermöglichen, sind der Programmauflistung gleichgestellt.**

(4) **[1] Die Finanzbehörden sind berechtigt, die Programme und Dokumentationen zu überprüfen. [2] Die Mitwirkungspflichten des Steuerpflichtigen nach § 200 gelten entsprechend. [3] Die Finanzbehörden haben die Hersteller oder Vertreiber eines fehlerhaften Programms unverzüglich zur Nachbesserung oder Ablösung aufzufordern. [4] Soweit eine Nachbesserung oder Ablösung nicht unverzüglich erfolgt, sind die Finanzbehörden berechtigt, die Programme des Herstellers von der elektronischen Übermittlung an Finanzbehörden auszuschließen. [5] Die Finanzbehörden sind nicht verpflichtet, die Programme zu prüfen. [6] § 30 gilt entsprechend.**

(5) **Sind die Programme zum allgemeinen Vertrieb vorgesehen, hat der Hersteller den Finanzbehörden auf Verlangen Muster zum Zwecke der Prüfung nach Absatz 4 kostenfrei zur Verfügung zu stellen.**

(6) **Die Pflichten der Programmhersteller gemäß den vorstehenden Bestimmungen sind ausschließlich öffentlich-rechtlicher Art.**

Vorschr eingefügt durch StModernG v 18.7.16 (BGBl I, 1679); Abs 1 und 2 geändert durch G v 17.7.17 (BGBl I, 2541).

Schrifttum: *Baum* Modernisierung des Besteuerungsverfahrens – Teil 3: Neuerungen bei der elektronischen Kommunikation im Besteuerungsverfahren, NWB 16, 2778.

1 **1. Neuregelung.** Der durch das StModernG v 18.7.16 mWv 1.1.2017 eingeführte § 87c übernimmt die Regelung der bisherigen §§ 3, 4 StDÜV, die grds mWv 1.1.2017 aufgehoben worden sind; zur zeitlichen Fortgeltung der §§ 3, 4 StDÜV über den 1.1.2017 hinaus s Art 97 § 27 I 2 EGAO (s § 87a Rz 46). Die Vorschrift gilt nicht für die in § 87e genannten Abgaben und Steuern. § 87c wurde durch G v 17.7.17 geändert, indem die Worte „zu erheben" und „oder zu nutzen" gestrichen wurden und nur „zu verarbeiten" stehen blieb; in Abs 2 wurden die Worte „Erhebung" und „und Übermittlung" gestrichen. Beide ist eine sprachliche Anpassung an die Terminologie des Art 4 Nr 2 der Datenschutz-VO (EU) 2016/679 (BT-Drs 18(11)1068, 61).

2 **2. Inhalt.** Abs 1 bis 3 enthalten Vorgaben für die Hersteller nicht amtlicher Datenverarbeitungsprogramme, die im Besteuerungsverfahren eingesetzt werden sollen. Für die Stpfl hat auch diese Vorschrift – ebenso wie § 87b und § 87d – keine Bedeutung. Abs 4 berechtigt die FinBeh zu einer Überprüfung des Programms und der Dokumentationen und legt dem Hersteller Mitwirkungsplichten nach § 200 auf. Zudem ist der Hersteller nach Abs 5 verpflichtet, den FinBeh kostenfreie Muster des Programms zwecks Überprüfung zur Verfügung zu stellen. Abs 6 stellt klar, dass zwischen den FinBeh und dem Hersteller der Software kein privatrechtl Vertrag besteht, so dass die Pflichten des Programmherstellers keine drittschützende Wirkung iSv § 823 II BGB entfalten (BT-Drs 18/8434, 108). Bei einer grob fahrlässigen oder vorsätzlichen Pflichtverletzung haftet der Hersteller nach § 72a I, wenn es hierdurch zu einer unrichtigen oder unvollständigen Datenverarbeitung und dadurch zu einer StVerkürzung kommt (s § 72a Rz 2).

§ 87d Datenübermittlungen an Finanzbehörden im Auftrag

(1) **Mit der Übermittlung von Daten, die nach amtlich vorgeschriebenem Datensatz durch Datenfernübertragung über die amtlich bestimmten Schnittstellen für steuerliche Zwecke an die Finanzverwaltung zu übermitteln sind oder freiwillig übermittelt werden, können Dritte (Auftragnehmer) beauftragt werden.**

(2) **[1] Der Auftragnehmer muss sich vor Übermittlung der Daten Gewissheit über die Person und die Anschrift seines Auftraggebers verschaffen (Identifizierung) und die entsprechenden Angaben in geeigneter Form festhalten. [2] Von einer Identifizierung kann abgesehen werden, wenn der Auftragnehmer den Auftraggeber bereits bei früherer Gelegenheit identifiziert und die dabei erhobenen Angaben aufgezeichnet hat, es sei denn, der Auftragnehmer muss auf Grund der äußeren Umstände bezweifeln, dass die bei der früheren Identifizierung erhobenen Angaben weiterhin zutreffend sind. [3] Der Auftragnehmer hat sicherzustellen, dass er jederzeit Auskunft darüber geben kann, wer Auftraggeber der Datenübermittlung war. [4] Die Aufzeichnungen nach Satz 1 sind fünf Jahre aufzubewahren; die Aufbewahrungsfrist beginnt nach Ablauf des Jahres der letzten Datenübermittlung. [5] Die Pflicht zur Herstellung der Auskunftsbereitschaft nach Satz 3 endet mit Ablauf der Aufbewahrungsfrist nach Satz 4.**

(3) [1]**Der Auftragnehmer hat dem Auftraggeber die Daten in leicht nachprüfbarer Form zur Zustimmung zur Verfügung zu stellen.** [2]**Der Auftraggeber hat die ihm zur Verfügung gestellten Daten unverzüglich auf Vollständigkeit und Richtigkeit zu überprüfen.**

Vorschr eingefügt durch StModernG v 18.7.16 (BGBl I, 1679).

Schrifttum: *Baum* Modernisierung des Besteuerungsverfahrens – Teil 3: Neuerungen bei der elektronischen Kommunikation im Besteuerungsverfahren, NWB 16, 2778.

1. Inhalt. Der durch das StModernG v 18.7.16 eingeführte § 87d verlangt ua von StBeratern eine Identifizierung des Mandanten, bevor der Berater erstmalig die Daten an die FinBeh übermittelt. Die Vorschrift gilt grds ab 1.1.2017, wobei der zeitliche Anwendungsbereich durch Art 97 § 27 EGAO modifiziert wird (s § 87a Rz 46). § 87d ist auf die in § 87e genannten Steuern und Abgaben nicht anwendbar. 1

2. Beauftragung Dritter (Abs 1). Die Aussage des Abs 1 entspricht der bisherigen Regelung des § 1 I 2 StDÜV. Nach Abs 1 kann der Stpfl einen Dritten mit der Datenübermittlung an die FinBeh beauftragen, zB einen Angehörigen der steuerberatenden Berufe. Der Dritte (zB der StBerater) wird als „Auftragnehmer" bezeichnet; der Stpfl ist Auftraggeber. Die Vorschrift betrifft die Datenübermittlung iSv § 87a VI und § 87b (BT-Drs 18/7457, 66). Über § 87b I 1 werden auch die elektronische Übermittlung von Vollmachten nach § 80a, von Daten gem § 93c und sonstige Datenübermittlungen erfasst. 3

3. Identifizierungspflicht (Abs 2). Der Auftragnehmer, also zB der StBerater, muss nach S 1 seinen Auftraggeber, dh den Mandanten, identifizieren und sich über dessen Person und Anschrift vergewissern (s AEAO zu § 87d Nr 1 und Nr 2). Die Identifizierung muss erfolgen, bevor der Berater die Daten an die FinBeh übermittelt. Eine vergleichbare Identifizierungspflicht enthalten § 154 II 1 sowie das GwG (§ 4 III, § 8 GwG). Im Gegensatz zu § 4 IV GwG verlangt Abs 2 S 1 aber nicht die Vorlage des Personalausweises des Auftraggebers (Mandanten), sondern es genügt eine andere, geeignete Form (aA AEAO zu § 87d Nr 1.2 und Nr 4). StBerater, Wirtschaftsprüfer, vereidigte Buchprüfer und StBevollmächtigte müssen die Identität ihrer Vertragspartner (Mandanten) nach § 2 I Nr 8 iVm § 4 I GwG ohnehin bereits bei Übernahme des Mandats geprüft haben; für LSt-Hilfevereine iSv § 4 Nr 11 StBerG besteht ebenfalls eine Identifizierungspflicht ihrer Mitglieder. Die Aussage des Gesetzgebers, dass die Neuregelung diese Berufsgruppen nicht zusätzlich belaste (so BT-Drs 18/7457, 66), ist so gesehen richtig, bedeutet aber zugleich, dass Abs 2 S 1 insoweit überflüssig ist. Folgen ergeben sich lediglich aus der Anwendbarkeit des § 72a (s Rz 7). 5

Abs 2 S 2 entspricht § 4 II GwG und enthält eine Ausnahme von der Identifizierung: Die Identifizierung kann unterbleiben, wenn der Auftragnehmer (StBerater oä) den Auftraggeber (Mandanten) bereits bei früherer Gelegenheit identiziert hat, zB bei Beginn des Mandatsverhältnisses. Diese Ausnahme gilt aber nach S 2 nicht, wenn der Auftragnehmer nunmehr Zweifel an der Richtigkeit der früheren Angaben des Auftraggebers hat oder haben müsste. S 3 entspricht § 154 II 3 idF des ModernisierungsG v 18.7.16 und begründet eine Auskunftspflicht des Auftragnehmers, die aber nur relevant wird, wenn die FinBeh Auskunft verlangt. Die S 4 und 5 regeln eine Aufbewahrungspflicht des Auftragnehmers (StBerater oä) sowie die Dauer der Auskunftsbereitschaft nach S 3. Nach Ablauf des letzten Jahres der Datenübermittlung sind die Aufzeichnungen zur Identifizierung gem S 4 fünf Jahre aufzubewahren; bei einer Datenübermittlung im Jahr 2017 beginnt die Frist mit Ablauf des 31.12.2017 und endet am 31.12.2022. Nach S 5 besteht in diesem Zeitraum auch die Pflicht, Auskunft iSv S 3 zu erteilen. 6

Die Rechtsfolgen aus einer Verletzung der Identifizierungspflicht nach Abs 2 ergeben sich aus § 72a II 1 Nr 2 S 2. Danach haftet der Auftragnehmer (StBerater 7 oä) bei grober Fahrlässigkeit oder Vorsatz, wenn es auf Grund der Datenübermittlung zu einer StVerkürzung gekommen ist.

10 **4. Überprüfung der Daten durch Auftragnehmer (Abs 3).** Abs 3 übernimmt die Regelung des grds aufgehobenen § 6 II StDÜV und betrifft das Verhältnis zwischen Auftragnehmer (StBerater oä) und Auftraggeber (Mandant). Der Auftragnehmer muss die übermitteltten Daten dem Auftraggeber zur Verfügung stellen, damit dieser sie überprüfen und unverzüglich, dh ohne schuldhaftes Zögern, zustimmen kann. Die Zuverfügungstellung muss in leicht nachprüfbarer Form erfolgen. Hierunter wird entweder ein Ausdruck in Papierform oder die elektronische Übermittlung im PDF-Format zu verstehen sein. Ob ein komprimierter Ausdruck der StErklärung „leicht nachprüfbar" iSv S 1 ist, erscheint jedoch zweifelhaft. Die Regelung dient der Umsetzung der Berichtigungspflicht nach § 153 (BT-Drs 18/7457, 67). Stellt der Auftraggeber nämlich eine Unrichtigkeit oder Unvollständigkeit fest, muss er die StErklärung und damit die übermittelten Daten nach § 153 berichtigen.

12 Abs 3 begründet keinen Anspruch des Auftraggebers (Mandanten) auf Zurverfügungstellung der übermittelten Daten; dieser ergibt sich aber aus dem Dienstvertrag mit dem Berater. Verletzt der Auftragnehmer seine Pflicht zur Übermittlung iSv Abs 3, sieht das Gesetz keine Rechtsfolgen vor. Eine Haftung nach § 72a besteht nicht, weil dieser nur die Verletzung der Pflichten nach Abs 2 des § 87d sanktioniert. Die Anzeige- und Berichtigungspflicht nach § 153 besteht ohnehin nur für den Stpfl, nicht aber für den Berater, und setzt zudem ein tatsächliches Erkennen voraus (§ 153 Rz 6 und 9). Erhält der Stpfl keine Kenntnis von den übermittelten Daten, besteht für ihn daher keine Pflicht zur Anzeige oder Berichtigung nach § 153.

§ 87e Ausnahmeregelung für Einfuhr- und Ausfuhrabgaben, Verbrauchsteuern und die Luftverkehrsteuer

Die §§ 72a und 87b bis 87d gelten nicht für Einfuhr- und Ausfuhrabgaben, Verbrauchsteuern und die Luftverkehrsteuer, soweit nichts anderes bestimmt ist.

Vorschr eingefügt durch StModernG v 18.7.16 (BGBl I, 1679).

Die §§ 87b bis 87d sowie § 72a gelten – vorbehaltlich einer anderen Bestimmung – weder für Zölle, dh Einfuhr- und Ausfuhrabgaben iSv Art 5 Nr 20 und 21 UZK, noch für Verbrauchsteuern wie zB EnergieSt, StromSt, TabakSt, KaffeeSt, BierSt, und auch nicht für die LuftverkehrSt. Diese Beschränkung des Anwendungsbereichs entspricht der Regelung der aufgehobenen StDÜV; denn die StDÜV galt nach ihrem § 1 I nur für das Besteuerungsverfahren mit Ausnahme der Verbrauchsteuern.

§ 88 Untersuchungsgrundsatz

(1) [1]**Die Finanzbehörde ermittelt den Sachverhalt von Amts wegen.** [2]**Dabei hat sie alle für den Einzelfall bedeutsamen, auch die für die Beteiligten günstigen Umstände zu berücksichtigen.**

(2) [1]**Die Finanzbehörde bestimmt Art und Umfang der Ermittlungen nach den Umständen des Einzelfalls sowie nach den Grundsätzen der Gleichmäßigkeit, Gesetzmäßigkeit und Verhältnismäßigkeit; an das Vorbringen und an die Beweisanträge der Beteiligten ist sie nicht gebunden.** [2]**Bei der Entscheidung über Art und Umfang der Ermittlungen können allgemeine Erfahrungen der Finanzbehörden sowie Wirtschaftlichkeit und Zweckmäßigkeit berücksichtigt werden.**

(3) [1] Zur Gewährleistung eines zeitnahen und gleichmäßigen Vollzugs der Steuergesetze können die obersten Finanzbehörden für bestimmte oder bestimmbare Fallgruppen Weisungen über Art und Umfang der Ermittlungen und der Verarbeitung von erhobenen oder erfassten Daten erteilen, soweit gesetzlich nicht etwas anderes bestimmt ist. [2] Bei diesen Weisungen können allgemeine Erfahrungen der Finanzbehörden sowie Wirtschaftlichkeit und Zweckmäßigkeit berücksichtigt werden. [3] Die Weisungen dürfen nicht veröffentlicht werden, soweit dies die Gleichmäßigkeit und Gesetzmäßigkeit der Besteuerung gefährden könnte. [4] Weisungen der obersten Finanzbehörden der Länder nach Satz 1 bedürfen des Einvernehmens mit dem Bundesministerium der Finanzen, soweit die Landesfinanzbehörden Steuern im Auftrag des Bundes verwalten.

(4) [1] Das Bundeszentralamt für Steuern und die zentrale Stelle im Sinne des § 81 des Einkommensteuergesetzes können auf eine Weiterleitung ihnen zugegangener und zur Weiterleitung an die Landesfinanzbehörden bestimmter Daten an die Landesfinanzbehörden verzichten, soweit sie die Daten nicht oder nur mit unverhältnismäßigem Aufwand einem bestimmten Steuerpflichtigen oder einem bestimmten Finanzamt zuordnen können. [2] Nach Satz 1 einem bestimmten Steuerpflichtigen oder einem bestimmten Finanzamt zugeordnete Daten sind unter Beachtung von Weisungen gemäß Absatz 3 des Bundesministeriums der Finanzen weiterzuleiten. [3] Nicht an die Landesfinanzbehörden weitergeleitete Daten sind vom Bundeszentralamt für Steuern für Zwecke von Verfahren im Sinne des § 30 Absatz 2 Nummer 1 Buchstabe a und b bis zum Ablauf des 15. Jahres nach dem Jahr des Datenzugangs zu speichern. [4] Nach Satz 3 gespeicherte Daten dürfen nur für Verfahren im Sinne des § 30 Absatz 2 Nummer 1 Buchstabe a und b sowie zur Datenschutzkontrolle verarbeitet werden.

(5) [1] Die Finanzbehörden können zur Beurteilung der Notwendigkeit weiterer Ermittlungen und Prüfungen für eine gleichmäßige und gesetzmäßige Festsetzung von Steuern und Steuervergütungen sowie Anrechnung von Steuerabzugsbeträgen und Vorauszahlungen automationsgestützte Systeme einsetzen (Risikomanagementsysteme). [2] Dabei soll auch der Grundsatz der Wirtschaftlichkeit der Verwaltung berücksichtigt werden. [3] Das Risikomanagementsystem muss mindestens folgende Anforderungen erfüllen:

1. die Gewährleistung, dass durch Zufallsauswahl eine hinreichende Anzahl von Fällen zur umfassenden Prüfung durch Amtsträger ausgewählt wird,
2. die Prüfung der als prüfungsbedürftig ausgesteuerten Sachverhalte durch Amtsträger,
3. die Gewährleistung, dass Amtsträger Fälle für eine umfassende Prüfung auswählen können,
4. die regelmäßige Überprüfung der Risikomanagementsysteme auf ihre Zielerfüllung.

[4] Einzelheiten der Risikomanagementsysteme dürfen nicht veröffentlicht werden, soweit dies die Gleichmäßigkeit und Gesetzmäßigkeit der Besteuerung gefährden könnte. [5] Auf dem Gebiet der von den Landesfinanzbehörden im Auftrag des Bundes verwalteten Steuern legen die obersten Finanzbehörden der Länder die Einzelheiten der Risikomanagementsysteme zur Gewährleistung eines bundeseinheitlichen Vollzugs der Steuergesetze im Einvernehmen mit dem Bundesministerium der Finanzen fest.

Vorschr neu gefasst durch StModernG v 18.7.16 (BGBl I, 1679); Abs 3 S 1 geändert durch G v 17.7.17 (BGBl I, 2541).

Schrifttum: *vor 2010 s 13. Aufl; Zaumseil* Umfang und Grenzen des Amtsermittlungsgrundsatzes im Besteuerungsverfahren der Finanzbehörde, StBW 10, 420; *Seer* Der Untersuchungsgrundsatz im heutigen Besteuerungsverfahren, SteuerStud 10, 369; *Drüen* Kooperation im Besteuerungsverfahren, FR 11, 101; *Modlinger* Das Risikomanagement der Finanzämter, Stbg 11, 515; *Schmidt/Schmitt* Risikomanagement – Zaubermittel oder Bankrotterklärung der Finanzverwaltung, FS für Wolfgang Spindler, 2011, S 529 ff.; *Kaiser* Zur Terminologie „Risikomanagement“ aus Sicht der Finanzverwaltungen, Ubg 12, 631; *Risse* Steuerliches Risikomanagement, Ubg 12, 169; *Wähnert* Untersuchungsgrundsatz versus Mitwirkungsverpflichtung, BBK 12, 317; *Zaumseil* Das Spannungsverhältnis zwischen Amtsermittlungsgrundsatz und Mitwirkungspflichten, StBW 12, 507; *Drüen* Risikomanagement im Besteuerungsverfahren, Europäische Perspektiven im Steuerrecht, Steuergerechtigkeit und Steuervereinfachung (Achter und Neunter Deutscher Finanzgerichtstag) Köln 2013, 253; *Münch* Finanzbehördliches Risikomanagement im Rahmen der Einkommensteuerveranlagung, DStR 13, 212; *Weber* Der EuGH modifiziert den deutschen Untersuchungsgrundsatz des § 88 AO, Stbg 13, 49; *BMF* Diskussionsentwurf „Modernisierung des Besteuerungsverfahrens“, DStR-Beihefter 14, 149; *Dauven* Ausländische Rechtsnormen im Besteuerungsverfahren, IStR 14, 196; *Rogge* Tax Compliance – Wahrung steuerlicher Pflichten und Kontrolle steuerlicher Risiken, BB 14, 664; *Wähnert* Interaktive Außenprüfung – Möglichkeiten der gemeinsamen Sachverhaltsaufklärung im digitalen Zeitalter, Stbg 14, 20; *Münch/Sendke* Geplante Modernisierung der verfahrensrechtlichen Korrekturvorschriften, DStZ 15, 487; *Risse* Tax Compliance und steuerliches Risikomanagement in der aktuellen Diskussion, Ubg 15, 9; *Seer/Sell/Schwab* Selbstveranlagung – Wegfall des Amtsermittlungsgrundsatzes?, Monographie, DWS-Institut 2015; *Trossen* Die Auswirkungen der Modernisierung des steuerlichen Verfahrensrechts auf den gerichtlichen Rechtsschutz, FR 15, 1021; *Baldauf* Gesetz zur Modernisierung des Besteuerungsverfahrens – Kritische Betrachtung des Regierungsentwurfs, DStR 16, 833; *Baum* Modernisierung des Besteuerungsverfahrens – Teil 1: Untersuchungsgrundsatz, Risikomanagement, Steuererklärungen und „vollautomatische“ Bescheide, NWB 16, 2636; *Braun Binder* Vollautomatisierte Verwaltungsverfahren im allgemeinen Verwaltungsverfahrensrecht?, NvWZ 16, 960; *Fischer* Die Verankerung des Risikomanagementsystems (RMS) durch das Gesetz zur Modernisierung des Besteuerungsverfahrens (StModernG), jurisPR-SteuerR 40/16 Anm 1; *Höretz/Stelzer* Gesetz zur Modernisierung des Besteuerungsverfahrens, DStZ 16, 520; *Marx* Der Einsatz von Risikomanagementsystemen nach § 88 Abs. 5 AO als Kernelement der Modernisierung des Besteuerungsverfahrens, Ubg 16, 358; *Ortmann-Babel/Franke* Gesetz zur Modernisierung des Besteuerungsverfahrens, DB 16, 1521; *Seer* Reformentwurf der Bundesregierung zur Modernisierung des Besteuerungsverfahrens, DStZ 16, 605; *Zaumseil* Die Modernisierung des Besteuerungsverfahrens, NJW 16, 2769; *Ahrendt* Alte Zöpfe neu geflochten – Das materielle Recht in der Hand von Programmierern, NJW 17, 537; *Krüger* Beweiswürdigung, Beweislast und Beweismaß im Rahmen von Amtsermittlung und Mitwirkungspflicht, DStZ 17, 761; *Maier* Verfassungsrechtliche Aspekte der Digitalisierung des Besteuerungsverfahrens, JZ 17, 614; *Westermann* Mediation im außergerichtlichen Besteuerungsverfahren, Stbg 17, 27.

Übersicht

1. Inhalt. Die Vorschrift regelt in Abs 1 und 2 den Untersuchungsgrundsatz. 1
Abs 1 S 1 legt dem FA die Pflicht auf, den Sachverhalt **von Amts wegen** zu ermitteln. Das FA darf also nicht ohne Weiteres einen nicht vollständig aufgeklärten Sachverhalt besteuern oder von der Besteuerung absehen (vgl § 85). **S 2** stellt klar, dass das FA auch zugunsten des Stpfl ermitteln muss (s Rz 15 f); dieser Grundsatz wird aber durch die Mitwirkungspflichten des Stpfl begrenzt.

Nach Abs 2 S 1 bestimmt das FA die Art und den Umfang der Ermittlungen. Der Umfang der Ermittlungspflicht ist dabei von den Umständen des Einzelfalls abhängig (s Rz 20); zudem wird die Ermittlungspflicht durch die Mitwirkungspflicht des Stpfl begrenzt (s Rz 43 ff). Nach Abs 2 S 1 2. HS ist das FA weder an das Vorbringen noch an Beweisanträge des Stpfl gebunden, sondern kann selbständig die Art und den Umfang seiner Ermittlungen bestimmen (s Rz 38 ff).

Die **Abs 3 und 4** enthalten Ermächtigungen für Vereinfachungsregelungen, mit denen der Ermittlungsumfang beschränkt werden kann. In **Abs 5** wird ein **Risikomanagement** eingeführt, das ermöglichen woll, dass sich die FinBeh auf die Überprüfung prüfungsbedürftiger Fälle konzentriert.

2. Neuregelung. § 88 wurde durch das StModernG v 18.7.2016 mWv 2
1.1.2017 **grundlegend geändert.** Lediglich Abs 1 S 1 ist unverändert geblieben. Der Grundsatz des bisherigen Abs 2 ist in den neuen Abs 1 S 2 übernommen worden. Im Gegenzug ist die Regelung des bisherigen Abs 1 S 2 und 3 in den neuen Abs 2 S 1 übernommen worden.

Neu ist hingegen Abs 2 S 2, der Wirtschaftlichkeits- und Zweckmäßigkeitserwägungen beim Untersuchungsgrundsatz einführt. Abs 3 wurde vollständig ersetzt: Die bisherige Ermächtigung für ein Risikomanagement ist durch eine Ermächtigung zum Erlass von Verwaltungsanweisungen für eine fallgruppenbezogene Prüfung ersetzt worden. Abs 4 und 5 sind ebenfalls neu. Abs 4 lässt Erleichterungen bei der Weiterleitung von Daten zu, während Abs 5 den Einsatz von Risikomanagementsystemen erlaubt.

3. Untersuchungsgrundsatz (Abs 1 S 1). a) Überblick. Nach § 88 gilt der 5
Untersuchungsgrundsatz, auch **Amtsermittlungsgrundsatz** genannt; die Regelung entspricht § 24 VwVfG sowie § 20 SGB X. Im Zollrecht wird der Amtsermittlungsgrundsatz durch den Beibringungsgrundsatz des Art 22 I UZK verdrängt (BFH/NV 15, 779).

b) Inhalt. Die Vorschrift regelt nur die Aufgaben des FA. Sie enthält daher **kei-** 6
ne Ermächtigung zur Anordnung und Durchführung von **Ermittlungsmaßnahmen,** die in die Rechtsstellung eines Verfahrensbeteiligten oder einer anderen Person eingreifen. Solche Ermächtigungen ergeben sich aus den §§ 92 ff oder anderen Vorschriften, die die spezielle Art und Weise der Inpflichtnahme der Bürger regeln (FG BaWü EFG 90, 507 mwN). § 88 gilt außerdem zusammen mit § 85 als Rechtsgrundlage für das Erfordernis des sog Fremdvergleichs (s § 85 Rz 11).

7 **c) Ergänzung durch §§ 90 ff.** Der Untersuchungsgrundsatz des § 88 wird sowohl durch die Mitwirkungspflicht des § 90 als auch durch die Beweisvorschriften der §§ 93 ff ergänzt. Während die Mitwirkungspflicht des Stpfl gem § 90 zu einer Einschränkung der Ermittlungspflicht des FA führen kann, enthalten die §§ 91, 93 ff zum Teil Einschränkungen des Vorgehens des FA: So muss sich das FA grds zunächst an den Beteiligten selbst wenden (§ 93 I 3). Außerdem ergeben sich erst aus den §§ 93 ff Ermächtigungen zum Eingriff. Im Gegenzug gewährt § 91 dem Stpfl ein Recht auf Anhörung.

10 **d) Anwendungsbereich.** Der Untersuchungsgrundsatz des § 88 gilt im **gesamten Besteuerungsverfahren** sowie im **Kindergeld** (Abschn V 6.1 DA-KG 2017), wird im Kindergeldrecht aber durch die Mitwirkungspflicht des Kindergeldberechtigen nach § 68 EStG begrenzt (BFH/NV 16, 1750). So kann das FA bereits im Vorfeld zu Ermittlungen verpflichtet sein, wenn es darum geht, den Empfänger von Zahlungen und damit den Stpfl zu ermitteln (BFH BStBl 14, 225; s § 85 Rz 15). § 88 gilt über das eigentliche Veranlagungsverfahren hinaus insbes auch **in folgenden Verfahrensabschnitten:** bei Korrektur von StBescheiden gem §§ 129, 164, 165, 172 ff, im Einspruchs- und Klageverfahren (s § 76 IV FGO), im Vollstreckungsverfahren (*Jennemann* StW 10, 163; FG BBg EFG 16, 1763) und im Haftungsverfahren gem §§ 69 ff (s auch Rz 61). Eine **Ausnahme** für die umfassende Geltung des § 88 gibt es bei der verbindlichen Auskunft gem § 89 II: Aufgrund der Pflicht des Stpfl gem § 1 I Nr 2 StAuskV, den Sachverhalt umfassend darzustellen, ist das FA zu Ermittlungen nicht verpflichtet (s auch BayLfSt 5.3.2012, BeckVerw 259238, Tz 3).

11 Weiterhin findet der Untersuchungsgrundsatz auch im **Billigkeitsverfahren** bei Ermessensentscheidungen wie zB Erlass oder Stundung Anwendung (BFH BStBl 62, 55; BFH/NV 89, 428; 91, 171; FG Mchn EFG 15, 882). Das FA kann seiner Ermittlungspflicht hier aber nur unter der Mitwirkung des Stpfl nachkommen, der die Billigkeitsmaßnahme begehrt. Verletzt der Stpfl seine Mitwirkungspflicht und stehen dem FA keine weiteren Unterlagen zur Verfügung, so ist nicht zu beanstanden, dass es die Billigkeitsmaßnahme mangels ausreichender Substantiierung der für die Ermessensausübung wesentlichen Tatsachen ablehnt (BFH/NV 88, 73, 328; 01, 882, 1369).

12 § 88 gilt auch im Rahmen einer **Außenprüfung.** So kann der Prüfer anlässlich einer Ap sonstige Ermittlungen iSv § 88 für VZ **außerhalb des Prüfungszeitraums** vornehmen (BFH BStBl 84, 790; 98, 461): Zwar sind Maßnahmen eines Außenprüfers zur Ermittlung eines Steuerfalls grds Prüfungshandlungen; der Außenprüfer kann aber Einzelermittlungen anstellen, die den angeordneten Prüfungszeitraum überschreiten, und muss dann deutlich machen, dass die verlangten Auskünfte oder sonstigen Maßnahmen nicht mehr im Zusammenhang mit der Ap stehen. Denn die Ermittlungsrechte des FA und die Mitwirkungspflichten des Stpfl gehen im Rahmen einer Ap weiter als im Rahmen einer Einzelermittlung (BFH BStBl 98, 461; zur Abgrenzung s auch FG Mster EFG 10, 1754, rkr). Prüft der Prüfer einen anderen VZ ähnlich umfangreich wie den angeordneten Prüfungszeitraum, handelt es sich um eine den besonderen rechtl Voraussetzungen nach den §§ 193 ff iVm der BpO unterliegende Prüfungsmaßnahme (BFH BStBl 98, 461). Unabhängig von dem Recht zu Einzelermittlungen im Rahmen einer Ap ist es dem FA auch nicht verwehrt, innerhalb seiner Ermittlungspflicht aus der im Rahmen einer rechtmäßigen Ap erlangten Kenntnis von bestimmten betrieblichen Verhältnissen des Prüfungszeitraums Schlussfolgerungen auf andere Jahre vor oder nach dem Prüfungszeitraum zu ziehen (BFH BStBl 88, 2; FG BaWü EFG 86, 323; FG Saarl EFG 98, 985). Von den Außenprüfungen zu unterscheiden sind die sog **betriebsnahen Veranlagungen,** die deshalb von vornherein den §§ 85, 88 und 90 ff unterliegen (s § 85 Rz 6).

15 **4. Verbot der einseitigen Ermittlung (Abs 1 S 2).** Der durch das StModernG v 18.7.2016 geänderte S 2 entspricht der bisherigen Regelung in Abs 2. Eine vergleichbare Regelung findet sich für das Strafverfahren in § 160 II StPO.

Abs 1 S 2 macht deutlich, dass das FA weder einseitig noch profiskalisch ermitteln darf, sondern **die richtigen Besteuerungsgrundlagen** ermitteln muss. Daher muss es auch die für den Stpfl günstigen Umstände berücksichtigen, zB Ausgaben, die zwingend gewesen sein müssen, um die berücksichtigten Einnahmen erzielen zu können. Insoweit ist das FA zur Ermittlung und ggf zur Schätzung von Werbungskosten verpflichtet, wenn das Entstehen der Werbungskosten in hohem Maße glaubhaft ist, der Umfang und die Höhe jedoch nur schwer nachweisbar sind (BFH BStBl 87, 185; s auch BFH/NV 10, 2007; BStBl 15, 12 zum Erlass eines StBescheids gem § 155 II vor Ergehen eines Grundlagenbescheids). Eine Schätzung kann aber materiell-rechtl ausgeschlossen sein: Dies ist zB bei der Vorsteuer der Fall, weil eine ordnungsgemäße Rechnung eine materiell-rechtl Voraussetzung für den Vorsteuerabzug ist (BFH BStBl 09, 744; NV 13, 515). Weiterhin ist das FA verpflichtet, Aufwendungen zu berücksichtigen, die ihm aufgrund elektronischer Datenübermittlung bekannt sind, zB Spenden gem § 50 II EStDV. Ferner muss das FA auch erkennbare Tatsachen oder Beweismittel berücksichtigen und muss offenkundigen Zweifelsfragen nachgehen (AEAO zu § 88 Nr 6). Schließlich muss es auch eine Festsetzungverjährung von Amts wegen berücksichtigen und darf die Steuer dann nicht mehr festsetzen (AEAO zu § 88 Nr 7). 16

Die Berücksichtigung der für den Stpfl günstigen Umstände findet ihre Grenzen aber in der Mitwirkungspflicht des Stpfl (s Rz 45). Abs 1 S 2 wird zudem auch durch Abs 2 S 1 (Umstände des Einzelfalls) eingeschränkt (s Rz 20). Das FA wäre überfordert, wenn es alle, auch die für den Steuerfall wenig bedeutsamen Umstände berücksichtigen müsste.

5. Art und Umfang der Ermittlungspflichten (Abs 2). a) Grundsatz (Abs 2 S 1). Der durch das StModernG geänderte S 1 des Abs 2 knüpft an die Regelung des bisherigen Abs 1 S 2 und 3 an (s Rz 2). Das FA entscheidet gem Abs 1 S 2 1. HS nach pflichtgemäßem Ermessen, wie und in welchem Umfang es ermittelt (BFH BStBl 10, 455). Die Art und der Umfang der Ermittlungspflicht richten sich gem Abs 2 S 1 1. HS zum einen nach den **Umständen des Einzelfalls.** Zu diesen Umständen gehören die Aufklärungsbedürftigkeit, der Ermittlungsaufwand, der mögliche Ermittlungserfolg, der erforderliche Eingriff in die Grundrechte des Stpfl, eine Verletzung der Mitwirkungspflicht des Stpfl, aber auch – wie sich nunmehr aus Abs 2 S 2 ergibt – die Wirtschaftlichkeit und Zweckmäßigkeit (s hierzu Rz 26). Zu berücksichtigen sein kann auch, ob der Stpfl aufgrund einer Regelung in einem EinzelsteuerG verpflichtet ist, bestimmte Belege vorzulegen (zB Spendenbescheinigung nach § 50 EStDV oder Bewirtungsbeleg gem § 4 V 1 Nr 2 EStG). 20

Zum anderen richten sich Art und Umfang der Ermittlungspflicht nach den Grundsätzen der **Gleichmäßigkeit und Gesetzmäßigkeit** sowie der **Verhältnismäßigkeit;** dies ist nunmehr mWv 1.1.2017 ausdrücklich geregelt, galt aber bereits schon vor der Änderung des Abs 2 S 1 (s 13. Aufl Rz 12); die Änderung des Abs 2 S 1 ist daher nur deklaratorisch. Der Grundsatz der Gleichmäßigkeit und Gesetzmäßigkeit ergibt sich aus § 85 und meint das Legalitätsprinzip (s § 85 Rz 1). Eine Mediation lässt sich mit den Grundsätzen der Gleichmäßigkeit und Gesetzmäßigkeit mE nicht vereinbaren, auch wenn diese im Klageverfahren nach § 155 FGO iVm § 278a ZPO zulässig ist (s auch Westermann, Stbg 17, 27). Der **Grundsatz der Verhältnismäßigkeit** besagt zum einen, dass die FinBeh keine Ermittlungshandlungen vornehmen darf, die zu dem angestrebten Erfolg erkennbar außer Verhältnis stehen (AEAO zu § 88 Nr 2); allerdings wird dies durch S 2 des Abs 2 eingeschränkt (s Rz 26 f). Zum anderen soll der Eingriff möglichst schonend verlaufen; dies gilt sowohl ggü dem Beteiligten als auch ggü einem Dritten, der zB zur Auskunft aufgefordert wird (AEAO zu § 88 Nr 2). Dabei ist dem Beteiligten sowie dem Dritten nach § 91 rechtl Gehör zu gewähren. Zu den Einzelheiten des Anlasses, der Art und des Umfangs der Ermittlungen s Rz 30 ff. 21

22 Das FA ist nach Abs 2 S 1 2. HS an das Vorbringen und die Beweisanträge der Beteiligten zwar nicht gebunden; ggf handelt es aber ermessensfehlerhaft, wenn es den Beweisanträgen der Beteiligten nicht nachgeht.

26 **b) Wirtschaftlichkeit und Zweckmäßigkeit (Abs 2 S 2).** Nach dem durch das StModernG v 18.7.2016 eingefügten S 2 darf die FinBeh bei ihrer Entscheidung, ob und welche Ermittlungen durchzuführen sind, auch allg Erfahrungen der FinBeh sowie die Wirtschaftlichkeit und Zweckmäßigkeit berücksichtigen. Diese Gesetzesänderung ist lediglich eine **Klarstellung,** da auch bisher schon Wirtschaftlichkeits- oder Zweckmäßigkeitserwägungen angestellt werden durften (vgl BFH/NV 07, 1174). S 2 lässt damit eine Begrenzung des Ermittlungsaufwands zu, wenn der Ermittlungsaufwand in keinem Verhältnis zum angestrebten Erfolg steht. Die Regelung des S 2 darf aber nicht dazu führen, dass die FinBeh in Fällen mit nur geringen Mehrsteuern grds nicht mehr ermittelt; denn dies wäre ein Verstoß gegen § 85. Die FinBeh muss daher immer auch eine hinreichende Anzahl zufällig ausgewählter Fälle vertieft prüfen (AEAO zu § 88 Nr 3).

27 Konkret bedeutet S 2: Die FinBeh darf nach S 2 auf ihre allg Erfahrungen in vergleichbaren Fällen zurückgreifen und zwischen ihrem **Aufklärungs- und Zeitaufwand** einerseits und den zu erwartenden **stl Mehreinnahmen** anderseits abwägen (BFH/NV 07, 1174; AEAO zu § 88 Nr 3). Dabei darf sie auch die etwaige künftige Belastung durch ein Klageverfahren berücksichtigen (AEAO zu § 88 Nr 3). Zu berücksichtigen ist auch die derzeitige und künftige Zahlungsfähigkeit des Stpfl: Hat dieser zB bereits Insolvenz angemeldet, kann dies rechtfertigen, den Ermittlungsaufwand gering zu halten. Bei einem sehr komplexen Sachverhalt kann auch eine tatsächliche Verständigung gerechtfertigt sein und dem Rechtsfrieden dienen (BFH BStBl 85, 354; AEAO zu § 88 Nr 4; s auch § 78 Rz 5).

30 **c) Anlass zu Ermittlungen.** Das FA prüft anhand des bereits feststehenden oder vermuteten Sachverhalts, ob es einen Anlass zu Ermittlungen gibt. Es ist nicht verpflichtet, den Sachverhalt auf alle möglichen Fallgestaltungen zu erforschen. Im Regelfall soll es davon ausgehen, dass die **Angaben des Stpfl** in der StErklärung **vollständig und richtig** sind (vgl BFH/NV 05, 501, 834; AEAO zu § 88 Nr 6). Anders ist es, wenn greifbare Umstände vorliegen, die darauf hindeuten, dass die Angaben falsch oder unvollständig sind (vgl BFH BStBl 79, 57; 04, 911). Seine Aufklärungspflicht verletzt das FA nur, wenn es Tatsachen und Beweismittel außer Acht lässt und offenkundigen Zweifelsfragen nicht nachgeht, die sich ihm den Umständen nach ohne Weiteres aufdrängen mussten (BFH BStBl 93, 806; 04, 911; 06, 835; BFH/NV 07, 1632; FG Köln EFG 14, 411; AEAO zu § 89 Nr 6). Dabei dürfen bei den stl Massenverfahren die Anforderungen an das FA nicht überspannt werden (BFH BStBl 90, 249; FG BaWü EFG 04, 1348).

31 Im **Einzelfall** bedeutet dies: Das FA verletzt die ihm obliegende Ermittlungspflicht nicht, wenn es vor Erlass eines Artfeststellungsbescheids nicht Einsicht in die Bauakten nimmt (BFH BStBl 88, 482). Eigene ältere, bereits **archivierte Akten** muss das FA in einem Steuerfall nur beiziehen, wenn nach den Umständen des Falles, insbes nach dem Inhalt der zu bearbeitenden StErklärungen oder der präsenten Akten, eine besondere Veranlassung besteht (BFH BStBl 98, 552). Die **präsenten Steuerakten** und – in Haftungsfällen – die Vollstreckungsakten muss das FA aber beachten (FG Saarl 04, 1192); das FA kann sich dabei nicht auf organisatorische Schwierigkeiten zB aufgrund eines Umzugs des FA berufen (OLG Bbg DStRE 09, 1140). Wenn das FA erkennt oder erkennen muss, dass eine andere Dienststelle desselben FA Tatsachenkenntnisse bzgl des besteuerungserheblichen Sachverhalts hat, so ist es idR verpflichtet, diese in Erfahrung zu bringen und zu verwerten (FG BaWü EFG 90, 145). Will das FA einem Unternehmer den **Vorsteuerabzug** versagen, weil die an ihn erbrachte Leistung Teil einer USt-Hinterziehung sei, muss das FA ermitteln und nachweisen, dass der Unternehmer (und Leistungsempfänger) in die Hinterziehung der USt eingebunden war oder von

dieser zumindest Kenntnis haben musste (s auch § 90 Rz 2). Der Unternehmer muss hingegen keine Nachprüfungen anstellen, ob der Lieferant Unternehmer iSv § 2 UStG ist und die USt abgeführt hat (EuGH UR 13, 275, 346; s auch *Weber* Stbg 13, 49); er muss aber nachweisen, dass die Leistung ausgeführt worden ist (BFH/NV 14, 917). Im Bereich der **ErbSt** gehört die Ermittlung des unbekannten Erben zu den Aufgaben des FA (FG Saarl EFG 13, 1947) und ggf auch die Aufforderung zur Abgabe einer förmlichen StErklärung statt bloßer Erläuterungen (BFH BB 18, 982). Bei der **KfzSt** muss das FA überprüfen, ob die verkehrsrechtl Einstufung des Kfz als Pkw bzw Lkw durch die Zulassungsbehörde kraftfahrzeugsteuerrechtl zutreffend ist (FG Mster EFG 13, 2045, bestätigt durch BFH/NV 15, 357).

Im Rahmen seiner Ermittlungspflicht ist das FA nicht nur befugt, sondern sogar verpflichtet, Vorfragen aus anderen, auch **ausl Rechtsgebieten** zu prüfen und zu entscheiden (BFH BStBl 04, 594 mwN; BFH/NV 13, 1384, 1925; *Dauven* IStR 14, 196); zu Einzelheiten s § 90 Rz 22. Das Gesetz kann allerdings vorsehen, dass den VA anderer Behörden eine Tatbestandswirkung zukommt, oder das Gesetz kann tatbestandlich das Vorliegen entspr VA anderer Behörden voraussetzen (BFH BStBl 04, 594; BFH/NV 13, 1384), zB Bescheinigung nach § 7h II EStG oder Kindergeld-VA einer ausl Behörde. 32

d) Arten der Ermittlung. Das FA kann jede nach der AO zulässige Ermittlungsmaßnahme ergreifen, wobei insbes der Grundsatz der Verhältnismäßigkeit zu beachten ist (s Rz 21). In Betracht kommen **Einzelmaßnahmen iSv § 92:** Auskünfte der Beteiligten oder Dritter (§ 93) einschl eidlicher Vernehmungen (§ 94) oder eidesstattlicher Versicherungen (§ 95), Sachverständigengutachten gem § 96 (s Rz 39), Vorlage von Urkunden (§ 97), Inaugenscheinnahme (§ 98), Betreten von Grundstücken und Räumen (§ 99) oder die Vorlage von Wertsachen gem § 100. Abs 3 enthält eine Ermächtigung für Weisungen über Art und Umfang der Ermittlungen (s Rz 75 ff). 38

Die Ermittlungspflicht des FA geht nicht soweit, dass es bei Einwendungen des Stpfl gegen eine **schwierige Sachverhaltsbeurteilung** stets ein Gutachten eines unabhängigen Sachverständigen nach § 92 S 2 Nr 2, § 96 I einholen muss. Ist der entscheidungsbefugte Bedienstete des FA nicht selbst sachkundig, kann er auf die Sachkunde anderer Bediensteter (zB Bausachverständige) zurückgreifen, wenn dort die notwendige Sachkunde vorhanden ist (s auch §§ 92 Rz 1, 96 Rz 1). In einem etwaigen späteren Klageverfahren ist ein solches Gutachten eines hauseigenen Sachverständigen dann aber nur als Privatgutachten zu werten (BFH/NV 95, 299; 96, 527). Nur wenn der entscheidungsbefugte Bedienstete weder selbst sachkundig ist, noch auf die Sachkunde anderer Bediensteter oder eines unabhängigen Sachverständigen zurückgreift, verletzt das FA seine Ermittlungspflicht nach § 88 (vgl FG BaWü EFG 95, 652); zu den Rechtsfolgen s Rz 64 ff. 39

Zulässig sind ferner **umfassendere Sachverhaltsaufklärungen** wie zB eine betriebsnahe Veranlagung (s § 85 Rz 6) oder eine USt-Nachschau gem § 27b UStG, LSt-Nachschau gem § 42g EStG oder Kassen-Nachschau gem § 146b, die keine Ap iSv § 193 sind. Das FA kann aber auch eine Ap oder – bei entsprechendem Anlass – Ermittlungen durch die StFahndung gem § 208 I Nr 2 veranlassen, sofern die jeweiligen Voraussetzungen des § 193 (bei Ap) bzw § 208 (bei StFahndung) erfüllt sind. Das FA begeht jedoch umgekehrt keinen Ermessensfehler, wenn es eine Ap nicht für erforderlich hält, sondern sich auf eine einzelne Ermittlungsmaßnahme, zB ein gezieltes Auskunftsverlangen an den Stpfl, beschränkt; denn es gibt weder einen Anspruch auf Durchführung einer Ap noch auf Verschonung von ihr (BFH/NV 94, 766 mwN). Nicht zu beanstanden ist es ferner, wenn das FA von einer intensiven Überprüfung der StErklärung im Hinblick auf eine bevorstehende Ap und Festsetzung unter dem Vorbehalt der Nachprüfung absieht (FG RhPf EFG 14, 2081). 40

43 **e) Umfang der Ermittlung.** Der Umfang der Ermittlungen hängt zwar grds von der Aufklärungsbedürftigkeit des Sachverhalts ab. Bei der Prüfung, in welchem Umfang Ermittlungen durchgeführt werden, kann es aber aufgrund der folgenden Grundsätze zu einer **Einschränkung des Prüfungsumfangs** kommen: **(1)** Der Grundsatz der Verhältnismäßigkeit (s hierzu Rz 21) kann den Ermittlungsumfang begrenzen. **(2)** Aufgrund der Umstände des Einzelfalls iSv Abs 2 S 1 kann es geboten sein, den Umfang der Ermittlungen einzuschränken; hierzu gehört auch eine Beweisnähe des Stpfl (s hierzu Rz 46). **(3)** Ferner kann eine Begrenzung des Umfangs der Ermittlungen geboten sein, weil der Stpfl seine Mitwirkungspflichten verletzt hat (s hierzu nachfolgend Rz 45). **(4)** Weiterhin kann sich aus Abs 2 S 2 eine Begrenzung des Ermittlungsaufwands ergeben (s Rz 26 f).

Zu beachten ist, dass Abs 3 eine Ermächtigung für Weisungen über Art und Umfang der Ermittlungen enthält (s Rz 75 ff).

45 **f) Verletzung der Mitwirkungspflicht durch Stpfl.** Die Ermittlungspflicht des FA kann sich verringern, wenn der Stpfl seiner Mitwirkungspflicht nicht nachgekommen ist. Mitwirkungspflichten ergeben sich insbes aus § 90 (zum Umfang vgl § 90 Rz 4 ff) sowie – im Kindergeld – aus § 68 EStG. Die **Minderung der Ermittlungspflicht** ergibt sich aus der gemeinsamen Verantwortung von FA einerseits und Stpfl andererseits für die vollständige Sachaufklärung (BFH BStBl 89, 462; BFH/NV 94, 766; FG Köln EFG 04, 386). Kann der Sachverhalt mittels der reduzierten Ermittlungspflicht des FA wegen unzureichender Mitwirkung des Stpfl nicht aufgeklärt werden, verringert sich auch das Beweismaß entsprechend, das das FA bei der Feststellung des Sachverhalts anzuwenden hat. Das FA kann sich mit einem **geringeren Grad an Überzeugung** begnügen, als es idR geboten ist (BFH BStBl 89, 462; BFH/NV 95, 373; FG Mster EFG 12, 1271); s auch § 90 Rz 12. Im Rahmen der Beweiswürdigung kann dann die Verletzung steuerrechtlicher Mitwirkungspflichten auch zur Folge haben, dass aus dem Verhalten des Stpfl für ihn nachteilige Schlüsse gezogen werden, die sich nicht auf bezifferbare Besteuerungsgrundlagen beschränken (BFH BStBl 89, 462).

46 Besondere Bedeutung kommt in diesem Zusammenhang der **Beweisnähe oder Risikosphäre** zu. Die Verantwortung des Stpfl für die Aufklärung des Sachverhalts ist umso größer und die des FA umso geringer, je mehr Tatsachen und Beweismittel der vom Stpfl beherrschten Informations- oder Tätigkeitssphäre angehören (BFH BStBl 89, 462; BFH/NV 05, 1765; 17, 80). Das FA kann nicht verpflichtet sein, unter Inkaufnahme eines unverhältnismäßig großen Aufwands solche Umstände zu ermitteln, zu denen allein der Beteiligte Zugang hat und die er unter Verletzung seiner Mitwirkungspflicht nicht angibt (BFH/NV 87, 105; 00, 1). Soweit der Verantwortungsbereich des Stpfl reicht, reduzieren sich die Ermittlungspflichten des FA (BFH BStBl 90, 993; vgl auch BFH/NV 95, 992; FG BaWü EFG 11, 804).

Abstrakte Maßstäbe für die Voraussetzungen und das Ausmaß der Reduzierung der Sachaufklärungspflicht des FA in diesen Fällen lassen sich aber nicht aufstellen, sondern es kommt auf den Einzelfall an. Dabei können **folgende Gesichtspunkte** mit je nach den Umständen unterschiedlicher Gewichtung von Bedeutung sein: Grad der Pflichtverletzung, Grundsatz der Verhältnismäßigkeit, Gedanke der Zumutbarkeit oder gesteigerte Mitverantwortung aus vorausgegangenem Tun zB bei außergewöhnlicher Sachverhaltsgestaltung (vgl die Nachw in BFH BStBl 89, 462; s auch BFH/NV 05, 1765).

47 Die Verringerung des Beweismaßes wegen Verletzung der Mitwirkungspflicht gilt allerdings nicht, wenn es für die Rechtmäßigkeit eines Steuerbescheids auf die Frage ankommt, ob der Stpfl eine **StHinterziehung** oder StHehlerei begangen hat (zB bei etwaiger Festsetzungsverjährung gem § 169 II 2 oder bei Hinterziehungszinsen gem § 235). Eine StHinterziehung kann daher nicht auf eine Beweislastentscheidung gestützt werden (BFH BStBl 16, 868). Vielmehr muss das FA die

Tatsachen ermitteln und feststellen, aus denen sich die StHinterziehung ergibt. Zwar sind die Tatbestandsmerkmale der Steuerstraftat im Besteuerungsverfahren nicht anhand der Vorschriften der StPO, sondern nach den Verfahrensvorschriften der AO zu prüfen. Dennoch gilt der Grundsatz **„in dubio pro reo"** auch im StVerfahrensrecht selbst bei Verletzung der erhöhten Mitwirkungspflicht nach § 90 II (BFH GrS BStBl 79, 570; BFH BStBl 16, 868; 07, 364), vgl auch Rz 55 f sowie § 90 Rz 31.

g) Anscheinsbeweis. Beim Anscheinsbeweis (Beweis des ersten Anscheins) werden allg Erfahrungssätze auf einen bestimmten Geschehensablauf in der Weise angewendet, dass bei einem bestimmten Geschehensablauf **nach der Lebenserfahrung** auf eine bestimmte Ursache oder einen bestimmten Kausalverlauf geschlossen werden kann (BFH/NV 16, 28; BStBl 99, 48; HFR 15, 584). Es geht also nicht um eine Umkehrung der Beweislast oder um eine Verringerung des Beweismaßes. Der Beweis des ersten Anscheins kann durch den Gegenbeweis **entkräftet bzw erschüttert** werden (BFH BStBl 13, 365). Dafür braucht der Stpfl nicht das Gegenteil zu beweisen, sondern es genügt, dass er die ernstliche Möglichkeit darlegt, es könnte auch anders gewesen sein (BFH BStBl 07, 116; BFH/NV 10, 197, 867). So spricht zwar ein Anscheinsbeweis für eine tatsächlich **private Nutzung** eines betrieblichen Pkw, der auch für Privatfahrten zur Verfügung steht (BFH/NV 12, 988 mwN). Dieser Anscheinsbeweis kann aber durch den **Betriebsinhaber** dadurch erschüttert werden, dass der Betriebsinhaber im Privatvermögen für sich und seine fahrberechtigten Haushaltsmitglieder jeweils ein gleichwertiges Fahrzeug hält (BFH BStBl 13, 365; BFH/NV 14, 151); die bloße Behauptung, für Privatfahrten hätten Privatfahrzeuge zur Verfügung gestanden, genügt jedoch nicht (BFH/NV 12, 573, 988). Bei **Arbeitnehmern** einschl GmbH-Geschäftsführern gibt es hingegen keinen Anscheinsbeweis für die Privatnutzung eines Dienstwagens, wenn diese im Arbeitsvertrag ernsthaft untersagt worden ist (BFH BStBl 10, 848; 13, 700, 918, 920, 1044; BFH/NV 14, 153, 678; aA FG BBg EFG 13, 1955) oder der Dienstwagen lediglich für Fahrten zwischen Wohnung und Arbeitsstätte genutzt werden durfte (BFH BStBl 12, 362). Ebenso wenig gilt der Anscheinsbeweis bei der Frage, ob und ggf wann das FA einen **StBescheid zur Post aufgegeben** hat (BFH/NV 12, 1940; FG Ddorf EFG 13, 1285). 48

h) Indizien. Eine erhebliche Rolle innerhalb der freien Beweiswürdigung können auch Indizien spielen. Der Indizienbeweis unterliegt aber den allg Beweisregeln. Die Indizien (Beweisanzeichen) sind daher frei zu würdigen und abzuwägen (BFH BStBl 89, 534; BFH/NV 14, 1355). In der Rechtsprechungspraxis führt der Indizienbeweis häufig zu ähnlichen Ergebnissen wie der Anscheinsbeweis, wenn er als typisierende Betrachtungsweise angewendet wird (vgl *Herter* DB 85, 1311). **Beispiele:** So zieht der BFH den Indizienbeweis bei der Prüfung subjektiver Merkmale heran wie zB der Einkünfteerzielungsabsicht im Bereich der Vermietung gem § 21 EStG (BFH BStBl 17, 456, zur gewerblichen Tätigkeit; BFH BStBl 16, 335; 13, 365, 467; BFH/NV 17, 19, jeweils zur Vermietungsabsicht), der Wiederholungs- oder Verkaufsabsicht im Rahmen eines gewerblichen Handelns (vgl BFH GrS BStBl 95, 617; 02, 291, jeweils zu gewerblichem Grundstückshandel), der Prüfung der Investitionsabsicht nach § 7g EStG (BFH BStBl 17, 298; BFH/NV 15, 984), bei der Prüfung einer doppelten Haushaltsführung (BFH BStBl 15, 511; BFH/NV 15, 17), beim einheitlichen Vertragswerk im Rahmen der GrESt (BFH/NV 15, 230), bei der Prüfung des betrieblichen oder gesellschaftsrechtl Veranlassungszusammenhangs von Ausgaben (BFH FR 15, 607; BStBl 14, 850; BFH/NV 14, 1672), bei der Zuordnung von Aufwendungen, die durch mehrere Einkunftsarten veranlasst sein können, zu nur einer Einkunftsart (BFH BStBl 16, 305; BFH/NV 17, 734), bei der Ausbildungsplatzsuche im Kindergeldrecht (BFH BStBl 15, 940), bei der tatsächlichen Ausführung von Lieferungen im 49

USt-Recht (BFH/NV 14, 1355) oder bei der umsatzsteuerlichen Zuordnung von Gegenständen zum Unternehmen (BFH/NV 11, 941; 12, 808, 1828). Das durch diese äußeren Merkmale geschaffene Beweisanzeichen für die innere Einstellung des Stpfl kann nur durch objektive Anhaltspunkte für eine andere innere Vorstellung des Stpfl erschüttert werden.

Neben dem Beweis des ersten Anscheins und dem Indizienbeweis gibt es **keine** dritte Beweisregel in Gestalt einer **tatsächlichen Vermutung.** Dieser vom GrS des BFH gebrauchte Begriff (BStBl 95, 281) hat nämlich keine zusätzlichen oder anderen Konturen; so spricht der BFH (BStBl 12, 865) beim Überschreiten der Drei-Objekt-Grenze beim gewerblichen Grundstückshandel oder im Rahmen des § 5a EStG (BStBl 14, 774; BFH/NV 14, 271) etwa von einer Vermutungswirkung, in anderen Entscheidungen (zB BStBl 03, 245) hingegen von einer Indizwirkung. Er läuft im Wesentlichen auf dasselbe hinaus wie der Anscheinsbeweis (vgl eingehend dazu *Völlmeke* DStR 96, 1070).

53 **i) Ungeeignete Beweismittel.** Eine Sachaufklärung ist insoweit nicht geboten, als sie im konkreten Fall nur mit ungeeigneten Beweismitteln durchgeführt werden könnte. Dies ist etwa bei Unerreichbarkeit, absoluter Untauglichkeit oder Unzulässigkeit des Beweismittels der Fall (s auch § 92 Rz 2).

54 **j) Feststellungen anderer Behörden.** Das FA ist zu weiteren Ermittlungen nicht verpflichtet, soweit es sich im Einzelfall um Tatsachen handelt, die bereits von anderen Behörden verbindlich festgestellt worden sind (BFH/NV 13, 1384). Dies gilt insbes für rechtsgestaltende VA, zB nach § 7h II EStG oder § 4 Nr 21 Buchst a, bb UStG (BFH BStBl 16, 828); es kann sich aber auch um Feststellungen ausl Behörden handeln (BFH/NV 13, 1384).

55 **k) Verwertung von Strafurteilen.** Hinsichtlich der Verwertung von Strafurteilen entspricht die Rechtslage derjenigen im finanzgerichtlichen Verfahren. Danach kann sich das FA die tatsächlichen Feststellungen eines **Strafurteils zu eigen** machen, es sei denn, ein Beteiligter erhebt gegen die strafgerichtlichen Feststellungen **substantiierte Einwendungen** und macht entsprechende Beweisangebote (vgl zum finanzgerichtlichen Verfahren BFH BStBl 95, 198; 01, 329; 15, 117; BFH/NV 14, 164, 1459). Das gilt auch, wenn der im Besteuerungsverfahren Beteiligte an dem Strafverfahren nicht beteiligt war (BFH BStBl 01, 329). Rechtskräftige Strafbefehle stehen Strafurteilen gleich (BFH/NV 01, 319). Vorstehende Darlegungen erstrecken sich auch auf die Feststellung einer StStraftat, soweit diese für einen Besteuerungstatbestand Voraussetzung ist (StHinterziehung zB für die Festsetzungsfrist nach § 169 II 2, für die Verzinsung nach § 235 oder für die Haftung nach § 71).

56 An einen **Freispruch** ist das FA nicht gebunden, sondern kann aufgrund eigener Feststellungen zu einer StHinterziehung gelangen (BFH/NV 10, 1240). Wurde das Strafverfahren hingegen **nach § 153a StPO eingestellt,** darf das FG und ebenso das FA nicht allein aufgrund der Zustimmung des Beschuldigten zur Einstellung und der folgenden Verfahrenseinstellung davon ausgehen, dem Beschuldigten sei die vorgeworfene Straftat nachgewiesen worden (BFH/NV 01, 639; eingehend dazu, zum Teil mit einschränkenderen Folgerungen als der BFH *Kamps/Wulf* DStR 03, 2045); denn insoweit gilt die Unschuldsvermutung. Soweit es für die Besteuerung auf die Feststellung einer StVerkürzung ankommt (zB bei der Verjährung), darf die StVerkürzung nicht nach Beweislastregeln angenommen werden, sondern muss anhand von Tatsachen festgestellt werden, s Rz 47.

60 **6. Rechtsfolgen bei Beachtung des § 88. a) Verletzung der Mitwirkungspflicht durch Stpfl.** Hat der Stpfl seine Mitwirkungspflicht verletzt und kann der Sachverhalt nicht aufgeklärt werden, obwohl das FA seiner – ggf verminderten (s Rz 45) – Ermittlungspflicht nachgekommen ist, so geht die Unaufklärbarkeit des Sachverhalts zulasten des Stpfl (s Rz 45 f). Hierzu gehört unter dem

Gesichtspunkt der Beweisnähe auch der Fall, dass das Aufklärungsdefizit in die Risikosphäre des Stpfl fällt (BFH/NV 17, 80; s Rz 46).

61 **b) Objektive Beweislast.** Konnte der **Sachverhalt nicht aufgeklärt werden,** obwohl das FA seiner Ermittlungspflicht nach § 88 nachgekommen ist und der Stpfl seine Mitwirkungspflicht nicht verletzt hat, so bestimmen sich die Rechtsfolgen nach den Regeln der objektiven Beweislast: Danach hat das **FA** die Beweislast für steuerbegründende und steuererhöhende Tatsachen zu tragen, der **Stpfl** hingegen für steuerentlastende und steuermindernde Tatsachen (BFH BStBl 01, 9; 13, 151, 279; BFH/NV 14, 693, 1501; 17, 631). Dieser Grundsatz gilt insbes auch in folgenden Fällen: **(1)** Bei der Änderung von StBescheiden trägt das FA die Beweislast nicht nur für die steuererhöhenden Tatsachen, sondern auch dafür, dass zB bei einer Änderung nach § 173 I Nr 1 die Tatsachen neu sind (BFH BStBl 98, 599; BFH/NV 15, 1342). Macht der Stpfl aber geltend, dass das FA seine Ermittlungspflicht verletzt habe und deshalb den StBescheid nicht nach § 173 ändern dürfe (s Rz 67), trägt der Stpfl hierfür die Beweislast (BFH/NV 15, 1342). **(2)** Bei der Haftung muss das FA die haftungsbegründenden Tatsachen beweisen (BFH BStBl 90, 357; s § 69 Rz 135 f). **(3)** Bei steuerrechtlichen Normen, zu deren (steuerbegründendem) Tatbestand die Begehung einer strafbaren Handlung gehört, trägt das FA die objektive Beweislast für das Vorliegen aller Tatbestandsmerkmale der strafbaren Handlung (BFH GrS BStBl 79, 570; BFH BStBl 98, 466; 16, 868; BFH/NV 94, 149), s Rz 47 und 55 f.

62 Geht es um eine **Ausnahme von einem steuermindernden Tatbestand,** trägt dafür die Beweislast das FA (BFH BStBl 79, 482; BFH/NV 95, 181). Für die zur Abgrenzung von der Liebhaberei erforderliche **Einkünfteerzielungsabsicht** (Streben nach Gewinnerzielung) kommt es hinsichtlich der Beweislast darauf an, wer sich zur Ableitung bestimmter Rechtsfolgen auf das Vorhandensein stpfl Einkünfte beruft (BFH BStBl 86, 289; 02, 861): Ist dies das FA, weil es positive Einkünfte besteuern will, liegt die Beweislast beim FA. Wenn jedoch der Stpfl Verluste aus der Einkunftsart geltend machen will, trägt er die Beweislast (BFH/NV 12, 1780).

IÜ kann das FA die Steuer **nach § 165 vorläufig** festsetzen, wenn eine Sachverhaltsaufklärung zwar nicht derzeit, wohl aber zukünftig möglich erscheint (BFH/NV 10, 1446).

64 **7. Rechtsfolgen bei Verletzung des § 88. a) Rechtswidrigkeit.** Kommt das FA seiner Ermittlungspflicht nicht oder nicht vollständig nach, sodass der Sachverhalt nicht vollständig aufgeklärt ist, führt dies zur Rechtswidrigkeit des VA. Die Verletzung der Ermittlungspflicht begründet aber keine offenbare Unrichtigkeit iSv § 129 (BFH BStBl 09, 946; BFH/NV 16, 201). Führt das FA hingegen unnötige oder gar unzulässige Ermittlungen in erheblichem Maße durch und verzögert es dadurch eine Entscheidung, stellt dies eine Amtspflichtverletzung dar (OLG Köln BeckRS 2015, 05658).

Ermessensentscheidungen (zB Haftungsbescheid gem § 191): Die Verletzung der Ermittlungspflicht des § 88 führt hier stets zur Rechtswidrigkeit, weil das FA seiner Ermessensentscheidung einen unvollständig ermittelten Sachverhalt zu Grunde gelegt hat (BFH/NV 89, 428); zur Nachholung der Ermittlungen s Rz 65.

65 **b) Nachholung im Einspruchs- und Klageverfahren.** Die Aufklärung des Sachverhalts kann im **Einspruchsverfahren** nachgeholt werden. Ergibt sich dann ein anderer Sachverhalt, muss die StFestsetzung geändert werden, wobei aber eine Verböserung nur nach entsprechendem Hinweis nach § 367 II 2 oder bei Vorliegen einer Korrekturvorschrift (zB § 164 II) zulässig ist.

Im **Klageverfahren** ist eine Aufklärung des Sachverhalts **nur bei gebundenen Entscheidungen** (wie zB StBescheiden) möglich, wobei eine Verböserung im Klageverfahren unzulässig ist. Hingegen kann bei **Ermessensentscheidungen** wie zB Haftungsbescheiden oder Billigkeitsmaßnahmen eine Aufklärung des Sachverhalts im Klageverfahren nicht nachgeholt werden. Denn Ermessensentscheidungen sind nur dann fehlerfrei, wenn das FA seine Entscheidung auf der Grundlage eines vollständig ermittelten Sachverhalts trifft (*Gräber/Stapperfend* FGO, § 102 Rz 17). Würde der Sachverhalt, der einer Ermessensentscheidung zu Grunde liegt, erst im Klageverfahren aufgeklärt werden, wäre dies auch keine zulässige Ergänzung der Ermessenserwägungen iSv § 102 S 2 FGO.

66 Ist bei einer **gebundenen** Entscheidung der Sachverhalt bis zum Beginn des Klageverfahrens nicht aufgeklärt worden, weil das FA seiner Ermittlungspflicht nach § 88 nicht nachgekommen ist, kann das FG nach § 100 III 1, 4 FGO den VA und die Einspruchsentscheidung innerhalb von 6 Monaten nach Eingang der StAkten bei Gericht ohne Sachentscheidung aufheben und damit eine weitere Sachaufklärung durch das FA veranlassen. Das gilt allerdings nicht, wenn die Aufhebung auch unter Berücksichtigung der Belange der Beteiligten nicht sachdienlich ist, zB weil es sich bei der vom FG für erforderlich gehaltenen Sachverhaltsermittlung um eine umfangreiche Zeugenvernehmung handelt (BFH/NV 01, 178). Im Fall der Sprungklage kann das FG nach § 45 II FGO diese innerhalb von drei Monaten nach Eingang der StAkten (spätestens nach sechs Monaten) an das FA abgeben, wenn es eine weitere Sachaufklärung für erforderlich hält.

67 **c) Einschränkung des § 173.** Dem FA ist nach Treu und Glauben eine Änderung einer StFestsetzung **zu Ungunsten** des Stpfl gem § 173 I Nr 1 **verwehrt**, wenn das nachträgliche Bekanntwerden einer Tatsache oder eines Beweismittels auf einer Verletzung der Ermittlungspflicht des FA beruht (BFH BB 18, 982; BStBl 95, 289; BFH/NV 92, 221; 04, 1502). Voraussetzung ist allerdings idR, dass der **Stpfl** seiner **Mitwirkungspflicht voll genügt** hat (BFH BStBl 04, 911; 06, 835; BFH/NV 07, 395; 09, 1599; näher Erläut zu § 173 Rz 80 ff sowie § 90 Rz 16). Haben sowohl Stpfl als auch FA ihre Pflichten zur Aufklärung des Sachverhalts verletzt, ist eine Änderung nach § 173 zu Ungunsten des Stpfl idR möglich (BFH BStBl 06, 835).

75 **8. Ermächtigung für fallgruppenbezogene Prüfung (Abs 3).** Der durch das StModernG v 18.7.2016 (BGBl I, 1679) geänderte Abs 3 enthält eine Ermächtigung zum Erlass von Weisungen durch die obersten FinBeh über Art und Umfang der Ermittlung in bestimmten Fallgruppen sowie über die Verarbeitung erhobener oder erhaltener Daten, zB Daten iSv § 93c. Bislang enthielt Abs 3 eine Ermächtigung zum Erlass einer Rechtsverordnung für ein **Risikomanagementverfahren;** dies wird nun im neuen Abs 5 geregelt.

76 Nach der Neuregelung des Abs 3 **S 1** dürfen die obersten FinBeh der Länder sowie des Bundes Weisungen für bestimmte oder bestimmbare Fallgruppen erteilen, in welchem **Umfang** und in welcher **Art** Ermittlungen erfolgen sollen. Mit dem Begriff „bestimmt" sind konkret genannte Fallgruppen gemeint, während „bestimmbar" eine abstrakte Bezeichnung von Fallgruppen umschreibt. Die Weisungen können sich zB auf bestimmte Risikobranchen beziehen oder auf spezifische Prüfungsschwerpunkte, zB auf Verrechnungspreise. Inhaltlich müssen sich die Weisungen nach S 1 an dem Ziel eines zeitnahen und gleichmäßigen Vollzugs der StGesetze orientieren; damit nimmt S 1 auf § 85 Bezug, sodass die Weisungen nicht dazu führen dürfen, dass auf den StVollzug in bestimmten Fallgruppen faktisch verzichtet wird (s § 85 Rz 3 und 8). Weiterhin können auch Weisungen zur **Verarbeitung** erhobener oder erfasster Daten in bestimmten oder bestimmbaren Fallgruppen ergehen. Dies betrifft zB ausl Kontrollmitteilungen, aber auch Daten iSv § 93c (*Baum,* NWB 16, 2636, 2639; s auch Rz 86). Durch das G v 17.7.2017 ist S 1 dahingehend geändert worden, dass statt der Verarbeitung von „erhaltenen" Daten nun die Verarbeitung von „erfassten" Daten geregelt wird; dies ist eine sprachliche Anpassung an Art 4 Nr 2 der Datenschutz-VO (EU) 2016/679 (BT-Drs 18(11)1068, 61).

77 Bei den Weisungen dürfen nach **S 2** – ebenso wie nach Abs 2 S 2 – die allg Erfahrungen der FinBeh sowie Wirtschaftlichkeits- und Zweckmäßigkeitserwägun-

gen berücksichtigt werden (s Rz 26 f). Weisungen der obersten FinBeh der Länder müssen im Bereich der Auftragsverwaltung (also bei der ESt, KSt und USt, s Art 108 III iVm Art 106 III GG) aber nach **S 4** im Einvernehmen mit dem BMF ergehen; auf diese Weise soll die Bundeseinheitlichkeit der Weisungen sichergestellt werden (BT-Drs 18/7457, 68). Werden die Steuern durch FinBeh des Bundes verwaltet, kann das BMF die Weisungen nach Abs 3 S 1 erlassen, ohne sich mit den obersten FinBeh der Länder abstimmen zu müssen. Hingegen ist auf dem Gebiet der Gemeinschaftssteuern eine Abstimmung zwischen dem BMF und den obersten FinBeh der Länder vorgesehen (BT-Drs 18/8434, 108).

Die Weisungen dürfen nach **S 3 nicht veröffentlicht** werden, soweit dies den 78
StVollzug iSv § 85 gefährden würde. Auf diese Weise will der Gesetzgeber verhindern, dass sich die Stpfl auf die Weisungen einstellen und ihre StErklärungen entsprechend gestalten. Die FinBeh kann die Übermittlung der Weisungen **an ein FG** nach § 86 II 2 FGO idF des StModernG v 18.7.2016 verweigern, wenn dies zu einer Bekanntgabe der Weisung an den Stpfl (Kläger) und zu einer Gefährdung der Gleichmäßigkeit und Gesetzmäßigkeit der Besteuerung führen würde. Die Rechtmäßigkeit dieser Verweigerung kann gerichtlich vom BFH auf Antrag eines Beteiligten in einem sog In-camera-Verfahren gem § 86 III FGO nF überprüft werden. Ein Anspruch auf Einsichtnahme in die Weisungen nach dem IFG ist nach § 3 Nr 1 Buchst d IFG ausgeschlossen (BT-Drs 18/7457, 68 f). Eine Übermittlung an einen Rechnungshof oder an ein Parlament soll nach der Gesetzesbegründung nur nach Maßgabe des § 30 zulässig sein (BT-Drs 18/7457, 68); dieser Verweis erscheint aber zweifelhaft, da in den Weisungen nicht die „Verhältnisse eines anderen" iSv § 30 II Nr 1 genannt werden.

Soweit es um Weisungen zur Verarbeitung erhaltener ausl Kontrollmitteilungen geht, wird S 3 durch § 117c I 1 Nr 4 flankiert (s § 117c Rz 5).

9. Verzicht auf Weiterleitung von Daten an FinBeh (Abs 4). Nach dem 85
durch das StModernG v 18.7.2016 eingeführten Abs 4 können das BZSt sowie – im Bereich der Altersvorsorgezulage gem § 81 EStG – die zentrale Zulagenstelle im Hause der Deutschen Rentenversicherung Bund (ZfA) darauf verzichten, Daten, die ihnen zugegangen sind und die für die FinBeh der Länder bestimmt sind, an die FinBeh der Länder weiterzuleiten. Der Verzicht ist nach **S 1** nur dann möglich, wenn die Daten nur mit unverhältnismäßigem Aufwand oder gar nicht einem bestimmten Stpfl oder einem bestimmten FA zugeordnet werden können; derartige Fälle können zB bei überholten Adressangaben oder abweichender Schreibweise des Namen des Stpfl auftreten (BT-Drs 18/7457, 69). Wenn in einem solchen Fall das BZSt oder die ZfA nicht die vierstellige FA-Nummer beisteuern kann, würden die FinBeh der Länder dann Daten erhalten, die sie ihrerseits ebenfalls nicht oder nur mit unverhältnismäßigem Aufwand zuordnen können.

Nicht von der Verzichtsmöglichkeit in S 1 erfasst ist die Übermittlung von Daten in einem Verfahren, dessen Sachverhalt das BZSt oder die ZfA aufgrund eines gesetzlichen Auftrags konkret klären soll, zB das maschinelle Anfrageverfahren zur Abfrage der Identifikationsnummer nach § 22a II EStG. Hierbei handelt es sich nicht um Daten iSv S 1, die zur Weiterleitung bestimmt sind, sondern um zusätzlich zu bearbeitende Anfragen (BT-Drs 18/7457, 69).

Ist eine Zuordnung zu einem bestimmten Stpfl oder zu einem bestimmten FA 86
hingegen möglich, darf nach **S 2** auf die Weiterleitung nicht verzichtet werden. Das BMF kann hierzu Weisungen erteilen, wie der Verweis in S 2 auf Abs 3 deutlich macht (s Rz 76).

Ist ein **Verzicht erfolgt,** dürfen die Daten aber nicht gelöscht werden, sondern sind nach **S 3 zu speichern,** und zwar vom BZSt (s auch § 5 I 2 FVG) bis zum Ablauf des 15. Jahres nach dem Zugang der Daten. Damit soll sichergestellt werden, dass die Daten doch noch weitergeleitet und verwertet werden können, falls eine spätere Zuordnung möglich wird. Die Frist von 15 Jahren orientiert sich an der maximalen Dauer der Festsetzungsverjährung unter Berücksichtigung einer längeren Festsetzungsfrist nach § 169 II 2 wegen StHinterziehung sowie einer Anlaufhemmung und einer möglichen Ablaufhemmung (BT-Drs 18/7457, 69). Die gespeicherten Daten dürfen gem **S 4** nur für Verfahren iSv § 30 II Nr 1 Buchst a und b (insbes StVerfahren, gerichtliche Verfahren in StSachen und Strafverfahren in StSachen) sowie zur Datenschutzkontrolle verarbeitet (dh verwendet und weitergegeben) werden.

90 **10. Einsatz von Risikomanagementsystemen (Abs 5). a) Grundsätze.** Der ebenfalls durch das StModernG v 18.7.2016 eingeführte Abs 5 knüpft an die bisherige Ermächtigung in Abs 3 aF an, von der kein Gebrauch gemacht worden war (s 13. Aufl Rz 70). Mit der Neuregelung in Abs 5 werden die FinBeh ermächtigt, Risikomanagementsysteme (RMS) einzusetzen. Abs 5 enthält neben der Ermächtigung zum Einsatz von RMS in S 1, 2 und 5 die Anforderungen an RMS in S 3 sowie den Schutz vor Veröffentlichung der RMS in S 4. Die gesetzliche Ermächtigung in Abs 5 ist erforderlich, damit der Einsatz eines RMS nicht zu einem Verstoß gegen den Amtsermittlungsgrundsatz führt und die in Rz 64 ff bezeichneten Rechtsfolgen auslöst (s auch Rz 99).

91 Durch den Einsatz von RMS soll die vollautomatische StFestsetzung gem § 155 IV unterstützt werden. Die RMS sollen dabei helfen, die **prüfungsbedürftigen StErklärungen herauszufiltern** und gem Abs 5 S 1 den Grundsatz der Gleichmäßigkeit und Gesetzmäßigkeit der StFestsetzung nach § 85 umzusetzen. Insbes sollen StVerkürzungen verhindert und Betrugsfälle aufgedeckt werden und bundeseinheitlich vorgegangen werden (s Abs 5 S 5 sowie Rz 95), ohne dass dabei regionale Besonderheiten außer Ansatz bleiben müssen (BT-Drs 18/7457, 69f). Zugleich dienen RMS aber auch dazu, die Ressourcen der FinVerw effektiver einzusetzen und die Bearbeitungsqualität zu erhöhen (BT-Drs 18/7457, 69). Der Einsatz von RMS könnte damit auch zu einer Personalreduzierung führen, die den Vorteil aus dem Einsatz der RMS hinfällig macht.

92 **b) Kritik.** Vor dem Hintergrund der Gleichmäßigkeit der Besteuerung iSv § 85 (s § 85 Rz 1) ist der Einsatz von RMS nicht zu beanstanden. Ein Verstoß gegen den Bestimmtheitsgrundsatz liegt nicht vor, da der Begriff des RMS durch S 1 und 3 hinreichend definiert wird und die durch Abs 1 und 2 sowie durch § 85 festgelegten Ermittlungsgrundsätze in Abs 5 aufgenommen werden (aA *Marx* Ubg 16, 358; *Baldauf* DStR 16, 833, 836). Nach der Neuregelung ist insbes ist nicht zu befürchten, dass es zu einer weitgehenden Selbstveranlagung und damit zu einem Vollzugsdefizit kommt. Durch die Zufallsauswahl gem S 3 wird sichergestellt, dass auch „unverdächtige" Fälle geprüft werden. Die in S 5 geregelte Bundeseinheitlichkeit gewährleistet zudem, dass die Risikofilter durch die einzelnen FÄ nicht unterschiedlich eingestellt werden. Die Prüfung selbst und die Ermittlungsmaßnahmen erfolgen zudem nicht automatisiert, sondern durch Amtsträger; diese haben zudem die Möglichkeit, eigenständig Prüfungen und Ermittlungen vorzunehmen (S 3 Nr 3). Die Gefahr besteht allerdings, dass die RMS vorrangig dazu eingesetzt werden, Personal und Sachmittel einzusparen, und damit die Vorteile aus dem Einsatz der RMS wieder zunichte gemacht werden. Zur Kritik an dem Veröffentlichungsverbot des S 4 s Rz 104f.

95 **c) Begriff des Risikomanagementsystems (Abs 5 S 1, 2 und 5).** Unter einem RMS ist nach S 1 ein automationsgestütztes System zu verstehen, das die **Notwendigkeit weiterer Ermittlungen und Prüfungen** anhand von Risikopotenzialen beurteilt und dabei nach **S 2** auch den Grundsatz der Wirtschaftlichkeit der Verwaltung berücksichtigt, dh Bagatellfälle wiederum nicht zur Prüfung vorschlägt; der in Abs 5 S 2 enthaltene Gedanke der Wirtschaftlichkeit ist bereits in Abs 2 S 2 enthalten (s Rz 26 f). RMS gehen über Plausibilitätsprüfungen hinaus (BT-Drs 18/7457, 70). Ihr Einsatz ist nicht auf die ESt- oder KSt-Veranlagung beschränkt, sondern ist auch bei der Auswertung von Kontrollmaterial (zB Daten

von Kapitalanlegern in Liechtenstein) oder bei der Auswahl der prüfungspflichtigen Betriebe möglich. Die RMS werden auf dem Gebiet der Auftragsverwaltung nach **S 5** von den obersten FinBeh der Länder festgelegt, aber nur in Abstimmung mit dem BMF; auf diese Weise soll ein bundeseinheitlicher Vollzug hergestellt werden.

d) Anforderungen an Risikomanagementsysteme (Abs 5 S 3). Der Gesetzgeber stellt vier Anforderungen an den Einsatz von RMS: **(1)** Es muss nach S 3 Nr 1 eine Zufallsauswahl vorgesehen sein, durch die auch nicht risikobehaftete Fälle zur weiteren Prüfung und Ermittlung vorgeschlagen werden. Dies ist Ausdruck des § 85, der verlangt, dass grds jeder Fall geprüft werden muss und dass es keinen generellen Verzicht auf den StVollzug geben darf. Die Zufallsauswahl soll bewirken, dass jeder Stpfl mit einer Prüfung rechnen muss. Zugleich ermöglicht die Zufallsauswahl die Neujustierung der Zufallsauswahl und risikobehafteten Fälle, wenn sich herausstellt, dass die zufällig ausgewählten Fälle zu unerwartet hohen StNachforderungen geführt haben. **(2)** Das RMS muss gem S 3 Nr 2 eine Prüfung der ausgewählten („als prüfungswürdig ausgesteuerten") Fälle vorsehen, die durch einen Amtsträger iSv § 7 zu erfolgen hat. Die Prüfung kann punktuell oder aber auch – wie bei einer Ap – umfassend sein, wenn im Einzelfall „Anlass" dazu besteht. Eine Prüfung wird insbes dann in Betracht kommen, wenn der Stpfl Angaben in einem sog qualfizierten Freitextfeld iSv § 150 VII 1 macht, Zweifelsfragen oder Prüfbitten äußert oder wenn er darauf hinweist, dass er von der Rechtsauffassung der FinVerw abweicht (BT-Drs 18/7457, 49). **(3)** Ferner müssen nach S 3 Nr 3 Amtsträger auch eigenständig Fälle für eine umfassende Prüfung auswählen können. Sie dürfen an einer solchen Auswahl also nicht durch das RMS gehindert werden. **(4)** Die RMS müssen gem S 3 Nr 4 regelmäßig auf ihre Zielerfüllung überprüft werden. Hierzu ist eine Auswertung erforderlich, ob und ggf in welchem Umfang die Prüfungen zu Abweichungen von den StErklärungen geführt haben und ob die Zufallsauswahl zu unerwartet häufigen Abweichungen geführt hat. 98

Erfüllt das RMS **nicht die Anforderungen** des S 3, muss das FA nach Maßgabe der Abs 1 und 2 ermitteln und die StErklärungen individuell prüfen. Eine Verwendung eines nicht den Anforderungen des S 3 genügenden RMS kann einen Verstoß gegen den Amtsermittlungsgrundsatz darstellen und damit die in den Rz 64 ff dargestellten Rechtsfolgen auslösen. 99

e) Nichtveröffentlichung der Risikomanagementsysteme (Abs 5 S 4). Ebenso wie die fallgruppenbezogenen Weisungen zu Art und Umfang von Ermittlungen und Datenverarbeitung nach Abs 3 S 3 (s Rz 78) dürfen auch die Einzelheiten der RMS nicht veröffentlicht werden, soweit dies die Gleichmäßigkeit und Gesetzmäßigkeit der Besteuerung iSv § 85 gefährden könnte. Im Klageverfahren kann die Übermittlung der Einzelheiten der RMS an das FG ebenfalls nach Maßgabe des 86 II 2 FGO idF des StModernG v 18.7.2016 verweigert werden; die Verweigerung ist durch den BFH nach § 86 III FGO nF überprüfbar. Zur Übermittlung der RMS an Rechnungshöfe und Parlamente sowie zum Einsichtsrecht nach dem IFG s Rz 78. 104

Der **Kritik** an der Nichtveröffentlichung (zB *Marx* Ubg 16, 358; *Seer* DStZ 16, 605, 608) ist **nicht zu folgen.** Denn im Einzelfall kann es grds nur darum gehen, dass das FA die StErklärung aufgrund eines Hinweises des RMS überprüft hat und ob die Beanstandungen des FA zutreffend sind. Die Frage der Ausgestaltung des RMS ist dann nicht entscheidungsrelevant. Dies kann nur dann der Fall sein, wenn der Stpfl eine willkürliche Auswahlentscheidung oder einen unzureichenden StVollzug bei den anderen Stpfl geltend macht; ein solcher Einwand wird aber keinen Erfolg haben, wenn das RMS auf Einsatz bei allen Stpfl angelegt ist. Der Einsatz des RMS ist damit iE vergleichbar mit einer Auswahl des Stpfl zur Ap, ohne dass beim Einsatz des RMS aber eine Ermessensentscheidung notwendig ist. 105

§ 88a Sammlung von geschützten Daten

[1]Soweit es zur Sicherstellung einer gleichmäßigen Festsetzung und Erhebung der Steuern erforderlich ist, dürfen die Finanzbehörden nach § 30 geschützte Daten auch für Zwecke künftiger Verfahren im Sinne des § 30 Abs. 2 Nr. 1 Buchstabe a und b, insbesondere zur Gewinnung von Vergleichswerten, in Dateisystemen verarbeiten. [2]Eine Verarbeitung ist nur für Verfahren im Sinne des § 30 Abs. 2 Nr. 1 Buchstabe a und b zulässig.

S 1 und 2 geändert durch G v 17.7.17 (BGBl I, 2541).

1 **1. Aufbau von Datensammlungen (S 1).** Nach dieser Regelung darf die FinVerw **Daten** zur Erfüllung ihrer Aufgaben für aktuelle und auch für künftige Verfahren iSv § 30 II (Nrn 1a und 1b) **sammeln und verarbeiten,** nicht aber erheben (s Rz 5). Sie darf daher für ein künftiges konkretes Verfahren zB Kontrollmitteilungen fertigen, um einen korrespondierenden Sachverhalt bei einem anderen Stpfl zu prüfen (*Koenig/Wünsch* § 88a Rz 5).

Allgemein sollen für künftige Verfahren **folgende Datensammlungen** rechtl ermöglicht werden (BT-Drs 12/6267 Ziff 30): Lizenzkartei beim BZSt, die zentrale Sammlung und Auswertung von Unterlagen über stl Auslandsbeziehungen beim BZSt (vgl § 5 I Nr 6 FVG), die Statistik über Gängigkeitsabschläge bei Beständen des Vorratsvermögens beim BZSt, die Informationszentrale für den Steuerfahndungsdienst sowie die Richtsatzsammlung der Betriebsprüfung. Die Vorschrift wurde durch G v 17.7.2017 geändert und an Art 4 Nrn 2 und 6 der Datenschutz-VO (EU) 2016/679 angepasst (BT-Drs 18(11)1068, 61). So wurde die Formulierung „in Dateien oder Akten sammeln und verwenden" in S 1 durch die Formulierung „in Dateisystemen verarbeiten" ersetzt; in S 2 wurde der Begriff „Verwendung" durch den Begriff „Verarbeiten" ersetzt. Eine inhaltliche Änderung ist damit nicht verbunden.

2 **2. Verfassungsmäßigkeit.** § 88a ist verfassungsgemäß (BFH BStBl 04, 387; bestätigt durch BVerfG BFH/NV Beil 08, 220; FG BBg EFG 16, 1763). Zwar schränkt § 88a das Recht auf informationelle Selbstbestimmung ein; diese Einschränkung ist aber durch die in § 85 niedergelegten Grundsätze einer gleichmäßigen Festsetzung und Erhebung von Steuern gerechtfertigt.

3 **3. Kein Anspruch auf Auskunft.** Ein Betroffener hat nach der bisherigen Rechtslage keinen Anspruch auf Auskunft über die zu seiner Person gespeicherten Daten (BFH BStBl 04, 387). Dem Stpfl ist aber die Möglichkeit zur Überprüfung der Daten zu geben, wenn diese in einem konkreten Verfahren zu seinem Nachteil herangezogen werden. Dabei ist sicherzustellen, dass dem Stpfl keine Nachteile aus der zeitlichen Verlagerung des Rechtsschutzes erwachsen (BVerfG BFH/NV Beil 08, 220). Künftig ist das Auskunftsrecht nach § 32c zu beachten, das mWv 25.5.2018 eingeführt worden ist und gem § 32i gerichtlich überprüfbar ist.

5 **4. Verarbeitung der Daten (S 2).** Die Daten dürfen nur für Besteuerungsverfahren, Steuerstraf- oder Steuerordnungswidrigkeitsverfahren verarbeitet werden. Eine Offenbarung nach § 30 IV Nrn 3–5 oder § 31 ist nicht zulässig. Das gilt auch für einzelne Daten aus der Sammlung (aA *Helmschrott/Eberhard* DStR 94, 481). Die Vorschr deckt außerdem nur die Sammlung **ohnehin angefallener** Daten. Sie bildet keine Rechtsgrundlage für die Erhebung von Daten (BT-Drs 12/6267 Ziff 30; *Koenig/Wünsch* § 88a Rz 6). Auf die Vorschr können daher keine Auskunftsersuchen nach den §§ 93 ff gestützt werden. Eine Anonymisierung der Daten ist nicht vorgeschrieben.

§ 88b Länderübergreifender Abruf und Verwendung von Daten zur Verhütung, Ermittlung und Verfolgung von Steuerverkürzungen

(1) **Für Zwecke eines Verwaltungsverfahrens in Steuersachen, eines Strafverfahrens wegen einer Steuerstraftat oder eines Bußgeldverfahrens wegen einer Steuerordnungswidrigkeit von Finanzbehörden gespeicherte Daten dürfen zum gegenseitigen Datenabruf bereitgestellt und dann von den zuständigen Finanzbehörden zur Verhütung, Ermittlung oder Verfolgung von**
1. länderübergreifenden Steuerverkürzungen,
2. Steuerverkürzungen von internationaler Bedeutung oder
3. Steuerverkürzungen von erheblicher Bedeutung
untereinander abgerufen, im Wege des automatisierten Datenabgleichs überprüft, verwendet und gespeichert werden, auch soweit sie durch § 30 geschützt sind.

(2) **Auswertungsergebnisse nach Absatz 1 sind den jeweils betroffenen zuständigen Finanzbehörden elektronisch zur Verfügung zu stellen.**

(3) [1]**Durch Rechtsverordnung der jeweils zuständigen Landesregierung wird bestimmt, welche Finanzbehörden auf Landesebene für die in den Absätzen 1 und 2 genannten Tätigkeiten zuständig sind.** [2]**Die Landesregierung kann diese Verpflichtung durch Rechtsverordnung auf die für die Finanzverwaltung zuständige oberste Landesbehörde übertragen.**

Vorschr eingefügt durch StModernG v 18.7.16 (BGBl I, 1679).

Schrifttum: *Höreth/Stelzer* Gesetz zur Modernisierung des Besteuerungsverfahrens, DStZ 16, 520; *Beckmann* Verfassungsmäßigkeit des länderübergreifenden Abrufs und der Verwendung von Daten gemäß § 88b AO, DStR 17, 971.

Die mWv 23.7.2016 (Art 20 II ModernisierungsG v 18.7.2016) eingeführte Vorschrift bildet die gesetzliche Grundlage für die Bereitstellung von Daten sowie den Datenabruf unter den FinBeh der einzelnen Bundesländer. Die Vorschrift soll den Aufbau gesonderter Datenbanken entbehrlich machen (BT-Drs 18/8434, 109). Nach Abs 1 werden Daten bereitgestellt, die in StSachen, in StStrafverfahren oder in Verfahren wegen StOrdnungswidrigkeiten von FinBeh gespeichert wurden. Sie dürfen dann von den FinBeh – auch denen anderer Bundesländer – zum Zweck der Verhütung, Ermittlung oder Verfolgung von StVerkürzungen, die länderübergreifend sind (Nr 1) oder internationale Bedeutung haben wie zB Umsatzsteuerkarruselle (Nr 2) oder von erheblicher Bedeutung sind (Nr 3) abgerufen werden und – nach automatisierter Überprüfung – verwendet und gespeichert werden (zur verfassungsrechtl Kritik s *Beckmann* DStR 17, 971). Das StGeheimnis iSv § 30 wird durch Abs 1 insoweit ausdrücklich ausgeschlossen. 1

Abs 2 verpflichtet die Zurverfügungstellung der Auswertungsergebnisse. Abs 3 S 1 enthält eine Ermächtigung für die jeweilige Landesregierung, die die Zuständigkeit für die in Abs 1 und 2 genannten Tätigkeiten regeln kann. Diese Ermächtigung kann nach Abs 3 S 2 von der Landesregierung auf die oberste FinBeh ihres Bundeslandes weiterübertragen werden, zB auf das FinMin. Für den Abruf der Daten gibt es bereits eine Steuerdaten-Abrufverordnung v 13.10.2005 (BGBl I, 3021), die auf § 30 VI beruht (BT-Drs 18/8434, 109). 2

§ 89 Beratung, Auskunft

(1) [1]**Die Finanzbehörde soll die Abgabe von Erklärungen, die Stellung von Anträgen oder die Berichtigung von Erklärungen oder Anträgen anregen, wenn diese offensichtlich nur versehentlich oder aus Unkenntnis unterblieben oder unrichtig abgegeben oder gestellt worden sind.** [2]**Sie erteilt, soweit erforderlich, Auskunft über die den Beteiligten im Verwaltungsverfahren zustehenden Rechte und die ihnen obliegenden Pflichten.**

(2) [1]Die Finanzämter und das Bundeszentralamt für Steuern können auf Antrag verbindliche Auskünfte über die steuerliche Beurteilung von genau bestimmten, noch nicht verwirklichten Sachverhalten erteilen, wenn daran im Hinblick auf die erheblichen steuerlichen Auswirkungen ein besonderes Interesse besteht. [2]Zuständig für die Erteilung einer verbindlichen Auskunft ist die Finanzbehörde, die bei Verwirklichung des dem Antrag zugrunde liegenden Sachverhalts örtlich zuständig sein würde. [3]Bei Antragstellern, für die im Zeitpunkt der Antragstellung nach den §§ 18 bis 21 keine Finanzbehörde zuständig ist, ist auf dem Gebiet der Steuern, die von den Landesfinanzbehörden im Auftrag des Bundes verwaltet werden, abweichend von Satz 2 das Bundeszentralamt für Steuern zuständig; in diesem Fall bindet die verbindliche Auskunft auch die Finanzbehörde, die bei der Verwirklichung des der Auskunft zugrunde liegenden Sachverhalts zuständig ist. [4]Über den Antrag auf Erteilung einer verbindlichen Auskunft soll innerhalb von sechs Monaten ab Eingang des Antrags bei der zuständigen Finanzbehörde entschieden werden; kann die Finanzbehörde nicht innerhalb dieser Frist über den Antrag entscheiden, ist dies dem Antragsteller unter Angabe der Gründe mitzuteilen. [5]Das Bundesministerium der Finanzen wird ermächtigt, mit Zustimmung des Bundesrates durch Rechtsverordnung nähere Bestimmungen zu Form, Inhalt und Voraussetzungen des Antrages auf Erteilung einer verbindlichen Auskunft und zur Reichweite der Bindungswirkung zu treffen. [6]In der Rechtsverordnung kann auch bestimmt werden, unter welchen Voraussetzungen eine verbindliche Auskunft gegenüber mehreren Beteiligten einheitlich zu erteilen ist und welche Finanzbehörde in diesem Fall für die Erteilung der verbindlichen Auskunft zuständig ist. [7]Die Rechtsverordnung bedarf nicht der Zustimmung des Bundesrates, soweit sie die Versicherungsteuer betrifft.

(3) [1]Für die Bearbeitung eines Antrags auf Erteilung einer verbindlichen Auskunft nach Absatz 2 wird eine Gebühr erhoben. [2]Wird eine verbindliche Auskunft gegenüber mehreren Antragstellern einheitlich erteilt, ist nur eine Gebühr zu erheben; in diesem Fall sind alle Antragsteller Gesamtschuldner der Gebühr. [3]Die Gebühr ist vom Antragsteller innerhalb eines Monats nach Bekanntgabe ihrer Festsetzung zu entrichten. [4]Die Finanzbehörde kann die Entscheidung über den Antrag bis zur Entrichtung der Gebühr zurückstellen.

(4) [1]Die Gebühr wird nach dem Wert berechnet, den die verbindliche Auskunft für den Antragsteller hat (Gegenstandswert). [2]Der Antragsteller soll den Gegenstandswert und die für seine Bestimmung erheblichen Umstände in seinem Antrag auf Erteilung einer verbindlichen Auskunft darlegen. [3]Die Finanzbehörde soll der Gebührenfestsetzung den vom Antragsteller erklärten Gegenstandswert zugrunde legen, soweit dies nicht zu einem offensichtlich unzutreffenden Ergebnis führt.

(5) [1]Die Gebühr wird in entsprechender Anwendung des § 34 des Gerichtskostengesetzes mit einem Gebührensatz von 1,0 erhoben. [2]§ 39 Absatz 2 des Gerichtskostengesetzes ist entsprechend anzuwenden. [3]Beträgt der Gegenstandswert weniger als 10 000 Euro, wird keine Gebühr erhoben.

(6) [1]Ist ein Gegenstandswert nicht bestimmbar und kann er auch nicht durch Schätzung bestimmt werden, ist eine Zeitgebühr zu berechnen; sie beträgt 50 Euro je angefangene halbe Stunde Bearbeitungszeit. [2]Beträgt die Bearbeitungszeit weniger als zwei Stunden, wird keine Gebühr erhoben.

(7) [1]Auf die Gebühr kann ganz oder teilweise verzichtet werden, wenn ihre Erhebung nach Lage des einzelnen Falls unbillig wäre. [2]Die Gebühr kann insbesondere ermäßigt werden, wenn ein Antrag auf Erteilung einer verbindlichen Auskunft vor Bekanntgabe der Entscheidung der Finanzbehörde zurückgenommen wird.

Abs 2 angefügt durch G v 5.9.06 (BGBl I, 2089); Abs 2 geändert, Abs 3 bis 5 angefügt durch JStG 2007 v 13.12.06 (BGBl I, 2878); Abs 3 bis 5 neu gefasst, Abs 6 und 7 angefügt durch StVereinfG 2011 v 1.11.11 (BGBl I, 2131); Abs 2 S 5 angefügt durch AmtshilfeRLUmsG v 26.6.13 (BGBl I, 1809); Abs 2 S 4 und 6, Abs 3 S 2 eingefügt durch StModernG v 18.7.16 (BGBl I, 1679).

Schrifttum: *vor 2010 s 13. Aufl; Beyer* Antrag auf verbindliche Auskunft, AO-StB 10, 217; *Beyer* Die verbindliche Auskunft im Steuerrecht – Besonderheiten bei § 24 UmwStG, StuB 10, 190; *Dannecker/Werder* Mehrfache Gebühren für eine verbindliche Auskunft?, BB 11, 2268; *Bergan/Martin* Rechtsschutz gegen eine Negativauskunft nach § 89 Abs. 2 AO, DStR 12, 2164; *von Streit* Anspruch auf einen bestimmten Inhalt einer verbindlichen Auskunft bei umsatzsteuerlichen Sachverhalten, DStR 12, 1897; *Stemplewski* Kooperation im Steuerverfahren am Beispiel der verbindlichen Auskunft, BB 12, 2220; *Zugmaier* Kein Anspruch auf einen bestimmten rechtmäßigen Inhalt einer verbindlichen Auskunft, DB 12, 1552; *Seer* Chancen und Risiken von verbindlichen Auskünften, StbJb 12/13, 557; *Spilker* Verfassungsrechtliche Anforderungen an eine gesetzliche Regelung der verbindlichen Auskunft, StuW 13, 19; *Dikmen* Die steuerliche Absetzbarkeit von Gebühren für verbindliche Auskünfte (§ 89 AO), SAM 14, 90; *Joisten/Bergmann* Wann darf das Finanzamt die Erteilung einer verbindlichen Auskunft ablehnen?, FR 14, 923; *Olgemöller* Steuerplanung und verbindliche Auskunft, AG 14, 393; *Strunk* Erweiterter Vertrauenstatbestand bei erlangter verbindlicher Auskunft trotz nachträglicher Gesetzesänderung?, Stbg 14, 159; *Thieme* Finanzgerichtliche Überprüfung negativer verbindlicher Auskünfte – verbindlich ist nur die (inhaltliche) Unverbindlichkeit, DStR 14, 1093; *Werder/Dannecker* Entwicklungen bei der verbindlichen Auskunft, BB 15, 1687; *Golombek* Zum Umfang der richterlichen Inhaltskontrolle einer verbindlichen Auskunft, BB 15, 1946; *Grotherr* Anonymisierte Veröffentlichung von verbindlichen Auskünften und elektronisches Auskunftsverfahren, BB 15, 471; *Hannig* Steuerplanungssicherheit und Verfahrensbeschleunigung durch Nutzung kooperativer Handlungsinstrumente, NWB 15, 2166; *Wittenstein* Jüngste Entwicklungen im Bereich der verbindlichen Auskünfte in Luxemburg, IWB 15, 321; *Bodden* Planungssicherheit im Steuerrecht – Brennpunkte der verbindlichen Auskunft iS von § 89 Abs 2 AO, KÖSDI 16, 19652; *Brühl/Süß* Die neuen §§ 163 und 89 AO: Alte Probleme beseitigt – neue geschaffen?, DStR 16, 2617; *Grotherr* Sollten die Inhalte von verbindlichen Auskünften in anonymisierter Form durch Offenlegung transparent gemacht werden?, StuW 16, 76; *Krekeler* Verbindliche Auskunft, BLJ 16, 24; *Steinhauff* Rechtsänderungen zur verbindlichen Auskunft durch das Gesetz zur Modernisierung des Besteuerungsverfahrens, jurisPR-SteuerR 34/2016 Anm 1; *Thiele* Die Neuregelung der verbindlichen Auskunft durch das Gesetz zur Modernisierung des Besteuerungsverfahrens, FR 16, 947; *Dannecker/Werder* Entwicklungen bei der verbindlichen Auskunft, BB 17, 284; *Eilers/Nosthoff-Horstmann* Verbindliche Auskunft – ein Werkstattbericht, FR 17, 170; *Bruns* Die verbindliche Auskunft aus Perspektive der Finanzverwaltung – Zügige Bearbeitung und aktuelle Gebührenfragen, DStR 17, 2360; *Rapp* Zulässigkeit eines Antrags auf Erteilung einer verbindlichen Auskunft bei Auseinanderfallen von Handlungs- und Wirkungsebene, FR 17, 520; *Rösel* Stellungnahme zum Thema „Verbindliche Auskunft" bei den Berliner Steuergesprächen am 7.11.2016, FR 17, 186; *Seer* Verbindliche Auskunft, FR 17, 161.

Übersicht

1 **1. Inhalt. a) Überblick.** § 89 bestimmt in **Abs 1** eine Fürsorgepflicht des FA, in bestimmten Fällen die richtigen Anträge anzuregen, sowie eine **allg Auskunftspflicht** zum Verfahrensrecht (s Rz 10). **Abs 2** regelt die **verbindliche Auskunft** (s Rz 12 ff); die weiteren Einzelheiten der verbindlichen Auskunft ergeben sich aus der StAuskV v 30.11.2007 (BGBl I, 2783), die auf der Ermächtigung des Abs 2 S 4 beruht. Die **Abs 3 bis 7** betreffen die **Gebührenpflicht** für die Erteilung einer verbindlichen Auskunft (s Rz 50 ff).

2 **b) Rechtsentwicklung.** Bis zum 11.9.2006 bestand § 89 lediglich aus dem heutigen Abs 1. Durch das Föderalismusreform-Begleitgesetz v 5.9.2006 (BGBl I, 2098) wurde der heutige Abs 2 angefügt und damit die verbindliche Auskunft mWv 12.9.2006 erstmalig gesetzlich geregelt. Durch das JStG 2007 v 13.12.2006 (BGBl I, 2887) wurde die Gebührenpflicht für die verbindliche Auskunft in den neuen Abs 3 bis 5 eingefügt. Durch das StVereinfG v 1.11.2011 (BGBl I, 2131) ist die Gebührenpflicht für die verbindliche Auskunft neu geregelt worden, indem ua eine Gebührenfreiheit in sog Bagatellfällen eingeführt worden ist und die früheren Mindestwerte entfallen sind; aus diesem Grund sind die bisherigen Abs 3 bis 5 geändert und die Abs 6 und 7 angefügt worden. Durch das AmtshilfeRLUmsG v 26.6.2013 (BGBl I, 1809) wurde Abs 2 S 5 angefügt, der das Zustimmungserfordernis des Bundesrats einschränkt. Mit dem ModernisierungsG v 18.7.2016 wurde in Abs 2 S 4 eine Frist für die Bearbeitung eines Antrags auf verbindliche Auskunft und in Abs 3 S 2 eine Gebührenermäßigung im Fall eines von mehreren Antragstellern gestellten Antrags sowie in Abs 2 S 6 eine Ausdehnung der Ermächtigung für die StAuskV bei Antragstellung durch mehrere Personen eingeführt.

c) Hinweispflicht des Beraters. Der BGH hat schon zur alten Rechtslage vor Einfügung des Abs 2 des § 89 in die AO (vgl Rz 12) uU eine Beratungspflicht des Steuerberaters ggü seinem Mandanten zur Einholung einer verbindlichen Auskunft angenommen, wenn die Rechtslage nach den eigenen Erkenntnismöglichkeiten des Steuerberaters ungeklärt ist und die Beratung eine einschneidende, dauerhafte und später praktisch nicht mehr korrigierbare rechtl Gestaltung betrifft (BGH DStR 07, 1098 mit Anm *Ruppert* DStRE 08, 259, dazu *Waclawik* DStR 08, 321). Die eigentliche Entscheidung muss dann allerdings der Mandant treffen (BGH DStR 08, 321). Mit der Einführung der verbindlichen Auskunft in § 89 II besteht somit eine Hinweispflicht des Beraters, dass eine verbindliche Auskunft beantragt werden kann. 3

2. Fürsorgepflicht des FA (Abs 1). a) Überblick. Abs 1 entspringt einer Art Fürsorgepflicht des FA, die sich auch aus dem Grundsatz von Treu und Glauben herleiten lässt; die Vorschrift entspricht § 25 VwVfG. Während es sich bei Abs 1 **S 1** um eine **Sollvorschrift** handelt und das FA von sich aus tätig wird, wird die Auskunft nach Abs 1 **S 2** nur auf **Anfrage** erteilt. Im Kindergeldrecht ist die Fürsorgepflicht der FK in Abschn V 8 DA-KG 2017 geregelt. Die Fürsorgepflicht nach Abs 1 besteht gem § 76 IV FGO auch während des FG-Verfahrens. Die geplante Einführung eines S 3 zum Ausschluss der Fürsorgepflicht bei automationsgestütztem Erlass von VA ist nicht umgesetzt worden (s 13. Aufl Rz 5). 5

b) Anregung (Abs 1 S 1). Das FA soll nach Abs 1 S 1 die Abgabe von Erklärungen, Anträgen usw anregen. Unter Erklärungen sind überwiegend nur solche verfahrensrechtlicher Art zu verstehen. Die Sachverhaltsaufklärung ist ohnehin nach § 88 Aufgabe des FA. § 89 I 1 greift, wenn die Erklärungen, Anträge usw **offensichtlich nur versehentlich oder aus Unkenntnis** unterblieben sind. Es muss für das FA also ganz offensichtlich sein, dass dem Stpfl nur ein Fehler unterlaufen ist. Bei unkundigen Stpfl kann das FA uU verpflichtet sein, auf eine Ergänzung der Angaben des Stpfl hinzuwirken (FG Hess EFG 77, 128); ggf kann auch eine Rückfrage beim Stpfl geboten sein (FG Köln EFG 93, 4; zu Rückfragen im Einspruchsverfahren s § 357 Rz 16 ff). So kann das FA verpflichtet sein, einem nicht beratenen Stpfl zu empfehlen, Beiträge zur Krankenversicherung als Sonderausgaben geltend zu machen, wenn sich derartige Beiträge aus einer der StErklärung beigefügten Rentenmitteilung ergeben (FG Köln, EFG 08, 1506). Ebenso kann das FA verpflichtet sein, dem Stpfl von einem Verlustrücktrag abzuraten gem § 10d I 5 EStG, wenn sich dieser stl nur teilweise auswirkt (FG Mchn EFG 15, 174). 6

IÜ liegt es aber grds im **Verantwortungsbereich des Stpfl,** die richtigen Anträge zu stellen (BFH/NV 12, 1934). Die Fürsorgepflicht geht daher nicht so weit, dass das FA zB die Stellung eines Antrages auf Gewährung eines Ausbildungsfreibetrags bei der ESt anregen muss, wenn es aus der StErklärung das Vorhandensein eines studierenden Kindes ersieht. Unterbleibt in einem solchen Fall der Antrag auf den Ausbildungsfreibetrag, wird das FA idR davon ausgehen können, dass der Stpfl den Freibetrag wegen zu hoher eigener Einkünfte des Kindes nicht in Anspruch nehmen kann (vgl BFH/NV 93, 614; 94, 217; aA FG RhPf EFG 92, 135). Das FA ist auch nicht verpflichtet, fristgebundene Anträge (zB auf InvZul nach altem Recht) beim Eingang sofort auf fehlerhafte Formalien durchzusehen, damit noch die fristgerechte Behebung des Mangels angeregt werden kann (FG SachsAnh EFG 05, 557; vgl auch FG Mster EFG 05, 306). 7

Bei einem **Verstoß gegen die Fürsorgepflicht** des Abs 1 S 1 kann der Stpfl nur im Rahmen des rechtl Zulässigen so gestellt werden, als wäre der Verstoß nicht passiert (BFH/NV 07, 1090; 12, 1658; FG Köln EFG 12, 2325). Der Verstoß kann daher einen Wiedereinsetzungsgrund nach § 110 abgeben (FG Köln EFG 12, 2325). Wegen der Begrenzung auf das verfahrensrechtl Zulässige kann eine Verletzung des Abs 1 S 1 aber nicht zur Aufhebung einer bereits eingetretenen Festsetzungsverjährung führen (BFH/NV 08, 2062; 12, 1934). Ebenso wenig ergibt sich aus einem Verstoß gegen Abs 1 S 1 ein Ausschluss des Verschuldens des Stpfl für 8 ein verspätetes Bekanntwerden von Tatsachen oder Beweismitteln iSv § 173 I Nr 2 (s näher § 88 Rz 67) oder die Wirksamkeit einer unvollständigen, vom FA zunächst nicht beanstandeten Abtretungsanzeige (BFH BStBl 14, 507).

9 Scheidet eine verfahrensrechtl Wiedergutmachung danach aus, kann der Verstoß eine **Schadensersatzpflicht** wegen Amtspflichtverletzung auslösen, zumindest dann, wenn der Bedienstete den Stpfl praktisch sehenden Auges in sein eigenes Unglück laufen lässt. Die Verletzung der Anregungs- und Rückfragepflicht kann auch einen Folgenbeseitigungsanspruch auslösen oder zur Auferlegung der Kosten auf das FA in einem anschließenden FG-Prozess führen (BFH/NV 00, 888; 07, 1090; 12, 1658; FG Köln EFG 93, 4; 08, 1506; FG Bbg EFG 99, 915).

10 **c) Auskunftspflicht (Abs 1 S 2).** Eine Auskunftserteilung nach Abs 1 S 2 erfolgt nur über die verfahrensrechtl Pflichten und Rechte, **nicht** über das **materielle Recht;** hierfür ist die verbindliche Auskunft nach Abs 2 vorgesehen. Auskunft iSv Abs 1 S 2 erfolgt nur auf entsprechende Anfrage. Es gibt weder eine Belehrung von Amts wegen (FG Köln EFG 08, 1509) noch eine umfassende Beratungspflicht des FA ggü den Beteiligten (BFH/NV 04, 25). Das FA muss insbes nicht ins Blaue hinein nach nicht antragsgebundenen Vorteilen eines Beteiligten suchen (BFH/NV 04, 25) oder die Vor- und Nachteile eines Antrags oder einer Erklärung abwägen und den Stpfl insoweit beraten (BFH/NV 16, 1278). Auskunft ist auch nur im erforderlichen Umfang zu erteilen, dh soweit die Frage für das Verfahren irgendwie von Bedeutung ist oder sein kann. Die Vorschrift betrifft daher auch nur laufende Verfahren (BFH BStBl 94, 552; 01, 109). Vor Beginn und nach Beendigung eines Verfahrens besteht daher keine Beratungspflicht (BFH/NV 02, 1293). Die Vorschrift gibt dem Stpfl ferner kein Recht auf Benennung des Namens einer Person, die ihn ggü dem FA einer StStraftat bezichtigt hat; insoweit gibt es aber eine Pflicht des FA zur Entscheidung nach pflichtgemäßem Ermessen (BFH/NV 02, 1293; FG Köln EFG 00, 903). Hat das FA eine unverbindliche Auskunft iSv Abs 1 S 2 erteilt und ändert sich später die Rechtslage oder die Rspr, ist das FA nicht verpflichtet, auf die geänderte Rechtslage hinzuweisen (BFH BStBl 11, 613).

12 **3. Überblick über die verbindliche Auskunft (Abs 2). a) Rechtsentwicklung und Zweck.** Bis zur Einfügung des Abs 2 im Jahr 2006 (s Rz 2) gab es gesetzliche Regelungen über die Auskunftserteilung zu materiellen Rechtsfragen nur in den §§ 204 ff für die Ap und in § 42e EStG zur LSt (s Rz 15). Es war allerdings allgemein anerkannt, dass es auch unabhängig hiervon verbindliche Auskünfte geben konnte (vgl BFH BStBl 90, 274; 15, 606; 17, 37; BFH/NV 17, 223; BMF 29.12.2003, BStBl I, 742).

Die Neuregelung der verbindlichen Auskunft durch Abs 2 lehnt sich weitgehend an die vorher von Rspr und FinVerw entwickelten Grundsätze an. Unterschiede ergeben sich aber dadurch, dass die Bindungswirkung nicht mehr auf Treu und Glauben gestützt wird (so noch BFH BStBl 06, 155; BFH/NV 10, 391), sondern gesetzlich durch § 2 I 1 StAuskV iVm § 89 II 5 festgelegt wird (s Rz 32). Zur Bindungswirkung vor Einfügung der Abs 2–5 vgl BFH BStBl 09, 124; BFH/NV 09, 388.

13 Im **Zollrecht** gab und gibt es verbindliche Zolltarif- oder Ursprungsauskünfte nach Art 12 II ZK iVm Art 5 bis 14 ZK-DVO sowie nach Art 33 ff UZK (BFH/NV 08, 421; zum Umfang der Bindungswirkung s BFHE 124, 401; BFH/NV 04, 1678); s auch § 204 Rz 37 ff. Der § 89 II ist daher nicht einschlägig.

14 Die verbindliche Auskunft nach § 89 II **bezweckt mehr Rechtssicherheit** für den Stpfl (*HHSp/Söhn* § 89 Rz 179); dieses Ziel wird aufgrund der neuen BFH-Rspr allerdings nur teilweise erreicht, weil eine Negativauskunft nur eingeschränkt überprüfbar ist (s Rz 38).

15 **b) Verhältnis zu anderen Auskünften, Zusagen und Verständigungen.** Im Bereich der LSt kann – und sollte – statt einer verbindlichen Auskunft **eine LSt-Anrufungsauskunft** nach § 42e EStG (s hierzu *Rätke* BBK 09, 902, 905 sowie § 204 Rz 34 ff) beantragt werden. Diese löst nämlich – im Gegensatz zur

verbindlichen Auskunft nach § 89 III – keine Gebühren aus. Weiterhin kann infragen vermögenswirksamer Leistungen eine Auskunft nach § 15 IV VermBG erteilt werden, die ebenfalls gebührenfrei ist (BFH BStBl 15, 48).

Im Anschluss an eine Ap kann statt einer verbindlichen Auskunft eine **verbindliche Zusage iSv § 204** beantragt werden; diese ist gleichfalls gebührenfrei und daher ebenfalls ggü der verbindlichen Auskunft vorzuziehen (s hierzu *Rätke* BBK 09, 988, 992). Der Anwendungsbereich ist aber auf Sachverhalte beschränkt, die Gegenstand der Ap waren; s § 204 Rz 10.

Eine **tatsächliche Verständigung** (s hierzu § 78 Rz 5) betrifft hingegen Verständigungen über einen bereits verwirklichten Sachverhalt, nicht aber die Beurteilung von Rechtsfragen im Rahmen noch nicht abgeschlossener Sachverhalte.

Im Bereich der Verrechnungspreise kommt schließlich eine **Vorabverständigung nach § 178a** in Betracht, die nach § 178a II 1 eine Grundgebühr von 20 000 € auslöst. Bei der Vorabverständigung nach § 178a kommt es zunächst zum Abschluss eines völkerrechtlichen Vertrags iSv § 2 zwischen den FinVerw der beteiligten Staaten, dessen Ergebnis dann dem Stpfl in Form einer verbindlichen Zusage mitgeteilt wird (s § 178 Rz 1).

4. Voraussetzungen einer verbindlichen Auskunft (Abs 2 S 1). a) Noch 17
nicht verwirklichter Sachverhalt. Nach Abs 2 S 1 ist Voraussetzung für die Erteilung einer verbindlichen Auskunft, dass es sich um einen genau bestimmten, noch nicht verwirklichten Sachverhalt handelt. Der Sachverhalt darf also nicht schon im Wesentlichen verwirklicht sein, sondern es dürfen allenfalls vorbereitende Maßnahmen umgesetzt worden sein (so auch BFH/NV 16, 261). Anderenfalls könnte darüber nur noch im Veranlagungs- oder Feststellungsverfahren entschieden werden (AEAO zu § 89 Nrn 3.4.2 und 3.5.2).

Der Sachverhalt ist noch nicht verwirklicht, wenn er **(1)** erst in der Zukunft umgesetzt werden soll oder **(2)** wenn es sich um einen Dauersachverhalt, wie zB einen Mietvertrag, handelt (AEAO zu § 89 Nr 3.5.3) oder **(3)** wenn der Sachverhalt zwar schon abgeschlossen ist, sich aber ständig wiederholt, wie zB bei immer wieder vorkommenden Ausfuhrlieferungen iSv § 6 UStG. **Maßgeblicher Zeitpunkt** für die Prüfung, ob der Sachverhalt schon abgeschlossen ist, ist der Zeitpunkt der Erteilung der verbindlichen Auskunft, nicht bereits der Antrag auf Erteilung der Auskunft; der Stpfl darf daher den Sachverhalt nicht schon im Zeitraum zwischen Antragstellung und Auskunftserteilung vollenden.

Gegenstand der Auskunft kann **jede stl Frage** sein, also auch Fragen, für die 18
eine Auskunft bzw Zusage nach § 42e EStG oder § 204 AO eingeholt werden könnte (s Rz 15). Die FinVerw lehnt aber eine Auskunftserteilung in Fällen ab, in denen die Erzielung eines StVorteils im Vordergrund steht wie zB bei StSparmodellen, oder in denen es um die „Feststellung der Grenzpunkte für das Handeln eines ordentlichen Geschäftsleiters" wie zB vGA oder verdeckte Einlagen geht (AEAO zu § 89 Nr 3.5.4). Zumindest die Einschränkung bei Fragen, die das Handeln eines Geschäftsleiters betreffen, ist nicht rechtmäßig, weil es hier um die Problematik der vGA iSv § 8 III 2 KStG geht, die mit Steuersparmodellen idR nichts zu tun hat (so auch *TK/Seer* § 89 Rz 42).

b) Besonderes Interesse. Der Stpfl muss an der verbindlichen Auskunft im 19
Hinblick auf die erheblichen stl Auswirkungen ein **besonderes Interesse** (Dispositionsinteresse) haben. Dies wird im Regelfall zu bejahen sein. Ausgeschlossen sind jedoch Bagatellfälle, wobei dieser Begriff nicht iSv Abs 5 S 3 zu verstehen ist. Ob ein Bagatellfall vorliegt, hängt vielmehr von der Wirtschaftskraft des Antragstellers ab. Die Auffassung der FinVerw, wonach nur für „schwierig zu lösende stl Fragen" eine verbindliche Auskunft zu erteilen ist (so BayLfSt 5.3.2012, BeckVerw 259238, Tz 2), geht jedoch zu weit.

c) Antrag. Die verbindliche Auskunft wird nur auf Antrag erteilt. Antragsteller 22
kann idR nur der **Stpfl** sein, dessen künftige Besteuerung Gegenstand der ver-

bindlichen Auskunft sein soll. Bezieht sich die verbindliche Auskunft auf einen Sachverhalt, der wie zB bei Personengesellschaften mehreren Personen zuzurechnen ist (§ 179 II 2), kann die Auskunft nur von allen Beteiligten gemeinsam beantragt werden (§ 1 II StAuskV). Sofern der Stpfl bei der Antragstellung noch nicht existiert (zB vor Gründung einer stpfl Gesellschaft), kann bei berechtigtem Interesse auch ein Dritter Antragsteller sein (§ 1 III StAuskV).

23 Der Antrag muss schriftlich oder – seit dem 23.7.2016 – elektronisch gestellt werden (§ 1 I StAuskV idF v 18.7.2016). Zum Inhalt des Antrags gehören die in § 1 I Nr 1 bis 7 StAuskV genannten **Angaben:** die genaue Bezeichnung des Antragstellers, eine umfassende und in sich abgeschlossene Darstellung des noch nicht verwirklichten Sachverhalts (s hierzu FG Nbg EFG 18, 169), eine Darlegung des besonderen stl Interesses des Antragstellers, eine ausführliche Darlegung des Rechtsproblems mit eingehender Begründung des eigenen Rechtsstandpunktes und die Formulierung konkreter Rechtsfragen. Zudem muss der Antragsteller erklären, dass er bei keinem weiteren FA oder beim BZSt eine verbindliche Auskunft beantragt hat, und die Vollständigkeit und Wahrhaftigkeit seiner Angaben versichern. Schließlich soll er nach § 89 IV 2 Angaben zum Gegenstandswert machen (s Rz 61). Ist der Antrag unvollständig, soll das FA dem Antragsteller Gelegenheit zur Vervollständigung geben (AEAO zu § 89 Nr 4.5.1); zur Gebührenpflicht bei Ablehnung des Antrags wegen eines unvollständigen Antrags s Rz 53. Ist für das FA nicht hinreichend erkennbar, ob es sich bei dem Schreiben des Stpfl nur um eine bloße Anfrage oder aber um einen Antrag iSv § 89 II handelt, muss es im Zweifel nachfragen (BFH/NV 16, 261). Wegen der Gebührenpflicht nach Abs 3 kann in Zweifelsfällen nicht ohne Weiteres eine verbindliche Auskunft unterstellt werden (s auch Rz 53).

24 In der Praxis muss auf die **sorgfältige Darstellung des Sachverhalts** Wert gelegt werden, da die spätere Bindungswirkung der verbindlichen Auskunft nach § 2 I StAuskV davon abhängt, dass der später verwirklichte Sachverhalt nicht oder nur unwesentlich von dem der Auskunft zugrunde gelegten Sachverhalt abweicht. Das FA oder das BZSt brauchen keine eigenen Ermittlungen zum Sachverhalt aufzunehmen (s § 88 Rz 10). IdR ist dem Antragsteller aber Gelegenheit zu einem ergänzenden Sachvortrag zu geben, wenn dadurch eine Entscheidung über den Auskunftsantrag ermöglicht wird (AEAO zu § 89 Nr 3.5.1). Das FA darf allerdings nicht über alternative Gestaltungsvarianten entscheiden (AEAO zu § 89 Nr 3.5.1). Weiterhin erfordert die ausführliche Darstellung des eigenen Rechtstandspunkts gründliche Recherchen des Antragstellers; die verbindliche Auskunft ist daher nicht geeignet, die rechtl Prüfung auf das FA zu verlagern.

26 **5. Zuständigkeit (Abs 2 S 2 und 3). a) Örtlich zuständiges FA (Abs 2 S 2).** Nach Abs 2 S 2 liegt die Zuständigkeit für die Erteilung der verbindlichen Auskunft grds bei dem FA, das bei Verwirklichung des dem Antrag zugrunde liegenden Sachverhalts nach den §§ 18 ff örtlich zuständig sein würde. Die Zuständigkeitsregelung stellt somit auf die **künftigen** geplanten Verhältnisse ab. Das für die Auskunftserteilung zuständige FA kann also ein anderes FA sein als dasjenige, das zum Zeitpunkt der Antragstellung für die Besteuerung des Stpfl zuständig ist.

Betrifft eine Auskunft mehrere Steuerarten und sind hierfür jeweils **unterschiedliche FÄ** zuständig, soll nach AEAO Nr 3.3.2.3 zu § 89 eine Zuständigkeitsvereinbarung nach § 27 herbeigeführt werden. Anderenfalls soll demgegenüber das jeweils andere FA im Wege der Amtshilfe bei der Erteilung der Auskunft mitwirken bzw sollen sich beide FÄ miteinander abstimmen (BayLfSt 5.3.2012, BeckVerw 259238, Tz 5 und 6). Unbefriedigend ist die Zuständigkeitsregelung des Abs 2 S 2 aber in Umwandlungs- oder Organschaftsfällen oder bei Betriebsaufspaltungen, in denen **mehrere Stpfl** die Auskunft begehren, nämlich mindestens eine übertragende und eine übernehmende Gesellschaft oder ein Besitzunternehmen und eine Betriebs-GmbH. Hier greift die Zuständigkeitsvereinbarung nach AEAO zu § 89 Nr 3.3.2.3 nicht, da es sich um mehrere Stpfl handelt. Aufgrund der mehrfachen Zuständigkeit drohten bislang höhere Gebühren; durch den neuen Abs 3 S 2 entsteht aber nur noch eine Gebühr, wenn der Antrag von mehreren Antragstellern nach dem 22.7.2016 gestellt worden ist (s Art 97 § 25 EGAO) und die Auskunft ggü den Antragstellern einheitlich erteilt wird (s Rz 55). Ist der Antrag vor dem 23.2.2016 gestellt worden, kommt mE eine Reduzierung der Gebühr im Billigkeitswege oder unter dem Gesichtspunkt des fehlenden Kosten- und Vorteilsausgleichs in Betracht (s Nachweise in Rz 75).

b) Zuständigkeit des BZSt (Abs 2 S 3). Die Ausnahmezuständigkeit des BZSt nach Abs 2 S 3 (s auch § 5 I Nr 27 FVG) greift, wenn es für den Antragsteller im Zeitpunkt der Antragstellung **noch kein zuständiges FA** für die Steuerart gibt, auf die sich das Auskunftsbegehren bezieht. Die besondere Zuständigkeit des BZSt gilt nur für Steuern, die von den Ländern im Auftrag des Bundes verwaltet werden (also ESt, KSt und USt, s Art 108 III iVm Art 106 III GG). Für alle anderen Steuern, für welche die FÄ zuständig sind (insbes auch die GewSt-Messbeträge), gilt ausschl Abs 2 S 2. Wie bei Abs 2 S 2 ist die Zuständigkeit für jede Steuerart gesondert zu prüfen, wenn die beantragte Auskunft mehrere Steuerarten betrifft. Es kann daher vorkommen, dass das BZSt für die verbindliche Auskunft zu einer dieser Steuerarten zuständig ist, für andere dagegen nicht (vgl das Beispiel im AEAO zu § 89 Nr 3.3.1.4). Soweit das BZSt zuständig ist, bindet dessen Auskunft nach § 89 II 3 2. HS auch das FA, das später bei der Verwirklichung des der Auskunft zugrunde liegenden Sachverhalts zuständig wird. 27

6. Frist für Entscheidung über den Antrag (Abs 2 S 4). Nach dem durch das StModernG v 18.7.2016 eingefügten S 4 1. HS soll das FA über den Antrag **innerhalb von sechs Monaten** entscheiden. Diese „Soll-Frist" ist aus der Regelung zum Untätigkeitseinspruch gem § 347 I 2 abgeleitet (s § 347 Rz 14). Die Neuregelung gilt erstmals für Anträge, die nach dem 31.12.2016 beim zuständigen FA eingegangen sind (Art 97 § 25 II 1 EGAO). Die Vorschrift soll dem Antrag auf verbindliche Auskunft einen höheren Stellenwert einräumen (so BT-Drs 18/8434, 109). Eine Verpflichtung, den Antrag innerhalb dieser Frist zu bearbeiten, ergibt sich aus S 4 1. HS aber nicht. 28

Kann das FA den Antrag nicht innerhalb dieser Frist bearbeiten, muss es dem Antragsteller dies unter Angabe der Gründe nach S 4 **2. HS mitteilen.** Das Gesetz fordert aber keinen „zureichenden" Grund wie etwa in § 347 I 2 oder § 46 FGO; nach dem Wortlaut des S 4 würde es daher ausreichen, wenn der Bearbeiter des Antrags mitteilt, dass er sich erst in die Materie einarbeiten müsse. Dies würde aber dem Sinn der Vorschrift nicht entsprechen, da der verbindlichen Auskunft ein höherer Stellenwert eingeräumt werden soll. Richtigerweise muss es sich daher um sachliche bzw zureichende Gründe iSv § 347 I 2 oder § 46 FGO handeln (*Steinhauff*, jurisPR-SteuerR 34/2016 Anm 1). Die Mitteilung ist zwingend („ist") und hat mE vor Fristablauf zu erfolgen. Dies entspricht ebenfalls der Regelung zum Untätigkeitseinspruch gem § 347 I 2.

S 4 sieht **keine Rechtsfolgen** vor. Der bloße Fristablauf oder die unterlassene Angabe von Gründen führen daher nicht zu einer Fiktion einer verbindlichen Auskunft (BT-Drs 18/8434, 109). Jedoch ergibt sich mE aus der Vergleichbarkeit der Regelung des S 4 mit § 347 I 2, dass der Antragsteller einen **Untätigkeitseinspruch** gem § 347 I 2 einlegen kann, wenn das FA ohne Mitteilung von (sachlichen) Gründen nicht innerhalb von sechs Monaten entschieden hat (aA *Brühl/Süß* DStR 16, 2617, 2621; *Seer* FR 17, 161, 168; *Thiele* FR 16, 947, 950, wonach sich jeweils keine Rechtsfolgen ergeben). 29

7. Ermächtigung für StAuskV (Abs 2 S 5 bis 7). Von der Verordnungsermächtigung nach Abs 2 S 5 des § 89 ist durch die **StAuskV** v 30.11.2007 (BGBl I, 2783, idF v 18.7.2016, BGBl I, 1679) Gebrauch gemacht worden. Diese regelt in § 1 StAuskV Einzelheiten zur Form und zum Inhalt des nach Abs 2 S 1 erforderli- 32 chen Antrags (s Rz 22 ff) sowie in § 2 StAuskV die Bindungswirkung der erteilten Auskunft (s Rz 37 ff und 40 ff).

Durch das StModernG v 18.7.2016 ist ein neuer **S 6** zwischengefügt worden und der bisherige S 6 in den neuen S 7 verschoben worden. Aufgrund des neuen S 6 kann in der StAuskV auch die einheitliche Erteilung einer verbindlichen Auskunft **ggü mehreren Antragstellern** und die daraus resultierende Zuständigkeit eines FA näher geregelt werden (s hierzu auch Rz 26). Die Erteilung einer einheitlichen Auskunft ggü mehreren Antragstellern führt nach Abs 3 S 2 zu einer Gebührenbegrenzung (s Rz 55).

Durch das StModernG ist aus dem bisherigen S 6, der durch das AmtshilfeRLUmsG v 26.6.2013 (BGBl I, 1809) eingefügt worden war, S 7 geworden. Da die Verwaltung der VersSt auf den Bund übergegangen ist, ist für die StAuskV die Zustimmung des Bundesrats erforderlich, soweit die StAuskV die VersSt betrifft (BT-Drs 17/13033, 194).

36 **8. Entscheidung über den Antrag. a) Rechtsanspruch.** Auch wenn § 89 als Kannvorschrift formuliert ist, besteht grds ein Rechtsanspruch auf Erteilung der Auskunft, wenn die Voraussetzungen (s Rz 17 ff) erfüllt sind (*TK/Seer* § 89 Rz 40; *Bruschke* DStZ 07, 267). Dieser Rechtsanspruch bezieht sich aber nicht auf den Inhalt der Auskunft; das FA darf von der Rechtsauffassung des Antragstellers abweichen (s Rz 37 f). Zum Rechtsschutz bei Ablehnung des FA, eine verbindliche Auskunft zu erteilen, sowie bei Erteilung einer negativen Auskunft, deren Inhalt von der Rechtsauffassung des Antragstellers abweicht, s Rz 38.

b) Verbindliche Auskunft als VA. Die Erteilung der verbindlichen Auskunft sowie ihre Ablehnung ist ein VA (BFH BStBl 10, 996; 12, 651; 14, 325; BFH BeckRS 2015, 96082; BFH/NV 16, 261; für eigene Rechtsform mangels Bindung des Adressaten: *TK/Seer* § 89 Rz 29; *Seer* FR 17, 161, 163: Zusicherung gem § 38 VwVfG; aA *Bruschke* DStZ 07, 267, 270). Die Bekanntgabe der verbindlichen Auskunft richtet sich damit nach § 122 (BFH BStBl 10, 996); die Aufhebung und Änderung bestimmt sich nach § 2 III StAuskV (s Rz 44 ff). Die Auslegung des Inhalts einer verbindlichen Auskunft sowie die Frage, ob ein Antwortschreiben des FA als verbindliche Auskunft zu verstehen ist, richtet sich nach dem Empfängerhorizont (BFH/NV 16, 261).

37 **c) Arten der verbindlichen Auskunft.** Die verbindliche Auskunft kann auf dreierlei Weise erteilt werden: **(1)** als begünstigender VA **(positive Auskunft),** wenn das FA in der Auskunft der Rechtsauffassung des Antragstellers folgt (s Rz 40); **(2)** als **Ablehnungsbescheid,** wenn das FA die Erteilung einer Auskunft bereits dem Grunde nach ablehnt, weil nach seiner Auffassung die Voraussetzungen des § 89 II nicht erfüllt sind, zB kein besonderes Interesse an der Auskunft besteht; zum Rechtsschutz s Rz 38; **(3)** als **negative Auskunft,** wenn das FA zwar eine verbindliche Auskunft erteilt, aber ganz oder teilweise von der Rechtsauffassung des Antragstellers abweicht; zum Rechtsschutz s Rz 38.

38 **d) Rechtsschutz gegen Ablehnung oder Negativauskunft.** Gegen einen **Ablehnungsbescheid,** mit dem das FA die Erteilung einer verbindlichen Auskunft ablehnt (s Rz 37), kann Einspruch und ggf Verpflichtungsklage eingelegt werden. Es ist dann zu prüfen, ob die Voraussetzungen des § 89 II für die Erteilung einer verbindlichen Auskunft vorlagen; das Gericht prüft dann aber nicht das materielle Recht, also die vom Stpfl gestellte Frage, sondern verpflichtet das FA allenfalls zur Erteilung einer verbindlichen Auskunft.

Gegen eine **negative Auskunft** (s Rz 37) sind ebenfalls Einspruch und ggf Verpflichtungsklage statthaft. Allerdings ist die negative Auskunft nur eingeschränkt gerichtlich überprüfbar; das Gericht überprüft lediglich, ob die rechtl Einschätzung (durch das FA) der vom Antragsteller aufgeworfenen Frage in sich schlüssig und nicht evident rechtsfehlerhaft ist (BFH BStBl 12, 651; 15, 48; BFH/NV 14, 1014,

1873, 1875; BFH BeckRS 2015, 96082). Eine abschließende materiell-rechtl Klärung der aufgeworfenen Frage kann damit im Klageverfahren gegen die negative Auskunft nicht erreicht werden, sondern bestenfalls die Erteilung einer neuen, diesmal schlüssigen Auskunft. Ist die Negativauskunft inhaltlich vertretbar (dh schlüssig), kann sie also nicht mit Erfolg angefochten werden. Der Stpfl muss dann ggf in seiner StErklärung von der für ihn negativen, aber schlüssigen verbindlichen Auskunft zu seinen eigenen Gunsten abweichen und gegen den anschließenden StBescheid, mit dem das FA wiederum von der StErklärung zu Ungunsten des Stpfl abweicht, Einspruch einlegen und Anfechtungsklage erheben. Dies ist **nicht verfahrensökonomisch** und widerspricht mE dem Zweck des § 89 nach mehr Rechtssicherheit (s Rz 14); denn der Antragsteller kann die Rechtssicherheit uU erst im Einspruchs- bzw Klageverfahren gegen den späteren StBescheid herbeiführen. Zudem ist es nicht überzeugend, dass der Antragsteller mit der vollen Gebührenpflicht belastet wird, auch wenn sich später herausstellt, dass die Negativauskunft materiell-rechtl fehlerhaft war; zu einem Teilverzicht auf die Gebühren in diesem Fall s Rz 75.

Die Rechtslage zu § 89 II entspricht insoweit der Rechtslage zur **LSt-Anrufungsauskunft** gem § 42e EStG (s auch Rz 15): Denn auch bei einer negativen LSt-Anrufungsauskunft findet keine umfassende materiell-rechtl Überprüfung der Negativauskunft mehr statt (BFH BStBl 15, 48; BFH/NV 14, 1873, 1875, unter Aufgabe der früheren Rspr in: BFH BStBl 10, 996; 12, 651). 39

Zwar kommt es damit bei beiden Auskunftsarten (§ 89 II sowie § 42e EStG) zu einer nur eingeschränkten gerichtlichen Überprüfung; allerdings kommt bei einer negativen LSt-Anrufungsauskunft erschwerend hinzu, dass hier eine umfassende gerichtliche Klärung der vom ArbG im Antrag aufgeworfenen Streitfrage schon deshalb geboten ist, weil der ArbG als verlängerter Arm des Fiskus im Bereich der LSt tätig wird und einem Haftungsrisiko nach § 42d EStG unterliegt.

9. Rechtsfolgen der verbindlichen Auskunft. a) Bindungswirkung. Die verbindliche Auskunft hat Bindungswirkung nach § 2 I StAuskV, wenn der später verwirklichte Sachverhalt nicht oder nur unwesentlich von dem im Antrag nach § 1 I Nr 2 StAuskV dargestellten Sachverhalt abweicht. § 2 I StAuskV entspricht damit § 206 I AO, der die Bindungswirkung für die verbindliche Zusage regelt. Die Bindungswirkung gilt für die in der Auskunft genannten Steuern und Besteuerungszeiträume (AEAO zu § 89 Nr 3.5.6). Die Bindungswirkung gilt auch ggü einem Gesamtrechtsnachfolger, zB Erben, nicht aber ggü einem Einzelrechtsnachfolger wie zB einem Käufer, der daher eine erneute verbindliche Auskunft beantragen müsste (AEAO zu § 89 Nr 3.6.2). Die Bindungswirkung besteht auch – und gerade – dann, wenn die verbindliche Auskunft rechtswidrig ist und sich zugunsten des Antragstellers auswirkt (BFH BStBl 14, 325). Hat das FA eine derartige rechtswidrige Auskunft nicht vor der Veranlagung geändert oder aufgehoben, muss es also die Veranlagung auf der Grundlage der erteilten Auskunft durchführen. 40

b) Ausnahme. Ausnahmsweise besteht keine Bindungswirkung, wenn die verbindliche Auskunft **rechtswidrig** ist und sich **zu Ungunsten** des Antragstellers auswirkt (§ 2 I 2 StAuskV). Das FA muss dann die Veranlagung auf der Grundlage des geltenden Rechts durchführen und darf von der verbindlichen Auskunft zugunsten des Stpfl abweichen. Anderenfalls muss der Stpfl Einspruch gegen den StBescheid einlegen. Die Bindungswirkung besteht auch dann nicht, wenn die Vorschrift, zu der die verbindliche Auskunft ergeht, **gegen EU-Recht verstößt;** dies ergibt sich aus dem Vorbehalt des § 1 I 2. Hierzu muss die Entscheidung des EuGH nicht abgewartet werden; denn bereits mit der Einleitung eines förmlichen Prüfverfahrens nach Art 108 II AEUV darf die verbindliche Auskunft nicht mehr angewendet werden (vgl BMF 30.4.2010, BStBl I, 488, zur Nichtanwendung verbindlicher Auskünfte zur Sanierungsklausel des § 8c Ia KStG). 41

43 **10. Ende der Bindungswirkung. a) Außerkrafttreten.** Die Bindungswirkung entfällt nach § 2 II StAuskV automatisch, sobald die zu Grunde liegenden **Rechtsvorschriften geändert oder aufgehoben** worden sind; die Auskunft begründet also keinen Vertrauensschutz auf den Erhalt der Gesetzeslage (BVerfG DStR 15, 2237). § 2 II StAuskV erfasst damit den Fall, dass eine zunächst rechtmäßige Auskunft aufgrund einer nachträglichen Gesetzesänderung rechtswidrig wird. Keine Änderung von Rechtsvorschriften sind Änderungen der Auffassung der FinVerw (etwa aufgrund neuer BMF-Schreiben) oder der Rspr (Ausnahme: Entscheidungen des BVerfG, da sie nach § 31 II BVerfGG Gesetzeskraft haben); in diesen Fällen tritt die verbindliche Auskunft also nicht nach § 2 II StAuskV außer Kraft. Es bedarf keines ausdrücklichen Hinweises oder gar einer ausdrücklichen Aufhebung der verbindlichen Auskunft im Fall des § 2 II StAuskV; der Stpfl sollte daher vor Verwirklichung des Sachverhalts noch einmal die aktuelle Gesetzeslage prüfen.

44 **b) Änderung oder Aufhebung.** Die verbindliche Auskunft kann nach § 2 III StAuskV mit Wirkung für die Zukunft geändert oder aufgehoben werden, wenn sie **rechtswidrig** war und sich **zugunsten** des Stpfl ausgewirkt hat. Wirkte sie sich hingegen zu Ungunsten des Stpfl aus, entfaltete sie von vornherein gem § 2 I 2 StAuskV keine Bindungswirkung (s Rz 41), sodass es keiner Aufhebung bedarf; eine Aufhebung hätte dann nur deklaratorischen Charakter. § 2 III StAuskV erfasst also den Fall einer von vornherein rechtswidrigen Auskunft, während § 2 II StAuskV (s Rz 43) eine erst nachträglich rechtswidrig gewordene Auskunft betrifft.

45 Die Rechtswidrigkeit kann sich aus einem **Verstoß gegen materielles Recht** bzw aufgrund einer fehlenden Rechtsgrundlage (BFH BStBl 17, 393) oder aus einem **Ermessensfehler** ergeben (AEAO zu § 89 Nr 3.6.6). Auch eine Änderung der Rspr, die nach Erteilung der verbindlichen Auskunft erfolgt, spricht dafür, dass die erteilte Auskunft rechtswidrig war (AEAO zu § 89 Nr 3.6.6). Ändert sich hingegen lediglich die Auffassung der FinVerw (zB ergeht ein neues BMF-Schreiben), kann hieraus nicht die Rechtswidrigkeit der Auskunft abgeleitet werden (*TK/Seer* § 89 Rz 56; aA AEAO zu § 89 Nr 3.6.6).

46 Die Änderung oder Aufhebung ist eine **Ermessensentscheidung.** Dabei hat das FA wie bei § 207 II (s dort Rz 6f) abzuwägen zwischen dem Vertrauensschutz des Stpfl und den vom Stpfl bereits getroffenen Dispositionen einerseits sowie der Pflicht des FA zum rechtmäßigen Handeln andererseits. Hat der Stpfl noch keine Dispositionen getroffen (zB noch keine Investitionen getätigt), wird die Änderung bzw Aufhebung idR ermessensfehlerfrei sein (s auch BFH/NV 10, 391, der eine Korrektur einer rechtswidrigen Auskunft im Regelfall zulässt). Die Ermessensentscheidung kann auch durch ein BMF-Schreiben ausgeübt werden; so hat das BMF eine Aufhebung nach § 2 III StAuskV verbindlicher Auskünfte, die auf dem – rechtswidrigen – Sanierungserlass beruhen, grds ausgeschlossen (BMF 27.4.2017, BStBl I 17, 741). Die Ermessensentscheidung ist nach § 121 I zu begründen. Zum Rechtsschutz s Rz 49.

47 **c) Korrektur nach §§ 129 bis 131.** Eine verbindliche Auskunft kann auch nach den §§ 129 bis 131 berichtigt, zurückgenommen oder widerrufen werden. Dies ergibt sich aus § 2 III StAuskV, der die Anwendung dieser Korrekturnormen „unbeschadet" lässt (vgl aber BFH BStBl II 14, 325, der § 2 III mit § 2 II StAuskV vermengt). In Betracht kommt damit eine **Berichtigung nach § 129** im Fall einer offenbaren Unrichtigkeit (zB Rechenfehler in der Auskunft). Eine **Rücknahme nach § 130** ist auch für die Vergangenheit zulässig – im Gegensatz zur Änderung oder Aufhebung nach § 2 II StAuskV (s Rz 44) –, setzt aber zB unlautere Mittel oder falsche Angaben des Stpfl voraus. Ein **Widerruf nach § 131** kann hingegen nur für die Zukunft erfolgen und kommt in Betracht, wenn das FA seine Rechtsauffassung ändert; in diesem Fall wird der Vertrauensschutz des Stpfl (s Rz 46) besonders zu berücksichtigen sein. Eine Korrektur nach den §§ 129 bis 131 stellt eine Ermessensentscheidung dar, sodass die gleichen Abwägungen wie

bei einer Änderung oder Aufhebung (s Rz 46) vorzunehmen sind. Die Entscheidung ist ebenfalls zu begründen. Zum Widerruf einer vor dem Inkrafttreten des § 89 II erteilten Auskunft s FG Nds DStRE 15, 674.

49 **d) Rechtsschutz gegen Änderung, Aufhebung oder Korrektur.** Gegen eine Änderung oder Aufhebung nach § 2 III StAuskV sowie gegen eine Korrektur nach den §§ 129 bis 131 iVm § 2 III StAuskV sind der **Einspruch** und die Anfechtungsklage statthaft. Ein parallel gegen den StBescheid geführtes Klageverfahren ist nach § 74 FGO auszusetzen (BFH BStBl 14, 325).

Hat das FA bereits vor der Änderung oder Aufhebung der verbindlichen Auskunft iSv § 2 III StAuskV **einen StBescheid erlassen,** der noch auf der Grundlage der – erst später aufgehobenen – Auskunft beruht, bleibt der StBescheid wirksam. Die verbindliche Auskunft ist also kein Grundlagenbescheid iSv § 171 X, sodass bei ihrer Aufhebung auch etwa der StBescheid nach § 175 I Nr 1 geändert werden könnte (*Rätke* BBK 09, 951, 955). Das FA muss vielmehr prüfen, ob eine andere Rechtsgrundlage für die Korrektur des StBescheids zur Verfügung steht, zB § 164 II oder – bei falschen Angaben des Stpfl – § 172 I Nr 2c oder § 173 I Nr 1.

50 **11. Gebührenpflicht (Abs 3). a) Überblick.** Die verbindliche Auskunft ist nach Abs 3 gebührenpflichtig; die Höhe der Gebühr wird in Abs 4 bis 7 geregelt. Die Gebührenpflicht der verbindlichen Auskunft ist ein wesentlicher Nachteil ggü der LSt-Anrufungsauskunft nach § 42e EStG und der verbindlichen Zusage nach § 204 (s Rz 15). Zur Rechtsentwicklung der Gebührenpflicht s Rz 2; zum zeitlichen Anwendungsbereich s Rz 53.

Die Gebühr ist verfassungsrechtl gesehen weder eine Steuer noch ein unselbständiger Teil des Besteuerungsverfahrens, sondern eine nicht steuerliche Abgabe, die für eine Gegenleistung (verbindliche Auskunft) erhoben wird (BFH BStBl 11, 536); sie stellt eine **Nebenleistung iSv § 3 IV** dar (s auch Rz 54). Die Gesetzgebungskompetenz des Bundes ergibt sich aus Art 108 V GG als Annex zu dem Recht, das StErhebungsverfahren zu regeln (BFH BStBl 11, 536). Die Gebühr unterliegt nicht der USt, sodass ein Vorsteuerabzug nicht möglich ist (FG Mchn EFG 10, 1452).

51 **b) Verfassungsmäßigkeit.** Die Gebührenpflicht ist sowohl dem Grunde als auch der Höhe nach verfassungsgemäß (BFH BStBl 11, 536; 15, 989; 16, 706; BFH/NV 11, 1042). Der BFH teilt damit zu Recht nicht die verfassungsrechtl Bedenken von Teilen der Literatur (zB *Dißars/Bürkle,* StB 07, 54, 59; *Lahme/Reiser* BB 07, 408, 410; *Simon* DStR 07, 557, 563; *Stark* DB 07, 2333). Die verfassungsrechtl Rechtfertigung der Gebühr folgt aus den Aspekten der **Kostendeckelung** und des **Vorteilsausgleichs** (BFH BStBl 11, 536; 15, 989; BFH/NV 11, 1042): Zum einen verursacht die Gebühr einen besonderen Verwaltungsaufwand, der durch die Gebühr abgedeckt wird. Zum anderen erhält der Antragsteller einen besonderen Vorteil, nämlich die sich zu seinen Gunsten ergebende Bindungswirkung. Der Höhe nach ist die Anknüpfung an den Gegenstandswert nicht zu beanstanden, weil unterstellt werden darf, dass der Bearbeitungsaufwand umso größer ist, je höher die stl Auswirkungen sind. Nach dem BFH (BStBl 11, 536; BFH/NV 11, 1042) kann dem Gesetzgeber auch nicht die alleinige Verantwortung für die Kompliziertheit des StRechts zugewiesen werden, sodass die FinVerw verbindliche Auskünfte gebührenfrei erteilen müsste; denn mitverantwortlich sind auch die Komplexität des Wirtschaftslebens sowie die Kreativität einiger Stpfl und ihrer Berater.

53 **c) Anwendungsbereich und Entstehung der Gebühr.** Die Gebührenpflicht gilt nach **Abs 3 S 1** ausdrücklich nur für die Auskunft nach § 89 II. In anderen steuerrechtl Vorschriften geregelte Auskunftserteilungen oder Zusagen wie § 42e EStG, § 15 IV VermBG oder § 204 AO werden daher nicht erfasst und sind gebührenfrei (s Rz 15); die Vorabverständigung nach § 178a enthält eine eigenständi-

ge Gebührenregelung. Die Abs 3 bis 7 gelten nach Art 97 § 25 I EGAO für Anträge, die nach dem 4.11.2011 beim zuständigen FA eingegangen sind; für zuvor eingegangene Anträge s 10. Aufl Rz 17 ff).

Die Gebühr **entsteht** mit dem Eingang des Antrags iSv § 89 II; dies ergibt sich aus Abs 3 S 3, wonach die Gebühr bereits mit der Antragstellung festgesetzt werden kann. Allerdings kann die Gebühr bei rechtzeitiger Rücknahme des Antrags nach Abs 7 S 2 ermäßigt werden (s Rz 76). Die Gebührenpflicht besteht sowohl bei positiven als auch bei negativen Auskünften iSv § 89 II (zum Begriff s Rz 37); sie entsteht also auch dann, wenn das FA die Erteilung einer verbindlichen Auskunft aus formalen Gründen, zB wegen fehlender Darstellung der eigenen Rechtsauffassung des Stpfl, ablehnt und es sich hierbei nicht um bloße Pedanterie handelt (FG Hess EFG 11, 1938); allerdings ist der Antragsteller vorher auf die Mängel seines Antrags hinzuweisen, damit er den Antrag ergänzen kann (AEAO zu § 89 Nr 4.5.1; s auch Rz 23). Hingegen sind bloße Anfragen an das FA, mit denen keine verbindliche Auskunft angestrebt wird, gebührenfrei, auch wenn sie uU eine Bindung des FA nach Treu und Glauben auslösen können (vgl aber auch BFH BStBl 11, 613, wonach bei Änderung der Rechtslage weder eine Bindungswirkung noch eine Hinweispflicht besteht, s auch Rz 10). Im Zweifel muss das FA nachfragen, ob es sich nur um eine bloße Anfrage oder um einen Antrag iSv § 89 II handelt (BFH/NV 16, 261).

54 **d) Absetzbarkeit der Gebühr.** Die Gebühr ist stl nur dann als Betriebsausgabe absetzbar, wenn die Auskunft die USt betrifft und es sich nicht um USt auf Entnahmen oder um Vorsteuer für nicht abziehbare Betriebsausgaben iSv § 12 Nr 3 EStG handelt. IÜ ist **kein Betriebsausgaben- oder Werbungskostenabzug** gegeben, da es sich bei der Gebühr um eine stl Nebenleistung handelt (s Rz 50), die bei Auskünften zur ESt nach § 12 Nr 3 EStG, bei Auskünften zur GewSt nach § 4 Vb EStG und bei Auskünften zur KSt nach § 10 Nr 2 KStG vom Abzug ausgeschlossen ist (*Rätke* BBK 09, 951, 957; aA *Dikmen* SAM 14, 90). Abziehbar sind jedoch die aufgrund der Auskunft entstandenen Steuerberatungskosten, sofern die Veranlassung durch eine Einkunftsart zu bejahen ist.

55 **e) Gebühr bei mehreren Antragstellern (Abs 3 S 2).** Der durch das StModernG v 18.7.2016 neu eingeführte S 2 führt zu einer Gebührenentlastung, wenn eine verbindliche Auskunft ggü mehreren Antragstellern einheitlich erteilt wird. Es wird dann **insgesamt nur eine Gebühr** und nicht – wie bisher (s BFH BStBl 16, 706) – pro Antragsteller eine Gebühr festgesetzt. Die Neuregelung gilt nach Art 97 § 25 II 2 EGAO für Anträge, die nach dem 22.7.2016 beim FA eingehen und auf Erteilung einer einheitlichen verbindlichen Auskunft gerichtet sind. Relevant wird die Neuregelung in Fällen, in denen sich ein und derselbe Sachverhalt bei zwei oder mehr Stpfl auswirkt, zB bei Umwandlungen, Organschaften oder Betriebsaufspaltungen (s auch Rz 26); zu Umwandlungen s aber auch AEAO zu § 89 Nr 4.1.3, wonach jeder an der Umwandlung beteiligte Rechtsträger eigenständig zu beurteilen ist, also entgegen der Neuregelung in Abs 3 S 2 wohl keine Gebührenbegrenzung vorgesehen ist (kritisch hierzu *Süß/Brühl* DStR 16, 2617, 2623). Die Frage, wann eine Auskunft einheitlich erteilt wird und welches FA hierfür zuständig ist, wird durch die StAuskV beantwortet werden, nachdem durch den neuen S 6 in Abs 2 die entsprechende Ermächtigung geschaffen worden ist (s Rz 32). Die Antragsteller sind nach S 2 2. HS Gesamtschuldner der festgesetzten Gebühr iSv § 44; damit wirkt auch die Erfüllung eines Gesamtschuldners zugleich für die übrigen Gesamtschuldner (§ 44 II).

Bis zum Inkrafttreten des Abs 2 S 3 gab es keine Gebührenentlastung, sondern die Gebühr entstand für jeden Antrag, auch wenn sich mehrere Anträge auf denselben Sachverhalt bezogen. Eine Gebührenermäßigung hat die Rspr insoweit abgelehnt (BFH BStBl 16, 806; FG Mchn EFG 17, 967, Rev BFH II R 24/17; s auch Rz 75).

f) Festsetzung und Fälligkeit (Abs 3 S 3). Aus Abs 3 S 3 wird deutlich, dass die Gebühr durch VA festgesetzt wird; denn S 3 spricht von „Bekanntgabe ihrer Festsetzung". Der Gebührenbescheid kann unabhängig von der Anfechtung der Auskunft (s dazu Rz 38) mit dem **Einspruch** und Anfechtungsklage angefochten werden. Die Gebühr wird ggü dem Antragsteller festgesetzt; dies ist derjenige, in dessen Namen der Antrag gestellt wird (BFH BStBl 16, 706). 56

Die Gebühr ist nach Abs 3 S 3 innerhalb eines Monats nach Bekanntgabe dieses Bescheids zu zahlen und wird damit zu diesem Zeitpunkt fällig iSv § 220 I. Die Anfechtung hat nach § 361 I 1 keine aufschiebende Wirkung, sodass ggf AdV des Gebührenbescheids beantragt werden sollte. Bei nicht fristgerechter Zahlung entstehen keine Säumniszuschläge iSv § 240, da die Gebühr zu den Kosten gehört und damit eine stl Nebenleistung iSv § 3 IV ist, für die Säumniszuschläge nicht erhoben werden (§ 240 II).

g) Zurückstellung der Auskunft (Abs 3 S 4). Nach Abs 3 S 4, der bis zur Einfügung des neuen S 2 durch das StModernG v 18.7.2016 der bisherige S 3 des Abs 3 war, kann das FA die Entscheidung über den Antrag auf Auskunftserteilung zurückstellen, bis die Gebühr entrichtet worden ist. Die Zurückstellung kommt in Betracht, wenn die Zahlung der Gebühr nicht gesichert erscheint. Auch wenn die Gebühr bereits mit der Antragstellung entsteht, liegt es im pflichtgemäßen Ermessen des FA, die Gebühr erst mit der Auskunftserteilung festzusetzen (*TK/Seer* § 89 Rz 70). Dies kommt insbes in den Fällen des § 89 VI in Betracht, in denen sich die Gebühr nach dem Zeitaufwand des FA für die Auskunft berechnet. 57

12. Bemessung nach Gegenstandswert (Abs 4). a) Gegenstandswert (Abs 4 S 1). Maßgebend für die **Höhe der Gebühr** ist nach Abs 4 S 1 der Gegenstandswert der verbindlichen Auskunft für den Antragsteller. Dieser richtet sich wie beim gerichtlichen Streitwert nach der **steuerlichen Auswirkung,** dh nach dem Unterschied zwischen den Steuerbeträgen, die bei Anwendung der vom Antragsteller im Antrag vorgetragenen Rechtsauffassung und bei Anwendung der gegenteiligen Rechtsauffassung entstehen; dabei sind mittelbare stl Auswirkungen, zB aus den Folgejahren, – anders als nach § 52 III 2 GKG im Klageverfahren – nicht zu berücksichtigen (BFH BStBl 15, 989; s auch AEAO zu § 89 Nr 4.2.2). Bei Dauersachverhalten stellt die FinVerw auf die durchschnittliche stl Auswirkung eines Jahres ab (AEAO zu § 89 Nr 4.2.3). Der Gegenstandswert ist nicht – wie bei AdV-Anträgen – auf 10% zu reduzieren (BFH BStBl 15, 989); ebenso wenig führt eine mögliche Rechtswidrigkeit der Auskunft zu einer Reduzierung der Gebühr (BFH BStBl 15, 989). Der Gebührensatz und die Höhe der Gebühren ergibt sich aus Abs 5 (s Rz 65 ff). 60

b) Angaben zum Gegenstandswert (Abs 4 S 2 und 3). Der Antragsteller soll nach Abs 4 S 2 den Gegenstandswert und die für seine Bestimmung maßgeblichen Umstände im Antrag darlegen (sog Einschätzungsprärogative; vgl BFH BStBl 15, 989). Die Regelung erweitert § 1 I StAuskV, der den Inhalt des Antrags regelt (s Rz 23). Das FA soll vom dargelegten Gegenstandswert nach Abs 4 S 3 **nur abweichen,** soweit dies zu **offenbar unzutreffenden Ergebnissen** führt. 61

13. Anwendbarkeit des GKG (Abs 5). Nach Abs 5 **S 1** wird für die Höhe der Gebühr die Regelung des **§ 34 GKG** (idF v 27.2.2014, BGBl I, 154) auf den Gegenstandswert angewendet, um so den Betrag der Gebühr zu ermitteln. Der Gebührensatz beträgt 1,0, sodass bei einem Gegenstandswert von 10 000 € eine Gebühr von 241 € entsteht. Der Verweis auf § 34 GKG beschränkt sich nur auf § 34 I GKG, nicht aber auf § 34 II GKG, der eine Mindestgebühr von 15 € nennt; denn aufgrund der Bagatellgrenze des Abs 5 S 3 beträgt die Gebühr mindestens 241 €, vorausgesetzt, der Gegenstandswert erreicht mindestens 10 000 €; zum früheren Mindest-Gegenstandswert nach Abs 5 S 2 aF s 12. Aufl Rz 65. 65

66 Nach Abs 5 **S 2** gilt § 39 II GKG entsprechend. Hierdurch wird klargestellt, dass der in § 39 II GKG genannte **maximale Gegenstandswert 30 Mio €** beträgt; damit ergibt sich nach § 34 GKG eine Höchstgebühr von 109.736 € (AEAO zu § 89 Nr 4.2.4).

67 Abs 5 **S 3** legt eine **Bagatellgrenze bei einem Gegenstandswert** bis zu 9999 € fest. Erst bei einem Gegenstandswert von 10 000 € oder mehr wird eine Gebühr festgesetzt (bei einem Gegenstandswert von 10 000 € ergibt sich eine Gebühr von 241 €). Beträgt der Gegenstandswert weniger als 10 000 €, wird keine Gebühr erhoben. Hiervon sollen kleinere Investitionen sowie ArbeitN und kleinere Vermietungsfälle profitieren; zudem soll der FinVerw die Festsetzung geringer Gebühren erspart werden (BT-Drs 17/5196, 79 f).

70 **14. Bemessung nach Zeitaufwand (Abs 6).** Nur wenn der Gegenstandswert weder bestimmbar ist noch geschätzt werden kann, wird die Gebühr gem Abs 6 S 1 nach dem Arbeitsaufwand des FA berechnet. Die Gebühr beträgt dann je angefangene halbe Stunde **50 €;** die Höhe dieser Gebühr ist verfassungsgemäß (s Rz 51). Zum Wertansatz nach Abs 6 S 1 kommt es, wenn der Antragsteller keine Angaben zum Gegenstandswert macht (s Rz 61) und sich aus seinen sonstigen Angaben auch kein Gegenstandswert ermitteln bzw schätzen lässt.

71 Auch bei der Zeitgebühr gibt es eine **Bagatellgrenze:** Bei einem Zeitaufwand von weniger als zwei Stunden, wird nach Abs 6 **S 2** keine Gebühr erhoben. Gebühren von bis zu 150 € (für 1,5 Std Arbeit) können also nicht entstehen; erst bei einem Zeitaufwand von 2 Std kommt es zu einer Gebühr, und zwar iHv 200 €. Diese Bagatellgrenze entspricht in etwa der des Abs 5 S 2 beim Gegenstandswert, weil es dort erst bei einem Gegenstandswert von 10 000 € zu einer Gebühr von 241 € nach § 34 GKG kommt, während Abs 6 S 2 Gebühren von unter 200 € vermeidet (vgl auch BT-Drs 17/5196, 80).

75 **15. Verzicht und Ermäßigung (Abs 7). a) Verzicht (Abs 7 S 1).** Das FA kann nach der Neuregelung in Abs 7 S 1 auf die Gebühr ganz oder teilweise verzichten, wenn ihre Erhebung **unbillig** wäre. Die Vorschrift verdrängt § 227 sowie § 19 VwKostG. Es kann sich wie bei § 227 oder § 234 II um persönliche oder um sachliche Billigkeitsgründe handeln. Eine sachliche Unbilligkeit und damit ein Teilverzicht kam bislang mE etwa bei Auskünften zum UmwStG oder zur Betriebsaufspaltung in Betracht, weil Auskünfte von mehreren FÄ eingeholt werden mussten (*Keß/Zillmer* DStR 08, 1466, 1469; s Rz 45). Bei einer einheitlich ggü mehreren Antragstellern erteilten Auskunft ist eine Ermäßigung aber nicht mehr zu prüfen, weil nach der Neuregelung des Abs 3 S 2 hier nur noch insgesamt eine Gebühr für alle Antragsteller festgesetzt wird (s Rz 55). Hinsichtlich der Rechtslage vor dem Inkrafttreten des neuen Abs 3 S 2 hat der BFH (BStBl 16, 806) bei einem Antrag durch mehrere Antragsteller für denselben Sachverhalt (Antragstellung durch Organträger und Organgesellschaft) eine Reduzierung der Gebühr unter Hinweis auf den eindeutigen Gesetzeswortlaut abgelehnt, obwohl der Aufwand für das FA deutlich geringer ist als bei zwei Auskünften zu unterschiedlichen Rechtsfragen (zum Aspekt der Kostendeckelung s Rz 51).

Ein Teilverzicht ist mE bei einer **Negativauskunft** geboten, weil der Antragsteller weniger erhält als er beantragt hat (angedeutet durch BFH/NV 14, 1014; *Seer* FR 17, 161, 167: Begrenzung der Gebühr auf Kostenersatz); dies gilt erst recht, wenn sich die Negativauskunft bei der späteren Anfechtung des StBescheids als materiell falsch erweist (s Rz 38). Allerdings lehnt der BFH jedenfalls eine Reduzierung des Gegenstandswerts im Fall der Rechtswidrigkeit der Auskunft ab (BFH BStBl 15, 989). Ferner kommt ein Teilverzicht bei Steuern in Betracht, bei denen der Stpfl Aufgaben des Staates wahrnimmt, zB bei der LSt (sofern er keine gebührenfreie LSt-Anrufungsauskunft beantragt, s Rz 15), bei der USt oder bei Quellensteuern wie bei der KapESt (vgl *Seer* FR 17, 161, 167).

b) Ermäßigung (Abs 7 S 2). Nimmt der Antragsteller seinen **Antrag zurück,** ist die Gebühr zwar bereits entstanden (s Rz 53); das FA kann die Gebühr aber aufgrund einer Ermessensentscheidung ganz oder teilweise ermäßigen. Hingegen rechtfertigt eine Ablehnung des Antrags aus formalen Gründen keine Ermäßigung (s Rz 53). 76

Die Ermessensentscheidung über die Ermäßigung muss sich am Fortschritt der bereits erfolgten Bearbeitung der Auskunft durch das FA orientieren. Hat das FA mit der Bearbeitung noch nicht begonnen, ist die Gebühr auf Null zu ermäßigen, sodass ein Gebührenbescheid nicht zu erlassen ist. Ansonsten ist der bis zur Rücknahme des Antrags angefallene Arbeitsaufwand zu berücksichtigen und die Gebühr anteilig zu kürzen (AEAO zu § 89 Nr 4.5.2).

§ 90 Mitwirkungspflichten der Beteiligten

(1) [1] **Die Beteiligten sind zur Mitwirkung bei der Ermittlung des Sachverhalts verpflichtet.** [2] **Sie kommen der Mitwirkungspflicht insbesondere dadurch nach, dass sie die für die Besteuerung erheblichen Tatsachen vollständig und wahrheitsgemäß offen legen und die ihnen bekannten Beweismittel angeben.** [3] **Der Umfang dieser Pflichten richtet sich nach den Umständen des Einzelfalls.**

(2) [1] **Ist ein Sachverhalt zu ermitteln und steuerrechtlich zu beurteilen, der sich auf Vorgänge außerhalb des Geltungsbereichs dieses Gesetzes bezieht, so haben die Beteiligten diesen Sachverhalt aufzuklären und die erforderlichen Beweismittel zu beschaffen.** [2] **Sie haben dabei alle für sie bestehenden rechtlichen und tatsächlichen Möglichkeiten auszuschöpfen.** [3] **Bestehen objektiv erkennbare Anhaltspunkte für die Annahme, dass der Steuerpflichtige über Geschäftsbeziehungen zu Finanzinstituten in einem Staat oder Gebiet verfügt, mit dem kein Abkommen besteht, das die Erteilung von Auskünften entsprechend Artikel 26 des Musterabkommens der OECD zur Vermeidung der Doppelbesteuerung auf dem Gebiet der Steuern vom Einkommen und vom Vermögen in der Fassung von 2005 vorsieht, oder der Staat oder das Gebiet keine Auskünfte in einem vergleichbaren Umfang erteilt oder keine Bereitschaft zu einer entsprechenden Auskunftserteilung besteht, hat der Steuerpflichtige nach Aufforderung der Finanzbehörde die Richtigkeit und Vollständigkeit seiner Angaben an Eides statt zu versichern und die Finanzbehörde zu bevollmächtigen, in seinem Namen mögliche Auskunftsansprüche gegenüber den von der Finanzbehörde benannten Kreditinstituten außergerichtlich und gerichtlich geltend zu machen; die Versicherung an Eides statt kann nicht nach § 328 erzwungen werden.** [4] **Ein Beteiligter kann sich nicht darauf berufen, dass er Sachverhalte nicht aufklären oder Beweismittel nicht beschaffen kann, wenn er sich nach Lage des Falls bei der Gestaltung seiner Verhältnisse die Möglichkeit dazu hätte beschaffen oder einräumen lassen können.**

(3) [1] **Ein Steuerpflichtiger hat über die Art und den Inhalt seiner Geschäftsbeziehungen im Sinne des § 1 Absatz 4 des Außensteuergesetzes Aufzeichnungen zu erstellen.** [2] **Die Aufzeichnungspflicht umfasst neben der Darstellung der Geschäftsvorfälle (Sachverhaltsdokumentation) auch die wirtschaftlichen und rechtlichen Grundlagen für eine den Fremdvergleichsgrundsatz beachtende Vereinbarung von Bedingungen, insbesondere Preisen (Verrechnungspreisen), sowie insbesondere Informationen zum Zeitpunkt der Verrechnungspreisbestimmung, zur verwendeten Verrechnungspreismethode und zu den verwendeten Fremdvergleichsdaten (Angemessenheitsdokumentation).** [3] **Hat ein Steuerpflichtiger Aufzeichnungen im Sinne des Satzes 1 für ein Unternehmen zu erstellen, das Teil einer multinationalen Unternehmensgruppe ist, so gehört zu den Aufzeichnungen auch ein Überblick über die Art der weltweiten Geschäftstätigkeit der Unternehmensgruppe und über die von ihr angewandte**

Systematik der Verrechnungspreisbestimmung, es sei denn, der Umsatz des Unternehmens hat im vorangegangenen Wirtschaftsjahr weniger als 100 Millionen Euro betragen. [4]Eine multinationale Unternehmensgruppe besteht aus mindestens zwei in verschiedenen Staaten ansässigen, im Sinne des § 1 Absatz 2 des Außensteuergesetzes einander nahestehenden Unternehmen oder aus mindestens einem Unternehmen mit mindestens einer Betriebsstätte in einem anderen Staat. [5]Die Finanzbehörde soll die Vorlage von Aufzeichnungen im Regelfall nur für die Durchführung einer Außenprüfung verlangen. [6]Die Vorlage richtet sich nach § 97. [7]Sie hat jeweils auf Anforderung innerhalb einer Frist von 60 Tagen zu erfolgen. [8]Aufzeichnungen über außergewöhnliche Geschäftsvorfälle sind zeitnah zu erstellen und innerhalb einer Frist von 30 Tagen nach Anforderung durch die Finanzbehörde vorzulegen. [9]In begründeten Einzelfällen kann die Vorlagefrist nach den Sätzen 7 und 8 verlängert werden. [10]Die Aufzeichnungen sind auf Anforderung der Finanzbehörde zu ergänzen. [11]Um eine einheitliche Rechtsanwendung sicherzustellen, wird das Bundesministerium der Finanzen ermächtigt, mit Zustimmung des Bundesrates durch Rechtsverordnung Art, Inhalt und Umfang der zu erstellenden Aufzeichnungen zu bestimmen.

Abs 3 angefügt durch StVergAbG v 16.5.03 (BGBl I, 660); Abs 3 S 9 eingefügt durch UntStRefG 2008 v 14.8.07 (BGBl I, 1912); Abs 2 S 3 eingefügt durch StHintBekG v 29.7.09 (BGBl I, 2302); Abs 3 S 7 neu gefasst durch AmtshilfeRLUmsG v 26.6.13 (BGBl I, 1809); Abs 3 neu gefasst durch G v 20.12.16 (BGBl I, 3000).

Schrifttum: *vor 2010 s 13. Aufl; Drüen* Kooperation im Besteuerungsverfahren, FR 11, 101; *Schaumburg/Schaumburg* Grenzüberschreitende Sachaufklärung – Mitwirkungs- und Dokumentationspflichten, FS für Streck, 2011, 369; *Behringer* Belastung des Mittelstands durch erhöhte Mitwirkungspflichten BBK 12, 326; *Seer* Verrechnungspreisdokumentation bei verbundenen Unternehmen, IWB 12, 350; *Frischmuth* Verrechnungspreisprüfung in der Unternehmenspraxis, StuB 13, 816; *Kroppen/Rasch* Zehn Jahre Aufzeichnungspflichten für Verrechnungspreise – eine Bestandsaufnahme, IWB 13, 830; *Kußmaul/Müller* Mitwirkungs- und Dokumentationspflichten bei Verrechnungspreissachverhalten, StB 13, 432; *Rohde* Keine Verletzung der Dienstleistungsfreiheit durch Verpflichtung zur Verrechnungspreisdokumentation, IStR 13, 717; *Seer* Steuerliche Mitwirkungs- und Dokumentationspflichten bei grenzüberschreitenden Sachverhalten, EWS 13, 257; *Dauven* Ausländische Rechtsnormen im Besteuerungsverfahren, IStR 14, 196; *Elbert/Wellmann/Münch* Verrechnungspreisdokumentation Reloaded?, IStR 14, 800; *Gläser/Birk* Grenzenlose Pflicht zur Verrechnungspreisdokumentation?, IStR 14, 99; *Kircher/Stumpf* Die Konkretisierung des Begriffs „außergewöhnlicher Geschäftsvorfall" im Sinne des § 90 Abs. 3 S. 3 AO, BB 14, 2776; *Schreiber* Dokumentation internationaler Verrechnungspreise, DB 14, Beilage 5, 3; *Bär/Hollmann* Vertriebsgesellschaft: Verrechnungspreise bei Vertriebsgesellschaften, IStR 15, 179; *Bremer* Rückschau und Ausblick: Internationale Verrechnungspreisdokumentation, FS Wassermeyer, München 2015, 259; *Dworaczek/Kremer* Schätzung aufgrund unverwertbarer Verrechnungspreisdokumentation, IWB 15, 738; *Kluge/Bärsch* Steuerliche Risiken bei Verrechnungspreisen, IWB 15, 685; *Leimkuhl-Schulz/Modrzejewski* Verwirklichung des Nemo-tenetur-Grundsatzes trotz steuerlicher Erklärungs- und Mitwirkungspflichten, wistra 15, 378; *Bärsch/Engelen/Färber* Die Dokumentation von Verrechnungspreisen und das Country-by-Country Reporting, DB 16, 972; *Bärsch/Engelen/Färber* Neue Dokumentations-, Mitteilungs- und Anzeigepflichten für deutsche Konzerngesellschaften zur Erhöhung der Steuertransparenz, Der Konzern 16, 338; *Ditz/Bärsch/Engelen* Die neuen Pflichten zur Dokumentation von Verrechnungspreisen nach dem Regierungsentwurf des Anti-BEPS-Umsetzungsgesetzes v. 13.7.2016, IStR 16, 789; *Groß* Dokumentationspflichten für Verrechnungspreise, IStR 16, 359; *Hülster* Grenzen der Korrektur von Verrechnungspreisen in der Betriebsprüfung, IStR 16, 874; *Kahle/Schulz* BEPS-1-Gesetz: Einführung einer dreistufigen Verrechnungspreisdokumentation, DStZ 16, 819; *Nientimp/Stein/Schwarz* Neuer OECD Dreiklang für Verrechnungspreisdokumentationen – Standortbestimmung nach dem Anti BEPS-Umsetzungsgesetz-E, Ubg 16, 399; *Schreiber* Deutsche Maßnahmen gegen Gewinnverlagerungen bzw. Gewinnkürzungen, DB 16, 1456; *Spilker* Abgabenrechtliches Mitwirkungssystem im Spannungsverhältnis mit dem Nemo-tenetur-Grundsatz, DB 16, 1842; *Ditz/Quilitzsch* Die Änderungen im internationalen Steuerrecht durch das Anti-BEPS-Umsetzungsgesetz, DStR 17, 281; *Binneweis/Zapf* Die neuen Anforderungen an Verrechnungspreisdokumentationen international tätiger Konzerne, AG 17, 477;

Buse/Schreiber/Greil Neuerungen im Bereich der Verrechnungspreisdokumentation, DB 17, 514; *Dawid/Ruhmer-Krell/Steinhoff/Sommer* Die Gewinnabgrenzungsaufzeichnungs-Verordnung vom 19.7.2017 – Darstellung der neuen Regelungen und kritische Würdigung, ISR 17, 313; *Hüning/Hennemann-Raschke/Kampes* Änderungen der Gewinnabgrenzungsaufzeichnungs-Verordnung (GAufzV), IWB 17, 779; *Kunert* Verrechnungspreisdokumentation 2.0 – Neue Dokumentationsanforderungen zum Country-by-Country-Reporting und zur GAufzV, StuB 17, 772; *Krüger* Umfassende Vorlagepflicht von Konzernunternehmen in der Außenprüfung bei Sachverhalten mit Auslandsbezug, IStR 17, 352; *Krüger* Beweiswürdigung, Beweislast und Beweismaß im Rahmen von Amtsermittlung und Mitwirkungspflicht, DStZ 17, 761; *Krüger* Beweiswürdigung, Beweislast und Beweismaß auf dem Gebiet der internationalen Verrechnungspreise, DStZ 17, 914; *Engelen* Ausgewählte Aspekte und Erwägungen zur neugefassten Gewinnabgrenzungsaufzeichnungsverordnung, DStR 18, 370.

Übersicht

1. Inhalt. a) Grundsätze. Dem Untersuchungsgrundsatz des FA nach § 88 steht die **Mitwirkungspflicht** der Beteiligten nach § 90 ggü. Diese begrenzt uU die Aufklärungspflicht des FA (s näher § 88 Rz 45). Die Mitwirkungspflicht kann erzwungen werden (§§ 328–334). Im Zollrecht gilt der Beibringungsgrundsatz des Art 22 I UZK (BFH/NV 15, 779). 1

Abs 1 enthält die allg Mitwirkungspflicht. Diese ist nach **Abs 2** erhöht in Fällen mit Auslandsbezug. Durch den nachträglich eingefügten Satz 3 in Abs 2 wird der Stpfl bei Geschäftsbeziehungen zu Finanzinstituten in sog Steueroasen zur Richtigkeits- und Vollständigkeitsversicherung verpflichtet sowie zur Bevollmächtigung des FA zur Auskunftseinholung; allerdings hat dieser Satz derzeit keine Bedeutung, weil es keine Steueroasen gibt (s Rz 38). **Abs 3** begründet schließlich Aufzeichnungs-, Dokumentations- und Vorlagepflichten bei Geschäftsbeziehungen mit nahe stehenden Personen iSv § 1 IV Nr 1 AStG sowie bei der Gewinnaufteilung zwischen Stammhaus und ausl Betriebsstätte iSv § 1 IV Nr 2 AStG. Abs 3 ist durch das AHRL-ÄndUmsG v 20.12.2016 grundlegend geändert worden und wird ergänzt durch die Berichtspflicht nach § 138a idF v 20.12.2016 sowie durch die GAufzV v 12.7.2017 (BGBl I, 2367).

2 **b) Weitere Mitwirkungspflichten.** Neben § 90 enthalten zB § 68 EStG im Bereich des Kindergelds (s auch Abschn R 2.2 sowie V 7 DA-KG 2017), § 200 AO und § 42f II EStG im Rahmen einer Ap sowie §§ 16, 17 AStG bei Geschäftsbeziehungen zu einem Unternehmer in einem Niedrigsteuergebiet (s hierzu *Müller* DB 11, 2743) Mitwirkungspflichten. Zahlreiche EinzelStGesetze legen dem Stpfl zudem **Anzeigepflichten** auf, zB § 4g V 1 EStG, § 19 GrEStG, § 13a VII, IX 6, § 30 ErbStG oder § 22 III UmwStG, oder Nachweispflichten, zB §§ 17a ff UStDV. Darüber hinaus ergeben sich dem Abs 3 vergleichbare Aufzeichnungspflichten aus § 3 III der BetriebsstättengewinnaufteilungsVO (BsGaV) v 12.7.2017 (BGBl I, 2360).

Noch nicht abschließend geklärt ist das Bestehen und der Umfang der **Nachforschungspflicht** im Bereich der **USt:** So bestehen zwar hinsichtlich des **Vorsteuerabzugs** grds keine Nachforschungspflichten des Unternehmers, ob der Lieferant tatsächlich Unternehmer war und ob dieser die USt abgeführt hat (EuGH DStRE 13, 745; 16, 282). Die Beweislast – und damit auch die Nachprüfungspflicht – liegt insoweit beim FA. Etwas anderes gilt aber dann, wenn der Unternehmer wusste oder hätte wissen müssen, dass er in eine USt-Hinterziehung eingebunden war (EuGH DStRE 13, 745; DStR 15, 573). In jedem Fall muss der Unternehmer nachweisen, dass die Leistung tatsächlich an ihn ausgeführt worden ist (EuGH DStRE 14, 167; BFH/NV 15, 1444). Geht es hingegen um die **USt-Freiheit** einer innergemeinschaftlichen Lieferung, verlangt der BFH Nachforschungen des Unternehmers bis zur „Grenze der Zumutbarkeit", wenn Zweifel an der Richtigkeit der Angaben des Abnehmers bestehen (BFH BStBl 13, 407, 656).

4 **2. Mitwirkungspflicht der Beteiligten (Abs 1). a) Mitwirkungspflicht (Abs 1 S 1).** Die Mitwirkungspflicht des Abs 1 S 1 bezieht sich nur auf die **Ermittlung des Sachverhalts** und wird in den folgenden Vorschriften (§§ 93–100) konkretisiert. Abs 1 des § 90 ist somit eine allg Vorschrift, die nur innerhalb der in der AO oder in den Einzelsteuergesetzen näher geregelten Verfahren gilt und keine Rechtsgrundlage für ein eigenständiges Verfahren begründet, zB zur Abgabe von StErklärungen (BFH BStBl 90, 280) oder zur Führung eines Fahrtenbuchs: Die Aufforderung des FA an den Stpfl, ein Fahrtenbuch zu führen, stellt daher nur einen Hinweis dar, dass die geltend gemachten Betriebsausgaben in Zukunft nicht mehr im Wege der Schätzung anerkannt werden sollen (FG Brem EFG 95, 224) bzw § 6 I Nr 4 S 2 EStG anzuwenden ist. Ebenso wenig ergibt sich zwar aus § 90 I eine Pflicht zur Aufzeichnung oder Aufbewahrung von Belegen; eine derartige Verpflichtung folgt allein aus §§ 146-147a bzw aus entsprechenden EinzelStGesetzen (s § 146 Rz 19). Will der Stpfl aber Aufwendungen geltend machen, ist er nach § 90 I verpflichtet, diese in wie auch immer gearteter Weise – ggf durch Zeugen – nachzuweisen (BFH/NV 09, 2047). Nicht zur Mitwirkungspflicht gehört die Teilnahme an einem Erörterungstermin iSv § 364a (s § 364a Rz 8).

Die Mitwirkungspflicht besteht auch nach Einleitung eines **StStrafverfahrens,** da StStrafverfahren und Besteuerungsverfahren selbständig nebeneinander stehen (BFH BStBl 02, 328; BFH/NV 07, 646; 08, 1371; BFH wistra 15, 479). Allerdings kann nach Einleitung eine Mitwirkung nicht mehr erzwungen werden (BFH BStBl 10, 455; s auch § 393 Rz 1); jedoch ist eine Schätzung durch das FA möglich (s Rz 13). Im **Insolvenzverfahren** trifft den Insolvenzverwalter die Mitwirkungspflicht nach § 34 III (BFH BStBl 16, 255; BMF 3.5.2017, BStBl I, 718,

Abschn IV). Ein Mitwirkungsverweigerungsrecht für Beteiligte, inbes den Stpfl, ist in der AO nicht vorgesehen, sondern steht nur Dritten zu (s auch § 103 Rz 1).

b) Erfüllung der Mitwirkungspflicht (Abs 1 S 2). Der Stpfl erfüllt seine Mitwirkungspflicht gem Abs 1 S 2 dadurch, dass er die erheblichen Tatsachen **vollständig und wahrheitsgemäß** offen legt und die ihm bekannten **Beweismittel bezeichnet.** § 90 I 2 geht insoweit über die Wahrheitspflicht nach § 150 II hinaus, als § 150 II die Wahrheitspflicht nur im Rahmen der StErklärung vorsieht, während § 90 I 2 den Stpfl in jeder Phase des StVerfahrens zur Wahrheit verpflichtet. Der Stpfl ist aber nicht verpflichtet, seine Ausführungen rechtl zu begründen. Die Mitwirkungspflicht wird daher nicht verletzt, wenn der Stpfl den Sachverhalt vollständig erklärt, aber eine unzutreffende rechtl Würdigung beifügt und das FA diese Würdigung übernimmt; denn die steuerrechtl Würdigung ist Sache des FA (FG BaWü EFG 98, 711; s auch § 150 Rz 23f). 6

c) Umfang der Mitwirkungspflicht (Abs 1 S 3). Der Umfang der Mitwirkungspflicht richtet sich gem Abs 1 S 3 nach den Umständen des Einzelfalles (s hierzu auch § 88 Rz 20). Dies ergibt sich eigentlich schon aus dem Grundsatz der Verhältnismäßigkeit. Allgemeine Bedeutung kommt in diesem Zusammenhang der **Beweisnähe** zu. Die Verantwortung des Stpfl für die Aufklärung des Sachverhalts ist umso größer, je mehr Tatsachen und Beweismittel der von ihm beherrschten Informations- oder Tätigkeitssphäre angehören (s näher § 88 Rz 46; FG BaWü EFG 11, 804). Zu Nachforschungspflichten bei der USt s Rz 2. 7

Erhöhte Mitwirkungspflichten nimmt die Rspr zB an, wenn die steuerrechtl Würdigung des Sachverhalts die Abgrenzung privater und betrieblicher Aufwendungen erfordert. Der Stpfl hat dann den Zusammenhang der Aufwendungen mit dem Betrieb darzutun und auf Verlangen entsprechende Unterlagen vorzulegen (BFH GrS BStBl 90, 817; 98, 193; BFH BStBl 00, 273; BFH/NV 09, 912; 10, 2010). 8

Die Mitwirkungspflicht geht aber nicht so weit, dass der Stpfl einen in sich geschlossenen Nachweis der **Herkunft seines Privatvermögens** führen muss. Kann daher die Herkunft zB eines Sparguthabens nicht aufgeklärt werden, so kann, wenn die Buchführung des Stpfl ordnungsgemäß ist, dem Stpfl idR dieses Vermögen nur dann als stpfl Einkünfte zugerechnet werden, wenn mit einer dem Einzelfall angepassten Vermögenszuwachs- oder Geldverkehrsrechnung ein ungeklärter Vermögenszuwachs oder Ausgabenüberschuss aufgedeckt wird (BFH BStBl 86, 732; BFH/NV 88, 12; kritisch *Hildebrandt* StBp 91, 108). Der Stpfl begeht außerdem keine Pflichtverletzung, wenn er dem FA eine Einnahme oder Ausgabe nicht offenbart, die sich nach stRspr des BFH unter keinem denkbaren Gesichtspunkt auf die Besteuerung auswirkt (FG BaWü EFG 88, 33). Anders ist dies aber, wenn Zahlungen eines Dritten an den Stpfl festgestellt werden, der Stpfl keine Angaben zum Grund der Zahlungen macht und keine Anhaltspunkte für nicht steuerbare oder steuerfreie Zahlungen bestehen.

Weiterhin bestehen nach der Rspr in den **folgenden Fällen erhöhte Mitwirkungspflichten: (1)** bei **Einzahlungen** auf ein **betriebliches Konto** durch einen Dritten oder durch Einlagen des Stpfl – anders als bei Einzahlungen auf ein privates Konto – hinsichtlich der Herkunft der verbuchten Guthaben (BFH/NV 02, 476; 13, 1065, 1593); **(2)** bei der **verdeckten Gewinnausschüttung** (BFH/NV 06, 250; 14, 1501); **(3)** bei der Einnahmen-Überschussrechnung, wenn der Stpfl eine **Ansparrücklage** nach § 7g III EStG aF oder eine **Rücklage nach § 6c EStG** gebildet hat; er muss dann dafür sorgen, dass die Rücklage gewinnerhöhend aufgelöst, falls eine Übertragung nicht möglich war (BFH/NV 97, 757; FG Mster EFG 12, 1271); **(4)** bei der **LSt,** bei der der ArbG die für den LSt-Abzug relevanten Besteuerungsmerkmale in vorgeschriebener Form sicherzustellen und ihre Überprüfung durch das FA zu ermöglichen hat; das gilt auch für Zwecke des Lohnkirchensteuerabzugs hinsichtlich der Religionszugehörigkeit eines ArbN (BFH BStBl 90, 993); **(5)** bei Vertretern, Geschäftsführern usw in **Haftungsfäl-** 9

len, um dem FA die Aufklärung zu ermöglichen, ob genügend Geldmittel für die StZahlung zur Verfügung standen (vgl BFH BStBl 08, 508; BFH/NV 07, 185; 13, 504; s hierzu auch *Berninghaus* DStR 12, 1001); **(6)** bei **Modernisierungskosten** für ein Gebäude, da der Stpfl den Zustand des Gebäudes im Erwerbszeitpunkt darlegen muss (BFH/NV 10, 432); **(7)** im **Billigkeitsverfahren** (s § 88 Rz 11).

12 **3. Folgen der Verletzung der Mitwirkungspflicht.** Eine Verletzung der dem Stpfl obliegenden Mitwirkungspflicht führt zu einer **Begrenzung der Aufklärungs- und Ermittlungspflicht** des FA, wenn dem FA keine weiteren Aufklärungsmöglichkeiten zur Verfügung stehen oder der Ermittlungsaufwand unverhältnismäßig groß wäre (s § 88 Rz 26 f). Hieraus ergeben sich wiederum Folgen für die Beweiswürdigung: Zwar kommt es nicht ohne Weiteres zu einer Umkehrung der Beweislast (s aber Rz 31); jedoch geht die Unsicherheit bei der Aufklärung des Sachverhalts, die sich aus der Verletzung der Mitwirkungspflicht des Stpfl und der Begrenzung der Aufklärungs- und Ermittlungspflicht durch das FA ergibt, zulasten des Stpfl (BFH/NV 10, 432; BStBl 08, 28; FG Hbg EFG 14, 113). So kann sich ein Stpfl, der nicht belegen kann, auf welche Weise er über Jahre hinweg seinen Lebensunterhalt bestritten hat, nicht darauf berufen, das FA müsse ihm stpfl Einkünfte nachweisen (FG Köln EFG 86, 474).

13 Eine Verletzung der Mitwirkungspflicht des Stpfl kann auch zur **Schätzung** durch das FA führen (BFH/NV 09, 2047; 16, 447; s auch § 162 Rz 23 und 27). Diese Schätzungsbefugnis kommt ebenfalls zum Tragen, wenn in Haftungsfällen ein Vertreter, Geschäftsführer usw seiner verstärkten Mitwirkungspflicht (s Rz 9) nicht nachkommt (BFH/NV 04, 1498; 13, 504). Die Schätzungsbefugnis besteht auch, wenn der Stpfl seiner Mitwirkungspflicht nicht nachkommt, weil gegen ihn ein Strafverfahren läuft und er sich nicht selbst belasten will (s Rz 4). Die Verletzung der aus Abs 1 S 2 folgenden Offenbarungspflicht kann zudem auch strafrechtl Folgen haben (vgl BGH HFR 00, 896). Die Verletzung der Mitwirkungspflicht kann ferner dazu führen, dass der Stpfl die **Kosten eines FG-Verfahrens** zu tragen hat, wenn das FA von einem fehlerhaften Sachverhalt ausgegangen ist, der auf Angaben des Stpfl beruht (FG BaWü EFG 82, 115). Kommt der Stpfl erst im FG-Verfahren seiner Mitwirkungspflicht nach und führt dies zum Klageerfolg, trägt er idR nach § 137 FGO die Kosten des Verfahrens.

15 Darüber hinaus ergeben sich auch aus **verschiedenen Einzelregelungen** ausdrückliche Folgen aus der Verletzung von Mitwirkungspflichten: **(1)** keine Verlagerung der elektronischen Buchführung nach § 146 IIa 2 Nr 2; **(2)** keine Freistellungsbescheinigung nach § 48b I 2 Nr 2 EStG; **(3)** Erhöhung eines Ausgleichspostens nach § 4g V 2 EStG.

16 Schwerwiegende Folgen kann die Verletzung der Mitwirkungspflicht auch im Hinblick auf nachträgliche Änderungsmöglichkeiten des Bescheids haben, der unter der Verletzung der Mitwirkungspflicht zu Stande gekommen ist. So kann das FA nach **§ 173 I Nr 1** das Recht zur Änderung zu Ungunsten des Stpfl haben, obwohl es seinerseits seine Ermittlungspflichten verletzt hat (s § 88 Rz 67 sowie § 173 Rz 80 ff). Auch Änderungen des Bescheids zugunsten des Stpfl nach § 173 I Nr 2 sind uU nicht möglich.

17 Schließlich schränkt der BFH im **Schenkungsteuerrecht** die Anforderungen an die Bestimmtheit eines Steuerbescheids ein, wenn dem FA die Umstände, die es ihm ermöglichen würden, die Steuer für Einzelzuwendungen getrennt festzusetzen, deshalb unbekannt sind, weil der Stpfl seine Mitwirkungspflichten nach § 90, insbes seine StErklärungspflichten, verletzt hat (BFH BStBl 08, 46; BFH/NV 18, 125). Das FA kann sich dann darauf beschränken, die Steuer unter Angabe des mutmaßlichen Zeitraums, in dem mehrere, der Anzahl und Höhe nach unbekannte Zuwendungen vorgenommen wurden, nach einem einheitlichen Schätzbetrag, der alle Zuwendungen umfassen soll, einheitlich festzusetzen.

4. Erhöhte Mitwirkungspflicht bei Auslandssachverhalten (Abs 2 S 1, 2 und 4). a) Auslandssachverhalte (Abs 2 S 1). Abs 2 bestimmt eine erhöhte Mitwirkungs- und Aufklärungspflicht bei Auslandssachverhalten (vgl BFH/NV 12, 170) und gilt über § 76 I 4 FGO auch im Klageverfahren. Abs 2 soll verhindern, dass die Aufklärung von Auslandssachverhalten an der Beschränkung der Hoheitsrechte der deutschen Gerichte und Behörden auf das Inland scheitert oder durch sie erschwert wird, wenn Ermittlungsmaßnahmen durch ein DBA nicht ausdrücklich zugelassen sind (BFH BStBl 97, 499; BFH/NV 92, 581; *TK/Seer* § 90 Rz 18 ff). Zwar sind durch das EUAHiG die Prüfungsmöglichkeiten und Anwesenheitsrechte der deutschen FÄ im EU-Ausland erweitert worden (vgl §§ 11, 12 EUAHiG; s hierzu § 117 Rz 270 ff); in der Praxis sind Ermittlungsmaßnahmen im EU-Ausland – und erst recht in Drittländern – aber deutlich schwieriger durchzuführen als im Inland. 21

Weist der aufzuklärende Sachverhalt sowohl einen Inlands- als auch einen Auslandsbezug auf, so gilt Abs 2 nur hinsichtlich der Ermittlung des Auslandsbezugs (BFH/NV 09, 965). Die Anwendung des Abs 2 setzt voraus, dass zunächst überhaupt Anzeichen für einen Auslandsbezug vorhanden sind. Dies ist zB der Fall, wenn Anzeichen für ein ausl Konto sprechen und der Verbleib von Geldern unklar ist (FG Mster EFG 12, 1764). Bestehen keine Anzeichen für einen Auslandsbezug, weil zB das FA die behauptete Geschäftsbeziehung des Stpfl zu einer ausl Bank nicht belegen konnte, kommt es auch nicht zu einer erhöhten Mitwirkungspflicht des Stpfl (FG BBg IStR 17, 156). Aus Abs 2 kann somit keine Berechtigung des FA zu allg Befragungsaktionen hergeleitet werden (vgl *TK/Seer* § 90 Rz 21). Der Stpfl ist daher auch nicht verpflichtet, einen Negativbeweis zu führen, also zB nachzuweisen, dass er kein Konto im Ausland unterhält (FG RhPf NZWiSt 12, 398). 22

Der Stpfl ist ferner nicht verpflichtet, potenziell anwendbare **Regelungen über das ausl Recht** darzulegen (BFH BStBl 14, 706, 711; BFH/NV 13, 1872; 14, 684; 15, 477, 845; aA *Dauven* IStR 14, 196, 199: für eine analoge Anwendung des § 293 ZPO). Die Ermittlung einschlägiger ausl Rechtsnormen sowie die Auslegung dieser Rechtsnormen obliegt vielmehr dem FA bzw dem FG (vgl FG SachsAnh EFG 13, 1052). Jedoch gilt die erhöhte Mitwirkungspflicht nach Abs 2 insoweit, als der Stpfl nachzuweisen hat, dass er die Voraussetzungen der ausl Rechtsnorm erfüllt, zB durch eine Bescheinigung des ausl FA, dass er die Einkünfte im Ausland versteuert hat (BFH/NV 11, 1109).

Erhöhte Mitwirkungspflichten bestehen im Rahmen der **ESt** zB bei Einschaltung einer ausl Domizilgesellschaft – „Briefkastenfirma" – (Benennung des tatsächlichen Zahlungsempfängers: BFH BStBl 87, 481; 13, 989; BFH/NV 95, 2, 181; vgl dazu auch oben Erläut zu § 42 Rz 139), bei Ermittlung von im Ausland entstandenen Kosten wie zB Anschaffungskosten (BFH BStBl 96, 312) oder Darlehns- oder Provisionszahlungen an einen im Ausland ansässigen Empfänger (BFH/NV 87, 486; 97, 730; FG Mster EFG 17, 334), hinsichtlich der Beibringung von Bankbelegen bei einem im Ausland geführten Konto (BFH/NV 98, 944), bei Ermittlung des inl Betriebsgewinns eines ausl (beschränkt) Stpfl (BFH BStBl 89, 140), beim Nachweis von Unterhaltsleistungen der in der Bundesrepublik beschäftigten ausl ArbeitN an ihre im Heimatland lebenden Angehörigen (BFH BStBl 87, 675; 05, 24; 11, 164; BFH/NV 15, 1248, 1614; vgl ferner BFH BStBl 05, 483 zu den Anforderungen in ausl Krisengebieten), für Verbleib und Verwendung eines zunächst auf einem Schweizer Bankkonto angelegten Kapitalbetrags (FG Mster EFG 86, 211), beim Kindergeld, soweit es um den Sachverhalt im Ausland und nicht um das ausl Recht geht (s auch Rz 22), beim Nachweis einer ausl Gütergemeinschaft (BFH/NV 10, 2011, 2082), bei der StFreistellung von ausl Einkünften (BFH/NV 13, 728) oder für die unterbliebene Antragstellung im Ausland (BFH/NV 13, 1384; s aber auch BFH/NV 13, 1868) und bei der **USt,** dass Waren tatsächlich iSv §§ 6, 6a UStG ins Ausland bzw Gemeinschaftsgebiet gelangt sind (BFH BStBl 11, 533), dass im Ausland eine unternehmerische Tätigkeit ausgeübt 23 wurde (FG Hbg DStRE 12, 1407) oder dass die Voraussetzungen für einen Vorsteuerabzug bei Erwerb von Beteiligungen im Ausland gegeben sind (BFH/NV 16, 1236). Begehrt ein Unternehmen im Bereich des internationalen StRechts ein sog **Ruling**, dh StVorbescheide oder Vorabzusagen über Verrechnungspreise, so muss es nach Abs 2 vorab mitteilen, wo das verbundene Unternehmen sowie die unmittelbare und die oberste Muttergesellschaft seinen bzw ihren Sitz haben (BMF 28.7.2016, BStBl I, 806 Abschn F).

25 **b) Umfang der Mitwirkungspflicht (Abs 2 S 2).** Der Stpfl hat den Sachverhalt aufzuklären und insbes die erforderlichen Beweismittel zu beschaffen, nicht nur zu benennen (vgl BFH/NV 88, 12; 13, 728). Dabei hat er alle für ihn bestehenden rechtl und tatsächlichen Möglichkeiten auszuschöpfen. Er kann sich dabei nicht darauf berufen, dass die von ihm geforderte Mitteilung von Geschäftsgeheimnissen nach ausl Recht strafbar ist. Dies gilt jedenfalls dann, wenn keine Anhaltspunkte dafür bestehen, dass eine Bestrafung tatsächlich droht (FG Ddorf EFG 81, 148). IÜ trifft den Stpfl nach Abs 2 S 4 eine Beweisvorsorgepflicht (s Rz 28).

Als Beweismittel zuzulassen sind idR nur **sichere und leicht nachprüfbare Beweismittel,** die möglichst aus dem Inland stammen sollten (BFH BStBl 05, 483; FG Hbg BeckRS 2011, 96127). Sind amtliche Bescheinigungen aus dem Ausland vorzulegen, können allerdings Beweiserleichterungen in Betracht kommen, zB im Fall eines Bürgerkriegs im Ausland (BFH BStBl 05, 483). Relevant wird § 90 II insbes bei **ausl Zeugen** im FG-Verfahren über § 76 I 4 FGO: Ein ausl Zeuge ist vom Beteiligten zu stellen und nicht vom FG zu laden (BFH/NV 12, 772; 16, 207); dies verstößt bei Zeugen aus der EU nicht gegen das Unionsrecht (BFH/NV 10, 833). Im Einzelfall, wie zB bei nicht vertretenen Stpfl, kann aber eine Hinweispflicht des FG bestehen, dass der ausl Zeuge zu stellen ist (vgl BFH/NV 03, 627; 08, 2029; 09, 181), und ggf auch eine Terminsverlegung geboten sein (BFH/NV 11, 1479). Hingegen sind im Inland lebende Zeugen für Auslandssachverhalte nicht vom Stpfl nach § 90 II zu stellen, sondern vom FG zu laden (BFH/NV 92, 581).

28 **c) Beweisvorsorge (Abs 2 S 4).** Der Stpfl hat nach Abs 2 S 4 bei Auslandssachverhalten eine Beweisvorsorge zu treffen, damit er seine erhöhte Mitwirkungspflicht erfüllen kann (FG Hess EFG 13, 1682). So muss er ggf bereits bei Abschluss der entsprechenden Vertragsbeziehungen mit dem ausl Partner durch entsprechende **vertragliche Regelungen** dafür sorgen, dass er auch später – bei Aufforderung durch das FA – auf die im Ausland befindlichen Beweismittel zugreifen kann, um diese dem FA vorzulegen (BFH BStBl 86, 318; BFH/NV 09, 965; s auch § 92 Rz 2). Geht es um den Nachweis des Werts eines ausl Grundstücks, kann die Beweisvorsorge zB durch das zeitnahe Erstellen eines Wertgutachtens, durch Sammeln von Anzeigen über Vergleichsobjekte oder durch eine Werteinschätzung eines Maklers erfolgen (FG Hess EFG 13, 1682). Der Stpfl kann im Einzelfall auch zur Vorlage von denjenigen Unterlagen eines Dritten verpflichtet sein, auf deren Überlassung er zwar keinen Rechtsanspruch hat, die er sich aber tatsächlich mit zumutbarem Aufwand beschaffen kann (BFH/NV 06, 2078). IÜ beschränkt sich die Beweisvorsorge aber auf die **eigene Sphäre,** dh auf die vom Stpfl abgeschlossenen Verträge oder – bei Kapitalgesellschaften – auf die Identität ihrer unmittelbaren Gesellschafter; eine Kapitalgesellschaft ist daher nicht nach § 90 II 4 verpflichtet, bzgl der Identität oder Rechtsverhältnisse ihrer mittelbaren Gesellschafter Beweisvorsorge zu treffen, um etwa nachweisen zu können, dass keine schädliche mittelbare Anteilsübertragung iSv § 8c KStG stattgefunden hat (so auch *Kraft/Kraft* FR 11, 841, 843).

31 **d) Folgen der Verletzung der erhöhten Mitwirkungspflicht.** Bei Tatsachen, für die das FA die Beweislast trägt, ist das Beweismaß verringert; denn infolge der Verletzung der erhöhten Mitwirkungspflicht des Stpfl kommt es zu einer **Reduzierung der Ermittlungspflicht** des FA (s § 88 Rz 45). Somit dürfen FA und FG für den Stpfl nachteilige Schlüsse ziehen (BFH/NV 08, 1163). Der Ent-

scheidung kann dann zum Nachteil des Stpfl ein Sachverhalt zu Grunde gelegt werden, für den eine gewisse Wahrscheinlichkeit spricht (BFH BStBl 89, 462; BFH/NV 08, 597; FG Nbg EFG 16, 1272). Eventuell kann sogar eine Umkehrung der Beweislast eintreten (BFH BStBl 87, 487; 02, 861; BFH/NV 06, 1785). Weist das FG eine Klage unter Hinweis auf eine Verletzung der erhöhten Mitwirkungspflicht nach Abs 2 iVm § 76 I 4 FGO ab, kann der Stpfl eine NZB nur dann mit einem Verstoß gegen die Sachaufklärungspflicht begründen, wenn er in der NZB darlegt, dass er seiner erhöhten Mitwirkungspflicht nach Abs 2 nachgekommen ist (BFH/NV 17, 598).

Nachteilige Rechtsfolgen können sich aber nur dann ergeben, wenn zumindest Anhaltspunkte dafür bestehen, dass mit Hilfe der betr Beweismittel eine weitere Sachverhaltsaufklärung möglich gewesen wäre (BFH BStBl 02, 861). Es wird auch nicht der Grundsatz der freien Beweiswürdigung einschließl der übrigen allg Beweisregeln beseitigt (BFH/NV 02, 1). Wird daher zB ein ausl Zeuge nicht gestellt, ist dies unerheblich, wenn das FA (oder im Klageverfahren das FG) bereits aufgrund anderer Umstände und Überlegungen vom Vorliegen eines bestimmten im Ausland verwirklichten Sachverhalts überzeugt ist (BFH/NV 02, 1). Es kann zugunsten des Stpfl auch auf den Anscheinsbeweis (s dazu § 88 Rz 48) zurückgegriffen werden (BFH/NV 88, 438). Geht es um die Feststellung einer **StHinterziehung,** darf das FA diese aber nicht unter Hinweis einer Verletzung des Abs 2 annehmen, sondern muss aufgrund konkreter Tatsachen die Voraussetzungen einer StHinterziehung bejahen können (s § 88 Rz 47; BFH BStBl 16, 868). Zur drohenden Kostenpflicht im FG-Verfahren s Rz 13.

5. Geschäftsbeziehungen zu Steueroasen (Abs 2 S 3). a) Überblick. 35
Nach Abs 2 S 3 kann das FA den Stpfl zum einen zu einer **eidesstattlichen Versicherung** hinsichtlich der Richtigkeit und Vollständigkeit seiner Angaben auffordern, soweit sie Geschäftsbeziehungen zu Finanzinstituten in Steueroasen betreffen. Zum anderen kann das FA vom Stpfl eine **Vollmacht für Kreditinstitute** in Steueroasen verlangen, aufgrund derer das FA im Namen des Stpfl Auskunftsansprüche außergerichtlich und gerichtlich geltend machen kann.

S 3 soll den Stpfl insbes dazu anhalten, wahrheitsgemäße Angaben zu machen, weil er damit rechnen muss, dass das FA eine eidesstattliche Versicherung der Angaben verlangt und er sich im Fall der falschen Versicherung an Eides statt nach § 156 StGB strafbar macht (BT-Drs 16/13106, 14 zu Art 3 Nr 2). S 3 ist im Verhältnis zu § 95 I Spezialvorschrift und geht daher dieser Vorschrift vor (BT-Drs 16/13106, 14 zu Art 3 Nr 2). Die Stellung des S 3 ist **unsystematisch,** weil S 3 den Regelungszusammenhang der S 1 und 2 sowie des S 4 trennt und einen eigenständigen Regelungsbereich hat. S 3 hätte daher in einen eigenen Abs übernommen werden sollen.

b) Inkrafttreten und Anwendbarkeit. Abs 2 S 3 wurde durch das StHintBekG v 30.7.2009 (BGBl I, 2302) eingefügt. S 3 ist Teil des Regelungskonzepts des **StHintBekG,** das bei Geschäftsbeziehungen zu Personen und Personenvereinigungen in sog Steueroasen erweiterte Mitwirkungs- und Aufbewahrungspflichten festschreibt (s § 147a Rz 1), dem FA erweiterte Prüfungsrechte einräumt (s § 193 I und II Nr 3) und als Rechtsfolgen eine Schätzungsbefugnis des FA (s § 162 II 3) sowie eine Kürzung des Betriebsausgabenabzugs bzw eine Versagung von StBefreiungen vorsieht (§ 51 I Nr 1 Buchst f EStG und § 33 Nr 2 Buchst e KStG, jeweils iVm §§ 1 ff StHintBekVO). 37

S 3 ist nach Art 97 § 22 II EGAO iVm § 5 StHintBekVO v 18.9.2009 (BGBl I, 3046) erstmals in VZ anwendbar, die nach dem 31.12.2009 beginnen, idR also ab VZ 2010. Faktisch ist die Vorschrift aber **derzeit nicht anwendbar,** weil es keine Steueroasen iSd S 3 gibt (BMF 5.1.2010, BStBl I, 19); s auch Rz 41. 38

c) Voraussetzungen. S 3 setzt voraus, dass der Stpfl Geschäftsbeziehungen zu 40
Finanzinstituten in Staaten oder Gebieten unterhält, welche die Standards der

OECD zum Auskunftsaustausch in Steuersachen nicht akzeptieren. Dies ist der Fall, wenn mit dem entsprechenden Staat keine Auskunftsklausel vereinbart ist, die dem Art 26 des OECD-MA 2014 (s § 117 Rz 7f) vergleichbar ist. Es handelt sich dann um eine sog Steueroase, bei der keine Bereitschaft dieses Staates zu einer entsprechenden Auskunftserteilung besteht.

Für die Anwendbarkeit des S 3 genügen **objektiv erkennbare Anhaltspunkte,** dass entsprechende Geschäftsbeziehungen bestehen; die Geschäftsbeziehungen zu diesen Instituten müssen also nicht nachweislich feststehen. Eine bloße Möglichkeit oder ein bloßer Verdacht genügen aber nicht.

41 Die durch die Verabschiedung des StHintBekG ausgelöste „Drohgebärde" hat aber dazu geführt, dass es keine Steueroasen mehr gibt, weil alle Staaten entsprechende Auskunftsklauseln in DBA oder vergleichbaren Abkommen (zB sog TIEA, s § 117 Rz 11) unterzeichnet haben (BMF 5.1.2010, BStBl I, 19). Abs 2 S 3 **geht** damit derzeit **ins Leere.** Die Frage, ob die Norm verfassungswidrig ist (so *TK/Seer* § 90 Rz 29), weil das BMF – und nicht das Gesetz – die Steueroasen bestimmt, stellt sich damit nicht.

42 Die Vorschrift ist **unsauber gefasst,** weil sie einerseits von Geschäftsbeziehungen zu Finanzinstituten spricht, bei den möglichen Auskunftsansprüchen aber eine Vollmachtserteilung ggü Kreditinstituten regelt. Auch § 1 V StHintBekVO spricht von „Geschäftsbeziehungen zu Kreditinstituten" und widerspricht damit § 90 II 3. Der Begriff „Finanzinstitute" ist umfassender, weil er nicht nur „Kreditinstitute" (dh Banken) iSv § 1 I KWG meint, sondern alle Institute, die sich mit Kapitalanlagen befassen, wie zB Finanzunternehmen iSv § 1 III KWG.

45 **d) Rechtsfolgen des § 90 II 3.** Liegen die Voraussetzungen des § 90 II 3 vor, kann das FA nach dem **1. HS** des Abs 2 S 3 den Stpfl zur Abgabe einer eidesstattlichen Versicherung über seine Angaben und zur Erteilung einer Auskunftsvollmacht (s Rz 35) auffordern. Es handelt sich hierbei um eine Ermessensentscheidung, die nach § 121 zu begründen ist. Die Aufforderungen iSv S 3 sind VAe. Der Stpfl kann sich mit einem Einspruch wehren und zB geltend machen, dass die Voraussetzungen des § 90 II 3 nicht vorgelegen hätten oder dass das FA ermessensfehlerhaft gehandelt habe.

46 **e) Rechtsfolgen bei Verletzung der Mitwirkungspflichten.** Verweigert der Stpfl die Abgabe einer eidesstattlichen Versicherung, so kann sie nicht nach § 328 erzwungen werden; dies ergibt sich ausdrücklich aus dem **2. HS** von § 90 II 3, der § 95 VI entspricht. Bei Verweigerung der eidesstattlichen Versicherung oder einer Vollmachtserteilung ergibt sich aber eine **Schätzungsbefugnis** des FA nach § 162 II 3; denn dann wird widerlegbar vermutet, dass stpfl Einkünfte in Staaten oder Gebieten iSv § 90 II 3 vorhanden oder höher als die erklärten Einkünfte sind. Außerdem kann das FA den Stpfl zur Aufbewahrung von Unterlagen nach § 147a S 6 verpflichten (s § 147a Rz 30ff) und eine Ap nach § 193 II Nr 3 anordnen.

50 **6. Geschäftsbeziehungen nach dem AStG (Abs 3). a) Neuregelung und Inhalt.** Abs 3 wurde durch das Gesetz v 20.12.2016 mWv 24.12.2016 umfassend geändert; zur vorherigen Rechtslage s 13. Aufl Rz 50ff. Die Neuregelung gilt für Wirtschaftsjahre, die nach dem 31.12.2016 beginnen, dh im Regelfall **ab 2017** (Art 97 § 22 I 4 EGAO).

Abs 3 hat folgenden **Inhalt:** S 1 und 2 begründen nicht nur für multinationale Unternehmen sondern für alle Unternehmen eine Dokumentations- und Aufzeichnungspflicht bei Geschäftsbeziehungen zum Ausland mit nahe stehenden Personen iSv § 1 IV 1 Nr 1 AStG oder mit einer Betriebsstätte iSv § 1 IV 1 Nr 2 AStG. Diese Pflicht umfasst insbes eine Sachverhaltsdokumentation sowie eine Angemessenheitsdokumentation bzgl der Verrechnungspreise. Die neue Regelung in den S 3 und 4 sieht vor, dass multinationale Unternehmen mit einem Umsatz von mindestens 100 Mio € die weltweite Geschäftstätigkeit der Unternehmensgruppe sowie die angendete Verrechnungspreismethode darstellen müssen. S 5 bis

10 bestimmen eine Vorlagepflicht hinsichtlich der Aufzeichnungen und Dokumentationen. S 11 enthält die Ermächtigung für die Gewinnabgrenzungsaufzeichnungsverordnung **(GAufzV)** v 12.7.2017 (BGBl I, 2367).

Die **Unterschiede zur bisherigen Regelung** bestehen insbes in S 3 und 4, für die es bislang keine vergleichbare Regelung gab. Hingegen sind die Dokumentations- und Aufzeichnungspflicht der S 1 und 2 sowie die Vorlagepflicht nach S 5 bis 10 auch schon im bisherigen Abs 3 enthalten gewesen und werden durch die Neuregelung lediglich modifiziert. Der neue S 11 entspricht hingegen dem bisherigen S 5. Die Neuregelung in den S 3 und 4 dient der Umsetzung der Vorschläge der OECD im Projekt zur Bekämpfung der Gewinnkürzung und Gewinnverlagerung, sog Base Erosion and Profit Shifting – **BEPS.** Das BEPS-Projekt soll verhindern, dass multinationale Konzerne unterschiedliche StSysteme ausnutzen und Gewinne verschieben (BT-Drs 18/9536, 1 und 33). Abs 3 S 3 und 4 werden durch den gleichzeitig eingeführten § 138a ergänzt, der für multinationale Unternehmen eine länderbezogene Berichtspflicht vorsieht.

b) Europarechtsvereinbarkeit. Abs 3 ist mit dem Europarecht vereinbar. Für die bisherige Regelung in Abs 3 hat dies der BFH entschieden und die Vereinbarkeit sogar als „offenkundig" bezeichnet (BFH BStBl 13, 771). Die Neuregelung verstößt ebenfalls nicht gegen die Niederlassungsfreiheit iSv Art 56 AEUV; denn die Ungleichbehandlung von Fällen mit Auslandsbezug im Vergleich zu inländ Geschäftsbeziehungen mit nahe stehenden bzw inländ Betriebsstätten ist durch zwingende Gründe des Allgemeininteresses gerechtfertigt, insbes durch das Erfordernis einer wirksamen Steueraufsicht (BFH BStBl 13, 771). Nach dem BFH könnten aber einzelne Bestimmungen der Verwaltungsgrundsätze zu den Aufzeichnungs- und Aufbewahrungspflichten (BMF BStBl I 05, 570, Tz 3.4; s hierzu auch *Gläser/Birk* IStR 14, 99, 102) unverhältnismäßig sein, jedoch als Verwaltungsvorschriften nicht zur Europarechtswidrigkeit des Abs 3 führen; bei Unverhältnismäßigkeit der Verwaltungsgrundsätze muss der Stpfl ggf den StBescheid und die darin enthaltene Hinzuschätzung sowie den Gewinnzuschlag (s Rz 99) anfechten. 51

c) Aufzeichnungspflicht bei Geschäftsbeziehungen iSv § 1 IV AStG (Abs 3 S 1). S 1 begründet eine Aufzeichnungspflicht bei Geschäftsbeziehungen mit Auslandsbezug, wenn die Geschäftsbeziehung entweder mit nahe stehenden Personen iSv § 1 IV 1 Nr 1, II oder aber mit einer ausl Betriebsstätte gem § 1 IV 1 Nr 2 besteht. Die Aufzeichnungspflicht war bereits in der bisherigen Fassung des Abs 3 S 1 enthalten. Die Modifizierung des S 1 ggü der bisherigen Fassung beruht im Wesentlichen auf einer Anpassung an den geänderten § 1 AStG (BT-Drs 18/9536, 34). 55

Die gesetzliche Normierung der Aufzeichnungspflicht durch den bisherigen Abs 3 erfolgte durch das StVergAbG v 16.5.2003 (BGBl I, 660). Dies war eine Reaktion auf die BFH-Entscheidung in BStBl 04, 171. Darin hatte der BFH ua entschieden, dass im Rahmen der erhöhten Mitwirkungspflichten bei Sachverhalten mit Auslandsbezug nach § 90 II keine Pflicht zur Erstellung von Aufzeichnungen für die Prüfung von Verrechnungspreisen besteht. Diese zur KSt ergangene Entscheidung wurde damit begründet, dass es nach deutschem StRecht keine speziellen Aufzeichnungs- und Dokumentationspflichten für vGA gebe und dafür auch § 90 II keine Grundlage biete. Diese Grundlage wurde durch Abs 3 idF des StVergAbG v 16.5.2003 geschaffen und nun durch das AHRL-ÄndUmsG v 20.12.2016 modifiziert.

Die Aufzeichnungspflicht besteht iSv § 1 IV AStG. Dies umfasst zum einen nach § 1 IV 1 Nr 1 AStG Geschäftsbeziehungen **mit Auslandsbezug** mit nahe stehenden Personen iSv § 1 II AStG, dh mit Personen, die am Stpfl wesentlich beteiligt sind oder auf den Stpfl einen beherrschenden Einfluss ausüben können oder ein eigenes Interesse an der Erzielung der Einkünfte des Stpfl haben sowie der jeweils umgekehrte Fall; auch ein Dritter, der sowohl zum Stpfl als auch zum Vertrags- 56 partner des Stpfl einen entsprechenden Einfluss hat, gilt als nahe stehende Person. Zum anderen werden auch Geschäftsbeziehungen zu ausl Betriebsstätten iSv § 1 IV 1 Nr 2 AStG von S 1 des Abs 3 erfasst. Durch die Einbeziehung ausl Betriebsstätten ist die Regelung des bisherigen Abs 3 S 4, der die Aufzeichnungspflicht für die Gewinnaufteilung zw Stammhaus und Betriebsstätte vorsah, nicht mehr erforderlich (BT-Drs 18/9536, 34).

57 Was **Geschäftsbeziehungen** sind, ergibt sich aus § 1 IV 1 AStG. Es handelt sich um Geschäftsvorfälle zw dem Stpfl und der nahe stehenden Person, dh um einzelne oder mehrere zusammenhängende wirtschaftliche Vorgänge (vgl aber *TK/Seer* § 90 Rz 44, der für eine teleologische Reduktion auf Beziehungen im internationalen Konzernverbund eintritt). Geschäftsbeziehungen können daher auch vorliegen, wenn kein Leistungsaustausch vorliegt, wie bei Pool-Umlagen und Fällen internationaler Arbeitnehmerentsendung (§ 1 I 3 GAufzV; BMF BStBl I 05, 570, Tz 3.4.5). Dagegen gehören gesellschaftsrechtl Vereinbarungen (zB die gesellschaftsrechtl Einlage von Vermögen in ein Unternehmen bei Umstrukturierungen und Verschmelzungen) nicht zu den Geschäftsbeziehungen (§ 1 IV 1 Nr 1 Buchst b AStG).

Die Aufzeichnung umfasst die **Art und den Inhalt** der Geschäftsbeziehung. Dies wird durch S 2 näher umschrieben (s Rz 60).

60 **d) Umfang der Aufzeichnungspflicht (Abs 3 S 2).** Die Aufzeichnungspflicht umfasst nach S 2 zunächst eine **Sachverhaltsdokumentation**. Damit ist die Darstellung und Beschreibung der Geschäftsbeziehungen und deren wirtschaftl und rechtl Rahmenbedingungen mit den nahe stehenden Personen, des Näheverhältnisses, des Konzernaufbaus und der Beteiligungsverhältnisse, des Geschäftsbetriebs, der überlassenen immateriellen Wirtschaftsgüter sowie eine Funktions- und Risikoanalyse gemeint; dies ergibt sich aus § 4 Nr 1 bis Nr 3 GAufzV idF v 12.7.2017 (BGBl I, 2367); zur vorherigen Fassung des § 4 GAufzV v 13.11.2003 s BMF BStBl I 05, 570 Tz 3.4.11. Die Änderung des Abs 3 des § 90 durch das Gesetz v 20.12.2016 hat insoweit zu keiner Änderung geführt, weil bereits nach dem bisherigen S 1 eine Sachverhaltsdokumentation zu fertigen war (s 13. Aufl Rz 56).

61 Des Weiteren ist auch eine **Angemessenheitsdokumentation** anzufertigen, die insbes die vereinbarten **Verrechnungspreise** betrifft. Dies war zwar nach dem bisherigen S 2 ebenfalls erforderlich; die Neufassung spezifiziert aber die Anforderungen an eine Angemessenheitsdokumentation, indem nun die Empfehlungen des Abschlussberichts zur BEPS-Maßnahme 13 (dort Anhang II), in der es um die landesspezifische, unternehmensbezogene Dokumentation (sog **Local File**) geht, umgesetzt werden (BT-Drs 18/9536, 34 f); s Rz 68. Die Aufzeichnungen sollen eine Überprüfung der Angemessenheit der vereinbarten Verrechnungspreise anhand des Fremdvergleichsgrundsatzes ermöglichen. Die Einzelheiten werden durch die Verrechnungspreisanalyse gem § 4 I Nr 4 GAufzV idF v 12.7.2017 (BGBl I, 2367) näher konkretisiert.

62 Im Einzelnen sind nach S 2 Aufzeichnungen zu den Grundlagen für die Preisfindung erforderlich. Hierzu müssen die wirtschaftl und rechtl Grundlagen für die Verrechnungspreisbestimmung und für deren Zeitpunkt, für die verwendeten Fremdvergleichsdaten und für die Auswahl und Anwendung der verwendeten Verrechnungspreismethoden aufgezeichnet werden. Ermöglicht werden soll eine **Verrechnungspreisanalyse** anhand einer der Standardmethoden (Preisvergleichs-, Wiederverkaufspreis- oder Kostenaufschlagsmethode). Nähere Einzelheiten zur Aufzeichnungspflicht finden sich in § 4 Nr 4 GAufzV v 12.7.2017 (BGBl I, 2367) sowie in den Verwaltungsanweisungen über die Grundsätze für die Prüfung der Einkunftsabgrenzung zwischen nahe stehenden Personen mit grenzüberschreitenden Geschäftsbeziehungen in Bezug auf Ermittlungs- und Mitwirkungspflichten, Berichtigungen sowie auf Verständigungs- und EU-Schiedsverfahren **(Verwaltungsgrundsätze-Verfahren),** vgl BMF BStBl I 05, 570 Tz 2.2.1 ff und 3.4.12; insoweit wird es aber voraussichtlich noch zu einer Anpassung der aus dem Jahr

2005 stammenden Verwaltungsgrundsätze-Verfahren an die Neufassung des Abs 3 kommen.

Die Anforderungen an den Stpfl dürfen nicht überspannt werden. Es darf vom Stpfl nichts Unmögliches und im Hinblick auf den Verhältnismäßigkeitsgrundsatz auch nicht Unzumutbares verlangt werden, auch wenn der Stpfl nach § 1 I 1 GAufzV v 12.7.2017 sämtliche Tatsachen angeben muss, die für die Vereinbarung von Bedingungen für Geschäftsvorfälle, insbes von Verrechnungspreisen, stl Bedeutung haben. Außerdem darf die Aufzeichnungspflicht nicht zu einer Umkehrung der Beweislast führen (s Rz 93). 63

Während Abs 3 S 2 die Grundlagen für die Aufzeichnungspflicht darstellt, erfolgt die eigentliche **materiell-rechtl Prüfung der Angemessenheit** anhand der nach Abs 3 S 2 erstellten Aufzeichnungen nach § 1 V AStG sowie nach der BsGAV (s Rz 2), die auf der Ermächtigung des § 1 VI AStG beruht; jedoch enthält § 3 III BsGAV unter Hinweis auf die bisherige Fassung des Abs 3 S 4, der sich nunmehr in S 2 der Neufassung wiederfindet, weitere Aufzeichnungspflichten. Zur Anwendung der BsGAV hat die FinVerw die sog Verwaltungsgrundsätze Betriebsstättengewinnaufteilung – **VWG BsGa** – erlassen (BMF 22.12.2016, BStBl I 17, 182). 64

e) Aufzeichnungspflicht bei Zugehörigkeit zu einer multinationalen Unternehmensgruppe (Abs 3 S 3). Die durch das BEPS-UmsetzungsG v 20.12.2016 eingeführte Regelung des S 3 ist neu und fand sich nicht in der bisherigen Fassung des Abs 3. Die Neuregelung erweitert die Aufzeichnungspflicht, wenn das Unternehmen Teil einer multinationalen Unternehmensgruppe mit einem Vorjahresumsatz von mindestens 100 Mio € ist; der Begriff der multinationalen Unternehmensgruppe selbst wird in S 4 definiert (s Rz 75). Die Änderung des S 3 beruht auf dem **BEPS-Aktionspunkt 13** (s § 117 Rz 22), der standardisierte Dokumentationsanforderungen im Bereich der Verrechnungspreise multinational tätiger Unternehmen vorsieht. Verlangt wird ein dreistufiger Aufbau: Hierzu gehört die Stammdokumentation (sog **Master File**), die einen Überblick über die Geschäftstätigkeit des multinationalen Unternehmens und seiner Verrechnungspreispolitik bieten soll und die in Abs 3 S 3 sowie in § 5 GAufzV v 12.7.2017 geregelt wird (BT-Drs 18/9536, 35). Auf der zweiten Stufe wird eine landesspezifische Dokumentation der spezifischen Geschäftsvorfälle des Unternehmens mit verbundenen Unternehmen (die sog Local File) verlangt, die in Abs 3 S 2 geregelt wird (s Rz 61). Schließlich wird auch die Erstellung eines länderbezogenen Berichts verlangt, des sog Country-by-Country Reports (CbC-Report), der in § 138a geregelt wird. 68

Nach S 3 muss das Unternehmen Aufzeichnungen über die Art der weltweiten Geschäftstätigkeit der Unternehmensgruppe sowie über die von der Unternehmensgruppe angewandte Systematik der Verrechnungspreisbestimmung fertigen. Diese Stammdokumentation soll dem FA die Möglichkeit geben, den wirtschaftlichen, rechtlichen, finanziellen und stl Zusammenhang bei der Prüfung der Angemessenheit der Verrechnungspreise zu würdigen (BT-Drs 18/9536, 35).

Zum **Inhalt** der Stammdokumentation gehören nach Anlage zu § 5 GAufzV v 12.7.2017 insbes eine graphische Darstellung des Organisationsaufbaus (Organigramm), insbes der Eigentums- und Rechtsstruktur, dh der Anteilseigner und des Typus der Gesellschaft, eine kurzgefasste Darstellung der Geschäftstätigkeit der Unternehmensgruppe, eine allg Darstellung der Gesamtstrategie für die Nutzung immaterieller Werte in der Wertschöpfungskette, insbes bzgl der Entwicklung, des Eigentums und der Verwertung, sowie eine allg Beschreibung der Art und Weise der Finanzierung der Unternehmensgruppe (BT-Drs 18/9536, 35). Sind die nach S 3 zu erbringenden Informationen in Unterlagen enthalten, die der Stpfl zusammen mit der StErklärung einreicht, kann er hierauf verweisen. Nach der Gesetzesbegründung soll der Stpfl bei der Erstellung der Stammdokumentation eine „vernünftige kaufmännische Beurteilung" walten lassen, um die mit der Stammdokumentation verbundenen Ziele mit angemessenem Aufwand zu erreichen (BT-Drs 69

18/9536, 35); dies ist Ausdruck des bei der Anwendung des Abs 3 zu beachtenden Verhältnismäßigkeitsgrundsatzes (s Rz 63).

70 Die Aufzeichnungspflicht nach S 3 greift nur dann, wenn die multinationale Unternehmensgruppe im Vorjahr einen weltweiten Umsatz von **mindestens 100 Mio €** hatte. In den Umsatz gehen alle Umsätze ein, also auch Umsätze mit nahe stehenden Personen iSv § 1 IV Nr 1, II AStG (BT-Drs 18/9536). Auf den Umsatz des laufenden Jahres kommt es nicht an; wird die Grenze von 100 Mio € erst im laufenden Jahr erreicht oder überschritten, wirkt sich dies erst auf die Aufzeichnungspflicht im Folgejahr aus.

75 **f) Multinationale Unternehmensgruppe (Abs 3 S 4).** Die durch das Gesetz v 20.12.2016 eingeführte Regelung des S 4 ist ebenfalls neu und war in der bisherigen Fassung des Abs 3 nicht enthalten. S 4 definiert den Begriff der multinationalen Unternehmensgruppe, der Voraussetzung für die erweiterte Aufzeichnungspflicht nach S 3 ist (s Rz 68 ff).

Eine multinationale Unternehmensgruppe muss entweder aus mindestens zwei einander nahe stehenden Unternehmen iSv § 1 II AStG bestehen, die in zwei verschiedenen Staaten ansässig sind, oder aber aus mindestens einem Unternehmen und mindestens einer Betriebsstätte in einem anderen Staat. Weiterhin ergibt sich aus S 3, dass die Unternehmensgruppe Geschäftsbeziehungen iSv § 1 IV AStG unterhalten muss (Verweis auf S 1 in S 3) und im vorangegangenen Wirtschaftsjahr mindestens 100 Mio € Umsatz (s Rz 70) erzielt haben muss.

85 **g) Vorlageverlangen des FA (Abs 3 S 5 bis 9).** Die durch das Gesetz v 20.12.2016 geänderten S 5 bis 9 entsprechen im Wesentlichen den bisherigen S 6 bis 10; in den S 5 und 9 sind geringfügige sprachliche Änderungen erfolgt, während in S 8 die zusätzlich bisherige Regelung des S 3 übernommen worden ist.

Nach **S 5** soll das FA die Aufzeichnungen idR **nur für die Durchführung einer Ap** verlangen; die Vorlage außerhalb einer Ap muss daher besonders begründet werden. Auf diese Weise soll überflüssiger Bürokratieaufwand vermieden werden (BT-Drs 18/9536, 36). Die Vorlage richtet sich gem **S 6** nach § 97; S 6 entspricht dem bisherigen S 7. Nach § 97 ist nicht erforderlich, dass der Stpfl zunächst um Auskunft ersucht wird, bevor die Vorlage der Aufzeichnungen verlangt wird. Die Einzelheiten des Vorlageverlangens werden in § 2 VI 2–4 GAufzV geregelt; zum Rechtsschutz s Rz 99. Die **Vorlagefrist** für die Dokumentation gewöhnlicher Geschäftsvorfälle (s Rz 87) beträgt 60 Tage gem **S 7**; dies entspricht der bisherigen Regelung in S 8. In begründeten Fällen kann die Frist nach S 9 verlängert werden; dieser entspricht dem bisherigen S 10.

86 **S 8** regelt die Pflicht zur **zeitnahen Dokumentation**. Wie bereits nach S 3 in der bisherigen Fassung besteht **nur bei außergewöhnlichen Geschäftsvorfällen** eine Pflicht zur zeitnahen Dokumentation. Außergewöhnliche Geschäftsvorfälle sind zB Umstrukturierungen im Konzern oder der Abschluss langfristiger Verträge; weitere Beispiele enthält § 3 II GAufzV (BT-Drs 18/9536, 36). Eine zeitnah erstellte Aufzeichnung liegt vor, wenn sie innerhalb von sechs Monaten nach Ablauf des Wirtschaftsjahres gefertigt wird, in dem sich der Geschäftsvorfall ereignet hat (§ 3 I 2 GAufzV). Die Vorlagefrist für Aufzeichnungen über außergewöhnliche Geschäftsvorfälle beträgt nach S 8 nur 30 Tage, kann aber gem S 9 ebenfalls – wie bei der Vorlage der Dokumentation gewöhnlicher Geschäftsvorfälle – in begründeten Fällen verlängert werden; dies entspricht der bisherigen Regelung in S 9 und 10. Zu den Folgen einer Verletzung des S 8 s Rz 93.

87 Bei **gewöhnlichen** Geschäftsvorfällen besteht keine Pflicht zu einer zeitnahen Dokumentation. Es genügt also, wenn die Aufzeichnungen erst nach einem Vorlageverlangen des FA im Rahmen einer Ap iSv Abs 3 S 5 erstellt werden (*Koenig/Wünsch* § 90 Rz 34).

89 **h) Ergänzung der Aufzeichnungen (Abs 3 S 10).** Die Regelung des geänderten S 10 war im bisherigen Abs 3 nicht enthalten. S 10 stellt klar, dass Auf-

zeichnungen auf Anforderung des FA zu ergänzen sind. Eine Ergänzung ist insbes dann notwendig, wenn aus Sicht des FA die bisher vorgelegten Aufzeichnungen nicht vollständig sind (vgl auch BT-Drs 18/9536). Nimmt der Stpfl eine Ergänzung vor, darf das FA aus der nachträglich erfolgten Ergänzung **keine nachteiligen Rechtsfolgen** ziehen (s hierzu Rz 93).

i) Rechtsfolgen bei Verletzung der Aufzeichnungspflicht. § 90 III bewirkt zwar keine Umkehrung der Beweislast (BMF BStBl I 05, 570 Tz 2.1 und 4.2), sodass der Stpfl bei Verletzung der Aufzeichnungspflicht an sich nicht die Angemessenheit seiner Verrechnungspreise beweisen muss. Bei Verletzung der Aufzeichnungspflicht des Abs 3 ergeben sich aber **Rechtsfolgen aus § 162** III und IV, die eine Hinzuschätzung am oberen Rand der Bandbreite sowie einen Zuschlag vorsehen (s § 162 Rz 29a ff und 55 ff; *Seer* IWB 12, 350, 355 ff). Die Rechtsfolgen des § 162 III, IV treten ein, wenn der Stpfl entweder keine Aufzeichnungen iSv Abs 3 vorlegt, nur unverwertbare Aufzeichnungen beibringt oder wenn Aufzeichnungen über außergewöhnliche Geschäftsvorfälle nicht zeitnah vorgelegt werden. 93

j) Rechtsfolgen bei Erfüllung der Aufzeichnungspflicht. Erfüllt der Stpfl seine Aufzeichnungspflicht nach Abs 3, trägt das FA die Beweislast dafür, dass die Verrechnungspreise nicht angemessen waren (*Seer* IWB 12, 350, 356). 95

k) Ermächtigung (Abs 3 S 11). Im neuen S 10, der mit dem bisherigen S 5 identisch ist, findet sich die Ermächtigung für das BMF zum Erlass einer VO, die Art, Inhalt und Umfang der zu erstellenden Aufzeichnungen iEinz bestimmt. Hiervon hat das BMF mit Erlass der GAufzV v 12.7.2017 (BGBl I, 2367) Gebrauch gemacht. 98

Auf dem bisherigen S 5 beruhte die GAufzV v 13.11.2003 (BGBl I, 2296, zuletzt geändert durch G v 26.6.2013, BGBl I, 1809), die nach § 8 GAufzV idF v 26.6.2013 ab 30.6.2003 galt.

l) Rechtsschutz. Ähnlich wie das Verlangen zur Vorlage von Urkunden nach § 97, auf den § 90 III 7 verweist, ist die Anforderung der Aufzeichnungen nach § 90 III 5 ein VA, den der Stpfl mit Einspruch anfechten kann. Außerdem kann sich der Stpfl selbstverständlich nachträglich gegen die StBescheide wehren, in denen das FA die Beweislastverteilung verkannt hat oder von einem verringerten Beweismaß ausgegangen ist oder zu Unrecht § 162 III und IV angewendet hat. 99

§ 91 Anhörung Beteiligter

(1) [1] **Bevor ein Verwaltungsakt erlassen wird, der in Rechte eines Beteiligten eingreift, soll diesem Gelegenheit gegeben werden, sich zu den für die Entscheidung erheblichen Tatsachen zu äußern.** [2] **Dies gilt insbesondere, wenn von dem in der Steuererklärung erklärten Sachverhalt zuungunsten des Steuerpflichtigen wesentlich abgewichen werden soll.**

(2) **Von der Anhörung kann abgesehen werden, wenn sie nach den Umständen des Einzelfalls nicht geboten ist, insbesondere wenn**

1. **eine sofortige Entscheidung wegen Gefahr im Verzug oder im öffentlichen Interesse notwendig erscheint,**
2. **durch die Anhörung die Einhaltung einer für die Entscheidung maßgeblichen Frist in Frage gestellt würde,**
3. **von den tatsächlichen Angaben eines Beteiligten, die dieser in einem Antrag oder einer Erklärung gemacht hat, nicht zu seinen Ungunsten abgewichen werden soll,**
4. **die Finanzbehörde eine Allgemeinverfügung oder gleichartige Verwaltungsakte in größerer Zahl oder Verwaltungsakte mit Hilfe automatischer Einrichtungen erlassen will,**
5. **Maßnahmen in der Vollstreckung getroffen werden sollen.**

(3) **Eine Anhörung unterbleibt, wenn ihr ein zwingendes öffentliches Interesse entgegensteht.**

Schrifttum: *vor 2010 s 13. Aufl; Grube* Abschied vom rechtlichen Gehör im Verwaltungsverfahren?, DStZ 13, 193; *Schmidt* Das Recht des Beteiligten auf Gehör, NWB 14, 1103; *Esskandari/Bick* Akteneinsichtsrecht eines Miterben, ErbStB 15, 351.

Übersicht

1 **1. Inhalt.** § 91 setzt den Grundsatz des **rechtlichen Gehörs** iSv Art 103 I GG um. Während in § 28 VwVfG die Anhörung zwingend vorgeschrieben ist, handelt es sich bei § 91 nur um eine Sollvorschrift. Dies bedeutet, dass im Regelfall eine Anhörung durchzuführen ist, Ausnahmen aber auch außerhalb der in Abs 2 genannten Fälle zulässig sein können, s zB § 117 IV 3 (§ 117 Rz 122 ff) oder § 7 II EUAHiG (§ 117 Rz 232).

3 **2. Recht auf Anhörung (Abs 1 S 1). a) Erhebliche Tatsachen.** Das Anhörungsrecht besteht nur für die entscheidungserheblichen Tatsachen. Regelmäßig geschieht dies bereits durch die Abgabe der StErklärung. Daher ist in Abs 1 S 2 ausdrücklich nur noch ein Anhörungsrecht für den Fall vorgesehen, dass das FA von der StErklärung zu Ungunsten des Stpfl wesentlich abweichen will (s Rz 9). Das Anhörungsrecht wird in den Vorschriften über die **Ap** noch näher ausgestaltet, zB in § 199, § 201, § 202 II. § 91 iVm Art 103 GG kann aber auch im Verwaltungsverfahren ein Teilnahmerecht des Stpfl an der mündlichen Auskunftserteilung eines Dritten begründen (FG RhPf EFG 94, 134). Vor Gericht ergibt sich ein Anhörungsrecht aus Art 103 I GG. Bedeutsam ist das Anhörungsrecht bei der geplanten Inanspruchnahme durch **Haftungsbescheid,** weil das FA im Rahmen seiner Ermessensentscheidung den Sachverhalt umfassend ermitteln muss und hierzu auch den Haftungsschuldner anzuhören hat (vgl FG BBg EFG 11, 2096). Darüber hinaus ist das Recht auf Anhörung auch im **Kindergeld** zu beachten, wenn zB eine Abzweigung nach § 74 I EStG erfolgen soll (Abschn V 32.4 II DA-KG 2017). Im Einspruchsverfahren enthält § 364 eine spezielle Regelung zum rechtl Gehör; außerdem gilt § 91 über § 365 I im Einspruchsverfahren.

4 Zu einer vom Stpfl abweichenden **Rechtsmeinung** braucht keine Anhörung zu erfolgen, weil es sich bei einer Rechtsmeinung nicht um Tatsachen handelt (FG Nds EFG 93, 412). Es besteht allgemein kein Anhörungsrecht zu den Rechtsauffassungen der Beteiligten (BFH/NV 04, 1062). Das FA ist daher auch nicht verpflichtet, mit den Beteiligten ein Rechtsgespräch zu führen oder sie zu rechtl Problemen anzuhören (FG Mchn EFG 13, 585; SchlHol EFG 92, 308). Die Vorschrift schützt daher weiterhin nicht vor dem Erlass von Überraschungsentscheidungen (offen gelassen in BFH BStBl 89, 741).

b) Recht der Beteiligten. Ein Recht auf Anhörung haben nur die am Verfahren jeweils **Beteiligten** (s § 78). Bei einer beabsichtigten Inanspruchnahme des ArbG durch Haftungsbescheid müssen die ArbN daher nicht gehört werden (FG Nds EFG 10, 2051). Bei der Erhebung von Hinterziehungszinsen wird der Anspruch auf rechtl Gehör nicht deshalb verletzt, weil der Stpfl wegen seines Todes nicht mehr gehört werden kann (BFH BStBl 92, 9). 5

c) Zeitpunkt sowie Art und Weise. Die Anhörung muss nach dem Wortlaut des § 91 vor Erlass des VA erfolgen („Bevor"); anderenfalls kommt eine Heilung im Einspruchsverfahren in Betracht (s Rz 10). Die Art und Weise der Anhörung stehen im pflichtgemäßen Ermessen des FA (BFH/NV 91, 142). 6

d) Anhörungsrecht im Einspruchsverfahren. Ein Anhörungsrecht nach § 91 I besteht grds auch im Einspruchsverfahren (zu Einzelheiten s § 364 Rz 1 ff sowie § 365 Rz 3). 7

3. Wesentliche Abweichung (Abs 1 S 2). Nach Abs 1 S 2 besteht das Anhörungsrecht insbes, wenn von der StErklärung **zu Ungunsten** des Stpfl wesentlich abgewichen werden soll. Wesentliche Abweichungen liegen zB vor, wenn es sich um **Dauersachverhalte** handelt (zB Arbeitszimmer, das jährlich geltend gemacht wird) oder die steuermindernd geltend gemachten Umstände für den Stpfl erkennbar von besonderer Bedeutung sind, weil er zB um vorherige Information für den Fall der Abweichung gebeten hat (OFD Nds 27.12.2010, BeckVerw 246039). Auch die **Höhe** der geltend gemachten Position oder ihre **Einmaligkeit** (zB ein Verlust nach § 17 EStG) wird idR für eine Wesentlichkeit sprechen; allerdings kann eine feste Größe nicht festgelegt werden, weil die Höhe mE von den individuellen Verhältnissen des Stpfl abhängt (vgl aber *Schmidt* NWB 14, 1105, 1107, der die relevante Höhe bei Aufwendungen iHv 500 € sieht). 9

Bei nur geringfügigen Abweichungen kann eine Anhörung entfallen, ebenso wenn dem Stpfl offensichtlich nur ein **Versehen** unterlaufen ist. Die Behörde ist vor einer **Schätzung** wegen Nichteinreichung von Unterlagen nicht gehalten, mitzuteilen, in welcher Höhe sie voraussichtlich die Besteuerungsgrundlagen schätzen wird (FG Hess EFG 79, 374). Etwas anderes gilt nur dann, wenn die Schätzung auf Tatsachen gestützt werden soll, von denen zweifelh ist, ob sie dem Stpfl bekannt sind. Ansonsten genügt der – ggf maschinell erstellte – Hinweis, dass die Besteuerungsgrundlagen geschätzt werden können (FM NRW 8.5.2017, DB 17, 1418, Tz 3.1).

4. Folgen der Verletzung. Eine unterbliebene Anhörung stellt zwar einen **Verfahrensfehler** dar. Die unterlassene Anhörung kann aber nach § 126 I Nr 3, II bis zum Abschluss des FG-Verfahrens nachgeholt und damit **geheilt** werden (s § 126 Rz 6); bei Verletzung des Abs 1 S 2 kann eine Heilung insbes durch einen hinreichend deutlichen Hinweis im StBescheid auf die Abweichung geheilt werden (BFH/NV 14, 1350). Im Kindergeldrecht kann die unterlassene Anhörung zu einem Kostenerstattungsanspruch nach § 77 I EStG führen (FG Mster EFG 14, 1994, bestätigt durch BFH BStBl 16, 26). Zivilrechtl kann ein Amtshaftungsanspruch hinsichtlich der durch das Einspruchs- oder Klageverfahren entstandenen Steuerberatungskosten bestehen (LG Nbg-Fürth DStRE 09, 42, mit Anm *Buchbinder*). In keinem Fall ergibt sich aber aus der unterbliebenen Anhörung eine Nichtigkeit des VA oder ein Anspruch auf Individualrechtsschutz über die in den Vorschriften der AO und FGO enthaltenen Fehlerfolgen hinaus (BFH/NV 14, 1350). Nach dem FG Sachs (8 V 1384/12, PStR 13, 227) soll allein die unterlassene Anhörung eine AdV iSv § 69 FGO rechtfertigen; dies erscheint im Hinblick auf die Heilungsmöglichkeit jedoch zu streng. 10

Führt eine unterlassene Anhörung dazu, dass die Einspruchsfrist versäumt wird, gilt die **Versäumung der Einspruchsfrist** nach § 126 III nicht als verschuldet (s § 126 Rz 13 ff). Es ist dann Wiedereinsetzung in den vorigen Stand zu gewähren.

Die Ursächlichkeit für die Versäumnis ist aber nicht gegeben, wenn das FA im StBescheid auf die Abweichung von der StErklärung hinreichend hingewiesen hat (BFH BStBl 85, 601; BFH/NV 89, 561; 14, 1350; AEAO zu § 91 Nr 3).

12 **5. Ausnahmen (Abs 2).** Von einer Anhörung kann nach Abs 2 in den folgenden Fällen abgesehen werden:

13 **Gefahr im Verzug (Nr 1).** Gefahr im Verzug (s § 29) wird im Besteuerungsverfahren nur selten praktisch.

14 **Gefährdung einer maßgeblichen Frist (Nr 2).** Dieser Fall wird relevant, wenn durch die Anhörung die Festsetzungsfrist (vgl § 169 I 3) versäumt werden würde.

15 **Abweichung zugunsten des Stpfl (Nr 3).** Diese Konstellation wird an sich bereits durch Abs 1 S 2 erfasst, wonach eine Anhörung nur bei einer Abweichung zu Ungunsten des Stpfl erforderlich ist.

16 **Allgemeinverfügung (Nr 4).** Einer Anhörung bedarf es nicht, wenn das FA Allgemeinverfügungen in elektronischer Form erlassen will. Hiervon werden zum einen Allgemeinverfügungen iSv § 118 I 2 erfasst, denen einfache, standardisierte Sachverhalte zu Grunde liegen wie zB die öffentliche Aufforderung zur Abgabe von StErklärungen, sofern es sich hierbei überhaupt um einen VA handelt (s § 118 Rz 42, dort unter „Steuererklärung", sowie § 149 Rz 5), und zum anderen Allgemeinverfügungen iSv § 367 IIb, mit denen Einsprüche nach Entscheidung über das Musterverfahren zurückgewiesen werden können (s § 367 Rz 45 f).

17 **Maßnahmen der Vollstreckung (Nr 5).** Vollstreckungsmaßnahmen könnten durch eine vorherige Anhörung gefährdet werden. Der Stpfl wird auch idR durch die vorangehende Mahnung, in der mit der Einleitung von Vollstreckungsmaßnahmen gedroht wird, rechtzeitig auf bevorstehende Vollstreckungshandlungen hingewiesen und kann ggf hiergegen vorgehen (zB nach § 258). Zu den Maßnahmen der Vollstreckung gehört auch die **Stellung eines Insolvenzantrags** durch das FA, sodass auch hier keine vorherige Anhörung des Stpfl erforderlich ist (FG Köln DStRE 05, 298).

18 Die Aufzählung des § 91 II ist nicht abschließend, wie das Wort „insbesondere" zeigt. Es kann daher auch andere Fälle geben, in denen die Anhörung nach den Umständen des Einzelfalls nicht geboten ist (vgl BFH/NV 00, 531; FG BBg EFG 11, 2096).

20 **6. Zwingendes öffentliches Interesse (Abs 3).** Insoweit gelten die Grundsätze des § 30 IV Nr 5 sowie des § 106 entsprechend (AEAO zu § 91 Nr 5). Allerdings werden Fälle, in denen der Anhörung ein zwingendes öffentliches Interesse entgegensteht, im StRecht kaum vorkommen.

25 **7. Akteneinsichtsrecht. a) Kein Anspruch auf Akteneinsicht.** Die AO sieht anders als § 29 VwVfG und anders als § 78 FGO kein Recht auf Akteneinsicht vor (BFH BStBl 10, 729 mwN; 13, 639; BFH/NV 11, 2, 992; BFH ZinsO 17, 780; FG BBg EFG 11, 1582; FG Mchn EFG 15, 1886; EFG 16, 1045). Zwar ist in § 187 ein Akteneinsichtsrecht geregelt; dies gilt aber nur für die StBerechtigten im Rahmen der Zerlegung, nicht für den Stpfl. Ein etwaiger Anspruch auf Akteneinsicht nach dem jeweiligen **Informationsfreiheitsgesetz** (IFG) des einzelnen Bundeslands wird durch Art 31 GG verdrängt, wonach Bundesrecht – und damit die AO – Landesrecht, dh das IFG, bricht (FG BBg EFG 11, 1582; FG Mster EFG 12, 1414; aA *TK/Seer* § 91 Rz 30; offen gelassen in BFH/NV 11, 992; s auch *Schmittmann* NZI 12, 633; *Eisolt* DStR 12, 930; *Schaake/Bruns* ZInsO 12, 1708). Allerdings will das OVG SchlHol (NVwZ 2013, 810) dem Stpfl nach Abschluss des StVerwaltungsverfahrens einen Anspruch nach § 3 IFG SchlHol einräumen; dies erscheint nicht überzeugend, weil die Regelungen der AO auch für abgeschlossene Verfahren anwendbar sind und damit Landesrecht verdrängen. Zudem stellt sich die Frage, wann ein StVerwaltungsverfahren als abgeschlossen gelten

soll: nach Abschluss der Veranlagung, nach formeller oder materieller Bestandskraft oder erst mit Eintritt der Verjährung? Zum Akteneinsichtsrecht im Kindergeldrecht s Abschn V 9 DA-KG 2017.

b) Ermessensentscheidung. Ein Beteiligter iSv § 78 hat lediglich ein Recht darauf, dass das FA über seinen Antrag auf Akteneinsicht **nach pflichtgemäßem Ermessen** entscheidet (BFH BStBl 11, 992; 13, 630; BFH ZInsO 17, 780). Das gilt auch für das Einspruchsverfahren (BFH DStRE 04, 112) sowie für das Kindergeld (Abschn V 9 DA-KG 2017). 26

Von der allg Akteneinsicht abzugrenzen ist ein Antrag auf Auskunft über die zur Person des Stpfl **gespeicherten Daten.** Nach dem BMF (v 17.12.2008, BStBl I 09, 6; AEAO zu § 91 Nr 4) ist Beteiligten hierüber auf Antrag Auskunft zu erteilen, wenn sie ein **berechtigtes Interesse** darlegen und keine Gründe für eine Auskunftsverweigerung vorliegen. Ein berechtigtes Interesse ist bei einem Beraterwechsel oder in einem Erbfall zu bejahen, wenn der Beteiligte durch die Auskunft in die Lage versetzt werden will, zutreffende und vollständige StErklärungen abzugeben. Hingegen besteht kein berechtigtes Interesse, wenn der Beteiligte bereits in anderer Weise über die gespeicherten Daten informiert wurde, dem FA nur Daten vorliegen, die ihm vom Beteiligten übermittelt wurden, oder die spätere Information des Beteiligten in rechtl gesicherter Weise vorgesehen ist. Außerdem soll kein berechtigtes Interesse bestehen, wenn die Auskunft dazu dienen kann, zivilrechtl Ansprüche gegen den Bund oder ein Land durchzusetzen und eine zivilrechtl Pflicht zur Auskunft nicht besteht wie zB bei Amtshaftungssachen oder Insolvenzanfechtung (so auch BFH BStBl 13, 639; kritisch hierzu *TK/Seer* § 91 Rz 27); zum Insolvenzverwalter s Rz 29. Nach der Rspr ist es jedenfalls nicht ermessensfehlerhaft, wenn das FA die Akteneinsicht verweigert, weil der Stpfl die StAkten daraufhin prüfen will, warum die Steufa eingeschaltet wurde und ob Regressmöglichkeiten bestehen (FG Hess 90, 503). 27

Bei der Ermessensentscheidung über die Gewährung von Akteneinsicht ist in jedem Fall auf die Einhaltung des **StGeheimnisses** zu achten. Verhältnisse von Vergleichsbetrieben können wegen des StGeheimnisses nicht ohne Weiteres mitgeteilt werden. Mitzuteilen sind zB die Vergleichsgrundstücke bei der Bewertung bebauter Grundstücke, nicht jedoch die bei der Bewertung angesetzte Rohmiete (RFH RStBl 34, 245). Dem StGeheimnis unterliegt grds auch die Identität eines Anzeigenerstatters (zu den insoweit evtl erforderlichen Abwägungen vgl BFH BStBl 07, 275 mwN). Soll die Akteneinsicht durch einen Bevollmächtigten erfolgen, ist die Gewährung der Akteneinsicht mE von der Vorlage der Vollmacht abhängig zu machen. 28

c) Anspruch des Insolvenzverwalters. Ein Insolvenzverwalter hat ebenfalls einen Anspruch auf ermessensfehlerfreie Entscheidung über eine Auskunft bzw Akteneinsicht bzgl der stl Verhältnisse des Insolvenzschuldners; denn er hat die stl Pflichten des Insolvenzschuldners gem § 34 I, III zu erfüllen (BFH/NV 11, 2; so auch AEAO zu § 251 Nr 4.5). Das Ermessen des FA ist also auch bei einem Antrag eines Insolvenzverwalters nicht generell auf Null reduziert. Bei seiner Ermessensentscheidung muss das FA das Interesse des Insolvenzverwalters an der Auskunft und den stl Charakter dieser Auskunft, dh den unmittelbaren Zusammenhang mit der Erfüllung stl Pflichten oder mit der Prüfung der vom FA angemeldeten Insolvenzforderungen berücksichtigen. Der Insolvenzverwalter hat insoweit substantiiert darzulegen, aus welchen Gründen er die Auskunft begehrt und dass die Auskunft auf dem StRechtsverhältnis beruht. Der bloße Hinweis auf die ordnungsgemäße Bearbeitung des Insolvenzverfahrens genügt nicht (BFH BStBl 13, 639). Können sich aufgrund der begehrten Auskunft bzw Akteneinsicht Anhaltspunkte für mögliche Anfechtungsgründe nach §§ 129 ff InsO ggü dem FA als Gläubiger ergeben, darf das FA dies zulasten des Insolvenzverwalters berücksichtigen; das FA muss also nicht durch Herausgabe von Unterlagen oder Gewährung 29 von Akteneinsicht zur Ermittlung von Insolvenzanfechtungstatbeständen beitragen (BFH BStBl 13, 639, unter Hinweis auf BGH HFR 10, 299). Die FinVerw bejaht aber einen Auskunftsanspruch des Insolvenzverwalters zur Vorbereitung von Anfechtungsansprüchen nach §§ 129 ff InsO nach dem jeweiligen IFG, wenn der Schuldner gem § 30 IV Nr 3 AO zustimmt (AEAO zu § 251 Nr 4.5). Zu Auskunftsansprüchen **parlamentarischer Untersuchungsausschüsse** s § 30 Rz 201 ff.

32 **d) Rechtsschutz.** Die Ablehnung der Akteneinsicht ist mit dem Einspruch anfechtbar (AEAO zu § 364). Für eine Klage auf Gewährung der Akteneinsicht ist grds der Finanzrechtsweg gegeben. Es handelt sich um eine Verpflichtungsklage, wenn die Akteneinsicht durch ablehnenden VA versagt wurde (BFH/NV 88, 319; aA *TK/Seer* § 91 Rz 33: Leistungsklage). Geht es hingegen **ausschl** um eine Akteneinsicht auf der Grundlage des IFG, ist der Verwaltungsrechtsweg gegeben (FG SchlHol EFG 12, 343; *TK/Seer* § 91 Rz 34). Wird der Anspruch hingegen sowohl auf die AO als auch auf ein IFG gestützt, ist der Finanzrechtsweg statthaft (FG Mster EFG 12, 1414; wohl auch BFH/NV 11, 992). Für eine Klage des Stpfl auf Unterlassung der Akteneinsicht durch den Haftungsschuldner ist ebenfalls der Finanzrechtsweg gegeben; statthafte Klageart ist die Leistungsklage, weil der Stpfl eine andere Leistung als einen VA begehrt (BFH BStBl 73, 119). Begehrt hingegen ein Insolvenzverwalter Akteneinsicht in die VollstrAkten, um Anfechtungsrechte nach der InsO geltend machen zu können, ist der Zivilrechtsweg gegeben (BFH/NV 11, 992).

§ 92 Beweismittel

[1] Die Finanzbehörde bedient sich der Beweismittel, die sie nach pflichtgemäßem Ermessen zur Ermittlung des Sachverhalts für erforderlich hält. [2] Sie kann insbesondere

1. Auskünfte jeder Art von den Beteiligten und anderen Personen einholen,
2. Sachverständige zuziehen,
3. Urkunden und Akten beiziehen,
4. den Augenschein einnehmen.

Übersicht

1 **1. Ermessen (S 1).** In § 92, der § 26 I VwVfG entspricht, geht es nur um das **Wie** der Beweiserhebung. Nach § 92 S 1 kommt es auf die subjektive Auffassung des FA an, welches Beweismittel es für erforderlich hält. Das FA muss hierbei nach pflichtgemäßem Ermessen handeln (vgl BFH BStBl 16, 822; 09, 839). Die Frage, **ob** es Beweise für erforderlich hält, regelt sich nach § 88, während sich die Erhebung des jeweiligen Beweises nach §§ 93 bis 100 richtet (s Rz 4). Ermessen nach § 92 bedeutet iEinz: Das FA ist nicht verpflichtet, unabhängige Sachverständige zuzuziehen, wenn es auf die Sachkunde eigener Bediensteter (auch anderer als der entscheidungsbefugten Bediensteten) zurückgreifen kann (s näher § 88 Rz 39). Das FA kann nicht durch einstweilige Anordnung verpflichtet werden, durch regelmäßigen Augenschein die ausschließliche Nutzung eines Raumes für berufliche Zwecke festzustellen (FG Nds EFG 80, 6). Das Gericht darf dem FA auch nicht vorgeben, den Beweis in einer ganz bestimmten Art und Weise zu erheben.

2 Bei der Ausübung des Auswahlermessens gilt die allg Einschränkung, dass nur diejenigen Beweismittel herangezogen werden dürfen, die zur Ermittlung des Sachverhalts **erforderlich** und die **verhältnismäßig, erfüllbar** und **zumutbar**

sind (BFH/NV 93, 76; 97, 166; vgl auch § 93 Rz 12). Dies hat das FA nach den Umständen des jeweiligen Einzelfalls im Wege der Prognose zu beurteilen (OFD Frankfurt DStR 05, 1774). Bei der erhöhten Mitwirkungspflicht des Stpfl in Auslandssachverhalten nach § 90 II (s § 90 Rz 21 ff) ist jedoch zu beachten, dass es für die Erfüllbarkeit und Zumutbarkeit eines Auskunftsverlangens des FA nicht erforderlich ist, dass der Stpfl ihm auch noch im Zeitpunkt des Erlasses des Auskunftsverlangens nachkommen kann. Bei Auslandssachverhalten muss der Stpfl gem § 90 II 4 bereits bei der Verwirklichung des Sachverhalts damit rechnen und entsprechend vorsorgen, dass er später die notwendigen Auskünfte (zB über Zahlungsempfänger nach § 160) geben kann (vgl auch § 90 Rz 28). Führt das FA bei Stpfl, bei denen eine Ap innerhalb Deutschlands nicht möglich ist, Ermittlungen iSv § 92 durch, tritt gem § 171 VI eine Ablaufhemmung ein (s § 171 Rz 85).

2. Beweismittel (S 2). In S 2 werden vier verschiedene Beweismittel genannt. 4
Danach kommen ua in Betracht: Auskünfte (Nr 1), vgl §§ 93 bis 95; Zuziehung von Sachverständigen (Nr 2), vgl § 96; Beziehung von Urkunden und Akten (Nr 3), vgl 97; Inaugenscheinnahme (Nr 4), vgl §§ 98 f. Die Aufzählung ist nicht abschließend, wie sich aus der Formulierung „insbesondere“ ergibt.

S 2 nennt nur die einzelnen Beweismittel, während sich die **Ausführungsvorschriften** zu der jeweiligen Beweiserhebung in den **§§ 93 ff** finden; diese Ausführungsvorschriften schränken das Ermessen in einigen Punkten ein (zB Subsidiarität nach § 93 I 3) und regeln, wie sich das FA die Beweismittel beschaffen kann und welche Befugnisse es dabei hat.

3. Beweiswürdigung. Die AO enthält im Gegensatz zur FGO (vgl § 96 FGO) 6
keine Vorschrift über die Beweiswürdigung. Bei der Beweiswürdigung gelten daher die allg Denkgesetze und die anerkannten Regeln für die Beurteilung tatsächlicher Verhältnisse (s auch § 88 Rz 61); außerdem sind die sich aus der Lebenserfahrung ergebenden Erkenntnismöglichkeiten zu beachten (vgl BFH BStBl 70, 189).

4. Verwertungsverbote. Über die Frage, ob verbotswidrig erlangte Beweise 7
verwertet werden dürfen, sagt die AO ebenfalls nichts. Deshalb besteht im Besteuerungsverfahren grds **kein gesetzliches Verwertungsverbot** für Tatsachen, die unter Verletzung von allg Verfahrensvorschriften ermittelt worden sind (BFH BStBl 02, 328 mwN; BFH/NV 06, 2078; 08, 1844; 09, 1396; FG Nds EFG 16, 2020, Rev BFH VIII R 23/16). Lediglich in § 393 II ist ein spezielles Beweisverwertungsverbot geregelt, das aber nicht das Besteuerungsverfahren betrifft.

Ein Beweisverwertungsverbot wird man für das stl Ermittlungsverfahren daher nur in Ausnahmefällen anerkennen können, insbes bei **grundrechtsrelevanten Verstößen** (BFH wistra 15, 479; s auch Rz 9). Ob darüber hinaus ein Verwertungsverbot besteht, muss anhand des jeweiligen Verfahrensverstoßes entschieden werden. Dabei kommt dem Schutzzweck der verletzten Norm besondere Bedeutung zu.

Danach besteht **kein Verwertungsverbot** bei Verletzung der Belehrungspflicht 8
gem § 393 I 4. Denn diese Vorschr dient dem strafprozessualen Grundsatz, dass ein Beschuldigter sich nicht selbst einer Straftat zu bezichtigen braucht, und ist keine Regelung des Besteuerungsverfahrens (BFH BStBl 02, 328; BFH/NV 10, 432). Ein Verwertungsverbot ergibt sich auch nicht bei einer Verletzung des § 136a StPO (BFH/NV 08, 1441; BFH BeckRS 2009, 25015578). Ein Verwertungsverbot besteht ebenfalls nicht bei einer versehentlichen Verletzung des § 105 II StPO, wonach bei einer Durchsuchung grds Zeugen zuzuziehen sind (BFH/NV 14, 1357).

Hingegen **besteht in folgenden Fällen ein Verwertungsverbot: (1)** bei ei- 9
ner fehlerhaften Ermittlungsmaßnahme, wenn der Verfahrensverstoß schwerwiegend war oder bewusst oder willkürlich begangen wurde (BFH wistra 15, 479 mwN); **(2)** bei Verstößen gegen die Belehrungspflicht nach § 101 I 2, § 103

(s § 101 Rz 5); **(3)** für Aufzeichnungen, die unmittelbar aus einer Telefonüberwachung in einem Strafverfahren resultieren. Denn das aus Art 10 I GG zu entnehmende Verwertungsverbot für Erkenntnisse aus Abhörmaßnahmen hat für Zwecke der Besteuerung keine iSd Art 10 II 1 GG zulässige Durchbrechung erfahren (BFH BStBl 01, 464; FG BaWü EFG 02, 1148); **(4)** für Beweise, die entgegen dem Verbot der Anwendung von Zwangsmitteln iSv § 328 nach § 393 I 2 und 3 erlangt worden sind. Da hier aber nach §§ 332 und 333 Einspruchsmöglichkeiten gegen die Androhung und den Einsatz der Zwangsmittel bestehen, kann das Verwertungsverbot nur dann gelten, wenn die Rechtswidrigkeit der Zwangsmittel zuvor gesondert rechtskräftig festgestellt worden ist (vgl BFH/NV 06, 2078); **(5)** für Kenntnisse, die durch eine rechtswidrige Ap erlangt worden sind, wenn die Rechtswidrigkeit der Prüfungsanordnung durch das FG gerichtlich rkr festgestellt wird, es sei denn, es handelt sich um eine erstmalige StFestsetzung oder um die Änderung eines unter dem Vorbehalt der Nachprüfung stehenden Bescheids (BFH/NV 10, 2246; s näher § 193 Rz 57). Ein Verwertungsverbot besteht aber in jedem Fall, wenn die Ermittlung der Tatsachen im Rahmen der Ap einen verfassungsrechtl geschützten Bereich des Stpfl verletzt hat (BFH/NV 10, 5; s auch § 193 Rz 51); **(6)** bei Kenntnissen, die durch einen automatisierten Kontenabruf unter Verstoß gegen § 93 VII oder VIII erlangt worden sind (s § 93 Rz 70); **(7)** in Fällen, in denen die Rechtswidrigkeit der Ermittlungsmaßnahmen des FA von einem Gericht der ordentlichen Gerichtsbarkeit, also in einem besonderen dafür vorgesehenen Verfahren, festgestellt wurde (FG RhPf EFG 90, 91; auch hinsichtlich Durchsuchungs- und Beschlagnahmebeschluss vgl BFH BStBl I 79, 704).

11 Die **Auswertung von Akten,** die aufgrund einer angeblich rechtswidrigen Anordnung eines Amtsgerichts sichergestellt wurden, kann dem FA nicht – im Wege einer einstweiligen Anordnung – vorläufig untersagt werden. Der Stpfl kann ein mögliches Verwertungsverbot allenfalls in einem Einspruchsverfahren gegen die nach Auswertung der sichergestellten Akten ergehenden StBescheide geltend machen (BFH NJW 79, 2584). Auch bei der Änderung vorläufiger StFestsetzungen ist dem FA die Verwertung möglicherweise auf rechtswidrige Weise festgestellter Tatsachen grds nicht verwehrt (FG RhPf EFG 83, 100). An Entscheidungen anderer Behörden ist das FA nicht schlechthin gebunden (BFH BStBl 61, 418). Bindung ist aber bei rechtsgestaltenden VA anzunehmen (BFH BStBl 60, 248; 66, 528; vgl auch § 88 Rz 54).

II. Beweis durch Auskünfte und Sachverständigengutachten

§ 93 Auskunftspflicht der Beteiligten und anderer Personen

(1) [1]**Die Beteiligten und andere Personen haben der Finanzbehörde die zur Feststellung eines für die Besteuerung erheblichen Sachverhalts erforderlichen Auskünfte zu erteilen.** [2]**Dies gilt auch für nicht rechtsfähige Vereinigungen, Vermögensmassen, Behörden und Betriebe gewerblicher Art der Körperschaften des öffentlichen Rechts.** [3]**Andere Personen als die Beteiligten sollen erst dann zur Auskunft angehalten werden, wenn die Sachverhaltsaufklärung durch die Beteiligten nicht zum Ziel führt oder keinen Erfolg verspricht.**

(1a) [1]**Die Finanzbehörde darf an andere Personen als die Beteiligten Auskunftsersuchen über eine ihr noch unbekannte Anzahl von Sachverhalten mit dem Grunde nach bestimmbaren, ihr noch nicht bekannten Personen stellen (Sammelauskunftsersuchen).** [2]**Voraussetzung für ein Sammelauskunftsersuchen ist, dass ein hinreichender Anlass für die Ermittlungen besteht und andere zumutbare Maßnahmen zur Sachverhaltsaufklärung keinen Erfolg versprechen.** [3]**Absatz 1 Satz 3 ist nicht anzuwenden.**

(2) [1]In dem Auskunftsersuchen ist anzugeben, worüber Auskünfte erteilt werden sollen und ob die Auskunft für die Besteuerung des Auskunftspflichtigen oder für die Besteuerung anderer Personen angefordert wird. [2]Auskunftsersuchen haben auf Verlangen des Auskunftspflichtigen schriftlich zu ergehen.

(3) [1]Die Auskünfte sind wahrheitsgemäß nach bestem Wissen und Gewissen zu erteilen. [2]Auskunftspflichtige, die nicht aus dem Gedächtnis Auskunft geben können, haben Bücher, Aufzeichnungen, Geschäftspapiere und andere Urkunden, die ihnen zur Verfügung stehen, einzusehen und, soweit nötig, Aufzeichnungen daraus zu entnehmen.

(4) [1]Der Auskunftspflichtige kann die Auskunft schriftlich, elektronisch, mündlich oder fernmündlich erteilen. [2]Die Finanzbehörde kann verlangen, dass der Auskunftspflichtige schriftlich Auskunft erteilt, wenn dies sachdienlich ist.

(5) [1]Die Finanzbehörde kann anordnen, dass der Auskunftspflichtige eine mündliche Auskunft an Amtsstelle erteilt. [2]Hierzu ist sie insbesondere dann befugt, wenn trotz Aufforderung eine schriftliche Auskunft nicht erteilt worden ist oder eine schriftliche Auskunft nicht zu einer Klärung des Sachverhalts geführt hat. [3]Absatz 2 Satz 1 gilt entsprechend.

(6) [1]Auf Antrag des Auskunftspflichtigen ist über die mündliche Auskunft an Amtsstelle eine Niederschrift aufzunehmen. [2]Die Niederschrift soll den Namen der anwesenden Personen, den Ort, den Tag und den wesentlichen Inhalt der Auskunft enthalten. [3]Sie soll von dem Amtsträger, dem die mündliche Auskunft erteilt wird, und dem Auskunftspflichtigen unterschrieben werden. [4]Den Beteiligten ist eine Abschrift der Niederschrift zu überlassen.

(7) [1]Ein automatisierter Abruf von Kontoinformationen nach § 93b ist nur zulässig, soweit
1. der Steuerpflichtige eine Steuerfestsetzung nach § 32d Abs. 6 des Einkommensteuergesetzes beantragt oder
2.[1)] die Kapitalerträge in den Fällen des § 2 Abs. 5b Satz 2 des Einkommensteuergesetzes einzubeziehen sind

und der Abruf in diesen Fällen zur Festsetzung der Einkommensteuer erforderlich ist oder er erforderlich ist
3. zur Feststellung von Einkünften nach den §§ 20 und 23 Abs. 1 des Einkommensteuergesetzes in Veranlagungszeiträumen bis einschließlich des Jahres 2008 oder
4. zur Erhebung von bundesgesetzlich geregelten Steuern oder Rückforderungsansprüchen bundesgesetzlich geregelter Steuererstattungen und Steuervergütungen oder
4a. zur Ermittlung, in welchen Fällen ein inländischer Steuer-pflichtiger im Sinne des § 138 Absatz 2 Satz 1 Verfügungs-berechtigter oder wirtschaftlich Berechtigter im Sinne des Geldwäschegesetzes eines Kontos oder Depots einer natürlichen Person, Personengesellschaft, Körperschaft, Personenvereinigung oder Vermögensmasse mit Wohnsitz, gewöhnlichem Aufenthalt, Sitz, Hauptniederlassung oder Geschäftsleitung außerhalb des Geltungsbereichs dieses Gesetzes ist, oder
4b. zur Ermittlung der Besteuerungsgrundlagen in den Fällen des § 208 Absatz 1 Satz 1 Nummer 3

oder
5. der Steuerpflichtige zustimmt.

[2]In diesen Fällen darf die Finanzbehörde oder in den Fällen des § 1 Abs. 2 die Gemeinde das Bundeszentralamt für Steuern ersuchen, bei den Kreditin-

[1)] **Nr. 2 aufgehoben;** in dieser Fassung für VZ vor 2012 weiterhin anzuwenden.

stituten einzelne Daten aus den nach § 93b Abs. 1 und 1a zu führenden Dateisystemen abzurufen; in den Fällen des Satzes 1 Nr. 1 bis 4b darf ein Abrufersuchen nur dann erfolgen, wenn ein Auskunftsersuchen an den Steuerpflichtigen nicht zum Ziel geführt hat oder keinen Erfolg verspricht.

(8) [1] **Das Bundeszentralamt für Steuern erteilt auf Ersuchen Auskunft über die in § 93b Absatz 1 bezeichneten Daten**
1. den für die Verwaltung
a) der Grundsicherung für Arbeitsuchende nach dem Zweiten Buch Sozialgesetzbuch,
b) der Sozialhilfe nach dem Zwölften Buch Sozialgesetzbuch,
c) der Ausbildungsförderung nach dem Bundesausbildungsförderungsgesetz,
d) der Aufstiegsfortbildungsförderung nach dem Aufstiegsfortbildungsförderungsgesetz und
e) des Wohngeldes nach dem Wohngeldgesetz
zuständigen Behörden, soweit dies zur Überprüfung des Vorliegens der Anspruchsvoraussetzungen erforderlich ist und ein vorheriges Auskunftsersuchen an den Betroffenen nicht zum Ziel geführt hat oder keinen Erfolg verspricht;
2. den Polizeivollzugsbehörden des Bundes und der Länder, soweit dies zur Abwehr einer erheblichen Gefahr für die öffentliche Sicherheit erforderlich ist, und
3. den Verfassungsschutzbehörden der Länder, soweit dies für ihre Aufgabenerfüllung erforderlich ist und durch Landesgesetz ausdrücklich zugelassen ist.
[2] Die für die Vollstreckung nach dem Verwaltungs-Vollstreckungsgesetz und nach den Verwaltungsvollstreckungsgesetzen der Länder zuständigen Behörden dürfen zur Durchführung der Vollstreckung das Bundeszentralamt für Steuern ersuchen, bei den Kreditinstituten die in § 93b Absatz 1 bezeichneten Daten abzurufen, wenn
1. der Vollstreckungsschuldner seiner Pflicht, eine Vermögensauskunft zu erteilen, nicht nachkommt oder
2. bei einer Vollstreckung in die Vermögensgegenstände, die in der Vermögensauskunft angegeben sind, eine vollständige Befriedigung der Forderung, wegen der die Vermögensauskunft verlangt wird, voraussichtlich nicht zu erwarten ist.
[3] Für andere Zwecke ist ein Abrufersuchen an das Bundeszentralamt für Steuern hinsichtlich der in § 93b Abs. 1 bezeichneten Daten nur zulässig, soweit dies durch ein Bundesgesetz ausdrücklich zugelassen ist.

(9) [1] **Vor einem Abrufersuchen nach Absatz 7 oder Absatz 8 ist der Betroffene auf die Möglichkeit eines Kontenabrufs hinzuweisen; dies kann auch durch ausdrücklichen Hinweis in amtlichen Vordrucken und Merkblättern geschehen. [2] Nach Durchführung eines Kontenabrufs ist der Betroffene vom Ersuchenden über die Durchführung zu benachrichtigen. [3] Ein Hinweis nach Satz 1 erster Halbsatz und eine Benachrichtigung nach Satz 2 unterbleiben, soweit die Voraussetzungen des § 32b Absatz 1 vorliegen oder die Information der betroffenen Person gesetzlich ausgeschlossen ist. [4] § 32c Absatz 5 ist entsprechend anzuwenden. [5] In den Fällen des Absatzes 8 gilt Satz 4 entsprechend, soweit gesetzlich nichts anderes bestimmt ist. [6] Die Sätze 1 und 2 sind nicht anzuwenden in den Fällen des Absatzes 8 Satz 1 Nummer 2 oder 3 oder soweit dies bundesgesetzlich ausdrücklich bestimmt ist.**

(10) **Ein Abrufersuchen nach Absatz 7 oder Absatz 8 und dessen Ergebnis sind vom Ersuchenden zu dokumentieren.**

Abs 7 und 8 angefügt durch G v 23.12.03 (BGBl I, 2928) und geändert durch G v 22.9.05 (BGBl I, 2809); Abs 7 und 8 neu gefasst und Abs 9 und 10 angefügt durch UntStRefG 2008 v 14.8.07 (BGBl I, 1912); Abs 7 S 1 Nr 2 aufgehoben durch StVereinfG 2011 v 1.11.11 (BGBl I,

2131); Abs 1a eingefügt, Abs 7 S 1 Nr 4 geändert, Nrn. 4a und 4b eingefügt, Abs 8 geändert durch StUmgBG v 23.6.17 (BGBl I, 1682); Abs 7 S 1 Nr 4a geändert, Abs 8 S 1 neu gefasst, Abs 9 S 6 angefügt durch G v 23.6.17 (BGBl I, 1822); Abs 8 neuer S 2 eingefügt durch G v 30.6.17 (BGBl I, 2094); Abs 7 S 2 geändert, Abs 9 S 3 geändert, S 4 und 5 angefügt durch G v 17.7.17 (BGBl I, 2541).

Schrifttum: *vor 2010 s 13. Aufl; Hoffmann* Die verfassungsrechtliche Problematik der Inpflichtnahme privater Dritter am Beispiel der entschädigungslosen Inanspruchnahme der Kreditinstitute für das Kontenabrufverfahren (§ 24c KWG, §§ 93, 93b AO), WM 10, 193; *Wedelstädt* Sammelauskunftsersuchen – Zulässigkeit, Rechtsschutz, AO-StB 11, 19; *Wilhelm* Das revidierte abgabenrechtliche Kontenabrufverfahren und das Recht auf informationelle Selbstbestimmung, Diss Augsburg 2011; *Roth* Sammelauskunftsersuchen der Steuerfahndung: Private Geheimhaltungsklauseln und mittelbarer Auslandsbezug, Stbg 13, 451; *Zimmermann* Zu Kontenabrufersuchen an das Bundeszentralamt für Steuern und den anschließenden Kontenpfändungen, KKZ 14, 217; *Beukelmann* Kontenabfrage und Akteneinsicht, NJW-spezial 15, 632; *Kusnik*, Sammelauskunftsersuchen der Steuerfahndung zu Kunden von Unternehmen: Was darf die Finanzbehörde?, DB 15, 697; *Roth* Steueraufsicht durch Sammelauskunftsersuchen: Voraussetzungen und Branchenbesonderheiten, StBp 15, 217; *Loose* Sammelauskunftsersuchen an Presseunternehmen, DB 16, 1964; *Wonka* Die Rechtmäßigkeit staatlicher Auskunftsersuchen gegenüber Banken, NJW 12, 3334.

Übersicht

1. Inhalt. a) Überblick. § 93 besteht quasi aus zwei Teilen: Zum **ersten Teil** gehören die Abs 1 bis 6, die die **Auskunftspflicht** betreffen. Abs 1 S 1 regelt die Auskunftspflicht sowohl des Beteiligten als auch anderer Personen; Abs 1 S 2 stellt klar, dass zu den anderen Personen auch bestimmte nicht rechtsfähige Vereinigun- 1 gen gehören, die somit ebenfalls auskunftspflichtig sind. Abs 1 S 3 bestimmt, dass die Auskunftspflicht anderer Personen subsidiär ggü der Auskunftspflicht der Beteiligten ist. Durch das StUmgBG v 23.6.2017 wurde Abs 1a mWv 25.6.2017 eingeführt, der Sammelauskunftsersuchen regelt. Abs 2 regelt die Form des Auskunftsverlangens des FA, und Abs 3 bestimmt, wie die Auskunftspflicht vom Beteiligten bzw der anderen Person zu erfüllen ist. Die Abs 4 bis 6 betreffen Einzelheiten der Form und des Ortes der Auskunftserteilung.

Zum **zweiten Teil** gehören die Abs 7 bis 10, die das **automatisierte Kontenabrufverfahren** regeln. Der automatisierte Kontenabruf ermöglicht dem FA, mit Hilfe des BZSt bestimmte Informationen über die Existenz von Konten oder Depots bei den Banken abzurufen. § 93 VII bis X wird durch § 93b ergänzt. Systematisch überzeugender wäre es, die Abs 7 bis 10 sowie § 93b in einer eigenständigen Vorschrift zusammenzufassen.

2 **b) Anwendungsbereich.** § 93 ist eine allg Beweismittelvorschrift und gilt daher für alle steuerrechtl Verfahrensarten und damit zB auch für das Haftungsverfahren (BFH BStBl 87, 419; 90, 357), Einspruchsverfahren, Steuererhebungsverfahren und Vollstreckungsverfahren (BVerfG NJW 01, 811; BFH BStBl 07, 365). Letzteres ergibt sich schon aus § 249 II (vgl dort Rz 13). Je nach den Umständen des Einzelfalles kann das FA auch nach Abgabe einer eidesstattlichen Versicherung noch ein Auskunftsersuchen an den VollstrSchuldner stellen (BFH 16.9.04 BeckRS 2004, 25007114). Im Zollrecht werden die Auskunftspflichten Dritter durch den Beibringungsgrundsatz des Art 22 I UZK verdrängt (BFH/NV 15, 779; s hierzu *Rüsken* ZfZ 15, 187).

§ 93 ist auch bei **Auskunftsersuchen an Kreditinstitute** anwendbar; dies ergibt sich nunmehr aus dem durch das StUmgBG eingeführten Abs 1a (s Rz 30 ff) und folgte zuvor aus § 30a V 1 aF, der durch das StUmgBG aufgehoben worden ist. Für die Ap gibt es in § 200 I 2 und für die StAufsicht in § 211 Sondervorschriften, die vorgehen (vgl *HHSp/Schuster* § 93 Rz 4). Hierzu gehört auch § 208 I 3, der im Rahmen der steuerverfahrensrechtl Zuständigkeiten der Steufa auf § 93 mit Einschränkungen verweist (BFH BStBl 16, 822; s auch Rz 17). Eine besondere Form der Auskunftspflicht ist schließlich die Drittschuldnererklärung nach § 316 (*Dißars* DStZ 11, 532). Im **StStrafverfahren** ist § 93 nach § 385 nicht anwendbar.

3 **c) Verfassungsmäßigkeit.** Die Auskunftspflicht nach **Abs 1 bis 6** ist nach dem BFH ebenso **verfassungsrechtl unbedenklich** wie die prozessuale Zeugenpflicht (BFH BStBl 16, 822). Sie verstößt insbes nicht gegen das Recht auf informationelle Selbstbestimmung und wird durch das StGeheimnis iSv § 30 abgesichert. Die Aufforderung zur Auskunftserteilung muss daher nicht auf äußerst seltene und extreme Ausnahmefälle begrenzt werden (BVerfG HFR 96, 155; s auch BVerfG HFR 89, 440; BFH BStBl 14, 225; BFH BStBl 16, 135). Ein Sammelsauskunftsersuchen gegen einen Zeitungsverlag, der die Anzeigenaufgeber benennen soll, verstößt auch nicht gegen Art 5 I 2 GG (BFH BStBl 16, 822).

Der in den **Abs 7 bis 10** geregelte automatisierte Kontenabruf ist ebenfalls verfassungsgemäß und verletzt nicht das durch Art 2 I GG iVm Art 1 I GG gesicherte Recht auf informelle Selbstbestimmung. Dies entschied das BVerfG am 13.6.2007 zu Abs 7 aF (BFH/NV Beil 07, 429). Nach dem BVerfG war Abs 8 aF mangels ausreichender Bestimmtheit verfassungswidrig. Die Neuregelung durch Abs 8 nF iVm Abs 9 und 10 trägt nunmehr den verfassungsrechtl Vorgaben des BVerfG für den Kontenabruf durch Sozialleistungsbehörden Rechnung (s auch Rz 80 f). Zu weiteren Einzelheiten der verfassungsrechtl Entwicklung der Abs 7 bis 10 s 13. Aufl Rz 4.

5 **2. Auskunftspflicht der Beteiligten (Abs 1 S 1 und 2). a) Beteiligte.** Auskunftspflichtig sind nach Abs 1 S 1 **vorrangig** – wie sich aus Abs 1 S 3 ergibt – die Beteiligten; zum Begriff des Beteiligten s § 78. Bei den Beteiligten kann es sich nicht nur um natürliche Personen, sondern auch um juristische Personen oder – wie sich aus **S 2** ergibt – um nicht rechtsfähige Personenvereinigungen,

Vermögensmassen, Behörden oder Betriebe gewerblicher Art der Körperschaften des öffentlichen Rechts handeln. Juristische Personen und nicht rechtsfähige Vereinigungen iSv Satz 2 erteilen die Auskunft regelmäßig durch ihre gesetzlichen Vertreter oder durch besonders Beauftragte (§ 79 I Nr 3), Behörden durch ihre Leiter, deren Vertreter oder Beauftragte (§ 79 I Nr 4).

Die Auskunftspflicht ist Folge der allg Mitwirkungspflicht nach § 90, kann aber im Gegensatz zu dieser **nach § 328 erzwungen** werden (s auch Rz 65). Dies gilt insbes auch für die Drittschuldnererklärung als Sonderform der Auskunftspflicht gem § 316 II 3 (s Rz 2).

§ 93 begründet keine Auskunftspflicht für Auskünfte, die sich nur auf ausl StAnsprüche auswirken können (FG Hbg EFG 78, 257); allerdings kann die deutsche FinVerw nach § 117 II, III zur Auskunftserteilung ggü einem ausl FA verpflichtet sein oder diese freiwillig leisten (s § 117 Rz 90 ff und 110 ff).

b) Erforderlichkeit der Auskunft. Die Auskunftspflicht besteht, wenn die Auskunft zur Feststellung eines für die Besteuerung „erheblichen Sachverhalts" erforderlich ist. Es bedarf daher eines **hinreichenden Anlasses.** Dabei muss nicht feststehen, dass der StTatbestand tatsächlich und rechtl erfüllt ist. Vielmehr genügt es, wenn das FA aufgrund vertretbarer Erwägungen zu dem Ergebnis gelangt ist, dass sich aus dem Sachverhalt stl Auswirkungen ergeben können (BFH BStBl 16, 822; BFH/NV 12, 1089) und dass stl erhebliche Tatsachen ermittelt werden könnten, die die Entscheidungen des FA in einem stl Verwaltungsverfahren beeinflussen könnten (BFH BStBl 16, 135); s auch Rz 15 zur Prognoseentscheidung des FA. Ein hinreichender Anlass für ein Auskunftsersuchen liegt demnach vor, wenn aufgrund **konkreter Anhaltspunkte** (zB Besonderheit oder Wert des konkreten Objekts oder wegen hoher Entnahmen, s BFH BStBl 91, 277) oder aufgrund **allgemeiner Erfahrung** (zB für bestimmte Branchen, vgl BFH BStBl 16, 135, 822; 14, 225) die Aufdeckung steuererheblicher Tatsachen in besonderem Maße wahrscheinlich erscheint (BFH BStBl 14, 225). Ein Verdacht auf StVerkürzung wird vom BFH (BFH BStBl 87, 484; 02, 495) nicht verlangt. 6

Hingegen ist eine Ermittlung **ins Blaue hinein** oder eine bloße Ausforschung **nicht zulässig** (BFH BStBl 16, 135; BFH/NV 09, 1586; vgl oben § 85 Rz 15). Ein Auskunftsverlangen darf nicht gestellt werden, wenn irgendwelche Anhaltspunkte für steuererhebliche Umstände fehlen (BFH BStBl 90, 280; 91, 277; BFH/NV 12, 1089). Es gibt keinen „Generalverdacht", dass Steuern verkürzt werden (BFH BStBl 14, 225). Auch Presseberichte, die über eine StVerkürzung des Stpfl berichten, ohne aber belastbare Tatsachen zu nennen, begründen keinen hinreichenden Anlass (BR-Drs 816/16, 22 zu Abs 1a). 7

Das Auskunftsersuchen kann sich auf einen oder mehrere bestimmte Geschäftsvorfälle beziehen **(Einzelauskunftsersuchen)** oder aber auf eine noch unbekannte Anzahl von Geschäftsvorfällen und daher auch auf unbekannte Beteiligte (dh Stpfl) iSv § 78 **(Sammelauskunftsersuchen).** Sammelauskunftsersuchen werden nunmehr durch Abs 1a geregelt (s hierzu Rz 30 ff). Die in Rz 6 und 7 dargestellten Grundsätze gelten aber sowohl für Sammelauskunftsersuchen als auch für Einzelermittlungen bestimmter Sachverhalte (vgl BFH BStBl 90, 280; FG Mster EFG 00, 319). 8

Die Rechtmäßigkeit des Auskunftsersuchens hängt nicht davon ab, dass die **materiell-rechtl Auffassung des FA** bzgl der stl Behandlung des aufzuklärenden Sachverhalts zutreffend ist (s auch Rz 15); die Richtigkeit der materiell-rechtl Auffassung des FA ist ggf in einem Einspruchsverfahren gegen den späteren StBescheid zu klären (BFH BStBl 09, 582). Etwas anderes gilt aber dann, wenn eindeutig jeglicher Anhaltspunkt für die Steuererheblichkeit fehlt (BFH BStBl 16, 135). Dies ist zB der Fall, wenn das FA die Sachzuwendungen des Auskunftspflichtigen an seine Kunden erfragt, der Auskunftspflichtige diese Zuwendungen aber pauschal nach § 37b EStG versteuert hat und anhand von Kundennummern nachweisen kann, dass die Pauschalierungsgrenze des § 37b I 3 EStG pro Kunde nicht überschritten 9 worden ist (*Kutzner* NWB 12, 3031, 3033 f). Ebenso kann die Erforderlichkeit bei einem Auskunftsersuchen an einen sog schwachen Insolvenzverwalter zwecks Prüfung eines Haftungsanspruchs gegen diesen zu verneinen sein, wenn die Voraussetzungen des § 69 definitiv nicht vorliegen (FG Mster EFG 12, 95).

12 **c) Verhältnismäßigkeit.** Das Auskunftsersuchen muss nicht nur erforderlich (s Rz 6 ff), sondern auch verhältnismäßig und zumutbar sein. Der Verhältnismäßigkeitsgrundsatz ist insbes bei der Inanspruchnahme Dritter zu beachten (s Rz 20). Im Einzelnen gilt (vgl BFH BStBl 14, 225; 16, 822; BFH/NV 13, 431): Das Ersuchen muss geeignet und notwendig sein, das vom FA (rechtmäßig) festgelegte Ziel zu erreichen. Außerdem muss die Pflichterfüllung für den Auskunftspflichtigen technisch möglich sein; eine zivilrechtl Datenschutzvereinbarung zwischen dem Auskunftspflichtigen und seinem Kunden ist aber irrelevant (BFH BStBl 14, 225; FG Nds EFG 15, 1662). Des Weiteren muss das Auskunftsverlangen auch ieS verhältnismäßig sein: Daher darf ein an sich geeignetes und erforderliches Auskunftsersuchen zur Durchsetzung von Allgemeininteressen nicht angewandt werden, wenn die davon ausgehenden Grundrechtsbeeinträchtigungen schwerer wiegen als die durchzusetzenden Interessen (BFH/NV 13, 431). Ferner muss das Auskunftsersuchen für den Adressaten auch unter Berücksichtigung der betroffenen Belange der Allgemeinheit zumutbar sein (BStBl 16, 822). Das Auskunftsverlangen ist aber nicht deshalb unverhältnismäßig, weil der Beteiligte (oder die andere Person iSv Abs 1 S 3) statt einer Auskunft Urkunden vorlegen könnte (BFH BStBl 11, 5, zur Rechtslage nach § 97 II 1 aF). Zum Verhältnismäßigkeitsgrundsatz bei Auskunftsersuchen an Dritte s Rz 20.

14 **3. Auskunftspflicht anderer Personen (Abs 1 S 3). a) Andere Personen.** Andere Personen sind alle Personen, die nicht Beteiligte iSv Abs 1 iVm § 78 sind, also Dritte, insbes Geschäftspartner des Stpfl wie Kunden oder Banken. Hierzu können auch die in Abs 1 S 2 genannten Personenvereinigungen (s Rz 5) zählen, wenn es nicht um ihre Besteuerung geht.

Im Rahmen des § 93 können auch **Sozialversicherungsträger** um Auskunft gebeten werden. § 71 I Nr 3 SGB X lässt die Übermittlung von Sozialdaten ua zu, soweit sie für die Erfüllung der gesetzlichen Mitteilungspflichten zur Sicherung des StAufkommens nach den §§ 93, 97, 105, 111 I und V, 116 AO sowie §§ 22a IV, 32b III EStG und zur Mitteilung von Daten bestimmter ausl Unternehmen nach § 93a AO erforderlich ist (s auch § 105 Rz 4).

15 **b) Subsidiarität.** Die Auskunftspflicht anderer Personen ist ggü der Auskunftspflicht der Beteiligten grds subsidiär (zu Ausnahmen s Rz 17). Das Subsidiaritätsprinzip ist eine spezielle Ausprägung des Verhältnismäßigkeitsgrundsatzes (BFH/NV 15, 268), s auch Rz 20. Nach S 3 sollen andere Personen als der Beteiligte also erst dann zur Auskunft herangezogen werden, wenn die Sachverhaltsaufklärung durch den Beteiligten nicht zum Ziel führt oder keinen Erfolg verspricht (s auch BFH BStBl 16, 135, 822). Dies hat das FA durch eine **Prognoseentscheidung** im Wege vorweggenommener Beweiswürdigung zu prüfen (BFH BStBl 00, 366; 16, 135; BFH/NV 16, 258). Die Anforderungen an diese Prognoseentscheidung sind nicht hoch. Es kann durchaus noch offen sein, ob es zu einer Steuerbarkeit und StPflicht kommen wird. Rechtswidrig ist das Auskunftsverlangen erst dann, wenn klar und eindeutig jeglicher Anhaltspunkt für eine Steuererheblichkeit fehlt (BFH BStBl 16, 135). Außerdem soll der Beteiligte über das bevorstehende Auskunftsersuchen, das an den Dritten gerichtet ist, informiert werden, damit er es und damit die Offenbarung seiner stl Verhältnisse ggf durch einen Einspruch (s Rz 65) oder durch Erteilung der gewünschten Auskunft von sich aus verhindern kann (AEAO zu § 93 Nr 1.2.6); die Vorabinformation des Beteiligten kann unterbleiben, wenn anderenfalls der Zweck des Auskunftsersuchens gefährdet wäre (AEAO zu § 93 Nr 1.2.6).

16 Die Sachaufklärung beim Beteiligten hat dann **nicht zum Ziel geführt,** wenn der Sachverhalt nicht durch Auskünfte der Beteiligten aufgeklärt werden konnte,

sei es, dass die Auskünfte untauglich waren, verweigert wurden, sei es, dass die Auskünfte aus Gründen, die die Beteiligten nicht zu vertreten haben, nicht erteilt werden konnten.

Die Sachaufklärung **verspricht keinen Erfolg,** wenn sie nach den Umständen des Einzelfalls oder nach den bisherigen Erfahrungen des FA von den Beteiligten nicht zu erwarten ist (AEAO zu § 93 Nr 1.2.4). Dies ist zB der Fall, wenn die Person des Stpfl unbekannt ist, der Stpfl keine Kenntnis von dem Sachverhalt hat, der Stpfl nicht mitwirkt oder wenn Zweifel an der Richtigkeit der vom Stpfl erteilten Auskunft bestehen (BFH BStBl 16, 135; AEAO zu § 93 Nr 1.2.2). Der Begriff „Sachverhaltsaufklärung" umfasst nicht nur die Auskunftserteilung, sondern auch die Vorlage von Urkunden nach § 97. Daher sollen Dritte erst dann um Auskunft ersucht werden, wenn auch die vom Beteiligten vorgelegten Urkunden keine hinreichende Sachverhaltsaufklärung erbringen.

Der Subsidiaritätsgrundsatz des § 93 I 3 gilt nach § 208 I 3 **nicht** für die **Steufa** 17
(BFH BStBl 14, 225; 16, 822). Auch bei **Sammelauskunftsersuchen** iSv Abs 1a ist der Subsidiaritätsgrundsatz **nicht anwendbar** (Abs 1a S 3; s Rz 33).

c) Interessenabwägung. Bei § 93 I 3 handelt es sich um eine Sollvorschrift, 19
die für das FA zwar regelmäßig zwingend ist (BFH BStBl 17, 780). Es darf jedoch in **atypischen Fällen** abweichen. Dabei ist am Zweck der Vorschrift zu messen, ob ein atypischer Fall vorliegt (BFH BStBl 90, 198; 16, 135). Das FA muss daher abwägen zwischen dem hohen öffentlichen Interesse an der Auskunftserteilung, insbes an Mehrsteuern und an der Verhinderung von StVerkürzungen, und dem Individualinteresse sowie geschäftlichen Interesse des Dritten, keine Auskunft erteilen zu müssen (BFH BStBl 00, 366; 16, 822). Außerdem ist das Geheimhaltungsinteresse des Stpfl, in dessen Verhältnisse ein Dritter nicht unnötigerweise Einblick erhalten soll, zu berücksichtigen (BFH BStBl 14, 225; 16, 135).

Im Einzelnen bedeutet dies, dass auch bei der Inanspruchnahme Dritter zugunsten 20
des auskunftspflichtigen Dritten der Verhältnismäßigkeitsgrundsatz zu beachten ist (BFH BStBl 14, 225; 16, 135). Insoweit gelten zunächst die zu Rz 12 dargestellten Grundsätze. Bei der Inanspruchnahme Dritter ist zusätzlich aber darauf zu achten, dass der durch das Auskunftsersuchen beim Dritten ausgelöste Ermittlungsaufwand in einem angemessenen Verhältnis Verhältnis zu der Bedeutung der Angelegenheit steht, insbes zu dem von den Ermittlungen zu erwartenden fiskalischen Ertrag (BFH BStBl 16, 822). Nach dem BFH ist aber die Beantwortung eines Auskunftsersuchens nicht schon deshalb unzumutbar und damit unverhältnismäßig, weil mit der Beantwortung eine nicht unverhältnismäßige Beeinträchtigung eigenwirtschaftlicher Interessen verbunden ist und zB die Geschäftsbeziehung zwischen dem Dritten und dem Stpfl leiden könnte (BFH BStBl 14, 225 zur Auskunftspflicht eines Internet-Auktionshauses). Mögliche wirtschaftliche Einbußen der Auskunftsperson durch Ausbleiben von Inserenten, Kunden oder Geschäftspartnern führen also nicht von vornherein zur Unzulässigkeit eines Auskunftsersuchens, sondern sind im Rahmen der Verhältnismäßigkeitsprüfung ggü den mit den Ermittlungen des Finanzamts verfolgten Interessen der Allgemeinheit abzuwägen (BFH BStBl 16, 822). Nicht schutzwürdig ist das Vertrauen von anonym auftretenden Geschäftspartnern, durch Verwendung von Pseudonymen Steuern gefahrlos verkürzen zu können (BFH BStBl 14, 225; 16, 822). Die Inanspruchnahme eines Stromversorgungsunternehmens zur Auskunft über bei ihm gespeicherte Bankkonten eines Stpfl zum Zwecke der Vollstreckung wegen StForderungen gegen den Stpfl ist ebenfalls zulässig (BFH BStBl 00, 366; verfassungsrechtl bestätigt durch BVerfG NJW 01, 811).

Unter dem Gesichtspunkt des zumutbaren Ermittlungsaufwands können aber 21
Auskunftsersuchen, die (auch) **in die Zukunft** gerichtet sind, problematisch sein, weil die Auskunftsperson nicht nur einmal für einen in der Vergangenheit liegenden Sachverhalt, sondern auch für zukünftige Sachverhalte Auskünfte erteilen muss (BFH BStBl 16, 822, mwN). Das Auskunftsersuchen ist daher unverhältnismäßig,

wenn der Aufwand des Auskunftspflichtigen im Verhältnis zum „Aufklärungsertrag" überproportional ist oder wenn das Auskunftsersuchen ohne jede Einschränkung in Bezug auf Zeit und Umfang gestellt wird (BFH BStBl 16, 822). Der zu erwartende Aufklärungsertrag muss also besonders hoch sein, zB aufgrund statistisch relevanter Erfahrungswerte des ermittelnden FA bzgl einer bestimmten Berufsgruppe oder aufgrund entsprechender Feststellungen eines Rechnungshofs. Umfasst der zukünftige Auskunftszeitraum etwa ein bis zwei VZ, sind die Anforderungen an die Verhältnismäßigkeit des Auskunftsersuchens höher. Umfasst der zukünftige Zeitraum jedoch nur wenige Monate, sind die Anforderungen entsprechend geringer. Entscheidend sind dabei die Umstände des Einzelfalls. In jedem Fall bedarf es einer besonderen Begründung des Ermittlungsbedürfnisses für die Zukunft (BFH BStBl 16, 822); s hierzu Rz 47.

22 Zugunsten des Stpfl ist dessen **Geheimhaltungsinteresse** und Persönlichkeitsrecht zu berücksichtigen. Ein Auskunftsersuchen an einen Dritten darf daher nicht durch die Steufa gestellt werden, wenn das Strafermittlungsverfahren gegen den Stpfl bereits eingestellt worden ist; denn ggü dem Dritten wird so der Eindruck erweckt, dass weiterhin gegen den Stpfl ermittelt wird (BFH/NV 13, 431); zu den Rechtsfolgen s Rz 70. Als milderes Mittel kommt hier ein Auskunftsersuchen durch den Veranlagungsplatz in Betracht. Die Verhältnismäßigkeit kann auch dadurch gewahrt werden, dass Bank- und Depotverbindungen des Stpfl durch einen Kontenabruf gem Abs 7 anstatt durch ein Auskunftsersuchen an die Bank abgefragt werden (AEAO zu § 93 Nr 1.2.8). Über den Kontenabruf wird die Bank nämlich – anders als beim Auskunftsversuchen – nicht informiert (§ 93b IV iVm § 24c I 6 KWG) und erfährt so nichts von den stl Verhältnissen des Stpfl; s auch Rz 83 zum Auskunftsersuchen an die Bank gem Abs 1 S 3 nach vorheriger Durchführung eines automatisierten Kontenabrufs gem Abs 7 iVm § 93b II.

23 Ergibt sich nach der Interessenabwägung, dass die Inanspruchnahme des Dritten gerechtfertigt ist, so schreibt § 93 I 3 keine Rangfolge vor, welche von **mehreren auskunftspflichtigen Dritten** in Anspruch zu nehmen ist (BFH BStBl 00, 366). Ein auskunftspflichtiger Dritter kann gegen seine Inanspruchnahme also nicht einwenden, dass das FA zunächst andere auskunftspflichtige Dritte um Auskunft ersuchen könnte (AEAO zu § 93 Nr 1.2.5).

30 **4. Sammelauskunftsersuchen (Abs 1a). a) Überblick.** Durch das StUmbBG v 23.6.2017 ist Abs 1a mWv 23.6.2017 eingefügt worden, der sog Sammelauskunftsersuchen regelt. Diese waren auch bereits nach bisheriger Rechtslage zulässig und wurden von Abs 1 erfasst. Die Neuregelung hat daher **nur klarstellende Bedeutung,** soweit sie Sammelauskunftsersuchen als zulässige Form von Auskunftsersuchen ansieht. Eine Ausweitung der Ermittlungsmöglichkeiten wird durch die Neuregelung nicht bezweckt; vielmehr greift Abs 1a die bisherige Rspr des BFH zu Sammelauskunftsersuchen auf (BR-Drs 816/16, 21). Abs 1a S 3 definiert den Begriff des Sammelauskunftsersuchens in S 1, präzisiert dessen Voraussetzungen in S 2 und schließt in S 3 den Subsidiaritätsgrundsatz aus (s Rz 15). Zu Einzelfällen von Sammelauskunftsersuchen s Rz 37.

31 **b) Begriff des Sammelauskunftsersuchens (Abs 1a S 1).** Nach S 1 des Abs 1a betrifft ein Sammelauskunftsersuchen eine noch unbekannte Anzahl von Sachverhalten mit noch **nicht bekannten Personen,** die aber dem Grunde nach bestimmbar sind, zB die Kunden der Auskunftsperson, die ein bestimmtes Auftragsvolumen überschritten haben. Ist der Stpfl hingegen bereits bekannt, handelt es sich um ein Einzelauskunftsersuchen iSv Abs 1 S 3. Das Sammelauskunftsersuchen kann sich auf inl sowie auf **ausl Sachverhalte** beziehen (BR-Drs 816/16, 22); bei ausl Sachverhalten besteht ein hinreichender Anlass mE aber nur dann, wenn die Einnahmen entweder im Inland stpfl sind oder aber eine Besteuerung im Ausland durch Kontrollmitteilungen an die ausl FinBeh, zB nach § 8 EUAHiG, herbeigeführt werden soll.

c) Voraussetzungen (Abs 1a S 2). Nach S 2 ist zum einen ein **hinreichender Anlass** für die Ermittlungen erforderlich; insoweit gelten die Ausführungen zu Rz 6 bis 9 entsprechend. Das Erfordernis eines hinreichenden Anlasses entspricht der BFH-Rspr (vgl BFH BStBl 16, 822). 32

Zum anderen dürfen nach S 2 andere zumutbare Maßnahmen zur Sachverhaltsaufklärung keinen Erfolg versprechen. Dies ist Ausdruck des **Verhältnismäßigkeitsgrundsatzes,** sodass Verhältnismäßigkeit und Zumutbarkeit zu prüfen sind (s Rz 12). Da sich Sammelauskunftsersuchen aber nicht an den Beteiligten, sondern an einen Dritten richten, ist inbes die Interessenabwägung zwischen dem Interesse der Auskunftsperson, seinen Aufwand gering zu halten, dem Geheimhaltungsinteresse des Stpfl und dem fiskalischen Interesse an Mehrsteuern und an der Verhinderung von StVerkürzungen vorzunehmen (s Rz 20; BR-Drs 816/16, 22). Ist das Auskunftsersuchen auch in die Zukunft gerichtet und verlangt es eine Auskunft zu künftigen Sachverhalten, zB zu künftigen Anzeigenkunden, so ist die Zumutbarkeit besonders zu prüfen (s Rz 21).

d) Ausschluss des Subsidiaritätsgrundsatzes (Abs 1a S 3). Satz 3 stellt klar, dass der Subsidiaritätsgrundsatz des Abs 1 S 3 (s Rz 15) nicht gilt. Das FA kann also ein Sammelauskunftsersuchen stellen, bevor es sich beim Stpfl um eine Sachverhaltsaufklärung bemüht hat. Der Ausschluss des Abs 1 S 3 durch Abs 1a S 3 ist selbstverständlich, weil der Stpfl bei einem Sammelauskunftsersuchen idR noch nicht bekannt ist (s Rz 31). Dem FA ist auch nicht zuzumuten, sich zunächst selbst zB über Chiffre an die unbekannten Inserenten einer Zeitung zu wenden (BFH BStBl 88, 359). 33

e) Einzelfälle. Die Rspr hat vor der Klarstellung durch den neuen Abs 1a Sammelauskunftsersuchen in den folgenden Fällen als zulässig angesehen: an einen Zeitungsverlag zu Chiffre-Anzeigen über Grundstücksverkäufe (BFH BStBl 88, 359), über Hilfeleistung in Steuersachen (BFH BStBl 90, 1010) oder über Dienstleistungen im Rotlichtmilieu (BFH BStBl 16, 822); an Yachtmakler über die Identität der Verkäufer wertvoller Yachten (BFH/NV 92, 791); an Mieter von Gaststättensälen über die von ihnen engagierten Musikkapellen und das an sie gezahlte Entgelt (BFH BStBl 07, 227); an Pharmahersteller, die Präparate herstellen, die nach den Feststellungen der FinVerw von Ärzten häufig „schwarz" an Patienten verkauft werden, und die Auskunft über die 50 größten Kunden erteilen sollen (BFH BStBl 07, 155). Rechtmäßig ist auch ein an einen Dachverband gerichtetes Auskunftsersuchen betr Schäferhundzucht, wenn aufgrund konkreter Anlässe oder aufgrund allgemeiner Erfahrungen StVerkürzungen in Betracht kommen (vgl FG RhPf EFG 07, 1129). Die Zulässigkeit eines Auskunftsersuchens an eine Internethandelsplattform wie **ebay** ist nach dem BFH zu bejahen, wenn der Datenzugriff technisch möglich ist, ein hinreichender Anlass (s Rz 6) zB aufgrund der Verwendung von Pseudonymen der Anbieter für ein Auskunftsersuchen bejaht werden kann und das Sammelauskunftsersuchen dem Grunde nach und hinsichtlich des Umfangs der angeforderten Daten erforderlich, verhältnismäßig und zumutbar ist. Der Ermittlungsaufwand für die Auskunftsperson muss in einem angemessenen Verhältnis zu dem von den Ermittlungen zu erwartenden fiskalischen Ertrag stehen; zudem sind auch die geschäftlichen Interessen des Betreibers der Internetplattform zu berücksichtigen (BFH BStBl 14, 225; s aber auch im II. Rechtszug FG Nds EFG 15, 1662, das die Interessen der Internethandelsplattform deutlich geringer bewertet und eine Unzumutbarkeit verneint). Die Verwendung von Pseudonymen, insbes bei Geschäftsbeziehungen im Internet, ist nicht schutzwürdig, weil Pseudonyme eine StVerkürzung ermöglichen können (BFH BStBl 16, 822; s auch Rz 20). 37

Zulässig sind auch Sammelauskunftsersuchen **an ein Kreditinstitut,** die vom automatisierten Kontenabruf zu unterscheiden sind (s Rz 80 ff). Die Zulässigkeit ist hier in den folgenden Fällen zu **bejahen:** über die Provisionszahlungen des Kredit- 38 instituts an alle in einer bestimmten Zeit für das Kreditinstitut tätig gewordenen Kreditvermittler (BFH BStBl 87, 484); über die Identität von Kunden, denen es unklare Bescheinigungen über gezahlte Leistungen ausgestellt hat (BFH BStBl 91, 277); über Bankkunden, die Bonusaktien bezogen haben, wenn dem FA bekannt geworden ist, dass die Bank den Wert von Bonusaktien weder in die Erträgnisaufstellungen ihrer Kunden aufgenommen hat noch in einem gesonderten Schreiben, das der Erträgnisaufstellung beiliegt, ihre Kunden auf die StPflicht der Bonusaktien hingewiesen hat (BFH BStBl 09, 582; FG BaWü 07, 1483); über die Einkünfte aus Spekulationsgewinnen, wenn Erkenntnisse vorliegen, dass gerade Kunden dieses Kreditinstituts in erheblicher Zahl in einem bestimmten Marktsegment innerhalb der Spekulationsfrist Aktiengeschäfte getätigt haben (BFH BStBl 02, 495; vgl dazu auch FG Mster EFG 04, 1656). Nach Auffassung des BVerfG handelt es sich bei der Entscheidung BFH BStBl 02, 495 zwar um eine Einzelfallentscheidung, die für die FinVerw nicht zu hinreichender Rechtssicherheit geführt hat, weil die Voraussetzungen für Sammelauskunftsersuchen an Kreditinstitute zur Ermittlungen von Spekulationsgewinnen aus Wertpapiergeschäften noch zu wenig konturiert geblieben sind (BVerfG BStBl 05, 56). Diese Entscheidung des BVerfG war aber nicht für § 93 relevant, sondern nur für die Verfassungswidrigkeit des § 23 EStG in den Jahren 1997 und 1998.

39 **§ 30a II aF** stand Sammelersuchen an Banken und erst recht an sonstige Dritte im Rahmen des § 93 nicht entgegen, sondern verbot klarstellend ebenfalls lediglich Ersuchen ins Blaue hinein (BFH BStBl 97, 499; 14, 225).

45 **5. Form des Auskunftsverlangens (Abs 2).** Das FA muss nach Abs 2 **S 1** angeben, worüber Auskunft erteilt werden soll (Beweisthema) – dies ist selbstverständlich, weil das Verlangen ansonsten mangels Bestimmbarkeit nichtig ist – und ob die Auskunft für die Besteuerung des Auskunftspflichtigen oder für die Besteuerung einer anderen Person iSv Abs 1 S 3 angefordert wird. Aus dem Auskunftsersuchen muss daher zweifelsfrei hervorgehen, auf welchen Sachverhalt es sich bezieht; ist es etwas zu ungenau, ohne aber nichtig zu sein, kann das FA das Auskunftsersuchen im Einspruchsverfahren noch klarstellen (BFH BStBl 16, 822). Außerdem muss das FA, falls es vom Auskunftspflichtigen eine mündliche Auskunft an Amtsstelle verlangt (s Rz 60), dies nach Abs 5 S 3 angeben. Zur Begründungspflicht s Rz 47.

46 Eine bestimmte **Form** ist für das Auskunftsverlangen **nicht** vorgesehen. Der Auskunftsverpflichtete kann jedoch nach Abs 2 **S 2** ein schriftliches Auskunftsersuchen verlangen; dies gilt jedoch nicht im Rahmen einer Ap (§ 200 I 4; s § 200 Rz 14). Die Frist in Mitwirkungs- und Auskunftsersuchen soll grds 4 Wochen betragen (OFD Köln StEK § 93 Nr 1).

47 Das Auskunftsersuchen ist nach Maßgabe des § 121 zu **begründen:** Richtet sich das Auskunftsersuchen an den Beteiligten, sind insbes Ausführungen zur Erforderlichkeit und Verhältnismäßigkeit erforderlich (s Rz 6 ff und 12). Bei einem Einzelauskunftsersuchen an einen Dritten iSv Abs 1 S 3 genügen hingegen Ausführungen zur Rechtsgrundlage, zur Subsidiarität (s Rz 15) sowie zur Verhältnismäßigkeit (s Rz 19 ff); hingegen sind Ausführungen zur Erforderlichkeit nicht geboten, um das StGeheimnis nicht zu verletzen (BayLfSt 21.3.2012, BeckVerw 259514). Bei Sammelauskunftsersuchen an einen Dritten iSv Abs 1a gilt Entsprechendes mit Ausnahme der Subsidiarität, die nach Abs 1a S 3 ausgeschlossen ist und daher auch nicht begründet werden muss.

Richtet sich das Sammelauskunftsersuchen auch **in die Zukunft** (s Rz 21), hat das FA insbes darzulegen, woraus sich ein besonderes Ermittlungsbedürfnis bzgl der zukünftigen Sachverhalte ergibt und weshalb eine einmalige Abfrage nicht den gleichen Ermittlungserfolg gewährleisten würde. Außerdem hat das FA darzulegen, ob und inwieweit es technische Unterstützung leisten kann – sofern erforderlich und gewünscht – und weshalb es nicht möglich ist, durch eigene Ermittlungen die gewünschten Informationen in dem künftigen Zeitraum zu erlangen (BFH BStBl 16, 822).

Gibt es **mehrere auskunftspflichtige Dritte,** muss das FA begründen, warum es einen bestimmten Auskunftspflichtigen vorrangig vor den anderen in Anspruch genommen hat, falls gewichtige Anhaltspunkte dafür bestehen, dass die anderen auskunftspflichtigen Personen vorrangig in Anspruch zu nehmen sind (BFH BStBl 00, 366; AEAO zu § 93 Nr 1.1.3). Eine unzureichende Begründung kann ebenso wie ein sonstiger Verstoß gegen Abs 2 bis zum Abschluss des Einspruchsverfahrens nachgeholt werden (§ 126 I Nr 2 und II). **48**

6. Erfüllung der Auskunftspflicht (Abs 3). Der Auskunftspflichtige muss die Auskunft nach Abs 3 S 1 nach bestem Wissen und Gewissen erteilen; dies entspricht der **Wahrheitspflicht** für StErklärungen (vgl § 150 II). Das FA kann nach §§ 94, 95 die Beeidigung bzw eidesstattliche Versicherung verlangen. **53**

Aus Abs 3 S 2 ergibt sich eine **Informationspflicht** des Auskunftspflichtigen: Er muss ggf Urkunden, Dateien oder Geschäftspapiere vor der Auskunftserteilung einsehen und darf sich daher nicht auf Unkenntnis berufen (BFH BStBl 14, 225). Die Unterlagen müssen ihm aber zur Verfügung stehen oder er muss zumindest einen Herausgabeanspruch haben (BFH BStBl 14, 225). Das ist nicht der Fall, wenn sich die Buchführungsunterlagen einer im Insolvenzverfahren befindlichen GmbH bei dem Insolvenzverwalter befinden (BFH/NV 95, 570; 99, 447), wohl aber, wenn die Daten im Ausland gespeichert sind (BFH BStBl 14, 225). Eine zivilrechtl Geheimhaltungspflicht ist unbeachtlich (BFH BStBl 14, 225).

Die Auskunft kann verweigert werden, soweit sich der Auskunftsverpflichtete auf ein **Auskunftsverweigerungsrecht** gem §§ 101–103 berufen kann (BFH BStBl 16, 822). Telekommunikationsdienstleister wie zB die TELEKOM, die Auskunft über den Namen oder die Anschrift zu einer bestimmten Telefonnummer erteilen sollen, können sich nicht auf das Fernmeldegeheimnis nach § 88 TelekommunikationsG berufen, weil hiervon nur der Inhalt der Kommunikation erfasst wird; sie können die Auskunft auch nicht unter Hinweis auf ihre Allgemeinen Geschäftsbedingungen verweigern (AEAO zu § 93 Nr 1.2.7). Kreditinstitute können sich nicht auf ein Bankgeheimnis berufen, weil es ein solches auch während des Geltungsbereichs des § 30a aF nicht gab, wie § 30a V 1 aF deutlich machte. **54**

7. Form der Auskunftserteilung (Abs 4 bis 6). Eine bestimmte Form für die Auskunftserteilung ist – ebenso wie für das Auskunftsersuchen (s Rz 46) – nach **Abs 4 S 1** nicht vorgesehen. Die Auskunft kann daher auch mündlich, telefonisch oder elektronisch gem § 87a erteilt werden. Eine Ausnahme von der Formfreiheit enthält **Abs 4 S 2:** Danach kann das FA eine schriftliche Auskunftserteilung verlangen, wenn dies sachdienlich ist. Dies wird aus Gründen der Beweissicherung idR zu bejahen sein, insbes bei Auskünften anderer Personen iSv Abs 1 S 3. **60**

Das FA kann nach **Abs 5 S 1** auch verlangen, dass eine mündliche Auskunft an Amtsstelle erteilt wird. Dies ist nach **S 2** insbes dann zulässig, wenn eine schriftliche Auskunft trotz Aufforderung nicht erteilt worden ist oder nicht zur Klärung des Sachverhalts geführt hat. Zur Hinweispflicht in diesem Fall nach Abs 5 S 3 s Rz 45. Auf Wunsch kann der Stpfl an der Anhörung des Dritten teilnehmen (FG RhPf EFG 94, 135). Im Einspruchsverfahren besteht bei Vernehmung an Amtsstelle ein Teilnahmerecht des Einspruchsführers, des Hinzugezogenen und ihrer Bevollmächtigten gem § 365 II (s § 365 Rz 5).

Bei mündlicher Auskunft an Amtsstelle hat der Auskunftspflichtige wiederum nach **Abs 6** einen Anspruch auf Aufnahme einer Niederschrift. Die Ablehnung der Aufnahme einer Niederschrift oder die Überlassung einer Abschrift der Niederschrift ist ein VA, gegen den der Auskunftspflichtige mit der Verpflichtungsklage vorgehen kann (vgl BFH/NV 88, 319). Außerdem hat der Auskunftspflichtige nach § 80 VI 1 einen Anspruch darauf, mit seinem Beistand an Amtsstelle zu erscheinen. **61**

65 **8. Rechtsnatur des Auskunftsersuchens und Rechtsschutz.** Das Auskunftsersuchen ist idR ein **VA** (s BFH BStBl 16, 135 sowie § 118 Rz 42 „Auskunftsverlangen"). Das Auskunftsersuchen ist eine Ermessensentscheidung, die zu begründen ist, s Rz 47.

Gegen das Auskunftsersuchen als VA kann der Adressat Einspruch einlegen. Richtet sich das Auskunftsersuchen an einen Dritten iSv S 3, kann **zusätzlich auch der Beteiligte** Einspruch einlegen (FG Ddorf EFG 02, 1130; *HHSp/Schuster* § 93 Rz 100 mwN). Bei einer Anfechtung kann insbes überprüft werden, ob ein hinreichender Anlass bestand, ob das Auskunftsersuchen verhältnismäßig war, ob das FA sein Ermessen fehlerfrei ausgeübt hat (s BFH BStBl 16, 822) und ob dieses ausreichend begründet worden ist. Richtet sich das Auskunftsersuchen an einen Dritten, ist zudem auch der Subsidiaritätsgrundsatz des Abs 1 S 3 zu überprüfen (s Rz 15 ff), es sei denn, es handelt sich um ein Sammelauskunftsersuchen (vgl Abs 1a S 3, s Rz 33).

Zum Rechtsschutz bei Ablehnung der Aufnahme einer Niederschrift s Rz 61. Um die Vollstreckung des Auskunftsersuchens zu verhindern (s Rz 5), kann **AdV** gem § 361 bzw § 69 FGO beantragt werden. Hat sich ein Auskunftsverlangen erledigt, kann die Rechtswidrigkeit nur unter den Voraussetzungen der Fortsetzungsfeststellungsklage festgestellt werden (BFH BStBl 84, 790; BFH/NV 13, 431; 16, 258).

66 **Kein VA** liegt hingegen vor, wenn das Auskunftsverlangen ggü einem Beteiligten wie zB dem Stpfl – und nicht ggü einer anderen Person – ergeht und es um eine nicht mit Zwangsmitteln durchsetzbare Vorbereitungshandlung zur StFestsetzung oder zur gesonderten Feststellung von Besteuerungsgrundlagen geht (näher dazu § 118 Rz 42 „Außenprüfung"). So ist das Verlangen nach Empfängerbenennung nach § 160 kein VA (BFH BStBl 86, 537; 88, 927), wohl aber die Aufforderung des FA zur Beantwortung des Fragebogens zur Haftungsinanspruchnahme (FG Thür EFG 99, 745). Handelt es sich nicht um einen VA und ist es zu einer Erledigung gekommen, kann die Rechtswidrigkeit erst durch Anfechtung der StFestsetzung oder der gesonderten Feststellung von Besteuerungsgrundlagen geltend gemacht werden.

70 **9. Rechtsfolgen.** Ein **Verstoß des FA** gegen § 93 I führt nicht zum Verwertungsverbot der so erlangten Kenntnisse (BFH BStBl 17, 780); anders ist dies bei einem Verstoß gegen § 93 VII oder VIII (s Rz 105 f). Folgen für den unter Verletzung des § 93 zu Stande gekommenen VA ergeben sich regelmäßig nicht (vgl § 92 Rz 7); bei Ermessensentscheidungen greift aber ggf § 127 ein. **Verwertungsverbote** ergeben sich nur ausnahmsweise (s § 92 Rz 9) und darüber hinaus erst dann, wenn der Adressat des Auskunftsersuchens erfolgreich dagegen vorgegangen ist und das FG die Rechtswidrigkeit gerichtlich festgestellt hat (BFH BStBl 17, 780; BFH/NV 87, 23). Hat das Auskunftsersuchen das Persönlichkeitsrecht des Stpfl verletzt, kann er die Rechtswidrigkeit des Ersuchens durch eine Fortsetzungsfeststellungsklage feststellen lassen (BFH/NV 13, 431).

71 Kommt der Adressat des Auskunftsverlangens seiner Auskunftspflicht nicht nach, können sich Rechtsfolgen aus § 146 IIa 2 Nr 2 und § 162 III 3 ergeben. Erfüllt hingegen eine andere Person iSv S 3 ihre Auskunftspflicht, kann sie einen Entschädigungsanspruch nach § 107 haben (s hierzu auch FinMin NRW 18.6.2015, BeckVerw 311374).

80 **10. Überblick über den automatisierten Kontenabruf (Abs 7 bis 10). a) Rechtsentwicklung.** Zur Rechtsentwicklung der Abs 7 und 8 aF s 13. Aufl, § 93 Rz 45; zur Verfassungswidrigkeit des Abs 8 aF s oben Rz 3. Die Neuregelung erfolgte durch das UntStRefG 2008. Es ersetzte die bisherigen Abs 7 und 8 aF durch Abs 7 bis 10 nF **mWv 1.1.2009.** Die Neuregelung durch Abs 8 nF iVm mit den neuen Abs 9 und 10 erfolgte aufgrund der verfassungsrechtl Vorgaben des BVerfG (s Rz 3). Abs 7 nF ist vor dem Hintergrund zu sehen, dass mit der Einfüh-

rung der **Abgeltungsteuer** auf Kapitalerträge (§ 32d EStG) der Kontenabruf zu Besteuerungszwecken erheblich an Bedeutung verloren hat. Mit der Einführung einer abgeltenden Quellenbesteuerung auf private Zinsen und private Veräußerungsgewinne besteht für derartige Einkünfte grds kein Verifikationsbedarf mehr. Der Kontenabruf für Besteuerungszwecke wird deshalb nach Abs 7 nF nur noch in den gesetzlich ausdrücklich geregelten Fällen zugelassen. Die neuen Abs 9 und 10 betreffen die Rechtsschutzmöglichkeiten gegen den Kontenabruf durch das FA. Durch das StVereinfG v 1.11.2011 wurde Abs 7 S 1 Nr 2 aufgehoben; auch dies ist mittelbar eine Folge der Abgeltungsteuer (s Rz 88). Die Aufhebung gilt ab VZ 2012; für VZ vor 2012 gilt Abs 7 S 1 Nr 2 weiterhin (Art 97 § 26 EGAO idF des StVereinfG 2011; BT-Drs 17/6146, 21 f). Außerdem wurde durch das StUmgBG v 23.6.2017 die Zulässigkeit des Kontenabrufs erweitert, indem Abs 7 S 1 Nr 4 geändert und Nr 4a sowie Nr 4b in Abs 7 S 1 eingefügt wurden. Des Weiteren ist Abs 7 S 2 an die Neuregelung des § 93 Ia angepasst worden.

b) Beseitigung des strukturellen Vollzugsdefizits. Bereits die Einführung der Abs 7 und 8 aF (s 13. Aufl Rz 45) trug nach Auffassung des BFH (BFH BStBl 06, 178) zur Beseitigung eines strukturellen Vollzugsdefizits bei der Besteuerung von Spekulationsgewinnen iSv § 23 EStG ab VZ 1999 bei; denn die Regelungen traten in Kraft, bevor die fünfjährige Festsetzungsverjährung bei leichtfertiger StVerkürzung gem § 169 II 2 für den VZ 1999 abgelaufen war. 81

Diese Entscheidung des BFH (BStBl 06, 178) ist vom BVerfG bestätigt worden (BVerfG BFH/NV Beil 08, 161). In weiteren Entscheidungen hat die Rspr ebenfalls deutlich gemacht, dass bereits die Möglichkeit des automatisierten Kontenabrufs ein strukturelles Vollzugsdefizit beseitigt (BVerfG NJW 08, 3205; vgl ferner BVerfG BFH/NV Beil 08, 246 und 247 zur Verfassungsmäßigkeit der Zinsbesteuerung ab 1994; BFH BStBl 08, 382).

c) Zweck des automatisierten Kontenabrufs. Der automatisierte Abruf von Konteninformationen für Besteuerungszwecke nach Abs 7 ist eine **Vorstufe der Ermittlungsbefugnisse** des FA nach Abs 1. Denn das FA hat bereits nach § 93 I das Recht zur Abfrage von Konten eines Stpfl bei einem Kreditinstitut (s oben Rz 14 und 38). Die Schwierigkeit liegt allerdings darin, dass die Einzelanfrage bzgl eines Stpfl gezielt an ein bestimmtes Kreditinstitut gerichtet werden muss. Ist dem FA ein Konto des Stpfl nicht bekannt, scheitern angesichts von mehr als 2.000 Kreditinstituten Anfragen an alle Kreditinstitute an dem dafür erforderlichen Aufwand (BVerfG BFH/NV Beil 05, 251). Außerdem erfährt das Kreditinstitut bei einem Auskunftsersuchen iSv Abs 1 von der Ermittlungstätigkeit gegen den Stpfl (s Rz 22). 82

§ 93 VII erlaubt die **Feststellung der Existenz** von Konten und Depots und die Verknüpfung mit dem Inhaber bzw Verfügungsberechtigten oder wirtschaftlich Berechtigten, dh die Feststellung der Kontenstammdaten, erlaubt aber anders als nach § 93 I nicht einen Zugriff auf die Inhalte der Konten oder Depots wie Kontenstand und Kontenbewegungen (BVerfG BFH/NV Beil 05, 251); zu Einzelheiten s Rz 90. Während Abs 7 und 8 die Voraussetzungen regeln, unter denen der automatisierte Kartenabruf zulässig ist und die FÄ, Gemeinden oder in Abs 8 genannten Behörden und Personen ein Ersuchen an das BZSt richten dürfen, bestimmt sich die **Durchführung** des automatisierten Kontenabrufs durch das BZSt nach **§ 93b II** (s § 93b Rz 6). Ist durch die automatisierte Abfrage, die vom BZSt oder von Gemeinden vorzunehmen ist (s Abs 7 S 2, Abs 8 S 1 und 2 sowie § 93b II), ein Kreditinstitut gefunden worden, das ein Konto oder Depot für den Stpfl führt, ist in der **nächsten Stufe** nunmehr im Rahmen des § 93 I eine **Kontoabfrage** bei diesem Kreditinstitut zum **Inhalt des Kontos** möglich. Nach § 93 I 3 müssen aber Nachfragen oder sonstige Aufklärungsmaßnahmen bei dem Stpfl zum Inhalt des ermittelten Kontos erfolglos geblieben sein oder keinen Erfolg versprechen. Der konkrete Anlass für den dann in Betracht kommenden Konten- 83 abruf beim Kreditinstitut zum Inhalt des Kontos dürfte idR gegeben sein, wenn der Stpfl das Konto verschwiegen hat und auch weiterhin nicht zur Aufklärung beiträgt.

87 **11. Automatisierter Kontenabruf (Abs 7). S 1 Nrn 1 bis 5** regelt die Voraussetzungen, unter denen der automatisierte Kontenabruf zulässig ist. Während im Fall des S 1 **Nr 5** die **Zustimmung** des Stpfl ausreicht (s Rz 88), muss der Kontenabruf in den Fällen des S 1 **Nr 1 bis 4b erforderlich** sein. Es gelten insoweit die allgemein bei stl Ermittlungen maßgebenden Anforderungen (BVerfG BFH/NV Beil 07, 429), insbes die auch bei Abs 1 S 1 geltende Einschränkung, dass Ermittlungen nicht „ins Blaue hinein" erfolgen dürfen (s Rz 7). Es muss also aufgrund konkreter Anhaltspunkte oder aufgrund allgemeiner Erfahrung ein hinreichender Anlass für die Ermittlungen und damit auch für den Kontenabruf nach Abs 7 bestehen (BVerfGE BFH/NV Beil 07, 429). Darüber hinaus gilt in den Fällen des S 1 Nrn 1 bis 4b nach Abs 7 S 2 **2. HS** ebenso wie in Abs 1 S 3 (s Rz 15) das **Subsidiaritätsprinzip,** wonach der Kontenabruf erst erfolgen darf, wenn ein Auskunftsersuchen an den Stpfl nicht zum Ziel geführt hat oder keinen Erfolg verspricht. Dem Stpfl ist also idR zunächst Gelegenheit zu geben, Auskünfte über seine Konten und Depots zu erteilen und ggf entsprechende Unterlagen vorzulegen. Weiterhin ist der Verhältnismäßigkeitsgrundsatz zu beachten (s Rz 12 und 20).

88 **Nr 1** betrifft Fälle, in denen der Stpfl von der Antragsmöglichkeit des § 32d VI EStG Gebrauch macht, die Kapitaleinkünfte statt der Abgeltungsteuer der normalen Tarifbesteuerung zu unterwerfen, weil dies für ihn günstiger ist. Zur Vermeidung eines Vollzugsdefizits ist hier weiterhin die Verifikation der Kapitaleinkünfte erforderlich.

Nr 2 betraf Fälle des § 2 Vb 2 EStG aF und ist durch das StVereinfG 2011 mWv VZ 2012 aufgehoben worden; s 12. Aufl Rz 54.

Abs 7 **S 1 Nr 3** ist vor dem Hintergrund zu sehen, dass die Abgeltungsteuer erst ab 1.1.2009 gilt. Für VZ bis einschl 2008 bedurfte es also zur Vermeidung eines strukturellen Vollzugsdefizits weiterhin der zuvor in § 93 VII aF gegebenen Kontenabrufmöglichkeit (BT-Drs 16/4841, 83 zu Satz 1 Nr 3).

Nach **Nr 4** ist zur Erhebung bundesgesetzlich geregelter Steuern der Kontenabruf wie nach Abs 7 aF ohne Einschränkung auf bestimmte Fallgruppen zulässig. Die Erhebung von Steuern umfasst auch die Vollstreckung (BT-Drs 16/4841, 83 zu Satz Nr 4), aber auch die Inanspruchnahme eines Haftungsschuldners aus einem Haftungsbescheid (§ 219), nicht aber der Erlass eines Haftungsbescheids. Nr 4 ist durch das StUmgBG v 23.6.2017 mWv 1.1.2018 (Art 97 § 26 II EGAO) geändert worden und umfasst nunmehr auch **Rückforderungen** bundesgesetzlich geregelter Steuererstattungen und -vergütungen. Dies betrifft insbes die Rückforderung von Kindergeld, sodass die FK einen automatisierten Kontenabruf durchführen darf, um Konten des Rückzahlungspflichtigen zu ermitteln.

Ebenfalls durch das StUmgBG v 23.6.2017 ist **Nr 4a** mWv 1.1.2018 (Art 97 § 26 II EGAO) eingefügt worden. Hier soll der Kontenabruf die Feststellung ermöglichen, wer Verfügungsberechtigter oder wirtschaftl Berechtigter eines Kontoinhabers mit **Sitz im Ausland** ist. Dies betrifft Fälle, in denen eine natürliche oder juristische Person oder Personengesellschaft bzw Vermögensmasse ihren Wohnsitz, gewöhnlichen Aufenthalt, ihre Hauptniederlassung oder ihre Geschäftsleitung im Ausland hat und Inhaberin eines Kontos oder Depots im Inland ist, für das ein inl Stpfl verfügungsberechtigt oder wirtschaftlich berechtigt ist. Der Begriff des inl Stpfl richtet sich nach § 138 II. Die Neuregelung gilt nicht für vergleichbare Inlandssachverhalte, da in diesen Fällen das neue Transparenzregister nach §§ 17–22 GwG die erforderlichen Informationen bereitstellen soll (BR-Drs 816/16, 22f).

Auch **Nr 4b** ist durch das StUmgBG v 23.6.2017 mWv 1.1.2018 (Art 97 § 26 II EGAO) eingefügt worden. Hierduch soll ein Kontenabruf zur Ermittlung der

Besteuerungsgrundlagen in den Fällen des § 208 I 1 Nr 3 **nach Aufdeckung** unbekannter Steuerfälle geschaffen werden. Der Kontenabruf ist aber nicht zulässig, um unbekannte Steuerfälle aufzudecken.

An keine Voraussetzungen ist der Kontenabruf nach Abs 7 **S 1 Nr 5** gebunden, wenn der Stpfl zustimmt. Insbes sind weder Erforderlichkeit noch Subsidiarität (s Rz 87) zu prüfen. Nach Nr 5 kann das FA den Stpfl auffordern, seine Zustimmung zum Kontenabruf zu geben, wenn Anhaltspunkte für die Unrichtigkeit oder Unvollständigkeit der Angaben des Stpfl zu seinen steuerpflichtigen Einnahmen bestehen; ein strafrechtl Anfangsverdacht ist nicht erforderlich (AEAO zu § 93 Nr 2.2.6). Erteilt der Stpfl dann die Zustimmung nicht, obwohl tatsächlich Anhaltspunkte für die Unvollständigkeit seiner Angaben bestehen, kann wegen der Beweisnähe des Stpfl (vgl § 88 Rz 46) eine Schätzung nach § 162 II in Betracht kommen (BT-Drs 16/4841, 83 zu Satz 1 Nr 5).

Abs 7 S 2 ist zunächst durch das StUmgBG v 23.6.2017 geändert worden, indem zum einen im 1. HS ein Verweis auf den neuen § 93b Ia erfolgt ist und zum anderen im 2. HS die Bezugnahme auf die Nrn 1 bis 4b erweitert worden ist, da Nrn 4a und 4b neu eingefügt worden sind (s Rz 88); die Änderung des 1. HS gilt ab 1.1.2020 (Art 97 § 26 III EGAO), während die Änderung des 2. HS bereits ab dem 1.1.2018 gilt (Art 97 § 26 II 1 EGAO). Sodann ist durch G v 17.7.2017 der Begriff „Dateien" in Abs 7 S 2 durch den Begriff „Dateisysteme" ersetzt worden; dies ist eine redaktionelle Anpassung an Art 4 Nr 6 der Datenschutz-VO (EU) 2016/679, s BT-Drs 18(11)1068, 61. **90**

Nach Abs 7 S 2 können nur einzelne Daten aus den nach § 93b I und Ia zu führenden Dateien abgerufen werden. Der Kontenabruf muss zielgerichtet erfolgen und sich auf eine **eindeutig bestimmte Person** beziehen (AEAO zu § 93 Nr 2.3). Sammelauskunftsersuchen wie nach § 93 I (s oben Rz 30) sind somit nicht zulässig. Der Kontenabruf ist auch erlaubt zur Ermittlung von Konten oder Depots, bei denen der Stpfl nicht Verfügungsberechtigter, aber wirtschaftlich Berechtigter ist (AEAO zu § 93 Nr 2.5); soweit es sich um einen Kontoinhaber im Ausland handelt, wird dies nunmehr durch Abs 7 S 1 Nr 4a zugelassen (s Rz 88). Erfasst werden können daher zB auch Anderkonten von Rechtsanwälten oder Notaren, die sich auf den Stpfl beziehen. Das Berufsgeheimnis wird nicht berührt, weil der Kontenabruf beim Kreditinstitut und nicht beim Berufsgeheimnisträger erfolgt (BVerfG BFH/NV Beil 07, 429). Schwieriger ist die Rechtslage hinsichtlich der Anderkonten, wenn der Berufsgeheimnisträger iSv § 102 selbst der Stpfl und daher das Ziel eines Kontenabrufs ist. Hier verlangt der AEAO (zu § 93 Nr 2.5) unter Hinweis auf die Rspr des BVerfG eine eingehende Güterabwägung zwischen der besonderen Bedeutung der Verschwiegenheitspflicht des Berufsgeheimnisträgers und der Bedeutung der Gleichmäßigkeit der Besteuerung unter Berücksichtigung des Verhältnismäßigkeitsprinzips und verbietet Kontrollmitteilungen von den Anderkonten (vgl dazu BVerfG BFH/NV Beil 05, 251).

Abgerufen werden können nur **einzelne Daten,** nicht der Kontostand oder die Kontobewegungen (s Rz 83 sowie § 93b Rz 3; s auch AEAO zu § 93 Nr 2.1); dies ergibt sich aus dem Verweis auf § 93b, der wiederum auf § 24c I KWG verweist. Zu den abrufbaren Daten iSv § 24c I KWG gehören: die Nummer eines Bankkontos oder -depots, der Tag der Errichtung und Auflösung des Kontos oder Depots, der Name und das Geburtsdatum des Verfügungsberechtigten sowie der Name und die Anschrift eines abweichend wirtschaftlichen Berechtigten iSv § 1 VI GwG.

Nach S 2 1. HS muss das **FA** ein **Ersuchen an das BZSt** richten, das dann nach § 93b II den Datenabruf vornimmt. Zulässig sind nach S 2 ferner Ersuchen der **Gemeinden** in den Fällen des § 1 II, dh soweit den Gemeinden die Verwaltung von Realsteuern iSv § 3 II (GrSt und GewSt) übertragen worden ist. Soweit die Gemeinden also Realsteuern verwalten, insbes erheben und vollstrecken, sollen sie ebenso wie die FÄ die Möglichkeit haben, sich an das BZSt zu wenden, damit dieses den Kontenabruf durchführt. **91**

95 **12. Ersuchen anderer Behörden (Abs 8).** Abs 8 ersetzt die verfassungswidrige Regelung des Abs 8 aF, der verfassungsrechtl nicht hinreichend bestimmt war (s Rz 3). Nunmehr zählt Abs 8 **S 1** enumerativ die sozialrechtl Gesetze auf, bei deren Durchführung die dafür zuständigen **Sozialbehörden** das BZSt um den Kontenabruf ersuchen können. Eine dem Abs 8 vergleichbare Ermächtigung enthält § 8a IIa BVerfSchG für das Bundesamt für Verfassungsschutz. S 1 ist durch das StUmgBG v 23.6.2017 an die Neuregelung des § 93b Ia angepasst worden, der die Speicherung von Daten zum wirtschaftl Berechtigten vorschreibt (s § 93b Rz 4f).

Wie nach Abs 7 können nach Abs 8 nur einzelne Daten für eindeutig bestimmte Personen aus den nach § 93b I und Ia zu führenden Dateien abgerufen werden (s Rz 90 und § 93b II). Nicht abgerufen werden darf die Identifikationsnummer nach § 139b; dies entspricht der Neuregelung in § 93b II 2, nach der die Identifikationsnummer nur FinBeh mitgeteilt werden soll, nicht aber anderen Behörden wie in Abs 8 des § 93. Voraussetzungen für das Ersuchen nach einem Datenabruf sind auch hier die Erforderlichkeit des Datenabrufs und die Subsidiarität (Abs 8 S 1 2. HS); s hierzu Rz 87.

96 **S 2** ist durch das G v 30.6.2017 mWv zum 6.7.2017 geändert worden: Die bisherige Regelung des S 2, der noch durch das StUmgBG v 23.6.2017 geändert worden war, ist in den neuen S 3 verschoben worden. Dafür enthält S 2 eine neue Regelung zum Datenabruf durch Behörden zum Zwecke der Vollstreckung nach dem VwVG sowie nach den Vollstreckungsgesetzen der Länder. Diese können nun ebenso wie ein Gerichtsvollzieher iSv Abs 8 S 3, der für private Gläubiger vollstreckt, das BZSt um einen Datenabruf ersuchen, wenn der Schuldner seiner Pflicht, eine Vermögensauskunft zu erteilen, nicht nachgekommen ist oder wenn die Auskunft nicht ergiebig ist (s BR-Drs 65/17, 15).

Abs 8 **S 3** entspricht dem bisherigen S 2, der durch das StUmgBG v 23.6.2017 noch geändert und an die Neuregelung des § 93b Ia angepasst worden war. Durch das G v 30.6.2017 ist S 2 in den neuen S 3 verschoben worden. Nach S 3 darf ein Kontenabruf in anderen Fällen als nach S 1 geregelt nur erfolgen, wenn dies durch **Bundesgesetz** ausdrücklich zugelassen ist, zB bei Ersuchen eines Gerichtsvollziehers gem § 802l I Nr 2 ZPO (s hierzu auch *Siebert* NZI 16, 541; BGH WM 18, 428). Auf diese Weise wird sichergestellt, dass die datenschutzrechtl Anforderungen der Abs 9 und 10 zu beachten sind. Abweichungen von diesen Grundsätzen müssen ausdrücklich in dem Gesetz angeordnet werden, um die Abs 9 und 10 als lex specialis zu verdrängen (BT-Drs 16/4841, 83 zu Buchst b, zu Abs 8).

98 **13. Hinweispflicht (Abs 9).** Die nach Abs 9 **S 1** geregelte Pflicht des FA, den Betroffenen auf die Möglichkeit des Kontenabrufs hinzuweisen, kann schon mit der Aufforderung zur Auskunft über Konten und Depots (s Rz 90) und ggf zur Vorlage von Unterlagen verbunden werden. Er kann aber nach Abs 9 S 1 2. HS auch durch ausdrücklichen Hinweis in amtlichen Vordrucken oder Merkblättern oder in sonstiger Weise erfolgen. In der nächsten Stufe ist dann nach Abs 9 **S 2** der Betroffene vom Ersuchenden, also nicht vom BZSt, sondern vom FA, der Gemeinde oder der anderen Behörde (Abs 8) über die Kontenabfrage zu benachrichtigen, ggf in den Erläuterungen des StBescheids. Diese Benachrichtigungspflicht besteht unabhängig davon, ob Konten oder Depots gefunden worden sind. Eine Hinweispflicht besteht nicht bei Ersuchen des Bundesamts für Verfassungsschutz (§ 8a IIa 2 BVerfSchG), s Rz 95.

99 Abs 9 **S 3 bis 5** enthalten **Ausnahmen** von der Hinweis- und Benachrichtigungspflicht, die in § 32b I umschrieben werden, zB bei Gefährdung der ordnungsgemäßen Erfüllung der Aufgaben des Ersuchenden (§ 32b I 1 Nr 1 Buchst a), Gefährdung der öffentlichen Sicherheit und Ordnung oder des Wohles des Bundes oder eines Landes (§ 32b I 1 Nr 1 Buchst b) oder Geheimhaltung wegen überwiegender berechtigter Interessen eines Dritten (§ 32b I Nr 2). In diesem Fall gelten nach Abs 9 S 4 die Vorschriften des § 32c V entsprechend: Der Betroffene

erhält zwar nach § 32c I keine Auskunft über den Empfänger der Daten. Die Auskunft kann dann aber nach § 32c V dem Bundesbeauftragten für Datenschutz erteilt werden. Dessen Mitteilung an den Betroffenen darf aber gem § 32c V 2 keine Rückschlüsse auf den Erkenntnisstand der verantwortlichen Stelle zulassen, sofern diese nicht einer weitergehenden Auskunft zustimmt. S 3 bis 5 sind durch das G v 17.7.2017 geändert worden, indem der bisherige Verweis auf § 19 V und VI BDSG durch die Bezugnahme auf §§ 32b und 32c ersetzt worden ist; eine inhaltliche Änderung ist damit nicht verbunden, vgl auch BT-Drs 18(11)1068, 61.

14. Dokumentationspflicht (Abs 10). Nach Abs 10 ist ein Abrufersuchen iSv Abs 7 oder 8 und dessen Ergebnis vom **Ersuchenden** (also dem FA, Gemeinde oder anderen Behörde iSv Abs 8) zu dokumentieren. Die Dokumentationspflicht kann ggf auch umfassen, weshalb das FA seiner Hinweis- oder Benachrichtigungspflicht nach Abs 9 S 1 und 2 nicht nachgekommen ist oder weshalb Auskünfte vom Stpfl nicht zu erwarten waren. 102

15. Rechtsschutz gegen den Kontenabruf. Der Stpfl kann gegen eine **drohende** Kontenabfrage oder ein nach der Kontenabfrage drohendes Auskunftsersuchen an das kontoführende Kreditinstitut iSv Abs 7 eine **Leistungsklage** (vorbeugende Unterlassungsklage) erheben (wohl auch AEAO zu § 93 Nr 2.9, unter Hinweis auf BVerfG NJW 05, 1637). Hierfür fehlt es nicht deswegen am Rechtsschutzbedürfnis, weil der Stpfl den späteren VA abwarten (Auskunftsersuchen bzw StBescheid) und dagegen Einspruch einlegen könnte; denn der Kontenabruf greift in das durch Art 2 I GG iVm Art 1 I GG gesicherte Grundrecht auf informationelle Selbstbestimmung ein (*Göster/Intemann* DStR 05, 1249, 1250; *Schwarz/Schmitz* § 93 Rz 75; aA *Sell* DStR 05, 717, 719). 105

Gegen das spätere Auskunftsersuchen an das betr Kreditinstitut iSv Abs 1, das nach dem automatisierten Datenabruf durchgeführt wird (s Rz 82 f), kann der Stpfl mit einem **Einspruch** und der Begründung vorgehen, der Kontenabruf sei nicht rechtmäßig gewesen (FG Ddorf EFG 07, 1536).

Erfährt der Stpfl erst **nach** dem Auskunftsersuchen an das kontoführende Kreditinstitut und dessen Beantwortung von der Kontenabfrage, weil ein Ausnahmefall nach Abs 9 S 3 vorgelegen hat und somit die nach Abs 9 S 1 und 2 vorgeschriebenen Informationen unterblieben sind, kann er nur noch den StBescheid angreifen, in dem die Ergebnisse der Kontenabfrage oder des nach dem Kontenabruf erfolgten Auskunftsersuchens verwertet werden. Ergibt sich in dem Einspruchs- oder anschließenden Klageverfahren über den StBescheid, dass die oben geschilderten Voraussetzungen für die Kontenabfrage nicht vorgelegen haben oder dass die Entscheidung des FA über die Kontenabfrage ermessensfehlerhaft war, besteht ein **Verwertungsverbot.** Zwar gibt es im Rahmen des § 93 I bei rechtswidrigen Auskunftsersuchen kein allgemeines Verwertungsverbot (s oben Rz 70); nur durch ein allgemeines Verwertungsverbot wird aber gewährleistet, dass noch nachträglich effektiver Rechtsschutz gegen einen unberechtigten Eingriff in das durch Art 2 I GG iVm Art 1 I GG gesicherte Grundrecht auf informationelle Selbstbestimmung möglich ist, wenn ein früherer Rechtsschutz wegen der späten Information des Stpfl ausscheidet (vgl *Göster/Intemann* DStR 05, 1249, 1253). 106

§ 93a Allgemeine Mitteilungspflichten

(1) [1] **Zur Sicherung der Besteuerung nach § 85 kann die Bundesregierung durch Rechtsverordnung mit Zustimmung des Bundesrates Behörden, andere öffentliche Stellen und öffentlich-rechtliche Rundfunkanstalten verpflichten,**

1. den Finanzbehörden Folgendes mitzuteilen:

a) den Empfänger gewährter Leistungen sowie den Rechtsgrund, die Höhe und den Zeitpunkt dieser Leistungen,

b) Verwaltungsakte, die für den Betroffenen die Versagung oder Einschränkung einer steuerlichen Vergünstigung zur Folge haben oder die dem Betroffenen steuerpflichtige Einnahmen ermöglichen,
c) vergebene Subventionen und ähnliche Förderungsmaßnahmen sowie
d) Anhaltspunkte für Schwarzarbeit, unerlaubte Arbeitnehmerüberlassung oder unerlaubte Ausländerbeschäftigung;

2. den Empfänger im Sinne der Nummer 1 Buchstabe a über die Summe der jährlichen Leistungen sowie über die Auffassung der Finanzbehörden zu den daraus entstehenden Steuerpflichten zu unterrichten.

[2]In der Rechtsverordnung kann auch bestimmt werden, inwieweit die Mitteilungen nach Maßgabe des § 93c zu übermitteln sind oder übermittelt werden können; in diesem Fall ist § 72a Absatz 4 nicht anzuwenden. [3]Die Verpflichtung der Behörden, anderer öffentlicher Stellen und der öffentlich-rechtlichen Rundfunkanstalten zu Mitteilungen, Auskünften, Anzeigen und zur Amtshilfe auf Grund anderer Vorschriften bleibt unberührt.

(2) **Schuldenverwaltungen, Kreditinstitute, Betriebe gewerblicher Art von juristischen Personen des öffentlichen Rechts im Sinne des Körperschaftsteuergesetzes, öffentliche Beteiligungsunternehmen ohne Hoheitsbefugnisse, Berufskammern und Versicherungsunternehmen sind von der Mitteilungspflicht ausgenommen.**

(3) **[1]In der Rechtsverordnung sind die mitteilenden Stellen, die Verpflichtung zur Unterrichtung der Betroffenen, die mitzuteilenden Angaben und die für die Entgegennahme der Mitteilungen zuständigen Finanzbehörden näher zu bestimmen sowie der Umfang, der Zeitpunkt und das Verfahren der Mitteilung zu regeln. [2]In der Rechtsverordnung können Ausnahmen von der Mitteilungspflicht, insbesondere für Fälle geringer steuerlicher Bedeutung, zugelassen werden.**

Abs 1 und 2 geändert durch JStG 2009 v 19.12.08 (BGBl I, 2794); Abs 1 neu gefasst durch StModernG v 18.7.16 (BGBl I, 1679).

Schrifttum: *s 13. Aufl.*

Übersicht

1 **1. Inhalt.** Die Regelung enthält eine Verordnungsermächtigung zur Regelung von **Kontrollmitteilungen.** Von dieser Ermächtigung hat die Bundesregierung Gebrauch gemacht und die Mitteilungsverordnung **(MV)** am 7.9.1993 erlassen (BGBl I, 799, geändert durch G v 23.12.2003, BGBl I, 2848). Das BMF hat hierzu erläuternde Schreiben veröffentlicht (BMF 25.3.2002, BStBl I, 477; BMF 25.3.2004, BStBl I, 418; BMF 29.9.2015, BStBl I, 742), ebenso das FinMin NRW 29.9.2015, AO-Kartei NW § 93a AO Karte 2. Zum gescheiterten Vorhaben, die MV für Leistungen ab 2014 zu ändern, s 13. Aufl Rz 1 sowie BR-Drs 603/12.

2 Abs 1 ist durch G v 18.7.2016 mWv 1.1.2017 **geändert** worden. Die Änderungen in S 1 sind im Wesentlichen sprachlicher Natur oder betreffen den Aufbau. In

S 2 wird die Ermächtigung für den Verordnungsgeber nun auch auf die elektronische Übermittlung von Mitteilungen erstreckt.

2. Zweck der MV. Die MV soll Kontrollmitteilungen über Zahlungen aus öffentlichen Mitteln an das FA ermöglichen und auf diese Weise sicherstellen, dass die Einnahmen vom Empfänger vollständig versteuert werden. 4

3. Verpflichtete. Zur Mitteilung verpflichtet sind Behörden (§ 6), andere öffentliche Stellen und öffentlich-rechtl Rundfunkanstalten (§ 93a I 1 iVm § 1 I 1 MV). Zu den anderen öffentlichen Stellen gehören etwa Gerichte und andere Organe der Rechtspflege (BT-Drs 16/11106, 57 zu Nr 7 Buchst b); allerdings werden die anderen öffentlichen Stellen in der MV bislang nicht genannt; eine geplante Änderung der MV im Jahr 2012 scheiterte (s 13. Aufl Rz 1). Die Rundfunkanstalten werden neben den Behörden besonders erwähnt (vgl S 1 sowie § 3 MV), weil umstritten ist, ob sie unter den Behördenbegriff fallen. Die Änderung des S 1 durch das StModernG v 18.7.2016 stellt klar, dass nur öffentlich-rechtl Rundfunkanstalten mitteilungspflichtig sind; dies entspricht der Formulierung in § 3 I MV. Ausnahmen ergeben sich aus Abs 2 (s Rz 15). 5

4. Mitteilungspflicht ggü den FinBeh (Abs 1 S 1 Nr 1). a) Mitteilungspflichtige Angaben. S 1 Nr 1 regelt die Angaben, die die in S 1 genannten Stellen (s Rz 5) den FinBeh mitzuteilen haben. Die Änderung des S 1 durch das StModernG v 18.7.2016 betrifft lediglich die Sprache und den Wortlaut, nicht aber die Angaben selbst. 9

Nach Nr 1 **Buchst a** iVm § 8 II MV sind den FinBeh mitzuteilen: die Empfänger von Leistungen – dies sind Zahlungen und geldwerte Vorteile iSv § 3 II MV –, der Rechtsgrund und der Zeitpunkt der Leistungen sowie deren Höhe. Dies ermöglicht Kontrollmitteilungen zB über Honorare für freie Mitarbeiter beim Rundfunk gem § 3 I MV oder für selbständig tätige Dozenten und Prüfer in der Justizverwaltung. Die Regelung der Nr 1 entspricht dem bisherigen S 2 2. HS, wobei der bisherige Begriff „Zahlung“ durch den weitergehenden Begriff „Leistung“ ersetzt worden ist.

Nach Nr 1 **Buchst b sind VA**, die die Versagung oder Einschränkung einer stl Vergünstigung zur Folge haben oder dem Betroffenen steuerpflichtige Einnahmen ermöglichen, den FinBeh mitzuteilen. Hierunter fallen VA von Behörden außerhalb der FinVerw wie zB der Widerruf einer Sanierungsbescheinigung nach § 7h II EStG (iVm § 4 MV), die Rücknahme eines Schwerbehindertenausweises oder zB gewerberechtl Erlaubnisse wie Gaststätten- oder Spielautomatenkonzessionen (vgl § 6 MV). S 1 Nr 1 Buchst b entspricht dem bisherigen S 1 Nr 1.

Weiterhin sind nach Nr 1 **Buchst c** mitzuteilen Subventionen und ähnliche Förderungsmaßnahmen wie zB Ausfuhrerstattungen (§ 4a MV). Dies entspricht dem bisherigen S 1 Nr 2. Schließlich sind nach **Nr 1 Buchst d** Anhaltspunkte über Schwarzarbeit, unerlaubte Arbeitnehmerüberlassung oder unerlaubte Ausländerbeschäftigung mitzuteilen (§ 2 I 1 und 2 MV); dies entspricht dem bisherigen S 1 Nr 3.

b) Ausnahmen. Keine Mitteilungspflicht besteht, soweit die Behörden verpflichtet sind, das Brief-, Post- und Fernmeldegeheimnis zu wahren (Art 10 I GG). Außerdem sind nach § 1 II MV personenbezogene Daten, die dem Sozialgeheimnis unterliegen (§ 35 SGB I), und nach Landesrecht zu erbringende Sozialleistungen nicht mitzuteilen (Ausnahme: § 6 II MV). Eine Übermittlung derartiger Daten erfordert eine Befugnis in § 71 I SGB X, da dieser dem § 93a und der MV als lex specialis vorgeht (BT-Drs 18/7457, 70 f). Ausgenommen sind auch Zahlungen an Behörden, juristische Personen des öffentlichen Rechts und gemeinnützige Körperschaften (§ 7 I MV). Bei wiederkehrenden Bezügen brauchen nur die erste Zahlung, die voraussichtliche Dauer und der Rechtsgrund mitgeteilt zu werden (§ 7 III MV). Weitere Ausnahmen bestehen nach dem BMF (BMF 29.9.2015, 10

BStBl I, 742) für stfreie Ersatzleistungen an Abgeordnete, bestimmte Entschädigungsleistungen aufgrund gesetzlicher Regelungen, für bestimmte Leistungen an Fremdsprachenassistenten, Zuwendungen an Haftopfer und für verschiedene Zahlungen nach dem Unterhaltssicherungsgesetz.

12 **5. Mitteilungspflicht ggü dem Empfänger (Abs 1 S 1 Nr 2).** Der Empfänger der Leistungen iSv Abs 1 S 1 Nr 1 Buchst a, dh der **Stpfl,** wird vom Mitteilenden nach Abs 1 S 1 Nr 2 iVm §§ 11, 12 MV über die Mitteilung und deren Inhalt unterrichtet. Auf diese Weise wird der Empfänger unter Druck gesetzt, seine Einnahmen auch zu erklären.

13 **6. Form der Mitteilung (Abs 1 S 2).** Der durch das StModernG v 18.7.2016 geänderte S 2 ermächtigt die BReg numehr, in der MV auch die elektronische Übermittlung von Mitteilungen gem § 93c zu regeln. Bei einer elektronischen Übermittlung ist § 72a IV aber nicht anzuwenden, sodass dem Mitteilenden bei Falschangaben keine Haftung droht.

14 **7. Weitere Pflichten der mitteilenden Stellen (Abs 1 S 3).** Unberührt von der MV bleibt nach dem weitgehend unveränderten Abs 1 S 3 (nur der Zusatz „öffentlich-rechtliche" wurde eingefügt) die Verpflichtung der Behörden, der anderen öffentlichen Stellen sowie der öffentlich-rechtl Rundfunkanstalten zu Mitteilungen, Auskünften (insbes Einzelauskünften nach § 93), Anzeigen (zB gem § 116) und zur Amtshilfe (§§ 111 ff) aufgrund anderer Vorschriften. Gleiches gilt für Mitteilungspflichten, die sich aus Verträgen oder Auflagen in VA ergeben, zB besondere Bedingungen in Zuwendungsbescheiden nach dem Haushaltsrecht (AEAO zu § 93a).

15 **8. Ausnahmen (Abs 2).** Nach Abs 2 sind **bestimmte Institutionen** von der Mitteilungspflicht **ausgenommen:** Schuldenverwaltungen, Kreditinstitute, Betriebe gewerblicher Art von juristischen Personen des öffentlichen Rechts iSd § 4 KStG, Berufskammern, Versicherungsunternehmen und öffentliche Beteiligungsunternehmen; die Vorschrift ist an § 111 III angelehnt. Die Ausnahme für öffentliche Beteiligungsunternehmen ist durch das JStG 2009 erfolgt; auf diese Weise sollte verhindert worden, dass öffentliche Beteiligungsunternehmen ohne Hoheitsbefugnisse als Beliehene angesehen und damit als mitteilungspflichtig behandelt werden.

16 **9. Bagatellgrenzen.** Nach § 7 II MV unterbleibt eine Mitteilung bei jährlichen Zahlungen von weniger als 1500 €. Ausgenommen sind wiederkehrende Bezüge.

18 **10. Verletzung der Mitteilungspflicht.** Hat einerseits der Stpfl seine Einnahmen nicht erklärt, andererseits aber der Mitteilungspflichtige die Mitteilung nicht fristgerecht (spätestens bis zum 30.4. des Folgejahres, vgl § 10 MV) dem FA übersandt, so unterbleibt zwar zunächst eine Besteuerung. Dennoch kann der StBescheid noch **nach § 173 I Nr 1** zu Ungunsten des Stpfl geändert werden; denn der Verletzung der Mitteilungspflicht steht idR eine mindestens ebenso große Verletzung der Erklärungspflicht des Stpfl ggü (aA *Oberloskamp* AO-StB 03, 129, 130). Im Fall einer fehlerhaften elektronischen Übermittlung nach Abs 1 S 2 iVm § 93c ist eine Haftung nach § 72a IV ausgeschlossen (s Rz 13).

§ 93b Automatisierter Abruf von Kontoinformationen

(1) **Kreditinstitute haben das nach § 24c Abs. 1 des Kreditwesengesetzes zu führende Dateisystem auch für Abrufe nach § 93 Abs. 7 und 8 zu führen.**

(1a) [1] **Kreditinstitute haben für Kontenabrufersuchen nach § 93 Absatz 7 oder 8 zusätzlich zu den in § 24c Absatz 1 des Kreditwesengesetzes bezeichneten Daten für jeden Verfügungsberechtigten und jeden wirtschaftlich Be-**

rechtigten im Sinne des Geldwäschegesetzes auch die Adressen sowie die in § 154 Absatz 2a bezeichneten Daten zu speichern. [2] § 154 Absatz 2d und Artikel 97 § 26 Absatz 5 Nummer 3 und 4 des Einführungsgesetzes zur Abgabenordnung bleiben unberührt.

(2) [1] **Das Bundeszentralamt für Steuern darf in den Fällen des § 93 Abs. 7 und 8 auf Ersuchen bei den Kreditinstituten einzelne Daten aus den nach den Absätzen 1 und 1a zu führenden Dateisystemen im automatisierten Verfahren abrufen und sie an den Ersuchenden übermitteln. [2] Die Identifikationsnummer nach § 139b eines Verfügungsberechtigten oder eines wirtschaftlich Berechtigten darf das Bundeszentralamt für Steuern nur Finanzbehörden mitteilen.**

(3) **Die Verantwortung für die Zulässigkeit des Datenabrufs und der Datenübermittlung trägt der Ersuchende.**

(4) **§ 24c Abs. 1 Satz 2 bis 6, Abs. 4 bis 8 des Kreditwesengesetzes gilt entsprechend.**

§ 93b eingefügt durch G v 23.12.03 (BGBl I, 2928); Vorschr neu gefasst durch UntStRefG 2008 v 14.8.07 (BGBl I, 1912); Abs 1a eingefügt und Abs 2 neu gefasst durch StUmgBG v 23.6.17 (BGBl I, 1682); Abs 1 neu gefasst und Abs 2 S 1 geändert durch G v 17.7.17 (BGBl I, 2541).

Schrifttum: *Hoffmann* Die verfassungsrechtliche Problematik der Inpflichtnahme Privater am Beispiel der entschädigungslosen Inanspruchnahme der Kreditinstitute für das Kontenabrufverfahren (§ 24c KWG, §§ 93, 93b AO), WM 10, 193; *Wilhelm* Das revidierte abgabenrechtliche Kontenabrufverfahren und das Recht auf informationelle Selbstbestimmung, Diss Augsburg 2011; s auch Lit zu § 93.

Übersicht

1. Inhalt. Die Vorschr **gehört sachlich zu § 93 VII bis X** und regelt die Durchführung des automatisierten Kontenabrufs, während § 93 VII bis X die Voraussetzungen des automatisierten Kontenabrufs und die Rechte des Stpfl regeln. § 93b verpflichtet die Kreditinstitute, die Dateisysteme führen, die nach § 93 VII und VIII vom BZSt auf Ersuchen des FA, der Gemeinde oder anderer (Sozial-)Behörden abgerufen werden können; zu den Einzelheiten s § 93 Rz 80 ff. § 93b gilt auch für Kapitalanlagegesellschaften (§ 28 I 4, § 51 VIII KAGB) sowie nach § 22 II Zahlungsdiensteaufsichtsgesetz für sog E-Geld-Institute iSd Zweiten E-Geld-Richtlinie (RL 2009/110/EG, ABl 267, 7). Die Vorschrift wurde durch das StUmgBG v 23.6.2017 geändert, indem nun die Aufzeichnungspflicht für Kreditinstitute durch den neuen Abs 1a erweitert wurde und die Übermittlung der ID-Nummer iSv § 139b nach Abs 2 S 2 nur an FinBeh erfolgen darf und nicht an andere Behörden. Außerdem wurde in Abs 2 S 1 der Begriff „Datei" bzw „Dateien" durch die Begriffe „Dateisystem" bzw „Dateisystemen" ersetzt; diese Änderung wurde durch das G v 17.7.2017 versehentlich wiederholt. Inhaltlich handelt es sich um eine redaktionelle Anpassung an Art 4 Nr 6 der Datenschutz-VO (EU) 2016/679, s BT-Drs 18(11)1068, 61. 1

2. Verpflichtung der Kreditinstitute (Abs 1). Abs 1 begründet **keine neue Pflicht der Kreditinstitute** zur Führung einer Datei. Diese Pflicht besteht bereits 2 nach § 24c KWG. Die Datei nach § 24c KWG dient an sich aufsichtsrechtl Zwecken nach dem KWG, dem Aufspüren von Gewinnen aus schweren Straftaten, insbes im Hinblick auf unerlaubte Bankgeschäfte oder Finanzdienstleistungen oder den Missbrauch der Institute durch Geldwäsche oder betrügerische Handlungen zulasten der Institute (vgl § 24c II und III KWG). Berechtigt für einen Abruf nach § 24c KWG ist die Bundesanstalt für Finanzdienstleistungen auf Ersuchen bestimmter Behörden oder von Strafgerichten. § 93b stellt nun iVm § 93 VII, VIII klar, dass auch das BZSt zum Abruf dieser Dateien berechtigt ist.

3 Zum **Inhalt der Datei** verweist § 93b I daher folgerichtig auf § 24c I KWG. § 93 VII und VIII erlauben keinen Zugriff auf die Inhalte der Konten wie Kontenstand und Kontenbewegungen, sondern **nur den Zugriff auf sog Kontenstammdaten,** denn nur diese sind in der Datei nach § 24c I KWG zu speichern (§ 93 Rz 90). Im Einzelnen geht es um folgende Daten: die Nummer eines Kontos, das der Verpflichtung zur Legitimationsprüfung iSd § 154 II, IIa AO unterliegt – diese Verpflichtung gilt für jedes „reguläre" Bankkonto, s § 154 Rz 11 ff – oder die Nummer eines Depots, der Tag der Errichtung und Auflösung, der Name, sowie bei natürlichen Personen der Tag der Geburt des Inhabers und eines Verfügungsberechtigten sowie der Name und die Anschrift eines abweichend wirtschaftlich Berechtigten (§ 24c I 1 KWG).

4 **3. Erweiterte Pflicht zur Speicherung von Daten nach § 154 IIa (Abs 1a).** Durch das StUmgBG v 23.6.2017 ist Abs 1a mWv 1.1.2020 (Art 97 § 26 III 1 EGAO) eingefügt worden, der in **S 1** die Aufzeichnungspflicht der Kreditinstitute nach § 24c KWG erweitert. Die Kreditinstitute müssen nach Abs 1a zusätzlich zu den in § 24c KWG genannten Daten auch die Daten iSv § 154 IIa idF des StUmgBG v 23.6.2017 aufzeichnen. So muss das Kreditinstitut für jeden Kontoinhaber, für jeden Verfügungsberechtigten und für jeden wirtschaftlich Berechtigten iSd GwG die **Identifikationsnummer** nach § 139b sowie die **Wirtschaftsidentifikationsnummer** nach § 139c – soweit diese noch nicht vorliegt: die StNummer – aufzeichnen. Dies gilt nicht bei kleineren Kreditkonten mit einem Kreditrahmen von bis zu 12.000 € (§ 154 IIa 3).

5 Der Verweis in **S 2** auf Art 97 § 26 V Nrn 3 und 4 EGAO gewährt dem Kreditinstitut eine Frist zur Speicherung der Daten **bis zum 30.6.2020;** kann es diese Frist wegen fehlender Mitwirkung des Kontoinhabers bzw Verfügungsberechtigten nicht einhalten, muss es dies auf dem Konto festhalten und dies dem BZSt sowie die Daten nach § 154 II bis zum 30.9.2020 mitteilen. Durch den weiteren Verweis in S 2 auf § 154 IId wird die Möglichkeit eröffnet, dass die FinBeh Erleichterungen zur Pflicht, Daten iSv § 154 IIa zu speichern, gewähren können.

6 **4. Kontenabruf durch BZSt (Abs 2).** Das **Verfahren des Kontenabrufs** läuft nach Abs 2 über das **BZSt** (vgl § 5 Nr 24 FVG). Das BZSt wird auf Ersuchen der in § 93 VII 2 genannten StBehörden (FA oder Gemeinde, s § 93 Rz 91) oder anderer (Sozial-)Behörden iSv § 93 VIII 1 oder sonstiger Ersuchender, die nach § 93 VIII 2 in Bundesgesetzen ausdrücklich genannt sind, wie zB Gerichtsvollzieher (s § 93 Rz 95 f), tätig. Welche Verantwortlichkeit das BZSt dabei im Hinblick auf die Zulässigkeit des Kontenabrufs hat, ist nicht ganz klar: Die Bundesanstalt für Finanzdienstleistungen prüft zwar in dem eigentlichen Verfahren nach § 24c III 3 KWG die Zulässigkeit der Übermittlung der Daten an die ersuchende Behörde oder das ersuchende Gericht nur, „soweit hierzu besonderer Anlass besteht". § 24c III 3 wird aber in § 93b IV (s Rz 8) nicht in Bezug genommen. Man wird vom BZSt daher keine Plausibilitätskontrolle für das jeweilige Ersuchen um Vornahme der Kontenabfrage fordern können.

7 **5. Verantwortlichkeit (Abs 3).** Die Verantwortlichkeit für die Zulässigkeit der Kontenabfrage liegt nach Abs 3 eindeutig beim **Ersuchenden**, also zB dem FA, der Gemeinde oder der Sozialbehörde. Das ist insbes für den Rechtsschutz wichtig:

Geht das Ersuchen etwa von einem Sozialleistungsträger iSv § 93 VIII 1 aus, ist das Sozialgericht zuständig.

6. Anwendbarkeit des § 24c KWG (Abs 4). Abs 4 erklärt den überwiegenden Teil des § 24c KWG für entsprechend anwendbar. Dazu zählt ua die Vorschrift des § 24c I 6 KWG, wonach das die Datei führende Kreditinstitut durch technische und organisatorische Maßnahmen sicherzustellen hat, dass ihm Abrufe nicht zur Kenntnis gelangen. Gem entsprechender Anwendung des § 24c IV KWG hat das BZSt bestimmte Dokumentationspflichten für Zwecke der Datenschutzkontrolle. Nach § 93 X gibt es im Interesse des Rechtsschutzes der Betroffenen eine Dokumentationspflicht sowohl in den Fällen des § 93 VII als auch in den Fällen des § 93 VIII für die ersuchenden Stellen (s § 93 Rz 102). 8

§ 93c Datenübermittlung durch Dritte

(1) Sind steuerliche Daten eines Steuerpflichtigen auf Grund gesetzlicher Vorschriften von einem Dritten (mitteilungspflichtige Stelle) an Finanzbehörden elektronisch zu übermitteln, so gilt vorbehaltlich abweichender Bestimmungen in den Steuergesetzen Folgendes:

1. Die mitteilungspflichtige Stelle muss die Daten nach Ablauf des Besteuerungszeitraums bis zum letzten Tag des Monats Februar des folgenden Jahres nach amtlich vorgeschriebenem Datensatz durch Datenfernübertragung über die amtlich bestimmte Schnittstelle übermitteln; bezieht sich die Übermittlungspflicht auf einen Besteuerungszeitpunkt, sind die Daten bis zum Ablauf des zweiten Kalendermonats nach Ablauf des Monats zu übermitteln, in dem der Besteuerungszeitpunkt liegt.

2. Der Datensatz muss folgende Angaben enthalten:

a) den Namen, die Anschrift, das Ordnungsmerkmal und die Kontaktdaten der mitteilungspflichtigen Stelle sowie ihr Identifikationsmerkmal nach den §§ 139a bis 139c oder, soweit dieses nicht vergeben wurde, ihre Steuernummer;

b) hat die mitteilungspflichtige Stelle einen Auftragnehmer im Sinne des § 87d mit der Datenübermittlung beauftragt, so sind zusätzlich zu den Angaben nach Buchstabe a der Name, die Anschrift und die Kontaktdaten des Auftragnehmers sowie dessen Identifikationsmerkmal nach den §§ 139a bis 139c oder, wenn dieses nicht vergeben wurde, dessen Steuernummer anzugeben;

c) den Familiennamen, den Vornamen, den Tag der Geburt, die Anschrift des Steuerpflichtigen und dessen Identifikationsnummer nach § 139b;

d) handelt es sich bei dem Steuerpflichtigen nicht um eine natürliche Person, so sind dessen Firma oder Name, Anschrift und Wirtschafts-Identifikationsnummer nach § 139c oder, wenn diese noch nicht vergeben wurde, dessen Steuernummer anzugeben;

e) den Zeitpunkt der Erstellung des Datensatzes oder eines anderen Ereignisses, anhand dessen die Daten in der zeitlichen Reihenfolge geordnet werden können, die Art der Mitteilung, den betroffenen Besteuerungszeitraum oder Besteuerungszeitpunkt und die Angabe, ob es sich um eine erstmalige, korrigierte oder stornierende Mitteilung handelt.

3. Die mitteilungspflichtige Stelle hat den Steuerpflichtigen darüber zu informieren, welche für seine Besteuerung relevanten Daten sie an die Finanzbehörden übermittelt hat oder übermitteln wird. [2] Diese Information hat in geeigneter Weise, mit Zustimmung des Steuerpflichtigen elektronisch, und binnen angemessener Frist zu erfolgen. [3] Auskunftspflichten nach anderen Gesetzen bleiben unberührt.

4. **Die mitteilungspflichtige Stelle hat die übermittelten Daten aufzuzeichnen und diese Aufzeichnungen sowie die der Mitteilung zugrunde liegenden Unterlagen bis zum Ablauf des siebten auf den Besteuerungszeitraum oder Besteuerungszeitpunkt folgenden Kalenderjahres aufzubewahren; die §§ 146 und 147 Absatz 2, 5 und 6 gelten entsprechend.**

(2) **Die mitteilungspflichtige Stelle soll Daten nicht übermitteln, wenn sie erst nach Ablauf des siebten auf den Besteuerungszeitraum oder Besteuerungszeitpunkt folgenden Kalenderjahres erkennt, dass sie zur Datenübermittlung verpflichtet war.**

(3) [1]**Stellt die mitteilungspflichtige Stelle bis zum Ablauf des siebten auf den Besteuerungszeitraum oder Besteuerungszeitpunkt folgenden Kalenderjahres fest, dass**

1. **die nach Maßgabe des Absatzes 1 übermittelten Daten unzutreffend waren oder**
2. **ein Datensatz übermittelt wurde, obwohl die Voraussetzungen hierfür nicht vorlagen,**

so hat die mitteilungspflichtige Stelle dies vorbehaltlich abweichender Bestimmungen in den Steuergesetzen unverzüglich durch Übermittlung eines weiteren Datensatzes zu korrigieren oder zu stornieren. [2]**Absatz 1 Nummer 2 bis 4 gilt entsprechend.**

(4) [1]**Die nach den Steuergesetzen zuständige Finanzbehörde kann ermitteln, ob die mitteilungspflichtige Stelle**

1. **ihre Pflichten nach Absatz 1 Nummer 1, 2 und 4 und Absatz 3 erfüllt und**
2. **den Inhalt des Datensatzes nach den Vorgaben des jeweiligen Steuergesetzes bestimmt hat.**

[2]**Die Rechte und Pflichten der für die Besteuerung des Steuerpflichtigen zuständigen Finanzbehörde hinsichtlich der Ermittlung des Sachverhalts bleiben unberührt.**

(5) **Soweit gesetzlich nichts anderes bestimmt ist, ist die nach den Steuergesetzen für die Entgegennahme der Daten zuständige Finanzbehörde auch für die Anwendung des Absatzes 4 und des § 72a Absatz 4 zuständig.**

(6) **Die Finanzbehörden dürfen von den mitteilungspflichtigen Stellen mitgeteilte Daten im Sinne der Absätze 1 und 3 verarbeiten, wenn dies zur Erfüllung der ihnen obliegenden Aufgaben oder in Ausübung öffentlicher Gewalt, die ihnen übertragen wurde, erforderlich ist.**

(7) **Soweit gesetzlich nichts anderes bestimmt ist, darf die mitteilungspflichtige Stelle die ausschließlich zum Zweck der Übermittlung erhobenen und gespeicherten Daten des Steuerpflichtigen nur für diesen Zweck verwenden.**

(8) **Die Absätze 1 bis 7 sind nicht anzuwenden auf**

1. **Datenübermittlungspflichten nach § 51a Absatz 2c oder Abschnitt XI des Einkommensteuergesetzes,**
2. **Datenübermittlungspflichten gegenüber den Zollbehörden,**
3. **Datenübermittlungen zwischen Finanzbehörden und**
4. **Datenübermittlungspflichten ausländischer öffentlicher Stellen.**

Vorschr eingefügt durch StModernG v 18.7.16 (BGBl I, 1679); Abs 6 neu gefasst durch G v 17.7.17 (BGBl I, 2541).

Schrifttum: *Baum* Modernisierung des Besteuerungsverfahrens – Teil 4: Neuerungen bei der elektronischen Übermittlung steuerrelevanter Daten durch Dritte, NWB 16, 2852; *Höreth/Stelzer* Gesetz zur Modernisierung des Besteuerungsverfahrens, DStZ 16, 520; *Sowinski* Amtsveranlagung für Inlandsrentner, NWB 17, 2170.

Übersicht

1. Inhalt. a) Zweck. Die Vorschrift ist durch das StModernG v 18.7.16 mWv 1.1.2017 neu eingefügt worden. Sie regelt die Grundsätze für die Datenübermittlung **durch Dritte** an FinBeh und soll das Verfahrensrecht an die moderne Kommunikation, dh an die elektronische Übermittlung, anpassen (BT-Drs 18/7457, 71). § 93c will die Grundsätze, die sich bereits aus den in den Einzelsteuergesetzen bestehenden Datenübermittlungspflichten ergeben, in der AO **„vor die Klammer"** ziehen und hinsichtlich der Rechte und Pflichten des Datenübermittlers, der Form, Fristen sowie Haftung vereinheitlichen (BT-Drs 18/7457, 71). Dies soll zugleich zu einer Entlastung der Einzelsteuergesetze sowie zu einer Beseitigung von Widersprüchen, die sich aus den Einzelsteuergesetzen ergeben, führen. Dabei schafft § 93c **keine neuen Übermittlungspflichten,** sondern setzt diese voraus, zB die Datenübermittlung durch Krankenversicherungen nach § 10 I Nr 2, II 3, IIa EStG, durch die Träger der gesetzlichen Rentenversicherung gem § 22a EStG oder durch ArbG gem § 41b I EStG. Soweit die Einzelgesetze abweichende Regelungen enthalten, gehen diese – wie Abs 1 S 1 deutlich macht („vorbehaltlich abweichender Bestimmungen") – dem § 93c vor; auch ist § 93c nach Abs 8 bei bestimmten Datenübermittlungspflichten nicht anwendbar, zB nach § 51a IIc EStG für die KiSt auf die Abgeltungssteuer, die Altersvorsorgezulage (s auch Abs 8) oder bei Datenübermittlungspflichten ggü den Zollbehörden. § 93c kann also durch Regelungen in den Einzelgesetzen ergänzt, ersetzt oder ausgeschlossen werden. Enthält das Einzelgesetz aber keine Aussage zu § 93c, ist § 93c anwendbar, sofern das Einzelgesetz eine elektronische Übermittlungspflicht eines Dritten vorsieht, Daten des Stpfl an eine FinBeh zu übermitteln. 1

b) Zusammenhang mit weiteren Änderungen. Verfahrensrechtlich ergänzt wird § 93c durch § 93d, der eine Erprobung des Verfahrens nach § 93c ermöglicht, durch § 87b, der eine RechtsVO für die die Festlegung der technischen Einzelheiten zulässt, durch § 72a IV, der eine Haftung bei schuldhafter fehlerhafter Datenübermittlung anordnet, durch § 203a, der eine Ap bei der übermittlungspflichtigen Stelle bzgl der Erfüllung der Pflichten nach § 93c zulässt, durch § 150 VII 2, der die nach § 93c übermittelten Daten als Angaben des Stpfl behandelt, wenn der Stpfl nicht widerspricht, durch § 175b, der eine Änderung des StBescheids im Fall der unrichtigen Datenübermittlung vorsieht, sowie durch § 171 Xa, der eine Ablaufhemmung bei Datenübermittlung vorsieht. 2

c) Aufbau der Vorschrift. In Abs 1 werden die Pflichten der datenübermittelnden Stelle genannt, und zwar die Frist, der Inhalt, die Unterrichtungspflicht ggü dem Stpfl sowie die Aufzeichnungspflicht. Abs 2 enthält eine Ausnahme von der Übermittlungspflicht nach Eintritt der Verjährung. Abs 3 begründet eine Berichtigungspflicht im Fall der unrichtigen Datenübermittlung. Abs 4 räumt dem FA eine Überprüfungsmöglichkeit ein. In Abs 5 wird die Zuständigkeit des datenemp- 3 fangenden FA auf den Erlass des Haftungsbescheids nach § 72a IV erstreckt. Die Abs 6 und 7 setzen den Datenschutz um. Und Abs 8 schließt den Anwendungsbereich des § 93c I bis VII für die in Abs 8 genannten Datenübermittlungen aus.

5 **d) Kritik.** Die Vorschrift ist systematisch betrachtet **verfehlt.** Sie gehört zu dem Komplex „elektronische Veranlagung" und hätte ebenso wie §§ 87a bis 87e, 88a und 88b, 72a und 93d in einen eigenen Abschnitt in der AO aufgenommen werden sollen. Die aktuelle Stellung der Vorschrift im Abschn „Beweis durch Auskünfte und Sachverständigengutachten" ist unpassend. Auch die permanente Einfügung neuer „Buchstaben-Vorschriften" wie § 93c trägt zur Unübersichtlichkeit der AO bei, zumal diese Vorschriften ihrerseits unübersichtlich aufgebaut sind und innerhalb der jeweiligen Vorschrift unterschiedliche Regelungsinhalte und Adressaten aufweisen. Die Unübersichtlichkeit wird durch die häufige Ermächtigungsbefugnis zum Erlass von RechtsVO erhöht (zB §§ 87b III, 88b III, 93d). So regeln Abs 1 bis 3, aber auch Abs 7 des § 93c die Pflichten des Datenübermittlers, während Abs 4 die Rechte des FA, Abs 5 die Zuständigkeit des FA – auch für § 72a IV – und Abs 6 die Pflichten des FA bestimmt.

10 **2. Pflichten des Datenübermittlers (Abs 1). a) Pflichten nach Abs 1.** Nach Abs 1 Nr 1 treffen den Datenüermittler die folgenden Pflichten, sofern sich aus den Einzelgesetzen keine abweichenden Regelungen ergeben (s Rz 1): **Nr 1** regelt die **Frist** für die Übermittlung. Die Daten für den VZ müssen grds bis Ende Februar des Folgejahres, dh bis zum 28.2. oder 29.2., dem FA übermittelt werden. Geht es um Daten für einen bestimmten Besteuerungszeitpunkt, müssen die Daten bis zum Ende des zweiten Monats, der nach dem Monat des Besteuerungszeitpunkts liegt, übermittelt werden. Bei der LSt kann die Bescheinigung nach Abschluss des Lohnkontos auch schon im Laufe des Kj erfolgen (BT-Drs 18/7457, 72). Die Übermittlung muss über die amtlich bestimmte Schnittstelle erfolgen; dies ist die in § 87b II genannte Schnittstelle. Eine Übermittlung in Papierform oder per Datenträger (CD, DVD, USB-Stick) ist nicht zulässig.

§ 93c gilt gem Art 97 § 27 II EGAO erstmals für stl Daten eines Stpfl für VZ nach 2016 oder Besteuerungszeitpunkte nach dem 31.12.2016. Damit ist **erstmals bis zum 28.2.2018** die Datenübermittlung für den Zeitraum 2017 durchzuführen.

11 **Nr 2** legt den Inhalt der Datenübermittlung fest: Die Buchst a bis d der Nr 2 dienen der Identifizierung der übermittelnden Stellen sowie des Stpfl. Hingegen verlangt Buchst e Angaben zur Bestimmbarkeit des übermittelten Datensatzes. Nach **Buchst a** sind die für die Identifizierung des **Datenübermittlers** erforderlichen Angaben mitzuteilen, also Name, Anschrift, Kontaktdaten (E-Mail-Adresse und Telefon) sowie das Identifizierungsmerkmal iSv §§ 139a bis 139c des Datenübermittlers bzw dessen Steuernummer, solange das Merkmal nach § 139c noch nicht vergeben ist. Die Angaben für die Identifizierung des Stpfl werden hingegen durch die Regelung in Buchst c verlangt. Beauftragt die übermittlungspflichtige Stelle, zB die Krankenversicherung, einen Dritten mit der Übermittlung (zB DATEV), müssen nach **Buchst b** zusätzlich auch dessen Identifizierungsmerkmale wie bei Buchst a mitgeteilt werden. Die **Buchst c und d** verlangen schließlich auch Angaben zur Identifizierung des Stpfl oder – wenn dieser keine natürliche Person ist – Angaben zur Firma und zum Identifizierungsmerkmal nach § 139c bzw der StNummer. Die Verwendung der Identifikationsmerkmale iSv §§ 139b, 139c wird zusätzlich durch § 139b II 2 Nr 3 und § 139c II 2 abgesichert. Nach **Buchst e** müssen Angaben zur Bestimmbarkeit des Datensatzes erfolgen, zB zum Zeitpunkt der Erstellung des Datensatzes und dazu, ob es sich um eine erstmalige oder korrigierte bzw stornierende Datenübermittlung iSv Abs 3 handelt. Außerdem sind Angaben zum VZ bzw Besteuerungszeitpunkt erforderlich; dies ermöglicht eine Zuordnung der Daten zum materiellen StRecht.

13 Nach **Nr 3** trifft den Übermittlungspflichtigen eine **Unterrichtungspflicht** ggü dem Stpfl. Dieser soll erfahren, welche ihn betreffende Daten an das FA übersendet

worden sind. Die Regelung gilt nicht bei der Übermittlung von Rentendaten gem § 22a I 2 EStG, sondern wird insoweit von § 22a III EStG verdrängt. Die Unterrichtung nach Nr 3 soll dem Stpfl eine Überprüfung der übermittelten Daten und ggf einen Widerspruch nach § 150 VII 2, § 155 IV 3 ermöglichen. Eine Frist für die Unterrichtung ist in **S 2** nicht vorgeschrieben. Die Unterrichtung des Stpfl kann daher bereits vor der Datenübermittlung an das FA erfolgen (BT-Drs 18/7457, 72). Im Hinblick auf die Möglichkeit des Stpfl, abweichende Angaben in seiner StErklärung nach § 150 VII 2 zu machen, sollte die Unterrichtung aber ebenso wie die Datenübermittlung nach Abs 1 Nr 1 selbst gegen Ende Februar des Folgejahres erfolgen. Die Art der Übermittlung ist nicht vorgeschrieben, kann also auch in Papierform erfolgen. **S 3** der Nr 3 stellt klar, dass weitere Auskunftspflichten des Datenübermittlers unberührt bleiben. Damit sind Auskunftspflichten ggü dem Stpfl gemeint, zB nach § 19 BDSG oder nach § 4a BetrAVG (*SP/Volquardsen* § 93c Rz 18).

Nach **Nr 4** muss der Übermittlungspflichtige die Daten **aufzeichnen** und bis zum Ablauf von sieben Jahren nach Ablauf des Besteuerungszeitraums bzw Besteuerungszeitpunkts **aufbewahren.** Diese Frist entspricht der vierjährigen Festsetzungsfrist, die um eine dreijährige Anlaufhemmung gem § 170 II 1 Nr 1 verlängert wird; dies entspricht dem in Abs 2 genannten Zeitraum. Der Verweis auf §§ 146, 147 II, V und VI im 2. HS der Nr. 4 bedeutet insbes, dass die Aufzeichnungen digital gefertigt werden können – im Hinblick auf § 93c, der die elektronische Übermittlung regelt, ist dies eine Selbstverständlichkeit – und dass sie lesbar gemacht werden müssen und digital überprüft werden können. Dies soll eine Überprüfung nach Abs 4 ermöglichen, bei der festgestellt wird, ob der Übermittlungspflichtige seinen Pflichten nach § 93c nachgekommen ist. Beginnt die Prüfung iSv Abs 4 erst kurz vor Ablauf der siebenjährigen Aufbewahrungsfrist, verlängert sich die Aufbewahrungsfrist nicht, da Nr 4 keine entsprechende Verlängerung vorsieht und da Nr 4 2. HS nicht auf § 147 III 3 Bezug nimmt, der eine Verlängerung der Aufbewahrungsfrist im Fall der Ablaufhemmung vorsieht (*HHSp/Schuster* § 93c Rz 26; aA *SP/Volquardsen* § 93c Rz 20, der von einer ungeschriebenen Verlängerung der Aufbewahrungsfrist ausgeht). Gleiches gilt auch bei einer Prüfung nach § 203a, da auch hier bereits § 147 III 3 nicht gilt und zudem auch eine Ablaufhemmung nach § 171 IV zu verneinen ist, weil diese nur bei einer StFestsetzung eintreten kann, nicht aber bei einer Datenübermittlung. 15

b) Rechtsfolgen des Abs 1. Die Übermittlung der Daten ermöglicht dem FA die Berücksichtigung der Daten im StBescheid des Stpfl. Sofern das FA einen StBescheid bereits erlassen hat, kann es diesen nach § 175b I ändern oder aufheben, soweit es die nun übermittelten Daten noch nicht berücksichtigt hat. Hierbei ist die Ablaufhemmung von zwei Jahren nach § 171 Xa zu beachten. Die übermittelten Daten gelten nach § 150 VII 2 als Angaben des Stpfl in einer StErklärung, es sei denn, dass er in seiner StErklärung hierzu abweichende Angaben macht. 16

Bei einer **Verletzung** des Abs 1 kann der Übermittlungspflichtige nach § 72a IV durch Haftungsbescheid in Anspruch genommen werden, wenn die Pflichtverletzung zumindest grob fahrlässig war. Sofern der Datenübermittler ein Idenitifikationsmerkmal iSv § 139a, dh die Identifikationsnummer oder die Wirtschafts-Identifikationsnummer, zweckwidrig verwendet, kann dies als Ordnungswidrigkeit gem § 383a mit einer Geldbuße bis zu 10.000 € geahndet werden. Unabhängig von einem Verschulden ist der Datenübermittler zu einer Korrektur bzw einem Storno nach Maßgabe des Abs 3 verpflichtet (s Rz 21 f).

3. Unterbleiben der Datenübermittlung (Abs 2). Nach Abs 2 soll nach Ablauf des Zeitraums von sieben Jahren (s Rz 15) eine Datenübermittlung unterbleiben, wenn der Übermittlungspflichtige erst nach Ablauf dieses Zeitraums seine Übermittlungspflicht erkennt. Dahinter steckt die Überlegung, dass eine Verwertung der Daten infolge der im Regelfall bereits eingetretenen **Festsetzungsver-** 18

jährung gem § 169 II 1 Nr 2, § 170 II 1 Nr 2 ohnehin nicht mehr möglich ist. Auf die konkrete Dauer der Verjährungsfrist für den Stpfl kommt es nicht an, so dass nach Ablauf des Zeitraums von sieben Jahren eine Datenübermittlung auch dann nicht erfolgen soll, wenn der StBescheid des Stpfl für den betreffenden VZ noch nicht verjährt ist, zB wegen eines Vorläufigkeitsvermerks oder wegen einer verlängerten Festsetzungsfrist gem § 169 II 2 (*SP/Volquardsen* § 93c Rz 21). Abs 2 enthält aber kein Verbot einer Datenübermittlung nach Ablauf des Zeitraums von sieben Jahren und löst auch kein Verwertungsverbot aus, falls die Verjährung noch nicht eingetreten ist.

Hingegen bleibt die übermittlungspflichtige Stelle zur Datenübermittlung auch nach Ablauf von sieben Jahren verpflichtet, wenn sie bereits vor Ablauf der sieben Jahre ihre Übermittlungspflicht erkannt hat (*Baum* NWB 16, 2852, 2856). Allerdings wird dann eine Verwertung der Daten idR scheitern, da die Festsetzungsverjährung bereits eingetreten ist und eine Ablaufhemmung nach § 171 Xa nicht eintritt.

21 **4. Korrektur- und Stornopflicht (Abs 3).** Der Übermittlungspflichtige muss nach Abs 3 S 1 Nr 1 unzutreffende Daten, die er übermittelt hat, unverzüglich korrigieren, wenn er **innerhalb des Zeitraums von sieben Jahren** (s Rz 15) die Fehlerhaftigkeit feststellt. Außerdem muss der Datenübermittler nach Abs 3 S 1 Nr 2 seinen übermittelten Datensatz unverzüglich stornieren, wenn er innerhalb des Zeitraums von sieben Jahren erkennt, dass die Voraussetzungen für eine Datenübermittlung nicht vorlagen, zB mangels gesetzlicher Übermittlungspflicht; soweit das Gesetz hier von „mitteilungspflichtiger Stelle" spricht, ist dies ungenau, weil mangels Voraussetzungen keine Mitteilungspflicht bestand. Der Begriff „unverzüglich" meint ohne schuldhaftes Zögern gem § 121 I BGB. Die Regelung des Abs 3 ist an § 153 angelehnt, der für Datenübermittler aber nicht gilt, weil er nur StErklärungen erfasst. Der Inhalt der Korrektur bzw des Stornos richtet sich gem S 2 nach Abs 1 Nrn 2 bis 4 (s Rz 11 bis 15).

22 **Rechtsfolgen** einer Befolgung des Abs 3 sind: Stellt sich auf Grund einer Korrektur oder eines Stornos heraus, dass die bislang übermittelten Daten fehlerhaft waren, kann dies zu einer Änderung des StBescheids nach § 175b I führen (zu Einzelheiten s § 175b Rz 3 ff). Außerdem löst die Übermittlung der korrigierten bzw stornierten Daten eine Ablaufhemmung nach § 171 Xa aus, da es sich bei der Übermittlung der Korrektur bzw des Stornos ebenfalls um Daten eines Stpfl „im Sinne des § 93c" gem § 171 Xa handelt. Wird die Pflicht zur Korrektur bzw zum Storno nach Abs 3 **verletzt,** kann dies zu einer Haftung nach § 72a IV Nr 2 führen. Eine StOWi oder eine StVerkürzung ist – anders als bei einer Verletzung des § 153 (s § 153 Rz 21) – jedoch nicht zu bejahen.

24 **5. Überprüfung der Übermittlungspflicht durch das FA (Abs 4).** Das zuständige FA darf nach Abs 4 S 1 ermitteln, ob der Übermittlungspflichtige seine Pflichten nach Abs 1 Nrn 1, 2 und 4 sowie nach Abs 3 erfüllt hat und ob der Inhalt der übermittelten Daten den Vorgaben des jeweiligen StGesetzes entsprochen hat. Nicht zu überprüfen sind die Erfüllung der Unterrichtungspflicht nach Abs 1 Nr 3 sowie die Ausnahme von der Übermittlungspflicht nach Abs 2. Das FA kann die Ermittlung an Amtsstelle durchführen oder im Rahmen einer eigenständigen Ap gem § 203a. Welche die zuständige FinBeh iSv S 1 ist, richtet sich nach dem jeweiligen Einzelsteuergesetz, s hierzu Rz 26. Abs 4 S 1 wird durch verschiedene Regelungen in den Einzelgesetzen ausgeschlossen, zB durch § 10 IIa 7, IVb 6, § 43 I 7, II 8 sowie durch § 65 IIIa EStDV. Ergibt die Überprüfung Beanstandungen, kann dies zu einer Haftung des Datenübermittlers nach § 72a IV, zu einer Geldbuße nach § 383a oder zu einer Korrektur- bzw Stornopflicht nach Abs 3 führen.

Durch **S 2** wird klargestellt, dass das für die Besteuerung des Stpfl zuständige FA den Sachverhalt unabhängig von der Prüfung nach Abs 3 ermitteln darf.

6. Zuständigkeit (Abs 5). Nach den StGesetzen richtet sich die Zuständigkeit des Datenempfängers sowie die Zuständigkeit für die Überprüfung nach Abs 4 und die Haftungsinanspruchnahme nach § 72a IV. Jedoch enthalten verschiedene StGesetze Sonderregelungen wie zB § 10 IIa 8 Nr 1 sowie § 10 II 3 EStG iVm § 5 I Nr 36 FVG für das BZSt bei Vorsorgeaufwendungen, § 22a I EStG iVm § 5 I Nr 18 Buchst d FVG für das BZSt bei Rentenbezügen, § 41b IV 1 EStG für das Betriebsstätten-FA im Bereich der LSt oder § 50 III EStDV für das FA, in dessen Bezirk sich der gemeinnützige Verein befindet, im Bereich des Spendenabzugs (*SP/Volquardsen* § 93c Rz 28). 26

7. Datenschutz (Abs 6 und 7). Nach **Abs 6** dürfen die **FinBeh** die ihnen übermittelten Daten nur zur Erfüllung steuerlicher Verfahren verarbeiten; dies entspricht § 30 IV Nr 1, so dass eine Verarbeitung für die anderen in § 30 IV genannten Fallgruppen nicht zulässig ist (*SP/Volquardsen* § 93c Rz 31). Eine Begrenzung nur auf den in der Datenübermittlung genannten Stpfl ist mit der Formulierung in Abs 6 nicht verbunden, so dass die Daten auch für StVerfahren anderer Stpfl oder für andere StArten oder VZ verwendet werden dürfen (so auch *Baum* NWB 16, 2852, 2856). Durch das G v 17.7.17 ist der Begriff „verwenden" in Abs 6 durch den Begriff „verarbeiten" ersetzt worden; dies ist eine redaktionelle Anpassung an Art 4 Nr 2 der Datenschutz-VO (EU) 2016/679, s BT-Drs 18(11)1068, 61. 29

Abs 7 betrifft hingegen den **Übermittlungspflichtigen** und legt fest, dass dieser die Daten iSv § 93c nur für den Zwecke des § 93c verwenden darf.

8. Ausschluss des § 93c (Abs 8). In bestimmten Bereichen ist § 93c I bis VII nicht anwendbar. Dies betrifft die KiSt auf die Abgeltungsteuer gem § 51a IIc EStG, weil die Kirche nicht zu den FinBeh iSv § 93c gehört (*SP/Volquardsen* § 93c Rz 33). Die Ausnahme für die Altersvorsorgezulage steht im Zusammenhang mit der Ermächtigung nach § 87b III. Die Datenübermittlung im Zollbereich wird nicht durch die AO geregelt, wie sich aus § 87e ergibt. Ausgeschlossen sind ferner Datenübermittlung zwischen FinBeh, da insbes die in § 93c geregelten Pflichten ggü übermittelnden FinBeh nicht durchsetzbar wären. Und schließlich bleibt die Übermittlung durch ausländ öffentliche Stellen einschlägigen gesetzlichen Regelungen wie zB dem EUAHiG oder bilateralen DBA vorbehalten. 31

§ 93d Verordnungsermächtigung

[1] Das Bundesministerium der Finanzen kann durch Rechtsverordnung mit Zustimmung des Bundesrates bestimmen, dass Daten im Sinne des *§ 93c* vor der erstmaligen Übermittlung für Zwecke der Erprobung erhoben werden, soweit dies zur Entwicklung, Überprüfung oder Änderung von automatisierten Verfahren erforderlich ist. [2] Die Daten dürfen in diesem Fall ausschließlich für Zwecke der Erprobung verarbeitet und müssen innerhalb eines Jahres nach Beendigung der Erprobung gelöscht werden.

Vorschr eingefügt durch StModernG v 18.7.2016 (BGBl I, 1679).

1. Ermächtigung (S 1). Durch S 1 wird das BMF ermächtigt, eine RechtsVO mit Zustimmung des Bundesrats zu erlassen, nach der Daten iSv § 93c zum Zwecke der Erprobung erhoben werden. Von der Ermächtigung ist bislang kein Gebrauch gemacht worden. Durch § 93d soll eine Qualitätssicherung der technischen Verfahren vorab sowohl bei den Übermittlungspflichtigen als auch bei den FinBeh ermöglicht werden (*Baum* NWB 16, 2852, 2857). Die Erprobung soll mit echten personenbezogenen Daten durchgeführt werden (BT-Drs 18/7457, 73). Allerdings wäre für eine Übermittlung von Daten, die dem Sozialgeheimnis unterliegen, eine Änderung des § 71 SGB X erforderlich, damit diese zwecks Erprobung an die FinBeh übermittelt werden dürfen (BT-Drs 18/7457, 73). Die Daten dürfen nach 1

S 2 nicht für die Besteuerung, sondern nur für die Erprobung verwendet werden und sind innerhalb eines Jahres nach Beendigung der Erprobung zu löschen. Damit wird der Datenschutz nach § 20 II Nr 2 BDSG umgesetzt.

2 **2. Inkrafttreten.** Die Regelung gilt für Daten für Besteuerungszeiträume bzw Besteuerungszeitpunkte ab 2017 (Art 97 § 27 II EGAO). Dieser zeitliche Anwendungsbereich ist mit dem des § 93c identisch (s § 93c Rz 10); da die Erprobung aber vor dem „Echt-Betrieb", dh vor der Datenübermittlung nach § 93c, erfolgen soll, hätte es nahe gelegen, § 93d vor der Regelung des § 93c in Kraft treten zu lassen (*SP/Volquardsen* § 93c Rz 6).

4 **3. Kritik.** Die Kritik an der systematischen Stellung der Vorschriften für die elektronische Veranlagung (s § 93c Rz 5) gilt insbes auch für § 93d: Eine Vorschrift, die eine Erprobung ermöglichen soll – zudem erst nach Erlass einer RechtsVO –, gehört nicht in die AO, sondern hätte in einem Nebengesetz untergebracht statt in einer künftigen RechtsVO geregelt werden sollen.

§ 94 Eidliche Vernehmung

(1) [1]**Hält die Finanzbehörde mit Rücksicht auf die Bedeutung der Auskunft oder zur Herbeiführung einer wahrheitsgemäßen Auskunft die Beeidigung einer anderen Person als eines Beteiligten für geboten, so kann sie das für den Wohnsitz oder den Aufenthaltsort der zu beeidigenden Person zuständige Finanzgericht um die eidliche Vernehmung ersuchen.** [2]**Befindet sich der Wohnsitz oder der Aufenthaltsort der zu beeidigenden Person nicht am Sitz eines Finanzgerichts oder eines besonders errichteten Senats, so kann auch das zuständige Amtsgericht um die eidliche Vernehmung ersucht werden.**

(2) [1]**In dem Ersuchen hat die Finanzbehörde den Gegenstand der Vernehmung sowie die Namen und Anschriften der Beteiligten anzugeben.** [2]**Das Gericht hat die Beteiligten und die ersuchende Finanzbehörde von den Terminen zu benachrichtigen.** [3]**Die Beteiligten und die ersuchende Finanzbehörde sind berechtigt, während der Vernehmung Fragen zu stellen.**

(3) **Das Gericht entscheidet über die Rechtmäßigkeit der Verweigerung des Zeugnisses oder der Eidesleistung.**

Übersicht

1 **1. Inhalt.** Auskünfte iSv § 93, die von **anderen Personen als dem Beteiligten** gem § 93 I 3 (s § 93 Rz 14 ff) erteilt werden, können beeidigt werden, um die Bedeutung der Auskunft zu stärken. Hierfür sieht § 94 ein Verfahren vor, das idR dem FG die Aufgabe der eidlichen Vernehmung überträgt. Auf das Eidesverfahren sind die Vorschriften der ZPO anzuwenden (vgl § 82 FGO iVm §§ 478–481, 483, 484 ZPO). § 94 ermöglicht auch die Beeidigung eines Sachverständigen gem § 96 VII 5, s § 96 Rz 9.

2 **2. Voraussetzungen (Abs 1 und 2). a) Bedeutung der Auskunft.** Die Vereidigung muss nach Abs 1 S 1 mit Rücksicht auf die Bedeutung der Auskunft

geboten sein. Sie soll grds das letzte Mittel zur Wahrheitserforschung sein. Eidliche Vernehmung ist nur für andere Personen als die Beteiligten vorgesehen. Der **Beteiligte** selbst kann nur eine **eidesstattliche Versicherung** nach § 95 abgeben. Nur die Angehörigen eines Beteiligten haben das Recht, die Beeidigung ihrer Auskunft zu verweigern (§ 101 II).

b) Ersuchen des FA. Das FG bzw Amtsgericht vereidigt nach Abs 1 **S 1** nur auf Ersuchen des FA. Das Ersuchen des FA an das Gericht ist ein **VA** (BFH/NV 96, 200). Der Betroffene, um dessen eidliche Vernehmung ersucht wird, kann dagegen Einspruch einlegen, nicht aber der Beteiligte (s Rz 7). 3

Die Beteiligten und das FA sind von den Terminen zur Eidesabnahme zu unterrichten **(Abs 2 S 2);** sie können während der Vernehmung Fragen stellen.

c) Zuständigkeit. Nach § 94 ist zur Abnahme eines Eides nur das FG oder – im Fall des Abs 1 S 2 – Amtsgericht befugt. Zur internen Zuständigkeit beim FG s § 158 FGO. 4

4. Prüfungsbefugnis des Gerichts (Abs 3). Das Gericht hat lediglich über die **formelle Ordnungsmäßigkeit** des Ersuchens und die **Rechtmäßigkeit einer etwaigen Verweigerung des Zeugnisses** oder der Eidesleistung zu entscheiden, nicht jedoch darüber, ob die Voraussetzungen des § 93 für eine Auskunftserteilung durch den Dritten oder des § 94 für eine Beeidigung der Aussage vorliegen (BFH BStBl 80, 2; BFH/NV 92, 783; 96, 200). Das FG muss aber prüfen, ob die zu vernehmende Person Subjekt der vom FA beantragten eidlichen Vernehmung sein kann (BFH/NV 96, 200): So darf etwa eine Person nicht eidlich vernommen werden, die aus Anlass eines Vollstreckungsverfahrens gegen einen StSchuldner behauptet, ihr stehe am Gegenstand der Vollstreckung ein die Veräußerung hinderndes Recht zu (BFH BStBl 79, 538; FG Nds EFG 79, 239). 5

5. Rechtsschutz. Das **Ersuchen des FA** an das FG (zum Amtsgericht s Rz 10), eine eidliche Vernehmung durchzuführen, stellt einen VA dar, gegen den der Einspruch statthaft ist. Den Einspruch einlegen kann der **Auskunftspflichtige,** dessen eidliche Vernehmung beantragt wird. Hingegen kann der Stpfl, dessen eidliche Vernehmung nicht nach § 94 möglich ist (s Rz 2) und der deshalb nicht Betroffener des Ersuchens ist, mangels Beschwer keinen Einspruch einlegen (*HHSp/Schuster* § 94 Rz 36). 7

Die **Entscheidung des FG,** dem Ersuchen um eidliche Vernehmung stattzugeben, ist mit der Beschwerde nach § 128 FGO anfechtbar, allerdings nur von demjenigen, der von einer solchen Entscheidung in seinen Rechten verletzt ist (BFH BStBl 80, 2), dh vom Auskunftspflichtigen. Der Stpfl ist hingegen durch die stattgebende Entscheidung des FG nicht beschwert (*TK/Seer* § 94 Rz 10; aA *Kanzler* DStZ 77, 326). 8

Anders ist es bei der Zurückweisung des Ersuchens durch das FG: Hier sind sowohl der Stpfl als auch das FA nach § 128 I FGO beschwerdebefugt (vgl *HHSp/Schuster* § 94 Rz 36, 37). Dagegen scheidet insoweit der Betroffene, dessen eidliche Vernehmung durch das Gericht abgelehnt wird, mangels Beschwer als Beschwerdeberechtigter aus. 9

Ist statt des FG das **Amtsgericht** gem Abs 1 S 2 tätig geworden, ist statt einer Beschwerde iSv § 128 I FGO eine sofortige Beschwerde nach § 567 ZPO zulässig, sofern die Beschwer nach den vorstehend genannten Grundsätzen (s Rz 7 ff) zu bejahen ist. 10

Der Bevollmächtigte, der den Stpfl im Verwaltungsverfahren vertritt, ist in keinem Fall beschwerdeberechtigt (BFH/NV 92, 783). Das gilt sowohl bei Stattgabe als auch bei Zurückweisung des Ersuchens. 11

6. Strafrechtliche Folgen. Bei einer eidlichen Falschaussage ergeben sich strafrechtl Folgen nach § 154 (Meineid), § 155 (eidesgleiche Bekräftigung) oder § 163 StGB (fahrlässiger Falscheid). 14

§ 95 Versicherung an Eides statt

(1) [1] **Die Finanzbehörde kann den Beteiligten auffordern, dass er die Richtigkeit von Tatsachen, die er behauptet, an Eides statt versichert.** [2] **Eine Versicherung an Eides statt soll nur gefordert werden, wenn andere Mittel zur Erforschung der Wahrheit nicht vorhanden sind, zu keinem Ergebnis geführt haben oder einen unverhältnismäßigen Aufwand erfordern.** [3] **Von eidesunfähigen Personen im Sinne des § 393 der Zivilprozessordnung darf eine eidesstattliche Versicherung nicht verlangt werden.**

(2) [1] **Die Versicherung an Eides statt wird von der Finanzbehörde zur Niederschrift aufgenommen.** [2] **Zur Aufnahme sind der Behördenleiter, sein ständiger Vertreter sowie Angehörige des öffentlichen Dienstes befugt, welche die Befähigung zum Richteramt haben oder die Voraussetzungen des § 110 Satz 1 des Deutschen Richtergesetzes erfüllen.** [3] **Andere Angehörige des öffentlichen Dienstes kann der Behördenleiter oder sein ständiger Vertreter hierzu allgemein oder im Einzelfall schriftlich ermächtigen.**

(3) [1] **Die Angaben, deren Richtigkeit versichert werden soll, sind schriftlich festzustellen und dem Beteiligten mindestens eine Woche vor Aufnahme der Versicherung mitzuteilen.** [2] **Die Versicherung besteht darin, dass der Beteiligte unter Wiederholung der behaupteten Tatsachen erklärt: „Ich versichere an Eides statt, dass ich nach bestem Wissen die reine Wahrheit gesagt und nichts verschwiegen habe“.** [3] **Bevollmächtigte und Beistände des Beteiligten sind berechtigt, an der Aufnahme der Versicherung an Eides statt teilzunehmen.**

(4) [1] **Vor der Aufnahme der Versicherung an Eides statt ist der Beteiligte über die Bedeutung der eidesstattlichen Versicherung und die strafrechtlichen Folgen einer unrichtigen oder unvollständigen eidesstattlichen Versicherung zu belehren.** [2] **Die Belehrung ist in der Niederschrift zu vermerken.**

(5) [1] **Die Niederschrift hat ferner die Namen der anwesenden Personen sowie den Ort und den Tag der Niederschrift zu enthalten.** [2] **Die Niederschrift ist dem Beteiligten, der die eidesstattliche Versicherung abgibt, zur Genehmigung vorzulesen oder auf Verlangen zur Durchsicht vorzulegen.** [3] **Die erteilte Genehmigung ist zu vermerken und von dem Beteiligten zu unterschreiben.** [4] **Die Niederschrift ist sodann von dem Amtsträger, der die Versicherung an Eides statt aufgenommen hat, sowie von dem Schriftführer zu unterschreiben.**

(6) **Die Versicherung an Eides statt kann nicht nach § 328 erzwungen werden.**

Übersicht

1 **1. Inhalt.** Während § 94 die eidliche Vernehmung eines Nichtbeteiligten regelt, betrifft § 95 die Versicherung an Eides statt durch den **Beteiligten** selbst. Eine

Versicherung an Eides statt nach § 95 durch Nichtbeteiligte ist nicht möglich; für sie kommt nur eine eidliche Vernehmung nach § 94 in Betracht (s § 94 Rz 2).

Eine Versicherung an Eides statt kommt auch nach § 16 II AStG in Betracht, wenn der Stpfl seine Beziehungen zu einer niedrigbesteuerten ausl Gesellschaft offenlegen soll. Soweit es um Angaben des Stpfl zu Geschäftsbeziehungen zu Steueroasen geht, wird § 95 von § 90 II 3 als lex specialis verdrängt (s § 90 Rz 35).

2. Verhältnis zu § 284. Das FA kann eine eidesstattliche Versicherung iSv § 95 nach § 249 II zwar auch **im Vollstreckungsverfahren** abnehmen. Dort besteht aber auch die Möglichkeit des Vorgehens nach § 284. Dabei handelt es sich um eine Spezialvorschrift zu § 95 (BFH BStBl 92, 57; 02, 617). Es ist daher auch unter Berücksichtigung des Grundsatzes der Verhältnismäßigkeit ermessensgerecht, wenn das FA eine auf § 284 gestützte Aufforderung zur Abgabe der eidesstattlichen Versicherung der Richtigkeit und Vollständigkeit des Vermögensverzeichnisses erlässt, obwohl der VollstrSchuldner die Abgabe einer eidesstattlichen Versicherung nach § 95 ohne die Folge der Eintragung in das Schuldnerverzeichnis (§ 915 ZPO) freiwillig anbietet (BFH/NV 02, 617; ferner BFH/NV 99, 737, 1302; 06, 2227). Das FA muss bei einem Vorgehen nach § 284 auch nicht zunächst vergeblich versucht haben, eine eidesstattliche Versicherung nach § 95 zu erhalten (BFH BStBl 92, 57; BFH/NV 02, 617; 08, 336; aA *App* DStZ 89, 148 und 92, 592). Das gilt selbst dann, wenn die mit § 284 verbundene Eintragung in das Schuldnerverzeichnis berufsrechtl Folgen für den VollstrSchuldner hat (BFH/NV 02, 653, 1413; 06, 2227). 2

Das FA darf sogar dann noch eine auf § 284 gestützte Aufforderung zur Abgabe einer eidesstattlichen Versicherung erlassen, wenn der VollstrSchuldner **bereits** eine eidesstattliche Versicherung **nach § 95 abgegeben** hat. Dem steht § 284 IV nicht entgegen, wonach eine wiederholte eidesstattliche Versicherung nur in den Fällen, in denen der Vollstreckungsschuldner in den letzten zwei Jahren eine eidesstattliche Versicherung nach § 284 oder § 807 ZPO abgegeben hat, grds ausgeschlossen ist; denn die eidesstattliche Versicherung nach § 95 wird in § 284 IV nicht erwähnt. Ebenso steht die Abgabe einer eidesstattlichen Versicherung nach § 95 grds nicht der Abgabe einer eidesstattlichen Versicherung nach §§ 802c, 807 ZPO entgegen (BGH BFH/NV Beil 04, 385). 3

3. Voraussetzungen (Abs 1). a) Tatsachenbehauptungen (Abs 1 S 1). Die eidesstattliche Versicherung dient der Bestätigung von Tatsachenbehauptungen des Beteiligten; zum Begriff des Beteiligten s § 78. § 95 setzt also im Gegensatz zu § 94 weder eine Auskunftspflicht des Beteiligten noch ein Auskunftsersuchen iSv § 93 I 1 voraus. Regelmäßig wird es sich um Tatsachen handeln, die für den Beteiligten günstig sind; denn der Stpfl wird sich idR nicht zu seinen Ungunsten stl belasten. Möglich ist aber zB auch, dass das FA, um den ihm obliegenden Nachweis des Zugangs eines Haftungsbescheids zu führen, den Beteiligten auffordert, die Richtigkeit seiner Behauptung, er habe den Haftungsbescheid nicht erhalten, an Eides statt zu versichern. Eine Rechtsansicht kann nicht eidesstattlich versichert werden, zB die Ansicht, dass die verloren gegangenen Rechnungen ordnungsgemäß iSv § 14 IV UStG gewesen seien (BFH BStBl 15, 313). 6

b) Eidesstattliche Versicherung als letztes Mittel (Abs 1 S 2). Nach Abs 1 S 2 ist die Versicherung an Eides statt das **letzte Mittel** (ultima ratio) zur Erforschung der Wahrheit. Es dürfen keine anderen Mittel zur Erforschung der Wahrheit vorhanden sein bzw zu keinem Erfolg geführt haben, oder sie erfordern einen unverhältnismäßigen Aufwand. Bietet jedoch der Beteiligte die eidesstattliche Versicherung selbst an, brauchen die Grenzen des Abs 1 S 2 nicht beachtet zu werden (FG Nbg EFG 86, 154). 7

Die eidesstattliche Versicherung nach § 95 kommt daher nicht in Betracht, wenn zunächst von anderen Personen iSv § 93 I 3 eine Auskunft eingeholt oder andere Personen gem § 94 eidlich vernommen werden könnten. Berücksichtigt werden sollte auch, ob dem Stpfl die Beweisnot anzulasten ist oder nicht. Sind zB die Buchführungsunterlagen durch Naturkatastrophen verlorengegangen, kann es ermessensfehlerhaft sein, eine eidesstattliche Versicherung zu verlangen.

9 **c) Ausschluss eidesunfähiger Personen (Abs 1 S 3).** Eine eidesstattliche Versicherung ist unzulässig bei eidesunfähigen Personen iSv § 393 ZPO. Dies sind Personen, die zZt der Vernehmung das **16. Lebensjahr** noch nicht vollendet oder wegen **mangelnder Verstandesreife** oder wegen Verstandesschwäche von dem Wesen und der Bedeutung des Eides keine genügende Vorstellung haben.

11 **4. Verfahren (Abs 2 bis 5).** Die Abs 2 bis 5 regeln das Verfahren der Aufnahme der eidesstattlichen Versicherung in einer unsystematischen Reihenfolge. Die **richtige Reihenfolge** lautet: Zunächst sind die Angaben, deren Richtigkeit versichert werden soll, nach **Abs 3** schriftlich festzustellen und dem Beteiligten mindestens eine Woche vor Aufnahme der Versicherung mitzuteilen. Dies dient dem Schutz des Beteiligten. Vor Abgabe der eidesstattlichen Versicherung ist der Beteiligte nach **Abs 4** über die Bedeutung der eidesstattlichen Versicherung und die möglichen strafrechtl Folgen zu belehren. Die Versicherung an Eides statt wird nach **Abs 2** S 1 zur Niederschrift von den in Abs 2 S 2 bzw S 3 genannten Bediensteten aufgenommen. Der Inhalt der Niederschrift ergibt sich wiederum aus **Abs 5.** Der Beteiligte hat in entsprechender Anwendung des § 93 VI 4 Anspruch auf Aushändigung einer Abschrift der Niederschrift.

13 **5. Keine Erzwingbarkeit (Abs 6).** Die eidesstattliche Versicherung kann gem Abs 6 nicht nach den §§ 328 ff erzwungen werden. Die Folgen der Nichtabgabe beschränken sich darauf, dass die Behörde die **Unrichtigkeit** der zu beweisenden Tatsachen **unterstellen** darf. Eine abgegebene eidesstattliche Versicherung ist jedoch iAllg als richtig zu unterstellen, wenn nicht neue Gesichtspunkte auf das Gegenteil schließen lassen.

15 **6. Entscheidung über Durchführung.** Das FA hat seine Aufforderung zur Abgabe der eidesstattlichen Versicherung zu **begründen,** insbes die Voraussetzungen des Abs 1 S 2 (s Rz 7) darzulegen. Der Beteiligte hat keinen Anspruch darauf, dass ihm Gelegenheit zur Abgabe einer eidesstattlichen Versicherung gegeben wird (BFH BStBl 56, 68). Die Ablehnung eines entsprechenden Angebotes des Beteiligten kann aber uU ermessensfehlerhaft sein.

17 **7. Rechtsschutz.** Der Beteiligte kann gegen die Aufforderung zur Abgabe der eidesstattlichen Versicherung **Einspruch** einlegen, weil die Aufforderung einen VA darstellt. Das Rechtsschutzbedürfnis ergibt sich angesichts der fehlenden Erzwingbarkeit nach Abs 6 daraus, dass dem Stpfl bei Nichtbefolgung der Aufforderung nachteilige Rechtsfolgen drohen, weil das FA die Unrichtigkeit der behaupteten Tatsachen unterstellen darf (s Rz 13).

Ein Antrag auf **AdV** ist hingegen unzulässig, weil die Aufforderung nach Abs 6 nicht erzwingbar und damit nicht vollziehbar ist (aA *Koenig/Wünsch* § 95 Rz 34). Insoweit kann der Beteiligte auf den Einspruch gegen die Aufforderung verwiesen werden.

§ 96 Hinzuziehung von Sachverständigen

(1) [1]**Die Finanzbehörde bestimmt, ob ein Sachverständiger zuzuziehen ist.** [2]**Soweit nicht Gefahr im Verzug vorliegt, hat sie die Person, die sie zum Sachverständigen ernennen will, den Beteiligten vorher bekannt zu geben.**

(2) [1]**Die Beteiligten können einen Sachverständigen wegen Besorgnis der Befangenheit ablehnen, wenn ein Grund vorliegt, der geeignet ist, Zweifel an seiner Unparteilichkeit zu rechtfertigen oder wenn von seiner Tätigkeit die**

Verletzung eines Geschäfts- oder Betriebsgeheimnisses oder Schaden für die geschäftliche Tätigkeit eines Beteiligten zu befürchten ist. [2]Die Ablehnung ist der Finanzbehörde gegenüber unverzüglich nach Bekanntgabe der Person des Sachverständigen, jedoch spätestens innerhalb von zwei Wochen unter Glaubhaftmachung der Ablehnungsgründe geltend zu machen. [3]Nach diesem Zeitpunkt ist die Ablehnung nur zulässig, wenn glaubhaft gemacht wird, dass der Ablehnungsgrund vorher nicht geltend gemacht werden konnte. [4]Über die Ablehnung entscheidet die Finanzbehörde, die den Sachverständigen ernannt hat oder ernennen will. [5]Das Ablehnungsgesuch hat keine aufschiebende Wirkung.

(3) **[1]Der zum Sachverständigen Ernannte hat der Ernennung Folge zu leisten, wenn er zur Erstattung von Gutachten der erforderlichen Art öffentlich bestellt ist oder wenn er die Wissenschaft, die Kunst oder das Gewerbe, deren Kenntnis Voraussetzung der Begutachtung ist, öffentlich zum Erwerb ausübt oder wenn er zur Ausübung derselben öffentlich bestellt oder ermächtigt ist. [2]Zur Erstattung des Gutachtens ist auch derjenige verpflichtet, der sich hierzu der Finanzbehörde gegenüber bereit erklärt hat.**

(4) **Der Sachverständige kann die Erstattung des Gutachtens unter Angabe der Gründe wegen Besorgnis der Befangenheit ablehnen.**

(5) **Angehörige des öffentlichen Dienstes sind als Sachverständige nur dann zuzuziehen, wenn sie die nach dem Dienstrecht erforderliche Genehmigung erhalten.**

(6) **Die Sachverständigen sind auf die Vorschriften über die Wahrung des Steuergeheimnisses hinzuweisen.**

(7) **[1]Das Gutachten ist regelmäßig schriftlich zu erstatten. [2]Die mündliche Erstattung des Gutachtens kann zugelassen werden. [3]Die Beeidigung des Gutachtens darf nur gefordert werden, wenn die Finanzbehörde dies mit Rücksicht auf die Bedeutung des Gutachtens für geboten hält. [4]Ist der Sachverständige für die Erstattung von Gutachten der betreffenden Art im Allgemeinen beeidigt, so genügt die Berufung auf den geleisteten Eid; sie kann auch in einem schriftlichen Gutachten erklärt werden. [5]Anderenfalls gilt für die Beeidigung § 94 sinngemäß.**

Übersicht

1. Zuziehung eines Sachverständigen (Abs 1 S 1). Soweit das FA nicht aufgrund eigener Sachkunde eine Entscheidung treffen kann, kann es sich eines Sachverständigen bedienen (vgl BFH BStBl 68, 544). Das FA kann aber stattdessen auch auf die Sachkunde eigener Bediensteter – sofern vorhanden – zurückgreifen (BFH/NV 95, 299; 96, 527; vgl § 88 Rz 39). Die Hinzuziehung eines Sachverständigen liegt im **Ermessen** des FA. Dieses handelt aber ermessensfehlerhaft, wenn es zur Beurteilung eines schwierigen streitigen Sachverhalts nicht die notwendige Sachkunde hat und trotzdem keinen Sachverständigen zuzieht (BFH/NV 13, 1445). 1

Ein Sachverständiger liefert Beurteilungshilfe aufgrund seiner besonderen Sachkunde, zB über den Wert von Sachen, Kunstgegenständen usw. Hingegen berichtet eine Auskunftsperson iSv § 93 I über Tatsachen. Der Sachverständige unterliegt dem StGeheimnis (§ 30 III Nr 2) und ist hierauf nach Abs 6 auch hinzuweisen (s Rz 7). Unter den Voraussetzungen des § 104 I kann der Sachverständige die Erstattung eines Gutachtens **verweigern.**

2 **2. Bekanntgabe des Sachverständigen durch FA (Abs 1 S 2).** Das FA hat dem Beteiligten die Person des Sachverständigen nach Abs 1 S 2 vorher bekannt zu geben. Dies ist zweckmäßig, damit der Beteiligte rechtzeitig die Gründe für eine evtl Ablehnung des Sachverständigen wegen Befangenheit prüfen und vorbringen kann, vgl hierzu Abs 2 (s Rz 3).

3 **3. Ablehnung (Abs 2).** Die Beteiligten können den Sachverständigen nach Abs 2 wegen Besorgnis der Befangenheit ablehnen; zur Selbstablehnung s Rz 7. Abs 2 **geht über § 83 insoweit hinaus,** als nicht nur Zweifel an der Unparteilichkeit sondern auch eine drohende Verletzung von Geschäfts- oder Betriebsgeheimnissen oder ein Schaden für die geschäftliche Tätigkeit einen Befangenheitsantrag rechtfertigen. Die Ablehnung des Sachverständigen ist gem Abs 2 S 2 unverzüglich nach Bekanntgabe der Person des Sachverständigen (s Rz 2), jedoch spätestens innerhalb von 2 Wochen nach Benennung des Sachverständigen geltend zu machen. Damit soll verhindert werden, dass Ablehnungsgründe erst geltend gemacht werden, wenn das Gutachten für den Stpfl ungünstig ausgefallen ist. Nach Fertigstellung des Gutachtens ist Ablehnung gem Abs 2 S 3 nur möglich, wenn glaubhaft gemacht wird, dass ein Ablehnungsgrund vorher nicht geltend gemacht werden konnte. Um Verzögerungen des Verfahrens zu verhindern, regelt Abs 2 S 5, dass das Ablehnungsgesuch **keine aufschiebende** Wirkung hat, selbst wenn es rechtzeitig gestellt wurde. Dem Stpfl bleibt es unbenommen, ggf im Einspruchsverfahren nachzuweisen, dass die Feststellungen des Sachverständigen nicht zutreffen.

4 **4. Pflicht zur Gutachtenerstellung (Abs 3).** Unter den Voraussetzungen des Abs 3 hat der Sachverständige der Aufforderung, ein Gutachten zu bestellen, Folge zu leisten (vgl § 36 I 2 GewO). Nach der 2. Variante des S 1 sind auch diejenigen Sachverständigen verpflichtet, die sich ggü dem FA bereit erklärt haben; hierunter fallen praktisch alle, die eine entsprechende Tätigkeit ausüben und sich damit am allg wirtschaftlichen Verkehr beteiligen.

7 **5. Weitere Regelungen (Abs 4 bis 6).** Der Sachverständige kann sich nach **Abs 4** auch selbst wegen Besorgnis der Befangenheit ablehnen. Über einen derartigen Antrag entscheidet das FA.

Nach **Abs 5** können auch Angehörige des öffentlichen Dienstes als Sachverständige herangezogen werden. Die Sachverständigen sind nach **Abs 6** auf die Verpflichtung, das StGeheimnis zu wahren (§ 30 III Nr 2), besonders hinzuweisen.

9 **6. Schriftform des Gutachtens (Abs 7).** Das Gutachten ist gem Abs 7 S 1 regelmäßig schriftlich zu erstellen, mündliche Erstattung kann jedoch nach S 2 zugelassen werden; in diesem Fall besteht im Einspruchsverfahren nach § 365 II ein Teilnahmerecht des Einspruchsführers und des Hinzugezogenen (s § 365 Rz 5). Nur ausnahmsweise kann nach S 3 Beeidigung wegen Bedeutung des Gutachtens erfolgen, aber auch zur Herbeiführung eines wahrheitsgemäßen Gutachtens. Beeidigung geschieht gem Abs 7 S 5 nach **§ 94** durch Finanz- oder Amtsgericht; zur internen Zuständigkeit beim FG s § 158 FGO.

11 **7. Entschädigung.** Die Entschädigung des Sachverständigen richtet sich nach **§ 107** in entsprechender Anwendung des JVEG; zu Einzelheiten s Erläut zu § 107 sowie FinMin NRW 18.6.2015, BeckVerw 311374.

III. Beweis durch Urkunden und Augenschein

§ 97 Vorlage von Urkunden

(1) [1] **Die Beteiligten und andere Personen haben der Finanzbehörde auf Verlangen Bücher, Aufzeichnungen, Geschäftspapiere und andere Urkunden zur Einsicht und Prüfung vorzulegen.** [2] **Im Vorlageverlangen ist anzugeben, ob die Urkunden für die Besteuerung des zur Vorlage Aufgeforderten oder für die Besteuerung anderer Personen benötigt werden.** [3] **§ 93 Absatz 1 Satz 2 und 3 gilt entsprechend.**

(2) [1] **Die Finanzbehörde kann die Vorlage der in Absatz 1 genannten Urkunden an Amtsstelle verlangen oder sie bei dem Vorlagepflichtigen einsehen, wenn dieser einverstanden ist oder die Urkunden für eine Vorlage an Amtsstelle ungeeignet sind.** [2] **§ 147 Abs. 5 gilt entsprechend.**

Abs 1 neu gefasst, Abs 2 aufgehoben, bisheriger Abs 3 wird Abs 2 durch AmtshilfeRLUmsG v 26.6.13 (BGBl I, 1809).

Schrifttum: *vor 2010 s 13. Aufl; Esskandari/Maciejewski* Nachrangigkeit des Vorlageverlangens von Urkunden (§ 97 AO) gegenüber dem Auskunftsverlangen nach § 93 AO, AO-StB 10, 136.

Übersicht

1. Vorlagepflicht von Urkunden (Abs 1). a) Vorlageverlangen. § 97 regelt das sog Vorlageverlangen, das auf Vorlage von Urkunden wie zB Büchern, Aufzeichnungen gerichtet ist. Die Urkunden können nach Abs 1 S 2 für die Besteuerung des Vorlagepflichtigen oder für die Besteuerung einer anderen Person benötigt werden. Im Rahmen einer **Ap** wird § 97 durch § 200 I 2 verdrängt (s § 200 Rz 1; FG Mster EFG 14, 1936). 1

§ 97 I hat auch Bedeutung im Rahmen der Vorlage der Aufzeichnungen iSv § 90 III 6 (§ 90 Rz 85). Darüber hinaus gilt § 97 auch bei Beweiserhebung durch Vorlage einer Datei gem § 87a V 1 2. HS (§ 87a Rz 40) sowie im **FG-Verfahren** gem § 76 I 4 FGO und § 85 S 2 FGO. Im Zollrecht werden die Vorlagepflichten Dritter durch den Beibringungsgrundsatz des Art 22 I UZK verdrängt (BFH/NV 15, 779).

Die **Neufassung** des § 97 durch das AmtshilfeRLUmsG v 26.6.2013 (BGBl I, 1809) hat mWv 30.6.2013 zu einer Gleichstellung von Auskunftsersuchen iSv § 93 I und Vorlageverlangen nach § 97 (s Rz 15) geführt, indem die Subsidiarität von Vorlageverlangen an Dritte in Abs 1 S 3 eingeführt und der Subsidiaritätsgrundsatz im bisherigen Abs 2 aufgehoben wurde; zur bis zum 29.6.2013 gültigen Fassung s 11. Aufl.

b) Abgrenzung zum Auskunftsersuchen iSv § 93. Ein **Vorlageverlangen** iSv § 97 I 1 liegt vor, wenn sich die geforderte Tätigkeit des Vorlagepflichtigen auf 2 rein mechanische Hilfstätigkeiten wie das Heraussuchen und Lesbarmachen der angeforderten Unterlagen beschränkt (BFH BStBl 11, 5). Fordert das FA von einer Bank Unterlagen ihrer Kunden, muss das FA also die Konto- bzw Depotnummern angeben, damit sich die Bank auf die Herausgabe dieser Unterlagen beschränken kann (BFH BStBl 07, 80).

Hingegen handelt es sich um ein **Auskunftsersuchen** iSv § 93 I, wenn das FA eigenes Tatsachenwissen des Vorlagepflichtigen abfragt bzw darauf unausgesprochen zurückgegriffen werden muss (BFH BStBl 11, 5). Damit ist § 93 einschlägig, wenn die erstrebte Urkundenvorlage inzident einer Auskunft iSv § 93 I gleichkommt, wie sie in anderen Verfahren ein Zeuge bekundet (BFH BStBl 88, 163; 07, 80).

3 Es kann sich auch um ein **kombiniertes Auskunfts- und Vorlageersuchen** handeln, wenn es dem Vorlagepflichtigen obliegt, die erbetenen Unterlagen nach abstrakten Vorgaben zusammenzustellen (BFH BStBl 07, 80; BFH/NV 11, 1287). Er erbringt dann keine bloße mechanische Hilfstätigkeit, sondern eine eigene intellektuelle Leistung. Dies ist zB der Fall, wenn das FA von einer Bank Unterlagen ihrer Kunden anfordert, ohne die Konto- oder Depotnummern anzugeben. Bei einem kombinierten Auskunfts- und Vorlageersuchen ist die Vorlagepflicht nach § 97 Hilfspflicht zur Auskunftspflicht gem § 93 I.

Seit dem Inkrafttreten des AmtshilfeRLUmsG v 26.6.2013 (s Rz 1) hat die Unterscheidung zwischen § 93 und § 97 **keine praktischen Auswirkungen** mehr. Insbes haben nunmehr auch Vorlagepflichtige einen Entschädigungsanspruch, wenn das Vorlageersuchen ab dem 30.6.2013 gestellt wurde (s Rz 29 sowie § 107 Rz 3; AEAO zu § 107 Nr 3). Zur vorherigen Rechtslage s 13. Aufl Rz 3 und Rz 15.

5 **c) Vorlagepflichtige Personen.** Die Vorschrift regelt in **Abs 1 S 1** die Vorlage von Urkunden durch die **Beteiligten** (§ 78) und durch **Dritte.** Durch das AmtshilfeRLUmsG v 26.6.2013 (s Rz 1) kam es zu einer sprachlichen Anpassung des Abs 1 an § 93 I 1, ohne dass sich eine inhaltliche Änderung ggü der bisherigen Fassung des Abs 1 S 1 ergab. Vorlagepflichtig können auch Rechtsanwälte und Notare sein. Sie dürfen die Vorlage von Schriftstücken (Handakten) nur insoweit ablehnen, als sie zur Auskunftsverweigerung nach § 102 befugt sind (s § 104 Rz 3 ff). Ansonsten müssen sie auf Anforderung des FA Aktenauszüge, Zusammenstellungen oder Nachweise über nicht ihrem Aussageverweigerungsrecht unterliegende Tatsachen und Vorgänge herstellen und vorlegen (BFH BStBl 82, 510; BFH/NV 95, 954).

Die Vorlagepflicht gilt auch für **nicht rechtsfähige Vereinigungen** usw (Hinweis in § 97 I 3 auf § 93 I 2); sie wird in diesen Fällen von den gesetzlichen Vertretern oder den besonders Beauftragten erfüllt (§ 79 I Nr 3).

6 Durch die Neuregelung des Abs 1 **S 3** idF des AmtshilfeRLUmsG wurde ein **Subsidiaritätsprinzip** hinsichtlich der **Vorlagepflicht Dritter** eingeführt und durch einen Verweis auf § 93 I 3 erreicht. Dritte sollen daher erst dann zur Vorlage von Urkunden aufgeführt werden, wenn die Sachverhaltsaufklärung durch den Beteiligten nicht zum Erfolg geführt hat oder keinen Erfolg verspricht. Insoweit gelten die gleichen Grundsätze wie bei Auskunftsersuchen gem § 93 I 3 (s § 93 Rz 15 f).

8 **d) Urkunden.** Unter Urkunde ist jede in Papierform (auch Telefax, s FG Mster EFG 94, 590) verkörperte oder auf Daten- und Bildträgern festgehaltene Gedankenerklärung zu verstehen, die allg oder für Eingeweihte verständlich ist und einen Urheber erkennen lässt (FG Mster EFG 94, 590; 01, 4; FG BBg EFG 07, 1658). Zu diesen Gedankenerklärungen zählen auch Handelsbücher einschl Konten der Buchführung, Journale, Primanota, Summen- und Saldenlisten und Kostenstellenpläne (FG Bbg EFG 07, 1658; FG Mster EFG 94, 590). Zu den Urkunden gehören auch **Dateien,** dh Bild- und Datenträger, wie sich aus Abs 3 S 2 sowie aus

§ 87a V 1 ergibt, der ausdrücklich auf § 97 verweist (BFH BStBl 14, 225; s auch Rz 24 sowie § 87a Rz 40f). Urkunden sind ferner Aufsichtsratsprotokolle (zur Vorlagepflicht von Aufsichtsratsprotokollen BFH GrS BStBl 68, 365) und Due-Diligence-Berichte (FG Mster EFG 14, 1936; s hierzu auch § 147 Rz 27). Es gibt keine bestimmte Reihenfolge in der Weise, dass zunächst die Vorlage von Büchern, danach die Vorlage von Aufzeichnungen usw verlangt werden kann.

Der Stpfl muss sich uU auch eine Urkunde beschaffen, indem er einen Herausgabeanspruch gegen einen Dritten, zB Anwalt, geltend macht (RFHE 25, 148). 9
Bei Urkunden, die sich auf eine ausl Beteiligung beziehen, sind die erhöhte Mitwirkungspflicht und die Pflicht zur Beweisvorsorge nach § 90 II 4 zu beachten; der Stpfl kann sich daher nicht ohne Weiteres darauf berufen, dass er zur Vorlage nicht imstande ist (näher § 90 Rz 28). Bei Urkunden in einer fremden Sprache kann das FA nach § 87 II eine Übersetzung verlangen, jedenfalls dann, wenn die Urkunde vom Beteiligten – und nicht von einem Dritten – vorzulegen ist (*TK/Seer* § 97 Rz 3; *Koenig/Wünsch* § 97 Rz 6), bei Vorlage durch Dritte aber nach § 107 nur gegen Kostenerstattung. Urkunden, die auf Datenträger gespeichert sind, müssen ggf in lesbarer Form ausgedruckt werden (§ 97 II 2 iVm § 147 V).

Die Urkunden sind im Rahmen des Zumutbaren und Erforderlichen grds **im Original** vorzulegen (BFH/NV 04, 495). Das FA muss allerdings eine angebotene Fotokopie akzeptieren, wenn für die Erbringung des Beweises unerheblich ist, ob das Original oder eine Fotokopie vorgelegt wird (BFH/NV 95, 467). Bei einer Aufforderung zur Vorlage bestimmter Belege genügt es nicht, mehrere Leitzordner mit ungeordneten Betriebsunterlagen einzureichen (FG Hess EFG 82, 217). Zur Dauer der Überlassung s Rz 21. 10

e) Verhältnismäßigkeit. Bei Vorlageverlangen gilt ebenfalls der Grundsatz der Verhältnismäßigkeit (vgl § 93 Rz 12 und 20). So kann das FA ggü Banken gehalten sein, Kontenauszüge eines Bankkunden für höchstens ein Jahr anzufordern, wenn es ungeklärte Vermögensbildungen des Kunden ermitteln will. Erst wenn bei der Prüfung dieser Auszüge Umstände zutage treten, die auf eine nicht erklärte Vermögensbildung hindeuten, kann die Vorlage von Kontenauszügen auch für weitere Jahre gerechtfertigt sein (BFH BStBl 91, 277). 12

Von dem Stpfl darf auch **nichts Unmögliches** verlangt werden; die Vorlage kann grds von ihm nur verlangt werden, soweit er über die Urkunden auch verfügen kann (RFH RStBl 38, 619; BFH/NV 95, 570; FG RhPf EFG 88, 502). Das FA darf Unterlagen, die die Geschäftsführung einer Arbeitsgemeinschaft betreffen, daher nur von dem Geschäftsführer der Arbeitsgemeinschaft verlangen (FG Bln EFG 86, 426).

2. Keine Subsidiarität ggü Auskunftsersuchen (Aufhebung des Abs 2 aF). Das Subsidiaritätsprinzip im früheren Abs 2 ist durch das AmtshilfeRLUmsG v 26.6.2013 (BGBl I, 1809) aufgehoben worden; zu Einzelheiten s 13. Aufl § 90 Rz 15. Das Vorlageverlangen steht nunmehr **gleichberechtigt** neben dem Auskunftsersuchen nach § 93 I. Das FA ist daher nicht mehr verpflichtet, zunächst ein Auskunftsersuchen zu erstellen und dessen Ausgang abzuwarten, bevor es ein Vorlageverlangen an den Beteiligten oder an einen Dritten richtet. Eine Subsidiarität besteht jetzt jedoch im Verhältnis zwischen der Vorlagepflicht des Beteiligten und der Vorlagepflicht des Dritten (s Rz 6). 15

3. Ort und Dauer der Vorlage (Abs 2 S 1). Vorlage der Urkunden erfolgt entweder an Amtsstelle oder mit Einverständnis des Stpfl bei diesem. Die Regelung des Abs 2, die vor dem AmtshilfeRLUmsG inhaltsgleich in Abs 3 enthalten war und nun in Abs 2 verschoben worden ist, gilt auch im UStRecht nach § 18d S 2 UStG. Der gesetzliche Regelfall ist die Vorlage an **Amtsstelle** (BFH/NV 06, 2078). Auf das Einverständnis des Stpfl zur Vorlage bei ihm kommt es nicht an, wenn die Urkunden für eine Vorlage an Amtsstelle ungeeignet sind, zB umfang- 20 reiche Buchführungsunterlagen, eingeschränkte Lesbarkeit im FA wegen fehlender technischer Hilfsmittel, Betriebs- oder Geschäftsgeheimnisse oder Ortsgebundenheit wegen einer besonderen Aufbewahrungsform (vgl FM NRW 7.12.2010, BeckVerw 250346, Tz II. 6.2). Erteilt der Stpfl in diesen Fällen kein Einverständnis zu einer Vorlage der Urkunden bei sich, kann seine Weigerung nur bei der Beweiswürdigung berücksichtigt werden. Zur Vorlage von Unterlagen während einer Ap s § 200 Rz 4 ff.

21 Die Unterlagen sind dem FA solange zu überlassen, bis es seine **Prüfung abgeschlossen** hat. Das FA ist nicht zu einer Prüfung innerhalb einer bestimmten Frist verpflichtet, sondern legt die Dauer der Prüfung nach seinem Ermessen fest (FG Hbg EFG 81, 542; FG Nds EFG 10, 1852); das FA darf aber nicht untätig sein. IdR wird es nicht zu beanstanden sein, wenn das FA die Unterlagen bis zum Abschluss eines Einspruchsverfahrens behält (FG Nds EFG 10, 1852). Der Stpfl kann nicht verlangen, dass die Prüfung der von ihm vorzulegenden Urkunden nur in seinem Beisein bzw im Beisein seines stl Beraters vorgenommen wird. Zur Dauer der Überlassung von Daten im Rahmen einer Ap s § 147 Rz 63.

24 **4. Datenträger (Abs 2 S 2).** Aus dem Hinweis auf § 147 V folgt: Wer aufzubewahrende Unterlagen in Form einer Wiedergabe auf einem Bildträger oder auf anderen Datenträgern (zB CD, DVD, USB-Stick, Blu-Ray) vorlegt, hat **auf seine Kosten** diejenigen Hilfsmittel zur Verfügung zu stellen, die erforderlich sind, um die Unterlagen lesbar zu machen; zum Ausschluss des Ersatzanspruchs bei Banken s auch § 107 Rz 9. Der Betroffene hat ggf die Daten auszudrucken oder eine ohne Hilfsmittel, zB Vergrößerungsgerät, lesbare Reproduktion beizubringen.

26 **5. Rechtscharakter des Vorlageverlangens.** Das Verlangen auf Vorlage von Urkunden ist ein VA (FG SachsAnh EFG 05, 1159; s § 118 Rz 42 „Urkunde"). Der Betroffene kann daher **Einspruch** einlegen und **AdV** beantragen, da das Verlangen nach §§ 328 ff erzwingbar ist (FG BBg EFG 13, 536).

28 **6. Rechtsfolgen.** Kommt der **Beteiligte** dem Vorlageverlangen nicht nach, kann die hierin liegende Verletzung einer Mitwirkungspflicht zu einer Verringerung des Beweismaßes und damit zu einer Entscheidung zu Ungunsten des Beteiligten führen (s § 88 Rz 45). Außerdem kann dies dazu führen, dass eine Verlagerung der Buchführung ins Ausland gem § 146 IIa 2 Nr 2 nicht bewilligt wird.

Kommt eine **andere Person** dem Vorlageverlangen – ggf trotz Zwangsmitteln nach §§ 328 ff – nicht nach, sodass der Sachverhalt nicht aufgeklärt werden kann, gelten die Grundsätze der objektiven Beweislast (s § 88 Rz 61).

29 Bei **Erfüllung** eines ab dem 30.6.2013 (Inkrafttreten des AmtshilfeRLUmsG v 26.6.2013, BGBl I, 1809) gestellten Vorlageverlangens werden vorlagepflichtige Dritte genauso behandelt wie auskunftspflichtige Dritte und erhalten daher eine **Entschädigung** nach Maßgabe des JVEG (s § 107 Rz 3 sowie – zu Entschädigungsansprüchen von Banken – Rz 7 f). Bei Vorlageverlangen vor dem 30.6.2013 bestand hingegen kein Entschädigungsanspruch nach § 107, weil dieser nur für Auskunftspflichtige und Sachverständige galt. Ein Entschädigungsanspruch bestand nur bei einem kombinierten Auskunfts- und Vorlageersuchen (Rz 3).

§ 98 Einnahme des Augenscheins

(1) **Führt die Finanzbehörde einen Augenschein durch, so ist das Ergebnis aktenkundig zu machen.**

(2) **Bei der Einnahme des Augenscheins können Sachverständige zugezogen werden.**

1 Unter Augenscheinseinnahme ist jede sinnliche Wahrnehmung zu verstehen, dh nicht nur die **Besichtigung,** sondern auch die Vornahme von **Geschmacks-**

oder Geruchsproben uÄ. Die Vorschrift sagt nichts darüber, wo die Augenscheinseinnahme durchzuführen ist. Über Betreten und Fotografieren von **Grundstücken** usw vgl **§ 99.** Das FA hat nach den Grundsätzen der Ermessensausübung bei der Frage, wo die Augenscheinseinnahme durchzuführen ist, die Interessen des Stpfl zu berücksichtigen. Dass die Augenscheinseinnahme nur im Besteuerungsinteresse durchgeführt werden darf, ist selbstverständlich und ergibt sich bereits aus § 92. Eine Überschreitung der Befugnisse nach Abs 1 führt nicht zur Nichtigkeit des späteren StBescheids (FG Nds v 15.4.2010 10 K 11283/09, BeckRS 2010, 26030236).

Die Hinzuziehung von Sachverständigen nach Abs 2 richtet sich nach § 96. Im Einspruchsverfahren besteht nach § 365 II ein Teilnahmerecht des Einspruchsführers und des Hinzugezogenen sowie ihres Bevollmächtigten an der Augenscheinsnahme (s § 365 Rz 5). 2

§ 99 Betreten von Grundstücken und Räumen

(1) [1]**Die von der Finanzbehörde mit der Einnahme des Augenscheins betrauten Amtsträger und die nach den §§ 96 und 98 zugezogenen Sachverständigen sind berechtigt, Grundstücke, Räume, Schiffe, umschlossene Betriebsvorrichtungen und ähnliche Einrichtungen während der üblichen Geschäfts- und Arbeitszeit zu betreten, soweit dies erforderlich ist, um im Besteuerungsinteresse Feststellungen zu treffen.** [2]**Die betroffenen Personen sollen angemessene Zeit vorher benachrichtigt werden.** [3]**Wohnräume dürfen gegen den Willen des Inhabers nur zur Verhütung dringender Gefahren für die öffentliche Sicherheit und Ordnung betreten werden.**

(2) **Maßnahmen nach Absatz 1 dürfen nicht zu dem Zweck angeordnet werden, nach unbekannten Gegenständen zu forschen.**

Schrifttum: *vor 2010 s 13. Aufl; Prowatke* Betreten einer Wohnung durch ermittelnde Finanzbeamte, BB 10, 2156; *Anders* Kontrollbesuche durch den „Flankenschutzfahnder", DStR 12, 1779; *Sterzinger* Fotografieren im Rahmen einer Außenprüfung bzw. USt-Nachschau, DStR 12, 887; *Urban* Das ausschließlich beruflich/betrieblich genutzte häusliche Arbeitszimmer – eine höchstrichterliche Illusion, DStZ 16, 747.

Übersicht

1. Betreten von Grundstücken (Abs 1 S 1). a) Grundstücke. Betreten werden können nach Abs 1 S 1 alle **betretbaren Objekte** wie zB Grundstücke, Räume und Behältnisse wie zB Container, Schiffe, umschlossene Betriebsvorrichtungen und ähnliche Einrichtungen, wie zB Maschinenräume. Zu den Räumen gehören nicht nur Betriebs-, sondern auch Privaträume; bei Wohnräumen gilt aber die Einschränkung des Abs 1 S 3 (s Rz 7). 1

Es kommt nicht darauf an, wer **Eigentümer oder Besitzer** des Grundstücks usw ist (AEAO zu § 99). Es dürfen daher auch Grundstücke, Räume usw betreten werden, die nicht dem Stpfl gehören, sondern im Eigentum oder Besitz einer anderen Person stehen.

Sonderregelungen bestehen nach § 200 III 2 im Rahmen einer Ap (s § 200 Rz 22f), nach § 287 im Rahmen der Vollstreckung für die Vollziehungsbeamten, nach § 210 II im Rahmen der StAufsicht (s § 210 Rz 6), nach § 146b I 3 und 4 bei der Kassennachschau (s § 146b Rz 6) sowie nach § 27b I UStG, § 42g EStG im Rahmen einer USt-Nachschau bzw LSt-Nachschau. Im Einspruchsverfahren besteht nach § 365 II ein Teilnahmerecht des Einspruchsführers und des Hinzugezogenen sowie ihres Bevollmächtigten an der Begehung des Grundstücks (s § 365 Rz 5).

Soweit Grundstücke etc nach § 99 betreten werden dürfen, wird es idR zulässig sein, aus Gründen der Beweissicherung **Fotos** von den Räumlichkeiten und dem Grundstück anzufertigen, nicht aber Fotos vom Stpfl (*Sterzinger* DStR 12, 887, 888). Eine derartige Beweissicherung kann auch für den Stpfl durchaus ratsam sein, um späteren Streit über das Ergebnis des Betretens zu vermeiden.

2 **b) Betretungsberechtigte Personen.** Das Betretungsrecht gilt nur für die mit der Augenscheinseinnahme betrauten Amtsträger (zu Amtsträgern s § 7) und die nach §§ 96, 98 hinzugezogenen Sachverständigen; Beamte der Aufsichtsbehörden dürfen nur mit Zustimmung betreten (*Koenig/Wünsch* § 99 Rz 4).

4 **c) Zeitpunkt.** Das Betretungsrecht besteht nur während der **üblichen Geschäfts-** oder **Arbeitszeit;** dies kann je nach Betrieb (zB Nachtbar) also auch abends oder nachts sein, wenn zu dieser Zeit auch die eigentlichen Geschäftsräume (Büro) geöffnet sind. Mit Zustimmung des Stpfl besteht das Betretungsrecht auch zu anderen Zeiten.

Ohne Zustimmung ist ein Betreten **außerhalb** der Geschäfts- oder Arbeitszeit nicht gestattet. Es dürfen daher keine stl nachteiligen Folgen daraus gezogen werden, dass der Stpfl einem nicht angemeldeten Mitarbeiter des FA die Augenscheinseinnahme nach 19 Uhr verweigert (FG Ddorf EFG 93, 64).

5 **d) Erforderlichkeit.** Das Kriterium der Erforderlichkeit in Abs 1 S 1 2. HS ergibt sich bereits aus § 92 und ist daher eigentlich überflüssig.

6 **2. Benachrichtigung (Abs 1 S 2).** Die betroffenen Personen sollen angemessene Zeit vorher benachrichtigt werden. Dies gilt auch bei der Besichtigung durch sog Flankenschutzfahnder, die im Besteuerungsverfahren den Sachverhalt aufklären (*Beyer* AO-StB 13, 159, 162). Einer Benachrichtigung bedarf es aber nicht im Rahmen einer Kassen-Nachschau gem § 146b oder USt- oder LSt-Nachschau gem § 27b UStG bzw § 42g EStG, weil in diesen Vorschriften eine vorherige Ankündigung nicht verlangt wird. **Betroffener** ist derjenige, der über den Gegenstand, der betreten werden soll, die tatsächliche Herrschaft, dh den Besitz, ausübt, zB der Mieter. Durch die Benachrichtigung soll dem Stpfl Gelegenheit gegeben werden, an der Augenscheinseinnahme teilzunehmen. Ein Recht auf Teilnahme sieht das Gesetz zwar nicht ausdrücklich vor, ergibt sich jedoch aus dem Anhörungsrecht (§ 91). Es ist aber nicht zwingend, dass die Augenscheinseinnahme nur in Anwesenheit des Stpfl durchgeführt werden darf.

7 **3. Einschränkung bei Wohnräumen (Abs 1 S 3). a) Wohnräume.** Wohnräume dürfen gegen den Willen des Inhabers nur zur Verhütung dringender Gefahren für die öffentliche Sicherheit und Ordnung betreten werden. Diese Regelung entspricht Art 13 VII GG. Nach BVerfG (BVerfGE 32, 54; vgl auch BVerfGE 76, 83, 88; 96, 44, 51) fallen unter den Begriff Wohnraum iSd § 13 GG zwar auch **Geschäftsräume;** jedoch ist das Schutzbedürfnis des Inhabers von Geschäftsräumen im Verhältnis zu Wohnräumen geringer (vgl BFH BStBl 89, 55); zu häuslichen Arbeitszimmern s Rz 10.

Die üblichen Betretungs- und Besichtigungsrechte der Behörden fallen bei Geschäftsräumen nach dem BVerfG nicht unter den Begriff der Eingriffe und Beschränkungen iSd Art 13 VII GG (vgl BFH BStBl 09, 839 zu Kontrollbesuchen der Steufa bei Prostituierten). Anders kann das bei VollstrMaßnahmen innerhalb von Betriebs- und Geschäftsräumen sein (vgl näher § 287 Rz 8 ff).

b) Dringende Gefahr. Eine dringende Gefahr ist gegeben, wenn ohne ihre Abwehr wesentliche Rechtsgüter verletzt werden (BVerfGE 17, 232, 251). Zur öffentlichen Ordnung zählt auch das StRecht. Im Besteuerungsverfahren dürften die Voraussetzungen des Abs 1 S 3 kaum jemals erfüllt werden (verneint für Zweitwohnungsteuer durch BVerfG HFR 10, 651), ausgenommen für Zwecke der Bewertung nach § 29 BewG. 9

c) Häusliche Arbeitszimmer. Häusliche Arbeitszimmer werden mE **von S 3 erfasst** (*Bruschke* DStZ 85, 404; aA *TK/Seer* § 99 Rz 6), da ungeachtet ihrer (behaupteten) beruflichen oder betrieblichen Nutzung privat genutzte Räume durchschritten werden müssen, um das Arbeitszimmer besichtigen zu können. Die Voraussetzungen des S 3 (Verhütung dringender Gefahren) sind idR nicht erfüllt, sodass insoweit **kein Betretungsrecht** gegen den Willen des Stpfl besteht. Verweigert der Stpfl das Betreten, gehen Unklarheiten aber **zu seinen Lasten** (*Urban* DStZ 16, 747, 751; *Bruschke* DStZ 85, 404; vgl auch BFH/NV 05, 1765). Das gilt auch, wenn er eine unangemeldete Augenscheinseinnahme durch das FA ohne hinreichende Begründung verweigert (FG Nds EFG 94, 182; zustimmend *Rößler* StBp 94, 282; aA Anm *Gosch* StBp 94, 123; *Anders* DStR 12, 1779, 1783). 10

4. Keine Ausforschung (Abs 2). Zum Zwecke der Ausforschung dürfen Grundstücke usw nicht betreten werden. Abs 2 setzt also voraus, dass dem FA steuerbare Gegenstände bereits bekannt sind und die Augenscheinseinnahme nur für Zwecke vorgenommen wird, stl bedeutsame Feststellungen über Art, Beschaffenheit oder Wert, Anzahl oder Vorhandensein zu treffen (AG Saarbrücken KStZ 83, 174). Anders ist die Regelung bei der StAufsicht in besonderen Fällen nach § 210 (Nachschau), ferner bei Maßnahmen der Steufa (§ 208 iVm § 404), bei der Kassen-Nachschau gem § 146b sowie bei der USt-Nachschau gem § 27b I UStG und LSt-Nachschau gem § 42g EStG. 11

5. Rechtsschutz. Das Betreten eines Grundstücks usw ist ein Realakt, gegen den ein **Einspruch unzulässig** ist (BFH/NV 10, 1415; *Koenig/Wünsch* § 99 Rz 17). Die Rechtswidrigkeit des Verwaltungshandelns (Betreten des Grundstücks) kann daher auch nicht mit der Fortsetzungsfeststellungsklage iSv § 100 I 4 FGO geltend gemacht werden, sondern allein durch **Feststellungsklage** iSv § 41 FGO (BFH/NV 10, 1415). Diese wird jedoch aufgrund ihrer Subsidiarität gem § 41 II FGO idR **unzulässig** sein, weil sich der Stpfl gegen den späteren StBescheid mit der Anfechtungsklage wehren kann. 13

§ 100 Vorlage von Wertsachen

(1) [1]**Der Beteiligte und andere Personen haben der Finanzbehörde auf Verlangen Wertsachen (Geld, Wertpapiere, Kostbarkeiten) vorzulegen, soweit dies erforderlich ist, um im Besteuerungsinteresse Feststellungen über ihre Beschaffenheit und ihren Wert zu treffen.** [2]**§ 98 Abs. 2 ist anzuwenden.**

(2) **Die Vorlage von Wertsachen darf nicht angeordnet werden, um nach unbekannten Gegenständen zu forschen.**

Wertsachen sind Geld, Wertpapiere, Schmuck, Edelsteine, Antiquitäten, Edelmetall usw. Vorlagepflicht besteht nur, soweit dies erforderlich ist, um ihre Beschaffenheit oder ihren Wert zu beurteilen; die Wertsachen müssen daher bereits bekannt sein, sodass eine Ausforschung nicht zulässig ist (Abs 2). Abs 2 gilt auch im **StFahndungsverfahren** nach § 208 I Nr 2 und 3; soweit die Steufa im Rahmen eines StStrafverfahrens nach § 208 I Nr 1 tätig wird, muss sie ggf nach den Vorschriften der StPO eine Durchsuchung durchführen. Im Einspruchsverfahren besteht nach § 365 II ein Teilnahmerecht des Einspruchsführers und des Hinzugezogenen sowie ihres Bevollmächtigten bei der Vorlage der Wertsachen (s § 365 Rz 5).

IV. Auskunfts- und Vorlageverweigerungsrechte

§ 101 Auskunfts- und Eidesverweigerungsrecht der Angehörigen

(1) [1] **Die Angehörigen (§ 15) eines Beteiligten können die Auskunft verweigern, soweit sie nicht selbst als Beteiligte über ihre eigenen steuerlichen Verhältnisse auskunftspflichtig sind oder die Auskunftspflicht für einen Beteiligten zu erfüllen haben.** [2] **Die Angehörigen sind über das Auskunftsverweigerungsrecht zu belehren.** [3] **Die Belehrung ist aktenkundig zu machen.**

(2) [1] **Die in Absatz 1 genannten Personen haben ferner das Recht, die Beeidigung ihrer Auskunft zu verweigern.** [2] **Absatz 1 Sätze 2 und 3 gelten entsprechend.**

Übersicht

1 **1. Auskunftsverweigerungsrecht (Abs 1 S 1). a) Angehörige.** Die Vorschrift gewährt den Angehörigen (§ 15) ein Auskunftsverweigerungsrecht und gilt über § 84 FGO auch im FG-Verfahren. Es kommt nicht darauf an, ob der Angehörige durch die Auskunft belastet wird. Der Angehörige braucht nicht zu begründen, weshalb er von dem Auskunftsverweigerungsrecht Gebrauch macht (BFH/NV 97, 638).

2 Das Auskunftsverweigerungsrecht des § 101 besteht jedoch nur, soweit der Angehörige als **Dritter** auskunftspflichtig ist. Es gilt hingegen nicht, soweit der Angehörige Beteiligter iSv § 78 ist (s Rz 3). § 101 gilt daher auch für den Fall der Zusammenveranlagung von Ehegatten, sodass ein Ehegatte die Auskunft hinsichtlich der Besteuerung des anderen Ehegatten verweigern darf (BFH BStBl 02, 501): Denn bei der Zusammenveranlagung handelt es sich um zwei inhaltlich und verfahrensrechtl selbständige VA in einem Bescheid (s näher § 122 Rz 110ff). Nach § 78 Nr 2 wird der eine Ehegatte bzw Lebenspartner daher nicht Beteiligter in dem StFestsetzungsverfahren des anderen Ehegatten und kann sich deshalb auf sein Auskunftsverweigerungsrecht berufen, soweit es um die stl Verhältnisse des anderen Ehegatten geht. Auch einem geschiedenen Ehegatten bzw Lebenspartner steht das Auskunftsverweigerungsrecht zu, da er nach § 15 II Nr 1 zu den Angehörigen zählt (vgl BFH/NV 97, 638).

3 **b) Ausnahmen.** Kein Auskunftsverweigerungsrecht besteht, soweit der Auskunftspflichtige selbst als Beteiligter über seine eigenen stl Verhältnisse auskunftspflichtig ist (s Rz 2). **Beispiel:** Bei der Prüfung eines Stpfl kann dieser seine Mitwirkung nicht verweigern, weil er einen seiner Angehörigen stl belasten würde. Ferner gilt § 101 nicht, soweit er die Auskunftspflicht für einen Beteiligten erfüllt. In Betracht kommen hier die in den §§ 34, 35 genannten Personen (gesetzliche Vertreter und Verfügungsberechtigte). Auch die Anfertigung von Kontrollmitteilungen und deren Auswertung gegen einen Angehörigen wird durch diese Vorschrift nicht gehindert. Das Auskunftsverweigerungsrecht gilt nach § 68 I 2 2. HS EStG auch **nicht** für volljährige Kinder **im Kindergeldrecht**, da diese besondere

Mitwirkungspflichten nach § 68 haben, die durch das Auskunftsverweigerungsrecht des § 101 nicht konterkariert werden sollen.

2. Belehrungspflicht (Abs 1 S 2 und 3). Durch die Belehrung muss dem Angehörigen die **Bedeutung der Auskunftsverweigerung** erläutert werden, damit er frei die Tragweite seines Beschlusses, die Aussage zu verweigern, beurteilen kann (FG Köln EFG 99, 451 mwN). Dabei muss der Vernehmungstatbestand hinreichend konkretisiert werden. Es bedarf aber nicht der Angabe der Steuerart und der Zeiträume, derentwegen ermittelt wird (FG Köln EFG 99, 451). Die Belehrung ist nach S 3 aktenkundig zu machen. 4

Bei **unterbliebener** Belehrung über das Aussageverweigerungsrecht darf die Auskunft nicht gegen den Stpfl verwertet werden (BFH/NV 10, 929; BFH BStBl 91, 204). Zwar gibt es im Besteuerungsverfahren kein allgemeines gesetzliches Verwertungsverbot für Tatsachen, die unter Verletzung von Verfahrensvorschriften ermittelt worden sind (§ 92 Rz 7 ff; BFH BStBl 17, 780). Schutzzweck des § 101 ist aber das zwischen Angehörigen bestehende besondere Vertrauensverhältnis. **Ausnahme:** Eine unter Verletzung der Belehrungspflicht erlangte Aussage ist jedenfalls dann verwertbar, wenn der Angehörige, der die Aussage gemacht hat, nachträglich zustimmt oder seine Aussage nach Belehrung wiederholt (AEAO zu § 101 Nr 2). 5

Das FG RhPf (EFG 85, 266) nimmt darüber hinaus sogar ein Verwertungsverbot an, wenn ein Angehöriger eines Beschuldigten in einem steuerstrafrechtl Ermittlungsverfahren nicht über das Aussageverweigerungsrecht nach § 101 belehrt worden ist und die Aussage dann im Besteuerungsverfahren gegen den Angehörigen selbst verwendet werden soll (zustimmend *Pinne* ZfZ 87, 126; aA *Ricke* ZfZ 87, 254). FG Mster (EFG 88, 394) lehnt allerdings in solchen Fällen, in denen ein bestimmter Sachverhalt sowohl für die eigene Besteuerung eines Beteiligten als auch für die Besteuerung eines Angehörigen von Bedeutung ist, ein Aussageverweigerungsrecht gem § 101 und § 103 zu Recht überhaupt ab. Denn im Besteuerungsverfahren bleibt sogar der selbst möglicherweise einer Straftat Verdächtige nach Einleitung eines StStrafverfahrens zur wahrheitsgemäßen Mitwirkung bei der Aufklärung des Sachverhalts verpflichtet (BFH BStBl 02, 329). Außerdem besteht im FG-Prozess kein Verwertungsverbot für eine Vernehmungsniederschrift, wenn sich der unter ordnungsgemäßer Belehrung von der Steufa vernommene Angehörige erst in dem Prozess auf sein Aussageverweigerungsrecht beruft (BFH/NV 91, 461; FG Köln EFG 99, 451). 6

3. Beeidigungsverweigerungsrecht (Abs 2). Nach Abs 2 haben Angehörige auch das Recht, die Beeidigung ihrer Auskunft zu verweigern. Dies bezieht sich auf § 94, der die Beeidigung der Auskünfte Dritter regelt (s § 94 Rz 2). 9

4. Rechtsfolgen. Macht der Angehörige von seinem Auskunftsverweigerungsrecht **keinen Gebrauch,** ist er zur Auskunft verpflichtet. Die Grenzen seiner Auskunftspflicht ergeben sich aus § 103 (s dort Rz 7). Eine trotz des Auskunftsverweigerungsrechts und ordnungsgemäßer Belehrung gemachte Aussage kann uU gegen den Stpfl auch für die Verfolgung einer nicht stl Straftat verwertet werden; denn § 30 IV Nr 4 lässt die Offenbarung derartiger Tatsachen ggü den Strafverfolgungsbehörden zu. 12

§ 102 Auskunftsverweigerungsrecht zum Schutz bestimmter Berufsgeheimnisse

(1) **Die Auskunft können ferner verweigern:**

1. **Geistliche über das, was ihnen in ihrer Eigenschaft als Seelsorger anvertraut worden oder bekannt geworden ist,**
2. **Mitglieder des Bundestages, eines Landtages oder einer zweiten Kammer über Personen, die ihnen in ihrer Eigenschaft als Mitglieder dieser Organe**

oder denen sie in dieser Eigenschaft Tatsachen anvertraut haben, sowie über diese Tatsachen selbst,

3. a) Verteidiger,

b) Rechtsanwälte, Patentanwälte, Notare, Steuerberater, Wirtschaftsprüfer, Steuerbevollmächtigte, vereidigte Buchprüfer,

c) Ärzte, Zahnärzte, Psychologische Psychotherapeuten, Kinder- und Jugendlichenpsychotherapeuten, Apotheker und Hebammen,

über das, was ihnen in dieser Eigenschaft anvertraut worden oder bekannt geworden ist,

4. Personen, die bei der Vorbereitung, Herstellung oder Verbreitung von periodischen Druckwerken oder Rundfunksendungen berufsmäßig mitwirken oder mitgewirkt haben, über die Person des Verfassers, Einsenders oder Gewährsmanns von Beiträgen und Unterlagen sowie über die ihnen im Hinblick auf ihre Tätigkeit gemachten Mitteilungen, soweit es sich um Beiträge, Unterlagen und Mitteilungen für den redaktionellen Teil handelt; § 160 bleibt unberührt.

(2) [1]**Den im Absatz 1 Nr. 1 bis 3 genannten Personen stehen ihre Gehilfen und die Personen gleich, die zur Vorbereitung auf den Beruf an der berufsmäßigen Tätigkeit teilnehmen.** [2]**Über die Ausübung des Rechts dieser Hilfspersonen, die Auskunft zu verweigern, entscheiden die im Absatz 1 Nr. 1 bis 3 genannten Personen, es sei denn, dass diese Entscheidung in absehbarer Zeit nicht herbeigeführt werden kann.**

(3) [1]**Die in Absatz 1 Nr. 3 genannten Personen dürfen die Auskunft nicht verweigern, wenn sie von der Verpflichtung zur Verschwiegenheit entbunden sind.** [2]**Die Entbindung von der Verpflichtung zur Verschwiegenheit gilt auch für die Hilfspersonen.**

(4) [1]**Die gesetzlichen Anzeigepflichten der Notare und die Mitteilungspflichten der in Absatz 1 Nr. 3 Buchstabe b bezeichneten Personen nach der Zinsinformationsverordnung vom 26. Januar 2004 (BGBl. I S. 128), die zuletzt durch Artikel 4 Abs. 28 des Gesetzes vom 22. September 2005 (BGBl. I S. 2809) geändert worden ist, in der jeweils geltenden Fassung bleiben unberührt.** [2]**Soweit die Anzeigepflichten bestehen, sind die Notare auch zur Vorlage von Urkunden und zur Erteilung weiterer Auskünfte verpflichtet.**

Abs 4 Satz 1 neu gefasst durch UntStRefG 2008 v 14.8.07 (BGBl I, 1912).

Schrifttum: *vor 2010 s 13. Aufl; Steinhauff* Rechte und Pflichten der Berufsgeheimnisträger bei Außenprüfungen – Auskunfts- und Vorlageverweigerungsrecht, NWB 11, 1156; *Durst* Der Steuerberater – in der Haftung, als unverdächtiger Dritter und als Zeuge vor Gericht, PStR 12, 146; *Treiber* Abgabe einer Zusammenfassenden Meldung durch Rechtsanwälte: Keine Verweigerung unter Berufung auf die Schweigepflicht, DStR 17, 2615.

Übersicht

1. Inhalt. Die Vorschrift regelt die Auskunftsverweigerungsrechte zum Schutz bestimmter **Berufsgeheimnisse.** Diese Berufsgeheimnisse sind durch verschiedene gesetzliche Regelungen geschützt, so zB bei Geistlichen iSv Abs 1 Nr 1 durch Art 4 II GG, bei Parlamentariern iSv Abs 1 Nr 2 durch Art 47 GG, bei den in Abs 1 Nr 3 genannten Berufen durch § 203 I Nr 1 bis 3 StGB und § 53 I StPO sowie bei Journalisten durch Art 5 I 2 GG. Der in Abs 1 genannte Katalog der Berufsgruppen ist abschließend (BFH BStBl 93, 451; FG SachsAnh EFG 15, 2098). 1

Das Auskunftsverweigerungsrecht des § 102 gilt sowohl für den **Beteiligten,** zB für den Stpfl, der zum Personenkreis des Abs 1 gehört und in eigener Sache Auskunft geben soll (BFH BStBl 10, 455), als auch für den **Dritten** (zB Mandanten oder Patienten), für dessen Besteuerung das FA eine Auskunft bei einer der in Abs 1 genannten Personen einholen will: Sowohl der Beteiligte als auch der Dritte können ein Auskunftsersuchen iSv § 93 I verweigern. Die Regelung des § 102 wird ergänzt durch § 104, nach dem der in § 102 I genannte Personenkreis auch die Vorlage von Urkunden oder Wertsachen gem § 97 verweigern kann. Auf § 102 wird ausdrücklich Bezug genommen in § 104 I 2, § 111 I 2, § 159 II und § 160 II. Im FG-Verfahren gilt § 102 über § 84 FGO und im Zollrecht über §§ 12a, 12e ZollVG.

Das jeweilige Auskunftsverweigerungsrecht gilt auch nach Beendigung der Tätigkeit weiter, soweit es um Auskünfte aus der Zeit während der in Abs 1 genannten Tätigkeit geht.

2. Auskunftsverweigerungsberechtigter Personenkreis (Abs 1). a) Geistliche (Nr 1). Geistliche sind nur solche der christlichen Kirchen oder sonstigen staatlich anerkannten Religionsgemeinschaften (Hinweis auf Art 137 WRV und Art 140 GG; aA *BG/Schindler* § 102 Rz 7; *Koenig/Wünsch* § 102 Rz 5). 3

Gegenstand des Auskunftsverweigerungsrechts ist nach Nr 1 das, was dem Geistlichen in seiner Eigenschaft als Seelsorger anvertraut worden oder bekannt geworden ist. Anvertrauen ist das Einweihen in ein Geheimnis uU, aus denen sich eine Pflicht zur Verschwiegenheit ergibt (RGSt 13, 60). Es kommt nicht darauf an, von wem dem Geistlichen etwas anvertraut worden ist. Kein Auskunftsverweigerungsrecht besteht über das, was der Geistliche in ausschl verwaltender, caritativer oder unterrichtender Tätigkeit erfahren hat. 5

b) Abgeordnete (Nr 2). Nach Nr 2 werden Parlamentarier erfasst, und zwar sowohl des Bundes- als auch eines Landtags bzw – in den Stadtstaaten – eines vergleichbaren gesetzgeberischen Organs (in Berlin zB des Abgeordnetenhauses) sowie des Bundesrats („zweite Kammer"). Dieser Schutz folgt aus Art 47 GG und aus § 202 II Nr 4 StGB. Die Regelung gilt nicht für Stadt- oder Bezirksverordnete. Für die deutschen Abgeordneten im EU-Parlament greift ein entsprechendes Zeugnisverweigerungsrecht gem § 6 EuAbgG. 7

Das Auskunftsverweigerungsrecht umfasst sowohl die Personen, die ihnen in ihrer Eigenschaft als Abgeordneter etwas anvertraut haben oder denen sie etwas anvertraut haben, als auch das, was anvertraut worden ist. 8

c) Verteidiger (Nr 3 Buchst a). Verteidiger sind Strafverteidiger (§§ 137 ff StPO), dh Rechtsanwälte, die an deutschen Gerichten zugelassen sind. Hierzu zählen auch Rechtsprofessoren an deutschen Hochschulen und im Einzelfall als Verteidiger vom Gericht zugelassene Personen wie Referendare (§ 139 StPO). Zum Umfang des Auskunftsverweigerungsrechts s Rz 15 ff. 9

d) Rechtsanwälte, StB usw (Nr 3 Buchst b). Von Nr 3 Buchst b erfasst werden Rechtsanwälte (§§ 1 ff BRAO), Patentanwälte (§§ 1 ff Patentanwaltsordnung), Notare (§ 1 BNotO), StBerater (§ 32 StBerG), Wirtschaftsprüfer (§ 1 WiPrO), Steuerbevollmächtigte (§ 42 StBerG) und vereidigte Buchprüfer (§ 128 WiPrO). Dies gilt auch für die Vorstandsmitglieder, Geschäftsführer oder persönlich haftenden Gesellschafter von Steuerberatungsgesellschaften iSv §§ 49, 50 I und 11

II StBerG, die als Steuerberater, Rechtsanwälte usw unter den Personenkreis der Nr 3 Buchst b fallen.

12 **Kein** Auskunftsverweigerungsrecht haben Rechtsbeistände und Prozessagenten, Syndici, Berufskammern (BFH BStBl 07, 365) sowie sonstige Juristen, die nicht als Rechtsanwalt zugelassen sind, wie zB Vertreter von Gewerkschaften.

15 Das Auskunftsverweigerungsrecht **umfasst** alles, was den Rechtsanwälten, Steuerberatern etc in dieser Eigenschaft anvertraut worden oder bekannt geworden ist. Hierzu gehören insbes die Identität seines Mandanten und die Tatsache seiner Beratung (BFH BStBl 02, 712; 09, 579). Der Berater iSv Abs 1 Nr 3 Buchst b darf die Einsicht in alle Daten verweigern, auf die sich das Auskunftsverweigerungsrecht erstreckt. Dementsprechend darf ein Berater Auskünfte insoweit anonymisieren bzw mandantenbezogene Informationen zurückhalten (BFH BStBl 10, 455). Das Auskunftsverweigerungsrecht schützt den Berufsträger aber nicht vor einer **Ap** (BFH BStBl 09, 579; BFH/NV 06, 2034). Anderenfalls käme es zu einem Verstoß gegen das Gebot einer gleichmäßigen Besteuerung nach § 85 (s § 85 Rz 6), wenn einzelne Berufsgruppen nicht geprüft würden; zum Vorlageverweigerungsrecht im Rahmen einer Ap s § 104 Rz 4ff. Außerdem muss der Berufsträger in einer Zusammenfassenden Meldung gem § 18a UStG die USt-IdNrn seiner Mandanten aus anderen Staaten angeben; insoweit kann ein Einverständnis des Mandanten unterstellt werden (BFH BStBl 18, 155).

16 Nach dem BFH (BStBl 09, 579) gibt es von diesen Grundsätzen aber eine in der Praxis wichtige **Ausnahme:** Das Auskunftsverweigerungsrecht gilt nämlich nicht, wenn der Mandanten auf Geheimhaltung verzichtet hat. Dies ist der Fall, wenn der Berater an der Erstellung der StErklärung oder im Rahmen sonstiger steuerlicher Verfahren (zB Haftungsbescheid) mitgewirkt hat und dies ggü dem FA kenntlich gemacht hat. Hier hat das FA bereits Kenntnis von der Identität des Mandanten und von der Beratung durch den Berufsträger.

17 Weitere praxisrelevante Ausnahmen gibt es bei der Zusammenfassenden Meldung (s Rz 15) sowie im Bereich der Buchführung, die die Vorlage von Unterlagen iSv § 104 betreffen, nämlich **Bewirtungsbelege und Fahrtenbücher,** und bei § 104 erläutert werden (s § 104 Rz 10ff).

19 Trotz eines Auskunftsverweigerungsrechts ist das FA nicht gehindert, bei einer Ap **Kontrollmitteilungen** gem § 194 III zu fertigen (aA *DWS-Institut* DStR 12, Beih zu Nr 48, 123, 131f). Allerdings muss es den Berufsträger rechtzeitig vor Fertigung der Kontrollmitteilung informieren, damit dieser sich ggf im Wege einer vorbeugenden Unterlassungsklage – die allerdings idR nur ausnahmsweise zulässig sein wird, wenn dem Berufsträger ein weiteres Abwarten unzumutbar ist – hiergegen wehren kann (BFH BStBl 09, 579; BayLfSt DStR 12, 1610, Tz 5); anders hingegen die frühere Selbstbindung der FinVerw, s hierzu 13. Aufl Rz 19, sowie BFH/NV 06, 2034.

20 Soweit den Rechtsanwälten, Steuerberatern usw **kein Auskunftsverweigerungsrecht** zusteht, weil es nicht um Informationen geht, die ihnen in ihrer Eigenschaft anvertraut oder bekannt geworden sind, müssen sie die Auskünfte auf Verlangen des FA erteilen. So ist ein Rechtsanwalt, der nicht in seiner Eigenschaft als Rechtsanwalt fremde Vermögenswerte sondern allgemein ein fremdes Vermögen verwaltet, ebenso wie sein Auftraggeber zur Auskunft verpflichtet (*Vogelbruch* DStZA 78, 340ff; s auch Rz 23). Das Zeugnisverweigerungsrecht besteht ebenfalls nicht, wenn das besondere Vertrauensverhältnis zwischen Rechtsanwalt und Mandant gar nicht berührt ist, weil es zB nur um die Art und die näheren Umstände einer Geschäftsbeziehung zu einem Mandanten geht (BFH/NV 89, 761). Ein Rechtsanwalt oder StB hat daher auch kein Zeugnisverweigerungsrecht bzgl solcher Tatsachen, die ihm bei Gelegenheit seiner Berufsausübung bekannt geworden sind und die keinen inhaltlichen Bezug zu seiner Tätigkeit haben (BFH/NV 89, 541).

23 Ein Auskunftsverweigerungsrecht kann hingegen bei **verwalteten Fremdgeldern** bestehen: Auskünfte über die Herkunft angeblicher Treuhandgelder kann ein

Rechtsanwalt verweigern, wenn feststeht, dass es sich nicht um private eigene Geschäfte handelt (BFH/NV 89, 753; vgl auch BFH BStBl 07, 39); ein Anwalt iSv § 102 muss in dem ihn betr Besteuerungsverfahren aber alles Zumutbare unternehmen, um nachzuweisen, dass es sich um fremdes Vermögen handelt (BFH/NV 11, 1283). Bei den von den in Abs 1 Nr 3 Buchst a und b genannten Berufsangehörigen in dieser Eigenschaft verwalteten fremden Vermögenswerten ist die Anwendung des § 159 I ausgeschlossen (§ 159 II; s hierzu BFH/NV 11, 1283), wenn sie von ihrem Aussageverweigerungsrecht Gebrauch machen. Voraussetzung ist aber, dass die für fremde Personen verwalteten Vermögenswerte als solche erkennbar sind, zB durch Anlage auf Anderkonten (BFH/NV 88, 424).

e) Ärzte, Apotheker usw (Nr 3 Buchst c). Nr 3 Buchst c erfasst schließlich bestimmte Heilberufe wie Ärzte, Zahnärzte, Psychotherapeuten, Apotheker und Hebammen. **Nicht** zu Nr 3 Buchst c gehören allgemeine Psychologen (nur Psychologische Psychotherapeuten und Kinder- und Jugendlichenpsychotherapeuten werden erfasst), Heilpraktiker und Krankenpfleger und Sozialarbeiter (BVerfGE 33, 367). 27

Geschützt sind auch hier das **Bestehen des Patientenverhältnisses,** insbes die Identität des Patienten, sowie die Einzelheiten der ärztlichen Behandlung (BFH BStBl 58, 86; s auch BayLfSt DStR 12, 1610).

f) Mitarbeiter der Presse (Nr 4). Erfasst werden zum einen Journalisten, die entweder im Pressebereich oder im Rundfunk tätig sind. Zum anderen gilt Nr 4 auch für alle anderen Mitarbeiter in diesen Bereichen, wie zB kaufmännische oder technische Angestellte. Zu den Rundfunksendungen zählen auch Fernsehsendungen einschl Pay-TV, Videotext, Bildschirmtext sowie sonstige Abruf- und Zugriffsdienste (BVerfGE 74, 297), mE auch Internetradio oder -TV. 29

Das Auskunftsverweigerungsrecht **umfasst** nach Abs 1 Nr 4 die Person des Verfassers, Einsenders oder Gewährsmanns von Beiträgen und Unterlagen und entsprechende Mitteilungen. Es geht also um den Schutz Dritter, die Beiträge etc für die Zeitschrift bzw den Rundfunk erstellen. Das selbst erarbeitete Schrift- und Bildmaterial der Redaktion wird nicht geschützt. Nr 4 bezieht sich ausdrücklich nur auf den redaktionellen Teil, sodass der Anzeigenteil oder Werbeteil von Zeitungen oder Rundfunksendungen nicht vom Auskunftsverweigerungsrecht erfasst wird (BFH BStBl 16, 822). Allerdings kann sich insoweit unmittelbar aus Art 5 I 2 GG ein Auskunftsverweigerungsrecht ergeben, wenn es sich um Anzeigen handelt, die aufgrund ihrer Bedeutung für die öffentliche Meinungsbildung oder ihrer Kontrollfunktion in besonderem Maße des Schutzes durch das Grundrecht der Pressefreiheit bedürfen (BVerfGE 64, 108). Es bedarf dann einer Abwägung zwischen den grundrechtl geschützten Geheimhaltungsinteressen nach Art 5 I 2 GG und dem Ermittlungsgrundsatz nach § 85 I 2 (BFH BStBl 16, 822). 31

Gem Nr 4 2. HS bleibt § 160 unberührt. Damit soll ua verhindert werden, dass ein Journalist die **Angabe von Zahlungsempfängern,** von denen er Informationen gegen Geld erlangt hat, im Hinblick auf sein Zeugnisverweigerungsrecht verweigert. Journalisten sind auch verpflichtet, die nach § 4 V 1 Nr 2 EStG geforderten Angaben zu Teilnehmern und Anlass einer Bewirtung machen (BFH BStBl 02, 712; 98, 263). 32

Zu einem etwaigen Konflikt von Auskunftsersuchen über Zeitungsanzeigen und dem Grundrecht der Pressefreiheit s BVerfGE 64, 108; BFH BStBl 88, 359; 90, 1010.

3. Gehilfen (Abs 2). Den Gehilfen der in Abs 1 genannten Personen steht nach Abs 2 S 1 ebenfalls ein Auskunftsverweigerungsrecht zu. Dies entspricht § 53a StPO. Zu den Gehilfen gehören insbes **ArbeitN** der in Abs 1 genannten Personen. Nach Abs 2 S 2 entscheidet grds die in Abs 1 genannte Person über das Auskunftsverweigerungsrecht. 35

37 **4. Entbindung von der Schweigepflicht (Abs 3).** Eine Entbindung von der Schweigepflicht ist nur für die in **Abs 1 Nr 3** genannten Personen vorgesehen, nicht aber für die Personen iSv Nr 1, 2 oder 4. Eine Entbindung führt zur Aussagepflicht; dies gilt nach Abs 3 S 2 auch für die Hilfspersonen. Ein Wirtschaftsprüfer kann auch durch den Insolvenzverwalter von der Pflicht zur Verschwiegenheit entbunden werden (LG Lübeck NJW 78, 1014; OLG Schleswig NJW 81, 294).

40 **5. Anzeigepflichten der Notare (Abs 4).** Unberührt bleiben die gesetzlichen Anzeigepflichten der Notare nach § 18 GrEStG und § 34 ErbStG sowie § 54 EStDV. Nach Abs 4 können sich Notare also nicht auf ihr Auskunftsverweigerungsrecht berufen, um ihren gesetzlichen Anzeigepflichten zu entgehen.

Abs 4 **modifiziert** die in § 18 BNotO begründete **Verschwiegenheitspflicht** der Notare. Maßstäbe für die Begrenzung der Auskunftspflicht bzw des entsprechenden Auskunftsverweigerungsrechts fehlen; daher muss nach dem Prinzip der Güterabwägung im Einzelfall nach pflichtgemäßem Ermessen entschieden werden, wieweit die Auskunftspflicht geht. Der Notar hat ggf auch die Pflicht, seine Handakten vorzulegen (FG SchlHol EFG 82, 151; vgl auch BFH/NV 95, 954). Das FG kann aber in einem Rechtsstreit über die Rechtmäßigkeit eines GrESt-Bescheids von dem beurkundenden Notar nicht pauschal die Vorlage der Handakten zu diesem Vertrag fordern, sondern nur die Vorlage einzelner Schriftstücke, die den Inhalt der notariellen Urkunde ergänzen und verdeutlichen (BFH BStBl 82, 510). S auch Merkblatt über die stl Beistandspflichten der Notare auf den Gebieten der GrESt, ErbSt (SchenkSt) und Ertragsteuern (LfSt Bayern 1.1.2018, BeckVerw 351696).

41 Weiterhin bleiben auch die Mitteilungspflichten nach der früheren **Zinsinformationsverordnung** (ZIV) unberührt; zur ZIV s § 117 Rz 34. Dementsprechend musste ein Berufsträger iSv Abs 1 Nr 3 Buchst b Zinszahlungen bis zum 31.12.2015 an im Ausland ansässige Mandanten (zB auf einem Anderkonto aufgelaufene Zinsen) dem BZSt mitteilen (§ 8 ZIV).

44 **6. Bankengeheimnis.** Bankangestellte, auch Angestellte einer öffentlich-rechtl Sparkasse, haben **kein Auskunftsverweigerungsrecht.** Denn sie fallen nicht unter den abschließenden Katalog des § 102 I (FG SachsAnh EFG 15, 2098); auch § 30a aF sah kein entsprechendes Auskunftsverweigerungsrecht vor. Die Zeugnispflicht der Banken und ihrer Mitarbeiter geht daher der Amtsverschwiegenheitspflicht vor (BFH BStBl 93, 451); zu Sammelauskunftsersuchen des FA an Banken s § 93 Rz 38.

45 **7. Keine Belehrungspflicht.** Anders als § 101 sieht § 102 keine Belehrungspflicht vor, da er offenbar davon ausgeht, dass die Berufsgeheimnisträger ihre Auskunftsverweigerungsrechte kennen. Eine unterlassene Belehrung begründet daher keinen Verfahrensverstoß. Für Auskünfte, die zB ein StB freiwillig gibt, obwohl er nicht von seiner Verschwiegenheitspflicht entbunden und nicht über das nach § 102 bestehende Auskunftsverweigerungsrecht belehrt worden ist, besteht deshalb auch – anders als bei § 101 (s dort Rz 5) – **kein Verwertungsverbot** (BFH/NV 01, 811).

§ 103 Auskunftsverweigerungsrecht bei Gefahr der Verfolgung wegen einer Straftat oder einer Ordnungswidrigkeit

[1]Personen, die nicht Beteiligte und nicht für einen Beteiligten auskunftspflichtig sind, können die Auskunft auf solche Fragen verweigern, deren Beantwortung sie selbst oder einen ihrer Angehörigen (§ 15) der Gefahr aussetzen würde, wegen einer Straftat oder einer Ordnungswidrigkeit verfolgt zu werden. [2]Über das Recht, die Auskunft zu verweigern, sind sie zu belehren. [3]Die Belehrung ist aktenkundig zu machen.

S 1 neu gefasst durch G v 17.7.17 (BGBl I, 2541).

Schrifttum: *vor 2010 s 13. Aufl; Meyer-Mews* Reden ist Silber – Schweigen strafbar?, DStR 12, 161; *Hagen* Auskunfts- und Urkundenvorlageverweigerungsrechte zum Schutz bestimmter Berufsgeheimnisse, StW 13, 68; *Beyer* Befragung von Selbstanzeige-Erstattern als Zeugen gegen Bankmitarbeiter?, NWB 14, 3878.

Übersicht

1 **1. Auskunftsverweigerungsrecht (Satz 1). a) Dritte.** Ein Auskunftsverweigerungsrecht wegen der Gefahr einer Strafverfolgung haben nur Dritte. § 103 gilt hingegen **nicht für den Stpfl,** soweit er in seiner eigenen Steuersache Auskunft geben muss (BFH/NV 91, 461; vgl auch BFH/NV 92, 524). Er kann die Auskunft also nicht verweigern, selbst wenn er sich dadurch wegen einer Straftat oder Ordnungswidrigkeit belasten müsste. Dem Stpfl stehen diejenigen Personen gleich, die für einen Beteiligten auskunftspflichtig sind (vgl §§ 34, 35, gesetzliche Vertreter, Verfügungsberechtigte): Auch sie haben kein Auskunftsverweigerungsrecht nach § 103. Anders ist dies jedoch, wenn der Stpfl im Haftungsverfahren des Haftungsschuldners aussagen soll; insoweit ist der Stpfl Dritter und hat nach Maßgabe des § 103 ein Auskunftsverweigerungsrecht (*Beyer* NWB 14, 3878, 3881). § 103 gilt über § 84 FGO auch im Klageverfahren sowie über §§ 12a, 12e ZollVG im Zollrecht.

2 Das Auskunftsverweigerungsrecht nach § 103 steht dem Stpfl in eigener Angelegenheit selbst dann nicht zu, wenn gegen ihn bereits ein strafrechtl Ermittlungsverfahren oder sogar ein Strafverfahren läuft (BFH/NV 05, 503; 07, 646; s auch oben § 90 Rz 4). Die Anhängigkeit eines StStrafverfahrens rechtfertigt es auch nicht, die Abgabe von StErklärungen für nachfolgende Besteuerungszeiträume zu unterlassen (s § 149 Rz 4). Die weitgehenden Offenbarungspflichten des Stpfl werden durch die Regelung über das StGeheimnis (§ 30) relativiert: Der Stpfl wird nämlich durch das StGeheimnis grds davor geschützt, dass seine für stl Zwecke gemachten Angaben für die Verfolgung nicht steuerlicher Straftaten verwendet werden. § 30 IV Nr 4 und 5 sowie § 117a lassen aber in bestimmten Fällen eine Durchbrechung des StGeheimnisses zu. Nach der Gesetzeslage hat der Stpfl selbst dann kein Auskunftsverweigerungsrecht, wenn er erkennt, dass das FA nach § 30 IV Nr 5 die von ihm offenbarten Tatsachen wegen Vorliegens eines zwingenden öffentlichen Interesses an die Strafverfolgungsbehörden weitergeben wird.

3 Auch wenn der Stpfl mangels Auskunftsverweigerungsrechts zur Auskunft verpflichtet ist, kann seine Aussage aber **nicht nach §§ 328 ff erzwungen** werden. Denn es wäre mit den Grundsätzen der pflichtgemäßen Ermessensausübung nicht vereinbar, wenn der Stpfl gezwungen wäre, zu seiner Überführung wegen einer Straftat oder Ordnungswidrigkeit beizutragen (vgl § 328 Rz 8). Die Regelung des § 393 I 2 bezieht sich jedoch nur auf die Gefahr der Verfolgung wegen einer Steuerstraftat oder Steuerordnungswidrigkeit bezieht, nicht aber auf die Gefahr eines Verfahrens wegen einer Ordnungswidrigkeit (s hierzu § 393 Rz 10 ff).

4 Trotz fehlender Erzwingbarkeit bleibt der Stpfl aber **zur Auskunft verpflichtet.** Erfüllt er diese Pflicht nicht, verletzt er damit seine Mitwirkungspflicht; dies kann im Rahmen der Beweiswürdigung zu seinen Lasten berücksichtigt werden kann (vgl FG Mchn EFG 96, 570; s auch § 88 Rz 45).

7 **b) Gefahr der Verfolgung wegen Straftat oder Ordnungswidrigkeit.** Es muss die Gefahr einer Verfolgung wegen einer Straftat oder wegen einer OWi bestehen. Es kommt auf die **objektive** Gefahr an, nicht auf eine nur eingebildete; entfernte Möglichkeit ist aber ausreichend (BFH BStBl 55, 30; BFH/NV 89, 92). Keine Gefahr besteht zB, wenn die Verfolgungsverjährung eingetreten ist oder das Verfahren rechtskräftig eingestellt worden ist (BFH/NV 05, 221). Angesichts des eindeutigen Wortlauts, der sich nur auf die Gefahr der Strafverfolgung oder einer OWi bezieht, reicht die Gefahr ehrengerichtlicher Verfolgung für das Auskunftsverweigerungsrecht nicht aus (*TK/Seer* § 103 Rz 8; aA FG Bln EFG 88, 456; offen geblieben in BFH/NV 89, 761). Ebenso wenig genügt ein Verstoß gegen § 43 II BDSG (FG Nds EFG 15, 1662). Durch die Änderung des S 1 durch das G v 17.7.2017 wird nicht mehr auf eine drohende Verfolgung nach dem OWiG abgestellt, sondern es genügt eine drohende Verfolgung wegen einer **OWi**. Damit werden auch OWi außerhalb des OWiG erfasst, inbes OWi nach Art 83 der Datenschutz-VO (EU) 2016/679. Die FinBeh hat allerdings nach § 32i III idF des G v 17.7.2017 die Möglichkeit, eine Feststellungsklage auf Bestehen der Mitwirkungspflicht zu erheben und so das Auskunftsverweigerungsrecht nach § 103 auszuschließen, vgl BT-Drs 18(11)1068, 61 f.

8 Wenn sich Antworten zu einem Beweisthema in solche **trennen lassen,** die die Gefahr einer Strafverfolgung für den Zeugen mit sich bringen, und solche, bei denen dies nicht der Fall ist, so entfällt das Zeugnisverweigerungsrecht nur für den zweiten Bereich der Beweisthemen (BFH/NV 89, 82, 761). Ist eine solche Trennung nicht möglich, führt das Recht, die Beantwortung einzelner Fragen zu verweigern, ausnahmsweise zu einer berechtigten Verweigerung der verlangten Auskunft in vollem Umfang (BFH/NV 97, 736; 07, 1524; FG Mster EFG 15, 697).

9 Das Zeugnisverweigerungsrecht besteht nur im Hinblick auf solche Fragen, die den Zeugen wegen einer **zuvor begangenen Tat** der Gefahr der Verfolgung wegen einer Straftat oder OWi aussetzen würden. Der Zeuge kann sich nicht darauf berufen, dass er erst durch die Aussage selbst eine Straftat (zB Verletzung der Amtsverschwiegenheitspflicht) begehe. Soweit er zur Aussage verpflichtet ist, kann er durch diese Aussage keine Straftat begehen (vgl BFH BStBl 93, 451; iE auch FG Nds EFG 15, 1662; s auch § 105 Rz 6).

12 **2. Belehrung (S 2 und 3).** Der Auskunftspflichtige ist über sein Verweigerungsrecht nach S 2 zu belehren. Die Belehrung ist nach S 3 zu den Akten zu nehmen. Diese Regelung entspricht § 101 I 2 und 3 (s § 101 Rz 4).

15 **3. Rechtsfolgen. a) Auskunftserteilung nach Belehrung.** Wenn der Dritte die Auskunft trotz bestehenden Auskunftsverweigerungsrechts und trotz Belehrung unter Verzicht auf das Auskunftsverweigerungsrecht erteilt, steht das StGeheimnis einer Mitteilung an die Strafverfolgungsbehörden nicht entgegen (§ 30 IV Nr 4). Die Aussage kann dann zum einen im Besteuerungsverfahren des Stpfl berücksichtigt und zum anderen strafrechtl gegen den Dritten verwertet werden.

16 **b) Auskunftserteilung bei unterbliebener Belehrung.** Unterbleibt die Belehrung, ist die Aussage **unverwertbar** (*TK/Seer* § 103 Tz 13; differenzierend *HHSp/Schuster* § 103 Rz 25; *Koenig/Wünsch* § 103 Rz 22, wonach nur die Auskunftsperson und ihre Angehörigen vor strafrechtl Verfolgung, nicht aber der Beteiligte vor strafrechtl Verfolgung und Besteuerung geschützt werden). Das entspricht der Rspr des BFH zur unterbliebenen Belehrung nach § 101 I 2 (vgl § 101 Rz 5). Besteht schon ein Verwertungsverbot bei Verletzung der Belehrungspflicht eines Nichtbeteiligten in einem normalen stl Sachverhaltsermittlungsverfahren gegen einen Angehörigen, so muss dies erst recht gelten, wenn Nichtbeteiligte sich selbst oder einen Angehörigen der Gefahr eines Straf- oder Bußgeldverfahrens aussetzen würden.

c) Auskunftsverweigerung. Das Auskunftsverweigerungsrecht des § 103 ist **gegenständlich beschränkt,** soweit sich der Dritte selbst belasten würde; ein umfassendes Verweigerungsrecht besteht ausnahmsweise nur dann, wenn die geforderte Auskunft nicht in einzelne Fragen aufgeteilt werden kann (s Rz 8) oder wenn sie in einem so engen Zusammenhang mit einem möglicherweise strafbaren oder ordnungswidrigen Verhalten steht, dass nichts übrig bleibt, was beantwortet werden könnte, ohne dass die Auskunftsperson sich oder einen Angehörigen belasten würde (BFH/NV 07, 1524; FG Mster EFG 15, 697). 17

Will der Dritte die Auskunft nach § 103 verweigern, muss er die Verweigerungsgründe grds **glaubhaft** machen (vgl BFH/NV 89, 761; 97, 9, 736). Dies gilt nur dann nicht, wenn er sich damit bereits belasten würde. Das ist zB dann der Fall, wenn schon die Beweisfrage den Weigerungsgrund deutlich macht (BFH/NV 97, 9) oder wenn infolge des Widerrufs einer in einem früheren gerichtlichen Beweistermin erklärten Zeugenaussage die Gefahr einer strafgerichtlichen Verfolgung des Zeugen wegen möglicher uneidlicher Falschaussage offenbar geworden ist (BFH/NV 97, 736). In diesen Fällen sind detaillierte Tatsachenangaben zum Grund des Auskunftsverweigerungsrechts nicht erforderlich (BFH/NV 12, 2015). Missbrauch des Auskunftsverweigerungsrechts kann uU Begünstigung nach § 257 StGB sein.

§ 104 Verweigerung der Erstattung eines Gutachtens und der Vorlage von Urkunden

(1) [1] **Soweit die Auskunft verweigert werden darf, kann auch die Erstattung eines Gutachtens und die Vorlage von Urkunden oder Wertsachen verweigert werden.** [2] **§ 102 Abs. 4 Satz 2 bleibt unberührt.**

(2) [1] **Nicht verweigert werden kann die Vorlage von Urkunden und Wertsachen, die für den Beteiligten aufbewahrt werden, soweit der Beteiligte bei eigenem Gewahrsam zur Vorlage verpflichtet wäre.** [2] **Für den Beteiligten aufbewahrt werden auch die für ihn geführten Geschäftsbücher und sonstigen Aufzeichnungen.**

Schrifttum: *Brandt* Welche Vorlagepflichten bestehen für einen Berufsgeheimnisträger anlässlich einer ihn betreffenden Außenprüfung?, StBp 10, 118; *Moritz* Außenprüfung bei einem Berufsgeheimnisträger, DB 10, 376; *DWS-Institut* Pflichtenkollision des Berufsgeheimnisträgers in der Außenprüfung, DStR Beih 2012 zu Nr 48, 121; s auch Lit zu § 102.

Übersicht

1. Vorlageverweigerungsrecht (Abs 1 S 1). a) Auskunftsverweigerungsrecht als Voraussetzung. Wer die Auskunft nach den §§ 101–103 verweigern darf, kann auch die Vorlage von **Urkunden** oder Wertsachen oder die Erstattung eines Gutachtens verweigern. Mit dem Wort „Urkunden" sind nicht nur die notariellen Urkunden gemeint, sondern insbes auch sog „Zufallsurkunden", dh sämtliche Belege oder Datenträger wie zB Rechnungen, Verträge, Dateien usw, vgl § 97 I und II („andere Urkunden"). 1

b) Keine Geltung für Beteiligte. Das Vorlageverweigerungsrecht des § 104 gilt nicht für die Beteiligten (§ 78), insbes nicht für den Stpfl (zur Ausnahme s 2

Rz 3 ff). Denn der Beteiligte selbst, insbes also der Stpfl, hat **kein Auskunftsverweigerungsrecht** und kann daher auch nicht die Vorlage von Urkunden oder Wertsachen verweigern.

3 **c) Ausnahme für Berufsgeheimnisträger.** Eine Ausnahme ergibt sich aber für die in § 102 genannten Berufe, insbes Ärzte, Rechtsanwälte und StBerater, **denen auch in eigenen stl Angelegenheiten** ein Auskunftsverweigerungsrecht (s § 102 Rz 1 und 9 ff) und damit auch ein Vorlageverweigerungsrecht zusteht. Geht es um ihre eigenen Steuerangelegenheiten, dürfen sie auch die Vorlage verweigern, **soweit** damit stl Verhältnisse anderer Personen offenbar werden. Das Verweigerungsrecht besteht dabei nicht umfassend, sondern bezieht sich nur auf die jeweilige Urkunde (BFH BStBl 10, 455).

4 Bei **Rechtsanwälten, Steuerberatern** und den anderen Personen iSv § 102 I Nr 3 Buchst b gelten damit die Grundsätze zu § 102 I Nr 3 (s dort Rz 11 ff): Grds sind die **Identität der Mandanten** und die Tatsache ihrer Beratung nach § 102 I Nr 3 und damit auch nach § 104 I geschützt. Der Berufsgeheimnisträger braucht damit keine Unterlagen vorzulegen, die zu einer Offenbarung führen würden. Das Vorlageverweigerungsrecht des Rechtsanwalts bezieht sich grds auch auf seine Handakten (RFH-Gutachten in RFHE Bd 44, 77; BFH/NV 95, 954). Er muss aber diejenigen Handakten bezeichnen, die unter das Auskunftsverweigerungsrecht fallen; zu Einschränkungen des Vorlageverweigerungsrechts, insbes bei bereits erfolgter Offenbarung des Mandatsverhältnisses s Rz 13; zur Zulässigkeit von Kontrollmitteilungen s § 102 Rz 19; zu **Ärzten** s § 102 Rz 27.

6 Besteht ein Vorlageverweigerungsrecht nach § 104, ist str, ob das FA die Vorlage in anonymisierter bzw **geschwärzter Form** verlangen kann: Während der BFH in früherer Rspr eine Verpflichtung des Berufsgeheimnisträgers zur Vorlage von Urkunden in geschwärzter Fassung verneint hat (BFH BStBl 58, 86), sieht er nunmehr Vorlageverlangen des FA als rechtmäßig an, wenn es die Vorlage der Unterlagen nur in geschwärzter Form verlangt (BFH BStBl 10, 455; vgl auch BayLfSt DStR 12, 1610, Tz 2, wonach statt einer Schwärzung auch „andere Mittel" zulässig sein sollen). Dem Urteil in BStBl 10, 455 ist mE nur dann zuzustimmen, wenn es sich um die Vorlage einzelner Unterlagen handelt und eine Schwärzung bzw Anonymisierung zumutbar und – insbes bei Dateien – technisch möglich ist. Sollen hingegen etwa sämtliche Ausgangsrechnungen, die die Namen der Patienten aufweisen, vorgelegt werden, ist eine Anonymisierung bzw Schwärzung der Daten nicht zumutbar und zudem praktisch kaum umsetzbar (*DWS-Institut* DStR 12, Beih zu Nr 48, 123 f). Sofern das FA aber berechtigte Zweifel an der Ordnungsmäßigkeit der Buchführung hat, kann es Stichproben in geschwärzter Form verlangen (BFH BStBl 58, 86).

8 Soweit der Berufsgeheimnisträger Unterlagen **nach § 104 nicht vorlegen muss,** ist nach allg Grundsätzen der Beweislast zu entscheiden (vgl BFH BStBl 02, 712; s § 88 Rz 61); zur Feststellungslast bei verweigerter Vorlage des Original-Postausgangsbuchs s Rz 12. Eine Schätzung kommt hingegen nur in Betracht, wenn der Berufsgeheimnisträger Unterlagen, die nicht von § 104 erfasst sind, oder Stichproben, die wegen berechtigter Zweifel an der Ordnungsmäßigkeit der Buchführung vorgelegt werden müssen, nicht vorlegt; eine berechtigte Verweigerung von Unterlagen gem § 104 berechtigt das FA hingegen nicht zu einer Schätzung (so auch *DWS-Institut* DStR 12, Beih zu Nr 48, 123, 130; *HHSp/Schuster* § 104 Rz 19).

10 Praktisch relevant wird das Vorlageverweigerungsrecht bei der Vorlage von Bewirtungsbelegen, Fahrtenbüchern und Postausgangsbüchern: So muss der Berufsträger iSv § 102 I Nr 3 Buchst b bei **Bewirtungsaufwendungen** die nach § 4 V Nr 2 EStG geforderten Angaben zu Teilnehmern und Anlass einer Bewirtung machen (BFH BStBl 04, 502). Der BFH geht hierbei von einer konkludenten Einwilligung des (eingeladenen) Mandanten in die spätere Offenbarung des Belegs

aus (BFH BStBl 04, 502; 10, 455). Diese Begründung überzeugt nicht, weil sich der zur Bewirtung eingeladene Mandant wohl kaum Gedanken über eine spätere Vorlage der Rechnung durch den zahlenden Anwalt beim FA machen dürfte; zudem wird bei Beginn der Bewirtung häufig noch nicht feststehen, wer die Rechnung begleichen wird, bzw die Rechnung wird nicht zwingend einvernehmlich beglichen. Richtigerweise müsste also auch hier danach differenziert werden, ob das Mandatsverhältnis dem FA schon bekannt war (dann Vorlagepflicht) oder noch nicht (dann Verweigerungsrecht nach § 104 I).

Der Anlass der Bewirtung braucht allerdings nur allgemein umschrieben zu werden, wenn Thema des Gesprächs eine Beratung wegen einer **StHinterziehung** war; es genügt dann eine weniger konkrete Angabe, aus der sich lediglich der betriebliche Anlass ergibt (BFH BStBl 04, 502).

Auch bei der Führung eines **Fahrtenbuchs** iSv § 6 I Nr 4 S 3 EStG darf der 11
Berufsträger iSv Nr 3 Buchst b nach Ansicht der FinVerw grds nicht auf die Namen und Adressen der aufgesuchten Mandanten oder Patienten verzichten (FG Hess BeckRS 2014, 95154). Allerdings gewährt die **FinVerw** zu Recht **Erleichterungen** für die Fahrtenbuchführung, um die unnötige Preisgabe von Mandantennamen und -adressen zu vermeiden; so genügt es, wenn im Fahrtenbuch lediglich „Mandantenbesuch" bzw „Patientenbesuch" angegeben wird und sich Name und Adresse der besuchten Person aus einem gesondert geführten Verzeichnis ergeben (s dazu OFD Frankfurt 19.1.2011, BeckVerw 247417). Insoweit liegt jedenfalls eine Selbstbindung der Verwaltung vor.

Auch ein **Postausgangsbuch** braucht nicht vorgelegt zu werden, soweit sich 12
aus ihm Mandantennamen ergeben (BFH BStBl 02, 715), die dem FA noch nicht offenbart worden sind (s hierzu Rz 13). Bedeutsam wird dies bei einem Antrag auf Wiedereinsetzung in den vorigen Stand, für den die Vorlage des Postausgangsbuchs erforderlich sein kann. Es kann dann genügen, dass die Namen der anderen Mandanten in dem Postausgangsbuch abgedeckt werden oder dass Fotokopien mit entsprechenden Änderungen (dh Schwärzungen) vorgelegt werden. Bei der Entscheidung über die Wiedereinsetzung muss das Gericht dann aber die Überzeugung erlangen, dass keine nachträglichen Eintragungen vorgenommen wurden und dass die Eintragungen vollständig und richtig sind. Ist es hiervon wegen der verweigerten Vorlage des Original-Postausgangsbuchs nicht überzeugt, geht dies zulasten des Stpfl (BFH BStBl 02, 715).

Das Verweigerungsrecht gilt **nicht,** wenn das **Mandatsverhältnis** bereits dem 13
FA **offengelegt** worden ist, weil zB der StBerater die StErklärung erstellt und der Mandant damit auf die Geheimhaltung verzichtet hat: In diesem Fall besteht eine Vorlagepflicht (BFH BStBl 10, 455; s auch § 102 Rz 16).

Ebenfalls nicht verweigern dürfen Berufsgeheimnisträger iSv § 102 I die Vorlage von Unterlagen, die **keinen Bezug** zu dem von § 102 I Nr 3 geschützten **Vertrauensverhältnis** zwischen ihnen und ihren Mandanten oder Patienten aufweisen (BFH BStBl 10, 455). Vorzulegen sind danach zB die Unterlagen über die Einkünfte aus Kapitalvermögen oder aus VuV, Kontoauszüge, die keine betrieblichen Vorgänge ausweisen (BFH BStBl 10, 455). IdR werden auch Gehaltsabrechnungen oder **Eingangsrechnungen** vorzulegen sein, weil sie nicht das Verhältnis zwischen Berufsgeheimnisträger und Mandanten bzw Patienten offenbaren (BFH BStBl 10, 455). Dies kann aber im Einzelfall auch anders sein, etwa bei DATEV-Eingangsrechnungen, die Informationen der verarbeiteten Daten – und damit auch der Mandanten – enthalten. Hier kommt nach Maßgabe der Ausführungen in Rz 6 eine Vorlage einzelner Eingangsrechnungen (Stichproben) in anonymisierter Form, dh geschwärzt, in Betracht (s BFH BStBl 10, 455).

Offen gelassen hat der BFH bislang die Frage, inwieweit das Verweigerungsrecht 14
des § 104 bei einer **digitalen Ap** nach § 147 VI praktikabel umgesetzt werden kann und ggf zu einer Einschränkung der digitalen Ap führt (BFH BStBl 09, 579). Hier dürfte es zunächst ratsam sein, dass der Berufsgeheimnisträger bereits bei der

Erstellung der Unterlagen, spätestens aber bei ihrer Digitalisierung und Speicherung sein Vorlageverweigerungsrecht im Auge hat und im Rahmen seines sog Erstqualifikationsrechts (s § 147 Rz 62) für eine entsprechende Anonymisierung der geschützten Daten oder aber getrennte Speicherung oder für Zugriffsberechtigungskonzepte sorgt (FG BaWü EFG 12, 577; BayLfSt DStR 12, 1610, Tz 3; s auch BFH BStBl 15, 519).

15 Bei **Ärzten, Apothekern usw** gelten die vorstehenden Grundsätze (Rz 3 ff) entsprechend (s auch *DWS-Institut* DStR 12, Beih zu Nr 48, 123, 130). Geschützt sind Identität des Patienten und die Tatsache seiner Behandlung. Die Berufsgeheimnisträger iSv § 102 I Nr 3 Buchst c dürfen danach, auch soweit sich eine Ap auf die Ermittlung ihrer eigenen stl Verhältnisse bezieht, die Vorlage der Patientenkartei insoweit verweigern, als darin Eintragungen enthalten sind, auf die sich ihr Recht zur Auskunftsverweigerung erstreckt (BFH BStBl 58, 86).

18 **2. Anzeigepflichten der Notare (Abs 1 S 2).** Das Vorlageverweigerungsrecht des § 104 I 1 gilt nach Abs 1 S 2 iVm § 102 IV 2 **nicht** für **Notare,** soweit sie Anzeigepflichten zu erfüllen haben, und auch nicht für Rechtsanwälte, die Mitteilungspflichten nach der ZIV zu erfüllen hatten (s § 102 Rz 41 sowie § 117 Rz 34).

20 **3. Einschränkung (Abs 2).** Der Abs 2 enthält eine Einschränkung des Vorlageverweigerungsrechts für solche Urkunden und Wertsachen, die **für** den **Beteiligten** aufbewahrt werden. Damit soll verhindert werden, dass der Stpfl dem FA die Einsichtnahme in seine Unterlagen dadurch unmöglich macht, dass er zB seine gesamte Buchführung bei seinem StB hinterlegt (vgl FG Bbg 07, 1658; FG SchlHol EFG 16, 1).

22 **4. Presseangehörige.** Die in § 102 I Nr 4 für Presseangehörige enthaltene Vorschrift, nach der **§ 160** unberührt bleibt (s § 102 Rz 32), muss ihrem Sinn nach auch im Zusammenhang mit § 104 Anwendung finden.

§ 105 Verhältnis der Auskunfts- und Vorlagepflicht zur Schweigepflicht öffentlicher Stellen

(1) **Die Verpflichtung der Behörden oder sonstiger öffentlicher Stellen einschließlich der Deutschen Bundesbank, der Staatsbanken und der Schuldenverwaltungen sowie der Organe und Bediensteten dieser Stellen zur Verschwiegenheit gilt nicht für ihre Auskunfts- und Vorlagepflicht gegenüber den Finanzbehörden.**

(2) **Absatz 1 gilt nicht, soweit die Behörden und die mit postdienstlichen Verrichtungen betrauten Personen gesetzlich verpflichtet sind, das Brief-, Post- und Fernmeldegeheimnis zu wahren.**

1 **1. Auskunfts- und Vorlagepflicht öffentlicher Stellen (Abs 1). a) Einschränkung der Verschwiegenheit.** § 105 schränkt die Verpflichtung öffentlicher Stellen zur Verschwiegenheit grds zugunsten der Auskunfts- und Vorlagerechte der FinVerw ein (zu Einschränkungen durch andere Gesetze s Rz 4). Damit besteht grds eine **Verpflichtung** von Behörden, dem FA Einsicht in die Unterlagen zu gewähren (OLG Karlsruhe NStZ-RR 13, 385). § 105 AO gilt nicht, soweit Sonderregelungen § 105 und damit eine Auskunftserteilung an das FA einschränken oder ausschließen, zB § 9 V KWG (Übersicht über solche Gesetze: *TK/Seer* § 105 Rz 2). Hierzu gehört aber **nicht § 76 BRAO** über die Verschwiegenheitspflicht der Vorstandsmitglieder der Rechtsanwaltskammern, sodass eine Auskunftspflicht besteht (BFH BStBl 07, 365).

2 **b) Verschwiegenheitspflicht.** Öffentliche **Behörden** (auch Staatsanwaltschaften) und **Beamte** sind nach den Beamtengesetzen zur Verschwiegenheit verpflich-

tet. Die Verschwiegenheitspflicht gilt allerdings nicht für Mitteilungen im dienstlichen Verkehr, für offenkundige Tatsachen und bei Korruptionsverdacht (§ 67 II BBG). Insofern hat diese Verschwiegenheitspflicht, soweit die Auskünfte ggü dem FA im dienstlichen Verkehr erteilt werden, nur eine geringe Bedeutung. Der Beamte bedarf zwar zu einer Auskunftserteilung der Genehmigung seines Dienstvorgesetzten. Eine solche Genehmigung ist bei Auskünften ggü dem FA nach § 105 jedoch **nicht erforderlich** (vgl auch § 103 Rz 9).

3. Sozialgeheimnis. Nach § 35 I 1 SGB I hat jeder Anspruch, dass Einzelangaben über seine persönlichen und sachlichen Verhältnisse von den Leistungsträgern als Sozialgeheimnis gewahrt und nicht unbefugt erhoben, verarbeitet oder genutzt werden (Sozialgeheimnis). Das Sozialgeheimnis wird durch § 35 II SGB I iVm § 71 I Nrn 3 und 4 SGB X **durchbrochen,** die eine abschließende Regelung darstellen; eine weitergehende Auskunftspflicht besteht daher nicht. 3

§ 71 I **Nr 3** SGB X sieht eine Durchbrechung des Sozialgeheimnisses vor, und zwar zum einen zur Sicherung des StAufkommens nach den §§ 93, 97, 105, 111 I und V und § 116 AO sowie §§ 22a IV, 32b III EStG und zum anderen zur Mitteilung der Daten der ausl Unternehmen, die aufgrund bilateraler Regierungsvereinbarungen über die Beschäftigung von Arbeitnehmern zur Ausführung von Werkverträgen tätig werden, nach § 93a AO. Die Sozialversicherungsträger können daher im Rahmen des § 93 um Auskunft gebeten werden (s § 93 Rz 14). § 71 I **Nr 4** SGB X lässt eine Durchbrechung zur Gewährung und Prüfung des Sonderausgabenabzugs nach § 10 EStG zu. 4

4. Offenbarungsgrund. § 105 stellt einen Offenbarungsgrund iSv § 203 II StGB dar und verhindert damit die Strafbarkeit nach § 203 II StGB. Denn die sich aus § 203 II StGB ergebende Strafandrohung für Amtsträger und für den öffentlichen Dienst besonders Verpflichteter greift nur bei einer unbefugten Offenbarung, an der es in Fällen des § 105 fehlt. 6

5. Brief-, Post- und Fernmeldegeheimnis (Abs 2). Abs 1 wird durch Abs 2 **eingeschränkt,** weil das Brief-, Post- und Fernmeldegeheimnis nach Art 10 GG verfassungsrechtl geschützt ist. Das FA darf daher von Postdienstleistern wie der Deutschen Post AG keine Auskünfte oder Unterlagen verlangen, die die Verhältnisse Dritter betreffen. Eine **Ausnahme** hiervon enthält aber § 40 PostG. Denn danach besteht eine Auskunftspflicht der Post ggü Gerichten und Behörden hinsichtlich der zustellbaren Anschrift eines am Postverkehr Beteiligten, soweit dies für Zwecke des Postverkehrs der Gerichte und Behörden erforderlich ist. § 105 II stellt auch klar, dass das FA keine Erkenntnisse verwerten darf, die es aus Abhörmaßnahmen von Fernmeldeeinrichtungen erlangt hat; § 105 I wird also durch § 105 II eingeschränkt und stellt damit keine zulässige Durchbrechung des Fernmeldegeheimnisses iSv Art 10 II 1 dar (näher § 92 Rz 9). 8

§ 106 Beschränkung der Auskunfts- und Vorlagepflicht bei Beeinträchtigung des staatlichen Wohls

Eine Auskunft oder die Vorlage von Urkunden darf nicht gefordert werden, wenn die zuständige oberste Bundes- oder Landesbehörde erklärt, dass die Auskunft oder Vorlage dem Wohl des Bundes oder eines Landes erhebliche Nachteile bereiten würde.

Die Vorschrift schränkt **§ 105** ein. Die (fachlich) zuständige oberste Bundes- oder Landesbehörde kann erklären, dass eine Auskunft dem Wohle des Bundes oder eines Landes erhebliche Nachteile bereiten würde. Es kommt nicht darauf an, von wem die Auskunft gefordert wird; § 106 greift auch bei Auskunftsverlangen ggü Privatpersonen ein.

V. Entschädigung der Auskunftspflichtigen und der Sachverständigen

§ 107 Entschädigung der Auskunftspflichtigen und der Sachverständigen

[1] Auskunftspflichtige, Vorlagepflichtige und Sachverständige, die die Finanzbehörde zu Beweiszwecken herangezogen hat, erhalten auf Antrag eine Entschädigung oder Vergütung in entsprechender Anwendung des Justizvergütungs- und -entschädigungsgesetzes. [2] Dies gilt nicht für die Beteiligten und für die Personen, die für die Beteiligten die Auskunfts- oder Vorlagepflicht zu erfüllen haben.

Satz 1 geändert durch KostRMoG v 5.5.04 (BGBl I, 718); Sätze 1 und 2 geändert durch AmtshilfeRLUmsG v 26.6.13 (BGBl I, 1809).

Schrifttum: *vor 2010 s 13. Aufl; Roth* Erweiterter Kostenersatz bei Vorlageersuchen, ZWH 13, 443.

Übersicht

1 **1. Entschädigungsberechtigte.** § 107 S 1 sieht einen Anspruch auf Entschädigung für Auskunftspflichtige bzw – seit dem Inkrafttreten des AmtshilfeRLUmsG v 26.6.2013 (s Rz 3) – auch für Vorlagepflichtige sowie einen Vergütungsanspruch für Sachverständige vor. Nach S 2 steht dieser Anspruch aber **nur Dritten** zu, nicht den Beteiligten oder den Personen, die für den Beteiligten die Vorlagepflicht zu erfüllen haben wie zB gesetzliche Vertreter iSv § 34 und Verfügungsberechtigte nach § 35.

§ 107 ist auch **nicht** auf **Drittschuldner** anwendbar, die im Rahmen des § 316 eine Drittschuldnererklärung abzugeben haben. Denn sie werden vom FA nicht zu Beweiszwecken in Anspruch genommen, sondern erfüllen eine eigene Pflicht im Rahmen des § 316 (vgl auch FG BaWü EFG 94, 819). IÜ haben auch Angehörige einer Behörde keinen Anspruch nach § 107, wenn sie ein Gutachten in Erfüllung ihrer Dienstaufgaben erstatten (§ 1 II 2 JVEG).

2 **2. Grund der Inanspruchnahme.** § 107 greift nur, wenn die Person entweder als Auskunftspflichtiger nach § 93 oder – seit 30.6.2013 – als Vorlagepflichtiger gem § 97 oder als Sachverständiger gem § 96 in Anspruch genommen worden ist. Eine Entschädigung für einen Auskunftspflichtigen setzt voraus, dass die Auskunftsperson auch tatsächlich Auskunft gegeben hat. Entschädigungspflicht greift auch bei einer schriftlich erteilten Auskunft ein, vgl § 93 IV (BFH BStBl 81, 393). Eine **freiwillig** erteilte Auskunft, Vorlage oder ein freiwillig erstelltes Gutachten lösen aber keinen Entschädigungsanspruch aus, selbst wenn sie vom FA verwertet werden (AEAO zu § 107 Nr 1). Ferner besteht kein Anspruch, wenn die Person lediglich eine Inaugenscheinnahme iSv § 98 dulden musste.

3 Die **Erweiterung des § 107** um einen Entschädigungsanspruch im Fall der **Vorlagepflicht** iSv § 97 erfolgte durch das AmtshilfeRLUmsG v 26.6.13. Vor dem Inkrafttreten des AmtshilfeRLUmsG am 30.6.2013 bestand kein Entschädigungsanspruch bei der Inanspruchnahme als Vorlagepflichtiger gem § 97, sondern nur bei einem kombinierten Auskunfts- und Vorlageersuchen nach §§ 93 und 97, wie es idR ggü Banken erfolgte (BFH BStBl 07, 80; BFH/NV 11, 1287; AEAO

zu § 107 Nr 4; s auch Rz 9 sowie § 97 Rz 3); zu weiteren Einzelheiten zur früheren Rechtslage s 13. Aufl Rz 3.

Nach S 2 gibt es – ebenso wie im Fall der Auskunftspflicht (s Rz 1) – keinen Entschädigungsanspruch, wenn das Vorlageverlangen gegen den Beteiligten gerichtet ist oder gegen denjenigen, der für den Beteiligten die Vorlagepflicht zu erfüllen hat. Die durch Wegfall des bisherigen § 97 II durch das JStG 2013 bewirkte Gleichrangigkeit zwischen Auskunfts- und Vorlageverlangen (s § 97 Rz 15) wirkt sich damit auch bei der Entschädigungspflicht aus.

3. Umfang der Entschädigung. Der Umfang der Entschädigung bzw – bei Gutachtern – der Vergütung richtet sich nach dem **JVEG.** Zu ersetzen sind danach etwa der Verdienstausfall, Personalkosten für das Heraussuchen der Unterlagen (jeweils gem § 19 ff JVEG; s auch BFH BStBl 81, 393 zur Vorgängerregelung des § 11 ZSEG), **Fahrtkosten** (§ 5 JVEG), **Tagegeld** (§ 6 JVEG) und sonstige Aufwendungen wie zB für **Kopien** (§ 7 II JVEG) oder für die Überlassung elektronisch gespeicherter Dateien (§ 7 III JVEG). Für Sachverständige richtet sich die Vergütung nach §§ 8 ff sowie nach §§ 5–7 JVEG. Zu Einzelheiten s FinMin NRW 18.6.2015, AO-Kartei NW § 107 AO Karte 801. 5

Der Entschädigungsanspruch für Auskunftspflichtige ist **nicht umsatzsteuerbar,** weil es sich um sog echten Schadensersatz handelt. Hingegen ist die Vergütung für einen Sachverständigen idR (vorbehaltlich der §§ 19 und 4 UStG) umsatzsteuerbar und -pflichtig, da dieser eine unternehmerische Leistung erbringt.

4. Ansprüche von Banken. Die Entschädigungsgrundsätze gelten auch für Banken, die nach § 93 als Auskunftspflichtige oder ab dem 30.6.2013 nach § 97 als Vorlagepflichtige (s Rz 3) in Anspruch genommen werden. Entschädigungsberechtigt waren sie auch bereits vor dem Inkrafttreten des AmtshilfeRLUmsG v 26.6.2013 bei einem **kombinierten Auskunfts- und Vorlageverlangen** (s Rz 3), und zwar grds hinsichtlich aller entstandenen Aufwendungen. Die FinVerw ersetzt bei Banken nur die Personalkosten, die für das gewünschte Zuordnen der Mikrofilme zu den entsprechenden Kontounterlagen, für das Heraussuchen der Mikrofilme, für das Ausfindigmachen des richtigen Bildes, für dessen Vergrößerung und Fotokopie sowie für das Wiedereinordnen der Filme entstehen. Dabei geht die FinVerw von einem Zeitaufwand von 8 Minuten pro Bild aus (BayLfSt 20.8.2014, StEd 14, 604). 7

Der Entschädigungsanspruch von Banken als **Auskunftspflichtige** iSv § 93 wird **nicht durch § 147 V ausgeschlossen** (so auch BFH BStBl 81, 393), wonach Kosten für das Lesbarmachen von auf Bild- oder Datenträgern gespeicherten Unterlagen nicht ersetzt werden; dieser Ausschluss gilt nur bei Vorlageverlangen iSv § 97, wie sich aus § 97 II 2 ergibt. Für die in § 93 geregelte Auskunftspflicht ist eine entsprechende Anwendung nicht vorgesehen. Insofern kann nicht von einer Gesetzeslücke ausgegangen werden (BFH BStBl 81, 393; ebenso für die Urkundenvorlage FG Ddorf EFG 80, 318). Soweit die Banken aber als **Vorlagepflichtige** gem § 97 in Anspruch genommen werden, ist ein Anspruch auf Ersatz der Kosten für das Lesbarmachen von Dateien nach § 97 III 2 iVm § 147 V ausgeschlossen. Dieser Ausschluss für die Kosten des Lesbarmachens gilt mE auch bei einem kombinierten Auskunfts- und Vorlageverlangen (zum Begriff s § 97 Rz 3). 9

5. Verfahren. Der Entschädigungs- bzw Vergütungsanspruch ist gem § 2 I JVEG **innerhalb von drei Monaten** nach Abgabe der Auskunft oder Vorlage der Unterlagen bzw nach Eingang des Gutachtens geltend zu machen, wenn eine entsprechende Belehrung erfolgt ist. Unterbleibt die Belehrung, verjährt der Anspruch gem § 2 III JVEG iVm § 195 BGB drei Jahre nach Ablauf des Kalenderjahres, in dem die Pflicht erfüllt wurde. Hingegen gelten nicht die Regeln über die Zahlungsverjährung gem §§ 228 ff, weil es sich bei den Ansprüchen iSv § 107 nicht um Ansprüche aus dem Steuerschuldverhältnis iSv § 37 I handelt (BayLfSt 11

20.8.2014, StEd 14, 604). Soweit das FA eine Entschädigung nach § 107 geleistet hat, gehört sie nach § 344 I Nr 7 zu den vollstreckbaren Auslagen.

12 Bei der Festsetzung der Entschädigung wie auch bei der Ablehnung einer Entschädigung handelt es sich um einen VA, gegen den der **Einspruch** und anschließend die Verpflichtungsklage statthaft ist (BFH BStBl 07, 80; FG BaWü EFG 94, 819).

4. Unterabschnitt. Fristen, Termine, Wiedereinsetzung

§ 108 Fristen und Termine

(1) **Für die Berechnung von Fristen und für die Bestimmung von Terminen gelten die §§ 187 bis 193 des Bürgerlichen Gesetzbuchs entsprechend, soweit nicht durch die Absätze 2 bis 5 etwas anderes bestimmt ist.**

(2) **Der Lauf einer Frist, die von einer Behörde gesetzt wird, beginnt mit dem Tag, der auf die Bekanntgabe der Frist folgt, außer wenn dem Betroffenen etwas anderes mitgeteilt wird.**

(3) **Fällt das Ende einer Frist auf einen Sonntag, einen gesetzlichen Feiertag oder einen Sonnabend, so endet die Frist mit dem Ablauf des nächstfolgenden Werktags.**

(4) **Hat eine Behörde Leistungen nur für einen bestimmten Zeitraum zu erbringen, so endet dieser Zeitraum auch dann mit dem Ablauf seines letzten Tages, wenn dieser auf einen Sonntag, einen gesetzlichen Feiertag oder einen Sonnabend fällt.**

(5) **Der von einer Behörde gesetzte Termin ist auch dann einzuhalten, wenn er auf einen Sonntag, gesetzlichen Feiertag oder Sonnabend fällt.**

(6) **Ist eine Frist nach Stunden bestimmt, so werden Sonntage, gesetzliche Feiertage oder Sonnabende mitgerechnet.**

Schrifttum: *Weidemann/Rheindorf* Termine, Fristen, Berechnungen – Eine unendliche Geschichte?, DVP 11, 486; *Müller* Fristenprobleme im Steuerrecht, AO-StB 12, 145; *Rätke* Die Berechnung der Einspruchsfrist, BBK 12, 614; *Dürr* Müssen sowohl Leistung als auch Fälligkeit tatsächlich innerhalb der „kurzen Zeit" iSd § 11 Abs 1 Satz 2 bzw Abs 2 Satz 2 EStG liegen?, DStZ 16, 645; *Handor/Bergan* Ertragsteuerliche Behandlung von Umsatzsteuervorauszahlungen als wiederkehrende Ausgaben, DStR 16, 2568.

Übersicht

1 **1. Inhalt.** § 108 gilt für die Berechnung aller verfahrensrechtlichen und materiellen Fristen im StRecht (BFH BStBl 12, 599). Die SteuerG enthalten verschiedene Arten von Fristen, an deren Nichteinhaltung unterschiedliche Rechtsfolgen geknüpft werden. Begrifflich sind Fristen abgegrenzte, bestimmte oder jeweils bestimmbare Zeiträume (BFH BStBl 12, 599). Die Fristen sind entweder gesetzlich geregelt (zB Mahnfristen, Einspruchsfristen) oder werden im Einzelfall von der Behörde festgelegt (zB Stundungsfristen). § 108 gilt zwar **grds für alle Fristen.** Insbes unterscheidet § 108 nicht zwischen eigentlichen Fristen, innerhalb derer der Stpfl eine Handlung vornehmen oder eine Erklärung abgeben muss (vgl § 193 BGB), zB Einspruchsfristen, und sog uneigentlichen Fristen, die einen Anspruch

oder ein Recht zum Erlöschen bringen und für die allein der Ablauf einer bestimmten Zeitspanne entscheidend ist, zB Verjährungsfristen (vgl auch BFH BStBl 03, 898; 16, 380; s auch Rz 9). § 108 gilt auch für die Berechnung des Säumniszuschlags, weil dieser an die Versäumung einer Handlungsfrist (Zahlung) anknüpft. Ferner gilt die Vorschrift auch für die Berechnung des Zinslaufs nach § 238 (BFH/NV 18, 252), für die Wiedereinsetzungsfrist (BFH BStBl 15, 371) und auch für Verjährungsfristen (s Rz 9), nicht aber für materiell-rechtl Fristen (s Rz 8).

Die **Versäumung** einer Frist löst unterschiedliche Rechtsfolgen aus. Bei verspäteter Abgabe von StErklärungen können Verspätungszuschläge erhoben werden (§ 152), bei Überschreitung von Zahlungsfristen entstehen Säumniszuschläge (§ 240). Die Versäumung einer Antragsfrist kann zu einem Rechtsverlust führen. 2

Eine **Ausschlussfrist** ist in § 364b geregelt, wird dort aber nicht definiert. Eine Ausschlussfrist ist eine Frist, nach deren Ablauf die Geltendmachung eines Rechts nicht mehr zulässig ist, also ein Rechtsverlust eintritt, eine Wiedereinsetzung in den vorigen Stand idR aber möglich ist (BFH BStBl 00, 214; 04, 196). Zu den Ausschlussfristen gehören auch bestimmte Antragsfristen, bei denen nach Ablauf der Frist der Antrag nicht mehr gestellt werden kann (s § 109 Rz 2). Ausnahmsweise verwendet die Rspr auch den Begriff einer „materiell-rechtlichen Ausschlussfrist", bei der sie keinen Wiedereinsetzungsantrag zulässt (vgl BFH/NV 02, 1293, zu § 66 III EStG aF; FG Hbg EFG 13, 1780, zu Art 3, 6 ErbStRG). IdS werden auch im allg Verwaltungsrecht Ausschlussfristen verstanden, dh als Fristen, bei denen eine Wiedereinsetzung in den vorigen Stand grds nicht zulässig ist (vgl *SBS/Kallerhoff* VwVfG, § 31 Rz 8 ff). 3

In der AO wird nur unterschieden zwischen **a)** Fristen zur Einreichung von StErklärungen bzw Fristen, die von einem FA gesetzt sind, und **b)** gesetzlichen Fristen. Die Fristen unter a) können verlängert werden (§ 109), sofern ihre Verlängerung nicht ausdrücklich durch Gesetz ausgeschlossen ist (s § 109 Rz 2). Bei Versäumung einer gesetzlichen Frist ist allenfalls Wiedereinsetzung in den vorigen Stand möglich (§ 110), sofern nicht ausdrücklich durch Gesetz eine Verlängerung zugelassen ist (vgl auch § 109 Rz 1). Die gesetzlichen Fristen sind idR Ausschlussfristen im obigen Sinne. 4

2. BGB-Vorschriften (Abs 1 und 2). Abs 1, der § 31 I VwVfG entspricht, verzichtet zum Teil auf eine Ausformulierung der Fristbestimmungen und begnügt sich mit der Verweisung auf §§ 187 ff BGB. Diese BGB-Vorschriften gelten sowohl für vorwärts zu berechnende Fristen wie zB die Einspruchsfrist oder den Beginn des Zinslaufs (BFH/NV 18, 252) als auch für rückwärts (dh retrospektiv) zu berechnende Fristen wie zB den Zehnjahreszeitraum des § 14 ErbStG oder den Fünfjahreszeitraum des § 8c KStG (BFH BStBl II 12, 599); zu Einschränkungen bei rückwärts zu berechnenden Fristen s Rz 8. **Abs 2** entspricht § 187 I BGB. Die Vorschrift gilt zwar nur für Fristen, die von einer Behörde gesetzt sind. Für andere Fristen ergibt sich aber aufgrund des Verweises auf § 187 I BGB durch § 108 I nichts anderes. Beispiel: StBescheid wird am 10.6. bekannt gegeben. Die Einspruchsfrist beginnt am 11.6. und endet am 10.7. (vgl BFH BStBl 97, 6). Hierbei ist § 188 II BGB zu beachten: Eine Frist, die nach Monaten bestimmt ist, endet im Falle des § 187 I mit dem Ablauf desjenigen Tages des Monats, welcher durch seine Zahl dem Tag entspricht, in den das Ereignis fällt, im Beispiel also am 10.7., weil der 10. dem Tag der Bekanntgabe (am 10.6.) entspricht (vgl BFH BStBl 97, 6). Fehlt bei einer nach Monaten bestimmten Frist in dem **folgenden** Monat der für ihren Ablauf maßgebende Tag, endet die Frist mit dem Ablauf des letzten Tages dieses Monats (§ 188 III BGB). Beispiel: StBescheid wird am 31. Mai bekannt gegeben. Einspruchsfrist endet mit dem 30.6. (FG Hbg EFG 07, 730). Entscheidend ist immer der Tagesablauf um 24 Uhr. Der genaue Zeitpunkt am Tage, zu dem das fristauslösende Ereignis eingetreten ist, ist bei Fristen, die nicht nach Stunden sondern nach Tagen, Wochen, Monaten oder Jahren bestimmt sind, unerheb- 5 lich. So kommt zB bei der Berechnung der Einjahresfrist von Spekulationsgeschäften iSv § 23 I 1 Nr 2 EStG dem Tageszeitpunkt des Erwerbs- bzw Veräußerungsgeschäftes keine Bedeutung zu (FG Köln EFG 89, 114).

6 **3. Fristende (Abs 3).** Abs 3 entspricht § 193 BGB. Als Frist wird nach der Änderung der Rspr des BFH im Jahr 2003 (s hierzu Vorlagebeschluss des BFH, BStBl 03, 2, und Aufhebung des Vorlagebeschlusses in BStBl 03, 875) auch der **Dreitageszeitraum** des § 122 II (BFH BStBl 03, 898; 12, 599; BFH/NV 14, 1186; s auch § 355 Rz 3) und die Zweiwochen-Regelung des § 122 IV 3 (AEAO zu § 108 Nr 2) angesehen. Abweichend vom BFH wendet jedoch das BSG die Regelung des § 64 III SGG (entspricht § 108 III) nicht auf § 37 II SGB X an, der § 122 II entspricht (BSG NJW 11, 1099; B 14 AS 41/15 B BeckRS 2015, 68622). Die unterschiedliche Auslegung des § 108 III bzw § 64 III SGG wird vom BSG mit der besonderen Situation im StRecht und der hier üblichen Vertretung durch Bevollmächtigte, die ihre Postfächer an Samstagen generell nicht leeren, begründet. Der BFH (BFH/NV 14, 1186) hält an seiner Rspr zu § 108 III fest und lehnt eine Vorlage an den GemSOBG ab (kritisch hierzu: *Dau* jurisPR-SozR 1/2015 Anm. 1). Aufgrund der Anwendbarkeit des § 108 III auf den Dreitageszeitaum des § 122 II **verlängert** sich der **Dreitageszeitraum** zwischen der Aufgabe des VA zur Post und der gesetzlich vermuteten Bekanntgabe bis zum nächsten Werktag, wenn der Bekanntgabetag ein Sonnabend, Sonntag oder gesetzlicher Feiertag ist (BFH BStBl 03, 2). Beispiel: Ein Bescheid, der am Mittwoch zur Post gegeben wird, gilt wegen Abs 3 nicht als am Sonnabend bekannt gegeben, sondern erst als am Montag bekannt gegeben.

§ 108 III betrifft nur den Ablauf einer Frist und nicht den Fristbeginn. Deshalb hat der BFH zu Recht die Übertragung der neuen Rspr auf Fälle abgelehnt, in denen **nach Ablauf des Dreitageszeitraums** des § 122 II der Verwaltungsakt tatsächlich erst an einem Sonnabend, Sonntag oder gesetzlichen Feiertag zugeht (BFH BStBl 06, 219; *Rätke* BBK 12, 614, 616). **Beispiel:** Ein Bescheid, der am Montag zur Post gegeben wird, geht dem Stpfl tatsächlich erst am Samstag zu. Damit ist die Bekanntgabe am Samstag erfolgt und wird nicht nach Abs 3 auf den Montag verschoben.

7 Abs 3 ist auch bei **gesetzlichen Feiertagen** anwendbar, die **nicht bundesweit** gelten (zB Reformationstag am 31.10. in den neuen Bundesländern; s auch Übersicht der gesetzlichen Feiertage in AO-Hdb, Anl zu § 108). Besteht ein solcher Feiertag nur am Sitz des FA oder nur am Ort der Bekanntgabe, gilt Folgendes: Hinsichtlich des Zeitpunkts der Bekanntgabe des Bescheids gilt das Feiertagsrecht am Ort des Empfängers; bzgl der Wahrung der Einspruchsfrist gilt das Feiertagsrecht am Ort des FA (OFD Frankfurt 30.3.2017, BeckVerw 340339). Abs 3 gilt nicht, wenn die Bekanntgabe auf den 31.12. fällt und dieser weder auf einen Samstag noch einen Sonntag fällt; denn Silvester ist kein gesetzlicher Feiertag (FG Nds EFG 13, 1005).

8 Abs 3 gilt nach seinem Sinn und Zweck **nicht für materiell-rechtl Fristen,** bei denen es lediglich darum geht, bestimmte Vorfälle innerhalb eines festgelegten Zeitraums zu erfassen. Dies betrifft zB Spekulationsfristen nach § 23 I 1 Nrn 1 und 2 EStG (FG Köln EFG 97, 1187), Veräußerungsfristen gem § 8c I KStG, die viermonatige Übergangszeit des § 32 IV 1 Nr 2 Buchst b EStG (FG SchlHol EFG 15, 734) oder den Zehnjahreszeitraum nach § 14 ErbStG, sodass bei einer Schenkung am 31.12.2017 nur Schenkungen vom 1.1.2008 an – und nicht vom 31.12.2007 an – einzubeziehen sind, obwohl der 1.1.2008 ein Feiertag (Neujahr) war (BFH BStBl 12, 599), oder die Berechnung des sog Zehntageszeitraums im Rahmen der Zufluss- und Abflussfiktion des § 11 I 2, II 1 EStG, wenn die Zahlung am 10.1. des Folgejahres erfolgt und dieser ein Sonnabend oder Sonntag ist (BFH BStBl 15, 285). Allerdings ist noch nicht abschließend geklärt, ob dies auch für die Bestimmung der Fälligkeit im Rahmen des § 11 I 2, II 1 EStG gilt: Erforderlich für die

Zu- und Abflussfiktion ist nämlich nicht nur die Zahlung bis zum 10.1. des Folgejahres, sondern auch die Fälligkeit des Betrags bis zum 10.1. des Folgejahres. Hält man § 108 III insoweit für anwendbar, würde sich die Fälligkeit in allen Jahren, in denen der 10.1. auf einen Samstag oder Sonntag fällt (zB 2015 und 2016), auf den 11.1. bzw 12.1. verschieben, sodass § 11 I 2, II 2 EStG bereits deshalb ins Leere ginge und die Zahlung in diesen Jahren stets erst im Folgejahr, dh im Jahr ihrer Zahlung, zu berücksichtigen wäre, selbst wenn sie bis zum 10.1. des Folgejahres geleistet wird. Richtigerweise gilt Abs 3 insoweit aber nicht, weil es sich bei § 11 EStG um eine materiell-rechtl Frist handelt, die die Zuordnung von Einnahmen und Ausgaben regelt, und weil es anderenfalls zu Zufallsergebnissen bei der stl Erfassung von Einnahmen oder Ausgaben käme, je nachdem ob in dem Jahr der 10.1. auf einen Samstag oder Sonntag fällt oder nicht (so auch FG Thür EFG 16, 1425, Rev BFH X R 44/16; FG Sachs EFG 17, 227, Rev BFH VIII R 23/17; FG Sachs EFG 17, 1081, Rev BFH X R 2/17).

Abs 3 gilt nach dem VI. Senat des BFH aber **für die Verjährungsfrist,** weil Abs 3 alle Fristen erfasse (BFH BStBl 16, 380; aA 13. Aufl). Der Rspr ist nicht zuzustimmen, weil die Verjährungsfrist des § 169 nach ihrem Sinn und Zweck grds an einen festgelegten, nach Kalenderjahren bestimmten Zeitraum anknüpft, der mit Ablauf eines (Kalender-)Jahres enden soll, dh idR mit Ablauf des 31.12., unabhängig davon ob der 31.12. ein Werktag, Samstag, Sonntag oder Feiertag ist (aA FG Ddorf EFG 08, 1685); nur in einzelnen Fällen kann es aufgrund einer Ablaufhemmung auch zu einem unterjährigen Ende der Verjährungsfrist kommen, zB nach § 171 X. Die umfassende Anwendung des Abs 3 durch den VI. Senat des BFH widerspricht zudem der BFH-Rspr, die eine Anwendung auf materiell-rechtl Fristen verneint (BFH BStBl 12, 599; 15, 285; s Rz 8). Die **Konsequenzen** der Rspr des BFH zur Anwendbarkeit des Abs 3 auf Verjährungsfristen sind: Das Ende der Verjährung verschiebt sich auf den 2.1. des Folgejahres, wenn der 31.12. auf einen Samstag oder Sonntag fällt, da der 1.1. ebenfalls ein Feiertag ist (Neujahr). Fällt das eigentliche Ende der Verjährungsfrist aufgrund einer Ablaufhemmung, zB nach § 171 X, unterjährig auf einen Samstag oder Sonntag, verschiebt sich das Ende der Verjährung auf 24 Uhr des nächstfolgenden Werktags. Die Rspr des BFH kann sich sowohl zugunsten als auch zu Ungunsten des Stpfl auswirken: So kann sich einerseits die Frist für die Abgabe der StErklärung, die zu einer Erstattung führt, verlängern; andererseits erhält das FA bei einer Verschiebung des Endes der Verjährungsfrist auf den 2.1. die Möglichkeit, noch am 2.1. einen Bescheid zur Post zu geben und damit die Verjährungsfrist nach § 169 I 3 Nr 1 zu wahren (aA *Marfels* AO-StB 16, 122, 123, unter Hinweis darauf, dass sich aus § 169 I 3 Nr 1 keine Frist ergebe). 9

Ausgehend von dem BFH-Urteil zur Anwendbarkeit des Abs 3 auf Verjährungsfristen (BFH BStBl 16, 380) müsste Abs 3 auch für die Frist des § 10a I 1 2. HS EStG im Rahmen der **Altersvorsorge** gelten, die an den Ablauf des zweiten Kalenderjahres anknüpft (iE offen gelassen durch BFH BStBl 15, 709, da dort der 31.12.2008 auf einen Mittwoch und der 31.12.2009 auf einen Donnerstag fiel).

Für die **Wahrung der Frist** reicht es aus, dass die Handlung bis 24 Uhr des Tages des Fristablaufs vorgenommen worden ist. Erfolgt sie erst um 0 Uhr und damit eine logische Sekunde später, ist der folgende Tag erreicht und die Frist versäumt (BGH HFR 05, 364 mwN). Die Behörde muss einen Nachtbriefkasten einrichten (vgl BVerwG DÖV 62, 317). Trennt der Nachtbriefkasten nicht zwischen den vor und den ab 0 Uhr eingegangenen Schriftstücken oder ist die Trennungsfunktion defekt, so ist bis zum Beweis des Gegenteils zu vermuten, dass das Schriftstück vor 24 Uhr eingeworfen ist (BFH/NV 06, 371; s näher § 110 Rz 39 und 50). Der Stpfl trägt für den fristgerechten Einwurf die Beweislast (BFH BStBl 88, 111). Das FA ist nicht verpflichtet, Briefumschläge fristwahrender Schriftsätze aufzubewahren (OFD Nds 11.3.2010, StEd 10, 316 Tz 1.2). Beim **Postfach** des FA kommt es nach BFH auf Zeitpunkt der üblichen Abholung durch FA an, nicht auf Zeitpunkt 11 des Einwurfs im Schließfach (BFH BStBl 07, 823; BFH/NV 02, 900; FG Ddorf EFG 08, 1685 aA BFH BStBl 54, 351; *HHSp/Söhn* § 108 Rz 145); unterlässt das FA aber die Abholung, kommt Wiedereinsetzung in den vorigen Stand in Betracht (s § 110 Rz 39). Einschreibsendungen gehen zwar erst mit der Übergabe an das FA und nicht schon mit der Hinterlegung eines Benachrichtigungszettels zu; beachtet das FA aber den Benachrichtigungszettel nicht, muss es sich so behandeln lassen, als ob Zugang rechtzeitig erfolgt wäre (BFH BStBl 76, 76). Bei Übersendung per **Telefax** müssen die gesendeten Signale bis 24 Uhr vom Telefaxgerät des FA empfangen worden sein, wobei der Uhrzeitaufdruck des Telefaxgeräts des FA maßgeblich ist; auf den Zeitpunkt des Ausdrucks des Schriftsatzes beim FA kommt es nicht an (BFH/NV 13, 385; anders ist dies im umgekehrten Fall bei Telefaxübersendung an den Stpfl; s BFH BStBl 14, 748 sowie § 366 Rz 8). Die Absendung bis 24 Uhr reicht nicht (BFH/NV 08, 1349; 11, 1967; s auch § 110 Rz 44 zur Absendung kurz vor Fristablauf). Bei Übermittlung elektronischer Dokumente, zB eines Einspruchs durch **E-Mail** (vgl § 357 I 1), enthält § 87a I 2 eine Zugangsregelung (s § 87a Rz 15).

12 **4. Leistungen (Abs 4).** Abs 4 hat für das FA kaum Bedeutung. Die Vorschrift entspricht § 31 IV VwVfG und betrifft die Leistungs- und nicht die Eingriffsverwaltung.

13 **5. Termine (Abs 5).** Termine haben für das FA im Zusammenhang mit dieser Vorschrift nur geringe Bedeutung. Von einem Termin kann nur gesprochen werden, wenn es der Behörde darauf ankommt, dass eine bestimmte Handlung nur **an einem bestimmten Tag,** dh auch nicht früher, vorgenommen wird, zB Besichtigungstermine, Termin für die Schlussbesprechung. Zahlungstermine sind idS keine Termine, sondern Endzeitpunkte für Zahlungsfristen; der Stpfl kann auch früher zahlen. Abs 5 kommt uU bei der Zoll- und Verbrauchsteuerverwaltung vor.

14 **6. Stundenfrist (Abs 6).** Abs 6 hat ebenfalls für die FinVerw nur geringe Bedeutung. Anwendungsfall zB bei der Aufforderung, im Zollgrenzbezirk (grenznaher Raum) ein bestimmtes Hindernis wegzuräumen.

§ 109 Verlängerung von Fristen

(1) [1] **Fristen zur Einreichung von Steuererklärungen und Fristen, die von einer Finanzbehörde gesetzt sind, können verlängert werden.** [2] **Sind solche Fristen bereits abgelaufen, so können sie rückwirkend verlängert werden, insbesondere wenn es unbillig wäre, die durch den Fristablauf eingetretenen Rechtsfolgen bestehen zu lassen.**

(2) [1] **Absatz 1 ist**

1. **in den Fällen des § 149 Absatz 3 auf Zeiträume nach dem letzten Tag des Monats Februar des zweiten auf den Besteuerungszeitraum folgenden Kalenderjahres und**
2. **in den Fällen des § 149 Absatz 4 auf Zeiträume nach dem in der Anordnung bestimmten Zeitpunkt**

nur anzuwenden, falls der Steuerpflichtige ohne Verschulden verhindert ist oder war, die Steuererklärungsfrist einzuhalten. [2] **Bei Steuerpflichtigen, die ihren Gewinn aus Land- und Forstwirtschaft nach einem vom Kalenderjahr abweichenden Wirtschaftsjahr ermitteln, tritt an die Stelle des letzten Tages des Monats Februar der 31. Juli des zweiten auf den Besteuerungszeitraum folgenden Kalenderjahres.** [3] **Das Verschulden eines Vertreters oder eines Erfüllungsgehilfen ist dem Steuerpflichtigen zuzurechnen.**

(3) **Die Finanzbehörde kann die Verlängerung der Frist von einer Sicherheitsleistung abhängig machen oder sonst nach § 120 mit einer Nebenbestimmung verbinden.**

Vorschr neu gefasst durch StModernG v 18.7.16 (BGBl I, 1679).

Schrifttum: *vor 2010 s 13. Aufl; Noack* Fristverlängerungsanträge für private Steuererklärungen von steuerlichen Beratern auf Grundlage der jährlich gleich lautenden Erlasse der obersten Finanzbehörden der Länder, Stbg 12, 410; *Luer/Lühn Die vorzeitige Anforderung von Steuererklärungen – ihre Voraussetzungen und ihre Grenzen, BB 12, 2019; Kohlhaas* Abwehr vorzeitiger Anforderung von Steuererklärungen durch das Finanzamt, Stbg 14, 349; *Baum* Modernisierung des Besteuerungsverfahrens – Teil 2: Steuererklärungsfristen, Fristverlängerung und Verspätungszuschlag, NWB 16, 2706; *Vetten* Steuermodernisierungsgesetz – ein zweiter Blick, NWB 16, 3187.

Übersicht

1. Fristverlängerung (Abs 1 S 1). a) Anwendbarkeit. Nach S 1 können Fristen zur Einreichung von StErklärungen und sog behördliche Fristen verlängert werden. § 109 gilt auch für die Anzeigepflichten des § 19 GrEStG oder § 13a VII ErbStG, weil es sich kraft Gesetzes um StErklärungspflichten handelt (vgl § 19 V GrEStG und § 13a VII 4 ErbStG; s auch § 150 Rz 2; vgl BFH BStBl 05, 492). Allerdings lässt die Verlängerung einer derartigen Frist die Anlaufhemmung nach § 170 II 1 Nr 1 unberührt (BFH BStBl 13, 663; BFH/NV 09, 1970); die Anlaufhemmung endet also erst mit der tatsächlichen Erstattung der Anzeige, spätestens mit Ablauf des 3. Kj seit Ablauf der StEntstehung (s auch § 170 Rz 5 ff). 1

b) Keine Anwendbarkeit. Die Vorschrift gilt nicht für die Einspruchsfrist oder für gesetzliche Ausschlussfristen wie zB nach § 364b (BFH BStBl 00, 214), zu denen auch gesetzliche Antragsfristen gehören wie zB § 61 II 1 UStDV bzw § 18 IX 3 UStG aF (BFH BStBl 15, 352; BFH/NV 12, 1840), § 27 VIII 4 KStG (FG Köln EFG 17, 769, NZB beim BFH: I B 37/17) oder § 10a I 1 2. HS EStG (BFH BStBl 15, 371); zum Begriff der Ausschlussfrist s § 108 Rz 3. In diesen Fällen besteht allenfalls die Möglichkeit der Wiedereinsetzung in den vorigen Stand (vgl BFH/NV 99, 682; 16, 1594; s aber auch § 108 Rz 3). § 109 gilt auch nicht für die Fälligkeit gem § 240 (FG SachsAnh EFG 12, 2187); die Fälligkeit kann aber durch eine AdV gem § 361 verschoben werden. 2

Nicht verlängerbar sind ferner ua die Fristen zur Erfüllung bestimmter Anzeigepflichten wie zB § 18 III GrEStG, die **nicht als StErklärungen** gelten (anders als zB § 19 V GrEStG, s Rz 1). Bei ihrer Verletzung kann jedoch nach dem im Bußgeldverfahren geltenden Opportunitätsprinzip von der Festsetzung eines Bußgeldes auch weiterhin abgesehen werden. § 109 ist auch nicht anwendbar auf sonstige Fristen, die keine StErklärungsfristen oder behördliche Fristen sind (zB die Ausübung bestimmter Wahlrechte nach dem UStG; s auch BFH/NV 11, 1980); allerdings können bestimmte Wahlrechte (zB das umsatzsteuerliche Zuordnungswahlrecht) nur bis zur gesetzlichen Abgabefrist für die StErklärung ausgeübt werden, dh bis zum 31.5. bzw – ab VZ 2018 – bis zum 31.7. des Folgejahres gem § 149 II; diese Frist für die Ausübung des Wahlrechts wird durch eine allg Fristverlängerung für die Abgabe der StErklärung (s Rz 5) nicht verlängert (BFH BStBl 14, 81; BFH/NV 14, 914; 17, 767).

c) Ermessensentscheidung und Rechtsschutz. Auf die Fristverlängerung besteht kein Anspruch. Es handelt sich vielmehr um eine Ermessensentscheidung des FA, die gerichtlich nur daraufhin überprüft werden kann, ob einerseits die 3 hierzu ergangenen Richtlinien der Verwaltung und andererseits die darauf gestützte Ablehnung im Einzelfall sachgerechter Ermessensausübung entsprechen (BFH BStBl 00, 514; 06, 399; BFH/NV 17, 777). Ablehnung der Fristverlängerung ist zB ermessensfehlerfrei, wenn Antrag auf Fristverlängerung für ESt-Erklärung lediglich mit noch ausstehender Abgabe der Feststellungserklärungen begründet wird (FG Köln EFG 15, 1326). Ebenso darf die Entscheidung über die Fristverlängerung vom Vorverhalten des Stpfl abhängig gemacht werden (FG BBg EFG 15, 2153, bestätigt durch BFH/NV 16, 1291). Die Entscheidung über einen Fristverlängerungsantrag ist ein **VA** (vgl BFH BStBl 01, 618). Einstweiliger Rechtsschutz gegen Ablehnung ist nach § 114 FGO möglich, nicht jedoch im Wege der AdV mangels Vollziehbarkeit (*Luer/Lühn* BB 12, 2019, 2023).

5 **d) Form der Fristverlängerung.** Die Fristverlängerung kann ausdrücklich, aber auch stillschweigend erfolgen, zB wenn rechtzeitig ein entsprechender Antrag gestellt und auf Bekanntgabe verzichtet wurde. Die bloße Entgegennahme einer verspätet abgegebenen StErklärung stellt mE aber keine stillschweigende Fristverlängerung dar, weil über die bloße Entgegennahme hinaus nicht erkennbar wird, dass das FA die Verspätung billigt (offen gelassen von BFH BStBl 13, 663). Eine **allg** Fristverlängerung ist ebenfalls möglich und erfolgt für VZ bis einschl 2017 jährlich durch die FinVerw für die Abgabe der StErklärungen durch **Angehörige der steuerberatenden Berufe;** für VZ ab 2018 gilt § 149 III idF des StModernG (s § 149 Rz 24 ff).

Für VZ bis einschl 2017 bleibt es bei der allg Fristverlängerung gem Abs 1 des § 109 durch die FinVerw (gleich lautende Erlasse der obersten FinBeh vom 2.1.2018, BStBl I, 70). Danach gilt für die StErklärungen für 2016: Fristverlängerung bis zum 31.12.2018 mit weiterer Verlängerungsmöglichkeit bis zum 28.2. 2019 bzw – bei Land- und Forstwirten mit abweichendem Wj – bis 31.7.2019. Dauer dieser Fristverlängerung ist angesichts der gesetzlichen Abgabefrist von 5 Monaten gem § 149 II aF nicht zu beanstanden (BFH/NV 10, 2232). Dies gilt auch für die weitergehende Fristverlängerung bis zum 28.2. bzw 29.2. des übernächsten Folgejahres, die nur ausnahmsweise aufgrund begründeter Einzelanträge gewährt werden soll (FG Hess 12 K 1359/09 BeckRS 2011, 95150). Zu weiteren Einzelheiten s § 149 Rz 11 ff.

Zu den allg Fristverlängerungen gehört auch das sog **Kontingentierungsverfahren,** das nunmehr in § 149 VI nF geregelt ist (s § 149 Rz 40 f) und das bereits in NRW erprobt wurde: Gibt ein Berater bis zum 30.9. des Folgejahres 40% und bis zum 31.12. des Folgejahres insgesamt 75% der für seine Mandanten zu erstellenden StErklärungen ab, wird die Frist für die verbleibenden 25% automatisch bis zum 28.2. des übernächsten Jahres verlängert. Die Kontingentierungsquoten sind ermessensfehlerfrei festgesetzt worden (FG Ddorf EFG 12, 890, iE bestätigt durch BFH/NV 13, 80).

7 **e) Vorabanforderung von StErklärungen.** Bei der sog Vorabanforderung von StErklärungen (s BStBl I 18, 70 Abschn II Abs 2) handelt es sich um eine Verkürzung der allg Fristverlängerung iSv § 109 I für Stpfl, die durch Angehörige der steuerberatenden Berufe vertreten werden, s Rz 5 (kritisch zu Vorabanforderungen: *Eichhorn* DStR 09, 1887). Sie richtet sich für VZ bis einschl 2017 nach den gleich lautenden Erlassen der obersten FinBeh (für VZ 2017: v 2.1.2018, BStBl I, 70) und für VZ ab 2018 nach dem neuen § 149 IV; zu Einzelheiten der Vorabanforderung nach dem bisherigen Recht s § 149 Rz 13 f und nach neuem Recht s § 149 Rz 29 ff.

11 **2. Rückwirkende Fristverlängerung (Abs 1 S 2).** Eine rückwirkende Fristverlängerung wird nach S 2 ausdrücklich zugelassen. Damit werden die durch den Fristablauf eingetretenen Wirkungen wieder beseitigt. Rückwirkende Fristverlängerung ist daher möglich, wenn der Stpfl entweder zwar vor Ablauf der Frist den Verlängerungsantrag stellt, das FA darüber aber erst nach Fristablauf entscheidet,

oder Verlängerungsantrag erst nach Fristablauf gestellt wird (vgl FG Hess EFG 89, 326). Die Vorschrift setzt keinen Antrag voraus. Eine rückwirkende Fristverlängerung ist nicht mehr möglich, wenn über den Fristverlängerungsantrag bereits bestandskräftig entschieden worden ist (BFH BStBl 01, 618). Dies gilt erst recht, wenn in der Sache, auf die sich der Antrag bezieht, bereits bestandskräftig entschieden worden ist. Das Wort „insbesondere" lässt eine flexible Anwendung der Vorschrift zu. Unbilligkeit ist nicht Voraussetzung für eine rückwirkende Fristverlängerung. Die neue Frist beginnt nicht etwa mit dem Zugang des VA, durch den die Frist verlängert wird, sondern mit dem Ablauf der alten Frist.

Aus § 109 I 2 lässt sich kein allgemeines Prinzip ableiten, dass verlängerbare Fristen immer rückwirkend verlängert werden können. Sie betrifft vielmehr nur Fristen für StErklärungen und behördlich gesetzte Fristen. Bei verlängerbaren gesetzlichen Fristen (vgl § 108 Rz 4) muss daher die rückwirkende Verlängerungsmöglichkeit ausdrücklich gesetzlich vorgesehen sein. Andernfalls sind sie nur dann rückwirkend verlängerbar, wenn der Verlängerungsantrag rechtzeitig vor Fristablauf gestellt worden ist (BFH BStBl 91, 168). 12

3. Einschränkung der Fristverlängerungsmöglichkeit (Abs 2). Durch das StModernG v 18.7.2016 wurde Abs 2 geändert; der bisherige Abs 2 ist in den neuen Abs 3 verschoben worden. Im neuen Abs 2 wird die allg Fristverlängerungsmöglichkeit des Abs 1 für Fälle eingeschränkt, in denen es um die Frist für die Abgabe der StErklärung nach § 149 geht. Die Neuregelung gilt nach Art 97 § 10a IV 1 EGAO für VZ, die nach dem 31.12.2017 beginnen, dh **ab VZ 2018.** Für VZ bis einschl 2017 ist die Neuregelung nicht anwendbar. 15

Abs 2 gehört systematisch zu § 149 III idF des StModernG. Nach § 149 III müssen Stpfl, deren StErklärung von Angehörigen der steuerberatenden Berufe erstellt wird, ihre StErklärung für VZ ab 2018 erst bis zum 28.2. bzw 29.2. des übernächsten Folgejahres abgeben. Nach Abs 2 des § 109 soll diese Abgabefrist nur in Ausnahmefällen verlängert werden, wenn nämlich der Stpfl die Abgabefrist **unverschuldet** nicht einhalten konnte bzw einhalten kann. Abs 2 S 2 stellt klar, dass das Erfordernis des fehlenden Verschuldens auch für Land- und Forstwirte gilt, deren Abgabefrist nach § 149 III am 31.7. des übernächsten Folgejahres endet. 16

Der Begriff des Verschuldens ist wie bei § 110 (BT-Drs 18/7457, 74) oder § 152 (s § 152 Rz 17 ff) auszulegen. Entscheidend sind also die persönlichen Verhältnisse des Stpfl. Dabei ist ihm nach Abs 2 S 3 ein Verschulden seines Vertreters oder eines Erfüllungsgehilfen, zB eines StBeraters, der nicht zum Bevollmächtigten iSv § 80 bestellt worden ist, zuzurechnen. Diese Regelung entspricht § 152 I 2 2. HS und § 110 I 2. Nicht ausreichend ist somit eine Arbeitsüberlastung des Beraters. Ebenfalls ausgeschlossen ist eine Fristverlängerung aufgrund eines Sammelantrags des Beraters, da das Verschulden des einzelnen Stpfl zu prüfen ist (s auch BT-Drs 18/7457, 74). 17

4. Nebenbestimmung (Abs 3). Abs 3 entspricht dem bisherigen Abs 2 und ist durch die Einfügung des Abs 2 durch das StModernG in Abs 3 verschoben worden. Die Regelung dient der Klarstellung und ergibt sich bereits aus § 120. 20

§ 110 Wiedereinsetzung in den vorigen Stand

(1) [1] **War jemand ohne Verschulden verhindert, eine gesetzliche Frist einzuhalten, so ist ihm auf Antrag Wiedereinsetzung in den vorigen Stand zu gewähren.** [2] **Das Verschulden eines Vertreters ist dem Vertretenen zuzurechnen.**

(2) [1] **Der Antrag ist innerhalb eines Monats nach Wegfall des Hindernisses zu stellen.** [2] **Die Tatsachen zur Begründung des Antrags sind bei der Antragstellung oder im Verfahren über den Antrag glaubhaft zu machen.** [3] **Innerhalb der Antragsfrist ist die versäumte Handlung nachzuholen.** [4] **Ist dies geschehen, so kann Wiedereinsetzung auch ohne Antrag gewährt werden.**

(3) **Nach einem Jahr seit dem Ende der versäumten Frist kann die Wiedereinsetzung nicht mehr beantragt oder die versäumte Handlung nicht mehr nachgeholt werden, außer wenn dies vor Ablauf der Jahresfrist infolge höherer Gewalt unmöglich war.**

(4) **Über den Antrag auf Wiedereinsetzung entscheidet die Finanzbehörde, die über die versäumte Handlung zu befinden hat.**

Schrifttum: *vor 2010 s 13. Aufl; Apitz* Wiedereinsetzung bei vordatierten Verwaltungsakten, StBp 10, 79; *Jäger* Antragsfrist und Festsetzungsverjährung bei der Energiesteuerentlastung, ZfZ 11, 106; *Pelke* Wiedereinsetzung in den vorigen Stand – Ein Standardproblem in der Rechtsprechungspraxis, SteuK 12, 161; *Rätke* Wiedereinsetzung in den vorigen Stand bei Versäumnis der Einspruchsfrist, BBK 12, 649; *Tormöhlen* Wiedereinsetzung in den vorigen Stand, AO-StB 12, 56; *Zaumseil* Wiedereinsetzung in den vorigen Stand wegen Verfahrensfehlern des Finanzamts, StBW 12, 609; *Pump/Heinemann* Aspekte der EDV-gestützten Fristenkontrolle in der Steuerberaterpraxis, StBW 13, 129; *Pump/Heidl* Grundregeln eines ordnungsgemäßen Fristenmanagements, DStR 15, 1075; *Kamps* Fristen und Fristenkontrolle in der Steuerberatung, Stbg 16, 491.

Übersicht

1. Inhalt. Zur Vermeidung unbilliger Härten besteht die Möglichkeit, bei Versäumung einer gesetzlichen Frist die Wiedereinsetzung in den vorigen Stand zu gewähren. § 110 und § 56 FGO sind gleich auszulegen (BFH/NV 07, 248), sodass auf die Rspr zu § 56 FGO zurückgegriffen werden kann. Auf § 110 wird an verschiedenen Stellen des Einspruchsverfahrens verwiesen (zB § 354 II 2, § 356 II 2, § 360 V 5, § 362 II 2, § 364b II 2). Die Vorschr gilt **nicht im Zollrecht,** sondern wird dort von Art 55 UZK überlagert (BFH/NV 99, 90; 01, 820). 1

2. Fristversäumnis. Unter die Vorschr fallen **nur gesetzliche Fristen**, dh Fristen, deren Dauer im Gesetz geregelt ist. Hierzu gehört insbes die Einspruchsfrist gem § 355. Weiterhin gehören auch gesetzliche Antragsfristen hierzu, sodass § 110 zB auch für die Versäumnis der Wiedereinsetzungsfrist (FG Hess EFG 79, 528) sowie für Antragsfristen im Erklärungsverfahren wie zB zu § 32d II Nr 3 S 4 EStG (BFH BStBl 18, 69) oder zu § 46 II Nr 8 EStG aF (BFH/NV 07, 861) oder im Vergütungsverfahren gilt (vgl BFH BStBl 07, 430, zu § 18 IX 3 UStG aF; offen gelassen jedoch von BFH BStBl 08, 462, zu § 18 StromStV aF, sowie von BFH/NV 08, 2062 zu § 47 MinöStV). Auch sog Erklärungsfristen werden erfasst, zB die Erklärung eines Kleinunternehmers über die Option zur Regelbesteuerung gem § 19 II 1 UStG sowie deren Widerruf gem § 19 II 4 UStG (vgl OFD Frankfurt 31.1.2018, DB 18, 736) oder die Einverständniserklärung im Zulageverfahren nach § 10a I 1 2. HS (BFH BStBl 15, 371). 2

§ 110 ist aber **nicht anwendbar** auf Zeiträume, die lediglich den zeitlichen Anwendungsbereich der Norm abgrenzen wie zB § 4 I InvZulG 2010 (vgl auch FG Saarl EFG 87, 188) oder Art 3 I ErbStRG (FG Mchn 4 K 3893/09, BeckRS 2013, 94371; FG Hbg EFG 13, 1780). § 110 gilt auch **nicht** für **Verjährungsfristen** (BFH BStBl 00, 330; 08, 462; BFH/NV 07, 1090; 11, 403, 1295), Verbleibefristen (zB § 2 I 1 Nr 2 InvZulG 2010 oder § 7g I 1 Nr 2b EStG) oder Verwendungsfristen (vgl FG Köln EFG 89, 30). § 110 gilt ferner nicht für Zahlungsfristen (*Koenig/Koenig* § 110 Rz 12 mwN; aA *Krüger* DStZ 92, 339). Zwar handelt es sich bei Zahlungsfristen um gesetzliche Fristen in Gestalt von Handlungsfristen. Jedoch können über § 110 nicht die Rechtsfolgen der Versäumung von Zahlungsfristen rückgängig gemacht werden. Säumniszuschläge haben neben ihrer Funktion als Druckmittel eigener Art auch noch eine Zinsfunktion, sollen also eine Gegenleistung für das Hinausschieben der Zahlung sein (BFH BStBl 06, 612). Dieser Zweck würde verfehlt, wenn die Säumniszuschläge generell bei fehlendem Verschulden an der Versäumung der Zahlungsfrist über § 110 (im Erlasswege) rückgängig gemacht werden müssten. 3

3. Verschulden (Abs 1 S 1). Die Wiedereinsetzung setzt voraus, dass den Stpfl an der Fristüberschreitung kein Verschulden trifft. Das Verschulden seines Vertreters (zB Anwalts oder Steuerberaters) wird ihm nach Abs 1 S 2 zugerechnet (s Rz 58). 4

Ein Verschulden iSv § 110 liegt vor, wenn der Stpfl die für einen gewissenhaft und sachgemäß handelnden Verfahrensbeteiligten gebotene und ihm nach den Umständen zumutbare Sorgfalt nicht beachtet hat (BFH/NV 10, 1780; BStBl 18, 69 mwN); einfache Fahrlässigkeit ist schädlich (BFH/NV 96, 193; 08, 755). Maßstab ist der **subjektive Fahrlässigkeitsbegriff** (BFH/NV 04, 1619; BVerfG BStBl 02, 835). Es kommt damit auf die konkreten Kenntnisse, Möglichkeiten und Fähigkeiten des Stpfl an (BFH BStBl 15, 371, 709; *HHSp/Söhn* § 110 Rz 55 mwN); zum Verschulden eines Beraters s Rz 58. Der Stpfl muss sich jeweils vergewissern, dass er alles Erforderliche getan hat, um einen beabsichtigten Einspruch rechtzeitig einzulegen (vgl BFH/NV 86, 190). Ggf muss ein unerfahrener Stpfl auch fachkundigen Rat einholen (BFH BStBl 99, 237; BFH/NV 89, 754; 03, 1610). Die Sorgfaltspflicht kann allerdings gemindert und damit das Verschulden ausgeschlossen sein, wenn das FA ein falsches Verhalten des Stpfl durch Schaffung eines Vertrauenstatbestandes veranlasst hat (s unten Rz 30, 35 und 50). IÜ dürfen die Anforderungen an den Stpfl nach der Rspr des BVerfG nicht überspannt werden. Der Zugang zum Gericht darf nicht in unzumutbarer, sachlich nicht gerechtfertigter Weise erschwert werden (BVerfGE 41, 332; 69, 381; BVerfG BStBl 02, 835; BVerfG NJW-RR 10, 421).

Eine ausdrückliche Regelung über einen Fall fehlenden Verschuldens enthält § 126 III bei **fehlender Begründung** oder unterbliebener Anhörung eines VA (s Rz 13 sowie § 126 Rz 13ff).

5 Das Verschulden ist nur dann schädlich, wenn es **kausal** für die Fristversäumnis ist. Wiedereinsetzung kann daher gewährt werden, wenn das Verschulden des Stpfl durch ein späteres Ereignis, das weder dem Stpfl noch seinem Vertreter zugerechnet werden kann, hinfällig wird (überholende Kausalität, vgl BGH NJW 07, 2778; BVerfG BStBl 02, 835). Der Stpfl muss sein mangelndes Verschulden glaubhaft machen (s unten Rz 110ff).

10 **4. Fallgruppen-ABC zum Verschulden.** Diese allg Maßstäbe führen naturgemäß zu einer umfangreichen Kasuistik für Einzelfälle. Die Kasuistik lässt sich ohne Anspruch auf Vollständigkeit an Fallgruppen aufzeigen, um dadurch nähere Maßstäbe zu gewinnen. Zum Organisationsmangel, Büroversehen und zur Fristenkontrolle bei den Angehörigen der steuerberatenden Berufe s Rz 65ff.

11 **a) Abwesenheit.** Die Abwesenheit des **Stpfl** (zur Abwesenheit des Bevollmächtigten s Rz 12) während der einzuhaltenden Frist kann ein persönlicher Hinderungsgrund sein. Bei einer lediglich vorübergehenden und relativ kurzfristigen Abwesenheit während des Jahresurlaubs von **höchstens sechs Wochen** muss der Stpfl nach der Rspr des BVerfG grds keine besonderen Vorkehrungen für evtl Zustellungen treffen (BVerfGE 41, 332; vgl auch BVerfG NJW 93, 847, jeweils zu § 45 StPO; so auch OFD Karlsruhe v 1.8.2001, AO-Kartei BW § 110 AO Karte 1). Dabei kommt es nicht darauf an, ob der Urlaub in die allg Ferienzeit oder in eine sonstige Jahreszeit fällt. Die vom BVerfG aufgestellten Maßstäbe gelten auch für das StRecht (vgl BFH/NV 06, 1487). Sie erfassen auch die Abwesenheit wegen einer beruflich veranlassten Reise (FG Mster EFG 93, 355; *Gräber/Stapperfend* FGO, § 56 Rz 20 Stichwort „Abwesenheit"). Bei **Gastarbeitern,** die einmal im Jahr einen Heimaturlaub verbringen, lässt sich eine etwas längere Abwesenheit vertreten (ca 8 Wochen: FG Ddorf, EFG 81, 4; FG BaWü EFG 87, 486; jedenfalls nicht über 12 Wochen: FG BaWü EFG 89, 48; aA FG Ddorf EFG 79, 3; vgl auch FG Ddorf EFG 79, 578).

Allerdings sind folgende **Ausnahmen** zu beachten: Ein Stpfl, der **oft mehrwöchige Reisen** unternimmt, muss auch bei kürzerer Abwesenheit als sechs Wochen im Einzelfall Vorkehrungen für die Einhaltung von Fristen treffen (BFH BStBl 82, 165; FG BaWü DStRE 14, 939). Die Einrichtung eines Nachsendeauftrags, der nur auf die Post AG beschränkt ist und keine anderen Postdienstleister erfasst, reicht dafür aber nicht aus, da FinBeh ihre Bescheide häufig durch andere Postdienstleister versenden (FG Saarl 2 V 1309/13, BeckRS 2014, 94547). Außerdem muss ein Stpfl vor Eintritt einer mehrwöchigen Reise Vorkehrungen für die Einhaltung von aus Bescheiden folgenden Fristen treffen, wenn er mit solchen Bescheiden konkret rechnen muss (BFH BStBl 82, 165; BFH/NV 01, 1221). Eine Abwesenheit ist ferner dann kein Grund für die Wiedereinsetzung in den vorigen Stand, wenn das Ende der Abwesenheit noch in den Lauf der Frist fällt und die Fristwahrung zu diesem Zeitpunkt noch möglich ist (BFH BStBl 87, 303; BFH/NV 96, 422). Ein Stpfl kann sich außerdem dann nicht auf die Abwesenheit während der Frist berufen, wenn er während der Abwesenheit zweimal in sein Büro zurückkehrt, um ua eingegangene Post durchzusehen (FG Brem EFG 88, 214). Auch der Geschäftsführer einer GmbH, der ein Büro hat, muss für die Zeit seiner Abwesenheit Vorsorge für mögliche Zustellungen treffen (BFH/NV 92, 146). Gleiches gilt für Stpfl, die im Geschäftsleben tätig sind und einen längeren Aufenthalt im Ausland planen (BFH/NV 18, 185); ggf muss dem FA ein Zustellbevollmächtigter benannt werden.

Bei **längerer als sechswöchiger** Abwesenheit (bei Gastarbeitern mehr als achtwöchiger Abwesenheit) wird daher die Wiedereinsetzung in aller Regel zu versagen sein, wenn nicht besondere Gründe (zB erstmalige Abwesenheit, keine gegenteiligen Erfahrungen in den Vorjahren) vorgebracht werden (*Koenig/Koenig* § 110 Rz 39 Stichwort „Abwesenheit").

Strafgefangene, die länger als sechs Wochen inhaftiert sind, müssen idR Vorkehrungen treffen, dass Zustellungen fristauslösender Schreiben sie rechtzeitig erreichen (FG Bln EFG 78, 564). Die aufgrund der Inhaftierung eines Mandanten erschwerte Kommunikation zwischen ihm und seinem Berater ist kein Wiedereinsetzungsgrund (BFH/NV 08, 1189).

Bei **Angehörigen der steuerberatenden Berufe** gilt: Die Pflichten des stl 12
Beraters gehen im Falle der Abwesenheit weiter als die des Stpfl. Hat der Berater ein Büro mit Angestellten, muss er dieses so organisieren, dass auch im Falle seiner Erkrankung oder sonstigen Abwesenheit für die Wahrung der Fristen Sorge getragen wird (BFH/NV 93, 427; 07, 921; BGH VersR 91, 1271). Hat er keine Angestellten, muss er bei längerer Abwesenheit einen Nachsendeauftrag erteilen, um die Unterrichtung über die während der Abwesenheit erfolgten Zustellungen zu gewährleisten (BFH/NV 87, 18). Schließt der Berater wegen Urlaubs sein Büro, ist die Beauftragung eines Mitbewohners zur Leerung des Briefkastens und Nachsendung der Post nicht ausreichend (BFH/NV 07, 2136).

b) Unterbliebene Anhörung oder Begründung. Die Fristversäumnis gilt 13
nach § 126 III als nicht verschuldet bei fehlender Begründung eines VA oder unterbliebener Anhörung (s § 126 Rz 13 ff). Allerdings muss die fehlende Begründung oder unterbliebene Anhörung kausal für die Fristversäumnis sein. Dies ist trotz unterbliebener Anhörung oder Begründung zu verneinen, wenn der Stpfl den Brief mit dem StBescheid schuldhaft nicht öffnet und deshalb die Rechtsmittelfrist versäumt (BFH BStBl 86, 908).

c) Arbeitsüberlastung. Arbeitsüberlastung des **Stpfl** ist regelmäßig kein ent- 15
schuldbarer Hinderungsgrund, der zu einer Wiedereinsetzung führt (BFH BStBl 97, 695; BFH/NV 04, 358). Dies gilt auch bei Arbeitsüberlastung durch Ehrenämter (FG Mster EFG 58, 213). Ausnahmsweise kann die Rechtslage anders sein, wenn eine Arbeitsüberlastung unvorhersehbar und unabwendbar (zB bei einer Naturkatastrophe) war.

Diese Grundsätze gelten für **Angehörige der steuerberatenden Berufe** entsprechend: Eine Arbeitsüberlastung ist nur ausnahmsweise ein Wiedereinsetzungsgrund, wenn sie plötzlich und unvorhersehbar eingetreten ist und durch sie die Fähigkeit zu konzentrierter Arbeit erheblich eingeschränkt wird (BGH BB 13, 1473).

d) Ausländer. Ein Ausländer kann sich **nicht** darauf berufen, dass er eine Be- 17
lehrung über die Frist nicht verstanden habe. Lässt der ausl Adressat eine Einspruchsfrist deshalb verstreichen, weil er sich nicht um eine Übersetzung der Rechtsbehelfsbelehrung bemüht hat, so gibt es keine Wiedereinsetzung in den vorigen Stand (BFH BStBl 76, 440; BFH/NV 10, 1239; vgl auch BGH VersR 89, 1318). Der Ausländer kann sich auch nicht darauf berufen, er habe sich über das Wesen der Frist als Ausschlussfrist geirrt, weil die Rechtslage in seinem Heimatland anders sei (BFH/NV 86, 103). In solchen Fällen kann lediglich ausnahmsweise ein entschuldbarer Irrtum vorliegen, wenn der Wortlaut der Verfahrensvorschriften trotz unterschiedlicher Rechtslage so weitgehend übereinstimmt, dass sich dem Ausländer Zweifel an der Inhaltsgleichheit der Vorschriften nicht aufzudrängen brauchen (BFH HFR 65, 37).

e) Computer-Probleme. Ein auf einen vorübergehenden Computer-Defekt 19
oder plötzlichen Computer-Absturz gestützter Wiedereinsetzungsantrag kann eine Wiedereinsetzung rechtfertigen. Allerdings bedarf es näherer Darlegungen zur Art des Defekts und seiner Behebung, vor allem zu der Frage, weshalb anschließend

kein anderes Schreibwerkzeug benutzt wurde (BFH/NV 06, 1876), s auch Rz 104. Zur Störung des Telefaxgerätes s Rz 42ff.

20 **f) E-Mail.** Bei Übersendung eines Einspruchs oder sonstigen fristwahrenden Schriftsatzes in elektronischer Form, zB per E-Mail, gelten die gleichen Sorgfaltsanforderungen wie bei Übermittlung durch Telefax (OVG RhPf NJW 07, 3224), s hierzu Rz 42. Insbes muss sich Stpfl bzw Berater über die Anforderungen an eine wirksame elektronische Übermittlung informieren (vgl BFH BStBl 11, 925) und eine automatisch hergestellte Empfangsbestätigung überprüfen (OVG RhPf NJW 07, 3324).

21 **g) Erkrankung.** Bei Erkrankung **des Stpfl** ist die Versäumnis idR unverschuldet, wenn die Krankheit **plötzlich und unvorhersehbar** und so **schwer** ist, dass weder Fristwahrung noch die Bestellung eines Vertreters möglich ist (BFH/NV 96, 332; 00, 583; 01, 1600). Dies gilt aber nicht, wenn beim Stpfl regelmäßig Krankheitsschübe auftreten und er daher mit einer erneuten Erkrankung hätte rechnen müssen (FG Mster EFG 15, 2). Krankheit kann aber Wiedereinsetzungsgrund sein, wenn es der Stpfl in Verkennung der Schwere seiner Erkrankung versäumt, seine bisher von ihm wahrgenommenen Aufgaben auf Dritte zu übertragen (FG Hess EFG 81, 266; FG Ddorf EFG 95, 297). Unter den gleichen Voraussetzungen wie eine Krankheit kann auch eine schwerwiegende seelische Belastung, insbes aus familiären Gründen, ein Entschuldigungsgrund sein (BFH/NV 97, 40 mwN; 01, 1418), nicht jedoch eine Phobie gegen amtliche Schreiben (FG RhPf BeckRS 2008, 26025325). Zur Begründung des Antrags bei psychischen Erkrankungen s Rz 105 und zur Glaubhaftmachung s Rz 112.

Hingegen rechtfertigen weder ein schlechter Gesundheitszustand des Stpfl (FG Mchn EFG 10, 1466) noch Blindheit (FG Hbg EFG 07, 370 mwN) oder vorzeitige Niederkunft (FG BaWü EFG 10, 1239) eine Wiedereinsetzung.

22 Eine **Erkrankung des Bevollmächtigten** wird nur dann als schuldlose Verhinderung gewertet, wenn die Krankheit plötzlich und unvorhergesehen auftritt und so schwer ist, dass es für den Bevollmächtigten unzumutbar ist, die Frist zu wahren oder wenigstens einen Vertreter zu bestellen (BFH/NV 92, 257; 05, 1347; BGH NJW 96, 1540). Das Fehlen einer allg Vorsorge für eine Vertretung in einem Krankheitsfall ist aber nicht ursächlich für das Fristversäumnis, wenn der Berater plötzlich in einer Weise erkrankt, die es ihm, auch wenn er sich allgemein um einen Vertreter gekümmert hätte, unverschuldet unmöglich macht, diesen Vertreter rechtzeitig zu informieren (BFH/NV 01, 1418; 02, 794). Ist der erkrankte Berater Mitglied einer **Sozietät,** sind die anderen Mitglieder der Sozietät gehalten, fristwahrende Maßnahmen zu ergreifen (BFH/NV 07, 253). Unter den Voraussetzungen wie bei einer Krankheit kann auch eine schwere seelische Belastung (zB Tod eines nahen Angehörigen) ein Entschuldigungsgrund sein (BFH/NV 92, 257; 97, 40; FG Saarl EFG 96, 956; vgl auch oben Rz 21); zur Antragsbegründung s Rz 105 und zur Glaubhaftmachung s Rz 112.

23 **h) Falsche Adressierung des Einspruchs.** Wiedereinsetzung scheidet idR bei unzutreffender Adressierung des Einspruchschreibens **an ein unzuständiges FA** aus, wenn aufgrund der Weiterleitung des Einspruchs an das zuständige FA die Frist versäumt wird (BFH BStBl 88, 287; 01, 158; vgl aber auch FG Nds EFG 94, 1016). Dies gilt nicht nur dann, wenn der Stpfl selbst den Fehler verursacht hat, sondern erst recht, wenn er einen Bevollmächtigten beauftragt hat und dieser die Adressierung vorgenommen hat (vgl BFH/NV 02, 658); der Bevollmächtigte muss sich vor der Unterzeichnung davon überzeugen, dass die Adressierung zutreffend ist (BGH NJW-RR 12, 694); s auch Rz 73.

Hingegen kommt Wiedereinsetzung in Betracht, wenn der Einspruch bei der unzuständigen Behörde zum einen so **rechtzeitig eingegangen** war, dass die Weiterleitung an die zuständige Behörde im Zuge des ordentlichen Geschäftsgangs ohne Weiteres erwartet werden konnte, und zum anderen die falsche Adressierung ohne nähere Prüfung erkennbar war (BVerfG BStBl 02, 835; BFH/NV 99, 146, 749; 06, 80; für das Zivilprozessrecht BGH NJW 05, 3776; s auch Rz 50). Eine Weiterleitung noch am selben Tag – ggf per Telefax – kann idR aber nicht erwartet werden (BFH/NV 05, 563; 09, 778). Die Unzuständigkeit für einen Antrag (zB InvZul-Antrag) ist für das FA nicht erkennbar, wenn hierzu eine Prüfung des Antrags erforderlich ist (BFH BStBl 99, 65; FG Nds DStRE 04, 1313).

Ebenso scheidet Wiedereinsetzung bei **unzulänglicher Adressierung** durch den Stpfl selbst oder seinen Bevollmächtigten (s Rz 23) aus, dh bei falscher oder unvollständiger Anschrift der richtigen Behörde, wenn es hierdurch zu Verzögerungen beim Postlauf kommt (BVerwG HFR 91, 114; vgl aber auch BGH HFR 91, 307; zur unzulänglichen Adressierung durch Büroversehen s unten Rz 73). Anders kann dies nur sein, wenn der Fehler gering ist oder leicht vorkommen kann und normalerweise den Postlauf nicht beeinträchtigt (vgl FG Mchn EFG 90, 398) oder wenn der fristwahrende Schriftsatz so früh vor Ablauf der Frist zur Post gegeben wird, dass er trotz der unvollständigen Adressierung (zB fehlende Postleitzahl und Hausnummer) bei normalem Verlauf rechtzeitig ankommen müsste (BVerfG HFR 01, 283). Verzögerungen, die als Folge der Unterfrankierung eines Briefes eintreten, liegen in der Verantwortung des Stpfl (BVerfG NJW 76, 513; BGH NJW 07, 1751). 24

i) Irrtum. Der unverschuldete **Rechtsirrtum eines nicht fachkundig beratenen Stpfl** (zum Irrtum eines Angehörigen der steuerberatenden Berufe s Rz 34) kann Wiedereinsetzung in den vorigen Stand nur dann rechtfertigen, wenn sich der Irrtum auf die **Frist selbst** oder die **Form der Fristwahrung bzw** auf das **Verfahrensrecht** bezieht (BFH BStBl 18, 69; 15, 371, 709; BFH/NV 07, 1626; aA zu Irrtum über die Frist selbst: FG Saarl EFG 02, 1610; FG Nds EFG 03, 1058; FG Mster EFG 15, 2). Dies ist insbes der Fall, wenn der Stpfl nicht erkennt, dass eine Frist einzuhalten ist (zB Frist für die frühere Antragsveranlagung nach § 46 II Nr 8 EStG aF oder Frist nach § 32d II Nr 3 EStG) oder dass bestimmte Form (zB elektronische Signatur nach § 87a III 2) eingehalten werden muss. Ein Verschulden soll nach dem FG Nds (EFG 14, 1257) und FG BaWü (EFG 15, 1815) aber anzunehmen sein, wenn der Stpfl den im ELSTER-Portal veröffentlichten Hinweis nicht beachtet hat, dass eine im Verfahren nach ELSTER I übermittelte, dh nicht authentifizierte StErklärung (s § 87a Rz 15) erst aufgrund der Übersendung der unterschriebenen komprimierten StErklärung vom FA gelesen wird und daher die Einspruchsfrist wahren kann. Dies ist mE zu streng, weil der Verschuldensbegriff von den individuellen Fähigkeiten des Stpfl abhängig ist (s Rz 4) und deshalb im konkreten Einzelfall festgestellt werden müsste, ob der Stpfl den Hinweis zur Kenntnis nehmen und verstehen konnte. 25

Ausnahmsweise kann Wiedereinsetzung auch wegen eines Irrtums über **Beginn oder Dauer der Frist** oder die Fristwahrung gewährt werden. **Beispiele:** Der Bescheid wird dem Stpfl und nicht seinem Berater bekannt gegeben, und der Stpfl geht daher nicht von einem Fristbeginn aus (BFH BStBl 54, 290). Gleiches gilt, wenn der Stpfl dem Irrtum unterliegt, die Einspruchsfrist beginne erst mit der tatsächlichen Kenntnisnahme des Bescheids, und dies angesichts der abstrakt an § 122 II ausgerichteten Rechtsbehelfsbelehrung keine abwegige Interpretation darstellt (BFH/NV 01, 1010). Bei einem nicht eindeutig lesbarem Zustelldatum auf einer Zustellungsurkunde ist Wiedereinsetzung zu gewähren, wenn der Stpfl die Zustellungsurkunde nach seinem Urlaub vorfindet und von dem späteren Zustellungszeitpunkt ausgeht, ausweislich der Steuerakten die Zustellung jedoch bereits zu dem früheren Zeitpunkt erfolgt ist (BFH/NV 08, 1105). Auch kann die unklare Gesetzesfassung über die Antragsfrist Wiedereinsetzungsgrund sein (BFH BStBl 78, 45). Das Gleiche gilt bei einer unklaren Fassung des StBescheids (nicht aber bei unklarer Fassung eines Antragsvordrucks, s unten Rz 33); s auch Rz 35 zum entschuldbaren Irrtum eines Bevollmächtigten. Kein Verschulden liegt ferner 26 vor, wenn ein Stpfl bei vordatiertem Bescheid annimmt, die Bekanntgabe könne erst an dem der Datierung folgenden Tag erfolgt sein (BFH BStBl 09, 185; FG Ddorf EFG 79, 403).

Hingegen ist ein Irrtum über den **Fristbeginn** bei postlagernden Sendungen iAllg **verschuldet** (FG Nbg EFG 83, 434). Der Stpfl muss sich beim FA rechtzeitig über das Fristende informieren, wenn er eine Frist voll ausschöpfen will, er aber Zweifel an dem Fristende hat; andernfalls kann ihm bei Fristversäumnis keine Wiedereinsetzung in den vorigen Stand gewährt werden (BFH/NV 87, 412). Wiedereinsetzung kann daher nicht mit der Unerfahrenheit des Stpfl in stl Dingen begründet werden, wenn er über den Einspruch zutreffend belehrt wurde und den Rat eines stl Beraters hätte einholen können (BFH/NV 89, 754). Wird ein StBescheid dem Stpfl mit Postzustellungsurkunde zugestellt statt mit einfachem Brief, sodass die Dreitagesvermutung des § 122 II Nr 1 nicht gilt, ist es Sache des Stpfl, einen von ihm mit der Einlegung eines Einspruchs beauftragten Bevollmächtigten darüber zu informieren (auch *Pump* AO-StB 11, 339). Unterlässt er dies, wird sein Verschulden an der Fristversäumung auch nicht dadurch ausgeschlossen, dass das FA keinen Vermerk über die Zustellung durch PZU auf dem Bescheid angebracht hat (BFH/NV 98, 1056). Das gilt selbst dann, wenn eine OFD-Verfügung zur Anbringung eines solchen Vermerks bestand (BFH/NV 01, 410).

29 Ein Irrtum des Stpfl über das **Wesen einer Ausschlussfrist,** dh über die Rechtsfolgen bei Ablauf der Frist (zum Begriff der Ausschlussfrist s Erläut zu § 108 Rz 3), begründet grds keine Wiedereinsetzung. Ein solcher Irrtum kann idR nicht mit Unkenntnis des Verfahrensrechts entschuldigt werden; denn der Stpfl hat die Möglichkeit, sich über die Ausschlussfrist zu informieren (BFH/NV 07, 861, 1626). Zu Ausnahmen s Rz 35.

30 Auch ein Irrtum **des Stpfl** über **materielles Recht** rechtfertigt grds keine Wiedereinsetzung (BFH BStBl 00, 37; BFH/NV 06, 1982; 07, 866, 1626; 12, 915; FG BBg EFG 2014, 748, 1382), auch nicht ein Irrtum über die Verfassungsmäßigkeit einer Regelung (FG Hbg EFG 94, 629; FG BaWü DStRE 06, 870) oder über die europarechtskonforme Umsetzung von EU-Recht (BFH BStBl 11, 151). Es gibt daher auch keine Wiedereinsetzung, wenn der Stpfl von der Einlegung eines Einspruchs absieht, weil die Fehlerhaftigkeit des VA für ihn oder seinen stl Berater nicht erkennbar war (BVerwG NVwZ-RR 89, 591; BayObLG NJW-RR 00, 772). Gleiches gilt, wenn dem Stpfl materiell rechtserhebliche Tatsachen nicht bekannt waren und nicht bekannt sein konnten und er deshalb keinen Einspruch eingelegt hat (BFH BStBl 60, 178). Hat das FA die Besteuerungsgrundlagen wegen Nichtabgabe der StErklärung geschätzt und dem StBescheid eine Erläuterung beigefügt, in der es den Stpfl zur Nachreichung der StErklärung auffordert, handelt der Stpfl schuldhaft, wenn er sich darauf verlässt, dass die Abgabe der StErklärung nach Ablauf der Einspruchsfrist noch zu einer entsprechenden Änderung des Bescheids führen könne (FG Mchn EFG 83, 434; vgl auch FG Ddorf EFG 96, 957). Verschulden liegt auch vor, wenn der Stpfl keinen Einspruch einlegt, weil das FA eine falsche Rechtsauffassung vertritt (vgl FG Nds EFG 90, 44). **Ausnahmen:** Der Irrtum über den materiell-rechtl Gehalt einer Norm hat verfahrensrechtliche Folgen und verursacht dadurch die Fristversäumnis (BFH BStBl 18, 69, zu einem Irrtum über das Antragsrecht nach § 32d II Nr 3 EStG). Erteilt das FA die unrichtige **Auskunft unaufgefordert** und besteht für den Stpfl kein Anlass, die Richtigkeit dieser Auffassung zu überprüfen oder überprüfen zu lassen, handelt er ohne Verschulden, wenn er im Vertrauen auf die Richtigkeit der Auskunft die Einspruchsfrist versäumt (FG Hbg EFG 86, 266; BFH/NV 08, 923). Auch eine fehlerhafte Auskunft zum Umfang eines Vorläufigkeitsvermerks kann eine Wiedereinsetzung rechtfertigen. Ein Irrtum über die materielle Rechtslage und die dadurch bewirkte Fristversäumnis können außerdem dann unverschuldet sein, wenn die Rechtslage in hohem Maße unsicher ist und die Frist versäumt wird, weil es der Betroffene aufgrund rechtl vertretbarer Überlegungen unterlässt, einen Einspruch

fristgerecht einzulegen (BFH/NV 87, 343; 90, 530; FG Thür EFG 96, 598); s auch Rz 50 zur Verantwortlichkeit des FA.

Der Stpfl muss **Hinweise in den amtlichen Vordrucken** (zB für die Investitionszulage) beachten (BFH/NV 12, 1658; 13, 1142); zu den Besonderheiten im Rahmen der Altersvorsorgezulage gem § 10a EStG s BFH BStBl 15, 371, 931. Selbst Irrtümer aufgrund von Unklarheiten oder fehlender Hinweise auf einem Antragsvordruck sind grds verschuldet (FG Mster EFG 96, 154; vgl auch BFH BStBl 99, 65; 15, 894; BFH/NV 99, 368). Etwas anderes kann allerdings gelten, wenn die FinVerw in dem konkreten Fall in den Jahren zuvor die Einreichung eines Antrags bei der unzuständigen Behörde geduldet hat und dann keinen Hinweis auf eine Änderung der Praxis gibt (BFH BStBl 00, 37; BFH/NV 00, 253; 06, 1047). Es kommt aber immer darauf an, dass der Stpfl konkret in seinem Fall durch ein besonderes Verhalten des FA zu dem Fehler veranlasst worden ist (BFH BStBl 00, 37; BFH/NV 03, 657, 1449, 1610). Nur dann kann der Fehler dem Stpfl nicht vorgeworfen werden, weil ihn entweder kein Verschulden trifft oder sich das FA jedenfalls nach Treu und Glauben nicht auf ein Verschulden des Stpfl berufen kann (BFH/NV 04, 1619; BFH BStBl 06, 833; zu weitgehend FG Nds EFG 94, 1016, das es als ausreichend ansieht, wenn das FA jahrelang allgemein die Einreichung eines Antrags bei der unzuständigen Behörde geduldet hat, ohne dass auf die Beeinflussung des Stpfl in seinem Fall abgestellt wird). Abgesehen von solchen Ausnahmefällen ist zB die irrige Auffassung, dass ein besonderer Antrag für eine antragsbedingte Vergünstigung nicht (mehr) erforderlich sei, ein verschuldeter Rechtsirrtum (FG Nbg EFG 91, 561). 33

Der **Irrtum eines Bevollmächtigten** über materielles Recht oder Fristen ist idR verschuldet (BFH/NV 06, 1323; BFH BStBl 15, 894). Verschulden des Bevollmächtigten liegt daher vor, wenn er nicht erkennt, dass der Bescheid mit Postzustellungsurkunde zugestellt worden ist und er daher die Frist falsch berechnet (BFH/NV 95, 465; FG Köln EFG 07, 1742; aA FG Saarl EFG 88, 55; FG Hbg EFG 88, 389; s auch *Pump* AO-StB 11, 339), oder wenn er für den Fristbeginn auf das Bescheiddatum und nicht auf die Bekanntgabe abstellt (FG Nbg 6 K 244/11, BeckRS 2011, 96096). Auch darf der Bevollmächtigte nicht ohne Weiteres von unwirksamer Bekanntgabe ausgehen, wenn der Bescheid deshalb dem Stpfl bekannt gegeben wird, weil dem FA das Vertretungsverhältnis nicht bekannt war (FG Mchn EFG 08, 428). Keine Wiedereinsetzung auch bei Irrtum über die Rspr zur Statthaftigkeit eines Rechtsmittels (BFH BStBl 90, 546). Auch ein Irrtum des Beraters, ein Schätzungsbescheid sei unter Vorbehalt der Nachprüfung ergangen, entschuldigt nicht das Versäumnis der Einspruchsfrist. 34

Ausnahmsweise kommt bei Angehörigen der steuerberatenden Berufe Wiedereinsetzung wegen eines **Irrtums über Fristen** nur in Betracht, wenn die Rechtslage in hohem Maße unsicher ist, rechtl vertretbare Überlegungen zu der Fristversäumung geführt haben und die Zweifel über die bestehende Frist oder über die Möglichkeiten der Fristwahrung auch durch zumutbare Ausschöpfung bestehender Informationsmöglichkeiten nicht ausgeräumt werden konnten (BFH BStBl 99, 65). 35

Ein Irrtum über das **Wesen einer Ausschlussfrist** (s Rz 29) ist ausnahmsweise entschuldbar, wenn es sich um eine **gesetzliche** Ausschlussfrist handelt (zB § 46 II Nr 8 EStG aF zur Antragsveranlagung oder § 32d II Nr 3 S 4 EStG), von deren Anwendbarkeit der Stpfl oder Bevollmächtigte aufgrund des Verhaltens des FA nicht auszugehen brauchte (BFH BStBl 06, 833). Damit differenziert der BFH zwischen nicht entschuldbarem Irrtum über das Wesen einer Ausschlussfrist, dh einem Irrtum über die Rechtsfolgen der dem Stpfl bekannten Frist, und entschuldbarem Irrtum über das Vorhandensein einer Ausschlussfrist; diese Differenzierung überzeugt nicht. Zu Recht hat daher der BFH im Rahmen des § 32d II Nr 3 S 4 EStG einen Irrtum des Bevollmächtigten über die Frist als schuldhaft angesehen, auch wenn weder in der Anlage KAP noch in der Anleitung zur ESt-

Erklärung ein Hinweis auf die Frist enthalten war (BFH BStBl 15, 894). Anders ist dies aber bei einem nicht vertretenen Stpfl (BFH BStBl 18, 69). IÜ gilt Irrtum über Ausschlussfrist als unverschuldet, wenn in Rspr und Schrifttum Unklarheit über das einzuschlagende Verfahren besteht, insbes wenn sich der Bevollmächtigte in einer schwierigen Verfahrenslage auf den Rat eines mit der Sache befassten rechtskundigen Beamten oder Richters verlässt (BFH BStBl 90, 546; FG Saarl EFG 93, 196). Bei Angehörigen der **steuerberatenden Berufe** ist aber weitere Voraussetzung, dass die Zweifel über die bestehende Frist nicht durch zumutbare Ausschöpfung bestehender Informationsquellen ausgeräumt werden konnten. Dabei erstreckt sich die Informationspflicht sowohl auf das Vorhandensein gesetzlicher Vorschriften als auch auf deren Auslegung durch die Gerichte (BFH BStBl 99, 65; BFH/NV 96, 358; s jedoch BStBl 06, 833, bei Mitverursachung des Irrtums durch FA). Das gilt auch bei einer Änderung der verfahrensrechtl Regelung.

36 **j) Postlauf.** Verzögerungen beim Postlauf dürfen dem Stpfl und Berater nicht als Verschulden angerechnet werden (BVerfG HFR 91, 672). Nach ständiger Rspr des BVerfG darf der Bürger in Verwaltungsverfahren auf die **normalen Postlaufzeiten vertrauen** (BFH BStBl 07, 96; vgl auch BVerwG NJW 75, 1405; BGH NJW 07, 2778; NJW-RR 11, 790), auch wenn tatsächlich 7% aller Sendungen verspätet ausgeliefert werden (BGH HFR 99, 1027; s auch BGH HFR 05, 67 zu Mindeststandards bei Postlaufzeiten) oder Brieflaufzeiten bei früheren Briefsendungen in Einzelfällen überschritten worden sind (BFH BStBl 91, 437). Danach darf der Stpfl oder sein Berater davon ausgehen, dass eine werktags aufgegebene Postsendung **am folgenden Werktag** den Empfänger erreicht (BStBl 09, 190; BFH/NV 06, 1504); dies gilt auch bei Nutzung eines privaten Kurierdienstes (BGH NJW-RR 11, 790). Die vom BVerfG zu den sog Postlaufzeiten in gerichtlichen Verfahren entwickelten Rechtsgrundsätze gelten auch für befristete Anträge im Verwaltungsverfahren, zB für Investitionszulagen nach altem Recht (BFH BStBl 81, 390). Die übliche Dauer der Inlandsbeförderung ist allgemein bekannt und braucht daher – im Gegensatz zur Absendung des Briefes (s Rz 112) – nicht nach Abs 2 S 1 glaubhaft gemacht zu werden (BFH BStBl II 07, 96 mwN). Zu Fällen fehlerhafter Adressierung s Rz 23f.

Nicht zulässig sind Differenzierungen danach, ob die Post etwa **vor Feiertagen** besonders beansprucht ist oder ihre Dienstleistung etwa an Wochenenden vermindert ist (BVerfG HFR 00, 140; 01, 283; BFH/NV 00, 1071; 04, 83). Auch auf sonstige postalische Auskünfte über die Länge der Beförderungsdauer darf der Stpfl sich verlassen (BGH HFR 91, 240; BVerfG HFR 90, 702). **Ausnahme:** Kein Vertrauen auf die üblichen Postlaufzeiten, wenn konkrete Anhaltspunkte dafür vorliegen, dass im Einzelfall mit längeren Postlaufzeiten zu rechnen ist (BVerfG NJW 95, 1210; BGH HFR 05, 67 mwN). Somit keine Wiedereinsetzung, wenn der Absender den Brief bei einem Poststreik in einen Briefkasten wirft, obwohl andere sichere Übermittlungswege (Behördenbriefkasten, E-Mail oder Telefax) vorhanden sind (BVerfG HFR 95, 351). Ansonsten darf dem Stpfl nicht entgegengehalten werden, er habe nach Sachlage oder erfahrungsgemäß mit einer Verzögerung der Sendung rechnen müssen (BFH/NV 97, 330 zur Verzögerung der Postlaufzeit wegen Fahrplanwechsels der Eisenbahn).

37 Unter Beachtung der üblichen Postlaufzeiten darf der Stpfl wie auch sein Berater daher die **Frist ausschöpfen.** Er ist nicht gehalten, zusätzliche Vorkehrungen zu treffen, eine alternative Beförderung (zB Telefax) zu nutzen, oder sich beim FA über den rechtzeitigen Eingang des Schriftsatzes zu informieren (BFH BStBl 07, 96; BVerfG HFR 91, 672; BGH HFR 04, 395). Nur **am Ende der Frist** obliegt es dem Stpfl, eine Beförderungsart zu wählen, die – unter Berücksichtigung der normalen Laufzeiten – die Einhaltung der Frist gewährleistet (BFH BStBl 07, 96). Verschulden liegt daher idR vor, wenn an einem Sonnabend die Fristsache per Einschreiben abgesendet wird, deren Frist am Montag abläuft, da bei Einschreibe-

sendungen mit verzögerter Zustellung gerechnet werden muss (BFH BStBl 70, 460). Absender muss zudem Leerungszeiten der Briefkästen beachten und sich ggf über die normale Dauer des Postlaufs erkundigen (BVerfG HFR 00, 140). Bei Einwurf einer Fristsache in einen von dem Absender für störungsanfällig gehaltenen Postkasten muss sich der Absender unverzüglich über die Leerungszeiten sowie darüber vergewissern, ob ein nach seiner Vorstellung möglicher Störungsfall eingetreten ist oder nicht (BFH/NV 86, 226). Wiedereinsetzung kann deshalb nicht gewährt werden, wenn sich die Fristsache ohne Verzögerung der Postbeförderung zwar am Morgen nach dem Fristablauf bei Abholung der Post durch das FA in dessen Postfach bei der Postanstalt befunden und damit den Eingangsstempel des Vortages erhalten hätte, jedoch ungeklärt bleibt, ob die Fristsache noch vor 24 Uhr (s dazu § 108 Rz 11) in das Postfach eingelegt worden ist (BFH BStBl 88, 111).

Der **Verlust** des fristwahrenden Schriftstücks, nachdem es in den Bereich der Post gelangt ist, ist unverschuldet, weil der Verlust durch den Postdienstleister verursacht worden ist; zur Antragsbegründung s Rz 105. Auch ein unbemerkter Verlust durch Herausrutschen des Briefs aus einem Briefbündel vor dem Einwurf in den Briefkasten kann unverschuldet sein (FG Mchn BeckRS 2013, 94570). 38

Ein Angehöriger der **steuerberatenden Berufe** muss dafür sorgen, dass die an ihn adressierten Postsendungen des FA entgegengenommen werden können, und zwar auch während seiner Abwesenheit (s Rz 12). Ist der Bescheid hingegen an den **Stpfl** selbst gerichtet und begründet die vom Stpfl praktizierte Entgegennahme von Postsendungen durch Dritte ein hohes Risiko für deren Abhandenkommen, kann ein deshalb eingetretener Verlust nicht als unverschuldet angesehen werden (BFH/NV 95, 276; 96, 193). So ist es zB verschuldet, wenn zur Entgegennahme der Post nur ein von allen Mitbewohnern gemeinsam genutzter Briefschlitz zum Einwurf in den Hausflur vorhanden ist und ein dort eingeworfenes Schriftstück abhanden kommt (BFH/NV 91, 714; FG Köln EFG 99, 751). Das gilt aber nicht, wenn eine an sich unsichere (weil zu kleine) Briefkastenanlage sich in der Vergangenheit nicht als störungsanfällig gezeigt hat (FG Ddorf EFG 96, 302). Das **Übersehen** eines Benachrichtigungszettels über die Niederlegung eines zuzustellenden Schriftstücks bei der Post ist allerdings idR schuldhaft (BFH/NV 88, 170; 95, 276; FG Mster EFG 95, 54; einschränkend FG Köln EFG 94, 183). Deshalb reicht für die Wiedereinsetzung weder das Vorbringen aus, den Benachrichtigungszettel über eine Niederlegung nicht im Briefkasten vorgefunden zu haben, noch der Vortrag, andere Postsendungen stets erhalten zu haben (FG Ddorf EFG 00, 53). Auch das Übersehen des zusammen mit den Belegen im Umschlag befindlichen Bescheids ist schuldhaft (FG Hbg EFG 03, 206). Wiedereinsetzung kommt erst recht nicht in Betracht, wenn die Annahme des Bescheids verweigert wird (FG Brem ZfWG 10, 151).

Nach der Rspr des BVerfG müssen Behörden und Gerichte geeignete Vorkehrungen treffen, um dem Bürger die volle Ausnutzung der ihm vom Gesetz eingeräumten Fristen zu ermöglichen (BVerfGE 41, 323; 52, 203). Zu diesem Zweck müssen sie **Nachtbriefkästen** anbringen (vgl § 108 Rz 11). Fehlt ein solcher Nachtbriefkasten und kann deshalb die Fristsache bis 24 Uhr des Tages des Fristablaufs nicht eingeworfen werden, ist hinsichtlich der am nächsten Tag eingegangenen Fristsachen Wiedereinsetzung in den vorigen Stand zu gewähren (BFH BStBl 68, 589; 71, 597). Bei den Nachtbriefkästen müssen zudem entweder Vorrichtungen angebracht werden, die eine Kontrolle sicherstellen, welche Schriftstücke noch vor 24 Uhr eingeworfen worden sind und welche ab 0 Uhr. Oder die Behörde muss, wenn solche Vorrichtungen nicht vorhanden sind, die am Morgen dem Briefkasten entnommenen Schriftstücke so behandeln, als seien sie noch vor Ablauf des Vortages eingeworfen worden (BFH BStBl 88, 111). 39

Bei **Postfächern** des FA kommt es für die Fristwahrung auf den Zeitpunkt der Abholung, nicht auf den Einwurf ins Postfach an (s § 108 Rz 11); FA ist weder zur Kontrolle verpflichtet, ob ein Schriftstück noch vor 24 Uhr in das Postfach eingelegt worden ist, noch besteht Verpflichtung des FA, das Postfach noch vor 24 Uhr zu leeren. Der Stpfl kann sich folglich auch nicht darauf verlassen, dass alle am Morgen vom FA aus dem Postfach entnommenen Schriftstücke noch den Eingangsstempel des Vortages erhalten. Unterlässt das FA aber eine Abholung und wird deshalb die Frist versäumt, ist mE Wiedereinsetzung zu gewähren (s § 108 Rz 11; vgl auch *HHSp/Söhn* § 108 Rz 162, der von einer Fristwahrung im Wege der Fiktion ausgeht und nur hilfsweise eine Wiedereinsetzung bejaht).

42 **k) Telefax.** Die unvollständige Übermittlung des Schriftstücks per Telefax ist nur dann unverschuldet, wenn der Absender alles Mögliche und ihm Zumutbare getan hat, um das vollständige Gelingen der Absendung zu überprüfen (BFH/NV 95, 702). Hierzu gehört die ordnungsgemäße Nutzung des Faxgeräts, die Eingabe der richtigen Empfängernummer und die Überprüfung der fehlerfreien Übersendung anhand des Sendeprotokolls. Bei **Angehörigen der steuerberatenden Berufe** gelten Besonderheiten, wenn der Berater das Fax nicht selbst versendet, sondern seine Mitarbeiter damit betraut, s Rz 71.

43 Technische **Störungen im Absendegerät,** die die rechtzeitige Übermittlung verhindern, gehören grds in die Verantwortungssphäre des Absenders, dh des Stpfl oder seines Bevollmächtigten. Anders kann dies nur sein, wenn die Störung plötzlich aufgetreten ist und nicht voraussehbar war und der Absender rechtzeitig (s Rz 44) mit der Übermittlung begonnen hat (BFH/NV 11, 1967). Wenn sich aus dem Sendebericht eine störungsfreie Übermittlung ergibt und die technische Störung bei der Übermittlung auftritt, hat dies der Absender nicht zu vertreten (BAG HFR 02, 555). Liegt die technische **Störung beim Empfangsgerät** (hier des FA) oder ist das Empfangsgerät aufgrund der Inanspruchnahme durch andere Stpfl für längere Zeit vor Fristende besetzt und lässt sich deshalb das Fax nicht übermitteln, ist dies ebenfalls vom Absender nicht zu vertreten (BFH BStBl 97, 496; BFH/NV 07, 2071). Die Rspr verlangt für eine Wiedereinsetzung aber dann, dass alle anderen Möglichkeiten zur Wahrung der Frist ausschieden (BFH/NV 96, 475; 13, 401; FG Nds EFG 14, 1257; ebenso BGH NJW-RR 96, 1275). Das BVerfG hat demgegenüber entschieden, dass in seinem solchen Fall nicht verlangt werden kann, dass in kürzester Zeit eine andere als die gewählte, vom Empfänger offiziell eröffnete Zugangsart sichergestellt wird (BVerfG, NJW 96, 2857; HFR 03, 77). Der Absender muss nur die ihm im Einzelfall zumutbaren Übermittlungsalternativen wahrnehmen (FG Ddorf EFG 99, 1059; OVG Hbg NJW 00, 1667; vgl auch *Haunhorst* DStR 01, 8); ggf muss Einspruch bei einem näher gelegenen FA eingeworfen werden, das die Voraussetzungen des § 357 II 2, 3 erfüllt (s § 357 Rz 20f).

44 Auch bei störungsfreier Arbeit des Empfangsgerätes muss der Absender so **rechtzeitig mit der Übermittlung** beginnen, dass unter gewöhnlichen Umständen mit ihrem Abschluss am Tage des Fristablaufs vor 24.00 Uhr zu rechnen ist (BFH/NV 12, 957). Die Belegung des Telefaxanschlusses des FA – gerade gegen Mitternacht – ist dabei einzukalkulieren (BFH/NV 04, 519; 11, 1895; anders bei außergewöhnlich langer Belegung, s BFH/NV 07, 2071). Der Absender muss also bei einer evtl Störung der Telefaxverbindung noch andere mögliche und zumutbare Maßnahmen ergreifen können, die einen sicheren Zugang des fristwahrenden Schriftsatzes beim FA gewährleisten (BFH/NV 13, 401). Der Beginn der Übermittlung eines elf Seiten langen Schriftsatzes sechs Minuten vor Fristablauf reicht nicht aus, wenn die Übermittlung des Schriftsatzes wegen Belegung des Empfangsgerätes vor Fristablauf nicht abgeschlossen werden konnte (BVerfG HFR 00, 302); ebenfalls keine Wiedereinsetzung bei Beginn der Übermittlung um 23.59 Uhr (BFH/NV 10, 919; 11, 1895), wohl aber Wiedereinsetzung bei Beginn der Übermittlung 40 Minuten vor Fristende (BFH BStBl 11, 925). Andererseits muss der Absender nicht mit einer überlangen Telefaxübermittlung rechnen (BGH HFR 05, 364; vgl auch BGH HFR 05, 68). Zur Fristüberwachung bei Einlegung des Einspruchs durch Telefax s Rz 79.

l) Umzug. Wird dem Stpfl während eines Umzugs ein Steuerbescheid durch **Niederlegung** bei dem früher zuständigen Postamt zugestellt und ist die schriftliche Benachrichtigung des Postbeamten hierüber in der früheren Wohnung nicht mehr auffindbar, so ist Wiedereinsetzung zu gewähren (BFH/NV 87, 749). IÜ ist aber der Stpfl nicht ohne sein Verschulden an der Fristeinhaltung gehindert, wenn er in einem laufenden Verwaltungsverfahren eine Anschriftänderung dem FA nicht mitgeteilt und keinen Nachsendeauftrag gestellt hat (OLG Köln MDR 96, 850). 47

m) Vergesslichkeit. Vergesslichkeit ist regelmäßig kein Wiedereinsetzungsgrund (BGH HFR 90, 392; BFH/NV 08, 1290). Anders kann dies bei altersbedingter Vergesslichkeit des Stpfl sein (BGH HFR 62, 86). Überhaupt ist bei der Wiedereinsetzung in den vorigen Stand zu berücksichtigen, dass Menschen mit zunehmendem Alter entschluss- und mutloser werden und damit eine gewisse Lähmung in der Fassung notwendiger Beschlüsse eintreten kann (FG Ddorf EFG 95, 297). Abgesehen von solchen altersbedingten Fehlleistungen ist das Verlegen und Verlieren eines Schriftstücks grds nicht entschuldbar (BFH/NV 90, 682; 96, 193; FG Bbg EFG 00, 406). 49

n) Verantwortlichkeit des FA. Wiedereinsetzungsgründe können sich schließlich durch Umstände im Verantwortungsbereich des FA ergeben. Nach der Rspr des BVerfG müssen Behörden und Gerichte geeignete Vorkehrungen treffen, um dem Bürger die volle Ausnutzung der ihm vom Gesetz eingeräumten Fristen zu ermöglichen (BVerfGE 41, 323; 52, 203). Zu diesem Zweck müssen sie Nachtbriefkästen anbringen (vgl Rz 39 sowie § 108 Rz 11); zu Postfächern des FA s Rz 39. Zur Wiedereinsetzung aufgrund **unrichtiger Auskünfte** des FA s Rz 30; zu Fällen der nicht rechtzeitigen Weiterleitung durch ein unzuständiges FA s Rz 23. IÜ ist das FA nicht verpflichtet, einen fristwahrenden Schriftsatz noch am Tag des Eingangs auf Formfehler zu überprüfen und den Stpfl ggf über die Fehlerhaftigkeit zu informieren (BFH/NV 11, 1967). 50

5. Vertreterverschulden (Abs 1 S 2). § 110 I 2 stellt ebenso wie § 109 II 3 und § 152 I 2 2. HS klar, dass sich der Vertretene ein Verschulden seines Vertreters **zurechnen lassen muss.** Das gilt auch für ein Verschulden des Vertreters des Vertreters (BFH BStBl 98, 54). Der Stpfl hat sich das Verschulden seines Anwalts oder stl Beraters selbst dann zurechnen zu lassen, wenn sich dieser weisungswidrig verhält (BFH/NV 05, 331). 58

Für das Verschulden des Vertreters gelten zunächst alle die in Rz 4 angeführten Maßstäbe. An die Sorgfaltspflichten eines **Anwalts oder eines Angehörigen der steuerberatenden Berufe** stellt die Rspr aber **besonders hohe Anforderungen** hinsichtlich der von ihnen vertretenen Mandanten (vgl BFH BStBl 68, 585) und fordert äußerste, den Umständen des Falles angemessene und vernünftigerweise zu erwartende Sorgfalt (BFH/NV 10, 1780). Wegen des subjektiven Verschuldensmaßstabs ist diese höher als bei einem steuerrechtl Laien (s oben Rz 4). Die Einhaltung dieser Sorgfalt muss der Anwalt oder stl Berater auch durch entsprechende Organisation seines Büros sicherstellen (s unten Rz 65 ff). Aber auch bei Bevollmächtigten dürfen die Anforderungen nicht überspannt werden. Der Zugang zum Gericht darf also nicht in unzumutbarer, sachlich nicht gerechtfertigter Weise erschwert werden (BVerfGE 41, 332; 69, 381; BVerfG BStBl II 02, 835; NJW-RR 10, 421).

a) Begriff des Vertreters. Der Begriff ist weit auszulegen (BFH/NV 86, 717; *HHSp/Söhn* § 110 Rz 234). Neben den **Anwälten und Steuerberatern,** die mit stl Angelegenheiten eines Stpfl betraut sind, umfasst er alle gesetzlichen und gewillkürten Vertreter iSd § 80. Dazu gehören auch die **Prokuristen** (BFH/NV 89, 343; FG BaWü EFG 88, 147) einschl der Gesamtprokuristen (§ 48 II HGB), die nur gemeinsam mit dem anderen Gesamtprokuristen zur Vertretung ermächtigt sind. Das Verschulden nur eines dieser Gesamtprokuristen reicht aus, um die Wie- 59 dereinsetzung in den vorigen Stand zu versagen (BFH/NV 86, 717). Auch der **Betreuer** ist Vertreter iSv § 110 I 2 (FG SachsAnh EFG 08, 1001). Bei Gemeinden (als Beteiligten im Zerlegungsverfahren) gehören auch die für eine beteiligte Behörde handelnden Vertreter und Beauftragten zu den Vertretern (FG Köln EFG 14, 614). **Keine Vertreter sind:** der Testamentsvollstrecker, der bei der Bekanntgabe des ErbStBescheids nur Zugangsvertreter der Erben und nicht Vertreter iSv § 110 I 2 ist (BFH BStBl 91, 52). Der Empfangsbevollmächtigte iSv § 183, es sei denn, er ist zur Einspruchseinlegung bevollmächtigt worden (BFH HFR 08, 665); vergisst er daher, die anderen Beteiligten von dem StBescheid zu informieren, ist dieses Verschulden den anderen Beteiligten nicht zuzurechnen. Die sich aus § 714 BGB ergebende Vertretungsmacht begründet dabei keine Vertreterstellung für die übrigen Gesellschafter, sondern nur für die GbR (BFH HFR 08, 665).

Die Zurechnung des Verschuldens eines Vertreters setzt ein **wirksames Vertretungsverhältnis** voraus (FG Ddorf EFG 88, 451). Allerdings ist § 80 I 3 zu beachten, wonach ein Widerruf der Vollmacht dem FA auch zugehen muss. Das Verschulden des Bevollmächtigten ist dem Stpfl daher auch dann zuzurechnen, wenn das Vollmachtverhältnis zwar beendet, das FA hiervon aber noch keine Kenntnis hatte (BFH/NV 91, 74; FG Bbg EFG 01, 154; s § 80 Rz 22). Eine Zurechnung ist aber nicht mehr möglich, wenn dem Berater im Zeitpunkt des Fristablaufs bereits die Zulassung zum StB wirksam entzogen worden ist (BFH/NV 10, 1780).

60 **b) Mandatsniederlegung und -übernahme.** Bei **Mandatsniederlegung durch den Berater** ist mE ein Verschulden zu bejahen. Entweder trifft den Stpfl ein eigenes Verschulden, wenn er so rechtzeitig vor Fristablauf von der Niederlegung des Mandats unterrichtet war, dass er die Frist selbst oder durch einen neuen Bevollmächtigten hätte wahrnehmen können (BFH BStBl 68, 312; BFH/NV 90, 8). Oder die kurz vor Fristablauf erfolgte Mandatsniederlegung durch den Bevollmächtigten stellt ein Verschulden des Bevollmächtigten dar, das dem Stpfl noch nach § 110 I 2 zuzurechnen ist (BFH/NV 02, 1314; 06, 2095).

Bei **Mandatsübernahme** kurz vor Ablauf einer Frist trifft den Bevollmächtigten kein Verschulden, wenn er die Steuerunterlagen seines neuen Mandanten nicht sogleich auf außergewöhnliche Sachverhalte hin durchsieht und deshalb mit Ablauf der Frist nicht zu rechnen brauchte. Der Stpfl selbst handelt schuldlos, wenn er bei dieser Sachlage vor Ablauf der Frist verreist (FG Bln EFG 88, 450). Allerdings trifft den **ehemaligen Bevollmächtigten** ein Verschulden, das dem Stpfl zuzurechnen ist, wenn er während einer laufenden Frist weder zur Fristwahrung Einspruch einlegt noch seinen früheren Mandanten über die laufende Frist informiert (FG Saarl EFG 98, 615). Schuldet der Stpfl einem früheren Berater noch Honorare, darf er nicht ohne Weiteres auf erneute Mandatsübernahme und fristgerechte Einlegung des Einspruchs vertrauen (BFH/NV 10, 1300).

65 **6. Büroversehen und Organisationsmängel. a) Kein Verschulden bei Büroversehen.** Der Anwalt bzw stl Berater darf bestimmte **Routineaufgaben** (s Rz 66) seinen entsprechend ausgebildeten Mitarbeitern (s Rz 83) übertragen. Hat er seine Mitarbeiter sorgfältig ausgewählt und diese im Rahmen einer ordnungsgemäßen Büroorganisation (s Rz 71 ff) belehrt, dh eingewiesen, und überwacht, handelt es sich um ein Büroversehen, für das Wiedereinsetzung in den vorigen Stand gewährt werden kann (vgl BFH BStBl 14, 922; BFH/NV 86, 740; FG BaWü EFG 16, 1665). Weitere Voraussetzung ist allerdings ein entsprechender Vortrag zur Auswahl der Mitarbeiter und zur Büroorganisation (s Rz 103 ff). Im Fall eines **Organisationsmangels** hingegen scheidet eine Wiedereinsetzung aus.

Die Grundsätze zum Büroversehen gelten auch dann, wenn der Anwalt oder Berater in seiner eigenen Sache tätig wird (BFH/NV 03, 801; FG Ddorf EFG 16, 1753). Auf ein Büroversehen kann sich der Berater aber **nicht berufen,** wenn ihm entweder der **Fehler selbst** passiert ist (BFH/NV 08, 755) oder wenn es sich um einen Fehler eines Mitarbeiters bei der **Fachbearbeitung** handelt (s Rz 67); allerdings kann gleichwohl nach allg Grundsätzen, dh außerhalb der Grundsätze zum Büroversehen, eine Wiedereinsetzung in Betracht kommen (s Rz 72). Die Grundsätze zum Büroversehen gelten auch nicht bei gewerblichen Betrieben (s Rz 86).

Zu den übertragbaren **Routineaufgaben** gehört insbes die Übermittlung eines fristwahrenden Schriftsatzes zB per Telefax (s Rz 71) oder durch Brief oder die Berechnung einfacher und in dem jeweiligen Büro geläufiger Fristen einschließl der Fristenkontrolle, dh die Eintragung in das Fristenkontrollbuch und die weitere Kontrolle der Fristen (BFH/NV 00, 575; 13, 962), s hierzu Rz 78 ff. Nicht übertragen werden darf aber die Berechnung und Kontrolle selten vorkommender oder schwieriger zu berechnender Fristen, die üblicherweise aber nicht im Einspruchs-, sondern nur im Klage- bzw Revisionsverfahren vorkommen (vgl BFH BStBl 84, 446; BFH/NV 13, 962; BVerwG HFR 83, 171). **66**

Nicht zu den entschuldbaren Büroversehen gehören Fehler im **Bereich der Fachbearbeitung.** Hierzu gehören die Erarbeitung des Entwurfs des fristwahrenden Schriftstücks oder jede sonstige materielle oder formelle Bearbeitung der Sache durch den Berater selbst oder einen Angestellten, aber auch die Prüfung ungewöhnlicher Fristen (s Rz 66). Das Stadium der Fachbearbeitung beginnt mit der Vorlage der Fristsache bzw der Zuleitung des Vorgangs an den Bearbeiter (vgl BFH BStBl 77, 643; BFH/NV 88, 380; 03, 67, 933). Wird dem Bevollmächtigten die Sache vom Mitarbeiter zur eigenständigen Bearbeitung rechtzeitig vor Fristablauf vorgelegt, muss der Bevollmächtigte selbst prüfen, wann die Frist abläuft, und sich um die Fristwahrung kümmern; er darf ab diesem Zeitpunkt nicht mehr darauf vertrauen, dass er noch die vom Mitarbeiter errechnete Zeit für die Bearbeitung hat oder dass ihn der Mitarbeiter an die Einhaltung der Frist noch einmal erinnern wird (BFH BStBl 77, 643; 91, 826; BFH/NV 03, 924; 05, 1574; FG BaWü EFG 16, 1665). Denn für einen Bevollmächtigten unvermeidbar und unvorhersehbar kann nur das Büroversehen einer ansonsten zuverlässig arbeitenden Bürokraft sein, nicht aber sein eigenes Versehen (BFH/NV 04, 526). Zu Irrtümern eines Bevollmächtigten s Rz 34 f. **67**

b) Büroorganisation bei Übermittlung fristwahrender Schriftsätze. Die Übermittlung eines Einspruchs oder sonstigen fristwahrenden Schriftsatzes (zB bei Ausschlussfrist nach § 364b) durch **Telefax** (s Rz 42 ff) kann einer geeigneten und zuverlässigen Bürokraft überlassen werden (OLG Bbg NJW-RR 00, 1447; BVerfG 2 BvR 1661/06, nv). Der Anwalt oder StB muss dann allerdings entweder durch allg Kanzleianweisung oder durch konkrete Einzelanweisung für eine wirksame und rechtzeitige Ausgangskontrolle sorgen (BFH/NV 08, 81). Hierfür ist zum einen der Sendebericht auszudrucken und auf vollständige und fehlerfreie Übermittlung zu überprüfen (BGH MDR 08, 703 mwN). Zum anderen ist auch die Empfängernummer zu überprüfen, allerdings nicht anhand eines Vergleichs zwischen Sendeprotokoll und Schriftsatz, weil dadurch nicht sichergestellt ist, dass die auf dem Schriftsatz angegebene Faxnummer richtig ist (BVerwG NJW 08, 932; BFH/NV 08, 81). Vielmehr ist die Richtigkeit aufgrund sonstiger zuverlässiger Quellen (zB Handakte, Behördenverzeichnis) zu überprüfen, wenn die Faxnummer von der Bürokraft selbständig ermittelt worden ist (BVerwG NJW 08, 932; BFH/NV 08, 81). Weiterhin darf die Frist im Fristenkontrollbuch erst gelöscht werden, wenn der Mitarbeiter anhand des Sendeberichts geprüft hat, dass der Schriftsatz ordnungsgemäß übermittelt worden ist (BFH BStBl 14, 922; BFH/NV 07, 929; 08, 81); s auch Rz 78 f. **71**

Bedient der stl **Berater** das **Faxgerät selbst,** kommt es auf eine Ausgangskontrolle im vorstehend genannten Sinne nicht an, weil es nicht um ein Organisationsverschulden geht (BFH/NV 08, 755; s Rz 65). Vielmehr ist nach allg Grundsätzen zu prüfen, ob der Berater die gebotene Sorgfalt bei der Bedienung des Geräts und der Überprüfung der fehlerfreien Ermittlung an den Tag gelegt hat. Ihn trifft daher zB ein Verschulden, wenn er trotz zahlreicher Fehlversuche, das **72**

Schriftstück an den richtigen Empfänger zu übermitteln, die notierte Telefaxnummer nicht auf ihre Richtigkeit überprüft (BGH DStR 99, 77). Außerdem muss ein Rechtsanwalt oder Steuerberater, der am letzten Tag der Frist ein fristgebundenes Schriftstück einreichen will, sicherstellen, dass auf die Faxnummer des Empfängers ohne Schwierigkeiten zugegriffen werden kann (BGH HFR 04, 485; vgl aber auch BFH BStBl 03, 665 zum Heraussuchen und Eingeben der Faxnummer als Hilfstätigkeit bei einem „vorab per Telefax" übermittelten Schriftstück). Weiterhin muss er rechtzeitig vor Fristende mit der Übermittlung des Telefaxes beginnen (s Rz 44). Zur Darlegung der Gründe s Rz 104 sowie zur Glaubhaftmachung Rz 112.

73 Übertragen darf der Berater auch die **richtige Ausfertigung im Anschriftenfeld** (s hierzu Rz 24). Er darf sich daher hinsichtlich der genauen postalischen Anschrift, der Telefaxnummer usw auf sein zuverlässiges und gut geschultes Personal verlassen, sodass ihm ein Fehler in der Anschrift nicht zuzurechnen ist, wenn der Fehler nicht leicht erkennbar ist (BFH BStBl 01, 158). **Anders** ist dies jedoch in Bezug auf die zutreffende Adressierung an die zuständige Behörde (s oben Rz 23).

74 Der Anwalt oder stl Berater darf seinen Bürokräften **Anweisungen** zur Übermittlung und Absendung fristwahrender Schriftsätze erteilen und grds darauf vertrauen, dass die zuverlässigen und gut geschulten Angestellten auch ihnen nur mündlich erteilte Weisungen befolgen (vgl BGH HFR 88, 653; 01, 296; BGH VersR 96, 388, 779). Wiedereinsetzung ist auch dann zu gewähren, wenn der Anwalt oder stl Berater einer Kanzleiangestellten, die sich als zuverlässig erwiesen hat, eine konkrete Einzelweisung erteilt hat, die bei Befolgung die Fristwahrung sichergestellt hätte (BFH BStBl 04, 564; BFH HFR 04, 1214). Er braucht sich nach einer klaren Weisung auch nicht zu erkundigen, ob die Weisung befolgt worden ist (BFH BStBl 04, 564; BFH/NV 10, 457; BGH NJW 91, 1179; HFR 92, 733; s aber auch BGH NJW-RR 13, 572, wonach im Einzelfall eine Kontrolle noch erforderlich sein kann). Auch auf die dem Büropersonal erteilte geeignete Weisung, Schriftsätze nicht ohne Unterschrift hinausgehen zu lassen, darf sich der Anwalt oder StB verlassen (BGH HFR 91, 678). Die Weisung muss aber hinreichend konkret und genau sein, sodass deren Befolgung die Einhaltung der Frist auch mit Sicherheit gewährleistet (BGH HFR 88, 357). Für die Praxis sind aber Einzelanweisungen nicht empfehlenswert, erst recht nicht, wenn sie nur mündlich erteilt worden sind; denn dann erschwert dies den Nachweis einer ordentlichen Büroorganisation (vgl *Pump/Heidl* DStR 15, 1075, 1076). **Nicht ausreichend** ist die Anweisung an den Mitarbeiter, einen Schriftsatz sofort unter Zurückstellung anderer Diktatsachen zu fertigen. Eine solche Anweisung ersetzt nur dann die übliche Ausgangskontrolle, wenn die Anweisung darauf abzielt, die Absendung des besonders eiligen Schriftsatzes, gesondert von der übrigen Post sicher zu stellen (BFH/NV 00, 78; BGH NJW-RR 13, 572). Mit der Anweisung an einen Angestellten, einen bereits vorbereiteten Schriftsatz vier Tage später per Telefax an die zuständigen Behörde zu übermitteln, wird der Sorgfaltspflicht ebenfalls nicht genügt (BGH DStR 99, 209). Zur Antragsbegründung s Rz 103.

78 **c) Büroorganisation bei Fristenkontrolle.** Der Berater muss alle organisatorischen Vorkehrungen treffen, die nach vernünftigem Ermessen geeignet sind, dass Fristen grds nicht versäumt werden, und seine Bürokräfte hinsichtlich der Fristüberwachung regelmäßig überwachen und belehren (BFH BStBl 14, 922; BFH/NV 11, 1909; BVerfG NJW 09, 214). Unterlässt er dies, kann er sich nicht darauf berufen, dass er sein Personal sorgfältig ausgewählt und überwacht habe (BGH VersR 82, 45). Erforderlich ist damit ein funktionierendes Fristenmanagement (ausführlich hierzu *Pump/Heidl* DStR 15, 1075, 1076 ff).

Zur Überwachung der Fristen verlangt die Rspr die Einrichtung eines **Fristenkontrollbuchs** oder einer gleichwertigen Einrichtung (BFH BStBl 73, 169; 77, 290; BFH/NV 11, 54; 13, 397) sowie eines **Postausgangsbuches** (BFH/NV 90,

248; 02, 9; einschränkend, dann aber Pflicht zu besonderen Vorkehrungen für die Postausgangskontrolle: BGH NJW 01, 1577). Das Fristenkontrollbuch dient der Überwachung der Fristen, während das Postausgangsbuch den Nachweis der rechtzeitigen Absendung erbringen soll (BFH/NV 11, 993).

Die Fristen müssen **täglich** in das Fristenkontrollbuch eingetragen und ihr Ablauf muss täglich überwacht werden (BFH/NV 99, 941). Die Eintragung im Fristenkontrollbuch muss so zügig wie möglich erfolgen, dh nach Eingang des VA (FG Ddorf EFG 16, 1753). Die Fristen dürfen erst dann gelöscht werden, wenn das fristwahrende Schriftstück gefertigt und abgesandt ist oder wenigstens sichere Vorsorge für die Absendung getroffen ist (BFH/NV 99, 941; 07, 469; FG Köln EFG 11, 1218). Die Löschung der Frist im Fristenkontrollbuch darf also erst aufgrund einer Eintragung im Postausgangsbuch vorgenommen werden (BFH/NV 02, 669, 946; 03, 1193; FG Köln EFG 11, 1218). Ein unbeabsichtigtes Streichen von Fristen muss organisatorisch verhindert und ggf rechtzeitig aufgedeckt werden können (BFH/NV 13, 212; BFH BStBl 14, 922). Im Fristenkontrollbuch muss auch die Weiterbearbeitung einer Fristsache vermerkt werden (BFH/NV 02, 657). Die Ausgangskontrolle muss zudem gewährleisten, dass fristwahrende Schriftsätze nicht über den Fristablauf hinaus im Büro liegen bleiben und vor der ordnungsgemäßen Absendung tatsächlich unterzeichnet werden (BFH/NV 95, 798). Das Postausgangsbuch muss so genau geführt werden, dass nachvollzogen werden kann, für wen, wann, welcher Vorgang das Büro verlassen hat (BFH/NV 02, 9).

Die vorstehenden Grundsätze gelten auch bei der Führung einer **elektronischen Fristenkontrolle** mit der Besonderheit, dass der Berater oder die für die Fristenkontrolle zuständige Bürokraft die Eintragungen im elektronischen Fristenbuch jeweils noch **ausdrucken** muss, um Eingabefehler und -versäumnisse ebenso rechtzeitig zu entdecken wie Datenverarbeitungsfehler (BFH/NV 13, 1117; 02, 44; BGH NJW-RR 06, 500). Außerdem ist eine abendliche Erledigungskontrolle erforderlich (BGH DStR 99, 251; HFR 01, 295, 916; BFH/NV 98, 711). Ein elektronisch geführtes Postausgangsbuch muss die gleichen Anforderungen erfüllen, außerdem aber aufgrund eines speziellen Programms gegen spätere Korrekturen gesichert sein (BFH/NV 02, 533; vgl auch FG BBg EFG 14, 1644, zur nachträglichen Manipulation).

Eintragungen und die Überwachung können zuverlässigen, **sorgfältig ausgewählten** Angestellten übertragen werden, die **regelmäßig belehrt und überwacht** werden müssen (BFH/NV 02, 1489; FG Ddorf EFG 16, 1753; s auch Rz 83). Der Anwalt oder StB muss sich deshalb von Zeit zu Zeit von der ordnungsmäßigen Führung des Fristenbuchs überzeugen. Außerdem darf er sich bei der Fristberechnung nicht auf den Eingangsstempel seiner Kanzlei verlassen, sondern muss das **Bekanntgabedatum selbst feststellen** (BFH/NV 09, 951; FG Köln EFG 12, 1613). Bei Beeinträchtigung der büromäßig organisierten Fristenkontrolle aufgrund besonderer Umstände muss ein Berufsträger besondere Sorgfalt anwenden und die notwendige Überwachung des Fristablaufs eigenverantwortlich durch geeignete zusätzliche Maßnahmen sicherstellen (BFH/NV 97, 40). Er muss Vorsorge für den Fall der Abwesenheit des Fristenkontrollbuchführers sowie für Krankheits- und Urlaubsfälle treffen (BGH HFR 90, 153; BFH/NV 07, 921). Tritt ein Wechsel in der Person des mit der Fristenkontrolle betrauten Büropersonals ein, so erfordert das eine besondere Sorgfalt und Kontrolle der im Zeitpunkt des Wechsels laufenden Fristen durch die Angehörigen der rechts- und steuerberatenden Berufe selbst (BFH/NV 03, 645). 79

Die Fristenkontrolle ist dann **nicht richtig organisiert,** wenn Angestellte trotz fehlenden Vermerks im Fristenkontrollbuch ohne weitere Prüfung davon ausgehen, dass eine Fristsache bearbeitet und abgesandt worden ist (BFH/NV 88, 317 mwN; vgl auch BGH HFR 88, 357, 358). Keineswegs reicht es aus, wenn keine End- und Ausgangskontrolle sondern nur die rechtzeitige Vorlage der Akten gewährleistet wird (BGH NJW 91, 1178; vgl auch FG Mster EFG 96, 458). Bei Übermittlung per **Telefax** ist für eine Fristenkontrolle erforderlich, dass der Berater seine Angestellten anweist, anhand des Sendeprotokolls die vollständige und fehlerfreie Übersendung an den richtigen Empfänger zu überprüfen, bevor die Frist im Fristenkalender gelöscht wird (BFH BStBl 14, 922; BFH/NV 08, 81; s auch Rz 71). Zur rechtzeitigen Übermittlung eines Schriftsatzes per Telefax s auch § 108 Rz 11.

Das Fehlen einer ordnungsgemäßen Ausgangskontrolle für die Post bei einem StB oder Rechtsanwalt ist nur dann **nicht ursächlich** für die Fristenversäumnis, wenn die durch Einzelweisung mit der Übersendung beauftragte zuverlässige Hilfsperson ausdrücklich auf die Bedeutung und Eilbedürftigkeit des Schriftstücks hingewiesen worden ist (BFH BStBl 89, 266; BFH/NV 00, 546) oder eine Einzelweisung erhalten hat, bei deren Befolgung die einzuhaltende Frist gewahrt worden wäre (BGH HFR 01, 296; s auch Rz 74).

80 Die Pflicht zur Führung eines Fristenbuchs und der Gewährleistung der Ausgangskontrolle trifft **auch** den Vorsteher eines **FA** (BFH BStBl 87, 441; BFH/NV 10, 1834; 13, 397). Das spielt aber nur im finanzgerichtlichen Verfahren nach § 56 FGO eine Rolle und nicht im Rahmen des § 110, da das FA im außergerichtlichen Verfahren keine Fristen einzuhalten hat.

83 **d) Auswahl und Überwachung der Mitarbeiter.** Bei den beauftragten Angestellten muss es sich um **qualifizierte Fachkräfte** handeln (BGH HFR 01, 918; FG Saarl EFG 93, 196). So ist eine Auszubildende nicht zur Fristberechnung und -überwachung geeignet (BGH HFR 90, 151; 00, 385), ebenso wenig ein Anwaltsgehilfe, der nach mehrjähriger Berufsunterbrechung sofort mit der Führung des Fristenkalenders beauftragt wird (BGH HFR 01, 918). Es darf auch nicht zu Kompetenzüberschneidungen kommen, indem mehrere Fachkräfte nebeneinander eingesetzt werden (BGH HFR 00, 385). Wenn sich ein Angestellter bei der Erfüllung der ihm obliegenden Aufgaben bereits als unzuverlässig erwiesen hat, ist besondere Sorgfalt geboten (BGH HFR 84, 594; vgl auch KG Köln EFG 85, 589). Auch neu eingestellte Mitarbeiter sind besonders zu überwachen (BGH VI ZB 75/08, nv).

Organisatorisch muss außerdem sichergestellt werden, dass die an geeignetes Personal delegierte Fristenkontrolle auch dann zuverlässig wahrgenommen wird, wenn das Personal durch **Krankheit und Urlaub reduziert** wird (BGH HFR 00, 535; BFH/NV 07, 921). In diesem Rahmen kann auch der Beginn und das Ende der einzelnen Frist der Überwachung durch Angestellte übertragen werden (zum Fristenkontrollbuch und zur Pflicht zur täglichen Überwachung s Rz 78). Der Anwalt oder StB muss bei Unterzeichnung eines Empfangsbekenntnisses aber selbst das Zustellungsdatum auf dem Schriftstück oder sonst vermerken, um die Fristwahrung zu gewährleisten (BGH HFR 92, 733; BFH BStBl 80, 154).

86 **e) Büroversehen in gewerblichen Betrieben.** Die Grundsätze zur Entschuldbarkeit eines Büroversehens in gut organisierten Büros von Rechtsanwälten oder Angehörigen der steuerberatenden Berufe sind nicht auf gewerbliche Betriebe übertragbar (BFH BStBl 69, 263; BFH/NV 01, 292; 11, 1366). An die Entschuldbarkeit von Büroversehen in gewerblichen Betrieben sind vielmehr grds **strengere Maßstäbe** zu stellen, wobei es auf die konkreten Verhältnisse und die Umstände des Einzelfalls ankommt (BFH/NV 01, 292). Im einzelnen Gewerbebetrieb ist die Zahl der zu beachtenden Fristen in aller Regel nämlich übersehbar, und die Fristen betreffen regelmäßig auch nur den Gewerbebetrieb selbst. Demgegenüber haben die Angehörigen der rechts- und steuerberatenden Berufe in ihrem Arbeitsbereich laufend eine größere Anzahl von Rechtsmittelfristen und anderen gesetzlichen Fristen für andere Personen zu beachten.

89 **7. Verschulden anderer Personen.** Das Verschulden nicht vertretungsberechtigter Hilfspersonen (zB Boten, Angestellte eines Gewerbetreibenden, Beauftragte, Familien- und Haushaltsangehörige) ist dem zur Fristwahrung Verpflichteten **nicht** über § 110 I 2 **zuzurechnen.** Er bleibt aber für die Fristwahrung soweit persönlich verantwortlich, als er das Verschulden seiner Hilfsperson dann zu vertreten hat,

wenn er bei ihrer Auswahl und Beaufsichtigung schuldhaft gehandelt hat (vgl BFH BStBl 68, 238; 83, 334). Der Beteiligte darf sich nicht auf unerfahrene, der Sache nicht gewachsene Dritte verlassen. Zur notwendigen Beaufsichtigung gehört insbes die erforderliche Belehrung (BFH/NV 86, 622).

a) Beauftragung eines Laien. Beauftragt der Stpfl einen stl Laien mit der 90 Wahrnehmung seiner stl Angelegenheiten, muss er ihn besonders **sorgfältig überwachen.** Erkrankt der Beauftragte, ist es Sache des Stpfl, die Sichtung des Posteingangs entweder persönlich vorzunehmen oder durch einen sachkundigen Vertreter durchführen zu lassen (vgl FG BaWü EFG 88, 94). Zur Überwachung gehört auch die erforderliche Belehrung und anschließende Information darüber, wie die übertragene Aufgabe ausgeführt bzw auszuführen ist (FG BaWü EFG 88, 94). Besondere Vorkehrungen durch Belehrung mit nachträglicher Kontrolle oder durch andere organisatorische Maßnahmen sind erforderlich, wenn der Beauftragte in seiner Leistungsfähigkeit eingeschränkt ist (BFH/NV 91, 567).

Geringere Anforderungen an die Überwachung sind zu stellen, wenn es nur um 91 die **Entgegennahme von Sendungen** im Gefälligkeitswege zB durch Angehörige, Haushaltsangehörige, Lebensgefährtin oder Angestellte geht (BFH/NV 02, 162 mwN, FG BBG EFG 18, 172, NZB beim BFH: III B 141/17). Das Verschulden solcher Hilfspersonen muss sich der Stpfl nur zurechnen lassen, wenn er eine für die konkrete Aufgabe erkennbar ungeeignete Hilfsperson herangezogen oder wenn er die Hilfsperson unzureichend unterwiesen hat (BFH/NV 02, 162; s auch Rz 38). Duldet daher der Stpfl über längere Zeit, dass seine Post durch eine Mitbewohnerin entgegengenommen und ihm teilweise mit erheblicher Verzögerung ausgehändigt wird, so ist eine dadurch bedingte Fristversäumnis von ihm verschuldet (FG Ddorf EFG 96, 510).

b) Fristversäumung durch Boten. Ein mit der Überbringung eines fristwah- 92 renden Schriftstücks beauftragter Bote muss nachdrücklich auf die Bedeutung seines Auftrags **hingewiesen** werden, insbes wenn es sich um den letzten Tag einer Frist handelt (BFH/NV 87, 138; 95, 51). Wenn die Fristensache einem bestimmten Empfänger persönlich übergeben werden soll, müssen auch Anweisungen für den Fall gegeben werden, dass der Bote den Empfänger nicht antrifft (FG Saarl EFG 87, 154). Bei Boten, deren Zuverlässigkeit nicht bekannt ist, muss bei der empfangenden Dienststelle rückgefragt werden, ob das Schriftstück rechtzeitig eingegangen ist (FG Bln EFG 95, 295).

8. Antrag (Abs 2). Wiedereinsetzung kann auf Antrag (S 1) oder von Amts 100 wegen gewährt werden (Abs 2 S 4; s Rz 115). Der Antrag auf Wiedereinsetzung bedarf **keiner** besonderen **Form.** Er kann daher auch mündlich oder telefonisch gestellt werden, selbst dann wenn die versäumte Handlung formgebunden ist (BFH/NV 04, 459). Es muss dann aber die versäumte Rechtshandlung in der erforderlichen Form bereits erfolgt sein oder innerhalb der Antragsfrist noch nachgeholt werden (s unten Rz 113). Der Antrag auf Wiedereinsetzung kann sich uU auch konkludent aus dem Nachholen der versäumten Handlung ergeben (BFH/NV 04, 156). Der Stpfl muss über die Möglichkeit einer Wiedereinsetzung nicht belehrt werden (BFH/NV 06, 1136, zu § 56 FGO; s auch Rz 102).

a) Frist (Abs 2 S 1). Die Frist für den Antrag beträgt nach Abs 2 S 1 **einen** 101 **Monat** und ist nicht verlängerbar (vgl auch FG Hbg EFG 84, 168). Bei Versäumung der Frist ist jedoch wiederum Wiedereinsetzung möglich. Der Tag, an dem das Hindernis wegfällt, wird bei der Fristberechnung nicht mitgerechnet (§ 108 I iVm § 187 BGB, § 188 II BGB). Bei der Berechnung der Frist ist § 108 III anwendbar, sodass sich das Fristende auf den nächsten Werktag verschieben kann (BFH BStBl 15, 371). Die **Frist beginnt** mit dem Wegfall des Hindernisses. Dies ist der Tag, an dem der Beteiligte bei gebotener Sorgfalt hätte erkennen können, dass er die Frist, in die Wiedereinsetzung gewährt werden soll, versäumt hat (BFH

BStBl 93, 259; 04, 1108). In jedem Fall fällt das Hindernis immer dann weg, wenn der Beteiligte oder der Bevollmächtigte durch das FA oder in sonstiger Weise auf die Fristversäumung hingewiesen wird (BFH/NV 05, 326). Auf Klarheit über Fristversäumung kommt es nicht an (BFH/NV 04, 1108). Ein Wiedereinsetzungsgrund wegen in hohem Maße unklarer Rechtslage (s oben Rz 35) fällt spätestens weg, wenn der BFH entschieden und die Finanzverwaltung die Entscheidung veröffentlicht hat (FG Thür EFG 96, 958). Wiedereinsetzung kann auch zu gewähren sein, wenn das Hindernis erst kurz vor Ablauf der Frist weggefallen ist und der Stpfl in zumutbarer kurzer Zeit nach Wegfall des Hindernisses, aber nach Ablauf der Frist, die versäumte Handlung nachholt (FG Mster EFG 84, 586; FG Köln EFG 89, 2). Die Voraussetzungen für die Wiedereinsetzung liegen aber nicht vor, wenn das Hindernis noch **vor** Fristende wegfällt und die fristgebundene Handlung in zumutbarer Weise in der Frist noch vorgenommen werden kann (BFH BStBl 87, 303; BFH/NV 99, 1313).

102 **b) Begründung des Antrags innerhalb eines Monats (Abs 2 S 2).** Der Antrag ist nach Abs 2 S 2 zu begründen. Die Wiedereinsetzungsgründe sind **innerhalb** der **einmonatigen Antragsfrist darzulegen,** soweit sie nicht für die Behörde offenkundig oder amtsbekannt sind (BFH BStBl 85, 586; 14, 922; 15, 709; BFH/NV 10, 1655, 2285; 12, 707; 13, 60; 15, 1392). Zweck dieser Befristung ist die Sicherung einer zügigen und sachgemäßen Behandlung eines Wiedereinsetzungsantrags, um die Unsicherheit, ob es bei den Folgen einer Fristversäumnis bleibt, in engen Grenzen zu halten. Der Stpfl soll nicht neue, möglicherweise wechselnde Gründe vortragen können, für deren Glaubhaftmachung er sich bessere Erfolgsaussichten verspricht (BFH/NV 17, 885). Maßgebend für die Beurteilung, ob ein Verschulden vorliegt oder zu verneinen ist, ist daher der Sachverhalt, der in der Einmonatsfrist dargelegt ist (BFH/NV 86, 190; FG Hbg EFG 06, 1087). Entscheidend ist, dass der Kern des geltend gemachten Wiedereinsetzungsgrundes innerhalb der Antragsfrist schlüssig vorgetragen wird (BFH/NV 17, 885; 08, 424 mwN). Ein **Nachschieben** von Wiedereinsetzungsgründen nach Ablauf der Monatsfrist ist **nicht zulässig** (BFH BStBl 14, 236). Nach Ablauf der Frist ist es nur noch möglich, unvollständige Angaben zu erläutern und zu ergänzen (BFH BStBl 90, 576; 14, 922; BFH/NV 11, 913; vgl auch BGH HFR 02, 1140), zB den Namen des Mitarbeiters, der das Einspruchsschreiben eingeworfen hat (BFH/NV 17, 885). Unzulässig ist es hingegen, Lücken zu schließen (BFH/NV 96, 833). Zu den innerhalb der Frist zu machenden Angaben gehört im Zweifelsfall auch der Sachvortrag, aus dem sich die Rechtzeitigkeit des Wiedereinsetzungsgesuchs ergibt (BGH HFR 91, 238; FG BaWü EFG 98, 614). Das FA ist nicht verpflichtet, von sich aus Wiedereinsetzungsgründe zu ermitteln. Es braucht einen fachkundig vertretenen Antragsteller auch nicht über den erforderlichen Inhalt eines Wiedereinsetzungsgesuchs aufzuklären oder zur Ergänzung eines unzulänglich begründeten Antrags aufzufordern (BFH/NV 04, 459; 12, 707). Unrichtige Angaben begründen keine StHinterziehung (OLG Hamm DStRE 09, 1086; *Schützeberg* PStR 10, 95).

103 Beruft sich ein Berater auf **Büroversehen** bei der Fristenkontrolle oder rechtzeitigen Absendung bzw Übermittlung des fristwahrenden Schriftstücks, so muss er innerhalb der Monatsfrist darlegen, warum ein Organisationsverschulden auszuschließen ist, und die Organisationsmaßnahmen vortragen, die den konkreten Fehler als Büroversehen erkennen lassen (BFH BStBl 14, 922). Diese Darlegung ist iEinz sehr aufwändig. So ist bei einem **Fehler bei der Fristenkontrolle** der Vortrag erforderlich, wie und durch welche Personen die Fristen überwacht werden, insbes wer die Fristen berechnet, durch wen und durch welche Maßnahmen (zB Fristenkontrollbuch, Postausgangsbuch, Organisationsanweisungen und Überwachung) das Notieren und die Kontrolle der Fristen gewährleistet wird, wann und wie die mit der Fristbearbeitung betrauten und sorgfältig ausgewählten Mitarbeiter

belehrt bzw eingewiesen worden sind und wie die Einhaltung dieser Belehrungen überwacht wird und wie es schließlich zu dem Übersehen der Fristeintragung gekommen ist (vgl BFH BStBl 14, 922; BFH/NV 03, 1193; 07, 1684, 13, 397, 970; BGH HFR 01, 297). Im Falle eines Versehens durch eine **Bürokraftvertretung** ist zudem die Angabe des Grundes für die Vertretung mit Namensangabe der an sich zuständigen Bürokraft sowie der Vertretungskraft und die Darlegung der Erfahrung der Vertretung erforderlich (BFH/NV 02, 1597). Pauschale Ausführungen genügen nicht: Der Vortrag, es handle sich bei der Bürokraft um eine langjährige, gut ausgebildete Angestellte, erklärt noch nicht, dass diese Person bislang zuverlässig gearbeitet hat (BFH/NV 07, 1684). Hat sich der Berater einer **Hilfsperson** bedient, muss er innerhalb der Antragsfrist auch vortragen, dass er die Hilfsperson auf die Befristung und Eilbedürftigkeit hingewiesen hat (BFH/NV 95, 51).

Macht der Berater geltend, dass sein bisher zuverlässiger Mitarbeiter eine **konkrete Einzelanweisung** (zB Einwurf in den Briefkasten) ausnahmsweise nicht befolgt hat, so muss er innerhalb der Monatsfrist darlegen und auch glaubhaft machen, dass dieser Mitarbeiter bisher zuverlässig im Bereich der Fristenüberwachung gearbeitet hat, worauf die besondere Erfahrung des Mitarbeiters im Bereich der Fristenüberwachung beruht und wie der Mitarbeiter angewiesen und überwacht worden ist (BFH/NV 10, 457; s auch Rz 74).

Entsprechendes gilt für eine fehlerhafte Übermittlung per **Telefax:** Hier müssen **104**
ua die Person, die das Faxgerät bedient hat, und die Umstände des Absendevorgangs innerhalb der Monatsfrist dargelegt werden (BFH/NV 10, 1283; BFH ZSteu 09, R-246). Weiterhin ist darzulegen, dass die für die Faxübermittlung zuständigen Mitarbeiter angewiesen sind, den Sendebericht auf das „OK"-Signal zu überprüfen und festzustellen, ob die Anzahl der übermittelten Seiten mit der Seitenzahl des Originalschriftsatzes übereinstimmt (BFH/NV 11, 2086). Darzulegen ist auch die Anweisung, dass eine Frist erst dann im Fristenkontrollbuch gelöscht werden darf, wenn nach dem Sendebericht der Schriftsatz ordnungsgemäß übermittelt worden ist (BFH BStBl 14, 922). Bei technisch fehlerhafter Übersendung durch Telefax ist ua auch darzulegen, wer in der Kanzlei für die Funktionstüchtigkeit des Faxgeräts verantwortlich zeichnet (BFH/NV 08, 1349). Ist hingegen beim Telefaxgerät ein Defekt aufgetreten, bedarf es näherer Darlegungen zur Art des Defekts und seiner Behebung, vor allem zu der Frage, weshalb anschließend kein anderes Schreibwerkzeug benutzt wurde (BFH/NV 06, 1876). Zur Darlegung eines unerwarteten **PC-Absturzes** s BFH BStBl II 11, 925.

Wird geltend gemacht, ein Schriftsatz sei **rechtzeitig** in den Briefkasten gewor- **105**
fen worden (s Rz 36 f) oder bei der **Postbeförderung verloren** gegangen (s Rz 38), müssen innerhalb der Monatsfrist die näheren Umstände der Absendung des Schriftsatzes sowie der Postausgangskontrolle dargelegt werden. Ein Wiedereinsetzungsantrag, der darauf gestützt wird, dass das fristgebundene Schriftstück an einem bestimmten Tag zur Post gegeben worden ist, muss daher Auskunft darüber geben, **wann** (Tag und Uhrzeit), **von wem** und auf **welche Weise** (Einwurf in bestimmten Postbriefkasten oder Abgabe in bestimmter Postfiliale) das Schriftstück an dem fraglichen Tag weggebracht worden ist (BFH/NV 06, 2282; 13, 58; 15, 1376; s Bsp bei *Rätke* BBK 12, 649, 651); diese Angaben sind zudem glaubhaft zu machen (s Rz 112). Bei Angehörigen der steuerberatenden Berufe als Bevollmächtigten ist außerdem die Schilderung der Fristenkontrolle sowie der Postausgangskontrolle nach Art und Umfang erforderlich. Die bloße Vorlage einer Kopie des Postausgangsbuchs reicht dazu nicht aus (BFH/NV 03, 1206; 04, 655).

Im Fall einer Fristversäumnis wegen **Erkrankung** muss der Stpfl den Beginn sowie die Schwere und Dauer seiner Erkrankung darlegen; zur Glaubhaftmachung s Rz 112. Handelt es sich um einen Sozius, der erkrankt ist, muss er innerhalb der Monatsfrist darlegen, welche Vorkehrungen er für eine Übernahme fristwahrender und nicht aufwendiger Maßnahmen durch die anderen Sozien im Fall einer plötzlichen Verhinderung bzw Erkrankung getroffen hat (BFH BeckRS 2008, 25013932).

110 **c) Glaubhaftmachung.** Die erforderliche Glaubhaftmachung (zum Begriff s § 294 ZPO) ist ein geringerer Grad des Beweises. Sie erfordert nicht, dass eine an Sicherheit grenzende Wahrscheinlichkeit für die dargelegte Tatsache spricht, sondern es muss nur eine überwiegende Wahrscheinlichkeit bestehen (vgl BFH BStBl 74, 736; 83, 681; BFH/NV 88, 549). Die Glaubhaftmachung ist alleinige Aufgabe des Stpfl und ggf seines Bevollmächtigten, da der Grundsatz der Amtsermittlung im Wiedereinsetzungsverfahren nicht gilt (BFH/NV 08, 399, 1290). Es ist im Gegensatz zur Antragsbegründung (s oben Rz 102) **nicht erforderlich,** dass der Stpfl die Tatsachen zur Begründung seines Antrags **bereits bei der Antragstellung glaubhaft** macht. Er kann die Glaubhaftmachung nach Abs 2 S 2 innerhalb des Verfahrens über seinen Antrag nachholen, dh bis zum Abschluss der Tatsacheninstanz vor dem FG (BFH/NV 10, 1655; 11, 617; FG Mchn EFG 06, 1086; s auch BVerfGE 41, 338 zu § 45 StPO).

111 Die Glaubhaftmachung kann durch **alle präsenten Beweismittel** (also **nicht** Anträge auf Vernehmung eines **Zeugen,** s § 294 II ZPO) sowie durch eidesstattliche Versicherung erfolgen (BFH/NV 13, 58). Das FA ist somit nicht gehalten, angebotene Beweise auf Partei- oder Zeugenvernehmung auszuschöpfen (BFH/NV 95, 625). Stehen präsente Beweismittel wie zB Fristenbuch zur Verfügung, können sie nicht durch eine eidesstattliche Versicherung ersetzt werden (BFH/NV 04, 804). Gelingt dem Stpfl die Glaubhaftmachung nicht, hat er nach den Regeln der objektiven Beweislast (Feststellungslast) die Nachteile zu tragen (BFH/NV 12, 250).

112 Geht es um die angeblich **rechtzeitige Absendung eines Einspruchs** muss die Glaubhaftmachung durch Abgabe detaillierter eidesstattlicher Versicherungen der mit der Anfertigung und Absendung des Schriftsatzes unmittelbar befassten Personen sowie durch Vorlage von Auszügen aus dem Fristenkontrollbuch und dem Postausgangsbuch erfolgen (BFH/NV 07, 1368 mwN). Die eidesstattliche Versicherung des Beraters oder seiner Bürokraft allein reichen also nicht aus, sondern es sind noch objektive Beweismittel in Gestalt des Fristenkontrollbuchs und des Postausgangsbuchs vorzulegen (BFH/NV 11, 993, 1289). Ggf muss dargelegt werden, weshalb diese objektiven Beweismittel nicht vorgelegt werden können (BFH/NV 11, 1289). **Nicht ausreichend** ist eine einfache Erklärung des Stpfl, ein fristwahrendes Schreiben abgesandt zu haben (BFH/NV 01, 1362). Ebenso wenig genügt die Erklärung, der ansonsten zuverlässige StB habe die Einlegung des Einspruchs vergessen (BFH/NV 08, 1290). Der Freistempelaufdruck reicht gleichfalls nicht zur Glaubhaftmachung der rechtzeitigen Absendung aus (FG Mster EFG 97, 689). Die normalen Postlaufzeiten brauchen nicht glaubhaft gemacht zu werden (s Rz 36).

Bei fehlerhafter Übermittlung durch **Telefax** kann die Glaubhaftmachung durch Vorlage der Sendeberichte sowie durch die Vorlage der Anweisungen zur Ausgangskontrolle und Angabe der Person erfolgen, die das Faxgerät bedient hat (BFH/NV 06, 354; 10, 1283; s auch Rz 104); nur Vorlage des Sendeberichts mit „OK"-Vermerk genügt nicht (BFH BeckRS 2008, 25014395). Bei Abweichung zwischen dem Zeitaufdruck auf dem Gerät des FA bzw FG und der Zeitangabe in der Abrechnung des Stpfl bzw Beraters muss ggf Einzelverbindungsnachweis vorgelegt werden (BFH/NV 10, 1837).

Bei **Erkrankung** bedarf es eines ärztlichen Attestes, aus dem sich die Schwere und Dauer der Erkrankung und damit das fehlende Verschulden an der Fristversäumnis ergibt (BFH/NV 01, 1571; 07, 1513). Bei **psychischer** Erkrankung muss der Arzt zudem im Attest angeben, aufgrund welcher Untersuchungsergebnisse er zu der Schwere der psychischen Erkrankung gelangt ist (BFH/NV 01, 1600).

113 **d) Nachholung der versäumten Handlung (Abs 2 S 3).** Innerhalb der Antragsfrist ist nicht nur die Begründung erforderlich, sondern gem Abs 2 S 3 die

versäumte Rechtshandlung auch nachzuholen (idR **Einspruch**). Bei sachgerechter Auslegung des Wiedereinsetzungsantrags kann sich aber schon aus diesem die Nachholung der versäumten Handlung ergeben (BFH/NV 10, 824).

e) Wiedereinsetzung von Amts wegen (Abs 2 S 4). Bei Nachholung der versäumten Handlung kann nach Abs 2 S 4 Wiedereinsetzung auch ohne Antrag gewährt werden. Jedoch müssen zu einer Wiedereinsetzung ohne Antrag die **Wiedereinsetzungsgründe innerhalb der einmonatigen Antragsfrist** für die Wiedereinsetzung dargelegt und bis zum Abschluss der Tatsacheninstanz vor dem FG auch glaubhaft gemacht werden (BFH/NV 05, 326; 11, 1374). Daher wird Wiedereinsetzung ohne Antrag idR nur in Betracht kommen, wenn die Tatsachen, aus denen sich das fehlende Verschulden ergibt, **offenkundig** oder **dem FA bekannt** sind (BFH/NV 94, 680; 01, 289; vgl auch BGH HFR 02, 1140). Gründe, die ausschl das individuelle StRechtsverhältnis betreffen, sind nur dann amtsbekannt, wenn sie aktenkundig sind (BFH/NV 94, 680; 95, 422; 99, 368; 01, 289), weil sich zB aus dem Poststempel auf dem Briefumschlag der rechtzeitige Einwurf des Einspruchsschreibens ergibt, oder wenn sie bei ordnungsmäßiger Aktenführung aktenkundig sein müssten (FG Ddorf EFG 07, 1850, zur Nichtaufbewahrung des Briefumschlags eines Schreibens). Allgemein amtsbekannte Gründe sind hingegen die üblichen Postlaufzeiten (s Rz 36). Hingegen zwingt ein bloßer Hinweis des Stpfl auf eine Erkrankung das FA nicht zu einer Prüfung der Wiedereinsetzung von Amts wegen (BFH BStBl 14, 236). 115

9. Ausschlussfrist (Abs 3). Nach **einem Jahr** seit dem Ablauf der versäumten Frist kann der Antrag gem Abs 3 nicht mehr gestellt werden, sofern nicht ein Fall von höherer Gewalt vorliegt. Unter **höherer Gewalt** versteht man ein außergewöhnliches, von außen kommendes Ereignis, das unter den gegebenen Umständen auch durch äußerste, nach Lage der Sache anzuwendende Sorgfalt nicht abgewendet werden kann (BFH BStBl 05, 327, 14, 46; 15, 709; BFH/NV 15, 1376, 1392; BGHZ 17, 199; zum Erfordernis der Ursächlichkeit der höheren Gewalt für die Fristversäumung vgl BFH BStBl 93, 818). Hierzu gehören zB Krieg, Naturereignisse oder Stillstand der Rechtspflege. Darüber hinaus ist höhere Gewalt auch dann anzunehmen, wenn der Beteiligte durch ein **Verhalten des FA** von einem fristgerechten Antrag abgehalten worden ist oder wenn die Fristversäumnis auf das rechts- oder treuwidrige Verhalten des FA zurückgeführt werden kann (BFH BStBl 01, 506; BFH/NV 08, 606; 11, 1281; vgl auch BGH NJW-RR 2008, 878, zu § 234 III ZPO). Dies ist der Fall, wenn die Einhaltung der Frist durch das FA nicht innerhalb der Jahresfrist geprüft worden ist und die für eine Wiedereinsetzung sprechenden Tatsachen vor Ablauf der Jahresfrist aus den Akten erkennbar waren, zB aufgrund eines Poststempels auf dem Briefumschlag, aus dem sich die rechtzeitige Absendung ergibt (vgl BFH/NV 07, 186 zu § 56 III FGO). Auch ein Verstoß des FA gegen die Pflicht zur formlosen Mitteilung über eine öffentliche Zustellung gem § 15 V 2 VwZG aF ist als höhere Gewalt anzusehen (BFH/NV 11, 1281). Die maßgebenden, für eine Wiedereinsetzung sprechenden Gründe müssen aber **vor Ablauf der Jahresfrist aus den Akten erkennbar** gewesen sein, sodass bei sofortiger Entscheidung Wiedereinsetzung zu gewähren gewesen wäre (BFH/NV 96, 891; 02, 503). Hieran fehlt es zB, wenn das FA erst nach Ablauf der Jahresfrist aufgrund neuer Umstände erkennen kann, dass der bisherige Antrag oder Einspruch nicht von einem vertretungsberechtigten Prokuristen unterschrieben wurde und daher verfristet war (BFH/NV 13, 2020). 120

In den folgenden Fällen liegt **keine höhere Gewalt** vor: Ein falsch adressierter Einspruch, dessen falsche Adressierung nicht offenkundig ist, wird vom unzuständigen FA nicht an das zuständige FA weitergeleitet (BFH/NV 05, 327; s hierzu auch Rz 23). Unkenntnis vom Ablauf der Wiedereinsetzungs-Jahresfrist (FG Hbg EFG 96, 959; BFH/NV 13, 2020), Unkenntnis von USt-Steuerbefreiung (BFH BStBl 11, 151), ein Rechtsirrtum (BFH BStBl 15, 931) oder Unkenntnis von geänderter Rspr (BFH BStBl 11, 151), Untergang eines vom Stpfl ungeöffnet weitergeleiteten Bescheids an den Bevollmächtigten (FG Ddorf EFG 07, 732; s auch BFH/NV 11, 1664).

Liegt keine höhere Gewalt vor, ist nach Ablauf eines Jahres auch eine Wiedereinsetzung wegen des vor Ablauf des Jahres unterlassenen Wiedereinsetzungsantrags nicht möglich (vgl BFH/NV 98, 431). Bei einer Wiedereinsetzung von Amts wegen (ohne Antrag) kommt es nicht darauf an, wann das FA darüber entscheidet, sondern nur darauf, wann die die Wiedereinsetzung rechtfertigende Lage gegeben war. Ist für eine versäumte Frist Wiedereinsetzung nicht mehr möglich, kann der Stpfl auch nicht im Billigkeitswege so gestellt werden, als hätte er die Frist nicht versäumt (BFH BStBl 94, 833).

121 **10. Entscheidung (Abs 4).** Entscheidung über Wiedereinsetzung ist Rechtsentscheidung, **keine Ermessensentscheidung,** das ergibt sich bereits aus dem Wortlaut des Abs 1. Sie kann daher von den Gerichten **uneingeschränkt überprüft** werden (BFH BStBl 87, 12 mwN; 90, 277; BFH/NV 11, 1184).

122 Stillschweigende Entscheidung des FA über den Antrag auf Wiedereinsetzung ist denkbar, der Stpfl muss aber auf den Willen des FA schließen können (vgl BFH BStBl 61, 447; BFH/NV 90, 8; aA FG Mster EFG 97, 689). Nach Auffassung des BFH soll das FA, wenn es isoliert positiv über den Wiedereinsetzungsantrag entscheidet, an diese Äußerung nicht gebunden sein (BFH BStBl 90, 277), sondern sie im Rahmen der Einspruchsentscheidung rückgängig machen können. Diese Auffassung ist bedenklich (ebenso *App* BB 90, 2312). Allerdings kann die Bindung nur für das FA bestehen, nicht für das FG. Zur Beweislast s Rz 111 sowie BFH/NV 12, 250.

123 Hat das FA zu Recht die Wiedereinsetzung abgelehnt, muss das FG die (fristgerecht erhobene) Klage als unbegründet – und nicht als unzulässig – abweisen (FG Hbg BeckRS 2013, 95580). Ist die Ablehnung jedoch zu Unrecht erfolgt, geht das FG von einem fristgerecht erhobenen Einspruch aus und entscheidet in der Sache, dh über die materiell-rechtl Streitfrage. Die Entscheidung über die Wiedereinsetzung kann zwar idR nicht isoliert angefochten werden, weil sie nur ein unselbständiger Teil der Hauptsacheentscheidung ist (BFH BStBl 87, 12; 90, 277; BFH/NV 07, 728). Allerdings kann gegen eine Einspruchsentscheidung, in der eine Wiedereinsetzung abgelehnt und der Einspruch als unzulässig verworfen wird, **isolierte Anfechtungsklage** erhoben werden. Mit dieser Klage wird die Aufhebung der Einspruchsentscheidung wegen fehlerhafter Ablehnung der Wiedereinsetzung beantragt; bei Klageerfolg wird die Einspruchsentscheidung aufgehoben und das Einspruchsverfahren fortgesetzt. Die Anfechtung einer derartigen Entscheidung des FG im Wege der Revision ist nicht durch § 56 V FGO ausgeschlossen (BFH BStBl 86, 908; BFH/NV 01, 1010), sondern vielmehr in vollem Umfang durch den BFH überprüfbar (BFH BStBl 89, 1024).

5. Unterabschnitt. Rechts- und Amtshilfe

§ 111 Amtshilfepflicht

(1) [1] **Alle Gerichte und Behörden haben die zur Durchführung der Besteuerung erforderliche Amtshilfe zu leisten.** [2] **§ 102 bleibt unberührt.**

(2) **Amtshilfe liegt nicht vor, wenn**
1. **Behörden einander innerhalb eines bestehenden Weisungsverhältnisses Hilfe leisten,**
2. **die Hilfeleistung in Handlungen besteht, die der ersuchten Behörde als eigene Aufgabe obliegen.**

(3) **Schuldenverwaltungen, Kreditinstitute sowie Betriebe gewerblicher Art der Körperschaften des öffentlichen Rechts fallen nicht unter diese Vorschrift.**

(4) **Auf dem Gebiet der Zollverwaltung erstreckt sich die Amtshilfepflicht auch auf diejenigen dem öffentlichen Verkehr oder dem öffentlichen Warenumschlag dienenden Unternehmen, die das Bundesministerium der Finanzen als Zollhilfsorgane besonders bestellt hat, und auf die Bediensteten dieser Unternehmen.**

(5) **Die §§ 105 und 106 sind entsprechend anzuwenden.**

Schrifttum: *vor 2010 s 13. Aufl; Czakert* Neue Entwicklungen bei der steuerlichen Amtshilfe, ifst-Schrift Nr 514 (2017).

Übersicht

1 **1. Inhalt.** Die Verpflichtung aller Behörden, einander Amtshilfe zu leisten, wurzelt im Verfassungsrecht (Art 35 I GG). Neben §§ 111 ff gibt es vergleichbare Regelungen in den §§ 4 ff VwVfG und §§ 3 ff SGB X. § 111 I hat zwar ebenso wie § 4 VwVfG und § 3 SGB X keine konstitutive Bedeutung. § 111 legt jedoch – anders als der Wortlaut des § 4 VwVfG und § 3 SGB X – **auch den Gerichten** die Verpflichtung zur Amtshilfe auf (und erübrigt so den Streit um eine analoge Anwendung) und schränkt die Amtshilfe anders als § 4 VwVfG und § 3 SGB X nicht ausdrücklich auf Hilfe „auf Ersuchen" ein. Die Spontanhilfe (s Rz 8) dürfte jedoch nicht Gegenstand der in den §§ 112 bis 115 getroffenen näheren Regelungen sein, auch wenn sie begrifflich ebenfalls Amtshilfe ist (vgl zB BFH BStBl 94, 358; 95, 497; FG Köln EFG 08, 1177, jeweils zu Spontanauskünften nach dem EGAHiG; siehe § 117 Rz 71, 93 f und 235 ff sowie 255 ff); sie ist jedenfalls von geringer praktischer Bedeutung, weil jede Behörde in erster Linie nur die ihr übertragenen Aufgaben erfüllt und darüber hinaus zu einer Amtstätigkeit im Allg nur auf Bitte anderer Behörden Anlass hat. Abs 2 stimmt mit den Regelungen der vorgenannten Gesetze überein, Abs 3 bis 5 haben keine Entsprechung im VwVfG und SGB.

2 **2. Amtshilfe (Abs 1). a) Amtshilfe zugunsten der FinBeh.** § 111 regelt die Amtshilfe, die den FinBeh geleistet wird, sei es durch andere FinBeh, sei es durch sonstige Behörden oder durch Gerichte. Eine besondere Ausprägung der Amtshilfe enthält insoweit § 93a bzw die dazu ergangene MitteilungsVO (s § 93a Rz 1). Amtshilfe, die **von FinBeh** anderen Behörden geleistet wird, ist in den für diese einschlägigen Verfahrensgesetzen geregelt, hilfsweise gilt Art 35 I GG.

3 **b) Verhältnis zu Geheimhaltungspflichten.** Die Amtshilfepflicht hebt Geheimhaltungspflichten nicht auf, sondern wird durch entsprechende (Datenschutz-) Vorschriften der Amtshilfegewährung eingeschränkt, etwa durch das **StGeheimnis** (§ 30), vgl auch § 112 Rz 8. Die Regelungen der §§ 31, 31a und 31b sind keine Amtshilfevorschriften, sondern Einschränkungen des Umfangs des StGeheimnisses (BFH BStBl 08, 42 zu § 31a). Eine Offenbarung des Sozialgeheimnisses iSv § 35 SGB I durch Amtshilfe einer Sozialbehörde bzw einer in § 35 I 4 SGB I genannten Behörde ist nur unter den Voraussetzungen der §§ 67 bis 78 SGB X zulässig, ua

nach § 71 I Nrn 3 und 4 SGB X zur Sicherung des StAufkommens gem §§ 93, 97, 105, 111 I und V, 116 AO und § 22a IV, § 32b III EStG sowie zur Gewährung und Prüfung des Sonderausgabenabzugs. Soweit einem Bediensteten der Behörde, für die er Auskunft erteilt, nach § 102 ein **Auskunftsverweigerungsrecht** zusteht, gilt dieses Recht auch im Rahmen der Amtshilfe (zB Arzt bei einer Gesundheitsbehörde). Hingegen steht die allg dienstliche Verschwiegenheitspflicht der Gewährung von Amtshilfe nicht entgegen (§ 111 V iVm § 105 I, siehe dort jedoch Abs 2 und § 106); vgl auch Rz 19 und § 112 Rz 8.

6 **c) Behörde.** Behörde ist jede Stelle, die Aufgaben der öffentlichen Verwaltung wahrnimmt (§ 6 I), auch die Staatsanwaltschaft (OLG Karlsruhe NStZ-RR 13, 385); auch natürliche und juristische Personen, die als sog beliehene Unternehmer öffentl-rechtl Verwaltungstätigkeit ausüben (vgl Begründung zum Entwurf eines VwVfG, BT-Drs 7/910, 33), werden erfasst, während rein privatrechtl tätige Unternehmen der öffentlichen Hand nicht hierher gehören. Zu den Behörden iS dieser Vorschrift zählen selbstverständlich zB auch die Sozialversicherungsträger (s Rz 3) und die **berufsständischen Kammern. Nicht** zu den Behörden gehören aber berufsständische Verbände oder Betriebe der öffentlichen Hand sowie die in Abs 3 genannten Institutionen (s Rz 15): Sie haben daher keine Amtshilfepflicht und sind nur nach Maßgabe der §§ 88, 92 ff zur Auskunftserteilung verpflichtet.

8 **d) Amtshilfebegriff.** Amtshilfe ist die Unterstützung oder Beistandsleistung bei der Durchführung von (hoheitlichen) Aufgaben der ersuchenden Behörde (BFH BStBl 88, 566). Amtshilfe setzt also begrifflich voraus, dass der hilfeleistenden Behörde die Vornahme der betr Amtshandlung nicht aus eigener gesetzlicher Zuständigkeitszuweisung obliegt (BFH BStBl 88, 566). Ob eine ohne Ersuchen erfolgende Unterstützung von Behörden durch andere Behörden (sog **Spontanhilfe**) unter den Begriff der Amtshilfe iSd § 111 fällt, zB wenn ein Zollbeamter von sich aus einer anderen Behörde einen Sachverhalt mitteilt, der möglicherweise ertragsteuerrechtl relevant ist, ist str, aber entgegen der überwM zu bejahen. Amtshilfe ist immer nur ergänzende Hilfe; keine Behörde ist verpflichtet und berechtigt, ein Verfahren als Ganzes zu übernehmen und die gesetzliche Zuständigkeitsordnung dadurch zu unterlaufen. Herrin des Verfahrens bleibt die ersuchende Behörde. Auch eine dauerhafte, nicht auf Einzelfälle beschränkte Zusammenarbeit (sog **erweiterte Amtshilfe**) ist keine Amtshilfe. Mit der Amtshilfe inhaltlich verwandt ist die **Rechtshilfe,** unter der man die Unterstützung von Gerichten, insbes in Strafrechtsangelegenheiten, versteht.

9 **Beispiele** für Amtshilfe sind: Zur-Verfügung-Stellen eines Sitzungsraumes, Auskunftserteilung (ungeachtet der Verpflichtung, nach § 105 Auskunft zu erteilen), insbes Übermittlung der im Melderegister gespeicherten Daten (zB Wohnort) durch Melderegister nach § 33 ff BMG oder durch die Polizei, Übersendung von Akten, Erstattung von Gutachten, Vernehmung eines Zeugen, Anhörung eines Beteiligten, Vollstreckungshilfe.

10 **e) Verfahren.** Das Amtshilfeersuchen ist jeweils an die Behörde, nicht an den einzelnen Beamten zu richten, dessen persönliche Verpflichtung zur Erfüllung des Ersuchens sich aus dem Dienstrecht ergibt. Durch die Amtshilfeleistung wird die rechtl Sphäre des Stpfl grds nicht berührt. Weder das Amtshilfeersuchen noch die Amtshilfeleistung sind VA und daher idR **nicht mit Rechtsmitteln angreifbar** (BFH BStBl 96, 232). Nur wenn die ersuchte Behörde als Amtshilfeleistung einen VA erlässt, ist dieser VA mit Einspruch anfechtbar (*Koenig/Zöllner* § 111 Rz 14); ansonsten kann der Stpfl Einwendungen erst im Rahmen der aufgrund der Amtshilfemaßnahme ergangenen StBescheide erheben (BFH BStBl 96, 232).

Der Stpfl hat **keinen Anspruch** auf Durchführung oder Unterlassung (BFH BStBl 87, 92). Nur ausnahmsweise kann ein am Besteuerungsverfahren Beteiligter die Art und Weise der Durchführung der Amtshilfe anfechten, wenn die Amtshandlung der ersuchten Beh über den verwaltungsinternen Bereich hinaus in seine rechtl Sphäre eingreift, zB bei einer rufgefährdenden, durch den Besteuerungszweck nicht mehr gedeckten Mitteilung oder drohender Verletzung des StGeheimnisses (vgl BFH BStBl 76, 118; BFH/NV 01, 578).

3. Negativkatalog (Abs 2). Abs 2 erwähnt Tatbestände, die eindeutig **nicht als Amtshilfe** zu qualifizieren sind. Die Aufzählung ist jedoch nicht erschöpfend. Im Hinblick auf Art 35 GG hat der Gesetzgeber hier Zurückhaltung geübt. 11

Nr 1: Keine Amtshilfe liegt vor, wenn Hilfe innerhalb eines einheitlichen Instanzenzugs geleistet wird, wie zB ggü der weisungsgebundenen oder der weisungsberechtigten Behörde (OFD, FM/BMF); jedoch ist ausnahmsweise auch hier Amtshilfe denkbar, wenn die betr Amtshandlung außerhalb des von dem Über-Unterordnungsverhältnis umfassten Weisungsverhältnisses liegt. 12

Nr 2 schließt Handlungen aus, zu denen eine Behörde aufgrund besonderer Vorschriften verpflichtet (und nach außen hin ermächtigt) ist, sodass die Hilfeleistung zu ihrem bestimmungsgemäßen Aufgabenkreis gehört (vgl BFH BStBl 88, 566); bedeutsam ist dies insbes für gesetzliche Mitteilungspflichten, etwa nach ErbStG und GrEStG, oder die Beteiligung bei mehrstufigen VA zB in Fällen des § 179. Begrifflich ist es allerdings ebenfalls (sog gesteigerte) Amtshilfe, wenn die andere Behörde aufgrund spezieller Vorschriften selbst Hoheitsakte im Interesse der anderen Behörde setzt und dabei in Rechte Dritter eingreifen darf (vgl *Schmitz* in Stelkens/Bonk/Sachs VwVfG § 4 Rz 29; aA *Riegel* BayVBl 78, 294). 13

4. Schuldbuchverwaltungen (Abs 3). Abs 3 nimmt bestimmte Institute von der Verpflichtung zur Amtshilfe aus und hat nur Bedeutung, wenn die dort Genannten überhaupt (ausnahmsweise) Behörden sind (vgl oben Rz 6). Das gilt insbes für Kreditinstitute und Betriebe gewerblicher Art nach § 4 KStG. Diese Institutionen sollen ebenso wie privatrechtl organisierte Unternehmen nicht zur Amtshilfe verpflichtet sein. Sie können daher nur nach den Vorschriften über die Auskunftspflicht gem § 93 herangezogen werden. Die Entschädigung richtet sich dann nach § 107. 15

5. Zollhilfsorgane (Abs 4). Abs 4 dehnt die Amtshilfepflicht über den Kreis der Behörden auf die Zollhilfsorgane aus, die vom BMF bestellt worden sind (zB die Deutsche Lufthansa, Hafen- und Flughafenverwaltungen). Eine Rechtsgrundlage zur Bestellung solcher Organe enthält auch § 19 I ZollVG, der die Übertragung von Zollaufgaben auf die Eisenbahnen des Bundes (vgl VO über die Übertragung von Hoheitsaufgaben der Bundeszollverwaltung auf die Eisenbahnen des Bundes, BGBl I 94, 541) und Verwaltungen des Bundes gestattet (zB die Bundespolizei, § 1 IIIb ZollVG). Ergänzende Amtshilferegelungen mit speziellen Hilfspflichten enthält für diese Zollhilfsorgane § 19 II ZollVG (Gewährung von Zutritt und Beförderung, Mitteilung von Fahrplänen). Hiervon zu unterscheiden sind die Zollhilfspersonen nach § 217 (s dort). 17

6. Schweigepflicht (Abs 5). §§ 105, 106 gelten entsprechend. Soweit also eine Behörde im Wege der Amtshilfepflicht um Auskunft ersucht wird, tritt ihre Schweigepflicht im Verhältnis zur FinBeh zurück (nicht aber ihre Geheimhaltungspflicht nach § 30 oder anderen Datenschutzbestimmungen wie zB § 35 SGB I, s Rz 3). Hierbei gelten **zwei Ausnahmen:** nach § 105 II, soweit die Behörde gesetzlich verpflichtet ist, das Brief-, Post- und Fernmeldegeheimnis iSv Art 10 GG zu wahren, sowie nach § 106, wenn die zuständige Bundes- oder Landesbehörde erklärt, dass die Auskunft dem Wohle des Bundes oder eines Landes erhebliche Nachteile bereiten würde. In verschiedenen Gesetzen wird Abs 5 ausdrücklich ausgeschlossen zB in § 27 II BImSchG, § 10 III BörsG, § 9 V KWG. 19

7. Spezielle Beistandspflichten. Diese finden sich in verschiedenen Gesetzen, zB für Eisenbahnen und Zollhilfsorgane in § 19 ZollVG (s Rz 17). Beistandspflichten ergeben sich ferner aus § 90 I Nr 3 AufenthG für Ausländerbeh, aus § 6 III Nr 4 SchwarzArbG für den Arbeitsbereich Finanzkontrolle Schwarzarbeit der 20

Zollverw (s hierzu auch AEAO zu § 31a Nr 2.3 bis 2.5) sowie aus § 6 II 7 EnWG für die Regulierungsbehörde zum Zwecke der stl Behandlung des sog Unbundling (Entflechtung) der Energieversorgungsunternehmen (s hierzu *Behrendt/Schlereth* BB 06, 2050).

§ 112 Voraussetzungen und Grenzen der Amtshilfe

(1) **Eine Finanzbehörde kann um Amtshilfe insbesondere dann ersuchen, wenn sie**

1. aus rechtlichen Gründen die Amtshandlung nicht selbst vornehmen kann,
2. aus tatsächlichen Gründen, besonders weil die zur Vornahme der Amtshandlung erforderlichen Dienstkräfte oder Einrichtungen fehlen, die Amtshandlung nicht selbst vornehmen kann,
3. zur Durchführung ihrer Aufgaben auf die Kenntnis von Tatsachen angewiesen ist, die ihr unbekannt sind und die sie selbst nicht ermitteln kann,
4. zur Durchführung ihrer Aufgaben Urkunden oder sonstige Beweismittel benötigt, die sich im Besitz der ersuchten Behörde befinden,
5. die Amtshandlung nur mit wesentlich größerem Aufwand vornehmen könnte als die ersuchte Behörde.

(2) **Die ersuchte Behörde darf Hilfe nicht leisten, wenn sie hierzu aus rechtlichen Gründen nicht in der Lage ist.**

(3) **Die ersuchte Behörde braucht Hilfe nicht zu leisten, wenn**
1. eine andere Behörde die Hilfe wesentlich einfacher oder mit wesentlich geringerem Aufwand leisten kann,
2. sie die Hilfe nur mit unverhältnismäßig großem Aufwand leisten könnte,
3. sie unter Berücksichtigung der Aufgaben der ersuchenden Finanzbehörde durch den Umfang der Hilfeleistung die Erfüllung ihrer eigenen Aufgaben ernstlich gefährden würde.

(4) **Die ersuchte Behörde darf die Hilfe nicht deshalb verweigern, weil sie das Ersuchen aus anderen als den in Absatz 3 genannten Gründen oder weil sie die mit der Amtshilfe zu verwirklichende Maßnahme für unzweckmäßig hält.**

(5) [1] **Hält die ersuchte Behörde sich zur Hilfe nicht für verpflichtet, so teilt sie der ersuchenden Finanzbehörde ihre Auffassung mit.** [2] **Besteht diese auf der Amtshilfe, so entscheidet über die Verpflichtung zur Amtshilfe die gemeinsame fachlich zuständige Aufsichtsbehörde oder, sofern eine solche nicht besteht, die für die ersuchte Behörde fachlich zuständige Aufsichtsbehörde.**

Übersicht

1 **1. Inhalt.** Die Vorschrift zeigt einerseits die Voraussetzungen (Abs 1) und andererseits in Abs 2 die absoluten und in Abs 3 und 4 die relativen (vom Ermessen der ersuchten Behörde abhängigen) Grenzen der Amtshilfe auf. Abs 5 regelt Konfliktfälle.

2 **2. Voraussetzungen (Abs 1).** Die Regelung des Abs 1 ist nicht erschöpfend. **Nr 1** stellt klar, dass eine Behörde insbes dann der Hilfe einer anderen Behörde bedarf, wenn sie selbst zur Vornahme einer Teilhandlung im Rahmen des durchzu-

führenden Verfahrens **rechtl** nicht in der Lage ist. In Betracht kommt hierbei insbes das rechtl Unvermögen wegen mangelnder sachlicher oder örtlicher Zuständigkeit.

Nr 2 bezieht sich auf den Fall der **tatsächlichen** Unmöglichkeit und führt als Beispiel das Fehlen der zur Vornahme der Amtshandlung erforderlichen Dienstkräfte oder Einrichtungen auf. Die Vorschrift kann für das FA im Zusammenhang mit der Anwendung unmittelbaren Zwanges praktisch werden. Der Rechtsgedanke der Nr 2 kann bei einer Beauftragung eines sog Flankenschutzfahnders herangezogen werden, der nach § 208 I Nr 2 Kontrollbesuche beim Stpfl durchführen soll (s *Anders* DStR 12, 1779, 1782). 3

Nr 3 und 4 betreffen ebenfalls den Fall der tatsächlichen Unmöglichkeit. Im Falle der Nr 3 führt die ersuchte Behörde die erforderlichen Ermittlungen selbst durch, im Falle der Nr 4 handelt es sich um Maßnahmen behördeninterner Art, die die ersuchende Behörde befähigen, das Verwaltungsverfahren weiter durchzuführen. 4

Aus **Nr 5** ergibt sich, dass die Amtshilfe auch für Zwecke der **Kostenersparnis** eingesetzt werden kann. Die durch die Amtshilfe erzielte Vereinfachung oder Verbilligung muss allerdings wesentlich sein. 5

3. Ausschluss der Amtshilfe (Abs 2). Abs 2 verbietet es der ersuchten Behörde, Amtshilfe zu leisten, wenn sie hierzu aus rechtl Gründen nicht in der Lage ist (sog absolute Grenze der Amtshilfe). Abs 2 greift insbes dann ein, wenn die ersuchte Behörde durch die Amtshilfe ihre eigene Verschwiegenheitspflicht verletzen würde. Wegen der in § 105 enthaltenen Regelung kann dieser Fall jedoch nur dann eintreten, wenn spezielle Regelungen den § 105 wiederum ausschalten. Hierzu gehören bereichsspezifische Schutzgesetze wie § 30 (dessen Abs 4 Nr 1 die Auskunftserteilung durch eine andere FinBeh zulässt) oder § 35 SGB I (s § 111 Rz 3), nicht jedoch das BDSG und die Landesdatenschutzgesetze, da diese den Behörden nicht verbieten, Amtshilfe zu leisten (*TK/Brandis* § 112 Rz 5; vgl § 30 Rz 13). 8

4. Ablehnung von Amtshilfe (Abs 3). Abs 3 bestimmt, unter welchen Voraussetzungen die ersuchte Behörde die Leistung von Amtshilfe ablehnen darf **(Ermessen),** sog relative Grenze der Amtshilfe. Nach **Nr 1** ist dies der Fall, wenn eine andere als die ersuchte Behörde die Hilfe wesentlich einfacher oder mit wesentlich geringerem Aufwand leisten könnte. Mit der „anderen Behörde" ist nicht die ersuchende, sondern eine dritte Behörde gemeint; ob die ersuchende FinBeh die Amtshandlung selbst vornehmen muss, ist eine Frage des Abs 1. Die ersuchte Behörde kann nach **Nr 2** die Amtshilfe auch ablehnen, wenn der damit verbundene Aufwand in einem Missverhältnis zu dem möglichen Erfolg der Amtshilfeleistung stehen würde. Das Gleiche gilt nach **Nr 3,** wenn die ersuchte Behörde die Erfüllung ihrer eigenen Aufgaben ernstlich gefährden würde. Sie muss allerdings die Wichtigkeit der Aufgaben der ersuchenden Behörde gegen die mögliche Gefährdung abwägen. Eine Ablehnung nach Nr 3 ist gerechtfertigt, wenn die ersuchte Behörde durch die Hilfeleistung bei der Erfüllung ihrer eigenen Aufgaben praktisch lahm gelegt werden würde. Hingegen ist eine Ablehnung nach Nr 3 nicht möglich, wenn die ersuchte Behörde befürchten muss, dass die von ihr betreuten Personen ihre Zusammenarbeit mit ihr künftig verweigern werden, weil sie befürchten, dass die von ihnen gemachten Angaben auch für Zwecke anderer Behörden verwendet werden. Denn zum einen schützt der klare Wortlaut des Gesetzes nur gegen eine übermäßig umfangreiche Inanspruchnahme, zum anderen gehört der betr Konflikt thematisch in die (speziellen) Datenschutzgesetze). Zum Sozialgeheimnis siehe oben § 105 Rz 3 f. 10

5. Einschränkung des Ablehnungsrechts (Abs 4). Abs 4 schränkt das Ermessen der ersuchten Behörde iSv Abs 3 ein. Nur die **ersuchende Behörde** darf 12 über die Zweckmäßigkeit sowohl der Amtshilfe (bei Ermessensfehler kein Verwertungsverbot, BFH BStBl 96, 232) als auch der mit ihrer Hilfe zu verwirklichenden Maßnahme entscheiden. Hinsichtlich der Rechtmäßigkeit sowohl der Amtshilfemaßnahme der ersuchten Behörde als auch der späteren Maßnahme der ersuchenden Beh gilt § 114 (s dort Rz 1).

14 **6. Streit über Amtshilfe (Abs 5).** Abs 5 regelt die Frage, welche Aufsichtsbehörde im Fall eines Streits über die Verpflichtung zur Amtshilfe zu entscheiden hat. Wenn beide Behörden derselben Fachaufsichtsbehörde unterstehen, entscheidet diese nach Abs 5 **S 1,** weil es grds keinen In-sich-Prozess staatlicher Körperschaften gibt. Gibt es keine gemeinsame Fachaufsichtsbehörde, entscheidet nach Abs 5 **S 2** die Fachaufsichtsbehörde der ersuchten Behörde. Lehnt die nach Abs 5 S 1 oder S 2 zuständige Fachaufsichtsbehörde das Amtshilfeersuchen ab, kann die ersuchende Behörde ihren Anspruch auf Amtshilfe ggf auch gerichtlich einklagen (bei Ersuchen der FinBeh: Leistungsklage vor FG), nicht jedoch im Wege der Verwaltungsvollstreckung durchsetzen.

§ 113 Auswahl der Behörde

Kommen für die Amtshilfe mehrere Behörden in Betracht, so soll nach Möglichkeit eine Behörde der untersten Verwaltungsstufe des Verwaltungszweigs ersucht werden, dem die ersuchende Finanzbehörde angehört.

Grds steht es der um Amtshilfe ersuchenden Behörde frei, welche Behörde sie um Amtshilfe angehen will. Sie trifft die Auswahl, sodass die ersuchte Behörde das Ersuchen also nicht etwa an eine ihr besser geeignet erscheinende Behörde (auch nicht eine nachgeordnete) weitergeben darf; allerdings braucht sie unter den Voraussetzungen des § 112 II, III keine Hilfe zu leisten (s § 112 Rz 8, 10). Nach § 113 soll sich die ersuchende Behörde nach Möglichkeit an eine Behörde der untersten Verwaltungsstufe des gleichen Verwaltungszweiges (Finanzverwaltung) wenden, also an FA/HZA (§ 6 Nr 5); das gilt auch dann, wenn eine OFD oder eine Oberbehörde ersucht. Ein Verstoß gegen das Auswahlprinzip des § 113 führt nicht zur Rechtswidrigkeit der Amtshilfe (*TK/Brandis* § 113 Rz 2).

§ 114 Durchführung der Amtshilfe

(1) **Die Zulässigkeit der Maßnahme, die durch die Amtshilfe verwirklicht werden soll, richtet sich nach dem für die ersuchende Finanzbehörde, die Durchführung der Amtshilfe nach dem für die ersuchte Behörde geltenden Recht.**

(2) [1]**Die ersuchende Finanzbehörde trägt gegenüber der ersuchten Behörde die Verantwortung für die Rechtmäßigkeit der zu treffenden Maßnahme.** [2]**Die ersuchte Behörde ist für die Durchführung der Amtshilfe verantwortlich.**

1 **1. Maßgebliches Recht (Abs 1).** Herrin des Verfahrens ist stets die **ersuchende Behörde.** Sie trägt die Verantwortung für die Rechtmäßigkeit der Maßnahmen, die durch die Amtshilfe verwirklicht werden sollen (zB Erlass eines StBescheids). Die Rechtmäßigkeit dieser Maßnahme, zB des StBescheids, der die Amtshilfe mittelbar dient und von der mithin ihre Erforderlichkeit (§ 111 I) abhängt, richtet sich also stets nach der AO bzw den sonst StGesetzen.

Die im Wege der Amtshilfe durchgeführte Maßnahme selbst, dh das „Wie" der Maßnahme, ist nach dem **Recht der ersuchten Behörde** zu beurteilen (BVerwG NVwZ 86, 467). Das Amtshilfeersuchen erweitert also nicht die Befugnisse der ersuchten Behörde. So kann sie, wenn sie nicht selbst FinBeh ist, zB keine Auskunftsansprüche oder Prüfungsrechte nach der AO geltend machen, da die AO diese Rechte nur für FinBeh vorsieht (vgl auch § 112 II).

2. Innenverhältnis (Abs 2). Abs 2 betrifft das Innenverhältnis der beiden an der Amtshilfe beteiligten Behörden. Die Regelung hat insbes Bedeutung für das Kostenrisiko, falls durch Amtshilfemaßnahmen Ersatzansprüche Dritter entstehen. Für die Durchführung der Amtshilfe(maßnahme) ist die ersuchte Behörde nach Abs 2 S 2 im Verhältnis zu dritten Personen allein verantwortlich: Ersatzansprüche Dritter, die aus Amtshilfemaßnahmen erwachsen, bestehen daher nur ggü der nach außen tätig gewordenen ersuchten Behörde (BFH/NV 88, 417). Im Innenverhältnis (Regress) trägt jedoch die ersuchende Behörde die Verantwortung gem Abs 2 S 1 so weit, wie sie für die Prüfung der Rechtmäßigkeit der Amtshilfe gem Abs 1 („Zulässigkeit der Maßnahme") anhand ihres Rechts berufen war. 2

Erkennt die ersuchte Behörde die Unzulässigkeit der Maßnahme, kann sie die Amtshilfe verweigern (Umkehrschluss aus § 112 IV und mangels Erforderlichkeit, § 111 I); unterlässt sie eine diesbzgl Prüfung oder führt sie die Maßnahme trotz Unzulässigkeit durch, erscheint zweifelhaft, ob sie eine Mitverantwortung im Verhältnis zur ersuchenden Behörde trägt.

§ 115 Kosten der Amtshilfe

(1) [1] **Die ersuchende Finanzbehörde hat der ersuchten Behörde für die Amtshilfe keine Verwaltungsgebühr zu entrichten.** [2] **Auslagen hat sie der ersuchten Behörde auf Anforderung zu erstatten, wenn sie im Einzelfall 25 Euro übersteigen.** [3] **Leisten Behörden desselben Rechtsträgers einander Amtshilfe, so werden die Auslagen nicht erstattet.**

(2) **Nimmt die ersuchte Behörde zur Durchführung der Amtshilfe eine kostenpflichtige Amtshandlung vor, so stehen ihr die von einem Dritten hierfür geschuldeten Kosten (Verwaltungsgebühren, Benutzungsgebühren und Auslagen) zu.**

Abs 1 betrifft die Kostenabrechnung zwischen der ersuchenden und der ersuchten Behörde. Die ersuchte Behörde kann von der ersuchenden keine Verwaltungsgebühren verlangen, sondern hat nur einen Anspruch auf **Erstattung der Auslagen** (Ausnahmen: Bagatellen bis 25 €; Amtshilfe innerhalb der bundes- oder landesunmittelbaren Verwaltung, auch unterschiedlicher Ressorts gem Abs 1 S 3). Nach **Abs 2** steht der ersuchten Behörde im Innenverhältnis der Kostenerstattungsanspruch der ersuchenden Behörde gegen den Betroffenen zu, wenn die ersuchte Behörde eine kostenpflichtige Amtshandlung vorgenommen hat (zB Beauftragung eines Schlüsseldienstes im Rahmen der Vollstreckung). Allerdings wird ein Verwaltungsgebührenanspruch gegen einen Dritten im StRecht ebenso selten sein wie überhaupt Anwendungsfälle für Abs 2.

§ 116 Anzeige von Steuerstraftaten

(1) [1] **Gerichte und die Behörden von Bund, Ländern und kommunalen Trägern der öffentlichen Verwaltung, die nicht Finanzbehörden sind, haben Tatsachen, die sie dienstlich erfahren und die auf eine Steuerstraftat schließen lassen, dem Bundeszentralamt für Steuern oder, soweit bekannt, den für das Steuerstrafverfahren zuständigen Finanzbehörden mitzuteilen.** [2] **Soweit die für das Steuerstrafverfahren zuständigen Finanzbehörden nicht bereits erkennbar unmittelbar informiert worden sind, teilt das Bundeszentralamt für Steuern ihnen diese Tatsachen mit.** [3] **Die für das Steuerstrafverfahren zuständigen Finanzbehörden, ausgenommen die Behörden der Bundeszollverwaltung, übermitteln die Mitteilung an das Bundeszentralamt für Steuern,**

soweit dieses nicht bereits erkennbar unmittelbar in Kenntnis gesetzt worden ist.

(2) **§ 105 Abs. 2 gilt entsprechend.**

Abs 1 geändert durch G v 5.9.06 (BGBl I, 2098) und JStG 2008 v 20.12.07 (BGBl I, 3150).

Schrifttum: *vor 2010 s 13. Aufl; Hinrichs* „Privat sein" oder „immer im Dienst" – Die dienstliche Verwendung privat erlangter Hinweise auf Leistungsmissbrauch, ZRP 12, 178.

1 **1. Inhalt.** Zur Anzeige von StStraftaten sind neben den Gerichten **(auch Finanzgerichten!)** nur die Behörden von Bund, Ländern und kommunalen Trägern der öffentlichen Verwaltung verpflichtet, nicht dagegen zB berufsständische Verwaltungskörperschaften wie Ärzte- oder Steuerberaterkammern. Falsche Angaben im Klageverfahren oder Mediationsverfahren vor dem FG können daher zu einer Mitteilung des FG nach § 116 führen. Da eine **Anzeigepflicht** besteht, handelt es sich nach § 111 II Nr 2 nicht um Amtshilfe, sodass §§ 111–115 nicht anwendbar sind (*TK/Brandis* § 116 Rz 1). Die Anzeigepflicht kann durch das für die jeweilige Behörde geltende Recht ausgeschlossen oder eingeschränkt sein (insbes auf schwerwiegende Fälle von besonderem öffentlichen Interesse) und ist es auch häufig (zB § 10 III BörsG, § 8 II WpHG, § 9 V KWG).

Empfänger der Mitteilung ist das BZSt oder das für das StStrafverfahren zuständige FA (s § 386), soweit dieses bekannt ist. Die mitteilende Stelle hat damit ein Wahlrecht, wem sie übermittelt (BT-Drs 16/7036, 34). Sätze 2 und 3 des Abs 1 stellen die anschließende gegenseitige Information zwischen BZSt und FA sicher, s auch § 5 Nr 28 und 28a FVG. Ausgenommen von der Informationspflicht ggü dem BZSt sind nach Abs 1 S 3 die Behörden der Bundeszollverwaltung (HZA, ZKA und ZFA), weil das BZSt für diese im Rahmen von StStrafverfahren keine Aufgaben wahrnimmt.

4 **2. Verdacht einer Straftat (Abs 1).** Es müssen Tatsachen vorliegen, die den Verdacht einer StStraftat (§ 369) begründen. Ein Anfangsverdacht iSv § 152 II StPO oder ein sonstiger qualifizierter Tatverdacht iSd §§ 112, 203 StPO sind nicht erforderlich; es genügt **eine gewisse Wahrscheinlichkeit** für das Vorliegen einer StStraftat (*TK/Brandis* § 116 Rz 3). Strafausschließungsgründe sind irrelevant (vgl *Bock* NJW 92, 101). Die Tatsachen müssen den auskunftsverpflichteten Stellen **dienstlich bekannt** geworden sein; hierzu kann auch die Kenntniserlangung aufgrund eines Ankaufs eines Datenträgers mit Angaben zu Kapitalanlegern in der Schweiz gehören (*Esskandari/Kische* AO-StB 10, 67 mwN). Es besteht hingegen keine Verpflichtung, privat in Erfahrung gebrachte Tatsachen mitzuteilen oder dienstlich bekannt gewordenen, als Verdachtsanhaltspunkt nicht ausreichenden Tatsachen (Mutmaßungen) durch eigene Ermittlungen nachzugehen.

5 **3. Postgeheimnis (Abs 2).** Das Post-, Telegrafen- und Fernmeldegeheimnis iSv Art 10 GG geht der Anzeigepflicht vor (vgl BFH BStBl 01, 464). Jedoch stehen weder das StGeheimnis noch das Sozialgeheimnis einer Mitteilung entgegen, wie sich aus § 30 IV Nr 1 und § 71 Nr 3 SGB X ergibt.

6 **4. Weitere Mitteilungspflichten.** Ergänzende Vorschriften finden sich zB in § 12 ZollVG, der im Rahmen der zollamtlichen Überwachung von Postsendungen bei Verdacht einer Straftat eine Vorlegepflicht (missverständlich: „Weiterleitungs*befugnis*") an die StA enthält. § 12a VIII 3 iVm VIII 2 Nr 3 ZollVG sieht eine Mitteilungspflicht der Zollbehörden ggü den FÄ vor, wenn die sich bei der Überwachung des **grenzüberschreitenden Bargeldverkehrs** ergebenden Daten für die Durchführung eines Verwaltungsverfahrens in Steuersachen von Bedeutung sein können. Des Weiteren beinhaltet § 4 V Nr 10 S 2, 3 EStG eine Meldepflicht bei **Korruptionsfällen** (s hierzu BFH BStBl 08, 850). Eine Mitteilungspflicht an die

FÄ sieht schließlich auch § 32 VI GwG idF v 26.6.2017 (BGBl I, 1822; entspricht § 15 II GwG aF) bei Verdacht auf **Geldwäsche** vor.

§ 117 Zwischenstaatliche Rechts- und Amtshilfe in Steuersachen

(1) **Die Finanzbehörden können zwischenstaatliche Rechts- und Amtshilfe nach Maßgabe des deutschen Rechts in Anspruch nehmen.**

(2) **Die Finanzbehörden können zwischenstaatliche Rechts- und Amtshilfe auf Grund innerstaatlich anwendbarer völkerrechtlicher Vereinbarungen, innerstaatlich anwendbarer Rechtsakte der Europäischen Union sowie des EU-Amtshilfegesetzes leisten.**

(3) [1] **Die Finanzbehörden können nach pflichtgemäßem Ermessen zwischenstaatliche Rechts- und Amtshilfe auf Ersuchen auch in anderen Fällen leisten, wenn**

1. **die Gegenseitigkeit verbürgt ist,**
2. **der ersuchende Staat gewährleistet, dass die übermittelten Auskünfte und Unterlagen nur für Zwecke seines Besteuerungs- oder Steuerstrafverfahrens (einschließlich Ordnungswidrigkeitenverfahren) verwendet werden, und dass die übermittelten Auskünfte und Unterlagen nur solchen Personen, Behörden oder Gerichten zugänglich gemacht werden, die mit der Bearbeitung der Steuersache oder Verfolgung der Steuerstraftat befasst sind,**
3. **der ersuchende Staat zusichert, dass er bereit ist, bei den Steuern vom Einkommen, Ertrag und Vermögen eine mögliche Doppelbesteuerung im Verständigungswege durch eine sachgerechte Abgrenzung der Besteuerungsgrundlagen zu vermeiden und**
4. **die Erledigung des Ersuchens die Souveränität, die Sicherheit, die öffentliche Ordnung oder andere wesentliche Interessen des Bundes oder seiner Gebietskörperschaften nicht beeinträchtigt und keine Gefahr besteht, dass dem inländischen Beteiligten ein mit dem Zweck der Rechts- und Amtshilfe nicht zu vereinbarender Schaden entsteht, falls ein Handels-, Industrie-, Gewerbe- oder Berufsgeheimnis oder ein Geschäftsverfahren, das auf Grund des Ersuchens offenbart werden soll, preisgegeben wird.**

[2] **Soweit die zwischenstaatliche Rechts- und Amtshilfe Steuern betrifft, die von den Landesfinanzbehörden verwaltet werden, entscheidet das Bundesministerium der Finanzen im Einvernehmen mit der zuständigen obersten Landesbehörde.**

(4) [1] **Bei der Durchführung der Rechts- und Amtshilfe richten sich die Befugnisse der Finanzbehörden sowie die Rechte und Pflichten der Beteiligten und anderer Personen nach den für Steuern im Sinne von § 1 Abs. 1 geltenden Vorschriften.** [2] **§ 114 findet entsprechende Anwendung.** [3] **Bei der Übermittlung von Auskünften und Unterlagen gilt für inländische Beteiligte § 91 entsprechend; soweit die Rechts- und Amtshilfe Steuern betrifft, die von den Landesfinanzbehörden verwaltet werden, hat eine Anhörung des inländischen Beteiligten abweichend von § 91 Abs. 1 stets stattzufinden, es sei denn, die Umsatzsteuer ist betroffen, es findet ein Informationsaustausch auf Grund des EU-Amtshilfegesetzes statt oder es liegt eine Ausnahme nach § 91 Abs. 2 oder 3 vor.**

(5) **Das Bundesministerium der Finanzen wird ermächtigt, zur Förderung der zwischenstaatlichen Zusammenarbeit durch Rechtsverordnung mit Zustimmung des Bundesrates völkerrechtliche Vereinbarungen über die gegenseitige Rechts- und Amtshilfe auf dem Gebiete des Zollwesens in Kraft zu setzen, wenn sich die darin übernommenen Verpflichtungen im Rahmen der nach diesem Gesetz zulässigen zwischenstaatlichen Rechts- und Amtshilfe halten.**

Abs 2 und Abs 4 S 3 geändert durch AmtshilfeRLUmsG v 26.6.13 (BGBl I, 1809).

Schrifttum: *vor 2010 s 13. Aufl; Eich* Grenzüberschreitende Amtshilfe in Steuersachen, KÖSDI 10, 1741; *Seer/Gabert* Der internationale Auskunftsverkehr in Steuersachen, StuW 10, 3; *Schwartz/Tippelhofer* Informationsaustausch in Steuersachen mit der Schweiz, IStR 11, 249; *Obenhaus* Die Novelle der gegenseitigen Amtshilfe in Steuersachen zwischen den EU-Mitgliedstaaten durch das JStG 2013, Stbg 12, 391; *Bozza-Bodden* Internationale Zusammenarbeit – Informationsaustausch, DStJG Bd 36, 2013, 133; *Czakert* Die Regelungen zur Amtshilfe in der deutschen Verhandlungsgrundlage für Doppelbesteuerungsabkommen, ISR 13, 177; *Czakert* Generalthema 2 und Seminar D: Der internationale Informationsaustausch und die grenzüberschreitende Kooperation der Steuerverwaltungen, IStR 13, 596; *Drüen* Rechtsrahmen und Rechtsfragen der multilateralen Betriebsprüfung, DStR 13, Beihefter zu Nr 41, 82; *Gabert* Deutsche Amtshilfe nach dem EU-Amtshilfegesetz (EUAHiG) und ihr Einfluss auf das Ertragsteuerrecht, FR 13, 986; *Beckmann* Gemeinsame Betriebsprüfung durch deutsche und ausländische Finanzverwaltungen, StBp 14, 66; *Biesgen/Noel* Die aktuelle Entwicklung im grenzüberschreitenden Informationsaustausch, SAM 14, 5; *Hörhammer/Fehling* Der neue Standard für de weltweiten automatischen Informationsaustausch, NWB 14, 3402; *Lampert/Meickmann* Informationsaustausch mit Drittstaaten – Von der Auskunfts- zur Verweigerungspflicht?, ISR 14, 305; *Marquardt/Betzinger* Internationaler Informationsaustausch in Steuersachen, BB 14, 3033; *Meickmann* Verfahrensrechtliche Probleme bei der Besteuerung grenzüberschreitender Sachverhalte – Gemeinsame Betriebsprüfungen als Lösungsmodell, IStR 14, 591; *Seer* Intensivierung des grenzüberschreitenden Informationsaustausches durch das EU-Amtshilfegesetz, IWB 14, 87; *Stahl* Internationale Rechts- und Amtshilfe im Steuer- und Steuerstrafrecht, KÖSDI 14, 18687; *Czakert* Die gesetzliche Umsetzung des Common Reporting Standards in Deutschland, DStR 15, 2697; *Grotheer* Instrumente des Rechtsschutzes beim zwischenstaatlichen Informationsaustausch, ISR 15, 193; *Grotheer* Argumente des Rechtsschutzes beim grenzüberschreitenden Auskunftsverkehr, ISR 15, 297; *Hörhammer* Europäische Neuregelung zum automatischen Informationsaustausch zu Finanzkonten, NWB 15, 741; *Kahlenberg/Schade* Automatischer Informationsaustausch für Tax Rulings und Verrechnungspreisvereinbarungen, StuB 15, 708; *Riegel/Walke* Wann verletzt der zwischenstaatliche Informationsaustausch das Steuergeheimnis – Anmerkungen zum Beschluss des FG Köln vom 7.9.2015, BB 15, 2719; *Seer/Wilms* Der automatische Informationsaustausch als neuer OECD-Standard zur steuerlichen Erfassung des Finanzkapitals im Spannungsverhältnis zu Maßnahmen der Geldwäschebekämpfung?, StuW 15, 118; *Beckmann* Joint Audits – Aktuelle Problemfelder zwischenstaatlicher Gemeinschaftsprüfungen, IStR 16, 627; *Durst* Steueramtshilfe als Mittel der Strafverfolgung – Rechtsschutzmöglichkeiten, KÖSDI 16, 19956; *Seer* Grenzen steuerlicher Transparenz multinational tätiger Unternehmen, IWB 16, 6; *Anger* Joint Audit (gemeinsame grenzüberschreitende Betriebsprüfung), IWB 17, 204; *Czakert* Neue Entwicklungen bei der steuerlichen Amtshilfe, ifst-Schrift Nr 514 (2017); *Dölker* Maßnahmen zur Schaffung von Steuertransparenz durch Amtshilfe und Informationsaustausch unter Steuerbehörden verschiedener Länder sowie durch nationale Gesetze in Deutschland, BB 17, 279; *Franz* Zum Rechtsschutz beim Informationsaustausch auf Ersuchen und zur Prüfung der steuerlichen Erheblichkeit verlangter Informationen, IStR 17, 273; *Gehm* Koordinierte steuerliche Außenprüfungen, IWB 17, 229; *Grotherr* Automatischer Informationsaustausch im Steuerrecht über länderbezogene Berichte von Konzernunternehmen, RiW 17, 1; *Oppel* Internationaler Informationsaustausch in Steuersachen, IWB 17, 359 und 410; *Seer* Internationale Beitreibungshilfe, IWB 17, 595; *Talaska/Gomes* Aktueller Überblick zum internationalen Informationsaustausch in Steuersachen, Stbg 17, 167; *Binnewies/Hoffmann* Grenzüberschreitende Außenprüfungen international tätiger Unternehmen, AG 17, 740; *Eisgruber/Oertel* Joint Audit: Zum „Merkblatt über koordinierte steuerliche Außenprüfungen mit Steuerverwaltungen anderer Staaten und Gebiete" vom 6.1.2017, ISR 17, 270; *Eversloh* EU-Amtshilfegesetz schützt Steuergeheimnis bei gleichzeitigen Betriebsprüfungen, RdW 17, 594; *Kraft/Ditz/Heider* Internationaler Informationsaustausch, DB 17, 2243; *Anemüller* Abkommen zum Austausch über Finanzinformationen in Steuersachen, ErbStB 18, 23; *Oppel* Steuerlicher Informationsaustausch in der EU – Anforderungen und Rechtsschutz, IWB 18, 35; *Oppel/Sendke* Unionsrechtlicher Grundrechtsschutz beim internationalen Informationsaustausch, IStR 18, 110; *van der Ham/Tomson/Chwalek* Grenzüberschreitender Informationsaustausch in Steuersachen – ein Überblick, ISR 18, 26.

BMF-Merkblatt über koordinierte steuerliche Außenprüfungen mit Steuerverwaltungen anderer Staaten und Gebiete v 9.1.17, BStBl I 17, 89; BMF-Merkblatt zum verpflichtenden spontanen Informationsaustausch nach den Vereinbarungen zu Aktionspunkt 5 des Projektes „Base Erosion and Profit Shifting" (Gewinnverkürzung und Gewinnverlagerung) der OECD- und G20-Staaten (BEPS) und Ausblick im Hinblick auf die Änderungen der EU-Amtshilferichtlinie v 28.7.16, BStBl I 16, 806; *BMF-Merkblatt* zur zwischenstaatlichen Amtshilfe durch Auskunftsaustausch in Steuersachen v 23.11.15, BStBl I 15, 928; Anwendung der Abkommen über den steuerlichen Informationsaustausch (Tax Information Exchange Agreement – TIEA), BMF v 10.11.15, BStBl I 16, 138; *BMF-Merkblatt* zur zwischenstaatlichen Amtshilfe bei der Steuererhebung (Beitreibung) v 23.1.14, BStBl I 14, 188.

Übersicht

1. Inhalt. Die Vorschrift regelt die Amts- und Rechtshilfe im Verhältnis zu anderen Staaten. Die Amtshilfe erfasst insbes die gegenseitige Unterstützung beim Besteuerungsverfahren (zum Begriff „Amtshilfe" s auch § 111 Rz 8); demgegenüber ist unter dem Begriff der „Rechtshilfe" die gegenseitige Unterstützung im Strafverfahren zu verstehen (*Stahl* KÖSDI 14, 18687). Der **Zweck** der Amts- und Rechtshilfe liegt darin, den Nachteil auszugleichen, dass die deutsche und die ausl FinBeh in ihrer Ermittlungstätigkeit jeweils auf das eigene Staatsgebiet beschränkt sind (BFH/NV 08, 51). Wesentlicher Inhalt der Amts- und Rechtshilfe ist der Austausch von Informationen bzw Auskünften und damit die Herstellung einer 1

Transparenz im Besteuerungsverfahren. Zunehmend im Vordergrund steht der automatische Informationsaustausch ohne vorheriges Ersuchen (s Rz 71 und 93 sowie 235, 255), aber auch die Durchführung gemeinsamer Ap.

2 **Abs 1** betrifft die Amtshilfe in Fällen, in denen ein **deutsches FA** eine ausl FinBeh um Amtshilfe ersucht und die ausl Behörde die Amtshilfe gewähren soll (deutsche Amtshilfeersuchen); hier geht es also um die zutreffende Besteuerung im Inland. Abs 1 enthält keine näheren Voraussetzungen für die Gewährung der Amtshilfe; die Rechtsgrundlage für die Amtshilfe ergibt sich idR aus Abkommen wie zB einem DBA oder aus einem Gesetz wie zB dem EUAHiG (s Rz 72).

Hingegen regeln **Abs 2 und 3** Amtshilfeersuchen **ausl Behörden,** die an deutsche FinBeh gerichtet sind (ausl Amtshilfeersuchen); diese Ersuchen dienen der zutreffenden Besteuerung im Ausland (*Bozza-Bodden* DStJG Bd 36, 2013, 133, 136). Dabei betrifft Abs 2 ausl Amtshilfeersuchen, die auf einer Rechtsgrundlage wie zB DBA oder EUAHiG beruhen, während Abs 3 die vertraglose Amtshilfe (sog Kulanzauskünfte) durch deutsche FinBeh regelt; in den Fällen des Abs 3 gibt es also keine eigenständige Rechtsgrundlage für die Amtshilfe, dh weder ein DBA noch das EUAHiG. **Abs 4** regelt das Verfahren der Amtshilfe, während **Abs 5** eine Ermächtigung enthält, die jedoch keine praktische Bedeutung hat. Zur internationalen Rechts- und Amtshilfe bei der Strafverfolgung siehe § 385 Rz 25 ff.

5 **2. Rechtsgrundlagen für Amtshilfe bei Ertragsteuern. a) DBA.** Die gegenseitige Rechts- und Amtshilfe wird insbes in den einzelnen DBA mit dem jeweiligen Staat, dh bilateral, geregelt. Derzeit gibt es 96 DBA im Bereich der Ertrag- und Vermögensteuern (s hierzu Übersicht in BMF 17.1.2018, BStBl I, 239). In der Regel enthalten die einzelnen **DBA** in ihren jeweiligen Art 26 oder 27 eine entsprechende Rechtsgrundlage, die sich – mehr oder weniger – an **Art 26 des OECD-MA orientiert,** der einen gegenseitigen Informationsaustausch vorsieht. Einzelheiten zu den Abweichungen der jeweiligen DBA vom OECD-MA bei *Vogel/Lehner* DBA, Art 26 Rz 58, 86 und 113. Nach Art 26 des OECD-MA 2010 tauschen die zuständigen Behörden der Vertragsstaaten diejenigen Informationen aus, die zur Durchführung des Abkommens und zur Verwaltung oder Anwendung des innerstaatlichen Rechts der Vertragsstaaten **voraussichtlich erheblich** sind, soweit die diesem Recht entsprechende Besteuerung mit dem Abkommen im Einklang steht.

6 Art 26 OECD-MA 2010 ist damit weiter gefasst als die vorherige Fassung des Art 26 im OECD-MA 2003, wonach die Information „erforderlich" sein musste. Die Neufassung trägt dem Umstand Rechnung, dass der ersuchte Vertragsstaat die Erforderlichkeit idR nicht einzuschätzen vermag. Allerdings enthalten die meisten älteren DBA noch die Formulierung „erforderlich", während in aktuellen DBA die Formulierung „voraussichtlich erforderlich" übernommen wird. Auch nach Art 1 des OECD-MA Inf erfolgt ein Auskunftsaustausch bei Informationen, die für die Festsetzung der Steuern „voraussichtlich erheblich" sind. Rechtliche Unterschiede zwischen den Begriffen „voraussichtlich erheblich", der auch in § 4 I EUAHiG verwendet wird (s Rz 198), und „erforderlich" bestehen allerdings nicht (*Vogel/Lehner* DBA, Art 26 Rz 34). Damit kann die Erforderlichkeit bzw voraussichtliche Erheblichkeit bejaht werden, wenn die ernstliche Möglichkeit besteht, dass abkommensrechtl ein Besteuerungsrecht des anderen Staates besteht und dieser ohne die Auskunft von dem Gegenstand des Besteuerungsrechts nicht erfahren würde (BFH/NV 08, 51; FG Köln EFG 08, 1177; *Czakert* IStR 13, 596, 597). Eine konkrete Gefährdung des ausl Besteuerungsrechts ist somit nicht erforderlich. Zu verneinen ist die voraussichtliche Erheblichkeit indes bei sog fishing expeditions, dh bei Ermittlungen ins Blaue hinein (*Czakert* IStR 13, 596, 597).

7 Der Umfang der Amtshilfe hängt insbes davon ab, ob in dem jeweiligen DBA eine große oder eine kleine Auskunftsklausel vereinbart wurde; die Unterschiede zwischen beiden Klauselarten sind jedoch fließend (*HHSp/Söhn* § 117 Rz 45):

Die **große Auskunftsklausel** ist die Regel bei Abkommen mit europäischen Staaten (zB Art 27 DBA Schweiz) und anderen Industriestaaten sowie bei neueren DBA. Sie ist auch in Art 26 Nr 1 des OECD-MA 2010 enthalten. Sie beschränkt sich nicht nur auf die Durchführung des DBA, sondern dient auch der Durchsetzung der innerstaatlichen StAnsprüche der Vertragsstaaten, soweit dies nicht dem jeweiligen DBA widerspricht. Bei der großen Auskunftsklausel dürfen daher insoweit **alle Auskünfte** gegeben werden, die der ersuchende Staat für die richtige Erhebung seiner Steuern – dies sind nicht nur die vom DBA erfassten Steuern – benötigt. Hierzu zählen grds auch der Auskunftsaustausch zur Vermeidung der StHinterziehung und der Auskunftsaustausch im StStrafverfahren sowie gerichtlichen Verfahren. Nach der großen Auskunftsklausel können zB Auskünfte über die Richtigkeit behaupteter Tatsachen, über die Echtheit von Beweismitteln und über Indizien geleistet werden, soweit es zur stl Beurteilung erforderlich ist. Ferner kann Amtshilfe auch dann in Anspruch genommen oder geleistet werden, wenn gar keine Doppelbesteuerung droht. Zudem können auch Auskünfte über rechtl und wirtschaftliche Vorgänge ausgetauscht werden, die aus dem Gebiet dieses Staates in dritte Staaten hineinreichen. Dies gilt zB dann, wenn ein Stpfl des einen Staates seine Geschäftsbeziehung zu einem anderen Staat so gestaltet, dass sie über das Gebiet eines dritten Staates (zB ein sog Steueroasen-Land) abgewickelt werden (s auch Rz 246).

Die **kleine Auskunftsklausel** ist insbes bei Abkommen mit Entwicklungslän- 8
dern sowie bei älteren DBA mit Industriestaaten (zB im nicht mehr gültigen Art 26 I DBA Japan 1966) enthalten. Nach der sog kleinen Auskunftsklausel sind nur solche Auskünfte zu erteilen, die zur Durchführung des jeweiligen DBA erforderlich sind (zB Art 26 DBA Indonesien). Teilweise wird die kleine Auskunftsklausel dahingehend ergänzt, dass nur bei Betrugsdelikten oder zur Vermeidung von StVerkürzungen Amtshilfe auch zur Durchsetzung innerstaatlichen Rechts gewährt wird (zB Art 23 des früheren DBA Niederlande v 16.6.1959). Der Sache nach handelt es sich aber gleichwohl um eine kleine Auskunftsklausel (so auch *Vogel/Lehner* DBA, Art 26 Rz 65).

b) Tax Information Exchange Agreements (TIEA). Statt eines DBA oder 11
neben einem DBA kann mit einem anderen Staat auch ein sog TIEA abgeschlossen werden. Dabei handelt es sich um ein Abkommen auf dem Gebiet des Informationsaustauschs, das auf dem „OECD Musterabkommen über den Informationsaustausch in Steuersachen" (**OECD-MA Inf** – mitunter auch als TIEA-Musterabkommen bezeichnet) beruht (*Dölker* BB 17, 279, 282; *Seer/Gabert* Ubg 10, 358). Derzeit hat die Bundesrepublik 27 TIEA abgeschlossen, insbes mit sog **Steueroasen**, mit denen kein DBA geschlossen wurde, wie zB den Bahamas oder Gibraltar (s BMF 17.1.2018, BStBl I, 239, Abschn I.4). Die TIEA enthalten in Art 5 iVm Art 1 eine Auskunftsklausel, nach der der eine Staat den anderen Staat um Auskunft ersuchen kann, wenn die Information voraussichtlich erheblich ist (s Rz 5). Eine konkrete Gefährdung des Besteuerungsrechts des ersuchenden Staates ist somit nicht erforderlich. Zu Einzelheiten s BMF 10.11.2015 (BStBl I 16, 138).

Sowohl das OECD-MA Inf als auch die einzelnen TIEA sind unter **beck-online** abrufbar (dort unter Normen/Richtlinien → Gesetzessammlungen → dba) bzw in der Beck'schen Textausgabe „Doppelbesteuerungsabkommen" abgedruckt. Zur Anwendbarkeit der TIEA auf Erbschaft- und SchenkSt s Rz 43.

c) Sonstige bilaterale Auskunftsabkommen. Mit verschiedenen europäi- 14
schen Staaten hat Deutschland zusätzlich zu den jeweiligen DBA eigenständige Abkommen über die gegenseitige Amtshilfe abgeschlossen (s BMF v 23.11.2015, BStBl I, 928, Tz 6.1.2). In diesen Abkommen werden Auskunftsersuchen, Spontanauskünfte und/oder der automatische Auskunftsaustausch geregelt. Derartige Abkommen bestehen mit Dänemark (BStBl I 2005, 498), Estland (BStBl I 2006, 355), Frankreich (BStBl I 2001, 801), Litauen (BStBl I 2005, 1008), Lettland

(BStBl I 2006, 359), Tschechien (BStBl I 2005, 904, geänd BStBl I 2006, 487) und Ungarn (BStBl I 2006, 694). Weiterhin besteht mit Österreich ein Amtshilfevertrag v 4.10.1954 (BStBl I 55, 434), der allerdings im Bereich der Vollstreckung nicht mehr angewendet wird (BStBl I 12, 882). Zur Amtshilfe durch die Schweiz, Liechtenstein und verschiedene Steueroasen s *Stahl* KÖSDI 14, 18 687, 18 689 ff.

20 **d) Auskunftsabkommen der OECD.** Das Übereinkommen über die gegenseitige Amtshilfe in Steuersachen des **Europarates und der OECD** vom 25.1.1988 ist das wichtigste multilaterale Abkommen im Bereich der Amtshilfe. Das Übereinkommen dient der Bekämpfung der StHinterziehung und sieht nach Art 1 Nr 2 den Informationsaustausch einschl abgestimmter StPrüfungen (Art 4 ff) sowie Hilfe bei der Beitreibung von Steuern (Art 11 ff) und Zustellungen (Art 17 ff) vor. Das Übereinkommen wurde am 27.5.2010 durch ein Zusatzprotokoll ergänzt, das eine Auskunftsklausel gem Art 26 OECD-MA enthält (*Czakert* IStR 10, 567, 569; IStR 13, 596, 597). Die Bundesrepublik ist dem Abkommen am 17.4.2008 beigetreten und hat das Abkommen sowie das Zusatzprotokoll im Jahr 2015 durch G v 16.7.2015 mWv 1.12.2015 ratifiziert (BGBl II, 966; BT-Drs 200/15); insgesamt haben ca 117 Staaten das Abkommen unterzeichnet (s www.oecd.org/tax/exchange-of-tax-information/Status_of_convention.pdf).

21 Als Folge des OECD-Abkommens v 25.1.1988 wird der **automatische Informationsaustausch** (Automatic Exchange of Information – AEOI) vorangetrieben, und zwar auf der Grundlage des am 29.10.2014 von 51 Staaten unterzeichneten **MCAA** (Multilateral Competent Authority Agreement) und des **CRS** (Common Reporting Standard, s www.oecd.org/ctp/exchange-of-tax-information/multilateral-competent-authority-agreement.pdf; zu Einzelheiten s BMF v 1.2.2017, BStBl I 17, 305; *Dölker,* BB 17, 279, 280; *Czakert* DStR 15, 2697; *Hörhammer/Fehling* NWB 14, 3402, 3406 f). Mittlerweile haben 98 Staaten das MCAA unterzeichnet (Stand: 15. Januar 2018 www.oecd.org/ctp/exchange-of-tax-information/MCAA-signatories.pdf). Der automatische Informationsaustausch betrifft insbes die Kontensalden und wirtschaftlichen Berechtigten ausl Konten. Der Austausch hat mit einigen Staaten im September 2017 begonnen und wird ab September 2018 mit allen unterzeichnenden Staaten durchgeführt (*Dölker* BB 17, 279, 280). Auf nationaler Ebene wird dies durch das FKAustG umgesetzt (s Rz 37).

22 Von der OECD, den sog G 20 und verschiedenen Entwicklungsländern, wurde ferner das sog **BEPS-Projekt** entwickelt, das sich gegen Gewinnkürzung und Gewinnverlagerung (Base Erosion and Profit Shifting) international tätiger Konzerne wendet. Das BEPS-Projekt selbst ist zwar keine Rechtsgrundlage und wird auch nicht ratifiziert; es ist aber Anlass für die beteiligten Staaten, Rechtsgrundlagen für die Amtshilfe zu schaffen, entweder multilateral wie zB in Gestalt der EU-AmtshilfeRL oder durch nationale Gesetze, zB durch das BEPS-UmsetzungsG v 20.12.2016 (BGBl I, 3000), durch das § 117c geändert und § 138a eingeführt sowie § 7 EUAHiG geändert worden ist. Der BEPS-Aktionsplan wurde am 19.7.2013 entwickelt, und am 5.10.2015 wurden die Abschlussberichte vorgelegt (s www.bundesfinanzministerium.de/Content/DE/Standardartikel/Themen/Steuern/beps-15-aktionspunkte.html). Relevant ist insbes der **BEPS-Aktionspunkt 5,** der neben der Beschränkung des Abzugs von Lizenzaufwendungen auch den automatischen Austausch über sog Tax Rulings vorsieht, dh über stl Zusagen, die die FinBeh den Stpfl im Vorfeld grenzüberschreitender Transaktionen erteilen (s hierzu BMF 28.7.2016, BStBl I, 806); ein entsprechender Austausch ist auch nach der EU-AmtshilfeRL vorgesehen (s Rz 31) und nunmehr in § 6 II und § 7 III bis XIV EUAHiG idF v 20.12.2016 umgesetzt worden. Zum anderen ist der **Aktionspunkt 13** bedeutsam: Dieser sieht standardisierte Dokumentationsanforderungen im Bereich der Verrechnungspreise für multinational tätige Unternehmen vor, damit die FinVerw die notwendigen Informationen erhält. Auf der Grundlage des Aktionspunktes 13 wurde ein MCAA – das sog **MCAA 2** – zum Austausch von

sog **Country-by-country-reports** (CbC-Report) am 7.12.2016 von 50 Staaten unterzeichnet; derzeit sind es bereits 69 Staaten (Stand: Mai 2018, s www.oecd.org/tax/automatic-exchange/about-automatic-exchange/CbC-MCAA-Signatories.pdf; zu Einzelheiten s auch *Dölker* BB 17, 279, 280). Das CbC-Reporting wird in Deutschland durch § 138a umgesetzt (s Rz 39).

e) EU-Amtshilferichtlinie. Die ursprüngliche EG-Amtshilfe-RL 77/779/EWG v 19.12.1977 ist mWv 1.1.2013 durch die AmtshilfeRL 2011/16/EU v 15.2.2011 (ABl Nr L 64, 1) ersetzt worden (Art 28 AmtshilfeRL). Sie verpflichtete die Mitgliedstaaten zur Umsetzung der neuen RL 2011/16/EU in nationales Recht bis zum 1.1.2013 (Art 29 AmtshilfeRL). Die EU-AmtshilfeRL ist keine Rechtsgrundlage, sondern muss zunächst in nationales Recht umgesetzt werden. So ist auf der Grundlage der neuen RL das AmtshilfeRLUmsG v 26.6.2013 beschlossen und mWv 1.1.2013 das EUAHiG verabschiedet worden (Art 1 und 31 III AmtshilfeRLUmsG); zum EUAHiG s Rz 150 ff. 30

Die AmtshilfeRL 2011/16/EU ist zwischenzeitlich **mehrfach geändert** worden: Durch RL 2014/107/EU v 9.12.2014 (ABl Nr L 64, 1) ist der automatische Informationsaustausch bzgl der Daten über Bankkonten erweitert worden ist. Dies hat zu einer Änderung des § 7 EUAHiG geführt (s Rz 225 ff). Durch die RL (EU) 2015/2376 v 8.12.2015 ist in Art 8a der automatische Informationsaustausch im Bereich der Vorabverständigungsverfahren und bei „Steuervorbescheiden" mit grenzüberschreitender Dimension – gemeint sind verbindliche Auskünfte über internationale Verrechnungspreisgestaltungen – mWv 1.1.2017 eingeführt worden; dies entspricht dem Aktionspunkt 5 des BEPS-Projektes (s Rz 22). Durch die RL 2016/881 v 25.5.2016 wird insbes in einem neuen Art 8aa der BEPS-Aktionspunkt 13 (s Rz 22) umgesetzt. Zudem hat die EU-Kommission vorgeschlagen, den Informationsaustausch durch Zugriffsrechte für StBehörden auf Informationen im Zusammenhang mit Anti-Geldwäsche Massnahmen zu verbessern (Vorschlag COM/2016/452). 31

f) Zinsrichtlinie. Eine weitere multilaterale Amtshilferegelung stellte die ZinsRL 2003/48/EG v 3.6.2003 (ABl Nr L 157, 38, zuletzt geändert durch RL 2014/48/EU v 24.3.2014, ABl Nr L 111, 50) dar, auf deren Grundlage § 45e EStG und die **Zinsinformationsverordnung** (ZIV) v 26.1.2004 (BGBl I, 128, zuletzt geändert durch VO v 5.11.2007, BGBl I, 2562) erlassen wurden, dar. Zum Inhalt der ZinsRL s 13. Aufl Rz 4. Die ZinsRL 2003/48/EG ist aber mWv 1.1.2016 durch RL 2015/2060 v 10.11.2015 (ABl Nr L 301, 1) aufgehoben worden, da der automatische Informationsaustausch nunmehr ausschl in der AmtshilfeRL sowie im Finanzkonten-Informationsaustauschgesetz (s Rz 37) geregelt wird (s auch *Hörhammer* NWB 15, 741, 745). Die ZIV gilt nach § 17 ZIV nur noch für Zinsen, die bis zum 31.12.2015 zugeflossen sind. 34

g) Nationale Regelungen. Rechtsgrundlagen für die internationale Amtshilfe sind in verschiedenen deutschen Gesetzen enthalten, die idR multilaterale Vereinbarungen umsetzen. 36

Im Bereich der **Geldwäsche** sind §§ 27 ff GwG idF v 26.6.2017 (BGBl I, 1822) zu beachten, nach der die Zentralstelle für Finanztransaktionsuntersuchungen den Datenaustausch mit anderen EU-Staaten vornimmt (s § 33 GwG). Damit wird die RL (EU) 2015/849 v 20.5.2015 zur Verhinderung der Nutzung des Finanzsystems zum Zwecke der Geldwäsche und der Terrorismusfinanzierung umgesetzt. Die Vorgängerregelung des § 10 II, IV GwG idF v 22.12.2011 (BGBl I, 2959) beruhte auf den RL 2005/60/EG und 2006/70/EG, die nun durch die RL (EU) 2015/849 aufgehoben worden sind.

Das **Finanzkonten-Informationsaustauschgesetz** – FKAustG – v 21.12. 2015 (BGBl I, 2531), geändert durch BEPS-UmsetzungsG v 20.12.2016 (BGBl I, 3000), verpflichtet die deutschen Bankinstitute, Daten über ihre ausl Kunden dem BZSt zu übermitteln, das den Austausch mit den jeweiligen anderen Staaten vor- 37 nimmt. Das FKAustG beruht auf der EU-AmtshilfeRL 2014/107/EU v 9.12. 2014, mit der die RL 2011/16/EU geändert worden ist, sowie auf dem CRS vom 29.10.2014 (s Rz 21 sowie *Dölker* BB 17, 279, 280). Die Verpflichtung zur Meldung besteht erstmals für 2016 (§ 6 III FKAustG). Zu Einzelheiten s BMF 6.6. 2017 (BStBl I, 847).

Das **EUAHiG** (s Rz 150 ff) ist eine Rechtsgrundlage zur Amtshilfe innerhalb der EU-Staaten, zB zur Auskunftserteilung durch einen anderen EU-Staat nach § 6 EUAHiG. Das EUAHiG v 26.6.2013 (BGBl I, 1809) ist durch Art 1 des AmtshilfeRLUmsG v 26.6.2013 (BGBl I, 1809) eingeführt und zuletzt durch BEPS-UmsetzungsG v 20.12.2016 (BGBl I, 3000) geändert worden. Zu den Einzelheiten des EUAHiG s Rz 150 ff, zum Anwendungsbereich s Rz 162 ff. Bis zum 31.12.2012 war das EGAHiG anwendbar, s Rz 150.

Außerdem hat der deutsche Gesetzgeber mit dem **StHintBekG** v 29.7.2009 (BGBl I, 2302) Druck auf Steueroasen ausgeübt, indem der Betriebsausgabenabzug oder die StFreiheit nach § 8b KStG bei Geschäftsbeziehungen mit Steueroasen von der Erfüllung besonderer Mitwirkungspflichten durch den Stpfl abhängig gemacht werden sollten. Dieser gesetzgeberische Druck hat zum Abschluss verschiedener TIEA geführt, sodass derzeit kein Staat als Steueroase anzusehen ist (vgl BMF v 5.1.2010, BStBl I, 19, sowie § 90 Rz 38).

39 Auch die **AO** enthält verschiedene Regelungen zum Austausch von Informationen. So regeln **§§ 117a und 117b** den Austausch von Daten innerhalb der EU mit steuerstrafrechtlichem oder strafrechtlichem Bezug. Hingegen dient § 117c der Umsetzung des FATCA-Abkommens mit den USA (s § 117c Rz 2). Weiterhin regeln **§§ 138a und 138b** den sog automatischen Austausch der länderbezogenen Berichte (sog Country-by-Country-report). Damit wird der MCAA 2 vom 7.12.2016 umgesetzt (Rz 22). Ergänzt wird dies durch § 90 III 3, der eine entsprechende Stammdokumentation verlangt (§ 90 Rz 68 ff).

43 **3. Rechtsgrundlagen für Amtshilfe bei Erbschaft- und Schenkungsteuern.** Bei der Erb- und SchenkSt gibt es sechs Abkommen auf dem Gebiet der ErbSt, nämlich mit Frankreich, Dänemark, Griechenland, Schweden, Schweiz und den USA (s BMF 17.1.2018, BStBl I, 239, Abschn I.3). Darüber hinaus sind auch die TIEA (s Rz 11) auf Erb- und SchenkSt anwendbar (vgl Art 3 Nr 1 Buchst a, iv, des OECD-MA Inf) sowie das EUAHiG (s Rz 162).

47 **4. Rechtsgrundlagen für Amtshilfe bei harmonisierten Verbrauchsteuern.** Im Bereich der harmonisierten Verbrauchsteuern (Energie-, Strom-, Tabak-, Branntwein-, Bier- und Schaumweinsteuer) richtet sich die Amtshilfe seit dem 1.7.2012 nach der VO (EU) 389/2012 v 2.5.12 (ABl Nr L 121, 1); zur vorherigen Rechtslage s 13. Aufl Rz 5.

50 **5. Rechtsgrundlagen für Amtshilfe bei der Umsatzsteuer.** Die Amtshilfe **innerhalb der EU** richtet sich seit 1.1.2012 nach der VO Nr 904/2010 v 7.10.2010 über die Zusammenarbeit der VerwBeh und die Betrugsbekämpfung auf dem Gebiet der Mehrwertsteuer – **ZusammenarbeitsVO** – (ABl Nr 268, 1); s auch www.bzst.de, dort unter „Steuern international" und „Internationale Amtshilfe". Sie löst die bis zum 31.12.2011 geltende EWGVO 1798/2003 (ABl EG Nr L 264, 1, geändert durch EWGVO 143/2008) ab. Das EUAHiG gilt hingegen ebenso wenig für die USt wie – bis 2012 – das EGAHiG (s Rz 162).

51 Die ZusammenarbeitsVO ist **unmittelbar geltendes** innerstaatliches Recht. Sie regelt die Modalitäten, nach denen die Behörden, die auf dem Gebiet der USt Warenlieferungen und Dienstleistungen, den innergemeinschaftlichen Erwerb von Gegenständen und die Einfuhr von Waren überprüfen, untereinander sowie mit der Kommission zusammenarbeiten. Sie sieht neben Auskunftsersuchen gem Art 7 ff der VO einen spontanen EDV-gestützten Informationsaustausch nach Art 13 ff der VO vor, wenn eine Besteuerung im Bestimmungsmitgliedstaat erfol-

gen soll und die vom Herkunftsmitgliedstaat übermittelten Informationen für die Wirksamkeit der Kontrollen des Bestimmungsmitgliedstaates notwendig sind; ferner wenn ein Mitgliedstaat Grund zu der Annahme hat, dass in dem anderen Mitgliedstaat ein Verstoß gegen die USt-Vorschriften begangen wurde oder wenn in einem anderen Mitgliedstaat die Gefahr eines Steuerverlusts besteht. Außerdem sieht sie in Art 25 ff eine Amtshilfe bei der Zustellung von VA vor und verpflichtet nach Art 21 zur Einrichtung und Pflege einer elektronischen Datenbank mit bestimmten Dateninhalten und zur unverzüglichen Auskunftserteilung oder der Ermöglichung eines direkten Zugriffs auf diese Datenbank zur Ermittlung der erteilten USt-IdNr und des Gesamtwerts der innergemeinschaftlichen Lieferungen der Unternehmen, die eine USt-IdNr erhalten haben, an Personen, denen eine USt-IdNr erteilt wurde. Innerstaatliche Ermächtigung für die Informationsbeschaffung ist insbes **§ 18d UStG.**

Außerhalb der EU können die einzelnen TIEA (s Rz 11) eine Amtshilfe im Bereich der USt vorsehen (zB Art 3 des TIEA mit den Cayman Islands v 27.5.2010). Mit der **Schweiz** hat die EU am 26.10.2004 ein Abkommen zur Betrugsbekämpfung geschlossen, das auch die Amtshilfe bei Verstößen im Bereich der USt umfasst (§ 2 I Buchst a 2. Spiegelstrich des Abkommens, veröffentlicht unter www.bzst.de). 52

6. Rechtsgrundlagen für Amtshilfe bei der Beitreibung (Vollstreckung). Im **Bereich der EU** regelt das EU-Beitreibungsgesetz v 7.12.2011 (BGBl I, 2592, geändert durch AmtshilfeRLUmsG v 26.6.2013, BGBl I, 1809) mWv 1.1.2012 die Geltendmachung von StForderungen zwischen den EU-Mitgliedstaaten und in den §§ 5 und 6 die Erteilung von Auskünften (s auch vor § 249 Rz 5). Das EU-Beitreibungsgesetz gilt auch im Verhältnis zu Österreich und ersetzt damit den österreichisch-deutschen Amtshilfevertrag von 1954, s BStBl I 12, 882. Das EUAHiG gilt hingegen nicht für die Beitreibung (s Rz 162 und 164). 55

Das EU-Beitreibungsgesetz setzt die RL 2010/24/EU v 16.3.2010 (ABl Nr L 84, 1) um, durch die die Amtshilfe in der EU bei der Beitreibung von Steuern, Abgaben und sonstigen Maßnahmen mWv ab 20.4.2010 neu geregelt wurde und die bis zum 31.12.2011 von den Mitgliedstaaten in nationales Recht umzusetzen war. Zur vorherigen Rechtslage s 13. Aufl Rz 10.

Weiterhin kann sich aus dem jeweiligen DBA eine Rechtsgrundlage für die Beitreibung ergeben, wenn im konkreten DBA Art 27 OECD-MA übernommen worden ist (s *Seer* IWB 17, 595, 597); je nach Staat gilt dies dann **auch außerhalb der EU.** Entsprechende Regelungen finden sich bereits in verschiedenen von Deutschland abgeschlossenen DBA (zu Einzelheiten s *Vogel/Lehner* DBA Art 27 Rz 11). Art 27 OECD-MA soll eine unmittelbare Beitreibungshilfe ermöglichen, einschl vorläufiger Maßnahmen zur Sicherung der StAnsprüche (Art 27 IV OECD-MA). Auskünfte zur Durchführung der Vollstreckung sind hingegen auf Art 26 OECD-MA bzw des konkreten DBA zu stützen, sodass das StGeheimnis gewahrt bleibt (*Vogel/Lehner* DBA Art 27 Rz 3). 56

Daneben ist Amtshilfe nach folgenden Vorschriften möglich: nach Maßgabe des Übereinkommens über die gegenseitige Amtshilfe in Steuersachen des Europarates und der **OECD** v 25.1.1988 (s Rz 20), soweit dies von dem anderen Staat bereits ratifiziert worden und dort in Kraft getreten ist (s *Seer* IWB 17, 595, 599); nach einzelnen Amtshilfe- und Rechtshilfeabkommen (s Übersicht in BStBl I 18, 239, unter 4.; sowie Rz 14). Besteht **keine Rechtsgrundlage** für eine Amtshilfe in Vollstreckungssachen, darf Vollstreckungshilfe nicht geleistet werden (s auch § 250 Rz 2). Dies kann jedoch nur im Verhältnis zu Staaten außerhalb der EU eintreten, weil innerhalb der EU mit dem EU-Beitreibungsgesetz eine geeignete Rechtsgrundlage vorhanden ist (s Rz 55). Zum Rechtsschutz gegen Beitreibungsersuchen und gegen die Gewährung von Beitreibungshilfe s *Seer* IWB 17, 595, 606f; BFH BStBl 10, 51. 57

60 **7. Rechtsgrundlagen für Amtshilfe der Zollverwaltungen.** Rechtsgrundlagen für die Amtshilfe **innerhalb der EU** sind die **VO über die gegenseitige Amtshilfe** (VO (EG) Nr 515/97, ABl EG Nr L 82, 1; ber 123, 25, zuletzt geändert durch Art 1 ÄndVO (EG) 766/2008, ABl EG Nr L 218, 48) und das **Neapler Übereinkommen** v 18.12.1997 (ABl EG Nr C 24, 1 und BGBl II 02, 1387 – Neapel II –), zuletzt geändert durch Beschluss (EU) 2016/979 v 20.5.2016, s auch Rz 63. Für die Datenübermittlung durch die Zollfahndungsämter s §§ 34, 34a ZFdG (BGBl I 07, 1037, geändert durch G v 23.6.2017, BGBl I, 1822). Für die Aufgaben der Zollverwaltung auf dem Gebiet der harmonisierten VerbrauchSt und der Zölle gilt also nicht das EUAHiG gem § 1 II Nrn 2 und 3 EUAHiG (s unten Rz 169).

61 Die VO über die gegenseitige Amtshilfe (VO (EG) Nr 515/97) soll insbes die ordnungsgemäße Anwendung der Zollnormen gewährleisten. Die VO regelt Auskünfte auf Ersuchen sowie Spontanauskünfte im Bereich der Anwendung der Zollvorschriften des Gemeinschaftsrechts sowie der Marktorganisationen außerhalb strafrechtlicher Ermittlungsverfahren. Sie steht neben dem Neapler Übereinkommen und geht vom Grundsatz der Gleichstellung von Ermittlungsmaßnahmen zum Zwecke der Amtshilfe und im eigenen Interesse des betr Staates aus. Die VO über die gegenseitige Amtshilfe regelt die Spontanauskunft (BFH/NV 00, 531) über Vorgänge, die nach Ansicht der Behörde der Zoll- und Agrarregelung zuwiderlaufen und für die Drittbehörde bei der Durchsetzung der Zoll- und Agrarregelung dienlich sind (Art 14); es reicht aus, wenn nach vertretbarer Ansicht der ZollBeh der Vorgang einer Zollregelung zuwiderläuft, und zwar unabhängig davon, ob dies in betrügerischer Absicht oder gutgläubig geschieht (BFH/NV 00, 531). Weiterhin wird die Amtshilfe auf Antrag geregelt (Art 4 ff), der auch von der Kommission ausgehen kann (Art 18 III); bei dieser Form der Amtshilfe überlässt sie der ersuchenden Behörde die Beurteilung, ob Vorgänge der Zoll- und Agrarregelung zuwiderlaufen, und gibt deren Bediensteten grds das Recht, bei den von der ersuchten Behörde ggf durchzuführenden Ermittlungen (außer bei der strafprozessualen Durchsuchung und förmlichen Vernehmung) anwesend zu sein und alle Unterlagen einzusehen (Art 9). § 117 gilt subsidiär, soweit die VO keine Regelung trifft (BFH/NV 00, 531).

62 Ferner enthält die VO eingehende Regelungen über die Errichtung eines **Zollinformationssystems (ZIS)** als einer umfassenden zentralen Datenbank, die umfangreiche personenbezogene Daten enthält (vgl Art 25) und von den Mitgliedstaaten und der Kommission elektronisch abgefragt werden kann (Art 23 ff). Für Betroffene besteht ein eingeschränkter Auskunftsanspruch über gespeicherte personenbezogene Daten (Art 36).

63 Weiterhin wird die Zusammenarbeit der Zollverwaltungen in der EU durch das multilaterale Neapler Übereinkommen (BGBl II 69, 65) geregelt, das durch das sog **Neapel-II-Übereinkommen** v 18.12.1997 ersetzt worden ist (Übereinkommen aufgrund von Artikel K.3 des Vertrags über die Europäische Union über gegenseitige Amtshilfe und Zusammenarbeit der Zollverwaltungen, BGBl II 02, 1387). Das Neapler Übereinkommen dient vorrangig der Ermittlung und Strafverfolgung bei **Zollvergehen** (Zölle, Agrarabgaben bzw -vergünstigungen, harmonisierte VerbrauchSt sowie EUSt). Die Amtshilfe soll die Verfolgung und Ahndung von Zuwiderhandlungen gegen gemeinschaftliche und nationale Zollvorschriften ermöglichen. Im Amtshilfeersuchen sind ua genaue und umfassende Angaben über die natürlichen und juristischen Personen zu machen, gegen die sich die Ermittlungen richten (Art 9 des Übereinkommens). Das Übereinkommen lässt grds nur eine **zweckgebundene Verwendung** der Auskünfte bzw Beweismittel zu. Ebenso wie die VO über die gegenseitige Amtshilfe (s Rz 60) geht das Abkommen vom Grundsatz der Gleichstellung von Ermittlungsmaßnahmen zum Zwecke der Amtshilfe und im eigenen Interesse des betr Staates aus; es lässt daher auch Maßnahmen zu, die Zwangscharakter haben und in Anwesenheit von Vertretern des ersuchenden Staates durchgeführt werden können. Es tritt somit neben das Europäische Übereinkommen über die Rechtshilfe in Strafsachen (siehe dazu Gesetz über die

internationale Rechtshilfe in Strafsachen v 27.6.1994, BGBl I 94, 1537, zuletzt geändert durch G v 5.7.2017, BGBl I, 2208); s hierzu Rz 69. Der Dienstverkehr findet innerhalb der EU unmittelbar zwischen den Zolldienststellen, iÜ überwiegend über das ZKA statt.

Die Ratifizierung durch mehrere Signaturstaaten steht noch aus; Deutschland hat gem Art 32 IV des Übereinkommens beschlossen, das Übereinkommen mit den Mitgliedstaaten, die ebenfalls einen Beschluss nach Art 32 IV gefertigt haben, bereits im Voraus anzuwenden.

Mit Staaten **außerhalb der EU** bestehen zahlreiche bilaterale Abkommen zwi- 64
schen der EU und verschiedenen Drittstaaten (s zB BFH/NV 08, 1222, zum Abkommen zwischen der EU und Litauen) sowie Amtshilfevorschriften im Zusammenhang mit einzelnen speziellen zollrechtl Regelungen. So hat die EU zB mit China, Hongkong, Indien, Japan, Kanada, Korea und den USA Abkommen über die Zusammenarbeit und gegenseitige Amtshilfe unterzeichnet (zB für Korea s ABl Nr L 127 v 14.5.11; Liste der Abkommen unter www.eur-lex.europa.eu).

IÜ leisten die meisten am Welthandel beteiligten Staaten aufgrund der Empfehlungen des Brüsseler Zollrats v 5.12.1953 (heute: Weltzollorganisation) einander allg (nicht einzelfallbezogene) Unterstützung auf dem Gebiet des Zolls, wobei eine Datenerhebung (Ermittlungen auf Ersuchen) insoweit nicht vorgesehen ist. Mit der Schweiz hat die EU am 26.10.2004 ein Abkommen zur Betrugsbekämpfung geschlossen, das auch die Amtshilfe bei Verstößen im Bereich des Zolls umfasst (§ 2 I Buchst a 1. Spiegelstrich des Abkommens), s auch Rz 52.

8. Rangordnung bei der Amtshilfe. Kann ein Amtshilfeersuchen innerhalb 67
der EU auf mehrere Rechtsgrundlagen gestützt werden, so haben die Regelungen der EU (s Rz 30f) und die hierauf gestützten nationalen Regelungen (zB EUAHiG) grds Vorrang vor den DBA (Art 27 Nr 2 des OECD-Abkommens v 25.1.88; *Oppel* IWB 17, 359, 362f). Ist die Auskunftsklausel nach dem jeweiligen DBA aber weiter gefasst als die EU-Regelung (zB nach Art 2 RL 77/799/EWG bzw Art 5 AmtshilfeRL), hat das DBA aufgrund seines weitergehenden Anwendungsbereichs Vorrang (*Eich* KÖSDI 10, 17041, 17046; *Stahl* KÖSDI 14, 18687; BMF 23.11.2015, BStBl I, 928, Tz 1.3.1); s auch Rz 175 zur Rangfolge bei Anwendbarkeit des EUAHiG.

Außerhalb der EU gehen die multi- und bilateralen Abkommen wie DBA, TIEA oder die MCAA der OECD (s Rz 5–21) den nationalen Regelungen (Rz 36ff) vor, sofern die Abkommen ratifiziert worden sind und der deutsche Gesetzgeber die Abkommen nicht durch einen treaty override ausgeschlossen hat (*TK/Seer* § 117 AO Rz 22).

9. Rechtshilfe in Strafsachen. Im Bereich der strafrechtlichen Verfolgung gel- 69
ten das Europäische Übereinkommen über die Rechtshilfe in Strafsachen v 20.4.1959 (BGBl II 64, 1369, zuletzt geändert 26.5.1972, BGBl I, 841) sowie das Gesetz über die internationale Rechtshilfe in Strafsachen v 27.6.1994 (BGBl I 94, 1537, zuletzt geändert durch G v 5.7.2017, BGBl I, 2208). Rechtshilfe iS einer Informationsrechtshilfe, bei der die Informationen zur Förderung des StStraf- oder Bußgeldverfahrens gewährt werden, kommt auch nach den TIEA in Betracht (s Rz 11; BMF v 10.11.2015, BStBl I 16, 138). Im Bereich des Zolls ist das Neapel-II-Übereinkommen anwendbar (s Rz 63).

10. Amtshilfeersuchen deutscher Finanzbehörden (Abs 1). a) Grund- 70
sätzliches. Nach Abs 1 können deutsche FÄ Amtshilfeersuchen **an ausl** Behörden und Gerichte richten. Die Entscheidung hierzu steht im **Ermessen** des deutschen FA (BFH BStBl 15, 588). Abs 1 ist Ausdruck des Amtsermittlungsprinzips nach § 85, aus dem sich die Verpflichtung des FA zur Erforschung stl relevanter Sachverhalte ergibt. Das Amtsermittlungsprinzip wird allerdings durch die Mitwirkungspflicht des Stpfl begrenzt, die bei Auslandssachverhalten nach § 90 II, III

erhöht ist. Das deutsche FA ist daher zB nicht verpflichtet, die Amtshilfe ausl FinBeh in Anspruch zu nehmen, wenn die Feststellungslast zB wegen § 90 II, III beim Stpfl liegt (s Vorlage des BFH an den EuGH in BFH/NV 07, 1764, sowie BFH/NV 09, 1633).

71 Die ausl FinBeh kann auch **ohne Ersuchen** Amtshilfe leisten (Spontanauskünfte ausl Behörden). Bei Spontanauskünften handelt es sich also um internationale Kontrollmitteilungen (*Marquardt/Betzinger* BB 14, 3033, 3037); s § 9 EUAHiG (Rz 255) sowie Tz 6.2 des BMF-Merkblatts 23.11.2015 (BStBl I, 928).

Amtshilfe kann auch beansprucht werden, wenn ein **StStrafverfahren** eingeleitet ist, jedoch das FA bzw die StFahndungsstelle ausschl im Besteuerungsverfahren tätig wird (BFH BStBl 87, 440; BMF v 23.11.2015, BStBl I, 928, Tz 1.2). Dies gilt für die Erledigung ausl Auskunftsersuchen entsprechend (s aber auch § 117a). Wird das FA hingegen als Strafverfolgungsbehörde in einem StStrafverfahren zur Erforschung einer StHinterziehung tätig, sind Auskünfte gem den Regeln über die internationale *Rechtshilfe in Strafsachen* einzuholen (s § 385 Rz 25 ff).

72 **b) Rechtsgrundlagen.** Ein Amtshilfeersuchen nach Abs 1 erfordert keine Rechtsgrundlage in Gestalt eines Amtshilfeabkommens wie zB eines DBA, eines multilateralen Abkommens oder des EUAHiG (s Rz 5 ff); nur Amtshilfeersuchen durch ausl FinBeh nach Abs 2 erfordern eine derartige Rechtsgrundlage (*Eich* KÖSDI 10, 17041, 17044). In der Regel wird sich das Auskunftsersuchen aber auf eine Rechtsgrundlage wie zB ein DBA mit einer großen oder kleinen Auskunftsklausel (s Rz 7 f) oder das EUAHiG (s Rz 150 ff) stützen lassen.

Bei **fehlender Rechtsgrundlage** sollen Auskunftsersuchen deutscher FÄ nach dem BMF auf Fälle mit besonderer Bedeutung beschränkt werden, wenn der ausl Staat weder zur EU gehört, noch ein Informationsaustausch in einem DBA, einem Amts- und Rechtshilfevertrag oder TIEA vereinbart worden ist (Tz 1.3.5 des BMF-Merkblatts 23.11.2015, BStBl I, 928).

Ohne Rechtsgrundlage besteht jedoch kein Anspruch auf Auskunftserteilung. Insbes ergibt sich aus Abs 1 kein völkerrechtlicher Anspruch ggü dem betr ausl Staat auf Auskunftserteilung oder sonstige Amtshilfe. Das deutsche Recht verbietet es aber nicht, vertragslose Amtshilfe (sog **Kulanzauskünfte**) in Anspruch zu nehmen, wenn sie der ausl Staat ausnahmsweise zu leisten bereit ist und sofern die Voraussetzungen für eine Auskunftseinholung überhaupt vorliegen (zB §§ 88, 92). Ob das auch gilt, wenn daneben ein Amtshilfeabkommen besteht, hängt von dessen Inhalt ab; idR wird das Abkommen aber, wenn nicht ausdrücklich anderes vereinbart ist, dahin zu verstehen sein, dass eine über das Abkommen hinausgehende Amtshilfe zulässig ist (*BG/Hendricks* § 117 Rz 60; s auch Rz 110 zur vergleichbaren Problematik bei Abs 3).

73 **c) Voraussetzungen.** Für das Amtshilfeersuchen des deutschen FA gelten nach Abs 1 die allg Vorschriften über die Einholung von Auskünften von Dritten, insbes die §§ 111 ff. Dies bedeutet, dass die Auskünfte für Zwecke der deutschen Besteuerung **erforderlich** sein müssen (§ 111 I 1). Zu verneinen ist die voraussichtliche Erheblichkeit indes bei sog fishing expeditions, dh bei Ermittlungen ins Blaue hinein (*Czakert* IStR 13, 596, 597). Auch gilt der **Subsidiaritätsgrundsatz** nach § 112 I Nr 3 sowie gem § 93 I 3, wonach ausl Staaten erst dann um Auskunft ersucht werden sollen, wenn die Sachverhaltsaufklärung durch das deutsche FA bzw den Stpfl nicht zum Ziel führt oder keinen Erfolg verspricht (*Eich* KÖSDI 2010, 17041, 17043; *Marquardt/Betzinger* BB 14, 3033, 3037; aA *Koenig/Zöllner* § 117 Rz 4). Im Ergebnis müssen damit die Beweismöglichkeiten im Inland ausgeschöpft sein (*TK/Seer* § 117 Rz 24; BMF v 23.11.2015, BStBl I, 928, Tz 4.1.2). Der Subsidiaritätsgrundsatz kommt auch in § 4 III Nr 2 EUAHiG (s Rz 207) und § 6 III EUAHiG (s Rz 221) und in Nr 9 Buchst a OECD-Musterkommentar zum Ausdruck.

74 **d) StGeheimnis.** Das StGeheimnis steht einem Amtshilfeersuchen grds nicht entgegen, zumal es in den einzelnen Rechtsgrundlagen, auf die das Auskunftsersu-

chen grds gestützt wird (s Rz 5 ff), idR ausdrücklich erwähnt wird, zB in Art 26 II OECD-MA 2010 bei einem auf ein DBA gestütztes Auskunftsersuchen, oder in § 19 EUAHiG bei einem Auskunftsersuchen nach § 6 EUAHiG: Soweit es für das Verständnis des Auskunftsersuchens erforderlich ist, kann das deutsche FA daher nach § 30 IV Nr 1 in seinem Auskunftsersuchen die Verhältnisse des Stpfl offenbaren (vgl BFH BStBl 87, 446); s auch Rz 96 f zu Auskunftsersuchen nach Abs 2. Hier gilt nichts anderes als bei Auskunftsersuchen an Privatpersonen. Es ist jedoch eine **Güterabwägung** vorzunehmen: Es dürfen durch das Ersuchen dem Stpfl keine Nachteile erwachsen, die außer Verhältnis zu dem durch die gewünschte Auskunft eintretenden stl Erfolg stehen, zB bei der Offenbarung von sog Betriebs- oder Geschäftsgeheimnissen (siehe auch Abs 3 Nr 4 sowie Art 26 IIIc OECD-MA 2010). Keine Nachteile idS sind aber: Gefahren für das Unternehmen, die gerade von einer zutreffenden Besteuerung aufgrund der erwarteten Auskunft ausgehen, weil eine solche Besteuerung eben Zweck des Auskunftsersuchens ist; das Interesse, Geschäftsbeziehungen unbeeinträchtigt zu lassen (vgl BFH BStBl 87, 440); Offenbarung von Geheimnissen, die mit dem aufzuklärenden stl Sachverhalt unmittelbar zusammenhängen, dh solche Tatsachen, die der Stpfl aus rein stl Gründen geheim halten will (Beispiel: Rechnungen, in denen der zu zahlende Betrag zu niedrig ausgewiesen ist mit der Maßgabe, dass der Differenzbetrag auf ein Schweizer Konto überwiesen werden soll).

§§ 31a, 31b AO sind jedoch nicht anwendbar, sodass eine Durchbrechung des StGeheimnisses aus den in den §§ 31a, 31b genannten Gründen nicht zulässig ist und die erlangten Informationen nicht an die in den §§ 31a, 31b genannten Behörden weitergegeben werden dürfen (*Vogel/Lehner* DBA, Art 26 Rz 85; *Czakert* IStR 13, 596, 599).

e) Verfahren. Das Verfahren richtet sich nach Abs 4 (s Rz 121 ff). Zum Recht auf Anhörung s Rz 122. Das Ersuchen geht vom **BZSt** (§ 5 I Nr 5 FVG) aus, ist also ggf vom FA bei diesem anzuregen (zu Einzelheiten s BMF 23.11.2015, BStBl I, 928, Tz 1.5.1 ff). Für Amtshilfeersuchen nach dem EUAHiG ergibt sich die Zuständigkeit des BZSt aus § 3 II, III EUAHiG (s Rz 187). Die Zollbehörden der EU hingegen kommunizieren unmittelbar miteinander (s Rz 63). 75

f) Rechtsschutz. In einem an einen ausl Staat gerichteten Auskunftsersuchen eines deutschen FA iSv Abs 1 ist **kein VA** zu sehen (offen gelassen von BFH BStBl 87, 92). Vielmehr handelt es sich um einen Realakt, für den der Finanzrechtsweg gegeben ist (BFH BStBl 87, 440) und gegen den **vorbeugende Unterlassungsklage** erhoben werden kann (s BFH/NV 08, 1807; BMF 23.11.2015, BStBl I, 928, Tz 3.2.2; s allerdings auch BFH BStBl 10, 51, zu einem Ersuchen aufgrund der BeitreibungsRL). Nach Stellung des Auskunftsersuchens ist eine Feststellungsklage (mangels VA: keine Fortsetzungsfeststellungsklage) statthaft, wenn das Feststellungsinteresse iSv § 41 I FGO zu bejahen ist; dies ist insbes der Fall, wenn der Stpfl eine Verletzung des StGeheimnisses geltend machen kann (*Oppel* IWB 17, 359, 367 f). 78

Vorläufiger Rechtsschutz kann durch eine auf Unterlassung gem § 1004 BGB analog gerichtete einstweilige Anordnung gem § 114 I 2 FGO erreicht werden (BFH BStBl 87, 440; FG Köln EFG 15, 1769; *Franz* IStR 17, 273; *Bozza-Bodden* DStJG Bd 36, 2013, 133, 164 f); zur Formulierung des Antrags s *Oppel* IWB 17, 359, 366. Allerdings wird nur im Ausnahmefall bereits das Auskunftsersuchen in die Rechte des Stpfl eingreifen, sondern erst der spätere – durch Einspruch anfechtbare – StBescheid (*TK/Seer* § 117 Rz 141). In materieller Hinsicht kommen sowohl im Klage- als auch im vorläufigen Rechtsschutzverfahren Einwendungen wegen fehlerhafter Güterabwägung im Rahmen der Berücksichtigung des StGeheimnisses (s Rz 74), einer Verletzung des Subsidiaritätsgrundsatzes oder des Erforderlichkeitsgrundsatzes (Rz 73) in Betracht; zu weiteren Einwendungsmöglichkeiten s *Oppel* IWB 17, 410, 411 ff, sowie *Franz* IStR 17, 273, 274. 79

80 Die Klage bzw der Antrag nach § 114 FGO ist **gegen das BZSt** (nicht gegen das FA) zu richten, wenn das BZSt für das Ersuchen nach § 5 I Nr 5 FVG oder § 3 II EUAHiG zuständig ist, ansonsten gegen das BMF (s § 117 III 2); es besteht also kein Unterlassungsanspruch gegen das FA (BFH BStBl 87, 92; s auch BFH/NV 08, 51). Richtet sich die Klage bzw der Antrag gegen das BZSt, ist in der ersten Instanz stets das FG Köln zuständig. Anders beurteilt der BFH die Prozessgegnerschaft aber bei Beitreibungsersuchen auf der Grundlage der BeitreibungsRL (s Rz 55 ff), wenn die Voraussetzungen des Beitreibungsersuchens str sind (BFH BStBl 10, 51): Hier soll die Klage gegen das FA zu richten sein, weil das BZSt nach § 5 I Nr 5 FVG lediglich eine Übermittlungsfunktion ausübt (aA *Hendricks* IStR 09, 846, 851). Die im Urteil (BStBl 10, 51) unter II. 3. der Gründe vorgenommene Abgrenzung von Beitreibungsersuchen zu Auskunftsersuchen überzeugt nicht, da in beiden Fällen das BZSt nach § 5 I Nr 5 FVG zuständig wird.

Bei Streitigkeiten über Rechtshilfeersuchen in Strafsachen ist der ordentliche Rechtsweg gegeben (BFH BStBl 83, 482; BFH/NV 87, 99). Zum Rechtsschutz bei Auskunftsersuchen nach Abs 2 s Rz 100 ff; zum Rechtsschutz gegen Amtshilfe nach dem **EUAHiG** s Rz 153.

90 **11. Amtshilfeersuchen anderer Staaten (Abs 2). a) Grundsätzliches.** Nach Abs 2 dürfen die deutschen FÄ ausl FinBeh zwischenstaatliche Amtshilfe auf spezialgesetzlicher Grundlage leisten; anders als bei Abs 1 ist hier also eine Rechtsgrundlage zwingend erforderlich (s Rz 2 und 71).

91 **b) Rechtsgrundlage für Amtshilfe durch deutsche FinBeh.** Abs 2 nennt als Rechtsgrundlage für die Amtshilfe ausdrücklich innerstaatlich transformierte völkerrechtl Verträge (zB DBA, TIEA, ratifizierte OECD-Abkommen wie MCAA, s Rz 5–21), EU-Verordnungen (s Rz 60 ff für Zoll und Rz 50 ff für USt) und das EUAHiG (s Rz 30 und 150 ff). Hingegen wird die EU-AmtshilfeRL 211/16/EU (s Rz 30 f) nicht von Abs 2 erfasst, weil sie erst noch durch die Mitgliedstaaten in nationales Recht umgesetzt werden müssen; damit ist nur das auf der AmtshilfeRL beruhende und in Abs 2 ausdrücklich genannte EUAHiG eine Rechtsgrundlage iSv Abs 2. Auch das BEPS-Projekt (Rz 22) ist keine Rechtsgrundlage, weil es sich nicht um einen völkerrechtl Vertrag handelt. Nur die auf dem BEPS-Projekt beruhenden völkerrechtl Verträge können nach ihrer Ratifizierung Rechtsgrundlage iSv Abs 2 sein. Auskünfte auf der Grundlage des FATCA-Abkommens mit den USA richten sich nach § 117c.

Besteht keine Rechtsgrundlage, kann die deutsche FinBeh nach Maßgabe des Abs 3 eine vertragslose Auskunft erteilen (s Rz 110 ff).

92 **c) Voraussetzungen.** Inhalt und Voraussetzungen der Amtshilfe richten sich nach der jeweiligen Rechtsgrundlage, dh nach dem jeweiligen DBA (s Rz 5 ff) oder TIEA (Rz 11) oder sonstigen Rechtsgrundlage iSv Abs 2 (s Rz 91). Bei einem DBA kommt es daher zB darauf an, ob die Information für die Besteuerung im anderen Vertragsstaat voraussichtlich erheblich oder – bei älteren DBA – erforderlich ist (s Rz 6). Auch ist der Grundsatz der Subsidiarität zu beachten (s Rz 73). Der Umfang der Amtshilfe hängt ebenfalls von der jeweiligen Rechtsgrundlage ab; bei einem DBA kommt es also darauf an, ob eine kleine oder große Auskunftsklausel vereinbart worden ist (s Rz 7 f). Bei einer großen Auskunftsklausel dürfen alle Auskünfte erteilt werden, die der ausl Staat für die richtige Erhebung seiner Steuern benötigt; bei einer kleinen Auskunftsklausel dürfen nur die Auskünfte erteilt werden, die zur Durchführung des DBA erforderlich sind.

93 In der Praxis erteilen deutsche FÄ auch sog **Spontanauskünfte,** ohne dass ein Ersuchen vorliegt (unaufgeforderte internationale Kontrollmitteilungen), s auch Rz 71 zu Spontanauskünften ausl FinBeh. Auch hierfür bedarf es nach Abs 2 einer Rechtsgrundlage, zB § 8 EUAHiG (s Rz 235 ff) oder ein DBA (zB Art 31 DBA Schweden v 14.7.1992, BGBl II 94, 687). Die Voraussetzungen einer Spontanauskunft richten sich dann nach § 8 EUAHiG bzw dem DBA.

Fehlt hingegen in der in Betracht kommenden Rechtsgrundlage eine **ausdrückliche Regelung** über die Zulässigkeit einer Spontanauskunft, hängt die Zulässigkeit von einer Auslegung ab. Bei einem DBA ist idR eine Spontanauskunft zulässig, da nach dem Wortlaut des Art 26 OECD-MA 2010 bzw der entsprechenden Bestimmung des DBA iVm § 117 II ein Ersuchen seitens des ausl Staates nicht verlangt wird (BFH/NV 06, 922; *Bozza-Bodden* DStJG Bd 36, 133, 146). Zudem spricht der Grundsatz der Besteuerung nach der Leistungsfähigkeit dafür, durch Erteilung einer Spontanauskunft die Besteuerung im Ausland sicherzustellen, zumal im Gegenzug Spontanauskünfte durch ausl FinBeh erwartet werden können (s auch FG Köln EFG 08, 1094, aufgehoben durch BFH/NV 08, 1807); zur Spontanauskunft nach § 8 EUAHiG s Rz 235 ff. Dies gilt nicht nur bei Staaten, mit denen eine große Auskunftsklausel besteht (zB Art 26 DBA-USA, s BFH/NV 05, 1503; 08, 51; FG Köln EFG 08, 1764), sondern auch bei kleiner Auskunftsklausel (BFH/NV 08, 1807); zur Unterscheidung zwischen großer und kleiner Auskunftsklausel s Rz 7 f. Wenn die Amtshilfe auch zum Zwecke der Bekämpfung von StHinterziehung geleistet werden soll (s Rz 7), spricht das entscheidend für die Zulässigkeit von Spontanauskünften (BFH BStBl 92, 645 betr DBA-USA). Ist aufgrund der Auslegung des DBA eine Spontanauskunft grds zulässig, so muss sie zudem erforderlich bzw voraussichtlich erheblich sein (s hierzu Rz 6); zu Spontanauskünften durch deutsche StFahndungsstellen s § 117a Rz 15 ff. 94

d) Geheimhaltung und StGeheimnis. Eine Offenbarung der Verhältnisse des Stpfl ist nach § 30 IV Nr 2 zulässig, da sowohl ein DBA oder eine sonstige zwischenstaatliche Regelung, die nach ihrer Ratifizierung Gesetzesrang haben (Art 59 II GG), als auch das EUAHiG eine gesetzliche Erlaubnis iSv § 30 IV Nr 2 darstellen (s § 30 Rz 117b; *Czakert* IStR 13, 596, 599). In den Abkommen wird dabei regelmäßig die Geheimhaltung der gegenseitig erteilten Auskünfte gewährleistet. Die ausgetauschten Informationen dürfen danach nur solchen Personen oder Behörden zugänglich gemacht werden, die insbes mit der Veranlagung oder Erhebung der unter das Abkommen fallenden Steuern befasst sind (Art 26 II OECD-MA 2010). Einen entsprechenden Schutz sieht auch § 15 EUAHiG vor (s Rz 300 ff). Die Erteilung von Auskünften kann daher abgelehnt werden, wenn der Verdacht besteht, dass sich der ersuchende Staat nicht an die vereinbarte Geheimhaltungspflicht halten wird. Zum StGeheimnis bei Auskunftsersuchen nach Abs 1 s Rz 74. 96

Handels-, Industrie-, Gewerbe- oder Berufsgeheimnisse (zum Begriff BFH BStBl 79, 268) brauchen nach Art 26 III Buchst c OECD-MA 2010 nicht preisgegeben zu werden, zB Mitteilungen über Herstellungsverfahren, Kundenverzeichnisse, die Kalkulation oder geschäftliche Planungen. Gegenstand eines Geschäftsgeheimnisses sind aber nur solche Tatsachen und Umstände, die von erheblicher wirtschaftlicher Bedeutung und für Dritte nutzbar sind. Hierunter fallen zB nicht Kenntnisse darüber, welche im Ausland ansässige Personen bei einer deutschen Bank Wertpapiere halten (BFH BStBl 79, 268) oder der Umstand und die Höhe von Provisionszahlungen (BFH/NV 06, 922). Ein rein stl Geheimhaltungsinteresse hindert die Auskunftserteilung nicht (vgl BFH BStBl 87, 440); anderenfalls würden die Amtshilfeabkommen weitgehend wirkungslos bleiben. 97

Beruht das Amtshilfeersuchen der ausl FinBeh auf dem **EUAHiG,** sind die Auskünfte vom BZSt nicht an die ausl FinBeh zu übermitteln, wenn Handels-, Gewerbe- oder Berufsgeheimnisse oder ein Geschäftsverfahren preisgegeben werden würden (§ 4 III Nr 3 EUAHiG, s auch Rz 208). S auch Rz 117 zum Schutz von Handelsgeheimnissen uä im Rahmen von Auskunftsersuchen nach Abs 3.

IÜ lassen die DBA bzw Amtshilfe-Abkommen gesetzl geregelte **Auskunftsverweigerungsrechte Dritter** unberührt. Außerdem kann die Erteilung von Auskünften abgelehnt werden, wenn ihr der ordre public entgegensteht (s auch Rz 116). 98

e) Verfahren. Das Verfahren richtet sich nach Abs 4; zum Recht auf Anhörung s Rz 123. 99

100 **f) Rechtsschutz gegen Amtshilfeersuchen iSv Abs 2.** Die Übermittlung von Auskünften durch ein deutsches FA aufgrund eines Ersuchens eines anderen Staates ist **kein VA** (s BFH/NV 08, 1807; s auch BFH BStBl 88, 412), sondern ein Realakt. Das deutsche FA teilt sein Nachprüfungsergebnis der ausl FinBeh lediglich als Wissenserklärung und Meinungsäußerung mit. Die Wissenserklärung ist weder für den Stpfl noch für die Behörde rechtl verbindlich, sondern nur Akt der Hilfeleistung bei der Sachverhaltsermittlung.

Führen die deutschen FÄ zur Erledigung des ausl Ersuchens **besondere Ermittlungen** durch (zB Vorlageverlangen nach § 97), so kann es sich bei diesen Ermittlungsmaßnahmen nach allg Grundsätzen um einen VA handeln, gegen den der Einspruch der im Inland Betroffenen zulässig ist (BMF 23.11.2015, BStBl I, 928 Rz 3.2.2; s auch § 97 Rz 26). Wenn jedoch auf bereits vorliegende Informationen und Unterlagen zurückgegriffen wird, fehlt es von vornherein an einem VA.

101 Der Betroffene kann zur Abwehr einer geplanten Auskunftserteilung eine **vorbeugende Unterlassungsklage** nach § 40 I FGO erheben (s BFH/NV 16, 1189; 08, 1807; BMF v 23.11.2015, BStBl I, 928, Tz 3.2.2). Der Unterlassungsanspruch gem § 1004 I 2 BGB iVm § 30 setzt voraus, dass die Erteilung der Auskunft in rechtswidriger Weise in subjektiv-öffentliche Rechte des Stpfl eingreift. Zudem ist ein besonderes Rechtsschutzinteresse erforderlich: Hierfür muss der Stpfl substantiiert und schlüssig darlegen, dass er durch die Auskunft der FinBeh in eigenen Rechten verletzt wird und dass ein Abwarten der tatsächlichen Rechtsverletzung für ihn unzumutbar ist, weil die Rechtsverletzung dann nicht oder nur schwerlich wiedergutzumachen wäre (BFH/NV 16, 1189). Nach Erteilung der Auskunft ist eine Feststellungsklage statthaft, wenn das Feststellungsinteresse iSv § 41 I FGO zu bejahen ist; dies ist insbes der Fall, wenn der Stpfl eine Verletzung des StGeheimnisses geltend machen kann (*Oppel* IWB 17, 359, 367 f; *Franz* IStR 17, 273, 276 f).

102 Im vorläufigen Rechtsschutz kommt eine **einstweilige Anordnung** nach § 114 FGO auf Unterlassung der Auskunft in Betracht (nicht AdV, BFH BStBl 92, 645; 00, 648; BFH/NV 05, 1503; FG Köln EFG 08, 1177). Anspruchsgrundlage ist auch hier § 30 iVm § 1004 BGB analog (BFH BStBl 92, 645). Ein Anordnungsgrund iSv § 114 FGO ist nur dann gegeben, wenn ins Gewicht fallende und über die Besteuerung im Ausland hinausgehende Nachteile glaubhaft gemacht werden (so BFH BStBl 88, 412, jedoch unter Vermischung des Anordnungsgrundes – richtig: nicht wieder gutzumachender Schaden bei später als rechtswidrig erkannter Auskunftsleistung – mit Elementen des Anordnungsanspruchs – Auskunftserteilung trotz steuerlicher Nachteile; vgl auch *Bozza-Bodden* DStJG Bd 36, 2013, 133, 164 f). Es genügen daher nicht bloße Rechtsnachteile, wie sie von der Erfassung tatsächlich erzielter Einnahmen in einem ausl Besteuerungsverfahren ausgehen (FG Hess EFG 95, 756); denn sie entsprechen dem Zweck der Amtshilfeleistung. Zum Rechtsschutz gegen die Übermittlung von Informationen nach dem **EUAHiG** s Rz 153.

Der Antrag bzw die Klage auf Unterlassung einer Auskunft an eine ausl FinBeh ist nicht gegen das FA zu richten (vgl BFH BStBl 87, 92), sondern gegen das BZSt oder BMF; dies hängt davon ab, wem die Entscheidung über das Ersuchen obliegt (s Rz 80); zum Rechtsschutz gegen Amtshilfeersuchen iSv Abs 1 s Rz 78 ff.

110 **12. Vertragloser Amtshilfeverkehr (Abs 3). a) Voraussetzungen.** Nach Abs 3 kann (dh Ermessen) ein deutsches FA einem anderen Staat nach pflichtgemäßem Ermessen Rechts- und Amtshilfe auf Ersuchen auch dann leisten, wenn keine Rechtsgrundlage iSv Abs 2 vorliegt (sog **Kulanzauskunft**); das Gleiche gilt grds, wenn zwar eine Rechtsgrundlage existiert, diese aber konkret keine Amtshilfe ermöglicht (so auch *Eich* KÖSDI 10, 17041, 17044; *BG/Hendricks* § 117 Rz 102; offen gelassen von FG Köln EFG 15, 1769; differenzierend *Koenig/Zöllner* § 117 Rz 19; aA *Becker* JbFfSt 80/81, 122, 135).

111 **Unabhängig** von den Voraussetzungen des Abs 3 darf ein anderer Staat unterstützt werden durch Zurverfügungstellung allg zugänglichen Materials, zB Ad-

ressbücher, Firmenverzeichnisse, Register, oder durch Austausch allgemeiner Erfahrungen ohne Bezug auf einen Einzelfall und damit ohne Offenbarung personenbezogener Daten, die dem StGeheimnis (§ 30) unterfallen.

Abs 3 schafft keine Verpflichtung für die deutsche FinVerw, ausl Ersuchen zu 112
entsprechen. Sie kann entsprechende Ersuchen ohne Begründung ablehnen; sie wird dies insbes tun, wenn das Ersuchen für ausl Abgaben gestellt ist, die keinen Steuercharakter iSd deutschen Finanzverfassung haben, oder wenn das Ersuchen einer Besteuerung dienen soll, die über die anerkannten Grundsätze des internationalen StRechts hinausgeht.

b) Einschränkungen. Abs 3 enthält eine Reihe von **Einschränkungen,** die 113
sich im Rahmen des bei einer vertraglich geregelten Amtshilfepflicht Üblichen bewegen. So setzt Abs 3 voraus, dass

(a) **die Gegenseitigkeit verbürgt** ist **(Nr 1).** Bloße Zusicherung durch den ausländ Staat reicht nicht aus, sondern es bedarf der formellen Verbürgung, dass sich der ausl Staat auch an diese Zusicherung hält. Hierbei ist allerdings zu berücksichtigen, dass manche Staaten im umgekehrten Fall, dass ein Ersuchen an sie ergeht, keine vergleichbaren Möglichkeiten haben, den Sachverhalt zu ermitteln. Dies gilt namentlich für die Durchführung von Ap und Fahndungsprüfungen. Daher kann eine Gegenseitigkeit schon wegen der dem anderen Staat nicht zur Verfügung stehenden rechtl Möglichkeiten ausgeschlossen sein.

(b) Ferner muss der ersuchende Staat gewährleisten, dass die Auskünfte **nur für stl** 114
Zwecke verwendet werden **(Nr 2).** Der Begriff „gewährleisten" geht auch hier über eine bloße Zusicherung hinaus. Zweifel an solchen Zusagen bestehen uU dann, wenn die ausländ FinBeh auch für andere, nicht stl Aufgaben zuständig ist, zB für Devisen- oder Preisüberwachung. Mit stl Zwecken ist das Besteuerungs- und das StStrafverfahren gemeint, wie sich aus dem Wortlaut der Nr 2 ergibt. Nicht zulässig nach Nr 2 ist die Übermittlung zwecks Verhütung von StStraftaten; hierzu enthält jetzt § 117a eine Rechtsgrundlage (s dort).

(c) **Nr 3.** Der ersuchende Staat muss seine Bereitschaft erklären, eine mögliche 115
Doppelbesteuerung bei den Ertragsteuern (und VSt) im Verständigungswege durch eine sachgerechte Abgrenzung der Besteuerungsgrundlagen zu vermeiden. Diese Regelung hat ihre Rechtfertigung darin, dass es dem Sinn der DBA entspricht, eine doppelte Heranziehung zu Steuern möglichst zu vermeiden.

(d) **Nr 4.** Eine Auskunft im Kulanzwege kommt nicht in Betracht, wenn der **ord-** 116
re public entgegensteht, zB bei Verstoß gegen allg Persönlichkeitsrechte, bei Ausspähung. Es darf dem inl Beteiligten kein Schaden entstehen, der mit dem Zweck der Rechts- und Amtshilfe unvereinbar wäre. Die öffentliche Ordnung wäre zB dann beeinträchtigt, wenn die Auskunft für Zwecke verwendet werden soll, die mit der deutschen Rechtsordnung nicht in Einklang gebracht werden können oder wichtige Interessen des deutschen Staates berühren (Beispiel: Besteuerungsverfahren wird zur politischen Verfolgung betrieben oder zur Festsetzung von Steuern, die anstelle der Einziehung deutschen Vermögens erhoben werden). Eine zutreffende Besteuerung ist nicht als unzumutbarer Schaden anzusehen, sondern Zweck jeder Amtshilfe.

Nr 4 geht davon aus, dass grds **Geschäfts- oder Berufsgeheimnisse** mitgeteilt 117
werden können, es sei denn, dass daraus für den inl Beteiligten ein unzumutbarer Schaden entsteht. Die Regelung geht damit über entsprechende Regelungen in vielen DBA hinaus (s etwa BFH/NV 06, 922, zum Begriff des Geschäftsgeheimnisses nach Art 26 IIc DBA-Russland aF, jetzt: Art 26 IIIc); denn nach den DBA brauchen geschäftliche Geheimnisse idR nicht mitgeteilt zu werden (s Rz 97). Der Begriff des Geschäftsgeheimnisses im internationalen Amtshilfeverkehr ist str (s § 30 Rz 57 zum Begriff des Geschäftsgeheimnisses nach § 30 II Nr 2); er soll nach BFH BStBl 79, 268 eine ggü dem Begriff des Geschäftsgeheimnisses im Rahmen des innerstaatlichen StGeheimnisses engere Bedeutung haben und nur solche Tat-

sachen erfassen, die von erheblicher wirtschaftlicher Bedeutung und praktisch nutzbar sind und deren unbefugte Nutzung durch Dritte dem berechtigten Inhaber des Geheimnisses beträchtlichen Schaden zufügen kann (s auch OECD-Musterkommentar, Nr 19.2 zu Art 26). Der Streit um den Begriff dürfte aber im Wesentlichen müßig sein; denn auch wenn ein Geschäftsgeheimnis zu verneinen ist, muss im Rahmen der Ermessensausübung ein drohender Schaden des Geheimnisträgers (mit erheblichem Gewicht) berücksichtigt werden.

Beruht das Amtshilfeersuchen auf dem **EUAHiG,** ergibt sich ein Auskunftserteilungsverbot aus § 4 III Nr 3 EUAHiG, wenn Geschäfts-, Gewerbe- oder Berufsgeheimnisse oder ein Geschäftsverfahren preisgegeben werden würden (s Rz 208).

118 **c) Rechtsschutz.** Für den Rechtsschutz gegen Kulanzauskünfte durch deutsche FÄ nach Abs 3 gelten die gleichen Grundsätze wie bei Amtshilfeersuchen nach Abs 2, s hierzu Rz 100 ff.

121 **13. Zuständigkeit und Verfahren (Abs 4). a) Durchführung der Amtshilfe.** Abs 4 S 1 und 2 gilt sowohl für Auskunftsersuchen deutscher FinBeh iSv Abs 1 als auch für Auskunftsersuchen ausl FinBeh iSv Abs 2 und für Kulanzauskünfte iSv Abs 3. Hingegen gilt Abs 4 S 3 nur für Auskunftsersuchen deutscher FinBeh aufgrund einer Rechtsgrundlage iSv Abs 2 sowie für Kulanzauskünfte deutscher FinBeh nach Abs 3 sowie im Rahmen des § 4 I 3 EUAHiG (Rz 199), nicht aber bei Amtshilfeersuchen deutscher FinBeh iSv Abs 1; dies ergibt sich aus S 3, der von einer Übermittlung an das Ausland spricht (s Rz 122).

Die deutschen FÄ bedienen sich nach Abs 4 der verfahrensrechtl Bestimmungen der **AO** (entsprechend § 114). Sie können zur Erfüllung eines ausl Amtshilfeersuchens ua Auskünfte einholen oder die Vorlage von Urkunden verlangen (§§ 93, 97). Auch die Vorschriften über Auskunfts- und Vorlageverweigerungsrechte (§§ 101 bis 106) gelten entsprechend (s Rz 98). § 194 III ist entsprechend anzuwenden und gestattet insoweit, Feststellungen über Verhältnisse von Personen auszuwerten und über Kontrollmitteilungen weiterzugeben, die in einem anderen Mitgliedstaat der Besteuerung unterliegen, sofern sich diese Feststellungen anlässlich einer für den inl Stpfl angeordneten Ap ergeben haben und nicht der eigentliche Hauptzweck dieser Prüfung waren („Zufallsfunde", BFH/NV 00, 531).

122 **b) Anhörung.** Bei Auskunftsersuchen deutscher FinBeh iSv **Abs 1** ist eine Anhörung zwar nicht nach Abs 4 S 3 geboten, da dieser nur bei der Übermittlung von Auskünften und damit in Fällen des Abs 2 und 3 gilt. Jedoch besteht ein Recht auf Anhörung nach § 91; denn das Auskunftsersuchen des deutschen FA, das kein VA ist (s Rz 78), dient der Vorbereitung eines VA (so auch *Oppel* IWB 17, 359, 365; aA *Franz* IStR 17, 273). Zudem ist die Anhörung geboten, um den Rechtsschutz für den Betroffenen gewährleisten zu können (zum Rechtsschutz s Rz 78 ff). Eine Anhörungspflicht besteht aber nicht in den Fällen des § 91 II, III oder wenn durch die Anhörung der Zweck des Ersuchens vereitelt wird. Letzteres ist zB anzunehmen, wenn Auskunft über ausl Domizilgesellschaften des Stpfl eingeholt wird; denn bei vorheriger Anhörung könnte der Stpfl erkennen, welche Erkenntnisse das FA voraussichtlich erlangen wird und sein Verhalten darauf einstellen (so BVerfG HFR 08, 623, das einen Auskunftsanspruch nach § 88a verneint).

123 Bei Auskunftsersuchen ausl FinBeh iSv **Abs 2** sowie bei Kulanzauskünften iSv **Abs 3** ergibt sich hingegen aus Abs 4 S 3 grds ein Recht auf Anhörung gem § 91, da § 91 für den Fall der Übermittlung von Informationen an ausl FinBeh für anwendbar erklärt wird. Dementsprechend geht auch das BMF von einer grds Pflicht zur Anhörung aus (BMF 23.11.2015, BStBl I, 928, Tz 3.1.1). Ist Rechtsgrundlage für die Auskunftserteilung das EUAHiG, gilt Abs 4 über § 4 I 3 EUAHiG (s Rz 199); allerdings sehen § 7 VIII und § 12 V EUAHiG Ausnahmen von der Anhörung vor. Von einer Anhörung kann – wie im Fall des Abs 1 (s Rz 122) und wie bei § 91 (s § 91 Rz 12 ff) – insbes dann **abgesehen werden,** wenn die Vorausset-

zungen des § 91 II oder III vorliegen (BFH/NV 00, 531) oder wenn durch die Anhörung der Zweck des Ersuchens vereitelt würde.

124 Eine **uneingeschränkte Verpflichtung** zur Anhörung des inl Beteiligten besteht in den Fällen des Abs 2 und 3 nach Abs 4 S 3 2. HS, wenn die betroffenen Abgaben in Deutschland der Verwaltungszuständigkeit der LandesFinBeh unterliegen. Über den Zweck dieser nur begrenzten Verschärfung der Anhörungspflicht der FinBeh ist gerätselt worden (vgl *HHSp/Söhn* § 117 Rz 157a); möglicherweise dient sie nur dem Zweck, die Zollverwaltung von der Regelung auszunehmen. Von dieser Verpflichtung gibt es aber drei **Ausnahmen: (1)** grenzüberschreitende Auskünfte in USt-Sachen, bei denen der Gesetzgeber eine vorherige Anhörung als unverhältnismäßig hinderlich ansieht, weil er die Bekämpfung des USt-Betrugs für vorrangig hält; **(2)** der Informationsaustausch beruht auf dem EUAHiG. Dies soll eine Gleichstellung mit den USt-Auskünften bewirken (BT-Drs 17/12375, 80), s auch Rz 225 zu § 7 EUAHiG; **(3)** Fälle des § 91 II und III (s hierzu § 91 Rz 12 ff). Bei den hier genannten drei Ausnahmen gibt es damit zwar keine Pflicht zur Anhörung, aber es gilt der in Rz 123 genannte Grundsatz, dass § 91 gilt und eine Anhörung **grds erfolgen soll** (s auch § 91 Rz 1). Bei Zweifeln, ob ausnahmsweise eine Anhörung unterbleiben kann (s Rz 123), ist zugunsten des Betroffenen eine Anhörung durchzuführen (BT-Drs 17/12 375, 80).

125 Bei einem **Verstoß** gegen die Pflicht zur Anhörung kommt ein Verwertungsverbot nicht in Betracht, weil sich dieses nur gegen die ausl FinBeh richten könnte. Der Betroffene ist auf Schadensersatzansprüche und dienstaufsichtsrechtl Maßnahmen angewiesen.

126 **c) Zuständigkeit, Dienstweg.** Zum Dienstweg bei Auskunftsersuchen an ausl Behörden, bei Erledigung von Ersuchen ausl Behörden sowie bei Spontanauskünften s iEinz BMF 23.11.2015, BStBl I, 928, Tz 1.5.1. Der Weg führt iAllg über das BZSt gem § 5 I Nr 5 FVG; dies gilt auch in Fällen der Auskunftserteilung nach dem EUAHiG gem § 4 iVm § 3 II EUAHiG, s Rz 187. Für die USt ergibt sich die Zuständigkeit des BZSt beim Austausch gespeicherter Informationen aus § 5 I Nr 9c FVG. Zum Dienstweg im Bereich des Zolls vgl Rz 63.

128 **d) Kosten.** Die deutschen FinBeh müssen die Kosten tragen, die ihnen durch die Erledigung des ausl Auskunftsersuchens entstanden sind. Soweit durch die Ermittlungen der inl Behörde Entschädigungsansprüche ausgelöst worden sind (vgl § 107) und entsprechende Vereinbarungen bestehen, können diese Kosten dem ersuchenden Staat weiterbelastet werden.

145 **14. Ermächtigung (Abs 5).** Die Ermächtigung, völkerrechtl Vereinbarungen über die gegenseitige Rechts- und Amtshilfe im Verordnungswege in Kraft zu setzen, bezieht sich nur auf Zollsachen und hat keine praktische Bedeutung. Stattdessen bestehen völkerrechtl Verträge und gemeinschaftsrechtl VO-Regelungen.

150 **15. EU-Amtshilfegesetz (EUAHiG).** Seit dem **1.1.2013** wird die Rechts- und Amtshilfe innerhalb der EU neben den einzelnen DBA durch das EU-AmtshilfeG (EUAHiG) v 26.6.2013 (BGBl I, 1809, zuletzt geändert durch G v 20.12. 2016, BGBl I, 3000) geregelt (s Rz 30). Grundlage für das EUAHiG ist die RL 2011/16/EU (AmtshilfeRL) v 15.2.2011 (ABl Nr L 64, 1), die die bisherige EG-Amtshilfe-RL 77/779/EWG mWv 1.1.2013 ersetzt (Art 28 AmtshilfeRL) und die Mitgliedstaaten zur Umsetzung der neuen RL 2011/16/EU in nationales Recht bis zum 1.1.2013 verpflichtet hatte (Art 29 AmtshilfeRL). Der deutsche Gesetzgeber hat auf dieser Grundlage das AmtshilfeRLUmsG v 26.6.2013 beschlossen und mWv 1.1.2013 das EUAHiG verabschiedet (Art 1 und 31 III des AmtshilfeRLUmsG).

Bis zum 31.12.2012 richtete sich die Rechts- und Amtshilfe innerhalb der EU im Wesentlichen nach den jeweiligen DBA (s Rz 5 ff) sowie nach dem **EG-Amtshilfe-Gesetz (EGAHiG),** das die EG-Amtshilfe-RL 77/799/EWG (ABl EG

Nr L 336, 15) in innerstaatliches Recht umgesetzt hatte. Das EGAHiG ist mWv 1.1.2013 außer Kraft getreten (Art 31 IX des AmtshilfeRLUmsG v 26.6.2013, BGBl I, 1809). Zur Kommentierung des EGAHiG s 11. Aufl Rz 78 ff.

151 Die **wesentlichen Unterschiede** zwischen dem EUAHiG und dem vorherigen EGAHiG sind: **(1)** Das EUAHiG gilt für jede Art von Steuern (ausgenommen USt), während das EGAHiG nur für bestimmte Steuern wie ESt, KSt, GewSt, GrSt, VSt und Steuern auf Versicherungsprämien galt (vgl § 1 I EGAHiG). **(2)** Das EUAHiG gilt auch für die Amtshilfe bei Trusts und Stiftungen (§ 2 Nr 4 EUAHiG). **(3)** Für jeden Staat wird nunmehr ein zentrales Verbindungsbüro eingerichtet – in Deutschland das BZSt (§ 3 II EUAHiG) –, das jeweils die direkte Kontaktstelle für eingehende und ausgehende Informationen ist und den Informationsaustausch vereinfachen und beschleunigen soll. **(4)** Zudem soll der Informationsaustausch durch verbindliche Übermittlungsfristen (§ 5 EUAHiG) und elektronische Standardformblätter (§ 17 EUAHiG) effektiver gestaltet werden. **(5)** Spontanauskünfte müssen in den Fällen des § 8 II EUAHiG (insbes also bei steuerstrafrechtl Bezug) übermittelt werden, während sie nach § 2 II EGAHiG nur übermittelt werden sollten. **(6)** Für gleichzeitige Außenprüfungen in zwei oder mehreren EU-Staaten besteht nunmehr eine Rechtsgrundlage in § 12 EUAHiG. **(7)** Schließlich wird durch EUAHiG der automatische Informationsaustausch vorangetrieben (§§ 7 ff, 21 EUAHiG).

152 Das EUAHiG ist in § 117 II ausdrücklich als Rechtsgrundlage für zwischenstaatliche Amts- und Rechtshilfe genannt und ermöglicht daher eine Auskunftserteilung durch deutsche FinBeh an ausl Behörden. Die Regelungen des EUAHiG haben iAllg Vorrang vor dem jeweiligen DBA (s Rz 67).

Das **Beitreibungsrichtlinie-Umsetzungsgesetz** v 7.12.2011 (BGBl I, 2592) hat weder Auswirkungen auf das EUAHiG noch auf das bis 2012 geltende EGAHiG, sondern betrifft ausschl das Beitreibungsverfahren (s Rz 55); allerdings nimmt § 19 II 1 Nr 3 EUAHiG im Rahmen der Zweckbestimmung Bezug auf das EU-BeitreibungsG.

153 Der **Rechtschutz** gegen die Übermittlung von Informationen durch das BZSt in einen anderen EU-Staat nach dem EUAHiG richtet sich nach den in Rz 100 ff dargestellten Grundsätzen, sodass eine vorbeugende Unterlassungsklage bzw im vorläufigen Rechtsschutz eine einstweilige Anordnung iSv § 114 FGO statthaft ist; Antragsgegner ist dabei das in Bonn ansässige BZSt (*Seer* IWB 14, 87, 95). Rechtsschutz wird insbes dann zu suchen sein, wenn die Übermittlung von Informationen in das Ausland gegen ein Übermittlungsverbot verstößt, zB gegen § 4 III EUAHiG bei drohender Preisgabe eines Geschäftsgeheimnisses (s Rz 205 ff), oder wenn trotz fehlender Zustimmung eine gemeinsame Ap durchgeführt werden soll (s Rz 262). Soll hingegen ein Auskunftsersuchen einer deutschen FinBeh an einen anderen EU-Staat gem § 6 EUAHiG verhindert werden, gelten die in Rz 78 ff dargestellten Grundsätze. Zum Rechtsschutz bei Spontanauskünften nach § 8 EUAHiG s auch Rz 239.

Gesetz über die Durchführung der gegenseitigen Amtshilfe in Steuersachen zwischen den Mitgliedstaaten der Europäischen Union (EU-Amtshilfegesetz – EUAHiG)

Vom 26.6.2013 (BGBl I, 1809)

Geändert durch Art 4 des Finanzkonten-Informationsaustauschgesetzes v 21.12.15 (BGBl I, 2531) und durch BEPS-UmsetzungsG v 20.12.16 (BGBl I, 3000)

Abschnitt 1. Allgemeine Bestimmungen

§ 1 EUAHiG Anwendungsbereich und anzuwendendes Recht

(1) [1] Dieses Gesetz regelt den Austausch von voraussichtlich erheblichen Informationen in Steuersachen zwischen Deutschland und den anderen Mitgliedstaaten der Europäischen Uni-

on (Mitgliedstaaten). [2]Es ist anzuwenden für jede Art von Steuern, die von einem oder für einen Mitgliedstaat oder dessen Gebiets- oder Verwaltungseinheiten einschließlich der örtlichen Behörden erhoben werden.

(2) Dieses Gesetz ist nicht anzuwenden auf
1. die Umsatzsteuer, einschließlich der Einfuhrumsatzsteuer,
2. Zölle,
3. harmonisierte Verbrauchsteuern, sofern diese in Artikel 1 Absatz 1 der Richtlinie 2008/118/EG des Rates vom 16. Dezember 2008 über das allgemeine Verbrauchsteuersystem und zur Aufhebung der Richtlinie 92/12/EWG (ABl. L 9 vom 14.1.2009, S. 12), die zuletzt durch die Richtlinie 2010/12/EU (ABl. L 50 vom 27.2.2010, S. 1) geändert worden ist, in der jeweils geltenden Fassung genannt werden,
4. Beiträge und Umlagen sowie damit verbundene Abgaben und Gebühren nach dem Sozialgesetzbuch, den in § 68 des Ersten Buches Sozialgesetzbuch genannten Gesetzen, dem Aufwendungsausgleichsgesetz und
5. Gebühren.

(3) Dieses Gesetz berührt nicht
1. die Vorschriften über die Rechtshilfe in Strafsachen und
2. die Wahrnehmung der Rechte und die Erfüllung der Pflichten, die Deutschland in Bezug auf eine umfassendere Zusammenarbeit der Verwaltungen aus anderen Rechtsinstrumenten erwachsen, einschließlich bi- oder multilateraler Abkommen.

(4) Für die Amtshilfe nach diesem Gesetz gelten die Vorschriften der Abgabenordnung entsprechend, soweit dieses Gesetz nichts anderes bestimmt.

Überblick. Zur Entstehungsgeschichte des EUAHiG und zum Rechtsschutz s Rz 150 ff. Die Amtshilfe nach dem EUAHiG regelt den Austausch voraussichtlich erheblicher Informationen in StSachen (zum Anwendungsbereich s Rz 162 ff). Das EUAHiG sieht eine **Vielzahl von Arten der Amtshilfe** vor; hierzu gehören: Beantwortung von Ersuchen anderer EU-Staaten an deutsche FinBeh (§ 4 EUAHiG); Ersuchen deutscher FinBeh an andere EU-Staaten (§ 6 EUAHiG); die automatische Übermittlung von Informationen (§ 7 EUAHiG); gegenseitige Spontanauskünfte (§§ 8, 9 EUAHiG); Anwesenheit ausl Bediensteter bei deutschen Ermittlungen im Inland und umgekehrt (§§ 10, 11 EUAHiG); gleichzeitige Ap im In- und Ausland (§ 12 EUAHiG); gegenseitige Hilfe bei der Zustellung (§§ 13, 14 EUAHiG). Darüber hinaus kann das BZSt auch Informationen, die von anderen Mitgliedstaaten oder von Drittstaaten übermittelt wurden, an weitere Mitgliedstaaten (§ 15 II, § 18 I EUAHiG) oder aber an Drittstaaten (§ 18 II EUAHiG) weiterleiten. 159

Das EUAHiG ist gemeinschaftsrechtskonform, also im Geiste der AmtshilfeRL **auszulegen**. Eine über diese RL hinausgehende Amtshilfe, zB aufgrund eines DBA (s auch Rz 67), ist jedoch weder durch die RL noch durch das Gesetz ausgeschlossen, wie § 1 III EUAHiG verdeutlicht, s Rz 175. 160

Anwendungsbereich (Abs 1). Die Amtshilfe bezieht sich auf stl Vorgänge jedweder Art (zu Ausnahmen s Rz 168 ff) innerhalb des EU-Raums. 162

Nach § 1 I EUAHiG ist Amtshilfe für **jede Art von Steuern** möglich, die von einem EU-Mitgliedstaat oder für einen EU-Mitgliedstaat oder dessen Gebiets- oder Verwaltungseinheiten einschl der örtlichen Behörden erhoben werden. Im Gegensatz zum früheren EGAHiG ist das EUAHiG nicht auf die Festsetzung der direkten Steuern (Steuern vom Einkommen, Ertrag und Vermögen) sowie auf die Festsetzung und Erhebung der Steuern auf Versicherungsprämien beschränkt, sondern das EUAHiG gilt für Steuern aller Art und damit zB auch für die ErbSt (BT-Drs 17/12375, 42). Diese Erweiterung auf alle Steuern entspricht der Neuregelung durch die AmtshilfeRL v 15.2.2011, wonach auch alle **indirekten Steuern** – ausgenommen USt und harmonisierte Verbrauchsteuern – erfasst werden müssen (Art 2 I, II AmtshilfeRL). Auf nicht harmonisierte Verbrauchsteuern ist das EUAHiG hingegen anwendbar (s Rz 171).

Der Anwendungsbereich des EUAHiG erstreckt sich **auf die Festsetzung** der in Abs 1 bezeichneten Steuern, wie sich aus § 4 I EUAHiG ergibt. Das StFest- 164 setzungsverfahren endet regelmäßig mit der Festsetzung des entsprechenden StAnspruchs durch Bescheid. Das EUAHiG gilt hingegen **nicht** für die **Vollstreckung** (Beitreibung) des StAnspruchs (*Marquardt/Betzinger* BB 14, 3033, 3035; *Seer* IWB 14, 87, 89; aA *Stahl* KÖSDI 14, 118687, 18688), s hierzu Rz 55 ff.

168 **Keine Anwendbarkeit (Abs 2).** Das EUAHiG ist nicht anwendbar nach § 1 II **Nr 1** auf die **USt** (Nr 1) einschl der **EUSt;** dies entspricht Art 2 II AmtshilfeRL. Im Bereich der USt gilt die ZusammenarbeitsVO 904/2010 (s Rz 50).

169 Das EUAHiG ist nach § 1 II **Nr 2** auch nicht auf die Amtshilfe im Bereich der **Zölle** anwendbar. Hier sind die VO über gegenseitige Amtshilfe, EWGVO 515/97, geändert durch Art 1 ÄndVO (EG) 766/2008, und das Neapel-II-Übereinkommen anwendbar (s Rz 60 ff).

171 Das EUAHiG gilt nach § 1 II **Nr 3** ferner **nicht** für die Amtshilfe im Bereich der **harmonisierten** Verbrauchsteuern (als Teil der indirekten Steuern), soweit diese in Art 1 I der RL 2008/118/EG v 16.12.2008, zuletzt geändert durch RL 2010/12/EU, genannt werden. Hierbei handelt es sich um die Energie-, Strom-, Tabak-, Branntwein-, Bier- und Schaumweinsteuer (s Rz 47). Die Amtshilfe richtet sich bei diesen harmonisierten Verbrauchsteuern seit dem 1.7.2012 nach der VO (EU) 389/2012 v 2.5.2012 (ABl Nr 121, 1); zur früheren Rechtslage s 13. Aufl Rz 101. Hingegen gilt das EUAHiG für die Kaffeesteuer sowie die Alkopopsteuer, da diese nicht harmonisiert sind, sondern nur nationale Steuern darstellen.

172 Ferner ist das EUAHiG nach § 1 II **Nr 4 und 5 nicht auf sozialrechtl Beiträge,** Umlagen und damit verbundene Abgaben iSd SGB sowie auf Gebühren anwendbar.

175 **Abs 3** stellt klar, dass das EUAHiG keine lex specialis zu anderen Amtshilferegelungen ist (vgl schon zur früheren Rechtslage nach § 1 III EGAHiG: BFH BStBl 79, 268; 87, 92); s auch Rz 67 zur Rangfolge. So ist nach Abs 3 Nr 1 neben dem EUAHiG das Gesetz über die internationale Rechtshilfe in Strafsachen anwendbar (s Rz 69). Gleiches gilt für DBA gem Abs 3 Nr 2, die insbes Auskunftsklauseln enthalten können (s Rz 7 f). Ebenfalls ist eine rechtsgrundlose Amtshilfe nach § 117 III (s Rz 110 ff) oder die Anwendung diesbezüglicher Verwaltungsvereinbarungen zwischen EU-Staaten nicht ausgeschlossen.

177 Über **Abs 4** sind die Regelungen der AO entsprechend anwendbar, da das EUAHiG ein Nebengesetz zur AO darstellt (BT-Drs 17/12375, 43). Damit sind insbes die Grundsätze über die Anhörung gem § 91 anwendbar. Allerdings gibt es keine Pflicht zur Anhörung, da diese durch § 117 IV 3 2. HS ausgeschlossen ist; jedoch soll grds eine Anhörung erfolgen (s Rz 124). Ausgeschlossen sind die Regelungen der AO – und damit auch die Prüfung, ob eine Anhörung erfolgen soll – nur dann, wenn das EUAHiG etwas anderes vorsieht, zB in § 7 VIII oder § 12 V EUAHiG ein Absehen von der Anhörung bei Gefährdung des Prüfungserfolgs.

§ 2 EUAHiG Begriffsbestimmungen

(1) Person im Sinne dieses Gesetzes ist

1. eine natürliche Person,
2. eine juristische Person,
3. eine Personenvereinigung, der die Rechtsfähigkeit zuerkannt wurde, die aber nicht über die Rechtsstellung einer juristischen Person verfügt oder
4. jede andere Rechtsform gleich welcher Art, mit oder ohne allgemeine Rechtsfähigkeit, die Vermögensgegenstände besitzt oder verwaltet, welche einschließlich der daraus erzielten Einkünfte einer der von § 1 erfassten Steuern unterliegen.

(2) Automatischer Austausch

1. im Sinne des § 7 Absatz 1, 3, 4, 10 und 11 ist die systematische Übermittlung zuvor festgelegter Informationen an einen anderen Mitgliedstaat ohne dessen vorheriges Ersuchen in regelmäßigen, im Voraus bestimmten Abständen; für die Zwecke des § 7 Absatz 1 sind verfügbare Informationen solche Informationen, die in den Steuerakten über Personen, die in

anderen Mitgliedstaaten ansässig sind, enthalten sind und die im Einklang mit den Verfahren für die Erhebung und Verarbeitung von Informationen abgerufen werden können;
2. im Sinne des § 7 Absatz 2 ist die systematische Übermittlung zuvor festgelegter Informationen über Personen, die in anderen Mitgliedstaaten ansässig sind, an den jeweiligen Ansässigkeitsmitgliedstaat ohne dessen vorheriges Ersuchen in regelmäßigen, im Voraus bestimmten Abständen;
3. für die Zwecke aller Bestimmungen dieses Gesetzes mit Ausnahme des § 7 Absatz 1, 3 bis 5 und 9 bis 11 ist die systematische Übermittlung zuvor festgelegter Informationen im Sinne der Nummern 1 und 2.

(3) [1] Ein grenzüberschreitender Vorbescheid im Sinne dieses Gesetzes ist eine Vereinbarung, eine Mitteilung oder eine andere Maßnahme mit ähnlicher Wirkung, die
1. von oder im Namen der Bundesrepublik Deutschland, einer zuständigen Landesfinanzbehörde oder von Gemeinden oder Gemeindeverbänden erteilt, geändert oder erneuert werden, unabhängig davon, ob die grenzüberschreitenden Vorbescheide tatsächlich verwendet werden,
2. für eine bestimmte Person oder eine Gruppe von Personen erteilt, geändert oder erneuert wird und sofern sich diese Person oder Gruppe von Personen darauf berufen kann,
3. die Auslegung oder Anwendung einer Rechts- oder Verwaltungsvorschrift der Steuergesetze der Bundesrepublik Deutschland, eines Landes oder entsprechender Regelungen einer Gemeinde oder eines Gemeindeverbandes betrifft,
4. sich auf eine grenzüberschreitende Transaktion oder auf die Frage bezieht, ob durch die Tätigkeiten, denen eine Person nicht im Inland nachgeht, eine Betriebstätte begründet wird oder nicht, und
5. vor den Transaktionen oder den Tätigkeiten im Ausland, die möglicherweise als Gründung einer Betriebstätte zu betrachten sind, oder vor Abgabe der Steuererklärung für den Zeitraum, in dem die Transaktion oder die Tätigkeiten erfolgten, erteilt wird.

[2] Dies gilt auch, wenn der Vorbescheid im Zuge einer Außenprüfung erteilt oder geändert wird. [3] Die grenzüberschreitende Transaktion kann unter anderem Investitionen, die Bereitstellung von Waren, Dienstleistungen oder Kapital oder den Einsatz materieller oder immaterieller Güter umfassen, wobei der Empfänger des grenzüberschreitenden Vorbescheids daran nicht unmittelbar beteiligt sein muss.

(4) [1] Eine Vorabverständigung über die Verrechnungspreisgestaltung im Sinne dieses Gesetzes ist eine Vereinbarung, eine Mitteilung oder eine andere Maßnahme mit ähnlicher Wirkung, die
1. im Namen der Bundesrepublik Deutschland, einer zuständigen Landesfinanzbehörde oder einer Gemeinde oder eines Gemeindeverbandes getroffen, geändert oder erneuert wird, unabhängig davon, ob sie tatsächlich verwendet wird oder nicht,
2. für eine bestimmte Person oder eine Gruppe von Personen getroffen, geändert oder erneuert wird, und sofern sich diese Person oder Gruppe von Personen darauf berufen kann, und
3. im Vorfeld grenzüberschreitender Transaktionen zwischen verbundenen Unternehmen
   a) geeignete Kriterien zur Bestimmung der Verrechnungspreise für die betreffenden Transaktionen festlegt oder
   b) die Zuweisung von Gewinnen an eine Betriebstätte regelt.

[2] Dies gilt auch, wenn der Vorbescheid im Zuge einer Außenprüfung erteilt oder geändert wird.

(5) Ein Unternehmen ist ein verbundenes Unternehmen im Sinne dieses Gesetzes, wenn es unmittelbar oder mittelbar an der Geschäftsleitung, der Kontrolle oder dem Kapital eines anderen Unternehmens beteiligt ist oder wenn ein und dieselben Personen unmittelbar oder mittelbar an der Geschäftsleitung, der Kontrolle oder dem Kapital beider Unternehmen beteiligt sind.

(6) Verrechnungspreise im Sinne dieses Gesetzes sind die Preise, zu denen ein Unternehmen materielle oder immaterielle Güter auf ein verbundenes Unternehmen überträgt oder Dienstleistungen für ein verbundenes Unternehmen erbringt.

(7) Eine grenzüberschreitende Transaktion im Sinne von Absatz 3 ist eine Transaktion oder eine Reihe von Transaktionen, bei der
1. nicht alle an der Transaktion oder an der Reihe von Transaktionen Beteiligten in der Bundesrepublik Deutschland, in der der grenzüberschreitende Vorbescheid erteilt oder geändert oder erneuert wird, steuerlich ansässig sind,
2. einer der an der Transaktion oder an der Reihe von Transaktionen Beteiligten gleichzeitig in mehreren Staaten oder Gebieten steuerlich ansässig ist,

3. einer der an der Transaktion oder an der Reihe von Transaktionen Beteiligten über eine Betriebstätte Geschäftstätigkeiten in einem anderen Staat oder Gebiet nachgeht und bei der die Transaktion oder Reihe von Transaktionen Teil der Geschäftstätigkeiten der Betriebstätte ist oder deren gesamte Geschäftstätigkeiten ausmachen. [2]Bei einer grenzüberschreitenden Transaktion oder einer Reihe von grenzüberschreitenden Transaktionen kann es sich auch um Maßnahmen handeln, die von einer Person in Bezug auf Geschäftstätigkeiten in einem anderen Staat oder Gebiet getroffen werden, denen sie über eine Betriebstätte nachgeht, oder
4. es sich um eine Transaktion oder eine Reihe von Transaktionen handelt, die grenzüberschreitende Auswirkungen hat.

(8) Eine grenzüberschreitende Transaktion im Sinne von Absatz 4 ist eine Transaktion oder eine Reihe von Transaktionen, an denen verbundene Unternehmen beteiligt sind, die nicht im Gebiet ein und desselben Staates oder ein und desselben Gebietes steuerlich ansässig sind, oder die grenzüberschreitende Auswirkungen haben.

(9) Unternehmen im Sinne der Absätze 4 und 5 ist jede Form von Geschäftstätigkeit.

(10) Länderbezogener Bericht im Sinne von § 7 Absatz 10 bis 12 ist ein länderbezogener Bericht im Sinne von § 138a Absatz 2 der Abgabenordnung.

(11) [1]Amtshilferichtlinie im Sinne dieses Gesetzes sowie des Einkommensteuergesetzes, der Abgabenordnung, des Außensteuergesetzes, des Körperschaftsteuergesetzes, des Gewerbesteuergesetzes, des Investmentsteuergesetzes und sonstiger Steuergesetze bezeichnet die Richtlinie 2011/16/EU des Rates vom 15. Februar 2011 über die Zusammenarbeit der Verwaltungsbehörden im Bereich der Besteuerung und zur Aufhebung der Richtlinie 77/799/EWG (ABl. L 64 vom 11.3.2011, S. 1) in der jeweils geltenden Fassung. [2]Die auf Grund der Amtshilferichtlinie erlassenen europarechtlichen Durchführungsbestimmungen gelten in der im jeweiligen Besteuerungszeitraum aktuellen Fassung.

(12) Auf elektronischem Weg im Sinne dieses Gesetzes bezeichnet die Verwendung elektronischer Anlagen zur Übermittlung, Verarbeitung von Daten, einschließlich der Datenkomprimierung, und zum Speichern von Daten unter Einsatz von Draht, Funk, optischen Technologien oder anderen elektromagnetischen Verfahren.

Abs 2 und 3 geändert und Abs 4 bis 12 eingefügt durch BEPS-UmsetzungsG v 20.12.16 (BGBl I, 3000).

180 § 2 EUAHiG definiert in **Abs 1** den persönlichen Anwendungsbereich. Neben den natürlichen und juristischen Personen erfasst Abs 1 nach Nr 3 und Nr 4 sowohl rechtsfähige als auch sonstige Personenvereinigungen mit oder ohne Rechtsfähigkeit, zB Personengesellschaften, Trusts oder Stiftungen.

Durch das BEPS-UmsetzungsG v 20.6.2016 wurden die bisherigen Abs 2 und 3 in die Abs 11 und 12 verschoben und inhaltlich neue Abs 2 bis 10 eingefügt. Die neuen Abs 2 bis 10 definieren die Begriffe, die für die automatische Übermittlung von Informationen über grenzüberschreitende stl Vorbescheide und Vorabverständigungen über Verrechnungspreise in § 7 III bis XIV EUAHiG verwendet werden. Dies dient der Umsetzung der RL (EU) 2015/2376 v 8.12.2015 (Rz 31).

181 Abs 2 Nrn 1 bis 3 nF definieren den Begriff des automatischen Austauschs iSv § 7 I, III, IV EUAHiG nF. Abs 3 definiert den grenzüberschreitenden Vorbescheid iSv § 7 IV EUAHiG nF; dabei handelt es sich um verbindliche Auskünfte bzw Zusagen iSv § 89 II, § 204 oder § 178a. Die in Abs 3 genannten Merkmale entsprechen der RL (EU) 2015/2376 (s Rz 31). Entsprechendes gilt für Abs 4, der die Vorabverständigung über die Verrechnungspreisgestaltung definiert, über die ebenfalls nach § 7 IV EUAHiG Informationen automatisch auszutauschen sind. In Abs 5 wird der Begriff des verbundenen Unternehmens und in Abs 6 der Begriff des Verrechnungspreises definiert. In den Abs 7 bis 10 werden nun – systematisch verunglückt – Begriffe der Abs 3 bis 5 definiert. Abs 10 verweist hinsichtlich des länderbezogenen Berichts schließlich auf § 138a II.

182 **Abs 11 S 1** entspricht dem bisherigen Abs 2 S 1 und enthält einen **dynamischen Verweis** auf die AmtshilfeRL v 15.2.2011, die die Grundlage für das EUAHiG ist (s Rz 150). Maßgeblich ist damit die jeweils geltende Fassung der RL. In Abs 11 **S 2** wird klargestellt, dass die europarechtl Durchführungsbestimmungen,

die auf der RL beruhen und in den EU-Staaten unmittelbare Rechtswirkung entfalten, immer in der Fassung des jeweiligen Besteuerungszeitraums gelten; es muss sich also nicht zwingend um die aktuelle Fassung handeln, wenn die Amtshilfe einen bereits abgelaufenen VZ betrifft.

Abs 12, der dem bisherigen Abs 3 entspricht, definiert den Begriff „auf elektronischem Weg", der zB in § 7 I EUAHiG verwendet wird, und setzt damit Art 3 Nr 12 AmtshilfeRL um.

§ 3 EUAHiG Zuständigkeit und Prüfungsbefugnisse

(1) Zuständige Behörde im Sinne von Artikel 4 Absatz 1 der Amtshilferichtlinie ist das Bundesministerium der Finanzen.

(2) [1] Zentrales Verbindungsbüro im Sinne von Artikel 4 Absatz 2 Unterabsatz 1 der Amtshilferichtlinie ist in den Fällen des § 5 Absatz 1 Nummer 5 des Finanzverwaltungsgesetzes das Bundeszentralamt für Steuern. [2] Das Bundesministerium der Finanzen kann durch Schreiben weitere Verbindungsstellen im Sinne von Artikel 4 Absatz 3 und zuständige Bedienstete im Sinne von Artikel 4 Absatz 4 der Amtshilferichtlinie benennen.

(3) [1] Das zentrale Verbindungsbüro übernimmt die Kommunikation mit den anderen Mitgliedstaaten und prüft eingehende und ausgehende Ersuchen auf Zulässigkeit nach diesem Gesetz. [2] Eingehende zulässige Ersuchen und Informationen werden vom zentralen Verbindungsbüro entgegengenommen, gespeichert und zur Durchführung des Besteuerungsverfahrens an die zuständigen Finanzbehörden weitergeleitet. [3] Zulässige Ersuchen und Informationen der Finanzbehörden werden vom zentralen Verbindungsbüro an die anderen Mitgliedstaaten weitergeleitet.

(4) [1] Die im Zusammenhang mit den Ersuchen und Informationen beim Bundeszentralamt für Steuern gespeicherten Daten werden mit Ablauf des 15. Jahres, das dem Jahr der Weiterleitung folgt, gelöscht, soweit in diesem Gesetz keine anderen Vorgaben zur Speicherung und Löschung von Informationen geregelt sind. [2] Geht zu einer gespeicherten Meldung eine Änderungsmitteilung ein, so ist die Ursprungsmeldung für 15 Jahre ab dem Zeitpunkt des Eingangs der Änderungsmitteilung vorzuhalten.

(5) Gehen Ersuchen nach diesem Gesetz bei einer anderen Stelle als dem zentralen Verbindungsbüro ein, so sind diese Ersuchen letzterem unverzüglich zuzuleiten.

(6) [1] Die Gemeinden und Gemeindeverbände können Amtshilfe nach Maßgabe dieses Gesetzes in Anspruch nehmen. [2] Sie gelten insoweit als Finanzbehörden im Sinne dieses Gesetzes.

Abs 3 S 2, Abs 4 und 5 geändert und Abs 6 eingefügt durch BEPS-UmsetzungsG v 20.12.16 (BGBl I, 3000).

§ 3 EUAHiG beruht auf Art 4 AmtshilfeRL und regelt die Zuständigkeit wie **185**
folgt: Danach ist zwar grds das **BMF** zuständige Behörde für die Amtshilfe (§ 3 I EUAHiG bzw Art 4 I AmtshilfeRL). Das BMF ist daher für den Geschäftsverkehr mit der Europäischen Kommission zuständig (vgl Art 4 I AmtshilfeRL). Der Gesetzgeber hat keinen Gebrauch von der in § 4 II der RL eingeräumten Möglichkeit gemacht, das BZSt als Verbindungsstelle zur Europäischen Kommission zu benennen und ihm damit die Zuständigkeit für den Geschäftsverkehr mit der Europäischen Kommission zu übertragen (BT-Drs 17/12 375, 44).

Das BMF hat nach § 3 II 2 EUAHiG die Möglichkeit, weitere Verbindungsstellen iSv Art 4 III AmtshilfeRL und zuständige Bedienstete (dh Amtsträger) iSv Art 4 IV AmtshilfeRL schriftlich zu benennen. Von dieser Möglichkeit hat das BMF bislang keinen Gebrauch gemacht.

Für die **konkrete Amtshilfe** nach dem EUAHiG und damit hauptverantwort- **187**
lich zuständig ist jedoch das **BZSt** als sog zentrales Verbindungsbüro (§ 3 II EUAHiG bzw Art 4 II AmtshilfeRL); diese Zuständigkeit des BZSt wird auch in § 5 Nr 5 FVG festgelegt. Die Aufgaben des BZSt richten sich nach § 3 III und V EUAHiG: Das BZSt ist für die Kommunikation mit den anderen Mitgliedstaaten (nicht aber für die Kommunikation mit der Europäischen Kommission, s Rz 185) zuständig. Es prüft daher nach § 3 III 1 EUAHiG sowohl eingehende als auch ausgehende Ersuchen und Informationen auf ihre Zulässigkeit und leitet sie nach § 3 III 2 und 3 sowie § 4 I 2, § 6 I 1, § 8 I 2 EUAHiG jeweils weiter, dh einge-

hende Ersuchen und Informationen an die FinBeh und ausgehende Ersuchen und Informationen an die zentralen Verbindungsbüros der anderen Mitgliedstaaten. Durch das BEPS-UmsetzungsG v 20.12.2016 wurde Abs 3 S 2 dahingehend geändert, dass das BZSt die Ersuchen und Informationen vor der Weiterleitung zunächst entgegennimmt – dies ist eine Selbstverständlichkeit – und speichert. Außerdem koordiniert das BZSt gemeinsame Außenprüfungen iSv § 10 EUAHiG (*Beckmann* StBp 14, 66, 67).

Der durch das BEPS-UmsetzungsG v 20.12.2016 eingefügte neue **Abs 4** regelt die Löschung der Daten nach Ablauf von 15 Jahren. Diese Frist soll eine Auswertung der Informationen innerhalb der – ggf aufgrund von Anlauf- oder Ablaufhemmungen und StVerkürzungen deutlich verlängerten – Festsetzungsfrist ermöglichen. Diese Frist entspricht § 5 V FKAustG.

Erhalten deutsche FinBeh Ersuchen aus anderen Mitgliedstaaten unmittelbar, müssen sie das Ersuchen nach **Abs 5,** der dem bisherigen Abs 4 entspricht, dem BZSt unverzüglich zuleiten, damit dieses die Zulässigkeit prüfen kann.

189 Nach **Abs 6 S 1,** der dem bisherigen Abs 5 S 1 entspricht, können auch Gemeinden und Gemeindeverbände Amtshilfe nach dem EUAHiG in Anspruch nehmen, da sie nach S 2 den FinBeh gleichgestellt werden. Sie müssen dann aber auch die Anforderungen des EUAHiG erfüllen und zB die Standardformblätter und Kommunikationsmittel gem § 17 EUAHiG verwenden.

Richten sich **Ersuchen aus anderen Mitgliedstaaten** an deutsche Gemeinden oder Gemeindeverbände, leitet das BZSt das Ersuchen an die zunächst zuständige FinBeh weiter, zB an das für die Festsetzung des GewSt-Messbetrags zuständige FA. Dieses FA kann dann die Gemeinde im Wege der allg Amtshilfe gem § 111 um Auskunft bitten. Eine unmittelbare Anwendung des EUAHiG zulasten der Gemeinden ist nach Art 84 I 7 GG ausgeschlossen, sodass nur der Weg über die Amtshilfe eröffnet ist. Entsprechendes gilt auch für Zustellungsersuchen von anderen Mitgliedstaaten gem § 14 EUAHiG, die an sich von den Gemeinden oder Gemeindeverbänden vorgenommen werden müssten: Derartige Zustellungsersuchen werden vom BZSt an die FinBeh weitergeleitet, die die Gemeinde im Wege der Amtshilfe um Ausführung der Zustellung iSd VwZG bittet (BT-Drs 17/12375, 45).

Abschnitt 2. Übermittlung von Informationen auf Ersuchen

§ 4 EUAHiG Ersuchen von anderen Mitgliedstaaten

(1) [1] Auf Ersuchen erstellt die zuständige Finanzbehörde alle Antworten, die für die Festsetzung von Steuern nach § 1 voraussichtlich erheblich sind. [2] Die Antworten werden durch das zentrale Verbindungsbüro an den anderen Mitgliedstaat weitergeleitet. [3] Die zuständige Finanzbehörde erstellt die Antworten nach Maßgabe dieses Gesetzes und unter Berücksichtigung des § 117 Absatz 4 der Abgabenordnung. [4] Verfügt die Finanzbehörde nicht über die betreffenden Informationen, so führt sie nach pflichtgemäßem Ermessen alle nach der Abgabenordnung vorgesehenen behördlichen Ermittlungen durch.

(2) [1] Absatz 1 gilt auch für Ersuchen um Durchführung bestimmter behördlicher Ermittlungen. [2] Ist die Finanzbehörde der Auffassung, dass keine behördliche Ermittlung erforderlich ist, so teilt sie dies unverzüglich dem zentralen Verbindungsbüro mit. Originaldokumente sind auf Ersuchen des anderen Mitgliedstaats zu übermitteln, soweit dies nach deutschem Recht zulässig ist.

(3) Das zentrale Verbindungsbüro übermittelt keine Informationen, wenn

1. die Durchführung erforderlicher Ermittlungen oder die Beschaffung der betreffenden Informationen nach deutschem Recht nicht möglich ist,
2. der andere Mitgliedstaat die üblichen Informationsquellen nicht ausgeschöpft hat, die ihm zur Erlangung der erbetenen Informationen zur Verfügung stehen, ohne dabei die Erreichung des Ziels zu gefährden,
3. ein Handels-, Gewerbe- oder Berufsgeheimnis oder ein Geschäftsverfahren preisgegeben werden würde oder
4. die öffentliche Ordnung verletzt werden würde.

(4) Das zentrale Verbindungsbüro kann die Übermittlung von Informationen zudem ablehnen, wenn der andere Mitgliedstaat seinerseits aus rechtlichen Gründen nicht zur Übermittlung entsprechender Informationen in der Lage ist.

(5) Absatz 3 Nummer 1, 3 und 4 ist in keinem Fall so auszulegen, dass die Übermittlung von Informationen nur deshalb abgelehnt werden kann, weil die betreffenden Informationen sich bei einer Bank, einem sonstigen Finanzinstitut, einem Bevollmächtigten, Vertreter oder Treuhänder befinden oder sich auf Eigentumsanteile an einer Person beziehen.

(6) [1] Ein Ersuchen kann nicht aus dem Grund abgelehnt werden, dass die zu übermittelnden Informationen nach deutschem Recht nicht für steuerliche Zwecke benötigt werden. [2] Lehnt das zentrale Verbindungsbüro ein Ersuchen aus anderen Gründen ab, so sind dem anderen Mitgliedstaat die Gründe hierfür mitzuteilen.

Inhalt. § 4 EUAHiG betrifft die **Beantwortung von Ersuchen** anderer EU-Staaten durch deutsche FinBeh und ist damit eine der Kernvorschriften des EUAHiG. § 4 EUAHiG setzt Art 5 und 6 AmtshilfeRL um und konkretisiert § 117 II (s Rz 90). Die Übermittlung von Informationen durch deutsche FinBeh **ohne Ersuchen** eines anderen Mitgliedstaates ist in § 8 EUAHiG geregelt. 195

In Abs 1 geht es um die Erstellung und Übermittlung der von einem anderen Mitgliedstaat erbetenen Antworten. Abs 2 regelt die Durchführung behördlicher Ermittlungen auf Ersuchen eines anderen Mitgliedstaates. Die Abs 3 bis 6 regeln Übermittlungssperren.

Auskunft auf Ersuchen. Abs 1 regelt die Auskunft auf Ersuchen für die in § 1 EUAHiG genannten Steuern (s Rz 162). Die Auskunft muss nach Abs 1 S 1 für die Festsetzung (nicht: Beitreibung, s Rz 164) **voraussichtlich erheblich** sein, und zwar im ersuchenden Staat (s Rz 212 sowie EUGH IStR 17, 785). Der Begriff der voraussichtlichen Erheblichkeit entspricht dem aktuellen OECD-Standard, wie er in Art 26 des OECD-MA 2010 oder auch in Art 1 des OECD-MA Inf niedergelegt ist (Rz 5 f). Unzulässig sind Beweisausforschungen (sog fishing expeditions), bei denen noch keine Anhaltspunkte für die Erheblichkeit vorliegen; hingegen sind sog Gruppenanfragen zulässig, bei denen sich das Ersuchen auf eine bestimmte Gruppe von Stpfl iSv Nr 5.2 des MA-Kommentars („several taxpayers") bezieht und konkrete Anhaltspunkte für eine voraussichtliche Erheblichkeit genannt sind (*Seer* IWB 14, 87, 90; BMF 23.11.2015, BStBl I, 928, Tz 4.1.3). 198

Liegen die Voraussetzungen des § 4 I 1 EUAHIG vor, erstellt die zuständige deutsche FinBeh nach § 4 I 2 EUAHiG alle Antworten, um das Ersuchen zu erfüllen. Dem Ersuchen **muss** entsprochen werden, wenn die Auskunft für die StFestsetzung des anfragenden Staates voraussichtlich erheblich ist. Bei den Antworten kann es sich um die Übermittlung von Daten, die Erteilung von Auskünften oder die Bereitstellung von Unterlagen (s § 4 II 3 EUAHiG) handeln; über Abs 2 kann der andere Mitgliedstaat auch um bestimmte behördliche Ermittlungen bitten (s Rz 204). Die FinBeh kann also zur Erfüllung des Ersuchens ua Auskünfte einholen oder die Vorlage von Urkunden verlangen (§§ 93, 97). Dabei muss sie etwaige Auskunfts- und Vorlageverweigerungsrechte iSv §§ 101 bis 106 beachten. Unzulässig sind aber Rechtsgutachten oder rechtl Beurteilungen durch die deutsche FinBeh. Bei der Erstellung der Antworten ist nach § 4 I 3 EUAHiG neben den Regelungen des EUAHiG auch § 117 IV zu beachten, sodass eine Anhörung des vom Ersuchen Betroffenen grds erfolgen soll (s Rz 122). 199

Verfügt die deutsche FinBeh nicht über die erbetenen Informationen, führt sie nach pflichtgemäßem Ermessen gem § 4 I 4 EUAHiG alle nach der AO vorgesehenen Ermittlungen durch. Die FinBeh hat also eine **Pflicht, die Informationen zu beschaffen** – anders als bei § 117a (s § 117a Rz 8), aber ebenso wie bei § 117c (s § 117c Rz 2); dies entspricht auch dem Verständnis des Art 6 III AmtshilfeRL. Der Hinweis auf das pflichtgemäße Ermessen bedeutet, dass die FinBeh bei ihren Ermittlungen insbes die Verhältnismäßigkeit, die Erforderlichkeit und die Zumutbarkeit (s § 5 Rz 10) wahren und ggf unter mehreren Ermittlungsmöglichkeiten die am Wenigsten belastende ergreifen muss. 200

Die deutsche FinBeh übermittelt ihre Antworten nach § 4 I 2 EUAHiG an das BZSt als zentrales Verbindungsbüro, das zunächst nach Abs 3 und 4 prüft, ob die Weiterleitung an den anderen EU-Staat abzulehnen ist bzw abgelehnt werden kann. Anschließend übersendet das BZSt die Antworten an das zentrale Verbindungsbüro des ersuchenden Mitgliedstaates. Zum Verfahrensablauf bei Ersuchen, die Gemeinden betreffen, s Rz 189.

204 Nach **Abs 2** kann der andere Mitgliedstaat auch um die Durchführung **bestimmter behördlicher Ermittlungen** ersuchen. Dies kann sich insbes auf die Vorlage von Originaldokumenten beziehen, die nach Abs 2 S 3 dem anderen Mitgliedstaat zur Verfügung gestellt werden sollen. Hält die deutsche FinBeh Ermittlungen nicht für erforderlich, teilt sie dies nach Abs 2 S 2 dem BZSt unverzüglich mit, das anschließend ggü dem zentralen Verbindungsbüro des anderen Mitgliedstaates das Ersuchen ablehnt.

205 Die **Abs 3 bis 6 beschränken die Informationserteilung** durch deutsche FinBeh. Die Entscheidung über eine Ablehnung des Ersuchens trifft dabei das BZSt, nicht die für die Erstellung der Antworten zuständige FinBeh.

206 Nach Abs 3 **Nr 1** hat die Auskunftserteilung durch das BZSt zwingend zu unterbleiben, wenn die erforderlichen Ermittlungen oder die betr Informationen nach deutschem Recht nicht durchgeführt bzw beschafft werden können (Nr 1). Dies entspricht Art 17 II AmtshilfeRL sowie Art 26 III Buchst b OECD-MA 2010. Allerdings wird Abs 3 Nr 1 durch Abs 5 eingeschränkt (s Rz 211). Abs 3 Nr 1 erfasst Fälle, in denen es für die erforderlichen Ermittlungen zB keine Rechtsgrundlage gibt oder die einer allg Verwaltungsanweisung zuwiderlaufen würden. Hingegen gilt Abs 3 Nr 1 nicht, wenn die erbetenen Informationen bereits vorliegen: Es kommt dann nicht darauf an, ob sie in einem Besteuerungsverfahren rechtmäßigerweise hätten beschafft werden können (BFH BStBl 00, 648). Die Informationen dürfen auch bei Zufallserkenntnissen übermittelt werden, die innerhalb eines StStrafverfahrens gewonnen worden sind und die in keinem Besteuerungsverfahren nach Vorschriften der AO hätten mitgeteilt werden müssen (BFH BStBl 95, 497). Dabei ist nicht zu prüfen, ob strafverfahrensrechtl Maßnahmen, die zur Erlangung der Informationen geführt haben, rechtmäßig waren; deren Rechtswidrigkeit ist ggf in den dafür vorgesehenen Verfahren festzustellen (BFH BStBl 90, 789; BFH/NV 92, 367); anderenfalls besteht kein Verwertungsverbot (BFH BStBl 95, 497). Soll die Übermittlung von Informationen aus einem StStrafverfahren zwecks Verhütung von Straftaten in einem anderen Mitgliedstaat übermittelt werden, richtet sich dies nach § 117a.

207 Abs 3 **Nr 2** verbietet die Informationserteilung, wenn der andere Mitgliedstaat seine üblichen Informationsquellen noch nicht ausgeschöpft hat und ihm die Auswertung dieser Informationsquellen möglich gewesen wäre, ohne das Ziel, die zutreffende StFestsetzung, zu gefährden. In Nr 2 kommt der Grundsatz der Subsidiarität der Amtshilfe zum Ausdruck (s auch Rz 92). Die Regelung entspricht Art 17 I AmtshilfeRL.

208 Abs 3 **Nr 3** verbietet die Auskunftserteilung, sofern hierdurch ein Handels-, Gewerbe- oder Berufsgeheimnis preisgegeben werden würde. Zum Begriff des Geheimnisses s Rz 97 und 117 sowie *Seer* IWB 14, 87, 93. Nr 3 entspricht Art 17 IV AmtshilfeRL sowie Art 26 III Buchst c OECD-MA 2010. Das Auskunftserteilungsverbot der Nr 3 wird durch Abs 5 eingeschränkt (s Rz 211).

209 Die Auskunft darf nach Abs 3 **Nr 4** nicht erteilt werden, wenn die öffentliche Ordnung (ordre public) verletzt werden würde. Diese Regelung entspricht ebenfalls Art 17 IV AmtshilfeRL und ist bereits in § 117 III Nr 4 enthalten; zu den Einzelheiten s Rz 116. Abs 3 Nr 4 wird durch Abs 5 eingeschränkt (s Rz 211).

210 **Abs 4** gibt dem BZSt ein **Ablehnungsrecht.** Anders als bei Abs 3 ist das BZSt also nicht gezwungen, die Übermittlung der Informationen abzulehnen. Die Regelung in Abs 4 entspricht Art 17 III AmtshilfeRL. Die RL beruht auf dem Prinzip der Gegenseitigkeit. Kann also der andere Mitgliedstaat aus rechtl Gründen

entsprechende Informationen nicht beschaffen, braucht das BZSt seinerseits keine Informationen an den anderen Mitgliedstaat zu übermitteln.

Nach **Abs 5** kann die Auskunftsverweigerung nach Abs 3 und 4 nicht damit be- 211
gründet werden, dass sich die betr Informationen bei einer Bank, einem sonstigen Finanzinstitut, einem Bevollmächtigten, Vertreter oder Treuhänder befinden oder dass sich die Informationen auf die Eigentumsverhältnisse einer Person beziehen. Abs 5 stellt damit eine **Einschränkung der Auskunftsverweigerung** nach Abs 3 und 4 dar. Die Regelung entspricht Art 18 II AmtshilfeRL sowie Art 26 V OECD-MA 2010.

Aus der 1. Fallgruppe des Abs 5 ergibt sich insbes, dass ein „Bankgeheimnis" nicht als Handelsgeheimnis iSv Abs 3 Nr 3 anzusehen ist. Ebenso wenig darf die Informationsübermittlung bei der 2. Fallgruppe mit der Begründung abgelehnt werden, dass sich die benötigten Informationen bei einem Bevollmächtigten, Vertreter oder Treuhänder befinden; die deutsche FinBeh muss also diese Personen zur Auskunftserteilung oder Vorlage von Urkunden gem §§ 93, 97 auffordern. Bei der 3. Fallgruppe des Abs 5 geht es um Informationen über Eigentumsverhältnisse. Die sprachlich missglückte Formulierung „Eigentumsanteile an einer Person" meint Informationen über die Eigentumsverhältnisse an Gesellschaften oder über die Identität des Nutznießers von Inhaberaktien (*Vogel/Lehner* DBA, Art 26 Rz 131). Die Auskunftserteilung hierüber kann das BZSt also nicht deshalb verweigern, weil die Eigentumsverhältnisse als Handels- oder Geschäftsgeheimnis eingestuft werden.

Abs 6 S 1 schränkt ebenfalls die Auskunftsverweigerungsrechte des BZSt ein. 212
Das BZSt kann das Ersuchen nicht mit der Begründung ablehnen, dass die benötigten Informationen nach deutschem Recht nicht für stl Zwecke benötigt werden, dh für die Besteuerung in Deutschland irrelevant sind. Dies entspricht Art 18 I AmtshilfeRL sowie Art 26 IV OECD-MA 2010. Entscheidend ist damit allein, ob die benötigten Informationen für die Festsetzung der Steuer **nach dem Recht des anderen EU-Mitgliedstaates** voraussichtlich erforderlich sein werden.

Abs 6 **S 2** verpflichtet das BZSt, die Ablehnungsgründe iSv Abs 3 und 4 dem zentralen Verbindungsbüro des anderen Mitgliedstaates spätestens innerhalb eines Monats (§ 5 VII EUAHiG) mitzuteilen.

§ 5 EUAHiG Fristen

(1) [1]Das zentrale Verbindungsbüro übermittelt die Informationen nach § 4 unverzüglich, spätestens jedoch sechs Monate, nachdem es das Ersuchen erhalten hat. [2]Ist die Finanzbehörde bereits im Besitz der entsprechenden Informationen, verkürzt sich die Frist auf zwei Monate. [3]In besonders gelagerten Fällen können das zentrale Verbindungsbüro und der andere Mitgliedstaat abweichende Fristen vereinbaren.

(2) Der Informationsaustausch nach § 7 erfolgt

1. in Bezug auf die gemäß § 7 Absatz 3 auszutauschenden Informationen innerhalb von drei Monaten nach Ablauf des Kalenderhalbjahrs, in dem die grenzüberschreitenden Vorbescheide oder Vorabverständigungen über die Verrechnungspreisgestaltung erteilt oder getroffen, geändert oder erneuert wurden;
2. in Bezug auf die gemäß § 7 Absatz 4 auszutauschenden Informationen vor dem 1. Januar 2018.

(3) [1]Das zentrale Verbindungsbüro bestätigt der zuständigen Behörde des anderen Mitgliedstaats, die die Informationen nach § 7 Absatz 7 Nummer 10 übermittelt hat, unverzüglich, spätestens jedoch innerhalb von sieben Arbeitstagen den Erhalt der Informationen. [2]Die Bestätigung erfolgt möglichst auf elektronischem Weg. [3]Die Bestätigung ist so lange erforderlich, bis das Zentralverzeichnis einsatzbereit ist, das in Artikel 21 Absatz 5 der RL 2011/16/EU des Rates vom 15. Februar 2011 über die Zusammenarbeit der Verwaltungsbehörden im Bereich der Besteuerung und zur Aufhebung der Richtlinie 77/799/EWG (ABl. L 64 vom 11.3.2011, S. 1), der durch die Richtlinie (EU) 2015/2376 (ABl. L 332 vom 18.12.2015, S. 1) eingefügt worden ist, genannt ist.

(4) Das zentrale Verbindungsbüro bestätigt dem anderen Mitgliedstaat unverzüglich, spätestens jedoch sieben Arbeitstage, nachdem es das Ersuchen erhalten hat, möglichst auf elektronischem Weg den Erhalt dieses Ersuchens.

(5) [1] Weist das Ersuchen Mängel auf, so unterrichtet das zentrale Verbindungsbüro den anderen Mitgliedstaat darüber innerhalb eines Monats, nachdem es das Ersuchen erhalten hat, und fordert gegebenenfalls zusätzliche Hintergrundinformationen an. [2] Die Fristen nach Absatz 1 beginnen am Tag nach dem Eingang der angeforderten zusätzlichen Hintergrundinformationen.

(6) Ist die Finanzbehörde nicht in der Lage, auf ein Ersuchen fristgerecht zu antworten, so teilt das zentrale Verbindungsbüro dies dem anderen Mitgliedstaat unverzüglich, spätestens jedoch drei Monate, nachdem das zentrale Verbindungsbüro das Ersuchen erhalten hat, unter Nennung der Gründe und des voraussichtlichen Erledigungsdatums mit.

(7) Ist die Finanzbehörde nicht im Besitz der erbetenen Informationen oder lehnt sie das Ersuchen aus den in § 4 Absatz 3 oder 4 genannten Gründen ab, so teilt das zentrale Verbindungsbüro dies dem anderen Mitgliedstaat unverzüglich, spätestens jedoch innerhalb eines Monats, nachdem das zentrale Verbindungsbüro das Ersuchen erhalten hat, unter Nennung der Gründe mit.

Abs 2 bis 5 geändert und Abs 6 und 7 neu eingefügt durch BEPS-UmsetzungsG v 20.12.16 (BGBl I, 3000).

215 § 5 soll den **Informationsaustausch beschleunigen** und sieht deshalb Fristen für die Übermittlung der Informationen vor. Die Regelung setzt Art 7 AmtshilfeRL um. Nach **Abs 1** hat das BZSt das Ersuchen grds innerhalb **von sechs Monaten** zu beantworten; innerhalb dieses Zeitraums muss es das Ersuchen also an die zuständige FinBeh weiterleiten, damit diese die Antworten erstellen und die Antwort wiederum dem BZSt übersenden kann. Die Frist verkürzt sich nach Abs 1 S 2 auf zwei Monate, falls die deutsche FinBeh bereits über die entsprechenden Informationen verfügt. Zudem können auch abweichende Fristen zwischen den jeweiligen zentralen Verbindungsbüros in besonders gelagerten Fällen vereinbart werden (Abs 1 S 3); dies wird insbes dann in Betracht kommen, wenn die Auskunft durch eine Gemeinde oder einen Gemeindeverband erteilt werden soll (s Rz 189).

216 Durch das BEPS-UmsetzungsG v 20.12.2016 wurden die bisherigen Abs 2 bis 5 in die Abs 4 bis 7 verschoben und **inhaltlich neue Abs 2 und 3** eingefügt: **Abs 2** regelt die Fristen für den automatischen Austausch von Informationen über grenzüberschreitend erteilte Vorbescheide oder Vorabverständigungen über die Verrechnungspreisgestaltung gem § 7 III und IV EUAHiG (zum Begriff s § 2 III und IV EUAHiG). Diese sind nach Abs 2 Nr 1 innerhalb von drei Monaten nach Ablauf des Kalenderhalbjahres, in dem der Vorbescheid bzw die Vorabverständigung erteilt oder geändert wurde, zu übermitteln, also zB bis zum 30.9.2018, wenn der Vorbescheid im 1. Halbjahr 2018 erteilt wurde. Die Informationen iSv § 7 IV EUAHiG über die im Zeitraum vom 1.1.2012 bis 31.12.2016 erteilten und geänderten Vorbescheide und Vorabverständigungen waren nach Abs 2 Nr 2 bis zum 31.12.2017 zu übermitteln.

Nach dem neuen **Abs 3** ist das BZSt verpflichtet, der übermittelnden Behörde des ausl Staates unverzüglich, spätestens aber nach sieben Werktagen, den Erhalt von Informationen iSv § 7 VII Nr 10 elektronisch zu bestätigen; dies betrifft Angaben dazu, welche anderen EU-Staaten wahrscheinlich von dem grenzüberschreitenden Vorbescheid oder der Vorabverständigung über die Verrechnungspreisgestaltung betroffen sind. Diese Verpflichtung wird jedoch nach Abs 3 S 3 entfallen, sobald das Zentralverzeichnis iSv Art 21 V der RL 2011/16/EU einsatzbereit ist.

217 Eine vergleichbare Pflicht zur Empfangsbestätigung ist in **Abs 4 bis 7** enthalten, die inhaltlich den bisherigen Abs 2 bis 5 entsprechen. Danach muss das BZSt innerhalb von sieben Arbeitstagen eine Empfangsbestätigung erteilen und fristgebundene Mitteilungsverpflichtungen bei Mängeln des Ersuchens, bei Fristverzögerungen sowie bei Ablehnung des Ersuchens beachten.

§ 6 EUAHiG Ersuchen an andere Mitgliedstaaten

(1) [1] Die Finanzbehörde ist befugt, ein Ersuchen zu stellen, welches das zentrale Verbindungsbüro dem anderen Mitgliedstaat nach den Vorschriften dieses Gesetzes weiterleitet.

Darin kann um sachdienliche behördliche Ermittlungen ersucht werden. [2]Originaldokumente können erbeten werden, soweit sie für das weitere Verfahren notwendig sind.

(2) [1]Die Finanzbehörde ist befugt, ein Ersuchen um Übermittlung zusätzlicher Informationen, einschließlich des vollständigen Wortlauts eines grenzüberschreitenden Vorbescheids oder einer Vorabverständigung über die Verrechnungspreisgestaltung, zu stellen. [2]Das zentrale Verbindungsbüro leitet das Ersuchen dem anderen Mitgliedstaat nach den Vorschriften dieses Gesetzes weiter.

(3) Bevor die Finanzbehörde ein Ersuchen stellt, hat sie alle nach der Abgabenordnung vorgesehenen Ermittlungsmöglichkeiten auszuschöpfen, es sei denn, die Durchführung der Ermittlungen wäre mit unverhältnismäßig großen Schwierigkeiten verbunden oder stellt sich als nicht Erfolg versprechend dar.

Abs 2 geändert und Abs 3 eingefügt durch BEPS-UmsetzungsG v 20.12.16 (BGBl I, 3000).

§ 6 **Abs 1** EUAHiG ist das Gegenstück zu § 4 EUAHiG und betrifft **Ersuchen deutscher FinBeh an andere Mitgliedstaaten der EU.** Die deutsche FinBeh (zur Zuständigkeit s § 24 Rz 3) kann ein Ersuchen an einen anderen Mitgliedstaat der EU richten und um sachdienliche behördliche Ermittlungen (Abs 1 S 2) sowie um die Vorlage von Originaldokumenten bitten, sofern diese für das weitere Besteuerungsverfahren in Deutschland notwendig sind (Abs 1 S 3). 220

§ 6 Abs 1 nennt zwar – anders als § 4 I EUAHiG – nicht die Übermittlung von Informationen bzw Erstellung von Antworten durch den anderen Mitgliedstaat; aus Art 5 I AmtshilfeRL ergibt sich aber, dass die Informationen, die im Anschluss an behördliche Ermittlungen erlangt worden sind, zu übermitteln sind. Der ersuchte EU-Staat kann nach § 16 II EUAHiG ein „Feedback" verlangen (s Rz 310).

Die FinBeh muss ihr Ersuchen dem BZSt als zentrales Verbindungsbüro gem § 3 II EUAHiG zuleiten, das es auf Zulässigkeit prüft und an das zentrale Verbindungsbüro des anderen Mitgliedstaates weiterleitet. Ein Ersuchen kann auch von den Gemeinden bzw Gemeindeverbänden gem § 3 VI EUAHiG gestellt werden (s Rz 189).

Durch das BEPS-UmsetzungsG v 20.12.2016 wurde der bisherige Abs 2 in den neuen Abs 3 verschoben und ein inhaltlich neuer Abs 2 eingefügt. Nach dem neuen Abs 2 kann die deutsche FinBeh auch um die Übermittlung zusätzlicher Informationen ersuchen, insbes den vollständigen Wortlaut eines grenzüberschreitenden Vorbescheids oder einer Vorabverständigung über die Verrechnungspreisgestaltung; zu den Begriffen s § 2 III und IV EUAHiG. 221

Abs 3 ist mit dem bisherigen Abs 2 identisch und bringt den Grundsatz der Subsidiarität der Amtshilfe zum Ausdruck, ebenso wie § 4 III Nr 2 EUAHiG im umgekehrten Fall eines Ersuchens aus einem anderen Mitgliedstaat (s Rz 207).

Abschnitt 3. Weitere Übermittlung von Informationen

§ 7 EUAHiG Automatische Übermittlung von Informationen

(1) [1]Das zentrale Verbindungsbüro übermittelt an andere Mitgliedstaaten systematisch auf elektronischem Weg, ohne vorheriges Ersuchen, die folgenden verfügbaren Informationen über in anderen Mitgliedstaaten ansässige Personen:
1. Vergütungen aus unselbständiger Arbeit,
2. Aufsichtsrats- oder Verwaltungsratsvergütungen,
3. Lebensversicherungsprodukte, die nicht von anderen Rechtsakten der Europäischen Union über den Austausch von Informationen oder vergleichbaren Maßnahmen erfasst sind,
4. Ruhegehälter, Renten und ähnliche Zahlungen und
5. Eigentum an unbeweglichem Vermögen und Einkünfte daraus.

[2]Das zentrale Verbindungsbüro nimmt Informationen im Sinne von Satz 1 Nummer 1 bis 5, die ihm von anderen Mitgliedstaaten systematisch auf elektronischem Weg, ohne vorheriges Ersuchen übermittelt wurden, entgegen, speichert sie und leitet sie zur Durchführung des Besteuerungsverfahrens nach Maßgabe des § 88 Absatz 3 und 4 der Abgabenordnung an die zuständige Finanzbehörde weiter.

(2) Das zentrale Verbindungsbüro übermittelt an andere Mitgliedstaaten systematisch auf elektronischem Weg, ohne vorheriges Ersuchen, die Informationen über Finanzkonten gemäß § 2 des Gesetzes zum automatischen Austausch von Informationen über Finanzkonten in Steuersachen.

(3) Das zentrale Verbindungsbüro übermittelt zu nach dem 31. Dezember 2016 erteilten, getroffenen, geänderten oder erneuerten grenzüberschreitenden Vorbescheiden und zu nach dem 31. Dezember 2016 erteilten, getroffenen, geänderten oder erneuerten Vorabverständigungen über die Verrechnungspreisgestaltung im Weg des automatischen Austauschs die Informationen nach Absatz 7 an die zuständigen Behörden aller anderen Mitgliedstaaten sowie der Europäischen Kommission mit der Einschränkung, die für die Fälle nach Artikel 8a Absatz 8 der Richtlinie 2011/16/EU gilt.

(4) [1]Das zentrale Verbindungsbüro übermittelt den zuständigen Behörden aller anderen Mitgliedstaaten sowie der Europäischen Kommission, unter Berücksichtigung der Einschränkung, die für die Fälle nach Artikel 8a Absatz 8 der Richtlinie 2011/16/EU gilt, Informationen über grenzüberschreitende Vorbescheide und Vorabverständigungen über die Verrechnungspreisgestaltung, die zwischen dem 1. Januar 2012 und dem 31. Dezember 2016 erteilt, getroffen, geändert oder erneuert wurden. [2]Dabei gilt Folgendes:

1. zu grenzüberschreitenden Vorbescheiden und Vorabverständigungen über die Verrechnungspreisgestaltung, die in der Zeit zwischen dem 1. Januar 2012 und dem 31. Dezember 2013 erteilt, getroffen, geändert oder erneuert wurden und die am 1. Januar 2014 noch gültig waren, erfolgt die Informationsübermittlung nach Satz 1,
2. zu grenzüberschreitenden Vorbescheiden und Vorabverständigungen über die Verrechnungspreisgestaltung, die in der Zeit zwischen dem 1. Januar 2014 und dem 31. Dezember 2016 erteilt, getroffen, geändert oder erneuert wurden, erfolgt die Informationsübermittlung nach Satz 1, unabhängig davon, ob sie noch gültig sind oder nicht.

[3]Ausgenommen von der genannten Übermittlung sind Informationen über grenzüberschreitende Vorbescheide und Vorabverständigungen über die Verrechnungspreisgestaltung, die vor dem 1. April 2016 für eine bestimmte Person oder für eine Gruppe von Personen erteilt, getroffen, geändert oder erneuert wurden, und deren gruppenweiter Jahresnettoumsatzerlös im Sinne von Artikel 2 Absatz 5 der Richtlinie 2013/34/EU des Europäischen Parlaments und des Rates vom 26. Juni 2013 über den Jahresabschluss, den konsolidierten Abschluss und damit verbundene Berichte von Unternehmen bestimmter Rechtsformen und zur Änderung der Richtlinie 2006/43/EG des Europäischen Parlaments und des Rates und zur Aufhebung der Richtlinien 78/660/EWG und 83/349/EWG des Rates (ABl. L 182 vom 29.6.2013, S. 19, L 369 vom 24.12.2014, S. 79), die zuletzt durch die Richtlinie 2014/102/EU (ABl. L 334 vom 21.11.2014, S. 86) geändert worden ist, in dem Geschäftsjahr, das vor dem Zeitpunkt liegt, zu dem der grenzüberschreitende Vorbescheid oder die Vorabverständigung über die Verrechnungspreisgestaltung erteilt, getroffen, geändert oder erneuert wird, weniger als 40 Millionen Euro oder dem entsprechenden Betrag in einer anderen Währung betragen hat. [4]Satz 3 gilt nicht für eine bestimmte Person oder für eine Gruppe von Personen, die hauptsächlich Finanz- und Investitionstätigkeiten ausüben.

(5) [1]Bilaterale oder multilaterale Vorabverständigungen über die Verrechnungspreisgestaltung mit Drittstaaten sind vom Geltungsbereich des automatischen Informationsaustauschs gemäß § 7 ausgenommen, sofern das internationale Steuerabkommen, in dessen Rahmen die Vorabverständigung über die Verrechnungspreisgestaltung ausgehandelt wurde, eine Weitergabe an Dritte nicht erlaubt. [2]Solche bilateralen oder multilateralen Vorabverständigungen über die Verrechnungspreisgestaltung werden nach § 8 ausgetauscht, sofern

1. das internationale Steuerabkommen, in dessen Rahmen die Vorabverständigung über die Verrechnungspreisgestaltung ausgehandelt wurde, eine Weitergabe erlaubt und
2. die zuständige Behörde des Drittstaates die Weitergabe der Informationen genehmigt.

[3]Wenn bilaterale oder multilaterale Vorabverständigungen über die Verrechnungspreisgestaltung vom automatischen Informationsaustausch gemäß Satz 1 ausgenommen sind, werden stattdessen die Informationen nach Absatz 7, die in dem Antrag aufgeführt sind, der zu einer solchen bilateralen oder multilateralen Vorabverständigung über die Verrechnungspreisgestaltung geführt hat, nach den Absätzen 3 und 4 ausgetauscht.

(6) Die Absätze 3 und 4 gelten nicht in Fällen, in denen ein grenzüberschreitender Vorbescheid ausschließlich die Steuerangelegenheiten einer oder mehrerer natürlicher Personen betrifft.

(7) [1]Die vom zentralen Verbindungsbüro gemäß den Absätzen 3 und 4 zu übermittelnden Informationen müssen Folgendes enthalten:

1. Angaben zu der Person, mit Ausnahme von natürlichen Personen, und gegebenenfalls Angaben zu der Gruppe von Personen, der sie angehört;
2. eine Zusammenfassung des Inhalts des grenzüberschreitenden Vorbescheids oder der Vorabverständigung über die Verrechnungspreisgestaltung, einschließlich einer abstrakt gehaltenen Beschreibung der relevanten Geschäftstätigkeiten oder Transaktionen, sofern dies nicht
   a) zur Preisgabe eines Handels-, Gewerbe- oder Berufsgeheimnisses oder eines Geschäftsverfahrens führt oder
   b) zur Preisgabe von Informationen führt, die die öffentliche Ordnung verletzen würden;
3. das jeweilige Datum der Erteilung oder des Abschlusses, der Änderung oder der Erneuerung des grenzüberschreitenden Vorbescheids oder der Vorabverständigung über die Verrechnungspreisgestaltung;
4. den Tag des Beginns der Geltungsdauer des grenzüberschreitenden Vorbescheids oder der Vorabverständigung über die Verrechnungspreisgestaltung, falls angegeben;
5. den Tag des Ablaufs der Geltungsdauer des grenzüberschreitenden Vorbescheids oder der Vorabverständigung über die Verrechnungspreisgestaltung, falls angegeben;
6. die Art des grenzüberschreitenden Vorbescheids oder der Vorabverständigung über die Verrechnungspreisgestaltung;
7. den Betrag der Transaktion oder Reihe von Transaktionen des grenzüberschreitenden Vorbescheids oder der Vorabverständigung über die Verrechnungspreisgestaltung, sofern ein solcher angegeben ist;
8. im Falle einer Vorabverständigung über die Verrechnungspreisgestaltung den Verrechnungspreis oder eine Beschreibung der bei der Festlegung der Verrechnungspreise zugrunde gelegten Kriterien;
9. im Falle einer Vorabverständigung über die Verrechnungspreisgestaltung Angaben zu dem der Festlegung der Verrechnungspreise zugrunde gelegten Verfahren oder den Verrechnungspreis;
10. gegebenenfalls Angaben dazu, welche anderen Mitgliedstaaten wahrscheinlich von dem grenzüberschreitenden Vorbescheid oder der Vorabverständigung über die Verrechnungspreisgestaltung betroffen sind;
11. gegebenenfalls Identifizierungsangaben zu allen Personen in den anderen Mitgliedstaaten, mit Ausnahme von natürlichen Personen, die wahrscheinlich von dem grenzüberschreitenden Vorbescheid oder der Vorabverständigung über die Verrechnungspreisgestaltung betroffen sind, sowie Angaben dazu, zu welchen Mitgliedstaaten die betreffenden Personen in Beziehung stehen, und
12. Angaben dazu, ob die übermittelten Informationen
    a) auf dem grenzüberschreitenden Vorbescheid oder der Vorabverständigung über die Verrechnungspreisgestaltung selbst beruhen oder
    b) auf einem Antrag gemäß Absatz 5 Satz 3 beruhen.

[2] Auf die praktischen Regelungen, die zur Erleichterung des Austauschs der in diesem Absatz aufgezählten Informationen von der Europäischen Kommission zur Umsetzung von Artikel 8a der Richtlinie 2011/16/EU erlassen worden sind, wird verwiesen. [3] Hierzu zählen auch Maßnahmen zur standardisierten Übermittlung der in diesem Absatz genannten Informationen als Teil des Verfahrens zur Festlegung des Standardformblatts, das gemäß Artikel 20 Absatz 5 der Richtlinie 2011/16/EU vorgesehenen ist. [4] Ab dem Zeitpunkt seiner Bereitstellung ist das Zentralverzeichnis der Mitgliedstaaten gemäß Artikel 21 Absatz 5 der Richtlinie 2011/16/EU zu nutzen.

(8) In den Fällen der Absätze 1 bis 5 und 9 bis 12 ist gemäß § 117 Absatz 4 Satz 3 der Abgabenordnung keine Anhörung der Beteiligten erforderlich.

(9) [1] Das zentrale Verbindungsbüro nimmt die ihm von den zuständigen Behörden aller anderen Mitgliedstaaten gemäß Artikel 8a der Richtlinie 2011/16/EU übermittelten Informationen im Sinne der Absätze 3, 4 und 5 entgegen und übermittelt diese an die zuständige Landesfinanzbehörde. [2] Ab dem Zeitpunkt seiner Bereitstellung ist das Zentralverzeichnis der Mitgliedstaaten gemäß Artikel 21 Absatz 5 der Richtlinie 2011/16/EU vom zentralen Verbindungsbüro und den Landesfinanzbehörden zu nutzen. [3] Hierzu werden gemäß § 3 Absatz 2 Satz 2 Verbindungsstellen im Sinne von Artikel 4 Absatz 3 und zuständige Bedienstete im Sinne von Artikel 4 Absatz 4 der Amtshilferichtlinie unter Berücksichtigung der in Artikel 21 der Amtshilferichtlinie enthaltenen Regelungen zur Anwendung der dort genannten technischen Verfahren benannt. [4] Das Bundeszentralamt für Steuern speichert die in Satz 1 genannten Informationen ab dem Zeitpunkt der Übermittlung und löscht sie mit Ablauf des 15. Jahres, das dem Jahr der Übermittlung folgt.

(10) [1]Das zentrale Verbindungsbüro übermittelt im Weg des automatischen Austauschs die ihm gemäß § 138a Absatz 6 der Abgabenordnung übermittelten länderbezogenen Berichte an die zuständigen Behörden der anderen Mitgliedstaaten, für die in dem länderbezogenen Bericht Angaben im Sinne des § 138a Absatz 2 der Abgabenordnung enthalten sind. [2]Die Übermittlung erfolgt auf elektronischem Weg. [3]Auf die von der Europäischen Kommission im Weg von Durchführungsrechtsakten erlassenen praktischen Regelungen wird verwiesen.

(11) In den Fällen des § 138a Absatz 4 Satz 1 der Abgabenordnung teilt das zentrale Verbindungsbüro den anderen Mitgliedstaaten zusätzlich automatisch mit, wenn sich die ausländische Konzernobergesellschaft der einbezogenen inländischen Konzerngesellschaft geweigert hat, die erforderlichen Informationen zur Erstellung des länderbezogenen Berichts bereitzustellen.

(12) [1]Das zentrale Verbindungsbüro nimmt die Informationen im Sinne der Absätze 10 und 11 entgegen, die ihm von den anderen Mitgliedstaaten gemäß Artikel 8aa der Richtlinie 2011/16/EU übermittelt wurden. [2]Es übermittelt die Informationen an die zuständige Landesfinanzbehörde. [3]Das Bundeszentralamt für Steuern speichert die Informationen ab dem Zeitpunkt der Übermittlung für die Dauer von 15 Jahren und löscht sie mit Ablauf des 15. Jahres das dem Jahr der Übermittlung folgt.

(13) [1]Die zuständige Behörde übermittelt der Europäischen Kommission
1. eine jährliche Bewertung der Wirksamkeit des automatischen Informationsaustauschs gemäß den Artikeln 8, 8a und 8aa der Richtlinie 2011/16/EU sowie
2. einen Überblick über die erreichten praktischen Ergebnisse.

[2]Das Bundesministerium der Finanzen legt im Einvernehmen mit den obersten Finanzbehörden der Länder die Einzelheiten dazu in einem Schreiben fest. [3]Dieses Schreiben ist im Bundessteuerblatt zu veröffentlichen. [4]Auf die von der Europäischen Kommission hierzu im Weg von Durchführungsrechtsakten festgelegte Form und die Bedingungen für die Übermittlung dieser jährlichen Bewertung wird verwiesen. [5]Das zentrale Verbindungsbüro übermittelt der zuständigen Behörde hierzu unter Berücksichtigung des Satzes 2 die erforderlichen Daten und Informationen.

(14) [1]Das Bundeszentralamt für Steuern ist berechtigt, die Informationen gemäß den Absätzen 1, 3, 4, 5, 7 und 9 bis 12 zur Erfüllung der ihm gesetzlich übertragenen Aufgaben auszuwerten. [2]Auswertungen der Informationen nach Satz 1 durch die jeweils zuständige Landesfinanzbehörde bleiben hiervon unberührt.

Abs 2 eingefügt durch FKAustG v 21.12.15 (BGBl I, 2531); Abs 1 S 2 und Abs 5 bis 14 eingefügt sowie Abs 3 und 4 geändert durch BEPS-UmsetzungsG v 20.12.16 (BGBl I, 3000).

225 Die Vorschrift ermöglicht die automatische Übermittlung von Informationen durch das BZSt an andere Mitgliedstaaten, dh ohne deren Ersuchen und ohne konkreten Anlass. Dabei geht es um **drei Arten von Informationen:** In Abs 1 geht es um bestimmte Arten von Vergütungen sowie um das Immobilieneigentum. In Abs 2 geht es um Informationen über Finanzkonten iSv § 2 FKAustG. Die neuen Abs 3 bis 14 regeln den automatischen Austausch von Informationen über grenzüberschreitende Vorbescheide und über Vorabverständigungen über Verrechnungspreisgestaltungen. Der **zeitliche Anwendungsbereich** der o. g. Informationspflichten ergibt sich aus § 21 EUAHiG.

Die Vorschrift ist durch das FKAustG v 21.12.2015 sowie durch das BEPS-UmsetzungsG v 20.12.2016 geändert worden. Dabei ist der bisherige Abs 3 inhaltlich verändert in den neuen Abs 8 übernommen worden, und der bisherige Abs 4 findet sich in veränderter Form in Abs 13 S 2 und 3 wieder. Zum Inhalt der bisherigen Abs 3 und 4 s 13. Aufl Rz 160; zur Rechtslage nach dem früheren § 2 III EGAHiG s 13. Aufl Rz 155.

228 **Abs 1** S 1 sieht eine automatische Übermittlung der in Nrn 1 bis 5 genannten Informationen. Damit wird Art 8 I AmtshilfeRL umgesetzt. Die automatische Übermittlung erfolgt nach Abs 1 nur, wenn die betroffene Person im anderen Mitgliedstaat ansässig ist. Auf diese Weise soll bei grenzüberschreitenden Sachverhalten die vollständige stl Erfassung sichergestellt und der StBetrug systematisch bekämpft werden (BT-Drs 17/12 375, 49). Übermittelt werden daher nicht nur Einnahmen (Nrn 1, 2, 4 und 5 Alt 2), sondern auch Lebensversicherungsprodukte (Nr 3) sowie Immobilieneigentum (Nr 5 Alt 1). Die in Nr 4 genannten Ruhegehälter,

Renten und ähnliche Zahlungen gehen zwar über den Wortlaut des Art 8 I Buchst d AmtshilfeRL hinaus, da diese nur von „Ruhegehältern" spricht und nicht von Renten und ähnlichen Zahlungen. Aus Sicht des Gesetzgebers sollen damit aber Altersbezüge iAllg gemeint sein (BT-Drs 17/12 375, 49 f). Die automatische Übermittlung ist nach § 21 I EUAHiG **ab dem 1.1.2015** für Besteuerungszeiträume ab dem 1.1.2014 vorzunehmen.

Die Einfügung des neuen **S 2** in Abs 1 durch G v 20.12.2016 betrifft den umgekehrten Fall, nämlich die Übermittlung von Informationen iSv Abs 1 S 1 durch einen anderen Mitgliedsstaat an das BZSt. Das BZSt muss diese Informationen an die einzelnen FinBeh weiterleiten, damit diese die Informationen im Rahmen des neuen Risiko-Managements nach § 88 III und IV berücksichtigen können.

Nach dem durch das FKAustG v 21.12.2015 eingeführten **Abs 2** sind die Bank- **229**
daten iSv § 2 FKAustG automatisch zu übermitteln. Dies betrifft Angaben zum Kontoinhaber, zur Konto-Nr, zur Bank, zum Kontensaldo, zu den Zinsen, den Gesamteinzahlungsbetrag des letzten Jahres sowie Angaben zu Verwahrkonten. Durch Abs 2 wird Art 8 IIIa der RL 2014/107/EU v 9.12.2014 (ABl Nr L 64, 1) umgesetzt. Mit der Einfügung des Abs 2 ist auch das FKAustG v 21.12.2015 (BGBl I, 2531) in Kraft getreten (s Rz 37), das nicht nur im Bereich der EU gilt, sondern nach § 1 I Nr 2 FKAustG auch mit den Vertragspartnern des MCAA (Rz 21). Die automatische Übermittlung der Informationen iSv Abs 2 ist nach § 21 II EUAHiG **ab dem 30.9.2017** für zum 31.12.2015 bestehende Konten und für nach dem 31.12.2015 neu eröffnete Konten für Besteuerungszeiträume ab dem 1.1.2016 vorzunehmen.

Die neuen **Abs 3 bis 14** regeln den automatischen Austausch von Informatio- **230**
nen über grenzüberschreitende Vorbescheide und über Vorabverständigungen über Verrechnungspreisgestaltungen (zur Definition dieser Begriffe s § 2 III und IV EUAHiG). Damit wird Art 8a der RL (EU) 2015/2376 v 8.12.2015 (Rz 31) und BEPS-Aktionspunkt 5 (Rz 22) umgesetzt.

Nach **Abs 3** sind Informationen zu grenzüberschreitende Vorbescheide und über Vorabverständigungen über Verrechnungspreisgestaltungen, die nach dem 31.12.2016 erteilt, geändert, getroffen oder erneuert wurden, automatisch zu übermitteln. **Abs 4** hingegen betrifft Altfälle, dh Vorbescheide und Verständigungen, die in der Zeit vom 1.1.2012 bis 31.12.2016 erteilt, geändert usw wurden. Eine Ausnahme gilt nach Abs 4 S 3 für Altfälle aus der Zeit vor dem 1.4.2016, wenn das Unternehmen einen Jahresnettoumsatzerlös von weniger als 40 Mio € erzielt hatte; Abs 4 S 4 enthält eine Rückausnahme für Finanzierer und Investoren. Weitere Ausnahmen enthalten Abs 5 und 6 (s Rz 231). Die automatische Übermittlung der Informationen nach Abs 3 und 4 ist gem § 21 III EUAHiG **ab dem 1.1.2017** vorzunehmen. Die Zuständigkeit obliegt dem BZSt gem § 5 I 1 Nr 5c FVG iVm § 3 II 1 EUAHiG.

Die **Abs 5 und 6** enthalten Ausnahmen von der Übermittlungspflicht. Nach **231**
Abs 5 unterbleibt eine Übermittlung über Vorabverständigungen mit Drittstaaten (also außerhalb der EU), wenn die Übermittlung nach dem internationalen Steuerabkommen, auf dem die Vorabverständigung über die Verrechnungspreisgestaltung beruht, untersagt ist. Es dürfen dann nach Abs 5 S 3 nur die Informationen aus dem Antrag auf Vorabverständigung, die sich aus Abs 7 ergeben, an andere EU-Staaten übermittelt werden. Außerdem darf nach Abs 5 S 2 eine Übermittlung nach § 8 EUAHiG an andere EU-Staaten vorgenommen werden, falls dies nach dem internationalen Abkommen gestattet ist und falls der Drittstaat zustimmt. Nach Abs 6 ist die Übermittlung eines Vorbescheids ausgeschlossen, wenn er einer oder mehrere natürliche Personen betrifft.

Abs 7 S 1 Nrn 1 bis 12 regeln den Inhalt der zu übermittelnden Informationen. **232**
S 2 und 3 des Abs 7 enthalten Erleichterungen, während S 4 auf das künftige Zentralverzeichnis iSv Art 21 V RL 2011/16/EU verweist; damit ist die RL 2015/2376 gemeint. Die EU-Kommission sollte bis zum 31.12.2017 ein Zentral-

verzeichnis der EU-Staaten einrichten, in dem die Informationen über Vorbescheide (Tax Rulings) und Vorabverständigungen über Verrechnungspreisgestaltungen aufgenommen und zugänglich gemacht werden.

Nach **Abs 8** kann eine **Anhörung** bei der automatischen Übermittlung unterbleiben. Dies war bereits im bisherigen Abs 3 geregelt. Dieser Ausschluss entspricht § 117 IV 3 (s Rz 124).

233 **Abs 9 bis 12** regeln weitere Übermittlungspflichten des BZSt. Abs 9 betrifft die Weiterleitung der dem BZSt von anderen EU-Staaten übermittelten Informationen über Vorbescheide und Vorabverständigungen an die zuständige LandesFinBeh. Nach Abs 10 muss das BZSt die ihm von den deutschen FinBeh übermittelten länderbezogenen Berichte iSv § 138a an die anderen EU-Staaten weiterleiten. Sofern die ausl Konzernobergesellschaft ihre Mitwirkung verweigert hat, muss das BZSt dies nach Abs 11 den anderen EU-Staaten ebenfalls mitteilen. Abs 12 betrifft den umgekehrten Fall, in dem dem BZSt Informationen iSv Abs 10 und 11 mitgeteilt werden; diese sind vom BZSt an die zuständige LandesFinBeh gem S 2 des Abs 12 mitzuteilen. S 3 regelt die Löschung dieser Daten entsprechend der Regelung in § 3 IV EUAHiG (s Rz 187). Die Abs 10 bis 12 gelten erstmals ab dem 1.1.2017 gem § 21 IV EUAHiG. Die Zuständigkeit des BZSt ergibt sich aus § 5 I 1 Nrn 5d und 5e FVG iVm § 3 II 1 EUAHiG.

234 Die **Abs 13 und 14** ermöglichen eine Evaluierung der automatischen Übermittlung. Diese Auswertung soll zum einen durch die EU-Kommission erfolgen, sodass nach Abs 13 die jeweilige FinBeh der Kommission ihre Bewertung und eine Ergebnisübersicht übersendet; dies gilt ab dem 1.1.2018 (§ 21 V EUAHiG). Nach Abs 14 können auch das BZSt (S 1) und die jeweilige LandesFinBeh (S 2) eine Auswertung vornehmen. Die Zuständigkeit obliegt dem BZSt gem § 5 I 1 Nr 5f FVG iVm § 3 II 1 EUAHiG.

§ 8 EUAHiG Spontane Übermittlung von Informationen an andere Mitgliedstaaten

(1) [1] Die Finanzbehörde kann nach pflichtgemäßem Ermessen ohne Ersuchen alle Informationen an das zentrale Verbindungsbüro übermitteln, die für die anderen Mitgliedstaaten von Nutzen sein können. [2] Das zentrale Verbindungsbüro entscheidet nach pflichtgemäßem Ermessen über die Übermittlung der Informationen an die anderen Mitgliedstaaten.

(2) Informationen nach § 1 Absatz 1 sind zu übermitteln, wenn

1. Gründe für die Vermutung einer Steuerverkürzung in dem anderen Mitgliedstaat vorliegen,
2. ein Sachverhalt vorliegt, auf Grund dessen eine Steuerermäßigung oder Steuerbefreiung gewährt worden ist und die zu übermittelnden Informationen für den Steuerpflichtigen zu einer Besteuerung oder Steuererhöhung im anderen Mitgliedstaat führen könnten,
3. Geschäftsbeziehungen zwischen einem in Deutschland Steuerpflichtigen und einem in einem anderen Mitgliedstaat Steuerpflichtigen über ein oder mehrere weitere Staaten in einer Weise geleitet werden, die in einem oder beiden Mitgliedstaaten zur Steuerersparnis führen kann,
4. Gründe für die Vermutung vorliegen, dass durch künstliche Gewinnverlagerungen zwischen verbundenen Unternehmen eine Steuerersparnis eintritt, oder
5. ein Sachverhalt, der im Zusammenhang mit der Informationserteilung eines anderen Mitgliedstaats ermittelt wurde, auch für die zutreffende Steuerfestsetzung in einem weiteren Mitgliedstaat erheblich sein könnte.

(3) Die Übermittlung nach Absatz 2 soll unverzüglich erfolgen, spätestens jedoch einen Monat, nachdem die Informationen verfügbar geworden sind.

235 Die Vorschrift ermöglicht **Spontanauskünfte** durch deutsche FinBeh an andere Mitgliedstaaten, dh **ohne deren Ersuchen** (zu Spontanauskünften s EuGH IStR 00, 334). Sie setzt damit Art 9 II AmtshilfeRL um und löst die bisherige Regelung in § 2 II EGAHiG ab (s hierzu 11. Aufl, § 117 Rz 107 ff). Praktisch handelt es sich dabei um eine internationale Kontrollmitteilung. Anders als nach § 7 VIII EUAHiG (s Rz 232) ist eine Anhörung grds geboten.

236 Nach § 8 **Abs 1** EUAHiG kann eine deutsche FinBeh **alle Informationen** an einen anderen Mitgliedstaat übermitteln. Voraussetzung ist, dass die Informationen

für den anderen Mitgliedstaat von Nutzen sein können. Anders als nach § 4 I EUAHiG kommt es bei Spontanauskünften gem § 8 EUAHiG nicht auf die voraussichtliche Erheblichkeit an, weil diese vom übermittelnden Staat (Deutschland) ohne Vorliegen eines Ersuchens nicht geprüft werden kann.

Sowohl die übermittelnde FinBeh als auch das BZSt entscheiden in den Fällen des Abs 1 (anders als nach Abs 2, s Rz 242) jeweils nach **pflichtgemäßem Ermessen,** ob sie die Informationen an das BZSt bzw an das zentrale Verbindungsbüro in dem anderen Mitgliedstaat weiterleiten (s Rz 240). Da der nunmehr geforderte „Nutzen" keine höheren Anforderungen stellt als die bisher geforderte Eignung, kann die Rspr zu § 2 II EGAHiG zur Auslegung des § 8 I EUAHiG herangezogen werden. Das bedeutet: Ist der Nutzen zu bejahen, wird eine Auskunftserteilung **idR im überwiegenden öffentlichen Interesse** liegen (vgl auch BFH BStBl 95, 358, zu § 2 II EGAHiG). Die Auskunft ist bereits dann für eine zutreffende Besteuerung des Stpfl im anderen Mitgliedstaat von Nutzen, wenn der mitgeteilte Sachverhalt zu einer Besteuerung im anderen Mitgliedstaat führen kann; es ist nicht erforderlich, dass eine Besteuerung dort wahrscheinlich oder sogar überwiegend wahrscheinlich ist (vgl BFH BStBl 92, 645; FG Köln EFG 08, 1177, zu § 2 II EGAHiG). 238

Ob die Erkenntnisse, über die die deutsche FinBeh verfügt, rechtmäßig gewonnen worden sind oder ein **Verwertungsverbot** eingreift, ist vom FG nicht zu prüfen, wenn ein Strafgericht dies bereits rechtskräftig geprüft hat (BFH BStBl 95, 497, zu § 2 II Nr 1 EGAHiG). Dies gilt aber nicht, wenn die Erkenntnisse nicht im strafrechtl Verfahren gem § 208 I Nr 1 gewonnen wurden, sondern zB nach § 208 I Nr 2 oder 3 (BFH BStBl 00, 648, zu § 2 II Nr 5 EGAHiG); in diesem Fall kann das FG die Rechtmäßigkeit der zu Grunde liegenden Maßnahmen (zB Beschlagnahmeanordnung durch das Amtsgericht) überprüfen. Der Betroffene kann gegen die Informationsbeschaffung Unterlassungsklage beim FG erheben (ggf auch vorab einen Antrag auf einstweilige Anordnung nach § 114 FGO stellen), muss dies aber nicht tun, sondern kann einen Verstoß insbes gegen § 30a aF inzident im Rahmen eines gegen die Weitergabe gerichteten Rechtsbehelfs rügen (BFH BStBl 00, 648). 239

Die **Übermittlung** der Spontanauskunft erfolgt **in zwei Schritten:** zunächst von der FinBeh an das BZSt gem Abs 1 S 1 und anschließend vom BZSt an das zentrale Verbindungsbüro des anderen Mitgliedstaats. Sowohl die übermittelnde FinBeh als auch das BZSt entscheiden jeweils nach pflichtgemäßem Ermessen (s Rz 238). Auch Gemeinden und Gemeindeverbände iSv § 3 VI EUAHiG können Spontanauskünfte erteilen (BT-Drs 17/12 375, 50). Die Übermittlung von Spontanauskünften erfolgt nach § 17 EUAHiG auf einem Standardformblatt. 240

In den Fällen des **Abs 2** besteht hingegen eine **Verpflichtung** zur Übermittlung von Spontanauskünften. Die Voraussetzungen für eine Pflicht zur spontanen Übermittlung sind in Abs 2 Nr 1 bis 5 abschließend aufgeführt. Abs 2 Nr 1 bis 5 entspricht Art 9 I Buchst a bis e AmtshilfeRL. 242

Nach Abs 2 **Nr 1** genügen „Gründe für die **Vermutung" einer StVerkürzung** im anderen Mitgliedstaat; es müssen also keine tatsächlichen Anhaltspunkte für eine StVerkürzung vorliegen. Unter dem Begriff der StVerkürzung (vgl § 370 IV) ist jede nicht gerechtfertigte Steuerersparnis in einem anderen Mitgliedstaat zu verstehen (EuGH HFR 00, 537). Es genügt die bereits erfolgte oder drohende Verwirklichung des objektiven Tatbestands einer StVerkürzung; auf den subjektiven Tatbestand (Verschulden) kommt es nicht an. Dies entspricht der Rspr des EuGH (HFR 00, 537), nach der der Begriff der StVerkürzung iSd Art 4 I der früheren Amtshilfe-RL 77/799/EWG (jetzt: Art 9 I Buchst a AmtshilfeRL) nicht verschuldensabhängig zu interpretieren ist. Für eine Vermutung einer StVerkürzung reicht es aus, wenn das Verhalten des Stpfl nach der allg Lebenserfahrung den Schluss zulässt, er wolle die Kenntniserlangung von einem stl relevanten Lebenssachverhalt durch die FinBeh verhindern (BFH BStBl 95, 497). Die Frage, ob die der Aus- 243 kunft zu Grunde liegenden Erkenntnisse rechtmäßig gewonnen worden sind, ist grds vom Strafgericht zu klären (s Rz 239).

245 **Nr 2** erfasst **Steuerermäßigungen/Befreiungen** im Inland, die im anderen EU-Mitgliedstaat zu einer Besteuerung/StErhöhung führen könnten.

246 Nach **Nr 3** müssen Informationen an einen anderen Mitgliedstaat ohne Ersuchen übermittelt werden, wenn Geschäftsbeziehungen zwischen einem Stpfl in Deutschland und einem Stpfl in einem anderen Mitgliedstaat **über ein oder mehrere weitere Länder** in einer Weise geleitet werden, die in einem oder beiden Mitgliedstaaten zur Steuerersparnis führen kann. Geleitet werden Geschäftsbeziehungen dann, wenn sie aufgebaut, gestaltet, geregelt oder intensiviert werden (BT-Drs 17/12375, 51). Eine vergleichbare Regelung enthielt § 2 II Nr 2 EGAHiG, der allerdings eine Steuerumgehung und nicht nur eine Steuerersparnis verlangte. Deshalb geht es nach der Neuregelung in § 8 II Nr 3 EUAHiG nicht nur um solche Verhaltensweisen, die als gestaltungsmissbräuchlich iSv § 42 AO anzusehen sind.

247 **Nr 4** betrifft die Möglichkeit einer Steuerersparnis durch **künstliche Gewinnverlagerungen** zwischen verbundenen Unternehmen (vgl § 15 AktG). Ähnlich wie bei Nr 1 sind hier tatsächliche Anhaltspunkte nicht erforderlich (s Rz 243). Relevant wird Nr 4 insbes bei Geschäftsbeziehungen, die unter das AStG fallen, zB bei überhöhten Verrechnungspreisen iSv § 90 III (s § 90 Rz 61 ff).

249 **Nr 5** betrifft schließlich die Übermittlung von Informationen an einen **weiteren** Mitgliedstaat, nachdem die Information bereits zuvor nach Nr 1 bis 4 an einen anderen Mitgliedstaat übermittelt wurde. Voraussetzung für die Übermittlungspflicht ist, dass die übermittelte Information auch für die StFestsetzung in dem weiteren Mitgliedstaat **erheblich sein könnte.** Ob die Informationen tatsächlich zu einer StFestsetzung im weiteren Mitgliedstaat führen, ist für die Entscheidung über die Informationsübermittlung unerheblich (BFH BStBl 95, 358). Im Ergebnis müssen daher die deutsche FinBeh und das BZSt bei jeder Übermittlung iSv Nr 1 bis 4 prüfen, ob die übermittelte Information auch noch für einen weiteren Mitgliedstaat erheblich sein könnte.

250 **Abs 3** ergänzt § 5 EUAHiG dahingehend, dass die Übermittlung von Informationen nach § 8 Abs 2 EUAHiG innerhalb eines Monats erfolgen soll, nachdem die Informationen für die deutsche FinBeh verfügbar geworden sind. Abs 3 setzt Art 10 I AmtshilfeRL um.

§ 9 EUAHiG Spontane Übermittlung von Informationen durch andere Mitgliedstaaten

[1] Das zentrale Verbindungsbüro leitet Informationen, die andere Mitgliedstaaten spontan übermittelt haben, den Finanzbehörden zur Auswertung weiter. [2] Es bestätigt unverzüglich, spätestens jedoch sieben Arbeitstage nach Eingang der Informationen, dem anderen Mitgliedstaat möglichst auf elektronischem Weg deren Erhalt.

255 Bei § 9 EUAHiG geht es um Informationen, die **andere EU-Mitgliedstaaten** an das BZSt als zentrales Verbindungsbüro iSv § 3 II EUAHiG ohne vorheriges Ersuchen einer deutschen FinBeh und damit spontan übermitteln. **Satz 1** verpflichtet das BZSt, die erhaltenen Informationen an die deutschen FinBeh zur Auswertung weiterzuleiten. Soweit die Informationen für Gemeinden oder Gemeindeverbände relevant sind (vgl § 3 VI 2 EUAHiG), übermittelt das BZSt die Informationen an die betroffenen Gemeinden bzw Gemeindeverbände. **Satz 2** verpflichtet das BZSt, dem übermittelnden Mitgliedstaat den Erhalt der Informationen unverzüglich, spätestens aber nach sieben Arbeitstagen, elektronisch zu bestätigen. § 9 EUAHiG setzt damit Art 9 und 10 AmtshilfeRL um.

Abschnitt 4. Sonstige Formen der Verwaltungszusammenarbeit

§ 10 EUAHiG Anwesenheit von Bediensteten anderer Mitgliedstaaten im Inland

(1) Das zentrale Verbindungsbüro kann zum Zweck des Informationsaustauschs mit einem anderen Mitgliedstaat vereinbaren, dass unter den von der Finanzbehörde festgelegten Voraussetzungen befugte Bedienstete des anderen Mitgliedstaats
1. in den Amtsräumen zugegen sein dürfen, in denen deutsche Finanzbehörden ihre Tätigkeit ausüben, sowie
2. bei den behördlichen Ermittlungen zugegen sein dürfen, die auf deutschem Hoheitsgebiet durchgeführt werden.

(2) [1] Bei dem Informationsaustausch gemäß Absatz 1 stellt die Finanzbehörde sicher, dass Bediensteten der anderen Mitgliedstaaten nur solche Informationen offenbart werden, die nach § 4 übermittelt werden dürfen. [2] Sind die erbetenen Informationen in den Unterlagen enthalten, zu denen die Finanzbehörde Zugang hat, so werden den Bediensteten des anderen Mitgliedstaats Kopien dieser Unterlagen ausgehändigt.

(3) [1] Die Vereinbarung nach Absatz 1 kann vorsehen, dass Bedienstete der anderen Mitgliedstaaten im Beisein inländischer Bediensteter Personen befragen und Aufzeichnungen prüfen dürfen. [2] Voraussetzung hierfür ist, dass die Personen der Befragung und Prüfung zustimmen. [3] Verweigert eine Person die Mitwirkung, gilt diese Verweigerung wie eine Verweigerung ggü inländischen Bediensteten.

(4) Befugte Bedienstete des anderen Mitgliedstaats müssen, wenn sie sich nach Absatz 1 auf deutschem Hoheitsgebiet aufhalten, jederzeit eine schriftliche Vollmacht vorlegen können, aus der ihre Identität und dienstliche Stellung hervorgehen.

§ 10 EUAHiG setzt Art 11 AmtshilfeRL um. Allerdings enthält Art 11 AmtshilfeRL kein Zustimmungserfordernis der betroffenen Person, wie es nunmehr in Abs 3 S 2 des § 10 EUAHiG festgelegt ist. 260

Nach **Abs 1** des § 10 EUAHiG kann das BZSt als zentrales Verbindungsbüro mit einem anderen EU-Mitgliedstaat eine Vereinbarung treffen, aufgrund derer die Bediensteten des **anderen Mitgliedstaates** in den deutschen Amtsräumen (§ 10 I Nr 1 EUAHiG) oder bei den deutschen Ermittlungen (§ 10 I Nr 2 EUAHiG) zugegen sein dürfen. Erlaubt ist nach Abs 1 also nur ein sog passives Prüfungsrecht, nicht aber eigene Ermittlungen der ausl Bediensteten (*Seer* IWB 14, 87, 92; BMF 9.1.2017, BStBl I, 89, Tz 2.2.6). Der Vorschlag für eine derartige Vereinbarung kann dem BZSt von dem für den Stpfl zuständigen FA unterbreitet werden (zum Inhalt des Vorschlags s BMF 9.1.2017 aaO, Tz 3.5). Zum Anhörungsrecht des Stpfl s Rz 267.

Die Anwesenheit des ausl Bediensteten dient dem Informationsaustausch, wie sich aus **Abs 2** ergibt. Dementsprechend kann der ausl Bedienstete Kopien derjenigen Unterlagen erhalten, zu denen die deutsche FinBeh Zugang hat (Abs 2 S 2). Dies umfasst mE jedoch nicht die vorherige Einsicht in die Unterlagen, weil die Einsichtnahme zu der in Abs 3 erwähnten „Prüfung von Unterlagen" gehört und daher nur unter den Voraussetzungen des Abs 3 zulässig ist, insbes von der Zustimmung des Stpfl abhängig ist (Rz 262; aA *Beckmann* StBp 14, 66, 67, der aus Abs 1 ein uneingeschränktes Einsichtsrecht ableitet). Nach Abs 2 S 1 dürfen allerdings keine Informationen übermittelt werden, die vom Übermittlungsverbot des § 4 III oder IV EUAHiG erfasst werden oder die für die StFestsetzung im anderen Mitgliedstaat nicht voraussichtlich erheblich sind (vgl BT-Drs 17/12 375, 52; BMF 9.1.2017, BStBl I, 89, Tz 2.2.7); Alle übrigen Informationen dürfen nach Maßgabe des § 4 übermittelt werden. Zum Anhörungsrecht s Rz 267. 261

Zudem kann nach **Abs 3** S 1 und 2 vereinbart werden, dass der ausl Bedienstete das Recht hat, im Beisein inl Bediensteter Personen **mit deren Zustimmung** zu befragen und mit deren Zustimmung Aufzeichnungen zu prüfen. Zur Zustimmung und zum StGeheimnis s Rz 263; zum Anhörungsrecht s Rz 267. 262

Abs 3 ermöglicht eine **gemeinsame Ap** (sog Joint Audit) in Deutschland durch Außenprüfer beider (oder mehrerer) Mitgliedstaaten, dh durch ein internationales Prüferteam. Eine gemeinsame Ap kann zur Klärung grenzüberschreitender Sachverhalte sinnvoll sein, zB bei Verrechnungspreisen, Betriebsstätten oder internationalen Umstrukturierungen. Eine gemeinsame Ap muss nicht zu einem gemeinsamen Prüfungsergebnis beider oder aller Prüfer kommen, sondern jeder beteiligte Staat darf seine eigenen Schlussfolgerungen aus der Prüfung ziehen (*Beckmann* IStR 16, 627, 629; *Anger* IWB 17, 204, 205, die jeweils auf die Möglichkeit eines Verständigungsverfahrens nach Art 25 OECD-MA hinweisen). Aus Sicht des Stpfl kann eine gemeinsame Ap den Vorteil haben, dass eine Doppelbesteuerung vermieden wird und dass ein Vorabverständigungsverfahren über die Verrechnungspreisgestaltung (sog Advance Pricing Arrangement) gem § 2 IV EUAHiG, § 178a beantragt wird (s BMF 9.1.2017 BStBl I, 89, Tz 5). Von der gemeinsamen Ap **zu unterscheiden** ist die **gleichzeitige Ap** iSv § 12 EUAHiG, bei der zwei oder mehrere Außenprüfungen in mehreren Staaten zur gleichen Zeit stattfinden (sog Simultanprüfung, s Rz 275 ff). Der Oberbegriff für beide Prüfungen ist die koordinierte Ap (s hierzu BMF 6.1.2017 aaO, Tz 1.1).

263 **Voraussetzungen** für eine gemeinsame Ap ist eine Vereinbarung iSv Abs 1 und die **Zustimmung** des Stpfl gem Abs 3 S 2; ohne Zustimmung können die ausl Bediensteten in Deutschland zwar anwesend sein und haben ein passives Prüfungsrecht iSv Abs 1 (s Rz 260), dürfen aber keine eigenen Ermittlungsmaßnahmen ergreifen (BMF 9.1.2017 BStBl I, 89, Tz 3.4). Die Zustimmung kann auf bestimmte Ermittlungsmaßnahmen beschränkt werden (*Beckmann* StBp 14, 66, 67). Eine erteilte Zustimmung kann mE bis zum Abschluss der Ermittlungsmaßnahmen nicht widerrufen werden (aA BMF 9.1.2017 aaO, Tz 3.4; *Beckmann* IStR 16, 627, 629; *Anger* IWB 17, 204, 205); anderenfalls wäre die Rechtsfolge des Abs 3 S 3, der von einer Verweigerung der Mitwirkung ausgeht (s Rz 265), überflüssig. Die Anfrage zur Zustimmung soll schriftlich erfolgen; über das Ergebnis der Anfrage ebenso wie über einen Widerruf der Zustimmung ist das BZSt zu informieren (BMF 9.1.2017 aaO, Tz 3.4).

264 IÜ unterliegt die gemeinsame Ap in Deutschland den **Regeln der AO** gem §§ 193 ff, sodass zB eine Prüfungsanordnung gem § 193 des für die Ap zuständigen FA erforderlich ist; auch die Amtssprache bleibt Deutsch (BMF 9.1.2017, BStBl I, 89, Tz 3.9). Der Prüfer des anderen EU-Staates darf nur die **Ermittlungshandlungen** vornehmen, die nach dem deutschen Recht und nach dem Recht des anderen EU-Staates zulässig sind. Er hat daher keine Befugnisse zu Ermittlungshandlungen, die nur nach dem Recht des anderen EU-Staates zulässig sind (BMF 9.1.2017 aaO, Tz 2.2.5 und 2.2.6). Zum Rechtsschutz gegen den Informationsaustausch s Rz 153 sowie *Gehm* IWB 17, 229, 235.

Die Kommunikation mit der FinBeh des anderen EU-Staates wird vom BZSt gem § 5 I Nr 5 FVG übernommen (zu den Einzelheiten der Zuständigkeit s BMF 9.1.2017 aaO, Tz 3.1). Das **StGeheimnis** iSv § 30 ist zu beachten. Eine Offenbarung der erlangten Kenntnisse ggü dem ausl Außenprüfer ist nach § 30 IV Nr 2 iVm § 117 II und § 10 III EUAHiG möglich. Handels-, Gewerbe- oder Berufsgeheimnisse dürfen dem ausl Prüfer aber nicht offenbart werden (BMF 9.1.2017 aaO, Tz 2.2.7; *Beckmann* IStR 16, 627, 630).

265 Abs 3 **S 3** betrifft den Fall, dass die befragte oder geprüfte Person die **Mitwirkung verweigert.** S 3 erfasst also nicht den Fall der verweigerten Zustimmung iSv Abs 3 S 2. Relevant wird S 3 daher erst, wenn die betroffene Person zwar zunächst iSv S 2 zugestimmt hat, anschließend aber ihrer Mitwirkungspflicht iSv § 90 nicht nachkommt. Diese Verletzung der Mitwirkungspflicht wird nach S 3 so behandelt, als ob sie ggü der deutschen FinBeh erfolgt wäre; sie kann daher zu einer Begrenzung der Aufklärungs- und Ermittlungspflicht der deutschen FinBeh führen (s § 90 Rz 12).

267 In den Fällen der Abs 1 bis 3 ist der inl Stpfl vorher **anzuhören** gem § 117 IV 3 iVm § 91, bevor der ausl Bedienstete nach Abs 1 anwesend ist, Kopien gem Abs 2 erhält oder an einer Ap teilnimmt (BMF 9.1.2017 BStBl I, 89, Tz 3.2). Die Anhörung kann mit der Aufforderung zur Zustimmung gem Abs 3 S 1 verbunden wer-

den. Die Anhörungsfrist sollte idR 4 Wochen betragen (BMF 9.1.2017 aaO Tz 3.2).

Abs 4 verlangt eine Legitimation des ausl Bediensteten und entspricht damit Art 11 III AmtshilfeRL. 268

§ 11 EUAHiG Anwesenheit von inländischen Bediensteten in anderen Mitgliedstaaten

Sofern die Komplexität eines Ersuchens es erfordert, können bevollmächtigte inländische Bedienstete in andere Mitgliedstaaten entsandt werden. § 10 gilt sinngemäß.

§ 11 EUAHiG ist das Gegenstück zu § 10 EUAHiG und ermöglicht **inl** Bediensteten die **Anwesenheit in einem anderen EU-Mitgliedstaat;** dies muss nicht der ersuchende Mitgliedstaat sein. Voraussetzung ist zum einen eine entsprechende Vereinbarung zwischen dem BZSt und dem anderen Mitgliedstaat (s Rz 260) und die Komplexität des Ersuchens. Dies wird zu bejahen sein, wenn ohne Anwesenheit des inländ Bediensteten die Beantwortung des Ersuchens erschwert wird. 270

Der inländ Bedienstete hat im anderen EU-Staat nur **Befugnisse,** die ihm nach dem deutschen Recht, insbes der AO, sowie nach dem Recht des anderen EU-Staates zustehen (BMF 9.1.2017 BStBl I, 89, Tz 2.2.4). Letzteres bedeutet, dass er sich auch an die Regeln des anderen EU-Staates halten muss, aber weitergehende Befugnisse, die sich nach dem Recht des anderen EU-Staates ggü dem deutschen Recht ergeben, nicht wahrnehmen darf (BMF 9.1.2017 aaO, Tz 2.2.4). Bei entsprechender Vereinbarung zwischen dem BZSt und dem zentralen Verbindungsbüro darf der inländ Bedienstete bei den behördlichen Ermittlungen des anderen EU-Staates zugegen sein (passives Prüfungsrecht entsprechend § 10 I EUAHiG, s auch Rz 260) und in den Amtsräumen der FinBeh des anderen EU-Staates anwesend sein (BMF 9.1.2017 aaO, Tz 2.2.4). 271

Sofern der andere EU-Staat in seinem nationalen Recht Art 11 II EU-AmtshilfeRL umgesetzt hat, wonach Bedienstete des ersuchenden Staates, die bei behördlichen Ermittlungen zugegen sind, Einzelpersonen befragen und Aufzeichnungen prüfen dürfen, stehen dem inländ Bediensteten auch diese Rechte zu, sodass er damit ein **aktives Prüfungsrecht** hat (BMF 9.1.2017 aaO, Tz 2.2.4). Ggf bedarf es insoweit aber auch einer Zustimmung des Stpfl analog § 10 III 2 EUAHiG, falls dies nach dem nationalen Recht des anderen EU-Staates gefordert wird.

Das Recht zur Anwesenheit im anderen Mitgliedstaat steht auch Gemeinden bzw Gemeindeverbänden iSv § 3 VI EUAHiG zu (BT-Drs 17/12 375, 52).

§ 12 EUAHiG Gleichzeitige Prüfung

(1) [1] Auf Vorschlag der Finanzbehörde kann das zentrale Verbindungsbüro mit einem oder mehreren Mitgliedstaaten vereinbaren, im jeweils eigenen Hoheitsgebiet eine gleichzeitige Prüfung einer oder mehrerer Personen von gemeinsamem oder ergänzendem Interesse durchzuführen. [2] Soweit dies nach § 4 zulässig ist, sind die hierbei erlangten Informationen sowie die für die Vereinbarung der Prüfung im Vorfeld erforderlichen Kenntnisse auszutauschen.

(2) [1] Die Finanzbehörde bestimmt, welche Person oder welche Personen sie für eine gleichzeitige Prüfung vorschlägt. [2] Das zentrale Verbindungsbüro unterrichtet die betroffenen Mitgliedstaaten darüber, begründet die Auswahl und gibt den Zeitraum an, in welchem die gleichzeitige Prüfung durchgeführt werden soll.

(3) [1] Schlägt ein anderer Mitgliedstaat eine gleichzeitige Prüfung vor, so entscheidet die Finanzbehörde, ob sie an der gleichzeitigen Prüfung teilnehmen wird. [2] Das zentrale Verbindungsbüro teilt dem anderen Mitgliedstaat das Einverständnis oder die begründete Ablehnung mit.

(4) Das zentrale Verbindungsbüro benennt einen Bediensteten, der für die Beaufsichtigung und die Koordinierung der gleichzeitigen Prüfung verantwortlich ist.

(5) Von der Anhörung des Steuerpflichtigen kann bis zur Bekanntgabe der Prüfungsanordnung abgesehen werden, wenn sonst der Prüfungserfolg gefährdet werden würde.

275 § 12 EUAHiG setzt Art 12 I AmtshilfeRL um und ermöglicht eine **gleichzeitige (simultane) Prüfung** einer oder mehrerer Personen durch eine deutsche FinBeh und durch Bedienstete anderer EU-Mitgliedstaaten im jeweils eigenen Hoheitsgebiet, dh in zwei oder mehreren Staaten; der einzelne Prüfer wird also in seinem eigenen Hoheitsgebiet tätig (s auch BMF 9.1.2017 BStBl I, 89, Tz 2.1). Während bei der gleichzeitigen Prüfung iSv § 12 EUAHiG mindestens zwei Ap zur gleichen Zeit in zwei verschiedenen Staaten stattfinden, kann es auch zu einer **gemeinsamen Prüfung** (Joint Audit) kommen, die sich allerdings nach § 10 III EUAHiG richtet (s Rz 262). Die Simultanprüfung ist ebenso wie die gemeinsame Prüfung eine sog koordinierte Ap; zum Zweck einer koordinierten Ap s Rz 262.

Der Vorschlag zu einer gleichzeitigen Prüfung kann entweder von einer deutschen FinBeh kommen (Abs 1) oder von einem anderen Mitgliedstaat (Abs 3). Die Vereinbarung über eine gleichzeitige Prüfung wird in beiden Fällen über das BZSt abgewickelt (§ 5 I 1 Nr 5 FVG iVm § 3 II 1 EUAHiG); zur Koordinierung der Simultanprüfung s BMF 9.1.2017 BStBl I, 89, Tz 3.1 sowie 3.5f. Zur Rechtslage vor dem Inkrafttreten des § 12 EUAHiG s 13. Aufl Rz 205.

276 **Abs 1 S 1** betrifft den Vorschlag zu einer gleichzeitigen Prüfung durch eine deutsche FinBeh oder durch eine deutsche Gemeinde bzw einen deutschen Gemeindeverband iSv § 3 VI EUAHiG (BT-Drs 17/12375, 53). Die gleichzeitige Prüfung kann **eine oder mehrere Personen** betreffen und setzt ein gemeinsames oder ergänzendes Interesse an einer gemeinsamen Prüfung voraus. Relevant wird die gleichzeitige Prüfung, wenn der Stpfl in mehreren Mitgliedstaaten ansässig ist. An der Prüfung können daher neben der deutschen FinBeh auch mehrere Mitgliedstaaten beteiligt sein. Der Stpfl ist vor dem beabsichtigten Informationsaustausch der deutschen FinBeh und der FinBeh des anderen EU-Staates anzuhören (BMF 9.1.2017 BStBl I, 89, Tz 3.2.).

Aus Abs 1 **S 2** ergibt sich, dass auch ein **Austausch** der bereits vorhandenen Kenntnisse, die für die Vereinbarung über die Prüfung im Vorfeld erforderlich sind, sowie der bei der gleichzeitigen Prüfung erlangten Informationen erfolgen soll. Wie auch bereits bei § 10 II EUAHiG sind die sich aus § 4 EUAHiG ergebenden Beschränkungen zu beachten (s Rz 261).

277 **Abs 2** regelt den **Verfahrensablauf:** Die FinBeh bzw die Gemeinde oder der Gemeindeverband schlägt dem BZSt den Prüfer vor. Das BZSt stimmt dann ua den Zeitraum mit den anderen Mitgliedstaaten ab. Darüber hinaus benennt das BZSt nach **Abs 4** auch noch einen verantwortlichen Bediensteten für die Beaufsichtigung und Koordination.

278 **Abs 3** regelt den Fall, dass der Vorschlag für eine gleichzeitige Prüfung **von einem anderen Mitgliedstaat** kommt. Die Entscheidung über die Teilnahme an der gleichzeitigen Prüfung trifft die FinBeh bzw Gemeinde oder der Gemeindeverband (§ 3 VI EUAHiG), nicht das BZSt. Auch im Fall des Abs 3 ist ein verantwortlicher Bediensteter gem Abs 4 zu benennen (s Rz 277).

279 Nach Abs 4 kann **bis zur Bekanntgabe** der Prüfungsanordnung **von der Anhörung** abgesehen werden, die an sich nach § 117 IV 3 2. HS grds erfolgen soll (s Rz 124). Voraussetzung für das Absehen von der Anhörung ist die Gefährdung des Prüfungserfolgs im Fall einer Anhörung. Hintergrund dieser Einschränkung der Anhörungspflicht ist das Fehlen einer vergleichbaren Anhörungspflicht in anderen Mitgliedstaaten, sodass die Bereitschaft zur Teilnahme an einer gleichzeitigen Prüfung bei anderen Mitgliedstaaten leiden könnte, wenn in Deutschland zunächst eine Anhörung erfolgen müsste und damit der Prüfungserfolg des anderen Mitgliedstaates gefährdet wäre (BT-Drs 17/12 375, 53). **Ab Bekanntgabe der Prüfungsanordnung** besteht aber wieder eine grds Anhörungspflicht nach Maßgabe des § 91.

§ 13 EUAHiG Zustellungsersuchen an andere Mitgliedstaaten

(1) Auf Ersuchen der zuständigen Finanzbehörde beantragt das zentrale Verbindungsbüro bei einem anderen Mitgliedstaat die Zustellung von Dokumenten und Entscheidungen der Finanzbehörde, die mit einer Steuer nach § 1 zusammenhängen.

(2) Ein Zustellungsersuchen ist nur dann zulässig, wenn
1. die Finanzbehörde nicht in der Lage ist, die Zustellung nach den Vorschriften des Verwaltungszustellungsgesetzes im anderen Mitgliedstaat vorzunehmen, oder
2. die Zustellung mit unverhältnismäßig großen Schwierigkeiten verbunden wäre.

(3) Im Zustellungsersuchen ist Folgendes anzugeben:
1. der Gegenstand des zuzustellenden Dokuments oder der zuzustellenden Entscheidung,
2. der Name und die Anschrift des Adressaten sowie
3. alle weiteren Informationen, die die Identifizierung des Adressaten erleichtern können.

(4) Einer in einem anderen Mitgliedstaat ansässigen Person kann jedes Dokument per Einschreiben oder auf elektronischem Weg direkt zugestellt werden.

(5) Das zentrale Verbindungsbüro leitet Informationen über veranlasste Zustellungen anderer Mitgliedstaaten den Finanzbehörden, die die Informationen verwenden, weiter.

§ 13 EUAHiG ermöglicht die **Zustellung aller Dokumente und Entscheidungen** einer deutschen FinBeh und damit insbes von StBescheiden in einem **anderen EU-Mitgliedstaat.** Die Vorschrift setzt Art 13 I AmtshilfeRL um. Auf diese Weise kann beim Wegzug eines Stpfl aus Deutschland in einen anderen Mitgliedstaat die Bekanntgabe von VA durchgesetzt werden. Der umgekehrte Fall – die Zustellung von Dokumenten und Entscheidungen eines anderen Mitgliedstaates in Deutschland – ist in § 14 EUAHiG geregelt. 285

Abs 1 setzt ein Ersuchen der zuständigen deutschen FinBeh oder einer Gemeinde bzw eines Gemeindeverbands iSv § 3 VI EUAHiG beim BZSt als zentralem Verbindungsbüro iSv § 3 II EUAHiG voraus. Das Ersuchen muss sich auf die Zustellung von Dokumenten (zB Schreiben) oder Entscheidungen (zB StBescheiden) beziehen, die mit einer Steuer iSv § 1 I EUAHiG zusammenhängen (s Rz 162); die Form des Ersuchens richtet sich nach nach Abs 3 sowie § 17 I EUAHiG. Das BZSt beantragt dann die Zustellung bei dem betr Mitgliedstaat. Nach erfolgter Zustellung informiert das BZSt die FinBeh hierüber (Abs 5). 286

Zulässig ist das Zustellungsersuchen nach **Abs 2 Nr 1** nur dann, wenn die deutsche FinBeh die Zustellung nicht nach dem VwZG – gemeint ist § 9 VwZG (s § 122 Rz 97) – im anderen Mitgliedstaat vornehmen kann (s auch BMF 23.11. 2015, BStBl I, 928, Tz 4.1.4). Außerdem ist ein Zustellungsersuchen nach Abs 2 **Nr 2** zulässig, wenn die Zustellung mit unverhältnismäßig großen Schwierigkeiten verbunden wäre. Hierunter wird man insbes Fälle erfassen, in denen der andere Mitgliedstaat eine Zustellung nach dem VwZG bereits abgelehnt hat.

Die Zustellung im anderen Mitgliedstaat richtet sich nach den **Vorschriften des anderen Mitgliedstaates** (Art 13 I AmtshilfeRL). Geht es nur um die Zustellung von Dokumenten – nicht aber von Entscheidungen wie StBescheiden –, kann das Dokument der in dem anderen Mitgliedstaat ansässigen Person nach Abs 4 per Einschreiben oder auf elektronischem Weg (vgl § 2 XII EUAHiG) direkt zugestellt werden. 288

§ 14 EUAHiG Zustellungsersuchen von anderen Mitgliedstaaten

(1) [1] Auf Ersuchen werden alle Dokumente zugestellt, die mit einer Steuer gemäß § 1 zusammenhängen, einschließlich der gerichtlichen Dokumente, die aus dem anderen Mitgliedstaat stammen. [2] Das zentrale Verbindungsbüro leitet hierzu der Finanzbehörde das Ersuchen zwecks Zustellung zu. Die Zustellung richtet sich nach den Vorschriften des Verwaltungszustellungsgesetzes.

(2) [1] Das zentrale Verbindungsbüro teilt dem anderen Mitgliedstaat unverzüglich mit, welche Maßnahme auf Grund des Zustellungsersuchens veranlasst wurde. [2] Diese Mitteilung beinhaltet insbesondere die Angabe, an welchem Tag und an welche Anschrift dem Empfänger das Dokument zugestellt worden ist.

295 Die Vorschrift betrifft die **Zustellung** von Dokumenten **im Inland** auf Ersuchen anderer EU-Mitgliedstaaten. § 14 EUAHiG ist das Gegenstück zu § 13 EUAHiG und setzt wie dieser Art 13 I AmtshilfeRL um.

Das zuzustellende Dokument muss sich wie bei § 13 EUAHiG auf eine Steuer iSv § 1 I EUAHiG beziehen (s Rz 162). Unklar bleibt aber, weshalb nach § 13 EUAHiG sowohl Dokumente als auch Entscheidungen im anderen EU-Mitgliedstaat zugestellt werden können, im umgekehrten Fall nach § 14 EUAHiG jedoch **nur die Zustellung von Dokumenten** einschl gerichtlicher Dokumente geregelt wird, **nicht** aber die Zustellung von **Entscheidungen;** nach dem Wortlaut des § 14 EUAHiG wäre damit die Zustellung von Entscheidungen wie zB StBescheiden im Inland nicht möglich. Die Begriffe „Dokumente", „gerichtliche Dokumente" und „Entscheidungen" werden in den §§ 13 und 14 EUAHiG somit ungenau verwendet.

Die Zustellung erfolgt gem Abs 1 S 3 nach den Vorschriften des **VwZG.** Soweit die Zustellung durch eine Gemeinde oder einen Gemeindeverband vorgenommen werden soll, prüft die deutsche FinBeh, ob sie die Gemeinde bzw den Gemeindeverband im Wege der Amtshilfe zur Zustellung auffordert (BT-Drs 17/12 375, 55). Über die Durchführung der Zustellung ist der andere Mitgliedstaat durch das BZSt nach Abs 2 zu unterrichten.

Abschnitt 5. Weitere Vorschriften

§ 15 EUAHiG Verwendung von Informationen und Dokumenten

(1) Übermittelt das zentrale Verbindungsbüro einem anderen Mitgliedstaat Informationen, so gestattet es diesem auf Anfrage, die Informationen für andere als die in § 19 Absatz 2 Satz 1 genannten Zwecke zu verwenden, wenn die Verwendung für einen vergleichbaren Zweck nach deutschem Recht unter Beachtung der §§ 30, 31, 31a und 31b der Abgabenordnung zulässig ist.

(2) Ist das zentrale Verbindungsbüro der Ansicht, dass Informationen und Dokumente von einem anderen Mitgliedstaat einem dritten Mitgliedstaat für die in § 19 Absatz 2 Satz 1 genannten Zwecke von Nutzen sein könnten, so kann es diese Informationen und Dokumente weitergeben, wenn

1. die Weitergabe im Einklang mit den in diesem Gesetz festgelegten Regeln und Verfahren steht,
2. es dem Mitgliedstaat, von dem die Informationen und Dokumente stammen, seine Absicht mitteilt, diese einem dritten Mitgliedstaat weiterzugeben, und
3. der Mitgliedstaat, von dem die Informationen stammen, nicht innerhalb von zehn Arbeitstagen nach Eingang der Mitteilung nach Nummer 2 der Weitergabe widerspricht.

(3) [1] Sollen Informationen und Dokumente für andere als die in § 19 Absatz 2 Satz 1 genannten Zwecke nach Absatz 2 weitergegeben oder verwendet werden, so muss hierfür die Einwilligung jenes Mitgliedstaats eingeholt werden, von dem die Informationen und Dokumente stammen. [2] Die Weitergabe darf nur erfolgen, wenn die Verwendung für einen vergleichbaren Zweck nach deutschem Recht unter Beachtung der §§ 30, 31, 31a und 31b der Abgabenordnung zulässig ist.

(4) Sämtliche Informationen und Dokumente, die im Rahmen dieses Gesetzes erlangt werden, können von den Behörden, die die Informationen verwenden, wie vergleichbare inländische Informationen und Dokumente angeführt oder als Beweismittel verwendet werden.

(5) Von der Berichtigung übermittelter unrichtiger Daten und der Löschung oder Sperrung unzulässig gespeicherter oder unzulässig übermittelter Daten sind alle Mitgliedstaaten, die diese Daten im Rahmen einer Auskunft erhalten haben, durch das zentrale Verbindungsbüro unverzüglich zu unterrichten und anzuhalten, ebenfalls die Berichtigung, Sperrung oder Löschung dieser Daten vorzunehmen.

300 Die Vorschrift regelt die Verwendung der übermittelten Informationen und Dokumente und setzt Art 16 AmtshilfeRL um. Abs 1 betrifft die **Verwendung** der Informationen **durch den anderen Mitgliedstaat.** Abs 2 und 3 regeln die **Weiterleitung** von Informationen und Dokumenten, die von einem anderen Mit-

gliedstaat übermittelt worden sind, durch das BZSt **an einen dritten Mitgliedstaat;** die beiden Abs ersetzen den bisherigen § 4 IV EGAHiG.

Hiervon abzugrenzen ist § 18 EUAHiG: Die Weiterleitung von Informationen, die das BZSt **von einem Drittstaat** – also außerhalb der EU – erhalten hat, an einen anderen Mitgliedstaat richtet sich nach § 18 I EUAHiG, während sich die Weiterleitung von Informationen aus einem anderen Mitgliedstaat **an einen Drittstaat** nach § 18 II EUAHiG bestimmt.

Grds darf der andere Mitgliedstaat nach § 15 I EUAHiG die ihm übermittelten Informationen nur für die in § 19 II 1 EUAHiG genannten Zwecke verwenden (s Rz 331). Auf Anfrage darf der andere Mitgliedstaat nach **Abs 1** die ihm übermittelten Informationen aber auch **für andere Zwecke** verwenden, wenn die Verwendung für einen vergleichbaren Zweck in Deutschland zulässig wäre und der besondere Schutz der §§ 30, 31, 31a und 31b sichergestellt ist. In Betracht kommt danach zB eine Verwendung zwecks Bekämpfung des Missbrauchs von Sozialleistungen im anderen Mitgliedstaat gem § 31a. **301**

Nach **Abs 2** darf das BZSt als zentrales Verbindungsbüro die ihm von einem anderen Mitgliedstaat zur Verfügung gestellten Informationen und Dokumente **an einen weiteren Mitgliedstaat** unter den folgenden Voraussetzungen **weiterleiten: (1)** Die Informationen und Dokumente können nach Ansicht des BZSt dem dritten Mitgliedstaat für die in § 19 II 1 EUAHiG genannten Zwecke von Nutzen sein. **(2)** Die Weitergabe steht im Einklang mit den Regelungen des EUAHiG. **(3)** Die Absicht der Weiterleitung ist dem Mitgliedstaat, von dem das BZSt die Informationen und Dokumente erhalten hat, mitzuteilen, und **(4)** dieser Mitgliedstaat darf nicht innerhalb von 10 Arbeitstagen nach Erhalt der Mitteilung widersprechen (sog Verschweigensfrist, vgl BT-Drs 17/12 375, 56). **302**

Abs 3 erweitert die Zulässigkeit einer Weiterleitung von Informationen und Dokumenten durch das BZSt an einen dritten Mitgliedstaat auf Fälle, in denen der dritte Mitgliedstaat die Informationen und Dokumente **für andere** als die in § 19 II 1 EUAHiG genannten **Zwecke** verwenden soll. Um eine derartige Verwendung durch den dritten Mitgliedstaat zu ermöglichen, muss nach Abs 3 **S 1** vorab, dh vor der Verwendung für andere Zwecke als in § 19 II 1 EUAHiG genannt, die **Einwilligung** des Mitgliedstaates eingeholt werden, von dem die Informationen und Dokumente stammen. Danach ist es zulässig, wenn das BZSt die Informationen und Dokumente zunächst nach Abs 2 an den dritten Mitgliedstaat für Zwecke des § 19 II 1 EUAHiG weiterleitet und anschließend der dritte Mitgliedstaat anfragt, ob er die Informationen und Dokumente für andere Zwecke als nach § 19 II 1 EUAHiG verwenden darf; das BZSt muss dann den Mitgliedstaat, von dem es die Informationen und Dokumente erhalten hat, nach Abs 3 S 1 um Einwilligung bitten. **303**

Weiterhin darf die Weiterleitung an den dritten Mitgliedstaat gem Abs 3 **S 2** nur erfolgen, wenn die Verwendung für einen vergleichbaren Zweck in Deutschland zulässig wäre und der besondere Schutz der §§ 30, 31, 31a und 31b sichergestellt ist; diese Regelung entspricht Abs 1 (s Rz 301).

Abs 4 stellt die übermittelten Informationen und Dokumente inl Informationen und Dokumenten gleich. Sie haben damit den gleichen Beweiswert wie inl Beweismittel. **Abs 5** stellt sicher, dass unrichtige Daten zu berichtigen und unzulässig gespeicherte oder unzulässig übermittelte Daten gelöscht oder gesperrt werden müssen. Das BZSt muss alle anderen Mitgliedstaaten unverzüglich unterrichten und gleichfalls zu einer Berichtigung, Sperrung oder Löschung auffordern. **305**

§ 16 EUAHiG Rückmeldungen

(1) In den Fällen der §§ 4 und 8 kann das zentrale Verbindungsbüro den anderen Mitgliedstaat um Rückmeldung über die Verwendung der erbetenen Information bitten.

(2) [1] Bittet in den Fällen der §§ 6 und 9 der andere Mitgliedstaat um Rückmeldung, so übermittelt das zentrale Verbindungsbüro dem anderen Mitgliedstaat die Rückmeldung un-

verzüglich, spätestens jedoch drei Monate, nachdem das Ergebnis über die Verwendung der erbetenen Information bekannt geworden ist. [2] Eine Übermittlung ist nur zulässig, wenn ihr die Vorschriften zum Datenschutz und zum Schutz des Steuergeheimnisses insbesondere nach § 30 der Abgabenordnung nicht entgegenstehen. [3] Die zuständige Finanzbehörde teilt dem zentralen Verbindungsbüro die erforderlichen Angaben mit.

310 § 16 EUAHiG setzt Art 16 IV AmtshilfeRL um und verpflichtet den Mitgliedstaat, der Informationen erhalten hat, zu einem **„Feedback"** (Rückmeldung) auf Anfrage des übermittelnden Mitgliedstaats. Abs 1 betrifft den Fall, dass das BZSt einem anderen Mitgliedstaat auf dessen Ersuchen nach § 4 EUAHiG oder ohne Ersuchen gem § 8 EUAHiG Informationen übermittelt hat. Abs 2 hingegen regelt den umgekehrten Fall, dass das BZSt von einem anderen Mitgliedstaat auf Ersuchen gem § 6 EUAHiG oder ohne Ersuchen gem § 9 EUAHiG Informationen erhalten hat. In beiden Fällen besteht eine Rückmeldungspflicht des Staates, der die Informationen erhalten hat, wobei das BZSt bei einer Rückmeldung nach Abs 2 das StGeheimnis gem § 30 beachten muss.

§ 17 EUAHiG Standardformblätter und Kommunikationsmittel

(1) Ersuchen nach § 4 Absatz 1 und 2 und § 6 Absatz 1, spontane Übermittlungen von Informationen nach § 8 Absatz 1 und 2 und § 9, Zustellungsersuchen nach § 13 Absatz 1 und § 14 Absatz 1, Rückmeldungen nach § 16 sowie sonstige Mitteilungen werden jeweils mittels eines zwischen den Mitgliedstaaten abgestimmten Standardformblatts auf elektronischem Weg übermittelt.

(2) Den Standardformblättern können Berichte, Bescheinigungen und andere Dokumente oder beglaubigte Kopien oder Auszüge daraus beigefügt werden.

(3) Die Absätze 1 und 2 gelten nicht für Informationen und Unterlagen, die nach den §§ 10 und 11 erlangt werden.

(4) Erfolgt die Übermittlung nicht auf elektronischem Weg durch Standardformblätter, so berührt dies nicht die Gültigkeit der erhaltenen Informationen oder der im Rahmen eines Ersuchens um Amtshilfe ergriffenen Maßnahmen.

315 Die Regelung setzt Art 20 AmtshilfeRL um und soll durch Pflicht zur Verwendung von **Standardformblättern** sowie zur elektronischen Übermittlung sowohl die sprachlichen Hürden überwinden als auch die Zusammenarbeit erleichtern (s Anlagen 2 bis 5b zu BMF 23.11.2015, BStBl I, 928). **Ausgenommen** sind nach **Abs 3** Informationen und Unterlagen, die aufgrund der Teilnahme von Bediensteten im anderen Mitgliedstaat nach §§ 10 und 11 EUAHiG erlangt wurden. Eine Verletzung des Abs 1 bleibt nach Abs 4 folgenlos.

§ 18 EUAHiG Informationsübermittlung an Drittstaaten

(1) Erhält das zentrale Verbindungsbüro von einem Drittstaat Informationen, die für die Anwendung und Durchsetzung des deutschen Rechts über die in § 1 genannten Steuern voraussichtlich erheblich sind, kann das zentrale Verbindungsbüro diese Informationen an andere Mitgliedstaaten, für die diese Informationen von Nutzen sein können, und an alle ersuchenden Behörden weitergeben, sofern dies auf Grund einer Vereinbarung mit dem Drittstaat zulässig ist.

(2) Das zentrale Verbindungsbüro kann die im Einklang mit diesem Gesetz erhaltenen Informationen an einen Drittstaat weitergeben, wenn

1. die Weitergabe im Einklang mit den deutschen Bestimmungen über die Weitergabe personenbezogener Daten an Drittstaaten steht,
2. die Informationen für die zutreffende Steuerfestsetzung in diesem Drittstaat erheblich sein können,
3. der Mitgliedstaat, von dem die Informationen stammen, mit der Weitergabe einverstanden ist und
4. sich der Drittstaat zum Informationsaustausch verpflichtet hat.

320 § 18 EUAHiG setzt Art 24 AmtshilfeRL um. Abs 1 der Vorschrift ermöglicht die Weiterleitung von Informationen durch das BZSt, die das BZSt **von einem Drittstaat** erhalten hat, **an andere Mitgliedstaaten** (Abs 1). Hingegen ermög-

licht Abs 2 die Weiterleitung von Informationen, die das BZSt **von anderen Mitgliedstaaten** erhalten hat, **an Drittstaaten**. Die Regelung ergänzt damit § 15 II und III EUAHiG, der die Weiterleitung solcher Informationen an andere Mitgliedstaaten – nicht aber an andere Drittstaaten – betrifft, die das BZSt von einem anderen Mitgliedstaat – also nicht von einem Drittstaat – erhalten hat (s Rz 300).

Informationen, die das BZSt **von einem Drittstaat** erhalten hat, können nach **Abs 1** unter den folgenden Voraussetzungen **an andere Mitgliedstaaten** weitergeleitet werden: **(1)** Das BZSt muss von einem Drittstaat Informationen erhalten haben, die für die Anwendung und Durchsetzung des deutschen Rechts über die in § 1 EUAHiG genannten Steuern voraussichtlich erheblich sind. **(2)** Zwischen Deutschland und dem Drittstaat muss eine Vereinbarung, zB ein Amtshilfeabkommen, bestehen, nach der Deutschland die vom Drittstaat erhaltenen Informationen weiterleiten darf. 322

Nach Abs 2 kann das BZSt Informationen, die es **von einem anderen EU-Mitgliedstaat** erhalten hat, **an einen Drittstaat** außerhalb der EU unter den folgenden Voraussetzungen weiterleiten: **(1)** Das BZSt muss die Informationen von dem anderen Mitgliedstaat nach Maßgabe des EUAHiG erhalten haben, also zB nach §§ 6, 9 oder 11 EUAHiG. **(2)** Die Weitergabe muss im Einklang mit den deutschen Bestimmungen über die Weitergabe personenbezogener Daten an Drittstaaten stehen (Abs 2 Nr 1); hierzu sind mE insbes die Voraussetzungen des § 117 III zu prüfen. **(3)** Die Informationen können für die zutreffende StFestsetzung im Drittstaat erheblich sein (Abs 2 Nr 2), s hierzu Rz 92. **(4)** Der übermittelnde Mitgliedstaat ist mit der Weitergabe der Informationen einverstanden (Abs 2 Nr 3), s hierzu auch Rz 303. **(5)** Der Drittstaat hat sich zum Informationsaustausch verpflichtet (Abs 2 Nr 4); diese Verpflichtung kann in einem DBA, TIEA (zum Begriff s Rz 11) oder sonstigen Amtshilfeabkommen erfolgt sein. 323

§ 19 EUAHiG Datenschutz und Zweckbestimmung

(1) Die Informationen, die im Rahmen dieses Gesetzes an Deutschland übermittelt werden, unterliegen dem Steuergeheimnis und genießen den Schutz, den die Abgabenordnung für Informationen dieser Art gewährt.

(2) [1] Diese Informationen können für folgende Zwecke verwendet werden:
1. zur Anwendung und Durchsetzung des innerstaatlichen Steuerrechts über die in § 1 genannten Steuern,
2. zur Wahrnehmung gesetzlicher Kontroll- und Aufsichtsbefugnisse,
3. zur Festsetzung und Beitreibung anderer Steuern und Abgaben nach § 1 des EU-Beitreibungsgesetzes sowie
4. zur Verwertung im Zusammenhang mit Gerichts- und Verwaltungsverfahren, die Sanktionen wegen Nichtbeachtung des Steuerrechts zur Folge haben können; hierbei sind die allgemeinen Regelungen und Vorschriften über die Rechte der Personen, gegen die sich das jeweilige Verfahren richtet, und Zeugen in solchen Verfahren zu beachten.

[2] Sollen Informationen für einen anderen Zweck verwendet werden, ist die Einwilligung des anderen Mitgliedstaats einzuholen.

§ 19 EUAHiG setzt Art 16 I AmtshilfeRL um. Nach Art 16 unterliegen die übermittelten Daten der Geheimhaltungspflicht und dem einschlägigen Schutz des Mitgliedstaates, der die Informationen erhalten hat. **Abs 1** setzt dies für die dem BZSt von einem anderen Mitgliedstaat übermittelten Informationen um und stellt klar, dass die dem BZSt übermittelten Informationen dem **StGeheimnis** des § 30 unterliegen. 330

Abs 2 S 1 legt fest, für welche Zwecke die dem BZSt übermittelten Informationen verwendet werden dürfen. Zu den in § 19 II EUAHiG genannten Zwecken gehören nach Abs 2 S 1 **Nr 1** die Anwendung und Durchsetzung des deutschen StRechts auf die in § 1 I EUAHiG genannten Steuern (s Rz 162); nach **Nr 2** zur Wahrnehmung gesetzlicher Kontroll- und Aufsichtsbefugnisse, zB durch die Rechnungshöfe, die parlamentarischen Untersuchungsausschüsse oder durch die Beauftragten des Bundes und der Länder für den Datenschutz; die Weitergabe der Aus- 331 künfte ist nur an solche Personen gestattet, die mit den bezeichneten Aufgaben unmittelbar befasst sind; nach **Nr 3** zur Festsetzung und Beitreibung anderer Steuern (und Abgaben) nach § 1 des EU-Beitreibungsgesetzes; hierzu gehört zB auch die USt, die in § 1 II EUAHiG ausgeschlossen wird, jedoch von § 1 EU-Beitreibungsgesetz erfasst wird; nach **Nr 4** zur Verwertung in einem gerichtlichen oder Verwaltungsverfahren wegen StVerkürzung; hierbei sind insbes die Auskunftsverweigerungsrechte des betroffenen Stpfl sowie der Zeugen zu beachten; nach Abs 2 **S 2** für sonstige Zwecke, sofern hierfür die Einwilligung des anderen Mitgliedstaates, der die Informationen übermittelt hat, eingeholt worden ist (s hierzu Rz 303).

§ 20 EUAHiG Statistiken zum automatischen Informationsaustausch

[1] Das zentrale Verbindungsbüro übermittelt der Europäischen Kommission vor dem 1. Januar 2018 jährlich Statistiken zum Umfang des automatischen Informationsaustauschs gemäß den Artikeln 8 und 8a der Richtlinie 2011/16/EU. [2] Dabei übermittelt das zentrale Verbindungsbüro Angaben zu den administrativen und anderen Kosten und Nutzen des erfolgten Austauschs und zu allen möglichen Änderungen, sowohl für die Finanzverwaltungen als auch für Dritte.

334 § 20 EUAHiG wurde durch das BEPS-UmsetzungsG v 20.12.2016 (BGBl I, 3000) geändert, indem der bisherige § 20 in den neuen § 21 EUAHiG verschoben wurde und in § 20 EUAHiG nunmehr die Statistik geregelt wird. Die Vorschrift macht Vorgaben zur jährlichen Übermittlung von Statistiken an die EU-Kommission, die neben den Informationen iSv Art 8 der RL 2011/16/EU auch Informationen iSv Art 8a der RL betreffen (idF der RL 2015/2376); dies betrifft den Informationsaustausch über grenzüberschreitende Vorbescheide und Vorabverständigungen über die Verrechnungspreisgestaltung. Außerdem sind auch Angaben zu den Kosten und Nutzen des Informationsaustauschs zu übermitteln. Durch § 20 EUAHiG wird Art 8b der RL 2015/2376 umgesetzt.

§ 21 EUAHiG Übergangsvorschrifen

(1) Die automatische Übermittlung von Informationen gemäß § 7 Absatz 1 ist ab dem 1. Januar 2015 vorzunehmen und erstmals auf Informationen der Besteuerungszeiträume ab dem 1. Januar 2014 anzuwenden.

(2) Die automatische Übermittlung von Informationen gemäß § 7 Absatz 2 ist ab dem 30. September 2017 vorzunehmen und für zum 31. Dezember 2015 bestehende Konten und nach dem 31. Dezember 2015 neu eröffnete Konten im Sinne der in § 7 Absatz 2 angeführten Melde- und Sorgfaltspflichten und ergänzenden Melde- und Sorgfaltsvorschriften erstmals auf Informationen der Besteuerungszeiträume ab dem 1. Januar 2016 anzuwenden.

(3) Die automatische Übermittlung von Informationen gemäß § 7 Absatz 3 und 4 erfolgt erstmals ab dem 1. Januar 2017.

(4) § 7 Absatz 10 bis 12 und 14 ist erstmals ab dem 1. Januar 2017 anzuwenden.

(5) § 7 Absatz 13 ist erstmals ab dem 1. Januar 2018 anzuwenden.

335 § 21 EUAHiG wurde durch das BEPS-UmsetzungsG v 20.12.2016 (BGBl I, 3000) eingefügt. Abs 1 und 2 entsprechen dem bisherigen § 20 S 1 und 2 EUAHiG.

Abs 1 betrifft den zeitlichen Anwendungsbereich für die automatische Übermittlung von Informationen durch das BZSt nach § 7 I EUAHiG (s Rz 228). Abs 2 regelt den zeitlichen Anwendungsbereich für § 7 II EUAHiG (s Rz 229); für frühere Zeiträume bleibt die ZIV anwendbar (Rz 34; *Seer* IWB 14, 87, 92). Abs 3 bis 5 hatten im bisherigen § 20 EUAHiG keine Entsprechung und regeln den zeitlichen Beginn für die Übermittlungspflichten nach § 7 III und IV, dh zu Informationen über grenzüberschreitende Vorbescheide und Vorabverständigungen über Verrechnungspreisgestaltungen (s Rz 230). Abs 4 bezieht sich zum einen auf die Übermittlungspflichten des BZSt nach § 7 X bis XII EUAHiG zu § 138a und zum anderen auf den Beginn der Auswertung nach § 7 XIV (s § 233 f). Abs 5 betrifft die Übermittlung an die EU-Kommission zum Zwecke der Bewertung gem § 7 XIII (s Rz 234).

§ 117a Übermittlung personenbezogener Daten an Mitgliedstaaten der Europäischen Union

(1) [1]**Auf ein Ersuchen einer für die Verhütung und Verfolgung von Straftaten zuständigen öffentlichen Stelle eines Mitgliedstaates der Europäischen Union können die mit der Steuerfahndung betrauten Dienststellen der Finanzbehörden personenbezogene Daten, die in Zusammenhang mit dem in § 208 bestimmten Aufgabenbereich stehen, zum Zweck der Verhütung von Straftaten übermitteln.** [2]**Für die Übermittlung dieser Daten gelten die Vorschriften über die Datenübermittlung im innerstaatlichen Bereich entsprechend.**

(2) **Die Übermittlung personenbezogener Daten nach Absatz 1 ist nur zulässig, wenn das Ersuchen mindestens folgende Angaben enthält:**

1. **die Bezeichnung und die Anschrift der ersuchenden Behörde,**
2. **die Bezeichnung der Straftat, zu deren Verhütung die Daten benötigt werden,**
3. **die Beschreibung des Sachverhalts, der dem Ersuchen zugrunde liegt,**
4. **die Benennung des Zwecks, zu dem die Daten erbeten werden,**
5. **den Zusammenhang zwischen dem Zweck, zu dem die Informationen oder Erkenntnisse erbeten werden, und der Person, auf die sich diese Informationen beziehen,**
6. **Einzelheiten zur Identität der betroffenen Person, sofern sich das Ersuchen auf eine bekannte Person bezieht, und**
7. **Gründe für die Annahme, dass sachdienliche Informationen und Erkenntnisse im Inland vorliegen.**

(3) **Die mit der Steuerfahndung betrauten Dienststellen der Finanzbehörden können auch ohne Ersuchen personenbezogene Daten im Sinne von Absatz 1 an eine für die Verhütung und Verfolgung von Straftaten zuständige öffentliche Stelle eines Mitgliedstaates der Europäischen Union übermitteln, wenn im Einzelfall die Gefahr der Begehung einer Straftat im Sinne des Artikels 2 Absatz 2 des Rahmenbeschlusses 2002/584/JI des Rates vom 13. Juni 2002 über den Europäischen Haftbefehl und die Übergabeverfahren zwischen den Mitgliedstaaten (ABl. L 190 vom 18.7.2002, S. 1), der zuletzt durch den Rahmenbeschluss 2009/299/JI (ABl. L 81 vom 27.3.2009, S. 24) geändert worden ist, besteht und konkrete Anhaltspunkte dafür vorliegen, dass die Übermittlung dieser personenbezogenen Daten dazu beitragen könnte, eine solche Straftat zu verhindern.**

(4) [1]**Für die Übermittlung der Daten nach Absatz 3 gelten die Vorschriften über die Datenübermittlung im innerstaatlichen Bereich entsprechend.** [2]**Die Datenübermittlung unterbleibt, soweit, auch unter Berücksichtigung des besonderen öffentlichen Interesses an der Datenübermittlung, im Einzelfall schutzwürdige Interessen der betroffenen Person überwiegen.** [3]**Zu den schutzwürdigen Interessen gehört auch das Vorhandensein eines angemessenen Datenschutzniveaus im Empfängerstaat.** [4]**Die schutzwürdigen Interessen der betroffenen Personen können auch dadurch gewahrt werden, dass der Empfängerstaat oder die empfangende zwischen- oder überstaatliche Stelle im Einzelfall einen Schutz der übermittelten Daten garantiert.**

(5) **Die Datenübermittlung nach den Absätzen 1 und 3 unterbleibt, wenn**

1. **hierdurch wesentliche Sicherheitsinteressen des Bundes oder der Länder beeinträchtigt würden,**

2. die Übermittlung der Daten zu den in Artikel 6 des Vertrages über die Europäische Union enthaltenen Grundsätzen in Widerspruch stünde,
3. die zu übermittelnden Daten bei der ersuchten Behörde nicht vorhanden sind und nur durch das Ergreifen von Zwangsmaßnahmen erlangt werden können oder
4. die Übermittlung der Daten unverhältnismäßig wäre oder die Daten für die Zwecke, für die sie übermittelt werden sollen, nicht erforderlich sind.

(6) **Die Datenübermittlung nach den Absätzen 1 und 3 kann unterbleiben, wenn**
1. die zu übermittelnden Daten bei den mit der Steuerfahndung betrauten Dienststellen der Finanzbehörden nicht vorhanden sind, jedoch ohne das Ergreifen von Zwangsmaßnahmen erlangt werden können,
2. hierdurch der Erfolg laufender Ermittlungen oder Leib, Leben oder Freiheit einer Person gefährdet würde oder
3. die Tat, zu deren Verhütung die Daten übermittelt werden sollen, nach deutschem Recht mit einer Freiheitsstrafe von im Höchstmaß einem Jahr oder weniger bedroht ist.

(7) **Als für die Verhütung und Verfolgung von Straftaten zuständige öffentliche Stelle eines Mitgliedstaates der Europäischen Union im Sinne der Absätze 1 und 3 gilt jede Stelle, die von diesem Staat gemäß Artikel 2 Buchstabe a des Rahmenbeschlusses 2006/960/JI des Rates vom 18. Dezember 2006 über die Vereinfachung des Austauschs von Informationen und Erkenntnissen zwischen den Strafverfolgungsbehörden der Mitgliedstaaten der Europäischen Union (ABl. L 386 vom 29.12.2006, S. 89, L 75 vom 15.3.2007, S. 26) benannt wurde.**

(8) **Die Absätze 1 bis 7 sind auch anzuwenden auf die Übermittlung von personenbezogenen Daten an für die Verhütung und Verfolgung von Straftaten zuständige öffentliche Stellen eines Schengen-assoziierten Staates im Sinne von § 91 Absatz 3 des Gesetzes über die internationale Rechtshilfe in Strafsachen.**

§ 117a eingefügt durch G v 21.7.12 (BGBl I, 1566).

Schrifttum: *Baum* Änderungen der Abgabenordnung im Jahr 2012 – Informationsaustausch zwischen Strafverfolgungsbehörden und Mediationsgesetz, NWB 13, 498; *Beyer* Auskunftsersuchen der Steuerfahndung gemäß der „Schwedischen Initiative", AO-StB 13, 351; *Dölker* Maßnahmen zur Schaffung von Steuertransparenz durch Amtshilfe und Informationsaustausch unter Steuerbehörden verschiedener Länder sowie durch nationale Gesetze in Deutschland, BB 17, 279; *Talaska/Gomes* Aktueller Überblick zum internationalen Informationsaustausch in Steuersachen, Stbg 17, 167.

Übersicht

1 **1. Inhalt.** Die Vorschrift regelt die personenbezogene **Übermittlung von Daten durch deutsche StFahndungsstellen** an Strafverfolgungsstellen in anderen EU-Staaten bzw in Schengen-assoziierten Staaten zwecks Verhütung einer Straftat. Hingegen regelt § 117b die Verwendung von Daten, die die deutsche StFahndung von Strafverfolgungsbehörden aus anderen EU-Staaten erhalten hat.

2 **Zweck** des § 117a ist die Erleichterung des grenzüberschreitenden Austauschs von vorhandenen oder verfügbaren Informationen zwecks **Verhütung von Straf-**

taten (s Abs 1 S 1; s auch Rz 8), und zwar nicht nur die Verhütung von Steuerstraftaten, sondern von jeglichen Straftaten.

§ 117a wurde durch Art 10 des G über die Vereinfachung des Austauschs von Informationen und Erkenntnissen zwischen den Strafverfolgungsbehörden der Mitgliedstaaten der Europäischen Union v 21.7.2012 (BGBl I, 1566) eingeführt und gilt ab dem 26.7.2012. Ursprünglich sollte lediglich in einem neuen Abs 5 des § 117 eine grenzüberschreitende Datenübermittlung ermöglicht werden (BT-Drs 17/5096, 13). Auf Anregung des Bundesrats wurde jedoch der weitergehende § 117a verabschiedet (BT-Drs 17/5096, 35). **Hintergrund der Neuregelung** ist der Rahmenbeschluss 2006/960/JI des Europäischen Rates über die Vereinfachung des Austauschs von Informationen und Erkenntnissen zwischen den Strafverfolgungsbehörden der Mitgliedstaaten der Europäischen Union v 18.12.2006 (ABl EU 2006 Nr L 386, 89, berichtigt im ABl EU 2007 Nr L 75, 26), sog **Schwedische Initiative** (BT-Drs 17/5096, 14). Danach soll die Verhütung und Bekämpfung der Kriminalität im Wege einer engeren Zusammenarbeit der Strafverfolgungsbehörden der Mitgliedstaaten herbeigeführt werden. Der Beschluss ist eine Reaktion auf den Wegfall der Binnengrenzen. Da im StRecht strafrechtl relevante Informationen (zB über Schwarzgelder, Drogengeschäfte) nicht bei den einzelnen FÄ, sondern bei der StFahndung gesammelt werden, werden nach § 117a die StFahndungsstellen mit der Übermittlung der Informationen betraut. Vergleichbare Übermittlungspflichten sind durch das G v 26.7.2012 für die Behörden des **Zollfahndungsdienstes** (§ 34a ZFdG) und der Zollverwaltung (§ 11a ZollVG sowie § 6a Schwarzarbeitsbekämpfungsgesetz) sowie für Polizeibehörden (§ 92 IRG), für das Bundeskriminalamt (§ 14a Bundeskriminalamtgesetz) und für die Bundespolizei (§ 32a BPolG) eingeführt worden.

Die **Regelung** zu § 117a **war erforderlich,** weil nach § 117 II Nr 3 Informationen nur für das Besteuerungs- oder StStrafverfahren an andere EU-Staaten übermittelt werden dürfen, nicht aber für die Verhütung von Steuerstraftaten oder sonstigen Straftaten (*Baum* NWB 13, 498, 499). Auch das EUAHiG sieht den Informationsaustausch nur für das Festsetzungsverfahren vor (s Rz 164). 3

§ 117a hat folgenden **Inhalt:** Abs 1 und 2 regeln die Übermittlung personenbezogener Daten durch deutsche StFahndungsstellen an Strafverfolgungsbehörden in anderen EU-Staaten; dies wird einerseits durch Abs 7 und 8 ergänzt und andererseits durch Abs 5 und 6 eingeschränkt. Abs 3 und 4 ermöglichen Spontanauskünfte durch deutsche StFahndungsstellen, wobei Abs 5 und 6 ebenfalls Einschränkungen enthalten. 4

2. Übermittlung auf Ersuchen (Abs 1 und 2). Abs 1 regelt die Übermittlung personenbezogener Daten durch deutsche StFahndungsstellen auf Ersuchen einer Strafverfolgungsstelle eines anderen EU-Staats zwecks Verhütung von Straftaten. Die formellen Voraussetzungen des Ersuchens werden in Abs 2 geregelt (s Rz 12). 8

Die Daten müssen im Zusammenhang mit einer Ermittlung durch die StFahndung gem § 208 stehen; diese Ermittlung kann auch StVergütungen betreffen (zB InvZul gem § 15 InvZulG oder Altersvorsorgezulage gem § 96 VII EStG; vgl *Baum* NWB 13, 498, 499). Die Vorschrift erlaubt die Datenübermittlung nur zum Zweck der **Verhütung** von Straftaten (sowohl Steuerstraftaten als auch andere Straftaten, s Rz 2). Geht es hingegen um die Übermittlung von Informationen zwecks **Verfolgung** von Straftaten, richtet sich dies nach § 92 des IRG (*Baum* NWB 13, 498). Abs 1 erlaubt nicht die Erhebung von Informationen zum Zweck des anschließenden Austauschs, sondern es geht nur um die Übermittlung bereits vorhandener bzw verfügbarer Daten.

Das **Ersuchen** muss von einer für die Verhütung und Verfolgung zuständigen öffentlichen Stelle eines anderen EU-Mitgliedstaates stammen; dies wird durch Abs 7 näher definiert (s Rz 33). Abs 8 erweitert den Kreis der Ersuchenden auf Schengen-assoziierte Staaten (s Rz 35).

11 Nach Abs 1 **S 2** gelten die Vorschriften über die Datenübermittlung im innerstaatlichen Bereich entsprechend. Damit gilt insbes das **StGeheimnis,** sodass die Offenbarungsgründe des § 30 IV Nr 5 zu prüfen sind; eine Durchbrechung des StGeheimnisses nach § 30 IV Nr 4 wird nicht in Betracht kommen, weil danach bereits ein Strafverfahren durchgeführt werden muss, dh es geht nicht mehr um die Verhütung einer Straftat iSv Abs 1. Weiterhin wird eine **Anhörung** des Stpfl nach § 91 zu prüfen sein; allerdings dürfte idR eine Ausnahme nach § 91 II Nr 1 greifen wegen Gefahr im Verzug bei drohenden Straftaten.

12 **Abs 2** nennt in Nrn 1 bis 7 die formellen Anforderungen an das Ersuchen der Strafverfolgungsstelle aus dem anderen EU-Staat. Hintergrund für diese Anforderungen ist Art 5 I und III des Rahmenbeschlusses 2006/960/JI (s Rz 2; BT-Drs 17/5096, 36). Nach dem Rahmenbeschluss sind in dem Ersuchen die konkreten Gründe für die Annahme anzugeben, dass sachdienliche Informationen und Erkenntnisse in einem anderen Mitgliedstaat (dh Deutschland) vorliegen, und es ist zu erläutern, zu welchem Zweck die Informationen und Erkenntnisse erbeten werden und welcher Zusammenhang zwischen diesem Zweck und der Person, auf die sich diese Informationen und Erkenntnisse beziehen, besteht. Dies wird durch Abs 2 umgesetzt.

Erfüllt ein Ersuchen **die Voraussetzungen** des Abs 2 und liegt kein Übermittlungsverbot nach Abs 5 vor, so ist das Ermessen auf Null reduziert: Die deutsche StFahndungsstelle ist dann zur Übermittlung verpflichtet (*TK/Seer* § 117a Rz 5). Erfüllt das Ersuchen hingegen nicht die Voraussetzungen des Abs 2, kann die deutsche StFahndungsstelle die Datenübermittlung zwar ablehnen. Naheliegender wird es allerdings sein, die ausl Behörde zur Ergänzung des Ersuchens aufzufordern.

15 **3. Spontanauskünfte (Abs 3 und 4). Abs 3** erlaubt Spontanauskünfte durch deutsche StFahndungsstellen, dh die Übermittlung personenbezogener Daten iSv Abs 1 an Strafverfolgungsstellen anderer EU-Staaten ohne Ersuchen. Voraussetzung hierfür sind **konkrete Anhaltspunkte** dafür, dass durch die Übermittlung der personenbezogenen Daten eine **Straftat verhindert** werden kann, die in Art 2 II des Rahmenbeschlusses 2002/584/JI des Europäischen Rates v 13.6.2002 über den Europäischen Haftbefehl und die Übergabeverfahren zwischen den Mitgliedstaaten (ABl Nr L 81, 24) genannt wird. Erfasst werden danach zB die Beteiligung an einer kriminellen Vereinigung, Terrorismus, Menschenhandel, sexuelle Ausbeutung von Kindern und Kinderpornografie, illegaler Handel mit Drogen und Waffen, Geldwäsche, organisierter Diebstahl, Handel mit gestohlenen Kfz, Produktpiraterie, Betrug und Korruption.

18 **Abs 4** S 1 sieht für die Datenübermittlung von Spontanauskünften – ebenso wie Abs 1 S 2 bei der Datenübermittlung auf Ersuchen – die entsprechende Anwendung der Vorschriften über die Datenübermittlung im Inland vor; s hierzu Rz 11.

Darüber hinaus enthalten Abs 4 **S 2 und 3 Einschränkungen** für Spontanauskünfte. Nach S 3 ist eine Spontanauskunft unzulässig, wenn schutzwürdige Interessen des Betroffenen das besondere öffentliche Interesse an der Datenübermittlung überwiegen. Diese Einschränkung entspricht § 4b II 2 BDSG. S 2 erfordert eine Abwägung im Einzelfall zwischen dem Interesse des Betroffenen, insbes seinem Recht auf informationelle Selbstbestimmung iSv Art 2 I GG, und dem öffentlichen Interesse an der Datenübermittlung. Bei der Würdigung des öffentlichen Interesses ist zu berücksichtigen, dass der Rahmenbeschluss 2006/960/JI (s Rz 2) auf Gegenseitigkeit der Datenübermittlung angelegt ist. Das öffentliche Interesse kann also nicht mit der Begründung verneint werden, dass es lediglich um die Verhütung einer Straftat im Ausland gehe.

20 Abs 4 **S 3** sieht als schutzwürdiges Interesse das Vorhandensein eines **angemessenen Datenschutzniveaus** im anderen EU-Staat an. Diese Regelung entspricht ebenfalls § 4b II 2 BDSG, der durch § 4b III BDSG ergänzt wird. Bei der Prüfung eines angemessenen Datenschutzniveaus im anderen EU-Staat sind daher gem § 4b

III alle Umstände zu berücksichtigen, die bei einer Datenübermittlung oder einer Kategorie von Datenübermittlungen von Bedeutung sind, insbes die Art der Daten, die Zweckbestimmung, die Dauer der geplanten Verarbeitung, das Herkunfts- und das Endbestimmungsland, die für den betr Empfänger geltenden Rechtsnormen sowie die für ihn geltenden Standesregeln und Sicherheitsmaßnahmen herangezogen werden. Auch hier bedarf es zwar einer Prüfung im Einzelfall (*Baum* NWB 13, 498, 501), jedoch wird innerhalb der EU ein angemessenes Datenschutzniveau idR zu bejahen sein. IÜ kann das schutzwürdige Interesse des Betroffenen nach Abs 4 **S 4** dadurch gewahrt werden, dass der Empfängerstaat oder die empfangende zwischen- oder überstaatliche Stelle einen **Datenschutz garantiert.**

4. Verweigerungsgründe (Abs 5 und 6). Abs 5 Nr 1 bis 4 **verbietet** sowohl die Übermittlung der Daten auf Ersuchen iSv Abs 1 als auch die spontane Datenübermittlung iSv Abs 3 unter den in Nr 1 bis 4 genannten Voraussetzungen. Liegt eine dieser Voraussetzungen vor, muss die Datenübermittlung unterbleiben. 25

Nach **Nr 1** darf die Datenübermittlung nicht vorgenommen werden, wenn hierdurch **wesentliche Sicherheitsinteressen** des Bundes oder der Länder beeinträchtigt würden; dieses Übermittlungsverbot beruht auf Art 10 I Buchst a des Rahmenbeschlusses 2006/960/JI (s Rz 2). Eine vergleichbare Regelung findet sich in § 106. **Nr 2** enthält einen **ordre-public-Vorbehalt.** Die Datenübermittlung darf also nicht erfolgen, wenn dies den Grundsätzen der Freiheit, der Demokratie oder der Achtung der Menschenrechte widerspräche. Ein ordre-public-Vorbehalt findet sich auch in § 117 III Nr 4, der aber für § 117a nicht gilt (s Rz 3 sowie BT-Drs 17/5096, 36). Nach **Nr 3** ist eine Datenübermittlung unzulässig, wenn die Daten erst durch **Zwangsmaßnahmen** erlangt werden müssten, dh gegen oder ohne Willen der betroffenen Person (BT-Drs 17/5096, 36); bei einer Erlangungsmöglichkeit ohne Zwang besteht ein fakultativer Verweigerungsgrund nach Abs 6 Nr 1 (s Rz 28). Das Übermittlungsverbot der **Nr 4** greift bei **Unverhältnismäßigkeit** oder fehlender **Erforderlichkeit.** Letzteres wird inbes dann anzunehmen sein, wenn der in Abs 2 Nr 5 genannte Zusammenhang zwischen dem Zweck und der Person nicht schlüssig dargelegt worden ist.

Im Gegensatz zum Übermittlungsverbot des Abs 5 nennt **Abs 6 Nr 1 bis 3 fakultative Verweigerungsgründe** bei Ersuchen iSv Abs 1 sowie bei Spontanauskünften iSv Abs 3. **Nr 1** betrifft den Fall, dass die Daten bei der deutschen StFahndungsstelle zwar nicht vorhanden sind, aber ohne Zwangsmaßnahmen erlangt werden könnten; ist die Erlangung nur durch Zwangsmaßnahmen möglich, greift das Übermittlungsverbot des Abs 5 Nr 3 (s Rz 25). Die Regelung in Nr 1 wird dem Umstand gerecht, dass der Rahmenbeschluss 2006/960/JI (s Rz 2) die EU-Mitgliedstaaten nicht zu einer Datenerhebung verpflichtet (s Rz 8). Eine Datenübermittlung kann nach **Nr 2** unterbleiben, wenn hierdurch entweder Leib, Leben oder Freiheit einer Person oder aber laufende Ermittlungen gefährdet würden; nach Abschluss der Ermittlungen gibt es aber keinen Verweigerungsgrund mehr. Nr 2 beruht auf Art 10 I Buchst b des Rahmenbeschlusses 2006/960/JI (s Rz 2). **Nr 3** wird insbes bei Spontanauskünften nach Abs 3 relevant. Die Übermittlung von Daten ohne Ersuchen iSv Abs 3 kann nach Nr 3 unterbleiben, wenn die zu verhütende Straftat nach deutschem Recht kein Verbrechen iSv § 12 I StGB ist, sondern nur mit einer Freiheitsstrafe von höchstens einem Jahr bewehrt ist. Dies entspricht Art 10 II des Rahmenbeschlusses 2006/960/JI. 28

5. Ergänzende Regelungen (Abs 7 und 8). Abs 7 definiert die **ersuchende Stelle** des anderen EU-Staates iSv Abs 1. Hierzu verweist Abs 7 auf Art 2 Buchst a des Rahmenbeschlusses 2006/960/JI (s Rz 2). Das Ersuchen muss danach von einer nationalen Polizei-, Zoll oder sonstigen Behörde eines anderen Mitgliedstaats stammen, die nach dem dort geltenden nationalen Recht befugt ist, Straftaten oder kriminelle Aktivitäten aufzudecken, zu verhüten und aufzuklären und insoweit 33 öffentliche Gewalt auszuüben sowie Zwangsmaßnahmen zu ergreifen. Die einzelnen EU-Mitgliedstaaten haben ggü dem Generalsekretariat des Europäischen Rats entsprechende Meldungen abgegeben, welche Behörden als „zuständige Strafverfolgungsbehörde" anzusehen sind. Keine Strafverfolgungsbehörden sind Behörden, die sich mit Fragen der nationalen Sicherheit befassen, zB Geheimdienste (Art 2 Buchst a des Rahmenbeschlusses 2006/960/JI).

35 Durch Abs 8 werden auch **Schengen-assozierte Staaten** und damit Staaten, die nicht zur EU gehören, in den Anwendungsbereich der Abs 1 bis 7 einbezogen. Zu den Schengen-assoziierten Staaten iSv § 91 III IRG gehören Island, Norwegen, Schweiz und Liechtenstein (s auch Abs 13 und 14 der Vorbemerkungen des Rahmenbeschlusses 2006/960/JI).

§ 117b Verwendung von den nach dem Rahmenbeschluss 2006/960/JI des Rates übermittelten Daten

(1) [1]**Daten, die nach dem Rahmenbeschluss 2006/960/JI an die mit der Steuerfahndung betrauten Dienststellen der Finanzbehörden übermittelt worden sind, dürfen nur für die Zwecke, für die sie übermittelt wurden, oder zur Abwehr einer gegenwärtigen und erheblichen Gefahr für die öffentliche Sicherheit verwendet werden.** [2]**Für einen anderen Zweck oder als Beweismittel in einem gerichtlichen Verfahren dürfen sie nur verwendet werden, wenn der übermittelnde Staat zugestimmt hat.** [3]**Von dem übermittelnden Staat für die Verwendung der Daten gestellte Bedingungen sind zu beachten.**

(2) **Die mit der Steuerfahndung betrauten Dienststellen der Finanzbehörden erteilen dem übermittelnden Staat auf dessen Ersuchen zu Zwecken der Datenschutzkontrolle Auskunft darüber, wie die übermittelten Daten verwendet wurden.**

§ 117b eingefügt durch G v 21.7.12 (BGBl I, 1566).

Schrifttum: s Lit zu § 117a.

1 **1. Inhalt.** § 117b dient ebenso wie § 117a der **Umsetzung des Rahmenbeschlusses 2006/960/JI** des Europäischen Rates über die Vereinfachung des Austauschs von Informationen und Erkenntnissen zwischen den Strafverfolgungsbehörden der Mitgliedstaaten der Europäischen Union v 18.12.2006 (ABl EU 2006 Nr L 386, 89, berichtigt im ABl EÖU 2007 Nr L 75, 26). Durch den genannten Rahmenbeschluss soll der Informationsaustausch zwischen den Strafverfolgungsbehörden innerhalb der EU und der Schengen-assoziierten Staaten verbessert werden (s § 117a Rz 2).

Während § 117a die Datenübermittlung durch deutsche StFahndungsstellen an Strafverfolgungsstellen in anderen EU-Staaten bzw Schengen-assoziierten Staaten regelt, betrifft § 117b den umgekehrten Fall der **Verwendung der Daten durch deutsche StFahndungsstellen,** die diesen von Strafverfolgungsbehörden aus anderen EU-Staaten bzw Schengen-assoziierten Staaten übermittelt worden sind.

§ 117b wurde durch Art 10 des G über die Vereinfachung des Austauschs von Informationen und Erkenntnissen zwischen den Strafverfolgungsbehörden der Mitgliedstaaten der Europäischen Union v 21.7.2012 (BGBl I, 1566) eingeführt und gilt mit Wirkung ab dem 26.7.2012.

3 **2. Zweckbindung (Abs 1).** § 117b **S 1** beschränkt die Verwendung der den deutschen StFahndungsstellen übermittelten Daten und legt damit eine Zweckbindung fest, die bereits in Art 8 III des Rahmenbeschlusses 2006/960/JI (s Rz 1) vorgeschrieben ist. Die Daten dürfen entweder nur für die Zwecke verwendet werden, **für die sie übermittelt wurden,** oder zur **Abwehr einer gegenwärtigen und erheblichen Gefahr** für die öffentliche Sicherheit. Die zuerst genannte Variante betrifft den **Übermittlungszweck;** dies ist nach Art 5 des Rahmenbe-

schlusses 2006/960/JI die Aufdeckung, Verhütung oder Aufklärung einer Straftat. Soweit die deutschen StFahndungsstellen Daten von anderen EU-Strafverfolgungsbehörden erhalten, wird es somit um die Aufdeckung, Verhütung oder Aufklärung einer StStraftat gehen. Im Gegensatz zu § 117a, der nur die Datenübermittlung zum Zweck der Verhütung einer Straftat (nicht zwingend einer StStraftat) vorsieht, kann die Übermittlung an deutsche StFahndungsstellen nicht nur zwecks Verhütung einer StStraftat und damit präventiv, sondern auch zwecks **Aufdeckung oder Aufklärung** einer bereits begangenen StStraftat und damit repressiv erfolgen.

Der zweite in S 1 genannte Zweck (Abwehr einer gegenwärtigen und erheblichen Gefahr für die öffentliche Sicherheit) entspricht der Beschränkung der Datenerhebung nach § 22 I Nr 2 BDSG idF v 30.6.2017 (entspricht § 13 II Nr 5 BDSG aF). Eine **erhebliche** Gefahr ist anzunehmen, wenn ein bedeutsames Rechtsgut bedroht ist, zB der Bestand des Staates, Leben, Gesundheit, Freiheit, wesentliche Vermögenswerte oder andere strafrechtl geschützte Güter von erheblicher Bedeutung für die Allgemeinheit (vgl §§ 14, 33a I BPolG idF v 21.7.2012, BGBl I, 1566).

Nach **S 2** können die Daten **mit Zustimmung** des übermittelnden Staates 5
auch für andere Zwecke oder aber als Beweismittel in einem gerichtlichen Verfahren verwendet werden. Die Zustimmung kann bereits mit der Übermittlung der Daten erteilt werden (BT-Drs 17/5096, 37).

3. Verwendungsauskunft (Abs 2). Abs 2 verpflichtet die deutsche StFahn- 8
dungsstelle zur Auskunft darüber, wie die übermittelten Daten verwendet wurden. Diese Pflicht besteht aber nur, falls der übermittelnde Staat zu Zwecken der Datenschutzkontrolle ein entsprechendes **Ersuchen** an die StFahndungsstelle richtet. Abs 2 dient der Umsetzung des Art 8 IV 5 des Rahmenbeschlusses 2006/960/JI (s Rz 1).

§ 117c Umsetzung innerstaatlich anwendbarer völkerrechtlicher Vereinbarungen zur Förderung der Steuerehrlichkeit bei internationalen Sachverhalten

(1) [1]**Das Bundesministerium der Finanzen wird ermächtigt, zur Erfüllung der Verpflichtungen aus innerstaatlich anwendbaren völkerrechtlichen Vereinbarungen, die der Förderung der Steuerehrlichkeit durch systematische Erhebung und Übermittlung steuerlich relevanter Daten dienen, durch Rechtsverordnungen mit Zustimmung des Bundesrates Regelungen zu treffen über**

1. **die Erhebung der nach diesen Vereinbarungen erforderlichen Daten durch in diesen Vereinbarungen dem Grunde nach bestimmte Dritte,**
2. **die Übermittlung dieser Daten nach amtlich vorgeschriebenem Datensatz im Wege der Datenfernübertragung an das Bundeszentralamt für Steuern,**
3. **die Weiterleitung dieser Daten an die zuständige Behörde des anderen Vertragsstaates sowie**
4. **die Entgegennahme entsprechender Daten von dem anderen Vertragsstaat und deren Weiterleitung nach Maßgabe des § 88 Absatz 3 und 4 an die zuständige Landesfinanzbehörde.**

[2]**In einer Rechtsverordnung nach Satz 1 kann dem Bundeszentralamt für Steuern das Recht eingeräumt werden, die Daten und Meldungen nach § 9 Absatz 1 und 2 der FATCA-USA-Umsetzungsverordnung zur Erfüllung der dem Bundeszentralamt für Steuern gesetzlich übertragenen Aufgaben auszuwerten.** [3]**Auswertungen der Meldungen nach § 9 Absatz 2 der FATCA-USA-Umsetzungsverordnung durch die jeweils zuständige Landesfinanzbehörde bleiben hiervon unberührt.**

(2) **Bei der Übermittlung von Daten durch das Bundeszentralamt für Steuern an die zuständige Finanzbehörde des anderen Vertragsstaates nach einer**

auf Grund des Absatzes 1 Satz 1 erlassenen Rechtsverordnung findet eine Anhörung der Beteiligten nicht statt.

(3) [1] **Das Bundeszentralamt für Steuern ist berechtigt, Verhältnisse, die für die Erfüllung der Pflichten zur Erhebung und Übermittlung von Daten nach einer auf Grund des Absatzes 1 erlassenen Rechtsverordnung von Bedeutung sind oder der Aufklärung bedürfen, bei den zur Erhebung dieser Daten und deren Übermittlung an das Bundeszentralamt für Steuern Verpflichteten zu prüfen.** [2] **Die §§ 193 bis 203 gelten sinngemäß.**

(4) [1] **Die auf Grund einer Rechtsverordnung nach Absatz 1 oder im Rahmen einer Prüfung nach Absatz 3 vom Bundeszentralamt für Steuern erhobenen Daten dürfen nur für die in den zugrunde liegenden völkerrechtlichen Vereinbarungen festgelegten Zwecke verwendet werden.** [2] **Bei der Übermittlung der länderbezogenen Berichte durch das Bundeszentralamt für Steuern gemäß § 138a Absatz 7 Satz 1 bis 3 findet keine Anhörung der Beteiligten statt.**

§ 117c eingefügt durch AIFM-Steuer-AnpassungsG v 18.12.13 (BGBl I, 4318); Abs 1 S 2 aufgehoben durch StModernG v 18.7.16 (BGBl I, 1679); Abs 1 S 1 neu gefasst und S 2 u 3 angefügt, Abs 4 S 2 eingefügt durch G v 20.12.16 (BGBl I, 3000); Abs 2 S 2 aufgehoben und Abs 4 S 2 geändert durch StUmgBG v 23.6.17 (BGBl I, 1682).

Schrifttum: *Demleitner* Das Abkommen zur Förderung der Steuerehrlichkeit bei grenzüberschreitenden Sachverhalten zwischen Deutschland und den USA, IStR 13, 564; *Döhle* FATCA-Umsetzung in Deutschland, IWB 13, 438; *Dorfmüller* Die US-amerikanischen FATCA-Regelungen: Auswirkungen auf Deutschland, *StuB 13, 147; Eimermann* Das FATCA-Abkommen zwischen Deutschland und den Vereinigten Staaten – ein Überblick, IStR 13, 774; *Lappas/Ruckes* Die praktische Umsetzung von FATCA in Deutschland, IStR 13, 929; *Marquardt/Betzinger* Internationaler Informationsaustausch in Steuersachen, BB 14, 3033; *Portner* Wie weit reichen die FATCA-Vorschriften – Können sich Auswirkungen für die deutsche Altersvorsorge ergeben?, BB 14, 2205; *Fußbroich/Day/Stenger* Bestimmung des FATCA-Status für deutsche Holdinggesellschaften unter besonderer Berücksichtigung von US-Source-Income und W-8 BEN-E-Anfragen, ISR 15, 77; *Gräber/Schurowski* Internationale Datenübermittlung zu Steuerzwecken, IWB 16, 331; *Küpper/von Schweinitz/Schurowski* Der Ordnungswidrigkeitstatbestand nach dem Finanzkonten-Informationsaustauschgesetz (FKAustG), DStR 16, 512; *Schreiber* Deutsche Maßnahmen gegen Gewinnverlagerungen bzw Gewinnkürzungen, DB 16, 1456; *Bramerdorfer/Kovacevic* Der „reziproke" Informationsaustausch der USA von Finanzkonten nach FATCA, SWI 17, 528; *Dölker* Maßnahmen zur Schaffung von Steuertransparenz durch Amtshilfe und Informationsaustausch unter Steuerbehörden verschiedener Länder sowie durch nationale Gesetze in Deutschland, BB 17, 2279; *Kraft/Ditz/Heider* Internationaler Informationsaustausch, DB 17, 2243; *Oppel* Internationaler Informationsaustausch in Steuersachen, IWB 17, 359 und 410.

BMF 1.2.17 zum Standard für den automatischen Austausch von Finanzinformationen in Steuersachen, BStBl I 17, 305; BMF 2.6.17 zum automatischen Informationsaustausch mit den Vereinigten Staaten von Amerika, BStBl I 17, 877.

Übersicht

1 **1. Inhalt und Zweck. a) Inhalt der Regelung.** § 117c enthält in **Abs 1** eine Ermächtigung für das BMF zum Erlass einzelner RechtsVOen, die sich jeweils auf einen bestimmten Staat beziehen und die die **Erhebung und Übermittlung** solcher Daten enthalten sollen, die im Rahmen der internationalen Amtshilfe anderen Staaten zur Verfügung gestellt werden können. Die Datenerhebung erfolgt

nach Abs 1 durch Dritte, insbes Finanzinstitute; sie sollen die erhobenen Daten an das BZSt übermitteln, das dann die Daten an den ausl Staat weiterleitet. Auf dieser Grundlage ist bislang die FATCA-USA-Umsetzungsverordnung – **FATCA-USA-UmsV** – v 23.7.2014 (BGBl I, 1222), zuletzt geändert durch G v 20.12.2016 (BGBl I, 3000), erlassen worden (s hierzu BMF 1.2.2017, BStBl I 17, 305).

Nach **Abs 2** ist entgegen § 117 IV 3 eine Anhörung bei der Übermittlung der Daten durch das BZSt an den ausl Staat nicht erforderlich. **Abs 3** räumt dem BZSt ein Prüfungsrecht ggü den Dritten (Finanzinstituten) ein, die nach der zu erlassenden RechtsVO zur Erhebung und Übermittlung verpflichtet sind. **Abs 4** enthält eine Verwendungsbeschränkung für die aufgrund der RechtsVO erhobenen und übermittelten Daten und regelt einen weiteren Anhörungsausschluss.

§ 117c ist durch das AIFM-StAnpG mWv 24.12.2013 (Art 16 des AIFM-StAnpG) in Kraft getreten. Ergänzt wird die Regelung durch den gleichzeitig eingefügten § 379 II Nr 1b, der Verstöße der Finanzinstitute gegen § 117c iVm § 11 FATCA-USA-UmsV als **Ordnungswidrigkeit** einstuft und mit einem Bußgeld bis zu 5 000 € bewehrt. Zuständig für die Umsetzung sowohl des § 117c als auch des § 379 II Nr 1b ist das BZSt gem § 5 I Nr 5a FVG.

b) Zweck der Regelung. § 117c ergänzt die Regelungen über die internationale Amtshilfe in den §§ 117–117b und dient insbes der **Bekämpfung der StHinterziehung** im Bereich der **Kapitaleinkünfte.** Nach den Regelungen in den §§ 117 bis 117b dürfen die deutschen FinBeh unter den dort genannten Voraussetzungen zwar Daten an andere Staaten übermitteln; es besteht nach §§ 117 bis 117b aber keine Verpflichtung zur Erhebung relevanter Daten (s § 117a Rz 8 und 28). Aus diesem Grund wird das BMF durch Abs 1 ermächtigt, verschiedene RechtsVOen zu erlassen, die vor allem Finanzinstitute verpflichten, diejenigen **Daten zu erheben,** die auf der Grundlage der jeweiligen bestehenden völkerrechtl Vereinbarung wie zB DBA oder TIEA (s § 117 Rz 11) an andere Staaten übermittelt werden können. 2

Internationale Amtshilfe im Bereich der Kapitaleinkünfte war bis zu ihrer Aufhebung durch RL 2015/2060 v 10.11.2015 (ABl Nr L 301) auf der Grundlage der ZIV möglich, die auf § 45e EStG und der Zins-RL 2003/48/EG v 3.6.2003 beruhte (s § 117 Rz 34). Die ZIV galt aber nur innerhalb der EU, nicht bei der Zusammenarbeit mit den USA. Die USA haben am 18.3.2010 das sog FATCA-Gesetz erlassen („Foreign Account Tax Compliance Act"), das Finanzinstitute außerhalb der USA – und damit auch in Deutschland – verpflichtet, Informationen über Konten mit US-Steuerbezug an die Steuerbehörde in den USA („Internal Revenue Service") zu übermitteln. Finanzinstituten, die dieser Pflicht nicht nachkommen, also nicht FATCA-konform sind, droht ein 30%iger Quellensteuereinbehalt auf Erträge, die ihnen aus US-Quellen zufließen, sog FATCA-Steuer (*Eimermann* IStR 13, 774). Um das FATCA-Gesetz in Deutschland umzusetzen, haben die Bundesrepublik Deutschland und die USA am 31.5.2013 ein Abkommen zur Förderung der Steuerehrlichkeit abgeschlossen (BGBl II 13, 1363, sog **FATCA-Abkommen**), das durch G v 10.10.2013 (BGBl II, 1362) ratifiziert worden und am 11.12.2013 in Kraft getreten ist (BGBl II 14, 111). Das FATCA-Abkommen sieht einen **gegenseitigen Informationsaustausch** vor, also auch durch die USA an Deutschland (Art 2 II Buchst b und Art 3 des Abkommens). Die Umsetzung des Abkommens erfolgt durch § 117c, der die gesetzliche Grundlage schafft, die erforderlichen Daten in Deutschland zu erheben. § 117c wird sich nicht auf die Datenerhebung und -übermittlung in die USA beschränken, sondern soll auch den Datenaustausch mit anderen Staaten ermöglichen. Entsprechende RVO für andere Staaten sind diesbzgl aber noch nicht erlassen worden.

2. Ermächtigung (Abs 1). Von der Ermächtigung in Abs 1 **S 1** hat das BMF durch Erlass der **FATCA-USA-UmsV** v 23.7.2014 (BGBl I, 1222), zuletzt geändert durch G v 20.12.2016 (BGBl I, 3000), Gebrauch gemacht, die das Verhältnis 4 zur USA betrifft und am 29.7.2014 in Kraft getreten ist (§ 12 FATCA-USA-UmsV). Die FATCA-USA-UmsV setzt das in Rz 2 genannte FATCA-Abkommen v 31.5.2013 und damit die in Abs 1 genannte „völkerrechtliche Vereinbarung" um. Nach der FATCA-USA-UmsV müssen sich deutsche Finanzinstitute, die meldepflichtige US-amerikanische Konten führen, bei der Bundessteuerbehörde der USA (Internal Revenue Service – IRS –) registrieren lassen (§ 7 FATCA-USA-UmsV) und umfangreiche Daten über diese Konten erheben und an das BZSt übermitteln (§ 8 I FATCA-USA-UmsV); die nach § 8 FATCA-USA-UmsV zu übermittelnden Daten entsprechen den in § 2 FKAustG genannten Daten (s auch § 117 Rz 229). Das BZSt leitet die Daten bis zum 30.9. des Folgejahres an den IRS weiter (§ 9 FATCA-USA-UmsV). Diese Vorgehensweise entspricht den Vorgaben des § 117c I und II. Das BMF hat hierzu ein 69-seitiges Anwendungsschreiben veröffentlicht (BMF 1.2.2017, BStBl I, 305).

5 Nach § 117c I soll das BMF an sich nicht nur eine einzige RechtsVO, sondern **beliebig viele RechtsVOen** erlassen können, die sich jeweils auf einen Staat und auf die mit diesem Staat abgeschlossene völkerrechtl Vereinbarung (zB DBA oder TIEA, s § 117 Rz 11) beziehen und deren Besonderheiten – zB im Verhältnis zu den USA: die Anknüpfung der StPflicht auch an die Staatsangehörigkeit – berücksichtigen (BT-Drs 18/68, 79). Außer der FATCA-USA-UmsV liegen aber noch keine weiteren RVO vor, und es wird in Abs 1, 2 und 3 auch ausdrücklich lediglich die FATCA-USA-UmsV erwähnt.

Voraussetzung für den Erlass einer RechtsVO ist in jedem einzelnen Fall das **Bestehen einer völkerrechtl Vereinbarung,** die den Informationsaustausch vorsieht, zB eine dem Art 26 OECD-MA entsprechende Klausel (s § 117 Rz 7) oder – wie im Fall der USA – das FATCA-Abkommen (Rz 2). Der Regelungsumfang der einzelnen RechtsVO hängt also vom Umfang der konkreten völkerrechtl Vereinbarung ab und darf nicht darüber hinausgehen (so auch BT-Drs 18/68, 79). Die Pflicht zur Datenerhebung und -übermittlung trifft Dritte, die in der jeweiligen RechtsVO dem Grunde nach zu bestimmen sind (zB § 2 III FATCA-USA-UmsV); dies sind idR Finanzinstitute, weil es vornehmlich um die Erhebung von Daten im Bereich der Kapitaleinkünfte geht. Die Inanspruchnahme der Finanzinstitute erfolgt ohne Erstattungsanspruch und stellt damit eine – verfassungsrechtl zulässige – Inanspruchnahme Privater dar (vgl BVerfGE 22, 380; aA *Marquardt/Betzinger* BB 14, 3033, 3038 f).

Durch das BEPS-UmsetzungsG v 20.12.2016 wurde Abs 1 S 1 **neu gefasst.** Die bisherige Regelung wurde – sprachlich leicht verändert – auf die Nrn 1 bis 3 aufgeteilt. Neu aufgenommen wurde die Regelung in S 1 Nr 4. Diese soll ermöglichen, dass das BMF Regelungen dazu treffen darf, dass das BZSt die Daten, die es von den USA über Konten in den USA erhält, an die zuständige LandesFinBeh nach Maßgabe des § 88 III und IV weiterleiten darf, sodass die Daten von den deutschen FinBeh im Rahmen des Risiko-Managements berücksichtigt werden dürfen.

6 Abs 1 S 2 ist mehrfach geändert worden: Er enthielt in der ursprünglichen Fassung v 18.12.2013 einen Verweis auf § 150 VI (s 13. Aufl Rz 6). Durch das StModernG v 18.7.2016 ist S 2 zunächst aufgehoben worden, weil § 150 VI geändert worden ist und die Regelungen des § 72a I bis III, § 87a VI sowie die §§ 87b bis 87e nun unmittelbar gelten (BT-Drs 18/7457, 74). Durch das BEPS-UmsetzungsG v 20.12.2016 sind ein neuer S 2 und S 3 eingefügt worden. Nach S 2 kann das BMF dem BZSt in der RechtsVO das Recht einräumen, die Daten und Meldungen nach § 9 I und II der FATCA-USA-UmsV auszuwerten; dies sind zum einen die Daten, die dem BZSt von den deutschen FinBeh zum Zwecke der Weiterleitung an die USA gemeldet werden (§ 9 I FATCA-USA-UmsV), und zum anderen die Meldungen, die die USA an das BZSt erstatten (§ 9 II FATCA-USA-UmsV). Nach S 3 bleibt das Recht der zuständigen LandesFinBeh auf Auswertung der Meldungen aus den USA nach § 9 II FATCA-UmsVO unberührt.

3. Ausschluss der Anhörung (Abs 2). Die Übermittlung der Daten durch das BZSt an den anderen Staat erfolgt nach Abs 2 **ohne Anhörung** des Bankkunden. Damit findet § 117 IV 3 keine Anwendung, der grds eine Anhörung vorsieht (s § 117 Rz 122ff). Wenig überzeugend ist allerdings die Begründung des Gesetzgebers, wonach die Anhörung der Bankkunden deshalb nicht erforderlich sei, weil ihnen bekannt sei, dass ihre Daten aufgrund der einschlägigen völkerrechtl Vereinbarungen an das Ausland übermittelt würden (BT-Drs 18/68, 79). Ein weiterer Ausschluss der Anhörung findet sich in Abs 4 S 2 (s Rz 14). 8

Durch das StUmgBG v 23.6.2017 wurde der bisherige S 2 aufgehoben, der § 30a II und III ausgeschlossen hatte (s hierzu 13. Aufl Rz 8). Der Ausschluss des § 30a ist durch die Streichung des § 30a durch das StUmgBG v 23.6.2017 überflüssig geworden.

4. Prüfungsrecht des BZSt (Abs 3). Da die Erhebung der Daten und die Übermittlung der Daten an das BZSt dem Finanzinstitut obliegt, erhält das BZSt in Abs 3 ein Prüfungsrecht **ggü dem Finanzinstitut,** nicht jedoch ggü dem Bankkunden. Ähnlich wie bei § 50b EStG im Bereich der ZIV darf das BZSt nach Abs 3 bei dem Finanzinstitut die Verhältnisse prüfen, die für die Erfüllung der sich aus der jeweiligen RechtsVO ergebenden Erhebungs- und Übermittlungspflicht von Bedeutung sind. Dabei gelten die Regelungen über die Ap (§§ 193 bis 203) entsprechend. Das BZSt darf daher im Rahmen einer Prüfung die Daten auch selbst erheben, wie sich aus Abs 4 ergibt. 11

5. Verwendungsbeschränkung (Abs 4). Abs 4 enthält eine Verwendungsbeschränkung. Er stellt sicher, dass sowohl die – vom Finanzinstitut aufgrund der RechtsVO oder vom BZSt im Rahmen einer Prüfung nach Abs 3 – erhobenen Daten als auch die vom Finanzinstitut an das BZSt übermittelten Daten nur für den Zweck verwendet werden dürfen, der in der jeweiligen völkerrechtl Vereinbarung (zB DBA) festgelegt ist, zB für die Festsetzung von Steuern. Durch das BEPS-UmsetzungsG v 20.12.2016 wurde Abs 4 S 2 eingefügt, der ein Anhörungsrecht bei der Übermittlung der länderbezogenen Berichte ausschließt; der idF v 20.12.2016 enthaltene Verweis auf § 138a VI S 4 bis 6 war allerdings fehlerhaft und wurde durch das StUmgBG v 23.6.2017 korrigiert (BR-Drs 816/16, 23f). Systematisch gehört Abs 4 S 2 zu Abs 2, der die Anhörung ausschließt. 14

Zweiter Abschnitt. Verwaltungsakte

§ 118 Begriff des Verwaltungsakts

[1] Verwaltungsakt ist jede Verfügung, Entscheidung oder andere hoheitliche Maßnahme, die eine Behörde zur Regelung eines Einzelfalls auf dem Gebiet des öffentlichen Rechts trifft und die auf unmittelbare Rechtswirkung nach außen gerichtet ist. [2] Allgemeinverfügung ist ein Verwaltungsakt, der sich an einen nach allgemeinen Merkmalen bestimmten oder bestimmbaren Personenkreis richtet oder die öffentlich-rechtliche Eigenschaft einer Sache oder ihre Benutzung durch die Allgemeinheit betrifft.

Schrifttum: *vor 2010 s 13. Aufl; Fu* Rechtsschutz gegen Insolvenzanträge des Finanzamts, DStR 10, 1411; *Lammers* Inländischer Rechtsschutz gegen Beitreibungsersuchen an ausländische Behörden, EWS 10, 121; *Hartmann* Das Beitreibungsersuchen an ausländische Behörden und dessen Rechtsnatur DÖV 11, 142; *Grube* Zum – vielfältigen – Rechtsschutz gegen nichtige Steuerbescheide, DStZ 11, 569; *Tormöhlen* Betriebsprüfung und Rechtsschutz, AO-StB 13, 192; *Jochum* Die verbindliche Auskunft, DStZ 13, 544; *Baldauf,* Gesetz zur Modernisierung des Besteuerungsverfahrens – Kritische Betrachtung des Regierungsentwurfs, DStR 16, 833; Zaumseil, Die Modernisierung des Besteuerungsverfahrens, NJW 2016, 2769; Jansen, Angriffsmöglichkeiten eines beibehaltenen Verspätungszuschlags im Änderungsbescheid – alte und neue Rechtslage, DStR 17, 1135; *Müller,* Gegenwehr gegen Ermittlungsmaßnahmen,

AO-StB 17, 23; *Steinhauff* Außenprüfung – Rechtschutzoptionen gegen Prüfungsanordnungen und sonstige Prüfungsmaßnahmen, AO-StB 18, 62.

Übersicht

1 **1. Allgemeines. a) Inhalt und Anwendungsbereich.** § 118 enthält **Legaldefinitionen** der Begriffe VA (Satz 1) und Allgemeinverfügung (Satz 2). Sie entsprechen den herkömmlichen, im allg VerwR entwickelten Begriffsbestimmungen. § 118 stimmt wörtlich überein mit **§ 35 VwVfG** und **§ 31 SGB X.** Die Legaldefinitionen ergänzen und vervollständigen im Anwendungsbereich der AO (vgl § 1) Vorschriften, in denen die definierten Begriffe vorkommen, zB § 122 (Bekanntgabe), § 251 I (Vollstreckung), § 347 (Einspruch), § 40 FGO (Klage).

2 Der **Anwendungsbereich** der AO wird insbes im Bereich des **Zollrechts** überlagert durch das EU-Recht (vgl § 1 Rz 15). Die zollrechtl Begriffsdefinition der „Entscheidung" in Art 5 Nr 39 UZK verdrängt § 118 (aA wohl BFH/NV 06, 466: Nebeneinander). „Entscheidung" ist danach eine Handlung der Zollbehörden auf dem Gebiet des Zollrechts zur Regelung eines Einzelfalls mit Rechtswirkung für die betr Person oder die betr Personen. Der UZK enthält darüber hinaus in Art. 22 bis 37 detaillierte Vorschriften zu verschiedenen zollrechtlichen Entscheidungen. In der Sache bestehen keine erheblichen Unterschiede zwischen dem VA-Begriff und dem zollrechtlichen Begriff der Entscheidung.

3 **b) Verhältnis zu anderen Vorschriften.** § 118 enthält nur Begriffsmerkmale, grenzt also ab, ob ein VA oder eine Allgemeinverfügung begrifflich vorliegt oder nicht (Nicht-VA; Schein-VA). Dies ist nicht gleichbedeutend mit der Frage, ob der VA unwirksam (§ 124) oder nichtig (§ 125) ist. §§ 119–133 enthalten allg Vorschriften über das **Zustandekommen und die Wirksamkeit von VA** (§§ 119–124: Bestimmtheit, Form, Nebenbestimmungen, Begründung, Bekanntgabe, Wirksamkeit), einzelne **Fehlerfolgen** (§§ 125–129) sowie Vorschriften über die **Rücknahme** eines rechtswidrigen und den **Widerruf** eines rechtmäßigen VA (§§ 130–133). Sie setzen das Vorliegen eines VA oder einer Allgemeinverfügung voraus. Diese, dem allg Verwaltungsrecht entlehnten Vorschriften tragen den Besonderheiten des Steuerverfahrens nicht hinreichend Rechnung. Sie werden deshalb ergänzt durch die §§ 155–192 über die StFestsetzung (Allgemeine Vorschriften §§ 155–168; Festsetzungsverjährung §§ 169–171; Bestandskraft §§ 172–177; Kosten §§ 178, 178a), die gesonderte Feststellung von Besteuerungsgrundlagen (§§ 179–183), die Festsetzung von Steuermessbeträgen (§§ 184–190) sowie Haftungs- und Duldungsbescheide (§ 191, 192), die den §§ 119–133 vorgehen. Die Legaldefinition in § 118 gilt auch für die in den §§ 155–191 geregelten besonderen SteuerVA. § 155 IV enthält mWv 1.1.2017 eine Sondervorschrift für ausschl **automationsgestützte StFestsetzungen** und andere Bescheide. Es handelt sich um

einen VA iSv § 118; dabei wird die Willensbildung fingiert (§ 155 IV 4). Die Definitionsnorm in § 118 ist nicht geändert oder ergänzt worden (anders etwa § 35a VwVfG).

c) VA als Handlungsform. VA ist die wichtigste Handlungsform der Behörden im StRecht. Insbes die Finanzbehörden (§ 6 II) erfüllen die ihnen übertragenen Aufgaben (§ 85) vor allem durch VA. Sie **entscheiden** am Ende eines (abschnittsbezogenen) Verwaltungsverfahrens (§ 86) idR durch VA. Dadurch bestimmt die Behörde im zweiseitigen StRechtsverhältnis ggü dem Adressaten (vgl § 119 Rz 12), was in seinem konkreten Einzelfall gelten soll (Individualisierungs- oder Klarstellungsfunktion), schafft sich die Voraussetzungen für dessen (zwangsweise) Durchsetzung (Titelfunktion; §§ 251 ff) und legt zugleich fest, in welcher Form Rechtsschutz gewährt werden kann (Verfahrensfunktion; §§ 347 ff). Zur **Drittwirkung** von VA vgl § 124 Rz 3. 4

d) Rechtsnatur des VA. Der VA ist ein einseitiges verwaltungsrechtliches **Rechtsgeschäft**, vergleichbar einer **Willenserklärung** (*BG/Güroff* Rz 1; *Koenig/Fritsch* Rz 11). Das Fehlen einer kodifizierten allg verwaltungsrechtlichen Rechtsgeschäftslehre macht es erforderlich, die allg Voraussetzungen für das Zustandekommen eines VA (zB Geschäftsfähigkeit der handelnden Person, Bildung und Dokumentation eines rechtserheblichen Willens, Maßgeblichkeit des Empfängerhorizonts, Unbeachtlichkeit von Willensmängeln, Zurechnung von Handlungen, Stellvertretung) im Rahmen der gesetzlichen Begriffsmerkmale zu verorten. Beim vollständig automationsgestützten Erlass eines VA (§ 155 IV), wird der Wille des Sachbearbeiters fingiert. Die Willensbildung gilt im Zeitpunkt des Abschlusses der maschinellen Verarbeitung als abgeschlossen. 5

e) Bedeutung des Begriffs für den Rechtsschutz. Außergerichtlicher Rechtsschutz (Einspruch, §§ 347 ff) wird nur gegen VA gewährt. Aber nicht gegen jeden VA ist der Einspruch gegeben (§§ 348, 363 III). Die erfolglose Durchführung des sog Vorverfahrens ist idR Zulässigkeitsvoraussetzung für die nachfolgende Klage (§§ 44 I, 45, 46 FGO). Ergeht die Einspruchsentscheidung erst nach Erhebung der Klage, wird die Klage zulässig (BFH BStBl 85, 521; BFH/NV 13, 1101). Gegen VA ist Anfechtungs-, gegen abgelehnte VA Verpflichtungsklage gegeben (§ 40 I FGO). Die Auswahl der richtigen Klageart ist für den Kläger allerdings nicht von entscheidender Bedeutung, da der Vorsitzende darauf hinwirken muss, dass sachdienliche Anträge gestellt werden (§ 76 II). 6

Gerichtlicher Rechtsschutz wird aufgrund der Generalklauseln in Art 19 IV GG und § 33 FGO nicht nur gegen VA, sondern grds gegen jede Verletzung subjektiver Rechte durch die öffentliche Gewalt garantiert. Liegt ein VA nicht vor, kann unmittelbar das Gericht angerufen werden. Im Zweifel empfiehlt es sich jedoch, zur Klärung der Frage, ob ein VA gegeben ist, Einspruch einzulegen, zumal das Einspruchsverfahren kostenfrei ist. 7

Vorläufiger Rechtsschutz. Außergerichtlicher vorläufiger Rechtsschutz wird nur gegen vollziehbare VA gewährt. Das FA (oder nachfolgend das Gericht) können die Vollziehung eines **(vollziehbaren) VA** ganz oder teilweise vorläufig aussetzen oder aufheben, wenn ernstliche Zweifel an der Rechtmäßigkeit des VA bestehen oder wenn die Vollziehung für den Betroffenen eine nicht gerechtfertigte unbillige Härte bedeuten würde (§§ 361 und 69 FGO). Dies ist zur Gewährung effektiven Rechtsschutzes erforderlich, denn der Einspruch hat keine aufschiebende Wirkung (§ 361 I 1). In anderen Fällen (kein vollziehbarer VA) findet ein außergerichtlicher vorläufiger Rechtsschutz nicht statt; vorläufiger Rechtsschutz kann dann unmittelbar bei Gericht beantragt werden (§ 114 FGO). 8

Eingeschränkt ist der Rechtsschutz gegen bestimmte **Zwischenentscheidungen,** die im Verwaltungsverfahren der Endentscheidung vorausgehen. Sie können nicht isoliert angefochten werden, um den Ablauf des Verfahrens und dessen Abschluss nicht unnötig zu verzögern. Dies ergibt sich ausdrücklich aus § 363 III für 9 die Ablehnung oder den Widerruf der Aussetzung oder des Ruhens des Verfahrens und entspricht darüber hinaus einem **allg Rechtsgedanken,** der in § 44a VwGO zum Ausdruck kommt. Danach können auch VA von vornherein unanfechtbar sein (vgl *HHSp/Söhn* Rz 183). So ist die Ablehnung des Antrags auf Erörterung des Sach- und Rechtsstands (§ 364a) zwar VA, kann aber nicht mit dem Einspruch angefochten werden (BFH BStBl 12, 539). Ihre Rechtmäßigkeit kann nur inzident überprüft werden, wenn gegen die Einspruchsentscheidung Klage erhoben wird. Hat der Einspruch Erfolg, bleibt die Ablehnung unanfechtbar. Entsprechendes gilt für die Entscheidung über die Wiedereinsetzung, sofern isoliert darüber entschieden wird (BFH BStBl 87, 12; 90, 277; § 110 Rz 123).

10 **2. Begriffsmerkmale VA.** Ein VA (eine Allgemeinverfügung) liegt nur vor, wenn sämtliche Begriffsmerkmale bejaht werden. Zwar lassen sich die Merkmale nicht immer trennscharf voneinander abgrenzen, es handelt sich jedoch nicht um einen Typusbegriff. Liegt nur eines der Merkmale nicht vor, ist ein VA nicht gegeben.

11 **a) Behörde** ist nach der Legaldefinition in § 6 I jede Stelle, die Aufgaben der öffentlichen Verwaltung wahrnimmt. Es muss sich um eine durch Organisationsakt errichtete selbständige, nicht rechtsfähige Einheit handeln, die selbständig und eigenverantwortlich Aufgaben der öffentlichen Verwaltung wahrnimmt (vgl BFH/NV 15, 99). Die Unwirksamkeit des Organisationsakts lässt die Behördeneigenschaft nicht ohne Weiteres entfallen (BVerwG NVwZ 03, 995 betr kommunalen Zweckverband). Gleiches gilt bei Unwirksamkeit der Aufgabenzuweisung. Es darf aber keine Amtsanmaßung vorliegen. Eine sachlich oder örtlich unzuständige Behörde ist ebenfalls Behörde.

12 **Finanzbehörden** sind die in § 6 II abschließend aufgezählten Stellen, soweit sie Aufgaben nach § 1 wahrnehmen. Dazu gehören auch die Kirchensteuerämter (Art 140 GG iVm Art 137 V WRV; BVerfGE 19, 288; BVerwGE 7, 189). Die Familienkassen sind FinBeh, soweit sie von der Bundesagentur für Arbeit dem BZSt zur Erfüllung seiner Aufgaben zur Verfügung stehen (§ 5 I Nr 11 S 2 FVG; BFH/NV 15, 99). § 386 I 2 enthält für das Strafverfahren eine besondere Definition der FinBeh (vgl Rz 20).

13 Nur **selbständige Einheiten,** die auch unter ihrer Bezeichnung handeln können, sind Behörden. Keine Behörden sind danach zB unselbständige Dienststellen, wie Abteilungen, Unterabteilungen, Dezernate, Geschäftsstellen etc in Ministerien und diesen nachgeordneten Behörden. Deren Handeln wird der Behörde zugerechnet, der sie organisatorisch angehören.

14 **Keine Behörden,** da nicht Verwaltung, sind zB **Gerichte** (der Finanzgerichtsbarkeit). Ändert das FG einen VA, geschieht dies nicht durch VA, sondern durch Urteil (§ 100 II FGO). **Privatpersonen,** die für Rechnung des StSchuldners Steuern einzubehalten und abzuführen (zB der ArbG für die LSt: § 38 III 1 und § 41 I 1 Nr 2 EStG; das Kreditinstitut für die KapESt: § 44 I 5 EStG; der Leistungsempfänger für die Bauabzugssteuer: § 48a EStG) oder zu entrichten haben (zB Insolvenzverwalter als Vermögensverwalter: § 34 III iVm I; Verfügungsberechtigter: § 35 iVm § 34 I), sind nicht Behörde, sondern Stpfl (§ 33). Auch eine vom Stpfl abzugebende StAnmeldung ist kein VA, sondern steht einem VA nur gleich (§ 168).

15 **b) Maßnahme.** Die Behörde ist **Handlungssubjekt.** Sie muss eine Verfügung, Entscheidung oder andere hoheitliche Maßnahme *getroffen* haben. Den Begriffen „Verfügung" und „Entscheidung" kommt keine eigenständige Bedeutung zu. Maßnahme kann jedes vom Willen getragene rechtserhebliche Verhalten (Tun, Dulden oder Unterlassen) sein. Nur natürliche Personen können einen rechtl erheblichen Handlungswillen bilden. Eine Behörde kann eine Maßnahme deshalb nur treffen, indem ihr das Verhalten einer natürlichen Person (als Organträger) zugerechnet wird.

16 **Rechtserhebliches Verhalten** setzt beim handelnden Subjekt einen Handlungswillen voraus. Dieser muss beim Erlass eines VA auf den Erlass einer Rege-

lung gerichtet sein **(Entscheidungs- oder Regelungswille)** und bis zur Wirksamkeit des VA (§ 124) fortbestehen. Gibt die handelnde Person ihren Regelungswillen erkennbar auf, bevor der VA bekannt gegeben ist, fehlt es an einem zurechenbaren rechtserheblichen Verhalten und liegt keine Maßnahme der Behörde (kein VA) vor. Beim vollständig automationsgestützten Erlass eines VA (§ 155 IV), wird der Wille des Sachbearbeiters fingiert. Die Willensbildung gilt im Zeitpunkt des Abschlusses der maschinellen Verarbeitung als abgeschlossen. Hiervon zu unterscheiden ist der **Bekanntgabewille.** Wird der Bekanntgabewille aufgegeben, bevor der VA den Herrschaftsbereich der Behörde verlässt, kann der VA nicht wirksam werden. Wird der VA trotzdem bekannt gegeben, kommt es auf den objektiven Empfängerhorizont an (näher § 122 Rz 7).

Dulden und Unterlassen sind grds nicht rechtl erheblich. Bloßes Schweigen hat wie im Zivilrecht grds keinen Erklärungswert. Es wäre idR auch inhaltlich nicht bestimmt genug (§ 119). Erforderlich ist deshalb grds ein rechtserhebliches Tun. 17

Zurechnung von Handlungen. Eine Behörde handelt durch die ihr angehörenden Amtsträger (§ 7). Deren dienstliches Verhalten wird der Behörde zugerechnet, nicht jedoch das Verhalten sonstiger Beschäftigter, auch nicht das Verhalten von Amtsträgern anderer Behörden (vgl aber Rz 19). Die handelnde Amtsperson muss grds zum Erlass von VA befugt (dh zeichnungsberechtigt) sein (zB BFH BStBl 88, 233), im FA insbes Veranlagungsbeamte und Sachgebietsleiter. Interne Unzuständigkeit des handelnden Beamten hindert die Zurechnung nicht; Gleiches gilt, wenn der statusbegründende Akt (Ernennung) unwirksam war oder zurückgenommen worden ist für die bis zum Verbot der weiteren Tätigkeit vorgenommenen Amtshandlungen (§ 15 S 3 BBG). Die fehlende Geschäftsfähigkeit des Amtsträgers verhindert die Zurechnung (§ 105 I BGB; zutr *BG/Güroff* Rz 5; aA *HHSp/Söhn* Rz 45). Der zivilrechtliche Grundsatz, dass Rechtsgeschäfte eines Geschäftsunfähigen absolut unwirksam sind, auch wenn er als Vertreter auftritt, muss auch im öffentlichen Recht gelten. 18

Handlungen anderer Behörden werden der Behörde zugerechnet, sofern dies im Gesetz vorgesehen oder bestimmt ist (zB § 18 S 2 FVG: Mitwirkung der Hauptzollämter bei der Verwaltung der USt oder § 17 III 2 FVG: Die einem Rechenzentrum übertragene Steuerverwaltungstätigkeit wird dem örtlich zuständigen FA zugerechnet). IÜ muss jede Behörde die ihr übertragenen Aufgaben grds selbst wahrnehmen. Das gilt insbes für die hoheitliche Tätigkeit der FinBeh. Dies schließt idR eine Zurechnung von Handlungen auf der Grundlage rechtsgeschäftlicher Stellvertretung oder Auftrags aus (vgl zB § 195 Auftragsprüfung). 19

c) Gebiet des öffentlichen Rechts. Das öffentliche Recht ist insbes abzugrenzen vom Privatrecht. Nur Maßnahmen auf dem Gebiet des öffentlichen Rechts können VA sein. Der Wortlaut ist zu weit; gemeint sind nur Maßnahmen auf dem Gebiet des **Steuerverwaltungsrechts** (*HHSp/Söhn* Rz 100). Maßnahmen der FinBeh im Straf- oder Bußgeldverfahren sind nicht VA; sie ergehen nicht auf der Grundlage der AO, sondern der StPO (§ 385) oder des OWiG (vgl § 410). **Privatrechtl** und nicht durch VA handelt eine Behörde zB, wenn sie die **Aufrechnung** erklärt (§ 226 I; s dort Rz 5), gegen einen Dritten vorgeht, der sich gem § 48 II vertraglich verpflichtet hat (s dort Rz 8), oder wenn sie ein fiskalisches Hilfsgeschäft vornimmt, zB Räume mietet oder ein Fahrzeug erwirbt. Zu Prozess- und Verfahrenshandlungen vgl unten Rz 42. 20

d) Hoheitlich. Kennzeichnend für VA ist einseitiges Handeln der Behörde in einem hierarchischen Rechtsverhältnis der **Über- und Unterordnung.** Davon abzugrenzen ist ein Handeln der Behörde im Gleichordnungsverhältnis (zB öffrechtl Vertrag; grundlegend *TK/Seer* Vor § 118 Rz 8 ff). Die hM hält **Verträge im StRecht** für unvereinbar mit dem Legalitätsprinzip (*HHSp/Söhn* Rz 5). Die Rspr lässt tatsächliche Verständigungen seit Langem zu, behandelt sie aber nicht als öffentlich-rechtlichen Vertrag (näher § 162 Rz 30 ff). Ein Über- und Unterord- 22 nungsverhältnis besteht vor allem im Verhältnis der Behörde zum Steuerpflichtigen (Rechtsunterworfenen); ggü anderen Behörden, Gerichten oder juristischen Personen des öffentlichen Rechts nur, soweit es sich aus dem Recht ergibt (zB nicht für Amtshilfe §§ 111 ff; vgl Rz 42 „Prozesshandlungen" und „Verfahrenshandlungen"). Nimmt eine FinBeh für sich zu Unrecht hoheitliche Befugnisse in Anspruch, liegt begrifflich ein (rechtswidriger) VA vor (BFH BStBl 88, 43).

24 **e) Regelung.** Die Behörde muss tätig werden „zur Regelung" eines Falls. Das Merkmal bildet das Kernstück der VA-Definition. Gegenstand einer Regelung ist ein Sachverhalt (Fall = Summe der rechtserheblichen Tatsachen; näher Rz 30). Die Maßnahme muss darauf gerichtet sein, für den Sachverhalt eine Rechtsfolge herbeizuführen. Regelung ist die einseitige, verbindliche **Anordnung einer Rechtsfolge** (Gebot, Verbot, Erlaubnis). Dadurch kann der Inhalt eines Rechtsverhältnisses (deklaratorisch) festgestellt oder (konstitutiv) gestaltet werden durch Begründung, Aufhebung oder Änderung von Rechten, Pflichten oder Erlaubnissen. Die Feststellung des Inhalts eines Rechtsverhältnisses hat Regelungscharakter, denn sie beseitigt Unsicherheit und bestimmt (positiv oder negativ), was im Einzelfall gelten soll. Auch die Feststellung, dass ein Rechtsverhältnis nicht besteht, kann eine Regelung beinhalten, zB wenn dadurch ein unrichtiger Rechtsschein beseitigt wird (vgl BFH BStBl 15, 109 zur Nichtigkeitsfeststellung). Feststellenden Inhalt haben insbes die SteuerVA (vgl § 37 Rz 27); gestaltend tätig ist eine Behörde insbes, soweit ihr Ermessen zusteht. Eine Regelung liegt stets auch dann vor, wenn die Behörde einen **Antrag ablehnt** (vgl BMF BStBl I 09, 6 Nr 11). Die Ablehnung enthält die (idR feststellende) Regelung, dass dem Antragsteller das Beantragte nicht zusteht. Zu den subjektiven Voraussetzungen einer Regelung vgl oben Rz 16.

25 Abzugrenzen ist eine Regelung einerseits vom (rechtl erheblichen) Verhalten der Behörde, das **(noch) keine Rechtsfolge** herbeiführen soll oder führt. Rein tatsächliches Verhalten der Behörde ist danach idR kein VA, zB das Auszahlen von Geldbeträgen (BFH/NV 02, 1600) oder das Betreten einer Wohnung (BFH/NV 10, 1415). Regelmäßig kein VA liegt vor, wenn die Behörde dem Steuerpflichtigen lediglich eine Information („nachrichtlich") zur Kenntnis übermittelt und eine Reaktion des Empfängers nicht erwartet (sog Wissenserklärungen, zB Auskünfte, **Mitteilungen,** Stellungnahmen, Vorschläge, Kontoauszügen). Nicht eindeutig und deshalb häufig zweifelh sind dagegen Handlungen der Behörde, mit denen die Erwartung eines Verhaltens des Stpfl verbunden ist (zB Erinnerungen, **Hinweise,** Aufforderungen, Anforderungen). In diesen Fällen kann schon ein VA vorliegen; das hängt jedoch von den Umständen des Einzelfalls ab. Sie enthalten keine Regelung, wenn durch sie eine Rechtsfolge (noch) nicht herbeigeführt wird (zB **Vorbereitungshandlungen,** unselbständige Teilakte).

26 Abzugrenzen ist die Regelung andererseits von Handlungen der Behörde, die **(schon) keine Rechtsfolge mehr** herbeiführen können. Hat die Behörde bereits eine Regelung erlassen, fehlt einer weiteren Regelung für denselben Fall grds die Fähigkeit, eine Rechtsfolge herbeizuführen. Was bereits geregelt ist, kann nicht noch einmal geregelt werden (*ne bis in idem*). Eine bloß **wiederholende Verfügung** ist deshalb idR nicht VA; es ist aber stets iEinz zu prüfen, ob sie nicht doch eine über den Erstbescheid hinausgehende Regelung enthält (Zweitbescheid; näher Rz 42 „Wiederholende Verfügung").

27 **Auslegung.** Ob eine Regelung vorliegt, ist im Zweifel durch Auslegung zu bestimmen. Dabei kommt es nicht nur auf den Inhalt, sondern (zumindest indiziell) auch auf die Form der behördlichen Äußerung an (Bezeichnung als VA, Trennung zwischen Entscheidungssatz und Begründung, Beifügung einer Rechtsbehelfsbelehrung). Ein VA liegt allerdings nicht schon deshalb vor, weil ihm eine Rechtsbehelfsbelehrung beigefügt ist (BFH BStBl 87, 504; 88, 43; BFH/NV 97, 542). Maßgeblich ist der **objektive Empfängerhorizont.** Es kommt darauf an,

wie der Adressat die Äußerung der Verwaltung nach den ihm bekannten Umständen unter Berücksichtigung von Treu und Glauben verstehen durfte (Erklärungstheorie). Hierfür kann die äußere Form ein Indiz sein (vgl BFH BStBl 02, 842; 04, 980; BFH/NV 14, 65). Nicht entscheidend ist dagegen, was die FinBeh bewirken wollte (BFH BStBl 98, 176; 07, 96; BFH/NV 01, 1541; 06, 466). Bei der Frage, ob eine behördliche Erklärung einen VA darstellt, ist der BFH nicht an die Beurteilung durch das FG gebunden, denn es handelt sich um eine Rechtsfrage (BFH DStR 15, 1297; BStBl 16, 139).

Erzwingbarkeit. Der BFH sieht in der Erzwingbarkeit (gem § 328 ff) das maßgebliche Kriterium für die Abgrenzung einer bloßen Vorbereitungshandlung von einem VA (zB BFH BStBl 99, 199; 12, 129; 12, 395; zustimmend *KSch/Förster* Rz 5; *KvW/Werth* Rz 11; *Koenig/Fritsch* Rz 27). Dem widerspricht die wohl noch hM (*TK/Seer* Rz 11; *HHSp/Söhn* Rz 179 ff) unter Hinweis auf den Gesetzeswortlaut. Die Erzwingbarkeit eines VA ist Voraussetzung für die Anwendung der §§ 328 ff, nicht jedoch Begriffsmerkmal des VA. Es gilt: Wenn etwas erzwingbar ist, dann ist es VA. Die Umkehrung des Satzes gilt jedoch nicht. Entscheidend dürfte auch insoweit sein, wie der Empfänger die Äußerung der Behörde verstehen durfte (ebenso *BG/Güroff* Rz 8), als bloßen Hinweis auf die Rechtslage, verbunden mit der Bitte um Beachtung, oder als darüber hinausgehende individuell-konkrete Anordnung einer Rechtsfolge. Auf § 44a VwGO kommt es in diesem Zusammenhang nicht an; die Vorschrift schränkt den gerichtlichen Rechtsschutz ein (Rz 9) und differenziert nicht zwischen VA und Nicht-VA (*HHSp/Söhn* Rz 181). 28

f) Einzelfall. Das Merkmal dient der Abgrenzung vom Begriff der Allgemeinverfügung (Rz 36). Rechtlich erhebliche Tatsachen bilden einen Fall; ein Einzelfall ist ein **konkret-individueller Sachverhalt.** Konkret bedeutet, dass der Sachverhalt eingetreten sein muss und nicht nur (abstrakt) möglich erscheinen darf; individuell bedeutet, dass sich die Regelung auf das StRechtsverhältnis zwischen einem Individuum und dem Steuergläubiger beziehen muss. Unterschiedliche Rechtsfolgen setzen verschiedene Einzelfälle voraus. Jeder Einzelfall bedarf grds einer gesonderten Regelung. 30

Verbindung. Sind ggü einer Person **mehrere Sachverhalte** zu regeln, die unterschiedliche stl Rechtsfolgen auslösen, können die einzelnen Regelungen uU aus Gründen der Verwaltungsvereinfachung (äußerlich) in einem Bescheid miteinander verbunden werden. Es handelt sich jedoch nur um eine äußerliche Verbindung; die Eigenständigkeit der einzelnen VA wird dadurch nicht berührt. Die Bestimmtheit jedes einzelnen VA (§ 119) darf dadurch nicht beeinträchtigt werden (§ 119 Rz 38). 31

Zusammenfassung. Sind **mehrere Personen** betroffen, muss der Sachverhalt grds für jede Person einzeln geregelt werden. Hiervon erlaubt § 155 III 1 eine Ausnahme für Gesamtschuldner (§ 44). Für sie darf ein zusammengefasster Bescheid ergehen. § 155 III 1 schließt die Zulässigkeit zusammengefasster Bescheide in anderen Fällen nicht aus (s § 155 Rz 46). Beim Erlass eines zusammengefassten Haftungsbescheids liegt in Bezug auf jeden StSchuldner, jede Steuerart und jeden Steuerabschnitt ein eigenständiger VA vor (BFH/NV 13, 1540). 32

g) Außenwirkung. Die Maßnahme der Behörde muss auf unmittelbare Rechtswirkung nach außen gerichtet sein. Es genügt, wenn diese bezweckt ist. Eine bloß mittelbare (reflexhafte) Rechtswirkung nach außen genügt nicht. „Außen" bedeutet: im Verhältnis zum einzelnen Stpfl (Steuerrechtsverhältnis). 34

Davon zu unterscheiden sind **verwaltungsinterne Maßnahmen.** Adressat ist in diesem Fall ein Angehöriger derselben Behörde oder einer anderen Behörde, bzw eine andere Behörde. **Innerbehördliche** Vorgänge sind zB Aktenvermerke, Mitteilungen zwischen verschiedenen Stellen, die Abgabe des Einspruchs an die Rechtsbehelfsstelle. **Zwischenbehördliche** Maßnahmen sind idR ebenfalls kein 35

VA, zB die Zustimmung nach § 26 S 2 (BFH/NV 10, 2230) oder die Mitteilung nach § 112 V (Ablehnung der Amtshilfe) oder ein Vollstreckungsersuchen (§ 250 Rz 4).

36 **Anträge und Anregungen einer FinBeh an ein Gericht** zB auf Anordnung von Vollstreckungsmaßnahmen, etwa die Eintragung einer Sicherungshypothek (§ 322 III 4) oder den Erlass eines Haftbefehls (§ 284 VIII; § 334), auf Eröffnung des Insolvenzverfahrens (vgl § 251 Rz 11), auf Löschung einer Gesellschaft im Handelsregister (FG Mster EFG 85, 76) oder auf Einleitung eines Gewerbeuntersagungsverfahrens sind mangels *unmittelbarer* Außenwirkung **idR nicht VA.** Ihre reflexhafte Rechtswirkung kann für den Betroffenen jedoch so erheblich sein, dass effektiver Rechtsschutz (Art. 19 IV GG) geboten ist, obwohl auch gegen die nachfolgende Entscheidung Rechtsschutz gewährt wird. Das Erfordernis effektiven Rechtsschutzes hat aber keinen Einfluss auf die Frage, ob ein VA vorliegt. Statthaft ist dann die auf Zurücknahme des Antrags gerichtete allg Leistungsklage (BFH/NV 91, 787; 07, 1270; 11, 2105 Insolvenzantrag; *HHSp/Jatzke* § 251 Rz 102; aA *Fu* DStR 10, 1411) bzw die Feststellungsklage (BFH BStBl 87, 545 Anregung auf Gewerbeuntersagung; Feststellung, dass die Auskunftserteilung gegen das Steuergeheimnis verstößt). Andernfalls fehlt das Rechtsschutzbedürfnis (Feststellungsinteresse, zB BFH BStBl 94, 356 bloße Mitwirkung der FinBeh im Gewerbeuntersagungsverfahren).

37 Die **Mitwirkung anderer Behörden** (insbes OFD, Ministerium) beim Erlass eines VA bleibt regelmäßig intern und entfaltet für sich genommen keine unmittelbare Rechtswirkung nach außen. Dienstliche Anweisungen binden nur die angewiesene Behörde. Soweit **ressortfremde Behördenmaßnahmen** für das Besteuerungsverfahren bindend sind, handelt es sich idR nicht um Maßnahmen, die unter § 118 fallen.

38 **3. Begriffsmerkmale Allgemeinverfügung.** Die Allgemeinverfügung ist ein VA. Alle Merkmale eines VA müssen erfüllt sein, soweit sich nicht aus S 2 etwas Besonderes ergibt. Die Bedeutung der Definition ist gering. Nach § 121 II Nr 5 entfällt der Begründungszwang, wenn eine Allgemeinverfügung öffentlich bekannt gegeben wird; § 122 III 2 und IV 4 enthält Sonderregeln für die Bekanntgabe. Allgemeinverfügungen sind im StRecht nach wie vor selten. Die Legaldefinition sieht zwei Formen von Allgemeinverfügungen vor.

39 Eine **personenbezogene Allgemeinverfügung** richtet sich an einen nach allg Merkmalen (aber nicht namentlich) bestimmten oder bestimmbaren Personenkreis. Es handelt sich dann im Unterschied zum VA um eine **konkret-generelle Regelung** (vgl Rz 28). Diese Entscheidungsform ist zB vorgesehen für die Zurückweisung von Einsprüchen, wenn ein Musterverfahren vor dem EuGH, dem BVerfG oder dem BFH keinen Erfolg gehabt hat (§ 367 IIb); Gleiches gilt für die Ablehnung von Änderungsanträgen in diesen Fällen (§ 172 III 1) und wenn gleichgelagerte Einspruchsverfahren zum Ruhen gebracht werden sollen (§ 363 II 3). Soweit die Aufforderung zur Abgabe einer StErklärung für eine Mehrzahl von Personen in einem Aufruf öffentlich bekannt gemacht wird (vgl § 149 I 3) und eine Regelung vorliegt, handelt es sich ebenfalls um eine Allgemeinverfügung.

40 Eine Allgemeinverfügung liegt ferner vor, wenn ein VA die **öff-rechtl Eigenschaft einer Sache** oder ihre Benutzung durch die Allgemeinheit betrifft. Dieser Definitionsteil hat für das StRecht keine Bedeutung.

42 **4. ABC der Grenzfälle**

Abhilfezusage in gerichtlichen Verfahren s „Prozesshandlungen".

Ablehnung eines Antrags ist stets VA (Rz 24).

Abrechnung bzw Anrechnung von Vorauszahlungen oder einbehaltenen Steuerabzugsbeträgen ist VA, auch wenn sie mit der StFestsetzung verbunden wird

(BFH BStBl 87, 405; 92, 713, 01, 133; 07, 742; 08, 659; BFH/NV 88, 349; VG Gießen DStRE 07, 1053; vgl aber auch BFH BStBl 05, 457; s näher § 157 Rz 13).

Abtretung. Die Mitteilung des FA an den Zessionar, dass die angezeigte Abtretung des StErstattungsanspruches nichtig sei, ist VA (BFH/NV 89, 210; vgl auch „Nichtigkeit").

Amtshilfe. Das an eine andere Behörde gerichtete Ersuchen um **Auskunft** ist kein VA. Das gilt auch für die zwischenstaatliche Amtshilfe (vgl § 117 Rz 28). Das Ersuchen des FA an eine ausl FinBeh, gem Beitreibungsrichtlinie-EG eine inl StForderung durch Vollstr in das im Ausland belegene Vermögen **beizutreiben,** ist kein VA. Es handelt sich aber auch nicht um einen rein behördeninternen Vorgang, sodass effektiver Rechtsschutz gewährt und mit der Leistungsklage verfolgt werden muss (BFH BStBl 10, 51). Die Mitteilung nach § 112 V 1 ist kein VA. Die Erteilung von Auskünften im Wege der Amtshilfe ist ebenfalls kein VA (BFH BStBl 57, 221; BFH/NV 01, 578), auch nicht im zwischenstaatlichen Amts- und Rechtshilfeverkehr (vgl § 117 Rz 48 ff), sondern lediglich eine nicht bindende Wissenserklärung.

Anfechtungsgesetz. Die Anfechtung nach dem AnfG ist nicht VA; der Rückgewähranspruch ist von der FinBeh vielmehr durch Duldungsbescheid geltend zu machen (BFH BStBl 81, 751; BFH/NV 06, 1609; § 191 Rz 86).

Aufforderung. Die Aufforderung durch das FA, etwas zu tun, zB bestimmte Einkünfte zu erklären, kann nach der Rspr VA sein, wenn sie erzwingbaren Inhalt hat (Rz 28; BFH BStBl 99, 199; BFH/NV 02, 157). IÜ handelt es sich um bloße Vorbereitungshandlungen, die grds kein VA sind (s auch „Außenprüfung", „Sachaufklärung" und „StErklärung").

Aufrechnung. Die Aufrechnungserklärung des FA mit Ansprüchen aus dem Steuerschuldverhältnis ist eine rechtsgeschäftliche Gestaltungserklärung und kein VA (BFH/NV 13, 508 mwN; vgl auch „Aufrechnung"). VA ist aber der **Abrechnungsbescheid,** der einen nach Aufrechnung durch das FA geminderten Erstattungsanspruch feststellt (BFH BStBl 88, 43; BFH/NV 88, 617).

Auskunftserteilung. Eine **verbindliche Auskunft** nach § 89 II ist VA (BFH BStBl 10, 996; 12, 651; BFH/NV 16, 261; § 89 Rz 27), ebenso die verbindliche Zusage (§ 204; s auch dort Rz 3). Eine dem ArbG erteilte **Anrufungsauskunft** (§ 42e EStG) sowie deren Aufhebung stellen feststellende, nicht vollziehbare, VA dar, mit denen sich das Finanzamt selbst bindet (BFH BStBl 10, 996; BFH/NV 10, 2345; BMF BStBl I 17, 1656 Rz 15). VA ist ferner die verbindliche Zolltarifauskunft nach Art 12 ZK (BFH/NV 04, 1305; beachte aber Rz 2) und die Auskunft nach § 15 IV 5. VermBG (BFH/NV 14, 1873). Eine **nicht verbindliche Auskunft** ist dagegen grds kein VA. Auskünfte an andere Behörden sind grds nicht VA, zB die Auskunft des BetriebsFA an das Wohnsitz-FA auf dessen Anfrage über die Art der Einkünfte von Gesellschaftern (BFH/NV 01, 578) oder die Auskunft der FinBeh über Steuerrückstände ggü der Gewerbeaufsicht (BFH BStBl 87, 545). Zur Auskunftserteilung im Rahmen der Amtshilfe s „Amtshilfe".

Auskunftsverlangen nach § 93 gegen den Stpfl oder gegen Dritte sind nach der Rspr VA (BFH BStBl 84, 790; 16, 135; vgl auch § 93 Rz 22).

Aussetzung oder Aufhebung der Vollziehung durch das FA und die Ablehnung oder Rückgängigmachung solcher Maßnahmen sind VA (BFH/NV 96, 865). Die Mitteilung der FinBeh, dass die AdV durch Zeitablauf beendet ist, ist nicht VA (FG Hess EFG 91, 302).

Außenprüfung. Die Anordnung ist VA (§ 196), ebenso die (sachliche oder zeitliche) Ergänzung oder Erweiterung einer Prüfungsanordnung (BFH/NV 09, 3;

09, 771). Auch die Beauftragung einer anderen Behörde gem § 195 Satz 2 ist VA (vgl § 195 Rz 10a ff; aA FG Nbg BeckRS 2014, 94974). Die **Bestimmung des Prüfers** ist kein VA (BFH/NV 95, 758; 09, 1401; FG BaWü EFG 13, 268; vgl aber auch BFH BStBl 02, 507). Die Anordnung über den **Ort der Prüfung** ist VA (vgl § 196 Rz 3; BFH BStBl 89, 445). Die Festlegung des **Prüfungsbeginns** ist VA (BFH BStBl 87, 408; 88, 413; 89, 76; 17, 97). **Aufforderungen** und **Anordnungen** des Prüfers zur Vorbereitung der Prüfung oder nach Beginn der Prüfung können VA sein (BFH BStBl 12, 395). Das ist nach der Rspr grds der Fall, wenn der Stpfl erzwingbar zu einem bestimmten Tun, Dulden oder Unterlassen aufgefordert wird, etwa zur Vorlage bestimmter Unterlagen (Buchführung, Belege, Kontoauszüge; vgl BFH BStBl 09, 579; 10, 455). Auch die behördlichen Maßnahmen zur **Umsetzung des Datenzugriffs** im Rahmen von § 147 VI sind idR VA (s § 147 Rz 67). Die bloße Ankündigung von Prüfungshandlungen muss noch kein VA sein (FG Köln EFG 91, 512). **Auskunftsersuchen** an den Stpfl oder an Dritte sind stets VA (vgl BFH BStBl 84, 512; 84, 790). Geht es ausschl um die **Ermittlung steuermindernder Umstände,** so ist die Rechtslage ähnlich wie bei dem Verlangen nach Empfängerbenennung („Benennungsverlangen"), also kein VA (BFH BStBl 99, 199; vgl auch § 93 Rz 16). Die einzelnen **Prüfungshandlungen** sind idR keine VA, da sie tatsächlicher Art sind. Das gilt auch dann, wenn das FA die Ap über den ursprünglich festgelegten Prüfungszeitraum hinaus ausdehnt, ohne eine entsprechende Prüfungsanordnung zu erlassen (BFH BStBl 86, 2). VA ist ferner die Ablehnung der Herausgabe von Fotokopien über Gesprächsprotokolle, die der Prüfer bei einer Befragung Dritter aufgenommen hat (Rz 24; vgl auch § 93 Rz 22). Der **Prüfungsbericht** ist kein VA (BFH/NV 14, 1722), auch nicht die Mitteilung nach § 202 S 3. Sie löst daher keine allg Änderungssperre für die in der vorangegangenen Ap festgestellten Sachverhalte aus (BFH BStBl 88, 168).

Bedingung. Die klarstellende Aufhebung eines Bewilligungsbescheids nach Eintritt einer auflösenden Bedingung iSv § 120 II Nr 2 ist (feststellender) VA (BFH BStBl 02, 842).

Begründung. Die Begründung ist nicht selbst VA, sondern unselbständiger Bestandteil eines VA.

Bekanntgabe ist Wirksamkeitsvoraussetzung für VA (§ 124), aber nicht selbst VA, sondern Realakt. Die Ankündigung der (erneuten) Bekanntgabe ist ebenfalls kein VA (FG Hbg EFG 13, 1630).

Benennungsverlangen (§ 160 I 1). Das Verlangen, Empfänger von Betriebsausgaben, Werbungskosten und anderen Ausgaben genau zu benennen, ist kein VA (BFH BStBl 86, 537; 88, 927; str, vgl § 161 Rz 29). Auch das entsprechende Verlangen gem § 16 AStG iVm § 160 AO ist kein VA (BFH BStBl 88, 927; FG Mchn EFG 07, 1843).

Bescheinigung. Eine Bescheinigung des FA über die Erfüllung steuerlicher Pflichten, die zB in Genehmigungs- oder Vergabeverfahren erforderlich sein kann, ist als bloße Mitteilung von Tatsachen, kein VA (FinBeh Hbg DStR 07, 1739). Eine Bescheinigung der Agentur für Arbeit zur Vorlage bei der Familienkasse ist kein VA (FG BaWü EFG 11, 2171); das gilt auch für die Bescheinigung nach § 68 III EStG über das ausgezahlte Kindergeld. Lehnt die Behörde den Antrag auf Erteilung einer Bescheinigung ab, liegt ein VA vor (Rz 24; FG Mchn EFG 13, 1865). Die **Unbedenklichkeitsbescheinigung** nach § 22 GrEStG ist ein VA (BFH/NV 95, 1089).

Billigkeitsmaßnahme. Die Entscheidung über eine Billigkeitsmaßnahme (§ 163) ist VA (BFH BStBl 15, 175).

Buchführung. Die Mitteilung über den **Beginn der Buchführungspflicht** ist VA (BFH BStBl 88, 269; § 141 Rz 17).

Drittschuldnererklärung. Die Aufforderung zur Abgabe einer Drittschuldnererklärung ist VA. Gleiches gilt für die Abgabe durch die FinBeh (FG BaWü EFG 94, 819).

Einspruchsentscheidung ist VA, jedoch nach § 348 nicht mit dem Einspruch anfechtbar.

Empfängerbenennung s Benennungsverlangen.

Erinnerung. Die bloße Erinnerung, eine ausstehende Pflicht zu erfüllen, ist noch kein VA, wohl aber, wenn sie mit einer Aufforderung verbunden ist (BFH BStBl 18, 155).

Erläuterungen s Begründung.

Erledigungsvorschlag (im Einspruchsverfahren) ist kein VA. Er hat den Zweck, eine Änderung des angefochtenen Bescheids bzw den Erlass einer Einspruchsentscheidung vorzubereiten, und entfaltet daher noch keine unmittelbare Rechtswirkung (BFH BStBl 88, 232; BFH/NV 94, 710; 97, 314; 99, 608). Entsprechendes gilt, wenn das FA den Stpfl dazu auffordert, zu einem Erledigungsvorschlag Stellung zu nehmen (BFH/NV 86, 65). Erledigungsvorschlag im gerichtlichen Verfahren s „Prozesshandlungen".

Ersatzbeleg. Die Ausstellung eines Ersatzbelegs über zu entrichtende oder entrichtete EinfuhrUSt und die Ungültigkeitserklärung eines solchen Ersatzbelegs durch das HZA mit dem Hinweis, EinfuhrUSt sei nicht entrichtet worden, ist kein VA (BFH BStBl 87, 504).

Ersatzzwangshaft, (Haft als Ersatz für uneinbringliches Zwangsgeld, § 334). Der Antrag des FA ist **kein VA** (Rz 36). Gegen ihn ist jedoch effektiver Rechtsschutz durch Leistungsklage (auf Zurücknahme des Antrags) zu gewähren (Rz 36, vgl auch § 334 Rz 7; aA BFH/NV 87, 669). Das gilt jedenfalls bis zum Ergehen des Haftbefehls, vgl auch „Verfahrenshandlungen".

Erzwingungshaft, (Haft zur Erzwingung der Abgabe der Vermögensauskunft gem § 284 VIII 3 iVm § 802g BGB). Der Antrag des FA ist kein VA (aA FG Köln, EFG 17, 6). Gegen ihn ist jedoch effektiver Rechtsschutz durch Leistungsklage (auf Zurücknahme des Antrags) zu gewähren (vgl Rz 36). Ist der Haftbefehl bereits ergangen, ist zusätzlicher finanzgerichtlicher Rechtsschutz nicht weiter erforderlich (BFH/NV 05, 659), vgl auch „Verfahrenshandlungen".

EÜR. Die Aufforderung zur Abgabe der Anlage EÜR ist VA (BFH BStBl 12, 129).

Fahrtenbuch s Sachaufklärung.

Fotokopie. Übersendet das FA dem Stpfl nur eine Fotokopie eines Bescheids, liegt im Zweifel kein VA vor (vgl FG Ddorf EFG 86, 55).

Freistellungsbescheid s „Nichtveranlagungsverfügung".

Fristsetzung nach § 364b ist VA (s § 364b Rz 13).

Gemeinnützigkeit. Die Entscheidung über die Gemeinnützigkeit ist VA; sie hat nicht nur Innenwirkung ggü dem FA und ist auch nicht Bestandteil der Begründung des Körperschaftsteuerbescheids (BFH BStBl 17, 1106). Der Hinweis, dass die Körperschaft **nicht** zur Erteilung von Zuwendungsbescheinigungen für Mitgliedsbeiträge berechtigt ist, ist kein VA (*Urban* DStZ 18, 22).

Gewerbeuntersagung. Die Anregung der FinBeh an die Gewerbeaufsicht, ein Gewerbeuntersagungsverfahren einzuleiten, ist kein VA (BFH BStBl 87, 545).

Gegen sie ist jedoch effektiver Rechtsschutz durch Leistungsklage (auf Zurücknahme des Antrags) zu gewähren (vgl Rz 36), sofern die Steuerrückstände den einzigen Grund für die Gewerbeuntersagung darstellen.

Haftung. Die Aufforderung zur Beantwortung des Fragebogens zur Haftungsinanspruchnahme ist VA (FG Thür EFG 99, 745).

Hinweis. Der Hinweis nach § 181 V 2 ist VA, weil mit ihm der zeitliche Geltungsbereich der getroffenen Feststellung abweichend von § 182 I bestimmt und damit rechtsgestaltend auf das StRechtsverhältnis eingewirkt wird (BFH BStBl 98, 555; näher dort Rz 31f); zu anderen Hinweisen vgl Rz 25.

Insolvenz. Der Antrag der FinBeh auf Eröffnung des Insolvenzverfahrens ist **kein VA**. Gegen ihn ist jedoch effektiver Rechtsschutz durch Leistungsklage (auf Zurücknahme des Antrags) zu gewähren (vgl Rz 36; näher § 251 Rz 11). Im Insolvenzverfahren darf das FA den bestrittenen, als Insolvenzforderung geltend gemachten Anspruch durch VA (zur Tabelle) feststellen (§ 251 III).

Kapitalertragsteuer. Bescheinigung nach § 44 II 1 Nr 2 EStG s „Nichtveranlagungsverfügung".

Kassen – Nachschau (§ 146b). Die Anordnung ist VA (*Achilles* DB 18, 18: Duldungsbescheid). Der Übergang zur AP ist ebenfalls VA.

Kostenentscheidung (zB § 89 III 2) ist VA (vgl § 89 Rz 55). Das gilt auch für die Kostenentscheidung gem § 77 EStG im Kindergeldverfahren (FG Brem EFG 00, 273). Ergeht eine Kostenentscheidung nach § 77 EStG erstmals im Einspruchsverfahren, ist sie Teil der Einspruchsentscheidung und deshalb nicht mit dem Einspruch anfechtbar (BFH BStBl 15, 844; BFH/NV 16, 1284).

Leistungsgebot (§ 254) ist VA (§ 254 Rz 4). Anders, wenn das FA zur Beitreibung einer ausl Steuerforderung im Wege der Amtshilfe eine Zahlungsaufforderung erlässt, obwohl ein (weiteres) Leistungsgebot nicht erforderlich ist (FG Köln, EFG 16, 494, Rev BFH VII R 30/15).

LSt-Merkmale. Die Änderung der LSt-Klasse ist VA (FG Ddorf EFG 12, 746), ebenso die Bildung der **Lohnsteuerabzugsmerkmale** (§ 39 I 4 EStG seit 2012).

Mahnung. Sie ist kein VA, sondern eine behördliche Erinnerung an die Pflicht, fällige Geldbeträge zu leisten (§ 259 Rz 2).

Neuberechnung der Steuer (§ 100 II 3 FGO) s „Prozesshandlungen".

Nichtigkeit. Die Feststellung der Nichtigkeit eines VA (§ 125 V) kann VA sein (str; BFH BStBl 2015, 109 mwN). Der Ausspruch wirkt nur deklaratorisch. Die Beseitigung eines Rechtscheins kann jedoch eine (klarstellende) Regelung beinhalten. Die Feststellung der Nichtigkeit eines Grundlagenbescheids löst deshalb die Anpassungsverpflichtung in § 175 I 1 Nr 1 aus. Die Mitteilung des FA an den Zessionar, dass die angezeigte Abtretung des StErstattungsanspruches nichtig sei, ist VA (BFH/NV 89, 210).

Nichtveranlagungsverfügung. Ob sie VA (Freistellungsbescheid) ist, bestimmt sich nach den Umständen des Einzelfalls (BFH/NV 07, 1267). Der Regelungsinhalt eines Freistellungsbescheids besteht darin, den Stpfl davon zu unterrichten, dass von ihm eine Steuer aufgrund des geprüften Sachverhalts entweder überhaupt nicht oder für einen bestimmten VZ nicht gefordert werden kann (BFH BStBl 89, 920; 90, 565; BFH/NV 08, 1435; 15, 156). Kein VA liegt danach vor, wenn sich das FA in den Erläuterungen zu einem Steuerbescheid lediglich zur Pflicht zur Abgabe der StErklärung äußert (BFH/NV 15, 156). Eine **NV-Bescheinigung** nach § 44a II 1 Nr 2 EStG zur Vorlage beim Schuldner der Kapitalerträge zwecks Abstandnahme des KapESt-Abzugs kommt uU kein Regelungsgehalt zu (FG Ddorf EFG 12, 1323).

Pfändung (§ 281) sowie **Pfändungs- und Einziehungsverfügung** (§§ 309, 314) sind VA. Das gilt auch für nachfolgende Verfügungen, mit denen die Pfändungswirkung (vorübergehend) eingeschränkt wird (FG BaWü, EFG 16, 438).

Prozesshandlungen der FinBeh in finanzgerichtlichen Verfahren (Anträge, Beweisanträge, Nichtzulassungsbeschwerde, Revision, Erledigungserklärung), aber auch in gerichtlichen Verfahren vor den Gerichten anderer Gerichtszweige, sind idR kein VA. Soweit die Erklärung ggü dem Gericht abzugeben ist, fehlt es an einem hoheitlichen Handeln im Über-Unterordnungsverhältnis (Rz 22). Das gilt auch für eine vom FA zur gütlichen Beilegung des Rechtsstreits erteilte **Abhilfezusage;** ihre Bindungswirkung ergibt sich aus Treu und Glauben (vgl FG Hbg DStRE 12, 759). Die formlose Mitteilung der **Neuberechnung der Steuer** gem § 100 II 3 1. HS FGO ist kein VA (BFH BStBl 05, 217; BFH/NV 12, 1467), wohl aber der nach Rechtskraft der Entscheidung gem § 100 II 3 2. HS FGO neu bekannt gegebene VA (BFH/NV 12, 6).

Prüfungsbericht s „Außenprüfung".

Ruhen und Aussetzung des Verfahrens (§ 363). Die Anordnung ist VA. Sie kann jedoch nach § 363 III nicht mit dem Einspruch angefochten werden (vgl Rz 9).

Sachaufklärung. Einzelmaßnahmen (Verlangen) des FA zur Sachverhaltsaufklärung können nach der Rspr VA sein, wenn sie erzwingbar sind (Rz 28). Die Aufforderung des FA, eine Aufstellung über Arbeitsmittel vorzulegen, ist kein VA (FG BaWü EFG 88, 101; vgl aber auch FG BaWü EFG 94, 580). Das Gleiche gilt für die Aufforderung des FA an den Stpfl, ein Fahrtenbuch zu führen (BFH/NV 05, 1755; FG Brem EFG 95, 224; FG Nbg EFG 95, 702). Die bloße Aufforderung zur Einreichung von Unterlagen stellt keinen VA dar, ebenso wenig die Erinnerung daran (BFH BStBl 12, 12).

Sicherungshypothek. Der Antrag der Vollstreckungsbehörde beim Grundbuchamt auf Eintragung einer Sicherungshypothek ist VA zumindest dann, wenn er die Bestätigung nach § 322 III 2 enthält (BFH BStBl 88, 566; 93, 460; BFH/NV 97, 830; 99, 1471; aA OVG Münster ZfIR 12, 656; *Hundt-Eßwein* DB 86, 1338; *Urban* DStR 87, 613; *Lindwurm* DStZ 02, 135). Dem Grundbuchamt ggü handelt es sich um eine zwischenbehördliche Verfahrenshandlung. Der Antrag ist daher auch dann wirksam, wenn er dem VollstrSchuldner nicht wirksam bekannt gegeben wird (BFH BStBl 90, 44; BFH/NV 92, 4; 93, 711; Rspr des BFH verfassungsgemäß lt BVerfG ZKF 91, 11). Der Mangel der Bekanntgabe des Eintragungsersuchens kann noch während des Klageverfahrens geheilt werden (BFH BStBl 90, 44). S iÜ auch „Verfahrenshandlungen".

Schuldrechtliche Maßnahmen. Willenserklärungen und Verträge des FA sind nicht VA, auch nicht öff-rechtl Verträge (Rz 20). Zur **Abhilfezusage** im gerichtlichen Verfahren vgl „Prozesshandlungen".

StAnmeldung (§ 168) ist kein VA. Sie steht aber einem Steuerbescheid unter Vorbehalt der Nachprüfung gleich. Die Zustimmung zur StAnmeldung nach § 168 S 2 ist VA (BFH BStBl 96, 660; 02, 642).

StErklärung. Ob die **Aufforderung zur Abgabe** VA ist, hängt von den Umständen im Einzelfall ab. Dies ist jedenfalls zu bejahen, wenn durch die Aufforderung die Pflicht zur Abgabe der StErklärung erst entsteht (§ 149 I 2; näher s dort Rz 6).

StNummer/Steueridentifikationsnummer. Die Vergabe einer StNummer, der Steueridentifikationsnummer und die Datenspeicherung sind kein VA (§ 139a;

BFH BStBl 12, 168), ebensowenig die Erfassung des Stpfl durch die FinBeh. Lehnt das FA die Erteilung einer StNummer für Umsatzsteuerzwecke ab, ist die Ablehnung VA (vgl BFH BStBl 2010, 712: Verpflichtungsklage).

Tatsächliche Verständigung. Sie ist kein VA (BFH BStBl 17, 1165).

Tilgung. Die Mitteilung der FinBeh über die Reihenfolge der Tilgung nach § 225 II 2 oder III ist VA (FG RhPf EFG 88, 454; vgl auch § 225 Rz 6 und 8).

Umbuchung von ESt-Vorauszahlungen von einer StNummer auf eine andere StNummer stellt keinen VA dar (FG BaWü EFG 10, 1377).

Unbedenklichkeitsbescheinigung s Bescheinigung.

Urkunde. Das Verlangen zur Vorlage einer Urkunde nach § 97 ist nach der Rspr VA, wenn es erzwingbar ist (vgl Rz 28; FG BaWü EFG 94, 580; FG SachsAnh 05, 1159).

Ursprungsauskunft, verbindliche (Art. 33 UZK), s. „Auskunftserteilung"; vgl auch „Zolltarifauskunft"; zur Nichtanwendung der AO Rz 2.

Verfahrenshandlungen, insbes verfahrenseinleitende Anträge ggü Gerichten und anderen Behörden, können VA sein (Rz 36 „Sicherungshypothek"). IdR fehlt es jedoch an einem hoheitlichen Handeln der beantragenden Behörde und an der unmittelbaren rechtlichen Außenwirkung des Antrags. Gleichwohl ist uU effektiver Rechtsschutz geboten, auch wenn gegen die beantragte Entscheidung ebenfalls Rechtsmittel eingelegt werden können. Das gilt jedenfalls, solange die beantragte Entscheidung noch nicht ergangen ist und zB durch Antragsrücknahme noch abgewendet werden kann (vgl „Ersatzzwangshaft", „Erzwingungshaft", „Gewerbeuntersagung", „Insolvenz"). Auf die VA-Qualität hat das Erfordernis effektiven Rechtsschutzes keinen Einfluss (Rz 36).

Verzögerungsgeld. Die Festsetzung ist VA. Die Ankündigung (Androhung), ein Verzögerungsgeld festsetzen zu wollen, ist noch kein VA (FG RhPf EFG 11, 1942).

Vollstreckungsankündigung. Sie ist kein VA, sondern eine nach außen gerichtete Bekanntmachung einer internen Maßnahme (BFH/NV 89, 75; 10, 2235).

Vollstreckungsersuchen (§ 250). Das an eine inl Behörde gerichtete Ersuchen ist eine verwaltungsinterne Maßnahme und kein VA (§ 250 Rz 5). Das Ersuchen des FA an eine ausl FinBeh, gem EU-Beitreibungsrichtlinie eine inl StForderung durch Vollstr in das im Ausland belegene Vermögen beizutreiben, ist kein VA. Es handelt sich aber auch nicht um einen rein behördeninternen Vorgang, sodass effektiver Rechtsschutz gewährt (Art 19 IV GG) und mit der Leistungsklage verfolgt werden muss (BFH BStBl 10, 51).

Vorlageverlangen gegen den Stpfl im Rahmen von Prüfungen oder Nachschauen sind VA (*Achilles* DB 18, 18).

Warenverkehrsbescheinigung. Die zollamtliche Feststellung, dass eine im vereinfachten Verfahren vom Ausführer selbst ausgefüllte Warenverkehrsbescheinigung zu Unrecht ausgestellt worden sei, ist VA (BFH/NV 06, 466, vgl aber auch Rz 2).

Weisung einer vorgesetzten Behörde ggü einer nachgeordneten Behörde hat keine Außenwirkung und ist nicht VA (BFH BStBl 69, 470).

Wiederholende Verfügung ist grds kein VA (Rz 26). Das ist inbes der Fall, wenn die FinBeh lediglich auf eine bereits getroffene Regelung hinweist oder die Zweitschrift eines VA ohne selbständig anfechtbare Regelung übersendet (BFH BStBl 97, 79; BFH/NV 97, 542), aber auch dann, wenn sie die Form eines VA hat und mit einer Rechtsbehelfsbelehrung versehen ist (BFH/NV 12, 1764). Eine das Leistungsgebot lediglich wiederholende Zahlungsaufforderung ist kein VA (BFH/NV 01, 149); Gleiches gilt für die Ankündigung eines neuen Vollstreckungstermins (BFH/NV 89, 75). Die Bestimmung eines neuen Termins zur Abgabe des Vermögensverzeichnisses ist ein unselbständiger Bestandteil der ursprünglichen Aufforderung (BFH/NV 08, 1104). Geht die FinBeh dagegen ggü dem Erstbescheid auf neue Gründe ein oder ergibt sich aus sonstigen Umständen, dass eine neue Prüfung der Sach- und Rechtslage stattgefunden hat, liegt ein **Zweitbescheid** vor, der selbst VA ist (vgl BFH/NV 97, 542; FG Ddorf EFG 97, 582; FG Bbg EFG 07, 16).

Wirtschaftsjahr. Die Zustimmung des FA zu Wahl eines abweichenden Wj ist VA (BFH/NV 14, 199); s auch „Billigkeitsmaßnahme".

Zahlungsaufforderung (§ 219) ist VA (§ 219 Rz 2). Anders, wenn das FA zur Beitreibung einer ausl Steuerforderung im Wege der Amtshilfe eine Zahlungsaufforderung erlässt, obwohl ein (weiteres) Leistungsgebot nicht erforderlich ist (FG Köln, EFG 16, 494, Rev BFH VII R 30/15).

Zolltarifauskunft, verbindliche (Art 33 ff UZK), s „Auskunftserteilung"; vgl. auch „Ursprungsauskunft"; zur Nichtanwendung der AO s Rz 2.

Zurückweisung eines Bevollmächtigten ist rechtsgestaltender VA (BFH BeckRS 2015, 94240).

Zusage (§ 204), s „Auskunftserteilung".

Zuständigkeit. Die Zustimmung des zuständigen Finanzamts zur Fortsetzung eines Verwaltungsverfahrens durch das bisher zuständige Finanzamt nach § 26 S 2 ist kein VA (BFH/NV 10, 2230).

Zustellung. Die Anordnung der förmlichen Zustellung ist mangels Regelung kein VA (§ 122 Rz 76).

Zwangsversteigerung eines Grundstücks. Der Antrag der FinBeh auf Zwangsversteigerung eines Grundstücks ist VA, wenn er die Feststellung enthält, dass die gesetzlichen Voraussetzungen für die Vollstreckung vorliegen (BFH BStBl 88, 566; 08, 1990; aA *Lindwurm* DStZ 02, 135).

Zweitbescheid s „Wiederholende Verfügung".

§ 119 Bestimmtheit und Form des Verwaltungsakts

(1) **Ein Verwaltungsakt muss inhaltlich hinreichend bestimmt sein.**

(2) [1] **Ein Verwaltungsakt kann schriftlich, elektronisch, mündlich oder in anderer Weise erlassen werden.** [2] **Ein mündlicher Verwaltungsakt ist schriftlich zu bestätigen, wenn hieran ein berechtigtes Interesse besteht und der Betroffene dies unverzüglich verlangt.**

(3) [1] **Ein schriftlich oder elektronisch erlassener Verwaltungsakt muss die erlassende Behörde erkennen lassen.** [2] **Ferner muss er die Unterschrift oder die Namenswiedergabe des Behördenleiters, seines Vertreters oder seines Beauftragten enthalten; dies gilt nicht für einen Verwaltungsakt, der formularmäßig oder mit Hilfe automatischer Einrichtungen erlassen wird.** [3] **Ist für einen Verwaltungsakt durch Gesetz eine Schriftform angeordnet, so muss bei einem elektronischen Verwaltungsakt auch das der Signatur zugrunde liegende qualifizierte Zertifikat oder ein zugehöriges qualifiziertes Attributzertifikat die erlassende Behörde erkennen lassen.** [4] **Im Falle des § 87a Absatz 4 Satz 3 muss die Bestätigung nach § 5 Absatz 5 des De-Mail-Gesetzes die erlassende Finanzbehörde als Nutzer des De-Mail-Kontos erkennen lassen.**

Abs 3 Satz 4 angefügt durch G v 25.7.13 (BGBl I, 2749).

Schrifttum: *vor 2010 s 13. Aufl; Benkel,* Ist der Bestimmtheitsgrundsatz zu unbestimmt?, NZS 1997, 58; *Matthes,* Bekanntgabe eines Vorsteuervergütungsbescheids per E-Mail, EFG 16, 163; *Ortwald,* Elektronischer Steuerbescheid per einfacher E-Mail ?, DStR 17, 477;

Übersicht

1 **1. Überblick.** Die Vorschr postuliert für alle VA das **Gebot inhaltlicher Bestimmtheit** (Abs 1) und regelt abstrakt, in welcher **Form** (Abs 2 und 3) ein VA erlassen werden kann. § 37 VwVfG enthält ähnliche Regelungen, entspricht § 119 aber nach Wortlaut und Inhalt nicht vollständig. Die Neufassung der Vorschr durch das Dritte Gesetz zur Änderung verwaltungsrechtl Vorschriften v 21.8.2002 (BGBl I, 3322) zieht die Folgerungen aus dem bereits im Grundsatz durch § 87a ermöglichten elektronischen Erlass eines VA.

2 **2. Bestimmtheit (Abs 1). a) Allgemeines. Begriff. Bestimmtheit** bezeichnet die Eigenschaft eines sprachlichen Ausdrucks oder eines anderen kommunikativen Akts (Bezeichnung), das Bezeichnete verständlich, im besten Falle unmissverständlich zum Ausdruck zu bringen. Eine Bezeichnung ist bestimmt, wenn sie für alle Sprachkundigen hinreichend eindeutig verständlich macht, was durch sie bezeichnet werden soll. Bestimmtheit kann mehr oder weniger erfüllt sein; sie ist kein klassifizierender, sondern ein qualifizierender Zusammenhang. Das sprachliche Urteil über die Bestimmtheit bringt zum Ausdruck, ob der Zusammenhang (in hinreichendem Maße) besteht.

3 **Anwendungsbereich.** Abs 1 gilt nur für **VA,** einschl der **Nebenbestimmungen** nach § 120 (BFH BStBl 86, 38). VA ist auch die Einspruchsentscheidung (§ 118 Rz 42; BFH/NV 15, 466). Auf sonstige Erklärungen der FinBeh (zB privatrechtliche Willenserklärungen wie die Aufrechnung, vgl § 118 Rz 20) findet sie keine Anwendung (BFH/NV 90, 141). Das bedeutet nicht, dass diese nicht hinreichend bestimmt sein müssen. Ähnliche allg Anforderungen ergeben sich schon aus dem allg **Rechtsstaatsprinzip** (Art 20 III GG; dazu BVerwG NVwZ 12, 1413).

4 **Zweck.** Das Erfordernis inhaltlicher Bestimmtheit des VA dient der **Rechtsklarheit und Rechtssicherheit** und dem **Schutz des Adressaten.** Es soll ua

bewirken, dass der Betroffene sicher erkennen kann, dass er betroffen ist und was von ihm verlangt, bzw welcher Sachverhalt ihm ggü wie besteuert oder geregelt wird (vgl BFH BStBl 95, 903). Zumindest mittelbar wird damit auch der **Nichtbetroffene** geschützt; auch er muss hinreichend sicher erkennen können, dass er nicht gemeint ist.

b) Gegenstand. Abs 1 verlangt inhaltliche Bestimmtheit. Es kommt insofern auf den **Inhalt des VA** an. Gemeint ist der „verfügende Teil" iSv § 122 IV 1. Nach der Rspr muss der VA bestimmt, unzweideutig und vollständig den Willen der Behörde zum Ausdruck bringen und damit ua auch klar erkennen lassen, an wen er sich richtet (BFH GrS BStBl 86, 230). Zum „Inhalt" des VA, der den Anforderungen von Abs 1 an die hinreichende Bestimmtheit genügen muss, gehören deshalb (1) der **Adressat** (Rz 12 ff), (2) der **Ausspruch** (Rz 34 ff) und (3) etwaige **Nebenbestimmungen** (§ 120; Rz 50 ff). 5

Nicht zum Inhalt iSd Vorschr gehören (im Gegenschluss) grds die Angabe der erlassenden Behörde (Rz 56), die **Begründung,** die **Rechtsbehelfsbelehrung** und sonstige Angaben, wie zB die **Datumsangabe** (BFH BStBl 09, 185). Selbst das Fehlen einer Datumsangabe auf dem VA hat keine Auswirkungen auf die Rechtmäßigkeit (BFH/NV 88, 72; vgl auch § 157 Rz 15). Welche Anforderungen insofern an die rechtsstaatlich erforderliche Bestimmtheit zu stellen sind, muss sich aus den allg Grds ergeben (Rz 3). 6

c) Maßstab. Die Bestimmtheit muss **„hinreichen".** Einen konkreten Maßstab für die hinreichende inhaltliche Bestimmtheit des VA liefert die Norm nicht. Welches Maß an Bestimmtheit letztlich als hinreichend angesehen werden kann, muss deshalb unter Berücksichtigung des Zwecks der Vorschrift (Rz 4), des jeweiligen Inhalts des VA, der Steuerart und den Umständen des Einzelfalls bestimmt werden (BFH/NV 95, 489; 06, 902; 07, 1273). 7

d) Auslegung. Zweifel an der hinreichenden Bestimmtheit eines VA können durch Auslegung behoben werden. Es genügt, wenn der Inhalt des VA auf diese Weise **bestimmbar** ist. Ein VA ist dann nicht hinreichend bestimmt, wenn auch durch Auslegung nicht geklärt werden kann, wie er zu verstehen ist (vgl BFH BStBl 74, 118). Auslegung ist ein allg anerkanntes regel- und methodengeleitetes Verfahren der semantischen Analyse, welches – richtig angewandt – trotz gewisser Spielräume keinen durchgreifenden Bestimmtheitsbedenken unterliegt. 8

Die Auslegung setzt voraus, dass der VA **objektiv mehrdeutig** und daher auslegungsfähig und auslegungsbedürftig ist (BFH/NV 00, 170). Ist der VA eindeutig, kommt eine Auslegung grds nicht in Betracht, sondern es gilt das Erklärte. Bei der Auslegung sind die §§ 133, 157 BGB entsprechend anzuwenden (BFH BStBl 10, 476). Entscheidend ist das **Erklärte,** nicht das Gewollte. Es kommt dabei weder auf das Verständnis des Empfängers, noch auf den Willen des Erklärenden an. Maßgebend ist der **objektive Empfängerhorizont.** Er wird normativ, nicht empirisch bestimmt. Es kommt darauf an, wie der Empfänger das Erklärte nach den ihm bekannten Umständen unter Berücksichtigung von Treu und Glauben verstehen durfte (vgl BFH BStBl 97, 339; 07, 96; 10, 476; BFH/NV 08, 1435, vgl auch BVerwG NVwZ 12, 1413). Unerheblich ist hingegen, wie dieser die Erklärung tatsächlich verstanden hat. Bei der Auslegung ist nicht allein auf den Tenor abzustellen, sondern auch auf den materiellen Regelungsgehalt einschl der Begründung (BFH BStBl 09, 745; 10, 429). Auch **außerhalb des Bescheids liegende Umstände** können bei dessen Auslegung berücksichtigt werden. Insoweit kommt es auf den Zeitpunkt der Bekanntgabe an. Umstände, die erst danach ein- oder zutage treten, können bei der Auslegung grds nicht berücksichtigt werden (BFH/NV 89, 758). **Im Zweifel** ist das den Betroffenen weniger belastende Auslegungsergebnis vorzuziehen (BFH BStBl 82, 34; 97, 339; BFH/NV 89, 758; 01, 1003; 09, 437). 9

e) Rechtsfolgen. § 119 sieht keine Rechtsfolge vor. Folge mangelnder Bestimmtheit des VA kann dessen **Nichtigkeit** sein (BFH/NV 87, 19; 10, 1606; 16, 10

637). Das ist der Fall, wenn es sich zugleich um einen besonders schwerwiegenden und offenkundigen Mangel iSv § 125 handelt. Dies kann nur im Einzelfall beurteilt werden (BFH BStBl 89, 12, 220; vgl § 125 Rz 3). IÜ führt die mangelnde Bestimmtheit zur **Anfechtbarkeit** des VA. Sie kann auch zur Folge haben, dass die **Vollstreckung** unzulässig ist, denn die inhaltliche Bestimmtheit ist Voraussetzung für die Vollziehbarkeit des VA.

12 **3. Inhaltsadressat. a) Allgemeines.** Aus dem VA muss sich hinreichend eindeutig ergeben, wer von seinem Inhalt betroffen sein soll. Das ist der Beteiligte, an den die FinBeh den VA richten will oder gerichtet hat (§ 78 Nr 2), bzw derjenige, für den er (inhaltlich) **bestimmt** ist (§ 122 I 1, § 124 I 1). Bei Steuerbescheiden ist dies der StSchuldner (§ 157 I 2), bei Feststellungsbescheiden der Feststellungsbeteiligte, gegen den sich die Feststellung richtet (§ 181 I 1 iVm § 157 I 2; BFH BStBl 16, 637). Diese Person wird als Inhaltsadressat bezeichnet (BFH BStBl 06, 287; 06, 404). Das muss nicht die Person sein, der der VA wirksam bekanntgegeben werden kann (sog **Bekanntgabeadressat;** vgl § 122 Rz 20) oder die das Schriftstück tatsächlich in Empfang nimmt **(Empfänger).** Für beide ist § 119 grds ohne Bedeutung. Nur die **Bezeichnung des Inhaltsadressaten** im VA ist an § 119 I zu messen, denn nur die Frage, gegen wen er sich inhaltlich richtet, gehört zum Inhalt des VA, auf den sich die Bestimmtheitsanforderungen des § 119 beziehen (Rz 5).

13 **Ausgewählter Inhaltsadressat.** § 119 verlangt nicht, dass die FinBeh den Inhaltsadressaten richtig bestimmt hat, sondern nur, dass der von der FinBeh ausgewählte Inhaltsadressat im VA hinreichend bestimmt ist. Dabei kann es sich um den richtigen Inhaltsadressaten handeln. Das ist derjenige, der vom Inhalt des VA betroffen sein soll, zB weil er den Sachverhalt verwirklicht hat, an den das Gesetz die Entstehung der Steuer knüpft (§ 38). Die FinBeh kann jedoch auch einen Fehler begehen, indem sie als Inhaltsadressat eine Person auswählt, die von dem Inhalt des VA nicht betroffen sein soll, zB weil sie keinen Besteuerungstatbestand verwirklicht hat (**Auswahlfehler;** vgl auch § 179 Rz 19). § 119 verlangt in diesem Fall nur, dass der (unzutr) ausgewählte Inhaltsadressat im VA hinreichend bezeichnet wird. Ist das der Fall, leidet der VA jedenfalls nicht an einem Bestimmtheitsmangel im Hinblick auf die Bezeichnung des Inhaltsadressaten. Die unzutr Auswahl des Inhaltsadressaten führt zur materiellen Rechtswidrigkeit des VA, denn sie betrifft seine inhaltliche Richtigkeit (Rz 5).

14 Diese Auslegung ergibt sich aus dem Charakter der Norm als **allg Verfahrensvorschr** (vgl Überschrift zum 3. Teil der AO). Während die Auswahl des richtigen Inhaltsadressaten eine materiell-rechtl Entscheidung darstellt, weil sie den Inhalt des VA beeinflusst, kann im Verfahren nicht mehr verlangt werden, als dass die bereits getroffene inhaltliche Entscheidung formell korrekt vollzogen wird. Die Auslegung, dass nur der ausgewählte Inhaltsadressat (und nicht etwa der richtige Inhaltsadressat) im VA hinreichend bestimmt bezeichnet sein muss, lässt sich auch auf **§ 122 I 1** stützen. Danach ist der VA demjenigen Beteiligten bekannt zu geben, für den er bestimmt ist. Das ist ebenfalls der vom FA ausgewählte und nicht der richtige Inhaltsadressat (vgl § 122 Rz 22).

15 Der **BFH** geht in stRspr von etwas anderem aus. Er prüft, ob der richtige Inhaltsadressat im Bescheid hinreichend bestimmt bezeichnet worden ist und verneint dies, wenn eine andere Person als der richtige Inhaltsadressat im Bescheid bezeichnet ist oder wenn der Bescheid gegen eine nicht oder nicht mehr existierende Person gerichtet ist. Wegen eines prinzipiell unheilbaren Bestimmtheitsmangels gelangt der BFH in diesen Fällen regelmäßig zur Nichtigkeit des Bescheids (vgl nur BFH/NV 10, 1606).

17 **b) Bezeichnung des Inhaltsadressaten.** Im VA muss der Inhaltsadressat als solcher hinreichend bestimmt sein. Das erfordert zum einen die hinreichend bestimmte Bezeichnung der Person oder des Rechtssubjekts, das vom Inhalt des VA betroffen sein soll. Zum andern muss sich aus dem VA ergeben, dass die

so bezeichnete Person vom Inhalt des Bescheids betroffen sein soll, dh dass sich die Rechtsfolgeanordnung gegen sie und nicht gegen eine andere Person richtet.

Bezeichnung der Person oder des Rechtssubjekts. Natürliche Personen werden idR durch die Angabe von **Vor- und Zuname** und notfalls weiterer Angaben bezeichnet. Bei juristischen Personen und Personenhandelsgesellschaften genügt idR die Angabe der mit Unterscheidungskraft versehenen **Firma.** Bei der **BGB-Gesellschaft** und anderen nicht rechtsfähigen Personenvereinigungen ist zur Bezeichnung der Gesellschaft oder Gemeinschaft (als Inhaltsadressat) mangels Firma grds die Angabe aller Gesellschafter oder Mitglieder erforderlich (BFH/NV 93, 702), bei der BGB-Gesellschaft mit dem Zusatz GbR. Hat sich die GbR allerdings für ihre Teilnahme am Rechtsverkehr einen ihrer Identifizierung dienenden **Namen** (nicht registrierte Firma) zugelegt, so reicht es aus, wenn sie im Steuerbescheid mit diesem Namen bezeichnet und eine Verwechslung ausgeschlossen ist (BFH BStBl 87, 325; BFH/NV 93, 702; 98, 1523). Eine **Erbengemeinschaft** wird – mangels eigener Rechtsfähigkeit – grds durch den Namen des Erblassers und die Namen der einzelnen Miterben bezeichnet (BFH BStBl 73, 372; AEAO zu § 122 Nr. 2.4.1.3). Ob eine Verwechslung ausgeschlossen ist, kann letztlich nur im konkreten Einzelfall beurteilt werden. Die Angabe lediglich der Steuernummer (leeres Adressfeld) genügt nicht (BFH BeckRS 2017, 142092). 18

Bezeichnung als Inhaltsadressat. Aus dem VA muss sich ferner ergeben, dass die bezeichnete Person diejenige ist, die von seinem Inhalt betroffen sein soll. Sind mehrere Personen im VA bezeichnet (zB Inhalts- und Bekanntgabeadressat), muss klar sein, welche von ihnen Inhalts- und welche Bekanntgabeadressat sein soll. Fehlt es daran, ist der Bescheid zu unbestimmt. 19

Rechtsnachfolge. Die Angabe, dass eine Person als Rechtsnachfolger in Anspruch genommen wird, ist dagegen im Hinblick auf die Bestimmtheit des VA nicht erforderlich. Die Person ist auch ohne diesen Zusatz eindeutig bezeichnet. Der Hinweis auf die Stellung als Rechtsnachfolger gehört zur Begründung des Bescheids (aA BFH/NV 16, 726 mwN). 20

c) Nicht oder nicht mehr existierende Person. Ist ein VA an eine nicht oder nicht mehr existierende Person (Steuersubjekt) gerichtet, liegt idR **kein Bestimmtheitsproblem** vor, sofern die nicht oder nicht mehr existierende Person im VA als Inhaltsadressat eindeutig bezeichnet ist. Die gegenteilige Auffassung des BFH, wonach der Bescheid idR mangels Bestimmtheit nichtig ist, selbst wenn er dem Gesamtrechtsnachfolger zugeht und von diesem als ihn betr verstanden wird (BFH BStBl 06, 404; BFH/NV 08, 1289; 10, 1606), überzeugt nicht. Das Bestimmtheitserfordernis bezieht sich nur auf die Bezeichnung des vom FA ausgewählten Inhaltsadressaten (Rz 13). Bei Eindeutigkeit der Bezeichnung (der als Inhaltsadressat ausgewählten Person) liegt der Fehler vielmehr darin, dass die falsche Person als Inhaltsadressat ausgewählt worden ist. Da eine Bekanntgabe an eine nicht oder nicht mehr existierende Person nicht in Betracht kommt, kann der VA keine Wirkung entfalten und bleibt schon mangels Bekanntgabe nichtig (§ 122 Rz 30). IÜ führt ein Fehler bei der Auswahl des richtigen Inhaltsadressaten zur materiellen Rechtswidrigkeit des VA (Rz 13). 22

Die Bestimmtheit kann jedoch problematisch sein, wenn (bei Mehrdeutigkeit der Bezeichnung) eine Auslegung möglich erscheint, bei der die FinBeh trotz subjektiv unzutr Auswahl des Inhaltsadressaten nach Maßgabe der Erklärungstheorie (Rz 8) den richtigen Inhaltsadressaten (ohne dies zu wollen) noch hinreichend bestimmt bezeichnet hat (vgl BVerwG NVwZ 12, 1413). Dabei muss man jedoch darauf achten, nicht in einen Argumentationszirkel zu geraten: Soll die mangelnde Eindeutigkeit (Mehrdeutigkeit) der Bezeichnung des Inhaltsadressaten Ausgangspunkt und Voraussetzung für die Auslegung des VA sein, so kann das Ergebnis dieser Auslegung, mit dem ja die Mehrdeutigkeit der Bezeichnung beseitigt wer- 23 den soll (Rz 8), kaum seinerseits wegen Unbestimmtheit Anlass für eine Bestimmtheitsprüfung sein.

25 **d) Mehrere Personen.** Sind in einem zusammengefassten VA (§ 155 III) mehrere Personen **als Inhaltsadressaten** bezeichnet, kommt es auf die Vollständigkeit der Angaben nicht an. Die Vollständigkeit der Bezeichnung ist keine Frage der Bestimmtheit. Die inhaltliche Bestimmtheit ist vielmehr für jede einzelne Bezeichnung getrennt zu beurteilen (BFH BStBl 88, 410; 01, 381, BFH/NV 15, 808). Ein VA ist deshalb nicht insgesamt nichtig, wenn in ihm nicht sämtliche Adressaten bezeichnet sind (BFH/NV 97, 331; 10, 818) oder einzelne Adressaten nicht hinreichend bestimmt bezeichnet sind. Ist der Steuerbescheid bei Zusammenveranlagung auch an den bereits verstorbenen Ehemann gerichtet, berührt dies die Bestimmtheit hinsichtlich der Ehefrau nicht (BFH/NV 15, 808), wohl aber die des Rechtsnachfolgers. Hierzu enthält **§ 182 III** eine Sonderregel: Ist in einem Feststellungsbescheid ein Inhaltsadressat unrichtig bezeichnet worden, weil Rechtsnachfolge eingetreten ist, kann dies durch besonderen Bescheid ggü dem Betroffenen (Rechtsnachfolger) berichtigt werden (§ 182 III; s dort Rz 20 ff).

27 **e) Auslegung.** Wer Inhaltsadressat eines VA ist, kann im Zweifel durch Auslegung bestimmt werden (BFH BStBl 06, 287; BFH/NV 13, 182; Rz 9). Voraussetzung für die Auslegung ist, dass die Bezeichnung des Inhaltsadressaten objektiv mehrdeutig ist (BFH/NV 08, 1289). Eine Auslegung ist deshalb nicht möglich, wenn die Bezeichnung des Inhaltsadressaten **eindeutig falsch** ist (BFH/NV 10, 1606; 17, 475). Die Maßstäbe dürfen indes nicht überspannt werden (BFH/NV 93, 218; 95, 1042); Formalismus und Wortklauberei sind unangebracht (BFH BStBl 16, 637). Entscheidend ist, ob es für den Betroffenen erkennbar ist, dass das FA von ihm als StSchuldner ausgeht und der Bescheid deshalb an ihn gerichtet ist (BFH BStBl 12, 634; BFH/NV 15, 288). Der Betroffene muss sicher erkennen können, dass er betroffen sein soll und kein anderer.

28 **Bei der Auslegung,** für wen der VA bestimmt ist, können auch die Begründung und etwaige Anlagen zum Bescheid herangezogen werden (BFH BStBl 86, 834; 92, 784; 08, 744), ebenso vorangegangene Bescheide (BFH BStBl 91, 120) oder ein in Bezug genommener Betriebsprüfungsbericht (BFH BStBl 06, 287; BFH/NV 08, 1984). Die Auslegung muss aber einen Anhalt in der bekannt gegebenen Regelung haben (BFH BStBl 86, 293; BFH/NV 92, 784). Bei einem einheitlichen Feststellungsbescheid reicht es aus, dass sich die Bezeichnung der Feststellungsbeteiligten aus einer Anlage zum Bescheid, den Erläuterungen oder einem in Bezug genommenen Bericht über eine Ap ergibt (BFH BStBl 16, 637).

29 **Einzelheiten.** Eine offensichtliche Fehlbezeichnung schadet nicht, wenn für alle Beteiligten eindeutig erkennbar ist, wer gemeint sein soll (*falsa demonstratio non nocet*). Eine fehlerhafte Schreibweise des Namens des Inhaltsadressaten oder unrichtige Angaben zum Wohnort udgl machen den VA nicht nichtig, wenn ansonsten kein Zweifel besteht, wer gemeint ist. Der an ein mit Familien- und Vornamen bezeichnetes Ehepaar gerichteter VA ist trotz der Verwechslungsgefahr mit dem namensgleichen Sohn und der irrtümlichen Kennzeichnung des Vaters als jun hinreichend bestimmt, wenn der Sohn unzweideutig erkennbar als Adressat ausscheidet (BFH/NV 89, 613). Ein Bescheid ist auch dann wirksam, wenn in ihm der Vorname des Stpfl nur mit einem von zwei Vornamen angegeben ist, für den Adressaten aber zweifelsfrei feststeht, wer gemeint ist (BFH/NV 00, 551). Unschädlich ist, wenn im Anschriftenfeld zwar eine nicht mehr bestehende PersGes genannt ist, sich aus dem Bescheid aber die weiteren Angaben über die Gesellschafter entnehmen lassen (BFH/NV 86, 647; 08, 2039). Bei der Bekanntgabe an einen Bevollmächtigten muss aus dem Bescheid selbst hervorgehen, wer StSchuldner und wer Vertreter ist (BFH BStBl 70, 826).

30 Der Inhaltsadressat eines **Steuerbescheids** ist nicht hinreichend bestimmt, wenn nicht zweifelsfrei ersichtlich ist, ob der im Anschriftenfeld genannte Adressat als

StSchuldner oder als Bekanntgabeadressat für einen Dritten angesprochen werden sollte (BFH/NV 92, 784). Ein **Feststellungsbescheid** ist mangels Bestimmtheit unwirksam, wenn zur Kennzeichnung der Adressaten auf bestimmte Textziffern eines dem Bescheid nicht beigefügten Fahndungsberichts verwiesen oder pauschal auf den Inhalt eines Außenprüfungsberichts oder auf eine Vielzahl von Textziffern eines Außenprüfungsberichts Bezug genommen wird (BFH/NV 92, 73; vgl auch BFH/NV 95, 303). Eine **Prüfungsanordnung** ist nichtig, wenn sie gegen eine Grundstücksgemeinschaft gerichtet ist und die einzelnen Mitglieder nicht erkennen lässt (BFH/NV 88, 3) oder wenn nicht hinreichend klar ist, ob der Adressat nur Bekanntgabeempfänger ist oder als Inhaltsadressat die Prüfung zu dulden hat (BFH BStBl 89, 590). Dagegen ist eine Prüfungsanordnung, die sich an die namentlich bezeichneten Beteiligten einer Bauherrengemeinschaft richtet und die gesonderte und einheitliche Feststellung von Einkünften aus VuV sowie USt betrifft, hinreichend bestimmt (BFH BStBl 91, 120). Eine gesonderte und einheitliche Feststellung des Grundbesitzwerts für Zwecke der ErbSt ist nichtig, wenn als Inhaltsadressat die „4 E Erbengemeinschaft" bezeichnet wird (BFH BStBl 16, 637).

f) Rechtsfolge. Lässt ein Bescheid den Schuldner nicht erkennen oder bezeichnet er ihn so ungenau, dass Verwechslungen nicht ausgeschlossen sind, kann er wegen inhaltlicher Unbestimmtheit nicht befolgt werden und ist **unwirksam** (BFH/NV 95, 862; BStBl 06, 287). Kann auch durch Auslegung anhand der dem Betroffenen bekannten Umstände nicht hinreichend sicher bestimmt werden, wer Inhaltsadressat sein soll, ist der VA grds nichtig (BFH/NV 01, 410; 10, 1606). Die mangelnde Bestimmtheit der Bezeichnung des Inhaltsadressaten kann grds **nicht geheilt** werden, auch nicht durch Richtigstellung im weiteren Verfahren, zB in der Einspruchsentscheidung (BFH BStBl 16, 637) oder dadurch, dass sich der Empfänger (zu Recht) als Adressat angesehen hat (BFH BStBl 93, 174; BFHE 145, 110; BFH/NV 93, 218; 95, 862). Die Berufung auf die mangelnde inhaltliche Bestimmtheit des VA kann aber uU **treuwidrig** sein (BFH BStBl 93, 174; BFH/NV 95, 862). 32

4. Ausspruch. a) Allgemeines. Ausspruch ist der **Regelungsteil** des Bescheids. Zu ihm gehören die Überschrift und der Tenor (Entscheidungssatz; vgl BFH BStBl 83, 472; 517; 84, 362; 85, 581). Der Ausspruch muss hinreichend bestimmt sein. Einem VA muss sein Regelungsinhalt **eindeutig** zu entnehmen sein (BFH BStBl 09, 754; 10, 476). Der VA muss den Willen der Behörde vollständig und **unmissverständlich** wiedergeben, sodass der Inhaltsadressat erkennen kann, was von ihm verlangt wird (vgl BFH/NV 05, 2157). Für die **Auslegung** des VA (Rz 8) im Hinblick auf die inhaltliche Bestimmtheit seines Regelungsinhalts gilt im Grds nichts Besonderes. Voraussetzung für die Auslegung ist, dass der Regelungsinhalt objektiv mehrdeutig und deshalb auf den ersten Blick nicht eindeutig ist. Bei der Auslegung von Überschrift und Tenor sind die Begründung und die beigefügten, jedenfalls die angeheftete Anlagen heranzuziehen (vgl BFH BStBl 08, 487). 34

Der Regelungsinhalt darf insbes **nicht widersprüchlich** sein. Ein inhaltlicher Widerspruch kann innerhalb eines Bescheids bestehen. Schließen sich der Tenor und die Begründung eines VA gegenseitig aus, so ist der Bescheid nicht hinreichend bestimmt, zB wenn im Tenor der ArbG als Haftender in Anspruch genommen wird, in der Begründung aber auf die Festsetzung einer pauschalen LSt abgehoben wird (BFH BStBl 85, 581; BFH/NV 86, 517). Ein Widerspruch kann auch zwischen mehreren Bescheiden bestehen. Das ist zB der Fall, wenn in derselben Angelegenheit zwei inhaltlich divergierende VA bekannt gegeben werden, ohne dass in dem **Zweitbescheid** etwas über das Schicksal des ersten Bescheids gesagt wird. In diesem Fall ist für den Betroffenen nicht erkennbar, welcher Bescheid für ihn gelten soll. Der zweite Bescheid ist deshalb nichtig (BFH BStBl 01, 662; BFH/NV 11, 1541), es sei denn der Adressat musste den zweiten Bescheid so verstehen, dass dadurch der erste Bescheid ersetzt werden sollte (BFH/NV 13, 1907). Zwei Prüfungsanordnungen, die sich inhaltlich nicht widersprechen, sind 35 (beide) nicht nichtig, auch wenn sie vorübergehend gleichzeitig bestehen (BFH BStBl 14, 232).

36 Ob der bezeichnete Regelungsinhalt des VA **rechtmäßig,** also mit dem materiellen Recht vereinbar ist, berührt die Frage der Bestimmtheit nicht. Es ist nur erforderlich, dass der Betroffene (Rz 12 ff) eindeutig erkennen kann, was von ihm verlangt wird.

38 **b) Fallgruppen, Verbindung.** Mehrere Regelungen können grds in einem VA miteinander verbunden werden (§ 118 Rz 31; BFH/NV 92, 151), sie müssen aber jeweils für sich selbst bestimmt genug sein. Ob die Bestimmtheit beeinträchtigt wird, hängt von den Umständen des Einzelfalls ab (BFH/NV 15, 1073). Eine unaufgegliederte Zusammenfassung mehrerer Steuerfälle (SchenkSt) in einem Bescheid führt zur Unbestimmtheit und Nichtigkeit des Bescheids, wenn nicht ausnahmsweise eine differenzierte Festsetzung der SchenkSt für jeden einzelnen Vorgang verzichtbar ist (vgl BFH BStBl 07, 472; 08, 46; BFH/NV 99, 1091; 05, 993; 14, 716). Geht das FA irrtümlich davon aus, es liege eine einheitliche Zuwendung vor, ist der Bescheid nicht wegen mangelnder Bestimmtheit nichtig (BFH BStBl 10, 463). Ein **GrESt-Bescheid** ist nicht deshalb unwirksam, weil er mehrere durch einen Vertrag zu einem einheitlichen Kaufpreis erworbene Grundstücke in einem einheitlichen zusammengefassten Bescheid erfasst, wenn sich durch Bezugnahme auf den Kaufvertrag ergibt, für welche Erwerbsvorgänge die aus dem Gesamtkaufpreis festgesetzte Steuer erhoben worden ist (BFH BStBl 96, 162; 08, 487; DStR 17, 1203). Ein GrESt-Bescheid, der an beide Eheleute gerichtet ist, genügt nicht dem Erfordernis der hinreichenden Bestimmtheit, wenn die Eheleute das Grundstück zu gemeinschaftlichem Eigentum (je zu $^1/_2$ Anteil) erworben haben. Die Eheleute sind keine Gesamtschuldner, sodass sich dem Bescheid nicht mit hinreichender Bestimmtheit entnehmen lässt, welcher Ehegatte mit welchem Betrag Schuldner der in einem Betrag festgesetzten Steuer ist (BFH BStBl 95, 174; BFH/NV 95, 438; 96, 196; ähnlich zur Zweitwohnungsteuer FG Brem EFG 96, 307). Bei einer Mehrheit von zu berichtigenden Bescheiden muss angegeben werden, welcher Bescheid wie geändert wird.

39 **Haftung und Schuld.** Ein Haftungsbescheid ist nicht hinreichend bestimmt, wenn er nicht erkennen lässt, ob der Adressat als Haftungsschuldner oder als StSchuldner in Anspruch genommen wird (BFH/NV 91, 497; 95, 576). Bei der **Nacherhebung von Lohnsteuer** (zur Bestimmtheit eines LSt-Pauschalierungsbescheids s BFH BStBl 91, 488) muss klar zwischen der Inanspruchnahme als Haftender und als Schuldner der pauschalen LSt unterschieden werden. Eine unklare Trennung kann zur Unwirksamkeit eines zusammengefassten Bescheids führen (vgl BFH BStBl 83, 472; 84, 362; 85, 266; 85, 664). Enthält ein LSt-Nachforderungsbescheid zugleich Rückforderungen aufgrund geänderter Arbeitnehmerveranlagungen und Nachforderungen wegen nicht vorschriftsmäßigen LSt-Abzugs, genügt es für die Bestimmtheit, wenn sich aus dem Verfügungssatz des Bescheids die Nachforderung nach Betrag und Steuerart ergibt. Wie sich die Nachforderung errechnet, betrifft nicht die Bestimmtheit des Bescheids sondern die Begründung (BFH BStBl 92, 565).

40 **Testamentsvollstrecker.** Bei einem ErbStBescheid führt der fehlende Hinweis darauf, dass der Bescheid dem Testamentsvollstrecker in dieser Eigenschaft bekannt gegeben wird, nicht zur Nichtigkeit des Bescheids, wenn sich die Stellung als Bekanntgabeadressat aus seiner allen Beteiligten bekannten Testamentsvollstreckereigenschaft ergibt und er unter keinen denkbaren Umständen als StSchuldner des mit dem Bescheid erfassten Erwerbs in Betracht kommt (BFH/NV 98, 855). Ein an den Testamentsvollstrecker gerichteter Schenkungsteuerbescheid für Schenkungsteuerschulden des Erblassers mit dem Zusatz „als Testamentsvollstrecker und Zustellungsvertreter der Erben nach …" ist allerdings inhaltlich zu unbestimmt, weil er nicht erkennen lässt, ob durch den Steuerbescheid zulässigerweise (§ 45

AO, § 2213 BGB) ggü dem Testamentsvollstrecker eine Steuerschuld des Erblassers geltend gemacht oder ob ihm der Bescheid lediglich als Zustellungsbevollmächtigtem der Erben bekannt gegeben werden sollte (BFH BStBl 88, 120).

Angaben zum Sachverhalt. Gem § 157 I 2 müssen schriftliche Steuerbescheide die festgesetzte Steuer ihrer **Art** (ESt, KSt, GewSt etc) und dem **Betrag** nach bezeichnen. Werden Steuern für verschiedene Veranlagungszeiträume in einem Bescheid zusammengefasst, müssen auch die jeweiligen Jahre angegeben werden, weil es sich um verschiedene StFestsetzungen handelt (BFH BStBl 86, 42; vgl auch BFH/NV 93, 335). Insbes bei den **Verkehrssteuern,** die punktuell an einzelne steuerbare Sachverhalte anknüpfen (GrESt, ErbSt, SchenkSt), gehört dazu auch, dass aus dem Bescheid ersichtlich ist, welcher Sachverhalt (steuerbare Vorgang), bei zusammengefassten Bescheiden, welche Sachverhalte im Bescheid wie besteuert werden (BFH/NV 04, 1511; 07, 2379). Bei GrESt-Bescheiden ist die Angabe des zu besteuernden Erwerbsvorgangs unerlässlich (BFH BStBl 14, 536; FG Mster EFG 16, 1282, Rev BFH II R 27/16). Ein **Einheitswertbescheid** muss zweifelsfrei bestimmen, welche wirtschaftliche Einheit bewertet werden soll (FG Sachs BeckRS 2012, 96564). In diesen Fällen gehören die erforderlichen (tatsächlichen) Angaben zum Regelungsinhalt des VA (BFH BStBl 08, 46). Fehlende Angaben können deshalb nicht nach § 126 nachgeholt werden (FG Mster EFG 11, 1539). Bei den Ertragsteuern, für die nach dem Abschnittsprinzip die Steuer stets für alle steuerbaren Vorgänge eines bestimmten Zeitraums zusammengefasst ermittelt und festgesetzt wird, gilt dies nicht. 41

c) Einzelfälle, Abrechnungsbescheid. Die Anforderungen an die inhaltliche Bestimmtheit sind danach auszurichten, dass eine Klärung der im Einzelfall bestehenden Streitigkeit erreicht wird (BFH/NV 15, 954). Im Regelfall muss der Anspruch, der geklärt werden soll, ebenso wie in einem Steuerbescheid nach Art, Jahr und Betrag bezeichnet werden (BFH/NV 15, 946). Wenn die Höhe des Betrags unstreitig und daher bestimmbar ist, kann es ausreichen, wenn Steuerart und Jahr genannt werden (BFH BStBl 90, 523; zum notwendigen Inhalt eines Abrechnungsbescheids über eine Aufrechnung s BFH BStBl 97, 479). 44

Änderungsbescheid. Er muss (zumindest im Wege der Auslegung) den geänderten Bescheid erkennen lassen. Es muss also aus dem Bescheid ersichtlich sein, welcher Bescheid geändert werden soll (BFH/NV 07, 186; BStBl 13, 755). Der geänderte Bescheid muss aber nicht ausdrücklich bezeichnet sein (BFH/NV 09, 1958).

Arrestanordnung. Sie ist hinreichend bestimmt, wenn aus ihr zu entnehmen ist, in wessen Vermögen der dingliche Arrest angeordnet wird, die Vollstreckung welcher Geldforderung gesichert werden soll und wie hoch die Arrestsumme ist. Die Abgabeforderungen müssen nach der Steuerart und den ihnen zu Grunde liegenden Sachverhalten individuell bestimmt sein oder durch Auslegung bestimmbar sein. Die Aufteilung der Arrestsumme auf mehrere von der Arrestanordnung erfasste Geldforderungen nach verschiedenen Abgabearten oder nach den Einzelansprüchen verlangt das Gesetz dagegen nicht (FG Mchn EFG 85, 478).

Auskunftsersuchen. Im Auskunftsersuchen muss gem § 93 II 1 angegeben werden, über welchen Sachverhalt Auskunft erteilt werden soll (s dort Rz 33; vgl FG Nds EFG 13, 1979; 14, 99 jeweils zu Sammelauskunftsersuchen).

Billigkeitsentscheidung. Sie muss klar, eindeutig und widerspruchslos erkennen lassen, welche Rechtswirkungen sie entfalten soll. Ihr muss zu entnehmen sein, ob und in welchem Umfang von der an sich gesetzlich vorgesehenen StFestsetzung abgewichen worden ist. Dazu muss nicht die Steuer vor und nach der Billigkeitsmaßnahme angegeben werden. Es kann genügen, dass sich die abweichende StFestsetzung aus der Höhe der festgesetzten Steuer ermitteln lässt (BFH BStBl 16, 139).

Duldungsbescheid. Betrifft ein Duldungsbescheid mehrere Steuerschulden und Veranlagungszeiträume, sind die Angabe der Steuer, derentwegen die Anfechtung erfolgt, und eine Aufgliederung nach Art, Betrag und Erhebungszeitraum erforderlich (FG Mchn EFG 07, 327). Es muss außerdem der Gegenstand genau bezeichnet werden, dessen Rückgewähr begehrt wird. Die Bezeichnung des Anfechtungsgegenstands ist der Auslegung zugänglich (BFH/NV 01, 1003). Ein **Ergänzungsbescheid** muss die unentgeltliche Zuwendung, deren Höhe und das Jahr erkennen lassen (FG Nds EFG 12, 2181).

Erbschaftsteuer/Schenkungsteuer. Werden mehrere Erwerbe (Steuerfälle) in einem Bescheid besteuert, verlangt § 119 I neben der genauen Angabe, welche Lebenssachverhalte (Besteuerungstatbestände, Besteuerungszeiträume) besteuert werden sollen, für jeden Steuerfall auch eine gesonderte Festsetzung der Steuer (BFH/NV 14, 716). Fehlende Aufteilung führt zur Nichtigkeit des zusammenfassenden Bescheids (BFH DStR 17, 2606).

Gewerbesteuer. Unterhält ein Stpfl mehrere Gewerbebetriebe und sind deshalb mehrere GewSt-Messbescheide zu erlassen, genügt ein zusammengefasster Bescheid nicht den Bestimmtheitsanforderungen und ist nichtig, wenn sich daraus nicht ergibt, für welchen Betrieb welcher Messbetrag festgesetzt werden soll (BFH/NV 13, 1125).

Haftungsbescheide müssen die erlassende Behörde, den Haftungsschuldner und die Art der Steuer angeben, für die der Schuldner haften soll. Ein Haftungsbescheid ist dann inhaltlich hinreichend bestimmt, wenn für den Betroffenen erkennbar ist, was von ihm, auch der Höhe nach, verlangt wird (BFH/NV 09, 1964; 10, 8). Zur Auslegung eines Haftungsbescheids kann auch ein vorangegangener Betriebsprüfungsbericht herangezogen werden (BFH BStBl 06, 530). Allerdings stellt die Rspr an die Bestimmtheit eines Haftungsbescheids je nach dessen Art und nach den Umständen geringere Anforderungen als bei einem StBescheid (näher § 191 Rz 66ff). Eine **gegenständliche Haftungsbeschränkung** gem § 74 muss inhaltlich so bestimmt sein, dass sie dem Vollziehungsbeamten ohne weitere Feststellungen die Vollstreckung ermöglicht (FG Mster EFG 93, 423). Fehlt in einem Haftungsänderungsbescheid die Angabe zur (geänderten) Höhe der Haftung, ist der Bescheid nichtig (FG Ddorf EFG 17, 687, Rev BFH I R 13/17).

Kirchensteuer. Die Festsetzung einer Kirchensteuer ist nur dann hinreichend bestimmt, wenn sich aus dem StBescheid ergibt, für welche Konfessionszugehörigkeit Kirchensteuer erhoben wird (BFH BStBl 86, 42).

Prüfungsanordnung. In ihr muss der Zeitraum, auf den sich die Prüfung erstrecken soll, hinreichend bestimmt sein (BFH BStBl 86, 439). Ausreichend ist die Anordnung der Prüfung „für den nicht verjährten Zeitraum", und zwar auch dann, wenn die Prüfung anders als zunächst vorgesehen später als im Jahre ihrer Anordnung beginnt. Es ist hinreichend klar, dass sie sich dann auf den bei Prüfungsbeginn unverjährten Zeitraum erstreckt (BFH/NV 93, 515; 96, 457). Keine Unbestimmtheit, wenn der Prüfungszeitraum nicht mit den Wirtschaftsjahren übereinstimmt (FG Thür EFG 15, 1502 rkr).

Sammelauskunftsersuchen. Nach § 93 II 1 muss das FA in dem Auskunftsersuchen angeben, worüber Auskunft erteilt werden soll (Beweisthema) und ob die Auskunft für die Besteuerung des Auskunftspflichtigen oder für die Besteuerung anderer Personen angefordert wird; aus dem Auskunftsersuchen muss zweifelsfrei hervorgehen, auf welchen Sachverhalt es sich bezieht (BFH BStBl 16, 822).

Versicherungsteuer. Ein Nachforderungsbescheid über Versicherungsteuer ist hinreichend bestimmt, wenn ihm der Besteuerungszeitraum, die Höhe der Versicherungsentgelte sowie die Art der Versicherung, für die Versicherungsteuer nachzuentrichten ist, zweifelsfrei entnommen werden können (BFH II R 18/12 BStBl 15, 619).

Zweitbescheid. Ein Steuerbescheid, der für einen VZ ergeht, für den gegen denselben Steuerpflichtigen bereits ein Steuerbescheid ergangen ist, muss angeben, in welchem Verhältnis er zu dem zuvor ergangenen Bescheid steht; fehlt es daran, ist der Bescheid wegen mangelnder Bestimmtheit nichtig (BFH/NV 11, 1541; 13, 693; Rz 35).

d) Rechtsfolgen, Heilung. Lässt sich dem VA auch im Wege der Auslegung nicht hinreichend klar entnehmen, was verlangt werden soll, so ist er grds **nichtig,** weil er keinen vollziehbaren Inhalt hat (BFH BStBl 89, 220; BFH/NV 13, 1125), andernfalls anfechtbar. Die mangelnde Bestimmtheit kann nach h. M. auch nicht zB durch nachträgliche Klarstellung oder Konkretisierung im Einspruchsverfahren geheilt werden (vgl BFH/NV 92, 73; 93, 712; 96, 196). 46

5. Nebenbestimmungen. Nebenbestimmungen (§ 120) zum VA unterliegen hinsichtlich ihrer Bestimmtheit den Anforderungen des § 119 I. Für ihre Auslegung (Rz 9) gelten keine Besonderheiten. So ist zB der **Umfang der Vorläufigkeit** aus den Erläuterungen oder den sonstigen Umständen zu entnehmen (BFH/NV 02, 467; eingehend dazu auch BFH BStBl 08, 2; vgl aber auch FG SachsAnh EFG 09, 78). Das Gleiche gilt für die nach § 165 I 3 ebenfalls erforderliche Angabe des Grundes für die Vorläufigkeit (BFH/NV 07, 2379). Denn ein Verstoß gegen § 165 I 3 hat zwar die Rechtswidrigkeit des Bescheids, nicht aber die Nichtigkeit zur Folge, wenn der Umfang der Vorläufigkeit in sonstiger Weise hinreichend deutlich abgesteckt ist (BFH/NV 07, 2379; BFH/NV 02, 467 mwN; s näher § 165 Rz 31c). Ein Vorläufigkeitsvermerk, der keine Angabe zum Umfang der Vorläufigkeit enthält, ist nichtig, wenn der Stpfl den Umfang der Vorläufigkeit auch nicht aufgrund seines Verhaltens, aus der StErklärung oder dem Bescheid erkennen kann. Die Folge ist, dass der Vorläufigkeitsvermerk nicht zur Aufhebung oder Änderung des Bescheids berechtigt (BFH BStBl 08, 2). 50

Kommt das FA einer ihm vom FG gem § 100 II 2 und 3 FGO auferlegten Verpflichtung zur **Neuberechnung der Steuer** nach und ändert es den ursprünglichen StBescheid zugleich in einem anderen Punkt, so handelt es sich um einen StBescheid. Wenn das Klageverfahren in einem solchen Fall noch nicht abgeschlossen ist und das FA nicht von der Möglichkeit der formlosen Mitteilung des Ergebnisses der Neuberechnung nach § 100 III 3 HS 1 Gebrauch macht, kann es den Bescheid hinsichtlich der Neuberechnung der Steuer mittels einer **Bedingung** von dem Bestand des FG-Urteils abhängig machen. Verfährt das FA danach, ist der Bescheid hinreichend bestimmt (BFH BStBl 90, 747; aA FG RhPf EFG 93, 119; vgl auch BFH BStBl 90, 545). Eine solche Bedingung muss aber ausdrücklich in den Bescheid aufgenommen werden; anderenfalls ist der Bescheid unbedingt (BFH BStBl 91, 744; BFH/NV 94, 114; 01, 922). 51

6. Form des Verwaltungsakts (Abs 2). Abs 2 S 1 zählt abschließend die Formen auf, in denen ein VA erlassen werden kann, schreibt aber selbst keine Form vor. Formerfordernisse, insbes das Schriftformerfordernis, ergeben sich für Steuerbescheide, Feststellungsbescheide und Haftungsbescheide zB aus den §§ 157, 181 I, 184 I, 191 I, 366. Ein VA ergeht **schriftlich,** wenn die FinBeh ihren auf die Regelung eines Einzelfalles gerichteten Willen ggü den Beteiligten erstmals durch ein Schriftstück zum Ausdruck bringt (BFH/NV 05, 1180). **Elektronisch** ergeht ein VA, wenn er als elektronisches Dokument (zB E-Mail) übermittelt wird. Zulässig ist der elektronische Erlass eines VA im Rahmen des § 87a. Insbes muss der Empfänger einen Zugang hierfür eröffnet haben. **Mündlich** wird ein VA durch mündliche Mitteilung erlassen (zB die mündliche Mitteilung des Abgabenbetrags gem § 29a ZollV; BFH/NV 05, 1180), evtl auch die Aufforderung, eine Kassen-Nachschau (§ 146b) zu dulden (*Achilles* DB 18, 18; *Brinkmeier* GmbH-StB 18, 101). Formlos mögliche Bescheide können auch fernmündlich bekannt gegeben werden (BFH NJW 76, 1471). In **anderer Weise** (konkludent) erlassen werden VA zB in Form von Verkehrszeichen, Handzeichen, zB bei Heranwinken eines Fahrzeugs an der Grenze oder durch Zahlung von Kindergeld (vgl FG Mster EFG 13, 1774), zB bei der Anhebung des Kindergelds unter Verzicht auf einen schriftlichen Änderungsbescheid (§ 70 II 2 EStG). 53

54 **Bestätigung.** Der Betroffene kann nach Abs 2 S 2 verlangen, dass ein mündlicher VA schriftlich bestätigt wird. Bei VA, die auf andere Weise erlassen worden sind, kann eine Bestätigung nicht verlangt werden. Die Bestätigung kann im Rahmen des § 87a auch elektronisch erfolgen (s insbes § 87a IV). Für einen elektronischen VA kann eine schriftliche Bestätigung nicht verlangt werden. Das Verlangen muss **unverzüglich** (also ohne schuldhaftes Zögern, § 121 I 1 BGB) geäußert werden und es muss ein **berechtigtes Interesse** an der schriftlichen (oder elektronischen) Bestätigung bestehen. Das ist zB der Fall, wenn der Betroffene ggü Dritten oder ggü einer anderen Behörde den Erlass des VA nachweisen, den VA anfechten oder sich rechtl beraten lassen will. Bei elektronisch erlassenen VA kann der Empfänger selbst den Ausdruck vornehmen.

56 **7. Formale Mindestanforderungen (Abs 3). a) Allgemeines. Abs 3** konkretisiert im Anschluss an Abs 2 die formalen Mindestanforderungen an schriftlich oder elektronisch erlassene VA. Ob **§ 126 BGB** im Steuerverfahrensrecht zur Anwendung kommt, hat die Rspr bislang offen gelassen (vgl BFH BStBl 10, 1017). Schriftlich oder elektronisch erlassene VA müssen in allen Fällen die erlassende **Behörde** erkennen lassen (S 1), dh sie muss grds im VA **genannt** sein; es genügt nicht die Nennung der Gebietskörperschaft, der die Behörde angehört. Der Betroffene muss erkennen können, wer etwas von ihm verlangt. Zur Schriftform gehört idR die Unterschrift, bei der elektronischen Form die Namenswiedergabe; für formularmäßig oder automatisch erlassene VA gelten Ausnahmen (S 2). Die Schriftform für VA und andere Maßnahmen der FinBeh kann ersetzt werden durch die **elektronische Form** (§ 87a IV). Dem genügt ein elektronisches Dokument, das mit einer qualifizierten elektronischen Signatur versehen ist (§ 87a IV 2). Für elektronische VA enthält Abs 3 S 3 hierzu als lex specialis qualifizierte Anforderungen. Das der Signatur zugrunde liegende qualifizierte Zertifikat oder ein zugehöriges qualifiziertes Attributzertifikat muss ebenfalls die erlassende Behörde erkennen lassen. **Abs 3 S 4** (eingefügt durch G v 25.7.2013, BGBl I, 2749) ist inhaltsgleich mit § 87a IV 3 (BT-Drs 17/13139, 17); s Erläut bei § 87a Rz 5.

58 **b) Unterschrift, Namenswiedergabe.** Ein schriftlicher VA muss grds **unterschrieben** sein. Zur Unterschrift berechtigt sind der Behördenleiter, sein Stellvertreter oder ein Beauftragter (Rz 59). Ein elektronischer VA muss statt einer Unterschrift die Namenswiedergabe des Behördenleiters, seines Stellvertreters oder seines Beauftragten enthalten. Die für StBescheide vorgeschriebene Schriftform ist auch dann gewahrt, wenn dem Inhaltsadressaten zwar nur eine Kopie übersandt wird, sich aber aus handschriftlich angefügten Erläuterungen mit hinreichender Deutlichkeit ergibt, dass die übersandte Kopie Gültigkeit haben soll (BFH/NV 90, 345).

59 Wer **Beauftragter** ist, richtet sich (intern) nach dem Geschäftsverteilungsplan der Behörde. Die abschließende Zeichnung der StFestsetzung durch einen Beamten, der zur Mitwirkung bei der StFestsetzung berufen und grds zur Zeichnung ermächtigt ist, im Einzelfall aber seine verwaltungsintern geregelte **Zeichnungsbefugnis** überschreitet, beeinträchtigt nach der Rspr die Wirksamkeit des StBescheids nicht (BFH BStBl 81, 404; 87, 592). Deshalb ist die vom Sachgebietsleiter der Amtsbetriebsprüfungsstelle unterschriebene Prüfungsanordnung auch dann wirksam, wenn dieser nicht vom Vorsteher des FA beauftragt war, Prüfungsanordnungen zu erlassen (BFH BStBl 88, 233). Sachgebietsleiter und Sachbearbeiter eines FA gehören zum Kreis der Beamten, die zu behördlichen Handlungen im Bereich der StFestsetzung grds ermächtigt sind. Sie sind Amtswalter, deren Handlungen dem FA zugerechnet werden (§ 118 Rz 18). Ob die Befugnis tatsächlich besteht, ist für Außenstehende regelmäßig nicht zu erkennen und deshalb im Außenverhältnis unbeachtlich.

60 **c) Formularmäßig oder automatisch erlassene VAe.** Unterschrift oder Namenswiedergabe dürfen bei formularmäßig oder mit Hilfe automatischer Einrichtungen erlassener VAe fehlen. Die Regelung ist verfassungskonform (BVerfG

HFR 93, 201). Ein VA ergeht formularmäßig, wenn dabei ein auf den Fall passendes Formular verwendet und ohne wesentliche Änderung oder Ergänzung von Ermessenserwägungen ausgefüllt wird (BFH/NV 92, 788; 93, 399). Die Beifügung kurzer Erläuterungen in dem dafür auf dem Formular vorgesehenen Freiraum von wenigen Zeilen steht der Formularmäßigkeit nicht entgegen (BFH/NV 88, 3), ebenso nicht der handschriftlich beigefügte Hinweis auf den Fahndungsbericht und die Beifügung dieses Berichts als Anlage (FG Hbg EFG 92, 692) oder eine handschriftlich gefertigte Anlage zum Bescheid, die eine zusätzliche Begründung enthält (FG Ddorf EFG 98, 1670). Die Ergänzung durch die für eine Ermessensausübung maßgebenden Erwägungen ist dagegen für die Formularmäßigkeit schädlich (BFH BStBl 86, 169). Ebenso kann die im Einzelfall zu treffende Einspruchsentscheidung nicht formularmäßig erlassen werden (aA FG Nbg EFG 92, 647; vgl § 366 Rz 3). Ein VA ist noch mit Hilfe automatischer Einrichtungen erlassen, wenn er zunächst mit Hilfe automatischer Einrichtungen erstellt wird und die Behörde nachträglich nur unwesentliche maschinenschriftliche oder handschriftliche Änderungen vornimmt (BFH/NV 14, 294). Eine allg Ausnahmeregelung für **Massenverwaltungsakte** enthält die Vorschrift nicht.

d) Rechtsfolge. Ist die Unterschrift erforderlich (nicht entbehrlich), führt ihr Fehlen (Verstoß gegen § 157 I 1 iVm § 119 III 2) nicht zur Nichtigkeit (BFH/NV 13, 1061), sondern zur Rechtswidrigkeit des Bescheids (BFH/NV 90, 345; 92, 788; 93, 399). 62

§ 120 Nebenbestimmungen zum Verwaltungsakt

(1) **Ein Verwaltungsakt, auf den ein Anspruch besteht, darf mit einer Nebenbestimmung nur versehen werden, wenn sie durch Rechtsvorschrift zugelassen ist oder wenn sie sicherstellen soll, dass die gesetzlichen Voraussetzungen des Verwaltungsakts erfüllt werden.**

(2) **Unbeschadet des Absatzes 1 darf ein Verwaltungsakt nach pflichtgemäßem Ermessen erlassen werden mit**
1. **einer Bestimmung, nach der eine Vergünstigung oder Belastung zu einem bestimmten Zeitpunkt beginnt, endet oder für einen bestimmten Zeitraum gilt (Befristung),**
2. **einer Bestimmung, nach der der Eintritt oder der Wegfall einer Vergünstigung oder einer Belastung von dem ungewissen Eintritt eines zukünftigen Ereignisses abhängt (Bedingung),**
3. **einem Vorbehalt des Widerrufs**

oder verbunden werden mit
4. **einer Bestimmung, durch die dem Begünstigten ein Tun, Dulden oder Unterlassen vorgeschrieben wird (Auflage),**
5. **einem Vorbehalt der nachträglichen Aufnahme, Änderung oder Ergänzung einer Auflage.**

(3) **Eine Nebenbestimmung darf dem Zweck des Verwaltungsakts nicht zuwiderlaufen.**

Übersicht

1. Allgemeines. Die Vorschr entspricht **§ 36 VwVfG.** Sie regelt, unter welchen Umständen ein VA mit einer (inhaltlichen) Nebenbestimmung versehen 1 werden darf und definiert einzelne Nebenbestimmungen (Abs 2). Die Aufzählung in Abs 2 ist nicht abschließend. Der Begriff der Nebenbestimmung wird im Gesetz vorausgesetzt. Die **Zulässigkeit** einer Nebenbestimmung bestimmt sich danach, ob auf den Haupt-VA ein **Rechtsanspruch** besteht (Abs 1) oder ob er nach pflichtgemäßem **Ermessen** erlassen werden kann (Abs 2). Zu den Rechtsschutzmöglichkeiten gegen Nebenbestimmungen vgl Rz 11.

2 **Bestimmtheit.** Nebenbestimmungen müssen inhaltlich hinreichend bestimmt sein; für sie gilt § 119 (BFH BStBl 86, 38; § 119 Rz 50). Zweifel an der inhaltlichen Bestimmtheit einer Nebenbestimmung sind (soweit möglich) durch **Auslegung** zu beseitigen. Es gelten die allg Auslegungsgrundsätze (§ 119 Rz 9). Inhalt und Reichweite einer Nebenbestimmung richten sich nach dem objektiven, aus Empfängersicht durch Auslegung zu bestimmenden Erklärungswert des VA mit seiner Nebenbestimmung, der sich erschließt aus dem Gesamtinhalt der infrage stehenden Einzelfallregelung, einschl der hierzu gegebenen Begründung und der beigefügten Erläuterungen (BFH/NV 97, 547 mwN). Eine Nebenbestimmung muss sich aber in jedem Fall aus dem VA ergeben; entscheidend ist nicht, was das FA regeln wollte oder musste, sondern was tatsächlich geregelt worden ist (BFH/NV 11, 1289). Bei mangelnder Bestimmtheit der Nebenbestimmung ist idR Nichtigkeit der Nebenbestimmung anzunehmen (AEAO zu § 120 Nr 2). Die Rechtsfolgen im Hinblick auf den Hauptteil des VA richten sich nach § 125 IV.

3 **2. Gebundene Verwaltungsakte. Abs 1** regelt die Zulässigkeit von Nebenbestimmungen bei VA, auf deren Erlass ein Rechtsanspruch besteht (gebundener VA). Jede Nebenbestimmung schränkt den VA inhaltlich ein. Bei einem VA, auf den ein Rechtsanspruch besteht, sind Nebenbestimmungen deshalb nur zulässig, wenn sie entweder im **Gesetz zugelassen** sind oder die Nebenbestimmung sicherstellen soll, dass die gesetzl **Voraussetzungen** des VA **erfüllt** werden. **Beispiel:** Auflage, wonach der Betroffene innerhalb einer bestimmten Frist den Nachweis erbringen soll, dass er ein bestimmtes Wirtschaftsgut nicht veräußert hat. Unzulässig ist zB ein Widerrufsvorbehalt bei einer Unbedenklichkeitsbescheinigung nach § 22 I 1 GrEStG, weil auf die Erteilung der Bescheinigung bei Erfüllung der Voraussetzungen ein Rechtsanspruch besteht (BFH/NV 95, 1089). Abs 1 gilt auch für Steuerbescheide und Steuervergütungsbescheide, dürfte aber insoweit keine große Bedeutung haben. Gesetzlich zugelassene Nebenbestimmungen sind der Vorbehalt der Nachprüfung (§ 164), der Vorläufigkeitsvermerk (§ 165; BFH/NV 11, 1289) und die Sicherheitsleistung (§ 165 I 4). Die Vorschr ist grds auch anwendbar bei Ermessensverwaltungsakten, bei denen im Einzelfall der Ermessensspielraum so eingeengt ist, dass nur eine dem Antrag des Steuerpflichtigen entsprechende Entscheidung richtig ist (zum Widerrufsvorbehalt bei AdV s unten Rz 8).

4 **3. Ermessensentscheidungen. Abs 2** betrifft nicht nur VA zugunsten des Betroffenen, sondern auch belastende VA.

5 **Nr 1. Befristung.** Von der Frist kann der Beginn oder das Ende der mit dem VA angestrebten Rechtsfolgen abhängig gemacht werden. So kann die Bewilligung von Kindergeld befristet werden; darin liegt zwar eine teilweise Ablehnung des Antrags auf unbefristete Festsetzung, nicht jedoch die endgültige Ablehnung der Festsetzung für den nachfolgenden Zeitraum (BFH BStBl 15, 149).

6 **Nr 2. Bedingung** ist ein zukünftiges ungewisses Ereignis, von dessen Eintritt oder Ausbleiben die Rechtswirkungen des VA abhängen sollen. Eine aufschiebende Bedingung bewirkt, dass der VA zunächst schwebend unwirksam ist; tritt die Bedingung ein, wird er von Anfang an (ex tunc) wirksam (BVerwGE 29, 261). So stellt zB die Anforderung einer **Sicherheitsleistung bei der AdV** grds eine (iSv § 120 I durch Rechtsvorschrift zugelassene) aufschiebende Bedingung dar (BFH BStBl 00, 536; BFH/NV 91, 3 mwN). Es handelt sich um eine teilweise Ablehnung des Antrags auf AdV iSv § 69 IV 1 FGO (BFH BStBl 00, 536). Die Anerkennung einer Steuerberatungsgesellschaft kann unter die aufschiebende Bedin-

gung gestellt werden, dass von ihr erst Gebrauch gemacht werden darf, wenn ein geschäftsführender Gesellschafter seine berufliche Niederlassung am Sitz der Gesellschaft begründet hat (BFH BStBl 14, 69). Bei einer auflösenden Bedingung bleibt der VA dagegen nicht in der Schwebe, sondern wird voll wirksam. Die Begünstigung oder Belastung entfällt aber mit Wirkung für die Zukunft (ex nunc), wenn die Bedingung eintritt. Einer Rücknahme oder eines Widerrufs des Bescheids bedarf es nicht (BFH BStBl 02, 842; 04, 154). Wird der Bescheid trotzdem klarstellend aufgehoben, handelt es sich bei dem Aufhebungsbescheid um einen selbständigen VA (BFH aaO). Es ist keine erneute Ermessensentscheidung zu treffen, sodass die Rechtmäßigkeit nur vom Eintritt der auflösenden Bedingung abhängt (BFH/NV 04, 154). **Zukünftig** ist ein Ereignis, wenn es zeitlich nach dem VA eintritt. Ein auflösend bedingter, begünstigender VA kann daher nicht wegen Nichteinhaltung der Begünstigungsvoraussetzungen aufgehoben werden, wenn sich die Umstände seit Erlass des VA nicht geändert haben, sondern die Voraussetzungen für die Begünstigung nicht vorlagen (BFH BStBl 96, 82).

Nr 3. Der **Widerrufsvorbehalt** berechtigt zur Zurücknahme des VA, auch ei- 7
nes begünstigenden VA (nach § 131 II Nr 1). Hinzufügung eines Widerrufsvorbehalts und dessen Ausübung jedoch nur nach pflichtgemäßem **Ermessen.** Wenn sich keine Veränderungen der Sach- und Rechtslage ergeben haben, verstößt die Ausübung des Widerrufsrechts grds gegen pflichtgemäßes Ermessen (vgl aber BFH BStBl 60, 259). Ob eine Rücknahme möglich ist, richtet sich dann nach § 130. Besteht auf die Erteilung einer Erlaubnis bei Erfüllung der gesetzlichen Voraussetzungen ein **Rechtsanspruch** und ist die Erlaubnis unter Missachtung der gesetzlichen Voraussetzungen, aber unter Widerrufsvorbehalt erteilt worden, dann ist der Widerrufsvorbehalt nicht rechtswidrig. Die Behörde ist berechtigt und idR auch verpflichtet, die rechtswidrig erteilte Erlaubnis zu widerrufen, sobald sie deren Rechtswidrigkeit erkennt. Das kann allerdings nur gelten, wenn der Behörde die Umstände, die zur Rechtswidrigkeit führten, bei Erlass des VA nicht bekannt waren. Kannte die Behörde die Umstände und hat sie sich nur in der Frage der Rechtmäßigkeit geirrt, kann nichts anderes gelten, als wenn ein nicht gebundener VA rechtswidrig erlassen worden ist.

AdV ist eine gebundene Entscheidung, wenn eine der Voraussetzungen des 8
§ 361 II 2 erfüllt ist (§ 361 Rz 12). Die Gewährung von AdV unter Vorbehalt des jederzeitigen Widerrufs oder deren Befristung ist danach unzulässig, da im Gesetz nicht vorgesehen. Die Frage ist jedoch wegen des durch § 69 VII FGO eingeschränkten Rechtsschutzes einer Kontrolle durch die FG entzogen. Darin liegt kein Verstoß gegen Art 19 IV GG, solange das FA von seiner Widerrufsmöglichkeit keinen Gebrauch macht. In der Gewährung von AdV unter Widerrufsvorbehalt liegt auch keine teilweise Ablehnung des Antrags auf AdV iSv § 69 IV 1 FGO (BFH BStBl 00, 536; BFH/NV 05, 2014 zur Befristung). Gewährt das FA während des gerichtlichen Aussetzungsverfahrens AdV unter Widerrufsvorbehalt, ist die Hauptsache nach stRspr nicht erledigt, da der Antragsteller weniger als das Begehrte erlangt hat (BFH/NV 02, 1487; 10, 1851).

Nr 4. Die **Auflage** und der Vorbehalt der nachträglichen Aufnahme, Änderung 9
oder Ergänzung einer Auflage **(Auflagenvorbehalt, Nr 5.)** ergänzen den VA (darf „verbunden werden mit"). Sie können nur einem begünstigenden VA beigefügt werden („Begünstigten"). Die einer Bewilligung hinzugefügte **Auflage** ist eine selbständige **Nebenbestimmung,** weil die Bewilligung in ihrem rechtlichen Gehalt durch die Auflage nicht eingeschränkt wird. Die Bewilligung besteht auch dann fort, wenn die Auflage aufgehoben werden sollte. Die Auflage ist auch selbständig **erzwingbar** (BVerwGE 29, 261; *Kopp/Ramsauer* VwVfG § 36 Rz 29). Die Selbständigkeit der Auflage hat zur Folge, dass sie isoliert vollzogen und **angefochten** werden kann (s unten Rz 11). Der VA wird unabhängig von der Auflage wirksam. Auch die Nichterfüllung der Auflage führt nicht automatisch zum Erlöschen des VA; die Behörde hat jedoch das Recht, ihn **zurückzunehmen.** Auch

die **nachträgliche Hinzufügung** einer Auflage ist nach Nr 5 **zulässig,** wenn dem VA der Vorbehalt einer nachträglichen Aufnahme einer Auflage beigefügt wird.

10 **4. Zweckbestimmung. Abs 3** stellt klar, dass eine Nebenbestimmung dem **Zweck** des VA **nicht zuwiderlaufen** darf. Der VA darf durch die Nebenbestimmung nicht soweit eingeschränkt werden, dass er praktisch dadurch völlig ausgehöhlt wird. Eine **sachfremde** Koppelung ist nicht zulässig (BGH BB 55, 9; BFH BStBl 54, 244).

11 **5. Anfechtbarkeit von Nebenbestimmungen.** Ob und welche Nebenbestimmungen isoliert angefochten werden können, ist seit langem umstritten (*HHSp/Söhn* Rz 196 ff.). Gerichtsentscheidungen hierzu sind selten. **Auflage oder Auflagenvorbehalt,** die einem begünstigenden VA hinzugefügt sind oder werden, können iGrds unstreitig **selbständig** angefochten werden (BVerwG 55, 135; BVerwG NJW 82, 2269; BFH BStBl 82, 34; BFH/NV 91, 3). Etwas anderes wird (zu Recht) vertreten für die sog **modifizierte Auflage,** bei der es sich nicht um Auflagen, sondern um inhaltliche Beschränkungen des VA handelt (*Koenig/Fritsch* § 120 Rz 35; *Kopp/Ramsauer* VwVfG § 36 Rz 33 und 35). **Nicht selbständig anfechtbar** sind dagegen nach hM Nebenbestimmen, die untrennbar mit dem Haupt-VA verbunden sind (vgl BFH BStBl 79, 666 betr Sicherheitsleistung im Zusammenhang mit der AdV nach § 361 III 3), insbes die sog unselbständigen Nebenbestimmungen iSd § 120 II Nr 1 bis 3 sowie der **Vorbehalt der Nachprüfung** (§ 164) und der **Vorläufigkeitsvermerk** (§ 165; BFH BStBl 90, 228; FG Hbg EFG 03, 820). Nach aA sind alle Nebenbestimmungen grds mit der Teilanfechtungsklage (BVerwGE 60, 269) oder bei weiter gehendem Rechtsschutz auch mit der Verpflichtungsklage anfechtbar (BVerwG NVwZ 01, 919); die Frage, ob die Nebenbestimmung vom Rest des VA abtrennbar ist, soll erst für die Begründetheit der Klage von Bedeutung sein (*Kopp/Schenke* VwGO § 42 Rz 22).

§ 121 Begründung des Verwaltungsakts

(1) **Ein schriftlicher, elektronischer sowie ein schriftlich oder elektronisch bestätigter Verwaltungsakt ist mit einer Begründung zu versehen, soweit dies zu seinem Verständnis erforderlich ist.**

(2) **Einer Begründung bedarf es nicht,**

1. **soweit die Finanzbehörde einem Antrag entspricht oder einer Erklärung folgt und der Verwaltungsakt nicht in Rechte eines anderen eingreift,**
2. **soweit demjenigen, für den der Verwaltungsakt bestimmt ist oder der von ihm betroffen wird, die Auffassung der Finanzbehörde über die Sach- und Rechtslage bereits bekannt oder auch ohne Begründung für ihn ohne weiteres erkennbar ist,**
3. **wenn die Finanzbehörde gleichartige Verwaltungsakte in größerer Zahl oder Verwaltungsakte mit Hilfe automatischer Einrichtungen erlässt und die Begründung nach den Umständen des Einzelfalls nicht geboten ist,**
4. **wenn sich dies aus einer Rechtsvorschrift ergibt,**
5. **wenn eine Allgemeinverfügung öffentlich bekannt gegeben wird.**

Schrifttum: *vor 2010 s 13. Aufl; Zaumseil* Die Begründung des Steuerverwaltungsakts als Rechtmäßigkeitsvoraussetzung von Schätzungsbescheiden BB 11, 2071.

Übersicht

1 **1. Allgemeines.** Nach **Abs 1** besteht im Grds **Begründungszwang** für alle VA. Dies dient vor allem der Gewährung des rechtlichen Gehörs und der rechtsstaatlich gebotenen Ermöglichung eines effektiven Rechtsschutzes (*Koenig/Fritsch* Rz 2). Das BVerfG (BVerfGE 6, 44) hat schon früh entschieden, dass derjenige, in dessen Rechte der VA eingreift, einen Anspruch auf Begründung hat, weil er nur so seine Rechte wirksam verteidigen könne. Eine Begründung ist jedoch nur geboten, soweit sie zum Verständnis des VA erforderlich ist (Abs 1 letzter HS und Ausnahmen vom Begründungszwang in Abs 2). Speziellere Begründungsanforderungen ergeben sich zB aus § 157 I 2, § 165 I 3, § 188 II, § 205 II Nr 2, § 324 II 2, § 366, § 367 II 2 sowie aus Art 22 VI UZK (für belastende Entscheidungen der Zollbehörden). Zu speziellen Ausnahmen von der Begründungspflicht vgl Rz 16.

2 **2. Begründungszwang (Abs 1).** Abs 1 schreibt eine Begründung nur bei einem **schriftlichen oder elektronischen** sowie einem **schriftlich oder elektronisch bestätigten** VA vor (zu elektronischem oder elektronisch bestätigtem VA vgl § 87a und § 119 Rz 54). Mündlich oder in anderer Weise erlassene VA (§ 119 II 1) bedürfen grds keiner Begründung; wohl aber ihre auf Verlangen erteilte schriftliche oder elektronische Bestätigung.

3 Eine Begründung wird in Abs 1 2. HS nur verlangt, soweit sie **zum Verständnis des VA erforderlich** ist. Die Begründung eines VA ist kein Selbstzweck. Durch die Formulierung wird das Begründungserfordernis sowohl dem Grunde als auch dem Umfang nach beschränkt (*KSch/Förster* Rz 7; *HHSp/Söhn* Rz 55). Unter Umständen (vgl Abs 2) kann eine Begründung gänzlich entbehrlich sein. Entscheidend kommt es auf das Verständnis desjenigen an, für den der VA inhaltlich bestimmt ist (BFH/NV 04, 1062). Er soll durch die Begründung verstehen können, warum die Entscheidung getroffen worden ist und so in die Lage versetzt werden, die Rechtmäßigkeit des VA überprüfen zu können. Mit Rücksicht auf die individuelle Verständnisfähigkeit des Inhaltsadressaten muss jeweils im Einzelfall geprüft werden, ob eine Begründung erforderlich ist und welche Anforderungen an sie zu stellen sind (BFH BStBl 81, 3; FG Hbg EFG 06, 1199).

4 **Umfang.** Die Vorschr trifft keine klare Aussage, welchen Umfang (Tiefe) die Begründung haben muss. **§ 39 I 2 VwVfG** schreibt ua vor, dass in der Begründung die wesentlichen tatsächlichen und rechtlichen Gründe mitzuteilen sind, die die Behörde zu ihrer Entscheidung bewogen haben. Die Begründung von Ermessensentscheidungen soll darüber hinaus die Gesichtspunkte erkennen lassen, von denen die Behörde bei der Ausübung ihres Ermessens ausgegangen ist. Eine vergleichbare Vorschr hat der Finanzausschuss des Bundestags für das Steuerrecht nicht für erforderlich gehalten (BT-Drs 7/4292). § 39 VwVfG kann zwar zur Auslegung von Abs 1 herangezogen werden; dabei muss aber berücksichtigt werden, dass seine Aussage in § 121 abgeschwächt worden ist (BFH/NV 04, 1062).

5 Allg lässt sich nur sagen, dass für den Inhaltsadressaten die maßgebenden **tragenden Erwägungen** für die Entscheidung der FinBeh erkennbar sein müssen (vgl BFH/NV 92, 355; 04, 1062). Welche Anforderungen danach an die Begründung iEinz zu stellen sind, lässt sich nur unter Berücksichtigung der konkreten Umstände des Einzelfalls beurteilen (BFH/NV 01, 1376; 04, 1062). UU kann der Hinweis auf die entsprechende Rechtsvorschrift, auf die der VA gestützt wird, genügen. Nicht erforderlich ist, dass die Begründung richtig ist (arg § 127); auch eine unzutreffende Begründung ist eine Begründung (BFH/NV 04, 1062).

6 Soweit in Teilen des Schrifttums gefordert wird, das FA müsse, wenn es in einem Bescheid ein höchstrichterliches Urteil wegen eines **Nichtanwendungserlasses** unbeachtet lasse, im Bescheid auf die entgegenstehende Rechtsprechung des BFH hinweisen (*Lange* NJW 02, 3657 mwN; *Spindler* DStR 07, 1061; vgl auch *Wieland* DStR 04, 1, sowie die Voraufl), handelt es sich nicht um eine Frage der Begründung, denn die zu begründende Entscheidung beruht dann gerade nicht auf den in der Rspr entwickelten Überlegungen. Die Begründung muss sich nur mit den

tatsächlichen und rechtlichen Grundlagen der konkreten Entscheidung befassen, nicht jedoch mit abweichenden Ansichten.

7 Bei **Steuerbescheiden** ist eine Begründung stets erforderlich, wenn die FinBeh **von der StErklärung abweicht,** sei es, dass sie von einem anderen Sachverhalt ausgeht, sei es, dass sie zu anderen rechtlichen Schlussfolgerungen kommt. Dies ergibt sich schon aus § 91 I 2 (vgl die Erläut dort). Sind die Besteuerungsgrundlagen mangels Abgabe einer StErklärung in vollem Umfang zu **schätzen,** so braucht das FA die Schätzungsgrundlagen nicht näher zu erläutern. Es genügt die Angabe der Wertangaben der Besteuerungsgrundlagen und die Begründung, dass die Schätzung wegen Nichtabgabe der StErklärung erfolge (BFH BStBl 99, 382; BFH/NV 03, 881; aA FG Köln EFG 96, 571). Anders kann dies sein, wenn für eine nähere Begründung, aufgrund welcher Anhaltspunkte und Überlegungen das FA zu den Schätzungsgrundlagen gekommen ist, ein besonderer Anlass besteht (BFH BStBl 99, 382; vgl auch BFH BStBl 82, 430; 90, 268).

8 Bei **Ermessensentscheidungen** ist eine Begründung hinsichtlich der Ausübung des Ermessens idR erforderlich (BFH BStBl 81, 493; 00, 520). Allg muss die Abwägung des Für und Wider der sich gegenüberstehenden Belange aus der Entscheidung erkennbar sein (BFH BStBl 81, 493; 88, 176; 322; 413; 929; BVerwGE 22, 215). Die bei der Ausübung des Verwaltungsermessens angestellten Erwägungen müssen aus der Entscheidung erkennbar sein (BFH DStR 17, 934). Eine Begründung wird aber auch insofern nur verlangt, soweit sie zum Verständnis der Ermessenentscheidung im Einzelfall erforderlich ist (BFH/NV 99, 904).

9 **Einzelfragen.** Zu den Begründungsanforderungen bei **Verzögerungsgeld** § 146 Rz 85, **Verspätungszuschlag** § 152 Rz 26, **Schätzung** § 162 Rz 50, **Haftungsbescheid** § 191 Rz 70 ff, **Prüfungsanordnung** § 196 Rz 17 ff. Die automatisierte **Vorabanforderung einer StErklärung** kann wegen fehlender Begründung rechtswidrig sein, wenn der VA nicht erkennen lässt, von welcher Sachlage das FA bei seiner Ermessensentscheidung ausgegangen ist (FG Hbg EFG 12, 2256). Zur Begründungspflicht bei der **Inanspruchnahme des Schenkers** anstelle des Beschenkten (BVerfG BFH/NV 13, 492). Setzt das FA die Steuer gegen den Erben des Vorerben fest, liegt eine Ausnahme von der regelmäßig gebotenen StFestsetzung ggü dem Nacherben vor, die regelmäßig einer Begründung bedarf (BFH BStBl 16, 746). Bei **Prüfungsentscheidung** einer StB-Prüfung, für die § 121 gem § 164a I StBerG ebenfalls gilt, geht die Begründungspflicht nicht so weit, dass auch die Erkenntnisse und Erwägungen mitgeteilt werden müssten, auf denen die einzelnen Prüfungsnoten beruhen (BFH BStBl 86, 870).

11 **3. Folgen unterlassener Begründung.** Ein VA ohne oder mit unzureichender Begründung ist fehlerhaft, aber grds wirksam (BFH/NV 86, 583; 95, 576). Ein **Begründungsmangel** liegt idR nicht schon vor, wenn die Begründung bloß kurz, lückenhaft oder in der Sache fehlerhaft ist, wohl aber beim Fehlen jeglicher Ausführungen (arg § 126 III). Eine unterbliebene Begründung kann nachgeholt und der Fehler dadurch geheilt werden **(§ 126 I Nr 2),** insbes in der Einspruchsentscheidung (BFH/NV 15, 946). Dies ist nach der Neufassung des § 126 II durch das StÄndG 2001v 20.12.2001 (BGBl I, 3794) sogar bis zum **Abschluss der Tatsacheninstanz** des finanzgerichtlichen Verfahrens zulässig (näher § 126 Rz 10). Nach § 102 S 2 FGO können außerdem Ermessenserwägungen auch noch im Klageverfahren vor dem FG *ergänzt* werden. Der Umstand, dass die Begründung der Gewährung rechtl Gehörs dienen soll (Rz 1), bedeutet nicht, dass durch die Nachholung des rechtl Gehörs die fehlende Begründung als geheilt angesehen werden könnte (so aber FG Köln EFG 11, 1215). Hat die fehlende Begründung dazu geführt, dass der Betroffene die Rechtsbehelfsfrist versäumt hat, gilt die Versäumung als nicht verschuldet; es ist also **Wiedereinsetzung** in den vorigen Stand möglich (§ 126 III iVm § 110). IÜ gilt für einen VA mit unterlassener Begründung auch **§ 127;** allerdings idR nicht für Ermessensentscheidungen (§ 127 Rz 4).

Die Begründung eines VA ist weder selbständig anfechtbar noch kann sie selbständig eingeklagt werden (FG Mster EFG 02, 1344).

4. Ausnahmen (Abs 2). Die in Abs 2 aufgezählten Fallgruppen sind weitgehend deklaratorisch und erläutern im Wesentlichen die Einschränkung in Abs 1 letzter HS (Rz 3). 12

Nr. 1. Wenn dem Antrag des Stpfl in vollem Umfang entsprochen wird, besteht regelmäßig kein Interesse des Betroffenen an einer Begründung. Eine Begründung ist jedoch erforderlich, wenn der VA zugleich zum Nachteil eines Dritten wirkt. 13

Nr 2. Wenn dem Betroffenen die Auffassung der Behörde über die Sach- und Rechtslage bereits **bekannt** oder ohne Begründung für ihn **ohne Weiteres erkennbar** ist, bedarf es ebenfalls keiner Begründung (vgl BFH/NV 15, 150: vorherige Besprechung). Die telefonische Unterrichtung kann genügen (BFH BStBl 81, 3; FG Saarl EFG 97, 1275). Ob die Begründung des FA für den Inhaltsadressaten auch ohne eine ausdrückliche Mitteilung ohne weiteres erkennbar ist (dh ob er sie hätte kennen müssen), richtet sich nach den Umständen des Einzelfalls. Die Anforderungen hierfür müssen hoch angesetzt werden. Die Begründung muss quasi auf der Hand liegen, da andernfalls das rechtliche Gehör verletzt werden könnte. 14

Nr 3 hat insbes Bedeutung für **formularmäßig** erlassene VA. Es muss sich um gleichartige VA handeln. Fraglich ist, ob damit nur VA gemeint sind mit gleichem Inhalt, die sich nur durch die Angabe des Adressaten unterscheiden, oder ob darunter auch VA fallen, die **gleichgelagerte Sachverhalte** regeln sollen, zB Anliegerbescheide uÄ. Die weite Auslegung würde den Begründungszwang zu weitgehend einschränken. Es können daher nur solche VA gemeint sein, die ohne weiteres auch aus sich heraus verständlich sind, denn die Einschränkung gilt nur, soweit die Begründung nach den Umständen des Einzelfalles nicht geboten ist. 15

Nr. 4. Eine Begründung ist ferner entbehrlich, soweit sich dies aus einer **Rechtsvorschrift** ergibt. Damit ist etwas Selbstverständliches gesagt. ZB bestimmt **§ 164 I 1,** dass Steuern unter dem Vorbehalt der Nachprüfung festgesetzt werden können, ohne dass dies einer Begründung bedarf. Ebenso bedarf die Aufhebung des Vorbehalts der Nachprüfung regelmäßig keiner besonderen Begründung (BFH BStBl 97, 5). 16

Nr 5. Keiner Begründung bedarf ferner eine **Allgemeinverfügung,** die öffentlich bekannt gegeben wird. Vgl § 118 Satz 2 und § 122 III 2. 17

§ 122 Bekanntgabe des Verwaltungsakts

(1) [1]**Ein Verwaltungsakt ist demjenigen Beteiligten bekannt zu geben, für den er bestimmt ist oder der von ihm betroffen wird.** [2]**§ 34 Abs. 2 ist entsprechend anzuwenden.** [3]**Der Verwaltungsakt kann auch gegenüber einem Bevollmächtigten bekannt gegeben werden.** [4]**Er soll dem Bevollmächtigten bekannt gegeben werden, wenn der Finanzbehörde eine schriftliche oder eine nach amtlich vorgeschriebenem Datensatz elektronisch übermittelte Empfangsvollmacht vorliegt, solange dem Bevollmächtigten nicht eine Zurückweisung nach § 80 Absatz 7 bekannt gegeben worden ist.**

(2) **Ein schriftlicher Verwaltungsakt, der durch die Post übermittelt wird, gilt als bekannt gegeben**

1. bei einer Übermittlung im Inland am dritten Tage nach der Aufgabe zur Post,

2. bei einer Übermittlung im Ausland einen Monat nach der Aufgabe zur Post,

außer wenn er nicht oder zu einem späteren Zeitpunkt zugegangen ist; im Zweifel hat die Behörde den Zugang des Verwaltungsakts und den Zeitpunkt des Zugangs nachzuweisen.

(2a) **Ein elektronisch übermittelter Verwaltungsakt gilt am dritten Tage nach der Absendung als bekannt gegeben, außer wenn er nicht oder zu einem**

späteren Zeitpunkt zugegangen ist; im Zweifel hat die Behörde den Zugang des Verwaltungsakts und den Zeitpunkt des Zugangs nachzuweisen.

(3) [1]**Ein Verwaltungsakt darf öffentlich bekannt gegeben werden, wenn dies durch Rechtsvorschrift zugelassen ist.** [2]**Eine Allgemeinverfügung darf auch dann öffentlich bekannt gegeben werden, wenn eine Bekanntgabe an die Beteiligten untunlich ist.**

(4) [1]**Die öffentliche Bekanntgabe eines Verwaltungsakts wird dadurch bewirkt, dass sein verfügender Teil ortsüblich bekannt gemacht wird.** [2]**In der ortsüblichen Bekanntmachung ist anzugeben, wo der Verwaltungsakt und seine Begründung eingesehen werden können.** [3]**Der Verwaltungsakt gilt zwei Wochen nach dem Tag der ortsüblichen Bekanntmachung als bekannt gegeben.** [4]**In einer Allgemeinverfügung kann ein hiervon abweichender Tag, jedoch frühestens der auf die Bekanntmachung folgende Tag bestimmt werden.**

(5) [1]**Ein Verwaltungsakt wird zugestellt, wenn dies gesetzlich vorgeschrieben ist oder behördlich angeordnet wird.** [2]**Die Zustellung richtet sich vorbehaltlich des Satzes 3 nach den Vorschriften des Verwaltungszustellungsgesetzes.** [3]**Für die Zustellung an einen Bevollmächtigten gilt abweichend von § 7 Absatz 1 Satz 2 des Verwaltungszustellungsgesetzes Absatz 1 Satz 4 entsprechend.**

(6) **Die Bekanntgabe eines Verwaltungsakts an einen Beteiligten zugleich mit Wirkung für und gegen andere Beteiligte ist zulässig, soweit die Beteiligten einverstanden sind; diese Beteiligten können nachträglich eine Abschrift des Verwaltungsakts verlangen.**

(7) [1]**Betreffen Verwaltungsakte**
1. **Ehegatten oder Lebenspartner oder**
2. **Ehegatten mit ihren Kindern, Lebenspartner mit ihren Kindern oder Alleinstehende mit ihren Kindern,**

so reicht es für die Bekanntgabe an alle Beteiligten aus, wenn ihnen eine Ausfertigung unter ihrer gemeinsamen Anschrift übermittelt wird. [2]**Die Verwaltungsakte sind den Beteiligten einzeln bekannt zu geben, soweit sie dies beantragt haben oder soweit der Finanzbehörde bekannt ist, dass zwischen ihnen ernstliche Meinungsverschiedenheiten bestehen.**

Abs 7 S 1 neu gefasst durch G v 18.7.14 (BGBl I, 1042); Abs 1 S 4 angefügt und Abs 5 neu gefasst durch G v 18.7.16 (BGBl I, 1679).

Schrifttum: *vor 2010 s 13. Aufl; Carlé* Einspruchsentscheidung per Telefax als Bekanntgabefalle, AO-StB 10, 117; *Pump* Die Bekanntgabe von Steuerbescheiden nach Einspruchsentscheidungen bei unbekanntem Aufenthalt oder bei Inhaftierung im Gefängnis (§ 122 AO), StBp 11, 133; *Pedak* Bekanntgabe von Steuerbescheiden bei Steuerpflichtigen, die unter Betreuung stehen, DStZ 13, 104; *Pedak* Probleme der Bekanntgabe von Steuerbescheiden an den faktischen GmbH-Geschäftsführer, seine Haftung und die Anwendbarkeit des § 166 AO, StBp 14, 52; *Ruff* Beförderung und Zustellung von Abgabenbescheiden durch private Briefdienstleister, KStZ 14, 121; *Dau* Vermutung der Bekanntgabe eines Verwaltungsakts – wie die obersten Gerichtshöfe des Bundes die Einheitlichkeit der Rechtsprechung (nicht) wahren, jurisPR-SozR 1/2015 Anm. 1; *Hawlitschek,* Fallstricke aus Sicht der Finanzverwaltung bei der Zustellung von Steuerbescheiden nach dem Verwaltungszustellungsgesetz gemäß § 12 Abs. 5 AO, DStR 15, 21; Seer, Reformentwurf der Bundesregierung zur Modernisierung des Besteuerungsverfahrens, DStZ 16, 605.

Übersicht

1. Allgemeines. Die Vorschr ordnet die **Bekanntgabepflicht** an und regelt, an wen ein VA bekannt gegeben werden muss (kann). Einige Formen der Bekanntgabe werden erläutert. Die Bekanntgabe ist Voraussetzung für die Verwirklichung des rechtl Gehörs und grundlegende Bedingung für ein rechtsstaatlichen Ansprüchen genügendes Verfahren (kein Geheimverfahren). Sie ist deshalb Voraussetzung für das Wirksamwerden des VA (§ 124 I 1). Ein VA wird mit dem Inhalt wirksam, mit dem er bekannt gegeben wird (§ 124 I 2). § 122 gilt für **alle VA.** Ob ein VA vorliegt, richtet sich nach § 118. Das **VwZG** und die Verwaltungszustellungsgesetze der Länder ergänzen § 122, soweit die **förmliche Zustellung** vorgesehen ist (Abs 5 S 2). 1

Für **andere Handlungsformen** der Verwaltung ist § 122 nicht, auch nicht analog anwendbar. Besondere Mitteilungs- und Anhörungspflichten können sich aber aus Einzelvorschr ergeben (zB § 202 II zur Mitteilung des Prüfungsberichts). 2

Speziellere Bekanntgabevorschriften enthalten zB § 123 (Bekanntgabe an inl Bevollmächtigten), § 180 II Nr 5 iVm § 6 VO zu § 180 II, § 183 und § 197. In § 366 ist die Bekanntgabepflicht für die Einspruchsentscheidung speziell angeordnet. 3

2. Bekanntgabe (Abs 1 S 1). a) Begriff. Der Begriff der Bekanntgabe wird in der AO nicht definiert, sondern vorausgesetzt. Gemeint ist die von einem Bekanntgabewillen getragene Handlung der Behörde, mit der sie einem Beteiligten die ihn betr Regelung derart zugänglich macht, dass er von ihrem Inhalt sicher Kenntnis nehmen kann. Dieser Zweck wird erreicht, wenn der VA dem Empfänger zugegangen ist. Wesentliche Elemente des Begriffs der Bekanntgabe sind danach der **Bekanntgabewille** der Behörde und der **Zugang.** 5

b) Bekanntgabewille. Eine wirksame Bekanntgabe setzt voraus, dass die Bekanntgabehandlung vom **Bekanntgabewillen** eines zuständigen Bediensteten der 7

FinBeh getragen ist (BFH BStBl 86, 832; 90, 344; BFH/NV 88, 418; 90, 409). Fehlendes Erklärungsbewusstsein lässt den Bekanntgabewillen nicht entfallen (FG Mchn EFG 12, 1711). Als innerer Vorgang kann der Bekanntgabewille nur indiziell festgestellt werden. Ob er vorhanden war oder fehlte, lässt sich idR nur anhand der Aktenverfügung feststellen. Beim vollständig automationsgestützten Erlass eines VA (§ 155 IV) wird der Bekanntgabewille fingiert. Die Willensbildung gilt im Zeitpunkt des Abschlusses der maschinellen Verarbeitung als abgeschlossen.

8 Der Bekanntgabewille fehlt nicht etwa deshalb, weil der Bescheid vor seinem eingedruckten Datum bekannt gegeben worden ist; der Bekanntgabewille ergibt sich vielmehr aus der Aktenverfügung des Sachbearbeiters, die auf den Zeitpunkt, zu dem der Bescheid maschinell im Rechenzentrum ausgedruckt wird und auf das Datum, mit dem der Bescheid versehen wird, grds keinen Einfluss hat (BFH BStBl 09, 185). Ein Bescheidausdruck, der ohne oder gegen den Willen des zuständigen Bediensteten dem Stpfl zugeht, ist kein VA (FG Nbg EFG 84, 210; FG Mchn EFG 05, 1502; vgl auch § 118 Rz 16). Das gilt nicht nur für die Frage, ob, sondern auch an wen der VA bekannt zu geben ist (BFH/NV 88, 418). Der Bekanntgabewille des zuständigen Bediensteten erfordert nicht, dass der Bedienstete nach der internen Aufgabenverteilung innerhalb der Behörde zuständig sein muss. Ausreichend ist es, wenn der Bekanntgabewille von einem Bediensteten gebildet wurde, der nach seiner Stellung zum Erlass von VA befugt ist (BFH BStBl 88, 233; 90, 344). Der Bekanntgabewille und damit die wirksame Bekanntgabe eines VA kann auch in der Übersendung einer Fotokopie des VA zum Ausdruck kommen, wenn die Übersendung für den Adressaten erkennbar zum Zwecke der Bekanntgabe erfolgt (BFH/NV 90, 409; FG Nds EFG 92, 644; FG Mster EFG 03, 1586). Eine fehlerhafte Bekanntgabe oder Zustellung des ursprünglichen Bescheids wird dadurch geheilt (BFH/NV 90, 409; 92, 81; FG BaWü EFG 00, 981; FG Mster EFG 03, 1586). Die erneute Übermittlung einer Ablichtung eines zutreffend adressierten StBescheids erfüllt die Voraussetzungen einer wirksamen Bekanntgabe selbst dann, wenn der Beamte bei der Übermittlung der Kopie in der Annahme, die Urschrift sei bereits bekannt gegeben, nicht die Vorstellung hatte, dadurch eine Bekanntgabe zu bewirken (BFH/NV 94, 768 mwN).

9 Der bei abschließender Zeichnung der Aktenverfügung für einen VA vorhandene Bekanntgabewille kann auch **wieder aufgegeben werden.** Die Bekanntgabe ist unwirksam, wenn der handelnde Beamte die Aufgabe seines Bekanntgabewillens klar und eindeutig in den Akten dokumentiert hat (BFH BStBl 89, 344; 96, 627), bevor der VA den Herrschaftsbereich der Behörde verlassen hat (BFH BStBl 01, 662). Die Dokumentation bedarf keiner besonderen Form. Der Empfänger des VA ist unverzüglich schriftlich über die Aufgabe des Bekanntgabewillens zu unterrichten (AEAO zu § 124 Nr 5). Findet die Bekanntgabe gleichwohl statt, ist das Bekanntgegebene als Nicht-VA anzusehen. Zum selben Ergebnis führt es, wenn die Behörde dem Empfänger rechtzeitig (vor Zugang) mitteilt, der Bescheid solle nicht gelten (AEAO zu § 124 Nr 5). In diesem Fall bedarf es keiner Dokumentation in den Akten. Die Grundsätze des § 130 BGB sind ergänzend heranzuziehen (BFH BStBl 09, 949). Der Widerruf muss dem Empfänger vor oder **spätestens gleichzeitig** mit der Bekanntgabe zugehen. Der Widerruf kann auch mündlich erklärt werden (BFH BStBl 09, 949; FG RhPf EFG 13, 1211). Darüber hinaus soll der Widerruf nach der Rspr des BFH noch bis zum Ablauf des gem Abs 2 vermuteten Bekanntgabetages beachtlich sein (BFH BStBl 09, 965), auch wenn der VA tatsächlich schon zugegangen ist. Diese Rspr überdehnt mE den Zweck der gesetzlichen Zugangsvermutung, indem sie die tatsächlich bewirkte Bekanntgabe für unbeachtlich erklärt (vgl auch *Scheel* AO-StB 10, 87).

10 **c) Zugang.** Mangels einer steuerrechtl Definition des Zugangs gelten die zu **§ 130 BGB** entwickelten Grundsätze entsprechend. Der VA muss derart in den Machtbereich des Adressaten gelangen, dass ihm die Kenntnisnahme von dessen

Inhalt möglich ist und unter gewöhnlichen Umständen auch erwartet werden kann (vgl BFH BStBl 90, 612; BFH/NV 92, 641; 94, 75). Auf die tatsächliche Kenntnisnahnme kommt es nicht an. **§ 87a I 2** enthält zwar eine Definition für den Zugang eines elektronischen Dokuments, weicht aber vom herkömmlichen Begriffsverständnis nicht ab. Bei der elektronischen Übermittlung kommt es darauf an, ob das Empfangsgerät den VA in bearbeitbarer Weise aufgezeichnet hat. Dann besteht die Möglichkeit der Kenntnisnahme; ob der Bekanntgabeadressat den VA tatsächlich zur Kenntnis nimmt oder „bearbeitet", ist unerheblich. Die Kenntnisnahme ist nur natürlichen, geschäftsfähigen Personen möglich. Deswegen treten bei natürlichen und juristischen Personen die gesetzlichen Vertreter und bei nicht rechtsfähigen Personenvereinigungen und Vermögensmassen die Geschäftsführer an die Stelle des Inhaltsadressaten (§ 34 I). Die Möglichkeit der Kenntnisnahme ist regelmäßig anzunehmen, wenn dem Empfänger die einen schriftlichen VA enthaltende Sendung mit der Post zugeht. Das ist insbes der Fall, wenn der in einem gewöhnlichen Brief enthaltene VA in einen für den Adressaten bestimmten Briefkasten eingeworfen wird (BFH/NV 91, 71). Es macht grds keinen Unterschied, ob der VA an die Wohn- oder Geschäftsadresse gerichtet ist (BFH/NV 92, 641). Jedenfalls kann sich ein Stpfl ggü einem USt-Bescheid nach Treu und Glauben nicht darauf berufen, dass statt der Betriebsanschrift die Wohnanschrift verwendet worden ist, wenn er in seiner USt-Erklärung seine Wohnanschrift angegeben hat (BFH/NV 92, 783).

d) Formen der Bekanntgabe. § 122 sieht für die Bekanntgabe schriftlicher 12
VA die Übermittlung durch die Post (Abs 2), die elektronische Übermittlung (Abs 2a), die öffentliche Bekanntmachung (Abs 3 und 4) sowie die Zustellung (Abs 5) vor und regelt sie teilweise. Für die Zustellung verweist Abs 5 S 2 auf die Verwaltungszustellungsgesetze (des Bundes und der Länder). Die Regelung ist in Bezug auf die möglichen Bekanntgabeformen nicht abschließend. In Betracht kommt darüber hinaus das Überbringen und Aushändigen durch einen **Amtsboten** (BFH/NV 01, 887; FG Köln EFG 13, 1461) oder das Einlegen in den Briefkasten des Empfängers durch den Sachbearbeiter (FG BaWü EFG 15, 2010), sofern eine besondere Form der Bekanntgabe nicht vorgeschrieben ist. § 122a sieht mWv 1.1.2017 die Bekanntgabe durch Bereitstellung zum Datenabruf vor.

Ein **schriftlicher VA** kann außerdem durch **Telefax** (st Rspr BFH BStBl 03, 13
45; 09 965, s auch § 366 Rz 3) oder **Computerfax** (BFH BStBl 14, 748, Ferrari-Fax; aA *Carlé* AO-StB 10, 117) bekannt gegeben werden. In beiden Fällen werden zwar anstelle der verkörperten Erklärung (vgl Rz 53) elektrische Signale übermittelt. Gleichwohl betrifft der Vorgang die Bekanntgabe eines schriftlichen VA und nicht eines elektronischen Dokuments (§ 87a). Dies ist vor allem historisch zu erklären. Telefax und ähnliche Verfahren waren lange vor Einführung der Vorschriften über die elektronische Kommunikation von der Rspr anerkannt (vgl GemSOGB NJW 00, 2340 zur Einreichung bestimmender Schriftsätze in Zivilrechtsstreiten mit Vertretungszwang durch Computerfax mit eingescannter Unterschrift). An den dafür von der Rspr entwickelten Regeln wollte der Gesetzgeber nichts ändern (BT-Drs 14/4987, 24). Die Bekanntgabe eines schriftlichen VA durch Telefax oder Computerfax ist demgemäß erst bewirkt, wenn die Datei vom Drucker des Empfängergeräts auch **tatsächlich ausgedruckt** worden ist (BFH BStBl 14, 748; vgl auch GemSOGB NJW 00, 2340; BGH NJW 08, 2649). Auf den Eingang der Datei kommt es (anders als in den Fällen des § 87a) nicht an, auch wenn sie vom Empfangsgerät aufgezeichnet und gespeichert wird. Bestreitet der Empfänger den Ausdruck, muss die absendende FinBeh den Ausdruck beweisen, was sie regelmäßig nicht kann. Eine Beweiserleichterung kommt insofern nicht in Betracht; insbes begründet die vom Absendegerät empfangene Mitteilung, dass die Übertragung erfolgreich gewesen sei, keinen Anscheinsbeweis für den tatsächlichen Ausdruck (BFH BStBl 14, 748). Die Bekanntgabevermutungen in Abs 2 und

Abs 2a sind nicht anwendbar (Rz 53 und Rz 70). Zum Unterschriftserfordernis vgl § 120 Rz 58 ff.

14 Ein mündlich erlassener VA kann **mündlich** oder fernmündlich bekannt gegeben werden; bei einem **in anderer Weise** erlassenen VA (§ 119 II) kommt auch eine konkludente Bekanntgabe in Betracht. Nach § 29a ZollV kann der Abgabenbetrag (Einfuhr- und Ausfuhrabgaben) in bestimmten Fällen mündlich mitgeteilt werden (vgl Art 22 III UZK). Ebenso können sonstige **formlose VA** (zB die Festlegung des Beginns der Außenprüfung) mündlich oder fernmündlich bekannt gegeben werden (BFH BStBl 89, 76).

15 **e) Heilung von Bekanntgabemängeln.** Eine gesetzliche Vorschr existiert nur für die Heilung von Mängeln bei der förmlichen Zustellung (§ 8 VwZG). Danach gilt das Dokument in dem Zeitpunkt als zugestellt, in dem es dem Empfangsberechtigten **tatsächlich zugegangen** ist (näher Rz 105). Für die Heilung fehlgeschlagener oder fehlerhafter **Bekanntgaben in anderen Formen** existiert keine Vorschr. Die Heilung muss gleichwohl möglich sein. Sie kann nicht nicht von strengeren Voraussetzungen abhängen als bei der formstrengeren Zustellung (BFH BStBl 98, 266: entsprechende Anwendung von § 8 VwZG, AEAO zu § 122 Nr 4.4.4; FG Hbg EFG 13, 1630). Der BFH nimmt daher zutr auch die Heilung von Bekanntgabemängeln an, wenn der Betroffene den VA erhält und der Zweck der Bekanntgabe erfüllt ist (BFH BStBl 89, 346; BFH/NV 91, 2; 06, 225).

16 Nach der Rspr genügt es, wenn dem Empfänger anstelle einer (weiteren) Ausfertigung eine **Kopie des VA** übermittelt wird und die Übermittlung klar erkennbar von einem Bekanntgabewillen der Behörde getragen ist (BFH/NV 90, 409). Die Bekanntgabe wird auch dann bewirkt, wenn der Beamte bei der Übermittlung der Kopie in der Annahme, die Urschrift sei bereits bekannt gegeben, nicht die Vorstellung hatte, dadurch eine Bekanntgabe zu bewirken (BFH/NV 94, 768). Dies kann jedoch anders sein, wenn sich die Rechtslage zwischenzeitlich geändert hat und die Behörde nicht eindeutig zu erkennen gibt, dass die geänderte Rechtslage nach ihrer Auffassung keine Auswirkungen auf den (erneut) bekannt gegebenen VA hat (BFH/NV 15, 808).

17 Die Heilung kann auch durch ordnungsgemäße **Bekanntgabe der Einspruchsentscheidung** bewirkt werden. Diese Auffassung, die in der Rspr zunächst nur unter bestimmten Voraussetzungen vertreten wurde (vgl ua BFH BStBl 82, 700; 86, 78), hat sich heute allg durchgesetzt (ua BFH BStBl 92, 585; 93, 263; 05, 855; BFH/NV 93, 576; 95, 1035; 05, 735; 07, 2244); kritisch *Gürsching* DStR 88, 636; *Schuhmann* DStZ 92, 623). Durch ordnungsgemäße Bekanntgabe der Einspruchsentscheidung wird auch eine Verletzung der sachlichen oder funktionellen Zuständigkeit bei der Bekanntgabe geheilt (BFH BStBl 93, 263). Die Heilung setzt allerdings voraus, dass der Inhaltsadressat des VA am Rechtsbehelfsverfahren beteiligt ist (BFH/NV 89, 208). Außerdem darf es sich nicht um eine den Rechtsbehelf als unzulässig verwerfende Entscheidung handeln (BFH BStBl 94, 603).

20 **3. Bekanntgabeadressat (Abs 1 S 1). a) Grundlagen. Begriffe.** Aus dem Gesetz ergibt sich nur, welcher Person der VA bekannt gegeben werden muss (darf); sie wird dort jedoch nicht besonders bezeichnet. Es hat sich gleichwohl eingebürgert, sie als **Bekanntgabeadressat** zu bezeichnen. Davon zu unterscheiden sind der **Inhaltsadressat** (vgl § 119 Rz 12 ff und Rz 24) sowie der tatsächliche **Empfänger** des Schriftstücks, zB ein Empfangsbote. **Bote** ist eine Person (Familienangehöriger, Angestellter), die, ohne Bekanntgabeadressat zu sein, in der Sphäre des Empfängers das Schriftstück, das den VA verkörpert, für diesen in Empfang nimmt.

21 **Grundregel.** Abs 1 S 1 regelt den Grundfall, indem er anordnet, dass der Bescheid demjenigen Beteiligten bekannt zu geben ist, für den er **bestimmt** ist (Rz 22) oder der von ihm **betroffen** wird (Rz 23).

22 **Bestimmt** ist der VA für denjenigen, der nach dem Willen der FinBeh als **Inhaltsadressat** von ihm betroffen sein soll (vgl § 78 Nr 2). Gegen diese Person soll

der VA wirksam werden (§ 124 I 1); ihr ist er deshalb auch bekannt zu geben. **Bekanntgabeadressat** ist also idR der (von der FinBeh) **ausgewählte Inhaltsadressat** (vgl § 119 Rz 13). Er ist nach der Grundregel auch der Empfänger des Schriftstücks (Rz 21). Wen die FinBeh als Inhaltsadressaten ausgewählt hat, ist im Zweifel durch Auslegung zu bestimmen (§ 119 Rz 27). Die richtige Adressierung des VA ist nur in tatsächlicher Hinsicht, nicht aber rechtl Voraussetzung für die Wirksamkeit der Bekanntgabe. Unerheblich ist auch, ob es sich um den richtigen Inhaltsadressaten handelt (ebenso *HHSp/Müller-Franken* Rz 98; *Koenig/Fritsch* Rz 32). Die Auslegung kann allerdings ergeben, dass die FinBeh (unwillentlich) den richtigen Inhaltsadressaten bezeichnet hat (näher § 119 Rz 23).

Betroffen. Der VA ist auch demjenigen Beteiligten bekannt zu geben, der ohne 23
Inhaltsadressat zu sein, von ihm betroffen wird (vgl auch § 124 I 1). Erforderlich ist eine rechtliche Betroffenheit, dh eine Betroffenheit in eigenen Rechten und Pflichten. Der Betroffene muss außerdem Beteiligter sein. Das ergibt sich eindeutig aus dem Wortlaut der Norm. Abs 1 S 1 verweist insofern auf § 78 und den verfahrensrechtl Beteiligtenbegriff. § 78 sieht allerdings eine Beteiligung Dritter nicht vor; die Hinzuziehung ist nach der AO erst im Einspruchsverfahren vorgesehen (§ 359 Nr 2; § 360). Ein bisher am Verfahren nicht Beteiligter, der von einem VA drittbetroffen wird, muss deshalb zum Verfahren hinzugezogen werden, bevor der VA ihm ggü durch Bekanntgabe wirksam werden kann (*HHSp/Müller-Franken* Rz 122). Die fehlende Bekanntgabe an einen materiell-rechtl Betroffenen macht die Bekanntgabe an den Inhaltsadressaten nicht unwirksam.

Richtiger Inhaltsadressat. § 122 bestimmt **nicht,** gegen wen ein VA gerichtet 24
sein soll (muss). Soweit die Frage im AEAO zu § 122 erörtert wird, geht es nicht um die Auslegung dieser Vorschr. Ein dauerhaft wirksamer VA kann aber nur entstehen, wenn er gegen den richtigen Inhaltsadressaten gerichtet ist. Insbes Steuerbescheide wirken idR nicht konstitutiv, sondern konkretisieren nur die kraft Gesetzes entstandene Steuer (vgl § 37 Rz 27). Wer richtiger Inhaltsadressat ist, bestimmt sich insofern nach materiellem StRecht. Ein **Steuerbescheid** muss gegen denjenigen gerichtet werden, der die Steuer schuldet, weil er den Tatbestand verwirklicht hat, an den das Gesetz die Entstehung der Steuer knüpft (§ 38). Ein **Feststellungsbescheid** ist gegen den Feststellungsbeteiligten zu richten, dem der Gegenstand der Feststellung persönlich zuzurechnen ist. Ein **Haftungsbescheid** ist gegen denjenigen zu richten, der als Haftender in Anspruch genommen werden soll. Eine unternehmerisch tätige PersGes ist selbst Schuldner der USt oder GrESt (näher AEAO zu § 122 Nr 2.4.1); Schuldner der ESt sind jedoch nur die Gesellschafter (näher AEAO zu § 122 Nrn 2.4.2 sowie 2.5 und 2.6). Der Gewinnfeststellungsbescheid ist deshalb gegen diese zu richten. Werden diese und ähnl materiell-rechtl Vorgaben im VA verfehlt, ist der VA materiell rechtswidrig. Es liegt jedoch idR weder ein Bestimmtheitsproblem (vgl § 119 Rz 13) noch ein Bekanntgabefehler vor.

Persönliche Voraussetzungen. Der Bekanntgabeadressat muss gem § 79 25
handlungsfähig sein. Die Entgegennahme eines VA im Rahmen der Bekanntgabe ist eine Verfahrenshandlung (vgl § 79 Rz 1). Natürliche Personen müssen nach bürgerlichem Recht **geschäftsfähig** sein (§ 79 I Nr 1; BSGE 80, 283). Der an eine geschäftsunfähige natürliche Person adressierte VA wird erst wirksam, wenn er dem gesetzlichen Vertreter bekannt gegeben wird. Zur Bekanntgabe an Betreuer vgl Rz 40. Beschränkt Geschäftsfähige sind stl handlungsfähig, soweit sie als geschäftsfähig anerkannt sind (§ 79 I Nr 2; näher § 79 Rz 3). Juristische Personen handeln durch ihre gesetzlichen Vertreter (§ 79 I Nr 3; näher § 79 Rz 4). Bekanntgabeadressat bleibt jedoch die Gesellschaft (AEAO zu § 122 Nr 2.8.1.1). Eine AG wird nach § 78 I 1 AktG aktiv und passiv durch den Vorstand und – falls dieser nicht besetzt ist – nach § 78 I 2 AktG passiv durch den Aufsichtsrat vertreten. Sind beide Organe nicht besetzt, können der AG keine VA bekannt gegeben werden (FG Hess EFG 15, 1638, Rev BFH I R 52/15). PersGes handeln durch besondere Beauftragte (§ 79 I Nr 3), insbes durch ihre Geschäftsführer (vgl § 79 Rz 4).

26 **Bezeichnung des Bekanntgabeadressaten.** Ist der Inhaltsadressat zugleich Bekanntgabeadressat, verlangt § 119 I seine hinreichend bestimmte Bezeichnung (als Inhaltsadressat). Handelt es sich um unterschiedliche Personen, muss von Rechts wegen nur der Inhaltsadressat hinreichend bestimmt sein. § 119 I fordert nicht, dass auch der Bekanntgabeadressat bestimmt bezeichnet ist (aA AEAO zu § 122 Nr 1.4.3). Die möglichst genaue Bezeichnung des Bekanntgabeadressaten empfiehlt sich jedoch aus tatsächlichen Gründen. Auf seine fehlerhafte Bezeichnung kommt es allerdings nicht an, wenn der Bekanntgabeadressat den VA tatsächlich erhalten hat. Eine möglichst genaue Kennzeichnung des Bekanntgabeadressaten unter Hervorhebung dieser Eigenschaft erscheint auch deshalb erforderlich, um Zweifel auszuschließen, welche Person Inhalts- und welche Bekanntgabeadressat sein soll (vgl § 119 Rz 19). Eine fehlerhafte Adressierung des VA ist rechtl unerheblich, solange die Voraussetzungen der §§ 119, 122 erfüllt sind (vgl auch AEAO zu § 122 Nr 4.2.3).

28 **b) Mehrere Personen.** Richtet sich der VA gegen mehrere Personen, muss er grds jedem einzelnen bekannt gegeben werden (**Grundsatz der Einzelbekanntgabe;** BFH BStBl 72, 287; s auch Rz 12 ff). Ein Feststellungsbescheid nach § 151 BewG ist allen in Betracht kommenden StSchuldnern bekannt zu geben (BFH BStBl 12, 5). Nur Ausnahmsweise und nur, soweit es im Gesetz angeordnet ist (BFH BStBl 12, 5), kommt die Bekanntgabe an einen mit Wirkung für alle in Betracht (vgl. § 122 VI und VII, § 123). Zur Bekanntgabe von Feststellungsbescheiden vgl § 183.

30 **c) Nicht oder nicht mehr existierende Person.** Hat die FinBeh einen VA an eine nicht oder nicht mehr existierende Person (als Inhaltsadressat) gerichtet, kommt ein Bekanntgabe an diese Person idR nicht in Betracht. Ohnehin könnte der Bescheid ggü einer nicht oder nicht mehr existierenden Person keine Wirkung entfalten, da sie nicht Träger von Rechten und Pflichten sein kann. Denkbar ist aber, ob nicht trotz der Fehlbezeichnung für den richtigen Inhaltsadressaten (zB den Rechtsnachfolger) erkennbar war, dass nur er gemeint sein konnte. Dann kommt auch eine wirksame Bekanntgabe in Betracht. In diesem Fall müssen auch die Anforderungen an die bestimmte Bezeichnung des Inhaltsadressaten erfüllt sein (vgl § 119 Rz 23).

31 **Einzelfälle.** Nichtig ist ein VA, der an einen verstorbenen StSchuldner (BFH BStBl 82, 276), eine aufgelöste GbR (BFH/NV 08, 1289; 10, 1606), eine nicht existierende GbR (BFH BStBl 88, 165), eine nicht mehr existierende GmbH (BFH/NV 06, 1243) gerichtet ist. Ebenso ist ein VA grds nichtig, der an ein nicht existierendes Steuersubjekt (zB an eine nicht existierende GbR, BFH BStBl 88, 165), an eine wegen Umwandlung erloschene GmbH (BFH BStBl 86, 230), an eine durch Anwachsung des Gesellschaftsvermögens auf einen Gesellschafter erloschene GbR (BFH BStBl 81, 293) gerichtet ist.

32 Ein Gewinnfeststellungsbescheid, der ua an einen im Feststellungszeitpunkt verstorbenen Gesellschafter ohne jeden die Rechtsnachfolge klärenden Zusatz gerichtet ist, kann nach § 182 III durch besonderen Bescheid ggü dem Rechtsnachfolger berichtigt werden (vgl dort Rz 20 ff).

34 **d) Nicht rechtsfähige Personenvereinigung oder Vermögensmasse (Abs 1 S 2).** Abs 1 S 2 ordnet die entsprechende Anwendung von § 34 II an. Dadurch wird der Grundsatz der Einzelbekanntgabe (Rz 28) im Interesse der Verfahrensvereinfachung durchbrochen. Die Voraussetzungen von § 34 müssen erfüllt sein. Eine nicht rechtsfähige Personenvereinigung (vgl § 34 Rz 7) oder Vermögensmasse (vgl § 1 I Nr 5 KStG) muss ohne Geschäftsführer sein. Die FinBeh kann dann nach **Ermessen** einen oder mehrere der Mitglieder oder Inhaber des Vermögens als Bekanntgabeadressaten in Anspruch nehmen (§ 34 II 2; BFH BStBl 96, 256).

36 **e) Einzelfälle. Aufgelöste Gesellschaft.** Sie besteht grds solange fort, bis alle Rechtsbeziehungen, zu denen auch das Rechtsverhältnis zwischen der Gesellschaft

und dem FA gehören, beendet sind (BFH BStBl 88, 310; 93, 82). Einer Gesellschaft in Liquidation können deshalb VA bekannt gegeben werden, auch einer bereits gelöschten britischen Ltd (FG Köln EFG 16, 388). Bekanntgabeadressaten sind in diesem Fall die **Liquidatoren.** Bei mehreren Liquidatoren genügt die Bekanntgabe an einen (BFH BStBl 96, 256). Bei einer aufgelösten GbR steht den Gesellschaftern die Geschäftsführung gemeinschaftlich zu (§ 730 II BGB; vgl auch FinMin NRW v 16.5.2013 DB 13, 1203). Nach Beendigung der gesellschaftsrechtl Liquidation kann die Einsetzung eines Nachtragsliquidators beantragt werden. Die FinVerw hält das für untunlich und empfiehlt die Inanspruchnahme der Gesellschafter als Haftungsschuldner (AEAO zu § 122 Nr 2.7.3).

Zwangsverwaltung. Mit Anordnung der Zwangsverwaltung geht die Befugnis, 37
das Grundstück zu verwalten und zu benutzen (§ 148 II ZVG), nicht aber die Verfügungsbefugnis (unrichtig AEAO zu § 122 Nr 2.11) auf den Zwangsverwalter über. Er ist gem § 152 ZVG verpflichtet, das Grundstück in seinem wirtschaftlichen Bestand zu erhalten und ordnungsgemäß zu benutzen. Der Zwangsverwalter hat außerdem die steuerlichen Pflichten des Schuldners zu erfüllen (§ 34 III iVm I). Soweit er danach Steuern entrichten muss, ist er Steuerpflichtiger (§ 33). Die Entrichtungspflicht wird durch Steuerbescheid festgesetzt (vgl auch BFH BStBl 17, 367, BMF v 3.5.2017 BStBl 17, 718). (Richtiger) Inhalts- und Bekanntgabeadressat ist der Zwangsverwalter (zB für GrSt und ggf USt); StSchuldner bleibt der Eigentümer (BFH BStBl 88, 920). Soweit der Eigentümer betroffen sein kann, sind VA auch ihm bekannt zu geben. Das gilt zB für Einheitswertbescheide (AEAO zu § 122 Nr 2.11).

Gesamtrechtsnachfolge. Zur Bezeichnung der Erbengemeinschaft (als Inhalts- 38
adressat) vgl § 119 Rz 18. Der VA ist grds jedem Gesamtrechtsnachfolger, der in ihm als Inhaltsadressat bezeichnet ist, einzeln bekannt zu geben (Ausnahme Abs 6; vgl AEAO zu § 122 Nr 2.12.3). Ist noch ungewiss, wer Erbe wird, und ist deshalb **Nachlasspflegschaft** angeordnet worden, wird der Nachlasspfleger als gesetzlicher Vertreter für den oder die unbekannten Erben tätig (hM vgl BGHZ 49, 1; vgl auch FG Mchn EFG 05, 883). Der BFH hat in BStBl 70, 826 lediglich geäußert, dass der Nachlasspfleger nicht gesetzlicher Vertreter der Erben im Streit um dessen Erbrecht ist. Die Erben betr Steuerbescheide sind dem Nachlasspfleger bekannt zu geben. Die Nachlasspflegschaft endet erst mit der Aufhebung ihrer Anordnung, nicht mit dem Bekanntwerden der Erben (BFH BStBl 82, 687). Die Notwendigkeit der Bestellung eines Nachlasspflegers für die Bekanntgabe eines VA an noch unbekannte Erben besteht auch bei **Testamentsvollstreckung,** denn der Testamentsvollstrecker ist nicht Vertreter der Erben (AEAO zu § 122 Nr 2.13.1). Eine Bekanntgabe an den Testamentsvollstrecker kommt deshalb nur in Betracht, soweit er selbst Inhaltsadressat ist (dazu AEAO zu § 122 Nrn 2.13.1.1 und 2.13.1.2). Entsprechendes gilt, soweit zugunsten der Nachlassgläubiger die **Nachlassverwaltung** angeordnet ist (§ 1975 BGB), die Stellung des Nachlassverwalters ist derjenigen des Testamentsvollstreckers vergleichbar (BFH BStBl 91, 820; AEAO zu § 122 Nr 2.13.3). Ein ErbSt-Bescheid ist nach § 32 I ErbStG dem Testamentsvollstrecker oder dem Nachlassverwalter mit Wirkung für den Erben bekannt zu geben, wenn er die StErklärung für die Erben abzugeben hat und vom FA dazu aufgefordert worden ist (BFH BStBl 13, 924; FG Mstr EFG 18, 141; vgl auch AEAO zu § 122 Nr 2.13.4); andernfalls ist die Bekanntgabe an den/die Rechtsnachfolger wirksam.

Insolvenzverwalter. Vgl § 251 Rz 21; AEAO zu § 122 Nrn 2.9 und 2.10. Ein 39
an den Insolvenzverwalter gerichteter VA ist ihm auch dann wirksam bekannt gegeben, wenn er nicht ausdrücklich als Insolvenzverwalter bezeichnet ist (FG SchlHol EFG 17, 177, Rev BFH X R 39/16).

Betreuung. In seinem Aufgabenkreis (§ 1901 BGB) hat der Betreuer Vertre- 40
tungsmacht und ist gesetzlicher Vertreter (§ 1902 BGB) und zwar unabhängig davon, ob der Betreute geschäftsfähig ist. Im Prozessrecht wird ein geschäftsfähiger Betreuter als prozessunfähig behandelt (§ 58 II 2 FGO iVm § 53 ZPO; nach § 58

III FGO jedoch nur im Umfang eines Einwilligungsvorbehalts). Das Prozessrecht duldet keine Doppelzuständigkeit. In der AO fehlt eine entsprechende Klarstellung. Es kommt deshalb darauf an, ob der Betreute geschäftsunfähig ist (vgl AEAO zu § 122 Nr 2.2.1), dann Bekanntgabe an den Betreuer, soweit die Vertretung in Steuerangelegenheiten zu seinem Aufgabenkreis gehört, bei Geschäftsfähigkeit Bekanntgabe an den Betreuten. Dies ist nicht praktikabel. Für Bekanntgabe stets an den Betreuer deshalb *Pedak* DStZ 13, 106.

42 **4. Bekanntgabe an Bevollmächtigten (Abs 1 S 3 und 4). Allgemeines.** Abweichend von der Grundregel (S 1; Rz 21), dass der VA dem Inhaltsadressaten bekannt zu geben ist, sieht Abs 1 S 3 vor, dass er (auch, dh grds alternativ) einem Bevollmächtigten (§ 80 I 1) bekannt gegeben werden kann (darf, Ermessen). Nach S 4 soll (muss) er dem Bevollmächtigten bekannt gegeben werden, wenn dieser seine Vollmacht in bestimmter Form nachgewiesen hat. Das gilt nicht, wenn der Bevollmächtigte nach § 80 VII zurückgewiesen worden ist (Rz 49). Die Sätze 3 und 4 sind als Einheit zu verstehen. Die Vorschrift erweitert die Bekanntgabemöglichkeiten für das FA. Sie dient der Erleichterung des Verfahrens. Abs 1 S 3 und 4 gehen der allg Pflicht zur Beachtung eines Bevollmächtigten in § 80 V als speziellere Normen vor (§ 80 V 4). Abs 1 S 4 ist bei **förmlicher Zustellung** entsprechend anwendbar: Abs 5 S 3 schließt (mWv 1.1.2017) die Anwendung von § 7 I 2 VwZG ausdrücklich aus und verweist stattdessen auf Abs 1 S 4. Besonderheiten ergeben sich aus § 123 S 2 und § 183 I 1 sowie aus § 62 VI 5 FGO.

43 **Zeitlicher Anwendungsbereich.** Satz 4 ist eingefügt worden durch Gesetz v 18.7.2016 mWv 1.1.2017. Für Bekanntgabehandlungen, die vor dem 1.1.2017 bewirkt worden sind, bleibt die bisherige Rechtslage maßgebend. Der tatsächliche Vorgang ist abgeschlossen; auf ihn kann geändertes Verfahrensrecht nicht rückwirkend angewandt werden, auch wenn damit eine Verschärfung nicht beabsichtigt ist (BT-Drs 18/7457, 74). Für die bisherige Rechtslage wird auf die 13. Aufl Bezug genommen. Neues Recht ist dagegen anzuwenden auf Bekanntgabehandlungen, die nach dem 31.12.2016 vorgenommen worden sind oder werden.

44 **Bevollmächtigter** ist jeder rechtsgeschäftlich bestellte (gewillkürte) Vertreter. Es muss sich um den Bevollmächtigten des Inhaltsadressaten handeln. § 164 I BGB ist entspr anzuwenden auf den Zugang empfangsbedürftiger Willenserklärungen (§ 164 III BGB, sog Passivvertretung). Die Vertretung bei der Entgegennahme einer Bekanntgabe nach § 122 unterfällt deshalb auch im Abgabenrecht dem Recht der Stellvertretung. Eine Vollmacht zur (aktiven) Stellvertretung in bestimmten stl Angelegenheiten umfasst danach idR auch die Entgegennahme von VA auf demselben Gebiet. Ob die Vollmacht die Entgegennahme von VA einschließt, ist im Zweifel durch Auslegung zu klären (vgl § 80 Rz 6). Zum zeitlichen und sachlichen Umfang der Vollmacht vgl § 80 (dort § 80 Rz 5 ff) sowie AEAO zu § 122 Nr 1.7.2. Die **Prozessvollmacht** (§ 155 FGO iVm § 81 ZPO) schließt die Empfangszuständigkeit für Änderungsbescheide ein (BFH BStBl 98, 266). Die FinBeh muss nicht prüfen, ob die Vollmacht im Innenverhältnis wirksam erteilt worden ist und noch besteht. Schädlich ist nur positives Wissen. Kennt die FinBeh den Mangel der Empfangszuständigkeit (zB nach Widerruf), darf sie sich nicht mehr an den Bevollmächtigten halten, sondern muss den VA wieder dem Inhaltsadressaten bekannt geben.

45 **Ermessen.** Der rechtsgeschäftlich bestellte Vertreter tritt neben den Stpfl, ohne ihn zu verdrängen. Die FinBeh hat deshalb im Grundsatz (S 3) zwischen beiden die freie Auswahl. Solange das Ermessen nicht reduziert ist, insbes wenn eine schriftliche Empfangsvollmacht nicht vorliegt (S 4, Rz 46), kann sie sich wahlweise an den einen oder den anderen halten. Das ist zB der Fall, solange die ordnungsgemäße Bevollmächtigung vermutet wird (§ 80 II), ein Vollmachtsnachweis noch nicht verlangt worden ist (§ 80 III) oder im Fall einer Anscheins- oder Duldungsvollmacht (vgl § 80 Rz 9). Gibt sie den VA beiden bekannt, kommt es auf den

früheren Zugang an. Im Zweifel ist die Ermessensentscheidung zu begründen. Die Ermessenserwägungen können, wenn die Bekanntgabe streitig geworden ist, erstmals in der Einspruchsentscheidung dargestellt und im Klageverfahren bis zum Schluss der mündlichen Verhandlung (Abschluss der Tatsacheninstanz) ergänzt werden; sie sind gerichtlich nur eingeschränkt überprüfbar (§ 102 FGO).

Ermessensreduzierung: Bekanntgabe an Bevollmächtigten. Nach S 4 soll (muss) der VA dem Bevollmächtigten bekannt gegeben werden, wenn der FinBeh eine schriftliche oder eine nach amtlich vorgeschriebenem Datensatz elektronisch übermittelte Empfangsvollmacht vorliegt. Die Regelung schafft nach Auffassung des Gesetzgebers Rechtssicherheit, soll aber an der bisherigen Rechtslage nichts ändern (BT-Drs 18/7457, 74). Beides ist zweifelhaft. Nach bisheriger Rspr musste das FA eine ausdrückliche Empfangsvollmacht beachten. Ob eine solche vorlag, durfte im Zweifel durch Auslegung ermittelt werden (vgl BFH/NV 06, 225). Dass die Vollmacht in schriftlicher oder nach amtlich vorgeschriebenem Datensatz in elektronischer Form bei der FinBeh vorliegen muss, war nicht Voraussetzung (vgl BFH BStBl 01, 86: schriftliche Mitteilung, dass eine Vollmacht erteilt sei). Nach § 167 BGB kann die Vollmacht auch durch Erklärung ggü dem Vertreter erteilt werden. Aus S 4 ergibt sich, dass in anderen als den in S 4 ausdrücklich geregelten Fällen eine Ermessensreduzierung zukünftig nicht mehr in Betracht kommt (Rz 45; aA AEAO zu § 122 Nr 1.7.2). Eine schriftlich vorliegende oder nach amtlich vorgeschriebenem Datensatz elektronisch übermittelte Vollmacht bedarf jedoch, wenn die Empfangszuständigkeit zweifelh ist, wie bisher der Auslegung (keine zusätzliche Rechtssicherheit für die FinBeh). Ein Änderungsbescheid, der während eines Klageverfahrens ergeht, ist auch weiterhin dem Prozessbevollmächtigten bekannt zu geben (BFH BStBl 98, 266); der Umfang der Prozessvollmacht ist gesetzlich bestimmt (Rz 44). 46

Bekanntgabe. Für die Bekanntgabe an einen Bevollmächtigten gelten die allg Voraussetzungen (Bekanntgabewille und tatsächlicher Zugang; vgl Rz 5 ff). Ist ein Steuerbescheid in den Machtbereich des Bevollmächtigten gelangt, ist es unerheblich, ob er ihm als Inhaber einer Einzelpraxis oder als Geschäftsführer einer Beratungsgesellschaft hätte bekannt gegeben werden müssen (BFH/NV 12, 163). Bei **Bestellung mehrerer Bevollmächtigter** genügt die Bekanntgabe an einen von ihnen, auch wenn die Vertreter ausdrücklich nur gemeinschaftlich *handeln* dürfen (OVG RhPf NVwZ 13, 1629). Sind mehrere Bevollmächtigte bestellt, kann die FinBeh die Einspruchsentscheidung an denjenigen bekannt geben, der Einspruch eingelegt hat, sofern der Stpfl nicht ausdrücklich einen anderen Empfangsbevollmächtigten benannt hat (BFH/NV 14, 1010, Auswahlermessen). Die Bekanntgabe an den Bevollmächtigten ersetzt die Bekanntgabe an den Inhaltsadressaten. Ob der Bevollmächtigte den VA weiterleitet oder den Inhaltsadressaten von seinem Inhalt tatsächlich in Kenntnis setzt, ist unerheblich. Das Risiko der Vertretung fällt dem Vertretenen zur Last. 47

Heilung von Bekanntgabefehlern. Gibt die FinBeh dem Inhaltsadressaten den VA bekannt, obwohl sie ihm dem Bevollmächtigten hätte bekannt geben müssen, ist die Bekanntgabe nach stRspr unwirksam. Der Mangel wird jedoch (analog § 8 VwZG) durch **Weiterleitung** an den Empfangsbevollmächtigten geheilt (BFH BStBl 89, 346; BFH/NV 90, 686; 02, 8; 03, 1397; 13, 899). Nach der Rspr des **BVerwG** zu dem § 122 I 3 entsprechenden § 41 I 2 VwVfG bedarf es bei Bekanntgabe des VA an den Betroffenen allerdings keiner Heilung, um den VA wirksam werden zu lassen. Die Bekanntgabe an den Betroffenen lasse den VA in jedem Fall wirksam werden, unabhängig davon, ob ein Bevollmächtigter bestellt gewesen sei oder nicht. Wegen des in § 41 I 2 VwVfG (ebenso wie in § 122 I 3 AO) enthaltenen Wortes „auch“ würden lediglich die der Behörde eröffneten Möglichkeiten der Bekanntgabe erweitert (BVerwGE 105, 288, 292 ff). Der BFH hat bisher offen gelassen, ob er sich der Rspr des BVerwG anschließt (BFH BStBl 01, 86; vgl auch BFH BStBl 04, 439 unter II. 4.). Der Auffassung des BVerwG ist mE zu fol- 48 gen; eine einmal bewirkte Bekanntgabe muss nicht „geheilt" werden. Der Zweck, dem Empfänger die Möglichkeit der Kenntnisnahme zu verschaffen, ist erfüllt, wenn er den VA erhalten hat (vgl auch Rz 87 und 105).

49 **Ermessensreduzierung: Keine Bekanntgabe an Bevollmächtigten.** Hat die FinBeh dem Bevollmächtigten seine Zurückweisung nach § 80 VII bekannt gegeben, entfällt die Ermessensreduzierung (Rz 46). Danach müsste an sich der Grundsatz (S 3) des freien Ermessens wieder gelten. Nach Auffassung der FinVerw (AOEA zu § 122 Nr 1.7.2) muss der VA jedoch zwingend wieder dem Inhaltsadressaten bekannt gegeben werden, auch wenn die Zurückweisung noch nicht bestandskräftig geworden ist und sogar dann, wenn sie von der Vollziehung ausgesetzt ist (AEAO zu § 122 Nr 1.7.2 Abs 2 S 4). Dem ist zuzustimmen. Das ergibt sich zwar nicht aus dem Gesetz, aber daraus, dass die FinVerw sich ansonsten widersprüchlich verhalten müsste, da sie von der Wirksamkeit der Zurückweisung ausgehen muss.

50 **5. Übermittlung durch die Post (Abs 2). a) Allgemeines. Abs 2** gilt für die Bekanntgabe im Inland und im Ausland; s iÜ § 123. Nach der Regelung in Abs 2 Nr 1 gilt der VA im Inland am **dritten Tag** und nach Abs 2 Nr 2 im Ausland **einen Monat** nach Aufgabe zur Post als bekannt gegeben. § 122 II 2 gilt nicht nur für die Bekanntgabe an einen Beteiligten, sondern auch für die Bekanntgabe eines VA an den im Ausland ansässigen Verfahrensbevollmächtigten eines Beteiligten (so schon BFH BStBl 00, 334). Soweit es darum geht, dass der VA tatsächlich vor Ablauf des jeweiligen Zeitraums zugegangen ist, wird der Zeitpunkt seines Zugangs fingiert („gilt als"; BFH BStBl 01, 274; 09, 965; BFH/NV 02, 1409; zustimmend der IV. Senat BFH/NV 10, 818) mit der Folge, dass der Zeitpunkt nach Abs 2 nicht nur verfahrensrechtl, sondern auch materiell-rechtl Bedeutung hat. Soweit es darum geht, ob der VA nicht oder später zugegangen ist, handelt es sich um eine Vermutung, die widerlegt werden kann (vgl Rz 62).

51 **Mittelbare Rechtsfolgen.** Hängt von der Bekanntgabevermutung eine andere Rechtsfolge ab (zB die Bestimmung der Fälligkeit eines Steuererstattungsanspruchs oder das Ende des Zinslaufs bei der Vollverzinsung nach § 233a III 3), ist nach der Rspr des BFH ebenfalls § 122 anwendbar (BFH BStBl 01, 275; BFH/NV 08, 738). Auf den Zeitpunkt nach Abs 2 Nr 1 kommt es danach zB auch an für die Frage, ob die Feststellungsfrist im Zeitpunkt des Erlasses eines Änderungsbescheids noch gehemmt war (BFH/NV 10, 1081) und ob nach § 362 I der Einspruch noch zurückgenommen werden kann (BFH/NV 02, 1409; s § 362 Rz 1). Der BGH stellt dagegen auf den Zeitpunkt des tatsächlichen und nicht des vermuteten Zugangs ab zB für den Beginn der Verjährung von Regressansprüchen gegen den steuerlichen Berater (BGH DStRE 08, 913; *Zugehör* WM 10 Sonderbeilage 1, 25).

53 **b) Aufgabe zur Post.** Nur verkörperte Erklärungen (Schriftstücke) können durch die Post „übermittelt" (befördert) werden. Die **Übermittlung per Telefax oder Computerfax** ist keine Übermittlung durch die Post (FG Köln EFG 09, 1079; näher Rz 13) und auch keine elektronische Übermittlung (vgl Rz 70). Aufgabe zur Post bedeutet **Einwurf** eines Schriftstücks (Umschlags) in den **Briefkasten** oder **Einlieferung** bei der Post (BFH/NV 97, 162; 10, 2080), aber nicht notwendig bei der Deutschen Post AG, sondern auch bei einem anderen (privaten) Briefdienstleister (*Ruff* KStZ 14, 121), auch wenn dieser die Sendung anschließend zur weiteren Ausführung der Deutschen Post übergibt (BFH/NV 13, 1218). Es kommt auf den Tag an, an dem die Handlung vorgenommen worden ist. Aus dem Bescheiddatum oder aus einem aufgedruckten Aufgabedatum lässt sich nicht auf den Tag der Aufgabe zur Post schließen (BFH BStBl 85, 485; BFH/NV 01, 1365; 02, 1280; 02, 1417; 06, 1860; 10, 824; 10, 1417; ferner auch BFH BStBl 01, 211). Denn das Datum des Bescheids muss nicht mit dem Tag der Aufgabe zur Post identisch sein (BFH/NV 01, 1365; 02, 1280; 06, 1860). Der Stpfl braucht das Datum der Aufgabe zur Post nicht substantiiert zu **bestreiten,** da sich die Aufgabe

von VA zur Post allein im Wissens- und Verantwortungsbereich des FA vollzieht (BFH/NV 10, 824). Er hat seinen Vortrag im Rahmen des Abs 2 Nr 1 nur nach Maßgabe des ihm Möglichen zu substantiieren (BFH/NV 01, 1365). Bei Zweifeln hat die FinBeh den Tag der Absendung nachzuweisen (vgl BFH BStBl 01, 211; BFH/NV 03, 138; 07, 1454). Die FinBeh hat den **Vollbeweis** zu erbringen; eine Beweiserleichterung durch Anscheinsgrundsätze greift nicht ein (BFH/NV 10, 1081). Der Vollbeweis kann idR nur durch Indizien geführt werden (vgl BFH BStBl 01, 211; BFH/NV 02, 1329; 06, 1860 und 1863). Dabei darf die Würdigung der Indizien nicht zu Anscheinsbeweissätzen verdichtet werden. Insbes kann aus den üblichen Abläufen innerhalb der FinBeh nicht auf den Einzelfall geschlossen werden (aA FG Nds EFG 16, 433; vgl auch Rz 55).

Einzelheiten. Das FG hat das Datum der tatsächlichen Aufgabe zur Post von 54
Amts wegen zu ermitteln und (ggf nach förmlicher Beweisaufnahme) nach seiner freien Überzeugung (§ 96 FGO) darüber zu entscheiden, ob der Bescheid an dem von der Behörde angegebenen Tag zur Post gegeben worden ist (BFH/NV 03, 586; 06, 84 und 1681). Als objektiv feststellbare Beweisanzeichen kommen vor allem der **Poststempel** und das Vorhandensein oder Fehlen eines **Absendevermerks** in Betracht. Von Bedeutung sind auch die Einträge in den Überwachungsdatenbanken der von den FinBeh genutzten **Rechenzentren** (vgl BFH/NV 14, 485; FG Ddorf EFG 13, 1285; FG Mchn EFG 14, 888). Das auf dem **Poststempel** angegebene Datum indiziert grds die Aufgabe zur Post an diesem Tag. Das gilt jedoch nicht, wenn ein privater Postdienstleister in seinem Stempelaufdruck nicht den Tag der Einlieferung, sondern im Regelfall den Tag der Zustellung ausweist (BFH/NV 11, 564; vgl auch BFH/NV 13, 1537). Ob ein **Absendevermerk** den erforderlichen Beweis erbringt, hängt von den Umständen ab (vgl § 169 Rz 38). Trotz fehlenden Absendevermerks kann das FG uU davon ausgehen, dass der VA „einige Tage nach der Zeichnung" zur Post gegeben worden ist, jedenfalls nicht Wochen später (BFH/NV 12, 1456). Weichen das Datum des Absendevermerks und dasjenige des Poststempels voneinander ab, ist grds dem aus dem Poststempel ersichtlichen Datum der Vorzug zu geben, sofern er Beweiskraft hat und regelmäßig am Aufgabetag angebracht wird (BFH BStBl 77, 523; BFH/NV 10, 2080; *Koenig/Fritsch* § 122 Rz 56). Das gilt nicht nur für die Deutsche Post, sondern auch für andere Postdienstleister und auch bei nachträglicher Stempelung (BFH/NV 16, 1742). Keinen förmlichen Beweis, aber ein Beweiszeichen schafft der Abgangsvermerk in einem **Postausgangsbuch**, wenn es vollständig und zeitnah geführt wird.

Hat die FinBeh **keine ausreichende Beweisvorsorge** getroffen, kann sie sub- 55
stantiiert darlegen, wie der Ablauf der Postversendung allg gestaltet war und welche (insbes organisatorischen) Maßnahmen ergriffen worden sind, um eine Übereinstimmung von Bescheiddatum und Tag der Aufgabe zur Post zu gewährleisten (BFH/NV 10, 824). Ggf hat das FG auch dann in freier Beweiswürdigung darüber zu befinden, ob der Bearbeiter, der das Datum der Aufgabe zur Post in den Akten vermerkt hat, angesichts des im FA geregelten Postabsendeverfahrens den vermerkten Absendetag hinreichend sicher voraussagen konnte (BFH BB 85, 1185; FG Nds EFG 01, 575). Das FG darf bei der Überzeugungsbildung auch berücksichtigen, dass die Behörde ihrer Obliegenheit zur Beweisvorsorge nicht ausreichend nachgekommen ist (BFH/NV 03, 586; vgl auch BFH/NV 07, 1454 und unten Rz 62), aber auch, dass sich der Stpfl nicht nach dem Bescheid erkundigt hat, sofern er ihn zu einem näher bestimmten Zeitpunkt erwarten musste (BFH BeckRS 2008, 25014241). Verbleibende Zweifel gehen zulasten der FinBeh. Lässt sich das Datum der Aufgabe zur Post nicht zur vollen Überzeugung des Gerichts feststellen, ist Abs 2 Nr 1 nicht anwendbar (BFH/NV 02, 1417; 06; 1860; 10, 824). Es kommt dann auf den Tag des tatsächlichen Zugangs an.

c) Fristberechnung. Der Tag der Aufgabe zur Post wird nicht mitgezählt; **Bei-** 56
spiel: Aufgabe am 10., vermuteter Zugang am 13. Auf diesen Tag kommt es auch

dann an, wenn der VA evtl schon früher zugegangen ist. § 108 III, wonach eine Frist erst mit Ablauf des nächsten Werktages endet, wenn ihr Ende ua auf einen Sonnabend fällt, fand nach früherer stRspr keine Anwendung (BFH/NV 01, 884; näher dazu 9. Aufl). Der BFH hat seine Rspr geändert (BFH BStBl 03, 898). Er sieht jetzt den Dreitagezeitraum als eine **Frist** an, für die § 108 III gilt (zuletzt BFH/NV 11, 1845; s § 108 Rz 6; aA BSG NJW 11, 1099). Der BFH hält trotz der abw Ansicht des BSG an seiner Rspr fest (BFH/NV 14, 1186; krit *Dau* jurisPR-SozR 1/2015 Anm 1). Die FinVerw hat sich im AEAO zu § 108 Nr 2 der Rspr des BFH angeschlossen. Deshalb verlängert sich der Dreitagezeitraum zwischen der Aufgabe eines VA zur Post und seiner Bekanntgabe nach Abs 2 Nr 1 auf den folgenden Werktag, wenn das Ende des Zeitraums („Fristende") auf einen Sonnabend, Sonntag oder gesetzlichen Feiertag fällt (BFH BStBl 03, 898; BFH/NV 04, 758, 1065, 1498; 05, 327; 08, 738; 10, 818; zum jeweils maßgeblichen Feiertagsrecht s OFD Karlsruhe, DStR 04, 1835). Geht der VA tatsächlich erst nach Ablauf des Dreitagezeitraums an einem Samstag zu, ist § 108 III nicht anwendbar (keine Frist) mit der Folge, dass die Bekanntgabe am Samstag bewirkt ist (BFH BStBl 06, 219; aA FG Bbg EFG 05, 1002).

58 **d) Zugangsfiktion.** Sie setzt voraus, dass der Tag der Aufgabe zur Post feststeht (Rz 53 ff), sodass der fiktive Zugangszeitpunkt berechnet werden kann. Die Fiktion gilt gleichermaßen für die Versendung durch die Deutsche Post AG wie durch andere private Postdienstleister (BFH/NV 08, 742; 08, 1646). Die Auslieferung der Sendung an eine Postadresse ist nicht erforderlich, es genügt auch die postlagernde Zustellung (Inanspruchnahme des Lagerservice der Post) oder die Versendung an ein Schließfach des Empfängers (BFH BStBl 62, 496; FG Nds EFG 83, 479; FG Nbg EFG 83, 434). Die Fiktion greift nicht, wenn der VA nicht oder zu einem späteren Zeitpunkt zugegangen ist. Insofern gilt nur eine **widerlegliche Vermutung** (Rz. 50). Zur Widerlegung der Vermutung muss der Empfänger nicht den Vollbeweis führen. Es genügt, wenn er die Vermutung durch substantiierten Sachvortrag erschüttert (widerlegt). Das ist der Fall, wenn die ernstliche (nicht bloß theoretische) Möglichkeit dargetan wird, dass der VA nicht oder später zugegangen ist. Ist die Zugangsvermutung widerlegt, muss die **Behörde** den früheren Zugang **beweisen** (BFH BStBl 90, 108; 95, 41; BFH/NV 05, 1473).

59 **Späterer Zugang.** Der Stpfl muss **im Rahmen des Möglichen** Umstände dartun, aus denen auf die (mehr als bloß theoretische) Möglichkeit geschlossen werden kann, dass der VA nicht innerhalb des Dreitagezeitraums zugegangen ist, zB weil in diesem Zeitraum ein Hausbriefkasten (noch) fehlte (substantiiertes Bestreiten: BFH BStBl 77, 321; 00, 175; BFH/NV 00, 1449; 01, 747; 02, 350; 661; 03, 586; 07, 389, 1754); sog einfaches Bestreiten, zB die allg Behauptung, es sei im Bereich des Zustellbezirks häufiger zu Unregelmäßigkeiten gekommen, reicht nicht aus. Allerdings dürfen an das substantiierte Bestreiten des Zugangs innerhalb des Dreitagezeitraums auch keine zu hohen Anforderungen gestellt werden, denn das Erfordernis eines substantiierten Tatsachenvortrags darf nicht dazu führen, dass die objektive Beweislast, die nach der Beweislastverteilung die FinBeh trifft, zulasten des Stpfl umgekehrt wird (BFH/NV 01, 1365; 08, 1335). Pauschale Hinweise auf immer wieder vorkommende Briefkastenverwechslungen oder Bombenfunde genügen nicht (BFH/NV 11, 1717), auch nicht die Einlassung, das Haus werde von zahlreichen, häufig wechselnden Bewohnern meist ausl Herkunft bewohnt und der Postbote lege die Briefe „im Packen" im Hausflur ab (FG Mchn BeckRS 2013, 96523, mE zweifelh). Der Hinweis des Empfängers, aufgrund seiner Inhaftierung habe er den VA „auf Umwegen" erhalten, soll wegen der nach § 29 III StrafVollzG zulässigen Überwachung des Schriftwechsels von Häftlingen aber ausreichen (BFH/NV 12, 165).

59a Um einen atypisch langen Postlauf darlegen zu können, muss der Empfänger nach der Rspr des BFH den **Briefumschlag aufbewahren** (BFH/NV 07, 1454;

10, 1115; 11, 410) oder einscannen (BFH/NV 17, 264). Das aus dem Poststempel ersichtliche Datum sagt zwar für sich genommen weder etwas über den Zugangszeitpunkt noch über die Länge des Postlaufs aus. Der Empfänger kann einen atypisch langen Postlauf jedoch regelmäßig nur erkennen, indem er das Datum des Poststempels mit dem Zugangsdatum vergleicht. Ergibt sich daraus, dass der Brief länger als drei Tage befördert worden ist, sollte der Empfänger nach der Vorstellung der Rspr sofort, am besten telefonisch, mit dem FA Kontakt aufnehmen, um den Fristlauf zu besprechen. Unterlässt er dies und kann er später den Briefumschlag mit dem eingestempelten Absendedatum nicht (mehr) vorlegen, sollen seine (substantiierten) Darlegungen zum späteren Zugang unbeachtlich sein, zB ein Eingangsvermerk (BFH/NV 97, 828; 98, 1064; 07, 389), der Eingangsstempel (BFH/NV 12, 697), die Datumsangabe im ordnungsgemäß geführten Posteingangsbuch (FG SachsAnh BeckRS 2013, 96077) oder eine anwaltliche Versicherung (BFH/NV 06, 328). Diese Rspr überzeugt nicht. Der Empfänger muss eine untypisch lange Postlaufzeit weder zeitnah erkennen (prüfen) oder sofort rügen noch nachweisen (s oben). Den Zeitpunkt der Aufgabe zur Post hat in jedem Fall nicht der Empfänger nachzuweisen, sondern der Absender (Rz 53). Grds darf von dem anwaltlich als richtig oder an Eides Statt versichertem Vorbringen ausgegangen werden (vgl BGH NJW 15, 349); zumindest die Kombination aus anwaltlicher Versicherung, Eingangsstempel und entsprechendem Eintrag in einem ordnungsgemäß geführten Posteingangsbuch begründet mE regelmäßig die erforderlichen Zweifel. Durch ergänzende Vorlage des Briefumschlags könnten die Zweifel nicht verstärkt, sondern allenfalls gemildert werden. Das ist aber nicht Sache des Empfängers.

Fehlender Zugang. Bestreitet der Adressat, dass ihm das Schriftstück überhaupt zugegangen sei, kann weitere Substantiierung nicht verlangt werden, weil dies objektiv unmöglich ist (BFH BStBl 67, 99; 74, 70; 89, 534; 95, 41; BFH/NV 08, 743; 09, 1777). Das FA muss dann den Zugang nachweisen. Hat es der Empfangsbevollmächtigten pflichtwidrig unterlassen, ein Postausgangs- und Fristenkontrollbuchs zu führen, bewirkt dies keine Beweislastumkehr für den im Zweifel von der FinBeh nachzuweisenden Zugang des VA (FG Ddorf EFG 05, 85). Bestreitet in solchen Fällen der Angehörige der steuerberatenden Berufe, den VA erhalten zu haben, gilt die Zugangsvermutung als widerlegt, wenn nicht weitere Indizien für den Zugang sprechen (BFH BStBl 05, 623). Die vorstehenden Grundsätze sind nicht anzuwenden, wenn ein Dritter den Zugang beim Adressaten mit Nichtwissen bestreitet (BVerwG NVwZ 17, 565). 60

Zweifel. Hat der Stpfl im Rahmen des Möglichen den rechtzeitigen Zugang substantiiert bestritten, muss das FA oder in einem Klageverfahren das FG den Sachverhalt unter Berücksichtigung des Vorbringens des Stpfl aufklären und die festgestellten oder unstreitigen Umstände im Wege freier Beweiswürdigung gegeneinander abwägen, um festzustellen, ob die Zugangsvermutung erschüttert oder der tatsächliche Bekanntgabezeitpunkt festzustellen ist (BFH/NV 98, 905; 00, 851; 03, 586; FG Saarl EFG 98, 80; FG Nds DStRE 02, 1033). Zweifel darf das FG nicht einfach aus der denkbaren Möglichkeit herleiten, Bescheiddatum und Absendetag oder der durch die Rechtsbehelfsstelle gefertigte Postaufgabevermerk könnten auseinanderfallen. Es muss vielmehr den maßgeblichen Sachverhalt aufklären und aufgrund seiner freien, aus dem Gesamtergebnis des Verfahrens gewonnenen Überzeugung entscheiden, ob solche (berechtigten) Zweifel bestehen (BFH BStBl 90, 108; BFH/NV 03, 586; FG Saarl EFG 97, 44; vgl auch BFH/NV 93, 75; 94, 141; 02, 1280). 61

Einzelheiten. Die Zugangsvermutung ist widerlegt, wenn der Stpfl durch eine Bescheinigung des Postdienstleisters nachweist, dass der Brief dort erst am vermuteten Zugangstag bearbeitet worden ist (BFH/NV 15, 948) oder wenn er geltend macht, dass er umgezogen sei und ihm der VA aufgrund eines Postnachsendungsantrags nachgesandt worden sei (FG Hbg EFG 81, 111); ebenso, wenn er darlegt, der VA sei an seinen Vermieter als Ersatzempfänger übergaben worden und ihm 62 daher später ausgehändigt worden, weil er selbst keinen Briefkasten habe (FG MeVo EFG 00, 467). Hinweis auf Poststreik muss ebenfalls ausreichen (aA FG Hess EFG 96, 791). Ein steuerlicher Berater, der für seinen Mandanten einen StBescheid entgegennimmt, muss, wenn der Bescheid ihm später als drei Tage nach dem angeblichen Tag der Aufgabe zur Post (der Ausstellung) zugegangen ist, im Interesse des Mandanten Maßnahmen treffen, die es ihm erlauben, zu dem Tag des Zugangs substantiiert vorzutragen (BGH Inf 92, 236). Auch ein Stpfl, der zB anhand des Poststempels oder bei Versendung durch die Zentralstelle anhand des Bescheiddatums erkennen kann, dass der Postlauf atypisch vierzehn Tage betragen hat, muss angesichts der ihm obliegenden **Beweisvorsorge** diesen Umstand umgehend der FinBeh **anzeigen,** um sich mit dieser über die zu beachtende Frist zu verständigen (BFH/NV 07, 1454). Das FA kann einen Beteiligten auffordern, die Richtigkeit seiner Behauptung, er habe den VA nicht erhalten, an Eides statt zu versichern. Dabei muss es aber die Ermessensgrenze des § 95 I 2 beachten (BFH/NV 86, 591).

63 **Zugangsnachweis.** Hat der Empfänger die Zugangsvermutung widerlegt, muss die FinBeh den (rechtzeitigen) Zugang nachweisen. Sie hat grds den Vollbeweis zu erbringen. Nach den Regeln des Anscheinsbeweises (s dazu § 88 Rz 28) kann der Nachweis des Zugangs nicht geführt werden (BFH BStBl 89, 534; 95, 41; 96, 105; BFH/NV 98, 1318; 03, 1031; 08, 743). Es genügt also nicht, auf den üblichen Ablauf der Dinge abzustellen, sondern der tatsächliche Zugang muss zur vollen Überzeugung des Gerichts festgestellt werden. Es geht um einen Indizienbeweis (BFH/NV 99, 450, 738, 1581; 01, 145). Im Rahmen des Indizienbeweises können bestimmte Verhaltensweisen des Stpfl innerhalb eines längeren Zeitraums nach Absendung des StBescheids dahin gewürdigt werden, dass von einem Zugang des StBescheids auszugehen ist (BFH BStBl 89, 534; BFH/NV 99, 1442; 1558; 01, 322; 09, 413; FG BaWü EFG 03, 906; vgl aber auch FG Köln EFG 99, 751; FG Ddorf EFG 00, 466; FG Nds 00, 1290). Beweiskräftig können auch Auszüge aus der Überwachungsdatenbank des Rechenzentrums sein, zB wenn sie ergeben, dass der Bescheid in einem Kuvert zusammen mit anderen Bescheiden verschickt worden ist, deren Empfang der Stpfl nicht bestreitet (vgl BFH/NV 14, 485).

64 **Zugang.** Allg vgl Rz 10. Nach § 2 Nr 4 der **Post-Universaldienstleistungsverordnung** v 15.12.1999 (BGBl I, 2418), zuletzt geändert durch Gesetz v 7.7.2005 (BGBl I, 1970), werden Briefsendungen, sofern der Empfänger nicht durch Einrichtung eines Postfaches oder in sonstiger Weise erklärt hat, dass er die Sendungen abholen will, durch Einlegen in eine für den Empfänger bestimmte und ausreichend aufnahmefähige Vorrichtung für den Empfang von Briefsendungen oder durch persönliche Aushändigung an den Empfänger zugestellt. Der Verlust eines in den Briefkasten eingelegten Schriftstücks beseitigt die Bekanntgabewirkung nicht (FG Nbg EFG 16, 1841). Ist die Zustellung auf diese Weise nicht möglich, ist die Briefsendung nach Möglichkeit einem Ersatzempfänger auszuhändigen. Niederlegen auf der Treppe oder Fensterbrett genügt nicht (BFH BStBl 75, 282). Sendungen müssen der Verfügungsgewalt Dritter entzogen sein (BVerwG NJW 63, 1394). IÜ können Postsendungen dem Empfänger an jedem Ort (z B auf der Straße) ausgehändigt werden, an dem er angetroffen wird. Es reicht auch aus, wenn die Sendung abw von den Zustellungsangaben in ein Postfach des Empfängers eingelegt wird (BFH BStBl 95, 484). Um zu verhindern, dass der Stpfl sich uU durch einfache Behauptung, er habe den StBescheid nicht innerhalb der Festsetzungsfrist (§ 169) erhalten, der Besteuerung entziehen kann, stellt **§ 169 I 3** für die Wahrung der **Festsetzungsfrist** auf den Zeitpunkt ab, in dem der Bescheid den **Bereich des FA verlassen** hat (dazu BFH GrS BStBl 03, 548; ferner BFH BStBl 03, 933; BFH/NV 04, 1057; s auch § 169 Rz 37 ff).

66 **e) Bekanntgabe im Ausland.** Durch die Regelung des Abs 2 Nr 2 des § 122 wird eine ähnliche **Zugangsvermutung** bei Übermittlung von VA durch die Post

im Ausland geschaffen. Wegen der längeren Postlaufzeiten bei diesen Sendungen ist eine **Monatsfrist** vorgesehen. Die Voraussetzungen der Bestimmung sind auch erfüllt, wenn nur der Bevollmächtigte, nicht aber der Beteiligte selbst seinen Sitz im Ausland hat (BFH BStBl 00, 334; s oben Rz 42).

Grds ist die Bekanntgabe durch einfachen Brief im Ausland möglich. Im AEAO zu § 122 Nr 1.8.4 iVm AEAO zu § 122 Nr 3.1.4.1 sind die Staaten aufgeführt, bei denen nicht davon ausgegangen werden kann, dass eine Bekanntgabe von Steuer-VA durch einfachen Brief oder elektronisch toleriert wird. Soweit der vereinfachten Bekanntgabe völkerrechtliche Hindernisse entgegenstehen, wird nach § 123 verfahren oder die Bekanntgabe oder förmliche Zustellung über das **BZSt** mit Hilfe der deutschen auswärtigen Vertretungen oder zuständiger ausl Behörden vorgenommen (s § 9 VwZG und AEAO zu § 122 Nr 3.1.4.2). Zur Zustellung im Ausland vgl Rz 98. 67

Für die **Widerlegung der Zugangsvermutung** gelten dieselben Anforderungen wie bei der Übermittlung durch die Post im Inland (Rz 58 ff). Soweit der Empfänger seine Zweifel zu substantiieren hat, ist § 90 II nicht anzuwenden. 68

6. Elektronische Übermittlung (Abs 2a). Abs 2a regelt, wann ein elektronisch übermittelter VA als bekannt gegeben gilt. Ein elektronisches Dokument (§ 87a) wird elektronisch übermittelt durch Versenden der Datei (zB per **E-Mail**). Dafür müssen die FinBeh ein sicheres Verfahren verwenden (§ 87a VII). Im Empfangsgerät des Empfängers wird die Datei als solche gespeichert, sodass der Empfänger (ggf wiederholt) darauf zugreifen kann. Eine elektronische Übermittlung liegt insbes vor, wenn es auf den Zugang der Datei ankommt. Umstritten ist, ob die Übermittlung per **Telefax** oder **Computerfax** eine elektronische Übermittlung ist (so AEAO zu § 122 Nr 1.8.2). Technisch wird dabei eine Datei übermittelt; rechtl jedoch ein schriftlicher VA (Rz 13). Entscheidend dürfte sein, ob ein **schriftlicher VA** oder ein elektronisches Dokument (§ 87a) bekannt gegeben werden soll. Soll ein schriftlicher VA bekannt gegeben werden, kommt es nach der Rspr nicht auf den Zugang der Datei, sondern auf den Ausdruck beim Empfänger an. Erst mit dem Ausdruck ist die Bekanntgabe bewirkt (Rz 13). Daran wollte der Gesetzgeber bei Einführung der elektronischen Kommunikation nichts ändern (BT-Drs 14/4987, 24). Für die Anwendung von Abs 2a bleibt insofern kein Raum; eine Bekanntgabevermutung greift nicht ein (vgl Rz 53). Das gilt unabhängig davon, ob das Empfangsgerät die Datei nur druckt oder als solche auch speichert und für die weitere Bearbeitung zur Verfügung stellt (anders FG Köln EFG 09, 1079 im Anschluss an *HHSp/Müller-Franken* Rz 422 und *Koenig/Fritsch* Rz 87; kritisch dazu *Carlé* AO-StB 10, 117). Nur soweit die Schriftform durch die elektronische Form ersetzt wird (§ 87a IV) mit der Folge, dass es auf den Zugang der Datei und nicht auf deren Ausdruck ankommt, ist Abs 2a anwendbar. 70

Zugangsfiktion. Die Regelung verfehlt den Zweck einer Typisierung, weil für die elektronische Übermittlung eine nennenswerte Zeitverzögerung idR ausgeschlossen werden kann (vgl auch § 87a I 2). Das gilt auch für die Übermittlung ins Ausland. Eine verlängerte Frist ist insofern auch nicht vorgesehen. Sie schafft jedoch einen Gleichlauf mit § 122 II (und § 122a) und wirkt iÜ begünstigend, sodass keine durchgreifenden Bedenken bestehen. Für den Beginn der Dreitagesfrist kommt es auf den **Zeitpunkt der Absendung** an. Der Tag der Absendung zählt bei der Fristberechnung nicht mit (§ 108 I iVm § 187 I BGB). IÜ gelten die obigen Ausführungen zur Fristberechnung entsprechend (Rz 56). Der Bekanntgabezeitpunkt wird fingiert, soweit die übermittelte Datei beim Empfänger schon vorher eingegangen, gelesen oder ausgedruckt worden ist (vgl FG Ddorf EFG 09, 1078); iÜ wird er widerleglich vermutet (Rz 50). Die **Widerlegung** der Zugangsvermutung dürfte kaum jemals gelingen. Objektive Umstände für den verspäteten oder fehlenden Zugang einer Datei lassen sich aus Empfängersicht regelmäßig nicht darlegen. 71

72 **7. Öffentliche Bekanntgabe (Abs 3).** Die öffentliche Bekanntgabe (Abs 3) ist zu unterscheiden von der öffentlichen Zustellung nach **§ 10 VwZG** (vgl Abs 5). Die öffentliche Bekanntgabe hat im StRecht geringe Bedeutung. Als Beispiele, in denen eine öffentliche Bekanntgabe gesetzlich zugelassen ist, werden § 149 I 3 und § 259 S 3 genannt (*KSch/Förster* § 122 Rz 32). Zumindest bei der Mahnung handelt es sich jedoch nicht um einen VA (s § 259 Rz 2). Bei der nach § 27 III 1 GrStG zulässigen Festsetzung der Grundsteuer durch öffentliche Bekanntmachung handelt es sich nicht um einen individuellen VA. § 122 III und damit auch § 122 IV 2 ist daher hierauf nicht anwendbar (BVerwG BStBl 87, 472). Eine **Allgemeinverfügung** kann bereits dann öffentlich bekannt gegeben werden, wenn Bekanntgabe an Beteiligte untunlich ist, zB weil der Kreis der Beteiligten nicht von vornherein feststeht. Bedeutsamer als die öffentliche Bekanntgabe von VA ist die **öffentliche Zustellung** (s Rz 100).

74 **8. Form der öffentlichen Bekanntgabe (Abs 4).** Erforderlich ist eine ortsübliche Bekanntmachung zB in einer Tageszeitung, einem allgemein zugänglichen Aushängekasten usw. Auf die Berechnung des fiktiven Bekanntgabezeitpunkts (Abs 4 S 3) sind die oben (Rz 56) dargelegten Erwägungen der neuen Rspr zum Fristablauf entsprechend anzuwenden, wenn das Ende des Zeitraums auf einen Sonnabend oder Sonn- oder Feiertag fällt (*Koenig/Fritsch* § 122 Rz 95). Anders als bei Abs 2 handelt es sich hier aber nicht nur um eine Bekanntgabevermutung sondern um eine echte **Bekanntgabefiktion.**

76 **9. Zustellung (Abs 5). a) Allgemeines.** Die „förmliche Zustellung" dient dem Nachweis, dass der Empfänger den VA erhalten hat. Als Bekanntgabeform setzt sie idR die **Übergabe** des VA an den im Adressfeld bezeichneten Empfänger voraus (Rz 10). Etwas anderes kann sich aber aus dem Gesetz ergeben (Rz 77 ff). Es gilt der Grundsatz der **Einzelbekanntgabe** (Rz 28). Bei förmlicher Zustellung zusammengefasster (§ 155 III) StBescheide muss jedem Inhaltsadressaten eine Ausfertigung des Bescheids zugestellt werden (BFH BStBl 95, 681). Die Zustellung ist nur dann wirksam, wenn sie dem Empfänger den Alleinbesitz an einem ihn allein betr VA vermittelt (Sächsisches OVG, NVwZ-RR 16, 762).

77 **Anwendbare Vorschriften (Abs 5 S 2 und 3).** Für förmliche Zustellungen, die von einer FinBeh bewirkt werden, gelten die Vorschriften des VwZG (Abs 5 S 2). Abs 5 S 3 schließt (mWv 1.1.2017) die Anwendung von § 7 I 2 VwZG ausdrücklich aus und verweist stattdessen auf Abs 1 S 4 (Rz 42 ff). Zustellungen, die von einem Gericht bewirkt werden, richten sich rechtswegübergreifend nach §§ 166 ff der ZPO (§ 326 IV; § 53 II FGO). Für die Zustellung durch die Post (§§ 3, 5, 5a, 9, 10 VwZG) ist ferner § 33 I PostG zu beachten. Danach sind die Deutsche Post und andere Lizenznehmer zur förmlichen Zustellung ua nach VwZG berechtigt und verpflichtet (vgl OFD Mchn und Nbg DStR 03, 1928). Sie werden insofern als Beliehene hoheitlich tätig; das gilt nicht für die Zustellung durch die Post mittels Einschreiben (gem § 4 VwZG, Rz 86).

78 **Ermessen (Abs 5 S 1).** Soweit die Zustellung nicht gesetzlich vorgeschrieben ist, steht sie im Ermessen der FinBeh. Die förmliche Zustellung kommt nur bei schriftlichen (nicht bei elektronischen) VA in Betracht. Sie ist zB vorgeschrieben in § 309 II (Pfändungsverfügung) und in § 324 II 1 (Arrestanordnung), aber nicht mehr bei StBescheiden, auch wenn der Stpfl seinen Wohnsitz nicht im Inland hat (BFH/NV 11, 201). Soweit die Zustellung nicht gesetzlich vorgeschrieben ist, bedarf sie der **Anordnung.** Diese muss schriftlich dokumentiert sein. Die Beschriftung des Adressfeldes des Formulars der Zustellungsurkunde reicht aber aus (BFH BStBl 00, 520). Die Anordnung der Zustellung ist **kein VA** (BFH/NV 91, 335). Die vorherige Anhörung (§ 91) ist deshalb nicht erforderlich; die Entscheidung bedarf auch keiner Begründung (§ 121). Bei ihrer Entscheidung, ob ein StBescheid förmlich zugestellt werden soll, hat die Behörde auf die Belange des Stpfl Rücksicht zu nehmen (FG Ddorf EFG 96, 302; näher *Hawlitschek* DStR 15,

21). Zur Frage, ob ein StBerater damit rechnen muss, dass der Bescheid seinem Mandanten mit Postzustellungsurkunde zugestellt worden ist, s § 110 Rz 34.

Rechtsfolge. Bei (fehlerfreier) förmlicher Zustellung ist der VA bekannt gegeben, sobald der Zugang **bewirkt ist** oder als bewirkt gilt. Auf den Dreitagezeitraum (§ 122 II Nr 1) kommt es nicht an (BFH BStBl 91, 826). Das gilt auch bei Einlegung in den Briefkasten des Bevollmächtigten an einem Sonnabend, wenn der Bevollmächtigte das Schriftstück erst am Montag zur Kenntnis nimmt, weil seine Praxis am Wochenende geschlossen ist (BFH/NV 09, 115 mwN). Bei Niederlegung bei der Postanstalt oder bei einer Postagentur (vgl BGH HFR 01, 914) ist ein Schriftstück auch dann im Zeitpunkt der Niederlegung wirksam zustellt, wenn die Schalter für den Publikumsverkehr bereits geschlossen sind (BFH/NV 86, 644). Ausnahme Rz 86. Zu den Rechtsfolgen bei fehlerhafter förmlicher Zustellung vgl Rz 105. 79

b) Zustellung mit Zustellungsurkunde (§ 3 VwZG). 80

§ 3 Zustellung durch die Post mit Zustellungsurkunde

(1) Soll durch die Post mit Zustellungsurkunde zugestellt werden, übergibt die Behörde der Post den Zustellungsauftrag, das zuzustellende Dokument in einem verschlossenen Umschlag und einen vorbereiteten Vordruck einer Zustellungsurkunde.

(2) [1] Für die Ausführung der Zustellung gelten die §§ 177 bis 182 der Zivilprozessordnung entsprechend. [2] Im Fall des § 181 Abs. 1 der Zivilprozessordnung kann das zuzustellende Dokument bei einer von der Post dafür bestimmten Stelle am Ort der Zustellung oder am Ort des Amtsgerichts, in dessen Bezirk der Ort der Zustellung liegt, niedergelegt werden oder bei der Behörde, die den Zustellungsauftrag erteilt hat, wenn sie ihren Sitz an einem der vorbezeichneten Orte hat. [3] Für die Zustellungsurkunde, den Zustellungsauftrag, den verschlossenen Umschlag nach Absatz 1 und die schriftliche Mitteilung nach § 181 Abs. 1 Satz 3 der Zivilprozessordnung sind die Vordrucke nach der Zustellungsvordruckverordnung zu verwenden.

Handlungen der Behörde. § 3 Abs 1 VwZG regelt, welche Handlungen von der zustellenden Behörde zu erbringen sind. Sie muss einen schriftlichen Zustellungauftrag erteilen. Das zuzustellende Dokument muss in einem verschlossenen Umschlag übergeben werden. Diesem muss ein vorbereiteter Vordruck einer Zustellungsurkunde beigefügt sein. Hierfür sind die in der Zustellungsvordruckverordnung v. 23.4.2004 (BGBl I, 619) bestimmten Vordrucke zu verwenden (Abs 2 S 2). In der vorbereiteten Zustellungsurkunde und auf dem zuzustellenden Umschlag muss der Inhalt der Sendung durch **Angabe des Aktenzeichens** eindeutig gekennzeichnet sein (vgl AEAO zu § 122 Nr 3.1.1.1). Eine über das Aktenzeichen hinaus gehende Bezeichnung ist nicht erforderlich (BFH/NV 08, 1860). Die Bezeichnung des Sendungsinhalts auf dem Umschlag ist einer Auslegung unter Berücksichtigung des Empfängerhorizonts zugänglich (BFH/NV 11, 1106). Aus der Bezeichnung soll nicht auf den Inhalt des Dokuments geschlossen werden können (vgl BT-Drs 14, 4554 S. 19). Sollen mehrere Dokumente in einer Sendung zugestellt werden, muss die angegebene Geschäftsnummer erkennen lassen, um welche Dokumente es sich handelt (BFH/NV 05, 66). Geschieht dies hinsichtlich eines Dokuments nicht, hindert dies die Wirksamkeit der Zustellung iÜ nicht (BFH/NV 91, 713; 11, 1106). Die Bezeichnung des Sendungsinhalts ist nicht mehr Voraussetzung für die Wirksamkeit der Zustellung, sondern nur noch von Bedeutung für deren Nachweis (BFH/NV 12, 597). 81

Für die **Durchführung der Zustellung** verweist Abs 2 S 1 auf die §§ 177 bis 182 ZPO. Die Post bzw ein anderer beliehener Dienstleister (§ 33 I PostG) erbringt die Zustellung in eigener Verantwortung. Es bestehen die Möglichkeiten der **Ersatzzustellung** in der Wohnung, in den Geschäftsräumen und Einrichtungen (§ 178 ZPO), durch Einlegen in den Briefkasten (§ 180 ZPO oder durch Niederlegung (§ 181 ZPO). § 179 ZPO betrifft das Verfahren bei Annahmeverweigerung und § 182 ZPO die Zustellungsurkunde. Die Zustellung durch Einlegen in den 82

Briefkasten ist vorrangig vor der Ersatzzustellung durch Niederlegung und nachrangig ggü der Ersatzzustellung in der Wohnung, in den Geschäftsräumen und in Gemeinschaftseinrichtungen (*BLAH/Hartmann* ZPO § 180 Rz 1). Die jeweils nachrangige Form der Ersatzzustellung kommt erst zum Tragen, wenn die vorrangige nicht durchführbar ist.

83 Soweit die Zustellungsurkunde nicht mit Fehlern behaftet ist, erbringt sie als **öffentliche Urkunde** (§ 82 I FGO iVm § 418 ZPO) den Vollbeweis für die in ihr beurkundeten Tatsachen (BFH/NV 94, 217; 291; 95, 276), insbes für die Übergabe der mit einer Geschäftsnummer bezeichneten verschlossenen Postsendung (nicht des Inhalts) an die in der Urkunde genannte Person (BFH/NV 13, 1787). Die **Beweiskraft** erstreckt sich auch darauf, dass die Niederlegung und die Benachrichtigung des Empfängers in der vorgeschriebenen Weise geschehen ist, oder darauf, dass das Schriftstück im Wege der Ersatzzustellung in den Hausbriefkasten eingelegt worden ist (BFH/NV 12, 1939). Die Zustellungsurkunde erbringt allerdings **keinen Beweis** für den tatsächlichen Wohnsitz (BVerfG NJW-RR 92, 1084; OLG Hamm VersR 95, 1509) oder dafür, dass der Empfänger die tatsächlichen Voraussetzungen einer Ersatzperson gem § 178 I ZPO erfüllt. Die Beweiskraft der öffentlichen Urkunde ist nur durch den **Gegenbeweis** widerlegbar (§ 418 II ZPO). Ein Gegenbeweis kann nur durch den Beweis der Unrichtigkeit der in der Urkunde bezeugten Tatsachen geführt werden (BFH/NV 13, 1787). Erforderlich ist der volle Nachweis ihrer Unrichtigkeit; Zweifel an ihrer Richtigkeit genügen nicht (BFH/NV 94, 291); eine eidesstattliche Versicherung genügt nicht (BFH/NV 88, 170).

84 **Einzelheiten.** Bei der Zustellung eines Bescheids über die gesonderte Feststellung von Besteuerungsgrundlagen muss sich aus dem Geschäftszeichen auch der Gegenstand der Feststellung ergeben (BFH BStBl 06, 214). Ist das Dokument durch Einwurf in den Briefkasten ersatzweise zugestellt worden (§ 180 ZPO), kann die Beweiskraft der Zustellungsurkunde nicht mit der Behauptung entkräftet werden, der Empfänger sei am Tag der Zustellung zuhause gewesen (BFH/NV 12, 1939). Auf einen Fehler bei der Ersatzzustellung kann sich nicht berufen (unzulässige Rechtsausübung), wer bei der Behörde den Irrtum über seinen tatsächlichen Lebensmittelpunkt bewusst und zielgerichtet unter Verstoß gegen die Meldegesetze herbeigeführt hat (BGH NJW 11, 2440; BGH NStZ 15, 525).

85 **c) Zustellung mittels Einschreiben (§ 4 VwZG).**

§ 4 Zustellung durch die Post mittels Einschreiben

(1) Ein Dokument kann durch die Post mittels Einschreiben durch Übergabe oder mittels Einschreiben mit Rückschein zugestellt werden.

(2) [1] Zum Nachweis der Zustellung genügt der Rückschein. [2] Im Übrigen gilt das Dokument am dritten Tag nach der Aufgabe zur Post als zugestellt, es sei denn, dass es nicht oder zu einem späteren Zeitpunkt zugegangen ist. [3] Im Zweifel hat die Behörde den Zugang und dessen Zeitpunkt nachzuweisen. [4] Der Tag der Aufgabe zur Post ist in den Akten zu vermerken.

86 Die Zustellung mittels Einschreiben ist keine Zustellung nach § 33 I 1 PostG (Rz 77). Der Postdienstleister wird nicht als Beliehener hoheitlich, sondern auf privatrechtl Grundlage tätig. Maßgeblich sind die Vertragsbedingungen (AGB) des jeweiligen Anbieters. Bei Zustellung in Österreich kommt es nach dem zwischen Deutschland und Österreich geschlossenen Rechtshilfevertrag auf das Recht des Staates an, in dem die Zustellung bewirkt werden soll (BVerwG NVwZ-RR 15, 921). **Übergabe** iSv Abs 1 ist nur die Aushändigung des Schreibens an den angegebenen Empfänger (Rz 76). Die Übergabe an einen „Ersatzempfänger" ist in Abs 1 nicht vorgesehen. Soweit sie nach den AGB des jeweiligen Postdienstleisters möglich ist, erfüllt dieser zwar seinen Vertrag, die Zustellung wird dadurch jedoch nicht bewirkt. Der Empfänger muss sich die Aushändigung an einen Ersatzempfänger nicht entgegenhalten lassen (BSG NJW 05, 1303). Soweit die Bekanntgabe nach allg Grundsätzen bewirkt ist, kommt es auf den Fehler bei der Zustellung nach § 4 VwZG allerdings nicht an (zutr BSG NJW 05, 1303; str vgl Rz 48 und 105). Auch bei der Zustellung mit Einschreiben **Rückschein** muss die Sendung dem auf ihr angegebenen Empfänger übergeben werden. Sendungen mit der Zusatzleistung „Eigenhändig" werden nach den AGB der Deutschen Post AG außer dem Empfänger nur einem hierzu (von ihm) besonders Bevollmächtigten ausgehändigt. Die von der Deutschen Post AG angebotene Variante Einschreiben „Einwurf" genügt nicht den Anforderungen von Abs 1 (BT-Drs 15/5216, 12; OFD Magdeburg DStR 06, 798).

Der **Rückschein** erbringt grds den Nachweis für die Tatsache und den Zeitpunkt der Zustellung. Die Zustellung ist an dem auf dem Rückschein angegebenen Zustellungsdatum als bewirkt anzusehen (BFH/NV 16,1250), sofern der Empfänger oder ein von ihm hierzu Bevollmächtigter den Empfang quittiert hat. Der Rückschein ist jedoch keine öffentliche Urkunde (BT-Drs 15/5216, 12; Rz 83). Ist der Rückschein nicht vorhanden, enthält er kein Datum oder ist dieses ernstlich zweifelh („iÜ"), kommt es auf die **Dreitagevermutung** (§ 4 II 2 VwZG) an. Dies durchbricht den Grundsatz, dass es bei der förmlichen Zustellung auf den Zeitpunkt ankommt, in dem der Zugang bewirkt ist (Rz 79). Der Wortlaut von § 4 II 2 VwZG entspricht § 122 II 1; insofern gelten keine Besonderheiten (Rz 56; aA BPatG BlPMZ 17, 265: keine Verlängerung des Drei-Tage-Zeitraums bei Sonn- oder Feiertagen). Das Dokument gilt auch dann als am dritten Tag zugestellt, wenn es dem Empfänger vorher zugegangen ist (BVerwG NJW 65, 2363; BeckRS 2015, 44578). 87

d) Zustellung gegen Empfangsbekenntnis, elektronische Zustellung (§ 5 VwZG). 89

§ 5 Zustellung durch die Behörde gegen Empfangsbekenntnis; elektronische Zustellung

(1) [1]Bei der Zustellung durch die Behörde händigt der zustellende Bedienstete das Dokument dem Empfänger in einem verschlossenen Umschlag aus. [2]Das Dokument kann auch offen ausgehändigt werden, wenn keine schutzwürdigen Interessen des Empfängers entgegenstehen. [3]Der Empfänger hat ein mit dem Datum der Aushändigung versehenes Empfangsbekenntnis zu unterschreiben. [4]Der Bedienstete vermerkt das Datum der Zustellung auf dem Umschlag des auszuhändigenden Dokuments oder bei offener Aushändigung auf dem Dokument selbst.

(2) [1]Die §§ 177 bis 181 der Zivilprozessordnung sind anzuwenden. [2]Zum Nachweis der Zustellung ist in den Akten zu vermerken:
1. im Fall der Ersatzzustellung in der Wohnung, in Geschäftsräumen und Einrichtungen nach § 178 der Zivilprozessordnung der Grund, der diese Art der Zustellung rechtfertigt,
2. im Fall der Zustellung bei verweigerter Annahme nach § 179 der Zivilprozessordnung, wer die Annahme verweigert hat und dass das Dokument am Ort der Zustellung zurückgelassen oder an den Absender zurückgesandt wurde sowie der Zeitpunkt und der Ort der verweigerten Annahme,
3. in den Fällen der Ersatzzustellung nach den §§ 180 und 181 der Zivilprozessordnung der Grund der Ersatzzustellung sowie wann und wo das Dokument in einen Briefkasten eingelegt oder sonst niedergelegt und in welcher Weise die Niederlegung schriftlich mitgeteilt wurde.

[3]Im Fall des § 181 Abs. 1 der Zivilprozessordnung kann das zuzustellende Dokument bei der Behörde, die den Zustellungsauftrag erteilt hat, niedergelegt werden, wenn diese Behörde ihren Sitz am Ort der Zustellung oder am Ort des Amtsgerichts hat, in dessen Bezirk der Ort der Zustellung liegt.

(3) [1]Zur Nachtzeit, an Sonntagen und allgemeinen Feiertagen darf nach den Absätzen 1 und 2 im Inland nur mit schriftlicher oder elektronischer Erlaubnis des Behördenleiters zugestellt werden. [2]Die Nachtzeit umfasst die Stunden von 21 bis 6 Uhr. [3]Die Erlaubnis ist bei der Zustellung abschriftlich mitzuteilen. [4]Eine Zustellung, bei der diese Vorschriften nicht beachtet sind, ist wirksam, wenn die Annahme nicht verweigert wird.

(4) Das Dokument kann an Behörden, Körperschaften, Anstalten und Stiftungen des öffentlichen Rechts, an Rechtsanwälte, Patentanwälte, Notare, Steuerberater, Steuerbevollmäch-

tigte, Wirtschaftsprüfer, vereidigte Buchprüfer, Steuerberatungsgesellschaften, Wirtschaftsprüfungsgesellschaften und Buchprüfungsgesellschaften auch auf andere Weise, auch elektronisch, gegen Empfangsbekenntnis zugestellt werden.

(5) [1] Ein elektronisches Dokument kann im Übrigen unbeschadet des Absatzes 4 elektronisch zugestellt werden, soweit der Empfänger hierfür einen Zugang eröffnet. [2] Es ist elektronisch zuzustellen, wenn auf Grund einer Rechtsvorschrift ein Verfahren auf Verlangen des Empfängers in elektronischer Form abgewickelt wird. [3] Für die Übermittlung ist das Dokument mit einer qualifizierten elektronischen Signatur zu versehen und gegen unbefugte Kenntnisnahme Dritter zu schützen.

(6) [1] Bei der elektronischen Zustellung ist die Übermittlung mit dem Hinweis „Zustellung gegen Empfangsbekenntnis" einzuleiten. [2] Die Übermittlung muss die absendende Behörde, den Namen und die Anschrift des Zustellungsadressaten sowie den Namen des Bediensteten erkennen lassen, der das Dokument zur Übermittlung aufgegeben hat.

(7) [1] Zum Nachweis der Zustellung nach den Absätzen 4 und 5 genügt das mit Datum und Unterschrift versehene Empfangsbekenntnis, das an die Behörde durch die Post oder elektronisch zurückzusenden ist. [2] Ein elektronisches Dokument gilt in den Fällen des Absatzes 5 Satz 2 am dritten Tag nach der Absendung an den vom Empfänger hierfür eröffneten Zugang als zugestellt, wenn der Behörde nicht spätestens an diesem Tag ein Empfangsbekenntnis nach Satz 1 zugeht. [3] Satz 2 gilt nicht, wenn der Empfänger nachweist, dass das Dokument nicht oder zu einem späteren Zeitpunkt zugegangen ist. [4] Der Empfänger ist in den Fällen des Absatzes 5 Satz 2 vor der Übermittlung über die Rechtsfolgen nach den Sätzen 2 und 3 zu belehren. [5] Zum Nachweis der Zustellung ist von der absendenden Behörde in den Akten zu vermerken, zu welchem Zeitpunkt und an welchen Zugang das Dokument gesendet wurde. [6] Der Empfänger ist über den Eintritt der Zustellungsfiktion nach Satz 2 zu benachrichtigen.

90 Die Zustellung gegen Empfangsbekenntnis ist möglich in drei Fällen: (1) bei Übergabe an den Empfänger (Abs 1 bis 3), (2) bei Übermittlung auf andere Weise (auch elektronisch) an die in Abs 4 bestimmten Personen, insbes Rechtsanwälte und StB oder (3) bei elektronischer Zustellung an andere als die in Abs 4 bezeichneten Personengruppen nach Maßgabe der Abs 5–7. Zur **Bezeichnung des Sendungsinhalts** bei der Zustellung durch Übergabe vgl Rz 81; insofern gilt nichts anderes als für die Zustellung nach § 3 VwZG (BFH/NV 12, 597). Abs 5 und Abs 7 S 2, 3 und 4 sind neu gefasst worden durch G v 28.4.2011 (**De-Mail-Gesetz,** BGBl I 11, 666) im Hinblick auf die Einführung von De-Mail. Die BReg hat die Einführung von De-Mail bereits zweimal evaluiert (BT-Drs 18/4042 und 18/12512: Digitale Verwaltung 2020) und hält an seiner flächendeckenden Einführung fest.

91 Das schriftliche **Empfangsbekenntnis** muss vom Empfänger mit Datum und Unterschrift versehen und an die zustellende Behörde zurückgesandt werden (Abs 7 S 1). Die Übersendung per Telefax oder elektronisch ist ausreichend (AEAO zu § 122 Nr 3.1.3.5). Das Empfangsbekenntnis ist keine Wirksamkeitsvoraussetzung für die Zustellung (BFH/NV 02, 212). Die Zustellung gegen Empfangsbekenntnis ist erst in dem Zeitpunkt bewirkt, in dem der Empfänger von dem Zugang des zuzustellenden Schriftstücks Kenntnis erlangt und bereit ist, die Zustellung entgegen zu nehmen (BVerwG HFR 86, 150). Das ausgefüllte Empfangsbekenntnis erbringt grds den vollen Beweis dafür, dass der VA an dem vom Empfänger angegeben Tag tatsächlich zugestellt worden ist (BFH BStBl 01, 156; BFH/NV 11, 1006). Der Gegenbeweis ist zulässig. Die bloß theoretische Möglichkeit, dass das Datum unrichtig ist, genügt nicht (BFH/NV 97, 500; BVerwG HFR 08, 286).

92 Die **elektronische Zustellung** kommt in Betracht, wenn der Empfänger einen Zugang hierfür eröffnet hat (vgl § 87a I 1; s auch AEAO zu § 122 Tz 3.1.3.3) oder wenn er aufgrund einer Rechtsvorschrift verlangt hat, dass das Verfahren in elektronischer Form abgewickelt wird (Abs 5 S 2). Bei der **elektronischen Zustellung** ist das Dokument mit einer qualifizierten elektronischen Signatur zu versehen und gegen unbefugte Kenntnisnahme zu schützen. In den Fällen des Abs 5 S 2 gilt das Dokument am dritten Tag nach der Absendung als zugestellt, wenn der zustellenden Behörde bis dahin ein Empfangsbekenntnis nicht zugegangen ist. Die **Zugangsfiktion** in Abs 7 S 3 kann nur durch den **Nachweis** widerlegt werden, dass das Dokument nicht oder zu einem späteren Zeitpunkt zugegangen ist. Diese ggü der Widerlegung der Zugangsvermutung (Rz 58 ff) strengeren Anforderungen gelten nicht, soweit der Empfänger lediglich einen Zugang eröffnet, aber die elektronische Abwicklung nicht verlangt hat (vgl BT-Drs 17/3630, 45). Über das Nachweiserfordernis ist nach Abs. 7 S 4 zu belehren; über die Zustellfiktion ist der Empfänger zu benachrichtigen (Abs 7 letzter Satz).

e) Zustellung gegen Abholbestätigung über De-Mail-Dienste (§ 5a VwZG). 93

§ 5a Elektronische Zustellung gegen Abholbestätigung über De-Mail-Dienste

(1) [1] Die elektronische Zustellung kann unbeschadet des § 5 Absatz 4 und 5 Satz 1 und 2 durch Übermittlung der nach § 17 des De-Mail-Gesetzes akkreditierten Diensteanbieter gegen Abholbestätigung nach § 5 Absatz 9 des De-Mail-Gesetzes an das De-Mail-Postfach des Empfängers erfolgen. [2] Für die Zustellung nach Satz 1 ist § 5 Absatz 4 und 6 mit der Maßgabe anzuwenden, dass an die Stelle des Empfangsbekenntnisses die Abholbestätigung tritt.

(2) [1] Der nach § 17 des De-Mail-Gesetzes akkreditierte Diensteanbieter hat eine Versandbestätigung nach § 5 Absatz 7 des De-Mail-Gesetzes und eine Abholbestätigung nach § 5 Absatz 9 des De-Mail-Gesetzes zu erzeugen. [2] Er hat diese Bestätigungen unverzüglich der absendenden Behörde zu übermitteln.

(3) [1] Zum Nachweis der elektronischen Zustellung genügt die Abholbestätigung nach § 5 Absatz 9 des De-Mail-Gesetzes. [2] Für diese gelten § 371 Absatz 1 Satz 2 und § 371a Absatz 3 der Zivilprozessordnung.

(4) [1] Ein elektronisches Dokument gilt in den Fällen des § 5 Absatz 5 Satz 2 am dritten Tag nach der Absendung an das De-Mail-Postfach des Empfängers als zugestellt, wenn er dieses Postfach als Zugang eröffnet hat und der Behörde nicht spätestens an diesem Tag eine elektronische Abholbestätigung nach § 5 Absatz 9 des De-Mail-Gesetzes zugeht. [2] Satz 1 gilt nicht, wenn der Empfänger nachweist, dass das Dokument nicht oder zu einem späteren Zeitpunkt zugegangen ist. [3] Der Empfänger ist in den Fällen des § 5 Absatz 5 Satz 2 vor der Übermittlung über die Rechtsfolgen nach den Sätzen 1 und 2 zu belehren. [4] Als Nachweis der Zustellung nach Satz 1 dient die Versandbestätigung nach § 5 Absatz 7 des De-Mail-Gesetzes oder ein Vermerk der absendenden Behörde in den Akten, zu welchem Zeitpunkt und an welches De-Mail-Postfach das Dokument gesendet wurde. [5] Der Empfänger ist über den Eintritt der Zustellungsfiktion nach Satz 1 elektronisch zu benachrichtigen.

94 § 5a VwZG ist neu eingefügt worden durch G v 28.4.2011 (**De-Mail-Gesetz,** BGBl I 11, 666). Danach kann die elektronische Zustellung künftig nicht nur im Wege der herkömmlichen (verschlüsselten) E-Mail, sondern auch durch De-Mail-Dienste bewirkt werden. Bei dieser Zustellform wird das Empfangsbekenntnis durch eine elektronisch erzeugte **Abholbestätigung** ersetzt, die beweissicher sein soll. Die Teilnahme an dem Verfahren ist freiwillig. Der Zugang ist eröffnet, wenn ein De-Mail-Postfach besteht und für den Empfang von Behördenpost gewidmet ist. Davon ist bei Behörden, Firmen oder Rechtsanwälten auszugehen, sofern sie das De-Mail-Postfach auf ihrer Geschäftspost angeben (vgl BT-Drs 17/3630, 46); bei Bürgern soll die Angabe nicht genügen, sondern eine ausdrückliche Widmung erforderlich sein.

95 Die **elektronische Abholbestätigung** erbringt Beweis für die förmliche Zustellung durch die absendende Behörde (Abs 3 S 1) und den Zeitpunkt der Zustellung. Ihre Beweiskraft steht der einer öffentlichen Urkunde gleich (Abs 3 S 2 iVm § 371a III ZPO). Muss das Verfahren auf Verlangen des Empfängers in elektronischer Form abgewickelt werden und steht hierfür nur ein De-Mail-Postfach zur Verfügung, gelten nach Abs 4 dieselben Grundsätze wie nach § 5 Abs 5 S 2 iVm Abs 7; Rz 91).

f) Zustellung im Ausland (§ 9 VwZG). 97

§ 9 Zustellung im Ausland

(1) Eine Zustellung im Ausland erfolgt
1. durch Einschreiben mit Rückschein, soweit die Zustellung von Dokumenten unmittelbar durch die Post völkerrechtlich zulässig ist,

2. auf Ersuchen der Behörde durch die Behörden des fremden Staates oder durch die zuständige diplomatische oder konsularische Vertretung der Bundesrepublik Deutschland,
3. auf Ersuchen der Behörde durch das Auswärtige Amt an eine Person, die das Recht der Immunität genießt und zu einer Vertretung der Bundesrepublik Deutschland im Ausland gehört, sowie an Familienangehörige einer solchen Person, wenn diese das Recht der Immunität genießen, oder
4. durch Übermittlung elektronischer Dokumente, soweit dies völkerrechtlich zulässig ist.

(2) [1] Zum Nachweis der Zustellung nach Absatz 1 Nr. 1 genügt der Rückschein. [2] Die Zustellung nach Absatz 1 Nr. 2 und 3 wird durch das Zeugnis der ersuchten Behörde nachgewiesen. [3] Der Nachweis der Zustellung gemäß Absatz 1 Nr. 4 richtet sich nach § 5 Abs. 7 Satz 1 bis 3 und 5 sowie nach § 5a Absatz 3 und 4 Satz 1, 2 und 4.

(3) [1] Die Behörde kann bei der Zustellung nach Absatz 1 Nr. 2 und 3 anordnen, dass die Person, an die zugestellt werden soll, innerhalb einer angemessenen Frist einen Zustellungsbevollmächtigten benennt, der im Inland wohnt oder dort einen Geschäftsraum hat. [2] Wird kein Zustellungsbevollmächtigter benannt, können spätere Zustellungen bis zur nachträglichen Benennung dadurch bewirkt werden, dass das Dokument unter der Anschrift der Person, an die zugestellt werden soll, zur Post gegeben wird. [3] Das Dokument gilt am siebenten Tag nach Aufgabe zur Post als zugestellt, wenn nicht feststeht, dass es den Empfänger nicht oder zu einem späteren Zeitpunkt erreicht hat. [4] Die Behörde kann eine längere Frist bestimmen. [5] In der Anordnung nach Satz 1 ist auf diese Rechtsfolgen hinzuweisen. [6] Zum Nachweis der Zustellung ist in den Akten zu vermerken, zu welcher Zeit und unter welcher Anschrift das Dokument zur Post gegeben wurde. [7] Ist durch Rechtsvorschrift angeordnet, dass ein Verwaltungsverfahren über eine einheitliche Stelle nach den Vorschriften des Verwaltungsverfahrensgesetzes abgewickelt werden kann, finden die Sätze 1 bis 6 keine Anwendung.

98 Die FinVerw wendet vorrangig das Verfahren nach Abs 1 Nr 1 an. Der AEAO zu § 122 Nr 3.1.4.1 enthält eine Liste der Staaten, in denen die Zustellung durch Einschreiben mit Rückschein völkerrechtl nicht geduldet wird. Dazu gehört auch die Schweiz. Es ist deshalb zweifelhaft, ob eine Zustellung von Bescheiden mittels Einschreiben mit Rückschein in der **Schweiz** wirksam ist und ob der Fehler nach § 8 VwZG geheilt werden könnte (BFH/NV 14, 1505). Abs 1 Nr 4 (Übermittlung elektronischer Dokumente) ist neu eingefügt worden durch G v 28.4.2011 (**De-Mail-Gesetz,** BGBl I 11, 666). Auch diese Form der Zustellung setzt voraus, dass sie völkerrechtl zulässig ist (vgl AEAO zu § 122 Nr 3.1.4.1); zusätzlich sind die Voraussetzungen in § 5 V VwZG zu beachten (vgl BT-Drs 17/3630, 47). Soweit eine förmliche Zustellung nicht erforderlich ist (Rz 76) enthält § 123 ein vereinfachtes Verfahren für die Bekanntgabe im Ausland. Zur Bekanntgabe im Ausland vgl auch Rz 66 f.

100 **g) Öffentliche Zustellung (§ 10 VwZG).**

§ 10 Öffentliche Zustellung

(1) [1] Die Zustellung kann durch öffentliche Bekanntmachung erfolgen, wenn
1. der Aufenthaltsort des Empfängers unbekannt ist und eine Zustellung an einen Vertreter oder Zustellungsbevollmächtigten nicht möglich ist,
2. bei juristischen Personen, die zur Anmeldung einer inländischen Geschäftsanschrift zum Handelsregister verpflichtet sind, eine Zustellung weder unter der eingetragenen Anschrift noch unter einer im Handelsregister eingetragenen Anschrift einer für Zustellungen empfangsberechtigten Person oder einer ohne Ermittlungen bekannten anderen inländischen Anschrift möglich ist oder
3. sie im Fall des § 9 nicht möglich ist oder keinen Erfolg verspricht.

[2] Die Anordnung über die öffentliche Zustellung trifft ein zeichnungsberechtigter Bediensteter.

(2) [1] Die öffentliche Zustellung erfolgt durch Bekanntmachung einer Benachrichtigung an der Stelle, die von der Behörde hierfür allgemein bestimmt ist, oder durch Veröffentlichung einer Benachrichtigung im Bundesanzeiger. [2] Die Benachrichtigung muss
1. die Behörde, für die zugestellt wird,
2. den Namen und die letzte bekannte Anschrift des Zustellungsadressaten,
3. das Datum und das Aktenzeichen des Dokuments sowie
4. die Stelle, wo das Dokument eingesehen werden kann,

erkennen lassen. [3]Die Benachrichtigung muss den Hinweis enthalten, dass das Dokument öffentlich zugestellt wird und Fristen in Gang gesetzt werden können, nach deren Ablauf Rechtsverluste drohen können. [4]Bei der Zustellung einer Ladung muss die Benachrichtigung den Hinweis enthalten, dass das Dokument eine Ladung zu einem Termin enthält, dessen Versäumung Rechtsnachteile zur Folge haben kann. [5]In den Akten ist zu vermerken, wann und wie die Benachrichtigung bekannt gemacht wurde. [6]Das Dokument gilt als zugestellt, wenn seit dem Tag der Bekanntmachung der Benachrichtigung zwei Wochen vergangen sind.

Die **öffentliche Zustellung** kommt nur als letztes Mittel in Betracht, wenn alle anderen Möglichkeiten der Bekanntgabe vergeblich erschöpft sind oder offenkundig ausscheiden (BFH BStBl 10, 732; BFH/NV 11, 1281; 17, 909; AEAO zu § 122 Nr 3.1.5). Wegen des Anspruchs des Zustellungsempfängers auf effektives rechtliches Gehör ist die Zustellungsfiktion des § 10 II 6 VwZG verfassungsrechtl nur zu rechtfertigen, wenn eine andere Form der Zustellung aus sachlichen Gründen nicht oder nur schwer durchführbar ist. Die öffentliche Zustellung ist vorgesehen, wenn der Aufenthaltsort des Empfängers (allgemein) unbekannt (BFH/NV 17, 909) und eine Zustellung an einen Vertreter oder Zustellungsbevollmächtigten nicht möglich ist, bei juristischen Personen, wenn die Zustellung unter der im Handelsregister angemeldeten Anschrift oder eine Zustellung im Ausland nicht möglich ist oder keinen Erfolg verspricht (s dazu AEAO zu § 122 Nr 3.1.5.2). 101

Ermittlungspflicht. Vor einer öffentlichen Zustellung muss die FinBeh mit allen zumutbaren und geeigneten Maßnahmen den Aufenthaltsort des Empfängers ermitteln. Eine Abfrage bei Einwohnermeldeämtern und der Polizei kann genügen, sofern keine Anhaltspunkte für weitere Ermittlungen bestehen (BFH/NV 17, 909). Die konkreten Anforderungen lassen sich nicht abstrakt festlegen. Anschriften im Ausland müssen nicht ermittelt werden, wenn Anhaltspunkt für eine „Flucht ins Ausland" vorliegen (BFH BStBl 10, 732; BFH/NV 05, 998; FG Mchn EFG 14, 810). Hat der Empfänger versucht, sich der Zustellung zu entziehen, kann es rechtsmissbräuchlich sein, wenn er sich auf die Unwirksamkeit der öffentlichen Zustellung beruft (BGH HFR 09, 80). Die bloße Vermutung, dass eine Adresse, an die sich der Zustellungsempfänger bei der Meldebehörde abgemeldet hat, eine Scheinadresse ist, rechtfertigt die öffentliche Zustellung nicht (BFH BStBl 00, 560). Ist zu vermuten, dass sich der Stpfl in einem bestimmten anderen Land aufhält, sind die Ermittlungsmöglichkeiten des zwischenstaatlichen Auskunftsaustauschs auszuschöpfen (BFH BStBl 10, 732; AEAO zu § 122 Nr 3.1.5.1 aE). Die öffentliche Zustellung bei Aufenthalt in einem Staat, der keine Zustellungshilfe leistet (zB Schweiz), kommt erst in Betracht, wenn die FinBeh den Empfänger (durch einfachen Brief) vergeblich aufgefordert hat, gem § 123 einen inl Empfangsbevollmächtigten zu benennen (BFH/NV 11, 1281; FG Köln EFG 12, 1708). 102

Die öffentliche Zustellung wird durchgeführt, indem eine Benachrichtigung bekannt gemacht wird (Abs 2). Der Inhalt des VA wird nicht öffentlich bekannt gemacht. Der VA gilt zwei Wochen nach dem Tag der Bekanntmachung der Benachrichtigung als zugestellt, auch wenn er dem Empfänger vor Ablauf der Frist ausgehändigt wurde. Bei der Berechnung der Frist ist § 108 III zu berücksichtigen. 103

h) Heilung von Zustellungsmängeln (§ 8 VwZG). 104

§ 8 Heilung von Zustellungsmängeln

Lässt sich die formgerechte Zustellung eines Dokuments nicht nachweisen oder ist es unter Verletzung zwingender Zustellungsvorschriften zugegangen, gilt es als in dem Zeitpunkt zugestellt, in dem es dem Empfangsberechtigten tatsächlich zugegangen ist, im Fall des § 5 Abs. 5 in dem Zeitpunkt, in dem der Empfänger das Empfangsbekenntnis zurückgesendet hat.

Tatsächlich zugegangen ist das Dokument nicht bereits, wenn es nach allg Grundsätzen (Rz 10) derart in den Herrschaftsbereich des Empfängers gelangt ist, dass dieser (jederzeit) darauf zugreifen kann; maßgeblich ist vielmehr, wann er das Schriftstück **tatsächlich in die Hand genommen hat.** Erst dadurch tritt Hei- 105 lung ein. Trotz der Zustellungsmängel ist der VA dann nach den Vorschriften des VwZG förmlich zugestellt (BFH/NV 09, 354). Lässt der Empfänger das Dokument liegen und nimmt er es nicht in die Hand, tritt keine Heilung ein. Die nicht überprüfbare Angabe des Empfängers zum Zeitpunkt des In-die-Handnehmens ist der Fristberechnung zugrunde zu legen (BFH GrS 2/13 BStBl 14, 645 zu § 189 ZPO). Die Entscheidung hat Bedeutung für alle Fälle, in denen die förmliche Zustellung gesetzlich vorgeschrieben ist (Rz 76; § 53 I FGO). Die Heilung ersetzt dann die ansonsten erforderliche erneute förmliche Zustellung.

106 Ist die förmliche Zustellung nicht vorgeschrieben, ist die Bekanntgabe bewirkt, wenn das Schriftstück nach allg Grundsätzen zugegangen ist (Rz 10). Auf die Unwirksamkeit einer an sich beabsichtigten förmlichen Zustellung kommt es dann nicht mehr an (vgl Rz 87). Der gegenteiligen Auffassung des BFH, nach der eine fehlerhafte und deshalb unwirksame Zustellung nicht in eine wirksame Bekanntgabe nach § 122 umgedeutet werden kann (BFH BStBl 94, 603; 95, 681), ist nicht zu folgen. Die Anordnung der förmlichen Zustellung enthält keine Regelung (Rz 76). Sie schließt folglich die gesetzlich ausreichende formlose Bekanntgabe nicht aus. Die Frage einer zulässigen Umdeutung stellt sich nur für VA. Die Bekanntgabe ist aber Realakt. Der Zweck der Bekanntgabe ist, sofern eine besondere Form nicht vorgeschrieben ist, erfüllt, sobald sie bewirkt ist (Rz 48, 87). Ist das der Fall, löst eine weitere Bekanntgabe keine Rechtsfolgen mehr aus.

107 **10. Erleichterte Bekanntgabe an mehrere (Abs 6).** Abs 6, wonach die Übersendung einer Ausfertigung eines VA an einen Beteiligten zugleich mit Wirkung für und gegen andere Beteiligte zulässig ist, wenn die Beteiligten einverstanden sind, bringt etwas Selbstverständliches zum Ausdruck. Denn ein Einverständnis, wie es die Regelung voraussetzt, wird jedenfalls idR als **konkludente Empfangsvollmacht** zu verstehen sein. Das Verhältnis der Beteiligten untereinander ist an sich ohne Bedeutung, die Vorschr also nicht nur bei Gesamtschuldnerschaft anwendbar, wenn auch dort ihr praktisches Hauptanwendungsfeld liegt. Da in Einzelfällen jeder Beteiligte ein berechtigtes Interesse an der Prüfung des VA haben kann, ist ihm auf Verlangen eine Ausfertigung zu erteilen. IÜ gilt der Grundsatz der Einzelbekanntgabe (Rz 28), auch für die förmliche Zustellung an mehrere (AEAO zu § 122 Nr 3.2).

110 **11. Bekanntgabe an Ehegatten ua (Abs 7).** Die Vorschrift ist ergänzt worden durch Art 3 Nr 4 des Gesetzes zur Anpassung steuerlicher Regelungen an die Rechtsprechung des Bundesverfassungsgerichts v. 18.7.2014 (BGBl I, 1042) im Hinblick auf die Einbeziehung von Lebenspartnern und Lebenspartnern mit ihren Kindern. Sie ist in dieser Fassung anwendbar auf alle nach dem 23.7.2014 erlassenen VA (Art 97 § 1 X EGAO).

111 Abweichend vom Grundsatz der Einzelbekanntgabe (Rz 28) reicht es für die Bekanntgabe an die genannten Personen aus, wenn ihnen **eine Ausfertigung** der sie betr VA (idR zusammengefasste Bescheide, vgl § 155 III 1) unter ihrer gemeinsamen Anschrift übermittelt wird. Dies dient im Interesse der FinBeh der Vereinfachung des Verfahrens. Es handelt sich nicht um eine Bekanntgabe an einen mit Wirkung für und gegen die anderen, sondern um eine Bekanntgabe an jeden einzelnen. Vorausgesetzt werden das Bestehen der persönlichen, insbes verwandtschaftlichen Beziehungen sowie eine gemeinsame Anschrift. Ist die Bekanntgabe in einer Ausfertigung unter der gemeinsamen Anschrift zulässig, reicht es für die Wirksamkeit der Bekanntgabe auch aus, wenn der an beide Eheleute gerichtete Bescheid in das Postfach eines der beiden Eheleute eingelegt wird (BFH BStBl 95, 484).

112 **Einzelheiten.** Abs 7 setzt keine von beiden unterschriebene StErklärung voraus, sondern gilt auch in Schätzungsfällen (FG Köln EFG 15, 1154) oder bei AdV, sofern beide den Antrag gestellt haben. Hat nur einer von beiden AdV beantragt, wird nur diesem die Entscheidung über den Antrag bekannt gegeben, auch wenn eine gemeinsame Anschrift besteht (BFH/NV 97, 283). Der Bescheid wird dann demjenigen ggü nicht wirksam, der kein Rechtsmittel eingelegt hat. Demjenigen, der den Einspruch eingelegt hat, ist der VA über die AdV wirksam bekannt gegeben (FG BaWü EFG 00, 296). Entsprechendes gilt für die Bekanntgabe einer **Einspruchsentscheidung** an beide Eheleute ua, wenn nur einer von ihnen Einspruch eingelegt hatte.

Die **Einzelbekanntgabe** (Abs 7 S 2) ist insbes erforderlich, wenn eine gemeinsame Anschrift nicht (mehr) besteht und auch kein Einverständnis nach Abs 6 vorliegt oder wenn der FinBeh (positiv) bekannt ist (FG Köln EFG 15, 1154), dass ernstliche Meinungsverschiedenheiten va zwischen den Eheleuten ua (nicht zwischen Eltern und ihren minderj Kindern) bestehen oder wenn sie beantragt ist (vgl AEAO zu § 122 Nr 2.1.4). Einer Einzelbekanntgabe bedarf es nicht, wenn der zusammengefasste Bescheid in nur einer Ausfertigung an den **von beiden Eheleuten ua beauftragten Bevollmächtigten** bekannt gegeben wird (vgl BFH/NV 07, 1817). Abs 7 findet hier keine Anwendung, da er nur die Bekanntgabe an die gemeinsame Anschrift der Eheleute ua betrifft (BFH/NV 09, 1592). Da nach § 7 I 3 VwZG die Zustellung eines Schriftstücks an einen für mehrere Beteiligte bestellten Vertreter genügt, um allen Beteiligten ggü wirksam zu werden, muss dies auch für die formschwächere Bekanntgabe gelten (BFH/NV 92, 433). Unwirksam ist die Bekanntgabe allerdings bei Übersendung des zusammengefassten StBescheids an den nur von einem der Eheleute ua Bevollmächtigten (FG Nbg EFG 90, 47). 113

Förmliche Zustellung. Die Bekanntgabeerleichterung in Abs 7 gilt nur für die Fälle des § 122, nicht für Zustellungen. Bei förmlicher Zustellung zusammengefasster, mehrere Personen betreffender ESt-Bescheide muss jedem Inhaltsadressaten eine Ausfertigung des Bescheids zugestellt werden (BFH BStBl 95, 681). Zur Zustellung an einen gemeinsamen Bevollmächtigten vgl § 7 I 3, II VwZG. 114

§ 122a Bekanntgabe von Verwaltungsakten durch Bereitstellung zum Datenabruf

(1) **Verwaltungsakte können mit Einwilligung des Beteiligten oder der von ihm bevollmächtigten Person bekannt gegeben werden, indem sie zum Datenabruf durch Datenfernübertragung bereitgestellt werden.**

(2) [1] **Die Einwilligung kann jederzeit mit Wirkung für die Zukunft widerrufen werden.** [2] **Der Widerruf wird der Finanzbehörde gegenüber erst wirksam, wenn er ihr zugeht.**

(3) **Für den Datenabruf hat sich die abrufberechtigte Person nach Maßgabe des § 87a Absatz 8 zu authentisieren.**

(4) [1] **Ein zum Abruf bereitgestellter Verwaltungsakt gilt am dritten Tag nach Absendung der elektronischen Benachrichtigung über die Bereitstellung der Daten an die abrufberechtigte Person als bekannt gegeben.** [2] **Im Zweifel hat die Behörde den Zugang der Benachrichtigung nachzuweisen.** [3] **Kann die Finanzbehörde den von der abrufberechtigten Person bestrittenen Zugang der Benach-richtigung nicht nachweisen, gilt der Verwaltungsakt an dem Tag als bekannt gegeben, an dem die abrufberechtigte Person den Datenabruf durchgeführt hat.** [4] **Das Gleiche gilt, wenn die abrufberechtigte Person unwiderlegbar vorträgt, die Benachrichtigung nicht innerhalb von drei Tagen nach der Absendung erhalten zu haben.**

Vorschr eingefügt durch G v 18.7.17 (BGBl I, 1679).

Schrifttum: *Braun Binder,* Elektronische Bekanntgabe von Verwaltungsakten über Behördenportale, NVwZ 16, 342; Braun Binder, Ausschließlich automationsgestützt erlassene Steuerbescheide und Bekanntgabe durch Bereitstellung zum Datenabruf, DStZ 16, 526; *Baum/Sonnenschein,* Modernisierung des Besteuerungsverfahrens, NJW 16, 2778; *Bull,* Der „vollständig automatisiert erlassene" Verwaltungsakt – Zur Begriffsbildung und rechtlichen Einhegung von „E-Government", DVBl 17, 409; *Drüen,* Aktuelle Entwicklungen im Steuerverfahrensrecht, DB 18, 11.

1 **1. Allgemeines.** Die Vorschr ermöglicht neben der eingeführten **Bekanntgabe durch Übersendung** eines schriftlichen (§ 122 II) oder elektronischen (§ 122 IIa) VA nun auch die **Bekanntgabe durch Bereitstellung** zum Datenabruf. Sie ist eingefügt worden durch Art 1 Nr 20 G zur Modernisierung des Besteuerungsverfahrens v 18.7.2016 (BGBl I 16, 1679) mWv 1.1.2017. § 37 IIa SGB X und § 41 IIa VwVfG enthalten entsprechende Vorschriften. § 122a flankiert (BT-Drs 18/7457, 51) insbes die Einführung ausschl automationsgestützter StBescheide (§ 155 IV) und soll Medienbrüche vermeiden (BT-Drs 18/7457, 75). Sie gilt jedoch (über § 155 IV hinaus) für alle SteuerVA, zB auch für die Einspruchsentscheidung oder die Anordnung einer AP (BT-Drs 18/7457, 51) und für mit StBescheiden üblicherweise verbundenen VA, wie An- und Abrechnungsbescheide, Zinsbescheide oder Festsetzung von Verspätungszuschlägen (BT-Drs 18/7457, 75). Die Einbeziehung sämtlicher (verbundener) VA dient der Vereinfachung (BT-Drs 18/8434, 2), indem sie eine isolierte Ermittlung des jeweiligen Zugangszeitpunkts erübrigt (BT-Drs 18/8434, 110). Bereitgestellt wird der VA auf einem Portal der FinVerw (zB dem ELSTER-Online-Portal).

2 **2. Freiwilligkeit (Abs 1 und 2).** Die Teilnahme ist freiwillig. Der Beteiligte (§ 78) oder der von ihm Bevollmächtigte (§ 80) muss seine **Einwilligung** (vorherige Zustimmung) erteilt haben (Abs 1). Die Einwilligung ist eine empfangsbedürftige Willenserklärung. Eine besondere Form ist dafür nicht vorgesehen. Die Einwilligung kann auch konkludent erteilt werden. Die Eröffnung eines Zugangs für die Übermittlung elektronischer Dokumente (§ 87a I) ist Voraussetzung für die Teilnahme am Abrufverfahren, beinhaltet aber noch keine Einwilligung *(T/K/Seer* Rz 5). Die Einwilligung kann jederzeit (dh ohne Angabe von Gründen) mit Wirkung für die Zukunft widerrufen werden (Abs 2 S 1). Der **Widerruf** der Einwilligung ist wie die Einwilligung eine empfangsbedürftige Willenserklärung. Er muss der FinBeh (schriftlich, mündlich oder elektronisch) übermittelt werden und zugehen (Abs 2 S 2; § 122 Rz 10).

3 **3. Sicheres Verfahren, Authentisierung (Abs 3).** Die FinBeh müssen bei der Bekanntgabe von VA durch Bereitstellung zum Abruf ein sicheres Verfahren verwenden (§ 87a VIII 1). Sie müssen insbes sicherstellen, dass der VA nicht von unberechtigten Personen abgerufen werden kann (StGeheimnis). Die Person, die den VA abrufen will, muss sich deshalb authentisieren. Sie muss also nachweisen, diejenige Person zu sein, die sie zu sein vorgibt. Nach Auffassung der FinVerw genügt die Bereitstellung von VA im System ELSTER im Format PDF/A diesen Anfordernungen (AEAO zu § 122a). Andere sichere Verfahren sind dadurch jedoch nicht ausgeschlossen.

4 **Benachrichtigung des Bekanntgabeempfängers.** Der Bekanntgabeadressat ist über die Bereitstellung des VA zum Datenabruf elektronisch zu benachrichtigen (Abs 4 S 1). Eine ursprüngliche vorgesehen ausführliche Regelung der Bekanntgabepflicht ist im Gesetzgebungsverfahren aus Gründen der Vereinfachung entfallen (BT-Drs 18/8434, 110). Die Benachrichtigungspflicht trägt dem Umstand Rechnung, dass eine regelmäßige Kontrolle des Postfachs bei der FinBeh nicht erwartet werden kann. Es kommt deshalb nicht darauf an, dass der VA durch das Bereitstellen zum Abruf nach allg Grundsätzen (§ 122 Rz 10) bereits zugegangen ist (*TK/Seer* Rz. 8), da der Stpfl jederzeit auf sein Postfach zugreifen könnte. Dessen ungeachtet sollen die Bekanntgabewirkungen erst eintreten, wenn der Empfänger benachrichtigt worden ist oder (im Zweifel), wenn er den VA tatsächlich abgerufen hat (Abs 4 S 3 und 4). Dies dient dem Schutz des Empfängers. Die Benachrichtigung ist mangels Regelungsinhalts **kein VA,** sondern eine bloße Mitteilung. Der

Empfänger ist **elektronisch** zu benachrichtigen, dh (zwingend) in elektronischer Form (§ 87a III) und durch elektronische Übermittlung. § 122 IIa ist nicht anwendbar. IÜ kommt es auf den Zeitpunkt der Absendung und nicht auf den des Zugangs an (Rz 5). Einfache E-Mail genügt. Eine Verschlüsselung ist nicht vorgeschrieben (§ 87a I 5) weil die Benachrichtigung keine geschützten Daten enthält. Wenn ein De-Mail-Konto besteht, soll für die Benachrichtigung De-Mail genutzt werden (BT-Drs 18/8434, 110).

4. Bekanntgabefiktion. Ein zum Datenabruf bereitgestellter VA gilt am dritten Tag nach Absendung der elektronischen Benachrichtigung als bekannt gegeben. Der VA muss zum Abruf bereitgestellt sein. Er muss also im Postfach des Empfängers sichtbar und abrufbar hinterlegt sein. Die Benachrichtigung muss nur abgesandt worden sein. Ob sie auch zugegangen ist, spielt keine Rolle, solange der Empfänger den Zugang nicht bestreitet. Unerheblich ist dann auch, ob und wann der Empfänger den VA abgerufen hat. Bestreitet der Empfänger, die Benachrichtigung erhalten zu haben (einfaches Bestreiten genügt, vgl § 122 Rz 60), kommt es auf deren Zugang (§ 87a I 2) an. In diesem Fall muss die FinBeh den Zugang der Benachrichtigung nachweisen (Abs 4 S 2). Entsprechendes gilt, wenn der Beteiligte substantiiert vorträgt, dass ihm die Benachrichtigung erst nach Ablauf der Dreitagesfrist erreicht habe (vgl § 122 Rz 59, 59a). Gelingt der FinBeh der Nachweis, dass die Benachrichtigung dem Empfänger vor Ablauf der Dreitagefrist zugegangen ist, greift die Bekanntgabefiktion (Abs 4 S 1) wieder ein. Für die Berechnung der **Dreitagesfrist** kommt es stets auf den Zeitpunkt der Absendung der Benachrichtigung an. Sie beginnt mit Ablauf des Tages, an dem die elektronische Benachrichtigung abgesandt worden ist. Dieser Tag zählt bei der Berechnung nicht mit. § 108 III ist anwendbar (aA *TK/Seer* Rz 8); § 122 II (§ 122 Rz 56), § 122 IIa (§ 122 Rz 71) und § 122a sollten in dieser Frage jedenfalls gleich ausgelegt und angewandt werden. 5

Abrufzeitpunkt. Auf ihn kommt es an, wenn die FinBeh nicht nachweisen kann, dass und wann die Benachrichtigung dem Empfänger zugegangen ist. In diesem Fall gilt die Bekanntgabe an dem Tag als bewirkt, an dem die abrufberechtigte Person den Datenabruf durchgeführt hat. Zu diesem Zweck wird der erstmalige Abruf von der FinVerw protokolliert (BT-Drs 18/8434, 111). Wird der VA nicht abgerufen, ist die Bekanntgabe gescheitert und muss wiederholt werden (AEAO zu § 122a). 7

§ 123 Bestellung eines Empfangsbevollmächtigten

[1]Ein Beteiligter ohne Wohnsitz oder gewöhnlichen Aufenthalt, Sitz oder Geschäftsleitung im Inland, in einem anderen Mitgliedstaat der Europäischen Union oder in einem Staat, auf den das Abkommen über den Europäischen Wirtschaftsraum anwendbar ist, hat der Finanzbehörde auf Verlangen innerhalb einer angemessenen Frist einen Empfangsbevollmächtigten im Inland zu benennen. [2]Unterlässt er dies, so gilt ein an ihn gerichtetes Schriftstück einen Monat nach der Aufgabe zur Post und ein elektronisch übermitteltes Dokument am dritten Tage nach der Absendung als zugegangen. [3]Dies gilt nicht, wenn feststeht, dass das Schriftstück oder das elektronische Dokument den Empfänger nicht oder zu einem späteren Zeitpunkt erreicht hat. [4]Auf die Rechtsfolgen der Unterlassung ist der Beteiligte hinzuweisen.

Satz 1 neu gefasst durch StÄndG 2015 v 2.11.15 (BGBl I, 1834).

1. Inhalt. Vgl **§ 15 VwVfG.** Die Vorschr ist im Zusammenhang zu sehen mit § 122 II Nr 2 und § 122 IIa, wonach ein schriftlicher, mit der Post ins Ausland übermittelter VA einen Monat nach der Aufgabe zur Post und ein elektronisch ins In- oder ins Ausland übermittelter VA am dritten Tag nach der Absendung als 1 bekannt gegeben gelten. Nach § 122 II Hs 2 muss im Zweifel die FinBeh den Zugang zu diesen Zeitpunkten nachweisen. § 123 S 2 und 3 verlagern die Beweislast für den (Nicht-)Zugang des Schriftstücks oder für einen späteren Zugang auf den Bekanntgabeempfänger, wenn er der Aufforderung nach S 1 zur Benennung eines Empfangsbevollmächtigten im Inland nicht nachgekommen ist. Es handelt sich um eine widerlegbare Vermutung, der **Gegenbeweis** ist möglich (Rz 5). Die Regelung gilt nur für die Bekanntgabe im Ausland; zur Zustellung im Ausland vgl **§§ 9, 10 VwZG** (§ 122 Rz 97 ff).

2 **2. Voraussetzungen.** Der Beteiligte darf keinen **Wohnsitz** (§ 8), **gewöhnlichen Aufenthalt** (§ 9), **Sitz** (§ 11) oder **Geschäftsleitung** (§ 10) im Inland haben. Inland ist das Staatsgebiet der Bundesrepublik Deutschland (vgl BFH/NV 08, 390). Zur Beseitigung europarechtlicher Bedenken ist § 123 auf Beteiligte mit Wohnsitz, gewöhnlichem Aufenthalt, Sitz oder Geschäftsleitung in einem anderen Mitgliedstaat der EU oder einem Staat, auf den das Abkommen über den Europäischen Wirtschaftsraum anwendbar ist, ausgedehnt worden (BT-Drs 18/6094, 85 f). Zum EWR gehören neben den EU-Staaten Island, Liechtenstein und Norwegen. Die Anwendung der Vorschr auf Beteiligte im EU-Ausland verstößt nicht gegen das Gemeinschaftsrecht (FG BaWü EFG 07, 478; vgl auch BFH/NV 08, 390). Das Verlangen muss einen **Hinweis** auf die Rechtsfolgen enthalten. Ob die FinBeh ein Verlangen nach S 1 stellt, steht in ihrem **Ermessen.** Das Verlangen muss **zumutbar** und **angemessen** sein. Zumutbar ist es, wenn ein Dauersachverhalt vorliegt und wiederholte Bekanntgaben zu erwarten sind. Bei einer einmaligen Bekanntgabe kann es an der Zumutbarkeit fehlen (*TK/Seer* § 123 Rz 6); dann bleibt nur das Verfahren nach § 9 VwZG. Angemessen ist die Aufforderung, wenn das berechtigte Interesse der FinVerw an der Bestellung eines inl Bevollmächtigten die entgegen stehenden Interessen des Beteiligten überwiegt. Es muss eine **angemessene Frist** gesetzt werden, die es dem Beteiligten ermöglicht, einen inl Bevollmächtigten auszuwählen und zu bestellen. Die FinVerw wendet § 123 nicht an, wenn die Zustellung oder die Bekanntgabe von VA per Brief zulässig und nicht bereits wiederholt fehlgeschlagen ist (AEAO zu § 123 Rz 2).

3 **3. Verfahren.** Das Verlangen nach S 1 ist **VA,** der dem Inhaltsadressaten bekannt gegeben werden muss (BFH BeckRS 2007, 25012672). Auf die Rechtsfolgen der Unterlassung ist hinzuweisen (Satz 4). Das Verlangen kann schriftlich (per Post) oder unter den Voraussetzungen des § 87a elektronisch (zB durch E-Mail) übermittelt (vgl BFH BStBl 73, 644) oder nach § 122a zum Datenabruf bereitgestellt werden. Auch die förmliche Zustellung im Ausland (§ 9 VwZG) oder die öffentliche Zustellung (§ 10 VwZG) sind möglich. Kommt eine Zustellung nach §§ 9, 10 VwZG nicht in Betracht (zB Schweiz, Liechtenstein) genügt die Übersendung per einfachem Brief (BFH/NV 11, 1281). Die FinBeh trägt im Zweifel die **Beweislast** für die Bekanntgabe des Verlangens. Es gelten die Zugangsvermutungen gem § 122 II Nr 2 und IIa, § 122a IV.

4 **4. Benennung/Bestellung.** Der zu benennende Empfangsbevollmächtigte muss seinen Wohnsitz oder gewöhnlichen Aufenthalt im **Inland** haben. Es muss sich um eine Person handeln, die nicht in der Sphäre der Behörde steht (LG Berlin NStZ 12, 334). Die **Bestellung** (Überschrift) ist empfangsbedürftige Willenserklärung; sie muss ggü der FinBeh erklärt oder dieser zumindest mitgeteilt werden. Sie ersetzt den Nachweis der Bevollmächtigung. Die Vollmacht muss sich nur auf die Entgegennahme von Schriftstücken beziehen; ist bereits ein allg Bevollmächtigter (§ 80) bestellt, umfasst die Vollmacht idR auch die Empfangsvollmacht iSv § 123 (BFH/NV 06, 234). Für die Bekanntgabe an den Empfangsbevollmächtigten gilt § 122 II Nr 1, IIa oder § 122a.

5 **5. Wirkung der Nichtbefolgung.** Der Zugang wird widerleglich vermutet (S 2). Es genügt die Bekanntgabe per einfachem Brief. Die Vermutung kann wi-

derlegt werden. Die Anforderungen an die Widerlegung sind jedoch hoch. Solange nicht **feststeht,** dass das Schriftstück oder elektronisch übermittelte Dokument nicht oder später angekommen ist, geht dies zulasten des Empfängers (S 3).

§ 124 Wirksamkeit des Verwaltungsakts

(1) [1]**Ein Verwaltungsakt wird gegenüber demjenigen, für den er bestimmt ist oder der von ihm betroffen wird, in dem Zeitpunkt wirksam, in dem er ihm bekannt gegeben wird.** [2]**Der Verwaltungsakt wird mit dem Inhalt wirksam, mit dem er bekannt gegeben wird.**

(2) **Ein Verwaltungsakt bleibt wirksam, solange und soweit er nicht zurückgenommen, widerrufen, anderweitig aufgehoben oder durch Zeitablauf oder auf andere Weise erledigt ist.**

(3) **Ein nichtiger Verwaltungsakt ist unwirksam.**

1. Überblick. Vgl § 43 VwVfG. Die Vorschr regelt (nur) die **Rechtsfolgen** einer (wirksamen) Bekanntgabe (§ 122) von VA (§ 118): Wirksamkeit des VA in personeller, inhaltlicher und zeitlicher Hinsicht. Abs 3 enthält eine Ausnahme für den Fall der Nichtigkeit des VA. Die **Voraussetzungen** für den Eintritt der von § 124 geregelten Rechtsfolgen ergeben sich aus den §§ 118 ff, 122 f und sind jeweils dort kommentiert. 1

2. Adressat. Die von § 124 beschriebenen Wirkungen des VA treffen (in erster Linie) die Person, für die er bestimmt ist oder die von ihm betroffen wird. Bestimmt ist ein VA für den Inhaltsadressaten (§ 119 Rz 12 ff; § 122 Rz 22). Betroffen ist zwar stets auch der Inhaltsadressat; gemeint ist jedoch eine Person, die von dem VA nur betroffen wird, ohne dass er für sie bestimmt ist (Drittwirkung; vgl § 122 Rz 24). 2

3. Inhalt. Der VA wird mit dem Inhalt wirksam, mit dem er bekannt gegeben wird, selbst dann, wenn er nicht mit der AktenVfg übereinstimmt (BFH BStBl 79, 606). Aus dem Zusammenhang ergibt sich, dass insofern die **nach außen gerichtete Rechtswirkung** gemeint ist, die auch ein Begriffsmerkmal des VA bildet (§ 118 Rz 34). Das zweiseitige Rechtsverhältnis zwischen der FinBeh und dem Stpfl wird dadurch rechtsverbindlich konkretisiert (§ 119 Rz 24). Mit welchem Inhalt der VA wirksam geworden ist, muss im Zweifel durch Auslegung ermittelt werden (dazu § 119 Rz 8). Das gilt auch, wenn zwei oder mehr VA in derselben Sache wirksam geworden sind (BFH/NV 13, 1907). Verbleibende Unklarheiten gehen zulasten der Behörde (BFH BStBl 09, 287). Stimmt der wirksam gewordene Inhalt nicht mit der Vfg überein, kann eine **offenbare Unrichtigkeit iSd § 129** vorliegen (vgl BFH BStBl 06, 400; AEAO zu § 124 Nr 2). § 124 I 2 steht dem nicht entgegen, da § 124 und § 129 gleichrangig nebeneinander stehen (BFH BStBl 87, 588; BFH/NV 88, 277). 4

Daneben entfaltet ein wirksamer VA noch **andere Rechtswirkungen.** Mit dem Eintritt der Außenrechtswirkung ist auch die erlassende Behörde selbst an ihre Entscheidung gebunden. Die Aufhebung oder Änderung des VA bedarf ab diesem Zeitpunkt einer gesetzlichen Grundlage (materielle **Bestandskraft;** *HHSp/Müller-Franken* Rz 47). Die formelle Bestandskraft tritt ein, wenn der VA nicht mehr mit ordentlichen Rechtsmitteln angefochten werden kann. Wirksame VA können ggü nicht betroffenen Dritten, anderen Behörden oder Gerichten sog **Tatbestandswirkung** entfalten. Ihr Inhalt wird dann ohne erneute (inzidente) Überprüfung ihrer Wirksamkeit oder Rechtmäßigkeit zugrunde gelegt. Dies dient der Einheit der Rechtsordnung, indem widersprüchliche Entscheidungen vermieden und die ausschließliche Zuständigkeit der Fachgerichtsbarkeit für den Rechtsschutz gewahrt wird. Die Tatbestandswirkung von Hoheitsakten ist grds mit Art 19 IV ver- 6 einbar und verfassungsgemäß (BVerfGE 61, 82; 83, 182; NVwZ 10, 435). Davon zu unterscheiden ist die sog **Feststellungswirkung** (Bindungswirkung, § 182), die wegen der Gesetzesbindung der Verwaltung einer gesetzlichen Anordnung bedarf (vgl § 179 Rz 4).

8 **4. Zeitpunkt.** Der VA wird in dem Zeitpunkt wirksam, in dem er dem Bekanntgabeadressat (§ 122 Rz 20) bekannt gegeben wird. Das gilt auch, wenn es sich nicht um den Inhaltsadressaten handelt; diesem wird die Bekanntgabe an den Bekanntgabeadressaten zugerechnet. Die fingierten Bekanntgabezeitpunkte sind zu beachten (§ 122 II, IIa, § 122a IV). Ein im Ausland per Post bekannt gegebener VA wird uU erst Wochen nach seinem Zugang wirksam (§ 122 Rz 66 ff; BFH/NV 15, 1694). Der Eintritt der Rechtswirkung ist nicht davon abhängig, dass der VA unanfechtbar geworden ist (BFH/NV 12, 1297). Bis zu diesem Zeitpunkt kann der VA unabhängig von den in Abs 2 vorausgesetzten Rücknahme-, Widerrufs- und Aufhebungsvorschr frei „widerrufen" werden. Für die Entscheidung, wann Willenserklärungen im öffentlichen Recht wirksam werden, sind die zivilrechtl Grundsätze des § 130 BGB ergänzend heranzuziehen (BFH BStBl 09, 949).

10 **5. Dauer. Abs 2** regelt die Frage, wie lange ein VA wirksam bleibt. Die Regelung ist aus dem VwVfG übernommen. Sie gilt auch für rechtswidrige oder fehlerhafte VA, soweit sie nicht nichtig sind (BFH/NV 13, 5). Wegen der Begriffe **Rücknahme, Widerruf, Aufhebung** vgl **§§ 130, 131, § 172.** Anderweitig aufgehoben wird ein VA ua durch die Rechtsbehelfsentscheidung. Ein Änderungs- oder Ersetzungsbescheid lässt den geänderten oder ersetzten VA vorübergehend wirkungslos werden. Solange der Änderungsbescheid Bestand hat, entfaltet der ursprüngliche Bescheid keine Wirkung. Der ursprüngliche Bescheid ist in dem Umfang, in dem er in den Änderungsbescheid aufgenommen ist, **suspendiert** und bleibt dies für die Dauer von dessen Wirksamkeit. Der ursprüngliche Bescheid lebt jedoch wieder auf, wenn der Berichtigungsbescheid aufgehoben wird (BFH GrS BStBl 73, 231; BFH BStBl 06, 346). Die Aufhebung wirkt idR zurück (BFH BStBl 13, 3). Die Aufhebung einer rechtswidrigen Aufforderung zur Abgabe der eidesstattlichen Versicherung lässt aber die verjährungsunterbrechende Wirkung des Verlangens nicht entfallen (BFH/NV 10, 1682; aA *Felten* BB 10, 2418).

11 **Auf andere Weise erledigt** ist ein VA zB, wenn der Begünstigte auf die Vergünstigung verzichtet hat, zB Zahlung eines gestundeten Betrags. Auf andere Weise erledigt wird auch der **Vorauszahlungsbescheid** durch den Jahressteuerbescheid (eingehend zum Verhältnis Vorauszahlungsbescheid zu Jahressteuerbescheid § 37 Rz 48) oder durch den Eintritt der Festsetzungsverjährung für die Jahressteuer (FG RhPf EFG 12, 1113). Für die Berechnung der Haftungsschuld erledigt sich der Steuerbescheid auf andere Weise durch widerspruchslose Eintragung in die Insolvenztabelle (§ 166; BFH BFHE 259, 221, DStRE 18, 47). Ein Schätzungsbescheid erledigt sich aber nicht durch die Abgabe der StErklärung (BFH/NV 06, 251). Auch der Wegfall des Regelungsobjekts kann zu einer Erledigung des VA in anderer Weise führen (vgl BFH/NV 13, 506). Die Pfändung künftiger Forderungen aus einem Arbeitsverhältnis ist auf andere Weise erledigt, wenn der Lohnanspruch wegen Beendigung des Arbeitsverhältnisses entfällt (FG RhPf EFG 03, 823). Die Erledigung tritt jedoch nur für die Zukunft ein. Für die Vergangenheit bleibt der VA formeller Rechtsgrund für die Einziehungsverfügung oder sonstige zum Vollzug des VA getroffene Maßnahmen (zB Zahlung des Drittschuldners an die Vollstreckungsbehörde).

12 Bei einer **Teilrücknahme** gilt der ursprüngliche VA nach Maßgabe der Beschränkung, die er durch die Teilrücknahme gefunden hat, fort (FG BaWü EFG 88, 57; vgl auch BFH BStBl 97, 79; BFH/NV 88, 143; 08, 967 bei Haftungsbescheid). Die Abgrenzung zwischen Teilrücknahme und Ersetzung oder Änderung des ursprünglichen Bescheids hängt von den Umständen des Einzelfalls ab (BFH BStBl 97, 79). Wird eine Lieferung, für die der Vorsteuerabzug in Anspruch ge-

nommen worden ist, rückgängig gemacht, so bewirkt die in einem nachfolgenden Voranmeldungszeitraum vollzogene Berichtigung die (Teil-)Erledigung der vorangegangenen (negativen) USt-Festsetzung auf andere Weise iSv § 124 (BFH VII. Senat BStBl 09, 90; aA BFH V. Senat BSBl 07, 415; näher *Gotthardt/Kubaczynska* DStR 09, 1015).

6. Nichtige Verwaltungsakte. Ein nichtiger VA (vgl § 125) entfaltet aus sich heraus keinerlei Rechtswirkungen (BFH/NV 94, 759; 96, 196) und ist deshalb unwirksam. Diese Aussage ist tautologisch; das Gesetz verwendet die Begriffe nichtig und unwirksam gleichbedeutend. Nichtige VA sind von Nicht- oder Schein-VA zu unterscheiden. **Nichtakte** sind zB Handlungen, die der Behörde nicht zugerechnet werden können, weil sie von Personen ausgehen, die unter keinem Gesichtspunkt zu behördlichen Handlungen befugt waren (§ 118 Rz 10). Abs 3 enthält jedoch die Aussage, dass ein nicht wirksam bekannt gegebener (nicht wirksam gewordener) VA nichtig ist. Das ergibt sich aus dem Zusammenhang. Bekanntgabemängel führen deshalb nicht nach § 125 zur Nichtigkeit, wohl aber nach § 124 III (vgl § 125 Rz 7). 14

Nichtige VA können einen **Rechtsschein** erzeugen. Dessen Beseitigung kann die Durchführung eines Verfahrens erforderlich machen (vgl § 125 Rz 22; § 41 I FGO) und sekundäre Rechtsfolgen auslösen (zB Schadenersatz). Ein Nicht-VA entfaltet dagegen idR keinen Rechtsschein. Unabhängig von einer förmlichen Feststellung der Nichtigkeit kann sich aber auch jeder Beteiligte jederzeit in einem Verfahren vor den FinBeh oder den Gerichten auf die Nichtigkeit des VA berufen. Die FinBeh oder das Gericht können jederzeit incidenter eine Entscheidung dazu treffen (BFH/NV 98, 1195 mwN). Näher zum Rechtsschutz gegen nichtige VA § 125 Rz 22f. 15

§ 125 Nichtigkeit des Verwaltungsakts

(1) Ein Verwaltungsakt ist nichtig, soweit er an einem besonders schwerwiegenden Fehler leidet und dies bei verständiger Würdigung aller in Betracht kommenden Umstände offenkundig ist.

(2) Ohne Rücksicht auf das Vorliegen der Voraussetzungen des Absatzes 1 ist ein Verwaltungsakt nichtig,

1. der schriftlich oder elektronisch erlassen worden ist, die erlassende Finanzbehörde aber nicht erkennen lässt,

2. den aus tatsächlichen Gründen niemand befolgen kann,

3. der die Begehung einer rechtswidrigen Tat verlangt, die einen Straf- oder Bußgeldtatbestand verwirklicht,

4. der gegen die guten Sitten verstößt.

(3) Ein Verwaltungsakt ist nicht schon deshalb nichtig, weil

1. Vorschriften über die örtliche Zuständigkeit nicht eingehalten worden sind,

2. eine nach § 82 Abs. 1 Satz 1 Nr. 2 bis 6 und Satz 2 ausgeschlossene Person mitgewirkt hat,

3. ein durch Rechtsvorschrift zur Mitwirkung berufener Ausschuss den für den Erlass des Verwaltungsakts vorgeschriebenen Beschluss nicht gefasst hat oder nicht beschlussfähig war,

4. die nach einer Rechtsvorschrift erforderliche Mitwirkung einer anderen Behörde unterblieben ist.

(4) Betrifft die Nichtigkeit nur einen Teil des Verwaltungsakts, so ist er im Ganzen nichtig, wenn der nichtige Teil so wesentlich ist, dass die Finanzbehörde den Verwaltungsakt ohne den nichtigen Teil nicht erlassen hätte.

(5) Die Finanzbehörde kann die Nichtigkeit jederzeit von Amts wegen feststellen; auf Antrag ist sie festzustellen, wenn der Antragsteller hieran ein berechtigtes Interesse hat.

Schrifttum: *vor 2010 s 13. Aufl; Seeger* Nichtigkeit eines Schätzungsbescheids, DStZ 10, 911; *Grube* Zum vielfältigen Rechtsschutz gegen nichtige Steuerbescheide DStE 11, 569; *Steinhauff* Zum – vielfältigen – Rechtsschutz gegen nichtige Steuerbescheide AO-StB 11, 302; *Uterhark* Von der Unmöglichkeit sich zu erklären, FS Frotscher 13, 671.

Übersicht

1 **1. Inhalt.** Vgl § 44 VwVfG. Die Vorschr regelt positiv wie negativ, wann ein VA nichtig ist und keinerlei Rechtswirkungen entfaltet. Abs 1 enthält die **Generalklausel** für VA, die an einem besonders schweren und offensichtlichen Fehler leiden. Die Abs 2 bis 4 betreffen Einzelheiten. Abs 5 sieht Möglichkeiten vor, wie die Nichtigkeit eines VA festgestellt oder geltend gemacht werden kann.

2 **2. Evidenztheorie (Abs 1).** Nichtigkeit setzt eine gesteigerte Form der Rechtswidrigkeit voraus. Nichtig ist ein VA danach nur, wenn er an einem schweren und offenkundigen Mangel leidet, sodass er die Fehlerhaftigkeit gewissermaßen auf der Stirn trägt (BFH BStBl 69, 250). Es muss sich um einen besonders schwerwiegenden Fehler handeln und dies muss bei verständiger Würdigung aller in Betracht kommenden Umstände offenkundig sein (BFH BStBl 89, 76; 97, 306; BFH/NV 95, 1036). Abs 1 folgt insoweit der Evidenztheorie (vgl BVerwGE 19, 284). **Offenkundig** ist ein Fehler, wenn jeder verständige Dritte, dem die Kenntnis aller in Betracht kommenden Umstände unterstellt werden kann, in der Lage ist, den Fehler in seiner besonderen Schwere zu erkennen (BFH BStBl 03, 109; BFH/NV 96, 531; 04, 313). **Besonders schwerwiegend** ist ein Fehler, der den VA als schlechterdings unerträglich erscheinen lässt, insbes weil er mit tragenden Verfassungsprinzipien oder der Rechtsordnung immanenten wesentlichen Wertvorstellungen unvereinbar ist (BVerwG DVBl 85, 624; HFR 98, 1020; BFH BStBl 88, 183; 89, 76) bzw wenn er die an eine ordnungsgemäße Verwaltung zu stellenden Anforderungen in einem so hohen und offenkundigen Maße verletzt, dass von niemandem erwartet werden kann, den VA als verbindlich anzuerkennen (BFH BStBl 11, 151). Ob diese Voraussetzung erfüllt ist, muss anhand der jeweiligen für das Verhalten der Behörde maßgebenden Rechtsvorschrift beurteilt werden. Für Verstöße gegen **Unionsrecht** ergeben sich insofern keine Besonderheiten (BFH BStBl 11, 151). Dabei bezieht sich das Wort „schwerwiegend" auf den Fehler (Eigenschaft des VA) und nicht auf das Verhalten der Behörde (BFH/NV 00, 579). Es kommt deshalb nicht darauf an, ob die Behörde vorsätzlich oder fahrlässig gehandelt hat oder ob der Verstoß vermeidbar oder unvermeidbar war (BFH/NV 07, 392). Ein VA ist nicht allein deswegen nichtig, weil er der gesetzlichen Grundlage entbehrt oder weil die in ihm zur Anwendung kommenden Rechtsvorschriften, auch die des formellen Rechts, unrichtig angewendet worden sind (BFH BStBl 11, 1003). Ein (bloß) rechtswidriger VA wird auch durch nachfolgendes Verhalten der Behörde nicht nichtig (BFH/NV 10, 1238; 15, 1338).

3 **Welche Fehler** iEinz so schwerwiegend sind, dass sie zur Nichtigkeit des VA führen, lässt sich nur von Fall zu Fall unter Heranziehung der tatsächlichen Besonderheiten des konkreten Sachverhalts beurteilen (BFH BStBl 89, 76) und hängt auch von den jeweils maßgebenden Rechtsvorschriften ab (BFH BStBl 01, 381; 02, 438; 06, 793).

4 **a) Verfahrensfehler.** Die **Verletzung von Verfahrensvorschriften** führt abgesehen von Abs 2 Nr 1 idR nicht zur Nichtigkeit (BFH/NV 05, 58). Das ergibt sich für die dort genannten Fallgruppen auch aus § 126 I. Abs 3 enthält einen Katalog von Verfahrensfehlern, die nicht zur Nichtigkeit führen können (s unten Rz 17).

5 **Zuständigkeit.** Der Erlass eines VA durch eine sachlich oder funktionell unzuständige Behörde ist nicht stets als besonders schwere, dh unerträgliche Rechtsverletzung anzusehen (BFH BStBl 86, 880; 88, 183; 94, 702; BFH/NV 87, 146; s auch § 16 Rz 3). Keine Nichtigkeit ist zB gegeben, wenn ein StBescheid mit Billigung der funktionell zuständigen Behörde durch einen Beamten gefertigt wird, der zwar im Auftrag dieser Behörde tätig wird (Betriebsprüfer), ihr jedoch organisatorisch nicht angehört (FG Hess EFG 93, 354). Um zur Nichtigkeit zu führen, muss die Verletzung der sachlichen oder funktionellen Zuständigkeit besonders schwerwiegend und offenkundig sein. Das wird angenommen, wenn zB eine Behörde eines anderen Ressorts (BFH/NV 15, 161) oder eine verbandsmäßig unzuständige Behörde (zB Gemeinde A erlässt Gewerbesteuerbescheid gegen ausschl in Gemeinde B tätigen Unternehmer) einen VA erlassen hat (*KvW/Werth* § 125 Rz 7). Die Grundsätze der verbandsmäßigen Zuständigkeit greifen allerdings im StRecht nur ein, wenn es sich um Steuern handelt, für die der Ort der Tatbestandswirklichung wesentlich ist, die also gebietsgebunden sind (BFH BStBl 85, 377; s näher § 17 Rz 4).

6 **Formfehler** können ausnahmsweise den VA nichtig machen, zB wenn ein StBescheid entgegen § 157 I nicht schriftlich (oder unter den Voraussetzungen des § 87a auch nicht elektronisch) ergeht (FG Hbg EFG 89, 331). Es kommt auf den Schutzzweck der Formvorschrift an (vgl § 127 Rz 4; § 125 BGB). Das **Fehlen einer Unterschrift** des Behördenleiters, seines Vertreters oder Beauftragten unter einen Verlustfeststellungsbescheid führt nicht zu dessen Nichtigkeit (BFH/NV 13, 1061; 14, 294), ebenso nicht, wenn die Unterschrift unter Überschreitung der Zeichnungsbefugnis zu Stande gekommen ist (s näher § 119 Rz 58ff). Fehlt es der handelnden Person überhaupt an einer Zeichnungsbefugnis, kann ihr Handeln der Behörde nicht zugerechnet werden und es liegt ein Nichtakt vor.

7 **Adressierungsfehler.** Die zutr Adressierung des Bescheids ist keine Voraussetzung für dessen Wirksamkeit und beeinflusst idR auch nicht dessen Rechtmäßigkeit (vgl BFH/NV 12, 1410). Fehlerhafte Adressierung führt folglich auch nicht zur Nichtigkeit des VA. Unberührt bleiben die Anforderungen an die hinreichend bestimmte Bezeichnung des Inhaltsadressaten (vgl § 119 Rz 12ff) sowie die wirksame Bekanntgabe des Bescheids einschl der dafür uU erforderlichen Bezeichnung des vom Inhaltsadressaten abweichenden Bekanntgabeadressaten (§ 122 Rz 20ff). Mängel bei der Bekanntgabe führen dazu, dass der VA keine Rechtswirkungen entfaltet. Dies entspricht iErg der Rechtsfolge des § 125; § 125 ist insoweit aber nicht anzuwenden (§ 124 Rz 14).

8 **Bestimmtheitsmängel.** Ist der Inhaltsadressat nicht hinreichend bestimmt, sodass nicht erkennbar ist, wer den VA befolgen soll, ist er idR nichtig (vgl § 119 Rz 32). Entsprechendes gilt bei inhaltlicher Unbestimmtheit des Ausspruchs, sofern dem VA nicht entnommen werden kann, was oder in welcher Weise es geregelt sein soll, sodass niemand die Anweisung befolgen könnte (vgl § 119 Rz 46). Zur Nichtigkeit führt insbes die **Widersprüchlichkeit** einer oder mehrer Anordnungen (vgl § 119 Rz 35).

9 Nicht jede Unbestimmtheit führt notwendig zur Nichtigkeit (BFH BStBl 89, 12; 89, 220). Es kommt auf die Umstände des Einzelfalls an. Bei inhaltlicher Unbestimmtheit infolge unaufgegliederter Zusammenfassung mehrerer Rechtsvorgänge (vgl § 119 Rz 38) hängt es vom jeweiligen Einzelfall ab, ob Nichtigkeit oder nur Rechtswidrigkeit gegeben ist (BFH BStBl 89, 12; 07, 472). Ist das FA bei der Festsetzung der SchenkSt für mehrere freigebige Zuwendungen erkennbar davon ausgegangen, es liege eine einheitliche Zuwendung vor, führt dies nicht zur Nichtigkeit (BStBl 10, 463). Gibt ein Haftungsbescheid die ihn erlassende Behörde, den Haftungsschuldner und die Art der Steuer an, für die gehaftet werden soll, ist er

nicht nichtig, wenn er keine Angaben über den StSchuldner enthält, solange die Haftungsschuld in tatsächlicher und rechtlicher Hinsicht in anderer Weise ausreichend konkretisiert werden kann (BFH BStBl 97, 3069). Ein Bescheid, durch den die Festsetzung von Kindergeld aufgehoben wird, ist nicht deshalb nichtig, weil er den ursprünglichen Festsetzungsbescheid nicht ausdrücklich bezeichnet (BFH/NV 09, 1958). Ein Abrechnungsbescheid, in dem der geltend gemachte Erstattungsanspruch nicht ausdrücklich abgelehnt wird (unvollständige Entscheidung) ist nicht nichtig (BFH/NV 15, 946).

10 **Weitere Verfahrensfehler.** Ein **fehlender Antrag** (vgl § 126 I Nr 1) führt idR nicht zur Nichtigkeit. So ist ein StBescheid nicht deshalb nichtig, weil er auf eine StErklärung ergeht, die entgegen der gesetzlichen Vorschr nicht unterschrieben worden ist (BFH BStBl 02, 642). Ähnlich ist ein auf Antrag ergehender Bescheid nicht deshalb nichtig, weil dem Antrag die eigenhändige Unterschrift des Stpfl fehlt (BFH BStBl 92, 224). Ein nach § 40 I 1 Nr 2 EStG ergangener LSt-Pauschalierungsbescheid ist nicht deshalb nichtig, weil der ArbG keinen Pauschalierungsantrag gestellt hat (BFH BStBl 02, 438). Eine Pfändungs- und Einziehungsverfügung ist nicht nichtig, wenn ihr ein mangels Bekanntgabe nicht wirksam gewordener StBescheid und damit kein wirksamer Vollstreckungstitel und kein Leistungsgebot zu Grunde liegen (BFH BStBl 03, 109). Die Verletzung der **Anhörungspflicht** bei Abweichung von der StErklärung führt ebenfalls nicht zu einem nichtigen StBescheid. Das gilt auch für die Verletzung von Verfahrensvorschriften bei der **Sachverhaltsermittlung** (BFH BStBl 96, 232). Eine Teileinspruchsentscheidung ist nicht deshalb nichtig, weil sie vor **Ablauf der Einspruchsfrist** ergangen ist (BFH BStBl 15, 115; Anm *Hildebrand* BB 15, 232).

12 **b) Materiell-rechtliche Fehler.** Diese führen idR nicht zur Nichtigkeit des VA (BFH BStBl 82, 133; 87, 592; BFH/NV 94, 263; BVerwG in BVerwGE 19, 284), auch nicht ein Verstoß gegen **höherrangiges Recht.** Ein VA ist nicht allein deshalb nichtig, weil er gegen Unionsrecht verstößt (BFH/NV 11, 99; BVerwG NVwZ 07, 709; aA *de Weerth* DStR 08, 1368). Ein VA ist nicht ohne Weiteres nichtig, wenn er bestandskräftig ist und sich aufgrund einer Entscheidung des BVerfG herausstellt, dass er auf einer **verfassungswidrigen** gesetzlichen Grundlage oder Auslegung beruht (vgl BFH BStBl 07, 714; BFH/NV 10, 1238; § 79 II 1 BVerfGG) und erst recht nicht, wenn die gesetzliche Grundlage zwar für verfassungswidrig gehalten wird, vom BVerfG aber noch nicht für nichtig erklärt worden ist (FG Nds DStRE 08, 897). Das Übersehen einer für den Stpfl günstigen Rechtsnorm führt nicht zur Nichtigkeit (BFH BeckRS 2017, 115202, mE zweifelh). Auch ein nach Ablauf der Festsetzungsfrist ergangener StBescheid ist nicht nichtig (BFH/NV 93, 444; 95, 275; BStBl 11, 673). Ein Folgebescheid ist nicht deshalb nichtig, weil der Grundlagenbescheid nichtig ist (BFH/NV 07, 186). Ein Verlangen zur Abgabe der eidesstattlichen Versicherung (§ 284) ist nicht deshalb nichtig, weil die Schonfrist des § 284 IV 1 nicht gewahrt worden ist (BFH/NV 10, 739). Eine Häufung von materiellen Rechtsfehlern macht den VA ebenfalls nicht unbedingt nichtig (BFH/NV 95, 1036; FG Nds EFG 06, 14). Auch die Doppelerfassung von Einkünften führt nicht zur Nichtigkeit (BFH/NV 12, 172). Ein Änderungsbescheid, der unter **Verletzung von Änderungsvorschriften** zustande gekommen ist, ist idR nicht nichtig (BFH/NV 05, 1971; 05, 1971).

13 **Schätzung.** Verlässt die Schätzung den durch die Umstände des Falles gezogenen Schätzungsrahmen, ist die Schätzung grds nicht nichtig, sondern rechtswidrig (BFH/NV 15, 145). Selbst mehrere, auch grobe **Schätzungsfehler** bei der Feststellung der Besteuerungsgrundlagen führen idR nicht zur Nichtigkeit des Bescheids (BFH BStBl 90, 351; 93, 259; 01, 381; BFH/NV 97, 593; 00, 164; 02, 682, 1415; 04, 1418; 06, 240; 14, 490), auch nicht ein weit überhöhtes Schätzungsergebnis (FG Köln EFG 97, 382). Fehlerhafte oder **fehlende Erwägungen** machen den Schätzungsbescheid nicht nichtig (BFH/NV 09, 1287). Zur Nichtig-

keit führt erst die **Willkürlichkeit** der Schätzung (§ 162 Rz 63). Willkürlich ist ein Schätzungsbescheid, wenn die Behörde entweder bewusst zum Nachteil des Stpfl schätzt (BFH/NV 09, 1287; 15, 145; FG Köln EFG 14, 1739 – subjektive Willkür; Strafschätzung) oder wenn das Schätzungsergebnis trotz der vorhandenen Möglichkeiten, den Sachverhalt aufzuklären, krass von den tatsächlichen Gegebenheiten abweicht und in keiner Weise erkennbar ist, dass überhaupt und ggf welche Schätzungsmethoden angestellt wurden (BFH BStBl 01, 381; BFH/NV 02, 1415; BeckRS 2017, 136601 – objektive Willkür). Die Schätzung der ESt mit Null ist willkürlich und nichtig, wenn feststehende negative Einkünfte unberücksichtigt bleiben (FG Sachs StBW 10, 1022; zust *Seeger* DStZ 10, 911). Weicht die Feststellung des stl Einlagekontos ganz erheblich von dem zutreffenden Wert ab, führt dies regelmäßig noch nicht zur Nichtigkeit des Bescheids (FG Mstr EFG 18, 396). Welche Fehler zur Nichtigkeit eines Schätzungsbescheids führen, ist aber grds nicht abstrakt klärbar (BFH/NV 10, 1084).

3. Absolute Nichtigkeitsgründe. In den Fällen des **Abs 2** tritt Nichtigkeit 15
auch dann ein, wenn die Fehlerhaftigkeit **nicht offenkundig** ist. Wenn die erlassende Behörde nicht erkennbar ist **(Nr 1),** wäre dem Betroffenen mit einer Anfechtbarkeit des VA nicht geholfen, weil er nicht weiß, gegen welche Behörde er sich wenden muss (BFH/NV 03, 1610). Entsprechendes gilt nach der Änderung der Nr 1 durch das Gesetz v 21.8.2002 (BGBl I, 3322), wenn unter den Voraussetzungen des § 87a der VA elektronisch erlassen worden ist. **Nr 2** betrifft nur die objektive tatsächliche, nicht aber die rechtliche oder subjektive Unmöglichkeit (BFH/NV 96, 530; FG RhPf EFG 95, 699). Eine Prüfungsanordnung, die als Prüfungsort nicht mehr bestehende Geschäftsräume bestimmt, ist nach dieser Bestimmung nichtig (FG RhPf EFG 87, 389). **Nr 3:** Anders als nach § 134 BGB ist ein VA wegen Verstoßes gegen ein gesetzliches Verbot nur dann nichtig, wenn die verlangte Handlung einen Straf- oder Bußgeldtatbestand verwirklicht. Die Handlung muss **im Inland** strafbar sein. Ein Auskunftsverlangen nach § 33 I ErbStG ist deshalb nicht nichtig, wenn seine Erfüllung im Ausland strafbewehrt ist (BFH BStBl 17, 413). **Nr 4** entspricht dem Rechtsgedanken des § 138 I BGB. Die Beantwortung der Frage, ob und unter welchen Voraussetzungen ein VA wegen Verstoßes gegen die guten Sitten nichtig ist, hängt von den besonderen Umständen des Einzelfalls ab (BFH/NV 13, 768). Die Regelung muss sittenwidrig sein (FG Nbg BeckRS 2017, 130993).

4. Ausschlussgründe. In den Fällen des **Abs 3** tritt Nichtigkeit selbst bei Vor- 17
liegen der Voraussetzungen des Abs 1 nicht ein. **Nr 1** betrifft nur Verstöße gegen die Vorschr über die **örtliche Zuständigkeit** und ist auf Verstöße gegen die sachliche oder funktionelle (interne) Zuständigkeit auch nicht entsprechend anwendbar (vgl aber Rz 5). **Nr 2:** Die Mitwirkung einer ausgeschlossenen Person führt nicht zur Nichtigkeit. Aus der fehlenden Verweisung auf § 82 I 1 Nr 1 (Mitwirkung eines Beteiligten) ist zu schließen, dass sie nicht in jedem Fall zur Nichtigkeit führt; Abs 1 ist jedoch anwendbar. **Nr 3:** Die Vorschr hat für das StRecht zZt keine praktische Bedeutung, weil es keine Ausschüsse gibt, deren Mitwirkung für den Erlass eines VA erforderlich sind (vgl § 126 Rz 7). **Nr 4:** Die fehlende Mitwirkung einer anderen Behörde führt nicht zur Nichtigkeit, weil der Fehler nur das Innenverhältnis der Behörden betrifft.

5. Teilnichtigkeit. Abs 4 entspricht dem Gedanken des **§ 139 BGB.** Bei 20
Teilnichtigkeit wird nicht die Nichtigkeit des ganzen VA vermutet. Nichtigkeit des ganzen VA ist die Ausnahme. So ist zB ein Bescheid über die gesonderte Feststellung von Einkünften nicht insgesamt nichtig, wenn die Bezeichnung eines Beteiligten wegen vorherigen Todes und eingetretener Gesamtrechtsnachfolge unrichtig ist (BFH BStBl 92, 865; BFH/NV 93, 457; 94, 75; vgl auch FG BaWü EFG 99, 360 zu zusammengefasstem Zinsbescheid an Eheleute; vgl ferner BFH/NV 98, 1455 zu zusammengefasstem VSt-Bescheid; s näher zu § 182 Rz 20 ff).

22 **6. Nichtigkeitsfeststellung. Abs 5** dient der Rechtssicherheit. Der nichtige VA ist per se unwirksam, er muss deshalb nicht aufgehoben werden, um seine Wirkung zu beseitigen. Soweit er aber den **Rechtsschein** eines wirksamen VA entfalten kann (vgl § 124 Rz 15), hat der Betroffene Anspruch darauf, dass die Nichtigkeit (zur Beseitigung des unzutreffenden Rechtsscheins) festgestellt wird. Nach der „Aufhebung" eines nichtigen Bescheids kann ein neuer Bescheid ergehen, ohne dass die Voraussetzungen der §§ 172 ff vorliegen müssen (BFH BStBl 86, 775).

23 **Weiterer Rechtsschutz.** Der Betroffene kann gegen einen nichtigen VA nicht nur mittels eines Antrags nach Abs 5 vorgehen (vgl iEinz *Grube* DStZ 11, 569). Er kann den VA wegen des von ihm ausgehenden Rechtsscheins vielmehr ohne Frist (s BFH BStBl 86, 839; BFH/NV 88, 681; 96, 729 und unten § 355 Rz 1) auch (mit dem Einspruch) **anfechten** und nach erfolglosem Rechtsbehelfsverfahren die Anfechtungsklage erheben (BFH BStBl 81, 293; BFH/NV 05, 231). Auch eine AdV des mit dem Rechtsschein der Wirksamkeit behafteten nichtigen VA ist möglich (BFH/NV 95, 1042). Ein nichtiger VA kann auch zurückgenommen werden, ohne dass nach Abs 5 verfahren wird (BFH BStBl 95, 341; FG SchlHol EFG 05, 1086). Der Stpfl kann aber auch ohne Vorverfahren unmittelbar mit der **Feststellungsklage** die Feststellung der Nichtigkeit des VA begehren (BFH/NV 95, 576). Dazu braucht er nicht vorher nach Abs 5 vorzugehen (BFH BStBl 08, 686; BFH/NV 86, 720). Das gilt selbst dann, wenn der Stpfl schon zuvor einen Antrag nach Abs 5 gestellt hat, über den noch nicht entschieden worden ist (BFH BStBl 08, 686). Die **Nichtigerklärung** eines VA durch die FinBeh hat **feststellenden Charakter,** sie ist jedoch ein VA (vgl § 118 Rz 42 Nichtigkeit). Der Stpfl kann sich aber auch jederzeit in einem Verfahren vor den FinBeh oder den Gerichten auf die Nichtigkeit des VA berufen (BFH/NV 98, 1195).

§ 126 Heilung von Verfahrens- und Formfehlern

(1) **Eine Verletzung von Verfahrens- oder Formvorschriften, die nicht den Verwaltungsakt nach § 125 nichtig macht, ist unbeachtlich, wenn**
1. der für den Verwaltungsakt erforderliche Antrag nachträglich gestellt wird,
2. die erforderliche Begründung nachträglich gegeben wird,
3. die erforderliche Anhörung eines Beteiligten nachgeholt wird,
4. der Beschluss eines Ausschusses, dessen Mitwirkung für den Erlass des Verwaltungsakts erforderlich ist, nachträglich gefasst wird,
5. die erforderliche Mitwirkung einer anderen Behörde nachgeholt wird.

(2) **Handlungen nach Absatz 1 Nr. 2 bis 5 können bis zum Abschluss der Tatsacheninstanz eines finanzgerichtlichen Verfahrens nachgeholt werden.**

(3) [1] **Fehlt einem Verwaltungsakt die erforderliche Begründung oder ist die erforderliche Anhörung eines Beteiligten vor Erlass des Verwaltungsakts unterblieben und ist dadurch die rechtzeitige Anfechtung des Verwaltungsakts versäumt worden, so gilt die Versäumung der Einspruchsfrist als nicht verschuldet.** [2] **Das für die Wiedereinsetzungsfrist nach § 110 Abs. 2 maßgebende Ereignis tritt im Zeitpunkt der Nachholung der unterlassenen Verfahrenshandlung ein.**

Schrifttum: *vor 2010 s 13. Aufl; Weidemann/Rheindorf* Die Heilung von Verfahrens- und Formfehlern, DVP 10, 178.

Übersicht

1. Inhalt. Vgl § 45 VwVfG. Die Vorschr soll verhindern, dass ein VA allein wegen eines Verfahrensmangels aufgehoben wird und die Behörde danach einen VA gleichen Inhalts erneut erlassen muss. Dies dient der **Verfahrensökonomie.** Nach **Abs 1** können bestimmte Fehler in der dort angegebenen Weise geheilt werden. **Abs 2** enthält eine **zeitliche Grenze** für die Möglichkeit der Nachholung von Verfahrenshandlungen. Diese zeitliche Grenze ist durch das StÄndG 2001 v 20.12.2001 (BGBl I, 3794) erheblich ausgedehnt worden. **Abs 3** erleichtert die Wiedereinsetzung in die Einspruchsfrist. 1

2. Unbeachtlichkeit der Verletzung (Abs 1). Abs 1 entspricht den von Rspr und Lehre entwickelten Grundsätzen über die Heilung von Verfahrensfehlern. In den §§ 126, 127 kommt die dienende Funktion der Verfahrensvorschr zum Ausdruck. Sie sollen gewährleisten, dass das Verfahren mit dem Erlass des materiell richtigen VA endet. Verfahrens- und Formfehler sollen grds nur dann Auswirkungen auf den Bestand des VA haben, wenn durch sie die Entscheidung in der Sache beeinflusst worden ist. Unter den in Abs 1 genannten Voraussetzungen können Verfahrens- und Formfehler geheilt werden. Eine Heilung ist jedoch nur möglich, wenn der Verfahrensfehler nicht so schwerwiegend war, dass er zur Nichtigkeit (s § 125) des VA geführt hat. Die mangelnde Bestimmtheit des Inhaltsadressaten kann daher zB nicht geheilt werden (näher § 119 Rz 32). Ob die Heilung **zeitlich zurückwirkt,** ist nicht geregelt, weil diese Frage vor allem theoretische Bedeutung hat. Der VA ist jedenfalls mit seiner Bekanntgabe wirksam geworden und hat von Anfang an die Vermutung der Gültigkeit und Rechtmäßigkeit für sich. Keine Verfahrensfehler iSd Vorschr sind Fehler bei der Bekanntgabe des VA (FG Ddorf EFG 89, 334). Wegen der insoweit bestehenden Heilungsmöglichkeiten wird auf § 122 Rz 15 f verwiesen. 2

a) Nachträglicher Antrag (Nr 1). Ist ein Antrag Voraussetzung für den Erlass des VA und fehlt der Antrag oder ist er nicht wirksam, so ist der VA rechtswidrig und muss aufgehoben werden (vgl § 125 Rz 10). Dieser Mangel wird geheilt, wenn der Antrag nachträglich gestellt wird. Das gilt nicht, wenn der Antrag innerhalb einer dafür im Gesetz bestimmten **Ausschlussfrist** hätte gestellt werden müssen; die Vorschr hilft nicht über die Versäumung einer Frist hinweg. Die Heilung tritt auch nicht ein, wenn der Antrag nach Ablauf der **Festsetzungsfrist** gestellt wird und deshalb den Ablauf der Festsetzungsfrist nicht mehr hemmen kann (§ 171 III; BFH/NV 14, 1494). 3

b) Nachgeholte Begründung (Nr 2). Nach **§ 121 I** ist ein schriftlicher oder schriftlich bestätigter VA schriftlich zu begründen, soweit dies zu seinem Verständnis erforderlich ist und nicht die Voraussetzungen des § 121 II vorliegen (vgl Erläut zu § 121). Fehlt die erforderliche Begründung oder ist sie unrichtig oder unvollständig, so kann der Mangel nach Nr 2 geheilt werden. Durch rechtzeitige Nachholung tritt Heilung des Fehlers des VA ein (s oben Rz 2). Die Heilung wirkt zurück (BFH/NV 15, 803: Prüfungsanordnung). Sie betrifft jedoch nur die Begründung und nicht den verfügenden Teil des VA. Ist der Regelungsinhalt unklar, so bleibt der Bescheid unwirksam (BFH/NV 91, 497). Da die Nachholung der Begründung nunmehr bis zum Abschluss der Tatsacheninstanz eines finanzgerichtlichen Verfahrens zulässig ist, ist es außer bei auf Ermessensentscheidungen beruhenden VA (Rz 11) kaum noch vorstellbar, dass eine allein auf die fehlende Begründung des angefochtenen VA gestützte Klage Erfolg hat. Die fehlende Begründung kann aber nach **Abs 3** ein Grund für die **Wiedereinsetzung** in den vorigen Stand bei Versäumung einer Rechtsbehelfsfrist sein (Rz 13). 4

5 Das Auswechseln oder Nachholen der Begründung darf iÜ nicht dazu führen, dass der VA in seinem Inhalt verändert wird. Eine inhaltlich vollkommen **falsche Begründung** steht einer fehlenden Begründung gleich (*TK/Seer* § 126 Rz 5; aA *Koenig/Fritsch* § 126 Rz 7). Sie ist zur Heilung nicht geeignet und kann die Wiedereinsetzung nach Abs 3 rechtfertigen. IÜ genügt auch eine sachlich unzutreffende Begründung zur Wahrung der Verfahrens- und Formvorschriften iSv § 126 (BFH/NV 04, 1062). Die rechtliche Begründung (Anspruchsgrundlage) eines VA kann noch im finanzgerichtlichen Verfahren ausgetauscht werden (BFH/NV 95, 657), nicht aber der Lebenssachverhalt auf dem der VA beruht (BFH/NV 94, 758).

6 **c) Nachholung der Anhörung (Nr 3).** Nach § 91 ist dem Beteiligten regelmäßig Gelegenheit zu geben, sich zu den für die Entscheidung erheblichen Tatsachen **vor Erlass** des VA zu äußern. Ist eine Anhörung unterblieben, kann diese bis zu dem in Abs 2 genannten Zeitpunkt nachgeholt werden. Die Anhörung muss allerdings **im Verwaltungsverfahren** nachgeholt werden (vgl *Kopp/Ramsauer* VwVfG § 45 Rz 27), wobei die Gewährung rechtlichen Gehörs im Einspruchsverfahren genügt (BFH/NV 98, 416). Auch eine unterlassene Schlussbesprechung nach einer Ap kann deshalb durch die Gewährung rechtlichen Gehörs im Einspruchsverfahren geheilt werden (BFH/NV 98, 811; BFH BeckRS 2008, 25013960; näher § 201 Rz 5). Nicht ausreichend ist die Anhörung durch das Gericht. Soll die Anhörung erst während des gerichtlichen Verfahrens nachgeholt werden, muss dies gesondert außerhalb des gerichtlichen Verfahrens erfolgen.

7 **d) Nachholung eines Ausschussbeschlusses (Nr 4).** Die Vorschr hat für das StRecht zZ keine praktische Bedeutung, weil es keine Ausschüsse gibt, deren Mitwirkung für den Erlass eines VA erforderlich ist (vgl auch § 125 Rz 17).

8 **e) Mitwirkung einer anderen Behörde (Nr 5).** Die Vorschr ist nicht unproblematisch, weil die zur Mitwirkung berufene Behörde möglicherweise geneigt sein wird, evtl bestehende Bedenken gegen den VA im Hinblick auf die bereits getroffene Entscheidung zurückzustellen.

10 **3. Zeitpunkt der Nachholung (Abs 2).** Abs 2 bestimmt die zeitliche Grenze, bis zu der ein Verfahrensmangel mit heilender Wirkung nachgeholt werden kann. Der VA darf nicht erledigt sein (FG Nds EFG 18, 175: danach nur Fortsetzungsfeststellungsklage). Die Neufassung durch das StÄndG 2001 bezweckt eine **Angleichung an § 45 II VwVfG.** Die Nachholung ist bis zum Abschluss der Tatsacheninstanz möglich. Die Vorschr schafft einen Anreiz, als lästig empfundene Verfahrenspflichten im ersten Anlauf bewusst außer Acht zu lassen; dadurch werden die Verfahrensrechte vor allem derjenigen endgültig verletzt, die sich gegen den VA nicht zur Wehr setzen. Darin liegt ein bedauerlicher *faktischer* Verlust an Rechtsstaatlichkeit. Die Vorschr ist gleichwohl **verfassungsgemäß,** da sie an der Rechtsverbindlichkeit des VA nur festhält, wenn der Mangel geheilt ist. Zumindest bei demjenigen, der sich gegen den VA zur Wehr gesetzt hat, verbleibt kein Mangel. Die Neuregelung hat erhebliche Auswirkungen auf die Überprüfung von Ermessensentscheidungen (Rz 11). Das FG kann, wenn der Fehler nicht rechtzeitig (spätestens in der letzten mündlichen Verhandlung) geheilt worden ist, unter den Voraussetzungen des § 100 III FGO entweder die Sache zur weiteren Behandlung an das FA zurückverweisen oder in der Sache selbst entscheiden.

11 Abs 2 iVm Abs 1 Nr 2 gilt nicht für die Begründung von **Ermessensentscheidungen;** insofern greift die Spezialvorschrift in **§ 102 S 2 FGO** ein, die ebenfalls durch das StÄndG 2001 eingefügt worden ist (*TK/Seer* § 126 Rz 9; *Koenig/Fritsch* § 126 Rz 12; *HHSp/Rozek* § 102 FGO Rz 90; aA FG Nds EFG 14, 1838: Nachholung der fehlenden Begründung in der Einspruchsentscheidung, unklar BFH BStBl 14, 232). Danach kann die FinBeh ihre Ermessenserwägungen bis zum Abschluss der Tatsacheninstanz eines finanzgerichtlichen Verfahrens **ergänzen,** nicht

aber eine fehlende Begründung erstmals nachholen, Gründe auswechseln oder neue Gründe nachschieben (BFH BStBl 08, 897; unklar BFH/NV 09, 1592; vgl iEinz *Gräber/Stapperfend* § 102 FGO Rz 25 ff).

Da die Neufassung des § 126 II AO und die Anfügung des § 102 S 2 FGO der Angleichung an das VwVfG und an die VwGO dienen sollen, liegt es iÜ nahe, die Rspr des BVerwG zur Zulässigkeit der Ergänzung von Ermessenserwägungen heranzuziehen (iErg ebenso *Wiese/Leingang-Ludolph* DB 01, 2469; *Lange* DB 01, 2680). Danach ist, sofern nicht Sonderregelungen vorliegen, die Ergänzung einer Ermessensbegründung zulässig, wenn die nachgeschobenen, aber vorher nicht erwogenen Gründe schon bei Erlass der letzten Verwaltungsentscheidung vorlagen, der Kläger nicht in seiner Rechtsverteidigung beeinträchtigt wird und der VA nicht in seinem Wesen geändert wird (BVerwGE 106, 351 und die Nachweise in BFH BStBl 88, 364). Es geht bei den zulässigen Ergänzungen also nicht um den Kern der Ermessensentscheidung, sondern lediglich um nicht schwer wiegende Ermessensfehler. Bereits an- oder dargestellte Ermessensausübungen dürfen lediglich vertieft, verbreitert oder verdeutlicht werden (BFH BStBl 04, 579 mwN; 08, 897; BFH/NV 04, 1536; 05, 378; vgl auch BFH/NV 06, 11; einschränkend *Gräber/von Groll* § 102 FGO Rz 20). Soweit die Angabe des Lebenssachverhalts zum Inhalt des VA gehört und den Anforderungen an die inhaltliche Bestimmtheit genügen muss (vgl § 119 Rz 41), kommt eine Heilung durch Nachschieben des richtigen Sachverhalts nicht in Betracht (FG Mster EFG 11, 1539). Das FG ist grds nicht verpflichtet, das FA zur Ergänzung seiner Ermessenserwägungen aufzufordern (BFH/NV 03, 1202). Unabhängig davon können Begründungsmängel einer Ermessensentscheidung nicht mehr geheilt werden, wenn sich der VA bereits durch Zeitablauf oder in anderer Weise erledigt hat und daher nicht mehr wirksam ist (BFH DStR 17, 934; OVG Mster DVBl 01, 1012). 12

4. Wiedereinsetzung (Abs 3). Abs 3 ist lex specialis zu § 110. Die Vorschr gibt dem Betroffenen unter bestimmten Voraussetzungen einen **Anspruch auf Wiedereinsetzung** in die Einspruchsfrist, wenn dem VA die erforderliche Begründung gefehlt hat oder die Anhörung unterblieben ist. Häufig wird der Betroffene erst anhand der dem VA beigefügten Begründung in der Lage sein, diesen auf seine Rechtmäßigkeit hin zu überprüfen oder dessen Rechtswidrigkeit zu erkennen. Entdeckt er die Rechtswidrigkeit des VA erst nach Ablauf der Rechtsbehelfsfrist, weil die Begründung fehlte, soll ihm daraus kein Nachteil erwachsen. Voraussetzung ist jedoch, dass der **Verfahrensfehler ursächlich** für die Versäumung der Rechtsbehelfsfrist war (BFH BStBl 81, 3; 85, 601; 86, 908). Ist die Ursächlichkeit gegeben, kommt es auf Verschulden des Stpfl nicht an. Die Vorschr enthält einen Verschuldensausschluss in der Form einer unwiderleglichen Vermutung (*Rüsken* NVwZ 02, 428; vgl auch BFH BStBl 04, 394). Da sich häufig nur schwer feststellen lässt, ob das Fehlen der Begründung oder das Unterbleiben der Anhörung ursächlich ist, muss im Zweifel zugunsten des Stpfl entschieden werden (BFH BStBl 85, 601). Die bloße Behauptung eines Kausalzusammenhangs zwischen fehlender Begründung oder Anhörung und versäumter rechtzeitiger Anfechtung reicht allerdings ohne Hinzutreten weiterer Umstände nicht aus, um die Rechtsfolge des § 126 III 1 eintreten zu lassen (FG Nds EFG 87, 334; FG RhPf EFG 98, 992). Der Stpfl hat die Ursächlichkeit der fehlenden Begründung im VA für die Fristversäumung **schlüssig darzulegen** und glaubhaft zu machen (FG BaWü EFG 87, 155). 13

Der erforderliche ursächliche Zusammenhang besteht nicht, wenn die Versäumung der Einspruchsfrist darauf zurückzuführen ist, dass der Stpfl einen den StBescheid enthaltenden Brief schuldhaft nicht öffnet und dies zur Versäumung der Einspruchsfrist führt (BFHE BStBl 86, 108). Das Gleiche gilt, wenn ein Stpfl nach einer Ap den geänderten StBescheid zunächst ohne den Außenprüfungsbericht erhält, auf den Bericht aber im Bescheid **hingewiesen** wird und der Bericht etwa 14 zwei Wochen vor Ablauf der Einspruchsfrist beim Stpfl eingeht (FG SachsAnh EFG 99, 358; vgl auch BFH/NV 99, 1313). Wird in dem ohne Anhörung ergangenen StBescheid die Abweichung von der StErklärung erläutert, kann dem Betroffenen Wiedereinsetzung in den vorigen Stand nicht schon wegen Verletzung der Anhörungspflicht gewährt werden (BFH/NV 89, 561; 14, 1350).

15 Die **Wiedereinsetzungsfrist** beginnt nach Satz 2 des Abs 3 im Zeitpunkt der Nachholung der unterlassenen Verfahrenshandlung. Dieser Fristbeginn darf nicht abweichend vom Gesetzeswortlaut auf einen früheren Zeitpunkt verlegt werden, weil der Stpfl zB trotz fehlender Begründung oder Anhörung schon früher die Abweichung des StBescheids von seiner StErklärung bemerkt hat (BVerfG DVBl 01, 1747; kritisch dazu *Rüsken* NVwZ 02, 428).

§ 127 Folgen von Verfahrens- und Formfehlern

Die Aufhebung eines Verwaltungsakts, der nicht nach § 125 nichtig ist, kann nicht allein deshalb beansprucht werden, weil er unter Verletzung von Vorschriften über das Verfahren, die Form oder die örtliche Zuständigkeit zustande gekommen ist, wenn keine andere Entscheidung in der Sache hätte getroffen werden können.

Schrifttum: *Lohmeyer* Verfahrens- und Formfehler bei steuerlichen Verwaltungsakten, KStZ 88, 230; *Bettermann* Anfechtbare und nichtanfechtbare Verfahrensmängel – Eine prozeßvergleichende Studie zu § 46 VwVfG, § 127 AO und § 42 SGB, Festschrift für Ch.-F. Menger, 1985, S 709; *Carlé* Die örtliche Zuständigkeit bei gesonderten Feststellungen, AO-StB 10, 213; *Grube* Abschied vom rechtlichen Gehör im Verwaltungsverfahren?, DStZ 13, 193.

1 **1. Inhalt und Zweck.** Die Vorschr dient wie § 126 der **Verfahrensökonomie** (BFH BStBl 02, 406). Sie verhindert, dass ein VA nur wegen eines Verfahrens- oder Formfehlers wiederholt werden muss, gilt aber (über den eigentlichen Zweck hinaus) auch dann, wenn eine Wiederholung des VA zB wegen zwischenzeitlichen Ablaufs der Festsetzungsfrist nicht mehr möglich wäre (Vorrang der materiellen Richtigkeit). In § 127 AO kommt der gesetzgeberische Wille zum Ausdruck, Verfahrensmängeln im Verwaltungsverfahren ein geringeres Gewicht als sachlich-rechtl Mängeln beizulegen und rechtl gebundene VA, für die weder ein Ermessens- noch ein Beurteilungsspielraum besteht, bestehen zu lassen, wenn sie sich als materiell-rechtl zutr erweisen (BFH/NV 12, 67; 17, 265). Die Vorschr ist verfassungsgemäß. § 127 gilt wegen § 365 I auch im Einspruchsverfahren und ist auch im finanzgerichtlichen Verfahren zu beachten (BFH BStBl 87, 412; BFH/NV 90, 311; FG Mchn EFG 01, 472). Auf entsprechenden Wertungen beruhen **§ 126 IV FGO, § 561 ZPO, § 144 IV VwGO.**

2 **2. Voraussetzungen. a) Wirksamkeit des VA.** Der (verfahrensfehlerhaft ergangene) VA darf nicht nach § 125 nichtig sein. Er muss **wirksam** sein. Verfahrens- und Formfehler, die im Einzelfall die Nichtigkeit des VA zur Folge haben, fallen nicht unter § 127. Das kann der Fall sein, wenn die Formvorschrift keine reine Ordnungsfunktion hat, sondern konstitutiv wirkt (*HHSp/Rozek* Rz 24) wie etwa das **Schriftformerfordernis** für StBescheide (§ 157 I 1; s dort Rz 2) oder die Einspruchsentscheidung (§ 366). Stets ist deshalb (vorrangig) zu prüfen, ob der VA wegen des Verfahrens- oder Formfehlers nichtig ist. Jedenfalls unter § 127 fallen die in § 125 III aufgezählten Fehler.

3 Der Nichtigkeit nach § 125 steht die Unwirksamkeit mangels **Bekanntgabe** (124) gleich (§ 124 Rz 14). Auf einen nicht oder nicht ordnungsgemäß bekannt gegebenen VA ist § 127 ebenfalls nicht anwendbar. Der VA muss erneut bekannt gegeben werden. § 127 betrifft nur bestimmte Fälle sog einfacher Rechtswidrigkeit.

b) Verfahrensverstoß. Der VA muss unter Verletzung von Vorschriften über das Verfahren, die Form oder die örtliche Zuständigkeit zustande gekommen sein. Die Aufzählung ist **abschließend.** Eine Erweiterung des Anwendungsbereichs über den Wortlaut hinaus kommt nicht in Betracht. Die sachliche Reichweite der Vorschrift ist durch die Aufzählung allerdings nur unzureichend präzisiert. Zum einen gehören auch die Vorschriften über die örtliche Zuständigkeit und die Form zum Verfahrensrecht; zum andern wird nicht jeder Verstoß gegen Verfahrensrecht von § 127 erfasst. Soweit der Wortlaut eine klare Abgrenzung nicht erlaubt, ergeben sich die (notwendigen) Grenzen aus einer Abwägung zwischen dem **Zweck** der Norm (§ 127) und dem **Schutzzweck** der verletzten Vorschrift. Dabei kommt dem durch § 127 geschützten Gesichtspunkt der Verfahrensökonomie (Rz 1) ggü anderen, insbes verfassungsrechtl geprägten Normzwecken grds keine überragende Bedeutung zu. 4

Keine Heilung. Der Fehler muss noch bestehen. Ist er zB in den Fällen des § 126 oder durch die Einspruchsentscheidung bereits geheilt, kommt es auf § 127 nicht mehr an. IÜ geht § 126 dem § 127 nicht generell vor. Ist die Heilung zwar möglich, aber bislang unterblieben, kann § 127 eingreifen mit der Folge, dass die Aufhebung nicht verlangt werden kann. Die formelle Rechtswidrigkeit des VA bleibt dann, anders als bei der Heilung, bestehen. Die fehlende Heilbarkeit kann jedoch die Anwendung des § 127 ausschließen. Das ergibt sich aus dem Zweck der Vorschrift (Rz 1), der mit dem des § 126 übereinstimmt. 5

Vorschriften über das **Verfahren** sind solche, die das Zustandekommen eines VA betreffen. Das sind insbes die Vorschr über die Mitwirkung von Personen (§§ 82–84) und die Sachverhaltsermittlung (§§ 85 ff, 193 ff, 208 ff), einschl der Gewährung des rechtl Gehörs (§ 91). Ausnahme: Unterlässt das FA die nach § 367 II 2 erforderliche **Anhörung** mit der Folge, dass der Stpfl die beabsichtigte Verböserung nicht durch Rücknahme des Einspruchs verhindern kann, ist § 127 nicht anwendbar. Ob eine andere Entscheidung in der Sache hätte getroffen werden können, ist unbeachtlich (BFH/NV 12, 1630). Die Vorschrift räumt dem Interesse des Stpfl, die Verböserung zu verhindern, Vorrang ein vor dem Interesse an einer materiell richtigen Entscheidung. § 127 ist deshalb auch nicht anwendbar, wenn das FA entgegen Treu und Glauben, zB vor Ablauf einer von ihm selbst gesetzten Frist, über die Verböserung entscheidet und so die Einspruchsrücknahme verhindert (BFH BStBl 13, 669). Hinsichtlich der Verletzung von Zuständigkeitsvorschriften ergeben sich die Rechtsfolgen aus der besonderen Erwähnung der Vorschriften über die örtliche Zuständigkeit (Rz 8 ff). **Nicht** zu den das Zustandekommen des VA betr Vorschriften gehören die **Änderungsvorschriften** (§§ 130 f, 172 ff). Ihre Nichtbeachtung oder fehlerhafte Anwendung kann deshalb stets gerügt werden (BFH BStBl 09, 35 zu § 174 IV). Auch die **Verjährungsvorschriften** müssen stets beachtet werden. Sie verwirklichen das Rechtsstaatsprinzip (Art 20 III GG) und dulden keine Einschränkung aus Gründen der Verfahrensökonomie. 6

Die **Form** des VA betr Vorschr sind solche über die Schriftform, insbes die Unterschrift, Begründung und Rechtsbehelfsbelehrung (vgl BFH/NV 00, 165; FG Mster EFG 02, 1101), also insbes § 119 II, III, § 157 I 1, § 181 I 1, § 366. § 127 ist nicht anwendbar, wenn die Nichtbeachtung einer Formvorschrift im Einzelfall die Nichtigkeit des VA zur Folge hat (Rz 2 und § 125), wohl aber zB bei fehlender Unterschrift (vgl § 125 Rz 6). Formelle Begründungsfehler, insbes das Fehlen einer durch das Gesetz vorgeschriebenen **Begründung** können nach § 126 II 2 geheilt werden oder nach § 127 unbeachtlich sein. Deswegen ist eine Einspruchsentscheidung nicht aufzuheben, wenn sie entgegen § 366 nicht oder nicht ausreichend begründet ist (BFH/NV 96, 606). 7

Vorschr über die **örtliche Zuständigkeit** sind insbes die §§ 17–29. Die Aufhebung eines GewSt-Messbescheids kann idR nicht deshalb verlangt werden, weil er von einem örtlich unzuständigen FA erlassen worden ist (BFH BStBl 04, 751; BFH/NV 13, 512). Die Behauptung fehlender örtlicher Zuständigkeit ist auch 8 nicht geeignet, die Zulassung der Revision zu begründen (BFH/NV 11, 1663). Ausnahme: Die Nichtbeachtung der örtlichen Zuständigkeit gem **§§ 18, 19** in der durch **§ 180 I Nr 2b** getroffenen Zuordnung fällt nicht unter § 127 (BFH BStBl 88, 230; BFH/NV 96, 404; BFH BeckRS 2015, 96081; FG Köln EFG 12, 794; näher Erläut zu § 18). Sie beruht auf dem Kriterium der größeren Sachnähe und enthält deshalb auch einen sachlichen Anknüpfungspunkt, der von § 127 nicht erfasst ist (BFH I R 71/13 BeckRS 2015, 94318). Für die gesonderte Feststellung nach § 180 I Nr 2a gilt dies nicht; bei Nichtbeachtung der durch sie getroffenen örtlichen Zuständigkeit ist § 127 anwendbar (BFH/NV 07, 1628).

9 Nicht unter § 127 fallen Verstöße gegen die **sachliche Zuständigkeit** (BFH BStBl 86, 880; 93, 649; BFH/NV 94, 763; 12, 1411; beachte aber BFH/NV 12, 392). Ferner gilt die Vorschr nicht, wenn es um die Zuständigkeit von Zollbehörden verschiedener Mitgliedstaaten der EU geht (BFH/NV 00, 767).

10 **c) Richtigkeit der Entscheidung.** § 127 setzt voraus, dass eine andere Entscheidung in der Sache nicht hätte getroffen werden können (dürfen). Das ist der Fall, wenn die Entscheidung materiell-rechtl **eindeutig richtig** ist. Das setzt voraus, dass der Sachverhalt feststeht und dass seine Subsumtion unter die anzuwendende Rechtsnorm nur eine richtige Entscheidung erlaubt.

11 Die zunächst unterlassene oder fehlerhafte **Sachverhaltsermittlung** wirkt sich allerdings nicht aus, soweit sie im Einspruchsverfahren oder im Prozess aufgrund der dort geltenden Ermittlungsvorschriften nachgeholt werden muss und nachgeholt worden ist. Maßgeblicher Zeitpunkt ist insofern nicht derjenige der fehlerhaften Sachentscheidung („hätte getroffen werden können"), sondern der für die Einspruchsentscheidung oder das Gericht maßgebliche Zeitpunkt (Rz 17; *HHSp/Rozek* Rz 38). In Betracht kommen deshalb letztlich nur Rechtsfehler.

12 Eine **gebundene Entscheidung** (§ 120 Rz 3) hätte nicht anders getroffen werden dürfen, wenn der Fall eindeutig richtig entschieden ist. Entscheidungsspielräume, die sich aus der Anwendung unbestimmter Rechtsbegriffe, der Auslegung unklarer Vereinbarungen (aA FG RhPf EFG 91, 162), der Würdigung von Tatsachen und Beweisen, bei der **Schätzung** von Besteuerungsgrundlagen (BFH/NV 11, 1663; 12, 67) oder bei Bewertungen ergeben, hindern die Anwendung von § 127 grds nicht (BFH BStBl 87, 412; 99, 382; BFH/NV 00, 165). Nicht anwendbar ist § 127 aber bei Nichtbeachtung eines **Verwertungsverbots.** Haben Tatsachen die Entscheidung beeinflusst, die nicht hätten berücksichtigt werden dürfen, kann eine andere Entscheidung in der Sache nicht ausgeschlossen werden.

13 Diese Voraussetzung ist regelmäßig nicht erfüllt bei Entscheidungen, deren Richtigkeit nicht in vollem Umfang gerichtlicher Kontrolle unterliegt, wie **Ermessensentscheidungen** (BFH BStBl 89, 483; 92, 43; BFH/NV 99, 585; 10, 605) und **Entscheidungen mit Beurteilungsspielraum** (BFH BStBl 87, 412; BFH/NV 89, 690). Bei diesen Entscheidungen kann nicht ausgeschlossen werden, dass bei Einhaltung der Verfahrensvorschr, insbes bei Beachtung der örtlichen Zuständigkeit, eine andere Entscheidung in der Sache getroffen worden wäre. Das gilt ausnahmsweise nicht, wenn der Entscheidungsspielraum im Einzelfall aus rechtl Gründen so eingeengt war, dass nur *eine* Entscheidung rechtl möglich war (FG Mster EFG 92, 107). **Beispiel:** Die von einer örtlich unzuständigen Behörde erlassene Anordnung einer Ap muss grds aufgehoben werden (BFH/NV 10, 605). Dies hat allerdings nicht zur Folge, dass die Ergebnisse der Ap unverwertbar sind, da im Zweifel das öffentliche Interesse an einer gesetzmäßigen und gleichmäßigen StFestsetzung dasjenige des Stpfl an einem formal rechtmäßigen Verfahren überwiegt (BFH BStBl 98, 461 mwN; BFH/NV 07, 190). Demgemäß sieht der BFH Verfahrensfehler während der Durchführung der Ap als folgenlos an, wenn der aufgrund der Ap ergangene StBescheid in der Sache rechtmäßig ist (BFH/NV 99, 436; näher zu Verwertungsverboten bei der Ap § 193 Rz 50 ff und § 196 Rz 45 ff). Nach der Rspr des BFH (BStBl 86, 169; 89, 483) gilt § 127 ansonsten auch bei

Ermessensentscheidungen, wenn der gerügte Mangel unter keinen Umständen die Entscheidung durch die zuständige Behörde beeinflusst haben kann (BFH/NV 13, 243 zu Haftungsbescheid; aA *HHSp/Rozek* Rz 42: keine rechtliche Eindeutigkeit).

3. Rechtsfolgen. Liegen die Voraussetzungen (Rz 2–10) vor, kann die Aufhebung des VA wegen der von § 127 erfassten Verfahrens- oder Formfehler nicht (mit Erfolg) beansprucht werden. Die Vorschr schließt nur den Anspruch des Betroffenen auf Aufhebung des VA wegen des Verfahrensverstoßes aus; die Behörde selbst ist nicht gehindert, den VA aufzuheben (aA *Skouris* NJW 80, 1721). Die Rechtsfolge ist zwingend. Sie kann nicht dadurch umgangen werden, dass bzgl der Fragen, deren unzutr Behandlung nach § 127 nicht zur Aufhebung des VA führt, eine Feststellungsklage erhoben wird (BFH/NV 08, 1501; 17, 265). 15

4. Verfahrensfragen. § 127 gilt auch im Gerichtsverfahren. Gelangt das Gericht aufgrund umfassender Aufklärung und Würdigung des Sachverhalts zu der Entscheidung, dass der VA eindeutig rechtmäßig ist, ist es an dessen Aufhebung wegen § 127 gehindert, auch wenn ein Verfahrensfehler des FA zu Recht gerügt wird. Für die rechtliche Beurteilung durch das Gericht kommt es nicht auf den Zeitpunkt an, zu dem der Verfahrensfehler begangen worden ist, sondern auf den Zeitpunkt der letzten mündlichen Verhandlung (BFH/NV 90, 311). § 100 III 1 FGO geht dem § 127 vor, sodass das FG bei Vorliegen der Voraussetzungen von eigenen Ermittlungen absehen und den VA aufheben kann (BFH BStBl 84, 342; FG RhPf EFG 91, 161). 17

§ 128 Umdeutung eines fehlerhaften Verwaltungsakts

(1) **Ein fehlerhafter Verwaltungsakt kann in einen anderen Verwaltungsakt umgedeutet werden, wenn er auf das gleiche Ziel gerichtet ist, von der erlassenden Finanzbehörde in der geschehenen Verfahrensweise und Form rechtmäßig hätte erlassen werden können und wenn die Voraussetzungen für dessen Erlass erfüllt sind.**

(2) [1] **Absatz 1 gilt nicht, wenn der Verwaltungsakt, in den der fehlerhafte Verwaltungsakt umzudeuten wäre, der erkennbaren Absicht der erlassenden Finanzbehörde widerspräche oder seine Rechtsfolgen für den Betroffenen ungünstiger wären als die des fehlerhaften Verwaltungsakts.** [2] **Eine Umdeutung ist ferner unzulässig, wenn der fehlerhafte Verwaltungsakt nicht zurückgenommen werden dürfte.**

(3) **Eine Entscheidung, die nur als gesetzlich gebundene Entscheidung ergehen kann, kann nicht in eine Ermessensentscheidung umgedeutet werden.**

(4) **§ 91 ist entsprechend anzuwenden.**

Schrifttum: *vor 2010 s 13. Aufl; Nöcker* Umdeutung von Verwaltungsakten, AO-StB 10, 110.

1. Überblick. Vgl **§ 47 VwVfG.** Ein fehlerhafter (Rz 2) VA muss nicht aufgehoben werden, wenn er in einen fehlerfreien (rechtmäßigen) VA umgedeutet werden kann. Eine bestehende Regelung soll nicht unnötig rückgängig gemacht werden, wenn sie sich auf eine andere Grundlage stützen lässt (vgl auch § 140 BGB). Dies ist jedoch **nur in engen Grenzen** möglich. Durch Umdeutung darf insbes keine völlig andere Regelung entstehen und es dürfen keine Rechte Unbeteiligter berührt werden. In den gesetzlichen Grenzen dient die Umdeutung der **Verfahrensökonomie.** Abs 1 erlaubt die Umdeutung fehlerhafter VA unter bestimmten, engen Voraussetzungen. Abs 2 und 3 schränken die Befugnis zur Umdeutung ein. Abs 4 stellt klar, dass vor einer Umdeutung rechtliches Gehör gewährt werden muss. 1

2 **2. Umdeuten** ist das Beilegen eines anderen Inhalts (§ 119 Rz 5). Dadurch entsteht ein **anderer VA** (Abs 1 S 1). Die Umdeutung ist abzugrenzen von der Auslegung, die darauf gerichtet ist, den Inhalt des VA festzustellen. Durch Auslegung entsteht keine anderer VA (vgl BFH BeckRS 2015, 94899). Ein Austausch des **Inhaltsadressaten** betrifft zwar den Inhalt des VA (§ 119 Rz 5), kommt aber im Wege der Umdeutung nicht in Betracht (BFH/NV 86, 587; *TK/Seer* Rz 4). Richtet sich ein VA gegen die falsche Person, muss einer neuer VA gegen die richtige Person erlassen und dieser bekannt gegeben werden. Ein StBescheid gegen eine nicht mehr bestehende PersGes kann deshalb nicht in einen Haftungsbescheid gegen die Gesellschafter umgedeutet werden (BFH BStBl 73, 372). Das Ersetzen der **Begründung** ist keine Umdeutung, denn die Begründung betrifft nicht den Inhalt des VA.

3 **3. Fehlerhafter VA.** Der Begriff kommt außer in § 128 nur noch in § 174 vor (fehlerhafter StBescheid). Fehlerhaft ist ein VA, wenn er **rechtswidrig** oder aus inhaltlichen Gründen **nichtig** ist (§ 125 I). Die Gegenansicht (zB FG RhPf EFG 87, 389), wonach ein nichtiger VA als *nullum* nicht in etwas Wirksames umgedeutet werden könne, überzeugt nicht. Die Umdeutung soll dem nichtigen VA gerade erstmalig Wirkung verschaffen (für Anwendbarkeit der Vorschr auf **nichtige VA** auch: *Koenig/Fritsch* § 128 Rz 3). Ein VA, der mangels (wirksamer) Bekanntgabe (noch) nicht wirksam geworden ist (§ 124 I), ist nicht fehlerhaft und kann nicht umgedeutet werden (*BG/von Wedelstädt* § 128 Rz 5; vgl auch BFH BStBl 94, 603). In diesem Fall muss die Bekanntgabe wiederholt werden.

4 **4. Voraussetzungen.** Abs 1 enthält materielle und formelle Voraussetzungen für eine Umdeutung. Inhaltlich muss der umgedeutete VA auf das gleiche Ziel gerichtet sein wie der ursprüngliche VA. Er soll die gleiche materiell-rechtliche Tragweite wie der fehlerhafte VA haben (BVerwGE 12, 9). Durch Umdeutung darf kein gänzlich anderer VA entstehen, sondern nur ein hinreichend ähnlicher VA. Keinesfalls dürfen die Rechtsfolgen des umgedeuteten VA für den Betroffenen ungünstiger sein als die des fehlerhaften VA (Abs 2 S 1). **Formell** muss der umgedeutete VA in der gleichen Weise (Verfahrensweise und Form) erlassen werden können wie der fehlerhafte VA und die Voraussetzungen für seinen Erlass müssen vorliegen. Die FinBeh muss örtlich und sachlich für den Erlass des umgedeuteten VA zuständig sein (FG Mchn EFG 03, 1281). § 127 ist bei der Umdeutung nicht anzuwenden. Der VA, in den umgedeutet werden soll, muss außerdem rechtmäßig sein (OVG NRW DVBl 14, 1200).

5 **Zulässig** sind danach die Umdeutung von AdV in eine Stundungsverfügung (BFH/NV 86, 11) oder die Umdeutung eines Änderungsbescheids in einen Erstbescheid (BFH/NV 87, 431) ebenso wie die Umdeutung eines Erstbescheids in einen Änderungsbescheid (BFH/NV 07, 2379). Ein fehlerhafter Wertfortschreibungsbescheid kann in einen Nachfeststellungsbescheid umgedeutet werden, wenn beide Bescheide dieselben Feststellungen treffen und sich lediglich in ihrer Bezeichnung unterscheiden (BFH/NV 12, 1942). Ein nach § 251 III unzulässiger Feststellungsbescheid kann in einen zulässigen Feststellungsbescheid nach § 180 II iVm § 185 InsO umgedeutet werden (OVG MeVo BeckRS 2015, 40814). Ein Zurückweisungsbeschluss nach § 80 V (aF) kann dahin umgedeutet werden, dass die Person nicht als Bevollmächtigter, sondern als Beistand zurückgewiesen worden ist (BFH DStR 17, 1286).

6 **Unzulässig** (mangels gleicher materiell-rechtlicher Tragweite) ist danach die Umdeutung eines positiven Gewinnfeststellungsbescheids in einen negativen Feststellungsbescheid (FG Mster StEd 11, 616). Ein StBescheid kann nicht in einen Haftungsbescheid umgedeutet werden (BFH BStBl 65, 422; 91, 781; vgl auch FG Mchn EFG 03, 1281); umgekehrt kann auch ein Haftungsbescheid nicht in einen StBescheid umgedeutet werden (BFH BStBl 83, 517; 90, 594; BFH/NV 85, 9), weil beide Bescheide auf verschiedene Ziele (einerseits Inanspruchnahme für die

StSchuld eines anderen, andererseits Inanspruchnahme für eigene StSchuld) gerichtet sind. Da die Bezeichnung der Abgaben- oder Steuerart grds zu den bestimmenden Angaben eines Abgabenbescheids gehört, kann ein Bescheid über eine bestimmte Steuer nicht in einen Bescheid über eine andere Steuer (zB Zollbescheid in Abschöpfungsbescheid) umgedeutet werden (FG Hbg EFG 89, 417).

5. Ausschlussgründe. Nach **Abs 2** ist eine Umdeutung nicht zulässig, wenn der umgedeutete VA der erkennbaren Absicht der erlassenden FinBeh widerspräche. Darauf kommt es vor allem bei Ermessensentscheidungen an. Die Rechtsfolgen für den Betroffenen dürfen nicht ungünstiger sein als die des fehlerhaften VA (Verbot der belastenden Umdeutung). Eine mittelbare, auch nur wirtschaftliche Benachteiligung reicht aus (*HHSp/Rozek* Rz 40). Eine Umdeutung ist ferner ausgeschlossen, wenn der fehlerhafte VA nicht zurückgenommen (§ 130) oder nach spezielleren Vorschr (§ 172 ff.) geändert werden dürfte. Dies dient dem Schutz der Bestandskraft. 7

6. Abs 3 schließt die Umdeutung einer gebundenen Entscheidung (§ 120 Rz 3) in eine Ermessensentscheidung aus. Sonst entstünde durch Umdeutung eine Ermessensentscheidung, ohne dass die zust FinBeh ihr Ermessen ausgeübt hat. Das soll vermieden werden. Dem tragen die BFH-Entscheidungen zur Unmöglichkeit der Umdeutung von StBescheiden in Haftungsbescheide Rechnung (vgl BFH/NV 90, 594). Das gilt auch, wenn im Einzelfall das Ermessen auf Null reduziert ist (Wortlaut; aA *HHSp/Rozek* Rz 48). Die Umdeutung einer Ermessensentscheidung in eine andere Ermessensentscheidung ist nicht durch Abs 3 ausgeschlossen. 8

7. Anhörung. Der Hinweis auf **§ 91** stellt klar, dass die Beteiligten vor der Umdeutung angehört werden müssen. § 126 I Nr 3 ist zu beachten. 9

8. Verfahrensfragen. Die Umdeutung ist ähnlich wie der Erlass eines anderen VA ein selbständiger **VA** (str *TK/Seer* § 128 Rz 6; *Koenig/Fritsch* § 128 Rz 10; aA *KSch/Förster* § 128 Rz 6; *HHSp/Rozek* § 128 Rz 6), soweit die FinBeh die Umdeutung vornimmt. Dagegen ist der Einspruch statthaft. Bei der Umdeutung von nichtigen VA ist diese Annahme schon deshalb notwendig, weil durch die Umdeutung erstmals ein wirksamer VA entsteht. § 128 ist aber auch im **gerichtlichen Verfahren** anwendbar (auch im Revisionsverfahren vgl BFH/NV 07, 2379), denn die Umdeutung ist der Sache nach ein Akt der Erkenntnis (*HHSp/Rozek* § 128 Rz 6) und keine Regelung, die der Behörde vorbehalten ist. Eine Umdeutung durch das FG ist möglich, wenn ein fehlerhafter VA in umgedeuteter Form aufrechterhalten werden kann (vgl BFH/NV 86, 11; 07, 272). Im Revisionsverfahren kann eine Umdeutung vorgenommen werden, soweit die das Revisionsgericht bindenden tatsächlichen Feststellungen des FG ausreichen, den Beteiligten hierzu rechtliches Gehör gewährt worden ist und sie in ihrer Rechtsverteidigung hierdurch nicht beeinträchtigt sind (BFH/NV 07, 2379). Die Umdeutung durch das Gericht muss aber bei einem nichtigen VA ausscheiden. 10

§ 129 Offenbare Unrichtigkeiten beim Erlass eines Verwaltungsakts

[1] Die Finanzbehörde kann Schreibfehler, Rechenfehler und ähnliche offenbare Unrichtigkeiten, die beim Erlass eines Verwaltungsakts unterlaufen sind, jederzeit berichtigen. [2] Bei berechtigtem Interesse des Beteiligten ist zu berichtigen. [3] Wird zu einem schriftlich ergangenen Verwaltungsakt die Berichtigung begehrt, ist die Finanzbehörde berechtigt, die Vorlage des Schriftstücks zu verlangen, das berichtigt werden soll.

Schrifttum: *vor 2010 s 13. Aufl; Günther* Änderung und Berichtigung von Steuerbescheiden, AO-StB 10, 337; *Günther* Berichtigung und Änderung von Steuerbescheiden bei elektronischer Erklärungsabgabe, GStB 12, 41; *Zaumseil* Schreibfehler, Rechenfehler und ähnliche vom Steuerpflichtigen verursachte offenbare Unrichtigkeiten, AO-StB 12, 311; *Binnewies*

Haftungsfalle Einlagenkonto, AG 14, 317; *Habel/Müller* Korrekturvorschriften 2.0 – Einführung eines § 173a AO DStR 16, 2791; *Schlegel* Berücksichtigung der Umsatzsteuervorauszahlung als Betriebsausgabe im „Vorjahr“ NWB 16, 2946; *Bruschke* Berichtigung von Steuerbescheiden wegen offenbarer Unrichtigkeiten, StB 17, 187; *Schröder,* Berichtigung des fehlerhaft festgestellten steuerlichen Einlagekontos und Auswirkungen in der Liquidation, DStR 17, 835.

Übersicht

1 **1. Allgemeines.** Die Vorschr regelt die Berichtigung offenbarer Unrichtigkeiten in VA. Sie ist Ausprägung eines **allg Rechtsgedankens** (vgl § 42 VwVfG; § 38 SGB X), der auch für Urteile gilt (§ 107 FGO; § 319 ZPO; § 118 VwGO; § 138 SGG). Bestimmte eher marginale Fehler (Unrichtigkeiten) können danach jederzeit berichtigt werden. Die Berichtigung offenbarer Schreib- und Rechenfehler ist gewissermaßen eine **Selbstverständlichkeit,** über deren Anlass, Inhalt und über deren Berechtigung es keinen Streit geben sollte. Nichts anderes kann für ähnliche offenbare Unrichtigkeiten gelten. Dazu gehört auch das offenbare Vergreifen im Ausdruck (*falsa demonstratio*), wenn das Gemeinte unstreitig feststeht. Rechtl Auswirkungen hat ein solcher Fehler ohnehin nicht (*non nocet*). Auslegung und Anwendung von § 129 haben sich allerdings – zugunsten der FinVerw – weit vom Kern dieses allg Rechtsgedankens entfernt (vgl Rz 3, 14, 36). Dieser **Sonderweg** ist letztlich nicht überzeugend begründet (Rz 3, 6, 7, 14, 16, 36).

2 Die **Berichtigung** ist begrifflich zu unterscheiden von der Änderung. Letztere zielt auf eine inhaltl Umgestaltung, erstere auf eine bloße **Klarstellung** (vgl BVerwG NVwZ 00, 916), die den Inhalt der Regelung (§ 119 Rz 5) unverändert lässt (BFH BStBl 03, 156). Eine Berichtigung durchbricht nicht die Bestandskraft und berührt grds auch keine schützenswerten Interessen. Eine vorherige Anhörung ist nicht vorgesehen; die Berichtigung ist „jederzeit“ möglich. § 129 ist keine Änderungs- oder Korrekturvorschrift. Sie gewährleistet die Richtigkeit in einem weiteren Sinne, zielt aber nicht auf die Herstellung materiell-rechtlicher Richtigkeit ab (aA BFH/NV 15, 805: Vorrang der materiellen Gerechtigkeit). Die von § 129 vorausgesetzte Unrichtigkeit ist insbes kein Rechtsfehler (BFH BStBl 89, 531; BFH/NV 08, 1801); der unrichtige VA ist nicht rechtswidrig, sondern er leidet an einem anderen, nicht rechtlichen Fehler. Im Unterschied dazu können Fehler, die zur Rechtswidrigkeit des VA führen, nicht nach § 129 berichtigt, sondern grds nur nach Maßgabe der Korrekturvorschriften (zB § 164 II, § 165 II, §§ 172 ff) beseitigt werden.

3 Anders als § 42 VwVfG stellt § 129 nicht darauf ab, dass die Unrichtigkeit **„im VA enthalten“** ist, sondern darauf, dass sie **„beim Erlass“** eines VA unterlaufen ist (vgl BT-Drs 7/4292, 29). Rspr und hM schließen daraus, dass die von § 129 erfassten Fehler nicht nur die Willensäußerung der FinBeh, sondern auch die dem Erlass des VA vorausgehende **Willensbildung** betreffen können (BFH/NV 11, 1649). § 129 verlange weder, dass sich die Unrichtigkeit aus dem VA ergebe

(stRspr BFH BStBl 99, 62; BFH/NV 05, 1013; 07, 1810; 10, 2004) noch dass sie für den Empfänger erkennbar sein müsse (Rz 13). Nach diesem Verständnis ermächtigt die Vorschr auch zu „Berichtigungen", die den VA in seinem Inhalt grundlegend verändern (Rz 36). Dem kann nicht gefolgt werden. Bei einer derart weiten Auslegung wird im Wege der Berichtigung – der Sache nach – die Bestandskraft durchbrochen, obwohl § 129 aufgrund seiner Stellung im Gesetz dazu nicht ermächtigt (vgl auch *TK/Seer* Rz 6). Die FinVerw kann auf diese Weise die Folgen von Fehlern, die (zunächst) nur sie erkennen kann und die (durch Verletzung von Sorgfalts- und anderen Dienstpflichten oder Organisationsverschulden, vgl Rz 7) in ihrer Sphäre entstanden sind, in vielen Fällen auf die Stpfl abwälzen. Das entspricht nicht dem Zweck der Norm (vgl Rz 1).

Anwendungsbereich, Verhältnis zu anderen Vorschriften. § 129 gilt für 4 **alle VA** (iSv § 118), auch für **ausschl automationsgestützt erlassene StBescheide** (§ 155 IV), denn diese sind ebenfalls VA (§ 118 Rz 3). Die Bedeutung dürfte aber gering sein. Die Vorschr erfasst eine Kategorie zutiefst „menschlichen Versagens" (vgl Rz 6, 9); Computerprogramme verrechnen oder verschreiben sich nicht und ihnen unterlaufen auch keine ähnlichen Fehler. Noch weniger erscheint es vorstellbar, dass ein Computerprogramm einen Fehler iSv § 129 erkennt und ausschl automationsgestützt berichtigt (so aber § 155 IV 1). § 129 ist jedenfalls nicht an ein papiergestütztes Veranlagungsverfahren gebunden, sondern auch anwendbar, wenn der Stpfl seine Erklärungsdaten auf elektronischem Weg übermittelt hat (BFH/NV 10, 2232: sog. ELSTER-Verfahren). Die seit Jahren fortschreitende Verlagerung der (fehleranfälligen) Dateneingabe vom FA auf den Stpfl und die zunehmend ausschl automationsgestützte Arbeitsweise der FinBeh entziehen der bisherigen Rechtsprechung zu § 129 allerdings ihre tatsächliche Grundlage. § 129 muss in diesem dynamischen Prozess insoweit neu justiert werden.

Neue Vorschriften. Die mWv 1.1.2017 neu eingefügten §§ 173a, 175b 4a schränken den Anwendungsbereich von § 129 grds nicht ein. § 129 ist nicht geändert worden. § 173a (Schreib- und Rechenfehler bei Erstellung einer StErklärung) erlaubt die Durchbrechung der Bestandskraft wegen Fehlern des Stpfl, nicht jedoch, wenn dem Stpfl eine „ähnliche offenbare Unrichtigkeit" unterlaufen ist. Diesbzgl will die FinVerw in Zukunft jedoch § 173 I Nr 2 anwenden und bei „schlichtem Vergessen" wie bei mechanischen Eintragungs- und Übertragungsfehlern des Stpfl grobes Verschulden idR verneinen (BT-Drs 18/7457, 87 unter Hinweis auf BFH BStBl 17, 7). Fraglich ist, ob dadurch die Rechtsfigur des **Übernahmefehlers** an Bedeutung verlieren wird (Rz 16). § 175b (Änderung von StBescheiden bei Datenübermittlung durch Dritte) betrifft nicht die vom Stpfl, sondern die von Dritten übermittelten Daten und deren Berichtigung.

2. Offenbare Unrichtigkeit (S 1). a) Unrichtigkeit. Der VA muss in be- 5 stimmter Weise unrichtig sein. Der Wortlaut der Norm kennzeichnet die von § 129 vorausgesetzte **Fehlerkategorie** nur unzureichend. Aus der Aufzählung von Schreib-, Rechenfehler und ähnlicher offenbarer Unrichtigkeiten schließt die Rspr in Anlehnung an die Rspr zu § 92 III RAO, dass die von § 129 vorausgesetzte Unrichtigkeit gekennzeichnet ist durch **„mechanische" Versehen** (BFH/NV 10, 2004; zB Verschreiben, Vergreifen, Verrechnen), die ebenso „mechanisch", also ohne weitere Prüfung, erkannt und berichtigt werden können (BFH BStBl 09, 946). Nicht aussagekräftig ist dagegen die Formel, wonach der bekannt gegebene Inhalt vom eigentlich gewollten Inhalt abweicht (so aber BFH/NV 96, 682). Dies trifft zwar zu, denn jede Unrichtigkeit kann nur als Abweichung des Ist-Zustands von einem Soll-Zustand verstanden werden, betrifft aber eine allg Eigenart auch solcher Fehler, die nicht nach § 129 berichtigt werden können.

Willensbildung. Mit der Formel vom „mechanischen" Versehen stellt die Rspr 6 nicht auf eine Eigenschaft des VA, sondern auf den Prozess der Willensbildung ab, der zum Erlass des VA geführt hat (vgl Rz 3). Der Ausdruck „mechanisches Versehen“ kennzeichnet lediglich die **Ursache** des Mangels und verweist auf die Art seines Zustandekommens (BFH BStBl 89, 531). Ob und in welcher Hinsicht der VA dadurch selbst unrichtig geworden ist, bleibt aber offen. Es genügt, dass die Unrichtigkeit durch eine „quasi mechanische“ Fehlleistung verursacht worden ist. Nach § 129 zu berichtigende Fehler müssen auf einem (mechanischen) „Versehen“ beruhen (BFH BStBl 13, 5). **Kritik:** Durch diese Ablenkung des Blicks gerät die Fehlerkategorie, um die es bei § 129 eigentlich gehen sollte (Rz 1) aus den Augen. Die Formel der Rspr greift insofern zu kurz. Ein Fehler bei der Willensbildung löst auch nach der Rspr keine Berichtigung des VA aus, sondern der Fehler muss sich kausal in einer Unrichtigkeit des VA ausgewirkt haben. Unausgesprochen erhebt die Rspr dabei die **objektive Rechtswidrigkeit** des VA zum Maßstab für dessen Unrichtigkeit, indem sie auch (und vor allem) inhaltliche Korrekturen über § 129 zulässt (Rz 36). Nach der Gegenansicht ist dagegen nur auf den VA abzustellen. Insofern gilt die Erklärungstheorie (vgl *TK/Seer* Rz 6). Ist beim Erlass des VA für alle Beteiligten erkennbar das (allseits) Gewollte nicht zutr zum Ausruck gekommen, darf der unzutr Ausdruck jederzeit ersetzt und dadurch berichtigt werden. Weiter gehende, insbes inhaltliche Korrekturen erlaubt § 129 nach dieser Ansicht nicht.

7 Auf **Verschulden** kommt es nicht an (BFH BStBl 67, 348; 86, 293; BFH/NV 95, 955; 07, 1632). Weder setzt die Berichtigung nach § 129 Verschulden voraus noch ist sie ausgeschlossen, wenn es vorgelegen hat. Eine Berichtigung ist demzufolge nicht ausgeschlossen, wenn Steuerfälle durch die FinVerw oberflächlich behandelt werden und ggf ein Organisationsverschulden vorliegt (BFH/NV 07, 1810; 10, 1410; 11, 412). Danach gibt die **Qualität der Handlung,** auf die der Fehler zurückzuführen ist, den Ausschlag, ob § 129 anwendbar ist. Die von § 129 vorausgesetzten Fehler können deshalb nicht als Flüchtigkeitsfehler bezeichnet werden, weil Flüchtigkeit eine leichte Form des Verschuldens und keine Handlungskategorie bezeichnet. Häufen sich aber die Unachtsamkeiten und geht der Sachbearbeiter sich aufdrängenden Zweifeln nicht nach, scheidet eine Berichtigung nach § 129 aus (BFH/NV 93, 509). **Kritik:** Wird § 129 entgegen seinem Zweck (Rz 1) dazu genutzt, um objektive Rechtmäßigkeit herzustellen (Rz 2, 6), verletzt das Ausblenden der Sphärenverantwortung (Rz 3) das Rechtsgefühl. Es erscheint insbes nicht gerecht, wenn Fehlerfolgen, die durch schuldhafte Nichtbeachtung interner Dienstanweisungen und Prüfhinweise entstanden sind, ohne Weiteres auf den Stpfl abgewälzt werden.

8 **Als „mechanisch“** können Handlungen bezeichnet werden, deren Ausführung für gewöhnlich weder Nachdenken noch Aufmerksamkeit erfordern und die deshalb mehr oder weniger im Unbewussten bleiben, weil ihnen üblicherweise keine gedankliche Vergewisserung vorausgeht. Ein mechanischer Fehler ist demzufolge ein **unbewusst herbeigeführter Fehler.** Alle Fehler sind unbewusste Fehler, denn sonst wären sie vermieden worden. Es kommt aber nicht auf den Fehler, sondern auf die Handlung an, die zu ihm geführt hat (Rz 6 ff). Die Unschärfe dieser Begriffe sowie die praktischen Schwierigkeiten bei der Feststellung, welches Handlungsbewusstsein beim Bearbeiter eines VA vorhanden gewesen sein mag, erschweren die Anwendung der Vorschr, machen sie aber nicht verfassungswidrig. Welche Handlungen im Sinne der Rspr als „mechanisch“ bezeichnet werden können, erschließt sich letztlich nur bei einer wertenden Gesamtschau der Aufzählung in § 129 sowie der Stellung der Vorschrift im Gefüge der Änderungsvorschriften (vgl Rz 1; zur Feststellung Rz 20). Dabei wird nicht auf das Handlungsbewusstsein des individuellen Bearbeiters abgestellt, sondern auf einen objektivierten Maßstab, letztlich somit auf allg Erfahrungssätze (vgl Rz 23 aE).

9 **Keine „mechanischen“ Fehler** sind grds solche, die das **Denken, Subsumieren und Schlussfolgern** betreffen. Sie sind dadurch gekennzeichnet, dass die zum Fehler führende Handlung tiefer in das Bewusstsein des Bearbeiters vorgedrungen und vom ihm bewusst gewollt wird (vgl BFH/NV 16/1425 Rz 28: wil-

lentlich). Dies sind insbes Fehler bei der Auslegung, Anwendung oder Nichtanwendung einer Rechtsnorm, unrichtige Tatsachenwürdigung, unzutreffende Annahme eines in Wirklichkeit nicht vorliegenden Sachverhalts oder Fehler, die auf mangelnder Sachaufklärung bzw Nichtbeachtung feststehender Tatsachen beruhen. Fehlt es an einem vertieften Handlungsbewusstsein, liegt gleichwohl ein die Anwendung von § 129 ausschließender Fehler vor, wenn ein solches erforderlich gewesen wäre. Das versehentliche Übersehen einer Rechtsvorschrift macht den VA stets rechtswidrig und nicht offenbar unrichtig (Rz 32).

Fehler, die nicht als „mechanisch" bezeichnet werden können, machen den VA **10** rechtswidrig oder nichtig (Rz 1), insbes weil sie seinen Inhalt betreffen und schließen die Anwendung von § 129 aus (stRspr BFH BStBl 98, 535; 00, 372; BFH/NV 87, 480; 05, 1013). Insofern korrespondieren die Berichtigungsbefugnis (vgl Rz 35 ff) und die von § 129 vorausgesetzte Unrichtigkeit (Fehlerkategorie) miteinander und sind bei der wertenden Rechtsanwendung aufeinander abzustimmen. Das gilt insbes für die Frage, inwiefern in den Bereich der **Willensbildung** fallende Fehler nach § 129 korrigiert werden können (vgl Rz 3 und Rz 36).

b) Offenbarkeit. Offenbar ist eine Unrichtigkeit, wenn sie klar auf der Hand **12** liegt, durchschaubar, eindeutig oder augenfällig ist (BFH/NV 03, 1139; 04, 1505; 07, 1810; 12, 694). Die Tatsachen müssen feststehen. Sind erst umfangreiche Ermittlungen erforderlich, schließt dies die Annahme idR aus. Nach hM kommt es nicht auf den VA, sondern vor allem auf die Umstände an, die zu seinem Erlass geführt haben (vgl Rz 6). Die Anforderung bezieht sich auf alle Tatsachen, aus denen sich ergibt, dass die Willensbildung beim Erlass des VA (bewusst oder unbewusst) fehlgeleitet worden ist. Vorfragen gehören nicht dazu. Ist streitig (oder unklar), ob das FA vom Stpfl elektronisch übermittelte Daten lediglich maschinell übernommen oder die von ihm auch in Papierform übersandte komprimierte ELSTER-Erklärung händisch ausgewertet hat, weil die elektronische Datenübermittlung fehlgeschlagen ist, müssen diese Umstände nicht offenbar sein, sondern können aufgeklärt werden (BFH/NV 16, 892). Erst wenn feststeht, welcher Sachverhalt zu beurteilen ist, kann danach gefragt werden, ob die Unrichtigkeit offenbar war.

Erkennbarkeit. Sie wird nach hM objektiv bestimmt. Danach ist es insbes **13** nicht erforderlich, dass der Empfänger des VA die Unrichtigkeit erkennen kann (BFH BStBl 06, 400; BFH/NV 07, 10; 07, 1810; 12, 694; aA *TK/Seer* § 129 Rz 6). Sie muss sich nicht aus dem bekannt gegebenen VA ergeben (§ 124 I; vgl auch Rz 3). Es genügt nach der Rspr vielmehr, wenn der Fehler nach vollständiger **Offenlegung des Sachverhalts** (insbes der Akten und der in Betracht kommenden elektronischen Datenbestände der FinVerw) für jeden objektiven (unvoreingenommenen) Dritten (an Stelle des Sachbearbeiters) klar und eindeutig als Unrichtigkeit erkennbar wird (stRspr BFH BStBl 14, 439). Es sind alle bekannten Umstände auch außerhalb der eigentlichen **Steuerakten** zu berücksichtigen. Dazu gehören **Prüferhandakten,** aber auch **EDV-Programme,** elektronisch **gespeicherte Daten** sowie **Dienstanweisungen** (vgl BFH BStBl 13, 307, mE zu weitgehend; vgl auch Rz 32). Muss das Gewollte erst durch Befragung ermittelt werden, ist es nicht offenbar. Innere Absichten des beteiligten Verwaltungsbeamten müssen sich in einer nach außen tretenden Handlungsweise beim Erlass des VA (nachprüfbar) niedergeschlagen (offenbart) haben. Spätere Bekundungen des Beamten können dies nur verifizieren (BFH/NV 03, 1139).

Kritik. Die stRspr überdehnt mE den möglichen Wortsinn. Vorausgesetzt ist **14** eine einem Schreib- oder Rechenfehler „ähnliche offenbare Unrichtigkeit". Dies setzt die Erkennbarkeit des Fehlers voraus, denn Schreib- oder Rechenfehler sind für jedermann erkennbar (aA *HHSp/Wernsmann* Rz 21). Fehler, die erst nach umfangreicher Aufklärung anhand von Akten, Programmen, Abläufen oder internen Anweisungen offenbar werden, sind Schreib- oder Rechenfehlern (hinsichtlich der Erkennbarkeit) nicht ähnlich. Etwas anderes ergibt sich nicht daraus, dass § 129 auch Fehler erfasst, die beim Erlass des VA vorgekommen sind (Rz 3). Es ist kein Grund ersichtlich, weshalb es auf deren Erkennbarkeit nicht ankommen sollte (kritisch auch *TK/Seer* § 129 Rz 6; *BG/v Wedelstädt* § 129 Rz 38; zweifelnd *HHSp/Wernsmann* Rz 19ff). Die Unrichtigkeit, die erst nach Offenlegung des gesamten Sachverhalts offenbar wird, ist die materiell-rechtliche Unrichtigkeit des VA (Rz 3, 6); darauf kommt es jedoch bei § 129 nach hier vertretener Auffassung nicht an (Rz 2).

15 **c) Fehler der Finanzbehörde.** Nur **Fehler der FinBeh** können nach § 129 berichtigt werden (BFH BStBl 84, 785; 09, 946; BFH/NV 08, 1801). Für entspr Fehler, die dem Stpfl bei Erstellung der StErklärung oder bei der Erfüllung von stl Mitwirkungspflichten unterlaufen, kommt eine Berichtigung nach § 129 nicht in Betracht. Der historische Gesetzgeber hielt insofern die Änderungsmöglichkeit nach § 173 für ausreichend (BT-Drs 7/4292, 29). Diesen Weg hat die Rspr jedoch versperrt, indem sie nahezu jede Nachlässigkeit in eigenen Dingen fast stereotyp als grobes Verschulden (§ 173 I Nr S 1) behandelt (§ 173 Rz 112ff), was die Änderung von StBescheiden zugunsten des Stpfl idR ausschließt. Mit fortschreitender Verlagerung der fehleranfälligen Datenerfassung auf die Stpfl (elektronische Übermittlung von StErklärungen, Bilanzen, Gewinnermittlungen etc.) erscheint dieser Rechtszustand iErg nicht mehr angemessen. Hier hat § 173a zum Teil Abhilfe geschaffen (vgl Rz 4a).

16 **Übernahmefehler**. Der Fehler der FinBeh kann auch darin bestehen, dass sie einen (mechanischen) Fehler, der dem Stpfl bei der Erfüllung seiner Erklärungs- und Mitwirkungspflichten unterlaufen ist, übernimmt und sich so **zu Eigen macht** (stRspr BFH/NV 04, 1505; 07, 2056; 08, 1801). Diese Rspr geht allerdings über den Wortlaut der Norm hinaus (BFH BStBl 15, 1040). Der Stpfl muss sich bei einer Tatsachen betr Erklärung ggü dem FA verschrieben oder verrechnet oder er muss einen anderen ähnlichen Fehler begangen haben. Die Erklärung des Stpfl muss fehlerhaft sein. Der Fehler des Stpfl muss kategorial den von § 129 erfassten Fehlern entsprechen. Es genügt nicht, wenn dem Stpfl nur vermeintlich (aus der Sicht des FA) ein mechanischer Fehler unterlaufen ist (BFH BStBl 15, 1040). Im Zweifel scheidet eine Berichtigung nach § 129 aus (vgl FG Ddorf BeckRS 2016, 95546). Auf ein Verschulden des Stpfl kommt es nicht an (vgl Rz 7); Vorsatz des Stpfl dürfte die Annahme eines mechanischen Fehlers allerdings ausschließen. Der Fehler des Stpfl muss der FinBeh als eigener zurechenbar sein. Die Kriterien für die Zurechnung sind unklar. Das bloße Übernehmen der fehlerhaften Angaben genügt jedenfalls nicht. In tatsächlicher Hinsicht sind zwei Konstellationen zu unterscheiden: **(1)** Der Fehler des Stpfl ist für die FinBeh beim Erlass des VA (objektiv) **nicht erkennbar** (zB bei elektronischer Datenübermittlung ohne Vorlage von Belegen). In diesem Fall macht die FinBeh nichts falsch, wenn sie den StBescheid erklärungsgemäß erlässt, soweit sie auf die Richtigkeit der Angaben vertrauen darf. Sie macht sich den Fehler des Stpfl insbes nicht zu Eigen, weil sie ihn nicht erkennen kann (BT-Drs 18/7457, 87). Entspr gilt bei vollständig automationsgestützter Bearbeitung (§ 155 IV). Der VA ist allerdings (unerkannt) materiell rechtswidrig und kann, wenn er nach dem 31.12.2016 erlassen worden ist, nach § 173a korrigiert werden, sobald die Unrichtigkeit erkannt worden ist. Ist dem Stpfl beim Anfertigen der StErklärung eine andere ähnliche Unrichtigkeit unterlaufen (zB Übertragungsfehler oder schlichtes Vergessen einer Eintragung), richten sich die Rechtsfolgen nach Auffassung der FinVerw nicht nach § 173a, sondern ausschl nach § 173 I Nr 2 (Rz 4a). Ein Fall des § 129 soll bei nach dem 31.12.2016 erlassenen StBescheiden dagegen nicht (mehr) vorliegen, auch kein Übernahmefehler (AEAO zu § 129 Rz 4). **(2)** Der Fehler des Stpfl ist für die FinBeh beim Erlass des VA (objektiv) **erkennbar** (zB anhand vorliegender Unterlagen oder von Dritten übermittelter Daten). Erkennt die FinBeh den Fehler gleichwohl nicht, begeht sie beim Erlass des VA einen eigenen Fehler. Zwar macht sie sich den

Fehler des Stpfl auch in diesem Fall nicht „zu Eigen", denn sie billigt ihn nicht, sondern übersieht ihn lediglich. In diesem Fall kommt jedoch (wie bisher) ein Übernahmefehler in Betracht, wenn eine bewusste Entscheidung sicher ausgeschlossen werden kann (§ 129 Rz 4).

Einordnung in § 129 AO. Das Nichtbemerken des Erklärungsfehlers muss als Handlung (Rz 7) qualitativ und im Hinblick auf die Offenbarkeit einem eigenen Schreib- oder Rechenfehler hinreichend ähnlich sein. Dabei ist ein Übersehen (Rz 16) keine Handlung, sondern ein Unterlassen. Als **mechanisch** ist das Übersehen zu betrachten, wenn aufgrund festgestellter Tatsachen sicher auszuschließen ist, dass der (offen zu Tage liegende) Erklärungsfehler des Stpfl dem Sachbearbeiter beim Erlass des VA bewusst geworden sein kann (vgl Rz 8). Die mehr als nur theoretische Möglichkeit, dass ihm der Fehler bewusst geworden sein könnte, schließt die Annahme eines Übernahmefehlers aus. Ein idS mechanischer Übernahmefehler ist **offenbar,** wenn ein durchschnittlicher Sachbearbeiter nach objektiven Maßstäben **ohne weitere Prüfung** erkannt hätte, welche Angabe des Stpfl unrichtig ist und wie sie richtig lauten müsste (vgl BFH BStBl 15, 1040; BFH/NV 13, 1). Die Sach- und Rechtslage muss eindeutig sein. Eine Berichtigung ist danach zB ausgeschlossen, wenn der Bearbeiter den Erklärungsfehler erst nach Beiziehung der Steuerakten der Vorjahre hätte erkennen können (BFH BStBl 09, 946) oder wenn Sachverhaltsermittlungen (Nachfragen) erforderlich gewesen wären (BFH/NV 17, 438: unklare Versicherungsbescheinigung). Dann liegt zwar möglicherweise eine (hypothetische) **Amtspflichtverletzung** vor. Hätte der Bearbeiter den Fehler bemerkt, hätte er den Sachverhalt aber aufklären müssen. Dies schließt eine Berichtigung nach § 129 aus (BFH/NV 92, 359; 95,1; 17, 257). 17

Einzelheiten (Übernahmefehler). Diese Voraussetzung hat die Rspr bejaht, wenn der Stpfl in seiner Gewinnermittlung USt-Zahlungen nicht als Betriebsausgaben erfasst hat, obwohl sich solche aus der zeitgleich eingereichten USt-Erklärung ergeben (BFH/NV 07, 2056; BStBl 14, 439), wenn er dieselben Mieteinnahmen doppelt berücksichtigt (BFH/NV 08, 1801) oder wenn er ein Aufwandskonto bei der Gewinnermittlung unberücksichtigt gelassen hat, unterlässt das FA bewusst den Abgleich der erklärten und der zB vom Arbeitgeber übermittelten Daten, kommt eine Berichtigung nach § 129 nicht in Betracht (BFH DStR 18, 556). Der Übernahme eines dem Stpfl unterlaufenen mechanischen Versehens steht es gleich, wenn der Sachgebietsleiter einen dem nicht zeichnungsberechtigten Sachbearbeiter unterlaufenen mechanischen Fehler ungeprüft (unbemerkt) übernimmt (BFH/NV 14, 657) oder wenn bei der Veranlagung ein vom Betriebsprüfer nicht bemerkter Fehler des Stpfl ebenfalls nicht erkannt und dieser dadurch bei der Veranlagung übernommen wird (FG BBg EFG 17, 231). Aus der vorliegenden LSt-Bescheinigung mit Kinderfreibeträgen soll nicht ohne weitere Prüfung ersichtlich sein, dass fehlende Angaben des Stpfl zu Kindern auf einem Fehler beruhen (FG Hbg BeckRS 2014, 94133; mE zweifelh). 18

Bei **Selbstberechnungen** macht sich die FinBeh den Fehler des Stpfl zu Eigen (BFH BStBl 69, 474; BFH/NV 04, 1505). Ein Rechenfehler des Stpfl bei der Anfertigung der USt-Erklärung, der mangels Nachprüfung der Selbstberechnung durch das FA nicht entdeckt wird, ist daher nach § 129 zu berichtigen (BFH BStBl 80, 18). Die Frage hat an Bedeutung verloren, weil Selbstberechnungen nach § 168 einer StFestsetzung unter Vorbehalt der Nachprüfung gleichstehen und der Stpfl selbst jederzeit, auch nach Eintritt der Bestandskraft, die Änderung der Festsetzung beantragen kann. 19

d) Feststellung. Ein mechanischer Fehler (offenbare Unrichtigkeit) muss feststehen, dh es müssen (vom FG) Tatsachen festgestellt werden, aus denen sich auf eine von § 129 erfasste Fehlerursache sicher schließen lässt. Ob ein mechanisches Versehen oder ein die Berichtigung ausschließender Tatsachen- oder Rechtsirrtum vorliegt, ist anhand der objektiven Umstände beim Erlass des VA zu beurteilen 20

(BFH BStBl 13, 307). Entscheidend sind die **Verhältnisse im Einzelfall** (BFH BStBl 09, 946). § 129 ist nicht anwendbar, wenn die ernsthafte (mehr als nur theoretische) **Möglichkeit** besteht, dass die Nichtbeachtung einer feststehenden Tatsache in einer fehlerhaften Tatsachenwürdigung oder einem sachverhaltsbezogenen Denk- oder Überlegungsfehler begründet ist oder auf mangelnder Sachaufklärung beruht (stRspr BFH/NV 08, 814; 17, 257; s auch Rz 12). Soweit das äußere Geschehen streitig ist (Übernahme elektronisch übermittelter Daten oder händische Auswertung der auch in Papierform übersandte komprimierten Elster-Erklärung durch das FA), sind alle Beweismittel zugelassen (BFH/NV 16, 892). Dieser Sachverhalt muss nicht „offenbar" sein.

21 Die **Ursache des Fehlers** (Rz 6) kann nur anhand von **Indizien** ermittelt werden (vgl auch BFH BStBl 13, 307). Deuten die Gesamtumstände auf ein „mechanisches" Versehen hin und liegen keine Anhaltspunkte dafür vor, dass der Fehler auf rechtliche oder tatsächliche Erwägungen zurückzuführen ist, kann berichtigt werden (BFH BStBl 13, 5). Es kommt insofern auf die Sicht eines objektiven Dritten an (BFH/NV 14, 1877; 17, 257). Die Ermittlung und Bewertung der Indizien ist im Wesentlichen Tatfrage, die revisionsrechtl nur eingeschränkt überprüfbar ist (BFH BStBl 00, 372; BFH/NV 08, 814; 12, 694). Im Hinblick darauf lässt der BFH die Revision idR nicht mehr zu, wenn es um die Anwendung oder Nichtanwendung von § 129 im Einzelfall geht (vgl BFH/NV 10, 2232; 12, 1326). Der bloß theoretischen Möglichkeit, dass die Indizien erst nach Erlass des VA geschaffen worden sein könnten, braucht das Gericht nicht nachzugehen (BFH BStBl 13, 307).

22 Die **Tatsachen** (Indiztatsachen), aus denen sich ergeben soll, dass der Fehler **offenbar** war, bedürfen im gerichtlichen Verfahren allerdings der Aufklärung und Feststellung, sofern sie streitig sind. Insbes wenn zur Begründung eine Abweichung von EDV-Programmen, gespeicherten Daten, üblichen Abläufen und internen Dienstanweisungen der FinVerw bemüht wird (Rz 13), müssen die Behauptungen der FinBeh objektiviert werden. Es genügt nicht, wenn sich das Gericht hierzu im Urteil auf eigene Kenntnisse **(„Insider-Wissen")** beruft. Gerichtskundige, aber nicht allgemeinkundige Tatsachen müssen zB durch einen rechtzeitigen Hinweis in das Verfahren eingeführt werden.

23 Die **objektive Feststellungslast** für das Vorliegen einer offenbaren Unrichtigkeit trägt derjenige, der sich auf sie beruft. Bei Änderung eines VA wegen offenbarer Unrichtigkeit zu Ungunsten des Stpfl gehen verbleibende Zweifel zulasten des FA (BFH BStBl 87, 3). Es gelten allerdings die Regeln des Anscheinsbeweises (BFH/NV 09, 1394; s dazu § 88 Rz 28). Danach genügt es, wenn aufgrund der **Lebenserfahrung** davon ausgegangen werden kann, dass ein konkretes Versehen üblicherweise nicht mit tatsächlichen oder rechtlichen Fehlüberlegungen verbunden war. Die hierbei anzulegenden Maßstäbe müssen allerdings verallgemeinerbar sein. Sie müssen einer allg nachvollziehbaren Lebenserfahrung entsprechen und dürfen nicht nur auf der persönlichen (Berufs-)Erfahrung der Richter gründen.

25 **e) Schreib- und Rechenfehler.** Sie sind stets offenbar. **Schreibfehler** sind zB Fehler bei der Rechtschreibung, im Satzbau, Auslassungen, Zahlendreher, Verwechslungen (zB „Kläger" anstatt „Beklagter") oder die Benutzung unpassender Worte, sofern nicht ein Denkfehler zugrunde liegt. Die Angabe einer unzutr Jahreszahl im Verfügungssatz der Einspruchsentscheidung kann eine offenbare Unrichtigkeit sein (FG Mchn EFG 14, 567). **Rechenfehler** iSd Vorschr sind nur solche bei der Anwendung der Grundrechenarten (Verrechnen) einschl der Prozentrechnung (BT-Drs 18/7457, 87 zu § 173a). Fehler bei der Anwendung einer mathematischen Formel oder beim Aufstellen eines funktionalen Zusammenhangs zwischen festen Rechnungsgrößen sind dagegen gedankliche Fehler und keine offenbare Unrichtigkeit (FG Hess EFG 90, 278). Zur Anwendung eines unrichtigen Umrechnungskurses vgl BFH/NV 15, 1365.

f) Ähnliche offenbare Unrichtigkeit. Übersicht. Eine ähnliche offenbare Unrichtigkeit, die zur Berichtigung des VA nach § 129 führt, kann insbes vorliegen bei Ablese-, Auswertungs- und Übertragungsfehlern (Rz 28), beim Übersehen feststehender oder mitgeteilter Tatsachen (Rz 29), bzw amtlicher Mitteilungen (Rz 30), bei Nichtbeachtung von Dienstanweisungen und Prüfhinweisen (Rz 31) und bei Programmierfehlern (Rz 32). 27

Ablese-, Auswertungs- und Übertragungsfehler sind zB falsches Ablesen der Steuertabelle (RFH RStBl 28, 96; 28, 100), Verrechnen bei Anwendung der Steuertabelle (BFH/NV 93, 403), versehentliche Berücksichtigung eines positiven Ergebnisses als negatives Ergebnis (FG Köln EFG 14, 2112). Ein Ablese- oder Übertragungsfehler kann auch vorliegen bei arbeitsteiligen Abläufen, insbes bei unrichtiger oder unvollständiger Ausführung schriftlicher Verfügungen und anderer Anweisungen (vgl BFH/NV 90, 205 und oben § 124 Rz 3), insbes bei fehlender Übernahme eines in der Aktenverfügung angeordneten **Vorbehaltsvermerks** (§ 164) oder **Vorläufigkeitsvermerks** (§ 165; BFH BStBl 96, 509; 99, 62; 06, 400; 13, 307; BFH/NV 10, 2004; aA *Weber* DStR 07, 1561). Auch das unrichtige oder unvollständige Ausfüllen des **Eingabebogens** kann auf ein mechanisches Versehen zurückzuführen sein (vgl BFH BStBl 98, 535; BFH/NV 03, 1343). Das ist insbes der Fall, wenn eine notwendige Eintragung übersehen worden ist (BFH BStBl 75, 868; 80, 62; 98, 535; BFH/NV 87, 481; 05, 2158; 07, 1810) oder wenn eine Zahl unrichtig eingetragen ist, die das Ergebnis einer vorangegangenen aktenkundigen Berechnung ist (BFH BStBl 88, 164). Ein mechanisches Versehen kann auch vorliegen bei der Eintragung oder Eingabe einer unrichtigen **Kennziffer.** Insofern muss allerdings praktisch ausgeschlossen sein, dass es sich um einen Rechts- oder Tatsachenirrtum handelt (BFH BStBl 92, 52; BFH/NV 94, 517; 95, 937; 08, 814; FG Nbg EFG 17, 360; vgl ferner FG Mchn EFG 05, 1504 zur Eintragung eines **falschen Vorzeichens** unter einer richtigen Kennziffer). Dasselbe gilt, wenn die Daten direkt in die automatische **Datenverarbeitung** eingegeben werden (BFH/NV 07, 1810). Ebenso fällt darunter der Fall, dass die FinBeh auf einen Einspruch hin den falschen StBescheid ändert (BFH/NV 88, 277). 28

Nichtberücksichtigung feststehender oder mitgeteilter Tatsachen. Eine offenbare Unrichtigkeit kann vorliegen, wenn die Nichtberücksichtigung auf ein bloßes Übersehen zurückzuführen ist. Es muss ausgeschlossen sein, dass die Nichtberücksichtigung auf einer (unzutr) Überlegung beruht. Eine Berichtigung nach § 129 kommt danach in Betracht, wenn das FA einen für die GewSt ermittelten Gewinn nicht in die EStVeranlagung übernimmt (FG Bln EFG 89, 333) oder Einkünfte schätzt, anstatt die erklärten Einkünfte anzusetzen (FG Köln EFG 14, 2) oder einen sich aus der StErklärung ergebenden, aus den Vorjahren verbleibenden Verlustabzug übersieht (FG Nds EFG 97, 649) oder eine in Euro erstatte KiSt nicht in DM umrechnet (BFH/NV 06, 2033; FG Nds EFG 15, 95) oder bei Umsetzung eines Urteils für die Folgejahre übersieht, dass bestimmte Werbungskosten schon in anderen Werbungskosten enthalten sind (FG Köln EFG 08, 271) oder wenn Sachbearbeiter und Sachgebietsleiter Angaben des Stpfl über steuerpflichtigen Arbeitslohn übersehen, von dem kein Steuerabzug vorgenommen worden ist (BFH/NV 89, 619). § 129 kommt aber grds nicht in Betracht, wenn der Sachbearbeiter vom ArbG elektronisch übermittelte unrichtige **Lohnsteuerdaten** bewusst ungeprüft übernimmt (BFH DStR 18, 566; FG Mstr EFG 18, 81). Das Gleiche gilt für das Übersehen anderer erklärter Einkünfte (BFH BStBl 85, 569; FG Saarl EFG 96, 961) oder zB für das Einsetzen des Monatserbbauzinses als Jahreswert des Erbbauzinses (FG Mchn EFG 00, 1364) oder wenn der Stpfl bei der Gewinnermittlung die an das FA abgeführte USt nicht als Betriebsausgabe bei den Einkünften aus selbständiger Arbeit angesetzt hat (BFH BStBl 14, 439) oder wenn er die bis zum 10. Januar geleistete **USt-Vorauszahlung** entgegen § 11 II 2 EStG nicht dem Vorjahr zugeordnet hat (FG Sachs DStRE 16, 1200, Rev BFH X R 29

4/16; aA FG Ddorf BeckRS 2016, 95546, Rev BFH X R 45/16; *Schlegel* NWB 16, 2946; *Handor/Bergan* DStR 16, 2568). Um eine offenbare Unrichtigkeit handelt es sich ferner, wenn das FA den Preis der von Eheleuten gekauften Doppelhaushälfte aus dem notariellen Vertrag mit dem Preis für das ganze Doppelhaus verwechselt hat (FG Hbg DStRE 02, 589). Ein mechanischer Fehler kann auch vorliegen, wenn der Stpfl in der EStErklärung mitteilt, er sei bereits im Vorjahr geschieden worden, gleichwohl aber ein Zusammenveranlagungsbescheid ergeht (BFH/NV 87, 480) oder wenn übersehen wird, dass ein Ehepartner bereits vor mehreren Jahren verstorben ist (BFH/NV 89, 6) oder dass die Eheschließung erst später als im Veranlagungsjahr erfolgt ist (FG Hbg EFG 96, 85). Auch der fehlerhafte Ansatz von Kinderfreibeträgen für erst im nächsten Jahr geborene Kinder kann eine offenbare Unrichtigkeit sein (FG Mchn EFG 91, 636), ebenso die Gewährung der Kinderzahl nicht entsprechender Kinderfreibeträge (FG Saarl EFG 94, 230). Ferner geht es um eine offenbare Unrichtigkeit, wenn der Veranlagungsbeamte bei Erlass eines ErbStBescheids die Angabe des zutreffenden Verwandtschaftsverhältnisses übersieht und infolgedessen Steuerklasse, Freibetrag und Steuersatz fehlerhaft anwendet (FG BaWü EFG 96, 304; aA BFH/NV 99, 899; vgl auch FG Mchn EFG 06, 1338). Wird das stl **Einlagekonto** zu niedrig festgestellt, weil der Stpfl die Angabe einer Einzahlung in die Kapitalrücklage versehentlich unterlassen hat, kann der Fehler nach § 129 berichtigt werden, wenn die Einzahlung aufgrund der mit der Erklärung eingereichten Unterlagen feststeht (FG Köln EFG 16, 980; FG Bbg EFG 17, 231 mwN; Anm *Tiedchen* EFG 17, 233; *Schröder* DStR 17, 835; FG Mstr EFG 18, 11). Lässt sich nicht eindeutig erkennen, was richtig gewesen wäre, scheidet eine Berichtigung aus (vgl FG Mchn BeckRS 2015, 96196 und BeckRS 2015, 96199; FG Mstr EFG 18, 15).

30 **Nichtberücksichtigung amtlicher Mitteilungen.** Ein mechanisches Versehen kann vorliegen, wenn der Bearbeiter von anderen Stellen mitgeteilte Tatsachen übersieht. Fehler, die auf einem Verlesen im **Betriebsprüfungsbericht** beruhen, fallen idR unter die mechanischen Fehler, nicht dagegen Fehler, die aufgrund eigener Tatsachenwürdigung der Tätigkeit des Stpfl anders als im Bp-Bericht beruhen (BFH BStBl 86, 293). Ein Fehler bei der Auswertung eines Betriebsprüfungsberichts ist daher nur dann eine offenbare Unrichtigkeit, wenn in dem Bericht der stl bedeutsame Sachverhalt klar dargestellt war und keine Zweifel bestanden, dass sich das FA die Folgerungen daraus zu eigen machen wollte (BFH BStBl 86, 293; BFH/NV 89, 281; 95, 755). Das ist zB der Fall, wenn ein Punkt des Prüfungsberichts bei der Veranlagung übersehen wird (BFH/NV 95, 755; 04, 605; 05, 1809; FG Mchn EFG 10, 2073) oder wenn der Bearbeiter bei der Auswertung des Prüfungsberichts in der Zeile verrutscht (FG Köln EFG 17, 372). Ansonsten ist bei abweichender Auswertung des Betriebsprüfungsberichts keine offenbare Unrichtigkeit gegeben (FG Hess EFG 91, 363). Eine offenbare Unrichtigkeit liegt aber vor, wenn ein von der Ap gefertigter Bericht überhaupt nicht ausgewertet wird (BFH/NV 89, 341; FG Mchn EFG 99, 1115). Das Gleiche gilt, wenn offenbare Unrichtigkeiten im Betriebsprüfungsbericht (zB Verwechselung von Grundstücken, versehentliches Unterlassen der Kürzung eines Gewerbeertrags) übernommen werden (BFH/NV 91, 457; 00, 539; vgl auch FG Nds DStRE 02, 976). Ebenso können das Übersehen von Feststellungen der betriebsnahen Veranlagungsstelle (BFH/NV 03, 1) oder das Übersehen einer **Kontrollmitteilung** durch den Bearbeiter offenbare Unrichtigkeiten sein (BFH BStBl 86, 541; FG Mchn EFG 02, 795; aA FG Bln EFG 83, 484). Das völlige Übersehen eines **Grundlagenbescheids** kann eine offenbare Unrichtigkeit sein (BFH BStBl 03, 867, aA noch BStBl 92, 52). Unberührt bleibt, dass der Grundlagenbescheid weiter nach § 175 I 1 Nr 1 umzusetzen ist (offengelassen in BFH BStBl 03, 867; BFH/NV 05, 1749). Liegt dem FA ein **Rentenbescheid** über den Bezug einer Altersrente vor, kann ausgeschlossen werden, dass die Nichterfassung der Rente auf einem Rechtsirrtum beruht (BFH/NV 14, 825).

Nichtbeachtung von Dienstanweisungen. Darin soll ebenfalls ein zur Anwendung von § 129 führender Fehler liegen können, zB bei Nichtbeachtung der für das maschinelle Veranlagungsverfahren geltenden Dienstanweisung (vgl BFH/NV 07, 1810; 10, 2004; FG Köln EFG 10, 1182: fehlende Eingabe einer Zinssperre) oder Übersehen einer Dienstanweisung, wonach der Vorbehalt der Nachprüfung zu setzen war (BFH BStBl 13, 307; vgl auch AEAO zu § 129 Nr 3 mit fehlgehendem Hinweis auf BFH BStBl 13, 5). Das überzeugt nicht. Das Übersehen einer Rechtsnorm ist stets ein Rechtsfehler, der auch dann nicht zur Berichtigung nach § 129 berechtigt, wenn er auf einem Übersehen der Vorschrift beruht. Auch eine interne Dienstanweisung ist eine Rechtsnorm (aA BFH/NV 07, 1810). § 129 dient nicht dazu, das Risiko der FinVerw, dass Mitarbeiter bestehende Anweisungen nicht beachten, auf den Stpfl abzuwälzen (Rz 3). Bei Nichtbeachtung eines maschinell erteilten **Prüfhinweises** wird regelmäßig ein bloßes mechanisches Übersehen auszuschließen sein (aA BFH/NV 15, 1078). Prüfhinweise haben die Aufgabe, dem Bearbeiter Unstimmigkeiten bewusst zu machen. Es muss deshalb grds davon ausgegangen werden, dass er den Hinweis gesehen und sich danach bewusst entschieden hat (in diese Richtung wohl auch FG Mster EFG 16, 1848). Der BFH hält dagegen ein Übersehen für naheliegend, wenn es mit Blick auf das Ergebnis unvorstellbar erscheint, dass der Fehler Ergebnis von Überlegungen sein kann (BFH/NV 15, 1078 mwN). Hat der Bearbeiter einen Risikohinweis zwar gesehen (abgezeichnet), ihn jedoch nicht zum Anlass für weitere Prüfungshandlungen genommen, scheidet eine Berichtigung nach § 129 aus (Rz 32, aA FG Ddorf BeckRS 2017, 118831, Rev BFH VIII R 4/17). Es kann gegen die Annahme eines mechanischen Fehlers sprechen, wenn die Veranlagung als sog **I-Fall** nicht nur vom Sachbearbeiter, sondern auch vom Sachbearbeiter der Qualitätssicherungsstelle und vom zuständigen Sachgebietsleiter zu prüfen war (BFH/NV 15, 497). 31

Programmfehler, die zu einer fehlerhaften Veranlagung führen, stellen unabhängig davon, ob ein Prüfhinweis auf den Fehler hinweist, eine offenbare Unrichtigkeit dar (FG Mster EFG 08, 1254; mE zweifelh). Auch Programmfehler aufgrund lückenhafter Grunddaten über den Stpfl können zur Anwendung des § 129 führen (FG Mster EFG 08, 1254). Ob bei derartigen Eingabefehlern ein bloßes mechanisches Versehen oder ein die Berichtigung nach § 129 AO ausschließender Tatsachen- oder Rechtsirrtum des Sachbearbeiters vorliegt, muss als Tatfrage nach den Verhältnissen des Einzelfalls beurteilt werden und unterliegt in einem Revisionsverfahren nur einer eingeschränkten Prüfung (BFH/NV 08, 814 mwN; vgl auch BFH BeckRS 2003, 30324510). 32

Kein mechanischer Fehler sind insbes **Tatsachen- und Rechtsirrtümer.** Sie schließen die Berichtigung wegen offenbarer Unrichtigkeit aus. Es genügt die nicht bloß theoretische Möglichkeit, dass ein Tatsachen- oder Rechtsirrtum vorliegt (Rz 20). Fehler bei der Auslegung oder (Nicht-)Anwendung einer Rechtsnorm schließen die Annahme einer offenbaren Unrichtigkeit und damit die Anwendung des § 129 aus (stRspr BFH BStBl 15, 1040). Für einen solchen Fehler kann sprechen, wenn der fragliche Sachverhalt unter eine komplexe Neuregelung zu subsumieren ist (FG Mster DStRE 07, 320). Ein Rechtsirrtum kann auch nicht bei der unzutr Angabe der Steuerart in einem Haftungsbescheid ausgeschlossen werden (FG Hbg EFG 08, 1590) oder wenn eine Erwerbs- oder Berufsunfähigkeitsrente versehentlich als nicht abgekürzte Leibrente besteuert wird (FG Bln EFG 91, 165). Eine offenbare Unrichtigkeit wird noch nicht dadurch zu einem Rechts- oder Tatsachenirrtum, dass derselbe Fehler noch in zahlreichen anderen Fällen vorgekommen ist (BFH BStBl 87, 834; BFH/NV 07, 1810). 33

Aufklärungsmangel. Die Annahme eines mechanischen (Übernahme-)Fehlers (Rz 16) kann ausgeschlossen sein, wenn die Möglichkeit besteht, dass die Nichtberücksichtigung von Tatsachen auf einer unzureichenden Sachaufklärung beruht oder wenn mögliche Schlüsse aus feststehenden Tatsachen nicht gezogen werden 34 (vgl BFH BStBl 09, 946). Keine offenbare Unrichtigkeit liegt daher vor, wenn ein nicht erklärter Übergangsverlust ohne weitere Aufklärungsmaßnahmen nicht hätte berücksichtigt werden können (BFH/NV 16, 201), eine vom Bearbeiter übersehene Rentenversicherungsbescheinigung nicht alle Angaben enthält, die für einen Abzug der Aufwendungen als Sonderausgaben erforderlich ist (BFH/NV 17, 438), oder wenn nicht zweifelsfrei feststeht, wie vom Stpfl geleistete Beiträge an das Versorgungswerk für Rechtsanwälte steuerrechtl zu qualifizieren sind (BFH/NV 17, 257).

35 **3. Berichtigung (S 2). Berichtigen** (vgl Rz 1) ist das Ersetzen des Unrichtigen durch das Richtige. Die Berichtigung ist nur bei **Verwaltungsakten** (einschl Einspruchsentscheidungen, BFH/NV 88, 615, auch Anrechnungsverfügungen, BFH/NV 93, 1; 03, 5), nicht aber bei Willenserklärung des Stpfl möglich. Die Berichtigung muss grds mechanisch und ohne weitere Prüfung möglich sein (stRspr vgl nur BFH/NV 07, 1810). Das bedeutet, auch das bisher im VA noch nicht zum Ausdruck gekommene „Richtige“ muss grds offenbar sein. Der Inhalt des VA darf durch die Berichtigung idR nicht verändert werden, denn eine inhaltliche Korrektur ist eine Änderung. Die Korrektur von offenbaren Schreib- oder Rechenfehlern verändert hingegen nicht den Inhalt des VA, sondern stellt ihn klar. Eine Berichtigung nach § 129 berührt grds nicht den Regelungsbereich des VA, sondern nur dessen äußeres Erscheinungsbild (offen gelassen in BFH BStBl 89, 531).

36 **a) Umfang.** Die Rspr lässt darüber hinaus **inhaltliche Korrekturen** des VA zu, wenn der Fehler auf ein „mechanisches“ Versehen zurückzuführen war. Eine Berichtigung soll sogar dann zulässig sein, wenn sich der Regelungsinhalt des ursprünglichen Bescheids gleichsam in sein Gegenteil verkehrt (BFH BStBl 86, 293; BFH BStBl 92, 713). Die Berichtigung kann darin bestehen, einen bisher auslegungsbedürftigen Verfügungssatz sprachlich klarer zu fassen (vgl BFH BStBl 10, 726) oder darin, dass der VA (erneut) unter Vorbehalt der Nachprüfung gestellt wird, wenn der Vorbehalt aufgrund eines mechanischen Versehens aufgehoben oder wenn seine Anordnung offenbar unterlassen worden ist (BFH/NV 03, 1). Das FA kann in diesem Fall den Bescheid auch unmittelbar nach § 164 II ändern (BFH BStBl 13, 307).

37 **Kein Vertrauensschutz.** Gegen eine Berichtigung nach § 129 kann sich der Stpfl nicht auf Vertrauensschutz (§ 176) berufen; § 129 zeigt gerade, dass das Vertrauen in einen offenbar unrichtigen VA nicht geschützt ist (vgl BFH/NV 12, 550).

38 **Saldierung.** § 129 ermächtigt nur dazu, die offenbare Unrichtigkeit zu berichtigen. Eine Saldierung anderer Rechtsfehler nach § 177 kommt grds nicht in Betracht, da sie einen Rechtsfehler und keine offenbare Unrichtigkeit voraussetzt (BFH BStBl 89, 531). Die FinBeh darf jedoch die Berichtigung eines StBescheids zugunsten des Stpfl nach § 129 im Rahmen ihrer Ermessenserwägungen (Rz 42) ablehnen, wenn sie sich entsprechend § 177 II auf Saldierungsmöglichkeiten berufen kann (BFH BStBl 89, 531; BFH/NV 99, 1; 08, 1801; AEAO zu § 129 Nr 5 ebenso *Birkenfeld* DStR 91, 729 mwN; s auch § 177 Rz 4). Dies läuft iErg auf eine Kompensation (Saldierung) hinaus.

40 **b) Jederzeit.** Die Berichtigung ist jederzeit möglich, jedoch bei StBescheiden nur bis zum Ablauf der **Festsetzungsfrist** (§ 169 I 2; BFH BStBl 92, 52; BFH/NV 11, 1289). Die Festsetzungsfrist endet nach **§ 171 II** insoweit nicht vor Ablauf eines Jahres nach Bekanntgabe des StBescheids (vgl BFH BStBl 03, 867; 11, 673). Eine Berichtigung nach § 129 kann auch noch möglich sein, wenn die Festsetzungsfrist nach § 171 Abs 4 gehemmt war (BFH/NV 11, 1285). Das Gleiche gilt für Bescheide, für die ebenfalls eine Festsetzungsfrist gilt, zB Haftungs- und Duldungsbescheide. Bei **Aufteilungsbescheiden** ist Berichtigung nur bis zur Beendigung der Vollstreckung (§ 280) möglich; bei VA, die sich auf **Zahlungsansprüche** richten, bis zum Ablauf der Zahlungsverjährung (§ 228).

c) Ermessen. Grds steht es im Ermessen der Behörde, ob sie berichtigt oder nicht. Bei berechtigtem Interesse muss sie berichtigen (S 2; vgl BFH/NV 15, 805), Ein berechtigtes Interesse besteht etwa schon dann, wenn sich die Unrichtigkeit auf die Höhe der StFestsetzung ausgewirkt hat (FG Köln EFG 17, 1055). Entschließt sich die Behörde zur Berichtigung, handelt sie idR nicht ermessensfehlerhaft. Sie muss daher ihre Ermessenserwägungen idR weder in dem Berichtigungsbescheid noch in der Einspruchsentscheidung begründen (FG Köln EFG 92, 107, dort auch zu einem Ausnahmefall für einen Begründungszwang). 42

4. Vorlage des Schriftstücks (S 3). Begehrt der Stpfl die Berichtigung eines schriftlichen VA, so muss er auf **Verlangen der FinBeh** das Schriftstück (die Ausfertigung des schriftlichen VA), das berichtigt werden soll, vorlegen (Satz 3). Das gibt der FinBeh Gelegenheit, die Berichtigung auf der Ausfertigung selbst vorzunehmen oder die Ausfertigung zu vernichten und eine berichtigte neue Ausfertigung zu erteilen (vgl *KSch/Förster* Rz 14). Die Neufassung der Bestimmung durch das Gesetz v 21.8.2002 (BGBl I, 3322) stellt klar, dass die FinBeh die Vorlage des zu berichtigenden Schriftstücks nur verlangen kann, wenn der zu berichtigende VA schriftlich erlassen wurde. Die Vorlagepflicht besteht daher nicht, wenn der VA auf elektronischem Wege erlassen wurde (s § 87a) und der Empfänger ihn sich hat ausdrucken lassen (BT-Drs 14/9000, 37 zu Abschn II Nr 11). Das gilt auch dann, wenn durch die elektronische Form die an sich vorgeschriebene Schriftform nach § 87a IV ersetzt wird. 44

5. Rechtsschutz. Gegen den berichtigten Bescheid ist (erneut) der **Einspruch** gegeben (vgl BFH/NV 99, 1488); die Bekanntgabe des berichtigten Bescheids setzt eine neue Einspruchsfrist in Lauf. Der berichtigte VA tritt an die Stelle des unrichtigen VA. Bei einer Berichtigung im Klageverfahren wird der nach § 129 berichtigte Bescheid (kraft Gesetzes) zum Gegenstand des Verfahrens (§ 68 I 4 FGO; BFH/NV 15, 345). Wird ein Antrag auf Berichtigung abgelehnt, handelt es sich ebenfalls um einen VA, gegen den Einspruch gegeben ist (§ 118 Rz 24). 46

§ 130 Rücknahme eines rechtswidrigen Verwaltungsakts

(1) **Ein rechtswidriger Verwaltungsakt kann, auch nachdem er unanfechtbar geworden ist, ganz oder teilweise mit Wirkung für die Zukunft oder für die Vergangenheit zurückgenommen werden.**

(2) **Ein Verwaltungsakt, der ein Recht oder einen rechtlich erheblichen Vorteil begründet oder bestätigt hat (begünstigender Verwaltungsakt), darf nur dann zurückgenommen werden, wenn**
1. **er von einer sachlich unzuständigen Behörde erlassen worden ist,**
2. **er durch unlautere Mittel wie arglistige Täuschung, Drohung oder Bestechung erwirkt worden ist,**
3. **ihn der Begünstigte durch Angaben erwirkt hat, die in wesentlicher Beziehung unrichtig oder unvollständig waren,**
4. **seine Rechtswidrigkeit dem Begünstigten bekannt oder infolge grober Fahrlässigkeit nicht bekannt war.**

(3) [1]**Erhält die Finanzbehörde von Tatsachen Kenntnis, welche die Rücknahme eines rechtswidrigen begünstigenden Verwaltungsakts rechtfertigen, so ist die Rücknahme nur innerhalb eines Jahres seit dem Zeitpunkt der Kenntnisnahme zulässig.** [2]**Dies gilt nicht im Fall des Absatzes 2 Nr. 2.**

(4) **Über die Rücknahme entscheidet nach Unanfechtbarkeit des Verwaltungsakts die nach den Vorschriften über die örtliche Zuständigkeit zuständige Finanzbehörde; dies gilt auch dann, wenn der zurückzunehmende Verwaltungsakt von einer anderen Finanzbehörde erlassen worden ist; § 26 Satz 2 bleibt unberührt.**

Schrifttum: *Schmahl/Köber* Durchbrechung der Rechtskraft nationaler Gerichtsentscheidungen zu Gunsten der Effektivität des Unionsrechts?, EuZW 10, 927; *Hummel* Rücknahmepflicht unionsrechtswidriger Steuerbescheide trotz fehlender (höchstpersönlicher) Ausschöpfung aller Rechtsmittel – zur Übertragung der Kühne und Heitz-Kriterien des EuGH in das Steuerrecht, DStZ 11, 832; *Förster* Unionsrechtswidrige Steuerbescheide: Beseitigung durch Änderung, Billigkeit oder unionsrechtlichen Staatshaftungsanspruch, in: FS Wilhelm Haarmann, Düsseldorf 2015, S. 491.

Übersicht

1 **1. Inhalt und Grundsätze.** §§ 130, 131 stellen eine Parallele zu §§ 48, 49 VwVfG dar, von denen sie sich aber teilw beträchtlich unterscheiden. § 130 geht im Grundsatz von der freien Rücknehmbarkeit von VA aus, modifiziert diesen jedoch für begünstigende VA im Abs 2 wesentlich. Rücknahme ist Aufhebung eines *rechtswidrigen* VA. Widerruf (§ 131, § 49 VwVfG) hingegen ist Aufhebung eines *rechtmäßigen* VA, der Wirkung nur für die Zukunft beigelegt wird (vgl § 131 I). Die Rücknahme eines rechtmäßigen belastenden VA (zB wegen nunmehr abweichender Ermessenserwägungen) ist aber, obwohl nicht ausdrücklich genannt, ebenfalls zulässig (ebenso *Schwarz/Frotscher* § 131 Rz 5).

2 Im Unterschied zu dieser Terminologie spricht die AO bei StBescheiden, auf die §§ 130, 131 *nicht* anwendbar sind (sich ausschließende Korrektursysteme, BFH/NV 99, 1056), von Aufhebung und Änderung von Bescheiden; sie stellt insoweit in den §§ 172 ff grds nicht darauf ab, ob die StBescheide rechtmäßig oder rechtswidrig waren, sondern verwendet andere Änderungs- und Aufhebungsvoraussetzungen. Aufhebung ist bei StBescheiden der Oberbegriff zur Rücknahme und zum Widerruf. Änderung ist Herabsetzung oder Heraufsetzung der in dem StBescheid festgesetzten Steuer oder steuerlichen Nebenleistung.

3 Die Bestandskraft von begünstigenden **Verwaltungsakten der allgemeinen Verwaltung** ist teilweise geringer als nach § 130 AO; denn nach dem VwVfG ist die Rücknahme eines begünstigenden Geldleistungs-VA nur ausgeschlossen, wenn der Begünstigte auf den Bestand des VA vertraut hat, insb schon Vermögensdispositionen getroffen hat (§ 48 II 1 VwVfG). Andererseits erhält nach dem VwVfG der Betroffene uU Ersatz seines Vertrauensschadens (§ 48 III, § 49 V VwVfG) und kann sich ggü dem Rückforderungsanspruch uU auf den Wegfall der Bereicherung berufen (§ 48 II 7 VwVfG). Diese differenzierten Regelungen hat die AO nicht übernommen. Sie geht davon aus, dass das Vertrauen der Betroffenen ggf im Rahmen der Ermessensausübung ausreichend zu berücksichtigen ist. Jedenfalls ist die Vorschrift in Einklang mit den Grundsätzen der Rechtssicherheit und des Vertrauensschutzes auszulegen und anzuwenden (BVerfGE 59, 128).

4 Ist ein VA zurückgenommen worden, kann er idR gleichwohl **neu erlassen** werden, sofern in der Rücknahme nicht eine Freistellung von einer solchen künftigen Regelung liegt (siehe zu diesem Problem näher Rz 40). Eine Rücknahme

der Rücknahme mit der Folge, dass der ursprüngliche VA wieder auflebt, soll hingegen – anders als bei einer Aufhebung im Rechtsbehelfsverfahren oder bei der Aufhebung eines StÄnderungsbescheids (vgl BFH BStBl 73, 231) – nicht möglich sein (beiläufig BFH BStBl 79, 743; BFH/NV 93, 605), weil damit die Vorschriften für den Erlass des betr VA umgangen würden. Das ist indes aus den Gründen von BFH/NV 05, 404 nicht richtig; allenfalls kann fraglich sein, ob nicht der zweite Aufhebungsbescheid unter Beachtung etwaiger für den ursprünglichen Bescheid geltender Regeln (zB Fristen) ergehen muss (verneinend *Schuster* juris, PR-SteuerR 11/2005, Anm 1).

Erlass eines neuen VA zur künftigen Berücksichtigung einer **neuen Sachlage** 5
(zB neu entstandener Stundungsgründe) ist keine Aufhebung eines vorherigen VA (etwa einer Ablehnung der Stundung).

2. Anwendungsbereich. Die allgemeinen Vorschriften über die Aufhebung 10
und Änderung von VA, §§ 130, 131, 132, sind auf StBescheide (auch solche nach §§ 164, 165), einschl der Bescheide über gesonderte Feststellungen und über Kindergeld (vgl § 31 S 3 EStG iVm § 155 IV; BFH/NV 12, 379), *nicht* anwendbar (§ 172 I Nr 2d; BFH BStBl 82, 682), auch nicht im Rahmen von Billigkeitsentscheidungen betr solche Abgaben (BFHE 248, 485). Sie gelten ferner nicht, soweit die Vorschriften über StBescheide entsprechend anwendbar sind (zB für Zinsbescheide) oder für einen Bescheid, durch den eine StFestsetzung abgelehnt worden ist (BFH BStBl 87, 3). Nicht unter die Vorschriften fallen zB auch Vorauszahlungsbescheide; diese stehen einer StFestsetzung unter Vorbehalt der Nachprüfung gleich (§ 164 I 2). § 130 ist auch nicht anwendbar, soweit Spezialbestimmungen über die Aufhebung oder Änderung von Bescheiden bestehen, zB bei Aufteilungsbescheiden (siehe § 280) und bei verbindlichen Zusagen aufgrund einer Ap (§ 207). Auch für die Rücknahme einer Zulassung und der vorläufigen Zulassung als Steuerberater/-bevollmächtigter, § 46 StBerG (BFH BStBl 95, 421, 341), oder eines Lohnsteuerhilfevereins, § 20 StBerG, sowie einer Steuerberatungsgesellschaft, § 55 StBerG, bestehen Sonderregeln, welche die Anwendung der §§ 130, 131 verdrängen. Siehe auch Rz 14 ff.

Unter §§ 130, 131 fallen zB: Die Zustimmung zur Wahl eines abweichenden 11
Wj (BFH BStBl 15, 226); Bescheide über *Säumnis-* und *Verspätungszuschläge* (BFH BStBl 01, 60; die Unanfechtbarkeit der StFestsetzung steht der Anwendung nicht entgegen, BFH BStBl 01, 60; 89, 749), *Billigkeitsmaßnahmen,* zB nach § 227 (BFH BStBl 75, 677; sie können aber nicht nach § 131 widerrufen werden, siehe § 131 Rz 1), nach § 163, § 234 II oder Stundungen nach § 222 (BFH/NV 95, 935 zu § 21 II 3 UmwStG); *Haftungs- und Duldungsbescheide* nach § 191 (vgl BFH BStBl 95, 227; 94, 715; 84, 791; 82, 292; BFH/NV 93, 153); VA über *StVergünstigungen,* sofern darin nicht eine gesonderte Feststellung von Besteuerungsgrundlagen liegt, zB Erlass nach §§ 32, 33 GrStG; Feststellungsbescheide nach § 251 III (BFH/NV 99, 1583; FG Mster EFG 08, 919; 09, 1892); VA über den Zahlungsanspruch nach § 218 II *(Abrechnungsbescheide)* (die verfahrensmäßig Vorrang (dazu BFH BStBl 94, 147) vor einer Änderung der *Anrechnungsverfügung* (§ 36 II EStG) nach §§ 130, 131haben, materiell-rechtl aber ggf eine solche Änderung beinhalten und dann an den Tatbestandsvoraussetzungen der §§ 130, 131 zu messen sind (BFH BStBl 93, 836; 97, 787; 07, 742; 10, 382; str, anders BFH BStBl 93, 836; 94, 147); Entscheidungen über die Ablehnung eines sog *reinen Erstattungsanspruchs* (§ 218 II 2), VA über *Kosten* (anders § 178 IV); *Verfahrensentscheidungen* wie die Entscheidung über AdV nach § 361, Widerruf einer Ruhensanordnung (FG Nbg EFG 96, 572), die Hinzuziehung nach § 360, Aussetzung nach § 165 I 4; Verfahrensentscheidungen wie die *Prüfungsanordnung* in Bezug auf den zu prüfenden Stpfl, den Prüfungsgegenstand und den Prüfungszeitraum (BFH BStBl 13, 570) und solche in der Ap wie die Festsetzung des Prüfungsbeginns (§ 197 II); der *Widerruf einer Anrufungsauskunft* nach § 42e EStG; *Vollstreckungsmaßnahmen* wie die Festsetzung von

Zwangsgeldern nach §§ 328 I, 329, Entscheidungen über Einstellung oder Beschränkung der Vollstreckung nach §§ 257, 258; *Fristverlängerungen* nach § 109; *Buchführungserleichterungen* nach § 148; *Entschädigungen* nach § 107; Verlegung des Beginns einer *Ap* nach § 197 II; *Nichtveranlagungsbescheinigungen* nach §§ 36b II und 44a II EStG (BFH BStBl 92, 322; BFH/NV 97, 904) oder § 44a II Nr 2 EStG, nicht jedoch KStFreistellungsbescheide (BFH BStBl 98, 711); *Freistellungsbescheinigung* nach § 50d III 1 EStG (BFH/NV 01, 881); Verfügungen über *Anrechnung von StAbzugsbeträgen,* etwa KSt auf die ESt (BFH BStBl 97, 787; BFH v 21.5.2001 VII B 217/00, nv; FG Köln EFG 93, 238; vgl aber dazu BFH BStBl 94, 147 und BFH/NV 98, 581), von LSt oder die Anrechnung von VorSt (BFH BStBl 87, 405), und zwar auch noch nach Eintritt der Zahlungsverjährung, vgl BFH BStBl 01, 133 (kritisch *Sedemund* DStZ 02, 560); der Widerruf einer nach § 20 UStG erteilten Zustimmung (FG Bln EFG 99, 738); Rücknahme der *Bestellung nach dem StBerG* (BFH/NV 02, 1499; 00, 552; 99, 1293), soweit nicht § 46 StBerG als speziellere Regelung eingreift (dazu Rz 15); Bestehen oder Nichtbestehen der *StB-Prüfung* (vgl BFH/NV 92, 698; FG BaWü EFG 91, 751).

12 Die **Feststellung von Insolvenzforderungen** nach § 251 III ist ggf nach § 130 zu ändern (BFH BStBl 14, 332; 12, 298; BFH/NV 12, 711; 13, 906; dazu statt aller *Kahlert/Onusseit* DStR 12, 334). Die *Eintragung zur Insolvenztabelle* hat bei Ansprüchen aus dem Steuerschuldverhältnis dieselbe Wirkung wie die beim Bestreiten vorzunehmende Feststellung (§ 185 InsO iVm § 251 III) und kann daher wie diese nach § 130 geändert werden (BFH BStBl 12, 298; BFH/NV 13, 906; 12, 711); ob das auch für die in einen Insolvenzplan (§ 217 InsO) aufgenommene St Forderung gilt, hat *Gosch* mit Recht bezweifelt (BFH/NV 15, 104). Ablehnung einer Änderung ist idR ermessensfehlerfrei, wenn der Stpfl die Gründe, die seiner Auffassung nach eine Rücknahme rechtfertigen, mit Einspruch gegen Eintrag bzw Feststellungsbescheid hätte vorbringen können und keine besonderen Umstände vorliegen, nach denen die Rechtsverfolgung im Einspruchsverfahren unter Berücksichtigung aller Umstände billigerweise nicht erwartet werden konnte.

13 **3. Speziellere Vorschriften.** § 367 II ermöglicht voraussetzungslos eine **Verböserung begünstigender VA**, stellt sich jedoch insofern nicht als eine „speziellere" Vorschft zu § 130 dar, weil durch den Einspruch des Betroffenen der Eintritt von formeller und materieller Bestandskraft des VA verhindert wird, dieser also einer Änderung von vornherein nicht entgegensteht (vgl BFH BStBl 16, 508).

14 Eine **verbindliche Auskunft** (§ 89) kann nach § 2 III **StAuskV** für die Zukunft aufgehoben oder geändert werden, wenn sich herausstellt, dass sie unrichtig ist; wirkt sie sich zuungunsten des Stpfl aus, hat sie allerdings von vornherein keine Bindungswirkung (§ 2 I 2 StAuskV). Darüber hinaus werden von § 2 III StAuskV allerdings §§ 130, 131 für anwendbar erklärt, wofür freilich wegen der Spezialregelungen der StAuskV bzw des Wesens der Auskunft, das insbes einen Widerrufsvorbehalt verbietet, nur ein schmaler Anwendungsbereich verbleibt (vgl näher *TK/Seer* § 89 Rz 57). Für die frühere Rechtslage vor Inkrafttreten der Neuregelung der verbindlichen Auskunft in § 89 nF vgl BFH/NV 10, 381.

15 Eine ggü §§ 130, 131 speziellere Vorschrift ist **§ 46 I StBerG**; für vorläufig zugelassene StBerater/Bevollmächtigte nach dem Recht der DDR enthält Satz 2eine Sonderregelung, die in weitem Umfang zur – rechtspolitisch fragwürdigen, auch vom BVerfG jedoch verfrechtl nicht beanstandeten (BVerfG HFR 97, 336) – Rücknahme 1990 erfolgter Bestellungen geführt hat (siehe ua BFH BStBl 95, 421; 95, 341; BFH/NV 98, 833; 96, 369; 96, 512); er geht § 130 II für das Berufsrecht der StBerater vor (BFH BStBl 95, 421; 95, 341).

16 Für die Aufhebung und Änderung begünstigender **Zollentscheidungen** enthalten Art 27ff UZK Sonderregelungen (zu verbindlichen Zolltarifauskünften siehe Art 33 UZK). Rücknahme und Widerruf *belastender* Zollentscheidungen richten sich allerdings weiterhin nach §§ 130, 131.

Spezielle Vorschriften über die Aufhebung von **Verwaltungsakten der DDR** 17
enthält Art 19 EinigungsV, wonach VA der DDR, die grds wirksam bleiben und nicht rückwirkend überprüft werden sollen (vgl BFH/NV 97, 334), aufgehoben werden können, wenn sie mit rechtsstaatlichen Grundsätzen unvereinbar sind (vgl *Dürr* INF 93, 479 und *BMF* v 8.8.1991 BStBl I 91, 793). Art 19 Satz 2 EinigungsV schafft eine eigene Korrekturvorschrift (vgl BFH BStBl 95, 341; 95, 686) bzw eine selbständige Änderungsvorschrift iS des § 172 I Nr 2 Buchst d. Die Vorschrift setzt voraus, dass die Verwaltungsentscheidungen der DDR wirksam, also insb bekannt gegeben worden sind (*Dürr* DStZ 91, 651); bei der diesbzgl Beurteilung wird jedoch nicht nur vom geschriebenen Recht der DDR auszugehen, sondern von dessen tatsächlicher Handhabung, sodass von den Beteiligten als wirksam behandelte Bescheide unter Art 19 EinigungsV fallen. „Rechtsstaatliche Grundsätze" kann nicht iSd Rechtsstaatsbegriffs des GG verstanden werden (BFH/NV 94, 602). Nicht alles, was den Schutz des Art 79 III GG genießt, fällt jedoch unter Art 19 EinigungsV, wohl aber die grundlegenden Gerechtigkeitspostulate (zB Grundsatz der Rechtsgleichheit, Willkürverbot, grundlegende Elemente des Rechts- und Sozialstaatsprinzips, BVerfGE 84, 90, 120), *sofern* gegen sie in besonders krasser, über die allgemeinen, jedermann treffenden Zustände in der DDR hinausgehender Weise verstoßen worden ist. „Unvereinbar mit rechtsstaatlichen Grundsätzen" iSd Vorschrift sind vielmehr nur solche VA, die nicht einmal einen Bezug zur „sozialistischen Gesetzlichkeit" erkennen lassen, weil sie in verfahrens- oder materiell-rechtlicher Hinsicht das Willkürverbot verletzen und/oder gegen das Gebot der Verhältnismäßigkeit verstoßen. Nicht alle VA, die gemessen am DDR-Recht rechtswidrig sind oder den Grundsätzen des GG widersprechen, werden also von der Vorschrift erfasst, sondern nur solche, die an schwerwiegenden Rechtsfehlern (Verletzung des Willkürverbots und des Gebots der Verhältnismäßigkeit) leiden und bei denen konkrete Umstände die Annahme einer politisch-sachwidrigen Motivation der DDR-Behörden iS eines Missbrauchs des StRechts zu sachwidrigen Zwecken nahe legen (BFH BStBl 95, 686; BFH/NV 96, 874; vgl zu ähnlichen Kriterien BVerwG NJW 94, 2105). Der Stpfl muss diese Motivation jedoch nicht in concreto nachweisen (BFH BStBl 95, 686); sie ist vielmehr die Vermutungsfolge der qualifizierten Rechtswidrigkeit des Bescheids. Eine Verletzung des rechtlichen Gehörs oder schlichte Verstöße gegen Regeln der Gewinnermittlung genügen nicht (anders FG MeVo EFG 95, 322). Ob eine politische Willkürmaßnahme als hinreichend indiziert angesehen werden kann, wenn ein StBescheid eine „eindeutig gesetzwidrige" StFestsetzung enthält (so BFH III B 41/94 nv) erscheint indes fraglich, jedenfalls nicht als eine losgelöst von dem Sinn des Art 19 Satz 2 EinigungsV brauchbare allgemeine Formel. Bedenklich auch FG Sachs EFG 93, 562 (Erlass eines StBescheids ohne vorherige Aufforderung zur Abgabe einer StErklärung und ohne eigene Sachverhaltsermittlungen auf der Grundlage eines später aufgehobenen Strafurteils unvereinbar mit rechtsstaatlichen Grundsätzen). BFH BStBl 95, 686 hat offengelassen, ob die Vorschrift Ermessen eröffnet (so offenbar FG Sachs EFG 93, 562; FG MeVo EFG 95, 322), obwohl an sich der Tatbestand nur solche Verwaltungsentscheidungen erfasst, die einen schwerwiegenden Eingriff in Grund- oder sogar Menschenrechten darstellen und bei denen deshalb ein Absehen von der Änderung allenfalls ausnahmsweise in Betracht kommen kann (zB in Bagatellfällen, BFH BStBl 95, 686; anderer Ansicht FG Thür EFG 94, 384; *Dürr* INF 93, 479; *Buplitz* DB 91, 1143; wie hier iErg *Tietje* DStZ 94, 138).

Ob neben dieser speziellen Änderungsvorschrift für DDR-VA die allg Vorschriften, insb § 130 und § 173 auf bereits vor deren In-Kraft-Treten (also in der ehemaligen DDR) verwirklichte Sachverhalte anwendbar sind, ist nicht zweifelsfrei. Nach der Rspr des BSG ist dies nicht der Fall, Art 19 Satz 2 EinigungsV soll insoweit eine abschließende Regelung enthalten (BSGE 80, 119; 84, 22; siehe jedoch VfBs 1 BvR 1982/01). Hingegen hat der BFH angenommen, der Grundsatz der Bestandskraft von DDR-Entscheidungen (Art 19 HS 1 EinigungsV) begründe keinen besonderen, die Anwendung allgemeiner Aufhebungsvorschriften ausschließenden Bestandsschutz (BFH BStBl 95, 421; 95, 341). Unberührt von Art 19 Satz 2 EinigungsV bleibt aber in jedem Fall die Anwendbarkeit von speziellen Änderungsvorschriften, die sich gerade auf VA der DDR beziehen wie § 46a StBerG aF (dazu BFH BStBl 95, 341, 421).

Liegen die Voraussetzungen des Art 19 EinigungsV vor, so wird das von der Vorschrift anscheinend eingeräumte Ermessen idR auf Null reduziert (vgl auch BFH BStBl 95, 686). Auch soweit es um StVA geht, ist eine Festsetzungsfrist nicht bestimmt; eine entsprechende Anwendung der 5-Jahres-Zahlungsverjährung ist jedoch in Betracht zu ziehen (vgl *Becker* StBp 99, 42), welche mit der Kenntnis des Stpfl von den nach Art 19 II EinigungsV anspruchsbegründenden Tatsachen, idR also mit Ablauf des Jahres 1990, begönne. DDR-StRecht ist ggf von bundesdeutschen FinBeh anzuwenden (siehe dazu BFH BStBl 01, 606 zur ErbSt); es ist dann nicht am GG zu messen, die FinBeh allerdings an das Rechtsstaatsprinzip, das Willkürverbot und Übermaßverbot gebunden (BFH ebenda), so als wenn die Rücknahme eines entsprechenden DDR-VA nach Art 19 II zur Rede stünde.

18 **Rechtsfolge der Aufhebung eines DDR-StVA** ist *nicht* die Rückerstattung der gezahlten Steuer gem § 37 II. Die „Rückabwicklung" richtet sich vielmehr nach dem VermG (BFH BStBl 11, 4). § 1 I 2 Verwaltungsrechtliches Rehabilitierungsgesetz schließt die Anwendung des § 1 VII VermG auf die Rückgabe von Vermögenswerten im Zusammenhang mit rechtsstaatswidrigen steuerrechtlichen Entscheidungen nicht aus.

19 *Keine* Sonderregelung und auch keine Möglichkeit der Anwendung des § 130 besteht für bestandskräftige **Verwaltungsakte,** die **aufgrund eines verfassungswidrigen Gesetzes** ergangen sind (vgl § 79 II BVerfGG); Näheres siehe Rz 23. Sie bleiben bestehen, wobei § 165 I 2 die Auswirkungen dieser Rechtslage in Richtung einer vorbeugenden Vermeidung drohender Rechtsnachteile des an einem verfassungsgerichtlichen Musterverfahren nicht Beteiligten zu bewältigen versucht. Zur Kostenfolge, wenn der VA angefochten worden war, das BVerfG jedoch trotz Verfassungswidrigkeit der Norm deren vorläufige Weitergeltung angeordnet hat, BFH BStBl 94, 473, 429; 96, 20; davon vermeintlich nicht abweichend, jedoch iErg entgegengesetzt BFH BStBl 06, 39 mit Anm *Greite* HFR 05, 1184); zur Umsetzung steuerrechtlicher Anordnungen des BVerfG in einem sog Anlassfall siehe BFH BStBl 02, 857.

19a Für (zunächst unerkannt) **unionsrechtswidrige** bestandskräftige **Verwaltungsakte** (nicht StBescheide!) eröffnet § 130 an sich grds die Möglichkeit einer Änderung (siehe unten Rz 28 ff). Die tatbestandlichen Voraussetzungen der Vorschrift müssen dafür aber erfüllt sein (und sind es meist nicht). Der EuGH verlangt eine darüber hinausgehende Überprüfung/Änderungsmöglichkeit nicht, sondern anerkennt den Grundsatz der Rechtskraft nach Maßgabe der jeweiligen nationalen Rechtsordnung (vgl statt aller EuGHE 06, I-2585 – Kapferer).

20 **4. Rechtswidrige Verwaltungsakte.** Diese können (vor wie nach Unanfechtbarkeit) zurückgenommen werden. Rechtswidrig ist ein VA, wenn das **im Zeitpunkt seines Erlasses geltende Recht unrichtig angewendet** oder bei der Entscheidung von einem Sachverhalt ausgegangen worden ist, der sich als unrichtig erweist (BFH BStBl 09, 344; BVerwGE 31, 222). Ein unter diesem Blickwinkel rechtmäßiger VA wird idR nicht dadurch rechtswidrig, dass die rechtl oder tatsächlichen Voraussetzungen für seinen Erlass nachträglich wegfallen, sondern er ist dann ggf gem § 131 II Nr 3 zu widerrufen oder aufgrund einer gesetzl Anordnung im Zusammenhang mit der betr Rechtsänderung zu ändern, anderenfalls diese auf ihn nicht zurückwirkt, also auch seine Rücknahme nicht rechtfertigt.

20a Rechtswidrigkeit kann auf (objektiv) fehlerhafter Anwendung des materiellen wie des formellen Rechts (Heilungsmöglichkeit, § 126, vgl unten) beruhen; auf deren Erkennbarkeit für die FinBeh kommt es nicht an. Ein ursprünglich rechtmäßiger VA kann ggf durch *Änderung der Rechtslage* nachträglich rechtswidrig werden, wenn die ändernde Rechtsvorschrift (ausnahmsweise) Rückwirkung beansprucht und der VA davon erfasst wird (vgl BVerwGE 40, 336; 59, 160).

Für die **Beurteilung der Rechtmäßigkeit eines VA in *tatsächlicher* Hinsicht** maßgeblich ist nach überw Ansicht die Sachlage (Sachverhalt), die in dem Zeitpunkt des Erlasses des VA gegeben ist (vgl BVerwGE 59, 160; BFH BStBl 09, 344, kritisch dazu *de Weerth* DStR 09, 527). Hingegen hat der BFH in BStBl 98, 131 mit Recht auf den Zeitpunkt des Erlasses der Einspruchsentscheidung abgestellt; die Rücknahme eines Haftungsbescheids soll danach geboten sein, wenn der StAnspruch im Zeitpunkt der Einspruchsentscheidung erloschen ist (vgl BFH BStBl 83, 544). In der Tat ist nicht einzusehen, warum in diesem Fall der Haftungsschuldner auf die Möglichkeit des Widerrufs des Bescheids verwiesen werden soll, wie es bei Änderung der Sachlage nach Abschluss des Verwaltungsverfahrens geschieht. IdR kommt es für die Anwendung des § 130 auf die Lage im Zeitpunkt der Einspruchsentscheidung an, ebenso wie das Gericht grds einen VA im Allgem nicht deshalb aufheben darf, weil seine Erlassvoraussetzungen ursprünglich nicht vorgelegen haben, wenn sie doch im Zeitpunkt der gerichtl Entscheidung vorliegen; denn sonst könnte die Behörde ihn ja sofort wieder erlassen (BFH BStBl 13, 778; vgl zu allem ua *Kopp/Schenke* VwGO § 113 Rz 29ff mit zahlreichen Nachweisen zum Streitstand). 20b

Eine Änderung des dem VA zugrundegelegten Sachverhalts erfordert bei Bestandskraft des jetzt mit der Rechtslage nicht mehr vereinbaren VA idR einen Widerruf des VA oder seine Aufhebung nach hierfür bestehenden besonderen Vorschriften (siehe zB § 257 II 1), sofern er nicht durch die Änderung gegenstandslos wird und deshalb allenfalls um der Rechtsklarheit willen aufgehoben werden muss. Der Fall eines solchen „Rechtswidrigwerdens" ist in § 131 II 1 Nr 3, nicht in § 130 geregelt, der insofern nicht passt, wie sich an den Rücknahmegründen des Abs 2 zeigt (und dem Fehlen eines allgemeinen Rücknahmevorbehalts entspr § 48 II 1 VwVfG). Anders kann dies jedoch sein, wenn das Gesetz, auf dem der VA beruht, ausnahmsweise nicht auf diesen Zeitpunkt abstellt, sondern den Bestand des VA (insb eines sog DauerVA) an die *Fortdauer* einer bestimmten Sachlage bindet, die FinBeh oder uU sogar das FG also verpflichtet, den Bescheid dauerhaft gleichsam unter Kontrolle zu halten, *ohne* für dessen Änderung/Aufhebung ein besonderes, neues Verwaltungsverfahren vorzuschreiben (vgl BVerwG NVwZ-RR 05, 341, wo das Gesetz verlangt, dass ein bestimmtes Tatbestandsmerkmal nicht nur bei Erlass des VA vorliegt, sondern dauerhaft fortbesteht; siehe auch die jeweils bereichsspezifische Rspr des BVerwG NVwZ 10, 1369; BVerwGE 133, 329; 130, 20). Es kommt also auf Sinn und Zweck der jeweiligen materiellrechtl Regelung an. 20c

Auch ein rechtswidriger **nichtiger VA** kann von der FinBeh gem § 130 I zurückgenommen werden, genauso wie er auf Anfechtungsklage hin aufgehoben werden könnte. Der nichtige VA ist nicht nichts, sondern es geht auch von dem nichtigen VA ein Rechtsschein aus, der die Aufhebung desselben erfordert (vgl BFH BStBl 85, 579). 21

Beachte, dass nach § 126 bestimmte **Verfahrens-** und **Formfehler** nachträglich **geheilt** werden können, sie sind dann unbeachtlich, dh der VA ist als fehlerfrei anzusehen. Sind die Fehler dagegen nicht geheilt worden oder gar nicht heilbar, ist § 130 anwendbar, unabhängig davon, ob der Betroffene nach § 127 die Aufhebung oder Änderung verlangen kann oder nicht. Dies gilt mangels entgegenstehender Regelung auch für die Verletzung der örtlichen Zuständigkeit. 22

VA auf der Grundlage vom BVerfG **für verfassungswidrig erklärter Gesetze** sind nicht aufzuheben oder zu ändern, § 79 II BVerfGG. Korrekturvorschriften fehlen insoweit, vgl auch die Kommentierung bei § 173 und § 175, sofern nicht durch spezialgesetzliche Überleitungsvorschriften des Gesetzgebers die auf verfas- 23 sungswidriger Grundlage ergangenen Entscheidungen korrigiert werden können. Das BVerfG legt iAllg seinen steuerrechtl Nichtigkeitsentscheidungen Wirkung nur für die Zukunft bei (siehe aber zur durch BVerfG BStBl 99, 174 entstandenen Konfusion BFH BStBl 99, 233 einerseits und die dazu ergangene salomonische Entscheidung BFH BStBl 02, 857, BFH/NV 02, 1558). § 130 I gibt sonst regelmäßig weder einen Anspruch auf ermessensfehlerfreie Entscheidung über eine Rücknahme noch auch nur eine Befugnis zur Rücknahme (vgl aber BSG NVwZ 89, 998).

24 Zu den rechtswidrigen VA iSd Abs 1 gehören selbstredend auch **unionsrechtswidrige Entscheidungen,** also solche, die entweder auf mit dem europäischen Unionsrecht nicht vereinbaren deutschen Vorschriften beruhen oder einer mit diesem, insb mit einschlägigen Richtlinien, nicht vereinbaren Auslegung oder Anwendung solcher Vorschriften. Zu deren Rücknahme siehe Rz 32.

27 **5. Voraussetzungen der Rücknahme und Ermessensausübung. a) Anspruch auf Rücknahme.** Die Rücknahme ist zulässig, unabhängig davon, ob der VA noch angefochten werden kann oder nicht. Die Behörde hat zwischen Gerechtigkeit im Einzelfall und dem Interesse der Allgemeinheit an Rechtssicherheit und Rechtsfrieden abzuwägen (BFH BStBl 89, 749), wobei Letzteres nach Bestandskraft besonderes Gewicht erhalten muss (Rz 29). ausschl belastende VA dürfen voraussetzungslos zurückgenommen werden, es sei denn, dass die Behörde zu ihrem Erlass verpflichtet ist (auch dann verletzt die Rücknahme freilich keine subjektiven Rechte). Die Behörde entscheidet nach pflichtgemäßem Ermessen (vgl BVerwGE 11, 124, 28, 122). Das Ermessen erstreckt sich ggf auch darauf, ob der VA für die Vergangenheit oder nur für die Zukunft zurückgenommen wird (BFH BStBl 91, 675), sofern dies nach der Art des VA in Betracht kommt, weil seine Rechtswirkungen zeitlich aufteilbar sind („DauerVA" wie eine Stundung; nicht also zB bei einem Erlass, vgl BFH BStBl 67, 381). Im Allgemeinen wird die Rücknahme als Rücknahme von Anfang an zu verstehen sein, wenn nicht Gründe vorliegen, deretwegen die Behörde für die Vergangenheit Vertrauensschutz gewähren wollte.

28 Der BFH billigt dem Betroffenen ein **subjektives Recht auf ermessensfehlerfreie Entscheidung** über die Rücknahme zu (BFH BStBl 84, 321); der BFH verlangt dafür aber mit Recht grds, dass der Anspruchsteller ernstlich in Betracht zu ziehende Rücknahmegründe schlüssig darlegt (BFH BStBl 89, 749; BFH/NV 91, 509; vgl auch BVerwG NVwZ 84, 727; BGH NVwZ 90, 701).

29 Die Behörde ist nach Unanfechtbarkeit nicht aus dem **Grundsatz der Gesetzmäßigkeit** der Verwaltung zur Rücknahme verpflichtet. Denn durch § 130 dürfen nicht die Rechtsmittelfristen unterlaufen werden (BFH BStBl 89, 749). Das schließt idR einen Anspruch auf eine Rücknahme aus, die allein deshalb erfolgen soll, weil bereits bei Erlass des VA bekannte Umstände anders gewürdigt werden sollen (BFH BStBl 91, 552; BFH/NV 92, 698). Daraus kann aber nicht ohne Weiteres gefolgert werden, dass die Abwägung bei bestandskräftigen VA idR zugunsten des Rechtsfriedens und der Rechtssicherheit auch dann ausgehen muss, wenn der VA einen Stpfl rechtswidrig *begünstigt* hat, die FinBeh also in diesem Falle idR nicht zurücknehmen darf. Vielmehr wird gerade umgekehrt der FinBeh bei rechtswidrig begünstigenden VA, bei denen Rücknahmetatbestände gegeben sind (§ 130 II HS 2), sog **intendiertes Ermessen** (dazu BFH BStBl 07, 742; BVerwGE 105, 55) eingeräumt, dh die Rücknahme ist dann die Regel, das Absehen von Rücknahme die Ausnahme. Folglich bedarf die Rücknahmeentscheidung in solchen Fällen grds keiner (Ermessens-)Begründung (BFH BStBl 07, 742).

29a Die Ablehnung eines Rücknahmeantrages ist idR ermessensfehlerfrei, wenn nur solche Umstände vorgetragen werden, die **im Rechtsmittelverfahren hätten geltend gemacht werden können** (BFH BStBl 91, 552; BFH/NV 92, 354, 698; 99, 1583; 10, 12); das gilt auch bei VA, die auf einem später für verfassungswidrig erklärten oder als unionsrechtswidrig erkannten Gesetz beruhen.

Eine Ermessensreduzierung auf Null wird von der Rspr aber grds angenommen, wenn die **Aufrechterhaltung** des rechtswidrigen Bescheids **schlechthin unerträglich** wäre oder ein Beharren auf dessen Bestandskraft als ein Verstoß gegen die guten Sitten oder Treu und Glauben erschiene (BVerwG NJW 68, 31; vgl BVerwG NVwZ 07, 709: offensichtliche Rechtswidrigkeit in dem Sinne, dass an dem Verstoß der streitigen Maßnahme gegen formelles oder materielles Recht vernünftigerweise kein Zweifel besteht und sich deshalb die Rechtswidrigkeit aufdrängt). BFH BStBl 89, 749 hat darüber hinaus (mit iEinz fragwürdigen Ausführungen) einen Anspruch auf Ermessensentscheidung über die Rücknahme bejaht, also eine Ablehnungsentscheidung allein mit Hinweis auf die Bestandskraft missbilligt; das ist richtig, wenn es dahin verstanden wird, dass die FinBeh ein substantiiertes Vorbringen, die Offensichtlichkeit und Schwere des Rechtsverstoßes rechtfertige eine Durchbrechung der Bestandskraft, zur Kenntnis nehmen und überschlägig prüfen muss; ist solches Vorbringen zutreffend, kann (ausnahmsweise) eine Rücknahme für zulässig gehalten werden. Denn ein Verfahren, auch wenn es bestandskräftig abgeschlossen ist, nicht wiederaufzugreifen, ist idR ermessensfehlerhaft, wenn der dort ergangene Bescheid als *eindeutig* rechtswidrig *erkannt worden* ist, dies also nicht erst durch besondere Prüfung (die im Rechtsbehelfsverfahren hätte vorgenommen werden müssen) festgestellt werden muss. Die Rspr stellt auf die Schwere und Offensichtlichkeit des Rechtsverstoßes und grds zu Recht auch darauf ab, *weshalb* die Rechtswidrigkeit erst nach Ablauf der Rechtsbehelfsfrist vom Stpfl geltend gemacht wird, wobei diesem allerdings mitunter zuunrecht auch eine zwischenzeitliche Rechtsprechungsänderung zugute gehalten wird (richtig aber BFH/NV 08, 1647: keine Rücknahme wegen Nichtbeachtung von neuer BFH-Rspr im Einspruchsverfahren). 29b

Ob die zurückzunehmende Entscheidung an einem „offensichtlichen und schweren" Rechtsmangel leidet, ist aus dem **Erkenntnishorizont** im Zeitpunkt der zurückzunehmenden, nicht der jetzt zu treffenden Rücknahmeentscheidung zu beurteilen (so zu § 227 BFH BStBl 05, 460, wobei für § 130 nichts anderes gelten kann). Ein (Rechts-)Anspruch auf Rücknahme eines (belastenden) rechtswidrigen VA ist aber auch dann allenfalls in Extremfällen einzuräumen (insoweit auch FG Nds EFG 90, 213; es fordert aber zu Unrecht eine besondere Begründung, wenn die Rücknahme abgelehnt wird; weitergehend BFH/NV 99, 1583), wenn nämlich der Verstoß gegen das Recht besonders schwer wiegt. Jedenfalls muss die FinBeh bei einem Rücknahmeantrag allenfalls die geltend gemachten und die sich ohne weiteres aufdrängenden Rücknahmegründe und nicht von Amts wegen umfassend den Fall neu prüfen (BFH/NV 91, 509; 99, 1583) oder gar bestandskräftig abgeschlossene Verfahren von sich aus aufgreifen, wenn ihr bloße Zweifel kommen (vgl *Kopp/Ramsauer* VwVfG § 48 Rz 81a). 29c

Ein Rücknahmeanspruch kommt ferner in Betracht, wenn der Betroffene **durch das Verhalten der Behörde „veranlasst"** worden ist, von der Einlegung eines Rechtsmittels abzusehen (BFH BStBl 91, 552; BFH/NV 92, 698), wobei die eigene Prüfung des Stpfl und seine grds gegebene Entscheidungsfreiheit idR als der entscheidende Grund für die Nichteinlegung des Rechtsmittels anzusehen sein werden (bloßes Bestärken in einer unrichtigen Rechtsansicht also zB nicht genügt), oder wenn **Wiederaufnahmegründe** entsprechend § 580 ZPO gegeben sind (BFH BStBl 91, 552), wohl auch, wenn in sonstigen Fällen neue Beweismittel vorliegen, die der Betroffene nicht, auch nicht mit Rechtsbehelfen geltend machen konnte. Das entspricht der in § 51 VwVfG getroffenen Regelung, wonach ein Antrag auf Wiederaufgreifen des Verwaltungsverfahrens begründet ist, wenn neue Beweismittel vorliegen und das neue Beweismittel – ggf iVm anderen Beweismitteln – tatsächlich eine dem Betroffenen günstigere Entscheidung herbeigeführt hätte (BVerwG DVBl 82, 998). Ob über dieses auf § 130 gestützte „Wiederaufgreifen" iwS hinaus die entsprechende Anwendung des § 51 VwVfG im Bereich der AO zulässig ist (bejahend außerhalb des Bereichs der §§ 172 ff *Gosch* DStZ 91, 30

445), erscheint angesichts des als geschlossen anzusehenden Korrektursystems der AO fraglich. Der Fall, dass sich die Rechtslage bei Bindung des VA an die Fortdauer einer bestimmten Situation (siehe Rz 20a) für die Zukunft zugunsten des Betroffenen geändert hat (BFH BStBl 89, 749; 91, 552; BFH/NV 92, 354), ist ein solcher des § 131. BFH/NV 92, 354 (zu verbindlicher Zolltarifauskunft) will aber offenbar einen Anspruch auf Ermessensentscheidung nach Sachprüfung auch sonst geben, wenn sich die Sach- oder Rechtslage geändert hat (zweifelhaft; diese Gesichtspunkte gehören in ein Verfahren nach § 131).

31 Nach langem **Zeitablauf** (BFH/NV 95, 4: 11 Jahre nach Bescheid) darf die Rücknahme ohne Sachprüfung abgelehnt werden.

31a Eine Rücknahme scheidet auch aus (Ermessensreduzierung auf Null), wenn der Fehler des VA durch ein **Verschulden des Stpfl** herbeigeführt worden ist (BFH BStBl 91, 675).

32 **b) Voraussetzungen der Rücknahme bei einer unionsrechtswidrigen Entscheidung.** Vgl dazu § 172 Rz 4f. Es besteht nach der Rspr des EuGH ein Rechtsanspruch auf Rücknahme einer als unionsrechtswidrig erkannten Entscheidung nur dann, wenn die Behörde nach nationalem Recht befugt ist, ihre Entscheidung zurückzunehmen, der Betroffene den Rechtsweg ausgeschöpft hat, das nationale Gericht jedoch seine Vorlagepflicht nach Art 234 III EG verletzt hat, die Unionsrechtswidrigkeit der gegen ihn ergangenen Entscheidung sich daher erst aus einer in einem anderen Verfahren später ergangenen Entscheidung des EuGH ergibt. Zur Gewährleistung des Rechtsfriedens und der Beständigkeit rechtlicher Beziehungen sowie einer geordneten Rechtspflege will der EuGH (vgl dazu *Gosch* DStR 04, 1988; *Friedrich/Nagler* DStR 05, 403; *Rüsken* BFH-PR 04, 204; *Kremer* EuR 07, 470; weitergehend *Frenz* DVBl 04, 375) nach Ausschöpfung des Rechtswegs oder nach Ablauf der Rechtsmittelfristen unanfechtbar gewordene Gerichtsentscheidungen nicht mehr infrage gestellt wissen. Das Unionsrecht gebiete nicht, von der Anwendung innerstaatlicher Verfahrensvorschriften, aufgrund derer eine Entscheidung Rechtskraft erlangt, abzusehen, selbst wenn dadurch ein Verstoß dieser Entscheidung gegen Gemeinschaftsrecht abgestellt werden könnte (EuGHE 99, I-3055, Eco Swiss; EuGHE 03, I-10239, Köbler; EuGHE 06, I-2585, Kapferer; EuGHE 09, I-7501, Fallimento Olimpic und EuGHE 09, I-9579, Asturcom Telecomunicaciones). Für den Betroffenen, der die Rücknahme von der FinBeh verlangen will, nachdem er von der Entscheidung des EuGH, aus der sich die Unrichtigkeit der nationalen Gerichtsentscheidung ergibt, Kenntnis erlangt hat (zum Antragserfordernis EuGHE 04, I-837 = ZfZ 04, 158, Kühne und Heitz; EuGHE 08, I-411 = ZfZ 08, 103, Kempter; vgl dazu *Kanitz/Wendel* EuZW 08, 231; *Ludwigs* JZ 08, 466; *Schmahl/Köbler* EuZW 10, 927), ist dafür im Unionsrecht keine bestimmte Frist gesetzt, jedoch sollen die Mitgliedstaaten eine Antragstellung innerhalb „angemessener" Frist (aufgrund einer entsprechenden nationalen *Rechtsvorschrift?*) verlangen (EuGHE 04, I-837 = ZfZ 04, 158 – Kühne und Heitz; EuGHE 08, I-411 = ZfZ 08, 103 – Kempter), die Antragstellung also jedenfalls durch nationales Recht befristen können. Ob die unionsrechtliche Frage, aus deren fehlerhafter Beantwortung sich jetzt die Rechtswidrigkeit der fraglichen Entscheidung ergibt, überhaupt ein Streitpunkt in dem ursprünglichen Verfahren war, soll bei alledem keine Bedeutung haben (EuGHE 08, I-411 = ZfZ 08, 103 „Kempter"; EuGHE 09, I-9579 = EuZW 09, 852 „Asturcom").

32a Die Konsequenzen dieser im Schrifttum mitunter unterschiedlich gedeuteten Rspr des EuGH (vgl ua *Meilicke* BB 2004, 1087; *Kremer* EuR 2007, 470; *Schoenfeld* ZfZ 08, 46) bestehen jedoch nicht etwa darin, dass ein von einer Änderungsnorm der AO losgelöster, genereller unionsrechtlicher Anspruch auf Wiederaufgreifen des Verfahrens oder Änderung des StBescheids nach Feststellung eines Verstoßes gegen das Unionsrecht bestünde oder die unionsrechtswidrige StFestsetzung stets durch einen Billigkeitserlass nach § 227 korrigiert werden müsste (BFH BStBl 16,

117). Das Billigkeitsverfahren gem § 227 stellt keine Änderungsmöglichkeit im Sinne der EuGH-Rechtsprechung dar (BFH BStBl 16, 117; zur Frage, ob § 227 anzuwenden ist, um einen Entschädigungsanspruch zu befriedigen, vgl Rz 34b). Das deutsche Prozessrecht stellt auch keinen gerichtsverfahrensrechtlichen Rechtsbehelf zur Verfügung, der die Korrektur der fehlerhaften rechtskräftigen Gerichtsentscheidung ermöglicht, insbes nicht in § 580 ZPO (vgl *Schmahl/Köber* EuZW 10, 927).

Eine Korrektur unionsrechtswidriger Entscheidungen wird danach nur in eng zu 32b begrenzenden Ausnahmefällen in Betracht kommen (so auch *Schmahl/Köber* EuZW 10, 927; vgl BFH/NV 08, 1889; BFH BStBl 11, 151; FG Köln EFG 09, 1168; FG BBg EFG 12, 206). Insbes wird man eine Verletzung der Vorlagepflicht kaum allein deshalb stets ohne weiteres annehmen können, weil der EuGH schließlich anders entschieden hat als FG oder BFH entschieden hatten; die Rspr des BVerfG zur Verletzung des Anspruchs auf den gesetzlichen Richter wegen Unterlassens eines Vorabentscheidungsersuchen (vgl statt aller BVerfGE 129, 78) ist in diesem Zusammenhang nicht ohne Weiteres anwendbar, weil die unionsrechtliche Vorlagepflicht auch dann als verletzt angesehen werden kann, wenn deren Handhabung sich nicht zugleich zu einem Verstoß gegen Art 101 GG verdichtet hat.

Die Ausgestaltung des nationalstaatlich geregelten Rechtsschutzes gegen unions- 32c rechtswidrige Entscheidungen muss allerdings selbstredend an den Anforderungen des Effektivitätsgrundsatzes und des Äquivalenzprinzips gemessen werden (vgl BFH BStBl 16, 117). Der EuGH hat jedoch die Regelungen des deutschen Verfahrensrechts unter diesem Gesichtspunkt nicht beanstandet (vgl EuGHE 06, 8559, Germany und Arcor).

Eine unionsrechtswidrige Verwaltungsentscheidung ist ungeachtet dessen auf- 32d grund des Äquivalenzprinzips zurückzunehmen, wenn ihre Aufrechterhaltung „schlechthin unerträglich“ wäre (vgl EuGHE 06, I-8559 = NVwZ 06, 1277 „Arcor“; vgl auch EuGHE 06, I-2585 = DStRE 06, 1429 „Kapferer“); denn in einem solchen Fall bejaht die deutsche Rspr auch bei rein nationalen Entscheidungen eine Rücknahmepflicht (Rz 29b). Jedoch ist nach deutschem Recht die Aufrechterhaltung eines (gleichsam schlicht) rechtswidrigen VA idR nicht „schlechthin unerträglich“.

Es besteht hingegen von vornherein kein Rücknahmeanspruch, wenn der 32e Rechtsweg gegen den jetzt als unionsrechtswidrig erkannten Bescheid *nicht* ausgeschöpft worden ist, und zwar auch dann nicht, wenn dies mit Rücksicht darauf nicht geschehen ist, dass in einem anderen Verfahren die betr unionsrechtliche Frage höchstrichterlich entschieden worden war (ohne dass das nationale Gericht den EuGH in diesem Verfahren befragt hatte) (BFHE 237, 1; anders *Hummel* DStZ 11, 832).

Strengere Maßstäbe als bei sonstigen Verstößen gegen das Unionsrecht hat der 33 EuGH seit jeher im **Beihilferecht** angelegt, in dem er die Korrektur unionsrechtswidriger Entscheidungen geradezu zur Regel erhebt. Vgl dazu schon den eine wettbewerbsverzerrende Beihilfe betr Fall EuGHE 97, I-1591 = NJW 98, 47 „Alcan“ (dazu *HHSp/Wernsmann* § 130 Rz 22). Diese Linie hat er jetzt in dem Urteil „Lucchini“ (EuGHE 07, I-6199) fortgesetzt, wonach das Unionsrecht der Anwendung einer auf die Verankerung des Grundsatzes der Rechtskraft abzielenden Vorschrift des nationalen Rechts entgegensteht, soweit ihre Anwendung die Rückforderung einer unter Verstoß gegen das Unionsrecht gewährten staatlichen Beihilfe behindert, deren Unvereinbarkeit mit dem Gemeinsamen Markt durch eine bestandskräftig gewordene Entscheidung der Kommission festgestellt worden ist. Dem hat sich BFHE 224, 372 im AdV-Verfahren unterworfen, ohne Zweifel an dieser Rspr des EuGH anzudeuten.

Auch wegen **richtlinienwidriger** Auslegung und Anwendung des zur Umset- 34 zung einer Richtlinie erlassenen nationalen Rechts kann eine Änderung eines bestandskräftigen Bescheids grds nicht begehrt werden; die richtlinienkonforme Anwendung und Auslegung des Rechts muss mit den Mitteln des nationalen Verfahrensrecht durchgesetzt werden (BFH/NV 99, 681; 02, 1057; vgl jetzt auch EuGH DStR 09, 703 „Danske Slagterier"). Zu dem davon zu unterscheidenden Fall der nicht fristgerechten *Umsetzung* einer Richtlinie siehe BFH BStBl 96, 399 und BFH/NV 05, 229 „Emmottsche Fristenhemmung", grundlegend dazu EuGHE 91, I-4269 = HFR 93, 137; einschränkend EuGHE 97, I-6783 = NVwZ 98, 833. Vgl auch § 172 Rz 4a.

34a Es besteht ein Entschädigungs- oder **Staatshaftungsanspruch,** wenn unter Verstoß gegen die Vorschriften des Unionsrechts Steuern erhoben worden sind, oder ein Anspruch auf Erstattung der zu Unrecht erhobenen Steuer und der Beträge, die in unmittelbarem Zusammenhang mit dieser Steuer an diesen Staat gezahlt oder von diesem einbehalten worden sind (EuGHE 03, I-10 239 = EuZW 03, 718 „Köbler"; EuGHE 06, I-51 770 = EuZW 06, 561 „Traghetti"). Voraussetzung dafür ist aber, dass die verletzte Rechtsnorm bezweckt, dem Einzelnen Rechte zu verleihen, der Verstoß hinreichend qualifiziert ist und zwischen dem Verstoß gegen die dem Staat obliegende Verpflichtung und dem den Betroffenen entstandenen Schaden ein unmittelbarer Kausalzusammenhang besteht (EuGH BFH/NV 07, Beilage 4, 173 „Test Claimants").

34b Bei Vorliegen der Voraussetzungen eines unionsrechtlichen Entschädigungsanspruchs soll jedoch auch ein **Erlass** der Steuer gem § 227 in Betracht kommen (BFH BStBl 11, 151; 07, 433; 05, 460; BFH/NV 09, 1593; 08, 1889; zweifelnd insofern BFH BStBl 16, 117), was freilich verlangt, dass dem Betroffenen eine Rechtsverfolgung mit ordentlichen Rechtsbehelfen nicht zumutbar war, woran es iAllg bei der im Interesse der Rechtskrafterhaltung gebotenen strengen Prüfung fehlen dürfte.

35 **6. Begriff des begünstigenden Verwaltungsakts (Abs 2).** Begünstigende VA sind solche, die in Form einer selbständigen Regelung einen rechtlichen Vorteil gewähren oder bestätigen. Es kommt also auf die Regelung als solche, nicht einzelne uU vorteilhafte (Begründungs-)Elemente an.

37 § 130 enthält keine Regelung über **Verwaltungsakte mit** sog **Doppelwirkung,** dh VA, die sowohl belastend als auch begünstigend sind. Ein Beispiel dafür soll der **Haftungsbescheid** über einen zu niedrigen Haftungsbetrag sein (vgl BFH BStBl 85, 562); der Haftungsbescheid sei als belastender VA nach dem Grundsatz des Abs 1 frei rücknehmbar, sodass er an sich zu Ungunsten des Betroffenen verbösert werden könne; jedoch sollen die Einschränkungen des Abs 2 zu beachten sein. Es wird dabei argumentiert, eine Änderung des Haftungsbescheids sei nur durch seine Rücknahme unter gleichzeitigem Erlass eines neuen VA möglich. Die Rücknahme eines Haftungsbescheids stelle einen begünstigenden VA dar, ein neuer Haftungsbescheid also ggü dieser vorangegangenen Rücknahme die Rücknahme eines begünstigenden VA, sodass insoweit Abs 2anzuwenden sei (BFH BStBl 85, 562; vgl auch BFH/NV 92, 639). BFH BStBl 05, 3 hat dementsprechend („jedenfalls") einen zweiten Haftungsbescheid, der nicht auf einen neuen Sachverhalt gestützt werde, sondern eine rechtsirrtümliche oder ermessensfehlerhafte Behandlung des Haftungsfalls in dem Erstbescheid iErg korrigieren will, ohne Aufhebung des ersten nach § 130 für unzulässig gehalten; das überzeugt nicht, insoweit dafür auf die Unteilbarkeit der der Haftungsinanspruchnahme zu Grunde liegenden (zB Jahres)StFestsetzung abgestellt wird. Hingegen ist die Nachforderung von Haftungsbeträgen unproblematisch für nachträglich festgestellte selbständige Steueransprüche, zB eine andere Steuer oder einen anderen VZ (BFH BStBl 97, 79; 89, 193, 909). Das Gleiche soll für eine Haftungsnachforderung gelten, die darauf beruht, dass sich – etwa aufgrund neu bekannt gewordener Tatsachen – eine höhere Steuer ergibt als die, von welcher die FinBeh bei Erlass des ersten Haftungsbescheids ausgehen musste (BFH BStBl 11, 534; Kritik dazu § 191 Rz 110a). Auch die Nachforderung von Sz ist nach Maßgabe der in BFH BStBl 05, 3 entwickelten Maßstäbe für zulässig zu halten, nachdem es sich insofern um einen anderen Haftungsfall handeln soll (BFH BStBl 05, 249).

Die Prämisse der Argumentation, die Erhöhung des Haftungsbetrags setze die Rücknahme des zunächst ergangenen Bescheids voraus, ist indes zweifelh (siehe zu allem näher § 191 Rz 110f und unten Rz 40). Richtig ist es, den Rücknahmebescheid hinsichtlich des (ersten, rechtswidrigen) Haftungsbescheids als rechtmäßigen VA zu werten (vgl BFH BStBl 85, 562; offen BFH BStBl 93, 146), sodass allenfalls die Schutzvorschrift des § 131 II gilt (vgl BFH BStBl 93, 146), sofern der betr Bescheid seinem Regelungsgehalt nach überhaupt dahin auszulegen ist, dass er den Erlass eines neuen Haftungsbescheids ausschließt (vgl zB BFH/NV 94, 677), also selbst aufgehoben werden muss, bevor dieser ergehen kann; das kann nicht ohne besonderen Anlass unterstellt werden! Deshalb steht auch die Herabsetzung einer Geldleistung aufgrund eines Einspruchs einer späteren Erhöhung durch Änderungsbescheid nicht entgegen (so mit Recht BFH BStBl 88, 517). Der BFH (BFH BStBl 86, 779; 90, 2; 92, 595; 93, 146, diese zum Neuerlass einer Prüfungsanordnung) sieht damit iErg im Wesentlichen übereinstimmend die Rücknahme eines belastenden VA nur dann als Hinderungsgrund für den Neuerlass eines nunmehr rechtmäßigen VA an, wenn der Betroffene den materiellen Gehalt der Rücknahme unter Berücksichtigung von Treu und Glauben so verstehen konnte, dass kein neuer belastender VA mehr erlassen werde (vgl auch BVerwG NVwZ-RR 96, 465 und *HHSp/Wernsmann* § 130 Rz 83). Nur dann steht nach dieser Rspr des BFH die Rücknahme des VA einem erneut belastenden VA entgegen, nicht aber bei Aufhebung wegen bloß formell-rechtlicher Fehler (BFH BStBl 90, 2 [unrichtige Adressierung]; BFH/NV 92, 639 und 88, 82 [fehlende Begründung der Ermessensentscheidung]; BFH BStBl 93, 146 [unrichtige Rechtsgrundlage]; BFH BStBl 92, 595 [Formfehler]; BFH/NV 90, 139 [verspätete Bekanntgabe]; BFH/NV 89, 180 und 85, 13; vgl auch BFH/NV 90, 139 zum Neuerlass einer Prüfungsanordnung und BFH/NV 94, 677 zur erneuten Erweiterung einer Prüfungsanordnung). 38

Ob die **Festsetzung einer Abgabe** ein (auch) begünstigender oder ausschl ein belastender VA ist, ist im verwaltungsrechtlichen Schrifttum umstritten, vom BVerwG indes grds im letzteren Sinne beantwortet worden (BVerwGE 67, 129 = NVwZ 83, 612, BVerwG NVwZ 90, 168; vgl *Kopp/Ramsauer* VwVfG § 48 Rz 69). ME ist ein Bescheid über die Heranziehung zu Abgaben grds ein ausschl belastender VA; er kann nicht insoweit als begünstigender VA angesehen werden, als er nicht mehr als den festgesetzten Beitrag verlangt (VGH Kassel NJW 81, 596; vgl auch BVerwGE 67, 129; 30, 132; BVerwG NVwZ 88, 938; BayVGH BayVBl 63, 119; *Kopp/Ramsauer* VwVfG § 48 Rz 69), es sei denn, die FinBeh bringt (ausnahmsweise und verbindlich) zum Ausdruck, dass sie von einer Mehrforderung absehen will („Konsumationswirkung"), was nicht ausdrücklich oder gar wortwörtlich geschehen muss, aber klar und eindeutig aus dem VA oder den Umständen seines Erlasses folgen muss, wobei im Zweifel *keine* solche begünstigende Regelung zu unterstellen ist. Allerdings dürften Nachforderungsbescheiden nicht nur durch Auslegung des (ersten) Bescheids, sondern auch durch Anwendung des allg *Vertrauensschutzgrundsatzes* Grenzen gesetzt sein (vgl BVerwGE 67, 129). 40

Das wohl überw Schrifttum zur AO sieht hingegen in einem Geldleistungsbescheid grds eine Regelung dahin, dass nicht mehr gefordert werden soll, und lässt daher eine Nachforderung nur im Wege der Aufhebung des ersten Bescheids zu (vgl zB *Schwarz/Frotscher* § 130 Rz 21; *TK/Loose* § 130 Rz 11; aA *Koenig/Intemann* § 130 Rz 17). Besonderheiten des StRechts können für diese Abweichung von der verwaltungsgerichtl Judikatur indes nicht angeführt werden; im Gegenteil zeigt das Bestehen von Sonderregeln für StBescheide (§§ 172ff), bei denen das Wechselverhältnis von steuererhöhenden und -mindernden Tatsachen eine abweichende Beurteilung rechtfertigt, dass aus der Sicht des Gesetzes die nachfordernde Änderung eines Geldleistungsbescheids auch in der AO keine (Teil-)Rücknahme beinhaltet. 40a

41 Begünstigende VA können uU zugleich belastend sein, wenn dem **Begehren des Betroffenen nicht voll entsprochen** worden ist, zB Stundung eines geringeren Betrags als beantragt. Hier könnte der in dem Stundungsbescheid konkludent liegende Ablehnungsbescheid für sich allein (als abteilbarer belastender VA) aufgehoben und die Stundung erweitert werden (iErg allgM). Vgl Rz 52.

44 **7. Rücknahmetatbestände bei begünstigenden Verwaltungsakten.** Die Auflistung der Tatbestände ist abschließend. Entspr § 131 II Nr 1 ist eine Rücknahme jedoch auch dann zulässig, wenn sich die FinBeh in einem VA die Rücknahme (nicht nur den Widerruf!) vorbehalten hat (BFH BStBl 83, 187; BFHE 144, 189; BFH/NV 97, 904). Es kommt nicht darauf an, dass der Begünstigte Vertrauen in den Bestand des zurückzunehmenden VA betätigt hat (anders als bei § 48 II VwVfG). Abs 2 ist jedoch korrigierend dahin auszulegen, dass er bestandskräftige VA meint und eine Rücknahme mit Zustimmung des Begünstigten nicht ausschließen will (*HHSp/Wernsmann* § 130 Rz 43). Vgl auch Rz 51 und zur Rücknahme wegen Verletzung des Art 267 AEUV Rz 32.

44a **Nr 1.** Ein VA, der von einer *sachlich* unzuständigen Stelle erlassen worden ist, wird vielfach nichtig sein (vgl § 125), ist es aber, wie die Vorschrift zeigt, nicht stets (BFH BStBl 88, 183; 86, 880; BVerwGE 66, 178). Verstöße gegen die sachliche Zuständigkeit begründen vielmehr nur dann einen Nichtigkeitsgrund, wenn eine absolut sachliche Unzuständigkeit vorliegt, die Behörde also unter keinem denkbaren Gesichtspunkt für den Erlass des Bescheids zuständig sein könnte (BFH/NV 15, 161). Die Tätigkeit eines intern unzuständigen Amtswalters ist kein Rücknahmegrund. Auf Kenntnis des Begünstigten von der Unzuständigkeit der Behörde kommt es nicht an, ihr Fehlen muss aber bei der Ermessensausübung berücksichtigt werden.

45 **Nr 2** beruht offenbar auf dem Grundsatz, dass der dolos Handelnde keinen Vertrauensschutz verdient; die Regelung geht aber darüber und über § 48 II 3 Nr 1 VwVfG hinaus, weil sie (anders als Nr 3) nicht zwingend ein (doloses) Handeln *des Stpfl* voraussetzt. Eine gleich lautende Regelung gilt auch für StBescheide, vgl § 172 I Nr 2 Buchst c. Es ist auch kein ungeschriebenes Tatbestandsmerkmal der Vorschrift, dass die für die zurückzunehmende Begünstigung ursächliche arglistige Täuschung von jemandem begangen worden ist, der zu demjenigen, zu dessen Gunsten der VA ergangen ist, in einem -irgendwie gearteten, jedenfalls „besonderen" Verhältnis steht, nicht jedoch etwa von einem völlig fremden Dritten (BFH BStBl 10, 382). Das schließt jedoch nicht aus, das Fehlen einer solchen Beziehung bei der Ermessensausübung zugunsten des Begünstigten zu berücksichtigen; denn auch Tatsachen und Umstände, die nicht zum Tatbestand der Ermessensnorm gehören, können für die Ermessensausübung bedeutsame Gesichtpunkte sein (BFH BStBl 10, 382).

45a Erforderlich für die Anwendung der Nr 2 sind die zielgerichtete Anwendung eines unlauteren Mittels und dessen Ursächlichkeit für den Erlass des Bescheids. Ein unlauteres Mittel wird insb angewandt, wenn der Stpfl Angaben macht, deren Unrichtigkeit er kennt (arglistige Täuschung). Macht er hingegen schuldlos unrichtige Angaben, ist das kein unlauteres Mittel (str). Die Vorschrift verlangt vielmehr Vorsatz (vgl schon BFH BStBl 61, 488), einen rechtswidrigen VA herbeizuführen. Daran fehlt es, wenn der Stpfl nicht weiß, dass das FA seinen Angaben Bedeutung beimisst. Das Erwirken des VA durch unlautere Mittel kann auch durch Dritte geschehen, allemal wenn sie von dem Beteiligten eingeschaltet worden (Steuerberater, BFH/NV 99, 433) oder seine gesetzlichen Vertreter sind (BFH BStBl 95, 293; *Kopp/Ramsauer* VwVfG, § 48 Rz 120), aber auch unabhängig von einer dadurch gerechtfertigten Zurechnung des Verhaltens des Dritten (vgl BFH BStBl 98, 458 und 93, 13 zu § 172). Hingegen kann der Beamte, der den Bescheid erlässt, nicht Dritter sein und gegen sich selbst keine unlauteren Mittel anwenden (*TK/Loose* § 130 Rz 26; aA *BG/von Wedelstädt* § 130 Rz 54; anders auch BFH

BStBl 98, 458; 93, 13), selbst wenn der Stpfl ihn durchschaut oder sein Tun – ohne auf ihn zumindest in der Art psychischer Beihilfe einzuwirken – Einfluss zu nehmen; eine Rücknahme kommt in solchen Fällen iAllg nur nach Nr 4 in Betracht.

Nr 3 enthält einen Grundsatz, der ebenfalls auch in der Berichtigungsvorschrift für StBescheide wegen neuer Tatsachen (§ 173) zum Ausdruck kommt. Unrichtige oder unvollständige Angaben sind ein Aufhebungsgrund. Die Angaben müssen lediglich *objektiv* unrichtig oder unvollständig und für den Erlass des begünstigenden VA von entscheidungserheblicher Bedeutung gewesen sein (BFH/NV 07, 858). Das ist dann der Fall, wenn davon auszugehen ist, dass die Behörde den VA nicht erlassen hätte, wenn sie die Unrichtigkeit/Unvollständigkeit der betr Angaben gekannt hätte. Die Angaben brauchen nicht *allein* ursächlich gewesen zu sein (BVerwGE 74, 264). Wo die Rechtslage nicht klar ist, muss dies anhand der damals bestehenden Verwaltungsanweisungen und der -praxis ermittelt werden. Eine Änderung ist nur dann zulässig, wenn eine abweichende Entscheidung zu erwarten gewesen wäre, nicht schon wenn bloß offen ist, ob das FA bei Kenntnis der vollständigen und richtigen Tatsachen möglicherweise anders entschieden hätte. Bei § 173 I stellt sich eine vergleichbare Problematik, welche der Große Senat des BFH (BFH BStBl 88, 180) allerdings entgegen dem eben dargestellten Grundsatz dahin beurteilt hat, dass eine Aufhebung zulässig sei, wenn die FinBeh *möglicherweise* anders entschieden hätte (vgl § 173 Rz 71). 46

Vertreterhandeln ist auch hier zu berücksichtigen. Verschulden des Betroffenen ist nicht erforderlich (BFH/NV 95, 935; 07, 858; 07, 404; ebenso BVerwGE 74, 364; vgl auch BSG NJW 69, 206), kann aber bei Ermessensausübung eine Rolle spielen. Der Stpfl muss nicht erkannt haben, dass seine Angaben entscheidungserheblich sind. Verschulden der FinBeh, wenn diese die Unrichtigkeit hätte erkennen können, oder sonst Mitursächlichkeit ihres Verhaltens schließen Rücknahme nicht aus (BFH/NV 07, 404; BVerwGE 74, 264), können aber ebenfalls für Ermessen bedeutsam sein (FG Hbg EFG 97, 1343). 46a

Auch **Nr 4** ist Ausfluss des Grundsatzes des Vertrauensschutzes. Wer die Rechtswidrigkeit kannte oder in Folge grober Fahrlässigkeit nicht kannte, verdient keinen Vertrauensschutz. Kenntnis und Kennenmüssen eines Vertreters sind zuzurechnen. Für StBescheide ist die Regelung jedoch in den §§ 172ff nicht übernommen worden, wofür es an triftigen Gründen fehlt. 47

Es genügt nicht, dass der Begünstigte die *Umstände* kennt, die bei zutreffender rechtl Würdigung die Rechtswidrigkeit zur Folge haben; er muss das Bewusstsein der Rechtswidrigkeit des VA selbst haben (BFH BStBl 96, 82; „Parallelwertung in der Laiensphäre" genügt). Grobe Fahrlässigkeit liegt nur vor, wenn der Stpfl nach seinen *persönlichen* Fähigkeiten die Rechtswidrigkeit hätte erkennen können, jedoch wegen einer ungewöhnlichen Sorglosigkeit nicht erkannt hat. Eine Prüfung der Rechtmäßigkeit etwa anhand der Begründung des VA ist nur dann zu verlangen, wenn das Entscheidungsergebnis aus sich heraus Zweifel aufwirft; dann besteht sogar eine Erkundigungspflicht, deren Missachtung idR den Vorwurf grober Fahrlässigkeit rechtfertigen wird. Dass auch die FinBeh die Rechtswidrigkeit nicht erkannt hat, schließt grobe Fahrlässigkeit nicht aus (BFH/NV 02, 231). Erkennt der Stpfl die Rechtswidrigkeit bzw die gebotenen Zweifel erst zu einem späteren Zeitpunkt, kann auf diesen zurückgenommen werden, sofern aufgrund des bis dahin schützenswerten Vertrauens des Stpfl nicht von einer solchen Rücknahme zusätzliche belastende Wirkungen ausgehen und nicht nach dem Inhalt des VA nur eine Rücknahme ex tunc seine Rechtswirkungen (teilweise) beseitigen kann. 48

Nr 4 enthält ermessenslenkende Vorgaben **(intendiertes Ermessen),** s schon Rz 29. 49

8. Widerruf rechtswidriger Verwaltungsakte. Rechtswidrige VA können auch nach § 131 unter den gleichen Voraussetzungen wie rechtmäßige VA aufgehoben (widerrufen) werden (BFH BStBl 83, 187; BFHE 144, 189; 208, 361; 225, 51

464; BFH/NV 97, 904). Dies folgt aus § 131a maiore ad minus. Ein rechtswidriger VA kann zB entsprechend §§ 130, 131 II Nr 1 widerrufen werden, wenn der Widerruf wirksam vorbehalten worden ist (BFH BStBl 83, 187; BFH/NV 05, 636). Ob der Vorbehalt rechtmäßig war, ist dabei ohne Bedeutung (BFH BStBl 83, 187; 92, 322; BFH/NV 97, 904). Ein auflösend bedingt erlassener begünstigender VA soll aber nicht wegen Nichteinhaltung der Begünstigungsvoraussetzungen aufgehoben werden können, wenn sich die Umstände seit Erlass des VA nicht geändert haben, sondern die Voraussetzungen für die Begünstigung von vornherein nicht vorlagen (BFH BStBl 96, 82).

52 **9. Teilrücknahme.** Ein VA kann auch teilweise zurückgenommen werden, wenn sein Regelungsgegenstand teilbar ist wie bei Geldleistungs-VA. Ob eine Teilrücknahme oder eine vollständige Rücknahme bei gleichzeitigem Erlass eines neuen, ersetzenden Bescheids vorliegt, kann mitunter zweifelh sein; entscheidend ist das Gewollte, nicht die Ausdrucksweise des Bescheids (BFH BStBl 05, 3; BFH/NV 04, 460). Wird in einem Bescheid die Haftungssumme herabgesetzt, weil sich die zu Grunde liegende StSchuld vermindert hat, liegt eine Teilrücknahme vor, die den Bestand des ursprünglichen Haftungsbescheids hinsichtlich des nicht betroffenen Teilbetrags nicht berührt (BFH BStBl 82, 292; 97, 79; BFH/NV 93, 153; 98, 1140; 02, 1276; 08, 967). Es bedarf daher auch keines Antrages nach § 68 FGO im FG-Verfahren (BFH BStBl 97, 79; 82, 292; BFH/NV 98, 1140; 93, 152; 88, 387); ebenso, wenn ein Haftungsbescheid, der zwei StArten betrifft, dahin geändert wird, dass die Haftung für eine StArt nicht mehr geltend gemacht wird (BFH BStBl 97, 79). Anders ist es aber, wenn der Haftungsbescheid zurückgenommen und durch einen neuen ersetzt wird (BFH BStBl 84, 791; vgl BFH/NV 88, 82). In solchen Fällen findet § 68 FGO Anwendung (BFH BStBl 97, 79; vgl dazu *Nacke* AO-StB 07, 106, der in diesem Fall eine Aufhebung des Änderungsbescheids mangels ausreichender Ermessensausübung unter Berufung auf BSGE 66, 204 für geboten hält).

53 Teilrücknahme ist auch die nachträgliche Ergänzung eines begünstigenden VA um belastende Nebenbestimmungen wie eine Befristung, Auflagen udgl (BVerwGE 68, 159).

54 **10. Frist (Abs 3).** Abs 3 enthält eine Frist, innerhalb deren die Rücknahme eines begünstigenden VA möglich ist; bei unlauteren Mitteln ist Rücknahme ohne Befristung zulässig. Daneben ist die *Festsetzungsfrist* bei Haftungsbescheiden, vgl § 191 III, im Falle einer Änderung derselben *zugunsten* des Schuldners nicht zu beachten, BFH BStBl 98, 131; BFH/NV 15, 155). Entscheidend ist ebenso wie bei § 173 die Kenntnis des zuständigen Amtsträgers (BFH/NV 99, 433; zu § 173 BFH BStBl 98, 458 und § 173 Rz 61; vgl BFH/NV 94, 512 zu § 48 IV VwVfG; kritisch *HHSp/von Groll* § 173 Rz 196), zB bei Zeichnung des Eingabewertbogens (BFH BStBl 87, 416).

55 **Kenntnis der die Rücknahme rechtfertigenden Tatsachen** (nicht: der die Rechtswidrigkeit begründenden, unscharf BFH/NV 94, 512) ist erforderlich. Daraus folgert BVerwGE 70, 356 (NJW 1985, 819) mit Recht, dass erst die *Erkenntnis der Rechtswidrigkeit* die Frist in Lauf setzt, nicht schon die bloße Tatsachenerkenntnis (BFH BStBl 07, 742; BFH/NV 94, 751; 02, 1499; 08, 116; BVerwGE 84, 17). Die Frist läuft selbst dann nicht, wenn der Sachbearbeiter die Rechtswidrigkeit des Bescheids erkannt hat, sich aber über die Rücknahmemöglichkeit nicht klar ist (BVerwGE 84, 17; insoweit offen BFH/NV 94, 751). Hat die Behörde beim Erlass eines rechtswidrigen VA den ihr vollständig bekannten Sachverhalt unrichtig gewürdigt oder den Inhalt des anzuwendenden Rechts verkannt, so beginnt die Ausschlussfrist für die Rücknahme des VA also erst, wenn der zur Entscheidung berufene Bearbeiter der zuständigen Behörde die Rücknehmbarkeit des zurückzunehmenden VA erkannt hat (iEinz insb zu § 48 IV VwVfG sehr str, vgl BVerwGE 70, 356; anders *Kopp/Ramsauer* VwVfG, § 48 Rz 152: es handelt sich nicht um eine reine Entscheidungsfrist); ob er diese früher hätte erkennen können, ist uner-

heblich. Entsprechendes gilt auch bei einer verzögerlichen Bearbeitung der Sache durch eine andere Dienststelle, welche die Rücknahmevoraussetzungen hätte feststellen oder die zuständige Stelle über ihre diesbzgl Erkenntnisse hätte informieren müssen (BFH/NV 00, 1374; 00, 490). Erkenntnis der Rechtswidrigkeit tritt auch dann nicht ein, wenn die FinBeh die Zuordnung ihr an sich bekannter Tatsachen zu einem davon betroffenen Bescheid absichtlich unterlässt und dessen Rechtmäßigkeit nicht überprüft (FG Hbg EFG 94, 571).

Für eine **Rücknahme eines VA im Einspruchsverfahren** (Verböserung) besteht *keine* Frist. Auch für eine Rücknahme wegen Verstoßes gegen Unionsrecht (dazu Rz 32) lässt der EuGH zur Wahrung des Interesses der Gemeinschaft ggü den Mitgliedstaaten ungeachtet der gegenläufigen Interessen des Betroffenen die vorgenannte Frist nicht gelten (vgl EuGH NJW 98, 47; *HHSp/Wernsmann* § 130 Rz 65). 56

11. Zuständigkeit (Abs 4). Die Entscheidung über Rücknahme liegt bei der Behörde, die im Zeitpunkt der Rücknahme für die Angelegenheit örtlich zuständig ist, es sei denn, dass die bisher örtlich zuständige Behörde das Verfahren nach § 26 Satz 2 fortführt. 58

§ 131 Widerruf eines rechtmäßigen Verwaltungsakts

(1) **Ein rechtmäßiger nicht begünstigender Verwaltungsakt kann, auch nachdem er unanfechtbar geworden ist, ganz oder teilweise mit Wirkung für die Zukunft widerrufen werden, außer wenn ein Verwaltungsakt gleichen Inhalts erneut erlassen werden müsste oder aus anderen Gründen ein Widerruf unzulässig ist.**

(2) [1]**Ein rechtmäßiger begünstigender Verwaltungsakt darf, auch nachdem er unanfechtbar geworden ist, ganz oder teilweise mit Wirkung für die Zukunft nur widerrufen werden,**
1. **wenn der Widerruf durch Rechtsvorschrift zugelassen oder im Verwaltungsakt vorbehalten ist,**
2. **wenn mit dem Verwaltungsakt eine Auflage verbunden ist und der Begünstigte diese nicht oder nicht innerhalb einer ihm gesetzten Frist erfüllt hat,**
3. **wenn die Finanzbehörde auf Grund nachträglich eingetretener Tatsachen berechtigt wäre, den Verwaltungsakt nicht zu erlassen, und wenn ohne den Widerruf das öffentliche Interesse gefährdet würde.**

[2]**§ 130 Abs. 3 gilt entsprechend.**

(3) **Der widerrufene Verwaltungsakt wird mit dem Wirksamwerden des Widerrufs unwirksam, wenn die Finanzbehörde keinen späteren Zeitpunkt bestimmt.**

(4) **Über den Widerruf entscheidet nach Unanfechtbarkeit des Verwaltungsakts die nach den Vorschriften über die örtliche Zuständigkeit zuständige Finanzbehörde; dies gilt auch dann, wenn der zu widerrufende Verwaltungsakt von einer anderen Finanzbehörde erlassen worden ist.**

Übersicht

1 **1. Inhalt.** Vgl § 49 VwVfG, der jedoch für begünstigende VA weitere Widerrufsgründe enthält; vgl § 130 Rz 1–3 zum Grundsätzlichen, insbes auch zu der die Vorschrift prägenden Unterscheidung zwischen begünstigenden und nicht begünstigenden VA (dort auch zu der Frage, ob die Rücknahme eines belastenden VA ein begünstigender VA ist), und zum Anwendungsbereich. Im Gegensatz zu § 130 ist ein Widerruf nur mit Wirkung für die *Zukunft* zulässig. Die Vorschrift ist nicht nur (Beisp: Widerruf eines Haftungsbescheids, wenn nach Bestandskraft auf die StSchuld gezahlt worden ist, BFH/NV 15, 155; Ablauf der Festsetzungsfrist stünde dem nicht entgegen, BFH BStBl 98, 131), aber vor allem auf sog Dauerverwaltungsakte anzuwenden (zB Stundung, AdV); sie ist ferner auf solche VA anwendbar, die noch nicht vollzogen sind (BFH BStBl 91, 545). Denn die Vorschrift soll der FinBeh Gelegenheit geben, ihre bisherige und fortwirkende Entscheidung unter Berücksichtigung neuer tatsächlicher Verhältnisse zu überprüfen. Sonstige, vollzogene VA können hingegen nicht widerrufen werden, zB nicht ein Erlass (BFH BStBl 67, 381). Die Festsetzung eines Verspätungszuschlags, eines Zwangsgeldes oder eines Haftungsbetrags zu widerrufen würde, wenn bereits gezahlt ist, nichts daran ändern können, dass die Zahlung mit Rechtsgrund erfolgt ist und deshalb nicht nach § 37 II zurückverlangt werden kann. Allenfalls kann deshalb ein solcher Bescheid nach § 130 zurückgenommen werden.

2 § 131 hat vor allem für Ermessensentscheidungen Bedeutung, wenn sich die Sachlage ändert (zB nach Ergehen der Einspruchsentscheidung gegen einen Haftungsschuldner auf die StSchuld gezahlt worden ist; vgl BFH BStBl 91, 545) oder die FinBeh ihre Entscheidung zB aufgrund neuer Ermessensrichtlinien ändern *möchte* (was ihr unbenommen ist); sie ermöglicht ferner die Anpassung nicht begünstigender VA an eine geänderte (und rückwirkend oder bei einem DauerVA zu berücksichtigende) Rechtslage (was Frage des betr materiellen Rechts ist). Sie bildet über ihren Wortlaut hinaus („erst recht") auch eine Rechtsgrundlage für den Widerruf *rechtswidriger* VA (BFHE 144, 189 = HFR 86, 575; vgl § 130 Rz 51), insb eines mit einem Widerrufsvorbehalt versehenen und später als rechtswidrig erkannten begünstigenden VA (BFH BStBl 83, 187; BFH HFR 86, 575; BFH/NV 05, 636).

2a § 131 ist nicht anzuwenden auf Zusagen nach § 204, deren Funktion eine Widerrufsermächtigung gerade widerspräche; § 207 II, III enthalten aber vergleichbare Spezialregelungen, die auf eine LohnStAuskunft (§ 42e EStG) entsprechend anzuwenden sind (BFH BStBl 11, 233). Die Aufhebung verbindlicher Auskünfte ist in § 2 III StAuskV (mit Verweis auf §§ 129 ff) geregelt, die der verbindlichen zollrechtlichen Auskünfte in Art 34 UZK.

3 **2. Freie und eingeschränkte Widerrufbarkeit (Abs 1).** Für rechtmäßige nicht begünstigende VA gilt der Grundsatz der freien Widerrufbarkeit; dieser Grundsatz wird aber eingeschränkt durch den Grundsatz der Gesetzmäßigkeit der Verwaltung. Der Widerruf ist unzulässig, wenn ein VA gleichen Inhalts erneut erlassen werden müsste (Bsp: BFH BStBl 15, 226); ferner wenn er „aus anderen Gründen" unzulässig ist, etwa weil nach Sinn und Zweck des bei dem Erlass des VA angewandten Gsetzes eine spätere Revision der (Ermessens-)Entscheidung ausgeschlossen sein soll, wofür es jedenfalls im StRecht praktische Beispiele kaum gibt (Ermessensbindung ist ein Fall der eben als erstes genannten Ausschlussklausel). Dass verwaltungsinterne Weisungen solche „anderen Gründe" sein können (so ua *Kopp/Ramsauer* § 49 Rz 22), ist zu bezweifeln.

6 **3. Zugelassener und vorbehaltener Widerruf (Abs 2 Nr 1).** Abs 2 gewährt bei *begünstigenden* VA Vertrauensschutz, indem er insofern einen Widerruf nur bei bestimmten, abschließend aufgeführten Widerrufsgründen zulässt. Bei Zustimmung des Begünstigten ist aber wie bei § 130 ein Widerruf ebenfalls zulässig.

7 Nr 1 lässt den Widerruf *begünstigender* VA zu, soweit dieser gesetzlich zugelassen ist (Bsp: § 148 S 3; § 46 UStDV) oder im VA vorbehalten war. Die Hinzufügung

eines Widerrufsvorbehalts ist nach § 120 II Nr 3 nach pflichtgemäßem Ermessen zulässig. Ob die Hinzufügung rechtmäßig war, ist indes für die Möglichkeit des Widerrufs nicht entscheidend (BFH/NV 97, 904; BVerwG NVwZ 1987, 498; *Kopp/Ramsauer* VwVfG § 49 Rz 37; str). Die FinBeh muss aber ggf die Rechtswidrigkeit des Widerrufsvorbehalts bei der Ausübung ihres Ermessens berücksichtigen, wenn diese offensichtlich ist, nicht indes in eine schwierige Prüfung dessen Rechtmäßigkeit eintreten (*BG/von Wedelstädt* § 131 Rz 10: kein Widerruf bei *offensichtlich* rechtswidrigem Vorbehalt). Die Ausnutzung des Widerrufsvorbehalts ist Ermessensausübung; sie muss dem Ziel dienen, um dessen willen der Widerrufsvorbehalt dem VA beigefügt worden war bzw dem Sinn des betr gesetzlichen Vorbehalts entsprechen. Es muss ein daran gemessen sachlicher Grund für den Widerruf vorliegen (BFH BStBl 60, 259; BFHE 144, 189). Wegfall der Voraussetzungen, von denen die Erteilung des VA abhing, wird regelmäßig ausreichender Widerrufsgrund sein (vgl BFH BStBl 88, 364); eine geänderte Rechtsauffassung kann sachlicher Widerrufsgrund sein, wenn zB der Widerruf gerade deshalb vorbehalten wurde, um – etwa bei AdV – neue rechtl Erkenntnisse ggf berücksichtigen zu können. Vorbehalt der Nachprüfung ist kein Widerrufsvorbehalt, wenn er in einem Bescheid ausgesprochen wird, der (neben einer widerrufsfähigen Billigkeitsentscheidung) eine StFestsetzung enthält (FG Mster EFG 01, 1342). Wenn sich die Umstände seit Erlass des unter Widerrufsvorbehalt bei geänderter Sachlage ergangenen VA gar nicht geändert haben, sondern die Voraussetzungen für die durch VA gewährte Begünstigung von vornherein nicht vorlagen, der Widerrufsfall also von Anfang an gegeben war, kann gleichwohl widerrufen werden (*HHSp/Wernsmann* § 131 Rz 19; anders BFH BStBl 96, 82 für einen auflösend bedingt erlassenen begünstigenden VA bei Fehlen der Bedingungen von Anfang an). Das gilt zB bei einer Maßnahme nach § 148 S 1 (Erleichterung der Buchführung etc), wo ein Widerruf nach § 148 S 3 ohne weitere tatbestandliche Voraussetzungen mit Wirkung für die Zukunft zulässig ist. Vertrauensschutz kann dem Widerruf nicht entgegengehalten werden.

4. Nichterfüllung einer Auflage (Abs 2 Nr 2). Bei Nichterfüllung einer Auflage (vgl § 120 II Nr 4) ist die Behörde zum Widerruf berechtigt; das gilt auch dann, wenn der (bestandskräftige) VA unter der betr Auflage nicht hätte erlassen werden dürfen, es sei denn, der Begünstigte hat einen Anspruch auf Erlass desselben ohne Auflage. Es kommt nicht darauf an, ob den Betroffenen an der Nichterfüllung des mit der Auflage Verlangten ein Verschulden trifft oder nicht. Die Behörde kann statt des Widerrufs den Betroffenen zur Erfüllung der Auflage mit dem Mittel des Verwaltungszwangs zwingen, was vorrangig zu versuchen idR ermessensgerecht, aber nicht Voraussetzung des Widerrufs ist; insofern besteht auch kein *Anspruch* auf Ermessensausübung. Ein Widerruf statt zumindest des Versuchs der Erzwingung der Auflage ist insb bei Auflagen ermessensfehlerhaft, denen keine besondere Bedeutung im Rahmen der Gesamtregelung des VA beizulegen ist (weitergehend *HHSp/Wernsmann* § 131 Rz 24: Widerruf schlechthin unzulässig). 8

Andere Nebenbestimmungen zum VA werden in Abs 2 nicht erwähnt. Das hat seinen Grund darin, dass bei aufschiebenden Bedingungen der VA ohnehin nicht wirksam wird, solange die Bedingung nicht eingetreten ist; VA unter einer auflösenden Bedingung werden von selbst unwirksam mit Eintritt der Bedingung. Gleiches gilt für Befristungen. Für einen Widerruf besteht also in keinem Falle ein Bedürfnis. Der Eintritt der Bedingung kann von der FinBeh jedoch ggf in einem (deklatorischen) Bescheid festgestellt werden (BFH BStBl 02, 842), welcher dann jedoch keine Ermessensentscheidung darstellt (BFH/NV 95, 279). 9

5. Änderung der Verhältnisse (Abs 2 Nr 3). Nr 3 betrifft den Widerruf bei Änderung der tatsächlichen Verhältnisse, die den Erlass des VA getragen haben; nicht ausreichend ist also die Änderung der Rechtslage (dazu oben Rz 2) 11 oder gar eine geläuterte Rechtsansicht der FinBeh, ebenso wenig eine neue höchstrichterliche Entscheidung. Eine nachträglich eingetretene Tatsache kann aber die steuerrechtliche Beurteilung eines Sachverhalts in einem anderen Bescheid sein, wenn dieser Bindungswirkung für den zu widerrufenden Bescheid hat (BFH BStBl 09, 344). In ähnlicher Weise gebietet eine Änderung einer StFestsetzung ggf eine Änderung der Anrechnungsverfügung (BFH/NV 14, 339). So beim Wechsel von der getrennten Veranlagung zur Zusammenveranlagung und entspr Aufhebung der ursprünglichen StFestsetzungsbescheide, was zur Änderung der Anrechnungsverfügung über StAbzugsbeträge führt (BFH/NV 16, 1428). Zahlungen des StSchuldners nach der Bekanntgabe der Einspruchsentscheidung sind zugunsten eines Haftungsschuldners -auch nach Ablauf der Festsetzungsfrist und nach Abschluss des Verwaltungs- oder Klageverfahrens- durch Widerruf nach § 131 I zu berücksichtigen (BFH BStBl 98, 131; BFH/NV 15, 155; 08, 526).

11a Näheres zum Begriff der Tatsache siehe § 173 Rz 21 ff; der Begriff ist hier derselbe (BFH BStBl 09, 344). Eine geänderte Bewertung von Sachverhalten kann eine Änderung von Tatsachen darstellen (BVerwGE 155, 81). Die Tatsache muss nachträglich eintreten, nicht nur nachträglich erkannt oder in ihrer Rechtserheblichkeit bewusst werden; auch insofern gilt das Gleiche wie bei § 173.

12 Da dieser Widerrufsgrund für den Betroffenen idR nicht vorhersehbar ist, kommt ein Widerruf nur in Betracht, wenn ohne ihn das **öffentliche Interesse gefährdet** wäre. Dass der Widerruf im öffentlichen Interesse liegt (was bei einem begünstigenden VA im StRecht ganz allg der Fall sein dürfte), will das Gesetz offenbar nicht genügen lassen (vgl BVerwG NVwZ 92, 565). Hohe Anforderungen an das Gewicht der betr öffentlichen Belange sind gleichwohl nicht zu stellen; zum öffentlichen Interesse gehört jedenfalls auch die sparsame Verwendung von StMitteln und der möglichst ökonomische und wirkungsvolle Vollzug der StGesetze (vgl *Kopp/Ramsauer* VwVfG § 49 Rz 48). Zudem muss der Begünstigte sich der stillschweigenden clausula rebus sic stantibus, die jedem Dauer- und Ermessens-VA anhaftet, bewusst sein, welche die in Nr 3 enthaltene Einschränkung des Vertrauensschutzes (Bestandschutzes) überhaupt erst rechtfertigt (zu eng *Schwarz/Frotscher* § 131 Rz 9: kein Widerruf einer Stundung allein wegen Verbesserung der wirtschaftl Verhältnisse). Das bloße Interesse, eine Ungleichbehandlung mit anderen Stpfl zu beseitigen, genügt nicht (*BG/von Wedelstädt* § 131 Rz 18).

13 **6. Widerrufsfrist.** Nach Abs 2 Satz 2 besteht eine solche nur bei *begünstigenden* Entscheidungen. Der Hinweis auf § 130 III bedeutet, dass auch ein Widerruf grds nur innerhalb eines Jahres nach Bekanntwerden der Widerrufsgründe zulässig ist. Die Widerrufsgründe des Abs 2 Nr 3 sind erst bekannt, wenn sich die FinBeh ihrer Widerrufsmöglichkeit bewusst wird (bloße Entscheidungsfrist, BVerwGE 70, 356 zu § 48 IV VwVfG; BFH/NV 94, 751). Wird der Bescheid vom Gericht aufgehoben, beginnt die Frist erst mit der Bekanntgabe der betr Entscheidungsgründe, seien diese rechtl oder tatsächlicher Art (BVerwG NVwZ-RR 12, 933).

15 **7. Wirkung.** Der Widerruf wirkt niemals ex tunc, sondern grds **ex nunc,** die Behörde kann jedoch einen späteren Zeitpunkt bestimmen. Der Widerruf der Bestellung als StBerater wirkt wegen § 164a II StBerG nur dann sofort, wenn dies nach § 16a II StBerG ausdrückl angeordnet worden ist; nicht erst ein ggf eingelegter Rechtsbehelf steht sonst dem sofortigen Vollzug entgegen (BStBl 99, 571).

16 **8. Zuständigkeit.** Abs 4 entspricht § 130 IV, jedoch fehlt der Hinweis auf § 26 S 2. Es handelt sich um ein Redaktionsversehen; § 26 S 2 bleibt auch im Rahmen des § 131 IV unberührt.

§ 132 Rücknahme, Widerruf, Aufhebung und Änderung im Rechtsbehelfsverfahren

[1]Die Vorschriften über Rücknahme, Widerruf, Aufhebung und Änderung von Verwaltungsakten gelten auch während eines Einspruchsverfahrens und während eines finanzgerichtlichen Verfahrens. [2]§ 130 Abs. 2 und 3 und § 131 Abs. 2 und 3 stehen der Rücknahme und dem Widerruf eines von einem Dritten angefochtenen begünstigenden Verwaltungsakts während des Einspruchsverfahrens oder des finanzgerichtlichen Verfahrens nicht entgegen, soweit dadurch dem Einspruch oder der Klage abgeholfen wird.

Schrifttum: *Remmert* Die behördliche Aufhebung von Verwaltungsakten mit Doppelwirkung, VerwArch 00, 209.

1. Inhalt. Vgl zu Satz 2 § 50 VwVfG. Die Vorschrift hat klarstellende Bedeutung für die Fälle, in denen *während eines Rechtsbehelfsverfahrens* ein VA korrigiert werden soll (vgl BFH DStR 16, 869; FG Ddorf EFG 15, 1333), insb auch aus Gründen, die außerhalb des Zieles des Rechtsbehelfsverfahrens liegen. Sie gilt trotz ihrer systematischen Stellung auch für Bescheidsänderungen nach §§ 172 ff. Auch eine Berichtigung (§ 129) ist iÜ („jederzeit") möglich, selbst nach gerichtlicher Bestätigung eines VA, wenn die Unrichtigkeit unentdeckt geblieben und über sie folglich nicht entschieden worden ist. Für StBescheide verdeutlicht § 172 I 2, dass der Grundsatz der Änderbarkeit auch nach Abschluss des (außergerichtlichen) Rechtsbehelfsverfahrens gilt; für §§ 130, 131 gilt das ebenfalls. Keine zulässigen Gründe für eine Aufhebung des VA sind aber die, über welche das Gericht bereits entschieden hat (nicht: bei richtiger Rechtsanwendung hätte entscheiden müssen), wobei die oftmals schwierige Ermittlung stillschweigend entschiedener Fragen notwendig ist. 1

Widerruf oder Rücknahme können also dem Rechtsbehelfsverfahren den Boden entziehen, sodass der Betroffene eine Klage für erledigt erklären muss, ein Einspruchsverfahren ohne Entscheidung endet (entspr § 367 II 3). Auch Teilabhilfe ist möglich; das gilt auch während eines finanzgerichtlichen Verfahrens (BFH BStBl 84, 414), auch vor dem BFH. Bei einheitlichem Bescheid gilt dann § 68 FGO (vgl aber § 130 Rz 24), im Einspruchsverfahren § 365 III Nr 2; ebenso wenn ein Haftungsbescheid zurückgenommen und durch einen auf neue Ermessenserwägungen gestützten Haftungsbescheid mit gleichem Regelungsinhalt ersetzt wird (BFH/NV 88, 82). Auch die Einspruchsentscheidung kann während eines bereits laufenden Klageverfahrens sowohl nachgeschoben (BFH BStBl 85, 521) wie auch „nachgebessert" werden, indem sie nachträglich an den richtigen Adressaten gerichtet (BFH/NV 88, 213) oder sonst durch eine neue (etwa als unbegründet statt als unzulässig zurückweisende, BFH/NV 99, 1585) ersetzt wird. Eine nach dem Gesetz bestehende Änderungsmöglichkeit wird durch ein schwebendes gerichtliches Verfahren also weder eingeschränkt, noch wird der Vertrauensschutz nach § 130 II und III und § 131 II durch die Einleitung eines solchen Verfahrens beseitigt, dh der Betroffene braucht mit einer Verböserung nur zu rechnen, soweit entsprechende Widerrufsgründe des § 130 II oder § 131 II eingreifen. Unberührt bleibt davon aber, dass im Einspruchsverfahren der angefochtene VA auch zum Nachteil dessen, der den Einspruch eingelegt hat, geändert werden kann, vgl § 367 II 2 (dazu BFH/NV 10, 1236). 2

Ermessenserwägungen können, auch wenn sie bereits Gegenstand eines finanzgerichtl Verfahrens sind, ergänzt werden (§ 102 S 2 FGO; erweitertes sog Nachschieben von Gründen; aA *Gräber/Stapperfend* FGO § 102 Rz 25 ff und so ein sinnloser, weil vorprogrammierter zweiter Rechtsgang vermieden werden. Deshalb ist auch die Ersetzung der Ermessensentscheidung durch eine neu begründete grds zuzulassen (Folge: § 69 FGO; *Gräber/Stapperfend* FGO § 102 Rz 26). Nicht nur die Entscheidung muss dabei selbstverständlich in ihrem Wesen erhalten bleiben, sondern auch ihre Begründung; es ist nur gestattet, die Ermessenserwägungen zu vertiefen, zu verbreitern oder zu verdeutlichen, nicht dagegen neue Erwägungen an- 3 zustellen, die Ermessensgründe auszuwechseln oder gar eine bisher gänzlich unterlassene Ermessensausübung vollständig nachzuholen (BFH BStBl 04, 579, allerdings ohne hinreichend klare Unterscheidung zwischen den von der Behörde angestellten und den von ihr im Bescheid bzw der Einspruchsentscheidung angeführten Erwägungen). Ist Letzteres notwendig, muss der Bescheid aufgehoben und durch einen neuen ersetzt werden, der ggf gem § 68 FGO Gegenstand des Verfahrens wird (BMF DStRE 09, 697).

4 **2. Aufhebung bei Rechtsbehelf Dritter.** Für VA mit sog Drittwirkung gelten die Einschränkungen der Rücknehmbarkeit und der Widerrufsmöglichkeit nicht, wenn der VA von dem Dritten angefochten worden ist und dessen Rechtsbehelf abgeholfen werden soll, vgl Satz 2. Bestandsschutz des Begünstigten darf sich nicht als Verminderung des Rechtsschutzes anderer auswirken (BFH BStBl 87, 346). Der Gedanke des Satzes 2 ist, dass niemand auf den Bestand eines VA vertrauen darf, wenn der VA von einem Dritten angefochten worden ist.

5 **Drittwirkung** liegt zB vor, wenn ein begünstigender VA einen anderen belastet, zB die StBeraterkammer bei Anerkennung einer StBeratungsgesellschaft durch das FinMin (BFH BStBl 87, 346). Für das StRecht hat diese Bestimmung nur geringe Bedeutung, weil Fälle begünstigender VA mit belastender Drittwirkung mangels drittschützender (StRechts-)Normen allenfalls selten vorkommen (siehe aber BFH BStBl 98, 63 und 07, 243: Schutz eines Unternehmers gegen Nichtbesteuerung konkurrierender Betriebe der öffentlichen Hand aufgrund der UStRichtlinie und der dazu ergangenen Entscheidung EuGHE 06, I-4999 (= DStR 06, 1082 „Feuerbestattungsverein Halle"); eine bloße *mittelbare, tatsächliche* „Drittwirkung" (etwa bei objektiv rechtswidriger Begünstigung eines Konkurrenten zB durch Stundung oder Erlass) würde zu einem unzulässigen Dritt-Einspruch führen und daher die Anwendung der Vorschrift nicht rechtfertigen (vgl BFH BStBl 98, 63). Die Fälle des § 166 beinhalten idR keine Drittwirkung in dem hier maßgeblichen Sinn, weil dort das Anfechtungsrecht zumeist ein vom Adressaten abgeleitetes ist (Vertreterstellung etc).

§ 133 Rückgabe von Urkunden und Sachen

[1]Ist ein Verwaltungsakt unanfechtbar widerrufen oder zurückgenommen oder ist seine Wirksamkeit aus einem anderen Grund nicht oder nicht mehr gegeben, so kann die Finanzbehörde die auf Grund dieses Verwaltungsakts erteilten Urkunden oder Sachen, die zum Nachweis der Rechte aus dem Verwaltungsakt oder zu deren Ausübung bestimmt sind, zurückfordern. [2]Der Inhaber und, sofern er nicht der Besitzer ist, auch der Besitzer dieser Urkunden oder Sachen sind zu ihrer Herausgabe verpflichtet. [3]Der Inhaber oder der Besitzer kann jedoch verlangen, dass ihm die Urkunden oder Sachen wieder ausgehändigt werden, nachdem sie von der Finanzbehörde als ungültig gekennzeichnet sind; dies gilt nicht bei Sachen, bei denen eine solche Kennzeichnung nicht oder nicht mit der erforderlichen Offensichtlichkeit oder Dauerhaftigkeit möglich ist.

Vgl § 52 VwVfG sowie spezialgesetzl § 44a II 4 EStG. Die FinBeh kann bei Widerruf oder Rücknahme die zum Nachweis der Rechte aus dem VA erteilten Urkunden oder Sachen (zB StZeichen) zurückfordern, ebenso bei Unwirksamkeit insb wegen Erledigung (§ 124 II). Die Vorschrift hat für das StRecht nur geringe Bedeutung. In Betracht kommt zB Bescheinigung über KSt, LSt-Karte nach Eintragung von Freibeträgen, Bescheinigung über Anerkennung als gemeinnützig (§ 51), Bestellungsurkunde nach §§ 41, 52 StBerG ua. Die Rückforderung ist ErmessensVA; dieser setzt Bestandskraft des Widerrufs/der Rücknahme des rechtsgewährenden VA oder die nach § 361 I regelmäßig gegebene Vollziehbarkeit trotz Anhängigkeit von Einspruch/Klage voraus. Satz 3 ist ggf im Wege der Leistungsklage durchzusetzen.

Vierter Teil
Durchführung der Besteuerung

Erster Abschnitt. Erfassung der Steuerpflichtigen

1. Unterabschnitt. Personenstands- und Betriebsaufnahme

§ 134 bis § 136 *(aufgehoben)*

Vorschr aufgehoben durch StModernG v 18.7.16 (BGBl I, 1679).

Die §§ 134 bis 136 betrafen die Personenstands- und Betriebsaufnahme, zu Einzelheiten s 13. Aufl. In der Praxis spielte die Personenstands- und Betriebsaufnahme keine Rolle mehr und wird durch die Identifikationsnummer gem § 139b sowie künftig durch die Wirtschafts-Identifikationsnummer gem § 139c ersetzt. Daher sind die Regelungen mWv 1.1.2017 aufgehoben worden.

2. Unterabschnitt. Anzeigepflichten

§ 137 Steuerliche Erfassung von Körperschaften, Vereinigungen und Vermögensmassen

(1) **Steuerpflichtige, die nicht natürliche Personen sind, haben dem nach § 20 zuständigen Finanzamt und den für die Erhebung der Realsteuern zuständigen Gemeinden die Umstände anzuzeigen, die für die steuerliche Erfassung von Bedeutung sind, insbesondere die Gründung, den Erwerb der Rechtsfähigkeit, die Änderung der Rechtsform, die Verlegung der Geschäftsleitung oder des Sitzes und die Auflösung.**

(2) **Die Mitteilungen sind innerhalb eines Monats seit dem meldepflichtigen Ereignis zu erstatten.**

Schrifttum: *vor 2010 s 13. Aufl; Kraft* Grundprobleme der steuerlichen Behandlung unbeschränkt steuerpflichtiger privatnütziger Familienstiftungen, DStR 16, 2825.

Die Vorschr bezieht sich nur auf **Körperschaften, Vereinigungen und Vermögensmassen;** hierzu gehören auch Stiftungen (*Kraft* DStR 16, 2825, 2826). Anzeigepflicht besteht ggü dem nach § 20 für die KSt zuständigen FA sowie – bzgl der Realsteuern – den Gemeinden und bezieht sich auf alle Umstände, die für die stl Erfassung von Bedeutung sind. Frist für die Meldung beträgt 1 Monat. Meldepflicht kann gem §§ 328 ff vom FA erzwungen werden, nicht aber von den Gemeinden, da §§ 328 ff nach § 1 II im Bereich der Realsteuern nicht gelten. Verletzung stellt im Gegensatz zu § 138 keine Ordnungswidrigkeit dar, vgl § 379 II Nr 1.

§ 138 Anzeigen über die Erwerbstätigkeit

(1) [1] **Wer einen Betrieb der Land- und Forstwirtschaft, einen gewerblichen Betrieb oder eine Betriebstätte eröffnet, hat dies nach amtlich vorgeschriebenem Vordruck der Gemeinde mitzuteilen, in der der Betrieb oder die Betriebstätte eröffnet wird; die Gemeinde unterrichtet unverzüglich das nach § 22 Abs. 1 zuständige Finanzamt von dem Inhalt der Mitteilung.** [2] **Ist die Festsetzung der Realsteuern den Gemeinden nicht übertragen worden, so tritt an die Stelle der Gemeinde das nach § 22 Abs. 2 zuständige Finanzamt.** [3] **Wer**

eine freiberufliche Tätigkeit aufnimmt, hat dies dem nach § 19 zuständigen Finanzamt mitzuteilen. [4]Das Gleiche gilt für die Verlegung und die Aufgabe eines Betriebs, einer Betriebstätte oder einer freiberuflichen Tätigkeit.

(1a) **Unternehmer im Sinne des § 2 des Umsatzsteuergesetzes können ihre Anzeigepflichten nach Absatz 1 zusätzlich bei der für die Umsatzbesteuerung zuständigen Finanzbehörde elektronisch erfüllen.**

(1b) **[1]Durch Rechtsverordnung kann das Bundesministerium der Finanzen mit Zustimmung des Bundesrates zur Vereinfachung des Besteuerungsverfahrens bestimmen, dass Unternehmer im Sinne des § 2 des Umsatzsteuergesetzes anlässlich der Aufnahme der beruflichen oder gewerblichen Tätigkeit der Finanzbehörde zusätzlich zu den Anzeigen nach den Absätzen 1 und 1a auch Auskunft über die für die Besteuerung erheblichen rechtlichen und tatsächlichen Verhältnisse nach amtlich vorgeschriebenem Datensatz durch Datenfernübertragung zu erteilen haben. [2]In der Rechtsverordnung kann bestimmt werden, unter welchen Voraussetzungen auf eine elektronische Übermittlung verzichtet werden kann.**

(2) **[1]Steuerpflichtige mit Wohnsitz, gewöhnlichem Aufenthalt, Geschäftsleitung oder Sitz im Geltungsbereich dieses Gesetzes (inländische Steuerpflichtige) haben dem für sie nach den §§ 18 bis 20 zuständigen Finanzamt mitzuteilen:**
1. die Gründung und den Erwerb von Betrieben und Betriebstätten im Ausland;
2. den Erwerb, die Aufgabe oder die Veränderung einer Beteiligung an ausländischen Personengesellschaften;
3. den Erwerb oder die Veräußerung von Beteiligungen an einer Körperschaft, Personenvereinigung oder Vermögensmasse mit Sitz und Geschäftsleitung außerhalb des Geltungsbereichs dieses Gesetzes, wenn
   a) damit eine Beteiligung von mindestens 10 Prozent am Kapital oder am Vermögen der Körperschaft, Personenvereinigung oder Vermögensmasse erreicht wird oder
   b) wenn die Summe der Anschaffungskosten aller Beteiligungen mehr als 150 000 Euro beträgt;
4. die Tatsache, dass sie allein oder zusammen mit nahestehenden Personen im Sinne des § 1 Absatz 2 des Außensteuergesetzes erstmals unmittelbar oder mittelbar einen beherrschenden oder bestimmenden Einfluss auf die gesellschaftsrechtlichen, finanziellen oder geschäftlichen Angelegenheiten einer Drittstaat-Gesellschaft ausüben können;
5. die Art der wirtschaftlichen Tätigkeit des Betriebs, der Betriebstätte, der Personengesellschaft, Körperschaft, Personenvereinigung, Vermögensmasse oder der Drittstaat-Gesellschaft.

[2]In den Fällen des Satzes 1 Nummer 3 sind unmittelbare und mittelbare Beteiligungen zusammenzurechnen.

(3) **Drittstaat-Gesellschaft ist eine Personengesellschaft, Körperschaft, Personenvereinigung oder Vermögensmasse mit Sitz oder Geschäftsleitung in Staaten oder Territorien, die nicht Mitglieder der Europäischen Union oder der Europäischen Freihandelsassoziation sind.**

(4) **[1]Mitteilungen nach den Absätzen 1 und 1a sind innerhalb eines Monats nach dem meldepflichtigen Ereignis zu erstatten.**

(5) **[1]Mitteilungen nach Absatz 2 sind zusammen mit der Einkommensteuer- oder Körperschaftsteuererklärung für den Besteuerungszeitraum, in dem der mitzuteilende Sachverhalt verwirklicht wurde, spätestens jedoch bis zum Ablauf von 14 Monaten nach Ablauf dieses Besteuerungszeitraums, nach amtlich vorgeschriebenem Datensatz über die amtlich bestimmten Schnittstellen zu erstatten. [2]Inländische Steuerpflichtige, die nicht dazu verpflichtet sind,**

ihre Einkommensteuer- oder Körperschaftsteuererklärung nach amtlich vorgeschriebenem Datensatz über die amtlich bestimmte Schnittstelle abzugeben, haben die Mitteilungen nach amtlich vorgeschriebenem Vordruck zu erstatten, es sei denn, sie geben ihre Einkommensteuer- oder Körperschaftsteuererklärung freiwillig nach amtlich vorgeschriebenem Datensatz über die amtlich bestimmte Schnittstelle ab. [3] Inländische Steuerpflichtige, die nicht dazu verpflichtet sind, eine Einkommensteuer- oder Körperschaftsteuererklärung abzugeben, haben die Mitteilungen nach amtlich vorgeschriebenem Vordruck bis zum Ablauf von 14 Monaten nach Ablauf des Kalenderjahrs zu erstatten, in dem der mitzuteilende Sachverhalt verwirklicht worden ist.

Abs 1 Satz 1 geändert, Abs 1a eingefügt durch StVergAbG v 16.5.03 (BGBl I, 660); Abs 1 Satz 1 geändert durch StÄndG 2003 v 15.12.03 (BGBl I, 2645); Abs 2 Nr 3 geändert durch JStG 2007 v 13.12.06 (BGBl I, 2878); Abs 1b eingefügt durch StBürokratieabbauG v 20.12.08 (BGBl I, 2850); Abs 1b S 3 geändert und Abs 3 neu gefasst durch StVereinfachungsG 2011 v 1.11.11 (BGBl I, 2131); Abs 1b S 3 aufgehoben durch StModernG v 18.7.16 (BGBl I, 1679); Abs 2 und 3 ersetzt durch neue Abs 2 bis 5 durch StUmgBG v 23.6.17 (BGBl I, 1682).

Schrifttum: *vor 2010 s 13. Aufl; Andresen/Busch* Anzeigepflicht bezüglich grenzüberschreitender Investitionen (§ 138 Abs 2 AO), GmbHR 12, 81; *Gehm* Bußgeldbewehrung der Meldepflicht nach § 138 Abs 2 AO, NWB 12, 1072; *Dürr* Die Anzeigepflicht nach § 138 Abs. 2 AO bei Auslandsbeteiligungen, BB 16, 2140; *Beckschäfer* Gesetzgeberische Reaktion auf die „Panama Papers", ZRP 17, 41; *Krüger/Nowroth* Verschärfung der Mitwirkungspflichten inländischer Steuerpflichtiger bei Auslandsinvestitionen durch das Steuerumgehungsbekämpfungsgesetz, DB 17, 90; *Dißars* Neue Aufbewahrungspflichten und weitere Verschärfungen der Rechtslage bei Beteiligungen an Drittstaat-Gesellschaften, BB 17, 2015; *Grotherr* Neuerungen bei den Anzeigepflichten des Steuerpflichtigen für Auslandsbeteiligungen durch das Steuerumgehungsbekämpfungsgesetz, Ubg 17, 402; *Krüger/Nowroth* Verschärfung der Mitwirkungspflichten inländischer Steuerpflichtiger bei Auslandsinvestitionen durch das Steuerumgehungsbekämpfungsgesetz, DB 17, 90; *Gehm* Mitteilungspflichten bei Auslandsbeziehungen nach § 138 Abs 2 und § 138b AO, IWB 18, 222.

Übersicht

1. Inhalt. § 138 soll sicherstellen, dass die FinBeh von einer Betriebsaufnahme 1
oder von geschäftlichen Aktivitäten im Ausland erfährt. Der Stpfl ist daher zu einer Anzeige ggü der FinBeh verpflichtet. Während nach § 137 die Gründung usw einer jur Person uÄ gemeldet werden muss, bezieht sich § 138 **Abs 1** auf die **Aufnahme** einer gewerblichen, land- und forstwirtschaftlichen oder freiberuflichen Tätigkeit. **Abs 1a und 1b** beziehen sich auf Unternehmer iSv § 2 UStG. **Abs 2** betrifft Beteiligungen und wirtschaftliche Aktivitäten im Ausland und wird durch

Abs 3 ergänzt. Die **Abs 4 und 5** regeln die Frist für die Anzeige. Durch das StUmgBG v 23.6.2017 wurden Abs 2 und 3 umfassend geändert und Abs 4 und 5 neu eingefügt.

Außerhalb der Meldepflicht des § 138 kann der Stpfl aufgrund anderer Normen zur Mitteilung bzw Sachverhaltsaufklärung bei Aufnahme gewerblicher Tätigkeiten oder bei ausl Betätigungen verpflichtet sein, zB nach § 90 III AO, § 17 AStG oder § 14 GewO.

2 **2. Anzeigepflicht bei Eröffnung (Abs 1).** Nach Abs 1 ist nur die Eröffnung des Betriebes oder einer Betriebsstätte (§ 12) oder – gem Abs 1 S 3 – die Aufnahme der freiberuflichen Tätigkeit iSv § 18 I **Nr 1** EStG anzuzeigen. Die Aufnahme einer sonstigen selbständigen Tätigkeit iSv § 18 I Nr 2 bis 4 wird nicht von § 138 Abs 1 erfasst; damit differenziert § 138 ebenso wie § 180 I 1 Nr 2 Buchst b, aber anders als § 18 I Nr 3 (s § 18 Rz 19), weiterhin zwischen freiberuflicher und sonstiger selbständiger Tätigkeit.

Die **Eröffnung beginnt** bei Einzelunternehmern und PersGes erst mit dem Beginn der werbenden Tätigkeit. Vorbereitungshandlungen wie zB die Anmietung von Geschäftsräumen stellen noch keine Betriebseröffnung dar (vgl hierzu BFH BStBl 12, 927). Bei KapGes ergibt sich hingegen bereits mit Gründung eine Anzeigepflicht nach § 137. Als Eröffnung ist auch die selbständige Weiterführung eines Betriebes oder einer Betriebsstätte durch den Rechtsnachfolger oder Erwerber anzusehen (AEAO zu § 138 Nr 1); nach dem Eingang der Anmeldung des Erwerbers beim zuständigen FA (und nicht nach der Gewerbeanmeldung bei der Gemeinde) bestimmt sich die Festsetzungsfrist für die Haftung nach § 75 (FG Nbg DStRE 07, 1192, s auch § 75 Rz 38). Auch die **Verlegung oder Aufgabe** eines Betriebs oder einer Betriebsstätte ist nach Abs 1 S 4 anzuzeigen. Die Betriebsanmeldung ist *nach* amtlichem Vordruck bei der **Gemeinde** einzureichen. Daher ist die Abgabe auf selbst gefertigten Vordrucken, die den amtlichen Vordrucken drucktechnisch und in den Abmessungen entsprechen, oder auf Ablichtungen der amtlichen Vordrucke zulässig (vgl § 150 Rz 3 ff). Die Gemeinde hat nach Abs 1 S 1 2. HS unverzüglich das zuständige FA von dem Inhalt der Mitteilung zu unterrichten. Wenn der Gemeinde nicht das Recht zur Festsetzung der Realsteuern übertragen worden ist (Art 108 IV 2 GG; s auch § 22 Rz 3), ist die Anzeige nach Abs 1 S 2 zwangsläufig an das FA zu erstatten. Diese Regelung hat nur in den Stadtstaaten praktische Bedeutung. **Freiberufler** machen die Anzeige ggü Wohnsitz-FA (§ 19 I) oder TätigkeitsFA (§ 19 III).

3 Der amtlich vorgeschriebene **Vordruck** ergibt sich seit 1.1.2015 aus der Anlage 1 zu § 1 I Nr 1 der Gewerbeanzeigeverordnung (GewAnzV) v 22.7.2014 (BGBl I, 1208), die auf § 14 XIV GewO beruht. Mit dieser nach der GewO erforderlichen Anzeige wird gleichzeitig die stl Anzeigepflicht nach § 138 erfüllt (AEAO Nr 1 zu § 138). Stpfl, die nicht unter die Anzeigepflicht nach der GewO fallen, können ihre stl Pflicht auch durch formlose Anzeige erfüllen (AEAO zu § 138 Nr 1). Nach § 2 GewAnzV kann die Anzeige bei der Gemeinde seit 1.1. 2015 auch elektronisch erstattet werden. Die Frist ergibt sich aus Abs 4 (s Rz 40).

4 **3. Elektronische Anzeigemöglichkeit für Unternehmer (Abs 1a).** Abs 1a gilt für Unternehmer im Bereich der USt. Sie haben danach die zusätzliche, dh alternative Möglichkeit, die Anzeige elektronisch **bei dem für die USt zuständigen FA** abzugeben. Mit dem Wort „zusätzlich" in Abs 1a ist also nicht die Verpflichtung gemeint, dass sie sowohl bei der Gemeinde als auch beim FA eine Anzeige abgeben müssen (*HHSp/Schallmoser* § 138 Rz 16). Die Entgegennahme der elektronisch übermittelten Anzeige durch das FA richtet sich nach § 87a.

Abs 1a dient der Umsetzung der RL 2002/38/EG des Rates v 7.5.2002 zur Änderung und vorübergehenden Änderung der RL 77/388/EWG (sog 6. EG-RL) bzgl der mehrwertsteuerlichen Behandlung der Rundfunk- und Fernsehdienstleistungen sowie bestimmter elektronisch erbrachter Dienstleistungen (ABl EG 2002

Nr L 128, 41). Diese RL verpflichtet die Mitgliedstaaten, im Bereich der USt die Angaben eines Stpfl über die Aufnahme, den Wechsel und die Beendigung der unternehmerischen Tätigkeit auf elektronischem Weg entgegenzunehmen, soweit er dies wünscht (Art 22 I Buchst a der 6. EG-RL). Die Meldefrist ergibt sich aus Abs 4 (s Rz 40).

4. Ermächtigung (Abs 1b). Abs 1b enthält eine Ermächtigung zum Erlass einer RVO durch das BMF. Erst wenn die entsprechende RVO in Kraft tritt, wird eine **Pflicht** des Unternehmers **zur elektronischen Auskunfterteilung** über alle für die Besteuerung erheblichen rechtl und tatsächlichen Verhältnisse begründet. Von der Verpflichtung zur elektronischen Auskunftserteilung soll nach Abs 1b S 2 abgesehen werden, wenn dem Unternehmer nicht zuzumuten ist, die technischen Voraussetzungen für eine elektronische Übermittlung zu schaffen (BT-Drs 16/10188, 30); dies entspricht § 150 VIII 2 (s hierzu § 150 Rz 93 ff). Der bisherige S 3, der auf § 150 VI 2 bis 9 verwiesen hat, ist durch das StModernG v 18.7.2016 (BGBl I, 1679) weggefallen, da er aufgrund der Änderung des § 150 VI entbehrlich geworden ist; nunmehr gelten § 72a I bis III, § 87a VI sowie §§ 87b bis 87e unmittelbar. 5

5. Meldepflicht bei Auslandsbeteiligungen (Abs 2). a) Überblick. Abs 2 begründet eine Meldepflicht im Zusammenhang mit Auslandsbeteiligungen und wirtschaftlichen Auslandsaktivitäten. Die Meldung ist an das für den Stpfl nach §§ 18 bis 20 zuständige FA zu erstatten; Frist und Form der Meldung ergeben sich aus Abs 5 (s Rz 43 ff). 6

Abs 2 wurde durch das StUmgBG v 23.6.2017 (BGBl I, 1682) mWv 25.6.2017 geändert, in zwei Sätze aufgeteilt und um zwei Nummern (Nrn 4 und 5) ergänzt. Während S 1 Nr 1 inhaltlich unverändert geblieben ist, ist es bei S 1 Nr 2 zu sprachlichen und bei S 1 Nr 3 zu inhaltlichen Änderungen gekommen. S 1 Nrn 4 und 5 sowie S 2 wurden neu eingefügt.

Abs 2 nF gilt ebenso wie Abs 3 bis 5 nF erstmals für mitteilungspflichtige Sachverhalte, die **nach dem 31.12.2017** verwirklicht werden; für vor dem 1.1.2018 verwirklichten Sachverhalte gelten Abs 2 aF und Abs 3 aF (Art 97 § 32 I 1 EGAO); eine Sonderregelung gilt für Abs 2 S 1 Nr 4 (s Rz 23). 7

b) Gründung und Erwerb von Betrieben im Ausland (Abs 2 S 1 Nr 1). Nach Abs 2 S 1 Nr 1, der durch das StUmgBG v 23.6.2017 nicht geändert worden ist, sind nicht nur Erwerb oder Gründung von Betrieben oder Betriebsstätten im Ausland zu melden, sondern **auch die Verlegung** eines Betriebes oder einer Betriebsstätte ins Ausland (*Koenig/Cöster* § 138 Rz 18) oder vom Ausland in ein anderes Ausland (*Dißars* Stbg 09, 453). Auf die Größe des Betriebs oder der Betriebsstätte kommt es nicht an (*Gehm* NWB 12, 1072, 1073). Der Begriff der Betriebsstätte richtet sich nach § 12. 10

c) Beteiligung an ausl Personengesellschaft (Abs 2 S 1 Nr 2). Nach Abs 2 S 1 Nr 2, der durch das StUmgBG v 23.6.2017 lediglich sprachlich geändert worden ist, sind der **Erwerb**, die **Aufgabe** oder die **Veränderung der Beteiligung** an einer ausl PersGes mitzuteilen; auf die Höhe der Beteiligung bzw der Veränderung der Beteiligung kommt es nicht an. Ob es sich um eine PersGes handelt, bestimmt sich nach deutschem Recht, nicht nach dem ausl StRecht (BMF 26.9.2014, BStBl I, 1258, Tz 1.2 und 6.2; OFD Frankfurt 15.6.2016, Abschn B, BeckVerw 329381). Soweit nach Nr 2 die Meldepflicht auch die Veränderung der Beteiligung betrifft, erfasst dies nur die Aufstockung oder Verringerung der Beteiligungshöhe (*Thieme* DStR 02, 570). Zur Form und Frist der Meldung s Abs 5 (Rz 43). 13

d) Beteiligung an ausl Körperschaft (Abs 2 S 1 Nr 3 und S 2). Abs 2 S 1 Nr 3 verlangt die Meldung des Erwerbs oder der Veräußerung von qualifizierten Beteiligungen an ausl Körperschaften, Personenvereinigungen oder Vermögensmassen, die ihren Sitz und ihre Geschäftsleitung im Ausland haben. Nr 3 ist durch 14 das StUmgBG v 23.6.2017 inhaltlich geändert worden, indem nun auch die Veräußerung meldepflichtig ist und die Beteiligungsgrenze generell auf 10% herabgesetzt worden ist. Außerdem ist der Verweis auf die beschränkte Steuerpflicht nach § 2 Nr 1 KStG durch die Formulierung „Sitz und Geschäftsleitung im Ausland" ersetzt worden; ob es sich dabei um einen EU/EWR-Staat oder um einen Drittstaat handelt, ist unbeachtlich. Befindet sich der Sitz oder die Geschäftsleitung in Deutschland, ist die Körperschaft nach § 1 KStG unbeschränkt stpfl, sodass keine Meldepflicht besteht; die deutsche FinBeh hat dann eigene Ermittlungsmöglichkeiten, zB nach §§ 93 ff.

15 Meldepflicht besteht nach Nr 3 **Buchst a,** wenn durch einen Beteiligungserwerb (egal in welcher Höhe) eine unmittelbare oder mittelbare **Beteiligungsquote** von erstmals mindestens **10%** erreicht oder überschritten wird. Aus Abs 2 S 2 ergibt sich, dass unmittelbare und mittelbare Beteiligungen zusammenzurechnen sind; die Regelung des S 2 hätte aus systematischen Gründen in S 1 Nr 3 eingefügt werden sollen. Diese Zusammenrechnung ist ebenso neu wie die Abschaffung der bisherigen 25%-Grenze bei mittelbaren Beteiligungen (s 13. Aufl Rz 9). Der Erwerb muss durch den Stpfl erfolgen, weil ihn auch die Meldepflicht trifft. Erwirbt eine Körperschaft (Obergesellschaft), an der der Stpfl beteiligt ist, eine Beteiligung an einer ausl Körperschaft (Untergesellschaft) in einem Umfang, dass der Stpfl nun zu mindestens 10% mittelbar an der ausl Untergesellschaft beteiligt ist, löst dies keine Meldepflicht des Stpfl aus, weil er selbst keine Beteiligung erworben hat (so auch *Bittner/Keil* IStR 09, 161, 163 zu § 138 aF). Als Eingriffsnorm, die zudem mit Bußgeld bewehrt ist (s Rz 51), darf Abs 2 nicht extensiv ausgelegt werden. Hingegen besteht eine Meldepflicht des Stpfl, wenn er eine Beteiligung an einer inl Körperschaft erwirbt, die ihrerseits an einer ausl Körperschaft beteiligt ist, und der Stpfl dadurch zu mindestens 10% an der ausl Körperschaft mittelbar beteiligt wird. Sinkt die Beteiligungsquote aufgrund von Veräußerungen auf unter 10% ab, ist eine spätere Aufstockung, mit der die 10%-Grenze wieder überschritten wird, meldepflichtig (*Dißars* Stbg 09, 453 zu § 138 aF).

16 Ebenfalls neu ist, dass nun auch die **Veräußerung** erfasst wird. Allerdings **ergibt** die gesetzliche Formulierung **keinen Sinn,** weil durch eine Veräußerung, die zwingend zu einer Minderung der Beteiligungsquote führen wird, keine „Beteiligung von mindestens 10 Prozent … erreicht" werden kann. Nach der Gesetzesbegründung soll die „Veräußerung entsprechender Beteiligungen" mitteilungspflichtig sein (BR-Drs 816/16, 24); allerdings lässt sich dies zum einen nicht mit dem Gesetzeswortlaut in Einklang bringen, und zum anderen bleibt unklar, ob die veräußerte Beteiligung mindestens 10% des Kapitals betragen muss oder ob die Veräußerung zu einem Unterschreiten der 10%-Beteiligungsgrenze führen muss. Angesichts dieser Unklarheiten geht die Meldepflicht bei Veräußerungen mE ins Leere. Das BMF geht von einer Meldepflicht aus, wenn eine mindestens 10-prozentige Beteiligung veräußert wird (BMF 5.2.2018, BStBl I, 289, Tz 1.3.2). Ebenfalls nicht meldepflichtig sind Veränderungen einer von Nr 3 Buchst a bereits erfassten Beteiligung durch weitere Erwerbe, da Nr 3 im Gegensatz zu Nr 2 die Veränderung einer Beteiligung nicht nennt.

19 Nach Nr 3 **Buchst b** besteht außerdem eine Meldepflicht, wenn die Summe der Anschaffungskosten aller Beteiligungen **mehr als 150.000 €** beträgt. Auch hier werden nach Abs 2 S 2 unmittelbare und mittelbare Beteiligungen zusammengerechnet; dies entspricht der bisherigen Rechtslage (s 13. Aufl Rz 10). Es handelt sich dabei grds um eine einmalige Meldepflicht, die dann besteht, wenn die Summe der Anschaffungskosten von 150.000 € überschritten wird. Weitere Hinzuerwerbe sind dann nicht mehr meldepflichtig. Zu den Anschaffungskosten iSv Nr 3 Buchst b gehören nur die Anschaffungskosten des Stpfl für die Beteiligungen, **nicht jedoch Wertsteigerungen** der Beteiligungen oder – bei mittelbaren Beteiligungen – Anschaffungskosten der zwischengeschalteten Körperschaften (Obergesellschaften) für den Erwerb der Beteiligungen an der ausl Körperschaft (Unterge-

sellschaft). Die Meldepflicht besteht aber auch dann, wenn die meldepflichtige Beteiligungsgrenze von mehr als 150.000 € aufgrund einer Veräußerung zwischenzeitlich unterschritten war und nun durch neue Erwerbe wieder überschritten wird (*Zechner* DStR 03, 2010 zu § 138 aF).

Die FinVerw verzichtete bei § 138 aF allerdings beim Erwerb **börsennotierter** Beteiligungen allgemein auf die in Abs 2 vorgeschriebene Meldung, soweit die Beteiligung weniger als 1% betrug (BMF 15.4.2010, BStBl I, 346, Abschn III Nr 2). In der Neufassung zu § 138 nF ist dieser Verzicht allerdings nicht mehr enthalten (BMF 5.2.2018, BStBl I, 289).

Erfasst wird nunmehr auch die **Veräußerung.** Ähnlich wie bei Buchst a (s Rz 16) bleibt auch hier **unklar,** in welchem Umfang die Veräußerung erfolgen muss, damit eine Meldepflicht besteht. Denn der Wortlaut des Buchst b stellt nicht darauf ab, in welchem Umfang die Veräußerung zu einer Minderung der Beteiligungsquote führen muss. Nicht unter den Wortlaut subsumieren lässt sich die Veräußerung derjenigen Beteiligungen, deren Erwerb meldepflichtig war; zudem kann die Veräußerung sich auch nur auf eine geringere Beteiligungsquote beziehen. Ebenfalls nicht unter den Wortlaut fassen lässt sich eine Auslegung, nach der die Veräußerung nun dazu führt, dass die Anschaffungskosten der verbleibenden Beteiligungen nur noch maximal 150.000 € betragen; denn hierzu hätte der Wortlaut des Buchst b lauten müssen „maximal 150.000 €" und nicht „mehr als 150.000 €". Rechtfertigen lässt sich allenfalls eine Auslegung, nach der die Anschaffungskosten der jetzt veräußerten Beteiligung mehr als 150.000 € betragen haben (so BMF 5.2.2018, BStBl I, 289). Damit wäre allerdings die stufenweise Veräußerung von Beteiligungen mit Anschaffungskosten von jeweils maximal 150.000 € nicht meldepflichtig. 20

e) Einfluss auf Drittstaat-Gesellschaft (Abs 2 S 1 Nr 4). Durch das StUmgBG v 23.6.2017 wurde Nr 4 neu eingefügt. Meldepflichtig ist danach die Tatsache eines erstmals bestehenden beherrschenden oder bestimmenden Einflusses auf eine Drittstaat-Gesellschaft; diese wird in Abs 3 definiert (s Rz 35). Mit der Regelung sollen insbes Meldepflichten für Briefkastenfirmen geschaffen werden, da die Gesetzesänderung eine Reaktion auf die Veröffentlichung der sog Panama Papers ist. 23

Zwar gilt Abs 2 grds für Auslandssachverhalte, die nach dem 31.12.2017 verwirklicht werden (s Rz 7). Eine Ausnahme besteht nach Art 97 § 32 II EGAO aber für die Meldepflicht nach Abs 2 S 1 Nrn 4 und 5: Ist der in Abs 2 S 1 Nr 4 genannte beherrschende oder bestimmte Einfluss auf die Drittstaat-Gesellschaft **vor dem 1.1.2018 begründet** worden, besteht eine Meldepflicht, wenn der Einfluss auch noch am 1.1.2018 fortbesteht.

Der unklare Begriff der „Tatsache" wurde offensichtlich gewählt, weil sich ein bestimmender oder beherrschender Einfluss nicht nur aufgrund eines Erwerbs sondern zB auch durch einen Stimmbindungsvertrag ergeben kann. Der beherrschende oder bestimmende Einfluss kann auch zusammen mit nahestehenden Personen iSv § 1 II AStG ausgeübt werden. 24

Der Einfluss muss sich auf die **gesellschaftsrechtlichen, finanziellen oder geschäftlichen** Angelegenheiten beziehen, wobei allerdings eine Definition unterbleibt; daher bleibt unklar, wann eine Meldepflicht besteht (zur Auffassung der FinVerw s BMF 5.2.2018, BStBl I, 289, Tz 1.4.2). Ein Verweis auf Beherrschungsverhältnisse wie bei der Organschaft, die eine finanzielle, organisatorische und wirtschaftliche Beherrschung erfordert, oder auf andere Regelungen fehlt. Angesichts der erheblichen Sanktionierung einer Pflichtverletzung (s Rz 52) geht die **Meldepflicht** daher mE **ins Leere,** weil eine Auslegung der Begriffe kaum möglich ist und nicht zulasten des Stpfl in kreativer Weise erfolgen darf (ebenfalls kritisch: *Krüger/Nowroth* DB 17, 90, 94). Auch die Gesetzesbegründung liefert keine Anhaltspunkte für eine Auslegung (s BR-Drs 816/16, 24). 25

Mit dem Begriff „gesellschaftsrechtlich" dürften wohl Stimmrechtsbindungsverträge erfasst werden, weil sie einen Einfluss auf die gesellschaftsrechtlichen Angelegenheiten ermöglichen. Ob auch Treuhandvereinbarungen erfasst werden, bleibt unklar (bejahend: *Krüger/Nowroth* DB 17, 90, 93; ebenso BMF 5.2.2018, BStBl I, 289, Tz 1.4.2). Die Unklarheit betrifft auch die finanziellen Angelegenheiten, weil nicht deutlich wird, ob und ggf in welchem Umfang zB Darlehensgewährungen an die Drittstaat-Gesellschaft einen Einfluss begründen; eine Bezugnahme auf zB § 8a KStG fehlt. Gleiches gilt für den Einfluss auf die geschäftlichen Angelegenheiten. Dies könnte einen Einfluss auf die Geschäftsführerposition bedeuten, aber auch eine Unterstützung bei der strategischen Ausrichtung (so *Krüger/Nowroth* DB 17, 90, 93f; ebenso BMF 5.2.2018, BStBl I, 289, Tz 1.4.2).

28 **f) Angabe der wirtschaftlichen Tätigkeit (Abs 2 S 1 Nr 5).** Die ebenfalls durch das StUmgBG v 23.6.2017 eingefügte Nr 5 soll bewirken, dass die Meldung auch Angaben zur wirtschaftlichen Tätigkeit des Betriebs, der Betriebstätte, der PersGes, Körperschaft, Personenvereinigung, Vermögensmasse oder der Drittstaat-Gesellschaft enthält. Eine solche Meldepflicht bestand nach der bisherigen Fassung des § 138 nicht (s 13. Aufl Rz 12).

29 S 1 Nr 5 **setzt** eine **Meldepflicht** iSv S 1 Nrn 1 bis 4 **voraus,** auch wenn Nr 5 dies nicht ausdrücklich verlangt; ansonsten käme es auch ohne Auslandsbezug iSv S 1 Nrn bis 4 zu einer Meldepflicht aller Stpfl. Die Regelung der Nr 5 hätte aus systematischen Gründen in einen gesonderten S 3 (bzw S 2, wenn man den aktuellen S 2 für unsystematisch hält, s Rz 15) aufgenommen werden sollen. Inhaltlich soll die Neuregelung eine stl Bewertung der gemeldeten Aktivität ermöglichen. Was unter einer wirtschaftlichen Tätigkeit zu verstehen ist, bleibt offen. Gemeint ist mE eine Angabe, die über die Einkunftsart hinausgeht und die Branche nennt, in der der Betrieb bzw Gesellschaft tätig ist.

35 **6. Drittstaat-Gesellschaft (Abs 3).** Abs 3 definiert den Begriff der Drittstaat-Gesellschaft und nimmt damit auf Abs 2 S 1 Nr 4 sowie Nr 5 Bezug. Die Regelung des Abs 3 hätte systematisch zu Abs 2 S 1 Nr 4 genommen werden sollen. Zum zeitlichen Anwendungsbereich des Abs 3 s Rz 7. Eine Drittstaat-Gesellschaft kann eine PersGes, aber auch eine Körperschaft oder Personenvereinigung bzw Vermögensmasse sein. Ihr Sitz oder ihre Geschäftsleitung muss sich in einem Staat befinden, der nicht zur EU und nicht zur Europäischen Freihandelsassoziation (Island, Liechtenstein, Norwegen, Schweiz) gehört (s auch BMF 5.2.2018, BStBl I, 289, Tz 1.4.1).

Die Definition der Drittstaat-Gesellschaft in Abs 3 ist noch für weitere Vorschriften von Bedeutung: Für Kreditinstitute besteht nach § 138b die Verpflichtung, das FA über Geschäftsbeziehungen zwischen inl Kunden und Drittstaat-Gesellschaften iSv Abs 3 zu informieren, wenn das Kreditinstitut diese Geschäftsbeziehung hergestellt oder vermittelt hat (s Erläut zu § 138b). Des Weiteren ergibt sich aus § 147a II eine Aufbewahrungspflicht für Stpfl, die einen beherrschenden oder bestimmenden Einfluss auf eine Drittstaat-Gesellschaft nehmen können (s § 147a Rz 45ff.

40 **7. Meldefrist für Meldungen nach Abs 1 und 1a (Abs 4).** Durch das StUmgBG v 23.6.2017 wurde der bisherige Abs 3 S 1 in den neuen Abs 4 verschoben; zum zeitlichen Anwendungsbereich s Rz 7. Nach Abs 4 beträgt die Frist für die Meldung nach **Abs 1 und 1a** einen Monat nach dem meldepflichtigen Ereignis. Die FinVerw beanstandete es bzgl Abs 3 S 1 aF jedoch nicht, wenn der Stpfl einmal monatlich alle meldepflichtigen Ereignisse gesammelt anzeigt (BMF v 15.4.2010, BStBl I, 346, Abschn I); das neue BMF-Schreiben äußert sich zu Abs 4 nicht (BMF 5.2.2018, BStBl I, 289).

43 **8. Meldefrist für Meldungen nach Abs 2 (Abs 5).** Abs 5 regelt die Meldefrist für Auslandsfälle gem Abs 2. Bislang war die Meldefrist in Abs 3 S 2 aF gere-

gelt; dieser sah eine Frist bis zum 31.5. des Folgejahres vor (s 13. Aufl Rz 16). Durch das StUmgBG v 23.6.2017 wird die Meldefrist aber nun inhaltlich neu in Abs 5 bestimmt. Zum zeitlichen Anwendungsbereich s Rz 7 und 23. Besteht im Fall des Abs 2 S 1 Nr 4 eine Meldepflicht für einen bereits vor dem 1.1.2018 begründeten und am 1.1.2018 noch fortbestehenden Einfluss (s Rz 23), so gilt Abs 5 für diesen Fall entsprechend gem Art 97 § 32 II 2 EGAO.

Nach Abs 5 S 1 ist die Meldung iSv Abs 2 künftig **zusammen mit der ESt- oder KStErklärung** abzugeben, die für den VZ erstellt wird, in dem auch das meldepflichtige Ereignis stattgefunden hat. Damit ist die Frist für die Abgabe der StErklärung zugleich auch die Frist für die Meldung nach Abs 2. Spätestens ist die Meldung bis zum Ablauf von 14 Monaten nach Ablauf dieses VZ zu erstatten; dies entspricht der Abgabefrist für stl vertretene Stpfl gem § 149 III. Die Frist endet also spätestens am 28.2. bzw 29.2. des übernächsten Jahres. Dies gilt nach Abs 5 S 3 auch, wenn keine StErklärungspflicht besteht. Die Fristen nach Abs 5 S 1 und 2 sind **nicht verlängerbar,** da es sich weder um StErklärungsfristen noch um behördlich gesetzte Fristen iSv § 109 handelt, sondern um gesetzliche Fristen (BMF 5.2.2018, BStBl I, 289, Tz 1.5). 44

Die Meldung ist ebenso wie die StErklärung **elektronisch** zu übermitteln, dh nach vorgeschriebenem Datensatz über die amtliche Schnittstelle. Besteht keine Pflicht zur elektronischen Abgabe der StErklärung und wird die StErklärung auch nicht freiwillig elektronisch abgegeben (S 2) oder besteht keine Pflicht zur Abgabe einer StErklärung (S 3), so ist die Meldung nach amtlich vorgeschriebenem Vordruck zu erstatten (s Rz 3). Der amtlich vorgeschriebene Vordruck war bislang der Vordruck BZSt 2, der allerdings zu § 138 aF veröffentlicht worden ist (BMF 15.4.2010, BStBl I, 346, Anlage 1); dieser Vordruck wird an die Neufassung der Abs 2 und 5 angepasst werden (BMF 5.2.2018, BStBl I, 289, Tz 1.5). 45

Die nach Abs 2 gemeldeten Auslandssachverhalte sind von dem nach §§ 18 bis 20 zuständigen FA **an das BZSt** weiterzuleiten, damit die beim BZSt angesiedelte ansässige Informationszentrale für stl Auslandsbeziehungen (IZA) die Meldungen auswerten kann (§ 5 I Nr 6 FVG; BMF 5.2.2018, BStBl I, 289, Tz 4).

9. Meldepflichtige Person. Meldepflichtig ist grds der Stpfl bzw Unternehmer, da dieser in den Abs 1 bis 2 genannt ist. Nach dem BMF (5.2.2018, BStBl I, 289, Tz 1.2) kann die Meldepflicht nach Abs 2 S 1 Nr 2 auch von der ausl PersGes, einem Treuhänder oder einer anderen Person, die die stl Interessen der inl Gesellschafter wahrnimmt, erfüllt werden; bei Nichterfüllung der Meldepflicht trägt aber der inl Beteiligte selbst die Rechtsfolgen. Sind mehrere Stpfl meldepflichtig, zB der Stpfl und nahestehende Personen gem Abs 2 S 1 Nr 4, muss jeder die Meldung nach § 138 abgeben, damit das jeweilige örtlich zuständige FA die Meldung auswerten kann. Bestehen mehrere Meldepflichten parallel, zB nach Abs 2 S 1 Nrn 3 und 4, genügt es, wenn eine Meldung erstattet wird (*Krüger/Nowroth*, DB 17, 90, 94). 48

10. Rechtsfolgen bei Verstoß. Bei Verletzung der Meldepflicht nach § 138 kann eine Freistellungsbescheinigung für Bauleistungen nach § 48b I 2 Nr 1 EStG versagt werden. Darüber hinaus kann bei Verletzung der Pflicht **nach Abs 2** eine StGefährdung oder StVerkürzung vorliegen. So handelt es sich um eine **Ordnungswidrigkeit** (§ 379 II Nr 1, VII), die pro Beteiligung (*Bittner/Keil* IStR 09, 161, 162) mit einer Geldbuße bis zu 25.000 € geahndet werden kann; bis zur Änderung des § 379 durch das StUmgBG belief sich die Geldbuße nur auf 5.000 € (s 13. Aufl Rz 17). Kommt es in Folge der unterlassenen Meldung zu einer leichtfertigen **StVerkürzung,** kann dies nach § 378 II zu einer Geldbuße bis zu 50.000 € führen (*Krüger/Nowroth*, DB 17, 90, 95). Nach BMF (5.2.2018, BStBl I, 289, Tz 3) sind Verstöße gegen § 138 Abs 2 nach den Umständen des Einzelfalls der zuständigen BuStra zu melden. 51

52 **Spezielle Sanktionen** können sich bei einer Verletzung der Meldepflicht für Drittstaat-Gesellschaften nach Abs 2 S 1 **Nr 4** ergeben (s Rz 23 ff), die durch das StUmgBG eingeführt worden sind: Nutzt der Stpfl eine Drittstaat-Gesellschaft iSv Abs 3 zur Verschleierung stl erheblicher Tatsachen und kürzt er auf diese Weise fortgesetzt Steuern oder erlangt er nicht gerechtfertigte StVorteile, so kann dies eine **StHinterziehung** in einem besonders schweren Fall nach § 370 III 2 Nr 6 darstellen, die mit einer Freiheitsstrafe von 6 Monaten bis zu 10 Jahren bestraft werden kann. Die Verjährungsfrist beträgt 10 Jahre gem § 376 I und die Zahlungsverjährung ebenfalls 10 Jahre gem § 228 S 2. Eine Selbstanzeige ist nach § 371 II 1 Nr 4 ausgeschlossen; allerdings kann nach Maßgabe des § 398a von einer Strafverfolgung abgesehen werden. Außerdem bestehen besondere Aufzeichnungspflichten gem § 147a II. Ferner kommt es zu einer **Anlaufhemmung** nach § 170 VII. Die Festsetzungsfrist endet dann frühestens mit Ablauf des Kj, in dem diese Beziehungen durch Mitteilung des Stpfl oder auf andere Weise bekannt geworden sind, spätestens jedoch 10 Jahre nach Ablauf des Kj, in dem die Steuer entstanden ist. Schließlich wirkt sich § 138 auf § 138b und § 147a aus (s Rz 35), sodass sich aus einer Verletzung dieser beiden Vorschriften weitere Sanktionen ergeben können.

§ 138a Länderbezogener Bericht multinationaler Unternehmensgruppen

(1) [1] Ein Unternehmen mit Sitz oder Geschäftsleitung im Inland (inländisches Unternehmen), das einen Konzernabschluss aufstellt oder nach anderen Regelungen als den Steuergesetzen aufzustellen hat (inländische Konzernobergesellschaft), hat nach Ablauf eines Wirtschaftsjahres für dieses Wirtschaftsjahr einen länderbezogenen Bericht dieses Konzerns zu erstellen und dem Bundeszentralamt für Steuern zu übermitteln, wenn

1. der Konzernabschluss mindestens ein Unternehmen mit Sitz und Geschäftsleitung im Ausland (ausländisches Unternehmen) oder eine ausländische Betriebsstätte umfasst und

2. die im Konzernabschluss ausgewiesenen, konsolidierten Umsatzerlöse im vorangegangenen Wirtschaftsjahr mindestens 750 Millionen Euro betragen.

[2] Die Verpflichtung nach Satz 1 besteht vorbehaltlich der Absätze 3 und 4 nicht, wenn das inländische Unternehmen iSd Satzes 1 in den Konzernabschluss eines anderen Unternehmens einbezogen wird.

(2) Der länderbezogene Bericht im Sinne von Absatz 1 enthält

1. eine nach Steuerhoheitsgebieten gegliederte Übersicht, wie sich die Geschäftstätigkeit des Konzerns auf die Steuerhoheitsgebiete verteilt, in denen der Konzern durch Unternehmen oder Betriebsstätten tätig ist; zu diesem Zweck sind in der Übersicht folgende Positionen, ausgehend vom Konzernabschluss des Konzerns, auszuweisen:
   a) die Umsatzerlöse und sonstigen Erträge aus Geschäftsvorfällen mit nahestehenden Unternehmen,
   b) die Umsatzerlöse und sonstigen Erträge aus Geschäftsvorfällen mit fremden Unternehmen,
   c) die Summe aus den Umsatzerlösen und sonstigen Erträgen gemäß den Buchstaben a und b,
   d) die im Wirtschaftsjahr gezahlten Ertragsteuern,
   e) die im Wirtschaftsjahr für dieses Wirtschaftsjahr gezahlten und zurückgestellten Ertragsteuern,
   f) das Jahresergebnis vor Ertragsteuern,
   g) das Eigenkapital,
   h) der einbehaltene Gewinn,
   i) die Zahl der Beschäftigten und
   j) die materiellen Vermögenswerte;

2. eine nach Steuerhoheitsgebieten gegliederte Auflistung aller Unternehmen und Betriebsstätten, zu denen Angaben in der Übersicht nach Nummer 1 erfasst sind, jeweils unter Angabe deren wichtigster Geschäftstätigkeiten sowie
3. zusätzliche Informationen, die nach Ansicht der inländischen Konzernobergesellschaft zum Verständnis der Übersicht nach Nummer 1 und der Auflistung nach Nummer 2 erforderlich sind.

(3) **Umfasst der Konzernabschluss eines ausländischen Unternehmens, das nach Absatz 1 zur Abgabe des länderbezogenen Berichts verpflichtet wäre, wenn es Sitz oder Geschäftsleitung im Inland hätte (ausländische Konzernobergesellschaft), ein inländisches Unternehmen (einbezogene inländische Konzerngesellschaft) und beauftragt die ausländische Konzernobergesellschaft die einbezogene inländische Konzerngesellschaft damit, einen länderbezogenen Bericht für den Konzern abzugeben (beauftragte Gesellschaft), so hat die beauftragte Gesellschaft den länderbezogenen Bericht dem Bundeszentralamt für Steuern zu übermitteln.**

(4) [1]**Eine einbezogene inländische Konzerngesellschaft ist verpflichtet, den länderbezogenen Bericht für einen Konzern mit einer ausländischen Konzernobergesellschaft, die nach Absatz 1 zur Übermittlung des länderbezogenen Berichts verpflichtet wäre, wenn sie Sitz oder Geschäftsleitung im Inland hätte, dem Bundeszentralamt für Steuern zu übermitteln, wenn das Bundeszentralamt für Steuern keinen länderbezogenen Bericht erhalten hat.** [2]**Übermittelt eine einbezogene inländische Konzerngesellschaft den länderbezogenen Bericht, entfällt die Verpflichtung für alle anderen einbezogenen inländischen Konzerngesellschaften dieses Konzerns.** [3]**Kann eine einbezogene inländische Konzerngesellschaft die Übermittlung innerhalb der Frist des Absatzes 6 Satz 1 nicht sicherstellen, insbesondere weil sie den länderbezogenen Bericht weder beschaffen noch erstellen kann, so hat sie dies innerhalb der Frist des Absatzes 6 Satz 1 dem Bundeszentralamt für Steuern mitzuteilen und dabei alle Angaben im Sinne von Absatz 2 zu machen, über die sie verfügt oder die sie beschaffen kann.** [4]**Konnte eine einbezogene inländische Konzerngesellschaft davon ausgehen, dass der länderbezogene Bericht fristgerecht übermittelt wird, und stellt sich nachträglich heraus, dass dies ohne Verschulden der einbezogenen inländischen Konzerngesellschaft nicht geschehen ist, so hat diese ihre Pflichten nach Satz 1 oder Satz 3 innerhalb eines Monats nach Bekanntwerden der Nichtübermittlung zu erfüllen.** [5]**Die Sätze 1 bis 4 gelten entsprechend für die inländische Betriebsstätte eines ausländischen Unternehmens, das als ausländische Konzernobergesellschaft oder als einbezogene ausländische Konzerngesellschaft in einen Konzernabschluss einbezogen wird.**

(5) [1]**Ein inländisches Unternehmen hat in der Steuererklärung anzugeben, ob es**
1. eine inländische Konzernobergesellschaft im Sinne von Absatz 1 ist,
2. eine beauftragte Gesellschaft ist oder
3. eine einbezogene inländische Konzerngesellschaft eines Konzerns mit ausländischer Konzernobergesellschaft ist.

[2]**In den Fällen von Satz 1 Nummer 3 ist auch anzugeben, bei welcher Finanzbehörde und von welchem Unternehmen der länderbezogene Bericht des Konzerns abgegeben wird.** [3]**Fehlt diese Angabe, ist die einbezogene inländische Konzerngesellschaft selbst zur fristgerechten Übermittlung des länderbezogenen Berichts verpflichtet.** [4]**Die Sätze 1 bis 3 gelten entsprechend für die inländische Betriebsstätte eines ausländischen Unternehmens, das als ausländische Konzernobergesellschaft oder als einbezogene ausländische Konzerngesellschaft in einen Konzernabschluss einbezogen wird.**

(6) [1]**Die Übermittlung des länderbezogenen Berichts an das Bundeszentralamt für Steuern hat spätestens ein Jahr nach Ablauf des Wirtschaftsjahres zu erfolgen, für das der länderbezogene Bericht zu erstellen ist.** [2]**Abweichend von Satz 1 gilt in den Fällen von Absatz 4 Satz 4 die dort genannte Frist für die Übermittlung des länderbezogenen Berichts.** [3]**Die Übermittlung hat nach amtlich vorgeschriebenem Datensatz durch Datenfernübertragung zu erfolgen.**

(7) [1]**Das Bundeszentralamt für Steuern übermittelt alle ihm zugegangenen länderbezogenen Berichte an die jeweils zuständige Finanzbehörde.** [2]**Enthält ein länderbezogener Bericht Angaben im Sinne von Absatz 2 für einen Vertragsstaat der völkerrechtlichen Vereinbarungen, übermittelt das Bundeszentralamt für Steuern auf Grundlage dieser völkerrechtlichen Vereinbarungen den ihm zugegangenen länderbezogenen Bericht an die zuständige Behörde des jeweiligen Vertragsstaates.** [3]**Das Bundeszentralamt für Steuern nimmt die länderbezogenen Berichte entgegen, die ihm von den zuständigen Behörden der in Satz 2 genannten Vertragsstaaten übermittelt worden sind, und übermittelt diese an die jeweils zuständige Finanzbehörde.** [4]**Das Bundeszentralamt für Steuern kann länderbezogene Berichte im Rahmen der ihm gesetzlich übertragenen Aufgaben auswerten.** [5]**Das Bundeszentralamt für Steuern speichert die länderbezogenen Berichte und löscht sie mit Ablauf des 15. Jahres, das dem Jahr der Übermittlung folgt.**

Vorschr eingefügt durch G v 20.12.16 (BGBl I, 3000).

Schrifttum: *Adrian/Fey/Selzer* BEPS-Umsetzungsgesetz 1, StuB 16, 640; *Bärsch/Engelen/Färber* Neue Dokumentations-, Mitteilungs- und Anzeigepflichten für deutsche Konzerngesellschaften zur Erhöhung der Steuertransparenz, Der Konzern 16, 338; *Grotherr* Anwendungsfragen bei der länderbezogenen Berichterstattung – Country-by-Country Reporting, IStR 16, 991; *Grotherr* Der geplante öffentliche Ertragsteuerinformationsbericht, IWB 17, 854 (Teil I), 892 (Teil II); *Grotherr* Länderbezogene Berichterstattung: Ziele, Zielerreichung, Potenzial für Fehlinterpretationen und dessen Minimierung, Ubg 16, 637 (Teil I), 709 (Teil II); *Kahle/Schulz* BEPS-1-Gesetz: Einführung einer dreistufigen Verrechnungspreisdokumentation, DStZ 16, 819; *van Lück* Der Referentenentwurf des BMF zur Bekämpfung von BEPS, IWB 16, 478; *Rasch/Tomson* Die Umsetzung von BEPS in das deutsche Recht, IWB 16, 483; *Steinegger* Country-by-Country-Reporting: Spannungsfeld zwischen Transparenz und Steuerplanung, Der Konzern 16, 454; *Bier/Voß* Transparenz nur gegen Rechtsschutz, IStR 17, 393; *Ditz/Quilitzsch* Die Änderungen im internationalen StRecht durch das Anti-BEPS-Umsetzungsgesetz, DStR 17, 281; *Dölker* Maßnahmen zur Schaffung von Steuertransparenz durch Amtshilfe und Informationsaustausch unter Steuerbehörden verschiedener Länder sowie durch nationale Gesetze in Deutschland, BB 17, 279; *Grotherr* Implementierung der länderbezogenen Berichterstattung in die Berichtsysteme und -prozesse einer multinationalen Unternehmensgruppe, DB 17, 263 (Teil I), 330 (Teil II); *Grotherr* Automatischer Informationsaustausch im StRecht über länderbezogene Berichte von Konzernunternehmen, RIW 17, 1; *Höreth/Stelzer* Erstes BEPS-Umsetzungsgesetz – weit mehr, als der Titel suggeriert, DStZ 17, 62; *Lüdicke/Salewski* Informationsaustausch: Entwurf einer EU-Richtlinie zur Veröffentlichung von Steuerdaten, Besonderheiten bei Personengesellschaften und Grundrechte, ISR 17, 99; *Schreiber/Greil* Das „Anti-BEPS-Umsetzungsgesetz", DB 17, 10; *Weinert/Schwarz/Stein* Country-by-Country-Reporting und die Substanzfrage: Referenzgröße Mitarbeiter, DB 17, 737; *Benz/Böhmer* Zwei Jahre BEPS-Abschlussberichte: Bericht über den aktuellen Stand der BEPS-Arbeiten, DB 17, 2951; *Bier/Voß* Transparenz nur gegen Rechtsschutz, IStR 17, 393; *Dissen/Riedl/Uzeirovski* Auswirkungen von BEPS auf die Bereiche Global Mobility und Verrechnungspreise bei Auslandseinsätzen von Mitarbeitern, IStR 17, 555; *Fehling/Kampermann* Generalthema I: Assessing BEPS – origins, standards and responses, IStR 17, 638; *Kraft/Heider* Das Country-by-Country Reporting und seine innerstaatliche Umsetzung im Rahmen des „Anti-BEPS-Umsetzungsgesetzes", DStR 17, 1353; *Heider/Ditz/Kraft* Internationaler Informationsaustausch, DB 17, 2243; *Kunert/Strothenke* Verrechnungspreisdokumentation 2.0 – Neue Dokumentationsanforderungen zum Country-by-Country-Reporting und zur GAufzV, StuB 17, 772; *Mank/Saliku* Praktische Fragen des Country-by-Country Reportings, IWB 17, 902; *van Lück* Verrechnungspreisdokumentation und Country-by-Country Reporting – erhöhte Anforderungen an multinationale Unternehmen, BB 2017, 2524.

Übersicht

1. Überblick und Zweck. § 138a wurde durch das BEPS-UmsetzungsG v 20.12.2016 eingeführt und regelt den sog Country-by-Country-Report **(CbC-Report).** Die Vorschrift setzt damit Aktionspunkt 13 des BEPS-Projekts um (s § 117 Rz 22 und 39). Der Gesetzgeber verlangt von internationalen Konzernen mit einem Gesamtumsatz von mindestens 750 Mio € einen sog länderbezogenen Bericht (CBC-Report). Aus diesem Bericht muss sich insbes ergeben, wie sich die Geschäftstätigkeit des Konzerns auf die einzelnen Staaten verteilt und welche Betriebsstätten und Unternehmen in den einzelnen Staaten unterhalten werden. 1

Ergänzt wird § 138a durch § 90 III 3, der für multinationale Unternehmen eine dreiteilige Verrechnungspreisdokumentation vorschreibt (s § 90 Rz 68 f).

Die Vorschrift ist **wie folgt aufgebaut:** Abs 1 regelt die Voraussetzungen für die Pflicht zur Erstellung eines länderbezogenen Berichts und bestimmt den grds zur Abgabe Verpflichteten. Abs 2 regelt den Inhalt des Berichts. Die Abs 3 und 4 enthalten Abweichungen von Abs 1 zur Frage, wer zur Abgabe verpflichtet ist. Abs 5 erweitert § 150 und verpflichtet zu weiteren Angaben in der StErklärung. Abs 6 legt die Abgabefrist fest, und Abs 7 regelt die Übermittlung zwischen den einzelnen FinBeh. 2

§ 138a **bezweckt** eine erste Einschätzung steuerlicher Risiken bei der Prüfung der Angemessenheit von Verrechnungspreisen. Außerdem soll der Bericht dazu beitragen, Gewinnverlagerungen und -verkürzungen zu erkennen (BT-Drs 18/9536, 37). 4

2. Voraussetzungen (Abs 1). Ein länderbezogener Bericht ist nach Abs 1 S 1 für einen Konzern aufzustellen, wenn zu dem Konzern eine inl Konzernobergesellschaft und ein ausl Unternehmen oder eine ausl Betriebsstätte gehören und die konsolidierten Gesamterlöse des Konzerns mindestens 750 Mio € betragen. Eine inl Konzernobergesellschaft ist ein Unternehmen mit Sitz oder Geschäftsleitung im Inland, das einen Konzernabschluss aufstellt (S 1). Ein ausl Unternehmen ist ein Unternehmen mit Sitz und Geschäftsleitung im Ausland (S 1 Nr 1); diesem gleichgestellt wird nach S 1 Nr 1 eine Betriebsstätte im Ausland. 7

Zur Erstellung und Übermittlung des Berichts ist grds die inl Konzernobergesellschaft verpflichtet. Allerdings besteht die Verpflichtung nach Abs 1 **S 2** nicht, wenn die inl Konzernobergesellschaft ihrerseits in den Konzernabschluss eines anderen Unternehmens, der Konzernmutter, einbezogen wird; denn dann ist bereits die darüber angesiedelte Konzernmutter zur Erstellung und Übermittlung, ggf in ihrem Ansässigkeitsstaat nach dem dort geltenden Recht, verpflichtet. Allerdings kann die inl Konzernobergesellschaft nach Abs 3 als beauftragte oder nach Abs 4 als einbezogene Gesellschaft zur Erstellung und Übermittlung verpflichtet sein (s Rz 18 und 20). 8

3. Inhalt des Berichts (Abs 2). Der Inhalt des Berichts wird durch Abs 2 festgelegt, der damit den im BEPS-Aktionspunkt 13 (Anhang III des Abschlussberichts, s § 117 Rz 22) vereinbarten Mindeststandard umsetzt und zugleich auch den Anforderungen der RL (EU) 2016/881 v 25.5.2016 (ABl L 146 v 3.6.2016, 8) 12 genügt. Die Angaben sind gem der Anlage zum BMF 11.7.2017 (BStBl I 17, 974) zu machen.

13 Erforderlich sind Angaben zu **zwei Bereichen,** die in Abs 2 Nr 1 und Nr 2 genannt und jeweils durch Nr 3 ergänzt werden. Zum einen muss die Konzernobergesellschaft nach **Nr 1** eine Übersicht erstellen, wie sich die Geschäftstätigkeit des Konzerns auf die einzelnen Staaten verteilt. Hierzu sind die in Buchst a bis j genannten Angaben erforderlich. Die Angaben zu den Buchst a bis c sollen den Anteil an den konzerninternen Umsätzen am Gesamtumsatz zeigen. Die Angaben zu den Buchst d und e lassen die Steuerverteilung erkennen, sodass ersichtlich wird, ob der Konzern in einem der Staaten trotz hoher Umsätze (Buchst c) und hohen Gewinns (Buchst f) nur eine geringe StBelastung hat. Die weiteren Angaben zu den Buchst g, i und j können im Zusammenhang mit den Angaben zu Abs 2 Nr 2 einen Rückschluss auf die wirtschaftlichen Aktivitäten zulassen.

14 Weiterhin sind nach **Nr 2** die Angaben zu Nr 1 auf die einzelnen Staaten aufzuteilen, in denen der Konzern Betriebsstätten unterhält oder Unternehmen hat. Dabei sind auch die wichtigsten Geschäftstätigkeiten der Unternehmen und Betriebsstätten anzugeben. Die wichtigsten Geschäftstätigkeiten können sein: Forschung und Entwicklung; Besitz oder Verwaltung von geistigem Eigentum; Einkauf oder Beschaffung; Produktion oder Verarbeitung; Verkauf, Marketing oder Vertrieb; Dienstleistungen für unverbundene, dh nicht zum Konzern gehörende Dritte; konzerninterne Finanzierung; regulierte Finanzdienstleistungen; Versicherungen; Aktienbesitz; ruhende Tätigkeit; sonstige Tätigkeiten, die nach Nr 3 zu erläutern sind (BT-Drs 18/9536, 38f). Die Angaben zu Nr 2 sollen eine Prüfung der Einkünfteverlagerung durch unangemessene Verrechnungspreise ermöglichen. Soweit die Angaben zu Nr 1 oder Nr 2 für sich gesehen nicht verständlich sind, sollen diese nach **Nr 3** durch zusätzliche Angaben erläutert werden.

18 **4. Übermittlungspflicht der beauftragten Konzerngesellschaft (Abs 3).** Abs 3 regelt den Fall, dass es eine ausl Konzernobergesellschaft gibt, zu der die inl Konzerngesellschaft gehört; die inl Konzerngesellschaft gilt dann nach Abs 3 als in die ausl Konzernobergesellschaft **einbezogene** Konzerngesellschaft. Beauftragt die ausl Konzernobergesellschaft die inl Konzerngesellschaft mit der Abgabe des länderbezogenen Berichts, so ist die inl einbezogene Konzerngesellschaft als sog beauftragte Konzerngesellschaft nach Abs 3 und damit nach öffentlichem Recht zur Abgabe des Berichts an das BZSt verpflichtet. Die Pflichten der beauftragten Konzerngesellschaft gehen nicht über die Pflichten nach Abs 1 hinaus, die sie hätte, wenn sie eine inl Konzernobergesellschaft wäre. Im Gegensatz zu Abs 1, der neben der Übermittlungspflicht auch von einer Pflicht zur Erstellung spricht, erwähnt Abs 3 aber nur die Übermittlungspflicht sowie die konzerninterne Beauftragung zur Abgabe des Berichts. Nach Abs 3 kann daher die Erstellung des Berichts auch durch eine andere Konzerngesellschaft erfolgen.

Ohne die konzerninterne Beauftragung ist die inl einbezogene Konzerngesellschaft weder zur Erstellung noch zur Übermittlung verpflichtet (BT-Drs 18/9536, 39), sofern nicht Abs 4 greift (s Rz 20). Die Erstellungs- und Übermittlungspflicht trifft dann ggf die ausl Konzernobergesellschaft, die möglicherweise nach der nationalen Regelung ihres Staates, die § 138a vergleichbar sein kann, einen länderbezogenen Bericht erstellen und abgeben muss.

20 **5. Übermittlungspflicht der einbezogenen Konzerngesellschaft (Abs 4).** Auch ohne eine Beauftragung nach Abs 3 kann eine einbezogene Konzerngesellschaft (zum Begriff s Rz 18) zur Übermittlung des länderbezogenen Berichts verpflichtet sein. Dies ist nach Abs 4 der Fall, wenn das BZSt keinen länderbezogenen Bericht erhalten hat. Auf diese Weise soll sichergestellt werden, dass das BZSt in jedem Fall einen länderbezogenen Bericht erhält. Zugleich sollen Konzerne mit einer inl Konzernobergesellschaft iSv Abs 1 Konzernen mit einer ausl Konzernobergesellschaft gleichgestellt werden (BT-Drs 18/9536, 39). Allerdings ist diese

Gleichstellung **mE nicht gerechtfertigt,** weil eine Erstellungs- und Übermittlungspflicht nach Abs 1 nur für inl Konzernobergesellschaften gilt; das BZSt hat ohnehin keinen Anspruch auf Übermittlung des länderbezogenen Berichts durch die ausl Konzernobergesellschaft. Eine solche Übermittlung könnte allenfalls durch die ausl FinBeh erfolgen, falls es im Staat der ausl Konzernobergesellschaft eine dem § 138a vergleichbare Regelung auf der Grundlage des BEPS-Aktionspunktes 13 gibt (s § 117 Rz 22).

Auf die Gründe, weshalb das BZSt keinen Bericht erhalten hat, soll es nach dem Willen des Gesetzgebers nicht ankommen (BT-Drs 18/9536, 39). Die Übermittlungspflicht nach Abs 4 besteht daher auch dann, wenn es im ausl Staat, in dem die Konzernobergesellschaft sitzt, keine dem § 138a I vergleichbare Regelung gibt. Unbeachtlich ist auch, ob es mit dem ausl Staat eine Vereinbarung über einen Informationsaustausch gibt oder ob dieser tatsächlich durchgeführt wird.

Gibt es mehrere einbezogene Konzerngesellschaften, so wird die Übermittlungspflicht für alle einbezogenen Konzerngesellschaften nach **S 2** dadurch erfüllt, dass eine der einbezogenen Konzerngesellschaften quasi als Gesamtschuldnerin ihre Übermittlungspflicht erfüllt.

S 3 regelt den Fall, dass der einbezogenen Konzerngesellschaft die Übermittlung 22
nicht möglich ist, weil zB die ausl Konzernobergesellschaft ihrer Abgabepflicht im Sitzstaat nicht nachgekommen ist oder den Bericht der einbezogenen inl Konzerngesellschaft nicht übermittelt oder dieser die Informationen nicht zur Verfügung stellt (BT-Drs 18/9536, 40). Die einbezogene Konzerngesellschaft muss dies dann innerhalb der Frist des Abs 6 S 1 dem BZSt anzeigen und alle Angaben iSv Abs 2 machen, über die sie verfügt oder die sie beschaffen kann. Diese – unvollständigen – Angaben werden dann zwar nicht auf der Grundlage des CbC-MCAA mit anderen OECD-Staaten ausgetauscht (s § 117 Rz 22), wohl aber mit anderen EU-Staaten auf der Grundlage der RL (EU) 2016/881 v 25.5.2016 (BT-Drs 18/9536, 40).

Über **S 4** erhält die einbezogene Konzerngesellschaft eine Frist von einem wei- 23
teren Monat, falls sie davon ausgehen durfte, dass der länderbezogene Bericht dem BZSt entweder durch die ausl Konzernobergesellschaft oder durch eine andere einbezogene Konzerngesellschaft fristgerecht übermittelt wird. Die Monatsfrist beginnt mit dem Bekanntwerden der Nichtübermittlung. Die S 1 bis 4 gelten nach **S 5** auch für eine inl Betriebsstätte einer ausl Konzernobergesellschaft oder einer einbezogenen ausl Konzerngesellschaft. Auf diese Weise soll die inl Betriebsstätte eines ausl Unternehmens mit einer einbezogenen inländ Konzerngesellschaft gleichgestellt werden (BT-Drs 18/9536, 41).

6. Anzeigepflicht in der StErklärung (Abs 5). Ein inländ Unternehmen 27
oder eine inl Betriebsstätte, die zu einer ausl Konzernobergesellschaft oder einbezogenen ausl Konzerngesellschaft gehört (s S 4), muss nach S 1 in der StErklärung Angaben dazu machen, anhand derer eine Erstellungs- und Übermittlungspflicht nach Abs 1 (S 1 Nr 1), eine Übermittlungspflicht nach Abs 3 (S 1 Nr 2) oder eine Übermittlungspflicht nach Abs 4 (S 1 Nr 3) geprüft werden kann. Im Fall des S 1 Nr 3 ist zudem nach S 2 anzugeben, welches Unternehmen an welche FinBeh den Bericht übermittelt. Fehlt die Angabe iSv S 2, muss die einbezogene inländ Konzerngesellschaft den länderbezogenen Bericht nach S 3 selbst abgeben; systematisch gehört S 3 zu Abs 3, weil er die Übermittlungspflicht und nicht nur die Erklärungspflicht betrifft.

Eine Negativangabe in der StErklärung, dass keine der Voraussetzungen der Nrn 1 bis 3 erfüllt ist, ist nicht erforderlich (BT-Drs 18/9536, 41).

7. Übermittlungsfrist und Form der Übermittlung (Abs 6). Das Unter- 30
nehmen muss die Übermittlung an das BZSt **innerhalb eines Jahres** nach Ablauf des Wj, für das der Bericht erstellt wird, vornehmen. Unberührt bleibt nach Abs 6 S 2 die zusätzliche Frist von 1 Monat nach Bekanntwerden der Nichtübermittlung im Fall des Abs 4 S 4 (s Rz 23).

Nach Abs 6 S 3 ist die Übermittlung elektronisch vorzunehmen, dh nach amtlich vorgeschriebenem Datensatz durch Datenfernübertragung (s § 87a VI). Zu technischen Einzelheiten der Übermittlung s auch BMF 11.7.2017, BStBl I 17, 974.

32 **8. Weiterleitung durch das BZSt (Abs 7).** Das BZSt leitet die länderbezogenen Berichte, die ihm nach Abs 1, 3 und 4 von den inländ Konzernobergesellschaften, von den beauftragten Konzerngesellschaften sowie von den einbezogenen Konzerngesellschaften übermittelt werden, an die zuständigen FinBeh nach S 1 weiter, damit diese eine Risikoabschätzung vornehmen und die Informationen bei der Veranlagung berücksichtigen können. Außerdem leitet das BZSt nach S 2 den Bericht an einen anderen Vertragsstaat, der das CbC-MCAA (s § 117 Rz 22) unterzeichnet hat, weiter, wenn die Angaben in dem Bericht diesen Staat betreffen. S 3 betrifft den umgekehrten Fall, dass das BZSt Informationen von einem anderen Staat erhält. Die Zuständigkeit des BZSt ergibt sich aus § 5 I 1 Nr 5d und 5e FVG.

S 4 regelt eine Auswertungsmöglichkeit des BZSt; dies entspricht § 7 XIV EUAHiG (s § 117 Rz 234). S 5 berechtigt das BZSt zum Speichern der übermittelten Berichte und zur Löschung nach 15 Jahren; dies entspricht § 7 XII und § 3 IV EUAHiG (§ 117 Rz 233 und 187).

§ 138b Mitteilungspflicht Dritter über Beziehungen inländischer Steuerpflichtiger zu Drittstaat-Gesellschaften

(1) [1]**Verpflichtete im Sinne des § 2 Absatz 1 Nummer 1 bis 3 und 6 des Geldwäschegesetzes (mitteilungspflichtige Stelle) haben dem für sie nach den §§ 18 bis 20 zuständigen Finanzamt von ihnen hergestellte oder vermittelte Beziehungen von inländischen Steuerpflichtigen im Sinne des § 138 Absatz 2 Satz 1 zu Drittstaat-Gesellschaften im Sinne des § 138 Absatz 3 mitzuteilen.** [2]**Dies gilt für die Fälle, in denen**
1. **der mitteilungspflichtigen Stelle bekannt ist, dass der inländische Steuerpflichtige auf Grund der von ihr hergestellten oder vermittelten Beziehung allein oder zusammen mit nahestehenden Personen im Sinne des § 1 Absatz 2 des Außensteuergesetzes erstmals unmittelbar oder mittelbar einen beherrschenden oder bestimmenden Einfluss auf die gesellschaftsrechtlichen, finanziellen oder geschäftlichen Angelegenheiten einer Drittstaat-Gesellschaft ausüben kann, oder**
2. **der inländische Steuerpflichtige eine von der mitteilungspflichtigen Stelle hergestellte oder vermittelte Beziehung zu einer Drittstaat-Gesellschaft erlangt, wodurch eine unmittelbare Beteiligung von insgesamt mindestens 30 Prozent am Kapital oder am Vermögen der Drittstaat-Gesellschaft erreicht wird; anderweitige Erwerbe hinsichtlich der gleichen Drittstaat-Gesellschaft sind miteinzubeziehen, soweit sie der mitteilungspflichtigen Stelle bekannt sind oder bekannt sein mussten.**

(2) **Die Mitteilungen sind für jeden inländischen Steuerpflichtigen und jeden mitteilungspflichtigen Sachverhalt gesondert zu erstatten.**

(3) [1]**Zu jedem inländischen Steuerpflichtigen ist anzugeben:**
1. **die Identifikationsnummer nach § 139b und**
2. **die Wirtschafts-Identifikationsnummer nach § 139c oder, wenn noch keine Wirtschafts-Identifikationsnummer vergeben wurde und es sich nicht um eine natürliche Person handelt, die für die Besteuerung nach dem Einkommen geltende Steuernummer.**

[2]**Kann die mitteilungspflichtige Stelle die Identifikationsnummer und die Wirtschafts-Identifikationsnummer oder die Steuernummer nicht in Erfahrung bringen, so hat sie stattdessen ein Ersatzmerkmal anzugeben, das vom Bundesministerium der Finanzen im Einvernehmen mit den obersten Finanzbehörden der Länder bestimmt worden ist.**

(4) [1]**Die Mitteilungen sind dem Finanzamt nach amtlich vorgeschriebenem Vordruck zu erstatten, und zwar bis zum Ablauf des Monats Februar des Jahres, das auf das Kalenderjahr folgt, in dem der mitzuteilende Sachverhalt verwirklicht wurde.** [2]**§ 72a Absatz 4, § 93c Absatz 1 Nummer 3 und Absatz 4 bis 7, § 171 Absatz 10a, § 175b Absatz 1 und § 203a gelten entsprechend.**

(5) [1]**Das für die mitteilungspflichtige Stelle zuständige Finanzamt hat die Mitteilungen an das für den inländischen Steuerpflichtigen nach den §§ 18 bis 20 zuständige Finanzamt weiterzuleiten.** [2]**§ 31b bleibt unberührt.**

(6) **Der inländische Steuerpflichtige hat der mitteilungspflichtigen Stelle**
1. seine Identifikationsnummer nach § 139b mitzuteilen und
2. seine Wirtschafts-Identifikationsnummer nach § 139c oder, wenn diese noch nicht vergeben wurde und er keine natürliche Person ist, seine für die Besteuerung nach dem Einkommen geltende Steuernummer mitzuteilen.

Vorschr eingefügt durch StUmgBG v 23.6.17 (BGBl I, 1682); Abs 1 S 1 geändert durch G v 23.6.17 (BGBl I, 1822).

Schrifttum: *Schmidt/Ruckes* Das Steuerumgehungsbekämpfungsgesetz – Hintergrund, Inhalte und Praxisaspekte, ISR 17, 473; *Talaska* Steuerumgehungsbekämpfungsgesetz, DB 17, 1803; *Gehm* Mitteilungspflichten bei Auslandsbeziehungen nach § 138 Abs 2 und § 138b AO, IWB 18, 222; *Schurowski* neuer Regelungsvorschlag der OECD zur Offenlegung von CRS-Umgehungsmodellen und offshore Strukturen, FR 18, 245.

Übersicht

1. Überblick. Der durch das StUmgBG v 23.6.2017 (BGBl I, 1682) mWv 25.6.2017 eingefügte § 138b begründet eine Mitteilungspflicht für Kreditinstitute und Finanzunternehmen im Zusammenhang mit Drittstaat-Gesellschaften iSv § 138 III (s § 138 Rz 35). Hat das Kreditinstitut eine Geschäftsbeziehung zwischen einem inländ Stpfl und einer Drittstaat-Gesellschaft vermittelt oder hergestellt und hat der inländ Stpfl einen gewichtigen Einfluss auf die Drittstaat-Gesellschaft, muss das Kreditinstitut das FA hierüber informieren. Zur Form der Mitteilung enthält der neue § 138c eine Ermächtigung für den Erlass einer RechtsVO. Die Norm ist mE wegen Unbestimmtheit **verfassungswidrig** (s Rz 5 und 7). 1

2. Mitteilungspflicht (Abs 1). a) Mitteilungspflichtige Stelle. Nach Abs 1 sind die in § 2 I Nrn 1 bis 3 und Nr 6 GwG genannten Stellen mitteilungspflichtig. Dies sind Kreditinstitute iSv § 1 I KWG, Finanzdienstleistungsinstitute iSv § 1 Ia KWG, Zahlungsinstitute und E-Geld-Institute iSv § 1 III ZAG (bis 12.1.2018: § 1 IIa ZAG) sowie Finanzunternehmen iSv § 1 III KWG (s auch BMF 5.2.2018, BStBl I, 289, Tz 2.1). Ebenfalls erfasst werden jeweils die inländ Zweigstellen und Zweigniederlassungen der genannten Institute, wenn diese ihren Sitz im Ausland haben. Nicht von Abs 1 erfasst werden Vermögensverwalter, weil diese nach § 34 III die Pflichten des Stpfl zu erfüllen haben und daher bereits nach § 138 II 1 Nr 4 mitteilungspflichtig sind (BR-Drs 816/16, 26). 3

5 **b) Voraussetzungen der Mitteilungspflicht.** Die Mitteilungspflicht setzt zum einen nach Abs 1 S 1 voraus, dass ein inländ Stpfl iSv § 138 II 1 (Wohnsitz, gewöhnlicher Aufenthalt, Geschäftsleitung oder Sitz in Deutschland) Beziehungen zu einer Drittstaat-Gesellschaft iSv § 138 III unterhält (s § 138a Rz 35) und dass diese Beziehung durch die meldepflichtige Stelle, zB die Bank, vermittelt oder hergestellt worden ist (s hierzu Rz 7).

Zum anderen muss der inländ Stpfl nach Abs 1 S 2 einen bestimmten Einfluss auf die Drittstaat-Gesellschaft haben: Entweder muss es sich nach S 2 **Nr 1** um einen Einfluss iSv § 138 II 1 Nr 4 handeln (s § 138 Rz 23 ff), dh um einen beherrschenden oder bestimmenden Einfluss auf die gesellschaftsrechtlichen, finanziellen oder geschäftlichen Angelegenheiten der Drittstaat-Gesellschaft allein oder zusammen mit nahestehenden Personen iSv § 1 II AStG. Auch hier ist ebenso wie bei § 138 II 1 Nr 4 unklar, wie der Begriff der genannten Angelegenheiten auszulegen ist; daher ist die **Mitteilungspflicht der Bank** usw nach § 138a mE wegen Unbestimmtheit verfassungswidrig; dies wird durch die Unbestimmtheit der Begriffe „Beziehung" und „hergestellt" noch verschärft (s Rz 7). Die mitteilungspflichtige Stelle muss nach Nr 1 von diesem Einfluss Kenntnis haben; ein Kennenmüssen reicht nicht aus.

6 Oder es muss nach Abs 1 S 2 **Nr 2** eine unmittelbare Beteiligung von mindestens 30% am Kapital oder am Vermögen der Drittstaat-Gesellschaft bestehen. Nach der Gesetzesbegründung (BR-Drs 816/16, 26) muss es sich um einen Erwerb von der mitteilungspflichtigen Stelle handeln; aus dem Gesetz ergibt sich dies mE aber nicht. Nach Nr 2 2. HS sind anderweitige Erwerbe, dh frühere oder gleichzeitige Erwerbe, bei der Berechnung der 30%-Grenze zu berücksichtigen, wenn diese Erwerbe der mitteilungspflichtigen Stelle bekannt sind oder bekannt sein mussten; anders als bei Nr 1 genügt hier also auch ein Kennenmüssen.

7 Das Gesetz regelt nicht den Begriff der **„vermittelten" oder „hergestellten" Beziehung.** Im Gegensatz zu § 1 AStG und § 1 IV GwG wird der Begriff der Geschäftsbeziehung nicht verwendet, sodass der Begriff der Beziehung unklar bleibt. Der Begriff „vermittelt" lässt sich mit Hilfe von § 652 BGB (Makler) und § 1 XI GwG (Immobilienmakler) dahingehend auslegen, dass die Bank ihrem Kunden die Gelegenheit zum Erwerb einer bestehenden Beteiligung verschafft. Indes lässt sich der Begriff „hergestellt" nicht klären und wird in der Gesetzesbegründung nicht erläutert; der Gesetzgeber hat auch nicht die Formulierung des § 10 III Nr 1 GwG verwendet, in der von der „Begründung" einer Geschäftsbeziehung die Rede ist. Die Vorschrift ist daher angesichts der unklaren Begriffe „Beziehung" und „hergestellt" **unbestimmt und deshalb verfassungswidrig**, zumal auch der Begriff der Angelegenheiten in Nr 1 nicht hinreichend bestimmt ist (s Rz 5).

In jedem Fall – die Verfassungsmäßigkeit unterstellt – trägt das FA die **Beweislast.** Die Bank ist mE trotz eines Einflusses des Kunden iSv Abs 1 S 2 daher nicht zur Mitteilung verpflichtet, wenn die „Beziehung" ihres Kunden zur Drittstaat-Gesellschaft ohne Mitwirkung der Bank zustande gekommen ist und sich die Bank zB nur auf die Finanzierung der Beteiligung beschränkt. Zusammen mit der unzureichenden Regelung leidet das Gesetz auf Grund der unterbliebenen Definition der Begriffe „Beziehung" sowie „hergestellt oder vermittelt" an einem weiteren erheblichen Mangel, der die Praxistauglichkeit der Vorschrift erheblich einschränken wird.

9 **c) Mitteilungsempfänger.** Die Mitteilung ist an das für die mitteilungspflichtige Stelle nach §§ 18 bis 20 **zuständige FA** zu machen. Dieses ist dann nach Abs 5 zur Weiterleitung verpflichtet (s Rz 16).

10 **3. Gesonderte Mitteilungspflicht (Abs 2).** Die mitteilungspflichtige Stelle muss die Mitteilung gesondert für jeden Stpfl und gesondert für jeden Sachverhalt machen. Auf diese Weise soll sichergestellt werden, dass jedes einzelne FA iSv Abs 5 von dem mitteilungspflichtigen Sachverhalt erfährt.

4. Weitere Angaben (Abs 3). Neben dem mitteilungspflichtigen Sachverhalt iSv Abs 2 sind nach Abs 3 S 1 auch die Merkmale nach §§ 139b und 139c mitzuteilen. Da es eine Wirtschafts-Identifikationsnummer iSv § 139c noch nicht gibt (s § 139c Rz 1), lässt Abs 3 S 1 Nr 2 es zu, dass die St-Nummer angegeben wird, wenn es sich bei dem inländ Stpfl nicht um eine natürliche Person handelt. Damit die mitteilungspflichtige Stelle diese Angaben machen kann, ist der inländ Stpfl seinerseits nach Abs 6 zur Mitteilung ggü der mitteilungspflichtigen Stelle verpflichtet. Abs 3 S 2 regelt den Fall, dass die mitteilungspflichtige Stelle die Angaben nach S 1 nicht machen kann; sie hat dann ein Ersatzmerkmal zu verwenden, das vom BMF im Schreiben v 5.2.2018 (BStBl I, 289, Tz 2.2) bestimmt wird und aus 19 Stellen besteht, ua aus Teilen des Namens und Geburtsjahres sowie aus der Postleitzahl. 11

5. Form und Frist der Mitteilung (Abs 4). Die Mitteilung ist nach Abs 4 S 1 auf **amtlich vorgeschriebenem Vordruck** zu erstatten. Ein elektronisches Mitteilungsverfahren ist bislang nicht vorgesehen, weil der Gesetzgeber nur von vergleichsweise wenigen mitteilungsbedürftigen Fällen ausgeht (BR-Drs 816/16, 26); allerdings enthält § 138c I 1 eine Ermächtigung für das BMF, die elektronische Übermittlung durch RechtsVO anzuordnen. Die **Frist** für die Mitteilung ist der 28. bzw 29.2. des Folgejahres gem Abs 4 S 1. 13

Nach Abs 4 **S 2** gelten verschiedene Regelungen entsprechend, die für elektronische Mitteilungen iSv § 93c I gelten. Die Anwendbarkeit dieser Vorschriften ist nicht davon abhängig, dass eine elektronische Übermittlungspflicht nach § 138c I 1 eingeführt wird (s Rz 13). Nach S 2 gilt § 72a IV, der eine Haftung für den Fall der schuldhaften Verletzung der Übermittlungspflicht vorsieht. Außerdem gilt § 93c IV bis VII, der zum einen ein Ermittlungsrecht der FinBeh bei dem mitteilungspflichtigen Finanzinstitut vorsieht (§ 93c IV) und zum anderen die Zuständigkeit des Mitteilungsempfängers für die Haftung nach § 72a IV (§ 93c V) sowie den Datenschutz (§ 93c VI und VII) regelt. Weiterhin gilt die Ablaufhemmung des § 171 Xa, wenn die Mitteilung iSv § 138b innerhalb von sieben Kalenderjahren nach dem Besteuerungszeitraum zugegangen ist, die Änderungsvorschrift des § 175b I, falls die Mitteilung iSv § 138b nicht oder unzutreffend berücksichtigt worden ist, und § 203a, der eine Ap beim mitteilungspflichtigen Finanzinstitut iSv § 138b I ermöglicht. 14

6. Weiterleitungspflicht (Abs 5). Das FA, das für die mitteilungspflichtige Stelle zuständig ist (s Rz 9), muss die Informationen nach Abs 6 S 1 an die für die betroffenen inländ Stpfl zuständigen FinBeh nach Abs 5 weiterleiten. Durch den Verweis auf § 31b in S 2 wird sichergestellt, dass eine darüber hinausgehende Weiterleitung an andere Behörden wie zB das Bundeskriminalamt zum Zweck der Bekämpfung der Geldwäsche und der Terrorismusbekämpfung zulässig ist. 16

7. Mitteilungspflicht des inl Stpfl (Abs 6). Der inländ Stpfl muss der mitteilungspflichtigen Stelle, dh dem Finanzinstitut iSv Abs 1, seine Identifikationsnummer iSv § 139b (Abs 6 Nr 1) und seine Wirtschafts-Identifikationsnummer iSv § 139c bzw seine St-Nummer, solange die Wirtschafts-Identifikationsnummer noch nicht eingeführt ist und der inländ Stpfl keine natürliche Person ist (Abs 6 Nr 2), mitteilen. Auf diese Weise wird die mitteilungspflichtige Stelle in die Lage versetzt, ihre Mitteilungspflicht nach Abs 3 zu erfüllen (s Rz 11). 18

8. Folgen der Verletzung der Mitteilungspflicht. Die vorsätzliche oder leichtfertige Verletzung der Mitteilungspflicht des § 138b stellt eine OWi gem § 379 II Nr 1d dar und kann nach § 379 VII mit einer Geldbuße bis zu 25.000 € geahndet werden. Hingegen gilt § 370 III 2 Nr 6 nur für den inländ Stpfl (s § 138 Rz 52), nicht aber für die mitteilungspflichtige Stelle. 20

Die mitteilungspflichtige Stelle kann nach Abs 4 S 2 iVm § 72a IV in Haftung genommen werden, wenn sie ihre Mitteilungspflicht schuldhaft verletzt.

§ 138c Verordnungsermächtigung

(1) [1]Das Bundesministerium der Finanzen kann durch Rechtsverordnung mit Zustimmung des Bundesrates bestimmen, dass Mitteilungen gem § 138b nach amtlich vorgeschriebenem Datensatz über amtlich bestimmte Schnittstellen zu erstatten sind. [2]In der Rechtsverordnung nach Satz 1 kann auch bestimmt werden, dass die Mitteilungen abweichend von § 138b Absatz 1 Satz 1 an eine andere Finanzbehörde zu übermitteln und von dieser Finanzbehörde an das für den inl Steuerpflichtigen nach den §§ 18 bis 20 zuständige Finanzamt weiterzuleiten sind.

(2) [1]Hat das Bundesministerium der Finanzen eine Rechtsverordnung nach Absatz 1 erlassen, dürfen die mitteilungspflichtigen Stellen beim Bundeszentralamt für Steuern die Identifikationsnummer des Steuerpflichtigen nach § 139b oder seine Wirtschafts-Identifikationsnummer nach § 139c erfragen. [2]In der Anfrage dürfen nur die in § 139b Absatz 3 oder § 139c Absatz 3 bis 5a genannten Daten des inl Steuerpflichtigen angegeben werden, soweit sie der mitteilungspflichtigen Stelle bekannt sind. [3]Das Bundeszentralamt für Steuern teilt der mitteilungspflichtigen Stelle die Identifikationsnummer oder die Wirtschafts-Identifikationsnummer mit, sofern die übermittelten Daten mit den nach § 139b Absatz 3 oder § 139c Absatz 3 bis 5a bei ihm gespeicherten Daten übereinstimmen. [4]Die mitteilungspflichtige Stelle darf die Identifikationsmerkmale nur verwenden, soweit dies zur Erfüllung von steuerlichen Pflichten erforderlich ist. [5]Weitere Einzelheiten dieses Verfahrens kann das Bundesministerium der Finanzen durch Rechtsverordnung mit Zustimmung des Bundesrates bestimmen.

Vorschr eingefügt durch StUmgBG v 23.6.17 (BGBl I, 1682).

Schrifttum: s Lit zu § 138b.

1 **1. Ermächtigung (Abs 1).** Der durch das StUmgBG v 23.6.2017 (BGBl I, 1682) mWv 25.6.2017 eingefügte § 138c ergänzt § 138b, indem das BMF nach Abs 1 ermächtigt wird, eine elektronische Mitteilungspflicht in den Fällen des § 138b einzuführen. § 138b IV selbst sieht nur eine Übermittlung nach amtlich vorgeschriebenem Vordruck vor (s § 138b Rz 13).

2 **2. Datenschutz (Abs 2).** Abs 2 S 1 bis 4 regelt den Datenschutz für den Fall, dass das BMF von seiner Ermächtigung Gebrauch gemacht hat. In diesem Fall darf die mitteilungspflichtige Stelle, dh das Finanzinstitut, nach Abs 2 S 1 das Identifikationsmerkmal iSv §§ 139b und 139c beim BZSt erfragen, um seinerseits der Mitteilungspflicht nach § 138b III nachkommen zu können. Die S 2 und 3 beschränken die Pflicht des BZSt zur Beantwortung auf die erforderlichen Angaben. S 4 beschränkt die Verwendung der durch das BZSt übermitteten Identifikationsmerkmale auf die Erfüllung stl Pflichten. S 5 enthält schließlich eine weitere Ermächtigung zugunsten des BMF zu den Einzelheiten des Abfrageverfahrens.

§ 139 Anmeldung von Betrieben in besonderen Fällen

(1) [1]Wer Waren gewinnen oder herstellen will, an deren Gewinnung, Herstellung, Entfernung aus dem Herstellungsbetrieb oder Verbrauch innerhalb des Herstellungsbetriebs eine Verbrauchsteuerpflicht geknüpft ist, hat dies der zuständigen Finanzbehörde vor Eröffnung des Betriebs anzumelden. [2]Das Gleiche gilt für den, der ein Unternehmen betreiben will, bei dem besondere Verkehrsteuern anfallen.

(2) [1]Durch Rechtsverordnung können Bestimmungen über den Zeitpunkt, die Form und den Inhalt der Anmeldung getroffen werden. [2]Die Rechtsverordnung erlässt die Bundesregierung, soweit es sich um Verkehrsteuern mit Aus-

nahme der Luftverkehrsteuer handelt, im Übrigen das Bundesministerium der Finanzen. [3] Die Rechtsverordnung des Bundesministeriums der Finanzen bedarf der Zustimmung des Bundesrates nur, soweit sie die Biersteuer betrifft.

Abs 2 S 2 geändert durch AmtshilfeRLUmsG v 26.6.13 (BGBl I, 1809).

Hersteller **verbrauchsteuerpflichtiger** Waren **oder** Unternehmer, bei denen besondere **Verkehrsteuern** anfallen, zB Versicherungsteuer, müssen dies der FinBeh (gem § 12 FVG dem örtlich zuständigen Hauptzollamt) vor Eröffnung des Betriebes melden. Es muss sich nicht notwendigerweise um gewerbliche Betriebe handeln. Von der in Abs 2 genannten Ermächtigung ist in verschiedenen Rechtsverordnungen zu Verbrauch- und Verkehrsteuergesetzen Gebrauch gemacht worden, zB in § 8 TabStV oder § 2 VersStDV. Zur Änderung des Abs 2 S 2 durch das AmtshilfeRLUmsG s 13. Aufl. 1

Die Aufforderung zur Anmeldung ist ein anfechtbarer **VA;** die Anmeldung kann zudem gem §§ 328 ff erzwungen werden. Ein Verstoß gegen § 139 kann eine **Ordnungswidrigkeit** iSv § 381 I Nr 1 darstellen, wenn in dem entsprechenden Verbrauchsteuergesetz oder der RechtsVO auf § 381 verwiesen wird, so zB bei § 64 EnergieStG oder § 36 I Nr 4 TabStG. 2

3. Unterabschnitt. Identifikationsmerkmal

§ 139a Identifikationsmerkmal

(1) [1] **Das Bundeszentralamt für Steuern teilt jedem Steuerpflichtigen zum Zwecke der eindeutigen Identifizierung in Besteuerungsverfahren ein einheitliches und dauerhaftes Merkmal (Identifikationsmerkmal) zu; das Identifikationsmerkmal ist vom Steuerpflichtigen oder von einem Dritten, der Daten dieses Steuerpflichtigen an die Finanzbehörden zu übermitteln hat, bei Anträgen, Erklärungen oder Mitteilungen gegenüber Finanzbehörden anzugeben. [2] Es besteht aus einer Ziffernfolge, die nicht aus anderen Daten über den Steuerpflichtigen gebildet oder abgeleitet werden darf; die letzte Stelle ist eine Prüfziffer. [3] Natürliche Personen erhalten eine Identifikationsnummer, wirtschaftlich Tätige eine Wirtschafts-Identifikationsnummer. [4] Der Steuerpflichtige ist über die Zuteilung eines Identifikationsmerkmals unverzüglich zu unterrichten.**

(2) **Steuerpflichtiger im Sinne dieses Unterabschnitts ist jeder, der nach einem Steuergesetz steuerpflichtig ist.**

(3) **Wirtschaftlich Tätige im Sinne dieses Unterabschnitts sind:**
1. natürliche Personen, die wirtschaftlich tätig sind,
2. juristische Personen,
3. Personenvereinigungen.

§ 139a eingefügt durch StÄndG 2003 v 15.12.03 (BGBl I, 2654); Abs 1 S 1 neu gefasst durch ZKAnpG v 22.12.14 (BGBl I, 2417).

Schrifttum: *vor 2010 s 13. Aufl; Mühlenharz* Das maschinelle Anfrageverfahren zur Erhebung der Steueridentifikationsnummer, AO-StB 10, 220; *Mühlenharz* Hat sich die steuerliche Identifikationsnummer bewährt?, StBW 14, 918.

1. Inhalt. Das Identifikationsmerkmal iSv § 139a soll die bisherige länderspezifische StNummer eines Stpfl, später auch die USt-ID-Nummer (§ 27a UStG) und das lohnsteuerliche Ordnungsmerkmal (§ 41b II EStG, sog eTIN) ersetzen (BT-Drs 15/1945, 16). Der Gesetzgeber will damit unter dem Schlagwort **„E-Government"** dem Bürokratieabbau und der Angleichung an internationale Standards dienen und insbes auch im Interesse der gleichmäßigen Durchsetzung der Steueransprüche bessere Kontrollmöglichkeiten zur Verifikation der Angaben des 1

Stpfl schaffen (*BG/Wiese* § 139a Rz 2). Das Identifikationsmerkmal soll zB sicherstellen, dass Kinder, die stl geltend gemacht werden, tatsächlich existieren und nur einmal stl berücksichtigt werden (vgl § 24b I 5, § 63 I 4 EStG). Zur **verfassungsrechtl Zulässigkeit** s § 139b Rz 4. Für die Vergabe und die Verwaltung des Identifikationsmerkmals ist zentral das BZSt gem § 5 Nr 22 FVG zuständig.

2 § 139a enthält die gesetzliche Grundlage für die Einführung des Identifikationsmerkmals, das nach Abs 1 S 3 für natürliche Personen als **Steueridentifikationsnummer** gem § 139b und für wirtschaftlich Tätige als **Wirtschafts-Identifikationsnummer** (Wirtschafts-ID-Nummer) gem § 139c ausgestaltet ist. § 139d enthält eine Verordnungsermächtigung für die Bundesregierung zur weiteren Ausgestaltung und Umsetzung des Identifikationsmerkmals. Die Steueridentifikationsnummer iSv § 139b wurde im Jahr 2008 eingeführt, nachdem die geplante Einführung zum 1.7.2007 gem Art 97 § 5 EGAO, § 1 StIdV v 28.11.2006 (BGBl I, 2726, geändert durch BGBl I 07, 1185) nicht geglückt war. Die Wirtschafts-ID-Nummer iSv § 139c ist bislang nicht eingeführt worden (s § 139c Rz 1).

3 **2. Identifikationsmerkmal.** Nach **Abs 1 Satz 1** muss das Identifikationsmerkmal **einheitlich und dauerhaft** sein. Dies erfordert eine Vergabe nach einheitlichen Maßstäben und einem einheitlichen System. Einheitlich bedeutet einen gleichartigen Aufbau des Merkmals, wie in Satz 2 vorgegeben, nicht aber Ausschließlichkeit mit der Folge, dass für besondere Steuern wie ErbSt, KfzSt oder GrESt keine gesonderten StNummern mehr vergeben oder beibehalten werden dürfen (vgl *BG/Wiese* § 139a Rz 12). Dauerhaftigkeit des Identifikationsmerkmals erfordert, dass es lebenslang (*Koenig/Cöster* § 139a Rz 4) bzw für die Dauer der potenziellen StPflicht (s dazu Rz 7) vergeben wird.

4 Das Identifikationsmerkmal ist bei Anträgen, Erklärungen oder Mitteilungen ggü der FinBeh anzugeben. Das Identifikationsmerkmal (ID-Nummer bzw Wirtschafts-ID-Nummer) ist nach der Neuregelung des Abs 1 S 1 2. HS durch das ZollkodexAnpG v 22.12.2014 (BGBl I, 2417) nicht nur vom Stpfl selbst im Umgang mit den FinBeh anzugeben, sondern auch von Dritten bei Anträgen, Erklärungen oder Mitteilungen ggü FinBeh zu verwenden ist, sofern sie Daten des Stpfl zu übermitteln haben (BT-Drs 18/3017, 36).

5 Vorgeschrieben ist für das Identifikationsmerkmal nach Abs 1 **S 2** eine Ziffernfolge (dh Zahlzeichen), die nach Abs 2 S 2 2. Hs durch eine Prüfziffer abgeschlossen wird. Buchstaben sind unzulässig, ausgenommen die Buchstaben „DE", die im Fall der Wirtschafts-ID-Nummer nach § 139c I 2 am Beginn der Ziffernfolge steht. Wichtig ist, dass die Ziffern nicht aus anderen Daten des Stpfl gebildet oder abgeleitet werden dürfen, zB aus dem Geburtsdatum wie nach § 147 II SGB VI bei der von den Rentenversicherungsträgern vergebenen Versicherungsnummer oder aus dem Tätigkeitsbereich des Stpfl (wie bislang bei der StNummer). Es muss sich also um eine sog „nicht sprechende" Ziffernfolge handeln, die keine Rückschlüsse auf die Person des Stpfl zulässt (*Mühlenharz* AO-StB 10, 90; *Koenig/Cöster* § 139a Rz 7).

6 Nach Abs 1 **S 3** ist das Identifikationsmerkmal eine Steueridentifikationsnummer für natürliche Personen (s § 139b) und eine Wirtschafts-ID-Nummer für wirtschaftlich Tätige (s § 139c); s auch Rz 8 und 9. Wirtschaftlich tätige **natürliche** Personen erhalten somit anders als zB juristische Personen mindestens zwei ID-Nummern, nämlich eine ID-Nummer gem § 139b für natürliche Personen und zusätzlich eine oder mehrere Wirtschafts-ID-Nummern gem § 139c für ihre jeweilige wirtschaftliche Tätigkeit (s § 139c Rz 5). Zum Rechtsschutz gegen die Zuteilung des Identifikationsmerkmals s § 139b Rz 3 sowie § 139c Rz 3.

7 **Abs 2** definiert den Stpfl iSd §§ 139a bis 139d: Danach ist jeder Stpfl iSv Abs 2, der nach einem StGesetz steuerpflichtig ist, unabhängig davon, ob er die Voraussetzungen des § 33 erfüllt oder ob er konkret eine Steuer schuldet (BFH BStBl 12,

168). Entscheidend ist nur, dass er die subjektiven Voraussetzungen einer StPflicht (zB des § 1 I 1 EStG) erfüllt, also eine potenzielle StPflicht besteht. Auch Neugeborene erhalten daher unter den Voraussetzungen des § 1 I 1 EStG bereits eine ID-Nummer für natürliche Personen (*TK/Brandis* § 139a Rz 3).

Abs 3 definiert den Kreis der wirtschaftlich Tätigen, die nach Abs 1 S 3 und 8
§ 139c eine Wirtschafts-ID-Nummer erhalten. Bei **natürlichen Personen** ist dies danach (folgerichtig) nur dann der Fall, wenn sie wirtschaftlich tätig sind. Da es wegen der wirtschaftlichen Tätigkeit um die potenzielle Stpfl geht (s Rz 7), ist der Begriff der wirtschaftlichen Tätigkeit weit auszulegen (*Koenig/Cöster* § 139a Rz 11). Nach der Gesetzesbegründung sollen außer Unternehmern nach § 2 I UStG ua auch die zur Meldung nach § 28a SGB IV verpflichteten ArbG eine Wirtschafts-ID-Nummer erhalten (BT-Drs 15/1945, 16). Bei Unternehmern iSv § 2 I UStG kommt es nicht darauf an, ob ihre Tätigkeiten konkret nach § 4 UStG steuerbefreit sind.

Juristische Personen und **Personenvereinigungen** gelten nach Abs 3 Nrn 2 9
und 3 immer als wirtschaftlich Tätige, unabhängig davon, welche Tätigkeit sie konkret ausüben. Daher erhalten auch rein ideell ausgerichtete rechtsfähige Vereine, die gemeinnützig tätig sind, eine Wirtschafts-ID-Nummer (*Schwarz/Schmitz* § 139a Rz 6).

§ 139b Identifikationsnummer

(1) [1] **Eine natürliche Person darf nicht mehr als eine Identifikationsnummer erhalten. [2] Jede Identifikationsnummer darf nur einmal vergeben werden.**

(2) [1] **Die Finanzbehörden dürfen die Identifikationsnummer verarbeiten, wenn die Verarbeitung zur Erfüllung der ihnen obliegenden Aufgaben erforderlich ist oder eine Rechtsvorschrift die Verarbeitung der Identifikationsnummer ausdrücklich erlaubt oder anordnet. [2] Andere öffentliche oder nichtöffentliche Stellen dürfen ohne Einwilligung der betroffenen Person**

1. **die Identifikationsnummer nur verarbeiten, soweit dies für Datenübermittlungen zwischen ihnen und den Finanzbehörden erforderlich ist oder eine Rechtsvorschrift die Verarbeitung der Identifikationsnummer ausdrücklich erlaubt oder anordnet,**
2. **ihre Dateisysteme nur insoweit nach der Identifikationsnummer ordnen oder für den Zugriff erschließen, als dies für regelmäßige Datenübermittlungen zwischen ihnen und den Finanzbehörden erforderlich ist,**
3. **eine rechtmäßig erhobene Identifikationsnummer eines Steuerpflichtigen zur Erfüllung aller Mitteilungspflichten gegenüber Finanzbehörden verwenden, soweit die Mitteilungspflicht denselben Steuerpflichtigen betrifft und die Verarbeitung nach Nummer 1 zulässig wäre,**
4. **eine durch ein verbundenes Unternehmen im Sinne des § 15 des Aktiengesetzes oder ein Unternehmen einer kreditwirtschaftlichen Verbundgruppe rechtmäßig erhobene Identifikationsnummer eines Steuerpflichtigen zur Erfüllung aller steuerlichen Mitwirkungspflichten verwenden, soweit die Mitwirkungspflicht denselben Steuerpflichtigen betrifft und die verwendende Stelle zum selben Unternehmensverbund wie die Stelle gehört, die die Identifikationsnummer erhoben hat und die Verarbeitung nach Nummer 1 zulässig wäre.**

[3] ***Vertragsbestimmungen und Einwilligungserklärungen, die darauf gerichtet sind, eine nach den vorstehenden Bestimmungen nicht zulässige Erhebung oder Verwendung der Identifikationsnummer zu ermöglichen, sind unwirksam*** [*Satz 3 entfällt ab 25.5.2018*].

(3) **Das Bundeszentralamt für Steuern speichert zu natürlichen Personen folgende Daten:**

1. Identifikationsnummer,
2. Wirtschafts-Identifikationsnummern,
3. Familienname,
4. frühere Namen,
5. Vornamen,
6. Doktorgrad,
7. *(aufgehoben)*
8. Tag und Ort der Geburt,
9. Geschlecht,
10. gegenwärtige oder letzte bekannte Anschrift,
11. zuständige Finanzbehörden,
12. Auskunftssperren nach dem Bundesmeldegesetz,
13. Sterbetag,
14. Tag des Ein- und Auszugs.

(4) **Die in Absatz 3 aufgeführten Daten werden gespeichert, um**
1. sicherzustellen, dass eine Person nur eine Identifikationsnummer erhält und eine Identifikationsnummer nicht mehrfach vergeben wird,
2. die Identifikationsnummer eines Steuerpflichtigen festzustellen,
3. zu erkennen, welche Finanzbehörden für einen Steuerpflichtigen zuständig sind,
4. Daten, die auf Grund eines Gesetzes oder nach über- und zwischenstaatlichem Recht entgegenzunehmen sind, an die zuständigen Stellen weiterleiten zu können,
5. den Finanzbehörden die Erfüllung der ihnen durch Rechtsvorschrift zugewiesenen Aufgaben zu ermöglichen.

(5) **[1]Die in Absatz 3 aufgeführten Daten dürfen nur für die in Absatz 4 genannten Zwecke verarbeitet werden. [2]Auskunftssperren nach dem Bundesmeldegesetz sind zu beachten und im Fall einer zulässigen Datenübermittlung ebenfalls zu übermitteln. [3]Der Dritte, an den die Daten übermittelt werden, hat die Übermittlungssperren ebenfalls zu beachten.**

(6) **[1]Zum Zwecke der erstmaligen Zuteilung der Identifikationsnummer übermitteln die Meldebehörden dem Bundeszentralamt für Steuern für jeden in ihrem Zuständigkeitsbereich mit alleiniger Wohnung oder Hauptwohnung im Melderegister registrierten Einwohner folgende Daten:**
1. Familienname,
2. frühere Namen,
3. Vornamen,
4. Doktorgrad,
5. *(aufgehoben)*
6. Tag und Ort der Geburt,
7. Geschlecht,
8. gegenwärtige Anschrift der alleinigen Wohnung oder der Hauptwohnung,
9. Tag des Ein- und Auszugs,
10. Auskunftssperren nach dem Bundesmeldegesetz.
[2]Hierzu haben die Meldebehörden jedem in ihrem Zuständigkeitsbereich mit alleiniger Wohnung oder Hauptwohnung registrierten Einwohner ein Vorläufiges Bearbeitungsmerkmal zu vergeben. [3]Dieses übermitteln sie zusammen mit den Daten nach Satz 1 an das Bundeszentralamt für Steuern. [4]Das Bundeszentralamt für Steuern teilt der zuständigen Meldebehörde die dem Steuerpflichtigen zugeteilte Identifikationsnummer zur Speicherung im Melderegister unter Angabe des Vorläufigen Bearbeitungsmerkmals mit und löscht das Vorläufige Bearbeitungsmerkmal anschließend.

(7) [1]**Die Meldebehörden haben im Falle der Speicherung einer Geburt im Melderegister sowie im Falle der Speicherung einer Person, für die bisher keine Identifikationsnummer zugeteilt worden ist, dem Bundeszentralamt für Steuern die Daten nach Absatz 6 Satz 1 zum Zwecke der Zuteilung der Identifikationsnummer zu übermitteln.** [2]**Absatz 6 Satz 2 bis 5 gilt entsprechend.**

(8) **Die Meldebehörde teilt dem Bundeszentralamt für Steuern Änderungen der in Absatz 6 Satz 1 Nr. 1 bis 10 bezeichneten Daten sowie bei Sterbefällen den Sterbetag unter Angabe der Identifikationsnummer oder, sofern diese noch nicht zugeteilt wurde, unter Angabe des Vorläufigen Bearbeitungsmerkmals mit.**

(9) **Das Bundeszentralamt für Steuern unterrichtet die Meldebehörden, wenn ihm konkrete Anhaltspunkte für die Unrichtigkeit der ihm von den Meldebehörden übermittelten Daten vorliegen.**

§ 139b eingefügt durch StÄndG 2003 v 15.12.03 (BGBl I, 2645); Abs 3 Nr 11 und Abs 4 Nr 3 geändert, Abs 9 eingefügt durch EURLUmsG v 9.12.04 (BGBl I, 3310); Abs 3, 6 S 1 und 3, Abs 7 S 1, Abs 8 und 9 geändert durch G v 22.9.05 (BGBl I, 2809); Abs 6 S 2 bis 5 eingefügt, Abs 7 und 8 geändert durch JStG 2007 v 13.12.06 (BGBl I, 2878); Abs 3 Nr 7 und Abs 6 S 1 Nr 5 aufgehoben durch G v 20.7.07 (BGBl I, 1566); Abs 3 Nr 12 eingefügt, Abs 5 S 2 und 3 angefügt, Abs 6 Nrn 9, 10 und S 6 angefügt, Abs 7 S 2 und Abs 8 geändert durch JStG 2008 v 20.12.07 (BGBl I, 3150); Abs 3 Nr 12, Abs 5 S 2, Abs 6 S 1 Nr 10 geändert durch MeldFortG v 3.5.13 (BGBl I, 1084) mWv 1.5.2015 und G v 20.11.14 (BGBl I, 1738) mWv 1.11.2015; Abs 2 S 2 Nrn 3 und 4 sowie Abs 3 Nr 14 angefügt, Abs 6 S 6 aufgehoben und Abs 7 S 2 neu gefasst durch ZKAnpG v 22.12.14 (BGBl I, 2417); Abs 2 S 2 Nr 4 neu gefasst durch StUmgBG v 23.6.17 (BGBl I, 1682); Abs 2 neu gefasst, Abs 5 S 1 geändert, Abs 6 S 4 aufgehoben durch G v 17.7.17 (BGBl I, 2541) mWv 25.8.2018.

Schrifttum: *vor 2010 s 13. Aufl; Mühlenharz* Die Steueridentifikationsnummer, AO-StB 10, 90; *Polenz* Umgang mit der Identifikationsnummer nach § 139b AO, RDV 10, 115; *Pahlke* Zuteilung der Identifikationsnummer und dazu erfolgte Datenspeicherung mit Grundgesetz vereinbar, BFH/PR 12, 126; *Kurzrock/Rehberg* Neubewertung zollrechtlicher Bewilligungen – Abfrage der Steuer-ID – Standpunkt der Zollverwaltung und offene Fragen, BB 17, 1952; *Thaler* Erhebung der Steuer-ID und Nachweis der steuerlichen Zuverlässigkeit bei der Neubewertung zollrechtlicher Bewilligungen – Maßnahmen zu Lasten Dritter?, ZfZ 17, 282. S auch Lit zu § 139a.

Übersicht

1. Inhalt. Die Vorschr regelt Einzelheiten zu der ID-Nummer **(Steueridentifikationsnummer),** die ab 2008 eingeführt wurde (s § 139a Rz 2); es handelt sich dabei um das Identifikationsmerkmal iSv § 139a I **für natürliche Personen.** § 139b **Abs 1** legt den Grundsatz der Eindeutigkeit und Beständigkeit für die ID-Nummer fest. **Abs 2 bis 5** enthalten bereichsspezifische Datenschutzbestimmungen für die Erhebung und Verwendung (Verarbeitung) der ID-Nummer sowie für die Speicherung und Verwendung der in diesem Zusammenhang gesammelten Daten (vgl zum verfassungsrechtl Hintergrund *BG/Wiese* § 139b Rz 2). Die **Abs 6 bis 9** regeln die Zusammenarbeit zwischen BZSt und Meldebehörden zwecks Zulieferung der Daten und zum Austausch von Erkenntnissen im Zusammenhang mit diesen Daten. Weitere Einzelheiten des Verfahrens der Datenübermittlung, 1

Zuteilung, Speicherung und Löschung regelt die StIdV v 28.11.2006 (BGBl I, 2726, zuletzt geändert durch BGBl I 17, 2745). Die Datenschutzbestimmungen des § 139b werden bis zum 24.5.2018 ergänzt durch den **Bußgeldtatbestand** des § 383a (zur ergänzenden Anwendung des BDSG s Rz 7) und ab dem 25.5.2018 durch Art 83 der VO (EU) 2016/679 (BT-Drs 18/12611, 103 f).

2 Die Verwendung der ID-Nummer wird nunmehr in einer Vielzahl von Fällen der Datenübermittlung gefordert, zB beim Abzug von Unterhaltsaufwendungen als außergewöhnliche Belastungen gem § 33a I 9 EStG, beim Kindergeld gem § 62 I 2 EStG oder bei der Anzeige nach § 20 I Nr 1 GrEStG.

3 **2. Rechtsschutz.** Gegen die Zuteilung der ID-Nummer kann Feststellungsklage gem § 41 I FGO erhoben werden (BFH BStBl 12, 168). Hingegen sind Einspruch und Anfechtungsklage nicht statthaft. Denn die Zuteilung der Steuer-ID-Nummer stellt mangels Regelung eines Einzelfalls – insbes zur StPflicht der betroffenen Person – und mangels unmittelbarer Rechtswirkung nach außen **keinen Verwaltungsakt** dar (BFH BStBl 12, 168). Hierfür spricht Abs 1 S 4, wonach der Stpfl über die Zuteilung *unverzüglich,* dh ohne schuldhaftes Zögern (vgl § 121 I 1 BGB), zu unterrichten ist; andernfalls wäre die Bestimmung im Wesentlichen bedeutungslos, weil VA nach § 122 ohnehin dem Betroffenen bekannt zu geben sind und nach § 124 I 2 auch nur mit dem bekannt gegebenen Inhalt wirksam werden. Anders ist dies bei der Wirtschafts-ID-Nummer (§ 139c Rz 3).

Einsprüche gegen die Zuteilung der stl ID-Nummer oder gegen die Speicherung der Daten sind vom BMF mit **Allgemeinverfügung** v 22.7.2013 gem § 367 IIb zurückgewiesen worden (BStBl I 13, 862).

4 **3. Verfassungsmäßigkeit.** Die Einführung einer ID-Nummer ist nach zutreffender Auffassung des BFH (BStBl 12, 168; BFH/NV 12, 381) verfassungsgemäß und verletzt nicht das Recht des Einzelnen auf informationelle Selbstbestimmung (zu diesem Recht s BVerfGE 65, 1). Die Vergabe der ID-Nummer soll insbes eine gleichmäßige Besteuerung gewährleisten (zB bei den Renteneinkünften), Missbrauch verhindern (zB beim doppelten Bezug von Kindergeld, da auch Kinder eine ID-Nummer erhalten) und zum Bürokratieabbau (zB bei der elektronischen LSt-Bescheinigung) beitragen. Die Regelung des § 139b trägt dem Grundsatz der Erforderlichkeit Rechnung, weil durch § 139b II und III eine strikte Zweckbindung gesichert ist, wonach die Verwendung der ID-Nummer auf rein stl Zwecke beschränkt wird, insbes eine Zweckänderung nach §§ 14–16 BDSG in der bis zum 24.5.2018 geltenden Fassung ausgeschlossen ist (BFH BStBl 12, 168; *BG/Wiese* § 139b Rz 13; *Pahlke* BFH/PR 12, 126; kritisch: *Polenz* RDV 10, 115). Nach Auffassung des BFH (BStBl 12, 168) überwiegt das Interesse der Allgemeinheit an einer gleichmäßigen Besteuerung, die durch § 139b AO gewährleistet werden soll, das individuelle Recht auf informationelle Selbstbestimmung.

Als abwegig zu bezeichnen ist der von einzelnen Stpfl erhobene Einwand, die Verwendung der ID-Nummer verstoße gegen die **Religionsfreiheit** des Art 4 GG, weil dem Stpfl der christliche Name abgesprochen werde. Denn der Name kann selbstverständlich weiterhin verwendet werden. Die ID-Nummer hat lediglich die Funktion eines Ordnungsmerkmals, das über ein Aktenzeichen oder eine StNummer nicht hinausgeht. Zudem kann der Stpfl beim BZSt gem § 51a IIe 1 und 2 EStG einen Sperrvermerk hinsichtlich seiner Religionszugehörigkeit beantragen, sodass diese den Banken, die zum Abzug von KapESt verpflichtet sind, nicht mitgeteilt wird; er ist dann allerdings zur Abgabe einer StErklärung verpflichtet (§ 51a IIe 3 EStG).

5 **4. Einmaligkeit (Abs 1).** Abs 1 bestimmt zur Gewährleistung des Grundsatzes der Eindeutigkeit und Beständigkeit der ID-Nummer (BT-Drs 15/1945, 16), dass jede natürliche Person (auch Kinder) nur *eine* Nummer erhalten und jede Nummer nur *einmal* vergeben werden darf. Auch Ehegatten erhalten jeweils eine eigene

Nummer, nicht zusätzlich noch eine gemeinsame (Ehegatten-)Nummer. Zusätzlich können der natürlichen Person allerdings eine oder mehrere Wirtschafts-ID-Nummern zugeteilt werden (s § 139a Rz 6 und § 139c Rz 5). Davon geht auch Abs 3 Nr 2 des § 139b aus.

5. Datenschutzbestimmungen (Abs 2–5). Die bereichsspezifischen Datenschutzbestimmungen der Abs 2 bis 5 gehen den Regelungen des BDSG und den Datenschutzgesetzen der Länder vor; dies ergibt sich aus § 1 II 1 BDSG idF v 30.6.2017 bzw aus § 1 III BDSG aF. 7

a) Erhebung und Verwendung (Abs 2). Abs 2 regelt die Erhebung und Verwendung bzw ab 25.5.2018 die Verarbeitung der ID-Nummer durch die FinBeh und andere Stellen. Die Änderung des Abs 2 durch das G v 30.6.2017 (BGBl I, 2143) setzt die VO (EU) 2016/679 um, die statt der Begriffe „Erheben" und „Verwenden" den Begriff „Verarbeitung" und statt des Begriffs „Datei" den Begriff „Dateisystem" verwendet. Eine inhaltliche Änderung ist damit nicht verbunden. 8

„Erheben" ist aus § 3 III BDSG in der bis zum 24.5.2018 geltenden Fassung übernommen und bedeutet das Beschaffen von Daten (BFH BStBl 12, 168). Es geht also um das Ersuchen an das BZSt um Übermittlung der ID-Nummer für eine natürliche Person. Der Begriff **„Verwenden"** findet sich dagegen nicht im BDSG. Hier geht es also um den Umgang mit einer der jeweiligen FinBeh oder einer anderen Stelle übermittelten ID-Nummer.

Der Begriff **„Verarbeiten"**, der ab dem 25.5.2018 maßgeblich ist, ergibt sich aus Art 4 Nr 2 der VO (EU) 2016/679. Er umfasst das Erheben, das Erfassen, die Organisation, das Ordnen, die Speicherung, die Anpassung oder Veränderung, das Auslesen, das Abfragen, die Verwendung, die Offenlegung durch Übermittlung, Verbreitung oder eine andere Form der Bereitstellung, den Abgleich oder die Verknüpfung, die Einschränkung, das Löschen oder die Vernichtung von Daten.

Nach **Abs 2 Satz 1** dürfen die FinBeh die ID-Nummer nur erheben und verwenden bzw verarbeiten, soweit dies zur Erfüllung ihrer gesetzlichen Aufgaben erforderlich ist (S 1 Alt 1) oder eine Rechtsvorschrift die Erhebung oder Verwendung der ID-Nummer ausdrücklich erlaubt oder anordnet (S 1 Alt 2). Die Beschränkung auf die gesetzlichen Aufgaben der FinBeh iSv S 1 **Alt 1** erfordert, dass die Aufgaben durch formelle Gesetze oder durch eine RechtsVO begründet sind; eine auf einer Satzung beruhende Aufgabe genügt nicht (BFH BStBl 12, 168). Es muss sich dabei um stl gesetzliche Aufgaben handeln; hierzu zählt aber auch der im EStG geregelte Familienleistungsausgleich gem §§ 31, 32 und 62ff EStG (BFH BStBl 12, 168). Nach S 1 **Alt 2** darf die ID-Nummer für andere als die gesetzlichen stl Aufgaben erhoben und verwendet bzw verarbeitet werden, wenn eine Rechtsvorschrift dies ausdrücklich erlaubt oder vorschreibt. Hierfür zählen neben Gesetzen und RVOen auch Satzungen (BFH BStBl 12, 168). Verwaltungsvorschriften, Richtlinien oder Erlasse reichen aber auch hier nicht aus. Die Regelung in der Rechtsvorschrift muss ausdrücklich erfolgt sein. 9

Abs 2 S 2 Nrn 1 bis 4 betreffen die Erhebung und Verwendung bzw Verarbeitung der ID-Nummer durch andere öffentliche oder nicht öffentliche Stellen, also nicht durch FinBeh. Die Begriffe „öffentliche oder nicht öffentliche Stellen" sind aus § 2 I, II, III und IV 2 BDSG übernommen worden (s auch BFH BStBl 12, 168). Danach handelt es sich bei anderen **öffentlichen Stellen** ua um Behörden (außerhalb der FinVerw), Organe der Rechtspflege und andere öff-rechtl organisierte Einrichtungen sowie Vereinigungen von öff-rechtl Einrichtungen und beliehene nicht öffentliche Stellen. Nicht öffentliche Stellen sind gem § 2 IV 1 BDSG natürliche und juristische Personen, Gesellschaften und andere Personenvereinigungen des privaten Rechts, die nicht unter § 2 I bis III und IV 2 BDSG fallen. 10

Die Anforderungen an einer Erhebung und Verwendung bzw Verarbeitung nach Abs 2 S 2 durch andere öffentliche oder nicht öffentliche Stellen sind deutlich strenger als die Anforderungen für FinBeh nach Abs 2 S 1. So ist die Erhebung und Verwendung bzw Verarbeitung grds nur zulässig, soweit dies für Datenübermittlungen zwischen ihnen und den FinBeh erforderlich ist (Abs 2 S 2 Nr 1). Eine darüber hinaus gehende Erhebung und Verwendung der ID-Nummer ist nur aufgrund einer ausdrücklichen Erlaubnis oder Anordnung in einer Rechtsvorschrift zulässig; eine solche Regelung findet sich etwa in § 22a S 1 Nr 1 EStG, der die Übermittlung der ID-Nummer im Rahmen der Rentenbezugsmitteilung durch die mitteilungspflichtige Versorgungsreinrichtung an die Deutsche Rentenversicherung Bund (§ 81 EStG) vorsieht. Sowohl die anderen öffentlichen Stellen als auch die nicht öffentlichen Stellen dürfen nicht einmal ihre Dateien nach der ID-Nummer ordnen oder für den Zugriff erschließen, es sei denn, dies ist für regelmäßige Datenübermittlungen zwischen ihnen und den FinBeh erforderlich (Abs 2 S 2 Nr 2).

Durch das ZollkodexAnpG v 22.12.2014 wurde Abs 2 S 2 um eine **Nr 3 und Nr 4** ergänzt, die ausschl die Verwendung der ID-Nummer durch Dritte betreffen, die die ID-Nummer eines Stpfl ggü dem FA in verschiedenen Mitteilungsverfahren verwenden, zB eine Bank als ArbG im ELStAM-Verfahren und gleichzeitig im Freistellungsverfahren nach § 45d EStG. Nr 3 stellt klar, dass die Bank in diesem Fall nicht für jede Mitteilungspflicht die ID-Nummer neu erheben muss, sondern sie für weitere Mitteilungspflichten, die denselben Stpfl betreffen, verwenden kann (BT-Drs 18/3017, 36f). Nr 4 weitet dies auf Konzernunternehmen iSv §§ 15ff AktG und seit der Änderung der Nr 4 durch das StUmgBG mWv 25.6.2017 auch auf Unternehmen einer kreditwirtschaftlichen Verbundgruppe aus, sodass ein Konzernunternehmen bzw ein Unternehmen aus dem kreditwirtschaftlichen Verbund die im Konzern bzw Verbund bereits vorhandene ID-Nummer desselben Stpfl verwenden darf, ohne dass es sie erneut erheben müsste. Allerdings dürfen die Konzern- bzw Verbundunternehmen, die hinsichtlich eines Stpfl keine Mitteilungspflichten ggü dem FA haben, auch weiterhin die ID-Nummer dieses Stpfl weder erheben noch verwenden (BT-Drs 18/3017, 37).

11 Die Regelung des Abs 2 S 3, die eine Abweichung von den datenschutzrechtlichen Beschränkungen des Abs 2 S 2 selbst mit Zustimmung des Betroffenen verbietet, ist durch das StUmgBG mWv 25.5.2018 aufgehoben worden. Nach der VO (EU) 2016/679 ist nämlich eine Verarbeitung personenbezogener Daten mit Einwilligung der betroffenen Person durchaus zulässig.

13 **b) Speicherung (Abs 3–5).** Abs 3 bis 5 enthalten Regelungen über Daten, die beim BZSt im Zusammenhang mit der ID-Nummer gespeichert werden. Die Aufzählung der Daten in **Abs 3,** die beim BZSt zu speichern sind, ist zwar abschließend; allerdings gibt es noch weitere Vorschriften, die eine Speicherung von Daten durch das BZSt zulassen, zB § 39e II EStG zum Zwecke der elektronischen LSt-Abzugsmerkmale (ELStAM). Die in Abs 3 genannten Daten dienen bis auf die Nrn 11, 12 und 14 der Identifizierung des Stpfl (BFH BStBl 12, 168). Die Speicherung der zuständigen FinBeh nach Nr 11 ist erforderlich, damit diesen die ID-Nummer mitgeteilt werden kann (BT-Drs 15/1945, 16). Die Speicherung von **Auskunftssperren** nach Nr 12 stellt sicher, dass die Daten nur verarbeitet oder genutzt werden dürfen, wenn der besondere Zweck der Auskunftssperre, dh die Vermeidung einer Gefahr für Leben, Gesundheit usw, nicht beeinträchtigt wird (§ 51 BMG; s BT-Drs 16/6290, 81). Diesem Zweck entspr geändert bzw eingefügt wurde auch Abs 5 S 2 und 3; zum Hintergrund s 13. Aufl. Die Ergänzung der Nr 14 (Tag des Ein- und Auszugs) durch das ZollkodexAnpG soll verhindern, dass bei der Bildung der Elektronischen Lohnsteuerabzugsmerkmale (ELSTAM) Wegzüge in das Ausland bzw Zuzüge aus dem Ausland nicht korrekt erfasst werden, wenn der Stpfl den Wegzug bzw Zuzug verspätet gemeldet hat (BT-Drs 18/3017, 37).

Offen gelassen hat der BFH die Frage, ob der Zugriff des FA auf die Datenbank iSv § 139b III zu einer Unterbrechung der Zahlungsverjährung führt (BFH/NV 15, 4; s auch § 231 Rz 20).

Für die **Speicherung** der in Abs 3 aufgezählten Daten gilt nach **Abs 4** eine strenge Zweckbindung. Die Daten dürfen nur gespeichert werden, um die in Abs 4 ebenfalls abschließend genannten Zwecke zu erfüllen. **Abs 5** bindet die **Verwendung bzw Verarbeitung** der Daten außerdem strikt an die an die in Abs 4 geregelte Zweckbindung für die Speicherung; eine darüber hinaus gehende Verwendung – auch im Wege der Amtshilfe – ist nur zulässig, wenn dies durch ein Bundesgesetz ausdrücklich erlaubt ist, wobei §§ 14–16 BDSG aF als allg gehaltene Regelungen nicht ausreichend waren (BFH BStBl 12, 168). Mit der Änderung des Begriffs „verwendet" durch „verarbeitet" durch das G v 17.7.2017 wird die VO (EU) 2016/679 umgesetzt (s Rz 8).

6. Zusammenarbeit zwischen BZSt und Meldebehörden (Abs 6–9). Die Vorschriften der Abs 6 bis 9 über die Zusammenarbeit zwischen BZSt und Meldebehörden regeln in den Abs 6 bis 8 die Zulieferung und Aktualisierung von Daten durch die Meldebehörden und in Abs 6 S 3 sowie in Abs 9 Rückmeldungen des BZSt an die Meldebehörden. 16

Abs 6 S 1 betrifft die von den Meldebehörden dem BZSt zu übermittelnden Daten zum Zwecke der **erstmaligen Zuteilung** der ID-Nummer. Zu diesem Zweck wurde nach den S 2 ff ein sog vorläufiges Bearbeitungsmerkmal gebildet, das dazu diente, den Datenbestand aller 5500 Meldebehörden zum 1.7.2007 „einzufrieren" (s auch § 2 II Nr 7 MRRG aF); zu Einzelheiten s 13. Aufl. Abs 6 hat nach Zuteilung der ID-Nummern im Jahr 2008 nur noch Bedeutung für die in Abs 7 genannten Fälle (Neugeborene und bisher nicht erfasste Personen), da Abs 7 auf Abs 6 Bezug nimmt. Der bisherige Abs 6 S 4 ist wegen Zeitablaufs mWv 25.5.2018 aufgehoben worden (BT-Drs 18/12611, 103), sodass der bisherige S 5 mWv 25.5.2018 zu S 4 geworden ist. 17

Die **Abs 7 und 8** dienen der Meldung von **Geburten** und von noch nicht mit einer ID-Nummer versehenen Personen zum Zwecke der Zuteilung einer ID-Nummer bzw eines Vorläufigen Bearbeitungsmerkmals sowie der Aktualisierung bereits mitgeteilter Daten und der Meldung von Todesfällen (s § 5c 2. BMeldDÜV idF v 7.12.2011 BGBl I 11, 2592). 18

Abs 9 soll die Meldebehörde zu einer **Überprüfung** von ihr mitgeteilter Daten veranlassen, wenn das BZSt konkrete Anhaltspunkte für die Unrichtigkeit der Daten hat. Denn bei Unrichtigkeit der Daten ist nicht mehr sichergestellt, dass jede natürliche Person nur mit einer ID-Nummer identifiziert werden darf (*BG/Wiese* § 139b Rz 26 unter Hinweis auf BR-Drs 605/04, 76). 19

§ 139c Wirtschafts-Identifikationsnummer

(1) [1]**Die Wirtschafts-Identifikationsnummer wird auf Anforderung der zuständigen Finanzbehörde vergeben.** [2]**Sie beginnt mit den Buchstaben „DE".** [3]**Jede Wirtschafts-Identifikationsnummer darf nur einmal vergeben werden.**

(2) [1]**Die Finanzbehörden dürfen die Wirtschafts-Identifikationsnummer verarbeiten, wenn die Verarbeitung zur Erfüllung der ihnen obliegenden Aufgaben erforderlich ist oder eine Rechtsvorschrift dies erlaubt oder anordnet.** [2]**Andere öffentliche oder nicht-öffentliche Stellen dürfen die Wirtschafts-Identifikationsnummer nur verarbeiten, soweit dies zur Erfüllung ihrer Aufgaben oder Geschäftszwecke oder für Datenübermittlungen zwischen ihnen und den Finanzbehörden erforderlich ist.** [3]**Soweit die Wirtschafts-Identifikationsnummer andere Nummern ersetzt, bleiben Rechtsvorschriften, die**

eine Übermittlung durch die Finanzbehörden an andere Behörden regeln, unberührt.

(3) **Das Bundeszentralamt für Steuern speichert zu natürlichen Personen, die wirtschaftlich tätig sind, folgende Daten:**

1. **Wirtschafts-Identifikationsnummer,**
2. **Identifikationsnummer,**
3. **Firma (§§ 17 ff. des Handelsgesetzbuchs) oder Name des Unternehmens,**
4. **frühere Firmennamen oder Namen des Unternehmens,**
5. **Rechtsform,**
6. **Wirtschaftszweignummer,**
7. **amtlicher Gemeindeschlüssel,**
8. **Anschrift des Unternehmens, Firmensitz,**
9. **Handelsregistereintrag (Registergericht, Datum und Nummer der Eintragung),**
10. **Datum der Betriebseröffnung oder Zeitpunkt der Aufnahme der Tätigkeit,**
11. **Datum der Betriebseinstellung oder Zeitpunkt der Beendigung der Tätigkeit,**
12. **zuständige Finanzbehörden,**
13. **Unterscheidungsmerkmale nach Absatz 5a,**
14. **Angaben zu verbundenen Unternehmen.**

(4) **Das Bundeszentralamt für Steuern speichert zu juristischen Personen folgende Daten:**

1. **Wirtschafts-Identifikationsnummer,**
2. **Identifikationsmerkmale der gesetzlichen Vertreter,**
3. **Firma (§§ 17 ff. des Handelsgesetzbuchs),**
4. **frühere Firmennamen,**
5. **Rechtsform,**
6. **Wirtschaftszweignummer,**
7. **amtlicher Gemeindeschlüssel,**
8. **Sitz gemäß § 11, insbesondere Ort der Geschäftsleitung,**
9. **Datum des Gründungsaktes,**
10. **Handels-, Genossenschafts- oder Vereinsregistereintrag (Registergericht, Datum und Nummer der Eintragung),**
11. **Datum der Betriebseröffnung oder Zeitpunkt der Aufnahme der Tätigkeit,**
12. **Datum der Betriebseinstellung oder Zeitpunkt der Beendigung der Tätigkeit,**
13. **Zeitpunkt der Auflösung,**
14. **Datum der Löschung im Register,**
15. **verbundene Unternehmen,**
16. **zuständige Finanzbehörden,**
17. **Unterscheidungsmerkmale nach Absatz 5a.**

(5) **Das Bundeszentralamt für Steuern speichert zu Personenvereinigungen folgende Daten:**

1. **Wirtschafts-Identifikationsnummer,**
2. **Identifikationsmerkmale der gesetzlichen Vertreter,**
3. **Identifikationsmerkmale der Beteiligten,**
4. **Firma (§§ 17 ff. des Handelsgesetzbuchs) oder Name der Personenvereinigung,**
5. **frühere Firmennamen oder Namen der Personenvereinigung,**
6. **Rechtsform,**
7. **Wirtschaftszweignummer,**
8. **amtlicher Gemeindeschlüssel,**
9. **Sitz gemäß § 11, insbesondere Ort der Geschäftsleitung,**
10. **Datum des Gesellschaftsvertrags,**

11. Handels- oder Partnerschaftsregistereintrag (Registergericht, Datum und Nummer der Eintragung),
12. Datum der Betriebseröffnung oder Zeitpunkt der Aufnahme der Tätigkeit,
13. Datum der Betriebseinstellung oder Zeitpunkt der Beendigung der Tätigkeit,
14. Zeitpunkt der Auflösung,
15. Zeitpunkt der Beendigung,
16. Datum der Löschung im Register,
17. verbundene Unternehmen,
18. zuständige Finanzbehörden,
19. Unterscheidungsmerkmale nach Absatz 5a.

(5a) [1]Bei jedem wirtschaftlich Tätigen (§ 139a Absatz 3) wird die Wirtschafts-Identifikationsnummer für jede einzelne seiner wirtschaftlichen Tätigkeiten, jeden seiner Betriebe sowie für jede seiner Betriebstätten um ein fünfstelliges Unterscheidungsmerkmal ergänzt, so dass die Tätigkeiten, Betriebe und Betriebstätten des wirtschaftlich Tätigen in Besteuerungsverfahren eindeutig identifiziert werden können. [2]Der ersten wirtschaftlichen Tätigkeit des wirtschaftlich Tätigen, seinem ersten Betrieb oder seiner ersten Betriebstätte wird vom Bundeszentralamt für Steuern hierbei das Unterscheidungsmerkmal 00001 zugeordnet. [3]Jeder weiteren wirtschaftlichen Tätigkeit, jedem weiteren Betrieb sowie jeder weiteren Betriebstätte des wirtschaftlich Tätigen ordnet das Bundeszentralamt für Steuern auf Anforderung der zuständigen Finanzbehörde fortlaufend ein eigenes Unterscheidungsmerkmal zu. [4]Das Bundeszentralamt für Steuern speichert zu den einzelnen wirtschaftlichen Tätigkeiten, den einzelnen Betrieben sowie den einzelnen Betriebstätten des wirtschaftlich Tätigen folgende Daten:
1. Unterscheidungsmerkmal,
2. Wirtschafts-Identifikationsnummer des wirtschaftlich Tätigen,
3. Firma (§§ 17 ff. des Handelsgesetzbuchs) oder Name der wirtschaftlichen Tätigkeit, des Betriebes oder der Betriebstätte,
4. frühere Firmennamen oder Namen der wirtschaftlichen Tätigkeit, des Betriebes oder der Betriebstätte,
5. Rechtsform,
6. Wirtschaftszweignummer,
7. amtlicher Gemeindeschlüssel,
8. Anschrift der wirtschaftlichen Tätigkeit, des Betriebes oder der Betriebstätte,
9. Registereintrag (Registergericht, Datum und Nummer der Eintragung),
10. Datum der Eröffnung des Betriebes oder der Betriebstätte oder Zeitpunkt der Aufnahme der wirtschaftlichen Tätigkeit,
11. Datum der Einstellung des Betriebes oder der Betriebstätte oder Zeitpunkt der Beendigung der wirtschaftlichen Tätigkeit,
12. Datum der Löschung im Register,
13. zuständige Finanzbehörden.

(6) Die Speicherung der in den Absätzen 3 bis 5a aufgeführten Daten erfolgt, um
1. sicherzustellen, dass eine vergebene Wirtschafts-Identifikationsnummer nicht noch einmal für einen anderen wirtschaftlich Tätigen verwendet wird,
2. für einen wirtschaftlich Tätigen die vergebene Wirtschafts-Identifikationsnummer festzustellen,
3. zu erkennen, welche Finanzbehörden zuständig sind,
4. Daten, die auf Grund eines Gesetzes oder nach über- und zwischenstaatlichem Recht entgegenzunehmen sind, an die zuständigen Stellen weiterleiten zu können,

5. den Finanzbehörden die Erfüllung der ihnen durch Rechtsvorschrift zugewiesenen Aufgaben zu ermöglichen.

(7) **Die in Absatz 3 aufgeführten Daten dürfen nur für die in Absatz 6 genannten Zwecke verarbeitet werden, es sei denn, eine Rechtsvorschrift sieht eine andere Verarbeitung ausdrücklich vor.**

§ 139c eingefügt durch StÄndG 2003 v 15.12.03 (BGBl I, 2645); Abs 1 Satz 1, Abs 3 Nr 12, Abs 4 Nr 16, Abs 5 Nr 18 und Abs 6 Nr 3 geändert durch EURLUmsG v 9.12.04 (BGBl I, 3310); Abs 3, 4 und 5 geändert durch G v 22.9.05 (BGBl I, 2809); Abs 3 Nrn 13 und 14, Abs 4 Nr 17, Abs 5 Nr 19 angefügt, Abs 5a eingefügt sowie Abs 6 geändert durch ZKAnpG v 22.12.14 (BGBl I, 2417); Abs 5a S 4 Nr 8 geändert, Nrn 10 und 11 neu gefasst durch JStG 2015 v 2.11.15 (BGBl I, 1834); Abs 2 S 1 und 2, Abs 7 neu gefasst durch G v 17.7.17 (BGBl I, 2541) mWv 25.8.2018.

Schrifttum: *Reinkensmeier/Werkmeister* Wirtschafts-Identifikationsnummer nach §§ 139a und 139c – Chancen und Ziele, StBp 10, 125; s auch Schrifttum zu §§ 139a und 139b.

Übersicht

1 **1. Inhalt.** § 139c regelt die Wirtschafts-ID-Nummer, die durch 139a als Identifikationsmerkmal für wirtschaftlich Tätige eingeführt wurde. Diese Wirtschafts-ID-Nummer ist ein **selbständiges Identifikationsmerkmal,** das wirtschaftlich tätigen natürlichen Personen zusätzlich zu der ID-Nummer auf Antrag des zuständigen FA (s Rz 4) zugeteilt wird. Im Gegensatz zur ID-Nummer nach § 139b ist die Wirtschafts-ID-Nummer **noch nicht eingeführt.** Ein voraussichtlicher Zeitpunkt ist weiterhin nicht absehbar: Nach Mitteilung des BZSt beanspruchen „die Arbeiten zur Einführung der Wirtschafts-ID-Nummer aufgrund der Komplexität und Vielzahl der zu beteiligenden Gremien noch einen längeren Zeitraum" (s www.bzst.de, dort unter „Steuern National" und „Wirtschafts-Identifikationsnummer"). Dennoch hat der Gesetzgeber bereits in verschiedenen Gesetzen die Angabe der Wirtschafts-ID-Nummer vorgeschrieben, zB in § 20 II Nr 1 GrEStG bei der Anzeigepflicht oder in § 5 I Nr 6 TelemedienG für die Pflichtangabe im Impressum der Website eines Unternehmens. In dem neuen § 138b III 1 Nr 2, VI Nr 2 hat der Gesetzgeber aber bereits darauf reagiert, dass es noch keine Wirtschafts-ID-Nummer gibt und daher als Alternative für nicht natürliche Personen die Angabe der StNummer zugelassen.

Abs 1 des § 139c regelt Einzelheiten der Vergabe. **Abs 2 bis 7** des § 139c enthalten bereichsspezifische Datenschutzbestimmungen für die Erhebung und Verwendung bzw Verarbeitung der Wirtschafts-ID-Nummer sowie für die Speicherung und Verwendung der zu Grunde liegenden Daten, vergleichbar mit § 139b Abs 2 bis 5. Der Datenschutz im Zusammenhang mit der Wirtschafts-ID-Nummer ist deutlich schwächer als im Zusammenhang mit der ID-Nummer für natürliche Personen. Ebenso wie § 139b wird auch § 139c bis zum 24.5.2018 ergänzt durch die **Bußgeldregelung** des § 383a und ab dem 25.5.2018 durch Art 83 der VO (EU) 2016/679 (BT-Drs 18/12611, 103 f).

2 Anders als nach § 139b (dort Abs 6 bis 8) enthält § 139c keine Regelung über die Zulieferung der Daten. Die Meldebehörden scheiden als Zulieferer aus, da es bei der Wirtschafts-ID-Nummer nicht um melderechtliche Daten geht. Im We-

sentlichen wird die Zulieferung durch die FinBeh erfolgen müssen (vgl § 27a II 1 UStG für die USt-ID-Nummer). Einer ausdrücklichen gesetzlichen Regelung dafür bedarf es nicht (*BG/Wiese* § 139c Rz 16), zumal die FinBeh nach Abs 1 S 1 des § 139c Antragsteller für die Zuteilung der Wirtschafts-ID-Nummer sind.

2. Rechtsschutz. Die Zuteilung der Wirtschafts-ID-Nummer **ist ein VA,** denn die Wirtschafts-ID-Nummer wird nicht wie die Identifikationsnummer iSv § 139b von Amts wegen an alle natürlichen Personen, sondern nur auf Anforderung der zuständigen FinBeh vergeben (§ 139c I 1). Da ihre Vergabe eine wirtschaftliche Tätigkeit des Stpfl voraussetzt und der Begriff der wirtschaftlichen Tätigkeit weit auszulegen ist (s § 139a Rz 8), wird insoweit eine Entscheidung über die Zuordnung der betr natürlichen Person zu den wirtschaftlich Tätigen getroffen (aA *Koenig/Cöster* § 139a Rz 5; *Reinkensmeier/Werkmeister* StBp 10, 125, 130). Diese Ansicht wird auch für die USt-ID-Nummer vertreten, an deren Stelle später die Wirtschafts-ID-Nummer treten soll (*Bunjes/Robisch* § 27a Rz 4; s auch § 139a Rz 1). 3

3. Vergabe auf Antrag (Abs 1). Abs 1 bestimmt in **Satz 1,** dass die Wirtschafts-ID-Nummer anders als die ID-Nummer für natürliche Personen nicht von Amts wegen, sondern **nur auf Antrag** der zuständigen FinBeh vergeben wird. Wie sich aus § 139a I ergibt, erfolgt die Vergabe ebenso wie bei § 139b durch das BZSt. Die Verantwortung für die Zulässigkeit der Übermittlung und damit auch für die Zulässigkeit der Vergabe trägt nach § 15 II 2 BDSG aF bzw § 25 II 1 BDSG idF v 30.6.17 die antragstellende FinBeh. Das BZSt prüft die Zulässigkeit nur, wenn ein besonderer Anlass zu dieser Prüfung besteht; zum Verhältnis zwischen § 139c und dem BDSG s Rz 6. Vergabe der Nummer ist **VA** (s Rz 3). 4

Nach Abs 1 **S 2** werden der Ziffernfolge der Wirtschafts-ID-Nummer die Buchstaben „DE" vorangestellt. Mit diesem Länderschlüssel beginnt auch die USt-ID-Nummer, sodass diese später durch die Wirtschafts-ID-Nummer ersetzt werden kann (vgl Abs 2 S 3 sowie § 139a Rz 1). Hingegen ist eine Ersetzung der sozialversicherungsrechtl Betriebsnummer iSv § 28a III 1 Nr 6 SGB IV durch die Wirtschafts-ID-Nummer nach Mitteilung der GKV-Spitzenverbände v 9.9.2009 nicht vorgesehen. Durch den neuen Abs 5a wird die Wirtschafts-ID-Nummer um einen weiteren Zusatz für jede einzelne wirtschaftliche Tätigkeit ergänzt (s Rz 14). 5

Nach § 139c I 2 darf zwar jede Wirtschafts-ID-Nummer nur einmal vergeben werden. Betreibt der Stpfl aber **verschiedene wirtschaftliche Tätigkeiten,** erhält er für jede dieser Tätigkeiten eine Wirtschafts-ID-Nummer. Es fehlt nämlich eine Regelung wie in § 139b I 1, wonach jede Person nur eine einzige ID-Nummer erhalten darf. Davon geht auch § 139b III Nr 2 aus. Denn natürliche Personen gehören nach § 139a III anders als juristische Personen und Personenvereinigungen nicht als solche zu den wirtschaftlich Tätigen.

4. Datenschutz (Abs 2–7). Die bereichsspezifischen Datenschutzbestimmungen der Abs 2 bis 7 gehen, soweit sie Regelungen treffen, nach § 1 II 1 BDSG idF v 30.6.2017 dem BDSG und den Datenschutzgesetzen der Länder vor. 6

a) Voraussetzungen der Erhebung und Verwendung bzw Verarbeitung (Abs 2). Abs 2 regelt die Erhebung und Verwendung bzw Verarbeitung der Wirtschafts-ID-Nummer durch die FinBeh und andere Stellen. Diese beiden Begriffe finden sich auch in Abs 2 des § 139b (s § 139b Rz 8). Die Änderung der Begriffe „erheben" und „verwenden" durch „verarbeiten" beruht auf der in der VO (EU) 2016/679 verwendeten Terminologie (s § 139b Rz 8). 7

Abs 2 Satz 1 entspricht § 139b II 1 (nähere Erläut dort Rz 9). Der Datenschutz ist ggü der Regelung in § 139b II 1 aber insoweit abgeschwächt, als es um die Erhebung und Verwendung bzw Verarbeitung der Wirtschafts-ID-Nummer außerhalb der gesetzlichen Aufgaben der FinBeh geht. Während § 139b II 1 eine 8 ausdrückliche Erlaubnis oder Anordnung in einer Rechtsvorschrift verlangt, kann sich die Erhebung und Verwendung der Wirtschafts-ID-Nummer auch durch Auslegung einer Rechtsvorschrift ergeben (*BG/Wiese* § 139c Rz 8) und muss also nicht „ausdrücklich" in einer Rechtsvorschrift zugelassen sein.

9 Eine viel weitgehendere Abschwächung des Datenschutzes ggü § 139b II 2 (s § 139b Rz 10) enthält § 139c **Abs 2 Satz 2** für die Erhebung und Verwendung bzw Verarbeitung der Wirtschafts-ID-Nummer durch andere öffentliche oder nicht öffentliche Stellen. Abs 2 S 2 des § 139c lässt für diese anderen Stellen die Erhebung und Verwendung der Wirtschafts-ID-Nummer über Datenübermittlungszwecke zwischen ihnen und den FinBeh hinaus allg zu, soweit dies **zur Erfüllung ihrer Aufgaben oder Geschäftszwecke** erforderlich ist. Damit sind die Aufgaben der öffentlichen Stellen gemeint, während sich der Begriff „Geschäftszwecke" auf die nicht öffentlichen Stellen bezieht und damit vom Wortlaut her auch kommerzielle Zwecke umfassen könnte; dies ließe sich aber mit dem von § 139c verfolgten Zweck nicht vereinbaren (s hierzu die zutreffenden Bedenken von *BG/Wiese* § 139c Rz 9).

10 Abs 2 S 2 des § 139c verbietet den anderen öffentlichen und nicht öffentlichen Stellen nicht die Ordnung der Dateien und deren Erschließung für den Zugriff nach der Wirtschafts-ID-Nummer (anders als bei § 139b II 2; s § 139b Rz 10). Da § 139c keine dem § 139b II 3 entsprechende Regelung enthält, darf also mit Zustimmung des Betroffenen von den datenschutzrechtl Beschränkungen für die Erhebung und Verwendung der Wirtschafts-ID-Nummer abgewichen werden. Allerdings ist die Einwilligung gem § 51 II BDSG nF ua nur wirksam, wenn sie schriftlich erteilt wird.

11 Nach **Abs 2 Satz 3** bleiben Rechtsvorschriften für die Übermittlung anderer Nummern (zB der USt-ID-Nummer) durch die FinBeh an andere Behörden unberührt, soweit diese anderen Nummern durch die Wirtschafts-ID-Nummer ersetzt werden. Dadurch werden über die Wirtschafts-ID-Nummer die Weichen für die Zusammenführung einer Vielzahl von Datenaustauschverfahren zwischen FinBeh und anderen Behörden gestellt (kritisch *BG/Wiese* § 139c Rz 13f).

12 **b) Umfang der Datenspeicherung (Abs 3–5). Abs 3 bis 5** legen jeweils gesondert für natürliche Personen (Abs 3), für juristische Personen (Abs 4) und für Personenvereinigungen (Abs 5) die Daten fest, die im Zusammenhang mit der Wirtschafts-ID-Nummer gespeichert werden. Die Aufzählungen sind abschließend. Die Ergänzungen in Abs 3 Nrn 13 und 14, Abs 4 Nr 17 und Abs 5 Nr 19 durch das ZollkodexAnpG sind Folgeänderungen zum neuen Abs 5a (s Rz 14).

14 **c) Weiteres Unterscheidungsmerkmal (Abs 5a).** Durch das ZollkodexAnpG wurde Abs 5a eingefügt, der ein weiteres Unterscheidungsmerkmal für solche Stpfl vorsieht, die mehrere wirtschaftliche Tätigkeiten ausüben und daher mehrere Wirtschafts-ID-Nummern erhalten (s Rz 5). Die einzelnen Nummern erhalten den Zusatz 00001 bzw 00002 usw für jede einzelne Tätigkeit bzw jeden einzelnen Betrieb oder Betriebsstätte. Zu jedem einzelnen Unterscheidungsmerkmal werden wiederum die in Abs 5a S 4 Nrn 1 bis 13 genannten Daten gespeichert. Zu den Änderungen der Nrn 8, 10 und 11 durch das JStG 2015 (BGBl I, 1834) s 13. Aufl.

16 **d) Zweckbindung (Abs 6 und 7).** Abs 6 und 7 des § 139c regeln eine strikte Zweckbindung der Speicherung der in den Abs 3 bis 5 aufgeführten Daten sowie eine entsprechende Zweckbindung der Verwendung der Daten, die für natürliche Personen gespeichert werden. Die Zweckbindung der Speicherung der Daten in Abs 6 entspricht § 139b IV. Die Zweckbindung der Verwendung der Daten betrifft nach Abs 7 allerdings nur die Daten **natürlicher** Personen. Für die Daten der juristischen Personen und der Personenvereinigungen gibt es also keine Zweckbindung der Verwendung der Daten. Auf diese Daten sollen demnach offenbar andere öffentliche und nicht öffentliche Stellen unbeschränkt Zugriff haben (vgl Antwort

der BReg auf kleine Anfrage, BT-Drs 15/5974 unter 1.). In jedem Fall ist aber bei der Übermittlung solcher Daten das **StGeheimnis nach § 30** zu beachten (*BG/Wiese* § 139c Rz 19). Eine ausdrückliche Durchbrechung der Zweckbindung durch Rechtsvorschrift ist nach Abs 7 möglich. Durch G v 17.7.2017 wurde der Begriff „verwenden" durch den in der VO (EU) 2016/679 benutzten Begriff „verarbeiten" ersetzt (s § 138b Rz 8).

§ 139d Verordnungsermächtigung

Die Bundesregierung bestimmt durch Rechtsverordnung mit Zustimmung des Bundesrates:

1. organisatorische und technische Maßnahmen zur Wahrung des Steuergeheimnisses, insbesondere zur Verhinderung eines unbefugten Zugangs zu Daten, die durch § 30 geschützt sind,
2. Richtlinien zur Vergabe der Identifikationsnummer nach § 139b und der Wirtschafts-Identifikationsnummer nach § 139c,
3. Fristen, nach deren Ablauf die nach §§ 139b und 139c gespeicherten Daten zu löschen sind, sowie
4. die Form und das Verfahren der Datenübermittlungen nach § 139b Abs. 6 bis 9.

§ 139d eingefügt durch StÄndG 2003 v 15.12.03 (BGBl I, 2645); Nr 4 geändert durch JStG 2007 v 13.12.06 (BGBl I, 2878).

§ 139d enthält eine Ermächtigung für die BReg zum Erlass einer RechtsVO, von der die BReg durch Erlass der Steueridentifikationsnummerverordnung (StIdV) v 28.11.2006 (BGBl I, 2726) Gebrauch gemacht hat. Die StIdV betrifft allerdings nur die Steueridentifikationsnummer iSv § 139b; hinsichtlich der Wirtschafts-ID-Nummer iSv § 139c liegt eine RechtsVO noch nicht vor (s auch § 139c Rz 1).

Die VO soll nach Nr 1 des § 139d nach der Gesetzesbegründung insbes verhindern, dass mittels der ID-Nummer oder der Wirtschafts-ID-Nummer ein unbefugter Zugriff auf Daten erfolgt, die dem StGeheimnis nach § 30 unterliegen (BT-Drs 15/1945, 17; s § 2 StIdV). Die Richtlinien zur Vergabe der Identifikationsmerkmale nach Nr 2 erfassen auch die Zusammensetzung der Nummern (s § 1 StIdV). Die in Nr 3 und 4 vorgesehenen Regelungen zur Löschung sowie Form und Verfahren der Datenübermittlungen nach § 139b Abs 6 bis 9 sind hinsichtlich der Steueridentifikationsnummer durch § 4 und § 5 StIdV umgesetzt worden.

Der **Zeitpunkt der Einführung** des Identifikationsmerkmals wird nicht durch RechtsVO gem § 139d bestimmt, sondern vom BMF nach Art 97 § 5 EGAO festgelegt (s § 139a Rz 2).

Zweiter Abschnitt. Mitwirkungspflichten

1. Unterabschnitt. Führung von Büchern und Aufzeichnungen

§ 140 Buchführungs- und Aufzeichnungspflichten nach anderen Gesetzen

Wer nach anderen Gesetzen als den Steuergesetzen Bücher und Aufzeichnungen zu führen hat, die für die Besteuerung von Bedeutung sind, hat die Verpflichtungen, die ihm nach den anderen Gesetzen obliegen, auch für die Besteuerung zu erfüllen.

Schrifttum: *vor 2010 s 13. Aufl; Rätke* Befreiung von der handelsrechtlichen Buchführungspflicht nach § 241a HGB, BBK 10, 951; *Bermütz/Küppers* Bilanzierungspflicht der deutschen Betriebsstätte einer britischen Limited Liability Partnership, IStR 11, 587; *Weßling* Gewinnermittlung der ausländischen Personenhandelsgesellschaft ohne inländische Betriebsstätte für Zwecke des Progressionsvorbehaltes nach § 32b EStG, StB 11, 120; *Könemann/Blaudow* Inländische Buchführungspflichten ausländischer Immobiliengesellschaften, Stbg 12, 220; *Hüttemann* Zur Rechnungslegung von Stiftungen, DB 13, 1561; *Drüen* Ausländische Buchführungspflichten und innerstaatliche Wirkung, ISR 14, 265; *Richter/John* Können ausländische Buchführungspflichten zu derivativen inländischen Buchführungspflichten nach § 140 AO führen?, ISR 14, 37; *Wichmann* Vermögensverwaltende Personengesellschaften und deren Rechnungslegung – ein Überblick, Stbg 15, 5; *Wichmann* Die sog Handelsbilanz – aus Sicht des EStG, Stbg 15, 307; *Blumenberg* Bedeutung ausländischer Buchführungspflichten für die deutsche Besteuerung, JbFfSt 15/16, 433; *Dißars* Buchführung für das Sonderbetriebsvermögen?, StuB 16, 452; *Heidecke/von Perger* Bilanzierung von Betriebsstätten, IWB 16, 702; *Wichmann* Fragen zu der Buchführungspflicht für Sonderbetriebsvermögen und deren Begründung, DStZ 17, 254; *Köhler* Die Inventur und das Inventar als Grundlagen der Bilanz, StBp 17, 169; *Sandleben/Hörtnagl* Zur Frage einer Bilanzierungspflicht aufgrund ausländischen Steuerrechts, DStR 17, 2298; *Köhler* Inventur- und Bewertungsvereinfachungsverfahren, StBp 18, 3. S auch Schrifttum zu § 141.

Übersicht

1 **1. Inhalt.** Steuerliche Buchführungs- und Aufzeichnungspflichten können sich zum einen **originär** aus stl Vorschriften ergeben, zB aus § 22 UStG (s Rz § 146 Rz 20). Zum anderen kann der Stpfl aus **anderen Gesetzen** als StGesetzen zur Buchführung und Aufzeichnung verpflichtet sein: Über § 140 sind diese außersteuerlichen Pflichten auch für die Besteuerung zu erfüllen, soweit die nicht steuerlichen Bücher für die Besteuerung von Bedeutung sind; die handelsrechtl Pflichten werden durch § 140 also zu stl Pflichten transformiert (BFH BStBl 15, 519; BFH/NV 15, 790, 793). Man spricht insoweit von abgeleiteten (derivativen) Buchführungs- und Aufzeichnungspflichten. Bestehen solche derivativen Buchführungspflichten und erzielt der Stpfl Gewinneinkünfte iSv § 2 II 1 Nr 1 EStG, muss der Gewinn nach § 5 I iVm § 4 I EStG durch Bilanzierung ermittelt werden; Einnahmen-Überschussrechnung nach § 4 III EStG ist nicht möglich. Anders ist dies bei vermögensverwaltenden Personenhandelsgesellschaften, die Überschusseinkünfte erzielen (s Rz 10). Mit „anderen Gesetzen" gemeint sind vor allem das **HGB, AktG, GmbHG** und **GenG** (s Rz 4). Ferner sind für bestimmte Gewerbezweige besondere Bücher vorgeschrieben (s Rz 22). Zum Begriff der Buchführung s § 238 I HGB sowie Rz 2 und 20. Bei **Verstoß gegen § 140** ergeben sich die Rechtsfolgen aus § 162 II 2, § 328 oder § 379 I Nr 2.

Der Stpfl muss sich über seine Buchführungspflichten selbst informieren und hat keinen Informationsanspruch ggü dem FA (BFH/NV 14, 1725). Besteht keine Buchführungspflicht, kann der Stpfl auch nicht nach den §§ 90, 93 oder 97 zu Aufzeichnungen verpflichtet werden (BFH/NV 93, 346).

2. Bücher und Aufzeichnungen. Die Begriffe „Bücher und Aufzeichnungen“ werden nicht definiert. Hier kann auf den jeweiligen Begriff zurückgegriffen werden, der in den „anderen Gesetzen“ verwendet wird, zB §§ 238, 239 HGB. Auf die äußere Gestalt kommt es nicht an, sodass auch ungebundene Papieraufzeichnungen oder Dateien „Bücher“ sein können (GoBD v 14.11.2014, Abschn 1.8, Tz 14). Bei Aufzeichnungen handelt es sich um dauerhaft verkörperte Erklärungen über Geschäftsvorfälle in Papierform oder elektronischer Form; die Aufzeichnungen können sich aus Worten, Zahlen, Symbolen und Grafiken zusammensetzen (GoBD v 14.11.2014, Abschn 1.7, Tz 12). Zum Begriff des Geschäftsvorfalls s § 145 Rz 3. 2

3. Buchführungspflicht nach steuerlichen Vorschriften. Buchführungspflicht kann sich zum einen aus StGesetzen ergeben, wie § 140 deutlich macht. Zu den StGesetzen gehören insbes § 141 (s auch Rz 16), § 90 III, aber auch § 4 III 5 EStG, § 4 IV 4a S 6 EStG, § 4 VII EStG, § 6 II 4 EStG, § 41 EStG sowie § 22 UStG. Zu weiteren stl Aufzeichnungspflichten s § 146 Rz 19. 3

4. Handelsrechtliche Buchführungsvorschriften. a) Buchführungspflicht nach HGB. Zum anderen kann sich die Buchführungspflicht aus „anderen Gesetzen“, dh nicht-stl Vorschriften ergeben. Hierzu gehören insbes die handelsrechtl Buchführungsvorschriften. Für **Kaufleute** und die ihnen gleichgestellten Handelsgesellschaften (OHG, KG, AG, KGaA, GmbH, Genossenschaft nach § 17 II GenG) ergibt sich eine Buchführungspflicht nach § 238 HGB (s auch BFH BStBl 17, 456). Wer Kaufmann ist, bestimmt sich nach den §§ 1–3 sowie § 6 HGB (ausführlich: OFD Frankfurt v 6.5.2011, AO-Kartei HE § 140 AO Karte 1). Die Buchführungspflicht gilt danach für Ist-Kaufleute gem § 1 I HGB; für freiwillig im Handelsregister eingetragene Kann-Kaufleute gem § 2 HGB; für im Handelsregister eingetragene Land- und Forstwirte gem § 3 II iVm § 2 HGB; für Personenhandelsgesellschaften iSv § 6 I HGB, wie zB OHG, KG und GmbH & Co KG, wenn sie im Handelsregister eingetragen sind oder ein Handelsgewerbe betreiben (§ 105 II HGB; s aber auch Rz 5 zum Sonderbetriebsvermögen und Rz 10 zu vermögensverwaltenden PersGes). Schließlich gilt die Buchführungspflicht auch für Formkaufleute wie **juristische Personen,** zB GmbH, AG, KGaA, eG und EWiV (vgl *Baumbach/Hopt* § 6 Rz 6) und VVaG (§ 16 VAG). Zu Eigenbetrieben s Rz 22. Die Buchführungspflicht nach HGB umfasst auch ausl Betriebsstätten eines inländ Kaufmanns, sog Weltbuchführung (*Heidecke/von Perger* IWB 16, 702, 703). 4

b) Ausnahmen von der handelsrechtlichen Buchführungspflicht. Die handelsrechtliche Buchführungspflicht gilt hingegen **weder** für **Kleingewerbetreibende** iSv § 1 II HGB, die nicht gem § 2 HGB im Handelsregister eingetragen sind, noch für Land- und Forstwirte, die nicht im Handelsregister eingetragen sind (§ 3 I HGB), noch für **GbR** (keine Handelsgesellschaft iSv § 6 I HGB) oder für Fiktivkaufleute kraft Eintragung gem § 5 HGB (*HHSp/Görke* § 140 Rz 16). **Vereine und Stiftungen** sind keine Handelsgesellschaften: Sie sind daher nur dann handelsrechtl – und damit über § 140 auch stl – zur Buchführung verpflichtet, wenn sie ein Handelsgewerbe iSv § 1 II HGB betreiben (IDW Entwurf zur Rechnungslegung von Stiftungen v 13.3.2013, ERS HFA 5 nF, Rz 18 ff; *Hüttemann* DB 13, 1561, 1562). Die handelsrechtliche Buchführungspflicht gilt bei HandelsPersGes **nicht** für das – nur stl relevante – **Sonderbetriebsvermögen** (BFH BStBl 06, 418; *Dißars* StuB 16, 452, 453); insoweit gibt es aber eine eigene originäre stl Buchführungspflicht, die von der Mitunternehmerschaft und nicht vom einzelnen Mitunternehmer zu erfüllen ist (BFH/NV 04, 1247; aA *Dißars* StuB 16, 452, 453). 5

c) Buchführungspflicht nach ausländischem Recht. Die handelsrechtliche Buchführungspflicht kann sich **nicht** aus einer **ausl Norm** ergeben, da die „anderen Gesetze“ iSv § 140 ebenso wie die in der Norm genannten „StGesetze“ nur 6 inl sein können (*HHSp/Görke* § 140 Rz 11; *Loll* NWB 14, 2242, 2244; *Richter/John* ISR 14, 37; *Gläser/Birk* IStR 11, 762; offen gelassen von BFH BStBl 15, 141; 16, 66; 17, 456; FG SachsAnh EFG 16, 2024, Rev BFH I R 81/16; aA *TK/Drüen* § 140 Rz 7; *Drüen* ISR 14, 265; BMF v 16.5.2011, BStBl I, 530, Tz 3; AEAO zu § 140). Relevant wird dies zB bei ausl Immobiliengesellschaften, die im Inland gewerbliche Einkünfte aus Vermietung gem § 49 I Nr 2 Buchst f EStG erzielen (s BFH BStBl 16, 66), aber keine Zweigniederlassung haben, oder bei Rechtsanwaltssozietäten, die in Rechtsform einer LLP (Limited Liability Partnership) geführt werden. Zur Buchführungspflicht einer Limited s Vfg OFD Hannover v 28.2.2007, Rz 3.8.5., KSt-Kartei ND § 1 KStG Karte F 4, *Wachter* FR 06, 358; *Bernütz/Küppers* IStR 11, 587.

Hingegen besteht nach inländischem Recht, nämlich nach §§ 13d bis 13g HGB, Buchführungspflicht für **inl Zweigniederlassungen** ausl Kaufleute, insbes ausl Kapitalgesellschaften (BFH BStBl 17, 456).

7 **d) Gewerblicher Grundstückshandel.** Bei einem gewerblichen Grundstückshandel kommt es nach den in Rz 4 und 5 dargestellten Grundsätzen gem § 1 II HGB darauf an, ob das Unternehmen nach Art und Umfang einen in kaufmännischer Weise eingerichteten Geschäftsbetrieb erfordert; maßgeblich sind danach der Umfang der An- und Verkaufsgeschäfte, die Komplexität der Beschaffungs- und Veräußerungsvorgänge (Marktbeobachtung, Akquisition von Kunden), der Umfang etwaiger Baumaßnahmen, die typischerweise erfolgende Kreditfinanzierung, die Gewährung von Zahlungszielen, die Komplexität der Planung und Überwachung der Grundstücksverkäufe, zB aufgrund einer Parzellierung und Prüfung der planungs- und baurechtl Voraussetzungen (vgl FG Bbg EFG 12, 217, 1427; OFD Magdeburg v 30.8.2007, ESt-Kartei § 15 EStG Karte 1.12; s auch BFH/NV 97, 403, zu § 2 HGB aF).

8 **e) Betriebsaufspaltung.** Bei einer Betriebsaufspaltung ist die stl Buchführungspflicht des Besitz- sowie des Betriebsunternehmens jeweils selbständig zu prüfen und der Gewinn gesondert zu ermitteln (BFH BStBl 89, 714). Buchführungspflicht des Betriebsunternehmens ist nach § 140 AO iVm § 238 HGB regelmäßig gegeben; Buchführungspflicht des Besitzunternehmens besteht nach § 140 AO iVm § 238 HGB, wenn Besitzunternehmen in Rechtsform einer eingetragenen Personenhandelsgesellschaft (OHG, KG) oder Kapitalgesellschaft geführt wird, ansonsten nur, wenn Verpachtung einen nach Art und Umfang einen in kaufmännischer Weise eingerichteten Geschäftsbetrieb gem § 1 II HGB erfordert (offen gelassen FG Köln EFG 12, 495). Ist dies nicht der Fall, kann sich stl Buchführungspflicht des Besitzunternehmens aber aus § 141 ergeben; zu Einzelheiten s *Kolbe* BBK 10, 412.

10 **f) Vermögensverwaltende Personengesellschaft.** Eine vermögensverwaltende PersGes, die Überschusseinkünfte iSv § 2 II 1 Nr 2 EStG erzielt (zB Einkünfte aus VuV), ist zwar kein Kaufmann iSv §§ 1–3 HGB, kann aber nach § 6 I HGB Kaufmann sein, wenn sie als Handelsgesellschaft (OHG oder KG) strukturiert ist und im Handelsregister eingetragen ist; sie ist dann nach § 238 HGB handelsrechtl buchführungspflichtig und wäre an sich auch nach § 140 stl zur Buchführung verpflichtet. Allerdings folgt hieraus **keine** stl Pflicht zur Gewinnermittlung durch **Bilanzierung;** denn sowohl § 4 I als auch § 5 I EStG setzen Gewinneinkünfte iSv § 2 II 1 Nr 1 EStG voraus und gelten nicht bei Überschusseinkünften wie zB Einkünften aus VuV (BFH BStBl 13, 684). Vermögensverwaltende HandelsPersGes, die nicht gewerblich geprägt iSv § 15 III Nr 2 EStG sind, müssen daher ihren Handelsbilanzgewinn mittels Überleitungsrechnung in einen stl **Überschuss gem § 11 EStG** – nicht § 4 III EStG, da die Einnahmen-Überschussrechnung ebenfalls nur bei Gewinneinkünften zulässig ist (BFH BStBl 13, 684) – umrechnen (*Demuth/Klingbeil* DStR 09, 2537, 2538; *Früchtl/Prokscha* DStZ 10, 595, 598, 601; *Bierenstil* StBp 17, 8; *Schmidt/Weber-Grellet* § 5 Rz 7).

g) Stille Gesellschaft. Bei einer atypischen oder typischen **stillen Gesellschaft** ist nur der Inhaber des Handelsgeschäfts zur Buchführung verpflichtet, nicht die stille Gesellschaft; ist der Inhaber des Handelsgeschäfts buchführungspflichtig oder führt er freiwillig Bücher, darf der stille Gesellschafter seinen Gewinnanteil nicht durch Einnahmen-Überschussrechnung nach § 4 III EStG ermitteln (BFH BStBl 15, 141; BFH/NV 15, 667). Selbst wenn der stille Gesellschafter seinen Gewinn nach § 4 III EStG ermitteln dürfte und sich ein Verlust ergäbe, könnte dieser nach Maßgabe des § 15b IIIa EStG nicht ausgleichsfähig sein. Zur Übermittlung der E-Bilanz einer atypisch stillen Gesellschaft s LfSt RhPf 1.8.2017 – S 2133b A-St 31 3/St 321. Zu **Eigenbetrieben** und Kommunen s Rz 22. 11

h) Freiberufler. Freiberufler und sonstige Selbständige iSv § 18 EStG sind weder nach HGB und damit auch nicht nach § 140 noch nach stl Vorschriften buchführungspflichtig. Jedoch gelten für sie bestimmte Aufzeichnungs- und Aufbewahrungpflichten, s § 146 Rz 20f und § 147 Rz 4 sowie H 18.2 EStH. Sie können aber freiwillig Bücher führen und bilanzieren; denn sie haben ein Wahlrecht, ihren Gewinn nach § 4 I EStG durch Bestandsvergleich (Bilanzierung) oder nach § 4 III EStG durch Einnahmen-Überschussrechnung zu ermitteln. Das Wahlrecht auf Gewinnermittlung nach § 4 III EStG kann auch noch nach Ablauf des Wj ausgeübt werden (BFH BStBl 09, 659). Der Selbständige kann daher zunächst vorsorglich eine Eröffnungsbilanz aufstellen und eine ordnungsmäßige kaufmännische Buchführung einrichten, um sich dann nach Ablauf des Wj für eine der beiden Gewinnermittlungen zu entscheiden. Unterbleibt aber die Einrichtung einer laufenden Buchführung, fehlt es an einer zeitnahen Erfassung der Geschäftsvorfälle iSv § 146 I, sodass nur noch Einnahmen-Überschussrechnung gem § 4 III EStG zulässig ist (BFH BStBl 09, 659; 13, 1035). 12

5. Befreiung von der handelsrechtlichen Buchführungspflicht. Nach **§§ 241a, 242 IV HGB** kann sich ein Einzelkaufmann von der handelsrechtl Buchführungs- und Bilanzaufstellungspflicht befreien lassen, wenn er an zwei aufeinander folgenden Abschlussstichtagen bestimmte Schwellenwerte nicht überschreitet, und zwar jeweils 600.000 € Umsatz und jeweils 60.000 € Jahresüberschuss (§ 241a HGB iVm Art 76 EGHGB idF des BürokratieEntlG v 28.7.2015, BGBl I, 1400); zu den Schwellenwerten bis einschl 2015 s 13. Aufl Rz 15. Die Befreiung gilt jedoch nicht für Personenhandelsgesellschaften wie OHG oder KG. Die Befreiung nach § 241a HGB führt nach § 140 AO dazu, dass auch keine stl Buchführungspflicht mehr besteht (*Rätke* BBK 10, 951, 954). Es kommt damit aufgrund der Befreiung stl zu einem Wechsel der Gewinnermittlungsart von der Bilanzierung gem § 5 I, § 4 I EStG zur Einnahmen-Überschussrechnung gem § 4 III EStG (*Rätke* BBK 10, 951, 954). Ab welchem Zeitpunkt die handelsrechtliche Befreiung greift, ist str; richtigerweise wird man eine Befreiung nur für die Zukunft, dh nach Abschluss der beiden aufeinander folgenden Abschlussstichtage, bejahen können, sodass auch dann erst keine stl Buchführungspflicht mehr nach § 140 besteht (vgl Nachweise bei *Rätke* BBK 10, 951, 953). 15

Jedoch kann trotz handelsrechtlicher Befreiung nach § 241a HGB eine stl **Buchführungspflicht nach § 141** entstehen, wenn dessen Schwellenwerte überschritten worden sind und sobald das FA auf die Buchführungsverpflichtung gem § 141 II 1 hingewiesen hat, sodass trotz handelsrechtlicher Befreiung eine stl Verpflichtung zur Buchführung nach § 141 entsteht. Die Schwellenwerte des § 241a HGB sind nämlich nicht mit den Schwellenwerten des § 141 identisch (s § 141 Rz 2). 16

Bei einer **Neugründung** ist eine Befreiung nach § 241a S 2 HGB bereits möglich, wenn die Schwellenwerte an nur einem Abschlussstichtag nicht überschritten werden. Der Beginn der Befreiung tritt hier ebenfalls nur für die Zukunft ein (str, s *Rätke* BBK 10, 951, 955, mwN): Zwar soll nach der Gesetzesbegründung eine Einnahmen-Überschussrechnung genügen, um die Schwellenwerte zu prüfen (BT- 17

Drs 16/10067, 46); nach dem Gesetzeswortlaut kann aber eine Befreiung erst eintreten, wenn die Schwellenwerte am ersten Abschlussstichtag nicht überschritten werden, sodass der erste Abschlussstichtag abgewartet werden muss.

18 **Endet die handelsrechtliche Befreiung** nach § 241a HGB, weil entweder Schwellenwerte des § 241a HGB wieder überschritten werden oder Kaufmann von der Befreiung keinen Gebrauch mehr machen will, lebt über § 140 auch die stl Buchführungspflicht wieder auf (*Rätke* BBK 10, 951, 957); s auch § 141 Rz 20.

20 **6. Inhalt der handelsrechtlichen Buchführungspflicht.** Die Kaufleute haben sog Handelsbücher nach den **Grundsätzen ordnungsgemäßer Buchführung** (GoB) zu führen; zum Begriff der GoB s § 145 Rz 5f. Zu den Handelsbüchern zählen auch Buchführungsunterlagen, soweit sie an die Stelle von Büchern treten. Nach §§ 240 und 242 HGB sind Kaufleute usw verpflichtet, Vermögensverzeichnisse (Inventare) und Bilanzen aufzustellen, vgl aber auch zur Zulässigkeit der Stichprobeninventur § 241 HGB sowie die Befreiung nach §§ 241a, 242 IV 1 HGB (s Rz 15). Für KapGes sind besondere Fristen für die Aufstellung der Bilanz vorgesehen, regelmäßig 3 Monate, zum Teil aber auch mit längeren Fristen, nach Ende des Geschäftsjahres (vgl § 264 I 3 HGB, § 5 PublG, § 26 KWG, § 42a GmbHG). Nicht zum Gegenstand der in § 140 genannten Buchführungspflicht gehört die Pflicht zur Veröffentlichung von Jahresabschlüssen gem §§ 325 ff HGB.

22 **7. Gesonderte Aufzeichnungspflichten.** Ferner bestehen besondere Aufzeichnungspflichten für einzelne Gewerbetreibende, zB für **Apotheker** über Betriebsbücher (zB Einkaufsbuch, Betäubungsmittelbuch, Giftbuch) nach § 22 Apothekenbetriebsordnung; Wohnungseigentumsverwalter: Rechnungslegungspflicht für Verwalter nach § 28 WEG v 15.3.1951 (BGBl I, 175). Zusammenstellung bei *Koenig/Cöster* § 140 Rz 20; *HHSp/Görke* § 141 Rz 10. Außerdem ist zB für die sog **Eigenbetriebe** der Kommunen in den Eigenbetriebsgesetzen oder Eigenbetriebsverordnungen der Länder (s § 263 HGB) regelmäßig vorgeschrieben, dass sie verpflichtet sind, ihr Rechnungswesen nach den Regeln der kaufmännischen doppelten Buchführung zu führen und Jahresabschlüsse nebst Anhang und Lagebericht nach Maßgabe des Dritten Buchs des HGB aufzustellen (*Kronawitter* VersorgW 11, 174). Nach § 140 ist diese Buchführungspflicht auch für die Besteuerung zu erfüllen (*Stapelfeld/Heyer* DB 03, 1818; BMF 3.1.2013, BStBl I, 59, Tz 1; AEAO zu § 140; OFD Magdeburg 19.2.2013, KSt-Kartei ST § 4 KStG Karte 1.9, Tz 1; OFD Frankfurt DStR 17, 1116).

24 **8. Beginn der handelsrechtlichen Buchführungspflicht.** Die handelsrechtliche Buchführungspflicht beginnt bei Kaufleuten iSv § 1 HGB und Personenhandelsgesellschaften iSv § 6 I HGB (OHG, KG) mit dem **Beginn ihrer Tätigkeit**. Bei eingetragenen Kleinkaufleuten und Land- und Forstwirten iSv §§ 2, 3 HGB beginnt die Buchführungspflicht mit der Eintragung im Handelsregister. Bei Formkaufleuten iSv § 6 II HGB, insbes KapGes, beginnt die Buchführungspflicht bereits mit ihrer **Gründung** und erfasst damit die Vorgesellschaft (wohl auch *Hoffmann/Lüdenbach* NWB Kommentar Bilanzierung, 9. Aufl, § 238 Rz 7); die Buchführungspflicht der vor der Gründung bestehenden Vorgründungsgesellschaft hängt hingegen von der Kaufmannseigenschaft der Vorgründungsgesellschaft gem § 1 II HGB ab (*BG/Märtens* § 140 Rz 29). Der handelsrechtliche Beginn ist nach § 140 AO auch der stl Beginn der Buchführungspflicht.

25 **9. Beendigung der handelsrechtlichen Buchführungspflicht.** Die handelsrechtliche Buchführungspflicht endet bei Einzelkaufleuten iSv § 1 HGB und Personenhandelsgesellschaften (OHG, KG) mit dem **Ende der Kaufmannseigenschaft** (Veräußerung oder Aufgabe des Geschäfts oder Übergang zum Kleinhandelskaufmann nach § 1 II HGB); hingegen endet sie bei vermögensverwaltenden eingetragenen Personenhandelsgesellschaften und KapGes (GmbH, AG, eG, KGaA) sowie bei Kaufleuten iSv §§ 2, 3 HGB mit der **Löschung im Handels-**

register. Weiterhin kann die inländ Buchführungspflicht durch eine Verlagerung des Betriebs in das Ausland enden; eine dort bestehende ausl Buchführungspflicht führt nach der hier vertretenen Auffassung (s Rz 6) nicht zur Anwendbarkeit des § 140.

Endet die handelsrechtl Buchführungspflicht, wirkt dies nach § 140 auch stl (zur handelsrechtl Beendigung wegen einer Befreiung nach § 241a HGB s Rz 15). Die **Insolvenz** lässt die handelsrechtl Buchführungspflicht unberührt (und damit auch die stl Buchführungspflicht nach § 140); jedoch hat der Insolvenzverwalter diese nach § 151 I 2 InsO zu erfüllen (s OFD Hannover 27.1.2003, AO-Kartei ND Anhang D Karte 3).

§ 141 Buchführungspflicht bestimmter Steuerpflichtiger

(1) [1] **Gewerbliche Unternehmer sowie Land- und Forstwirte, die nach den Feststellungen der Finanzbehörde für den einzelnen Betrieb**

1. Umsätze einschließlich der steuerfreien Umsätze, ausgenommen die Umsätze nach § 4 Nr. 8 bis 10 des Umsatzsteuergesetzes, von mehr als 600 000 Euro im Kalenderjahr oder

2. (weggefallen)

3. selbstbewirtschaftete land- und forstwirtschaftliche Flächen mit einem Wirtschaftswert (§ 46 des Bewertungsgesetzes) von mehr als 25 000 Euro oder

4. einen Gewinn aus Gewerbebetrieb von mehr als 60 000 Euro im Wirtschaftsjahr oder

5. einen Gewinn aus Land- und Forstwirtschaft von mehr als 60 000 Euro im Kalenderjahr

gehabt haben, sind auch dann verpflichtet, für diesen Betrieb Bücher zu führen und auf Grund jährlicher Bestandsaufnahmen Abschlüsse zu machen, wenn sich eine Buchführungspflicht nicht aus § 140 ergibt. [2] **Die §§ 238, 240, 241, 242 Abs. 1 und die §§ 243 bis 256 des Handelsgesetzbuchs gelten sinngemäß, sofern sich nicht aus den Steuergesetzen etwas anderes ergibt.** [3] **Bei der Anwendung der Nummer 3 ist der Wirtschaftswert aller vom Land- und Forstwirt selbstbewirtschafteten Flächen maßgebend, unabhängig davon, ob sie in seinem Eigentum stehen oder nicht.**

(2) [1] **Die Verpflichtung nach Absatz 1 ist vom Beginn des Wirtschaftsjahrs an zu erfüllen, das auf die Bekanntgabe der Mitteilung folgt, durch die die Finanzbehörde auf den Beginn dieser Verpflichtung hingewiesen hat.** [2] **Die Verpflichtung endet mit dem Ablauf des Wirtschaftsjahrs, das auf das Wirtschaftsjahr folgt, in dem die Finanzbehörde feststellt, dass die Voraussetzungen nach Absatz 1 nicht mehr vorliegen.**

(3) [1] **Die Buchführungspflicht geht auf denjenigen über, der den Betrieb im Ganzen zur Bewirtschaftung als Eigentümer oder Nutzungsberechtigter übernimmt.** [2] **Ein Hinweis nach Absatz 2 auf den Beginn der Buchführungspflicht ist nicht erforderlich.**

(4) **Absatz 1 Nr. 5 in der vorstehenden Fassung ist erstmals auf den Gewinn des Kalenderjahrs 1980 anzuwenden.**

Abs 1 Satz 1 Nrn 1, 3, 4 und 5 Beträge geändert durch G v 31.7.03 (BGBl I, 1550); Abs 1 Satz 1 Nr 1 Betrag geändert durch G v 22.8.06 (BGBl I, 1970); Abs 1 Satz 1 Nr 4 und 5 Beträge geändert durch G v 7.9.07 (BGBl I, 2246); Abs 1 Satz 2 geändert durch BilMoG v 28.5.09 (BGBl I, 1102); Abs 1 S 4 aufgehoben durch AmtshilfeRLUmsG v 26.6.13 (BGBl I, 1809); Abs 1 S 1 Nrn 1, 4 und 5 geändert durch BürokratieEntlG v 28.7.15 (BGBl I, 1400).

Schrifttum: *vor 2010 s 13. Aufl; Rätke* Befreiung von der handelsrechtlichen Buchführungspflicht nach § 241a HGB, BBK 10, 951; *Brähler/Krenzin/Scholz* Bürokratieabbau durch das BilMoG, StuW 13, 173; *Jenzen/Brauchle* Bürokratieentlastungsgesetz: Entlastung kleiner und mittelgroßer Unternehmen?, Wpg 15, 1204; *Teller* Hinweis des Finanzamts auf den Wegfall der Besteuerung nach Durchschnittssätzen, HFR 18, 121; s auch Schrifttum zu § 140.

Übersicht

1 **1. Inhalt.** Sinn und Zweck der Buchführungspflicht nach § 141 ist die richtige Gewinnermittlung für die Einkommensbesteuerung, nämlich die Gewinnermittlung durch Betriebsvermögensvergleich gem § 4 I, dh Bilanzierung (BFH BStBl 10, 219). Die Vorschrift ist **keine Befreiungsvorschrift** von der Buchführungspflicht für den Fall, dass die in Abs 1 genannten Grenzen nicht überschritten werden; vielmehr begründet § 141 eine Buchführungspflicht für den Fall, dass die in Abs 1 genannten Grenzen überschritten werden. Die Vorschrift kommt nur zur Anwendung, wenn keine Buchführungspflicht nach § 140 besteht. § 141 gilt damit insbes für **Gewerbetreibende** sowie **Land- und Forstwirte,** die mangels Kaufmannseigenschaft nicht nach § 238 HGB iVm § 140 AO buchführungspflichtig sind. Überschreiten sie die Grenzen des § 141 I 1 Nrn 1–5, sind sie nur stl buchführungspflichtig, nicht aber handelsrechtl nach § 238 HGB. Unter § 141 fallen auch ausl Unternehmer, wenn und soweit sie im Inland eine Betriebsstätte unterhalten oder für sie ein ständiger Vertreter bestellt ist (FG Köln EFG 94, 138; *TK/Drüen* § 141 Rz 6); dies gilt aber nicht für eine ausl KapGes ohne Sitz oder Betriebsstätte in Deutschland und ohne ständigen Vertreter in Deutschland, die in Deutschland ausschl Vermietungseinkünfte erzielt und nur aufgrund der Fiktion des § 49 I Nr 2 Buchst f S 2 EStG als Gewerbebetrieb fingiert wird (offen gelassen von BFH BStBl 16, 66). § 141 AO gilt hingegen **nicht für Selbständige** gem § 18 EStG (s Rz 10) oder Stpfl mit **Überschusseinkünften** nach §§ 19–22 EStG (s auch BFH BStBl 10, 873).

Die Frage, ob Buchführungspflicht nach § 141 besteht und damit Gewinn nach § 4 I bzw § 13a zu ermitteln ist, soll nach BFH (BStBl 10, 873) Vorrang vor der Frage haben, ob überhaupt **Gewinnerzielungsabsicht** besteht. Hiergegen ist jedoch einzuwenden, dass ohne Gewinnerzielungsabsicht keine Einkünfte iSv § 13 oder § 15 EStG vorliegen können, die von § 141 erfasst werden. Dementsprechend ist eine Buchführungspflicht für ohne Gewinnerzielungsabsicht handelnde Zweckverbände oder Verlustzuweisungsgesellschaften zu verneinen (s auch BMF 3.1.2013, BStBl I, 59, Tz 3, zu Dauerverlust-BgA; AEAO zu § 141 Nr 3).

Durch Abs 1 S 1 ist klargestellt, dass es für die Buchführungspflicht auf die **Verhältnisse des einzelnen Betriebes** ankommt, auch wenn der Stpfl mehrere Betriebe gleicher Einkunftsart hat (BFH BStBl 89, 7). Nur bei steuerbegünstigten Körperschaften bilden mehrere wirtschaftliche Geschäftsbetriebe nach § 64 II einen Betrieb (AEAO zu § 141 Nr 3). Für die Frage, ob ein einzelner Betrieb vorliegt, kommt es auf das Gesamtbild der Verhältnisse im Einzelfall unter Berücksichtigung der Verkehrsanschauung an (BFH BStBl 83, 425; 89, 7). Ein Teilbetrieb ist kein einzelner Betrieb (BFH BStBl 89, 7).

Die **Befreiung von der handelsrechtlichen Buchführung** nach § 241a HGB wirkt sich nur auf die Buchführungspflicht nach § 140 aus (s dort Rz 5), nicht aber auf § 141; zudem ist § 141 im Gegensatz zu § 241a HGB auch keine Befreiungsvorschrift (s Rz 1). Daher kann es trotz handelsrechtlicher Befreiung von der Buchführungspflicht iSv § 241a HGB und damit auch stl Befreiung von der Buchführung gem § 140 zu einer stl Buchführungspflicht aufgrund des § 141 kommen (AEAO zu § 141 Nr 1); es besteht dann eine stl Buchführungspflicht bei gleichzeitiger handelsrechtl Befreiung von der Buchführungspflicht. Zwar sind die Schwellenwerte des § 241a HGB weitgehend den Schwellenwerten des § 141 angepasst worden, sodass bei einer handelsrechtl Befreiung von der Buchführung gem § 241a HGB im Regelfall auch die Buchführungsgrenzen des § 141 nicht überschritten werden; es bestehen aber dennoch verschiedene Abweichungen zB bei der Dauer des Unterschreitens der Schwellenwerte (§ 141: nur letztes Kalenderjahr; § 241a HGB: an zwei aufeinanderfolgenden Abschlussstichtagen) oder bei der Definition des Umsatzes und Gewinnes bzw Jahresüberschusses (s Rz 4 sowie die Übersicht bei *Rätke* BBK 10, 951, 952). Zu beachten ist, dass eine Buchführungspflicht nach § 141 frühestens im Folgejahr eintreten kann; denn die Prüfung, ob die Grenzen des Abs 1 überschritten worden sind, kann erst dann vorgenommen werden, wenn aufgrund der Befreiung nach § 241a HGB keine Buchführungspflicht mehr nach § 140 besteht und das FA auf die Buchführungspflicht des § 141 nach Abs 2 S 1 hingewiesen hat (s Rz 15; *Rätke* BBK 10, 951, 954f). 2

2. Buchführungsgrenzen (Abs 1 S 1). In Abs 1 werden die Buchführungsgrenzen genannt, bei deren Überschreiten Gewerbetreibende sowie Land- und Forstwirte buchführungspflichtig werden. Die Grenzen in Nrn 1, 4 und 5 wurden durch das BürokratieEntlG v 28.7.2015 (BGBl I, 1400) um 100.000 € auf 600.000 € (Nr 1) bzw um 10.000 € auf 60.000 € (Nrn 4 und 5) mWv 1.1.2016 (Art 97 § 19 EGAO) erhöht. Auch eine **einmalige,** auf besondere Ereignisse zurückzuführende **Überschreitung** der Buchführungsgrenze löst die Buchführungspflicht aus; geholfen werden kann hier aber nach § 148 (s § 148 Rz 1 sowie AEAO zu § 141 Nr 4). Die Buchführungsgrenzen gelten auch nach Eröffnung des Insolvenzverfahrens, weil dieses nicht zum Ende der Buchführungspflicht, sondern lediglich zum Übergang der Buchführungspflicht auf den Insolvenzverwalter nach § 155 I 2 InsO führt (s § 140 Rz 25). 3

a) Umsatzgrenze (Abs 1 S 1 Nr 1). Die Umsatzgrenze beläuft sich ab 2016 auf 600.000 €; bis einschl 2015 betrug die Grenze 500.000 €. Die Umsätze sind nach den Vorschriften des UStG zu ermitteln. Zu den Umsätzen gehören auch die steuerfreien Umsätze mit Ausnahme der in § 4 Nrn 8–10 UStG genannten steuerfreien Umsätze (BFH/NV 99, 1444). Im Gegensatz zu § 241a HGB (s *Rätke* BBK 10, 951, 952) werden also bestimmte steuerfreie Umsätze außer Ansatz gelassen. In die Umsatzgrenze sind auch die nicht steuerbaren Umsätze mit einzubeziehen, weil es sich bei diesen ebenfalls um Umsätze iSv Abs 1 Nr 1 handelt (BFH BStBl 10, 219); die nicht steuerbaren Auslandsumsätze sind ggf in entsprechender Anwendung des § 162 zu schätzen (AEAO zu § 141 Nr 3). 4

Die **Erhöhung der Umsatzgrenze auf 600.000 €** durch Gesetz v 28.7.2015 (BGBl I, 1400) gilt für Umsätze der Kalenderjahre, die nach dem 31.12.2015 beginnen, im Regelfall also für 2016 (Art 97 § 19 VIII 1 EGAO). Soweit in 2015 die neue Umsatzgrenze von 600.000 € nicht überschritten wurde, sondern lediglich die alte Grenze von 500.000 €, unterbleibt eine Mitteilung iSv Abs 2 S 1 über den Beginn der Buchführungspflicht (Art 97 § 19 VIII 2 EGAO).

b) Wirtschaftswert bei Land- und Forstwirten (Abs 1 S 1 Nr 3). Zum land- und forstwirtschaftlichen Vermögen gehören nicht nur das Eigenland und forstwirtschaftliche Vermögen, sondern auch das vom Land- oder Forstwirt selbst 6 bewirtschaftete Vermögen auf zugepachteten Flächen (Abs 1 S 3). Die Einzelertragswerte der Nebenbetriebe sind nicht anzusetzen (BFH BStBl 90, 606). Zur Aufhebung des insbes mit Nr 3 im Zusammenhang stehenden Abs 1 S 4 s 13. Aufl.

7 **c) Gewinngrenze bei Gewerbebetrieben (Abs 1 S 1 Nr 4).** Die Gewinngrenze bei Gewerbebetrieben beträgt ab 2016 **60.000 €,** bis einschl 2015 50.000 €. Sie hat nur Bedeutung, wenn sich die Buchführungspflicht nicht bereits aus § 140 ergibt (s Rz 1). **Freiberufler** und sonstige Selbständige werden **nicht erfasst** (s Rz 10). Bei der Ermittlung des Gewinns sind nach § 7a VI EStG erhöhte Abschreibungen und Sonderabschreibungen nicht zu berücksichtigen (s auch AEAO zu § 141 Nr 4).

Die Erhöhung der Gewinngrenze durch Gesetz v 28.7.2015 (BGBl I, 1400) von 50.000 € auf 60.000 € gilt für Gewinne der Wirtschaftsjahre, die nach dem 31.12.2015 beginnen, im Regelfall also **ab VZ 2016** (s Art 97 § 19 III 3 EGAO). Lag der Gewinn im Kj 2015 zwar über der alten Grenze von 50.000 €, aber unter der neuen Grenze von 60.000 €, unterbleibt eine Mitteilung iSv Abs 2 S 1 über den Beginn der Buchführungspflicht (Art 97 § 19 IX EGAO).

9 **d) Gewinngrenze bei Land- und Forstwirten (Abs 1 S 1 Nr 5).** Die Gewinngrenze bei Land- und Forstwirten beträgt wie bei den Gewerbetreibenden (s Rz 7) ab 2016 **60.000 €,** bis einschl 2015 50.000 €. Sie stellt auf den Gewinn des **Kalenderjahres,** nicht auf den des Wirtschaftsjahres ab. Es müssen daher die zeitanteiligen Gewinne aus zwei Wirtschaftsjahren angesetzt werden (AEAO zu § 141 Nr 3).

Die Erhöhung erfolgt wie bei Nr 4 für Jahre **ab 2016** (Art 97 § 19 IV 3 EGAO); zum Unterbleiben einer Mitteilung bei Unterschreiten der neuen Grenze im Jahr 2015 s oben Rz 7 sowie Art 97 § 19 IX EGAO. IÜ enthält **Abs 4** einen Hinweis zur erstmaligen Anwendbarkeit des Abs 1 Nr 5, der angesichts des Zeitpunkts (1980) überflüssig geworden ist.

10 **e) Keine Regelung für Selbständige.** Für freie Berufe und sonstige Selbständige iSv § 18 hat § 141 nach seinem Wortlaut keine Bedeutung (s Rz 1).

11 **f) Feststellung des Überschreitens durch FA.** Die Entscheidung iSv Abs 1, ob Buchführungsgrenze überschritten wird, trifft das FA, und zwar entweder im StBescheid oder durch besondere Feststellung. Das FA hat dabei kein Ermessen (FG Saarl EFG 97, 587). Die Feststellung, dass eine der Buchführungsgrenzen des § 141 I überschritten ist, stellt einen **VA** dar (BFH BStBl 83, 768; 07, 816, zu § 13a I 2 EStG; aA FG Nds EFG 86, 268). Von der Feststellung nach Abs 1 über das Überschreiten der Buchführungsgrenze **zu unterscheiden** ist die **Mitteilung** über den Beginn der Buchführungspflicht nach Abs 2, die ebenfalls einen VA darstellt (s Rz 15). Feststellung und Mitteilung können aber auch miteinander verbunden werden. Es handelt sich dann um einen einheitlichen VA (BFH BStBl 83, 768). Zu den Folgen einer fehlerhaften Feststellung s Rz 18.

12 **3. Buchführungspflicht (Abs 1 S 2).** Liegen die Voraussetzungen für die Buchführungspflicht vor, hat der Stpfl Bücher zu führen und aufgrund jährlicher Bestandsaufnahmen Abschlüsse zu machen (s auch BFH BStBl 10, 219). §§ 238 ff HGB sind dabei entsprechend anzuwenden, sofern sich nicht aus den StGesetzen etwas anderes ergibt. Das gilt auch für die Bilanzierungsgrundsätze der §§ 243 bis 256 HGB. Einer Personenhandelsgesellschaft obliegt auch die Buchführungspflicht für **Sonderbetriebsvermögen,** nicht dem einzelnen Gesellschafter (BFH BStBl 91, 401; 06, 418; s auch § 140 Rz 5). Zu Abs 1 S 3 s Rz 6.

15 **4. Beginn und Ende der Buchführungspflicht (Abs 2). a) Mitteilung (Abs 2 S 1).** Für den Beginn der Buchführungspflicht ist neben der Feststellung (s Rz 11), dass die Buchführungsgrenzen überschritten worden sind, erforderlich, dass der Stpfl auf den Beginn der Verpflichtung durch eine Mitteilung hingewiesen wird (BFH/NV 95, 390; BStBl 07, 816; 18, 174 zu § 13a I 2 EStG). Dieser Hin-

weis soll zwar nach AEAO zu § 141 Nr 4 S 2 mindestens 1 Monat vor Beginn des Wirtschaftsjahres bekannt gegeben werden, von dessen Beginn an die Buchführungspflicht zu erfüllen ist. Jedoch ist die Mitteilung auch bei kürzerer Frist wirksam; ggf sind Buchführungserleichterungen nach § 148 zu bewilligen (BFH BStBl 07, 816, zur entsprechenden Regelung in § 13a I 2 EStG). Der Hinweis kann im **Bescheid über die StFestsetzung** erfolgen, wenn diese mit der Feststellung über das Überschreiten der Buchführungsgrenze (s Rz 11) verbunden wird. Es kann ferner in der gesonderten Feststellung über das Überschreiten der Buchführungsgrenze, aber auch außerhalb dieser in einer **besonderen Mitteilung** geschehen. Ein Hinweis bereits vor der Feststellung ist fehlerhaft (*Mösbauer* DStZ 96, 722). Die Rspr zur RAO, wonach ein Hinweis nicht erforderlich ist, wenn der Stpfl entweder freiwillig Bücher führt oder durch einen stl Berater vertreten wird (vgl ua BFH BStBl 85, 486; BFH/NV 88, 278; 94, 863), ist aufgrund der ausdrücklichen Regelung des Abs 2 S 1 überholt (BFH/NV 95, 390).

b) Beginn der Buchführungspflicht. Die Buchführungspflicht gilt **erstmals für das Jahr,** das auf die Bekanntgabe der Mitteilung folgt. Die nachträgliche Feststellung, dass eine Buchführungsgrenze überschritten ist, kann deshalb nicht zurückbezogen werden (FG Bln EFG 01, 1311). Dies gilt selbst dann, wenn der Stpfl durch Verletzung seiner Pflicht zur Abgabe seiner StErklärung bewusst die Ursache dafür gesetzt hat, dass ihn das FA nicht rechtzeitig auf den Beginn seiner Buchführungspflicht hingewiesen hat (FG Bln EFG 01, 1311). Der rechtsgestaltende VA, der den Beginn der Buchführungspflicht auslöst, ist nach § 121 I grds **zu begründen;** hierzu müssen dem Stpfl überschlägig die Berechnungsgrundlagen mitgeteilt werden (BFH BStBl 83, 768). Nach § 122 I ist der VA demjenigen **bekannt zu geben,** der von ihm betroffen ist. Bei Mitunternehmerschaft kann die Bekanntgabe an einen Mitunternehmer aber genügen, wenn dieser nach außen ggü dem FA als alleiniger Betriebsinhaber aufgetreten ist und dadurch den Anschein erweckt oder aufrecht erhalten hat, er sei alleiniger Unternehmer (BFH BStBl 86, 539; 88, 238; vgl auch AEAO zu § 141 Nr 4). Ob tatsächlich eine Mitunternehmerschaft vorliegt, ist nicht im Verfahren nach § 141 II, sondern allein im gesonderten Gewinnfeststellungsverfahren nach § 180 zu entscheiden (BFH BStBl 86, 539). 16

Kommen bei **Land- und Forstwirten** mehrere Möglichkeiten für die Periode eines Wj in Betracht (vgl § 8c EStDV), gehört zum Inhalt der Mitteilung die Angabe, wann die Buchführungspflicht beginnt, dh ob für ihn der Regelfall (1. Juli bis 30. Juni) oder ein anderer Zeitraum gilt. Eine falsche Zeitangabe hat jedoch nicht die Unwirksamkeit der Mitteilung, sondern nur deren Anfechtbarkeit zur Folge (BFH BStBl 88, 269); dabei ist die Mitteilung einer Auslegung zugänglich, sodass ein erkennbarer falscher Zeitpunkt durch den richtigen ersetzt werden kann (BFH BStBl 86, 39).

c) Rechtsbehelf. Die Aufforderung zur Buchführung (Mitteilung) ist ein rechtsgestaltender belastender **VA mit Dauerwirkung,** der den Beginn der Buchführungspflicht konstitutiv auslöst (BFH BStBl 88, 269; BFH/NV 90, 617). Sie kann daher mit dem **Einspruch** angefochten und ihre Vollziehung ausgesetzt werden (BFH BStBl 80, 427; BFH BStBl 16, 66). Wird die Mitteilung nicht angefochten, zurückgenommen oder widerrufen, beginnt die Buchführungspflicht auch dann, wenn die Gründe in der Mitteilung nicht mehr zutreffen (BFH BStBl 83, 254). 17

War die Mitteilung nach Abs 2 **fehlerhaft,** weil die entsprechende Grenze für die Buchführungspflicht tatsächlich doch nicht überschritten worden ist, kann dieser Fehler nicht durch das Nachschieben einer Mitteilung vom Überschreiten einer anderen in Abs 1 aufgeführten Grenze gem § 126 I Nr 2 geheilt werden. Bei den Feststellungen iSd § 141 I (s Rz 11) handelt es sich nämlich nicht um Begründungen der Mitteilung nach Abs 2, die geheilt werden können, sondern um Tatbe- 18 standsmerkmale in Gestalt rechtsbegründender VA. Allenfalls könnte eine nach § 121 I erforderliche aber zunächst fehlende oder fehlerhafte Berechnungsgrundlage für die Feststellung nach § 126 I Nr 2, II geheilt werden (BFH BStBl 83, 768).

20 **d) Ende der Buchführungspflicht (Abs 2 S 2).** Die Buchführungspflicht endet nach Abs 2 S 2 mit dem Ablauf des Wj, das auf das Wj folgt, in dem das FA **feststellt,** dass die Voraussetzungen des Abs 1 nicht mehr vorliegen. Ein besonderer Hinweis wird vom Gesetz zwar nicht gefordert. Aufgrund der Bedeutung der Feststellung nach Abs 2 S 2 (Wegfall der Buchführung und damit der Schätzungsbefugnis bei unterbleibender Buchführung) ist aber erforderlich, dass der Stpfl **hinreichend deutlich erkennen** kann, dass das FA die Voraussetzungen der Buchführungspflicht nicht mehr für gegeben hält (so auch *TK/Drüen* § 141 Rz 49; FG Köln EFG 93, 65). Es reicht somit nicht aus, dass dem Stpfl kommentarlos ein Bescheid mit einer Nullfestsetzung oder einem Gewinn bzw Umsätzen unterhalb der Buchführungsgrenzen des Abs 1 Nr 1, 4 oder 5 übersandt wird (so auch FG Köln EFG 93, 65). Für die USt ergibt sich dies schon daraus, dass auch nicht steuerbare Umsätze, die im USt-Bescheid nicht erscheinen, nach Abs 1 Nr 1 zu berücksichtigen sind (s Rz 4). Der Stpfl hat einen **Anspruch auf Feststellung** nach Abs 2 S 2, wenn die Voraussetzungen für eine Buchführungspflicht wegfallen (*TK/Drüen* § 141 Rz 49; *Koenig/Cöster* § 141 Rz 45). Unterlässt das FA die Feststellung nach Abs 2 S 2 und setzt der Stpfl seinen Anspruch nicht durch, bleibt es aber bei der Buchführungspflicht (BFH BStBl 94, 677).

Im Gegensatz zu § 141 II 2 ist für die Beendigung der Befreiung von der handelsrechtl Buchführungspflicht nach § 241a HGB (s Rz 2) eine entsprechende Feststellung des FA nicht erforderlich; die handelsrechtliche Buchführungspflicht lebt also automatisch wieder auf, wenn die Schwellenwerte des § 241a HGB überschritten werden (*Rätke* BBK 10, 951, 957). Dies führt dann über **§ 140** auch zur stl Buchführungspflicht (§ 140 Rz 8).

22 **5. Übergang der Buchführungspflicht (Abs 3).** Eine sich nach § 141 ergebende Buchführungspflicht geht nach Abs 3 des § 141 **ohne besondere Feststellung oder Hinweis** iSv Abs 2 (s Abs 3 S 2) auf den Betriebsübernehmer über; eine zusätzliche Mitteilung über das Bestehen der Buchführungspflicht ist gleichwohl zulässig (BFH/NV 07, 2051). Für den Übergang der Buchführungspflicht nach Abs 3 ist somit nicht erforderlich, dass eine der Buchführungsgrenzen überschritten wird.

23 **Betriebsübernahme** setzt zum einen voraus, dass die wesentlichen Grundlagen des Betriebs als einheitliches Ganzes erhalten bleiben (BFH BStBl 86, 741; 94, 677; BFH/NV 05, 1966). Betriebsübernahme ist bei Einbringung des Betriebs in eine PersGes zu bejahen (vgl BFH BStBl 78, 477), nicht aber bei Übernahme eines Teilbetriebs (BFH BStBl 94, 677; FG Mster EFG 93, 275). Zum anderen muss der Übernehmer den Betrieb als Eigentümer oder Nutzungsberechtigten übernehmen; in Betracht kommt Übernahme als Erbe, Pächter oder Nießbrauchsberechtigter. Wird ein buchführungspflichtiger land- oder forstwirtschaftlicher Betrieb übernommen und ist der Übernehmer bereits Inhaber eines nicht buchführungspflichtigen land- oder forstwirtschaftlichen Betriebs, erstreckt sich die Buchführungspflicht des Übernehmers nur auf den übernommenen Betrieb, wenn nach der Übernahme weiterhin zwei organisatorisch getrennte und selbständig bewirtschaftete Betriebe in einer Hand bestehen. Werden die Betriebe allerdings zu einem Betrieb vereint, so erstreckt sich die aus der Betriebsübernahme folgende Buchführungspflicht zwangsläufig auf den Gesamtbetrieb (BFH/NV 05, 1966).

25 **6. Verstoß gegen Buchführungspflicht.** Verstößt der Stpfl gegen § 141, kann das FA nach § 162 die Besteuerungsgrundlagen schätzen (vgl BFH BStBl 85, 352), auch die Buchführungspflicht nach §§ 328 ff erzwingen. Die schuldhafte Nichtführung von Büchern stellt eine Ordnungswidrigkeit nach § 379 I Nr 3 dar.

§ 142 Ergänzende Vorschriften für Land- und Forstwirte

[1] Land- und Forstwirte, die nach § 141 Abs. 1 Nr. 1, 3 oder 5 zur Buchführung verpflichtet sind, haben neben den jährlichen Bestandsaufnahmen und den jährlichen Abschlüssen ein Anbauverzeichnis zu führen. [2] In dem Anbauverzeichnis ist nachzuweisen, mit welchen Fruchtarten die selbstbewirtschafteten Flächen im abgelaufenen Wirtschaftsjahr bestellt waren.

Neben den jährlichen Bestandsaufnahmen und Abschlüssen haben buchführungspflichtige Land- und Forstwirte iSv § 141 I 1 Nr 1, 3 oder 5 ein **Anbauverzeichnis** zu führen, mit dem nachzuweisen ist, mit welchen Fruchtarten die selbst bewirtschafteten Flächen im abgelaufenen Wj bestellt waren. Hierbei sind auch die Zu- und Abgänge von selbst bewirtschafteten Flächen während des Wj zu berücksichtigen (*BG/Sauer* § 142 Rz 5). Zum Anbauverzeichnis s auch BMF 15.12.1981 (BStBl I, 878) Ziff 3.3 ff, sowie zu Baumschulkulturen BMF 8.9.2009 (BStBl I, 927).

§ 143 Aufzeichnung des Wareneingangs

(1) **Gewerbliche Unternehmer müssen den Wareneingang gesondert aufzeichnen.**

(2) **[1] Aufzuzeichnen sind alle Waren einschließlich der Rohstoffe, unfertigen Erzeugnisse, Hilfsstoffe und Zutaten, die der Unternehmer im Rahmen seines Gewerbebetriebs zur Weiterveräußerung oder zum Verbrauch entgeltlich oder unentgeltlich, für eigene oder für fremde Rechnung, erwirbt; dies gilt auch dann, wenn die Waren vor der Weiterveräußerung oder dem Verbrauch be- oder verarbeitet werden sollen. [2] Waren, die nach Art des Betriebs üblicherweise für den Betrieb zur Weiterveräußerung oder zum Verbrauch erworben werden, sind auch dann aufzuzeichnen, wenn sie für betriebsfremde Zwecke verwendet werden.**

(3) **Die Aufzeichnungen müssen die folgenden Angaben enthalten:**
1. den Tag des Wareneingangs oder das Datum der Rechnung,
2. den Namen oder die Firma und die Anschrift des Lieferers,
3. die handelsübliche Bezeichnung der Ware,
4. den Preis der Ware,
5. einen Hinweis auf den Beleg.

Schrifttum: *vor 2010 s 13. Aufl; Kaligin* Gaststättengewerbe im fiskalischen Zwielicht, StBp 13, 237.

1. Inhalt und Zweck der Vorschrift. Die Vorschrift soll es zusammen mit der korrespondierenden Vorschrift des § 144 ermöglichen, die Betriebsvorgänge beim Warenhandel und insbes die **Warenbewegung vom Veräußerer zum Erwerber** nachzuprüfen und eine Nachkalkulation zu ermöglichen (BFH BStBl 16, 815; *TK/Drüen* § 143 Rz 1). 1

2. Persönlicher Anwendungsbereich. § 143 gilt für **gewerbliche Unternehmer** iSv § 15 EStG, die mit Waren handeln, und zwar sowohl Einzel- als auch Großhändler, nicht aber für Selbständige oder Land- und Forstwirte. Die Vorschrift gilt unabhängig von der Art der Gewinnermittlung und unabhängig von einer Buchführungspflicht. Sie ist daher sowohl bei der Bilanzierung – auch freiwillige Bilanzierung – als auch bei **Einnahmen-Überschussrechnung** gem § 4 III EStG anwendbar (BFH BStBl 17, 743; BFH/NV 16, 1665; AEAO zu § 143 Nr 1). Auf die Größe und Art des Betriebs oder die Höhe der Umsätze und Wareneingänge kommt es nicht an, sodass auch kleinere gewerbliche Unternehmer § 143 beachten müssen. Maßgeblich ist die Qualifizierung der Einkünfte als gewerbliche Einkünfte. 3

4 Die Norm enthält **keine Ausnahmen:** Weder können besondere Handelsbräuche in einem Handelszweig (FG Hess EFG 98, 252) noch die (fehlenden) Kenntnisse oder persönlichen Fähigkeiten des Stpfl (BFH BStBl 16, 815) dazu führen, dass eine Aufzeichnung des Wareneingangs unterbleiben kann. Sofern sich der Stpfl nicht in der Lage sieht, die Aufzeichnungen zu tätigen, muss er sich anderer Personen bedienen (BFH/NV 16, 1665) oder die Bewilligung von Erleichterungen nach § 148 beantragen.

5 **3. Gesonderte Aufzeichnung des Wareneingangs (Abs 1).** Ein besonderes Wareneingangsbuch ist nach Abs 1 nicht erforderlich. Der Wareneingang muss nur gesondert aufgezeichnet werden. Die Aufzeichnung kann auch in einer geordneten Ablage von Belegen bestehen (§ 146 V 1). Bei **buchführenden Gewerbetreibenden** reicht es aus, wenn sich die geforderten Angaben aus der Buchführung (AEAO zu § 143 Nr 1) oder aus den aufgrund gesonderter Aufzeichnungspflichten zu führenden Unterlagen (s § 140 Rz 22) ergeben. Besondere Aufzeichnungspflichten, zB nach § 22 UStG, bleiben daneben bestehen.

6 **4. Aufzeichnungspflichtige Waren (Abs 2).** Bei den aufzuzeichnenden Waren, Rohstoffen etc iSv Abs 2 handelt es sich um Vorräte iSv § 266 II B. I Nr 3, § 275 II Nr 5a HGB, die typischerweise im Handelsverkehr umgesetzt werden. Hierzu gehört auch Software, nicht aber Wertpapiere oder Rechte, die nach § 93 I, § 94 I HGB keine Waren sind (*TK/Drüen* § 143 Rz 9).

7 **5. Umfang der Aufzeichnungen (Abs 3).** Der Umfang der Aufzeichnungen bestimmt sich nach Abs 3 und entspricht in weiten Teilen den umsatzsteuerl Anforderungen an eine Rechnung gem § 14 IV UStG. Die einem gewerbetreibenden Stpfl nach Abs 3 **Nr 2** obliegende Verpflichtung, den Namen oder die Firma und die Anschrift des Lieferers aufzuzeichnen, kann regelmäßig durch Übernahme der betr Angaben aus den von den **Lieferanten erstellten Rechnungen** erfüllt werden. Der Stpfl darf aber nicht leichtfertig auf die mündlichen Angaben der ihm bzw seinen Angestellten unbekannten Lieferanten vertrauen, sondern muss die Identität überprüfen oder zumindest Vorkehrungen treffen, die eine nachträgliche Identifizierung (zB Identifizierung über den Zahlungsweg bei Überweisung oder Festhalten der Kfz-Kennzeichen) ermöglichen (FG BaWü EFG 93, 277). Werden Lieferrechnungen von dem Empfänger der Ware selbst ausgeschrieben (zB im Altpapierhandel), muss sich der gewerbetreibende Stpfl in Zweifelsfällen Gewissheit über die Richtigkeit der von Lieferanten gemachten Angaben verschaffen (FG Bln EFG 88, 272). Beim Ankauf von Waren gegen Barquittung müssen in der Quittung die in § 143 III Nr 2 geforderten Angaben gemacht werden (vgl BGH BFH/NV Beil 03, 182). Hinsichtlich der nach **Nr 3** zu nennenden handelsüblichen Bezeichnung kann auf § 9 I 1 Nr 2 Buchst b und § 10 I Nr 2 Buchst b, cc UStDV verwiesen werden. Mit dem in **Nr 4** genannten Preis ist das Entgelt zzgl USt gemeint, nicht aber Nebenkosten wie Transportkosten oä (s auch *HHSp/Görke* § 143 Rz 22). Nach **Nr 5** ist ein Hinweis in den Aufzeichnungen auf den einzelnen Warenbeleg erforderlich.

9 **6. Rechtsfolgen bei Verstoß.** Bei Verstoß gegen Aufzeichnungspflicht des § 143 ist **Schätzung** nach § 162 II 2 möglich, weil es sich um Aufzeichnungen handelt, die der Stpfl stl zu führen hat, und zudem Buchführung gem § 158 (iVm § 162 II 2) **bei relevantem Verstoß** gegen §§ 140–148 verworfen werden kann (vgl auch BFH/NV 14, 163; FG Hbg – 7 K 10/06, BeckRS 2007, 26023385; *HHSp/Görke* § 143 Rz 24; aA *Koenig/Cöster* § 143 Rz 26).

§ 144 Aufzeichnung des Warenausgangs

(1) **Gewerbliche Unternehmer, die nach der Art ihres Geschäftsbetriebs Waren regelmäßig an andere gewerbliche Unternehmer zur Weiterveräußerung**

oder zum Verbrauch als Hilfsstoffe liefern, müssen den erkennbar für diese Zwecke bestimmten Warenausgang gesondert aufzeichnen.

(2) [1] **Aufzuzeichnen sind auch alle Waren, die der Unternehmer**

1. **auf Rechnung (auf Ziel, Kredit, Abrechnung oder Gegenrechnung), durch Tausch oder unentgeltlich liefert, oder**
2. **gegen Barzahlung liefert, wenn die Ware wegen der abgenommenen Menge zu einem Preis veräußert wird, der niedriger ist als der übliche Preis für Verbraucher.**

[2] **Dies gilt nicht, wenn die Ware erkennbar nicht zur gewerblichen Weiterverwendung bestimmt ist.**

(3) **Die Aufzeichnungen müssen die folgenden Angaben enthalten:**

1. **den Tag des Warenausgangs oder das Datum der Rechnung,**
2. **den Namen oder die Firma und die Anschrift des Abnehmers,**
3. **die handelsübliche Bezeichnung der Ware,**
4. **den Preis der Ware,**
5. **einen Hinweis auf den Beleg.**

(4) [1] **Der Unternehmer muss über jeden Ausgang der in den Absätzen 1 und 2 genannten Waren einen Beleg erteilen, der die in Absatz 3 bezeichneten Angaben sowie seinen Namen oder die Firma und seine Anschrift enthält.** [2] **Dies gilt insoweit nicht, als nach § 14 Abs. 2 des Umsatzsteuergesetzes 1999 durch die dort bezeichneten Leistungsempfänger eine Gutschrift erteilt wird oder auf Grund des § 14 Abs. 6 des Umsatzsteuergesetzes 1999 Erleichterungen gewährt werden.**

(5) **Die Absätze 1 bis 4 gelten auch für Land- und Forstwirte, die nach § 141 buchführungspflichtig sind.**

Abs 4 S 2 geändert durch StÄndG 2003 v 15.12.03 (BGBl I, 2645).

Schrifttum: *vor 2010 s 13. Aufl; Leisner-Egensperger* Verfassungsfragen der Aufzeichnungspflicht bei Warenausgang (§ 144 AO), DStZ 10, 325.

1. Inhalt und Zweck der Vorschrift. Die Vorschrift begründet eine Auf- 1
zeichnungspflicht für Großhändler bzgl des Warenausgangs und ergänzt damit § 143, der alle gewerblichen Händler und damit nicht nur Großhändler (s § 143 Rz 3) zur Aufzeichnung des Wareneingangs verpflichtet. Die Aufzeichnungspflicht des § 144 besteht ebenso wie die des § 143 eigenständig und unabhängig neben sonstigen Buchführungs- oder Aufzeichnungspflichten (BFH BStBl 15, 519; BFH/NV 15, 790, 793), zB nach § 22 UStG oder nach § 238 HGB.

§ 144 dient zum einen der Kontrolle der Betriebsvorgänge des Großhändlers, zum anderen aber auch der Kontrolle des Wareneingangs bei den Abnehmern des von § 144 erfassten Unternehmers und damit der **Kontrolle Dritter** (BFH BStBl 15, 519; BFH/NV 15, 790, 793).

Die Regelung ist **verfassungsgemäß** (glA *TK/Drüen* § 144 Rz 2; aA *Leisner-Egensperger* DStZ 10, 325, unter Hinweis auf eine Diskriminierung des Großhandels ggü dem Einzelhandel). Denn § 144 bezweckt eine korrespondierende Erfassung des von § 144 erfassten Warenausgangs beim Großhändler und des von § 143 erfassten Wareneingangs beim Einzel- oder Großhändler auf der Erwerberseite. Dies rechtfertigt es, nur Großhändler von § 144 zu erfassen, weil deren Vertragspartner nach § 143 zur Aufzeichnung verpflichtet sind.

2. Persönlicher Anwendungsbereich. Die Vorschrift verpflichtet im Gegen- 3
satz zu § 143 nur gewerbliche **Großhändler** (Abs 1) sowie buchführungspflichtige Land- und Forstwirte (Abs 5). § 144 gilt **nicht** für **Einzelhändler,** die an Endverbraucher verkaufen; erfasst werden Einzelhändler aber dann, wenn sie regelmäßig, dh wiederkehrend, auch an Großhändler verkaufen und damit einen Teil ihres Umsatzes aus Geschäften mit Großhändlern erzielen (zB Baumärkte; vgl *HHSp/*

Görke § 144 Rz 6). Auf die Art der Gewinnermittlung und auf eine Buchführungspflicht kommt es ebenso wie bei § 143 zwar nicht an (s § 143 Rz 3). Jedoch werden die von Abs 1 erfassten Großhändler idR ihren Gewinn durch Bilanzierung ermitteln und buchführungspflichtig sein; durch Abs 5 werden ausdrücklich auch buchführungspflichtige Land- und Forstwirte erfasst (s Rz 9).

5 **3. Gesonderte Aufzeichnung des Warenausgangs (Abs 1).** Die Aufzeichnungspflicht des Abs 1 kann sich mit anderen Aufzeichnungspflichten überschneiden, zB nach § 22 UStG oder § 238 HGB (s Rz 1). Der Großhändler kann die einzelnen Aufzeichnungen aber in einer Datensammlung technisch zusammenzufassen (BFH BStBl 15, 519; BFH/NV 15, 790, 793). Wie bei § 143 (s dort Rz 5) reicht es daher auch bei § 144 aus, wenn bei buchführenden Unternehmen die Aufzeichnungspflicht im Rahmen der Buchführung erfüllt wird (AEAO zu § 144).

6 **4. Aufzeichnungspflichtige Waren (Abs 2).** Um Zweifel auszuräumen, ob im Einzelfall die Voraussetzungen für die Aufzeichnung des Warenausgangs erfüllt sind, ordnet Abs 2 an, welche Lieferungen aufzuzeichnen sind, es sei denn, dass die Waren erkennbar nicht zur gewerblichen Weiterverwendung bestimmt sind (Abs 2 S 2). Zum Warenbegriff s § 143 Rz 6.

7 **5. Angaben (Abs 3).** Abs 3 regelt die Frage, welche Angaben in den Aufzeichnungen enthalten sein müssen; Abs 3 entspricht § 143 III (s § 143 Rz 7). Bei buchführenden Unternehmern können die Aufzeichnungen auch im Rahmen der Buchführungspflicht erfüllt werden (AEAO zu § 144). Hier gilt ebenfalls die Vorschrift des **§ 146 V,** wonach die Aufzeichnungen durch die geordnete Ablage von Belegen ersetzt werden können.

8 **6. Pflicht zur Belegerteilung (Abs 4).** Abs 4 regelt die Pflicht zur Belegerteilung. Die Pflicht gilt nach Abs 4 S 2 nicht bei Gutschriften durch den Abnehmer nach § 14 II 2 UStG. Erleichterungen, die nach dem UStG (§ 14 VI) zugelassen sind, gelten auch im Rahmen dieser Vorschrift; zB kann nach § 33 UStDV bei Rechnungen bis zu 250 € auf die Angabe des Namens und der Anschrift des Abnehmers verzichtet werden.

9 **7. Land- und Forstwirte (Abs 5).** Die Ausdehnung der Vorschrift auf buchführungspflichtige Land- und Forstwirte in Abs 5 soll eine bessere Überprüfung der Käufer land- und forstwirtschaftlicher Produkte (zB Obst- und Gemüsehändler) ermöglichen (AEAO zu § 144). Die Buchführungspflicht bestimmt sich nach § 2, § 3 II HGB iVm § 140 (im Handelsregister eingetragene Land- und Forstwirte, s § 140 Rz 4 und 5) oder nach § 141 I Nrn 1, 3 oder 5 (bei Überschreiten der dort genannten Buchführungsgrenzen).

12 **8. Rechtsfolgen bei Verstoß.** Bei einem Verstoß gelten die gleichen Grundsätze wie bei § 143 (s dort Rz 9), sodass Hinzuschätzung bei gravierendem Verstoß möglich ist. Unrichtige, unvollständige oder fehlende Aufzeichnung stellt – trotz buchhalterischer Erfassung des Warenausgangs beim Verkäufer – StGefährdung iSv § 379 II Nr 1a dar (s OFD Koblenz 29.3.2011, DStR 12, 85). Vor Inkrafttreten des § 379 II Nr 1a zum 14.12.2010 konnte unrichtige Aufzeichnung StGefährdung iSv § 379 I Nr 3 sein (aA *Samson/Langrock* DStR 07, 700, 703 ff zu § 379 I Nr 2 aF).

§ 145 Allgemeine Anforderungen an Buchführung und Aufzeichnungen

(1) [1] **Die Buchführung muss so beschaffen sein, dass sie einem sachverständigen Dritten innerhalb angemessener Zeit einen Überblick über die Geschäftsvorfälle und über die Lage des Unternehmens vermitteln kann.** [2] **Die Geschäftsvorfälle müssen sich in ihrer Entstehung und Abwicklung verfolgen lassen.**

(2) **Aufzeichnungen sind so vorzunehmen, dass der Zweck, den sie für die Besteuerung erfüllen sollen, erreicht wird.**

Schrifttum: *vor 2010 s 13. Aufl; Bührer/Heßling* Ordnungsmäßige Buchführung nur mit Kontierungsvermerk auf dem Beleg?, BBK 11, 666; *Dißars* Die neuen Grundsätze für die ordnungsgemäße elektronische Buchführung, NWB 15, 405; *Goldshteyn/Jacob* GoBD und Abschlussprüfung; Wpg 15, 992; *Goldshteyn/Thelen* Ordnungsmäßigkeit einer Buchführung und Haftungsrisiken bei Verstößen gegen die GoBD, DB 15, 1126; *Goldshteyn/Thelen* Neue GoBD im Falle einer IT-gestützten Buchführung, StBp 15, 289; *Goldshteyn/Thelen* Extra fiscum recta doctrina non est? – Kritische Anmerkungen zu den GoBD und ihre Rechtsqualität, DStR 15, 326; *Herrfurth* Die neuen GoBD zur DV-gestützten Buchführung und zum Datenzugriff, StuB 15, 250; *Loll* Die GoBD – Tauglicher Beurteilungsmaßstab für die Ordnungsmäßigkeit der Buchführung?, NWB 15, 2242; *Herold/Volkenborn* Die sieben wichtigsten Regeln zu Umsetzung der GoBD in die Praxis, NWB 17, 922; *Herrfurth* Drei Jahre GoBD-Anwendung – höchste Zeit für grundlegende Anpassungen des BMF-Schreibens vom 14.11.2014, StuB 18, 167; *Meyering/Gröne* Die GoB als verkanntes Problem bei einer Aufgabe der Maßgeblichkeit, StuW 18, 28; s auch Schrifttum zu § 146.

Übersicht

1. Inhalt. Die Vorschrift fasst die allg Grundsätze über die Anforderungen an die Buchführung zusammen. **Abs 1** gilt für Buchführungspflichtige iSv §§ 140, 141, hat aber nur geringe praktische Bedeutung. Denn für Buchführungspflichtige ergeben sich bereits aus §§ 238 ff HGB die Anforderungen an die Ordnungsmäßigkeit der Buchführung. Zudem wird § 145 durch § 146 faktisch verdrängt, der spezielle Anforderungen an die Erfassung von Geschäftsvorfällen (§ 146 I) und an die Buchungen (§ 146 III, IV) stellt. Darüber hinaus ist die Aufbewahrungspflicht des Stpfl nach § 147 in der Praxis von zentraler Bedeutung. Die Geltung der GoB wird durch § 145 nicht eingeschränkt, sondern vielmehr sind die stl Anforderungen an eine ordnungsmäßige Buchführung mit den handelsrechtl Anforderungen abgestimmt (BFH BStBl 15, 519; BFH/NV 15, 790, 793). Eine dem § 145 vergleichbare Regelung enthält § 63 I UStDV für den Bereich der USt. 1

Abs 2 betrifft hingegen alle Stpfl, die nach den StGesetzen Aufzeichnungen führen müssen, und gilt daher auch für die Einnahmen-Überschussrechnung iSv § 4 III EStG (s Rz 20); dies ergibt sich auch aus § 146 V 1 2. Hs, wonach sich Aufzeichnungspflichten allein aus StGesetzen ergeben können. Abs 2 wird in der Praxis aber durch die Aufzeichnungs- und Aufbewahrungspflicht der §§ 146, 147 verdrängt.

2. Allgemeine Anforderungen an die Buchführung (Abs 1). a) Erfassung der Geschäftsvorfälle. Abs 1 entspricht § 238 I 2 und 3 HGB. Unter Buchführung ist die planmäßige Darstellung der Geschäftsvorfälle zu verstehen. Unter einem Geschäftsvorfall ist ein Sachverhalt zu verstehen, der den Gewinn oder die Zusammensetzung des Vermögens des Stpfl beeinflusst (s auch GoBD v 14.11.2014, Abschn 1.9, Tz 16); hierzu zählen auch Einlagen und Entnahmen (GoBD v 14.11.2014, Abschn 3.2.1, Tz 37). Die Geschäftsvorfälle werden in den Büchern aufgezeichnet; zum Begriff der Bücher und Aufzeichnungen s § 140 Rz 2. 3

5 **b) Anknüpfung an die GoB.** Eine Buchführung entspricht den Anforderungen des Abs 1, wenn sie formell und materiell ordnungsmäßig ist, insbes den **GoB** entspricht. Die GoB sind ein unbestimmter Rechtsbegriff, der teilweise ausdrücklich kodifiziert ist – wie bei der Bewertung gem § 252 I HGB – oder iÜ mittelbar eine Ausprägung in konkreten Bilanzierungsnormen des Handelsrechts gefunden hat. Die GoB haben normativen Charakter und sind revisibel. Sie sind nicht starr, sondern wandeln sich zB durch Rechtsprechung, Handelsbrauch, ständige Übung, technische Änderungen oder auch gutachterliche Stellungnahmen, etwa des IDW (s auch GoBD v 14.11.2014, Abschn 1.10, Tz 17 ff; *Goldshteyn/Thelen* DB 15, 1124, 1129 f). **Nicht** zu den GoB gehören die **GoBD** v 14.11.2014, in denen die FinVerw ihre Auffassung zur Ordnungsmäßigkeit der elektronischen Buchführung darstellt (*Goldshteyn/Thelen* DStR 15, 326, 331; s auch Rz 12).

6 Die GoB enthalten zum einen **formelle Anforderungen,** die sich insbes aus den §§ 145–147 sowie aus §§ 238 ff HGB ergeben. Zu den handelsrechtl GoB gehören vor allem der Grundsatz der Bilanzwahrheit, der Grundsatz der Bilanzkontinuität, das Vorsichtsprinzip und das Stichtagsprinzip (BFH GrS BStBl 13, 317). Zum anderen enthalten die GoB **materielle Anforderungen** an die Ordnungsmäßigkeit der Buchführung, die sich stl aus § 146 I und handelsrechtl aus § 239 II HGB ergeben. Danach ist die Buchführung ordnungsmäßig, wenn der Inhalt der Bücher sachlich richtig und vollständig ist (BFH BStBl 98, 51; vgl auch H 5.2 EStH). Soweit die FinVerw – ebenso wie der BFH (BStBl 98, 51) – unter dem Begriff der materiellen Ordnungsmäßigkeit auch eine nachvollziehbare, zeitgerechte und geordnete Erfassung der Geschäftsvorfälle subsumiert (so GoBD v 14.11.2014, Abschn 1.10, Tz 19), handelt es sich mE um Kriterien der formellen Ordnungsmäßigkeit. Die Unterscheidung zwischen formellen und materiellen Anforderungen hat Auswirkungen bei einem Verstoß gegen die formelle bzw materielle Ordnungsmäßigkeit der Buchführung, s Rz 22.

8 **c) Nachvollziehbarkeit und Nachprüfbarkeit der Buchführung.** Die Buchführung bezweckt, dass jederzeit, also auch nach dem jeweiligen Geschäftsvorfall, ein zuverlässiger Einblick in den Ablauf aller Geschäfte möglich ist. Deswegen muss es zu einem späteren Zeitpunkt für einen buchführungsmäßig vorgebildeten Dritten leicht und im Rahmen eines angemessenen Zeitaufwands möglich sein, den Inhalt und den Ablauf aller Geschäfte der Vergangenheit zu überprüfen (BFH BStBl 15, 519; BFH/NV 15, 790, 793). Abs 1 fordert daher insbes die Nachvollziehbarkeit und Nachprüfbarkeit der Buchführung, vor allem der Entstehung und Abwicklung der Geschäftsvorfälle (Abs 1 S 2). Die Verarbeitung der einzelnen Geschäftsvorfälle sowie das dabei angewandte Buchführungs- und Aufzeichnungsverfahren müssen nachvollziehbar sein, und die Buchungen müssen durch Belege nachgewiesen werden und damit nachgeprüft werden können (**Belegprinzip,** vgl GoBD v 14.11.2014, Abschn 3.1, Tz 30, und Abschn 4, Tz 61 ff). Während Abs 1 die Grundsätze der Nachvollziehbarkeit und Nachprüfbarkeit enthält, werden in § 146 noch die Grundsätze der Einzelaufzeichnung, Vollständigkeit, Richtigkeit, zeitgerechten Buchung, Ordnung (§ 146 I), der deutschen Sprache (§ 146 III) sowie des Verbots der nachträglichen Veränderung (§ 146 IV) erwähnt. All diese Grundsätze der §§ 145, 146 können nicht durch den Grundsatz der Wirtschaftlichkeit eingeschränkt werden (GoBD v 14.11.2014, Abschn 3, Tz 29); es können lediglich nach § 148 Erleichterungen bewilligt werden.

9 Um einem sachverständigen Dritten gem Abs 1 S 1 in die Lage zu versetzen, sich einen Überblick über die Geschäftsvorfälle zu machen, sind Kontierungsvermerke auf den Belegen zwar grds geboten; denn auf diese Weise kann einerseits die Verbuchung des Belegs auf dem Konto und anschließend die Erfassung in der Bilanz und StErklärung nachgeprüft werden **(progressive Nachprüfbarkeit)** und andererseits vom Buchführungskonto aus der Beleg aufgefunden werden **(retrograde Nachprüfbarkeit),** s auch GoBD v 14.11.2014, Abschn 3.1, Tz 32 f, sowie

Abschn 10, Tz 146. Die Nachprüfbarkeit kann aber auch auf andere Weise hergestellt werden, zB durch ein vollelektronisches Buchführungs- und Archivierungssystem, bei dem der eingescannte Beleg mit dem Buchungssatz elektronisch verknüpft wird, durch eine geordnete Belegablage oder durch eine elektronisch erstellte Rechnung mit angehängtem Datensatz oder – falls ein Datensatz nicht automatisch angehängt worden ist – zumindest durch eine geordnete Speicherung der elektronischen Rechnungen (*Bührer/Heßling* BBK 11, 666, 671; vgl auch *Wacker* StBp 11, 37). Auch das BMF fordert in den GoBD in Abschn 4 (Tz 63f) nicht mehr zwingend einen Kontierungsvermerk. Zur Nachprüfbarkeit durch einen sachverständigen Dritten s auch BFH BStBl 72, 400; BFH/NV 94, 760.

d) Elektronische Buchführung. Die Bücher können in Papierform oder – wie heutzutage der Regelfall – elektronisch geführt werden. Es besteht **keine Pflicht** zur elektronischen Buchführung oder zur Verwendung bestimmter Soft- bzw Hardware. Zur elektronischen Buchführung hat das BMF die **GoBD** v 14.11.2014 veröffentlicht (BStBl I, 1450), die aus Sicht der FinVerw ab VZ 2015 die Anforderungen an eine ordnungsmäßige elektronische Buchführung regeln und insbes im Rahmen der §§ 146, 147 relevant werden; eine kritische Auseinandersetzung mit den GoBD findet sich bei *Herrfurth* StuB 15, 250. Bis einschl VZ 2014 wandte die FinVerw die Grundsätze zum Datenzugriff und zur Prüfbarkeit digitaler Unterlagen **(GDPdU)** v 16.7.2001 (BStBl I 415) sowie die Grundsätze ordnungsmäßiger DV-gestützter Buchführungssysteme **(GoBS)** v. 7.11.1995 (BStBl I 738) an. Sowohl die GoBD als auch die GDPdU und die GoBS sind aber nur für die FinVerw, **nicht jedoch für die Rspr bindend** (vgl BFH BStBl 15, 519; BFH/NV 15, 790, 793, zum BMF 9.1.1996, BStBl I, 34; *Loll* NWB 14, 2242, 2245; *Goldshteyn/Thelen* DB 15, 1124, 1130; *Goldshteyn/Thelen* DStR 15, 326, 331). Es besteht daher keine Pflicht zur Befolgung der GoBD v 14.11.2014, sondern es gibt nur eine Pflicht zur Befolgung der §§ 145 ff; allerdings steigt bei Nichtbefolgung der GoBD das Risiko eines Rechtsstreits mit dem FA. Zur Rechtsfolge bei Verstößen gegen die GoBD s § 146 Rz 120. 12

Die elektronische Buchführung beruht auf einem Datenverarbeitungssystem, zu dem neben dem eigentlichen Finanzbuchhaltungssystem **auch weitere Nebensysteme** gehören können, zB ein Kassensystem, ein Dokumenten-Management-System, ein Archivsystem sowie Systeme zur Anlagenbuchhaltung, zur Lohnbuchhaltung, zum Zahlungsverkehr, zur Warenwirtschaft, zur Materialwirtschaft oder zur Zeiterfassung (vgl auch BFH BStBl 15, 519; BFH/NV 15, 790, 793). Auch elektronische Waagen, Taxameter und Geldspielgeräte (s auch § 146 Tz 21) können Teil der elektronischen Buchhaltung sein (vgl auch GoBD v 14.11.2014, Abschn 1.11, Tz 20); zur elektronischen Buchführung gehören also nicht nur die in § 146a I 1 und § 1 KassenSichV genannten elektronischen Aufzeichnungssysteme. 13

Für die elektronische Buchführung besteht – ebenso wie bei einer Papierbuchführung – nach Maßgabe des § 146 eine Aufzeichnungspflicht und nach Maßgabe des § 147 eine Aufbewahrungspflicht; aus der Aufbewahrungspflicht wird eine Speicherpflicht. Außerdem kann nach § 147 VI ein Datenzugriff des FA in Betracht kommen (BFH BStBl 15, 519; BFH/NV 15, 790, 793; s auch § 147 Rz 61) und eine Kassennachschau gem § 146b I 2 auch die Prüfung des ordnungsgemäßen Einsatzes eines elektronischen Aufzeichnungssystems iSv § 146a umfassen (s § 146b Rz 5). 14

An die Ordnungsmäßigkeit einer elektronischen Buchführung sind die **gleichen Anforderungen** zu stellen wie an die Ordnungsmäßigkeit einer Buchführung in Papierform (GoBD v 14.11.2014, Abschn 3, Tz 22). Auch bei der elektronischen Buchführung ist also die Nachvollziehbarkeit und Nachprüfbarkeit zu gewährleisten, und es sind ebenfalls die weiteren Aufzeichnungspflichten des § 146 zu beachten. Unterschiede ergeben sich bzgl der Aufbewahrung bzw Speicherung der Unterlagen/Daten und der Prüfung der Unterlagen/Daten, weil § 146 IIa, V 2 sowie § 147 V, VI spezielle Regelungen für die elektronische Buchführung enthalten.

Bei einer elektronischen Buchführung ist eine **Zertifizierung** der Software oder Hardware durch die FinVerw bislang weder erforderlich noch möglich (vgl GoBD v 14.11.2014, Abschn 12, Tz 179 ff). Die Ordnungsmäßigkeit der elektronischen Buchführung kann daher nicht mit der Begründung verneint werden, dass die Soft- bzw Hardware nicht von der FinVerw zertifiziert worden sei. Auch eine Zertifizierung durch den Hersteller der Soft- bzw Hardware oder durch einen Wirtschaftsprüfer ist für die Ordnungsmäßigkeit der elektronischen Buchführung nicht erforderlich (iE auch GoBD v 14.11.2014, Abschn 12, Tz 181). Allerdings ist für elektronische Aufzeichnungssysteme iSv § 146a ab 1.1.2020 eine Zertifizierung nach § 146a III iVm § 7 KassenSichV vorgeschrieben.

Nach dem Gesetz ist die Aufzeichnung der **Verfahrensdokumentation** für die Ordnungsmäßigkeit der Buchführung nicht zwingend erforderlich, sofern die Nachvollziehbarkeit und Nachprüfbarkeit der Buchführung gewährleistet ist (s hierzu § 147 Rz 19).

17 **e) Fehlerhaftigkeit der Buchführung.** Die Buchführung ist insbes dann nicht ordnungsmäßig, wenn die Aufzeichnungspflichten des § 146 verletzt werden und zB Rechnungsnummern doppelt vergeben werden, Rechnungen fehlen, Betriebseinnahmen auf Privatkonten fließen (FG Saarl FGReport 05, 64) oder die Jahresbilanz erst mehr als zwei Jahre nach Ablauf des Geschäftsjahres aufgestellt wird (BFH BStBl 78, 525). Eine **Bilanz** liegt erst dann vor, wenn der Kaufmann die ihm zustehenden Bewertungswahlrechte endgültig und abschließend ausgeübt hat. Dies kommt grds dadurch zum Ausdruck, dass der Kaufmann die Bilanz in der erkennbaren Absicht unterzeichnet, sie als endgültig zu billigen (FG Nds EFG 82, 234; zum Begriff der stl Schlussbilanz in Einbringungsfällen s BFH BStBl 17, 75). Zu den Folgen einer nicht ordnungsmäßigen Buchführung s Rz 22.

20 **3. Anforderungen an Aufzeichnungen (Abs 2).** Die Aussage des Abs 2 beinhaltet eine Selbstverständlichkeit, da die stl Buchführung der zutreffenden Besteuerung dient (so auch *Koenig/Cöster* § 145 Rz 23); im Gegensatz zu Abs 1 gilt Abs 2 auch für die Einnahmen-Überschussrechnung nach § 4 III EStG (s Rz 1). Von Abs 2 werden alle Aufzeichnungen erfasst, die für die Besteuerung von Bedeutung sind und zu denen der Stpfl verpflichtet ist, zB Aufzeichnungen nach § 22 UStG, § 4 III 5, VII EStG (BFH BStBl 10, 452; vgl auch GoBD v 14.11.2014, Abschn 3, Tz 25, sowie Abschn 10, Tz 147) oder nach § 6 II 4, § 6c II oder § 7g EStG (BFH/NV 11, 1594); zu weiteren Aufzeichnungspflichten s § 146 Rz 19. Zu den Aufzeichnungen gehören auch die sog Nebenbücher, zB Waffenbücher usw vgl § 140 Rz 22.

22 **4. Verstoß gegen § 145.** Ein Verstoß gegen Abs 1 oder Abs 2 führt zu formellen Mängeln der Buchführung, die je nach Schwere eine Schätzung nach § 162 rechtfertigen können (s § 146 Rz 115 ff); uU wird Verstoß gegen die Aufzeichnungspflicht aber auch bereits nach dem Einzelsteuergesetz sanktioniert, zB durch Nicht abziehbarkeit der aufzuzeichnenden Aufwendungen wie in § 4 VII 2 EStG. Zu den Aufzeichnungspflichten nach § 4 III EStG s § 146 Rz 20.

§ 146 Ordnungsvorschriften für die Buchführung und für Aufzeichnungen

(1) [1]**Die Buchungen und die sonst erforderlichen Aufzeichnungen sind einzeln, vollständig, richtig, zeitgerecht und geordnet vorzunehmen.** [2]**Kasseneinnahmen und Kassenausgaben sind täglich festzuhalten.** [3]**Die Pflicht zur Einzelaufzeichnung nach Satz 1 besteht aus Zumutbarkeitsgründen bei Verkauf von Waren an eine Vielzahl von nicht bekannten Personen gegen Barzahlung nicht.** [4]**Das gilt nicht, wenn der Steuerpflichtige ein elektronisches Aufzeichnungssystem im Sinne des § 146a verwendet.**

(2) [1]Bücher und die sonst erforderlichen Aufzeichnungen sind im Geltungsbereich dieses Gesetzes zu führen und aufzubewahren. [2]Dies gilt nicht, soweit für Betriebstätten außerhalb des Geltungsbereichs dieses Gesetzes nach dortigem Recht eine Verpflichtung besteht, Bücher und Aufzeichnungen zu führen, und diese Verpflichtung erfüllt wird. [3]In diesem Fall sowie bei Organgesellschaften außerhalb des Geltungsbereichs dieses Gesetzes müssen die Ergebnisse der dortigen Buchführung in die Buchführung des hiesigen Unternehmens übernommen werden, soweit sie für die Besteuerung von Bedeutung sind. [4]Dabei sind die erforderlichen Anpassungen an die steuerrechtlichen Vorschriften im Geltungsbereich dieses Gesetzes vorzunehmen und kenntlich zu machen.

(2a) [1]Abweichend von Absatz 2 Satz 1 kann die zuständige Finanzbehörde auf schriftlichen Antrag des Steuerpflichtigen bewilligen, dass elektronische Bücher und sonstige erforderliche elektronische Aufzeichnungen oder Teile davon außerhalb des Geltungsbereichs dieses Gesetzes geführt und aufbewahrt werden können. [2]Voraussetzung ist, dass
1. der Steuerpflichtige der zuständigen Finanzbehörde den Standort des Datenverarbeitungssystems und bei Beauftragung eines Dritten dessen Namen und Anschrift mitteilt,
2. der Steuerpflichtige seinen sich aus den §§ 90, 93, 97, 140 bis 147 und 200 Absatz 1 und 2 ergebenden Pflichten ordnungsgemäß nachgekommen ist,
3. der Datenzugriff nach § 147 Absatz 6 in vollem Umfang möglich ist und
4. die Besteuerung hierdurch nicht beeinträchtigt wird.

[3]Werden der Finanzbehörde Umstände bekannt, die zu einer Beeinträchtigung der Besteuerung führen, hat sie die Bewilligung zu widerrufen und die unverzügliche Rückverlagerung der elektronischen Bücher und sonstigen erforderlichen elektronischen Aufzeichnungen in den Geltungsbereich dieses Gesetzes zu verlangen. [4]Eine Änderung der unter Satz 2 Nummer 1 benannten Umstände ist der zuständigen Finanzbehörde unverzüglich mitzuteilen.

(2b) Kommt der Steuerpflichtige der Aufforderung zur Rückverlagerung seiner elektronischen Buchführung oder seinen Pflichten nach Absatz 2a Satz 4, zur Einräumung des Datenzugriffs nach § 147 Abs. 6, zur Erteilung von Auskünften oder zur Vorlage angeforderter Unterlagen im Sinne des § 200 Abs. 1 im Rahmen einer Außenprüfung innerhalb einer ihm bestimmten angemessenen Frist nach Bekanntgabe durch die zuständige Finanzbehörde nicht nach oder hat er seine elektronische Buchführung ohne Bewilligung der zuständigen Finanzbehörde ins Ausland verlagert, kann ein Verzögerungsgeld von 2500 Euro bis 250 000 Euro festgesetzt werden.

(3) [1]Die Buchungen und die sonst erforderlichen Aufzeichnungen sind in einer lebenden Sprache vorzunehmen. [2]Wird eine andere als die deutsche Sprache verwendet, so kann die Finanzbehörde Übersetzungen verlangen. [3]Werden Abkürzungen, Ziffern, Buchstaben oder Symbole verwendet, muss im Einzelfall deren Bedeutung eindeutig festliegen.

(4) [1]Eine Buchung oder eine Aufzeichnung darf nicht in einer Weise verändert werden, dass der ursprüngliche Inhalt nicht mehr feststellbar ist. [2]Auch solche Veränderungen dürfen nicht vorgenommen werden, deren Beschaffenheit es ungewiss lässt, ob sie ursprünglich oder erst später gemacht worden sind.

(5) [1]Die Bücher und die sonst erforderlichen Aufzeichnungen können auch in der geordneten Ablage von Belegen bestehen oder auf Datenträgern geführt werden, soweit diese Formen der Buchführung einschließlich des dabei angewandten Verfahrens den Grundsätzen ordnungsmäßiger Buchführung entsprechen; bei Aufzeichnungen, die allein nach den Steuergesetzen vorzu-

nehmen sind, bestimmt sich die Zulässigkeit des angewendeten Verfahrens nach dem Zweck, den die Aufzeichnungen für die Besteuerung erfüllen sollen. [2] Bei der Führung der Bücher und der sonst erforderlichen Aufzeichnungen auf Datenträgern muss insbesondere sichergestellt sein, dass während der Dauer der Aufbewahrungsfrist die Daten jederzeit verfügbar sind und unverzüglich lesbar gemacht werden können. [3] Dies gilt auch für die Befugnisse der Finanzbehörde nach § 147 Abs. 6. [4] Absätze 1 bis 4 gelten sinngemäß.

(6) **Die Ordnungsvorschriften gelten auch dann, wenn der Unternehmer Bücher und Aufzeichnungen, die für die Besteuerung von Bedeutung sind, führt, ohne hierzu verpflichtet zu sein.**

Abs 2a und 2b eingefügt durch JStG 2009 v 19.12.08 (BGBl I, 2794); Abs 2a neu gefasst durch JStG 2010 v 8.12.10 (BGBl I, 1768); Abs 1 neu gefasst durch G v 22.12.16 (BGBl I, 3152).

Schrifttum: *vor 2010 s 13. Aufl; Dißars* Verzögerungsgeld nach § 146 Abs 2b AO – ein neues Sanktionsinstrument der Finanzverwaltung, Stbg 10, 247; *Drüen* Verzögerungsgelder im Rahmen der Außenprüfung, JbFfSt 2010/2011, 876; *Drüen* Aktuelle Fragen und Antworten zu Verzögerungsgeldern beim Steuervollzug, Ubg 11, 83; *Härtl/Schieder* Ordnungsmäßigkeit digital geführter Erlösaufzeichnungen, StBp 11, 33; *Sinewe/Frase* Steuerrechtliche Aspekte des Cloud Computing, BB 11, 2198; *Dißars* Neue Entwicklungen beim Verzögerungsgeld nach § 146 Abs 2b AO, NWB 12, 796; *Haubner* Verzögerungsgeld nach § 146 Abs 2b AO in der Außenprüfung, StBp 12, 314; *Hopp/Bruns* Aktuelle Rechtsentwicklungen beim Verzögerungsgeld gemäß § 146 Abs 2b AO, DStR 12, 1485; *Rätke* Erste Tendenzen beim Verzögerungsgeld, BBK 12, 903; *Schlegel* Kassenaufzeichnungsmängel bei der Einnahmenüberschussrechnung, NWB 12, 394; *Teutemacher* Checkliste für eine ordnungsgemäße Kassenführung, BBK 12, 1073; *Wagner/Blaufuß* Datenexport als juristische Herausforderung: Cloud Computing, BB 12, 1751; *IDW* Stellungnahme zum Entwurf eines BMF-Schreibens „Grundsätze zur ordnungsmäßigen Führung und Aufbewahrung von Büchern, Aufzeichnungen und Unterlagen in elektronischer Form sowie zum Datenzugriff (GoBD)“, Ubg 13, 607; *Hannig* Verlagerung der elektronischen Buchführung ins Ausland, NWB 13, 3604; *Hilbertz* Verhältnismäßigkeitsgrundsatz und Verzögerungsgeld, NWB 13, 336; *Huber/Reckendorf/Zisky* Die Unveränderbarkeit der (Kassen-)Buchführung nach § 146 Abs 4 AO im EDV-Zeitalter und INSIKA, BBK 13, 567, 610, 663; *Kläne* Registrierkassen im Fokus der Außenprüfung – Aktuelle Entwicklung und Rahmenbedingungen, NWB 13, 923; *Neumann* Das Verzögerungsgeld als Pendant zum Verspätungszuschlag in der Außenprüfung, DStR 13, 1213; *Pump* Rechtsfolgen bei Verwendung von Manipulationssoftware (Zappersoftware), DStZ 13, 299; *Wacker/Högemann* Überhöhte Anforderungen der Finanzverwaltung an die Kassenführung, BBK 13, 621; *Huber* Praktische Erfahrungen mit der Kassenführung in Österreich, BBK 14, 286; *Kranenberg* Bußgeldverfahren bei nicht ordnungsgemäßer Kassenbuchführung, StBW 14, 507; *Odenthal* Digitale Archivierung von Papierbelegen mittels Scan-Verfahren, BBK 14, 229; *Pump* Die ungenutzten Möglichkeiten zur Sicherung der Einzeltransaktionen gem. § 146 Abs. 4 AO bei Registrierkassen und Taxametern – INSIKA als technische Lösung, um Vollzugsdefizite bei bargeldintensiven Betrieben zu vermeiden, DStZ 14, 250; *Pump* Der teure Verzicht auf Verwendung einer Registrierkasse, DStZ 14, 648; *Pump/Heidl* Hilfestellung bei der Kassenführung durch den steuerlichen Berater, StBp 14, 162, 204; *Schraut/Stumpf* Das Verzögerungsgeld nach § 146 Abs. 2b AO – bislang ungeklärte Rechtsprobleme im Rahmen der Außenprüfung, BB 14, 2910; *Teutemacher* Ordnungsgemäße Kassenführung bei der Einnahmen-Überschussrechnung nach § 4 Abs. 3 EStG, BBK 14, 752; *Bahlburg* Wenn der Betriebsprüfer dreimal schätzt, StuB 15, 851; *Burlein/Odenthal* Grundsätze zur ordnungsmäßigen Führung und Aufbewahrung von Büchern, Aufzeichnungen und Unterlagen in elektronischer Form sowie zum Datenzugriff (GoBD), BBK 15, Beilage zu Heft 3; *Dißars* Die neuen Grundsätze für die ordnungsgemäße elektronische Buchführung, NWB 15, 405; *Goldshteyn/Jacob* GoBD und Abschlussprüfung, Wpg 15, 992; *Goldshteyn/Thelen* GoBD – alter Wein in neuen Schläuchen oder zeitgemäße Anforderungen an die Ordnungsmäßigkeit der Buchführung?, FR 15, 268; *Goldshteyn/Thelen* Ordnungsmäßigkeit einer Buchführung und Haftungsrisiken bei Verstößen gegen die GoBD, DB 15, 1126; *Goldshteyn/Thelen* Extra fiscum recta doctrina non est? – Kritische Anmerkungen zu den GoBD und ihre Rechtsqualität, DStR 15, 326; *Goldshteyn/Thelen* Neue GoBD im Falle einer IT-gestützten Buchführung, StBp 15, 289; *Groß/Heinrichshofen/Lindgens* Der elektronische Rechnungsaustausch im Licht der GoBD, Der Konzern 15, 251; *Henn* GoBD-Zweifelsfragen: Erfassung in Grundbüchern oder Grundaufzeichnungen sowie zeitgerechte Buchungen und Aufzeichnungen, DB 15, 2660; *Herrfurth* Die neuen GoBD zur DV-gestützten Buchführung und zum Datenzugriff, StuB 15, 250; *Loll* Die

GoBD – Tauglicher Beurteilungsmaßstab für die Ordnungsmäßigkeit der Buchführung?, NWB 15, 2242; *Lüngen/Resing* Ordnungsmäßige Kassenführung beim Betrieb von Warenautomaten, StBp 15, 300; *Pump* Die Einzelaufzeichnungspflicht von Barerlösen bei offenen Ladenkassen bei Umsatzsteuer und Einkommensteuer, StBp 15, 1; *Pump/Heidl* Fehlende oder fehlerhafte Aufzeichnungen gem. § 22 UStG als Ursache für Mehrsteuern, StBp 15, 131, 165; *Ringwald* Neues zur Ordnungsmäßigkeit der Kassen- und Buchführung, NWB 15, 3911; *Ritzrow* Aufzeichnungs- und Aufbewahrungspflichten für Taxiunternehmen, StBp 15, 51; *Rogge* Cloud Computing und Steuerrecht, BB 15, 1823; *Schumann* GoBD kompakt, EStB 15, 297; *Becker/Danielmeyer/Neubert/Unger* „Digitale Offensive" der Finanzverwaltung: Die Schnittstellen-Verprobung (SSV), DStR 16, 2983; *Eichhorn* Ein Plädoyer für die Offene Ladenkasse, StBp 16, 303; *Franke-Roericht/Roth* Einzelaufzeichnungspflicht, technischer Manipulationsschutz und Kassen-Nachschau, Stbg 16, 247; *Henn* Verfahrensdokumentation nach den GoBD, DB 16, 254; *Henn/Kuballa* Streitpunkt: Unveränderbarkeit von (elektronischen) Büchern, Aufzeichnungen und Unterlagen, DB 16, 2749; *Henn/Kuballa* Steuerliche Einordnung und Anerkennung von Bankkontoauszügen und Kontoumsatzdaten, DB 16, 1900; *Liepert/Sahm* Einzelaufzeichnungspflicht bei Kassen – Referentenentwurf des Gesetzes zum Schutz vor Manipulationen an digitalen Grundaufzeichnungen, DB 16, 131; *Neufang/Bohnenberger* GoBD-Hinweise für die Beratungspraxis, StB 16, 266; *Roderburg/Richter* Verlagerung der elektronischen Buchführung ins Ausland, IStR 16, 456; *Becker* Das Kassengesetz auf dem Gabentisch – und was nun?, BBK 17, 116; *Bellinger* Bargeldlose Zahlungen mit EC-Karten im Rahmen der Kassenführung, BBK 17, 369; *Groß* Mobiles Scannen und Tax Compliance, BB 17, 930; *Hülshoff/Wied* Einzelaufzeichnungspflichten bei Bargeschäften, NWB 17, 2094; *Kamps* Streit um Schätzung, Verprobung und Kassenbuchführung insbesondere bei bargeldintensiven Geschäftsbranchen in der Betriebsprüfung, StBp 17, 201; *Kulosa* Neue Vorgaben der Rechtsprechung zur Kassenbuchführung und zu Schätzungsmöglichkeiten der Finanzverwaltung, SAM 17, 9; *Nöcker* Anmerkungen zur Ordnungsmäßigkeit der Kassenbuchführung, NWB 17, 492; *Pump* Die offene Ladenkasse mit summarischer Kassenführung als Systemfehler gem. § 158 AO, StBp 17, 84; *Pump* Die Einzelaufzeichnungspflichten des § 146 AO n. F. als Ende der offenen Ladenkasse, StBp 17, 213; *Teutemacher* Kassenführung bei EDV-Registrierkassen ohne Einzeldatenspeicherung und ohne Datenexport, BBK 17, 22; *Teutemacher* Kassenführung bei EDV-Registrierkassen mit Einzeldatenspeicherung und mit Datenexport, BBK 17, 31; *Becker* Die Kassensicherungsverordnung (KassenSichV) – Eine vertane Chance, BBK 17, 803; *Bellinger* Sind mehrere Kassen eines Betriebs einzeln auszuzählen?, BBK 17, 912; *Herrfurth* Aufzeichnungen bei Verwendung einer offenen Ladenkasse und Zulässigkeit einer Quantilsschätzung bei Zeitreihenvergleichen, StuB 17, 847; *Kamps* Streit um Schätzung, Verprobung und Kassenbuchführung insbesondere bei bargeldintensiven Geschäftsbranchen in der Betriebsprüfung, StBp 17, 201; *Kulosa* Herausforderungen der digitalen Betriebsprüfung, ua bei bargeldintensiven Betrieben, FR 17, 501; *Moritz* Anforderungen an die Aufzeichnungen bei Gewinnermittlung durch Einnahmen-Überschuss-Rechnung und Verwendung einer offenen Ladenkasse – Zulässigkeit einer Quantilsschätzung, DB 17, 1936; *Pump* Die offene Ladenkasse mit Kassenbericht im bargeldintensiven Betrieb und § 22 UStG, StBp 17, 150; *Pump* Die sachgerechte Entscheidung zwischen elektronischer und manueller Kassenführung iSd § 158 AO, StBp 17, 339; *Rätke* Gibt es eine Aufzeichnungspflicht für die Kasse bei der EÜR?, BBK 17, 981; *Burkhard* Verwerfung der Buchführung bei fehlenden Kassen-Programmierprotokollen, StBp 18, 19; *Liekenbrock* Digital Tax Compliance, Ubg 18, 43; *Pump* Aufzeichnungs- und Belegpflichten bei der Einnahmen-Überschussrechnung (EÜR), StBp 18, 50; *Rätke* Manipulation, Manipulationsverdacht und Manipulationsgefahr bei Registrierkassen, BBK 18, 412; *Reckendorf* Kassenführung und Registrierkassen im Spiegel der Rechtsprechung: Rückkehr zur Normalität?, BBK 18, 420; *Wied* Neufassung der Aufzeichnungspflichten im AEAO zu § 146 AO, BBK 18, 266; s iÜ auch Schrifttum zu §§ 145, 146a, 146b und 147.

Übersicht

1 **1. Inhalt und Bedeutung.** Die Vorschrift regelt die **formellen** Anforderungen an die stl Buchführung, insbes die Pflicht zur Aufzeichnung der Geschäftsvorfälle. Die Vorschrift ergänzt § 145 I: Während § 145 1 die Nachvollziehbarkeit und Nachprüfbarkeit der Buchführung verlangt, regelt § 146 die Einzelaufzeichnung, Vollständigkeit, Richtigkeit, Zeitnähe und Ordnung der Aufzeichnungen (§ 146 I) sowie deren Lesbarkeit (§ 146 III) und Unveränderbarkeit (§ 146 IV). Darüber hinaus regelt § 146 in Abs 2 und 2a den Ort der Aufbewahrung; die Aufbewahrungspflicht selbst wird in § 147 geregelt. Schließlich enthält § 146 in Abs 2b – an systematisch falscher Stelle (s Rz 70) – die Regelung zum Verzögerungsgeld. Ein-

zelne Absätze des § 146 sind angelehnt an § 239 HGB, zB Abs 1 des § 146 (§ 239 II HGB), Abs 3 S 1 und 3 des § 146 (§ 239 I HGB), Abs 4 des § 146 (§ 239 III HGB) und Abs 5 des § 146 (§ 239 IV HGB). Hingegen haben die Abs 2, 2a, 2b und 6 des § 146 keine Entsprechung im HGB.

Bedeutung hat die Aufzeichnungspflicht nach § 146 zum einen für § 158, sodass sich bei Verletzung des § 146 ua eine Schätzungsbefugnis des FA ergeben kann (zu weiteren Rechtsfolgen s Rz 115 ff). Zum anderen besteht eine Aufbewahrungspflicht iSv § 147 nur im Umfang der Aufzeichnungspflicht gem § 146, sog Akzessorietät; die Aufbewahrungspflicht knüpft also an die Aufzeichnungspflicht an und setzt diese voraus (BFH BStBl 15, 519; 10, 452; s § 147 Rz 2).

Abs 1 wurde durch das G v 22.12.2016 (BGBl I, 3152) **neugefasst.** Zugleich wurden auch §§ 146a und 146b eingefügt sowie §§ 147 VI und 379 geändert; zum Gesetzgebungsverfahren s *Becker* BBK 17, 116, 117.

2. Anwendungsbereich. § 146 gilt für Buchführungspflichtige iSd §§ 140, 2
141 sowie für Stpfl, die freiwillig Bücher führen (s § 146 VI; vgl Rz 112). Eine allg Anwendbarkeit auf die **Einnahmen-Überschussrechnung** nach § 4 III EStG besteht nicht (BFH/NV 06, 940). Jedoch gilt § 146 auch für Stpfl, die „sonst erforderliche Aufzeichnungen" zu führen haben; dies kann bei der Einnahmen-Überschussrechnung relevant werden, s Rz 20 f.

**3. Allgemeine Anforderungen (Abs 1). a) Anforderungen an Buchun- 4
gen und Aufzeichnungen (Abs 1 S 1).** Abs 1 S 1 enthält den wichtigen Grundsatz, dass die Buchungen und sonst erforderlichen Aufzeichnungen einzeln, vollständig, richtig, zeitgerecht und geordnet vorzunehmen sind. S 1 ist durch das G v 22.12.2016 mWv 29.12.2016 geändert worden, indem nun die Einzelaufzeichnungspflicht in Abs 1 aufgenommen worden ist (s Rz 6 ff).

Die FinVerw hat am 14.11.2014 die Grundsätze zur ordnungsmäßigen Führung und Aufbewahrung von Büchern, Aufzeichnungen und Unterlagen in elektronischer Form sowie zum Datenzugriff **(GoBD)** vorgelegt, die ua die Kriterien des Abs 1 S 1 aus Sicht der FinBeh näher erläutern; die GoBD gehen dabei auch auf die Einzelaufzeichnungspflicht ein (Abschn 3.2.1), die in Abs 1 S 1 erst durch das G v 22.12.2016 eingeführt worden ist. Die GoBD sind für die Rspr nicht verbindlich (s § 145 Rz 12). Am 2.2.2018 hat das BMF ein neues Anwendungsschreiben zur Einzelaufzeichnungspflicht im Rahmen der Kassenbuchführung vorgelegt, das bereits den Verbänden zur Stellungnahme übersandt worden ist (zum Inhalt des Entwurfs s *Wied* BBK 18, 266).

Zum Inhalt des Begriffs der Grundsätze ordnungsmäßiger Buchführung **(GoB)** 5
iSv § 238 HGB s § 145 Rz 5. Der Begriff der GoB wird in Abs 1 S 1 zwar nicht verwendet; aufgrund der Maßgeblichkeit der Handelsbilanz für die stl Gewinnermittlung (§ 140 AO, § 5 EStG) und der Verweisung auf die GoB in Abs 5 S 1 haben die Buchführungsvorschriften des HGB gleichwohl erhebliche Bedeutung für § 146: Entspricht die Buchführung den GoB, sind damit nämlich auch die Anforderungen des Abs 1 S 1 erfüllt; denn die Anforderungen des Abs 1 S 1 sind auch in § 239 II HGB enthalten, der Ausdruck der GoB ist.

b) Einzelaufzeichnungspflicht. Durch G v 22.12.2016 ist mWv 29.12.2016 6
die Einzelaufzeichnungspflicht in Abs 1 S 1 aufgenommen worden. Der BFH hat mit seiner Entscheidung in BStBl 15, 519 eine Einzelaufzeichnungspflicht für Bilanzierende **aus den GoB** iVm § 239 II HGB und unter Hinweis auf seine Rspr aus dem Jahr 1966 abgeleitet (BFH BStBl 68, 527). Der Gesetzgeber hat daraufhin mWv 29.12.2016 die Einzelaufzeichnungspflicht in Abs 1 S 1 eingefügt (BT-Drs 18/9535, 18). Die Einzelaufzeichnungspflicht wird durch den ebenfalls durch G v 22.12.2016 mWv 29.12.2016 eingefügten S 3 des Abs 1 eingeschränkt und diese Einschränkung durch den neuen S 4 wieder ausgeschlossen. Mit S 3 und 4 knüpft der Gesetzgeber an die vom BFH (BStBl 15, 519) angesprochene Ausnahme von

der Einzelaufzeichnungspflicht bei Unzumutbarkeit an, auf die sich der Stpfl aber bei Nutzung einer elektronischen Kasse mit Einzelaufzeichnung nicht berufen kann (s Rz 38 ff). Auch die GoBD gehen von einer Einzelaufzeichnungspflicht aus (Abschn 3.2.1, Tz 37).

7 Die Einzelaufzeichnungspflicht gilt angesichts ihrer Ableitung aus den GoB **für Buchführungspflichtige** und Stpfl, die nach Abs 6 des § 146 freiwillig Bücher führen. Insoweit hat die Änderung des Abs 1 S 1 nut klarstellende Bedeutung, da sich die Einzelaufzeichnungspflicht bereits aus den GoB ergibt. Die Anwendbarkeit des Abs 1 S 1 und damit auch der Einzelaufzeichnungspflicht auf die Einnahmen-Überschussrechnung nach **§ 4 III EStG** ist hingegen **str,** s Rz 19 und 20 f.

8 Nach dem Grundsatz der Einzelaufzeichnungspflicht muss **jeder Geschäftsvorfall einzeln** aufgezeichnet werden; der Inhalt der einzelnen Aufzeichnung richtet sich nach dem Vollständigkeitsgrundsatz, s Rz 10 f. Es genügt somit nicht, nur die Summe der Einnahmen oder Ausgaben täglich aufzuzeichnen. Zur Ausnahme von der Einzelaufzeichnungspflicht nach Abs 1 S 3 s Rz 38 ff.

Einzelaufzeichnungspflicht ist **nicht** gleichzusetzen mit **Einzelbuchungspflicht** (BFH BStBl 15, 519; BFH/NV 15, 790, 793): Der Stpfl muss zwar jeden einzelnen Geschäftsvorfall aufzeichnen; er kann aber zB die Summe seiner Erlöse eines Tages in einem einzigen Betrag auf dem Erlöskonto buchen.

10 **c) Vollständigkeit.** Der Grundsatz der Vollständigkeit, der auch in § 239 II HGB geregelt ist, verlangt, dass jeder Geschäftsvorfall mit seinem Inhalt, Kaufpreis und dem Namen des Vertragspartners erfasst wird; dies gilt nicht nur bei Kreditgeschäften, sondern auch bei Bargeschäften (BFH BStBl 15, 519; BFH/NV 15, 790, 793; GoBD v 14.11.2014, Abschn 3.21, Tz 36 ff). Während die Einzelaufzeichnungspflicht (Rz 6 ff) regelt, *dass* jeder Geschäftsvorfall einzeln zu erfassen ist, geht es beim Vollständigkeitsgrundsatz darum, *was* zu erfassen ist.

Zum **Inhalt** des Geschäfts gehört die Bezeichnung der verkauften Ware bzw der erbrachten Dienstleistung. Umfasst der Geschäftsvorfall mehrere Waren oder Dienstleistungen ggü dem Vertragspartner (zB eine Bewirtung mit mehreren Speisen und Getränken oder der Verkauf mehrerer Kleidungsstücke an einen Kunden), so verlangt der Vollständigkeitsgrundsatz keine Aufzeichnung der einzelnen verkauften oder gekauften Positionen, zB der einzelnen Speisen oder verkauften Kleidungsstücke. Denn der Vollständigkeitsgrundsatz dient der lückenlosen Erfassung aller Geschäftsvorfälle (*Baumbach/Hopt/Merkt* HGB, 37. Aufl, § 239 Rz 2) und bezieht sich damit auf den jeweiligen Geschäftsvorfall, nicht aber auch noch auf die Unterpositionen eines Geschäftsvorfalls. Es genügt daher bzgl der Aufzeichnung des Inhalts des Geschäftsvorfalls, wenn ein Einzelhändler den Verkauf mehrerer Kleidungsstücke an einen Kunden unter dem Begriff „Verkauf Kleidung" erfasst. Es ist nicht der Sinn des aus dem HGB abgeleiteten Vollständigkeitsgrundsatzes, eine Nachkalkulation durch das FA zu erleichtern.

11 Der **Kaufpreis** ist ebenfalls aufzuzeichnen. Damit ist der Gesamtkaufpreis gemeint, wenn der Geschäftsvorfall mehrere Positionen umfasst. Allerdings ist zusätzlich auch die Aufzeichnungspflicht nach § 63 UStDV iVm § 22 II Nr 1 S 2 UStG zu beachten: Aus der Aufzeichnung des Geschäftsvorfalls muss daher auch ersichtlich sein, wie sich die Entgelte auf die beiden USt-Sätze und ggf auf umsatzsteuerfreie Umsätze aufteilen. Erbringt der Stpfl also Leistungen zu unterschiedlichen USt-Sätzen bzw auch umsatzsteuerfreie Leistungen, muss der Geschäftsvorfall insoweit differenziert nach zwei bzw drei Positionen (USt zu 19%, zu 7% und umsatzsteuerfreier Anteil) aufgezeichnet werden; zu § 22 UStG s auch Rz 20.

Schließlich verlangt der Vollständigkeitsgrundsatz auch die Aufzeichnung des **Namens** des Vertragspartners. Bei Geschäften gegen Rechnung iSv § 14 UStG ist dies ohnehin selbstverständlich. Bei Bargeschäften wird es hingegen bislang bei einem Betrag bis zu 15.000 € nicht beanstandet, dass nur der Kaufgegenstand und der Kaufpreis, nicht aber die Identität des Vertragspartners aufgezeichnet werden. Bei der Annahme von Bargeld im Wert von mindestens 15.000 € ist aber die Identität des Vertragspartners aufzuzeichnen (BMF BStBl I 04, 419; GoBD v 14.11.2014, Abschn 3.2.1, Tz 39). Dieser Betrag ist zwar mit § 3 II Nr 2 GwG aF abgestimmt; durch § 10 VI GwG idF v 23.6.2017 (BGBl I, 1822) ist dieser Betrag aber auf 10.000 € herabgesetzt worden, sodass zu erwarten ist, dass die FinVerw künftig auch nur bei Bargeldzahlungen bis zu 10.000 € auf die Aufzeichnung des Namens des Vertragspartners verzichten wird.

Bei **Unzumutbarkeit iSv Abs 1 S 3** ist nicht nur die Einzelaufzeichnungspflicht ausgenommen, sondern auch der Vollständigkeitsgrundsatz eingeschränkt, s Rz 42.

12 Weiterhin gehört zum Vollständigkeitsgrundsatz auch der **Grundsatz der Klarheit**, nach dem Buchungstexte und -anweisungen eindeutig sein müssen; dazu gehört Angabe des Buchungsdatums (RFH RStBl 38, 355) sowie Angabe des gebuchten Kontos und des Gegenkontos. Außerdem gilt das sog **Belegprinzip,** sodass sich jede Buchung auf einen Beleg stützen muss (BFH BStBl 88, 655; 98, 51; GoBD v 14.11.2014, Abschn 4, Tz 61); zum Belegprinzip bei einer EDV-Buchführung s Rz 17. Auf diese Weise soll eine retrograde und progressive Nachprüfbarkeit und Nachverfolgbarkeit ermöglicht werden (s hierzu § 145 Rz 9; BFH BStBl 68, 527).

13 **d) Richtigkeit.** Der Grundsatz der Richtigkeit (s auch § 239 II HGB) verlangt eine Buchung, die dem materiellen Recht entspricht oder – bei umstrittenen Rechtsfragen – zumindest vertretbar ist (vgl auch GoBD v 14.11.2014, Abschn 3.2.2, Tz 44). Dies entspricht dem mittlerweile aufgegebenen subjektiven Fehlerbegriff des § 4 II 1 EStG (BFH GrS BStBl 13, 317). Vgl auch GoBD v 14.11.2014, Abschn 3.2.2, Tz 44. Zur Verwendung von Manipulationssoftware s Rz 102 sowie § 146a Rz 4.

14 **e) Zeitgerechte Buchung.** Die zeitgerechte Erfassung und Verbuchung (s § 239 II HGB) trägt dazu bei, die Richtigkeit der Buchungen und der Bilanz zu gewährleisten und so als sachgerechte Grundlage für die stl Gewinnermittlung zu dienen (BFH BStBl 06, 509). Für die Zeitnähe der Verbuchung ist entscheidend, wann der Geschäftsvorfall in den Grundbüchern aufgezeichnet ist (vgl BFH BStBl 68, 527). Erfassung der **unbaren** Geschäftsvorfälle **innerhalb eines Monats** bis zum Ablauf des Folgemonats ist nicht zu beanstanden, wenn sichergestellt ist, dass die Buchführungsunterlagen bis dahin nicht verloren gehen (BFH BStBl 79, 20; 92, 1010), anders jedoch bei Bargeschäften iSv Abs 1 S 2 (s unten Rz 22). Die FinVerw beanstandet es nicht, wenn Rechnungen, die innerhalb von acht Tagen beglichen werden, nicht zunächst als Forderungen bzw Verbindlichkeiten erfasst, sondern als sogleich bezahlt gebucht werden (R 5.2 EStR; GoBD v 14.11.2014, Abschn 3.2.3, Tz 49). Die FinVerw (GoBD v. 14.11.2014, Abschn 3.2.3, Tz 47) sieht zwar grds nur eine buchhalterische Erfassung **innerhalb von 10 Tagen** als unbedenklich an; bei periodenweiser Buchung, zB monatliche Buchführung durch einen StBerater, beanstandet sie auch eine spätere Aufzeichnung der Geschäftsvorfälle nicht, wenn die unbaren Geschäftsvorfälle bis zum Ende des Folgemonats erfasst werden (also zB Buchung der Geschäftsvorfälle des April 2018 bis zum 31.5.2018) und wenn durch organisatorische Vorkehrungen sichergestellt wird, dass die Unterlagen bis zu ihrer Erfassung nicht verloren gehen, zB durch laufende Nummerierung der Rechnung, durch Ablage in Ordnern oder durch elektronische Grundaufzeichnungen in Kassensystemen, Warenwirtschafts- oder Fakturierungssystemen (GoBD v. 14.11.2014, Abschn 3.2.3, Tz 50, Abschn 5.2, Tz 87). Diese „Nichtbeanstandungsregelung" ist – auch wenn sie an die Rspr des BFH anknüpft (BFH BStBl 79, 20; 92, 1010) – mE **nicht praxisgerecht,** weil kleinere Betriebe ohne eigene Buchhaltung, aber mit Dauerfristverlängerung iSv § 18 VI UStG iVm § 46 UStDV, ihre Buchführung durch den StBerater erst zum 10. des übernächsten

Monats (bei der Buchführung für April 2018 also bis zum 10.6.2018) erstellen lassen, ohne dass unter dem Gesichtspunkt der Zeitnähe hieran Bedenken bestehen können (so auch *Kleemann/Kalina-Kerschbaum* DStR 13, 1098, 1099; *Herrfurth* StuB 15, 250, 253).

15 Die letzten Geschäftsvorfälle des abgelaufenen Wirtschaftsjahres sind spätestens bis zum Ablauf von vier Wochen nach dem Bilanzstichtag buchmäßig zu erfassen. Für die Erfüllung dieser Verpflichtung kann in der Steuerbilanz eine eigenständige Rückstellung gebildet werden (BFH BStBl 92, 1010). Zur **Frist für Bilanzaufstellung** (BFH BStBl 73, 555) vgl § 243 III HGB: innerhalb der einem ordnungsgemäßen Geschäftsgang entsprechenden Zeit, § 264 HGB: 3–6 Monate, § 290 HGB (Konzern) sowie § 336 HGB (eingetragene Genossenschaften): jeweils innerhalb von 5 Monaten. IÜ ist bei einer Bilanz die Unterschrift mit Datumsangabe erforderlich nach § 245 HGB.

16 **f) Geordnete Erfassung.** Hinsichtlich des Kriteriums **„geordnet"** genügt jede sinnvolle Ordnung, die es einem sachverständigen Dritten gestattet, sich in angemessener Zeit einen Überblick über die Geschäftsvorfälle und den Vermögensstand zu verschaffen (AEAO zu § 146 Nr 2); die GoBD v 14.11.2014 (Abschn 3.2.4, Tz 53) verlangen – ohne dass dies inhaltlich anders zu würdigen wäre – eine systematische Erfassung und übersichtliche, eindeutige und nachvollziehbare Buchungen. Auf eine genaue Ordnung der Zeitfolge kommt es somit nicht an. Bare und unbare Geschäftsvorfälle, private und betriebliche sowie umsatzsteuerpflichtige und umsatzsteuerfreie Vorgänge sind getrennt voneinander zu buchen (BFH HFR 61, 257; BStBl 68, 341; vgl auch GoBD v 14.11.2014, Abschn 3.2.4, Tz 55); Trennung zwischen umsatzsteuerfreien und -pflichtigen Umsätzen folgt bereits aus § 22 II Nr 1 S 2 UStG. Soweit die GoBD v 14.11.2014 in Abschn 3.2.4 (Tz 54) eine ungeordnete Sammlung und Aufbewahrung der Belege als Verstoß gegen den Grundsatz der geordneten Erfassung ansehen, betrifft dies nur vordergründig die Aufbewahrung der Belege und damit § 147 statt § 146; denn eine geordnete Sammlung und Aufbewahrung der Belege dient der retrograden Nachprüfbarkeit vom Buchungskonto zurück zum Beleg (s § 145 Rz 9) und berührt damit auch den Anwendungsbereich des § 146.

17 **g) Anforderungen der FinVerw an die elektronische Buchführung.** Die FinVerw stellt in ihren GoBD v 14.11.2014 an die formelle Ordnungsmäßigkeit einer elektronischen Buchführung sehr detaillierte Anforderungen, insbes zum Belegprinzip (Abschn 4, Tz 61 ff) und zur Aufzeichnung der Geschäftsvorfälle (Abschn 5, Tz 82 ff). Die GoBD enthalten nicht nur Erläuterungen zu den vorstehend unter Rz 6 ff erläuterten Ordnungsgrundsätzen der §§ 145, 146 sowie zu den Abläufen einer ordnungsmäßigen Buchführung. Sondern sie erläutern einerseits auch Selbstverständlichkeiten, etwa zur Erforderlichkeit von Belegen (Abschn 4, Tz 61) oder zu den umsatzsteuerlichen Anforderungen an Rechnungen iSv §§ 14, 14a UStG (Abschn 4, Tz 78), und gehen andererseits **auch über die Anforderungen** der §§ 145, 146 **hinaus,** etwa bei der Forderung, dass Belege unmittelbar nach Eingang oder Entstehung gegen Verlust zu sichern sind (Abschn 4.1, Tz 67) und dass das EDV-System gegen Verlust oä gesichert werden muss (Abschn 7, Tz 103); denn eine Sicherung gegen Verlust wird von §§ 145, 146 nicht verlangt. Vielmehr ist es das Risiko des Stpfl, wenn er Belege nicht erfassen oder Daten nicht mehr vorlegen kann, da ihm dann der Vorsteuer- bzw Betriebsausgabenabzug versagt werden kann (s auch Rz 116); aus einer unterlassenen Sicherung gegen Verlust ergeben sich also keine stl nachteiligen Folgen für den Stpfl, wenn tatsächlich kein Verlust eingetreten ist. Die Ausführungen in den GoDB können insoweit nur als „Empfehlungen" zur Streitvermeidung mit dem FA verstanden werden. Ebenfalls ist es mE nicht erforderlich, dass die Autorisierung der buchenden Person angegeben wird (Abschn 5.3, Tz 94). Gleiches gilt für Zugangs- oder Zugriffsberechtigungen im Rahmen eines internen Kontrollsystems (Abschn 6, Tz 100), die

von §§ 145, 146 nicht verlangt werden (kritisch auch *Goldshteyn/Thelen* DB 15, 1126, 1127; s auch IDW RS FAIT 1 – Grundsätze ordnungsmäßiger Buchführung bei Einsatz von Informationstechnologie –, Wpg 02, 1157).

h) Inventur. Im Rahmen der Inventur sind folgende Aufzeichnungsgrundsätze zu beachten: Grds erforderlich ist körperliche Bestandsaufnahme (s H 5.3 EStH), aber Inventurerleichterungen durch Festwert gem § 240 III HGB (s H 6.8 EStH; BMF 8.3.1993, BStBl I, 276) oder Gruppenbewertung gem § 240 IV, § 256 S 2 HGB. **Inhalt der Inventur:** Inventur muss mengenmäßige Angaben enthalten (BFH BStBl 71, 709) und Vollständigkeit und Kontrollmöglichkeit gewähren (BFH BStBl 56, 82). Angaben zu Qualität, Einkaufspreis, Rechnungsbezeichnung nicht erforderlich (RFH RStBl 36, 1217). **Ausnahmen von der Inventur:** Inventur kann unterbleiben, wenn Arbeit in keinem Verhältnis zum erzielten Effekt steht (BFH BStBl 56, 82) oder wenn sich der Kaufmann von der Buchführungspflicht nach § 241a HGB hat befreien lassen (s § 140 Rz 15 ff). Kann eine mittels Fotografien durchgeführte Inventur nur von Sachverständigen des betr Geschäftszweiges innerhalb einer angemessenen Frist nachgeprüft werden, ist die Buchführung nicht ordnungsmäßig (BFH BStBl 81, 9). **Frist:** jährliche körperliche Aufnahme innerhalb von zehn Tagen vor oder nach dem Bilanzstichtag gem R 5.3 I 2 EStR oder aber zeitverschoben gem § 241 III HGB innerhalb der letzten 3 Monate vor oder der ersten 2 Monate nach Bilanzstichtag unter Fortschreibung der wertmäßigen Änderung (H 5.3 EStH); zur Nichtanwendbarkeit der zeitverschobenen Inventur s R 5.3 III EStR; zur permanenten Inventur gem § 241 II HGB s H 5.3 EStH. Fehlende Inventur ist materieller Buchführungsmangel (s Rz 116). 18

i) Sonst erforderliche Aufzeichnungspflichten. Abs 1 S 1 gilt nicht nur für „Buchungen", also im Rahmen der Bilanzierung, sondern auch für sonst erforderliche Aufzeichnungen. Dabei handelt es sich um Aufzeichnungspflichten außerhalb der AO, die auch für Einnahme-Überschussrechner iSv § 4 III EStG gelten (BFH BStBl 10, 452): **(1)** § 22 UStG, wonach für Zwecke der USt insbes die Einnahmen (§ 22 II Nr 1 UStG) und Ausgaben (§ 22 II Nr 5 UStG) aufzuzeichnen sind (s auch BFH/NV 87, 674; 07, 1134; *Pump* StBp 15, 131, 165); s hierzu Rz 20. **(2)** § 4 III 5 EStG: Verzeichnis der Anschaffungs-/Herstellungskosten nicht abnutzbarer Wirtschaftsgüter. **(3)** § 4 IVa 6 EStG: gesonderte Aufzeichnung der Einlagen und Einnahmen zwecks Ermittlung der nicht abziehbaren Zinsen. **(4)** § 4 VII EStG: gesonderte Aufzeichnung der nicht abziehbaren Betriebsausgaben iSv § 4 V EStG (s auch Rz 107). **(5)** § 6 II 4, 5 EStG: Verzeichnis der geringwertigen Wirtschaftsgüter. **(6)** § 6b IV Nr 5 bzw § 6c II EStG: Verzeichnis der Wirtschaftsgüter, von deren Anschaffungs-/Herstellungskosten eine Rücklage abgezogen wird. **(7)** § 7a VIII EStG: Verzeichnis der Wirtschaftsgüter, auf die erhöhte AfA oder SonderAfA in Anspruch genommen wird. **(8)** § 41 EStG iVm § 4 LStDV: Aufzeichnungspflichten beim LSt-Abzug; **(9)** § 43 II 6, § 45a II 4 EStG: Aufzeichnung bei KapESt. 19

j) Aufzeichnungspflichten bei Gewinnermittlung nach § 4 III EStG. Die Anwendbarkeit des **Abs 1 auf die Gewinnermittlung nach § 4 III EStG ist str** (für eine Anwendbarkeit *Becker* BBK 17, 116, 118; *Hülshoff/Wied* NWB 17, 2094, 2095; *Pump* StBp 17, 150; OFD Karlsruhe v 31.10.2016, BeckVerw 342415, Tz 1; gegen eine Anwendbarkeit *Nöcker* NWB 17, 492, 493; *HHSp/Märtens* § 146 Rz 6; zweifelnd *Herrfurth* StuB 17, 57, 59). Der BFH hat diese Frage noch nicht abschließend geklärt, sondern nur für die Zeit vor dem 29.12.2016, dem Zeitpunkt des Inkrafttretens der Einzelaufzeichnungspflicht nach Abs 1 S 1, in einem AdV-Beschluss entschieden, dass die Einzelaufzeichnungspflicht vor der Änderung des Abs 1 S 1 durch das G v 22.12.2016 jedenfalls nicht für die Gewinnermittlung nach § 4 III EStG galt, sondern nur für die Bilanzierung (BFH/NV 17, 1204, dort Tz 68). Bzgl der Betriebsausgaben genügt der Nachweis durch Belege; es gibt aber keine förmliche Aufzeichnungspflicht (BFH DStRE 18, 557). 20

Soweit Abs 1 S 1 die Aufzeichnung von „Buchungen" regelt, ist damit nur die Aufzeichnungspflicht im Rahmen der Bilanzierung gemeint. Allerdings regelt Abs 1 S 1 auch die „sonst erforderlichen Aufzeichnungen"; diese können im Rahmen der Einnahmen-Überschussrechnung bestehen und sich aus Vorschriften außerhalb der AO ergeben (s Rz 19). Von Relevanz ist insbes **§ 22 UStG,** der für Zwecke der USt eine Aufzeichnung der **Einnahmen und Ausgaben** verlangt. Die Regelung des § 22 UStG ist die wesentliche Aufzeichnungspflicht im Rahmen des § 4 III EStG und wird regelmäßig von der Rspr herangezogen (zB BFH/NV 17, 1204). § 22 UStG wird durch § 63 UStDV konkretisiert: Nach § 63 I UStDV müssen die Aufzeichnungen so beschaffen sein, dass es einem sachverständigen Dritten innerhalb einer angemessenen Zeit möglich ist, einen Überblick über die Umsätze des Unternehmers und die abziehbaren Vorsteuern zu erhalten und die Grundlagen für die Steuerberechnung festzustellen; diese Vorschrift ist an § 145 angelehnt. § 63 II UStDV verlangt die Zusammenrechnung der Entgelte und Vorsteuern am Schluss jedes Voranmeldungszeitraums, und § 63 III gewährt Erleichterungen bei der Aufzeichnung. Zwar schränken § 22 UStG, § 63 UStDV den Anwendungsbereich des § 146 I nicht ein (*BeckOK UStG/Schmölz* § 22 Rz 7; *Sölch/Ringleb/Heuermann* § 22 Rz 36); dies führt aber nicht zu einer Erweiterung des § 146 I auf Einnahmen-Überschussrechner. Es ist daher zweifelhaft, eine umsatzsteuerliche Aufzeichnungsvorschrift, die der Überprüfung der USt dient, als Grundlage für die Gewinnermittlung und ggf als Rechtfertigung für eine Hinzuschätzung heranzuziehen (*Rätke* BBK 17, 1009, 1012 f; kritisch auch *Herrfurth* StuB 17, 57, 59). Im Allgemeinen wird, ohne dass eine konkrete Rechtsgrundlage genannt wird, eine sog **Schuhkarton-Buchführung** für ausreichend gehalten, bei der die Einnahmen- und Ausgabenbelege erstellt und gesammelt werden und regelmäßig Summen gezogen werden (*HHSp/Märtens* § 146 Rz 28; wohl auch BFH/NV 17, 1204). Im Ergebnis ist der **Gesetzgeber gefordert,** eine klare Regelung zur Anwendbarkeit des § 146 auf die Gewinnermittlung nach § 4 III EStG zu schaffen oder den Anwendungsbereich der Gewinnermittlung des § 4 III durch eine deutliche Herabsetzung der Umsatz- und Gewinngrenze des § 141 zu beschränken, sodass es zu einer Buchführungspflicht kommt (zur Kritik am Gesetzgeber vgl auch BFH/NV 17, 1204, Tz 86; *Rätke* BBK 17, 1009, 1013).

21 **Aus § 4 III EStG** selbst ergeben sich **keine Regelungen** über den formellen Mindestinhalt der Aufzeichnungen, die bei der Gewinnermittlung nach § 4 III EStG zu führen sind (BFH/NV 17, 1204). Da es bei der Gewinnermittlung nach § 4 III EStG keine Bestandskonten gibt, sind jedenfalls keine Aufzeichnungen erforderlich, die den Bestand betreffen; aus diesem Grund ist bei der Gewinnermittlung nach § 4 III EStG **kein Kassenbuch** zu führen (BFH/NV 17, 1204), s Rz 31.

22 **4. Kassenbuchführung (Abs 1 S 2). a) Grundsätze.** Abs 1 S 2 bestimmt, dass Kasseneinnahmen und Kassenausgaben täglich festzuhalten sind. Hierdurch soll im sensiblen Bereich der Bargeldbewegungen die Einrichtung eines dichten Kontrollgefüges ermöglicht werden (BFH/NV 17, 1204). Durch das G v 22.12.2016 ist S 2 dahingehend geändert worden, dass die Kasseneinnahmen und -ausgaben nicht mehr täglich festgehalten werden „sollen", sondern festzuhalten „sind", s Rz 23. Abs 1 S 2 gilt für Buchführungspflichtige und Stpfl, die nach Abs 6 freiwillig Bücher führen. Die Anwendbarkeit des Abs 1 S 2 auf die Kassenführung im Rahmen der Gewinnermittlung nach § 4 III EStG ist hingegen str (s Rz 20 f) zur Kassenführung bei der Gewinnermittlung nach § 4 III EStG s Rz 31 ff.

23 **b) Art der Aufzeichnung.** Das Gesetz regelt nicht, wie die Aufzeichnungen iEinz zu führen sind (BFH BStBl 15, 519; NV 15, 790, 793). Dies ändert sich erst ab 1.1.2020 aufgrund des Inkrafttretens des § 146a, falls der Stpfl ein elektronisches Aufzeichnungssystem verwendet (s § 146a Rz 10). Bis zum Inkraftreten des § 146a zum 1.1.2020 wird die Art der Aufzeichnung insbes durch die Art der Kasse (offene Ladenkasse oder elektronische Registrierkasse bzw PC-Kasse) bestimmt (BFH

BStBl 17, 992). Zudem wirkt sich die Art der Gewinnermittlung auf die Kassenaufzeichnungen aus, weil die Anwendbarkeit des Abs 1 S 2 auf die Einnahmen-Überschussrechnung nach § 4 III EStG str ist (s hierzu Rz 20f sowie Rz 31ff).

Nach der Rspr müssen die Kassenaufzeichnungen (Kassenbuch) im Rahmen der **Bilanzierung** so beschaffen sein, dass ein Buchsachverständiger jederzeit in der Lage ist, den Sollbestand mit dem Istbestand der Geschäftskasse zu Beginn und zum Ende des Geschäftstages zu vergleichen (**Kassensturzfähigkeit,** BFH BStBl 17, 992; 15, 743; 82, 430; BFH/NV 17, 1204; 14, 1501; 12, 1921; 05, 667; FG Mster EFG 14, 86); besteht eine Einzelaufzeichnungspflicht (s Rz 6ff), muss die Kassensturzfähigkeit auch jederzeit im Laufe des Geschäftstages gegeben sein (BFH BStBl 17, 992). Die Erfassung von **EC-Karten-Umsätzen** in der elektronischen Registrierkasse ist dann nicht zu beanstanden, wenn die EC-Karten-Umsätze durch einen Knopfdruck aus dem Kassenbestand herausgerechnet werden können (vgl auch *Bellinger* BBK 17, 369, 372f). Da im Bereich der Bilanzierung – vorbehaltlich einer Unzumutbarkeit nach Abs 1 S 3 – grds eine Einzelaufzeichnungspflicht besteht und der Vollständigkeitsgrundsatz (s Rz 6ff und 10ff) zu beachten ist, müssen die bar getätigten Geschäftsvorfälle einzeln aufgezeichnet werden. Bei Verwendung einer elektronischen Registrierkasse ist dies grds kein Problem, wenn darauf geachtet wird, dass die eingegebenen Daten pro Geschäftsvorfall gespeichert bleiben und nicht durch Abruf des Z-Bons gelöscht werden. Bei Verwendung einer offenen Ladenkasse genügt es hingegen nicht, die Bareinnahmen nur durch Auszählung der Kasse zu ermitteln und das Ergebnis in das Kassenbuch zu übernehmen; es müssen dann auch Ursprungsaufzeichnungen (zum Begriff s Rz 33) zu den einzelnen Geschäftsvorfällen gefertigt und auch aufbewahrt werden.

Die Bareinnahmen und -ausgaben können nicht nur durch schriftliche Aufzeichnungen, sondern auch durch jede andere Maßnahme festgehalten werden können, die es ermöglicht, die Daten abrufbereit zu konservieren (BFH BStBl 17, 992) und die Kassensturzfähigkeit zu gewährleisten. Diese Art der Aufzeichnung wird als **Kassenbuch** bezeichnet, das auch elektronisch, zB mit Hilfe einer Registrierkasse, geführt werden kann.

Von einem Kassenbuch zu unterscheiden ist der **Kassenbericht**: Während das 24
Kassenbuch den laufenden Kassenbestand wiedergibt, enthält der Kassenbericht das Ergebnis der Auszählung der Kasse am Tagesende (sog Tageslosung). Das Ergebnis des Kassenberichts wird in das Kassenbuch übertragen. Der Kassenbericht ist ein Mittel zur Aufzeichnung der Bareinnahmen, wenn es keine Ursprungsaufzeichnungen wie zB Kassenstreifen, -zettel oder Bons gibt. Kassenberichte dürfen nicht wiederholt korrigiert werden oder in sich widersprüchlich sein (BFH/NV 13, 902). Ein Zählprotokoll ist für die Erstellung eines Kassenberichts jedoch nicht erforderlich (BFH/NV 17, 310).

Führt der Stpfl eine **Nebenkasse**, muss er ein Nebenkassenbuch führen, das die 25
Kassensturzfähigkeit der Nebenkasse gewährleistet. Er kann zwar auch ein einheitliches Kassenbuch führen, in dem die Bewegungen der Haupt- und Nebenkasse zusammen erfasst werden (BFH BStBl 72, 273; NV 14, 1501; FG BBg EFG 09, 1514; *Wacker/Högemann* BBK 13, 621, 624); auch in diesem Fall müssen aber für die Nebenkasse Aufzeichnungen iSv Abs 1 S 2 gefertigt werden, die die Kassensturzfähigkeit der Nebenkasse gewährleisten (s auch FG Hbg EFG 91, 507; vgl auch FG Mster DStRE 04, 115; FG BBg EFG 09, 1514). Außerdem müssen Geldverschiebungen zwischen mehreren Geschäftskassen bzw Nebenkassen buchmäßig als Geldtransfer festgehalten werden (BFH BStBl 82, 430).

Geldspeicher in **Geldeinwurfautomaten** stellen jeweils eine separate Kasse dar, sodass die Aufzeichnungen die Kassensturzfähigkeit jedes einzelnen Geldspeichers gewährleisten müssen (BFH BStBl 17, 992).

c) Freiheit der Kassenwahl. Der Stpfl ist **nicht verpflichtet,** eine **elektronische Registrierkasse** oder eine PC-Kasse zu verwenden (BFH DStR 17, 1812; 26

BStBl 15, 519; BFH/NV 15, 790, 793; OFD NRW v 28.7.2015, BeckVerw 312689, Tz 2). Er kann also auch eine offene Ladenkasse verwenden; zu den einzelnen Kassenarten s *Teutemacher* BBK 12, 1074, 1075 ff. Hieran ändert sich auch nichts durch den mWv 1.1.2020 eingeführten § 146a, da dieser nur greift, falls sich der Stpfl für die Verwendung eines elektronischen Aufzeichnungssystems entscheidet (s § 146a Rz 10). Verfügt der Stpfl aber über eine elektronische Kasse und benutzt er sie nicht bzw nur selten, wird die Ordnungsmäßigkeit der tatsächlich verwendeten Kasse aber zu hinterfragen sein (s auch *Pump* StBp 15, 1, 2). In der Praxis erhöht sich bei Verwendung einer offenen Ladenkasse zudem das Risiko, dass das FA Einnahmen hinzuschätzt und es deshalb zu einem Rechtsstreit mit dem FA kommt (*Pump* DStZ 14, 648, 653, sowie StBp 14, 162, 163 ff).

27 Der Stpfl war auch rechtl **nicht verpflichtet,** seine Registrierkasse bis zum 31.12.2016 **technisch umzurüsten** (so aber GoBD v 14.11.2014, Abschn 9, Tz 124, unter Hinweis auf BMF v 26.11.2010, BStBl I, 1342; *Kläne* NWB 12, 923, 927 f; *Anders/Rühmann* BBk 13, 627). Denn das Gesetz schreibt eine bestimmte Art der Kasse nicht vor. Jedoch muss die Kassenführung des Stpfl unabhängig von der Art der verwendeten Kasse im Rahmen der Bilanzierung zwei Voraussetzungen erfüllen: Zum einen muss in jedem Fall die Kassensturzfähigkeit gewährleistet sein (BFH BStBl 15, 743). Zum anderen muss der Stpfl seine Einzelaufzeichnungspflicht nach Maßgabe des Abs 1 S 1 und 3 erfüllen (s Rz 30, 38 ff). Diese Voraussetzungen mussten zwar auch schon vor 2017 beachtet werden; die FinVerw hatte jedoch für die Umrüstung eine Nichtbeanstandungsfrist bis zum 31.12.2016 eingeräumt (BMF v 26.11.2010, BStBl I, 1342). Verwendet ein bilanzierender Stpfl also seit dem 1.1.2017 eine Kasse, die keine Einzelaufzeichnungen tätigt, sondern zB eine offene Ladenkasse oder eine ältere Registrierkasse, die die einzelnen Geschäftsvorfälle zu einer Tagesendsumme verdichtet, kommt er seiner Einzelaufzeichnungs- und Aufbewahrungspflicht nicht nach und riskiert eine Hinzuschätzung; ihm bleibt dann nur die Möglichkeit, sich auf Unzumutbarkeit der Einzelaufzeichnungspflicht gem Abs 1 S 3 zu berufen (s Rz 38 ff). Hingegen kann er sich nicht auf die Nichtbeanstandungsregelung des BMF (BMF v 26.11.2010, BStBl I, 1342) berufen, wenn es zu einem Rechtsstreit kommt; denn diese bindet die Rspr nicht (BFH BStBl 15, 519; BFH/NV 15, 790, 793).

28 **d) Tägliche Erfassung.** Die Kasseneinnahmen und -ausgaben sind täglich zu erfassen. Dies ergibt sich aus der Änderung des Abs 1 S 2 durch das G v 22.12.16. Die Änderung soll sicherstellen, dass eine tägliche Aufzeichnung auch dann erfolgt, wenn es sich um einen nicht bargeldintensiven Betrieb handelt und die Bargeschäfte ggü den unbar getätigten Geschäften nicht ins Gewicht fallen (BT-Drs 18/9535, 18).

Aufzeichnung am Ende des Geschäftstages genügt zwar theoretisch; dies kann bei einem bis in die Nacht aktiven Betrieb wie zB einer Bar auch der nächste Morgen sein (FG Köln EFG 09, 1092). Wegen der Einzelaufzeichnungspflicht (s Rz 30) ist es aber faktisch geboten, die Aufzeichnungen bereits während des laufenden Geschäftstags vorzunehmen.

29 Nach der Rechtslage **vor dem 29.12.2016** waren nach dem Wortlaut der Vorschrift („sollen") Ausnahmen von der täglichen Erfassung möglich, insbes wenn die Kassengeschäfte ggü den Bankgeschäften nicht ins Gewicht fielen; die Entwicklung des Kassenbestands musste jedoch gleichwohl zweifelsfrei rekonstruierbar sein (BFH BStBl 17, 992). Waren die Kassengeschäfte aber nicht bedeutungslos (zB Einzelhandel, Gaststätten, Kfz-Werkstätten), war tägliche Aufzeichnung erforderlich. Es war dann nicht ausreichend, wenn der Stpfl die Kassenbelege sammelt, ohne sie zu verbuchen, und sie seinem StBerater übergibt, der sie einmal monatlich in das Kassenbuch einträgt (BFH/NV 90, 683). Nachbuchungen im Jahresabschluss waren keinesfalls zeitgerecht (BFH/NV 95, 373). Ein Geldwurfautomat (Spielautomat) stellt eine Kasse iSv § 146 dar, sodass zwar keine tägliche Entlee-

rung und Zählung erforderlich war, wohl aber bei Entleerung Eintrag in das Kassenbuch erfolgen musste, nicht erst bei Einzahlung auf das Bankkonto (BFH DStR 17, 1812); nach der Änderung des Abs 1 S 1 wird man jetzt aber auch bei Geldeinwurfautomaten tägliche Zählung verlangen müssen (offen gelassen von BFH BStBl 17, 992).

e) Einzelaufzeichnungspflicht bei Bargeschäften. Weiterhin muss grds jeder einzelne in bar abgewickelte Geschäftsvorfall im Kassenbuch – dies kann auch eine PC-Kasse sein, s Rz 23 – erfasst werden; diese Einzelaufzeichnungspflicht folgt aus Abs 1 S 1 idF v 22.12.2016 und gilt mWv 29.12.2016 (s Rz 29 zur Rechtslage vor dem 29.12.2016). Die Einzelaufzeichnung gilt für die Bilanzierung (BFH BStBl 15, 519; BFH/NV 15, 790, 793). Ob die Einzelaufzeichnungspflicht bei Bargeschäften für die Einnahmen-Überschussrechnung iSv § 4 III EStG gilt, hat der BFH für den Zeitraum vor dem 29.12.2016 verneint (BFH/NV 17, 1204), für die Zeit ab dem 29.12.2016 aber offen gelassen; zur str Frage der Anwendbarkeit des Abs 1 des § 146 auf die Einnahmen-Überschussrechnung s Rz 20 und 31 ff. 30

Aufzuzeichnen sind der Kaufgegenstand, der Kaufpreis sowie der Name des Vertragspartners; allerdings kann auf die Bezeichnung des Vertragspartners bei Bargeschäften bis 15.000 € verzichtet werden; künftig wird dies möglicherweise nur bei Bargeschäften bis 10.000 € möglich sein (s Rz 10 f). Es genügt somit nicht, nur die sog Tageslosung aufzuzeichnen, dh die Summe der am Ende des Geschäftstags vereinnahmten Erlöse (BFH BStBl 15, 519; BFH/NV 15, 790, 793; 14, 1501). Eine **Ausnahme** vom Grundsatz der Einzelaufzeichnungspflicht kommt **wegen Unzumutbarkeit** nach Abs 1 S 3 und 4 in Betracht; s hierzu Rz 38 ff.

f) Kassenführung bei der Einnahmen-Überschussrechnung. Zwar besteht für Einnahme-Überschussrechner iSv § 4 III EStG **keine Pflicht** gem § 146 I 2 **zur Führung eines Kassenbuchs** (BFH/NV 17, 1204; 13, 902; BFH BeckRS 2008, 25012924), da es bei § 4 III EStG keine Bestandskonten gibt. Es muss daher kein Kassenbestand ermittelt werden und auch keine Kassensturzfähigkeit gewährleistet sein; das vereinnahmte Geld wird sofort Privatvermögen. Eine entsprechende Pflicht zur Kassenbuchführung kann auch nicht aus § 22 UStG abgeleitet werden (BFH/NV 17, 1204; aA *TK/Drüen* § 146 Rz 30a mwN; vgl auch FG Saarl EFG 12, 1816, wonach es „kaum zu umgehen sei, ein detailliertes Kassenkonto oder Kassenbuch zu führen"). Aufforderung des FA zur Vorlage eines Kassenbuchs gem § 200 I 2 wäre daher nichtig (BFH BStBl 10, 455). Auch die Erfassung der Bareinnahmen und -ausgaben sowie Belege in einem Ordner oder auf einer Liste stellen weder ein Kassenbuch noch freiwillig geführte Bücher iSv Abs 6 dar, sodass die Anforderungen des Abs 1 S 2 hierfür nicht gelten (s Rz 112; *Schlegel* NWB 12, 394, 395 f). 31

Jedoch besteht nach **§ 22 UStG** eine Aufzeichnungspflicht, die durch § 63 UStDV konkretisiert wird und für die Gewinnermittlung nach § 4 III EStG gilt (s Rz 19 f). Allerdings dient § 22 UStG, § 63 UStDV **nur umsatzsteuerlichen Zwecken** und führt nicht zu einer Erweiterung des Anwendungsbereichs des § 146 I 2 auf die Einnahmen-Überschussrechnung (str, zum Streitstand s Rz 20). Danach hätte die Änderung des Abs 1 S 1 und 2 durch G v 22.12.2016 keine Auswirkung auf die Einnahmen-Überschussrechnung. Anderenfalls käme es zu einer Unterscheidung in den Zeitraum vor dem 29.12.2016 (keine Einzelaufzeichnungspflicht) und in den Zeitraum ab dem 29.12.2016 (Einzelaufzeichnungspflicht). 32

Verneint man die Anwendbarkeit des Abs 1 auf die Gewinnermittlung nach § 4 III EStG, so können Kasseneinnahmen und -ausgaben in beliebiger Weise aufgezeichnet werden, sofern dies umsatzsteuerlich den Anforderungen des § 22 UStG iVm § 63 UStDV genügt. Nach dem BFH (BFH/NV 17, 1204), der sich insoweit auf das FG Nds stützt (EFG 13, 291), können die Aufzeichnungen nicht nur durch 33 eine Registrierkasse, sondern auch durch eine offene Ladenkasse in folgender Weise vorgenommen werden: **(1)** durch eine geordnete Belegablage mit Einzelaufzeichnungen der Erlöse; **(2)** durch Aufbewahrung der Ursprungsaufzeichnungen (wie zB Bons oder Zetteln mit den Tageseinnahmen) und Abgleich von Soll- und Ist-Bestand der Kasse „in gewissen Abständen" (insbes bei der Nutzung von Registrierkassen); dabei kann auf Einzelaufzeichnungen ebenso verzichtet werden wie auf ein tägliches Auszählen des Kassenbestands; **(3)** durch ein tägliches tatsächliches Auszählen der Kasse, das in fortlaufenden Kassenberichten dokumentiert wird (Dokumentation der sog Tageslosung; zum Kassenbericht s Rz 24); dabei kann sowohl auf Einzelaufzeichnungen als auch auf die Aufbewahrung von Ursprungsbelegen wie zB Bons verzichtet werden. **Nicht ausreichend** ist aber, lediglich den täglichen (Gesamt-)Umsatz ohne Aufbewahrung weiterer Belege aufzuzeichnen (BFH/NV 17, 1204).

34 Der BFH gesteht zu, dass die oben angeführten Arten der Kassenführung **keine Vollständigkeitsgewähr** bieten und eine StVerkürzung nicht verhindern. Allerdings ist es Aufgabe des Gesetzgebers, die Aufzeichnungspflichten bei § 4 III EStG zu verschärfen oder die Verwendung einer offenen Ladenkasse zu verbieten. Die Aktivitäten des Gesetzgebers, der durch G v 22.12.2016 Abs 1 S 1 und 2 geändert und §§ 146a und 146b eingeführt hat, sind indes nicht ausreichend, weil bereits die Anwendbarkeit der Neuregelungen auf die Gewinnermittlung nach § 4 III EStG unklar bleibt und eine offene Ladenkasse weiterhin erlaubt ist. Zu beachten ist aber, dass es sich bei der Entscheidung in BFH/NV 17, 1204 nur um einen AdV-Beschluss handelt, der bewusst „offen" formuliert worden ist.

35 Besonderheiten bestehen für das **Taxigewerbe:** Hier können aufgrund der branchenspezifischen Besonderheiten sog Schichtzettel iVm mit den Angaben, die sich auf dem Kilometerzähler und dem Taxameter des einzelnen Taxis ablesen lassen, als Aufzeichnungen geführt werden (BFH BStBl 04, 599; BFH/NV 15, 978). Aus den Schichtzetteln müssen sich die jeweiligen Fahrer, die Daten einer Schicht, Schichtbeginn und -ende, „Total- und Besetztkilometer", die gefahrenen Touren, die Fahrpreise, die Tachostände, die Fahrten ohne Uhr, die Gesamteinnahmen, die Lohnabzüge und sonstigen Abzüge, die verbleibenden Resteinnahme und die an den Unternehmer abgelieferten Beträge ergeben (FG Köln EFG 14, 5, 7; BMF 26.11.2010, BStBl I, 1342). Ist das Taxiunternehmen buchführungspflichtig, weil es eine GmbH ist, ist die Anwendbarkeit des § 146 und damit zB auch die Einzelaufzeichnungspflicht uneingeschränkt zu bejahen.

38 **5. Unzumutbarkeit der Einzelaufzeichnung (Abs 1 S 3). a) Neuregelung.** Durch G v 22.12.2016 mWv 29.12.2016 eingefügt wurde S 3, der im Fall der Unzumutbarkeit eine Ausnahme von der Einzelaufzeichnungspflicht vorsieht. Diese Ausnahme wurde vom Finanzausschuss vorgeschlagen und soll der Klarstellung dienen (BT-Drs 18/10667, 26). Tatsächlich ist S 3 aber nicht nur klarstellend, sondern führt zu einer **Verschlechterung** der bisherigen Rechtslage, weil die Vorschrift nur beim Warenverkauf greift, nicht aber bei Dienstleistungen (s Rz 39), und weil sie durch S 4 eingeschränkt wird (s Rz 40).

39 **b) Voraussetzungen.** S 3 entspricht im Grundsatz der Rspr des BFH, nach der keine Einzelaufzeichnungspflicht besteht, wenn Einzelaufzeichnungen technisch, betriebswirtschaftlich und praktisch unmöglich sind. Dies ist der Fall, wenn in Einzelhandelsbetrieben Waren von geringem Wert an eine unbestimmte Vielzahl nicht bekannter Personen in bar verkauft werden, zB Brötchenverkäufe eines Bäckers (s auch BFH BStBl 66, 371; BeckRS 2008, 25012924; FG BBg EFG 09, 1514; FG Mster EFG 14, 86; nicht aber Taxigewerbe, s Rz 35). Allerdings bejaht der BFH in einer Entscheidung, die erst nach der Verkündung des G v 22.12.2016 ergangen ist (BFH/NV 17, 1204), eine Unzumutbarkeit auch bei Dienstleistungen von geringem Wert, die an eine Vielzahl nicht bekannter Personen erbracht werden (zB Bewirtung durch einen Gastwirt, Friseur, Automatenbetreiber). Abs 1 S 3 ist hingegen auf den **Verkauf von Waren beschränkt** und damit enger als die BFH-Rspr (*Becker* BBK 17, 116, 119). Ab dem 29.12.2016 kommt daher bei Dienstleistern eine Ausnahme von der Einzelaufzeichnungspflicht wegen Unzumutbarkeit nicht mehr in Betracht, wohl aber noch für den Zeitraum bis zum 28.12.2016 auf der Grundlage der BFH-Rspr (BFH/NV 17, 1204). Jedoch plant das BMF eine Anwendung des S 3 auch auf Dienstleistungen (Tz 2.2.6 des Entwurfs vom 2.2.2018); dies wäre mit dem Wortlaut des S 3 jedoch nicht vereinbar (*Wied* BBK 18, 266, 272).

c) Rückausnahmen. Der Stpfl kann sich nach Abs 1 S 4 nicht auf Unzumutbarkeit berufen, wenn er ein **elektronisches Aufzeichnungssystem iSv § 146a** verwendet (s Rz 43) Diese Rückausnahme kann aber frühestens mit dem Inkrafttreten des § 146a greifen, dh ab 1.1.2020 (s Rz 43 und § 146a Rz 2). 40

Nach der **Rspr des BFH** kann zudem eine Unzumutbarkeit der Einzelaufzeichnungspflicht zu verneinen sein, wenn die in S 3 genannten Warenverkäufe bzw – vor dem 29.12.2016 – Dienstleistungen von geringem Wert (s Rz 39) im konkreten Fall ohnehin einzeln erfasst werden, zB bei Verwendung einer modernen elektronischen Registrierkasse bzw PC-Kasse; denn dann liegen Aufzeichnungen für jeden einzelnen Geschäftsvorfall bzgl Kaufgegenstand und Entgelt vor, sodass sich der Stpfl nicht mehr auf Unzumutbarkeit berufen kann (BFH BStBl 15, 519; BFH/NV 15, 790, 793; GoBD v 14.11.2014, Abschn 3.2.1, Tz 39; *Rätke* BBK 15, 454, 457). Unzumutbarkeit setzt daher die Verwendung einer offenen Ladenkasse (zB Schuhkarton, Geldkasse, Holzkiste) voraus.

Der **zeitliche Anwendungsbereich** dieser Rspr-Grundsätze ist **unklar:** Die vom BFH entwickelten Grundsätze gelten in jedem Fall bis zum Inkrafttreten des S 4 am 29.12.2016, weil der Gesetzgeber erst mWv 29.12.2016 die Unzumutbarkeit geregelt hat. Die Rspr-Grundsätze, nach denen eine Unzumutbarkeit bei tatsächlicher Einzelaufzeichnung zu verneinen ist, gelten mE aber auch bis zur zeitlichen Anwendbarkeit des § 146a am 1.1.2020 weiter, da es erst ab diesem Zeitpunkt zu einer Rückausnahme nach Abs 1 S 4 kommen kann (s Rz 43 und § 146a Rz 2). Mit der Anwendbarkeit des § 146a zum 1.1.2020 richtet sich dann die Rückausnahme ausschl nach Abs 1 S 4. 41

d) Rechtsfolgen bei Unzumutbarkeit. Bei Unzumutbarkeit besteht keine Einzelaufzeichnungspflicht. Damit wird auch der Vollständigkeitsgrundsatz eingeschränkt, weil der Stpfl nicht den Inhalt, den Kaufpreis und den Namen des Kunden eines einzelnen Geschäftsvorfalls aufzeichnen kann (s Rz 10 ff). Der Stpfl muss aber das Zustandekommen der Tagessumme entweder durch **Aufbewahrung der angefallenen Kassenstreifen, Kassenzettel und Bons** wie zB Tagesendsummenbons (sog Z-Bons) nachweisen (BFH BStBl 15, 743; BFH/NV 14, 1501; 85, 12; FG Brem EFG 08, 8; OFD NRW 28.7.2015, BeckVerw 312689, Tz 1.2; zu Einzelheiten s auch *Pump* StBp 15, 1). Oder er muss die Tageseinnahmen und -ausgaben anhand eines **Kassenberichts** nachweisen, in dem das Ergebnis einer tatsächlichen Auszählung der Tageskasse festgehalten (s BFH BStBl 17, 992; BFH/NV 17, 310) und das Ergebnis in das in Form aneinandergereihter Tageskassenberichte geführte Kassenbuch übertragen und mit dem Anfangs- und Endbestand der Kasse abgestimmt wird (BFH/NV 13, 341; BFH BStBl 78, 307; vgl auch FG BBg EFG 09, 1514, wonach der Kassenbericht möglichst von zwei Angestellten unterzeichnet werden sollte; zum Aufbau eines Kassenberichts s *Teutemacher* BBK 12, 1074, 1076; zu typischen Fehlern bei Kassenberichten s *Pump* DStZ 14, 648, 652); in diesem Fall brauchen die zuvor genannten Belege (Ursprungsaufzeichnungen) nicht aufbewahrt zu werden (BFH BStBl 71, 729; BFH/NV 85, 12; vgl auch FG Saarl EFG 03, 1750; FG Mster DStRE 04, 115; FG Brem EFG 04, 78; 08, 8). Bei der **Gewinnermittlung nach § 4 III EStG** ist ein Kassenbuch nicht erforderlich, s Rz 31. 42

6. Verwendung eines Aufzeichnungssystems iSv § 146a (Abs 1 S 4). 43
Abs 1 S 4 wurde ebenso wie S 3 auf Vorschlag des Finanzausschusses durch das G v

22.12.2016 mWv 29.12.2016 eingeführt und stellt eine **Rückausnahme** zu Abs 1 S 3 dar (s Rz 40). Auch wenn die Voraussetzungen der Unzumutbarkeit nach Abs 1 S 3 gegeben sind, weil Waren an eine Vielzahl nicht bekannter Personen in bar verkauft werden, bleibt der Stpfl zur Einzelaufzeichnung verpflichtet, wenn er ein elektronisches Aufzeichnungssystem iSv § 146a verwendet. Da § 146a erst ab 1.1.2010 zeitlich anwendbar ist (s § 146a Rz 2), kann die Rückausnahme des S 4 mE erst ab diesem Zeitpunkt greifen. Bis zum 1.1.2020 kann allerdings die Unzumutbarkeit auf der Grundlage der BFH-Rspr ausgeschlossen sein, wenn der Stpfl tatsächlich Einzelaufzeichnungen vornimmt (s Rz 40f).

S 4 setzt voraus, dass der Stpfl **tatsächlich** ein Aufzeichnungssystem verwendet, das den technischen Anforderungen des § 146a entspricht. Verwendet er also ab dem 1.1.2020 bzw – im Fall der Übergangsregelung nach Art 97 § 30 III EGAO für sog Alt-Kassen (s § 146a Rz 9) – nach dem 31.12.2022 unter Verstoß gegen § 146a eine elektronische Registrierkasse, die nicht durch eine zertifizierte technische Sicherheitseinrichtung iSv § 146a I 2 geschützt ist, ist S 4 nicht anwendbar; der Stpfl kann sich dann auf Unzumutbarkeit nach Maßgabe des S 3 berufen. Die Unzumutbarkeit auf der Grundlage der Rspr des BFH bei tatsächlicher Einzelaufzeichnung durch eine nicht zertifizierte elektronische Registrierkasse ist dann mE nicht mehr ausgeschlossen (s Rz 41). Ebensowenig ist S 4 anwendbar, wenn der Stpfl eine offene Ladenkasse verwendet, die nicht von § 146a erfasst wird (§ 146a Rz 10).

45 **7. Ort der Buchführung (Abs 2).** Abs 2 Satz 1 bestimmt, dass Bücher und Aufzeichnungen im **Geltungsbereich der AO** zu führen und aufzubewahren sind. Einen bestimmten Ort im Inland, zB am Sitz Ort der Geschäftsleitung, verlangt Abs 2 aber nicht. Eine **Ausnahme** vom Inlandsprinzip des Abs 2 enthält **Abs 2a** für die elektronische Buchführung (s Rz 50ff).

Nach Abs 2 dürfen inl Unternehmen zum einen ihre inl Buchführungsaufgaben nicht ins Ausland konzernintern auf andere Konzerngesellschaften oder auf fremde Dritte übertragen. Zum anderen haben ausl Unternehmen mit inl Betriebsstätten ihre Bücher und Aufzeichnungen für die Betriebsstätten im Inland zu führen und aufzubewahren (vgl *TK/Drüen* § 146 Rz 38). Die Regelung des Abs 2 S 1 **schränkt** insofern die **GoB ein,** als diese nicht verlangen, dass die Bücher für die inl Betriebsstätte einer ausl Gesellschaft im Inland geführt und aufbewahrt werden; nach den GoB genügt es, die Bücher auf Anforderung im Inland vorzulegen (FG Köln EFG 82, 422). Auch § 239 IV HGB verlangt lediglich die Verfügbarkeit der Daten während der Aufbewahrungsfrist.

46 Gegen die grds Regelung in Abs 2 S 1 des § 146 und insbes gegen die strikte Handhabung durch die FinVerw sind **zu Recht europarechtliche Bedenken** erhoben worden (*Droscha/Reimer* DB 03, 1689, 1690; *Navacek* DStZ 04, 611; *Schubert/Penner/Ravenstein* DStR 08, 632, 634; aA *TK/Drüen* § 146 Rz 31a). Diesen Bedenken ist hinsichtlich der elektronischen Buchführung durch die Regelung in Abs 2a zum Teil Rechnung getragen worden (s Rz 50ff).

47 Abs 2 verlangt insb, dass die Buchführungsbelege im Inland geführt und aufbewahrt werden. Eine **Kontierung** ist mE Bestandteil der Buchführung und daher ebenfalls im Inland vorzunehmen (str, glA *Droscha/Reimer* DB 03, 1689, 1690; *BG/Märtens* § 146 Rz 36; differenzierend: *TK/Drüen* § 146 Rz 31, zulässig, wenn ua Kontierungskraft im Ausland deutsches Bilanzsteuerrecht beherrscht; aA *Schubert/Penner/Ravenstein* DStR 08, 632, 633f; *Lange/Rengier* DB 09, 1256, 1258, wonach Kontierung im Ausland zulässig ist). Sieht man die Kontierung nach der hier vertretenen Auffassung als Bestandteil der Buchführung an, ist die Kontierung im Ausland nur zulässig, wenn die Voraussetzungen des Abs 2a erfüllt werden (s hierzu Rz 50ff) oder das FA dies nach § 148 bewilligt. In jedem Fall lässt es Abs 2 aber zu, dass die bloße **Datenverarbeitung** der im Inland kontierten Belege im Ausland erfolgt (OFD Ddorf 2.9.1997, DB 97, 1896; *TK/Drüen* § 146 Rz 31).

Beim sog **Cloud Computing,** bei dem die Buchführungsdaten auf einem Server eines externen Anbieters gespeichert werden, muss sich der Server im Inland befinden (*BG/Märtens* § 146 Rz 37; *Sinewe/Frase* BB 11, 2198); anderenfalls ist ein Antrag auf Verlagerung der elektronischen Buchführung nach Abs 2a zu stellen (s Rz 50).

Für **ausl Betriebsstätten,** für die nach dem dortigen Recht eine Buchführungspflicht besteht und erfüllt wird, gilt nach **Abs 2 Satz 2** keine inl Buchführungs- und Aufbewahrungspflicht; auf diese Weise wird eine Pflichtenkollision verhindert, zu der es käme, wenn der Stpfl nach ausl Recht zur Aufzeichnung im Ausland verpflichtet ist. Die Buchführungsergebnisse müssen aber in die inl Buchführung übernommen werden. Gleiches gilt nach Abs 2 S 3 für **ausl Organgesellschaften.** In beiden Fällen sind nach Abs 2 S 4 ggf Anpassungen an die hiesigen stl Bestimmungen vorzunehmen und kenntlich zu machen (vgl auch BFH BStBl 97, 128). 48

8. Verlagerung der elektronischen Buchführung ins Ausland (Abs 2a). 50
a) Überblick. Auf schriftlichen Antrag kann nach Abs 2a die elektronische Buchführung ins Ausland verlagert werden. Dies ermöglicht insbes deutschen Tochtergesellschaften ausl Konzerne eine Verarbeitung und Speicherung ihrer Buchführung auf dem Server ihrer ausl Muttergesellschaft (*Lange*/Rengier DB 09, 1256), aber auch das sog **Cloud Computing,** bei dem die Buchführungsdaten auf dem Server eines ausl Anbieters gespeichert werden (s hierzu *Sinewe/Frase* BB 11, 2198; *Wagner/Blaufuß* BB 12, 1751, 1754; *Rogge* BB 15, 1823, 1825; s auch Rz 47).

Abs 2a wurde durch das JStG 2009 v 19.12.2008 (BGBl I, 2794) eingefügt und ist durch das JStG 2010v 8.12.2010 (BGBl I, 1768) geändert worden. Abs 2a idF des JStG 2009 sah zunächst eine Verlagerung der elektronischen Buchführung nur in ein EU-Ausland sowie in die EWR-Staaten Norwegen und Island vor; zu den Einzelheiten des Abs 2a idF des JStG 2009 s 10. Aufl, § 146 Rz 5a. Eine Verlagerung in das übrige Ausland war nach Abs 2a S 5 idF des JStG 2009 nur ausnahmsweise möglich, wenn die Besteuerung hierdurch nicht beeinträchtigt wurde. 51

Aufgrund der ab 14.12.2010 geltenden Neuregelung durch das JStG 2010 ist eine Verlagerung außerhalb der EU bzw des EWR unter den gleichen Voraussetzungen möglich wie eine Verlagerung in EU- bzw EWR-Staaten (s Rz 50). Auch muss die FinBeh des ausl Staates nicht mehr der Durchführung eines Zugriffs auf die elektronische Buchführung zustimmen (so noch in Abs 2a S 3 Nr 1 idF des JStG 2009). 52

b) Voraussetzungen. Die Voraussetzungen für eine Verlagerung der elektronischen Buchführung bestimmen sich nach Abs 2a S 1 und 2. Es bedarf nach S 1 eines **schriftlichen Antrags** beim zuständigen inl FA, der eine detaillierte Beschreibung der zu verlagernden elektronischen Bücher, sonstigen Aufzeichnungen und eine Beschreibung des geplanten Verfahrens enthalten muss (FM SchlHol 1.3.2012, BeckVerw 259 227 Abschn II.2). Abs 2a S 2 Nr 1 bis Nr 4 enthält die **weiteren Voraussetzungen:** Der Stpfl muss nach **Nr 1** den Standort des Datenverarbeitungssystems im Ausland angeben und Änderungen unverzüglich, dh ohne schuldhaftes Zögern, mitteilen (Abs 2a S 4). Er muss nach **Nr 2** bisher seinen allg Mitwirkungspflichten aus §§ 90, 93, 97, seinen Buchführungspflichten aus §§ 140–147 sowie seinen Vorlage- und Auskunftspflichten während der Ap aus § 200 I und II nachgekommen sein. Gem **Nr 3** muss eine digitale Ap iSv § 147 VI uneingeschränkt möglich sein; dies muss beim sog Cloud Computing (s Rz 47) durch den Anbieter der Dienstleistung sichergestellt werden, sodass ggf eine Vertragsstrafe des Anbieters für den Fall des gescheiterten Datenzugriffs durch das FA vereinbart werden sollte (*Rogge* BB 15, 1823, 1825). Schließlich darf nach **Nr 4** die Besteuerung nicht beeinträchtigt werden. Eine Beeinträchtigung ist anzunehmen, wenn eine uneingeschränkte Überprüfung der Gewinnermittlung nicht gewähr- 55 leistet ist, weil zB das DBA mit dem Auslandsstaat keine große Auskunftsklausel (s hierzu § 117 Rz 7) vorsieht. Soweit die FinVerw jedoch eine Beeinträchtigung der Besteuerung bereits dann annimmt, wenn der Stpfl seine **StErklärung bisher nicht fristgemäß abgegeben** hat oder seine Steuern nicht fristgerecht gezahlt hat (so BayLfSt 20.1.2017, DB 17, 279 Rz 4; FM SchlHol 1.3.2012, BeckVerw 259227 Abschn III Buchst b), ist dem nicht ohne Weiteres zu folgen. Denn zum einen stellt S 2 Nr 4 keine allg Compliance-Regel dar, die das bisherige Wohlverhalten des Stpfl voraussetzt; zum anderen sind die vom Stpfl zu erfüllenden Pflichten abschließend in S 2 Nr 2 genannt (so auch *TK/Drüen* § 146 Rz 46a; *HHSp/Görke* § 146 Rz 70).

56 **c) Inhalt der Bewilligung.** Bei Bewilligung darf die elektronische Buchführung **ganz oder auch teilweise** („oder Teile davon") in das Ausland (EU, EWR und Drittstaaten) verlagert werden. Abs 2a S 1 spricht von der Führung und Aufbewahrung der elektronischen Bücher und sonstigen erforderlichen elektronischen Aufzeichnungen. Dies umfasst mE die elektronische Speicherung der Belege durch Einscannen, die Kontierung, die Datenerfassung und -verarbeitung, die Auswertung sowie die Speicherung der Daten auf einem ausl Server einschl Cloud Computing (s Rz 50 und 47; s auch *Roderburg/Richter* IStR 16, 456, 458). Das Anbringen der **Kontierungsvermerke** auf den Buchungsbelegen muss nicht elektronisch erfolgen, sondern kann auch handschriftlich im Ausland vorgenommen werden (s auch Rz 47 zur Kontierung im Ausland ohne Bewilligung nach Abs 2a); allerdings sind dann die auf diese Weise **kontierten Belege** (dh einschl der Kontierungsvermerke) elektronisch zu speichern, um sie der deutschen FinVerw zugänglich machen zu können. Um Streitigkeiten darüber zu vermeiden, ob eine handschrifliche Kontierung im Ausland zulässig ist, sollten der Antrag nach Abs 2a sowie die Bewilligung hierzu eine ausdrückliche Aussage treffen (vgl *TK/Drüen* § 146 Rz 42).

57 Die Bewilligung des FA beschränkt sich auf die elektronische Buchführung; die in **Papierform vorliegenden Buchungsbelege** müssen **im Inland verbleiben** (BT-Drs 16/10189, 111, zu Abs 2a idF des JStG 2009). Bewilligung des FA gilt nur für den stl Bereich, nicht aber für den Zoll, und umgekehrt (BT-Drs 17/2249, 147). Umsatzsteuerlich ist **§ 14b II, IV und V UStG** zu beachten, wonach Rechnungen unter den Voraussetzungen des § 14b IV UStG iÜ Gemeinschaftsgebiet elektronisch aufbewahrt werden dürfen (s hierzu *Roderburg/Richter* IStR 16, 456, 461 f; *Goldshteyn/Thönnes* DStZ 10, 416, 418 sowie BB 10, 933, 934); iÜ richtet sich die elektronische Aufbewahrung von ustlichen Rechnungen außerhalb der EU nach Abs 2a (vgl § 14b V UStG).

58 **d) Rechtsfolgen.** Liegen die Voraussetzungen für eine Verlagerung vor, besteht **Anspruch des Stpfl** auf eine fehlerfreie Ermessensentscheidung, die sich im Regelfall zu einem Anspruch auf Bewilligung verdichten wird. FA kann die Bewilligung mit Nebenbestimmungen iSv § 120 versehen, zB befristen gem § 120 II Nr 1. Unzulässig wäre jedoch die Aufforderung des FA, im Inland einen sog Spiegelserver vorzuhalten, auf dem sich eine Kopie der in das Ausland verlagerten Daten befindet; dies wäre mit dem Gesetzeszweck nicht vereinbar (so auch FM SchlHol DB 12, 1839 Abschn III Buchst c; BayLfSt 20.1.2017, DB 17, 279 Rz 7). Die Bewilligung ist **VA,** wie sich aus der Widerrufsmöglichkeit nach S 3 ergibt, sodass die Ablehnung durch Einspruch angefochten werden kann.

59 **e) Widerruf.** FA hat die Bewilligung nach Abs 2a **S 3** zu widerrufen, wenn ihm Umstände bekannt werden, die zu einer Beeinträchtigung der Besteuerung iSv S 2 Nr 4 (s Rz 55) führen. Außerdem muss FA in diesem Fall die unverzügliche **Rückverlagerung** der elektronischen Buchführung verlangen. Mit der Rückverlagerung ist die Vorhaltung der elektronischen Buchführung auf einem inl Server gemeint. Widerruf und Rückforderungsverlangen iSv S 3 sind keine Ermessens- sondern gebundene Entscheidungen („hat"). Widerruf und Rückforderungsverlangen ist **VA,** gegen den Einspruch eingelegt werden kann.

Die Widerrufsmöglichkeit des S 3 besteht **nur bei Beeinträchtigung der Besteuerung** gem S 2 **Nr 4.** Fallen hingegen die Voraussetzungen des S 2 Nr 1–3 weg, sieht Abs 2a keine Widerrufsmöglichkeit vor (aA FM SchlHol 1.3.2012, BeckVerw 259227 Abschn III Buchst d, wonach auch bei Verstößen gegen Abs 2a S 3 Nr 2 und 3 sowie gegen Abs 2a S 4 ein Widerruf zwingend vorzunehmen sei; differenzierend nach der Schwere des Verstoßes: *TK/Drüen* § 146 Rz 47a ff). Insoweit wird Widerruf **nach § 131 II Nr 3** in Betracht kommen, weil nachträgliche Tatsachen eingetreten sind wie zB eine nach Bewilligung erfolgte Verletzung der Mitwirkungspflichten. Widerruf ist in diesem Fall aber Ermessensentscheidung, sodass Gefährdung des öffentl Interesses mit Vertrauensschutz des Stpfl abgewogen werden muss (s hierzu § 131 Rz 11). 60

Das FA kann ein **Verzögerungsgeld** gem Abs 2b festsetzen, wenn der Stpfl der Aufforderung zur Rückverlagerung gem Abs 2a S 3 nicht unverzüglich nachkommt oder Änderungen des ausl Standorts des Datenverarbeitungssystems nach Abs 2a S 4 und S 2 Nr 1 nicht unverzüglich mitteilt oder seine elektronische Buchführung ohne Bewilligung des FA ins Ausland verlagert (Rz 70). Bei der Ermessensausübung bzgl des Verzögerungsgeldes ist ua zu berücksichtigen, ob es bereits zu einer tatsächlichen Beeinträchtigung der Prüfungs- und Beanstandungstätigkeit des FA im Rahmen einer Ap gekommen ist bzw vermutlich kommen wird, ob insoweit ein reelles Steuerausfallrisiko bestand bzw besteht und wie lange der Zeitraum der unbewilligten Verlagerung bzw nicht erfolgten Rückverlagerung der elektronischen Buchführung war (s auch FG Hess BeckRS 2014, 9552). 61

9. Verzögerungsgeld (Abs 2b). a) Rechtsnatur und Zweck des Verzögerungsgelds. Abs 2b sieht ein sog Verzögerungsgeld von 2.500 € bis 250.000 € mWv 25.12.2008 vor. Beim Verzögerungsgeld handelt es sich um eine **stl Nebenleistung** iSv § 3 IV; bei nicht fristgerechter Entrichtung entstehen daher weder Säumniszuschläge noch Zinsen. Als Nebenleistung ist das Verzögerungsgeld stl **nicht als BA** abziehbar (§ 12 Nr 3 EStG, § 10 Nr 2 KStG, § 4 Vb EStG), es sei denn, bei der zu Grunde liegenden Steuer handelt es sich um USt, die weder Entnahmen noch nicht abziehbare Aufwendungen gem § 12 Nr 3 EStG betrifft (aA *Dißars* Stbg 10, 247, 250). 65

Verzögerungsgeld ist ein **Druckmittel eigener Art** und mit dem Verspätungszuschlag gem § 152 vergleichbar (s auch Rz 77). Das Verzögerungsgeld wirkt daher sowohl **präventiv,** da es die Vorlage der angeforderten Unterlagen erwirken soll, als auch **repressiv,** indem es die Verletzung der Mitwirkungspflichten sanktioniert (BFH BStBl 14, 819; BFH/NV 14, 1507). Dieser Zweck wird nach Auffassung des Bundesrechnungshofs aber nicht erreicht, weil es zu selten eingesetzt wird; das BMF ist daher vom Bundesrechnungshof im Jahr 2014 aufgefordert worden, ein Schreiben zu erlassen, die Wirkung des Verzögerungsgelds zu evaluieren und ggf Abs 2b des § 146 durch den Gesetzgeber überarbeiten zu lassen (Jahresbericht des Bundesrechnungshofs 2014, Allgemeine Finanzverwaltung, Bemerkung Nr 75); eine Reaktion seitens der FinVerw hierauf ist bislang nicht erfolgt. Es gibt lediglich seit dem 28.9.2011 einen Fragen-Antworten-Katalog des BMF zum Verzögerungsgeld (AO-Hdb, Anl 4 zu § 146; kritisch zur Auffassung der FinVerw: *Drüen* Ubg 11, 83). 66

Das Verzögerungsgeld ist dem Zwangsgeld zwar ähnlich und steht in Konkurrenz zu diesem; es ist aber kein Zwangsgeld, da es systematisch nicht dem Vollstreckungsverfahren (§§ 328 ff) zugeordnet ist (BFH BStBl 11, 855; FG SchlHol EFG 11, 846). Daher kann das Verzögerungsgeld – anders als ein Zwangsgeld nach § 335 – auch dann noch **vollstreckt** werden, wenn der Stpfl nach der Festsetzung des Verzögerungsgeldes seine **Mitwirkungspflichten erfüllt** (FG SchlHol EFG 10, 686; AEAO zu § 146 Nr 3); s aber Rz 77 zur Auswirkung auf die Ermessensentscheidung. Alternativ kann das FA statt eines Verzögerungsgelds ein Zwangsgeld gem § 329 festsetzen. Zum Rechtsschutz s Rz 95. Trotz seiner unsystematischen

Stellung (s Rz 70) ist das Verzögerungsgeld verfassungsgemäß, weil die Voraussetzungen hinreichend klar ausgestaltet und erkennbar sind (aA *TK/Drüen* § 146 Rz 51; offen gelassen von FG Hess BeckRS 2016, 95565).

70 **b) Voraussetzungen.** Das Verzögerungsgeld kann in den folgenden Fällen festgesetzt werden: **(1)** Stpfl kommt im Fall des Abs 2a S 3 der Aufforderung zur Rückverlagerung der elektronischen Buchführung nicht nach (s Rz 61). **(2)** Stpfl verletzt seine Mitteilungspflicht nach Abs 2a S 4 (s Rz 61). **(3)** Stpfl verlagert seine elektronische Buchführung ohne Bewilligung ins Ausland. **(4)** Schließlich – und dies ist der Hauptanwendungsbereich des Abs 2b – kann Verzögerungsgeld auch ggü Stpfl verhängt werden, die ihre Buchführung im Inland führen, aber **bei einer Ap ihre Mitwirkungspflichten** verletzen, indem sie entweder einen Datenzugriff nach § 147 VI nicht zulassen oder nach § 200 Auskünfte nicht erteilen oder angeforderte Unterlagen nicht vorlegen (BFH BStBl 11, 855; 13, 266; 14, 819; BFH/NV 11, 1833; kritisch hierzu *TK/Drüen* § 146 Rz 50f); eine Festsetzung ggü einem Dritten iSv § 147 VI 3, der die Daten verwahrt und einen Datenzugriff nicht zulässt, ist aber nicht zulässig, da Abs 2b nur die Pflichtverletzung des Stpfl erwähnt (s § 147 Rz 63). Die Möglichkeit, ein Verzögerungsgeld in diesem Fall festzusetzen, ergibt sich aus dem eindeutigen Wortlaut des Abs 2b, auch wenn Abs 2b an Abs 2a (Verlagerung der Buchführung ins Ausland) und zu Unrecht nicht an § 200 anknüpft und daher systematisch „unzureichend verortet" ist (so BFH BStBl 11, 855). Die Anwendbarkeit des Verzögerungsgeldes auf Stpfl, die ihre Bücher im Inland führen und ihre Mitwirkungspflichten verletzen, dient der Gleichbehandlung mit den von Abs 2a erfassten Stpfl (BT-Drs 16/10189, 111), auch wenn die Zahl der Stpfl iSv Abs 2a deutlich geringer sein wird als die Zahl der Stpfl, die ihre Buchführung im Inland führen (*Dißars* Stbg 10, 247, 249). Zu den Außenprüfungen gehören auch die LSt- oder USt-Sonderprüfung, nicht aber die Nachschau gem § 27b UStG, § 42g EStG oder § 146b. Auf die Buchführungspflicht oder eine bestimmte Gewinnermittlungsart kommt es nicht an, sondern allein auf die Verletzung einer Mitwirkungspflicht im Rahmen einer Ap (FG BaWü EFG 12, 1318). Auch bei einer Ap gegen einen nach § 147a aufbewahrungspflichtigen Stpfl kann ein Verzögerungsgeld festgesetzt werden (str, s § 147a Rz 39 und 42).

Die Aufforderung zur Vorlage der Unterlagen kann schon in der Prüfungsanordnung und damit vor dem Beginn der Prüfung erfolgen und eine Vorlage der Unterlagen zu Beginn der Ap verlangen (BFH BStBl 14, 819). Sowohl die Prüfungsanordnung als auch die Aufforderung des Prüfers zur Mitwirkung, zB zur Vorlage von Unterlagen, müssen aber **wirksam und vollziehbar** sein (BFH BStBl 14, 819; 11, 855). Verzögerungsgeld darf daher bei gewährter AdV bzgl der Prüfungsanordnung oder der Aufforderung zur Mitwirkung ebenso wenig festgesetzt werden wie bei Nichtigkeit (§ 125) der Prüfungsanordnung oder der Aufforderung. Bloße Rechtswidrigkeit der Prüfungsanordnung oder der Aufforderung zur Vorlage der Unterlagen steht der Festsetzung eines Verzögerungsgeldes nicht entgegen. Daher kann es auch dann festgesetzt werden, wenn gegen die Prüfungsanordnung oder gegen die Aufforderung zur Vorlage Einspruch eingelegt oder AdV beantragt, aber noch nicht gewährt worden ist (BFH BStBl 14, 819); ein noch offener AdV-Antrag kann aber bei der Ermessensausübung berücksichtigt werden (s Rz 77). Zum Verzögerungsgeld bei streitiger Mitwirkungspflicht s Rz 79.

Verletzung der Mitwirkungspflicht liegt auch dann vor, wenn der Stpfl erst **nach Ablauf** der Frist seine Mitwirkungspflicht erfüllt; das Verzögerungsgeld kann trotz Erfüllung der Mitwirkungspflicht noch vollstreckt werden (s Rz 66). Die Erfüllung nach Ablauf der Frist kann allerdings bei der Ermessensentscheidung berücksichtigt werden (BFH/NV 14, 1507; s Rz 77). Zur Bedeutung der konkreten Verzögerung der Ap aufgrund der Verletzung der Mitwirkungspflicht s Rz 77.

FA muss **angemessene Frist** bestimmen, innerhalb derer der Stpfl seine elektronische Buchführung ins Inland rückverlagern oder seinen Mitwirkungspflichten im Rahmen einer Ap nachkommen muss. Angemessenheit hängt von den Umständen des Einzelfalls ab: Geht es um die Mitwirkungspflichten im Rahmen einer Ap, wird Frist von 3–4 Wochen iAllg angemessen sein (vgl BFH BStBl 14, 819; aA *Gebbers* StBp 09, 130, 133: für eine kurze Frist); geht es um Grundlagen der Buchführung, die bereits bei Beginn der Prüfung vorliegen sollten (zB Kontoauszüge oder Rechnungen), tatsächlich aber nicht vorgelegt wurden, kann allerdings auch kürzere Frist von zB ein oder zwei Wochen gesetzt werden (*Rätke* BBK 12, 903, 905; *Hopp/Bruns* DStR 12, 1485, 1486; aA FG SachsAnh BeckRS 2012, 94433: Frist von acht Arbeitstagen zu kurz). Gleiches gilt, wenn StPfl mehrfach zur Vorlage von Unterlagen aufgefordert worden ist (BFH BStBl 11, 858). Bei **Rückverlagerung** der elektronischen Buchführung nach Abs 2a kann wegen der Erfüllung der technischen Voraussetzungen auch längere Frist geboten sein. Frist kann nach § 109 I verlängert werden. 72

Eine **Androhung** ist **nicht** erforderlich, da das Verzögerungsgeld kein Zwangsgeld ist und somit § 332 nicht gilt, wohl aber ein Hinweis gem § 91; etwaige Androhung ist kein VA (FG RhPf EFG 11, 1942). 73

c) Ermessensentscheidung. aa) Allgemeine Ermessensgrundsätze. Die Festsetzung des Verzögerungsgeldes liegt im Ermessen des FA, wie sich aus der „kann"-Formulierung ergibt; es gelten die gleichen Grundsätze wie bei § 329 (s dort Rz 3). Erforderlich ist eine **zweifache Ermessensentscheidung,** nämlich zum einen ein Entschließungsermessen (s Rz 78) und damit zu der Frage, ob ein Verzögerungsgeld festgesetzt wird, und zum anderen ein Auswahlermessen (s Rz 80) und damit zur Höhe des Verzögerungsgelds (BFH BStBl 14, 819; 13, 266; BFH/NV 14, 1507). Bei beiden Ermessensentscheidungen ist angesichts der Höhe der Sanktionsuntergrenze von 2.500 € insbes der Grundsatz der **Verhältnismäßigkeit** zu beachten (BFH BStBl 14, 819; 13, 266; BFH/NV 14, 1507), s auch Rz 78. 77

Abs 2b enthält keine Kriterien für die Ermessensausübung. Hinsichtlich der Ermessenskriterien ist daher aufgrund der Vergleichbarkeit des Verzögerungsgelds mit dem **Verspätungszuschlag** (s Rz 66) auf die Grundsätze des § 152 II 2 AO idF bis einschl 2018 zurückzugreifen (BFH BStBl 14, 819; 13, 266; BFH/NV 14, 1507). Das Verzögerungsgeld muss sich insbes am Verschulden des Stpfl, am Umfang der Pflichtverletzungen (Anzahl der Verstöße, potenzielle Relevanz der nicht vorgelegten Unterlagen bzw nicht erteilten Auskünfte), an der Dauer der Fristüberschreitung, an den Vorteilen des Stpfl aus der Verletzung der Mitwirkung, an der wirtschaftlichen Leistungsfähigkeit sowie an der Beeinträchtigung der Ap ausrichten (BFH BStBl 14, 819; 13, 266; BFH/NV 14, 1507; Fragen-Antworten-Katalog des BMF zum Verzögerungsgeld v 28.9.2011, AO-Hdb, Anl 4 zu § 146, Tz 16).

Sowohl beim Entschließungs- als auch beim Auswahlermessen muss das FA die gleichen Ermessenskriterien anwenden und den gleichen Sachverhalt berücksichtigen; ermessensfehlerhaft ist es daher, wenn das FA beim Entschließungsermessen auf die Summe bzw Bündel der Pflichtverletzungen abstellt, beim Auswahlermessen hingegen die einzelnen Pflichtverletzungen zu Grunde legt (BFH BStBl 13, 266). Auch ist sowohl beim Entschließungs- als auch beim Auswahlermessen zugunsten des Stpfl ein noch anhängiger AdV-Antrag des Stpfl gegen die Prüfungsanordnung oder gegen die Aufforderung nach § 200 I 2 zu berücksichtigen (BFH BStBl 14, 819; s Rz 70). Ebenfalls ist zugunsten des Stpfl zu berücksichtigen, falls er noch vor Erlass der Einspruchsentscheidung die angeforderten Unterlagen eingereicht hat (BFH/NV 14, 1507; FG Hbg EFG 14, 514). Dies bedeutet allerdings nicht, dass ein Verzögerungsgeld nicht mehr festgesetzt werden darf; vielmehr wird es idR ausreichen, das Verzögerungsgeld in der Einspruchsentscheidung zu mindern. Ist ohnehin nur der Mindestbetrag von 2.500 € festgesetzt worden, kann –

muss aber nicht – die verspätete Einreichung der Unterlagen allenfalls im Rahmen des Entschließungsermessens berücksichtigt werden, sodass ggf das Verzögerungsgeld aufzuheben wäre. Zur Ermessensausübung bei Festsetzung eines Verzögerungsgeldes wegen Nichtbefolgung der Aufforderung zur Rückverlagerung der elektronischen Buchführung s Rz 61.

78 **bb) Entschließungsermessen.** Das FA muss zunächst Entschließungsermessen ausüben und entscheiden, ob es überhaupt ein Verzögerungsgeld festsetzt. Zu den Kriterien für die Ermessensausübung s Rz 77. Aufgrund der erheblichen Mindesthöhe des Verzögerungsgelds von 2.500 € ist der Verhältnismäßigkeitsgrundsatz besonders zu beachten (s Rz 77). Das bedeutet: Es gibt **keine verschuldensunabhängige Vorprägung,** wonach allein eine Pflichtverletzung zur Festsetzung eines Verzögerungsgelds führen muss (BFH BStBl 13, 266). Eine solche Vorprägung besteht selbst dann nicht, wenn ausreichende Gründe für eine entschuldbare Fristversäumnis weder vorgetragen noch festgestellt werden (BFH BStBl 14, 819; BFH/NV 14, 1507): Das Verschulden des Stpfl bzw des Beraters (s Rz 90) muss daher zunächst festgestellt und gewürdigt werden; bei entsprechender Feststellung eines Verschuldens ist anschließend das Ermessen auszuüben, ob ein Verzögerungsgeld festgesetzt wird. Ein Verschulden des Stpfl zwingt das FA somit nicht zu einer Festsetzung eines Verzögerungsgeldes. Geht das FA hingegen von einer Vorprägung wegen des festgestellten Verschuldens aus, ist die Festsetzung ermessensfehlerhaft (BFH BStBl 14, 819; BFH/NV 14, 1507).

79 Bei einer unverschuldeten Pflichtverletzung darf ein Verzögerungsgeld nicht festgesetzt werden. So ist Verschulden zB zu verneinen, wenn der Stpfl die Unterlagen nicht oder nicht innerhalb der Frist beschaffen kann, zB bei unverschuldetem Verlust der Buchführungsunterlagen infolge höherer Gewalt oder wegen unerwarteter personeller Engpässe (FG Hess 4 K 2534/13, BeckRS 2014, 96495). Da bereits der Mindestbetrag von 2.500 € hoch ist, sollte zudem in **Bagatellfällen** die Festsetzung eines Verzögerungsgelds unterbleiben (FG SchlHol EFG 13, 264; FG SachsAnh – 1 V 896/11, BeckRS 2012, 94433; FG Hess EFG 11, 1949). Zu den Bagatellfällen gehören Fälle des geringfügigen Verschuldens, der **erstmaligen Verletzung** der Mitwirkungspflicht, sofern es sich nicht um die zu Beginn der Ap vorzulegenden Grundlagen der Buchführung handelt (s Rz 72), der geringfügigen Überschreitung der Frist zur Vorlage der Unterlagen (FG Hess EFG 13, 1985) sowie der geringen stl Relevanz; können sich zB die angeforderten Unterlagen nicht oder nur geringfügig (zB deutlich unter dem Mindestbetrag von 2.500 €) zu Ungunsten des Stpfl auswirken, erscheint Festsetzung ermessensfehlerhaft. Auch wenn Umfang der Mitwirkungspflicht nach Literatur oder Rspr str ist, sollte auf Festsetzung eines Verzögerungsgelds verzichtet werden (*Rätke* BBK 12, 902, 906); dem steht im Rahmen des Entschließungsermessens nicht entgegen, dass der Stpfl die Aufforderung zur Vorlage der Unterlagen mit einem AdV-Antrag hemmen kann (s Rz 70). Hingegen führt allein die geringe Größe des Betriebs nicht dazu, dass die Verletzung der Mitwirkungspflicht als Bagatelle anzusehen ist; daher kann auch bei **Klein- oder Kleinstbetrieben** ein Verzögerungsgeld festgesetzt werden (aA *Dißars* NWB 12, 796, 798).

80 **cc) Auswahlermessen.** Beim Auswahlermessen kann das FA ein Verzögerungsgeld von 2.500 bis 250.000 € festsetzen. Der im Gesetz genannte Höchstbetrag von 250.000 € ist deutlich überzogen, wie ein Vergleich mit dem Höchstbetrag beim Verspätungszuschlag und beim Zwangsgeld (jeweils 25.000 €) zeigt, und wird allenfalls bei sehr schweren Pflichtverletzungen von Großkonzernen in Betracht kommen können. Nach FM SchlHol v 26.10.2010 (dort Rz 3, nv) soll das Verzögerungsgeld bei erstmaliger Verletzung iHv 5 % bis 10 % der Steuer festgesetzt werden, auf die sich die jeweilige Mitwirkungspflicht bezieht. Legt der Stpfl zB den Vertrag nicht vor, der BA von 100.000 € betrifft, so ist bei einem StSatz von 40 % ein Verzögerungsgeld von 2.500 € (Mindestbetrag, da 5 % von 40.000 € Steuer nur 2.000 €) bis 4.000 € (10 % der stl Auswirkung) möglich (s auch *Geißler* NWB 09, 4076, 4081;

Gebbers StBp 09, 196, 200 ff). Eine Bemessung des Verzögerungsgelds iHv 100 € pro Tag der Verzögerung analog § 162 IV 3 ist nicht ermessensgerecht, da die Regelung des § 162 nicht auf Abs 2b übertragbar ist (so wohl BFH BStBl 14, 819). Ebenfalls ist es ermessensfehlerhaft, wenn das FA bei der Bemessung des Verzögerungsgelds das Verhalten des Stpfl **vor** der Aufforderung zur Vorlage der Unterlagen zu seinen Lasten berücksichtigt, zB seinen Versuch, den Beginn der Ap durch Einlegung eines Einspruchs oder durch die Verlegung des Geschäftssitzes zu verzögern (BFH BStBl 14, 819). Eine Bemessung iHv 0,5 % des durchschnittlichen Jahresgewinns pro Monat der Verzögerung (so FG BBg EFG 14, 1842) berücksichtigt zwar sowohl den Umfang der Verzögerung als auch die wirtschaftliche Leistungsfähigkeit des Stpfl (s Rz 77); allerdings ist zu beachten, dass der endgültige Jahresgewinn vor Abschluss der Ap noch nicht feststeht, sodass es sachgerecht erscheint, auch das Mehrergebnis der Ap einzubeziehen (so auch FG Hess BeckRS 2014, 95517); zudem lässt sich der aus § 238 abgeleitete Satz von 0,5 % pro Monat ebenso wie der aus § 162 IV 3 abgeleitete Betrag nicht ohne Weiteres auf Abs 2b übertragen.

Zu den **Kriterien** für die Ermessensausübung s Rz 77. Hat das FA auf die Verletzung der Mitwirkungspflicht bereits auf andere Weise reagiert, zB durch Versagung eines Betriebsausgaben-Abzugs, durch Hinzuschätzung oder durch Festsetzung eines Zuschlags nach § 162 IV, ist dies mE bei der Festsetzung des Verzögerungsgelds mindernd zu berücksichtigen (zur parallelen Anwendbarkeit der Vorschriften s *Neumann* DStR 13, 1213, 1215 f). Ebenfalls ist zugunsten des Stpfl zu berücksichtigen, wenn Mitwirkungspflicht – wenngleich verspätet – erfüllt wurde (s Rz 77). 81

Erschwerend kann hingegen gewertet werden, dass der Stpfl nicht nur eine (einzige) Mitwirkungspflicht verletzt hat, sondern mehrere Mitwirkungspflichten verletzt oder auf mehrfache Aufforderungen nicht reagiert hat; s aber auch Rz 92 zur wiederholten Festsetzung. Noch nicht geklärt ist, ob die Aufforderung des FA zur **Vorlage mehrerer Urkunden in einem Schriftstück** im Rahmen Abs 2b als nur ein (einziges) Mitwirkungsverlangen anzusehen ist (so FG Hess EFG 11, 1989) oder ob es sich um mehrere Mitwirkungsverlangen handelt, deren Nichtbefolgung die mehrfache Festsetzung eines Verzögerungsgeldes rechtfertigt (so Fragen-Antworten-Katalog des BMF zum Verzögerungsgeld v 28.9.2011, AO-Hdb, Anl 4 zu § 146, Tz 17; ebenso *Neumann* DStR 13, 1213, 1215, nach dem allerdings der Mindestsatz von 2.500 € nicht für jede Pflichtverletzung angesetzt werden darf). Der BFH hat diese Frage bislang ausdrücklich offen gelassen (BFH BStBl 14, 819; 13, 266). ME handelt es sich nur um ein einziges Mitwirkungsverlangen, weil der Ablauf der Ap bei Nichtbefolgung des Mitwirkungsverlangens nur einmal verzögert wird (aA *Schraut/Stumpf* BB 14, 2910, 2912). Zudem zwingt der Grundsatz der Verhältnismäßigkeit dazu, von einer Multiplikation abzusehen, da bei einer mehrere Punkte umfassenden Aufforderung des FA selbst bei Ansatz des Mindestbetrags von jeweils 2.500 € schnell ein fünf- oder gar sechsstelliger und damit unverhältnismäßiger Betrag erreicht werden kann. Gleiches gilt, wenn das FA an einem Tag oder in engem zeitlichen Zusammenhang mehrere Mitwirkungsverlangen in gesonderten Schriftsätzen an den Stpfl richtet. Allerdings kann der Umfang der Verletzung der Mitwirkungspflicht bei der Höhe des Verzögerungsgelds zulasten des Stpfl berücksichtigt werden und ein Verzögerungsgeld über dem Mindestbetrag rechtfertigen. 82

dd) Begründung der Ermessensentscheidung. Ermessensentscheidung ist nach § 121 sowohl hinsichtlich des Entschließungsermessens als auch bzgl des Auswahlermessens zu begründen. Begründung kann ggf in der Einspruchsentscheidung nachgeholt werden (s § 126 Rz 4). Von einer Begründung kann abgesehen werden, wenn das FA dem Stpfl die Gründe bereits vorab mitgeteilt hat (FG Hbg EFG 12, 382). 85

Das **Entschließungsermessen** ist – anders als das Auswahlermessen – auch dann zu begründen, wenn nur der Mindestbetrag von 2.500 € festgesetzt wird (aA

FG BaWü EFG 12, 1318). Auch darf das FA sein Entschließungsermessen nicht allein mit dem Verschulden des Stpfl begründen und damit von einer Vorprägung ausgehen (s Rz 78). Das FA ist daher auch bei feststehendem Verschulden des Stpfl zu einer Darlegung gezwungen, weshalb es von einer Festsetzung nicht absieht.

Das **Auswahlermessen** braucht nicht begründet zu werden, wenn lediglich der Mindestbetrag festgesetzt wird und das Entschließungsermessen hinreichend begründet wird (FG SchlHol EFG 10, 686; 13, 264).

90 **d) Festsetzung.** Festsetzung richtet sich **gegen den Stpfl** bzw – bei Verletzung von Mitwirkungspflichten im Rahmen einer Ap – gegen den Prüfungspflichtigen, also Einzelperson, Körperschaft oder auch PersGes, da diese nach § 194 I 3 prüfungspflichtig ist (BFH BStBl 11, 855; aA *Drüen* Ubg 11, 83, 89, falls PersGes nicht StSchuldner ist). Keine Festsetzung jedoch gegen den gesetzlichen Vertreter oder gegen den Steuerberater, auch wenn dieser die fehlerhafte Mitwirkung zu verantworten hat; Stpfl muss sich Fehlverhalten des Beraters bzw Vertreters zurechnen lassen und kann ggf zivilrechtl gegen Berater vorgehen. Bekanntgabe der Festsetzung kann ggü dem Bevollmächtigten erfolgen.

91 Verzögerungsgeld kann auch noch **nach Einleitung eines Strafverfahrens** festgesetzt werden, da § 393 I 2 im Strafverfahren nur Zwangsmittel für unzulässig erachtet, Verzögerungsgeld aber kein Zwangsmittel ist (s Rz 66). Allerdings muss Festsetzung unterbleiben, wenn sich der Stpfl aufgrund der verlangten Mitwirkungspflicht selbst belasten würde (Fragen-Antworten-Katalog des BMF zum Verzögerungsgeld v 28.9.2011, AO-Hdb, Anl 4 zu § 146 Tz 9).

92 Eine **Erhöhung eines einmal festgesetzten Verzögerungsgelds** bestimmt sich nach § 131 II, dessen Voraussetzungen aber regelmäßig nicht gegeben sein dürften. Das FA kann daher ein einmal festgesetztes Verzögerungsgeld idR nicht erhöhen. **Ebenso wenig** darf das FA wegen der Verletzung ein und derselben Mitwirkungspflicht **mehrfach** ein Verzögerungsgeld festsetzen, da § 332 III nicht analog gilt (BFH BStBl 11, 855; AEAO zu § 146 Nr 3; *Drüen* Ubg 11, 83, 91). Das FA muss also bei der Festsetzung des Verzögerungsgelds die Kriterien für die Ausübung des Ermessens (s Rz 77 ff) abschließend würdigen.

95 **e) Rechtsbehelf.** Festsetzung ist VA, der mit **Einspruch und AdV** angefochten werden kann; zur Androhung s Rz 73. Gerichtliche Überprüfung der Ermessensentscheidung ist nach § 102 FGO nur eingeschränkt möglich; Gericht darf also Ermessen des FA nicht durch eigenes Ermessen ersetzen (BFH BStBl 14, 819; 13, 266). Gegenstand der gerichtlichen Überprüfung ist die Festsetzung in Gestalt der Einspruchsentscheidung (BFH/NV 14, 1507). Das FA darf Ermessenserwägungen im Klageverfahren nur noch nach Maßgabe des § 102 S 2 FGO nachschieben (BFH/NV 14, 1507). In den meisten Fällen hat die Rspr die Festsetzung des Verzögerungsgelds wegen Ermessensfehlern oder Fehlern in der Begründung aufgehoben (s Rz 77 ff und 85). Daher ist eine Anfechtung im Zweifel ratsam.

100 **10. Lebende Sprache (Abs 3).** Nach Abs 3 ist die Buchführung in einer lebenden Sprache vorzunehmen (s § 239 I 1 HGB). Die Verwendung der deutschen Sprache wird danach nicht zwingend vorgeschrieben, jedoch kann das FA auf Kosten des Stpfl (*TK/Drüen* § 146 Rz 53) nach Abs 3 S 2 Übersetzungen verlangen. Der Jahresabschluss ist nach § 244 HGB allerdings in deutscher Sprache und in Euro aufzustellen (vgl auch BFH/NV 97, 111).

101 **11. Veränderungen (Abs 4).** Abs 4 entspricht § 239 III HGB und konkretisiert die Grundsätze der Klarheit und Unveränderlichkeit der Aufzeichnungen (FG Ddorf EFG 08, 1256; sog „Radierparagraf“, vgl *tom Suden* BC 13, 259, 262). Danach müssen zum einen **schriftliche** Aufzeichnungen mit unauslöschlichem Schreibmaterial wie zB Kugelschreiber oder Tinte gefertigt werden, nicht aber mit Bleistift (*Koenig/Cöster* § 146 Rz 46; offen gelassen in BFH/NV 10, 2229). Zum anderen dürfen **gespeicherte Buchungsdaten** nicht gelöscht oder ohne Kennt-

lichmachung verändert werden. Wenn Veränderungen vorgenommen werden, muss jedenfalls erkennbar sein, wann sie vorgenommen worden sind und wie der ursprüngliche Inhalt lautete (s GoBD v 14.11.2014, Abschn 8, Tz 107 ff sowie Abschn 3.2.5, Tz 58 ff). Daher dürfen zB falsche Buchungen nicht einfach gelöscht und durch richtige Buchungen ersetzt werden, sondern sind durch Stornobuchungen auszugleichen (*TK/Drüen* § 146 Rz 60). Bei **Online-Bankauszügen** ist darauf zu achten, dass der Auszug während der Übertragung an den Stpfl nicht elektronisch bearbeitet wird; die FinVerw verlangt hierfür die Anbringung eines unveränderbaren Index auf dem Online-Auszug oder durch anderweitige Maßnahmen des internen Kontrollsystems (BayLfSt 20.1.2017, DB 17, 279). Der Ausdruck des Online-Auszugs ist weder für die Aufzeichnung noch für die Aufbewahrung ausreichend (OFD Frankfurt 24.7.2014, Tz 2, BeckVerw 291817); s auch § 147 Rz 35.

Abs 4 ist allerdings nicht mehr zeitgemäß, da er nach seinem Wortlaut nur tatsächliche Veränderungen verbietet; er **verlangt** aber **keine Unveränderbarkeit** (*Rätke* BBK 18, 412, 416). Bei einer Buchführung in Papierform, wie sie bei In-Kraft-Treten der AO im Jahr 1977 üblich war, war die Regelung unproblematisch, weil tatsächliche Veränderungen auf dem Papier vergleichsweise einfach festgestellt werden konnten. Anders ist dies bei einer EDV-Buchführung, weil Daten unproblematisch überschrieben werden können, ohne dass dies nachträglich leicht feststellbar wäre. Die FinVerw verlangt – aus ihrer Sicht nachvollziehbar – die Gewährleistung der Unveränderbarkeit der Daten durch Verwendung der entsprechenden Hardware (zB unveränderbare und fälschungssichere Datenträger) oder Software (zB mittels Zugriffsberechtigungskonzepten, Sicherungen, Sperren, Festschreibung, Löschmerker, automatische Protokollierung, Historisierungen, Versionierungen) sowie eine entsprechende Dokumentation, mithin eine EDV-Buchhaltung, die nachträgliche Veränderungen ohne Kenntlichmachung ausschließt (GoBD v 14.11.2014, Abschn 8, Tz 108 ff, und Abschn 3.2.5, Tz 60). Für die Praxis ist dies auch uneingeschränkt zu empfehlen, um Streitigkeiten mit dem FA zu vermeiden (s die Empfehlungen von *Henn/Kuballa* DB 16, 2749, 2752 ff). Vom Wortlaut des Abs 4 ist die Unveränderbarkeit aber nicht gedeckt, sodass zB eine EDV-Buchführung mit MS Excel, die den GoBD v 14.11.2014 hinsichtlich der Unveränderbarkeit nicht entspricht (*Burlein/Odenthal* BBK 15, Beil zu Heft 3, 25), nach dem Gesetz zulässig ist, sofern Veränderungen tatsächlich nicht vorgenommen werden oder zumindest dokumentiert werden (aA FG Hbg EFG 16, 243; *Henn/Kuballa* DB 16, 2749, 2752). Daher ist die Buchführung formell noch ordnungsgemäß, wenn die EDV-Software nicht dem von den GoBD v 14.11.2014 geforderten Standard entspricht (aA *Henn/Kuballa* DB 16, 2749, 2751); das FA muss dann nachweisen, dass tatsächlich Veränderungen vorgenommen worden und nicht dokumentiert worden sind. In der Rspr wird zwischen tatsächlicher Veränderung und Veränderbarkeit nicht sauber unterschieden, sondern häufig ein fehlender Manipulationsschutz zu Unrecht als formeller Fehler der Buchführung angesehen (FG Brem DStRE 16, 1265; FG Mchn BeckRS 2010, 26029379; BeckRS 2008, 26025451). Dabei sollte aber beachtet werden, dass es sich oft um Fälle handelt, in denen die Buchführung bereits aus anderen Gründen formelle und/oder materielle Fehler aufweist. Der BFH stellt auf die Manipulationsmöglichkeiten einer Kasse erst dann ab, wenn andere Mängel in der Buchführung festgestellt worden sind (BFH BStBl 15, 743; offengelassen im BFH-Beschluss v 19.2.2018 II B 75/16, nv) oder die Programmierprotokolle für die elektronische Kasse nicht vorgelegt werden können (BFH/NV 18, 517). Unabhängig von der Frage der Veränderbarkeit bzw tatsächlicher Veränderung muss der Stpfl aber die Organisationsunterlagen zur EDV sowie zur Hardware nach § 147 I Nr 1 aufbewahren (s § 147 Rz 19).

Klarer ist die Rechtslage bei der Installation von **Manipulationssoftware** (sog **102**
Zappersoftware) bei elektronischen Registrierkassen oder PC-Kassen (s hierzu *Pump* DStZ 13, 299; *Huber/Reckendorf/Zisky* BBK 13, 610, 611 ff; *Rätke* BBK 18,

412, 415); denn diese Software ermöglicht Veränderungen an den eingegebenen Zahlen, indem sie Bedienereingaben unterdrückt, Umsatzkategorien löscht, Datenbanken inhaltlich ersetzt, Geschäftsvorfälle erfasst, die nicht stattgefunden haben, oder hochpreisige durch preiswertere Waren ersetzt. Die Manipulationssoftware kann sich entweder auf dem Kassensystem selbst befinden (Phantomware), auf einem USB-Stick befinden oder über das Internet verwendet werden (Zapper), s BT-Drs 18/9535, 11. Die Manipulationssoftware ermöglicht insbes auch eine doppelte Verkürzung von Einnahmen und Ausgaben und erschwert damit die Aufdeckung durch das FA. Stellt das FA fest, dass der Stpfl auf seiner Kasse eine derartige Software **installiert** hat, spricht eine Vermutung dafür, dass nachträglich – oder von Beginn an – Manipulationen erfolgt sind. Das FA darf dann die Buchführung nach § 158 verwerfen sowie Hinzuschätzungen vornehmen (FG Nbg EFG 17, 357; FG Ddorf EFG 08, 1256; *Goldshteyn/Thelen* DB 15, 1126, 1128; *Rätke* BBK 18, 412, 415). Dies gilt erst recht, wenn nicht nur die Installation, sondern auch die tatsächliche Verwendung von Manipulationssoftware nachgewiesen wird (zutreffend: GoBD v 14.11.2014, Abschn 8, Tz 112).

Allerdings ist der Stpfl mE nicht verpflichtet, nachzuweisen, dass er keine Manipulationssoftware installiert hat oder dass die eingesetzte Software oder Hardware manipulationssicher ist (*Rätke* BBK 18, 412, 416; aA FG Ddorf EFG 07, 814: Hinzuschätzung bei Verwendung eines auf Manipulation angelegten Kassensystems ohne gerichtliche Feststellung, dass tatsächlich manipuliert wurde; *Teutemacher* BBK 12, 1073, 1082). Die **Beweislast** für den tatsächlichen Einsatz bzw Installation von Manipulationssoftware liegt **beim FA,** wobei bereits die Installation auch deren Verwendung indiziert. Deshalb kann allein aus der Verwendung von Hard- oder Software, die theoretisch manipuliert werden **könnte,** nicht auf den tatsächlichen Einsatz von Manipulationssoftware geschlossen werden. Erst recht rechtfertigt ein unterlassener Manipulationsschutz keine Hinzuschätzung. Zu beachten ist aber, dass der Stpfl bei elektronischen Registrierkassen die Programmieranweisungen etc aufbewahren muss, damit die Ordnungsmäßigkeit der Einnahmeursprungsaufzeichnungen überprüft werden kann (s § 147 Rz 20). Zu den Bemühungen des Gesetzgebers, Manipulationen im Bereich der Registrierkassen und PC-Kassen zu verhindern, s § 146a Rz 4.

106 **12. Form der Aufzeichnungen (Abs 5 S 1).** Nach Abs 5 S 1 **1. HS** hat der Stpfl ein Wahlrecht bzgl der Form der Aufzeichnung, etwa in Papierform oder in elektronischer Form (BFH BStBl 15, 519; 10, 452; BFH/NV 15, 790, 793; GoBD v 14.11.2014, Abschn 1.5, Tz 8). S 1 1. HS entspricht § 239 IV HGB. Hat der Stpfl sich für eine bestimmte Form der Aufzeichnung entschieden, ist er insoweit auch zur Aufbewahrung nach § 147 verpflichtet (BFH BStBl 10, 452; BFH/NV 11, 962). Abs 5 S 1 gestattet insbes die sog Offene-Posten-Buchhaltung in Gestalt einer geordneten und übersichtlichen Belegablage (§ 239 IV HGB; H 5.2 EStH). Die Aufzeichnungen müssen jedoch den GoB entsprechen. Bei elektronischer Aufzeichnung, wie dies heutzutage der Regelfall ist, gibt es keine Pflicht zur Verwendung aktueller Soft- oder Hardware (s § 147 Rz 60). Dementsprechend macht die FinVerw in ihren GoBD v 14.11.2014 (Abschn 1.5, Tz 10) angesichts der rasch fortschreitenden technischen Entwicklung bewusst keine Vorgaben zu den technischen Standards, zB zu Archivierungsmedien oder Kryptographieverfahren. Vielmehr soll durch einen Analogieschluss (zB durch einen Vergleich zwischen der Archivierung von Papierunterlagen und der Speicherung von Daten) die Ordnungsmäßigkeit der Buchführung festgestellt werden; dieser Analogieschluss wird in der Praxis mE kaum gelingen, weil die Unterschiede zwischen der Buchführung in Papierform und der elektronischen Buchführung schlichtweg zu groß sind.

107 S 1 **2. HS** meint Aufzeichnungen, die allein nach stl Gesetzen zu führen sind; s hierzu die Auflistung in Rz 19. Maßgeblich für die Zulässigkeit der gewählten Form ist der Zweck der besonderen Aufzeichnung, bei § 7g I 2 Nr 3 EStG in der vor dem Inkrafttreten des JStG 2015 (BGBl I, 1834) geltenden Fassung, also zB die Überprüfbarkeit, ob die geplante Investition später auch tatsächlich durchgeführt wurde. Nach Abs 5 S 1 2. HS genügt daher eine geordnete Sammlung von Belegen gem den Grundsätzen der Offene-Posten-Buchhaltung nicht den Anforderungen des § 4 VII EStG insbes für **Bewirtungsaufwendungen** und Geschenkaufwendungen. Diese besondere einkommensteuerliche Aufzeichnungspflicht, bei deren Verletzung der Abzug der Aufwendungen als Betriebsausgaben ausgeschlossen ist, gilt unabhängig von der Art der Gewinnermittlung und somit auch für Stpfl, die ihren Gewinn nach § 4 III EStG ermitteln (BFH BStBl 68, 651; 88, 611; BFH/NV 89, 571). Sie soll die Verwaltungsarbeit bei der Prüfung der Betriebsausgaben erleichtern (BFH BStBl 74, 211; 88, 611).

13. Verfügbarkeit (Abs 5 S 2 bis 4). Bei der Führung von Büchern und Aufzeichnungen auf Datenträgern muss nach Abs 5 Satz 2 sichergestellt sein, dass während der Aufbewahrungsfrist die Daten **jederzeit verfügbar** sind und **unverzüglich lesbar** gemacht werden können; § 239 IV 2 HGB verlangt hingegen eine Lesbarmachung nur innerhalb angemessener Frist. Abs 5 S 2 soll insbes die digitale Ap nach § 147 VI ermöglichen, wie aus Abs 5 S 3 deutlich wird (s näher § 147 Rz 60 ff). Abs 5 S 2 steht auch im Zusammenhang mit § 147 V, der einen Anspruch des FA auf Lesbarmachung beinhaltet (s § 147 Rz 49). Zu weitgehend sind die GoBD v 14.11.2014 (Abschn 3.2.4, Tz 57), nach denen der Begriff „jederzeitige Lesbarkeit“ auch umfasst, auf einen beliebigen zurückliegenden Zeitpunkt eine Bilanz mit GuV oder einen Zwischenstatus aufstellen zu können; dies geht über den Begriff der Lesbarkeit hinaus (*Herrfurth* StuB 15, 250, 253; s auch § 147 Rz 49). 110

Die lesbar gemachten Daten müssen nach Satz 4 den Ordnungsvorschriften der Abs 1, 3 und 4 entsprechen; soweit Satz 4 auch auf die Abs 2a und 2b verweist, geht dies mE ins Leere. Weitere Vorgaben ergeben sich aus § 147 VI, der regelt, wie die Daten in der Ap ggf auf Verlangen des FA lesbar und nutzbar gemacht werden müssen. Daraus ergeben sich auch Anforderungen an die Aufbewahrung der Daten nach § 147 II (s § 147 Rz 30 ff) und damit letztlich auch an die Buchführung auf Datenträgern iSv Abs 5 des § 146.

14. Freiwillige Buchführung (Abs 6). Nach Abs 6 gelten die Grundsätze auch für Bücher und Aufzeichnungen, die der Stpfl freiwillig führt; insoweit besteht auch eine Aufbewahrungspflicht nach § 147 I (s § 147 Rz 7). Die Verletzung dieser Grundsätze kann daher zur Schätzung führen (FG Hess EFG 98, 252; FG Saarl EFG 08, 1507). Die Vorschrift soll verhindern, dass das FA durch eine freiwillige, aber fehlerhaft geführte Buchführung getäuscht wird. Nach Abs 6 S 4 gelten die Abs 1–4 sinngemäß. 112

Abs 6 gilt **nicht** für Stpfl, die ihren Gewinn nach **§ 4 III EStG** ermitteln, freiwillig aber – zB wegen der Überwachung der offenen Rechnungen – eine Kreditorenbuchführung eingerichtet haben (BFH BStBl 10, 452; kritisch hierzu *Härtl* StBp 09, 337) oder die ihre Buchhaltung im Rahmen des § 4 III EStG elektronisch so eingerichtet haben, dass sie jederzeit – wie dies zB bei DATEV möglich ist – auch einen Betriebsvermögensvergleich nach § 4 I EStG durchführen könnten. Ebenso wenig gilt Abs 6, wenn der Stpfl im Rahmen von § 4 III EStG seine Bareinnahmen und -ausgaben schriftlich in einem sog Kassenbuch festhält; es handelt sich dabei nicht um ein freiwillig geführtes Kassenbuch iSv Abs 6 (s Rz 28). Abs 6 greift erst, wenn der Stpfl seinen Gewinn tatsächlich nach § 4 I EStG statt nach § 4 III EStG ermittelt.

15. Mängel der Buchführung. a) Materielle Mängel. Materielle Mängel betreffen die inhaltliche Richtigkeit des Buchführungsergebnisses. Zu unterscheiden ist zwischen unwesentlichen und schweren Mängeln. **Unwesentliche** materielle Mängel sind unschädlich, sodass Buchführung nicht nach § 158 verworfen werden kann; ggf erfolgt eine **Hinzuschätzung** zB bei formellen oder sachlichen 115

Mängeln geringen Umfangs (BFH BStBl 52, 122), bei geringen Abstimmungsdifferenzen (BFH BStBl 53, 3) oder bei nichtverbuchten Nebengeschäften geringen Umfangs (BFH BStBl 53, 92). Wird die Prüfung der sachlichen Ergebnisse durch Buchführungsmängel nicht wesentlich beeinträchtigt, so ist iAllg bei überschaubaren Verhältnissen kleinerer Betriebe die Ordnungsmäßigkeit der Buchführung zu bejahen (BFH DB 76, 320).

116 Bei **schweren** Mängeln ist Buchführung jedoch nicht ordnungsmäßig. Schwere Mängel liegen vor, wenn der Mangel das Ergebnis der Buchführung nicht nur geringfügig, dh über eine Bagatellschwelle hinaus, beeinflusst, zB bei unvollständiger Erfassung der Einnahmen oder Wareneinkäufe – hier kann es sich um eine sog Doppelverkürzung handeln, bei der dann auch die Warenverkäufe nicht erfasst werden –, gefälschten Belegen über Betriebsausgaben, bei Installation einer Manipulationssoftware (Zappersoftware; s hierzu Rz 102f), bei fehlender Kassensturzfähigkeit einer offenen Ladenkasse, bei rechnerischen Kassenfehlbeträgen oder bei fehlender Inventur (BFH BStBl 15, 743). Der Buchführung kommt dann keine Beweiskraft nach § 158 zu. Eine nicht ordnungsmäßige Buchführung kann zu einer Schätzung nach § 162 (vgl BFH BStBl 92, 55; BFH/NV 91, 573, 724; 95, 373), zu Zwangsmitteln nach § 328 oder zu einer Ahndung nach § 379 I führen. Bei Zahlungseinstellung oder Insolvenz können auch §§ 283, 283b StGB anwendbar sein. Handelt es sich um eine Kapitalgesellschaft, kann die Hinzuschätzung von Einnahmen auch zu einer vGA beim Gesellschafter führen, wenn diesem die nicht erfassten Einnahmen zugeflossen sind und nicht etwa für Schwarzlöhne verwendet wurden (BFH/NV 14, 1501). Ob der Buchführungsfehler bewusst oder unbewusst gemacht worden sind, ist stl nicht von Bedeutung (BFH BStBl 70, 125). Auch ein **unverschuldeter Verlust** der Aufzeichnungen stellt einen schweren Mangel dar und kann eine Schätzung rechtfertigen (§ 162 Rz 24; s auch BFH/NV 12, 168; 13, 497).

120 **b) Formelle Mängel.** Formelle Mängel beziehen sich auf einen Verstoß gegen Ordnungsvorschriften der §§ 142ff. Grds ist auch hier zwischen kleineren und schweren Mängeln zu unterscheiden. Entscheidend ist allerdings nicht die formelle Bedeutung eines Buchführungsmangels, sondern dessen **sachliches Gewicht** (BFH BStBl 15, 743; BFH/NV 10, 2229; 12, 1921). Es kommt also darauf an, ob die sachliche Richtigkeit des Buchführungsergebnisses aufgrund des formellen Mangels angezweifelt werden kann (BFH/NV 17, 1204; 12, 1921). Allein ein **Verstoß gegen die GoBD** v 14.11.2014 stellt keinen Mangel dar, weil die GoBD nur eine Verwaltungsanweisung darstellen und zudem formelle Anforderungen stellen, die über die gesetzlichen Anforderungen hinausgehen (s Rz 17 sowie § 145 Rz 12). Es kommt also darauf an, ob der Verstoß gegen die GoBD v 14.11.2014 auch einen Verstoß gegen die Ordnungsvorschriften der §§ 142ff darstellt (vgl auch *Goldshteyn/Thelen* DStR 15, 326, 332); dies ist zB zu verneinen, wenn der Stpfl seine Belege entgegen den GoBD nicht gegen Verlust gesichert hat, die Belege aber gleichwohl nicht verloren gegangen sind (s Rz 17). Auch eine fehlende oder ungenügende Verfahrensdokumentation stellt nicht ohne Weiteres einen Verstoß gegen die Vorschriften der AO dar; dies räumt auch die FinVerw ein (GoBD v 14.11.2014, Abschn 10.1, Tz 155); s auch § 147 Rz 19.

121 **Kleinere** formelle Mängel sind unbeachtlich, zB kleinere Fehlbeträge in der Kasse, die auf menschliche Unzulänglichkeit zurückzuführen sind (BFH BStBl 67, 247; s auch BFH BStBl 08, 768, zur Vergleichbarkeit geringfügiger formeller Mängel beim Fahrtenbuch und bei der Buchführung). Bei kleineren formellen Mängeln kann die materielle Unrichtigkeit der Buchführung nicht durch einen Zeitreihenvergleich oder durch eine Quantilsschätzung nachgewiesen werden (BFH/NV 17, 1204).

122 Bei **schweren** Mängeln ist die Buchführung nicht ordnungsgemäß und grds nach § 158 zu verwerfen, zB bei Bleistiftaufzeichnungen, Rasuren, Überschreibungen (BFH HFR 64, 9; offen gelassen in BFH/NV 10, 2229). Formelle

Mängel einer Kassenbuchführung sind dabei umso schwerer, je höher der Bargeschäftanteil am Gesamtumsatz ist (s BFH/NV 17, 1204; 12, 1921; FG Mchn BB 08, 2456); insbes bei Gaststätten, Kfz-Werkstätten, Einzelhandelsgeschäften usw können daher schwere formelle Mängel iSv § 146 I 2 eine Verwerfung nach § 158 sowie Schätzung nach § 162 rechtfertigen (BFH/NV 17, 1204; FG Brem DStRE 16, 1265; FG Mster EFG 16, 169; FG BBg 09, 1514). Dies gilt auch dann, wenn die Aufzeichnungen zugleich dazu dienen sollen, die Umsätze entsprechend § 22 II Nr 1 S 2 UStG nach unterschiedlichen StSätzen aufzuteilen (BFH/NV 12, 1921). Eine Schätzung wegen schwerer formeller Mängel scheidet allerdings aus, wenn die durch die Fehler der Buchführung verursachten Unklarheiten und Zweifel durch anderweitige zumutbare Ermittlungen beseitigt werden können (BFH/NV 12, 1921). Beschränken sich die schweren formellen Mängel nur auf einen Teilbereich des Unternehmens, darf nur insoweit eine Schätzung vorgenommen werden, nicht aber eine Vollschätzung für das gesamte Unternehmen (BFH/NV 17, 1204).

Allerdings ist auch bei schweren Mängeln der Grundsatz der **Abschnittsbesteuerung** zu beachten: Stellt das FA im Rahmen einer Ap schwere formelle Mängel in einem von drei Prüfungsjahren fest, die eine Hinzuschätzung für dieses Jahr rechtfertigen, darf es daraus nicht zugleich auf formelle Mängel in den anderen beiden Prüfungsjahren schließen. Vielmehr bedarf es auch insoweit einer konkreten Feststellung formeller Mängel.

c) Steuergefährdung. Unterlassene oder unrichtige Aufzeichnung ist StGe- **124**
fährdung gem § 379 I Nr 3 und kann nach § 379 IV mit einer Geldbuße bis zu 25.000 € geahndet werden.

§ 146a Ordnungsvorschrift für die Buchführung und für Aufzeichnungen mittels elektronischer Aufzeichnungssysteme; Verordnungsermächtigung

(1) [1] **Wer aufzeichnungspflichtige Geschäftsvorfälle oder andere Vorgänge mit Hilfe eines elektronischen Aufzeichnungssystems erfasst, hat ein elektronisches Aufzeichnungssystem zu verwenden, das jeden aufzeichnungspflichtigen Geschäftsvorfall und anderen Vorgang einzeln, vollständig, richtig, zeitgerecht und geordnet aufzeichnet.** [2] **Das elektronische Aufzeichnungssystem und die digitalen Aufzeichnungen nach Satz 1 sind durch eine zertifizierte technische Sicherheitseinrichtung zu schützen.** [3] **Diese zertifizierte technische Sicherheitseinrichtung muss aus einem Sicherheitsmodul, einem Speichermedium und einer einheitlichen digitalen Schnittstelle bestehen.** [4] **Die digitalen Aufzeichnungen sind auf dem Speichermedium zu sichern und für Nachschauen sowie Außenprüfungen durch elektronische Aufbewahrung verfügbar zu halten.** [5] **Es ist verboten, innerhalb des Geltungsbereichs dieses Gesetzes solche elektronischen Aufzeichnungssysteme, Software für elektronische Aufzeichnungssysteme und zertifizierte technische Sicherheitseinrichtungen, die den in den Sätzen 1 bis 3 beschriebenen Anforderungen nicht entsprechen, zur Verwendung im Sinne der Sätze 1 bis 3 gewerbsmäßig zu bewerben oder gewerbsmäßig in den Verkehr zu bringen.**

(2) [1] **Wer aufzeichnungspflichtige Geschäftsvorfälle im Sinne des Absatzes 1 Satz 1 erfasst, hat dem an diesem Geschäftsvorfall Beteiligten in unmittelbarem zeitlichem Zusammenhang mit dem Geschäftsvorfall unbeschadet anderer gesetzlicher Vorschriften einen Beleg über den Geschäftsvorfall auszustellen und dem an diesem Geschäftsvorfall Beteiligten zur Verfügung zu stellen (Belegausgabepflicht).** [2] **Bei Verkauf von Waren an eine Vielzahl von nicht bekannten Personen können die Finanzbehörden nach § 148 aus Zumutbarkeitsgründen nach pflichtgemäßem Ermessen von einer Belegausgabepflicht nach Satz 1 befreien.** [3] **Die Befreiung kann widerrufen werden.**

(3) [1]Das Bundesministerium der Finanzen wird ermächtigt, durch Rechtsverordnung mit Zustimmung des Bundestages und des Bundesrates und im Einvernehmen mit dem Bundesministerium des Innern und dem Bundesministerium für Wirtschaft und Energie Folgendes zu bestimmen:

1. die elektronischen Aufzeichnungssysteme, die über eine zertifizierte technische Sicherheitseinrichtung verfügen müssen, und

2. die Anforderungen an
   a) das Sicherheitsmodul,
   b) das Speichermedium,
   c) die einheitliche digitale Schnittstelle,
   d) die elektronische Aufbewahrung der Aufzeichnungen,
   e) die Protokollierung von digitalen Grundaufzeichnungen zur Sicherstellung der Integrität und Authentizität sowie der Vollständigkeit der elektronischen Aufzeichnung,
   f) den Beleg und
   g) die Zertifizierung der technischen Sicherheitseinrichtung.

[2]Die Erfüllung der Anforderungen nach Satz 1 Nummer 2 Buchstabe a bis c ist durch eine Zertifizierung des Bundesamts für Sicherheit in der Informationstechnik nachzuweisen, die fortlaufend aufrechtzuerhalten ist. [3]Das Bundesamt für Sicherheit in der Informationstechnik kann mit der Festlegung von Anforderungen an die technische Sicherheitseinrichtung im Sinne des Satzes 1 Nummer 2 Buchstabe a bis c beauftragt werden. [4]Die Rechtsverordnung nach Satz 1 ist dem Bundestag zuzuleiten. [5]Die Zuleitung erfolgt vor der Zuleitung an den Bundesrat. [6]Der Bundestag kann der Rechtsverordnung durch Beschluss zustimmen oder sie durch Beschluss ablehnen. [7]Der Beschluss des Bundestages wird dem Bundesministerium der Finanzen zugeleitet. [8]Hat sich der Bundestag nach Ablauf von drei Sitzungswochen seit Eingang der Rechtsverordnung nicht mit ihr befasst, so gilt die Zustimmung nach Satz 1 als erteilt und die Rechtsverordnung wird dem Bundesrat zugeleitet.

(4) [1]Wer aufzeichnungspflichtige Geschäftsvorfälle oder andere Vorgänge mit Hilfe eines elektronischen Aufzeichnungssystems im Sinne des Absatzes 1 erfasst, hat dem nach den §§ 18 bis 20 zuständigen Finanzamt nach amtlich vorgeschriebenen Vordruck mitzuteilen:

1. Name des Steuerpflichtigen,
2. Steuernummer des Steuerpflichtigen,
3. Art der zertifizierten technischen Sicherheitseinrichtung,
4. Art des verwendeten elektronischen Aufzeichnungssystems,
5. Anzahl der verwendeten elektronischen Aufzeichnungssysteme,
6. Seriennummer des verwendeten elektronischen Aufzeichnungssystems,
7. Datum der Anschaffung des verwendeten elektronischen Aufzeichnungssystems,
8. Datum der Außerbetriebnahme des verwendeten elektronischen Aufzeichnungssystems.

[2]Die Mitteilung nach Satz 1 ist innerhalb eines Monats nach Anschaffung oder Außerbetriebnahme des elektronischen Aufzeichnungssystems zu erstatten.

Vorschr eingefügt durch G v 22.12.16 (BGBl I, 3152).

Schrifttum: *Becker* Der Gesetzentwurf des BMF zum Schutz vor Manipulationen an digitalen Grundaufzeichnungen, DB 16, 1090 und 1158; *Bellinger* Gesetz zum Schutz vor Manipulationen an digitalen Grundaufzeichnungen, StBp 16, 336; *Franke-Roericht/Roth* Einzelaufzeichnungspflicht, technischer Manipulationsschutz und Kassen-Nachschau, Stbg 16, 247; *Liepert/Sahm* Einzelaufzeichnungspflicht bei Kassen – Referentenentwurf des Gesetzes zum Schutz vor Manipulationen an digitalen Grundaufzeichnungen, DB 16, 131; *Rätke* Der Gesetzentwurf zum Schutz vor Manipulationen an digitalen Grundaufzeichnungen, BBK 16,

1020; *Becker* Das Kassengesetz ist auf dem Gabentisch – und was nun?, BBK 17, 116; *Desens* Neuer Schutz vor Manipulationen an digitalen Grundaufzeichnungen, FR 17, 507; *Geuenich* Digitale Kassensysteme: Verschärfte Compliance-Anforderungen ab 2020, NWB 17, 786; *Groß* Thesen zum 62. Berliner Steuergespräch „Herausforderungen der digitalen Betriebsprüfung, u. a. bei bargeldintensiven Betrieben", FR 17, 526; *Herrfurth* Gesetz zum Schutz vor Manipulationen an digitalen Grundaufzeichnungen verabschiedet, StuB 17, 57; *Kläne/Thünemann* Von der Kassenrichtlinie zum Kassengesetz, StBp 17, 239; *Richter/Welling* Diskussionsbericht zum 62. Berliner Steuergespräch „Herausforderungen der digitalen Betriebsprüfung, u. a. bei bargeldintensiven Betrieben", FR 17, 516; *Schwenker* Gesetzliche Neuregelung zum Schutz vor Manipulation bei den elektronischen Registrierkassen, DStR 17, 225; *Becker* Die Kassensicherungsverordnung (KassenSichV) – Eine vertane Chance, BBK 17, 803; *Herrfurth* Kassensicherungsverordnung verabschiedet, StuB 17, 649; *Durst* Brennpunkte: Kassenführung, Kassenprüfung, Kassennachschau, KÖSDI 18, 20723; *Rätke* Manipulation, Manipulationsverdacht und Manipulationsgefahr bei Registrierkassen, BBK 18, 412.

Übersicht

1. Grundsätze. a) Überblick. Nutzt ein Stpfl zur Aufzeichnung ein elektronisches Aufzeichnungssystem wie zB eine elektronische Registrierkasse oder PC-Kasse, muss dieses System nach **Abs 1** insbes zur Einzelaufzeichnung in der Lage sein und durch eine zertifizierte technische Sicherheitseinrichtung geschützt sein. **Abs 2** begründet eine Belegausgabepflicht des Stpfl ggü seinen Kunden. In **Abs 3** wird das BMF ermächtigt, durch RechtsVO die technischen Einzelheiten festzulegen. Und **Abs 4** verpflichtet den Stpfl zu einer Mitteilung an das FA, wenn er Aufzeichnungsgeräte iSv Abs 1 verwendet. 1

b) Zeitliche und sachliche Anwendbarkeit. Die Vorschrift wurde durch G v 22.12.2016 eingeführt und gilt aber grds **erst ab 1.1.2020** (Art 97 § 30 I 1 EGAO). Zudem gibt es nach Art 97 § 30 I 2, III EGAO Übergangsregelungen für sog Alt-Kassen, die vor dem 1.1.2020 angeschafft worden sind (s Rz 9). Flankiert wird § 146a zum einen durch die Einführung einer Kassen-Nachschau gem § 146b sowie durch die Sanktionsmöglichkeiten des § 379 I Nrn 4 bis 6. 2

Der **sachliche Anwendungsbereich** hängt von dem Umfang der Aufzeichnungspflicht und damit von § 146 ab; denn § 146a setzt aufzeichnungspflichtige Geschäftsvorfälle voraus. Die Unklarheit, ob § 146 I auch für Einnahmen-Überschussrechner iSv **§ 4 III EStG** gilt (s § 146 Rz 20f), setzt sich daher bei § 146a fort. Verneint man eine Anwendbarkeit des § 146 I auf die Gewinnermittlung nach § 4 III EStG, ist auch § 146a nicht auf die Gewinnermittlung nach § 4

III EStG anwendbar und geht damit bei einer Vielzahl manipulationsgefährdeter Branchen ins Leere (so auch *Nöcker* NWB 17, 492, 493).

4 **c) Zweck.** Die Vorschrift soll die Manipulation digitaler Aufzeichnungen bei Bareinnahmen erschweren (BT-Drs 18/9535, 1). Der Gesetzgeber reagiert damit auf die zunehmende Verwendung von Manipulationssoftware, etwa bei Apotheken, Gaststätten oder sonstigen bargeldintensiven Betrieben, die nach einer sehr groben Schätzung durch das FinMin NRW einen **jährlichen bundesweiten Steuerausfall** von 5 bis 10 Mrd € verursacht (BT-Drs 18/4660). Eine derartige Manipulation kann insbes durch Stornierungen von Einnahmen, die nicht dokumentiert werden, durch Änderungen der Programmierungen der Kasse, die nicht dokumentiert werden, sowie durch den Einsatz von Manipulationssoftware (zB Phantomware, Zapper, s hierzu § 146 Rz 102) bewirkt werden. Der Stpfl darf nach Abs 1 des § 146a künftig nur noch zertifizierte elektronische Kassen benutzen, sofern er elektronische Geräte verwendet. Die Vorschrift enthält also keine allg Verpflichtung zur Verwendung zertifizierter elektronischer Aufzeichnungsgeräte, sodass der Stpfl auch weiterhin eine offene Ladenkasse nutzen darf.

5 Der Gesetzgeber hat sich gegen das Konzept **INSIKA** (Integrierte Sicherheitslösung für messwertverarbeitende Kassensysteme) entschieden. Hierbei handelt es sich um einen Manipulationsschutz in Registrierkassen, PC-Kassen und Taxametern, der bei jedem Umsatzvorgang eine elektronische Signatur erzeugt, die auf einer Smartcard sowie auf einem Online-Server, auf den die FinVerw Zugriff hat, gespeichert und die auf dem entsprechenden Beleg (Bon) abgedruckt wird (BT-Drs 18/9535, 13; s auch *Huber/Reckendorf/Zisky* BBK 13, 663; *Pump* StBp 14, 204, 208f, sowie DStZ 14, 250; zur Kritik an INSIKA s Stellungnahme des Deutschen Industrie und Handelskammertags v 16.2.2015, www.dihk.de). Der Gesetzgeber sieht INSIKA als zu aufwändig an, da die Anschaffung neuer Drucker, einer Smartcard und eines Kartenlesegerätes erforderlich wären (BT-Drs 18/9535, 13f). Außerdem entstünde Aufwand für die Beantragung und Verwaltung von Smartcards, und es müsste eine autorisierten Stelle mit einem Zertifikats- und Verifikationsserver eingerichtet werden.

Der Gesetzgeber hat sich daher für das **Zertifizierungsverfahren** in § 146a I, III und IV entschieden und ergänzt dieses durch eine grds Belegausgabepflicht nach Abs 2. Im Gesetzesentwurf war hingegen nur ein Belegausgaberecht des Kunden des Stpfl vorgesehen (BT-Drs 18/9535), das vom Bundesrat zu Recht als unzureichend angesehen worden ist (BT-Drs 18/9957, 2). Denn nur bei einer Pflicht zur Belegausgabe kann die Verwendung einer „inoffiziellen" Zweitkasse oder die Nichtbuchung des Geschäftsvorfalls erschwert werden. Der Gesetzgeber geht von Kosten für die Wirtschaft iHv mehr als 105 Mio € aus (BT-Drs 18/9535, 15ff).

6 **d) Kritik.** Zwar ist der Ansatz des Gesetzgebers richtig, die Kassenmanipulation zu erschweren. Die Neuregelung in § 146a weist aber erhebliche Schwächen auf. So besteht unverändert keine Pflicht, eine elektronische Kasse zu verwenden, sodass nach wie vor eine offene Ladenkasse genutzt werden kann. Die in Abs 1 S 1 genannten Anforderungen an die Aufzeichnungen ergeben sich bereits aus § 146 I 1; auch Abs 1 S 4 ist überflüssig (s Rz 17). Unklar ist ferner die Anwendbarkeit des § 146a im Rahmen der Gewinnermittlung nach § 4 III EStG, bei der der Schwerpunkt der möglichen Kassenmanipulationen liegen dürfte (Restaurants, Imbisse, Friseure etc). Ferner wird durch die Ausnahme von der Belegausgabepflicht in Abs 2 S 2 gerade bei den relevanten Betrieben mit hohem Bargeldanteil eine offene Flanke geschaffen, die die Bemühungen des Gesetzgebers weitgehend hinfällig machen und zudem für Rechtsunsicherheit sorgen könnte; zudem hat der Gesetzgeber keine Sanktionierung eines Verstoßes gegen die Belegausgabepflicht eingeführt (s Rz 39). Weiterhin ist die Aufzeichnungspflicht zu weitgehend und unbestimmt, soweit auch „andere Vorgänge" aufzuzeichnen sind (s Rz 11). Schließlich ist unbefriedigend, dass es das Zertifzierungssystem noch nicht gibt, sodass dessen

Eignung noch nicht überprüft werden kann, und dass die Einzelheiten erst durch eine Verordnung nach Abs 3 geregelt werden. § 146a kann daher zu Recht als „leere Konserve" (so *Becker* BBK 17, 116, 138) bezeichnet werden. Zudem werden Geld- und Warenspielgeräte sowie Taxameter und damit manipulationsanfällige Branchen wie Spielhallen und Taxiunternehmen von § 146a nicht erfasst (s Rz 12 sowie Kritik des Bundesrates in BR-Drs 481/1/17, 2).

2. Zertifzierungsverfahren bei der elektronischen Aufzeichnung 9
(Abs 1). a) Inhalt. Nach Abs 1 S 1 ist ab 1.1.2020 (s Rz 1) bei Verwendung eines elektronischen Aufzeichnungssystems ein Aufzeichnungssystem zu verwenden, das die Aufzeichnungsanforderungen des § 146 I 1 umsetzt und das nach Abs 1 S 2 des § 146a durch eine zertifizierte technische Sicherheitseinrichtung geschützt ist. Die S 3 und 4 spezifizieren die Sicherheitseinrichtung und die Anforderungen an die Aufzeichnung. S 5 enthält ein Verbot der Werbung und des Vertriebs anderer Aufzeichnungssysteme.

Für sog Alt-Kassen, die nach dem 25.11.2010 und vor dem 1.1.2020 angeschafft worden sind bzw werden und die keine Einzelaufzeichnung iSd BMF 26.11.2010 (BStBl I, 1342) ermöglichen und auch bauartbedingt nicht aufgerüstet werden können, gilt eine **Übergangsfrist** bis zum 31.12.2022 gem Art 97 § 30 III EGAO.

b) Verwendung elektronischer Aufzeichnungssysteme (Abs 1 S 1). Abs 1 10
S 1 setzt die Verwendung eines elektronischen Aufzeichnungssystems voraus, verlangt dieses aber nicht. Soweit der Stpfl also eine **offene Ladenkasse** in Gestalt eines Schuhkartons verwendet, geht die Vorschrift ins Leere. Verwendet der Stpfl hingegen ein elektronisches Aufzeichnungssystem iSv § 146a I, kann er sich nicht mehr auf Unzumutbarkeit bei der Einzelaufzeichnung iSv § 146 I 3 berufen, da ihm dieser Einwand nach § 146 I 4 verwehrt bleibt.

Das elektronische Aufzeichnungssystem muss für **aufzeichnungspflichtige Geschäftsvorfälle** oder für „andere Vorgänge" verwendet werden. Der Begriff des aufzeichnungspflichtigen Geschäftsvorfalls richtet sich nach § 146 I 1 und 2. Soweit Abs 1 S 1 des § 146a Anforderungen an die Aufzeichnungen aufzeichnungspflichtiger Geschäftsvorfälle stellt und eine Einzelaufzeichnung sowie eine vollständige, richtige, zeitgerechte und geordnete Aufzeichnung verlangt, ist die Regelung überflüssig, da sich diese Anforderungen bereits aus § 146 I 1 ergeben.

Bei den **„anderen Vorgängen"** soll es sich hingegen nach der Gesetzesbe- 11
gründung (BT-Drs 18/9535, 19) um solche Vorgänge handeln, die unmittelbar durch Betätigung der Kasse erfolgen (zB Tastendruck, Scanvorgang eines Barcodes). Damit sind insbes Vorgänge gemeint, die gerade nicht zu einem Geschäftsvorfall führen, zB Stornierungen, erstellte Angebote oder Trainingsbuchungen. Insoweit ist Abs 1 S 1 konstitutiv, weil letztendlich jeder Tastendruck aufgezeichnet werden muss, obwohl es sich gerade nicht um Geschäftsvorfälle handelt. Diese Aufzeichnungspflicht soll sicherstellen, dass die Aufzeichnung von Geschäftsvorfällen durch die Betätigung unrichtiger Tasten wie zB der Trainingstaste verdeckt oder – bei Verwendung der Stornotaste – gelöscht wird. Auch der Beginn und das Ende einer Kommunikationsstörung (Strom- oder Internetunterbrechung), die dazu führt, dass das Kasse nicht benutzt werden kann, sind aufzuzeichnen (*Becker* BBK 17, 116, 123). Insgesamt geht die Aufzeichnungspflicht zu weit, soweit auch Vorgänge aufgezeichnet werden müssen, die keine Manipulationsgefahr mit sich bringen. Zudem ist der Begriff „anderer Vorgang" nicht hinreichend bestimmt.

Der Begriff des **elektronischen Aufzeichnungssystems** wird durch S 1 nicht 12
definiert, sondern ergibt sich aus Abs 3 S 1 Nr 1 iVm § 1 S 1 der Kassensicherungsverordnung – KassenSichV. Danach handelt es sich um elektronische oder computergestützte Kassensysteme oder Registrierkassen. Ausgeschlossen werden durch § 1 S 2 KassenSichV hingegen Fahrscheinautomaten und -drucker, elektronische Buchhaltungsprogramme, Waren- und Dienstleistungsautomaten, Geldautomaten, Taxameter und Wegstreckenzähler sowie Geld- und Warenspielgeräte.

Insbes die Ausnahme für Geld- und Warenspielgeräte sowie für Taxameter ist angesichts der hohen Manipulationsgefahr in der Taxibranche sowie bei Spielhallen nicht nachvollziehbar (s Rz 6; *Becker* BBK 17, 116, 121 f).

14 **c) Schutz durch zertifizierte technische Sicherheitseinrichtung (Abs 1 S 2 und 3).** Aus Abs 1 S 2 ergibt sich die wesentliche Aussage des Abs 1: Die elektronischen Aufzeichnungssysteme, die ab 1.1.2010 verwendet werden und die in Abs 3 S 1 Nr 1 iVm § 1 S 1 KassenSichV genannt werden (s Rz 12), und die digitalen Aufzeichnungen müssen durch eine zertifizierte technische Sicherheitseinrichtung geschützt werden. Auf diese Weise sollen nachträgliche Manipulationen verhindert werden. Die Einzelheiten der Zertifizierung werden durch Abs 3 S 1 Nr 2 Buchst g iVm § 7 KassenSichV sowie durch Abs 3 S 2 ff. geregelt (s Rz 35). Die Zertifizierung wird durch das Bundesamt für Sicherheit in der Informationstechnik (BSI) vorgenommen werden.

15 Die Bestandteile der zertifizierten technischen Sicherheitseinrichtung ergeben sich aus S 3 und werden durch die KassenSichV näher geregelt. Es handelt sich dabei um ein **Sicherheitsmodul** wie zB eine Smartcard gem Abs 1 S 3 iVm Abs 3 S 1 Nr 2 Buchst a, das durch kryptographische Operationen Veränderungen oder Löschungen erkennen lassen soll (zu Einzelheiten s *Becker* BBK 17, 116, 125 f.). Die KassenSichV enthält hierzu keine näheren Angaben, sondern setzt das Sicherheitsmodul in § 2 S 3 KassenSichV voraus. Weiterhin gehört zu der zertifizierten technischen Sicherheitseinrichtung ein **Speichermedium,** auf dem die Aufzeichnungen nach S 4 gespeichert werden und das in Abs 3 S 1 Nr 2 Buchst b iVm § 3 KassenSichV als „nichtflüchtig" bezeichnet wird. Dies dürfte eine Speicherung ausschl in einer sog Cloud ausschließen, nicht aber die Übertragung auf ein anderes Speichermedium nach Maßgabe des § 3 III KassenSichV. Schließlich gehört zu der zertifizierten technischen Sicherheitseinrichtung eine einheitliche digitale **Schnittstelle,** die durch Abs 3 S 1 Nr 2 Buchst c iVm § 4 KassenSichV geregelt wird. Die Schnittstelle ermöglicht bei einer Ap den reibungslosen Export der Daten von dem Aufzeichnungssystem des Stpfl auf den PC des Außenprüfers.

17 **d) Sicherungs- und Bereitstellungspflicht (Abs 1 S 4).** Nach Abs 1 S 4 sind die digitalen Aufzeichnungen auf dem Speichermedium zu sichern und für Ap und Nachschauen, zB nach § 146b, § 27b UStG oder § 42g EStG, durch elektronische Aufbewahrung verfügbar zu machen. Die Regelung ist überflüssig, da sich die Pflicht zum Sichern bereits aus der Pflicht zur Verwendung der zertifizierten technischen Sicherheitseinrichtung iSv S 2 ergibt, die nach S 3 iVm § 3 KassenSichV mit einem Speichermedium und Sicherheitsmodul ausgestattet ist. Zudem ergibt sich aus § 147 I, V und VI eine Aufbewahrungs- sowie Bereitstellungspflicht, die für alle aufzeichnungspflichtigen Daten und damit auch für die nach § 146a zu erfassenden Daten gilt. Insbes die Formulierung in Abs 1 S 4 des § 146a, dass die digitalen Aufzeichnungen „durch elektronische Aufbewahrung" verfügbar gehalten werden müssen, ist angesichts der Anforderungen des § 146a sowie der KassenSichV überflüssig, da eine Aufbewahrung in Papierform ohnehin unzulässig wäre.

19 **e) Werbe- und Vertriebsverbot (Abs 1 S 5).** Elektronische Aufzeichnungssysteme sowie Software für derartige Aufzeichnungssysteme und zertifizierte technische Sicherheitseinrichtungen, die nicht den Anforderungen der Sätze 1 bis 3 entsprechen, dürfen weder beworben noch gewerbsmäßig in den Verkehr gebracht werden. Die Bezugnahme auf S 1 ist überflüssig, weil durch die Bezugnahme auf die in S 2 genannte zertifizierte technische Sicherheitseinrichtung der in S 1 genannte Standard faktisch erfüllt wird.

Unter dem **„Bewerben"** sind Äußerungen schriftlicher oder mündlicher Art zu verstehen, die jemanden zum Kauf der genannten Aufzeichnungssysteme oder Software bewegen soll (BT-Drs 18/9535, 20). Unter einem **„In-Verkehr-Bringen"** ist jede Handlung zu verstehen, durch die die genannten Aufzeichnungssysteme oder Software aus der Verfügungsgewalt einer Person in die Verfügungsgewalt einer anderen Person übergeht, sodass diese mit dem Aufzeichnungssystem bzw der Software nach Belieben umgehen kann (BT-Drs 18/9535, 20). Dieses „In-Verkehr-Bringen" darf nach S 5 nicht gewerbsmäßig erfolgen; damit ist eine nicht nur vorübergehende Einnahmequelle gemeint (BT-Drs 18/9535, 20 f), dh ein wiederholter Verkauf. Vom Vertriebsverbot nicht erfasst wird die unentgeltliche Überlassung an Freunde oder Verwandte; auch Hackerangriffe auf fremde Kassensysteme werden von S 5 nicht erfasst (*Becker* BBK 17, 116, 130).

3. Belegausgabepflicht (Abs 2). a) Überblick. Auf Vorschlag des Bundesrates wurde eine Pflicht zur Belegausgabe eingeführt (BT-Drs 18/9957, 2), nachdem der ursprüngliche Gesetzentwurf nur eine Belegausgabe auf Kundenwunsch vorgesehen hatte (BT-Drs 18/9535, 21); dies wurde vom Bundesrat aber zu Recht als unzureichend angesehen. Für die Belegausgabepflicht in Abs 2 S 1 sieht Abs 2 S 2 eine Ausnahme durch Befreiung vor, die jedoch nach Abs 2 S 3 widerrufen werden kann. 25

b) Pflicht zur Belegausgabe (Abs 2 S 1). Der Stpfl muss dem am Geschäftsvorfall Beteiligten einen Beleg ausstellen. Auf diese Weise soll überprüft werden können, ob der Geschäftsvorfall auch in dem Aufzeichnungssystem (Kasse) als Einnahme erfasst worden ist; durch das auf dem Beleg befindliche Sicherheitsmerkmal iSv Abs 1 S 2, das durch das Sicherheitsmodul erzeugt worden ist, kann der Beleg der konkreten Kasse zugeordnet werden. 26

Der am Geschäftsvorfall Beteiligte ist der **Kunde,** dh derjenige, der dem Stpfl oder seinem Verkäufer das Geld gibt. Dies kann, muss aber nicht der Vertragspartner sein, sondern kann auch dessen Vertreter sein. Die Belegausgabe ist zudem zwingend („hat"). Allerdings folgt aus dem Gesetzeswortlaut, dass der Beleg dem Kunden lediglich zur Verfügung zu stellen ist; es besteht also **keine Belegmitnahmepflicht** des Kunden (BT-Drs 18/10667, 26). Vielmehr kann der Kunde den Beleg auch vernichten oder – nachdem ihm der Beleg zur Verfügung gestellt worden ist – den Stpfl (Verkäufer) bitten, den Beleg für ihn zu vernichten. Eine Belegmitnahmepflicht des Kunden wäre indes sinnvoll gewesen, um die Erfassung der Einnahme in der Kasse durch eine Überprüfung des Kunden außerhalb des Geschäftslokals vornehmen zu können, wie zB in Italien, wo der Kunde den Beleg (sog scontrino) in einem Umkreis von 100m außerhalb des Geschäftslokals mit sich führen und auf Verlangen der Finanzpolizei (Guardia di Finanza) vorzeigen muss.

Der Beleg muss **unmittelbar nach dem Verkauf** ausgestellt und zur Verfügung gestellt werden, wie sich aus der Formulierung „in unmittelbarem zeitlichen Zusammenhang" ergibt. Der Beleg muss daher dem Kunden wie Wechselgeld zur Verfügung gestellt werden. Auf keinen Fall darf der Beleg erst ausgestellt werden, nachdem der Kunde das Geschäftslokal verlassen hat. 27

c) Befreiung von der Belegausgabepflicht (Abs 2 S 2). Bei Unzumutbarkeit kann das FA den Spfl nach Abs 2 S 2 von der Belegausgabepflicht befreien. Die **Unzumutbarkeit** in S 2 ist ebenso wie in § 146 I 3 geregelt (s § 146 Rz 38 ff) und ist zu bejahen, wenn der Stpfl Waren (nicht Dienstleistungen) an eine Vielzahl nicht bekannter Personen verkauft. Zwar besteht in diesen Fällen trotz Unzumutbarkeit eine Einzelaufzeichnungspflicht nach der Rückausnahme des § 146 I 4 iVm § 146a (s § 146 Rz 40). Abs 2 S 2 des § 146a greift den Gedanken der Unzumutbarkeit aber auf und ermöglicht eine Befreiung von der Belegausgabepflicht. 29

Die Befreiung ist eine **Ermessensentscheidung,** bei der alle Umstände des Einzelfalls zu würdigen sind (BT-Drs 18/10667, 27). ME kommt es darauf an, ob die Belegausgabe und Zurverfügungstellung des Belegs den Umsatz beeinträchtigen könnte, weil eine Warteschlange entstehen oder sich verlängern würde; dies wird angesichts der Pflicht zur Verwendung eines modernen Aufzeichnungssystems iSv Abs 1 S 2 nur ausnahmsweise der Fall sein (so auch *Becker* BBK 17, 116, 131), zB bei einem Bierstand im Fußballstadion oder bei einer Bar in einer Diskothek, 30 nicht aber bei einem Supermarkt, in dem der Beleg während des Einräumens der gekauften Ware ausgedruckt und dem Kunden überreicht wird. Ablehnung eines Befreiungsantrags ist VA, der mit **Einspruch** angefochten werden kann.

32 **d) Widerruf der Befreiung (Abs 2 S 3).** Das FA kann eine erteilte Befreiung von der Belegausgabepflicht iSv Abs 2 S 2 nach Abs 2 S 3 widerrufen. Ein Widerruf kommt insbes im Missbrauchsfall in Betracht (BT-Drs 18/10667, 27). Dies ist mE anzunehmen, wenn das FA zB aufgrund einer Ap oder Kassen-Nachschau iSv § 146b Anhaltspunkte dafür erlangt hat, dass Einnahmen nicht vollständig erfasst werden oder dass die Aufzeichnungspflichten nach § 146 I bzw Pflichten nach Abs 1 S 1 ff des § 146a verletzt werden.

35 **4. Ermächtigung (Abs 3).** Abs 3 **S 1 bis 3** enthalten eine Ermächtigung für das BMF, mit Zustimmung des Bundesrats sowie des Bundestags und im Einvernehmen zweier Bundesministerien (des Innern sowie für Wirtschaft und Energie) eine RechtsVO zu erlassen. Auf dieser Grundlage ist die **KassenSichV** v 26.9.2017 (BGBl I, 3515) erlassen worden, in der zum einen gem Abs 3 S 1 Nr 1 die elektronischen Aufzeichnungssysteme genannt werden, für die § 146a gilt (§ 1 KasssenSichV; s Rz 12), und in der zum anderen gem Abs 3 S 1 Nr 2 die technischen Einzelheiten der zertifizierten technischen Sicherheitsvorrichtung (§§ 2–4 KassenSichV), der Beleg iSv Abs 2 des § 146a (§ 6 KassenSichV) und die Zuständigkeit des BSI für die Entwicklung der Anforderungen an die zertifizierte technische Sicherheitsvorrichtung sowie für die Zertifizierung (§§ 5 und 7 KassenSichV) geregelt werden. **Abs 3 S 4 bis 8** bestimmt das Verfahren für den Erlass der RechtsVO.

37 **5. Mitteilungspflicht (Abs 4).** Nach Abs 4 muss der Stpfl, der ein elektronisches Aufzeichnungssystem verwendet, das durch eine zertifizierte technische Sicherheitseinrichtung gem Abs 1 geschützt ist, dies dem nach §§ 18 bis 20 zuständigen FA mitteilen und dabei die in S 1 Nrn 1 bis 8 genannten Angaben machen. Auf diese Weise soll das FA frühzeitig Kenntnis über die Art und Anzahl der vom Stpfl verwendeten elektronischen Aufzeichnungssysteme iSv Abs 1 erlangen und dies bei einer risikoorientierten Auswahl für eine Ap berücksichtigen können (BT-Drs 18/10667, 27).

Die Mitteilung ist nach amtlich vorgeschriebenem Vordruck zu machen. Die **Frist** für die Mitteilung beträgt nach Abs 4 S 2 einen Monat nach Anschaffung (vgl Abs 4 S 1 Nr 7) oder Außerbetriebnahme (vgl Abs 4 S 1 Nr 8) des Aufzeichnungssystems. Die Mitteilung nach Abs 4 ist bis zum 31.1.2020 zu erstatten, falls der Stpfl elektronische Aufzeichnungssysteme verwendet, die er vor dem 1.1.2020 angeschafft hat (Art 97 § 30 I 2 EGAO).

39 **6. Rechtsfolgen bei Verstoß.** Ein Verstoß gegen Abs 1 S 1, 2 und 5 stellt eine StGefährdung nach § 379 I Nrn 4 bis 6 dar, wenn hierdurch Steuern verkürzt werden. Dies kann nach § 379 IV mit einer Geldbuße bis zu 25.000 € geahndet werden. Hingegen wird ein Verstoß gegen die Belegausgabepflicht nach Abs 2 sowie gegen die Mitteilungspflicht nach Abs 4 nicht durch § 379 sanktioniert.

§ 146b Kassen-Nachschau

(1) [1] **Zur Prüfung der Ordnungsmäßigkeit der Aufzeichnungen und Buchungen von Kasseneinnahmen und Kassenausgaben können die damit betrauten Amtsträger der Finanzbehörde ohne vorherige Ankündigung und außerhalb einer Außenprüfung, während der üblichen Geschäfts- und Arbeitszeiten Geschäftsgrundstücke oder Geschäftsräume von Steuerpflichtigen betreten, um Sachverhalte festzustellen, die für die Besteuerung erheblich sein können (Kassen-Nachschau).** [2] **Der Kassen-Nachschau unterliegt auch die Prüfung des ordnungsgemäßen Einsatzes des elektronischen Aufzeichnungs-**

systems nach § 146a Absatz 1. [3]Wohnräume dürfen gegen den Willen des Inhabers nur zur Verhütung dringender Gefahren für die öffentliche Sicherheit und Ordnung betreten werden. [4]Das Grundrecht der Unverletzlichkeit der Wohnung (Artikel 13 des Grundgesetzes) wird insoweit eingeschränkt.

(2) **[1]Die von der Kassen-Nachschau betroffenen Steuerpflichtigen haben dem mit der Kassen-Nachschau betrauten Amtsträger auf Verlangen Aufzeichnungen, Bücher sowie die für die Kassenführung erheblichen sonstigen Organisationsunterlagen über die der Kassen-Nachschau unterliegenden Sachverhalte und Zeiträume vorzulegen und Auskünfte zu erteilen, soweit dies zur Feststellung der Erheblichkeit nach Absatz 1 geboten ist. [2]Liegen die in Satz 1 genannten Aufzeichnungen oder Bücher in elektronischer Form vor, ist der Amtsträger berechtigt, diese einzusehen, die Übermittlung von Daten über die einheitliche digitale Schnittstelle zu verlangen oder zu verlangen, dass Buchungen und Aufzeichnungen auf einem maschinell auswertbaren Datenträger nach den Vorgaben der einheitlichen digitalen Schnittstelle zur Verfügung gestellt werden. [3]Die Kosten trägt der Steuerpflichtige.**

(3) **[1]Wenn die bei der Kassen-Nachschau getroffenen Feststellungen hierzu Anlass geben, kann ohne vorherige Prüfungsanordnung zu einer Außenprüfung nach § 193 übergegangen werden. [2]Auf den Übergang zur Außenprüfung wird schriftlich hingewiesen.**

Vorschr eingefügt durch G v 22.12.16 (BGBl I, 3152).

Schrifttum: *Bellinger* Was bedeutet die Kassen-Nachschau ab 1.1.2018 in der Praxis?, BBK 17, 1168; *Roth* Kassen-Nachschau als Sperre für Selbstanzeigen, NZWiSt 17, 63; *Teutemacher* Die Kassen-Nachschau kommt!, BBK 17, 1160; *Achilles* Kassen-Nachschau nach § 146b AO, DB 18, 18; *Bellinger* Ergänzung des Anwendungserlasses zur AO um die Kassen-Nachschau, BBK 18, 280; *Teutemacher* Einfügung von § 146b AO zur Kassen-Nachschau in den AEAO, BBK 18, 274; s auch Lit zu § 146a.

Übersicht

1. Überblick. § 146b wurde ebenso wie § 146a durch das G v 22.12.2016 eingeführt. Die Vorschrift gilt grds ab 1.1.2018 (Art 97 § 30 II EGAO); Sonderregelungen gelten für Abs 1 S 2 (s Rz 5) sowie Abs 2 S 2 (s Rz 10). 1

Die in der Vorschrift geregelte Kassen-Nachschau soll der **Aufdeckung von Kassenmanipulationen** dienen, indem ein Bediensteter des FA ohne vorherige Ankündigung in den Geschäftsräumen des Stpfl die Ordnungsmäßigkeit der Kassenaufzeichnungen sowie des elektronischen Aufzeichnungssystems iSv § 146a überprüfen kann (BT-Drs 18/9535, 12). Auf diese Weise soll das Entdeckungsrisiko für den Stpfl erhöht werden. Neben der neuen Kassen-Nachschau gibt es bereits eine USt-Nachschau gem § 27b UStG, bei der nach § 27b II 2 UStG auch Daten eingesehen und das EDV-System des Stpfl genutzt werden können, sowie eine LSt-Nachschau gem § 42g EStG.

§ 146b ist wie folgt **aufgebaut:** Abs 1 regelt die eigentliche Kassen-Nachschau. In Abs 2 werden die Pflichten des Stpfl sowie die Rechte des FA geregelt. Abs 3 ermöglicht den Übergang von der Kassen-Nachschau zu einer Ap.

3 **2. Kassen-Nachschau (Abs 1). a) Wesen der Nachschau.** Nach Abs 1 S 1 kann das FA ohne vorherige Ankündigung eine Kassen-Nachschau beim Stpfl durchführen. Es handelt es sich dabei nicht um eine Ap iSv § 193, wie sich aus der Formulierung „außerhalb einer Außenprüfung" in Abs 1 S 1 und aus der Regelung des Abs 3, der den Übergang zu einer Ap regelt, ergibt; zu den Konsequenzen hieraus s Rz 15. Zwar bedarf es ebenso wie bei § 27b UStG oder § 42g EStG keiner vorherigen Ankündigung; jedoch ist mit Beginn der Kassen-Nachschau dem Stpfl die **Anordnung** der Kassen-Nachschau mitzuteilen, wobei eine mündliche Mitteilung genügt, die nach § 119 II 2 ggf schriftlich zu bestätigen ist. Die Anordnung muss den Adressaten und den Prüfungsgegenstand iSv Abs 2 S 1 und 2 wie zB Sachverhalte und Zeiträume nennen. Diese Anordnung ist ein VA, der mit Einspruch und Antrag auf AdV angefochten werden kann. Von der Kassen-Nachschau abzugrenzen sind Testkäufe des FA sowie die Beobachtung der Kassen und Geschäftsräume durch das FA; diese Maßnahmen erfolgen unterhalb der Schwelle des § 146b, sodass dessen Voraussetzungen nicht erfüllt sein müssen (*Becker* BBK 17, 116, 140).

4 **b) Prüfungsumfang.** Die Kassen-Nachschau soll zum einen die Prüfung der Ordnungsmäßigkeit der **Aufzeichnungen und Buchungen** von Bareinnahmen und -ausgaben gem Abs 1 S 1 ab 1.1.2018 ermöglichen. Dies umfasst insbes die Prüfung der Kassensturzfähigkeit, sofern der Stpfl bilanziert (s § 146 Rz 23 und 31), die Prüfung der Barbelege und die zeitnahe (tägliche) Buchung der Kasseneinnahmen und -ausgaben. Der Amtsträger des FA kann auch eine offene Ladenkasse untersuchen, um die Erfüllung der Aufzeichnungspflichten des § 146 I 2 zu überprüfen (*Becker* BBK 17, 116, 141).

5 Zum anderen kann nach Abs 1 **S 2** die Prüfung des ordnungsgemäßen **Einsatzes des elektronischen Aufzeichnungssystems** iSv § 146a I geprüft werden; diese Prüfung ist gem Art 97 § 30 II 3 EGAO aber erst für Kj ab 1.1.2020 möglich, weil auch § 146a erst ab diesem Zeitpunkt gilt. Überprüft werden kann damit die Verwendung des nach § 146a IV angemeldeten elektronischen Aufzeichnungssystems, der Schutz durch die technische zertifizierte Sicherheitseinrichtung iSv § 146a I 2, die Speicherung auf dem Speichermedium sowie die Verfügbarkeit der gespeicherten Daten. Nicht überprüft werden kann die Erfüllung der Belegausgabepflicht iSv § 146a II, da in Abs 1 S 2 des § 146b auf § 146a II nicht Bezug genommen wird.

6 **c) Ort und Zeit der Kassen-Nachschau.** Duch Abs 1 S 1 sowie S 3 und 4 werden Ort und Zeit der Nachschau geregelt. Danach dürfen die Geschäftsräume nur während der üblichen Geschäfts- und Arbeitszeiten betreten werden. Dabei kommt es auf die üblichen Arbeitszeiten des Unternehmens des Stpfl an; betreibt dieser also eine Diskothek, darf die Kassen-Nachschau auch nachts während der Öffnungszeiten stattfinden (s auch § 99 Rz 4). Die Kassen-Nachschau findet grds auf dem Geschäftsgrundstück oder in den Geschäftsräumen des Stpfl statt; eine Kassen-Nachschau beim StBerater des Stpfl ist nicht zulässig. Wie bei § 99 kommt es nicht darauf an, ob der Stpfl Eigentümer der Räumlichkeiten ist (s § 99 Rz 19). Nicht zu den Geschäftsräumen gehört das häusliche Arbeitszimmer des Stpfl (s § 99 Rz 10). Dieses gehört zu den Wohnräumen, die nach Abs 1 S 3 nur zur Verhütung einer dringenden Gefahr für die öffentliche Sicherheit und Ordnung betreten werden dürfen; diese Regelung entspricht § 99 I 3 (s § 99 Rz 9). Abs 1 S 4 setzt Art 19 I 2 GG um, indem Art 13 GG als eingeschränktes Grundrecht genannt wird.

9 **3. Rechte und Pflichten (Abs 2).** Der Stpfl muss nach Abs 2 **S 1** auf Verlangen – ebenso wie nach § 200 I 2 und 3 – Aufzeichnungen, Bücher und die Organisationsunterlagen für die Kassenführung vorlegen; Letzteres umfasst insbes die Bedienungsanleitung für die Kasse und etwaige Programmierprotokolle (s § 247 Rz 20). Außerdem muss er auf Verlangen Auskünfte erteilen. Voraussetzung ist aber jeweils, dass die Vorlage der Unterlagen bzw die Auskunftserteilung erheblich

iSv Abs 1 ist, dh für die Besteuerung relevant sein kann. Ein Verdacht auf eine StVerkürzung ist nicht erforderlich. Die Aufforderung zur Vorlage von Aufzeichnungen etc bzw Erteilung von Auskünften ist VA, der mit Einspruch und Antrag auf AdV angefochten werden kann.

Abs 2 **S 2** betrifft den (Regel-)Fall, dass die in S 1 genannten Aufzeichnungen 10
als Daten vorliegen. Der Amtsträger des FA hat dann das Recht, diese Daten einzusehen, die Übermittlung der Daten oder die Zurverfügungstellung dieser Daten auf einem Datenträger zu verlangen; dies entspricht § 147 VI (s § 147 Rz 60 ff). Sowohl die Übermittlung der Daten als auch die Zuverfügungstellung der Daten soll über die einheitliche digitale Schnittstelle iSv § 146a I 3, III 1 Nr 2 Buchst c AO iVm § 4 KassenSichV erfolgen, um Kompatibilitätsprobleme im EDV-Bereich zu vermeiden; allerdings gilt dies nach Art 97 § 30 II 2 EGAO erst ab 1.1.2020, da es vorher noch keine einheitliche digitale Schnittstelle gibt (s § 146a Rz 2 und 6). Die Kosten für die Übermittlung bzw zur Verfügungstellung der Daten trägt nach Abs 2 S 3 der Stpfl; dies entspricht § 147 V (s § 147 Rz 49).

Der Amtsträger muss sich zu Beginn der Nachschau **ausweisen.** Dies ist zwar nicht in Abs 2 geregelt, ergibt sich aber aus § 371 II Nr 1 Buchst e, wonach das Erscheinen eines Amtsträgers zu einer Kassen-Nachschau eine Selbstanzeige sperrt, wenn sich der Amtsträger ausgewiesen hat (*Becker* BBK 17, 116, 140; *Roth* NZW 17, 63, 64 f).

4. Übergang zu einer Außenprüfung (Abs 3). Ebenso wie bei § 27b III 13
UStG und § 42g IV EStG kann der Amtsträger ohne vorherige Prüfungsanordnung zu einer Ap übergehen, wenn die Feststellungen, die sich bei der Kassen-Nachschau ergeben, hierzu Anlass geben, also inbes Mehrergebnisse erwarten lassen. Der Übergang zur Ap ist dem Stpfl nach Abs 3 S 2 mitzuteilen. Die Rechte und Pflichten richten sich ab diesem Zeitpunkt nach §§ 193 ff sowie § 146 IIb und nicht mehr nach § 146b. Der Übergang zur Ap ist ein VA, der mit Einspruch und AdV angefochten werden kann (vgl zu § 27b UStG *Weymüller/Roth* UStG, § 27b Rz 49).

5. Rechtsfolgen der Kassen-Nachschau. Das Erscheinen des Amtsträgers zu 15
einer Kassen-Nachschau sperrt eine Selbstanzeige gem § 371 II Nr 1 Buchst e, wenn sich der Amtsträger ausweist (s Rz 10). Außerdem kann nach Abs 3 des § 146b zu einer Ap übergegangen werden, ohne dass es einer Prüfungsanordnung bedarf (s Rz 13). Die Kassen-Nachschau ist aber keine Ap, sodass weder ein Verzögerungsgeld festgesetzt werden kann noch eine Ablaufhemmung gem § 171 IV eintritt.

In materieller Hinsicht kann das FA zu einer Ap übergehen, wenn es hierzu aufgrund der Feststellungen in der Kassen-Nachschau Anlass gibt. Das FA kann auch nach § 208 I steuerstrafrechtl tätig werden. Ist die Kassenführung nicht ordnungsgemäß ergeben, kann dies nach allg Grundsätzen (s § 146 Rz 122) eine Hinzuschätzung rechtfertigen.

§ 147 Ordnungsvorschriften für die Aufbewahrung von Unterlagen

(1) **Die folgenden Unterlagen sind geordnet aufzubewahren:**

1. Bücher und Aufzeichnungen, Inventare, Jahresabschlüsse, Lageberichte, die Eröffnungsbilanz sowie die zu ihrem Verständnis erforderlichen Arbeitsanweisungen und sonstigen Organisationsunterlagen,

2. die empfangenen Handels- oder Geschäftsbriefe,

3. Wiedergaben der abgesandten Handels- oder Geschäftsbriefe,

4. Buchungsbelege,

4a. Unterlagen nach Artikel 15 Absatz 1 und Artikel 163 des Zollkodex der Union,

5. sonstige Unterlagen, soweit sie für die Besteuerung von Bedeutung sind.

(2) **Mit Ausnahme der Jahresabschlüsse, der Eröffnungsbilanz und der Unterlagen nach Absatz 1 Nummer 4a, sofern es sich bei letztgenannten Unterlagen um amtliche Urkunden oder handschriftlich zu unterschreibende nicht förmliche Präferenznachweise handelt, können die in Absatz 1 aufgeführten Unterlagen auch als Wiedergabe auf einem Bildträger oder auf anderen Datenträgern aufbewahrt werden, wenn dies den Grundsätzen ordnungsmäßiger Buchführung entspricht und sichergestellt ist, dass die Wiedergabe oder die Daten**

1. **mit den empfangenen Handels- oder Geschäftsbriefen und den Buchungsbelegen bildlich und mit den anderen Unterlagen inhaltlich übereinstimmen, wenn sie lesbar gemacht werden,**
2. **während der Dauer der Aufbewahrungsfrist jederzeit verfügbar sind, unverzüglich lesbar gemacht und maschinell ausgewertet werden können.**

(3) [1] **Die in Absatz 1 Nr. 1, 4 und 4a aufgeführten Unterlagen sind zehn Jahre, die sonstigen in Absatz 1 aufgeführten Unterlagen sechs Jahre aufzubewahren, sofern nicht in anderen Steuergesetzen kürzere Aufbewahrungsfristen zugelassen sind.** [2] **Kürzere Aufbewahrungsfristen nach außersteuerlichen Gesetzen lassen die in Satz 1 bestimmte Frist unberührt.** [3] **Bei empfangenen Lieferscheinen, die keine Buchungsbelege nach Absatz 1 Nummer 4 sind, endet die Aufbewahrungsfrist mit dem Erhalt der Rechnung.** [4] **Für abgesandte Lieferscheine, die keine Buchungsbelege nach Absatz 1 Nummer 4 sind, endet die Aufbewahrungsfrist mit dem Versand der Rechnung.** [5] **Die Aufbewahrungsfrist läuft jedoch nicht ab, soweit und solange die Unterlagen für Steuern von Bedeutung sind, für welche die Festsetzungsfrist noch nicht abgelaufen ist; § 169 Abs. 2 Satz 2 gilt nicht.**

(4) **Die Aufbewahrungsfrist beginnt mit dem Schluss des Kalenderjahrs, in dem die letzte Eintragung in das Buch gemacht, das Inventar, die Eröffnungsbilanz, der Jahresabschluss oder der Lagebericht aufgestellt, der Handels- oder Geschäftsbrief empfangen oder abgesandt worden oder der Buchungsbeleg entstanden ist, ferner die Aufzeichnung vorgenommen worden ist oder die sonstigen Unterlagen entstanden sind.**

(5) **Wer aufzubewahrende Unterlagen in der Form einer Wiedergabe auf einem Bildträger oder auf anderen Datenträgern vorlegt, ist verpflichtet, auf seine Kosten diejenigen Hilfsmittel zur Verfügung zu stellen, die erforderlich sind, um die Unterlagen lesbar zu machen; auf Verlangen der Finanzbehörde hat er auf seine Kosten die Unterlagen unverzüglich ganz oder teilweise auszudrucken oder ohne Hilfsmittel lesbare Reproduktionen beizubringen.**

(6) [1] **Sind die Unterlagen nach Absatz 1 mit Hilfe eines Datenverarbeitungssystems erstellt worden, hat die Finanzbehörde im Rahmen einer Außenprüfung das Recht, Einsicht in die gespeicherten Daten zu nehmen und das Datenverarbeitungssystem zur Prüfung dieser Unterlagen zu nutzen.** [2] **Sie kann im Rahmen einer Außenprüfung auch verlangen, dass die Daten nach ihren Vorgaben maschinell ausgewertet oder ihr die gespeicherten Unterlagen und Aufzeichnungen auf einem maschinell verwertbaren Datenträger zur Verfügung gestellt werden.** [3] **Teilt der Steuerpflichtige der Finanzbehörde mit, dass sich seine Daten nach Absatz 1 bei einem Dritten befinden, so hat der Dritte**

1. **der Finanzbehörde Einsicht in die für den Steuerpflichtigen gespeicherten Daten zu gewähren oder**
2. **diese Daten nach den Vorgaben der Finanzbehörde maschinell auszuwerten oder**
3. **ihr die für den Steuerpflichtigen gespeicherten Unterlagen und Aufzeichnungen auf einem maschinell verwertbaren Datenträger zur Verfügung zu stellen.**

[4]**Die Kosten trägt der Steuerpflichtige.** [5]**In Fällen des Satzes 3 hat der mit der Außenprüfung betraute Amtsträger den in § 3 und § 4 Nummer 1 und 2 des Steuerberatungsgesetzes bezeichneten Personen sein Erscheinen in angemessener Frist anzukündigen.**

Abs 1 Nr 4a eingefügt, Abs 2 und 3 S 1 geändert durch StÄndG 2003 v 15.12.03 (BGBl I, 2645); Abs 1 Nr 4a neu gefasst, Abs 2 geändert durch ZollkodexAnpG v 22.12.14 (BGBl I, 2417) mWv 1.5.2016; Abs 6 neuer S 3 eingef und neuer S 5 angefügt durch G v 22.12.16 (BGBl I, 3152); Abs 3 S 3 und 4 eingefügt, vorh S 3 wird S 5 durch 2. BürokratieEntlG v 30.6.17 (BGBl I, 2143).

Schrifttum: *vor 2010 s 13. Aufl; Engelberth* Datenzugriff und Aufzeichnungspflichten NWB 10, 2307; *Goldshteyn/Thönnes* Das Fernabfrageverbot im Kontext der Buchführungsverlagerung, BB 10, 933; *Goldshteyn/Thönnes* Datenzugriffsmöglichkeiten der FinVerw bei Verlagerung der Buchführung ins Ausland – Vereitelung des grenzüberschreitenden Datenzugriffs auf Grund des Fernabfrageverbots durch die GDPdU?, DStZ 10, 416; *Krain* Elektronische Buchführung und Datenzugriff der Finanzverwaltung – BFH zur Reichweite der digitalen Betriebsprüfung, StuB 10, 98; *Bellinger* Zum Umfang des Datenzugriffsrechts gemäß § 147 Abs 6 AO in Daten der Warenwirtschaftssysteme des Einzelhandels, StBp 11, 272, 305; *Engelberth* Aufbewahrung digitaler Unterlagen bei Bargeschäften, StBp 11, 193; *Goldshteyn* Aufbewahrungspflichten bei Bankgeschäften, DB 11, 614; *Nöcker* Aufzeichnungs-, Aufbewahrungs- und Prüfungspflichten handelsrechtlicher und steuerlicher Art, AO-StB 11, 251; *Pfadler* Aufbewahrung von digitalen Belegen, NWB 12, 322; *Teutemacher* Checkliste für eine ordnungsgemäße Kassenführung – Aufbewahrung digitaler Unterlagen bei Bargeschäften, BBK 12, 1073; *Anders/Rühmann* Aufbewahrungspflicht für Protokolle zur Kassenprogrammierung, BBK 13, 627; *Graf* Anforderungen an die Vorlage von Einzelaufzeichnungen, BBK 13, 875; *Herrfurth* Die neuen Grundsätze zur ordnungsgemäßen Führung und Aufbewahrung von Büchern sowie zum Datenzugriff (GoBD), StuB 13, 458; *Kläne* Registrierkassen im Fokus der Außenprüfung, NWB 13, 923; *Kleemann/Kalina-Kerschbaum* Aktualisierung von GoBS und GDPdU durch das BMF geplant – Die Praxis wartet auf sachgerechte Lösungen, DStR 13, 1098; *Haack* Steuerliche und handelsrechtliche Aufbewahrungspflichten, NWB 14, 694; *Ramme* Betriebliches Datenmanagement im Blickpunkt der Betriebsprüfung, DB 14, 1515; *Roßnagel/Nebel* Beweisführung mittels ersetzend gescannter Dokumente, NJW 14, 886; *Rudolf* Due Diligence Bericht als „sonstige Unterlage" iS des § 147 Abs 1 Nr 5 AO?, BB 14, 2792; *Odenthal* Digitale Archivierung von Papierbelegen mittels Scan-Verfahren, BBK 14, 229; *Groß/Heinrichshofen/Lindgens* Der elektronische Rechnungsaustausch im Licht der GoBD, Der Konzern, 251; *Ochs/Wargowske* Zum „Ort" des Datenzugriffs gemäß § 147 Abs 6 S 2 2. Mod AO, DStR 15, 2689; *Ritzrow* Aufzeichnungs- und Aufbewahrungspflichten für Taxiunternehmen, StBp 15, 51; *Rätke* Digitaler Zugriff auf Einzelverkaufsdaten einer PC-Kasse, BBK 15, 454; *Henn* Verfahrensdokumentation nach den GoBD, DB 16, 254; *Henn/Kuballa* Steuerliche Einordnung und Anerkennung von Bankkontoauszügen und Kontoumsatzdaten, DB 16, 1900; *Kamps* Grundsätze und Zweifelsfragen des Zugriffs auf elektronische Daten des Unternehmens im Rahmen einer Außenprüfung, AG 16, 627; *Neufang/Bohnenberger* GoBD-Hinweise für die Beratungspraxis, StB 16, 266; *Schäperklaus/Hanke* Datenträgerüberlassung: Z3-Datenzugriff im Rahmen der Betriebsprüfung, DB 16, Beil Nr 4, 17; *Groß* Mobiles Scannen und Tax Compliance, BB 17, 930; *Henn/Kuballa* Aufbewahrung elektronischer Unterlagen, NWB 17, 2648; *Henn/Kuballa* Steuerrechtliche Anforderungen an die Aufbewahrung elektronischer Unterlagen, NWB 17, 2779; *Herold/Volkenborn* Die sieben wichtigsten Regeln zu Umsetzung der GoBD in die Praxis, NWB 17, 922; *Koss* Aufbewahrungsfristen bei Zollunterlagen, DStR 17, 1579; *Reckendorf* Was sind eigentlich Programmierprotokolle?, BBK 17, 796; *Kuballa/Henn* Aufbewahrung elektronischer Unterlagen, NWB 17, 2648; *Burkhard* Verwerfung der Buchführung bei fehlenden Kassen-Programmierprotokollen, StBp 18, 19; s iÜ auch Schrifttum zu § 146 bis § 146b.

Übersicht

1 **1. Inhalt. a) Aufbewahrungspflicht.** Die Aufbewahrungspflicht ist Bestandteil der **Buchführungspflicht.** Nur wenn die Bücher und Unterlagen über einen gewissen Zeitraum aufbewahrt werden, können die FÄ deren formelle und sachliche Richtigkeit überprüfen. Die Vorschrift ist abgestimmt mit §§ 257 ff HGB. Sie hat nicht nur Bedeutung für Vollkaufleute, sondern für alle, die nach StGesetzen oder anderen Gesetzen zur Führung von Büchern und Aufzeichnungen verpflichtet sind, soweit diese für die Besteuerung von Bedeutung sind (FG Hbg EFG 91, 636). Die Vorschrift gilt nicht für Überschusseinkünfte iSv §§ 19–22 EStG (s § 147a Rz 1), wohl aber auch für die Einnahmen-Überschussrechnung, soweit für diese Aufzeichnungspflichten bestehen (s Rz 4). Der Stpfl muss sich über den Umfang seiner Aufbewahrungspflicht selbst informieren und hat keinen Informationsanspruch gegen das FA (BFH/NV 14, 1725). Zum Ort der Aufbewahrung s § 146 II und IIa (s § 146 Rz 45 ff).

2 **b) Akzessorietät zur Aufzeichnungspflicht.** Die Pflicht zur Aufbewahrung nach § 147 ist akzessorisch zur Aufzeichnungspflicht des § 146: Die Aufbewahrungspflicht setzt also stets eine Aufzeichnungspflicht voraus und besteht auch nur im Umfang der Aufzeichnungspflicht (BFH BStBl 15, 519; 10, 452; BFH/NV 15, 790, 793; 12, 1921; 11, 411); eine Aufbewahrungspflicht ohne Aufzeichnungspflicht gibt es somit nicht. Die Pflicht zur Aufzeichnung kann sich aus § 146, § 146a I 1 oder aus Vorschriften außerhalb der AO ergeben, zB aus § 22 UStG oder § 4 VII EStG (s § 146 Rz 19).

4 **c) Bedeutung für die Einnahmen-Überschussrechnung.** Die Vorschrift hat aufgrund der Akzessorietät zwar auch Bedeutung für Gewerbetreibende oder Freiberufler, die ihren Gewinn durch Einnahme-Überschussrechnung nach § 4 III EStG ermitteln: Dies gilt aber nur, soweit sie aufzeichnungspflichtig sind (s § 146 Rz 20, 31 ff); nur im Umfang der Aufzeichnungspflicht sind sie auch zur Aufbewahrung nach § 147 verpflichtet (vgl BFH BStBl 10, 452; 04, 599; BFH/NV 07, 1208; FG Mchn EFG 03, 625; BFH BeckRS 2008, 25012924; aA FG Hbg DStRE 07, 441). Zur Aufbewahrungspflicht bei Kasseneinnahmen s Rz 17 f.

Der BFH (BeckRS 2008, 25012924) leitet Aufbewahrungspflicht für Gewinnermittler nach § 4 III EStG iÜ auch aus der allg Feststellungslast ab. Bei Aufbewahrung aller Belege spricht Anschein für betriebliche Veranlassung sowie Vollständigkeit der erfassten Betriebseinnahmen (BFH BeckRS 2008, 25012924; BStBl 99, 481). § 147 II, III 3, V und VI gelten auch im Rahmen des § 147a I und II, darüber hinaus auch Abs 4 im Rahmen des § 147a I (s § 147a I 5; s dort Rz 28).

d) Freiwillige Aufbewahrung. Bei Freiwilligkeit der Aufzeichnung oder Aufbewahrung ist zu unterscheiden: **(1)** Werden die **Aufzeichnungen freiwillig geführt,** ohne dass es sich um eine freiwillig geführte Buchführung iSv § 146 VI handelt (s § 146 Rz 112), besteht keine Aufbewahrungspflicht, weil keine Pflicht zur Aufzeichnung besteht (BFH/NV 11, 411). Dies ist zB der Fall, wenn der Stpfl nur einzelne Konten (zB Kreditoren) freiwillig aufzeichnet, seinen Gewinn aber nach § 4 III EStG ermittelt (s § 146 Rz 112). **(2)** Wird der **Gewinn freiwillig nach § 4 I EStG** anstatt nach § 4 III EStG ermittelt, handelt es sich um eine freiwillige Buchführung nach § 146 VI, sodass eine Aufzeichnungspflicht besteht (s § 146 Rz 112). Die Aufzeichnungspflicht führt dann zu einer Aufbewahrungspflicht nach § 147. **(3)** Bei **freiwilliger Aufbewahrung** schriftlicher Unterlagen ohne Aufzeichnungspflicht kann FA freiwillig aufbewahrte Unterlagen im Rahmen einer Ap nach § 200 I 2 verlangen (BFH BStBl 10, 455), nicht aber im Rahmen einer digitalen Ap nach § 147 VI (BFH BStBl 10, 452; s auch Rz 62); solange aber keine Vorlage nach § 200 I 2 verlangt wird, kann Stpfl freiwillig aufbewahrte Unterlagen jederzeit löschen (BFH BStBl 10, 452). 7

e) Sonstige stl Aufbewahrungspflichten. Weitere stl Aufbewahrungspflichten ergeben sich aus § 146a I 4 (Speicherung der digitalen Aufzeichnungen bei einer elektronischen Kasse), § 147a I (Belege bei Überschusseinkünften gem §§ 19–22 EStG), § 147a II (Unterlagen bzgl Einflussnahmemöglichkeit auf sog Drittstaaten-Gesellschaften), § 93c I Nr 4 (Speicherung der von einem Dritten an das FA übermittelten Daten), § 103 IV 3 EnergieStV (Belege für StEntlastung bei Land- und Forstwirten), § 19 III 1 AltvDV (Aufbewahrungspflicht für Anbieter von Altersvorsorgeverträgen), nach § 43 II 6, § 44a III EStG (Aufbewahrung bei der KapESt) sowie nach § 14b UStG für Unternehmer sowie für Leistungsempfänger (§ 14b I 4 Nr 3 sowie I 5 UStG). § 14b UStG gilt unabhängig von der Buchführungspflicht und betrifft neben Rechnungen in Papierform insbes auch elektronische Rechnungen iSv § 14 I 8 UStG (s auch Abschn 14b.1 UStAE). 9

f) Rückstellung für Verpflichtung nach § 147. Besteht eine **Aufbewahrungspflicht,** ist für die zukünftigen Kosten der Aufbewahrung oder Speicherung von Geschäftsunterlagen im Jahresabschluss eine Rückstellung zu bilden (BFH BStBl 03, 131; 11, 496; 13, 676; BFH/NV 09, 746; *Happe* BBK 10, 651, 654; zur Berechnung s OFD Nds v 5.10.2015 DB 15, 2726). Gleiches gilt für die Verpflichtung zur Anpassung der EDV-Buchführung an die früheren GDPdU bzw nunmehr an die GoBD, um eine digitale Ap zu ermöglichen (zur Anpassung an die GDPdU s OFD Nds v 5.10.2015 DB 15, 2726). 12

2. Bücher und Aufzeichnungen (Abs 1 Nr 1). a) Grundsatz. Aufbewahrungspflichtig sind alle Unterlagen, die zum Verständnis und zur Überprüfung der gesetzlich vorgeschriebenen Aufzeichnungen **von Bedeutung sind** (BFH BStBl 10, 452). Hierzu gehören nicht Unterlagen aus dem Privatbereich, mit denen zB Werbungskosten, Sonderausgaben und außergewöhnliche Belastungen oder Anschaffungskosten iSv § 17 EStG (BFH BStBl 11, 718) belegt werden, oder Auszüge eines rein privaten Bankkontos (BFH/NV 11, 411). Insoweit stellt das Nichtaufbewahren keine Pflichtwidrigkeit dar und kann auch nicht bei einer Schätzung zum Nachteil des Stpfl berücksichtigt werden. Eine solche Pflicht ergibt sich auch nicht aus § 200. Die GoBD v 14.11.2014 (zur Rechtsqualität der GoBD s § 145 Rz 12) regeln aus Sicht der FinVerw an verschiedenen Stellen Einzelheiten zur Aufbewahrung (insbes in Abschn 9, Tz 113ff), verzichten aber bewusst auf eine abschließende Definition der aufbewahrungspflichtigen Unterlagen (Abschn 1.3, Tz 6). 15

16 **b) Bücher, Inventare und Bilanzen.** Bücher iSv Abs 1 Nr 1 sind nicht nur Handelsbücher, sondern auch alle anderen Geschäftsbücher, zB Haupt-, Grund-, Nebenbücher, Kontokorrentbücher oder Kontenkarten usw, die für stl Zwecke geführt werden (BFH BStBl 08, 415). Damit werden bei handelsrechtlicher Buchführungspflicht die Handelsbücher einschl der gesamten Finanzbuchhaltung erfasst, da sie nach § 140 auch steuerrechtl zu führen sind (BFH BStBl 08, 415).

Inventare sind Aufzeichnungen über die körperliche Bestandsaufnahme, s § 240 HGB; s auch § 146 Rz 18.

Bilanzen. Dazu gehört auch die GuV-Rechnung. Nicht aufbewahrungspflichtig nach § 147 I Nr 1 sind Unterlagen zur Bildung eines Investitionsabzugsbetrags nach § 7g EStG, weil dieser außerbilanziell gebildet wird; Dokumentationspflicht nach § 7g I 2 Nr 3 EStG ist mWv 1.1.2016 weggefallen (JStG 2015 v 2.11.2015, BGBl I, 1834).

17 **c) Kassenaufzeichnungen.** Abs 1 Nr 1 erfasst ausdrücklich auch Aufzeichnungen und damit insbes Kassenaufzeichnungen einer **elektronischen Kasse** (BFH BStBl 15, 519; BFH/NV 15, 790, 793). Wegen der Akzessorietät der Aufbewahrungspflicht zur Aufzeichnungspflicht (s Rz 2) setzt die Aufbewahrungspflicht aber eine Aufzeichnungspflicht voraus. Während diese für Buchführungspflichtige uneingeschränkt zu bejahen ist, ist die Aufzeichnungspflicht für Bareinnahmen und -ausgaben im Rahmen der **Gewinnermittlung nach § 4 III EStG** noch nicht abschließend geklärt, nachdem der BFH in einem offen gehaltenen AdV-Beschluss (BFH/NV 17, 1204) nur geringe Anforderungen an die Aufzeichnungspflicht gestellt hat (s § 146 Rz 20f sowie 31 ff). Allerdings geht die FinVerw (zB OFD Karlsruhe 31.10.2016, BeckVerw 342415, Tz 1) und auch die Rspr der FG in der Praxis eher selbstverständlich von einer umfassenden Aufzeichnungs- und Aufbewahrungspflicht aus (zB FG Hbg BeckRS 2016, 95480; FG Saarl EFG 12, 1816). Der BFH hat sich – von dem og AdV-Beschluss in BFH/NV 17, 1204 abgesehen – bislang im Wesentlichen nur zur Aufbewahrung von Schichtzetteln bei Taxiunternehmen geäußert (zB BFH BStBl 04, 599; BFH/NV 15, 978; s hierzu s § 146 Rz 35).

18 Da jedenfalls für Buchführungspflichtige hinsichtlich jedes einzelnen Geschäftsvorfalls Einzelaufzeichnungspflicht besteht (s § 146 Rz 30), ist jeder einzelne Geschäftsvorfall auch zu speichern; zudem sind auch die vollständigen Tagesendsummenbons mit Ausdruck des Nullstellungszählers, sog Z-Bons, als Beleg über die Buchung der verdichteten Tagessummen nach Abs 1 Nr 4 zu speichern (BFH BStBl 15, 519, 743; BFH/NV 15, 790, 793; FG Mster EFG 14, 86; FG BBg EFG 09, 1514; FG Brem EFG 08, 8; *TK/Drüen* § 147 Rz 24). Bloße Speicherung der Z-Bons genügt nicht; der BFH (BStBl 15, 519; BFH/NV 15, 790, 793) widerspricht damit der Nichtbeanstandungsregelung des BMF v 9.1.1996 (BStBl I, 34) für ältere Registrierkassen (s auch § 146 Rz 27 zur technischen Umrüstung von Registrierkassen bis 31.12.2016). Bei Nutzung eines elektronischen Aufzeichnungssystems iSv § 146a ab dem 1.1.2020 kann sich der Stpfl nach § 146 I 4 nicht auf Unzumutbarkeit der Pflicht zur Aufzeichnung und damit Speicherung des einzelnen Geschäftsvorfalls berufen (s § 146 Rz 43). Vor dem 1.1.2020 ist Unzumutbarkeit nach der Rspr des BFH zu verneinen, wenn der Stpfl tatsächlich Einzelaufzeichnungen tätigt (s § 146 Rz 40 f); er ist dann auch zur Aufbewahrung dieser Einzelaufzeichnungen verpflichtet. Zur Aufbewahrungspflicht von Protokollen zur Kassenprogrammierung s Rz 20.

Bei einer **offenen bzw manuellen** Kasse (dh nicht elektronischen) sind die Kassenstreifen, Kassenzettel und Bons oder sonstige Einnahmeursprungsaufzeichnungen aufzubewahren (BFH/NV 85, 12; FG Brem EFG 08, 8). Dies gilt auch für Schichtzettel im Taxigewerbe, die nur dann nicht aufzubewahren sind, wenn der sich aus den Schichtzetteln ergebende Umsatz unmittelbar nach Auszählung der Tageskasse in das in Form aneinandergereihter Tageskassenberichte geführte Kassenbuch übertragen wird (BFH BStBl 04, 599; BFH/NV 15, 978; 13, 341; FG Köln EFG 14, 5, 7; s hierzu auch BMF 26.11.2010, BStBl I, 1342). Zur Unzumutbarkeit von Einzelaufzeichnungen bei nicht elektronischen Registrierkassen s auch § 146 Rz 38 ff. Die Aufbewahrung der Einnahmenursprungsaufzeichnungen ist aber nicht erforderlich, wenn die Tageseinnahmen und -ausgaben anhand eines **Kassenberichts** nachgewiesen werden, indem nach Auszählung der Tageskasse und Auswertung der Einnahmenursprungsaufzeichnungen (zB Kassenzettel) das Ergebnis in das in Form aneinandergereihter Tageskassenberichte geführte Kassenbuch übertragen und mit dem Anfangs- und Endbestand der Kasse abgestimmt wird (BFH/NV 11, 411; 13, 341; 15, 978; BFH BStBl 78, 307; vgl auch FG BBg EFG 09, 1514, wonach der Kassenbericht möglichst von zwei Angestellten unterzeichnet werden sollte; zum Aufbau eines Kassenberichts s *Teutemacher* BBK 12, 1074, 1076).

d) Sonstige für die Überprüfung erforderliche Unterlagen. Aufbewah- 19
rungspflichtig sind ferner Unterlagen, die für die Überprüfung der Buchführung durch einen sachverständigen Dritten erforderlich sind (§ 145 I). Hierzu gehören Arbeitsanweisungen sowie Organisationsunterlagen, insbes die **Verfahrensdokumentation** zur EDV-Buchführung, sofern ohne eine solche Verfahrensdokumentation die Nachvollziehbarkeit und Nachprüfbarkeit der Buchführung nicht gegeben ist; denn nur dann besteht eine Pflicht zur Aufzeichnung der Dokumentation nach §§ 145, 146 (s § 145 Rz 14). Die Auffassung der FinVerw in den GoBD v 14.11.2014 (Abschn 11.1, Tz 151) und in der Lit (*Henn* DB 16, 254, 257) ist daher zu weitgehend, wonach eine Verfahrensdokumentation grds aufzubewahren ist (*Goldshteyn/Thelen* DB 15, 1126, 1129). Es besteht nämlich die Gefahr, dass das FA allein die Unvollständigkeit oder das Fehlen einer Verfahrensdokumentation zum Anlass einer Hinzuschätzung nimmt, auch wenn die Verfahrensdokumentation für die Nachvollziehbarkeit und Nachprüfbarkeit der Buchführung nicht erforderlich ist. Entscheidend ist, ob die EDV-Buchführung auch ohne Verfahrensdokumentation auf Richtigkeit und Vollständigkeit überprüft werden kann. Die FinVerw beanstandet allerdings das Fehlen der Verfahrensdokumentation nicht, wenn Nachprüfbarkeit und Nachvollziehbarkeit nicht beeinträchtigt werden (GoBD v 14.11.2014, Abschn 10.1, Tz 155). Insbes bei komplexen elektronischen Buchführungssystemen wird eine Verfahrensdokumentation aufzubewahren sein. Für die Praxis und zur Streitvermeidung empfiehlt es sich in jedem Fall, die Verfahren der EDV-Buchführung zu dokumentieren. Nicht erforderlich ist die Aufbewahrung einer Dokumentation, aus der sich die Absicherung gegen einen **Datenverlust** oder gegen eine Verfälschung ergibt (so aber GoBD v 14.11.2014, Abschn 10.1, Tz 152); denn weder § 145 noch § 146 verlangen eine derartige Absicherung und Aufzeichnung (s § 146 Rz 17). Das FA kann daher allein aus dem Fehlen einer derartigen Dokumentation keine formelle Fehlerhaftigkeit der Buchführung ableiten und darf deshalb keine Hinzuschätzungen vornehmen.

Bei elektronischen Registrierkassen und PC-Kassen sind sowohl die **Anweisun- 20
gen zur Umprogrammierung** als auch die **Bedienungsanleitungen** als „sonstige Organisationsunterlagen" aufbewahrungspflichtig (BFH DStR 18, 614; BStBl 15, 743; BFH/NV 17, 561; FG Hbg EFG 17, 265; FG Mchn EFG 11, 10; FG Brem EFG 08, 8; *TK/Drüen* § 147 Rz 9 und 26; GoBD v 14.11.2014, Abschn 8, Tz 111). Nach dem BFH muss die Kassendokumentation (Programmierung der Kasse bei Auslieferung und spätere Änderungen) lückenlos sein (BFH BStBl 15, 743). Der Stpfl sollte daher bei Erwerb einer gebrauchten Registrierkasse darauf achten, dass er auch die vollständigen Programmieranweisungen erhält. Hat der Stpfl einen externen Dienstleister mit der Programmierung beauftragt, sollte er vertraglich sicherstellen, dass der Dienstleister die Programmierungsunterlagen auf Verlangen zur Verfügung stellen kann (*Henn* DB 16, 254, 255 f). Das Fehlen derartiger Unterlagen stellt gravierenden formellen Buchführungsfehler dar, der mit

dem Fehlen von Z-Bons vergleichbar ist und daher zur Hinzuschätzung berechtigt (BFH BStBl 15, 743). Etwas anderes gilt nur dann, wenn der Stpfl konkret darlegen kann, dass seine elektronische Kasse trotz ihrer Programmierbarkeit ausnahmsweise keine Manipulationsmöglichkeiten eröffnet (BFH DStR 18, 614; BStBl 15, 743; BFH/NV 17, 561; s auch *Rätke* BBK 18, 412, 416 f); diese Darlegungsmöglichkeit gilt aber nur für Registrierkassen einfacher Bauart (BFH DStR 18, 614; kritisch zu dieser Kategorisierung *Rätke* BBK 18, 412, 417). Werden alle Bedienungsanleitungen und Programmieranweisungen aufbewahrt, muss der Stpfl nicht dokumentieren, dass und wie er sich vor einer Manipulation geschützt hat; insoweit trägt das FA die Beweislast (s § 146 Rz 102). Unklar bleibt nach der Rspr des BFH aber, was genau unter einem Programmierprotokoll zu verstehen ist und weshalb bei einer (befürchteten) Manipulation der Kasse das aufzubewahrende Programmierprotokoll nicht auch manipuliert sein sollte; zudem helfen Programmierprotokolle nicht bei der Entdeckung von sog Zapper-Software (*Reckendorf* BBK 17, 796, 799). Abzuwarten bleibt iÜ, ob an der Aufbewahrungspflicht für Programmierprotokolle noch festgehalten werden kann, wenn der Stpfl ein elektronisches Aufzeichnungssystem mit einer zertifizierten technischen Sicherheitseinrichtung iSv § 146a I verwendet.

23 **3. Handels- und Geschäftsbriefe (Abs 1 Nrn 2 und 3).** Bei einem Kaufmann können nur Handelsbriefe, bei einem Landwirt oder Freiberufler nur Geschäftsbriefe vorkommen. Nr 2 erfasst die Handels- und Geschäftsbriefe, die der Stpfl von seinen Vertragspartnern erhalten hat, während Nr 3 die Kopien der vom Stpfl an seine Vertragspartner abgesandten Briefe betrifft. Zu den Handels- und Geschäftsbriefen gehören zB Eingangs- und Ausgangsrechnungen (BFH BStBl 08, 415), Lieferscheine (s aber Rz 46), Frachtbriefe, Kontoauszüge, Auftragszettel, Kostenvoranschläge, Verträge usw. Zu Nr 3 gehören auch Bewirtungsrechnungen, die ein Gastwirt seinen Gästen ausstellt (FG Köln EFG 09, 1092). Entwürfe von Handels- und Geschäftsbriefen müssen nicht aufbewahrt werden (GoBD v 14.11.2014, Abschn 1.3, Tz 5). Zur Abgrenzung ggü Abs 1 Nr 4 s Rz 24.

24 **4. Buchungsbelege (Abs 1 Nr 4).** Zu den Buchungsbelegen gehören insbes **Rechnungen,** Lieferscheine (s aber Rz 46), Quittungen, Auftragszettel, Warenbestandsaufnahmen, Bankauszüge (zu Online-Bankauszügen s Rz 35 sowie § 146 Rz 101), Betriebskostenabrechnungen, Bewertungsunterlagen, Buchungsanweisungen, Gehaltslisten, Kassenberichte, Portokassenbücher, Prozessakten, nicht jedoch Sichtvermerk iSv § 17 Nr 2 UStDV (offen gelassen von FG Mchn EFG 10, 1934). Auch die Tagesendsummenbons einer elektronischen Registrierkasse werden von Nr 4 erfasst (BFH BStBl 15, 519; 10, 452; BFH/NV 15, 790, 793; s Rz 18). Der **Unterschied zu den Handels- und Geschäftsbriefen** iSv Abs 1 Nrn 2 und 3 liegt in der Buchungsfunktion: Wird ein Handels- oder Geschäftsbrief iSv Abs 1 Nr 2 oder Nr 3 mit einem Kontierungsvermerk versehen, wird er zum Buchungsbeleg und damit von Abs 1 Nr 4 erfasst (*TK/Drüen* § 147 Rz 17a). Bedeutung hat die Zuordnung zu Abs 1 Nr 2 bzw Nr 3 oder aber zu Abs 1 Nr 4 für die Aufbewahrungsfrist nach Abs 3 S 1, 3 und 4 (s Rz 45 f); ein Buchungsbeleg iSv Abs 1 Nr 4 ist nach Abs 3 S 1 zehn Jahre lang aufzubewahren, ein Handels- und Geschäftsbrief iSv Abs 1 Nr 2 oder Nr 3 nur sechs Jahre lang. Ist ein Lieferschein nicht als Buchungsbeleg anzusehen, zB mangels Kontierungsvermerks, ist er nach Abs 3 S 3 und 4 nicht aufbewahrungspflichtig (s Rz 46).

25 **5. Zollbelege (Abs 1 Nr 4a).** Mit dem Inkrafttreten des UZK ab 1.5.2016 und der Änderung des Abs 1 Nr 4a durch das Zollkodex-AnpG v 22.12.2014 mWv 1.5.2016 sind Zollunterlagen iSv Art 15 I und 163 UZK aufzubewahren. Dies sind alle Unterlagen, die bei einer nach Art 6 I UZK elektronisch übermittelten Zollanmeldung bereitgehalten werden müssen. Erfasst werden damit insbes Unterlagen, die Voraussetzung für tarifliche oder präferenzielle Abgabenbegünsti-

gungen sind oder die für Genehmigungspflichten erforderlich sind, zB Präferenznachweise, Ursprungszeugnisse, Echtheitsbescheinigungen oder Handarbeitszeugnisse (BT-Drs 15/1945, 17); zur Aufbewahrung von Lieferantenerklärungen sowie Unterlagen zu Präferenznachweisen s auch Stellungnahme des Zolls (unter www.zoll.de/Fachthemen, dort unter Warenursprung und Präferenzen; kritisch hierzu *Koss* DStR 17, 1579, 1580).

6. Sonstige Unterlagen (Abs 1 Nr 5). Die Aufbewahrungspflicht nach Nr 5 ist ebenfalls akzessorisch zur Aufzeichnungspflicht (s Rz 2) und daher einschränkend idS auszulegen (BFH BStBl 10, 452; 12, 1921). Aufzubewahren sind damit nur solche Unterlagen, die nicht unter Nr 1 bis Nr 4a fallen und die zum Verständnis und zur Überprüfung der für die Besteuerung gesetzlich vorgeschriebenen Aufzeichnungen im Einzelfall **von Bedeutung sind** (BFH BStBl 10, 452). Kassenaufzeichnungen wie zB Kassenstreifen und Kassenzettel lassen sich auch unter Nr 4 oder Nr 1 subsumieren; s hierzu Rz 18. Sofern die Bedeutung für die Besteuerung festgestellt werden kann, fallen unter Nr 5 **Speisekarten** bei Gaststätten, wenn sie zum Verständnis und zur Überprüfung der gesetzlich vorgeschriebenen Aufzeichnungen im Einzelfall von Bedeutung sind (BFH BStBl 15, 743; FG Mchn EFG 11, 10; FG BaWü EFG 97, 928), Statistikstreifen bei Automatenaufstellern (FG Nds EFG 03, 1215; FG BBg EFG 17, 1859, NZB beim BFH: Az II B 88/17); Akkordzettel, Stundenlohnzettel oder sonstige Lohnunterlagen mit stl Bedeutung, Schichtzettel (im Taxigewerbe, s BFH BStBl 04, 599; BFH/NV 06, 2023; 13, 497; 15, 978; FG Köln EFG 14, 5, 7) und Internet-Protokoll-Adressen (IP-Adressen) bei Internet-Unternehmen (*Funke* NWB F 29, 1733). **Kostenstellen** werden von Nr 5 nur insoweit erfasst, als sie für die Bewertung von Wirtschaftsgütern oder Passiva oder für die Bemessung von Verrechnungspreisen von Bedeutung sind (FG RhPf EFG 06, 1634). **Warenwirtschaftssysteme** werden mE ebenfalls von Nr 5 erfasst, weil sie Einkaufs- und Verkaufsdaten miteinander verknüpfen und daher für die Besteuerung von Bedeutung sind; dies gilt erst recht, wenn das Warenwirtschaftssystem Teil einer PC-Kasse ist und die Daten der Warenwirtschaft mit den Daten der aufzeichnungspflichtigen Einzelverkaufsdaten verknüpft sind (s auch BFH BStBl 15, 519; BFH/NV 15, 790, 793, sowie Rz 61). Weiterhin erfasst Nr 5 Unterlagen von **Fahrschulen** nach § 18 I, II FahrlehrerG (FG RhPf EFG 14, 1320). Ebenfalls unter Nr 5 fällt mE auch ein **Due-Diligence-Bericht,** der anlässlich eines geplanten Anteilskaufs erstellt wird; denn dieser enthält – ähnlich wie ein Lagebericht iSv Nr 1 – neben Schlussfolgerungen und rechtl Würdigungen auch Tatsachen, zB zur Vermögens- und Ertragslage oder – bei einer Tax Due Diligence – zu stl Sachverhalten, und ist damit stl von Bedeutung iSv Nr 5. Dies gilt auch dann, wenn der Anteilskauf zustande kommt und die Angemessenheit des Kaufpreises zu überprüfen ist (aA FG Mster EFG 14, 1936: nur gestufte Vorlagepflicht, die zunächst durch Vorlage einer teilweise „geweißten" Fassung erfüllt werden kann; *TK/Drüen* § 147 Rz 23; *Rudolf* BB 14, 2792). Aufzubewahren sind mE auch Aufsichtsrats- und Vorstandsprotokolle, soweit sie stl von Bedeutung sind und nicht lediglich nicht steuerliche Themen wie zB Marketing oder Produktentwicklung betreffen (zur eingeschränkten Vorlagepflicht nach § 195 RAO s BFH BStBl 68, 365). Keine Aufbewahrungspflicht besteht für **E-Mails,** sofern sie lediglich als sog Transportmittel für eine angehängte Rechnung dienen; aufbewahrungspflichtig ist dann nur die Rechnung nach Nr 1 (GoBD v 14.11.2014, Abschn 9, Tz 121); s auch Rz 36. Keine Aufbewahrungspflicht besteht auch für rein interne Unterlagen, zB zur Unternehmensstrategie. 27

7. Form der Aufbewahrung (Abs 2). Abs 2 ist ebenso wie § 146 IV (s § 146 Rz 101) nicht mehr zeitgemäß, weil er davon ausgeht, dass die Buchführungsunterlagen zunächst in Papierform entstehen, obwohl Belege wie auch Bilanzen weitgehend elektronisch generiert und übermittelt werden (vgl auch § 14 I 8 UStG zu elektronischen Rechnungen oder § 5b EStG zur elektronischen Über- 30 mittlung der Bilanz und GuB). Zur Aufbewahrung elektronisch generierter (dh gescannter) Unterlagen s Rz 34.

Für im Papierformat erstellte Unterlagen gilt nach Abs 2: Eine in Papierform erstellte Bilanz einschl Eröffnungsbilanz und GuV-Rechnung müssen **im Original** aufbewahrt werden, vgl Abs 2 S 1 sowie § 257 III HGB. Zollbelege iSv Art 15 I und 163 UZK sind ab dem 1.5.2016 im Original aufzubewahren, wenn es sich um amtliche Urkunden wie zB Ursprungszeugnisse oder Präferenzbescheinigungen oder um handschriftlich zu unterzeichnende nicht förmliche Präferenznachweise (Ursprungserklärungen bzw Rechnungserklärungen) handelt (s Rz 25). Derartige Unterlagen verfügen – insbes wenn sie von ausl Behörden ausgestellt worden sind – idR über Sicherheitsmerkmale, die bei einer lediglich elektronischen Speicherung verloren gehen könnten (BT-Drs 18/3017, 43 f).

Für alle anderen nach Abs 1 aufbewahrungspflichtigen Unterlagen wird praktisch jedes Aufbewahrungssystem zugelassen, insbes die Datenspeicherung auf Computer-Festplatten, CD, Disketten, Blu-ray-Disk, Flash-Speicher oder DVD (AEAO zu § 147 Nr 3) oder auf externen Servern (sog Cloud Computing, s § 146 Rz 47 und 50). So können Programmierprotokolle für die elektronische Kasse gespeichert werden und müssen nicht in Papierform ausgedruckt werden (BFH DStR 18, 614). Es besteht aber keine Pflicht zur Digitalisierung, sondern nur ein Recht. Damit ist auch das Einscannen und Digitalisieren von Rechnungen in Papierform auf Festplatten, CD oder sonstigen Speichermedien in Gestalt von pdf- oder tif-Dateien zulässig (BFH BStBl 08, 415); s Rz 33. Gleiches galt für das sog COM-Verfahren (Computer-Output-on-Microfilm), bei dem die gespeicherten Daten unmittelbar auf Mikrofilm übertragen wurden.

31 Aus Abs 2 ergeben sich **drei Grundsätze** zur Form der digitalen Aufbewahrung: So muss das angewandte Verfahren den GoB entsprechen (zum Begriff s § 145 Rz 5 f). Weiterhin muss nach Abs 2 Nr 1 sichergestellt sein, dass die Wiedergabe oder die Daten mit den empfangenen Handels- oder Geschäftsbriefen bildlich übereinstimmen (s zur Archivierung von Rechnungen und Lieferscheinen auf CD: BayLfSt 20.1.2017, DB 17, 280); ggf ist auch eine farbliche Übereinstimmung erforderlich, falls es für das Verständnis der Unterlagen auf die Farbe ankommen sollte, zB bei Stornobeträgen in roter Farbe (s auch Rz 33; *TK/Drüen* § 147 Rz 37). Bei anderen Unterlagen genügt inhaltliche Übereinstimmung bei Lesbarmachung. Differenzierung zwischen Handels- und Geschäftsbriefen und anderen Unterlagen ist erforderlich, weil den empfangenen Handelsbriefen eine bedeutende Beweis- und Belegfunktion zukommt.

32 Nach Abs 2 Nr 2 ist es zudem erforderlich, dass die Daten während der Aufbewahrungsfrist des Abs 3 jederzeit verfügbar sind und unverzüglich lesbar gemacht und maschinell ausgewertet werden können. Der Begriff der **maschinellen Auswertbarkeit** wird in Abs 2 nicht definiert, soll aber den digitalen Zugriff des FA nach Abs 6 ermöglichen (*TK/Drüen* § 147 Rz 41a). Deshalb muss die Speicherung der Daten nach Abs 2 in der Weise erfolgen, dass sie auch bei einer späteren digitalen Ap nach Abs 6 durch den Prüfer ausgewertet werden können; ggf ist also die Soft- und Hardware, die bei Speicherung der Daten benutzt wurde, vorzuhalten und dem Prüfer zur Verfügung zu stellen, falls zwischenzeitlich die Soft- oder Hardware ersetzt worden ist (vgl auch GoBD v 14.11.2014, Abschn 9.4, Tz 142; s auch unten Rz 60). Ein bestimmter technischer Mindeststandard ist mE aber nach dem Gesetzeswortlaut nicht erforderlich, zumal Abs 2 keine Datenverarbeitbarkeit erreichen will, die höher ist als bei dem Originalbeleg (BFH BStBl 08, 415). Damit hängt die Auswertbarkeit von den tatsächlich beim Stpfl vorhandenen Informations- und Dokumentationsmöglichkeiten ab und nicht vom technisch maximal erreichbaren Standard (wohl auch GoBD v 14.11.2014, Abschn 9.1, Tz 125; anders jedoch Tz 126 und 128, die zB eine Volltextsuche sowie auch die Auswertbarkeit von Strukturinformationen verlangen). Die Daten können auch bei einem Dritten (zB Datenverarbeitungsbetrieb oder Steuerberater) aufbewahrt werden,

müssen dann aber dort jederzeit verfügbar sein, unverzüglich lesbar gemacht und maschinell ausgewertet werden können; eine Aufbewahrung beim Lieferanten ist jedoch nicht zulässig (BayLfSt 20.1.2017, AO-Kartei BY § 147 AO Karte 2). Der Schutz vor einem Datenverlust ist eine Obliegenheit des Stpfl ebenso wie der Schutz vor einem Verlust von Papierunterlagen: Gehen die Daten verloren, ist die Buchführung formell nicht mehr ordnungsmäßig, ohne dass es auf ein Verschulden des Stpfl ankommt (iE auch GoBD v 14.11.2014, Abschn 7, Tz 104).

Insbes das Scannen und Digitalisieren und automatisches Buchen sind heute gängiger Standard, dem Abs 2 nicht mehr gerecht wird. Der Stpfl geht damit das Risiko ein, dass er beim sog **ersetzenden Scannen** (dh Einscannen und anschließendes Vernichten des Originalbelegs) gegen § 147 verstößt und damit eine Hinzuschätzung oder die Versagung des Vorsteuerabzugs riskiert; denn iErg wird beim ersetzenden Scannen das Original (Papier) durch eine Kopie (Datei) ersetzt. Einschlägige Rspr hierzu gibt es nicht, sondern nur eine Simulationsstudie unter Beteiligung von Finanzrichtern (*Odenthal* BBK 14, 229, 230; *Roßnagel/Nebel* NJW 14, 886, 888). Aufgrund des Vernichtens des Originalbelegs befindet sich der Stpfl in einer schwierigen Beweislage, weil der Stpfl zB für den Vorsteuerabzug nachweisen muss, im Besitz der Originalrechnung gewesen zu sein (BFH/NV 03, 1226), oder weil nach § 4 V 1 Nr 2 S 3 EStG die Bewirtungsrechnung vorliegen muss. Diese Rechtsunsicherheit ist seit 2015 gemindert worden, weil die FinVerw in ihren GoBD v 14.11.2014 (Abschn 9.3, Tz 136 ff) das ersetzende Scannen unter bestimmten Voraussetzungen anerkennt. Der Stpfl ist angesichts der gesetzlichen Regelungen, die grds das Vorhalten der Originalbelege verlangen, mE gezwungen, sich an die folgenden Vorgaben der GoBD zu halten, wenn er die Papierdokumente im Original vernichten will: Die FinVerw fordert in den GoBD eine ausführliche Organisationsanweisung, in der geregelt wird, wer, wie und wann scannen darf (Tz 136 der GoBD). Außerdem ist die vollständige Farbwiedergabe erforderlich, wenn die Farbe Beweisfunktion hat (Tz 137 der GoBD; *Roßnagel/Nebel* NJW 14, 886, 889; s auch Rz 31). Nach dem Einscannen darf nur noch das elektronische Dokument bearbeitet werden, nicht aber das Papierdokument (Tz 139 der GoBD). Nachvollziehbarkeit und Nachprüfbarkeit müssen zudem gewährleistet sein (Tz 141 der GoBD; s auch § 145 Rz 8). Sind diese Voraussetzungen erfüllt, darf das Papierdokument vernichtet werden (Tz 140). Diese Voraussetzungen sind auch beim sog mobilen Scannen mit mobilen Scannern wie zB Handys zu beachten (*Groß* BB 17, 930, 931). 33

Elektronische Unterlagen, die nicht aus Papierunterlagen umgewandelt worden sind, sondern von Anfang an elektronisch generiert worden sind, zB elektronische Rechnungen iSv § 14 I 8 UStG, sind in dem elektronischen Format abzuspeichern, in dem sie empfangen bzw erstellt worden sind (GoBD v 14.11.2014, Abschn 9.2, Tz 119, 131 und 133). Es genügt also nicht, wenn das elektronische Dokument ausgedruckt und nur in Papierform aufbewahrt wird; umgekehrt ist der Stpfl aber auch nicht zu einem Ausdruck elektronischer Unterlagen verpflichtet (BFH DStR 18, 614). Dies gilt nicht für in Papierform abgesandte Handels- und Geschäftsbriefe, die am PC erstellt worden sind; diese können in Papierform aufgewahrt werden (GoBD v 14.11.2014, Abschn 9.2, Tz 119 und 133). IÜ stellt die FinVerw hohe Anforderungen an die Aufbewahrung, dh Speicherung von Daten, sowie an die maschinelle Auswertbarkeit (GoBD v 14.11.2014, Abschn 9, Tz 113 ff, und Abschn 9.1, Tz 125 ff). Soweit etwa jedes elektronische Dokument mit einem Index versehen werden soll (Abschn 9, Tz 122), geht dies über die Ordnungsvorschriften der §§ 145–147 hinaus; ausreichend ist die progressive und retrograde Nachprüfbarkeit (s § 145 Rz 8 f), die durch einen Index erreicht werden kann, aber auch auf andere Weise gewährleistet werden kann. Auch die Anforderungen an die maschinelle Auswertbarkeit in Abschn 9.1, Tz. 126 ff, der GoBD v 14.11.2014 gehen über die gesetzlichen Anforderungen hinaus, weil zB eine Volltextsuche (so Tz 126 der GoBD) von Abs 2 nicht gefordert wird. Gleiches gilt für 34 die Einschränkung in Tz 129 der GoBD, eine E-Mail nicht als PDF-Datei abspeichern zu dürfen; denn Informationsverluste sind insoweit nicht zu befürchten (*Burlein/Odenthal* BBK 15, Beil zu Heft 3, 33).

35 **Online-Bankauszüge** gehören zu den Buchungsbelegen iSv Abs 1 Nr 4, wenn sie mit Kontierungsvermerken versehen werden (s Rz 24), und müssen nach Auffassung der FinVerw in der elektronisch übermittelten Form gespeichert werden; das Ausdrucken und die Aufbewahrung des Ausdrucks genügt nicht (BayLfSt 13.4.2017, BeckVerw 351154; OFD Frankfurt 24.7.2014, BeckVerw 291817, Tz 2). Soweit jedoch verlangt wird, dass der Stpfl den Online-Auszug auf seine Richtigkeit, dh Echtheit der Herkunft und Unversehrtheit des Inhalts, überprüfen und diese Überprüfung dokumentieren und protokollieren muss (so BayLfSt 13.4.2017, BeckVerw 351154; *Henn/Kuballa* DB 16, 1900, 1904f), ist dem nicht zu folgen; denn dies würde die Anforderungen an die Aufbewahrung nach § 147 überspannen. Ebenso wenig wie der Stpfl nach den Vorschriften der AO Eingangsrechnungen prüfen und diese Prüfung dokumentieren und protokollieren muss (anders jedoch die praxisfremde Regelung des § 14 I 5 und 6 UStG, die aber durch Abschn 14.4 VI 4 UStAE „entschärft" wird), kann diese Prüfung und Dokumentation bei Online-Bankauszügen verlangt werden. Zur Aufzeichnung bei Online-Bankauszügen s § 146 Rz 101.

36 Auch **E-Mails** sind aufbewahrungspflichtig, wenn sie für die Besteuerung relevant sind, zB Reisekostenabrechnungen im Excel-Format oder Warenbestellungen per E-Mail (*Engelbert* NWB 10, 2307, 2312), und in digitaler Form in die Buchhaltung eingehen. Nicht aufbewahrt werden muss eine E-Mail, wenn sie nur als Transportmittel für eine im Anhang befindliche Rechnung oder einen Handelsbrief diente (GoBD v 14.11.2014, Abschn 9, Tz 121); aufbewahrungspflichtig ist dann nur der Anhang, s Rz 27.

45 **8. Aufbewahrungsfrist (Abs 3).** Abs 3 wurde durch G v 30.6.2017 geändert, indem S 3 und 4 neu eingefügt und der bisherige S 3 in den neuen S 5 verschoben wurde. Abs 3 enthält je nach Unterlagentypus unterschiedliche Aufbewahrungsfristen: Nach **S 1 1. HS 1. Variante** beträgt die Aufbewahrungspflicht für Unterlagen iSv Abs 1 Nr 1 (zB Bücher und Aufzeichnungen, Inventare, Bilanzen, Konzernabschlüsse und Konzernlageberichte, Arbeitsunterlagen), für Buchungsbelege iSv Abs 1 Nr 4 sowie für Zollbelege iSv Abs 1 Nr 4a **10 Jahre** (s *Haack* NWB 14, 694, 698); dies entspricht § 257 IV HGB. Die im Jahr 2013 geplante Verkürzung der Aufbewahrungsfristen auf acht Jahre (BT-Drs 17/13082) ist nicht zustande gekommen. Die **anderen Unterlagen** iSv Abs 1 Nrn 2 und 3 sowie Nr 5 sind nach S 1 1. HS **2. Variante 6 Jahre** aufzubewahren, zB empfangene und abgesandte Handels- oder Geschäftsbriefe und sonstige Unterlagen, die nach Abs 1 Nr 5 für die Besteuerung von Bedeutung sind.

Die **StGesetze** können kürzere Fristen zulassen, die dann nach S 1 **2. HS** maßgeblich sind, zB sechs Jahre für Lohnkonten gem § 41 I 9 EStG, zwei Jahre für Leistungsempfänger von Bauleistungen gem § 14b I 5 UStG; hingegen ebenfalls zehnjährige Frist nach § 14b I 1 UStG (s auch Rz 48); weitere Einzelheiten zur Aufbewahrung nach § 14b UStG ergeben sich aus Abschn 14b.1 UStAE. Soweit sich hingegen aus **außersteuerlichen Gesetzen** kürzere Aufbewahrungsfristen ergeben, sind diese nach **Satz 2** unbeachtlich.

46 Durch die neuen mWv 1.1.2017 eingefügten **S 3 und 4** entfällt grds die Aufbewahrungspflicht für **Lieferscheine,** und zwar sowohl für die empfangenen (S 3) als auch für die versandten (S 4); in diesen Fällen endet die Aufbewahrungsfrist nämlich mit dem Erhalt bzw Versand der Rechnung. Dies gilt aber nur dann, wenn der Lieferschein kein Buchungsbeleg iSv Abs 1 Nr 4 ist, dh nicht mit einem Kontierungsvermerk versehen wurde (s Rz 24). Der Gesetzgeber geht davon aus, dass der Lieferschein idR zu einer Rechnung gehört, die aufbewahrungspflichtig ist (BR-Drs 437/16, 18). Es genügt dann also die Aufbewahrung nur der Rech-

nung, wenn der Lieferschein nicht durch Anbringen eines Kontierungsvermerks als Buchungsbeleg verwendet wurde. Die Neuregelung gilt nach Art 97 § 19a S 2 EGAO für alle Lieferscheine, deren **Aufbewahrungsfrist** nach der bisherigen Fassung des Abs 3 **noch nicht abgelaufen ist.** Daher brauchen Lieferscheine, die nicht als Buchungsbelege verwendet wurden und deren sechsjährige Aufbewahrungsfrist (Abs 1 Nr 2 bzw Nr 3 iVm Abs 3 S 1 2. HS) am 1.1.2017 noch nicht abgelaufen ist, nicht mehr aufbewahrt zu werden.

Die Frist läuft nach **Satz 5,** der durch das G v 30.6.2017 eingefügt wurde und dem bisherigen S 3 entspricht, nicht ab, soweit die Festsetzungsfrist (§ 169) noch nicht abgelaufen ist. Die verlängerte Festsetzungsfrist bei StHinterziehung oder leichtfertiger StVerkürzung wirkt sich zwar nicht auf die Aufbewahrungsfrist aus, wie S 5 2. HS deutlich macht, wohl aber auf die Ablaufhemmung nach § 171 V wegen Ermittlungen der StFahndung sowie nach § 171 VI bei StStraftaten und StOWi. Nach **Ablauf** der in § 147 III 1 1. HS genannten oder in anderen Gesetzen zugelassenen kürzeren Aufbewahrungsfristen brauchen die Unterlagen nur noch aufbewahrt zu werden, wenn und soweit sie für eine begonnene Ap, für eine vorläufige StFestsetzung nach § 165, für anhängige steuerstraf- oder bußgeldrechtliche Ermittlungen, für ein schwebendes oder aufgrund einer Ap zu erwartendes Einspruchs- oder Klageverfahren oder zur Begründung von Anträgen des Stpfl (zB nach § 173) von Bedeutung sind. Eine längere Aufbewahrungsfrist erhöht die Rückstellung wegen Aufbewahrung der Unterlagen (BFH BStBl 11, 496). Zu den Rechtsfolgen der Verletzung der Aufbewahrungspflicht s Rz 70. 47

9. Beginn der Aufbewahrungsfrist (Abs 4). Da die letzten Aufzeichnungen und Eintragungen regelmäßig erst im folgenden Kj gemacht werden, beginnt die Aufbewahrungsfrist **erst mit Ablauf des folgenden Kj** (nicht des Geschäftsjahres). Abs 4 ist an § 257 V HGB angelehnt. Bei der Aufbewahrung von Rechnungen im umsatzsteuerlichen Sinne ist § 14b I 3 UStG zu beachten, wonach die Aufbewahrungsfrist mit dem Schluss des Kj beginnt, in dem die Rechnung ausgestellt worden ist. 48

10. Lesbarmachung der Unterlagen (Abs 5). Wer die Unterlagen auf Datenträgern iSv Abs 2 speichert, muss auf **seine Kosten** diejenigen Hilfsmittel zur Verfügung stellen, mit denen die Unterlagen lesbar gemacht werden können (s auch § 261 HGB). Diese Pflicht hat besondere Bedeutung in der Ap, da Abs 5 iVm § 200 I 2 eine Verpflichtung des Stpfl zur Lesbarmachung für den Prüfer bestimmt (BFH BStBl 08, 415; s auch Rz 64). Diese Verpflichtung besteht für die Dauer der Aufbewahrungsfrist (s Rz 45 bis 48) und gilt auch dann, wenn die Originalunterlagen – wie bei solchen eingescannten Rechnungen, die nach dem Einscannen nicht vernichtet werden (s Rz 34) – noch vorgelegt werden können (BFH BStBl 08, 415). Abs 5 S 1 konkretisiert § 200 I 2 in der Weise, dass die Lesbarmachung auf der beim Stpfl vorhandenen Einrichtung zu erfolgen hat; der Stpfl muss dem Prüfer daher die Hard- und Software zur Verfügung stellen (BFH BStBl 08, 415). Ein Wahlrecht des Stpfl, stattdessen die gespeicherten Unterlagen auszudrucken, besteht nicht (BFH BStBl 08, 415; so auch GoBD v 14.11.2014, Abschn 10.2, Tz 157). Allerdings kann Prüfer nach Abs 5 2. Hs **einen Ausdruck verlangen;** es handelt sich dabei um eine zusätzlich zur Lesbarmachung bestehende Pflicht des Stpfl (BFH BStBl 08, 415). Eine Verpflichtung zur Erstellung von Prüfprogrammen mit Hilfe der Datenanlage besteht nicht. Stpfl ist nicht verpflichtet, die Daten jährlich auszudrucken. Die **Kosten** für die Lesbarmachung und Ausdruck trägt – wie bei der digitalen Ap nach Abs 6 S 3 und bei der Kassen-Nachschau gem § 146b II 3 – der Stpfl (zur Kritik s *Breithecker/Garden/Thönnes* DStR 07, 361; zur Geringfügigkeit der Kosten bei Überlassung einer CD s jedoch FG RhPf EFG 05, 667). IdR dürfte es angesichts der digitalen Zugriffsrechte der Ap gem Abs 6 unverhältnismäßig sein, wenn das FA den vollständigen Ausdruck der Unterlagen verlangt, (*Kleemann/Kalina-Kerschbaum* DStR 13, 1098, 1101); das 49

Verlangen des FA, einzelne Unterlagen ausdrucken zu lassen, ist idR aber nicht zu beanstanden. Lesbarmachung iSv Abs 5 erfordert nicht, dass auf einen zurückliegenden Zeitpunkt eine Bilanz mit GuV oder einen Zwischenstatus aufgestellt werden kann (s § 146 Rz 110).

60 **11. Digitaler Datenzugriff der Finanzverwaltung (Abs 6). a) Anwendungsbereich.** Abs 6 gibt der FinVerw ein **Zugriffsrecht** auf die EDV-Buchführung, das seitens der FinVerw ab 2015 durch die GoBD v 14.11.2014 (Abschn 11, Tz 158 ff) erläutert wird; bis einschl 2014 galten insoweit die GDPdU v 16.7.2001 (BStBl I, 415) idF v 14.9.2012 (BStBl I, 930); s auch OFD NRW 28.7.2015, BeckVerw 312689, Tz 3. Abs 6 wurde durch das StSenkG v 23.10.2000 (Inkrafttreten am 1.1.2002) eingefügt. Eine dem Abs 6 vergleichbare Regelung enthalten – außerhalb einer Ap – die Vorschriften zur Kassen-Nachschau nach § 146b II 2 sowie zur USt-Nachschau gem § 27b II 2 UStG. Zudem enthalten die einzelnen Vergnügungsteuergesetze die Möglichkeit einer Nachschau, die dem Abs 6 des § 147 vorgeht (BFH 19.2.2018 II B 75/16, nv, zu § 11 HmbSpVStG; s auch § 9 VgStG Bln).

Der Stpfl ist **weder** zu einer **digitalen Buchführung verpflichtet** noch ist er im Fall einer digitalen Buchführung verpflichtet, **moderne Hard- und Software** zu verwenden, die mit der Software des FA kompatibel ist (FG Mster EFG 13, 638; wohl aA FG Nbg 5 K 950/11, BeckRS 2013, 96406). Er muss die Daten aber auf einem Datenträger zur Verfügung stellen, auf dem sie ausgelesen und ausgewertet werden können; hat er die Daten also auf einer Floppy Disk gespeichert, muss er hierfür auch den passenden PC zur Verfügung stellen (s Rz 32).

Abs 6 ist **verfassungsgemäß** und verstößt nicht gegen das Recht auf informationelle Selbstbestimmung (BFH/NV 15, 1455). Jedoch ergeben sich verfassungsrechtliche Einschränkungen für den Datenzugriff, s Rz 63.

Buchführung ist „mit Hilfe eines Datenverarbeitungsprogramms erstellt", wenn Buchführungsunterlagen entweder originär digital erstellt oder nachträglich zB durch Einscannen und Speichern digitalisiert werden (BFH/NV 11, 962; s hierzu Rz 33 f). Ein Zugriff auf die gespeicherten Daten nach Abs 6 ist auch dann zulässig, wenn die Unterlagen iSv § 147 I zusätzlich in Papierform vorliegen (BFH/NV 10, 671). Zugriff ist auch dann zulässig, wenn sich die elektronische Buchführung im Ausland befindet; anderenfalls wäre § 146 IIa S 2 Nr 3 überflüssig. Hier wird im Regelfall aber nur ein sog Z 3-Zugriff (s Rz 63) in Betracht kommen, da der Prüfer weder einen Online-Zugriff (Fernabfrage) vornehmen darf (vgl GoBD v 14.11.2014, Abschn 11.1, Tz 165; GDPdU v 16.7.2001, BStBl I, 415, Abschn I.1a), noch sich ins Ausland begeben wird, um dort einen Z 1- oder Z 2-Zugriff vorzunehmen (s auch *Goldshteyn/Thönnes* DStZ 10, 416, 418).

Das Zugriffsrecht besteht nur im Rahmen der Ap (sog **digitale Außenprüfung**); auf die Art der Einkünfte oder auf die Art der Gewinnermittlung kommt es nicht an, sodass die digitale Ap auch bei Gewinnermittlung nach § 4 III EStG zulässig ist (BFH/NV 15, 1455). Auch bei Berufsgeheimnisträgern ist digitale Ap zulässig (BFH/NV 15, 1455). Zur Ap gehören auch Lohnsteuer- und Umsatzsteuersonderprüfung (FG Mster EFG 08, 1592; zur Lohnsteuersonderprüfung s BMF 29.6.2011, BStBl I, 675, sowie BMF 26.5.2017, BStBl I, 789). Ferner ist Abs 6 im Rahmen einer Prüfung nach § 50b EStG, zB der Prüfung des Einbehalts von KapESt, anwendbar; das StGeheimnis nach § 30a aF stand der digitalen Ap insoweit nicht entgegen (FG Hess WM 14, 1539). Abs 6 gilt aber weder für die sog betriebsnahe Veranlagung (s § 203 Rz 1) noch für die Lohnsteuernachschau gem § 42g EStG oder USt-Nachschau nach § 27b UStG (*Goldshteyn* StBp 10, 166, 168) oder Kassen-Nachschau gem § 146b, die aber jeweils in eine Ap übergehen können (§ 42g IV EStG, § 27b III UStG, § 146b III) und teilweise vergleichbare Zugriffsmöglichkeiten haben (§ 27b II 2 UStG, § 146b II 2). Zur Anwendbarkeit des Abs 6 im Rahmen des § 200 I 2 s Rz 64.

b) Umfang des Datenzugriffs. Der Umfang des Datenzugriffs bestimmt sich nach der Aufbewahrungspflicht iSv Abs 1 (BFH BStBl 15, 519; 10, 452; BFH/NV 15, 790, 793), die wiederum von der Aufzeichnungspflicht abhängig ist (s Rz 2). Die Ap hat somit nur ein Zugriffsrecht **auf alle** nach § 146 aufzeichnungspflichtigen und damit nach § 147 I **aufbewahrungspflichtigen Unterlagen** bzw Daten (zu den Einzelheiten s Rz 15ff); dabei umfasst der Begriff „Daten“ selbstverständlich auch Dateien (BFH BStBl 15, 519; BFH/NV 15, 790, 793). Die digitale Ap erweitert nicht den sachlichen Umfang der Ap, sondern lediglich die Art und damit nur insoweit die Zugriffsmöglichkeit des FA (BFH/NV 10, 671; FG RhPf EFG 06, 1634). Der Umfang des Datenzugriffs erstreckt sich auf die Unterlagen iSv Abs 1 (s Rz 15 bis 27), insbes auf alle Konten der Finanzbuchhaltung, und zwar auch auf solche, die bislang das stl Ergebnis nicht beeinflusst haben, zB Drohverlustrückstellung (§ 5 IV a EStG), nicht abziehbare Betriebsausgaben (§ 4 V EStG) einschl GewSt (§ 4 V b EStG) oder organschaftliche Steuerumlagen; denn nach § 199 kann Ap auch zu einem günstigeren Ergebnis für den Stpfl führen (BFH BStBl 08, 415). Darüber hinaus werden auch alle Konten der Lohn- und Anlagenbuchhaltung von Abs 6 erfasst (FG RhPf EFG 06, 1634; GoBD v 14.11.2014, Abschn 11.1, Tz 159f) sowie etwaige Nebensysteme der EDV-Buchführung oder vorgeschaltete Systeme (BFH BStBl 15, 519; BFH/NV 15, 790, 793). Demgegenüber besteht nach FG RhPf (EFG 06, 1634) ein Zugriffsrecht auf Kostenstellen nur insoweit, als diese stl relevant sein können; denn nur dann werden sie von Abs 1 Nr 5 erfasst (s hierzu Rz 27) und sind daher aufbewahrungspflichtig (zur Erforderlichkeit s Rz 66). Ist Aufbewahrungspflicht nach Abs 1 Nr 5 zu verneinen, besteht auch keine Zugriffsmöglichkeit nach Abs 6 (BFH BStBl 10, 452). Zu den aufbewahrungspflichtigen Unterlagen und damit auch einem Datenzugriff nach Abs 6 unterliegenden Daten gehören auch **Warenwirtschaftssysteme,** jedenfalls dann, wenn sie mit den Grundaufzeichnungen wie zB den Einzelaufzeichnungen der Ein- und Verkäufe verknüpft sind (BFH BStBl 15, 519; BFH/NV 15, 790, 793; FG SachsAnh BeckRS 2013, 94716; s auch *Graf* BBK 13, 875, sowie Rz 27). 61

Bei **freiwilliger Aufbewahrung** in Gestalt einer Speicherung ist **Datenzugriff** nach Abs 6 **unzulässig** (BFH BStBl 10, 452). Hingegen darf FA auf freiwillig aufbewahrte Unterlagen in Papierform nach § 200 I 2 zugreifen (BFH BStBl 10, 455). Diese Differenzierung überzeugt nicht, wird aber vom BFH (BStBl 10, 455) damit begründet, dass gespeicherte Daten als verfassungsrechtl besonders geschützt gelten (BVerfGE 65, 1; BFH/NV 15, 1455) und § 200 I 2 – im Gegensatz zu Abs 6 – nicht akzessorisch zur Aufbewahrungspflicht ist. Dem Stpfl bleibt aber die Möglichkeit, die freiwillig in Papierform aufbewahrten bzw gespeicherten Unterlagen vor dem Vorlageverlangen nach § 200 I 2 zu löschen (BFH BStBl 10, 452). 62

Ist Datenzugriff nach Abs 6 zulässig, ist der Zugriff auf die aufbewahrungspflichtigen Daten (s Rz 61) beschränkt. Etwas anderes gilt aber dann, wenn der Stpfl seine aufbewahrungspflichtigen Daten nicht von den nicht aufbewahrungspflichtigen Dateien trennt, zB von privaten Dateien, von Dateien, hinsichtlich derer ein Auskunftsverweigerungsrecht besteht, oder von sonstigen Dateien, die keine stl Bedeutung iSv Abs 1 Nr 5 haben (FG RhPf EFG 05, 667; FG BaWü EFG 12, 577; s auch BFH BStBl 08, 415); s § 200 Rz 5a. Dem Stpfl steht insoweit ein sog **Erstqualifikationsrecht** zu, aufgrund dessen er seine nicht steuerrelevanten Daten in der EDV gegen eine Einsichtnahme durch das FA absichern kann, zB durch getrennte Speicherung (BFH BStBl 15, 519; BFH/NV 15, 790, 793; so auch GoBD v 14.11.2014, Abschn 11.2, Tz 172); die Ausübung des Erstqualifikationsrechts kann durch das FA im Rahmen der Überprüfung des EDV-Verfahrens überprüft werden (GoBD v 14.11.2014, Abschn 11.1, Tz 160).

c) Arten des Datenzugriffs. Abs 6 sieht drei Formen des digitalen Zugriffs vor (s auch GoBD v 14.11.2014, Abschn 11.1): Beim sog **Z 1-Zugriff** gem Abs 6 63

S 1 kann das FA selbst und unmittelbar auf das Datenverarbeitungssystem zugreifen (sog Nur-Lesezugriff, vgl FG RhPf EFG 06, 1634). Dabei darf es die Hard- und Software des Stpfl nicht nur zur Lesbarmachung, sondern auch zur maschinellen Auswertung nutzen. Es darf deshalb die Daten auch filtern und sortieren und überhaupt alle Auswertungsmöglichkeiten einsetzen, die das Datenverarbeitungssystem bietet (FG RhPf EFG 05, 667; *Schaumburg* DStR 02, 829). Eigene Software (zB Analyse und Prüfprogramme) darf das FA aber nur außerhalb des Datenverarbeitungsprogramms des Stpfl einsetzen (FG RhPf EFG 06, 1634; FG Hbg DStRE 07, 441). Eine Fernabfrage (Online-Abfrage) ist unzulässig (GoBD v 14.11.2014, Abschn 11.1, Tz 165). Beim sog **Z 2-Zugriff** gem Abs 6 S 2 Alt 1 kann das FA im Wege des mittelbaren Datenzugriffs verlangen, dass die Daten nach seinen Vorgaben von dem Stpfl oder einem von ihm beauftragten Dritten ausgewertet werden. Es handelt sich nur um eine technische Hilfe des Stpfl oder des von ihm beauftragten Dritten. Der Stpfl muss also nicht selbst aktiv auf vorhandene Auswertungsmöglichkeiten hinweisen. Er muss aber auf Befragen des Außenprüfers entsprechende Auskünfte geben (*Schaumburg* DStR 02, 829). Der Standardfall in der Praxis ist aber der sog **Z 3-Zugriff** gem Abs 6 S 2 Alt 2: Hier kann das FA die Datenträgerüberlassung verlangen, dh dem Prüfer sind die gespeicherten Unterlagen oder Aufzeichnungen auf einem maschinell verwertbaren Datenträger (CD, USB-Stick, Blu Ray, DVD) zur Verfügung zu stellen; das FA hat aber keinen Anspruch auf technische Kompatibilität der Software des Stpfl mit der Software des Prüfers (s Rz 60). Auf Befragen des Außenprüfers hat der Stpfl dann die für die Zwecke der Auswertung erforderlichen Informationen zu geben. Die zur Verfügung gestellten Daten können vom FA auf eigenen Rechnern mit finanzamtseigenen Analyse- und Prüfprogrammen (zB IDEA) ausgewertet werden (FG RhPf EFG 05, 667).

Der Z 3-Zugriff wird durch den BFH (BFH/NV 15, 1455) in **örtlicher und zeitlicher Hinsicht beschränkt,** wenn der Prüfer einen **mobilen Rechner** (Laptop) verwendet. So soll der Datenzugriff, dh die Speicherung und Auswertung der Daten auf dem Laptop des Prüfers, nur in den Räumen des Stpfl – in dem vom BFH entschiedenen Fall war der Stpfl und Kläger selbst ein StBerater – oder in den Diensträumen des FA zulässig sein; der BFH geht aber nicht auf den Fall ein, dass die digitale Ap in den Räumen des Bevollmächtigten (StBeraters) des Stpfl erfolgt, obwohl dieser Prüfungsort in der Praxis der Regelfall ist. Nach dem BFH (BFH/NV 15, 1455) dürfte die Speicherung und Auswertung der Daten in den Räumen des Bevollmächtigten ebenso unzulässig sein wie eine Datenspeicherung und -auswertung im häuslichen Arbeitszimmer des Prüfers. In zeitlicher Hinsicht darf die Datenspeicherung auf dem Laptop des Prüfers grds nur bis zum tatsächlichen Abschluss der Ap erfolgen; darüber hinaus ist eine Speicherung nur noch zulässig, soweit und solange die Daten noch für Zwecke des Besteuerungsverfahrens benötigt werden, zB bis zum Abschluss eines Einspruchsverfahrens. Nach dem BFH (BFH/NV 15, 1455) hat der Stpfl einen Anspruch auf eine ausdrückliche Bestätigung des FA, wonach die Herausgabe der Daten nur zur Speicherung und Auswertung auf dem Rechner des Prüfers während der Prüfung in den Geschäftsräumen des Stpfl oder zur Mitnahme durch den Prüfer für die auf einem Rechner in den Diensträumen des FA erfolgt. Die Auffassung des BFH bzgl der örtlichen Beschränkung ist **praxisfern,** da die Prüfung in den Räumen des StBeraters sowie im Arbeitszimmer des Prüfers der Regelfall ist und das Risiko eines Datenverlusts, zB durch Diebstahl des Laptop, nicht dadurch gemindert wird, dass der Laptop nur in den Geschäftsräumen des Stpfl eingesetzt wird, anschließend aber in das FA transportiert wird (krit auch *Ochs/Wargowske* DStR 15, 2689, 2692 ff); zudem werden die überspielten Daten durch Passwörter gesichert. IÜ wird der Stpfl durch die gesetzlichen Bestimmungen, insbes durch das StGeheimnis ausreichend geschützt (FG Thür EFG 05, 1406; im Grundsatz auch FG Hbg DStRE 07, 441; vgl GoBD v 14.11.2014, Abschn 11.1, Tz 168: Mitnahme des Datenträgers aus der Sphäre

…s Stpfl nur in Abstimmung mit dem Stpfl; aA *TK/Drüen* § 147 Rz 80a). Nicht …u beanstanden ist hingegen die Löschungsverpflichtung des FA nach Abschluss der Ap bzw nach Beendigung des Einspruchsverfahrens; die FinVerw geht selbst von einer Löschungsverpflichtung jedenfalls nach Bestandskraft der Änderungsbescheide, dh nach Ablauf der Einspruchsfrist, aus (GoBD v 14.11.2014, Abschn 11.1, Tz 169).

Durch G v 22.12.2016 ist **S 3** vollständig geändert worden; der Inhalt des bisherigen S 3 ist in S 4 verschoben worden. Der geänderte S 3 regelt Fälle, in denen der Stpfl dem FA mitteilt, dass sich die **Daten des Stpfl bei einem Dritten befinden,** zB beim StBerater oder bei einem externen Dienstleister oder einer anderen Konzerngesellschaft. Die Neuregelung gilt ab 1.1.2017 und gibt dem FA einen Anspruch ggü dem Dritten auf Vornahme eines Z 1-Zugriffs (S 3 Nr 1), eines Z 2-Zugriffs (S 3 Nr 2) oder eines Z 3-Zugriffs (S 3 Nr 3). Das FA kann diesen Zugriff erzwingen, nicht aber ein Verzögerungsgeld ggü dem Dritten festsetzen, da nach § 146 IIb nur Pflichtverletzungen des Stpfl, nicht aber des Dritten, sanktioniert werden können. Ergänzt wird die Neuregelung in S 3 durch den gleichzeitig eingefügten neuen **S 5;** diese Regelung hätte besser in S 4 aufgenommen werden sollen, um den systematischen Zusammenhang zwischen beiden Sätzen deutlich zu machen. Befinden sich die Daten bei einem Angehörigen der steuerberatenden Berufe iSv §§ 3, 4 Nrn 1 und 2 StBerG, soll nach S 5 der Prüfer sein Erscheinen in angemessener Frist ankündigen. Damit soll Rücksicht auf die Strafandrohung bei einer Verletzung des Beratungsgeheimnisses gem § 203 I Nr 3 StGB genommen werden, indem der StBerater die Gelegenheit erhält, Vorkehrungen zu treffen, dass nur die Daten des zu prüfenden Mandanten dem Prüfer zugänglich gemacht werden, nicht aber die Daten seiner anderen Mandanten (BT-Drs 18/10667, 27). Eine derartige Frist wird allerdings anderen Dritten wie zB Dienstleistern in S 5 nicht eingeräumt.

d) Mitwirkungspflicht des Stpfl. Nach **§ 200 I 2** hat der Stpfl das FA bei 64
der Ausübung ihrer Befugnisse nach § 147 VI zu unterstützen (s Erläut zu § 200 Rz 5; zur Anwendbarkeit des § 200 im Rahmen des Abs 5 s Rz 49). Diese Mitwirkungsverpflichtung wird ebenfalls durch den Grundsatz der Verhältnismäßigkeit begrenzt (s Rz 66). Zudem hat Stpfl – wie bei Abs 5 – nach Abs 6 S 4 idF des G v 22.12.2016 die Kosten zu tragen; der neue **S 4** entspricht dem bisherigen S 3, der durch das G v 22.12.2016 geändert worden ist (s Rz 63 aE). Ein Auskunftsverweigerungsrecht nach § 102 ist im Rahmen des § 147 Abs 6 ebenso zu beachten wie bei einem Auskunftsverlangen nach § 200 I 2 (s hierzu auch BFH BStBl 10, 455; FG Nbg EFG 09, 1991); allerdings obliegt es dem Berufsgeheimnisträger, die nach § 102 geschützten Daten von den zu überlassenden Daten zu trennen (BFH BStBl 15, 519; s Rz 62). Ein StBerater kann die Überlassung der Daten seines Mandanten nicht unter Hinweis auf sein zivilrechtliches Zurückbehaltungsrecht wegen ausstehender Honorarforderungen verweigern (FG SchlHol EFG 16, 1).

e) Ort des Datenzugriffs. Über den Ort des Datenzugriffs enthalten weder 65
§ 147 VI noch § 200 I 2 eine Regelung. In erster Linie kommen die Geschäftsräume des Stpfl in Betracht. Das gilt grds auch, wenn die Buchführung außer Haus erfolgt oder ins Ausland verlagert worden ist (s Rz 60). Datenzugriff zB bei der DATEV oder beim StB ist möglich (näher *Schaumburg* DStR 02, 829). Muss der Stpfl einen Datenträger nach Abs 6 S 2 Alt 2 zur Verfügung stellen, den der Prüfer auf seinem Laptop auswertet, wird der Datenzugriff vom BFH (BFH/NV 15, 1455) aber örtlich beschränkt und muss in den Räumen des Stpfl oder in den Diensträumen des FA erfolgen; mE ist Auswertung und Speicherung der Daten aber auch in den Räumen des StBeraters oder im häuslichen Arbeitszimmer des Prüfers zulässig (s Rz 63). Der Ort der Verwendung ist Gegenstand der Ermessensentscheidung (FG Hbg DStR 07, 441; s auch Rz 66).

f) Ermessensentscheidung. Es liegt im Ermessen des FA, **ob** es den Daten- 66
zugriff durchführt (Entschließungsermessen) und **welche** der jeweils drei Zugriffs-

formen es ggü dem Stpfl oder Dritten iSv Abs 6 S 3 ggf wählt (Auswahlermessen; BFH/NV 11, 193; FG RhPf EFG 05, 667; 06, 1634). Es kann auch kumulativ mehrere der Möglichkeiten nebeneinander in Anspruch nehmen (FG Hbg DStRE 07, 441, unter Hinweis auf BT-Drs 14/2683, 130; *Apitz* StBp 02, 33), dh es kann von einer einmal gewählten Zugriffsmöglichkeit auf eine andere übergehen (aA *Burkhard* DStZ 03, 112); ein Rangverhältnis der einzelnen Zugriffsformen besteht nicht (BFH/NV 11, 193; FG Mster EFG 15, 262). Das FA hat jedoch immer das Gebot der **Verhältnismäßigkeit** (Art 20 III GG) zu beachten (BFH BStBl 15, 519 zum Übermaßverbot; BFH/NV 11, 193; FG Mster EFG 15, 262; FG RhPf EFG 06, 1634; FG Hbg DStRE 07, 441; *Ditz* DStR 04, 2038; GoBD v 14.11.2014, Abschn 11.1, Tz 170). Der Datenzugriff muss geeignet, erforderlich und angemessen sein. Insbes bei einem kumulativen Datenzugriff (s oben) wird die Erforderlichkeit besonders zu prüfen sein (s auch *TK/Drüen* § 147 Rz 76a). Bei einer beabsichtigten Verwendung des Datenträgers außerhalb der Sphäre des Stpfl ist unter dem Gesichtspunkt der Erforderlichkeit auch der Datenschutz zu berücksichtigen, da ein unberechtigter Zugriff durch weitere Mitarbeiter des FA oder durch externe Dritte ausgeschlossen werden muss (FG Hbg DStRE 07, 441; s hierzu Rz 63 und 65). Erforderlichkeit soll nach FG RhPf (EFG 06, 1634) bei beabsichtigtem Zugriff auf Kostenstellen zu verneinen sein, wenn sich die erforderlichen Daten bereits aus der Finanzbuchhaltung ergeben. IÜ wird man aber Ermessensfehlerfreiheit bejahen können, wenn das FA im Rahmen der Bp nur eine der drei Zugriffsmöglichkeiten des Abs 6 wählt (aA FG Mster EFG 15, 262, wonach FA darlegen muss, weshalb es sich nicht auf den Z 1-Zugriff beschränkt). Soweit sich die Aufforderung des FA auf nicht aufbewahrungspflichtige Daten erstreckt, ist die Aufforderung bereits deshalb rechtswidrig, weil die Voraussetzungen des Abs 6 („Unterlagen nach Absatz 1") nicht vorliegen; insoweit besteht also bereits kein Ermessen (BFH BStBl 10, 452; aA FG Hbg DStRE 07, 441, das von Ermessensfehlerhaftigkeit ausgeht). Die Ermessensentscheidung ist nach § 121 zu begründen (BFH/NV 11, 193).

67 **g) Rechtsbehelf.** Die Umsetzung der sich aus § 147 VI ergebenden Rechte der FinVerw erfolgt durch **VA** (BFH/NV 08, 133, 1223; FG Hbg DStRE 07, 441; s auch FG RhPf EFG 06, 1634, zu den Folgen einer widersprüchlichen Aufforderung). Der Stpfl kann sich daher mit dem **Einspruch** und einem **AdV-Antrag** wehren. Dabei kann Stpfl insbes geltend machen, dass die Daten nicht aufbewahrungspflichtig sind (zB mangels Aufzeichnungspflicht, s Rz 61 und 66) oder dass Datenzugriff ermessensfehlerhaft bzw unverhältnismäßig ist (s Rz 66). Eine Feststellungsklage, mit der der Stpfl bei einem Z 3-Zugriff die Unzulässigkeit der Datenspeicherung über den Prüfungszeitraum hinaus feststellen lassen will, ist mE unzulässig (aA BFH/NV 15, 1455).

70 **12. Verletzung der Aufbewahrungspflicht.** Die Buchführung ist nicht ordnungsgemäß, wenn die Unterlagen nicht vorgelegt werden können. FA ist zur **Schätzung** nach § 162 II 2 berechtigt (BFH BStBl 04, 599). Bei **unverschuldetem Verlust** der Buchführung oder von Buchführungsunterlagen, zB bei Hochwasserschäden, kann nach § 163 darauf verzichtet werden, nachteilige stl Folgen zu ziehen (BFH BStBl 72, 819); anders hingegen, wenn Verlust der Unterlagen in der Risikosphäre des Stpfl liegt, zB bei Beschlagnahme (BFH/NV 10, 2017). **Strafrechtliche** oder bußgeldrechtliche Folgen ergeben sich allein aus der Verletzung der Aufbewahrungspflicht für das StRecht nicht, vgl aber § 283 I Nr 6, § 283b I Nr 2 StGB im Fall der Insolvenz sowie § 274 StGB bei Vernichtung von Urkunden (zB Rechnungen).

Hingegen ist im Zusammenhang mit der **digitalen Buchführung** zu differenzieren, wenn die Buchführung den Anforderungen an eine digitale Ap nicht entspricht: Ist die Buchführung ansonsten, dh die in Papierform vorgelegte Buchführung, formell und materiell ordnungsgemäß, ist eine Schätzung nicht gerechtfertigt

(*Intemann/Cöster* DStR 04, 1981 mwN; *TK/Drüen* § 147 Rz 64). Schätzung ist jedoch zulässig, wenn auch die in Papierform vorgelegten Unterlagen Zweifel an der sachlichen Richtigkeit der Buchführung begründen (vgl *Intemann/Cöster* DStR 04, 1981; *TK/Drüen* § 147 Rz 64). Zudem kann bei Nichtbefolgung einer Aufforderung zur Duldung eines digitalen Datenzugriffs nach Abs 6 ein **Verzögerungsgeld** ggü dem Stpfl gem § 146 IIb verhängt werden, nicht aber ggü dem Dritten iSv Abs 6 S 3 (s § 146 Rz 70).

§ 147a Vorschriften für die Aufbewahrung von Aufzeichnungen und Unterlagen bestimmter Steuerpflichtiger

(1) [1] **Steuerpflichtige, bei denen die Summe der positiven Einkünfte nach § 2 Absatz 1 Nummer 4 bis 7 des Einkommensteuergesetzes (Überschusseinkünfte) mehr als 500 000 Euro im Kalenderjahr beträgt, haben die Aufzeichnungen und Unterlagen über die den Überschusseinkünften zu Grunde liegenden Einnahmen und Werbungskosten sechs Jahre aufzubewahren. [2] Im Falle der Zusammenveranlagung sind für die Feststellung des Überschreitens des Betrags von 500 000 Euro die Summe der positiven Einkünfte nach Satz 1 eines jeden Ehegatten oder Lebenspartners maßgebend. [3] Die Verpflichtung nach Satz 1 ist vom Beginn des Kalenderjahrs an zu erfüllen, das auf das Kalenderjahr folgt, in dem die Summe der positiven Einkünfte im Sinne des Satzes 1 mehr als 500 000 Euro beträgt. [4] Die Verpflichtung nach Satz 1 endet mit Ablauf des fünften aufeinanderfolgenden Kalenderjahrs, in dem die Voraussetzungen des Satzes 1 nicht erfüllt sind. [5] § 147 Absatz 2, Absatz 3 Satz 3 und die Absätze 4 bis 6 gelten entsprechend. [6] Die Sätze 1 bis 3 und 5 gelten entsprechend in den Fällen, in denen die zuständige Finanzbehörde den Steuerpflichtigen für die Zukunft zur Aufbewahrung der in Satz 1 genannten Aufzeichnungen und Unterlagen verpflichtet, weil er seinen Mitwirkungspflichten nach § 90 Absatz 2 Satz 3 nicht nachgekommen ist.**

(2) [1] **Steuerpflichtige, die allein oder zusammen mit nahestehenden Personen im Sinne des § 1 Absatz 2 des Außensteuergesetzes unmittelbar oder mittelbar einen beherrschenden oder bestimmenden Einfluss auf die gesellschaftsrechtlichen, finanziellen oder geschäftlichen Angelegenheiten einer Drittstaat-Gesellschaft im Sinne des § 138 Absatz 3 ausüben können, haben die Aufzeichnungen und Unterlagen über diese Beziehung und alle damit verbundenen Einnahmen und Ausgaben sechs Jahre aufzubewahren. [2] Diese Aufbewahrungspflicht ist von dem Zeitpunkt an zu erfüllen, in dem der Sachverhalt erstmals verwirklicht worden ist, der den Tatbestand des Satzes 1 erfüllt. [3] Absatz 1 Satz 4 sowie § 147 Absatz 2, 3 Satz 3 und Absatz 5 und 6 gelten entsprechend.**

§ 147a eingefügt durch StHintBekG v 29.7.09 (BGBl I, 2302); Satz 2 geändert durch G v 18.7.14 (BGBl I, 1042); Abs 2 angefügt durch StUmgBG v 23.6.17 (BGBl I, 1682).

Schrifttum: *vor 2010 s 13. Aufl; Dißars* Aufbewahrungspflichten bei Überschusseinkünften nach § 147a AO, BB 10, 2085; *Geuenich* Steuerliche Außenprüfung bei Beziehern von Überschusseinkünften, NWB 10, 2300; *Goldshteyn* Auswirkungen des Steuerhinterziehungsbekämpfungsgesetzes auf Steuerpflichtige mit Überschusseinkünften, StBp 10, 68; *Dißars* Neue Aufbewahrungspflichten und weitere Verschärfungen der Rechtslage bei Beteiligungen an Drittstaat-Gesellschaften, BB 17, 2015.

Übersicht

1 **1. Inhalt. a) Regelungsinhalt.** Die Vorschrift bestimmt in Abs 1 eine Aufbewahrungspflicht für Stpfl, die hohe **Überschusseinkünfte** erzielen und damit von der Aufbewahrungspflicht des § 147 nicht erfasst werden, da diese nur für Gewinneinkünfte gilt (s § 147 Rz 1). Abs 2 regelt eine Aufbewahrungspflicht für Stpfl, die einen bestimmenden oder beherrschenden Einfluss auf die Angelegenheiten einer sog **Drittstaat-Gesellschaft** iSv § 138 III haben. § 147a AO wurde 2009 durch das StHintBekG eingefügt und bestand zunächst aus den S 1 bis 6 des heutigen Abs 1. Durch das StUmgBG v 23.6.2016 wurde Abs 2 angefügt, sodass die bisherigen S 1 bis 6 in den Abs 1 übernommen wurden.

Abs 1 soll eine zügige Überprüfung der Angaben bei Stpfl mit hohen Überschusseinkünften (zB aus Kapitalvermögen) erleichtern, indem eine Aufbewahrungspflicht konstituiert wird (BT-Drs 16/12852, 15). Flankiert wird die Regelung durch § 193 I idF des StHintBekG, der eine Ap für generell zulässig erklärt, wenn eine Aufbewahrungspflicht nach § 147a AO besteht (s Rz 38). Zudem ist § 147a Teil einer Reihe von Regelungen, die gelten, wenn ein Stpfl Geschäftsbeziehungen zu einer sog **Steueroase** unterhält und seinen Mitwirkungspflichten nach § 90 II 3 idF des StHintBekG (s dort Rz 35) nicht nachkommt: Er kann dann nach § 147a I 6 vom FA zur Aufbewahrung von Unterlagen verpflichtet und damit anschließend einer Ap nach § 193 II Nr 3 AO idF des StHintBekG unterzogen werden (s Rz 30); zudem droht ihm eine Hinzuschätzung nach § 162 II 3 idF des StHintBekG (s Rz 41). Zwar geht ein Teil der Regelungen des StHintBekG (wie zB § 51 I Nr 1 f EStG oder § 90 II 3 AO) derzeit ins Leere, weil zum 1.1.2010 kein Staat die Voraussetzungen der StHintBekV v 25.9.2009 (BGBl I, 3046) erfüllt hat (BMF v 5.1.2010, BStBl I 10, 19). Dies wirkt sich aber im Rahmen des § 147a nur auf Abs 1 S 6 aus, weil diese Vorschrift eine Verletzung der Mitwirkungspflichten des § 90 II 3 voraussetzt (s Rz 31); iÜ ist § 147a I in vollem Umfang anwendbar.

Abs 2 nimmt hingegen auf die ebenfalls durch das StUmgBG eingefügten § 138 II 1 Nr 4, III Bezug, die eine Anzeigepflicht regeln, wenn der Stpfl auf eine Drittstaat-Gesellschaft iSv § 138 III beherrschenden oder bestimmenden Einfluss ausüben kann. Hieran knüpft Abs 2 des § 147a an und begründet eine Aufbewahrungspflicht der Unterlagen, aus denen sich die Beziehung zu der Drittstaat-Gesellschaft ergibt, sowie der damit verbundenen Einnahmen und Ausgaben.

b) Inkrafttreten. Abs 1 gilt nach Art 97 § 22 II EGAO iVm § 5 StHinterziehungsbekämpfungsVO (SteuerHBekV) für Besteuerungszeiträume, die nach dem 31.12.2009 beginnen, also ab dem Kalenderjahr 2010 (zur Maßgeblichkeit des Schwellenwerts des Jahres 2009 s Rz 20); zu sich hieraus ergebenden verfassungsrechtl Zweifeln s Rz 3. Eine Regelung für abweichende Wj iSv § 4a ist nicht erforderlich, weil § 4a EStG nicht für Überschusseinkünfte gilt. **Abs 2** gilt erstmals für Besteuerungszeiträume, die nach dem 31.12.2017 beginnen, dh ab VZ 2018 (Art 97 § 22 III EGAO). 2

c) Verfassungsmäßigkeit. Abs 1 ist **verfassungsgemäß** (BFH DStR 18, 522; *BG/Märtens* § 147a Rz 9 ff; *TK/Drüen* § 147a Rz 5 ff; *Dißars* BB 10, 2085, 2086). Der damit verbundene Eingriff in Art 2 I, 3 I GG ist durch das in § 85 zum Ausdruck kommende Ziel, Steuern gleichmäßig festzusetzen, gerechtfertigt; denn die Aufbewahrungspflicht dient der **besseren Überprüfbarkeit** (Verifikation) der vom Stpfl erzielten Einnahmen. Zudem wird die Aufbewahrungspflicht idR keine zusätzlichen hohen Kosten verursachen, da der Stpfl schon bislang aufgrund der allg Beweislastgrundsätze (s Rz 12 sowie § 88 Rz 61) gehalten war, die Belege über Werbungskosten aufzubewahren. Faktisch beschränkt sich die Aufbewahrungspflicht nach § 147a damit nur auf Unterlagen über die Einnahmen (s Rz 12). 3

Verfassungsrechtl ist iErg auch nicht zu beanstanden, dass das Inkrafttreten des § 147a iErg durch RVO, nämlich durch § 5 SteuerHBekV (s Rz 2), und damit durch die Exekutive geregelt wurde (*BG/Märtens* § 147a Rz 9 ff; *Dißars* BB 10, 2085, 2086; zweifelnd: *TK/Drüen* § 147a Rz 8). Die hiermit beabsichtigte Abstimmung der einzelnen Regelungskomplexe des StHintBekG aufeinander durch die BReg (BT-Drs 16/13106; s hierzu Rz 1) war erforderlich (aA *TK/Drüen* § 147a Rz 8). Denn zum einen wurden durch das StHintBekG Geschäftsbeziehungen mit sog Steueroasen in verschiedenen Gesetzen gleichzeitig bekämpft (EStG, KStG, AO); dem steht nicht entgegen, dass § 147a ausschl mit AO-Normen (§ 90 II 3 und § 193 I) verknüpft ist. Zum anderen war das StHintBekG als politisches Druckmittel auf sog Steueroasen gedacht, mit denen die BReg parallel zum Gesetzesvorhaben – iErg auch erfolgreich (s § 117 Rz 7) – Verhandlungen über den Informationsaustausch aufnahm; auch unter diesem Gesichtspunkt erscheint es zulässig, dass die BReg den Zeitpunkt des Inkrafttretens festlegen sollte.

Abs 2 ist hingegen mit dem Bestimmtheitsgrundsatz nicht vereinbar und daher **verfassungswidrig**. Denn es ist unklar, was unter einem bestimmenden Einfluss und was unter finanziellen oder geschäftlichen Angelegenheiten zu verstehen ist. Auf die Erläut zu § 138 (dort Rz 23 ff) wird verwiesen. 4

2. Aufbewahrungspflicht bei Überschusseinkünften (Abs 1 S 1 und 2). a) Überschusseinkünfte. Die Vorschrift gilt nur im Rahmen von Überschusseinkünften, bei denen die in S 1 und 2 genannten Schwellenwerte überschritten werden. 5

Erfasst werden Stpfl, die Überschusseinkünfte iSv § 2 I Nr 4 bis 7 EStG (§§ 19–22 EStG) erzielen, also Einkünfte aus Kapitalvermögen, VuV, nichtselbständiger Arbeit und sonstige Einkünfte. In der Praxis relevant werden dabei insbes Einkünfte aus Kapitalvermögen und VuV sein. Für die Anwendbarkeit des § 147a kommt es nicht darauf an, ob der Stpfl noch Gewinneinkünfte iSv § 2 I Nr 1 bis 3 EStG erzielt; insoweit ergibt sich die Aufbewahrungspflicht aus § 147 oder § 145 II AO. Ist der Stpfl im Rahmen seiner Überschusseinkunftsart Unternehmer im umsatzsteuerlichen Sinn (zB aufgrund umsatzsteuerpflichtiger Vermietung), ergibt sich eine Aufbewahrungspflicht bereits aus § 22 UStG, die durch § 147a AO nicht berührt wird.

6 **b) Schwellenwert ohne Zusammenveranlagung (Abs 1 S 1).** Die Aufbewahrungspflicht besteht nach § 147a S 1 nur, wenn die Summe der **positiven** Überschusseinkünfte **höher als 500.000 €** im Kalenderjahr ist. Dieser Schwellenwert gilt in allen Fällen, in denen keine Zusammenveranlagung durchgeführt wird, also zB auch bei Einzelveranlagung für Ehegatten oder Lebenspartner ab VZ 2013 gem § 26a oder – bis einschl VZ 2012 – bei getrennter Veranlagung gem § 26a EStG aF. Die Schwelle des S 1 kann auch dadurch überschritten werden, dass der Stpfl aus seiner Tätigkeit als ArbeitN (zB GmbH-Geschäftsführer) Einkünfte von mehr als 500.000 € erzielt. Er ist dann sowohl hinsichtlich seiner nichtselbständigen Einkünfte als auch bzgl seiner weiteren Überschusseinkünfte nach § 147a aufbewahrungspflichtig (s Rz 12). Bei der Ermittlung der Einkünfte bleiben Kapitalerträge, die der Abgeltungsteuer gem § 32d I, § 43 V EStG unterlegen haben, außer Ansatz (AEAO zu § 147a; offen gelassen von BFH DStR 18, 522; aA *TK/Drüen* § 147a Rz 11); jedoch werden Kapitalerträge, die aufgrund der Günstigerprüfung nach § 32d VI EStG nicht der Abgeltungsteuer unterliegen, berücksichtigt (BFH DStR 18, 522).

7 Bei der Ermittlung der Überschusseinkünfte sind nach § 2 II Nr 2 EStG die Werbungskosten zu berücksichtigen. Hingegen kommt es nicht darauf an, ob der Stpfl noch Gewinneinkünfte iSv § 2 I Nr 1 bis 3 EStG erzielt hat; ebenso wenig werden **negative (Überschuss-)Einkünfte** berücksichtigt (BFH DStR 18, 522).

Beispiel: Der Stpfl hat 600.000 € nichtselbständige Einkünfte, 10.000 € Werbungskosten aus nichtselbständiger Arbeit und einen Verlust aus Vermietung und Verpachtung iHv 100.000 €. Die positiven Einkünfte aus nichtselbständiger Arbeit betragen 590.000 € (600.000 € Einnahmen ./. 10.000 € Werbungskosten) und übersteigen damit den Schwellenwert des S 1. Der Verlust aus Vermietung und Verpachtung bleibt unberücksichtigt, weil es sich nicht um positive Einkünfte handelt. Es besteht damit eine Aufbewahrungspflicht, die alle Überschusseinkünfte erfasst.

Allerdings können **Verluste mit Überschüssen derselben Einkunftsart** horizontal verrechnet werden (glA *Geuenich* NWB 10, 2300, 2302; BFH DStR 18, 522). Hat ein Stpfl zB zwei vermietete Objekte und erzielt er aus einen Objekt einen Überschuss von 600.000 €, aus dem anderen Objekt aber einen Verlust von 150.000 €, erzielt er Einkünfte aus VuV nur iHv 450.000 € und überschreitet damit nicht den Schwellenwert des S 1. Verlustvorträge und -rückträge bleiben unberücksichtigt und mindern nicht die Summe der positiven Einkünfte (BFH DStR 18, 522).

8 **c) Schwellenwert bei Zusammenveranlagung (Abs 1 S 2).** Im Fall der Zusammenveranlagung gilt nach Satz 2 der Schwellenwert von 500.000 € für jeden Ehegatten bzw Lebenspartner. Es kommt damit **nicht zu einer Verdoppelung** des Schwellenwerts auf 1 Mio €. Vielmehr sind die Überschusseinkünfte für jeden Ehepartner gesondert zu ermitteln. Im Hinblick auf die für jeden einzelnen Ehepartner gesondert zu prüfende Überschreitung des Schwellenwerts sollte daher in der StErklärung darauf geachtet werden, dass die Einkünfte den Ehepartnern ordnungsgemäß zugeordnet werden. Überschreitet nur ein Ehepartner den Schwellenwert, ist er hinsichtlich seiner Überschusseinkünfte aufbewahrungspflichtig, nicht aber der andere Ehepartner.

9 Die für jeden Ehepartner gesondert vorzunehmende Prüfung der Aufbewahrungspflicht ist **nicht praktikabel,** wenn die Ehepartner den Tatbestand einer Überschusseinkunftsart **gemeinsam verwirklichen** und nur einer der beiden aufgrund weiterer eigener Einkünfte den Schwellenwert überschreitet; denn die diesen Ehepartner treffende Aufbewahrungspflicht wirkt sich praktisch auf die gesamte gemeinsam verwirklichte Einkunftsart aus.

Beispiel: Der Ehemann erzielt Einkünfte aus nichtselbständiger Arbeit in Höhe von 400.000 €, die Ehefrau erzielt Einkünfte aus nichtselbständiger Arbeit iHv 100.000 €. Zusammen erzielen beide aus der gemeinsamen Vermietung eines Hauses Einkünfte gem § 21

EStG iHv 300.000 €, so dass jedem Ehegatten insoweit 150.000 € zuzurechnen sind. Somit überschreitet nur der Ehemann den Schwellenwert von 500.000 €, da er positive Überschusseinkünfte iHv insgesamt 550.000 € erzielt (400.000 € + 150.000 €), während seine Ehefrau unter dem Schwellenwert bleibt. Die Aufbewahrungspflicht des § 147a trifft den Ehemann aber auch hinsichtlich der Einkünfte aus Vermietung und Verpachtung, so dass alle Vermietungsunterlagen von ihm aufzubewahren sind. Eine Ap nach § 193 I AO idF des StHintBekG ist hinsichtlich der Vermietungseinkünfte aber nur beim Ehemann möglich.

3. Aufbewahrungspflichtige Unterlagen. Die Aufbewahrungspflicht betrifft 12
alle Aufzeichnungen und Unterlagen, die für die Ermittlung der Einnahmen und Werbungskosten maßgeblich sind; die Pflicht gilt vor dem Hintergrund des StHintBekG, Steueroasen zu bekämpfen, auch für ausl Einnahmen (iE auch *Dißars* BB 10, 2085, 2086). Ist der Schwellenwert iSd Sätze 1 und 2 überschritten, gilt die Aufbewahrungspflicht für die Unterlagen **aller** Überschusseinkünfte des Stpfl, also auch für die, deren Überschuss unter dem Schwellenwert liegt (s oben Rz 7). Hingegen gilt die Aufbewahrungspflicht nicht für Unterlagen außerhalb der Einkünfteermittlung wie zB Sonderausgaben oder außergewöhnliche Belastungen. Die Aufbewahrungspflicht bzgl der **Werbungskosten** geht faktisch **ins Leere,** weil den Stpfl insoweit ohnehin die Beweislast trifft (s Rz 40); der Regelung des § 147a I bedurfte es insoweit nicht.

Bei den **Kapitaleinkünften** erfasst die Aufbewahrungspflicht insbes folgende 13
Unterlagen, sofern die Einnahmen nicht der Abgeltungsteuer unterlegen haben (s Rz 6): Erträgnisaufstellungen, Sparbücher, nicht jedoch Depotauszüge, weil sie für die Ermittlung der Einnahmen nicht relevant sind, Kontoauszüge, auf denen die Zinseinnahmen oder Veräußerungserlöse iSv § 20 II EStG gutgeschrieben werden, Abrechnungen über die Anschaffung und Veräußerung von Wertpapieren (wegen Erträgen iSv § 20 II EStG). Bei GmbH-Gesellschaftern gehören hierzu auch die mit ihrer GmbH geschlossenen Verträge, weil sich hieraus vGA und damit Einkünfte iSv § 20 I Nr 1 S 2 EStG ergeben können; parallel besteht hierzu Aufbewahrungspflicht seitens der GmbH gem § 147. Bei den Einkünften aus **VuV:** Mietverträge, Bankauszüge, Betriebskosten- und Wohngeldabrechnungen, Verträge mit Versorgungs- und Reinigungsbetrieben. Bei den **sonstigen Einkünften** iSv § 22 EStG sind insbes die Unterlagen aufzubewahren, aus denen sich die Höhe von Veräußerungsgewinnen aus Spekulationsgeschäften gem §§ 22 Nr 2, 23 EStG ergibt, also An- und Verkaufsverträge sowie Bankauszüge. Bei den **Einkünften aus nichtselbständiger Arbeit** hat § 147a keine praktische Bedeutung, weil die Einnahmen ohnehin gem § 41b I Nr 3 EStG aufzuzeichnen sind (aA *TK/Drüen* § 147a Rz 12: parallele Aufbewahrungspflicht des ArbN zur Aufbewahrungspflicht des ArbG).

Aufbewahrungspflicht von **Bankauszügen** erstreckt sich nur auf die einzelnen 14
Bankauszüge, auf denen Einnahmen oder Ausgaben iSd §§ 19–22 EStG ausgewiesen sind, nicht aber auf das gesamte Girokonto des betr Jahres (so auch *TK/Drüen* § 147a Rz 12; *BG/Märtens* § 147a Rz 24; aA *Obenhaus* Stbg 09, 389; *Dißars* BB 10, 2085, 2086). Der Stpfl sollte dafür sorgen, dass aufbewahrungspflichtige Unterlagen von sonstigen Unterlagen getrennt werden, um uneingeschränkte Vorlagepflicht zu vermeiden.

4. Aufbewahrungsfrist. Die Aufzeichnungen und Unterlagen sind nach Abs 1 17
S 1 **sechs Jahre** aufzubewahren. Diese Frist entspricht der Aufbewahrungsfrist für Handels- und Geschäftsbriefe sowie sonstige stl relevante Unterlagen iSv § 147 I Nr 2, 3 und 5 (s § 147 III 1). Im Gegensatz zu § 147 III 1 letzter HS sind jedoch kürzere Aufbewahrungsfristen, die sich aus anderen StGesetzen ergeben, unmaßgeblich. Wie bei der Aufbewahrungspflicht nach § 147 AO (s hierzu § 147 Rz 47) läuft auch bei § 147a I die Aufbewahrungsfrist nicht vor der entsprechenden Festsetzungsfrist für die Steuer ab. Dies ergibt sich aus dem Verweis in § 147a I 5 auf § 147 III 3, in dem bis zur Änderung durch G v 30.6.2017 der Verweis auf die

Festsetzungsfrist enthalten war; allerdings ist dieser Verweis durch G v 30.6.2017 in § 147 III 5 verschoben worden, sodass der Verweis auf § 147 III 3 falsch geworden ist und noch angepasst werden muss (s § 147 Rz 47). Wird der Schwellenwert von 500.000 € nur aufgrund eines einmaligen privaten Veräußerungsgeschäftes iSv § 22 I Nr 2 überschritten, kann eine Verkürzung der Aufbewahrungsfrist nach § 148 AO in Betracht kommen (*TK/Drüen* § 147a Rz 14; *Dißars* BB 10, 2085, 2087). Die **Sechs-Jahres-Frist beginnt** mit dem Schluss des Kalenderjahrs, in dem die Aufzeichnung vorgenommen worden ist oder die Unterlagen entstanden sind (§ 147a I 5 iVm § 147 IV), zum Beginn der Aufbewahrungsverpflichtung s Rz 20.

20 **5. Beginn der Aufbewahrungsverpflichtung (Abs 1 S 3).** Von dem Beginn der sechsjährigen Aufbewahrungsfrist (s Rz 17) zu unterscheiden ist der Beginn der Aufbewahrungsverpflichtung. Der Beginn der Aufbewahrungsverpflichtung betrifft die Frage, **ab welchem VZ** Unterlagen aufzubewahren sind; die Aufbewahrungsfrist betrifft hingegen die Dauer der Aufbewahrung dieser Unterlagen (sechs Jahre).

Nach § 147a I 3 beginnt die Verpflichtung mit Beginn des Kalenderjahrs, das auf das Jahr folgt, in dem der Schwellenwert von 500.000 € überschritten worden ist. Erzielt der Stpfl also im Jahr 01 positive Überschusseinkünfte von mehr als 500.000 €, ist er vom 1.1.2002 an zur Aufbewahrung verpflichtet (s Beispiel in Rz 23). Die Verpflichtung entsteht **kraft Gesetzes,** sodass es einer gesonderten Aufforderung durch das FA nicht bedarf (anders bei der Feststellung der Buchführungspflicht nach § 141 II 1, s § 141 Rz 15). Der Stpfl muss daher zum Ende des laufenden Jahres, dh noch vor Erstellung der Jahreserklärung, prüfen, ob er im laufenden Jahr den Schwellenwert von 500.000 € überschritten hat und damit ab nächstem Jahr aufbewahrungspflichtig ist. Zur Aufbewahrungspflicht bereits ab dem VZ 2010 s 13. Aufl.

23 **6. Ende der Aufbewahrungsverpflichtung (Abs 1 S 4).** Die Aufbewahrungsverpflichtung endet nach Abs 1 S 4 mit Ablauf des fünften aufeinander folgenden Kalenderjahrs, in dem der Schwellenwert nicht überschritten worden ist. Das bedeutet, dass in **fünf Kalenderjahren hintereinander** der Schwellenwert nicht mehr überschritten werden darf. Während dieser fünf Jahre besteht jedoch eine Aufbewahrungspflicht, da die Aufbewahrungsfrist sechs Jahre beträgt (s Rz 17).

Beispiel: A erzielt im Jahr 01 positive Überschusseinkünfte iHv 600.000 €, so dass er nach § 147a I 3 ab dem VZ 02 aufbewahrungspflichtig ist (s Rz 20). In den Jahren 02 bis 06 überschreiten seine positiven Überschusseinkünfte nicht mehr den Schwellenwert. Er ist daher ab dem VZ 07 nicht mehr zur Aufbewahrung seiner Unterlagen des VZ 07 verpflichtet. Die Unterlagen der VZ 02 bis einschließlich 06 sind aber gleichwohl jeweils sechs Jahre (s Rz 17) aufzubewahren. Überschreitet A im Jahr 08 wieder den Schwellenwert, ist er ab dem VZ 09 erneut aufbewahrungspflichtig, und zwar in jedem Fall hinsichtlich der Unterlagen für 09 bis 13 (Aufbewahrungsfrist jeweils sechs Jahre). Diese erneute Aufbewahrungsverpflichtung kann frühestens für Unterlagen des Jahres 14 entfallen, wenn A in den fünf aufeinander folgenden Jahren 09 bis 13 den Schwellenwert nicht mehr überschritten hat.

24 Bei **Ehegatten bzw Lebenspartnern** ist nach Abs 1 S 2 für jeden Ehepartner gesondert zu prüfen, ob er den Schwellenwert überschreitet (s Rz 8). Dementsprechend kommt es für das Ende der Aufbewahrungsverpflichtung darauf an, ob der jeweilige aufbewahrungspflichtige Ehepartner in fünf aufeinander folgenden Kalenderjahren den Schwellenwert nicht mehr überschreitet. Überschreitet hingegen der andere, bislang nicht von Abs 1 erfasste Ehepartner den Schwellenwert, ist dies für den bislang aufbewahrungspflichtigen Ehepartner unschädlich.

Das Ende der Verpflichtung tritt ebenso wie der Beginn der Verpflichtung (s Rz 20) **kraft Gesetzes** ein, sodass es – anders als bei der Beendigung der Buchführungspflicht nach § 141 II 2 (s § 141 Rz 20) – keiner besonderen Feststellung durch das FA bedarf.

7. Form und Ort der Aufbewahrung (Abs 1 S 5). Der Stpfl erfüllt seine Pflicht bereits dann, wenn er die Aufzeichnungen und Unterlagen im Original sammelt und **abheftet bzw ablegt.** Eine besondere Ordnung, Summenziehung oder Aufzeichnung wird von Abs 1 nicht gefordert; denn der Zweck der Vorschrift beschränkt sich darauf, dass die Angaben des Stpfl in seiner StErklärung durch einen Vergleich mit den vorhandenen – weil aufbewahrten – Belegen überprüft werden können. Auch gelten die Ordnungsvorschriften der §§ 143 bis 146 nicht für die von § 147a erfassten Überschusseinkünfte. 27

Der Stpfl kann sich auch für eine **digitale Aufbewahrung** entscheiden, wie sich aus dem Verweis in Abs 1 S 5 auf § 147 II ergibt. In diesem Fall gelten nach dem Verweis in S 5 auf § 147 V und VI die gleichen Grundsätze wie bei einer digitalen Buchführung nach § 147 II (s § 147 Rz 49 ff). Der Stpfl muss dann also im Fall einer Ap nach § 193 I die Hilfsmittel zur Lesbarmachung der Unterlagen zur Verfügung stellen (S 5 iVm § 147 V); s hierzu die Erläut zu § 147 Rz 49. Außerdem hat das FA bei digitaler Aufbewahrung das Recht zur sog digitalen Ap (S 5 iVm § 147 VI; s auch Erläut in Rz 39 sowie zu § 147 Rz 60 ff). 28

Die Aufbewahrung muss **im Inland** erfolgen, da eine Verlagerung ins Ausland nach § 146 IIa nicht möglich ist; denn § 146 IIa gilt nur für Buchführungsunterlagen iSv § 146 II (*Schwarz/Dißars* § 147a Rz 10; aA *BG/Märtens* § 147a Rz 27; *TK/Drüen* § 147a Rz 15a; *Goldshteyn* StBp 10, 68, 73).

8. Aufbewahrungspflicht bei Verpflichtung durch das FA (Abs 1 S 6). 30
a) Überblick. Satz 6 des Abs 1 hat derzeit **keine Bedeutung** (s Rz 31 und 1). Nach S 6 kann das FA den Stpfl verpflichten, für die Zukunft die in Abs 1 S 1 genannten Aufzeichnungen und Unterlagen aufzubewahren. Es kommt damit nicht darauf an, dass die positiven Überschusseinkünfte den Schwellenwert der S 1 und 2 überschritten haben. Der Verweis in S 6 auf S 2, der die Berechnung der Schwellenwerte für zusammenzuveranlagende Ehegatten bzw Lebenspartner regelt, geht daher ins Leere.

Die Verpflichtung in S 6 flankiert die durch das StHintBekG erweiterte Möglichkeit einer Ap durch § 193 II Nr 3 bei Verletzung der Mitwirkungspflichten des § 90 II 3. Für diese Ap soll die durch S 6 angeordnete Verpflichtung zur Aufbewahrung der Unterlagen und Aufzeichnungen eine Erleichterung darstellen.

b) Voraussetzungen. Voraussetzung für die Verpflichtung durch das FA ist, dass der Stpfl seine Mitwirkungspflichten iSv § 90 II 3 (s § 90 Rz 35 ff) nicht erfüllt hat. Da § 90 II 3 derzeit ins Leere geht (BMF 5.1.2010, BStBl I 10, 19; s auch Rz 1), können die Voraussetzungen für eine Aufforderung nach S 6 nicht vorliegen, sodass S 6 bis auf Weiteres bedeutungslos ist. 31

Sofern § 90 II 3 wieder anwendbar sein sollte, genügt für die Verpflichtung nach S 6 die Verletzung einer der beiden in § 90 II 3 genannten Mitwirkungspflichten. Bei Ehegatten bzw Lebenspartnern ist ggü **jedem einzelnen Ehepartner** zu prüfen, ob die Voraussetzungen für eine Verpflichtung nach S 6 vorliegen.

c) Inhalt der Verpflichtung. Es gelten die gleichen Grundsätze zur Aufbewahrung wie beim Überschreiten der Schwellenwerte. Dies folgt aus dem Verweis in S 6 auf S 1 und 5. Die Unterlagen sind daher sechs Jahre aufzubewahren, wobei eine digitale Aufbewahrung möglich ist (Verweis auf S 5 iVm § 147 II). 32

Die Verpflichtung durch das FA ist ein **VA** und eine Ermessensentscheidung, die zu begründen ist. Bei der Ermessensausübung muss das FA prüfen, ob eine Befristung unter dem Gesichtspunkt der Verhältnismäßigkeit den geringeren Eingriff darstellt. Soweit die in § 90 II 3 erfassten Auslandsbeziehungen nur eine von mehreren Überschusseinkünften des Stpfl betreffen, ist mE eine Beschränkung der Verpflichtung zur Aufbewahrung nur auf diese Einkunftsart geboten.

Die Verpflichtung durch das FA kann mit dem **Einspruch** angefochten werden. Zudem kann ihre Vollziehung nach § 361 II ausgesetzt werden. Ist die Verpflichtung jedoch bestandskräftig, besteht die Aufbewahrungsverpflichtung auch 33 dann, wenn die Voraussetzungen des § 90 II 3 nicht vorlagen oder nicht mehr vorliegen, weil der Stpfl mittlerweile seine Mitwirkungspflichten erfüllt hat. Allerdings kommt in diesen Fällen ein **Widerruf** nach § 130 I mit Wirkung für die Zukunft in Betracht. Ein Widerruf wird auch dann zu erwägen sein, wenn der Stpfl die Auslandsbeziehungen, auf die § 90 II 3 und § 147a I 6 abstellen, beendet hat.

35 **d) Beginn und Ende der Aufbewahrungsverpflichtung.** Spricht das FA die Verpflichtung nach S 6 aus, **beginnt** die Aufbewahrungspflicht mit Beginn des folgenden Kalenderjahrs. Dies ergibt sich aus dem Verweis in S 6 auf S 3.

Hinsichtlich der **Beendigung** der Aufbewahrungspflicht verweist S 6 nicht auf die Voraussetzungen des S 4 (s Rz 23), da die Schwellenwerte im Rahmen der Verpflichtung nach S 6 keine Bedeutung haben. Vielmehr ist zu unterscheiden, ob die Verpflichtung mit einer Befristung versehen worden ist: In diesem Fall endet die Aufbewahrungspflicht mit Ablauf der Frist (BT-Drs 16/12852, 15). Anderenfalls endet die Aufbewahrungspflicht erst mit dem Widerruf der Verpflichtung (BT-Drs 16/12852, 15); allerdings kann sich zwischenzeitlich eine Aufbewahrungspflicht nach S 1 oder S 2 wegen Überschreitens der Schwellenwerte ergeben haben, sodass die Aufbewahrungspflicht kraft Gesetzes fortbesteht.

38 **9. Folgen der Aufbewahrungsverpflichtung des Abs 1. a) Aufbewahrung zwecks Außenprüfung.** Der Stpfl muss die Unterlagen und Aufzeichnungen aus mindestens fünf Jahren jeweils sechs Jahre aufbewahren (s Rz 17 und 23). Diese Pflicht erstreckt sich auf alle Überschusseinkünfte (s Rz 12); eine Beschränkung kommt nur im Fall des S 6 in Betracht, sofern die von § 90 II 3 erfassten Auslandsbeziehungen nur eine Überschusseinkunftsart betreffen (s Rz 32). Aufgrund der Aufbewahrungsverpflichtung nach S 1 und S 2 ist eine **Ap** beim Stpfl gem § 193 I zulässig, weil dort Stpfl iSv § 147a durch das StHintBekG ausdrücklich in den Kreis der Prüfungspflichtigen aufgenommen worden sind.

Ergibt sich die Aufbewahrungsverpflichtung aus einer Verpflichtung durch das FA gem **S 6,** ist eine Ap zudem nach § 193 II Nr 3 möglich, weil dieser ebenso wie S 6 auf eine Verletzung der Mitwirkungspflichten nach § 90 II 3 abstellt. S 6 ist derzeit aber nicht anwendbar (s Rz 31 und 1), sodass eine Ap zZt nicht auf § 193 II Nr 3 gestützt werden kann.

39 Kommt es zu einer Außenprüfung, sind die von Abs 1 erfassten Unterlagen und Aufzeichnungen nach § 200 I 2 vorzulegen und – soweit sie in digitaler Form aufbewahrt wurden (s Rz 28) – einer digitalen Ap iSv § 147 VI zugänglich zu machen. Dies gilt sowohl in den Fällen der Aufbewahrungsverpflichtung nach S 1 und 2 als auch in den Fällen des S 6. Erfüllt der Stpfl die sich aus § 200 I 2 ergebenden Pflichten **im Rahmen einer Ap** nicht, kann das FA gegen ihn ein **Verzögerungsgeld** nach § 146 IIb von 2.500 € bis 250.000 € festsetzen (BT-Drs 16/12852, 10; aA *BG/Märtens* § 147a Rz 40; *Schwarz/Dißars* § 147a Rz 11; *TK/Drüen* § 147a Rz 22). Das Verzögerungsgeld ist dann aufgrund des Verstoßes gegen § 200 I 2 berechtigt, nicht wegen eines Verstoßes gegen § 147a (s Rz 42).

40 **b) Verletzung der Aufbewahrungspflicht.** Verletzt der Stpfl seine Aufbewahrungspflicht nach Abs 1 – sei es im Rahmen einer Außenprüfung, sei es im Rahmen der Veranlagung –, kann das FA den **Werbungskostenabzug versagen.** Dies ergibt sich bereits aus den allg Grundsätzen zur Beweis- bzw Feststellungslast (s Rz 12 sowie § 88 Rz 60 f). Hat der Stpfl die Unterlagen über die **Einnahmen** nicht aufbewahrt, berechtigt dies jedoch das FA nicht ohne Weiteres zu einer Hinzuschätzung von Einnahmen. Denn es liegt kein Fall iSv § 162 II 2 vor, weil dieser nur die Nichtvorlage von Aufzeichnungen im Rahmen der Buchführung oder Aufzeichnungen iSv § 145 II (s § 145 Rz 1 f) betrifft. Es muss daher im Einzelfall geprüft werden, ob die Aufklärung des Stpfl über seine erklärten Einnahmen ausreichend ist iSv § 162 II 1; dies wird insbes dann zu verneinen sein, wenn dem FA

Kontrollmitteilungen vorliegen, aus denen sich Abweichungen von den erklärten Einnahmen ergeben.

Eine widerlegbare Vermutung, dass die tatsächlichen Einkünfte höher sind als die erklärten, greift nach § 162 II 3 nur im Fall der Verletzung von Mitwirkungspflichten nach § 90 II 3, der derzeit jedoch nicht anwendbar ist (s Rz 31 und 1). Sofern § 90 II 3 anwendbar werden sollte und der Stpfl der Aufforderung des FA zur Aufbewahrungsverpflichtung nach S 6 nicht nachgekommen ist, kann das FA Einnahmen aus den sog Steueroasen hinzuschätzen. 41

Die Verletzung der Aufbewahrungspflicht nach § 147a hat **keine strafrechtlichen Folgen.** Im Fall der Insolvenz greifen weder § 283 I Nr 6 StGB noch § 283b I Nr 2 StGB, da diese eine handelsrechtliche Buchführungspflicht voraussetzen; insoweit ist die Rechtslage anders als bei § 147 III (s dort Rz 70). Ein **Verzögerungsgeld** nach § 146 II b kann im Rahmen einer Ap bei Verletzung der Mitwirkungspflicht iSv § 200 I 2 wegen Nichtvorlage aufbewahrungspflichtiger Unterlagen festgesetzt werden (s Rz 39). 42

10. Aufbewahrungspflicht bei Einflussmöglichkeit auf Drittstaat-Gesellschaft (Abs 2). a) Überblick. Der durch G v 30.6.2017 eingefügte Abs 2 begründet eine Aufbewahrungspflicht in Fällen, in denen der Stpfl eine Einflussmöglichkeit auf Drittstaat-Gesellschaften iSv § 138 III hat. Die Regelung gilt erstmals ab VZ 2018 (Art 97 § 22 III EGAO). Sie ist eine Reaktion auf die sog Panama Papers und soll die Aufklärung von Geschäftsbeziehungen zu sog Drittstaat-Gesellschaften, dh Briefkastenfirmen, erleichtern. Die Vorschrift steht in engem Zusammenhang mit der Anzeigepflicht nach § 138 II 1 Nr 4 (s § 138 Rz 23 ff) und § 138b I 2 Nr 1 (s § 138b Rz 5). 45

b) Voraussetzungen der Aufbewahrungspflicht (Abs 2 S 1). Die Aufbewahrungspflicht besteht, wenn der Stpfl entweder allein oder zusammen mit nahestehenden Personen iSv § 1 II AStG entweder unmittelbar oder mittelbar einen beherrschenden oder bestimmenden Einfluss auf die gesellschaftsrechtlichen, finanziellen oder geschäftlichen Angelegenheiten einer Drittstaat-Gesellschaft iSv § 138 III ausüben kann. Damit stellen sich die gleichen Fragen wie im Rahmen des § 138 II 1 Nr 4 (s § 138 Rz 23 ff) und § 138b I 2 Nr 1 (s § 138b Rz 5), weil mehrere Begriffe unklar sind und zur **Unbestimmtheit der Norm** und damit zur Verfassungswidrigkeit führen (s Rz 4). So ist nicht erkennbar, was unter einem bestimmenden Einfluss zu verstehen ist und wie der Begriff der gesellschaftsrechtlichen, finanziellen oder geschäftlichen Angelegenheiten auszulegen ist. Lediglich im Fall einer Stimmrechtsmehrheit (beherrschender Einfluss) bei einer Gesellschaft mit Sitz außerhalb der EU oder außerhalb der Europäischen Freihandelsassoziation (s § 138 Rz 35) lässt sich die Anwendbarkeit des Abs 2 bejahen. 46

c) Umfang der Aufbewahrungspflicht. Nach Abs 2 S 1 sind die Aufzeichnungen und Unterlagen über die **„Beziehung"** des Stpfl und ggf der nahestehenden Person sowie alle damit verbundenen Einnahmen und Ausgaben sechs Jahre aufzubewahren. Unter dem Begriff „Beziehung" ist die Einflussmöglichkeit auf die Angelegenheiten der Drittstaat-Gesellschaft zu verstehen wie zB Verträge über Stimmrechtsbindungen oder den Geschäftsführervertrag. Der Gesetzgeber meint vermutlich alle Unterlagen über Verträge, aus denen sich eine Einflussmöglichkeit ergeben *könnte*, hat dies im Wortlaut des Abs 2 S 1 aber nicht zum Ausdruck gebracht. 47

Darüber hinaus sind auch die Aufzeichnungen und Unterlagen über **Einnahmen und Ausgaben,** die im Zusammenhang mit der Drittstaat-Gesellschaft stehen, aufzubewahren. Da es idR keine Aufzeichnungspflicht geben wird, wenn die Beteiligung an der Drittstaat-Gesellschaft nicht zum Betriebsvermögen im Rahmen einer Bilanzierung gehört und die Einkünftegrenze des Abs 1 nicht überschritten wird, wird es um die Unterlagen über die Einnahmen und Ausgaben gehen, dh Kontoauszüge, Reisekostenbelege etc; s hierzu Rz 12 f.

49 **d) Aufbewahrungsfrist.** Die Aufbewahrungsfrist beträgt nach Abs 2 S 1 ebenso wie nach Abs 1 S 1 sechs Jahre. Insoweit kann auf die Erläut in Rz 17 verwiesen werden. Abs 2 S 3 verweist hinsichtlich der Festsetzungsfrist auf § 147 III 3; dieser Verweis ist falsch, weil der Verweis richtigerweise – ebenso wie bei Abs 1 (s Rz 17) – auf § 147 III 5 erfolgen muss.

52 **e) Beginn der Aufbewahrungsverpflichtung (Abs 2 S 2).** Nach Abs 2 S 2 beginnt die Aufbewahrungspflicht ab dem Zeitpunkt, zu dem der Sachverhalt erstmals verwirklicht worden ist, der den Tatbestand des Abs 2 S 1 erfüllt. Dies soll der Zeitpunkt sein, in dem die Voraussetzungen des § 138 III vorliegen (BR-Drs 816/16, 27). Sowohl der **Gesetzeswortlaut** als auch die Gesetzesbegründung sind **untauglich.** Denn der in der Gesetzesbegründung genannte § 138 III definiert lediglich den Begriff der Drittstaat-Gesellschaft, nicht aber den Zeitpunkt der Einflussmöglichkeit. Auch die in Abs 2 S 2 erfolgte Vermengung von „Tatbestandserfüllung" und „Sachverhaltsverwirklichung" trägt nicht zum Verständnis der Norm bei. Gemeint ist wohl – aber nicht zum Ausdruck gekommen –, dass ab der erstmaligen Einflussmöglichkeit auf die Drittstaat-Gesellschaft die Aufbewahrungspflicht beginnt. Dabei kommt es auf die objektive Einflussmöglichkeit an, nicht darauf, ob der Stpfl diese Einflussmöglichkeit erkennt oder bejaht. Während die Aufbewahrungspflicht nach Abs 1 S 3 an den Beginn eines Kj knüpft (s Rz 20), kann es nach Abs 2 S 2 zu einem unterjährigen Beginn kommen, wenn der Stpfl erst während des laufenden Kj eine Einflussmöglichkeit auf die Drittstaat-Gesellschaft erlangt.

55 **f) Ende, Form und Ort (Abs 2 S 3).** Aus dem Verweis in Abs 2 S 3 auf Abs 1 S 4 ergibt sich, dass die Aufbewahrungspflicht mit Ablauf des fünften aufeinander folgenden Kj endet, in dem die Einflussmöglichkeit auf die Drittstaat-Gesellschaft nicht mehr besteht. Auf die Erläut in Rz 23 wird verwiesen.

Zur Form gelten die gleichen Ausführungen wie zu Abs 1 (s Rz 27 f), da Abs 2 S 3 auf § 147 II und V verweist. Die Aufbewahrung kann daher in digitaler Form erfolgen, aber auch durch Ablage von Papierunterlagen. Bei digitaler Aufbewahrung ist nach Abs 2 S 3 iVm § 147 VI eine digitale Ap zulässig (s Rz 28). Nach der hier vertretenen Auffassung muss die Aufbewahrung im Inland erfolgen (zum Streitstand s Rz 28).

57 **g) Folgen der Aufbewahrungsverpflichtung des Abs 2.** Neben der Aufbewahrungspflicht für sechs Jahre (s Rz 49) kann das FA ohne weitere Begründung eine Ap nach § 193 I anordnen.

Bei einer **Verletzung** der Aufbewahrungspflicht nach Abs 2 ergeben sich **keine Sanktionen.** Sofern der Stpfl seine Ausgaben mangels Aufbewahrung nicht belegen kann, kann das FA zwar den Werbungskosten- bzw Betriebsausgabenabzug versagen; dies ergibt sich aber bereits aus allg Grundsätzen zur Beweislast (s Rz 40 sowie § 88 Rz 60 f). Eine Hinzuschätzung von Einnahmen ist hingegen ebenso wenig vorgesehen wie eine Sanktion bei Nichtvorlage von Unterlagen, die die Beziehung zur Drittstaat-Gesellschaft betreffen.

§ 148 Bewilligung von Erleichterungen

¹Die Finanzbehörden können für einzelne Fälle oder für bestimmte Gruppen von Fällen Erleichterungen bewilligen, wenn die Einhaltung der durch die Steuergesetze begründeten Buchführungs-, Aufzeichnungs- und Aufbewahrungspflichten Härten mit sich bringt und die Besteuerung durch die Erleichterung nicht beeinträchtigt wird. ²Erleichterungen nach Satz 1 können rückwirkend bewilligt werden. ³Die Bewilligung kann widerrufen werden.

1 Im Einzelfall oder für bestimmte Gruppen von Fällen können die FÄ Erleichterungen hinsichtlich der sich aus den §§ 140 ff ergebenden Pflichten bewilligen. Voraussetzung ist, dass die Einhaltung der Verpflichtung **Härten** mit sich bringen

würde und die Besteuerung durch die Erleichterung nicht beeinträchtigt wird. Solche Härten können sich insbes ergeben, wenn die Überschreitung der Gewinn- oder Umsatzgrenze iSv § 141 durch einen außergewöhnlichen und einmaligen Geschäftsvorfall wie zB die Veräußerung von Grund und Boden oder die Zahlung einer einmaligen Entschädigungsleistung ausgelöst wird (BFH BStBl 88, 20; s auch § 147a Rz 17). Bewilligung, ggf rückwirkend, kommt zB bei kurzfristiger Aufforderung zur Buchführung nach § 141 II in Betracht, wenn dem Stpfl die Umstellung auf Buchführung nicht mehr rechtzeitig möglich ist (BFH BStBl 07, 816; s auch § 141 Rz 15). Darüber hinaus wird § 148 ab 1.1.2020 relevant, wenn sich der Stpfl bei Verwendung eines elektronischen Aufzeichnungssystems mit zertifizierter technischer Sicherheitseinrichtung nach § 146a II 2 von der Belegausgabepflicht wegen Unzumutbarkeit befreien lassen will (s § 146a Rz 29 f). Persönliche Gründe (Alter oder Krankheit) rechtfertigen idR keine Erleichterung (BFH BStBl 54, 253; AEAO zu § 148). Die Einführung eines neuen Archivierungssystems aufgrund einer Gesetzesänderung soll kein Grund für Erleichterung nach § 148 sein (BayLfSt 20.1.2017, DStR 17, 265). Nach AEAO zu § 148 soll Bewilligung nur auf Antrag des Stpfl erfolgen.

Folge des § 148 ist Bewilligung von Erleichterungen, die sich nach dem eindeutigen Wortlaut nicht nur auf die in der AO geregelten Pflichten, sondern auf alle der durch StGesetze geregelten Buchführungs-, Aufzeichnungs- und Aufbewahrungspflichten beziehen können (FG Köln EFG 95, 97; *HHSp/Trzaskalik* § 148 Rz 2; zu entsprechenden Pflichten außerhalb der AO s § 146 Rz 30 und § 147 Rz 9). Die Erleichterung befreit jedoch nicht zugleich von der handelsrechtl Buchführungsverpflichtung. **Beispiele** für die in Betracht kommenden Erleichterungen: zeitl Verschiebung der Buchführungspflicht, Befreiung von Inventur, Erleichterung von Aufbewahrungspflicht bei Wechsel des Datenverarbeitungssystems, Befreiung von einzelnen, genau bezeichneten Aufzeichnungs- oder Aufbewahrungspflichten oder ggf auch vorübergehende völlige Befreiung von der Buchführungspflicht (BFH BStBl 88, 20; aA FG Saarl EFG 97, 587 mwN), Befreiung von der Belegausgabepflicht nach § 146a II 2 (s § 146a Rz 29 f). § 148 gewährt dem Stpfl jedoch keine Bilanzierungswahlrechte (BFH/NV 10, 1157). Aufgrund der Erleichterungen dürfen aus der teilweisen Nichterfüllung der Pflichten keine nachteiligen stl Folgen gezogen werden. Bewilligung nach § 148 ermöglicht zudem Antrag auf Ist-Besteuerung gem § 20 I Nr 2 UStG (s BFH BStBl 10, 873).

Eine Bewilligung nach § 148 kommt solange nicht in Betracht, wie die Mittei- 2
lung des FA, durch die auf den Beginn der Buchführungspflicht in den Fällen des § 141 II 1 hingewiesen wird, noch angefochten werden kann und ein Antrag auf AdV möglich ist. Ausdrücklich wird in Satz 2 bestimmt, dass die Bewilligung **rückwirkend** ausgesprochen werden kann. Sie steht nach S 3 kraft Gesetzes unter **Widerrufsvorbehalt** (vgl § 131 II Nr 1), der nach § 131 II nur für die Zukunft ausgeübt werden darf.

Die Entscheidung über einen Antrag nach § 148 ist eine **Ermessensentschei-** 3
dung (BFH BStBl 88, 20; FG Köln EFG 95, 97), die durch VA ausgeübt wird; auch Widerruf nach S 3 ist VA. Der Umfang der von der Behörde zu bewilligenden Erleichterungen richtet sich danach, welche Maßnahme (s Rz 1) im Einzelfall zur Vermeidung von Härten erforderlich ist.

2. Unterabschnitt. Steuererklärungen

§ 149 Abgabe der Steuererklärungen

(1) [1]**Die Steuergesetze bestimmen, wer zur Abgabe einer Steuererklärung verpflichtet ist.** [2]**Zur Abgabe einer Steuererklärung ist auch verpflichtet, wer hierzu von der Finanzbehörde aufgefordert wird.** [3]**Die Aufforderung kann durch öffentliche Bekanntmachung erfolgen.** [4]**Die Verpflichtung zur Abgabe**

einer Steuererklärung bleibt auch dann bestehen, wenn die Finanzbehörde die Besteuerungsgrundlagen geschätzt hat (§ 162).

[Fassung für Steuererklärungen bis einschl VZ 2017:]

*(2) [1] **Soweit die Steuergesetze nichts anderes bestimmen, sind Steuererklärungen, die sich auf ein Kalenderjahr oder einen gesetzlich bestimmten Zeitpunkt beziehen, spätestens fünf Monate danach abzugeben. [2] Bei Steuerpflichtigen, die den Gewinn aus Land- und Forstwirtschaft nach einem vom Kalenderjahr abweichenden Wirtschaftsjahr ermitteln, endet die Frist nicht vor Ablauf des fünften Monats, der auf den Schluss des in dem Kalenderjahr begonnenen Wirtschaftsjahrs folgt.***

[Fassung für Steuererklärungen ab VZ 2018:]

(2) [1] **Soweit die Steuergesetze nichts anderes bestimmen, sind Steuererklärungen, die sich auf ein Kalenderjahr oder auf einen gesetzlich bestimmten Zeitpunkt beziehen, spätestens sieben Monate nach Ablauf des Kalenderjahres oder sieben Monate nach dem gesetzlich bestimmten Zeitpunkt abzugeben. [2] Bei Steuerpflichtigen, die den Gewinn aus Land- und Forstwirtschaft nach einem vom Kalenderjahr abweichenden Wirtschaftsjahr ermitteln, endet die Frist nicht vor Ablauf des siebten Monats, der auf den Schluss des in dem Kalenderjahr begonnenen Wirtschaftsjahres folgt.**

(3) **Sofern Personen, Gesellschaften, Verbände, Vereinigungen, Behörden oder Körperschaften im Sinne der §§ 3 und 4 des Steuerberatungsgesetzes beauftragt sind mit der Erstellung von**

1. **Einkommensteuererklärungen nach § 25 Absatz 3 des Einkommensteuergesetzes mit Ausnahme der Einkommensteuererklärungen im Sinne des § 46 Absatz 2 Nummer 8 des Einkommensteuergesetzes,**
2. **Körperschaftsteuererklärungen nach § 31 Absatz 1 und 1a des Körperschaftsteuergesetzes, Feststellungserklärungen im Sinne des § 14 Absatz 5, § 27 Absatz 2 Satz 4, § 28 Absatz 1 Satz 4 oder § 38 Absatz 1 Satz 2 des Körperschaftsteuergesetzes oder Erklärungen zur Zerlegung der Körperschaftsteuer nach § 6 Absatz 7 des Zerlegungsgesetzes,**
3. **Erklärungen zur Festsetzung des Gewerbesteuermessbetrags oder Zerlegungserklärungen nach § 14a des Gewerbesteuergesetzes,**
4. **Umsatzsteuererklärungen für das Kalenderjahr nach § 18 Absatz 3 des Umsatzsteuergesetzes,**
5. **Erklärungen zur gesonderten sowie zur gesonderten und einheitlichen Feststellung einkommensteuerpflichtiger oder körperschaftsteuerpflichtiger Einkünfte nach § 180 Absatz 1 Satz 1 Nummer 2 in Verbindung mit § 181 Absatz 1 und 2,**
6. **Erklärungen zur gesonderten Feststellung von Besteuerungsgrundlagen nach der Verordnung über die gesonderte Feststellung von Besteuerungsgrundlagen nach § 180 Abs. 2 der Abgabenordnung oder**
7. **Erklärungen zur gesonderten Feststellung von Besteuerungsgrundlagen nach § 18 des Außensteuergesetzes,**

so sind diese Erklärungen vorbehaltlich des Absatzes 4 spätestens bis zum letzten Tag des Monats Februar und in den Fällen des Absatzes 2 Satz 2 bis zum 31. Juli des zweiten auf den Besteuerungszeitraum folgenden Kalenderjahres abzugeben.

(4) [1] **Das Finanzamt kann anordnen, dass Erklärungen im Sinne des Absatzes 3 vor dem letzten Tag des Monats Februar des zweiten auf den Besteuerungszeitraum folgenden Kalenderjahres abzugeben sind, wenn**

1. **für den betroffenen Steuerpflichtigen**
   a) **für den vorangegangenen Besteuerungszeitraum Erklärungen nicht oder verspätet abgegeben wurden,**

b) **für den vorangegangenen Besteuerungszeitraum innerhalb von drei Monaten vor Abgabe der Steuererklärung oder innerhalb von drei Monaten vor dem Beginn des Zinslaufs im Sinne des § 233a Absatz 2 Satz 1 nachträgliche Vorauszahlungen festgesetzt wurden,**
c) **Vorauszahlungen für den Besteuerungszeitraum außerhalb einer Veranlagung herabgesetzt wurden,**
d) **die Veranlagung für den vorangegangenen Veranlagungszeitraum zu einer Abschlusszahlung von mindestens 25 Prozent der festgesetzten Steuer oder mehr als 10 000 Euro geführt hat,**
e) **die Steuerfestsetzung auf Grund einer Steuererklärung im Sinne des Absatzes 3 Nummer 1, 2 oder 4 voraussichtlich zu einer Abschlusszahlung von mehr als 10 000 Euro führen wird oder**
f) **eine Außenprüfung vorgesehen ist,**

2. **der betroffene Steuerpflichtige im Besteuerungszeitraum einen Betrieb eröffnet oder eingestellt hat oder**
3. **für Beteiligte an Gesellschaften oder Gemeinschaften Verluste festzustellen sind.**

[2]Für das Befolgen der Anordnung ist eine Frist von vier Monaten nach Bekanntgabe der Anordnung zu setzen. [3]Ferner dürfen die Finanzämter nach dem Ergebnis einer automationsgestützten Zufallsauswahl anordnen, dass Erklärungen im Sinne des Absatzes 3 vor dem letzten Tag des Monats Februar des zweiten auf den Besteuerungszeitraum folgenden Kalenderjahres mit einer Frist von vier Monaten nach Bekanntgabe der Anordnung abzugeben sind. [4]In der Aufforderung nach Satz 3 ist darauf hinzuweisen, dass sie auf einer automationsgestützten Zufallsauswahl beruht; eine weitere Begründung ist nicht erforderlich. [5]In den Fällen des Absatzes 2 Satz 2 tritt an die Stelle des letzten Tages des Monats Februar der 31. Juli des zweiten auf den Besteuerungszeitraum folgenden Kalenderjahres. [6]Eine Anordnung nach Satz 1 oder Satz 3 darf für die Abgabe der Erklärung keine kürzere als die in Absatz 2 bestimmte Frist setzen. [7]In den Fällen der Sätze 1 und 3 erstreckt sich eine Anordnung auf alle Erklärungen im Sinne des Absatzes 3, die vom betroffenen Steuerpflichtigen für den gleichen Besteuerungszeitraum oder Besteuerungszeitpunkt abzugeben sind.

(5) **Absatz 3 gilt nicht für Umsatzsteuererklärungen für das Kalenderjahr, wenn die gewerbliche oder berufliche Tätigkeit vor oder mit dem Ablauf des Besteuerungszeitraums endete.**

(6) **[1]Die oberste Landesfinanzbehörde oder eine von ihr bestimmte Landesfinanzbehörde kann zulassen, dass Personen, Gesellschaften, Verbände, Vereinigungen, Behörden und Körperschaften im Sinne der §§ 3 und 4 des Steuerberatungsgesetzes bis zu bestimmten Stichtagen einen bestimmten prozentualen Anteil der Erklärungen im Sinne des Absatzes 3 einreichen. [2]Soweit Erklärungen im Sinne des Absatzes 3 in ein Verfahren nach Satz 1 einbezogen werden, ist Absatz 4 Satz 3 nicht anzuwenden. [3]Die Einrichtung eines Verfahrens nach Satz 1 steht im Ermessen der obersten Landesfinanzbehörden und ist nicht einklagbar.**

Abs 2 S 2 geändert durch StVereinfachungsG 2011 v 1.11.11 (BGBl I, 2131); Vorschr neu gefasst durch StModernG v 18.7.16 (BGBl I, 1679).

Schrifttum: *vor 2010 s 13. Aufl; Eichhorn* Aktuelle Entwicklungen bei den Steuererklärungsfristen, Stbg 10, 441; *Kohlhaas* Abwehr vorzeitiger Anforderung von Steuererklärungen durch das Finanzamt, Stbg 14, 349; *Kemper* Erklärungspflichten des Umsatzsteuergesetzes, UR 15, 373; *Baum* Modernisierung des Besteuerungsverfahrens – Teil 2: Steuererklärungsfristen, Fristverlängerung und Verspätungszuschlag, NWB 16, 3706; *Helbich* Rechtsfragen der „automatisierten" Ermessensausübung im Steuerrecht, DStR 17, 574; *Vetten* Steuermodernisierungsgesetz – ein zweiter Blick, NWB 16, 3187; *Deutschländer* Fristenfalle: Die komprimierte Steuererklärung bei der Antragsveranlagung, NWB 17, 3836; *Helbich* Rechtsfragen der „automatisierten" Ermessensausübung im Steuerrecht, DStR 2017, 574; *Reddig* Rechtsschutz bei Vorabanforderungen von Steuererklärungen, NWB 18, 742.

Übersicht

1 **1. Überblick über die Neuregelung der Abgabefristen.** Durch das G zur Modernisierung des Besteuerungsverfahrens (StModernG) v 18.7.2016 sind die Fristen für die Abgabe von StErklärungen grundlegend geändert worden. Während die Erklärungspflicht in Abs 1 inhaltlich unverändert geblieben ist, **unterscheidet** das Gesetz nunmehr zwischen stl nicht vertretenen Stpfl, die ihre Erklärung nach Abs 2 nF bis zum 31.7. des Folgejahres abgeben müssen, und stl vertretenen Stpfl, deren Erklärung nach Abs 3 nF erst bis zum 28.2. bzw 29.2. des übernächsten Jahres abgegeben werden muss. Bislang galt für alle Stpfl eine Abgabefrist bis zum 31.5. des Folgejahres (Abs 2 aF), die durch Verwaltungsanweisung für stl vertretene Stpfl grds bis zum 31.12. des Folgejahres verlängert worden ist.

Außerdem wird nunmehr in Abs 4 nF die sog Vorabanforderung, dh die vorzeitige Abgabe der StErklärung vor der gesetzlichen Abgabefrist des Abs 3 nF, geregelt; bislang gab es hierzu ebenfalls nur Verwaltungsanweisungen. Abs 5 enthält eine Sonderregelung für USt-Erklärungen, wenn die unternehmerische Tätigkeit vor dem 31.12. oder am 31.12. des VZ endet. In Abs 6 wird schließlich das sog Kontingentierungsverfahren zugelassen, für das es bislang keine gesetzliche Grundlage gab.

Die Neuregelungen gelten nach Art 97 § 10a IV 1 EGAO für Besteuerungszeiträume, die nach dem 31.12.2017 beginnen, dh erstmalig für VZ 2018, und Besteuerungszeitpunkte, die nach dem 31.12.2017 liegen. Für VZ bis einschl 2017 bleibt es bei der bisherigen Regelung in Abs 2 aF sowie bei den Verwaltungsanweisungen für die allg Fristverlängerung, Vorabanforderung und Kontingentierungsverfahren.

2. Verpflichtung zur Abgabe von StErklärungen (Abs 1 S 1 und 4). 2
a) Verpflichtung aus StGesetz. Nach Abs 1 S 1 ergibt sich aus den Einzelsteuergesetzen bzw RechtsVO (vgl § 4), wer zur Abgabe von StErklärungen verpflichtet ist. **Beispiele:** Erklärung über die gesonderte Feststellung gem § 181 II, § 180 II iVm § 3 der VO zu § 180 II, ESt-Erklärungen gem § 25 III EStG iVm § 56 EStDV, KSt-Erklärung gem § 31 KStG iVm § 25 III 1 EStG, GewSt-Erklärung gem § 14a GewStG iVm § 25 GewStDV, USt-Erklärung gem § 18 UStG, ErbSt-Erklärung gem § 31 ErbStG, Einheitswerterklärung gem § 28 I BewG (nur zu Hauptfeststellungszeitpunkten; hingegen zu Nachfeststellungs- und Fortschreibungszeitpunkten nur auf Anforderung gem Abs 1 S 2, s BFH/NV 09, 894). Auch **StAnmeldungen** sind StErklärungen (§ 167), für die eine Pflicht zur Abgabe besteht, zB gem § 18 UStG für USt-Anmeldungen oder § 41a EStG für LSt-Anmeldungen; sie müssen daher auch dann abgegeben werden, wenn sie auf Null lauten (BFH/NV 06, 2312; s auch § 150 Rz 15ff); deshalb sind auch Kleinunternehmer zur Abgabe einer USt-Erklärung verpflichtet (BFH BStBl 14, 210). Erklärungspflicht kann auch hinsichtlich der KiSt bestehen (§ 51a IIe 3 und 5 EStG; s auch § 139b Rz 4).

Keine StErklärungen sind hingegen die nach § 150 IV beizufügenden Unterlagen wie die Bilanz, GuV oder Einnahmen-Überschussrechnung (s § 150 Rz 60) oder die zusammenfassende Meldung nach § 18a UStG (s § 18a VIII UStG; vgl BGH BStBl 18, 155). Hingegen ist der Antrag auf Vorsteuervergütung zwar eine StErklärung; es besteht jedoch keine Pflicht für die Abgabe eines Antrags (BFH/NV 08, 2078).

b) Erklärungspflichtiger. Erklärungspflichtig ist derjenige, der im jeweiligen Einzelsteuergesetz als Stpfl genannt ist. Bei PersGes bestimmt sich die Erklärungspflicht nach § 181 II (s § 181 Rz 22). Bei Tod des Stpfl geht die Erklärungspflicht auf Gesamtrechtsnachfolger gem § 45 über (s auch BFH/NV 10, 1236). Ein Testamentsvollstrecker ist nach § 31 V ErbStG nicht uneingeschränkt erklärungspflichtig, sondern nur dann, wenn sich die Testamentsvollstreckung auf den vererbten Gegenstand bezieht, insbes bei Anordnung einer Dauervollstreckung gem §§ 2209, 2210 BGB, und das FA die Abgabe der StErklärung vom Testamentsvollstrecker verlangt (BFH BStBl 13, 924). Erklärungspflichtig sind **gesetzliche Vertreter** und Vermögensverwalter usw iSv §§ 33, 34, zB der GmbH-Geschäftsführer (BFH BStBl 15, 755), der Betreuer gem § 1902 BGB (FG RhPf EFG 12, 1897), der Konkursverwalter (BFH BStBl 95, 194) oder der **Insolvenzverwalter** (BFH BStBl 13, 141; FG Hess EFG 13, 994); dies gilt selbst dann, wenn die Erklärungszeiträume vor Beginn der Insolvenzeröffnung liegen und das Honorar für den StB nicht durch die Insolvenzmasse gedeckt ist (BFH/NV 08, 334). 3

c) Abgabepflicht nach Schätzung (Abs 1 S 4). Die Pflicht zur Abgabe einer StErklärung aufgrund eines Einzelsteuergesetzes bleibt gem Abs 1 S 4 auch nach Erlass eines Schätzungsbescheids bestehen; daher kann auch noch nach dem Erlass des Schätzungsbescheids die Abgabe durch Zwangsmittel erzwungen werden (s Rz 48 sowie BayLfSt 16.1.2017, AO-Kartei BY § 328 AO Karte 1, Tz 1). 4

Die Verpflichtung zur Abgabe einer StErklärung besteht auch **nach Einleitung eines StStrafverfahrens** (s § 103 Rz 2; s auch *Meyer-Mews* DStR 13, 161, 165f). Allerdings besteht für die zutreffenden Angaben des Stpfl, soweit sie zu einer mittelbaren Selbstbelastung für die zurückliegenden strafbefangenen Besteuerungszeiträume führen, ein strafrechtliches Verwertungsverbot (BGH BFH/NV Beil 05, 125). Nur für die Besteuerungszeiträume, für die bereits ein Strafverfahren anhängig oder die Einleitung angekündigt ist, kann die Abgabe einer StErklärung nach § 393 I nicht mehr mit steuerrechtl Zwangsmitteln erzwungen werden (BGH BFH/NV Beil 05, 125 mwN).

3. Aufforderung zur Abgabe von StErklärungen (Abs 1 S 2 und 3). 5
a) Aufforderung durch FA. Zur Abgabe einer StErklärung ist nach Abs 1 S 2 auch derjenige verpflichtet, der hierzu aufgefordert wird, unabhängig davon, ob er

tatsächlich Steuern schuldet oder nicht, oder ob er überhaupt als StSchuldner in Betracht kommen kann (BFH/NV 03, 594). Besteht bereits eine gesetzliche Verpflichtung zur Abgabe der StErklärung iSv Abs 1 S 1, entfällt die gesetzliche Verpflichtung nicht deshalb, weil das FA nicht zur Abgabe auffordert (BFH BStBl 15, 478). Die Aufforderung ergeht idR entweder im Schenkungsteuerrecht nach § 31 ErbStG oder bei Unklarheiten oder Streit über das Bestehen einer StPflicht. Die Aufforderung ist von der bloßen Erinnerung an die gesetzliche Abgabepflicht zu unterscheiden. Maßgebliches Unterscheidungskriterium zwischen einer Aufforderung iSv Abs 1 S 2 und einer bloßen Erinnerung ist die Erzwingbarkeit, auf die das FA hinweist und damit erkennen lässt, dass es die Abgabepflicht ggf mit Zwangsmitteln durchsetzen wird (BFH BStBl 18, 123). Relevant wird die Unterscheidung aber nur dann, wenn die gesetzliche Abgabepflicht, an die erinnert werden soll, gar nicht besteht; denn dann besteht weder Abgabepflicht nach Abs 1 S 1 noch – mangels Aufforderung – nach Abs 1 S 2, sodass Anlaufhemmung nach § 170 II Nr 1 nicht greift (s Rz 47). Ebenfalls keine Aufforderung liegt vor, wenn der Stpfl (hier: Deutsche Post AG) sich bereit erklärt hat, StErklärung von sich aus abzugeben (BFH/NV 09, 894).

Die Vorschrift gibt dem FA kein StErklärungs-Erfindungsrecht. Es können nur solche StErklärungen angefordert werden, die in dem betr Einzelsteuergesetz grds vorgesehen sind (BFH BStBl 90, 280; FG Nds EFG 87, 473; s aber auch BFH BStBl 91, 440 und § 170 Rz 11).

6 **b) Rechtsnatur der Aufforderung.** Die Aufforderung ist ein **VA,** wenn durch sie die Pflicht zur Abgabe der StErklärung erst entsteht. In den Fällen, in denen auch ohne die Aufforderung die (gesetzliche) Pflicht zur Abgabe der StErklärung gem Abs 1 S 1 besteht (s Rz 5), kann die Aufforderung VA sein, wenn das FA in der Aufforderung zu erkennen gibt, dass es die Abgabepflicht ggf mit Zwangsmitteln durchsetzen wird (BFH BStBl 18, 123). Das gilt dann aber weder für die bloße Übersendung von Erklärungsvordrucken (s näher § 118 Rz 42 „StErklärung") noch für die Erinnerung an eine bereits vorausgegangene Aufforderung. Die **vorzeitige Anforderung** einer StErklärung für VZ bis einschl 2017 vor Ablauf einer durch Ländererlass gewährten Fristverlängerung war keine Aufforderung iSv Abs 1 S 2, weil sich die Verpflichtung zur Abgabe der StErklärung bereits aus Abs 1 S 1 iVm dem jeweiligen Einzelsteuergesetz ergab; es handelte sich lediglich um eine Verkürzung der allg gewährten Fristverlängerung iSv § 109 I (s § 109 Rz 7). Für VZ ab 2018 wird die Vorabanforderung in Abs 4 geregelt (s Rz 29 ff).

7 Aufforderung steht im **pflichtigem Ermessen** des FA (BFH/NV 98, 14); hierbei sind §§ 85, 86, 88, 90 zu beachten. Ermessensverletzung ist nur anzunehmen, wenn zweifelsfrei und eindeutig feststeht, dass keine StSchuld bestehen kann oder wenn Frist zu kurz bemessen ist. Das FA ist daher zu einer Aufforderung stets berechtigt, wenn Anhaltspunkte dafür gegeben sind, dass ein StTatbestand verwirklicht sein könnte (BFH/NV 98, 14; FG SchlHol EFG 01, 479). Frist kann ggf nach § 109 verlängert werden, auch rückwirkend (vgl Rz 14 sowie § 109 Rz 11).

11 **4. Abgabefrist für StErklärungen bis einschl VZ 2017 (Abs 2 aF). a) Allgemeine Abgabefrist (Abs 2 S 1 aF).** Nach Abs 2 S 1 aF sind StErklärungen für VZ bis einschl 2017 (s Rz 1) **spätestens 5 Monate** nach Ablauf des jeweiligen Kj (dh bis 31.5.) oder nach dem jeweiligen Stichtag oder Zeitpunkt abzugeben. Der Pflicht zur Abgabe der StErklärungen zu den vorgeschriebenen Terminen steht nicht entgegen, dass angeblich vorgreifliche stl Verhältnisse betr früherer Besteuerungszeiträume noch nicht geklärt sind (BFH/NV 01, 1227) oder Feststellungserklärungen für eine Mitunternehmerschaft, der der Stpfl angehört, noch nicht erstellt sind (BFH BStBl 97, 642; BFH/NV 17, 260; 04, 466).

Die Abgabefrist von fünf Monaten entspricht der früheren Meldefrist für ausl Betriebe und Beteiligungen gem § 138 III 2 aF (s § 138 Rz 43). IÜ wird die Abgabefrist auch bei der **Ausübung des umsatzsteuerlichen Zuordnungswahlrechts** herangezogen: Danach kann der Unternehmer die Entscheidung über die Zuordnung eines Gegenstands zu seinem Unternehmen nur bis zum 31.5. des Folgejahres ausüben (BFH BStBl 14, 76, 81; BFH/NV 15, 288; 14, 1097). Diese ustliche Zuordnungsfrist dürfte sich durch die Neuregelung der Abgabefristen durch Abs 2 und 3 nF künftig bis zum 31.7. verlängern. Die Abgabefristen für **Anmeldungssteuern** ergeben sich aus den Einzelsteuergesetzen und sind daher „anders bestimmt" iSv Abs 2 aF und nF; s hierzu Rz 21.

Für StErklärungen für VZ bis einschl 2017 ist eine **Verlängerung der Frist** 12 gem § 109 I idF vor dem Inkrafttreten des StModernG v 18.7.2016 möglich, auch rückwirkend gem § 109 I 2, sodass Voraussetzung für bereits festgesetzten Verspätungszuschlag entfällt (§ 152 Rz 16); zur Fristverlängerung für StErklärungen ab VZ 2018 s Rz 20 und 25. Die Fristverlängerung ist eine Ermessensentscheidung (näher § 109 Rz 3) und VA (FG Köln EFG 98, 1366). Die Ablehnung kann daher mit dem Einspruch angegriffen werden (vgl BFH BStBl 01, 618; s § 109 Rz 3). Für die Abgabe von StErklärungen durch **stl Berater** für ihre Mandanten erfolgt für die VZ bis einschl 2017 eine **allg Verlängerung bis zum 31.12.** (näher § 109 Rz 5 sowie Gleichlautende Erlasse 2.1.2018, BStBl I 18, 70). Die allg Fristverlängerung auf der Grundlage der gleichlautenden Erlasse gilt aber nicht, wenn der StBerater nur zum Schein beauftragt wird oder wenn er nur in den Vorjahren, nicht aber für die jetzt abzugebende StErklärung beauftragt war (BGH BFH/NV 17, 718). Bei einer Kündigung des Mandatsverhältnisses ohne Beauftragung eines neuen Beraters kann das FA die Fristverlängerung abkürzen (BGH HFR 14, 172). Ein Angehöriger eines steuerberatenden Berufs hat keinen Anspruch darauf, dass ihm die gleiche Frist zur Abgabe seiner eigenen StErklärung eingeräumt wird wie den von ihm vertretenen Stpfl (BFH BStBl 03, 550; BFH/NV 05, 1482). Es liegt kein Verstoß gegen den Gleichheitsgrundsatz darin, dass die allg Fristverlängerung für stl nicht beratene Stpfl nicht gewährt wird (FG Nds EFG 09, 1266). Bei Vertretung durch LSt-Hilfevereine liegt aber ein Ermessensfehler vor, wenn Fristverlängerung allein mit der Begründung abgelehnt wird, der Stpfl habe keinen Steuerberater, sondern nur einen LSt-Hilfeverein mit der Erstellung der Erklärung beauftragt (BFH BStBl 06, 642).

Trotz der allg Fristverlängerung für Mandanten kann aber im Einzelfall für 13 StErklärungen **bis einschl VZ 2017** eine **vorzeitige Anforderung** (sog Vorabanforderung) erfolgen, die keine Aufforderung iSv Abs 1 S 2 darstellt (s Rz 6); die FinVerw hat in den gleichlautenden Erlassen Fallgruppen genannt, in denen eine Vorabanforderung erfolgen soll (zB gleichlautende Erlasse v 2.1.2018, BStBl I 18, 70, Abschn II Abs 2). Diese Gründe sind nunmehr weitgehend auch im neuen Abs 4 S 1 enthalten, der für StErklärungen ab VZ 2018 gilt und noch um weitere Fallgruppen ergänzt wird (s Rz 29 ff). Nach der Rspr ist eine Vorabanforderung – für VZ bis einschl 2017 – zulässig, wenn StErklärungen in der Vergangenheit verspätet abgegeben wurden, sich in der Vergangenheit hohe Abschlusszahlungen ergaben oder wenn hohe Abschlusszahlungen erwartet werden. Nach FG Sachs (SteuK 10, 64) soll Vorabanforderung rechtswidrig sein, wenn das FA diese mit zu erwartender Nachzahlung begründet, obwohl nach den gleichlautenden Erlassen der obersten FinBeh (zB BStBl I 17, 46) nur eine zu erwartende **hohe** Nachzahlung Vorabanforderung rechtfertigt; diese Auffassung erscheint zu formal, da Höhe der Nachzahlung ohnehin nur prognostiziert werden kann. Bei zu erwartender hoher Nachzahlung ist Vorabanforderung jedenfalls im Regelfall ermessensfehlerfrei (FG Nds EFG 12, 1320; FG BBg EFG 15, 2143, bestätigt durch BFH/NV 16, 1291). Unzureichend ist jedoch ein Hinweis auf Höhe der Einkünfte und den daraus folgenden Spitzensteuersatz (FG Ddorf DStR 11, 1760).

Vorabanforderung ist **VA** und Ermessensentscheidung, die entsprechend – nicht 14 nur floskelhaft – zu begründen ist; dies gilt insbes für den Hinweis auf zu erwartende hohe Abschlusszahlungen (FG Ddorf DStR 11, 1760; FG Hbg EFG 12,

2256; *Luer/Lühn* BB 12, 2019, 2023f). Anders ist dies mE bei der Vorabanforderung eines prozentualen Anteils der StErklärungen wegen der Arbeitslage des FA, dh wegen der beabsichtigten Verteilung der Veranlagungsarbeiten auf das gesamte Jahr; hier genügt der Hinweis auf die Arbeitslage des FA und die gleichmäßige Verteilung der Vorabanforderungen auf alle Berater. Wird gegen die vorzeitige Anforderung unverzüglich Einspruch eingelegt und entscheidet das FA aber erst nach Ablauf der vorzeitigen Abgabefrist, so ist es idR gehalten, eine angemessene Nachfrist zu bewilligen (FG Nds EFG 85, 51). Zur vorzeitigen Anforderung für VZ ab 2018 gem Abs 4 nF s Rz 29ff.

15 **b) Abgabefrist für Land- und Forstwirte (Abs 2 S 2 aF).** Für Land- und Forstwirte ergibt sich für St-Erklärungen bis einschl VZ 2017 eine Sonderregelung aus Abs 2 S 2 aF, wenn sie ihren Gewinn gem § 4a I Nr 1 EStG iVm § 8c EStDV nach einem vom Kj abweichenden Wj ermitteln. Danach endet die Abgabefrist **nicht vor Ablauf des fünften Monats** nach Schluss des abweichenden Wirtschaftsjahres. Läuft das Wj zB vom 1.10. bis zum 30.9., endet die Frist nach Abs 2 S 2 am 28.2. des Folgejahres. Wird der Land- und Forstwirt durch einen Angehörigen der steuerberatenden Berufe vertreten, gewährt die FinVerw eine **Fristverlängerung** bis zum 31.5. des Zweitfolgejahres (OFD NRW 16.12.2015, BeckVerw 323181, Tz 1.3.1.1).

Handelt es sich bei dem Gewinn iSv § 13 EStG aber nur um einen **Gewinnanteil** aufgrund einer einheitlich und gesonderten Feststellung, gilt die Sonderregelung des Abs 2 S 2 nur für die Feststellungserklärung, nicht für die EStErklärung (BFH/NV 05, 1968).

20 **5. Abgabefrist für StErklärungen ab VZ 2018 (Abs 2 nF). a) Abgabefrist für stl nicht vertretene Stpfl (Abs 2 S 1 nF).** Nach der Neuregelung in Abs 2 S 1 gilt nunmehr eine Abgabefrist von sieben Monaten statt fünf Monaten, sodass die StErklärung grds **bis zum 31.7.** des Folgejahres abzugeben ist. Damit verlängert sich die Abgabefrist ggü der bisherigen Regelung (s Rz 11) um zwei Monate. Die Neuregelung gilt für StErklärungen für VZ ab 2018 (Art 97 § 10a IV 1 EGAO). Abs 2 gilt nur für Stpfl, die ihre **StErklärung selbst erstellen.** Dies ergibt sich aus Abs 3 nF, der eine längere Abgabefrist bestimmt, wenn der Stpfl einen StBerater oä mit der Erstellung der Erklärung beauftragt hat (s Rz 24). Eine Vorabanforderung iSv Abs 4 oder eine vorzeitige Abgabe nach dem sog Kontingentierungsverfahren iSv Abs 6 ist bei stl nicht vertretenen Stpfl hingegen nicht zulässig, sodass ein früherer Abgabetermin als der 31.7. nicht möglich ist.

Eine **Fristverlängerung** ist nach § 109 I 1 idF des StModernG v 18.7.2016 möglich, und zwar nach § 109 I 2 auch rückwirkend; die Einschränkung des § 109 II gilt nur für stl vertretene Stpfl.

21 Bei den Anmeldungssteuern wie LSt, USt oder KSt ergibt sich der gesetzliche Abgabetermin aus dem StGesetz (§ 41a I, § 45a I EStG, § 18 I UStG). Für die USt-Voranmeldung kann auf Antrag Dauerfristverlängerung gewährt werden (§§ 46ff der UStDV), sodass sich die Frist um einen Monat verlängert.

22 **b) Abgabefrist für stl nicht vertretene Land- und Forstwirte (Abs 2 S 2 nF).** Die bisherige Abgabefrist für Land- und Forstwirte in Abs 2 S 2 aF (s Rz 15) wird ebenfalls um zwei Monate verlängert, wenn der Land- und Forstwirt eine Erklärung selbst erstellt und keinen StBerater oä beauftragt hat; ansonsten gilt Abs 3 2. HS (s Rz 24). Nunmehr endet die Abgabefrist **nicht vor Ablauf des siebten Monats** nach Schluss des abweichenden Wj. Läuft das Wj zB vom 1.10. bis zum 30.9., endet die Frist nach Abs 2 S 2 nF am 30.4. des Folgejahres.

Eine Vorabanforderung nach Abs 4 oder eine vorzeitige Abgabe nach dem Kontingentierungsverfahren nach Abs 6 ist bei stl nicht vertretenen Land- und Forstwirten nicht möglich (s Rz 20). Eine Fristverlängerung kommt nach § 109 I in Betracht, und zwar auch rückwirkend (s Rz 20).

6. Abgabefrist für StErklärungen bei Erstellung durch StB ab VZ 2018 (Abs 3 nF). Der neue Abs 3 räumt den Stpfl, die einen Angehörigen der steuerberatenden Berufe mit der Erstellung der StAufklärung beauftragt haben, eine Abgabefrist **bis zum 28.2.** bzw – in Schaltjahren – bis zum 29.2. **des übernächsten Jahres** ein. Für Land- und Forstwirte, die ihre StErklärung durch einen Angehörigen der steuerberatenden Berufe erstellen lassen, endet die Abgabefrist am 31.7. des übernächsten Jahres gem Abs 3 2. HS. Diese Fristen gelten erstmals für VZ, die nach dem 31.12.2017 beginnen, dh grds für den VZ 2018 (Art 97 § 10a IV 1 EGAO). Für den VZ 2018 ist damit die vom StBerater erstellte StErklärung bis zum 29.2.2020 abzugeben (bei Land- und Forstwirten bis zum 31.7.2020). 24

Bislang ergab sich eine längere Abgabefrist für stl vertretene Stpfl nur aus den gleichlautenden Erlassen der obersten FinBeh (zB v 2.1.2018, BStBl I 18, 70), nicht aber aus dem Gesetz. Außerdem sahen die gleichlautenden Erlasse eine Abgabefrist grds bis zum 31.12. des Folgejahres vor (bei Land- und Forstwirten bis zum 31.5. des übernächsten Jahres), die nur in begründeten Einzelfällen bis zum 28.2. bzw 29.2. des übernächsten Jahres (bei Land- und Forstwirten bis zum 31.7. des übernächsten Jahres) verlängert werden konnte (Abschn II Abs 3 der gleichlautenden Erlasse v 2.1.2018, BStBl I 18, 70). Nunmehr wird die Abgabefrist gesetzlich auf den 28.2. bzw 29.2. des übernächsten Jahres (für Land- und Forstwirte: 31.7. des übernächsten Jahres) festgeschrieben.

Die längere Abgabefrist für StErklärungen, die von Angehörigen der steuerberatenden Berufe erstellt werden, ist dadurch gerechtfertigt, dass StBerater eine Vielzahl von StErklärungen für Mandanten erstellen müssen und die hierfür erforderlichen Belege, die von Dritten erstellt werden, wie zB Spendenbescheinigungen oder Betriebskostenabrechnungen für Mietimmobilien, erst im Laufe des Jahres vorliegen (vgl auch BT-Drs 18/7457, 76 f). Zudem stellt die FinVerw die erforderlichen Erklärungsformulare oft auch erst im Frühjahr elektronisch bereit, sodass eine Erstellung von StErklärungen für alle Mandanten bis zum 31.7. des Folgejahres nicht zu schaffen wäre.

Die neuen Abgabefristen können allerdings durch eine Vorabanforderung gem Abs 4 (s Rz 29 ff) oder im Rahmen des Kontingentierungsverfahrens gem Abs 6 (s Rz 40 f) verkürzt werden. Eine **Fristverlängerung** ist nur unter den Voraussetzungen des § 109 II 1 Nr 1, S 2 und 3 idF v 18.7.2016 zulässig und setzt damit insbes fehlendes Verschulden des Stpfl sowie des Beraters voraus. 25

Die Abgabefrist des Abs 3 nF gilt für die **in Nrn 1 bis 7 genannten Erklärungen,** also für die ESt (ohne Antragsveranlagung gem § 46 II Nr 8), KSt-Erklärung und gesonderte Feststellungserklärungen zur KSt, GewSt, USt (allerdings mit Sonderregelung nach Abs 5, s Rz 38), einheitliche und gesonderte Feststellung von Besteuerungsgrundlagen nach § 180 I 1 Nr 2 und II sowie Feststellungserklärungen nach § 18 AStG. Für weitere Erklärungen oder Anträge (zB Vorsteuervergütung nach §§ 59 bis 61 UStDV) gilt Abs 3 nicht, sondern hier richten sich die Fristen nach den jeweiligen Einzelsteuergesetzen wie zB § 61 II UStDV. 26

7. Vorabanforderung von StErklärungen (Abs 4 nF). a) Grundsätze der Vorabanforderung. Das FA darf nach Abs 4 **S 1** in den Fällen des Abs 3, dh bei stl vertretenen Stpfl, die Abgabe der Erklärung vor dem 28.2. bzw 29.2 und bei Forst- und Landwirten gem Abs 4 **S 5** vor dem 31.7. des übernächsten Jahres Ablauf verlangen (sog Vorabanforderung). Abs 4 gilt nicht bei Stpfl, die ihre Erklärung selbst erstellen und für die daher eine Abgabefrist bis zum 31.7. gem Abs 2 nF gilt. 29

Nach einer Vorabanforderung kann dem Stpfl eine Fristverlängerung nur noch unter den Voraussetzungen des § 109 II 1 Nr 2 gewährt werden, sodass sowohl er als auch sein Bevollmächtigter ohne Verschulden an der Abgabe der StErklärung bis zu der in der Vorabanforderung genannten Frist gehindert sein müssen (s hierzu § 109 Rz 15 ff).

30 **b) Voraussetzungen (Abs 4 S 1 nF).** Insgesamt enthält Abs 4 S 1 acht Fallgruppen, in denen das FA zu einer vorzeitigen Abgabe der StErklärung auffordern darf; hinzu kommt die Zufallsauswahl nach S 3 (s Rz 35). Die Voraussetzungen des Abs 4 waren im Wesentlichen bereits in den gleichlautenden Erlassen enthalten, die für die Abgabe von StErkärungen bis einschl VZ 2017 galten (zB v 2.1.2018, BStBl I 18, 70, Abschn II Abs 2). Neu sind die Anforderungsgründe der Herabsetzung von Vorauszahlungen (Abs 4 S 1 Nr 1 Buchst c), die geplante Ap (Abs 4 S 1 Nr 1 Buchst f) und die Betriebseröffnung bzw -einstellung (Abs 4 S 1 Nr 2). Zudem sind die bisherigen Anforderungsgründe der Festsetzung nachträglicher Vorauszahlungen „kurz vor Abgabe der Steuererklärung" sowie der „hohen Abschlusszahlung" in Abs 4 S 1 Nr 1 Buchst b, d und e präzisiert worden, während der bisherige Anforderungsgrund „Arbeitslage in den Finanzämtern" durch eine Zufallsauswahl in Abs 4 S 3 ersetzt worden ist.

31 Im Einzelnen kann eine Voranforderung nach Abs 4 S 1 nunmehr **in folgenden Fällen** erfolgen: **(1)** bei verspäteter Abgabe oder Nichtabgabe von Erklärungen im vorangegangen VZ (Abs 3 S 1 Nr 1 Buchst a); **(2)** bei nachträglicher Festsetzung von Vorauszahlungen für den vorherigen VZ innerhalb von drei Monaten vor Abgabe der StErklärung für den vorherigen VZ oder innerhalb von drei Monaten vor Beginn des Zinslaufs iSv § 233a II 1 (Abs 3 S 1 Nr 1 Buchst b); **(3)** bei Herabsetzung von Vorauszahlungen für den VZ, um dessen StErklärung es geht, wenn die Herabsetzung außerhalb einer Veranlagung erfolgt ist, dh nicht im Bescheid für den vorangegangenen VZ (Abs 3 S 1 Nr 1 Buchst c); **(4)** bei einer Nachzahlung für den vorherigen VZ von mehr als 10.000 € oder von mindestens 25 % der festgesetzten Steuer; Beispiel: Festgesetzte ESt für das Vorjahr betrug 100.000 €, die Vorauszahlungen beliefen sich auf 75.000 €, sodass sich eine Nachzahlung von 25.000 € (= 25 % der festgesetzten Steuer) ergab (Abs 3 S 1 Nr 1 Buchst d); **(5)** bei einer voraussichtlichen Nachzahlung von mehr als 10.000 € einer ESt-, KSt- oder USt-Erklärung (Abs 3 S 1 Nr 1 Buchst e); **(6)** bei einer geplanten Ap (Abs 3 S 1 Nr 1 Buchst f); **(7)** bei Betriebseröffnung oder -einstellung im VZ, um dessen StErklärung es geht (Abs 3 S 1 Nr 2); bei der USt ist zudem Abs 5 nF zu beachten (s Rz 38); **(8)** bei Feststellung von Verlusten für die Beteiligten einer PersGes oder Gemeinschaft (Abs 3 S 1 Nr 3).

32 **c) Fristsetzung (Abs 4 S 2 und S 6 nF).** Nach Abs 4 **S 2** muss das FA für die Abgabe der vorab angeforderten StErklärung eine Frist von vier Monaten nach Bekanntgabe der Vorabanforderung setzen. Längere Frist ist zulässig. Bei kürzerer Frist ist die Vorabanforderung rechtswidrig. Nach **S 6** darf aber die Abgabefrist des Abs 2 nicht unterschritten werden. Daher darf das FA eine Abgabe der StErklärung vor dem 31.7. bzw – bei Land- und Forstwirten – vor dem siebten Monat nach Schluss des abweichenden Wj nicht verlangen.

33 **d) Entscheidung über die Vorabanforderung.** Die Entscheidung über die Vorabanforderung iSv S 1 ist **Ermessensentscheidung,** wie sich aus Abs 4 S 1 ergibt („kann"). Die Vorabanforderung ist nach § 121 zu begründen; dies folgt aus einem Umkehrschluss zu S 4, der nur im Fall des S 3 auf eine Begründung verzichtet. Grds wird die Entscheidung für eine Vorabanforderung ermessensgerecht sein, wenn die Voraussetzungen des S 1 erfüllt sind. Etwas anderes kann aber gelten, wenn die Vorabanforderungsgründe sich auf Umstände im vorangegangenen VZ beziehen (zB hohe Abschlusszahlung oder nachträgliche Vorauszahlung gem Abs 4 S 1 Nr 1 Buchst b und d), die für den laufenden VZ aber ausgeschlossen werden können, weil zB eine Nachzahlung mit an Sicherheit grenzender Wahrscheinichkeit nicht zu erwarten ist. Vorabanforderung iSv Abs 4 S 1 und 3 ist VA, sodass **Einspruch** und Antrag auf AdV statthaft sind.

35 **e) Zufallsauswahl (Abs 4 S 3 und 4 nF).** Eine Vorabanforderung kann nach S 3 auch im Rahmen einer Zufallsauswahl, die elektronisch vorgeschlagen wird, erfolgen. Von der Zufallsauswahl soll Gebrauch gemacht werden, falls die Anfor-

derungsgründe des Abs 4 S 1 nicht ausreichen, um einen kontinuierlichen Erklärungseingang zu erreichen. Die Zufallsauswahl ersetzt damit das bisherige Anforderungskriterium der „Arbeitslage in den Finanzämtern" (BT-Drs 18/7457, 77; s gleichlautende Erlasse v 2.1.2018, BStBl I 18, 70, Abschn II Abs 2). S 3 stellt zudem sicher, dass bei der Zufallsauswahl auch die Viermonatsfrist des Abs 4 S 2 zu beachten ist. Soweit eine StErklärung nach dem Kontingentierungsverfahren iSv Abs 6 vorab angefordert wird, darf sie nicht in die Zufallsauswahl einbezogen werden (Abs 6 S 2).

Die auf der Zufallsauswahl beruhende Vorabanforderung ist ebenso wie die Vorabanforderung nach S 1 eine Ermessensentscheidung. Nach **S 4** genügt zur Begründung aber der Hinweis, dass die Vorabanforderung auf einer automationsgestützten Zufallsauswahl beruht; eine weitere Begründung iSv § 121 ist nicht erforderlich, insbes kein Hinweis auf einen Anforderungsgrund iSv S 1.

8. Sonderregelung für Umsatzsteuererklärungen (Abs 5). Wird die gewerbliche oder berufliche Tätigkeit bis einschl 31.12. beendet, gilt Abs 3 nicht. Vielmehr muss die USt-Erklärung gem § 18 III 2 iVm § 16 III UStG innerhalb eines Monats nach Ablauf des kürzeren Besteuerungszeitraums, dh nach Beendigung der Tätigkeit, abgegeben werden, wenn die Tätigkeit unterjährig endet. Endet die Tätigkeit genau am 31.12., muss die USt-Erklärung bis zum 31.7. des Folgejahres gem Abs 2 S 1 abgegeben werden. Eine Fristverlängerung richtet sich nach § 109 I, nicht nach § 109 II, da dieser auf Abs 3 des § 149 Bezug nimmt, der aber durch Abs 5 ausgeschlossen wird. 38

9. Kontingentierungsverfahren (Abs 6 nF). Der neue Abs 6 eröffnet den Angehörigen der steuerberatenden Berufe die Möglichkeit, an einem sog Kontingentierungsverfahren teilzunehmen. Durch das Kontigentierungsverfahren soll ein kontinuierlicher Erklärungseingang bei den FÄ erreicht werden. Bereits vor Einführung des Abs 6 nF ist das Kontingentierungsverfahren in zwei Bundesländern, ua in NRW, erprobt worden und gilt für StErklärungen bis einschl VZ 2017 noch fort: Gibt ein StB für VZ bis einschl 2017 bis zum 30.9. des Folgejahres 40% und bis zum 31.12. des Folgejahres insgesamt 75% der für seine Mandanten zu erstellenden StErklärungen ab, wird die Frist für die verbleibenden 25% automatisch bis zum 28.2. des übernächsten Jahres verlängert. Die bisher geltenden Kontingentierungsquoten sind ermessensfehlerfrei festgesetzt worden (FG Ddorf EFG 12, 890, iE bestätigt durch BFH/NV 13, 80). 40

Nach der gesetzlichen Regelung des Kontingentierungsverfahrens in Abs 6 nF obliegt es zunächst der Entscheidung der obersten LandesFinBeh oder einer von ihr bestimmten LandesFinBeh, **ob** ein solches **Verfahren angeboten wird.** Diese Entscheidung ist eine nach Abs 6 S 3 nicht anfechtbare Ermessensentscheidung. Es besteht also kein einklagbarer Anspruch auf Einrichtung eines Kontingentierungsverfahrens (BT-Drs 18/7457, 78).

Wird das Kontigentierungsverfahren angeboten, kann sich ein Angehöriger der steuerberatenden Berufe iSv §§ 3, 4 StBerG, also auch LSt-Hilfevereine, zur Teilnahme am Kontingentierungsverfahren entschließen; die Teilnahme ist also **freiwillig.** Allerdings soll die Teilnahme nach der Gesetzesbegründung (BT-Drs 18/7457, 78) und nach der bisherigen Praxis (vgl zB www.finanzverwaltung.nrw.de/de/die-bedingungen-zur-teilnahme-am-kontingentierungsverfahren) noch von einer Zulassung durch die FinBeh abhängig sein. Aus dem Gesetzeswortlaut folgt dies jedoch nicht, da sich das „kann" in Abs 6 S 1 auf die Einrichtung des Kontingentierungsverfahrens bezieht und nicht auf die Zulassung des einzelnen Beraters. 41

Entscheidet sich der Berater für eine Teilnahme, ist er verpflichtet, einen bestimmten prozentualen Anteil der von ihm zu erstellenden Erklärungen im Zuständigkeitsbereich, für den das Kontingentierungsverfahren gilt, zu einem bestimmten Stichtag einzureichen. Sowohl der prozentuale Anteil als auch der Stichtag werden von der obersten LandesFinBeh bzw von der von ihr bestimmten

LandesFinBeh festgelegt. Soweit StErklärungen vom Kontingentierungsverfahren erfasst werden, können sie nicht mehr durch eine Zufallsauswahl iSv Abs 4 vorab angefordert werden (Abs 6 S 2).

47 **10. Rechtsfolgen der Erklärungspflicht.** Die Erklärungspflicht nach Abs 1 S 1 sowie nach S 2 führt zur Anlaufhemmung nach § 170 II Nr 1 und wirkt sich damit auf den Beginn der Festsetzungsfrist aus (näher § 170 Rz 9 ff; s auch BFH/NV 14, 665).

48 Bei **Nichtabgabe der StErklärung** ist Erzwingung nach §§ 328 ff, zB durch Festsetzung eines Zwangsgelds, möglich (BFH/NV 87, 669; 94, 447; BStBl 18, 123), und zwar gem Abs 1 S 4 auch nach Erlass eines Schätzungsbescheids (s Rz 3). Das FA kann alternativ auch ohne vorherige Erzwingungsmaßnahmen sofort schätzen (BFH/NV 94, 176) und einen Verspätungszuschlag nach § 152 festsetzen. Weiterhin mindern sich bei Nichtabgabe der StErklärung die Ermittlungspflicht der FinBeh und ggf auch die Anforderungen an die Bestimmtheit des StBescheids (BFH BStBl 08, 46). Demgegenüber kann die Verlagerung der elektronischen Buchführung in das Ausland nicht unter Hinweis auf die Nichtabgabe von StErklärungen in der Vergangenheit versagt werden, weil § 146 IIa 2 Nr 2 nicht auf § 149 Bezug nimmt. Zur Frage, ob die Abgabe einer unvollständigen StErklärung einer Nichtabgabe gleichsteht, s § 150 Rz 6.

49 Eine Nichtabgabe kann auch **strafrechtliche oder bußgeldrechtliche Folgen** nach §§ 370, 378 haben (s § 370 Rz 62; vgl BGH NJW 02, 1733; HFR 09, 832). So kann eine vollendete StHinterziehung vorliegen, wenn das FA seine Veranlagungsarbeiten im Wesentlichen abgeschlossen hat (BFH/NV 11, 1477; s § 370 Rz 92a).

50 Hält der Stpfl die Abgabefrist nicht ein, sondern reicht er eine gesetzlich vorgeschriebene StErklärung, die zu einer Erstattung führen soll, erst **kurz vor Eintritt der Verjährung** ein, trägt er das Risiko, dass das FA die StErklärung bis zum Verjährungseintritt nicht bearbeitet und nach Verjährungseintritt die StFestsetzung nicht mehr möglich ist (BFH BStBl 11, 807; 13, 663). Um dies zu verhindern, muss der Stpfl vor Verjährungseintritt entweder noch einen ausdrücklichen Antrag auf StFestsetzung iSv § 171 III stellen oder einen Untätigkeitseinspruch gem § 347 I 2 iVm § 171 IIIa einlegen (BFH BStBl 13, 663).

§ 150 Form und Inhalt der Steuererklärungen

(1) [1] **Eine Steuererklärung ist nach amtlich vorgeschriebenem Vordruck abzugeben, wenn**

1. keine elektronische Steuererklärung vorgeschrieben ist,
2. nicht freiwillig eine gesetzlich oder amtlich zugelassene elektronische Steuererklärung abgegeben wird,
3. keine mündliche oder konkludente Steuererklärung zugelassen ist und
4. eine Aufnahme der Steuererklärung an Amtsstelle nach § 151 nicht in Betracht kommt.

[2] **§ 87a ist nur anzuwenden, soweit eine elektronische Steuererklärung vorgeschrieben oder zugelassen ist.** [3] **Der Steuerpflichtige hat in der Steuererklärung die Steuer selbst zu berechnen, soweit dies gesetzlich vorgeschrieben ist (Steueranmeldung).**

(2) **Die Angaben in den Steuererklärungen sind wahrheitsgemäß nach bestem Wissen und Gewissen zu machen.**

(3) [1] **Ordnen die Steuergesetze an, dass der Steuerpflichtige die Steuererklärung eigenhändig zu unterschreiben hat, so ist die Unterzeichnung durch einen Bevollmächtigten nur dann zulässig, wenn der Steuerpflichtige infolge seines körperlichen oder geistigen Zustands oder durch längere Abwesenheit**

an der Unterschrift gehindert ist. 2 Die eigenhändige Unterschrift kann nachträglich verlangt werden, wenn der Hinderungsgrund weggefallen ist.

(4) **1 Den Steuererklärungen müssen die Unterlagen beigefügt werden, die nach den Steuergesetzen vorzulegen sind. 2 Dritte Personen sind verpflichtet, hierfür erforderliche Bescheinigungen auszustellen.**

(5) **1 In die Steuererklärungsformulare können auch Fragen aufgenommen werden, die zur Ergänzung der Besteuerungsunterlagen für Zwecke einer Statistik nach dem Gesetz über Steuerstatistiken erforderlich sind. 2 Die Finanzbehörden können ferner von Steuerpflichtigen Auskünfte verlangen, die für die Durchführung des Bundesausbildungsförderungsgesetzes erforderlich sind. 3 Die Finanzbehörden haben bei der Überprüfung der Angaben dieselben Befugnisse wie bei der Aufklärung der für die Besteuerung erheblichen Verhältnisse.**

(6) **1 Zur Erleichterung und Vereinfachung des automatisierten Besteuerungsverfahrens kann das Bundesministerium der Finanzen durch Rechtsverordnung mit Zustimmung des Bundesrates bestimmen, dass und unter welchen Voraussetzungen Steuererklärungen oder sonstige für das Besteuerungsverfahren erforderliche Daten ganz oder teilweise durch Datenfernübertragung oder auf maschinell verwertbaren Datenträgern übermittelt werden können. 2 In der Rechtsverordnung können von den §§ 72a und 87b bis 87d abweichende Regelungen getroffen werden. 3 Die Rechtsverordnung bedarf nicht der Zustimmung des Bundesrates, soweit die Kraftfahrzeugsteuer, die Luftverkehrsteuer, die Versicherungsteuer und Verbrauchsteuern, mit Ausnahme der Biersteuer, betroffen sind.**

(7) **1 Können Steuererklärungen, die nach amtlich vorgeschriebenem Vordruck abgegeben oder nach amtlich vorgeschriebenem Datensatz durch Datenfernübertragung übermittelt werden, nach § 155 Absatz 4 Satz 1 zu einer ausschließlich automationsgestützten Steuerfestsetzung führen, ist es dem Steuerpflichtigen zu ermöglichen, Angaben, die nach seiner Auffassung Anlass für eine Bearbeitung durch Amtsträger sind, in einem dafür vorgesehenen Abschnitt oder Datenfeld der Steuererklärung zu machen. 2 Daten, die von mitteilungspflichtigen Stellen nach Maßgabe des § 93c an die Finanzverwaltung übermittelt wurden, gelten als Angaben des Steuerpflichtigen, soweit er nicht in einem dafür vorzusehenden Abschnitt oder Datenfeld der Steuererklärung abweichende Angaben macht.**

(8) **1 Ordnen die Steuergesetze an, dass die Finanzbehörde auf Antrag zur Vermeidung unbilliger Härten auf eine Übermittlung der Steuererklärung nach amtlich vorgeschriebenem Datensatz durch Datenfernübertragung verzichten kann, ist einem solchen Antrag zu entsprechen, wenn eine Erklärungsabgabe nach amtlich vorgeschriebenem Datensatz durch Datenfernübertragung für den Steuerpflichtigen wirtschaftlich oder persönlich unzumutbar ist. 2 Dies ist insbesondere der Fall, wenn die Schaffung der technischen Möglichkeiten für eine Datenfernübertragung des amtlich vorgeschriebenen Datensatzes nur mit einem nicht unerheblichen finanziellen Aufwand möglich wäre oder wenn der Steuerpflichtige nach seinen individuellen Kenntnissen und Fähigkeiten nicht oder nur eingeschränkt in der Lage ist, die Möglichkeiten der Datenfernübertragung zu nutzen.**

Abs 7 und 8 eingefügt durch G v 20.12.08 (BGBl I, 2850); Abs 6 und 7 neu gefasst durch G 2011 v 1.11.11 (BGBl I, 2131); Abs 6 S 7 geändert durch AmtshilfeRLUmsG v 26.6.13 (BGBl I, 1809); Abs 1 neu gefasst, Abs 2 S 2 aufgehoben, Abs 5 S 1 neu gefasst, Abs 6 S 2 bis 10 ersetzt durch neue S 2 und 3, Abs 7 neu gefasst durch StModernG v 18.7.16 (BGBl I, 1679).

Schrifttum: *vor 2010 s 13. Aufl; Baum* Grundsätze für die Verwendung von Steuererklärungsvordrucken, NWB 11, 1399; *Lankes* Rechtliche Grenzen elektronischer Datenübermittlungspflichten am Beispiel des Elster-Verfahrens, Diss Berlin 2011; *Wenzel* Keine Beihilfe zur

Steuerhinterziehung durch Authentifizierung, NWB 12, 905; *Eichhorn* Zum „Berechtigungsmanagement" für die „vorausgefüllte Steuererklärung", DStR 13, 2722; *Vinken* Elektronisches Steuerverfahren, FR 13, 403; *Wacker* Die elektronische Steuererklärung als Haftungs- und Gebührenfalle für den Steuerberater, DStR 13, 2025; *Baum* Vorausgefüllte Steuererklärung und Vollmachten im Besteuerungsverfahren, NWB 14, 291; *Falkenberg* Der Antrag auf Energiesteuervergütung, ZfZ 15, 114; *Kemper* Erklärungspflichten des Umsatzsteuergesetzes, UR 15, 373; *Beyer* USt-Voranmeldungen 2017: Erweiterte Erklärungspflichten?, DB 17, 2196; *Deutschländer* Fristenfalle: Die komprimierte Steuererklärung bei der Antragsveranlagung, NWB 17, 3836; *Häger* Wegfall der Strafbarkeit wegen Steuerhinterziehung bei dem Finanzamt vorliegenden Daten, wistra 17, 369; *Sowinski* Amtsveranlagung für Inlandsrentner, NWB 17, 2170.

Übersicht

1 **1. Inhalt.** Die Vorschrift bestimmt Form, Inhalt und Übermittlung der StErklärungen. Geregelt ist in § 150 die Verpflichtung zur Abgabe der StErklärung nach amtlich vorgeschriebenem Vordruck sowie nach amtlich vorgeschriebenem Daten-

satz. Aus der Vorschrift ergibt sich kein Anspruch auf kostenlose Zusendung der amtlichen StErklärungsvordrucke. Die FinVerw ist nur verpflichtet, die amtlichen Vordrucke in ausreichender Zahl zu erstellen und dem Stpfl in öffentlich zugänglichen Räumlichkeiten zur Verfügung zu stellen (BFH/NV 03, 6). Durch die Ausweitung der Pflicht zur elektronischen Übermittlung (s Rz 11) ist dies aber ohnehin nur dann relevant, wenn die StErklärung in Papierform abgegeben werden darf.

Abs 1, 6 und 7 sind durch das StModernG v 18.7.2016 an die elektronische Übermittlungsform angepasst worden. Zudem ist das Erfordernis einer schriftlichen Versicherung in Abs 2 S 2 entfallen und in Abs 5 ist eine sprachliche Anpassung erfolgt.

2. Form und Abgabe der Steuererklärung (Abs 1 S 1). a) Begriff der StErklärung. Eine Definition der StErklärung enthält die Vorschrift nicht. Nach dem BFH ist eine StErklärung eine formalisierte, innerhalb einer bestimmten Frist abzugebende Auskunft des Stpfl oder seines Vertreters, die dem FA die Festsetzung der Steuer oder die Feststellung von Besteuerungsgrundlagen ermöglichen soll und idR zum Erlass eines StBescheids führt (BFH BStBl 15, 894); nicht entscheidend für das Vorliegen einer StErklärung ist, ob der Stpfl zur Abgabe verpflichtet ist (BFH/NV 08, 2078). Als StErklärung gelten nach § 13a VII 4 ErbStG aber auch die Anzeige über das Unterschreiten der Lohnsummengrenze und nach § 19 V GrEStG die Anzeige grunderwerbsteuerlicher Vorgänge. 2

b) Form der StErklärung. Die Abgabe der Erklärung nach amtlich vorgeschriebenem Vordruck ist nach dem durch das StModernG v 18.7.2016 geänderten Abs 1 **nicht mehr der Regelfall,** sondern nach Abs 1 S 1 Nrn 1 bis 4 nur noch dann zulässig, wenn keine Pflicht zur Abgabe einer elektronischen StErklärung besteht oder diese nicht freiwillig elektronisch abgegeben wird, wenn eine mündliche oder konkludente StErklärung nicht zugelassen ist und wenn eine Aufnahme der StErklärung an Amtsstelle gem § 151 nicht in Betracht kommt. Zur elektronischen Übermittlung von StErklärungen s Rz 10ff. Eine mündliche oder konkludente StErklärung ist gesetzlich nicht zugelassen; nur im Zollrecht kann eine Zollanmeldung bei der Ausfuhrlieferung im Wert von bis zu 1.000 € mündlich erfolgen, s Art 135 bis 137 VO (EU) 2015/2446. 3

c) Abgabe auf amtlich vorgeschriebenem Vordruck. Ist nach Abs 1 S 1 ausnahmsweise eine Abgabe der StErklärung in Papierform zulässig, muss der amtlich vorgeschriebene Vordruck verwendet werden. Zulässig ist danach auch die Abgabe auf selbst gefertigten, kopierten, eingescannten oder aus dem Internet heruntergeladenen Vordrucken, sofern diese dem amtlichen Muster entsprechen (BFH BStBl 07, 2 mwN; vgl auch Grundsätze für die Verwendung von StErklärungsvordrucken, BMF 3.4.2012, BStBl I, 522, Tz 2 und 3). Hierdurch wird sichergestellt, dass der Stpfl alle Angaben macht, die das FA für wesentlich hält. Es ist nicht erforderlich, dass der nichtamtliche Vordruck beidseitig bedruckt ist (BFH BStBl 07, 2; BMF 3.4.2012, BStBl I, 522, Tz 2). Es ist unschädlich, wenn der Stpfl die Kopie eines amtlichen Vordrucks eines anderen Bundeslandes verwendet (BFH BStBl 07, 2). 4

Bei Verwendung eines Erklärungsvordrucks für ein früheres Jahr liegt aber keine ordnungsgemäße Erklärung vor, wenn dieser nicht mit dem Vordruck für das Erklärungsjahr übereinstimmt (FG Bln EFG 78, 309). Die Erklärung muss dem amtlichen Vordruck für das Erklärungsjahr im Format und in der drucktechnischen Ausgestaltung entsprechen, damit die Auswertung der angegebenen Daten und die Eingabe in die elektronische Datenverarbeitung ohne zeit- und personalaufwändige Abänderungen durchgeführt werden kann (FG Nbg EFG 90, 339 mwN). Ein Schreiben an das FA, in dem die für die EStVeranlagung notwendigen Angaben außerhalb eines Erklärungsvordrucks gemacht werden, ist daher keine formal ordnungsgemäße StErklärung und kann zur Festsetzung eines Verspätungszuschlages führen (FG Nbg EFG 90, 339; vgl auch BFH/NV 99, 1309). 5

6 **d) Unrichtige, unvollständige oder vorläufige StErklärung.** Mit der Abgabe einer **unrichtigen** StErklärung erfüllt der Stpfl idR zwar seine Erklärungspflicht iSv Abs 1, sodass er eine StErklärung abgegeben hat und das FA nicht von einer Nichtabgabe ausgehen darf (s Rz 9); allerdings erfüllt der Stpfl nicht seine Pflicht zur richtigen und vollständigen Erklärung gem Abs 2 (zu den Rechtsfolgen s Rz 30). Die Abgabe einer inhaltlich unrichtigen StErklärung lässt sich nur ausnahmsweise der Nichtabgabe gleichsetzen. Das ist der Fall, wenn die Unrichtigkeit der Angaben ein solches Ausmaß hat, dass sie die StErklärung als völlig unzureichend erscheinen lässt, sodass das FA nicht imstande ist, das Festsetzungsverfahren in Gang zu setzen (BFH BStBl 70, 168; BFH/NV 93, 141). Die Abgabe einer Feststellungserklärung iSv § 181 kann zwar nicht durch Abgabe einer EStErklärung ersetzt werden, wohl aber im Rahmen des § 170 II 1 Nr 1 gleichbehandelt werden (BFH/NV 14, 665).

7 Bei Ungewissheit über einzelne Punkte muss der Stpfl ggf auf die Ungewissheit hinweisen (*HHSp/Heuermann* § 150 Rz 21). **Unleserliche** StErklärungen in Papierform gelten als nicht abgegeben, weil sie keine StErklärung iSv § 150 darstellen. Dies gilt allerdings nicht, wenn nur unwesentliche Stellen, zB erkennbar nicht einschlägige Abschnitte, unleserlich sind oder wenn die Druckqualität lediglich vermindert ist, die StErklärung aber gleichwohl noch lesbar ist.

Die StErklärung ist auch dann abgegeben worden, wenn sie vorzeitig vor Ablauf des Erklärungszeitraums abgegeben wird, sofern der Erklärungszeitraum bereits begonnen hat, zB Abgabe der USt-Voranmeldung für Januar 2018 bereits am 28.1.2018 (aA FG BaWü EFG 15, 348, wonach vor Ablauf des Erklärungszeitraums Abgabe unzulässig ist). Der Stpfl erklärt damit, dass er im verbleibenden Erklärungszeitraum keine weiteren Einnahmen oder Umsätze mehr erzielen wird. Das Risiko der Vollständigkeit liegt aber beim Stpfl; die abgegebene StErklärung ist also unrichtig und unvollständig, wenn er nach Abgabe der Erklärung noch weitere Einnahmen oder Umsätze erzielt.

8 **e) Übermittlung einer StErklärung in Papierform.** Eine StErklärung, die auf amtlich vorgeschriebenem Vordruck abzugeben ist, kann nicht nur durch Einwurf in den Briefkasten des FA oder per Post, sondern auch per **Telefax** an das FA übermittelt werden (BFH BStBl 15, 359; 03, 45). Ebenso kann das Deckblatt der StErklärung durch eine Telefaxkopie, auf der sich die telekopierte Unterschrift des Stpfl befindet, ersetzt und die gesamte StErklärung (Deckblatt als Telefaxkopie sowie die übrigen Bestandteile der StErklärung im Original) dem FA auf dem Postweg übermittelt werden (BFH BStBl 15, 359). Das BMF hat das BFH-Urteil akzeptiert (BMF 16.4.2015, BStBl I, 438) und damit seine frühere gegenteilige Auffassung (so noch BMF 20.1.2003, BStBl I, 74) aufgegeben; zu Einzelheiten s 13. Aufl.

9 **f) Rechtsfolgen bei Verletzung des Abs 1.** Hat der Stpfl seine StErklärung nicht auf einem amtlich vorgeschriebenen bzw vergleichbaren Vordruck (s Rz 4 f) abgegeben, ist er seiner Pflicht nach Abs 1 S 1 nicht nachgekommen. Das FA darf dann die Abgabe der StErklärung zB durch Festsetzung eines Zwangsgelds gem §§ 328 ff erzwingen. Außerdem darf es einen Verspätungszuschlag gem § 152 festsetzen und die Besteuerungsgrundlagen nach § 162 schätzen. Zu den Rechtsfolgen der Abgabe einer unrichtigen StErklärung gem Abs 2 s Rz 30.

10 **3. Elektronische Übermittlung (Abs 1 S 2). a) Anwendbarkeit des § 87a I 1.** Nach Abs 1 S 2 ist § 87a I 1, der die elektronische Übermittlung der StErklärung betrifft, nur dann anwendbar, soweit ein Gesetz eine elektronische Übermittlung vorschreibt oder erlaubt (s Rz 11 f). Das Verfahren der elektronischen Übermittlung selbst richtet sich nach § 87a VI (BT-Drs 18/7457, 78). Über § 87a VI kommt das ELSTER-Verfahren zur Anwendung (s § 87a Rz 47). Die bisherigen Regelungen in Abs 6 und 7 des § 150 sind durch das StModernG v 18.7.2016

aufgehoben worden (s Rz 72 und 80). Die Änderung des Abs 1 S 2 durch das StModernG v 18.7.2016 ist nur sprachlicher Art (s BT-Drs 18/7457, 78).

b) Pflicht zur elektronischen Übermittlung. Eine Pflicht zur elektronischen Übermittlung der StErklärung besteht nach den jeweiligen Einzelsteuergesetzen für folgende StErklärungen: EStErklärung, wenn Gewinneinkünfte erzielt werden (ab VZ 2011, s § 25 IV iVm § 52 Abs 39 EStG), GewStErklärung und GewStZerlegung (ab Erhebungszeitraum 2011: § 14a iVm § 36 IXb GewStG), KStErklärung und Erklärung zur gesonderten Feststellung nach §§ 27, 28, 38 KStG (ab VZ 2011: § 31 I a iVm § 34 XIII 2 KStG), Zerlegung der KSt (ab 2014, § 6 VII iVm § 12 II letzter Satz ZerlG idF des StVereinfachungsG 2011v 1.11.2011, BGBl I, 2131), gesonderte und einheitliche Feststellung bei PersGes iSv § 180 I Nr 2 Buchst a sowie gesonderte Feststellung iSv § 180 I Nr 2 Buchst b (§ 181 IIa AO iVm Art 97 § 10a II EGAO), Gewinnermittlungsunterlagen nach § 5b EStG und § 60 IV EStDV (ab 2012 bzw – wegen Nichtbeanstandung durch das BMF 28.9.2011, BStBl I, 855 Rz 26f – ab 2013), USt-Erklärung (ab 2011, § 18 III iVm § 27 XVII UStG idF des JStG 2010), Antrag auf Dauerfristverlängerung (ab 2011, § 48 I 2 UStDV), USt-Voranmeldung nach § 18 I UStG (ab 1.1.2005; zu Übergangsfristen s BMF BStBl I 04, 1135, sowie BStBl I 05, 675), Zusammenfassende Meldung nach § 18a I UStG (ab 1.1.2007), Vorsteuervergütung (ab 2010: § 61 iVm § 74a I UStDV), LSt-Anmeldung nach § 41a I 2 EStG (ab 2005, s § 52 Abs 52b EStG idF des StÄndG v 15.12.2003, BGBl I, 2645), Anmeldung sowie Erstattung von KapESt nach § 45a I, § 45d I 2 EStG (ab 2009). Zur Befreiung von der Pflicht zur elektronischen Übermittlung s Rz 93ff. 11

Die Pflicht zur elektronischen Übermittlung ist **verfassungsgemäß** und insbes verhältnismäßig (BFH BStBl II 12, 477; BFH/NV 17, 729; 15, 1115; FG Nbg EFG 14, 1846). Die zu § 18 I UStG und damit zur USt-Voranmeldung ergangenen Entscheidungen des BFH gelten mE auch für die übrigen StErklärungen und StAnmeldungen, die elektronisch zu übermitteln sind (FG RhPf BB 15, 2134). Denn auch bei ihnen rechtfertigen die Verwaltungsvereinfachung, die elektronische Überprüfungsmöglichkeit und die administrative Kostenersparnis die elektronische Übermittlungspflicht. **Anders** ist dies mE jedoch bei der sog **E-Bilanz,** soweit es nicht nur um die elektronische Übermittlung der eigentlichen Bilanz nach § 5b EStG iVm § 150 VII AO geht, sondern um die Pflicht, die vom BMF vorgegebene **Taxonomie** zu verwenden: Hierfür ergibt sich weder aus Abs 7 noch aus § 5b oder § 51 IV Nr 1 Buchst b EStG eine Rechtsgrundlage (*Rätke* BBK, Beilage zu Heft 23/11, 4; s auch Rz 60). Zur Kritik an der elektronischen Übermittlung s Rz 13f.

c) Erlaubnis zur elektronischen Übermittlung. Eine elektronische Übermittlung ist in den Fällen iSv Abs 1 S 2 zugelassen, in denen keine Pflicht zur elektronischen Übermittlung besteht (zB EStErklärung ohne Gewinneinkünfte); die Erlaubnis ergibt sich aus § 87b I und II, der für die elektronische Übermittlung nach dem 31.12.2016 gilt (Art 97 § 27 I 1 EGAO). Für die elektronische Übermittlung vor dem 1.1.2017 ergab sich eine Erlaubis aus der Steuerdaten-Übermittlungsverordnung (StDÜV), vgl Art 97 § 27 I 2 EGAO. Eine Abgabe der StErklärung auf maschinell verwertbarem Datenträger (zB Blu-ray, CD-Rom, USB-Stick oder DVD) ist aber weder nach der StDÜV (BFH/NV 16, 72) noch nach § 87b I und II zulässig. 12

d) Kritik an der elektronischen Übermittlung. Kritisch zu betrachten ist der auf Seiten der Stpfl und Berater zum Teil **erhebliche Mehraufwand,** der durch die Pflicht zur elektronischen Übermittlung erfolgt (s hierzu auch *Wacker* DStR 13, 2025). Zu nennen sind hier unübersichtliche Vordruckgestaltungen wie zB bei Elster-Online, wo die einzelnen Anlagen in Unterabschnitte „atomisiert" werden (s hierzu auch Rz 31), die fehlende Gesamtübersicht, die auch nach Ausdruck der komprimierten StErklärung nicht möglich ist, die teilweise fehlende 13 automatische Addition von Beträgen, die erst durch Anklicken eines Taschenrechnersymbols erfolgt, und die unterschiedliche Ausgestaltung der Betragsangaben (mal mit Stellen hinter dem Komma, mal ohne Stellen hinter dem Komma). Weiterhin enthalten die ELSTER-Programme immer wieder auch technische Fehler, wie die Auswertung des ELSTER-Forums zeigt, in denen auf diese Fehler hingewiesen wird. Besonders bedenklich ist die Blockade durch sog Fehlerhinweise seitens des ELSTER-Programms, ohne deren Behebung die elektronische Absendung der StErklärung nicht möglich ist; die Festsetzung eines Verspätungszuschlags darf dann nicht erfolgen (§ 152 Rz 18). Dabei werden auch für solche Angaben Fehlerhinweise generiert, die nach dem Gesetz nicht erforderlich sind, wie zB die Angabe des EW-Aktenzeichens im Rahmen der Vermietungseinkünfte. Der BFH hat in seiner jüngeren Rspr (BFH BStBl 17, 7) bei der Prüfung des groben Verschuldens iSv § 173 I Nr 2 die Besonderheiten bei der elektronischen Übermittlung jedoch zugunsten der Stpfl berücksichtigt (s Rz 31). Beseitigt worden ist nunmehr die bislang fehlende Erläuterungsmöglichkeit durch individuelle Zusätze des Stpfl bzw Beraters, zB zur abweichenden Rechtsauffassung, indem Abs 7 S 1 durch das StModernG v 18.7.2016 geändert worden ist (s Rz 24 und 82),

14 **Problematisch** ist iÜ auch die **strafrechtliche Verantwortung,** wenn zB nur ein Ehegatte – wie üblich – die Authentifizierung beantragt und die StErklärung von seinem PC aus übermittelt hat, sodass die Erstellung und Übermittlung der StErklärung durchaus ohne Mitwirkung und Kenntnisnahme des anderen Ehegatten erfolgt sein kann. Ebenso schwierig kann die strafrechtliche Verantwortung des Stpfl feststellbar sein, wenn die **Übermittlung durch StBerater** erfolgt; denn es liegt allein im Verantwortungsbereich des Beraters, ob er die StErklärung vor der elektronischen Absendung seinem Mandanten zur Kenntnis und (internen) Unterzeichnung, dh Zustimmung, zuleitet und den damit verbundenen Mehraufwand in Kauf nimmt (s hierzu *Wacker* DStR 13, 2025, 2028; *Beyer* DB 17, 2196). Für den stl Berater ergibt sich aufgrund der Authentifizierung und elektronischen Übermittlung jedoch kein erhöhtes strafrechtliches Risiko (*Wenzel* NWB 12, 905, 906).

15 **4. Steueranmeldungen (Abs 1 S 3). a) Begriff der Steueranmeldung.** StAnmeldungen sind StErklärungen, in denen der Stpfl kraft gesetzlicher Vorschrift verpflichtet ist, die Steuer **selbst zu berechnen.** Eine StAnmeldung steht nach § 168 Satz 1 einer StFestsetzung unter Vorbehalt der Nachprüfung (§ 164) gleich. Aus ihr kann vollstreckt werden, § 254 I 4; nach § 164 II 2 kann, solange der Vorbehalt wirksam und Festsetzungsverjährung noch nicht eingetreten ist, jederzeit Änderung der Vorbehaltsfestsetzung gem § 164 II beantragt werden. Der Vorbehalt der Nachprüfung fällt automatisch weg, wenn das FA auf die StErklärung hin erstmals einen StBescheid ohne Nachprüfungsvorbehalt erlässt (vgl BFH BStBl 88, 45; 00, 284). Zu einer ausdrücklichen StFestsetzung kommt es bei einer StAnmeldung nur, wenn entweder das FA die Steuer abweichend von der StAnmeldung gem § 167 I 1 festsetzt oder wenn die StAnmeldung nicht abgegeben wird und das FA daraufhin schätzt (vgl auch BFH BStBl 13, 596).

16 **b) Beispiele für Steueranmeldungen.** StAnmeldungen sind insbes im UStG und in zahlreichen VerbrauchStGesetzen vorgesehen. Beispiele hierfür sind: USt-Voranmeldung gem § 18 I UStG, USt-Sondervorauszahlung gem § 48 I 4 UStDV, die zwecks Dauerfristverlängerung gem § 47 UStDV zu entrichten ist (BFH BStBl 05, 813), USt-Jahreserklärung gem § 18 III UStG (BFH/NV 15, 957; BStBl 88, 45), Vorsteuervergütungsantrag nach § 18 IX UStG (BFH BStBl 09, 2), LSt-Anmeldung gem § 41a EStG, KapESt-Anmeldung gem § 45a EStG, Bauabzugsteuer gem § 48a EStG, Rückforderungsbeträge bei der Altersvorsorgezulage nach § 90 III 5 EStG, die strafbefreiende Erklärung nach § 1 StraBEG (vgl BFH BStBl 07, 857), Bestellung von StZeichen für Tabakwaren gem § 17 II 1 TabStG sowie Anmeldung folgender Steuern: GrSt gem § 44 GrStG, Investmentsteuer gem

§ 15 I 9 InvStG, Versicherungsteuer gem § 8 I Nr 1 VersStG, Feuerschutzsteuer gem § 8 I Nr 1 FeuerschStG, Energiesteuer ua gem §§ 8 ff, 14 ff, 20 ff, § 39 I, II EnergieStG sowie EnergieStVergütung gem § 87 EnergieStV (s *Falkenberg* ZfZ 15, 114), Stromsteuer gem § 8 I StromStG und Steuern auf verschiedene Getränke (§ 19 I AlkStG, § 15 II BierStG, § 12 I KaffeeStG). Keine StAnmeldung ist der Vergütungsantrag nach § 10 StromStG (BFH BStBl 08, 462).

c) Steueranmeldungen im Zollrecht. Im Zollrecht stellen die Zollanmeldung gem Art 5 Nr 12 iVm Art 158 UZK und die vereinfachte Zollanmeldung nach Art 166 UZK StAnmeldungen dar. Außerdem war bis zum 31.12.2017 eine StAnmeldung in § 144 I BranntwMonG geregelt. Schließlich können sich aus der entsprechenden Anwendung der AO auf Produktionsregelungen der EG iVm dem Gesetz zur Durchführung der gemeinsamen Marktorganisationen (MOG) den StAnmeldungen vergleichbare Abgabenanmeldungen ergeben (vgl BFH BStBl 02, 447; BFHE 208, 321; BFH/NV 07, 381). 17

5. Versicherung der Wahrheit (Abs 2). a) Vollständigkeit und Richtigkeit der Angaben. Abs 2 soll sicherstellen, dass sich der Stpfl über die Vollständigkeit und Richtigkeit seiner Angaben vergewissert hat (BFH BStBl 99, 203). Dies gilt auch, wenn der Stpfl seine StErklärung durch einen StBerater hat erstellen lassen: Er muss dann die Eintragungen des StBeraters auf Vollständigkeit und Richtigkeit überprüfen. Die an den Stpfl gestellten Kontrollanforderungen dürfen zwar nicht überspannt werden; jedoch muss der Stpfl die ihm nach seinen persönlichen Fähigkeiten und Verhältnissen **zumutbare Sorgfalt** walten lassen (BFH BStBl 16, 503). Damit gilt ein subjektiver Sorgfaltsmaßstab, sodass der BFH an Akademiker, auch wenn sie stl nicht vorgebildet sind, grds höhere Sorgfaltsanforderungen stellt als an weniger gut ausgebildete Stpfl (BFH BStBl 16, 503). So muss ein Stpfl etwa nach Ablauf des zweijährigen Investitionszeitraums des § 7g IV 2 EStG aF das FA ausdrücklich darauf hinweisen, dass er die Investition, für die er eine Ansparrücklage gebildet hat, nicht durchgeführt hat (FG BaWü EFG 08, 662). Zur Vollständigkeit gehören bei inl Unternehmen auch Angaben dazu, ob es von **§ 138a** erfasst wird; dies ergibt sich aber nicht aus Abs 2 des § 150, sondern aus § 138a V (s § 138a Rz 27). 22

Eine **schriftliche Versicherung** der Richtigkeit der gemachten Angaben ist **nicht mehr erforderlich,** da der bisherige S 2 des Abs 2 durch das StModernG v 18.7.2016 aufgehoben worden ist. Die Regelung in Abs 2 S 2 war überflüssig, da sich bereits aus S 1 eine Verpflichtung zu wahrheitsgemäßen Angaben ergibt und da bei elektronischer Übermittlung eine schriftliche Versicherung ohnehin nicht möglich ist (BT-Drs 18/7457, 78).

b) Rechtliche Würdigung durch Stpfl. Der Stpfl muss beim Ausfüllen der StErklärung auch rechtliche Würdigung vornehmen (vgl BFH BStBl 71, 726); denn StErklärungen sind zwar überwiegend Wissenserklärungen, aber auch Willenserklärungen, soweit der Stpfl Gestaltungsmöglichkeiten hat. Bei der rechtl Würdigung darf der Stpfl oder sein steuerlicher Berater selbstverständlich auch eine von der Rspr (FG und BFH) oder FinVerw (zB BMF oder Richtlinien) **abweichende Meinung** haben; er muss diese aber kenntlich machen, insb die aus Sicht der Rspr und FinVerw relevanten Tatschen offenlegen, wenn er von allg Grundsätzen oder von den Erläuterungen zur StErklärung, die online von der FinVerw bereitgestellt werden, oder den StErklärungsvordrucken beigefügt sind, abweicht (vgl auch Abs 7 S 1, s Rz 82). Wird die StErklärung von einem Angehörigen der steuerberatenden Berufe erstellt, so muss dieser seine abweichende Meinung offenlegen, wenn er die entgegenstehende Rspr bzw Auffassung der FinVerw kennt oder kennen muss. Jedoch kann auch von einem Angehörigen der steuerberatenden Berufe angesichts der Komplexität des StRechts und der Vielzahl von Entscheidungen und Verwaltungsanweisungen nicht erwartet werden, dass er die Rspr und Verwaltungsauffassung zu allen möglichen Punkten kennt. Daher wird eine 23

StHinterziehung wegen Zugrundelegung einer anderen Rechtsauffassung nur in Ausnahmefällen in Betracht kommen. Der schlichte Vortrag einer vom FA abweichenden Rechtsauffassung ist iÜ weder unlauter noch arglistig iSv § 172 I 1 Nr 2 Buchst c (BFH BStBl 17, 13).

24 In Zweifelsfragen, die dem Stpfl oder seinem Berater bewusst sind, **empfiehlt es sich,** den steuerrelevanten Sachverhalt entsprechend den im StErklärungsvordruck geforderten Angaben vollständig anzugeben und in einer Anlage oder in einem Freifeld iSv Abs 7 S 1 auf die eigene Rechtsauffassung hinzuweisen, um jedes Risiko auszuschließen (vgl *Irrgang* DB 88, 781; s auch *Beyer* DB 17, 2196). Bei entsprechender Erläuterung liegt dann weder eine Verletzung der Erklärungspflicht iSv § 150 noch eine StHinterziehung vor, weil es Aufgabe des FA ist, die richtige rechtliche Beurteilung vorzunehmen. Das gilt auch dann, wenn noch Rückfragen des FA erforderlich sind (FG Köln EFG 96, 1073; 01, 1016; aA FG Mster EFG 00, 1291) oder der vom Stpfl mitgeteilte Sachverhalt zwar unvollständig, aber so ausführlich ist, dass daraus auf die Steuerrelevanz geschlossen werden kann. Unterlässt das FA dann weitere Ermittlungen und berücksichtigt es den Sachverhalt nicht, hat der Stpfl nicht seine Mitwirkungspflicht verletzt (BFH BStBl 17, 13; FG Mchn EFG 95, 553). Zu den Folgen bei Verletzung der Mitwirkungspflicht wegen unvollständiger Angaben bzw Sachverhaltsdarstellung s Rz 30.

26 **c) Anforderungen bei Zusammenveranlagung.** Ein Ehegatte macht bei der gemeinsamen EStErklärung für eine Zusammenveranlagung nur Angaben zu dem Sachverhalt, der seiner Wissenssphäre zuzurechnen ist. Der Erklärungsgehalt der Unterschrift beschränkt sich daher **nur auf seine Einkünfte,** Sonderausgaben etc. Er ist somit strafrechtl weder Mittäter noch Teilnehmer einer StHinterziehung in Bezug auf unrichtige oder unvollständige Angaben des anderen Ehegatten über dessen eigene Einnahmen (BFH BStBl 02, 501). Zu Unrecht hat daher der BFH (BStBl 16, 503) bei fehlerhafter Angabe der Ehefrau zur Höhe ihres Gewinnanteils eine Änderung des Bescheids ggü beiden Ehegatten – und nicht nur ggü der Ehefrau – zugelassen.

30 **d) Verstoß gegen Abs 2.** Wahrheitswidrige oder unvollständige Angaben können unabhängig von der Versicherung der Wahrheit StHinterziehung iSv § 370 sein und zu einer Verlängerung der Verjährungsfrist nach § 169 II 2 führen. Allerdings handelt es sich um falsche Angaben des Stpfl und nicht (auch) um solche des StBeraters, wenn sich dessen Tätigkeit auf die Vorbereitung der StErklärung beschränkt (BFH BStBl 14, 698); s auch § 370 Rz 30ff. Der stl Berater oder Notar kann grds auch nicht Täter einer leichtfertigen StVerkürzung iSv § 378 zugunsten seines Mandanten sein, weil § 378 nur für den Stpfl gilt (BFH BStBl 15, 777; s auch § 378 Rz 6). Macht der StBerater leichtfertig fehlerhafte Angaben in der StErklärung seines Mandanten, kann dem Mandanten das leichtfertige Handeln seines StBeraters weder stl noch straf- oder bußgeldrechtl zugerechnet werden (BFH BStBl 14, 295).

IÜ kann das FA (Hinzu-)Schätzungen gem § 162 vornehmen, wenn die Besteuerungsgrundlagen anhand der vorhandenen Unterlagen trotz der Versicherung der Wahrheit und Vollständigkeit durch den Stpfl nicht mit hinreichender Sicherheit ermittelt werden können (BFH/NV 89, 636; 94, 285).

Darüber hinaus kann bei einem Verstoß gegen Abs 2 eine spätere Änderung des StBescheids zugunsten des Stpfl nach **§ 173 I Nr 2** ausgeschlossen sein, weil den Stpfl wegen der unzureichenden Erfüllung seiner Erklärungspflicht ein **grobes Verschulden** trifft (FG Hbg EFG 06, 1798; FG Köln EFG 13, 822). Der Stpfl handelt jedenfalls dann grds grob schuldhaft, wenn er eine im Erklärungsformular ausdrücklich gestellte Frage nicht beachtet (s § 173 Rz 113a) oder Aufwendungen doppelt geltend macht (BFH BStBl 13, 997). Der Stpfl muss sich das Verhalten seines stl Beraters bei der Verletzung der StErklärungspflichten im Rahmen des stl Verfahrensrechts **zurechnen lassen,** zB im Rahmen des § 173 I Nr 2, § 110 I 2,

§ 152 I 2 2. HS (BFH BStBl 17, 7; BFH/NV 13, 1467). Hingegen kann dem Stpfl eine Leichtfertigkeit oder ein Vorsatz seines stl Beraters im Rahmen von Vorschriften mit steuerstrafrechtlichem Bezug nicht zugerechnet werden, zB bei der Prüfung der Verlängerung der Verjährungsfrist nach § 169 II 2 (BFH BStBl 14, 295; s aber auch BFH BStBl 91, 325).

Eine Verschuldenszurechnung im Rahmen des § 173 I Nr 2 erfolgt nach dem BFH auch bei einer elektronisch mit dem **ELSTER-Programm** der FinVerw erstellten StErklärung (BFH/NV 14, 1347; 13, 1467; s aber auch BFH/NV 13, 1143, wonach ein grobes Verschulden zu verneinen ist, wenn die im ELSTER-Programm beigefügten Erläuterungen zur StErklärung für einen stl Laien nicht ausreichend verständlich, klar und eindeutig sind). Grds gibt es also keine Unterscheidung bei der Verschuldenszurechnung zwischen einer in Papierform und einer elektronischen StErklärung (BFH BStBl 17, 7; BFH/NV 14, 1347). Allerdings erkennt der BFH die Besonderheiten einer elektronischen StErklärung an und berücksichtigt, dass bei einer elektronischen StErklärung **die mechanische Erfassungsarbeit** der StErklärungsdaten vom FA auf den Stpfl **verlagert wird** und damit für diesen auch das Risiko fehlerhafter Eintragungen und Auslassungen steigt (BFH BStBl 17, 7). Deshalb kann ein schlichtes Vergessen, dh das Nichtausfüllen bei steuermindernden Angaben in einer elektronischen StErklärung, im Rahmen des § 173 I Nr 2 unschädlich sein, selbst wenn es sich um einen StBerater handelt. Diese Rspr des BFH (BStBl 17, 7) geht in die richtige Richtung und stellt faktisch eine Divergenz zu den vorherigen Entscheidungen des BFH (BFH/NV 14, 1347; 13, 1467) dar. Tatsächlich erhöht sich nämlich die Fehleranfälligkeit für den Stpfl bei der Verwendung des ELSTER-Programms, das zum einen **ELSTER-Formular** anbietet, das optisch dem Papierformular angenähert ist und auf der früheren StDÜV und nunmehr auf § 87a VI, § 87b I, II beruht (s Rz 72), und zum anderen **ELSTER-Online** bereitstellt, das sich von der Gestaltung des Papiervordrucks deutlich löst und auf § 20 FVG beruht. Bei beiden Versionen ermöglicht der komprimierte Ausdruck nur einen Überblick über die ausgefüllten Zeilen. Ein Überblick über die insgesamt ausfüllbaren Felder wird bei den elektronischen StErklärungen im Vergleich zu StErklärungen in Papierform deutlich erschwert (BFH/NV 13, 1142, 1143). Insbes das über ElsterOnline (www.elsteronline.de) angebotene Formular ist – im Gegensatz zu „ElsterFormular" – nicht benutzerfreundlich und fehleranfällig, s hierzu Rz 13. 31

6. Eigenhändige Unterschrift (Abs 3). a) Zweck des Unterschriftserfordernisses. Das in Abs 3 geregelte Erfordernis der eigenhändigen Unterschrift des Stpfl bezweckt, dass der Stpfl selbst die Verantwortung für seine tatsächlichen Angaben in der Erklärung übernimmt (BFH BStBl 15, 359). Dabei ist unerheblich, ob der Stpfl bei der Leistung der Unterschrift tatsächlich Kenntnis vom Inhalt der StErklärung nimmt oder ob sie ihm auch tatsächlich vorgelegen hat (BFH BStBl 15, 359). Durch die Unterschrift auf dem Erklärungsvordruck soll sichergestellt werden, dass sich der Stpfl über die Lückenlosigkeit und die Richtigkeit der von ihm oder aber von seinem stl Berater vorgenommenen Eintragungen und den Umfang der im Vordruck vorgesehenen Angaben vergewissern konnte und dass ihm zugleich die Bedeutung seiner StErklärung als Wissenserklärung bewusst werden konnte (BFH BStBl 15, 359 mwN). Dieser Zweck wird allerdings bei der elektronischen Übermittlung von StErklärungen durch einen Bevollmächtigten nicht erreicht (s hierzu Rz 14). 35

Der Stpfl kann durch die Unterschrift **nicht** die volle Verantwortung für die **rechtliche Würdigung** oder Rechtsauffassungen, insbes bei einer von seinem StBerater ausgefüllten StErklärung, übernehmen, weil er hinsichtlich deren rechtlicher Würdigung regelmäßig überfordert sein dürfte (vgl *TK/Seer* § 150 Rz 12; vgl auch BFH BStBl 14, 295; s auch Rz 23). Etwas anderes gilt nur, wenn er Fehler der StErklärung erkennt und sie gleichwohl unterschreibt. Die Unterschrift hat 36 insoweit allein keine strafrechtl Bedeutung (s auch oben Rz 22 zur schriftlichen Versicherung nach Abs 2).

37 **b) Eigenhändige Unterschrift.** Sofern die EinzelStG eigenhändige Unterschrift des Stpfl verlangen, muss die Erklärung **vom Stpfl höchstpersönlich** unterschrieben werden (BFH/NV 09, 495). Die StErklärung mit der höchstpersönlichen Unterschrift muss aber nicht dem FA übersandt werden, sondern es genügt die Übersendung einer Kopie, nachdem die Unterschrift auf dem Original eigenhändig angebracht worden ist, zB per Telefax (BFH BStBl 15, 359). Durch Bevollmächtigte darf die Erklärung nur unterschrieben werden, wenn der Stpfl aus den in Abs 3 aufgeführten Gründen an eigenhändiger Unterschrift gehindert ist (s Rz 50 ff).

38 Abs 3 hat durch die zunehmende Verpflichtung zur elektronischen Übermittlung der StErklärung **an Bedeutung verloren** (s Rz 80). Eine eigenhändige Unterschrift ist nur noch erforderlich bei der EStErklärung, sofern keine Gewinneinkünfte iSv § 2 I 1 Nr 1 bis 3 EStG erzielt werden (§ 25 III 1, IV 1 EStG) sowie beim InvZul-Antrag (§ 7 II 1 InvZulG). Eine eigenhändige Unterschrift ist zudem bei der Abtretungsanzeige sowie bei der Verpfändung erforderlich, wobei es sich hierbei aber nicht um StErklärungen handelt (s § 46 Rz 20; s auch BFH/NV 09, 715). Zur gesunkenen Bedeutung der eigenhändigen Unterschrift bei der InvZul s 13. Aufl, dort Rz 39.

In allen anderen Fällen ist entweder nur eine Unterschrift – also nicht eigenhändige Unterschrift – erforderlich, wie zB bei der ErbStErklärung gem § 31 IV 2 ErbStG (s auch Rz 45), oder aber – in der ganz überwiegenden Anzahl der Fälle – eine elektronische Übermittlung nach Abs 6 vorgesehen; in letzterem Fall wird die eigenhändige Unterschrift nach § 87a VI durch die Verwendung eines sicheren Verfahrens (dh ELSTER) ersetzt, das den Übermittler authentifiziert (zur Authentifizierung s § 87a Rz 46 f). Eine eigenhändige Unterschrift ist dann nur noch im Fall des Abs 8 bei Verzicht des FA auf elektronische Übermittlung wegen Unzumutbarkeit erforderlich (s Rz 99).

41 **c) Unterschrift der handlungsfähigen Person.** Die Unterschrift muss vom Stpfl selbst geleistet werden; zur Unterschriftsleistung durch Bevollmächtigte s Rz 50 ff. IÜ gilt § 79, sodass die dort genannten Personen unterschreiben müssen. Bei einer jur Person ist eine eigenhändige Unterschrift ab dem VZ 2011 bei den StErklärungen nicht mehr erforderlich, da diese elektronisch zu übermitteln sind. Zur Unterschrift bei einem InvZul-Antrag einer jur Person s 13. Aufl. Für einen handlungsunfähigen Insolvenzschuldner muss der Insolvenzverwalter unterschreiben (FG Ddorf ZinsO 15, 323).

44 **d) Anbringung der Unterschrift.** Die Unterschrift muss den Urkundentext räumlich abschließen. Eine eigenhändige Unterschrift fehlt, wenn der Stpfl nur auf einem Unterschriftstreifen unterschreibt, der vom stl Berater auf die für die Unterschriftsleistung vorgesehene Stelle des amtlichen Vordrucks geklebt wird (BFH BStBl 15, 359; 84, 13); dies gilt auch dann, wenn dem Stpfl vor Absendung der StErklärung an das FA eine „Vorausberechnung" seines Steuerberaters, aus der die Besteuerungsgrundlagen ersichtlich sind, zugegangen ist mit der Aufforderung, dem Berater etwaige Änderungen unverzüglich mitzuteilen (BFH BStBl 15, 359; 84, 436).

45 **e) Folgen bei Verstoß gegen Abs 3 S 1.** Fehlt die eigenhändige Unterschrift auf einer StErklärung in Papierform, ist die StErklärung **idR nicht wirksam.** Sie kann daher nicht den Beginn der Festsetzungsfrist am Ende des Kj ihrer Abgabe gem § 170 II Nr 1 auslösen (BFH BStBl 99, 203; 07, 857). Handelt es sich um eine EStErklärung, für die keine gesetzliche Abgabepflicht besteht (zB Antragsveranlagung nach § 46 EStG), stellt die nicht eigenhändig unterschriebene Erklärung keinen Antrag iSv § 171 III dar und hemmt daher nicht den Ablauf der Festsetzungsfrist (s § 171 Rz 11). Diese Grundsätze gelten auch für die ErbStErklärung:

Zwar bedarf diese keiner eigenhändigen Unterschrift des Stpfl iSv Abs 3, sondern nur „einer" Unterschrift, die zugleich die schriftliche Versicherung iSv Abs 2 S 2 aF darstellte (BFH BStBl 05, 244, unter Hinweis auf § 31 IV 2 ErbStG). Fehlt aber diese Unterschrift bzw schriftliche Versicherung, ist die StErklärung unwirksam und setzt den Beginn der Festsetzungsfrist nicht in Gang (BFH BStBl 05, 244).

Hingegen berührt das Fehlen der eigenhändigen Unterschrift auf der deshalb unwirksamen StErklärung nicht die Wirksamkeit des auf eine solche StErklärung hin ergangenen StBescheids (BFH/NV 02, 504). Das Gleiche galt nach der früheren Rechtslage auch bei einer nicht unterschriebenen StAnmeldung, die zum Erlass eines StBescheids oder zur Zustimmung seitens des FA nach § 168 S 2 führte (BFH BStBl 02, 642). Allerdings stand eine nicht unterschriebene StAnmeldung einer StFestsetzung unter Vorbehalt der Nachprüfung iSv § 168 S 1 nicht gleich und löste keine Einspruchsfrist nach § 355 I 2 aus, sodass die Einspruchsfrist erst mit dem Eingang der unterschriebenen StAnmeldung beginnt (BFH BStBl 07, 857). 46

f) Unterschrift durch Bevollmächtigten bei Verhinderung. Die Unterzeichnung durch einen Bevollmächtigten ist nach Abs 3, dh bei Erfordernis eigenhändiger Unterschrift, nur zulässig, wenn der Stpfl infolge seines körperlichen oder geistigen Zustands oder durch längere Abwesenheit an der Unterschrift gehindert ist. Ist Unterschrift nicht vorgeschrieben, richtet sich die Frage der Vertretungsmöglichkeit nach § 80 V 2 (vgl BFH BStBl 89, 807, zu § 80 III 2 aF). 50

Längere Abwesenheit liegt zB vor, wenn ein ausl ArbeitN Deutschland verlässt und in sein Heimatland zurückkehrt (BFH BStBl 02, 455). Entscheidend sind die Umstände **im Zeitpunkt des Fristendes** (BFH/NV 08, 1200): Es genügt daher, wenn der Stpfl erst kurz vor Eintritt der Festsetzungsverjährung für längere Zeit ins Ausland zieht; die Unterzeichnung durch einen Bevollmächtigten ist dann zulässig, sodass die durch ihn unterzeichnete StErklärung in Fällen der Antragsveranlagung (dh fehlenden gesetzlichen Pflicht zur Abgabe der StErklärung) einen ablaufhemmenden Antrag iSv § 171 III darstellt. Es kommt dann nicht darauf an, ob der Stpfl nach seinem Wegzug ins Ausland noch postalisch erreichbar gewesen wäre oder ob er den Ort, wo er die Unterschrift leisten kann, wegen geringer Entfernung ohne größeren zeitlichen und finanziellen Aufwand hätte aufsuchen können (BFH BStBl 02, 455). Anders war die Rspr allerdings im Bereich der **InvZul** (BFH BStBl 01, 629); zu Einzelheiten s 13. Aufl. 51

Ist der Stpfl nach längerer Abwesenheit **am Fristende** wieder **anwesend,** ist er nicht an der Unterschrift gehindert (BFH BStBl 02, 668). Kurzfristige Abwesenheit (von zB zwei Wochen oder nur wenige Tage) am Ende der Frist genügt ebenfalls nicht (BFH BStBl 99, 237; BFH/NV 99, 363; aA FG BaWü EFG 95, 784; FG Sachs EFG 97, 760). In solchen Fällen ist es Sache des Stpfl, die Unterschrift so rechtzeitig zu leisten, dass die Frist eingehalten werden kann. 52

Hinderung infolge körperlichen oder geistigen Zustands ist bereits zu bejahen, wenn der Stpfl bei Fristende aus körperlichen oder geistigen Gründen an der Unterschrift gehindert war, zB wegen Krankheit oder Rehabilitationsmaßnahmen (FG SachsAnh EFG 07, 4); Abs 3 S 1 setzt also keine dauerhafte Hinderung iSv Geschäftsunfähigkeit voraus (s auch § 79 Rz 2). Bei Tod des Stpfl kommt es darauf an, ob der Gesamtrechtsnachfolger gehindert ist, da dieser nunmehr Stpfl ist (s § 45 Rz 5). Hingegen ist bei Tod des gesetzlichen Vertreters des Stpfl (zB GmbH-Geschäftsführer) Bevollmächtigung nach Abs 3 zulässig (FG Hbg EFG 06, 1137); allerdings wird hier Nachholung der Unterschrift durch den neu bestellten gesetzlichen Vertreter nach Abs 3 S 2 verlangt werden können. 53

Bei zulässiger Unterzeichnung durch einen Bevollmächtigten mit dessen Namen ist die Bevollmächtigung **offen** zu legen (BFH BStBl 98, 54, 549). Zudem kann das FA die **Nachholung der eigenhändigen Unterschrift** nach Wegfall des Hinderungsgrunds verlangen (Abs 3 S 2). Das FA kann sich an Stpfl selbst wenden, 56 weil er auch in den Fällen, in denen keine eigenhändige Unterschrift erforderlich ist, zur Mitwirkung verpflichtet bleibt. Die Voraussetzungen für Unterschrift durch Bevollmächtigten dürfte aber in diesen Fällen weniger streng sein als nach § 150 III.

60 **7. Beifügung von Unterlagen (Abs 4).** Unterlagen sind nach Abs 4 **S 1** nur beizufügen, soweit die StGesetze dies vorschreiben. Pflicht zur Beifügung von Unterlagen ergibt sich insbes aus § 60 I, III, IV EStDV, wonach Bilanz und GuV einschl etwaiger Anhang, Lage- oder Prüfberichte bzw Einnahmen-Überschussrechnung beizufügen sind; die Pflicht besteht auch dann, wenn sich im Geschäftsjahr nur ein einziger Geschäftsvorfall ereignet hat (FG BBg EFG 09, 714). § 60 IV EStDV stellt als Gesetz iSv § 4 eine ausreichende Rechtsgrundlage für die Verpflichtung zur Abgabe der Anlage EÜR dar (BFH BStBl 12, 129). Die in § 60 I und III genannten Unterlagen sind seit VZ 2012 nach § 5b EStG elektronisch zu übermitteln, sog **E-Bilanz** (s hierzu BMF 19.1.2010, BStBl I, 47; zum Inkrafttreten s § 51 IV Nr 1 Buchst c EStG iVm § 1 AnwZpvV v 20.12.2010, BGBl I, 2135). Aus § 5b EStG und § 60 IV EStDV ergibt sich zwar die Verpflichtung zur elektronischen Übermittlung der Bilanz bzw Einnahmen-Überschussrechnung, jedoch **keine Verpflichtung** zur Verwendung der sog **Taxonomie** (str, s *Rätke* BBK, Beilage zu Heft 23/11, 4, mwN).

61 Für Dritte besteht nach Abs 4 **S 2** die stl Verpflichtung zum Ausstellen von Bescheinigungen, zB Spendenbescheinigung. Diese Verpflichtung kann vom FA mit Zwangsmitteln gem §§ 328 ff durchgesetzt werden, nicht aber vom Stpfl, der auf seine zivilrechtl Ansprüche beschränkt ist (*Koenig/Cöster* § 150 Rz 29).

65 **8. Angaben zur Statistik (Abs 5).** Nach Abs 5 S 1 können im Erklärungsformular Fragen für Zwecke der Statistik aufgenommen werden. Die statistischen Daten dürfen auch dann abgefragt werden, wenn sie sich bereits aus anderen vom Stpfl eingereichten Unterlagen ergeben und wenn sie nicht unmittelbar der Besteuerung dienen (BFH/NV 99, 897). Allerdings sind nur Fragen zur **Ergänzung** der Angaben über Besteuerungsgrundlagen zulässig, also nicht solche, die völlig außerhalb stl Interesses liegen, zB nicht Fragen, die einer Statistik iSd § 6 des Gesetzes über die Statistik für Bundeszwecke dienen. Die Beantwortung zulässiger Fragen kann nach §§ 328 ff erzwungen werden (BFH/NV 99, 897). Abs 5 S 1 ist durch das StModernG v 18.7.2016 geändert worden, indem die Formulierung „Vordrucke der StErklärung" durch „Steuererklärungsformulare" ersetzt worden ist; damit wird den elektronischen StErklärungen Rechnung getragen (BT-Drs 18/7456, 79).

66 Nach Abs 5 S 2 können Auskünfte für Zwecke des **BAföG** verlangt werden. Die Vorschrift ermöglicht eine Amtshilfe der FinBeh zugunsten der BAföG-Ämter; die BAföG-Ämter haben insoweit einen Auskunftserteilungsanspruch nach § 21 IV SGB X ggü den FinBeh. Die FinBeh können die nach Satz 2 vom Stpfl zu machenden Angaben gem Satz 3 überprüfen. Dabei haben sie die gleichen Befugnisse, als ob sie stl Angaben überprüfen würden, dh sie können insbes nach §§ 91 ff vorgehen. Die Regelung in Abs 5 S 2 und 3 soll datenschutzrechtliche Bedenken ausräumen (*TK/Seer* § 150 Tz 41).

70 **9. VO-Ermächtigung zur Datenübertragung (Abs 6).** a) **Änderung des Abs 6.** Abs 6 ist durch das StModernG v 18.7.2016 geändert worden, indem die bisherigen S 2 bis 10 durch die neuen S 2 und 3 ersetzt worden ist; dabei entspricht der neue S 3 inhaltlich dem bisherigen S 7. Hingegen ist S 1 unverändert geblieben. Hintergrund der Änderung ist die Aufhebung der StDÜV (s Rz 72).

71 **b) Ermächtigung.** S 1 enthält eine VO-Ermächtigung für die Übermittlung von StErklärungen durch Datenübertragung, dh für die elektronische StErklärung. Die bisherige Unterscheidung zwischen Abs 6, der nur StErklärungen betrifft, die nicht elektronisch übermittelt werden müssen, sondern alternativ auch in Papierform dem FA übersandt werden können, und Abs 7, der StErklärungen betrifft, die

zwingend elektronisch zu übermitteln sind, ist durch das StModernG v 18.7.2016 aufgehoben worden; denn Abs 7 nF regelt nicht mehr die elektronische Übermittlung von StErklärungen, die elektronisch zu übermitteln sind, sodass Abs 6 nF nunmehr sämtliche StErklärungen betrifft.

Durch Satz 1 wird das BMF ermächtigt, durch RechtsVO festzulegen, welche StErklärungen oder sonstige für das Besteuerungsverfahren erforderliche Daten (zB Anlagen oder Bescheinigungen) ganz oder teilweise elektronisch übermittelt werden dürfen und welche Voraussetzungen hierfür gelten. Hierauf beruhte die StDÜV (s Rz 72). Wegen der Aufhebung der StDÜV bedarf es der Ermächtigung in Abs 6 S 1 an sich nicht mehr; jedoch soll durch Abs 6 die Möglichkeit erhalten bleiben, künftig eine neue VO zu erlassen werden, um damit auf technische Entwicklungen reagieren zu können (*TK/Seer* § 150 Rz 22). Dies wird auch durch Abs 6 S 2 deutlich, der abweichende Regelungen von §§ 72a, 87b bis 87d in der ggf zu erlassenden VO zulässt. Das ELSTER-Verfahren stützt sich nicht auf Abs 6, sondern auf § 87a VI (s § 87a Rz 47).

c) Aufhebung der Steuerdaten-Übermittlungsverordnung. Von der Ermächtigung des Abs 6 war durch die Steuerdaten-Übermittlungsverordnung **(StDÜV)** v 28.1.2003 (BGBl I, 139, zuletzt geändert durch StVereinfachungsG 2011v 1.11.2011, BGBl I, 2131) Gebrauch gemacht worden; zum Inhalt der StDÜV s 13. Aufl. Die StDÜV ist aber durch Art 23 I 2 des StModernG v 18.7.2016 mWv 1.1.2017 aufgehoben worden. Sie gilt nur noch für StErklärungen, die vor dem 1.1.2017 an das FA zu übermitteln waren oder freiwillig übermittelt wurden (Art 97 § 27 I 2 EGAO). Die Aufhebung der StDÜV beruht darauf, dass ihr Regelungsinhalt in § 72a I bis III, § 87a VI und §§ 87b bis 87d übernommen worden ist. 72

10. Qualifiziertes Freitextfeld (Abs 7). Abs 7 ist durch das StModernG v 18.7.2016 geändert worden. Die bisherige Regelung enthielt eine Ermächtigung zum Erlass einer VO, die das Verfahren für die elektronische Übermittlung von StErklärungen, die elektronisch übermittelt werden müssen, regeln sollte. Damit war die StDÜV gemeint, die mWv 1.1.2017 aufgehoben worden ist und deren Regelungsgehalt in § 72a I bis III, § 87a VI und §§ 87b bis 87d übernommen worden ist (s Rz 72). Daher bedarf es der bisherigen Ermächtigung in Abs 7 nicht mehr. 80

Die Neuregelung ergänzt **§ 155 IV,** der die automationsgestützte StFestsetzung regelt. Nach Abs 7 **S 1** erhält der Stpfl nunmehr die Möglichkeit, in einem sog qualifizierten Freitextfeld (Abschnitt oder Datenfelder im elektronischen StErklärungsformular) Erläuterungen zu Angaben in der Erklärung zu machen oder eine abweichende Rechtsauffassung zu erläutern (s Rz 23 f; zu steuerstrafrechtlichen Problemen des Freifeldes bei der USt-Voranmeldung s *Beyer* DB 17, 2196 f). Aufgrund dieser Eintragungen besteht dann für das FA Anlass zur Bearbeitung iSv § 155 IV 3. Erfolgen keine Eintragungen, kann die StFestsetzung automationsgestützt gem § 155 IV erfolgen. 82

Abs 7 **S 2** fingiert, dass die von einem Dritten dem FA nach § 93c mitgeteilten Daten (zB Krankenversicherungsbeiträge gem § 10 IIa EStG) als Angaben des Stpfl iSv § 155 IV 1 gelten, sofern der Stpfl im qualifizierten Freitextfeld keine abweichenden Angaben macht. Damit kann eine automationsgestützte StFestsetzung gem § 155 IV erfolgen. Sind die vom Dritten übermittelten Dritten zugunsten des Stpfl falsch und korrigiert der Stpfl dies im Freitextfeld nicht, obwohl er die Fehlerhaftigkeit bemerkt, macht er damit nach Abs 7 S 2 falsche Angaben iSv § 370 I Nr 1. Bemerkt er die Fehlerhaftigkeit erst nach Übermittlung der Erklärung, ist er zur Anzeige und Berichtigung nach § 153 verpflichtet. 84

11. Härtefallregelung (Abs 8). a) Inhalt. Nach Abs 8 ist zur Vermeidung unbilliger Härten von einer Übermittlung der StErklärung durch Datenfernüber- 93 tragung abzusehen, wenn die elektronische Übermittlung für den Stpfl unzumutbar ist. Abs 8 ergänzt damit die in den einzelnen StGesetzen bestehenden Härtefallregelungen, indem er den dort jeweils bestehenden Ermessensspielraum des FA („kann … verzichtet werden") beseitigt, sodass das FA bei Unzumutbarkeit für den Stpfl zum Verzicht auf eine elektronische Übermittlung **verpflichtet** ist (s Rz 99). Abs 8 ist durch das StBürokratieabbauG v 20.12.2008 (BGBl I, 2850) eingeführt worden. Bereits vor Inkrafttreten des Abs 8 waren etwa in § 41a I 3 EStG und § 18 I 1 Hs 2 UStG Härtefallregelungen enthalten, für die jedoch keine verfahrensrechtliche Ergänzung – wie jetzt in Abs 8 – bestand.

94 **b) Härtefallregelung im Einzelsteuergesetz.** Die Regelung setzt zunächst eine Härtefallregelung in dem jeweiligen Einzelsteuergesetz voraus, nach der das FA auf Antrag auf eine Übermittlung der StErklärung durch Datenfernübertragung iSv Abs 6 verzichten kann. Eine solche Härtefallregelung für die elektronische Übermittlung von StErklärungen enthalten zB § 41a I 3 EStG (LSt-Anmeldung), § 31 Ia 2 KStG (KStErklärung), § 14a S 2 GewStG (GewStErklärung), § 18 I 2, III 3 UStG (USt-Erklärung), § 48 I 3 UStDV (Dauerfristverlängerung) und § 181 IIa 2 AO (Feststellungserklärung).

Weitere Härtefallregelungen sehen § 18a V UStG (Zusammenfassende Meldung), § 5b II 1 EStG (Bilanzen und GuV) und § 60 IV 2 EStDV (Einnahmen-Überschussrechnung) vor, die ausdrücklich auf Abs 8 verweisen; die Verweisung auf Abs 8 ist erforderlich, weil es sich bei diesen Meldungen bzw Unterlagen nicht um StErklärungen handelt (s § 149 Rz 2), sodass Abs 8 nicht unmittelbar gilt.

95 **c) Antrag.** Erforderlich ist ein Antrag des Erklärungspflichtigen, der auch mündlich oder konkludent, zB durch Abgabe einer StErklärung in Papierform (vgl BT-Drs 16/10940, 13; FG Nbg EFG 14, 1846), gestellt werden kann. In dem Antrag muss dargelegt werden, dass die Pflicht zur elektronischen Übermittlung für den Stpfl wirtschaftlich oder persönlich unzumutbar ist (s Rz 96 f).

96 **d) Wirtschaftliche Unzumutbarkeit.** Nach Abs 8 S 2 ist wirtschaftliche Unzumutbarkeit insbes bei nicht unerheblichem finanziellen Aufwand gegeben. Dies soll etwa der Fall sein, wenn der Stpfl finanziell nicht in der Lage ist, einen Computer anzuschaffen bzw umzurüsten oder einen Internetvertrag abzuschließen (s auch BMF 29.11.2004, BStBl I, 1135); angesichts der gesunkenen Preise für PC und für Internetanschlüsse wird dies mittlerweile aber nur noch im Ausnahmefall zu bejahen sein. Hingegen genügt es nicht, wenn ein Stpfl nur wegen der elektronischen Übermittlung einen Computer anschaffen oder für einen Internetanschluss sorgen müsste, er aber wirtschaftlich dazu in der Lage ist (BFH BStBl 12, 477; FG Brem EFG 14, 1732; aA FG Hbg DStRE 05, 508). Nicht zu folgen ist der Auffassung des FG RhPf (EFG 17, 40, Rev beim BFH VIII R 29/17), wonach es für die Prüfung der wirtschaftlichen Unzumutbarkeit nur auf die Höhe der Gewinneinkünfte ankomme, weil diese der Grund für die Pflicht zur elektronischen Übermittlung seien, nicht aber auf die Höhe der Überschusseinkünfte oder des Vermögens; zu Kleinstbetrieben s aber Rz 97. Wirtschaftliche Unzumutbarkeit kann aber zu bejahen sein, wenn – wie in ländlichen Gebieten denkbar (s auch BT-Drs 16/10940, 4) – geeignete Internetverbindungen nicht bestehen oder wenn die StErklärungspflicht in Kürze endet, weil der Stpfl zB seinen Betrieb bereits eingestellt hat oder seine berufliche Tätigkeit beendet hat.

97 **e) Persönliche Unzumutbarkeit.** Persönliche Unzumutbarkeit ist nach Abs 8 S 2 insbes zu bejahen, wenn der Stpfl nach seinen individuellen Kenntnissen und Fähigkeiten entweder nicht oder nur eingeschränkt zur Nutzung der Datenfernübertragung in der Lage ist (s auch Erläut zu § 151). Dies dürfte insbes für solche Stpfl gelten, die weder in ihrer Ausbildung noch während ihrer Tätigkeit Erfahrungen mit der Computertechnik haben sammeln können und zB aufgrund ihres Alters keinen Zugang hierzu finden (FG Brem EFG 14, 1732). Handelt es sich aber um Angehörige der steuerberatenden Berufe oder um Geschäftsführer einer

GmbH, darf die entsprechende Befähigung unterstellt werden, erst recht, wenn mehrere Geschäftsführer bestellt sind (BFH BStBl 12, 477; FG Thür EFG 16, 1497). Auch **Kleinstbetriebe** sollen sich nach der Gesetzesbegründung auf Unzumutbarkeit berufen können (BT-Drs 16/10940, 13), wobei dies in dieser Allgemeinheit nicht zwingend erscheint. Unzumutbarkeit kann auch erst in einem Folgejahr eintreten, nachdem in den Vorjahren die StErklärung elektronisch übermittelt worden war; für die Zukunft ist dann Verzicht auf Datenfernübertragung auszusprechen. Insgesamt sollten die Härtefallregelungen großzügig ausgelegt werden (so auch BT-Drs 16/10940, 4), auch wenn die Datenfernübertragung aus Sicht des Gesetzgebers nunmehr die Standardübermittlung ist. **Sicherheitsbedenken** gegen die elektronische Übermittlung (zB aufgrund eines Hacker-Angriffs oder NSA-Abhöraffäre) oder die Gefahr eines Computervirus begründen aber keineswegs eine persönliche Unzumutbarkeit (BFH BStBl 12, 477; BFH/NV 17, 729; FG SchlHol EFG 17, 920, Rev BFH VII R 14/17; FG Thür EFG 16, 1497; FG RhPf BB 15, 2134; FG BBg EFG 15, 2158).

f) Rechtsfolgen. Bei Unzumutbarkeit ist dem Antrag **zwingend stattzugeben.** Gibt das FA dem Antrag statt, ist die Pflicht zur Abgabe der StErklärung durch Abgabe des amtlich vorgeschriebenen Vordrucks und damit in Papierform zu erfüllen (s Rz 4), der ggf eigenhändig zu unterschreiben ist (s hierzu auch die Einzelregelungen in § 60 IV 2 HS 2 EStDV, § 41a I 3 HS 2 EStG, § 31 I a 2 HS 2 KStG, § 14a S 2 HS 2 GewStG, § 18 I 2 HS 2, III 3 HS 2 und 18a V HS 2 UStG). 99

Liegen die Voraussetzungen des Abs 8 **nicht** vor, verbleibt ein Anspruch des Stpfl auf **ermessensfehlerfreie Entscheidung** aus dem jeweiligen Einzelsteuergesetz (BFH BStBl 12, 477); zu den einzelgesetzlichen Regelungen s Rz 94. Im Rahmen dieser Ermessensentscheidung sind einerseits die vom Stpfl für das Vorliegen eines Härtefalls vorgetragenen Gründe in die pflichtgemäße Ermessensausübung und Einzelfallabwägung umfassend einzubeziehen und andererseits die Interessen des Fiskus an einer elektronischen Übermittlung der StErklärung bzw StAnmeldung gegenüberzustellen (BFH BStBl 12, 477).

§ 151 Aufnahme der Steuererklärung an Amtsstelle

Eine Steuererklärung, die schriftlich oder elektronisch abzugeben ist, kann bei der zuständigen Finanzbehörde zur Niederschrift erklärt werden, wenn dem Steuerpflichtigen nach seinen persönlichen Verhältnissen weder die elektronische Übermittlung noch die Schriftform zuzumuten ist, insbesondere, wenn er nicht in der Lage ist, eine gesetzlich vorgeschriebene Selbstberechnung der Steuer vorzunehmen oder durch einen Dritten vornehmen zu lassen.

Vorschr neu gefasst durch StModernG v 18.7.2016 (BGBl I, 1679).

Die Vorschrift ermöglicht durch die Erklärung zur Niederschrift eine besondere Art der Abgabe von StErklärungen, die schriftlich oder elektronisch abzugeben sind (BFH/NV 95, 651), und soll Härten mildern (BFH/NV 03, 6). Durch das Gesetz zur Modernisierung des Besteuerungsverfahrens (StModernG) v 18.7.2016 ist die Anwendung des § 151 mWv 1.1.2017 auch auf elektronisch zu übermittelnde StErklärungen erweitert worden (BR-Drs 631/15).

Nicht zuzumuten ist die Schriftform bzw elektronische Übermittlung zB, wenn der Stpfl geschäftlich unerfahren ist, die deutsche Sprache nicht beherrscht oder zur elektronischen Übermittlung nach § 150 I 2 nicht fähig ist und finanziell nicht in der Lage ist, die Hilfe eines Steuerberaters in Anspruch zu nehmen (AEAO zu § 151). Bei finanzieller Leistungsfähigkeit ist es jedoch nicht ermessensfehlerhaft, wenn das FA den Stpfl auf die Möglichkeit der Inanspruchnahme der Hilfe eines Angehörigen der steuerberatenden Berufe verweist, deren Aufgabe es ist, die Stpfl zu beraten. Der Stpfl hat keinen Anspruch darauf, dass vor einer Schätzung eine

StErklärung mit Hilfe der FinBeh an Amtsstelle aufzunehmen ist (BFH/NV 16, 54).

§ 152 aF Verspätungszuschlag *[für Steuererklärungen, die vor dem 1.1.2019 einzureichen sind]*

(1) [1] Gegen denjenigen, der seiner Verpflichtung zur Abgabe einer Steuererklärung nicht oder nicht fristgemäß nachkommt, kann ein Verspätungszuschlag festgesetzt werden. [2] Von der Festsetzung eines Verspätungszuschlags ist abzusehen, wenn die Versäumnis entschuldbar erscheint. [3] Das Verschulden eines gesetzlichen Vertreters oder eines Erfüllungsgehilfen steht dem eigenen Verschulden gleich.

(2) [1] Der Verspätungszuschlag darf 10 Prozent der festgesetzten Steuer oder des festgesetzten Messbetrags nicht übersteigen und höchstens 25 000 Euro betragen. [2] Bei der Bemessung des Verspätungszuschlags sind neben seinem Zweck, den Steuerpflichtigen zur rechtzeitigen Abgabe der Steuererklärung anzuhalten, die Dauer der Fristüberschreitung, die Höhe des sich aus der Steuerfestsetzung ergebenden Zahlungsanspruchs, die aus der verspäteten Abgabe der Steuererklärung gezogenen Vorteile sowie das Verschulden und die wirtschaftliche Leistungsfähigkeit des Steuerpflichtigen zu berücksichtigen.

(3) Der Verspätungszuschlag ist regelmäßig mit der Steuer oder dem Steuermessbetrag festzusetzen.

(4) Bei Steuererklärungen für gesondert festzustellende Besteuerungsgrundlagen gelten die Absätze 1 bis 3 mit der Maßgabe, dass bei Anwendung des Absatzes 2 Satz 1 die steuerlichen Auswirkungen zu schätzen sind.

§ 152 nF Verspätungszuschlag *[für Steuererklärungen, die nach dem 31.12.2018 einzureichen sind]*

(1) [1] Gegen denjenigen, der seiner Verpflichtung zur Abgabe einer Steuererklärung nicht oder nicht fristgemäß nachkommt, kann ein Verspätungszuschlag festgesetzt werden. [2] Von der Festsetzung eines Verspätungszuschlags ist abzusehen, wenn der Erklärungspflichtige glaubhaft macht, dass die Verspätung entschuldbar ist; das Verschulden eines Vertreters oder eines Erfüllungsgehilfen ist dem Erklärungspflichtigen zuzurechnen.

(2) Abweichend von Absatz 1 ist ein Verspätungszuschlag festzusetzen, wenn eine Steuererklärung, die sich auf ein Kalenderjahr oder auf einen gesetzlich bestimmten Zeitpunkt bezieht,

1. nicht binnen 14 Monaten nach Ablauf des Kalenderjahrs oder nicht binnen 14 Monaten nach dem Besteuerungszeitpunkt,

2. in den Fällen des § 149 Absatz 2 Satz 2 nicht binnen 19 Monaten nach Ablauf des Kalenderjahrs oder nicht binnen 19 Monaten nach dem Besteuerungszeitpunkt oder

3. in den Fällen des § 149 Absatz 4 nicht bis zu dem in der Anordnung bestimmten Zeitpunkt

abgegeben wurde.

(3) Absatz 2 gilt nicht,

1. wenn die Finanzbehörde die Frist für die Abgabe der Steuererklärung nach § 109 verlängert hat oder diese Frist rückwirkend verlängert,

2. wenn die Steuer auf null Euro oder auf einen negativen Betrag festgesetzt wird,

3. wenn die festgesetzte Steuer die Summe der festgesetzten Vorauszahlungen und der anzurechnenden Steuerabzugsbeträge nicht übersteigt oder

4. bei jährlich abzugebenden Lohnsteueranmeldungen.

(4) [1] Sind mehrere Personen zur Abgabe einer Steuererklärung verpflichtet, kann die Finanzbehörde nach ihrem Ermessen entscheiden, ob sie den Verspätungszuschlag gegen eine der erklärungspflichtigen Personen, gegen mehrere der erklärungspflichtigen Personen oder gegen alle erklärungspflichtigen Personen festsetzt. [2] Wird der Verspätungszuschlag gegen mehrere oder gegen alle erklärungspflichtigen Personen festgesetzt, sind diese Personen Gesamtschuldner des Verspätungszuschlags. [3] In Fällen des § 180 Absatz 1 Satz 1 Nummer 2 Buchstabe a ist der Verspätungszuschlag vorrangig gegen die nach § 181 Absatz 2 Satz 2 Nummer 4 erklärungspflichtigen Personen festzusetzen.

(5) [1] Der Verspätungszuschlag beträgt vorbehaltlich des Satzes 2, der Absätze 8 und 13 Satz 2 für jeden angefangenen Monat der eingetretenen Verspätung 0,25 Prozent der festgesetzten Steuer, mindestens jedoch 10 Euro für jeden angefangenen Monat der eingetretenen Verspätung. [2] Für Steuererklärungen, die sich auf ein Kalenderjahr oder auf einen gesetzlich bestimmten Zeitpunkt beziehen, beträgt der Verspätungszuschlag für jeden angefangenen Monat der eingetretenen Verspätung 0,25 Prozent der um die festgesetzten Vorauszahlungen und die anzurechnenden Steuerabzugsbeträge verminderten festgesetzten Steuer, mindestens jedoch 25 Euro für jeden angefangenen Monat der eingetretenen Verspätung. [3] Wurde ein Erklärungspflichtiger von der Finanzbehörde erstmals nach Ablauf der gesetzlichen Erklärungsfrist zur Abgabe einer Steuererklärung innerhalb einer dort bezeichneten Frist aufgefordert und konnte er bis zum Zugang dieser Aufforderung davon ausgehen, keine Steuererklärung abgeben zu müssen, so ist der Verspätungszuschlag nur für die Monate zu berechnen, die nach dem Ablauf der in der Aufforderung bezeichneten Erklärungsfrist begonnen haben.

(6) [1] Für Erklärungen zur gesonderten Feststellung von Besteuerungsgrundlagen, für Erklärungen zur Festsetzung des Gewerbesteuermessbetrags und für Zerlegungserklärungen gelten vorbehaltlich des Absatzes 7 die Absätze 1 bis 3 und Absatz 4 Satz 1 und 2 entsprechend. [2] Der Verspätungszuschlag beträgt für jeden angefangenen Monat der eingetretenen Verspätung 25 Euro.

(7) Für Erklärungen zu gesondert festzustellenden einkommensteuerpflichtigen oder körperschaftsteuerpflichtigen Einkünften beträgt der Verspätungszuschlag für jeden angefangenen Monat der eingetretenen Verspätung 0,0625 Prozent der positiven Summe der festgestellten Einkünfte, mindestens jedoch 25 Euro für jeden angefangenen Monat der eingetretenen Verspätung.

(8) [1] Absatz 5 gilt nicht für vierteljährlich oder monatlich abzugebende Steueranmeldungen sowie für nach § 41a Absatz 2 Satz 2 zweiter Halbsatz des Einkommensteuergesetzes jährlich abzugebende Lohnsteueranmeldungen. [2] In diesen Fällen sind bei der Bemessung des Verspätungszuschlags die Dauer und Häufigkeit der Fristüberschreitung sowie die Höhe der Steuer zu berücksichtigen.

(9) [1] Bei Nichtabgabe der Steuererklärung ist der Verspätungszuschlag für einen Zeitraum bis zum Ablauf desjenigen Tages zu berechnen, an dem die erstmalige Festsetzung der Steuer wirksam wird. [2] Gleiches gilt für die Nichtabgabe der Erklärung zur Festsetzung des Gewerbesteuermessbetrags, der Zerlegungserklärung oder der Erklärung zur gesonderten Feststellung von Besteuerungsgrundlagen.

(10) Der Verspätungszuschlag ist auf volle Euro abzurunden und darf höchstens 25 000 Euro betragen.

(11) Die Festsetzung des Verspätungszuschlags soll mit dem Steuerbescheid, dem Gewerbesteuermessbescheid oder dem Zerlegungsbescheid verbunden werden; in den Fällen des Absatzes 4 kann sie mit dem Feststellungsbescheid verbunden werden.

(12) [1]**Wird die Festsetzung der Steuer oder des Gewerbesteuermessbetrags oder der Zerlegungsbescheid oder die gesonderte Feststellung von Besteuerungsgrundlagen aufgehoben, so ist auch die Festsetzung eines Verspätungszuschlags aufzuheben.** [2]**Wird die Festsetzung der Steuer, die Anrechnung von Vorauszahlungen oder Steuerabzugsbeträgen auf die festgesetzte Steuer oder in den Fällen des Absatzes 7 die gesonderte Feststellung einkommensteuerpflichtiger oder körperschaftsteuerpflichtiger Einkünfte geändert, zurückgenommen, widerrufen oder nach § 129 berichtigt, so ist ein festgesetzter Verspätungszuschlag entsprechend zu ermäßigen oder zu erhöhen, soweit nicht auch nach der Änderung oder Berichtigung die Mindestbeträge anzusetzen sind.** [3]**Ein Verlustrücktrag nach § 10d Absatz 1 des Einkommensteuergesetzes oder ein rückwirkendes Ereignis im Sinne des § 175 Absatz 1 Satz 1 Nummer 2 oder Absatz 2 sind hierbei nicht zu berücksichtigen.**

(13) [1]**Die Absätze 2, 4 Satz 2, Absatz 5 Satz 2 sowie Absatz 8 gelten vorbehaltlich des Satzes 2 nicht für Steuererklärungen, die gegenüber den Hauptzollämtern abzugeben sind.** [2]**Für die Bemessung des Verspätungszuschlags zu Steuererklärungen zur Luftverkehrsteuer gilt Absatz 8 Satz 2 entsprechend.**

Abs 2 geändert durch JStG 2007 v 13.12.06 (BGBl I, 2878); Abs 5 aufgehoben durch AmtshilfeRLUmsG v 26.6.13 (BGBl I, 1809); Vorschr neu gefasst durch StModernG v 18.7.16 (BGBl I, 1679).

Schrifttum: *vor 2010 s 13. Aufl; Russeburg* Der Verspätungszuschlag nach § 152 AO, SteuerStud 10, 273; *Hollatz* Festsetzung von Verspätungszuschlägen auch in Erstattungsfällen?, NWB 11, 1862; *Steinhauff* Festsetzung von Verspätungszuschlägen auch in Erstattungsfällen?, AO-StB 11, 242; *Günther* Die Festsetzung von Verspätungszuschlägen als „erzieherische Maßnahme" der Finanzverwaltung, StBW 13, 661; *Bruschke* Verspätungszuschläge vermeiden, StC 14, 20; *Deutschländer* Der Verspätungszuschlag nach § 152 AO (Teil 1 und 2), AO-StB 14, 27, 61; *Stein/Meister* Rechtsschutz schnell und teuer? Steuerliche Nebenleistungen in der Abgabenordnung, BB 14, 538; *Baum* Modernisierung des Besteuerungsverfahrens – Teil 2: Teil 2: Steuererklärungsfristen, Fristverlängerung und Verspätungszuschlag, NWB 16, 2706; *Jansen* Angriffsmöglichkeiten eines beibehaltenen Verspätungszuschlags im Änderungsbescheid, DStR 17, 1135.

Übersicht

1. Reform des § 152 und zeitlicher Anwendungsbereich. a) Reform. Durch das Gesetz zur Modernisierung des Besteuerungsverfahrens (StModernG) v 18.7.2016 ist § 152 umfassend reformiert worden. Zum einen ist die Entscheidung über die Festsetzung des Verspätungszuschlags nicht mehr durchgehend eine Ermessensentscheidung, sondern in bestimmten Fällen, die in Abs 2 nF genannt werden, eine gebundene Entscheidung. Zum anderen richtet sich die Höhe des Verspätungszuschlags künftig nicht mehr nach den Ermessenskriterien des Abs 2 aF, sondern wird nach Abs 5 nF grds auf 0,25 % der festgesetzten Steuer pro Monat der Verspätung festgelegt. 1

b) Zeitlicher Anwendungsbereich. Zwar ist § 152 mWv 1.1.2017 geändert worden. Die **bisherige Regelung** des § 152 idF vor dem 1.1.2017 gilt nach Art 97 § 8 IV 3 EGAO aber weiterhin für alle StErklärungen, die vor dem 1.1.2019 einzureichen sind, sowie für USt-Erklärungen, die gem § 18 III 1 und 2 UStG für einen kürzeren Besteuerungszeitraum abzugeben sind, wenn die gewerbliche oder berufliche Tätigkeit spätestens im Laufe des Kj 2018 endet. Entscheidend ist danach also nicht die tatsächliche Abgabe der StErklärung, sondern der Tag, an dem die Frist iSv § 149 abläuft. **§ 152 aF** gilt damit noch für **StErklärungen für VZ bis einschl 2017,** da diese nach § 149 II in der bis zum 31.12.2016 geltenden Fassung (vgl Art 97 § 10a IV 1; s § 149 Rz 1) bis zum 31.5.2018 abzugeben waren. Fristverlängerungen bleiben nach Art 97 § 8 IV 2 EGAO unbeacht- 2 lich, sodass auch im Falle einer Fristverlängerung für die Abgabe einer StErklärung für VZ 2017 über den 31.12.2018 hinaus § 152 aF anwendbar bleibt.

IÜ kann es noch zu einer Anwendbarkeit des § 152 aF auf StErklärungen für VZ ab 2018 kommen, falls das BMF von der in Art 97 § 8 IV 4 EGAO genannten Ermächtigung Gebrauch macht. Danach darf das BMF mit Zustimmung des Bundesrates durch VO einen abweichenden erstmaligen Anwendungszeitpunkt bestimmen, wenn bis zum 30.6.2018 erkennbar ist, dass die technischen oder organisatorischen Voraussetzungen für eine Anwendung des § 152 nF noch nicht erfüllt sind.

3 Die **Neuregelung** idF ab 1.1.2017 gilt hingegen für StErklärungen, die nach dem 31.12.2018 einzureichen sind. Dies sind StErklärungen für **VZ ab einschl 2018,** da diese nach § 149 II idF v 18.7.2016 zum 31.7.2019 bzw – bei stl vertretenen Stpfl – nach § 149 III idF v 18.7.2016 zum 29.2.2020 einzureichen sind.

5 **2. Bedeutung.** Bei verspäteter Abgabe oder bei Nichtabgabe der StErklärung kann ein Verspätungszuschlag festgesetzt werden. An der Bedeutung des Verspätungszuschlags hat sich durch die Reform nichts geändert: Der Verspätungszuschlag ist ein **Druckmittel** eigener Art, das der Sicherung eines ordnungsgemäßen Veranlagungsverfahrens dient (BFH BStBl 97, 642; 02, 124; BFH/NV 10, 12). Er soll ua auch dem Ausgleich der aus der verspäteten Abgabe der StErklärung gezogenen Vorteile dienen (BFH/NV 93, 455). Der Verspätungszuschlag ist keine Strafe, sondern kann mit einem gesetzlich angedrohten Zwangsgeld verglichen (vgl BVerfG BStBl 67, 166, zum Erzwingungsgeld als Vorläufer des Zwangsgelds), nicht aber gleichgesetzt werden (BFH/NV 86, 175). Während das Zwangsgeld nämlich präventiv auf Pflichterfüllung zielt, hat der Verspätungszuschlag – ebenso wie das Verzögerungsgeld (§ 146 Rz 66) – nicht nur präventiven sondern **auch repressiven Charakter,** da er an ein in der Vergangenheit liegendes schuldhaftes Verhalten anknüpft (BFH/NV 10, 12; 13, 502).

6 Es bestehen gegen § 152 in der bis zum 31.12.2016 geltenden Fassung **keine verfassungsrechtlichen Bedenken** (BFH/NV 17, 260; BFH BStBl 87, 543, unter Hinweis auf eine unveröffentlichte Entscheidung des BVerfG v 19.2.1987), auch nicht nach Einfügung des § 233a (BFH BStBl 01, 60; BFH/NV 01, 746; 06, 2312; 11, 1478). Auch die Neufassung, die ab 1.1.2017 gilt, ist verfassungsgemäß; die Ersetzung des Ermessens bei Überschreitung bestimmter Fristen (Abs 2 nF) sowie die Höhe des Verspätungszuschlags begegnen keinen verfassungsrechtlichen Bedenken. Zur Entstehung und Fälligkeit s Rz 90; zur Abziehbarkeit s Rz 95.

9 **3. Inhalt der Alt- und Neufassung.** § 152 **aF** hat folgenden Inhalt: Abs 1 aF bestimmt die Voraussetzungen des Verspätungszuschlags. In Abs 2 aF wird die Höhe des Verspätungszuschlags geregelt (s Rz 35 ff), und Abs 3 aF regelt die Festsetzung des Verspätungszuschlags; Abs 4 aF enthält eine Sonderregelung für gesonderte Feststellungen. Abs 5 aF enthielt eine VO-Ermächtigung und ist durch das AmtshilfeRLUmsG v 26.6.2013 (BGBl I, 1809) aufgehoben worden.

10 § 152 **nF** ist wie folgt aufgebaut: Abs 1 nF ist ggü der bisherigen Fassung nur geringfügig verändert worden und bestimmt daher ebenfalls die Voraussetzungen des Verspätungszuschlags. Abs 2 nF ist eine Sonderregelung zu Abs 1 nF und ersetzt ab einer bestimmten Fristüberschreitung das Ermessen des FA durch eine gebundene Entscheidung. Abs 3 nF enthält hierzu Rückausnahmen, sodass es bei einer Ermessensentscheidung iSv Abs 1 bleibt. Abs 4 nF regelt das Auswahlermessen, wenn es mehrere Erklärungspflichtige gibt. Abs 5 legt die Höhe des Verspätungszuschlags abweichend von den bisherigen Kriterien in Abs 2 aF auf einen monatlichen Betrag von 0,25% der festgesetzten Steuer fest. Die Abs 6 und 7 enthalten Sonderregelungen für die gesonderte Feststellung. Abs 8 enthält Sonderregelungen zur Höhe des Verspätungszuschlags bei bestimmten StAnmeldungen abweichend von Abs 5. Abs 9 betrifft die Höhe des Verspätungszuschlags in Schätzungsfällen. Abs 10 bestimmt insbes den Höchstbetrag. Abs 11 regelt das sog Ver-

bindungsgebot und übernimmt damit die bisherige Regelung aus Abs 3 aF. In Abs 12 geht es um die Aufhebung und Änderung des Verspätungszuschlags bei Korrektur der StFestsetzung. Abs 13 schränkt den Anwendungsbereich des § 152 bei bestimmten VerbrauchStErklärungen ein.

4. Verhältnis zu anderen Regelungen. Verspätungszuschlag kann auch neben **Zwangsgeld** iSv §§ 328 ff festgesetzt werden (BFH/NV 07, 1617); zu den unterschiedlichen Voraussetzungen beider Maßnahmen s BFH/NV 08, 1872. Führt verspätete Abgabe der StErklärung zu StHinterziehung nach § 370, kann ebenfalls Verspätungszuschlag festgesetzt werden (BVerfG BStBl 67, 177), ist aber ggf bei der Berechnung des Verfalls nach § 40 StGB zu berücksichtigen. Verspätungszuschlag ist auch zulässig bei Schätzung nach § 162 sowie **Selbstanzeige** gem § 371. 13

Der Verspätungszuschlag kann nicht bei verspäteter Zahlung der Steuer festgesetzt werden, da hierfür allein **Säumniszuschläge** gem § 240 verwirkt werden. Zur Festsetzung und Fälligkeit s Rz 90.

5. Voraussetzungen (Abs 1 aF und nF). a) Grundsätze. Die Festsetzung des Verspätungszuschlags setzt die verspätete Abgabe oder Nichtabgabe einer StErklärung (Abs 1 S 1; s Rz 15 f) und Verschulden des Stpfl (Abs 1 S 2 1. HS; s Rz 17 f) oder seines Vertreters oder Erfüllungsgehilfen (Abs 1 S 2 2. HS; s Rz 19) voraus. Nach der bisherigen Regelung in Abs 2 S 1 aF musste es zudem zur Festsetzung einer Steuer bzw eines Messbetrags gekommen sein (s hierzu Rz 35); nach der Neuregelung kann ein Verspätungszuschlag jedoch auch bei einer **Steuer von Null** bzw bei einer Negativfestsetzung (zB Vorsteuerüberschuss bei der USt) festgesetzt werden, wie Abs 3 Nr 2 nF und der Mindestbetrag von 10 € bzw 25 € in Abs 5 S 1 und 2 nF deutlich machen (s Rz 66 f). 14

Durch die Neufassung des Abs 1 sind zum einen die bisherigen S 2 und 3 im neuen S 2 1. und 2. HS zusammengefasst worden; zum anderen wird in S 2 2. HS nunmehr das Verschulden jedes Vertreters – und nicht nur das Verschulden eines gesetzlichen Vertreters – dem Stpfl zugerechnet und eine Glaubhaftmachung des Entschuldigungsgrundes verlangt. Weitere Änderungen im Abs 1 gibt es nach der Neuregelung nicht.

b) Verspätete Abgabe oder Nichtabgabe der StErklärung (Abs 1 S 1). Verspätungszuschlag setzt verspätete Abgabe oder Nichtabgabe einer StErklärung innerhalb der Erklärungsfrist voraus; zur Erklärungsfrist s § 149 II bis VI (s § 149 Rz 11 ff), zur Fristverlängerung s § 109. Zu den StErklärungen gehören auch die Feststellungserklärung (s unten Rz 63 und 70 ff), wie sich aus Abs 6 und 7 nF bzw Abs 4 aF ergibt, die StAnmeldungen wie LSt-Anmeldung oder USt-Voranmeldung, die nach § 150 I 3 ebenfalls als StErklärung gelten (s § 150 Rz 15). Auch die **Anzeige** nach § 13a VII 4 ErbStG sowie nach § 19 V 1 GrEStG gilt kraft Gesetzes als StErklärung. 15

Der Stpfl **muss zur Abgabe** der StErklärung **verpflichtet** sein, wie sich aus dem Tatbestandsmerkmal „Erklärungsfrist" ergibt. Daher kein Verspätungszuschlag bei Antragsveranlagung iSv § 46 II Nr 8 EStG (s hierzu BFH/NV 11, 1515) oder Zurechnungsfortschreibung, weil keine gesonderte Verpflichtung zur Abgabe der Erklärung besteht. § 152 gilt grds auch nicht für Anzeigen (zB nach § 138 II und III), die lediglich den Zweck haben, das FA auf einen StFall aufmerksam zu machen, um dann von dem Stpfl die Abgabe einer StErklärung verlangen zu können (*HHSp/Heuermann* § 152 Rz 10). Ein Verspätungszuschlag kann daher nicht festgesetzt werden, wenn der Stpfl einen Schenkungsvorgang nicht gem § 30 ErbStG angezeigt hat (FG BaWü EFG 85, 52), wohl aber, wenn die SchenkungStErklärung nicht innerhalb der vom FA gesetzten Frist abgegeben wird (FG Nds EFG 06, 1223). Um eine StErklärung handelt es sich aber, wenn eine Anzeige nach dem Gesetz ausdrücklich als StErklärung angesehen wird wie in § 13a VII 4 ErbStG oder § 19 V 1 GrEStG.

Auch auf innerhalb bestimmter Fristen zu stellende **Anträge** ist die Vorschr **nicht anzuwenden.** So ist zB das FA nicht berechtigt, einen Verspätungszuschlag festzusetzen, wenn der Unternehmer erstmalig einen Antrag auf Dauerfristverlängerung für die Abgabe der USt-Voranmeldungen (§§ 46 I, 48 I 1 UStDV) nach dem 10.1. eines Jahres abgibt (BFH DStR 01, 1252). Wird die Dauerfristverlängerung jedoch gewährt, ist der Stpfl in den Folgejahren verpflichtet, die Sondervorauszahlung bis zum Abgabezeitpunkt der ersten Voranmeldung für das jeweilige Kj anzumelden (BFH BStBl 05, 813); bei verspäteter Anmeldung in einem der Folgejahre kann daher ein Verspätungszuschlag festgesetzt werden.

16 Die Abgabe der StErklärung erfolgt **verspätet,** wenn sie nach Ablauf der Erklärungsfrist eingereicht wird. Dabei genügen grds auch **erstmalige oder geringfügige Verspätungen;** der Umstand der erstmaligen oder geringfügigen Verspätung kann sich allerdings beim Entschließungsermessen nach Abs 1 (s Rz 22) auswirken, sofern es sich nicht um eine StErklärung für einen VZ ab 2018 handelt, die unter Abs 2 nF fällt und für die zwingend ein Verspätungszuschlag festzusetzen ist (s Rz 30 ff). Zudem kann sich der Umstand einer erstmaligen oder geringfügigen Verspätung bei einer StErklärung bis einschl VZ 2017 nach Abs 2 aF beim Auswahlermessen unter dem Gesichtspunkt eines nur geringen Verschuldens zugunsten des Stpfl auswirken (s Rz 42). Hingegen wirkt sich bei StErklärungen ab VZ 2018 nur der Umstand einer geringfügigen Verspätung auf die Höhe des Verspätungszuschlags aus, weil hierdurch der zu Grunde zu legende Zeitraum kürzer ausfällt; der Umstand einer erstmaligen Verspätung hat auf die Höhe des Verspätungszuschlags nach Abs 5 nF keine Bedeutung mehr.

Die **Erklärungsfrist** ergibt sich für **VZ bis einschl 2017** aus § 149 II in der bis zum 31.12.2016 geltenden Fassung (s § 149 Rz 11); diese Frist kann aber nach § 109 I in der bis zum 31.12.2016 geltenden Fassung verlängert werden, wie dies etwa bei den Jahreserklärungen durch die Gleichlautenden Erlasse der obersten FinBeh regelmäßig geschieht, wenn der Stpfl durch einen Angehörigen der steuerberatenden Berufe vertreten wird (s § 109 Rz 5 und § 149 Rz 12). Für **VZ ab 2018** ergibt sich die Frist aus § 149 II bis VI idF ab 1.1.2017 (s § 149 Rz 20). Bei einer rückwirkenden Fristverlängerung iSv § 109 I 2 entfällt mit der Gewährung der rückwirkenden Fristverlängerung die Voraussetzung für die Festsetzung eines Verspätungszuschlags. Dies ergibt sich nach der Neuregelung ausrücklich aus Abs 3 Nr 1 nF.

Eine unvollständige, für die StFestsetzung **unbrauchbare StErklärung** oder eine den formalen Anforderungen nicht entsprechende StErklärung kann einer Nichtabgabe gleichgestellt werden, nicht aber die Abgabe einer unvollständigen oder inhaltlich unrichtigen StErklärung (s hierzu § 150 Rz 6). Beifügung von Unterlagen nach § 150 IV gehört nicht zur eigentlichen Erklärungspflicht (§ 150 Rz 60). Daher ist Verspätungszuschlag bei unterbliebener elektronischer Übermittlung der E-Bilanz unzulässig, wenn zumindest die StErklärung abgegeben wird (*Rätke* BBK, Beilage zu Heft 23/11, 4, 8). Fehlende Angabe nach § 138a V rechtfertigt ebenfalls keinen Verspätungszuschlag, da die StErklärung dann lediglich unvollständig ist (s § 150 Rz 22). Die vorzeitige Abgabe der StErklärung vor Ende des Erklärungszeitraums ist keine Nichtabgabe und rechtfertigt daher keinen Verspätungszuschlag (aA FG BaWü EFG 15, 348; s § 150 Rz 7).

17 **c) Verschulden des Stpfl (Abs 1 S 2 1. HS).** Durch das StModernG v 18.7.2016 ist die Regelung des bisherigen S 2 in den neuen S 2 1. HS übernommen worden; dabei ist die Formulierung „entschuldbar erscheint" durch „glaubhaft gemacht" ersetzt worden, s Rz 18 aE.

Die Festsetzung des Verspätungszuschlages setzt nach Abs 1 S 2 1. HS eine schuldhafte Versäumnis des Stpfl bei der Abgabe der StErklärung voraus. Allerdings ist ein **Verschulden** in den Fällen des **Abs 2 nF nicht erforderlich:** Werden also die in Abs 2 genannten Fristen überschritten, kann sich der Stpfl nicht mehr nach

Abs 1 S 2 exkulpieren (zur Problematik s Rz 30). Bei fehlendem Verschulden bleibt ihm dann nur noch ein Erlassantrag gem § 227 (BT-Drs 18/7457, 80).

Der Verschuldensmaßstab richtet sich nach den **persönlichen Verhältnissen** des Stpfl, nicht nach objektiven Kriterien. Er entspricht damit dem Maßstab des § 110 (BFH/NV 92, 577; s § 110 Rz 4 ff). Versäumnis ist regelmäßig nicht entschuldbar, wenn die StErklärung zum wiederholten Mal verspätet oder nicht abgegeben oder eine vom FA auf Antrag bewilligte Fristverlängerung gem § 109 nicht eingehalten wird (AEAO zu § 152 Nr 3). Das Verschulden des Stpfl wird nicht dadurch ausgeschlossen, dass das FA nach verspäteter Abgabe durch den Stpfl die StErklärung nur **verzögert bearbeitet** (BFH BStBl 02, 120; s auch Rz 18). Ein Irrtum über die Pflicht zur Abgabe oder über die Frist ist nicht ohne Weiteres entschuldbar, ggf muss sich der Stpfl erkundigen. Ebenso handelt schuldhaft, wer bewusst die Frist zur Abgabe einer StErklärung verstreichen lässt, weil er sich über die materielle Rechtslage irrt und annimmt, wegen einer erwarteten Erstattung werde kein Verspätungszuschlag festgesetzt (BFH BStBl 89, 693). Auch eine noch ausstehende Feststellungserklärung für eine Mitunternehmerschaft, an der der Stpfl beteiligt ist, rechtfertigt nicht die verspätete Abgabe der EStErklärung (BFH/NV 17, 260). Ferner ist zB der Irrtum eines Anwalts idR verschuldet, wenn er glaubt, er dürfe Mandatsverpflichtungen und der Aufrechterhaltung seines Kanzleibetriebs Vorrang vor seinen persönlichen StErklärungspflichten einräumen (FG Mchn EFG 91, 440). Hingegen kann eine plötzliche Krankheit des Stpfl oder von Familienangehörigen am Ende der Frist ausnahmsweise Entschuldigungsgrund sein (BFH/NV 07, 1617; FG Köln EFG 12, 2175).

Auch **geringfügige Verspätungen** oder **erstmalige Fristüberschreitungen** 18
schließen das Verschulden nicht aus (BFH BStBl 97, 642; BFH/NV 07, 1617), können sich jedoch auf das Auswahlermessen und auf die Höhe des Verspätungszuschlags auswirken; zu Einzelheiten s Rz 16. Verschulden kann ferner zu verneinen sein oder als geringfügig anzusehen sein, wenn elektronische StErklärung wegen nicht nachvollziehbarer Fehlermeldungen nicht abgesendet werden kann, obwohl der Stpfl die erforderlichen Angaben richtig eingetragen hat (s § 150 Rz 13). Bei StAnmeldungen (USt-Voranmeldungen, LSt-Anmeldungen) kann die Festsetzung eines Verspätungszuschlags bei geringfügiger Verspätung jedoch gerechtfertigt sein, wenn StAnmeldungen wiederholt verspätet abgegeben werden. Ob eine geringfügige oder erhebliche Fristüberschreitung vorliegt, hängt von den Umständen des Einzelfalls ab: Hat ein Stpfl über Jahre hinweg seine Erklärung verspätet abgegeben, so kann eine Fristüberschreitung von zwei oder vier Monaten als erheblich anzusehen sein. Bei einem anderen Stpfl kann die verspätete Abgabe von StErklärungen um zwei oder vier Monate dagegen geringfügig sein, wenn es sich zB um eine erstmalige verspätete Abgabe handelt (BFH/NV 98, 323).

Nach der bisherigen Fassung in Abs 1 S 2 **aF** muss das Versäumnis nur entschuldbar „erscheinen". Das Nichtverschulden ist daher vom Stpfl nur darzulegen, nicht nachzuweisen oder glaubhaft zu machen. Darzulegen sind die aus den Akten nicht ersichtlichen Gründe, aus denen sich ergibt, dass das Versäumnis entschuldbar erscheint (BFH BStBl 88, 929; 01, 618; BFH/NV 01, 146; 02, 1419). Hingegen ist nach der **Neufassung** in Abs 1 S 2 1. HS bei verspätet abgegebenen StErklärungen für VZ ab 2018 das fehlende Verschulden **glaubhaft zu machen,** sodass die Anforderungen an den Stpfl erhöht werden und keine Amtsermittlungspflicht mehr besteht (BT-Drs 18/7457, 79). Damit besteht der gleiche Maßstab wie bei § 110 II 2 (s § 110 Rz 110). Der Stpfl muss also nicht beweisen, wohl aber nach § 294 ZPO Umstände vortragen, die für eine überwiegende Wahrscheinlichkeit sprechen, dass er die Frist unverschuldet versäumt hat.

d) Verschulden eines Vertreters oder Erfüllungsgehilfen (Abs 1 S 2 2. HS). Das Verschulden von Vertretern oder Erfüllungsgehilfen steht nach Abs 1 S 2 2. HS eigenem Verschulden des Stpfl gleich. Durch das StModernG v 18.7.2016 ist 19 der bisherige S 3 in S 2 2. HS übernommen worden und dabei die bisherige Beschränkung auf „gesetzliche" Vertreter entfallen. Nach der Neufassung, die für StErklärungen ab VZ 2018 gilt, ist dem Stpfl somit auch das Verschulden eines gewillkürten Vertreters neben dem Verschulden eines Erfüllungsgehilfen zuzurechnen. Praktische Auswirkungen ergeben sich aus dieser Änderung indes nicht, weil auch schon nach der bisherigen Fassung das **Verschulden von StBeratern** dem Stpfl zugerechnet wurden, und zwar als Verschulden eines Erfüllungsgehilfen (zB BFH BStBl 87, 543). Ein StBerater, der nicht zur fristgemäßen Erledigung erteilter Aufträge im Stande ist, muss ggf zusätzliche Kräfte einstellen oder neue Mandate ablehnen bzw vorhandene Mandate zurückgeben (FG Nds EFG 78, 416; FG Hess EFG 94, 378). Gibt der Stpfl seine Unterlagen beim StBerater verspätet ab, liegt zwar kein Verschulden des StBeraters vor, wohl aber ein Verschulden des Stpfl, sodass Verspätungszuschlag gerechtfertigt ist (s auch OLG Ddorf Stbg 06, 552, das deshalb einen Schadensersatzanspruch des Stpfl gegen seinen Berater verneint). Das Argument der Arbeitsüberlastung steuerberatender Berufe kann insbes auch dann keine Beachtung finden, wenn dem Berater bekannt ist, dass das FA wegen zu erwartender hoher Abschlusszahlungen auf die Einhaltung der Abgabefrist dringt. Es ist dem Berater zuzumuten, die Reihenfolge seiner Arbeit nach Maßgabe der ihm bekannten Dringlichkeit zu ordnen (BFH BStBl 87, 543). Er muss durch organisatorische Maßnahmen Arbeitsengpässe ausgleichen (BFH/NV 91, 499; FG BaWü EFG 98, 431). Bei längerer Arbeitsunfähigkeit des StBeraters kann der Minderung der Leistungsfähigkeit durch angemessene Verlängerung der Abgabefristen Rechnung getragen werden (FG Nds EFG 78, 416), wobei jedoch die erhöhten Anforderungen des § 109 II idF des StModernG v 18.7.2016 zu beachten sind.

21 **e) Ermessensentscheidung nach Abs 1.** Nach Abs 1 steht die Entscheidung, ob ein Verspätungszuschlag festgesetzt wird, im Ermessen des FA (sog Entschließungsermessen). Die Ermessensentscheidung iSv Abs 1 ist nach § 121 zu begründen; s hierzu Rz 46. Dieses Entschließungsermessen wird aber bei verspäteter Abgabe einer StErklärung für einen VZ ab 2018 in den Fällen des **Abs 2** durch eine **gebundene Entscheidung** ersetzt, sofern keine Rückausnahme nach Abs 3 greift. Das FA muss dann einen Verspätungszuschlag festsetzen.

Bei seiner Ermessensentscheidung im Rahmen des Abs 1 kann das FA würdigen, ob und inwieweit das **Veranlagungsverfahren** durch die verspätete Abgabe bzw Nichtabgabe **beeinträchtigt** worden ist oder zukünftig beeinträchtigt werden kann (BFH BStBl 01, 618). Daher kann das FA von der Festsetzung eines Verspätungszuschlags absehen, wenn das Veranlagungsgeschäft durch den verspäteten Eingang der StErklärung nicht gestört wird. Allerdings kann selbst in diesem Fall auch der präventive Charakter des Verspätungszuschlags berücksichtigt werden, nach dem der Stpfl zur künftigen fristgerechten Abgabe der StErklärungen angehalten werden soll (BFH BStBl 01, 618). Grds spielt aber keine Rolle, ob das FA nach Eingang der StErklärung die Veranlagung zügig oder zögerlich vornimmt (BFH BStBl 02, 120). Zudem ist eine Verzögerung bei der Bearbeitung der StErklärung umso unvermeidbarer, je mehr Stpfl die StErklärungen verspätet abgeben. Der BFH hat daher bislang eine späte StFestsetzung nicht als Grund gegen die Festsetzung eines Verspätungszuschlags angesehen (BFH BStBl 01, 618: Bearbeitung der StErklärung nach 71 Tagen bei Fristüberschreitung von 92 Tagen; BStBl 02, 120: Bearbeitung ein halbes Jahr nach Abgabe bei Fristüberschreitung von ebenfalls einem halben Jahr trotz großzügig gewährter Fristverlängerung; BFH/NV 05, 1003 zur Bearbeitung nach 9 Monaten mit zwischenzeitlich erforderlichen Sachverhaltsermittlungen). Allerdings kann es geboten sein, bei einer ungewöhnlich späten Bearbeitung durch das FA von einem Verspätungszuschlag abzusehen, wenn die Fristüberschreitung nur geringfügig war (BFH BStBl 02, 124; NV 05, 1003).

22 Auch bei einer **erstmaligen oder geringfügigen** Verspätung kann das FA von einem Verspätungszuschlag absehen. Ob eine geringfügige oder erhebliche Frist-

überschreitung vorliegt, hängt von den Umständen des Einzelfalls ab: Hat ein Stpfl über Jahre hinweg seine Erklärung verspätet abgegeben, so kann eine Fristüberschreitung von zwei oder vier Monaten als erheblich anzusehen sein. Bei einem anderen Stpfl kann die verspätete Abgabe von StErklärungen um zwei oder vier Monate dagegen geringfügig sein, wenn es sich zB um eine erstmalige verspätete Abgabe handelt (BFH/NV 98, 323). Bei StAnmeldungen (USt-Voranmeldungen, LSt-Anmeldungen) kann die Festsetzung eines Verspätungszuschlags bei geringfügiger Verspätung jedoch gerechtfertigt sein, wenn StAnmeldungen wiederholt verspätet abgegeben werden. Ferner kann das FA von einer Festsetzung mE absehen, wenn eine elektronische StErklärung wegen nicht nachvollziehbarer Fehlermeldungen nicht rechtzeitig abgesendet werden kann, obwohl der Stpfl die erforderlichen Angaben richtig eingetragen hat (s § 150 Rz 13).

Die Frage, ob und inwieweit der Stpfl aus der verspäteten Abgabe der Erklärung **Vorteile** gezogen hat, wirkt sich hingegen nicht auf das Entschließungsermessen aus, sondern nur auf das Auswahlermessen, dh auf die Höhe des Verspätungszuschlags gem Abs 2 S 2 aF; nach der Neuregelung in Abs 5 nF werden die möglichen Vorteile des Stpfl hingegen pauschal mit 0,25 % monatlich bewertet. 24

6. Pflicht zur Festsetzung (Abs 2 nF). a) Verschuldensunabhängige Festsetzung. Der durch das StModernG v 18.7.2016 geänderte Abs 2 enthält für StErklärungen für **VZ ab 2018** (s Rz 3) eine Sonderregelung zu Abs 1. Danach steht die Festsetzung des Verspätungszuschlags entgegen Abs 1 nicht im Ermessen des FA, sondern ist zwingend vorzunehmen, wenn die in Abs 2 genannten Fristen überschritten werden. Auf ein **Verschulden** kommt es nach der Gesetzesbegründung anders als bei Abs 1 S 2 **nicht an,** weil Abs 1 und damit auch Abs 1 S 2 vollständig durch die Sonderregelung in Abs 2 verdrängt werden (BT-Drs 18/7457, 80). Daher soll das FA nach Auffassung des Gesetzgebers bei Fristüberschreitung iSv Abs 2 auch dann zur Festsetzung des Verspätungszuschlags verpflichtet sein, wenn die Verspätung entschuldigt wird; bei fehlendem Verschulden soll nur ein Erlass des Verspätungszuschlags nach § 227 in Betracht kommen. Die Gesetzesbegründung spiegelt sich im Gesetzeswortlaut aber nicht deutlich wider, da sich die Formulierung in Abs 2 nF („Abweichend von Absatz 1 ist") auf die Ermessensentscheidung in Abs 1 und damit auf die Rechtsfolge beziehen dürfte und nicht auf die Tatbestandsvoraussetzungen für die Festsetzungs eines Verspätungszuschlags, zu denen auch das Verschulden gehört (s Rz 17 ff). 30

b) Voraussetzungen. Eine Pflicht zur Festsetzung besteht nach Abs 2 **Nr 1,** wenn der Stpfl die Erklärung erst nach Ablauf von 14 Monaten nach Ablauf des Kj (zB die EStErklärung für VZ 2018 nach dem 29.2.2020) bzw nach dem Besteuerungszeitpunkt (zB bei der ErbStErklärung, Anzeige nach § 19 GrEStG) einreicht. Dies ist zwar die Abgabefrist für stl vertretene Stpfl gem § 149 III. Jedoch gilt Abs 2 Nr 1 sowohl für stl vertretene Stpfl, die nach § 149 III idF des StModernG v 18.7.2016 zur Abgabe bis zum 28.2. bzw 29.2. des übernächsten Jahres verpflichtet sind, als auch für Stpfl, die ihre StErklärung selbst erstellen und nach § 149 II idF des StModernG v 18.7.2016 bereits zu einer Abgabe bis zum 31.7. des Folgejahres verpflichtet sind; denn Abs 2 Nr 1 unterscheidet nicht zwischen § 149 II und III (BT-Drs 18/7457, 80). Handelt es sich um Land- und Forstwirte, muss das FA einen Verspätungszuschlag gem Abs 2 **Nr 2** festsetzen, wenn die Erklärung nach Ablauf von 19 Monaten nach Ablauf des Kj, dh nach dem 31.7. des übernächsten Jahres gem § 149 III, bzw des Besteuerungszeitpunkts abgeben wird. Auch hier kommt es nicht darauf, ob der Land- und Forstwirt stl vertreten wird und daher unter die Abgabefrist des § 149 III fällt oder ob er seine Erklärung selbst erstellt und daher nur der Abgabefrist des § 149 II 2 unterliegt. Schließlich besteht eine Pflicht zur Festsetzung eines Zwangsgelds nach Abs 2 **Nr 3,** wenn die in einer Vorabanforderung iSv § 149 IV genannte Abgabefrist nicht eingehalten wird. Dies kann nur stl vertretene Stpfl treffen, da nur diese durch eine Vorabanforderung zur 31 vorzeitigen Abgabe einer StErklärung aufgefordert werden können. Hingegen kommt bei einer Nichteinhaltung der Quote, die sich aus dem Kontingentierungsverfahren iSv § 149 VI ergibt, Abs 2 des § 152 nicht zur Anwendung, es sei denn, es werden die Fristen der Nrn 1 bis 3 nicht eingehalten (*TK/Seer* § 152 Rz 44). **Ausnahmen** zu Abs 2 ergeben sich aus Abs 3 (s Rz 50) sowie aus Abs 13 (s Rz 89); in diesen Fällen bleibt es also bei einer Ermessensentscheidung.

35 **7. Höhe des Verspätungszuschlags bei StErklärungen bis VZ 2017 (Abs 2 aF). a) Bemessungsgrundlage (Abs 2 S 1 aF).** Bei verspäteter Abgabe einer StErklärung für **VZ bis einschl 2017** ergibt sich die Höhe des Verspätungszuschlags aus Abs 2 aF, während die Höhe für verspätet abgegebene StErklärungen für VZ ab 2018 in Abs 5 bis 10 geregelt wird (s Rz Rz 65 ff). Bemessungsgrundlage nach Abs 2 aF ist die festgesetzte St bzw der StMessbetrag. **Nicht** maßgeblich ist die sich ergebende **Abschlusszahlung** (BFH BStBl 01, 60; BFH/NV 14, 295). Der Verspätungszuschlag darf grds auch höher sein als die Abschlusszahlung, sofern die Höchstbeträge (s Rz 36) nicht überschritten werden (BFH/NV 11, 1288; s aber auch Rz 40). Ein Verspätungszuschlag kann auch festgesetzt werden, wenn die sich aufgrund der verspätet abgegebenen StErklärung ergebende StFestsetzung zu einer Erstattung führt (BFH BStBl 89, 693; 01, 60; 02, 679; BFH/NV 97, 731; 13, 502; s aber auch FG BaWü EFG 88, 58 und FG Mster EFG 96, 305, wonach Verspätungszuschlag erst bei wiederholter Fristüberschreitung zulässig sein soll). Hingegen ist die Festsetzung eines Verspätungszuschlags **unzulässig,** wenn die verspätet abgegebene StErklärung zu einer **StFestsetzung von 0 €** führt (BFH BStBl 89, 955; 02, 679; BFH/NV 90, 145). Damit geht der mit dem Verspätungszuschlag verfolgte Zweck (s Rz 5) ins Leere, wenn sich erst nach Abschluss des vom Stpfl verzögerten Veranlagungsverfahrens herausstellt, dass die Steuer nur 0 € beträgt; im Gegensatz hierzu ist nach der Neuregelung ein Verspätungszuschlag bei einer Nullfestsetzung möglich (s Rz 66 f). Nicht stimmig ist auch, dass der Stpfl bei einer Nullfestsetzung ohne Erstattung (weil zB keine LSt einbehalten wurde) vom Verspätungszuschlag verschont bleibt, hingegen der Stpfl im Fall einer StFestsetzung, die wegen anrechenbarer Steuern zu einer erheblichen Erstattung führt, mit einem Verspätungszuschlag rechnen muss. Dieses – an sich unstimmige – Ergebnis ergibt sich jedoch zwingend aus Abs 2 S 1 aF, wonach der Verspätungszuschlag 10% der festgesetzten Steuer nicht übersteigen darf und daher bei einer StFestsetzung von 0 € nicht festgesetzt werden kann.

Zur Bemessungsgrundlage bei verspäteter Abgabe einer gesonderten Feststellungserklärung für Feststellungszeiträume bis einschl 2017 s Abs 4 aF (s Rz 63 und 73). Eine Sonderregelung bestand für REITs gem § 21 II 4 REITG in der bis zum 31.12.2016 geltenden Fassung, wonach Bemessungsgrundlage der nach § 13 I REITG ermittelte auszuschüttende Betrag ist.

36 **b) Höchstbeträge (Abs 2 S 1 aF).** Höchstbetrag des Verspätungszuschlags ist **10%** der Bemessungsgrundlage (dh festgesetzte Steuer, s Rz 35) und **höchstens 25.000 €**; dies entspricht auch der Neuregelung in Abs 10 (s Rz 77). Der absolute Höchstbetrag von 25.000 € ist nur ein Korrektiv zum prozentualen Höchstbetrag von 10% (s Rz 45). Welcher konkrete Prozentsatz bzw Höchstbetrag im Einzelfall angemessen ist, richtet sich nach Satz 2 aF (s Rz 37 ff sowie Rz 45). Abs 2 aF gilt bei verspäteter Meldung nach § 18a UStG in modifizierter Fassung (§ 18a XI 2 UStG): Danach darf der Verspätungszuschlag 1% der Summe aller zu meldenden Bemessungsgrundlagen nicht übersteigen und höchstens 2.500 € betragen.

37 **c) Bemessungskriterien (Abs 2 S 2 aF).** Bei der Bemessung des Zuschlags muss das FA **sämtliche Kriterien** des Abs 2 S 2 aF berücksichtigen, dh den Zweck des Verspätungszuschlags (s Rz 38), die Dauer der Fristüberschreitung (s Rz 39), die Höhe des Zahlungsanspruchs, der sich aus der StFestsetzung ergibt (s Rz 40), die Vorteile, die der Stpfl aus der verspäteten Abgabe der StErkl gezogen

hat (s Rz 41), das Verschulden (s Rz 42) sowie seine wirtschaftliche Leistungsfähigkeit (s Rz 43); zu den Einzelheiten der Abwägung s Rz 44 ff. Die Neuregelung in Abs 5 kennt keine Bemessungskriterien (s Rz 65 ff). Die Bemessungskriterien des Abs 2 S 2 aF gelten auch dann, wenn sich nach der Neuregelung in Abs 5 nF ein niedrigerer Verspätungszuschlag ergeben würde; der sich nach Abs 2 S 2 aF ergebende Verspätungszuschlag ist also nicht auf die Höhe des sich nach Abs 5 nF ergebenden Betrags zu begrenzen (FG SchlHol BeckRS 2017, 120141).

aa) Zweck des Verspätungszuschlags. Zu berücksichtigen ist nach Abs 2 S 2 aF der Zweck des Verspätungszuschlags, den Stpfl zur rechtzeitigen Abgabe der StErklärung anzuhalten (s auch Rz 5) und damit auch die rechtzeitige Festsetzung und Entrichtung der Steuer (ggf auch der Vorauszahlungen, s BFH BStBl 02, 120) zu sichern. So kann das FA die Höhe des Zuschlags damit rechtfertigen, dass ein geringerer Betrag kein hinreichendes Druckmittel sei (BFH/NV 07, 1450); dies wird insbes bei einer geringen StFestsetzung und wiederholter Verspätung in Betracht kommen, sodass ein Zuschlag von lediglich 5% (s Rz 44) als unzureichend erscheint. 38

Das **Verhalten des FA ist kein Kriterium** iSv Abs 2 S 2 aF, sodass grds keine Rolle spielt, ob das FA nach Eingang der StErklärung die Veranlagung zügig vornimmt oder zögerlich (BFH BStBl 02, 120); zu Einzelheiten s Rz 21.

bb) Dauer der Fristüberschreitung. Für die Dauer der Fristüberschreitung kommt es darauf an, wann die StErklärung, ggf nach Fristverlängerung gem § 109, hätte abgegeben werden müssen (s Rz 16) und wann sie tatsächlich beim FA eingegangen ist. Wird die StErklärung nicht abgegeben und ergeht ein **Schätzungsbescheid,** ist der Zeitpunkt des Erlasses des Schätzungsbescheids maßgeblich (BFH/NV 05, 1482). Bei dem Kriterium der Dauer der Fristüberschreitung spielt nach Abs 2 aF keine Rolle, ob es sich um eine erstmalige Fristüberschreitung handelt; dies ist nur für die Frage des Verschuldens relevant (s Rz 18 und 42). Zu geringfügigen Verspätungen s Rz 18. 39

cc) Höhe des Zahlungsanspruchs. Mit der Höhe des sich ergebenden Zahlungsanspruchs iSv Abs 2 S 2 aF ist der **Nachzahlungsbetrag** gemeint, dh die Differenz zwischen StFestsetzung einerseits und Vorauszahlungen bzw anrechenbaren Beträgen iSv § 36 II Nr 2 EStG andererseits; es kommt nicht auf die Steuer an, die auf die Einkünfte entfällt, welche die Erklärungspflicht ausgelöst haben (BFH/NV 17, 260). Da ein Verspätungszuschlag auch in Erstattungsfällen möglich ist (s Rz 35), ist hier zu prüfen, welches Gewicht der verspäteten Abgabe der StErklärung noch zukommt, nachdem die Steuer bereits vollständig bezahlt ist (BFH BStBl 89, 231). Ist zB die USt nahezu vollständig durch die Voranmeldungen entrichtet worden, soll nach dem BFH ein Verspätungszuschlag, der die Abschlusszahlung übersteigt, nur ausnahmsweise festgesetzt werden dürfen (BFH/NV 15, 1665). Unzulässig ist es, wenn das FA in einem Vordruck bei geringen Nachzahlungen nur einen geringen Verspätungszuschlag vorsieht, bei Erstattungsfällen hingegen einen Rahmen bis zu 10% eröffnet (BFH/NV 07, 1450). 40

dd) Aus der Verspätung gezogene Vorteile. Bei dem aus der Verspätung gezogenen Vorteil iSv Abs 2 S 2 aF geht es um den wirtschaftlichen Vorteil, den der Stpfl dadurch erlangt hat, dass er die StErklärung nicht fristgemäß abgegeben hat und deshalb die Steuer später als bei Einhaltung der Abgabefrist festgesetzt worden ist (BFH BStBl 91, 384; BFH/NV 08, 1642). Damit ist vor allem der **Zinsvorteil** gemeint. Bei der Berechnung des Zinsvorteils ist zwar grds die Verzinsung nach § 233a zu berücksichtigen (BFH BStBl 02, 679; BFH/NV 07, 1450). Es ist aber nicht unbedingt Voraussetzung für die Festsetzung eines Verspätungszuschlags, dass überhaupt ein finanzieller Vorteil entstanden ist (BFH BStBl 89, 693; 01, 60; BFH/NV 97, 731). Daher ist es nicht ausgeschlossen, einen Verspätungszuschlag auch dann festzusetzen, wenn der Zinsvorteil durch die Nachzahlungszinsen bereits ausgeschöpft worden ist (BFH BStBl 01, 60; BFH/NV 02, 475; s auch Rz 44), ebenso, wie ein Verspätungszuschlag im Erstattungsfall nicht ausgeschlos- 41 sen ist (s Rz 35). Zudem ist zu berücksichtigen, dass der Zinslauf nach § 233a erst 15 Monate nach Entstehung der Steuer einsetzt (BFH BStBl 02, 120).

Ist aber ein Zinsvorteil entstanden, ist es ermessensgerecht, wenn das FA zunächst diesen Vorteil ermittelt (FG Ddorf EFG 93, 276). Dabei kann der zu berücksichtigende Zinsvorteil entweder summarisch unter Berücksichtigung des jeweiligen Kapitalmarktzinses nach dem Durchschnitt zwischen Haben- und Schuldzinsen (BFH BStBl 95, 680; 97, 642) oder nach den Verhältnissen des Einzelfalls konkret ermittelt werden. Bei Abschlusszahlungen bis zu 25.000 € wird idR ein Zinssatz von 6% zugrundegelegt (*Bruschke* DStR 09, 1791, 1794; s aber auch BFH DStR 18, 1020). Zu berücksichtigen ist auch eine etwaige Minderung des Zinsvorteils, wenn er seinerseits der KSt, ESt oder GewSt unterworfen wird (BFH BStBl 95, 680). Denn Erstattungszinsen auf Ertragsteuern sind stpfl (§ 20 I Nr 7 S 3 EStG; BFH BStBl 14, 998, Verfassungsbeschwerde beim BVerfG: 2 BvR 2674/14).

Bei **schweren fortgesetzten Versäumnissen,** also einem besonders schweren Verschulden, ist nicht erforderlich, dass Zinserwägungen, dh Zinshöhe und Dauer der Verspätung, in die Berechnung des Zuschlags einfließen (BFH BStBl 01, 60; BFH/NV 08, 1642). Da auch die anderen Kriterien des Abs 2 S 2 aF zu berücksichtigen sind, liegt kein Ermessensfehler vor, wenn der Zuschlag erheblich höher ist als der mögliche Zinsgewinn (BFH/NV 88, 750). Die erhebliche Überschreitung des Vorteils ist auch dann nicht ermessensfehlerhaft, wenn die Abschlusszahlung sehr hoch und die StErklärung bewusst mehrere Monate zurückgehalten worden ist (BFH/NV 87, 416).

42 **ee) Verschulden.** Mit dem Grad des Verschuldens des Stpfl (zum Begriff s Rz 17) darf nach Abs 2 S 2 aF auch die Höhe des Verspätungszuschlags steigen (BFH/NV 08, 1642). Das Verhalten des Stpfl in den Vorjahren kann dabei berücksichtigt werden, sodass sich insbes eine wiederholte Fristversäumnis auf die Höhe des Verspätungszuschlags auswirkt (BFH/NV 09, 116). Gleiches gilt bei vorsätzlicher Versäumnis, langen Fristüberschreitungen oder gar Nichtabgabe. Bei Stpfl, die bereits mehrfach säumig waren, kann der Prozentsatz höher als 5% liegen (s hierzu Rz 44); jedenfalls ist die Häufigkeit der Fristüberschreitungen durch den Stpfl allg ein Grund, nicht von einem minderschweren Fall auszugehen (vgl BFH/NV 89, 1; 02, 475). Vorherige ausdrückliche Erinnerung an Abgabeverpflichtung ist verschärfend zu berücksichtigen (BFH/NV 07, 1450); umgekehrt muss bei wiederholter Säumnis der Verspätungszuschlag aber nicht deshalb gemindert werden, weil das FA in den Vorjahren nicht darauf hingewiesen hat, dass ein Verspätungszuschlag hätte verhängt werden können (BFH/NV 07, 1617). Handelt es sich um eine **erstmalige Verspätung,** schließt dies einen Verspätungszuschlag zwar nicht aus (Rz 18), jedoch wiegt das Verschulden dann idR geringer als bei einer wiederholten Versäumnis.

43 **ff) Wirtschaftliche Leistungsfähigkeit des Stpfl.** Die wirtschaftliche Leistungsfähigkeit iSv Abs 2 S 2 aF ist in der Weise zu berücksichtigen, dass der Stpfl den Verspätungszuschlag einerseits spürt, andererseits durch ihn aber nicht übermäßig belastet wird. Die Einkommensverhältnisse des Stpfl sind dabei neben der Höhe der festgesetzten Steuer zu berücksichtigen (BFH/NV 07, 1450); dies wird zB relevant, wenn es aufgrund von Vorauszahlungen zu einer Erstattung kommt, das Einkommen des Stpfl aber hoch ist.

44 **d) Ermessensentscheidung.** Die Bemessung des Verspätungszuschlags ist nach Abs 2 S 2 aF eine Ermessensentscheidung, die nach § 121 zu begründen ist (zur Begründung s Rz 46). Bei seiner Ermessensentscheidung muss das FA grds sämtliche Kriterien des Abs 2 S 2 berücksichtigen und das Für und Wider gegeneinander abwägen, da **alle Merkmale grds gleichwertig** sind (BFH BStBl 88, 929; 01, 60; BFH/NV 13, 502; 17, 260). Dabei kann je nach den Umständen des Einzelfalls ein Merkmal stärker ausgeprägt sein als das andere (BFH BStBl 88, 929; 97, 642; 01, 146; BFH/NV 12, 170; 13, 502). Ausnahmsweise kann ein Merkmal auch

ganz ohne Auswirkung auf die Bemessung des Verspätungszuschlags bleiben (BFH BStBl 01, 60; BFH/NV 10, 12); dies ist zB der Fall, wenn der wirtschaftliche Vorteil bereits durch die Zinsfestsetzung nach § 233a abgeschöpft worden ist. Umgekehrt kann ein **Merkmal besonders ins Gewicht** fallen (FG Mster EFG 13, 1189); dies ist etwa beim Verschulden der Fall: So ist es bei voraus gegangenen jahrelangen erheblichen Fristüberschreitungen zulässig, wegen des schweren Verschuldens andere Kriterien weniger zu gewichten und daher trotz fehlenden Zinsvorteils einen hohen Verspätungszuschlag festzusetzen (BFH BStBl 01, 60; BFH/NV 00, 1178; 13, 502; s auch Rz 42). Das FA kann auch von der Festsetzung eines Verspätungszuschlags absehen, obwohl die Voraussetzungen für die Festsetzung gegeben sind, da es sich bei der Festsetzung um eine Ermessensentscheidung handelt (BFH/NV 07, 1450).

Hingegen ist es **ermessensfehlerhaft,** bei erstmaliger Fristüberschreitung allein auf den Zinsvorteil abzustellen und alle anderen Beurteilungsmerkmale mit einem pauschalen Zuschlag (zB von 100 €) zu berücksichtigen (BFH/NV 89, 1, 279, 517; 91, 499). Unterbleibt die erforderliche Abwägung, kann eine Ermessensüberschreitung gegeben sein (BFH BStBl 88, 929). Die Abwägung muss bei einer Änderung der StFestsetzung erneuert werden (s Rz 88). Ebenso ist Festsetzung ermessensfehlerhaft, wenn Verspätungszuschlag nicht beigetrieben werden kann oder StPflicht in künftigen VZ wegfällt (FinMin NRW 25.8.2011, BeckVerw 253095, Tz 2.2 und 2.3).

Für die **konkrete Höhe** des Verspätungszuschlags bedeuten die vorstehend genannten Grundsätze Folgendes: Der **prozentuale Höchstsatz von 10 %** darf nur in außergewöhnlichen Fällen bei Zusammentreffen mehrerer erschwerender Umstände festgesetzt werden (BVerfG BStBl 67, 166; BFH BStBl 87, 543; 91, 384). Bei einem mittelschweren Fall ist daher ein Verspätungszuschlag von 5 % gerechtfertigt. Die 5 % dürfen daher auch festgesetzt werden, wenn der sich daraus ergebende Zuschlag die 25.000 €-Grenze erreicht; der absolute Höchstbetrag von 25.000 € ist nämlich nur ein Korrektiv (BFH BStBl 97, 642; FG Bln EFG 85, 429; FG BaWü EFG 98, 430). 45

Der **absolute Höchstbetrag** von 25.000 € ist nur ausnahmsweise in besonders schweren Fällen festzusetzen, es sei denn, der prozentuale Verspätungszuschlag ist angemessen und führt aufgrund der hohen StFestsetzung zu einem Betrag von 25.000 € (s vorstehende Ausführungen). Im Regelfall ist nach AEAO zu § 152 Nr 7 ein höherer Betrag als 5.000 € nur dann festzusetzen, wenn mit einem Verspätungszuschlag iHv bis zu 5.000 € der durch die verspätete Abgabe der StErklärung (StAnmeldung) entstandene Zinsvorteil nicht ausreichend abgeschöpft werden kann. Die Festsetzung eines nur geringen Verspätungszuschlags von 5 € ist nicht grds fehlerhaft (BFH BStBl 88, 929; vgl auch BFH/NV 95, 1043). Bei der Ermessensentscheidung über die Höhe des Verspätungszuschlags sind die bereits entrichteten Vorauszahlungen und abgeführte LSt zu berücksichtigen und mit den anderen Merkmalen der Vorschr abzuwägen (BFH BStBl 89, 231; BFH/NV 07, 1076).

Die Ermessensentscheidung iSv Abs 2 S 2 aF ist nach § 121 ebenso wie das Entschließungsermessen nach Abs 1 (s Rz 21f) **zu begründen** (BFH/NV 95, 853; 96, 377). Eine unzureichende Begründung kann gem § 126 I Nr 2, II noch bis zum Erlass der Einspruchsentscheidung nachgeholt werden (s auch BFH/NV 09, 1592); im Klageverfahren gelten die Einschränkungen des § 102 S 2 FGO (s Rz 91). In seiner Begründung muss das FA ausführen, wie es die einzelnen Kriterien berücksichtigt hat. Dabei ist nicht erforderlich, dass es jedem einzelnen Kriterium einen bestimmten Teilbetrag des Verspätungszuschlags zuordnet (BFH/NV 01, 146; 08, 1642; FG Mster EFG 13, 1189). Allerdings darf sich die Begründung nicht nur auf ein Kriterium stützen, etwa nur auf die Dauer der Fristüberschreitung (FG Mster EFG 10, 30). 46

Nicht von vornherein zu beanstanden ist die Verwendung eines **Vordrucks** zur Begründung (BFH BStBl 88, 929; BFH/NV 07, 1450). Bleibt die Begründung im

Vordruck aber formelhaft oder berücksichtigt sie nicht die Umstände des konkreten Einzelfalls, kann die Festsetzung ermessensfehlerhaft sein. Entsprechendes gilt für **maschinelle Vorschläge** zur Festsetzung des Verspätungszuschlags: So wird bei der Festsetzung von Verspätungszuschlägen im USt-Voranmeldungsverfahren ein automatisationsgestütztes Verfahren angewendet. Dabei wird anhand der Häufigkeit und der Dauer der Verspätung ein Vorschlag für einen festzusetzenden Verspätungszuschlag programmgesteuert berechnet. Die Höhe des Prozentsatzes, nach dem der vorgeschlagene Verspätungszuschlag berechnet wird, steigt entsprechend der Häufigkeit der Verspätungen. Der Bearbeiter ist an den Vorschlag nicht gebunden; hält er sich aber für gebunden, liegt eine Ermessensunterschreitung bzw ein Ermessensnichtgebrauch vor, der zur Rechtswidrigkeit der Festsetzung führt (FG Mster EFG 13, 1189). Das FA trägt zudem das Risiko, dass die Höhe des Zuschlags aufgrund einer vom Amtsträger (§ 7) vorgenommenen Abwägung mit Abs 2 S 2 aF nicht vereinbar ist (BFH BStBl 88, 929). Bei Festsetzung eines Betrags unterhalb der Kleinbetragsgrenze von 10 € kann jedoch auf eine Begründung des Auswahlermessens verzichtet werden (BFH BStBl 88, 929).

50 **8. Rückausnahmen zu Abs 2 nF (Abs 3 nF).** Abs 3 nF enthält Rückausnahmen von der gebundenen Entscheidung nach Abs 2 nF. Ist eine der Voraussetzungen des Abs 3 nF erfüllt, steht die Festsetzung des Verspätungszuschlags wieder im Ermessen des FA gem Abs 1 (s Rz 21 f).

Nach Abs 3 **Nr 1** nF besteht keine Pflicht zur Festsetzung eines Verspätungszuschlags, wenn die StErklärung zwar nach Ablauf einer der in Abs 2 genannten Fristen abgegeben wurde, die Frist aber über die in Abs 2 Nrn 1 bis 3 genannte Frist hinaus nach § 109 verlängert oder rückwirkend verlängert wurde und die StErklärung erst nach Ablauf der in der Fristverlängerung genannten Frist abgegeben wurde. Beispiel: Das FA gewährt für die Abgabe der StErklärung für 2018 eine Frist bis zum 30.6.2020; der Stpfl gibt die Erklärung aber erst am 31.7.2020 ab. Wird die StErklärung hingegen vor Ablauf der in der Fristverlängerung genannten Frist abgegeben (im Beispiel am 20.6.2020), darf ohnehin kein Verspätungszuschlag festgesetzt werden, weil dann die Frist nicht versäumt worden ist.

51 Nach Abs 3 **Nr 2** nF entfällt die Pflicht zur Festsetzung eines Verspätungszuschlags, wenn die Steuer auf 0 € oder – wie zB bei der USt im Fall eines Vorsteuerüberschusses – auf einen negativen Betrag festgesetzt wird. Im Gegensatz zur bisherigen Fassung, die die Festsetzung einer positiven Steuer erforderte, ist nunmehr zwar ein Verspätungszuschlag möglich; diese Festsetzung steht aber im Ermessen des FA. Eine Festsetzung kann ermessensgerecht sein, wenn der Stpfl bereits mehrfach seine StErklärung verspätet abgegeben hat (BT-Drs 18/8434, 113); zur Höhe des Verspätungszuschlags s Rz 66 f.

Entsprechende Grundsätze gelten auch nach Abs 3 **Nr 3** nF, wenn die Summe der festgesetzten Vorauszahlungen und der anrechenbaren Steuern wie zB LSt oder KapESt höher ist als die festgesetzte Steuer. Freiwillig entrichtete Vorauszahlungen sind jedoch nicht zu berücksichtigen. Umgekehrt spielt es keine Rolle, ob die festgesetzten Vorauszahlungen tatsächlich entrichtet worden sind (BT-Drs 18/8434, 113). Im Fall der Nr 3 kommt es zu einer Erstattung, sodass keine Pflicht zur Festsetzung eines Verspätungszuschlags besteht.

Abs 3 **Nr 4** begründet schließlich eine Rückausnahme zu Abs 2 nF, wenn es sich um eine jährlich abzugebende LSt-Anmeldung handelt. Dies ist nach § 41a II 2 2. HS EStG der Fall, wenn die abzuführende LSt für das Vorjahr nicht mehr als 1.080 € betragen hat.

55 **9. Festsetzung (Abs 3 aF).** Nach Abs 3 aF ist der Verspätungszuschlag regelmäßig mit der Steuer oder dem StMessbetrag festzusetzen. Dieses sog **Verbindungsgebot** ist auch im neuen Abs 11 übernommen worden, sodass auf die Erläut zu Abs 11 (s Rz 87) verwiesen wird.

10. Schuldner und Auswahlermessen (Abs 4 nF). a) Schuldner. Abs 4 nF setzt eine Schuldnerschaft mehrerer Personen voraus, sodass sich aus Abs 4 nF nicht ergibt, gegen wen der Verspätungszuschlag festzusetzen ist. Dies folgt vielmehr aus Abs 1. Festzusetzen ist der Verspätungszuschlag ggü dem zur Abgabe der StErklärung Verpflichteten, dh ggü dem **Stpfl** oder demjenigen, der die stl Pflichten des Stpfl zu erfüllen hat, zB der gesetzliche Vertreter oder Verfügungsberechtigte nach §§ 34, 35, wie zB der Insolvenzverwalter (BFH/NV 13, 502). Werden Ehegatten zusammen veranlagt, können Verspätungszuschläge gegen jeden Ehegatten einzeln festgesetzt werden, und zwar auch dann, wenn ein Ehegatte keine Einkünfte erzielt hat (BFH/NV 09, 1592). 57

Bei **Gesellschaften** kann eine eigene Erklärungspflicht der Gesellschaft bestehen, zB bei KapGes, aber auch bei PersGes im Bereich bei der GewSt, USt oder KSt. In diesem Fall besteht ein Auswahlermessen, weil auch gegen den Vertreter ein Verspätungszuschlag festgesetzt werden kann (s Rz 61). Ist die Gesellschaft hingegen **nicht selbst erklärungspflichtig,** ist der Verspätungszuschlag nicht ggü der Gesellschaft, sondern ggü der erklärungspflichtigen Person festzusetzen, so zB bei der gesonderten Feststellung gem § 180. Hier kann ein Auswahlermessen bestehen, wenn die PersGes mehrere Geschäftsführer hat (s Rz 62). 58

Bei einer **Gesamtrechtsnachfolge** geht die Verpflichtung zur Abgabe der StErklärung auf den Gesamtrechtsnachfolger über, sodass ihm ggü Verspätungszuschlag festgesetzt werden kann. Ist der Verspätungszuschlag bereits ggü dem Rechtsvorgänger (zB Erblasser) festgesetzt worden, von diesem aber nicht entrichtet worden, geht die Zahlungsverpflichtung auf den Gesamtrechtsnachfolger über (vgl § 45 Rz 6; BFH/NV 10, 12). Der festgesetzte Verspätungszuschlag bleibt auch dann ggü dem Gesamtrechtsnachfolger bestehen, wenn dieser der Erklärungspflicht nunmehr unverzüglich nachkommt (BFH/NV 10, 12). Auch wenn der Verspätungszuschlag ggü dem Gesamtrechtsnachfolger möglicherweise seine Wirkung als Druckmittel verloren hat, ist deswegen kein Billigkeitserlass iSv § 227 geboten (BFH/NV 93, 455). 59

b) Auswahlermessen. Abs 4 nF regelt den Fall, dass mehrere Personen zur Abgabe derselben StErklärung verpflichtet sind, zB mehrere Geschäftsführer einer GmbH. In diesem Fall hat das FA nach Abs 4 S 1 nF ein Auswahlermessen, ob es den Verspätungszuschlag gegen nur eine der erklärungspflichtigen Personen, gegen mehrere der erklärungspflichtigen Personen (zB gegen zwei von drei erklärungspflichtigen Geschäftsführern) oder gegen alle Personen festsetzt. Bei einer Festsetzung gegen mehrere oder gegen alle erklärungspflichtigen Personen sind diese nach Abs 4 S 2 nF Gesamtschuldner; die Erfüllung durch einen der Gesamtschuldner wirkt dann nach § 44 II 1 auch für die übrigen Gesamtschuldner. Die Grundsätze des Abs 4 gelten sowohl in den Fällen des Abs 1 und 3 nF, in denen die Festsetzung eines Verspätungszuschlags im Ermessen des FA steht, als auch im Fall des Abs 2 nF, in dem das FA einen Verspätungszuschlag festsetzen muss (BT-Drs 18/8434, 113). Abs 4 nF übernimmt die zu der bis zum 31.12.2016 geltenden Fassung des § 152 entwickelten Rspr-Grundsätze zum Auswahlermessen. 60

Relevant wird das Auswahlermessen insbes bei Gesellschaften: Ist die Gesellschaft als KapGes oder PersGes **selbst erklärungspflichtig** (zB bei der GewSt, USt oder KSt), kann der Verspätungszuschlag gegen die Kapital- bzw Personengesellschaft selbst (BFH BStBl 91, 384, 675; 92, 3; BFH/NV 92, 577) oder aber gegen ihren für die fristgemäße Abgabe der StErklärung verantwortlichen Vertreter (idR der Geschäftsführer) festgesetzt werden. Dies muss das FA nach pflichtgemäßem Ermessen entscheiden. Dabei geht der BFH aber zutreffend davon aus, dass die Inanspruchnahme der KapGes oder PersGes die Regel ist und die Inanspruchnahme des Vertreters nur in Ausnahmefällen in Betracht kommt (BFH BStBl 91, 384; 92, 3; BFH/NV 92, 577; AEAO zu § 152 Nr 2). Die Inanspruchnahme der Gesellschaft bedarf daher im Regelfall auch keiner Begründung (BFH BStBl 92, 61

3). Das Verschulden des Vertreters muss sich in diesen Fällen der Vertretene (dh die Gesellschaft) nach Abs 1 S 2 2. HS nF bzw Abs 1 S 3 aF zurechnen lassen. Eine Festsetzung gegen den Vertreter der Gesellschaft kommt nur ausnahmsweise in Betracht, etwa wenn der Zuschlag bei diesem leichter beigetrieben werden kann (AEAO zu § 152 Nr 2).

62 Ist die Gesellschaft hingegen **nicht erklärungspflichtig,** zB eine PersGes für die einheitliche und gesonderte Feststellung, so ist die Festsetzung ggü dem Erklärungspflichtigen gem § 181 II iVm § 3 I der VO zu § 181 II vorzunehmen. Ein Auswahlermessen besteht hier dann, wenn es mehrere Erklärungspflichtige iSv § 181 II gibt. Abs 4 **S 3** nF schränkt das Auswahlermessen in diesem Fall ein, indem der Verspätungszuschlag vorrangig gegen die nach § 181 II 2 Nr 4 erklärungspflichtige Person, dh gegen den Geschäftsführer iSv § 34, festzusetzen ist. Dies entspricht den bisherigen Rspr-Grundsätzen, nach denen das FA denjenigen Vertreter iSd § 34 mit einem Verspätungszuschlag belegen kann, der in Erledigung der stl Angelegenheiten bzw als Empfangsbevollmächtigter gem § 183 ggü dem FA hervorgetreten ist (BFH BStBl 87, 764; NV 88, 760; AEAO zu § 152 Nr 5 zur PersGes) oder den das FA zur Abgabe der Erklärung aufgefordert hat (BFH/NV 13, 502).

63 **11. Gesonderte Feststellungen (Abs 4 aF).** Die Regelung des Abs 4 aF ist im Wesentlichen in Abs 6 nF übernommen worden (s Rz 70).

65 **12. Höhe des Verspätungszuschlags (Abs 5 nF). a) Überblick.** Abs 5 regelt die Bemessung des Verspätungszuschlags und weicht von der bisherigen Regelung in Abs 2 aF (s hierzu Rz 35 ff) gravierend ab. Die Höhe des Verspätungszuschlags steht nämlich nicht mehr im Ermessen des FA und hängt nicht mehr von verschiedenen Kriterien wie Verschulden oder wirtschaftlicher Leistungsfähigkeit ab, sondern wird nach einem festen Prozentsatz von 0,25 pro angefangenem Monat bemessen. Dieser Prozentsatz ist nur halb so hoch wie der Zinssatz nach § 238 und könnte darauf hindeuten, dass der Zinssatz nach § 238 überhöht ist (BFH DStR 18, 1020). Abs 5 gilt sowohl für Ermessensfestsetzungen nach Abs 1 als auch für die gebundene Festsetzung eines Verspätungszuschlags nach Abs 2 nF. Ergänzt wird Abs 5 nF durch die folgenden Abs 6 bis 10 nF sowie durch Abs 13 S 2 nF.

66 **b) Höhe des Verspätungszuschlags bei Verbrauch-, Besitz- und Verkehrsteuern (Abs 5 S 1 nF).** Der Anwendungsbereich des Abs 5 S 1 nF wird durch S 2 erheblich eingeschränkt. Von S 1 werden nur solche StErklärungen erfasst, die sich nicht auf ein Kj oder auf einen gesetzlich bestimmten Zeitpunkt beziehen. Damit gilt S 1 insbes nur für StErklärungen und -anmeldungen zu den Verbrauchsteuern sowie zu Besitz- und Verkehrsteuern wie der ErbSt oder KapESt. Abs 5 S 1 gilt nicht für die Luftverkehrsteuer (s Abs 13 S 2 nF).

Der Verspätungszuschlag beträgt 0,25% der festgesetzten Steuer pro angefangenem Monat der Verspätung; dies entspricht 3% p. a. und damit der Hälfte des Zinssatzes von 6% gem §§ 233a, 238. Zur Ermittlung des Verspätungszeitraums s Rz 67. Mindestens werden aber 10 € pro angefangenem Monat festgesetzt. Dieser Mindestbetrag kommt auch bei Null-Festsetzungen zum Ansatz, während nach der bisherigen Rechtslage ein Verspätungszuschlag bei Null-Festsetzungen ausscheidet (s Rz 14).

67 **c) Höhe des Verspätungszuschlags bei ESt-, KSt- und USt-Erklärungen (Abs 5 S 2 nF).** S 2 betrifft den praxisrelevanten Fall der verspäteten Abgabe einer StErklärung, die sich auf ein Kj (zB **ESt, KSt, USt**) oder auf einen gesetzlich bestimmten Zeitpunkt bezieht. S 2 gilt aber nach Abs 6 weder für StAnmeldungen, die monatlich oder vierteljährlich abzugeben sind (zB USt oder LSt), noch für jährlich abzugebende LSt-Anmeldungen iSv § 41a II 2 2. HS EStG (s auch Abs 3 Nr 4 sowie Rz 51). Außerdem gilt S 2 nicht für einheitliche und ge-

sonderte Feststellungserklärungen (s Abs 7) und für StErklärungen, die nach Abs 13 S 1 ggü den HZÄ abzugeben sind.

Nach S 2 beträgt der Verspätungszuschlag – wie bei S 1 – 0,25 % der festgesetzten Steuer pro Monat. Der Verspätungszeitraum beginnt mit Ablauf der Abgabefrist und endet mit der Abgabe der StErklärung; wird die StErklärung nicht abgegeben, endet der Verspätungszeitraum nach Abs 9 mit der Wirksamkeit des Schätzungsbescheids (s Rz 76). Die Regelung des S 2 weicht von S 1 aber zum einen darin ab, dass die festgesetzte Steuer um die festgesetzten Vorauszahlungen (nicht: freiwillig geleistete Vorauszahlungen) sowie um die anzurechnenden StAbzugsbeträge wie LSt oder KapESt zu mindern ist (s auch Abs 3 Nr 3; vgl Rz 51); damit wird iE der **Nachzahlungsbetrag** zu Grunde gelegt.

Beispiel: Die EStErklärung ist 4 Monate zu spät abgegeben worden. Die festgesetzte ESt beträgt 50.000 €; der Stpfl hat aber 30.000 € Vorauszahlungen geleistet. Bemessungsgrundlage sind damit 20.000 €, sodass für 4 Monate insgesamt 1 % (4 × 0,25 %) und damit 200 € Verspätungszuschlag festzusetzen sind.

Zum anderen beträgt der **Mindestbetrag 25 €** pro angefangenem Monat und nicht nur 10 € wie nach S 1. Dieser Mindestbetrag kommt zur Anwendung, wenn der Nachzahlungsbetrag niedriger ist als 10.000 € oder wenn die festgesetzte Steuer Null beträgt oder negativ ist. Dies ist eine weitere Änderung ggü der bisherigen Rechtslage (s Rz 14).

d) Billigkeitsregelung bei nicht erkennbarer Abgabepflicht (Abs 5 S 3 nF). S 3 begrenzt aus Billigkeitsgründen die Dauer des Verspätungszeitraums, wenn der Stpfl nach Ablauf der gesetzlichen Abgabefrist am 31.7. des Folgejahres gem § 149 II nF zur Abgabe einer StErklärung aufgefordert worden ist und bis dahin nicht erkennen konnte, dass er zur Abgabe einer StErklärung bereits kraft Gesetzes verpflichtet ist. Der Verspätungszeitraum beginnt dann nach S 3 erst mit dem Ablauf der in der Aufforderung genannten Frist und endet mit der Abgabe der Erklärung. Diese Vorschrift soll insbes für Rentner gelten, die in der Vergangenheit vom FA eine Mitteilung erhalten hatten, dass sie nicht mehr erklärungspflichtig seien (BT-Drs 18/8434, 113), und deshalb erst aufgrund der Aufforderung ihre Abgabepflicht aufgrund der gestiegenen Rentenbezüge und Ertragsanteile erkennen konnten. 69

Beispiel: Der Stpfl ist Rentner und hatte in den Vorjahren eine Nichtveranlagungsbescheinigung vom FA erhalten. Er wird am 30.11.2019 aufgefordert, für 2018 eine EStErklärung bis zum 31.12.2019 einzureichen. Er reicht die Erklärung am 10.1.2020 ein, die zur Festsetzung einer ESt iHv 1.000 € führt. Das FA kann für einen Monat (Januar 2020) einen Verspätungszuschlag von 25 € (Mindestbetrag) festsetzen. Der Zeitraum vom 1.8.2019 (die gesetzliche Abgabefrist endete am 31.7.2019) bis zum 31.12.2019 (Ablauf der vom FA gesetzten Abgabefrist) wird nach S 3 nicht berücksichtigt.

13. Anwendbarkeit auf Erklärungen zur gesonderten Feststellung, zum GewStMessbetrag und zur Zerlegung (Abs 6 nF). Nach Abs 6 S 1 gelten die Abs 1 bis 3 sowie Abs 4 S 1 und 2 auch für Erklärungen zur gesonderten Feststellung (auch einheitliche und gesonderte Feststellung; s aber auch Abs 7), zum GewStMessbetrag und zur gewerbesteuerlichen Zerlegung. Die Regelung des Abs 4 S 3 wird nicht genannt, da sie ohnehin unmittelbar für Erklärungen zur einheitlichen und gesonderten Feststellung gilt und deshalb nicht durch Abs 6 für entsprechend anwendbar erklärt zu werden braucht (BT-Drs 18/8434, 114). Hingegen gilt nicht Abs 5, der durch Abs 6 S 2 sowie durch Abs 7 verdrängt wird. 70

Nach Abs 6 **S 2** beträgt der Verspätungszuschlag 25 € pro angefangenem Monat abweichend von Abs 5. Allerdings gilt dies gilt nicht für einheitliche und gesonderte Feststellungserklärungen, auf die Abs 7 anwendbar ist, sondern nur für die übrigen Erklärungen zur gesonderten Feststellung, für die Erklärung zum GewStMessbetrag sowie zur GewStZerlegung.

72 **14. Gesonderte Feststellung von Einkünften (Abs 7). a) Neuregelung.** Abs 7 betrifft die gesonderte Feststellung von Einkünften bei der ESt und KSt, insbes die einheitliche und gesonderte Feststellung nach § 180 I 1 Nr 2 Buchst a. Der Verspätungszuschlag wird hier abweichend von Abs 5 und 6 mit 0,0625% der positiven Summe der festgestellten Einkünfte angesetzt; dies entspricht 25% von 0,25%. Die 25% werden üblicherweise als Streitwert bei der Feststellung von Einkünften angesetzt (s Rz 73). Der Mindestbetrag beläuft sich nach Abs 7 auf 25 € und entspricht damit den Mindestbeträgen des Abs 6 S 2 sowie Abs 5 S 2.

73 **b) Altregelung (Abs 4 aF).** Für Erklärungen über die gesonderte Feststellung von Besteuerungsgrundlagen bis einschl 2017 gilt Abs 4 aF. Danach sind für die Bemessung des Verspätungszuschlags die stl Auswirkungen zu schätzen. Hierfür gelten die Grundsätze, die die Rspr zu der Bemessung des Streitwerts entwickelt hat (BFH/NV 13, 502; AEAO zu § 152 Nr 5). Die stl Auswirkungen betragen danach 25% bei Einkünften bis 25.000 €, 30% bei Einkünften bis 125.000 €, 35% bei Einkünften bis 250.000 €, 40% bei Einkünften bis 375.000 €, 45% bei Einkünften bis 500.000 € und 50% bei Einkünften von mehr als 500.000 € (*Deutschländer* AO-StB 14, 27, 31; s auch FinMin NRW 25.8.2011, BeckVerw 253095, Tz 5.2.2). Das FA ist somit nicht verpflichtet, die konkreten estlichen Auswirkungen bei den Gesellschaftern zu ermitteln (Hess FG EFG 09, 1267; aA FG Brem EFG 00, 843, für den Fall einer gesonderten Feststellung); zu weiteren Berechnungsbeispielen s *Deutschländer* AO-StB 14, 27, 31 f.

75 **15. Steueranmeldungen (Abs 8 nF).** Abs 8 S 1 nF schließt die Bemessung des Verspätungszuschlags iHv 0,25% der festgesetzten Steuer für StAnmeldungen aus, die monatlich oder vierteljährlich abzugeben sind (zB LSt oder USt), sowie für LSt-Anmeldungen, die nach § 41a II 2 2. HS EStG jährlich abzugeben sind, dh die LSt hat im Vorjahr nicht mehr als 1.080 € betragen. S 1 nF gilt aber nicht für die USt-Jahreserklärung, die von Abs 5 S 2 nF erfasst wird (s Rz 67).

Nach Abs 8 S 2 nF ist der Verspätungszuschlag bei den in Abs 8 S 1 nF genannten StAnmeldungen unter Berücksichtigung der **Dauer und Häufigkeit** der Fristüberschreitung sowie der **Höhe der Steuer** festzusetzen. S 2 gilt auch bei LuftverkehrStErklärungen gem Abs 13 S 2. Damit bleibt es insoweit bei den von der FinVerw eingesetzten Programmen, die automationsgesteuert Vorschläge zur Höhe des Verspätungszuschlags unter Berücksichtigung der nunmehr in Abs 8 S 2 nF genannten Kriterien entwerfen. Diese Kriterien sind bereits in Abs 2 S 2 aF enthalten (Dauer, Höhe und Verschulden), sodass auf die Erläut in Rz 39, 40 und 42 verwiesen werden kann.

76 **16. Verspätungszeitraum in Schätzungsfällen (Abs 9 nF).** In Schätzungsfällen wegen Nichtabgabe einer StErklärung bemisst sich nach Abs 9 S 1 nF der Zeitraum für die Festsetzung des Verspätungszuschlags von 0,25% der festgesetzten Steuer (abzgl Steuerabzugsbeträge und Vorauszahlungen gem Abs 5 S 2) vom Zeitpunkt des Ablaufs der Abgabefrist bis zur Wirksamkeit der erstmaligen StFestsetzung; dies ist der Zeitpunkt der Bekanntgabe des Schätzungsbescheids gem § 124 I. Gleiches gilt nach Abs 9 S 2 nF bei Nichtabgabe einer Erklärung zur gesonderten Feststellung, zum GewStMessbetrag oder zur GewStZerlegung.

77 **17. Abrundung und Höchstbetrag (Abs 10 nF).** Der Verspätungszuschlag ist auf volle Euro abzurunden. Diese Regelung ist erforderlich, weil es aufgrund des Prozentsatzes von 0,25 zu Beträgen mit Nachkommastellen kommen kann. Der Höchstbetrag beträgt – unverändert (s Abs 2 S 1 aF sowie Rz 36) – 25.000 €.

79 **18. Verbindungsgebot (Abs 11 nF und Abs 3 aF).** Der neue Abs 11 übernimmt im Wesentlichen die bisherige Regelung des Abs 3 aF und begründet ein Verbindungsgebot zwischen der Festsetzung des Verspätungszuschlags und dem StBescheid bzw Mess- oder Zerlegungsbescheid oder Feststellungsbescheid. Wäh-

rend die bisherige Formulierung in Abs 3 aF eine Pflicht zur Verbindung vorsah („ist“), enthält Abs 11 nF nur noch eine Soll-Regelung, ohne dass sich hieraus aber praktische Unterschiede ergeben (*TK/Seer* § 152 Rz 78). Denn sowohl nach der bisherigen als auch nach der neuen Regelung sind **Ausnahmen** vom Verbindungsgebot zulässig. So kann der Verspätungszuschlag zB erst nach der Bekanntgabe des StBescheids festgesetzt werden, wenn eine nicht zustimmungsbedürftige StAnmeldung iSv § 168 S 1 verspätet übermittelt worden ist, die sogleich einer StFestsetzung gleichsteht (BT-Drs 18/7457, 81); in diesem Fall soll regelmäßig eine Frist für die Zahlung des Verspätungszuschlags eingeräumt werden (AEAO zu § 152 Nr 6). Eine weitere Ausnahme kommt nach Abs 11 2. HS nF in Betracht, wenn eine Feststellungserklärung verspätet abgegeben worden ist und mehrere Personen erklärungspflichtig gewesen sein könnten; denn dann soll das FA Zeit haben, sein Auswahlermessen iSv Abs 4 S 3 nF auszuüben (BT-Drs 18/8343, 114).

Die **Grundsätze der BFH-Rspr** zu Abs 3 aF lassen sich auf Abs 11 nF übertragen. Danach handelt es sich bei Abs 3 aF nach dem IX. Senat des BFH (BStBl 10, 815) um ein Regel-Ausnahme-Prinzip, sodass die Festsetzung des Verspätungszuschlags mit der Steuer die Regel ist und das FA nur in begründeten Ausnahmefällen hiervon abweichen und die Festsetzung des Verspätungszuschlags nachholen darf. Solche Ausnahmen können zB gegeben sein, wenn im Zeitpunkt der StFestsetzung noch ermittelt werden muss, ob die Voraussetzungen für die Festsetzung eines Verspätungszuschlags überhaupt vorliegen oder – nach bisherigem Recht für StErklärungen bis einschl 2017 – welche Kriterien iSv Abs 2 S 2 aF bei der Festsetzung des Verspätungszuschlags zu berücksichtigen sind (BFH BStBl 10, 815). Liegt eine derartige Ausnahme vor, muss das FA das Vorliegen einer solchen Ausnahme bei der nachträglichen Festsetzung erläutern und begründen. Ist hingegen eine Ausnahme zu verneinen, führt die spätere Festsetzung des Verspätungszuschlags nach dem IX. Senat (BStBl 10, 815) grds zur Rechtswidrigkeit des Verspätungszuschlags. 80

Dabei ist aber noch nicht geklärt, ob eine Ausnahme von dem Regel-Ausnahme-Prinzip dann greift, wenn der Verspätungszuschlag zumindest **innerhalb eines Jahres nach der StFestsetzung** nachgeholt wird: Der XI. Senat des BFH (BStBl 02, 124) hatte dies in Anlehnung an § 171 X bejaht; der IX. Senat des BFH (BStBl 10, 815) hat dies ausdrücklich offen gelassen. Folgt man dem XI. Senat, wäre die Nachholung zumindest innerhalb eines Jahres möglich, ohne dass eine Ausnahme vorliegen und begründet werden muss; erst nach Ablauf des Jahres wäre dann die Nachholung durch das FA mit dem Vorliegen einer Ausnahme zu begründen (*Lindwurm* AO-StB 10, 262, 263). Verneint man jedoch die analoge Anwendung des § 171 X, wäre jegliche Nachholung des Verspätungszuschlags – auch innerhalb der Jahresfrist – rechtswidrig, wenn kein Ausnahmefall vorliegt. Richtigerweise ist dem XI. Senat (BStBl 02, 124) zu folgen, sodass Nachholung der Festsetzung des Verspätungszuschlags innerhalb eines Jahres analog § 171 X uneingeschränkt möglich ist. Denn das FA darf nicht gezwungen sein, sofort eine Entscheidung über die Festsetzung eines Verspätungszuschlags zu treffen und sich im Zweifel für den Verspätungszuschlag zu entscheiden, um die spätere Begründung eines Ausnahmefalls zu vermeiden. IÜ führt auch ein Verstoß gegen das Verbindungsverbot bei der Festsetzung von Zinsen gem § 233a IV nach dem VIII. Senat des BFH nicht zur Rechtswidrigkeit der Zinsfestsetzung (BFH BStBl 09, 117). Hält man Nachholung nach der hier vertretenen Auffassung innerhalb eines Jahres für zulässig, kann StFestsetzung ohne gleichzeitige Festsetzung des Verspätungszuschlages **nicht** als konkludenter **Verzicht** auf die Festsetzung des Verspätungszuschlags angesehen werden; vielmehr kann das FA – noch innerhalb eines Jahres – einen Verspätungszuschlag festsetzen, nach Ablauf eines Jahres aber nur bei Vorliegen einer zu begründenden Ausnahme. 81

Eine Festsetzung kann auch **bereits vor StFestsetzung** erfolgen (BFH/NV 07, 1450). Allerdings bedarf es insoweit eines zeitlichen und sachlichen Zusammen- 82 hangs zwischen Verspätungszuschlag und StFestsetzung (BFH BStBl 02, 124); dieser ist gewahrt, wenn spätestens im Zeitpunkt des Erlasses der Einspruchsentscheidung über den Verspätungszuschlag die Steuer festgesetzt ist (BFH/NV 07, 1450).

85 **19. Aufhebung und Änderung des Verspätungszuschlags (Abs 12 nF).** **a) Korrektur nach Abs 12 nF.** Abs 12 nF ist eine Korrekturvorschrift, die lex specialis zu § 130 ist (*TK/Seer* § 152 Rz 95). Sie ermöglicht die Aufhebung und Änderung des Verspätungszuschlags bei Aufhebung oder Änderung der StFestsetzung für VZ ab 2018.

Nach **S 1** des Abs 12 nF ist der Verspätungszuschlag zwingend aufzuheben, wenn auch die StFestsetzung bzw der Messbescheid, der Zerlegungs- oder Feststellungsbescheid aufgehoben wird. Wird anschließend wieder eine Steuer neu festgesetzt, ist die erneute Festsetzung eines Verspätungszuschlags aber zulässig (*BG/Schmieszek* § 152 Rz 81), sofern nicht ausnahmsweise von einer Verwirkung auszugehen ist (s Rz 90).

86 Nach **S 2** ist der Verspätungszuschlag zu erhöhen oder zu mindern, soweit die Bemessungsgrundlage iSv Abs 5 S 1 und 2, dh die StFestsetzung, die Anrechnung der Vorauszahlungen bzw StAbzugsbeträge, oder die festgestellte Summe der Einkünfte iSv Abs 7 geändert oder berichtigt oder – im Fall der Anrechung der Vorauszahlungen und Abzugsbeträge – widerrufen oder zurückgenommen wird. Eine Erhöhung oder Minderung des Verspätungszuschlags unterbleibt aber nach S 2 2. HS, wenn unverändert der Mindestbetrag von 25 € bzw 10 € gem Abs 5 S 1 und 2, Abs 7 anzusetzen ist. Eine Korrektur des Verspätungszuschlags unterbleibt auch bei Korrektur eines in Abs 6 S 1 genannten Bescheids (GewSt-Messbescheid, Zerlegungsbescheid oder gesonderte Feststellung, sofern keine Einkünftefeststellung iSv Abs 7); denn in diesen Fällen beträgt der Verspätungszuschlag fest 25 € pro angefangenem Monat. Unberücksichtigt bleibt nach **S 3** eine Korrektur des StBescheids wegen eines Verlustrücktrags gem § 10d I EStG oder wegen eines rückwirkenden Ereignisses iSv § 175 I 1 Nr 2; der Verspätungszuschlag bleibt dann gleichwohl bestehen; dies entspricht der Regelung zum Beginn des Zinsablaufs nach § 233a IIa (*TK/Seer* § 152 Rz 97). Zum Rechtsschutz s Rz 92.

87 **b) Bisherige Rechtslage.** Bei verspäteter Abgabe einer StErklärung für einen **VZ bis einschl 2017** richtet sich die Korrektur eines Verspätungszuschlags nach § 130. Für eine Änderung zugunsten des Stpfl ist also § 130 I maßgebend (BFH BStBl 01, 60). Rücknahme auch während des Rechtsbehelfsverfahrens möglich (§ 132). Eine Änderung des bereits bestandskräftigen Verspätungszuschlags kommt grds bei einer **Minderung der StFestsetzung** in Betracht (BFH BStBl 79, 641; BFH/NV 95, 520); dabei ist unerheblich, ob die Minderung der StFestsetzung auf einem Einspruch, einem erfolgreichen Änderungsantrag oder etwa auf einem Verlustrücktrag (anders jedoch nunmehr Abs 12 S 3 nF, s Rz 86) beruht. Bliebe bei einer Minderung der Steuer der Verspätungszuschlag nämlich unverändert bestehen, würde dies zu einer prozentualen Erhöhung des Verspätungszuschlags führen. Zudem könnte die Höchstgrenze von 10% überschritten werden. Auch können sich aufgrund der Herabsetzung der Steuer einige Abwägungskriterien des Abs 2 S 2 aF ändern, zB wenn aus einem Nachzahlungsbetrag ein Erstattungsbetrag geworden ist oder der wirtschaftliche Vorteil geringer ausgefallen ist. Der Verspätungszuschlag ist auch zu überprüfen, wenn nach Festsetzung des Verspätungszuschlags in einem **Schätzungsbescheid** die **StErklärung eingereicht** wird; neben der sich hieraus ergebenden StMinderung ist nämlich auch zu berücksichtigen, dass aus der Nichtabgabe einer StErklärung eine lediglich verspätete Abgabe geworden ist (FG Bln EFG 77, 453) und dass nunmehr die endgültige Dauer der Verspätung feststeht (*Bruschke* DStR 09, 1791, 1794). Das gilt erst recht, wenn der Verspätungszuschlag noch nicht bestandskräftig, sondern mit Einspruch angefochten ist (vgl FG Brem EFG 91, 163). Die auf die **USt-Voranmeldungen** oder USt-Vorauszahlungsbescheide festgesetzten Verspätungszuschläge sind zu überprüfen,

wenn im späteren USt-Jahresbescheid eine geringere Jahressteuerschuld ggü den Voranmeldungen oder Vorauszahlungsbescheiden festgesetzt wird (BFH BStBl 96, 259). Die danach bei Herabsetzung der Steuer gebotene Überprüfung des Verspätungszuschlags muss allerdings nicht zwingend zu einer automatischen Herabsetzung des Verspätungszuschlags führen: Die Höhe der festgesetzten Steuer ist nämlich nur eines von mehreren Merkmalen für die Höhe des Verspätungszuschlags, das gegen die anderen Merkmale abzuwägen ist (s Rz 44). Das FA muss in diesen Fällen daher nur eine neue Ermessensentscheidung treffen und begründen sowie den Stpfl hinsichtlich des Verspätungszuschlags erneut bescheiden.

Wird die **StFestsetzung erhöht,** ist die Änderung des Verspätungszuschlags nur unter den Voraussetzungen des § 130 II und III zulässig (FG Mchn EFG 01, 1583).

Entscheidet das FA in dem **StÄnderungsbescheid** für einen VZ bis einschl 2017, dass der bisher festgesetzte **Verspätungszuschlag unverändert** erhalten bleibt, stellt dies einen neuen VA dar (BFH BStBl 91, 2; 94, 836; FG RhPf EFG 13, 824; *Müller* AO-StB 11, 144, 148). Gleiches gilt für eine Minderung oder Erhöhung des Verspätungszuschlags. Der Stpfl kann hiergegen Einspruch einlegen, es sei denn, über seinen Einspruch gegen die vorangegangene Festsetzung des Verspätungszuschlags ist noch nicht entschieden (BFH BStBl 91, 2). Der Einspruch gegen den neuen VA unterliegt nicht der Anfechtungsbeschränkung des § 351 I, weil § 351 I nur bei Änderung von VA gem §§ 164, 165 und 172 ff, nicht aber bei der Rücknahme und beim Widerruf gem §§ 130, 131 gilt (s § 351 Rz 3; *Bauersfeld* DStRE 13, 881; *Reuß* EFG 13, 825; aA FG RhPf EFG 13, 824). Der VA wird nach § 68 FGO auch zum Gegenstand eines anhängigen Klageverfahrens gegen den festgesetzten Verspätungszuschlag (BFH BStBl 94, 836; BFH/NV 95, 520). 88

20. Verbrauchsteuern und Luftverkehrsteuer (Abs 13 nF). Für den Bereich der ggü den HZÄ abzugebenden StErklärungen, insbes für Verbrauchsteuern und Luftverkehrsteuer, wird der Anwendungsbereich des § 152 durch Abs 13 eingeschränkt. Nicht anwendbar ist Abs 2, sodass die Festsetzung eines Verspätungszuschlags stets im Ermessen des HZA liegt. Ausgeschlossen wird ferner Abs 4 S 2, der die Gesamtschuldnerschaft iSv § 44 betrifft, sowie Abs 5 S 2, der die Höhe des Verspätungszuschlags mit 0,25 % der festzusetzenden Steuer bemisst. Bei StErklärungen zur Luftverkehrsteuer richtet sich die Höhe des Verspätungszuschlags gem Abs 13 S 2 iVm Abs 8 S 2 nach der Dauer und Häufigkeit der Fristüberschreitung sowie nach der Höhe der Steuer. 89

21. Entstehung, Verjährung und Erlass. Verspätungszuschlag entsteht nach § 124 I mit seiner Festsetzung und wird nach § 220 II grds mit Ablauf der vom FA gesetzten Frist fällig. Diese Frist ist im Regelfall die Zahlungsfrist für die festgesetzte Steuer; bei einer StAnmeldung ist jedoch eine eigenständige Zahlungsfrist für den Verspätungszuschlag einzuräumen, da eine StFestsetzung nach § 168 im Regelfall unterbleibt (s Rz 79 sowie AEAO zu § 152 Nr 6). Der Verspätungszuschlag ist eine Nebenleistung iSv § 3 IV, sodass bei verspäteter Zahlung des Verspätungszuschlags **keine Säumniszuschläge** entstehen. Die Zahlungsverjährungsfrist beträgt nach § 228 für den sich aus der Festsetzung des Verspätungszuschlags ergebenden Zahlungsanspruch 5 Jahre. Verjährungsbeginn tritt nach § 229 I 1 mit Ablauf des Kj ein, in dem der Anspruch erstmals fällig geworden ist. 90

Eine **Festsetzungsfrist** ist für Verspätungszuschläge zwar **nicht** vorgesehen, sodass Verspätungszuschläge theoretisch bis zum Eintritt der Verwirkung noch festgesetzt werden können. Im Hinblick auf das in Abs 11 nF bzw Abs 3 aF verkörperte Verbindungsgebot (s Rz 79 ff) wird sich die Frage einer Verwirkung in der Praxis aber nicht stellen, weil die Festsetzung regelmäßig mit der StFestsetzung bzw – nach der hier vertretenen Meinung – zumindest innerhalb eines Jahres nach StFestsetzung erfolgen muss.

Der Verspätungszuschlag kann bei persönlicher oder sachlicher Unbilligkeit **gem. § 227 erlassen** werden. Jedoch ist eine niedrigere Festsetzung aus Billigkeitsgründen nach § 163 nicht möglich, da § 163 zum Dritten Abschnitt des Vierten Teils der AO gehört und daher gem § 1 III 2 mangels besonderer Bestimmung nicht nicht auf den Verspätungszuschlag als stl Nebenleistung anwendbar ist (s auch BT-Drs 18/7457, 80). Zur Haftung für Verspätungszuschläge s § 69 Rz 14 und 134.

91 **22. Rechtsbehelf: Einspruch und Klage.** Festsetzung des Verspätungszuschlags ist mit dem Einspruch und Klage anfechtbar. Im Einspruchsverfahren ist Verböserung nach Maßgabe des § 367 II 2 möglich (s § 367 Rz 6ff; BFH/NV 15, 1665; aA FG RhPf BeckRS 1998, 30882356).

Sofern es sich bei der Festsetzung des Verspätungszuschlags dem Grunde nach und/oder der Höhe nach um eine Ermessensentscheidung handelt, ist die Festsetzung des Verspätungszuschlags gerichtlich auf das Vorliegen der Tatbestandsvoraussetzungen (verspätete Abgabe und Verschulden) sowie auf **Ermessensfehler** gem § 102 FGO überprüfbar (BFH BStBl 01, 618; 02, 120, 124; BFH/NV 17, 777; 12, 170; zum gerichtlichen Tenor s BFH/NV 07, 1617). Das Gericht kann daher eine fehlerfreie Ermessensentscheidung des FA nicht durch eine andere fehlerfreie eigene Ermessensentscheidung ersetzen. Die Ermessensentscheidung ist aber rechtswidrig, wenn sie bis zum Zeitpunkt des Erlasses der Einspruchsentscheidung nicht ausreichend begründet wird (s Rz 46); denn im Klageverfahren kann das FA nach § 102 S 2 FGO die Begründung nicht mehr nachholen, sondern lediglich eine bereits erfolgte Begründung ergänzen. Ermessensentscheidungen liegen vor, wenn das FA ein Entschließungsermessen nach Abs 1 aF, Abs 1 nF (ggf iVm Abs 3 nF) hat oder ein Auswahlermessen nach Abs 2 aF oder Abs 8 S 2 nF. Der Schuldner des Verspätungszuschlags kann auch einen **Ermessensausfall** im Einspruchs- oder Klageverfahren geltend machen, wenn er darlegt, dass das FA zu Unrecht einen Fall des Abs 2 nF bejaht und damit fehlerhaft von einer gebundenen Entscheidung ausgegangen ist.

92 Sofern es sich um eine **gebundene** Entscheidung handelt, zB nach Abs 2 nF bei der Festsetzung dem Grunde nach oder nach Abs 5 nF bei der Festsetzung der Höhe nach, sind die Tatbestandsvoraussetzungen wie die Fristüberschreitung oder die Bemessungsgrundlage nach Abs 5 nF überprüfbar. Einwendungen gegen die Höhe der festgesetzten Steuer sind aber nicht zulässig; insofern bedarf es einer Anfechtung des StBescheids. Gleiches gilt, wenn sich der Stpfl gegen eine Erhöhung des Verspätungszuschlags nach Abs 12 S 2 wendet; er kann dann nicht die Fehlerhaftigkeit des korrigierten StBescheids geltend machen, sondern muss insoweit Einspruch gegen den geänderten StBescheid einlegen.

93 **Maßgebender Zeitpunkt** für die Überprüfung der Ermessensentscheidung ist die Sach- und Rechtslage bei Bekanntgabe der Einspruchsentscheidung (BFH/NV 08, 335). Richtet sich die Höhe des Verspätungszuschlags nach Abs 2 aF oder nach Abs 8 S 2 nF, sollte während des Einspruchsverfahrens gegen den Verspätungszuschlag daher noch möglichst die ausstehende StErklärung eingereicht werden, da anderenfalls erneute Ermessensausübung zulasten des Stpfl gerechtfertigt sein kann (BFH/NV 08, 335). Hingegen ist dies nach der Neuregelung nicht mehr erforderlich, weil bei Nichtabgabe der Erklärung der Verspätungszeitraum nach Abs 9 nF mit Wirksamkeit des Schätzungsbescheids endet (s Rz 76).

Da die Festsetzung des Verspätungszuschlags grds mit der StFestsetzung nach Abs 11 nF bzw Abs 3 aF zu verbinden ist, sollte sich ein **Einspruch ausdrücklich auch gegen den Verspätungszuschlag** richten und nicht nur gegen die StFestsetzung; denn die Festsetzung des Verspätungszuschlags im StBescheid ist ein eigenständiger VA neben der StFestsetzung (Schlagwort: zwei Verwaltungsakte in einem Bescheid). Ein Einspruch (nur) gegen die StFestsetzung stellt daher nicht zwingend zugleich auch einen Einspruch gegen den Verspätungszuschlag dar. Gleiches gilt im

Klageverfahren (BFH/NV 17, 1325). Im Einzelfall ist aber Auslegung zugunsten des Stpfl möglich, wenn der Einspruch zwar gegen den StBescheid eingelegt worden ist, die Begründung sich aber auch oder nur gegen den Verspätungszuschlag richtet (vgl FG Ddorf EFG 08, 1345; aA *Deutschländer* AO-StB 14, 61, 62).

23. Abziehbarkeit. Verspätungszuschlag ist bei USt Betriebsausgabe, nicht jedoch bei GewSt ab Erhebungszeitraum 2008 (§ 4 Vb EStG iVm § 3 IV) oder bei KSt, da er keine BetriebsSt ist (§ 10 Nr 2 2. HS KStG). 95

§ 153 Berichtigung von Erklärungen

(1) [1]**Erkennt ein Steuerpflichtiger nachträglich vor Ablauf der Festsetzungsfrist,**

1. dass eine von ihm oder für ihn abgegebene Erklärung unrichtig oder unvollständig ist und dass es dadurch zu einer Verkürzung von Steuern kommen kann oder bereits gekommen ist oder

2. dass eine durch Verwendung von Steuerzeichen oder Steuerstemplern zu entrichtende Steuer nicht in der richtigen Höhe entrichtet worden ist,

so ist er verpflichtet, dies unverzüglich anzuzeigen und die erforderliche Richtigstellung vorzunehmen. [2]**Die Verpflichtung trifft auch den Gesamtrechtsnachfolger eines Steuerpflichtigen und die nach den §§ 34 und 35 für den Gesamtrechtsnachfolger oder den Steuerpflichtigen handelnden Personen.**

(2) **Die Anzeigepflicht besteht ferner, wenn die Voraussetzungen für eine Steuerbefreiung, Steuerermäßigung oder sonstige Steuervergünstigung nachträglich ganz oder teilweise wegfallen.**

(3) **Wer Waren, für die eine Steuervergünstigung unter einer Bedingung gewährt worden ist, in einer Weise verwenden will, die der Bedingung nicht entspricht, hat dies vorher der Finanzbehörde anzuzeigen.**

Schrifttum: *vor 2010 s 13. Aufl; Balmes/Ambroziak* Die Anzeige- und Berichtigungspflicht nach § 153 AO bezüglich Vorauszahlungsbescheiden, AO-StB 10, 19; *Gehrmann* Noch einmal § 153 AO: Die große Unbekannte, PStR 10, 41; *Tormöhlen* Berichtigungserklärung nach § 153 AO, AO-StB 10, 141; *Wulf* Praxishinweise zur Berichtigungspflicht nach § 153 AO, Stbg 10, 295; *Bruschke* Unrichtige Angaben in der Steuererklärung – grundsätzlich ein Fall der Selbstanzeige?, DStZ 11, 210; *Jesse* Anzeige- und Berichtigungspflichten nach § 153 AO, BB 11, 1431; *Steinhauff* Anzeige- und Berichtigungspflichten nach § 153 AO, AO-StB 11, 269; *Wenzel* Die Selbstanzeige im Spannungsverhältnis zum Rücktritt und zur Berichtigung nach § 153 AO, StBw 11, 657; *Wulf/Kamps* Berichtigung von Steuererklärungen und steuerbefreiende Selbstanzeige im Unternehmen nach der Reform des § 371 AO, DB 11, 1711; *Jehke/Dreher* Was bedeutet „unverzüglich" iSv § 153 AO?, DStR 12, 2467; *Jeschkies* Bedeutung der Verjährung bei korrigierenden Erklärungen gemäß § 153 AO und § 371 AO, PStR 12, 310; *Webel* Das Verhältnis zwischen § 153 AO und § 371 AO, PStR 12, 218; *Beyer* Berichtigungspflicht gem. § 153 AO bei Rechtsanwendungsfehlern und Fehlern des Finanzamts?, AO-StB 13, 286; *Ruhmannseder* Korrektur von Erklärungen gem. § 153 AO bei steuerlichen Verfehlungen im Unternehmen, StBW 13, 943; *Breuninger* Berichtigung von Erklärungen und Selbstanzeige, JbFfSt 13/14; 326; *Fromm* § 153 AO im Angesicht der strafbefreienden Selbstanzeige, DStR 14, 1747; *Wulf* Detailfragen der steuerlichen Berichtigungspflicht (§ 153 AO) für die Steuererklärungen von Unternehmen, SAM 14, 132; *Gebert/Welling* Abgrenzung zwischen einfacher Berichtigung und strafbefreiender Selbstanzeige, DB 15, 1742; *Krug/Skoupil* Die steuerliche Korrekturpflicht nach § 153 AO bei im Rahmen von Internal Investigations erlangten Erkenntnissen zu korruptiven Handlungen in Unternehmen, NZWiSt 15, 453; *Neuling* Compliance im Unternehmen: schlichte Anzeige (§ 153 AO) vs. Selbstanzeige, DStR 15, 558; *Beneke* Der Anwendungserlass des Bundesfinanzministeriums zu § 153 AO vom 23.5.2016, BB 16, 2327; *Beyer* Anwendungserlass zu § 153 AO – Praktische Bedeutung für Berichtigungserklärungen und Selbstanzeigen, NZWiSt 16, 234; *Beyer* Unzutreffende Wertung einer Berichtigung gem § 153 AO als Selbstanzeige, NWB 16, 3041; *Breitenbach* Strafbarkeitsrisiko des Steuerberaters bei Nichtkorrektur von Fehlern seines Vorgängers?, DStR 16, 2201; *Breitenbach* § 153 AO – Reichweite des Tatsachenbegriffs und Auswirkungen des Kenntnisstands der Finanzbehörden auf die Berichtigungspflicht des Steuerpflichtigen, DStR 16, 2033; *El Mourabit* Zum Risiko einer Strafbarkeit von Steuerberatern bei Unterlassen der Anzeige unrichtiger Erklärungen, NWB 16, 3407; *Erdbrügger/Jehke* Das BMF-Schreiben vom 23.5.2016 zu § 153 AO – strafrechtliche Haftungsentlastung bei Einrichtung eines Tax-Compliance-Management-Systems, BB 16, 2455; *Erdbrügger/Kaiser* Neuer Anwendungserlass zu § 153 AO zu Tax Compliance Management Systemen, Ubg 16, 412; *Frantzki/Randt* Praxisfragen rund um § 153 AO und die Abgrenzung zur Selbstanzeige nach § 371 AO, StbJb 2015/2016, 603; *Geuenich* Abgrenzung von schlichter Korrektur und strafbefreiender Selbstanzeige, NWB 16, 2560; *Seer* Berichtigung nach § 153 AO oder Selbstanzeige nach §§ 371, 398a AO, DB 16, 2192; *Weigell/Görlich* Der Anwendungserlass zu § 153 AO – eine praxistaugliche Abgrenzungshilfe?, FR 16, 989; *Welling* Der neue Anwendungserlass zu § 153 AO, IWB 16, 630; *Wulf* Die Anzeigepflicht nach § 153 Abs. 1 AO als Schnittstelle zwischen Compliance-Ermittlungen und Besteuerungsverfahren, AG 16, 23; *Wulf* Anwendungserlass zu § 153 AO – Hilfreiche Handreichung für die Praxis?, wistra 16, 337; *Binnewies/Schüller* Berichtigungspflicht (§ 153 AO) nach Umwandlungen, AG 17, 70; *Kemper* Berichtigung oder Selbstanzeige?, DStZ 17, 245; *König/Teichert* AEAO zu § 153 AO: Unternehmen schützen mit Tax Compliance; *Stahl/Durst* Grenzbereich zwischen Berichtigung nach § 153 AO und Selbstanzeige nach §§ 371, 378 Abs. 3 AO, KÖSDI 17, 20253.

BMF-Schreiben v 23.5.16, BStBl I 16, 490.

Übersicht

1 **1. Inhalt.** Abs 1 des § 153 legt dem Stpfl eine **Anzeige- und Berichtigungspflicht** auf, wenn er eine unrichtige oder unvollständige Erklärung abgibt. § 153 ergänzt die Erklärungs- und Mitwirkungspflichten der §§ 149, 150, 90 und dient der gesetzmäßigen Besteuerung, indem die Wahrheitspflicht der §§ 150 II, 90 I 2 auch nach Abgabe der Erklärung fortbestehen bleibt (BGH NJW 09, 1984). Außerdem soll § 153 gewährleisten, dass das FA von Besteuerungsgrundlagen Kenntnis erhält, die ihm bislang nicht bekannt waren. § 153 normiert damit eine Garantenpflicht des Stpfl, die durch dessen vorangegangene fehlerhafte Erklärung begründet wird (BGH NJW 09, 1984). Abs 2 beinhaltet hingegen nur eine Anzeigepflicht, aber keine Berichtigungspflicht (s Rz 15); diese Anzeigepflicht ist nachrangig ggü verschiedenen spezialgesetzlichen Anzeigepflichten wie zB § 13a VII ErbStG. Abs 3 regelt eine Anzeigepflicht bei bedingten Steuern. § 153 hat erhebliche strafrechtliche Bedeutung, wenn die Anzeige- und Berichtigungspflicht nicht beachtet wird (s Rz 21); dabei ist § 153 von der strafbefreienden Selbstanzeige abzugrenzen (s Rz 8). Unterstützt wird § 153 durch die Neuregelung in § 87d III 2, nach der der Berater die dem FA übermittelten Daten dem Mandanten zwecks Überprüfung zur Verfügung stellen muss, damit ggf eine Berichtigung nach § 153 vorgenommen werden kann (s § 87d Rz 10).

2 **2. Voraussetzungen der Berichtigungspflicht (Abs 1). a) Unrichtige Erklärung.** Die Vorschrift bezieht sich auf alle Erklärungen, nicht nur auf StErklä-

rungen. Nach dem BFH (BStBl 18, 223) gilt die Berichtigungspflicht auch für unwirksame StErklärungen, zB für eine von einem handlungsunfähigen Stpfl erstellte Erklärung. Erfasst werden daher Änderungsanträge gem §§ 172ff, unrichtige Auskünfte, die auf Anfrage des FA erteilt werden, Stundungs- oder Erlassanträge oder Anträge auf Herabsetzung von Vorauszahlungen; zu Vorauszahlungen s auch Rz 3. Die abgegebene Erklärung muss aber unrichtig oder unvollständig sein. Die Unrichtigkeit muss Tatsachen betreffen; unrichtige Rechtsauffassungen werden grds nicht erfasst, es sei denn, der Stpfl weicht von allg Rechtsgrundsätzen ab, ohne dies kenntlich zu machen (s § 150 Rz 23f; s auch *Beyer* AO-StB 13, 286, 287). Die Berichtigungs- und Anzeigepflicht besteht nicht bei Abgabe einer fehlerfreien und vollständigen Erklärung, die vom FA fehlerhaft zugunsten des Stpfl in einen StBescheid umgesetzt wird (BFH/NV 13, 810; BFH BStBl 16, 503) oder die zwar zunächst richtig umgesetzt, dann aber zu Unrecht vom FA wieder aufgehoben wird (BFH BStBl 14, 982). Auch die Ausübung oder Nichtausübung eines Wahlrechts führt nicht zu einer unrichtigen oder unvollständigen StErklärung (BFH BStBl 15, 894, zum unterlassenen Antrag auf Anwendung des Teileinkünfteverfahrens auf verdeckte Gewinnausschüttungen).

Nicht erfasst wird der Fall, dass überhaupt **keine Erklärung abgegeben** worden ist; in diesem Fall besteht die ursprüngliche Erklärungspflicht weiter fort und muss vom Stpfl oder denjenigen, die seine Pflichten zu erfüllen haben, noch erfüllt werden. Jedoch ist eine unwirksame Erklärung der Nichtabgabe nicht gleichzustellen, sondern unterliegt der Berichtigungspflicht (BFH BStBl 18, 223). Ferner werden nicht Fälle erfasst, in denen weder eine Erklärungs- noch eine Anzeigepflicht besteht und der Stpfl auch keine Angaben über stl erhebliche Tatsachen gemacht hat. Insoweit kommt eine Anzeige- oder Berichtigungspflicht nach § 153 von vornherein nicht in Betracht (BFH/NV 02, 917). 3

Unter § 153 fallen zwar auch Anträge auf Herabsetzung von **Vorauszahlungen** (FG Ddorf EFG 89, 491; FG Nbg EFG 93, 698; *HHSp/Heuermann* § 153 Rz 7; *Helmrich,* DStR 09, 2132, 2133; aA *Müller* DStZ 05, 25; *Koenig/Cöster* § 153 Rz 14). Anzeige- und Berichtigungspflicht besteht daher, wenn der Stpfl unrichtige Angaben zur erstmaligen Festsetzung oder zur Herabsetzung von Vorauszahlungen gemacht hat (AEAO zu § 153 Nr 3). Waren die Angaben in dem Herabsetzungsantrag aber richtig und haben sich die wirtschaftlichen Verhältnisse erst nach der Antragstellung geändert, besteht keine Pflicht zur Berichtigung (so auch AEAO Nr 3 zu § 153). Ebenso wenig besteht eine Pflicht des Stpfl, von sich aus nach § 153 auf eine Erhöhung von ESt-Vorauszahlungen hinzuwirken, wenn er keinen Antrag auf Herabsetzung der Vorauszahlungen gestellt hat; dies gilt auch, wenn das FA die Vorauszahlung ohne Antrag des Stpfl herabgesetzt hat *(Balmes/Ambroziak* AO-StB 10, 19f).

b) Steuerverkürzung. Die Verpflichtung nach § 153 besteht nicht nur bei Gefahr einer StVerkürzung iSv § 370 IV, sondern auch, wenn StVerkürzung bereits eingetreten ist (FG Mster EFG 16, 1136). Die fehlerhafte Erklärung muss hierfür ursächlich gewesen sein. Die Gefahr einer StVerkürzung wird nicht dadurch beseitigt, dass das FA die Möglichkeit hat, die Fehlerhaftigkeit zB anhand von Hinweisen in Steuerakten zu erkennen (*Breitenbach* DStR 16, 2033, 2034). 4

c) Berichtigungsverpflichteter. Anzeige- und Berichtigungspflicht besteht nach S 1 **für den Stpfl,** sowie nach S 2 auch für seinen **Gesamtrechtsnachfolger,** zB Erbe oder übernehmender Rechtsträger bei Umwandlung. Allerdings kommt es nur bei einer Aufspaltung und Verschmelzung zu einer Gesamtrechtsnachfolge und damit zur Anwendbarkeit des § 153, nicht aber bei einer Abspaltung oder Ausgliederung (*Binnewies/Schüller* AG 17, 70, 71); zur Kenntnis der Unrichtigkeit des Gesamtrechtsnachfolgers s Rz 7. Von § 153 erfasst werden auch die für den Stpfl oder Gesamtrechtsnachfolger nach §§ 34 und 35 handelnden Personen (zB Geschäftsführer einer GmbH, Vorstand der AG; s Erläut zu §§ 34 und 35; s 5 auch BGH PStR 08, 250 zu § 35). Die Anzeigepflicht gilt nicht für Dritte (FG Bln EFG 98, 1166), insbes nicht für StB (s Rz 6), Auskunftspersonen, Sachverständige oder Einzelrechtsnachfolger usw. Ihre Pflicht kann sich aber ggf aus dem Grundsatz der Haftung für vorangegangenes Tun ergeben. Bei **Zusammenveranlagung von Eheleuten** ist eine Anzeigepflicht eines Ehegatten für Einkünfte des anderen Ehegatten zu verneinen, wenn der eine Ehegatte erfährt, dass der andere Ehepartner einen Teil seiner Einkünfte verschwiegen hat (*Jesse* BB 11, 1431). Damit ist jeder Ehegatte nur für seine eigenen Einkünfte nach § 153 verantwortlich. Stirbt allerdings ein Ehegatte, ist der überlebende Ehegatte als Gesamtrechtsnachfolger hinsichtlich der Erklärungen des verstorbenen Ehegatten anzeige- und berichtigungspflichtig.

6 § 153 gilt **nicht für Steuerberater, Rechtsanwälte oder Wirtschaftsprüfer** hinsichtlich der Angelegenheiten der Mandanten; dies folgt aus dem eindeutigen Wortlaut des § 153, der nur Stpfl betrifft (AEAO zu § 153 Nr 4; so auch BGH HFR 96, 683; offen gelassen von BFH BStBl 14, 295; BFH/NV 13, 1831; aA OLG Koblenz wistra 83, 270). Der StBerater ist daher bei nachträglicher Kenntnisnahme von einer StVerkürzung zwar nicht zu einer Berichtigung nach § 153 verpflichtet; allerdings kann er eine StVerkürzung gem §§ 370, 378 durch Unterlassen aufgrund einer Garantenstellung begehen, wenn er versehentlich eine unrichtige StErklärung erstellt hat und diese später, nachdem er seinen Irrtum bemerkt hat, nicht berichtigt (aA *El Mourabit* NWB 16, 3407, 3410 f). Eines Rückgriffs auf § 153 bedarf es dazu aber nicht (ebenso *Brenner* BB 87, 1856). Außerdem muss der Berater seinen Mandanten auf die Anzeige- und Berichtigungspflicht des § 153 hinweisen, um eine StHinterziehung durch unterlassene Berichtigung (s Rz 21) in mittelbarer Täterschaft zu vermeiden (*Stahl* KÖSDI 15, 19 473, 19 476).

7 **d) Nachträgliches Erkennen der Unrichtigkeit.** Anzeigepflichtiger muss nachträglich Unrichtigkeit oder Unvollständigkeit einer Erklärung erkennen. Kannte er schon bei Abgabe der Erklärung die Unrichtigkeit oder Unvollständigkeit, weil er **vorsätzlich falsche Angaben** gemacht hat, besteht keine Anzeigepflicht (BGH NJW 09, 1984); jedoch liegt StHinterziehung iSv § 370 I Nr 1 vor, sodass eine „Berichtigungsanzeige" als strafbefreiende **Selbstanzeige** iSv § 371 gewertet werden kann (s Rz 8 sowie AEAO zu § 153 Nr 2). Allerdings kann den **Gesamtrechtsnachfolger** (s Rz 5) oder den Nachfolger des vorsätzlich handelnden gesetzlichen Vertreters (zB bei Geschäftsführerwechsel) eine Anzeigepflicht treffen, wenn dieser von der Unrichtigkeit oder Unvollständigkeit der Erklärung keine Kenntnis hatte; die Berichtigungspflicht entfällt also nicht deshalb, weil der Vorgänger bei Abgabe der Erklärung die Unrichtigkeit oder Unvollständigkeit kannte (BFH/NV 07, 1801). Relevant wird die Berichtigungspflicht daher für den Erben, wenn er vor Ablauf der Festsetzungsfrist (s Rz 10) erkennt, dass der Erblasser Kapitaleinkünfte ggü dem FA verschwiegen hat (BFH BStBl 18, 223; *Durst* ErbBStg 12, 227; *Szczesny/Wälzholz* BBEV 07, 377). Der Erbe ist dann zur Berichtigung nach § 153 verpflichtet.

8 **e) Abgrenzung zur Selbstanzeige iSv §§ 371, 378 III.** Die Anzeige- und Berichtigungspflicht iSv § 153 ist abzugrenzen von der straf- bzw bußbefreienden Selbstanzeige iSv § 371 und § 378 III; s hierzu auch AEAO zu § 153 Nr 2. Zu einer Überschneidung kann es kommen, wenn bereits die Abgabe der unrichtigen oder unvollständigen Erklärung **leichtfertig** oder mit **bedingtem Vorsatz** geschah und damit die Abgabe dieser Erklärung eine StHinterziehung iSv § 370 I Nr 1 oder StVerkürzung iSv § 378 darstellte (BGH NJW 09, 1984; so auch *Bülte* BB 10, 607, 609). Bei bedingtem Vorsatz und erst recht bei Leichtfertigkeit ist nämlich – anders als bei Vorsatz (s Rz 7 und 8 aE) – sowohl ein „nachträgliches Erkennen" der Unrichtigkeit iSv § 153 möglich als auch eine StHinterziehung iSv § 370 bzw eine leichtfertige StVerkürzung iSv § 378 gegeben. Zwar führt die Be-

richtigungspflicht dazu, dass sich der Stpfl selbst bezichtigen muss; der strafrechtliche Grundsatz, dass sich niemand selbst belasten muss (nemo-tenetur-Grundsatz), wird also durch die Berichtigungspflicht des § 153 verdrängt. Die hierdurch entstehende Konfliktlage mildert die AO dadurch, dass die Berichtigung nach § 153 grds zu einer Strafbefreiung gem § 371 bzw Bußbefreiung gem § 378 III führt, weil in der Berichtigung eine Selbstanzeige zu sehen ist. Nach dem BGH (NJW 09, 1984) endet die Berichtigungspflicht des § 153 daher erst, wenn dem Stpfl die Einleitung eines Strafverfahrens gem § 371 II Nr 1 Buchst b bekannt gegeben worden ist. Dies folgt aus dem Rechtsgedanken des § 393 I 2, wonach der Stpfl zu einer Selbstbelastung im Strafverfahren nicht gezwungen werden darf (BGH NJW 01, 3638). Jedoch bleibt Berichtigungspflicht bestehen, wenn Straffreiheit der Selbstanzeige daran scheitert, dass verkürzte Steuern nicht innerhalb einer angemessenen Frist gem § 371 III, § 378 III 2 nachgezahlt werden können, die Zahlung der Steuern bei Abgabe einer richtigen Erklärung aber noch möglich gewesen wäre (BGH NJW 09, 1984). Nach AEAO zu § 153 Nr 5.2 gilt zudem eine Anzeige und Berichtigung iSv § 153 solange noch als unverzüglich, wie der Stpfl für eine Selbstanzeige iSv § 371 angemessene Zeit benötigt.

Hingegen gibt es **keine Überschneidung** zwischen § 153 und § 371 bzw § 378 III, wenn die Abgabe der unrichtigen oder unvollständigen StErklärung mit **Vorsatz** erfolgt ist; in diesem Fall besteht keine Berichtigungspflicht nach § 153 (s Rz 7). Eine Berichtigungsanzeige ggü dem FA kann dann nur eine Selbstanzeige iSv § 371 darstellen. Weiterhin ist eine Überschneidung nicht möglich, wenn der Stpfl nicht schuldhaft unrichtige oder unvollständige Angaben gemacht hat. In diesem Fall kommt eine Selbstanzeige mangels StStraftat bzw Ordnungswidrigkeit nicht in Betracht; eine Berichtungsanzeige an das FA kann dann nur eine Berichtigung iSv § 153 sein. Für die Praxis ist daher die **Unterscheidung zwischen Vorsatz und nur bedingtem Vorsatz** schwierig und risikobehaftet (vgl *Neuling* DStR 15, 558, 561). Denn nur bei bedingtem Vorsatz besteht eine Anzeige- und Berichtigungspflicht nach § 153 (zu den Rechtsfolgen bei Unterlassen s Rz 21). In Zweifelsfällen sollte daher eine Anzeige und Berichtigung ggü dem FA vorgenommen werden, die sowohl die Anforderungen des § 153 als auch des § 371 – und damit auch die des § 378 III – erfüllt; man spricht hier von einer „selbstanzeigefesten" Anzeige und Berichtigung (vgl *Neuling* DStR 15, 558, 562f). IÜ gibt es **auch keine Überschneidung** zwischen § 153 und § 371 bzw § 378 III, wenn die Abgabe der unrichtigen oder unvollständigen StErklärung weder mit (bedingtem) Vorsatz noch leichtfertig erfolgt ist; in diesem Fall besteht nur eine Anzeige- und Berichtigungspflicht nach § 153 (AEAO zu § 153 Nr 2.8).

f) Tatsächliches Erkennen der Unrichtigkeit. Stpfl muss die Unrichtigkeit 9
oder Unvollständigkeit seiner Erklärung tatsächlich erkennen; bloßes erkennen müssen reicht nicht aus (BGH NJW 09, 1984). Fehler, die das FA gemacht hat, braucht der Stpfl ohnehin nicht zu berichtigen (s Rz 2). Positiv erkennen muss der Stpfl aber nur die Unrichtigkeit oder Unvollständigkeit seiner Erklärung, nicht jedoch, dass es dadurch zu einer StVerkürzung kommt. Der Berichtigungsverpflichtete braucht die StVerkürzung nicht einmal für wahrscheinlich zu halten (FG Bln EFG 99, 680; *TK/Seer* § 153 Rz 16).

g) Erkennen vor Ablauf der Festsetzungsfrist. Die Unrichtigkeit oder Un- 10
vollständigkeit muss vor Ablauf der Festsetzungsfrist erkannt werden. Diese muss nicht zwingend nur vier Jahre gem § 169 II 1 Nr 2 betragen: Stellt die Abgabe der unrichtigen oder unvollständigen Erklärung eine leichtfertige StVerkürzung gem § 378 oder gar StHinterziehung gem § 370 dar, gilt eine **Festsetzungsfrist von 5 bzw 10 Jahren** gem § 169 II 2 (FG Ddorf EFG 08, 354). Erkennt also der Erbe, dass der Erblasser Kapitaleinkünfte hinterzogen hat, ist er innerhalb der zehnjährigen Festsetzungsfrist zu einer Berichtigung verpflichtet (s hierzu auch *Wulf* StB 10, 295; *Jesse* BB 11, 1438f). Soweit der Stpfl aber selbst vorsätzlich falsche Angaben

gemacht hat, ist er nicht zur Anzeige und Berichtigung nach § 153 verpflichtet (s Rz 7 f).

15 **3. Wegfall einer Steuerbefreiung (Abs 2).** Abs 2 betrifft nur Fälle, in denen die Voraussetzungen für eine StBefreiung, -ermäßigung oder -vergünstigung **nachträglich entfallen;** es handelt sich also um Fälle, in denen die Voraussetzungen für die StBefreiung oder StVergünstigung nicht nur im Zeitpunkt der Gewährung der StBefreiung, sondern auch in dem Zeitraum danach erfüllt sein müssen, zB nachträgliche Option nach § 9 UStG, sodass Anspruch auf Vorsteuer wegfällt. Dementsprechend enthält Abs 2 auch nur eine Anzeigepflicht, aber keine Berichtigungspflicht. Daneben gibt es spezialgesetzliche Anzeigepflichten, die Abs 2 vorgehen (*TK/Seer* § 153 Rz 28), zB im ErbStRecht nach § 13a VII ErbStG, wenn die für die StBefreiung nach § 13a ErbStG erforderliche Lohnsumme unterschritten wird; diese Anzeige ist sogar einer StErklärung gleichgestellt (§ 13a VII 4 ErbStG). Anzeigepflicht besteht auch bei einem Verstoß gegen die fünfjährige Behaltensfrist gem § 13a VI, VII 2 ErbStG und bei einem Wegfall der Selbstnutzungsverpflichtung für 10 Jahre bei der StBefreiung für ein Familienheim gem § 13 I Nr 4c S 5 ErbStG; weiterhin im GrEStRecht nach § 19 II Nr 4 und 4a GrEStG bei Änderungen im Gesellschafterbestand oder bei den Beherrschungsverhältnissen sowie nach § 39 V EStG für ArbN bei Wegfall von Kinderfreibeträgen oder Änderungen der StKlasse. Außerdem besteht Anzeigepflicht nach § 68 I EStG im Kindergeldrecht, wenn sich die Verhältnisse nachträglich ändern. Hingegen wird durch § 39 I 9 EStG die Anzeigepflicht iSv Abs 2 ausgeschlossen, wenn die LSt-Abzugsmerkmale aus anderen Gründen nachträglich fehlerhaft werden, weil zB die Voraussetzungen für einen Werbungskostenfreibetrag wegfallen.

Anzeigepflicht iSv Abs 2 besteht nach Wegfall der Voraussetzungen. Die Anzeigepflicht kann auch ggf ggü einer anderen Behörde bestehen, die in das Besteuerungsverfahren eingeschaltet ist, zB bei der Erteilung einer Bescheinigung nach § 6b IX EStG.

Haben die Voraussetzungen für die StBefreiung **von vornherein nicht bestanden,** liegt ein Fall des Abs 1 vor (BFH/NV 92, 137). Die unrichtige Abgabe einer Erklärung bzgl einer Steuervergütung fällt daher unter Abs 1.

16 **4. Bedingte Steuervergünstigung (Abs 3).** Abs 3 enthält Vorschr über sog **bedingte Steuern,** vgl § 50. Zahlreiche VerbrauchStG enthalten Vorschriften über die (bedingte) StBefreiung bei Verwendung der Waren für bestimmte steuerbegünstigte Zwecke (zB Flüssiggas, vgl Hess FG 7 K 416/08, BeckRS 2009, 26028018). In diesen Fällen ist die Anzeige vor der steuerschädlichen Verwendung zu erstatten. Anzeigepflicht trifft jeden, nicht nur den Hersteller der Waren.

20 **5. Rechtsfolgen. a) Unverzügliche Anzeige und Berichtigung.** § 153 verpflichtet zur Anzeige, dass Erklärung fehlerhaft bzw unvollständig war, und zur erforderlichen Richtigstellung (Berichtigung). Die Anzeige nach § 153 muss **unverzüglich** iSv § 121 I BGB erfolgen, dh ohne schuldhaftes Zögern (BGH NJW 09, 1984). Eine Dauer von bis zu 2 Wochen wird idR nicht zu beanstanden sein, wenn es sich um einen komplexeren unternehmensbezogenen Sachverhalt handelt (vgl auch *Neuling* DStR 15, 558, 562, der eine Frist von 10 Tagen für angemessen hält); bei einfacheren Sachverhalten wie zB einer einzigen nicht versteuerten Einnahme, ist mE eine Anzeige innerhalb eines Tages geboten. Die Berichtigung kann ggf der Anzeige zeitlich nachfolgen, wenn der anzuzeigende Sachverhalt noch nicht genau bekannt ist oder wenn für die Berichtigung eine gewisse Zeit erforderlich ist, zB wegen Aufbereitung von Unterlagen. In diesem Fall sollte dem FA die voraussichtliche Zeitdauer mitgeteilt und begründet werden (AEAO zu § 153 Nr 5.1; *Tormöhlen* AO-StB 10, 141, 144); außerdem müssen zumindest die bereits bekannten Tatsachen mitgeteilt werden, damit das FA die Besteuerungsgrundlagen ggf schätzen kann (*Helmrich* DStR 09, 2132, 2134 f). Hingegen ist es **nicht rat-**

sam, die Anzeige erst dann zu machen, wenn die rechtliche Beurteilung und Aufarbeitung vollständig abgeschlossen ist (so tendenziell aber *Jehke/Dreher* DStR 12, 2467, 2471). Zur Unverzüglichkeit in Fällen der bedingt vorsätzlichen Abgabe einer unrichtigen oder unvollständigen StErklärung s Rz 8 sowie AEAO zu § 153 Nr 5.2.

Eine verspätete Anzeige löst keinen Verspätungszuschlag aus, weil Anzeige iSv § 153 keine StErklärung iSv § 152 ist (Ausnahme: Anzeige nach § 13a VII 4 ErbStG, s § 152 Rz 15). Die Pflicht entfällt nicht deswegen, weil der richtige Sachverhalt zwischenzeitlich dem FA bekannt geworden ist (BFH BStBl 16, 503; FG Mster EFG 09, 982). Pflicht entfällt jedoch gem Abs 1 nach Ablauf der – ggf wegen StHinterziehung auf bis zu 10 Jahre verlängerten – Festsetzungsfrist (§ 169), weil dann keine stl Konsequenzen aus der Erklärung gezogen werden können (s hierzu Rz 10).

Die Anzeige ist an das **örtlich und sachlich zuständige FA** zu richten (BFH BStBl 08, 595; zur Anzeige ggü unzuständigem FA s Rz 22). Die Berichtigungsanzeige gehört nicht zu den Anzeigen iSv § 170 II Nr 1, die die Festsetzungsfrist in Gang setzen (BFH BStBl 97, 266; 08, 371, 595).

b) Rechtsfolgen bei Unterlassen. Stpfl macht sich bei Verstoß gegen Anzeigepflicht wegen StHinterziehung nach § 370 I Nr 2 strafbar (BGH NJW 09, 1984); hierdurch kann die zehnjährige Verjährungsfrist des § 169 II 2 ausgelöst werden (AEAO zu § 153 Nr 5.3; BFH BStBl 18, 223; offen gelassen von BFH, BStBl 08, 595); zur Nichtanwendbarkeit des § 171 VII bei Verletzung des § 153 s *Fromm* DStR 14, 1747, 1750. Die Strafbarkeit infolge einer Verletzung der Berichtigungspflicht besteht nach dem BGH (NJW 09, 1984) auch dann, wenn die unrichtige Abgabe der StErklärung bedingt vorsätzlich geschah (die vorsätzliche falsche Abgabe löst keine Berichtigungspflicht aus, s Rz 7). Die StHinterziehung gem § 370 I Nr 1 aufgrund der bedingt vorsätzlich falschen Abgabe der Erklärung sowie die StHinterziehung gem § 370 I Nr 2 aufgrund der unterlassenen Berichtigung sind dann Teil derselben Tat iSv § 264 StPO (BGH NJW 09, 1984); dabei tritt die unterlassene Berichtigung als mitbestrafte Nachtat und Unterlassensdelikt ggü der vorherigen StHinterziehung aufgrund der Abgabe einer falschen Erklärung zurück (BGH BFH/NV 08, Beil 1, 64; offen gelassen von BGH NJW 09, 1984). Eine scheinbare **Berichtigung mit erneut falschen Angaben** stellt eine StHinterziehung gem § 370 I Nr 1 dar. Soweit der Anzeigepflichtige nicht selbst StSchuldner sondern gesetzlicher Vertreter ist (zB GmbH-Geschäftsführer) und die unterlassene Anzeige StHinterziehung darstellt, kann er nach § 71 als Haftungsschuldner in Anspruch genommen werden. 21

c) Rechtsfolgen bei Erfüllung. Aufgrund der Anzeige kann StFestsetzung idR nach § 172 I 1 Nr 2 Buchst a geändert werden, weil in der Berichtigungsanzeige eine Zustimmung zur Änderung zu sehen ist (vgl aber *Breitenbach* DStR 16, 2033, 2035, die empfiehlt, ausdrücklich die Zustimmung zu einer Änderung zu versagen); anderenfalls greift § 173 I Nr 1 wegen neuer Tatsachen. Durch die Anzeige wird die **Festsetzungsfrist** nach § 171 IX in der Weise **gehemmt,** dass sie nicht vor Ablauf eines Jahres nach Eingang der Anzeige beim örtlich und sachlich zuständigen FA endet (s auch BFH BStBl 10, 771). § 171 IX ist aber nicht anwendbar, wenn der Stpfl lediglich eine spezialgesetzlich geregelte Verpflichtung zu einer Meldung oder Anzeige zwecks Erleichterung der StAufsicht (zB § 21 VII MinöStDV aF) erfüllt; denn dies ist keine Anzeige iSv § 153 (BFH/NV 93, 144). Die sich nach § 171 IX ergebende Ablaufhemmung von einem Jahr kann weder gem § 171 V durch StFahndungsmaßnahmen, die während dieses Jahres eingeleitet werden, noch gem § 171 IV durch eine Ap, die in diesem Jahr begonnen wird, verlängert werden (BFH BStBl 10, 583; AEAO zu § 153 Nr 5.4; s auch § 171 Rz 93). Die Erfüllung der Anzeige- und Berichtigungspflicht nach § 153 führt nicht zu einer Ablaufhemmung nach § 171 III, weil die Berichtigungsanzeige iSv § 153 kein Antrag auf Änderung einer StFestsetzung ist (BFH BStBl 10, 583). 22

Geht die Anzeige beim **unzuständigen FA** ein, wird damit zwar die Pflicht nach § 153 erfüllt, eine StHinterziehung ist also abzulehnen; hinsichtlich der Ablaufhemmung nach § 171 IX kommt es aber auf den Eingang beim zuständigen FA (nach Weiterleitung durch das unzuständige FA) an. Dies gilt auch dann, wenn das unzuständige FA die Anzeige erst nach Eintritt der eigentlichen Festsetzungsfrist weiterleitet (BFH BStBl 08, 595).

Bei ordnungsgemäßer Anzeige gem § 153 wird ein **Dritter,** der ebenfalls nach § 153 anzeigepflichtig ist (zB ein früherer GmbH-Geschäftsführer, der die fehlerhafte Erklärung für die GmbH abgegeben hat), nach § 371 IV bzw 378 III 3 von der Strafverfolgung aufgrund der unterlassenen Berichtigung verschont, es sei denn, ihm ist vor Eingang der Anzeige die Einleitung eines Straf- oder Bußgeldverfahrens bekannt gegeben worden (s § 371 Rz 150ff). § 371 IV gilt hingegen nicht auch für die StVerkürzung des ersten Geschäftsführers aufgrund der Abgabe der falschen StErklärung (OLG Stuttgart, wistra 96, 190; § 371 Rz 242; aA LG Brem, wistra 98, 317).

3. Unterabschnitt. Kontenwahrheit

§ 154 Kontenwahrheit

(1) **Niemand darf auf einen falschen oder erdichteten Namen für sich oder einen Dritten ein Konto errichten oder Buchungen vornehmen lassen, Wertsachen (Geld, Wertpapiere, Kostbarkeiten) in Verwahrung geben oder verpfänden oder sich ein Schließfach geben lassen.**

(2) **[1] Wer ein Konto führt, Wertsachen verwahrt oder als Pfand nimmt oder ein Schließfach überlässt (Verpflichteter), hat**
1. sich zuvor Gewissheit über die Person und Anschrift jedes Verfügungsberechtigten und jedes wirtschaftlich Berechtigten im Sinne des Geldwäschegesetzes zu verschaffen und
2. die entsprechenden Angaben in geeigneter Form, bei Konten auf dem Konto, festzuhalten.

[2] Ist der Verfügungsberechtigte eine natürliche Person, ist § 11 Absatz 4 Nummer 1 des Geldwäschegesetzes entsprechend anzuwenden. [3] Er hat sicherzustellen, dass er jederzeit Auskunft darüber geben kann, über welche Konten oder Schließfächer eine Person verfügungsberechtigt ist oder welche Wertsachen eine Person zur Verwahrung gegeben oder als Pfand überlassen hat. [4] Die Geschäftsbeziehung ist kontinuierlich zu überwachen und die nach Satz 1 zu erhebenden Daten sind in angemessenem zeitlichen Abstand zu aktualisieren.

(2a) **[1] Kreditinstitute haben für jeden Kontoinhaber, jeden anderen Verfügungsberechtigten und jeden wirtschaftlich Berechtigten im Sinne des Geldwäschegesetzes außerdem folgende Daten zu erheben und aufzuzeichnen:**
1. die Identifikationsnummer nach § 139b und
2. die Wirtschafts-Identifikationsnummer nach § 139c oder, wenn noch keine Wirtschafts-Identifikationsnummer vergeben wurde und es sich nicht um eine natürliche Person handelt, die für die Besteuerung nach dem Einkommen geltende Steuernummer.

[2] Der Vertragspartner sowie gegebenenfalls für ihn handelnde Personen haben dem Kreditinstitut die nach Satz 1 zu erhebenden Daten mitzuteilen und sich im Laufe der Geschäftsbeziehung ergebende Änderungen unverzüglich anzuzeigen. [3] Die Sätze 1 und 2 sind nicht anzuwenden bei Kreditkonten, wenn der Kredit ausschließlich der Finanzierung privater Konsumgüter dient und der Kreditrahmen einen Betrag von 12 000 Euro nicht übersteigt.

(2b) [1]**Teilen der Vertragspartner oder gegebenenfalls für ihn handelnde Personen dem Kreditinstitut die nach Absatz 2a Satz 1 Nummer 1 zu erfassende Identifikationsnummer einer betroffenen Person bis zur Begründung der Geschäftsbeziehung nicht mit und hat das Kreditinstitut die Identifikationsnummer dieser Person auch nicht aus anderem Anlass rechtmäßig erfasst, hat es sie bis zum Ablauf des dritten Monats nach Begründung der Geschäftsbeziehung in einem maschinellen Verfahren beim Bundeszentralamt für Steuern zu erfragen.** [2]**In der Anfrage dürfen nur die in § 139b Absatz 3 genannten Daten der betroffenen Person angegeben werden.** [3]**Das Bundeszentralamt für Steuern teilt dem Kreditinstitut die Identifikationsnummer der betroffenen Person mit, sofern die übermittelten Daten mit den bei ihm nach § 139b Absatz 3 gespeicherten Daten übereinstimmen.**

(2c) [1]**Soweit das Kreditinstitut die nach Absatz 2a Satz 1 zu erhebenden Daten auf Grund unzureichender Mitwirkung des Vertragspartners und gegebenenfalls für ihn handelnder Personen nicht ermitteln kann, hat es dies auf dem Konto festzuhalten.** [2]**In diesem Fall hat das Kreditinstitut dem Bundeszentralamt für Steuern die betroffenen Konten sowie die hierzu nach Absatz 2 erhobenen Daten mitzuteilen; diese Daten sind für alle in einem Kalenderjahr eröffneten Konten bis Ende Februar des Folgejahrs zu übermitteln.**

(2d) **Die Finanzbehörden können für einzelne Fälle oder für bestimmte Fallgruppen Erleichterungen zulassen, wenn die Einhaltung der Pflichten nach den Absätzen 2 bis 2c unverhältnismäßige Härten mit sich bringt und die Besteuerung durch die Erleichterung nicht beeinträchtigt wird.**

(3) **Ist gegen Absatz 1 verstoßen worden, so dürfen Guthaben, Wertsachen und der Inhalt eines Schließfachs nur mit Zustimmung des für die Einkommen- und Körperschaftsteuer des Verfügungsberechtigten zuständigen Finanzamts herausgegeben werden.**

Abs 2 S 2 eingefügt, bish S 2 und 3 werden S 3 und 4 durch StModernG v 18.7.16 (BGBl I, 1679); Abs 2 ersetzt durch Abs 2 bis 2d durch StUmgBG v 23.6.17 (BGBl I, 1682); Abs 2 S 2 geändert durch G v 23.6.17 (BGBl I, 1822).

Schrifttum: *vor 2010 s 13. Aufl; Bruschke* Kontenwahrheit und Haftung (§ 72 AO iVm § 154 AO), StB 10, 124; *Gehm* Haftung der Bank bei grob fahrlässigem Verstoß gegen die Kontenwahrheit, DB 12, 1648; *s auch Schrifttum zu § 72.*

Übersicht

1. Inhalt. Vorschrift verbietet in **Abs 1** Kontenerrichtung unter falschem Na- 1
men. Verboten ist auch, Wertsachen unter falschem oder erdichtetem Namen in

Verwahrung zu geben, zu verpfänden oder in ein Schließfach zu geben. Damit soll verhindert werden, dass die Nachprüfung steuerlicher Verhältnisse erschwert wird (BFH BStBl 12, 398). **Abs 2 bis 2d** verpflichten das Kreditinstitut zu einer Legitimationsprüfung des Verfügungsberechtigten und des wirtschaftlich Berechtigten sowie zur Erhebung und Aufzeichnung von Identifikationsmerkmalen. In **Abs 3** ist die sog Kontensperre im Fall eines Verstoßes gegen Abs 1 geregelt.

2 § 154 ist durch zwei Gesetze **geändert worden.** Zum einen ist Abs 2 S 2 durch das StModernG v 18.7.2016 eingefügt worden, der die Legitimationsprüfung bei Obdachlosen und Flüchtlingen erleichert. Zum anderen ist § 154 durch das StUmgBG v 23.6.2017 mWv 26.6.2017 umfassend geändert worden. So erstreckt sich die Legitimationsprüfung nunmehr auch auf den wirtschaftlich Berechtigten (Abs 2 S 1 Nr 1); die Auskunftspflicht ggü den FinBeh gilt nun auch für Verwahrer und Pfandhäuser. Zudem besteht jetzt auch eine Pflicht zu einer kontinuierlichen Überwachung der Geschäftsbeziehung und Aktualisierung der Daten (Abs 2 S 4). Schließlich wurden die Abs 2a bis 2d eingefügt, die Erhebungs- und Aufzeichnungspflichten für Kreditinstitute bzgl der Identifikationsmerkmale des Kontoinhabers und Berechtigten begründen. Die Änderung durch das StUmgBG ist eine Reaktion auf die sog Panama Papers und soll die Nutzung von Briefkastenfirmen (Domizilgesellschaften) erschweren, indem der wahre Inhaber der Briefkastenfirma ermittelt werden soll.

4 **2. Verwendung von Konten (Abs 1). a) Verbotene Handlungen.** Verboten ist, **unter einem falschen oder erdichteten Namen** ein Konto zu errichten, Buchungen vornehmen zu lassen, Wertsachen zu verpfänden oder in Verwahrung zu geben oder sich ein Schließfach geben zu lassen. Verwendung eines Künstlernamens ist zulässig, wenn Identität sichergestellt ist (FG Hess EFG 98, 1556; *HHSp/Heuermann* § 154 Rz 22). Zulässig ist auch die Errichtung eines Kontos auf den Namen eines Dritten, wenn die Existenz des Dritten und die Legitimation, für den Dritten handeln zu können, nachgewiesen werden (BFH/NV 99, 462); der Zustimmung des Dritten bedarf es dabei nicht (AEAO zu § 154 Nr 2).

5 Das Verbot des § 154 bezieht sich nicht nur auf die Errichtung eines Kontos unter einem falschen bzw erdichteten Namen, sondern auch auf **Buchungsvorgänge** auf Konten unter falschem bzw erdichtetem Namen („Buchungen vornehmen lassen"). Verboten sind daher – im Rahmen von Gutschriften – Einzahlungen oder Überweisungen unter fremden Namen auf ein eigenes oder fremdes Konto und – im Rahmen von Abflüssen von dem Konto – die Angabe von falschen oder erdichteten Namen über die Empfänger (aA *HHSp/Heuermann* § 154 Rz 13). Erfasst wird auch der Fall eines nachträglich „falsch" gewordenen Kontos, bei dem das Konto zwar ursprünglich unter einem richtigen Namen eingerichtet wurde, später aber von einem Dritten für eigene Zwecke als Tarnkonto genutzt wird, zB vom früheren Geschäftsführer der GmbH nach deren Löschung im Handelsregister (vgl BFH BStBl 12, 398). Betroffen ist schließlich auch der sog Kontoverleiher, der sein Konto einem Freund zur Verfügung stellt, um diesen vor einem Gläubigerzugriff zu schützen (*Pump/Fittkau* StBp 07, 138, 141).

6 Aus dem Zweck des Abs 1 ergeben sich **weitere Verbote,** deren Verletzung zu einer unzulässigen Umgehung der Gewährleistung der Kontenwahrheit durch § 154 führt (eingehend dazu *Carl/Klos* DStZ 95, 296). So ist die Abwicklung des Geschäftsverkehrs über sog CpD-Konten, dh bankinterne Sammelkonten, verboten, wenn der Name des Beteiligten bekannt ist oder unschwer ermittelt werden kann und für ihn bereits ein entsprechendes Konto geführt wird (AEAO zu § 154 Nr 3). Einen Verstoß gegen das Gebot der Kontenwahrheit stellt es auch dar, wenn betriebliche Verrechnungsschecks bar ausgezahlt und nicht auf das betriebliche Girokonto verbucht werden. Die Barauszahlung von betrieblichen Schecks ohne Verbuchung auf dem betrieblichen Girokonto indiziert den Tatverdacht gegen Mitarbeiter einer Bank wegen Beihilfe zur StHinterziehung.

b) Adressat des Verbots. § 154 richtet sich nur an den Konto- bzw Schließfachinhaber, dh an denjenigen, der als Kunde oder Geschäftspartner bei einem anderen ein Konto errichtet, Buchungen vornehmen lässt oder Wertsachen in Verwahrung gibt (s auch AEAO zu § 154 Nr 1). Die Verbote des Abs 1 gelten aufgrund des Wortlauts der Vorschrift **nicht für die jeweilige Bank** selbst bzw deren Bedienstete (*TK/Brandis* § 154 Rz 2; *HHSp/Heuermann* § 154 Rz 10; *BG/Hendricks* § 154 Rz 11; aA *Carl/Klos* DStZ 95, 296 mwN). Für die Bank gilt hingegen die Legitimationsprüfung nach Abs 2 und die Pflicht zur Kontensperre nach Abs 3, sobald ein Dritter gegen Abs 1 verstoßen hat (zur drohenden Haftung nach § 72 s Rz 29). 8

3. Legitimationsprüfung (Abs 2). a) Adressat. Abs 2 begründet eine Pflicht des Kreditinstituts, Verwahrers oder Pfandleihers zur Legitimationsprüfung und verbietet damit insbes die Errichtung sog Nummernkonten. Adressat des Abs 2 ist das Kreditinstitut, bei dem das Konto oder Schließfach geführt wird, der Verwahrer der Kostbarkeiten oder der Pfandleiher; Abs 2 richtet sich somit nicht nur an Kreditinstitute sondern auch an Privatpersonen (s auch AEAO zu § 154 Nr 3). Bei juristischen Personen wie zB Banken trifft die Verpflichtung die juristische Person als solche und nicht etwa nur die für sie handelnden Personen. Sie muss sich daher ebenso wie zB eine natürliche Person das Handeln ihrer Organe oder ihrer handlungsberechtigten Angestellten zurechnen lassen (BFH BStBl 89, 263; aA FG Köln EFG 85, 270). Inwieweit aus dem Handeln der Organe oder Angestellten eine Haftung entsteht, richtet sich nach § 72 (s Rz 29 sowie § 72 Rz 2). Die Legitimationsprüfung erfasst **nur sog kundenbezogene Konten,** nicht jedoch bankinterne Konten, die die Bank etwa zu Buchführungszwecken führt (Bestands-, Erfolgs oder Betriebsverrechnungskonten) oder auf dem Fehlbeträge aus Wertpapier-Geschäften verbucht werden (BFH/NV 05, 1226; BFH BStBl 09, 509). 11

b) Überprüfung des Berechtigten (Abs 2 S 1). Die Bank, der Verwahrer oder Pfandleiher muss sich Gewissheit über den Verfügungsberechtigten und über jeden wirtschaftlich Berechtigten verschaffen. Durch das StUmgBG v 23.6.2017 ist die Legitimationsprüfung mWv 26.6.2017 auf wirtschaftlich Berechtigte erstreckt worden (s Rz 14). 12

Die Bank usw muss sich über den **Namen,** das **Geburtsdatum** und den **Wohnort** des Berechtigen Gewissheit verschaffen; denn dies sind die für eine Identifizierung wesentlichen Daten (AEAO zu § 154 Nr 4.1: Angabe einer Hoteladresse reicht nicht aus). Bei Wegzug des Verfügungsberechtigten ins Ausland soll das Kreditinstitut zur Überprüfung der Ausländereigenschaft des Verfügungsberechtigten verpflichtet sein (BayLfSt 4.11.2011, AO-Kartei BY § 154 AO Karte 1, Tz 1); diese nachträgliche Verpflichtung zur Überprüfung lässt sich mit dem Gesetzeswortlaut („zuvor") allerdings nicht vereinbaren. **Einsicht in den Ausweis** ist daher nach § 11 GwG idF v 23.6.2017 erforderlich (AEAO zu § 154 Nr 4). Eine weitergehende Identifizierungsverpflichtung ergibt sich aus § 11 IV Nr 1 GwG idF v 23.6.2017, der zusätzlich die Erhebung des Geburtsorts und der Staatsangehörigkeit verlangt; eine Erleichterung ergibt sich nach Abs 2 S 2 des § 154 bei Konten, die Obdachlose oder Flüchtlinge eröffnen (s Rz 17). Bei **juristischen Personen und PersGes** reicht die Bezugnahme auf eine amtliche Veröffentlichung oder auf ein amtliches Register unter Angabe der Registernummer aus (AEAO zu § 154 Nr 4.2), sodass nicht die in § 11 IV Nr 2 GwG idF v 23.6.2017 geforderten Angaben erhoben werden müssen.

Verfügungsberechtigter ist derjenige, der befugt ist, von dem Konto usw Geld abzuheben, ohne lediglich als Vertreter aufzutreten, zB Treuhänder, gesetzlicher Vertreter. Auch rechtsgeschäftliche und gesetzliche Vertreter sind Verfügungsberechtigte, da der Begriff „Verfügungsberechtigter" in Abs 2 ebenso zu verstehen ist wie in § 35 (vgl zu der kontroversen Diskussion in der FinVerw *Wallach* DB 87, 2497). Verfügungsberechtigter ist somit sowohl der Gläubiger der Forderung gegen 13 die Bank und seine gesetzlichen Vertreter als auch jede Person, die Kontovollmacht hat (s AEAO zu § 154 Nr 7; aA *Philipowski* WM 92, 721). Gläubiger (dh Kontoinhaber) und Verfügungsberechtigter müssen nicht identisch zu sein (*TK/Brandis* § 154 Rz 10; aA *Hamacher* DB 87, 1324 mwN; offen gelassen in BGH WM 94, 2270); in diesem Fall müssen aber sowohl die Daten des Kontoinhabers als auch die Daten des Verfügungsberechtigten erhoben werden (AEAO zu § 154 Nr 4.3). Steht der Verfügungsberechtigte noch nicht fest, weil es sich um das Konto eines Nachlasspflegers für einen unbekannten Erben handelt, genügt es, wenn das Kreditinstitut die Legitimation des Kontoerrichters (zB Nachlasspflegers) prüft und die Legitmation des Erben nachholt, sobald dieser feststeht (AEAO zu § 154 Nr 4.3). Bei Konten von **Ehegatten** (Und- bzw Oderkonto) muss die Bank als Kontenführer Legitimationsprüfung bzgl beider Ehegatten durchführen, weil beide Ehegatten verfügungsberechtigt sind.

14 Der Begriff des **wirtschaftlich Berechtigten** richtet sich nach § 3 GwG idF v 23.6.2017 (bzw § 1 VI GwG aF). Dabei handelt es sich um eine natürliche Person, die entweder Anteilseigner der Kontoninhaberin (einer Gesellschaft) ist oder die Kontoinhaberin kontrolliert oder die eine Transaktion bzw die Kontoeröffnung veranlasst. Erfasst wird daher zB der Treugeber bei einer verdeckten Treuhandschaft oder die hinter einem Strohmann stehende Person, für die der Strohmann ein Konto eröffnet. Die Erweiterung der Legitimationsprüfung auf den wirtschaftlich Berechtigten dient der Aufdeckung von Briefkastenfirmen (s Rz 2) und steht im Zusammenhang mit weiteren Änderungen durch das StUmgBG, die der Aufdeckung von Briefkastenfirmen (sog Panama Papers) dienen, zB § 93 VII Nr 4a, § 138 II Nr 4, § 138b oder § 147a II. Bislang schützte Abs 2 (ebenso wie Abs 1) allein die formelle Kontenwahrheit (BGH NJW 95, 261; BGH BFH/NV Beil 04, 396; vgl auch *HHSp/Heuermann* § 154 Rz 9). Denn es ging nur um den Verfügungsberechtigten, dh um den formalen Inhaber des Kontos. Durch die Erweiterung auf den wirtschaftlich Berechtigten dient Abs 2 nunmehr auch der **materiellen Kontowahrheit.**

15 **c) Ausnahmen.** Der AEAO (Nr 7 zu § 154) enthält zahlreiche Beispiele, in denen unter dem Gesichtspunkt der Verhältnismäßigkeit auf eine Legitimationsprüfung für bestimmte Verfügungsberechtigte – nicht aber: wirtschaftlich Berechtigte – verzichtet werden kann, zB für Eltern als gesetzlicher Vertreter ihrer Kinder, auf deren Namen das Konto eröffnet wird, wenn die Eltern ihre gesetzliche Vertretung durch amtliche Urkunden (dh Geburtsurkunden) nachweisen; für Vormundschaften und Pflegschaften; für Insolvenz- und Nachlassverwalter; bei Vollmachten auf den Todesfall. Diese Ausnahmen können auch für die Fälle des Abs 2 bis 2c relevant werden, falls die FinVerw Erleichterungen nach Abs 2d zulassen will (s Rz 24).

17 **d) Erleichterungen bei Konten für Obdachlose und Flüchtlinge (Abs 2 S 2).** Durch das StModernG v 18.7.2016 wurde mWv 23.7.2016 Abs 2 S 2 eingefügt, der durch das StUmgBG v 23.6.2017 an die Neuregelung des GwG angepasst worden ist. Die ursprüngliche Bezugnahme auf § 4 IV Nr 1 GwG ist durch das StUmgBG v 23.6.2017 durch einen Verweis auf § 11 IV Nr 1 GwG idF v 23.6. 2017 ersetzt worden; denn durch das G zur Umsetzung der Vierten EU-Geldwäscherichtlinie v 23.6.2017 ist das GwG geändert worden, indem die Durchführung der Identifizierung nunmehr durch § 11 IV Nr 1 GwG geregelt wird.

Abs 2 S 2 stellt die entsprechende Anwendung des § 11 IV Nr 1 GwG sicher, wenn der Verfügungsberechtigte – nicht: der wirtschaftlich Berechtigte – eine natürliche Person ist. Die Beschränkung auf natürliche Personen ist überflüssig, da § 11 IV Nr 1 GwG ohnehin nur für natürliche Personen gilt. Die in § 11 IV Nr 1 Buchst a bis e GwG genannten Angaben wie Name, Geburtsort und -datum, Staatsangehörigkeit und Wohnanschrift gehören ohnehin zu den erforderlichen Angaben einer Legitimationsprüfung (s Rz 12). Bedeutsam ist aber die Bezugnahme auf § 11 IV Nr 1 Buchst e 2. HS GwG: Danach genügt bei Personen, die keinen festen Wohnsitz mit rechtmäßigem Aufenthalt in der EU haben, die Angabe der postalischen Anschrift, unter der der Verfügungsberechtigte erreichbar ist; allerdings muss dann die Identitätsprüfung nach Maßgabe des § 38 Zahlungskontengesetz erfolgt sein. Relevant ist dies für **Obdachlose,** die in einem Wohnheim gemeldet sind, oder für **Flüchtlinge,** die in einer Flüchtlingsunterkunft untergebracht sind (AEAO zu § 154 Nr 4.1; BT-Drs 18/7457, 82; zur Problematik bei sog Flüchtlingskonten s *Schmidt/Houben* NZWiSt 16, 220).

e) Dokumentation, Auskunfts- und Überwachungspflicht. Die Angaben über den Verfügungsberechtigten und wirtschaftlich Berechtigten sind nach Abs 2 **S 1** in geeigneter Form festzuhalten, zB in einer Datei. Bei Konten müssen die Angaben auf dem Konto, dh auf dem Kontenstammblatt erscheinen. Wird das erste Bankkonto aufgelöst, müssen die Angaben auf das weitere Konto übertragen werden (AEAO zu § 154 Nr 5). Banken müssen zudem die Kontonummer nach § 24c KWG speichern, um den automatisierten Kontenabruf nach § 93b I zu ermöglichen. Sog Nummernkonten sind danach nicht zulässig, selbst wenn der Name des Konteninhabers aus einer besonderen Liste entnommen werden kann. Zulässig dürfte es aber sein, wenn bestimmte Konten lediglich bestimmten Personen der Geschäftsleitung zur Einsicht zur Verfügung stehen. 18

Der Kontenführer hat nach Abs 2 **S 3** sicherzustellen, dass er jederzeit Auskunft darüber geben kann, über welche Konten usw jemand verfügungsberechtigt ist. Hierzu ist grds ein alphabetisch geführtes Namensverzeichnis der Verfügungsberechtigten und wirtschaftlich Berechtigten erforderlich (s auch AEAO zu § 154 Nr 6). Die Auskunftsverpflichtung besteht auch noch sechs Jahre nach Beendigung der Geschäftsbeziehung (AEAO zu § 154 Nr 6). Die Regelung des S 3 entspricht dem bisherigen S 2, der durch die Einfügung des neuen S 2 durch das StModernG v 18.7.2016 (s hierzu Rz 17) in den S 3 verschoben worden ist. Durch das StUmgBG v 23.6.2017 ist S 3 geändert worden, indem die Auskunftspflicht nunmehr auch für den Verwahrer und Pfandleiher gilt und nicht nur für Kreditinstitute (BR-Drs 816/16, 28). 19

Weiterhin ist durch das StUmgBG v 23.6.2017 **S 4** auf Vorschlag des Finanzausschusses (BT-Drs 18/12127) eingefügt worden. Danach muss das Kreditinstitut, Verwahrer bzw Pfandleiher die Geschäftsbeziehung zum Verfügungsberechtigten – zum wirtschaftlich Berechtigten wird idR keine Geschäftsbeziehung bestehen – kontinuierlich überwachen und die Daten iSv Abs 2 S 1 in angemessenem Abstand aktualisieren. Dies entspricht § 10 I Nr 5 GwG idF v 23.6.2017 bzw § 3 I Nr 4 GwG aF. 20

4. Erhebung und Aufzeichnung der Identifikationsmerkmale (Abs 2a bis 2d). Die Abs 2a bis 2d sind durch das StUmgBG v 23.6.2017 eingefügt worden, wobei die Abs 2b bis 2d erst auf Vorschlag des Finanzausschusses eingefügt worden sind (BT-Drs 18/12127). **Abs 2a** S 1 verpflichtet die Kreditinstitute zur Erhebung und Aufzeichnung der Steuer-ID-Nummer iSv § 139b und der Wirtschafts-ID-Nummer iSv § 139c bzw der StNummer, sofern es sich nicht um eine natürliche Person sondern um eine PersGes oder juristische Person handelt; denn eine Wirtschafts-ID-Nummer iSv § 139c gibt es derzeit noch nicht (s § 139c Rz 1). Die Identifikationsmerkmale sind für Zwecke eines automatisierten Kontenabrufs nach § 93b Ia zu speichern. Ausgenommen sind nach Abs 2a S 3 private Kreditkonten mit einem Kreditrahmen bis zu 12.000 €. Die Verpflichtung nach Abs 2a S 1 besteht nicht für Verwahrer und Pfandleiher, da bei ihnen ein Kontenabruf nach § 93b nicht möglich ist (BT-Drs 18/12127, 53). Damit das Kreditinstitut die Identifikationsmerkmale iSv §§ 139b, 139c erheben und aufzeichnen kann, tritt den Vertragspartner nach Abs 2a S 2 die Verpflichtung zur Mitteilung und ggf auch zu Änderungsmitteilungen. Eine vergleichbare Regelung enthalten § 11 VI GwG idF v 23.6.2017 sowie § 138b III und VI. 22

23 **Abs 2b und 2c** betreffen den Fall, dass der Kontoinhaber dem Kreditinstitut nicht die Identifikationsmerkmale iSv Abs 2a S 1 iVm §§ 139b, 139c mitteilt. In diesem Fall kann das Kreditinstitut das Identifikationsmerkmal nach Abs 2b beim BZSt erfragen. Außerdem muss das Kreditinstitut nach Abs 2c auf dem Konto festhalten, dass es die Identifikationsmerkmale wegen der unzureichenden Mitwirkung des Kontoinhabers nicht ermitteln kann und muss dieses Konto dem BZSt bis zum 28.2. bzw 29.2. des Folgejahres mitteilen.

24 **Abs 2d** enthält eine Ermächtigung für die FinBeh zur Regelung von Erleichterungen, wenn sich aus der Anwendung der Abs 2 bis 2c unverhältnismäßige Härten ergeben. Allerdings darf die Besteuerung hierdurch nicht beeinträchtigt werden. Derartige Ausnahmen können sich in den im AEAO zu § 154 Nr 7 genannten Fällen ergeben (s Rz 15), aber auch für das Konto einer Hausverwaltung für eine Wohnungseigentumsgemeinschaft (BT-Drs 18/12127, 54).

27 **5. Kontensperre (Abs 3).** In Abs 3 ist die sog Kontensperre geregelt. Hat jemand gegen Abs 1 verstoßen und unter falschem oder erdichtetem Namen ein Konto errichtet usw, so darf der Kontenführer oder Verwahrer (idR also die Bank oder Pfandleiher) das Geld oder die Wertsachen nur **mit Zustimmung des zuständigen FA** herausgeben. Die Zustimmung des FA ist eine Ermessensentscheidung (BFH BStBl 89, 263). Abs 3 knüpft nach seinem eindeutigen Wortlaut nur an Verstöße gegen Abs 1, nicht aber an Verstöße gegen Abs 2 an (BFH BStBl II 12, 398). Die Kontensperre iSv Abs 3 setzt also kein eigenes Fehlverhalten der Bank bei der Kontoführung voraus, sondern es genügt der Verstoß eines Dritten (Bankkunde) gegen Abs 1; anders ist dies für die Frage der anschließenden Haftung nach § 72 (s Rz 29).

29 **6. Rechtsfolgen. a) Rechtsfolgen bei Verstoß gegen § 154.** Die Verletzung der Verbote des **Abs 1 bis 2c** ist eine Ordnungswidrigkeit nach § 379 II Nr 2. § 379 II Nr 2 ist durch das StUmgBG v 23.6.2017 mWv 25.6.2017 geändert worden, indem nunmehr auch Verstöße gegen Abs 2 bis 2c geahndet werden können (s auch § 379 Rz 40); bislang wurde nur ein Verstoß gegen Abs 1 von § 379 II Nr 2 erfasst, während ein Verstoß gegen Abs 2 lediglich von § 379 I Nr 3 erfasst sein konnte (AEAO zu § 154 Nr 10). Unter den Voraussetzungen des § 370 kann bei einem Verstoß gegen Abs 1 bis 2c des § 154 auch StHinterziehung vorliegen. Verstoß gegen **Abs 3** kann Haftung nach § 72 begründen, wenn Vorsatz oder grobe Fahrlässigkeit besteht, dh der Kontenführer oder Verwahrer (idR die Bank) wusste oder infolge grober Fahrlässigkeit nicht wusste, dass ein falscher oder erdichteter Name verwendet wurde (s hierzu BStBl II 12, 398; s auch *Gehm* StBp 16, 7; *Bruschke* StB 10, 124, 126f).

30 **b) Rechtsfolgen bei Beachtung des § 154.** Ist eine Legitimationsprüfung nach Abs 2 vorgenommen worden, griff bislang der Schutz des § 30a III, sodass eine routinemäßige Überprüfung des Kontos unzulässig war; durch die Aufhebung des § 30a mWv 1.1.2017 ist diese Rechtsfolge aber entfallen.

Dritter Abschnitt. Festsetzungs- und Feststellungsverfahren

1. Unterabschnitt. Steuerfestsetzung

I. Allgemeine Vorschriften

§ 155 Steuerfestsetzung

(1) [1] **Die Steuern werden, soweit nichts anderes vorgeschrieben ist, von der Finanzbehörde durch Steuerbescheid festgesetzt.** [2] **Steuerbescheid ist der nach § 122 Abs. 1 bekannt gegebene Verwaltungsakt.** [3] **Dies gilt auch für die volle**

oder teilweise Freistellung von einer Steuer und für die Ablehnung eines Antrags auf Steuerfestsetzung.

(2) **Ein Steuerbescheid kann erteilt werden, auch wenn ein Grundlagenbescheid noch nicht erlassen wurde.**

(3) [1] **Schulden mehrere Steuerpflichtige eine Steuer als Gesamtschuldner, so können gegen sie zusammengefasste Steuerbescheide ergehen.** [2] **Mit zusammengefassten Steuerbescheiden können Verwaltungsakte über steuerliche Nebenleistungen oder sonstige Ansprüche, auf die dieses Gesetz anzuwenden ist, gegen einen oder mehrere der Steuerpflichtigen verbunden werden.** [3] **Das gilt auch dann, wenn festgesetzte Steuern, steuerliche Nebenleistungen oder sonstige Ansprüche nach dem zwischen den Steuerpflichtigen bestehenden Rechtsverhältnis nicht von allen Beteiligten zu tragen sind.**

(4) [1] **Die Finanzbehörden können Steuerfestsetzungen sowie Anrechnungen von Steuerabzugsbeträgen und Vorauszahlungen auf der Grundlage der ihnen vorliegenden Informationen und der Angaben des Steuerpflichtigen ausschließlich automationsgestützt vornehmen, berichtigen, zurücknehmen, widerrufen, aufheben oder ändern, soweit kein Anlass dazu besteht, den Einzelfall durch Amtsträger zu bearbeiten.** [2] **Das gilt auch**

1. **für den Erlass, die Berichtigung, die Rücknahme, den Widerruf, die Aufhebung und die Änderung von mit den Steuerfestsetzungen sowie Anrechnungen von Steuerabzugsbeträgen und Vorauszahlungen verbundenen Verwaltungsakten sowie,**
2. **wenn die Steuerfestsetzungen sowie Anrechnungen von Steuerabzugsbeträgen und Vorauszahlungen mit Nebenbestimmungen nach § 120 versehen oder verbunden werden, soweit dies durch eine Verwaltungsanweisung des Bundesministeriums der Finanzen oder der obersten Landesfinanzbehörden allgemein angeordnet ist.**

[3] **Ein Anlass zur Bearbeitung durch Amtsträger liegt insbesondere vor, soweit der Steuerpflichtige in einem dafür vorgesehenen Abschnitt oder Datenfeld der Steuererklärung Angaben im Sinne des § 150 Absatz 7 gemacht hat.** [4] **Bei vollständig automationsgestütztem Erlass eines Verwaltungsakts gilt die Willensbildung über seinen Erlass und über seine Bekanntgabe im Zeitpunkt des Abschlusses der maschi nellen Verarbeitung als abgeschlossen.**

(5) **Die für die Steuerfestsetzung geltenden Vorschriften sind auf die Festsetzung einer Steuervergütung sinngemäß anzuwenden.**

Abs. 4 neugefasst und Abs 4 eingefügt, früherer Abs 4 wird Abs 5 durch StModernG v 18.7.16 (BGBl I, 1679).

Schrifttum: *Seer* Modernisierung des Besteuerungsverfahrens, StuW 15, 315; *Braun Binder* Ausschließlich automationsgestützt erlassene Steuerbescheide und Bekanntgabe durch Bereitstellung zum Datenabruf – Anmerkungen zu den § 88 Abs 5, § 122a, § 150 Abs. 7 n. F., § 155 Abs. 4 n. F. und § 173a AO, DStZ 16, 526; *Helbich* Rechtsfragen der „automatisierten" Ermessensausübung im Steuerrecht, DStR 17, 574; *Bull* Der „vollständig automatisiert erlassene" Verwaltungsakt – Zur Begriffsbildung und rechtlichen Einlegung von „E-Government", DVBl 17, 409; *Helbich* Rechtsfragen der „automatisierten" Ermessensausübung im Steuerrecht, DStR 17, 574.

Übersicht

1 **1. Inhalt, Bedeutung und Anwendungsbereich.** Die Vorschrift bezieht sich auf die *Rechtsform,* in der Steuern geltend zu machen sind. Die Festlegung der Steuer durch Vertrag ist also grds ausgeschlossen, entgegen der wohl (noch) hM und st Rspr jedoch nicht („soweit …") ein *Vergleichs*vertrag über Steuern (vgl näher § 162 Rz 30 insbes zur Möglichkeit einer sog tatsächlichen Verständigung). Dass entstandene (§ 38) Steuern grds geltend gemacht werden müssen, ergibt sich bereits aus § 85 (Ausnahmen: § 156); ihre Höhe ergibt sich aus dem einzelnen StGesetz. Eine im Einzelfall von dem StGesetz zB aus Gründen der Billigkeit abweichende Festsetzung der Steuer (§ 163) erfolgt ebenfalls in einem Bescheid, allerdings durch von dem StBescheid gesonderte Entscheidung, die Grundlagenbescheid für die StFestsetzung und nicht selbst ein StBescheid ist (vgl § 163 Rz 115; aA *Schwarz/Frotscher* § 163 Rz 67; *HHSp/Schuster* § 155 Rz 35). Natürlich kann diese uU mit dem StFestsetzungsbescheid verbunden werden. Auch eine Entscheidung nach § 227 ist kein *StBescheid* und ergeht in einem besonderen Bescheid, jedoch erst im StErhebungsverfahren.

1a § 155 ist anzuwenden auch auf gesonderte Feststellungen, § 181 I, die Festsetzung von StMessbeträgen, § 184 I, Zerlegungs- und Zuteilungsbescheide, §§ 188, 189, 190, sowie Zinsbescheide § 239. Dies hat zur Folge, dass solche Bescheide nur unter den besonderen Voraussetzungen der §§ 172ff geändert werden können; §§ 130, 131 sind hingegen auf StBescheide unanwendbar. Steuerliche Nebenleistungen werden nur durch StBescheid festgesetzt, wenn das Gesetz das vorsieht (nicht bei § 240).

1b Die förmlichen Anforderungen an StBescheide ergeben sich insbes aus § 157 I, aber auch aus allg Vorschriften wie §§ 119, 121, 122. Wegen der Wirksamkeit des StBescheids siehe § 124, wegen formeller Fehler §§ 126 bis 129.

2 **2. Steuerbescheid als Regelform der StFestsetzung.** Steuern sind grds durch StBescheid festzusetzen. Entbehrlich ist ein Bescheid jedoch nach § 167 in dem Fall, dass **StAnmeldungen** vorgesehen sind (wenn ihre Abgabe auch ins Belieben der Stpfl gestellt sein mag, BFH BStBl 09, 2) und die FinBeh nicht von der Anmeldung abweichen will. Zur Abgrenzung eines solchen ändernden StBescheids von der bloßen Mitteilung über die durch StAnmeldung bewirkte StFestsetzung siehe BFH BStBl 95, 867; 87, 405. Auch wo Steuern durch StAbzug erhoben werden, ergeht idR gegen den Stpfl kein StBescheid (vgl aber § 46 EStG). Keiner StFestsetzung durch StBescheid bedarf es ferner bei der Verwendung von StStemplern und StWertmarken (Steuerzeichen) (zB § 12 TabStG).

2a StAnmeldungen sind außer im UStG vor allem dort vorgeschrieben, wo Steuern durch Abzug „an der Quelle" durch Indienstnahme Dritter erhoben werden, also bei der LSt und der KapESt (vgl näher §§ 38 I, 43 I, 50a I, IV EStG). Aus § 167 I 1 hat BFH BStBl 04, 1087 ferner mit Recht gefolgert, dass StBescheide auch ggü dem StEntrichtungspflichtigen ergehen können, und zwar über die von Rechts wegen einzubehaltende und abzuführende (zB Lohn-)Steuer (nicht nur über die angemeldete); die regelmäßig konkurrierende Möglichkeit, einen Haftungsbescheid (zB nach 42d I Nr 1 EStG) zu erlassen, steht dem nicht entgegen und ist auch nicht vorrangig; es bedarf grds auch keiner Begründung der Auswahlentscheidung (BFH BStBl 04, 1087).

3 **Erstattungsansprüche** werden nicht durch StBescheid festgesetzt, sondern sind entweder Folge der Festsetzung in (geänderten) StBescheiden (bei niedrigerer Festsetzung als bereits vorgenommen und beglichen) oder sie entstehen unmittelbar

kraft Gesetzes; dann bedürfen sie ebenfalls keiner Festsetzung (insbes nicht bei rechtsgrundloser Zahlung, bei Zahlung auf einen nichtigen oder zB mangels Bekanntgabe nicht wirksam gewordenen StBescheid). In letzterem Fall entsteht der Erstattungsanspruch mit der Zahlung, selbst wenn materiell-rechtl die Steuer gem § 38 entstanden ist (vgl FG RhPf EFG 12, 1113; BFH/NV 98, 1455).

Nach Eröffnung eines **Insolvenzverfahrens** ergehen StBescheide nur über Masseverbindlichkeiten (§ 55 InsO) und über Ansprüche der Masse. Insolvenzforderungen (also solche, die bei Verfahrenseröffnung bereits begründet, § 38 InsO, waren (zu den Voraussetzungen BFH BStBl 15, 196, 506; 13, 759, 131; 12, 270), dürfen nicht durch StBescheid festgesetzt werden, sondern sind schlicht zu berechnen und zur Tabelle anzumelden; Entsprechendes gilt für Feststellungsbescheide, wenn sie sich zulasten der Masse auswirken können (BFH BStBl 03, 630). Näher Rz 20. 3a

Abgaben nach dem Recht der EU (insbes **Zölle**) sind zwar gem § 3 III Steuern, deren Geltendmachung aber im Wesentlichen durch die vorrangigen Vorschriften des UZK geregelt wird (Mitteilung nach Art 102 UZK); Rz 12. 3b

Ob eine Willensäußerung der FinBeh ein StBescheid ist, muss ggf durch Auslegung nach den allg Grundsätzen hierfür ermittelt werden. Es kommt wie stets darauf an, wie der betroffene Bürger nach den ihm bekannten Umständen den materiellen Gehalt der Erklärung bei verständiger Würdigung und unter Berücksichtigung von Treu und Glauben verstehen musste (vgl ua BFH BStBl 07, 96; 91, 120 und näher § 118 Rz 10ff, insbes Rz 27) und nicht auf das, was die FinBeh insgeheim wollte. Eine Bezeichnung als „Mitteilung" deutet darauf hin, dass es sich nicht um einen Bescheid handelt, insbes wenn nach der Rechtslage eine bloße Abrechnung nach § 218 II infrage kommt (BFH BStBl 95, 867). Es dürfen iAllg keine besonderen Fachkenntnisse des Adressaten vorausgesetzt werden. Verbleibende Unklarheiten gehen zulasten der FinBeh (FG Ddorf EFG 93, 274). 4

StBescheid ist nicht schon der abschließend gezeichnete **Berechnungsbogen,** sondern erst der aufgrund des Berechnungsbogens für die Bekanntgabe ggü dem Stpfl bestimmte Bescheid, der erst durch diese Bekanntgabe (§ 120) rechtliche Wirksamkeit erlangt, bzw bei automatischer Bescheiderstellung (siehe Abs 4) der Datensatz, der rechtliche Wirksamkeit dadurch erlangt, dass der Stpfl über seine Bereitstellung unterrichtet wird oder dadurch, dass der Bescheid tatsächlich abgerufen wird (§ 122a). 4a

StFestsetzung ist auch die volle oder teilweise **Freistellung** von einer Steuer, Abs 1 S 3 (siehe Rz 30), ebenfalls die Ablehnung eines Antrags auf StFestsetzung (siehe dazu näher folgende Rz 26) und die Aussetzung der StFestsetzung (§ 165 I 4; *HHSp/Schuster* § 155 Rz 26). Dies hat insbes Bedeutung für die Anfechtbarkeit dieser VA sowie für die Frage, unter welchen Voraussetzungen die Bescheide aufgehoben oder geändert werden können: sie unterliegen insoweit den gleichen Regelungen wie die festsetzenden StBescheide, insbes gilt § 173 und verdrängt § 130. Näheres zum Begriff des Freistellungsbescheids und seiner Abgrenzung ggü der Freistellungsverfügung siehe unten Rz 30ff. 5

Die StFestsetzung ist (idR für die StErhebung zwingend notwendiger, obgleich gewissermaßen) **deklaratorischer Verwaltungsakt:** der StBescheid stellt lediglich fest, welche Steuer nach dem einschlägigen Gesetz geschuldet wird (BVerwG BStBl 75, 317). Angesichts der Komplexität der meisten StGesetze und der Schwierigkeiten der Feststellung des maßgeblichen Sachverhalts ist idR erst anhand des StBescheids die Höhe der entstandenen Steuer für den Stpfl erkennbar. Soweit die Feststellung von der tatsächlich entstandenen Steuer abweicht, wirkt der StBescheid freilich konstitutiv; er schafft zwar keine StSchuld, stellt sie aber bestandskraftfähig fest, sodass der Betroffene sie, wie § 218 I zeigt, erfüllen muss, als wenn sie entstanden wäre. 6

Wegen des Verhältnisses des StBescheids für den VZ zu einem vorangegangenen **Vorauszahlungsbescheid** beachte BFH GrS BStBl 95, 730. Mit dem Ergehen 6a des StBescheids ist der Vorauszahlungsbescheid iSd § 124 II erledigt; der den Vorauszahlungsbescheid ablösende StBescheid ist nunmehr alleinige Grundlage für die Verwirklichung des Anspruchs auf die mit Ablauf des VZ entstandene Steuer (sofern nicht die Vorauszahlungsfestsetzung darüber hinausgehende Wirkungen zeitigt, Rz 6b). Wird während eines Einspruchsverfahrens wegen der Herabsetzung von USt-Vorauszahlungen die USt-Jahreserklärung abgegeben, wird folglich der Jahresbescheid zum Gegenstand des Einspruchsverfahrens (§ 365 III) (BFH BStBl 12, 525).

6b Wird die Vollziehung des StBescheids aufgehoben, sollte dies nach BFH (GrS) BStBl 95, 730 zu einer (vorläufigen) Erstattung entrichteter Vorauszahlungsbeträge sowie der durch StAbzug erhobenen ESt und der anzurechnenden KSt führen; § 69 II 8 FGO und § 361 II 4 haben dies indes gegenteilig geregelt **(AdV nur der Abschlusszahlung),** sodass die Vollziehung der anzurechnenden Beträge grds unberührt bleibt, wenn sie nicht zur Abwendung wesentlicher Nachteile besonders angeordnet wird. Die Vorauszahlungsbescheide behalten iÜ trotz Ergehens eines sie gleichsam konsumierenden JahresStBescheids ihre Rechtswirkung, soweit Rechtsfolgen gerade an sie geknüpft sind, etwa im Hinblick auf die Vollstreckung oder die Haftung.

7 § 155 gibt dem Stpfl keinen **Anspruch auf einen StBescheid** oder auf einen Bescheid über die Freistellung von einer Steuer. Im Einzelfall kann jedoch die Ablehnung einer StFestsetzung gegen Treu und Glauben oder zumindest gegen Ermessensgrundsätze verstoßen (*HHSp/Schuster* § 155 Rz 19f: Bescheidungspflicht, wenn „Anlass" für Annahme des Bestehens eines StAnspruchs besteht oder eine StErklärung abgegeben worden ist), zB wenn der Stpfl einen Anspruch auf Erstattung von KapESt geltend machen will. Insbes ist ein Freistellungsbescheid zu erlassen, damit der Stpfl eine Grundlage für einen solchen Anspruch erhält.

8 **Worüber** der StBescheid zu entscheiden hat, insbes ob die Steuer für ein Kj, einen abweichenden VZ oder objektbezogen (wie idR zB bei Verbrauchsteuern und Einfuhrabgaben) festzusetzen ist, regeln die betr StGesetze. Eine Teilentscheidung statt einer Festsetzung für den dort vorgeschriebenen Zeitraum bzw das Besteuerungsobjekt ist grds unzulässig.

10 **3. Abgrenzung des Steuerbescheids von anderen Bescheiden.** Zu unterscheiden von den nach § 155 zu erlassenden StBescheiden sind die Bescheide, die im Erhebungsverfahren oder bei der Vollstreckung von StBescheiden ergehen.

11 Keine StBescheide sind auch **Haftungsbescheide,** für die § 191 gilt (BFH BStBl 05, 122). Der StBescheid dient der Festsetzung einer StSchuld ggü dem Stpfl. Dagegen wird durch einen Haftungsbescheid eine Person für die StSchuld eines anderen in Anspruch genommen. Bescheide, die nicht hinreichend klar erkennen lassen, ob der Betroffene als StSchuldner oder als Haftungsschuldner in Anspruch genommen werden soll, sind daher mangels Bestimmtheit unwirksam (BFH BStBl 85, 581; BFH/NV 86, 308; 91, 497; vgl § 119 Rz 39). Bei der LSt ist von dem LSt-Haftungsbescheid der LSt-Nachforderungsbescheid zu unterscheiden, der ein StBescheid ist (vgl BFH BStBl 89, 193; FG BaWü EFG 89, 598).

12 Auch über **Einfuhrabgaben** muss ein Bescheid ergehen (BFHE 166, 511; FG Hess EFG 93, 451); der UZK spricht allerdings in diesem Zusammenhang von der – nach der sog (bloß verwaltungsinternen) buchmäßigen Erfassung zu erteilenden – *Mitteilung* des (ggf berichtigten) Abgabenbetrags (Art 102 UZK); diese ist aber funktional StBescheid iSd § 155 (*Witte/Alexander* Art 221 ZK Rz 1; zur Frage der Anwendbarkeit des § 68 FGO auf einen solchen Bescheid FG Sachs ZfZ 08 Beil zu Nr 10; *Großmann* ZfZ 08, 169).

13 Ein StBescheid liegt nicht vor, wenn das FA lediglich einer ihm vom FG gem § 100 II 2 FGO auferlegten Verpflichtung zur **Neuberechnung der Steuer** nachkommt und deren Ergebnis dem Kläger mitteilt (*Gräber/Stapperfend* FGO § 100 Rz 46). Die Mitteilung bereitet den nach Rechtskraft des Urteils gebotenen

Erlass eines geänderten StBescheid nur vor (BFH BStBl 05, 217; 89, 620; BFH/NV 01, 461). Sie ist nicht anfechtbar, selbst wenn sie – gemessen am Urteil – falsch ist. Der Streit um dessen richtige Umsetzung muss ggf nach Erlass des geänderten StBescheids durch Rechtsbehelfe gegen diesen ausgetragen werden. Anderes gilt aber in dem von BFH BStBl 90, 545 entschiedenen Fall, dass sich das FA bewusst nicht auf die vom Gericht verlangte Berechnung der Steuer beschränkt, sondern sogleich einen Bescheid erlässt, etwa weil es sonstige Änderungen der StFestsetzung vornehmen will.

Nicht alle in einem StBescheid getroffenen Entscheidungen sind iÜ notwendigerweise (mehr als äußerlich) Teil des StBescheids. Die mit einem StBescheid verbundene **Anrechnung von Vorauszahlungen** oder die mit einem Aufteilungsbescheid verbundene Abrechnung ist ein selbständiger VA (BFH BStBl 80, 195; vgl § 118 Rz 4, 42 „Abrechnung" und § 157 Rz 13), so dass § 130 für diesen gilt (BFH BStBl 87, 405; 92, 713; FG Ddorf EFG 94, 644). Diese gefestigte Rspr ist freilich nicht ganz zweifelsfrei (zweifelnd auch BFH/NV 01, 1528), weil die FinBeh im Allgemeinen keinen Anlass hat, über § 218 hinausgehend Bescheide über die Anrechnung von Vorauszahlungen, StAbzugsbeträgen udgl zu erteilen und weil ihre Anrechnungsverfügungen daher als nicht bestandskraftsfähige bloße Mitteilung über die betreff Beträge verstanden werden könnten (siehe näher § 218 Rz 26); die gesetzl Regelung des Abrechnungsverfahrens, insb § 36 II EStG, mag allerdings eine andere Deutung zulassen. Zu weit geht es in jedem Fall, sogar in der bloßen Kassenmitteilung über das Guthaben nach erfolgreichem Einspruch einen begünstigenden VA zu sehen (so aber FG RhPf EFG 88, 279; richtig BFH/NV 92, 716). Ein Anrechnungsbescheid (meist: „Anrechnungsverfügung") enthält freilich ein Regelungsbündel hinsichtlich aller berücksichtigten Einzelbeträge: sollen Fehler zugunsten des Stpfl korrigiert werden, kann dies folglich nur unter den Voraussetzungen des § 130 II geschehen (BFH BStBl 87, 405), der nicht eingreift bei einer zum Nachteil des Stpfl rechtswidrigen Anrechnungsverfügung (BFH/NV 08, 290). 14

Kein StBescheid, sondern anderer VA sind Bescheide über die Festsetzung von **Nebenleistungen** wie Sz oder eines Verspätungszuschlags, über einen **StErlass** nach § 227 oder eine **Billigkeitsmaßnahme** nach § 163 (vgl näher § 163 Rz 11) sowie das **Leistungsgebot** (§ 254). Auch die **Abrechnung nach § 218 II** erfolgt nicht durch StBescheid. Die Entscheidung über die Zustimmung es FA zu einer **Bilanzänderung** ist hingegen *Teil* des StBescheids und kein selbständiger und gesondert angreifbarer VA. Die Abrechnung über geleistete Zahlungen, Verrechnungen udgl ist, auch wenn in den StBescheid aufgenommen, anders als die durch § 36 IV EStG vorgeschriebene Anrechnung von Vorauszahlungen etc, überhaupt kein bestandskraftfähiger VA (BFH BStBl 05, 457). 14a

Wird der **Bausteuerabzug** nach § 48 EStG nicht vorschriftsgemäß einbehalten, angemeldet und abgeführt, soll das FA einen StBescheid nach § 155 nicht erlassen können, weil der Bausteuerabzug kein Steuereinbehalt sei (so *Diebold* DStZ 02, 252); jedenfalls aber kann der Abführungspflichtige nach § 48 II 1 EStG als Haftender durch Bescheid nach § 191 in Anspruch genommen werden (vgl *Ebling* DStZ 01, Beihefter zu Heft 51–52; aA *Diebold* DStZ 02, 252). 15

4. StFestsetzung im Insolvenzverfahren. Siehe wegen weiterer Einzelheiten auch die Kommentierung zu § 251 III; OFD Hannover 26.2.2008 DStR 08, 923. 20

Im Insolvenzverfahren nach der InsO werden (bei Eröffnung noch nicht bestandskräftig festgesetzte) StForderungen nicht fest*gesetzt*, sondern nur gem § 174 I InsO angemeldet und ggf durch Bescheid nach § 251 III (hierzu näher unten) fest*gestellt* (ebenso wie im früheren Konkursverfahren bzw im früheren Gesamtvollstreckungsverfahren; siehe jetzt § 87 InsO). Ein StBescheid, auch nach §§ 164, 165, 172 ff (BFH BStBl 68, 496), darf also über insolvenzbefangene StForderungen nach Verfahrenseröffnung nicht mehr ergehen und wäre nach zutreffender und überwiegender Ansicht nichtig (BFH BStBl 03, 630; 98, 428). Das Gleiche gilt für Feststellungsbescheide, wenn sie ihrem Inhalte nach für die zur Tabelle anzumeldenden StForderungen von Bedeutung sein können (BFH BStBl 98, 428; siehe auch Rz 20d), ebenso für die Aufhebung eines Investitionszulagebescheids (BFH BStBl 13, 778). Wohl aber dürfen über durch Handlungen des Insolvenzverwalters oder sonst durch die Verwaltung der Insolvenzmasse (§ 55 I Nr 1 InsO) begründete StForderungen (also Masseverbindlichkeiten) weiterhin StBescheide ergehen (siehe Rz 22), die den Schuldner als StSchuldner, den Verwalter jedoch als Bekanntgabeadressaten benennen müssen. StBescheide ggü dem Verwalter können auch ergehen über StErstattungen und StVergütungen, wenn sich daraus unter keinen Umständen eine zur Tabelle anzumeldende (mithin nach den Vorschriften des Insolvenzverfahrens geltend zu machende) StForderung ergeben kann, wie es bei einem negativen USt-Bescheid der Fall ist (BFH BStBl 10, 11; BFH/NV 09, 719; ebenso *Kahlert/Rühland* Rz 8.75 f, jedoch nicht unstreitig). StBescheide ggü dem Schuldner ergehen ferner hinsichtl durch freigegebenen Neuerwerb entstehender Steuern.

Statt der StBescheide erstellen die FinBeh über die als Insolvenzforderungen einzustufenden StForderungen Berechnungen, die lediglich über die Grundlagen der zur Tabelle anzumeldenden Forderungen *informieren*. Dass eine solche Berechnung ein StBescheid sein soll, weil sie lediglich einen Vergütungsbetrag ausweist (so FG Mster EFG 11, 303), dürfte jedenfalls nicht zu verallgemeinern sein.

Die angemeldete Forderung gilt als festgestellt, wenn gegen sie im Prüfungstermin (mündlich, vgl BFH DB 17, 1821) oder im schriftlichen Verfahren (§ 177), wenn dieses angeordnet worden ist, der Widerspruch weder vom Insolvenzverwalter noch von einem Insolvenzgläubiger erhoben wird oder ein erhobener Widerspruch beseitigt wird (auf Seiten der FinBeh: durch Bescheid nach § 251 III).

20a Ist eine StForderung bei Verfahrenseröffnung bereits iSd § 38 InsO begründet, jedoch zu diesem Zeitpunkt noch nicht iSd § 38 entstanden, ist sie aufzuteilen in eine vor und eine nach Verfahrenseröffnung begründete StForderung und gesondert geltend zu machen: USt ist gesondert für die Zeit bis zur Eröffnung des Insolvenzverfahrens (Insolvenzforderungen) und danach (ggf gesondert nach Masse- und insolvenzfreien Forderungen) zu erfassen, Kraftfahrzeugsteuer ist ggf nach Tagen aufzuteilen (BFH BStBl 05, 309; BFH/NV 98, 86), ESt unter verhältnismäßiger Aufteilung der JahresStSchuld danach, wann die einzelnen für die Höhe des Jahreseinkommens maßgebenden Besteuerungsmerkmale erfüllt worden sind (vgl BMF v 11.1.2002, BStBl I, 132; BFH BStBl 84, 602). Der Anspruch auf Rückforderung einer InvZul ist jedoch begründet vor Eröffnung des Insolvenzverfahrens selbst bei zulageschädlicher Verwendung erst nach Verfahrenseröffnung (wie bei einem rückwirkenden Ereignis).

20b Begründet iSd § 38 InsO sind Forderungen, wenn der komplette steuerrechtl maßgebliche Sachverhalt (BFH BStBl 12, 466; 09, 682; für die ESt BFH BStBl 13, 759; BFH/NV 15, 236) verwirklicht ist, aufgrund dessen sie nach den StGesetzen entstehen, zB Arbeitslohn gezahlt worden ist. USt entsteht idS jedoch nicht mit der Ausführung einer Leistung, sondern bei einer Versteuerung nach vereinnahmten Entgelten mit deren Vereinnahmung (BFH BStBl 10, 138), bei der Sollbesteuerung nach der zweifelh und vielfach angegriffenen neueren Rspr des 5. Senats des BFH mit Ausführung der Leistung (§ 16 I Nr 1a UStG) lediglich gleichsam vorläufig; denn mit Eröffnung eines Insolvenzverfahrens sei die USt wegen „rechtl Uneinbringlichkeit“ gem § 17 II Nr 1 UStG zu berichtigen, und zwar in dem vor Eröffnung des Insolvenzverfahrens liegenden Besteuerungszeitraum (BFH BStBl 12, 298); die Steuer entstehe dann ggf mit der tatsächlichen Vereinnahmung des betr Entgelts während des Insolvenzverfahren neu und sei demzufolge eine Masseverbindlichkeit. Auch ein USt-Vergütungsanspruch entsteht nicht (auflösend bedingt), sobald eine Leistung ausgeführt wird, sondern erst wenn ein Berichtigungstatbestand iSd § 17 II UStG oder des § 15a UStG verwirklicht wird (BFH BStBl 13, 36).

Das Festsetzungsverbot der InsO gilt auch insoweit, als eine **Abschlusszahlung** etwa wegen anzurechnender Vorauszahlungen oder Abzugsbeträge *nicht* festzusetzen ist (vgl *Welzel* DStR 99, 559). 20c

Das Festsetzungsverbot der InsO gilt auch für einen **Haftungsbescheid** gegen den Insolvenzschuldner, sofern die Haftung nicht durch eine außerhalb des Verfahrens unternommene (freigegebene) Tätigkeit des Schuldners begründet worden ist und folglich gegen das insolvenzfreie Vermögen desselben geltend zu machen ist (BFH BStBl 10, 13). 20d

Auch ein **Grundlagenbescheid** kann während des Insolvenzverfahrens nicht ergehen, wenn er Besteuerungsgrundlagen feststellt, die für Insolvenzforderungen abstrakt Bedeutung haben, die also Steuern betreffen, die Insolvenzforderungen sein *können* (BFH BStBl 03, 630; 98, 428; BFH BStBl 85, 650 – Feststellungsbescheid zulässig, jedoch Verwalter bekannt zu geben – ist überholt; vgl aber auch BFH/NV 89, 441); das gilt auch dann, wenn im Einzelfall eine stl Insolvenzforderung nicht Folge der Feststellung ist (BFH BStBl 03, 630, offen, ob anderes gilt, wenn die Feststellung so vom Verwalter beantragt worden ist oder zu einer StErstattung führen kann). Das betr Feststellungsverfahren wird also ebenso wie ein StFestsetzungsverfahren unterbrochen (§ 240 ZPO; FG Ddorf EFG 01, 61). Die in diesem Zusammenhang für das Konkursverfahren entwickelten Grundsätze gelten für das Verfahren nach der InsO entsprechend (siehe §§ 178, 179, 185 InsO). Die Unterbrechung des Gewinnfeststellungsverfahrens ist aber auf die Feststellung desjenigen Gewinnanteils beschränkt, der dem in Insolvenz geratenen Gesellschafter zuzurechnen ist (informatorischer Ausweis der die übrigen betr Anteile bei der Anmeldung im Insolvenzverfahren); iÜ steht dessen Insolvenz dem Fortgang des Verfahrens nicht entgegen. Der Grundsatz der Einheitlichkeit der Feststellung wird dadurch modifiziert (BFH BStBl 05, 246). Ein entgegen diesen Grundsätzen gegen den Insolvenzschuldner gerichteter Bescheid ist nichtig bzw teilnichtig. Ist (auch) die Gesellschaft selbst in Insolvenz, so ist sie damit aufgelöst und folglich die Feststellung nach § 183 II allen Gesellschaftern bekannt zu geben. 20e

Die **Anmeldung einer StForderung zur Insolvenztabelle,** die beim Insolvenzverwalter abzugeben ist (§ 174 I 1 InsO), ist kein auf die Festsetzung einer entstandenen Steuer gerichteter StBescheid (BFH BStBl 88, 124), sondern ein besonderes Institut des Insolvenzverfahrens, das insoweit *Vorrang* vor § 155 beansprucht. Die Anmeldung hat uU auch Wirkung ggü am Insolvenzverfahren nicht Beteiligten, nämlich ggü einem Zessionar, der wie einen gegen den Zedenten nachträglich ergehenden StBescheid auch eine StAnmeldung gegen sich gelten lassen muss (BFH BStBl 09, 90; zweifelnd BFH BStBl 07, 415). Die Anmeldung kann ggf nach § 130 geändert werden (näher § 130 Rz 12). 21

Ein gegen einen **vor Verfahrenseröffnung ergangenen StBescheid** angestrengtes Klageverfahren wird durch die Eröffnung des Insolvenzverfahrens unterbrochen (§ 155 FGO iVm § 240 S 1 ZPO). Es erledigt sich, wenn die Forderung widerspruchslos zur Tabelle festgestellt wird. Anderenfalls kann es auch von der FinBeh ggü dem Insolvenzverwalter aufgenommen werden (§§ 179 I, 180 II InsO). Sie kann es auch ggü dem Schuldner aufnehmen, wenn dieser der Anmeldung zur Tabelle widerspricht (BFH BStBl 06, 573); denn dessen Widerspruch steht zwar der Feststellung der Forderung nicht entgegen, wohl aber einer Vollstreckung aus der Tabelle nach Beendigung des Insolvenzverfahrens (§§ 178 I 2, 201 II InsO). Die Anfechtungsklage verwandelt sich dadurch in ein Insolvenzfeststellungsverfahren, mit dem ggü dem Insolvenzverwalter/Schuldner die Feststellung der Forderung zur Insolvenztabelle begehrt wird (BFH BStBl 08, 790). Anstelle der Aufnahme des Verfahrens darf nicht etwa ein Feststellungsbescheid nach § 251 III erlassen werden; geschieht dies dennoch, ist dieser rechtswidrig (nicht nichtig!) (BFH/NV 05, 1406). 21a

Zum weiteren Ablauf des Besteuerungsverfahrens sowie zur verfahrensrechtlichen Behandlung vor Verfahrenseröffnung ergangener, aber nicht bestandskräftig gewordener StBescheide siehe eingehender § 251 Rz 14ff sowie BFH BStBl 05, 246; 06, 573; 08, 790.

22 Anders als bei den von § 38 InsO erfassten Insolvenzforderungen ist die Rechtslage bei den durch Handlungen des Insolvenzverwalters begründeten StForderungen, die **Masseverbindlichkeiten** gem § 55 I InsO darstellen (beachte auch § 55 II InsO), etwa aufgrund einer Fortführung des Betriebes oder der Veräußerung von Insolvenzgegenständen (insbes Sicherungsgut); diese führen zu Masseschulden und sind durch StBescheid gegen den Insolvenzverwalter festzusetzen, ungeachtet dessen, dass der Schuldner selbst StSchuldner ist (BFH BStBl 12, 256; 11, 96; 94, 878, 600; vgl näher § 251 Rz 17, dort auch zur Abgrenzung ggü Insolvenzforderungen).

22a Zu den Masseverbindlichkeiten gehören nach § 55 II und IV auch Verbindlichkeiten, die von einem starken vorläufigen Insolvenzverwalter bzw – bei einem nach dem 1.1.2011 eröffneten Insolvenzverfahren (Art 103e EGInsO) – von dem späteren Schuldner mit der Zustimmung eines schwachen vorläufigen Insolvenzverwalters begründet worden sind. Auch sie können folglich nach Verfahrenseröffnung gegen den Insolvenzverwalter durch Bescheid festgesetzt werden. Ist bereits zuvor von dem späteren Schuldner mit Zustimmung des schwachen vorläufigen Insolvenzverwalters eine StAnmeldung hinsichtlich solcher Verbindlichkeiten abgegeben worden, können die betr Steuern jedoch nicht nach Verfahrenseröffnung erneut festgesetzt werden (BMF BStBl I 12, 120; vgl FG Ddorf ZInsO 12, 1036).

22b Vor Eröffnung des Insolvenzverfahrens begründete **Erstattungsforderungen** des Schuldners können ggü dem Insolvenzverwalter festgesetzt werden (BFH BStBl 79, 639; str, ebenso *Kahlert/Rühland* Rz 8.75 f), erst recht selbstredend solche, die nach Eröffnung begründet worden sind und folglich Ansprüche der Masse darstellen. Entsprechendes gilt für einen *Abrechnungsbescheid* nach § 218 II oder einen *GewStMess-* und einen *Zerlegungsbescheid* nach einem Widerspruch der erhebungsberechtigten Körperschaft gegen die Anmeldung von GewStForderungen zur Insolvenztabelle (vgl BFH BStBl 98, 428), StBescheide wegen *Neuerwerben* (§ 35 InsO) oder StBescheide, die über den streitigen *Vorrang* einer Forderung (§ 39 InsO) entscheiden (§§ 179 I, 185 InsO).

23 **Nach Abschluss eines Insolvenzverfahrens** kann aufgrund eines Tabellenauszugs eine dort festgestellte StForderung gegen den ehemaligen Insolvenzschuldner geltend gemacht (vollstreckt) werden; das Gleiche gilt bei einem Feststellungsbescheid nach § 251 III bzw für die hierüber ergangene Rechtsbehelfsentscheidung. Hat der Insolvenzschuldner allerdings seinerzeit der Feststellung der Forderung widersprochen, kann die FinBeh nach Aufhebung des Insolvenzverfahrens aus der Tabelle nicht in sein (wieder insolvenzfrei gewordenes) Vermögen vollstrecken (§ 201 II InsO). Tabellenauszug und Feststellungsbescheid sind gleichwohl nicht besondere Formen eines StBescheids (vgl *Bartone* AO-StB 08, 132), sondern Maßnahmen im (insolvenzrechtl besonders geregelten) StErhebungsverfahren. Sie stehen deshalb nicht entgegen, nunmehr die Steuer (ggf abweichend) festzusetzen. War allerdings eine solche Festsetzung bereits vor Eröffnung des Insolvenzverfahrens bestandskräftig erfolgt, kann sie nur unter den allgemeinen Voraussetzungen, insbes nach §§ 173ff, geändert werden, wenn die allerdings gem § 171 XIII gehemmte Festsetzungsfrist noch nicht abgelaufen ist.

26 **5. Ablehnung des Antrags auf StFestsetzung (Abs 1 Satz 3).** Die Ablehnung eines Antrags auf StFestsetzung, die auch in der Bekanntgabe einer NV-Verfügung ggü dem Stpfl (BFH BStBl 89, 920) oder jeder sonstigen als Bescheid zu wertenden Willensäußerung der FinBeh liegen kann, steht einem StBescheid gleich; sie kann also nur nach den §§ 172ff später geändert werden. Der Betroffene kann den Ablehnungsbescheid anfechten, jedoch grds nur wenn er sich dadurch beschwert fühlt, dass die *StPflicht* (verbindlich) bejaht worden ist (BFH BStBl 88, 286; 57, 151). Die Zulässigkeit einer Klage gegen eine zu niedrige StFestsetzung ist

nach § 40 II FGO gegeben, wenn der Kläger durch die zu niedrige StFestsetzung Nachteile befürchten muss. Dies setzt voraus, dass mit einer gewissen Wahrscheinlichkeit angenommen werden kann, dass dem Kläger der Vorgang, auf dem die StFestsetzung beruht, bei der gleichen Steuer für spätere StAbschnitte stl Nachteile verursachen wird, die den durch die angefochtene zu niedrige StFestsetzung bewirkten Vorteil überwiegen (BFH BStBl 88, 286; 75, 304; 73, 323; BFH/NV 02, 805; 14, 903; BFH/NV 08, 2037 für das Feststellungsverfahren). Das Gleiche muss gelten, wenn sich der Vorgang voraussichtlich in der noch offenen Festsetzung einer anderen Steuer auswirken wird.

Die **Abgabe einer EStErklärung** stellt bei erkennbar berechtigtem Interesse (zB Ansatz eines Werbungskostenüberschusses bei den Einkünften aus VuV und Angabe, dass mit einer Erstattung gerechnet wird) einen Antrag auf StFestsetzung iSv § 155 I 3 auch dann dar, wenn eine Veranlagung von Amts wegen durchzuführen ist (BFH BStBl 87, 3; 89, 920). Teilt das FA dem Stpfl in ähnlicher Form wie in einem StBescheid mit Rechtsbehelfsbelehrung oder nach Rechtsbehelfseinlegung durch förmliche Einspruchsentscheidung die Ablehnung der Veranlagung mit, soll darin ein Freistellungsbescheid liegen, auch wenn diese Ablehnung nicht als Bescheid, sondern nur als Mitteilung bezeichnet ist (BFH BStBl 87, 3; 89, 920). Ist kein berechtigtes Interesse an einer StFestsetzung erkennbar, sondern wird (zB bei der ErbSt) nur die gesetzliche StErklärungspflicht erfüllt, liegt in der Abgabe einer StErklärung *kein* Antrag auf StFestsetzung (BFH BStBl 92, 124; BFH/NV 93, 279). 27

6. Der Freistellungsbescheid (Abs 1 Satz 3). Durch einen Freistellungsbescheid wird verbindlich festgestellt, dass eine bestimmte Person aufgrund des vom FA geprüften Sachverhalts eine bestimmte Steuer dem Grunde nach überhaupt nicht oder für einen bestimmten VZ nicht schuldet (BFH BStBl 01, 506; 98, 711; 92, 322). Er enthält die *bestandskraftfähige* Feststellung, dass keine (oder nur teilweise eine) StSchuld besteht oder dass die Entstehung und/oder endgültige Überprüfung der StEntstehung oder einer Befreiung hinausgeschoben werden soll (materiell vorläufige Freistellung BFH/NV 87, 737; BFH BStBl 85, 347; vgl auch BFH BStBl 85, 716). Ein Freistellungsbescheid ist wie ein StBescheid zu behandeln (BFH BStBl 98, 711), kann also zB unter Nachprüfungsvorbehalt ergehen (BFH BStBl 02, 819). Er hat vor allem für die Erstattung von StAbzugsbeträgen oder geleisteten Vorauszahlungen Bedeutung, die grds eine StFestsetzung durch Bescheid voraussetzt (BFH BStBl 86, 207); insoweit hat der Stpfl einen Anspruch (Ermessensreduktion) auf Erteilung eines solchen Bescheids (vgl BFH/NV 95, 67 bei Geltendmachen fehlender Kirchenmitgliedschaft). StBescheid ist danach zB der Freistellungsbescheid nach § 50d I 3 EStG (BFH BStBl 01, 291; 02, 819), in dem aber nur darüber zu befinden ist, ob aus den dort genannten Gründen eine Freistellung von der deutschen Steuer geboten ist (BFH BStBl 06, 489). Die Freistellungsbescheinigung nach § 50d III 1 EStG ist hingegen kein StBescheid (aber VA; BFH BStBl 06, 489), ebenso wie eine Nichtveranlagungsbescheinigung nach § 44a II Nr 2 EStG (BFH BStBl 01, 291). Sie sind gleichsam gesetzlich geregelte NV-Verfügungen (dazu Rz 35) und können folglich auch dann erteilt werden, wenn ein entsprechender Antrag erst nach Ablauf der Festsetzungsfrist für die abzuführende Steuer gestellt worden ist. StBescheid ist ferner ein Bescheid, in dem die Voraussetzungen des § 5 I Nr 9 KStG festgestellt werden (BFH BStBl 98, 711). Ein Antrag auf Erstattung im Quellenabzugsverfahren einbehaltener Steuern stellt einen Freistellungsantrag dar (BFH/NV 96, 377; BFH BStBl 68, 287). 30

In der ersatzlosen **Rücknahme eines StBescheids** liegt noch kein Freistellungsbescheid (vgl BFH/NV 00, 1075; 85, 13 und § 130 Rz 37f); eine ausdrücklich erklärte Nichtveranlagung kann allenfalls dann als Freistellungsbescheid verstanden werden, wenn der betr Stpfl sonst regelmäßig veranlagt worden war (BFH/NV 88, 10). Anders kann dies bei einem Haftungsbescheid (der *kein* StBescheid ist) sein; hier kann die ohne ersichtlichen Grund im Einspruchsverfahren erfolgende 30a und ausdrücklich als ersatzlos bezeichnete Aufhebung so zu verstehen sein, dass gegen den Haftungsschuldner kein neuer Bescheid mehr anstelle des aufgehobenen ergehen soll (BFH BStBl 86, 779; 90, 2; 93, 146; siehe näher § 130 Rz 37f).

31 Freistellungsbescheide lauten auf null €. Wird nicht zum Ausdruck gebracht, dass die Steuer oder der Gewinn auf null festgesetzt bzw festgestellt wird, so ist demnach kein Freistellungsbescheid gegeben (BFH/NV 85, 13; vgl auch BFH BStBl 86, 775). Es ist indes nicht erforderlich, dass die Steuer *ausdrücklich* auf null festgesetzt wird, entscheidend ist allein, ob für den Adressaten aus dem Bescheid selbst oder aus den Umständen seines Erlasses erkennbar ist, dass eine dahin gehende einseitige, verbindliche, der Rechtsbeständigkeit fähige Regelung kraft hoheitlicher Gewalt gewollt ist (BFH BStBl 92, 322; 90, 565; 89, 920; BFH/NV 88, 10; vgl auch § 118 Rz 16). Nach diesen Grundsätzen ist auch die NV-Verfügung, die normalerweise kein VA ist (BFH BStBl 64, 215), von einem Freistellungsbescheid abzugrenzen.

35 **7. NV-Verfügungen** (vgl auch § 118 Rz 42 „Nichtveranlagungsverfügung"). Der gesetzlich nicht definierte Begriff der NV-Verfügung wird in der Verwaltungspraxis für unterschiedliche Fallgestaltungen verwendet. Die Frage nach der Rechtsnatur, dem Regelungsinhalt und der verfahrensrechtlichen Bedeutung einer derartigen Verfügung ist daher nach den Umständen des Einzelfalls zu beantworten (vgl BFH BStBl 89, 920; BFH/NV 88, 10; OVG Lüneburg KStZ 16, 177). Eine als NV-Verfügung deklarierte Mitteilung *kann* die Ablehnung eines Antrags auf StFestsetzung enthalten, insbes wenn die FinBeh in ihr die gesetzlichen Voraussetzungen für eine Veranlagung nach § 46 EStG verneint, oder zB bei Verneinung der materiellen StPflicht die Bedeutung eines Freistellungsbescheids haben (BFH BStBl 89, 920).

36 Eine NV-Verfügung, durch die dem Stpfl mitgeteilt wird, dass die Voraussetzungen für eine StFestsetzung nicht vorliegen, ist aber grds *kein* Steuer(Freistellungs-) Bescheid. Sie verlautbart bloß eine innerdienstliche Verfügung, dass keine Veranlagung durchgeführt werde (zu Auslegungsgesichtspunkten eingehend BFH/NV 88, 10; vgl auch BFH BStBl 89, 920); denn die FinBeh hat idR keinen Anlass, bestandskraftfähig zu entscheiden, dass eine StSchuld nicht besteht.

37 Ob die NV-Mitteilung *ausnahmsweise* als (bestandskraftfähige) Bescheid anzusehen ist, ist nach dem *objektiven Erklärungsinhalt* der Mitteilung zu beurteilen (vgl § 118 Rz 27). Dafür spielt die äußere Form, in der die Mitteilung ergeht, eine erhebliche Rolle. Bedeutsam ist vor allem, ob die Mitteilung mit einer Rechtsbehelfsbelehrung versehen ist, auch wenn diese nicht umgekehrt unerlässliche Voraussetzung für die Annahme eines Freistellungsbescheids ist. Mit einer derartigen Belehrung gibt die Behörde unmissverständlich zu erkennen, dass sie ihre Mitteilung als Regelungsverfügung verstanden wissen will (BFH/NV 88, 10; BVerwGE 44, 1; 57, 26). Eine Mitteilung über das Ergehen einer NV-Verfügung ist hingegen dann kein Freistellungsbescheid, wenn sie ohne besondere Prüfung einer StErklärung, insbes ohne genaue Ermittlung der Besteuerungsgrundlagen, lediglich den Hinweis enthält, dass für ein bestimmtes Kalenderjahr keine Veranlagung zur ESt durchgeführt werde (BFH/NV 85, 14; BFH BStBl 64, 215).

39 **8. Steuerbescheid vor Grundlagenbescheid (Abs 2).** § 155 II lässt zu, dass ein StBescheid erteilt wird, auch wenn ein an sich vorgeschriebener Grundlagenbescheid (vgl § 179) noch nicht erlassen wurde; in diesem Fall müssen die in einem Grundlagenbescheid festzustellenden Besteuerungsgrundlagen geschätzt werden. Das Erfordernis der gesonderten Feststellung wird aber durch eine solche vorgreifliche StFestsetzung nach § 155 II nicht beseitigt, sondern nur insofern relativiert, als unbeschadet des fehlenden Grundlagenbescheids nach dem (nur) den Zeitpunkt der StFestsetzung betr (BFH BStBl 11, 769) Ermessen des FA eine vorläufige StFestsetzung ergehen darf (BFH/NV 04, 602). Die vorläufige Entscheidung über die in einem Grundlagenbescheid festzustellenden Besteuerungsgrundlagen durch

Schätzung darf nicht erfolgen, wenn von dem betr FA der Grundlagenbescheid ohne Weiteres erlassen werden könnte (BFH/NV 16, 227; 87, 564), insbes das FestsetzungsFA selbst dafür zuständig ist (BFH/NV 07, 641; 87, 564). Der Erlass eines Folgebescheids vor dem Grundlagenbescheid ist vielmehr nur zulässig, wenn sich der Grundlagenbescheid aus sachlichen Gründen verzögert. Der Erlass des Grundlagenbescheids muss noch beabsichtigt sein (BFH BStBl 04, 204; 84, 290).

Die FinBeh darf eine Zuständigkeit für eine vorläufige Entscheidung einer in das gesonderte Feststellungsverfahren gehörenden Frage ferner nur in Anspruch nehmen, solange hierüber in einem Feststellungsbescheid *überhaupt noch nicht* entschieden worden ist (BFH BStBl 84, 290; 88, 660; 89, 596; 90, 177; BFH/NV 96, 450; 95, 759; 87, 629), nicht wenn sie einen bereits vorliegenden Grundlagenbescheid für unrichtig hält und mit dessen Änderung rechnet. Für den Stpfl muss aus dem Bescheid selbst oder zumindest aus den Umständen eindeutig zu erkennen sein, dass die *endgültige* Festlegung der Besteuerungsgrundlagen in einem Grundlagenbescheid erfolgen wird (BFH BStBl 11, 769; 99, 401; 89, 596; BFH/NV 16, 227; 05, 1235; 90, 73). Geht daher das FA irrtümlich davon aus, dass ein Grundlagenbescheid nicht erforderlich ist, und erlässt es infolgedessen einen endgültigen Bescheid, so ist dieser Bescheid durch § 155 II *nicht* gedeckt. Er ist rechtswidrig (BFH BStBl 04, 204; 84, 290; BFH/NV 86, 319; 87, 549; 87, 629; 91, 486). Allerdings besteht die Möglichkeit, die Rechtswidrigkeit durch Nachholung des Grundlagenbescheids zu heilen (BFH/NV 87, 629; vgl auch BFH/NV 86, 319; 87, 549). Die vorläufige Festsetzung erstarkt zu einer endgültigen, wenn ein Feststellungsbescheid nicht ergangen ist und nicht mehr ergehen kann (BFH BStBl 07, 76; BFH/NV 09, 711).

Die (Ermessens-)Entscheidung, ob ein vorläufiger Folgebescheid vor dem erforderlichen Grundlagenbescheid erlassen werden soll (Rz 39), bedarf idR keiner näheren Begründung, weil nach dem Sinn des Gesetzes regelmäßig von § 155 II Gebrauch zu machen ist (intendiertes Ermessen; offen BFH BStBl 11, 769; 942). Bei der Entscheidung über das „Ob" des Bescheiderlasses und die Höhe der in ihm ggf anzusetzenden Besteuerungsgrundlagen handelt es sich um eine einheitliche Ermessensentscheidung (BFH BStBl 15, 12). 40

Das FA muss bei Erlass eines StBescheids vor Ergehen des an sich vorgeschriebenen Grundlagenbescheids alle geltend gemachten Besteuerungsgrundlagen (also auch geltend gemachte Verluste oder erhöhte Absetzungen nach § 7i II EStG, BFH BStBl 15, 12) berücksichtigen und in rechtlicher Hinsicht selbst überprüfen, wenn es den Folgebescheid vor dem Grundlagenbescheid erlassen will (BFH BStBl 81, 416; BFH/NV 10, 2007). Es muss sich dabei grds an der StErklärung orientieren (BFH BStBl 01, 33; zur Beachtung einer Bescheinigung der Denkmalbehörde FG Münster EFG 12, 2194). Eine eigenständige Ermittlung der feststellungsbedürftigen Besteuerungsgrundlagen ist nicht zulässig, diese sind vielmehr gem § 162 V – nicht nur in quantitativer Hinsicht! – ggf zu schätzen (vgl BFH BStBl 15, 12; 07, 76; BFH/NV 12, 601; 10, 2007). Im Hinblick auf die geschätzten Besteuerungsgrundlagen ist der Bescheid ggf gem § 165 Abs. 1 Satz 1 AO für vorläufig zu erklären, um, wenn der Grundlagenbescheid später nicht erlassen wird, die Schätzung korrigieren zu können (BFH BStBl 15, 12). Das FA kann die Schätzungsgrundlagen dadurch ermitteln, dass es Auskünfte insbes beim für den Grundlagenbescheid zuständigen FA einholt, etwa über eine dort abgegebene StErklärung; eine Bindung an eine bloße, nicht näher begründete Mitteilung des für die gesonderte Feststellung zuständigen FA besteht jedoch nicht. Streitige Besteuerungsgrundlagen sind also weder ganz außer Acht zu lassen noch ohne Weiteres in der in der StErklärung angegebenen Höhe anzusetzen. 41

Nach Ergehen des Grundlagenbescheids gilt § 175 I Nr 1, dh der ggf ursprünglich rechtswidrige **StBescheid** muss **dem nachträglich ergangenen Grundlagenbescheid angepasst** werden. Das Gebot des § 175 I Nr 1 besteht solange, wie ein Grundlagenbescheid in dem Folgebescheid noch nicht vollständig und richtig 42 berücksichtigt ist. § 175 I Nr 1 enthält insoweit keinerlei einschränkende Vorschriften (BFH BStBl 86, 186). Dies gilt auch für einen bestandskräftigen Bescheid, der irrtümlich als (insofern rechtswidriger, vgl Rz 40) endgültiger Bescheid vor dem Grundlagenbescheid erlassen worden ist. Auch nach Bestandskraft eines solchen Bescheids kann also noch der Grundlagenbescheid nachgeholt werden (selbst wenn dabei das FeststellungsFA selbst tätig wird, BFH/NV 04, 27; allgemein zur Zulässigkeit eines Grundlagenbescheids nach bestandskräftiger Veranlagung auch BFH/NV 90, 634), es sei denn, dass die Steuer, für deren Veranlagung die Feststellung zu Grunde zu legen wäre, bereits verjährt ist (vgl zu dieser Grenze BFH BStBl 65, 52; 92, 52; aber auch BFH BStBl 79, 265), wobei jedoch die Ablaufhemmung nach § 171 X zu beachten ist. Eine in einem StBescheid vorläufig berücksichtigte Bemessungsgrundlage entfällt aber nicht, wenn dieser Ansatz wegen Ablaufs der Festsetzungsfrist unabänderbar wird und der an sich erforderliche Grundlagenbescheid nicht oder nicht innerhalb der für ihn geltenden Feststellungsfrist ergangen ist (BFH BStBl 07, 76; BFH/NV 09, 708, 711; 07, 641). Sie kann dann aber auch nicht (etwa aufgrund nunmehr vom FestsetzungsFA angestellter eigener Ermittlung der Besteuerungsgrundlagen) geändert werden; der Bescheid nach § 155 II ist also insofern nicht länger ein vorläufiger StBescheid (*HHSp/Schuster* § 155 Rz 45).

43 § 155 II bezieht sich nur auf den Fall, dass noch überhaupt *kein* auf einem vorgängigen Grundlagenbescheid beruhender Folgebescheid vorliegt. Ist dagegen bereits ein Folgebescheid gem Abs 2 ergangen und nunmehr eine Änderung des Grundlagenbescheids zu erwarten (zB aufgrund einer Ap), so darf der Folgebescheid nicht geändert werden, bevor der Grundlagenbescheid geändert worden ist (BFH/NV 96, 450; FG Bln EFG 88, 386; *TK/Seer* § 155 Rz 27); denn solange entfaltet er seine Bindungswirkung. Dagegen dürfte eine Änderung des Folgebescheids zulässig sein, soweit er noch nicht bestandskräftig oder seine Änderung im Rahmen der §§ 173 ff möglich ist, auch wenn noch kein Grundlagenbescheid vorliegt (ernstlich zweifelh nach FG RhPf EFG 83, 392).

43a Ist ein **Grundlagenbescheid** erlassen, jedoch wieder **aufgehoben** worden, kann der bisher in diesem Bescheid beurteilte Sachverhalt nur dann in dem ESt-Bescheid (Festsetzungsbescheid) beurteilt werden, wenn die Aufhebung des Grundlagenbescheids (Feststellungsbescheid) als Erlass eines *negativen* Feststellungsbescheids zu werten ist, der die betr Besteuerungsgrundlagen mit bindender Wirkung aus dem Regelungsbereich des Feststellungsverfahrens *entlässt* (zum negativen Feststellungsbescheid vgl *Kühnen* EFG 11, 18). Anderenfalls muss ggf eine von dem ersten Feststellungsbescheid ausgelöste Änderung des Folgebescheids rückgängig gemacht werden (BFH BStBl 07, 76).

44 Wird ein **Folgebescheid** vom Gericht **angefochten,** weil die Besteuerungsgrundlagen fehlerhaft festgestellt seien, ist das Verfahren iAllg auszusetzen, bis geklärt ist, ob der Grundlagenbescheid geändert wird (BFH BStBl 73, 24; 88, 167; vgl zur Zulässigkeit einer solchen Klage BFH BStBl 88, 142). Das Klageverfahren ist ferner auszusetzen, wenn ein Grundlagenbescheid noch aussteht (BFH/NV 97, 574; 89, 525). Das Gleiche gilt, wenn Streit über in einem solchen Bescheid entschiedene Fragen besteht, weil deren gerichtliche Prüfung dem Verfahren über den Grundlagenbescheid vorbehalten ist (BFH BStBl 84, 290; 86, 239; 89, 343; 89, 596; BFH/NV 87, 549; 90, 485). Die Fortsetzung des Verfahrens ungeachtet dieses Streits kann aber ausnahmsweise (wohl weitergehend BFH BStBl 01, 416: sofern nicht ausschl oder vorrangig die Grundlagen streitig sind) geboten sein, zB wenn der Zeitpunktes des Erlasses der Grundlagenbescheide völlig ungewiss ist, sofern die FinBeh den Stpfl aufgrund seines substantiierten Bestreitens der Besteuerungsgrundlagen vorläufig durch entspr Änderung ihres Bescheids (§ 68 FGO) klaglos stellt (BFH BStBl 01, 33); ebenso wenn der Stpfl sich auf Billigkeit beruft, sein Billigkeitsantrag nach § 163 aber bereits bestandskräftig abgelehnt worden ist (BFH BStBl 94, 81) oder offensichtlich aussichtslos ist (vgl auch BFH/NV 98, 201). Hingegen verweist BFH BStBl 01, 416 zu Unrecht vorbehaltlos darauf, dass der

Folgebescheid bei einer Änderung des Grundlagenbescheids ohnehin anzupassen sei. Eine Entscheidungsbefugnis (Schätzung) nimmt BFH/NV 87, 629 jedoch an, wenn das betr FA den Erlass von Grundlagenbescheiden „verweigere".

Die **AdV** eines vorläufigen Folgebescheids ist auch aus Gründen zulässig, welche die in einem (noch ausstehenden) Grundlagenbescheid festzustellenden Besteuerungsgrundlagen betreffen (BFH/NV 00, 713). Ist der Grundlagenbescheid erlassen, kann hingegen AdV in einem Verfahren gegen den darauf beruhenden Folgebescheid nur dann verlangt werden, wenn AdV gegen den Grundlagenbescheid gewährt worden ist; diese hindert selbstredend den *Erlass* des Folgebescheids nicht. 44a

9. Steuerbescheid für Gesamtschuldner (Abs 3). Abs 3 ist eine Sondervorschrift für das StFestsetzungsverfahren. Er ist deshalb – abgesehen von den in Satz 2 genannten VA über stl Nebenleistungen – nur für zusammengefasste StBescheide anwendbar, nicht dagegen für sonstige zusammengefasste VA, zB Einspruchentscheidung oder AdV-Bescheid ggü Ehegatten (BFHE 182, 262; nach dieser Entscheidung wird Unwirksamkeit eines zusammengefassten Bescheids auch ggü demjenigen anzunehmen sein, der den Bescheid tatsächlich erhalten hat), oder einen St- und einen Haftungsbescheid. Auch Grundlagenbescheide können nicht zusammengefasst werden (*HHSp/Schuster* § 155 Rz 52). Anwendungsbereich des Abs 3 sind die Fälle, in denen mehrere Stpfl eine Steuer als Gesamtschuldner schulden (zB Ehegatten bei der Zusammenveranlagung, Schenker und Beschenkter bei der ErbSt, Verkäufer und Erwerber bei der Grunderwerbsteuer). Hier wird aus Gründen der Verwaltungsvereinfachung zugelassen, dass zusammengefasste Bescheide über Steuern und stl Nebenleistungen ergehen. Bei zusammengefassten Bescheiden handelt es sich nicht um einen einheitlichen VA (auch die zusammenveranlagten Ehegatten sind unbeschadet des § 26b EStG *verfahrensrechtl* zwei StSchuldner), sondern um eine aus Zweckmäßigkeitsgründen zusammengefasste Mehrheit von Einzelfallregelungen (BFH BStBl 95, 681; 86, 545), nämlich um in einem Bescheid äußerlich zusammengefasste inhaltsgleiche StFestsetzungen ggü mehreren Stpfl, die jeder genau zu bezeichnen sind, jedoch die gleiche steuerrechtliche Leistung schulden (BFH BStBl 68, 163; 86, 474; BFH/NV 91, 3). Grds muss auch an jeden Gesamtschuldner bekannt gegeben werden (BFH BStBl 76, 136; 72, 287; 70, 839), es sei denn, dass einer den anderen zur Empfangnahme bevollmächtigt hat. Der Bescheid wird nur ggü demjenigen wirksam, dem er bekannt gegeben worden ist. (Näheres zur Bekanntgabe solcher Bescheide und der Heilung von Bekanntgabemängeln § 122 Rz 5ff und 36). Ggf muss jeder der Betroffenen anfechten (BFH BStBl 95, 306) oder der eine ggf klar erkenntlich machen, dass er auch für den anderen handeln will (BFHE 182, 262). Keine notwendige Beiladung der anderen (BFH BStBl 94, 405). 45

Die Vorschrift lässt nicht den Umkehrschluss zu, dass außerhalb ihres Anwendungsbereiches (zB bei Ap-Anordnungen) keine zusammengefassten VA möglich sind (vgl BFH BStBl 89, 257; BFH/NV 89, 782; 91, 3). Soweit eine Verletzung des StGeheimnisses nicht in Betracht kommt, bestehen vielmehr auch sonst keine Bedenken gegen zusammengefasste VA (BFH BStBl 85, 266 zur Zusammenfassung eines PauschalierungsStBescheids mit einem Haftungsbescheid; BFH BStBl 68, 292 zur Verbindung eines Einheitswertbescheids mit einem GrStMessbescheid). Bei unterschiedlicher materiell-rechtlicher Betroffenheit der Adressaten muss der Bescheid jedoch selbstverständlich klar erkennen lassen, wem ggü was geregelt wird (BFH/NV 91, 355; BFH BStBl 90, 612 zu einer Prüfungsanordnung gegen Eheleute; FG Köln EFG 88, 344). Geschieht dies, sind auch Abrechnungsbescheide über Erstattungsansprüche ggü zusammenveranlagten Eheleuten als zusammengefasste Bescheide möglich, obwohl die Eheleute nicht Gesamtgläubiger des Erstattungsanspruchs sind (anders FG Köln EFG 88, 344; vgl aber BFH/NV 91, 3 zur Zulässigkeit der Ausweisung von Sz in einem solchen Bescheid). 46

47 **Absatz 3 Satz 2 und 3** hat im Wesentlichen klarstellende Bedeutung. Andere VA (zB Bescheide über stl *Nebenleistungen, KirchenStBescheide* oder *Prämienbescheide*) können mit einem zusammengefassten StBescheid verbunden werden (Abs 3 S 2). Als Bescheide über Nebenleistungen, die mit dem zusammengefassten StBescheid verbunden werden können, sind vor allem die Festsetzung von *Verspätungszuschlägen* zu nennen. Die Bekanntgabe eines Bescheids über die Festsetzung eines Verspätungszuschlags ggü zusammenveranlagten Ehegatten kann also in der Ausfertigung eines zusammengefassten EStBescheids wirksam erfolgen (BFH BStBl 87, 540, 590; BFH/NV 88, 545). Die Zusammenfassung mehrerer Regelungen ist auch bei unterschiedlicher Betroffenheit zulässig, zB bei Festsetzung von Kirchensteuer für glaubensverschiedene Ehegatten, die sich nur gegen einen der Ehegatten richtet. Siehe aber oben zu den Bestimmtheitsanforderungen.

50 **10. Automatisierter Erlass von Steuerbescheiden (Abs 4).** Abs 4 S 1 schafft eine gesetzliche Grundlage dafür, die Festsetzung von Steuern sowie die damit verbundene Anrechnungen von StAbzugsbeträgen und die Abrechnung von Vorauszahlungen auf der Grundlage der Angaben des Stpfl (insb in seiner aktuellen StErklärung) ausschl „automationsgestützt", dh programmgesteuert vorzunehmen oder zu ändern (vgl auch § 35a VwVfG, der mit Rücksicht auf die Vielgestaltigkeit der betroffenen Verwaltungsentscheidungen zusätzlich eine gesetzliche *Einzel*zulassung der Automatisierung verlangt). Es fehlt dann also an einer im betr Einzelfall getroffenen Willensentscheidung und einer vorausgehenden stl Prüfung durch einen Amtsträger, also an der personellen Bearbeitung des Falls. Dass im Vorfeld des Erlasses der Fall individuell durch einen Amtsträger bearbeitet worden sein mag, schließt die Anwendung des Abs 4 nicht aus (*Kopp/Ramsauer* VwVfG § 35a Rz 10). Andererseits verliert der VA den Charakter eines automatisiert erlassenen VA, wenn die Herausgabe desselben (Bekanntmachung) letztlich von einem Amtsträger verfügt oder ausgeführt wird, wenn dieser dabei den (inhaltlich automatisiert gestalteten) VA nicht zumindest rudimentär oder überschläglich geprüft oder überhaupt inhaltlich nicht zur Kenntnis genommen hat.Folglich können auch mündlich erlassene (Zoll-)Bescheide als automatisiert erlassene anzusehen sein.

50a Diese Neuregelung verändert die bisherige Praxis weniger als es auf den ersten Blick scheinen mag; denn seit langem werden StBescheide durch EDV-Programme oftmals und insbes in „Standardfällen" so weitgehend vorbereitet, dass die abschließende Zeichnung eines Sachbearbeiters wenig mehr als ein Formalakt ist. Von einer Herrschaft des Computers über das StRecht zu sprechen, wäre zudem deshalb verfehlt, weil der Bescheid auf einem Computerprogramm beruht, das Ergebnis der Arbeit eines (menschlichen) Softwareentwicklers ist, der das Computerprogramm auf der Grundlage des Gesetzes gestaltet hat, dh die gesetzlichen und ggf dazu ergangene Verwaltungsvorschriften in elektronische Arbeitsroutine umgewandelt hat, soweit dies möglich ist (zu den Einschränkungen sogleich Rz 54 f). Die jede Entscheidung kennzeichnende Willensbetätigung wird beim automatisierten Erlass eines VA also zwar nicht im Zeitpunkt des Erlasses vorgenommen, sondern ist vorverlagert auf die Erstellung des Programms. Allerdings bedarf die automatische StVerwaltung mehr als die traditionelle personelle Bearbeitung der StFälle einer Ergänzung und Unterstützung durch Risikomanagementsysteme, wie sie in § 88 V tatsächlich vorgesehen sind.

50b Der jetzt gesetzlich zugelassene Verzicht auf einen „Rest" der Bearbeitung des konkreten StBescheids durch einen Amtsträger stellt die **Qualität des StBescheids als eines VA**, also einer verwaltungsrechtlichen Willenerklärung der FinBeh, folglich nicht infrage. § 118 Satz 1 (VA als Entscheidung einer Behörde über einen Einzelfall) verlangt, dass eine Rechtsregelung (Entscheidung) ergeht, die ihrem Inhalte nach (objektiv) einen konkreten Sachverhalt betrifft und der FinBeh zugerechnet werden kann, weil sie von ihr veranlasst und gesteuert worden ist. Wie dieser Veranlassungs- und Steuerungszusammenhang von der FinBeh organisiert wird (durch reine Willensbetätigung eines Sachbearbeiters aufgrund gleichsam händischer Vorbereitung des VA, unter Zuhilfenahme programmgesteuert ermittelter Regelungen oder ausschl durch elektronische Erstellung des Bescheids), ist der Verwaltungspraxis überlassen.

Automatisch erlassen werden können nach **Absatz 4 Satz 1 und 2** 51
StFestsetzungs- und Feststellungsbescheide, Bescheide zu deren Korrektur, insbes deren Änderung (der vom Gesetz angesprochene Fall der Rücknahme und des Widerrufs solcher Entscheidungen kann wegen der abschließenden Regelung der §§ 172ff nicht in Betracht kommen, vgl *Braun Binder* DStR 16, 526), sowie mit solchen Entscheidungen zusammenhängende Entscheidungen, insbes diesbzgl Entscheidungen im Rechtsbehelfsverfahren (bei denen allerdings eine Automatisierung idR mangels automatischer Auswertbarkeit der Entscheidungsdaten nicht in Betracht kommen wird) oder zB über einen Verspätungszuschlag in den Fällen des § 152 II, ferner die Anrechnungsverfügungen betr geleistete Vorauszahlungen und StAbzugsbeträge. Abrechnungsbescheide (§ 218 II) sind nicht erfasst (ebenso *TK/Seer* § 155 Rz 52); sie hängen nicht mit der StFestsetzung „zusammen", sondern ergehen in einem gesonderten Verfahren. Entscheidungen betr eine Nebenbestimmung können nur automatisch erlassen werden, wenn insofern eine antizipierte Ermessensausübung vorliegt (dazu näher Rz 58); das wird beim Nachprüfungsvorbehalt (§ 164), vor allem aber bei der Vorläufigkeitserklärung (§ 165) nicht selten sein. Bei anderen Entscheidungen, insbes solchen, die eine nicht (vollständig) programmgesteuerte Ermessensausübung verlangen, zB Erlass einer Ap-Anordnung, muss die Entscheidung nach wie vor von dem zuständ Sachbearbeiter im Einzelfall getroffen werden.

Eine gesetzliche **Einzelermächtigung** zum vollständig automatischen Erlass 52
von Entscheidungen im steuerlichen Verfahren ist anders als nach § 35a VwVfG im allgemeinen Verwaltungsverfahren nicht erforderlich. Ein tragfähiger Grund für diese Differenzierung ist jedoch nicht recht erkennbar.

Automatisch verarbeitet werden können jegliche **zur programmgesteuerten** 53
Auswertung geeigneten Daten, das sind solche, die für ein bestimmtes Elemente der Entscheidung einen bestimmten Wert angeben (vgl *Baldauf* DStR 16, 833: „Kennziffer und Wert"). Außer diesbzgl Angaben in der StErklärung können auch sonstige Informationen der FinBeh programmgesteuert ausgewertet werden, zB Daten aus früheren StErklärungen, Daten iS des § 88a oder Daten iS des § 93c, Daten über einbehaltene StAbzugsbeträge und geleistete Vorauszahlungen. Bei einem Widerspruch zwischen den einzelnen Daten ist den von Dritten übermittelten der Vorrang zu geben, bei Widerspruch des Stpfl gegen bestimmte Daten der Fall zur personellen Bearbeitung auszusteuern (vgl *Braun Binder* DStR 16, 526).

Wenn **Anlass** besteht, **den Einzelfall zu prüfen,** muss nach wie vor ein Amts- 54
träger diese Aufgabe anstelle des Programms erledigen. Der Amtsermittlungsgrundsatz wird durch Abs 4 nicht eingeschränkt. Deshalb begreift sich, dass der Erlass eines automatisierten VA trotz fehlender Automatisierungsvorassetzungen (etwa Erlass einer Ermessensentscheidung trotz fehlener *strikter* Ermesssensbindung9 nicht die Folge der Nichtigkeit, sondern der Rechtswidrigkeit des VA hat (*Kopp/Ramsauer* §VwVfG § 35a Rz 20).

Ein solcher Anlass besteht insbes bei risikobehafteten oder unplausiblen Fällen. Dafür nennt die Gesetzesbegründung (BT-Drs 18/7457) beispielhaft die Fälle, in denen ein Risikomanagementsystem oder vergleichbare Mechanismen oder eine Entscheidung durch Amtsträger dazu geführt haben, dass der Fall zur individuellen Prüfung ausgesteuert wird (vgl § 88 V). Das Gleiche ist der Fall, wenn die Angaben des Stpfl mit anderweitigen, der FinBeh vorliegenden, Erkenntnissen nicht übereinstimmen, etwa von Dritten übermittelten Daten (§ 93c) (vgl *Baldauf* DStR 16, 833). Die FinBeh muss dann den zutreff Sachverhalt ermitteln (*Seer* StuW 15, 315; *Trossen* FR 15, 1021), was naturgemäß nicht programmgesteuert erfolgen kann. Ein Rechtsanspruch auf Aussteuerung wegen eines angeblichen Anlasses zu individueller Bearbeitung besteht nicht, nicht einmal ein Anspruch auf ermessensfehlerfreie Entscheidung; die Prüfung des „Anlasses" zur Aussteuerung erfolgt im öffentl Interesse, nicht in dem des jeweiligen Stpfl.

55 Ferner besteht ein solcher Anlass, wenn der Stpfl in „qualifizierten **Freitextfeldern**" (§ 150 VII) der StErklärung ausdrücklich um eine nähere Prüfung bestimmter Sachverhalts- oder Rechtsfragen gebeten hat, wenn er erklärt hat, in seiner StErklärung von der Verwaltungsauffassung abgewichen zu sein (zur Offenbarungspflicht vgl BGH HFR 00, 676; zu Unrecht zweifelnd *Trossen* AOStb 17, 309, der ignoriert, dass der Stpfl sich in seiner StErklärung über die nach vertretbarer Auffassung der FinVerw erheblichen Tatsachen zu erklären hat, selbst dann, wenn diese Auffassung von der Rspr nicht geteilt wird) oder wenn er einen Antrag auf eine Ermessensentscheidung gestellt hat, die Auswirkung auf die StFestsetzung hat.

56 Bei solchen Eingaben in ein Freitextfeld muss der **Fall ausgesteuert** werden. Eine individuelle Prüfung und händische Fertigung des StBescheids ist aber unbeschadet der niederschwellig (*Bull* DVBl 17, 409) gestalteten Möglichkeit eine Aussteuerung aus dem automatischen Verfahren zu erreichen, dann nicht erforderlich, wenn die Angaben im Freitextfeld schon für sich genommen erkennen lassen, dass eine von der Programmroutine abweichende StFeststetzung nicht in Betracht kommt, insbes wenn dort Tatsachen vorgetragen werden, die nach Maßgabe des Gesetzes unerheblich sind. Der Stpfl kann also nur durch die Inanspruchnahme des Freitextfelds keine händische Veranlagung erzwingen (anders offenbar *Baldauf* DStR 16, 833, die dem Stpfl jedenfalls ein diesbzgl Antragsrecht zubilligt; vgl auch *Trossen* AOStb 17, 309). Eine Fortsetzung der automatischen Fallbearbeitung nach Prüfung der Angaben im Freitextfeld ist zulässig. Der Stpfl kann eine händische Bearbeitung seiner StErklärung ebensowenig dadurch erzwingen, dass er dieser Belege (die er nicht spontan vorlegen muss) gleichsam mit der Aufforderung beifügt, zu prüfen, ob sich aus diesen ziffernmäßig nicht erklärte Steuerminderungen ergeben (*Trossen* AOStb 17, 309: kein Aufzwingen der Belegprüfung).

57 Die Möglichkeit einer vollständig automationsgestützten Entscheidung gilt nach **Absatz 4 Satz 2 Nr 1** auch für den Erlass, die Berichtigung, die Aufhebung und die Änderung von mit den StFestsetzungen verbundenen VA (zB die Festsetzung von Annexsteuern und von Zinsen nach § 233a AO) bzw die Rücknahme und den Widerruf von Verspätungszuschlägen in den Fällen des § 152 Absatz 2 AO.

57a Die Möglichkeit einer vollständig automationsgestützten Entscheidung besteht grds auch bei **Ermessensentscheidungen** (sehr kritisch insofern jedoch *Helbich* DStR 17, 574, der die einer automatisierten Entscheidung sicher an sich nicht zugängliche Einzelfallbezogenheit jedoch überbetont; vgl auch *Braun Binder* DStR 16, 526), insbes etwa bei der Verfügung eines Nachprüfungsvorbehalts und der Anordnung der Vorläufigkeit der StFestsetzung (so auch *Helbich* DStR 17, 574). § 35a VwVfG schließt in diesen Fällen (und bei Bestehen eines sog Beurteilungsspielraums) Automatisierung allerdings generell aus. Dies dürfte jedoch nur dem Umstand geschuldet sein, dass es im allgem Verwaltungsrecht keine so – mittels Verwaltungsvorschriften – durchstrukturierten Entscheidungsfelder gibt. Eine Fallkonstellation, in der die personelle Einzelfallentscheidung nur bloße Formsache wäre, ist im allgem Verwaltungsrecht nur schwer denkbar.

58 Die Möglichkeit einer vollständig automationsgestützten Entscheidung besteht nach ausdrücklicher Regelung in Satz 2 Nr 2 vor allem, wenn die Festsetzung von Steuern sowie die Anrechnung von StAbzugsbeträgen mit Nebenstimmungen (§ 120) versehen oder verbunden wird, soweit diese durch ein BMF-Schreiben oder Erlasse der obersten Landesfinanzbehörden allgemein angeordnet sind. Da dann aufgrund antizipierter Ermessensentscheidung eine Ermessensbindung vorliegt (Ermessensreduzierung auf Null), entspricht es der Logik des Gesetzes, auch in diesen Fällen den StBescheid vollständig automationsgestützt zu erlassen. Aber

auch über diese ausdrücklich geregelte Fallkonstellation hinaus wird oftmals Ermessen gleichsam standardisiert ausgeübt – was im Interesse der Steuergerechtigkeit liegt, sodass dann die Ermessensausübung ebenfalls vollständig programmgesteuert werden kann.

Ein **Hinweis** darauf, dass es sich um einen automationsgestützt oder vollständig 59
programmgesteuert erlassenen Bescheid handelt, ist nicht vorgeschrieben. Er scheint auch entbehrlich zu sein, da die Rechtsfolgen eines vollständig automatisch erlassenen StBescheids keine anderen sind als die eines – mehr oder weniger – händisch bearbeiteten (*Braun Binder* DStZ 16, 526).

Die Willensbildung der FinBeh ist bei einem *vollständig* automatisch erstellten 61
VA abgeschlossen, sobald dieser durch das betr Programm gesteuert erstellt ist **(Absatz 4 Satz 4).** Diese gesetzl Klarstellung hat vor allem für die Anwendung des § 173 Bedeutung.

11. Steuervergütungsbescheide (Abs 5). Die Vorschriften über die StBe- 64
scheide gelten entsprechend für die Festsetzung einer *StVergütung* (zum Begriff siehe § 37 Rz 5), insbes also für die InvZul (AIG, InvZulG), Zulagen nach dem EigZulG, Kindergeld (§§ 62 ff EStG) und auf Prämien nach den Prämiengesetzen (zB WoPG), für einen negativen USt-Saldo aufgrund angerechneter VorSt (§ 16 UStG), nicht aber für überzahlte Steuern, die (mangels Rechtsgrundes einer Zahlung) *erstattet* werden.

§ 156 Absehen von der Steuerfestsetzung

(1) [1]**Das Bundesministerium der Finanzen kann zur Vereinfachung der Verwaltung durch Rechtsverordnung bestimmen, dass eine Steuer nicht festgesetzt wird, wenn der eigentlich festzusetzende Betrag den durch diese Rechtsverordnung zu bestimmenden Betrag voraussichtlich nicht übersteigt.** [2]**Der nach Satz 1 zu bestimmende Betrag darf 25 Euro nicht übersteigen.** [3]**Das Gleiche gilt für die Änderung einer Steuerfestsetzung, wenn der Betrag, der sich als Differenz zwischen der geänderten und der bisherigen Steuerfestsetzung ergeben würde, den in der Rechtsverordnung genannten Betrag nicht übersteigt.** [4]**Die Rechtsverordnung bedarf nicht der Zustimmung des Bundesrates, soweit sie die Kraftfahrzeugsteuer, die Luftverkehrsteuer, die Versicherungsteuer, Einfuhr- und Ausfuhrabgaben oder Verbrauchsteuern, mit Ausnahme der Biersteuer, betrifft.**

(2) [1]**Die Festsetzung einer Steuer und einer steuerlichen Nebenleistung sowie deren Änderung kann, auch über einen Betrag von 25 Euro hinausgehend, unterbleiben, wenn zu erwarten ist, dass**
1. die Erhebung keinen Erfolg haben wird oder
2. die Kosten der Festsetzung und die Kosten der Erhebung außer Verhältnis zu dem Betrag stehen werden.
[2]**Für bestimmte oder bestimmbare Fallgruppen können die obersten Finanzbehörden bundeseinheitliche Weisungen zur Anwendung von Satz 1 Nummer 2 erteilen.** [3]**Diese Weisungen dürfen nicht veröffentlicht werden, soweit dies die Gleichmäßigkeit und Gesetzmäßigkeit der Besteuerung gefährden könnte.** [4]**Auf dem Gebiet der von den Landesfinanzbehörden im Auftrag des Bundes verwalteten Steuern legen die obersten Finanzbehörden der Länder diese Weisungen zur Gewährleistung eines bundeseinheitlichen Vollzugs der Steuergesetze im Einvernehmen mit dem Bundesministerium der Finanzen fest.**

Neu gefasst durch StModernG v 18.7.16, BGBl I, 1679.

Schrifttum: *Hagen* Absehen von der Steuerfestsetzung gemäß § 156 Abs. 2 AO, StW 12, 174.

1 Die 2016 neu gefasste, in der Grundstruktur jedoch die bisherige Rechtslage nicht ändernde Vorschrift dient der Verwaltungsvereinfachung. Sie ermächtigt das BMF durch VO zu bestimmen, dass Steuern und stl Nebenleistungen nicht festgesetzt bzw Festsetzungen nicht geändert werden (dazu schon BFH BStBl 11, 671), sofern bestimmte Obergrenzen durch die stl Auswirkung nicht überschritten werden. Siehe dazu die **Kleinbetragsverordnung** – KBV – (BStBl 00, 1790, geändert BGBl 2016 I, 1679), die entsprech Regelungen für die ESt, KSt, ErbSt, GrundESt, Rennwett- und Lotteriesteuer sowie die USt, FeuerschutzSt und VersSt enthält, ferner Regelungen zur LohnSt und zum GewStMessbetrag. Die KBV gilt auch im gerichtlichen Verfahren. StFestsetzungen bzw Anmeldungen dürfen danach nur geändert/berichtigt werden (auch im Rechtsbehelfsverfahren und nach §§ 164, 165), wenn der Mehrbetrag (je Steuer) mindestens 25 € beträgt oder die Festsetzung zugunsten des Stpfl um mindestens 10 € zu ändern ist, gesonderte und einheitliche Feststellungen von Einkünften nur dann, wenn sich die Einkünfte bei mindestens einem Beteiligten um mindestens 25 € ermäßigen oder erhöhen. Bei Beendigung der KraftStPflicht wird die Steuer für den Entrichtungszeitraum, in den das Ende der Steuerpflicht fällt, auf 0 € festgesetzt, wenn der neu festzusetzende Betrag weniger als 5 € betragen würde.

Siehe ferner die entsprech Regelungen für **Zinsen,** § 239 II 2 und in den einzelnen StGesetzen. Für **Einfuhr- und Ausfuhrabgaben** enthalten Art 112 IV UZK, Art 88 UZK-DA hins der Nacherhebung bzw buchmäßigen Erfassung von Kleinstbeträgen (unter 10 €) die einschlägigen Regelungen. Für Haftungsschulden fehlt eine entspr Regelung.

Eine Kleinbetragsregelung für das **Erhebungsverfahren** findet sich im BMF 22.3.2001, BStBl I, 242.

2 **Absatz 2** dient ebenfalls der Verwaltungsvereinfachung. Ohne dass es einer entsprechenden VO bedarf, kann die Festsetzung von Steuern und steuerlichen Nebenleistungen ungeachtet ihrer Höhe unterbleiben, wenn entweder die Einziehung voraussichtlich **(Einzelfallprognose)** keinen Erfolg haben wird oder wenn die Kosten der Einziehung einschl der Festsetzung außer Verhältnis zu dem betr Betrag stehen (vgl § 261).

3 Abs 2 S 2 gestattet darüber hinaus, verwaltungsseits **Fallgruppen** zu definieren, bei denen aufgrund einer Gesamtbetrachtung Kontrollmitteilungen, die einer Person nicht zugeordnet werden können oder nach abstrakter Risikobewertung nicht „aufgriffswürdig" sind, vgl BT-Drs 18/7457). Das diesbzgl Veröffentlichungsverbot soll verhindern, dass Stpfl ihr Erklärungsverhalten an soclhen Anweisungen ausrichten.

Beachte auch die Möglichkeit der **Niederschlagung,** § 261, die jedoch zum Vollstreckungsverfahren gehört.

4 Absehen von StFestsetzung bringt den StAnspruch nicht zum Erlöschen; Nachholung der StFestsetzung ist also jederzeit innerhalb der Festsetzungsfrist (§ 169 II) zulässig. Der Stpfl hat einen Anspruch auf ermessensfehlerfreie Anwendung der Vorschrift (BFH GmbHR 1985, 134, jedoch in der Argumentation zweifelhaft, insofern die materiell-rechtl Bindung der FinBeh mit der Frage der subjektiven Rechtsstellung des Begünstigten vermischt wird).

§ 157 Form und Inhalt der Steuerbescheide

(1) [1] **Steuerbescheide sind schriftlich oder elektronisch zu erteilen, soweit nichts anderes bestimmt ist.** [2] **Sie müssen die festgesetzte Steuer nach Art und Betrag bezeichnen und angeben, wer die Steuer schuldet.** [3] **Ihnen ist außerdem eine Belehrung darüber beizufügen, welcher Rechtsbehelf zulässig ist und binnen welcher Frist und bei welcher Behörde er einzulegen ist.**

(2) **Die Feststellung der Besteuerungsgrundlagen bildet einen mit Rechtsbehelfen nicht selbständig anfechtbaren Teil des Steuerbescheids, soweit die Besteuerungsgrundlagen nicht gesondert festgestellt werden.**

Schrifttum: *Martens* Wirkungsweise von Steuerbescheiden, StuW 90, 252; *Martens* Die Funktion von Besteuerungsgrundlagen, StuW 93, 335.

Übersicht

1. Inhalt. Die Vorschrift verdrängt die Grundregel des § 119 II 1 und macht sie praktisch zum seltenen Ausnahmefall. StBescheide sind schriftlich oder (mit Zugangseröffnung nach § 122 IIa, § 87a I 1 oder Einwilligung des Stpfl, § 122a) elektronisch zu erteilen (dh zu erlassen *und* bekannt zu geben), sofern nichts anderes bestimmt ist. Zur Möglichkeit, einen elektronisch erlassenen StBescheid durch Übermittlung bekanntzugeben, siehe § 87a VII, § 122 IIa. 1

Beachte § 70 II 2 EStG (Änderung der Festsetzung des Kindergeldes).

Art 102 I 1 UZK verweist für die Form der Mitteilung der Zollschuld auf die am Ort der Mitteilung geltenden Vorschriften; das bedeutet im Reiseverkehr die mündliche Mitteilung des Abgabenbetrags (§ 29a ZollV; BFH/NV 05, 1180). 1a

2. Schriftlichkeit; elektronische Form. Die StFestsetzung muss in einem Schriftstück oder einer elektronisch gespeicherten Datei verkörpert sein. Ein Verstoß gegen dieses Gebot, die getroffene steuerrechtl Regelung schriftlich/elektronisch festzuhalten und mitzuteilen, hat Nichtigkeit zur Folge (BFH/NV 00, 8; 90, 345; siehe aber sogleich unten Rz 7). Verstöße gegen einzelne in § 119 III aufgeführte Erfordernisse führen jedoch nicht ohne Weiteres zur Nichtigkeit des Bescheids. Entscheidend ist, ob durch das Schriftstück eine zuverlässige Regelung des Einzelfalls erfolgt (vgl zur Missverständlichkeit der Übersendung einer Kopie Rz 20, zum Bekanntgabewillen § 122 Rz 7). Aufgrund des *Schriftstücks/der Datei* darf zwischen den Beteiligten keine Unklarheit mehr darüber bestehen, was wem ggü wie iSd § 118 I geregelt ist. 2

Die Wirksamkeit eines schriftlich zu erlassenden StBescheids setzt jedoch nicht zwingend eine Unterschrift (dazu BFH/NV 93, 399; 90, 345) und im Falle der elektronischen Übermittlung keine qualifizierte elektronische Signatur nach dem Signaturgesetz voraus. § 87a Abs 4 S 2 AO findet insoweit keine Anwendung. Das Erfordernis der „Schriftlichkeit" nach § 157 I 1 ist nicht ohne Weiteres gleichzusetzen mit dem Erfordernis der „Schriftform" nach § 87a IV 2, § 119 III 3 (FG Köln EFG 16, 159; vgl BFH BStBl 15, 790 zur Einspruchseinlegung per Email). 2a

Die Schriftlichkeit soll gewahrt sein, wenn dem Inhaltsadressaten zwar nur eine Kopie übersandt wird, sich aber aus angefügten handschriftlichen Erläuterungen dazu mit hinreichender Deutlichkeit ergibt, dass die im Schriftstück enthaltene Regelung Gültigkeit haben soll (so BFH/NV 90, 345; nur iErg zutreff, insofern keine Nichtigkeit vorliegt). Zur Frage, inwieweit die Berufung auf einen solchen Mangel nach Treu und Glauben abgeschnitten sein kann BFH/NV 95, 862, vgl aber auch BFH/NV 96, 734: keine Begründung eines StSchuldverhältnisses. 3

Die Schriftlichkeit soll auch dann gewahrt sein, wenn der StBescheid mündlich **zu Protokoll des Gerichts** in der mündlichen Verhandlung bekannt gegeben wird (BFH BStBl 98, 461; 92, 123; BFH/NV 15, 472 zu einem schlichten Ablehnungsbescheid), nicht allerdings wenn der Vertreter des FA in der mündlichen Verhandlung zwar einen Änderungsbescheid bekannt gibt, dabei aber auf eine 4 noch vorzunehmende StBerechnung verweist (BFH BStBl 91, 501). Kritisch *BG/Güroff* § 157 Rz 3.1; der Rspr des BFH ist indes zumindest im Erg zuzustimmen, weil die Auffassung, ein Verstoß gegen das Schriftformerfordernis habe *stets* Nichtigkeit zu Folge, nach ihrem Sinn zu differenzieren ist, wie das BFH/NV 90, 345 bereits für den Fall fehlender Unterschrift getan hat; damit ließe sich auch der Fall der Bescheid-Protokollierung angemessen lösen.

7 **3. Notwendiger Inhalt der StBescheide (Abs 1 S 2 und 3).** Abs 1 S 2 konkretisiert die Anforderungen des § 119 an die inhaltliche Bestimmtheit von StBescheiden (siehe daher näher § 119 Rz 2 ff). Zwingend vorgeschrieben ist, dass die StBescheide die festgesetzte **Steuer nach Art und Betrag** bezeichnen. Welche Anforderungen an die Angaben zur „Art" der Steuer iEinz zu stellen sind, hängt von den Umständen des Einzelfalles ab (BFH BStBl 84, 140; vgl BFH/NV 93, 702 für eine GbR). Die Begründung des Bescheids ist ggf heranzuziehen (BFH/NV 01, 1606, 1377). Bei periodisch veranlagten Steuern reicht die Angabe der Steuerart (ESt, GewSt etc) und des VZ (StJahr) aus; hingegen muss zB bei einem GrESt-Bescheid angegeben werden, durch welchen Erwerbsvorgang hinsichtlich welcher iEinz bezeichneter Grundstücke GrESt entstanden sein soll (BFH BStBl 95, 903; vgl BFH/NV 87, 738; 01, 1377). Eine Bezugnahme auf (dem Stpfl vorliegende) Unterlagen (zB Prüfungsbericht, vgl BFH BStBl 85, 664; BFH/NV 87, 738: Bezugnahme auf Kaufvertrag über mehrere Grundstücke bei GrESt) ist aber zulässig (BFH BStBl 91, 488; 92, 219; 94, 599; 08, 487; aA *BG/Güroff* § 157 Rz 7.1). Bezugnahme auf einen geänderten Bescheid wird idR ausreichen (BFH/NV 02, 1034).

7a Steuer ist **nicht eine unaufgegliederte Zusammenfassung** mehrerer StSchulden, sondern die einzelne StSchuld (BFH BStBl 80, 316). Mehrere StFälle (StSchulden für unterschiedliche VZ/Voranmeldungszeiträume etc, auch derselben StArt; hinsichtlich des Anspruchsgrundes und/oder etwaiger Befreiungstatbestände verschiedene StAnsprüche) erfordern grds eine Festsetzung in getrennten StBescheiden bzw bei Zusammenfassung in einem Bescheid für jeden Steuerfall eine gesonderte Festsetzung (BFH BStBl 81, 84; 80, 316; 78, 542; BFH/NV 05, 993; 99, 1091; einschränkend jedoch BFHE 133, 163 = HFR 81, 360 für einen Nachforderungsbescheid; BFH/NV 96, 725 zu den Anforderungen an einen Zinsbescheid); ein diesbezüglicher Mangel hat Nichtigkeit zur Folge und wird auch nicht durch § 127 geheilt (BFH BStBl 81, 84).

7b Ein mehrere freigebige Zuwendungen zusammenfassender unaufgegliederter SchenkungStBescheid ist deshalb nichtig (BFH BStBl 07, 472); fasst jedoch die FinBeh, wenn auch materiell-rechtl zu Unrecht, mehrere StTatbestände zu einem einzigen zusammen, so führt dies nicht zur Nichtigkeit, sondern allenfalls zur Rechtswidrigkeit eines solchen Bescheids, wenn er den Anforderungen des § 157 I 2 genügt (BFH BStBl 10, 463). Die unaufgegliederte Zusammenfassung mehrerer StFälle in einem Bescheid ist auch nicht schlechthin unzulässig; ob sie die Bestimmtheit beeinträchtigt, hängt vielmehr von den Umständen des Einzelfalls ab (BFH BStBl 84, 140; 96, 162; 08, 626). Eine Zusammenfassung mehrerer StFälle in einer unaufgegliederten Festsetzung ist dann zulässig, wenn gleichwohl feststeht, welche StFälle gemeint sind, und auch sonst keine Notwendigkeit einer Differenzierung besteht, wie es bei GrESt auf den Erwerb mehrerer Grundstücke bei einheitlichem Kaufpreis der Fall ist (BFH BStBl 96, 162; vgl auch 84, 140; BFH/NV 87, 738) oder bei einem einen bestimmten Komplex betr LSt-Pauschalierungsbescheid (BFH/NV 91, 666). Den Rechtssatz, verschiedene StEntstehungszeitpunkte bedeuteten selbständige Erwerbsvorgänge, für die grds jeweils gesondert ErbSt (§ 14 ErbStG) festzusetzen sei (so BFH/NV 06, 1480), hat bereits der BFH (BStBl 08, 626) wieder eingeschränkt.

Zu den Anforderungen an einen Nachforderungsbescheids über VersSt BFH BStBl 15, 619.

Der **Sachverhalt,** auf dem die Besteuerung beruht, muss anhand des Bescheids (nur) insofern erkennbar sein, als dies für die Bestimmung der „Art der Steuer“ erforderlich ist; die Bezeichnung der einzelnen, zB die Jahressteuer, bestimmenden Vorfälle gehört nicht zur von § 157 geforderten Bezeichnung der Steuer, sondern allenfalls zur Begründung des StBescheids (siehe jedoch insofern Rz 11). Ebenso muss zB ein Bescheid über einen Anliegerbeitrag die beitragspflichtige Maßnahme und das beitragspflichtige Grundstück, nicht aber die einzelnen Aufwendungen bei der Durchführung jener Maßnahme bezeichnen. Die Angabe, welcher Sachverhalt der Besteuerung zu Grunde liegt, hat jedoch insbes Bedeutung, wenn mehrere StFälle in einem Bescheid erfasst werden; es bedarf dann neben der genauen Angabe, welche Lebenssachverhalte (dh welche Besteuerungszeiträume bzw Besteuerungstatbestände, zB welcher Erwerb bei der ErbSt) besteuert werden sollen, für jeden Fall einer gesonderten Festsetzung der Steuer (BFH BStBl 80, 316; 81, 84; BFH/NV 05, 993; 04, 1511), was einer Zusammenfassung in einem StBescheid selbstredend nicht entgegen steht (BFH/NV 99, 1091). 7c

Es muss deutlich werden, dass **eine Steuer *geschuldet*** wird (nicht für sie gehaftet wird; bei diesbzgl Unklarheit Nichtigkeit). 7d

Ferner muss angegeben werden, **wer die Steuer schuldet;** Feststellungsbescheide müssen erkennen lassen, für wen sie inhaltlich bestimmt sind (BFH BStBl 16, 637), wem also der Gegenstand der Feststellung zugerechnet wird. Lässt ein Bescheid dies nicht erkennen oder sind Verwechslungen möglich, ist er nichtig (BFH BStBl 86, 230, 311; BFH/NV 96, 69; 95, 862; 93, 702, 218). Die unzureichende Bezeichnung des Schuldners ist, anders als ein bloßer Mangel bei der Bekanntgabe (vgl zB BFH/NV 93, 702), nicht heilbar durch eine fehlerfreie Einspruchentscheidung (BFH/NV 96, 196), auch nicht dadurch, dass der Empfänger sich als Adressat angesehen hat (BFH BStBl 86, 230; BFH/NV 95, 862; 93, 218; BFH BStBl 93, 174); denn der Entscheidungsgegenstand des Einspruchsverfahrens muss durch den Ursprungsbescheid fixiert werden und kann nicht durch die Einspruchsentscheidung selbst festgelegt (konkretisiert, geändert oder erweitert) werden (BFH/NV 93, 712; 92, 73). Ist der in dem Bescheid Benannte verstorben, ist der Bescheid nichtig – was insoweit allerdings nicht aus § 127 I 2 folgt –, selbst wenn seine Erben gemeint, aber entgegen § 127 I 2 nicht (namentlich!) benannt und als StSchuldner angesprochen (nicht nur als Bekanntgabeadressaten; „zu Händen“) sind (vgl BFH BStBl 93, 174, BFH/NV 98, 1455, 417 für einen Verschmelzungsfall; BFH BStBl 06, 287: namentliche Benennung durch Bezugnahme; vgl aber BVerwGE 143, 222, dem zuzustimmen ist, wenn sich aus dem Inhalt des Bescheids klar ergibt, wen die FinBeh als Rechtsnachfolger ansieht). Anders aber, wenn einer von mehreren benannten Gesamtschuldnern verstorben ist (dann wirkt die Festsetzung gegen den noch lebenden, BFH/NV 15, 805). Ist ein Bescheid gegen eine Personenvereinigung gerichtet, die *offensichtlich* nicht als StSchuldnerin in Betracht kommt, ist der Bescheid nichtig, nicht aber, wenn eine Personenvereinigung eindeutig als StSchuldner bezeichnet ist und an sich Adressat des betr VA sein könnte, tatsächlich aber nicht der *richtige* Schuldner ist (BFH BStBl 98, 480). 7e

Die Frage, ob die **Schuldnerbezeichnung eindeutig und unverwechselbar** ist, ist nach objektiven Maßstäben zu beantworten (BFH BStBl 86, 230; BFH/NV 95, 862; 93, 218). Eine falsche oder unvollständige Benennung ist unschädlich, wenn eindeutig ist, wer gemeint ist (BFH BStBl 12, 634; 91, 120). Obwohl für inhaltliche Bestimmtheit und gem Abs 1 S 2 die Benennung des StSchuldners erforderlich ist, muss dieser aber nicht ausdrücklich als solcher bezeichnet werden; vielmehr reicht es aus, wenn der Inhaltsadressat durch *Auslegung* anhand der dem Betroffenen bekannten Umstände hinreichend sicher bestimmt werden kann (vgl BFH/NV 13, 182), wenn sich zB aus einem den Betroffenen bekannten, in Bezug genommenen Ap-Bericht die StSchuldner ergeben (BFH BStBl 06, 287). Ist der Bescheid an einen Vertreter des Stpfl adressiert, muss aber deutlich werden, dass dieser nur Bekanntgabeadressat ist und dass der Vertretene die Steuer schuldet. 8

Richtet er sich an mehrere StSchuldner, muss deutlich werden, ob sie als Gesamtschuldner oder auf welchen Betrag jeder von ihnen als Teilschuldner in Anspruch genommen wird.

8a Der Inhaltsadressat ist von demjenigen zu unterscheiden, an den der VA bekannt zu geben ist **(Bekanntgabeadressat).** Im Allgem stimmen allerdings beide überein. Bei Feststellungsbescheiden entspricht dem StSchuldner der Feststellungsbeteiligte als der Inhaltsadressat, gegen den der Bescheid zu richten ist. Dieser ist regelmäßig identisch mit demjenigen, dem der Gegenstand der Feststellung bei der Besteuerung zuzurechnen ist.

8b Eine GbR (ebenso eine Erbengemeinschaft) ist grds durch die Namen ihrer Gesellschafter zu bezeichnen (BFH BStBl 70, 598; BFH/NV 93, 702; 08, 744), wenn sie sich am Rechtsverkehr nicht unter einem zur Identifizierung ausreichenden Namen tatsächlich beteiligt hat, dessen Verwendung dann ausreichend ist (BFH BStBl 87, 325; BFH/NV 98, 1523), oder wenn sonst der objektive Erklärungsinhalt aus der Sicht des Adressaten, obwohl nicht alle Gesellschafter angegeben sind, eine Identifizierung der gemeinten ermöglicht (BFH/NV 98, 1329).

9 Bei einem **Berichtigungsbescheid** kann sich uU der StSchuldner durch Heranziehung des Erstbescheids ergeben (BFH BStBl 73, 544). Wird in einem Änderungsbescheid (zB Vorläufigkeitserklärung des ursprünglichen StBescheids) der bisher festgesetzte StBetrag selbst nicht geändert, kann die Angabe der StSchuld durch eine Bezugnahme auf den Ursprungsbescheid ersetzt werden (BFH BStBl 92, 219; 94, 599); auch die Bezugnahme auf die StFestsetzung in dem vorangegangenen FG-Urteil ist ausreichend (BFH BStBl 94, 599). Ein Vorauszahlungsänderungsbescheid, der lediglich den Minderungsbetrag ggü der bisherigen Festsetzung ausweist, nicht aber den neu festgesetzten Betrag, soll hingegen wegen Unbestimmtheit nichtig sein (FG Bbg EFG 97, 585, zweifelh).

11 Die Frage, inwiefern ein StBescheid einer Begründung (in tatsächlicher und/oder rechtlicher Hinsicht) bedarf, hat nichts mit § 157 zu tun; sie beantwortet sich ausschl nach § 121. Ein **Begründungszwang** für StBescheide (insbes hinsichtlich der Mitteilung der Besteuerungsgrundlagen) ergibt sich zwar aus dieser Vorschrift; § 212 II lässt zahlreiche Ausnahmen zu, die bei StBescheiden meist einschlägig sind. Überdies führt das Fehlen der gebotenen Begründung idR nach § 127 nicht zur Unwirksamkeit des StBescheids, weil dieser iAllg gebundene Entscheidung ist (vgl BFH/NV 09, 1287). Auch Erläuterungen, inwiefern in dem StBescheid von der StErklärung abgewichen worden ist, gehören folglich nicht zu den wesentlichen Bestandteilen, deren Fehlen die Wirksamkeit des Bescheids infrage stellen könnte (BFH BStBl 80, 343). § 127 führt mithin iErg dazu, dass die Rechtmäßigkeit eines StBescheids von einer Begründung *nicht* abhängig ist. Dass eine fehlende Begründung eine Amtspflichtverletzung darstellen kann (so offenbar *Lange* DB 03, 360 bezogen auf den Fall einer Abweichung von BFH-Rspr), erscheint ebenfalls zweifelhaft.

12 Das **Leistungsgebot** gehört ebenfalls nicht zum Bestandteil des StBescheids, sondern ist nach § 254 lediglich Voraussetzung für den Beginn der Vollstreckung. Das Leistungsgebot ist Aufforderung zur Zahlung und Festlegung der Zahlungsmodalitäten, es gehört daher nicht zum Festsetzungs-, sondern zum Erhebungsverfahren (vgl FG Hess EFG 93, 451), wird jedoch meist mit dem StBescheid (äußerlich) verbunden. Fehlendes Leistungsgebot ist für den StBescheid bedeutungslos; dieser kann sich auf die reine Festsetzung der Steuer beschränken, ohne irgendetwas über eine Zahlungspflicht auszusagen. Die Fälligkeit der Steuer ergibt sich entweder aus einer besonderen Anordnung in dem Bescheid, aus dem EinzelStGesetz oder aus § 220 II 1, setzt aber kein Leistungsgebot voraus.

13 Das Fehlen einer **Datumsangabe** auf dem StBescheid berührt weder seine Wirksamkeit (siehe § 119 Rz 6) noch beeinflusst es den Lauf der Rechtsbehelfsfrist (BFH BStBl 09, 185), denn das Bescheidsdatum ist als solches ohne Bedeutung. Es ist Sache des Stpfl, das Eingangsdatum des StBescheids festzuhalten. Versäumt er dies, so kann ihm auch keine Wiedereinsetzung in den vorigen Stand gewährt werden (BFH/NV 88, 72). Der Lauf der Rechtsbehelfsfrist wird demgemäß auch durch maschinell gefertigte StBescheide mit dem Aufdruck „Datum des Poststempels" in Gang gesetzt (BFH/NV 87, 12; aA FG Nds EFG 81, 216).

Nach vorstehenden Bemerkungen festgestellte Mängel des StBescheids haben nicht stets dessen **Nichtigkeit** zur Folge. Es kommt vielmehr darauf an, ob der Mangel iSd § 125 I „schwerwiegend" ist (vgl zB BFH/NV 96, 196; 95, 862); das ist im Einzelfall zu prüfen. Es ist zu bejahen wenn es an einer klaren Angabe zum StSchuldner oder zur Höhe der StSchuld fehlt (*HHSp/Schuster* Rz 11), aber auch wenn der Besteuerungsgegenstand oder die erlassende Behörde nicht bezeichnet sind. Der Mangel ist nicht gem § 127 folgenlos (vgl BFH/NV 94, 2; BFH BStBl 86, 230). 14

Nach **Absatz 1 S 3** ist einem schriftlichen (nicht auch einem mündlich ergehenden, vgl BFH/NV 05, 1180) StBescheid eine **Rechtsbehelfsbelehrung** beizufügen. Dafür ist grds die Wiedergabe des Wortlauts des § 357 I ausreichend (BFH/NV 13, 177: es soll (zusätzlich?) „verständlich über allgemeine Merkmale des Fristbeginns sowie der Fristdauer informiert" werden). Ein Hinweis auf die Möglichkeit der Einspruchseinlegung durch E-Mail ist nicht erforderlich, selbst wenn ein elektronischer Zugang iSv § 87a I 1 eröffnet ist (BFH BStBl 14, 236). Die Rechtsbehelfsbelehrung braucht bei einem Ausländer nicht in seiner Landessprache zu erfolgen (BFH BStBl 76, 440; BVerfGE 42, 125); sie braucht auch keinen Hinweis darauf zu enthalten, wann der Bescheid zur Post gegeben worden ist. 15

Eine unterlassene oder fehlerhafte Rechtsbehelfsbelehrung führt niemals zur Fehlerhaftigkeit des Bescheids. Deren Folgen ergeben sich ausschl aus § 356 I (die Einspruchsfrist beginnt bei schriftlichem Bescheid nicht zu laufen, wohl aber die Frist des § 356 II). 16

4. Keine Anfechtung einzelner Besteuerungsgrundlagen (Abs 2). Die Entscheidung der FinBeh hinsichtlich einzelner Besteuerungsgrundlagen (zB auch der angerechneten Vorsteuer) kann nicht selbständig angegriffen werden, sofern sie nicht *unmittelbarer* Gegenstand dieser Entscheidung sind, sie also von der FinBeh nicht als solche (gesondert) festgestellt werden. 20

Soweit **Besteuerungsgrundlagen** nach §§ 179 ff **gesondert festgestellt** werden, ist dies hingegen mit einem Rechtsbehelf gegen den Feststellungsbescheid anzugreifen. Feststellungen, die in einem gesonderten Bescheid getroffen worden sind, können grds *nur* so angegriffen werden. Es ist deshalb sorgfältig zu analysieren, welche einzelnen Feststellungen ein solcher Bescheid trifft und ob diese (mit Folgewirkung für die Veranlagung) hingenommen werden sollen (instruktiv zB BFH BStBl 02, 796; BFH/NV 02, 913 sowie BFH/NV 02, 337 zur Feststellung gewerblichen Grundstückshandels). Das Gleiche gilt, wenn in diesem gesonderten Bescheid Feststellungen zugunsten des Stpfl *unterblieben* sind, sofern nicht die EinzelStGesetze noch eine Berücksichtigung außerhalb des gesonderten Feststellungsverfahrens zulassen. 21

Auch bei gesonderten Feststellungen ist aber wieder zwischen den eigentlichen Feststellungen und den Grundlagen dieser Feststellungen zu unterscheiden (BFH/NV 94, 453). Letztere können ebenfalls nicht selbständig angefochten werden. Die Abgrenzung kann aber im Einzelfall schwierig sein. So sind nach § 19 III BewG zB auch Feststellungen zu treffen über die Art der wirtschaftlichen Einheit, bei Grundstücken über die Grundstücksart, bei Betriebsgrundstücken, die zu einem Betrieb gehören, über den gewerblichen Betrieb und über die Zurechnung. Die in einem Einheitswertbescheid über ein Grundstück getroffene Feststellung, dass es ein Betriebsgrundstück ist, kann daher gesondert angefochten werden (BFH BStBl 83, 88; 87, 292; FG Ddorf EFG 89, 333); vgl zu den Feststellungen über die Art der Einkünfte in gesonderten Feststellungsbescheiden auch § 180 Rz 15; vgl zum Ganzen auch BFH/NV 94, 222.

§ 158 Beweiskraft der Buchführung

Die Buchführung und die Aufzeichnungen des Steuerpflichtigen, die den Vorschriften der §§ 140 bis 148 entsprechen, sind der Besteuerung zugrunde zu legen, soweit nach den Umständen des Einzelfalls kein Anlass ist, ihre sachliche Richtigkeit zu beanstanden.

Schrifttum: *Drüen* Die Kontrolle der Kassenbuchführung mit Hilfe statistischer Testverfahren, PStR 04, 18; *Wähnert* Beweislast und Schätzung im Zusammenhang mit modernen Verprobungsnetzen, StBp 11, 107.

1 Buchführung und Aufzeichnungen des Stpfl, die den Vorschriften der §§ 140 bis 148 entsprechen, sind der Besteuerung zu Grunde zu legen; ihre formelle Ordnungsmäßigkeit löst die **Vermutung ihrer sachlichen Richtigkeit** aus, kehrt also die Beweislast dafür, dass der in der Buchführung erfasste Geschäftsverlauf sich anders zugetragen hat, gegen die FinBeh (vgl BFH BStBl 98, 51). Das gilt auch, wenn der Stpfl freiwillig Bücher geführt hat, die vorgenannten Anforderungen entsprechen (vgl FG Hess EFG 98, 252). Dies gilt aber nur für eine *Gesamtkorrektur* des Buchführungswerkes (BFH BStBl 89, 462), schließt also im Wesentlichen nur eine Schätzung des Betriebsergebnisses statt einer Besteuerung nach den Aufzeichnungen des Stpfl aus. Sind etwaige formelle Mängel als unbedeutend zu bewerten, was von dem sachlichen Gewicht derselben, nicht ihrer formalen Bedeutung abhängt (BFH/NV 12, 1921; 20, 1462), ist eine Schätzung statt einer buchmäßigen Besteuerung ebenfalls ausgeschlossen. An sich unbedeutende Mängel können jedoch durch begründete Zweifel an der sachlichen Richtigkeit der Verbuchungen zusätzliches und uU ausschlaggebendes Gewicht erlangen.

1a Die **Feststellungslast für *einzelne* Vorgänge** verändert § 158 nicht; sie liegt bei der FinBeh, soweit sie steuerbegründend wirken, bei dem Stpfl, soweit sie steuerermäßigende Tatbestände betreffen (BFH/NV 06, 320). Die diesbzgl Unterscheidung ist freilich mitunter schwierig, weil die Gesetze die Beweislastfrage iAllg nicht deutlich regeln. Auch bei steuerermäßigend wirkenden Geschäftsvorfällen (insbes Betriebsausgaben) muss iÜ nach allg Grundsätzen des Beweisrechts „nach den Umständen des Einzelfalls" konkreter Anlass bestehen, deren richtige Verbuchung zu bezweifeln. § 158 schließt darüber hinausgehend aus, willkürlich (zB im Wege einer Zufallsstichprobe) einzelne Geschäftsvorfälle *aufzugreifen* und insofern von dem Stpfl einen mehr als buchmäßigen Beweis ihrer richtigen stl Erfassung zu verlangen. Das gebietet allerdings das Amtsermittlungsprinzip ohnehin nicht und der beweisrechtliche Verhältnismäßigkeitsgrundsatz gestattet es grds auch nicht.

2 Die Vermutung der richtigen Erfassung des Geschäftsverlaufs kann ***insgesamt*** dadurch **widerlegt** werden, dass dargetan wird, es bestehe nach den Umständen des Einzelfalles Anlass, die sachliche Richtigkeit der Buchführung zu beanstanden. Bloße berechtigte Zweifel an der sachlichen Richtigkeit reichen dabei nicht aus (BFH BStBl 92, 55). Der Gesetzeswortlaut ist insofern missverständlich: Das Ergebnis einer formell ordnungsmäßigen Buchführung kann nur verworfen werden, soweit die Buchführung mit an Sicherheit grenzender Wahrscheinlichkeit materiell unrichtig ist (BFH BStBl 15, 743; 98, 51; 92, 55; BFH/NV 91, 724). Die Richtigkeitsvermutung ist nur entkräftet, wenn die FinBeh nachweist, dass das Buchführungsergebnis sachlich schlechterdings nicht zutreffen kann; an die Methodik eine dieser Beurteilung zugrundeliegenden Schätzung sind strengere Anforderungen zu stellen als in Fällen, in denen wegen festgestellter Buchführungsmängel ohnehin eine Schätzung der Einnahmen durchgeführt werden muss (SächsFG NWB 17, 2732). Dieser strenge Maßstab schließt es idR aus, die sachliche Richtigkeit einer Buchführung allein durch stichprobenweise Überprüfung einzelner Geschäftsvorfälle oder eine Schätzung des Betriebsergebnisses zu widerlegen; geschätzt werden kann erst, wenn die Buchführung beiseite geräumt ist, wofür „Sicherheit" betr ihre

Unrichtigkeit erforderlich ist (vgl *HHSp/Schuster* § 158 Rz 12). Ergibt jedoch eine ggf nach bloßem Zufall ausgewählte größere Zahl von Einzelprüfungen deren unrichtige Verbuchung, kann allein dies die Vermutung der Richtigkeit insgesamt widerlegen (*Koenig/Cöster* § 158 Rz 13).

Die sachliche Richtigkeit der Buchführung ist auch dann widerlegt, wenn die Buchführung nach einer *Verprobung* nicht richtig sein kann (vgl BStBl 75, 96; 64, 381; 53, 323; BFH HFR 62, 353). Ein von den *Richtsätzen* abweichender Gewinn oder Umsatz ist aber für sich allein kein Grund, die sachliche Richtigkeit infrage zu stellen; es müssen noch sonstige Umstände hinzukommen, insbes wenn der Stpfl beachtliche Gründe für die Abweichungen vorbringt (BFH BStBl 75, 217, BStBl 84, 88; positiv ggü einem *Fremdvergleich: Ditz* FR 2015, 115). Dann widerlegen auch auffällige Abweichungen beim sog *Zeitreihenvergleich* (dazu BFH BStBl 15, 743; DStRE 17, 1204; FG Ddorf EFG 07, 814; FG Köln EFG 09, 1092) die Buchführung nicht. Eine Abweichung von amtlichen Richtsätzen berechtigt jedenfalls dann nicht zur Verwerfung der Buchführung, wenn deren Anwendung auf wesentlich kleinere Betriebe als den des Stpfl begrenzt ist (BFH BStBl 78, 278) oder wenn der Stpfl selbst Unredlichkeiten zugesteht (BFH BStBl 84, 88: nur Hinzuschätzung angezeigt). Bei nicht einfach gelagerten und nicht leicht überschaubaren Vermögensverhältnissen ist grds eine *Vermögenszuwachs- oder eine Geldverkehrsrechnung* aufzustellen (dazu BFH/NV 91, 724), um die Beweiskraft einer ordnungsgemäßen Buchführung zu widerlegen (BFH BStBl 86, 732; BFH/NV 94, 605). Der *äußere Betriebsvergleich* reicht idR zur Widerlegung nicht aus (BFH BStBl 83, 618), bei einem *inneren Betriebsvergleich* hat BFH BStBl 83, 618 aber für möglich gehalten, dass schon eine 3%-Abweichung zur Widerlegung ausreichen könne (vgl BFH BStBl 64, 381), wobei der BFH eine schematische Festlegung vermeidet. Das Ausmaß der Abweichung von den Richtsätzen (vgl BFH BStBl 75, 217; 84, 88; BFH/NV 94, 766), insbes wenn die Verprobung differenziert (zB Aufgliederung nach Warengruppen, Eingehen auf Besonderheiten etc) angelegt ist (vgl BFH BStBl 83, 618), und das Fehlen selbst zur bescheidensten Lebensführung ausreichender Mittel können aber jedenfalls eine Beanstandung tragen (BFH/NV 94, 766), ebenso ein negatives Ergebnis eines Zahlenreihentestes (Chi-Test; dazu *Diller/Schmid/Späth/Kühne* DStR 15, 311). 3

Ergeben sich Anzeichen für die sachliche Unrichtigkeit, ist der Stpfl zur **Mitwirkung** bei deren Aufklärung verpflichtet. Die objektive Beweislast für die Tatsachen, durch welche die sachliche Richtigkeit einer formell ordnungsgemäßen Buchführung widerlegt werden soll, liegt indes bei der FinBeh. 4

Ist die Buchführung formell nicht ordnungsgemäß oder steht ihre sachliche Unrichtigkeit fest, kann die FinBeh grds **schätzen.** Eine Schätzung scheidet indes nach allg Grundsätzen aus, wenn die durch die Fehler der Buchführung verursachten Unklarheiten und Zweifel durch anderweitige zumutbare Ermittlungen beseitigt werden können (BFH BStBl 98, 51; 86, 226). Der Stpfl kann also bei nach § 158 nicht zu Grunde zu legender Buchführung verlangen, dass das sachliche Ergebnis der Buchführung der Besteuerung zu Grunde gelegt wird, wenn sich unter Berücksichtigung der vollen (objektiven) Feststellungslast des Stpfl insbes für Betriebsausgaben etc dessen Richtigkeit feststellen lässt. Treten beim Jahresabschluss größere nicht aufklärbare Differenzbeträge auf, dürfen diese nur dann erfolgswirksam ausgebucht werden, wenn dies den steuerrechtl Grundsätzen für eine ergänzende Schätzung des Ergebnisses entspricht (BFH BStBl 77, 260). Kassenfehlbeträge können Anlass geben, die wahren Betriebseinnahmen zu schätzen. Die Fehlbeträge geben regelmäßig einen ausreichenden Anhalt für die Schätzung der Höhe nach (BFH BStBl 90, 109). 6

Selbst wenn die Buchführung nicht ordnungsgemäß ist oder die Vermutung der sachlichen Richtigkeit der Verbuchung der Geschäftsvorfälle sonst entkräftet wird, muss **nicht die *gesamte* Buchführung verworfen werden.** Dies kommt durch das Wort „soweit" des Gesetzestextes zum Ausdruck. Nur soweit die Beanstandung 7 reicht, ist das Buchführungsergebnis nicht zu übernehmen, sondern durch Hinzuschätzung zu korrigieren (BFH/NV 10, 2015). Ist die Buchführung formell nicht ordnungsgemäß, sind aber materielle Unrichtigkeiten der Einnahmenerfassung nicht konkret nachgewiesen, können die Ergebnisse eines Zeitreihenvergleichs einen Anhaltspunkt für die Höhe der erforderlichen Hinzuschätzung bilden, wenn andere Schätzungsmethoden, die auf betriebsinternen Daten aufbauen oder in anderer Weise die individuellen Verhältnisse des jeweiligen Steuerpflichtigen berücksichtigen, nicht einsetzbar sind (BFH BStBl 15, 743). Kann die FinBeh sich in zumutbarer Weise keinen Überblick über die Vermögens- und Ertragslage des Stpfl verschaffen, kann sie jedoch von der Möglichkeit der Vollschätzung nach § 162 Gebrauch machen.

Zu den Anforderungen an die Buchführung s BMF BStBl I 14, 1450, sowie die Erl zu §§ 143 ff, ferner § 22 UStG (vgl BFH BStBl 04, 599).

§ 159 Nachweis der Treuhänderschaft

(1) [1] **Wer behauptet, dass er Rechte, die auf seinen Namen lauten, oder Sachen, die er besitzt, nur als Treuhänder, Vertreter eines anderen oder Pfandgläubiger innehabe oder besitze, hat auf Verlangen nachzuweisen, wem die Rechte oder Sachen gehören; anderenfalls sind sie ihm regelmäßig zuzurechnen.** [2] **Das Recht der Finanzbehörde, den Sachverhalt zu ermitteln, wird dadurch nicht eingeschränkt.**

(2) **§ 102 bleibt unberührt.**

Übersicht

1 **1. Allgemeines.** Wer behauptet, dass er nur für einen anderen etwas (zB ein Bankkonto) als Treuhänder, Stellvertreter odgl besitzt, hat eine erhöhte Mitwirkungspflicht bei der Klärung der Frage, wer Inhaber der Sache oder des Rechts ist (BFH/NV 86, 638; beachte auch § 90 II). Wenn er das nicht tut, kann sich dies nach dem Ermessen der FinBeh auf die Zurechnung der Einkünfte auswirken, soweit es ertragsteuerlich auf das Eigentum oder die Inhaberschaft an Vermögenswerten ankommt (BFH BStBl 97, 404). § 159 betrifft aber nur die **persönliche Zurechnung** der Vermögensgegenstände, nicht etwa die Frage, ob damit verbundene Vermögensmehrungen als stpfl Einnahmen zu beurteilen sind (BFH/NV 91, 75).

2 Die Entscheidung, etwas dem Treuhänder zuzurechnen, ist ebenso wie die Entscheidung, von dem Treugeber Nachweise zum Bestehen eines Treuhandverhältnisses zu verlangen, in das **Ermessen** der FinBeh gestellt (BFH BStBl 97, 404; 07, 39). Anders als in den Fällen des § 160 kann sie vom FG nur gem § 102 FGO überprüft werden (BFH BStBl 97, 404, str); dieses hat kein eigenes Ermessen (BGH BStBl 16, 868). Die zu § 160 erläuterten Prüfungsgrundsätze sind jedoch zu berücksichtigen.

3 § 159 begründet eine Art **Gefährdungshaftung** (beachte § 39); sie beruht auf der Unterstellung, dass der Treugeber die gebotene Versteuerung unterlassen hat und deshalb der Treunehmer einstehen soll (BFH BStBl 97, 404). Darum kann

verlangt werden, anzugeben und nachzuweisen, welche Sache in welchem Umfang zu wem gehört. Das ist mehr als eine (gesteigerte) Mitwirkungspflicht bei der rückblickenden Sachaufklärung; denn der Treunehmer ist angehalten, ggf Beweisvorkehrungen zu treffen (*HHSp/Schuster* § 159 Rz 3). Tut er das nicht und kann er deshalb einem Nachweisverlangen der FinBeh nicht entsprechen, läuft er Gefahr (intendiertes Ermessen der FinBeh), dass ihm der Gegenstand zugerechnet wird. § 159 kehrt zwar die Feststellungslast für das Fehlen eines Treuhandverhältnisses nicht gegen den Treugeber, führt aber idR doch zu denselben ähnlichen Rechtsfolgen bei der Zurechnungsentscheidung.

2. Anwendungsbereich. Die Vorschrift hatte nicht nur für die frühere VSt Bedeutung; auch bei der ESt kann sie angewandt werden, zB wenn es um die Feststellung des Betriebsvermögens und aus dessen Veräußerung herrührender Gewinne geht (vgl BFH BStBl 97, 404; 86, 318), ebenso bei USt (*Fuhrmann* KÖSDI 06, 15 293). Im StStrafrecht ist die Vorschrift nicht anwendbar (FG Mchn EFG 98, 534), wohl aber im ZollR, wo sie aber keine praktische Bedeutung erlangt hat. 5

3. Anforderungen an den Treuhandvertrag. Bei der Prüfung vorgenannten Nachweises ist ein strenger Maßstab anzulegen (BFH BStBl 16, 868; 15, 4; 98, 152; BFH/NV 08, 745). Ein **Treuhandvertrag** kann wegen der vom Zivilrecht abweichenden Zurechnungsfolge nur aufgrund ernst gemeinter und klar nachgewiesener Abreden berücksichtigt werden, die auch tatsächlich durchgeführt werden (BFH BStBl 98, 152) und ggf zivilrechtl Formvorschriften genügen (BFH/NV 08, 745). Zweifel an der Ernsthaftigkeit einer Treuhandvereinbarung müssen die Vertragsparteien durch substantiierten Tatsachenvortrag und geeignete Nachweise ausräumen. Das gilt auch, wenn eine Gesellschaft geltend macht, ihre Gesellschafter würden betriebliche Bankkonten unter ihrem Privatnamen führen (BFH/NV 99, 463). Der Nachweis, dass sie ihnen *nicht* gehören, reicht grds nicht aus; deshalb kann gegen die Zurechnung nicht eingewandt werden, der Stpfl habe aus seinen Einkünften die ihm zugerechneten Vermögenswerte nicht ansammeln können (BFH/NV 88, 425). Ebenso wenig ausreichend ist eine bloße Benennung eines angeblichen Rechtsinhabers, eines nachgeordneten Treuhänders (BFH/NV 86, 638) oder einer Personenmehrzahl ohne Nachweis der Beteiligungsverhältnisse (BFH BStBl 97, 404). Zu den erhöhten Anforderungen bei Angabe eines ausl Treugebers BFH/NV 90, 616. 7

Ein Treuhandverhältnis liegt nur vor, wenn die mit der rechtlichen Eigentümer- bzw Inhaberstellung verbundene Verfügungsmacht des Treuhänders in solchem Umfang zugunsten des Treugebers eingeschränkt ist, dass das rechtliche Eigentum bzw die rechtliche Inhaberschaft als „leere Hülle" erscheint (BFH BStBl 10, 590). Der Treugeber muss das Treuhandverhältnis beherrschen, und zwar nicht nur nach den mit dem Treuhänder getroffenen Absprachen, sondern auch bei deren tatsächlichem Vollzug; es muss zweifelsfrei erkennbar sein, dass der Treuhänder ausschl für Rechnung des Treugebers handelt. Wesentliches und im Grundsatz unverzichtbares Merkmal einer solchen Beherrschung ist eine Weisungsbefugnis des Treugebers hins der Behandlung des Treuguts. Der Treugeber muss berechtigt sein, jederzeit die Rückgabe des Treuguts zu verlangen; die Vereinbarung einer Kündigungsfrist ist allerdings unschädlich. Treuhandentgelt und bilanzielle Behandlung des Treuguts haben nur indizielle Bedeutung (BFH BStBl 10, 590; BFH/NV 14, 1544). Wer eine Sache oder ein Recht unter einer Auflage innehat, ist kein Treuhänder, sondern Vollrechtsinhaber; § 159 erfasst aber insbes auch Sicherungseigentum (FG Nds EFG 06, 541). 9

Die Vorschrift setzt nicht voraus, dass der Besitz im Zeitpunkt des Benennungsverlangens noch fortbesteht (BFH BStBl 97, 404), wohl aber den von der FinBeh zu führenden Nachweis, dass er im für die Besteuerung maßgeblichen Zeitpunkt noch bestanden hat. 10

12 **4. Nachweisverlangen der Finanzbehörde.** Der **Nachweis** ist nur **auf Verlangen** zu führen, wofür BFH BStBl 97, 404 ebenso wie ggf für die spätere Zurechnung der FinBeh Ermessen eingeräumt hat (vgl auch BFH BStBl 07, 39). Letzteres überzeugt nicht, weil § 159 eine Regel für die *Sachverhaltsfeststellung* (grds keine Amtsermittlungspflicht wegen der Beweisnähe des Stpfl) aufstellt und diese ggf Aufgabe des FG ist (richtig *HHSp/Schuster* § 159 Rz 6, jedoch widersprüchlich Rz 12). Dass § 159 in § 96 FGO – anders als § 160 – nicht ausdrücklich benannt ist, ändert daran nichts.

13 BFH BStBl 16, 868 hat mit Recht hervorgehoben, dass dem FG keine Befugnis zu einer eigenen Ermessensausübung zusteht und § 159 die Feststellungslast für das Bestehen eines Treuhandverhältnisses im Rahmen der Feststellung einer StHinterziehung auch nicht gegen den Stpfl kehrt.

15 **5. Zurechnungsentscheidung der Finanzbehörde.** Wird der geforderte Nachweis nicht erbracht, werden die Sachen/Rechte dem Treuhänder etc „regelmäßig" **zugerechnet** (§ 159 S 1 letzter HS), welche Gesetzesformulierung allerdings in der Tat auf eine Ermessensermächtigung hindeutet (so BFH BStBl 07, 39), aber auch korrigierend als Beweiswürdigungsregel verstanden werden kann (vgl *HHSp/Schuster* § 159 Rz 6: keine Ermessensentscheidung, sondern Teil der Sachverhaltsfeststellung). Von der Zurechnung bei dem Treuhänder ist abzusehen, wenn der Nachweis, dass die Sachen einer bestimmten anderen Person gehören, nicht gelingt, weil der Treuhänder aus überzeugenden Gründen diese Person nicht preisgeben will; hat die FinBeh darüber nicht befunden, soll – ggf auch zur Berücksichtigung von Tatsachen, die sich im Prozess ergeben haben – an das FA „zurückverwiesen" werden (so BFH BStBl 97, 404, zweifelh; vgl auch BFH BStBl 07, 39). Die FinBeh muss auch bei Kreditinstituten nicht etwa wegen § 30a grds von einer Zurechnung trotz fehlenden Nachweises des Stpfl absehen; die Zurechnung ist jedenfalls dann nicht rechtswidrig, wenn das Kreditinstitut nicht den Nachweis erbringt, dass es die fraglichen Gelder nur als Treuhänder in Empfang genommen hat, wofür es nötigenfalls trotz § 30a I auch den Namen des Treugebers nennen muss, welche Angabe uU einem Verwertungsverbot unterworfen werden kann (BFH BStBl 07, 39).

18 **6. Amtsermittlung.** Die FinBeh ist nicht gehindert (siehe Rz 2: Ermessen hinsichtlich des Benennungsverlangens), den Sachverhalt von sich aus zu **ermitteln,** etwa wenn der Treuhänder die Zurechnung der Sache bei sich selbst in Kauf nimmt, nur um den Treugeber vor einer Besteuerung zu schützen. Zu Ermittlungen (anstelle der Zurechnung beim Treunehmer) verpflichtet ist sie nicht.

20 **7. Rechtsschutz.** Das Nachweisverlangen (insoweit aA *TK/Seer* § 159 Rz 18) ist ebenso wenig wie die Zurechnung selbständig **anfechtbar** (siehe dazu § 160 Rz 29).

21 **8. Auskunftsverweigerungsrechte.** Abs 2 schreibt vor, dass **§ 102 unberührt** bleibt. Die in § 102 genannten Personen haben ein Auskunftsverweigerungsrecht in Bezug auf Dritte auch, soweit sie in ihrer eigenen Steuersache aussagen müssen. § 102 ist jedenfalls nicht auf die Fälle beschränkt, in denen die betr Personen als Dritte im Besteuerungsverfahren eines anderen Auskunft geben sollen. Daher kann zB einem Anwalt bei Anwendung des § 159 daraus kein Nachteil erwachsen, dass er seinen Mandanten, der ihm in seiner Eigenschaft als Anwalt Gelder anvertraut hat, nicht benennt.

22 Angehörige der betr Berufszweige können also, sofern nicht die Voraussetzungen des § 102 III vorliegen, die Auskunft darüber verweigern, wem die von ihnen verwahrten Fremdgelder gehören, ohne dass zugleich die Rechtsfolgen des Abs 1 S 1 eintreten. Sie haben allerdings **alles Zumutbare zu tun,** um den Nachweis zu erbringen, dass es sich bei dem Geld nicht um *eigenes* handelt; können sie ihn ohne Verletzung des Berufsgeheimnisses nicht führen, muss die FinBeh ihnen dies

(nicht nur als Ermessensgesichtspunkt) zu Gute halten. Die bloße Behauptung, es handele sich um durch das Berufsgeheimnis geschützte Fremdgelder, reicht dafür aber nicht aus (BFH/NV 95, 954). Die Gelder müssen auf einem Anderkonto eingezahlt sein; es muss Vorsorge für den Nachweis getroffen sein, dass sie nicht dem RA/Notar gehören (BFH/NV 88, 424). Die FinBeh können, soweit hierzu Anlass besteht, weitere Auskünfte und eine Vorlage von Urkunden, wie Zahlungsbelege oder Kontoauszüge verlangen, sofern sich hieraus keine Rückschlüsse auf Mandanten ergeben. Die FinBeh ist auch nicht gehindert, durch Auskunftersuchen an die Bank und Einsichtnahme in deren Unterlagen nachzuprüfen, ob es sich tatsächlich nur um Fremdgeld auf dem Anderkonto handelt. § 104 II ist dagegen mE nicht einschlägig; es handelt sich weder um Wertsachen noch um sonstige Aufzeichnungen, die für einen Beteiligten aufbewahrt werden.

§ 160 Benennung von Gläubigern und Zahlungsempfängern

(1) [1] **Schulden und andere Lasten, Betriebsausgaben, Werbungskosten und andere Ausgaben sind steuerlich regelmäßig nicht zu berücksichtigen, wenn der Steuerpflichtige dem Verlangen der Finanzbehörde nicht nachkommt, die Gläubiger oder die Empfänger genau zu benennen.** [2] **Das Recht der Finanzbehörde, den Sachverhalt zu ermitteln, bleibt unberührt.**

(2) **§ 102 bleibt unberührt.**

Schrifttum: *Müller* Die Bedeutung der Gläubiger- und Empfängerbenennung nach § 160 AO im Steuerstrafrecht, StBp 10, 82.

Übersicht

1. Inhalt und Regelungsziel. Die Vorschrift will dafür Vorsorge treffen, dass Ausgaben nur dann bei einem Stpfl steuermindernd wirken, wenn die ihnen korrespondierenden Einnahmen bei dessen Geschäftspartner der (deutschen) Besteuerung unterworfen werden (BFH BStBl 98, 51; 99, 121; BFH/NV 06, 1618). Dass der Stpfl mit Sicherheit Betriebsausgaben hatte, schließt mithin ein Benennungsverlangen nicht aus (BFH BStBl 98, 51; 89, 995; vgl BFH BStBl 83, 654; BFH/NV 94, 241; vgl zur Möglichkeit der Berücksichtigung von Betriebsausgaben aber Rz 22). Denn § 160 soll nicht seine Besteuerung, sondern vielmehr die des Zahlungsempfängers sicherstellen helfen, sofern diese einem stl Abzugsposten korrespondiert. Zweck des § 160 ist es, einen Ausgleich für die vermutete Nichtversteuerung beim Empfänger zu schaffen (BFH BStBl 98, 51). Der Stpfl soll bei unerfülltem berechtigten Benennungsverlangen wie ein Haftender für fremde StSchulden in Anspruch genommen werden (BFH BStBl 99, 434; BFH/NV 95, 2). 1

§ 160 steht neben dem allgem Auskunftsanspruch gem § 93, demgegenüber er in Tatbestand und Rechtsfolge kaum etwas Neues enthält (vgl *HHSp/Schuster* Rz 3a). § 160 verwandt ist § 16 AStG, welcher die „genaue Bezeichnung“, die § 160 verlangt, aber präzisiert (BFH BStBl 07, 855; BFH/NV 03, 1241: keine Einschränkung der Anwendbarkeit des § 160). 2

§ 160 AO ist **keine Schätzungsnorm,** sondern setzt voraus, dass – ggf im Wege der Schätzung ermittelte – Ausgaben entstanden und daher an sich zu berücksichtigen sind; in Schätzungsfällen knüpft die Vorschrift mithin an das Ergebnis 3 der Schätzung an und ist nicht etwa Voraussetzung einer Schätzung (BFH BStBl 16, 815).

5 Wenn der Stpfl bei Schulden und anderen Lasten, Betriebsausgaben (nicht jedoch lediglich durchlaufenden Posten, BFH BStBl 97, 404) und Werbungskosten, die bei ihm zu einer Minderung der StSchuld führen, die Gläubiger oder die Empfänger der Zahlungen nicht benennt, sind Zahlungen udgl regelmäßig nicht zu seinen Gunsten zu berücksichtigen. § 160 kommt überhaupt erst zum Zuge, wenn stl Abzugsbeträge nachgewiesen sind (BFH/NV 13, 44). Er gilt aber auch bei bloß geschätzten Ausgaben (BFH BStBl 86, 318; 66, 518). Er ist auch bei außergewöhnlichen Belastungen (BFH BStBl 97, 346) und bei einer Teilwertabschreibung anzuwenden, sofern Anschaffungskosten zugrunde liegen (BFH BStBl 13, 989; vgl aber BFH BStBl 99, 333). Verfassungsrechtliche Bedenken gegen die Vorschrift bestehen nicht (aA *Scheuffele* FR 1971, 259 ff; siehe jedoch auch BFH BStBl 81, 333); zur Vereinbarkeit mit Unionsrecht FG Mchn EFG 07, 1843. Sie beruht auf dem Gedanken, dass Auskünfte von dem Beteiligten verlangt werden können, der über die erforderlichen Kenntnisse verfügt, insbes dann, wenn die Informationsbeschaffung in seiner Sphäre liegt; das ist hinsichtlich der Empfänger von steuermindernden Ausgaben nach § 90 II insbes bei Sachverhalten mit Auslandsberührung der Fall, weil insofern die Informationsbeschaffung Sache des Stpfl ist, der die Verhältnisse gestaltet (BFH BStBl 86, 318; BFH/NV 94, 357).

7 Wegen der Unanwendbarkeit der Vorschrift bei **Bauleistungen** beachte § 48 IV EStG (dazu NdsFG EFG 16, 444, Rev IV R 11/16 und NdsFG EFG 16, 960, aufgehoben wegen Verfahrensfehlers BFH/NV 17, 564); sie ist auch dann gegeben, wenn es sich tatsächlich nicht um einen Fall des § 48 IV EStG handelt (BMF v 27.12.2002, BStBl I, 1399).

8 Die **Anwendung** des § 160 ist **in zwei Schritten zu überprüfen** (vgl BFH BStBl 13, 989; 98, 51; 96, 51; 89, 995; 87, 481; BFH/NV 96, 891): Erstens dahin, ob sich das Verlangen nach der Benennung im Rahmen pflichtgemäßen Ermessens gehalten hat; insbes darf die FinBeh nicht zu Angaben auffordern, die für den Stpfl unzumutbar sind (vgl BFH BStBl 89, 995; BFH/NV 02, 609). Zweitens (Rz 22 ff) dahin, ob die Hinzurechnung bzw stl Nichtberücksichtigung dem Grunde und der Höhe nach pflichtgemäßem Ermessen entspricht (BFH BStBl 98; 51; 96, 51; 89, 995; 87, 481). § 160 gilt nach § 96 FGO auch im gerichtlichen Verfahren; auf beiden Stufen steht dann dem FG (nicht dem BFH) eigenes Ermessen zu (BFH BStBl 98, 51; 87, 286; BFH/NV 96, 891); es kann also seinerseits ein (neues) Benennungsverlangen an den Stpfl richten und anschließend eigenes Ermessen hinsichtlich der Nichtberücksichtigung der stl Abzugsbeträge ausüben. Eine ausreichende Benennung schließt jedoch weitere Aufklärung des Sachverhalts und ggf eine nach deren Ergebnis erfolgende Hinzurechnung nicht aus (BFH/NV 95, 2; 95, 267).

10 **2. Voraussetzungen und Erfüllung des Benennungsverlangens.** Ein Benennungsverlangen kommt dem Grunde nach nur bei Ausgaben und Lasten des Stpfl in Betracht, die bei ihm stl **Abzugsposten** bilden können (BFH/NV 13, 44); denn sonst ist ihr Abzug von vornherein zu versagen, ohne dass die FinBeh mittels des § 160 die richtige Besteuerung des Empfängers durchsetzen dürfte. Es muss feststehen, dass dem Grunde und der Höhe nach abziehbare Lasten, insbes Werbungskosten oder Betriebsausgaben (vgl BFH DStRE 06, 117) vorliegen (BFH BStBl 98, 51; vgl auch BFH BStBl 97, 404). Ggf ist deren Schätzung geboten, bevor die (Nicht-)Anerkennung nach § 160 in Betracht zu ziehen ist (BFH BStBl 98, 51). Die Vorschrift kann deshalb bei der Festsetzung von Ertragsteuern nicht auf fingierte Darlehen angewendet werden; denn stellt der Mittelzufluss in Wahrheit eine Einlage dar, vollzieht sich sein Ansatz in der Jahresbilanz ohnehin erfolgsneutral; aber auch wenn es sich um eine verdeckte Betriebseinnahme handelte, könnte dies nicht gem § 160 erfasst werden, sondern nur eine Zuschätzung gem § 162 rechtfertigen (BFH BStBl 88, 759 zur Abgrenzung von §§ 160 und 162;

BFH/NV 92, 439). Aus dem gleichen Grunde darf die Anerkennung der Bildung einer Rückstellung wegen Inanspruchnahme aus Bürgschaften nicht von der Benennung des Darlehensgläubigers abhängig gemacht werden (BFH BStBl 99, 333; siehe aber BFHE 242, 1 zu aktivierungspflichtigen WG).

Die Existenz abzugsfähiger Positionen muss allerdings vor einem Benennungsverlangen nicht *zweifelsfrei* festgestellt werden; ist sie zweifelhaft, kann die FinBeh diese Zweifel dahinstehen lassen, wenn der Stpfl ihrem Benennungsverlangen nicht nachkommt (vgl BFH BStBl 89, 995; FG Mster EFG 98, 920). **11**

Ein Benennungsverlangen setzt ferner voraus, dass die *Vermutung* nahe liegt, dass der Empfänger den **Bezug nicht der (deutschen) Besteuerung unterwirft** (vgl BFH BStBl 86, 318; 89, 995; 99, 434; BFH/NV 96, 891), was insbes bei Geschäften mit Domizilgesellschaften, Bargeschäften oder Schwarzarbeit in Betracht kommt. Ein Benennungsverlangen ist also nicht zulässig, wenn der Empfänger nicht stpfl ist (vgl BFH BStBl 96, 51; 86, 318; 83, 654), was aber mit an Sicherheit grenzender Wahrscheinlichkeit feststehen muss (BFH BStBl 86, 318), oder wenn ein StAusfall auf seiten des Empfängers sonst ausscheidet (BFH BStBl 99, 333; BFHE 242, 1). Bei Zahlungen an ausl Empfänger soll deshalb nach AEAO zu § 160 Nr 4 unter dort festgelegten Voraussetzungen auf den Empfängernachweis verzichtet werden können (vgl BFH BStBl 07, 855; 99, 333; BFH/NV 00, 299). Das Gleiche gilt, wenn sonst auszuschließen ist, dass der Zahlungsempfänger die Zahlung nicht richtig versteuert (BFH BStBl 52, 275; 56, 20; vgl BFH/NV 98, 561 zur gewinnmindernden Buchung beim Stpfl ohne Gewinnerhöhung beim Dritten; ebenso *Schwarz/Frotscher* § 160 Rz 4). **12**

Der **wirtschaftliche Zahlungsempfänger** (BFH/NV 02, 312) ist zu benennen. Empfänger ist derjenige, dem der in der Betriebsausgabe enthaltene wirtschaftliche Wert übertragen worden ist, der also das Geld erhalten hat (BFH BStBl 98, 51; BFH/NV 07, 849; 10, 3; 11, 198) und bei dem folglich die stl Auswirkungen eintreten müssten (vgl BFH/NV 14, 289; 96, 267). Ein bloß zwischengeschalteter Übermittler (BFH BStBl 98, 51; 96, 51; BFH/NV 07, 849; FG Hbg EFG 07, 974), insbes eine Domizilgesellschaft ohne eigene wirtschaftliche Betätigung, ist nicht der zu benennende „Empfänger". Wird eine solche Domizilgesellschaft oder eine natürliche Person (BFH/NV 09, 1398) zwischengeschaltet, ist Empfänger vielmehr der hinter ihr stehende Dritte, auch im Rahmen des § 16 AStG (BFH BStBl 87, 481; 99, 121; 07, 855; BFH/NV 87, 13; 95, 2, 181; 96, 267; 03, 1241; FG Saarl EFG 97, 44; zur Benennung ausl Domizilgesellschaften *Christian/Schwehm* DStZ 97, 324, zur Konkurrenz des § 16 AStG BFH BStBl 07, 855; *Schmitz* IStR 97, 193; *HHSp/Schuster* § 160 Rz 32); das kann aber außer dem Anteilseigner (BFH/NV 95, 2; 94, 357) auch der Subunternehmer sein, insbes wenn die Gesellschaft selbst erkennbar kein eigenes fachkundiges Personal zur Ausführung des Auftrages besitzt (BFH BStBl 99, 121, 333; 87, 481; BFH/NV 02, 1; 00, 817; 96, 267; kritisch *Spatscheck/Alvermann* DStR 99, 1427). Bei innerhalb der EU ansässigen Geschäftspartnern sind jedoch im Hinblick auf die Dienstleistungsfreiheit an die Beweisvorsorge des Stpfl keine zu großen Anforderungen zu stellen (vgl BFH/NV 02, 609; *HHSp*/Schuster § 160 Rz 22). Ist das Geld an Schwarzarbeiter des unmittelbaren Empfängers weitergeleitet worden, sind diese Empfänger (BFH BStBl 87, 481; BFH/NV 14, 289; 96, 801) mit der Folge, dass ein Teil der geleisteten Betriebsausgaben wegen deren (geringerer) steuerlicher Belastung abziehbar ist (BFH BStBl 79, 587; 89, 995; BFH/NV 96, 801). **14**

Der Stpfl braucht nur Umstände offen zu legen, die in seinem Kenntnisbereich liegen oder von denen er sich in zumutbarer Weise Kenntnis beschaffen kann und sich Kenntnis zu verschaffen Anlass hatte, weil er damit rechnen musste, dass der Empfänger den Bezug nicht versteuern wird; er hat dann also Beweisvorsorgepflichten (vgl BFH/NV 12, 374), muss aber nicht die Möglichkeit ausschließen, dass der von ihm benannte Empfänger Treuhänder von Dritten ist (BFH/NV 95, 2). **16**

17 Benannt ist der Empfänger nur bei **ausreichend genauer Empfängerbezeichnung,** welche die FinBeh in die Lage versetzt, ohne besondere Schwierigkeiten, ohne Zeitaufwand und eigene Ermittlungen die Beträge bei dem Empfänger zu erfassen (vgl BFH BStBl 07, 855; 96, 51; 67, 396; 68, 727; vgl BFH BStBl 87, 286 zur Benennung einer BGB-Gesellschaft). Zur Benennung gehören alle Angaben, die bei ordnungsgemäßer Verbuchung erforderlich gewesen wären, dh Namen, Adresse (BFH/NV 96, 801; 93, 633), Art der Lieferung, Ankaufspreise usw. Bei einer natürlichen Person ist grds die Angabe des Wohnsitzes oder in Ermangelung eines Wohnsitzes des gewöhnlichen Aufenthalts erforderlich, denn danach richtet sich die Zuständigkeit des für die Besteuerung des Empfängers zuständigen FA (BFH BStBl 96, 51; vgl BFH BStBl 87, 286; BFH/NV 87, 689); dass die Angaben des Stpfl die FinBeh in die Lage versetzen, das Wohnsitz-FA zu ermitteln, reicht nicht aus (BFH BStBl 96, 51; zur Ermessensausübung in solchen Fälle siehe aber unten Rz 12).

18 Es genügt zur Empfängerbenennung nicht ein **Beweisermittlungsantrag,** durch den die ladungsfähige Anschrift des Empfängers erst beschafft werden soll (BFH/NV 98, 1331). Anzugeben sind aber nur die im Zeitpunkt des Leistungsbezugs maßgeblichen Daten des Empfängers; das Risiko späterer Veränderung trägt die FinBeh (BFH/NV 93, 633; 96, 620; vgl auch BFH/NV 13, 1260 zum Datenverlust).

20 Wenn die Existenz des benannten Empfängers für die FinBeh trotz Erfüllung ihrer Amtsermittlungspflicht nicht feststellbar ist, ist das Benennungsverlangen nicht erfüllt (BFH BStBl 72, 442; BFH/NV 01, 414; 98, 279; 96, 801; 93, 633), erst recht nicht, wenn ein falscher Name angegeben wird (BFH BStBl 98, 51) oder wenn der Stpfl erklärt, er habe mit einer ihm unbekannten Person abgeschlossen (BFH BStBl 63, 342). Es genügt nicht, Personen zu benennen, die möglicherweise als wahre Zahlungsempfänger in Betracht kommen, die dieses aber ihrerseits in Abrede stellen und denen dies nicht ohne erhebliche Schwierigkeiten nachgewiesen werden kann (BFH/NV 96, 267), oder einen Empfänger zu benennen, der zwar existiert, aber einen falschen Namen benutzt, um seinen Verbleib zu verschleiern (BFH/NV 96, 801; 93, 633).

21 Auf **Verschulden des Stpfl** kommt es nicht an (zB wenn er den Empfänger nicht kennt, weil dieser ihm einen falschen Namen genannt hat), dies kann aber bei der Ermessensausübung ausschlaggebend sein (BFH BStBl 99, 434; BFH/NV 96, 801; siehe auch unten Rz 12). Hingegen ist es für die Erfüllung des Benennungsverlangens ohne Bedeutung, wenn der StAnspruch mangels ausreichender Beweismittel oder aus anderen Gründen ggü dem Benannten nicht durchgesetzt werden kann (BFH/NV 07, 849).

22 **3. Ermessensentscheidung über das Benennungsverlangen.** Die FinBeh entscheidet über das Benennungsverlangen nach pflichtgemäßem Ermessen („regelmäßig") (allgM, siehe aber meine Vorbehalte in § 159 Rz 2, die auch für § 160 gelten). Die FinBeh kann ihre grds bestehende Amtsermittlungspflicht zurückstehen lassen und den Stpfl zu einer (gesteigerten) Mitwirkung heranziehen. Die allgemeinen Ermessensgrenzen des Übermaßverbots und der Zumutbarkeit sind aber dabei zu beachten (vgl hierzu BFH BStBl 87, 286). Das Benennungsverlangen darf nicht unverhältnismäßig sein und die für den Stpfl zu befürchtenden Nachteile (zB wirtschaftliche Existenzgefährdung) dürfen nicht außer Verhältnis zum beabsichtigten Aufklärungserfolg (zB geringfügige StNachholung bei den Empfängern, BFH BStBl 99, 434; 87, 481; BFH/NV 02, 609) stehen. Dass eine Vielzahl von Empfängern in Betracht kommt, ist indes nicht von Belang (BFH BStBl 96, 51). Maßgeblich ist, ob für den Stpfl im Zeitpunkt der Zahlung zumutbar war, sich nach den Gepflogenheiten des Geschäftsverkehrs der Identität seines Geschäftspartners zu vergewissern, um in der Lage zu sein, ihn als Empfänger von Zahlungen zu bezeichnen (BFH BStBl 81, 333; 96, 51; 99, 434; BFH/NV 96, 891; 03, 291),

auch wenn eine gesetzl Dokumentationspflicht odgl nicht besteht (unter diesem Aspekt mit Recht kritisch *HHSp/Schuster* § 160 Rz 12f). Es muss also für den Stpfl in dem Zeitpunkt, in dem er zB die Betriebsausgabe vornimmt (vgl BFH/NV 93, 633), bei vernünftiger Beurteilung der Umstände und bei Ausschöpfung seiner zumutbaren Erkenntnismöglichkeiten *Anlass* für die Annahme bestehen, dass es sich bei dem Zahlungsempfänger um eine Domizilgesellschaft handeln könnte (BFH/NV 02, 609). Ist ggü dem zahlenden Unternehmer eine in der EU ansässige Person oder Gesellschaft als Vertragspartner aufgetreten, will BFH/NV 02, 609 die Niederlassungsfreiheit berücksichtigt wissen, wenn aus den unterschiedliche ausl Staaten anführenden Angaben des leistenden Unternehmens Verdachtsmomente gewonnen werden sollen.

23 An der **Zumutbarkeit** der Empfängerbenennung kann es fehlen, wenn die Empfängerfeststellung wegen der Art der Geschäfte nicht zumutbar ist (BFH BStBl 87, 286). Das ist aufgrund des inzwischen aufgehobenen § 30a bei einem Kreditinstitut als Emittent von Inhaberschuldverschreibungen zu Unrecht von BFH BStBl 04, 582; BFH/NV 04, 1209 angenommen worden und jetzt jedenfalls aus dem Verhältnismäßigkeitsgrundsatz nicht herzuleiten. Ferner fehlt es an der Zumutbarkeit, wenn der Stpfl für die Empfängerbenennung erforderliche Ermittlungen zwar noch anstellen könnte, die ggü den Empfängern bestehenden StAnsprüche aber ohnehin verjährt sind (BFH BStBl 87, 286). Es ist ggf auch zu würdigen, welcher Zeitraum zwischen einer Ausgabe und einem Benennungsverlangen liegt (BFH BStBl 13, 989).

25 Grds ist es dem Stpfl allerdings zuzumuten, dass er den Empfänger benennt. Von der Anwendung des § 160 kann deshalb **nur ausnahmsweise wegen Unzumutbarkeit** der Benennung eines Empfängers abgesehen werden, bei dem die stl Erfassung der Zahlungen des Stpfl zweifelh erscheinen musste. Im Allgemeinen kann sich derjenige, der unmittelbaren geschäftlichen Kontakt mit dem Zahlungsempfänger hat, nicht trotz seiner größeren Beweisnähe darauf berufen, dass es wegen der großen Anzahl von Geschäftspartnern unzumutbar sei, die notwendigen Angaben zu erbitten (vgl aber BFH BStBl 87, 286). Ob die Ermittlung von **Privatanschriften** durch den Stpfl zumutbar wird, wenn die FinBeh auf erheblich einfachere Art und Weise als der Stpfl den Empfänger ausfindig machen kann, hat BFH BStBl 96, 51 offen gelassen; es wird nur ausnahmsweise bejaht werden können. Ein Benennungsverlangen verstößt auch nicht gegen Treu und Glauben, weil die FinBeh bei früheren Prüfungen diese Empfängerbenennung nicht verlangt hatte (FG BaWü EFG 79, 110).

26 Ein Benennungsverlangen bei für den Stpfl selbst wegen Gebrauch eines falschen Namens nicht identifizierbaren Dritten ist es aber ermessensfehlerhaft, wenn jener schuldlos **Opfer einer Täuschung** geworden ist und keine Zweifel an der Identität seines Geschäftspartners haben musste (BFH/NV 17, 564, 440; 96, 801). Jedoch soll § 160 AO anwendbar sein, wenn als „Zahlungsempfänger ein Strohmann auftritt, der einem Milieu angehört, in dem durch Einsatz körperlicher Gewalt ein Schweigegebot ggü staatlichen Stellen durchgesetzt wird"; es sei dem Stpfl dann zumutbar, das Geschäft ganz zu unterlassen und dadurch diejenigen, die „nicht zu einer offenen Teilnahme am Wirtschaftsverkehr bereit sind", wirtschaftlich zu isolieren (BFH/NV 17, 564, zweifelh; vgl in diesem Zusammenhang auch FG Nds EFG 15, 2145). Unzumutbar soll die Benennung ferner sein, wenn der Stpfl begründete Furcht vor Gewalttaten hat, falls der Empfänger von der Finanzverwaltung herangezogen wird (FG Hess EFG 81, 571; vgl aber auch BFH BStBl 63, 342 bei bloß wirtschaftlichen Folgen und FG BaWü EFG 93, 277 bei bloßen Wettbewerbsnachteilen), oder wenn der Stpfl die Empfänger deshalb nicht kennt, weil der Kontakt zu ihnen allein einem inzwischen verstorbenen Mitgesellschafter-Geschäftsführer oblag (BFH/NV 92, 449).

27 Für die Zumutbarkeit eines Benennungsverlangens ist es nicht erforderlich, dass der Stpfl ihm noch **im Zeitpunkt seines Erlasses nachkommen** kann (BFH/

NV 94, 688; einschränkend BFHE 242, 1). Hat er aber die Identität seines Geschäftspartners von vornherein nicht festgestellt, kann er sich nicht darauf berufen, dieser wäre an der damaligen Adresse ohnehin nicht mehr erreichbar (BFH BStBl 99, 434; BFH/NV 02, 609; 93, 633).

28 Das **FG** kann ein Benennungsverlangen nachholen und dabei eine eigene Ermessensentscheidung treffen (§ 96 I 1 FGO; BFH BStBl 87, 286; BFH/NV 06, 1618), der BFH jedoch die Entscheidung insoweit nur auf Rechtsfehler überprüfen (BFH BStBl 98, 51).

30 **4. Folge unterlassener Empfängerbenennung.** Sie besteht darin, dass die FinBeh eine (intendierte) Ermessensentscheidung über die Höhe des zu versagenden Ausgabenabzugs zu treffen hat (BFH BStBl 98, 51). Die Versagung des Abzugs unter Berücksichtigung der stl Verhältnisse beim Empfänger (StSatz?, vgl zB FG Mster EFG 98, 920, 251), insbes auch dessen mutmaßlicher Betriebsausgaben, hat dabei die Regel zu sein (BFH BStBl 98, 519; 99, 434). Von dieser Rechtsfolge kann nur ausnahmsweise abgesehen werden und die Versagung des Abzugs ermessensfehlerhaft sein (BFH BStBl 13, 989; 99, 434; 86, 318; BFH/NV 96, 801). Sie ist auch dann rechtmäßig, wenn die Betriebsausgaben zweifellos entstanden sind (BFH/NV 10, 596); solche können aber uU bei der Höhe des nicht anzuerkennenden Betrags zu berücksichtigen sein (BFH BStBl 81, 333; BFH/NV 96, 801). Da der Stpfl wie ein Haftender in Anspruch genommen wird, ist zu berücksichtigen, ob und inwieweit StAusfälle durch Nichtversteuerung beim Empfänger zu erwarten sind (vgl BFH BStBl 89, 995). Den Empfängern mutmaßlich entstandene Betriebsausgaben können also berücksichtigt werden (BFH BStBl 99, 333; 81, 333; BFH/NV 96, 801). Unsicherheiten gehen jedoch zulasten des Stpfl (BFH BStBl 89, 995). Beispielsberechnung bei *Radermacher* AO-StB 07, 213 und FG Köln EFG 00, 460. Sind zB hinzu geschätzte Mehreinnahmen unweigerlich mit zusätzlichen Lohnkosten verbunden und ist die bei dem Lohnempfänger wahrscheinlich anfallende Steuer geringer als die StBelastung des Stpfl infolge des Nichtansatzes von Betriebsausgaben, ist trotz fehlender Empfängerbenennung der Teil der angeblichen Betriebsausgaben zum Abzug zuzulassen, der der Differenz zwischen der ungefähren StBelastung des Stpfl und der wahrscheinlichen StBelastung des Empfängers entspricht (FG Hbg 5 K 140/07, nv; vgl BFH BStBl 89, 995). Die Hinzurechnung ist bei der Feststellung des GewStMessbetrags auch dann vorzunehmen, wenn der Empfänger nicht gewerbesteuerpflichtig ist (BFH BStBl 96, 51); der BFH hat § 7 GewStG insoweit Vorrang vor einer teleologischen Einschränkung des § 160 gegeben (dagegen *Gosch* StBp 96, 44).

32 **Schätzungen** sind zulässig, die Einkommensverhältnisse der Empfänger pauschalierend zu berücksichtigen (BFH BStBl 89, 995; BFH/NV 94, 241), wobei eine 25%-Anrechnung als Betriebsausgaben des Stpfl allerdings an der unteren Grenze bleibt (BFH/NV 96, 891).

33 Hat erst das **FG** ein Benennungsverlangen gestellt (siehe Rz 18), hat es bezüglich der Höhe der Zurechnung eigenes Ermessen auszuüben (BFH/NV 96, 891).

35 Ist das Bennungsverlangen erst nach Ergehen des StBescheids gestellt worden, eröffnet seine Nichterfüllung keine Änderungsmöglichkeit nach § 173 I oder § 175 I 1 Nr 2 (vgl BFH BStBl 17, 743; 16, 815; vgl FG Köln EFG 14, 411). Eine neue Tatsache (§ 173) kann hingegen gegeben sein, wenn der FinBeh nachträglich die Feststellung des Empfängers (zB durch eine Zufallserkenntnis) gelingt (str, aA ua *Schwarz/Frotscher* § 160 Rz 33). Ebenso ist § 173 in dem umgekehrten Fall einschlägig, dass erst nachträglich, etwa anlässlich einer Ap, ein Benennungsverlangen gestellt und nicht erfüllt wird und daraus Schlussfolgerungen auf neue steuererhebliche Tatsachen gezogen werden können (vgl BFH BStBl 17, 743; 16, 815).

36 **5. Aussageverweigerungsrechte (Abs 2).** Wie bei § 159 bleibt § 102 (Auskunftsverweigerungsrecht zum Schutz bestimmter Berufsgeheimnisse) unberührt (vgl hierzu Erläut zu § 159), wird aber nur selten praktisch werden. Auskunftsver-

weigerungsberechtigte müssen gleichwohl alles ohne Verletzung ihres diesbzgl Rechts Mögliche tun, um die Versteuerung beim Empfänger glaubhaft zu machen; der Nachweis, dass Ausgaben gemacht worden sind (bzw Schulden bestehen), genügt auch bei ihnen nicht. Die Angehörigen der steuerberatenden Berufe ua, die für den Stpfl dessen Unterlagen verwahren, dürfen die Vorlage von solchen Urkunden usw nach § 104 II nicht verweigern; tun sie dies trotzdem, kann von der Hinzuschätzung Gebrauch gemacht werden.

Für **Journalisten** usw, die nach § 102 I Nr 4 ebenfalls ein Auskunftsverweige- 37
rungsrecht haben, ist in § 102 I Nr 4 ausdrücklich bestimmt, dass § 160 unberührt bleibt, dh trotz des Gebrauchmachens von einem der vorgenannten Rechte kann das FA die Hinzurechnung vornehmen. Auch § 103 lässt § 160 unberührt (aA *BG/Oellerich* § 160 Rz 94).

6. Rechtsschutz. Das Benennungsverlangen ist nach der Rspr kein selbständig 39
angreifbarer VA, sondern eine unselbständige Verfahrensmaßnahme bei der StFestsetzung. also bloße Vorbereitungsmaßnahme für einen zu erlassenden VA; es fehle an dem Merkmal der rechtlichen Regelung (so BFH BStBl 86, 537; BStBl 88, 927; das Schrifttum sieht das Benennungsverlangen jedoch teilweise als VA an, vgl *Schwarz/Frotscher* § 160 Rz 37; *KvW/von Wedelstädt* § 160 Rz 13), was indes die Folge einer selbständigen Anfechtbarkeit nicht ohne Weiteres hat, vgl zB § 44a VwGO, der entsprechend anzuwenden ist; siehe auch oben § 118 Rz 9). Die Empfängerbenennung ist auch als solche nicht nach §§ 328 ff erzwingbar (BFH BStBl 86, 537; 81, 333; *HHSp/Schuster* § 160 Rz 27), was freilich richtigerweise nicht als zwingendes Argument gegen die VA-Qualität des Benennungsverlangens angeführt werden kann.

Die Entscheidung über das Verlangen ebenso wie über die Abzugsfähigkeit von 40
Betriebsausgaben kann im Rahmen der Anfechtungsklage gegen die StFestsetzung nach Maßgabe des § 102 FGO überprüft werden. Hierbei ist die Rechtmäßigkeit des Verlangens als auch die Versagung des Abzugs von Ausgaben und Schulden zu prüfen (siehe schon oben Rz 2), wobei der nicht überprüfbare Ermessensspielraum der FinBeh idR allerdings äußerst gering ist.

Die Angabe des Gläubigers oder Empfängers kann noch im finanzgerichtlichen 41
Verfahren **nachgeholt** werden (BFH/NV 02, 1). Das FG hat dann eine eigene Ermessensentscheidung über die Rechtsfolgen zu treffen, selbst wenn es nicht um die Nichterfüllung eines eigenen gerichtlichen Benennungsverlangens geht (anders offenbar BFH BStBl 98, 51 unter 3.). Eine eigene Ermessensentscheidung ist ferner zu treffen, wenn sich eine von der FinBeh vorgenommene Ermessensausübung über die Zurechnung als nach § 102 FGO fehlerhaft erweist.

§ 161 Fehlmengen bei Bestandsaufnahmen

[1] Ergeben sich bei einer vorgeschriebenen oder amtlich durchgeführten Bestandsaufnahme Fehlmengen an verbrauchsteuerpflichtigen Waren, so wird vermutet, dass hinsichtlich der Fehlmengen eine Verbrauchsteuer entstanden oder eine bedingt entstandene Verbrauchsteuer unbedingt geworden ist, soweit nicht glaubhaft gemacht wird, dass die Fehlmengen auf Umstände zurückzuführen sind, die eine Steuer nicht begründen oder eine bedingte Steuer nicht unbedingt werden lassen. [2] Die Steuer gilt im Zweifel im Zeitpunkt der Bestandsaufnahme als entstanden oder unbedingt geworden.

Die Vorschrift enthält nicht etwa einen eigenständigen StEntstehungstatbestand, 1
sondern eine widerlegbare (Tatsachen-)Vermutung (BFHE 189, 223) bzw in Satz 2 eine Fiktion, die, weil nur im Zweifel gültig, in Wahrheit ebenfalls eine widerlegbare Vermutung darstellt. Wo diese Vermutung eingreift, ist die Entstehung von Verbrauchsteuer für die betr Fehlmengen nach Maßgabe der entsprechen den Schuldentstehungstatbestände des jeweiligen VerbrauchStGesetzes die Folge (vgl

BFHE 189, 223 = ZfZ 99, 374, wo diese Vermutungswirkung allerdings als „Fiktion" bezeichnet wird). Die Vorschrift bürdet damit denjenigen, die nach den VerbrauchStGesetzen Waren unter StAussetzung in Besitz haben, das Risiko für die Versteuerung von ggf im Schätzungswege ermittelten Fehlmengen im Falle der Unaufklärbarkeit des insoweit verwirklichten StTatbestandes auf (BFHE 133, 158 = HFR 81, 406; BFHE 158, 190 = HFR 90, 113; BFHE 135, 256 = HFR 82, 395). Nur insofern bewirkt sie eine Umkehr der (objektiven) Beweislast zulasten des Stpfl (kritisch dazu *TK/Seer* § 161 Rz 9: nur „gesetzliche Beweisvermutung" bei Unaufklärbarkeit des Sachverhalts) und schließt überdies eine Schätzung hinsichtlich der tatsächlichen Voraussetzungen der StSchuldentstehung (nicht auch der Fehlmengen, siehe Rz 2) aus, sofern diese sonst zulässig sein sollte (dazu § 162 Rz 9 ff). Zur Übereinstimmung der Vorschrift mit Art 14 III SystemRL 92/5 BFHE 189, 223.

1a Nach den VerbrauchStGesetzen entsteht regelmäßig eine Steuer, wenn Waren aus dem Steuerlager entfernt werden bzw sich nicht mehr in einem von den einschlägigen Gesetzen zugelassenen Steuerversandverfahren befinden oder sich sonst ein StAussetzungsverfahren anschließt. Fehlmengen, die während eines solchen Versandverfahrens entstehen, werden nach Maßgabe der in den VerbrauchStGesetzen enthaltenen besonderen Vorschriften berücksichtigt (vgl zB § 30 BierStV, § 29 SchaumwZwStV). § 161 greift mithin iErg nur bei Lagerfehlmengen ein. Dazu schreiben die vorgenannten Gesetze iEinz vor, welche Aufzeichnungen (Anschreibungen über den Zu- und Abgang verbrauchsteuerpfl Waren) von Herstellungsbetrieben und Lagerinhabern zu führen sind und in welcher Weise regelmäßige körperliche (betriebliche und/oder amtliche) Bestandsaufnahmen (dazu BFHE 135, 256) vorzunehmen sind, die darüber hinaus auch anlasslos außerhalb dieses Rhythmus nach dem Ermessen der FinBeh angeordnet werden können. Die körperliche Bestandsaufnahme muss – vorbehaltlich abweichender Regelung in den betr Gesetzen – eine (gleichzeitige) Feststellung des buchmäßigen Sollbestandes *nicht* umfassen (BFHE 158, 190 = HFR 90, 113); der höhere Sollbestand kann etwa erst später bei Ap aufgedeckt werden (BFH/NV 93, 144). Die Ap ist aber keine Bestandsaufnahme iSd § 161 (*BG/Schoenfeld* § 161 Rz 15).

1b Die Vorschrift betrifft nur das Besteuerungsverfahren; in einem **Strafverfahren** ist sie nicht anwendbar. In den EinzelStGesetzen enthaltene Regelungen über Toleranzen bzw anzuerkennenden Schwund sind bei der Feststellung des Istbestandes vorrangig zu berücksichtigen.

2 Die von § 161 aufgestellte **Vermutung greift ein,** falls der sich aus den Anschreibungen ergebende Sollbestand nicht mit dem durch ordnungsgemäße, den einschlägigen Vorschriften entsprechende (körperliche) Bestandsaufnahme festgestellten (BFHE 121, 367 = ZfZ 77, 336; BFHE 135, 256 = HFR 82, 395) Istbestand übereinstimmt. Die Fehlmenge kann sich aber ebenso aus einer Schätzung der FinBeh ergeben, soweit die Anschreibungen nicht verwertbar (§ 158) sind (BFHE 158, 190 = HFR 90, 113). Es wird vermutet, dass insoweit, als sich Fehlmengen ergeben, eine Verbrauchsteuer entstanden ist, genauer: dass einer der StEntstehungstatbestände des einschlägigen VerbrauchStGesetzes verwirklicht worden ist. Entscheidend ist dabei die einzelne Feststellung (die sich idR auf einen als solchen in den Anschreibungen erfassten Artikel bezieht), nicht erst der Saldo von Fehl- und etwaigen Mehrmengen (etwa bei einer Artikelgruppe) bei dem Stpfl (BFHE 162, 191 = BB 91, 309).

3 Die **Vermutung** kann **entkräftet** werden: Glaubhaftmachung reicht dafür aus, es genügt also die durch konkrete Anhaltspunkte zu belegende überwiegende Wahrscheinlichkeit, dass die Fehlmenge auf steuerunschädliche Umstände zurückzuführen ist (BFHE 133, 158 = HFR 81, 406; BFH/NV 96, 391), also keiner der vermuteten StEntstehungstatbestände erfüllt worden ist. Eine Beweisführungslast wird dem Stpfl durch § 161 S 1 HS 2 ebenso wenig aufgebürdet wie der Amtsermittlungsgrundsatz eingeschränkt wird; die FinBeh bleibt vielmehr zur Amtsaufklärung berechtigt und verpflichtet, wobei allerdings idR schon die allg Mitwirkungspflicht bei der Aufklärung des Verbleibs von Fehlmengen dieser Pflicht enge Grenzen setzt.

Eine **Mitteilung nach amtlicher Bestandsaufnahme,** dass trotz festgestellter Fehlmengen keine VerbrauchSt entstanden sei, ist kein Freistellungsbescheid (vgl BFH BStBl 61, 9). 4

Satz 2 vermutet den **Entstehungszeitpunkt** und hat damit vor allem für die Verjährungsfristen Bedeutung. Entscheidend ist, ob der Zeitpunkt festgestellt werden kann, in dem die Fehlmenge entstanden sind und damit die Steuer entstanden ist; dann beginnt zu diesem Zeitpunkt die Frist; (nur) anderenfalls erst mit der Bestandsaufnahme (BFHE 135, 256 = HFR 82, 395). 5

§ 162 Schätzung von Besteuerungsgrundlagen

(1) [1] **Soweit die Finanzbehörde die Besteuerungsgrundlagen nicht ermitteln oder berechnen kann, hat sie sie zu schätzen.** [2] **Dabei sind alle Umstände zu berücksichtigen, die für die Schätzung von Bedeutung sind.**

(2) [1] **Zu schätzen ist insbesondere dann, wenn der Steuerpflichtige über seine Angaben keine ausreichenden Aufklärungen zu geben vermag oder weitere Auskunft oder eine Versicherung an Eides statt verweigert oder seine Mitwirkungspflicht nach § 90 Abs. 2 verletzt.** [2] **Das Gleiche gilt, wenn der Steuerpflichtige Bücher oder Aufzeichnungen, die er nach den Steuergesetzen zu führen hat, nicht vorlegen kann, wenn die Buchführung oder die Aufzeichnungen der Besteuerung nicht nach § 158 zugrunde gelegt werden oder wenn tatsächliche Anhaltspunkte für die Unrichtigkeit oder Unvollständigkeit der vom Steuerpflichtigen gemachten Angaben zu steuerpflichtigen Einnahmen oder Betriebsvermögensmehrungen bestehen und der Steuerpflichtige die Zustimmung nach § 93 Abs. 7 Satz 1 Nr. 5 nicht erteilt.** [3] **Hat der Steuerpflichtige seine Mitwirkungspflichten nach § 90 Absatz 2 Satz 3 verletzt, so wird widerlegbar vermutet, dass steuerpflichtige Einkünfte in Staaten oder Gebieten im Sinne des § 90 Absatz 2 Satz 3 vorhanden oder höher als die erklärten Einkünfte sind.**

(3) [1] **Verletzt ein Steuerpflichtiger seine Mitwirkungspflichten nach § 90 Absatz 3 dadurch, dass er keine Aufzeichnungen über einen Geschäftsvorfall vorlegt, oder sind die über einen Geschäftsvorfall vorgelegten Aufzeichnungen im Wesentlichen unverwertbar oder wird festgestellt, dass der Steuerpflichtige Aufzeichnungen im Sinne des § 90 Absatz 3 Satz 8 nicht zeitnah erstellt hat, so wird widerlegbar vermutet, dass seine im Inland steuerpflichtigen Einkünfte, zu deren Ermittlung die Aufzeichnungen im Sinne des § 90 Absatz 3 dienen, höher als die von ihm erklärten Einkünfte sind.** [2] **Hat in solchen Fällen die Finanzbehörde eine Schätzung vorzunehmen und können diese Einkünfte nur innerhalb eines bestimmten Rahmens, insbesondere nur auf Grund von Preisspannen bestimmt werden, kann dieser Rahmen zu Lasten des Steuerpflichtigen ausgeschöpft werden.** [3] **Bestehen trotz Vorlage verwertbarer Aufzeichnungen durch den Steuerpflichtigen Anhaltspunkte dafür, dass seine Einkünfte bei Beachtung des Fremdvergleichsgrundsatzes höher wären als die auf Grund der Aufzeichnungen erklärten Einkünfte, und können entsprechende Zweifel deswegen nicht aufgeklärt werden, weil eine ausländische, nahe stehende Person ihre Mitwirkungspflichten nach § 90 Abs. 2 oder ihre Auskunftspflichten nach § 93 Abs. 1 nicht erfüllt, ist Satz 2 entsprechend anzuwenden.**

(4) [1] **Legt ein Steuerpflichtiger über einen Geschäftsvorfall keine Aufzeichnungen im Sinne des § 90 Absatz 3 vor oder sind die über einen Geschäftsvorfall vorgelegten Aufzeichnungen im Wesentlichen unverwertbar, ist ein**

Zuschlag von 5 000 Euro festzusetzen. [2]Der Zuschlag beträgt mindestens 5 Prozent und höchstens 10 Prozent des Mehrbetrags der Einkünfte, der sich nach einer Berichtigung auf Grund der Anwendung des Absatzes 3 ergibt, wenn sich danach ein Zuschlag von mehr als 5000 Euro ergibt. [3]Bei verspäteter Vorlage von verwertbaren Aufzeichnungen beträgt der Zuschlag bis zu 1 000 000 Euro, mindestens jedoch 100 Euro für jeden vollen Tag der Fristüberschreitung. [4]Soweit den Finanzbehörden Ermessen hinsichtlich der Höhe des Zuschlags eingeräumt ist, sind neben dessen Zweck, den Steuerpflichtigen zur Erstellung und fristgerechten Vorlage der Aufzeichnungen im Sinne des § 90 Abs. 3 anzuhalten, insbesondere die von ihm gezogenen Vorteile und bei verspäteter Vorlage auch die Dauer der Fristüberschreitung zu berücksichtigen. [5]Von der Festsetzung eines Zuschlags ist abzusehen, wenn die Nichterfüllung der Pflichten nach § 90 Abs. 3 entschuldbar erscheint oder ein Verschulden nur geringfügig ist. [6]Das Verschulden eines gesetzlichen Vertreters oder eines Erfüllungsgehilfen steht dem eigenen Verschulden gleich. [7]Der Zuschlag ist regelmäßig nach Abschluss der Außenprüfung festzusetzen.

(5) **In den Fällen des § 155 Abs. 2 können die in einem Grundlagenbescheid festzustellenden Besteuerungsgrundlagen geschätzt werden.**

Abs 3 und 4 eingefügt, bish Abs 3 wird Abs 5 durch StVergAbG v 16.5.03 (BGBl I, 660); Abs 4 Satz 2 geändert durch JStG 2007v 13.12.06 (BGBl I, 2878); Abs 2 Satz 2 neu gefasst, Abs 3 Satz 3 angefügt durch UntStRefG 2008v 14.8.07 (BGBl I, 1912); Abs 2 Satz 3 angefügt durch G v 27.7.09 (BGBl I, 2302); Abs 3 Satz 1 und Abs 4 Satz 1 neu gefasst durch G v 20.12.16 (BGBl I, 3000).

Schrifttum: *Zaumseil* Die Begründung des Steuerverwaltungsakts als Rechtmäßigkeitsvoraussetzung von Schätzungsbescheiden, BB 11, 2071; *Brinkmann* Strafrechtliche Aspekte der Schätzung, StBp 13, 250; *Hummel* Fremdvergleich und hypothetischer Fremdvergleich, Doppelbesteuerung (Festgabe zum 75. Geburtstag von Franz Wassermeyer) 15, 279; *Kulosa* Mathematisch-statistische Schätzungsmethoden in der Betriebsprüfung – Erste BFH-Rechtsprechung zum Zeitreihenvergleich, DB 15, 1797; *Barthel*, Betriebsprüfung: Maßstäbe zur Überprüfung von Schätzungen, StBp 16, 388; *Barthel* Schätzung aufgrund von Kassenmängeln, StBp 16, 80; *Bleschick* Der kalkulierte Beanstandungsanlass: Kein Nachweis von Mehrergebnissen durch die Summarische Risikoprüfung – Würdigung der Summarischen Risikoprüfung und deren Vergleich mit etablierten Schätzungsmethoden, DStR 17, 426; *Kulosa* Neue Vorgaben der Rechtsprechung zur Kassenbuchführung und zu Schätzungsmöglichkeiten der Finanzverwaltung, SAM 17, 9; *Neufang/Bohnenberger* Schätzungsbefugnis im Rahmen einer Betriebsprüfung – Hinweise für eine erfolgreiche Abwehrberatung, StB 17,15.

Übersicht

1. Inhalt. Schätzung ist eine (besondere) Art der Sachverhaltsaufklärung im Wege freier Beweiswürdigung (BFHE 172, 190); sie ist verfassungsrechtl unbedenklich (BVerfGE 74, 214, 229; HFR 90, 651). Abgesehen von ihren besonderen Aufklärungsmethoden (vgl Rz 41 ff) unterscheidet sie sich von der im Normalfall durchzuführenden Sachaufklärung, die zur vollen Überzeugungsgewissheit der FinBeh bzw des Gerichts führen muss, (nur) dadurch, dass sie sich mit einem geringeren Maß an Sicherheit des Urteils begnügt (vgl BFH BStBl 89, 462); dieses kann vom „griffweisen Bestimmen" bis zu überwiegender Wahrscheinlichkeit (wie sie für die Glaubhaftmachung gefordert wird) variieren (zum erforderlichen Bestimmtheitsgrad siehe Rz 4, 5). Als Mittel der Sachaufklärung hat die Schätzung rechtslogischen Vorrang vor der Anwendung von Beweislastregeln; die Verteilung der Beweislast wird also erst dann erheblich, wenn die maßgeblichen Tatsachen nicht im Wege einer Schätzung festgestellt werden dürfen oder sich selbst im Wege zulässigen Schätzens nicht feststellen lassen (BFHE 172, 190; vgl BFH BStBl 89, 462, wo dieses Ergebnis mit dem an sich zutreffenden Hinweis gestützt wird, nur die Schätzung ermögliche anders als „starre" Beweislastregeln eine Berücksichtigung der konkreten Verfahrenssituation und der Mitverantwortung des Stpfl für die Unerreichbarkeit „vollständiger" [gewisser] Sachverhaltsermittlung). Bei Unaufklärbarkeit des genauen Sachverhalts und Vorliegen eines Schätzungsanlasses darf die Schätzung nicht etwa (zugunsten einer Beweislastentscheidung) unterbleiben und die betr Position stl völlig außer Ansatz gelassen werden, etwa weil eine Schätzung schwierig und unsicher wäre. 1

Die Schätzung ist keine Eigentümlichkeit des steuerrechtlichen Verfahrens oder der AO. Sie findet sich auch in § 287 ZPO unter dem Synonym „Entscheidung nach freier Überzeugung". Schätzung ist nach ihrer Methode insbes vom Anscheinsbeweis abzugrenzen (vgl *Gräber/Stapperfend* FGO § 96 Rz 35), ferner von der durch das Gesetz bisweilen ausdrücklich zugelassenen (bloßen) Glaubhaftmachung sowie von dem in den Zulässigkeitsvoraussetzungen verwandten „belastenden Unterstellen" (vgl § 444 ZPO für den Urkundsbeweis; belastendes Unterstellen hat aber nicht nur dort seinen Anwendungsbereich, vgl BFH BStBl 89, 462). Pauschalieren darf nur der Gesetzgeber; die FinBeh muss in zumutbarem Umfang den Einzelfall aufklären und darf nur stattdessen schätzen, wenn dafür eine besondere Rechtfertigung besteht („Schätzungsanlass", Rz 3a f, 20 f). 2

Denn da Schätzen eine besondere Art der Sachverhaltsfeststellung ist, nämlich eine solche mit reduziertem Beweismaß, und sich folglich auf das Ergebnis der Besteuerung – zulasten wie zugunsten des Stpfl – auswirken kann, bedarf die Anwendung einer Schätzung (statt einer zur vollen Überzeugung führenden Sachaufklärung) um der Gesetzmäßigkeit der Besteuerung willen einer besonderen *Rechtfertigung* **(Schätzungsanlass).** Dabei sind – neben dem Sonderfall des Abs 5 – zwei Fallgruppen zu unterscheiden: 3

Wie bei § 287 ZPO kommt eine Schätzung zur Beseitigung eines **sachtypischen Beweisnotstandes** in Betracht; sie ist also zulässig, wenn dem Beweisbelasteten ein zur vollen Überzeugungsgewissheit führender und „centgenauer" Nachweis nicht möglich oder nicht zumutbar ist (Beispiel: beruflich bedingter Anteil an Gesprächsgebühren eines privaten Telefonanschlusses, BFH BStBl 79, 149; als WK, BA oder außergewöhnliche Belastungen zu berücksichtigende PKW-Kosten, vgl zB BFH BStBl 92, 854; 86, 200; 80, 651; 68, 408; geldwerter Vorteil der Überlassung eines Kfz, BFH BStBl 92, 700; Trinkgelder eines Kellners, BFH BStBl 93, 117). Solche Schwierigkeiten bestehen insbes häufig bei Bewertungsfragen, zB der Ermittlung des Teilwerts eines Wirtschaftsguts (BFH BStBl 84, 33), des Einheitswerts (BFH BStBl 99, 51; 97, 317), des Werts einer Milchquote (BFH BStBl 11, 210). 3a

Die zweite Fallgruppe ist durch einen **Pflichtverstoß** desjenigen gekennzeichnet, der an sich für die (volle) Aufklärbarkeit des Sachverhalts zu sorgen, dies aber versäumt hat, sodass das Aufklärungsdefizit in seiner Sphäre liegt (vgl BFH BStBl 4

06, 838). Schätzungsanlässe entstehen insofern infolge der dem Stpfl auferlegten allgemeinen und besonderen Mitwirkungs-, Informations- und Nachweispflichten (BFH BStBl 89, 462) oder zB der sog erweiterten Mitwirkungspflichten bei Auslandssachverhalten (vgl BFH BStBl 07, 364; BFH/NV 08, 597). Verletzt der Stpfl eine seiner vorgenannten Pflichten, vermindern sich die (verfahrensrechtliche) Aufklärungspflicht der FinBeh und das erforderliche (materielle) Beweismaß für die einer Besteuerung zu Grunde zu legende Sachverhaltsfeststellung, und zwar in einem nach den Umständen des Einzelfalls zu bestimmenden Ausmaß. Fällt hingegen das Aufklärungsdefizit in die Risikosphäre des Stpfl, darf dieser dafür nicht durch eine sich zu seinen Gunsten auswirkende Beweismaßreduktion belohnt werden (BFH/NV 17, 80). Es sind in diesem Zusammenhang insbes der Grad seiner Pflichtverletzung, eine gesteigerte Mitverantwortung bei außergewöhnlichen und ausl Sachverhalten, aber auch die Beweisnähe des Stpfl (von ihm beherrschte Informations- oder Tätigkeitssphäre, BFH BStBl 83, 760; 86, 857; 87, 679) zu berücksichtigen (BFH BStBl 89, 462). Feststellungen nach Maßgabe „größtmöglicher Wahrscheinlichkeit" können dann zulässig sein (BFH BStBl 11, 884; BFH/NV 04, 1367), auch aufgrund bloßer Hilfstatsachen. Bei grober Verletzung der Buchführungspflicht zB kann die Schätzung an den oberen Rand dessen gehen, was überhaupt in Betracht kommt (sog Schätzungsrahmen), weil der Stpfl möglicherweise Einkünfte verheimlichen will (BFH/NV 15, 145).

5 Bloßes ***„griffweises Bestimmen"*** (mit nach Wahrscheinlichkeitsmaßstäben geringer Richtigkeitsgewähr) dürfte danach bei einem sachtypischen Beweisnotstand allenfalls ausnahmsweise, wenn alle Maßstäbe sonst fehlen, zulässig sein und in der zweiten Fallgruppe ebenfalls nur bei schwerwiegenden Pflichtverletzungen oder besonderer Beweisnähe des Stpfl sowie wenn keinerlei Möglichkeiten zur Präzisierung durch Anwendung einer speziellen Schätzungsmethode bestehen (zu diesen siehe unten Rz 41 ff; vgl BFH BStBl 98, 51; BFH/NV 12, 177; vgl auch BGH wistra 16, 363). Es ist nur nachrangig, als Ultima Ratio des Schätzens, zulässig (BFH BStBl 98, 51; BFH/NV 18, 517). Bei schwerwiegenden Pflichtverletzungen (zB nachgewiesene nicht erfasste Mehreinnahmen; Fehlen ordnungsgemäßer Buchführung) kann indes ohne Bindung an das Maß einer großen oder überwiegenden Wahrscheinlichkeit griffweise ein **Sicherheitszuschlag** (dazu BFH/NV 99, 741; 95, 373) im Wege der Schätzung angesetzt werden (BFH/NV 08, 587) oder an die obere Grenze des durch die bekannten tatsächlichen Verhältnisse bestimmten Schätzungsrahmens gegangen werden (BFH BStBl 01, 381); der etwaige Zuschlag muss sich jedoch zu den erklärten bzw nicht verbuchten StFällen in einem „vernünftigen Verhältnis" halten (BFH/NV 95, 373).

6 Erst wenn (der Sachverhalt nicht sicher aufklärbar ist und) nach diesen Maßstäben ein Schätzungsanlass fehlt oder unter Berücksichtigung der genannten Kriterien ein ausreichender Grad von Wahrscheinlichkeit selbst bei einer Schätzung nicht erreicht werden kann, ist nach **Beweislastgrundsätzen** zu entscheiden („ultima ratio", BFH BStBl 11, 884; 89, 462).

7 Der Stpfl selbst hat keine Schätzungsbefugnis, zB auch nicht der ArbG zulasten seiner ArbN, die Trinkgelder beziehen (BFH BStBl 99, 323). Eine Schätzung vorzunehmen, ist ausschl Sache der FinBeh, wenn auch der StPfl mitwirken muss, indem er soweit ihm möglich die Schätzungsgrundlagen offenbart. Selbst eine gemeinsame Schätzung von FinBeh und StPfl sieht das Gesetz nicht vor (*HHSp/Trzaskalik* Rz 46), wenn auch die tatsächliche Verständigung einen ähnlichen Effekt erzielt.

9 **2. Gegenstand des Schätzens.** Dies können nicht nur **quantitative Größen** sein, die für die Bemessungsgrundlage Bedeutung haben, sondern auch die „Besteuerungsgrundlagen" im umfassenden Sinne des maßgeblichen Sachverhalts (*KSch/Helsper* § 88 Rz 17 unter Hinweis auf den Wortlaut; *Rüsken* RIW/AWD 92, 662; *HHSp/Trzaskalik* § 161 Rz 14; *TK/Seer* § 162 Rz 20; anders ua *BG/*

Buciek § 162 Rz 22 und jetzt wieder BFH BStBl 17, 743; vgl auch Rz 55). § 162 V, der für den Fall des § 155 II die Schätzung der in einem Grundlagenbescheid festzustellenden Besteuerungsgrundlagen vorschreibt, kann kaum anders denn als Anerkenntnis dieser Auffassung verstanden werden; denn ohne Schätzung auch nicht quantitativer Besteuerungsgrundlagen könnte die FinBeh schwerlich ihre Pflicht erfüllen, einen Folgebescheid trotz (noch) fehlenden Grundlagenbescheids ohne diesbzgl eigene Sachverhaltsermittlung zu erlassen.

Die Rspr des BFH ist nicht ganz einheitlich (vgl BFH BStBl 86, 42 einerseits; andererseits, die Schätzungsgegenstände einschränkend, BFH BStBl 17, 743; BFHE 188, 460; BFH BStBl 79, 345; 83, 226; BFH/NV 10, 07; 11, 800; 15, 662; offen BFH BStBl 06, 838). Ein sachlicher Grund für eine Einschränkung des Schätzens auf die Bestimmung von Größen lässt sich jedoch kaum finden (vgl *Rüsken* RIW/AWD 92, 662); der Wortlaut des Gesetzes spricht überdies eher gegen die Einschränkung auf Quantitatives. Die Aufteilung der Umsätze auf Regel- und ermäßigten Steuersatz kann jedenfalls durch Schätzung erfolgen und ist keine unzulässige Verständigung über den anzuwendenden Steuersatz (BFH/NV 14, 828 für die tatsächliche Verständigung). Lehnt man eine Feststellung von nicht quantitativen Tatbestandsmerkmalen im Wege der Schätzung (dh trotz Fehlens völliger Gewissheit) ab, kommen jedenfalls hilfsweise Grundsätze der Beweisvereitelung entspr § 444 ZPO in Betracht; dass sie zum gleichen Ergebnis führen wie eine Schätzung (so *KSch/Helsper* § 88 Rz 18), dürfte allerdings zu bezweifeln sein. Auch § 287 ZPO würde nur bei einem Teil der Fälle helfen. IÜ ist anerkannt, dass im Rahmen der Beweiswürdigung die Verletzung von Mitwirkungspflichten zur Folge haben kann, dass aus dem Verhalten des Stpfl für ihn nachteilige Schlüsse gezogen werden, die sich nicht auf bezifferbare Besteuerungsgrundlagen beschränken (BFH BStBl 89, 462). 9a

Allerdings bedarf jede Schätzung einer **Schätzungsgrundlage.** § 162 reduziert zwar das Beweismaß, hebt aber nicht die Verteilung der materiellen Feststellungslast auf, so als ob Besteuerungsgrundlagen, deren Vorliegen sich nicht feststellen lässt, ungeachtet der grds bei der Behörde liegenden Feststellungslast (zuletzt BFH/NV 14, 1501) angesetzt werden dürften, weil sie wahrscheinlich vorliegen. Deshalb ist als Voraussetzung einer Schätzung zu verlangen, dass ein hinreichend konturierter „Grundsachverhalt" *zu voller Gewissheit* festgestellt werden kann, aus dem sich der StAnspruch herleitet (*HHSp/Trzaskalik* Rz 14f), bei welchem lediglich die genauere Gestaltung nicht ermittelt und in ihrer steuerlichen Auswirkung der Höhe nach nicht genau berechnet werden kann (BFH HFR 17, 559: Voraussetzung einer Schätzung ist die Gewissheit, dass überhaupt ein stl bedeutsamer Sachverhalt vorliegt). 9b

Geschätzt werden dürfen nach der Rspr des BFH **nur Tatsachen** (Besteuerungsgrundlagen; vgl jedoch *TK/Seer* § 162 Rz 19: wegen des zulässigen „Überspringens" von Rechtsanwendungsfragen zB bei Schätzung eines Gewinns sei der Begriff „Tatsache" zu eng), nicht aber die komplexe stl Bemessungsgrundlage selbst (etwa „der Gewinn" als solcher; insofern ebenso *TK/Seer* § 162 Rz 21) oder gar die Steuer, es sei denn, diese ist ihrerseits in dem betr Zusammenhang eine Besteuerungsgrundlage. Freilich ist die (schätzungsweise) Feststellung von Tatsachen oftmals eng mit der Beantwortung von Rechtsfragen verquickt (insofern richtig *Koenig/Cöster* § 162 Rz 33); gleichwohl sind die materiellen StRechtsfragen keiner „annäherungsweisen" Antwort im Schätzungswege zugänglich und soweit möglich von den Tatfragen abzuschälen (siehe auch Rz 17a zum fehlenden Vorsteuerausweis). 10

3. Anwendungsbereich der Schätzung. Das sind grds sowohl steuererhöhende als auch steuermindernde Tatsachen; bei diesen ist jedoch der Schätzungsanlass (siehe näher Rz 20ff) sorgfältig zu prüfen und § 160 zu beachten. Die FinVerw ist mitunter großzügig im Ansatz sog Pauschbeträge (dazu BFH BStBl 86, 200; 82, 13

24; 80, 455), was nur dann gerechtfertigt ist, wenn sich die entspr Beträge tatsächlich nicht ohne unangemessenen Aufwand individuell ermitteln lassen (kritisch *Koenig/Cöster* § 162 Rz 16).

14 Eine Schätzung darf insbes angewendet werden, um eine Steuer unter dem **Vorbehalt der Nachprüfung** festzusetzen (vgl BFH BStBl 84, 6); die Vorbehaltsfestsetzung kommt in solchen Fällen vor allem in Betracht, wenn sich für eine Schätzung zwar Anhaltspunkte aus den StAkten ergeben, jedoch weitere Aufklärungsmöglichkeiten gegeben zu sein scheinen, insbes eine Ap vorgesehen ist. Eine generelle Vorbehaltsfestsetzung bei mit Hilfe von Schätzungen vorgenommenen Veranlagungen auch ohne konkrete Anhaltspunkte für solche Aufklärungsmöglichkeiten wäre allerdings mit § 164 nicht vereinbar.

14a Auch die **Haftungsquote** im Rahmen der Geschäftsführerhaftung wegen Verletzung des Grundsatzes der anteiligen Tilgung kann ggf im Schätzungswege ermittelt werden (BFH/NV 00, 1322).

15 Auch bei der Festsetzung von **StVergünstigungen** oder **Subventionen** (zB Ausfuhrerstattung) kann geschätzt werden. Denn die Schätzung ist ein zulässiges Mittel der freien Beweiswürdigung, sofern sie nicht spezialgesetzlich ausgeschlossen wird.

16 Schätzung ist ferner grds auch im **außersteuerlichen Abgabenrecht** zulässig (vgl zB BVerfGE 80, 73; NJW 86, 1122).

17 Der Gesetzgeber hat jedoch verschiedentlich **Schätzungsverbote** erlassen, die sich allerdings idR nur sinngemäß aus den Vorschriften des materiellen StRechts entnehmen lassen.

17a So kann **Vorsteuer** bei der Festsetzung der USt iAllg nicht geschätzt werden, weil § 15 I UStG sinngemäß die Anwendung des § 162 ausschließt und den Vorsteuerabzug vom Vorhandensein ordnungsgemäßer Rechnungen mit Vorsteuerausweis abhängig macht (str, ebenso BFH BStBl 86, 721; 79, 345; BFH/NV 98, 563; 86, 721). Der VorStAusweis in einer Rechnung hat nicht nur die Bedeutung eines Urkundenbeweises (was anzunehmen freilich rechtslogisch nicht ausgeschlossen ist und grds zur Bejahung der Schätzungsbefugnis führen müsste), sondern ist eine *materiell-rechtl* Saldierungsvoraussetzung (aA ua *TK/Seer* § 162 Rz 28). Das gilt insb, wenn Vorsteuer nicht entsprechend § 15 UStG gesondert ausgewiesen worden war, ebenso, wenn die Vorsteuer in der Rechnung einer Scheinfirma ausgewiesen worden ist (BFH BStBl 79, 345). Eine Schätzung kann hingegen in Betracht kommen, wenn die betr Rechnungen mit ordnungsgemäßem Vorsteuerausweis bloß verlorengegangen sind (vgl BFH BStBl 86, 721; BFH/NV 02, 682).

17b § 6 I Nr 4 S 2 und 3 EStG schließt eine Schätzung des **privaten Nutzungsanteils** an einem betrieblichen Kraftfahrzeug idR aus (BFH BStBl 00, 273).

17c Unzulässig ist eine Schätzung der Betriebsausgaben im **Steuerabzugs- und Haftungsverfahren** nach § 50a IV, V EStG (BFH/NV 10, 1814, 2043).

17d **LSt-Abzugsbeträge** können bei der EStVeranlagung ebenfalls nicht geschätzt, sondern erst bei der Anrechnung (§ 36 IV EStG) berücksichtigt werden, und zwar nur in dem Umfang, in dem die betr Einkünfte bei der EStVeranlagung erfasst worden sind (BFH/NV 95, 779). Sie sollen dann jedoch ggf geschätzt werden können, auch wenn die Einbehaltung nicht durch LSt-Bescheinigung nachgewiesen ist (BFH/NV 06, 906). Das ist iErg angemessen, aber dogmatisch problematisch, weil es sich bei den Anrechnungsbeträgen zweifellos nicht um „Besteuerungsgrundlagen" handelt (vgl *TK/Seer* § 162 Rz 26).

Schätzung ist ferner im LSt-Anmeldungsverfahren zulässig, wenn ein ArbG die LSt nicht anmeldet (BFH BStBl 04, 1087: die Möglichkeit, einen Haftungsbescheid zu erlassen, steht nicht entgegen). In einem Haftungsbescheid wegen nicht abgeführter LSt in einer Vielzahl von Fällen darf ein durchschnittlicher Steuersatz nicht geschätzt werden; die Besteuerungsgrundlagen sind vielmehr grds individuell zu ermitteln (BFH BStBl 94, 536; 08, 933; BFH/NV 95, 297; zur Frage, ob das Einverständnis des ArbG daran etwas ändern würde, BFH BStBl 86, 681; 85, 170; zur Schätzung von LohnKiSt BFH BStBl 95, 507).

Schätzung ist auch bei unionsrechtl geregelten Sachverhalten zulässig (vgl BFHE 172, 190; BFH/NV 09, 102), insbes auch im **Zollrecht** (*Gellert* Zollkodex und Abgabenordnung, S 141; ebenso wohl *Koenig/Cöster* § 162 Rz 12). Im UZK ist die **Zollwertermittlung** differenziert geregelt (Art 69 ff); diese Regeln sind der Schätzung selbstredend vorrangig. 18

Dem (Steuer-)**Strafrecht** ist Schätzen an sich fremd; es verlangt vollständige Gewissheit zulasten des Straftäters („in dubio pro reo"). Vgl jedoch § 71 Rz 8. 19

Der Grundsatz „in dubio pro reo" steht allerdings nach der Rspr des BFH und des BGH einer Schätzung von Besteuerungsgrundlagen im Strafrecht bzw bei von der AO vorausgesetzten Straftatbeständen *nicht* generell entgegen (vgl BFH BStBl 99, 28; BFH/NV 02, 155 zur Festsetzung von Hinterziehungszinsen, wenn der Tatbestand der StHinterziehung feststeht; BFH/NV 07, 2241; vgl schon BGH NJW 95, 1166, das jedoch einen Sonderfall betrifft und seinerseits den Grundsatz „in dubio pro reo" betont). Die subjektiven und objektiven Voraussetzungen einer StHinterziehung sind zwar immer mit an Sicherheit grenzender Wahrscheinlichkeit festzustellen (BGH wistra 14, 276; BFH BStBl 07, 364; 92, 128). Der Grundsatz „in dubio pro reo" soll hingegen eine Schätzung nicht ausschließen, wenn *nur die Höhe* der Steuer zweifelh ist (BFH BStBl 07, 364; BFH/NV 02, 155; BGH HFR 95, 476; 99, 578); dann könnten die auch im Besteuerungsverfahren anerkannten Schätzungsmethoden angewendet werden, auch zB Rohgewinnaufschlagsätze aus der Richtsatzsammlung des *BMF* (BGH NStZ 14, 337; 11, 233). Allerdings dürfe sich dann die Schätzung nicht an der oberen Grenze des für den Einzelfall zu beachtenden Schätzrahmens ausrichten (BFH BStBl 01, 381; 07, 364). Im Zweifel muss vielmehr der StBetrag zu Grunde gelegt werden, hinsichtlich dessen feststeht, dass er *mindestens* hinterzogen worden ist. 19a

Was der BGH als „Schätzung" bezeichnet, ist mitunter – jedoch nicht immer – nichts anderes als die sinnentsprechende Anwendung des in-dubio-Grundsatzes auf Quantitäten iSd Ansatzes des gesicherten (Mindest-)Betrags (vgl *TK/Seer* § 162 Rz 16). Der Maßstab für das, was idS zweifelsfrei feststeht, ist indes oft großzügig (zB BGH wistra 1999, 103), insbes wenn „der Täter einer StHinterziehung Unsicherheiten, wie sie gerade aus der Verletzung von Mitwirkungspflichten nach § 90 II erwachsen sind, im Rahmen der Schätzung gegen sich gelten lassen" soll (BGH wistra 99, 103; 95, 67). Der Schätzung der FinBeh wird zwar die strafrechtl Verbindlichkeit abgesprochen, es werden dann aber doch deren Schätzungsmethoden angewandt (BGH wistra 15, 63), wenn auch mit einem „Sicherheitsabschlag" (BGH wistra 04, 184, 424). Dass dies dem in-dubio-pro-reo-Grundsatz ausreichend Rechnung trägt, ist zu bezweifeln (vgl *Bornheim,* PStR 99, 184; *Hellmann* GA 97, 503).

Wegen der Befugnis zur Schätzung im Veranlagungsverfahren bei gleichzeitig anhängigem Strafverfahren siehe Rz 20a.

Auch bei Verhängung einer **Verwaltungsstrafe** (Sanktion) hat BFH/NV 09, 102 eine Schätzung zulasten des Stpfl für grds zulässig gehalten. 19b

4. Voraussetzungen für eine Schätzung (Schätzungsanlass) (Abs 2). a) Allgemeines. Soweit die Schätzung nicht sachtypischen Notwendigkeiten Rechnung trägt (Rz 3a), bedarf es eines besonderen Schätzungsanlasses. Auch wenn ein solcher an sich vorliegt, muss allerdings versucht werden, den Sachverhalt in vollem Umfang (dh zur Gewissheit) aufzuklären und darf man sich nicht mit einer Schätzung begnügen. Bloße Schwierigkeiten bei der Sachverhaltsermittlung rechtfertigen keine Schätzung, besonders soweit ihnen durch ergänzende Teilschätzungen abgeholfen werden kann (BFH BStBl 97, 449; *Koenig/Cöster* § 162 Rz 100 mit Hinw auf BFH BStBl 85, 252). Keine vorrangige Sachaufklärungspflicht besteht hingegen, wenn die volle Aufklärung mit einem *unzumutbaren* Ermittlungsaufwand verbunden wäre (BFH/NV 95, 958); die Ermittlungen dürfen nicht teurer werden als der in Rede stehende StBetrag (BFH BStBl 86, 200; zustimmend 20

BVerfGE 74, 214, 229). Die Erzwingung der Abgabe einer StErklärung hat daher *grds* Vorrang ggü einer Schätzung (BFH BStBl 95, 194; HFR 61, 277; aA *TK/Seer* § 162 Rz 13; vgl Rz 27), sofern solche Maßnahmen nicht unverhältnismäßig wären, sodass sogleich geschätzt werden muss (vgl BFH/NV 93, 346). Selbst bei Massearmut braucht sich die FinBeh aber vom Insolvenzverwalter nicht auf den Schätzungsweg verweisen zu lassen, statt von diesem die Abgabe einer StErklärung (vgl dazu § 34 Rz 22) zu verlangen.

20a Da die steuerrechtl Pflicht zur Abgabe der StErklärung und zur Mitwirkung im Besteuerungsverfahren auch während eines strafrechtl Ermittlungsverfahrens fortbesteht (vgl § 393), kann bei Ausbleiben dieser Erklärung auch während des Ermittlungsverfahrens geschätzt werden (BFH BStBl 02, 4; BFH/NV 06, 1801, 914, 496, 484, 24, 15; 05, 503; krit hierzu *Streck/Spacek* wistra 98, 334; *Mössner* StuW 91, 224). Der Grundsatz, dass niemand gehalten ist, sich selbst zu beschuldigen („nemo-tenetur-Grundsatz"), soll dadurch nicht verletzt sein (BFH BStBl 02, 328; BFH/NV 05, 503), ebenso wenig das Zwangsmittelverbot des § 393 I 2 (BFH BStBl 02, 4; kritisch *Salditt* StuW 05, 367).

20b Bevor geschätzt wird, muss der Stpfl zur Mitwirkung aufgefordert werden (BFH/NV 87, 698; vgl BFH BStBl 95, 194; einschränkend BFH/NV 11, 1478).

21 **Abs 2** konkretisiert für die wichtigsten Fälle (nicht abschließend), wann die Voraussetzungen des Abs 1 S 1 vorliegen. Gemeinsam ist den in Abs 2 genannten Fällen, dass die Ungewissheit vom Stpfl verschuldet worden, verursacht worden oder zumindest, weil aus seiner „Sphäre" herrührend, von ihm zu verantworten ist, so etwa im Falle des Satzes 3. Wenn jedoch das von der FinBeh nicht zu überwindende Aufklärungsdefizit in die Beweisrisikosphäre des Stpfl fällt und dieser weder ausreichende Beweisvorkehrungen getroffen hat noch in Beweisnot war (also jeder Schätzungsanlass fehlt), darf nicht (anstelle der gebotenen Beweislastentscheidung zulasten des Stpfl) geschätzt werden (BFH BStBl 17, 743; BFH/NV 17, 80).

23 **b) Einzelne Schätzungsanlässe. Unzureichende Mitwirkung an der Sachaufklärung** durch den Stpfl, zB indem er keine oder zumindest keine schlüssige StErklärung abgibt oder weitere Auskünfte verweigert (BFH/NV 94, 176), was ggf auch bei Verwerfung der Schätzung des FA und eigener Schätzung des FG zulasten des Stpfl berücksichtigt werden muss (BFH/NV 12, 777). Dass der Stpfl eine StErklärung abgegeben hat, schließt umgekehrt eine Schätzung nicht aus (BFH BStBl 93, 117).

24 **Nichtvorlage von Büchern und Aufzeichnungen.** Aus welchem Grund der Stpfl Bücher und Aufzeichnungen nicht vorlegen kann, ist nicht entscheidend. Selbst wenn ihn daran kein Verschulden trifft, zB bei Hochwasserschäden, darf geschätzt werden (vgl BFH/NV 95, 28; 12, 168; 13, 497) und die Nichtvorlage zulasten des Stpfl berücksichtigt werden (aber nur dem Grund nach, nicht iS einer Ausschöpfung des Schätzungsrahmens). Das Gleiche gilt, wenn gar keine Aufzeichnungspflicht bestand, die freiwilligen Angaben aber kein Vertrauen verdienen (BFH BStBl 99, 481; BFH/NV 13, 902).

24a **Sachliche Mängel in der Buchführung** (§ 158; Voraussetzung: Widerlegung der Richtigkeitsvermutung zB durch Betriebsvergleich oder Vermögenszuwachs- und Geldverkehrsrechnung; vgl BFH BStBl 98, 51). Die Richtigkeitsvermutung einer formell ordnungsmäßigen Buchführung ist nur entkräftet, wenn das FA nachweist, dass das Buchführungsergebnis sachlich schlechterdings nicht zutreffen kann. An die Methodik einer solchen Schätzung sind wesentlich strengere Anforderungen zu stellen als in Fällen, in denen wegen formeller Buchführungsmängel ohnehin eine Schätzung der Einnahmen durchgeführt werden muss (BFH BStBl 15, 743). Insbesondere ist eine Nachkalkulation mit erheblichen Unsicherheiten verbunden, die aber nicht generell ausschließen, dass sie zu dem Ergebnis führen kann, dass das Buchführungsergebnis nicht richtig sein kann (vgl BFH BStBl 70, 838; SächsFG 6 K 575/15 Zurückverweisung durch BFH VIII B 48/17).

Formelle **Mängel der Buchführung** führen zur Schätzung, sofern sie wesentlich sind, zB weil nicht richtig, vollständig und zeitgerecht gebucht worden ist oder die Kassenaufzeichnungen unzureichend sind (fehlende Kassensturzfähigkeit, vgl BFH BStBl 90, 109; 82, 430; 75, 96). Die Mängel müssen aber Anlass geben, die sachliche Richtigkeit des Ergebnisses zu bezweifeln und nicht durch anderweitige Ermittlungsmaßnahmen ausgeglichen werden können (BFH/NV 12, 1921). Es muss ggf vom FG geprüft und angegeben werden, welches Gewicht die Mängel im Hinblick auf die Unverwertbarkeit der Buchführung haben (BFH/NV 18, 517). Vgl die Erläut zu §§ 143 ff. 25

Ein Verstoß gegen die Anforderungen an die Möglichkeiten des **elektronischen Datenzugriffs** nach § 147 VI rechtfertigt hingegen – bei iÜ ordnungsgemäßer Buchführung – eine Hinzuschätzung nicht, sofern die (papiermäßige) Buchführung ordnungsgemäß ist (*Intemann/Cöster* DStR 04, 1981; *Groß/Kampffmeyer/Eller* DStR 05, 1214). 26

Die **Verletzung der Mitwirkungspflicht** gem § 90 I und II rechtfertigt ebenfalls eine Schätzung, es sei denn, dass die Erkenntnisdefizite anderweit, zB durch Ap (aA offenbar *TK/Seer* § 162 Rz 33), kompensiert werden könnten und der betr Ermittlungsaufwand nicht unverhältnismäßig wäre. Rechtfertigungsgrund ist auch die Verweigerung einer Versicherung an Eides Statt (§§ 90 II 3, 95 I 2) und vor allem das **Unterlassen der StErklärung** trotz Aufforderung (als praktisch häufigster Schätzungsanlass), ohne dass alle Möglichkeiten ausgeschöpft werden müssten, die Erklärungspflicht gem §§ 328 f durchzusetzen. 27

Zweifel an den Angaben des Stpfl (aufgrund konkreter Anhaltspunkte zu Einnahmen/Betriebsvermögensmehrungen) und eine **Verweigerung der Zustimmung zu einem Kontenabruf** (§ 93 VII 1 Nr 5) nennt die nicht abschließende Aufzählung der Schätzungsanlässe in Abs 2 S 2 letzter HS als weiteren Rechtfertigungsgrund. 28

c) Schätzungsregeln hinsichtlich bestimmter Auslandssachverhalte (Abs 2 S 3 und Abs 3 S 3). § 162 II 3 stellt eine (widerlegliche) Vermutung dafür auf, dass der Stpfl seine StErklärungspflicht hinsichtlich seiner Einkünfte aus Geschäftsbeziehungen zu Kreditinstituten (*Schwarz/Frotscher* § 162 Rz 19i) in (freilich mit unbestimmten Rechtsbegriffen) bestimmten ausl Staaten (§ 90 II 3) („StOasen") bei **Verweigerung der in § 90 II 3 vorgesehenen besonderen Mitwirkungshandlungen** (Eidesstattliche Versicherung, Auskunftsvollmacht ggü dem ausl Kreditinstitut) in StHinterziehungsabsicht verletzt hat, und begründet für die FinBeh damit die allgemein bei Verletzung von Mitwirkungspflichten bestehende Schätzungsbefugnis (§ 162 II 1). Der sonst nach den Verhältnissen des Einzelfalls zu ermittelnde Schätzungsanlass wird also gleichsam mittels einer typisierenden gesetzlichen Regelung unterstellt. Voraussetzung der Hinzuschätzung ist, dass „objektive Anhaltspunkte" dafür bestehen, dass der Stpfl überhaupt Geschäftsbeziehungen zu solchen Kreditinstituten unterhalten hat (§ 90 II 3), welche er nicht ausräumen kann. Obgleich es von Verfassungs wegen, insbes dem sog nemo-tenetur-Grundsatz (vgl BFH/NV 05, 503; BGH HFR 05, 62), dem Gesetzgeber nicht verboten sein dürfte, die mangelnde stl Kooperationsbereitschaft des Stpfl durch eine weitgehende Schätzungsbefugnis der FinBeh gleichsam zu sanktionieren, wird der grds problematische und jedenfalls verfassungspolitisch nicht irrelevante Konflikt zwischen Mitwirkungsverweigerung und den (wenn auch sanften) Zwangsmitteln der Schätzung nicht vermieden. Zu europarechtlichen Bedenken vgl *Haarmann/Suttorp* BB 09, 1275, zur Anwendbarkeit ab VZ 2010 § 5 StHinterziehungsbekämpfungsVO (BGBl I 09, 1146). 29

d) Schätzung gem Abs 3. § 162 III hat ebenfalls das Ziel, die vollständige stl Erfassung von Geschäftsvorfällen mit Auslandsbezug zusätzlich zu sichern (verfassungsrechtliche Bedenken *Puls* Ubg 09, 186; *Birnbaum* StBW 10, 272; *Rasner/Wittmann* SWI 10, 78; *Eilers/Dann* BB 09, 2399). Er wird ergänzt durch die Steu- 29a erzuschlagsregelung des § 162 IV (dazu Rz 54a f). Bei schwerwiegenden **Mängeln in der Dokumentation von Geschäftsvorfällen mit nahestehenden ausl Personen** oder dortigen Betriebsstätten (keine oder unverwertbare oder bei außergewöhnlichen Geschäftsvorfällen nicht zeitnahe Dokumentation) greift eine widerlegliche Vermutung der Unrichtigkeit der StErklärung Platz. Die FinBeh kann dann Verrechnungspreise durch Schätzung ermitteln, sofern sie feststellt, dass der Stpfl seinen durch § 90 III statuierten Aufzeichnungspflichten (siehe dazu die GewinnabgrenzungsaufzeichnungsVO, BGBl I 2003, 2296) bei Geschäftsbeziehungen zu ihm nahe stehenden (§ 1 II AStG) ausl Unternehmen nicht nachgekommen ist bzw die betr Aufzeichnungen nicht vorlegt. In diesem Fall spricht Satz 1 der eigenen StErklärung des Stpfl – vorbehaltlich des Nachweises der Richtigkeit („widerlegbar", vgl *BMF* BStBl I 05, 570) – die Glaubhaftigkeit ab, vermutet also die Beeinflussung der Angaben des Stpfl durch seine Verbindung zu der betr nahe stehenden Person und schafft dadurch idR die Notwendigkeit einer Schätzung. § 162 III enthält besondere Regeln für die Schätzung (Ausschöpfung der Bandbreite zulasten des Stpfl, vgl schon BFH/NV 02, 134) und schränkt die Amtsermittlungspflicht zugunsten einer Beweisführungspflicht des Stpfl ein (unionsrechtliche Bedenken hiergegen bei *Schwarz/Frotscher* § 162 Rz 37). Standardmethoden der Ermittlung des angemessenen Verrechnungspreises sind die Preisvergleichs-, die Wiederverkaufspreis- und die Kostenaufschlagsmethode, die gleichberechtigt nebeneinander stehen (BFH BStBl 04, 171; FG Mster EFG 17, 334, Rev I R 4/17). Nach § 162 III 2 muss bei der Schätzung (entgegen BFH BStBl 04, 171) die stets gegebene Spannweite des angemessenen Verrechnungspreises nicht zugunsten des Stpfl berücksichtigt werden, sondern kann diese zu seinen Lasten ausgeschöpft, der stl maßgebliche Verrechnungspreis also am oberen Rand der Preisspanne angenommen werden. Dass dies eine Ermessensentscheidung sein soll, ist trotz des „kann" zu bezweifeln; kann bedeutet hier „darf" (aA *Schwarz/Frotscher* § 162 Rz 42). Zur Vereinbarkeit dieser Regelung mit den unionsrechtl Grundfreiheiten und dem Gleichheitssatz vgl *Hahn/Suhrbier-Hahn* IStR 03, 84 einerseits, *Schwarz/Frotscher* § 162 Rz 37 f andererseits.

29b **§ 162 III 3** räumt eine Schätzungsbefugnis zulasten des Stpfl auch dann ein, wenn dieser seine Dokumentationspflicht erfüllt hat, aber eine **ausl nahestehende Person** (Gesellschaft) **nicht** in zumutbarem Umfang **mitwirkt,** um Zweifel an der Richtigkeit der vom Stpfl benannten Besteuerungsgrundlagen auszuräumen; das meint die an sich schiefe Bezugnahme auf §§ 90 II, 93 I, welche Mitwirkungspflichten eines Ausländers nicht *begründen* können. Die Vorschrift setzt voraus, dass zunächst, aber erfolglos versucht worden ist, den Ausländer für eine Aufklärung zu gewinnen (*TK/Seer* § 162 Rz 71a: erst nachrangig durch eine diesem unmittelbar übermittelte Auskunftsbitte der *FinBeh*). Ob der Stpfl Einfluss auf den Dritten nehmen könnte oder ob ihm sonst für dessen mangelnde Kooperationsbereitschaft ein (Verschuldens-)Vorwurf gemacht werden kann, ist ohne Bedeutung (BT-Drs 16/4841). Ob die Vermutung des Gesetzes, dass die mangelnde Kooperationsbereitschaft der ausl nahestehenden Person auf unerklärte Einkünfte schließen lässt, welche die Vorschrift offenbar rechtfertigen soll, eine vertretbare Typisierung darstellt, dürfte nicht unzweifelh sein.

29c Wo § 162 II 3 oder III eingreift, wird der Bezug von nicht erklärten steuerpflichtigen Einkünften dem Grunde nach (widerleglich) vermutet. Über die **Höhe der zugrunde zu legenden Einkünfte** ist damit freilich noch nichts gesagt und es versteht sich von selbst, dass die FinBeh die Verweigerung bzw Unterlassung der Mitwirkung nicht zum Anlass einer Straf- oder „Phantasie"schätzung nehmen darf, also keine Auslandseinkünfte zulasten des Stpfl in einer Höhe ansetzen darf, für die sie weder nach den konkreten Umständen des Einzelfalls noch nach allgemeiner Erfahrung eine fundierte, wenn auch lediglich an Wahrscheinlichkeitserwägungen orientierte Rechtfertigung zu geben vermag. Bei gebotener strenger Beachtung dieser Grenze sollte deshalb eine auf bloße Mutmaßungen gestützte

Besteuerung von vermeintlichen Auslandseinkünften ausgeschlossen sein. Ein bloßes sog griffweises Bestimmen der relevanten Einkünfte ist in diesem Zusammenhang nicht unzulässig.

5. Exkurs: Tatsächliche Verständigung anstelle von Schätzung. Vgl dazu auch § 78 Rz 5. Statt zu schätzen greift die FinBeh vielfach zum Mittel der sog tatsächlichen Verständigung (vgl dazu auch § 78 Rz 5). Solche StVereinbarungen („StVerträge", „StVergleiche", „StAbsprachen") sind grds als zulässig anerkannt (grundlegend *Seer* Verständigungen im Steuerverfahren, Köln 1996; in der Rspr BFH BStBl 85, 354; 09, 121, 129). Sie werden vor allem da angewandt, wo sich der Sachverhalt nicht sicher und einfach feststellen lässt, weil der Stpfl oder die FinBeh in Beweisnot ist und die genaue Aufklärung des Sachverhalts jedenfalls mit unverhältnismäßigem Aufwand verbunden wäre oder weil innere Tatsachen festzustellen sind. Sie setzen (nach außen hin bekundeten) Bindungswillen auf beiden Seiten voraus (der zB bei Einigung bloß über einen Vorbehaltsbescheid fehlte, vgl BFH/NV 91, 363). Was die Bestimmung der Rechtsnatur sowie der Zulässigkeitsvoraussetzungen der tatsächlichen Verständigung iEinz angeht, ist nach wie vor Einiges strittig. Für die Praxis der FinVerw beachte jetzt BMF 30.7.2008 BStBl I 08, 831. 30

Zutreffend ist mE die Auffassung, die Rechtsnatur einer tatsächlichen Verständigung sei die eines öff-rechtl Vertrags (so auch BFH BStBl 91, 45; zustimmend *Seer* Verständigungen im Steuerverfahren, Köln 1996, 317 ff; *BG/Rüsken* § 78 Rz 58 f mit der inzwischen überwM des Schrifttums; *Offerhaus* DStR 01, 2093; *Greite* NWB Fach 2, 8405, 1425; aA FG Saarl EFG 96, 45 mwN; *Gosch* StBp 94, 195; Bindungswirkung der Verständigung nur nach Treu und Glauben, BFH BStBl 91, 673; 96, 625). Die bei Begründung der Bindungswirkung der tatsächlichen Verständigung im Grundsatz von Treu und Glauben notwendige Vertrauensbetätigung (vgl BFH BStBl 91, 673; 95, 37) sieht – wohl eher notgedrungen als überzeugend – BFH BStBl 96, 625 in dem Verzicht auf weitere Ermittlungen (nicht etwa erst im Bescheiderlass wie FG Saarl EFG 95, 45, was das Rechtsinstitut weitgehend entwerten würde; vgl auch FG Bln EFG 87, 439), die vom BFH angeführte „Aufgabe unterschiedlicher Ausgangspositionen" ist bei genauer Betrachtung nur eine Umschreibung der die Verständigung begründenden Erklärung, nicht eine zusätzliche „Vertrauensbetätigung", weshalb der BFH seine eigene Konstruktion konterkarierend davon spricht, die Bindungswirkung sei der Verständigung „immanent". 30a

Praktisch wichtiger als der Streit über die rechtliche Natur der tatsächlichen Verständigung ist indes, dass nach der Rspr des BFH nur Verständigungen über den der StFestsetzung zu Grunde zu legenden *Sachverhalt* zulässig sind, **nicht** aber **über die Beurteilung von Rechtsfragen** (grundlegend BFH BStBl 85, 354; 96, 232, 625; 98, 965; 01, 714 und 520; 03, 910; 04, 742; 08, 742; 09, 124; 09, 129; BFH/NV 08, 1263; 95, 369; vgl *Wassermeyer* FR 87, 513, 521; *Offerhaus* DStR 01, 2093; aA *Seer* Verständigungen im Steuerverfahren, Köln 1996, 392 f; *BG/Rüsken* § 78 Rz 60 ff: nach den Maßstäben des § 55 VwVfG Vergleichsvertrag auch über Rechtsfragen zulässig, wenn und soweit die richtige Auslegung und/oder Anwendung der Gesetze ernstliche Zweifel aufwirft; vgl auch NdsFG EFG 97, 846: Verständigung über zivilrechtliche Vorfragen zulässig). Die dafür gegebene Begründung durch den Grundsatz der Gesetzmäßigkeit der Besteuerung ist gelinde gesagt wenig überzeugend; wäre sie richtig, dürfte es § 55 VwVfG nicht geben oder er müsste als eine systemwidrige Durchbrechung des Rechtsstaatsprinzips gedeutet werden. Anerkannt ist immerhin, dass auch in einer Verständigung, die als solche eine Einigung über eine rechtliche Beurteilung darstellt, inzident eine zulässige Verständigung über tatsächliche Vorfragen liegen kann (BFH/NV 08, 1263, ein Grenzfall; BFH/NV 98, 498). Die oft unauflösliche Verquickung von Rechts- und Tatfragen wird ohnehin dazu führen, dass mitunter in Sachverhaltsverständigungen gekleidete Absprachen über die rechtl Behandlung hingenommen werden (dazu 31

Greite NWB Fach 2, 8405, 1426; zu darin gründenden Auslegungsproblemen bei tatsächlichen Verständigungen *Bruschke* DStR 10, 2611). Eine „reine" Rechtsfrage soll aber nicht Gegenstand einer tatsächlichen Verständigung sein können (BFH BStBl 04, 742; BFH/NV 00, 1073; 03, 1216).

31a Aufgrund der mE zutreffenden Einordnung der tatsächlichen Verständigung als Vergleichsvertrag (§ 55 VwVfG entspr; dazu jetzt auch BGH BFH/NV 10, 1596) ist geradezu selbstverständlich, dass über den Gegenstand der Verständigung anderweitig nicht einfach zu behebende **Unklarheit** bestehen muss (vgl BFH BStBl 85, 354: erschwerte Sachverhaltsermittlung; BFH BStBl 91, 673; 01, 714); das gölte selbstredend auch bei Zulassung einer Verständigung über Rechtsfragen, deren richtige Beantwortung objektiv unklar und schwierig sein müsste.

Da die tatsächliche Verständigung über den Sachverhalt wie die Schätzung eine „Methode" der Sachverhaltsfeststellung ist, gehen ihr Beweislastgrundsätze nicht vor; wo der Stpfl oder die FinBeh aber ihren verfahrensrechtl Pflichten zur Mitwirkung bei der Sachverhaltsklärung bzw der Beweissicherung nicht entsprochen haben, kann dieses Defizit durch eine tatsächliche Verständigung ebenso wenig wie durch eine Schätzung zugunsten des Pflichtvergessenen ausgeglichen werden.

31b Eine tatsächliche Verständigung kann sich nur auf **in der Vergangenheit verwirklichte** Besteuerungstatbestände beziehen; eine während einer Ap getroffene Verständigung ist selbstredend nur dann über den Prüfungszeitraum hinaus bindend, wenn sie von allen Beteiligten idS verstanden worden ist oder werden musste (vgl BFH BStBl 09, 414, der offen lässt, ob eine Verständigung dieser Art zulässig wäre). Geht es um die zukünftige Besteuerung, darf allenfalls eine Zusage erteilt werden.

31c Eine wirksame Sachverhaltsvereinbarung setzt ferner voraus, dass **nicht ein *offensichtlich* unzutreffendes steuerliches Ergebnis** erzielt wird (BFH BStBl 96, 625; 91, 673; 85, 354; BFH/NV 16, 48). Das ist nicht erst dann anzunehmen, wenn die Vereinbarung gegen die Regeln der Logik oder gegen allgemeine Erfahrungssätze verstößt (SächsFG 8 V 788/16, nv; enger FG BBg EFG 15, 1762). Es muss unter Berücksichtigung aller Umstände und Erkenntnisse des Falles möglich erscheinen, dass es sich so wie in der Verständigung festgelegt verhalten hat. Eine fehlerhafte Verständigung kann nicht in der Weise in eine bindende umgedeutet werden, dass logische Fehler udgl eliminiert und der Verständigung dadurch der Inhalt gegeben wird, mit dem sie hätte abgeschlossen werden können (BFH/NV 16, 48). Nachträglich eingetretene Erkenntnisse nehmen der Verständigung jedenfalls dann die Bindungswirkung, wenn sie zu einer Änderung des Bescheids nach §§ 172ff berechtigen würden (*Buciek* DStR 99, 389, 398). Neue Beweismittel für die fraglichen Tatsachen, über welche sich die Beteiligten verständigt haben, rechtfertigen es aber nicht, sich von der tatsächlichen Verständigung loszusagen. Ob die von dem Stpfl an die Verständigung geknüpften Erwartungen hinsichtlich ihrer steuerrechtlichen Folgen berechtigt sind und eintreten, ist für die Wirksamkeit der Verständigung selbstredend ohne Bedeutung (vgl BFH BStBl 09, 121).

32 Auf Seiten der FinBeh muss ein Amtsträger beteiligt sein, der nach der innerbehördlichen Organisation für die Entscheidung über die StFestsetzung **zuständig** ist (BFH BStBl 04, 742; 91, 45, 673; BFH/NV 91, 846; 94, 290; 06, 1052); das sind der Sachbearbeiter, der Sachgebietsleiter und der Vorsteher, ggf nur dieser, wenn er sich die Entscheidung vorbehalten hat (BFH BStBl 04, 742). Der Betriebsprüfer kann also – außer bei veranlagender Ap – keine tatsächliche Verständigung treffen (BFH BStBl 91, 45; 05, 160). Stellvertretung oder spätere Genehmigung der zB vom Betriebsprüfer getroffenen Verständigung ist aber möglich (anders BFH/NV 94, 290; wie hier jedoch das inzwischen überwiegende Schrifttum, zB *BG/Rüsken* § 78 Rz 61.3; *Greite* NWB Fach 2, 8405, 1423; *Offerhaus* DStR 01, 2093 mit Hinw darauf, dass der BFH jene Ansicht in BFH BStBl 96, 625 nicht wiederholt hat; offen lassend auch BFH/NV 98, 580). Eine Bindung der für die Besteuerung eines Dritten zuständigen FinBeh durch eine Verständigung über die Übernahme

von dessen StSchulden, an deren Zustandekommen diese nicht beteiligt war und der sie auch nicht nachträglich zugestimmt hat, hat BFH BStBl 04, 975 mit Recht auch nicht aufgrund eines praktischen Bedürfnisses (zB Korrespondenz von Betriebsausgabenabzug und Berücksichtigung für Gewinnfeststellung beim Begünstigten) hierfür zugelassen (vgl BFH/NV 04, 1563).

Eine bestimmte **Form** (etwa Schriftform entsprechend § 57 VwVfG) wird nicht verlangt (BFH BStBl 91, 625; 96, 625; aA mit Recht *Gosch* StBp 97, 53; *Seer* Verständigungen im Steuerverfahren, Köln 1996, 344; *BG/Rüsken* § 78 Rz 61.1); sie ist indes allemal zweckmäßig und bisweilen verwaltungsintern empfohlen oder vorgeschrieben (vgl *Buciek* DStZ 99, 389, 397), zumal sie den für die Annahme einer tatsächlichen Verständigung erforderlichen Rechtsbindungswillen unmissverständlich zum Ausdruck bringt. Fehlende Schriftlichkeit ist ein Indiz für mangelnden Rechtsbindungswillen, spricht also gegen das Vorliegen einer tatsächl Verständigung (vgl BFH/NV 01, 2; 03, 630; 06, 1052). 32a

Eine wirksam zustande gekommene tatsächliche Verständigung kann **einvernehmlich aufgehoben** werden (*Buciek* DStZ 99, 389): auch eine Anfechtung nach §§ 119ff BGB ist zuzulassen (BFH/NV 10, 593: die Anfechtungsfristen sind zu beachten), was *Buciek* (DStZ 99, 389) mit Recht für auch mit der vom BFH überw vertretenen Treu-und-Glauben-Theorie vereinbar hält. Ein einseitiger Widerruf ist nicht möglich (BFH/NV 97, 526; BeckRS 2001, 25006206), auch keine Anfechtung wegen Irrtums über die steuerrechtlichen Folgen der Verständigung (BFH/NV 10, 593). Dass bei Einigungsmangel §§ 154, 155 BGB nicht anwendbar sein sollen (so BFH/NV 00, 537), überzeugt freilich nicht. BFH/NV 97, 765 hat mit Recht sinngemäß einen Verstoß gegen das Verbot einer Koppelung mit Gegenleistungen, insbes im Rahmen eines StFahndungs-/Strafverfahrens (vgl § 56 I 2 VwVfG) mit Nichtigkeitsfolge für möglich gehalten (dazu *Pump* StBp 02, 76). 33

6. Ziel und Durchführung der Schätzung (Abs 1 S 2). Ziel der Schätzung ist es, in einem Akt (uU wertenden) Schlussfolgerns (vgl BFH BStBl 02, 450) aus bloßen Anhaltspunkten diejenigen Tatsachen zu ermitteln, die die größtmögliche erreichbare Wahrscheinlichkeit für sich haben (BFH BStBl 93, 594; 89, 620; 86, 721, 318). Das Schätzungsergebnis soll dem wahren Sachverhalt möglichst nahe kommen (BFHE 188, 160). Die Schätzergebnisse müssen daher schlüssig, wirtschaftlich möglich und vernünftig sein (BFH BStBl 79, 149; 86, 226; 93, 594; 04, 25; 08, 933; BFH/NV 14, 1501; 11, 2032: ableitbar („fundiert"), schlüssig, vernünftig, wahrscheinlich). Schätzungsunschärfen gehen jedoch zulasten des Stpfl (BFH/NV 99, 741). Ggf maßgebliche Gewinnermittlungsvorschriften sind zu beachten (BFH BStBl 92, 881). Je differenzierter die Schätzung angelegt wird, zB nach einzelnen Bilanzposten wie Rohgewinn, Kasseneinnahmen, Privatentnahmen usw, desto eher wird sie zu zutreffenden Ergebnissen führen. Bei Schätzung der Besteuerungsgrundlagen einer Mitunternehmerschaft sind deshalb nicht nur der Gesamtgewinn zu ermitteln, sondern auch Gewinne und Verluste im Bereich von Sonderbetriebsvermögen (BFH BStBl 03, 871). Auf die Aufstellung einer Vermögenszuwachs- oder Geldverkehrsrechnung kann nur dann verzichtet werden, wenn die Verhältnisse einfach gelagert und leicht überschaubar sind, zB wenn der Stpfl steuerpflichtige Einkünfte nur aus einer Quelle bezieht und diese durch Einnahme-Überschussrechnung nach § 4 III EStG ermittelt (BFH BStBl 86, 732). Bei Einkünften aus Gewerbebetrieb ist vorrangige Gewinnermittlungsart die Gewinnermittlung auf der Basis eines Betriebsvermögensvergleichs; deshalb muss eine Schätzung auf dieser Basis erfolgen, es sei denn, es besteht keine Buchführungspflicht und der Stpfl hat durch die Art der Einrichtung seiner Buchführung oder auf andere Weise eine Gewinnermittlung durch Einnahme-Überschussrechnung nach § 4 III EStG gewählt und diese Wahl nach außen kenntlich gemacht (BFH BStBl 01, 536). Die FinBeh kann auf einer Gewinnermittlung nach § 4 I EStG 36 beruhende Richtsätze auch dann anwenden, wenn der Stpfl die Gewinnermittlung nach § 4 III EStG gewählt hatte (BFH BStBl 99, 481).

37 Bei der Schätzung sind **alle Umstände zu berücksichtigen,** die für die gesetzmäßige Besteuerung von Bedeutung sind (vgl schon BFH BStBl 67, 686), insbes auch das diesbzgl Vorbringen des Stpfl (BFH BStBl 93, 594) oder seine (wenn auch uU mangelhafte und deshalb als solche nicht zu Grunde zu legende) Buchführung; bei geringfügigen Mängeln der Buchführung ergänzende Schätzung (siehe schon BFH BStBl 55, 393; 86, 226). Substantiierten Behauptungen des Stpfl muss nachgegangen werden. Im Rahmen des der FinBeh Zumutbaren sind ggf die Besteuerungsgrundlagen wenigstens teilweise zu ermitteln (BFH BStBl 01, 381), um den mit angemessenem zeitlichen und sachlichen Aufwand nicht aufklärbaren Rest ggf durch eine **Teilschätzung** (ggf Hinzuschätzung) bzw Unsicherheitszuschläge festzulegen und dadurch den für die StFestsetzung erforderlichen Sachverhalt zu ergänzen (BFH/NV 95, 373).

38 Die fehlende Möglichkeit der vollen Sachaufklärung darf sich zu Ungunsten des Stpfl auswirken, solange die FinBeh nicht bewusst zu hoch schätzt, um den Stpfl zu bestrafen (vgl schon RFH RStBl 35, 898; BFH BStBl 67, 349, 686). Die Schätzung darf auch eine Verletzung der StErklärungspflicht **nicht bestrafen** (BFH BStBl 01, 381; *TK/Seer* § 162 Rz 36); sie darf aber bei (regelmäßig vorsätzlicher) Verletzung einer solchen Pflicht an den oberen Rand des Schätzungsrahmens gehen (sodass idR der Stpfl sich veranlasst fühlen wird, doch noch eine StErklärung zu erstellen; BFH BStBl 93, 259; BFH/NV 01, 3; dazu auch *Seeger* DStZ 10, 911). Hat der Stpfl den Schätzungsanlass pflichtwidrig gesetzt (vgl Rz 4), so ist die FinBeh regelm berechtigt, diesen Umstand zulasten des Stpfl dahin zu berücksichtigen, dass sie sich mit einem geringen Maß der Annäherung an die Wirklichkeit zufrieden gibt (wie bei der belastenden Unterstellung, vgl § 444 ZPO und Rz 4f; vgl BFH BStBl 67, 349; BFH/NV 04, 1498). Schwerwiegende Buchführungsmängel rechtfertigen ein verhältnismäßig grobes Schätzungsverfahren (BFH BStBl 82, 409). Es ist auch grds gerechtfertigt, bei einer Pflichtverletzung des Stpfl, insbes einer nicht ordnungsgemäßen Buchführung, im Wege griffweisen Schätzens einen Sicherheitszuschlag (**Fährnisaufschlag;** BFH/NV 17, 774) bzw einen Unsicherheitsabschlag vorzunehmen (dazu BFH/NV 99, 95, 373).

39 Der Stpfl hat vor Durchführung der Schätzung grds ein **Anhörungsrecht,** § 91; zu den Anforderungen des StGeheimnisses bei Schätzung aufgrund Betriebsvergleichs siehe § 30 Rz 89.

40 **7. Insbesondere: Schätzungsmethoden.** Welche Schätzungsmethode angewendet wird, richtet sich nach den Verhältnissen im Einzelfall. Die FinBeh ist an eine einmal gewählte Schätzungsmethode nicht gebunden (BFH/NV 91, 459); sie darf aber unterschiedliche Schätzungsmethoden nicht so miteinander kombinieren, dass ihre Schlüssigkeit oder leichte Nachvollziehbarkeit leidet (vgl BFH BStBl 84, 504; 86, 732; 90, 268). Das aufgrund einer Schätzungsmethode gewonnene Ergebnis muss nicht durch weitere Schätzungsmethoden überprüft werden (BFH/NV 16, 1747).

41 **Gesetzl Schätzungsregeln** finden sich in § 1 III AStG, § 11 II 2 BewG (vgl BFH BStBl 94, 394, 505).

42 Im Einzelnen kommen als „Schätzungsmethoden" in Betracht ein **äußerer Betriebsvergleich** (BFH BStBl 83, 618; vgl zB FG Mster EFG 04, 1810), insbes unter **Anwendung von Richtsätzen** (vgl BFH BStBl 84, 88; 85, 352; 86, 233; 99, 481), mit deren Hilfe die Angaben des Stpfl verprobt und ggf herauf- oder heruntergerechnet werden können; solche Richtsätze, die auf der Grundlage anonymisierter Daten entwickelt werden und ggf in Datenbanken gespeichert sind (dazu BFH BStBl 04, 171), muss das FG jedoch ggf auf Richtigkeit überprüfen, soweit dies § 30 ermöglicht (vgl § 30 Rz 89) und nach Maßgabe feststehender Besonderheiten des Einzelfalls möglicherweise von ihnen abweichen (FG SachsAnh 2 K 311/13).

Bei buchführungspflichtigen **Landwirten,** die keine Bücher und Aufzeichnungen führen, ist die Schätzung nach Richtsätzen idR die brauchbarste Methode (BFH BStBl 85, 252). Ein solcher „Schätzungslandwirt" kann gegenüber einer Richtsatzschätzung keine individuellen gewinnmindernden Besonderheiten seines Betriebs geltend machen. Er kann jedoch die Schätzung durch Einrichtung einer Buchführung oder Führung von Aufzeichnungen vermeiden, sobald diese eine Gewinnermittlung nach § 4 III EStG ermöglichen (BFH BStBl 01, 484). Die FinBeh ist zur Schätzung des Gewinns auch dann befugt, wenn es über die Voraussetzungen des § 13a I EStG getäuscht worden ist, ohne dass es dann einer vorherigen Mitteilung nach § 131a I 2 EStG bedarf (BFH BStBl 02, 147). 42a

Ferner werden angewandt Methoden, die auf die **innere Schlüssigkeit** der Angaben (Buchführung) des Stpfl abstellen, insbes Einnahmen und Ausgaben einander gegenüberstellen (vgl *Assmann* StBp 89, 252), eine Ausbeutekalkulation vornehmen oder einen **Zeitreihenvergleich** (BFH BStBl 15, 743, vorgehend FG Mster EFG 12, 1982; zur Quantilschätzung BFHE 257, 523; FG Ddorf EFG 08, 1256; FG Köln EFG 09, 1092; dazu eingeh *Kulosa* DB 15, 1797). Die Durchführung eines Zeitreihenvergleichs setzt voraus, dass im Betrieb das Verhältnis zwischen dem Wareneinsatz und den Erlösen im betrachteten Zeitraum weitgehend konstant ist. Es darf zudem im maßgebenden Zeitraum nicht zu Änderungen in der Betriebsstruktur gekommen sein. Bei einer Buchführung, die nur geringfügige formelle Mängel aufweist, kann der Nachweis der materiellen Unrichtigkeit grds nicht allein durch Zeitreihenvergleichs geführt werden (BFH BStBl 15, 743). Vgl auch zum sog **Chi-Quadrat-Test** und anderen statischen Methoden *Kratzsch/Rahe* StBp 10, 162; *Huber/Huber* StBp 09, 62; FG RhPf EFG 12, 10; FG BBg DStRE 17, 1316; FG Hbg EFG 17, 265 mit Anm *Kühnen* einerseits, FG BBg EFG 17, 12 andererseits; vgl auch *Schumann/Wähnert* Stbg 12, 535). Zur **Nachkalkulation** vgl BFH BStBl 82, 430; BFH/NV 95, 573. Schätzungsmethoden, die auf dem Grundgedanken einer Einnahme-Ausgaben-Deckungsrechnung beruhen, sind: 43

– **Kassenfehlbetragsrechnung** (vgl BFH BStBl 82, 409; 62, 366; BFH/NV 90, 683);
– **Vermögenszuwachsrechnung** (vgl BFH BStBl 90, 268; 89, 620 insbes zu den Teilrechnungen Vermögenszuwachs und Vermögenszuwachsdeckung; BFH BStBl 70, 189; sie ist aber nicht zwingend erforderlich, auch nicht bei Anwendung betriebl Kennzahlen, BFH/NV 14, 860) und 44
– **Geldverkehrsrechnung** (BFH BStBl 86, 732; 84, 504; 74, 591; BFH/NV 00, 1462; 95, 573); beide beruhen auf einer umfassenden Gegenüberstellung der Einnahmen und Ausgaben in einem bestimmten Zeitraum und können die Beweiskraft selbst einer formell ordnungsgemäßen Buchführung widerlegen und nicht verbuchte Betriebseinnahmen nachweisen, sofern die betr Fehlbeträge nicht aus anderen steuerpflichtigen oder steuerfreien Quellen stammen können. Auch hierbei hat der Stpfl ggf mitzuwirken (vgl BFH/NV 99, 1450; 91, 796). 45

8. Begründung des Schätzungsbescheids. Für die Begründung eines Schätzungsbescheids (§ 121) sind grds neben der Angabe der Besteuerungsgrundlagen, also des Schätzungs*ergebnisses*, keine Ausführungen dazu erforderlich, weshalb bestimmte Schätzungsgrundlagen angenommen oder bestimmte Schätzungsmethoden angewandt worden sind. Das gilt insbes bei fehlender StErklärung (BFH BStBl 99, 382; BFH/NV 03, 881; vgl FG Ddorf EFG 96, 83; FG Köln EFG 86, 429; weitergehend *BG/Buciek* § 162 Rz 167 f; *TK/Seer* § 162 Rz 96). Zur Begründung eines Schätzungsbescheids sind aber auch „Wertangaben" BFH BStBl 99, 382 zu machen, was nicht lediglich die ohnehin schon zum verfügenden Teil eines solchen Bescheids gehörigen und für dessen hinreichende Bestimmtheit gem § 157 notwendigen Angaben zu dem geforderten StBetrag, sondern Angaben zu den Besteuerungsgrundlagen verlangt; nur die Überlegungen, aufgrund deren das FA zu den Schätzungsgrundlagen gelangt ist, müssen nicht dargelegt werden. Damit der 50

Stpfl verstehen kann, warum eine bestimmte Entscheidung vom FA getroffen worden ist und durch die Begründung des Bescheids in die Lage versetzt wird, benötigt er eine Grundlage für die Prüfung, ob das Schätzungsergebnis in rechtl zulässiger und einwandfreier Weise gewonnen hat (vgl BFH BStBl 05, 483). Das verlangt ergänzende Angaben insbes, wenn die FinBeh ohne von selbst erkennbaren Grund in erheblichem Umfang von der StErklärung (zB Voranmeldungen) abgewichen ist (BFH BStBl 99, 382). BFH BStBl 90, 268 hat sogar scheinbar uneingeschränkt verlangt, es müsse für den Betroffenen gem der Begründungspflicht des FA dem „Grundgedanken" nach durchschaubar sein, wie das Schätzungsergebnis zustande kommt; für das „Verständnis" eines Schätzungsbescheids (§ 121 I) dürfte das indes nicht erforderlich sein. Jedenfalls in einem Streitverfahren müssen indes die Schätzungsgrundlagen von der FinBeh so dargelegt werden, dass ihre Nachprüfung möglich ist. Das zahlenmäßige Ergebnis der Schätzung muss auf Schlüssigkeit hin kontrollierbar sein (BFH/NV 12, 1921). Auf Verlangen ist das Vorgehen der FinBeh bei der Schätzung deshalb in Einzelheiten offen zu legen (BFH BStBl 82, 430; 75, 96). Entsprechendes gilt für die Begründungspflicht in einem Urteil, wenn das FG selbst geschätzt hat.

51 Bei einer Verletzung von Mitwirkungspflichten können die Begründungsanforderungen an den StBescheid uU verringert werden, zB wenn Einzelzuwendungen infolgedessen schenkungsteuerrechtl nicht bestimmten Zeitpunkten zugeordnet werden können; das FA kann dann die Steuer nach einem einheitlichen Schätzbetrag, der alle Zuwendungen umfasst, einheitlich festsetzen (BFH BStBl 08, 46).

52 Die Frage nach der Reichweite der Begründungsanforderungen ist freilich ohne große Bedeutung, weil § 127 allemal anzuwenden ist, eine mangelhafte Begründung also kein Anlass für die Aufhebung des Schätzungsbescheids, sondern nur für die ggf gerichtliche Ermittlung der zutreffenden Besteuerungsgrundlagen ist (BFH BStBl 99, 382).

55 **9. Steuerzuschlag bei Verletzung von Dokumentationspflichten des § 90 III (Abs 4).** Die Zuschlagsregelung des Abs 4 gehört thematisch nicht zur Schätzungsbefugnis der FinBeh gem Abs 3, sondern zu § 90 III. Sie regelt in der Rechtsform steuerlicher Nebenleistungen (§ 3 IV) Sanktionen für die Verletzung der von § 90 III geforderten Aufzeichnungen hins einzelner Geschäftsvorfälle (Zuschlag auf die nach Abs 3 geschätzten Einkünfte). Sie soll in erster Linie im Wege der Androhung einer stl Sanktion die pünktliche Erfüllung der dort geregelten Aufzeichnungspflichten sichern, die anderweitig, insbes im Vollstreckungswege schwerlich durchsetzbar wären. Um eine „Strafe" handelt es sich dabei jedoch nicht (aA *Hahn/Suhrbier-Hahn* IStR 03, 84, ebenfalls mit europarechtl Bedenken gegen die gesetzl Regelung), auch wenn der Zuschlag neben die ggf erfolgte Schätzung am oberen Rande der Preisspanne (vgl Rz 38) tritt und auch dann (in geringerer Höhe, siehe Satz 3) zu erheben ist, wenn die geforderten Aufzeichnungen schließlich doch noch vorgelegt worden sind; es handelt sich vielmehr um eine – gerade auch im Unionsrecht gängige – Verwaltungssanktion, welche die Erfüllung steuerlicher Pflichten durchsetzen soll, also keinen repressiven Charakter wie eine Strafe, sondern einen rein präventiven hat.

56 Die Erstellung der von dem Stpfl verlangten Aufzeichnungen wird durch den Zuschlag von 5% bis 10%, mindestens 5.000 €, nach Satz 1 und 2 erzwungen, die fristgerechte Vorlage durch den Zuschlag von mindestens 100 € je Tag der Fristüberschreitung nach Satz 3. Innerhalb dieser Rahmen hat die FinBeh Ermessen auszuüben. Beide Zuschläge können nicht nebeneinander festgesetzt werden, weil sich die Tatbestände der beiden Zuschlagsregelungen ausschließen; Satz 4 versucht gleichwohl, etwas verwirrend, gleichsam in einem Atemzug Ermessensleitlinien für beide Zuschlagsregelungen zu formulieren. Neben dem Abschreckungszweck soll die FinBeh bei der Bemessung des Zuschlages innerhalb der in den Sätzen 2 und 3 festgelegten Rahmen nach Satz 4 letzter HS auch die vom Stpfl gezogenen Vorteile

berücksichtigen; worin diese außer in einem Vorteil später StFestsetzung liegen sollen bzw warum dieser Vorteil außer über § 233a auch im Wege des Zuschlages abgeschöpft werden soll, ist freilich nicht recht erkennbar. Der Rahmen der Zuschläge (Abs 2 und 3) ist im Vermittlungsausschuss erheblich ggü dem Gesetzentwurf der BReg eingeschränkt worden und dürfte, gemessen am Übermaßverbot, nicht zu beanstanden sein.

Von der Erhebung eines Zuschlages ist bei geringfügigem oder gänzlich **fehlendem Verschulden** hinsichtlich der Nichterfüllung der fraglichen Pflichten abzusehen (Abs 4 S 6); es gilt der subjektive (strafrechtliche) Verschuldensbegriff, der jedoch auch leichte Fahrlässigkeit umfasst, die bei der *Bemessung* des Zuschlags zu berücksichtigen ist. Die FinBeh hat insofern kein Ermessen, auch wenn der vom Gesetz verwendete Begriff „entschuldbar erscheint" Entscheidungsspielräume in Rechnung stellt. 57

Die Festsetzung des Zuschlags soll regelm erst **nach einer Ap** erfolgen. Anders als Verspätungszuschläge, denen der Zuschlag nach Satz 3 in gewisser Weise ähnelt, erfolgt die Festsetzung jedoch nicht erst mit der Festsetzung der Steuer. 58

§ 162 IV ist ab VZ 2004 anwendbar (vgl Art 97 § 22 II EGAO). Abs 3 S 3 ist jedoch erst am 18.8.2007 in Kraft getreten. 59

10. Schätzung bei Fehlen eines Grundlagenbescheids (Abs 5). Wenn und soweit noch ein Grundlagenbescheid fehlt, vgl § 155 III, muss die im Grundlagenbescheid festzustellende Besteuerungsgrundlage gem Abs 5 geschätzt werden (BFH BStBl 86, 584), insbes unter Berücksichtigung einer StErklärung hinsichtlich des Grundlagenbescheids (BFH BStBl 01, 33; nicht nur früherer Jahre, so *KSch/Baum* Rz 10). Die Schätzung nach Abs 5 bezieht sich also nicht nur auf quantitative Größen, sonder umfassend auf alle in einem Grundlagenbescheid festzustellenden Besteuerungsgrundlagen (BFH BStBl 15, 12). Deutlicher als hierdurch lässt sich nicht zeigen, dass es nicht richtig sein kann, dass nur Quantitäten geschätzt werden „können" (vgl Rz 9). BFH BStBl 15, 12 sieht allerdings die Befugnis zur Schätzung „qualitativer" Besteuerungsgrundlagen auf den Fall des § 155 II beschränkt. Ermittlungshandlungen hinsichtlich der für den Grundlagenbescheid maßgeblichen Tatsachen haben grds zu unterbleiben (*TK/Seer* § 162 Rz 87; eine Ermittlungsbefugnis bejahend hingegen *Schwarz/Frotscher* § 155 Rz 47). Akteneinsicht beim Feststellungs-FA bzw ein Auskunftsersuchen sind jedoch ggf zulässig und geboten (*TK/Seer* § 162 Rz 88). Das Fehlen des Grundlagenbescheids ist ausreichender Schätzungsanlass; besondere Schwierigkeiten der Sachverhaltsermittlung hinsichtlich der besonders festzustellenden Besteuerungsgrundlagen oder gar eine Verletzung der Mitwirkungspflicht seitens des Stpfl sind nicht vorausgesetzt. Das Schätzungsziel ist dasselbe wie bei einer Schätzung wegen Unaufklärbarkeit etc. Entsteht Streit über die Schätzung der gesondert festzustellenden Besteuerungsgrundlagen, ist ein Klageverfahren bis zum Ergehen des Grundlagenbescheids und seiner Bestandskraft auszusetzen (BFH BStBl 01, 33). 61

11. Rechtsschutz. Selbst grobe Schätzungsfehler führen regelm nur zur Rechtswidrigkeit und nicht zur Nichtigkeit des Schätzungsbescheids (BFH BStBl 06, 478; 93, 259; 90, 351; 82, 133), sind also im Rahmen der Anfechtungsklage gegen den StBescheid zu rügen, es sei denn, das FA hat „bewusst und willkürlich" zum Nachteil des Stpfl geschätzt (BFH BStBl 01, 381; 93, 259; BFH/NV 15, 145; 14, 490; FG Mchn EFG 09, 2). Willkürmaßnahmen, die mit den Anforderungen an eine ordnungsgemäße Verwaltung schlechterdings nicht zu vereinbaren sind, können einen besonders schweren Fehler darstellen (BFH/NV 02, 1415). Die Schätzung stellt dann eine Willkürmaßnahme dar, die mit den Anforderungen an eine ordnungsmäßige Verwaltung schlechterdings nicht zu vereinbaren ist (BFH BStBl 01, 381; 93, 259; BFH/NV 02, 682; 06, 240; 08, 13). Das gilt insbes, wenn nicht erkennbar ist, dass der Sachverhalt soweit möglich aufgeklärt worden ist, um Anhaltspunkte für die Schätzung zu gewinnen, und überhaupt und ggf welche 63

Schätzungserwägungen angestellt wurden. Nicht jeder grobe Schätzungsfehler lässt indes Willkür erkennen (BFH/NV 08, 13).

64 Subjektive Willkür des handelnden Bediensteten ist nicht erforderlich (BFH/NV 15, 145); auch wenn das Schätzungsergebnis trotz vorhandener Möglichkeiten, den Sachverhalt aufzuklären und Schätzungsgrundlagen zu ermitteln, krass von den tatsächlichen Gegebenheiten abweicht und in keiner Weise erkennbar ist, dass überhaupt und ggf. welche Schätzungserwägungen angestellt wurden, also objektive Willkür vorliegt, ist der Bescheid nichtig (vgl BFH BStBl 01, 381).

65 In der **Klage** gegen einen Schätzungsbescheid muss, wenn keine StErklärung abgeben wird, als Klagebegründung zumindest substantiiert dargelegt werden, weshalb die geschätzten Besteuerungsgrundlagen zu hoch angesetzt wurden (BFH/NV 13, 1795; der Stpfl muss anhand der ihm zugänglichen Erkenntnisquellen selbst eine schätzweise Ermittlung der betr Besteuerungsgrundlagen vornehmen (BFH/NV 07, 2304; vgl BFH/NV 05, 1124).

66 Die Schätzung ist vom Gericht voll überprüfbar, weil sie keine Ermessensentscheidung ist (BFH BStBl 04, 171; 68, 332) ist. Verwaltungsanweisungen, die auf Erfahrung der Verwaltung beruhende Schätzungen zum Inhalt haben, sind jedoch nach angreifbarer Ansicht des BFH aus Gründen der Gleichbehandlung zu beachten, solange sie im Einzelfall nicht offensichtlich zu falschen Ergebnissen führen. In Richtlinien der Verwaltung festgelegte Pauschalen sollen iAllg auch vom FG zu beachten sein, wenn die ihnen zu Grunde liegende Schätzung sachgemäß (vgl BFH BStBl 68, 408; 86, 824; 92, 179) oder jedenfalls – etwa für eine Übergangszeit bis zu einer Neuregelung – hinnehmbar ist (so, besonders bedenklich, BFH/NV 95, 673). Der Stpfl habe einen Rechtsanspruch darauf, nach Maßgabe der Verwaltungsanweisung besteuert zu werden (BFH BStBl 11, 210; 91, 752; BFH/NV 10, 884). Das FG soll solche Richtlinien auch nicht selbst auslegen, sondern nur überprüfen, ob die Auslegung durch die FinBeh möglich ist (BFH BStBl 79, 54).

67 Das **FG** hat iÜ eine **eigene Schätzungsbefugnis** (vgl § 96 I 1 HS 2 FGO; BFH BStBl 82, 409; 86, 226; 90, 109; 95, 381), von der es auch dann Gebrauch machen kann, wenn die Schätzung der FinBeh rechtsfehlerfrei ist, also auf nicht zu beanstandenden Wahrscheinlichkeitsüberlegungen beruht (BFH BStBl 04, 171). Gewisse Unsicherheiten des vom FA gewonnenen Ergebnisses werden jedoch – wie bei jeder komplexen Sachverhaltsfeststellung – vom FG ggf auch hingenommen werden können; das FG kann sich darauf beschränken, substantiierten Einwendungen gegen die Schätzung des FA nachzugehen. Hält das FG die Schätzung durch das FA allerdings für rechtswidrig, *muss* es ggf eine eigene Schätzung vornehmen. Es kann dies nicht etwa einem Sachverständigen überlassen (BFH/NV 01, 800; 99, 491). Auch eine Aufhebung eines Schätzungsbescheids und Zurückverweisung der Sache an das FA zur weiteren Sachaufklärung bzw Ausübung der behördlichen Schätzungsbefugnis ist ausgeschlossen (§ 100 III 2 FGO). Das FG muss dabei den Stpfl erneut zur Mitwirkung anhalten, auch wenn er im Verwaltungsverfahren die Mitwirkung verweigert hat (BFH/NV 94, 176). Eine willkürliche Schätzung des FA muss es durch seine eigene ersetzen, selbst wenn der Stpfl Einwendungen gegen die Höhe der Schätzung erhebt, *ohne* seiner StErklärungspflicht nachzukommen (BFH/NV 97, 195; vgl auch BFH/NV 96, 801). Das FG kann anstelle der vom FA angewandten Schätzungsmethode selbstredend eine andere anwenden (BFH/NV 99, 290).

68 Im **Revisionsverfahren** können die Richtigkeit der Schätzung und die Wahl einer Schätzungsmethode grds nicht überprüft werden (BFH BStBl 13, 460; vgl BFH/NV 13, 1445). Denn Schätzungen gehören einschl der Wahl der zutreffenden Schätzmethode zu den Tatsachenfeststellungen (§ 118 II FGO; BFH BStBl 17, 949). Eine Überprüfung der gerichtlichen Schätzung im Revisionsverfahren ist aber hinsichtlich der Zulässigkeit des Schätzens, der Einhaltung der verfahrensrechtlichen Voraussetzungen sowie der Schlüssigkeit und Plausibilität des Ergeb-

nisses der Schätzung möglich (BFH BStBl 17, 949). Es kann also geprüft werden, ob überhaupt die Voraussetzungen für eine Schätzung vorlagen (BFH BStBl 97, 449; 95, 507), ob das FG – ohne Bindung an die von der FinBeh angewandte Methode – die von ihm gewählte Schätzungsmethode richtig und konsequent (BFH/NV 10, 610) angewandt und nicht gegen allgemeine Schätzungsgrundsätze verstoßen hat (BFH BStBl 90, 817; BFH BStBl 04, 171; BFH/NV 87, 698; 10, 1246: Schlüssigkeit und Plausibilität zu prüfen; vgl BFH/NV 91, 415), insbes ob die Schätzungsmethode grds geeignet war. Bei der Schätzung von Bilanzwerten ist revisionsrechtl nur zu überprüfen, ob die Grundsätze ordnungsmäßiger Buchführung, insbes auch der Grundsatz vorsichtiger Bewertung, vom FG als solche beachtet worden sind (BFH BStBl 96, 470). Die Bindung des BFH an die Schätzung entfällt ferner dann, wenn das FG bei der Schätzung gegen allgemeine Erfahrungssätze oder gegen die Denkgesetze verstoßen hat (BFH/NV 08, 587). Selbst wenn das FG die Schätzung des FA übernimmt, handelt es sich um Beweiswürdigung, die revisionsrechtl dem materiellen Recht zuzuordnen ist und den BFH grds bindet (vgl BFH/NV 06, 326).

Die Rüge, die Schätzung des FG sei unrichtig, ist im **NZB-Verfahren** grds unbeachtlich; mit ihr wird insbes kein Verfahrensmangel bezeichnet (BFH/NV 13, 1928; 05, 1612). Ein zur Zulassung der Revision (§ 115 II Nr 2 Alt 2) berechtigender erheblicher Rechtsfehler aufgrund objektiver Willkür liegt aber vor, wenn das Schätzungsergebnis wirtschaftlich unmöglich oder offensichtlich realitätsfremd ist (BFH/NV 07, 2273; 09, 402; 09, 951). Dafür darf freilich nicht nur das Ergebnis der Schätzung gleichsam pauschal angegriffen werden, sondern es muss vom Beschwerdeführer schlüssig und substantiiert dargelegt werden, dass die angewandten Schätzungsmethoden oder die Schätzungsgrundlagen und die rechnerischen Details objektiv willkürlich sind, dh unter keinem Gesichtspunkt auch nur vertretbar sein können. 69

§ 163 Abweichende Festsetzung von Steuern aus Billigkeitsgründen

(1) [1] **Steuern können niedriger festgesetzt werden und einzelne Besteuerungsgrundlagen, die die Steuern erhöhen, können bei der Festsetzung der Steuer unberücksichtigt bleiben, wenn die Erhebung der Steuer nach Lage des einzelnen Falls unbillig wäre.** [2] **Mit Zustimmung des Steuerpflichtigen kann bei Steuern vom Einkommen zugelassen werden, dass einzelne Besteuerungsgrundlagen, soweit sie die Steuer erhöhen, bei der Steuerfestsetzung erst zu einer späteren Zeit und, soweit sie die Steuer mindern, schon zu einer früheren Zeit berücksichtigt werden.** [3] **Die Entscheidung über die abweichende Festsetzung kann mit der Steuerfestsetzung verbunden werden.**

(2) **Eine Billigkeitsmaßnahme nach Absatz 1 kann mit der Steuerfestsetzung verbunden werden, für die sie von Bedeutung ist.**

(3) [1] **Eine Billigkeitsmaßnahme nach Absatz 1 steht in den Fällen des Absatzes 2 stets unter Vorbehalt des Widerrufs, wenn sie**

1. **von der Finanzbehörde nicht ausdrücklich als eigenständige Billigkeitsentscheidung ausgesprochen worden ist,**
2. **mit einer Steuerfestsetzung unter Vorbehalt der Nachprüfung nach § 164 verbunden ist oder**
3. **mit einer vorläufigen Steuerfestsetzung nach § 165 verbunden ist und der Grund der Vorläufigkeit auch für die Entscheidung nach Absatz 1 von Bedeutung ist.**

[2] **In den Fällen von Satz 1 Nummer 1 entfällt der Vorbehalt des Widerrufs, wenn die Festsetzungsfrist für die Steuerfestsetzung abläuft, für die die Billigkeitsmaßnahme Grundlagenbescheid ist.** [3] **In den Fällen von Satz 1 Nummer 2 entfällt der Vorbehalt des Widerrufs mit Aufhebung oder Entfallen des Vor-**

behalts der Nachprüfung der Steuerfestsetzung, für die die Billigkeitsmaßnahme Grundlagenbescheid ist. [4]In den Fällen von Satz 1 Nummer 3 entfällt der Vorbehalt des Widerrufs mit Eintritt der Endgültigkeit der Steuerfestsetzung, für die die Billigkeitsmaßnahme Grundlagenbescheid ist.

(4) **[1]Ist eine Billigkeitsmaßnahme nach Absatz 1, die nach Absatz 3 unter Vorbehalt des Widerrufs steht, rechtswidrig, ist sie mit Wirkung für die Vergangenheit zurückzunehmen. [2]§ 130 Absatz 3 Satz 1 gilt in diesem Fall nicht.**

Abs 2 bis 4 angefügt durch G v 18.7.16, BGBl I 1679.

Schrifttum: *Wernsmann* Typisierung und Typusbegriff, DStR Beihefter 2011 zu Nr 31, 72; *Desens* Echter Vertrauensschutz bei „unechten" Rückwirkungen im Steuerrecht, FR 13, 148.

Übersicht

1 **1. Inhalt und Bedeutung.** Der **Gesetzgeber muss generalisieren und typisieren,** wenn es ihm gelingen soll, vielfältiger Lebensverhältnisse durch eine einheitliche, abstrakt-generelle und daher notwendig gewisse (nur geringfügige oder nur in besonders gelagerten Fällen auftretende) tatsächliche Verschiedenheiten vernachlässigende Regelung Herr zu werden (vgl BVerfGE 3, 135). Dieser Gedanke hat für StGesetze, die es mit der Ordnung von Massenerscheinungen zu tun haben, besondere Bedeutung, weil sie, um für eine Massenverwaltung praktikabel zu sein, besondere Anforderungen an das Maß der Typisierung stellen (die freilich nicht immer vom Gesetzgeber beachtet werden) (BFH BStBl 96, 503; vgl auch BVerfG BStBl 90, 653). Typisierung soll die Verwirklichung des StAnspruchs verfahrensrechtl erleichtern und die Knappheit der für den Staat verfügbaren personellen und finanziellen Mittel berücksichtigen (BVerfGE 13, 331; 21, 12; 96, 1; BFH BStBl 00, 273). Der StGesetzgeber muss weder auf den Einzelfall abstellen noch die besondere Situation jeder einzelnen, typisierender Betrachtung überhaupt fassbaren sozialen Gruppe zu berücksichtigen suchen, sondern er kann – innerhalb eines weiten Beurteilungs- und Gestaltungsspielraums – pauschalierende, für eine möglichst große Gruppe von Stpfl und deren stl Leistungsfähigkeit angemessene Regelungen wählen (vgl ua BVerfGE 96, 1; BFH BStBl 00, 273). Dabei entstehende Härten und Ungerechtigkeiten müssen hingenommen werden, wenn die

Benachteiligung nur eine „kleine" Zahl von Personen betrifft und der Verstoß gegen den Gleichheitssatz „nicht sehr intensiv" ist (vgl ua BVerfG BStBl 94, 909), was freilich nur sehr vage Maßstäbe an die Hand gibt. Die Rspr tut sich mitunter mit der Einsicht schwer, dass es sich um eine Fallgruppe (nicht um einen Einzelfall) handelt und sie folglich nicht mit Billigkeitsmaßnahmen helfen kann, weil nämlich der Gesetzgeber hätte tätig werden und für die Fallgruppe eine Regelung treffen müssen.

Jede pauschale Besteuerung bringt gewisse Ungleichheiten mit sich, denn sie lässt die **individuelle Besonderheit des einzelnen stpfl Vorgangs** außer Acht und begnügt sich mit der Typengerechtigkeit, dh der Entsprechung des typisierenden Gesetzes und der Typizität des in ihm geregelten Tatbestandes. Dies begründet aber das Bedürfnis nach einer Korrektur jedenfalls krass unangemessener Ergebnisse. Die Möglichkeit von Billigkeitsmaßnahmen in besonderen Einzelfällen flankiert die Typisierungsbefugnis des Gesetzgebers und gestattet ihm überhaupt erst, eine typisierende Regelung zu treffen, wenn die Unsicherheiten über Zahl und Intensität der von der typisierenden Regelung nachteilig betroffenen Fälle mit zumutbarem Aufwand nicht beseitigt werden können (BFH BStBl 13, 498; BFH BStBl 16, 916). Eine generell sachgerechte gesetzliche Regelung (zum diesbzgl Prüfungsmaßstab vgl auch BVerfGE 48, 102, 111, 114) ist also nicht deshalb verfassungswidrig, weil sie in Einzelfällen oder bei einer kleinen Fallgruppe unbillige Ergebnisse zur Folge hat; denn nur in einzelnen Fällen oder Fallgruppen auftretenden verfassungsrechtl nicht vertretbaren Härten kann (und muss) durch eine Billigkeitsmaßnahme abgeholfen werden, um den Grundrechten insoweit Geltung zu verschaffen (vgl zB BVerfGE 16, 147, 177; 32, 78, 86; 50, 58, 86; BVerfG HFR 17, 544; BFH BStBl 77, 512). Hält der Stpfl eine Norm im Hinblick auf die Typisierungsbefugnis des Gesetzgebers für verfassungsgemäß, sieht aber die Besteuerung in seinem Einzelfall als unbillig an, weil er von der Typisierung unverhältnismäßig betroffen wird, kann er dies nur im Billigkeitsverfahren geltend machen, ohne vorherige Anfechtung der StFestsetzung (BFH BStBl 13, 505). Zu einem Sonderfall, in dem der Stpfl gleichsam zwischen die Stühle der Billigkeitsmaßnahme und einer Billigkeit herstellenden rückwirkenden Gesetzesänderung zu fallen drohte, siehe BFH BStBl 97, 353. 2

Der **Grundsatz der Gesetzmäßigkeit der Verwaltung** verlangt indes, dass auch für diese im Einzel-(Ausnahme-)Fall verfassungsrechtl gebotene Abweichung von der allgemeinen Norm eine Sondernorm als Rechtsgrundlage bestehen muss, wenn es sich auch nur um eine Generalklausel handeln kann. § 163 und § 227 sollen diesem Ziel dienen, die aus der Typisierung herrührenden unbilligen Härten im Einzelfall auszugleichen. Ihre Anwendung erfordert jedoch, das Gleichgewicht von Einzelfallgerechtigkeit und Notwendigkeit abstrakt-genereller gesetzlicher Regelung zu bewahren, kann also nicht zum Ziele haben, jedwede unbedeutende Ungerechtigkeit auszugleichen. 3

In Folge der in der AO vorgenommenen **Trennung zwischen dem Festsetzungs- und dem Erhebungsverfahren** bestehen zwei, in ihrer Auswirkung aber im Wesentlichen gleichartige Vorschriften über eine Korrektur des dem StGesetz entsprechenden Ergebnisses aus Billigkeitsgründen. § 163 bezieht sich auf Billigkeitsmaßnahmen, die hinsichtlich der StFestsetzung getroffen werden und auf diese zurückwirken, weil eine solche Billigkeitsentscheidung Grundlagenbescheid für den StFestsetzungsbescheid ist. Die Parallelvorschrift für das Erhebungsverfahren ist § 227 (Erlass), der voraussetzt, dass die Steuer bereits festgesetzt wurde. Der Stpfl hat daher die Wahl, Billigkeitsgründe bereits anlässlich des StFestsetzungsverfahrens geltend zu machen oder sich erst gegen die StErhebung zu wenden; er kann dabei alle Billigkeitsgründe geltend machen, auch wenn sie an sich schon eine abweichende StFestsetzung aufgrund einer Entscheidung gem § 163 gerechtfertigt oder sogar geboten gewesen wäre. Wenn die Steuer bereits festgesetzt ist, wird er sich mit einer Billigkeitsmaßnahme nach § 227 begnügen, denn von einer Änderung 5 derselben aufgrund einer nachträglichen Billigkeitsentscheidung nach § 163 hätte er ggü einem Erlass nach § 227 keinen Vorteil.

6 Hat die FinBeh eine abweichende Festsetzung nach § 163 allerdings bestandskräftig abgelehnt, kann nicht wegen derselben Billigkeitsgründe ein Erlass nach § 227 verlangt werden (FG Hbg EFG 95, 408). Wenn jedoch anlässlich des Verfahrens der StFestsetzung über Billigkeitsmaßnahmen nicht entschieden wurde, liegt kein VA vor, dessen Bestandskraft die Verfolgung der Billigkeitsgründe im Verfahren nach § 227 hindern könnte (BVerwG DÖV 82, 946).

7 Ihren **materiellen Voraussetzungen** nach unterscheiden sich Billigkeitsmaßnahmen nach § 163 nicht von denen nach § 227 (vgl BFH/NV 00, 301). § 163 dürfte jedoch vorwiegend bei sachlicher Unbilligkeit in Betracht kommen; bei persönlicher Unbilligkeit wird regelm nach § 227 zu verfahren sein (zur Unterscheidung zwischen sachlicher und persönlicher Unbilligkeit siehe insbes Rz 84f). Aber auch im Verfahren nach § 163 I dürfen persönliche Billigkeitsgründe geprüft werden. Ist schon bei der Festsetzung der Steuer erkennbar, dass die spätere Erhebung der Steuer unbillig sein wird, etwa weil der Stpfl unverschuldet in eine finanzielle Notlage gekommen ist, braucht die FinBeh die Steuer nicht zunächst ohne gleichzeitige Billigkeitsmaßnahme festzusetzen, um sie später nach § 227 zu erlassen.

9 **2. Anwendungsbereich und ergänzende Regelungen.** Die Vorschrift ist grds bei jeder Art Abgabenfestsetzung nach der AO anwendbar, auch bei *Feststellungsbescheiden* (vgl § 181 I 1) und *Freistellungsbescheiden* (BFH BStBl 96, 308, die Voraussetzungen für eine Freistellung vom Zinsabschlag nach §§ 43 ff EStG jedoch verneinend). *Haftungsbescheide* (§ 191) zu erlassen steht im Ermessen der FinBeh, bei dessen Ausübung Billigkeitserwägungen zu berücksichtigen sind (BFH BStBl 01, 217), die substantiell denen der §§ 163, 227 entsprechen; es ist deshalb kein Raum für eine gesonderte Billigkeitsentscheidung nach diesen Vorschriften. Bei Sz kann ebenfalls keine Entscheidung nach § 163 in Betracht kommen, weil diese nicht festgesetzt, sondern erhoben werden, wenn dem § 227 nicht entgegensteht (vgl Rz 15).

10 Seinem Wortlaut nach gilt § 163 auch für **Einfuhr- und Ausfuhrabgaben.** Indes wird § 163 für den Bereich der Einfuhr- und Ausfuhrabgaben (Art 5 Nrn 20 und 21 UZK) durch die Regelungen in Art 116 ff UZK mit Anwendungsvorrang dieser Vorschriften überlagert. In diesen Vorschriften ist grds eine abschließende Regelung der abweichenden Festsetzung oder Erhebung von Einfuhr- und Ausfuhrabgaben (in der Terminologie des UZK: Rückzahlung entrichteter Abgaben [Erstattung], Verzicht auf die Erhebung einer Zollschuld [Erlass] oder Ungültigkeitserklärung der buchmäßigen Erfassung noch nicht entrichteter Abgabenbeträge), dh für eine von dem an sich einschlägigen gemeinschaftlichen Abgabenrecht abweichende Erfassung von Einfuhr- und Ausfuhrabgaben zu sehen; diese Vorschriften sind im Verhältnis zu §§ 163, 227 abschließend (BFHE 189, 218; BFH/NV 93, 137; vgl schon BFHE 161, 260; ebenso *Witte/Alexander* Art 239 ZK Rz 3; *Henke/Huchatz* ZfZ 96, 262, 271; *Gellert* Zollkodex und Abgabenordnung, S 145). Eine Anwendung des § 163 auf solche Abgaben würde iSv EuGH NJW 77, 1584 die Tragweite des Unionsrechts beeinträchtigen. Das gilt auch für eine – im Unionsrecht in dieser Form nicht vorgesehene – Maßnahme wegen persönlicher Unbilligkeit der Abgabeerhebung (vgl BFHE 189, 218; EuGHE 02, II-3141).

Art 116 ff UZK gelten nach den VerbrauchStG nur „sinngemäß". Bei Einschaltung der Kommission wegen des Zolls ist deren Entscheidung auch für die des HZA über die VerbrauchSt verbindlich (BFH/NV 97, 447). Ist hingegen bei einem Einfuhrvorgang keine uniotäre Abgabe zu erheben, so gelten lediglich die materiellen Vorschriften des UZK/ZK-DVO, die vom HZA in eigener Zuständigkeit (ohne Einschaltung der Kommission) anzuwenden sind; eine Einschaltung der Kommission kommt insoweit auch fakultativ nicht in Betracht (ebenso *Witte/Alexander* Art 239 ZK Rz 76; vgl auch *Dorsch/Gellert* Art 239 Rz 151).

Das Gleiche dürfte für **Marktordnungsabgaben** gelten. Zu Billigkeitsmaßnahmen bei Anwendung der früheren MilchQuotV siehe FG Hess EFG 95, 786 (unanwendbar wegen Vorrang des Unionsrechts, vgl auch BFH/NV 90, 747 zu § 227. 11

Für die **EUSt** (vgl § 21 II UStG) und aufgrund entspr Verweisungen in den EinzelStGesetzen für die **Verbrauchsteuern bei der Einfuhr** ist der UZK anzuwenden (BFH BStBl BFHE 192, 140 = ZfZ 01, 58; BFHE 189, 218 = ZfZ 99, 301; vgl § 21 TabStG, § 18 BierStG, § 3 AlkopopStG, § 18 SchaumwZwStG, § 19b EnergieStG, § 15 KaffeeStG), dessen Regelungen abschließend sind; §§ 163, 227 sind daneben ***bei sachlichen Billigkeitsgründen*** grds nicht anwendbar (BFH/NV 97, 447; BFHE 192, 140 = ZfZ 01, 55; BFHE 189, 218 = DStRE 99, 727; BFHE 161, 260 = HFR 91, 77 für EUSt; aA FG Brem EFG 92, 84; *Mewes* RIW 93, 479). Denn das Unionsrecht trägt dem Bedürfnis nach einer Korrektur der StFestsetzung in gleichwertiger (nicht notwendig gleicher, siehe schon Rz 9) Weise wie § 163 Rechnung. Art 116 ff UZK enthalten freilich keine § 163 wirklich vergleichbare allg Billigkeits-Generalklausel. Art 77 III Unterabsatz 2 UZK verlangt, dass das Entstehen der Abgabeschuld nicht auf betrügerische Absicht oder offensichtliche Fahrlässigkeit des Beteiligten zurückzuführen ist, und vor allem, dass dieser sich in einer „besonderen Lage" befindet. Für darüber wesensmäßig hinausgehende Billigkeitsmaßnahmen bei EUSt und Verbrauchsteuern aus rein persönlichen Gründen, wie zur Erhaltung eines sonst konkursreifen Betriebes, lässt die (einschränkungslose) Verweisung auf das Unionsrecht keinen Raum. Obwohl nämlich diese Verweisungen die Anwendung der Zollvorschriften für Verbrauchsteuern, die als Eingangsabgaben erhoben werden, nur sinngemäß anordnen, sind grds keine Besonderheiten von Verbrauchsteuern zu erkennen, die eine Modifizierung der unionsrechtl Vorschriften bzw dazu ergangener Kommissionsentscheidungen rechtfertigen könnten (vgl BFHE 192, 140 = ZfZ 01, 55). Allerdings bedarf dies für jede Bestimmung einer eigenen Prüfung (BFHE 189, 218 = ZfZ 99, 301). Vorsteuerabzugsberechtigte erhalten jedoch Erstattung/Erlass von EUSt nach § 14 II EUStBV nur eingeschränkt; ggf ist dann ein bereits vorgenommener VorStAbzug gem § 17 III UStG zu berichtigen. 12

Die **EinzelStG** enthalten mitunter selbständige Billigkeitsregelungen, neben denen § 163 teilweise weiter gilt, zB § 26 III UStG, §§ 32f GrStG. Nach § 34c V EStG können die obersten FinBeh der Länder mit Zustimmung des BMF die auf **ausl Einkünfte** entfallende deutsche ESt ganz oder zum Teil erlassen oder in einem Pauschbetrag festsetzen, wenn es aus volkswirtschaftlichen Gründen zweckmäßig oder die Anwendung des in § 34c I EStG geregelten StAnrechnungsverfahrens besonders schwierig ist. Eine ähnliche Vorschrift findet sich in § 50 IV EStG für beschränkt Stpfl. § 20 S 2 BewG verbietet hingegen die Anwendung des § 163 bei der Ermittlung der **Einheitswerte.** Dies gilt auch für die Ermittlung der Grundstücksart (BFHE 147, 267; BFH BStBl 85, 319 ist damit überholt). 12a

Vgl auch § 33 GewStG.

Im **Insolvenzverfahren** wird über Billigkeitsmaßnahmen im Rahmen der Zustimmung zum Insolvenzplan und bei einer außergerichtl Schuldenbereinigung unter Berücksichtigung der materiellen Vorgaben der AO entschieden; § 163 ist dabei ebenso wenig wie § 227 unmittelbar anwendbar (vgl § 255 InsO), ebenso wenig Art 120 UZK bei Zollschulden (*Haupt* ZfZ 99, 286: keine Beteiligung der Europäischen Kommission). § 163 bietet aber (unbeschadet dessen, dass er insoweit nicht unmittelbar anwendbar ist; str, ebenso *HHSp/von Groll* § 227 Rz 51) Entscheidungsmaßstäbe für eine außergerichtliche Schuldenbereinigung nach § 305 I Nr 1 InsO (*BMF* BStBl I 02, 132), wobei jedoch die Ziele der InsO zu berücksichtigen sind und die Kriterien jener Vorschriften weitgehend überlagern (vgl auch *von Usslar* DStZ 09, 245, auch zur Anwendbarkeit von *BMF* BStBl I 02, 132 außerhalb der insolvenzgericht1 Schuldenbereinigung). Das Gleiche gilt für die Mitwirkung der FinBeh bei der Aufstellung eines Insolvenzplanes gem §§ 217 ff 13

InsO, die ebenfalls zumindest vorrangig nach wirtschaftlichen Gesichtspunkten zu erfolgen hat. Die Rechtsbehelfe der AO bzw FGO sind insoweit nicht gegeben (*Weinreuter* DStR 99, 853).

14 Wegen der Geltung des § 163 für Realsteuern und KiSt Rz 134, 135.

15 **3. Anwendbarkeit bei steuerlichen Nebenleistungen.** Die Vorschrift erwähnt nicht die steuerlichen Nebenleistungen, dh insbes Verspätungszuschläge, Zinsen, Sz, Zwangsgelder und Kosten (§ 3 IV). Die §§ 155 bis 217 sind grds auf stl Nebenleistungen nur anzuwenden, soweit dies besonders bestimmt ist, § 1 III 2. Etwas Besonderes bestimmt nur § 239 I 1 für die *Zinsen,* sodass von deren Festsetzung ebenfalls aus Billigkeitsgründen abgesehen werden kann; §§ 234 II, 237 IV, die dies für Stundungs- bzw Aussetzungszinsen ausdrücklich regeln, gebieten keinen Umkehrschluss. Bei den anderen Nebenleistungen handelt es sich entweder um solche, bei denen Billigkeitsgründe bereits bei der Ausübung des Ermessens bei Festsetzung der betr Nebenleistung berücksichtigt werden können (zB Verspätungszuschläge, Zwangsgelder), teils um solche, bei denen ggf durch einen Erlass nach § 227 unbillige Ergebnisse zu vermeiden sind. Insbes *Sz* entstehen kraft Gesetzes, ohne dass sie festgesetzt werden, sodass insoweit die Anwendung des § 163 von vornherein nicht in Betracht kommt; das ist aber iErg ohne Belang, weil jedenfalls § 227 die nötigen Korrekturen in gleicher Weise ermöglicht.

17 **4. Anwendung der Vorschrift auf StVergütungen.** Nach § 155 IV sind die für die StFestsetzung geltenden Vorschriften sinngemäß auf die Festsetzung einer StVergütung anzuwenden. Die Prämiengesetze und InvZulG sehen die Anwendung der Vorschriften über die StVergütung auf die Prämien- und Zulagengesetze vor. Die Anwendung des § 163 ist jedoch in diesen Bestimmungen ausdrücklich ausgeschlossen. Eine InvZul kann nicht aus Billigkeitsgründen gewährt werden (BFH BStBl 78, 272). Demgemäß gilt die Vorschrift auch nicht für InvZul nach dem InvZulG (§ 13 InvZulG 2007/§ 14 InvZulG 2010). Nicht ausgeschlossen ist dagegen die Anwendung des § 227 auf Rückforderungsansprüche wegen zu Unrecht gewährter InvZul oder Prämien.

18 Für **Zollrückvergütungen** und **VerbrauchStVergütungen** gelten besondere Vorschriften, wobei es sich dabei überhaupt nicht um Billigkeitsmaßnahmen, sondern um Instrumente zur Erleichterung des Warenverkehrs handelt. Bei der Zollrückvergütung werden Waren mit Einfuhrabgaben belastet und in den zollrechtl freien Verkehr überführt, jedoch bei ihrer Ausfuhr in Form der Veredelungserzeugnisse die Abgaben erlassen oder erstattet (*Dorsch/Beußel* Art 114 Rz 3). Es handelt sich also um ein besonderes zollrechtliches Verfahren, durch das die Bearbeitung von Nichtgemeinschaftswaren im Zollgebiet wirtschaftlich ermöglicht wird.

20 **5. Rechtsqualität der Billigkeitsentscheidung.** Eine Billigkeitsentscheidung ist **Grundlagenbescheid** für die StFestsetzung (BFH BStBl 13, 725; 01, 178; 93, 3; 88, 702). Der Ablauf der Festsetzungsfrist für den StBescheid steht einer Entscheidung nach § 163 also nicht zwingend (vgl jedoch Rz 24) entgegen (FG Nds EFG 12, 2086).

Ob die Billigkeitsentscheidung **Ermessensentscheidung** ist oder ob es sich um eine Koppelung von unbestimmten Rechtsbegriffen mit einer Ermessensentscheidung handelt (BVerwGE 35, 69), ist durch BStBl 72, 603 (GmSOGB) dahin entschieden worden, dass es sich um eine Ermessensentscheidung handele, bei der Inhalt und Grenzen des pflichtgemäßen Ermessens durch den (Rechts-)Begriff der Unbilligkeit bestimmt werden. Die Praxis hat sich unbeschadet der rechtstheoretisch zutreffenden Kritik an der vorgenannten Grundsatzentscheidung mit ihr abgefunden (zu der Entscheidung des GmSOGB mit Recht kritisch TK/*Loose* § 227 Rz 21 ff). Dass der Stpfl keinen Rechtsanspruch auf eine Billigkeitsmaßnahme habe, ist eine rechtsdogmatische Folgerung; tatsächlich aber ist seine Rechtsstellung in Folge der – allg Tendenz der neueren Rspr folgend – weitreichenden gerichtlichen Überprüfung der Bewertung des Einzelfalls unter dem Gesichtspunkt der Billigkeit einem Rechtsanspruch weit angenähert. Es besteht eine weitgehende gerichtliche Überprüfbarkeit der Billigkeitsentscheidung. Wenn die Unbilligkeit im Einzelfall bejaht wird, ist kaum noch Platz für eine Ermessensausübung. Deshalb gewährt eine Billigkeitsmaßnahme nicht als eine Art Gnadenerweis minderwertigen Rechtsschutz, sondern einen ggü der Rechtmäßigkeitskontrolle grds gleichwertigen Rechtsschutz für den atypischen Einzelfall. Auslegung und Anwendung des Begriffes „Billigkeit" sind nicht dem Ermessen oder gar Belieben der FinBeh überlassen, sondern **Rechtsanwendung** (vgl *Rüsken* ZfZ 08, 193).

Ermessenserwägungen können indes zB dann zum Tragen kommen, wenn der Billigkeitsantrag betr einen Grundlagenbescheid erst nach Ablauf der Festsetzungsfrist des Folgebescheids gestellt wird; in diesen Fällen will AEAO allerdings prüfen, ob ein Erlass nach § 227 in Betracht kommt. Es ist auch sonst ermessensgerecht, wenn ein unverhältnismäßig spät gestellter Antrag schon mit Rücksicht auf den Zeitablauf zwischen Festsetzung oder Zahlung und Antragstellung abgelehnt wird (BFH/NV 87, 620 mwN), und zwar aus Erwägungen der Rechtsverwirkung durch Säumigkeit (vgl BFHE 118, 3) oder aus solchen der Rechtssicherheit und der Wahrung des Rechtsfriedens (BFH/NV 95, 4). Das Zeitmoment bildet im Rahmen der Ermessensentscheidung also einen selbständigen Grund für den Rechtsverlust. Er tritt neben die Verwirkung und ist von dieser zu trennen (BFH BStBl 17, 22). Eine gesetzliche Frist für einen Antrag nach § 163 besteht allerdings nicht. 21

Verwaltungsanweisungen zur Ermessensausübung bei Billigkeitsentscheidungen, die die einheitliche Behandlung bestimmter Fallgruppen gewährleisten sollen, entbinden die FinBeh nicht von der Prüfung etwaiger Besonderheiten des Einzelfalls. Sie führen andererseits zu einer Selbstbindung der Verwaltung, sodass der Stpfl einen Rechtsanspruch darauf hat, nach ihrer Maßgabe besteuert zu werden, es sei denn, die Billigkeitsregelung verlässt den gesetzlichen Rahmen (BFH BStBl 17, 393; 10, 92; BFH/NV 07, 1838). Sie binden also die Gerichte nach dem Gleichbehandlungsgrundsatz ebenso wie eine bloß tatsächliche Verwaltungspraxis bei der Ermessensausübung, wenn sie tatsächlich angewandt werden oder werden sollen (antizipierte Verwaltungspraxis) und so, wie sie angewendet werden (BFH/NV 00, 891). Sie sind also nicht wie Rechtsvorschriften von den Gerichten auszulegen (BFH BStBl 17, 22; 11, 610). 22

6. Maßnahmen zur Beseitigung der Unbilligkeit (Abs 1 S 2). § 163 unterscheidet drei Arten von Billigkeitsmaßnahmen (BFH BStBl 13, 820), ohne dass die Praxis das immer streng nachvollzieht: die abweichende (niedrigere) Festsetzung der Steuer und die Nichtberücksichtigung einzelner Besteuerungsmerkmale (mit dem Ergebnis einer niedrigeren StFestsetzung); ferner eine Verschiebung von Besteuerungsgrundlagen in einen früheren oder späteren VZ. 23

Nach Abs 1 S 2 können (bei Steuern vom Einkommen, bei denen dies der Fall ist, beachte jedoch 184 II 2) steuerbegründende Tatsachen einem anderen Besteuerungszeitraum zugeordnet werden (spätere Berücksichtigung steuererhöhender Besteuerungsgrundlagen, frühere Berücksichtigung steuermindernder Besteuerungsgrundlagen), und zwar auch schon in einem Feststellungsbescheid (§ 179). Das kann wesentlich mehr und in jedem Fall anderes als eine Stundung bedeuten (siehe zB FG Mchn EFG 84, 555 betr Ausgaben im Rahmen der Einnahme/Überschussrechnung). Abs 1 S 2 setzt aber eine stl Wirkung bei der abweichend festgesetzten Steuer voraus; allein wegen einer Folgewirkung nach § 184 II 2 kann nicht abweichend festgesetzt werden. 27

Eine solche abweichende Zuordnung setzt allerdings die Zustimmung (oder Genehmigung) des Stpfl voraus, weil die steuerlichen Auswirkungen solcher Maßnahmen für den Stpfl nicht immer günstig sein müssen; sie ist bei steuererhöhenden Tatsachen nur in Form einer späteren, bei steuermindernden einer früheren 28 steuerlichen Erfassung zulässig (sonst würde es sich auch idR nicht für den Stpfl günstig auswirken oder die Verlustvor-/rücktragsregeln unterlaufen). „Besteuerungsgrundlagen" sind Tatsachen, die den Sachverhalt ausmachen, der eines der Merkmale des Gesetzes erfüllt (zB Einnahmen, wertbestimmende Faktoren udgl). Es ist auf die „einzelnen" Tatsachen abzustellen, also nicht etwa ein globaler Gewinnabschlag zu machen (was man sich ohnehin nicht als eine ermessensgerechte Handhabung vorstellen könnte, ebenso wenig wie bei einer „niedrigeren StFestsetzung" iSd 1. HS eine differenzierte Ableitung aus den einschlägigen steuerlichen Vorschriften entbehrlich ist).

30 Nicht vorgesehen ist, (mindernde) Besteuerungsgrundlagen im Billigkeitswege „hinzuzuerfinden", obgleich dies iErg durch eine niedrigere StFestsetzung erreicht werden kann; es handelt sich insofern im Wesentlichen um ein Problem der zweckmäßigen Darstellung der Billigkeitserwägungen. Besteuerungsgrundlagen zugunsten des Stpfl als gegeben zu unterstellen, kann aber in Betracht kommen, wenn es lediglich an den für eine Berücksichtigung bei der eigentlichen StFestsetzung notwendigen Förmlichkeiten fehlt (vgl etwa BFH BStBl 79, 345).

31 Ein unterlassener Antrag kann nicht aus Billigkeitsgründen als gestellt angesehen werden (BFH BStBl 94, 833). Auch kann das In-Kraft-Treten einer gesetzlichen Regelung nicht aus Billigkeitsgründen vorverlegt werden. Die Rspr hat es aber nicht immer genau genommen, zB bei der Annahme der tatsächlich nicht gegebenen Gemeinnützigkeit eines Vereins (vgl BFH BStBl 75, 458) oder der Berücksichtigung fehlender Unterlagen beim VorStAbzug (BFH BStBl 79, 345). All dies lässt sich aber iErg mit § 163 I 1 begründen.

32 **7. Inhalt des Begriffes Unbilligkeit.** Billigkeit ist Gerechtigkeit im Einzelfall (BFH BStBl 72, 83). Es lässt sich deshalb letztlich nicht in allgemeine Regeln fassen, wann eine Unbilligkeit vorliegt. Die Rspr zu Einzelfällen ist dementsprechend nahezu uferlos.

33 Billigkeitsmaßnahmen bewirken eine Abweichung von der Typengerechtigkeit, die durch die abstrakten Regelungen des Gesetzes verwirklicht wird, deren Befolgung iEinz Falle jedoch zu Ergebnissen führen kann, die als Unrecht empfunden werden. Jedoch darf nicht die Geltung des Gesetzes unterlaufen werden; müssten sachlich gebotene Billigkeitsmaßnahmen ein derartiges Ausmaß erreichen, wäre vielmehr das Gesetz als solches verfassungswidrig (vgl BVerfGE 48, 102). Die Frage der Verfassungswidrigkeit eines Gesetzes kann indes nicht Gegenstand eines Billigkeitsverfahrens sein, sondern ist im Anfechtungsverfahren zu klären. Typische, den gesetzgeberischen Vorstellungen entsprechende Folgen eines Gesetzes vermögen folglich keine sachliche Unbilligkeit zu begründen. Im Billigkeitsverfahren ist nur über die Unbilligkeit der Steuer im konkret-individuellen Einzelfall zu urteilen (BVerfG HFR 17, 544).

34 Was unbillig ist, hängt entscheidend von **Sinn und Zweck der** bei der StFestsetzung angewandten **gesetzlichen Regelung** ab. Dabei ist nicht nur die einzelne Rechtsvorschrift an allgemeinen Rechtsgrundsätzen und verfassungsrechtlichen Wertungen zu messen, sondern eine *Gesamtbeurteilung* aller Normen vorzunehmen, deren Zusammenwirken für das stl Ergebnis im konkreten Fall maßgeblich ist (BFH BStBl 95, 297). Hierbei können außer den materiellen steuerrechtlichen Vorschriften auch andere Rechtsnormen berücksichtigt werden, insbes allgemeine Rechtsgrundsätze (BFH BStBl 91, 498). Eine Billigkeitsprüfung darf sich folglich nicht in Überlegungen zur richtigen Rechtsanwendung erschöpfen, sondern muss sich auf allgemeine Rechtsgrundsätze und verfassungsrechtliche Wertungen erstrecken (BFH/NV 04, 754). Eine Korrektur des Gesetzes in seinen allgemeinen Regelungen (zB der Folgen der Abschnittsbesteuerung) ist unzulässig (BFH BStBl 13, 820; 95, 8; BFH BStBl 14, 738 zu § 233a); vielmehr ist ggf die Verfassungsmäßigkeit des betr Gesetzes infrage zu stellen (vgl *Rüsken* BFH/PR 14, 208).

meinde obliegenden Aufgaben gelten (BVerwG BStBl 1975, 679). Zur Billigkeit bei der Zerlegung vgl § 33 GewStG und BFH BStBl 88, 201.

Grunderwerbsteuer. Keine Billigkeitsmaßnahme bei GrESt, weil der Wert des Grundstücks nicht den Erwartungen entsprach und der Erwerb sich als unwirtschaftlich erweist (BFH BStBl 77, 807); anders uU, wenn das Grundstück zur Rettung eines Grundpfandrechts erworben wurde (BFH BStBl 77, 123). Die Erhebung der GrESt ist unbillig, wenn das erworbene Gebäude durch Feuer vernichtet wird (BFH BStBl 72, 649; zweifelhaft). Zur (unbilligen) Erhebung der GrESt bei Umwandlung einer Produktionsgenossenschaft in eine eG: BFH BStBl 04, 1006. 56

Grundsteuer. Die Einziehung der aus Anlass des Wegfalls der GrSt-Vergünstigung nachgeforderten GrSt ist nicht deshalb sachlich unbillig, weil der Eigentümer den Nachforderungsbescheid so spät erhalten hat, dass er die GrSt nicht noch als Betriebskosten auf den Mieter abwälzen kann (BVerwG DVBl 82, 1053). Die Einziehung der ungekürzten GrSt ist nur dann unbillig iSd § 33 I 2 GrStG, wenn das Gesamtunternehmen im Erlasszeitraum ein negatives Betriebsergebnis erzielt hat und die Position der GrSt innerhalb des Aufwands von nicht nur geringfügigem Gewicht ist (BVerwG MDR 83, 259). Es handelt sich um eine den §§ 163, 227 vorgehende, diese jedoch nicht ausschließende Spezialvorschrift (BFH BStBl 89, 13). 56a

Körperschaftsteuer. Zu Billigkeitsmaßnahmen bei wegen einer gewinnerhöhend aufgelösten Pensionsrückstellung vorgenommenen Gegenkorrektur BFH BStBl 08, 277. 57

Umsatzsteuer. Dass Vorsteuer erst in dem Besteuerungszeitraum abgezogen werden darf, in dem eine Rechnung mit Vorsteuerausweis vorliegt, beruht auf der Anordnung des Gesetzgeber und rechtfertigt keine Billigkeitsmaßnahmen; solche sind rückwirkend zulässig, wenn eine Rechnung Angaben enthält, die einer rückwirkenden Berichtigung zugänglich wären (BFH BStBl 14, 738). Aus berichtigter Vorsteuer (§ 17 II UStG) stammende UStSchulden können weder aus sachlichen noch aus wirtschaftlichen Billigkeitsgründen erlassen bzw abweichend festgesetzt werden. Die Zuwendung von VorStBeträgen stellt sich wegen des Gleichgewichts zwischen VorStAbzug und VorStSchulden als ungerechtfertigte Bereicherung des Leistungsempfängers dar, wenn der Leistungsempfänger durch Nichtzahlung dieses Gleichgewicht verändert (BFH BStBl 84, 71). Der Unternehmer hat die von ihm geschuldete USt auch dann zu entrichten, wenn sie vom Leistungsempfänger nicht als VorSt abgezogen wird, bei ordnungsgemäßer Inrechnungstellung von ihm aber als VorSt abgezogen werden könnte; dies ist nicht unbillig (BFH/NV 03, 1098). Eine bei unberechtigtem StAusweis in einer Rechnung gem § 14 III UStG entstandene Steuer ist hingegen zu erlassen, soweit der von dem Rechnungsempfänger in Anspruch genommene VorStAbzug rückgängig gemacht und der entsprechende Betrag zurückgezahlt worden ist (BFH BStBl 04, 343; 04, 373). Hat der Rechnungsempfänger die Rechnung zur Erlangung des VorStAbzugs bereits verwendet, ist die USt zu erlassen, wenn die von einem Nichtunternehmer in entschuldbarem Irrtum mit USt-Ausweis abgerechnete Leistung tatsächlich ausgeführt und versteuert worden ist und die VorStBeträge vom Leistungsempfänger erstattet worden sind (BGH NJW 96, 842). 58

Eine Billigkeitsmaßnahme ist auch nicht möglich, wenn einem Unternehmer die Ausführung einer Leistung vorgetäuscht worden ist und er deshalb einen Vorsteuerabzug nicht geltend machen kann, selbst wenn der Täuschende die vorgetäuschte Leistung bei seiner UStErklärung berücksichtigt und die darauf entfallende USt entrichtet hat (BFH/NV 95, 358). Unbilligkeit liegt auch sonst nicht in dem Umstand, dass dem Leistungsempfänger wegen fehlender Rechnungsausstellung der VorStAbzug versagt wurde, obwohl beim leistenden Unternehmer USt erhoben worden ist (BFH BStBl 14, 738; BFH/NV 94, 220). Ein VorStAbzug kann aber des Vertrauensschutzes wegen in Betracht kommen, auch wenn die gesetzlichen Voraussetzungen für einen VorStAbzug wegen unzutreffender Rechnungsangaben an sich nicht vorliegen (BFH BStBl 09, 744). 60

61 Hatte der Aussteller einer Rechnung über nicht erbrachte Leistungen dafür Sorge getragen, dass der VorStAbzug vom Leistungsempfänger nicht geltend oder rückgängig gemacht wird und ist der entsprechende VorStBetrag ggf tatsächlich zurückgezahlt worden, so war ihm die USt ggf aus sachlichen Billigkeitsgründen zu erlassen (BFH BStBl 04, 370, 343; vgl EuGH UR 00, 470); das sollte, solange der Gesetzgeber das vorgenannte EuGH-Urt noch nicht verfahrensmäßig „umgesetzt" hatte, auch gelten, wenn er sich gegen die UStFestsetzung nicht gewehrt hatte (BFH BStBl 04, 370). § 14c I UStG hat dieses Problem jetzt umsatzsteuerrechtlich gelöst.

63 Zu Billigkeitsmaßnahmen bei gefälschten Ausfuhrnachweisen vgl EuGHE 08, I-771 = DStR 08, 450 „Netto" und BFH BStBl 06, 672; 10, 1075. Zum auf höherer Gewalt beruhenden Fehlen eines Ausfuhrnachweises BFH/NV 89, 419. Zur Organschaft BFH/NV 12, 1493.

64 Keine Billigkeitsmaßnahme bei unberechtigter Abgabe vergällten **Branntweins** an Dritte, FG Ddorf EFG 18 Beil 4, 24, Rev VII R 34/17.

65 Auch soweit die StFestsetzung auf **Unionsrecht** beruht, kann eine Billigkeitsmaßnahme grds in Betracht kommen. §§ 163, 227 stehen nicht im Widerspruch zum Unionsrecht (BFH BStBl 16, 1527). Siehe jedoch Rz 9 ff.

66 **9. Billigkeitsmaßnahmen nach Verzicht auf Rechtsmittel gegen die StFestsetzung.** §§ 163, 227 sind grds nicht dazu bestimmt, fehlerhafte StBescheide noch nach Ablauf der Rechtsbehelfsfristen zu korrigieren. Eine rechtl unzutreffende Besteuerung rechtfertigt deshalb für sich genommen keine Billigkeitsmaßnahmen aus sachlichen Gründen, auch wenn solche offensichtlich und eindeutig vorliegen (BFH BStBl 77, 771; aA *Gröpl* DStZ 02, 706, sofern der Stpfl nicht grob nachlässig gehandelt hat). Der Stpfl muss also grds seine Einwände gegen die StFestsetzung im Rechtsbehelfsverfahren geltend machen. Die Prüfung der Recht- und Verfassungsmäßigkeit der StFestsetzung und zB des Vorliegens eines Änderungstatbestandes (§§ 172 ff) ist aufgrund ggf eingetretener Bestandskraft bzw Festsetzungsverjährung abgeschnitten (BFH BStBl 90, 351; 88, 512; 87, 612; 81, 611; 70, 503); das gilt auch bei Festsetzung einer verjährten Steuer (BFH/NV 95, 1036). Auch eine noch änderbare StFestsetzung darf nur auf Grundlage der einschlägigen Änderungsvorschriften, nicht mit Hilfe von Billigkeitsmaßnahmen korrigiert werden (BFH BStBl 93, 3). Im Billigkeitsverfahren ist vielmehr grds davon auszugehen, dass die Steuer zu Recht festgesetzt worden ist (vgl ua BFH BStBl 99, 225; 95, 297; zweifelh daher BFH BStBl 88, 138; 67, 156); eine diesbzgl Prüfung hat zu unterbleiben. Erst recht ist von der Rechtmäßigkeit der StFestsetzung auszugehen, wenn diese in einem Klageverfahren bestätigt worden ist, mag auch die Entscheidung des Gerichts offensichtlich unrichtig erscheinen; denn die Rechtskraftwirkung eines Gerichtsurteils würde sonst unterlaufen (vgl BFH BStBl 91, 610). Auch eine Korrektur der Jahresfrist für Wiedereinsetzung darf nicht durch Billigkeitsmaßnahmen erfolgen (BFH BStBl 94, 833), ebenso wenig sonst bei Versäumung gesetzl Fristen (BFH BStBl 68, 663), namentlich der Anfechtungsfristen (BFH BStBl 77, 771).

67 Eine Korrektur bestandskräftiger Entscheidungen im Billigkeitswege lässt der BFH hingegen *ausnahmsweise* zu, wenn nebeneinander zwei Voraussetzungen vorliegen:

68 Die StFestsetzung muss **offensichtlich und eindeutig unrichtig** sein, ihre Unrichtigkeit also gleichsam ohne jede rechtliche Prüfung ins Auge springen (BFH BStBl 66, 410; 81, 611; 88, 512; 93, 3; 05, 460; BFH/NV 08, 574; 15, 719; stRspr). Dabei kommt es nicht etwa auf den Erkenntnishorizont im Zeitpunkt der Entscheidung über die begehrte Billigkeitsmaßnahme an (offen BFH BStBl 88, 512), sondern den der ursprünglichen Entscheidung; BFH BStBl 05, 460 befürchtet mit Recht, anderenfalls würde die Rechtssicherheit, der durch das Institut der Bestandskraft Rechnung getragen werden soll, unangemessen beeinträchtigt, weil

nachträglichen Rechtserkenntnissen (freilich nur, sofern sie sich als eindeutig und offensichtlich etablieren, wie es allerdings oftmals auch bei ursprünglich zweifelhaften Fragen zu geschehen pflegt) durch Billigkeitsmaßnahmen Rechnung getragen werden müsste. IÜ muss der Stpfl aber jedenfalls auch zB bei schwierigen Verfassungsfragen die Rechtsbehelfe ausschöpfen oder sonst seinen Fall „offen" halten, zB wenn er auf eine rückwirkende gesetzliche Regelung solcher Fälle spekuliert (vgl BFH BStBl 95, 8).

Zu der Offensichtlichkeit und Eindeutigkeit des Fehlers der FinBeh muss zweitens auf Seiten des Stpfl hinzutreten, dass ihm die rechtzeitige **Einlegung eines Rechtsbehelfs nicht möglich oder zumutbar** gewesen ist. Es handelt sich um eine *weitere Voraussetzung,* die zu der ersten hinzutreten muss (BFH BStBl 98, 936; 05, 460). Hat zB die FinBeh den Stpfl davon abgehalten, die zur Korrektur solcher Rechtsfehler gegebenen Rechtsbehelfe zu ergreifen – ihn zB zur Rücknahme eines Rechtsbehelfs mit der Begründung veranlasst, seine Einwände könnten nur im Billigkeitswege geprüft werden –, soll ein Billigkeitsmaßnahme aus dem Gesichtspunkt der Folgenbeseitigung oder Treu und Glaubens zur Korrektur der StFestsetzung geboten sein (vgl BFH BStBl 75, 789; BFH/NV 94, 422). Das Gleiche gilt, wenn es dem Stpfl sonst weder möglich noch zumutbar gewesen ist, sich rechtzeitig gegen die Fehlerhaftigkeit zu wenden (BFH BStBl 91, 498; 93, 613; 03, 901; 05, 460; BFH/NV 96, 190; 04, 340; vgl schon BFH BStBl 76, 359). Mangelnde Zumutbarkeit liegt aber *nicht schon dann* vor, wenn die Einlegung von Rechtsbehelfen im Hinblick auf eine – später geänderte – höchstrichterliche Rspr oder wegen entschuldbarer Rechtsunkenntnis unterblieben ist (BFH BStBl 88, 512; FG Hbg EFG 85, 102). Sie soll nach BFH BStBl 05, 460 selbst dann fehlen, wenn eine Klage gegen die StFestsetzung auf richterl Hinweis zurückgenommen worden ist (zur Wirksamkeit der Klagerücknahme in solchen Fällen siehe aber BFH BStBl 05, 644). Auch falsches Vertrauen in die Verfassungsmäßigkeit der gesetzlichen Regelung, die der StFestsetzung zu Grunde liegt, führt nicht zu mangelnder Zumutbarkeit der Rechtsmitteleinlegung (BFH BStBl 95, 8). Vgl jedoch BFH BStBl 97, 353 zum Sonderfall einer Klagerücknahme in berechtigter Erwartung einer Billigkeitsmaßnahme, deren Grundlagen jedoch durch spätere Gesetzesänderung zerstört werden. 69

Eine Billigkeitsmaßnahme kommt, selbst wenn diese beiden vorgenannten Voraussetzungen vorliegen, nicht in Betracht, wenn die fehlerhafte StFestsetzung auf **unzutreffenden Angaben des Stpfl** beruht (BFH BStBl 81, 611; BFH/NV 88, 217; 93, 4) oder darauf, dass er sich hat schätzen lassen (BFH/NV 98, 935). Der in BFH BStBl 93, 3 aufgestellte Rechtssatz, Billigkeitsgründe seien vor allem gegeben, wenn der StBescheid auf einem offensichtlichen und eindeutigen, anderweitig nicht behebbaren Irrtum des FA über die bereits aus dem Gesetz ersichtlichen Wertungen des Gesetzgebers beruht, darf also nicht aus dem Zusammenhang der Urteilsgründe gelöst werden (zumindest missverständlich auch BFH BStBl 77, 15; 70, 503). 70

Diese Grundsätze gelten auch für **unionsrechtswidrige StFestsetzungen.** Hat also im Festsetzungsverfahren die Möglichkeit bestanden, die unrichtige Anwendung des Unionsrechts geltend zu machen und ist diese aus vom Stpfl zu vertretenden Gründen nicht wahrgenommen worden, so gibt es keine unionsrechtliche Grundlage, die den Mitgliedstaat dazu verpflichtet, die versäumte Rechtsverfolgung in einem Billigkeitsverfahren nachträglich zu kompensieren (BFH/NV 05, 825). Das gilt auch dann, wenn der StBescheid unter – rückblickend zu beklagender – Verletzung der Vorlagepflicht letztinstanzlich bestätigt worden ist; weder fordert das Unionsrecht generell eine Aufhebung oder Änderung rechtskräftiger unionsrechtswidriger Urteile, noch führt ein möglicher unionsrechtlicher Anspruch auf Überprüfung und ggf Änderung auch bestandskräftiger Bescheide (dazu EuGHE 04, 837 „Kühne & Heitz") dazu, den Stpfl die unionsrechtswidrig erhobenen Steuern zu erlassen; denn § 227 ist keine Änderungsvorschrift iS vorgenannter Rspr des 71

EuGH. Es besteht auch kein genereller unionsrechtlicher Anspruch auf Wiederaufgreifen des Verfahrens (BFH/NV 15, 719). Der BFH hat allerdings offen gelassen, ob ein unionsrechtlicher Erstattungsanspruch (vgl EuGHE 03, 239 – Köbler –; 06, 5177 – Traghetti del Mediterraneo –), der freilich voraussetzt, dass das Gericht „offenkundig" gegen das Recht verstoßen hat, einen Billigkeitserlass verlangen würde, was mE ebenfalls zu verneinen ist: die FinBeh muss nicht von sich aus einem in die ordentliche Gerichtsbarkeit gehörenden Staatshaftungsverfahren vorgreifen.

Zur Verpflichtung unter Verletzung der gerichtlichen Vorlagepflicht (Art 267 AEUV) bestandskräftig gewordene StBescheide zu ändern, vgl § 130 Rz 32. Diese besteht aber nur, wenn der Rechtsweg ausgeschöpft worden ist, und zwar nicht nur in einem Parallelverfahren (BFHE 237, 1).

72 Eine nicht als Billigkeitsmaßnahme deklarierte Korrektur der gesetzlichen Besteuerung hat BFH BStBl 02, 857 erfunden, freilich insofern nur einem Gebot des BVerfG gem § 31 BVerfGG folgend: danach muss sich der **Erfolg von Verfassungsbeschwerden trotz bloßer Feststellung der Verfassungswidrigkeit** der angegriffenen Norm in einer den verfassungsrechtlichen Vorgaben entsprechenden einkommensteuerlichen Entlastung in diesen sog Anlassfällen auswirken (vgl auch BFH/NV 02, 1085 und im österreichischen Recht die „Ergreiferprämie"); dabei soll es nicht einmal auf die gestellten Anträge ankommen. Eine entsprechende Anwendung dieses Rechtsgedankens auf weitere StVerfahren im Billigkeitswege hat BFH/NV 03, 1160 aber mit Recht ausgeschlossen.

75 **10. Billigkeitsmaßnahmen wegen verfahrensrechtlicher Versäumnisse der FinBeh/des FG. Überlange Verfahrensdauer** ist grds kein Grund für eine Billigkeitsmaßnahme, nicht einmal bei Aussetzungszinsen (BFH BStBl 16, 840, VerfBeschw; für Aussetzungs- und Nachzahlungszinsen sowie Sz, str, vgl die Kommentierung dort); denn eine mögliche Belastung durch die späte (Sach-)Entscheidung könnte durch Billigkeitsmaßnahme nicht angemessen kompensiert werden.

77 **11. Exkurs: Rechtsschutz ggü rückwirkenden Gesetzesänderungen.** Vgl hierzu schon § 4 Rz 6. Im StRecht gibt es kein absolutes verfassungsrechtliches Verbot, Gesetzen Rückwirkung beizulegen (BFH BStBl 01, 162; 06, 542; BVerfGE 127, 1). Der Erlass rückwirkender belastender StGesetze wird vielmehr (nur) durch die allgemeinen Grundsätze des Vertrauensschutzes und der Rechtssicherheit begrenzt (BVerfGE 97, 67; vgl *Mellinghoff* DStJG 27 (2004), 29). Soweit der Gesetzgeber die bestehende Rechtslage ändert, insbes bisher gewährte Berechtigungen bzw eine stl Verschonung aufhebt odgl, muss er aber uU die Auswirkungen einer solchen Maßnahme, wenn sie einen Eingriff in schutzwürdige Vertrauenstatbestände darstellt, durch eine angemessene Übergangsregelung abmildern oder ausgleichen (vgl zB BVerfGE 76, 256, 359; BFH BStBl 95, 797; BVerwGE 81, 49, 55f; BGH NJW 93, 131). In diesem Zusammenhang ist zwischen der Vertrauensgrundlage (Gesetz, Rspr und Verwaltungsübung als Vertrauensgrundlage Rz 56ff), dem – betätigten – Vertrauen und dessen Schutzwürdigkeit zu unterscheiden.

78 Vertrauen auf den Fortbestand einer gesetzlichen Regelung ist von vornherein nicht schutzwürdig, wenn es **nicht Grundlage bereits getätigter Dispositionen gewesen** ist (dazu BVerfGE 127, 3: maßgeblich generalisierende Sicht; konkrete Motivations- und Entscheidungslage einzelner Stpfl nicht entscheidend; siehe dazu auch *Schönfeld/Bergmann* DStR 15, 257). Aber auch wenn von betätigtem Vertrauen auszugehen ist, ist eine Einwirkung auf bestehende Rechtsverhältnisse, die im Vertrauen auf eine bestimmte günstige Rechtslage geplant worden sind, nicht grds unzulässig (BVerfGE 50, 386, 386; 127, 1), denn Rechtssicherheit und Vertrauensschutz stehen in einem Spannungsverhältnis zum Demokratieprinzip, das eine Bindung eines künftigen Gesetzgebers durch einen früheren an sich verbietet. Hat der Gesetzgeber „beachtliche Gründe", bestehende Rechtslagen zu ändern, darf er das Vertrauen in den Fortbestand der Rechtslage bis zur vollständigen Abwicklung solcher Rechtsverhältnisse enttäuschen (vgl BFH BStBl 04, 284). Im Einzelnen scheint in diesem Zusammenhang der Gedanke der Schutzwürdigkeit des Vertrauens (besser: der Dispositionsschutz, dazu Rz 72) zumal in der Rspr des BFH auf dem Vormarsch, vieles ist aber nach wie vor ungeklärt oder im Fluss (vgl statt aller *Schönfeld/Bergmann* DStR 15, 257; *Hey* JZ 14, 500).

Eine gesetzl Rückwirkungsanordnung und das Fehlen einer Übergangsregelung sind bisher von der Rspr verfassungsrechtl nicht beanstandet worden, wenn es sich um eine grds zulässige sog **unechte Rückwirkung** (BVerfGE 63, 343; 97, 67; 105, 17; 127, 1; 132, 302) eines StGesetzes handelt, die nicht gegen das aus dem Rechtsstaatsgebot folgende Prinzip der Rechtssicherheit und des Vertrauenschutzes verstoße. Unechte Rückwirkung liegt vor, wenn belastende Rechtsfolgen einer Norm erst nach ihrer Verkündung eintreten, tatbestandlich aber von einem bereits ins Werk gesetzten Sachverhalt ausgelöst werden. Zwar hat das BVerfG auch für die unechte Rückwirkung (oder sog „tatbestandliche Rückanknüpfung", siehe Rz 54c) verfassungsrechtliche Grenzen gezogen (vgl BVerfGE 97, 67; 24, 220, 230; betont BVerfGE 127, 1; 132, 302; dazu *Desens* FR 13, 148; vgl ua BFH BStBl 03, 257); eine unechte Rückwirkung ist also nicht *ohne Weiteres* zulässig, sondern ebenso wie die echte *rechtfertigungsbedürftig*. Unechte Rückwirkung ist mit den Grundsätzen grundrechtlichen und rechtsstaatlichen Vertrauensschutzes nur vereinbar, wenn sie zur Förderung des Gesetzeszwecks geeignet und erforderlich ist und wenn bei einer Gesamtabwägung zwischen dem Gewicht des enttäuschten Vertrauens des Steuerbürgers und dem Gewicht und der Dringlichkeit der die Rechtsänderung rechtfertigenden Gründe die Grenze der Zumutbarkeit gewahrt bleibt (vgl schon BVerfGE 127, 1). Die Zulässigkeitsgrenzen sind also dann nicht überschritten, wenn das Rechtsgut der Rechtssicherheit und das Rechtsgut des Vertrauensschutzes der betroffenen Bürger den Erfordernissen des Allgemeinwohls bei Abwägung der Interessenlage untergeordnet werden müssen. Die Verfassung schützt nicht die bloße Erwartung, das geltende StRecht werde fortbestehen. Anderenfalls würde in der Tat die Möglichkeit des (ggf „neuen") Gesetzgebers, die Rechtslage nach seinen politischen Wertungen zu gestalten, in einer mit dem Demokratieprinzip unvereinbaren Weise eingeschränkt (vgl insofern zutreffend BFH BStBl 04, 284). 79

Bei der Gewichtung der Belange des Vertrauensschutzes ist insbes zu berücksichtigen, ob zu dem Umstand verbindlicher Dispositionen des Stpfl besondere Umstände hinzutreten, welche diese schutzwürdig erscheinen lassen, und ob uU der gesamte steuerrechtl relevante Tatbestand bereits vor der Rechtsänderung verwirklicht war und ob in „konkret verfestigte Vermögenspositionen" eingegriffen wird (vgl näher *Desens* FR 13, 148). 80

Rückwirkende Regelungen, die erst *während* eines Veranlagungs- oder Erhebungszeitraums erlassen werden (maßgeblich: Ausgabe des BGBl), stehen indes in vielerlei Hinsicht den Fällen echter Rückwirkung so nahe, dass sie mit den Grundsätzen grundrechtlichen und rechtsstaatlichen Vertrauensschutzes nur vereinbar sind, wenn sie zur Förderung des Gesetzeszwecks geeignet und erforderlich sind und wenn bei einer Gesamtabwägung zwischen dem Gewicht des enttäuschten Vertrauens und dem Gewicht und der Dringlichkeit der die Rechtsänderung rechtfertigenden Gründe die Grenze der Zumutbarkeit gewahrt bleibt (BVerfGE 127, 1, 31, 61). Dabei will das BVerfG insofern offenbar strenge Maßstäbe anlegen (vgl BVerfG BStBl 12, 932), die die begriffliche Unterscheidung zwischen echter und unechter Rückwirkung praktisch relativieren, wenn nicht aufheben. 81

Im Allgemeinen von vornherein unzulässig soll es hingegen sein, an einen bereits abgeschlossenen Tatbestand nachträglich belastende stl Folgen zu knüpfen (**echte Rückwirkung;** Rückbewirkung von Rechtsfolgen; vgl ua BVerfGE 97, 67; 101, 239; 123, 186). Auch diese ist jedoch ausnahmsweise zulässig, wenn mit einer solchen Rückbewirkung von Rechtsfolgen gerechnet werden musste. Dabei kommt es nicht auf die subjektiven Vorstellungen des Stpfl an, sondern darauf, ob 82 die Rechtslage bei objektiver Betrachtung geeignet war, sein Vertrauen in ihren Fortbestand zu begründen (vgl BVerfGE 32, 111; BFH BStBl 06, 542).

83 Was „nachträglich" ist, soll dabei grds durch den **Zeitpunkt** (erst) der Verkündung des Änderungsgesetzes bestimmt sein (BVerfG BStBl 12, 932). Aber schon nach Einbringung eines Gesetzentwurfs könne regelm nicht mehr darauf *vertraut* werden, dass das geltende Recht auch in Zukunft unverändert fortbestehen werde; erst recht nicht nach einem Gesetzesbeschluss des Bundestages (BVerfGE 72, 200, 260; 30, 272; vgl auch BFH/NV 10, 1968), selbst wenn eine ggf erforderliche Zustimmung des BRats noch aussteht (BFH/NV 13, 92). Erst recht beeinträchtigt eine Beschlussempfehlung des Vermittlungsausschusses das Vertrauen in den Fortbestand der bisherigen Rechtslage und ab der Zustimmung des Bundestages zum Vermittlungsvorschlag des Vermittlungsausschusses bestehe kein schutzwürdiges Vertrauen mehr, weil dieser Zeitpunkt dem des endgültigen Gesetzesbeschlusses des Bundestages entspreche (BVerfGE 132, 302).

84 **Echte Rückwirkung** kann daher insbes zulässig sein, wenn das **geltende Recht unklar** war (BVerfGE 72, 200; 45, 142, 173; BFH BStBl 82, 397), die **höchstrichterliche Rspr** sich **geändert** hat, der Gesetzgeber aber unverzüglich den status quo ante wiederhergestellt hat (BVerfGE 81, 228; BFH BStBl 86, 518; 12, 577); denn die in diesen Fällen allenfalls enttäuschte Voraussicht jener Rechtsprechungsänderung begründet keinen Vertrauensschutz (BFH BStBl 06, 549). Unklar ist die Rechtslage dabei nicht nur dann, wenn das Gesetz gleichsam an der Grenze zur Nichtigkeit wegen Unbestimmtheit steht oder aufgrund seiner inneren Widersprüchlichkeit von niemandem befolgt werden kann.

85 Echte Rückwirkung ist auch zulässig, wenn eine **für ungültig erklärte Norm durch eine neue ersetzt** werden soll (BVerfGE 7, 89), oder wenn das Vertrauen des Stpfl aufgrund konkreter Vorhersehbarkeit der neuen Regelung sonst nicht schutzwürdig ist (BVerfGE 95, 64; 72, 200), was idR erst ab dem Tage des Gesetzesbeschlusses des Bundestags der Fall sein soll (BVerfG BStBl 86, 628; BVerfGE 30, 272; 72, 200; zweifelh jedenfalls dann, wenn an der Verwirklichung einer anderweit, zB durch einen entsprechenden Beschluss der BReg, bekannt gewordenen politischen Absicht einer Neuregelung kein ernstlicher Zweifel bestand; für eine noch weitere Ausdehnung des Vertrauensschutzes bis zur Verkündung des Gesetzes hingegen BFH BStBl 06, 895, dagegen mit Recht BFH BStBl 07, 662); ferner aber auch bei gemessen am Änderungsanlass nicht ins Gewicht fallenden Belastungen durch die Rückwirkungsanordnung (BVerfGE 30, 367) oder wenn die Rückwirkung sonst durch „zwingende Gründe des gemeinen Wohls" gerechtfertigt ist (BVerfG BStBl 86, 628; 97, 67; 97, 928 = NJW 98, 1547 mit abw M; kritisch auch *Leisner* StuW 98, 254; *Spindler* DStR 98, 953). Zu Einzelheiten *Jarass/Pieroth* GG, Art 20 Rz 47 ff.

86 Mit dieser Rspr hat BVerfGE 135, 1 allerdings nach zutreff (dazu Sondervotum *Masing* BVerfG 135, 1), wenn auch sehr str Auffassung gebrochen und der rückwirkenden Klärung offener Rechtsfragen jedenfalls deutlich enge(re) Grenzen gezogen. Den **Inhalt des geltenden Rechts** soll der Gesetzgeber nach BVerfGE 135, 1 mit Wirkung für die Vergangenheit nur in den verfassungsrechtlichen Grenzen für eine rückwirkende Rechtsetzung feststellen oder **klarstellend präzisieren** dürfen; eine nachträgliche, klärende Feststellung des geltenden Rechts sei grds als konstitutiv rückwirkende Regelung anzusehen, wenn dadurch eine in der Fachgerichtsbarkeit – nicht nur in höchstrichterl Rspr! – offene Auslegungsfrage entschieden werde oder eine davon abweichende Auslegung ausgeschlossen werden solle. Vertrauen iSd bisherigen Rspr zur echten Rückwirkung, an der das BVerfG festzuhalten vorgibt, soll nicht durch jedwede Auslegungsbedürftigkeit zerstört werden, sondern nur bei „qualifizierenden Umständen" ausgeschlossen sein, wie etwa wenn die Bedeutung der Norm bisher „völlig unverständlich" war (dann wäre sie wohl nichtig und das vorgeblich klarstellende Gesetz konstitutiv, sodass sich die vom BVerfG in der Entscheidung – in mehr als zweifelhafter Weise – vorgenommene

funktionale Abgrenzung zwischen Gesetzgebung und Rechtsprechung erübrigte; kritisch insofern auch *Masing* BVerfG 135, 1).

Hinsichtlich der **Abgrenzung echter von unechter Rückwirkung** nachteiliger StÄnderungsgesetze geht das BVerfG nach wie vor davon aus (BVerfGE 127, 1; vgl. auch BVerfGE 127, 61 und 31), dass es sich bei noch laufenden Veranlagungszeiträumen um Steuertatbestände handele, deren Verwirklichung zwar bereits begonnen hat, dass die Bürger aber angesichts der Erfordernisse der öffentlichen Finanzwirtschaft unter anderem nicht darauf vertrauen können, dass der zu Beginn eines VZ geltende Steuertarif bis zu dessen Ende unverändert bleibt (vgl BVerfGE 13, 274, 278; 72, 200, 253). Diese maßgeblich auf den Ablauf des VZ abstellende Betrachtungsweise stellt freilich nicht in Rechnung, dass dessen Existenz besteuerungstechnische Gründe hat; sie kann deshalb nicht in Beziehung gesetzt werden zu den Voraussetzungen des Vertrauensschutzes, der die Belange des Steuerpflichtigen gegen das Verlangen nach politischer Gestaltungsfreiheit abwägen muss. Der Rückzug des BVerfG von seiner ursprünglichen Position, eine Änderung des StGesetzes während des VZ wirke auf zuvor in dem VZ verwirklichte Besteuerungsmerkmale nur „unecht" zurück, schien denn auch durch BVerfGE 97, 67 bereits eingeleitet. BVerfGE 127, 1 hat indes die Erwartung, diese Rspr werde aufgegeben, deutlich enttäuscht. Die bisherige und jetzt erneut bestätigte sog „Veranlagungszeitraum-Rspr" hat auch trotz der Willkürlichkeit des Anknüpfens an den VZ für sich, dass auch erst für einen künftigen Zeitraum in Kraft gesetzte Gesetzesänderungen oftmals, wenn nicht sogar typischerweise mehr oder weniger weit (in mitunter objektiv schwer ermittelbarer Weise) zurückwirken, weil der Stpfl damals bereits irreversible Dispositionen unter Berücksichtigung der damals bestehenden StRechtslage getroffen hat, die er so unter dem neuen Recht nicht treffen würde. Die durch den VZ eingegrenzte sog unechte Rückwirkung unterscheidet sich mit anderen Worten, was die Enttäuschung des Vertrauens des Stpfl und die Entwertung seiner Dispositionen angeht, nicht grds von der echten (vgl schon Rz 65 f). Dem entspricht es, dass beide Arten rückwirkender Gesetze rechtfertigungsbedürftig sind! 87

Die Rspr des 2. Senats des BVerfG bevorzugt statt der Unterscheidung zwischen echter und unechter Rückwirkung eine andere Terminologie; sie differenziert zwischen **Rückbewirkung** von Rechtsfolgen und tatbestandlicher **Rückanknüpfung** (vgl BVerfGE 72, 200): Danach entfaltet eine Rechtsnorm dann Rückwirkung, wenn der Beginn ihres zeitlichen Anwendungsbereichs auf einen Zeitpunkt festgelegt ist, der vor dem Zeitpunkt liegt, zu dem die Norm mit ihrer Verkündung gültig geworden ist, wenn also Rechtsfolgen für einen bestimmten, vor dem Zeitpunkt der Verkündung der Norm liegenden Zeitraum eintreten sollen (Rückbewirkung von Rechtsfolgen). Eine tatbestandliche Rückanknüpfung wird hingegen angenommen, wenn der Eintritt ihrer Rechtsfolgen von Gegebenheiten aus der Zeit vor ihrer Verkündung *abhängig* ist. Dass ist allerdings nur eine *terminologische* Variante (BVerfGE 105, 17; 97, 67; vgl auch *Papier* Stbg 99, 49). 88

Gegen dies herkömmliche Unterscheidung (dazu, auch zur Kritik, wortreich BFH BStBl 04, 284; vgl schon BFH BStBl 01, 178), von echter und unechter Rückwirkung bzw von Rückbewirkung von Rechtsfolgen und tatbestandlicher Rückanknüpfung werden vermehrt wegen ihres Grundansatzes kritische Stimmen laut, sofern die Dispositionsgrundlage des Stpfl nachträglich beseitigt und dadurch dessen wirtschaftlicher Gestaltungsmöglichkeit die Grundlage entzogen wird, was sowohl bei echter als auch bei unechter Rückwirkung/tatbestandlicher Rückanknüpfung der Fall sein kann. Eine uneingeschränkte Durchführung eines **dispositionsbezogenen Vertrauensschutzkonzepts** in allen Fällen, in denen eine Gesetzesänderung die steuerrechtlichen Rahmenbedingungen für in der (möglicherweise bereits weit zurückliegenden) Vergangenheit (möglicherweise, soweit steuerrechtl erheblich, nur zum Teil; zum insofern „gestreckten" Sachverhalt BFH BStBl 04, 284) getroffene wirtschaftliche oder persönliche Entscheidungen des 89

Stpfl irgendwie verändert, werden freilich auch die Anhänger eines solchen Konzepts nicht verwirklichen wollen; denn sie müsste zur Lähmung des demokratischen Gesetzgebers führen, der an die Entscheidungen einer früheren demokratischen Mehrheit grds nicht gebunden werden darf. Überhaupt geht es in Wahrheit nicht um den Schutz tatsächlichen Vertrauens in die Beständigkeit des StRechts, dessen mitunter raschen Wandel sich vielmehr jeder Stpfl zumindest bewusst sein *muss,* sondern darum, in welchem Umfang und unter welchen Voraussetzungen der Gesetzgeber durch das Rechtsstaatsprinzip gehalten ist, den Stpfl Dispositionssicherheit zu gewährleisten. Das Schutzbedürfnis setzt freilich nicht erst ein, wenn der stl **Tatbestand bereits vollständig verwirklicht** worden ist, sodass es zB bei der Verringerung von Abschreibungsmöglichkeiten für ein im Vorjahr angeschafftes Wirtschaftsgut mangels „Rückbewirkung von Rechtsfolgen" bzw echter Rückwirkung unter dem Gesichtspunkt dispositionsbezogenen Vertrauensschutzes geringer ausfiele als zB die Beseitigung der Abzugsfähigkeit von Aufwendungen, die noch im betr VZ getätigt worden sind. Ein konsequent dispositionsbezogener Rückwirkungsbegriff muss vielmehr sogar diejenigen Stpfl in seinen Schutzbereich mit einbeziehen, die unter der Geltung des alten Rechts die ihnen durch das neue Recht entzogene steuergünstige abschließende Disposition mangels der tatbestandlichen Voraussetzungen nach damaligen Recht noch gar nicht hätten treffen können (anders zu Unrecht BFH BStBl 04, 284 zur Verlängerung der Spekulationsfrist im EStG, weil erst mit Ablauf der Spekulationsfrist das Vertrauen auf die Beständigkeit des Rechts „erstarke", sodass erst von da an dem Bestandsinteresse ggü dem Änderungsinteresse höheres Gewicht einzuräumen sei (vgl dazu mit Recht differenzierend BVerfG BStBl 11, 76: Vertrauensschutz nur für Wertsteigerungen, die vor Verkündung des betr Änderungsgesetzes entstanden sind; ähnlich BVerfGE 127, 61 zur Änderung des § 17 I 4 EStG). Gegen das Interesse des Stpfl an verlässlichen Grundlagen seiner wirtschaftlichen und persönlichen Lebensgestaltung muss das Recht des demokratischen Gesetzgebers zur Rechtsgestaltung mit erheblichem Gewicht abgewogen werden. Dieses hat besonderes Gewicht, wenn die Dispositionen, für deren steuergünstige Behandlung Vertrauensschutz reklamiert wird, sich über mehrere VZ erstrecken (vgl BVerfGE 127, 31). Für die genaue Bestimmung der Reichweite des Vertrauensschutzanspruches, die freilich immer unter Berücksichtigung aller konkreten Umstände der Gesetzesänderung und ihrer Vorgeschichte wird erfolgen müssen, bietet aber auch die jüngere Rspr des BFH trotz ihres Eintretens für einen derartigen Schutz vor Gesetzesänderungen kaum schon ausreichende Maßstäbe (vgl zu allem schon *Rose* StuW 85, 330; FR 06, 441; ferner *Kirchhof* StuW 00, 221; *Schaumburg* DB 00, 1884; *Spindler* DStR 01, 725 und DStJG, Bd 27, 04, 69; *Hey* DStR 07, 1). Allerdings hat BFH BStBl 01, 405 angenommen, es sei dem Gesetzgeber „dem Grunde nach" (?) verwehrt, das betätigte Vertrauen des Stpfl auf einmal geschaffene Dispositionsgrundlagen zu enttäuschen, sowohl durch rückwirkende Streichung von begünstigenden Subventionsnormen, als auch durch Ausweitung einer Eingriffsnorm. Ein besonderer Vertrauenstatbestand soll ferner dann vorliegen, wenn zunächst eine befristete Übergangsregelung geschaffen worden ist, diese aber vor Ablauf der Frist wieder beseitigt wird; das sei nur zur Abwehr schwerer Nachteile für wichtige Gemeinschaftsgüter zulässig (BFH BStBl 12, 603 unter Hinweis auf BVerfGE 102, 68, jedoch zweifelh).

90 Das BVerfG hat allerdings im Bereich von **Lenkungsnormen** die Bedeutung des Dispositionsschutzes betont: Biete ein StGesetz dem Stpfl eine Verschonungssubvention oder StVergünstigung an, die dieser nur während des VZ annehmen könne, so schaffe dieses Angebot für diese Disposition eine Vertrauensgrundlage; entscheide er sich für die Annahme des betr stl Angebots durch eine entsprechende Disposition, genössen die Dispositionsbedingungen vom Tag der Entscheidung an Vertrauensschutz (BVerfGE 97, 67; 105, 17; vgl BFH BStBl 03, 257; 04, 284; BFH/NV 05, 382). Ungeachtet einer Differenzierung zwischen solchen Normen und anderen Fällen einer „rückwirkenden" steuerlichen Belastung, sei es infolge

Wegfalls einer StVergünstigung, eines neuen Besteuerungstatbestandes oder der Aufhebung von steuerlichen „Freiräumen", möchte hingegen BFH BStBl 04, 284 in gleicher Weise wie das BVerfG bei sog **Verschonungssubventionen** Dispositions-Vertrauensschutz gewähren (ebenso BFH BStBl 06, 895; offen BFH BStBl 05, 351; 07, 707; 08, 723), obwohl in solchen Fällen von einem zeitlich begrenzten „Angebot" des Gesetzgebers, welches das BVerfG offenbar als für die betr Gesetze prägend angesehen hatte, noch weniger als dort ausgegangen werden kann. BFH BStBl 00, 345 hat die Entscheidung BVerfGE 97, 67 sogar so (miss-?)verstanden, dass dispositionsbezogener Vertrauensschutz nur ggü der Änderung von „Lenkungsnormen" gewährt werde; schützenswerts Vertrauen könne nur bei solchen stl Vergünstigungen entstehen, die ausschl den Zweck haben, zu einem bestimmten Verhalten zu veranlassen und mit deren Bestand der Stpfl nach dem gesetzlichen Tatbestand für eine bestimmte Zeit sicher rechnen könne; die Übertragbarkeit des vom BVerfG im Falle der sog Verschonungssubvention – prinzipiell – gewährten Vertrauensschutzes auf die Änderung von Fiskalnormen wird ausgeschlossen (ähnlich wohl BFH BStBl 07, 707; 08, 723, beide I. Senat). Überzeugend ist die unterschiedliche Behandlung von Fiskal- und Lenkungsnormen freilich nicht; sie dürfte sich auch nicht durchsetzen (vgl schon BVerfGE 105, 17). Die Unterscheidung zwischen Fiskal- und Lenkungsnormen als Idealtypen der StGesetzgebung ist ohnehin nur theoretisch möglich.

Soweit unter Berücksichtigung dieser Grundsätze zur Zulässigkeit nachträglich belastender (nicht als ohne Weiteres hinzunehmende Neuorientierung des demokratischen Gesetzgebers zu bewertender) Gesetzänderungen (ausnahmsweise) in einem Änderungsgesetz **Übergangsregelungen** zu treffen von Verfassungs wegen geboten ist, steht dem Gesetzgeber ein weiter Gestaltungsspielraum zur Verfügung (BVerfGE 76, 256, 359f). Es ist aber allemal Aufgabe *des Gesetzgebers,* die verfassungsrechtl ggf erforderlichen Übergangsregelungen zu treffen, sodass das Fehlen einer Übergangsregelung regelm nicht auf eine Gesetzeslücke, sondern auf einen bewussten Verzicht hindeutet. Die FinBeh ist daher auch im Rahmen der Ermächtigung zu einzelfallbezogener Billigkeitsentscheidung nach §§ 163, 227 selbst bei Vorliegen besonderer Ausnahmetatbestände gehindert, eine eigene generelle Regelung für alle von der Gesetzesänderung betroffenen Übergangsfälle zu schaffen (vgl jedoch FG Bbg EFG 97, 963 zum Übergangsrecht für das Beitrittsgebiet bei der USt, das wegen unbewussten Unterlassens des Gesetzgebers durch Billigkeitsmaßnahmen ersetzt werden soll, zweifelhaft; dagegen jetzt BFH BStBl 97, 781). 91

Freilich ist der Gesetzgeber nicht gehalten und auch idR nicht in der Lage, bei gesetzlichen Regelungen mit Rückwirkung alle denkbaren **Sonderfälle** zu erfassen. Für die Beurteilung der Verfassungsmäßigkeit auch einer gesetzlichen Übergangsregelung ist vielmehr entsprechend dem Wesen des Gesetzes als einer allgemeinen Regelung darauf abzustellen, wie sich das Gesetz generell auswirkt; besondere Härten im Einzelfall sind ggf durch eine Billigkeitsentscheidung auszuräumen (vgl BFH BStBl 01, 178). Die Übergangsregelung kann nach Fallgruppen unterscheiden, soweit für die unterschiedliche Regelung sachliche Gesichtspunkte vorliegen. Kommt es erst beim Gesetzesvollzug in besonders gelagerten Einzelfällen oder für eine Gruppe von Einzelfällen zu einem mit der Verfassung nicht zu vereinbarenden Eingriff in verfassungsrechtl geschützte Güter, so kann dies eine Steuermilderung aus Billigkeitsgründen rechtfertigen (vgl schon BVerfG BStBl 78, 441, 445 mwN). Die Abgrenzung zwischen zulässiger Billigkeitsmaßnahme und Vorwurf verfassungswidrigen gesetzgeberischen Unterlassens einer Übergangsregelung ist dabei nicht immer leicht. 92

12. Exkurs: Rechtsschutz ggü Rechtsprechungsänderungen und geänderter Verwaltungsauffassung. Eine verschärfende Änderung der Rspr wirkt bei der *künftigen* Besteuerung grds zuungunsten des Stpfl. Wenn aber ein Stpfl im Vertrauen auf die frühere günstigere Rspr einen Sachverhalt in einer bestimmten 95

Weise gestaltet hat, sollen Billigkeitsmaßnahmen erforderlich sein können. Im Einzelnen wird allerdings die Frage, inwieweit höchstrichterliche Rspr Vertrauen in die Richtigkeit einer bestimmten Rechtspraxis rechtfertigt, unterschiedlich beurteilt. Die Rechtslage kann etwa trotz einer solchen – auch „gefestigten" – Rspr unklar sein, etwa weil die Rspr im Schrifttum angegriffen oder – aufgrund Nichtanwendungserlasses oder auch ohne einen solchen schlicht aufgrund Nichtveröffentlichung der betr Entscheidungen im BStBl – von der FinBeh nicht angewandt wird. Allerdings reklamiert BFH BStBl 08, 140 und jetzt noch deutlicher BFH BStBl 11, 346 für die Rspr „die Aufgabe letztverbindlicher Rechtserkenntnis". Dem liegt indes ein Fehlschluss von der Aufgabe der Rspr auf deren Befugnis zu allgemeinverbindlicher Entscheidung zugrunde, auch wenn insofern den Entscheidungen des BFH „Allgemeinverbindlichkeit" nur mit Hilfe des Vertrauensschutzgrundsatzes verschafft wird (der zudem, mE gänzlich zu Unrecht, nicht auf das stl Ergebnis, sondern einzelne steuertechnische Elemente bezogen wird). Die höchstrichterl Rspr hat die *Aufgabe,* eine einheitliche *Rechtsprechung* zu sichern (was sie nur durch § 126 IV FGO *autoritativ* durchzusetzen vermag); sie hat nicht, wie vorgenannte Entscheidung daraus (kurz)schließt, die *Rechtsmacht,* eine einheitliche Rechts*anwendung* autoritativ durchzusetzen, wo sie mit ihren Argumenten nicht überzeugt; sie hat nicht idS „das letzte Wort darüber, was Recht ist" (so aber in der Tat BFH BStBl 11, 346). Eine solches höchstrichterliches Geltungsbedürfnis überspannende allgemeinverbindliche Rechtskompetenz lässt sich allemal schwerlich aus der verfassungsrechtl Gewaltendifferenzierung herleiten; BVerfE 135, 1 hat daran nichts geändert, sondern lediglich die *rückwirkende* Korrektur der Rspr durch den Gesetzgeber am Vertrauensschutzgrundsatz gemessen, wenn auch der dort enthaltene Satz, es bestehe keine Befugnis des Gesetzgebers zur authentischen Interpretation gesetzlicher Vorschriften, aus dem Zusammenhang gelöst missverständlich ist.

96 Unter Beachtung der sich daraus ergebenden Einschränkungen des Vertrauensschutzes gleichwohl anzuerkennenden Vertrauenstatbeständen ist ggf durch allgem (Verwaltungs-)Bestimmungen zur zeitlichen Anwendbarkeit der geänderten Rspr oder Billigkeitserwägungen im Einzelfall Rechnung zu tragen (BVerfGE 122, 248). In BStBl 79, 455 hat der BFH die Grundsätze zusammengestellt, die für **Anpassungsregelungen der Verwaltung bei Verschärfung der Rspr** maßgeblich sind (vgl jetzt BFH BStBl 08, 405; 91, 610; 90, 261; 83, 280). Derartige Regelungen dienen der Gleichbehandlung und der Rechtssicherheit und sollen erreichen, dass ein Einzelner nicht deshalb anders (schlechter) gestellt wird, weil sein Fall erst nach Bekanntwerden einer geänderten Rspr entschieden wird, während uU die große Mehrzahl noch nach einer bisherigen (günstigeren) Verwaltungspraxis behandelt wurde (GmSOGB BStBl 72, 603, der deshalb – zuunrecht – sogar die Besteuerungspraxis anderer Körperschaften berücksichtigt sehen will), oder weil der Stpfl im Vertrauen auf die bisher als zutreffend angenommene Rechtslage bereits disponiert hat. Soweit Vertrauensschutz nicht durch die Verwaltung im Wege einer allgemeinen Billigkeitsregelung gewährt wird, soll ihm die FinBeh durch Einzelmaßnahmen Rechnung tragen müssen (BFH BStBl 08, 405; 91, 610; 90, 261), so insb, wenn die Frage, ob eine Verschärfung der Rspr ggü der bisherigen Rechtsauffassung vorliegt, für die betroffenen Stpfl nicht einheitlich beantwortet werden kann (BFH BStBl 90, 261).

97 Vertrauensschutz soll danach insbes auch gewährt werden, wenn die Rspr einer vorherigen, in einer norminterpretierenden Verwaltungsvorschrift (siehe dazu § 4 Rz 10) festgelegten Rechtsauffassung der Verwaltung nicht folgt (GrS BFH BStBl 84, 751: Anpassungsregelungen erforderlich; BFH BStBl 08, 405: kein Vertrauensschutz aufgrund selbst jahrelanger unbeanstandeter erklärungsgemäßer Besteuerung; kritisch *Rüsken* NWB Fach 2, 9721; vgl auch BFH BStBl 73, 94; 78, 283). Die eben erörterten Grundsätze des vom Gesetzgeber zu beachtenden Dispositionsschutzes gelten hier entsprechend; dass höchstrichterliche Entscheidungen

keine dem Gesetzesrecht vergleichbaren Rechtsbindungen erzeugen, sondern lediglich die Rechtslage in einem konkreten Fall feststellen, soll es grds nicht ausschließen, auf einen Wandel der Rechtsprechung diejenigen Grundsätze entsprechend anzuwenden, die bei rückwirkenden Gesetzen zu beachten sind (GrS BFH BStBl 08, 608).

Eine Billigkeitsmaßnahme ist aber dann nicht gerechtfertigt, wenn der Stpfl die **98** Möglichkeit der Änderung bereits **in seine Disposition einbezogen** hat (BFH BStBl 90, 261; vgl auch 73, 94; BVerfGE 27, 375) oder auf den Fortbestand der für ihn günstigen Rspr nicht vertraut und keine entsprechenden Dispositionen getroffen hat (BFH/NV 89, 80). Sonst ist § 163 allerdings grds als geeignete Grundlage für Übergangsregelungen anzusehen, die im Falle geänderter höchstrichterlicher Rspr aus Gründen der Rechtssicherheit und des Vertrauenschutzes erforderlich werden (vgl BFH BStBl 79, 660 mwN; 73, 298; siehe auch näher oben § 4 Rz 19 und grundlegend *Hey* DStR 04, 1897; *Englisch/Plum* StuW 04, 342). Vgl auch die Regelung in § 177, die sich jedoch nur auf eine bereits festgesetzte Steuer bezieht.

Schützenswerts Vertrauen ist nur dann gegeben, wenn als Vertrauensgrundlage **99** eine gesicherte, für die Meinung des Stpfl sprechende Rechtsauffassung bestand und die **Rechtslage nicht** als **zweifelh** erschien (BFH BStBl 08, 405; 86, 418; 79, 455; BFH/NV 04, 44) oder gar unklar und verworren war (BFH BStBl 82, 397). Eine solche gesicherte Rechtsauffassung soll nach BFH BStBl 08, 404 nicht vorliegen, wenn die maßgebliche Rechtsfrage weder durch die Rspr des BFH geklärt war, noch eindeutige Verwaltungsregelungen bestanden; schlichtes Verwaltungshandeln, insbes auch dauerhaft unbeanstandet entgegengenommene StErklärungen, sollen hingegen nicht ausreichend sein. Das überzeugt indes kaum: Wenn eine bestimmte stl Behandlung einer ständigen, allgemeinen und von niemandem in Zweifel gezogenen Verwaltungsübung entspricht und sich Zweifel an deren Richtigkeit durch das Gesetz nicht aufdrängen, insbes nach dessen klarem Wortlaut nicht in Betracht zu ziehen sind, wird der Stpfl die Unrichtigkeit dieser Rechtsauslegung vernünftigerweise nicht in Betracht ziehen, also (schützenswertes) „Vertrauen" haben. Umgekehrt wird vielmehr das Bestehen eines Verwaltungserlasses für den Stpfl, der sich ja auf die Verwaltung niemals ohne Weiteres verlassen darf (vgl nur § 130 II Nr 4 zweite Alt), idR gerade Anlass sein müssen, vorsichtig mit der Annahme zu sein, die Rechtslage sei klar und eindeutig; denn wenn sie klar und eindeutig ist, bedarf es idR keines solchen Erlasses. Prinzipiell das Gleiche muss für das Vertrauen in die Richtigkeit höchstrichterlicher Rspr gelten, die eine allenfalls leicht gesteigerte „Richtigkeitsgewähr" bietet, deren Vertrauenswürdigkeit indes mitunter durch Widerspruch der Wissenschaft zerstört wird, welcher die Zweifelhaftigkeit der Rechtslage indiziert. Die gleiche durch langfristige Übung gefestigte Rechtsgewissheit wie für Gewohnheitsrecht (dazu BFH BStBl 84, 751) wird man freilich für eine Vertrauensschutzmaßnahme nicht fordern können (vgl GrS BFH BStBl 08, 608).

Der GrS des BFH will darüber hinaus besonderen Vertrauensschutz offenbar **100** daraus ableiten, dass Verwaltungs-Richtlinien infolge ihrer Veröffentlichung im BAnz, im BStBl und als selbständige, vom BMF herausgegebene Schriften „eine große Publizität und Breitenwirkung" erfahren (GrS BFH BStBl 08, 608; vgl schon GemSOGB BStBl 72, 603, jedoch zweifelhaft).

Auch wenn man iÜ anerkennt, dass der Stpfl idR keine Wahl hat, als sich auf **101** die jeweilige höchstrichterliche Rspr einzustellen, kann mE das Vertrauen in die Beständigkeit dieser Rspr allenfalls in engen Grenzen als schützenswert anerkannt werden; denn höchste Geltung hat der („richtig") verstandene Gesetzesbefehl, für dessen Befolgung grds der Stpfl selbst die Verantwortung trägt, ebenso wie die FinBeh sich entgegen jetzt mitunter vorgetragenen, den Gewaltenteilungsgrundsatz jedoch verkennenden Argumenten (vgl § 32 Rz 8) ihrer Verantwortung für die „richtige" Gesetzesanwendung nicht dadurch entziehen kann, dass sie sich schlicht die Ansichten der Rspr zu Eigen macht. Stpfl müssen also idR mit der Möglichkeit rechnen, dass sich die Rspr zu ihren Ungunsten ändert (treffend BFH BStBl 65, 700); dass sich Rspr ändert, muss der Stpfl also stets in Rechnung stellen (zu eng BVerfG NJW 13, 523: solange die RsprÄnderung „hinreichend begründet ist und sich im Rahmen einer vorhersehbaren Entwicklung hält"). Die Grenzen, innerhalb deren sich eine solche Änderung auf die StSchuld auswirken kann, werden jedenfalls grds nur durch das Gesetz (zB §§ 169 ff, §§ 173 ff) bestimmt; die Stpfl tragen – ebenso wie die FinBeh – die Verantwortung für die Befolgung des Gesetzesbefehls. Nach dem Grundsatz der Abschnittsbesteuerung sind grds in jedem VZ die Besteuerungsgrundlagen erneut zu prüfen und rechtl zu würdigen; eine als falsch erkannte Rechtsauffassung muss zum frühestmöglichen Zeitpunkt aufgegeben werden, selbst wenn sie schon über eine längere Zeitspanne vertreten worden ist und der Stpfl auf ihren Fortbestand vertraut und in diesem Vertrauen Dispositionen getroffen hat (BFH BStBl 93, 289; BFH/NV 98, 578; kritisch jedoch *Hey* DStR 04, 1897, die indes der Verwaltung mit Hilfe des Vertrauensschutzgrundsatzes iErg eine Rechtsinterpretationsgewalt zuweist, die ihr nicht zukommt und mit dem Geltungsanspruch des Gesetzes nicht vereinbar ist). Grds kann nur bei einer verbindlichen Zusage (siehe dazu die Erläut zu § 204) eine stärkere Bindung an früheres Verhalten der FinBeh gegeben sein (BFH BStBl 86, 520; 93, 289).

102 Richtig ist allerdings, dass dort, wo angesichts einer lückenhaften oder unklaren gesetzlichen Regelung Rechtsfragen nicht im Wege einer einfachen Subsumtion und durch eine schlichte Deduktion aus den einschlägigen Rechtsnormen beantwortet werden können, die Rspr ähnlich einem Normgeber tätig wird (vgl aber *Fischer* DStR 08, 697 mit treffendem Hinweis auf die freiheitsbeschränkende Dimension daraus abgeleiteter Rechtsprechungskompetenz). Allein die Notwendigkeit, bei der Beantwortung einer Rechtsfrage allg „Rechtsprinzipien, Wertungen und Abwägungen" anzuwenden, vermag Vertrauensschutzgewährung nicht zu gebieten (anders offenbar GrS BFH BStBl 08, 608).

103 Von der Frage, ob bei einer RsprÄnderung **Vertrauensschutz** zu gewähren ist, muss die Frage unterschieden werden, ob dies ggf **durch die Rspr oder durch** (nachfolgende) **Verwaltungsmaßnahmen** zu geschehen hat; diese Unterscheidung verwischt GrS BFH BStBl 08, 608. Das Rechtsstaatsprinzip enthält keine Antwort auf die Frage, in welcher verfahrensrechtlichen Weise der Vertrauensschutzgedanke zu verwirklichen ist. Der GrS hat insofern für die Rspr die Befugnis reklamiert, „ausnahmsweise enge Übergangsregelungen" zu treffen, die keinen abschließenden Charakter haben sollen. Eine kompenzielle Grundlage hierfür gibt es mE nicht (kritisch mit Recht auch *Fischer* DStR 08, 697; zustimmend hingegen *Dötsch* DStR 09, 409 mit dem überwiegenden Schrifttum). Dass die FinVerw unbeschadet solcher Regelungen einen weitergehenden typisierenden Vertrauensschutz gewähren wird, wie der GrS offenbar erwartet, dürfte Illusion bleiben und erscheint auch nicht geboten, wenn denn doch bereits die Rspr beansprucht, dem Rechtsstaatsprinzip unter Durchbrechung des Grundsatzes der Abschnittsbesteuerung nach Maßgabe aktueller Rechtserkenntnis Rechnung getragen zu haben.

104 Eine **Änderung der Rspr *zugunsten* des Stpfl** rechtfertigt allemal nicht, die Rspr auf bereits rechtskräftige Veranlagungen – im Wege einer Billigkeitsregelung – anzuwenden (BVerfG HFR 77, 256); ebenso, wenn die Rspr eine vorherige ungünstigere allgemeine Verwaltungsauffassung ändert (BFH BStBl 93, 613). Sogar wenn das BVerfG eine Norm für verfassungswidrig erklärt, hat nämlich nach § 79 II BVerfGG die Bestandskraft von Behördenentscheidungen und Urteilen Vorrang vor der materiellen Gerechtigkeit (BFH BStBl 94, 380, 389; vgl auch BFH BStBl 94, 949 sowie FG Hbg EFG 99, 318). In vorgenannten Fällen ist folglich erst recht kein Erlass der Steuer geboten (BFH BStBl 95, 8) oder auch nur zulässig (FG Hbg EFG 07, 1217). Hingegen hatte es BFH BStBl 81, 82 für ermessensfehlerhaft gehalten, wenn die FinVerw eine Erstattung von Steuer aus sachlichen Billigkeitsgründen nur in solchen StFällen in Betracht zieht, die im Zeitpunkt der Veröffentlichung des die Rechtsauffassung ändernden BFH-Urteils noch nicht unanfechtbar abgeschlossen sind.

Die **in Verwaltungsvorschriften enthaltenen Anpassungsregelungen** 105
(Übergangs- und Billigkeitsregelungen) sind im Rahmen der gerichtlichen Überprüfung von Billigkeitsentscheidungen grds **justiziabel** (BFH BStBl 91, 572; aA *Englisch/Plum* StuW 04, 342 und *Hey* DStR 04, 1897: volle Rechtsprüfung, ob VerwVorschrift den Anforderungen der Billigkeit entspricht, was in der Tat weitgehend der Prüfung bei Billigkeits-Einzelentscheidungen entspräche), ebenso Übergangsregelungen aus Anlass neuer Rechtsvorschriften. Sie sind allerdings von den Gerichten zu beachten (BFH BStBl 02, 201; 00, 188; 99, 225; 84, 751; BFH/NV 94, 669), sofern sie durch §§ 163, 227 sachlich gerechtfertigt sind, insbes ihrerseits eine sachgerechte Ermessensausübung darstellen (BFH/NV 00, 691). Deren Bindung an Übergangserlasse gebietet die Gleichbehandlung (BFH BStBl 72, 649; 77, 190; 91, 752; BVerwG NJW 88, 2907). Hiernach bleibt eine „Übergangsregelung" aber dann wirkungslos, wenn es in Wahrheit keine verschärfende Rspr gegeben hat, darum auch belastende Rechtsfolgen fehlen, die zu mildern wären (BFH BStBl 97, 245; BFH/NV 04, 44). Auf eine nach einer RsprÄnderung ergangene Verwaltungsanweisung, dass die „bisherigen Grundsätze" für eine Übergangszeit weiter angewendet werden sollen, kann sich der Stpfl nicht mit Erfolg berufen, wenn sein Begehren nach der bisherigen Verwaltungspraxis abschlägig beschieden worden wäre, selbst wenn diese auf der Basis der von der früheren Rspr angenommenen Rechtslage nicht tragfähig war (BFH BStBl 08, 340).

Für die **Auslegung** solcher Vorschriften ist nicht maßgeblich, wie sie gleichsam 106
objektiv zu verstehen sind, sondern wie die Verwaltung sie verstanden hat und verstanden wissen wollte; denn die Bindungswirkung solcher Vorschriften beruht darauf, dass sich in ihnen eine antizipierte Verwaltungspraxis verkörpert, welche den Gleichbehandlungsanspruch des Stpfl erst begründet. Die Gerichte sollen allerdings prüfen dürfen, ob die Auslegung durch die FinBeh „möglich" ist (BFH BStBl 05, 460; 06, 466; 11, 610), was indes zweifelh erscheint.

Der Stpfl ist nicht gezwungen, sich **auf die Billigkeitsregelung zu berufen;** 107
unterlässt er es (weil sich dies für ihn günstig auswirkt), so bleibt es bei der gesetzlich gebotenen Besteuerung, auch wenn sich ein anderer, auch ein ihm verbundener Stpfl anders verhalten hat (BFH BStBl 98, 33 für einen formunwirksamen Ergebnisabführungsvertrag bei Organgesellschaften). Hingegen binden norminterpretierende VerwVorschriften die Gerichte selbstredend nicht (BFH BStBl 00, 259; 01, 118; vgl auch *Hey* DStR 04, 1897).

Ist im Einzelfall durch VerwEntscheidung eine Billigkeitsregelung erlassen wor- 108
den, so ist diese unter bestimmten Voraussetzungen der **gerichtlichen Überprüfung** auch dann **entzogen,** wenn sie den Anforderungen der §§ 163, 227 nicht genügt (BFH BStBl 81, 319; 91, 610; 99, 225; 02, 201; 03, 923; 15, 409). Ist sie bestandskräftig, kann ihre Richtigkeit jedenfalls nicht im Rahmen einer gegen die StFestsetzung gerichteten Klage überprüft werden, denn sie ist Grundlagenbescheid für diese (instruktiv BFH BStBl 04, 927).

Für die *Rechtmäßigkeit* der StFestsetzung sind Übergangsregelungen in Verwal- 109
tungsanweisungen ohne Bedeutung, weil sie im Allgem Billigkeitsverfahren regeln (antizipierte Ermessensausübung) (vgl BFH BStBl 11, 706; 01, 426; BFH/NV 14, 739), obwohl Unbilligkeit an sich die StFestsetzung rechtswidrig macht.

13. Billigkeitsentscheidung. Die StFestsetzung (nach Maßgabe des EinzelStG) 110
und die Entscheidung über die abweichende Festsetzung der Steuer aus Billigkeitsgründen sind in **zwei gesonderten** (wenn auch möglicherweise gleichzeitigen) **Verwaltungsverfahren** zu prüfen und in zwei VA vorzunehmen (BFH BStBl 91, 38; 95, 297; 98, 702; 99, 225; 01, 178; 17, 718; 17, 22 unklar BVerfG BStBl 99, 193). Zur Frage, ob diese Zweispurigkeit auch bei der USt dem Unionsrecht ent-

spricht, vgl BFHE 187, 84. Eine etwa getroffene Billigkeitsentscheidung regelt gesondert eine Besteuerungsgrundlage und ist bei der StFestsetzung umzusetzen (**Grundlagenbescheid;** statt aller BFH BStBl 17, 22; 13, 725; 04, 927; 01, 178; 93, 3; 88, 702). Der Bescheid über die StFestsetzung ist daher nach § 175 I 1 Nr 1 zu ändern, wenn nach seinem Erlass eine Entscheidung nach § 163 ergeht oder geändert wird. Billigkeitsentscheidung und StFestsetzung können miteinander in einem Bescheid verbunden werden (BFH BStBl 03, 923; 01, 178). Das kann auch in Form einer stillschweigenden Regelung der Billigkeitsfrage im StFestsetzungsbescheid geschehen (BFH BStBl 04, 927). Die Billigkeitsmaßnahme ist regelm mit der StFestsetzung zu verbinden, wenn der Stpfl bereits im Festsetzungsverfahren eine Billigkeitsmaßnahme begehrt (BFH BStBl 15, 914).

111 Ein StFestsetzungsbescheid regelt grds nicht, ob eine Billigkeitsmaßnahme vorzunehmen ist (BFH BStBl 99, 225; 96, 485; 93, 630); das **FG** kann folglich bei Anfechtung dieses Bescheides idR eine von der FinBeh getroffene, der betreff StFestsetzung zugrunde liegende Billigkeitsmaßnahme nicht zu Lasten des Stpfl korrigieren (BFH BStBl 04, 927), selbst wenn sich dies betragsmäßig nicht zu Lasten des Stpfl auswirken würde.

112 Zwischen Gründen, die zur **Rechtswidrigkeit (oder Verfassungswidrigkeit) des StBescheids** führen (und im Festsetzungsverfahren mit Rechtsbehelfen geltend zu machen sind), und Gründen, aus denen sich lediglich die Unbilligkeit der StFestsetzung herleiten lässt, muss genau unterschieden werden, weil diese Gründe in einem gesonderten (möglicherweise gleichzeitigen) Verwaltungsverfahren geltend zu machen sind (zu Verfahrensfragen siehe Rz 138). Hält der Stpfl eine Norm im Hinblick auf die Befugnis des Gesetzgebers zu typisieren zwar für verfassungsgemäß, ihre Anwendung aufgrund von Besonderheiten seines Falles aber für unverhältnismäßig, kann er dies ohne Anfechtung der StFestsetzung durch einen Billigkeitsantrag geltend machen. Im Rahmen der Billigkeitsprüfung ist dann zu berücksichtigen, ob der Gesetzgeber die Typisierung gerade deshalb für zulässig erachtet hat, weil Härten durch Billigkeitsmaßnahmen beseitigt werden können (und sich nicht durch eine andersartige Typisierung erfassen lassen). Die Billigkeitsmaßnahme ist insofern „eine flankierende Maßnahme zur Typisierung“ (BFHE 238, 518).

113 Allerdings tut der Stpfl gut daran, seine sachlichen Billigkeitserwägungen (dazu iEinz Rz 32f) im Zweifel zunächst (auch) vorsorglich durch Anfechtung der StFestsetzung geltend zu machen, weil diese Erwägungen sonst möglicherweise vom FG in das Festsetzungsverfahren verwiesen werden und dort wegen Bestandskraft des StBescheids nicht mehr berücksichtigt werden können. Denn es liegt auf der Hand, dass die Unterscheidung zwischen zulässiger (lediglich durch Billigkeitsmaßnahmen im außergewöhnlichen Einzelfall zu korrigierender) und unzulässiger (gegen den Gleichbehandlungsgrundsatz verstoßender) Typisierung heikel ist, wie die Erwägungen unter Rz 6ff verdeutlichen. Die Rechtsprechung zu §§ 163, 227 besteht jedenfalls keineswegs nur aus Einzelfallentscheidungen, sondern hat mitunter allgemeine Rechtssätze aufgestellt, die ganze Gruppen von (vom Gesetz unbillig behandelten) StPfl erfassen und die ohne Weiteres als Gegenstand einer gesetzlichen Regelung vorstellbar wären.

114 **Bestandskraft des StBescheids** kann die FinBeh auf einen (ohnehin entbehrlichen, weil § 163 von Amts wegen zu prüfen ist) Billigkeitsantrag eine Billigkeitsentscheidung treffen, um auf deren Grundlage den StBescheid nach § 175 I S 1 Nr 1 zu ändern (vgl auch unten Rz 142). Selbst die reguläre Festsetzungsfrist würde einer solchen Entscheidung nicht entgegengehalten werden können (vgl § 175 I S 2). Umgekehrt hindert die fehlende Bestandskraft der StFestsetzung die Behörde nicht daran bereits eine Entscheidung über bei der künftigen Festsetzung zu berücksichtigende Billigkeitsmaßnahmen zu treffen (BFH BStBl 95, 297; 93, 3).

116 **14. Gesetzlicher Widerrufsvorbehalt (Abs 3).** Billigkeitsentscheidungen stehen von Gesetzes wegen unter **Widerrufsvorbehalt,** wenn sie nicht „eigenständig" sind (Absatz 2 Nr 1). Diese Neuregelung trägt dem Umstand Rechnung, dass sich oftmals erst bei rechtl und tatsächl Durchdringung der StFestsetzung im Einspruchs- oder Klageverfahren abschließend beurteilen lässt, ob die Steuererhebung unbillig ist, da sich manchmal erst im laufenden Verfahren neue Gesichtspunkte erkennbar werden. Ist jedoch im Zusammenhang mit der StFestsetzung eine Billigkeitsentscheidung getroffen worden, können solche Gesichtspunkte idR nicht nachträglich durch Änderung der Billigkeitsentscheidung berücksichtigt werden, welche nur nach § 130 möglich wäre. Das erschien besonders in den Fällen konkludent (ohne entspr Rechtsbindungsbewusstsein, vgl BFH BStBl 15, 175) getroffener Billigkeitsentscheidungen misslich (vgl BT-Drs 18/7457). Andererseits läge es nicht im Interesse des Stpfl, Billigkeitsmaßnahmen zur Vermeidung dieser Komplikationen stets erst bei Bestandskraft der StFestsetzung zu treffen. Darüber hinaus hatte der Gesetzgeber bei der Fassung des Absatz 3 im Blick, dass selbst die Möglichkeit einer Änderung bei Vorliegen der Voraussetzungen str war (siehe aber § 130 Rz 11).

Der jetzt kraft Gesetzes bestehende Widerrufsvorbehalt greift unabhängig davon ein, ob die Voraussetzungen des § 120 II Nr 3 vorliegen, also rechtmäßige Ermessensausübung fiktiv die Beifügung eines gewillkürten Widerrufsvorbehalts hätte rechtfertigen können, etwa weil bereits konkrete Zweifel an der Richtigkeit der Billigkeitsentscheidung erkennbar sind. **117**

Der kraft Gesetzes bestehende Widerrufsvorbehalt muss in der Entscheidung **nicht ausdrücklich ausgesprochen** werden. Unbeschadet dessen sollte bei Verbindung der StFestsetzung mit einer (uU konkludenten) Billigkeitsentscheidung darauf hingewiesen werden, dass der Bescheid eine unter Widerrufsvorbahlt stehende Billigkeitsentscheidung enthält, und deutlich gemacht werden, dass durch den Bescheid zwei (allerdings gleichlaufende) Rechtsbehelfsfristen in Lauf gesetzt werden; es sollte ggf auch die doppelte Zielrichtung eines eingelegten Rechtsbehelfs deutlich werden. **118**

Der Widerrufsvorbehalt ermöglicht ungeachtet des § 131 II Nr 1 eine spätere **Aufhebung oder Änderung der Billigkeitsentscheidung** nach dem Ermessen der FinBeh, also nicht nur eine Beseitigung ihrer künftigen Rechtswirkungen (§ 120 Rz 7; *TK/Seer* AO § 120 Rz 16). **119**

Der Widerrufsvorbehalt greift jedoch von vornherein nicht ein, wenn eine **„eigenständige" Billigkeitsentscheidung** getroffen worden ist. Damit ist offenbar eine Billigkeitsentscheidung gemeint, die nicht in unmittelbarem Zusammenhang mit dem Erlass des StFestsetzungsbescheids steht, sei es dass sie – wie es häufig geschieht – mit diesem äußerlich verbunden wird oder sich eine entspr enge Verbindung aus den Umständen ihres Erlasses, insbes dessen Zeitpunkt ergibt. Gemeint sind die Fälle, in denen gerade die rechtl Überprüfung der StFestsetzung das Bedürfnis einer korrigierenden Billigkeitsmaßnahme hat erkennen lassen (anders *Brühl/Süß* DStR 16, 2617, die im Anschluss an die Begründung des Gesetzentwurfs BT-Drs 18/74/57 darauf abstellen, ob die Billigkeitsmaßnahme „ausdrücklich" getroffen wird; das ist jedoch mE zu eng: die fehlende Eigenständigkeit kann sich auch sonst aus den Umständen des Erlasses ergeben). **120**

Der Widerrufsvorbehalt **entfällt** von Gesetzes wegen mit Ablauf der Festsetzungsfrist für die StFestsetzung, auf die er sich als Grundlagenbescheid bezieht (Absatz 3 Satz 2). Der Stpfl wird gut daran tun, auf eine solche eigenständige Billigkeitsentscheidung zu drängen, um der sonst – oftmals über Jahre – bestehenden Rechtsunsicherheit zu entgehen. Einen Rechtsanspruch auf eine eigenständige Billigkeitsentscheidung hat er freilich grds nicht, selbst dann nicht, wenn das Entscheidungsermessen in der Sache zB durch entspr Verwaltungsregelungen auf Null reduziert ist (aA offenbar *Brühl/Süß* DStR 16, 2617). **121**

Billigkeitsentscheidungen zu **StFestsetzungen, die unter Vorbehalt der Nachprüfung stehen,** sowie mit einer **vorläufigen StFestsetzung** nach § 165 verbundene Billigkeitsmaßnahmen, bei denen der Grund der Vorläufigkeit mögli- **122** cherweise auch für die Billigkeitsbeurteilung von Bedeutung sein kann, werden vom Gesetz ebenfalls – gesondert, Absatz 3 Satz 1 Nrn 2 und 3 – unter automatischen Widerrufsvorbehalt gestellt. Das schließt in diesen Fällen eine „eigenständige" Billigkeitsentscheidung (ohne Widerrufsvorbehalt) generell aus und erklärt sich zudem redaktionell daraus, dass in Abs 3 S 3 für den Fortfall des gesetzlichen Vorbehalt des Widerrufs besondere Regeln aufgestellt werden mussten, nämlich dass der Widerrufsvorbehalt (kraft Gesetzes) entfällt, wenn der Vorbehalt der Nachprüfung der betr StFestsetzung aufgehoben wird oder entfällt (§ 164 III, IV) bzw bei Eintritt der Endgültigkeit dieser StFestsetzung (§ 165 II, § 171 VIII).

123 Billigkeitsmaßnahmen können unbeschadet des gesetzlichen Widerrufsvorbehalts auch sonst mit einer Nebenbestimmung nach § 120 versehen werden.

125 **15. Form und Inhalt der Billigkeitsverfügung.** Für die Entscheidung über eine Billigkeitsmaßnahme ist – anders als für StBescheide – eine bestimmte Form nicht vorgeschrieben. § 157 I gilt nicht, die Regelung kann sogar nur konkludent im Rahmen der StBerechnung getroffen werden (BFH BStBl 16, 139). Die Billigkeitsentscheidung muss aber inhaltlich hinreichend bestimmt sein; sie muss klar, eindeutig und widerspruchslos erkennen lassen, welche Rechtswirkungen sie entfalten soll, dh ob und in welchem Umfang von der an sich gesetzlich vorgesehenen StFestsetzung abgewichen worden ist (BFH BStBl 16, 139).

127 **16. Rücknahme von Billigkeitsmaßnahmen (Abs 4).** Ist eine nach Abs 3 unter Widerrufsvorbehalt stehende Billigkeitsmaßnahme rechtswidrig, ist sie mit Wirkung für die Vergangenheit zwingend zurückzunehmen. Voraussetzung dafür ist allerdings, dass der Widerrufsvorbehalt nicht bereits nach Abs 3 S 3 bis 4 entfallen ist, insbes weil die StFestsetzung, auf die sich die Billigkeitsentschedung als Grundlagenbescheid bezieht, wegen Ablaufs der Festsetzungsfrist unabänderlich geworden ist. Die Jahresfrist des § 130 III Satz 1 hingegen steht der Rücknahme nicht entgegen, die Rücknahme kann ausgesprochen werden, auch wenn jene schon abgelaufen ist. Die Rücknahme bewirkt, dass die Billigkeitsentscheidung als von Anfang an nicht ergangen gilt (Wirkung ex tunc), mit der Folge, dass der StAnspruch wiederauflebt. Sinn der Vorschrift ist es nicht, der FinBeh die Möglichkeit zu einer nachträglichen, abweichenden Ermessensausübung zu eröffnen. Hierzu ist diese vielmehr ggf schon aufgrund des gesetzlichen Widerrufsvorbehalts berechtigt, wobei insofern aber die in einer dem Stpfl ungünstigen abweichenden Ermessensentscheidung teilweise Rücknahme der ursprünglichen Billigkeitsmaßnahme unter Ermessensgesichtpunkten (§ 5) gerechtfertigt werden muss. Das *Gebot* der Rücknahme nach Abs 4 greift erst ein, wenn die Billigkeitsentscheidung *rechtswidrig* war, also die Grenzen zulässiger Ermessensausübung überschritten wurde oder mit dem Zweck der Ermessensermächtigung (Korrektur des Gesetzesbefehls aufgrund außergewöhnlicher Besonderheiten des einzelnen Falls) nicht zu vereinbaren gewesen ist.

131 **17. Änderung von Billigkeitsentscheidungen.** Es handelt sich bei § 163 um einen Akt im Rahmen der StFestsetzung, bei einer Entscheidung nach § 227 um StErhebung. Damit ist freilich noch nicht die Frage entschieden, nach welchen Vorschriften eine Billigkeitsmaßnahme nach § 163 aufgehoben oder geändert werden kann. Es handelt sich um eine besondere (Grundlagen-)Entscheidung im Rahmen der StFestsetzung, die jedoch kein StBescheid ist. Daher ist § 130 II, III anwendbar (BFH/NV 91, 509; vgl BFH/NV 03, 143); ein Widerruf nach § 131 oder eine Rücknahme ex nunc würde hingegen mit der in § 47 für § 163 angeordneten Rechtswirkung nicht vereinbar sein (*KvW/v Wedelstädt* § 163 Rz 29).

135 **18. Verwaltungsverfahren.** Billigkeitsmaßnahmen ergehen in einem vom StFestsetzungsverfahren gesonderten Verfahren (BFH BStBl 17, 22). Die Billigkeitsentscheidung kann nach Satz 3 mit der StFestsetzung verbunden werden; sie sollte idR damit verbunden werden (BFH BStBl 09, 744). Näheres zu den Folgen des Ergehens von Billigkeitsmaßnahmen für das StFestsetzungsverfahren siehe be-

reits Rz 2. Die Billigkeit der StFestsetzung ist grds sogleich bei der Festsetzung zu prüfen (BVerwG NVwZ-RR 01, 398) und die Prüfung nicht bis zum Abschluss eines Rechtsbehelfsverfahrens hinauszuschieben.

Die Entscheidung über Billigkeitsmaßnahme ist nicht von einem entsprechenden Antrag abhängig. Ein Antrag *kann* aber nicht nur vor Unanfechtbarkeit der Festsetzung, sondern auch später noch gestellt werden, weil ein nachträgliche Billigkeitsentscheidung Grundlage einer Änderung des StBescheids nach § 175 I S 1 Nr 1 wäre. Ein unangemessen spät gestellter Antrag soll aber wegen der Verspätung abgelehnt werden können (BFH BStBl 81, 82, zweifelhaft). Der Stpfl sollte grds beide Verfahren gleichzeitig nebeneinander betreiben, wenn er Billigkeitsgründe geltend machen will. **136**

19. Zuständigkeit. Es ist grds dieselbe FinBeh zuständig, die auch über die StFestsetzung zu entscheiden hat. Im Einzelnen sind sie Befugnisse und die Mitwirkungsvorbehalte zugunsten der vorgesetzten Behörden bzw des Bundes durch Erlasse detailliert geregelt (zuletzt BStBl I 03, 401 und I 08, 534). Für die Ermittlung der Zuständigkeitsgrenzen ist jeder VZ für sich zu betrachten. Hierbei sind evtl vorher ausgesprochene Billigkeitsmaßnahmen mit einzubeziehen. **140**

Die Zuständigkeitsgrenzen gelten auch im gerichtlichen oder außergerichtlichen Vergleichsverfahren; hinsichtlich der außergerichtliche Schuldenbereinigung (§ 305 I Nr 1 InsO; vgl BMF 11.1.2002, BStBl I 132). **141**

Zur **Ablehnung** einer Billigkeitsentscheidung sind die FÄ immer befugt (vgl BFH BStBl 70, 445). **142**

§ 163 gilt auch für die **Realsteuern.** Die FÄ sind für die Festsetzung der StMessbeträge zuständig, regional unterschiedlich auch für die Festsetzung und Erhebung. Ist die Festsetzung und Erhebung der RealSt den Gemeinden übertragen worden (Art 108 IV 2 GG), so verbleibt gleichwohl die Festsetzung der StMessbeträge bei den FÄ. Sind für die Festsetzung und Erhebung der GewSt die Gemeinden zuständig, sind die FÄ gleichwohl befugt, gem § 163 I 1 den einheitlichen StMessbetrag niedriger festzusetzen, soweit dies einer Richtlinie der Bundesregierung oder einer obersten Landesbehörde entspricht (§ 184 II 1). Ob außer in diesen Fällen vom FA eine abweichende Festsetzung des Messbetrags erfolgen darf, wenn die zuständige Gemeinde dieser Maßnahme zugestimmt hat (so H 1.5 (1) GewStH; vgl auch BFH BStBl 73, 233), ist str (vgl die Kommentierung zu § 184; verneinend *TK/Brandis* § 184 Rz 10). Billigkeitsmaßnahmen der Gemeinden selbst dürften regelm nur bei persönlicher Unbilligkeit in Betracht kommen, sind aber ungeachtet des festgesetzten Messbetrags auch darüber hinaus zulässig, allemal nach § 227. Gegen Entscheidungen der Gemeinden ist ggf der VerwRechtsweg gegeben (BFH BStBl 62, 238). **143**

20. Rechtsbehelfe. StBescheide und Entscheidungen über abweichende Festsetzung aus Billigkeitsgründen sind beides VA (BFH BStBl 95, 747). Die Billigkeitsentscheidung ist selbständig anfechtbar, auch wenn sie mit dem StBescheid verbunden wird. Wird gegen einen Bescheid, der StFestsetzung und Billigkeitsmaßnahme (ausdrücklich oder stillschweigend) miteinander verbindet, Widerspruch eingelegt oder Klage erhoben, ist davon auszugehen, dass sich dieser/diese gegen beide VA richtet, sofern nicht (ggf aus der Begründung) *eindeutig* die Absicht erkennbar ist, den Rechtsbehelf auf einen der beiden zu beschränken (BFH BStBl 15, 175; 11, 654). **146**

Eine Billigkeitsentscheidung ist materiell-rechtl und formell-rechtl unabhängig von der Rechtmäßigkeitsprüfung, auch wenn diese in einem gestuften Verfahren vorgenommen wird (vgl ua BFH BStBl 01, 178). Es gibt insoweit auch keine zwingende Rangfolge, und zwar selbst dann nicht, wenn der Billigkeitserlass nicht nach § 227, sondern in der Form des § 163 erstrebt wird (vgl BFH BStBl 95, 297; 93, 3). Bei Anhängigkeit eines Erfolg versprechenden Rechtsbehelfs gegen den StBescheid neben dem Billigkeitsverfahren kann gleichwohl eine **Aussetzung des** **147**

Billigkeitsverfahrens geboten sein (vgl BFH/NV 96, 310). Umgekehrt kann eine **Aussetzung des Klageverfahrens** gegen den StBescheid wegen ausstehender Billigkeitsentscheidung geboten sein (BFH BStBl 94, 81; BFH/NV 98, 201; 08, 569). Denn ein Verfahren über einen Folgebescheid ist grds auszusetzen, um den Erlass eines Grundlagenbescheids herbeizuführen (BFH/NV 97, 574, jedoch nicht überzeugend, weil die Billigkeitsentscheidung anders als sonst ein Grundlagenbescheid nicht über Besteuerungsgrundlagen entscheidet, deren Ansatz zwingend erfolgen – und bei fehlender Grundlagenentscheidung ggf aufgrund einer Schätzung ersetzt (§ 155 II) – werden muss). Das gilt jedoch nicht ausnahmslos (BFH BStBl 13, 725; 88, 702; BFH/NV 95, 325; 96, 571); zu einem Fall zwingender Aussetzung BFH/NV 96, 310.

148 Obwohl die Billigkeitsmaßnahme zum Festsetzungsverfahren gehört, ist Grundlage eines gerichtlichen Ausspruchs nicht § 100 II 1 FGO, sondern § 101 FGO (BFH BStBl 95, 297). Der Stpfl kann folglich nicht unter Berufung auf eine gebotene Billigkeitsmaßnahme **AdV d**es Bescheids über die StFestsetzung verlangen (BFH/NV 94, 422; FG Hbg EFG 94, 183; auch nicht wegen unbilliger Härte, BFH/NV 88, 174), allenfalls Sicherung seiner Rechte im Wege eine einstweilige Anordnung nach § 114 FGO (BFH/NV 96, 692).

149 Für die Frage, ob die Ablehnung der Billigkeitsmaßnahme rechtmäßig war, kommt es auf den **Zeitpunkt der letzten VerwEntscheidung** an; maßgebend ist der Sachverhalt, der zu diesem Zeitpunkt bekannt war oder hätte bekannt sein müssen (BFH/NV 91, 171; BFH BStBl 76, 499; vgl BFH BStBl 72, 649). Ein neuer, nach Abschluss des Verwaltungshandelns eingetretener Umstand oder eine wesentliche Änderung der Verhältnisse sind für die Ermessensentscheidung unerheblich und können allenfalls Grundlage für einen neuen Antrag sein, dem freilich nicht entgegengehalten werden könnte, die Sache sei bereits entschieden. Hingegen kann ein Sachverhalt, über den nach § 163 bereits entschieden worden ist, nicht zum Gegenstand eines weiteren, auch nicht eines auf § 227 gestützten Billigkeitsantrages gemacht werden (FG Hbg EFG 95, 408).

150 Beantragt ein Stpfl **gleichzeitig mit seinem Einspruch,** aus Billigkeitsgründen die Steuer abweichend vom gesetzlichen Besteuerungstatbestand festzusetzen, so liegt darin auch ein Rechtsbehelf gegen das Unterlassen einer Billigkeitsmaßnahme, die bei einer den Antrag ablehnenden Entscheidung des FA neben dem Einspruch gegen die StFestsetzung auch erforderlich ist (vgl BFH BStBl 93, 3; 90, 261; 78, 305).

151 Sieht sich der Stpfl durch einem **Konkurrenten** gewährte Billigkeitsmaßnahmen beeinträchtigt, kann er uU einen Anspruch auf Gleichbehandlung mit der Verpflichtungsklage geltend machen; mit einer Konkurrenten(unterlassungs)klage, gerichtet auf Unterlassung von Billigkeitsmaßnahmen zugunsten des Konkurrenten, kann er dieses Ziel hingegen *nicht* erreichen (BFH BStBl 09, 126).

§ 164 Steuerfestsetzung unter Vorbehalt der Nachprüfung

(1) [1]**Die Steuern können, solange der Steuerfall nicht abschließend geprüft ist, allgemein oder im Einzelfall unter dem Vorbehalt der Nachprüfung festgesetzt werden, ohne dass dies einer Begründung bedarf.** [2]**Die Festsetzung einer Vorauszahlung ist stets eine Steuerfestsetzung unter Vorbehalt der Nachprüfung.**

(2) [1]**Solange der Vorbehalt wirksam ist, kann die Steuerfestsetzung aufgehoben oder geändert werden.** [2]**Der Steuerpflichtige kann die Aufhebung oder Änderung der Steuerfestsetzung jederzeit beantragen.** [3]**Die Entscheidung hierüber kann jedoch bis zur abschließenden Prüfung des Steuerfalles, die innerhalb angemessener Frist vorzunehmen ist, hinausgeschoben werden.**

(3) [1]**Der Vorbehalt der Nachprüfung kann jederzeit aufgehoben werden.** [2]**Die Aufhebung steht einer Steuerfestsetzung ohne Vorbehalt der Nachprü-**

fung gleich; § 157 Abs. 1 Satz 1 und 3 gilt sinngemäß. [3]Nach einer Außenprüfung ist der Vorbehalt aufzuheben, wenn sich Änderungen gegenüber der Steuerfestsetzung unter Vorbehalt der Nachprüfung nicht ergeben.

(4) **[1]Der Vorbehalt der Nachprüfung entfällt, wenn die Festsetzungsfrist abläuft. [2]§ 169 Absatz 2 Satz 2, § 170 Absatz 6 und § 171 Absatz 7, 8 und 10 sind nicht anzuwenden.**

Abs 4 Satz 2 neu gefasst durch G v 22.12.14 (BGBl I, 2415).

Schrifttum: *Scheel* Zur Änderbarkeit rechtswidrig vorläufiger Steuerfestsetzung, FS Maier 2012, 184; *Helmert* Steuerfestsetzung unter dem Vorbehalt der Nachprüfung – fakultative oder obligatorische abschließende Prüfung des Steuerfalles? Eine verfassungsrechtliche Betrachtung, StuW 16, 277.

Übersicht

1. Inhalt. § 164 enthebt die FinBeh der Verpflichtung zur sofortigen, abschließenden Prüfung der StErklärung vor einer StFestsetzung, beschleunigt damit das Festsetzungsverfahren nach Einreichen der StErklärung und sorgt für einen zeitnahen Eingang zumindest derjenigen Abschlusszahlungen, die sich aus der Erklärung des Stpfl selbst ergeben. 1

Der Vorbehalt ermöglicht einerseits eine (der Idee nach) rasche StErhebung (Interesse des Fiskus), andererseits wird der Steuerfall offen gehalten, und zwar sowohl zugunsten des Fiskus als auch zugunsten des Stpfl, der ohne Gefahr des Rechtsverlusts von Rechtsmitteln gegen den Bescheid absehen kann (freilich nicht absehen muss) und der eine Änderung des Bescheids später nach Abs 2 erzwingen kann. Denn die Änderung der Vorbehaltsfestsetzung ist jederzeit, zugunsten und zulasten des Stpfl, in rechtlicher und in tatsächlicher Hinsicht, möglich.

Die Vorbehaltsfestsetzung ist stets *umfassend* vorläufig; darin unterscheidet sie sich von der vorläufigen Festsetzung nach § 165.

2. Anwendungsbereich. Jeder StBescheid kann unter Vorbehalt der Nachprüfung gestellt werden, auch ein Folgebescheid (siehe aber § 175 I Nr 1) oder ein Schätzungsbescheid (was üblich, wenngleich oft unzweckmäßig ist, *Große* DB 96, 60; ebenso jetzt *HHSp/Heuermann* § 164 Rz 7; zweifelh FG Mchn EFG 95, 866: Rechtsanspruch auf Vorbehalt; vgl die Kritik bei *HHSp/Heuermann* § 164 Rz 8a) oder ein StÄnderungsbescheid (soweit für die Hinzufügung des Vorbehalts in den Fällen des §§ 172 ff – ausnahmsweise – eine Grundlage besteht, was bei § 173 I nicht der Fall ist, selbst wenn die neuen Tatsachen noch nicht abschließend geprüft werden konnten, siehe unten Rz 15). 5

Bescheide, die etwas anderes regeln als Steuern festzusetzen, zB Abrechnungsbescheide (§ 218 II) und Bescheide über einen Verspätungszuschlag (BFH BStBl 01, 60), dürfen nicht unter den Vorbehalt der Nachprüfung gestellt werden, wohl aber wegen § 239 I ein Zinsbescheid, weil insoweit die Vorschriften über die StFestsetzung anwendbar sind. Auch ein *Haftungsbescheid* kann nicht unter Vorbehalt der Nachprüfung gestellt werden. Geschieht dies dennoch, so dürfte es zur Nichtigkeit 5a des Haftungsbescheids führen. Für Abgabenbescheide nach dem UZK gilt § 164 ebenfalls nicht, weil jener eine abschließende einschlägige Regelung (Art 101 f UZK) enthält (*Henke/Huchatz* ZfZ 96, 262, 270; *Gellert* Zollkodex und Abgabenordnung, S 146 f; einschränkend *Witte/Alexander* ZK Vor Art 220 Rz 13: Vertrauensschutz entfällt).

5b Zu den Bescheiden über Steuern gehört nicht nur der StFestsetzungsbescheid nach § 155 I 1, sondern insbes auch ein *Grundlagenbescheid* nach §§ 181 I 1, 184 I 3, ein *Zerlegungsbescheid* nach §§ 185 ff (BFH BStBl 96, 509) und ein *Subventionsbescheid* (zB nach InvZulG, BFH/NV 99, 1307), sofern das betr Gesetz auf die Vorschriften über StVergütungen verweist.

6 Abs 2 bis 4 gelten grds auch für Festsetzungen, die *kraft Gesetzes* unter Vorbehalt stehen, also StAnmeldungen und Vorauszahlungsbescheide(vgl *HHSp/Heuermann* Rz 3: Anwendbarkeit des Abs 4 auf Vorauszahlungsbescheide zweifelh). Wird in einem StBescheid eine **Billigkeitsmaßnahme** getroffen und zugleich unter Vorbehalt festgesetzt, betrifft dieser Vorbehalt nur die von dem Billigkeitserweis (Grundlagenbescheid) nicht berührten Aspekte der StFestsetzung; der Stpfl muss aus einer solchen Koppelung auch nicht schließen, es sei noch keine (endgültige) Billigkeitsentscheidung getroffen worden (BFH BStBl 15, 175; kritisch *Seer/Klesen* NWB 13, 33).

7 **Vorauszahlungsbescheide** stehen kraft Gesetzes unter dem Vorbehalt der Nachprüfung (der Vorbehalt muss also nicht in den Bescheid aufgenommen werden), § 164 I 2 (wegen der zeitlichen Beschränkung der Änderung von Vorauszahlungsbescheiden beachte § 37 III 3 EStG, BFH/NV 02, 1567); ebenso die durch **StAnmeldung** bewirkte Festsetzung (§ 168), auch wenn sie erst mit Zustimmung der FinBeh wirksam wird. Hingegen bewirkt eine StAnmeldung, die nach Ablauf der Festsetzungsfrist abgegeben wird (da sie nicht nichtig ist, BFH/NV 95, 275), eine StFestsetzung ohne Nachprüfungsvorbehalt (FG Mchn EFG 95, 510), ebenso wie der Nachprüfungsvorbehalt sonst bei einer StAnmeldung mit Ablauf der Festsetzungsfrist entfallen würde (Abs 4 S 1). Auch wenn eine StAnmeldung einer StFestsetzung unter dem Vorbehalt der Nachprüfung gleichsteht, kann nicht davon ausgegangen werden, dass der dieser StAnmeldung anhaftende Vorbehalt wirksam bleibt, wenn das FA auf die StErklärung hin erstmals einen StBescheid *ohne* Vorbehalt erlässt (BFH BStBl 00, 284; 88, 45). Wenn eine StAnmeldung von der FinBeh geändert wird, steht diese StFestsetzung vielmehr nur dann unter Vorbehalt der Nachprüfung, wenn der StBescheid das ausspricht (BFH BStBl 00, 284; FG Ddorf EFG 99, 533). Erst recht gilt das für einen Änderungsbescheid nach Ergehen eines StFestsetzungsbescheids mit einem Vorbehalt der Nachprüfung.

8 **3. Inhalt und Form des Vorbehaltsbescheids.** Der Vorbehalt ist unselbständige Nebenbestimmung zu dem StBescheid (BFH BStBl 95, 2; 81, 150). Der Vorbehalt wirkt ***stets umfassend;*** eine Vorbehaltsfestsetzung kann also nicht nur hinsichtlich einzelner Besteuerungsgrundlagen (Streitpunkte) vorgenommen werden (BFH/NV 08, 27). Enthält ein StBescheid dennoch einen solchen begrenzten Vorbehalt und lässt er sich nicht im Wege der Auslegung als eine vorläufige StFestsetzung nach § 165 verstehen, so ist der Bescheid nichtig, weil er einen vom Gesetz unter keinen Umständen zugelassenen Inhalt hat (aA *HHSp/Heuermann* Rz 10a: Nichtigkeit nur des Vorbehalts, dh vorbehaltslose StFestsetzung insgesamt). Dass der Vorbehalt der Nachprüfung lediglich eine Nebenbestimmung ist (BFH BStBl 83, 622; 81, 150; BFH/NV 93, 704), ändert daran nichts; denn diese Nebenbestimmung ist in dem Sinne unselbständiger Teil des StBescheids, dass dieser keinen Bestand haben kann, ohne dass auch die Nebenbestimmung wirksam ist (BFH BStBl 81, 150). Vgl näher Rz 55.

9 Der Vorbehalt der Nachprüfung kann sich in einem StBescheid aber selbstredend ggf auf eine einzelne Steuer beschränken, zB eine Annexsteuer, etwa KSt, oder auf einen von mehreren VZ.

Entscheidend ist der bekannt gegebene Inhalt des Bescheids (vgl BFH BStBl 96, 509; 72, 195; BFH/NV 10, 173; 93, 704); eine Berichtigung ist unter den Voraussetzungen des § 129 möglich (BFH BStBl 99, 62; 06, 400). Der Vorbehalt der Nachprüfung muss für den Stpfl eindeutig erkennbar sein (BFH BStBl 00, 284). Unklarheiten gehen zulasten der FinBeh (BFH BStBl 86, 293; BFH/NV 93, 704). 10

Eine **Begründung des Vorbehalts** ist nicht erforderlich. Die Bekanntgabe des Vorbehalts muss ggü allen Betroffenen erfolgen, bei einem Zerlegungsbescheid auch ggü den betroffenen Gemeinden (BFH BStBl 96, 509). 11

4. Zulässigkeit der Vorbehaltsfestsetzung. Einzige Voraussetzung für die Beifügung des Vorbehalts ist, dass der Fall noch nicht abschließend geprüft ist, weder an Amtsstelle noch im Wege einer Ap. Die FinBeh darf aber auch bei der Vorbehaltsfestsetzung nicht von vornherein auf *jede* rechtliche und tatsächliche Prüfung verzichten, insbes vor offenkundigen rechtlichen Fehlern und tatsächlichen Unstimmigkeiten nicht die Augen verschließen. Wenn aber gleichwohl ein weiteres Prüfungsbedürfnis besteht, kann sie unter Vorbehalt veranlagen. Ein Nachprüfungsvorbehalt kommt deshalb insbes bei einem Schätzungsbescheid in Betracht (BFH BStBl 91, 459), zB wenn der Stpfl eine StErklärung in Aussicht stellt (vgl FG Mchn EFG 95, 866, das dann sogar einen Anspruch auf Vorbehaltsfestsetzung einräumt; gegen einen Anspruch auf Vorbehaltsfestsetzung mit Recht FG Hess EFG 01, 798; kritisch auch *HHSp/Heuermann* § 164 Rz 8a). Der Nachprüfungsvorbehalt kann auch mit einer Vorläufigkeitserklärung kombiniert werden (§ 165 III), jedoch nicht in eine solche oder eine solche Erklärung in einen Vorbehalt *umgedeutet* (wohl aber uU entspr *ausgelegt*) werden (BFH BStBl 90, 1043). Es können auch ganze Gruppen nach allg Kriterien ausgewählter Stpfl, zB mit bestimmten Einkünften, mit Einkünften in bestimmter Höhe uÄ, unter Vorbehalt der Nachprüfung veranlagt werden, ohne dass dies begründet zu werden braucht. Das VorStBerichtigungsverfahren nach § 15a UStG hat selbstredend rechtssystematisch Vorrang vor der Vorbehaltsfestsetzung hinsichtlich der VorSt (bei Änderung der Verwendungsabsicht keine Anwendung des § 164 II 1, vgl *Birkenfeld* DStZ 02, 775). 13

Das FA darf nicht trotz abschließender Prüfung eine Vorbehaltsfestsetzung vornehmen, **nur um den Fall offen zu halten.** Auch bei Ausstehen eines Grundlagenbescheids oder dessen Änderung ist der Vorbehalt wegen § 175 I Nr 1 unangebracht. Da der Stpfl regelm nicht übersehen kann, ob und inwieweit die FinBeh seinen Fall bereits überprüft hat, ist das FA allerdings praktisch in seiner Entscheidung frei, ob unter Vorbehalt der Nachprüfung veranlagt wird oder nicht. Die einzige faktisch wirksame Schranke ergibt sich aus § 164 III 3, wonach nach einer Ap ein Vorbehalt der Nachprüfung nicht mehr zulässig ist, sofern sich die Ap nicht auf andere Besteuerungsgegenstände beschränkt hat. Setzt die FinBeh nach Ap dennoch unter Vorbehalt fest, ist der Bescheid jedoch nicht nichtig (siehe näher Rz 18); das FA kann daher die StFestsetzung ändern, wenn er bestandskräftig wird; § 173 II ist in diesem Fall nicht anwendbar (BFH/NV 05, 322). 14

Ein **Änderungsbescheid** nach § 172 I Nr 2a oder § 173 I kann nur mit Zustimmung des Stpfl unter Nachprüfungsvorbehalt ergehen, auch wenn die Änderung zB nach vorangegangener Schätzung auf den nicht abschließend geprüften Angaben des Stpfl beruht; denn auch in diesem Fall liegt in der StErklärung nicht etwa die Zustimmung zu einer Vorbehaltsveranlagung (BFH BStBl 81, 150). Die Berichtigung ist vielmehr auf die steuerlichen Auswirkungen der nachträglich bekannt gewordenen Tatsachen und Beweismittel beschränkt und die StFestsetzung damit endgültig. Denn § 173 bezweckt eine Verstärkung der Bestandskraft des ursprünglichen Bescheids. Dieser Gesetzeszweck würde unterlaufen, wenn das FA anlässlich einer Änderung des Erstbescheids aufgrund von § 173 I den Änderungsbescheid unter Nachprüfungsvorbehalt stellen könnte (BFH BStBl 81, 150). Da der Änderungsbescheid an die Stelle des Erstbescheids tritt (BFH BStBl 73, 231), könnte das FA nunmehr den gesamten Steuerfall gem § 164 I neu überprüfen, und 15 zwar auch hinsichtlich solcher Umstände, für die keine neuen Tatsachen bekannt geworden sind. Damit würde iErg eine Wiederaufrollung des gesamten Steuerfalles erreicht, die durch § 164 gerade vermieden werden soll. Ist also das Einspruchsverfahren gegen einen StBescheid abgeschlossen, kann das FA nur noch von den Änderungsmöglichkeiten des § 172 II Nr 2a und des § 173 I endgültig Gebrauch machen und nicht mehr zu einer StFestsetzung unter Nachprüfungsvorbehalt zurückkehren; es sei denn mit Zustimmung des Stpfl, siehe oben. Ein bestandskräftig gewordener Bescheid kann aber auch auf Antrag des Stpfl nur dann nachträglich unter Vorbehalt gestellt werden, wenn für eine diesem günstige Änderung die Voraussetzungen des § 173 I Nr 2 vorliegen (BFH/NV 10, 1080).

16 Ob bei Vorliegen der vorgenannten tatbestandlichen Voraussetzungen unter Vorbehalt festgesetzt wird, steht im **Ermessen** der FinBeh (BFH BStBl 85, 448; 80, 527; BFH/NV 93, 684); einen Anspruch auf Vorbehaltsfestsetzung hat der Stpfl nicht (FG Hess EFG 01, 798), auch keinen Anspruch auf ermessensfehlerfreie Entscheidung darüber (anders offenbar FG Mchn EFG 96, 866, vgl Rz 13); denn die Vorbehaltsfestsetzung dient nicht seinem Schutz (wenn sie ihn auch bewirkt): Es ist ihm unbenommen, seine Steuern richtig zu erklären und dadurch den Schutz der Vorbehaltsfestsetzung überflüssig zu machen.

17 Auch **nach Durchführung des Einspruchsverfahrens** gegen einen Vorbehaltsbescheid darf das FA den Vorbehalt aufrechterhalten (vgl BStBl 01, 714); denn im Einspruchsverfahren ist nur die Rechtmäßigkeit der StFestsetzung unter Vorbehalt (nicht abschließend der Steuerfall als solcher) zu prüfen. Ein Vorbehalt darf einem StBescheid auch erst im Einspruchsverfahren erstmalig hinzugefügt werden (BFH BStBl 80, 527; BFH/NV 93, 684); es handelt sich dabei aber um eine nur unter den Voraussetzungen des § 367 II 2 zulässige Verböserung.

Die FinBeh kann auch bei Vorbehaltsbescheiden eine **Teileinspruchsentscheidung** (§ 367 IIa) erlassen; ein Vorbehalt berührt die Entscheidungsreife des Einspruchs nicht und schließt Sachdienlichkeit einer Teileinspruchsentscheidung daher nicht aus (BFH BStBl 12, 536).

18 Die FinBeh muss in dem Vorbehaltsbescheid die **Angaben der StErklärung** nicht ungeprüft übernehmen, sondern kann von ihnen abweichen (BFH BStBl 84, 6; zu eng FG RhPf EFG 83, 325, wonach sich aus der verfassungskonformen Auslegung des § 164 I ergeben soll, dass Vorbehaltsbescheide nur bei offensichtlicher Fehlerhaftigkeit der StErklärung von dieser abweichen dürfen; vgl auch FG Mster EFG 81, 324). Die FinBeh ist insbes nicht gehindert, im Rahmen einer Prüfung evtl eine andere rechtliche Würdigung vorzunehmen oder statt der erklärten Besteuerungsgrundlagen geschätzte zu Grunde zu legen. Unbeschadet des Prinzips der Gesetzmäßigkeit der Verwaltung kann sie sich indes darauf beschränken, eine schlüssige StErklärung zu übernehmen, weil § 164 nicht einmal eine vorläufige Prüfung verlangt.

21 **5. Wirkung (Abs 2).** Der Vorbehaltsbescheid kann bis zum Ablauf der Festsetzungsfrist ohne sachliche Einschränkung jederzeit in vollem Umfang aus formellen oder materiellen Gründen geändert werden, selbst wenn die Gründe für die Änderung nicht Anlass des Vorbehalts und uU dem FA zum Zeitpunkt seines Erlasses sogar bekannt waren; insofern unterscheidet sich § 164 II, IV grds von § 173 (BFH/NV 10, 406). Der Steuerfall bleibt mithin nach allen Seiten offen. Einschränkungen ergeben sich nur aus § 176 (BFH BStBl 98, 420, 314; 93, 261; 90, 253; 88, 40) und evtl aus einer erteilten verbindlichen Zusage oder einer verbindlichen Auskunft (BFH BStBl 08, 817). Das gilt auch, wenn die FinBeh bereits bestimmte einzelne Punkte anhand der Erklärung aufgegriffen und geprüft hat oder von der Erklärung abgewichen ist, sich also über den Steuerfall eine Meinung gebildet und nicht lediglich die StErklärung übernommen hatte. Erkennt die FinBeh die Rechtswidrigkeit ihres Vorbehaltsbescheids, muss sie ihn ändern (BFH/NV 09, 364), wobei der Zeitpunkt der Änderung aber in ihrem Ermessen steht.

Eine Änderung des Bescheids ist auch aufgrund von Tatsachen möglich, die schon bei Erlass des Vorbehaltsbescheids bekannt oder die damals jedenfalls erkennbar waren (BFH BStBl 02, 547; 88, 2; BFH/NV 10, 406; 02, 1421; 98, 1192; 88, 497. Der Stpfl darf auf eine Vorbehaltsfestsetzung nicht vertrauen (BFH/NV 09, 716; 98, 83; 95, 946; dagegen *Drüen* StuW 09, 97). 22

Im endgültigen StBescheid darf die FinBeh auch eine im Vorbehaltsbescheid etwa gewährte StErmäßigung aufgrund einer geänderten Rechtsauffassung versagen (FG BaWü EFG 83, 533) oder eine Rechtsänderung mit Rückwirkung auf den Besteuerungszeitraum umsetzen (BFHE 186, 468). Auch Verfahrensmängel (etwa ein nicht formgerechter Antrag) können jetzt noch berücksichtigt werden. 23

Vertrauensschutz kann sich freilich dort gegen den Nachprüfungsvorbehalt durchsetzen, wo er sich aus einer verbindlichen Zusage (BFH/NV 95, 946) oder tatsächlichen Verständigung (*Drüen* StuW 09, 97) ergibt (offenbar weitergehend, aber unklar BFH/NV 05, 1489; 03, 1529 sowie *Drüen* StuW 09, 97: „Inseln des Vertrauensschutzes“). 23a

Im Gebrauchmachen von den durch die Vorläufigkeitserklärung eröffneten Änderungsmöglichkeiten liegt kein Treuebruch (BFH BStBl 85, 448; BFH/NV 95, 369); der Stpfl hat jedoch, auch wenn er die Möglichkeit eines Rechtsbehelfs gegen den Vorbehaltsbescheid versäumt hat, die Möglichkeit, die Aufhebung des Vorbehalts nach Abs 2 zu verlangen (BFH/NV 95, 369). Das Gleiche gilt, wenn die FinBeh einen rechtmäßig ausgesprochenen Vorbehalt der Nachprüfung nicht aufhebt, obwohl sie ihn inzwischen aufheben müsste (etwa nach Abschluss einer Ap). Treu und Glauben stehen der Änderung eines Vorbehaltsbescheids selbst dann nicht entgegen, wenn zB die gleichen formellen Mängel eines Antrags in früheren Jahren nicht beanstandet worden sind (BFH BStBl 02, 547) oder die FinBeh über längere Zeit eine dem Stpfl günstige Auffassung vertreten und dieser entsprechend disponiert hat (BFH BStBl 08, 817; BFH/NV 98, 578; 05, 68). Das gilt auch umgekehrt: Solange der Vorbehalt der Nachprüfung besteht, kann ein als fehlerhaft erkannter Bescheid geändert werden, auch wenn der Stpfl, der die Änderung begehrt, zuvor eine andere Rechtsauffassung vertreten hat (BFH BStBl 08, 428). Aufgrund des Vorbehalts kann auch ein Feststellungsbescheid deshalb aufgehoben werden, weil die Voraussetzungen für eine einheitliche und gesonderte Feststellung fehlen (BFH BStBl 99, 691; BFH/NV 90, 343). Ist der Nachprüfungsvorbehalt jedoch aufgehoben worden, kommt eine Änderung nur noch nach den allgemeinen Änderungsvorschriften in Betracht. Nachträglich bekannt geworden iSd § 173 I 1 Nr 2 sind dabei nur solche Vorgänge, die sich nach der Aufhebung des Vorbehalts der Nachprüfung ereignet haben (BFH/NV 95, 274). 24

Die **Festsetzungsfrist** wird durch einen Vorbehaltsbescheid nicht hinausgeschoben (keine Unterbrechung nach § 171 VIII). Der Vorbehalt wird vielmehr nach deren Ablauf gegenstandslos (Abs 4 S 1; vgl BFH BStBl 02, 447). Er lebt auch nicht wegen § 181 V 1 wieder auf (BFH/NV 15, 353). Keine Verlängerung der Frist wegen StHinterziehung, Abs 4 S 2. 25

6. Änderung des Vorbehaltsbescheids. Diese ist jederzeit, auch mehrfach, möglich (vgl schon Rz 21 ff) und setzt keine weitere Prüfung des Steuerfalls in rechtl oder tatsächl Hinsicht voraus (BFH/NV 99, 287), wenn diese auch iAllg Änderungsanlass sein wird. Die LSt-Entrichtungsschuld kann auch nach Erteilung der LSt-Bescheinigung (§ 41c III EStG) geändert werden (BFH BStBl 09, 354; 13, 929; BFH/NV 09, 458), jedoch ist eine Minderung der einzubehaltenden und zu übernehmenden Lohnsteuer gem § 41c III 4 EStG nur zulässig, wenn sich der ArbN ohne vertraglichen Anspruch und gegen den Willen des ArbG Beträge verschafft hat, für die LSt einbehalten wurde (Geltung für Änderungen des Lohnsteuerabzugs ab 31.7.2014, FG Ddorf EFG 16, 1791; vgl aber FG Ddorf EFG 16, 1094); zum vormaligen Recht FG BaWü 3 K 2347/14, BeckRS 2017, 141724. Zur Änderung bei einem beschränkt StPfl FG Köln EFG 16, 1351 (vgl FG Ddorf EFG 15, 2093). 26

Die Aufnahme der StForderungen in einen Insolvenzplan (§ 217 Satz 1 InsO) schließt allerdings eine Änderung aus, BFH BStBl 15, 577 (aA *Bartone* AO-StB 08, 132).

Eine Änderung der StFestsetzung unter Aufrechterhaltung des Vorbehalts steht im Ermessen der FinBeh. Von den sonst bei StBescheiden erforderlichen Änderungsvoraussetzungen, §§ 172 ff, ist sie nicht abhängig, insbes nicht davon, dass neue Tatsachen oder Beweismittel aufgedeckt werden (vgl § 172 I 1). Der Bescheid kann auch nachträglich für vorläufig erklärt (§ 165) werden (BFH/NV 05, 620). Rechtsfehler können bereinigt werden. § 176 setzt sich allerdings auch ggü der Vorbehaltsfestsetzung durch (BFH BStBl 98, 420; 93, 459; 92, 5; 89, 198; 88, 180, 40; BFH/NV 98, 314; vgl *Leisner* DStR 99, 358, wonach dies sogar ein Verfassungsgebot sein soll; aA *Rößler* DStZ 99, 603) und gewährt dem sonst nicht geschützten Vertrauen des Stpfl auf den Bestand des vorläufigen Bescheids insoweit Vertrauensschutz; die Vermutung, dass die FinBeh eine bestehende Rspr des BFH angewandt hat, soll aber bei einem Vorbehaltsbescheid dann nicht gelten, wenn eine von der Rspr des BFH abweichende Verwaltungsregelung oder ein Nichtanwendungserlass bestanden haben (BFH BStBl 92, 5).

27 Ändert die FinBeh auf den Antrag des Stpfl den Vorbehaltsbescheid, braucht sie den **Vorbehalt nicht ausdrücklich zu wiederholen** (BFH BStBl 95, 2; 85, 448; 84, 788; BFH/NV 06, 547; 89, 663), auch wenn dies der Klarheit wegen geschehen sollte (kritisch deshalb *TK/Seer* § 164 Rz 46). AEAO Nr 6 schreibt allerdings eine solche Wiederholung vor. Siehe ferner Rz 36.

28 Der unter Fortbestand des Vorbehalts **geänderte Vorbehaltsbescheid** ist in dem gleichen Umfange änderbar wie der ursprüngliche Vorbehaltsbescheid; es besteht kein gesteigerter Bestandsschutz (BFH/NV 97, 407). Aus den Grundsätzen von Treu und Glauben kann sich etwas anderes ergeben, wird sich jedoch idR nichts anderes ergeben: Denn der einer StFestsetzung beigefügte Vorbehalt der Nachprüfung verhindert gerade das Entstehen eines für die Bindung nach Treu und Glauben notwendigen Vertrauenstatbestandes (BFH/NV 98, 83; 95, 946; 92, 492). BFH BStBl 67, 212 hat freilich in einem Fall, in dem nach Ergehen eines Vorbehaltsbescheids eine endgültige Veranlagung in zwei Folgejahren erfolgt war, angenommen, dies schließe eine Änderung des Vorbehaltsbescheids nach Treu und Glauben aus.

29 Hat das FG eine bestimmte in der Veranlagung streitige **Sach- oder Rechtsfrage auf Klage** gegen einen Vorbehaltsbescheid **entschieden,** ist die FinBeh trotz des Vorbehalts daran gebunden; anders, wenn zB ein neuer Sachverhalt festgestellt wird oder neue Beweismittel vorliegen, nicht jedoch aufgrund eines im Prozess nicht erörterten rechtlichen Arguments, denn die gerichtliche Rechtsprüfung ist naturgemäß jedenfalls dem Anspruch nach umfassend. Die in § 110 I FGO vorgesehene Bindungswirkung schließt es aus, dass sich die FinBeh mit einer Änderung der StFestsetzung in Widerspruch zu der rechtlichen Beurteilung des Gerichts setzt, die der Aufhebung, Änderung oder Bestätigung des Vorbehaltsbescheids zu Grunde lag (BFH BStBl 90, 1032); ob und ggf inwieweit über eine Frage vom Gericht entschieden worden ist, muss ggf anhand der Urteilsgründe ermittelt werden.

30 Ein zu Unrecht auf § 129 gestützter **Berichtigungsbescheid** kann als Änderungsbescheid nach § 164 II Bestand haben, auch wenn die Berichtigung nicht als Unterfall einer Änderung anzusehen sein sollte (BFH BStBl 95, 2; BFHE 162, 115 = HFR 91, 137; BFH/NV 89, 281). Eine Berichtigung des Vorbehaltsbescheids selbst nach § 129 ist zulässig (BFH BStBl 96, 509). Ist die Anordnung des Vorbehalts der Nachprüfung offenbar versehentlich unterblieben oder der Vorbehalt versehentlich aufgehoben worden, muss der Bescheid nicht zunächst nach § 129, wenn dessen Voraussetzungen insoweit vorliegen, berichtigt werden, um dann erst geändert werden zu können (BStBl 13, 307; 06, 400; 99, 62; 96, 509; BFH/NV 10, 2004; dazu kritisch ua *Weber* DStR 07, 1561), selbst wenn die Unrichtigkeit aus

dem Bescheid nicht erkennbar ist (aA *TK/Seer* § 164 Rz 25; kritisch auch *Drüen* StuW 09, 97), was entgegen dem von der Kritik an dieser Rspr erweckten Eindruck zwangsläufige Folge dessen ist, dass § 129 eine solche Erkennbarkeit für den Stpfl *nicht* verlangt.

Will das FA einen Berichtigungsbescheid, in dem ua der Vorbehalt der Nachprüfung aufgehoben worden ist, **im Rechtsbehelfsverfahren** erneut zu Ungunsten des Stpfl ändern und steht ihm dafür keine der Korrekturvorschriften der §§ 172ff zur Seite, kann dies nur nach Hinweis auf die Verböserungsabsicht oder mit ausdrücklicher Zustimmung des Stpfl geschehen. Das Erfordernis der Zustimmung des Stpfl kann nicht dadurch umgangen werden, dass das FA den den Nachprüfungsvorbehalt aufhebenden Berichtigungsbescheid aufhebt, um dann den an die Stelle tretenden ursprünglichen Bescheid nach § 164 II berichtigen zu können. 31

7. Änderungsantrag des Stpfl (Abs 2 S 2 und 3). Der Änderungsantrag unterscheidet sich in seinen Wirkungen von Einspruch/Klage ggü dem Vorbehaltsbescheid darin, dass der Stpfl aufgrund des Änderungsantrages keine Vollziehungsaussetzung erlangen kann. Ihm Stundung des entsprechenden Betrags zu gewähren, kann indes zweckmäßig sein. 33

Die FinBeh kann die Änderung der StFestsetzung bis zu einer abschließenden Prüfung des Steuerfalles hinausschieben (Abs 2 S 3). Über den Antrag ist allerdings in angemessener Frist zu entscheiden; was angemessen ist, bestimmen die Umstände des Einzelfalls, dh Umfang und Schwierigkeit der durch den Antrag ausgelösten Prüfung unter Berücksichtigung der Geschäftslage der FinBeh; es handelt sich mithin um eine weitgehend wirkungslose Appellvorschrift. Durch den Antrag wird gem § 171 III 1 die Festsetzungsfrist hinausgeschoben, bis über den Antrag rechts-/bestandskräftig entschieden worden ist; der Ablauf der Festsetzungsfrist kann gleichwohl gegen den Willen des Stpfl nicht ad infinitum gehemmt bleiben, weil eine Entscheidung über den Antrag innerhalb angemessener Frist ggf mit der Verpflichtungsklage durchgesetzt werden kann. Ein Hinausschieben der Entscheidung über die Änderung bis zum Ablauf der regelmäßigen Festsetzungsfrist dürfte allerdings idR zulässig sein, ebenso, wenn die FinBeh vor Ablauf der regelmäßigen Festsetzungsfrist mit einer Ap beginnen und im Rahmen dieser umfassenden Prüfung auch über den Antrag befinden will. Für die Angemessenheit der Frist kann auch von Bedeutung sein, ob der Stpfl sein Anliegen billigerweise hätte früher geltend machen können.

Gibt der Stpfl eine **StAnmeldung** nach § 168 S 1 ab, so liegt darin jedoch grds kein Änderungsantrag, weil die Anmeldung entweder aus sich heraus als StFestsetzung unter Vorbehalt der Nachprüfung wirkt oder unter den Voraussetzungen des § 168 S 2 der Zustimmung der FinBeh bedarf, die in diesem Fall an die Stelle einer Änderung des vorausgegangenen Vorbehaltsbescheids tritt. Ein nach Ablauf der Einspruchsfrist eingereichtes, als „Einspruch" bezeichnetes Schreiben kann in Anwendung des Grundsatzes rechtsschutzgewährender Auslegung als Antrag auf Änderung zu werten sein (BFH/NV 12, 1985). 34

Beantragt der Stpfl (innerhalb der Festsetzungsfrist, BFH/NV 16, 533) eine Änderung der Vorbehaltsfestsetzung (Abs 2 S 2), kann er in jeder Hinsicht **neue Tatsachen** geltend machen, neue Beweismittel beibringen, rechtliche Argumente neu vortragen (BFH BStBl 08, 428), sich auf eine Änderung der Rspr (auch des BVerfG) berufen, Wahlrechte ausüben oder eine ausgeübte Wahl ändern, soweit die Ausübung des Wahlrechts nicht nach dem einschlägigen StGesetz unwiderruflich ist (BFH/NV 87, 751). Denn soweit gesetzlich nichts anderes geregelt ist, kann jede Wahlrechtsausübung grds frei und unbeschränkt geändert werden, die Änderung der Wahlrechtsausübung wird zeitlich gesehen nur durch die Bestandskraft der StBescheide eingeschränkt, auf die sie sich auswirken soll (BFH BStBl 98, 1004). Das Wahlrecht nach § 26 EStG kann auch bei Ergehen eines Änderungsbescheids neu ausgeübt werden (BFH BStBl 02, 408); es kann bis zur Bestandskraft 35 eines Zusammenveranlagungsbescheids sogar ungeachtet des § 164 II ausgeübt werden und führt dann zu einer Bescheidsänderung nach § 172 I Nr 2, bei der die Besteuerungsgrundlagen aus dem ursprünglichen Bescheid zu übernehmen sein sollen (BFH BStBl 05, 564; offen, ob dabei ggf gem § 177 zu saldieren ist). Das Optionsrecht nach § 19 II 1 UStG kann der Stpfl jedoch im Wege eines Änderungsantrags nicht mehr ausüben, weil § 19 II 1 UStG dies nur bis zur Unanfechtbarkeit der StFestsetzung zulässt; (formell) unanfechtbar festgesetzt iS dieser Vorschrift ist eine Steuer aber auch in einem Vorbehaltsbescheid (BFH BStBl 86, 420; 98, 420 für das Optionsrecht nach § 23 III UStG; BFH/NV 88, 601; 98, 1536; vgl auch zu der ähnlichen Problematik bei der GrEStBefreiung nach den früheren GrEStEigWoG BFH BStBl 83, 164).

36 **8. Aufhebung des Vorbehalts (Abs 3).** Diese ist jederzeit zulässig und kann ebenso wie eine Änderung der Vorbehaltsfestsetzung vom Stpfl ggf beantragt werden (str). Sie bedarf regelm keiner besonderen Begründung (BFH BStBl 98, 502; 97, 5), § 157 ist jedoch zu beachten. Der Vorbehalt der Nachprüfung wirkt grds solange fort, bis er ausdrücklich aufgehoben wird (vgl BFH BStBl 95, 2; 85, 448); auch bei Erlass eines Änderungsbescheids besteht er fort, selbst wenn er nicht ausdrücklich wiederholt wird (vgl BFH BStBl 95, 2; 85, 448; 84, 788; BFH/NV 89, 663), ebenso, wenn die FinBeh nach einer Ap nach § 202 I 3 mitteilt, diese habe zu keinen Änderungen geführt (BFH/NV 95, 938). Es gilt das Gleiche wie bei § 165 (siehe auch § 165 Rz 49 und oben Rz 27). Selbst wenn die FinBeh nach Einspruch gegen einen vorläufigen Bescheid einen Abhilfebescheid erlässt, kann daraus idR keine Bindung für den endgültigen StBescheid hergeleitet werden (BFH/NV 97, 407, 661), die StFestsetzung bleibt vielmehr vorläufig; das gilt erstrecht bei Zurückweisung des Einspruchs (FG Mster EFG 84, 211; aA FG Nds EFG 80, 530; FG Bln EFG 81, 63). Das Gleiche gilt bei Erlass eines unter Vorbehalt stehenden Abhilfebescheids nach Klageerhebung, wodurch sich ggf das Klageverfahren erledigt (BFH/NV 97, 407).

37 Eine ausdrückliche Aufhebung des Vorbehalts, die seine Wirkungen allein beseitigen könnte (BFH BStBl 85, 448; 64, 436), ist idR erst vorzunehmen, wenn die FinBeh ihrer Amtsermittlungspflicht genügt und den Steuerfall rechtl und tatsächlich abschließend geprüft hat. Die FinBeh darf den Vorbehalt allerdings auch dann aufheben, wenn sie den Steuerfall nicht abschließend geprüft hat (BFH BStBl 98, 502), zB weil sie von weiterer Prüfung im Rahmen ihres Ermessensspielraums, den sie auch bei der Festlegung ihrer Ermittlungs- und Prüfungsintensität hat, absehen will.

38 Aufhebung des Vorbehalts steht **vorbehaltloser StFestsetzung** gleich; der Vorbehalt kann deshalb nur wiederhergestellt werden, wenn eine Änderungsvorschrift (§§ 173 ff) eine erneute Vorbehaltsfestsetzung gestattet (anders bei Änderung des Aufhebungsbescheids auf Rechtsbehelf, FG Köln EFG 85, 216). Der Bescheid über die Aufhebung des Vorbehalts kann umfassend mit den Einwänden gegen die StFestsetzung angegriffen werden (BFH/NV 98, 818). Ist allerdings über Rechtsfragen im Rahmen eines Rechtsbehelfsverfahrens gegen den Vorbehaltsbescheid schon rechtskräftig „entschieden" (dh sind diese abschließend beurteilt worden), können diese jetzt nicht abweichend beurteilt werden (vgl BStBl 90, 1032; BFH/NV 07, 206; überholt BFH/NV 87, 751; abweichend aber auch BFH/NV 98, 817); bei einer Bestätigung des Vorbehaltsbescheids lediglich durch Einspruchsentscheidung gilt das freilich nicht (BFH/NV 97, 497). Der Festsetzung unter Vorbehalt der Nachprüfung braucht indes nicht notwendig eine Endgültigkeitserklärung (Aufhebung des Nachprüfungsvorbehalts) zu folgen; die FinBeh kann die mit der Aufhebung des Vorbehalts verbundene Wirkung vielmehr auch dadurch eintreten lassen, dass sie bis zum Ablauf der Festsetzungsfrist nichts mehr unternimmt. Sofern kein Fall der Ablaufhemmung vorliegt (§ 171), ist damit die StFestsetzung nicht mehr änderbar.

Die Aufhebung des Nachprüfungsvorbehalts bei einem **Grundlagenbescheid** muss gem § 175 I Nr 1 umgesetzt werden; sie setzt die Frist des § 171 X in Lauf (vgl BFH/NV 95, 943). Enthält ein geänderter Grundlagenbescheid eine Aufhebung des Vorbehalts der Nachprüfung, beinhaltet er eine erstmalige Feststellung (§ 164 III 2, § 181 I 1) und ist in vollem Umfang ohne Bindung an vorangegangene Feststellungsbescheide in den Folgebescheid zu übernehmen (BFH/NV 14, 1112). 39

Bei **Vorauszahlungen** kann der Vorbehalt nicht aufgehoben werden, selbst wenn die Anmeldungen zB durch USt-Sonderprüfungen überprüft worden sind; § 164 III 3 ist trotz entgegenstehenden Wortlauts nicht anzuwenden. Hingegen kann bei **StAnmeldungen** Abs 3 eingreifen (BFH BStBl 95, 555). Ergeht auf eine StAnmeldung ein vorbehaltloser StBescheid, steht die darin vorgenommene Festsetzung nicht (mehr) unter Vorbehalt. 42

Die Aufhebung des Vorbehalts muss **durch Bescheid** erfolgen (vgl BFH BStBl 95, 555); dieser ist ein StVA (BFH BStBl 83, 622), weil er die Rechtswirkung einer endgültigen StFestsetzung hat (Abs 3 S 2 HS 1). Er bedarf daher gem § 157 I 1 und 3 der Schriftform. Er bedarf jedoch, obwohl Ermessensentscheidung, ebenso wenig wie der Vorbehalt selbst oder ein Absehen von einem Vorbehalt einer Begründung (BFH BStBl 97, 5). Gegen den Aufhebungsbescheid ist der Einspruch gegeben; ein während des Verfahrens gegen den Vorbehaltsbescheid ergehender Aufhebungsbescheid wird Gegenstand des Verfahrens nach § 365 III bzw § 68 FGO (BFH BStBl 09, 587; 03, 112; BFH/NV 01, 1133). Anfechtung ist ohne Beachtung der Schranken des § 351 möglich (vgl BFH BStBl 72, 195; siehe näher § 351 Rz 8). Bei Aufhebung des Vorbehalts in der Einspruchsentscheidung ist ein Hinweis nach § 367 II nicht erforderlich, weil der Stpfl der Aufhebung durch Einspruchsrücknahme ohnehin nicht zuvorkommen kann (BFH BStBl 97, 5; BFH/NV 98, 816; 99, 26); anders wenn ohne den Einspruch die Festsetzungsfrist abgelaufen wäre (BFH BStBl 09, 587). Gegen die Aufhebung des Nachprüfungsvorbehalts in der Einspruchsentscheidung ist die Klage und nicht ein erneuter Einspruch gegeben (BFH BStBl 84, 85). Die Aufhebung des Vorbehalts steht einer nachfolgenden Ap nicht entgegen (BFH BStBl 87, 644; 86, 36; FG Nbg EFG 84, 7); denn Änderungen der StFestsetzung nach §§ 172 ff bleiben möglich. 44

9. Aufhebung des Vorbehalts nach Ap (Abs 3 S 3). Der Vorbehalt muss nach einer Ap aufgehoben werden, wenn sich Änderungen nicht ergeben, aber entgegen diesem Gesetzeswortlaut auch, wenn sie sich ergeben; denn auch dann ist der Steuerfall abschließend geprüft und die Rechtfertigung für eine Vorbehaltsfestsetzung damit entfallen. Unterlässt das FA nach einer Ap die in Abs 3 S 3 vorgeschriebene Aufhebung des Vorbehalts, so steht der StBescheid freilich weiterhin unter einem wirksamen Vorbehalt der Nachprüfung und kann noch nach § 164 II geändert werden (BFH BStBl 07, 344; 95, 2; BFH/NV 10, 161); Treu und Glauben stehen nicht entgegen (BFH BStBl 95, 2; 88, 168; 85, 448; BFH/NV 95, 369; 91, 219). Das gilt sogar dann, wenn nach Ap mitgeteilt worden ist, sie habe zu keiner Änderung geführt (BFH BStBl 07, 344; 88, 168; BFH/NV 95, 938; kritisch *Thomas* DStR 92, 1468). Auch die Änderungssperre des § 173 II 2 schützt den Stpfl in diesem Fall vor einer Änderung der Vorbehaltsfestsetzung nicht; denn sie gilt nur für den Bereich des § 173, nicht aber auch für andere Änderungsvorschriften, wie zB § 164 (BFH BStBl 88, 168; BFH/NV 95, 938). Dass die FinBeh auch nach einer abschließenden *Prüfung an Amtsstelle* den Vorbehalt aufheben muss, ergibt sich daraus, dass in diesem Fall ebenso wie nach Abschluss der Ap die Voraussetzungen einer Vorbehaltsfestsetzung nicht mehr vorliegen (offen BFH BStBl 98, 502). Anträge auf Aufhebung des Vorbehaltsvermerks nach Abschluss der Ap, die gestellt werden, bevor eine beabsichtigte Änderung der StFestsetzung bekannt gegeben wird, führen dazu, dass ein zur Aufhebung des Vorbehalts verpflichtendes Urteil auch zur Aufhebung eines zwischenzeitlich erlassenen Änderungsbescheids führt (BFH/NV 10, 161). 46

47 Bei **Sonderprüfungen** (zB USt, LSt) kommt es darauf an, ob es sich um abschließende Prüfungen der betr Steuerart handelt oder nicht. Wenn eine USt-Sonderprüfung auf den VorStAbzug beschränkt ist, darf die FinBeh den USt-Bescheid weiterhin unter dem Vorbehalt der Nachprüfung stehen lassen (BFH BStBl 87, 486; BFH/NV 90, 547). Bei der Prüfung von USt-Voranmeldungen kann der Vorbehalt nicht aufgehoben werden, weil es sich insoweit um Vorauszahlungsbescheide handelt, die kraft Gesetzes unter dem Vorbehalt der Nachprüfung stehen; daher geht die Änderungssperre des § 173 II insoweit ins Leere. USt-Voranmeldungen bzw Vorauszahlungsbescheide stehen also auch nach Ap weiter unter Vorbehalt (FG Nds EFG 81, 648) und können dementsprechend geändert werden. Eine nachfolgende Ap kann deshalb die USt-Festsetzung in vollem Umfang überprüfen (*Mösbauer* UVR 02, 333).

48 Eine **LSt-Ap** (§ 42f EStG) ist stets eine abschließende Prüfung, sodass der Vorbehalt der Nachprüfung aufzuheben ist, sobald die Prüfung beendet ist (BFH BStBl 93, 840); einem späteren LSt-Haftungs- oder Pauschalierungsbescheid steht folglich § 173 II 1 entgegen, es sei denn, es liegt eine StHinterziehung oder eine leichtfertige StVerkürzung vor. Die EStPflicht des ArbN und die Möglichkeiten einer Änderung des diesem ggü ergangenen Veranlagungsbescheids bleiben davon unberührt. Für einen Pauschalierungsbescheid gilt das Vorgenannte ebenfalls (BFH BStBl 93, 829). Das ist auch dann nicht anders, wenn in dem Prüfungsbericht auf die (vermeintliche) Möglichkeit einer späteren Inanspruchnahme ausdrücklich hingewiesen worden ist (BFH BStBl 95, 555). Die FinBeh wird also vor Abschluss der Prüfung, jedenfalls vor Aufhebung des Nachprüfungsvorbehalts ggf prüfen, ob nicht abgeführte LSt von ArbN nachgezahlt wird (vgl BFH BStBl 95, 555). LSt-Haftungsbescheide und schriftliche Anerkennung der Zahlungsverpflichtung gem § 42d IV Nr 2 EStG können jedoch unter den Voraussetzungen der §§ 130ff geändert werden, Nachforderungsbescheide bei pauschalierter LSt unter den Voraussetzungen der §§ 172ff.

51 **10. Entfallen des Vorbehalts (Abs 4).** Nach Ablauf der Festsetzungsfrist ist auch eine Änderung der Vorbehaltsfestsetzung nicht mehr möglich (§ 169 I). Das gilt auch für die Änderung eines Feststellungsbescheids, der unter Vorbehalt steht (BFH BStBl 01, 156). Entscheidend ist hier der Ablauf der „normalen" Festsetzungsfrist des § 169 II 1 (vier Jahre bzw ein Jahr); eine ggf längere Festsetzungsfrist nach § 169 II 2 (StHinterziehung oder leichtfertige StVerkürzung) wirkt sich nicht aus (BFH BStBl 99, 478). An- und Ablaufhemmungen, zB nach § 170 III sind aber zu berücksichtigen (Ausnahme: Abs 4 S 2); deshalb wird der Ablauf der Festsetzungsfrist und damit die Geltung des Vorbehalts hinausgeschoben bei auf Antrag festgesetzten Steuern und StVergütungen (§ 170 III), zB der InvZul (BFH BStBl 01, 432), ferner wenn der Stpfl vor Ablauf der Festsetzungsfrist einen Antrag auf Aufhebung oder Änderung der StFestsetzung gestellt hat, vgl § 164 II iVm § 171 III 1, ferner bei Anfechtung eines vor Ablauf der Festsetzungsfrist erlassenen StBescheids, § 171 IIIa, bei vor Ablauf der Festsetzungsfrist begonnener Ap, § 171 IV 1 und einer Zollfahndungsprüfung (§ 171 V; FG Hbg 3 K 36/16). Bei von § 170 VI erfassten ausl Kapitalerträgen bleibt es aber bei dem Wegfall des Vorbehalts nach Ablauf der regulären Festsetzungsfrist (4 Jahre), ohne dass die dort geregelte Anlaufhemmung zu berücksichtigen ist.

52 Abs 4 gilt nach § 181 I 1 für einen **Feststellungsbescheid** sinngemäß. Auch dieser kann also nicht mehr geändert werden, wenn die durch die vorgenannte Verweisungsvorschrift iVm §§ 169ff vorgeschriebene besondere Feststellungsfrist abgelaufen ist. Ob die Festsetzungsfrist für die Steuern, für deren Festsetzung der Feststellungsbescheid die Grundlage schafft, noch läuft, ist ohne Bedeutung (vgl § 181 Rz 14). Auch § 181 V hemmt den Ablauf der Feststellungsfrist nicht etwa solange, wie die Festsetzungsfrist bei einem Folgebescheid noch offen ist (BFH BStBl 01, 156); nur wenn der Feststellungsbescheid aufgrund der §§ 172ff geän-

dert werden muss, kann diese Änderung nach § 181 V bei offener Festsetzungsfrist *trotz* Ablaufs der Feststellungsfrist vorgenommen werden.

11. Rechtsbehelfsverfahren. Der Stpfl kann sich mit der Anfechtungsklage nur gegen einen Vorbehaltsbescheid als solchen, nicht gegen die (unselbständige) Nebenbestimmung des Nachprüfungsvorbehalts (vgl BFH BStBl 83, 622; BFH/NV 93, 704) mit Aussicht auf Erfolg wehren (BFH BStBl 81, 150; vgl näher Rz 55). Die jederzeitige Änderbarkeit der Vorbehaltsfestsetzung und die Möglichkeit, einen Änderungsantrag zu stellen, stellen aber die Anfechtbarkeit der StFestsetzung unter dem Vorbehalt der Nachprüfung nicht infrage. Der unter Vorbehalt der Nachprüfung gestellte Bescheid ist ein *echter StBescheid* (vgl BFH BStBl 98, 502), der das StSchuldverhältnis verwirklicht, freilich leicht änderbar ist und sich einzig dadurch auszeichnet. 53

Der Vorbehaltsbescheid ist auch dann anfechtbar, wenn sich der Stpfl nur **durch den Vorbehalt selbst beschwert** fühlt. Der Stpfl kann im Einspruchs- und Klageverfahren die Rechtswidrigkeit des Vorbehalts geltend machen und die FinBeh den Vorbehalt in einer Abhilfeentscheidung aufheben, weil die angebliche Ungewissheit nicht besteht. Die Erfolgsaussichten eines entsprechenden Einspruchs/einer Klage dürften aber im Hinblick auf die weiten Voraussetzungen, unter denen der Vorbehalt beigefügt werden kann, nur gering sein. 54

Der Vorbehalt der Nachprüfung ist hingegen als unselbständige Nebenbestimmung **nicht gesondert anfechtbar** (BFH BStBl 81, 150; 79, 666). Er kann nicht als solcher, getrennt von der StFestsetzung vom FG aufgehoben werden (BFH BStBl 94, 951; so aber FG Mchn EFG 95, 866). Denn eine Aufhebung des Nachprüfungsvorbehalts wäre eine von § 100 FGO nicht zugelassene inhaltliche Änderung des Bescheids. Bei einer unselbständigen Nebenbestimmung kann mit der Anfechtungsklage nur die Aufhebung des VA samt Nebenbestimmung nicht aber der Fortbestand des VA ohne Nebenbestimmung erreicht werden (BVerwGE 29, 261; BFH BStBl 81, 150). Wenn der Stpfl die gerichtliche Aufhebung des Vorbehalts erreichen will, müsste er daher auf Aufhebung der StFestsetzung insgesamt und auf die Verpflichtung der Behörde zum Erlass eines im Betrag identischen, aber vorbehaltlosen Bescheids klagen, wofür idR das Rechtsschutzbedürfnis fehlen wird. 55

Ein trotz abschließender Prüfung unter Vorbehalt ergangener StBescheid ist nicht nichtig, sondern bloß anfechtbar. Wird er bestandskräftig, kann die FinBeh ihn folglich unter Ausnutzung des Vorbehalts ändern (vgl FG Hbg EFG 86, 362; FG Ddorf EFG 88, 96); denn der Vorbehalt ist rechtswirksam, wenn auch rechtswidrig (BFH BStBl 95, 2; 85, 448; BFH/NV 95, 369; 87, 433; BVerwGE 45, 106), der Stpfl kann sich nicht mehr darauf berufen, die Voraussetzungen der Vorläufigkeit hätten nicht vorgelegen oder entgegen Abs 3 S 3 sei ein ursprünglich wirksam erlassener Vorbehalt nicht rechtzeitig aufgehoben worden (BFH BStBl 95, 2). Eine Änderung soll aber in diesem Fall gegen Treu und Glauben verstoßen können (BVerwGE 45, 106), was allenfalls ganz ausnahmsweise in Betracht kommt. Ferner soll ein Bescheid, dem – weil er kein StBescheid ist – ein Vorläufigkeitsvorbehalt nicht beigefügt werden darf, auch bei Bestandskraft eines solchen Vorbehalts nicht mehr geändert werden können (BFH BStBl 79, 609; BVerwG DStRE 98, 187 = HFR 98, 1020 für Erlassbescheid). 55a

Der Stpfl kann jederzeit einen **Antrag auf Aufhebung des Vorbehalts** nach Abs 3 stellen und gegen die Ablehnung Einspruch einlegen kann. Dass der Stpfl es versäumt hat, gegen einen rechtswidrig unter Vorbehalt gestellten StBescheid Einspruch einzulegen, schließt einen Antrag auf Aufhebung des Vorbehalts nicht aus, über den aber nicht sofort, sondern erst entsprechend Abs 2 S 3 in angemessener Frist entschieden werden muss. 55b

Ob im Einspruchs- oder Klageverfahren gegen einen Vorbehaltsbescheid die Sachlage (ggf unter Ausschöpfung aller, auch von der FinBeh noch nicht erhobe- 56 ner Beweise) aufzuklären und die Rechtslage **abschließend zu prüfen** ist, erscheint fraglich. BFH/NV 93, 296 meint dies – insoweit mit Recht – für eine Prüfung „nach Maßgabe der Klagebegründung anhand der dem Gericht zur Verfügung stehenden Erkenntnismöglichkeiten" § 100 I FGO entnehmen zu können, folgert daraus jedoch, dass das Gericht verpflichtet sei, (auch) angefochtene (Vorbehalts-)Bescheide darauf zu überprüfen, ob sie mit Recht und Gesetz in Einklang stehen oder den Kläger in seinen Rechten verletzen; der BFH hat insofern eine „endgültige Entscheidung" nach Sachaufklärung über den geltend gemachten Streitpunkt verlangt (vgl aber auch BFH BStBl 94, 902; 90, 1032 mit dem Hinweis, die FGO habe die gerichtliche Prüfungspflicht nicht auf eine summarische oder kursorische rechtliche Würdigung beschränkt, obwohl im Rahmen der Anpassung der FGO an die AO dazu Gelegenheit bestanden habe; außerdem bliebe der Stpfl sonst rechtsschutzlos, weil auch der Vorbehaltsbescheid Grundlage für eine uneingeschränkte Verwirklichung des StAnspruchs sei). Diese Argumentation überzeugt aber vor allem deshalb nicht, weil die FinBeh im Rahmen eines Bescheids nach § 164 I 1 den Steuerfall gerade nicht umfassend aufklären und abschließend rechtl prüfen muss und die gerichtliche Überprüfung eines angefochtenen Bescheids keine anderen Maßstäbe anlegen kann, als sie die FinBeh von Rechts wegen anzulegen hat; gerade weil also iSv BFH/NV 93, 296 die Rechtmäßigkeit des Verwaltungshandelns zu überprüfen ist, kann das Gericht nur in dem Umfang, in dem es die FinBeh getan hat, den im Vorbehaltsbescheid geregelten Steuerfall (ggf summarisch) prüfen. Unklar BFH/NV 01, 914, wonach die gerichtliche Prüfungspflicht nicht „grundsätzlich eingeschränkt" sein soll.

57 In tatsächlicher Hinsicht bedeutet dies, dass das Gericht nicht von Amts wegen **Tatsachen ermitteln** muss, die nicht streitig sind, und sie nicht unter Ausschöpfung aller Beweismittel aufklären muss, wenn sie streitig sind. Eine sorgfältige *Würdigung* der verfügbaren Beweismittel ist jedoch geboten; die Beweislastgrundsätze sind zu beachten. Denn auch der Vorbehaltsbescheid ist Grundlage einer StErhebung. Im Ergebnis läuft das im Wesentlichen darauf hinaus, dass dem Vorbehaltsbescheid in tatsächlicher Hinsicht nur die StErklärung des Stpfl zu Grunde liegen kann.

58 Hinsichtlich der Prüfung der Rechtslage kann ebenfalls keine abschließende, endgültige Prüfung geboten sein (FG Bln EFG 80, 301). Schwierigkeiten bereitet es aber, den Begriff einer **summarischen rechtlichen Prüfung** zu bestimmen. Rechtsfragen sind jedenfalls bei der Prüfung des Vorbehaltsbescheids zunächst wie in jedem anderen Verfahren zu untersuchen und wenn möglich zu entscheiden, eine „bloße Vertretbarkeit" genügt nicht. Aus den gleichen Gründen muss auch im Einspruchsverfahren gegen einen Vorbehaltsbescheid die FinBeh ggf sich über die Rechtslage schlüssig werden und kann nicht etwa unter dem Vorbehalt der Nachprüfung eine StFestsetzung bestätigen, obwohl sie die Verwirklichung des StTatbestandes rechtl nicht ernstlich geprüft hat. Verbleibende Unklarheiten rechtlicher Art müssen indes zulasten des Stpfl gehen, auch wenn man erwarten sollte, dass ihre Folgen von der Allgemeinheit zu tragen sind, die sie zu verantworten hat; denn das Gesetz lässt eine StFestsetzung unter Vorbehalt bei „ungewisser" StRechtslage uneingeschränkt, gleichsam nach Wahrscheinlichkeitsgrundsätzen, zu, was sich zulasten des Stpfl auswirken muss, da Rechtsfragen iAllg Wahrscheinlichkeitsurteilen nicht zugänglich sind. Die gesetzgeberische Konzeption des § 164 erscheint freilich insofern wenig zu Ende durchdacht (vgl dazu auch mit anderer Richtung der Kritik *HHSp/Heuermann* § 164 Rz 5).

59 Gegen die **Aufhebung des Vorbehalts** ist ebenfalls der Einspruch gegeben, weil die Aufhebung einer StFestsetzung gleichsteht; es kann sowohl die Aufhebung des Vorbehalts als auch die StFestsetzung als solche angegriffen werden (vgl aber Rz 38). Eine Anfechtungsklage, die sich isoliert gegen die Aufhebung des Vorbehalts richtet, ist indes aus den gleichen Gründen unzulässig wie eine Anfechtungsklage nur gegen den Vorbehalt der Nachprüfung (siehe Rz 54; FG Hbg EFG 01,

725). Der Aufhebungsbescheid ist selbständiger StBescheid und tritt an die Stelle des ursprünglichen Vorbehaltsbescheids; er kann mit allen Einwendungen, die gegen eine StFestsetzung möglich sind, bekämpft werden. Die Bestandskraft des Vorbehaltsbescheids ist also insofern ohne Folgen. Hat der Stpfl den Vorbehaltsbescheid unanfechtbar werden lassen, so kann er jedoch gegen den endgültigen Bescheid nicht einwenden, der Vorbehalt sei zu Unrecht beigefügt worden (BFH BStBl 74, 142).

Gegen die Aufhebung des Vorbehalts kann **AdV** gewährt werden, soweit die **60** Leistung aus dem ursprünglichen Bescheid noch nicht bewirkt worden ist (FG Hbg EFG 83, 160), anderenfalls Aufhebung der Vollziehung; eine entsprechende Anwendung des § 69 II 8 FGO mit der Folge, dass nur wegen eines Differenzbetrags vorläufiger Rechtsschutz gewährt werden könnte, kommt nicht in Betracht (BFH BStBl 99, 335).

Erlässt das FA während des Klageverfahrens gegen einen Vorbehaltsbescheid ei- **61** nen Bescheid, durch den der Vorbehalt aufgehoben wird, wird dieser nach **§ 68 FGO** Gegenstand des Verfahrens (vgl BFH BStBl 09, 587; 83, 237; BFH/NV 01, 1133; Rz 44). Dies gilt auch, wenn die festgesetzte StSchuld unverändert bleibt (vgl BFH BStBl 88, 955).

§ 165 Vorläufige Steuerfestsetzung, Aussetzung der Steuerfestsetzung

(1) [1] **Soweit ungewiss ist, ob die Voraussetzungen für die Entstehung einer Steuer eingetreten sind, kann sie vorläufig festgesetzt werden.** [2] **Diese Regelung ist auch anzuwenden, wenn**

1. ungewiss ist, ob und wann Verträge mit anderen Staaten über die Besteuerung (§ 2), die sich zugunsten des Steuerpflichtigen auswirken, für die Steuerfestsetzung wirksam werden,

2. das Bundesverfassungsgericht die Unvereinbarkeit eines Steuergesetzes mit dem Grundgesetz festgestellt hat und der Gesetzgeber zu einer Neuregelung verpflichtet ist,

2a. sich auf Grund einer Entscheidung des Gerichtshofes der Europäischen Union ein Bedarf für eine gesetzliche Neuregelung ergeben kann,

3. die Vereinbarkeit eines Steuergesetzes mit höherrangigem Recht Gegenstand eines Verfahrens bei dem Gerichtshof der Europäischen Union, dem Bundesverfassungsgericht oder einem obersten Bundesgericht ist oder

4. die Auslegung eines Steuergesetzes Gegenstand eines Verfahrens bei dem Bundesfinanzhof ist.

[3] **Umfang und Grund der Vorläufigkeit sind anzugeben.** [4] **Unter den Voraussetzungen der Sätze 1 oder 2 kann die Steuerfestsetzung auch gegen oder ohne Sicherheitsleistung ausgesetzt werden.**

(2) [1] **Soweit die Finanzbehörde eine Steuer vorläufig festgesetzt hat, kann sie die Festsetzung aufheben oder ändern.** [2] **Wenn die Ungewissheit beseitigt ist, ist eine vorläufige Steuerfestsetzung aufzuheben, zu ändern oder für endgültig zu erklären; eine ausgesetzte Steuerfestsetzung ist nachzuholen.** [3] **In den Fällen des Absatzes 1 Satz 2 Nr. 4 endet die Ungewissheit, sobald feststeht, dass die Grundsätze der Entscheidung des Bundesfinanzhofs über den entschiedenen Einzelfall hinaus allgemein anzuwenden sind.** [4] **In den Fällen des Absatzes 1 Satz 2 muss eine vorläufige Steuerfestsetzung nach Satz 2 nur auf Antrag des Steuerpflichtigen für endgültig erklärt werden, wenn sie nicht aufzuheben oder zu ändern ist.**

(3) **Die vorläufige Steuerfestsetzung kann mit einer Steuerfestsetzung unter Vorbehalt der Nachprüfung verbunden werden.**

Abs 1 S 2 Nr 4 und Abs 2 S 3 eingefügt, bish S 3 wird S 4 durch StBürokratieabbauG v 20.12.08 (BGBl I, 2850); Abs 1 S 2 Nr 3 geändert durch AmtshilfeRLUmsG v 26.6.13 (BGBl I, 1809); Abs 1 Satz 2 Nr 2a eingefügt durch StModernG v 18.7.16 (BGBl I 1679).

Übersicht

1 **1. Inhalt und Anwendungsbereich.** Die Vorschrift sichert die Möglichkeit einer zeitgerechten StFestsetzung (BFH BStBl 92, 588) auch für die Fälle, in denen in *einzelnen* für die StFestsetzung wesentlichen Punkten tatsächliche Ungewissheit besteht oder die rechtliche Beurteilung unklar ist und von bestimmten ausstehenden gerichtlichen Entscheidungen bzw dem Abschluss von DBAs abhängt. Vorausgesetzt ist eine für die FinBeh gegenwärtig *nicht behebbare* Ungewissheit. Darin liegt der entscheidende Unterschied zu Fällen des § 164. Ferner unterscheiden sich die beiden Vorschriften dadurch, dass die Vorbehaltsfestsetzung nach § 164 (bei unteilbarem steuerrechtl Gegenstand, insbes StFestsetzung für eine StArt und einen VZ) per definitionem umfassend vorläufig ist, während sie bei § 165 nur in dem im Bescheid genau festzulegenden Umfang (typischer-, allerdings nicht notwendigerweise punktuell, vgl zB BFH BStBl 86, 38) vorläufig ist. Auch im Hinblick auf die Verjährung des StAnspruchs unterscheiden sich die Wirkungen einer StFestsetzung nach den beiden Vorschriften (vgl § 164 IV einerseits, Hemmung der Festsetzungsfrist, § 171 VIII, andererseits). Deshalb kann ein Bedürfnis bestehen, die Vorbehaltsfestsetzung mit der vorläufigen Festsetzung zu verbinden, was Abs 3 ausdrücklich zulässt.

2 Die Vorschrift will zum einen der FinBeh eine Änderung der von vornherein als ungewiss einzuschätzenden StFestsetzung, auch nach Ablauf der regulären Verjährungsfrist, ermöglichen, zum anderen dem Stpfl die Anstrengung eines (vorsorglichen) Rechtsbehelfsverfahrens ersparen. Sie will also je nach Sachlage zugunsten wie zulasten beider wirken. Die vorläufige StFestsetzung kann dazu führen, dass Besteuerungssicherheit für unbestimmte Zeit nicht eintritt; der BFH hat daran jedoch bisher unter dem Gesichtspunkt des Rechtsstaatsprinzips keinen Anstoß genommen (BFH/NV 12, 164; 06, 478) und sich darauf zurückgezogen, diese Rechtsfolge sei durch „sachlich einleuchtende" Gründe gerechtfertigt und durch das Rechtsinstitut der Verwirkung gemildert. Ob sich damit das Offenhalten der StFestsetzung auch für sehr lange Fristen (zB über 10 Jahre hinaus) bei hinreichender Berücksichtigung der Belange des Stpfl rechtfertigen lässt, erscheint nicht zweifelsfrei.

4 § 165 ist auf die Festsetzung einer *StVergütung* anwendbar (§ 155 III), zB die Investitionszulage (BFH BStBl 05, 718), auch auf *gesonderte Feststellungen, Zerlegungsbescheide, Erstattungsbescheide,* sowie auf *Kindergeldbescheide* (BFH BStBl 02, 84; dazu *Kanzler* FR 01, 1236; vgl ferner *Bergkemper* FR 00, 136; *Felix* FR 01, 674); nicht

dagegen ist § 165 anwendbar auf *Haftungsbescheide,* vgl §§ 181 I 1; 191 III 1; der einem Haftungsbescheid beigefügte Vorläufigkeitsvermerk ist nichtig (FG Ddorf EFG 95, 530); oder auf Bescheide nach *§ 163* und *§ 218 II.* Auf *Zollbescheide* ist § 165 ebenso wenig wie § 164 anzuwenden.

2. Die einzelnen Vorläufigkeitsgründe. a) Ungewisse Tatsachen (Abs 1 S 1). § 165 I Satz 1 stellt auf eine subjektive Unwissenheit der FinBeh ab, welche nicht oder jedenfalls nicht mit verhältnismäßigem Aufwand beseitigt werden kann (BFH BStBl 90, 1043; BFH/NV 10, 168). Die Ungewissheit muss sich auf Tatsachen beziehen, und zwar darauf, ob Tatsachen vorliegen, die den StTatbestand oder einzelne Merkmale desselben erfüllen (BFH BStBl 85, 648; 90, 278). Tatsache ist jeder Lebensvorgang, der (ggf auch nur teilweise, dh iVm anderen Tatsachen) den gesetzlichen StTatbestand oder ein einzelnes Merkmal dieses Tatbestands erfüllt (BFH BStBl 90, 278). Auch bei Schätzung der Besteuerungsgrundlagen (BFH BStBl 81, 150; 84, 6) oder Notwendigkeit sachverständiger Hilfe (BFH/NV 92, 819) kann solche Ungewissheit bestehen. In anderen Veranlagungszeiträumen geklärte Tatsachen können erneut ungewiss werden und eine vorläufige Festsetzung rechtfertigen (BFH BStBl 13, 359). Die StFestsetzung kann auch für vorläufig erklärt werden, um den Eintritt wertaufhellender Tatsachen in künftigen VZ abzuwarten (BFH BStBl 90, 278; vgl auch FG RhPf EFG 98, 422; kritisch *HHSp/Heuermann* § 165 Rz 11) oder zB um die Einkunftserzielungsabsicht aufgrund einer mehrjährigen Betrachtung zu ermitteln; die Festsetzungsfrist ist insoweit nach § 171 VIII solange gehemmt, bis das FA positive Kenntnis vom Bestehen oder Nichtbestehen der Einkunftserzielungsabsicht hat (FG Mchn EFG 15, 98). Vorläufigkeit darf aber dort nicht angeordnet werden, wo das materielle StRecht gerade eine sofortige Bewertung trotz Ungewissheit verlangt (zB bei Rückstellungen; vgl *BG/Oellerich* § 165 Rz 43). Hingegen hat der BFH mitunter Vorläufigkeit für zulässig gehalten, auch wenn erst ein zukünftiger Vorgang (spätere Verwendung eines Wirtschaftsguts, BFH/NV 04, 152; Verbleib im Betrieb) rückwirkend die Besteuerung beeinflusst. Eine vorläufige StFestsetzung ist allemal nicht gerechtfertigt, wenn ein zur Erfüllung des StTatbestands notwendiges Merkmal überhaupt erst in Zukunft (möglicherweise) verwirklicht werden wird (BFH BStBl 94, 951; *Gast-deHaan* in FS Klein 1994, 943) oder eine Ungewissheit auch in Zukunft nicht wird beseitigt werden können (vgl Rz 9). Auch zB die abstrakte Möglichkeit, dass in späteren VZ Ereignisse eintreten, die (als sog Definitiveffekte) im Rahmen einer verfassungskonformen Auslegung der Regelungen zur sog Mindestbesteuerung auf den VZ zurückwirken könnten, führt nicht zu einer Ungewissheit darüber, ob die Voraussetzungen für die Entstehung einer Steuer eingetreten sind (BFH BStBl 15, 575); allenfalls kommt dann § 175 I 1 Nr 2 in Betracht. 6

Zweifelh ist die Zulässigkeit einer vorläufigen Festsetzung ferner dort, wo das einschlägige materielle Recht wie § 70 EStG bei Kindergeld spezielle Korrekturvorschriften enthält, die bei Verwirklichung der mithin vom Gesetz zunächst hingenommenen Ungewissheit eingreifen (vgl *Greite* NWB Fach 2, 7989). 7

Wie bei der Vorbehaltsfestsetzung (vgl § 164 Rz 18, 57) dispensiert die Vorschrift nicht von den **Beweislastregeln und der Amtsprüfungsmaxime,** sondern schafft lediglich Möglichkeiten, eine nach gegenwärtiger Sach- und Rechtslage und Überzeugung der FinBeh gerechtfertigte StFestsetzung vorzunehmen, obwohl erkennbar ist, dass neue Erkenntnisse in tatsächlicher Hinsicht (zB etwa spätere wertaufhellende Tatsachen, vgl BFH BStBl 98, 239; 90, 278) diese Überzeugung möglicherweise umstoßen könnten. Die bloße theoretische, völlig ungesicherte Möglichkeit, dass bestimmte Besteuerungsgrundlagen gegeben sein könnten, genügt freilich nicht (vgl BFH BStBl 88, 234). 8

Wenn eine Ungewissheit in tatsächlicher Hinsicht auf Dauer nicht behoben werden kann, muss die FinBeh schätzen und aufgrund der **Schätzung** *endgültig* veranlagen. Sie kann aber auch, wenn sie sich die Möglichkeit einer späteren Klä- 9 rung (nicht nur der ohnehin nach § 173 möglichen Berücksichtigung „neuer" Tatsachen) offen halten will, zunächst eine vorläufige StFestsetzung aufgrund einer Schätzung vornehmen, die der Stpfl uU als für ihn günstig hinnehmen wird. Anderenfalls jedoch, zB wenn aufgrund der nach eingehender Prüfung angestellten Prognose hinsichtlich der Einkünfteerzielungsabsicht diese zu bejahen ist, ist dieselbe nicht „ungewiss", sodass keine vorläufige StFestsetzung vorgenommen werden kann (BFH/NV 10, 36).

10 Unsicherheit in der steuerrechtlichen Beurteilung eines feststehenden Sachverhalts oder die Absicht, gesetzgeberische Maßnahmen, höchstrichterliche Rspr oder Verwaltungsanweisungen abzuwarten (BFH BStBl 09, 335; 98, 702), rechtfertigen keine vorläufige StFestsetzung nach Abs 1 S 1 (BFH BStBl 85, 648; BFH/NV 91, 506; 92, 719). Beachte aber Abs 1 S 2. Bei Unsicherheit in der steuerrechtlichen Beurteilung ist nur eine Vorbehaltsfestsetzung nach § 164 möglich. Denn die steuerrechtliche Würdigung der Tatsachen ist keine Tatsache und daher keine Voraussetzung, von der die StFestsetzung abhängig gemacht werden könnte (unsicher offenbar BFH BStBl 13, 359; vgl BStBl 96, 142; BFH/NV 95, 466); nur in den in Abs 1 S 2 ausdrücklich genannten Fällen ermöglicht deshalb ein Vorläufigkeitsvermerk eine spätere abweichende Beurteilung des von Anfang an feststehenden Sachverhalts (zu den Rechtsfolgen einer trotzdem vorgenommenen vorläufigen Festsetzung Rz 39). Wird jedoch wegen bestimmter ungewisser Tatsachen für vorläufig erklärt, ist deren stl Beurteilung zunächst eine nachrangige Frage; im Rahmen der endgültigen Festsetzung kann daher ein bei der steuerlichen Bewertung dieses Tatsachenkomplexes im vorläufigen Bescheid unterlaufener Rechtsfehler korrigiert werden (BFH BStBl 00, 332; 92, 588; 88, 234; BFH/NV 96, 125; 95, 466; vgl auch BFH/NV 92, 464; str, aA *Brüggemann* DStR 97, 796). Ist der Vorläufigkeitsvermerk nicht auf Tatsachen betr einen bestimmten Rechtsgrund beschränkt, sondern so weit gefasst, dass die Bestandskraft zB hinsichtlich aller Minderungen der steuerlichen Leistungsfähigkeit aufgrund eines Umstandes (zB: Existenz eines Kindes) durchbrochen ist, so erstreckt sich die Änderungsbefugnis auf alle Berechnungsgrundlagen, die damit im weitesten Sinne zusammenhängen (BFH/NV 92, 172).

11 Unsicherheiten in der Beurteilung **außersteuerlicher Rechtsfragen** (insbes hinsichtlich präjudizieller Rechtsverhältnisse, BFH BStBl 77, 392; BFH/NV 96, 125, zB Erbfolge; gesellschaftliche Beteiligung) lassen eine Vorläufigkeitsanordnung zu, ebenso Unsicherheiten über den Ausgang eines anderen steuerlichen Verfahrens, das sich zB auf die Besteuerung in einem Folgejahr auswirken kann (BFH/NV 07, 1813).

12 Auch der Ansatz einer ungewissen Besteuerungsgrundlage, die uU gesondert festgestellt werden muss, kann vorläufig erfolgen, wenn ungewiss ist, ob ein Grundlagenbescheid notwendig ist oder ob er noch erlassen werden kann (BFH/NV 06, 478; kritisch *BG/Oellerich* § 165 Rz 47); § 164 ist dann also mit § 155 II zu kombinieren.

18 **b) Verträge mit anderen Staaten über Doppelbesteuerung (Abs 1 S 2 Nr 1).** Im Hinblick auf ein zu erwartendes DBA kann eine Veranlagung vorläufig durchgeführt werden, wenn dieses dem Stpfl voraussichtlich zugute kommen wird. Ohne die vorläufige Festsetzung wäre der Stpfl auch hier gezwungen, seinen Steuerfall durch Einlegen von Rechtsbehelfen einstweilen offen zu halten, um sich etwaige Vorteile einer (auf noch nicht bestandskräftige Bescheide) zurückwirkenden Regelung zu erhalten. Das Abkommen muss nicht bereits völkerrechtl verbindlich abgeschlossen sein (erst recht nicht ratifiziert sein), sein Inhalt muss jedoch sicher feststehen, was idR den förmlichen Abschluss der Verhandlungen voraussetzen wird (vgl *Martin* S 63).

20 **c) Verpflichtung zu gesetzlicher Neuregelung (Abs 1 S 2 Nr 2).** Es kann ferner vorläufig festgesetzt werden in Fällen, in denen den Stpfl eine künftige *gesetzliche* Regelung (rückwirkend) begünstigt, die aufgrund einer Entscheidung des

BVerfG oder des EuGH erlassen werden muss, deren Inhalt aber meist nicht sicher vorausgesagt werden kann und bei der folglich ungewiss ist, ob sie sich zugunsten des Stpfl überhaupt auswirken wird (vgl BFH BStBl 91, 868; 92, 219). Dies ermöglicht es, vorläufige StFestsetzungen auch in den Fällen vorzunehmen, in denen das BVerfG ein StGesetz lediglich für unvereinbar mit dem Grundgesetz erklärt, es aber dem Gesetzgeber überlässt, eine Neuregelung zu treffen, zu der es ihn ohne abschließende inhaltliche Vorgaben lediglich verpflichtet. Entscheidungen des EuGH können ohnehin nicht mit unmittelbarer rechtlicher Wirkung in den nationalen Normenbestand eingreifen, sondern nur feststellen, welche Anforderungen das Unionsrecht an die nationale Rechtsordnung stellt; es bleibt dann Aufgabe des nationalen Gesetzgebers, daraus durch Rechtsetzung/änderung die gebotenen Konsequenzen zu ziehen, deren Gestalt sich seitens der FinBeh naturgemäß nicht sicher voraussagen lässt.

Fälle einer möglicherweise bevorstehenden **Nichtigkeitserklärung** von StGesetzen durch das BVerfG werden von Nr 3 erfasst. 21

Ein Gericht kann nicht etwa einen StProzess deshalb aussetzen, weil möglicherweise eine **Gesetzesänderung** bevorsteht, die sich voraussichtlich Rückwirkung beimessen wird und dann für die Beurteilung der Streitsache erheblich werden würde (BFH BStBl 07, 129). In solchen Fällen wird idR auch eine nachträgliche Berücksichtigung der Rechtsänderung im Streitfall an der infolge zwischenzeitlichem rechtskräftigen Abschluss des Gerichtsverfahrens eingetretenen Bestandskraft des betr Bescheids scheitern, sofern das Gesetz nicht eine Änderung auch bereits bestandkräftiger Bescheide gebietet (und dann durch diese Anordnung dem Bedürfnis des Stpfl entspricht). 22

d) Bedarf für eine gesetzliche Neuregelung aufgrund einer Entscheidung des EuGH (Abs 1 S 2 Nr 2a). Aus Entscheidungen des EuGH ergibt sich mitunter, dass das Unionsrecht an die nationalen Rechtsordnungen Anforderungen stellt, denen das deutsche Recht nicht genügt. Ist ungewiss, ob die Entscheidung des EuGH zur *Unanwendbarkeit* des deutschen Rechts führt, ist allerdings Abs 2 2 Nr 3 einschlägig und es bedarf keines Rückgriffs auf Abs 2 S 2 Nr 2a. Mitunter erkennt der deutsche Gesetzgeber aber auch Neuregelungsbedarf, obwohl das bisherige deutsche Recht an sich als unionsrechtskonform erscheint (Abs 1 S 2 Nr 3 also nicht einschlägig ist), etwa weil den unionsrechtlichen Vorgaben durch eine anderweitige nationale Regelung *besser* Rechnung getragen werden könnte oder weil zumindest doch Zweifel an der Unionsrechts-Konformität des deutschen Rechts bestehen, denen der Gesetzgeber zuvorkommen will. 22a

Die Anwendung des Abs 2 S 2 Nr 2a erfordert eine schwierige Prognose, zum einen dahin, wie der EuGH mutmaßlich entscheiden wird, zum anderen, wie diese Entscheidung im politischen Prozess innerhalb Deutschlands umgesetzt werden wird, ob sie also letztlich eine Neuregelung anstößt oder nicht. Die Erwartung einer Neuregelung muss, um eine Vorläufigkeitserklärung zu rechtfertigen, fundiert sein und nicht bloß eine vage Spekulation darstellen. 22b

Auslöser der Neuregelung können sowohl von deutschen Gerichten, insbes aus Anlass der Anwendung des deutschen Rechts, als auch andere Mitgliedstaaten „betreffende" Vorabentscheidungsersuche nach Art 267 AEUV sein, aber auch Vertragsverletzungsverfahren (aA *TK/Seer* § 165 Rz 14). Ob die Entscheidung im Zeitpunkt der Vorläufigkeitserklärung bereits ergangen ist oder erst erwartet wird, ist ohne Bedeutung. Auch erst für die Zukunft erwartete EuGH-Verfahren können die Anwendung der Vorschrift rechtfertigen (aA *BG/Oellerich* § 165 Rz 65.7); sie müssen allerdings für die nächste Zukunft zu erwarten sein und die Vorläufigkeitserklärung darf selbstredend nicht dazu missbraucht werden, die Anrufung des EuGH überhaupt zu verhindern (vgl *BG/Oellerich* § 165 Rz 65.7). 22c

Die erwartete Neuregelung kann eine für den Stpfl günstige, aber auch eine belastende Wirkung haben (aA *TK/Seer* § 165 Rz 14 und *BG/Oellerich* § 165 22d

Rz 65.2), wenngleich insofern das Verbot einer nachträglichen stl Belastung (Rückwirkungsverbot) enge Grenzen zieht. Bedarf für eine Neuregelung kann ferner auch entstehen, wenn sich aus der Entscheidung des EuGH die Unanwendbarkeit des deutschen Gesetzes ergibt, der Gesetzgeber aber durch das Rückwirkungsverbot nicht gehindert ist, die betr Sachverhalte nachträglich anders zu regeln, und zu erwarten ist, dass er diese Möglichkeit nutzt, um ein „Reparaturgesetz" zu erlassen.

23 **e) Verfahren beim EuGH, BVerfG oder obersten Gerichtshöfe des Bundes zur Vereinbarkeit eines Gesetzes mit höherrangigem Recht (Abs 1 S 2 Nr 3).** Vorläufige StFestsetzungen werden ferner zugelassen, wenn einschlägige Musterverfahren zur Vereinbarkeit einer Steuernorm mit höherrangigem Recht bei den genannten Gerichten (nur diesen!) anhängig sind (Abs 1 S 2 Nr 3; vgl vom BMF im BStBl I regelm aktualisierten Katalog der Punkte, derentwegen für vorläufig zu erklären ist). Hierzu gehören auch Verfahren betreff der verfassungskonformen Auslegung eines Gesetzes (BFH BStBl 11, 11; BFH/NV 17, 1622). Es wird dadurch vermieden, dass die Stpfl gezwungen sind, gegen die (sonst endgültigen) StBescheide Rechtsbehelfe zu ergreifen, wenn sie insoweit von einer Feststellung der Unvereinbarkeit des StGesetzes profitieren wollen; ihnen das zu ersparen, liegt zum einen in ihrem Interesse, zum anderen in dem der Allgemeinheit, unnötige parallele Rechtsbehelfsverfahren zu vermeiden.

24 Die Vorläufigkeitserklärung nach dieser Nr 3 ist nur zulässig, wenn ein **„Musterverfahren"** zur Vereinbarkeit mit höherrangigem Recht anhängig ist (vgl Rz 55). Das ist der Fall, wenn das betr Verfahren und das Besteuerungsverfahren hinsichtlich der verfassungsrechtlichen Streitfrage im Wesentlichen gleichgelagert sind. In dem Musterverfahren darf es nicht um einen anderen Sachverhalt gehen, der zusätzliche, möglicherweise sogar vorrangige Streitfragen aufwirft. Musterverfahren und Besteuerungsverfahren müssen dieselbe Vorschrift betreffen (BFH BStBl 93, 240; 92, 408). Das setzt freilich auch im ESt-Recht nicht notwendig voraus, dass die Verfahren das gleiche Streitjahr betreffen (BFH BStBl 95, 415; 93, 240, 755). An der für eine Vorläufigkeitserklärung notwendigen Übereinstimmung der Vorschriften fehlt es aber, wenn auf den Streitfall eine Fassung des Gesetzes anzuwenden ist, die in einem für die Entscheidung maßgeblichen Punkt nicht der zur Prüfung des BVerfG stehenden Fassung entspricht. Denn dann kann iAllg nicht ohne Weiteres davon ausgegangen werden, dass die Entscheidung des BVerfG für die in dem fraglichen Steuerfall anzuwendende Vorschrift Gesetzeskraft haben und eine eindeutige Antwort auf die dort strittige verfassungsrechtliche Streitfrage geben wird (BFH BStBl 96, 506).

Ist aber ein „Musterverfahren" beim *BVerfG* anhängig, fehlt es nach der Rspr des BFH für eine Klage gegen den vorläufigen StBescheid am **Rechtsschutzbedürfnis** (BFH BStBl 96, 506; 94, 803, 119; BFH/NV 01, 41), sofern feststehe, dass sich der verfassungsrechtliche Streit durch die Entscheidung in dem bereits anhängigen Musterverfahren erledigen werde (dieses also nicht, zB aus Zulässigkeitsgründen, aussichtslos erscheint oder nur eine Vorfrage betrifft, die nur bei einer Antwortalternative den Streit erübrigte, BFH/NV 97, 853) und es sich um „Massenverfahren" (?) handle.

24a Treten diese **Voraussetzungen erst *während* eines gerichtlichen Verfahrens** ein (oder werden sie erst dort erkannt), ist dieses nach § 74 FGO auszusetzen (BFH BStBl 95, 415; 96, 20; BFH XI R 4/03, nv). Vgl auch Rz 55. Die Klage wird nicht etwa unzulässig, der Kläger also durch eine nachträgliche Vorläufigkeitserklärung nicht gegen seinen Willen aus dem Verfahren herausgedrängt (vgl BFH/NV 09, 205; 06, 952). Keine Aussetzung soll allerdings dann geboten sein, wenn nicht „erwartet" werden kann, dass die Entscheidung des BVerfG die Nichtigkeit der Norm feststellt oder eine *rückwirkende* Neuregelung verlangt (vgl BFH BStBl 98, 272; 05, 578).

25 Für Verfahren, die **Sonderprobleme** oder eine verfassungsrechtliche Problematik aufwerfen, die von der in dem anhängigen Musterverfahren vorliegenden mehr oder weniger abweicht, geben zwar ausstehende „Leitentscheidungen" der eingangs genannten Gerichte, zB durch eine Klärung der verfassungsrechtlichen Beurteilungskriterien, bisweilen ebenfalls wertvolle Erkenntnisse. Es kann deshalb für den Stpfl sinnvoll erscheinen, auf solche Entscheidungen zu warten; denn sein Rechtsschutz würde dadurch ohnehin allenfalls hinausgeschoben, weil er bei einem für ihn ungünstigen Ausgang der „Leitentscheidung" nach Abs 2 S 4 und in einem daran anschließenden Rechtsbehelfsverfahren vorgehen kann. Die FinVerw machte aus diesem Grunde bereits vor der Änderung des § 165 durch das StMBG von der Möglichkeit der vorläufigen StFestsetzung Gebrauch, wenn die Verfassungsmäßigkeit einer Norm in Zweifel gezogen worden war (vgl BMF v 10.7. 1992, BStBl I, 402), und sie macht davon auch heute in großzügigem Maße Gebrauch. Gleichwohl ist die Vorschrift nicht etwa dahin auszulegen, dass Verfahren zu irgendwelchen steuerverfassungsrechtlichen Zweifelsfragen, zu deren Lösung die Rspr der genannten Gerichte voraussichtlich beitragen wird, eine vorläufige Festsetzung rechtfertigen, sondern nur Verfahren, die unmittelbar das einschlägige StGesetz und damit die Voraussetzungen für die Entstehung der Steuer iSd Abs 1 S 1 zum Gegenstand haben. Welches Gesetz idS „Gegenstand" eines Musterverfahrens ist, kann vor allem bei *Verfassungsbeschwerdeverfahren* gelegentlich zweifelh sein, wenn sich diese – wie meist – gegen die fachgerichtliche Auslegung des Gesetzes und nicht ausdrücklich gegen das StGesetz als solches richten; denn das BVerfG ist in solchen Fällen frei, die zu Grunde liegende Norm auf ihre Verfassungsmäßigkeit zu prüfen (nicht nur ihre verfassungskonforme oder „willkürfreie" Auslegung durch das Fachgericht). Dabei wird nur auf das (ggf auszulegende) Vorbringen der Verfassungsbeschwerde abgestellt werden können. Wirft eine Streitsache materiell-rechtliche oder verfahrensrechtliche Sonderfragen auf, bleibt jedenfalls eine Klage – anders als in den Fällen von Rz 24 – zulässig (BFH/NV 05, 1323; BStBl 96, 506; FG Hbg EFG 95, 43).

26 Sind Zweifelsfragen, zu denen ein Musterverfahren beim BVerfG schwebt und bei den FG noch zahlreiche andere Parallelverfahren anhängig sind, und sonstige Streitpunkte gegeben, hat der Stpfl einen **Rechtsanspruch auf Vorläufigkeitserklärung** des StBescheids hinsichtlich des verfassungsrechtlichen Streitpunktes, weil sonst das FG ein Klageverfahren (bei nicht teilbarem Streitgegenstand) gem § 74 FGO aussetzen müsste und damit die Klärung der einfachrechtlichen Streitfrage auch gegen den Willen des Stpfl blockiert würde (BFH BStBl 92, 592; vgl auch BVerfG BStBl 82, 717, BVerfGE 61, 319). Wenn ein Einspruchsverfahren nach § 363 II 2 nF ruht, kann die FinBeh in solchen Fällen eine Teileinspruchsentscheidung erlassen (sehr str, vgl § 363 Rz 21). Es besteht hingegen kein Anspruch auf (nachträgliche) Vorläufigerklärung einer *bestandskräftigen* StFestsetzung, wenn vor dem BVerfG oder dem BFH Musterverfahren anhängig sind und deshalb andere, noch nicht bestandskräftige StBescheide für vorläufig erklärt werden (BFH BStBl 94, 380).

27 Ob allerdings an diesem schlüssigen Rechtsschutzkonzept nach BVerfG BStBl 99, 182 festgehalten werden kann, erscheint fraglich, weil danach bis zum BFH vorgedrungene Kläger privilegiert erscheinen (zu diesem Problem eingehend § 350 Rz 31 sowie *Schwenke* DStR 99, 404; *Kanzler* FR 99, 148; *Schneider* Stbg 99, 109; *Dürr* INF 99, 161; *Thouet/Thouet* Stbg 99, 262; *Arndt/Schumacher* NJW 99, 745; vgl auch BFH BStBl 99, 233; BFH/NV 05, 1323: Rechtsschutzbedürfnis bei Unsicherheit, ob aufgrund eines Vorläufigkeitsvermerks und einer vom BVerfG verlangten ausstehenden gesetzl Übergangsregelung dem Klagebegehren entsprochen werden wird; vgl auch FG Hess NJW-RR 01, 933).

28 Soweit es um Verfahren vor dem **EuGH** geht, ist der Wortlaut des Gesetzes ungenau. Solche Verfahren können niemals die Vereinbarkeit eines (deutschen) Gesetzes mit Unionsrecht zum Gegenstand haben; der EuGH hat nicht etwa eine

Normverwerfungskompetenz im Hinblick auf das Recht der Mitgliedstaaten, sondern äußert sich (ungeachtet gelegentlich allerdings festzustellender Grenzüberschreitungen) nur zur Auslegung des Unionsrechts, wenn er in einem Verfahren nach Art 267 AEUV zu dessen richtiger Auslegung befragt wird, weil das Unionsrecht unter dem Gesichtspunkt seines Anwendungsvorrangs, seiner Auswirkungen auf die Auslegung die deutschen Rechts oder auf dessen Übereinstimmung mit verbindlichen Richtlinienregelungen für die Anwendung oder Anwendbarkeit des deutschen Rechts Bedeutung hat (anders offenbar *TK/Seer* § 165 Rz 14 und *BG/Oellerich* § 165 Rz 65.4, die dementsprechend Abs 1 S 2 Nr 3 nicht anwenden wollen, wenn das EuGH-Verfahren nicht unmittelbar deutsches Rechts betrifft, also nicht durch ein deutsches Vorabentscheidungsersuchen ausgelöst worden ist). Das Unionsrecht ist überdies entgegen der Ausdrucksweise des § 165 kein „höherrangiges" Recht, auch wenn es Anwendungsvorrang beansprucht. Gemeint ist von Abs 1 S 2 Nr 3, sofern es um den EuGH geht, dass vorgenannte Verfahren Auswirkungen auf die Anwendbarkeit des deutschen Rechts haben können. Denn auch wenn dieses nicht Gegenstand des Verfahrens vor dem EuGH ist, kann sich aus der – die Gebote des Unionsrechts klärenden – Auslegungsentscheidung des EuGH für das deutsche Gericht bzw die FinBeh zwingend der Schluss ergeben, dass das an sich einschlägige deutsche Recht wegen seiner Unvereinbarkeit mit dem Unionsrecht, so wie es vom EuGH ausgelegt worden ist, nicht anwendbar ist. Die insofern erforderliche prognostische Beurteilung muss also eine doppelte Ungewissheit bewältigen: zum einen, wie der EuGH entscheiden wird, zum anderen, welche Folgerungen das deutsche Gericht daraus ziehen wird.

28a Der **EGMR** ist in § 165 nicht genannt, sodass ein dort anhängiges Verfahren einen Vorläufigkeitsvermerk nicht rechtfertigt (offen BFH/NV 12, 1570).

29 **f) Verfahren beim Bundesfinanzhof zur Auslegung von StGesetzen (Abs 1 S 2 Nr 4).** Die Möglichkeit vorläufiger StFestsetzung besteht auch dann, wenn die *Auslegung* eines StGesetzes, also eine einfachrechtliche Frage bzw die Frage der verfassungskonformen Auslegung eines Gesetzes (dazu aber BFH BStBl 11, 11; Fall der Nr 3), Gegenstand eines (Revisions-)Verfahrens vor dem BFH ist (rechtspolitisch kritisch hierzu *Strahl* KÖSDI 08, 26312). Wann von dieser Möglichkeit vorläufiger StFestsetzung Gebrauch gemacht werden soll (es sollten nur wirkliche Massenverfahren in Betracht gezogen werden), wird, wie insbes auch im Fall der Nr 3, durch im BStBl I regelm veröffentlichte BMF-Schreiben festgelegt. Den Vorläufigkeitsbescheid hinzunehmen und die Klärung der Streitfrage in dem Musterverfahren abzuwarten, bürgt für den Stpfl freilich die Gefahr, dass es zu der erwarteten Klärung (etwa wegen Klagerücknahme in dem Musterverfahren vor dem BFH) nicht kommt; der Stpfl mag deshalb trotz der Vorläufigkeit Einspruch und ggf bei Ergehen einer (zulässigen, dazu BFH/NV 17, 1622) Teileinspruchsentscheidung Klage erheben, um Herr des Verfahrens zu bleiben. Ist nicht vorläufig festgesetzt worden, ruht das Einspruchsverfahren allerdings kraft Gesetzes (§ 363 II 2), welche Zwangsruhe der Stpfl freilich durch einen entsprechenden Antrag durchbrechen kann (§ 363 II 4) und welche die FinBeh ihrerseits dadurch beenden kann, dass sie die StFestsetzung nachträglich für vorläufig erklärt (BFH BStBl 13, 423).

31 **3. Sonstige Voraussetzungen der Vorläufigkeitserklärung.** Die Vorläufigkeitserklärung ist grds Ermessensentscheidung (BFH BStBl 92, 592). Es besteht ein Anspruch auf ermessenfehlerfreie Entscheidung; von einer Vorläufigkeitserklärung abzusehen kann zB dann ermessensgerecht sein, wenn der Stpfl mit dem Ruhen des Verfahrens einverstanden ist (BFH/NV 02, 747). In den Fällen des Abs 1 S 2 Nr 2 und 3 kann nicht nur der voraussichtliche Inhalt der gesetzlichen Regelung/der Entscheidung des obersten Gerichts, sondern auch die Zahl der anstehenden Fälle berücksichtigt werden. Die Vorläufigkeit darf aber nur auf solche Besteuerungsfolgen erstreckt werden, die in einem Zusammenhang mit der betr

Ungewissheit stehen (BFH BStBl 89, 130; 97, 791; Beispiel solcher kohärenten Folgen: BFH/NV 92, 172; 97, 540), zB weil sie logisch nachrangig zu der ungewissen Frage sind (etwa ob Betriebsausgaben vorliegen, wenn die Liebhaberei fraglich ist, BFH BStBl 88, 234). Erstreckt die FinBeh jedoch die Vorläufigkeit auf solche nachrangigen Fragen nicht, muss sich der Stpfl gegen den StBescheid zur Wehr setzen, weil er die Entscheidung der nachrangigen Frage nach Behebung der vorrangigen Ungewissheit nicht wiederaufgreifen kann (sondern nur auf deren Erledigung durch eine ihm günstige Entscheidung der vorrangigen Fragen hoffen kann, vgl BFH/NV 97, 853).

Eine StFestsetzung kann **nachträglich** für vorläufig erklärt werden, soweit der Stpfl zustimmt oder sonst die Änderungsvoraussetzungen vorliegen. Denn die nachträgliche Aufnahme eines Vorläufigkeitsvermerks stellt eine Änderung des ursprünglichen Bescheids dar, bedarf also ggf einer entsprechenden Rechtsgrundlage (BFH BStBl 94, 380; 03, 888). § 173 I ist dafür freilich ebenso wenig wie § 175 I Nr 2 geeignet, wenn die (zunächst übersehene) Anhängigkeit eines Musterverfahrens nachträglich bekannt wird (BFH/NV 03, 1355; BFH BStBl 94, 380). Die Vorläufigkeitserklärung kann aber im Einspruchsverfahren vorgenommen werden, zB auch im Teilabhilfebescheid. Sie beendet ggf als gleichwertiger Rechtsschutz die Verfahrensruhe (BFH BStBl 13, 423). Erweitert die FinBeh nach Abschluss des Rechtsbehelfsverfahrens statt der beantragten materiellen Änderung eines StBescheids lediglich einen bereits bestehenden Vorläufigkeitsvermerk, so wird dem Antrag des Stpfl nicht der Sache nach iSv § 172 I Nr 2a entsprochen (FG RhPf BB 93, 1350); die FinBeh bedarf aber dafür nicht der Zustimmung des Stpfl, weil keine Verböserung vorliegt (vgl FG Hess EFG 94, 775). Nimmt die FinBeh in einem Änderungsbescheid, der den bisher festgesetzten StBetrag selbst nicht ändert, auf den Ursprungsbescheid Bezug, handelt es sich um einen selbständigen Bescheid, der ggf zum Klagegegenstand nach § 68 FGO gemacht werden muss (BFH BStBl 92, 219). **31a**

Bei Vorläufigkeit eines **Grundlagenbescheids** braucht der Folgebescheid nicht ebenfalls vorläufig zu ergehen, denn der evtl geänderte Grundlagenbescheid führt zu einer entsprechenden Änderung des Folgebescheids, selbst wenn für diesen die Festsetzungsfrist bereits abgelaufen sein sollte (vgl § 171 X). **31b**

4. Inhalt des Bescheids über die Vorläufigkeit. Der Bescheid muss zum **Umfang und Grund der Vorläufigkeit** Angaben enthalten (Abs 1 S 3; vgl BStBl 89, 130); diese Angaben können sich jedoch ggf aus der Begründung des Bescheids oder sonstigen Umständen ergeben, müssen aber ausreichend bestimmt sein (BFH BStBl 13, 359; 08, 2; BFH/NV 02, 465; 91, 506). Der Umfang der Vorläufigkeit muss ggf anhand des Bescheids, der in ihm angeführten Begründung oder aus sonstigen Umständen im Wege der Auslegung ermittelt werden (BFH BStBl 13, 359; 89, 130; 93, 338; 08, 2; BFH/NV 92, 464, 703; 95, 466; 05, 322; 11, 1289). Entscheidend ist, wie der Adressat den Vorläufigkeitsvermerk nach den ihm bekannten Umständen verstehen musste (BFH BStBl 97, 791; 00, 282; BFH/NV 02, 465; bei umfassender Neuregelung der Vorläufigkeit in einem Änderungsbescheid kein Fortbestand nicht genannter, bisher enthaltener Vorläufigkeiten, BFH/NV 13, 1377; vgl auch FG RhPf EFG 17, 1863, Rev VIII R 12/17). Als (unselbständige) Nebenbestimmung ist der Vorläufigkeitsvermerk ggf nach dessen Gesamtinhalt auszulegen (BFH/NV 97, 547; 540, BVerwG DStRE 98, 187 = HFR 98, 1020). **31c**

Zum Grund der Vorläufigkeit ist mitzuteilen, welche Umstände einer endgültigen Veranlagung entgegenstehen. Fehlende Begründung führt lediglich zur Rechtswidrigkeit des Vorläufigkeitsvermerks (BFH BStBl 09, 754; BFH/NV 02, 465; 95, 466; 92, 579, 703) bzw zur Anwendung des § 126 I Nr 2, III. Ein Vorläufigkeitsvermerk, der keine Angaben über den Umfang der Vorläufigkeit enthält und bei dem dieser auch sonst nicht erkennbar ist, ist unwirksam, selbst wenn Gegenstand des Bescheids nur *eine* Einkunftsart ist (BFH BStBl 08, 2). **31d**

32 Für die Angabe des Umfangs der Vorläufigkeit ist die **Angabe der Besteuerungsgrundlagen ausreichend,** hinsichtlich derer die Steuer vorläufig festgesetzt wird. Es ist in keinem der Fälle des Abs 1 erforderlich, die betragsmäßige Auswirkung der vorläufigen Festsetzung anzugeben (BFH BStBl 11, 11; 92, 588) oder im Falle der Nr 3, 4 die Musterverfahren zu benennen (BFH/NV 17, 1622). Die vorläufige StFestsetzung beruht auf der Unsicherheit hinsichtlich einzelner Besteuerungsgrundlagen, wenn sie auch die StFestsetzung selbst betrifft (vgl BFH BStBl 00, 332; kritisch dazu Paus DStZ 05, 487, zugleich zur weitreichenden Auslegung von BFH/NV 04, 1064). Die Steuer ist in dem Bescheid immer in einer bestimmter Höhe (vorläufig) festzusetzen (uU auf 0 €, was selbstredend eine spätere höhere Festsetzung ggf nicht ausschließt).

32a Eine Vorläufigkeitserklärung im Hinblick auf anhängige Verfassungsbeschwerden bzw andere gerichtliche Verfahren muss das **Gericht und das Aktenzeichen** des dort anhängigen Verfahrens nicht benennen. Sie bezieht sich nur auf solche Verfahren, die im Zeitpunkt des Ergehen des vorläufigen Bescheids beim EuGH/BVerfG/BFH oder anderen obersten Bundesgerichten anhängig sind, nicht auch auf solche, die nur bei einem FG anhängig waren (BFH BStBl 06, 858; kritisch *Paus* DStZ 05, 487). Jedoch bleibt die Vorläufigkeit auch nach Abschluss des Verfahrens, dass Anlass gegeben hat, sie anzuordnen, bestehen, wenn vor Abschluss desselben zu der gleichen Rechtsfrage weitere Verfahren bei den vorgenannten Gerichten anhängig geworden sind (BFH BStBl 11, 11; BayLfSt 16.5.2011 BeckVerw 250411).

32b Hins des Umfangs der Vorläufigkeit in den Fällen des Abs 1 S 1 lässt es die Rspr zu, dass nur durch **Angabe bestimmter Tatsachen oder Tatsachenkomplexe** (zB: „wegen der Einkünfte aus VuV"; „hinsichtlich der beschränkten Abzugsfähigkeit von Vorsorgeaufwendungen", dazu BFH/NV 04, 1064) bezeichnet und hierdurch ein Rahmen abgesteckt wird, innerhalb dessen die StFestsetzung später geändert werden kann (BFH BStBl 92, 588; BFH/NV 96, 125; 95, 939). Es muss aber genau angegeben werden, *welche* Tatsachen die FinBeh als ungewiss ansieht (BFH BStBl 85, 648); auf eine abweichende Beurteilung anderer Tatsachen kann dann später ein Änderungsbescheid selbst dann nicht gestützt werden, wenn dies den Vorläufigkeitsvorbehalt betragsmäßig nicht überschreitet (BFH BStBl 92, 158). Fehler sind jedoch gem § 177 ggf zu saldieren (BFH BStBl 00, 332; BFH/NV 03, 742; aA *Bergan/Martin* DStR 07, 658). Der Umfang der Vorläufigkeit kann sich auch lediglich aus der Begründung oder aus anderen Umständen im Wege der Auslegung ausreichend ergeben; vgl Rz 29. Die Angaben über den Umfang der Vorläufigkeit können aber nicht durch einen bloßen Hinweis auf den Bp-Bericht ersetzt werden.

33 **Fehlen ausreichende Angaben** zum Umfang und ist der Umfang der Vorläufigkeit für den Stpfl auch weder aufgrund seines dem Erlass des Bescheids vorausgehenden Verhaltens (dazu BFH BStBl 06, 404) noch aufgrund des Inhalts der StErklärung erkennbar, ist der Vorläufigkeitsvermerk inhaltlich nicht hinreichend bestimmt (anders als bei fehlenden Angaben zum Grund der Vorläufigkeit, siehe Rz 31c). Dies soll zur Nichtigkeit *des Vorläufigkeitsvermerks* (nicht des StBescheids als solchen) führen (§§ 119 I, 124 III, 125 I; BFH BStBl 08, 2; BFH/NV 95, 466; 92, 464; 91, 506; mit Recht kritisch *BG/Oellerich* § 165 Rz 105; *Martin* S 109f); das gilt auch dann, wenn Gegenstand des Bescheids nur eine Einkunftsart ist (BFH BStBl 08, 2). Das Fehlen der Angabe des Umfangs der Vorläufigkeit führt also nach der Rspr nicht etwa dazu, dass die FinBeh unbeschränkt eine Möglichkeit hätte, den StBescheid aufzuheben oder zu ändern, der Vermerk ist vielmehr nichtig und die StFestsetzung somit nicht mehr änderbar (BFH/NV 91, 506). Nach zutreffender Auffassung ist indes in diesem Fall der StBescheid als solcher insgesamt für nichtig zu halten (*Schwarz/Frotscher* § 165 Rz 23); denn der Vorläufigkeitsvermerk ist eine *unselbständige* Nebenbestimmung (BFH BStBl 94, 951; 90, 278; 81, 150), sein rechtliches Schicksal also von dem des Bescheids im Ganzen nicht trennbar.

Mitunter wird allerdings bei nicht präziser Fassung eines Vorläufigkeitsvermerks aus dem Bescheid (ggf durch Auslegung) zu entnehmen sein, dass die FinBeh das (wenn auch rechtswidrige) Ziel hatte, umfassend für vorläufig zu erklären. Das hat der BFH insbes bei einem im Kopf ohne einschränkenden Zusatz als vorläufig bezeichneten Bescheid angenommen, dessen sonstiger Inhalt keinen eindeutigen Anhaltspunkt dafür ergab, dass der Vorläufigkeitsvermerk nur beschränkte Wirkung haben solle (BFH BStBl 86, 38; 86, 241). Wird er angefochten, so ist ein solcher StBescheid zwar insgesamt aufzuheben, weil die unbeschränkte Vorläufigkeitsanordnung und folglich die gesamte StFestsetzung rechtswidrig ist (BFH BStBl 94, 951; 90, 278; 81, 150). Anderenfalls wirkt der Vorläufigkeitsvermerk, der an der Bestandskraft des wegen des rechtswidrigen Vorläufigkeitsvermerks nicht nichtigen StBescheids teilhat, hingegen dahin, dass die StFestsetzung umfassend vorläufig ist. Denn ein Vorläufigkeitsvermerk darf zwar nicht, kann aber den ganzen Bescheid erfassen (Auslegungsfrage), der damit in vollem Umfang nach Abs 2 geändert werden kann. Ergibt die Auslegung hingegen, dass nur eine (wenn auch unklare) begrenzte Vorläufigkeit gewollt war, kann sich die FinBeh auf die Vorläufigkeit nur insoweit berufen, wie die Vorläufigkeit nach dem Wortlaut und Sinn des Vermerks *zweifelsfrei* ist; denn sie trägt die Feststellungslast dafür, dass für vorläufig erklärt worden ist. Der Vorläufigkeitsvermerk ist andererseits extensiv zu interpretieren, soweit der Stpfl später eine ihm günstige Bescheidsänderung verlangt (und folglich für deren Zulässigkeit die Festsstellungslast trägt). Nichtigkeit des ganzen StBescheids kommt danach nur in den (seltenen) Ausnahmefällen in Betracht, in denen zweifelsfrei eingeschränkte Vorläufigkeit gewollt, aber ein endgültiger Teil der StFestsetzung schlechterdings nicht auszumachen ist (so offenbar auch *Schwarz/Frotscher* § 165 Rz 23).

Fehlt der Vorläufigkeitsvermerk auf dem Bescheid, ist er aber auf der Verfügung **35**
vorhanden, so ist der Bescheid als endgültiger wirksam geworden; es handelt sich jedoch um eine **offenbare Unrichtigkeit** iSd § 129, die jederzeit, allerdings innerhalb der Festsetzungsfrist, vgl § 169 I 2, berichtigt werden kann (vgl § 164 Rz 30). Fehlt der Vorläufigkeitsvermerk, weil die FinBeh die Notwendigkeit eines Vorläufigkeitsvorbehalts (zB im Hinblick auf anderweitig anhängige Verfahren) verkannt hat, ist dies selbstredend ohne Bedeutung (BFH/NV 09, 1779); der Stpfl muss also ggf seine Rechte wahren und darauf klagen, dass die Steuer nur vorläufig festgesetzt wird (Verpflichtungsklage auf Beifügung eines Vorbehaltsvermerks, BFH BStBl 09, 892).

5. Wirkung der Vorläufigkeit. Eine vorläufige StFestsetzung kann nicht im **39**
Hinblick auf eine veränderte *steuerrechtliche Beurteilung* seitens der FinBeh geändert werden, selbst wenn die FinBeh sich eine solche abweichende rechtliche Beurteilung vorbehalten hat und dies bestandskräftig wird (BFH BStBl 85, 648; 98, 702; aA BFH/NV 91, 506; *Martin* S 140; offengelassen BFH BStBl 13, 359; 96, 142; BFH/NV 95, 466; vgl auch BFH/NV 92, 719); das gilt sogar bei einer Änderung zugunsten des Stpfl (BFH BStBl 98, 702). Denn ein Vorbehalt, die rechtliche Würdigung des StBescheids überprüfen zu wollen, dürfte nichtig sein (ausdrücklich offen lassend aber BFH BStBl 85, 648). Eine umfassende rechtliche Überprüfung des Bescheids darf sich das FA nur dadurch vorbehalten, dass es die StFestsetzung gem § 164 unter den Vorbehalt der Nachprüfung stellt (wohin ein nichtiger Vorläufigkeitsvermerk aber nur ausnahmsweise ausgelegt und nicht umgedeutet werden kann).

Ist ein StBescheid wegen der vorgreiflichen Klärung der Frage der Gültigkeit ei- **39a**
ner Rechtsvorschrift vorläufig, kann später nicht aufgrund einer abweichenden einfachrechtlichen Auslegung dieser Vorschrift geändert werden (BFH BStBl 97, 791; 07, 222).

Die FinBeh kann der für vorläufig erklärten Besteuerungsgrundlage nachrangige **39b**
Merkmale späteren Ermittlungen und Nachprüfungen überlassen, sofern ihnen

aufgrund späterer Aufhebung der Vorläufigkeit bei der StFestsetzung Bedeutung zukommen wird (BFH BStBl 88, 234; BFH/NV 09, 889); bei einer solchen Ausklammerung zB ungewisser steuermindernder Besteuerungsgrundlagen handelt es sich nicht um eine Aussetzung der StFestsetzung nach § 165 I 4 (BFH HFR 09, 771; BFH/NV 10, 1446, 168). Ist die FinBeh in dem für vorläufig erklärten Bescheid in solchen Fragen der Erklärung des Stpfl gefolgt, kann sie diese später gleichwohl noch anders beurteilen, und zwar unabhängig davon, ob die Besteuerungsgrundlagen selbst ursprünglich mit Ungewissheiten behaftet waren (BFH BStBl 97, 791; BFH/NV 10, 168).

40 **Einwendungen gegen die Rechtmäßigkeit der vorläufigen StFestsetzung** können nicht mehr erhoben werden, wenn der Bescheid mit Vorläufigkeitsvermerk bestandskräftig geworden ist (BFH BStBl 13, 359; 02, 84; BFH/NV 02, 465; siehe auch Rz 56). Der Stpfl muss den Bescheid also ggf auch bei unteilbarem Streitgegenstand wegen der Streitpunkte angreifen, mit denen er sich nicht zufrieden geben will; das FG muss sich in diesem Fall auf die rechtliche Prüfung dieser nicht unter Vorbehalt der Vorläufigkeit stehenden Streitpunkte beschränken (BFH BStBl 97, 54). Dem entspricht, dass der Stpfl einen Anspruch auf Vorläufigkeitserklärung hat, um Streitpunkte klären lassen zu können, die sich seiner Meinung nach zusätzlich zu denen ergeben, hinsichtlich derer die Voraussetzungen des Abs 1 S 2 vorliegen, sofern sonst die Betroffenheit dieser Fragen zur Aussetzung des Verfahrens nach § 74 FGO führen müsste (BFH BStBl 92, 592).

41 Eine vorläufige StFestsetzung führt zu einer **Hemmung der Festsetzungsfrist,** § 171 VIII, auch bei rechtswidriger Vorläufigkeitserklärung, sofern sie nicht erfolgreich angefochten wird (dann § 171 III a); der Umfang der Ablaufhemmung bestimmt sich nach dem Umfang der Vorläufigkeit (BFH/NV 95, 939); die Ablaufhemmung tritt also nur für den Teilkomplex ein, hinsichtlich dessen für vorläufig erklärt worden ist (BFH BStBl 92, 588; vgl auch FG Köln EFG 95, 598; FG Bln EFG 95, 743: keine Berücksichtigung eines abweichenden Tatbestandes nach Vorläufigkeitserklärung gem Abs 1 S 2 Nr 3; anders jedoch im umgekehrten Fall neuer rechtlicher Beurteilung des zunächst ungewissen Sachverhalts). Die Festsetzungsfrist endet nicht vor Ablauf eines Jahres, in den Fällen des Satzes 2 zweier Jahre, nachdem die FinBeh von der Beseitigung der Ungewissheit Kenntnis erhalten hat. Für die Beseitigung der Ungewissheit kommt es auf positive Kenntnis an, bloßes Kennenmüssen von Tatsachen steht nicht gleich (BFH BStBl 93, 5; BFH/NV 95, 939; 94, 148; 93, 574).

45 **6. Aussetzung der StFestsetzung (Abs 1 S 4).** Abs 1 S 4 lässt es zu, wenn die Voraussetzungen der Sätze 1 und 2 vorliegen, die StFestsetzung auszusetzen, und zwar auch wegen einzelner Streitpunkte (BFH BStBl 13, 423). Es ergeht also gleichsam ein vorläufiger Freistellungsbescheid (jedoch ohne Erstattungsfolge). Der Stpfl wird dadurch wie nach § 155 I 3 formell und materiell ähnlich wie bei AdV einer StFestsetzung gestellt (BFH BStBl 13, 423). Das ist das richtige Mittel, wenn „alles unklar" ist, der Vorläufigkeitsvermerk also praktisch alles umfassen müsste oder sogar dann nicht einmal auf einer vorläufig begründbaren Grundlage beruhen könnte. Da die Aussetzung der StFestsetzung (vorläufigen) Verzicht auf einen StBescheid bedeutet (BFH HFR 09, 771), kann sie mit einer vorläufigen Festsetzung nur kombiniert werden, wenn es sich um selbständige Besteuerungsgegenstände handelt.

45a Die Aussetzung der StFestsetzung steht im Ermessen der FinBeh.

47 **7. Aufhebung und Änderung der StFestsetzung nach Beendigung der Ungewissheit (Abs 2).** Ein vorläufiger Bescheid kann jederzeit **durch einen anderen vorläufigen Bescheid ersetzt** werden (BFH BStBl 88, 234; 73, 516). Ob der Vorläufigkeitsvermerk zu Recht erfolgt ist, ist für die Entscheidung über die Aufhebung oder Änderung eines vorläufigen Bescheids ohne Bedeutung, wenn dieser nicht (erfolgreich) angefochten worden ist (st Rspr, zB BFH BStBl 13, 359;

93, 5; 93, 338; 85, 648). Eine anderweitige Festsetzung nach Abs 2 S 1 setzt auch nicht den Wegfall der Ungewissheit voraus, sondern ergeht im Regelfall unter Fortbestand der tatsächlichen Ungewissheit (BFH BStBl 15,12). Der vorläufige Bescheid kann nach Abs 2 S 1 vor Beseitigung der Ungewissheit zB nach Maßgabe der wahrscheinlichen Sachverhaltsgestaltung oder aufgrund einer Schätzung geändert werden, etwa wenn mit einem baldigen Wegfall der Ungewissheit nicht mehr zu rechnen ist oder wenn trotz Ungewissheit eine endgültige Regelung getroffen werden soll (BFH BStBl 85, 648). Die Änderungsbefugnis nach Satz 1 ist also *nicht* vom Wegfall der Ungewissheit abhängig (BFH BStBl 98, 502; BFH/NV 89, 341). Denn der Vorläufigkeitsvermerk gibt der FinBeh in den Fällen des Abs 1 S 1 nur das Recht der Nachprüfung, verpflichtet sie aber zu ihr nicht; sie kann die StFestsetzung auch ohne Nachprüfung für endgültig erklären (vgl BFH/NV 89, 341). Die FinBeh kann bei einer Änderung nach Satz 1 auch alle zunächst bei logisch nachrangigen Fragen hingenommenen rechtlichen Fehlbeurteilungen, deren Nachprüfung wegen Vorläufigkeitserklärung wegen der rechtl vorrangigen ungewissen Frage zunächst von der FinBeh zurückgestellt war, korrigieren, und zwar ohne Rücksicht darauf, ob diese mit tatsächlichen oder rechtlichen Ungewissheiten behaftet waren oder nicht und ob sie schwierig zu beurteilen gewesen wären (BFH BStBl 13, 359; 88, 234). Wenn sich die tatsächliche Ungewissheit ausschl auf eine Vorrangfrage bezieht und das FA deswegen die Prüfung aller nachrangigen und von der Vorfrage abhängigen Folgefragen zurückgestellt hat, kann die Änderung des vorläufigen Bescheids insoweit aber nicht auf Satz 2gestützt werden, sondern allein auf Satz 1 (BFH BStBl 88, 234), wobei ggf beide Vorschriften kumulativ anzuwenden sind (BFH BStBl 13, 359). Sonstige, durch den Vorläufigkeitsvermerk nicht gedeckte Korrekturen, insbes eine Beseitigung sonstiger Rechenfehler, dürfen nicht vorgenommen werden.

Nach Abs 2 S 2 *ist* die vorläufige StFestsetzung (ggf teilweise) aufzuheben oder zu ändern, wenn die **Ungewissheit** hinsichtlich jener Umstände, die zur vorläufigen StFestsetzung geführt haben, **beseitigt** ist und es nicht bei der vorläufigen Festsetzung bewenden soll, sodass diese für endgültig zu erklären ist. Eine Aufhebung der Vorläufigkeit kann aber auch bereits vor der endgültigen Beseitigung der Ungewissheit nach Ermessen der FinBeh geboten sein (BFH/NV 05, 206). **48**

Erweist sich die vorläufige StFestsetzung nach Beseitigung der Ungewissheit als richtig, wird die Endgültigkeitserklärung von Abs 2 S 4 jedoch in allen Fällen der Vorläufigkeit nach Abs 1 S 2 – also in den Fällen, in denen die Ungewissheit sich nicht gerade aus den Umständen des Einzelfalls, insbes der Ungewissheit über die tatsächlichen Besteuerungsgrundlagen ergibt – von einem Antrag des Stpfl abhängig gemacht. Dies gilt nicht, wenn die StFestsetzung nach Satz 1 aufgehoben oder geändert werden muss, weil es bei der vorläufig festgesetzten Steuer nicht bewenden kann. Stellt der Stpfl diesen Antrag nicht, bleibt es weiterhin bei der vorläufigen Festsetzung; der StBescheid wird erst durch Verjährungseintritt (§ 169, jedoch gehemmt nach § 170 VIII) endgültig. **49**

Die **Ungewissheit hinsichtl der Auslegung eines Gesetzes** endet erst, wenn feststeht, dass die Grundsätze des dazu ergangenen BFH-Urteils über den dort entschiedenen Einzelfall hinaus anzuwenden sind (Veröffentlichung des Urteils in BStBl II) (FG BaWü EFG 16, 1061, Rev I R 22/16). Es wird daher ebenso wie die Anwendung der Vorbehaltsfestsetzung regelm durch BMF-Schreiben im BStBl I festgelegt werden müssen. Anders als bei Normenkontrollentscheidungen des BVerfG, die kraft Gesetzes Allgemeinverbindlichkeit haben, bedarf es nämlich bei Entscheidungen des BFH, denen solche Allgemeinverbindlichkeit (entgegen neuerdings vielfach vorgetragenen, im Wesentlichen auf Verfassungsrecht rekurrierenden, jedoch in Wahrheit kaum stringent zu untermauernden Behauptungen; vgl ua Spindler DStZ 07, 1061; *Pezzer/Rzepka/Widmann* Die Finanzverwaltung – ein Ersatzgesetzgeber?, 2005, 23, 25, 38; anders ua *Wieland* DStR 04, 1) fehlt gleichsam eine Allgemeinverbindlichkeits-Feststellung der FinVerw, die in Gestalt der **50**

Veröffentlichung der BFH-Entscheidung in BStBl II erfolgt. Dem trägt Abs 2 S 3 Rechnung, der diesen Vorbehalt zu Gunsten einer verwaltungsbehördlichen Prüfung der Anwendung der BFH-Entscheidung auf vergleichbare Fälle allerdings nur verklausuliert zum Ausdruck bringt.

52 Geht die FinVerw diesen Weg nicht, gesteht sie also der Entscheidung des BFH keine Verbindlichkeit über den entscheidenden Einzelfall hinaus zu, ist der Vorläufigkeitsvermerk wegen Beseitigung der nach Abs 1 S 2 Nr 4 maßgeblichen Ungewissheit aufzuheben und damit der Weg für eine vom Stpfl ggf angestrebte endgültige gerichtl Klärung der richtigen Besteuerung in seinem Fall freizumachen (vgl *HHSp/Heuermann* Rz 40a).

53 Ob die Ungewissheit über den Ausgang eines präjudiziellen Verfahrens vor dem BFH, die Anlass der vorläufigen Festsetzung war (Abs 1 S 2 Nr 4), „beseitigt" ist, kann überdies mitunter der betr Entscheidung des BVerfG bzw des BFH nicht ohne Weiteres entnommen werden, zumal die Änderung des vorläufigen Bescheids auch durch eine bloße (verfassungskonforme) Auslegungsentscheidung des BVerfG veranlasst sein kann (BFH BStBl 11, 11).

55 Bezieht sich die **Ungewissheit auf** innere **Tatsachen,** zB die Gewinnerzielungsabsicht, ist der Vorläufigkeitsvermerk aufzuheben, sobald die FinBeh ausreichende Kenntnis von den für die Beurteilung dieser inneren Tatsache maßgeblichen Indiztatsachen erlangt hat (BFH BStBl 09, 335; 90, 278; BFH/NV 10, 2234), spätestens wenn der Stpfl seine unternehmerische Tätigkeit beendet hat und das FA hiervon Kenntnis erlangt (BFH/NV 11, 745). Die wegen fehlender Anknüpfungstatsachen bestehende Ungewissheit hinsichtlich einer Vermietungsabsicht ist nicht beseitigt, solange eine zukünftige Vermietung nicht ausgeschlossen ist und der Stpfl Maßnahmen ergreift, die darauf gerichtet sind, die Vermietung zu ermöglichen oder zu fördern.Das FA ist zur Änderung der StFestsetzung auch dann befugt, wenn sich eine neue Tatsachenlage allein durch Zeitablauf ergeben hat (BFH BStBl 16, 144).

Eine § 164 III 3 entsprechende (starre) Regelung über die zwingende Aufhebung des Vorläufigkeitsvermerks nach Abschluss einer Ap gibt es im Hinblick auf Fälle des Abs 1 S 1 nicht (vgl BFH/NV 06, 1242; 96, 929).

57 Der vorläufige Bescheid kann auch **während eines gerichtlichen Verfahrens** für endgültig erklärt oder berichtigt werden.

58 Der Vorläufigkeitsvermerk wird durch eine **selbständige Verfügung** aufgehoben (BFH BStBl 92, 219). Keine stillschweigende Aufhebung des Vorläufigkeitsvermerks (BFH BStBl 16, 371; 89, 9; BFH/NV 95, 1108), insbes auch nicht durch Nichtwiederholung in einem Änderungsbescheid (BFH BStBl 00, 282; 89, 9; 87, 746; 85, 448; BFH/NV 96, 304; siehe aber jetzt das Wiederholungsgebot *BMF* BStBl I 05, 794). Wird jedoch einem Änderungsbescheid ein neuer, inhaltlich eingeschränkter Vorläufigkeitsvermerk beigefügt, ersetzt dieser den früheren; das gilt auch dann, wenn ein sowohl auf Abs 1 S 1 als auch auf Satz 2 gestützter Vorläufigkeitsvermerk im geänderten Bescheid durch einen allein auf Satz 2 gestützten ersetzt wird. Die durch einen solchen Vorläufigkeitsvermerk nicht erfassten Teile eines Änderungsbescheids erwachsen ggf in Bestandskraft (BFH BStBl 16, 371; siehe auch BFH BStBl 00, 282 zur fehlender Wiederholung eines manuellen Vorbehalts in einem späteren EDV-Bescheid; vgl FG Köln EFG 99, 361). Ein solcher Bescheid ist also grds dahin zu deuten, dass er den Umfang der Vorläufigkeit neu bestimmen will; er muss daher aus sich heraus verständlich sein (vgl FG BBg EFG 12, 1986 = BFH/NV 13, 1377). Hingegen gebietet weder das Gebot der Rechtssicherheit, noch der Schutz des Vertrauens des Stpfl auf den erkennbaren Inhalt des bekannt gegebenen Bescheids eine ausdrückliche Wiederholung des Vorläufigkeitsvermerks in einem Änderungsbescheid (BFH BStBl 89, 9). Eine als endgültig bezeichnete StFestsetzung ist aber jedenfalls Aufhebung, auch wenn der vorläufige Bescheid nicht erwähnt und § 165 II nicht genannt wird (BFH/NV 92, 3). Die Aufhebung eines Vorbehalts gem 165 I 2 erfasst den Vorbehalt wegen ungewisser Tatsachen gem § 165 I 1 im Zweifel nicht (FG Mster EFG 12, 616).

§§ 176, 177 (insoweit aA ua *Eschenbach* DStZ 97, 624) sind bei der Aufhebung und Änderung eines vorläufigen Bescheids anzuwenden, wobei im Umfang der Vorläufigkeit die Änderung ungeachtet des § 177 unbeschränkt zulässig ist (§ 177 IV; FG Nds EFG 13, 750).Es sind also im Rahmen des Änderungsbetrags auch solche Fehler zu berücksichtigen, die nicht mit dem Grund der Vorläufigkeit zusammenhängen (BFH BStBl 03, 332). Bei der endgültigen StFestsetzung können daher von der FinBeh bei Erlass des vorläufigen Bescheids hingenommene rechtliche Beurteilungen überprüft werden, soweit sie die zunächst ungewissen Tatsachen betreffen (vgl BFH BStBl 88, 234); dies gilt, obgleich die richtige Beantwortung dieser Rechtsfragen von der tatsächlichen Ungewissheit an sich nicht betroffen war. Umgekehrt kann nach Beseitigung rechtlicher Ungewissheit eine zunächst nicht geprüfte Tatsache geprüft werden, weil sich der Vorläufigkeitsvermerk in solchen Fällen im Zweifel (aber nicht notwendig) auch auf den Ansatz der Besteuerungsgrundlage in tatsächlicher Hinsicht bezieht (vgl BFH BStBl 88, 234). 60

Die Aufhebung des Vorläufigkeitsvermerks bedarf (ebenso wie Anordnung) keiner **Begründung** (BFH BStBl 97, 5). 61

Anders als der Vorbehalt der Nachprüfung, der automatisch mit Ablauf der regelmäßigen Festsetzungsfrist wegfällt (vgl § 164 III), wird ein Vorläufigkeitsvermerk frühestens nach Ablauf der in den §§ 169, 171 VIII bezeichneten Fristen **gegenstandslos.** 62

8. Rechtsbehelfe. Ein Bescheid über die vorläufige StFestsetzung kann mit Rechtsmitteln grds wie jeder andere StBescheid angegriffen werden. Der vorläufige StBescheid ist – ebenso wie der Vorbehaltsbescheid (§ 164) – echter StBescheid, der nicht anders als ein „normaler" Bescheid das StSchuldverhältnis verwirklicht und deshalb genau wie dieser ein anfechtbarer, belastender VA ist, der sich einzig durch seine besonders geregelte *Änderbarkeit* auszeichnet. Der Vorläufigkeitsvermerk berührt grds auch nicht etwa das Rechtsschutzbedürfnis (BFH BStBl 96, 506; BFH/NV 98, 560; siehe jedoch oben Rz 24). Jedoch fehlt grds das Rechtsschutzinteresse für eine Klage, wenn der StBescheid in einem verfassungsrechtlichen Streitpunkt vorläufig ergangen ist, die verfassungsrechtliche Frage sich in einer Vielzahl im Wesentlichen gleich gelagerter Verfahren stellt und bereits ein nicht von vornherein aussichtsloses Musterverfahren beim BVerfG anhängig ist; das gilt aber nicht auch dann, wenn der Kläger lediglich dem Angebot des FA, einen bereits angefochtenen Bescheid für vorläufig zu erklären, nicht zustimmt (BFH/NV 01, 41). Es gilt auch dann nicht, wenn das FA erst während eines Klageverfahrens den angefochtenen Bescheid für vorläufig erklärt (BFH/NV 09, 205; 06, 952). Vgl eingehend Rz 24 ff. Andererseits kann das Rechtsschutzbedürfnis in diesen Fällen dann bestehen, wenn ein Stpfl besondere Gründe materiell-rechtlicher oder verfahrensrechtlicher Art substantiiert geltend macht, die trotz Vorläufigkeit die Durchführung des Verfahrens erfordern (BFH BStBl 11, 11; 96, 506; BFH/NV 08, 374; 05, 1323). 65

Ist ein Bescheid wegen eines Musterverfahrens für vorläufig erklärt und sind in einem Klageverfahren noch andere Fragen strittig, muss das Klageverfahren *nicht* ausgesetzt werden (BFH BStBl 08, 26). 66

Die Hinzufügung eines Vorläufigkeitsvermerks kann mit der Verpflichtungsklage erstritten werden (BFH BStBl 09, 892), wenn (ausnahmsweise) ein diesbezüglicher Anspruch besteht (siehe dazu Rz 40). Das ist in den Fällen des Abs 2 S 2 Nr 2 der Fall (BFH BStBl 92, 592). Eine nachträgliche Vorläufigkeitserklärung bereits bestandskräftiger StBescheide kommt jedoch auch in diesem Fall nicht in Betracht (BFH BStBl 94, 380). 67

Mit Einspruch und Klage kann sowohl geltend gemacht werden, dass die Voraussetzungen für eine Vorläufigkeitserklärung nicht vorgelegen hätten, weil keine Ungewissheit besteht, als auch, dass der Bescheid iÜ unrichtig sei. Da der Vorläufigkeitsvermerk eine **unselbständige Nebenbestimmung** iSd § 120 I darstellt, 68 die mit dem sonstigen Inhalt des Bescheids untrennbar verbunden ist, kann jedoch nur die StFestsetzung in dem Bescheid als solche angefochten werden (BFH BStBl 90, 278; 81, 150; BFH/NV 10, 821). Erweist sich der Vorläufigkeitsvermerk als rechtswidrig oder sogar nichtig, muss der Bescheid folglich insgesamt aufgehoben bzw seine Nichtigkeit festgestellt werden, auch wenn anzunehmen ist, dass die FinBeh die Steuer in der betr Höhe auch endgültig festgesetzt hätte (aA offenbar *BG/Oellerich* § 165 Rz 117).

69 Wird der vorläufige Bescheid unanfechtbar, kann der Stpfl trotzdem noch im Rahmen der Anfechtung des endgültigen Bescheids **Einwendungen gegen den zunächst vorläufigen Teil** der Regelungen des Bescheids geltend machen, selbst wenn jener lediglich die vorläufige Regelung wiederholt bzw für endgültig erklärt. Es ist dem Stpfl jedoch verwehrt, ggü einem endgültigen Bescheid geltend zu machen, die Voraussetzungen für die Vorläufigkeit hätten nicht vorgelegen, sodass die in dem vorläufigen Bescheid getroffene Regelung nicht geändert werden dürfe (BFH BStBl 02, 84; 01, 9; BFH/NV 02, 465; 92, 464; 91, 506).

70 Bei Wegfall der Ungewissheit kann der Stpfl **Endgültigkeitserklärung** bzw Änderung des Bescheids **beantragen** und bei Ablehnung Einspruch einlegen/Verpflichtungsklage erheben.

Eine **Teileinspruchsentscheidung** (§ 367 IIa 1) kann auch bei einem vorläufigen Bescheid sachdienlich sein (BFH BStBl 12, 536).

§ 166 Drittwirkung der Steuerfestsetzung

Ist die Steuer dem Steuerpflichtigen gegenüber unanfechtbar festgesetzt, so hat dies neben einem Gesamtrechtsnachfolger auch gegen sich gelten zu lassen, wer in der Lage gewesen wäre, den gegen den Steuerpflichtigen erlassenen Bescheid als dessen Vertreter, Bevollmächtigter oder kraft eigenen Rechts anzufechten.

Schrifttum: *Krumm* Die Drittwirkung eines Rechtserkenntnisaktes gegenüber dem Haftungsschuldner, StuW 12, 329.

Übersicht

1 **1. Inhalt.** StFestsetzungen wirken nach Maßgabe der Vorschrift materiell nicht nur ggü ihrem formellen Inhaltsadressaten, sondern beschweren auch die in § 166 bezeichneten Dritten. Diese „Drittwirkung" unterscheidet sich von der Drittwirkung von VA in der sonst, insbes im Verwaltungsrecht, gängigen Terminologie grundlegend dadurch, dass sie nicht auf einer (rechtsschutzfähigen und -bedürftigen, im StRecht allenfalls ganz ausnahmsweise anzutreffenden, vgl § 132 Rz 5) Mitbetroffenheit des Dritten beruht, sondern den in § 166 genannten Personen Einwendungen gegen die sie an sich nicht betr StFestsetzung im Interesse einer Straffung des stl Verwaltungsverfahrens abschneiden will. Sie verleiht der StFestsetzung mithin eine ähnliche Wirkung wie einem Grundlagenbescheid, welches der StBescheid etwa im Verhältnis zum Haftungsbescheid aber *nicht* ist (BFH BStBl 06, 343).

2 Die Regelung hat insbes Bedeutung für die Fälle, in denen die entsprechenden Personen als **Haftende** für die Steuer der von ihnen Vertretenen in Anspruch genommen werden (nicht nur: schon in Anspruch genommen worden sind, vgl BFH/NV 98, 48). Es ist ohne Belang, ob die Betreffenden bei Ergehen der StBescheide mit einer Haftungsinanspruchnahme schon in concreto rechnen müssen. Haftungsschuldner können also keine Einwendungen gegen die Richtigkeit des dem Haftungsbescheid zu Grunde liegenden StBescheids mehr erheben (BFH/NV 95, 281; 86, 512; FG Ddorf EFG 98, 616), auch keine Verfahrensmängel geltend machen (FG Hbg EFG 07, 1654), wenn sie diesen anzugreifen in der Lage waren oder ihn erfolglos angegriffen haben (FG Köln EFG 12, 778). Es kommt nicht darauf an, ob die StFestsetzung eine erstmalige verbindliche Regelung trifft oder eine verbindliche Regelung aus einem Grundlagenbescheid übernehmen musste, selbst wenn der Haftende diesen nicht seinerseits angreifen konnte (FG Köln EFG 12, 778).

Der Ausschluss von Einwendungen reicht jedoch nicht weiter als die Vertre- 3
tungsmacht (vgl BFH/NV 99, 1054). Insoweit jedoch soll das Haftungsverfahren dem von § 166 erfassten Haftungsschuldner keine erneute Überprüfungsmöglichkeit hinsichtlich der StFestsetzungen verschaffen, weil er bereits zur Anfechtung der StFestsetzungen befugt war oder sogar die StFestsetzungen bereits erfolglos angefochten hat (VGH BaWü DStR 14, 1068). Soweit § 166 nicht eingreift, kann der Haftende hingegen alle Einwendungen gegen den zu Grunde liegenden StBescheid geltend machen. Erst recht kann er alle Einwendungen geltend machen, die den Haftungsbescheid als solchen betreffen, auch wenn sie zugleich den StBescheid betreffen würden wie die Zuständigkeit der FinBeh (BFH/NV 01, 742). Er kann ungeachtet des § 166 auch die Verfassungswidrigkeit des StGesetzes geltend machen, soweit § 79 II BVerfGG dies zulässt (BFH BStBl 63, 341; vgl auch BFH StE 05, 2153), der sich auch zu seinen Gunsten auswirkt (BFH BStBl 63, 341).

§ 166 verleiht einem nicht vertretungsberechtigten, jedoch für die Gesellschaft 4
haftenden Gesellschafter freilich keine eigene Klagebefugnis gegen den StBescheid (BFH/NV 95, 86); er ist zu einem Rechtsstreit des Stpfl auch nicht etwa beizuladen (BFH/NV 02, 672).

Beachte, dass nach einigen spezielleren Vorschriften Bescheide ggü einem (Ein- 5
zelrechts-)Nachfolger wirken, zB nach § 182 II der Einheitswertbescheid, nach § 184 I 4 der GrStMessbescheid, nach §§ 185, 190 Zerlegungs- und Zuteilungsbescheide.

2. Reichweite der Drittwirkung. Drittwirkung hat eine StFestsetzung ggü 7
demjenigen, der als **Vertreter** oder Bevollmächtigter (dh gewillkürter Vertreter) in der Lage war, den Bescheid anzufechten (BFH/NV 16, 1672, stRspr). Es kommt auf die rechtliche Befugnis – dh die Rechtsmacht – zur Anfechtung des StBescheids an (BFH/NV 99, 1054; FG RhPf EFG 14, 1166)); die faktische Möglichkeit der Anfechtung – etwa aufgrund der Möglichkeit, die zur Gesamtvertretung befugten Mitgesellschafter zur Anfechtung zu bewegen – genügt nicht (BFH BStBl 66, 610; FG Hbg EFG 07, 1654). Umgekehrt schließen faktische Hindernisse, die Anfechtungsmöglichkeit tatsächlich zu nutzen, die Anwendung des § 166 nicht aus (FG RhPf EFG 14, 1166 für Krankheit). Die (nicht zweifelsfreie) Befugnis des Notgeschäftsführers aus § 744 II BGB, Rechte der Gesellschaft im eigenen Namen geltend zu machen, soll für die Anwendung des § 166 nicht ausreichen (BFH BStBl 98, 319, zutr, wenn auch in der Begründung angreifbar).

Über die Vertreter hinaus ergibt sich eine **Anfechtungsbefugnis aus eigenem** 8
Recht insbes für Insolvenzverwalter und sonstige Parteien kraft Amtes (Vermögens-, Zwangs- und Nachlassverwalter), grds aber nicht für Testamentsvollstrecker (BFH BStBl 78, 491). Ferner können die StSchuldner einen an einen Entrichtungspflichtigen gerichteten Bescheid kraft eigenen Rechts anfechten (BFH BStBl 71, 589; 73, 780), auch zB der ArbN einen an den ArbG gerichteten LSt-Haftungsbescheid (ähnlich für den Haftungsbescheid nach § 44 V EStG BFH BStBl 71, 589) sowie dessen StAnmeldung (BFH BStBl 96, 87; 05, 890). Ist jedoch wie bei der Abführung von LSt ohne Abgeltungswirkung ein eigenständiges StFestsetzungverfahren gegen den Dritten vorgesehen (vgl § 46 EStG), so ist § 166 einschränkend dahin auszulegen, dass die StFestsetzung in diesem Verfahren ungeachtet der Möglichkeit einer Anfechtung der LSt-Anmeldung überprüft werden

kann (*TK/Krumm* § 166 Rz 24 und *KvW/von Wedelstädt* § 166 Rz 9 mit Hinweis auf den anders zu beurteilenden Fall, dass die Anmeldung Abgeltungswirkung hat, zB in § 50a V EStG; iErg ebenso *Koenig/Cöster* § 166 Rz 16).

9 Die **Anfechtungsbefugnis** muss, um die Rechtsfolgen des § 166 auszulösen, **während der Dauer der Anfechtungsfrist** (nicht etwa nur an deren ersten Tag) bestanden haben; denn dem Vertreter kann nicht vorgeworfen werden, dass er die Frist ausgeschöpft, von seiner Anfechtungsmöglichkeit also nicht sofort Gebrauch gemacht hat (BFH BStBl 05, 127; BFH/NV 01, 1217; 86, 512; FG Nds EFG 03, 746; vgl auch BFH/NV 98, 814). Wenn bei einer Vorbehaltsfestsetzung der Vertreter seine Vertretungsmacht vor Ablauf der Festsetzungsfrist eingebüßt hat, also die Frist für einen Änderungsantrag nach § 164 II 2 nicht voll ausschöpfen konnte, gilt das Gleiche (BFH BStBl 15, 755; BFH/NV 01, 1217); denn auch wenn eine Vorbehaltsfestsetzung nicht (mehr) anfechtbar, § 166 also einschlägig ist, kann eine solche Festsetzung aufgehoben oder geändert werden, solange der Vorbehalt wirksam ist und der Vertreter des Stpfl kann auf eine Aufhebung/Änderung einer solchen StFestsetzung hinwirken und trotz Unanfechtbarkeit der Vorbehaltsfestsetzung uneingeschränkt Einwendungen gegen die Richtigkeit dieser StFestsetzung und gegen die Höhe der gegen ihn festgesetzten Haftungsschuld geltend machen (BFH BStBl 15, 755). Das schließt eine Anwendung des § 166 aus (sehr str). Hingegen soll es nach FG BBg EFG 15, 2017 auf die ggf eintretende formelle Rechtskraft einer (L)StAnmeldung ankommen. Wenn der potentielle Haftungsschuldner eine StFestsetzung im Vertrauen auf die materielle Änderungsmöglichkeit formell bestandskräftig werden lasse, habe er die sich hieraus ergebende Gefahr, dass es zu einer Änderung der StFestsetzung nicht mehr kommt, selbst zu tragen (ebenso FG Köln EFG 12, 195).

10 Einer Anmeldung der StForderung des FA zur Insolvenztabelle muss der Geschäftsführer ggf mit dem Widerspruch entgegentreten (BFH BStBl 17, 934), auch wenn er vor Verfahrenseröffnung schon Einspruch eingelegt hatte (FG Köln EFG 17, 625, Rev XI R 57/17). Sonst wirkt die Eintragung wie eine bestandskräftige StFestsetzung (BFH DStRE 18, 47). Ein gegen den StBescheid eingelegter Einspruch ist durch die widerspruchslose Eintragung erledigt (BFH BStBl 16, 74).

11 IÜ wirkt eine StFestsetzung ggü den **Gesamtrechtsnachfolgern,** zB Erben, ferner bei Verschmelzung von AktienG, Umwandlungen, Eintritt der Gütergemeinschaft, Zusammenschluss öffentlich-rechtl Körperschaften, Anwachsung, vgl Erläut zu § 45. Das entspricht dem bürgerlichen Recht, das insoweit ungeachtet der in § 166 enthaltenen Erwähnung auch der Gesamtrechtsnachfolger auf StForderungen/schulden anzuwenden ist. Der Gesamtrechtsnachfolger kann den StBescheid nicht mehr anfechten, wenn dieser bereits unanfechtbar war. Eine noch nicht abgelaufene Rechtsbehelfsfrist läuft ihm ggü weiter (vgl § 353). Vor einer Vollstreckung gegen den Gesamtrechtsnachfolger muss diesem jedoch ein Leistungsgebot bekannt gegeben werden (vgl § 254 I 3). Bei Geschäftsübernahme nach § 25 HGB, § 75 tritt *keine* Gesamtrechtsnachfolge ein (vgl BFH BStBl 63, 371).

15 **3. Gegenstand der Drittwirkung.** Die Vorschrift **setzt eine unanfechtbare StFestsetzung voraus,** die auch eine Festsetzung nach §§ 164, 165 sein kann (BFH/NV 03, 798, 1540; vgl aber Rz 8, 9) oder die unwidersprochene Feststellung einer StForderung zur Insolvenztabelle (BFH DStRE 18, 47). Auch eine StAnmeldung (BFH BStBl 05, 127) oder ein Vorauszahlungsbescheid enthalten bestandkraftfähige StFestsetzungen. Der Anspruch auf Änderung der StFestsetzung nach § 164 II 2 und die fehlende Bindungswirkung des Vorauszahlungsbescheids für das Jahres-Festsetzungsverfahren bleiben davon freilich unberührt; denn die Bindung des Dritten kann selbstverständlich nicht weiter gehen als die des StSchuldners selbst. § 166 hindert also den Dritten nicht daran geltend zu machen, der Vorbehaltsbescheid sei zu ändern/die Jahressteuer abweichend festzusetzen (BFH/NV 96, 619).

Eine Steuer wird nicht nur in dem StBescheid nach § 157 festgesetzt, sondern insbes auch in *Grundlagenbescheiden* (zB GewSt-Messbescheid, BVerwG NJW 93, 2453), *Feststellungsbescheiden,* Vergütungs- und *InvZulBescheiden,* nicht aber in *Haftungs-* und *Duldungsbescheiden* (BFH/NV 96, 285). 16

Im Erhebungsverfahren, insbes auf einen Abrechnungsbescheid (§ 218) ist die Vorschrift nicht anwendbar.

§ 167 Steueranmeldung, Verwendung von Steuerzeichen oder Steuerstemplern

(1) [1]**Ist eine Steuer auf Grund gesetzlicher Verpflichtung anzumelden (§ 150 Abs. 1 Satz 3), so ist eine Festsetzung der Steuer nach § 155 nur erforderlich, wenn die Festsetzung zu einer abweichenden Steuer führt oder der Steuer- oder Haftungsschuldner die Steueranmeldung nicht abgibt.** [2]**Satz 1 gilt sinngemäß, wenn die Steuer auf Grund gesetzlicher Verpflichtung durch Verwendung von Steuerzeichen oder Steuerstemplern zu entrichten ist.** [3]**Erkennt der Steuer- oder Haftungsschuldner nach Abschluss einer Außenprüfung im Sinne des § 193 Abs. 2 Nr. 1 seine Zahlungsverpflichtung schriftlich an, steht das Anerkenntnis einer Steueranmeldung gleich.**

(2) [1]**Steueranmeldungen gelten auch dann als rechtzeitig abgegeben, wenn sie fristgerecht bei der zuständigen Kasse eingehen.** [2]**Dies gilt nicht für Einfuhr- und Ausfuhrabgaben und Verbrauchsteuern.**

Abs 1 Satz 1 redaktionell angepasst durch StÄndG 2003 v 15.12.03 (BGBl I, 2645).

Übersicht

1. Inhalt. Die Vorschrift regelt das Verhältnis der StAnmeldung (§ 150 I 2) zur StFestsetzung sowie ein Detail der Rechtzeitigkeit einer StAnmeldung (Abs 2). 1

2. Begriff der Steueranmeldung. StAnmeldung ist eine besondere Form einer StErklärung, in welcher der Stpfl die Steuer selbst zu berechnen und nach deren Maßgabe er den von ihm errechneten Betrag an das FA abzuführen hat, ohne dass die FinBeh die Steuer noch festsetzen muss. Eine ohne eine gesetzl Pflicht abgegebene „StAnmeldung" ist eine bloße StErklärung ohne die Wirkung des § 168 (BFHE 208, 321). Hingegen kommt es für die Festsetzungswirkung nicht etwa darauf an, ob ein materieller StEntstehungstatbestand vorliegt oder zumindest vorliegen kann (BFHE 208, 321). Selbst wenn die Rechtsnorm, die der Anmeldung materiell-rechtl zu Grunde liegt, nichtig ist, macht dies die Anmeldung (ebenso wenig wie einen VA) nicht ebenfalls nichtig (BFH BStBl 02, 477). 2

Welche Steuern anzumelden sind, regeln die EinzelStG (vgl zB §§ 41a I, 45a I, § 48a, 50a EStG, § 48 I 3 UStDV (BFH BStBl 05, 813) sowie zahlreiche VerbrauchStG.

StAnmeldung ist auch die in § 48a I EStG vorgeschriebene Anmeldung des nach § 48 I EStG bei **Bauleistungen** vorzunehmenden 15%-Einbehalts von der Gegenleistung, selbst wenn dieser Einbehalt nur eingeschränkt als Einbehalt von „Steuer" charakterisiert werden kann, sondern ein Sicherungsmittel eigener Art ist; denn § 48a I EStG ist als Verweisung auf die betr Vorschriften der AO zu lesen, 2a auch wenn diese nicht ausdrücklich in Bezug genommen werden (aA *Diebold* DStZ 02, 252, 471).

2b Nach dem **UZK** sind zwar verschiedentlich Anmeldungen mit abgabenrechtlicher Wirkung abzugeben (vgl insbes Art 158 UZK), aber nicht iS einer StAnmeldung Abgaben anzumelden. Bei Selbstberechnung der Abgabe muss aber auch nach dem UZK keine Festsetzung (Mitteilung des Abgabebetrags) erfolgen (vgl Art 101 II UZK).

3 Dass die **Anmeldung eines StEntrichtungspflichtigen** eine StAnmeldung iSd Vorschrift ist, obwohl sie nicht von einem StSchuldner abgegeben wird, ist zu Unrecht bezweifelt worden (siehe *Schwarz/Frotscher* § 167 Rz 134); die terminologisch freilich schiefe Erwähnung des Haftungsschuldners (gemeint: der Entrichtungspflichtige, der bei Verletzung seiner Anmeldungspflicht für die Steuer haftet; zur Begriffsverwirrung vgl eingehend *TK/Seer* § 167 Rz 8) zeigt, dass die Vorschrift auch auf die von StEntrichtungspflichtigen geforderten Anmeldungen angewandt werden will. Eine „StAnmeldung" über Haftungsschulden kennt die AO zwar nicht; Abs 1 erwähnt auch nicht deshalb neben dem StSchuldner den Haftungsschuldner, sondern weil Anmeldepflichtige, die Steuern zulasten eines Dritten einzubehalten und abzuführen haben, idR auch Haftungsschuldner sind; sie melden aber nicht ihre Haftungsschuld, sondern ihre StEntrichtungsschuld an. Der StEntrichtungspflichtige kann also im Wege eines Festsetzungsbescheids iSd § 155 in Anspruch genommen werden, wenn er die Steuer für Rechnung eines anderen einzubehalten und an das FA abzuführen hat und dies nicht oder nicht ordnungsgemäß tut. Die Haftung kann unbeschadet dessen ggf durch Haftungsbescheid nach § 191 geltend gemacht werden (BFH BStBl 01, 67; 04, 1087; 10, 142). Zur str Frage eines diesbzgl Wahlrechts *Drüen* DB 05, 299; *Schwarz/Frotscher* § 167 Rz 24f.

4 **3. Besonderheiten der Lohnsteueranmeldung.** § 167 hat deshalb insbes Bedeutung für die in § 41a I 1 EStG vorgeschriebene **LSt-Anmeldung** und die Anmeldung von KapESt (§ 45a EStG). Jene erfasst alle im Anmeldungszeitraum lohnsteuerrechtl bedeutsamen Sachverhalte (zeitraumbezogener StBescheid; vgl BFH BStBl 93, 840; 93, 829). Ist die Anmeldung insoweit nach Ansicht des FA nicht vollständig, kann nach § 167 I 1, ggf im Wege der Schätzung (§ 162; vgl BFH BStBl 04, 1087; BFH/NV 05, 357), festgesetzt werden (auch nach Erteilung der LSt Bescheinigung gem § 41c III EStG, BFH BStBl 09, 354); es bedarf keiner Haftungsinanspruchnahme nach § 42d EStG, um die es sich der Sache nach freilich (außer bei der nach §§ 40ff EStG zu übernehmenden LSt) handelt und deren *tatbestandliche* Voraussetzungen deshalb vorliegen müssen (also ggf Verschulden, vgl BFH BStBl 01, 67 in Abkehr von BFH BStBl 99, 3, zuletzt BFH/NV 12, 695 zur VersSt; vgl iEinz *Gosch* StBp 01, 113). Durch einen solchen StBescheid wird also nach dieser Konzeption des BFH die Haftungsschuld geltend gemacht, sodass der Bescheid an den Haftungsvoraussetzungen zu messen ist (stRspr, zuletzt BFH/NV 12, 695 zur VersSt; BFH BStBl 09, 1237; vgl schon BFH BStBl 04, 1087); insbes muss wegen der Akzessorietät der Haftung die Steuer entstanden sein und noch bestehen (BFH/NV 12, 537). Es bedarf aber grds keiner Ermessensausübung (BFH BStBl 01, 67; BFH/NV 13, 698). Das bedeutet indes für den Erlass eines Nacherhebungsbescheids kein Hindernis, wenn der Haftungstatbestand keine einschränkenden (zB verschuldensabhängige) Tatbestandsvoraussetzungen enthält (vgl BFH/NV 09, 1237; insbes die LSt-Haftung ist verschuldenunabhängig, vgl *Blümich/Heuermann* § 42d EStG Rz 58f).

5 Die FinBeh hat ein Wahlrecht zwischen Haftungs- und StNachforderungsbescheid, wenn der StEntrichtungspflichtige seine Anmeldepflicht nicht erfüllt (BFH BStBl 15, 619; 13, 596; 04, 187; 01, 67; BFH/NV 13, 698; 09, 1237; 05, 357). Wird jener angefochten, darf ihn das FG nicht durch einen Nachforderungsbescheid ersetzen (BFH BStBl 16, 176; BFH/NV 90, 639). Eine Begründung des FA

für den Verzicht auf eine Inanspruchnahme durch Haftungsbescheid ist entbehrlich (BFH/NV 13, 698; 05, 357). Auch bei sachverhaltsbezogenen Nachforderungen, die sich hinsichtlich einzelner ArbN zB aufgrund einer LSt-Ap ergeben können, kann der ArbG folglich nicht nur als Haftungsschuldner für die nicht einbehaltene LSt in Anspruch genommen werden, sondern auch durch Nachforderungsbescheid. In beiden Fällen müssen jedoch die Voraussetzungen der §§ 173 ff vorliegen, wenn der Sachverhalt in den Rahmen einer vom ArbG abgegebenen (zeitraumbezogenen) Anmeldung fällt (zu Weiterungen *Thomas* DStR 92, 1468) und der Vorbehalt der Nachprüfung bereits aufgehoben worden war. Ist also im Anschluss an eine LSt-Ap der Vorbehalt der Nachprüfung für die den Prüfungszeitraum betr LSt-Anmeldungen aufgehoben worden, darf wegen § 173 II 1 dem ArbG ggü kein den Prüfungszeitraum betreffender Haftungsbescheid mehr ergehen – es sei denn, es liegt eine StHinterziehung oder eine leichtfertige StVerkürzung vor – (BFH BStBl 93, 829; zu § 176 II siehe BFH BStBl 93, 844); denn auch wenn ein bislang zu Unrecht nicht erfasster Sachverhalt erstmals in einem Haftungsbescheid geregelt wird, liegt darin eine Berichtigung der LSt-Anmeldung (vgl BFH BStBl 93, 840).

Der ArbG kann iÜ, wenn er die Unrichtigkeit einer von ihm abgegebenen Anmeldung erkennt (auch nach wenn er darauf durch Hinweis der FinBeh kommt), seine Anmeldung berichtigen (vgl § 168 I 2), und zwar sowohl bei nicht einbehaltener wie bei einbehaltener, aber nicht angemeldeter LSt (vgl § 42d EStG); dies aber nur bis zur Übermittlung der LohnStBescheinigung, § 41c III 1 EStG. Der ArbG kann in diesem Fall Rückgriff bei dem ArbN nehmen (BAGE 111, 131). Eine abweichende Festsetzung des FA kann freilich auch später noch gem § 164 geändert werden, denn sie betrifft nicht den tatsächlichen StAbzug, sondern die St/Entrichtungsschuld (BFH BStBl 13, 929). Die Anmeldung steht auch dann unter Vorbehalt der Nachprüfung, wenn sie aufgrund des Ergebnisses einer Ap abgegeben wird (str, vgl *Blümich/Heuermann* § 42d EStG Rz 168). 7

4. Wirkung der Steueranmeldung. Die StAnmeldung hat die gleichen Wirkungen wie eine StFestsetzung (vgl § 168). Der StSchuldner (zB der ArbN) kann die Anmeldung anfechten und muss sie als Festsetzung seiner LSt-Schuld – ohne Bindung im Hinblick auf die JahresEStSchuld – gegen sich gelten lassen (aA *Thomas* DStR 05, 1491). Die Festsetzung kann ggf nach § 174 IV geändert werden, auch wenn die Voraussetzungen für einen Nacherhebungsbescheid (dagegen Exkulpationsmöglichkeit) nicht vorliegen (BFH BStBl 14, 982). 9

Entsprechendes gilt für einen Haftungsbescheid ggü dem Entrichtungspflichtigen (BFH BStBl 73, 780). Eines besonderen Leistungsgebotes bedarf es nicht, die FinBeh kann aufgrund der eingereichten Anmeldung die Steuer erheben (§ 254 I 4).

5. StFestsetzung trotz Anmeldepflicht. Nach Satz 1 ist eine StFestsetzung nur dann erforderlich, wenn das FA von einer StAnmeldung abweichen will (zugunsten wie zu Ungunsten des Stpfl). War der Stpfl verpflichtet, eine StAnmeldung einzureichen, ist dieser Verpflichtung aber nicht nachgekommen, kann die Steuer, ggf aufgrund Schätzung, festgesetzt werden (siehe oben Rz 5). 10

6. Steuerzeichen. Die gleichen Grundsätze wie bei der StAnmeldung gelten, wenn die Steuer aufgrund gesetzlicher Verpflichtung durch Verwendung von (zuvor mit der Folge des Entstehens einer noch nicht fälligen StSchuld erworbenen) StZeichen zu entrichten ist (vgl § 12 TabStG). Diese sind als StWertzeichen von bloßen StNachweiszeichen (zum reinen Nachweis erfolgter Versteuerung, vgl BFH BStBl 95, 79) zu unterscheiden. Wird die Steuer auf diese Weise in der richtigen Höhe entrichtet, so verbleibt es dabei; anderenfalls ist eine StFestsetzung vorzunehmen. 11

7. Anerkennung einer Zahlungsverpflichtung (Abs 1 S 3). Einer StAnmeldung steht es gleich, wenn ein Steuer- oder Haftungsschuldner *nach Abschluss* 13 einer Ap iSd § 193 II Nr 1 (also wegen StEntrichtungspflichten, auch wenn sie Stpfl iSd § 193 I treffen) seine Zahlungsverpflichtung schriftlich anerkennt. Nach § 168 hat das Anerkenntnis die Wirkung einer StFestsetzung unter Vorbehalt der Nachprüfung. Danach ist es also nicht erforderlich, nach Abschluss einer LSt-Ap gegen den ArbG einen Haftungsbescheid (§ 42d EStG) zu erlassen. Die Vorschrift dürfte auch anzuwenden sein, soweit sonst gegen einen Entrichtungspflichtigen ein StBescheid (zB nach § 40a EStG) zu erlassen wäre, weil die Ap auch dessen StSchuld umfasst. Sonst bewirkt aber das Anerkenntnis einer StSchuld keine StFestsetzung.

16 **8. Einreichung der StAnmeldung bei der Kasse (Abs 2).** StAnmeldungen sind bei der für die Durchführung der Besteuerung zuständigen FinBeh einzureichen, Zahlungen aber an die zuständige Finanzkasse zu entrichten. Es sollen jedoch keine Verspätungsfolgen eintreten, wenn der Stpfl die StAnmeldung fristgemäß bei der Kasse einreicht (vgl Näheres BT-Drs 10/1636). Die Anwendung dieser Regelung auf Einfuhr- und Ausfuhrabgaben (Zölle) und Verbrauchsteuern ist ausdrücklich ausgeschlossen (Abs 2 Satz 2).

§ 168 Wirkung einer Steueranmeldung

[1] Eine Steueranmeldung steht einer Steuerfestsetzung unter Vorbehalt der Nachprüfung gleich. [2] Führt die Steueranmeldung zu einer Herabsetzung der bisher zu entrichtenden Steuer oder zu einer Steuervergütung, so gilt Satz 1 erst, wenn die Finanzbehörde zustimmt. [3] Die Zustimmung bedarf keiner Form.

Übersicht

1 **1. Inhalt.** Die Vorschrift enthält eine Rechtsfolgenverweisung. Die StAnmeldung steht danach in ihren Wirkungen einer StFestsetzung unter dem Vorbehalt der Nachprüfung gleich (vgl § 164; BFH/NV 13, 545; zum Sonderfall einer Anmeldung nach § 50a EStG nach Ablauf der Festsetzungsfrist FG Mchn EFG 95, 510). Die StAnmeldung wird mit Ablauf der Einspruchsfrist (nach Eingang bei der FinBeh) *formell* bestandskräftig, dh unanfechtbar. Der Stpfl wird durch die StAnmeldung in gleicher Weise verpflichtet, als wenn die Steuer gegen ihn durch die FinBeh festgesetzt worden wäre. Entsprechendes gilt, wenn ein StEntrichtungspflichtiger eine Anmeldung abgibt; diese wirkt jedoch nicht auch gegen den Stpfl als StFestsetzung (BFH BStBl 08, 228; 06, 94; 05, 890; 97, 700). Eines Leistungsgebotes bedarf es nicht (§ 254 I 4). Nach Eröffnung eines Insolvenzverfahrens kann eine StAnmeldung mit eingangs genannter Wirkung nicht mehr abgegeben werden (BFH BStBl 12, 298).

4 **2. Änderung der Festsetzung durch die Finanzbehörde.** Die FinBeh ist durch die Selbstberechnung des Stpfl grds nicht von der Pflicht entbunden, die StAnmeldung zu prüfen (BFH BStBl 80, 18). Sie kann die Anmeldung jederzeit ändern, auch wenn sie zuvor gem § 168 S 2 zugestimmt hat (FG Hbg EFG 90, 203). Unter den Voraussetzungen des § 174 IV kann eine Änderung auch nach Eintritt der Bestandskraft und nach Aufhebung des Vorbehaltsvermerks bei widerstreitender Festsetzung erfolgen (BFH BStBl 14, 982). Der Stpfl kann jederzeit eine Änderung beantragen (BFH/NV 94, 292). Wenn das FA nach Eingang der StErklärung einen StBescheid *ohne* Nachprüfungsvorbehalt erlassen hat, ist dieser

Grundlage für die Verwirklichung des StAnspruches und der Nachprüfungsvorbehalt folglich obsolet (vgl BFH BStBl 88, 45); der der Anmeldung kraft Gesetzes anhaftende Nachprüfungsvorbehalt infiziert also nicht etwa einen die Anmeldung lediglich ändernden (vorbehaltlosen) StBescheid. Nach einer Ap *muss* der Nachprüfungsvorbehalt aufgehoben werden.

Auch eine LSt-Anmeldung kann vom FA geändert werden, wenn sie unrichtig ist, weil die Anmeldung die einbehaltene LSt nicht vollständig angibt; anders bei bloßer Haftungsschuld des ArbG nach § 42d EStG, die nicht durch Änderung der LSt-Anmeldung verwirklicht werden kann (iEinz str, vgl *Schmidt/Krüger* EStG § 41a Rz 5). Gibt der ArbG nach Ergehen eines Haftungsbescheids eine Anmeldung mit einer höheren Entrichtungssumme ab, konsumiert diese den Haftungsbescheid, der damit erledigt ist (vgl BFH BStBl 01, 556). 5

Nach Ablauf der Festsetzungsfrist ist die StAnmeldung nicht mehr abänderbar (vgl § 169 I 1), sofern nicht eine Ablaufhemmung nach § 171 eingreift. Eine zwischenzeitliche Änderung der Anmeldung hemmt nicht nach § 171 III (FG BaWü EFG 93, 623). 6

3. Änderung der Anmeldung durch den Steuerpflichtigen. Eine vom Stpfl für rechtswidrig gehaltene StAnmeldung kann innerhalb der Festsetzungsfrist durch Abgabe einer neuen Anmeldung berichtigt werden, solange der Vorbehalt der Nachprüfung noch besteht. Das gilt selbstverständlich auch, wenn die Berichtigung auf (ggf nachdrückliches) Verlangen der FinBeh geschieht (BFHE 170, 193 = HFR 93, 197). Mit Einreichung einer berichtigten, nicht zustimmungsbedürftigen Anmeldung wird die ursprüngliche Anmeldung unwirksam (FG MeVo EFG 05, 1574). 10

Führt eine StAnmeldung zu einem **StErstattungs-/Vergütungsanspruch,** dh zu einer Verringerung der bisher angemeldeten (und dadurch festgesetzten) Steuer, so bedarf es zum Wirksamwerden der StAnmeldung der Zustimmung der FinBeh; erst mit deren Bekanntgabe tritt Festsetzungswirkung (unter fortbestehendem Vorbehalt der Nachprüfung) ein, die auf den Zeitpunkt des Eingangs der berichtigten Anmeldung zurückzubeziehen ist (Sz entfallen ggf von da an). Das gilt auch, wenn die Anmeldung unwirksam war (BFH BStBl 02, 642, zu fehlender Unterschrift). Wird die Erstattung oder Vergütung zur Umbuchung auf andere rückständige Steuern verwendet, soll nach § 76 IV BuchO idF v 10.4.1996 (BStBl I, 386) insoweit auch bei verspäteter Zustimmung der Tag der Einreichung der StAnmeldung als Fälligkeitstag gelten, die Zustimmung also zurückwirken, sodass von da an keine weiteren Sz entstehen. 11

Hat der Stpfl eine von ihm abgegebene Anmeldung berichtigt oder widerrufen, bevor von der FinBeh die Zustimmung erteilt (bekannt gegeben) worden ist, so kann die FinBeh jener Anmeldung nicht mehr wirksam zustimmen (BFH BStBl 91, 281).

Die Zustimmung ist Voraussetzung für eine Verrechnung. Ihre **Wirkung** beschränkt sich aber auf das Festsetzungsverfahren; für das Entstehen eines StVergütungsanspruches ist sie daher nicht Voraussetzung, sodass dieser zB bereits abgetreten werden kann (BFH/NV 93, 583; FG Brem EFG 00, 1214; kritisch dazu *Weiss* UR 93, 238 und UR 97, 67). Die Zustimmung kann auch nach Ap erteilt werden, ohne die Wirkungen des § 173 II auszulösen (vgl FG Hbg EFG 93, 66). 11a

Eine **Frist für die Zustimmung** sieht das Gesetz nicht vor (vgl BFH/NV 06, 473). Diese durch Verpflichtungsklage/einstweilige Anordnung zu erstreiten, wird daher iAllg wenig Aussicht auf Erfolg haben (vgl Rz 16). Hinsichtlich einer Untätigkeitsklage ist die Sechsmonatsfrist des § 46 I FGO ein (freilich nur ganz vager) Anhaltspunkt für die Angemessenheit einer Verzögerung der Zustimmung (BFH/NV 06, 473). 12

Die Zustimmung bedarf keiner **Form.** Sie kann auch stillschweigend durch Gutschrift auf dem Konto des Stpfl erklärt werden (zu einem Ausnahmefall FG Nds EFG 01, 1409), wird jedoch erst wirksam, wenn der Stpfl davon Kenntnis 13 erhält. Sie wird also nicht durch eine (buchungsinterne) vorläufige Sollstellung erteilt, wohl aber durch Mitteilung über eine entsprechende Abrechnung oder tatsächliche Rückzahlung der Steuer (BFH BStBl 02, 642; 96, 660). Denn die Zustimmung ist VA (BFH BStBl 96, 660; 02, 642) und entfaltet folglich Rechtswirkungen erst, wenn sie dem Stpfl (ggf formlos, auch durch konkludentes Handeln) bekannt gegeben worden ist. Erst zu diesem Zeitpunkt endet daher der Zinslauf für etwaige Vergütungszinsen (BFH BStBl 96, 660) und beginnt der Lauf der Einspruchsfrist (§ 355 I 2). Wird die Zustimmung schriftlich erteilt, beginnt die Rechtsbehelfsfrist nur, wenn eine Rechtsbehelfsbelehrung beigefügt worden ist (BFH BStBl 03, 904).

14 Nach AEAO zu § 168 Nr 10 kann die Zustimmung **allgemein erteilt** werden, wenn die Anmeldung zu einem Mindersoll oder einer StVergütung führt; Festsetzungswirkung soll in diesem Fall mit Eingang der Anmeldung eintreten (dazu *Weiss* UR 97, 67: jenseits der rechtl Möglichkeiten, dem indes nicht zuzustimmen ist). Will die FinBeh die Zustimmung nicht erteilen, muss sie, weil in der geänderten Anmeldung iAllg hilfsweise ein Antrag nach § 164 II 2 zu sehen ist, eine (abweichende) StFestsetzung (ggf eine vorläufige nach §§ 164, 165) vornehmen oder die Zustimmung (durch VA) versagen und die Änderung ablehnen. Da es sich dabei um rechtsmittelfähige Entscheidungen handelt, kann ihr keine schnellere Behandlung abverlangt werden als sie § 164 II 3 zuließe.

16 **4. Rechtsschutz.** Da die StAnmeldung wie eine StFestsetzung unter Vorbehalt der Nachprüfung wirkt, kann sie vom Stpfl ebenso wie von einem davon ggf verschiedenen Anmelder (StEntrichtungspflichtiger) angefochten werden (zur Möglichkeit einer Berichtigung siehe Rz 10); das gilt auch dann, wenn (sobald) sie aufgrund einer Zustimmung der FinBeh Feststellungswirkung entfaltet. Ihre Vollziehung kann ausgesetzt werden. Bei Anmeldung von einzubehaltenden und abzuführenden StAbzugsbeträgen durch einen Dritten kann (auch) der StSchuldner die Anmeldung aus eigenem Recht anfechten (BFH BStBl 13, 682; 08, 228; 06, 94; 05, 890; 96, 87; 90, 983; 89, 449; BFH/NV 94, 292), wenn er meint, die Anmeldung/Abführung sei unzutreffend; das gilt insbes auch für die LSt-Anmeldung des ArbG (BFH BStBl 05, 890; BFH/NV 05, 1939). Versagt die FinBeh die Zustimmung zu einer StAnmeldung, kann der Anmelder Verpflichtungsklage erheben (FG Ddorf 4 K 4511/06 VTa, nv), wenn nicht eine abweichende StFestsetzung ergeht, gegen die ggf Anfechtungsklage erhoben werden muss.

17 Der Stpfl kann aber auch, statt seine Anmeldung anzufechten, deren Änderung (dh der StFestsetzung) beantragen (BFH/NV 94, 292).

18 Die **Rechtsbehelfsfrist** beginnt unabhängig von einer Rechtsbehelfsbelehrung mit dem Eingang der Anmeldung bei der FinBeh, die Jahresfrist ist nicht einschlägig (BFH BStBl 98, 649). Das gilt auch dann, wenn StSchuldner nicht der Anmelder, sondern ein Dritter ist. Für den Dritten beginnt die Rechtsbehelfsfrist unabhängig davon, wann er von der Anmeldung erfahren hat, jedoch kann uU Wiedereinsetzung zu gewähren sein, wenn der Anmelder den Dritten nicht entspr unterrichtet hat (was idR durch die entspr privatrechtliche Abrechnung über Lohn, Milchgeld etc geschieht). Führt die Anmeldung zu einer StVergütung oder zu einem Mindersoll, beginnt die Rechtsbehelfsfrist erst mit der Bekanntgabe der Zustimmung der FinBeh zu laufen. Erkennbarkeit der Zustimmung reicht aber aus (vgl BFH BStBl 96, 660). Ergeht die Zustimmung schriftlich, läuft die Frist nur bei Erteilung einer Rechtsmittelbelehrung (BFH BStBl 03, 904). Wenn die Zustimmung allgemein erteilt (bekannt gemacht) wurde, beginnt die Frist nicht erst mit der Auszahlung der Vergütung oder des Mindersolls (konkludente Erteilung der Zustimmung), sondern mit Eingang der berichtigten Anmeldung.

19 Die **Vollziehung** der StAnmeldung kann ausgesetzt werden, aber nicht mit der Maßgabe aufgehoben werden, dass die von dem Dritten abgeführten Beträge dem StSchuldner zu erstatten sind (vgl BFH BStBl 97, 700).

II. Festsetzungsverjährung

§ 169 Festsetzungsfrist

(1) [1]**Eine Steuerfestsetzung sowie ihre Aufhebung oder Änderung sind nicht mehr zulässig, wenn die Festsetzungsfrist abgelaufen ist. [2]Dies gilt auch für die Berichtigung wegen offenbarer Unrichtigkeit nach § 129. [3]Die Frist ist gewahrt, wenn vor Ablauf der Festsetzungsfrist**
1. der Steuerbescheid oder im Fall des § 122a die elektronische Benachrichtigung den Bereich der für die Steuerfestsetzung zuständigen Finanzbehörde verlassen hat oder
2. bei öffentlicher Zustellung nach § 10 Abs. 2 Satz 1 des Verwaltungszustellungsgesetzes die Benachrichtigung bekannt gemacht oder veröffentlicht wird.

(2) [1]**Die Festsetzungsfrist beträgt:**
1. ein Jahr
für Verbrauchsteuern und Verbrauchsteuervergütungen,
2. vier Jahre
für Steuern und Steuervergütungen, die keine Steuern oder Steuervergütungen im Sinne der Nummer 1 oder Einfuhr- und Ausfuhrabgaben nach Artikel 5 Nummer 20 und 21 des Zollkodex der Union sind.
[2]**Die Festsetzungsfrist beträgt zehn Jahre, soweit eine Steuer hinterzogen, und fünf Jahre, soweit sie leichtfertig verkürzt worden ist. [3]Dies gilt auch dann, wenn die Steuerhinterziehung oder leichtfertige Steuerverkürzung nicht durch den Steuerschuldner oder eine Person begangen worden ist, deren er sich zur Erfüllung seiner steuerlichen Pflichten bedient, es sei denn, der Steuerschuldner weist nach, dass er durch die Tat keinen Vermögensvorteil erlangt hat und dass sie auch nicht darauf beruht, dass er die im Verkehr erforderlichen Vorkehrungen zur Verhinderung von Steuerverkürzungen unterlassen hat.**

Abs 1 Satz 3 Nr 2 geändert durch G v 12.8.05 (BGBl I, 2354); Abs 2 Satz 1 Nr 2 geändert durch ZKAnpG v 22.12.14 (BGBl I, 2417), mWv 1.5.2016; Abs 1 Satz 3 geändert durch StModernG v 18.7.16 (BGBl I, 1679).

Übersicht

1. Inhalt. Die Festsetzungsverjährung soll dem Rechtsfrieden dienen; BVerfG NVwZ 13, 1004 hält das Bestehen einer solchen Frist sogar für verfrechtl erforderlich (vgl auch BVerfG DStR 16, 1984). Überdies wird die Erweisbarkeit von Ansprüchen oder auch ihre Abweisung umso schwieriger, je länger die betr Vorgänge zurückliegen (vgl BFH BStBl 95, 385). 1

Nach Festsetzungsverjährung kann ein StBescheid (§ 155) nicht mehr ergehen, eine Steuer also weder festgesetzt werden noch eine bereits ergangene StFestsetzung aufgehoben, geändert oder berichtigt (dazu Rz 12) werden. Die Verjährungsvorschriften wirken sich also sowohl auf die Ansprüche des StGläubigers als auch auf solche des StSchuldners aus.

Die Vorschrift regelt die Dauer der Festsetzungsfrist und die Folgen der Festsetzungsverjährung (Abs 1 S 1 und 2). Ansprüche aus einem StSchuldverhältnis entstehen nach § 38 kraft Gesetzes. Die meisten von ihnen sind jedoch durch Bescheid festzusetzen (§ 155 I sowie die einschlägigen Vorschriften bei steuerlichen Nebenleistungen). Soweit eine solche Festsetzung vorgeschrieben ist, muss sie innerhalb der Festsetzungsfrist (Abs 2, für Zinsen und Vollstreckungskosten siehe §§ 239, 346 II) erfolgen. Anderenfalls erlischt der (nicht „titulierte") Anspruch aus dem StSchuldverhältnis (§ 47). Sz (§ 240) bedürfen hingegen keiner Festsetzung; es läuft folglich keine Festsetzungsfrist. Ebenso wenig bei „reinen" Erstattungsansprüchen, die nicht erst durch Aufhebung/Änderung eines Bescheids entstehen, zB bei rechtsgrundloser Zahlung; solche Ansprüche sind aber (idR iErg noch schneller) *zahlungs*verjährt.

2 Festgesetzte Ansprüche unterliegen *zusätzlich* einer *Zahlungsverjährung* nach § 228 (vgl dazu BFH BStBl 87, 405; 85, 216; BFH/NV 92, 716; 92, 94; 88,349). Diese regelt innerhalb welcher Frist ein solcher festgesetzter – aber auch ein ohne eine vorherige Festsetzung bestehender – steuerlicher Anspruch im sog Erhebungsverfahren durchzusetzen ist. Auch das Verstreichen der dafür in § 228 bestimmten Fünfjahresfrist führt zum Erlöschen des StAnspruchs (§ 47).

3 Die Festsetzungsfrist kann sich aufgrund zahlreicher Tatbestände verlängern– insbes im Falle einer Ap nahezu uferlos –, und zwar entweder weil ihr Beginn hinaus geschoben wird (sog Anlaufhemmung, dazu § 170) oder weil ihr Ende wegen eines solchen Tatbestandes hinaus geschoben wird (Ablaufhemmung, dazu § 171). Außerdem sind bei bestimmten stl Änderungstatbeständen besondere Fristen vorgesehen (dazu Rz 13). Durch Einverständnis zwischen FinBeh und Stpfl können diese Fristen nicht verändert werden (vgl BFH BStBl 05, 122).

7 **2. Anwendungsbereich.** Die Bestimmungen über die Festsetzungsverjährung gelten auch für Bescheidänderungen nach Änderung der satzungsmäßigen Vermögensbindung gem *§ 61 III* (neben dessen Satz 2, BFH BStBl 01, 518), für die *gesonderten Feststellungen* von Besteuerungsgrundlagen, § 181 I, für die Festsetzung von *StMessbeträgen,* § 184 I, für *Zerlegungs-* und *Zutei lungsbescheide,* §§ 185, 190, wobei jedoch § 189 (Zerlegungssperre) eine § 169 I 1 verdrängende abschl Sonderregelung enthält (BFH BStBl 01, 3), sowie für *Zinsbescheide,* § 239. Für *Kosten* nach § 178 siehe dort. Für *Vollstreckungskosten* siehe § 346 II. Für *Sz* siehe Rz 1. Für *Verspätungszuschläge* (§ 152) und *Zwangsgelder* (§ 328) fehlt eine besondere Bestimmung; diese sind jedoch aufgrund ihres Zusammenhanges mit den verspäteten bzw zu erzwingenden StErklärungen nach Ablauf der Festsetzungsfrist für den StBescheid grds nicht mehr festzusetzen (AEAO zu § 169 Nr 5). Eine strikte Frist greift freilich insofern nicht ein (offen BFH BStBl 02, 124: Nachholung jedenfalls binnen Jahresfrist zulässig; enger jetzt BFH BStBl 10, 815: nur in Ausnahmefällen nach Ergehen der StFestsetzung; weitergehend iS einer entsprechenden Anwendung des § 169 *Schwarz/Frotscher* § 169 Rz 8). Auch bei der rückwirkenden Aufhebung einer *Kindergeldfestsetzung* sind die Vorschriften über die Festsetzungsverjährung zu beachten (BFH/NV 12, 379).

9 § 169 gilt auch für einen **Freistellungsbescheid** (BFH/NV 96, 377; 01, 291 mit Abgrenzung zur Freistellungsbescheinigung nach § 50d II 1 EStG, die zwar VA, aber anders als der Freistellungsbescheid nach § 50d I 3 EStG kein StBescheid ist und für die die Festsetzungsfrist folglich nicht gilt). Gleiches müsste für die Bescheinigungen nach § 44a II und § 48b I EStG gelten (vgl *Gosch* StBp 01, 332; BFHE 198, 514; BFH BStBl 96, 608; BFH/NV 96, 377).

10 Auch der Erlass von **Haftungsbescheiden** unterliegt der Regelung über die Festsetzungsverjährung (jedoch Sonderregelungen in § 191 II 2), nicht hingegen deren

Aufhebung und Änderung (BFH BStBl 98, 131). Für den Beginn der Festsetzungsverjährung gelten aber zum Teil abweichende Regelungen (vgl § 191 III, V).

Die Festsetzungsfrist gilt ferner, soweit die Vorschriften der AO in Einzelgesetzen für anwendbar erklärt werden, zB in Gesetzen über Prämien und Zulagen *(§ 8 WoPG 1996, § 14 II 5. VermBG, § 15 I 1 EigZulG)*. Die *InvZulG* verweisen ebenfalls auf die Vorschriften über StVergütungen und damit auch auf § 169 II. Abs 2 S 1 Nr 2 ist daher ohne Weiteres anwendbar. Ob dies auch für Abs 2 S 2 gilt, kann fraglich erscheinen, weil Straftaten nach §§ 370, 378 nicht denkbar sind, sondern allenfalls Subventionsbetrug (§ 264 StGB) begangen wird. Die Festsetzungsfrist für die Eigenheimzulage oder eine InvZul verlängert sich daher nicht auf zehn Jahre, wenn die Zulage durch unrichtige Angaben erschlichen worden ist (BFH BStBl 17, 21; 15, 119). 11

Die Regelung über die Festsetzungsfrist gilt auch für **Berichtigungen** wegen offenbarer Unrichtigkeit nach § 129 (Abs 1 S 2). Beachte aber die Ablaufhemmung nach § 171 II. BFH BStBl 92, 52 hat jedoch die Berichtigung eines unter Missachtung der Festsetzungsfrist erlassenen StÄnderungsbescheids innerhalb der Frist des § 171 II ungeachtet des § 169 I 2 zugelassen, soweit dadurch lediglich die ursprüngliche, in unverjährter Zeit vorgenommene Festsetzung wiederhergestellt wird (offen in BFH/NV 95, 563; aA FG Hbg EFG 94, 642; *Stirnberg/Pietsch* Aufhebung und Änderung von StVerwaltungsakten, Rz 44). 12

Spezialgesetzliche Vorschriften über Antrags-, Rückforderungsfristen udgl gehen § 169 vor; siehe § 174 III 2, IV, V, § 175 I 2 für die Möglichkeit der Berücksichtigung eines Ereignisses mit steuerlicher Rückwirkung, § 10d I 6 EStG (Verlustrücktrag) sowie vor allem § 181 III, IV, V für Grundlagenbescheide. 13

Die Verjährung von **Einfuhr- und Ausfuhrabgaben** ist im UZK geregelt, außer es liegt StHinterziehung (nicht bloß leichtfertige StVerkürzung und damit nur eine Ordnungswidrigkeit) vor; dann gilt das Recht der AO. 13a

3. Eintritt der Festsetzungsverjährung. Wird eine Steuer nicht innerhalb der in Abs 2 bezeichneten Frist festgesetzt, obwohl sie zu ihrer Verwirklichung nach § 155 der Festsetzung bedarf, erlischt der StAnspruch der FinBeh. Darüber hinaus ist von diesem Zeitpunkt an jede Aufhebung, Änderung oder Berichtigung einer bereits bestehenden StFestsetzung ausgeschlossen; das gilt auch für eine Berichtigung nach § 182 III (BFH BStBl 00, 170) und eine Ergänzung nach § 179 III (BFH/NV 01, 1541); beachte jedoch §§ 181 V, 174. Eine Wiedereinsetzung in die Festsetzungsfrist ist nicht möglich (BFH BStBl 00, 330; BFH/NV 09, 1602, verfassungsrechtl unbedenklich; BFH/NV 07, 1090; 97, 330), auch nicht in der Form, dass Wiedereinsetzung in die Frist für einen vor Ablauf der Festsetzungsfrist zu stellenden, jedoch nicht rechtzeitig gestellten Antrag gewährt wird (BFH/NV 08, 838). Selbst eine Zustimmung des Stpfl zu einer Änderung des StBescheids macht eine solche nach Ablauf der Festsetzungsfrist nicht zulässig (BFH BStBl 11, 673). Nach Fristablauf kann auch nach Treu und Glauben die Änderung eines StBescheids selbst dann nicht verlangt werden, wenn die gebotene rechtzeitige Änderung durch Verschulden der FinBeh versäumt worden ist (BFH BStBl 00, 330). Ein vor Ablauf der Festsetzungsfrist gestellter Antrag kann freilich noch beschieden werden (vgl § 171 III). 14

Die Festsetzungsverjährung ist ***von Amts wegen* zu beachten** (BFH BStBl 02, 447), unterscheidet sich also wesentlich von der Verjährung nach BGB, die nur eine Einrede gewährt, die der Schuldner *erheben* muss. 14a

Der Lauf der Frist ist **für jeden Schuldner gesondert** zu bestimmen, auch im Falle der Zusammenveranlagung (BFH BStBl 07, 220), iÜ aber von der Person des Stpfl unabhängig. Die lange Verjährungsfrist des Abs 2 S 2 läuft also insbes ggü dem Erben des StHinterziehers etc weiter und gilt auch für einen Gesamtschuldner, der an der StHinterziehung nicht beteiligt war (BFH/NV 10, 2239; 08, 1158; FG Ddorf EFG 00, 1168). Denn das Merkmal, hinterzogen bzw verkürzt worden 14b zu sein, haftet der Steuer als solcher an (BFH/NV 05, 1021; vgl BFH BStBl 88, 211).

15 Die Feststellungsfrist für **einheitliche und gesonderte Gewinnfeststellungsbescheide** wird jedoch nach BFH BStBl 94, 3 hinsichtlich aller Feststellungsbeteiligten bereits durch die Bekanntgabe ggü nur einem Beteiligten gewahrt; ggü anderen Beteiligten ist lediglich die Bekanntgabe nachzuholen. Das entspricht dem Charakter einer notwendig einheitlichen Feststellung ggü allen Feststellungsbeteiligten. Einer einheitlichen und gesonderten Feststellung steht der Eintritt der Festsetzungsverjährung bei einem Feststellungsbeteiligten nicht entgegen, wenn dem Beteiligten, demgegenüber die Frist bereits abgelaufen ist, aus der Feststellung keine Nachteile entstehen können (BFH BStBl 97, 750; 95, 822; BFH/NV 01, 414). Unzulässig ist eine Feststellung nach Ablauf der Festsetzungsfrist ggü einzelnen Beteiligten hingegen nach BFH BStBl 94, 381, wenn die Feststellung iZm einer Bilanzberichtigung zu treffen ist. Vgl zu allem näher § 181 Rz 33 ff.

16 Bei **nicht fristgerechter Umsetzung einer EU-Richtlinie** in nationales Recht kann die Änderung eines StBescheids auch nach Ablauf der Festsetzungsfrist begehrt werden, wenn das nationale Recht erst nach Fristablauf den unionsrechtlichen Vorgaben angepasst worden ist (BFH BStBl 96, 399 „Emmottsche Fristenhemmung"). Das gilt jedoch nicht auch dann, wenn die Richtlinie zwar umgesetzt, aber von einem Gericht unrichtig ausgelegt oder angewandt worden ist oder sogar ein richtlinienwidriger Bescheid bestandskräftig geworden ist (BFH BStBl 07, 433; BFH/NV 05, 229). Auch die unionsrechtliche Pflicht, beihilferechtswidrig gewährte StVergünstigungen zurückzufordern, durchbricht die Verjährungsvorschriften der AO (EuGHE 97, I-1591; BFHE 224, 372 = HFR 09, 587; dazu kritisch *de Weerth* DB 09, 2677).

17 **4. Dauer der Festsetzungsfrist (Abs 2). a) Zölle und Verbrauchsteuern (Nr 1).** Bei VerbrauchSt und VerbrauchStVergütungen beträgt die Festsetzungsfrist ein Jahr (jedoch unanwendbar bei Rückforderung unionswidriger stl Beihilfe, BFH HFR 09, 587). Diese drastische Verkürzung der Frist im Vergleich zu anderen Steuern beruht offenbar auf der – längst nicht mehr gerechtfertigten – Vorstellung des Gesetzgebers, dass die StFestsetzungen im VerbrauchStBereich regelmäßig keine besonderen Schwierigkeiten bereiten, vielmehr gleichsam mechanisch erfolgen (so in der Tat noch BFH BStBl 16, 576). Die Verkürzung dürfte idR auch durch die intendierte Abwälzung der VerbrauchSt nicht zu begründen sein. Zu den VerbrauchSt idS gehören nur die sog WarenSt wie insbes EnergieSt, StromSt, TabakSt und BranntweinSt (vgl BFHE 141, 369 = HFR 84, 516: „Steuer auf spezielle Güter"; vgl BVerfG ZfZ 17, 182; BFH BStBl 16, 576 mit krit Anm *Möller* ZfZ 16, 226), ferner kraft gesetzlicher Anordnung die EUSt (§ 21 UStG), nicht jedoch sonst die USt (BFH BStBl 87, 95) oder gar AufwandSt wie die KraftSt oder VerkehrSt wie die VersSt und die GrESt.

18 §§ 169 ff gelten nur dann, wenn inneruniotäre bzw innerdeutsche Sachverhalte zur StEntstehung führen, sowie im Falle der StHinterziehung. Denn für **Verbrauchsteuern, die bei der Einfuhr erhoben werden,** gelten unionsrechtliche Regelungen, die den § 169 verdrängen. Die VerbrauchStGesetze verweisen, soweit die Waren aus Drittländern eingeführt werden, für die Fälligkeit, den Zahlungsaufschub, den Erlass, die Erstattung und die Nacherhebung auf die Vorschriften für Zölle (§ 21 TabStG, § 18 BierStG, § 3 AlkopopStG, § 147 BranntwMonG, § 18 SchaumwZwStG, § 19b EnergieStG, § 15 KaffeeStG), sodass in diesen Fällen die Bestimmungen des UZK gelten. Art 103 UZK bestimmt der Sache nach eine Festsetzungsfrist für die Erhebung von Zoll – ohne jenen Begriff zu verwenden. Danach darf eine Mitteilung an den Abgabeschuldner nach Ablauf einer Frist von drei Jahren nach dem Zeitpunkt des Entstehens der Abgabeschuld nicht mehr erfolgen. Für die Erstattung oder den Erlass ist im Allg ein Antrag innerhalb einer Frist von drei Jahren nach Mitteilung der betr Abgaben an den Schuldner (deutsch-

rechtlich: Bekanntgabe des StBescheids) bei der zuständigen Zollstelle zu stellen (vgl Art 121 I UZK). Für die Berechnung der Frist gilt die Fristen-VO (VO (EWG, EURATOM) Nr 1182/71 zur Festlegung der Regeln für die Fristen, Daten und Termine, ABl EG Nr L 124, 1). Die Frist wird verlängert, wenn der Beteiligte nachweist, dass er durch ein unvorhersehbares Ereignis gehindert war, den Antrag fristgemäß zu stellen. Wenn die Zollbehörden innerhalb der Frist selbst feststellen, dass ein Erstattungs- oder Erlassfall nach Art 116 ff UZK vorliegt, müssen sie von Amts wegen tätig werden.

Für die VerbrauchStFestsetzung in vorgenannten Fällen der Einfuhr gilt die Drei-Jahres-Frist gem Art 103 I UZK jedoch dann nicht, wenn die **StSchuld aufgrund einer strafbaren Handlung** entstanden ist. Insoweit lässt der UZK nationale Verjährungsregeln zu. In diesen Fällen gelten daher die strengeren Vorschriften über die Festsetzungsverjährung in der AO weiter. Danach ist in den einschlägigen Fällen eine Mitteilung an den Abgabeschuldner in Fällen von StHinterziehung noch innerhalb von zehn Jahren zulässig (Rz 25); ob die FinBeh in diesem Falle in Folge der strafbaren Handlung an der Wahrung der Drei-Jahres-Frist des Art 103 I UZK gehindert war, ist ohne Bedeutung (BFHE 189, 244 = ZfZ 99, 381). 19

Die **leichtfertige StVerkürzung** ist nach dem insoweit maßgeblichen deutschen Recht (§ 378) jedoch eine Ordnungswidrigkeit und folglich keine strafbare Handlung iSd Art 103 I UZK (EuGH ZfZ 92, 73 = HFR 92, 210). 20

Soweit sich in diesem Bereich ein sog reiner **Zahlungsanspruch** ergibt, verjährt dieser ebenso wie ein sonstiger Zahlungsanspruch nach Abgabenfestsetzung in 5 Jahren (§§ 228 ff), str (ebenso ua *TK/Kruse* Vor § 169 Rz 21). 21

b) Übrige Steuern (Nr 2). Bei den übrigen Steuern und Vergütungen von anderen Steuern als Verbrauchsteuern beträgt die Festsetzungsfrist 4 Jahre. Die Festsetzungsfrist von vier Jahren gilt auch für die USt, denn sie gehört (für die EUSt beachte jedoch Rz 17) iSd allgemeinen Abgabenrechts nicht zu den Verbrauchsteuern, sondern zu den übrigen Steuern (BFH BStBl 87, 95); sog „Vorsteuern" verjähren jedoch nicht, sondern sind bloße Rechnungsposten für die USt, die der Festsetzungsverjährung unterliegen. Die Länge der Frist ist unionsrechtl nicht zu beanstanden (BFH BStBl 15, 3). 22

c) StHinterziehung (Absatz 2 Satz 2). Die Verjährungsfrist beträgt 10 Jahre, soweit eine Steuer hinterzogen ist; ist nicht die ganze Steuer hinterzogen, so gilt Abs 2 S 2 nur für den hinterzogenen Teil (uU tritt also bereits nach 1 oder 4 Jahren *teilweise* Verjährung ein). Die 10-Jahres-Frist endet nicht, bevor die Verfolgung der StStraftat verjährt (§ 171 VII), wobei bei laufenden Bezügen zB von Kindergeld diese Frist erst mit der letzten Auszahlung, die auf der Hinterziehungshandlung beruht, beginnt (BFH BStBl 17, 997). 25

Die Regelung soll den mit einer StHinterziehung einhergehenden objektiven Erschwernissen bei der Sachverhaltsaufklärung Rechnung tragen (BFHE 242, 21; 130, 131; BFH BStBl 13, 2123; 98, 530; 08, 659); ferner: nur dem StEhrlichen soll das vom Rechtsinstitut der Verjährung geschützte Vertrauen, nach Ablauf der regulären Verjährungsfrist im Interesse der Rechtssicherheit keinen StNachforderungen mehr ausgesetzt zu sein, zugute gehalten werden (BFH BStBl 08, 659). Die Vorschrift setzt einen hinterzogenen Betrag iS eines Anspruchs des Fiskus auf eine Abschlusszahlung (Annexsteuern bleiben dabei aber außer Betracht, FG Mster EFG 16, 1136) voraus, die wegen einer vollendeten StHinterziehung bislang nicht geltend gemacht werden konnte; ist es nicht zu einer Verkürzung der Zahllast gekommen, sondern wäre bei richtiger Erklärung der Einkünfte aufgrund von Anrechnungsvorschriften des Erhebungsverfahrens ein *Erstattungsanspruch* entstanden, kann dieser deshalb nach Ablauf der regulären Verjährungsfrist auch bei einer StHinterziehung nicht mehr geltend gemacht werden (BFH BStBl 08, 659: unterbliebene Anrechung von KapESt auf verschwiegene Kapitaleinkünfte; FG Mster EFG 16, 1136; vgl auch *Rolletschke* wistra 06, 471; vgl auch BFH/NV 09, 1397).

25a Die verlängerte Frist greift auch dann ein, wenn die StHinterziehung die FinBeh an einer zeitigen StFestsetzung nicht gehindert hat, weil sie die **Tat alsbald entdeckt** oder sogar von dem reuigen Stpfl über sie informiert wird. Dass das anders sein soll, wenn die FinBeh, nachdem ihr der Sachverhalt unterbreitet worden ist, entscheidet, dass eine Besteuerung nicht stattfinden soll, ist nicht einzusehen, wenn auch in einem solchen Fall der gesetzgeberische Grund für die Verlängerung der Frist nicht vorliegt (anders *HHSp/Banniza* § 169 Rz 36; FG SachsAnh EFG 09, 1082, aufgehoben BFH/NV 11, 1826).

Macht der Stpfl in seiner EStErklärung von der Feststellungserklärung abweichende (falsche) Angaben bzgl der Höhe der auf ihn entfallenden Einkünfte und wird der Feststellungsbescheid irrtümlich nicht ausgewertet, unterbricht dieser Fehler des FA den Kausalverlauf nicht mit der Folge, dass § 169 II 2 nicht eingreift; denn eine überholende Kausalität ist nur anzunehmen, wenn durch ein späteres Ereignis eine neue Kausalkette in Gang gesetzt wird, während bei der Nichtauswertung des Grundlagenbescheids nur falsche Angaben, die bereits zu einer StVerkürzung geführt haben, unberührt gelassen werden (BFH BStBl 16, 503). In gleicher Weise wird der Kausalzusammenhang zwischen StDelikt und Festsetzung nicht aufgelöst, wenn eine Kontrollmitteilung von der Grunderwerbsteuerstelle nicht ausgewertet wird (BFH BStBl 15, 777).

25b Die verlängerte Festsetzungsfrist hat keinen Einfluss auf die **Vorbehaltsfestsetzung** nach § 164: Nach Ablauf der normalen Festsetzungsfrist gem Abs 2 S 1 ist eine Vorbehaltsfestsetzung nicht mehr möglich (BFH/NV 95, 83), auch nicht, soweit eine StHinterziehung vorliegt. Ebenfalls entfällt mit Ablauf der normalen Frist automatisch der Vorbehalt (vgl § 164 IV).

26 Wann eine StHinterziehung vorliegt, bestimmt sich nach § 370 (vgl BFH BStBl 17, 21; 14, 295). Es müssen die **objektiven und subjektiven Tatbestandsmerkmale** der StHinterziehung vorliegen (BFH BStBl 01, 415; 98, 530; 89, 216; 73, 273; 14, 698; BFH/NV 99, 1188; 94, 294: mindestens bedingter Vorsatz), ferner Schuld des Täters (BFH BStBl 98, 530; BFH/NV 07, 534: kein Schuldausschließungsgrund, was aber ohne besondere Anhaltspunkte nicht von Amts wegen ermittelt werden muss, BFH BStBl 01, 415). Die Angaben müssen ggü einer FinBeh, nicht zB bloß ggü der Meldebehörde, gemacht oder unterlassen worden sein (vgl BFH BStBl 16, 576). Ob die Tat verfolgt und bestraft worden ist oder ob sie zB wegen einer Selbstanzeige überhaupt nicht bestraft werden konnte (also evtl Strafausschließungsgründe vorliegen), ist ohne Bedeutung. Auch die Entscheidungen über die Verfassungswidrigkeit des VorStG und der Besteuerung von Zinseinkünften (BVerfG BStBl 95, 655; 91, 654) stehen der Anwendung des § 169 II 2 nicht entgegen (BFH BStBl 00, 378; BGH BStBl 02, 259). Die Feststellungslast liegt bei der FinBeh (BFH/NV 13, 1057; FG Hbg DStR 13, 246; vgl auch BFH/NV 07, 2057; BFH BStBl 07, 364). StHehlerei gehört nicht zu den jedoch eine Inanspruchnahme wegen der von dem Haupttäter begangenen StHinterziehung dar, sodass für ihn die 10-Jahres-Frist gilt (vgl BFH BStBl 76, 394).

Zu Beginn und Hemmung des Fristenlaufs bei Hinterziehung von Kindergeld FG Mchn EFG 14, 1939; BFH/NV 15, 948, sowie die Erläut zu § 370.

27 Ob die Tatbestandsmerkmale einer StHinterziehung vorliegen, ist anhand der materiellen Vorschriften des Strafrechts zu beurteilen (§ 370), jedoch verfahrensrechtl **nicht nach den Vorschriften der StPO,** sondern nach den Vorschriften der AO und der FGO zu prüfen BFH BStBl 14, 698). Es handelt sich insoweit um eine strafrechtliche Vorfrage im Rahmen der Entscheidung über die Rechtmäßigkeit eines StBescheids (BFH BStBl 93, 36; 89, 216; 79, 570), welche die FinBeh in eigener Zuständigkeit zu prüfen (BFH/NV 04, 463) und ggf das Gericht nach seiner freien, aus dem Gesamtergebnis gewonnenen Überzeugung zu entscheiden hat. Behörde und Finanzgericht können sich aber idR die Feststellungen in einem Strafurteil zu eigen machen, ohne die dem zu Grunde liegende Beweiserhebung wiederholen zu müssen (*Rüsken* BB 94, 761; st Rspr). Mittels Schätzung lässt sich

jedoch das Vorliegen einer Straftat nicht feststellen, sodass die Anwendung des § 162 ausscheidet (vgl BFH BStBl 92, 128); die Höhe der hinterzogenen Steuern soll hingegen geschätzt werden können (zu dieser allemal missverständlichen Behauptung § 71 Rz 8 und § 162 Rz 19f).

Auf die Frage, wer die Hinterziehung begangen hat, kommt es nicht an (BFH BStBl 88, 211; BFH BStBl 04, 1516). Die verlängerte Festsetzungsfrist gilt also auch dann, wenn die StHinterziehung **nicht durch den StSchuldner** oder eine Person begangen worden ist, deren er sich zur Erfüllung seiner steuerlichen Pflichten bedient; es kommt für die Anwendung der zehnjährigen Festsetzungsfrist nur darauf an, ob es sich objektiv um eine hinterzogene Steuer handelt, für welche der Betreffende in Anspruch genommen wird (BFHE 135, 563 = ZfZ 82, 306; BFH BStBl 89, 442; vgl auch BFH/NV 91, 721; 04, 1516; 05, 1021; 07, 2053; 08, 1485 und Rz 26 für den Haftungsfall). Die lange Frist gilt erst recht bei einer StHinterziehung durch Vertreter oder Gehilfen des Stpfl, zB durch den stl Berater (vgl insoweit BFH BStBl 03, 385). Die lange Frist gilt aber nicht, wenn der StB den Gewinn leichtfertig falsch ermittelt hat und der Stpfl dies bei der eigenhändigen Unterzeichnung der StErklärung, ohne seinerseits leichtfertig zu sein, nicht erkennt; es findet also eine (dem Strafrecht fremde) Zurechnung von Fremdverschulden nicht statt (BFH BStBl 14, 295; BFH BStBl 03, 385 ist insofern überholt). Bei Zusammenveranlagung läuft die lange Frist, auch wenn nur einer der Ehegatten StHinterziehung begangen hat (BFH/NV 10, 2239; 08, 1158). Ebenso läuft sie auch dann, wenn der StSchuldner keine Kenntnis davon hat, dass die Steuer zu seinen Gunsten von einem Dritten (zB einem Mitarbeiter) hinterzogen worden ist (BFH BStBl 18, 223). 28

Satz 3 gibt dem Stpfl, der weder selbst Täter war noch sich die Tat seines steuerlichen Erfüllungsgehilfen (auch wenn dieser lediglich Teilnehmer der Hinterziehungshandlung war, BFH/NV 91, 721) zurechnen lassen muss, lediglich eine Einrede und gestattet ihm (Feststellungslast des Stpfl) nachzuweisen **(Exkulpationsbeweis),** dass er durch die Tat keinen Vermögensvorteil erlangt hat und dass sie auch nicht darauf beruht, dass er die erforderlichen Vorkehrungen zur Verhinderung der Verkürzung unterlassen hat (vgl BFH/NV 91, 721; BFHE 135, 563 = HFR 82, 423). Erfüllungsgehilfe iSd Vorschrift ist jede Person, die mit dem Wissen und Wollen des StSchuldners in dessen Pflichtenkreis tätig wird; Weisungsgebundenheit ist nicht vorausgesetzt (BFH/NV 04, 1516). Der Begriff „Vermögensvorteil" ist weiter als der Begriff des steuerlichen Vorteils. Es reicht danach jede Verbesserung der Vermögenslage aus, durch die der Stpfl objektiv „reicher" geworden ist (BFH BStBl 89, 442; BFH/NV 92, 219). Vermögensvorteil ist auch der Gewinn aus dem Geschäft, selbst wenn der Stpfl ein anderes Geschäft mit einem gleich hohen Gewinn hätte abschließen können (BFH BStBl 89, 442). Es kommt nicht darauf an, wie hoch der Vermögensvorteil ausgefallen ist, erst recht nicht, dass er der geltend gemachten Steuer entspricht. Hat bei einer Personengesellschaft die StHinterziehung zu Gewinn geführt, der nur einem Teil der Gesellschafter zuzurechnen ist, verlängert sich die Festsetzungsfrist ggü den nicht begünstigten Gesellschaftern nicht, ohne dass es des Exkulpationsbeweises bedarf (BFH BStBl 68, 740). 29

Welche **Vorkehrungen** getroffen worden sein müssen, damit der Exkulpationsbeweis gelingt, hängt von allen Umständen des Einzelfalls ab, insbes dem sachtypischen Risiko (vgl BFH BStBl 89, 442) und zB der bewährten Zuverlässigkeit des Dritten; dass dieser nicht besonders überwacht werden muss, wenn er amtlich überwacht wird, ist allerdings nicht generell richtig (vgl aber FG Ddorf EFG 88, 150). 29a

Die **KirchenStGesetze** der Länder schließen iAllg die Anwendbarkeit des § 370 aus; obwohl eine KirchenStHinterziehung also nicht strafbar ist, gilt aber nach Sinn und Zweck dieser Regelungen die Festsetzungsfrist des § 169 II 2 (*Hummert* DStZ 93, 112; ebenso FG Köln EFG 99, 362 rk; aA *Gast-deHaan* DStZ 92, 525). 30

31 Nach Festsetzung einer hinterzogenen Steuer gilt für den **Zahlungsanspruch** auch hinsichtlich der hinterzogenen Beträge die normale (Zahlungs-)Verjährungsfrist von 5 Jahren.

34 **d) Leichtfertige StVerkürzung (§ 378).** Verjährungsfrist 5 Jahre (zum Fristenlauf siehe auch Rz 25); auch diese – geringfügige – Verlängerung ggü der allgem Festsetzungsfrist beruht auf den für die 10-Jahres-Frist bei StHinterziehung maßgeblichen gesetzgeberischen Erwägungen (vgl BFHE 242, 21).

35 Leichtfertigkeit bedeutet einen erhöhten Grad von Fahrlässigkeit, der etwa der groben Fahrlässigkeit des bürgerlichen Rechts entspricht, aber im Gegensatz dazu auf die persönlichen Fähigkeiten des Täters abstellt (BFH BStBl 16, 576; 15, 777; 14, 955; 88, 215). Der Stpfl muss sich bei Zweifeln über seine steuerlichen Pflichten einschl der an die StPflicht anknüpfenden Verfahrenspflichten erkundigen (BFH BStBl 16, 576). Hartnäckige Missachtung der Informations- und Erkundigungspflicht kann den Vorwurf der Leichtfertigkeit begründen (BFH/NV 96, 731). Je weitergehend der Stpfl Aufgaben auf einen StBerater überträgt, desto stärker wächst die strafrechtliche Verantwortlichkeit des Beraters (vgl BFH BStBl 03, 385). Ein StBerater verwirklicht jedoch den Tatbestand des § 378 AO – ungeachtet der Frage, ob er leichtfertig die Unrichtigkeit einer von ihm gefertigten StErklärung nicht erkennt – nur, wenn er die Erklärung selbst abgibt; tut dies der Mandant ohne selbst leichtfertig zu handeln, verlängert sich die Festsetzungsfrist mithin nicht (BFH BStBl 14, 295).

Für die **Feststellung der leichtfertigen StVerkürzung** gelten die gleichen Grundsätze wie bei der StHinterziehung (Rz 27). Um den subjektiven Tatbestand einer leichtfertigen StVerkürzung bejahen zu können, muss das FG den Stpfl regelm persönlich anhören. Von einer Anhörung kann nur abgesehen werden, wenn sich zB aus Äußerungen des Stpfl, Urkunden oder sonstigen Indizien eindeutig die Leichtfertigkeit ergibt. Der Stpfl ist nicht verpflichtet, Gründe vorzutragen, die der Annahme der leichtfertigen StVerkürzung entgegenstehen, solange das FA seinerseits keine ausreichenden Tatsachen zum Vorliegen des subjektiven Tatbestands vorgetragen hat (BFH/NV 12, 1309).

36 Auch die leichtfertige StVerkürzung muss nur vorliegen, **nicht** aber notwendigerweise **vom Stpfl begangen** worden sein (BFH BStBl 03, 385). Ein Notar, der zB nach § 18 GrEStG eine Anzeige zu erstatten hat, ist nicht Stpfl iSd § 378 I 1 und handelt auch nicht in „Wahrnehmung der Angelegenheiten eines Stpfl" iSv § 378 I, sodass es auch bei leichtfertiger Verletzung dieser Pflicht bei der regulären Frist bewendet (BFH BStBl 15, 777). Vgl ergänzend Rz 26 ff.

37 **5. Wahrung der Festsetzungsfrist (Abs 1 S 3).** Nach Abs 1 Satz 2 kommt es für die Wahrung der Festsetzungsfrist nicht auf den Zeitpunkt an, in dem der Bescheid dem Stpfl zugeht, sondern in dem der Bescheid den Bereich der FinBeh mit deren Wissen und Wollen verlassen hat, bzw bei öffentlicher Zustellung der StBescheid oder eine entsprechende Benachrichtigung ausgehängt wird (Nr 2). Dies gilt auch bei förmlicher Zustellung (obwohl der Sinn der Regelung dort nicht greift) und Versendung in das Ausland (vgl § 123). Ob der Bescheid, nachdem er von der FinBeh zur Post gegeben worden ist, sofort weitergeleitet worden ist, ist ohne Bedeutung, folglich auch das Datum des Poststempels (vgl BFH/NV 97, 162). Unter den Begriff FinBeh fallen auch die für sie arbeitenden Rechenzentren (§§ 2, 17 FVG), wenn sie die Absendung vornehmen (AEAO zu § 169 Nr 1). Grund der Regelung: Vermeidung von Beweisschwierigkeiten hinsichtlich des *Zeitpunkts* des Zugangs (vgl § 122), da StBescheide idR nicht zugestellt, sondern durch Zusendung mit einfachem Brief bekannt gegeben werden, § 122 II; die Vermutung des § 122 II, wonach der Brief als am dritten Tag nach seiner Aufgabe zur Post zugegangen gilt (hins des Falls, dass dies ein Samstag/Sonntag/Feiertag ist, vgl BFH/NV 14, 1186 entgegen BSG NJW 11, 1099), könnte ohne die vorgenannte Regelung der Stpfl uU durch die Behauptung, er habe den Brief nicht oder erst zu einem späteren

Zeitpunkt erhalten, entkräften und sich damit praktisch einer Besteuerung entziehen.

Bei Bekanntgabe eines Bescheids durch **Bereitstellung zum Datenabruf** nach § 122a ist die rechtzeitige Versendung der elektronischen Benachrichtigung an die abrufberechtigte Person maßgeblich (nicht die Bereitstellung selbst oder gar der tatsächliche Abruf). Vgl die Erläut zu § 122a Rz 4. 37a

Die FinBeh trägt die **Feststellungslast** hinsichtlich der rechtzeitigen Aufgabe (BFH BStBl 01, 211; BFH/NV 03, 138). Ein Anscheinsbeweis allein aufgrund des Bescheiddatums und allg organisatorischer Vorkehrungen für die Versendung am gleichen Tage wird nicht anerkannt (BFH BStBl 01, 211, auch zu den sonst bestehenden Möglichkeiten des Versandnachweises; vgl auch BFH BStBl 89, 534), auch nicht der bloße Absendevermerk, wenn dieser lediglich die Ablage im Postausgangsfach der Poststelle dokumentiert (OVG Mster NVwZ 04, 120). Dass die FinBeh ebenso wie ein StBerater oder RA ein Postausgangsbuch vorlegen müsse, will BFH BStBl 01, 211 aus Praktikabilitätsgründen nicht verlangen (ebenso *Koenig/Cöster* § 169 Rz 41; aA *Urban* DStR 98, 801), aber offenbar doch wenigstens einen Absendevermerk der Poststelle; wegen einer diskutablen Ausnahme von den allg Anforderungen an den Beweis siehe FG Hbg EFG 98, 1235. 38

Allein die Absendung eines StBescheids genügt aber nicht; die **wirksame Bekanntgabe** des Bescheids wird von der Vorschrift nicht ersetzt, sondern vorausgesetzt. Die Bescheidsausfertigung, die zum Versand gegeben worden ist, muss den Adressaten (zu irgendeinem Zeitpunkt) erreicht haben (BFH BStBl 03, 548; BFH/NV 14, 1115; 97, 162; ebenso schon BFH BStBl 01, 695; 92, 556 entgegen der damals überw Rspr). Abs 1 S 3 erspart der FinBeh also nur, den *Zeitpunkt* des Zugangs nachzuweisen. Die Festsetzungsfrist ist folglich nicht gewahrt, wenn der betr StBescheid mangels Bekantgabe überhaupt nicht wirksam wird: vorsorglich kann daher eine förmliche Zustellung geboten sein. Selbst diese hilft indes der FinBeh nicht weiter, wenn der Bescheid einem unbekannt verzogenen Stpfl nicht zugestellt werden kann; sendet die FinBeh den Bescheid später an seine neue Adresse, dann ist die Festsetzungsfrist auch dann nicht gewahrt, wenn die erste Absendung noch vor dem Ablauf der Festsetzungsfrist erfolgt war (aA noch BFH BStBl 98, 556). Das Gleiche gilt bei ursprünglich an eine nicht oder nicht mehr richtige Adresse gerichteter Zustellung/Übersendung. 39

Die Festsetzungsfrist ist trotz fristgerechter Absendung auch dann nicht gewahrt, wenn sonstige Voraussetzungen fehlen, von denen der Erlass eines wirksamen StBescheids abhängt (BFH BStBl 98, 556; BFH/NV 99, 281), und der zur Post gegebene Bescheid so, wie von der FinBeh beabsichtigt, gar nicht hätte wirksam werden können, er jedoch auf andere Weise als von der FinBeh vorgesehen bekannt wird. Für die Fristwahrung genügt es daher nicht, dass der StBescheid dem Adressaten bekannt wird, weil ein Dritter den falsch adressierten Bescheid **weiterleitet** (BStBl 97, 11; BFH/NV 91, 2). Der Bescheid wahrt hingegen die Festsetzungsfrist, wenn er trotz fehlerhafter Angabe der Postleitzahl zugestellt wird (BFH/NV 04, 761) oder er zu Unrecht dem Stpfl selbst bekannt gegeben wird, dieser ihn jedoch, ggf auch erst nach Fristablauf, an seinen Bevollmächtigten weiterleitet (BFH/NV 02, 8; 03, 1397). Öffentliche Zustellung wahrt die Frist selbstredend nur, wenn sie wirksam erfolgt (BFH/NV 13, 5). 40

Ein **nichtiger Bescheid** erzeugt keine Rechtswirkungen und ist daher nicht einmal geeignet, die Festsetzungsfrist zu *unterbrechen* (BFHE 158, 491 = HFR 90, 209; BFH BStBl 90, 942), ebenso wenig ein zunächst zwar wirksamer, später aber aufgehobener Bescheid (beachte aber etwaige Fristhemmung, § 171 III) oder ein von der örtlich unzuständigen Behörde erlassener (BFH BStBl 02, 406 mit zutreffender Abgrenzung zu der scheinbar entgegenstehenden Regelung des § 127). Hingegen wahrt ein Bescheid die Frist auch dann, wenn er rechtswidrig ist und dieser Mangel erst nach Ablauf der regulären Frist im Einspruchs- oder Klageverfahren geheilt wird (siehe § 171 IIIa; BFH BStBl 01, 218). Ebenso wahrt ein 41 rechtswidriger Bescheid die Frist auch dann, wenn er in einen rechtmäßigen umgedeutet werden kann (BFH BStBl 09, 754).

42 Bei **StMessbeträgen** wird die Frist durch Absendung der Mitteilungen an die Gemeinden nach § 184 III nicht gewahrt.

43 Die Bekanntgabe eines **Feststellungsbescheids** wahrt allen Feststellungsbeteiligten ggü die Feststellungsfrist, auch wenn er nur einem von ihnen bekannt gegeben wird (BFH BStBl 94, 3). Das gilt auch für Gesellschafter, die aus der Gesellschaft ausgeschieden sind, und nach Auflösung der Gesellschaft (BFH BStBl 95, 39).

44 Die Verjährung der **KiSt** als Zuschlagsteuer kann unabhängig von der Verjährung der ESt als Maßstabsteuer eintreten; eine Ablaufhemmung kann die Festsetzungsverjährung der KiSt folglich nur aufhalten, wenn sie auch diese Steuer betrifft (FG Köln EFG 98, 235).

45 Abs 1 Satz 3 kann auf **Rechtshandlungen** ***des Stpfl*** nicht entsprechend angewandt werden (BFH VII B 66/10, nv); diese müssen also ggf fristgerecht der FinBeh *zugehen.*

46 **6. Folgen des Ablaufs der Festsetzungsverjährung.** Bei Ablauf der Festsetzungsfrist erlöschen alle Ansprüche aus dem StSchuldverhältnis, also auch Erstattungs- und Vergütungsansprüche (vgl BFH BStBl 87, 413). StFestsetzung, Aufhebung und Änderung eines StBescheids, Berichtigung einer offenbaren Unrichtigkeit nach § 129 werden unzulässig, selbst wenn der StBescheid unter Vorbehalt der Nachprüfung steht (BFH/NV 95, 83). Ein StBescheid, der nach Ablauf der Festsetzungsfrist erlassen wird, ist nur rechtswidrig, nicht nichtig (BFH/NV 95, 275; 93, 444).

47 Trotz Festsetzungsverjährung gezahlte Steuern sind (nach Aufhebung des StBescheids, zu der es wegen § 169 I 1 freilich nur noch im Rechtsbehelfsverfahren kommen kann) zu erstatten, § 222 II BGB ist unanwendbar. Wird aber aufgrund eines unwirksamen StBescheids die Steuer gezahlt, kann eine Festsetzung der Steuer noch vorgenommen werden, solange der durch die Zahlung entstandene Erstattungsanspruch nicht zahlungsverjährt (§ 228) ist, § 171 XIV (BFH BStBl 04, 896; BFH BStBl 82, 276 ist insofern überholt).

48 **ESt-Vorauszahlungen** sind jedoch zu erstatten, wenn die JahresESt wegen Verjährung nicht mehr festgesetzt werden kann (FG RlPf EFG 12, 1113; vgl schon BFH BStBl 79, 461, BFH/NV 96, 454 zum VStG); denn eine Vorauszahlungsschuld steht unter der auflösenden Bedingung, dass in einer der Höhe der geleisteten Vorauszahlungen entsprechenden Höhe ESt für den betr VZ geschuldet wird (BFH BStBl 87, 8). Eine solche EStSchuld iSd § 37 I 1 EStG besteht nicht schon dann, wenn die ESt materiell-rechtl iSd § 36 I EStG entstanden ist, sondern erst, wenn ein diesbzgl Veranlagungsbescheid ergangen ist (aA FG BaWü EFG 95, 1039; enger offenbar auch *TK/Drüen* § 37 Rz 45: Erstattungsanspruch entsteht bei *Entstehen* der JahresStSchuld; *Schmidt/Loschelder* EStG § 37 Rz 1; *BG/Paetsch* § 169 Rz 22), nachdem Grundlage für die Verwirklichung von Ansprüchen aus dem StSchuldverhältnis grds (nur) StBescheide sind (§ 218 I 1). Folglich tritt die aufschiebende Bedingung, unter der Vorauszahlungen auf die ESt stehen, ein, wenn eine Veranlagung wegen Festsetzungsverjährung aufgrund der §§ 169ff nicht mehr erfolgen kann. Denn es steht dann fest, dass der Stpfl weder ESt schuldet noch künftig Schuldner von ESt für den betr VZ werden kann. § 171 XIV ist mangels Zusammenhangs zwischen Vorauszahlungsfestsetzung und Jahresfestsetzung nicht anwendbar (vgl zu der Frage auch eingehend und grds SächsOVG KStZ 03, 169).

Ob für **USt-Vorauszahlungen** das Gleiche gilt, kann zweifelh erscheinen; es ist indes unbeschadet dessen zu bejahen, dass die USt-Jahresfestsetzung lediglich aus aggregierten Vorauszahlungsfestsetzungen (ggf nach Berichtigung) besteht und nicht wie die EStFestsetzung Ergebnis eines komplexen, mit den Vorauszahlungsfestsetzungen nicht unmittelbar verknüpften Berechnungsvorgangs ist (aA BFH BStBl 85, 370; BFH/NV 93, 279; krit auch *Koenig/Cöster* § 168 Rz 23).

Die Erstattung setzt ggf nicht voraus, dass die Festsetzung der Vorauszahlungen zuvor aufgehoben wird, denn die Vorauszahlungsfestsetzungen erledigen sich bei Eintritt vorgenannter auflösender Bedingung gem § 124 (vgl BFH/NV 96, 454; str, aA ua *Koenig/Cöster* § 168 Rz 23). 49

§ 170 Beginn der Festsetzungsfrist

(1) **Die Festsetzungsfrist beginnt mit Ablauf des Kalenderjahrs, in dem die Steuer entstanden ist oder eine bedingt entstandene Steuer unbedingt geworden ist.**

(2) [1] **Abweichend von Absatz 1 beginnt die Festsetzungsfrist, wenn**
1. **eine Steuererklärung oder eine Steueranmeldung einzureichen oder eine Anzeige zu erstatten ist, mit Ablauf des Kalenderjahrs, in dem die Steuererklärung, die Steueranmeldung oder die Anzeige eingereicht wird, spätestens jedoch mit Ablauf des dritten Kalenderjahrs, das auf das Kalenderjahr folgt, in dem die Steuer entstanden ist, es sei denn, dass die Festsetzungsfrist nach Absatz 1 später beginnt,**
2. **eine Steuer durch Verwendung von Steuerzeichen oder Steuerstemplern zu zahlen ist, mit Ablauf des Kalenderjahrs, in dem für den Steuerfall Steuerzeichen oder Steuerstempler verwendet worden sind, spätestens jedoch mit Ablauf des dritten Kalenderjahrs, das auf das Kalenderjahr folgt, in dem die Steuerzeichen oder Steuerstempler hätten verwendet werden müssen.**

[2] **Dies gilt nicht für Verbrauchsteuern, ausgenommen die Energiesteuer auf Erdgas und die Stromsteuer.**

(3) **Wird eine Steuer oder eine Steuervergütung nur auf Antrag festgesetzt, so beginnt die Frist für die Aufhebung oder Änderung dieser Festsetzung oder ihrer Berichtigung nach § 129 nicht vor Ablauf des Kalenderjahrs, in dem der Antrag gestellt wird.**

(4) **Wird durch Anwendung des Absatzes 2 Nr. 1 auf die Vermögensteuer oder die Grundsteuer der Beginn der Festsetzungsfrist hinausgeschoben, so wird der Beginn der Festsetzungsfrist für die folgenden Kalenderjahre des Hauptveranlagungszeitraums jeweils um die gleiche Zeit hinausgeschoben.**

(5) **Für die Erbschaftsteuer (Schenkungsteuer) beginnt die Festsetzungsfrist nach den Absätzen 1 oder 2**
1. **bei einem Erwerb von Todes wegen nicht vor Ablauf des Kalenderjahrs, in dem der Erwerber Kenntnis von dem Erwerb erlangt hat,**
2. **bei einer Schenkung nicht vor Ablauf des Kalenderjahrs, in dem der Schenker gestorben ist oder die Finanzbehörde von der vollzogenen Schenkung Kenntnis erlangt hat,**
3. **bei einer Zweckzuwendung unter Lebenden nicht vor Ablauf des Kalenderjahrs, in dem die Verpflichtung erfüllt worden ist.**

(6) **Für die Steuer, die auf Kapitalerträge entfällt, die**
1. **aus Staaten oder Territorien stammen, die nicht Mitglieder der Europäischen Union oder der Europäischen Freihandelsassoziation sind, und**
2. **nicht nach Verträgen im Sinne des § 2 Absatz 1 oder hierauf beruhenden Vereinbarungen automatisch mitgeteilt werden,**

beginnt die Festsetzungsfrist frühestens mit Ablauf des Kalenderjahres, in dem diese Kapitalerträge der Finanzbehörde durch Erklärung des Steuerpflichtigen oder in sonstiger Weise bekannt geworden sind, spätestens jedoch zehn Jahre nach Ablauf des Kalenderjahres, in dem die Steuer entstanden ist.

(7) **Für Steuern auf Einkünfte oder Erträge, die in Zusammenhang stehen mit Beziehungen zu einer Drittstaat-Gesellschaft im Sinne des § 138 Absatz 3, auf die der Steuerpflichtige allein oder zusammen mit nahestehenden**

Personen im Sinne des § 1 Absatz 2 des Außensteuergesetzes unmittelbar oder mittelbar einen beherrschenden oder bestimmenden Einfluss ausüben kann, beginnt die Festsetzungsfrist frühestens mit Ablauf des Kalenderjahres, in dem diese Beziehungen durch Mitteilung des Steuerpflichtigen oder auf andere Weise bekannt geworden sind, spätestens jedoch zehn Jahre nach Ablauf des Kalenderjahres, in dem die Steuer entstanden ist.

Abs 2 S 2 geändert durch JStG 2010 v 8.12.10 (BGBl I, 1768); Abs. 6 neu gefasst durch G v 22.12.14 (BGBl I, 2415); Abs 7 angefügt durch durch StUmgBG v 23.6.17 (BGBl I, 1682).

Schrifttum: *Rolf Schmidt* Festsetzungsverjährung im Versicherungsteuerrecht, UVR 2013, 299; *Kamps* Festsetzungsverjährung sowie Anzeige- und Erklärungspflichten in Schenkung- und Erbschaftsteuerfällen, ErbR 14, 16.

Übersicht

1 **1. Inhalt.** Die Vorschrift bestimmt in Abs 1, welche Ereignisse die Festsetzungsfrist in Lauf setzen, und zwar jeweils mit Wirkung zum Jahresende. Die Festsetzungsfrist endet folglich, da sie sich nach Jahren bemisst (§ 169), immer an einem 31.12.; das gilt auch für die in Abs 2 bis 6 geregelten Fälle. Fällt das Ende der Festsetzungsfrist auf einen Sonntag, einen gesetzlichen Feiertag oder einen Sonnabend, endet sie erst mit dem Ablauf des nächstfolgenden Werktags (BFH BStBl 16, 380).

2 Die Festlegung einer angemessenen Festsetzungsfrist ist nach BVerfG DStR 16, 1984 verfassungsrechtl geboten. Dem trägt der Grundsatz des Abs 1 zweifellos Rechnung. Er wird jedoch durch die Regelungen über die sog Anlaufhemmung in den folgenden Absätze praktisch zur Ausnahme. Denn die in Abs 2 bis 6 enthaltenen Ausnahmen von dem Grundsatz des Abs 1 sind weitreichend, insbes weil bei den laufend veranlagten Steuern regelmäßig eine StErklärung oder eine StAnmeldung einzureichen ist, sodass bei diesen der Abs 1 nicht eingreift. Nur die Regelungen der Abs 4 bis 6 beruhen auf den Besonderheiten der dort genannten Steuern.

3 **2. Grundsatz (Abs 1).** Die Festsetzungsfrist beginnt grds mit Ablauf des Kalenderjahres, in dem die Steuer oder die StVergütung entstanden ist (zum Entstehungszeitpunkt vgl § 38; der Entstehungszeitpunkt ist nicht zu verwechseln mit dem Fälligkeitszeitpunkt, § 220). Abs 1 gilt jedoch im Wesentlichen nur dann, wenn (was praktisch selten ist) keine Pflicht zur Abgabe einer StErklärung besteht, zB bei der Antragsveranlagung nach § 46 II Nr 8 EStG (dazu BFH BStBl 11, 746; BFH/NV 14, 1740), deren Änderung oder Aufhebung freilich einer abweichenden

Festsetzungsfrist unterliegt, siehe Abs 3; bei der Lohn- oder KapESt nicht einkommensteuererklärungspflichtiger StSchuldner und bei Haftungsbescheiden, auf die die Vorschriften über die Festsetzungsfrist entsprechend anwendbar sind, § 191 III. Wegen des Beginns der Festsetzungsfrist für die InvZul BFH BStBl 00, 208, für die gesonderte Festsetzung von Einheitswerten § 181 II und III; die insoweit maßgebliche Frist ist unabhängig von der Festsetzungsfrist für die Folgesteuern zu ermitteln (BFH BStBl 14, 663; 94, 3).

Die Festsetzungsfrist beginnt bei nach § 51 I EnergieStG begründeten Vergütungsansprüchen mit Ablauf desjenigen Jahres zu laufen, in dem der Vergütungsanspruch infolge der Verwirklichung des Entlastungstatbestands entstanden ist, also mit der Verwendung des Energieerzeugnisses; die Festsetzung oder Entrichtung der für das Energieerzeugnis entstandenen EnergieSt, das „nachweislich versteuert" sein muss, soll nicht erforderlich, die bloße Entstehung derselben aber nicht ausreichend sein (BFH ZfZ 16, 308 mit Anm *Rüsken*). **4a**

Hinsichtlich der Frist für Zinsen und Kosten der Vollstreckung siehe § 239 I 2 und § 346 II 2; beim Verspätungszuschlag vgl § 152. Beachte ferner § 175 I 2. **4b**

§ 170 gilt nicht für die Zölle, dazu Art 103 III, IV UZK. **4c**

3. Abweichender Beginn der Frist (Abs 2). a) Pflicht zur Abgabe einer StErklärung/Erstattung einer Anzeige (Abs 2 Nr 1). Zweck der Bestimmung, die eine Anlaufhemmung normiert, ist es, zu vermeiden, dass die Festsetzungsfrist schon zu laufen beginnt, bevor die FinBeh etwas vom Entstehen und der Höhe des StAnspruchs erfahren hat (BFH BStBl 14, 238; 03, 687). Der Stpfl soll nicht durch eine verspätete Abgabe der Erklärung die der FinBeh zur Prüfung des Falls zur Verfügung stehende Zeit verkürzen können (BFH BStBl 09, 232; 07, 954; 05, 780; 03, 687; 00, 233). Abs 2 Nr 1 schiebt den Beginn der Festsetzungsfrist allerdings nicht unbegrenzt hinaus, wenn die Erklärungspflicht nicht (rechtswirksam, BFH BStBl 99, 203) erfüllt wird, sondern legt für diesen Fall einen äußersten Zeitpunkt fest, an dem die Frist trotzdem beginnt: Die Festsetzungsfrist beginnt, damit sie nicht ggf ewig läuft, spätestens mit Ablauf des dritten Kalenderjahres nach Entstehung der Steuer. Das gilt auch bei fruchtloser Aufforderung der FinBeh zur Abgabe einer StErklärung (BFH BStBl 01, 14). **5**

Das Anlaufen der Frist ist gehemmt, solange der zur Abgabe einer StErklärung oder Anzeige (§ 30 ErbStG, § 19 GrEStG) Verpflichtete diese Erklärung/Anzeige nicht abgibt. Die objektive Pflicht ist entscheidend (BFH BStBl 92, 680), nicht ob der Stpfl sie auch erkennen konnte (BFH/NV 96, 449). Eine NV-Bescheinigung lässt die Pflicht nicht entfallen (BFH BStBl 14, 238). Die beiden Hemmungstatbestände stehen ggf selbständig nebeneinander; trifft also die Pflicht zur Anzeige mit einer StErklärungspflicht zusammen, genügt nach dem Sinn des Gesetzes die Erfüllung einer dieser Pflichten nicht, um die Anlaufhemmung zu beenden (BFH BStBl 09, 232; vgl jedoch *Demme* ZEV 08, 222). Das folgt aus dem Sinn dieses Hemmungstatbestandes, dem FA ausreichend Zeit für eine Prüfung der StErklärung einzuräumen, welche durch die Prüfung der Anzeige und daran anschließende Maßnahmen (zB Schätzungsbescheid) nicht überflüssig wird (vgl BFH BStBl 09, 232). **6**

aa) Anlaufhemmung durch Nichtabgabe einer Anzeige (Abs 2 Nr 1). Anzeigen sind Mitteilungen des Stpfl über stl erhebliche Vorgänge, die es der FinBeh ermöglichen, eine Steuer festzusetzen. Keine Anzeigen iSd § 170 II 1 sind Anzeigen nach § 153 I Nr 1 (BFH BStBl 97, 266; 08, 595); vgl dazu aber § 171 IX oder eine Mitteilung über Änderungen in den für das Kindergeld erheblichen Verhältnissen (§ 68 I 1 EStG, BFH BStBl 08, 371; BFH/NV 06, 2323). Auch Anträge auf Gewährung einer StVergütung, zB nach dem InvZulG oder dem StromStG und EnergieStG, sind keine „Anzeigen" iSd Vorschrift, zumal der Stpfl zu solchen Anträgen nicht verpflichtet ist (BFH BStBl 01, 432; 08, 462); die Verjährungsfrist für die betr Ansprüche beginnt also auch dann, wenn sie noch gar nicht beantragt sind. **7**

8 Unerheblich ist, ob die Verpflichtung zur Anzeigeerstattung den StSchldner oder einen Dritten (Entrichtungspflichtigen) trifft (BFH BStBl 03, 687; 08, 597; 13, 190, 596 und BFH/NV 12, 695 für die Anzeige des Versicherers).

Die Nichterfüllung einer **Anzeigepflicht Dritter,** die nicht Vertreter des Stpfl sind oder wie der Entrichtungspflichtige auf seine Rechnung zu handeln haben, insbes der Gerichte, Behörden und Notare, führt zu keiner Anlaufhemmung nach § 170 II 1 Nr 1 (BFH BStBl 15, 777 zu § 18 GrEStG; 05, 780: 04, 193; 94, 866; BFH/NV 07,1535; 00, 409), es sei denn, *neben* diesen ist auch der Stpfl selbst anzeigepflichtig, welcher seine Pflicht anders als der Dritte nicht erfüllt (BFH BStBl 05, 780). Der erklärungspflichtige Testamentsvollstrecker ist jedoch nicht Dritter idS (BFH BStBl 00, 233).

Wegen der Folgen der Nichterfüllung der Anmeldungspflicht eines anderen Stpfl siehe BFH BStBl 96, 608. Wegen Nichterfüllung durch einen von mehreren Anzeigepflichtigen siehe auch BFH BStBl 95, 802.

9 **bb) Anlaufhemmung durch Nichtabgabe einer StErklärung (Abs 2 Nr 1).** Abs 2 Nr 1 setzt in seiner ersten Alternative voraus, dass der Stpfl zur Abgabe einer StErklärung ***verpflichtet*** ist, mag er das auch nicht erkennen (BFH/NV 96, 449). Die Verpflichtung kann sich aus Gesetz, aber auch aus einer Aufforderung der FinBeh (vgl § 149 I 2) ergeben (BFH BStBl 00, 625 für den Testamentsvollstrecker; BFH BStBl 14, 663 für die GrESt; BFH/NV 01, 14; 05, 244). Fehlt es an einer gesetzlichen Grundlage für eine Aufforderung zu einer Erklärung nach § 149, tritt gleichwohl Anlaufhemmung ein (*Schwarz/Frotscher* § 170 Rz 10), wenn die Aufforderung, die der BFH als VA versteht (BFH BStBl 18, 123), unanfechtbar geworden ist. Ein Recht, StErklärungspflichten zu „erfinden", steht der FinBeh zwar grds nicht zu (vgl § 149 Rz 5). BFH BStBl 91, 440 hat jedoch durch eine Aufforderung ohne gesetzliche Grundlage eine gesetzliche Erklärungspflicht dann entstehen lassen, wenn die Abgabe der StErklärung der Durchführung eines gesetzlich vorgeschriebenen Festsetzungs- oder Feststellungsverfahrens dient, das der Sache nach Angaben des Stpfl über die anzusetzenden Besteuerungsgrundlagen voraussetzt; das gelte insbes dann, wenn anzunehmen sei, dass eine ausdrückliche Regelung über die Erklärungspflicht vom Gesetzgeber „vergessen" worden ist.

10 Eine **Erklärungspflicht** aufgrund gesetzl Vorschrift besteht zB für die Verlustfeststellung nach § 10 III EStG aF (BFH BStBl 09, 897), ferner nach § 25 III EStG, § 73e S 2 EStDV, § 56 EStDV, § 31 KStG, § 18 UStG, § 25 GewStDV, § 28 I BewG, § 19 GrStG, § 19 GrEStG; §§ 30, 31 I ErbStG. Die Möglichkeit eines Veranlagungsantrags nach § 46 II Nr 8 EStG löst keine Anlaufhemmung aus (BFH BStBl 11, 746; BFH/NV 13, 340; 12, 1512; für die VZ 97 und 98 siehe jedoch BFH/NV 09, 755); hiergegen bestehen keine verfahrensrechtlichen Bedenken, BVerfG BFH/NV 14, 142 = HFR 13, 1157. Eine Verletzung der Anzeigepflicht des Notars nach § 18 GrEStG führt jedoch nicht zu einer Anlaufhemmung (BFH BStBl 94, 866; 05, 780; 15, 777). Eine Erklärungspflicht *kann* auch bei **Haftungsschulden** bestehen (zB § 4 I 1 KStDV aF, dazu BFH BStBl 01, 13; BFH/NV 15, 797); dann greift Abs 2 Nr 1 ein, denn § 191 III ist keine Spezialvorschrift.

11 Wenn erst eine **Aufforderung** nach § 149 die Erklärungspflicht begründet, muss diese Aufforderung vor Ablauf der nach Abs 1 durch die StEntstehung kraft Gesetzes in Gang gesetzte Festsetzungsfrist ergehen (BFH BStBl 12, 711; 01, 14). Entsprechendes gilt, wenn der Stpfl eine solche Pflicht durch seinen Antrag nach § 46 II 1 Nr 4a Buchst c 2. Alt EStG begründet (BFH BStBl 12, 711). Die Aufforderung zur Abgabe der ErbStErklärung, die eine Erklärungspflicht des Erben erst auslöst und damit den Fristlauf bis zu deren Erfüllung hemmt, kann nur ergehen, solange die ErbSt nicht (vier Jahre nach dem Erbfall) verjährt ist, sodass die zunächst angelaufene Festsetzungsfrist gem Abs 2 Nr 1 nachträglich gehemmt wird (BFH BStBl 01, 14).

11a Bei mehreren Verpflichteten (zB Miterben) wird die Frist nur dem ggü gehemmt, der selbst zur Erklärungsabgabe aufgefordert worden ist (BFH/NV 99, 1341).

Die Anlaufhemmung endet, wenn die StErklärung bei der zuständigen Stelle eingeht, die nicht eine FinBeh sein muss (BStBl 92, 440 für die KraftStErklärung). Die Festsetzungsfrist beginnt auch dann mit Abgabe der StErklärung zu laufen, wenn die **Erklärung teilweise unvollständig oder unrichtig** ist (BFH BStBl 09, 1970; BFH/NV 12, 1579; 08, 18; 05, 1229), es sei denn die Mängel führen dazu, dass die Bearbeitungszeit für das FA verkürzt wird (fehlende Bezeichnung des Grundstücks nach Grundbuch, Kataster, Straße und Hausnummer bei der GrESt, BFH/NV 09, 1970; keine Angaben über Erblasser, Erwerber und Rechtsgrund für den Erwerb, FG Nbg UVR 16, 76; keine Angaben zu § 1 III GrEStG hins der betroff Kapitalgesellschaften, deren Grundbesitz und dessen Wert, BFH DStR 18, 189) oder wenn die Erklärung derart lückenhaft ist, dass dies auf das Nichteinreichen der Erklärung hinausläuft (BFH/NV 12, 1579; 05, 1229) oder wenn sie die vom betr Gesetz geforderte Angaben nicht enthält (BFH/NV 09, 1970; vgl auch BFH/NV 12, 710; 09, 1832 für eine Anzeige nach GrEStG). Die Hemmung des Fristlaufs bleibt hingegen bestehen, wenn eine StErklärung nicht *wirksam* ist (BFH BStBl 99, 203; sie muss also insbes unterschrieben sein, BFH BStBl 05, 244). Eine nicht vom Stpfl selbst oder einem organschaftlichen Vertreter unterzeichnete StErklärung setzt den Fristenlauf nicht in Gang, wenn das FA die fehlende Unterschrift nicht erkannt hat und nicht erkennen musste (BFH/NV 12, 1576). Die von jemand anderem als dem StSchuldner unterschriebene USt-Erklärung (keine eigenhändige Unterschrift des Unternehmers erforderlich, EuGHE 09, I-11487 = DStR 09, 2593 „Yaesu Europe") ist jedoch als StErklärung anzusehen, wenn das FA aus ihr die richtigen Schlüsse auf den StSchuldner und die Steuer ziehen kann und in Kenntnis des Umstandes, dass die Erklärung von einem Dritten stammt, diese zur Grundlage der Veranlagung macht (BFH/NV 03, 292). 12

Eine **Nichtveranlagungsbescheinigung** beendet die Anlaufhemmung nicht (BFH BStBl 14, 238). 12a

Die Hemmung des Fristlaufs erfasst auch StAnsprüche, die durch einen StAbzug bereits vorläufig befriedigt worden sind, insbes also LSt von Stpfl, die eine EStErklärung abzugeben haben (§ 56 EStDV). Muss nämlich der Stpfl eine ESt-Erklärung abgeben, muss diese seine sämtlichen Einkünfte im VZ – auch die dem StAbzug unterliegenden – umfassen, sodass sich die Anlaufhemmung nach Abs 2 Nr 1 richtet (BFH BStBl 90, 608). 13

Anträge und Erklärungen, die **nach einem amtlichen Muster abzugeben** sind, beenden die Fristenhemmung selbst dann nicht, wenn in anderer Form vollständige Angaben zu den Besteuerungsgrundlagen gemacht werden (BFH BStBl 99, 286; BFH/NV 99, 1309). Jedoch lässt BFH/NV 14, 665 die Anlaufhemmung enden, wenn auf Aufforderung des FA eine EStErklärung statt der an sich gebotenen Feststellungserklärung abgegeben wird, jene jedoch ohne Verkürzung der Bearbeitungszeit ggü einer formal „richtigen" Erklärung eine Bearbeitung des St-Falles ermöglicht. Zu einem Fall, in dem eine förmliche StErklärung *nicht* vorgeschrieben war, siehe BFH BStBl 97, 73. Die hemmungsbeendende StErklärung muss also ggf die gesetzlich vorgesehene Form und den in einem amtlich vorgeschriebenem Vordruck geforderten Inhalt haben und versehen sein mit der Unterschrift des Stpfl bzw seines als solchen gekennzeichneten Vertreters (BFH BStBl 99, 203). Sonstige Schriftstücke genügen in diesem Fall auch dann nicht, um die Verjährung in Lauf zu setzen, wenn die Erklärung alle für die Besteuerung erforderlichen Angaben enthält und die FinBeh sie zur Grundlage der Veranlagung oder eines Feststellungsbescheids gemacht hat (BFH BStBl 99, 286). Erst recht nicht wird die Verjährungsfrist ohne eine solche Erklärung deshalb in Lauf gesetzt, weil die FinBeh den Stpfl schon vorher (etwa im Schätzungswege) veranlagt hat (BFH/NV 88, 480). 14

Die Festsetzungsfrist soll nach BFH BStBl 96, 608 (ebenso BFH BStBl 01, 556; 03, 697) für einen **StEntrichtungspflichtigen** (zB den Vergütungsschuldner nach § 50a V EStG oder den Schuldner von Kapitalerträgen sowie der LSt (dazu BFH 15

BStBl 08, 597; 09, 703) ebenfalls nicht anzulaufen beginnen, wenn er die vorgeschriebene StErklärung (§ 73e EStDV, §§ 41a, 45a EStG) nicht abgegeben hat (BFH BStBl 01, 556; 01, 13; 09, 703; BFH/NV 15, 797; zum Problem *Kempf/Schmidt* DStR 03, 190); auf die Abgabe einer EStErklärung durch den ArbN kommt es hinsichtlich der LSt nicht an (BFH BStBl 08, 597). BFH BStBl 96, 608; 03, 697 hat der unterlassenen StAnmeldung des Entrichtungspflichtigen fristhemmende Wirkung sogar ggü dem (selbst nicht anmeldepflichtigen) StSchuldner beigemessen. Das ist überzeugend, weil auch in diesem Fall Abs 2 nicht nur dem Wortlaut nach, sondern auch dem Sinne nach einschlägig ist; allerdings „passt" dazu nicht ganz, das die Anordnung einer Ap beim Entrichtungspflichtigen (insoweit § 171 IV) auf den Lauf der Verjährungsfrist beim Stpfl keinen Einfluss haben soll (BFH BStBl 96, 239). Trotz für den ArbG offener Festsetzungsfrist kann aber eine LSt-Festsetzung nicht mehr ergehen, wenn die Festsetzungsfrist betr die LSt-Nachforderung ggü dem ArbN abgelaufen ist; es ist nicht auf die EStSchuld abzustellen, sondern auf den Zeitpunkt, zu dem der ArbG die LSTAnmeldungen abgeben hat (FG Mchn EFG 15, 437, Rev VI R 3/15 zurückgewiesen BFH/NV 16, 994).

16 Es kommt nicht darauf an, ob die verspätete Abgabe der Erklärung auf ein **Verschulden des Stpfl** zurückzuführen ist (BFH BStBl 92, 680); unerheblich ist auch, ob es die FinBeh unterlassen hat, den Stpfl zur Abgabe der gesetzlich geschuldeten Erklärung aufzufordern (BFH BStBl 93, 580; BFH/NV 95, 647).

17 Hat die FinBeh auf andere Weise als durch die Erklärung/Anzeige des Stpfl von allen für die Entstehung der StSchuld wesentlichen Umständen in der ggf vorgeschriebenen Form positiv Kenntnis erlangt, beginnt die Frist auch ohne eine StErklärung oder Anzeige des Stpfl (BFH BStBl 97, 73, 11; 03, 502; vgl BFH BStBl 77, 123), zB wenn erst **einer von mehreren Anzeigepflichtigen die Anzeige abgegeben** hat (BFH BStBl 05, 780; 03, 502; 97, 11; 95, 802 für eine Anzeige des Notars nach § 18 GrEStG). Die Nichterfüllung seiner Erklärungspflicht soll dem Stpfl nicht zugute kommen, wenn die Belange der StErhebung anderweitig gewahrt sind (str, aA *Koenig/Cöster* § 170 Rz 15). Die Anlaufhemmung wird hingegen nicht dadurch beseitigt, dass die FinBeh ohne eine StErklärung erhalten zu haben, einen Schätzungsbescheid erlässt (BFH/NV 88, 480), selbst wenn an dem maßgeblichen Besteuerungstatbestand dabei kein Zweifel zurückbleibt (vgl BFH/NV 15, 797).

21 **b) Steuerzeichen (Abs 2 Nr 2).** Verwendung von StZeichen und Stemplern. Die für Abs 2 Nr 1 bei der StErklärung geltenden Grundsätze gelten sinngemäß für die Fälle, in denen die Steuer durch Verwendung von StZeichen oder StStemplern zu entrichten ist. Das ist praktisch nur für die TabakSt (12 TabakStG, vgl § 167 Rz 11), für die Abs 2 nach seinem letzten Satz aber nicht gilt.

24 **c) Zölle und Verbrauchsteuern (Abs 2 Satz 2).** Die Anwendung des Abs 2 wird ausgeschlossen. Grund: Die verbrauchstpfl Betriebe unterliegen einer intensiven steuerlichen Überwachung und sind idR der FinBeh bekannt. Die StAnmeldungen sind regelmäßig bis zum 10. des nächsten Kalendermonats einzureichen; bei den Erklärungen, die sich auf den Monat Dezember beziehen, würde sich bei Anwendung des Abs 2 S 1 eine Verlängerung der Festsetzungsfrist ggü den anderen Kalendermonaten um fast ein Jahr ergeben.

25 Bei der **Stromsteuer** (Festsetzungsfrist: ein Jahr) verbleibt es bei der allg Regel (Abs 2 S 1), dass die Frist erst mit Abgabe der vorgeschriebenen (§ 8 StromStG) und bis zum 31.5. möglichen StAnmeldung zu laufen beginnt, weil der Gesetzgeber befürchtet, die FinBeh könne angesichts der nur einjährigen Verjährungsfrist die steuerrechtl Prüfungen in den ihr danach uU nur verbleibenden wenigen Monaten nicht ohne vorherige StErklärung vornehmen (BR-Drs 14/2070). Ähnliches gilt für die **EnergieSt** auf Erdgas, die wie bei Strom nach § 39 II 1 EnergieStG jährlich bis zum 31.5. des folgenden Kalenderjahres angemeldet werden kann.

Die Festsetzung von Verbrauchsteuern, die bei der **Einfuhr** entstehen, richtet sich nach dem UZK (s § 169 Rz 18). Abs 2 S 2 geht insoweit ins Leere, hat also nur bei innerstaatlichen und inneruniotäre Entstehungsvorgängen Bedeutung. 25a

4. StFestsetzung auf Antrag (Abs 3). Für eine Aufhebung, Änderung oder eine Berichtigung nach § 129 von Steuern und StVergütungen, die auf Antrag festgesetzt werden, läuft eine besondere Festsetzungsfrist (unbeschadet der für deren erstmalige Festsetzung normierten). *Insoweit* beginnt die Festsetzungsfrist frühestens mit Ablauf des Kalenderjahrs, in dem der Festsetzungsantrag gestellt worden ist (BFH/NV 01, 954; 02, 72). Diese Regelung hat Bedeutung insbes für die InvZul, für Prämien und Erstattungen nach § 46 II Nr 8 EStG, § 9 VersStG, für die StromSt-Vergütung nach §§ 9a, 10 StromStG. Hier würde der Abs 2 nicht eingreifen, weil dieser eine *Pflicht* zur Abgabe einer StErklärung voraussetzt. Trotzdem soll der Stpfl nicht die Möglichkeit haben, die der FinBeh zur Verfügung stehende Zeit für eine etwaige nachträgliche Überprüfung des Falls dadurch abzukürzen, dass er den Antrag auf Festsetzung möglichst spät stellt. Für die Festsetzung selbst hat die Antragstellung die Wirkung, dass die Festsetzungsfrist nicht abläuft, bevor über den Antrag unanfechtbar entschieden worden ist (vgl § 171 III), vorausgesetzt, der Antrag ist vor Ablauf der nach Abs 1 in Lauf gesetzten Frist gestellt worden. 26

5. Vermögensteuer, Grundsteuer (Abs 4). Die Sonderregelung für die frühere VSt und die GrSt beruht darauf, dass sich bei diesen Steuern, soweit eine Erklärungspflicht in Betracht kommt, die Erklärung auf die Steuer für mehrere Kalenderjahre bezieht (Erklärung zur Hauptfeststellung). Ohne den Abs 4 könnte der Fall eintreten, dass die Festsetzungsfrist für ein Kalenderjahr des Hauptveranlagungszeitraums, das nach dem ersten Jahr des Hauptveranlagungszeitraums liegt, früher beginnen und daher auch früher ablaufen würde als die Festsetzungsfrist für das erste Jahr des Hauptveranlagungszeitraums. Die Regelung soll iÜ auch sicherstellen, dass, selbst wenn die Festsetzungsfrist für den Hauptfeststellungszeitpunkt verstrichen ist, eine Festsetzung auf einen späteren Zeitpunkt, für den die Frist noch nicht abgelaufen ist, nachgeholt werden kann. Hierbei können ggf die für den Hauptfeststellungszeitpunkt gültigen Werte angesetzt werden, wenn die Voraussetzungen für eine Fortschreibung nicht gegeben wären. Diese Veranlagung hat aber nur Wirkung für die noch nicht verjährten Kalenderjahre, vgl die besondere Bestimmung in § 15 III VStG, § 16 III GrStG (vgl FG Mchn EFG 07, 314). 31

6. Erbschaftsteuer (Abs 5). Die Festsetzungsfrist für Erbschaft-/Schenkungssteuer beginnt entsprechend den allg Regeln, wenn der Erbe/Beschenkte seine Anzeige nach § 30 I ErbStG abgibt, mit Ablauf des betr Jahres; ferner bei Abgabe einer ErbStErklärung (BFH/NV 05, 506) ebenfalls mit Ablauf des betr Jahres. Die Anzeige des Erbfalls durch andere als den Erben, zB eine Bank oder ein Gericht (vgl §§ 34, 35 ErbStG) oder einen nicht Anzeigepflichtigen (BFH BStBl 05, 244), lässt die Festsetzungsfrist hingegen nicht beginnen (BFH BStBl 93, 580; 03, 502). 35

Wenn der Erbe trotz Kenntnis von seinem Erwerb die Anzeige nach § 30 ErbStG nicht abgibt, würde nach Abs 2 Nr 1 am Ende des dritten Jahres nach dem Erbfall (Entstehung der Steuer) die Festsetzungsfrist anlaufen, ungeachtet dessen, ob der Erbe von seinem Erwerb überhaupt weiß und daher seiner Anzeigepflicht nachkommen konnte. Um zu vermeiden, dass die Verjährungsfrist abläuft, bevor der Erbe (auch: Pflichtteilsberechtigte, Vermächtnisnehmer) gefunden ist, schiebt Abs 5 über die in Abs 2 S 1 Nr 1 getroffene Regelung hinausgehend den Beginn der Festsetzungsfrist weiter hinaus (vgl BFH BStBl 07, 954).

Im Schenkungsfall beginnt die Drei-Jahres-Frist des Abs 2 Nr 1 bei Nichterfüllung der Anzeigepflicht des Beschenkten sogar erst, wenn das *FA* von der Schenkung erfahren hat oder der Schenker gestorben ist (was wegen § 14 ErbStG solche Kenntnis häufig gewährleistet).

35a **a) Erwerb von Todes wegen (Nr 1).** Bei der ErbSt soll die Festsetzungsverjährung nicht vor Ablauf des Jahres beginnen, in dem der Erwerbsvorgang der FinBeh so bekannt wird, dass sie prüfen kann, ob ein steuerpflichtiger Vorgang vorliegt oder nicht. Die Festsetzungsfrist beginnt jedoch grds nach Abs 1 mit dem Erbfall, vorbehaltlich des Abs 2 Nr 1; Abs 2 Nr 1 greift im Erbfall indes häufig nicht ein, weil der Erbe nur auf Aufforderung des FA eine ErbStErklärung abzugeben bzw erst bei Erlangung der Kenntnis von seinem Erwerb eine Anzeige zu erstatten hat (vgl § 30f ErbStG). Abs 5 schiebt deshalb den Fristbeginn hinaus (vgl BFH BStBl 07, 954; BFH/NV 07, 852), bis der Erbe von seinem Erwerb (dh den seinen Erwerb dem Grunde und der Höhe nach begründenden Tatsachen, vgl BFH BStBl 88, 818; BFH/NV 90, 444; FG Köln EFG 06, 1553; siehe Rz 35b) erfahren hat und damit anzeigepflichtig geworden ist. Bei amtl Testamentseröffnung (§ 34 II ErbStG) besteht allerdings nur eingeschränkt eine Anzeigepflicht des Erben (vgl iEinz § 30 III ErbStG); jedoch wird die FinBeh amtl von dem Erwerb unterrichtet und kann folglich durch vorgenannte Aufforderung die Rechtsfolge des Abs 2 auslösen.

36 Kenntnis von dem Erwerb iSd Abs 5 Nr 1 hat, wer sich aufgrund der die gesetzliche Erbfolge bestimmenden Umstände bzw einer ihm bekannten Erbeinsetzung für den Erben hält, was iAllg vor Testamentseröffnung nicht der Fall sein wird (vgl BFH BStBl 82, 276). Kenntnis der einzelnen zur Erbmasse gehörenden Vermögenswerte ist nicht erforderlich (FG SchlHol EFG 16, 1965, Rev II R 36/16). Auch Kenntnis der Größe des Erbteils oder gar von Belastungen des Erbrechts mit Vermächtnissen udgl ist nicht erforderlich (anders *König/König* § 170 Rz. 46). Auf die Erteilung eines Erbscheins kommt es nicht an; nur in außergewöhnlichen Fällen völliger Rechtsunsicherheit kann es anders sein (BFH/NV 90, 444). Die Kenntnis der objektiv die Erbfolge bestimmenden Umstände soll allerdings nicht ausreichend sein, wenn ernstlich zweifelh ist, ob die Erbeinsetzung mit dem daraus folgenden Vermögensübergang Bestand haben wird (BFH BStBl 88, 818 für einen zu Unrecht des Mordes angeklagten Erben; kritisch *Schwarz/Frotscher* § 170 Rz 40; vgl auch BFH/NV 90, 444; ein ähnliches Problem würde sich zB bei von Dritten bestrittener Testierfähigkeit des Erblassers ergeben). Dem ist nicht zu folgen, sofern der Stpfl von den wirklichen Gegebenheiten, die sein Erbrecht begründen, weiß, selbst wenn ihm die Durchsetzbarkeit seines Erbrechts zweifelh erscheint. Die Veranlagung des Dritten, der in diesem Fall möglicherweise im Erbstreit obsiegt, kann nur nach § 165 I 4 offen gehalten werden (so auch *Schwarz/Frotscher* § 170 Rz 44). Ist jedoch der Erbe aufgrund fehlerhafter Würdigung der Rechtslage der Meinung, nicht erworben zu haben, hat er keine Kenntnis von dem Erwerb, sodass die Frist gem Abs 5gehemmt bleibt. Das würde nach dem Wortlaut des Abs 5 selbst dann gelten, wenn das FA von dem Erwerb weiß, ohne den Erben zur Abgabe der ErbStErklärung aufzufordern; jedoch hat BFH BStBl 97, 11; 77, 123 ein solches dem Normzweck widersprechendes Ergebnis nicht hingenommen und erkannt, in diesem Falle beginne die Frist, sobald dem FA alle Umstände bekannt geworden sind, die es für die Prüfung benötigt, ob ein steuerbarer Vorgang vorliegt (vgl auch BFH BStBl 95, 802 und FG Mchn EFG 02, 5).

37 Abs 5 gilt, selbst wenn sich zuvor ein anderer fälschlich für den Erben gehalten hat oder die ErbSt sogar gegen ihn festgesetzt worden ist.

38 **b) Schenkung (Nr 2).** Die Festsetzungsfrist läuft nicht vor Ablauf des Kalenderjahres an, in dem der Schenker gestorben ist oder die FinBeh von der vollzogenen Schenkung Kenntnis erlangt hat. Maßgeblich ist die Alternative, die als erste eingetreten ist (BFH BStBl 17, 751).

Bei Schenkungen besteht gem § 30 I, III 2 ErbStG eine Anzeigepflicht für den Bedachten, sofern die Schenkung nicht gerichtlich oder notariell beurkundet worden ist; wird diese Pflicht nicht erfüllt, ist die Frist zunächst gem Abs 2 S 1 Nr 1 gehemmt, welcher durch Abs 5 *nicht* verdrängt wird. Einer Anzeige steht es jedoch gleich, wenn die für die Verwaltung der ErbSt *zuständige* Dienststelle des FA (BFH BStBl 03, 502) anderweitig positive Kenntnis von der Schenkung erlangt, zB aufgrund der Anzeigepflicht des Gerichts oder des Notars (BFH BStBl 03, 502). Positive Kenntnis ist erst gegeben, wenn das für die Verwaltung der Steuer zuständige FA in dem für die StErhebung erforderlichen Umfang Kenntnis erlangt (über Name und Anschrift des Schenkers und des Bedachten sowie den Rechtsgrund des Erwerbs). Die Kenntnis von Umständen, die nur zur Prüfung Anlass geben, ob ein schenkungsteuerpflichtiger Vorgang vorliegt, genügt nicht (BFH BStBl 17, 751). Besteht eine unerfüllte Anzeigepflicht, läuft die Frist aber nicht gem Abs 2 S 1 Nr 1 drei Jahre nach StEntstehung an, wenn das FA bis dahin keine Kenntnis von der Schenkung hat und der Schenker auch noch nicht gestorben ist; Abs 5 Nr 2 setzt die Drei-Jahres-Frist also außer Kraft (BFH BStBl 03, 502). Bis zum Tod des Schenkers oder Kenntniserlangung des FA ist der Fristbeginn dann hinausgeschoben (BFH BStBl 07, 954) bzw ist aufgrund einer Anzeigepflicht nach § 34 ErbStG der Anlauf der sonst nach § 170 Abs 1 AO beginnenden Festsetzungsfrist gehemmt. Die bloße Kenntnis von Umständen, die Anlass zu einer Prüfung geben, ob ein stpfl Vorgang vorliegt, lässt die Fristenhemmung nicht entfallen (BFH BStBl 17, 1163).

Erlangt das FA erst nach Ablauf jenes Drei-Jahres-Zeitraums Kenntnis und fordert es zur Abgabe der StErklärung auf, was ihm also Abs 5 Nr 1 ermöglicht, tritt allerdings keine erneute Anlaufhemmung gem Abs 2 Nr 1 (also bis zur Abgabe der Erklärung des Beschenkten) ein (BFH BStBl 07, 954; 01, 14; BFH/NV 08, 4); es bleibt vielmehr dabei, dass die Frist mit Ablauf des Jahres der Kenntniserlangung des FA begonnen hat. Erlangt das FA vorher Kenntnis und fordert zur Abgabe einer StErklärung auf, greift Abs 2 Nr 1 ein (Anlaufhemmung bis zur Abgabe der Erklärung, längstens bis zum Ablauf des dritten Jahres nach Schenkungsanfall). Das gilt auch, wenn die FinBeh durch bloße Kenntnis von der Errichtung einer Schenkungsurkunde nicht unmittelbar Kenntnis vom tatsächlichen Vollzug der Schenkung erlangt (FG BaWü DStRE 99, 197, aus anderen Gründen aufgeh BFH BStBl 01, 14). Wendet ein Schenker dem Bedachten mehrere Vermögensgegenstände gleichzeitig zu, erlangt das FA aber lediglich Kenntnis von der Zuwendung eines dieser Gegenstände, führt dies nicht zum Anlauf der Festsetzungsfrist für die ErbSt für die übrigen zugewendeten Vermögensgegenstände. (BFH BFH/NV 17, 1640). Die Kenntnis von einem Teilakt der Schenkung muss auch keine weiteren Ermittlungen auslösen.

Ungeachtet der Kenntnis des FA von der Schenkung beginnt die Festsetzungs- 39
frist, sobald der **Schenker stirbt.** Für Schenkungen einer juristischen Person (die nicht sterben kann) fehlt eine absolute Grenze für den Fristbeginn gem Abs 5 Nr 2 Alt 1, sodass sich der Beginn der Festsetzungsfrist möglicherweise ad infinitum verzögern kann, wenn die FinBeh keine Kenntnis erlangt. Überlegungen, die Festsetzungsfrist spätestens nach Ablauf von zehn Jahren nach Ausführung der Schenkung beginnen zu lassen, sind nicht weiterverfolgt worden.

Wodurch die FinBeh Kenntnis erlangt, ist ohne Bedeutung (BFH BStBl 81, 40
688); es reicht aber nicht aus, dass die FinBeh aufgrund ihr bekannter Tatsachen bei weiteren Nachforschungen hätte erkennen können oder sogar müssen, dass ein schenkungsteuerpflichtiger Erwerb vorliegt (BFH BStBl 98, 647). Vielmehr muss dass FA zumindest Namen und Adresse des Schenkers und des Bedachten sowie Rechtsgrund für den Erwerb kennen (BFH BStBl 97, 11; 03, 502). Fehlende Kenntnis für die Wirksamkeit der Schenkung erforderlicher Voraussetzungen wie einer vormundschaftsgerichtl Genehmigung lässt die Frist nicht anlaufen (BFH BStBl 98, 647). Die Kenntnis einer für SchenkSt nicht zuständigen Stelle reicht nicht (BFH BStBl 03, 502; BFH/NV 04, 1626; FG BBg DStRE 16, 1136 für die GrEStStelle; vgl BFH BStBl 95, 802), es sei denn, dem FA ist die Schenkung ausdrücklich zur Prüfung der SchenkungStPflicht bekannt gegeben worden und diese Information der betr Dienststelle nicht weitergegeben worden (BFH BStBl 03, 502).

41 **c) Zweckzuwendung (Nr 3).** Regelungsgrund: Erst wenn die Verpflichtung erfüllt worden ist, kann festgestellt werden, ob der Beschenkte tatsächlich zur ErbSt herangezogen werden kann.

43 **7. Kapitalerträge aus Drittstaaten (Abs 6).** Die Vorschrift trägt der bei ausl Kapitalerträgen besonders hohen Hinterziehungsgefahr bzw den Schwierigkeiten Rechnung, solche Einkünfte zu entdecken, wie sie bestehen, wenn die Erträge nicht in Deutschland, EU/EFTA-Staaten oder Staaten ohne automatischen Informationsaustausch mit den deutschen FinBeh anfallen (regelm durch Gutschrift auf einem außerhalb dieses Bereiches unterhaltenen Konto). Sie gilt nicht nur für Einkünfte aus Kapitalvermögen iSd § 20 EStG, sondern auch zB für Darlehenszinsen (vgl BT-Drs 18/3439). Im Ergebnis soll damit die Festsetzungsfrist erst nach bedenklich langen 20 Jahren ablaufen, da sie im Allg gem § 169 II 2 10 Jahre betragen wird. Der Wegfall eines Vorbehalts der Nachprüfung bleibt hiervon allerdings unberührt (§ 164 IV 2).

44 Die Vorschrift gilt erstmals für 2015 entstandene Steuern (vgl Art 97 § 10 XIII EGAO).

46 **8. Verletzung der Mitteilungspflicht betr den Einfluss auf Drittstaat-Gesellschaften (Abs 7).** Abs 7 ergänzt und erweitert die Regelungen des Abs 6, die auf der Befürchtung beruhen, dass wirtschaftliche Auslandsbeziehungen in besonderer Weise anfällig für stl Unregelmäßigkeiten sind und solche besonders schwer aufgedeckt werden können. Die schon bisher bestehenden Offenbarungspflichten sind deshalb durch Änderung des § 138 insbes auf Beherrschungsverhältnisse ausgedehnt worden. Um die umfassende Besteuerung der aus solchen Quellen fließenden Einkünfte und Erträge so weit wie möglich zu gewährleisten, wird die Festsetzungefrist nicht nur wie in Abs 6 für Kapitalerträge aus solchen Quellen, sondern für Steuern auf jedwede Einkünfte und Erträge wesentlich verlängert, die im Zusammenhang mit solchen Beherrschungsverhältnissen stehen. Damit soll verhindert werden, dass den FinBeh infolge der Verletzung der in § 138 geregelten Offenbarungspflichten Ermittlungsmaßnahmen zu spät möglich werden oder ihnen Zufallserkenntnisse zu spät mitgeteilt werden. Sobald die FinBeh Kenntnis von den maßgeblichen Gegebenheiten haben, müssen sie allerdings auch bei solchen Auslandssachverhalten ihre Ermittlungen innerhalb der auch sonst gelten Festsetzungfrist von 4, 5 oder 10 Jahren zum Abschluss bringen.

47 Der Anlauf der Festsetzungsfrist ist für 10 Jahre gehemmt, wenn der Stpfl seiner Verpflichtung nach § 138 III nicht nachgekommen ist, es der FinBeh zu offenbaren, dass er allein oder zusammen mit nahestehenden Personen (§ 1 II AStG) erstmals unmittelbar oder mittelbar einen beherrschenden oder bestimmenden Einfluss auf die gesellschaftsrechtlichen, finanziellen oder geschäftlichen Angelegenheiten einer Drittstaat-Gesellschaft ausüben kann. Das gilt nicht, wenn dies der FinBeh anderweit bekannt geworden ist; denn dann ist die FinBeh in der Lage, innerhalb der regulären – idR 10- oder zumindest 5jährigen –Festsetzungsfrist ihre Ermittlungen durchzuführen.

48 Drittstaat-Gesellschaft ist nach § 138 III eine Personengesellschaft, Körperschaft, Personenvereinigung oder Vermögensmasse, wenn sie ihren Sitz oder ihre Geschäftsleitung in Staaten oder Territorien unterhält, die nicht Mitglieder der Europäischen Union oder der Europäischen Freihandelsassoziation sind. Sie ist es auch dann, wenn mit dem betr Staat ein automatischer Informationsaustausch vereinbart ist.

§ 171 Ablaufhemmung

(1) **Die Festsetzungsfrist läuft nicht ab, solange die Steuerfestsetzung wegen höherer Gewalt innerhalb der letzten sechs Monate des Fristlaufs nicht erfolgen kann.**

(2) [1]Ist beim Erlass eines Steuerbescheids eine offenbare Unrichtigkeit unterlaufen, so endet die Festsetzungsfrist insoweit nicht vor Ablauf eines Jahres nach Bekanntgabe dieses Steuerbescheids. [2]Das Gleiche gilt in den Fällen des § 173a.

(3) Wird vor Ablauf der Festsetzungsfrist außerhalb eines Einspruchs- oder Klageverfahrens ein Antrag auf Steuerfestsetzung oder auf Aufhebung oder Änderung einer Steuerfestsetzung oder ihrer Berichtigung nach § 129 gestellt, so läuft die Festsetzungsfrist insoweit nicht ab, bevor über den Antrag unanfechtbar entschieden worden ist.

(3a) [1]Wird ein Steuerbescheid mit einem Einspruch oder einer Klage angefochten, so läuft die Festsetzungsfrist nicht ab, bevor über den Rechtsbehelf unanfechtbar entschieden ist; dies gilt auch, wenn der Rechtsbehelf erst nach Ablauf der Festsetzungsfrist eingelegt wird. [2]Der Ablauf der Festsetzungsfrist ist hinsichtlich des gesamten Steueranspruchs gehemmt; dies gilt nicht, soweit der Rechtsbehelf unzulässig ist. [3]In den Fällen des § 100 Abs. 1 Satz 1, Abs. 2 Satz 2, Abs. 3 Satz 1, § 101 der Finanzgerichtsordnung ist über den Rechtsbehelf erst dann unanfechtbar entschieden, wenn ein auf Grund der genannten Vorschriften erlassener Steuerbescheid unanfechtbar geworden ist.

(4) [1]Wird vor Ablauf der Festsetzungsfrist mit einer Außenprüfung begonnen oder wird deren Beginn auf Antrag des Steuerpflichtigen hinausgeschoben, so läuft die Festsetzungsfrist für die Steuern, auf die sich die Außenprüfung erstreckt oder im Fall der Hinausschiebung der Außenprüfung erstrecken sollte, nicht ab, bevor die auf Grund der Außenprüfung zu erlassenden Steuerbescheide unanfechtbar geworden sind oder nach Bekanntgabe der Mitteilung nach § 202 Abs. 1 Satz 3 drei Monate verstrichen sind. [2]Dies gilt nicht, wenn eine Außenprüfung unmittelbar nach ihrem Beginn für die Dauer von mehr als sechs Monaten aus Gründen unterbrochen wird, die die Finanzbehörde zu vertreten hat. [3]Die Festsetzungsfrist endet spätestens, wenn seit Ablauf des Kalenderjahrs, in dem die Schlussbesprechung stattgefunden hat, oder, wenn sie unterblieben ist, seit Ablauf des Kalenderjahrs, in dem die letzten Ermittlungen im Rahmen der Außenprüfung stattgefunden haben, die in § 169 Abs. 2 genannten Fristen verstrichen sind; eine Ablaufhemmung nach anderen Vorschriften bleibt unberührt.

(5) [1]Beginnen die Zollfahndungsämter oder die mit der Steuerfahndung betrauten Dienststellen der Landesfinanzbehörden vor Ablauf der Festsetzungsfrist beim Steuerpflichtigen mit Ermittlungen der Besteuerungsgrundlagen, so läuft die Festsetzungsfrist insoweit nicht ab, bevor die auf Grund der Ermittlungen zu erlassenden Steuerbescheide unanfechtbar geworden sind; Absatz 4 Satz 2 gilt sinngemäß. [2]Das Gleiche gilt, wenn dem Steuerpflichtigen vor Ablauf der Festsetzungsfrist die Einleitung des Steuerstrafverfahrens oder des Bußgeldverfahrens wegen einer Steuerordnungswidrigkeit bekannt gegeben worden ist; § 169 Abs. 1 Satz 3 gilt sinngemäß.

(6) [1]Ist bei Steuerpflichtigen eine Außenprüfung im Geltungsbereich dieses Gesetzes nicht durchführbar, wird der Ablauf der Festsetzungsfrist auch durch sonstige Ermittlungshandlungen im Sinne des § 92 gehemmt, bis die auf Grund dieser Ermittlungen erlassenen Steuerbescheide unanfechtbar geworden sind. [2]Die Ablaufhemmung tritt jedoch nur dann ein, wenn der Steuerpflichtige vor Ablauf der Festsetzungsfrist auf den Beginn der Ermittlungen nach Satz 1 hingewiesen worden ist; § 169 Abs. 1 Satz 3 gilt sinngemäß.

(7) In den Fällen des § 169 Abs. 2 Satz 2 endet die Festsetzungsfrist nicht, bevor die Verfolgung der Steuerstraftat oder der Steuerordnungswidrigkeit verjährt ist.

(8) [1]Ist die Festsetzung einer Steuer nach § 165 ausgesetzt oder die Steuer vorläufig festgesetzt worden, so endet die Festsetzungsfrist nicht vor dem Ablauf eines Jahres, nachdem die Ungewissheit beseitigt ist und die Finanzbehörde hiervon Kenntnis erhalten hat. [2]In den Fällen des § 165 Abs. 1 Satz 2 endet die Festsetzungsfrist nicht vor Ablauf von zwei Jahren, nachdem die Ungewissheit beseitigt ist und die Finanzbehörde hiervon Kenntnis erlangt hat.

(9) Erstattet der Steuerpflichtige vor Ablauf der Festsetzungsfrist eine Anzeige nach den §§ 153, 371 und 378 Abs. 3, so endet die Festsetzungsfrist nicht vor Ablauf eines Jahres nach Eingang der Anzeige.

(10) [1]Soweit für die Festsetzung einer Steuer ein Feststellungsbescheid, ein Steuermessbescheid oder ein anderer Verwaltungsakt bindend ist (Grundlagenbescheid), endet die Festsetzungsfrist nicht vor Ablauf von zwei Jahren nach Bekanntgabe des Grundlagenbescheids. [2]Ist für den Erlass des Grundlagenbescheids eine Stelle zuständig, die keine Finanzbehörde im Sinne des § 6 Absatz 2 ist, endet die Festsetzungsfrist nicht vor Ablauf von zwei Jahren nach dem Zeitpunkt, in dem die für den Folgebescheid zuständige Finanzbehörde Kenntnis von der Entscheidung über den Erlass des Grundlagenbescheids erlangt hat. [3]Die Sätze 1 und 2 gelten für einen Grundlagenbescheid, auf den § 181 nicht anzuwenden ist, nur, sofern dieser Grundlagenbescheid vor Ablauf der für den Folgebescheid geltenden Festsetzungsfrist bei der zuständigen Behörde beantragt worden ist. [4]Ist der Ablauf der Festsetzungsfrist hinsichtlich des Teils der Steuer, für den der Grundlagenbescheid nicht bindend ist, nach Absatz 4 gehemmt, endet die Festsetzungsfrist für den Teil der Steuer, für den der Grundlagenbescheid bindend ist, nicht vor Ablauf der nach Absatz 4gehemmten Frist.

(10a) Soweit Daten eines Steuerpflichtigen im Sinne des § 93c innerhalb von sieben Kalenderjahren nach dem Besteuerungszeitraum oder dem Besteuerungszeitpunkt den Finanzbehörden zugegangen sind, endet die Festsetzungsfrist nicht vor Ablauf von zwei Jahren nach Zugang dieser Daten.

(11) [1]Ist eine geschäftsunfähige oder in der Geschäftsfähigkeit beschränkte Person ohne gesetzlichen Vertreter, so endet die Festsetzungsfrist nicht vor Ablauf von sechs Monaten nach dem Zeitpunkt, in dem die Person unbeschränkt geschäftsfähig wird oder der Mangel der Vertretung aufhört. [2]Dies gilt auch, soweit für eine Person ein Betreuer bestellt und ein Einwilligungsvorbehalt nach § 1903 des Bürgerlichen Gesetzbuchs angeordnet ist, der Betreuer jedoch verstorben oder auf andere Weise weggefallen oder aus rechtlichen Gründen an der Vertretung des Betreuten verhindert ist.

(12) Richtet sich die Steuer gegen einen Nachlass, so endet die Festsetzungsfrist nicht vor dem Ablauf von sechs Monaten nach dem Zeitpunkt, in dem die Erbschaft von dem Erben angenommen oder das Insolvenzverfahren über den Nachlass eröffnet wird oder von dem an die Steuer gegen einen Vertreter festgesetzt werden kann.

(13) Wird vor Ablauf der Festsetzungsfrist eine noch nicht festgesetzte Steuer im Insolvenzverfahren angemeldet, so läuft die Festsetzungsfrist insoweit nicht vor Ablauf von drei Monaten nach Beendigung des Insolvenzverfahrens ab.

(14) Die Festsetzungsfrist für einen Steueranspruch endet nicht, soweit ein damit zusammenhängender Erstattungsanspruch nach § 37 Abs. 2 noch nicht verjährt ist (§ 228).

(15) Soweit ein Dritter Steuern für Rechnung des Steuerschuldners einzubehalten und abzuführen oder für Rechnung des Steuerschuldners zu entrichten hat, endet die Festsetzungsfrist gegenüber dem Steuerschuldner nicht vor

Ablauf der gegenüber dem Steuerentrichtungspflichtigen geltenden Festsetzungsfrist.

Abs 15 angefügt durch AmtshilfeRLUmsG v 26.6.13 (BGBl I, 1809); Abs 10 Satz 2 eingefügt durch ZKAnpG v 22.12.14 (BGBl I, 2417); Sätze 1 und 2 neu gefasst, Satz 3 eingefügt bish Satz 3 wird Satz 4, Abs 10a eingefügt durch G v 18.7.16 (BGBl I, 1679)

Schrifttum: *Buse* Festsetzungsverjährung und Selbstanzeige, DB 13, 11; *Haupt* Neuregelung der Verjährung bei Lohnsteuer und anderen Abzugssteuern – der neue § 171 Abs. 15 AO, BB 15, 983.

Übersicht

1. Inhalt. § 171 ergänzt § 170 und regelt Fälle der *Ab*laufhemmung, also die Verlängerung der Festsetzungsverjährung infolge bestimmter *während* der laufenden Festsetzungsfrist eintretender Ereignisse. § 171 schiebt den Eintritt der Verjährung über den regulären Zeitpunkt hinaus (BFH/NV 08, 25). Anders als die Verjährungshemmung nach § 205 BGB führt die Ablaufhemmung nach § 171 nicht dazu, dass mit Wegfall des Hemmungstatbestands die ursprüngliche Festsetzungsfrist weiterläuft, wo sie sich bei Eintritt des Hemmungstatbestands befunden hat; vielmehr wird der Eintritt der Festsetzungsverjährung lediglich bis zum Wegfall des 1

Hemmungstatbestands hinausgeschoben (BFH/NV 04, 906); bei Wegfall noch innerhalb der regulären Frist bleibt es folglich bei dieser (BFH BStBl 89, 531). Der Fristenlauf kann danach an einem Samstag oder Sonntag (nicht erst: am folgenden Werktag) enden.

Die einzelnen Hemmungstatbestände stehen grds selbständig nebeneinander. Wird der Ablauf der Festsetzungsfrist für denselben StAnspruch nach mehreren Bestimmungen des § 171 gehemmt, sind also Voraussetzungen, Umfang und Dauer der Hemmung für jede dieser Bestimmungen gesondert zu prüfen. Maßgeblich ist dann der weitergehende Tatbestand (BFH BStBl 82, 524). Denn die einzelnen Tatbestände tragen unterschiedlichen Vertrauenssituationen Rechnung.

2 Neben diese Tatbestände treten weitere, in anderen Vorschriften geregelte, zB §§ 174 III–V, 181 V, § 10d I Satz 6 EStG (dazu BFHE 195, 286 = HFR 01, 831). Nach § 32a I 2 KStG ist der Ablauf der Festsetzungsfrist für die ESt hins der Berücksichtigung einer vGA gehemmt, solange der betr KöSt-Bescheid nicht bestandskräftig ist (BFH BStBl 15, 858). Die BGB-Vorschriften hingegen sind nicht ergänzend anzuwenden (BFH BStBl 74, 460).

3 Die Vorschrift ist wie § 170 nicht nur bei StBescheiden nach § 155 I, sondern auch bei *Haftungsbescheiden, Feststellungsbescheiden, Zerlegungs-, Zuteilungs- und Messbescheiden sowie bei StVergütungen* anzuwenden. Das *Zollrecht* hingegen kennt keine Ablaufhemmung (*Dorsch/Gellert* Art 236 Rz 50; *Witte/Alexander* Vor Art 220 ZK Rz 20), außer in den Fällen der Hinterziehung, bei denen auch § 171 VII gilt (*Dorsch/Gellert* Art 221 ZK Rz 12).

5 **2. Höhere Gewalt (Abs 1).** Höhere Gewalt ist ein ungewöhnliches und nicht vorhersehbares Ereignis, das nicht vom menschlichen Willen beeinflusst werden kann und es bei Anwendung der äußersten den Umständen nach zu erwartenden Sorgfalt nicht zulässt, dass der Anspruch verfolgt wird, zB Krieg, Katastrophen und andere unabwendbare Zufälle (BFH BStBl 01, 506; 93, 697; vgl auch EuGHE 87, 582). Der Begriff der höheren Gewalt ist enger als der Begriff „ohne Verschulden"; er meint Ereignisse, die vom Betroffenen nicht zu beherrschen sind (vgl BFH/NV 98, 497). Geringstes Verschulden schließt höhere Gewalt aus (BFH BStBl 93, 818). Bei der Bestimmung des Maßes der zu erwartenden und zumutbaren Sorgfalt sind jedoch subjektive Maßstäbe zu berücksichtigen (BVerwGE 105, 288); höhere Gewalt ist also nicht auf absolute Unmöglichkeit beschränkt. Mitunter wird für höhere Gewalt ein „von außen kommendes" Ereignis verlangt (was nach BFH/NV 98, 497 sogar ein gemeinsames Merkmal aller Definitionen höherer Gewalt sein soll); was damit gemeint ist, bleibt allerdings häufig unklar, keineswegs nur ein Naturereignis, sondern auch das Einwirken Dritter kann ein Ereignis höherer Gewalt darstellen (siehe zB BFH BStBl 01, 506; 80, 47; BFH/NV 98, 1102). Der vielfach, in unterschiedlichem rechtlichen Zusammenhang verwandte Begriff der höheren Gewalt muss unter Berücksichtigung seiner jeweiligen rechtlichen Funktion ausgelegt und gehandhabt werden; insofern sind im Zusammenhang des § 171 strenge Maßstäbe anzulegen.

5a Voraussetzung ist, dass die höhere Gewalt innerhalb der letzten sechs Monate der Festsetzungsfrist vorgelegen hat, also das betr Ereignis in diesem Zeitraum entweder eingetreten ist oder bis in diese Zeit hineingewirkt hat. Um den in den letzten sechs Monaten liegenden Zeitraum, während dessen die höhere Gewalt die Verfolgung des Anspruchs ausschloss, wird die Frist hinausgeschoben (verlängert), höchstens also um 6 Monate.

6 Die höhere Gewalt muss die FinBeh daran hindern, ihren Willen, die Steuer festzusetzen, zu verwirklichen. Unkenntnis der FinBeh vom Bestehen eines Anspruchs verlängert die Frist auch dann nicht, wenn sie auf höherer Gewalt beruht (BFH BStBl 93, 818, jedoch nicht zweifelsfrei).

8 **3. Offenbare Unrichtigkeit (Abs 2).** Nach § 169 I 2 ist die Berichtigung eines StBescheids wegen offenbarer Unrichtigkeit (§ 129) nur innerhalb der Festsetzungsfrist möglich. Da uU der StBescheid erst am Ende der Festsetzungsfrist er-

lassen wird, soll durch Abs 2 die Möglichkeit eröffnet werden, derartige Fehler noch innerhalb eines Jahres seit Bekanntgabe des Bescheids zu bereinigen. Setzt sich die Unrichtigkeit in folgenden Bescheiden fort, tritt dadurch aber nicht jeweils erneut eine Ablaufhemmung ein (BFH BStBl 89, 531). Bei Unrichtigkeiten, die zulasten des Stpfl wirken, kann dieser einen Antrag nach Abs 3 stellen, damit insoweit eine Ablaufhemmung eintritt. Nach BFH BStBl 92, 52 ist auch eine Berichtigung eines nach Ablauf der Verjährungsfrist ergangenen Änderungsbescheids zulässig (freilich nur innerhalb Jahresfrist, BFH BStBl 11, 673), soweit dadurch lediglich die in unverjährter Zeit vorgenommene StFestsetzung wiederhergestellt wird; das ist iErg billig, aber mit der Systematik der Verjährungsvorschriften schwerlich zu vereinbaren (offen gelassen BFH/NV 95, 563). Ein Änderungsbescheid kann aber jedenfalls insoweit berichtigt werden, als wegen eines Teils der dort festgesetzten Steuer noch keine Verjährung eingetreten war (BFH/NV 95, 563).

Der neue Absatz 2 Satz 2 hemmt die Festsetzungsfrist – entspr der Regelung bei 9 Berichtigungen nach § 129 – auch im Hinblick auf die Änderung einer StFestsetzung wegen Schreib- oder Rechenfehlern bei Erstellung einer StErklärung (Verjährung nicht vor Ablauf eines Jahres nach Bekanntgabe des aufgrund der fehlerhaften StErklärung ergangenen StBescheids).

4. Antrag auf StFestsetzung (Abs 3). a) Anforderungen an den Antrag. 10 Bei einem Antrag auf StFestsetzung, auf Aufhebung, Änderung oder Berichtigung der StFestsetzung oder eines Feststellungsbescheids (BFH BStBl 11, 807) wird der Ablauf der Frist bis zur Entscheidung der FinBeh hinausgeschoben (aber nicht unterbrochen; die Frist ist also abgelaufen, sobald die Unanfechtbarkeit der Entscheidung eintritt oder der Antrag sich zB durch Rücknahme erledigt); es soll sichergestellt sein, dass die FinBeh eine Überprüfung des Antrages vornehmen kann, ohne daran durch Ablauf der Festsetzungsfrist gehindert zu sein.

Antrag sind nur solche Willenserklärungen, die ein Tätigwerden der FinBeh 11 außerhalb des in Folge der Amtsmaxime ohnehin gebotenen Verwaltungshandelns auslösen sollen: die Abgabe gesetzlich vorgeschriebener StErklärungen ist kein Antrag, selbst wenn die Erklärung zu einer StErstattung führen soll (BFH BStBl 15, 3; 09, 876; BFH/NV 96, 1 für die USt-Erklärung; anders für den Fall vorausgegangener Vorbehaltsfestsetzung FG BBr 7 K 7110/16) oder wenn sie (gleichsam floskelhaft) mit einer Antragstellung auf Durchführung einer erklärungsgemäßen Festsetzung/-stellung verbunden wird (BFH BStBl 14, 143). Dagegen ist die Abgabe einer EStErklärung nach § 46 II Nr 8 S 2 EStG ein Antrag (BFH BStBl 17, 1046). „Antrag" iSd Abs 3 ist zB auch ein Begehren nach § 164 II, § 173 I 1 Nr 2, § 174 III. Er kann sich auf jede (belastende oder begünstigende) Entscheidung richten, auf welche die Vorschriften über die StFestsetzung anzuwenden sind. Auch die Frist für einen Verlustfeststellungsbescheid nach § 10d EStG wird nicht dadurch gehemmt, dass eine Feststellungserklärung eingereicht wird; § 181 V 1 bewirkt insoweit keine erweiterte Ablaufhemmung, ermöglicht jedoch unter bestimmten Voraussetzungen den Erlass eines Feststellungsbescheids mit eingeschränktem Regelungsgehalt, obwohl die Feststellungsfrist bereits abgelaufen ist (BFH BStBl 09, 816). Ein Antrag auf Vornahme des Verlustrücktrags nach § 10d I 2 EStG ist hingegen ein Antrag iSd § 171 III (BFH/NV 98, 1356).

Bringt ein Kindergeldberechtigter in einem finanzgerichtlichen Verfahren zum Ausdruck, auch Kindergeld für einen nach Bekanntgabe der Einspruchsentscheidung liegenden Zeitraum erhalten zu wollen, soll darin ein außerhalb des Klageverfahrens liegender, fristhemmender Antrag auf Kindergeld liegen (BFH BStBl 12, 681).

Auch ein Antrag auf **Anpassung eines Folgebescheids** an einen Grundlagen- 11a bescheid (§ 175 I 1 Nr 1) hemmt nach BFH BStBl 07, 76 den Fristenlauf (offen noch BFH BStBl 00, 330); denn § 171 X und § 171 III verfolgen unterschiedliche Zielsetzungen, Letzterer will die Rechtsstellung des Bürgers stärken; beide sind deshalb nebeneinander anwendbar. Das gleiche Nebeneinander der Hemmungstatbestände muss für auf § 173 I 1 Nr 2 oder § 174 III gestützte Änderungsanträge gelten. Aus dem Antrag muss aber hinreichend konkret hervorgehen, inwieweit der Stpfl die Änderung des Folgebescheids begehrt (BFH BStBl 16, 506; 99, 203).

11b Der Antrag bei der FinBeh muss **wirksam** gestellt worden sein (BFH BStBl 16, 380; 90, 942), und zwar *vor Fristablauf;* anderenfalls keine Ablaufhemmung der bereits abgelaufenen Frist durch Wiedereinsetzung gegen eine versäumte Antragsfrist, denn die sonst bewirkte Wiedereinsetzung in die Verjährungsfrist widerspricht deren Rechtscharakter (materiell-rechtliche Folge des Erlöschens des Anspruches im Interesse des Rechtsfriedens und der Rechtssicherheit; BFH BStBl 08, 462; 00, 330; BFH/NV 09, 1602 auch zu verfassungsrechtl Fragen; BFH/NV 97, 330). Der Antrag/die Erklärung muss bei der für die Entscheidung zuständigen Beh angebracht worden sein (vgl BFH BStBl 16, 753; anders mit zweifelh Einschränkung auf den „steuerl nicht beratenen Bürger" FG Köln EFG 17, 1736, Rev VI R 37/17).

11c Der Antrag muss von dem von der StFestsetzung betroffenen Stpfl bzw dessen Vertreter (§ 80) gestellt worden sein (BFH BStBl 16, 506; vgl Rz 19). Der Antrag auf Änderung eines Grundlagenbescheids wirkt also nicht hinsichtl sämtlicher Folgebescheidsfestsetzungen, die auf ihm beruhen (BFH BStBl 16, 506).

12 Der Antrag muss **zulässig** (nicht notwendig auch begründet, vgl BFH BStBl 01, 218; 06, 400) sein (str, aA FG SchlHol EFG 97, 1079 sowie ohne über den – in Wahrheit auslegungsbedürftigen – Wortlaut hinausgehende Begründung ua *TK/Kruse* § 171 Rz 14), insbes hinreichend bestimmt das stl Begehren erkennen lassen. Wird der Antrag vor einer Entscheidung der FinBeh zurückgenommen, entfällt die Ablaufhemmung selbstredend.

13 Ein Antrag auf Aufhebung, Änderung oder Berichtigung der StFestsetzung hat Unterbrechungswirkung nur dann, wenn eine StFestsetzung tatsächlich vorliegt, dh ein **StFestsetzungsbescheid wirksam** ist (BFHE 158, 491 = HFR 1990, 209; BFH BStBl 95, 39). Die Unterbrechungswirkung entfällt, wenn der StBescheid aufgehoben wird (BFH BStBl 90, 942), was aber nicht etwa dahin zu verstehen ist, sie gelte als nie eingetreten, sondern als Wegfallen ex nunc (vgl BFH BStBl 05, 122). Vgl näher Rz 25.

14 Keine Ablaufhemmung tritt ein durch einen **Erlassantrag** nach § 227, der nicht das Festsetzungsverfahren betrifft, ebenso wenig bei Anträgen nach §§ 163, 361 (BFH BStBl 01, 178).

16 **b) Umfang der Ablaufhemmung, insbes bei beschränktem Antrag.** Bevor über den Antrag entschieden worden ist, läuft die Festsetzungsfrist nur *insoweit* nicht ab, wie durch den Antrag eine Änderung, Berichtigung etc begehrt ist. Das Wort „insoweit" verweist darauf, dass StAnsprüche, und zwar auch an sich einheitliche (zB ESt für den VZ x), einer *Teilverjährung* zugänglich sind (BFH BStBl 92, 995; 92, 592; BFH/NV 95, 563). Die Ablaufhemmung nach Abs 3 tritt also nur in dem Umfang ein, in dem eine Änderung, Berichtigung, Aufhebung etc beantragt wird (BFH BStBl 99, 203). Das gilt auch bei einer Vorbehaltsfestsetzung und einem Antrag nach § 164 II. Wird der Antrag nachträglich eingeschränkt, tritt insoweit ebenfalls Teilverjährung ein; wird er nach Fristablauf erweitert, kann dies an der eingetretenen Teilverjährung nichts mehr ändern (BFH BStBl 97, 638; aA *Spindler* DB 91, 1296).

17 Der Umfang der Ablaufhemmung wird nicht durch den mit dem Antrag geltend gemachten Sachverhalt bestimmt, sondern nur **betragsmäßig.** Er ist also ggf durch Auslegung des Antrags zu ermitteln, dh aufgrund des Sachvorbringens zu errechnen; anders bei Bescheiden, die sich nicht auf eine bezifferte Leistung beziehen, wie insbes Feststellungsbescheiden, bei denen sich die teilweise Hemmung des Fristablaufs naturgemäß nur auf (abteilbare) Einzelfeststellungen erstrecken kann, deren Änderung, Aufhebung, Berichtigung etc beantragt ist.

Innerhalb des Änderungsrahmens kann die Festsetzung der betr Steuer (nicht einer anderen, deren Entstehungstatbestand uU zugleich verwirklicht ist) ggü dem Antragsteller neu aufgerollt werden, ohne dass dem die Festsetzungsfrist entgegengehalten werden könnte; es sind also insoweit nicht nur die in dem Antrag geltend gemachten, für den Stpfl günstigen Umstände zu berücksichtigen, sondern alle Tatsachen und Rechtsvorschriften zulasten wie zugunsten des Stpfl. Dabei ist insbes § 177 zu beachten. Wenn der Antrag auf Herabsetzung der Steuer abzielt, können steuererhöhende Tatsachen oder Rechtsvorschriften, nur kompensatorisch berücksichtigt werden: wenn der Stpfl mit zutreff Gründen eine StErmäßigung begehrt, diese aber durch einen Erhöhungstatbestand kompensiert wird, kann keine Änderung erfolgen (BFH BStBl 97, 449; 93, 581; BFH/NV 93, 171; BFH BStBl 95, 165 und 92, 592 sind überholt). 18

Abs 3 greift auch ein, wenn einer der zusammenveranlagten Ehegatten einen Antrag auf getrennte Veranlagung gestellt hat (BFH/NV 05, 2082, 1657), aber wie auch sonst bei Gesamtschuldnern nur ggü demjenigen, der einen Antrag gestellt hat (vgl BFH BStBl 07, 220). Keine Auswirkungen hat deshalb auch ein Antrag des ArbG auf die StSchuld des ArbN. 19

5. Ablaufhemmung bei Rechtsbehelf (Abs 3a). a) Umfang. Der Ablauf der Festsetzungsfrist ist gehemmt, wenn ein Festsetzungsbescheid (rechtzeitig) ergangen und (durch Einspruch oder Klage) angefochten worden ist. Wird der Rechtsbehelf (fristgerecht) erst nach Ablauf der Festsetzungsfrist eingelegt, führt die Vorschrift zu einer *Wiedereröffnung* der Festsetzungsfrist. Etwaige Rechtsmängel des angefochtenen Bescheids können also noch nach Ablauf der regulären Festsetzungsfrist im Rechtsbehelfsverfahren behoben werden (BFH BStBl 01, 218), sofern der Bescheid nicht aufgehoben werden muss (BFH BStBl 90, 942). Dies gilt allerdings nur, wenn der Rechtsbehelf zulässig ist. Ein gegen einen Folgebescheid eingelegter Einspruch wird jedoch durch den späteren Erlass eines Feststellungsbescheids trotz § 351 II nicht unzulässig, weil bei Einspruchseinlegung ja eine Entscheidung in dem Grundlagenbescheid noch nicht vorhanden war (BFH/NV 10, 1236). 21

Die Ablaufhemmung tritt – anders als in den Fällen des Abs 3 – in vollem Umfang ein, sofern der Rechtsbehelf sich nicht ausdrücklich auf einen selbständigen Teil des betr StBescheids bezieht (Rz 23). 21a

Auch ein **Untätigkeitseinspruch** löst die Ablaufhemmung aus, nicht jedoch die bloße Abgabe der StErklärung (BFH BStBl 13, 663), die kein Antrag iSd § 171 III ist (Rz 11). Auch Rechtsbehelfe mit dem Ziel von **Billigkeitsmaßnahmen** oder gar AdV-Anträge hemmen die Frist für die StFestsetzung nicht. 21b

Die Ablaufhemmung endet mit einer unanfechtbaren Entscheidung über den Rechtsbehelf. Sie endet grds auch mit der Aufhebung des Bescheids durch die FinBeh (abweichend zur Aufhebung eines Wertfortschreibungsbescheids wegen des zwischenzeitlichen Erlasses eines neuen, BFH BStBl 09, 758). Ein Grundlagenbescheid, der während des Einspruchsverfahrens gegen einen Folgebescheid ergeht, stellt aber keine „unanfechtbare Entscheidung" über den Einspruch gegen den Folgebescheid dar (BFH/NV 10, 1236). 21c

Ein angefochtener StBescheid kann somit **auch zu Ungunsten des Stpfl** geändert werden. Abs 3a S 2 stellt dies ausdrücklich klar; ihm ist darüber hinaus zu entnehmen, dass bei einheitlichem Streitgegenstand (etwa Anfechtung des EStBescheids eines Streitjahres) das Ziel des Stpfl, eine Herabsetzung der Steuer zu erreichen, verjährungsrechtl belanglos ist. Die Möglichkeit einer umfassenden Prüfung der Veranlagung (auch zulasten des Stpfl) bei „schlichtem" Einspruch – sofern dieser zulässig ist – ist eröffnet (vgl BFH BStBl 99, 123). 22

Abs 3a Satz 2bezieht sich nur auf die Verjährungsfrist und schafft **keine materiell-rechtliche Grundlage für eine Verböserung** des angefochtenen StBescheids. Diese ergibt sich jedoch im Einspruchsverfahren aus § 367 II (sofern auf die Möglichkeit einer Verböserung hingewiesen worden ist; vgl dazu BFH BStBl 09, 587: Hinweis auch bei Änderung während des Verfahrens notwendig), während sie im Klageverfahren aus den allgemeinen Änderungsvorschriften zu gewinnen ist. Durch Einspruchs- bzw Klagerücknahme kann freilich der Stpfl die Verböserung vereiteln, weil in diesem Falle die Ablaufhemmung als nicht eingetreten gilt.

22a Besteht eine Änderungsmöglichkeit nur deshalb, weil die Festsetzungsfrist durch einen Einspruch gem **§ 171 IIIa** gehemmt worden ist, ist auf Änderungen des angefochtenen StBescheids während des Einspruchsverfahrens § 367 II 2 anzuwenden, auch wenn die Änderung nach §§ 132, 164 II erfolgt (BFH BStBl 09, 587).

23 § 171 IIIa ist selbstredend unanwendbar, wenn in einem Bescheid **mehrere selbständige StFestsetzungen** (Streitjahre, StArten etc; bei VerbrauchSt: Wareneinheiten, vgl BFH BStBl 00, 33) zusammengefasst sind und sich die Anfechtung nur auf einen dieser Streitgegenstände bezieht. Ebenso wenig können neue Sachverhalte nach Ablauf der regulären Frist berücksichtigt werden, wenn der angefochtene Bescheid nur einen bestimmten Lebenssachverhalt, zB bestimmte grunderwerbsteuerrelevante Erwerbsvorgänge, betraf (BFH/NV 93, 712; 94, 758, vgl BFHE 197, 68) oder wenn der Stpfl gem den Darlegungen Rz 21 seinen Rechtsbehelfsantrag beschränkt hat und – was hinzukommen muss – wegen Teilbarkeit des Streitgegenstands beschränken *konnte.*

24 Die Ablaufhemmung nach Abs 3a greift auch insofern ein, als ein **Grundlagenbescheid** nicht innerhalb der Frist des Abs 10 umgesetzt worden ist; solange die Frist für die StFestsetzung nicht abgelaufen ist, kann dies ungeachtet des Abs 10 geschehen. Die Anfechtung eines Grundlagenbescheids führt aber nicht zu einer Hemmung der Festsetzungsfrist in Bezug auf die von ihm betroffenen Folgebescheide, also dazu, dass die für die Festsetzung der Folgesteuern maßgebende Festsetzungsfrist bis zur Unanfechtbarkeit des (geänderten) Feststellungsbescheids gehemmt wird (BFH BStBl 05, 242; vgl *Kamps* DStR 05, 1381); wird der Grundlagenbescheid aufgrund eines Rechtsbehelfs geändert, kann diese Änderung also nur im zeitlichen Rahmen des Abs 10 umgesetzt werden.

25 **b) Voraussetzung: wirksamer Steuerbescheid.** Da nur ein wirksamer StBescheid geeignet ist, die Festsetzungsfrist zu wahren, kann nur bei Vorliegen eines solchen Bescheids unter den in Abs 3a geregelten Voraussetzungen eine Ablaufhemmung eintreten; denn Abs 3a soll nur die Festsetzungsfrist um des aufgrund Anfechtung einer StFestsetzung notwendig gewordenen Rechtsbehelfsverfahrens willen verlängern (vgl BFH BStBl 90, 942; 94, 3; 95, 39; BFH/NV 05, 735). Also keine Ablaufhemmung bei einem Rechtsbehelf gegen einen unwirksamen Bescheid (BFHE 158, 491; BFH BStBl 91, 49; BFH/NV 96, 196; NdsFG EFG 95, 553; BFH BStBl 97, 388 insbes auch für den Fall der Erhebung einer Anfechtungsklage trotz Nichtigkeit des Bescheids; insoweit aA *Schrage* DStZ 97, 46).

26 Der Bescheid muss nicht nur wirksam geworden sein, sondern auch bis zur Fristwahrung gem § 169 I 3 wirksam bleiben. Wird er (vorher) von der FinBeh aufgehoben, kann er nicht mehr auf die Festsetzungsverjährung einwirken (BFH BStBl 94, 715; 90, 942; BFH/NV 02, 1125, 315; 93, 576); der Erlass eines neuen Bescheids ist von diesem Zeitpunkt an ausgeschlossen (Rz 34a).

30 **c) Personelle Reichweite der Ablaufhemmung.** Keine Hemmung ggü Dritten (BFH BStBl 17, 143; 74, 722), zB anderen Gesamtschuldnern, vgl aber § 174 V, wonach ggf der Dritte anstelle des Rechtsbehelfsführers in Anspruch genommen werden kann, wenn er hinzugezogen worden ist. Da ein mehrere betreffender Feststellungsbescheid jedoch wirksam wird, sobald er einem der Feststellungsbeteiligten bekannt gegeben wird und dann von allen angefochten werden kann (BFH BStBl 88, 855; 94, 3), und allen Feststellungsbeteiligten ggü die Feststellungsfrist wahrt (BFH BStBl 94, 3), hat der Rechtsbehelf eines Feststellungsbeteiligten, auch wenn er den Bescheid noch nicht erhalten hat – anders als bei Anfechtung eines unwirksamen StBescheids – ablaufhemmende Wirkung (BFH BStBl 95, 9; vgl aber BFH BStBl 94, 3). Das gilt auch für Gesellschafter, die aus der Gesellschaft ausgeschieden sind, und nach Auflösung der Gesellschaft.

d) Dauer der Ablaufhemmung. Sie reicht bis zur Bestands/Rechtskraft der auf den Antrag/Rechtsbehelf ergehenden Entscheidung. Eine Entscheidungsfrist besteht nicht (BFH BStBl 93, 581), allenfalls Verwirkung möglich (vgl aber BFH BStBl 79, 738). 33

e) Ausnahmen vom Enden der Ablaufhemmung mit Rechtskraft der Entscheidung (Abs 3a S 3). In den Fällen der §§ 100 I 1, II 2, 101 FGO muss die gerichtliche Entscheidung von der FinBeh umgesetzt und ein entsprechender St(Änderungs-)Bescheid erlassen werden; erst dann liegt iSd Vorschrift eine unanfechtbare Entscheidung vor, wenn auch dieser von der FinBeh aufgrund der Entscheidung des Gerichts zu erlassende Bescheid unanfechtbar geworden ist. Entspr gilt bei Aufhebung des Bescheids aus Gründen, welche nur diesen selbst, nicht den StAnspruch betreffen (BFH BStBl 16, 631). Eine übermäßig lange Dauer des gerichtlichen Verfahrens ändert an der Ablaufhemmung nichts (BFH BStBl 96, 518). Hat *das FG* einen Haftungsbescheid wegen fehlender Ermessensausübung aufgehoben, so läuft die Festsetzungsfrist für den Haftungsanspruch nicht ab, bevor der neue Haftungsbescheid, mit dem die FinBeh nach Ergehen der gerichtlichen Entscheidung ihre Ermessensausübung nachgeholt hat, unanfechtbar geworden ist; Ablaufhemmung tritt aber nur in dem Umfang der nachzuholenden Ermessensentscheidung ein, die FinBeh kann nicht den Haftungsumfang über die zunächst getroffene Entscheidung hinaus erweitern (BFH BStBl 93, 581). 34

Abs 3a S 3 hemmt den Ablauf der Festsetzungsfrist jedoch nur im Falle der gerichtlichen Kassation eines Bescheids; er erfasst nicht den Fall der **Aufhebung durch die FinBeh** (BFH BStBl 05, 122); eine analoge Anwendung kommt nicht in Betracht (BFH BStBl 05, 122); für sie besteht auch kein Bedürfnis, weil es die FinBeh in der Hand hat, den ersetzenden Bescheid während offener Frist, etwa gleichzeitig mit dem Aufhebungsbescheid, zu erlassen und die Hemmung (Abs 3a S 1) erst dann durch Aufhebung des ersten Bescheids zu beseitigen, denn die Aufhebung des Bescheids beseitigt die Hemmung nicht etwa rückwirkend (missverständlich BFH BStBl 05, 122; anders womöglich BFH BStBl 90, 942; 94, 715). Soll ein fehlerhafter Bescheid von der FinBeh durch einen anderen ersetzt werden – etwa weil eine Korrektur des Bescheids zB durch bloßes Nachschieben von Ermessensgründen (für das gerichtl Verfahren § 102 S 2 FGO) oder eine Reduzierung des Abgabebetrags durch Teilrücknahme nicht möglich ist –, kann eine solche Ersetzung *vor* Aufhebung des (ggf angefochtenen) Bescheids bzw Erledigung des diesbzgl Verfahrens (zB durch Antragsrücknahme) erfolgen, ohne dass dem ein etwaiger Ablauf der regulären Festsetzungsfrist entgegen stehen kann; denn der neue Bescheid ist dann noch innerhalb der nach Abs 3a S 1 gehemmten Festsetzungsfrist ergangen. 34a

Während des Rechtsbehelfsverfahrens kann die FinBeh trotz Ablaufs der regulären Festsetzungsfrist einen *Änderungsbescheid* erlassen, ohne dass dadurch die infolge Anfechtung des Ursprungsbescheids eingetretene Fristhemmung entfiele (BFH BStBl 97, 635; 01, 218). 34b

Die Ablaufhemmung endet selbstverständlich auch dann, wenn das Rechtsbehelfsverfahren ohne Ergehen einer Entscheidung über den Rechtsbehelf endet und der angefochtene Bescheid dadurch bestandskräftig wird, zB durch Rücknahme des Rechtsbehelfs oder übereinstimmende Erledigungserklärungen (vgl BFH BStBl 84, 697; 05, 122). 35

6. Beginn einer Außenprüfung (Abs 4). Der Zweck der Vorschrift besteht darin, zugunsten des Rechtsfriedens und der Rechtssicherheit eine zeitlich unbegrenzte Auswertung von Prüfungsfeststellungen zu verhindern und damit eine zeitgerechte Auswertung der Prüfungsfeststellungen durch den Erlass von Ände- 38 rungsbescheiden zu erzwingen. Dieser Zweck zeitnaher endgültiger Veranlagung wird freilich oftmals nur unzureichend erreicht, weil die Vorschrift insbes gegen eine zögerliche Abwicklung der Ap nicht schützt. Das durch Verwaltungsvorschrift formulierte Gebot „zeitnaher" Ap dürfte nicht nur mangels tatbestandlicher Unbestimmtheit, sondern auch wegen Sanktionslosigkeit kaum ein geeignetes Mittel sein, dies zu verhindern. Bestrebungen, etwa den zulässigen Prüfungszeitraum in Richtung der Vergangenheit strikt zu beschränken, haben sich indes bisher nicht durchgesetzt.

39 **a) Voraussetzungen der Ablaufhemmung.** Abs 4 gilt nur für die Ap, aber auch für abgekürzte Ap. Die Wirkungen treten daher nicht ein bei anderen Ermittlungshandlungen des FA außerhalb der Ap, zB Maßnahmen der StAufsicht oder bei einer betriebsnahen Veranlagung (BFH BStBl 00, 306), vgl aber insofern Abs 6 und 7. Zur **Abgrenzung von Ermittlungsmaßnahmen** im Rahmen einer Ap von sonstigen Ermittlungsmaßnahmen vgl BFH BStBl 98, 461; 94, 377; 84, 790; entscheidend ist, wie der Stpfl den Gehalt der Ermittlungsmaßnahmen verstehen musste (BFH BStBl 90, 526; 86, 29; 82, 34). Wesentlich für die Ap ist die umfassende und abschließende Prüfung aufgrund einer (durch Bekanntgabe wirksam gewordenen) *Prüfungsanordnung* (BFH BStBl 00, 306; 06, 404; BFH/NV 10, 432; ob auch ohne Prüfungsanordnung bei entsprechendem materiellen Gehalt der Prüfungsmaßnahmen von einer Ap – gleichsam im materiellen Sinn – gesprochen werden kann, hat BFH BStBl 00, 306 offen gelassen; es wäre zu verneinen). Bei einer Sonderprüfung für eine StArt (zB USt) (siehe näher § 194 Rz 6), tritt selbstverständlich auch nur insoweit Ablaufhemmung ein (BFH/NV 03, 1028).

40 Die Ablaufhemmung knüpft aber nicht an die Prüfungsanordnung als solche, sondern an den nachhaltigen **Beginn der Prüfungshandlungen** auf der Grundlage einer Prüfungsanordnung an (BFH BStBl 03, 552). Eine Prüfungsanordnung hemmt den Ablauf der Festsetzungsfrist mithin nicht, wenn keine Prüfungshandlungen folgen, und zwar selbst wenn der zu prüfende Sachverhalt bereits in einer vorhergehenden Ap ermittelt worden ist (BFH BStBl 94, 375). Siehe hierzu auch Rz 45.

40a Bei **Erweiterung** des Prüfungszeitraums (oder Gegenstandes) wird die Verjährungsfrist erst mit tatsächlichem Beginn der erweiterten Prüfung gehemmt (FG Bln EFG 79, 427). Auch rechtswidrige, aber wirksame VA-Prüfungshandlungen hemmen jedoch den Fristablauf, solange sie nicht mit Erfolg angefochten worden sind (BFH/NV 04, 1510).

41 Ermittlungshandlungen **vor Bekanntgabe der Prüfungsanordnung** (§ 197) bewirken keine Ablaufhemmung (*Mösbauer* StBp 97, 57). Der Ablauf der Festsetzungsfrist ist aber gehemmt, wenn die tatsächliche Prüfungshandlung dem Erlass einer *Ergänzung* der Ap-Anordnung vorausgeht und die Ap-Anordnung *vor* Ablauf der Festsetzungsfrist ergänzt wird (BFH BStBl 94, 377; BFH/NV 04, 1510). Das kann bis zum Abschluss der Ap geschehen, wobei die Ap erst abgeschlossen ist, wenn das FA sie für abgeschlossen erklärt, regelmäßig nicht vor Absendung des Bp-Berichts (BFH/NV 04, 312). Durch Erlass einer wirksamen Prüfungsanordnung erst nach Fristablauf kann die Ablaufhemmung hingegen nicht *rückwirkend* herbeigeführt werden (BFH BStBl 93, 649). Ergeht ein Teilprüfungsbericht und wird die Ap im Anschluss daran fortgesetzt, bleibt die Hemmung der Frist erhalten; einer erneuten Prüfungsanordnung bedarf es dann nicht, es handelt sich vielmehr um eine einheitliche, fortgesetzte oder zumindest wiederaufgenommene Ap (BFH/NV 04, 7).

42 Ap aufgrund einer **unwirksamen Prüfungsanordnung** hemmt die Verjährung ebenfalls nicht (BFH BStBl 93, 649; 88, 165), zB wenn sich die Prüfungsanordnung gegen eine nicht existente Firma richtet (vgl jedoch FG BBg EFG 13, 1292, dazu BFH/NV 17, 475, differenzierend für den Fall einer wegen Adressierungs-

mängeln nichtigen Anordnung, die jedoch von dem Stpfl nicht beanstandet worden ist). Durch eine aufgrund einer *rechtswidrigen* Prüfungsanordnung durchgeführte Prüfung tritt hingegen nur dann *keine* Hemmung der Festsetzungsfrist ein, wenn die Prüfungsanordnung auf Anfechtung hin aufgehoben wird oder die Rechtswidrigkeit der erledigten Prüfungsanordnung festgestellt wird (BFH BStBl 87, 408; 89, 64; 90, 612). Das gilt auch, wenn eine Ap ggü einer Person durchgeführt worden ist, die gar nicht der Ap unterliegt (*TK/Kruse* § 171 Rz 35; aA offenbar BFH BStBl 77, 652). Ebenso hemmt die rechtswidrige Beauftragung einer anderen FinBeh mit der Ap nicht den Ablauf der Festsetzungsfrist, wenn die Beauftragung (VA) aufgehoben oder ihre Rechtswidrigkeit gesondert festgestellt worden ist (BFH BStBl 93, 649).

Die Anordnung einer Ap durch eine LandesFinBeh, der die Finanzhoheit für eine **gebietsgebundene Steuer** (GrSt, GrESt, GewSt) nicht zusteht, führt nicht zur Ablaufhemmung (BFH BStBl 78, 666 betr GrESt). Sonst aber hemmen Handlungen eines unzuständigen FA die Verjährung, es sei denn, dass sie aufgehoben werden bzw ihre Rechtswidrigkeit festgestellt wird (BFH BStBl 81, 787). Das gilt – außer bei gebietsgebundenen Steuern – auch bei fehlender Verbandszuständigkeit (BFH BStBl 85, 607; BVerwG StRK § 120c AO R 8). 43

b) Beginn der Prüfung. Die Ablaufhemmung tritt nur dann ein, wenn tatsächlich eine Ap durchgeführt wird (BFH BStBl 99, 4, offen lassend, ob etwas anderes gelten könnte, wenn die Durchführung der angeordneten Ap an fehlender Mitwirkung des Stpfl oder aus sonstigen, nicht von der FinBeh zu vertretenden Gründen scheitert). Für den Eintritt der Hemmungswirkung ist erforderlich, dass der Prüfer die Prüfung ernsthaft aufnimmt (vgl BFH/NV 01, 1541), und zwar bei irgendeinem der Prüfungsgegenstände (vgl die Erläut zu § 198) der die Jahre des Prüfungszeitraumes betrifft, die von der Verjährung bedroht sind (FG BBg EFG 16, 530, aufgehoben BFH/NV 17, 1473). Auch Prüfungshandlungen die nur ein Prüfungsjahr betreffen unterbrechen hins der anderen Prüfungsjahre (BFH BStBl 17, 1159). Es muss sich im Allgem um für den Stpfl als Prüfungshandlungen erkennbare Maßnahmen handeln, die geeignet sind, sein Vertrauen in den Ablauf der Verjährungsfrist zu beseitigen (BFH BStBl 03, 739; BFH/NV 14, 1009). Jedoch kann im Allgem davon ausgegangen werden, dass die Handlungen, die der Prüfer am Prüfungsort vornimmt, solche zur Ermittlung des StFalls sind, auch wenn sie nur auf die Vorlage von Aufzeichnungen, Büchern, Geschäftspapieren udgl gerichtet sind (BFH BStBl 17, 1159). Handlungen im Innendienst können Ermittlungshandlungen sein, sofern sie anhand der Prüfungsakten nachvollzogen werden können (BFH/NV 14, 1716). Es kommt also nicht auf die tatsächliche Kenntnis des Stpfl, sondern darauf an, ob dieser bei Kenntnis der Prüfungstätigkeit die Maßnahme als Durchführung der Prüfungsanordnung ansehen müsste. Maßnahmen eines Außenprüfers sind aber *grds* Prüfungshandlungen (BFH BStBl 03, 739), selbst wenn sie nur auf die Vorlage von Aufzeichnungen, Büchern, Geschäftspapieren uä gerichtet sind (BFH/NV 09, 1405; 94, 377). Die Übergabe der Prüfungsanordnung (BFH BStBl 84, 125) und selbst das Erscheinen des Prüfers am Prüfungsort genügen jedoch nicht (vgl § 198). Ein *Aktenstudium* (BFH BStBl 84, 125; 81, 409) kann nur dann den Beginn einer Ap darstellen, wenn Gegenstand des Aktenstudiums die konkreten Verhältnisse des zu prüfenden Betriebs sind (BFH BStBl 81, 409; kritisch *Rischar* DStR 01, 382). Ein Aktenstudium, das *vor* dem in der Ap-Anordnung genannten Termin des Beginns der Prüfung durchgeführt wird, gehört jedoch noch zu den Prüfungsvorbereitungen (BFH BStBl 10, 4). 45

Prüfungshandlungen ggü einem nicht **Handlungsfähigen** (§ 79) sieht BFH BStBl 94, 787 mit Recht als nicht verjährungsunterbrechenden Beginn der Ap an, wobei es nicht auf dessen Fähigkeit ankommt, die Prüfungshandlungen als solche zu erkennen (insofern unklar BFH BStBl 94, 787); meist wird es in solchen Fällen überdies an einer wirksamen Prüfungsanordnung fehlen. 46

50 **c) Umfang der Ablaufhemmung.** Die Ablaufhemmung betrifft nur StBescheide aufgrund der Ap. StBescheide ergehen iSd Abs 4 Satz 1 aufgrund einer Ap, wenn sie im Anschluss an eine Ap ergehen, also formell, nicht nur materiell auf ihr beruhen (vgl Rz 51). **„Aufgrund der Außenprüfung" ergangen** ist auch ein StBescheid, der einen aufgrund der Ap ergangenen StBescheid *ändert* (BFH BStBl 97, 449). Ergehen aufgrund einer Ap Haftungsbescheide, ist Abs 4 aber nicht anwendbar, es gelten vielmehr nur die sonstigen Verjährungsvorschriften (BFH BStBl 95, 227; 94, 715).

50a Ergehen aufgrund einer Ap (ggf geänderte) ***Feststellungs*bescheide** (auch insoweit ist der Fristenlauf gem Abs 4 gehemmt), so müssen diese innerhalb der Zwei-Jahres-Frist des Abs 10 umgesetzt werden (lex spezialis); die Ablaufhemmung nach Abs 4 erstreckt sich also nicht auf Folgebescheide aufgrund einer Ap zu erlassender bzw zu ändernder Feststellungsbescheide, ebenso wenig umgekehrt auf Grundlagenbescheide, wenn nur bei dem Stpfl geprüft worden ist, gegen den ein Folgebescheid ergehen könnte (BFH BStBl 93, 425; siehe auch unten Rz 58). Folgebescheide müssen also ggf innerhalb der gem § 171 X gehemmten Frist ergehen, denn sie ergehen nicht (unmittelbar) „aufgrund" der Ap. Dies gilt auch dann, wenn der Feststellungsbescheid in Anwendung des § 181 V nach Ablauf der Feststellungsfrist ergangen ist (BFH/NV 06, 1625).

51 Die Prüfungsanordnung bildet den äußersten Rahmen der Ablaufhemmung. Ablaufhemmung tritt aber nur für die StAnsprüche ein, auf welche sich die Prüfung dann auch **tatsächlich erstreckt** hat (BFH BStBl 94, 375; 91, 824; 90, 526; 73, 130; 72, 331) – der Umfang der Ablaufhemmung steht also bei Beginn der Ap noch nicht abschließend fest (vgl BFH BStBl 99, 49) – oder (bei Hinausschieben der Ap) nach dem Inhalt der Prüfungsanordnung erstrecken sollte, sofern in dem letzten Fall die Ap nach Wegfall des Hindernisses für ihren Beginn tatsächlich durchgeführt worden ist und die betr StAnsprüche tatsächlich betroffen hat (BFH BStBl 99, 4, zugleich offen lassend, ob etwas anderes gilt, wenn dem mangelnde Mitwirkung des Stpfl – was insoweit zu bejahen ist – oder sonstige nicht von der FinBeh zu vertretende Umstände entgegenstanden).

51a Die Ablaufhemmung erfasst jedoch die jeweils **geprüfte Steuer,** nicht nur die geprüften Sachverhalte (BFH BStBl 97, 449; 96, 338; 94, 377; vgl insbes zur Terminologie und Rechtsentwicklung BFH BStBl 93, 425; zu eng BFH BStBl 09, 87, wenn es dort heißt, die aufgrund der Ap ergehenden Bescheide müssten die in der Ap getroffenen Feststellungen „verwerten"). Die Ablaufhemmung erstreckt sich also nicht nur auf den Mehrbetrag, der sich aus dem in der Ap ermittelten Sachverhalt ergibt (BFH BStBl 97, 449; 94, 377), oder auf die betragsmäßigen Auswirkungen der Besteuerungsgrundlagen, bei bestimmten Einkunftsarten oder dgl, die (trotz umfassender Prüfungsanordnung für einen Zeitraum und/oder eine StArt) tatsächlich geprüft worden sind (vgl auch BFH BStBl 99, 4, 28). Einer Steuer im vorgenannten Sinne „korrespondiert" allerdings nach BFH BStBl 90, 772 ein abgeschlossener Sachverhalt; er ist „geprüft", wenn sich auf seine steuerrechtliche Würdigung nur irgendwelche Maßnahmen iSd § 193 beziehen, die jedoch auch lediglich in der Überprüfung des bereits aktenkundigen Sachverhalts, einer rechnerischen Prüfung udgl bestehen können (BFH BStBl 90, 772); eine stichprobenweise Prüfung genügt (BFH BStBl 93, 425; 91, 824). Dass dabei neue stl erhebliche Erkenntnisse gewonnen worden sind, ist nicht erforderlich (BFH BStBl 93, 828; 90, 772).

52 Keine Ablaufhemmung tritt ein für solche Steuern (und Veranlagungszeiträume, BFH BStBl 96, 338), die **nicht Gegenstand des Prüfungsauftrags** sind (BFH BStBl 91, 824; 94, 375), selbst wenn der Prüfer laut Anweisung auf sie achten soll, soweit sie für andere Steuer von Bedeutung sein können (BFH BStBl 79, 250), oder auf sie tatsächlich eingegangen ist (BFH BStBl 96, 338). Besteuerungsgrundlagen, die gesondert festzustellen sind (§§ 179 f), können nicht Gegenstand einer Ap beim zu veranlagenden Stpfl sein; auf sie wirkt sich folglich die Ablaufhem-

mung nicht aus (BFH BStBl 93, 425; BFH/NV 06, 1625). Ob der Stpfl eine diesbzgl Mitprüfung rügelos hingenommen hat, ist ohne Bedeutung (BFH BStBl 91, 824).

d) Wirkung ggü Dritten. Ein Ap, die nicht beim Stpfl, sondern bei einem Dritten durchgeführt wird, hemmt den Ablauf der Verjährung ggü dem Stpfl nicht (BStBl 13, 596; 91, 547; 90, 526; 87, 293; 81, 409; 79, 744; 77, 223; 75, 723); das gilt auch für den Ehegatten (BFH BStBl 07, 220). 56

Durch Ap bei einer **GmbH** wird die Verjährung der ESt des Gesellschafters nicht gehemmt, wenn sich die Prüfung auf die als ArbN bei der geprüften GmbH tätigen Gesellschafter richtet (BFH BStBl 73, 570), auch nicht soweit deren ESt auf einer verdeckten Gewinnausschüttung beruht (BFH BStBl 79, 744). Die Verjährung von KapESt auf Kapitalerträge beschränkt steuerpflichtiger Gesellschafter einer GmbH wird durch eine (sich auf die KapESt erstreckende) Ap bei der GmbH ebenfalls nicht gehemmt (BFH BStBl 87, 293; aA FG Saarl EFG 82, 629; FG Bln EFG 80, 516). 57

Durch die Ap bei einer **Personengesellschaft** wird die Festsetzungsfrist nicht hinsichtlich derjenigen Besteuerungsgrundlagen der Gesellschafter gehemmt, die nicht gesondert festzustellen sind (BFH BStBl 93, 425; BFH BStBl 90, 38 ist überholt). Das gilt auch in den Fällen des § 194 I 4. Die gesondert festgestellten Besteuerungsgrundlagen können nach Abs 10 ungeachtet ggü den Gesellschaftern eingetretener Festsetzungsverjährung umgesetzt werden. Da eine Ap sich nicht auf Besteuerungsgrundlagen erstreckt, die außerhalb des Gegenstandes der Ap gesondert in einem Feststellungsverfahren (§ 182) festgestellt werden müssen (BFH/NV 09, 1953; 06, 1625; 01, 1541), bewirkt eine Ap bei einer Personengesellschaft eine Ablaufhemmung in der Besteuerung der Gesellschafter nur dann, wenn im Rahmen der Feststellung ggü dieser Personengesellschaft darüber zu befinden ist, welchen Gesellschaftern die gesondert festgestellten Einkünfte zuzurechnen sind; im zweistufigen Feststellungsverfahren bewirkt eine Ap bei einer Obergesellschaft auch in Bezug auf diejenigen Besteuerungsgrundlagen Festsetzungsverjährung, die ggü der Untergesellschaft gesondert festgestellt werden (BFH/NV 09, 1953). 58

Die Ap bei einer Gesellschaft, die hinsichtl eines Gesamtobjekts (§ 3 I Nr 2 V zu § 180 II AO) für die Feststellungsbeteiligten gehandelt hat, führt zur Hemmung der Frist ggü allen Feststellungsbeteiligten, auch wenn diese von der Ap keine Kenntnis erhalten (BFH BStBl 16, 13). 58a

Der Beginn einer Ap bei einem **Konzernunternehmen** (Personengesellschaft) hemmt nicht den Ablauf der Verjährung von ESt-Ansprüchen, die sich aus der Beteiligung eines Gesellschafters an einer anderen zum Konzern gehörenden Personengesellschaft ergeben (BFH BStBl 84, 125). 59

Eine Ap beim **Haftungsschuldner** hemmt nicht den Ablauf der Verjährung ggü dem StSchuldner (BFH BStBl 87, 293; 82, 226) und umgekehrt. 60

Bei einer **LSt-Ap** ergeht die Prüfungsanordnung nur ggü dem ArbG. Die Ap erstreckt sich auf die zutreffende Einbehaltung oder Übernahme und die richtige Abführung der Lohnsteuer durch den ArbG (§ 42f I EStG). Ziel der LSt-Ap ist es nicht, die zutreffende individuelle ESt des ArbN zu ermitteln. Durch eine LSt-Ap beim ArbG wird daher die Festsetzungsfrist in bezug auf den EStAnspruch gegen den ArbN nicht gehemmt (BFH BStBl 90, 526; vgl BFH BStBl 90, 608; 96, 239; BFH BStBl 76, 3 ist überholt). Das Gleiche gilt für sonstige Abzugsteuern wie die VersSt; die Hemmung durch Ap beim Versicherungsgeber hemmt also die für den Versicherungsnehmer (StSchuldner) laufende Frist nicht (BFH BStBl 13, 596; BFH/NV 12, 695). Die sich daraus ergebende Folge, dass der Versicherungsgeber wegen der Akzessorität seiner Haftung nicht mehr in Anspruch genommen kann, wenn beim Versicherungsnehmer Verjährung eingetreten ist, hat das G v 5.12.2012, BGBl I, 2431 durch § 7 VIII VersStG nF korrigiert. Siehe jetzt auch § 171 XV. 61

65 **e) Hinausschieben des Beginns der Ap.** Dieses hemmt ebenso wie tatsächlicher Beginn der Ap. Die Vorschrift ist das Gegenstück zu der über die Prüfungsunterbrechung aus Gründen, die in der Sphäre der FinBeh liegen (Abs 4 S 2); Stpfl und FinBeh sollen weder verhindern noch durch lediglich formelle Prüfungshandlungen oder Scheinhandlungen, die zu keinem ernsthaften tatsächlichen Beginn einer Ap führen, eine Verjährungshemmung bewirken können (BFH BStBl 11, 7). Die Würdigung einer Erklärung des Stpfl als Antrag, den Prüfungsbeginn hinauszuschieben, setzt voraus, dass diese die Zielrichtung eines späteren Prüfungsbeginns, nicht die eines Angriffs gegen die Rechtmäßigkeit der Prüfung schlechthin hat. Die bloße Anfechtung der Prüfungsanordnung (ohne aufschiebende Wirkung) hemmt also nicht den Eintritt der Festsetzungsverjährung, weil sie keinen Antrag auf *Verschiebung* der Prüfung beinhaltet; die FinBeh muss deshalb, wenn nicht AdV gewährt wird, ggf trotz der Anfechtung mit der Ap beginnen, wenn die Frist nicht ablaufen soll. Wer hingegen im Wege der AdV der Prüfungsanordnung oder der Festsetzung des Prüfungsbeginns bewirkt, dass die Prüfung nicht zu dem vorgesehenen Zeitpunkt beginnen kann, muss demjenigen gleichgestellt werden, der die Verschiebung der Prüfung beantragt, obwohl bei AdV der Prüfungsanordnung die FinBeh bzw das Gericht eigentlich nicht die Prüfung des Termins wegen hinausschiebt, sondern ihre Durchführbarkeit als solche bezweifelt. Der AdV-Antrag schließt jedoch sinngemäß das Begehren ein, den Beginn der Ap hinauszuschieben, bis über die Rechtmäßigkeit der angefochtenen Anordnung entschieden ist (BFH BStBl 99, 4; 89, 483). Das gilt aber nur, wenn die Festlegung des Prüfungsbeginns rechtmäßig ist (BFH/NV 07, 1624; vgl BFH BStBl 03, 827). Ist die Festsetzung des Prüfungsbeginns rechtswidrig, ohne vom Stpfl angefochten zu werden und ohne dass AdV beantragt wird, tritt Fristhemmung ein, wenn dieser Verschiebung der Prüfung begehrt (BFH BStBl 89, 76). Denn eine rechtmäßige Festlegung des Prüfungsbeginns, gegen welchen sich der Verschiebungsantrag richten müsste, setzt Abs 4 S 1 nicht voraus, wohl aber Wirksamkeit des Bescheids nach § 197 I 1.

65a Die Ablaufhemmung tritt auch ein, wenn das FA ohne formelle Entscheidung aufgrund eines AdV-Antrags den Prüfungsbeginn verschiebt (BFH/NV 01, 1009) oder dies aufgrund Vereinbarung mit dem Stpfl tut (FG Mster EFG 16, 1489). Ist aber ein Prüfungstermin noch nicht durch VA festgelegt, stellt ein im Rahmen von Absprachen mit dem FA geäußerter Verlegungswunsch keinen Antrag nach § 197 II dar (BFH BStBl 17, 97).

65b Stellt der Stpfl während der Zwei-Jahres-Frist einen weiteren Verschiebungsantrag, beginnt die Zwei-Jahres-Frist erneut (BFH BStBl 17, 97).

66 Der **Antrag** auf Hinausschiebung des Beginns der Ap kann formlos gestellt werden (BFH BStBl 84, 125), muss aber eine klare Erklärung darstellen; bloßes Verzögern des Prüfungsbeginns genügt nicht. Er muss vor Ablauf der Festsetzungsfrist gestellt worden sein und tatsächlich dafür ursächlich werden, dass der Ap-Beginn verschoben wird (BFH BStBl 11, 7; BFHE 188, 131). Der Stpfl muss sich der verjährungshemmenden Wirkung seines Antrages nicht bewusst sein (undeutlich BFH BStBl 84, 125). Auch die *beantragte Zeitdauer* der Verschiebung (ggf nur kurzfristiger Prüfungsaufschub) ist bedeutungslos; auch nach Ablauf der Aufschubfrist besteht die Ablaufhemmung fort, selbst wenn nunmehr die Ap aus in der Sphäre der FinBeh liegenden Gründen nicht beginnen kann (BFH BStBl 11, 7). Bei einem Antrag auf befristetes Hinausschieben des Beginns der Ap entfällt aber die Ablaufhemmung, wenn die FinBeh nicht vor Ablauf von zwei Jahren nach Eingang des Antrags mit der Prüfung beginnt (Rechtsgedanken des Abs 10 und des Abs 8 S 2; BFH BStBl 11, 7; 17, 97). Bei einem unbefristeten Antrag auf Prüfungsaufschub will BFH BStBl 12, 400 die Zwei-Jahres-Frist erst beginnen lassen, wenn die FinBeh durch die in dem Antrag geltend gemachten Gründe nicht mehr daran gehindert ist, den Prüfungsfall in ihre Terminplanung aufzunehmen. Stellt der Stpfl während der Zwei-Jahres-Frist einen weiteren Verschiebungsantrag, beginnt die Zwei-Jahres-Frist erneut (BFH BStBl 17, 97).

Wird der Beginn der Ap nicht maßgeblich aufgrund des Antrages, sondern aufgrund der eigenen Belange der FinBeh (neue Terminplanung) hinausgeschoben, läuft die Frist ungeachtet des Antrages ab (BFH BStBl 17, 97; 12, 400); andererseits beseitigt es eine im stets maßgeblichen Zeitpunkt der Antragstellung gegebene Kausalität des Antrags für das Hinausschieben des Prüfungsbeginns nicht, wenn später solche Gründe hinzutreten, die einen Aufschub der Prüfung ohnehin erfordert hätten (BFH BStBl 11, 7). Ob der genaue Prüfungsbeginn von der FinBeh schon festgelegt war, ist ohne Bedeutung (offen BFH BStBl 99, 4; anders NdsFG StEd 02, 123). 67

f) Unterbrechung der Ap (Abs 4 S 2). Die Bestimmung will einer missbräuchlichen Ausnutzung der Möglichkeit der Ablaufhemmung durch die FinBeh entgegentreten. Wenn die FinBeh eine Ap unmittelbar nach ihrem Beginn wieder unterbricht und nicht spätestens innerhalb von sechs Monaten fortsetzt, entfällt die Ablaufhemmung, und zwar von Anfang an. Ob die Prüfung „unmittelbar nach ihrem Beginn" unterbrochen wurde, ist nach den Verhältnissen im Einzelfall in erster Linie anhand des Verhältnisses der durchgeführten Prüfungsmaßnahmen zum gesamten Prüfungsstoff zu beurteilen, wobei neben dem zeitlichen Umfang der bereits durchgeführten Prüfungsmaßnahmen, dem aber nur eine eingeschränkte Bedeutung zukommt (vgl BFH/NV 14, 1716), alle Umstände mitzuberücksichtigen sind (BFH BStBl 10, 4). BFH BStBl 03, 739 hat hierbei eine „Gewichtung" der Prüfungshandlungen vor der Unterbrechung verlangt und bei bloßen Vorbereitungshandlungen wie allg Informationen über den Betrieb, seine Buchführung udgl eine relevante Prüfungsunterbrechung angenommen; die Prüfung müsse bereits erste verwertbare Ergebnisse erbracht haben (vgl auch BFH/NV 17, 1473). Diese müssen allerdings nicht geeignet sein, unmittelbar die Feststellung der Besteuerungsgrundlage zu beeinflussen; ausreichend ist, dass bei Wiederaufnahme der Prüfung an sie angeknüpft werden kann (BFH/NV 14, 1716). Spätere, auch langfristige Unterbrechungen lassen nach dem klaren Wortlaut des Gesetzes die Unterbrechungswirkung *nicht* entfallen (vgl BFH BStBl 79, 453). 68

Die Ablaufhemmung fällt nur weg, wenn die FinBeh die nicht fristgemäße Fortsetzung zu vertreten (nicht: verschuldet) hat, zB weil sie sich anderen Fällen zuwendet, die ihr dringender erscheinen (BFH/NV 98, 1059), oder der Prüfer erkrankt (aA *Schwarz/Frotscher* § 171 Rz 43a), nicht aber zB, wenn der Stpfl verreist ist, die Buchführung verschwunden ist oder ähnliches, was aus dessen Sphäre, nicht derjenigen der FinBeh herrührt. Eine erneute Aufnahme der Prüfung (von BFH BStBl 99, 28 als neue Prüfung behandelt) mit unterbrechender Wirkung bleibt selbstredend möglich, Vertrauensschutz kann ihr nicht entgegengehalten werden. An die Wiederaufnahme sind dieselben Anforderungen zu stellen wie an den „Beginn" einer Ap; aus der Sicht des Stpfl darf es sich nicht bloß um Einzelermittlungen handeln, sondern um Maßnahmen, die der Stpfl als Weiterführung der Ap erkennen kann, wofür bloße an Amtsstelle durchgeführte Maßnahmen, sofern aktenmäßig dokumentiert, sollen ausreichen können (BFH BStBl 03, 739). Der Umfang der Unterbrechungswirkung bemisst sich, wenn nicht eine neue Prüfungsanordnung ergeht bzw die alte erweitert wird, nach der ursprünglichen Prüfungsanordnung (BFH BStBl 03, 552). 69

Ist die Prüfung mit der Folge des rückwirkenden Wegfalls der Unterbrechungswirkung unterbrochen worden, kann sie freilich mit Unterbrechungswirkung aufgrund der fortwirkenden Prüfungsanordnung wiederaufgenommen werden; das verlangt jedoch Prüfungsmaßnahmen, die einen (erneuten) Beginn der Ap in dem in Rz 45 erläuterten Sinn darstellen (BFH BStBl 03, 552, 73; 11, 7). 69a

g) Fristenlauf nach Ende der Unterbrechung (Abs 4 S 3). Die Festsetzungsfrist läuft zwar gem *Satz 1 letzter HS* nach einer rechtzeitig begonnenen Ap nicht ab, bis die aufgrund der Ap zu erlassenden Bescheide (nicht ggf später ergehende Änderungsbescheide) unanfechtbar geworden sind oder 3 Monate nach 70

Bekanntgabe der Mitteilung nach § 202 I (dazu BFH BStBl 09, 876: auch Hinweis im Ap-Bericht, dass die Ap zu keiner Änderung der Besteuerungsgrundlagen geführt habe, § 202 I 3) verstrichen sind (steuermindernde Tatsachen, welche die Ap angeblich verkannt hat, muss der Stpfl also innerhalb dieser Frist geltend machen (und dadurch eine weitere Hemmung auslösen)!). Die Frist endet jedoch gem *Satz 3* spätestens nach Ablauf einer mit der Schlussbesprechung (zum Fall der Unterbrechung einer Schlussbesprechung und der Durchführung von Prüfungshandlungen nach Abschluss der Schlussbesprechung zutreff FG Ddorf EFG 99, 684; FG BBg EFG 12, 1806) bzw dem Jahr der „letzten Ermittlungshandlung" (neu) beginnenden Festsetzungsfrist (BFH BStBl 09, 876); an die Ap soll sich also eine neue Festsetzungsfrist anschließen, deren Dauer durch Verweisung auf § 169 II 1 und 2 bestimmt wird (aA Kahrs DStZ 98, 272). Auf den Zeitpunkt der letzten Ermittlungshandlungen kommt es nur an, wenn eine Schlussbesprechung nicht stattgefunden hat, insbes wenn der Stpfl auf sie verzichtet hat, womit er ggf das Ende des Fristenlaufs bewirken kann (BFH/NV 16, 168, dazu BVerfG DStR 16, 1984).

70a Vom Vorliegen „letzter Ermittlungsmaßnahmen" und damit einem die Ablaufhemmung beendenden Abschluss der Prüfung ist nur auszugehen, wenn sich ein Abschluss der Prüfung eindeutig feststellen lässt, der Besteuerungssachverhalt also derart ermittelt ist, dass weitere Ermittlungshandlungen nicht mehr zur abschließenden Feststellung des Sachverhalts führen könnten (vgl BFH/NV 14, 1716). Wenn bereits ermittelte Tatsachen lediglich einer erneuten rechtlichen Würdigung unterzogen werden, stellt dies einen vorherigen Abschluss der Prüfung nicht infrage; relevant sind nur Maßnahmen des Prüfers, die darauf gerichtet sind, bisher noch nicht bekannte Sachverhaltselemente festzustellen, etwa indem der Prüfer Unterlagen anfordert, den Stpfl in irgendeiner anderen Weise zur Mitwirkung auffordert oder vom Stpfl nachgereichte Unterlagen auswertet (BFH BStBl 10, 4; BFH/NV 11, 1830). Es muss sich um *Ermittlungshandlungen* des Außenprüfers handeln, nicht zB die behördeninterne Erörterung der Rechtslage, auch Handlungen der Veranlagungsstelle genügen nicht (FG Ddorf EFG 99, 684). Bloße Untätigkeit des Prüfers beendet die Prüfung nicht und führt nicht zur Verwirkung, sogar nicht bei mehrjähriger rein behördeninterner Fortsetzung der Prüfungstätigkeit (BFH/NV 14, 1716).

70b Die Zusammenstellung des Prüfungsergebnisses in dem **Bp-Bericht** stellt keine letzte Ermittlungshandlung iSd Abs 4 S 3 dar. Hat sich der Stpfl vorbehalten, nach Zusendung des Ap-Berichts noch eine Stellungnahme und Unterlagen einzureichen, ist davon auszugehen, dass die Ap mit der Zusendung des Berichts noch nicht abgeschlossen sein sollte; bei einem Wiedereintritt in Ermittlungshandlungen aufgrund jener Unterlagen erfolgen diese also noch im Rahmen der nämlichen Ap (BFH BStBl 10, 4).

71 Soweit der **UZK** gilt, sind die dort geregelten Fristen einschlägig (Art 103 UZK).

72 Bei **Anfechtung aufgrund der Ap ergangener Bescheide** tritt neben die fortbestehende Ablaufhemmung nach Abs 4 die Ablaufhemmung nach Abs 3 S 2 (Abs 4 letzter HS; BFH/NV 89, 78); die Ablaufhemmung kann also bei Anfechtung des aufgrund der Ap ergangenen Bescheids die „erneuerte" Festsetzungsfrist des Abs 4 S 3 überdauern.

73 Der Gesetzgeber hat hier *nicht* auf den Zeitpunkt des Wirksamwerdens der Bescheide abgestellt, sondern darauf, dass diese Bescheide unanfechtbar geworden sind. Ohne diese Regelung würde bei Anfechtung des Bescheids der Abs 3 eingreifen. Das hätte zur Folge, dass der Bescheid im Rechtsbehelfsverfahren nicht zu seinen Ungunsten hätte geändert werden könnte; einer Änderung zu Ungunsten des Stpfl würde der Ablauf der Festsetzungsfrist entgegenstehen (vgl die Erläuterungen zu Abs 3 oben Rz 16 ff). Die Regelung hat ihren Grund auch darin, dass sich Stpfl und FA häufig über die Behandlung rechtl schwieriger Fragen und über tatsächliche Fragen im Wege des gegenseitigen Nachgebens einigen. Der Stpfl ist trotz einer derartigen Einigung, sofern sie nicht die Voraussetzungen einer bindenden tatsächlichen Verständigung erfüllt (siehe dazu § 162 Rz 30 ff), nicht gehindert, auch die Punkte, über die Einigkeit erzielt worden ist, im Rechtsbehelfsverfahren anzugreifen (vgl aber BFH BStBl 91, 673); würde man in diesen Fällen allein den Abs 3 anwenden, könnte die FinBeh dem Stpfl nicht die Punkte entgegenhalten, in denen sie nachgegeben hat. IÜ kann es vorkommen, dass sich im Laufe eines sich anschließenden Rechtsbehelfsverfahrens die Notwendigkeit ergibt, die an sich abgeschlossene Ap nochmals wiederaufzunehmen.

Wird nach der Ap ein Bescheid rechtzeitig erlassen, dieser jedoch später von der **74** FinBeh wieder aufgehoben, tritt rückwirkend Verjährung ein; der Erlass eines neuen Bescheids zur (jetzt richtigen) Umsetzung der Ap ist ausgeschlossen, es sei denn der Fristenlauf blieb aus anderen Gründen als denen des Abs 4 gehemmt oder der erste (aufgehobene) Bescheid war nichtig, sodass er auch nicht die Wirkung einer Beendigung der Ablaufhemmung entfaltet hat (*HHSp/Banniza* § 171 Rz 124).

Zur entsprechenden Anwendung des Abs 4 S 3 bei **Fahndungsprüfungen** **75** Rz 82.

7. Steuer- und Zollfahndung (Abs 5). Abs 5 ermöglicht, die durch die **78** Fahndungsprüfung gewonnenen Erkenntnisse umzusetzen, sofern diese vor Ablauf der Festsetzungsfrist begonnen hat (BFH BStBl 10, 583; 02, 586), also anders als bei einer Ap eine *punktuelle* Bescheidänderung aufgrund der in der Prüfung gewonnenen Erkenntnisse. Abs 5 verdrängt ggf die Anlaufhemmung nach Abs 9 (BFH BStBl 16, 571). Wird jedoch auf Veranlassung des Stpfl der Prüfungsbeginn über den Zeitpunkt des Ablaufs der regulären Frist hinausgeschoben (vgl § 171 IV 1 Alt 2), kann die Hemmungswirkung nicht mehr eintreten.

Die Ablaufhemmung wird durch jedwede (rechtmäßige, BFH/NV 10, 598) **„Ermittlungen"** ausgelöst, die nicht notwendigerweise ihrer Zielrichtung nach die Anforderung an eine (umfassende) Ap erfüllen müssen. Die Ermittlungen können auch in einem schlichten Auskunftsersuchen der Steufa bestehen (vgl BFH/NV 10, 830; FG BaWü DStRE 12, 1208). Ermittlungen der BuStra des FA stellen jedoch keine Ermittlungen der Steufa dar und führen daher nicht zur Ablaufhemmung (BFH BStBl 10, 583); erst mit der Übernahme der Ermittlungen durch das FA für Fahndung und Strafsachen tritt die Ablaufhemmung ein, insofern aber auch dann, wenn keine weiteren Ermittlungen durchgeführt werden (BFH/NV 11, 2; mit Recht kritisch dazu *Buse* AO-StB 12, 216). Voraussetzung für den Eintritt der Ablaufhemmung nach Abs 5 ist, dass die Ermittlungshandlungen der Fahndungsbehörde *beim Stpfl* durchgeführt werden und als solche für den Stpfl *erkennbar* sind; er muss erkennen können, dass in *seinen* Angelegenheiten ermittelt wird (BFH BStBl 10, 583; 97, 595 mit Hinw auf die Entstehungsgeschichte der Vorschrift; BFH BStBl 79, 453; BFH/NV 01, 744) und in welchen konkreten Angelegenheiten ermittelt wird (BFH BStBl 16, 569). Es genügen aber Ermittlungen gegen den alleinigen Gesellschafter einer GmbH, um eine Ablaufhemmung für Steuern herbeizuführen, welche die GmbH betreffen (BFH/NV 14, 570; 10, 2001). An der Erkennbarkeit soll es bei passiver Handlungsunfähigkeit (§ 79) fehlen (BFH BStBl 94, 787), wobei freilich in einem solchen Fall weniger die Erkennbarkeit als mangelnde Wirksamkeit solcher Maßnahmen zur Rede stehen dürfte, welche eine Ablaufhemmung nicht eintreten lässt, da Abs 5 nach außen wirkende Maßnahmen verlangt und damit passive Handlungsfähigkeit voraussetzt (vgl BFH BStBl 97, 595). Abs 5 gilt sowohl in den Fällen des § 208 I 1 Nr 2 wie bei straf-/ordnungswidrigkeitenrechtlicher Ermittlungstätigkeit nach Nr 1. Eine „Prüfungsanordnung" ist – anders als bei Fällen des Abs 4 – nicht vorgesehen (BFH/NV 94, 258), der Umfang der Ablaufhemmung folglich allein vom Umfang der tatsächlich durchgeführten Ermittlungen abhängig (BFH BStBl 03, 740; 02,

586; 99, 28, 478; 94, 375). Welcher Art diese sind, ist für die verjährungshemmende Wirkung ohne Bedeutung; eine schlichte (ggf mündliche) Nachfrage beim Stpfl genügt (BFH/NV 99, 1186).

78a Gehemmt ist die Frist nicht für eine bestimmte StArt oder einen bestimmten VZ, sondern nur insoweit, als es um die aufgrund der **Besteuerungsgrundlagen, die durch die Ermittlungen aufgedeckt werden,** gebotenen steuerlichen Folgen geht (BFH BStBl 16, 571; 02, 586; 99, 478; BFH/NV 10, 2001; 05, 1961; 03, 740). Bereits zuvor Bekanntes kann bei der StFestsetzung nicht nachträglich berücksichtigt werden. Ist eine Prüfung für bestimmte Sachverhalte eröffnet worden, kommt es nicht auf die zeitliche Reihenfolge an, in der innerhalb der Fahndungsprüfung die einzelnen Komplexe tatsächlich untersucht werden (vgl BFH BStBl 99, 28). Wird eine Prüfung für einen (erkennbar) bestimmten Zeitraum eröffnet, kommt es nicht darauf an, dass sie sich von vornherein (erkennbar) auf bestimmte stl erhebliche Sachverhalte bezog (vgl BFH BStBl 02, 586). Wurde die Einleitung des StStrafverfahrens wegen des Verdachts bestimmter, in der Einleitungsverfügung ausdrücklich genannter Taten dem Stpfl bekannt gegeben, dann ist der Ablauf der Festsetzungsfrist jedoch nur für diejenigen StAnsprüche gehemmt, wegen deren vermeintlicher Verletzung das Strafverfahren tatsächlich eingeleitet und die Einleitung bekannt gegeben wurde (BFH BStBl 10, 583). Wird die Prüfung (vor Fristablauf erkennbar) erweitert, ergreift die Ablaufhemmung aber auch die neuen Sachverhalte (BFH/NV 00, 1143; 03, 740) und dabei erzielte Zufallsfunde (BFH/NV 99, 1187). Die StFahndung ist in ihren Ermittlungen nicht darauf beschränkt, jenen Sachverhalt aufzuklären, sondern verpflichtet, alle für die Feststellung von Straftaten/OWi erforderlichen Besteuerungsgrundlagen zu ermitteln (BFH/NV 10, 1777), selbst wenn Strafverfolgungsverjährung eingetreten sein sollte (BFH/NV 10, 598). Zur Reichweite der Hemmungswirkung bei Ermittlungen aufgrund einer Selbstanzeige BFH BStBl 16, 571.

79 Der Aufnahme von Ermittlungen gleichgestellt ist die **Bekanntgabe** der Einleitung eines Straf-/OWi-Verfahrens, wobei § 169 I 3 entsprechend gilt (Abs 5 S 2 HS 2).

80 Für **Zollfahndungsmaßnahmen** ist die Vorschrift nur eingeschränkt anwendbar. Denn Art 103 UZK lässt eine nationalstaatliche Verlängerung der unionsrechtlichen Festsetzungsfrist nur bei einer strafbaren Handlung zu. Zollfahndungsmaßnahmen betreffen jedoch nicht stets strafbare Handlungen und ob eine strafbare Handlung vorliegt, wird allenfalls durch die Zollfahndungsmaßnahme erst geprüft. Das dürfte indes kein Hinderungsgrund sein, eine Ablaufhemmung dann anzunehmen, wenn das ZFA wegen des Verdachts einer strafbaren Handlung Ermittlungen aufgenommen hat bzw die Einleitung eines strafrechtlichen Ermittlungsverfahrens bekannt gegeben worden ist. Erweist sich jener Verdacht als unbegründet oder wird das ZFA von vornherein aus anderen Gründen tätig, bewendet es freilich bei der Festsetzungsverjährung nach Art 103 UZK.

81 Hinsichtlich der **Rechtsfolgen einer Unterbrechung** der Ermittlungen erklärt das Gesetz § 171 IV 2 für sinngemäß anwendbar (Abs 5 S 1 HS 2; dazu Rz 68). Das ist dahin zu verstehen, dass das Ermittlungsverfahren als solches nicht unmittelbar nach seinem Beginn mehr als sechs Monate ruhen darf, ohne dass die verjährungshemmende Wirkung rückwirkend entfällt. Spätere Unterbrechungen, auch wenn sie länger dauern, sind unschädlich (BFH BStBl 99, 694; Rz 68). Nicht erforderlich ist, dass bei mehreren Beschuldigten gerade ggü dem Stpfl nicht mehr als sechs Monate lang keine Ermittlungshandlungen vorgenommen worden sind. Betrifft das Ermittlungsverfahren unterschiedliche Taten oder Tatkomplexe, ist allerdings zu verlangen, dass zu den dem Stpfl vorgeworfenen stl relevanten Handlungen ein enger, unmittelbarer Zusammenhang besteht, wenn in dem maßgeblichen Zeitraum nur gegen andere Beschuldigte ermittelt worden ist.

82 Eine **Frist für die Umsetzung der Ermittlungsergebnisse** ist in Abs 5 – anders als in Abs 4 – ebenso wenig vorgesehen wie ein Ende einer einmal eingetretenen Ablaufhemmung (BFH BStBl 10, 583; BFH BStBl 16, 574: Grenze nur Verwirkung; BFH BStBl 02, 586; 07, 472; FG MeVo BeckRS 2017, 94118; zur Verwirkung infolge überlanger Ap auch BFH/NV 15, 800). Die Entstehungsgeschichte der Vorschrift spricht allerdings – wenn auch nicht zwingend – für eine Anwendung der diesbzgl Regelungen des Abs 4 (str, ebenso *Söffing* DStR 96, 713 „planwidrige Unvollständigkeit des Gesetzes"; *Kaligin* DStZ 97, 314; *Raupach/Böckstiegel* DB 97, 2560; *Kahrs* DStZ 98, 272; *Birk/Naujok* DStR 03, 349; *TK/Kruse* § 171 Rz 74; aA *BG/Paetsch* § 171 Rz 122); ein Analogieschluss wird deshalb vielfach für gerechtfertigt gehalten. Nach Mitteilung über die stl Auswertung des Fahndungsergebnisses (vgl *Raupach/Böckstiegel* DB 97, 2560) soll danach eine neue Festsetzungsfrist beginnen, die sich nach § 169 II Satz 1 oder 2 bzw Art 103 UZK bemesse. Dagegen hat BFH BStBl 02, 586 mit auch sonst beachtlichen Gründen zutreffend darauf abgestellt, dass der Stpfl wegen der anders als bei Abs 4 ohnehin gegenständlich eng begrenzten Ablaufhemmung (nur hinsichtlich des Ermittlungsergebnisses) kein vergleichbares schutzwürdiges Interesse an einer Begrenzung der Ablaufhemmung hat. Deshalb können nur die (praktisch freilich wenig wirkungsvollen) Grundsätze von Treu und Glauben (Verwirkung) die Lücke füllen (so BFH BStBl 02, 586), insbes in Fällen des § 170 II 2 StPO; § 169 II kann dafür aber schwerlich als inhaltliche Konkretisierung des Verwirkungsgrundsatzes herangezogen werden (anders offenbar *Kahrs* DStZ 98, 272), erst Recht nicht kann der Verwirkungsgedanke den Betroffenen besser stellen als bei einer Ap (BFH/NV 99, 1186).

Eine bloße Mitteilung (zB gem § 170 II 2 StPO) über die **Beendigung von Fahndungsmaßnahmen** hat nicht die Wirkung, eine neue Festsetzungsfrist in Lauf zu setzen (so zutreff *Arnold Müller* DStZ 98, 449; aA offenbar *Söffing* DStR 96, 713 und *Raupach/Böckstiegel* DB 97, 2560), ebenso wenig die Einstellung eines Straf- oder OWi-Verfahrens oder dessen sonstiger Abschluss. In diesen Fällen kann nur (ausnahmsweise) der Verwirkungsgedanke eine Verjährung der von dem ehemaligen Ermittlungs- bzw Straf-/OWi-Verfahren betroffenen steuerlichen Ansprüche zur Folge haben. 83

8. Sonstige Ermittlungshandlungen (Abs 6). Abs 6 enthält eine ähnliche Regelung wie Abs 5. Bei Stpfl, bei denen eine Ap innerhalb Deutschlands nicht möglich ist, zB bei beschränkt Stpfl oder bei Stpfl, die ins Ausland verzogen sind, führen auch sonstige Ermittlungshandlungen zu einer Ablaufhemmung, hier insbes auch solche, die *bei Dritten* durchgeführt werden. Dies gilt jedoch nur, wenn die FinBeh den Stpfl auf den Beginn der Ermittlungen vor Ablauf der Festsetzungsfrist (formlos) in einer Weise hinweist, durch welche die betroffenen Steuern und VZ konkretisiert werden. Zur Wahrung der Frist genügt entspr § 169 I 3 die Absendung der Mitteilung durch die FinBeh (Abs 6 S 2 HS 2), welche aber tatsächlich (irgendwann) zugehen muss. Wie bei Fahndungsmaßnahmen iSd Abs 5 ist ein Ende der einmal eingetretenen Verjährungshemmung nicht vorgesehen (Verwirkung aber denkbar). 85

9. Steuerstraftaten und Steuerordnungswidrigkeiten (Abs 7). Es soll verhindert werden, dass Täter einer StStraftat oder einer Ordnungswidrigkeit zwar noch wegen dieser Zuwiderhandlung straf- oder bußgeldrechtl belangt werden können, die entsprechenden Steuern aber nicht nachgefordert werden können. Die Ablaufhemmung hat Bedeutung hauptsächlich bei fortgesetzten Handlungen und Dauerordnungswidrigkeiten. Durch die Aufgabe der Rspr zum Fortsetzungszusammenhang (BGH wistra 94, 345; BGH BStBl 94, 673; BFH BStBl 95, 575; BFH/NV 98, 1059; grundlegend BGH wistra 94, 185 = NJW 94, 1663) bei der StHinterziehung (siehe § 370 Rz 250) und die damit verbundene Infragestellung der Rechtsfigur der Dauerordnungswidrigkeit (siehe § 378 Rz 33) hat die Vorschrift an Bedeutung eingebüßt. 87

Die Verfolgungsverjährung beginnt mit dem Eintritt des Erfolges der Handlung oder Unterlassung, die als leichtfertige StVerkürzung zu bewerten ist (BFH/NV 87a

18, 403). Sie beginnt bei jeder Einzeltat gesondert (siehe § 376 Rz 13), was sich entsprechend auf § 171 VII auswirkt. Unterlässt es ein Kindergeldberechtigter, der Familienkasse den Wegfall der Anspruchsvoraussetzungen mitzuteilen und begeht er dadurch eine Ordnungswidrigkeit, ist der Ablauf der Festsetzungsfrist bis zum Eintritt der Verfolgungsverjährung, die erst mit der letztmals zu Unrecht erlangten Kindergeldzahlung beginnt, gehemmt; denn ein Betrug ist erst mit der letzten durch ihn bewirkten Leistungsgewährung beendet (BGHSt 27, 342; BGH wistra 08, 348).

88 Die Ablaufhemmung knüpft daran an, dass die betr Steuer durch Hinterziehung oder Verkürzung erlangt ist (vgl BFH/NV 16, 534); die Ablaufhemmung tritt folglich entsprechend § 169 II 3 auch ein, wenn die Tat von einem Dritten begangen worden ist und der Stpfl sich nicht exkulpieren kann. Sie endet mit Tod des StHinterziehers (BFH BStBl 78, 359).

89 Bei einer Hinterziehung von Einfuhrabgaben ist Abs 7anwendbar, weil Art 103 UZK insoweit auf das nationale Recht (Art 4 Nr 23) verweist (*Dorsch/Gellert* ZK Art 221 Rz 22). Die Vorschrift ist aber nicht auf Zollordnungswidrigkeiten anwendbar, wie sich aus Art 103 UZK ergibt (EuGHE I 91, 5569 = ZfZ 92, 73).

90 **10. Vorläufige StFestsetzung, Aussetzung der StFestsetzung (Abs 8).** In Fällen, in denen wegen Ungewissheit die Steuer zunächst (wirksam) vorläufig festgesetzt (§ 165 I 1 oder 2) oder die Festsetzung ganz ausgesetzt (§ 165 I 4) wurde, soll der FinBeh nach Wegfall der Ungewissheit eine ausreichende Frist eingeräumt werden, um die steuerlichen Konsequenzen ziehen zu können (BT-Drs VI/152; vgl BFH BStBl 05, 183; 09, 325 für Feststellungsbescheide). Teilverjährung tritt aber ein, soweit endgültig festgesetzt war (vgl BFH BStBl 92, 995). Auch ein erst nach Ablauf der Verjährungsfrist angebrachter oder sonst rechtswidriger (BFH BStBl 01, 9) Vorläufigkeitsvermerk eröffnet, wenn er bestandskräftig wird, insoweit die Verjährungsfrist neu.

91 Die Festsetzungsfrist endet jedoch spätestens mit Ablauf eines Jahres, nachdem die Ungewissheit beseitigt ist und die FinBeh hiervon Kenntnis erhalten hat. Bei vorläufiger StFestsetzung nach § 165 I 2 beträgt die Frist zwei Jahre, weil hier die Beseitigung der Ungewissheit gleichzeitig eine größere Zahl von StFällen zu betreffen pflegt. Da in vielen Fällen des § 165 I 1 die FinBeh nicht ohne Mitwirkung des Stpfl feststellen kann, ob die Voraussetzungen für eine Änderung des vorläufigen Bescheids gegeben sind oder nicht, stellt Abs 8 auf positive Kenntnis der FinBeh von der Beseitigung der Ungewissheit ab. Bloßes Kennenmüssen steht der Kenntnis nicht gleich (BFH BStBl 01, 9; 93, 5; BFH/NV 14, 524). Insoweit lassen sich die Grundsätze der Auslegung des § 173 nicht auf § 171 XIII übertragen (BFH BStBl 93, 5, 7; BFH/NV 12, 575). Bestand der Grund der Vorläufigkeit in der Ungewissheit bzgl innerer Tatsachen (zB der Gewinnerzielungsabsicht), beginnt die Jahresfrist folglich, wenn die für den Schluss auf die maßgebliche innere Tatsache entscheidende (Indiz-)Tatsache eintritt und der FinBeh bekannt wird; positive (Er-)Kenntnis der inneren Tatsache selbst ist nicht erforderlich, um die Frist in Lauf zu setzen (BFH BStBl 09, 335; 16, 144 zur Unsicherheit über eine Vermietungsabsicht; BFH/NV 10, 2234). Abs 10 ist nicht vorrangig; ein Vorbehaltsbescheid kann also auch dann noch geändert werden, wenn die dort genannte Zwei-Jahresfrist versäumt, der Grundlagenbescheid aber erst später bekannt geworden ist (BFH BStBl 09, 335). Der Stpfl hat die Möglichkeit, die FinBeh in Kenntnis zu setzen, um zu erreichen, dass nach einem (zwei) Jahr(en) eine Änderung der vorläufigen Festsetzung nicht mehr möglich ist.

93 **11. Anzeige durch den Steuerpflichtigen (Abs 9).** Nach § 153 ist der Stpfl verpflichtet, eine von ihm abgegebene Erklärung zu berichtigen, sobald er deren Fehlerhaftigkeit erkennt. Außerdem hat er nach §§ 371, 378 III die Möglichkeit der strafbefreienden Selbstanzeige. Um zu verhindern, dass in diesen Fällen die FinBeh uU bis zum Ablauf der Festsetzungsfrist nicht mehr in der Lage ist, die

entsprechende Steuer festzusetzen, endet die Festsetzungsfrist nicht vor Ablauf eines Jahres seit Eingang einer solchen Anzeige, und zwar seit dem Eingang bei der zuständigen FinBeh (BFH BStBl 08, 595). Die FinBeh hat aber nur diese Auswertungsfrist von einem Jahr, die sie sich nicht verlängern kann. Insbes kann auch durch eine aufgrund der Anzeige innerhalb der Jahresfrist begonnene Ap nach Abs 4 bzw durch Fahndungsmaßnahmen nach Abs 5 keine weitere Ablaufhemmung erreicht werden (BFH BStBl 10, 583). Das gilt angesichts des klaren Wortlautes der Vorschrift, obwohl bisweilen die Anzeige erst die Notwendigkeit einer Ap bzw weiterer Fahndungsmaßnahmen erkennbar werden lassen mag. Abs 9 soll jedoch nur die stl Umsetzung der Erklärung oder Anzeige sicherstellen, wenn dies sonst innerhalb der Festsetzungsfrist nicht mehr möglich wäre; eine umfassende Prüfungsmöglichkeit des Falls wird hingegen nicht wiedereröffnet. Abs 9 schließt aber das Eingreifen anderer Unterbrechungsvorschriften nicht in dem Sinne aus, dass bei Erstattung einer Anzeige die Festsetzungsfrist binnen Jahresfrist ungeachtet dessen enden würde, ob sie ohne die Anzeige wegen eines anderen Hemmungstatbestandes noch nicht abgelaufen wäre (BFH BStBl 10, 583; vgl BFH/NV 07, 2071). Die durch Abgabe einer Selbstanzeige ausgelöste einjährige Ablaufhemmung kann also durch Ermittlungen der StFahndung, mit denen noch *vor* Ablauf der regulären Festsetzungsfrist begonnen wurde, gem § 171 V verlängert werden (BFH BStBl 16, 571; FG Mchn EFG 16, 1225, Rev VIII R 9/16 und EFG 16, 1309, Rev VIII R 10/16).

Die Ablaufhemmung beginnt, wenn die angezeigte StVerkürzung dem Grunde 94
nach individualisiert werden kann, der Stpfl also Steuerart und VZ benennt und den Sachverhalt so schildert, dass der Gegenstand der Selbstanzeige erkennbar wird (BFH BStBl 10, 771) und die FinBeh folglich ohne große Nachforschungen die zutreffende Steuer – ggf im Schätzungswege – festsetzen kann (BFH BStBl 10, 583).

12. Grundlagenbescheid (Abs 10). a) Voraussetzungen und Folgen der 96
Ablaufhemmung. Abs 10 ermöglicht, dass die Regelungen eines Grundlagenbescheids – ihrer Funktion entsprechend – in den von ihm abhängigen Folgebescheiden umgesetzt werden können, selbst wenn die für diese laufende Festsetzungsfrist schon abgelaufen ist. Er ist eine verjährungsrechtliche Ergänzung zu § 175 I Nr 1 (BFH BStBl 88, 318; FG Mchn EFG 89, 154), wonach ein StBescheid zu erlassen, aufzuheben oder zu ändern ist, soweit ein Grundlagenbescheid, dem Bindungswirkung für diesen StBescheid zukommt, erlassen, aufgehoben oder geändert wird. Abs 10 bewirkt, dass – unbeschadet des Ablaufs der Festsetzungsfrist für die in einem Folgebescheid festzusetzende Steuer iÜ – der Ablauf der Festsetzungsfrist insoweit gehemmt ist, als die StFestsetzung auf einem Grundlagenbescheid beruht oder beruhen kann. Soweit und solange die Feststellungsfrist für einen Feststellungsbescheid noch nicht abgelaufen ist, ist auch der Ablauf der Festsetzungsfrist für die Folgesteuer *im Ausmaß der Bindungswirkung des Grundlagenbescheids* gehemmt (vgl BFH/NV 16, 889). Diese Hemmung endet erst nach Ablauf von zwei Jahren nach Bekanntgabe des Grundlagenbescheids (vgl BFH BStBl 88, 318; 00, 173; BFH/NV 94, 1; 98, 937). Die Hemmung knüpft an die bloße rechtliche *Möglichkeit* an, dass ein Grundlagenbescheid ergeht, aufgehoben oder geändert wird (BFH/NV 94, 1), während sonst reale Ereignisse die Ablaufhemmung nach § 171 bewirken (BFH/NV 98, 937). Der Ablauf der Festsetzungsfrist für die Folgesteuer ist insoweit verknüpft mit der Feststellungsfrist. BFH BStBl 00, 173 versteht deshalb Abs 10 nicht dahin, dass eine zunächst abgelaufene Festsetzungsfrist für den Folgebescheid durch den Erlass eines Grundlagenbescheids im Umfang der von diesem ausgehenden Bindungswirkung („soweit") wieder in Lauf gesetzt werde; vielmehr soll der Ablauf der Festsetzungsfrist für die Folgesteuer als solcher gehemmt sein, soweit und solange in offener Feststellungsfrist ein Grundlagenbescheid, der für die Festsetzung der Folgesteuer bindend ist, noch zulässig ergehen kann. Jede einzelne Feststellung löst eine diesbzgl Anlaufhemmung aus (BFH/NV 16, 889).

96a Ist für den Erlass des **Grundlagenbescheids** eine **Stelle außerhalb der FinVerw** zuständig, erfährt die FinBeh mitunter nicht sogleich, dass ein Grundlagenbescheid erlassen, aufgehoben oder geändert worden ist oder dass sein Erlass abgelehnt worden ist (negativer Grundlagenbescheid). Daher soll die Festsetzungsfrist bei solchen ressortfremden Bescheiden nach der Neufassung des **Abs 10** (Einfügung der Sätze 2 und 3 durch das BestVerfModG) nicht vor Ablauf von zwei Jahren nach dem Zeitpunkt enden, in dem die für den Folgebescheid zuständige Finanzbehörde Kenntnis von dem Grundlagenbescheid erlangt hat.

96b Die Umsetzungsfrist wirkt **zugunsten ebenso wie zulasten des Stpfl;** festgestellte Verluste gehen also verloren, wenn der Feststellungsbescheid nicht rechtzeitig umgesetzt wird. Der Stpfl kann dies freilich verhindern, wenn er rechtzeitig einen Antrag auf entsprechende Änderung des StFestsetzungsbescheids stellt und folglich Abs 3 eingreift (BFH BStBl 07, 76). Zu der Frage, ob nach Ablauf der Frist des Abs 10 im Rahmen des § 177 Feststellungen eines Grundlagenbescheids berücksichtigt werden können, siehe § 177 Rz 11.

97 Abs 10 **setzt einen Grundlagenbescheid** iSd § 179 **voraus,** dh einen Bescheid, der rechtliche Bindungswirkung für einen anderen Bescheid entfalten kann, welcher im Rahmen des StFestsetzungsverfahrens ergeht (Näheres Rz 102f). Dabei kann es sich auch um einen Bescheid handeln, der einen Grundlagenbescheid ändert (nicht aber einen lediglich wiederholenden Bescheid, BFH BStBl 01, 471; BFH/NV 06, 227) oder der die Nichtigkeit eines Grundlagenbescheids feststellt (BFH BStBl 15, 109, VerfBeschw 1 BvR 3240/14). Ein Folgebescheid ist auch dann an einen noch nicht berücksichtigten Grundlagenbescheid anzupassen, wenn ein innerhalb der Frist des Abs 10 nicht umgesetzter Grundlagenbescheid geändert wird (BFH/NV 94, 1) oder wenn der Vorbehalt der Nachprüfung des Grundlagenbescheids aufgehoben wird, ohne dass eine sachliche Änderung erfolgt; auch hierfür gilt die Zwei-Jahres- bzw Jahresfrist nach Vorbehaltsaufhebung (BFH/NV 95, 943). Die Festsetzungsfrist für den Folgebescheid ist jedoch nur insoweit gehemmt, als der Grundlagenbescheid, der ebenfalls einer Festsetzungsfrist unterliegt, noch geändert werden kann und die Feststellungen (dann aber nicht nur die geänderten Feststellungen!) bindend sind (BFH BStBl 93, 425; 88, 318). Maßgeblich ist der gesetzlich festgelegte Regelungsgehalt des jeweiligen Grundlagenbescheids (BFH BStBl 89, 531; BFH/NV 98, 937; 95, 566; 90, 366), es sei denn, die Auslegung des Grundlagenbescheids ergibt, dass der gesetzliche Regelungsumfang von der FinBeh unter- oder überschritten worden ist. Ist neben dem Ergehen eines Grundlagenbescheids erforderlich, dass durch Antragstellung ein Verwaltungsverfahren eingeleitet wird, in dessen Rahmen der Grundlagenbescheid erst seine Bindungswirkung entfaltet, darf dieser Antrag selbstredend nicht erst innerhalb der Umsetzungsfrist für den Grundlagenbescheid gestellt werden, sondern muss vor Eintritt der regelmäßigen Verjährung gestellt werden (BFH/NV 12, 1658 für die InvZul).

98 Entscheidend ist der Zeitpunkt der **Bekanntgabe des Grundlagenbescheids** an den Stpfl. Die Zwei-Jahres-Frist läuft mithin auch dann, wenn der Grundlagenbescheid noch nicht unanfechtbar ist (BFH BStBl 05, 242; BFH/NV 08, 6; BFH BStBl 00, 173 ist überholt). Wird gegen den Feststellungsbescheid Einspruch eingelegt bzw Klage erhoben, ist die *Feststellungs*frist zwar gehemmt (§§ 181 I 1, 171 IIIa), die Frist für eine St*Festsetzung* bleibt davon jedoch unberührt, auch soweit dafür die im Feststellungsverfahren ergehende Rechtsbehelfsentscheidung bindend sein kann. Die Anfechtung eines Feststellungsbescheids hemmt also nur den Fristablauf für die Feststellung selbst, nicht für deren Umsetzung in einem Folgebescheid. Eine Einspruchsentscheidung, durch die der Einspruch gegen einen Feststellungsbescheid als unbegründet zurückgewiesen wird, ist auch kein Grundlagenbescheid; eine lediglich bestätigende Einspruchsentscheidung setzt daher keine Frist nach Abs 10 in Lauf; vielmehr beginnt diese mit der Bekanntgabe des (erfolglos) angefochtenen Grundlagenbescheids. Bei einem den Grundlagenbe-

scheid bestätigenden Gerichtsurteil bzw Rücknahme eines Rechtsbehelfs gilt das Gleiche. Ob ggf AdV für das Rechtsbehelfsverfahren gewährt worden ist, ist dabei ohne Bedeutung (zur AdV des Folgebescheids bei AdV des geänderten Grundlagenbescheids siehe § 361 III). Zu dem ungereimten Ergebnis bei Grundlagenbescheiden außerhalb des Anwendungsbereichs der AO, die im Folgebescheid erst umgesetzt werden können, wenn sie bestandskräftig sind oder ein Rechtsbehelf keine aufschiebende Wirkung hat, vgl *Klose* AO-StB 12, 308.

Wird der Grundlagenbescheid jedoch auf Anfechtungsklage **vom Gericht geändert,** so beginnt die zweijährige Ablaufhemmung erst mit Rechtskraft des Urteils (BFH BStBl 03, 335). Denn ein solches Urteil steht dem Erlass eines geänderten Grundlagenbescheids gleich und wird erst wirksam, wenn es rechtskräftig ist (*TK/Kruse* § 171 Rz 98). Hingegen beginnt die Frist bei Änderung des Grundlagenbescheids in der Einspruchsentscheidung mit deren Bekanntgabe; daran ändert sich nichts, wenn Klage erhoben wird (ebenso wenig wie sonst die Klageerhebung gegen einen Grundlagenbescheid für die Umsetzungsfrist von Bedeutung ist). 98a

Ein Feststellungsbescheid **gegen mehrere Stpfl** kann zwar nur einheitlich ergehen und entfaltet Rechtswirkung, sobald er auch nur einem bekannt gegeben worden ist; die Bekanntgabe ggü anderen ist ggf nachzuholen (BFH BStBl 95, 39; 94, 3; BFH/NV 98, 937). Die Zwei-Jahres-Frist beginnt in diesem Fall jedoch für die einzelnen Feststellungsbeteiligten zu unterschiedlichen Zeitpunkten, weil sie erst durch die Bekanntgabe des Feststellungsbescheids in Lauf gesetzt wird (Rz 98). 99

Die FinBeh hat beim Erlass des Folgebescheids nicht zu prüfen, ob der Grundlagenbescheid innerhalb der für diesen geltenden Festsetzungsfrist ergangen ist; denn auch ein rechtswidriger, weil **nach Fristablauf ergangener Grundlagenbescheid** hemmt, solange er nicht aufgehoben ist (BFH/NV 06, 1616). Die Anfechtung eines zur Umsetzung eines Grundlagenbescheids verfristet ergangenen Folgebescheids setzt aber nicht etwa gem § 171 III die Festsetzungsfrist wieder in Lauf (BFH/NV 06, 1625). Nach Ablauf der Feststellungsfrist kann jedoch nach § 181 V eine Feststellung insoweit noch vorgenommen werden, als sie für eine noch nicht verjährte Folgefestsetzung von Bedeutung ist (siehe § 181 Rz 33 f). 100

Bei **mehrstufiger Feststellung** tritt an die Stelle der StFestsetzung die gesonderte Feststellung auf der zweiten Stufe, sodass es nicht auf die Verjährung der StFestsetzung, sondern auf den Ablauf der Feststellungsfrist für die zweite Stufe des Feststellungsverfahrens ankommt (BFH BStBl 99, 747). 100a

Nach Abs 10 Satz 3 kann die FinBeh die **Auswertung von Grundlagenbescheiden** über die Zwei-Jahres-Frist hinaus **zurückstellen,** wenn wegen eines anderen Teils des(selben) StAnspruchs die Festsetzungsfrist wegen einer (wirksam angeordneten und verjährungshemmend begonnenen) Ap nach Abs 4 gehemmt ist (dazu *Baum* NWB Fach 2 S 7063). Diese Regelung ermöglicht es, die Anpassung des Folgebescheids an einen Grundlagenbescheid und die Auswertung einer Ap zusammenzufassen. 101

Auf gesondert festgestellte StAbzugsbeträge (§ 180 V Nr 2) und deren Umsetzung in einer Anrechnungsverfügung/einem Abrechnungsbescheid ist § 171 X nicht anwendbar. Jedoch beginnt insofern die Frist der Zahlungsverjährung nicht schon mit der StFestsetzung auf Grundlage ggf zunächst fehlerhaft festgestellten Besteuerungsgrundlagen, sondern erst mit dem Erlass eines geänderten Feststellungsbescheids, in dem die infolge der Änderung der Feststellung der Besteuerungsgrundlagen zu ändernden Anrechnungsbeträge festgestellt werden (siehe dazu BFH BStBl 16, 115). 101a

Bei einer Zinsfestsetzung nach § 233a ist § 171 X nicht anzuwenden (BFH BStBl 09, 117; FG Ddorf EFG 17, 1059, Rev X R 30/17), wohl aber in den Fällen des § 239 (vgl BFH BStBl 94, 885). 101b

b) Einzelne Grundlagenbescheide. Ein Grundlagenbescheid liegt grds nur vor, wenn die Bindungswirkung gesetzlich angeordnet ist (BFH BStBl 88, 981). 102

Zuständigkeitsvorschriften allein und die allgemeine Verpflichtung, von anderen VerwBeh im Bereich ihrer Zuständigkeit erlassenen VA zu beachten, reichen für die Annahme eines Grundlagenbescheids nicht aus. StBescheid und Zinsbescheid stehen im Verhältnis von Grundlagenbescheid und Folgebescheid zueinander (BFH BStBl 05, 735; 09, 117). Jedoch ist § 171 X auf Zinsfestsetzungen nach § 233a wegen des Vorrangs von § 239 I S 2 Nr 1 und S 3 nicht anwendbar (FG Ddorf EFG 17, 1059, Rev X R 30/17), wohl aber bei Hinterziehungszinsen (BFH BStBl 94, 885).

103 Grundlagenbescheide sind ferner zB der Verlustfeststellungsbescheid nach § 10d IV EStG (FG BBg EFG 16, 1091), StMessbescheide, Zerlegungsbescheide (der Zerlegungsbescheid ist Folgebescheid des GewSt-Messbescheids, BFH BStBl 99, 542; 92, 869 und zugleich Grundlagenbescheid für den GewStBescheid, BFH BStBl 93, 828) und Zuteilungsbescheide. Der Feststellungsbescheid nach § 17 III S 1 Nr 2 GrEStG ist Grundlagenbescheid für den Bescheid über die gesonderte Feststellung des Grundbesitzwerts, dieser ist wiederum Grundlagenbescheid für den GrESt-Bescheid (BFH BStBl 17, 1215). Grundlagenbescheide sind auch maßgeblich für die Festsetzung von *Zuschlagsteuern* (vgl § 51 EStG) wie den Solidaritätszuschlag (BFH BStBl 96, 619) und KiSt. Grundlagenbescheide ergehen auch als negative Feststellungsbescheide (BFH BStBl 93, 820).

Zur umfangreichen Rspr vgl näher die EinzelStGesetze und die Erläut zu §§ 179, 180.

104 **Grundlagenbescheide anderer als der Finanzbehörden.** Grundlagenbescheide iSd Vorschrift können auch außersteuerliche VAe sein, sofern sie Bindungswirkung im StFestsetzungsverfahren haben („andere Verwaltungsakte" iSd § 171 X, vgl BFH BStBl 91, 755; 89, 812; 86, 245; 80, 682; zur Umsetzung solcher Bescheide Rz 107). Eine Bindung an VAe anderer Behörden besteht, soweit die StGesetze an die Entscheidungen der anderen Behörden anknüpfen (vgl BFH BStBl 61, 418). Dies gilt insb, wenn diese Entscheidungen Gestaltungswirkung haben, wie es zB der Fall ist bei rechtsbegründenden VAen (BFH BStBl 56, 20) oder einem Ehescheidungsurteil (BFH BStBl 67, 300). Grundlagenbescheid kann auch die verbindliche Feststellung einzelner Voraussetzungen einer steuerrechtlichen Vorschrift sein (BFH BStBl 10, 15; 03, 910; 97, 176). Im Einzelfall ist die Feststellung der (steuerlichen) Bindungswirkung meist heikel, weil sich die Gesetze, erst recht die außersteuerlichen, dazu nicht zu verhalten pflegen. Dass allein überlegene Sachkunde der außersteuerlichen Behörde eine Bindungswirkung zur Folge haben soll (so BFH BStBl 88, 981; 86, 245), ist nicht anzuerkennen (ebenso *TK/Kruse* § 171 Rz 90a); die Bindungswirkung bedarf *gesetzlicher* Anordnung, der Gesichtspunkt der Sachkunde kann allenfalls ein Anhaltspunkt für die Auslegung sein.

105 Bindungswirkung ist zB beigemessen worden: einer Genehmigung zum Güterfernverkehr (BFH BStBl 60, 228); der Standortbestimmung nach GüKG (BFH BStBl 65, 218); dem Erbschein (BFH BStBl 62, 444); dem Rentenbescheid (BFH BStBl 66, 19; zur Reichweite BFH/NV 01, 156); der Feststellung eines Versorgungsamtes nach dem Schwerbehindertengesetz über das Vorliegen einer Behinderung und den Grad der Erwerbsunfähigkeit für den Nachweis der Körperbehinderung (BFH BStBl 86, 245; 90, 60); der Kfz-Zulassung nach § 3 I S 3 FVZ (FG BaWü EFG 17, 96), der Bescheinigung der Verkehrsbehörde über die Schadstoffarmut eines Kfz (BFH BStBl 86, 865; vgl BFH/NV 91, 123), über sonstige kfzrechtl Feststellungen (FG Nds EFG 16, 1671) und die Einordnung in eine Schadstoffklasse (§ 9 I Nr 2 KraftStG; BFH BStBl 07, 134).

106 Keine Bindungswirkung wurde beigemessen: Der Veräußerung eines Kfz nach § 5 II Nr 3b KraftStDV (BFH BStBl 89, 312); der Bewertung eines Fahrzeugs als Pkw bzw Lkw (stRspr, vgl zB BFH BStBl 98, 579) oder der Entscheidung der Verkehrsbehörde nach der Verordnung über den grenzüberschreitenden kombinierten Verkehr oder § 14 II Verordnung über den grenzüberschreitenden Güterkraftverkehr und den Kabotageverkehr (BFH BStBl 05, 222).

107 Bescheinigungen von Behörden sind allerdings häufig auch lediglich **Beweismittel** und wirken in diesem Fall nicht konstitutiv oder sonst bindend; das gilt auch dann, wenn der Beweis in bestimmter Weise geführt werden muss, zB durch ein amtsärztliches Zeugnis (BFH BStBl 93, 278; 91, 763, einkommensteuerrechtl überholt). Ihre Erteilung kann ferner lediglich Tatbestandsmerkmal einer StRechtsnorm sein, sodass ihre nachträgliche Ausstellung nach Abs 1 S 1 Nr 2 zu berücksichtigen ist.

108 **c) Grundlagenbescheide ohne Verjährungsfrist (Absatz 1 Satz 3).** Sofern der Erlass eines Grundlagenbescheids nicht gem § 181 einer Verjährungsregelung unterworfen ist (wie dies bei StFeststellungsescheiden der Fall ist), bewirkt der Erlass des Grundlagenbescheids die Eröffnung einer Umsetzungsfrist iSd § 171 X S 1 nur dann, wenn der Bescheid vor Ablauf der für den Folgebescheid geltenden Festsetzungsfrist bei der zuständigen Behörde beantragt worden ist.

Nach früherem Recht schien durch Grundlagenbescheide, die nicht fristgebunden sind, die steuerrechtliche Verjährungsfrist weitgehend unterlaufen zu werden. Der BFH (BStBl 13, 529; 16, 828) hatte deshalb (in kühner Annahme einer richterrechtl zu schließenden Regelungslücke) angenommen, die Umsetzung eines solchen Grundlagenbescheids könne innerhalb der Frist des § 171 X nur erfolgen, wenn der Grundlagenbescheid innerhalb der steuerlichen Festsetzungsfrist ergangen sei. Das war umso mehr bedenklich, als dadurch der Regelungsbefehl solcher Bescheide aus außerhalb ihres Zwecks liegenden Gründen ignoriert wurde. Das BMF war dem deshalb mit Recht in dem BMF v 31.1.2014 BStBl I 14, 159 entgegen getreten.

Abs 10 S 3 löst das Problem jetzt so: Ein Grundlagenbescheid, der nicht den Vorschriften der steuerlichen Feststellungsverjährung unterliegt, löst eine Ablaufhemmung nur dann aus, wenn er vor Ablauf der Festsetzungsfrist, die für den StBescheid gilt, beantragt worden ist. Die Festsetzungsfrist läuft nicht ab, solange über den Antrag auf Erlass des Grundlagenbescheids noch nicht entschieden worden ist. Das entspricht dem auch Abs 3 zugrundeliegenden Gedanken und macht die Anpassung eines Folgebescheids vom Ablauf des Verwaltungsverfahrens betr einen Grundlagenbescheid unabhängig.

Diese Neuregelung betrifft zwar vor allem die regelm nicht fristgebundenen Entscheidungen von Behörden außerhalb der Finanzverwaltung, gilt aber auch für **Entscheidungen nach § 163**, für welche die Verjährungsfristen für StBescheide nicht gelten.

110 **13. Elektronische Datenübermittlung (Abs 10a).** Abs 10a steht iZm § 93c AO und ergänzt § 175b AO. Das Ende der Festsetzungsfrist wird durch diese Vorschrift uU auf den – aus der Sicht ihrer Funktion, Rechtssicherheit und -frieden zu schaffen – bedenklich späten Zeitpunkt sieben Jahre nach dem Anlaufen hinausgeschoben. Denn die Festsetzungsfrist endet nicht vor Ablauf von zwei Jahren nach Zugang der Daten bei der FinBeh. Das gilt nur dann nicht, wenn die Daten erst nach Ablauf des siebten auf den Besteuerungszeitraum folgenden Jahres, dh nach Ablauf der regulären Aufbewahrungsfrist nach § 93c IV, der FinBeh zugegangen sind.

112 **14. Geschäftsunfähiger (Abs 11).** Abs 11 enthält nach dem Vorbild des § 210 BGB eine Regelung über die Ablaufhemmung für den Fall eines Geschäftsunfähigen oder eines in der Geschäftsfähigkeit Beschränkten. Juristische Personen können nicht geschäftsunfähig sein, sondern allenfalls ohne gesetzlichen Vertreter; eine entspr Anwendung der Vorschrift auf diesen Fall ist aber zulässig (str, anders BGH NJW 68, 692 zu § 206 BGB). Grund der Regelung: Solange der Stpfl ohne gesetzl Vertreter ist, kann an ihn kein VA wirksam bekannt gegeben werden. Über die Begriffe vgl § 79. „Ohne Vertreter" ist der Stpfl nicht schon, wenn sein Vertreter nicht erreichbar ist oder seine Vertretungsfunktion tatsächlich nicht ausüben kann. Soweit ein beschränkt Geschäftsfähiger nach §§ 112, 113 BGB geschäftsfähig ist,

zB für den Betrieb eines Unternehmens mit Genehmigung seines gesetzlichen Vertreters, gilt die Vorschrift nicht.

114 **15. Erbschaftsannahme (Abs 12).** Abs 12 entspricht § 211 BGB. Er schützt Erben und Nachlassgläubiger. Die 6-Monatsfrist beginnt mit Annahme der Erbschaft nach § 1943 BGB, mit Eröffnung des Nachlassinsolvenzverfahrens/-konkurses, §§ 315 ff InsO oder mit Eintritt eines Nachlassvertreters, zB eines Nachlassverwalters nach § 1975, eines Nachlasspflegers (§ 1960), eines Abwesenheitspflegers (§ 1911), eines Testamentsvollstreckers (§ 2197).

116 **16. Anmeldung im Insolvenzverfahren (Abs 13).** Bei Eröffnung des Insolvenzverfahrens noch nicht festgesetzte StForderungen können nicht mehr durch StBescheid festgesetzt werden (vgl Erläut zu § 251 und § 155 Rz 20 ff). Sie würden also ohne Abs 13 uU während des Verfahrens verjähren, wenn sie nicht im Verfahren befriedigt werden und auch nicht wegen Bestreitens im Insolvenzverfahren zur Tabelle festgestellt werden, sodass sie nach Verfahrensende aufgrund der Tabelle geltend gemacht werden könnten. Das in Abs 13 angeordnete Hinausschieben der Festsetzungsfrist stellt sicher, dass die Steuer in diesen Fällen nach Verfahrensende ungeachtet der regulären Verjährungsfrist bis zu drei Monaten nach Beendigung des Verfahrens noch durch StBescheid festgesetzt werden kann (BFH BStBl 09, 90). Bei etwaiger Anfechtung des Bescheids durch den Vollstreckungsschuldner gilt wiederum § 171 IIIa. Für die Anmeldung einer StForderung, die bei Eröffnung des Insolvenzverfahrens noch nicht festsetzungsverjährt (und damit erloschen, § 47) ist, besteht keine abgaberechtliche Frist; § 169 betrifft nur die Fristen für eine St*Festsetzung.*

117 Obwohl eine festsetzungsbedürftige, aber noch nicht festgesetzte Steuer nach § 41 InsO mit der Verfahrenseröffnung als fällig gilt, ist ein Ablaufen der Zahlungsverjährung nicht zu besorgen, weil die unterbleibende Festsetzung nach § 228 I 2 zur Hemmung der Zahlungsverjährung führt. Bei bereits bei Verfahrenseröffnung festgesetzten Steuern, die ebenfalls einer Anmeldung bedürfen, führt die Anmeldung zur Unterbrechung der nach § 229 I 1 begonnenen Zahlungsverjährung (vgl § 231 I).

120 **17. Erstattungsansprüche (Abs 14).** StBescheide werden zB bei Bekanntgabefehlern nicht wirksam, aufgrund des StBescheids geleistete Zahlungen sind dann innerhalb der Zahlungsverjährungsfrist zu erstatten. Dieser Erstattungsanspruch erlischt nach §§ 228, 232 erst fünf Jahre nach Ablauf des Kalenderjahres, in dem der Anspruch durch die rechtsgrundlose Zahlung entstanden ist (§§ 229 I, 220 II). Dagegen kann die FinBeh die Bekanntgabe der StFestsetzung nur innerhalb der vierjährigen Festsetzungsfrist (§§ 169 ff) nachholen. Um zu vermeiden, dass Stpfl mit der Begründung, der StBescheid sei unwirksam bekannt gegeben worden, Erstattung des rechtsgrundlos gezahlten Betrags verlangen können, ohne dass das FA die StFestsetzung durch wirksame Bekanntgabe des StBescheids nachholen kann, schiebt Abs 14 Ablauf der Festsetzungsfrist bis zum Ablauf der Zahlungsverjährungsfrist hinaus (instruktiv BFH/NV 94, 1066; BFH BStBl 04, 896: nachträgliche StFestsetzung gegen Erben des zunächst in Unkenntnis seines Todes in Anspruch Genommenen). Die Vorschrift ist verfassungsgemäß (BVerfG DStZ 03, 309), obwohl sie die Fristverlängerung nicht auf den Fall unwirksamer StFestsetzung beschränkt (BFH BStBl 01, 430), sondern zB auch bei Zahlung auf nicht festgesetzte Ansprüche eingreift.

121 EStVorauszahlungen sind zu erstatten, wenn die Jahressteuer nicht mehr festgesetzt werden kann (str); zwar erledigt sich dann der Vorauszahlungsbescheid nicht gem § 124 II (so die Vorauflage), es tritt aber die auflösende Bedingung ein, unter der jede Vorauszahlungsfestsetzung (stillschweigend) steht (BFH BStBl 79, 461; 87, 8), nämlich dass eine Jahressteuer in entsprechender Höhe (nicht nur materiell-rechtl entsteht, sondern) erhoben wird, was gem § 218 I eine Festsetzung in dem Veran-

lagungsbescheid voraussetzt (vgl zum Ganzen einerseits *Hartmann* DStZ 05, 34, andererseits *Koops/Scharfenberg* DStR 95, 552). Dasselbe muss für USt-Vorauszahlungen gelten, wenn auch bei diesen der Jahresbescheid eine Zusammenfassung der Vorauszahlungsfestsetzungen darzustellen pflegt und nur ggf eine ergänzende (Abschluss-)Zahlung festsetzt (während die EStVorauszahlungsbescheide auf einer allemal unsicheren Prognose der künftigen Jahressteuerschuld beruhen, welche in einem komplexen Berechnungsvorgang völlig unabhängig von den diesen Festsetzungen zugrunde liegenden Daten zu ermitteln ist).

Abs 14 eröffnet nach Ablauf der regulären Festsetzungsfrist nicht die Möglichkeit einer solchen nachträglichen Festsetzung der Jahressteuer, weil der eben erörterte Erstattungsanspruch nicht mit der Jahressteuerschuld „zusammenhängt", sondern mit den Vorauszahlungsfestsetzungen (vgl SächsOVG NVwZ-RR 03, 588).

Die Vorschrift ermöglicht jedoch die nachträgliche StFestsetzung nur, soweit ein **122**
Erstattungsanspruch besteht; ist die Steuer also nicht in voller Höhe bezahlt worden, kann die StFestsetzung insoweit nicht nachgeholt, sondern nur die Durchsetzung des Erstattungsanspruches durch nachträgliche Teilfestsetzung vereitelt werden (BFH BStBl 01, 430). Auch auf den Gewerbesteuermessbescheid als Grundlagenbescheid ist sie weder unmittelbar noch sinngemäß anwendbar, da mit dem Messbetrag kein Erstattungsanspruch „zusammenhängt" (BFH BStBl 16, 567).

18. Hemmung der Festsetzungsfrist für die Steuerschuld durch Maß- 125
nahmen bei einem Entrichtungspflichtigen (Abs 15). Die durch das AmtshilfeRLUmsG eingefügte Vorschrift ist eine Reaktion auf BFH BStBl 13, 596, wobei diese Entscheidung in Wahrheit nur die Augen für das geöffnet hat, was schon immer anerkannt war. Sie will verhindern, dass bei im Abzugsverfahren erhobenen Steuern wie der VersSt, der KapESt, Bauabzugsteuer (§ 48 EStG) und der LSt eine Ap oder andere verjährungshemmende Umstände (§ 171) bei dem StEntrichtungspflichtigen sich auf die Festsetzungsfrist beim StSchuldner nicht auswirken und insofern ins Leere laufen, weil jener nach Erlöschen der StSchuld auf Haftung nicht mehr in Anspruch genommen werden kann. Verjährungshemmende Umstände iSd § 171, die bei dem Entrichtungspflichtigen eintreten, hemmen also jetzt personenübergreifend die Festsetzungsfrist bei dem StSchuldner; die Festsetzungsfrist ggü dem StSchuldner läuft nicht vor Ablauf der ggü dem StEntrichtungspflichtigen geltenden Festsetzungsfrist ab. Das gilt allerdings nur, soweit sich die StEntrichtungspflicht auf die EStPflicht auswirkt, sodass die ESt „partiell" uU verjährt und ähnlich wie in den Fällen der Feststellung von Besteuerungsgrundlagen nur eingeschränkt geändert werden darf (anders *Haupt* BB 15, 983). Der Erlass eines Haftungsbescheids bleibt folglich bis zum Ablauf der für den StEntrichtungspflichtigen geltenden Festsetzungsfrist zulässig (kritisch zu dieser Neuregelung *Drüen* DStR-Beihefter zu Heft 41/2012, 85; *Haupt* BB 15, 983).

Die Vorschrift gilt für alle Fälle, in denen die Festsetzungsfrist am 30.6.2013 **126**
noch nicht abgelaufen war (Art 97 § 10 XI EGAO).

III. Bestandskraft

§ 172 Aufhebung und Änderung von Steuerbescheiden

(1) [1] **Ein Steuerbescheid darf, soweit er nicht vorläufig oder unter dem Vorbehalt der Nachprüfung ergangen ist, nur aufgehoben oder geändert werden,**

1. wenn er Verbrauchsteuern betrifft,

2. wenn er andere Steuern als Einfuhr- oder Ausfuhrabgaben nach Artikel 5 Nummer 20 und 21 des Zollkodex der Union oder Verbrauchsteuern betrifft,

a) soweit der Steuerpflichtige zustimmt oder seinem Antrag der Sache nach entsprochen wird; dies gilt jedoch zugunsten des Steuerpflichtigen nur, soweit er vor Ablauf der Einspruchsfrist zugestimmt oder den An-

trag gestellt hat oder soweit die Finanzbehörde einem Einspruch oder einer Klage abhilft,

b) soweit er von einer sachlich unzuständigen Behörde erlassen worden ist,

c) soweit er durch unlautere Mittel wie arglistige Täuschung, Drohung oder Bestechung erwirkt worden ist,

d) soweit dies sonst gesetzlich zugelassen ist; die §§ 130 und 131 gelten nicht.

[2] Dies gilt auch dann, wenn der Steuerbescheid durch Einspruchsentscheidung bestätigt oder geändert worden ist. [3] In den Fällen des Satzes 2 ist Satz 1 Nr. 2 Buchstabe a ebenfalls anzuwenden, wenn der Steuerpflichtige vor Ablauf der Klagefrist zugestimmt oder den Antrag gestellt hat; Erklärungen und Beweismittel, die nach § 364b Abs. 2 in der Einspruchsentscheidung nicht berücksichtigt wurden, dürfen hierbei nicht berücksichtigt werden.

(2) **Absatz 1 gilt auch für einen Verwaltungsakt, durch den ein Antrag auf Erlass, Aufhebung oder Änderung eines Steuerbescheids ganz oder teilweise abgelehnt wird.**

(3) **[1] Anhängige, außerhalb eines Einspruchs- oder Klageverfahrens gestellte Anträge auf Aufhebung oder Änderung einer Steuerfestsetzung, die eine vom Gerichtshof der Europäischen Union, vom Bundesverfassungsgericht oder vom Bundesfinanzhof entschiedene Rechtsfrage betreffen und denen nach dem Ausgang des Verfahrens vor diesen Gerichten nicht entsprochen werden kann, können durch Allgemeinverfügung insoweit zurückgewiesen werden. [2] § 367 Abs. 2b Satz 2 bis 6 gilt entsprechend.**

Abs 3 eingefügt durch JStG 2007 v 13.12.06 (BGB I, 2878) und geändert durch Amtshilfe-RLUmsG v 26.6.13 (BGBl I, 1809); Abs 1 Satz 1 Nr 2 geändert durch ZKAnpG v 22.12.14 (BGBl I, 2417) mWv 1.5.2016.

Schrifttum: *Hummel* Rücknahmepflicht unionsrechtswidriger Steuerbescheide trotz fehlender (höchstpersönlicher) Ausschöpfung aller Rechtsmittel – zur Übertragung der Kühne und Heitz-Kriterien des EuGH in das Steuerrecht –, DStZ 11, 832; *Rüsken* Die Änderung von Verbrauchsteuerbescheiden, ZfZ 15, 2; *Förster* Unionsrechtswidrige Steuerbescheide: Beseitigung durch Änderung, Billigkeit oder unionsrechtlichen Staatshaftungsanspruch, in: FS Wilhelm Haarmann, Düsseldorf 2015 S. 491.

Übersicht

1. Inhalt. StBescheide und die ihnen gleichstehenden Bescheide (vgl § 155 I 3, III) haben weitgehende Bestandskraft. Während die übrigen VA grds frei abänderbar oder aufhebbar sind, sofern nicht die (iErg allerdings ebenfalls weitgehenden) Einschränkungen der §§ 130 II, 131 II eingreifen, gelten für StBescheide besondere Regelungen. Diese entsprechen nur zum Teil den Grundsätzen, die in den §§ 130 II, 131 II aufgestellt sind. 1

§ 172 wird durch die Änderungsvorschriften in den §§ 173, 174 und 175 in bedeutendem Umfang ergänzt. Diese Vorschriften dürften ein insgesamt vollständiges, durch analoge Anwendung einzelner Korrekturtatbestände oder Rechtsfortbildung nicht erweiterungsfähiges Regelwerk darstellen (so BFH BStBl 94, 597; BFH/NV .96, 288; offen lassend jedoch BFH/NV 97, 273). Sie enthalten also nicht etwa nur Verfahrensrecht, sodass die Aufhebung einer materiell-rechtl richtigen StFestsetzung durch einen Änderungsbescheid, wenn die Voraussetzungen der §§ 172ff nicht vorliegen, gleichwohl wegen § 127 nicht begehrt werden könnte (BFH BStBl 09, 35). Ob die FinBeh den Änderungsbescheid auf die richtige Vorschrift gestützt hat, ist belanglos, wenn jedenfalls die Voraussetzungen einer der Änderungsvorschriften, die kein Ermessen einräumen (strittige Ausnahme; VerbrauchStBescheide), vorliegen (vgl BFH BStBl 12, 920). Zu Bescheiden nach §§ 164, 165 vgl Rz 23. Zu weiteren spezialgesetzlichen Änderungsvorschriften vgl auch Rz 60f.

Die Bestandskraft wird in gewisser Weise auch durch Wiedereinsetzung (§ 110) in eine an sich versäumte Rechtsmittelfrist unter den Voraussetzungen der vorgenannten Vorschrift relativiert. 2

Ein JahresStBescheid bewirkt keine Änderung vorangegangener Vorauszahlungsbescheide (BFH/NV 95, 283); diese *erledigen* sich vielmehr in anderer Weise (§ 124 II). Die FinBeh ist an die jenen zu Grunde liegende Beurteilung bei Erlass des Jahresbescheids nicht gebunden (BFH BStBl 03, 208). 3

§ 172 I lässt nur eine Durchbrechung des bestandskraftfähigen Inhalts des StBescheids selbst, also seiner StFestsetzung zu, nicht auch im Hinblick auf die – uU anderweit, zB für BAföG oder § 279, bedeutsamen oder sogar bindenden – Besteuerungsgrundlagen (FG Mster EFG 97, 1346 für die unzutr Zurechnung von Kapitaleinkünften in einem Zusammenveranlagungsbescheid; zust *Brüggemann* DStZ 98, 487). 5

Die Feststellung der Nichtigkeit oder Verfassungswidrigkeit des StGesetzes durch das **BVerfG** lassen die Bestandskraft von StBescheiden grds unberührt; gelegentlich hat das BVerfG jedoch den einfachen Gesetzgeber zum Erlass entsprechender Anpassungsvorschriften für verpflichtet gehalten (vgl BFH BStBl 95, 8; 94, 389). 6

Entscheidungen des **EuGH** erfordern grds keine Änderung bereits bestandskräftig gewordener StBescheide. Es besteht insbes kein von einer nationalen Änderungsnorm losgelöster, genereller unionsrechtlicher Anspruch auf Wiederaufgreifen des Verfahrens bzw Änderung des StBescheids nach Feststellung eines Verstoßes gegen das Unionsrecht (BFH BStBl 16, 117). Vgl zum Problem zunächst § 130 Rz 32, 33 und grundlegend EuGH HFR 04, 488 „Kühne und Heitz"; HFR 08, 521 = ZfZ 08, 103 „Kempter". Der BFH hat eine Änderung, wo die Voraussetzungen der §§ 172f nicht vorliegen, insbes allein wegen einer nachträglich aufgrund der Rspr des EuGH geläuterten Rechtsauffassung, grds ausgeschlossen (BFH BStBl 11, 151; 07, 436; BFH BStBl 16, 117). Das Institut Bestandskraft erkennt jedenfalls auch der EuGH grds an (vgl *Gosch* DStR 04, 1988; *Friedrich/Nagler* DStR 05, 403). Auch wegen **richtlinienwidriger** Auslegung und Anwendung des 7 zur Umsetzung einer Richtlinie erlassenen nationalen Rechts kann eine Änderung eines bestandskräftigen Bescheids grds nicht begehrt werden; die richtlinienkonforme Anwendung und Auslegung des Rechts muss mit den Mitteln des nationalen Verfahrensrecht durchgesetzt werden (BFH BStBl 11, 151; BFH/NV 99, 681; 02, 1057). Das gilt auch im Hinblick auf den Lauf und die Dauer der Einspruchsfrist (BFH BStBl 11, 151; 07, 436).

8 Anders bei **nicht fristgerechter Umsetzung einer Richtlinie** („Emmottsche Fristenhemmung“, grundlegend EuGH HFR 93, 137; einschränkend EuGHE 97 I-6783; 11, I-4043; dazu BFH BStBl 96, 399 und BFH/NV 16, 74; 05, 229). Ein bei der Umsetzung einer Richtlinie säumiger Mitgliedstaat kann sich danach nicht auf die verspätete Einlegung eines Rechtsbehelfs berufen, wenn *besondere* Umstände vorliegen, die den Betroffenen an der rechtzeitigen Geltendmachung seiner uniotären Rechte gehindert haben, etwa wenn das Verhalten der nationalen Behörden die Verspätung verursacht und die Geltendmachung der sich aus dem Unionsrecht ergebenden Rechte unmöglich gemacht hat.

9 Der EuGH verlangt bei Entscheidungen, die auf einer **Verletzung der Vorlagepflicht** des Art 267 AEUV beruhen (zu welcher es nur bei Ausschöpfung des nationalen Rechtswegs kommen kann!), dass die FinBeh auf Antrag eine bestandskräftige Entscheidung ggf „überprüft“, um einer mittlerweile vom EuGH vorgenommenen abweichenden Auslegung der einschlägigen Bestimmung Rechnung zu tragen, wenn die FinBeh nach nationalem Recht befugt ist, die Entscheidung zurückzunehmen. Das ist aber bei einer Änderung von StBescheiden zugunsten des Stpfl wegen § 172 I 1 Nr 2a HS 2 iAllg nicht der Fall (BFH/NV 10, 1783; vgl schon BFH BStBl 07, 436 ohne nähere Begründung; *Schacht/Steffens* BB 08, 1254). Anders als bei § 130 (siehe wegen Einzelheiten § 130) ist eine Änderung gleichsam nach freiem Ermessen der FinBeh bei StBescheiden nicht zulässig, ganz abgesehen von der weiteren Frage, wie ggf von einem Ermessen Gebrauch zu machen wäre (Ermessensreduktion?; dazu, sehr weitgehend, *Frenz* DVBl 04, 375; vgl aber *de Weerth* DStR 08, 1669 mit dem schwerlich überzeugenden Vorschlag eines StErlasses). Der Ablauf der Festsetzungsfrist bezeichnet jedenfalls die äußerste Grenze der Korrekturmöglichkeit (FG Nbg II 11/2005, dazu BFH XI B 187/07 nv; FG BaWü DStRE 05, 1042). Das soll jedoch nicht gelten bei der unionsrechtl erforderlichen Rücknahme unzulässiger steuerlicher Beihilfen (EuGH EuZW 07, 511 „Lucchini“; vgl BFHE 224, 372 zum AdV-Verfahren), welche Differenzierung ggü sonstigen unionsrechtswidrigen Bescheiden wenig überzeugend ist.

10 Soweit nach deutschem Recht Änderbarkeit bestandskräftiger unionsrechtswidriger StBescheide fehlt, ist dies **mit dem Unionsrecht vereinbar** (BFH BStBl 11, 151), es verstößt insbes nicht gegen das Effektivitätsprinzip, das nicht die jederzeitige Anpassung an das Unionsrecht, sondern nur den auch bei StVA gewährleisteten Rechtsschutz zur Durchsetzung des Unionsrechts verlangt. Das Unionsrecht gebietet auch nicht, die Anpassungsmöglichkeiten in allen Bereichen des nationalen Rechts – etwa § 130, § 48 VwVfG – gleich zu gestalten (BFH BStBl 11, 151).

11 Eine andere Frage ist, ob der Stpfl uU einen **Staatshaftungsanspruch** geltend machen kann (dazu EuGHE 08, I-2875; 07, I-2107; 06, I-11753; EuGH BFH/NV 10, 578; vgl auch *de Weerth* DStR 08, 1669), wofür die tatbestandlichen Voraussetzungen freilich iAllg fehlen werden (vgl *Förster* FS Haarmann S 491). Soweit die Änderungsvorschriften die Korrektur von StBescheiden unter Durchbrechung ihrer erhöhten Bestandskraft nicht zulassen, ist auch eine Ergebniskorrektur im Erhebungsverfahren (Erlass, § 227) allenfalls in atypischen Ausnahmefällen möglich (vgl dazu BFH BStBl 07, 433; 05, 460; BFH/NV 09, 1593; 08, 1889).

11a Ebenso wenig besteht ein Anspruch darauf, dass die unionsrechtswidrige StFestsetzung durch einen Billigkeitserlass nach § 227 korrigiert wird. Denn das Billigkeitsverfahren gibt keine Änderungsmöglichkeit iSd Urteils EuGHE 04, 837 – Kühne & Heitz, BFH BStBl 16, 117.

2. Anwendungsbereich Steuerbescheide. § 172 gilt – kraft Verweisung – 12 auch für *Feststellungsbescheide* iSd § 179 (§ 181 I 1; vgl BFH BStBl 88, 174), galt auch für die Eintragung eines Freibetrags auf der LSt-Karte (die jedoch für die Veranlagung keine Bindungswirkung entfaltet und daher insoweit nicht geändert werden muss) sowie für *StMessbescheide* (§ 184 I 3) und *Zerlegungsbescheide* (§ 185), jedoch vorrangige Sonderregelung in § 189 (BFH BStBl 92, 869); er gilt ebenso für Bescheide über *InvZul* (§ 13 InvZulG 2007) und über die *Eigenheimzulage* (§ 15 EigZulG); für Bescheide über *Zinsen* und *Kosten*. Eine sog *NV-Verfügung* kann dahin auszulegen sein, dass bestandskraftfähig festgestellt werden soll, dass keine LSt nachgefordert werde; sie unterliegt dann den für StBescheide geltenden Änderungsvorschriften (BFH BStBl 90, 565); vgl näher § 155 Rz 35 ff.

13 Die Vorschrift gilt *nicht* für *Haftungs-* und *Duldungsbescheide* nach § 191 (BFH BStBl 95, 227; 94, 715), Bescheide über *Billigkeitsmaßnahmen* nach §§ 163, 227 und für Bescheide im *Erhebungsverfahren,* insbes einen *Abrechnungsbescheid* nach § 218 II (vgl zB BFH BStBl 95, 463; 94, 405; BFH/NV 95, 479), der über den Zahlungsanspruch entscheidet; vgl § 130 Rz 11.

14 Neben den eben erwähnten **Sondervorschriften** bestehen in zahlreichen Einzelsteuergesetzen Spezialvorschriften über die nachträgliche Berücksichtigung stl relevanter Tatsachen, welche die ursprüngliche StFestsetzung iErg korrigieren, so zB in den §§ 15a, 17 UStG, § 16 GrEStG; vgl auch Rz 60 ff.

15 Insbes enthält das EStG in § 70 Sondervorschriften für Bescheide der Familienkasse über die Festsetzung von **Kindergeld,** die dem früher bei Kindergeld anwendbaren § 48 SGB X entsprechen (§ 70 II EStG für Änderung der tatsächlichen oder rechtlichen Verhältnisse des Anspruchsberechtigten oder des Kindes, BFH BStBl 02, 81, nicht aber bei von Anfang an fehlerhaften Bescheiden; § 70 III EStG für Änderungen mit Wirkung für die Zukunft aufgrund geänderter Beurteilung der rechtl oder tatsächl Gegebenheiten (Vertrauensschutz für die Vergangenheit!); § 70 IV EStG für eine Korrektur der vor Beginn oder während eines Kj aufgrund einer Prognose über die Höhe der Einkünfte und Bezüge des Kindes im Kj ergangenen Festsetzung, BFH BStBl 08, 549; 07, 714 (betrifft nur noch Altfälle, nachdem § 32 IV EStG durch das StVereinfachungsG 2011, BGBl I 11, 2131, aufgehoben worden ist). § 70 II EStG ist bei von Anfang an fehlerhafter Rechtsanwendung auch dann nicht anwendbar, wenn die Festsetzung auf einer vom BVerfG später als nicht verfassungskonform erklärten Rechtsanwendung beruhte oder auf damaliger sonstiger Rspr (dazu BFH/NV 12, 737) oder Verwaltungsanweisung (BFH/NV 11, 250).

16 Für die Korrektur von Bescheiden, durch die eine **Festsetzung von Kindergeld abgelehnt** oder eine Festsetzung **aufgehoben** worden ist, treffen diese Vorschriften des EStG keine Vorsorge (vgl BFH BStBl 02, 89). §§ 172 ff sind neben ihnen anzuwenden (BFH BStBl 02, 81, 296; 99, 231); jene ergänzen lediglich das Korrektursystem der AO durch *zukunftsgerichtete* Korrekturnormen und tragen damit dem besonderen Charakter von Kindergeldbescheiden (DauerVA) Rechnung (BFH BStBl 99, 231; *Kanzler* FR 901, 1236). Weder verdrängt § 70 III EStG den § 173 I Nr 1 oder Nr 2 (BFH BStBl 02, 174, 296; aA *Tiedchen* DStZ 00, 245), noch ersetzt § 70 II EStG den § 175 (BFH BStBl 02, 85; vgl § 175 Rz 70). Die Aufhebung einer Kindergeldfestsetzung erfolgt in jedem Fall – wie die Kindergeldgewährung (§ 66 II EStG) – zeitabschnittsweise (BFH BStBl 02, 174). Ein für das Kind ergangener EStBescheid ist hierfür kein Grundlagenbescheid (BFH BStBl 02, 296; BFH/NV 02, 898). Kindergeld kann bei Überschreitung der Einkommensgrenzen auch dann zurückgefordert werden, wenn die Überschreitung voraussehbar war und das Kindergeld deshalb nicht hätte festgesetzt werden dürfen (BFH/NV 05, 890). Zur Bindungswirkung von aufgehobenen oder abgelehnten Kindergeldfestsetzungen für Folgemonate vgl BFH BStBl 02, 88, 89, 392.

17 §§ 44 f SGB X sind neben den für Kindergeld grds anzuwendender Vorschriften der AO auch nicht analog anzuwenden (BFH/NV 09, 357). Diese verfahrensrecht-

liche Schlechterstellung bei der Gewährung von Kindergeld nach dem EStG ggü einer Kindergeldleistung nach dem BKGG ist mit Art 3 I GG vereinbar (BVerfG BFH/NV 11, 1277).

18 Für Einfuhr- und Ausfuhrabgaben **(Zölle)** und – kraft Verweisung des § 21 UStG – für die **EUSt** sowie weitgehend auch für **VerbrauchSt** ist die AO grds nicht mehr anwendbar, da die Regelungen des UZK und der dazu ergangenen Kommissionsverordnungen als abschließend anzusehen sind (vgl *Gellert* Zollkodex und Abgabenordnung, S 158f). Die AO ist auch nicht zur Lückenfüllung heranzuziehen. Das ergibt sich freilich nicht aus § 172 I 1 Nr 2 HS 1, der nur die Änderung anderer StBescheide von den in HS 2 Buchst a–d aufgeführten Voraussetzungen abhängig macht, über die Änderung von Zoll- und VerbrauchStBescheiden aber nichts sagt, insbes die Anwendung der §§ 173ff nicht verbietet (*Rüsken* ZfZ 15, 2; vgl *KKH* Anm 1; anders offenbar *HHSp/Gorski* § 174 Rz 23; *Koenig/Koenig* § 172 Rz 2; *TK/Loose* § 172 Rz 2 mit sprachlogisch falscher Deutung des Wortes „nur"; offen BFHE 134, 537); es ergibt sich aber aus dem Anwendungsvorrang des Unionsrechts, das im UZK Änderungsregelungen mit Ausschließlichkeitsanspruch formuliert. Der UZK lässt jedoch in engen Grenzen (überwiegend: ergänzende) nationale Sonderregelungen zu. Insbes gilt die AO uneingeschränkt weiter für die Verfolgung und Ahndung von Straftaten und Ordnungswidrigkeiten einschl der langen Verjährungsfrist des § 169 I 2 bei Hinterziehung (nicht bei leichtfertiger Verkürzung, siehe Art 103 II UZK) und bei der Vollstreckung (Art 113 UZK) sowie bei einer Haftungsinanspruchnahme für solche Abgaben.

19 Das uniotäre Zollrecht geht nicht von der Bestandskraft von Abgabebescheiden aus, sondern lässt Änderungen von Bescheiden über Eingangs- und Ausfuhrabgaben ungeachtet etwaiger Vertrauenstatbestände (dazu EuGHE 98, I-7711) innerhalb einer (verglichen mit dem deutschen Recht langen) Verjährungsfrist zu.

23 **3. Vorläufige Bescheide, Bescheide unter Vorbehalt der Nachprüfung.** Im Abs 1 wird (an sich überflüssig) klargestellt, dass die Einschränkungen des § 172 nicht für vorläufige und Vorbehaltsbescheide gelten, zu denen auch die Vorauszahlungsbescheide gehören (vgl hierzu §§ 164, 165). Bei diesen wird die Bestandskraft in dem dort vorgesehenen Umfang aufgehoben oder eingeschränkt, es gelten aber die Einschränkungen des § 176. Ferner können vorläufige und unter Vorbehalt gestellte Bescheide nicht mehr geändert werden, wenn die betr StForderung in einen Insolvenzplan (§ 217 InsO) aufgenommen worden ist (BFH BStBl 15, 577). Dasselbe dürfte im Hinblick auf andere Änderungsvorschriften gelten (aA *Bartone* AO-StB 08, 132), nicht jedoch für die bloße Eintragung einer Forderung in die Tabelle oder deren Feststellung gem § 251 III (BFH BStBl 12, 298).

24 **4. Änderung von Verbrauchsteuerbescheiden (Abs 1 S 1 Nr 1).** Die VerbrauchStGesetze erklären den UZK für anwendbar, soweit Verbrauchsteuern dadurch entstehen, dass verbrauchsteuerpflichtige Waren aus einem Drittland (EU-Ausland) unmittelbar in das StGebiet verbracht werden oder sich die Waren in einem Zollverfahren, in einer Freizone oder in einem Freilager des StGebiets befanden (§ 21 TabStG, § 18 BierStG, § 3 AlkopopStG, § 147 BranntwMonG, § 18 SchaumwZwStG, § 19b EnergieStG, § 15 KaffeeStG). Soweit hingegen Verbrauchsteuern durch einen rein innerstaatlichen Vorgang, insbes durch die Herstellung von Waren oder durch ihre Entfernung aus einem StLager entstehen, bleiben die Vorschriften der AO anwendbar. Wegen der VerbrauchStEntstehung bei Bezug oder Verbringen von Waren aus dem freien Verkehr anderer Mitgliedstaaten siehe die einzelnen VerbrauchStG, zB §§ 15f, 34, 40 EnergieStG, § 19f BierStG; auch hier gilt rein nationales Recht, das jedoch seinerseits Richtlinien der Union Rechnung trägt (vgl zB BFHE 208, 327 = DStRE 05, 534 = ZfZ 05, 166).

25 Das UStG erklärt für die EUSt den UZK für entsprechend anwendbar (§ 21 II UStG); für die Anwendung der AO-Änderungsvorschriften ist daher insofern ebenfalls grds kein Raum. IÜ gilt für die USt nicht Nr 1, sondern Nr 2.

Die Änderung von VerbrauchStBescheiden nach Abs 1 S 1 Nr 1 steht nach BFH BStBl 88, 517 völlig im **Ermessen** der FinBeh; diese Ansicht ist freilich vordergründig am Wortlaut der Vorschrift orientiert und angesichts der das Korrektursystem der AO prägenden Wertungen nicht zweifelsfrei (ablehnend FG Köln EFG 95, 328; *Koenig/Koenig* § 172 Rz 15; vgl auch *Rüsken* ZfZ 15, 2). Bei in offener Rechtsbehelfsfrist gerügter und zweifelsfreier Rechtswidrigkeit ist jedenfalls das Ermessen reduziert. Aber auch die Bestandskraft ist bei VerbrauchStBescheiden zugunsten der materiellen Richtigkeit der Besteuerung des – nach zweifelh Vorstellung des Gesetzgebers bei Erlass nur summarisch geprüften – VerbrauchStSachverhalts zurückgedrängt. Einer Verböserung soll gleichwohl der Vertrauensschutzgrundsatz entgegenstehen können (BFHE 107, 174 = ZfZ 73, 153; BFHE 94, 306 = ZfZ 69, 116; BFH/NV 89, 335); das ist entspr § 173 II insb nach einer Ap anzunehmen. Ein Anspruch auf Änderung zugunsten des Stpfl hingegen soll regelmäßig voraussetzen, dass dieser seine angeblichen Rechte nicht durch Rechtsbehelfe wahren konnte (aA *TK/Loose* § 172 Rz 14), soweit ihm dies nicht ausnahmsweise unzumutbar war (BFH ZfZ 77, 114) oder Wiederaufnahmegründe (§ 134 FGO) vorliegen. ME ist indes zu differenzieren: Hat die FinBeh die Erkenntnis, dass ihr Bescheid rechtswidrig ist, muss sie ihn ändern; sie muss hingegen nach Ablauf der Rechtsbehelfsfrist nicht mehr in eine *Prüfung* der Rechtmäßigkeit eintreten. Nachträglich bekannt gewordene Tatsachen begründen jedoch – ebenso wie bei § 173 I Nr 1 – ebenfalls einen Änderungs*anspruch* (BFHE 158, 200 = HFR 90, 147; allgM). 26

Angesichts der voraussetzungslosen Änderbarkeit von VerbrauchStBescheiden nach § 172 I Nr 1 stellt sich die Frage nach der Anwendbarkeit der §§ 173 ff iAllg nicht. Dass die dortige Regelung die Anwendbarkeit ausschließt (*HHSp/Gorski* § 174 Rz 23; *Koenig/Koenig* § 172 Rz 2; *TK/Loose* § 172 Rz 2), ist jedoch nicht richtig; § 172 I Nr 1 schafft für VerbrauchStBescheide eine weitreichende Änderungsbefugnis, besagt aber über anderweit bestehende Änderungsmöglichkeiten gar nichts, auch wenn der Gesetzgeber vielleicht die Vorstellung hatte, die Änderbarkeit von VerbrauchStBescheiden sei mit § 172 I Nr 1 erschöpfend geregelt (vgl *Rüsken* ZfZ 15, 2). Wo indes anderweit bestehende Vorschriften, wie insbes § 174, weitergehende Änderungsmöglichkeiten schaffen, gebieten Sinn und Zweck der Regelung deren ergänzende Anwendung; der Gesetzgeber wollte die Möglichkeiten einer Änderung von VerbrauchStBescheiden ggü anderen StBescheiden *erweitern,* nicht einschränken. Das Gleiche gilt für § 173 I 1 Nr 2, sodass insoweit kein Änderungsermessen, sondern eine Änderungspflicht besteht; bei grobem Verschulden des Stpfl verbleibt es aber bei einer Änderungsbefugnis nach dem Ermessen der FinBeh (vgl zu allem eingehend *Rüsken* ZfZ 15, 2). 27

5. Änderung anderer Steuerbescheide (Abs 1 S 1 Nr 2). a) Allgemeines. Die Vorschrift ermöglicht eine Änderung des StBescheids, auch während eines Rechtsbehelfsverfahrens (vgl § 132, der auch für StBescheide gilt). Sinn: Der Stpfl soll nicht darauf angewiesen sein, gegen den Bescheid einen Rechtsbehelf einzulegen, zB wenn zwischen ihm und der FinBeh Einigkeit über die Änderung des Bescheids besteht. Die Wirkungen des Änderungsantrags sind jedoch nicht die gleichen wie die eines Einspruchs, sondern bleiben hinter diesen zulasten des Stpfl zurück (vgl näher Rz 50). 30

Der Antrag muss auf eine *bestimmte* Änderung gerichtet sein, also das Änderungsbegehren innerhalb der Einspruchsfrist oder der Klagefrist seinem sachlichen Gehalt nach zumindest in groben Zügen zu erkennen geben (BFH BStBl 94, 439; 15, 115). Vgl Rz 35. 30a

§ 172 I 1 Nr 2a gibt der FinBeh lediglich eine Befugnis zur Änderung von StBescheiden, stellt die Entscheidung über die Änderung also in ihr Ermessen (BFH BStBl 95, 289; 93, 13; 88, 517; BFH/NV 18, 322); anders die nachfolgenden Änderungsvorschriften! Der Ermessensspielraum ist jedoch sehr eingeengt (vgl FG Köln EFG 14, 1061; BFH/NV 18, 322). 30b

31 Hat die FinBeh einen Änderungsbescheid zunächst nicht auf § 172 gestützt und erst im gerichtlichen Verfahren die früher angegebene Rechtsgrundlage (etwa § 129, vgl BFH BStBl 95, 2) durch § 172 ausgetauscht, so ist dies an sich zulässig (BFH BStBl 95, 2; 81, 778). Denn die falsche Bezeichnung der Änderungsvorschrift in einem Änderungsbescheid führt nicht zur Rechtswidrigkeit des geänderten Bescheids (BFHE 247, 308; BFH/NV 13, 1761). Es wird jedoch in einem solchen Fall ein richtigerweise nur auf § 172 zu stützender Bescheid daran scheitern, dass davon auszugehen ist, dass die nach § 172 gebotenen Ermessenserwägungen nicht rechtzeitig (vor Abschluss des Einspruchsverfahrens) angestellt worden sind (BFH BStBl 95, 289).

32 **Rechtswidrigkeit des zu ändernden Bescheids** verlangt § 172 I wortwörtlich nicht. Dass diese als ein ungeschriebenes Tatbestandsmerkmal der Vorschrift anzusehen ist, wird von der hM postuliert (offen BFH/NV 97, 635); die Frage hat freilich praktische Bedeutung nur hinsichtlich der nachträglichen Ausübung von steuerlichen Wahlrechten und der Präklusion tatsächlichen Vorbringens; denn iÜ scheitert eine Änderung eines *rechtmäßigen* StBescheids von vornherein daran, dass das einschlägige zwingende materielle Recht seine Änderung nicht zulässt.

33 Zu den **Wahlrechten** siehe Rz 37. Aufgrund **Präklusion** nach § 364b II 1 nicht berücksichtigte Tatsachen machen den StBescheid zwar sachlich rechtl unrichtig; werden sie auch vom FG nicht nachträglich berücksichtigt (vgl §§ 76 III, 79b III FGO), kann der Bescheid aber nicht mehr geändert werden, um diese Tatsachen doch noch der Besteuerung zugrunde zu legen.

34 **b) Zustimmung des Steuerpflichtigen; Änderungsantrag (Abs 1 S 1 Nr 2 Buchst a). aa) Formelle und materielle Voraussetzungen.** Die Zustimmung oder der Antrag können formlos erfolgen, auch telefonisch (BFH BStBl 06, 323; BFH/NV 07, 2063). Bei Zusammenveranlagungsbescheiden ist die Zustimmung beider Eheleute erforderlich, entsprechend bei anderen (zB Feststellungsbescheiden), die mehreren ggü einheitlich ergangen sind. Der Änderungsantrag kann konkludent gestellt, die Zustimmung stillschweigend erteilt werden. In der im Zusammenhang mit einer tatsächlichen Verständigung abgegebenen Erklärung, dass die Einsprüche gegen die StBescheide erledigt sein sollen, liegt eine Zustimmung zur Bescheidänderung gem der Verständigung (BFH/NV 05, 1971; vgl auch BFH/NV 05, 1494 und BFH BStBl 11, 673). Die Abgabe einer berichtigten StErklärung (FG Mchn EFG 00, 1107), eine zustimmende Einlassung in der Schlussbesprechung der Ap oder ein „Vergleichsvorschlag" können Zustimmung sein (BFH/NV 90, 776; BFH BStBl 04, 2: keine entsprechende Anwendung der für die tatsächliche Verständigung entwickelten Grundsätze), ebenso Klagerücknahme nach in Aussicht gestellter Bescheidsänderung; aber vorsichtige Auslegung im Einzelfall nötig. Eine Selbstanzeige (§ 371) ist kein Antrag auf verbösernde StFestsetzung (FG Brem EFG 06, 1883; *Apitz* DStZ 07, 254). Die Zustimmung kann nicht mit Hilfe des Grundsatzes von Treu und Glauben fingiert werden (BFH/NV 10, 485 für den Fall, dass versäumt worden ist, einen Dritten gem § 174 V am Verfahren zu beteiligen).

34a Solche Erklärungen sind von einem uU gewollten Einspruch abzugrenzen; ggf ist ein „Antrag" als Einspruch zu behandeln. Einspruch und Klage enthalten im Zweifel (hilfsweise) die Zustimmung, dem Begehren nach § 172 I Nr 2 Buchst a zu entsprechen (während ein neben dem Einspruch gestellter diesbzgl Antrag mangels Rechtsschutzbedürfnisses unzulässig wäre, vgl BFH BStBl 95, 353). Stellt ein Stpfl innerhalb offener Einspruchsfrist einen Antrag, kann umgekehrt das FA diesen regelmäßig nur dann als schlichten Änderungsantrag behandeln, wenn eine genau bestimmte Änderung des StBescheids begehrt wird (BFH/NV 03, 1142); vgl Rz 36.

34b Abgabe einer StErklärung nach Schätzungsbescheid kann Änderungsantrag oder Einspruch sein, ebenso sonstige schlichte Mitteilung stl günstiger Tatsachen (vgl BFH BStBl 04, 911; enger *TK/Loose* § 172 Rz 34; *Koenig/Koenig* § 172 Rz 34);

im Zweifel wird Einspruch anzunehmen sein, weil dieser Rechtsbehelf für den Stpfl günstiger ist (BFH/NV 03, 505, 958; zu den Vorteilen unten Rz 50); das gilt grds auch bei einem fachkundig vertretenen Stpfl (vgl BFH/NV 02, 201; 03, 585). Wird nach StFestsetzung eine StAnmeldung abgegeben, hat diese *keine* Festsetzungswirkung; sie ist jedoch als Änderungsantrag zu behandeln (einschränkend *Bruschke* DStZ 06, 222: bei Vorbehaltsfestsetzung als StAnmeldung).

Der Änderungsantrag muss **hinreichend konkretisieren,** inwieweit und aus welchen Gründen geändert werden soll (BFH BStBl 15, 115; 07, 503; 00, 283; 94, 439; BFH/NV 07, 994). Das FA muss zumindest erkennen können, inwieweit der Stpfl den Bescheid für fehlerhaft hält (BFH BStBl 94, 439). Der Antrag muss deshalb das Änderungsbegehren seinem sachlichen Gehalt nach zumindest in groben Zügen zu erkennen geben, also den stl zu berücksichtigenden Lebenssachverhalt bezeichnen; die angestrebte Änderung allein durch Angaben zu ihrer betragsmäßigen Auswirkung zu beschreiben, ist nicht ausreichend, auch nicht, wenn die StFestsetzung auf Null beantragt wird (es sei denn bei Bestreiten der StPflicht odgl; BFH BStBl 07, 503); umgekehrt ist eine *betragsmäßige* Eingrenzung des Änderungsbegehrens und eine Darstellung seiner diesbzgl Auswirkung nicht erforderlich (BFH BStBl 07, 503). 35

Die Einwendungen, die vom Stpfl vorgebracht werden, können rechtl oder tatsächl Natur sein; auch nach Ergehen einer Einspruchsentscheidung besteht also kein Vorrang des Klageverfahrens (vgl BFH/NV 18, 322; Nachw zur vielfach abw Rspr der FG bei *Steinhauff* jurisPR-SteuerR 13/2018 Anm 1). 35a

Durch seinen konkreten Bezugspunkt **unterscheidet sich der Änderungsantrag vom Einspruch,** der eine *volle* Überprüfung von Amts wegen zur Folge hat (BFH BStBl 04, 911; 07, 503). Deshalb sind bei Wechsel der Veranlagungsart (§ 26 EStG), der bis zur Bestandskraft eines ESt-Bescheids zulässig ist, die Besteuerungsgrundlagen aus dem ursprünglichen Bescheid zu übernehmen (BFH BStBl 05, 564; offen, ob dabei ggf gem § 177 zu saldieren ist). Nach Fristablauf können die bisher zur Begründung des Änderungsbegehrens vorgebrachten Gründe nicht gegen andere Gründe ausgetauscht werden, denn der Austausch der Begründung stellt die Rücknahme des ersten und das (verspätete) Stellen eines zweiten Antrags dar (aA *TK/Loose* § 172 Rz 35); das gilt allemal für eine betragsmäßige Erweiterung des Änderungsbegehrens (BFH BStBl 94, 439). Anderenfalls würde der Sinn des § 172 I 1 Nr 2 Buchst a, eine „punktuelle" Überprüfung des Bescheids zuzulassen, missachtet (BFH BStBl 94, 439 unter Hinweis auf BT-Drs 10/4513). 36

Wahlrechte können nach Bestandskraft des zu ändernden Bescheids idR nicht mehr abweichend – wohl aber uU erstmalig, Rz 38 – ausgeübt und die Bescheide nicht dementsprechend geändert werden (BFH/NV 10, 1415; 09, 1439), auch wenn die Ausübung des betr Wahlrechts nicht ausdrücklich fristgebunden ist; denn das Wahlrecht wird mit der erstmaligen Ausübung „verbraucht" (BFH/NV 97, 635; vgl BFH BStBl 99, 272). Abs 1 Nr 2 Buchst a eröffnet nicht die Möglichkeit, die steuerrechtliche Wirkung von Wahlrechten nach Eintritt der Bestandskraft zu beseitigen (BFH BStBl 05, 290; 89, 225; 90, 195; BFH/NV 97, 635 mN). Deshalb kann ein steuerfreier Grundstücksumsatz nach bestandskräftiger Veranlagung nicht durch entsprechende Rechnungstellung mit steuerlicher Wirkung nachträglich als stpfl behandelt werden (BFH BStBl 98, 695). Dies gilt auch für die Ausübung von Bilanzierungswahlrechten (BFH BStBl 92, 958), bei denen aber ein Anspruch auf Zustimmung des FA zu einer Bilanzänderung eingreifen kann. Zum unzulässigen Wechsel des Förderungsobjekts bei der Eigenheimzulage BFH BStBl 05, 807. 37

Gegenstand des Antrages nach Abs 1 Nr 2 Buchst a kann hingegen die *erstmalige* Ausübung eines Wahlrechts oder die Geltendmachung einer antragsabhängigen StVergünstigung sein (vgl BFH BStBl 85, 117). Zum nachträglichen Antrag auf Übertragung des Kinderfreibetrags des anderen Elternteils nach § 32 VI 6 EStG siehe BFHE 181, 458 zu § 175. Nach BFH BStBl 93, 824 soll das Wahlrecht nach § 26 I 1 EStG bei einer Änderungsveranlagung (nach § 165 II) über die Grenzen 38 der Bestandskraft hinaus neu ausgeübt werden können (ebenso BFH BStBl 02, 408). BFH/NV 99, 1333 ist dem (für eine Änderung nach § 175 I Nr 1) gefolgt und BFH BStBl 99, 762 hat dies – konsequent – auf § 10d EStG ausgedehnt (mit Recht kritisch zu diesen Entscheidungen *Weber-Grellet* FR 99, 1081).

38a Ehegatten können das Wahlrecht der **Veranlagungsart** bis zur Unanfechtbarkeit eines Berichtigungs- oder Änderungsbescheids ausüben und die einmal getroffene Wahl innerhalb dieser Frist grds frei widerrufen (BFH BStBl 82, 156; 92, 123; BFH/NV 89, 156); ein Wechsel der Veranlagungsart führt nicht zu einer Änderung der vorausgegangenen StBescheide, sondern setzt ein neues Veranlagungsverfahren (eigenständige Festsetzungsverjährung!) in Gang (BFH/NV 06, 548; vgl jedoch BFH BStBl 05, 564 zur Bindung an bisherige tatsächliche Feststellungen etc). Gleichwohl ist bei Ergehen eines Bescheids über die getrennte Veranlagung § 68 FGO anwendbar (FG Mchn EFG 13, 872, NZB; FG BBg EFG 08, 1400; FG Ddorf EFG 96, 1075).

39 Für einen **Antrag,** der **neben einem Einspruch** gestellt wird, fehlt idR das Bescheidungsinteresse. Einspruchsverfahren und Änderungsantrag stehen nicht in dem Sinne nebeneinander, dass sie gleichzeitig betrieben werden könnten. Rechtsbehelfsverfahren gegen den StBescheid und Verfahren wegen des Änderungsantrages betreffen zwar verschiedene Gegenstände (vgl BFH BStBl 95, 353); da der Einspruch die Rechte des Stpfl umfassender und wirkungsvoller wahrt als der Antrag auf Änderung, schließt die Anhängigkeit eines Einspruchsverfahrens ein Änderungsverfahren aus (BFH BStBl 95, 353). Ein gleichwohl gestellter Änderungsantrag kann jedoch als Erweiterung des Einspruchsbegehrens auszulegen sein (BFH/NV 93, 684). Ein Einspruch, der *nach* Antragstellung eingelegt wird, ist idR als Antragsrücknahme zu deuten. Sobald kein Einspruchsverfahren mehr anhängig ist, wird ein (rechtzeitig gestellter) Änderungsantrag zulässig (vgl BFH BStBl 95, 353; 94, 439). Einen Änderungsantrag, der aber nur gestellt wurde, um nach Ergehen eines (verbösernden) Änderungsbescheids diesen anfechten und dadurch eine Klärung der Rechtslage herbeiführen zu können, hat BFH BStBl 89, 370; BFH/NV 90, 776 sinngemäß als missbräuchlich angesehen.

40 **Antragsfrist.** Ein Änderungsantrag *zuungunsten* des Stpfl ist jederzeit zulässig (ein Interesse daran kann ausnahmsweise bestehen, wenn die ungünstige Änderung eine günstige Folgeänderung in anderen Veranlagungszeiträumen ermöglicht), ein Antrag *zugunsten* des Stpfl jedoch nur bis zum Ablauf der Einspruchsfrist (BFH BStBl 00, 283). Wiedereinsetzung in die Antragsfrist ist jedoch möglich. Bei unterlassener oder unrichtiger Rechtsbehelfsbelehrung in dem StBescheid ist Antragsfrist die Jahresfrist des § 356 II (aA *Muuss* NWB Fach 2 S 4615); denn einziger Sinn der Fristgebundenheit des Änderungsantrags/der Zustimmung ist es, ein Unterlaufen der Bestandskraft zu verhindern (BFH BStBl 95, 353).

41 Im Einspruchs- und Klageverfahren darf jedoch eine Änderung auch dann noch erfolgen, wenn es an der rechtzeitig erklärten Zustimmung bzw einem rechtzeitigen Änderungsantrag fehlt, sofern dem Einspruchs/Klagebegehren dadurch (ganz oder teilweise, BFH BStBl 04, 2: sogar wenn sich Abhilfebescheid teilw nachteilig auswirkt) entsprochen wird. Eine Änderung ist sogar dann möglich, wenn sie nach Ergehen der Einspruchsentscheidung, in welcher der StBescheid bestätigt oder anderweitig geändert worden ist, innerhalb der Klagefrist beantragt wird bzw der Stpfl innerhalb derselben der Änderung zustimmt, was insbes bei Abgabe einer StErklärung nach Bestätigung eines Schätzungsbescheids Bedeutung hat; der Stpfl wird also insoweit nicht zur Klage gezwungen, riskiert es freilich, dass die Änderung von der FinBeh nicht seinem Begehren entspr vorgenommen wird und er sich dann gegen den Bescheid mit einem Rechtsbehelf nicht mehr wenden kann. Ein Änderungsantrag erst nach Ablauf der Klagefrist kann hingegen nicht zu einer Bescheidsänderung nach § 172 I 1 Nr 2 Buchst a führen (BFH/NV 07, 1265).

42 Ein Änderungsantrag kann grds bis zum Ergehen des Änderungsbescheids **zurückgenommen** werden (BFH BStBl 10, 720: keine illoyale Rechtsausübung,

selbst wenn infolgedessen Verfahrensfehler des FA nicht mehr aufgefangen werden können; BFH/NV 02, 745). Auch die Zustimmung zum Erlass verbösernder Bescheide wird erst mit dem Erlass eines Änderungsbescheids unwiderruflich (BFH BStBl 89, 370, hM); bis dahin kann sie wie die meisten anderen Verfahrenshandlungen widerrufen werden (str). Unter besonderen Umständen soll der Stpfl gegen Treu und Glauben verstoßen, wenn er seine Zustimmung zu einer von der FinBeh beabsichtigten, materiell-rechtl Richtigkeit herstellenden Änderung verweigert (BFH BStBl 76, 253; 66, 613; 63, 162; zurückhaltend BFH/NV 96, 733; 94, 295). Das Erfordernis des § 174 II 2 darf jedenfalls nicht unterlaufen werden (BFH BStBl 99, 158, zugleich zur grds Anwendbarkeit der vorgenannten Rspr auf Änderungsbescheide nach §§ 173 ff).

bb) Entscheidung über Änderungsantrag. Das nach dem Wortlaut offenbar vom Gesetz eingeräumte Entscheidungsermessen ist auf Null reduziert, wenn die Änderungsvoraussetzungen vorliegen (intendiertes Ermessen; vgl BFH/NV 18, 322; FG Köln EFG 14, 1061). Die Änderung darf nicht über den Antrag hinausgehen. Teilweises Entsprechen ist jedoch möglich. Es kommt hierbei nicht auf die rein betragsmäßige Auswirkung der Änderung an, sondern auf ihren sachlichen Gehalt. Das FA darf den Bescheid nicht aus anderen, vom Stpfl nicht vorgebrachten Gründen ändern. Rechtsfehler im früheren Bescheid, die sich zugunsten des Stpfl ausgewirkt haben, können nach § 177 II berichtigt werden (*Krumsiek* DStZ 88, 65). Dies gilt auch, wenn über den Antrag erst nach Ablauf der Regelfestsetzungsfrist entschieden wird. Die Änderung der StFestsetzung verbraucht die Zustimmung bzw den Antrag; soll erneut geändert werden, müssen Zustimmung/Antrag erneuert werden; § 365 III kann nicht analog angewandt werden (BFH BStBl 07, 236). Tatfragen und Rechtsfragen, über die in einer Einspruchsentscheidung bereits entschieden wurde, sind nicht wegen eines Antrag auf Änderungsfestsetzung erneut zu prüfen (BFH/NV 10, 831; FG BBg EFG 17, 1404, Rev VIII R 30/17; anders BFH BeckRS 2017, 140054 = BFH/NV 18, 322 für den Fall neuen Tatsachenvortrags). Die Änderungssperre des § 173 II kann einer Änderung nach § 172 nicht entgegengehalten werden, selbst wenn der zur Änderung nach Abs 1 führende Tatbestand zugleich die Voraussetzungen des § 173 I erfüllt (BFH BStBl 95, 293). 46

Da ein Einspruch gegen den StBescheid als umfassender Rechtsbehelf einen daneben gestellten Änderungsantrag überlagert, darf der Änderungsantrag während eines anhängigen Einspruchsverfahrens nicht vorab abgelehnt und damit die Einspruchsentscheidung teilw vorweggenommen werden (**Verbot der Teilentscheidung,** BFH BStBl 95, 353; BFH/NV 93, 244, 732) (wohl aber die begehrte Änderung möglicherweise mit der Folge *vorgenommen* werden, dass sich der Einspruch erledigt; dass auch eine Teiländerung zulässig ist, bezweifelt BFH BStBl 07, 236 zu Unrecht). 47

Rechtsschutz. Gegen die Ablehnung eines Änderungsantrages sind Einspruch und Verpflichtungsklage zulässig (BFH BStBl 94, 439). Ergeht ein Änderungsbescheid während eines Einspruchsverfahrens, wird er automatisch Gegenstand desselben (§ 365 III). Im Klageverfahren gilt § 68 FGO. Mit den Rechtsbehelfen kann nur die Prüfung erlangt werden, ob die Ablehnung der Änderung ermessensfehlerhaft erfolgt ist. Eine Erweiterung des Antragsbegehrens oder das Nachschieben neuer Änderungsgründe, über die die FinBeh noch nicht entschieden hat, ist ausgeschlossen. Hat die FinBeh dem Änderungsantrag entsprochen und das Änderungsbegehren ausgeschöpft, ist eine Klage bei Vermeidung ihrer Abweisung mangels Rechtsschutzbedürfnisses für erledigt zu erklären; hingegen ist ein Einspruchsverfahren erledigt, ohne dass es dafür einer besonderen Erklärung bedarf. 48

Bei einer (teilweisen) Ablehnung des Antrages oder wenn das FA den durch den Antrag bezeichneten Änderungsrahmen nicht vollständig ausschöpft, wodurch der Antrag gleichwohl erledigt ist, muss ggf Einspruch eingelegt werden. § 351 I ist dann entsprechend anzuwenden, weil sonst die Rechtsposition des Stpfl in nicht gerechtfertigter Weise erweitert würde (vgl *Krumsiek* DStZ 88, 65). 49

50 Die Zustimmung zu einer Änderung ist kein Rechtsbehelfsverzicht (BFH BStBl 67, 380). Eine Änderung zu Ungunsten des Stpfl ohne Zustimmung führt nicht zur Nichtigkeit (BFH BStBl 66, 325; 79, 609).

53 **c) Bescheid einer sachlich unzuständigen Behörde (Abs 1 S 1 Nr 2 Buchst b).** Die Vorschrift entspricht § 130 II Nr 1 (vgl dort Rz 44a). Zur sachlichen Zuständigkeit gehört auch die funktionelle (instanzielle), nicht aber die interne „(Bearbeitungs-)Zuständigkeit" innerhalb der Behörde. Die sachliche Zuständigkeit ist daher nicht betroffen, wenn innerhalb eines an sich zuständigen FA der nach dem Geschäftsverteilungsplan nicht zuständige Beamte oder ein nicht zeichnungsberechtigter Beamter tätig geworden ist. Wo jeweils die sachliche Zuständigkeit liegt, entscheiden die Organisationsgesetze, zB FVG und ZuständigkeitsVO nach § 17 II FVG. Sachliche Unzuständigkeit ist gegeben, wenn OFD oder Ministerium eine Steuer festsetzen (kein generelles Selbsteintrittsrecht!), oder ein nur für die VerkehrSt zuständiges FA die ESt. In vielen Fällen der sachlichen Unzuständigkeit wird Nichtigkeit des VA vorliegen (vgl hierzu §§ 16, 125), sodass ein Änderungsbedürfnis ebenso wie die Änderungsmöglichkeit entfällt, eine Klarstellung durch Bescheid aber geboten ist. Örtliche Unzuständigkeit ist idR nach § 127 ohne Rechtsfolge.

55 **d) Durch unlautere Mittel erwirkter Bescheid (Abs 1 S 1 Nr 2 Buchst c).** Der Grundsatz, dass ein VA, der durch unlautere Mittel erwirkt worden ist, aufgehoben und geändert werden kann, liegt auch § 130 II Nr 2 und § 48 III Nr 1 VwVfG zu Grunde. Es ist unerheblich, ob der VA auch ohne die unlauteren Mittel erlassen worden wäre (BFH BStBl 61, 488); erwirken setzt aber Kausalität der unlauteren Mittel für den Erlass des StBescheids und ihren zielgerichteten Einsatz voraus (anders BFH BStBl 17, 13; 95, 293; 75, 677, wonach bewusst unwahre Angaben ausreichen sollen, auch wenn das Bewusstsein fehlt, dass diese für die FinBeh stl bedeutsam sind und die FinBeh zu einer Entscheidung veranlassen werden). Ob die FinBeh die Unwahrheit hätte durchschauen können, ist ohne Belang (BFH/NV 01, 418). Durch unlautere Mittel erwirkt ist ein StBescheid bereits dann, wenn steuererhebliche Tatsachen bewusst falsch erklärt oder Dazu gehört auch das pflichtwidrige Verschweigen entscheidungserheblicher Tatsachen, dh solcher Tatsachen, hinsichtl derer für den Betroffenen ggü der FinBeh eine Mitteilungspflicht besteht (FG BaWü EFG 17, 889, Rev I R 10/17: vgl auch FG Mster EFG 04, 1739; FG Köln EFG 00, 1216), nicht aber, wenn der Stpfl nach Offenlegung des Sachverhalts sich auf eine unrichtige LSt-Bescheinigung beruft (BFH BStBl 17, 13). Dass sich aus der unrichtigen StErklärung beigefügten Belegen die richtige Höhe der Einkünfte ermitteln lässt, schließt Unlauterkeit jedoch nicht aus (FG BaWü EFG 17, 889, Rev I R 10/17).

56 Es kommt nicht darauf an, durch wen die unlauteren Mittel angewandt worden sind. Ein StBescheid ist auch dann durch unlautere Mittel erwirkt, wenn dies **durch eine andere Person als den Adressaten** des Bescheids geschehen ist (BFH BStBl 95, 293; 93, 13; vgl auch BFH BStBl 98, 458), selbst wenn der Stpfl davon nichts wusste. Dementsprechend unterscheidet auch § 130 II zwischen bloß unrichtigen Angaben ohne unlautere Absicht, bei denen Rücknahmevoraussetzung ist, dass sie vom Begünstigten selbst erwirkt worden sind (bei StBescheiden Änderung nach § 173), und unlauteren Mitteln, die von jedermann eingesetzt worden sein können. Dritter soll auch ein Beamter sein können, der den Bescheid erlassen hat (BFH BStBl 93, 13; vgl auch BFH BStBl 98, 458; ebenso die überwM; aA *TK/Loose* § 130 Rz 26); das ist halbrichtig, weil der Bescheidserteiler die Erteilung nicht bei sich selbst bewirken kann (so mit Recht *TK/Loose* § 130 Rz 26), andererseits aber ein Erwirken durch unlautere Mittel auch nicht deshalb ausgeschlossen ist, weil der Beamte die Lage durchschaut; nur eine Täuschung scheidet in diesem Falle begrifflich aus.

57 Auch die Änderung nach Abs 1 Nr 2c liegt im *Ermessen* des FA (vgl hierzu BFH BStBl 98, 458; 93, 13; aA *HHSp/von Groll* § 172 Rz 56, 170), das insoweit die

Umstände des Einzelfalls abwägen muss und in aller Regel ändern darf. § 173 II ist nicht entsprechend anzuwenden (BFH/NV 14, 570; 10, 161). Zur Ermessensausübung beim Einsatz unlauterer Mittel durch Dritte siehe § 130 Rz 45.

e) In sonstigen gesetzlich zugelassenen Fällen (Abs 1 S 1 Nr 2 Buchst d). „Sonst gesetzlich zugelassen" ist die Aufhebung oder Änderung eines bestandskräftigen StBescheids nur, soweit eine gesetzgeberische Wertentscheidung zugunsten der Durchbrechung der Bestandskraft klar erkennbar ist (BFH BStBl 91, 55). Anwendbar sind aber neben § 172 die §§ 129 (aA zu Unrecht *Ruppel* DStR 95, 205), 132, 164, 165, 173 bis 175. Spezialvorschriften enthält iÜ die AO zB in § 233a V und § 189. Ferner sind die speziellen Änderungsvorschriften anderer Gesetze wie insbs des EStG zu berücksichtigen. 60

Siehe ferner *§ 6 III 2 UmwSt* und *§ 35b GewStG,* der eine amtswegige Folgeänderung des GewStMess-/Verlustfeststellungsbescheids bei einer einschlägigen Änderung des ESt-/KStBescheids vorschreibt, nachdem solche Bescheide an sich keine Grundlagenbescheide für die GewSt sind (BFH BStBl 17, 482); eine inhaltliche Bindung an jene Bescheide ist damit freilich nicht verbunden (BFH BStBl 92, 351). Siehe ferner *§ 11 EigZulG,* mit der Möglichkeit einer über §§ 173 I Nr 1, 175 I 1 Nr 2 hinausgehenden – diese Vorschriften freilich nicht verdrängenden – rückwirkenden Fehlerkorrektur (dazu *Giloy* FR 99, 125); *§ 16 GrEStG* (BFH BStBl 95, 799; 96, 533); *§§ 5 bis 7, 14 II, 22 III, 24* und *24a BewG; § 20 GrStG.* 61

§ 12 II KraftStG lässt in Nr 2 zweite Alt – ohne rechtssystematisch einleuchtenden Grund anders als andere Änderungsvorschriften – auch eine rückwirkende Korrektur von Rechtsfehlern bei der Gewährung von ua StBefreiungen zu, dazu BFH BStBl 85, 716 und BFH/NV 99, 1127. § 12 II Nr 4 KraftStG regelt die Änderung von KraftStBescheiden in einer Weise, die ihrer Rechtsnatur als DauerVA (Geltung von der Kfz-Zulassung an für die Zukunft) Rechnung tragen soll; danach kann ein Fehler (auch Rechtsfehler) bei der erstmaligen StFestsetzung mit Rückwirkung auf den Beginn des laufenden Besteuerungszeitraums (idR der Jahreszeitraum, der am Zulassungstag beginnt) korrigiert werden, eines Rückgriffs auf § 173bedarf es insoweit nicht (vgl BFH BStBl 01, 451). Bei richtiger Auslegung dieser Vorschrift wird dadurch freilich eine weitergehende Korrektur mit Wirkung für die Vergangenheit nicht ausgeschlossen, soweit dafür ein Änderungstatbestand, etwa § 173 oder § 175 I 1 Nr 1, gegeben ist (vgl BFH BStBl 07, 134; 02, 44; BFH/NV 03, 595). Zur rückwirkenden Neufestsetzung von KraftSt nach § 12 II Nr 1 KraftStG FG BaWü EFG 07, 1552.

Keine echte Änderungsvorschrift, wohl aber eine Vorschrift, die eine ähnliche Funktion hat, enthält **§ 15a UStG;** denn er ermöglicht eine VorStBerichtigung nicht nur bei einer Änderung der tatsächlichen Verhältnisse, die für die Verwendung eines Wirtschaftsguts und damit für den wegen dessen Anschaffung möglichen Vorsteuerabzug maßgeblich sind, sondern ungeachtet gleich bleibender Verwendungsverhältnisse auch bei einer als unzutreffend erkannten rechtlichen Beurteilung der Verwendung, sofern die StFestsetzung in dem Jahr unabänderbar ist, in dem der VorStAbzug gewährt worden war (BFH BStBl 98, 36; 97, 589, 370; 94, 485). Das Gleiche gilt bei einer Gesetzesänderung (BFH BStBl 92, 983). Ähnliches gilt für **§ 17 UStG** (keine rückwirkende Berücksichtigung einer Änderung der Bemessungsgrundlage), der keine Änderungsvorschrift ist, aber deren Funktion übernimmt (BFH BStBl 02, 562); diese Unterscheidung verwischt allerdings BFH BStBl 09, 953; 07, 747; 02, 562 (kritisch mit Recht BFH BStBl 07, 415). 62

Nach Art 19 des Einigungsvertrags können **Verwaltungsakte der DDR** aufgehoben werden, wenn sie mit rechtsstaatlichen Grundsätzen nicht vereinbar sind. Näheres hierzu siehe § 130 Rz 17. 63

6. Vorherige Bestätigung oder Änderung durch Einspruchsentscheidung; vorheriger Abhilfebescheid (Abs 1 S 2). Abs 1 S 2 stellt klar, dass die Grundsätze des Abs 1 auch dann gelten, wenn der zu ändernde Bescheid durch 66

Einspruchsentscheidung bestätigt oder geändert worden ist. Einspruchsentscheidungen haben also nicht die Bindungswirkung von Gerichtsurteilen. Ein StBescheid ist auch dann, wenn der StBescheid durch die Einspruchsentscheidung geändert worden ist, so zu behandeln, als sei ein schlichter StBescheid mit dem durch die Einspruchsentscheidung geänderten Inhalt ergangen (vgl BFH/NV 97, 827; 93, 684). Dies schließt allerdings nicht aus, dass andere Normen, wie etwa die Grundsätze des Vertrauensschutzes (siehe dazu näher § 4 Rz 15 ff) oder der Rechtssicherheit dazu zwingen können, wegen der Änderung eines StBescheids zugunsten des Stpfl durch eine Einspruchsentscheidung von einer weiteren Änderung des StBescheids abzusehen. Schutzwürdiges Vertrauen, das dem Erlass eines Änderungsbescheids zum Nachteil des Stpfl entgegensteht, kann aber nur entstehen, wenn Umstände vorhanden sind, aus denen der Stpfl hat schließen können (und geschlossen hat!), die FinBeh werde keine (höhere) Steuer mehr festsetzen (BFH BStBl 86, 775; 90, 2; 93, 146; vgl auch § 130 Rz 40 f). Allein die Herabsetzung eines StBetrags auf einen Einspruch hin vermag einen Vertrauensschutz nicht zu rechtfertigen (BFH BStBl 88, 517).

68 Auch die vorangegangene „Aufhebung" eines Änderungsbescheids wegen Nichtigkeit hindert selbstverständlich nicht einen neuen Bescheid zu erlassen (BFH BStBl 86, 775). Das FA ist zum Erlass neuer StBescheide bei Rücknahme der ursprünglichen Bescheide allerdings dann nicht berechtigt, wenn in der Rücknahme (ausnahmsweise, vgl auch § 130 Rz 40 f) ein Freistellungsbescheid iSd § 155 I 3 zu sehen ist oder wenn durch die Aufhebung der ursprünglichen Bescheide ein Vertrauensschutz entstanden ist, der dem Erlass der neuen StBescheide entgegenstehen würde (vgl BFH/NV 85, 13; BFH BStBl 86, 779).

69 **7. Änderung und Aufhebung von Bescheiden während offener Klagefrist (Abs 1 S 3).** Eine Antragsänderung ist auch dann zulässig, wenn die Einspruchsentscheidung bereits ergangen ist, jedoch vor Ablauf der Klagefrist ein Änderungsantrag gestellt wird (riskant, weil die Klagefrist gleichwohl abzulaufen droht und die Ablehnung des Änderungsantrags als Ermessenentscheidung idR nicht erfolgreich wird angegriffen werden können, wenn das Änderungsbedürfnis materiell-rechtl strittig ist) oder die Zustimmung zur Änderung erteilt wird. Eingeschränkt ist die Änderungsmöglichkeit nach einem Einspruchsverfahren durch Abs 1 S 3 HS 2 dann allerdings insofern, als nach § 364b II verfristet vorgetragene Tatsachen und Beweismittel nicht berücksichtigt werden dürfen, wenn der Bescheid vor Ablauf der Klagefrist (zur Vermeidung des Klageverfahrens) geändert werden soll. Das gilt aber nur hinsichtlich der Antragsänderung gem Abs 1 S 3, S 1 Nr 2a zur Abwendung des Klageverfahrens; die Änderungs- und Abhilfebefugnis der FinBeh *im Klage*verfahren nach § 132 S 1 bleibt unberührt (FG Mchn EFG 01, 60; FG Mchn EFG 01, 156).

71 **8. Änderung und Aufhebung von Bescheiden nach rechtskräftigem Urteil.** § 110 II FGO lässt die Vorschriften der AO über die Aufhebung und Änderung von VA unberührt, soweit sich aus § 110 I 1 nichts anderes ergibt. Daraus ist zu entnehmen, dass die Entscheidung über den Streitgegenstand den Korrekturvorschriften der AO vorgeht. Die Korrektur darf sich nicht in Widerspruch setzen zu einer rechtlichen Beurteilung des Gerichts, die der Aufhebung, Änderung oder Bestätigung des ursprünglichen VA zu Grunde lag.

72 Die Reichweite der Bindungswirkung des Urteils hängt davon ab, wieweit über den Streitgegenstand entschieden worden ist. Nach BFH GrS BStBl 68, 344 bildet die Festsetzung und Anforderung eines bestimmten StBetrags den Streitgegenstand des finanzgerichtlichen Verfahrens. Der angefochtene StBescheid wird von den Gerichten seinem gesamten Umfang und Inhalt nach dahin überprüft, ob der festgesetzte StBetrag nach den gesetzlichen Bestimmungen zu Recht festgesetzt worden ist. Daher ist im Rechtsmittelverfahren über einen berichtigten Abgabebescheid auch der Gesamtinhalt dieses Bescheids Gegenstand des Rechtsstreites.

Wenn der berichtigte Bescheid durch das Gericht bestätigt wird, wird damit zugleich auch die materielle Richtigkeit des Bescheids festgestellt (vgl auch BFH BStBl 72, 740). Der allgemeine Streitgegenstandsbegriff erfährt jedoch im Rahmen des § 110 I FGO eine Einschränkung dadurch, dass die materielle Rechtskraftwirkung auf den Teil des Streitgegenstands begrenzt ist, über den jeweils entschieden worden ist; die Bindungswirkung erstreckt sich nur auf den vom FG seiner Entscheidung tatsächlich zu Grunde gelegten Sachverhalt und auf die hierzu angestellten rechtlichen Erwägungen (BFH/NV 90, 650). Es kommt nicht darauf an, was das Gericht nach der Rechtslage hätte entscheiden müssen, sondern was es entschieden hat (vgl BFH BStBl 79, 197). Entscheidungserhebliche Tatsachen, die zwischen den Beteiligten streitig waren, sind aber auch dann in die sachliche Bindungswirkung des rechtskräftigen Urteils eingeschlossen, wenn sie das FG als nicht erwiesen behandelt hat (vgl BFH BStBl 76, 501; BFH/NV 90, 650; vgl näher *Gräber/Ratschow* FGO § 110 Rz 18 ff).

9. Ablehnungsentscheidung zum Antrag auf Erlass, Aufhebung oder 75
Änderung eines Steuerbescheids (Abs 2). Abs 2 stellt klar, dass ein VA, durch den ein Antrag auf Erlass (vgl § 155 I 3), Aufhebung oder Änderung eines StBescheids ganz oder teilweise abgelehnt wird, den gleichen Bestandskraftregeln unterliegt wie die StBescheide. Er kann also nur gem § 172 ff geändert werden. Eine Änderung nach § 173 I kann das FA aber auch dann vornehmen, wenn es in Kenntnis der neuen Tatsachen einen Antrag auf Änderung des StBescheids ohne materiell-rechtliche Prüfung wegen dessen Bestandskraft abgelehnt hatte (BFH BStBl 97, 264).

10. Antragserledigung durch Allgemeinverfügung (Abs 3). Die Erledi- 76
gung von Anträgen aufgrund höchstrichterlicher Entscheidung kann durch Allgemeinverfügung vorgenommen werden. Die Vorschrift ergänzt § 367 IIb. Der Änderungsantrag muss eine Rechtsfrage betroffen haben, die beim EuGH, BVerfG oder BFH anhängig war, und nach deren dortiger Klärung eine antragsgemäße Aufhebung/Änderung des StBescheids nicht mehr in Betracht kommt. Der Antrag muss aber ggf unbeschadet der Allgemeinverfügung beschieden werden, soweit er noch andere Änderungsbegehren enthält. Gegen die im BStBl I/Internet zu veröffentlichende Allgemeinverfügung ist kein Einspruch gegeben (§ 348 Nr 6), es kann aber binnen Jahresfrist (§ 367 II B 5) gegen die Allgemeinverfügung Klage erhoben werden, die nicht gegen den Urheber der Allgemeinverfügung, sondern gegen das FA zu richten ist, bei welchem der Änderungsantrag gestellt worden ist (vgl *Bergan/Martin* DStZ 08, 518). Will sich der Stpfl nicht gegen die Allgemeinverfügung wenden, sondern meint er, dass sein Antrag durch die höchstrichterliche Entscheidung in Wahrheit nicht erledigt sei, muss er dessen (Einzel-)Bescheidung durch die FinBeh (ggf im Wege der Bescheidungsklage) erwirken.

§ 173 Aufhebung oder Änderung von Steuerbescheiden wegen neuer Tatsachen oder Beweismittel

(1) **Steuerbescheide sind aufzuheben oder zu ändern,**

1. **soweit Tatsachen oder Beweismittel nachträglich bekannt werden, die zu einer höheren Steuer führen,**
2. **soweit Tatsachen oder Beweismittel nachträglich bekannt werden, die zu einer niedrigeren Steuer führen und den Steuerpflichtigen kein grobes Verschulden daran trifft, dass die Tatsachen oder Beweismittel erst nachträglich bekannt werden. [2]Das Verschulden ist unbeachtlich, wenn die Tatsachen oder Beweismittel in einem unmittelbaren oder mittelbaren Zusammenhang mit Tatsachen oder Beweismitteln im Sinne der Nummer 1 stehen.**

(2) [1]**Abweichend von Absatz 1 können Steuerbescheide, soweit sie auf Grund einer Außenprüfung ergangen sind, nur aufgehoben oder geändert**

werden, wenn eine Steuerhinterziehung oder eine leichtfertige Steuerverkürzung vorliegt. [2]Dies gilt auch in den Fällen, in denen eine Mitteilung nach § 202 Abs. 1 Satz 3 ergangen ist.

Übersicht

1 **1. Inhalt.** § 173 verpflichtet die FinBeh *(kein Ermessen),* die materielle Richtigkeit der StFestsetzung zu verwirklichen, sofern steuerrechtl erhebliche Tatsachen nachträglich bekannt oder Beweismittel für solche Tatsachen verfügbar werden, der StBescheid also in *tatsächlicher* Hinsicht objektiv unrichtig ist (BFH GrS BStBl 88, 180). Eine Durchbrechung der Bestandskraft des StBescheids zur Berichtigung von Rechtsfehlern gestattet § 173 grds nicht; rechtfertigender Grund für die Durchbrechung der Bestandskraft nach § 173 ist nicht die Unrichtigkeit der StFestsetzung an sich, sondern der Umstand, dass das FA bei seiner Entscheidung von einem unrichtigen oder unvollständigen Sachverhalt ausgegangen ist (BFH BStBl 10, 951; vgl BFH/NV 08, 191; 07, 1809).

Verschulden der FinBeh oder des Stpfl (dazu BFH/NV 01, 736) an dieser Unrichtigkeit spielt nach dem Wortlaut der Vorschrift bei einer dem Stpfl *ungünstigen* Änderung keine Rolle (BFH BStBl 02, 44), Dieser Grundgedanke wird allerdings von der Rspr nach dem Grundsatz von Treu und Glauben erheblich eingeschränkt (vgl Rz 80 ff). Einer dem Stpfl *günstigen* Änderung ist hingegen dessen Verschulden an der Unrichtigkeit hinderlich, wenn es „grob" ist (Abs 1 S 1 Nr 2). Hiervon macht Abs 1 S 2 eine Rückausnahme für den Fall, dass die dem Stpfl günstigen Tatsachen mit den ihn ungünstigen in Zusammenhang stehen, der nachträglich bekannt gewordene Tatsachenkomplex also gleichzeitig stl Auswirkung iSd Abs 1 Nr 1 *und* Nr 2 hat. In Abs 2 werden die in Abs 1 zugelassenen Durchbrechungen der Bestandskraft von StBescheiden weitgehend reduziert für den Fall, dass eine Ap vorangegangen ist (näher Rz 141 ff).

2 Die Vorschrift ist keine allgemeine Fehlerberichtigungsvorschrift (BFH BStBl 88, 180). Eine allgemeine Ermächtigung oder gar Verpflichtung, materiell-rechtl unrichtige StBescheide zurückzunehmen, kennt die AO bei StBescheiden – anders als § 130, § 48 VwVfG – nicht. Der Gesetzgeber der AO hat vielmehr – vorbehaltlich der §§ 174, 175 – der Bestandskraft von StBescheiden höhere Bedeutung beigemessen als der Rechtsrichtigkeit.

Neben den allgemeinen Berichtigungsvorschriften der AO (§§ 173, 174, 175) finden sich vereinzelt in anderen Gesetzen Vorschriften, die ebenfalls eine Durchbrechung der Bestandskraft eines StBescheids ermöglichen; siehe § 172 Rz 6b f. 3

2. Anwendungsbereich. Die Vorschrift gilt für StBescheide aller Art, einerlei ob sie eine Steuer festsetzen, davon freistellen, eine Festsetzung ablehnen (§ 155 I 3) oder ändern oder Besteuerungsgrundlagen feststellen (§§ 179 ff). Zum Begriff StBescheide vgl §§ 155 I 2, 157. 5

Die Vorschrift gilt auch für Bescheide nach dem *BewG,* die ohne betragsmäßige Auswirkung sind (vgl jedoch BFH BStBl 88, 174, der die Differenzierung danach vornehmen will, ob von Amts wegen gegen den Willen des Stpfl geändert wird oder ob der Stpfl die Änderung begehrt, und zwar in dem Sinne, dass diese Tatbestände unwiderlegbar die Voraussetzungen der Nr 1 bzw der Nr 2 „indizieren"). 8

Auf Bescheide über *StVergütungen,* zB nach InvZulG, 5. VermBG, WoPG, EigZulG, ist die Vorschrift sinngemäß anzuwenden (§ 155 IV), ebenso für Bescheide der Familienkasse über *Kindergeld* nach § 70 I 1 EStG (für Nr 1 BFH BStBl 02, 81, 174; für Nr 2 BFH BStBl 02, 392: für den Zeitraum nach Bestandskraft der VerwEntscheidung neuer Antrag erforderlich; aA für Nr 1 *Tiedchen* DStZ 00, 237; zu allem siehe schon § 172 Rz 7 f). Hinsichtlich der *USt* beachte im Hinblick auf die Berichtigung eines unzutreffenden VorStAbzugs auch § 15a UStG (siehe dazu BFH BStBl 93, 411; 97, 370 sowie zusammenfassend *Schuhmann* UVR 98, 101) und der sog Berichtigung nach § 17 UStG, die beide keine echten Berichtigungen vorschreiben, § 172 Rz 62. 9

Zu den StBescheiden zählen an sich auch *Vorauszahlungsbescheide.* Für diese hat § 173 jedoch deswegen keine Bedeutung, weil sie kraft Gesetzes unter Vorbehalt der Nachprüfung stehen und als solche grds frei abänderbar sind (vgl § 164 I 2). Bei *Vorbehaltsbescheiden* nach § 164 geht also § 173 die Änderungsvorschrift des § 164 II vor, bei *Bescheiden nach § 165* dessen Abs 2, soweit der Vorbehalt reicht. 10

§ 173 ist ferner anwendbar, soweit auf die Berichtigungsvorschriften für StBescheide verwiesen wird. Dies gilt für *Feststellungsbescheide* nach § 181 I 1, für *Freistellungsbescheide* nach § 155 I 3 (dazu BFH BStBl 98, 711), für *StMessbescheide* nach § 184 I 3, für *Zinsbescheide* nach § 239 I 1, für *Zuteilungsbescheide* nach § 190 II. 11

Zerlegungsbescheide für die GewSt sind iÜ nach Abs 1 iVm §§ 185, 189 I 3 abänderbar. § 189 betrifft nur den Fall der Nichtberücksichtigung von Gemeinden bei der Zerlegung. Die sinngemäße Anwendung des § 173 I auf Zerlegungsbescheide erfordert, von einer konkreten Prüfung der eintretenden steuerlichen Wirkungen bei den Stpfl oder den Zerlegungsberechtigten abzusehen (BFH BStBl 92, 869; BFH/NV 93, 191); im Wege der teleologischen Reduktion sind bestandskräftige Zerlegungsbescheide also bereits dann zu ändern, wenn nachträglich Tatsachen bekannt werden, die zu einer Änderung der Zerlegungsanteile führen. Das Merkmal des groben Verschuldens, mithin die Differenzierung zwischen Abs 1 S 1 Nr 1 und Nr 2 soll keine Rolle spielen, weil der einzelnen Gemeinde ein mögliches Verschulden des Stpfl nicht zuzurechnen ist. 12

Nicht anzuwenden ist die Vorschrift bei *Haftungs-* und *Duldungsbescheiden* nach § 191, *Abrechnungsbescheiden* nach § 218 II sowie *Aufteilungsbescheiden* (§ 280). 13

Wegen der Änderung von Bescheiden über **Einfuhrabgaben (Zölle), EUSt und Verbrauchsteuerbescheiden** siehe § 172 Rz 18, 24. Wegen der Aufhebung rechtsstaatswidriger *StBescheide der DDR* siehe § 130 Rz 17. 14

3. Änderungspflicht. StBescheide *sind* unter den in der Vorschrift genannten Voraussetzungen aufzuheben oder zu ändern. Der Stpfl hat einen Rechtsanspruch auf Aufhebung oder Änderung. Die FinBeh hat kein Ermessen. §§ 176, 177 sind zu beachten. Die Änderung hat aber nur (punktuell) den neuen Tatsachen (allerdings allen bekannt gewordenen, BFH BStBl 89, 438; 02, 2) Rechnung zu tragen, nicht die Veranlagung in vollem Umfang zu überprüfen (BFH BStBl 04, 911). Ausnahmen von der Änderungspflicht können sich nach den Grundsätze von Treu 16 und Glauben insbes dann ergeben, wenn der Stpfl seiner Mitwirkungspflicht voll genügt hat; bei einer StFestsetzung ohne Vorbehalt der Nachprüfung kann er sich grds darauf verlassen, dass eine abschließende Prüfung durch die FinBeh erfolgt ist. Eine Änderung zum Nachteil des Stpfl kann in diesem Falle selbst dann unzulässig sei, wenn der Stpfl die Rechtswidrigkeit des Bescheids kannte oder kennen musste (anders aber § 130 I Nr 4). Wegen der Einzelheiten siehe Rz 80ff.

20 **4. Tatsachen oder Beweismittel.** Diese müssen der FinBeh nach Erlass eines StBescheids bekannt werden.

21 **a) Tatsache.** Tatsache ist alles, was Merkmal oder Teilstück eines gesetzlichen Tatbestandes sein kann; es kann sich handeln um Zustände, Vorgänge, Beziehungen und Eigenschaften materieller oder immaterieller Art (BFH BStBl 97, 264; 93, 569; 85, 117; 62, 494; BFH/NV 09, 1411: Eintragung der Satzungsänderung einer GmbH im Handelsregister; 97, 757; 92, 221; vgl auch BFH BStBl 17, 745 zum Nichtvorhandensein bestimmter Aufzeichnungen udgl als Tatsache, BVerfG 1 BvR 2667/17; BFH BStBl 17, 743). Tatsachen können durch einfache deskriptive Begriffe bezeichnet sein (zB Frau, Haus, krank; Aufwendungen, BFH BStBl 89, 131), aber auch durch komplexe Begriffe, die eine Zusammenfassung von Tatsachen enthalten und auf einer bestimmten rechtlichen Wertung derselben beruhen (wie Kauf, Vermietung, Geschäftsführergehalt, BFH BStBl 95, 264; 93, 569; BFH/NV 03, 1144; Rückstellung, BFH BStBl 17, 780: auf erstmals dort berücksichtigten Lebenssachverhalt muss der Stpfl hinweisen). Erweist sich in einem solchen Fall bei der Tatsachenangabe die von dem Stpfl vorgenommene Wertung aufgrund nachträglich bekannt gewordener Tatsachen oder Beweismittel als unzutreffend, so kann geändert werden (BFH BStBl 93, 569; 89, 585; 84, 181; BFH/NV 92, 221; 90, 1).

21a Zu den Tatsachen gehören auch **innere Tatsachen** (zB die Absicht der Einkunftserzielung oder die Veräußerungsabsicht beim gewerblichen Grundstückshandel, vgl zB BFH BStBl 98, 346; 95, 617; 92, 143, BFH/NV 96, 607; die Widmung eines Gegenstandes für bestimmte Zwecke, BFH/NV 89, 256). Da innere Tatsachen nur anhand äußerer Merkmale, der Hilfstatsachen, festgestellt werden können (BFH BStBl 95, 192; 90, 278), kann es eine Bescheidsänderung rechtfertigen, wenn eine solche Hilfstatsache nachträglich bekannt wird (BFH BStBl 90, 192; 74, 586; vgl auch BFH BStBl 09, 335), sofern die Hilfstatsache einen sicheren Schluss auf die innere (Haupt-)Tatsache ermöglicht; Vermutungen und Wahrscheinlichkeiten reichen nicht (BFH BStBl 95, 192).

22 *Gegenbegriff* zur Tatsache ist die **rechtliche Bewertung.** Neue Einsichten auf rechtlichem Gebiet (insbes eine geänderte Gesetzesauslegung oder Subsumtion des unveränderten Sachverhalts, BFH BStBl 93, 569; 89, 585; 86, 120, BFH/NV 09, 1826; 88, 346) oder auf tatsächlichem Gebiet (wie bei einer Schätzung oder der Wertermittlung, dazu BFH BStBl 98, 371) rechtfertigen keine Anwendung des § 173 I. Entsprechendes gilt zB für eine neue Beweiswürdigung oder eine andere Schätzung (BFH BStBl 93, 569; 87, 161; 86, 233).

22a Auch Tatsachen, deren Feststellung eine Würdigung komplexer tatsächlicher Gegebenheiten und eine Schlussfolgerung im Rahmen einer Gesamtwürdigung derselben darstellt, sind „Tatsachen" iSd § 173; kommt die FinBeh aufgrund Kenntnis neuer diesbzgl Anknüpfungstatsachen (und nicht nur aufgrund geänderter Bewertungsmaßstäbe) zu einer abweichenden Tatsachenbeurteilung, kann geändert werden (vgl FG BBg 3 K 3079/17 zur „Behinderung" eines Kindes). Hingegen meint BFH/NV 17, 1299 zu Unrecht, Schlussfolgerungen *aller Art* seien keine Tatsachen, weswegen der Wert einer Wohnung und die wertbegründenden Eigenschaften der Wohnung nicht als Tatsachen angesehen werden könnten. Richtig hingegen BFH BStBl 17, 780: Tatsachen können auch durch komplexe Begriffe (wie „Rückstellung für Entsorgungskosten betr Energiesparlampen") bezeichnete Gegebenheiten sein, welche eine Zusammenfassung von Tatsachen enthalten und auf einer bestimmten rechtlichen Wertung derselben beruhen.

Die Abgrenzung zwischen Tatsachen und rechtlichen Bewertungen ist mitunter 22b
schwierig. Sie ist vor allem problematisch, wenn die Anwendung des Besteuerungstatbestandes sich nicht in der Subsumtion unter rein deskriptive Begriffe erschöpft, sondern auf Umstände verweist, die auf rechtlichem Gebiet liegen oder in dieses jedenfalls hineinragen und deshalb vom Stpfl mit rechtl definierten oder geprägten Begriffen beschrieben werden. Stellt die FinBeh nachträglich fest, dass die Verwendung eines solchen Begriffes durch die tatsächlichen Umstände unter keinem rechtlichen Gesichtspunkt gerechtfertigt werden konnte, kann sie ihren Bescheid nach § 173 I ändern (vgl BFH BStBl 89, 585), nicht aber schon deshalb, weil sie bei näherer Prüfung des Sachverhalts zu der (Rechts-)Auffassung gelangt, dass derselbe rechtl anders zu bewerten sei (und zusammenfassend zu bezeichnen gewesen wäre).

Hilfstatsachen, die „neu" sind, sind zwar Tatsachen iSd Vorschrift (und keine 23
Beweismittel, wenn sie ihnen in ihrem mitunter zweifelhaften Erkenntniswert für die subsumtionserheblichen Haupttatsachen auch ähneln); sie führen aber als solche nicht zu einer anderen Steuer, sondern haben stl Auswirkungen nur dann, wenn sie den Schluss auf eine subsumtionserhebliche Haupttatsache zulassen, auf die das StGesetz abstellt. Die Änderung der StFestsetzung ist daher nicht schon dann zulässig, wenn neue Hilfstatsachen das Vorliegen der Besteuerungsmerkmale als zweifelh erscheinen lassen (obgleich die Steuer nicht hätte festgesetzt werden können, wenn diese Zweifel von vornherein bestanden hätten), sondern nur, wenn sie einen sicheren Schluss auf die Haupttatsache zulassen (BFH BStBl 95, 297; BFH/NV 12, 227). Anders ist es, wenn ein StGesetz die Beweislastregeln dahin verschärft, dass es fortdauernde Gewissheit bestimmter Tatsachen verlangt, eine Änderung also vorschreibt, sobald Zweifel an den bei Bescheidserlass zu Grunde gelegten Tatsachen auftauchen, wofür aber ein Bsp nicht ersichtlich ist.

Gebieten nachträglich bekannt werdende Hilfstatsachen, zB die Erkenntnisse der 24
Ap für einen späteren Zeitraum, den Schluss, das bestimmte Besteuerungsmerkmale vorliegen oder nicht vorliegen, so rechtfertigt dies eine Änderung, nicht nur bei inneren Tatsachen (vgl BFH BStBl 95, 192; 88, 2; 87, 284; BFH/NV 03, 1395 für Umstände, die ein einheitliches Vertragswerk begründen). Das Gleiche gilt bei Hilfstatsachen, die sogar erst nach Erlass des zu ändernden Bescheids eingetreten sind; auch sie können eine Änderung rechtfertigen, weil sie eine „neue" Kenntnis der Haupttatsache vermitteln (BFH BStBl 95, 192).

Der Inhalt **ausl Rechts** ist eine Tatsache (str; ebenso FG Mster EFG 79, 269; 25
aA BFH BStBl 84, 181); ebenfalls der Inhalt von Recht der früheren DDR, soweit es nicht als Bundes- oder Landesrecht fortgalt. Die Ermittlung ausl Rechts unterscheidet sich zwar methodisch von der Tatsachenerkenntnis und gleicht der bei deutschem Recht (worauf BFH BStBl 84, 181 offenbar abstellen will); jedoch ist insoweit richtige Rechtskenntnis von FinBeh/Stpfl nicht wie Kenntnis des eigenen Rechts zu verlangen, wie sich auch an § 293 ZPO zeigt. Die richtige Auslegung des Rechts und seine richtige Anwendung sind allerdings bei ausl Recht nicht anders als bei inländischem Recht keine Tatsachen, sondern Schlussfolgerungen (ebenso BFH BStBl 84, 181), wenngleich die tatsächliche Handhabung des ausl Rechts in dem betr Staat eine Tatsache ist. EU-Recht ist kein ausl Recht.

Als Tatsache wird vielfach auch die **Entscheidung eines Zivil- oder Verwal-** 26
tungsgerichts über außersteuerliche Rechtsverhältnisse angesehen, zB über die Gewinnverteilung in einer Personengesellschaft (FG Mchn 73, 73; offen BFH BStBl 69, 445: jedenfalls nicht bei Streit über die Subsumtion festgestellter Tatsachen unter eine Norm des StRechts) oder über die Beteiligungsverhältnisse, über die Bebaubarkeit eines Grundstücks oder dgl. Das ist jedoch nicht richtig (vgl BFH BStBl 84, 181; BFH/NV 03, 1144; aA aber *Schwarz/Frotscher* § 173 Rz 51 f; *BG/von Wedelstädt* § 173 Rz 10.1), es sei denn, dass die stl Auswirkung darin besteht, dass der Ausgang des Rechtsstreits – ausnahmsweise – Tatbestandswirkung hat. Ein Urteil kann allerdings Tatsachen nachträglich bekannt werden lassen, soweit in

seinem Tatbestand, der Beweiskraft hat, diesbzgl Feststellungen getroffen werden (BFH BStBl 95, 264; BFH/NV 03, 1144), oder vom Stpfl ein Rechtsbegriff benutzt worden ist, das Urteil eines Zivilgerichts aber ergibt, dass die dabei unausgesprochen zu Grunde gelegten Tatsachen rechtl anders zu würdigen sind (vgl BFH BStBl 95, 264; 84, 181; 69, 445; BFH/NV 03, 1144). Zivilgerichtliche Urteile mit *gestaltender* Rückwirkung können ferner zu einer Bescheidsänderung nach § 175 I Nr 2 führen (vgl BFH BStBl 95, 264).

27 Die steuerrechtliche Beurteilung eines Sachverhalts (zB durch eine FinBeh oder das FG) wird teilw ebenfalls dann als Tatsache angesehen, wenn sie in einem anderen, abgesonderten steuerrechtlichen Verfahren zu erfolgen hat (wie zB die Festsetzung von USt ggü der estrechtlichen Gewinnermittlung oder die StSchuld vergangener Jahre, wenn es um ihre stl Berücksichtigung in Folgejahren geht) oder – weitergehend – generell, wenn eine Steuer anderweit berechnet worden ist und die Höhe dieser Steuer für den zu ändernden StBescheid Bedeutung hat (BFH BStBl 05, 451: Höhe der ESt für die VSt). Zu den daraus folgenden Grenzen der Änderung der Gesellschafterbesteuerung bei nachträgl Aufdeckung einer vGA FG BaWü EFG 05, 497 mit Anm *Brandis*. Besteht die Rechtspflicht, anderweit festzusetzende Steuern zu passivieren, stellt die Aufdeckung der Tatsachen, aus denen sich die Passivierungspflicht hinsichtlich dieser StNachforderung ergibt, eine steuererhebliche neue Tatsache dar (vgl BFH BStBl 73, 860), sogar wenn über die Nachforderung dieselbe FinBeh zu entscheiden hat wie über den zu ändernden StBescheid. Die Feststellung abzugsfähiger Mehrsteuern ist also dann neue Tatsache, wenn hinsichtlich der Passivierung kein Wahlrecht besteht (BFH BStBl 73, 860), weil dem Stpfl bei der Aufstellung der Bilanz bekannt ist oder bei Anwendung der Sorgfalt eines ordentlichen Kaufmanns bekannt sein muss, dass er einen Vorgang stl falsch behandelt hat und er deshalb mit der Mehrforderung rechnen muss; eine Rückstellung für Mehrsteuern kann darüber hinaus im Rahmen des § 177 berücksichtigt werden. Auch sonst können StNachforderungen und -Erstattungen, die bei einer anderweit vorzunehmenden Veranlagung zu berücksichtigen sind (vgl BFH BStBl 05, 451), Tatsache sein, wobei zu unterscheiden ist, ob es für den zu ändernden Bescheid lediglich auf die Entstehung dieser Steuern aufgrund bestimmter Tatsachen ankommt oder ob ihre Festsetzung Tatbestandsmerkmal ist; ist Ersteres der Fall und kennt die FinBeh die betr Tatsachen, ist die Berechnung und Festsetzung der StNachforderung/Erstattung durch die dafür zuständige FinBeh keine neue Tatsache im hier maßgeblichen Sinn. Die richtige Erkenntnis über die in dem nämlichen Verfahren vorzunehmende steuerrechtliche Beurteilung von Tatsachen ist, selbst wenn diese Tatsache (auch) in einem anderen Verfahren steuerrechtl beurteilt worden ist, ebenso wenig eine neue Tatsache wie anderweit ergehende, nicht bindende Entscheidungen über präjudizielle Rechtsverhältnisse (vgl auch Rz 36). Soweit eine stl Entscheidung iÜ sachlogische Auswirkungen auf andere StBescheide hat, ist die Änderungsproblematik in § 174 geregelt; eine Folgeänderung nach § 173 I 1 ist daher insoweit nicht möglich (einschränkend jetzt *Hoch* DStR 98, 745).

27a Zu einer abweichenden Beurteilung bei einer unionsrechtswidrigen Gewährung einer Beihilfe (zB einer InvZul) aufgrund des unionsrechtl „Effektivitätsgebots" *Hahn/Suhrbier-Hahn* DStZ 02, 632.

28 Tatsachen sind auch neue **Schätzungsgrundlagen** (vgl BFH BStBl 93, 569; 87, 161; 86, 233; 84, 504). Beruht der ursprüngliche Bescheid auf einer Schätzung der Besteuerungsgrundlagen, kann der Bescheid geändert werden, wenn Tatsachen nachträglich bekannt werden, die Anknüpfungspunkt (Grundlage) für eine abweichende Schätzung sein können (BFH BStBl 84, 504; 74, 74; BFH/NV 05, 501: Umsatz als Grundlage für die Schätzung des Trinkgelds; vgl BFH BStBl 87, 477; 86, 233; 82, 273 zur Schätzung nach Richtsätzen). Die Schätzung *als solche* ist keine Tatsache, sondern eine (auf besondere Weise gewonnene) Schlussfolgerung aus Tatsachen (vgl § 162 Rz 1). Ein neues Schätzungsergebnis bei gleich bleibenden

Anknüpfungstatsachen kann also, auch bei Anwendung einer anderen Schätzungsmethode, eine Bescheidsänderung nicht rechtfertigen. Neue Richtsätze, neue Erkenntnisse über Vergleichsbetriebe udgl sind keine Anknüpfungstatsachen im hier maßgeblichen Sinne und rechtfertigen daher keine neue Schätzung. Neue Tatsachen sind hingegen solche, die bei der bisherigen Schätzung überhaupt nicht im Rahmen der jeder Schätzung eigentümlichen überschlägigen, ungefähren und Ungewissheit in Kauf nehmenden Beurteilung berücksichtigt worden sind, was sich jedoch nicht leicht und oftmals nur vom Schätzungsergebnis her ablesen lässt (vgl BFH BStBl 86, 120), wenn dieses so sehr im Widerspruch zu den jetzt bekannt werdenden konkreten Tatsachen steht, dass ihre Berücksichtigung zu einem völlig aus dem bisherigen Rahmen fallenden Schätzungs- oder Berechnungsergebnis führen würde (vgl BFH BStBl 96, 149, jedoch missverständlich), die neu bekannt gewordenen Tatsachen also mit dem bisherigen Schätzungsergebnis unvereinbar sind.

Wird der ESt-Veranlagung ein geschätzter Gewinn zu Grunde gelegt, kann eine die Änderung des Bescheids rechtfertigende neue Tatsache nur eine vollständig neue Gewinnermittlung sein, die einen von der Schätzung abweichenden Gewinn ausweist. Es kommt auf das Ergebnis der Gesamtwürdigung der Tatsachen an, nicht darauf, ob die einzelnen gewinnerhöhenden oder gewinnmindernden Bestandteile bei der Schätzung berücksichtigt worden waren (vgl BFH BStBl 91, 606; BFH/NV 87, 353). Denn bei der Vollschätzung des Gewinns sind, wenn auch mit der Unsicherheit der Schätzung belastet, die steuererhöhenden und die steuermindernden Bestandteile der Gewinnermittlung in vollem Umfang berücksichtigt. Für die Schätzung eines Überschusses der Einnahmen über die Werbungskosten gilt das Gleiche (FG Ddorf EFG 93, 499). Laufender und Veräußerungsgewinn stellen jedoch je für sich eine Tatsache dar (vgl BFH BStBl 87, 161). Umsatz und Vorsteuer sind zwei Tatsachen, von denen Letztere grds nicht geschätzt werden darf (BFH/NV 87, 353). 29

Soll bei der erneuten Schätzung die **Schätzungsmethode** gewechselt werden, so ist dies nur zulässig, wenn die aufgedeckten neuen Tatsachen dies erforderlich erscheinen lassen (BFH BStBl 93, 569; 86, 233; 84, 504; BFH/NV 02, 1064). Diese Einschränkung ist gerechtfertigt, weil anderenfalls jede unbedeutende neue Tatsache zu einer Wiederaufrollung des Schätzungsfalles Anlass geben könnte und auf diese Weise das Verbot der Korrektur von Schätzungsfehlern, die Rechtsfehler sind (BFH BStBl 84, 504), unterlaufen würde. Erforderlich ist daher, dass sich die im ursprünglichen Bescheid angewandte Schätzungsmethode aufgrund neuer Tatsachen als unbrauchbar erweist. 30

Der **Wert** eines Gegenstandes ist keine Tatsache, sondern nur das Ergebnis von Schlussfolgerungen (vgl BFH BStBl 98, 371; 70, 296; BFH/NV 99, 1446). Hat ein Stpfl jedoch den Wert angesetzt, ohne die wertbegründenden Eigenschaften zu erläutern, zB die Beschaffenheit oder die Bebauung eines Grundstücks, können spätere Erkenntnisse über dieselben eine Änderung des StBescheids aufgrund neuer Tatsachen rechtfertigen (BFH/NV 99, 1446; 01, 1533); denn in diesem Fall ist der Wert ebenso wie zB das Bestehen eines Kaufvertrags, Miete etc, obwohl an sich Ergebnis rechtlicher Wertungen, wie eine Tatsache zu behandeln, weil der Stpfl sich der Wertangabe als solcher ebenso wie bei einem komplexen Begriff bedient hat (BFH BStBl 95, 264). Eine Bescheidsänderung ist mithin dann zulässig, wenn wertbestimmende Faktoren bekannt werden, mit denen der bisherige Wertansatz unvereinbar ist. Ähnliches gilt für die Höhe eines geldwerten Vorteils (BFH/NV 01, 1533). 31

Nachträgliche **Antragstellung** bei antragsgebundenen StVergünstigungen ist keine neu bekannt werdende Tatsache, sondern eine Verfahrenshandlung, die nachträglich vorgenommen wird und daher grds nicht zur Änderung eines bestandskräftigen StBescheids berechtigt (BFH BStBl 04, 394; 82, 80, 491; 74, 317; 70, 33). Eine Bescheidsänderung ist allerdings zulässig, wenn sich erst nachträglich 32

Tatsachen herausstellen, welche die Voraussetzungen für eine StVergünstigung und einen diesbzgl Antrag bilden, der daraufhin gestellt wird; hat also der Stpfl alle Angaben, die zur Erlangung eines Ausbildungsfreibetrags erforderlich sind, in der StErklärung gemacht, liegt in der späteren Geltendmachung eines Ausbildungsfreibetrags keine nachträglich bekannt gewordene Tatsache, was hingegen bei zunächst fehlenden oder unvollständigen diesbzgl Angaben der Fall ist (vgl BFH BStBl 04, 394). Zu Anträgen, die mit stl zurückwirkenden Tatsachen eine Einheit bilden und deshalb ebenfalls noch nach Bestandskraft der Veranlagung gestellt werden können, vgl BFH BStBl 89, 957; 15, 138; BFHE 181, 458. Bei nachträglichem Antrag auf die Berücksichtigung eines Pauschbetrags wegen Körperbehinderung nach § 33b EStG ist jedoch eine Änderung nicht nach § 173, sondern nach § 175 I 1 Nr 1 durchzuführen, weil der Anerkennungsbescheid der Versorgungsbehörde einen Grundlagenbescheid iSd § 175 darstellt (vgl BFH BStBl 86, 245; 88, 436).

33 Dementsprechend steht die erstmalige Ausübung eines nicht fristgebundenen steuerlichen **Wahlrechts** der Änderung eines bestandskräftigen Bescheids nicht entgegen (BFH BStBl 85, 117; 89, 960), sofern der neue Sachverhalt, auf den sich die geänderte Veranlagung beziehen soll, nachträglich bekannt geworden ist und, vorausgesetzt seine Berücksichtigung führt zu einer Minderung der StLast, ohne dass den Stpfl am nachträglichen Bekanntwerden jenes Sachverhalts grobes Verschulden trifft (BFH BStBl 06, 806; 85, 117). Dem Stpfl steht es nicht etwa frei, die Bestandskraft durch nachträgliche Ausübung von Wahlrechten zu durchbrechen (vgl auch BFH BStBl 13, 21 für die Änderung einer Berechtigtenbestimmung beim Kindergeld), sofern nicht sonst gesetzliche Berichtigungsmöglichkeiten vorliegen (BFH BStBl 90, 195). Das Gleiche gilt für die nachträgliche Berücksichtigung eines **Gewinnverteilungsbeschlusses** bei der KStFestsetzung (*Schwarz/Frotscher* § 173 Rz 48).

34 Sog **Ansatzwahlrechte** können im Wege einer Bilanzänderung (zur Zulässigkeit *Zugmaier* FR 00, 656) abweichend von der ursprünglichen Bilanzierung ausgeübt werden, nach Bestandskraft der auf einer Bilanz beruhenden Gewinnfeststellung bzw Veranlagung ist indessen eine Bilanzänderung grds nicht mehr möglich (BFH BStBl 87, 848; 89, 558; 90, 195, 905; 92, 958); das gilt selbst dann, wenn die Bilanz einen Verlust ausweist (BFH BStBl 90, 905). Denn die Ausübung eines handels- oder steuerrechtlichen Wahlrechts ist keine neue nachträglich bekannt gewordene Tatsache, sondern eine Verfahrenshandlung (BFH BStBl 87, 848).

Zur Behandlung von **Änderungen in einer Bilanz** vgl § 174 Rz 61 f und § 175 Rz 61.

35 Die Feststellung, dass Forderungen nicht aktiviert sind, ist für jeden Bilanzstichtag eine selbständig wirkende neue Tatsache und nicht Feststellung ein und derselben Tatsache mit „vorverlegter Folgewirkung" (BFH BStBl 73, 65).

36 Keine neuen Tatsachen sind **neue rechtliche Erkenntnisse** (BFH/NV 13, 1925; BFH BStBl 88, 180), selbst wenn sie von der Rspr ausgehen, auch nicht die Erkenntnis der Verfassungswidrigkeit einer steuerrechtlichen Regelung, der Ausgang eines Verfassungsrechtsstreits und/oder die aufgrund einer Entscheidung des BVerfG notwendige gesetzliche Neuregelung. Eine geänderte Rechtsauffassung der FinBeh kann folglich auch dann nicht zur Änderung eines StBescheids führen, wenn der Stpfl unter Hinweis auf die Änderung der Rechtsauffassung nunmehr Tatsachen vorbringt, die er vorher für stl bedeutungslos gehalten und daher dem FA nicht unterbreitet hat. Andernfalls würde ein Bescheid geändert werden, der im Zeitpunkt seines Erlasses bei Berücksichtigung der später bekannt gewordenen Tatsachen nicht anders als der ursprüngliche Bescheid ausgesehen hätte (Näheres siehe Rz 71 f). Nur wenn lediglich „neue Tatsachen", nicht auch „neue Rechtsansichten" den Anlass für die Korrektur eines StBescheids nach § 173 bilden dürfen, behält auch § 177 seine Bedeutung. § 173 hat auch nicht den Sinn, dem Stpfl das Risiko eines Rechtsbehelfsverfahrens dadurch abzunehmen, dass ihm gestattet wird, sich auf Tatsachen ggü dem FA erst dann zu berufen, wenn eine Änderung

der Rspr zu seinen Gunsten eintritt. § 176 schränkt sogar die Möglichkeit einer Bescheidsänderung ein, wenn der Stpfl auf die Gültigkeit des gesetzten Rechts oder die Richtigkeit bestimmter Rechtsansichten vertraut hat (vgl auch § 79 BVerfGG). Die Bestandskraft hat auch bei VA, die an einem Beteiligten nachteiligen Rechtsfehlern leiden, Vorrang vor der Rechtsrichtigkeit; dies muss erst recht gelten, wenn die Beteiligten ursprünglich übereinstimmend von der materiellen Richtigkeit des VA ausgegangen sind. Demgegenüber eröffnet § 48 VwVfG allgemein die Möglichkeit, auch eine nachträgliche Änderung der Rechtsauffassung zum Anlass für die Durchbrechung der Bestandskraft zu nehmen, wenn auch das der VerwBeh insofern eröffnete Ermessen in aller Regel eine dahin gehende Entscheidung ausschließt, sodass im praktischen Ergebnis die Rechtslage im allgemeinen Verwaltungsrecht der bei StBescheiden angenähert ist.

Erst recht nicht ist eine **Gesetzesänderung** eine neue Tatsache. Für § 173 kommt eine spätere Gesetzesänderung schon deshalb nicht als neue Tatsache in Betracht, weil die Vorschrift nur die Fälle der nachträglichen *Kenntnis* von ursprünglich vorhandenen Tatsachen regelt, nicht aber Fälle der erstmaligen Kenntnisnahme nachträglich *entstandener* Tatsachen (*Baum* DStR 93, 146). 37

b) Beweismittel. Dies sind zB Urkunden, Auskünfte, eidesstattliche Versicherungen, behördliche Bescheinigungen (soweit sie nicht Grundlagenbescheide sind oder ihre Erteilung Tatbestandsmerkmal eines StGesetzes ist, vgl zB BFH BStBl 03, 554, sodass die nachträgliche Erteilung als rückwirkendes Ereignis zu einer Bescheidsänderung nach § 175 I 1 Nr 2 führen kann). Auch sie müssen nachträglich bekannt werden (nicht: erstellt werden, BFH DStRE 03, 949) und der FinBeh die Überzeugung vom Vorliegen oder Nichtvorliegen der in dem zu ändernden Bescheid angesetzten Besteuerungsmerkmale vermitteln bzw von (Hilfs-)Tatsachen, die einen diesbzgl Schluss zulassen. Das neu bekannt gewordene Beweismittel bloß infrage stellen (zweifelh erscheinen lassen), ob der von der FinBeh bisher abgenommene Sachverhalt tatsächlich vorliegt, genügt für die Änderung nach § 173 nicht (BFH BStBl 07, 487; 88, 342); die beweisrechtliche Schlussfolgerung auf die steuerrechtl erhebliche Tatsache bzw eine ihrerseits den Schluss auf dieselbe (ggf iVm schon bisher bekannten Tatsachen) tragende Hilfstatsache muss vielmehr zwingend sein (freilich muss sie wie bei jeder Beweiswürdigung nicht auch die theoretische Möglichkeit eines abweichende Sachverhalts ausschließen). Es gilt insofern das Gleiche wie bei Hilfstatsachen (siehe Rz 23). Ein neues Sachverständigengutachten kann daher nur dann ein zur Änderung eines StBescheids führendes Beweismittel sein, soweit es die Erkenntnis neuer Tatsachen vermittelt und nicht lediglich abweichende (angreifbare) Schlussfolgerungen enthält (vgl BFH BStBl 93, 569). 40

Ist ein StBescheid vollständig automatisch erlassen worden, sind Tatsachen, die sich aus vom Stpfl mit seiner StErklärung vorgelegten Belegen ergeben, „neu", wenn sie von der FinBEh erstmals bei einer nach Erlass des Bescheids angeordneten Belegprüfung erstmals wahrgenommen werden; denn zunächst bestand keine diesbzgl Pflicht des FA. Anders dürfte dies dann sein, wenn der Stpfl die FinBeh bei Abgabe seiner StErkl (im Freitextfeld) ausdrücklich auf diese Belege hingewiesen hatte und dazu auch vertretbaren Anlass hatte, etwa weil er eine von der Verwaltungsauffassung abweichende Rechtsansicht zu den stl Folgen der aus dem Beleg ersichtlichen Tatsachen vertrat oder Rechtsunsicherheit bestand (vgl *Trossen* AOStb 17, 309). 41

5. Nachträgliches Bekanntwerden. Es muss sich um Tatsachen handeln, welche die FinBeh bei Erlass des zu ändernden Bescheids und ggf der diesbzgl Einspruchentscheidung (dazu Rz 55) noch nicht kannte (vgl BFH BStBl 02, 2). Auch Beweismittel rechtfertigen eine Bescheidänderung nur, wenn sie im Zeitpunkt des Erlasses des ursprünglichen Bescheids der FinBeh lediglich nicht bekannt waren (BFH DStRE 03, 949; BFH BStBl 89, 75; FG Mchn EFG 15, 1906). Die betr Beweismittel müssen damals also bereits *vorhanden* gewesen und die Tatsachen ein- 48 getreten sein. Erst nachträglich *eintretende* Tatsachen bzw nachträglich erstellte Beweismittel (Urkunden) führen nicht zu einer Änderung nach § 173 I Nr 1 (BFH BStBl 98, 695; 95, 192; 89, 75; 88, 863; 84, 786), erst recht nicht erst zukünftig möglicherweise eintretende Tatsachen (BFH/NV 06, 1053).

48a Eine (scheinbare) Ausnahme stellen die **wertaufhellenden Tatsachen** oder sonstige Tatsachen dieser Art dar, die – wie jener Name sagt – jedoch nicht für sich selbst steuerrechtl bedeutsam sind, sondern bereits vorliegende Tatsachen *erkennbar* machen, zB indem sie Rückschlüsse zB auf die stl erheblichen Absichten des Stpfl gestatten (BFH BStBl 00, 306 für Gewerblichkeit eines Grundstücksgeschäfts) oder erst deren zutreff rechtl Würdigung ermöglichen (BFH BStBl 13, 484). Nach Erlass des StBescheids eintretende Ereignisse, die stl *Wirkung* für die Vergangenheit haben (zB die erfolgreiche Anfechtung eines Vertrags, vgl näher die Kommentierung zu § 175 I Nr 2) oder der nachträgliche Wegfall der Voraussetzung einer StVergünstigung (§ 175 II; zB die Nichterfüllung der Verbleibensvoraussetzungen des § 2 S 1 Nr 1 InvZulG 1996) erfüllen den Tatbestand des § 173 I Nr 1 also von vornherein nicht (vgl auch BFH/NV 98, 147). Ihre stl Berücksichtigung richtet sich allein nach § 175. Dem entspricht, dass die FinBeh das Vorliegen solcher zukünftiger Tatsachen bei Erlass des StBescheids nach dem einschlägigen materiellen Recht iAllg nicht (etwa prognostisch) zu prüfen hat.

48b **Bekannt** ist eine Tatsache, wenn die FinBeh positive Kenntnis von ihr hat; dass es sie hätte erkennen können oder sogar müssen, genügt nicht (BFH/NV 09, 548), wenngleich nachträglich bekannt gewordene Tatsachen uU *nach Treu und Glauben* nicht berücksichtigt werden dürfen, wenn die FinBeh sie bei Erfüllung ihrer Ermittlungspflicht hätte feststellen können (dazu Rz 80f). Privates Wissen der Beamten, welches sie nicht in Ausübung ihres Amtes erlangt haben, ist ohne Bedeutung (BFH BStBl 13, 5; 98, 458).

48c Die FinBeh trägt die **Feststellungslast** dafür, dass sie die Tatsache bei Erlass des zu ändernden Bescheids *nicht* kannte (BFH BStBl 95, 192; 89, 585; 86, 441; BFH/NV 09, 1599; 02, 1009). Für eine Entscheidung nach den Grundsätzen der Feststellungslast ist aber kein Raum, wenn die FinBeh weder vom Stpfl selbst über die änderungsrelevanten Tatsachen nicht in Kenntnis gesetzt worden ist noch für eine anderweitige Kenntniserlangung Anhaltspunkte bestehen; es ist dann regelmäßig von fehlender Kenntnis auszugehen (BFH/NV 09, 1599; 99, 1). Hat der Stpfl die Tatsache nicht angegeben, muss er also zumindest Anhaltspunkte anführen können, weshalb der FinBeh die Tatsache trotzdem bekannt gewesen sein soll (vgl BFH/NV 99, 1). Siehe auch Rz 76.

49 Bei einer **Veranlagung ohne Beiziehung der Akten** muss sich FA grds Kenntnis des Akteninhalts zurechnen lassen, wenn die Akten nicht bereits weggelegt sind und für ihre Beiziehung auch kein hinreichender Anlass bestand (BFH BStBl 98, 552; 90, 1047; BFH/NV 99, 900). Dies gilt freilich nur für solche Tatsachen, die als bekannt gelten müssten, wenn die Akten beigezogen worden wären. Daher zB keine Berichtigung einer von der Übernahmestelle vorgenommenen USt-Veranlagung wegen neuer Tatsachen, die zwar für die Übernahmestelle neu sind, der Amtsprüfungsstelle jedoch bekannt waren (FG Ddorf EFG 78, 204). Sonst genügt aber Kennenmüssen nicht (BFH BStBl 98, 367; 97, 422; unrichtig FG Köln EFG 97, 141 aufgeh BFH HFR 99, 31). Eine Verletzung der Mitwirkungspflichten des Stpfl (siehe unten Rz 80ff) steht bei nach diesen Grundsätzen als bekannt geltenden Tatsachen der Annahme, die betr Tatsachen dürften im Wege der Änderungsfestsetzung nicht nachträglich berücksichtigt werden, *nicht* entgegen (*BG/von Wedelstädt* § 173 Rz 76; str).

53 **6. Maßgeblicher Zeitpunkt.** Der Zeitpunkt der Kenntnisnahme durch die FinBeh entscheidet, ob eine Tatsache *nachträglich* bekannt geworden ist (BFH BStBl 84, 694). Nachträglich werden Tatsachen oder Beweismittel bekannt, wenn die Willensbildung des für die StFestsetzung zuständigen Beamten in jenem Zeitpunkt bereits abgeschlossen war (BFH BStBl 97, 422; 85, 492 zu Abs 1 Nr 1, BFH BStBl 97, 115 zu Abs 1 Nr 2), dh bei Unterzeichnung der Vfg, also idR der abschließenden Zeichnung des Eingabewertbogens (BStBl 87, 416; BFH/NV 02, 473; 01, 1527; aA *TK/Loose* § 173 Rz 47 (infolge deren „Sphärentheorie" konsequent: Absendung des Bescheids, der bis dahin den Machtbereich der FinBeh nicht verlassen hat und „zurückgeholt" werden könnte). Bei einer ausschl programmgesteuerten Erstellung eines StBescheids (zB bei Datenträgeraustausch mit anderen Behörden wie bei der KraftSt üblich) ist der Zeitpunkt der Einrichtung des Rechnerprogramms, aufgrund dessen der Bescheid ohne Weiteres Zutun des FA erstellt wird, der maßgebliche Zeitpunkt (BFH BStBl 98, 450). Wird jedoch der im maschinellen Verfahren erstellte StBescheid nach Ausdruck noch einer materiell-rechtlichen Kontrolle unterzogen, zB aufgrund eines entsprechenden maschinellen Prüfhinweises (BFH/NV 02, 473), sind alle bis dahin bekannt gewordenen Tatsachen zu berücksichtigen. Das Gleiche gilt, wenn eine Überprüfung zwar nicht stattgefunden hat, aber aufgrund eines entsprechenden Prüfhinweises stattfinden *sollte* (BFH BStBl 89, 259). Kontrolle idS ist nicht die Zuleitung des Bescheids an die Finanzkasse lediglich zur Abrechnung oder nur zur Berichtigung offenbarer Unrichtigkeiten, zB bei falscher Anschrift usw, Prüfung der richtigen Übernahme der Daten des Eingabewertbogens oder bloßen Plausibilitätskontrollen.

Wird dem Stpfl im **Zeitraum bis zur Bestandskraft des Bescheids** eine Tatsache bekannt, ist sie mit Hilfe eines Rechtsbehelfs geltend zu machen und folglich nicht „nachträglich" bekannt geworden. Schließt sich dem StFestsetzungsverfahren also ein Einspruchsverfahren an, so ist maßgebender Zeitpunkt für die Frage, ob eine Tatsache nachträglich bekannt geworden ist, der Erlass der Einspruchsentscheidung (BFH BStBl 05, 75; 91, 496; 89, 920; 84, 256; BFH/NV 98, 1063; str, aA die überwM des Schrifttums, zuletzt *Heinke* DStZ 99, 789; *Tiedtke/Szczesny* DStR 05, 1122). Dabei kommt es jedoch nicht auf den Zeitpunkt der Absendung (*Siegert* DStZ 95, 517; *Tiedchen* BB 96, 1045), sondern – wie bei einem StBescheid – auf den Zeitpunkt an, in dem der zuständige Bearbeiter die Entscheidung abschließend zeichnet (BFH BStBl 83, 548; 02, 296). Bei Rücknahme des Einspruchs verbleibt es selbstredend beim Zeitpunkt des Bescheiderlasses. Ist eine Frist nach § 364b gesetzt worden, sodass zu diesem Zeitpunkt neu bekannt werdende Tatsachen und Beweismittel nicht mehr berücksichtigt werden konnten, kann es nur auf den Zeitpunkt des Ablaufs jener Frist ankommen (*Tiedchen* BB 96, 1045; vgl *Söffing* DStR 95, 1489). 54

Ist ein ursprünglicher StBescheid nach § 173 geändert worden, so sind **nach Ergehen des Änderungsbescheids** bekannt gewordene Tatsachen wiederum neue Tatsachen (BFH BStBl 02, 2; 89, 438). Nach Treu und Glauben (vgl schon BFH BStBl 86, 241) können sie jedoch dann nicht Grundlage einer Bescheidsänderung sein, wenn Anlass bestand, sie bei Erlass des (vorherigen) Änderungsbescheids zu berücksichtigen oder zu ermitteln (BFHE 248, 116; BFH BStBl 89, 438). Bei Erlass eines Änderungsbescheids nach § 173 muss die FinBeh also im Rahmen ihrer Amtsermittlungspflicht den Sachverhalt stets umfassend prüfen. 55

Ändert die FinBeh hingegen einen Bescheid nach § 175 I Nr 1, ist sie nicht verpflichtet, gleichzeitig neue Tatsachen nach § 173 I Nr 1 zu berücksichtigen (BFH BStBl 17, 4; BFH/NV 94, 786). Das Gleiche gilt in den Fällen der vorläufigen Festsetzung nach § 165 I 2 Nr 3 (BFH BStBl 17, 4). 55a

Ein Bescheid nach § 172 II, mit dem die Änderung eines bestandskräftigen StBescheids abgelehnt wird, ist kein Änderungsbescheid; deshalb steht es einer späteren Änderung nicht entgegen, wenn das FA bei Ablehnung eines Änderungsantrages (§ 172 II) bereits bekannte Tatsachen, auf die der Antrag indes nicht gestützt ist, (noch) nicht berücksichtigt hat (BFH BStBl 97, 264); eine Pflicht, bei einer Änderung nach § 172 I Nr 2 stets das Vorliegen weiterer Änderungsanlässe zu prüfen, besteht grds nicht (enger BFH BStBl 89, 438; im Erg wie hier ua *BG/von Wedelstädt* § 173 Rz 49). 55b

56 Ebenso wenig ist die **Aufhebung eines Änderungsbescheids** Erlass eines StBescheids, der die spätere Berücksichtigung der damals bereits bekannten Tatsachen durch einen neuen Änderungsbescheid ausschlösse (BFH BStBl 02, 4; 02, 2, auch zu den Grenzen der Änderungsbefugnis bei Verletzung der Ermittlungspflicht hinsichtlich des aufgehobenen Änderungsbescheids); ein solcher Änderungsbescheid „ändert" den ursprünglichen, nicht den Aufhebungsbescheid. Die FinBeh kann aber nicht durch Aufhebung des Änderungsbescheids dabei unterlaufene Ermittlungsfehler ungeschehen machen und sich gleichsam in den Rechtsstand nach Erlass des ursprünglichen Bescheids zurückversetzen; das gilt grds auch bei Aufhebung im Einspruchsverfahren, soweit nicht ohnehin nach §§ 172f der Änderungsbescheid aufgehoben werden könnte (BFH BStBl 02, 2).

57 Bei einem Bescheid unter **Vorbehalt der Nachprüfung** sind nur nach Aufhebung bzw Wegfall des Vorbehalts bekannt werdende Tatsachen „neu" (BFH BStBl 84, 256; BFH/NV 98, 682; str, vgl ua FG Köln EFG 97, 1219; differenzierend für den Fall des Wegfalls kraft Gesetzes *Schwarz/Frotscher* § 173 Rz 113), während bei einem vorläufigen Bescheid nach § 165 die Endgültigerklärung nur aufgrund der Beseitigung der betr Ungewissheit erfolgt und deshalb für davon unabhängige Änderungsanlässe ohne Bedeutung ist; diesbzgl Tatsachen bleiben neu (vgl BFHE 248, 116; insoweit allgM).

58 War der ursprüngliche Bescheid Gegenstand eines **Rechtsstreits** vor dem FG, ist wegen neuer Tatsachen eine Änderung des Bescheids nur dann zulässig, wenn diese Tatsachen nach Schluss der mündlichen Verhandlung neu bekannt geworden sind. Die Bindungswirkung eines rechtskräftigen klageabweisenden Urteils erstreckt sich auch auf solche Tatsachen, die das Gericht nur deshalb nicht berücksichtigen konnte, weil einer der Beteiligten seinen prozessualen Mitwirkungspflichten nicht nachgekommen ist. Mit dem Sinn des § 134 FGO wäre es nicht vereinbar, wenn diese Tatsachen über § 173 I Nr 2 berücksichtigt werden könnten (FG Ddorf EFG 80, 579). Wenn im Prozess bereits darüber gestritten wurde, ob die entsprechende Tatsache vorlag oder nicht, scheidet nach einem Urteil eine Berichtigung gem § 173 erst recht aus. Das Gleiche muss gelten für bereits eingetretene Ereignisse, die auf die Entstehung des Anspruches zurückwirken (vgl § 175 I Nr 2). In diesen Fällen ist jedoch eine Korrektur nach § 110 II FGO zulässig. Auch spätere Folgeänderungen nach §§ 175 I Nr 1, 184 I 3 sind unbeschränkt zulässig.

60 **7. Wessen Kenntnis ist entscheidend?** Es kommt auf den **Wissensstand der zur Bearbeitung des Falles berufenen Dienststelle** an (grds aber nicht des jeweiligen Bearbeiters, siehe aber Rz 62a; BFH BStBl 08, 367; 03, 803; 99, 223; 88, 804; anders die „Sphärentheorie", vgl *TK/Loose* § 173 Rz 31). Diese muss sich nicht etwa wegen der Pflicht der Dienststellen zur Zusammenarbeit und zum Erfahrungsaustausch die Kenntnis anderer Dienststelle der FinVerw zurechnen lassen (BFH BStBl 75, 166; 85, 492; BFH/NV 08, 367), auch nicht die Kenntnis der OFD, selbst wenn diese sich zB durch Weisung in die Bearbeitung eingeschaltet haben sollte (insoweit freilich zweifelh und nicht ganz eindeutig BFH BStBl 11, 479), die ESt-Veranlagungsstelle zB nicht die Kenntnis der KSt-Stelle (BFH/NV 14, 1351), erst Recht nicht die Kenntnis der *Kfz-Zulassungsstelle* von kraftfahrzeugsteuerrechtl erheblichen Merkmalen (BFH BStBl 90, 249). Die Kenntnisse anderer Behörden als der zuständigen Dienststelle sind also grds belanglos (vgl BFH/NV 12, 67). Der Veranlagungsstelle (Sachgebietsleiter oder Sachbearbeiter) bekannte Tatsachen gelten jedoch immer als der Rechtsbehelfsstelle bekannt (BFH BStBl 83, 548).

62 **Aktenkundige Tatsachen** sind stets als bekannt anzusehen (BFH BStBl 98, 458; 90, 1047; 85, 492; BFH/NV 03, 2, 588), ebenso die über die EDV bereit gestellten Tatsachen (BFH BStBl 11, 479), ungeachtet tatsächlicher *subjektiver* Kenntnis des jeweiligen Beamten. Nur bei Tatsachen, die sich *nicht* aus den Akten ergeben, ist die tatsächliche positive Kenntnis des zuständigen Bearbeiters erforderlich (BFH BStBl 13, 997).

In **weggelegten Akten** enthaltene Tatsachen sind allerdings nicht „bekannt" (BFH BStBl 90, 1047), sofern die Ablage ordnungsgemäßer Aktenführung entsprach. Die FinBeh kann hingegen nicht Tatsachen dadurch unbekannt „machen", dass sie an sich offenkundig noch benötigte Vorgänge alsbald weglegt, um ihre Auswertung zu vermeiden; deshalb hat BFH BStBl 90, 1047 mit Recht angenommen, dass die StErklärungen der beiden vorangegangenen Jahre nicht unbekannt sind, auch wenn sie bereits im Keller abgelegt sind und nach innerdienstlicher Vorschrift dort abzulegen waren (vgl zum aktenlosen Verfahren auch FG Nds EFG 99, 154). Auch *Ablagefehler* machen eine Tatsache nicht unbekannt (BFH BStBl 68, 698). Auch sonst kann die Berufung auf Unkenntnis der in Akten enthaltenen Tatsachen nach Treu und Glauben ausgeschlossen sein, wenn ein besonderer Anlass bestand, sie hinzuzuziehen (BFH BStBl 90, 1048; BFH/NV 10, 2225; 99, 900). Das gilt auch für Akten, die nicht unmittelbar den Stpfl betreffen, aber hätten beigezogen werden müssen, um für seine Besteuerung mittelbar behelfliche Erkenntnisse zu gewinnen (vgl BFH BStBl 98, 552). Die Beweislast dafür, dass nicht aktenkundige Tatsachen bekannt waren oder nach dem Inhalt der zu bearbeitenden StErklärung wegen notwendiger Beiziehung anderer Akten als bekannt zuzurechnen sind, trägt der Stpfl (BFH/NV 15, 1342). 62a

Erforderlich ist sonst positive Kenntnis des FA-*Vorstehers* (BFH/NV 02, 621), des (nach dem Geschäftsverteilungsplan) zuständigen *Sachgebietsleiters* oder des zuständigen *Sachbearbeiters* sowie in engem Rahmen ausnahmsweise auch die Kenntnis des Betriebsprüfers (BFH BStBl 74, 525; BFH/NV 92, 221). Abzustellen ist also auf die Kenntnis derjenigen Personen, die innerhalb der zuständigen FinBeh dazu berufen sind, den betr Steuerfall zu bearbeiten (BFH BStBl 13, 5; 11, 479: 90, 1047; 83, 548; BFH/NV 97, 72; 93, 496; kritisch *TK/Loose* § 173 Rz 31; *HHSp/von Groll* § 173 Rz 196 und *Thouet/Thouet* DStZ 99, 528: „Sphärenverantwortlichkeit" entscheidend). Ist eine Tatsache jedoch nach diesen Grundsätzen dem zuständigen Amtswalter einmal bekannt geworden, so wird sie nicht dadurch wieder unbekannt, dass ein anderer an seine Stelle tritt (FG BaWü EFG 78, 417) oder eine andere FinBeh zuständig wird (BFH/NV 97, 853; 94, 315; 88, 602); das gilt nur dann ausnahmsweise nicht, wenn die Tatsachen dem Betreffenden steuerunerheblich erscheinen durften, sodass nicht erwartet werden kann, dass er sie aktenkundig macht. Etwas anderes wird auch für mündliche Mitteilungen ggü dem zuständigen Amtswalter gelten müssen, sofern nicht auch insofern Anlass bestand, diese durch Aktenvermerk schriftlich zu fixieren (vgl BFH/NV 88, 602), was idR allerdings ohne Weiteres bei stl mutmaßlich relevanten Mitteilungen anzunehmen sein wird. 62b

Was der **Außenprüfer** weiß, ist hingegen für die Veranlagungsstelle keine bekannte Tatsache (BFH BStBl 88, 804; 85, 492, 191; 72, 672; 69, 118; BFH/NV 93, 496); das Verhältnis Ap/Veranlagungsstelle ist also dem Verhältnis Rechtsbehelfs-/Veranlagungsstelle nicht gleichzusetzen (BFH/NV 92, 221; vgl Rz 64). Das Gleiche ist für einen Fahndungsprüfer anzunehmen (BFH BStBl 64, 149). Etwas anderes gilt nur, wenn der Betriebsprüfer auch die Steuer festsetzt, wie bei der veranlagenden Ap, oder wenn der Sachbearbeiter an der Schlussbesprechung teilgenommen hat und die Tatsachen dort angesprochen worden sind, selbst wenn über sie kein Aktenvermerk gefertigt wurde (BFH StRK RAO § 222 I 1). Nur in engem Rahmen muss sich die Veranlagungsstelle hingegen ausnahmsweise auch die Kenntnis des Betriebsprüfers zurechnen lassen (BFH BStBl 74, 525; weitergehend FG BaWü EFG 90, 145, aufgeh BFH/NV 92, 221), wenn sie sich nämlich mit einer zusammenfassenden Wertung des Berichts begnügt und diese ohne Kenntnis der ihr vom Prüfer zu Grunde gelegten Tatsachen übernimmt. Eine andere Frage ist es, ob im Einzelfall die Veranlagungsdienststelle Anlass hat, vor StFestsetzung in Erfahrung zu bringen, welche Feststellungen von den Prüfungsdiensten des FA getroffen worden sind (vgl unten Rz 80f und insbes BFH/NV 92, 221). 62c

Ist eine Tatsache dem Sachbearbeiter im Rahmen der Veranlagung für eine bestimmte StArt bekannt geworden, so soll sie als ihm auch **für die anderen** von 62d ihm bearbeiteten **StArten** bekannt behandelt werden (*BG/von Wedelstädt* § 173 Rz 56, jedoch zu weitgehend); für in einem eine bestimmte StArt betr Veranlagungsverfahren vom *Vorsteher* oder *Sachgebietsleiter* erlangte Erkenntnisse dürfte dies indes nicht gelten. Eine Aufspaltung der Bearbeitung eines Veranlagungsfalls auf unterschiedliche Dienststellen oder Bearbeiter kann generell das Wissen der FinBeh nicht verringern (vgl BFH BStBl 90, 1947; FG Mchn EFG 84, 160).

62e Tatsachen, die der FinBeh im steuerlichen Verfahren anderer Stpfl bekannt geworden sind, sind idR noch nicht bekannte Tatsachen, selbst wenn sie sich aus deren Akten ergeben und für die Bearbeitung dieselbe Person zuständig ist (BFH BStBl 13, 5). Auch sonst sind Kenntnisse aus anderen Veranlagungsverfahren der FinBeh grds nicht zuzurechnen, insbes nicht dem FestsetzungsFA die Kenntnisse des FeststellungsFA oder dem FA des Arbeitnehmers diejenigen des FA des Arbeitgebers und umgekehrt.

63 **Übernimmt eine FinBeh von einer anderen** eine stl relevante Größe oder leitet es sie von daher ab (zB das ErbStFA den Wert einer Beteiligung an einer Gesellschaft aus dem vom Betriebs-FA erteilten Bescheid über den Wert des Betriebsvermögens der Gesellschaft), so macht es sich damit allerdings die diesem zu Grunde liegenden Kenntnisse der anderen FinBeh zu eigen; sie kann ihren StBescheid nur ändern, wenn die fraglichen Tatsachen auch für das andere FA neu sind, dieses also ebenfalls zur Bescheidsänderung berechtigt wäre (BFH BStBl 98, 371).

71 **8. Rechtserheblichkeit der neuen Tatsachen bei der ursprünglichen Veranlagung.** Nachträglich bekannt gewordene Tatsachen und Beweismittel führen nur dann zu einer Änderung der StFestsetzung, wenn die (frühere) Kenntnis der später bekannt werdenden Tatsachen für die ursprüngliche, zu ändernde Veranlagung „rechtserheblich“ gewesen wäre (BFH BStBl [GrS] 88, 180). Das hat der BFH mit Recht aus dem Sinnzusammenhang der Änderungsvorschriften der AO und der Notwendigkeit abgeleitet, die nachträgliche Berücksichtigung neuer Tatsachen und Beweismittel einerseits von der Korrektur von Rechtsfehlern andererseits scharf abzugrenzen; die FinBeh darf mit Hilfe des Änderungsbescheids nicht eine neue Tatsachen zum bloßen Anlass oder Vorwand nehmen, ihre geläuterte Rechtsansicht nachträglich durchsetzen (BFH BStBl 10, 951). An den Änderungsvoraussetzungen des § 173 fehlt es daher, wenn die FinBeh auch bei Kenntnis der betr Tatsache im Zeitpunkt der ursprünglichen Veranlagung mit an Sicherheit grenzender Wahrscheinlichkeit zu keiner anderen als der tatsächlich getroffenen Entscheidung gekommen wäre (BFH GrS BStBl 88, 180; BFH BStBl 13, 670; 10, 951; 95, 293; 95, 204), auch nicht zu einer bloß vorläufigen oder unter Vorbehalt der Nachprüfung gestellten (wenn auch möglicherweise inhaltlich sonst gleichen) Entscheidung gegriffen hätte (FG BaWü EFG 99, 2 rkr), etwa weil sie die Tatsache für von Gesetzes wegen unerheblich gehalten oder weil sie ihr nach ihrer damaligen Rechtsauffassung sonst keine Bedeutung beigemessen hätte (vgl auch BFH BStBl 74, 67; aA grds *TK/Loose* § 173 Rz 55: es komme nur darauf an, ob die FinBeh bei Kenntnis der Tatsache hätte anders entscheiden *müssen;* vgl auch *Loose* AO-StB 08, 336). Bleiben Zweifel, ob das FA damals bei Kenntnis der Tatsache anders entschieden hätte, sollen die Änderungsvoraussetzungen des § 173 I Nr 2 nach BFH/NV 92, 645, 93, 83 nicht vorliegen; dementsprechend werden die Änderungsvoraussetzungen vom BFH häufig auch dahin formuliert, die Unkenntnis der nachträglich bekannt gewordenen Tatsache müsse für die ursprüngliche Veranlagung „ursächlich“ gewesen sein (vgl BFH BStBl 97, 627; 95, 293; 88, 180), wobei damit Rechtserheblichkeit im vorgenannten Sinne umschrieben wird. Der Große Senat indes hat umgekehrt die Änderungsfestsetzung nur dann für ausgeschlossen gehalten, wenn *mit an Sicherheit grenzender Wahrscheinlichkeit* dieselbe Entscheidung ergangen wäre, nicht schon dann, wenn nur nicht sicher ist, dass das FA bei Kenntnis des vollen Sachverhalts eine bestimmte Rechtsfrage gestellt und richtig entschieden hätte (vgl den Hinw auf BFH BStBl 74, 67). Richtig formulieren

daher BFH/NV 99, 1 und 99, 154, dass schon die Möglichkeit einer anderen Entscheidung die Rechtserheblichkeit der neuen Tatsachen begründe, während BFH/NV 00, 818 verlangt, dass das FA mit an Sicherheit grenzender Wahrscheinlichkeit zu einem höheren steuerlichen Ergebnis gelangt wäre.

Wie die FinBeh bei Kenntnis bestimmter Tatsachen einen Sachverhalt beurteilt **72** hätte, erfordert gleichsam eine **rückwärts gewandte Prognose** (nicht etwa die Feststellung einer sog inneren Tatsache). Diese Einschätzung ist unter Berücksichtigung des Gesetzes, wie es nach der damaligen Rspr des BFH ausgelegt wurde, und den bindenden Verwaltungsanweisungen anzustellen, die im Zeitpunkt des ursprünglichen Bescheiderlasses gegolten haben (BFH BStBl 10, 951; 95, 293, 264; 91, 741; BFH/NV 07, 1461; 01, 1527; 00, 818), es sei denn, es lag ein Nichtanwendungserlass vor (BFH/NV 91, 19) oder es ist festgestellt, dass zB eine allg Weisung erteilt war, bestimmte Fälle in bestimmter Weise zu behandeln (BFH BStBl 99, 433). Die Bindung der FinBeh an eine Verwaltungsanweisung des BMF erlischt bei (kommentarloser) Veröffentlichung eines entgegenstehenden BFH-Urteils im BStBl II (denn dieses stellt eine Verwaltungsanweisung dar, nach Maßgabe der dort veröffentlichten Rspr zu verfahren), jedoch nicht schon wenn ein Urteil in Fachzeitschriften veröffentlicht wird (FG BaWü EFG 91, 57; vgl BFH/NV 91, 19); denn eine Bindung der FinBeh an die Rspr des BFH gibt es nicht (vgl § 32 Rz 8 und § 163 Rz 55d). Wie eine Frage im Schrifttum gesehen wurde (dazu BFH/NV 90, 613), wird regelmäßig nicht ohne Weiteres Rückschlüsse auf das mutmaßliche Verhalten der FinBeh zulassen.

Es ist allerdings davon auszugehen, dass die FinBeh bei Kenntnis der fraglichen **72a** Tatsache die dem Sachverhalt entsprechende Entscheidung getroffen hätte, die ihr aufgrund solcher Anweisungen und Gerichtsentscheidungen bzw der klaren Gesetzesbefehle geboten erscheinen musste (idS die „rechtl zutreffende“, vgl BFH BStBl 95, 293; 89, 694; 72, 648; BFH/NV 10, 1604). Das bedeutet, dass das mutmaßliche Verhalten *des einzelnen Sachbearbeiters* und seine individuellen Rechtskenntnisse ohne Bedeutung sind. „Subjektive“ Fehler der FÄ und damit des einzelnen Bearbeiters, wie sie sowohl in rechtlicher als auch in tatsächlicher Hinsicht denkbar sind, sind für die Beurteilung der Rechtserheblichkeit einer nachträglich bekannt gewordenen Tatsache unbeachtlich (vgl BFH BStBl 10, 951; 88, 715), was aus dem Gleichbehandlungsgebot hergeleitet wird (und praktisch unverzichtbar ist).

Rechtserheblichkeit einer neuen Tatsache kann auch bei einer von vornherein **73** rechtl unzutreffenden Entscheidung gegeben sein, wenn der FinBeh bei Tatsachenkenntnis der Rechtsfehler nicht unterlaufen wäre, die nachträglich bekannt gewordene Tatsache somit nicht den dem FA unterlaufenen Rechtsfehler aufdeckt, sondern für sich genommen bedeutsam ist (vgl BFH BStBl 89, 694). Aus einem unrichtigen Verhalten der FinBeh bzgl einer Tatsache kann nicht ohne Weiteres auf eine Wiederholung bei einer weiteren Tatsache geschlossen werden (BFH BStBl 10, 628).

Versäumt es die FinBeh bei einem Dauerbescheid (zB einem KraftSt-Bescheid), **74** Folgerungen aus ihr bekannt gewordenen neuen Tatsachen durch Neufestsetzung der Steuer für die Zukunft zu ziehen, so kann an der fehlerhaften StFestsetzung in dem Dauerbescheid nur etwas geändert werden, wenn der Dauerbescheid bei Kenntnis der erst jetzt bekannt gewordenen Tatsache von Anfang an nicht ergangen wäre. § 173 I Nr 1 gestattet es nicht die Bestandskraft eines Dauerbescheids rückwirkend bis zu dem Zeitpunkt zu durchbrechen, zu dem der betr Bescheid ohne die Einschränkungen des § 173, dass die neue Tatsache rechtserheblich gewesen sein muss, hätte geändert werden dürfen (BFH/NV 98, 1321).

Die sog Rechtserheblichkeit ist als (ungeschriebenes) positives Tatbestands- **76** merkmal des § 173 zu verstehen. Bei einer Änderung des StBescheids gehen Beweisschwierigkeiten hinsichtlich des Inhalts der damaligen Verwaltungsanweisungen etc deshalb zulasten der FinBeh, wenn die Steuer höher als bisher festgesetzt werden soll; bei einer Verminderung der StLast geht die Unerweislichkeit hingegen zulasten des Stpfl. Die **objektive Feststellungslast** für die Voraussetzungen einer dem Stpfl ungünstigen Änderung trägt also die FinBeh (BFH BStBl 95, 192; 89, 585; 86, 441; BFH/NV 88, 768), die einer günstigen der Stpfl. Dabei kommen die allg Beweiserleichterungsgrundsätze zum Zuge. Existenz und Inhalt nicht allgemein zugänglicher (veröffentlichter) Verwaltungsanweisungen muss deshalb iAllg die FinBeh beweisen (vgl FG Ddorf EFG 08, 1926). Auch bei atypischen Geschehensabläufen kann bei der Beweislastverteilung von Bedeutung sein, in wessen Sphäre sich dieser Geschehensablauf ereignet (BFH BStBl 02, 1009); ebenso führt eine Verletzung der Mitwirkungspflicht des Stpfl zu einer Verminderung der Beweisanforderungen an die FinBeh (BFH/NV 07, 395).

80 **9. Ausschluss der Änderung nach Treu und Glauben.** Die FinBeh kann nach den Grundsätzen von Treu und Glauben daran gehindert sein, die Änderung eines Bescheids zulasten des Stpfl darauf zu stützen, dass ihr stl erhebliche Tatsachen erst nachträglich bekannt geworden seien. Das nimmt die Rspr dann an, wenn der FinBeh die ihr tatsächlich erst später bekannt gewordenen Tatsachen bei ordnungsgemäßer Erfüllung ihrer Amtsermittlungspflicht nicht verborgen geblieben wären (BFH II R 52/15, für BFHE bestimmt; BFH BStBl 06, 835; 04, 444; 95, 293; 93, 569; 86, 241; BFH/NV 12, 692; 08, 1029). Dieser Grundsatz kann selbstverständlich auf den Fall des Abs 1 Nr 2 bei der Berichtigung *zugunsten* des Stpfl *nicht* angewandt werden; denn das FA darf sich nicht zum Nachteil des Stpfl auf sein eigenes pflichtwidriges Verhalten (Nichterfüllung der Ermittlungspflichten) berufen (BFH BStBl 97, 422; 92, 65). Das gilt auch dann, wenn es den Inhalt seiner Akten nicht in gebotenem Umfang berücksichtigt hat (aA *BG/von Wedelstädt* § 173 Rz 84); denn es kann nicht von Bedeutung sein, ob seine Tatsachenunkenntnis auf mangelndem Aktenstudium oder der Missachtung sonstiger Gebote der Sachaufklärung beruht. Jedoch wird in diesen Fällen eine Änderung des StBescheids häufig gleichwohl ausgeschlossen sein, weil dem Stpfl Verletzung seiner Mitwirkungspflicht oder grobes Verschulden am Nichtbekanntwerden der betr Tatsache vorzuwerfen ist (dazu näher Rz 112 ff).

81 Welche Anforderungen an die Ermittlungen der FinBeh zu stellen sind, ergibt sich aus § 88, lässt sich also nicht ohne Berücksichtigung der Umstände des Einzelfalles allgemein festlegen. Die FinBeh verletzt ihre Amtsermittlungspflicht nur, wenn sie offenkundigen Zweifelsfragen, Unklarheiten oder Zweifeln, die sich nach Sachlage aufdrängen, nicht nachgeht (BFH BStBl 95, 293; 92, 324; 86, 241; BFH/NV 08, 1029) und Ermittlungsmöglichkeiten nicht nutzt, deren Ergiebigkeit sich ihr hätten aufdrängen müssen (BFH BStBl 02, 44; BFH/NV 03, 588; einschränkend zB BFH/NV 92, 221). Die Feststellungslast für solche Pflichtverletzungen trägt der Stpfl (BFH BStBl 98, 599).

81a Für das KraftStG besteht keine generelle Pflicht, im Datenträgeraustausch übermittelte Informationen der Kfz-Zulassungsstelle nachzuprüfen (BFH BStBl 98, 579; 97, 627), obwohl diese mitunter bekanntlich aus steuerrechtlicher Sicht überprüfungsbedürftig erscheinen.

82 Ist eine **StErklärung** abgegeben worden, muss die FinBeh etwaigen Unklarheiten und Zweifelsfragen nachgehen, die sich bei einer Prüfung der StErklärung sowie der dazu eingereichten Unterlagen aufdrängen (BFH BStBl 94, 806; 92, 324; 86, 241; vgl aber BFH BStBl 90, 198). Eine Ermittlungspflicht besteht insbes bei Unklarheiten und Zweifeln, die sich aus der Erklärung selbst ergeben (BFH BStBl 06, 835 zur Anforderung der einer rechtl Bewertung zugrundeliegenden Vereinbarungen; BFH BStBl 04, 911; 93, 569; BFH/NV 03, 19; 05, 1269, 834). Dann kann es indes zB auch geboten sein, Akten beizuziehen (BFH BStBl 84, 140; 90, 1047), zB eine Bauakte (jedoch BFH BStBl 88, 482).

Die FinBeh braucht indes den Angaben des Stpfl nicht mit Misstrauen zu begegnen, sondern kann regelmäßig von deren Richtigkeit und Vollständigkeit ausgehen (BFH BStBl 06, 835; 04, 444; 95, 293; BFH/NV 94, 661; 93, 496; 90, 1).

Siehe hierzu auch FG BBr EFG 17, 1711, Rev IX R 29/17 zu einem Fall unzureichender Ausfüllung der Anlage V durch einen StBer. Die Erklärung muss vielmehr konkrete Anhaltspunkte für weitere Nachforschungen geben, etwa weil sie erkennbar unvollständig oder in sich widersprüchlich ist oder sich der FinBeh aus anderweit bekannten Umständen Zweifel an ihrer Richtigkeit aufdrängen müssen (BFH BStBl 93, 166; 88, 482).

Die Berufung auf nach Treu und Glauben vorwerfbare Unkenntnis oder auf eine Verletzung der Amtsermittlungspflichten ist ausgeschlossen, wenn der Stpfl seinerseits hinsichtlich der betreff Tatsache seiner **Mitwirkungspflicht nicht nachgekommen** ist (BFH BStBl 86, 241; 04, 911; 06, 835; BFH/NV 03, 1029; 06, 1445; 08, 924). Die Mitwirkungspflicht verlangt jedoch nicht, eine Bezügemitteilung des ArbG auf die richtige steuerl Behandlung zB von Lohnzuschlägen zu überprüfen (Nds FG 3 K 78/16, Rev VI R 47/17). 85

Bei Zusammentreffen einer Verletzung der Mitwirkungspflichten des Stpfl und einer Verletzung der Amtsaufklärungspflicht sind die **beiderseitigen Pflichtverletzungen** grds gegeneinander abzuwägen (BFH BStBl 13, 997; 89, 585; 88, 115; 74, 538; BFH/NV 12, 692; 10, 602; 09, 1599; 04, 1502; 97, 757); idR ist jedoch die Verantwortung *dem Stpfl* anzulasten, sodass ein Bescheid geändert werden kann (BFH BStBl 06, 581; 04, 444; 95, 293; 89, 585; BFH/NV 13, 694; 04, 1502; 94, 315), allemal wenn er bewusst beim FA einen Irrtum hervorgerufen hat (BFH BStBl 04, 1072). Auf die Richtigkeit der StErklärung, die von einem StBerater erstellt worden ist, darf die FinBeh in *besonderem* Maße vertrauen (BFH/NV 04, 87). Wenn sowohl der Stpfl als auch das FA es versäumt haben, den Sachverhalt aufzuklären, so stehen die Grundsätze von Treu und Glauben nur dann dem Erlass eines Änderungsbescheids entgegen, wenn der Pflichtverstoß des FA *deutlich überwiegt* (BFH BStBl 17, 745, BVerfG 1 BvR 2667/17; 88, 115; 89, 585; 93, 569; BFH/NV 94, 315; 93, 496). Bei Inanspruchnahme von StVergünstigungen sind an die Mitwirkungspflicht des Stpfl *erhöhte* Anforderungen zu stellen (BFH BStBl 74, 538; vgl auch BFH/NV 93, 496). 86

Wird der Stpfl *trotz* bekannter Zweifel an der Richtigkeit der Besteuerungsgrundlagen endgültig veranlagt, so soll eine spätere Änderung treuwidrig sein (BFH BStBl 93, 569; BFH/NV 90, 1; zweifelh). Bei zwar unklaren, aber zunächst nicht aufklärbaren Verhältnissen kann jedoch iAllg ein endgültiger StBescheid erlassen werden; der Stpfl darf nicht darauf vertrauen, das FA werde später bekannt werdende Tatsachen nicht verwerten (BFH BStBl 79, 57). Die FinBeh kann vielmehr später bekannt werdende Tatsachen auch dann verwerten, wenn sie mit dem nachträglichen Bekanntwerden solcher Tatsachen von Anfang an hätte rechnen müssen und deshalb einen vorläufigen Bescheid (§ 165) hätte erlassen können (BFH BStBl 79, 57). Der Änderung eines Bescheids steht erst recht nicht entgegen, dass dem FA bereits im Einspruchsverfahren Tatsachen zu Ungunsten des Stpfl bekannt geworden sind, wenn der Einspruch zurückgenommen wird (BFH BStBl 87, 417). 88

Hingegen ist eine Bescheidänderung selbstverständlich ausgeschlossen, wenn über die (Nicht-)Berücksichtigung neu bekannt werdender Tatsachen eine (wirksame) **tatsächliche Verständigung** getroffen worden ist, über die Behandlung des Sachverhalts also endgültig entschieden werden sollte (vgl näher *Flockermann* in FS Ritter, S 103, 112; zur tatsächlichen Verständigung allg siehe § 162 Rz 30); dass eine tatsächliche Verständigung diesen Inhalt hat, wird man freilich nur ganz ausnahmsweise annehmen können, zumal wenn man diese mit der bisherigen BFH-Rspr *nicht* als Vergleichsvertrag einordnet. 89

Keine Grenzen für eine Bescheidänderung ergeben sich idR aus dem **puren Zeitablauf** (solange dieser nicht zur Festsetzungsverjährung führt). Mit der Berücksichtigung nachträglich bekannt werdender neuer Tatsachen muss der Stpfl stets rechnen; er kann auch nicht darauf vertrauen, dass die FinBeh eine Änderung unterlässt, wenn es diese nicht sofort bei Bekanntwerden durchgeführt hat (be- 90 denklich BFH BStBl 02, 174). Das Vertrauen des Stpfl in die Bestandskraft von StBescheiden genießt auch sonst keinen Schutz, sofern die tatbestandlichen Voraussetzungen des § 173 vorliegen (BFH BStBl 02, 44). Weiterzahlung von Kindergeld trotz erkennbar fehlenden Anspruchs steht daher Rückforderung grds nicht entgegen (BFH BStBl 02, 174); es müssen insbes in einem Massenverfahren besondere Umstände hinzu kommen, die die Geltendmachung eines Rückforderungsanspruchs als illoyale Rechtsausübung erscheinen lassen (BFH BStBl 04, 123: besonders eindeutiges Verhalten der Familienkasse, dem zu entnehmen ist, dass sie auch nach Prüfung des Falles unter Berücksichtigung veränderter Umstände von einem Fortbestehen des Kindergeldanspruchs ausgeht).

98 **10. Höhere oder niedrigere Steuer.** Dass sich eine solche in Folge der neuen Tatsachen ergibt, ist Voraussetzung für eine Bescheidsänderung, wobei Verschulden des Stpfl eine Änderung *zu dessen Gunsten* (niedrigere Steuer) ausschließt (Rz 111 f). Ob Tatsachen zu einer höheren oder einer niedrigeren Steuer führen, hängt vom Vergleich der jetzt bekannt gewordenen Tatsachen mit den Tatsachen ab, die bei der ursprünglichen StFestsetzung, und zwar für die jeweilige StArt und den jeweiligen Besteuerungsabschnitt (BFH BStBl 82, 100). Dabei ist wegen der in Abs 1 Nr 2 enthaltenen Einschränkung der Änderungsmöglichkeiten von entscheidender Bedeutung, ob einzelne nachträgliche Feststellungen *je für sich* eine Tatsache darstellen oder nur *Elemente* eines einheitlichen Vorganges sind, der als solcher „eine nachträglich bekannt gewordene Tatsache" darstellt und damit zur Anwendung des Abs 1 Nr 1 oder Nr 2 führt.

99 Stellt sich heraus, dass bei der ursprünglichen Veranlagung Einkünfte einer bestimmten Einkunftsart überhaupt nicht berücksichtigt worden sind, so stellen die Einkünfte dieser betroffenen Einkunftsart (nicht die einzelnen Einnahmen, Betriebsausgaben etc) eine neue Tatsache dar; die Ausübung zB eines Gewerbebetriebes und die Höhe des erzielten Verlusts bilden also *eine* einheitliche, dem FA nachträglich bekannt gewordene Tatsache (vgl BFH BStBl 94, 346). Es kommt danach darauf an, ob die Berücksichtigung dieser Einkünfte steuererhöhend oder steuermindernd wirkt; die Einkünfte dürfen nicht etwa in steuererhöhende Einnahmen und steuermindernde Ausgaben aufgespalten werden (BFH BStBl 94, 346; [GrS] 84, 160). Denn es werden nicht etwa wie bei einer bisher schon angezeigten Tätigkeit nachträglich nicht erfasste Einnahmen und mit diesen Einnahmen im Zusammenhang stehende Betriebsausgaben bekannt; bekannt wird vielmehr die Tätigkeit als solche mit den hieraus erzielten Einkünften, also dem Ergebnis einer Saldierung von Aufwendungen und Erträgen (BFH BStBl 94, 346).

Sind hingegen die Einkünfte einer Einkunftsart bereits in dem ursprünglichen StBescheid erfasst worden, ist jedes einzelne bisher nicht berücksichtigte Element (Einnahmen, Betriebsausgaben etc) für sich genommen eine neue Tatsache, deren Auswirkung auf die StFestsetzung zu prüfen ist (BFH BStBl 62, 41). Hat das FA zB Einkünfte aus VuV geschätzt und ergeben sich aus der späteren ESt-Erklärung höhere Mieteinnahmen und höhere Werbungskosten, insgesamt aber niedrigere Einkünfte aus VuV, so sind die höheren Einnahmen keine steuererhöhenden Tatsachen iSd Abs 1 Nr 1; deshalb ist eine Änderungsveranlagung aufgrund des Sachzusammenhangs nach Abs 1 Nr 2 S 2 nicht möglich (FG BaWü EFG 90, 91; FG Ddorf EFG 93, 499).

100 Hat der Stpfl innerhalb einer Einkunftsart mehrere **selbständige Erwerbsgrundlagen** (zB mehrere Mietobjekte, Gewerbebetriebe oder Dienstverhältnisse), so sind die Einkünfte aus jeder dieser Erwerbsgrundlagen, zB der Überschuss aus einem bisher nicht berücksichtigten Objekt bei VuV, eine einheitliche Tatsache (BFH/NV 99, 743; weitergehend FG Bbg EFG 97, 383: jeder Geschäftsvorfall eine Tatsache). Auch wenn ein laufender Gewinn und ein Veräußerungsgewinn berücksichtigt worden sind, sind beide Beträge je eine Tatsache iSd Abs 1 Nr 1 und Nr 2 (BFH BStBl 87, 161). Ein Zusammenhang iSd Nr 2 S 2 (dazu näher

unten Rz 136) liegt nur dann vor, wenn der steuererhöhende Vorgang nicht ohne den steuermindernden Vorgang denkbar ist (BFH BStBl 86, 120; 91, 496; 92, 12; 96, 149). Die Höhe des laufenden Gewinns und die Höhe des Veräußerungsgewinns sind folglich Tatsachen, die für die Frage, ob sie zu einer höheren oder niedrigen Steuer führen, gesondert zu beurteilen sind; denn die Höhe des laufenden Gewinns bedingt nicht die Höhe des Veräußerungsgewinns.

Bei der **USt** ist Grundlage der StFestsetzung die USt-Schuld (bemessen nach 101
dem Saldo von positiven USt-Beträgen und Vorsteuern) für einen bestimmten VZ; nicht erfasste Vorsteuern sind daher als steuermindernde neue Tatsachen, nicht erfasste Ausgangsumsätze als steuererhöhende zu qualifizieren (BFH BStBl 03, 785); beide stehen auch nur insoweit iSd Abs 1 Nr 2 Satz 2 im Zusammenhang, als die vorbesteuerten bekannt gewordenen Eingangsumsätze zur Ausführung der nachträglich erfassten Ausgangsumsätze verwendet wurden; kann nicht festgestellt werden, dass die nachträglichen Leistungsbezüge (unmittelbar) bestimmten nachträglich bekannt gewordenen Umsätzen zuzurechnen sind, ist der Zusammenhang nach dem Verhältnis der geschätzten Umsätze zu den nachträglich erklärten Umsätzen zu ermitteln (BFH BStBl 03, 785). Liegt der USt-Festsetzung die Berechnung der Steuer durch den Unternehmer zu Grunde, so sind als erfasst sämtliche VorStBeträge anzusehen, die der Unternehmer berücksichtigt hat, unabhängig davon, inwieweit sich das FA ein Bild von den einzelnen VorStBeträgen und deren Abziehbarkeit verschafft hat. Stellt sich später heraus, dass der Unternehmer einen VorStBetrag nicht berücksichtigt hat, so kann dies zu einer Änderung des Bescheids zugunsten des Unternehmers unter den Voraussetzungen des Abs 1 Nr 2 führen (BFH BStBl 91, 124; vgl auch BFH BStBl 92, 12; 96, 149). Eine Berücksichtigung der Vorsteuer in einem späteren Jahr in entsprechender Anwendung von § 15a UStG ist hingegen ausgeschlossen (BFH BStBl 95, 233).

Beruht der zu ändernde Bescheid auf einer **Schätzung,** bedarf es einer Ge- 102
samtwürdigung, um festzustellen, ob von der bisherigen Schätzung abgewichen werden soll und ob dies zu einer höheren oder niedrigeren Steuer führt (BFH BStBl 87, 161; 91, 606). Denn da sich die Besteuerung bei Schätzung der Besteuerungsgrundlagen nicht ohne Weiteres aus einem genau bestimmten Tatsachenstoff ergibt, sondern mittels einer Schlussfolgerung aus Anknüpfungstatsachen abgeleitet wird, lässt sich nicht von vornherein feststellen, ob ein neu bekannt werdender Vorgang das stl Ergebnis in bestimmter Weise verändert. Vielmehr kann aufgrund Bewertung aller den VZ berührenden Schätzungsgrundlagen und ihrer steuerlichen Auswirkungen gesagt werden, ob die bisher festgesetzte Steuer zu erhöhen oder zu ermäßigen ist (vgl BFH BStBl 86, 120). Sind also die Einkünfte aus einer bestimmten Einkunftsart geschätzt worden, ist als nachträglich bekannt gewordene Tatsache die tatsächliche Höhe dieser Einkünfte anzusehen (BFH BStBl 91, 606). Dementsprechend ist nach einer vorangegangenen Gewinnschätzung erst das gemeinsame Ergebnis von Betriebseinnahmen und Betriebsausgaben, also der Gewinn eine Tatsache iSd § 173 I (BFH BStBl 86, 120; 91, 606; 94, 346). Bei der USt-Schätzung nimmt BFH BStBl II 1996, 149 allerdings eine solche Gesamtwürdigung *nicht* vor, sondern stellt vielmehr je für sich auf die nachträglich bekannt werdenden Umsätze und VorStBeträge ab (vgl auch BFH BStBl 92, 12; kritisch *HHSp/von Groll* Rz 147).

Der Vergleich zwischen den bisher der Veranlagung zu Grunde gelegten Tatsa- 104
chen und den nachträglich bekannt gewordenen ist für jede Steuerart und jeden Veranlagungszeitraum gesondert anzustellen (BFH BStBl 90, 610; 82, 100). Dabei ist grds auf den zu ändernden StBescheid, nicht auf die etwaigen **Auswirkungen bei der Abrechnung** von Abzugs- und Vorauszahlungsbeträgen abzustellen (BFH BStBl 90, 610; *BG/von Wedelstädt* § 173 Rz 36); für einen Ausnahmefall hat der BFH im Hinblick auf § 36 II Nr 2 EStG bei einer Nettolohnvereinbarung etwas anderes angenommen und danach gefragt, ob sich die Position des Stpfl „insgesamt gesehen" verbessert oder verschlechtert (BFH BStBl 90, 610).

105 Probleme ergeben sich bei der Anwendung der in Abs 1 S 1 Nr 1 und 2 vorgenommenen Differenzierung bei der **einheitlichen Gewinnfeststellung,** weil hier eine Änderung, die sich in ihren Folgen für die Veranlagung zugunsten eines Beteiligten auswirkt, zulasten eines anderen gehen kann. Deshalb wird mitunter die Unterscheidung zwischen einer Änderung zugunsten und zu Ungunsten bei diesen Bescheiden aufgegeben (FG Ddorf EFG 93, 697; *Wüllenkemper* DStZ 93, 208; *BG/von Wedelstädt* § 173 Rz 41). Bei der einheitlichen und gesonderten Feststellung von ertragsteuerrechtlichen Besteuerungsgrundlagen einer Personengesellschaft stellt BFH BStBl 09, 950 auf die Änderungen der Besteuerungsgrundlagen ab; die steuerlichen Auswirkungen in den Folgebescheiden seien hingegen nicht maßgeblich. Ob sich die Besteuerungsgrundlagen erhöhen oder verringern, ist bei der Feststellung von ertragsteuerrechtlichen Besteuerungsgrundlagen einer Personengesellschaft nicht für die Gesellschaft insgesamt, sondern für jeden einzelnen Feststellungsbeteiligten getrennt zu beurteilen. Bei einer nachträglich bekannt gewordenen, steuerrechtl beachtlichen Gewinnverteilungsabrede sind die Änderungsvoraussetzungen demnach nach Abs 1 Nr 1 erfüllt, soweit sich Gewinnanteile erhöhen, nach Abs 1 Nr 2, soweit sie sich verringern (BFH BStBl 09, 950). Bei einem Einheitswertbescheid hat die Rspr auf die Veranlassung durch das FA bzw den Stpfl abgestellt und eine von der FinBeh gegen den Willen des Stpfl durchgeführte Änderung als zuungunsten, eine auf Antrag des Stpfl durchgeführte hingegen als zu seinen Gunsten wirkend behandelt (BFH BStBl 88, 174; BFH/NV 88, 689, 690; 89, 920). Diese Rspr ist jedoch auf die Gewinnfeststellung nicht zu übertragen; eine nachträglich bekannt gewordene Gewinnverteilungsabrede, durch die sich der Gewinnanteil für einen Feststellungsbeteiligten erhöht oder verringert, ist durch Änderungsbescheid nach § 173 I Nr 1 bzw 2 zu berücksichtigen; auf Verschulden kommt es dabei nach § 173 I Nr 2 S 2 nicht an (BFH BStBl 09, 950 unter Aufgabe von BFH/NV 87, 775).

106 In ähnlicher Weise nimmt der BFH für **Zerlegungsbescheide** an, dass eine Änderung ungeachtet der Differenzierung zwischen günstigen und ungünstigen Änderungen bei jeder Änderung der Zerlegungsanteile vorgenommen werden muss (BFH BStBl 92, 869).

107 Bei einem **KSt-Freistellungsbescheid** ist § 173 I sinngemäß dahin anzuwenden, dass darauf abzustellen ist, ob die neuen Tatsachen/Beweismittel zur Anerkennung der Gemeinnützigkeit (dann Abs 1 Nr 2) oder zu ihrer Verneinung (dann Nr 1) führen; auf die steuererhöhende bzw steuermindernde Auswirkung der diesbzgl Beurteilung kommt es hingegen nicht an (BFH BStBl 98, 711).

111 **11. Grobes Verschulden des Stpfl.** Trotz nachträglich bekannt gewordener neuer Tatsachen oder Beweismittel muss eine Änderung der StFestsetzung *zugunsten des Stpfl* grds unterbleiben, es sei denn die Voraussetzungen des Abs 1 Nr 2 S 2 liegen vor (siehe Rz 135 ff). Bei einer ungünstigen Änderung ist ohne Bedeutung, ob der Stpfl verschuldet hat, dass die Tatsachen erst nachträglich bekannt werden (BFH/NV 01, 736).

112 **a) Grobes Verschulden, Begriff und Fallbeispiele.** Grobes Verschulden setzt Vorsatz oder grobe Fahrlässigkeit voraus (BFH BStBl 95, 264, stRspr). Grobe Fahrlässigkeit liegt vor, wenn der Stpfl die ihm nach seinen persönlichen Fähigkeiten und Verhältnissen zumutbare Sorgfalt in ungewöhnlichem, nicht entschuldbarem Maße verletzt (BFH BStBl 93, 80; 92, 65; 91, 124; 89, 960). Der Verschuldensmaßstab ist also grds subjektiv, nicht objektiv (vgl BFH BStBl 93, 80). Das wirkt sich zulasten fachkundiger oder stl beratender Stpfl iS eines höheren Grades an Sorgfalt hinsichtl der Anwendung der steuerrechtl Vorschriften aus (BFH/NV 17, 763). Grobes Verschulden wird nicht dadurch ausgeschlossen, dass die FinBeh ihren Ermittlungspflichten nicht nachgekommen ist (BFH BStBl 87, 161; vgl aber oben Rz 86) oder ihre Hinweispflichten missachtet hat (BFH BStBl 89, 789; BFH/NV 88, 342; 91, 785).

Grobes Verschulden kommt insbes in Betracht, wenn der stl relevante Sachverhalt in der **StErklärung** nicht richtig, vollständig und deutlich dem FA zur Prüfung unterbreitet worden ist (BFH BStBl 95, 293; 93, 166, 569; 92, 324; 90, 1047; 73, 106; BFH BStBl 89, 920; BFH/NV 12, 370: keine Angaben zu ausl Investmentbeteiligungen; weitgehend BFH/NV 04, 1070: Verstecken einer Angabe durch Eintrag an im vorgeschriebenen Vordruck nicht vorgesehener Stelle; BFH/NV 12, 545; 09, 978; 93, 496; 92, 75, 221; st Rspr) oder wenn er seinen Erklärungspflichten bis zum Erlass des StBescheids überhaupt nicht nachgekommen ist (BFH BStBl 87, 161; 92, 12; BFH/NV 90, 619); ferner wenn vom Stpfl zur Beurteilung des Sachverhalts erforderliche Unterlagen nicht beigefügt wurden (BFH BStBl 89, 585) oder eine Nachfrage des FA unbeantwortet gelassen wurde (BFH BStBl 97, 605); wenn der Stpfl die von seinem stl Berater vorbereitete StErklärung nicht überprüft oder der StBerater den Sachverhalt nicht anhand derjenigen Unterlagen ermittelt, die im Erklärungsvordruck erwähnt sind (FG BaWü BeckRS 2016, 123561, Rev VI R 24/17). 113

In der **amtlichen Anleitung** oder im **Erklärungsformular** ausdrücklich gestellte Fragen dürfen nicht unbeachtet bleiben (BFH/NV 12, 545; 04, 910, stRspr); das gilt auch bei elektronischer Abgabe der StErklärung (BFH BFH/NV 14, 1499). Die Vordrucke und Erläuterungen müssen aber auch für einen Laien „ausreichend verständlich, klar und eindeutig“ sein (BFH BStBl 01, 379; 95, 264; 93, 80; BFH/NV 12, 545). Entsprechen die Erklärungsvordrucke dem allgemeinen Sprachgebrauch und enthalten sie selbst keine Hinweise darauf, dass sie anders als im allgemeinen Sprachgebrauch zu verstehen sein könnten, handelt der Stpfl nicht von vornherein grob fahrlässig, wenn er auf das Verständnis nach dem allgemeinen Sprachgebrauch vertraut (BFH BStBl 01, 378; BFH/NV 10, 388). Grob fahrlässig ist es aber, Fragen – obwohl sie ausdrücklich gestellt sind – nicht zu beantworten, weil sie für die Besteuerung vermeintlich keine Bedeutung haben (BFH BStBl 92, 65). Ist hingegen eine bestimmte Angabe in dem Erklärungsvordruck gar nicht vorgesehen (vgl FG Ddorf EFG 91, 104) und liegt ihre steuerrechtliche Bedeutung auch nicht auf der Hand, so wird es bei einem nicht (steuer-)rechtskundigen Stpfl an einem groben Verschulden fehlen (vgl BFH BStBl 95, 264; vgl auch *Beck* DStR 84, 671). Das Unterlassen von Angaben zu einem im Erklärungsvordruck nicht vorgesehenen Punkt spricht – zumindest dem ersten Eindruck nach – gegen das Vorliegen von grober Fahrlässigkeit des Stpfl; dies gilt erst recht, wenn der Erklärungsvordruck sogar den Eindruck erweckt, diese Angaben seien stl nicht relevant (BFH/NV 12, 545). 113a

Entschuldbar soll ein **„mechanischer Fehler“** sein, der selbst bei sorgfältiger Arbeit einmal unterlaufen kann (BFH BStBl 91, 124). Diese offenbar an die Berichtigungsvorschrift des § 129 angelehnte und trotz § 173a – der diesen Fall nicht gänzlich abdeckt – bedeutsame Formel darf aber nicht so verstanden werden, dass die Änderung nach § 173 in dem gleichen Umfang und unter den gleichen Voraussetzungen wie eine (vom Verschulden der FinBeh unabhängige) Berichtigung nach § 129 zulässig ist. Es besteht keine „Waffengleichheit“, sondern die beiden gesetzlichen Regelungen haben einen verschiedenen Anknüpfungspunkt (offenbare Unrichtigkeit – Verschulden). Schlichtes „Vergessen“ bei der Datenübertragung in das elektronische Formular, wie es „jederzeit bei der Verwendung eines Steuerprogramms unterlaufen kann“, hat BFH BStBl 17, 7 „zu den Nachlässigkeiten [gerechnet], die üblicherweise vorkommen und mit denen immer gerechnet werden muss“, sodass solches nicht als grob fahrlässig zu werten“ sei, wenn es selbst bei sorgfältiger Arbeit nicht zu vermeiden sei (vgl schon BFH BStBl 91, 124). Es kann schwerlich richtig sein, dass Nachlässigkeiten grds entschuldbar und nur „bewusstes“ Fehlverhalten schuldhaft ist. 113b

Der Verschuldensmaßstab ist bei **elektronisch gefertigten** StErklärungen grds der gleiche wie bei schriftlich gefertigten Erklärungen. Allerdings sind Besonderheiten der elektronischen StErklärung hinsichtlich ihrer Übersichtlichkeit bei der Beurteilung des individuellen Verschuldens ebenso zu berücksichtigen wie der 113c

Umstand, dass am Computerbildschirm ein Überblick über die ausfüllbaren Felder der elektronischen StErklärung mitunter schwieriger zu erlangen ist, als bei einer StErklärung in Papierform (BFH BStBl 17, 7; 16, 521; BFH DStRE 13, 948; BFH/NV 14, 1347). Grobe Fahrlässigkeit entfällt jedoch nicht deshalb, weil bei einer mit ElsterFormular abgegebenen elektronischen StErklärung die nachträgliche Überprüfung, ob sämtliche im Erklärungsformular ausdrücklich gestellten Fragen beantwortet worden sind, dadurch erschwert wird, dass das Programm nach der Eingabe keinen Ausdruck des vollständigen Formulars liefert, sondern nur die Kennziffern aufführt, zu denen Werte eingetragen worden sind (FG Hbg 3 K 252/16, NZB X B 44/17 unbegründet).

113d Es ist nicht schuldhaft, wenn der Stpfl sich nicht alle Vordrucke beschafft und alle **Elster-Anlagen** (BFHE 240, 507 = DStRE 13, 948; vgl auch BFHE 240, 504 = DStR 13, 1175) darauf durchsieht, ob dort möglicherweise für seine Besteuerung relevante Angaben abgefragt werden, sofern die allgemeinen Ausfüllungsanleitungen keinen Anlass geben, diese Vordrucke/Anlagen auszufüllen bzw zu prüfen (FG Hbg EFG 12, 488, Rev zurückgewiesen BFHE 240, 507 = BFH/NV 13, 1143; vgl auch BFHE 240, 504 = BFH/NV 13, 1142).

113e **Unkenntnis stl Bestimmungen** reicht für sich **allein** bei Laien nicht aus, den Vorwurf groben Verschuldens zu begründen (vgl BFH BStBl 89, 131; 89, 960; BFH/NV 09, 548). Die Rspr sieht dem Stpfl ohne einschlägige Ausbildung allerdings Unkenntnis des StRechts nach, wenn diese sich in unvollständigen Angaben in der StErklärung (BFH BStBl 94, 346; 89; 89, 131; 88, 713; BFH/NV 07, 866; 05, 1212; 00, 978) oder dem Unterlassen einer notwendigen Erklärung (BFH BStBl 01, 379) äußert, es sei denn Zweifelsfragen hätten sich ihm „aufdrängen" müssen (BFH/NV 05, 1212; 00, 978) oder eine im Erklärungsbogen ausdrücklich gestellte Frage bleibt unbeantwortet (siehe schon Rz 113). Kein grobes Verschulden soll zB bei Irrtum über den Umfang der als Kinderbetreuungskosten von Alleinerziehenden abziehbaren Aufwendungen gegeben sein (BFH BStBl 89, 960) oder bei Unkenntnis der steuerlichen Voraussetzungen eines Vertragsverhältnisses mit Familienangehörigen (BFH BStBl 95, 264). Selbst ein (auf dem Gebiet des StRechts nicht tätiger) Jurist muss nicht unbedingt wissen, ob und wann vorab entstandene Schuldzinsen als Werbungskosten bei den Einkünften aus VuV abgezogen werden können (BFH BStBl 89, 131; aA *Mittmann* DStZ 89, 505); von ihm soll auch nicht generell erwartet werden können, dass ihm die Voraussetzungen zur Anerkennung eines häuslichen Arbeitszimmers bekannt sind (FG Saarl EFG 90, 147). Aus diesen Beispielen lässt sich indes eine zuverlässige und völlig überzeugende Regel für die dem Stpfl abverlangten Kenntnisse bzw Nachforschungen nur schwer ableiten.

113f Eine **Rechtspflicht, wegen mangelhafter eigener Fähigkeiten sachkundige Hilfe in Anspruch zu nehmen**, besteht „iAllg" nicht (BFH BStBl 01, 379). Wer eine betriebliche oder berufliche Tätigkeit aufnimmt, die bestimmte stl Fragen aufwirft, muss sich jedoch gewiss damit vertraut machen (vgl BFH BStBl 94, 346), ebenso, wer besondere Vergünstigungstatbestände in Anspruch nehmen will. Jedoch will BFH BStBl 01, 379 von einem freiberuflich tätigen Architekten nicht verlangen, dass er unter Gewinn auch einen Verlust versteht (vgl BFH BStBl 93, 80 für anteilige Aufwendungen der Eigentumswohnung als absetzbares Arbeitszimmer), so wie BFH BStBl 89, 131 entschuldigt, dass unter Einkünften Einnahmen verstanden werden. All dies ist indes nicht unproblematisch. Denn zu den Bürgerpflichten des Stpfl gehört, dass er den Sinn ihm unklar erscheinender steuerlicher Vorschriften mit allgemein zugänglichen Mitteln zu ermitteln versucht (anders *TK/Loose* § 173 Rz 77, wonach die Fehlinterpretation solcher Vorschriften dem Stpfl niemals zum Verschulden gereichen soll, was aber nur bei nicht ohne Weiteres lösbaren Auslegungsfragen richtig ist).

114 Wenn der Stpfl *erkennt,* dass er selbst die von ihm verlangte StErklärung nicht zuverlässig richtig abgeben kann, muss er fachliche Hilfe herbeiziehen (anders BFH BStBl 01, 379); er muss sich selbst im Hinblick auf sein steuerliches Verständnis und seine Auffassungsgabe etwa beim Studium der von der FinBeh herausgegebenen Merkblätter kritisch prüfen und ggf einen StBerater zu Rate ziehen, insbes wenn er eine nicht alltägliche stl Gestaltung seiner Verhältnisse gewählt hat). Dass nur bei Hinzutreten besonderer Umstände ein nicht beratener Stpfl, der eine für ihn günstige Tatsache für unbedeutend hält und deshalb nicht angibt, grob schuldhaft handele (vgl BFH BStBl 93, 80; FG Köln EFG 84, 55; FG Hbg EFG 82, 225; FG Ddorf EFG 87, 538; FG Mchn EFG 97, 1081), ist deshalb mE zu pauschal und berücksichtigt nicht eine – in Grenzen – bestehende stl **Erkundigungspflicht** (vgl BFH BStBl 94, 346). Wenn auch keine Pflicht besteht, seine StErklärung grds durch einen StBerater fertigen zu lassen, darf die Kompliziertheit des StRechts auch nicht geradezu als Rechtfertigung für ins Blaue hinein abgegebene Erklärungen dienen (so aber iErg bei *Schwarz/Frotscher* § 173 Rz 203).

Wenn der Stpfl davon ausgehen konnte, dass nach der **bisherigen ständigen** 117
Rspr eine bestimmte Tatsache nicht zu einer StErmäßigung führt, und er es deswegen unterlässt, in seiner StErklärung auf diese Tatsache hinzuweisen, kann ebenfalls grobes Verschulden fehlen, wenn der Stpfl keinen Anlass hatte, die Entwicklung der Rspr zu verfolgen, etwa weil die Frage von Anfang an zweifelh oder umstritten war. Kein grobes Verschulden also, wenn die Tatsache nach bisher herrschender, für den Stpfl aus (ihm zugänglichen) Veröffentlichungen erkennbarer Auslegung unerheblich gewesen ist und erst durch eine kürzliche Änderung der Rspr oder der Verwaltungsanweisungen Bedeutung erlangt hat (vgl *Huxol* DStR 82, 220; *Beck* DStR 84, 671; anders *Buciek* DStZ 85, 580).

Bestandskräftige **Schätzungsveranlagungen** lassen bei späterer Abgabe der 118
StErklärung idR keine Änderung des StBescheids *zugunsten* des Stpfl zu, weil den Stpfl insoweit grobes Verschulden trifft (BFH BStBl 86, 120; 92, 12; BFH/NV 90, 619; OFD Brem StEK § 173 Nr 4). Wird die Frist zur Abgabe der Erklärung versäumt und dadurch der Erlass eines Schätzungsbescheids veranlasst, wird dieses Verschulden nicht durch spätere leichte Fahrlässigkeit bei der Anfechtung dieses Bescheids verdrängt (BFH BStBl 05, 75).

Verbleibende **Zweifel über das Vorliegen eines groben Verschuldens** wer- 120
den diese mitunter dem FA angelastet, weil grds davon auszugehen sei, dass Fehler des Stpfl auf einem Versehen, also auf leichter Fahrlässigkeit, beruhen (BFH BStBl 93, 80, 82).

b) Vertreterverschulden. Der Stpfl kann Hilfskräfte heranziehen oder sich bei 125
der Erfüllung seiner stl Pflichten vertreten lassen. Er muss dann nicht alle Einzelheiten selbst nachkontrollieren. Hilfskräfte oder Bevollmächtigten müssen entsprechend qualifiziert sein (BFH BStBl 94, 346: Heranziehung eines zur Hilfe in Steuersachen nicht Befugten). Das Verschulden seines Vertreters, seines steuerlichen Beraters oder Bevollmächtigten oder sonstiger Hilfspersonen muss sich der Stpfl zurechnen lassen, auch wenn diese sorgfältig ausgewählt worden sind (BFH 83, 324; 89, 789; 16, 512; BFH/NV 93, 147; 88, 342; hM, aA *TK/Loose* § 173 Rz 82; *Dißars* DStZ 97, 732). Eheleute, die Zusammenveranlagung beantragt haben, müssen sich aber das Verschulden des anderen Ehegatten zurechnen lassen (BFH BStBl 97, 115). Hat ein vom Stpfl beauftragter, unabhängiger Sachverständiger bei der Wertermittlung eines Grundstücks eine den Wert mindernde Grundstücksbelastung übersehen, muss sich der Stpfl grobes Verschulden des Sachverständigen jedoch nicht zurechnen lassen (BFH BStBl 06, 412).

Wenn der stl Berater seinerseits Mitarbeiter zur Vorbereitung des Jahresabschlus- 125b
ses und der StErklärung einsetzt, muss er Sorgfaltspflichten hinsichtlich der Auswahl seiner Mitarbeiter, der Organisation, der Arbeiten in seinem Büro und der Kontrolle der Arbeitsergebnisse beachten (BFH BStBl 88, 109). Dies bedeutet jedoch nicht, dass der StBerater verpflichtet ist, die Arbeitsergebnisse eines bewährten und qualifizierten Mitarbeiters in allen Einzelheiten zu überprüfen und nachzuvollziehen (BFH BStBl 88, 109).

125c Wenn der Stpfl einen StBerater mit der Erstellung des Jahresabschlusses und der StErklärung beauftragt, muss dieser die ihm übergebenen Unterlagen auf Vollständigkeit und Plausibilität überprüfen (BFH BStBl 88, 109).

Diese Grundsätze gelten auch, wenn der StBerater nur beratend tätig war (FG Mchn EFG 83, 156).

126 Ob beim **StBerater** grobes Verschulden vorliegt, ist nach den oben (Rz 112f) genannten Grundsätzen zu prüfen. Hierbei ist jedoch zu beachten, dass von einem Angehörigen der steuerberatenden Berufe die Kenntnis und sachgemäße Anwendung der steuerrechtlichen Vorschriften erwartet wird (BFH BStBl 83, 324; 84, 2, 256; 89, 789; 13, 566; BFH/NV 93, 147). Er darf die Angaben seines Mandanten nicht ungeprüft übernehmen, sondern muss sie überprüfen und bei Unklarheiten ggf Nachfrage halten (sehr weitgehend BFH BStBl 10, 531: Fragepflicht, ob stl relevante Krankheitskosten vorliegen). Ihm ist grobes Verschulden vorzuwerfen, wenn er einem unerfahrenen Stpfl lediglich eine komprimierte EStErklärung vorlegt, ohne den maßgebenden Sachverhalt zu ermitteln, und dem Stpfl keine Möglichkeit gibt, die darin enthaltenen Angaben auf Vollständigkeit und Richtigkeit zu prüfen (BFHE 241, 226). Das Verschulden des StBeraters wird auch nicht dadurch unbeachtlich, dass die FinBeh möglicherweise ihre Aufklärungspflichten nicht erfüllt hat (vgl BFH BStBl 92, 65; 87, 161).

127 **Der Stpfl selbst** muss dafür Sorge tragen, dass der StBerater die ihm übertragene Tätigkeit ordnungsgemäß erledigen kann (BFH/NV 09, 1394: Überprüfungsmöglichkeit des ergangenen StBescheids innerhalb der Einspruchsfrist), insbes seinen StBerater umfassend und zutreffend über seine steuerlichen Verhältnisse **informieren** und im Rahmen seiner Möglichkeiten die vom StBerater gefertigten StErklärungen auf sachl Richtigkeit **überprüfen** (vgl BFH/NV 93, 147). Ermöglicht der StB diese Überprüfung nicht, stellt dies seinerseits ein grobes Verschulden dar (BFH BStBl 16, 512). Die Prüfungspflicht des Stpfl vor der Unterzeichnung der von seinem StBerater ausgefüllten StErklärung erfordert aber nicht, dass er den gesamten Erklärungsvordruck in allen Einzelheiten durcharbeitet; es kann vom Stpfl auch nicht uneingeschränkt verlangt werden, dass er die ihm zugänglichen Zahlenangaben in der StErklärung vollständig überprüft oder sogar nachrechnet (BFH/NV 93, 147), wohl aber dass er auf die Nichtberücksichtigung von Tatsachen (BFH/NV 01, 1011; 99, 743) und Beweismitteln achtet, soweit ihm diese ohne Weiteres auffallen müsste. Missverständnisse zwischen Stpfl und StBerater begründen also nicht in jedem Falle grobes Verschulden (vgl BFH/NV 93, 147).

131 **c) Rechtsbehelfe und Verschulden.** Im Rahmen der Verschuldensprüfung ist auch zu berücksichtigen, dass der Stpfl die Möglichkeit hat, sich gegen den StBescheid mit Rechtsbehelfen zur Wehr zu setzen. Erkennt der Stpfl innerhalb der Einspruchsfrist den Fehler, entspricht es Sinn und Zweck des § 173, von ihm zu verlangen, dass er gegen den Bescheid Einspruch einlegt (sehr str; so insbes BFH BStBl 84, 256; 91, 496; 95, 264; BFH/NV 17, 438; aA ua *TK/Loose* § 173 Rz 76; *HHSp/von Groll* § 173 Rz 291; *Schwarz/Frotscher* § 173 Rz 207; *BG/von Wedelstädt* § 173 Rz 103) bzw innerhalb eines bereits anhängigen Einspruchsverfahrens die Tatsachen offenbart (BFH/NV 14, 820; 98, 1063). Der Gesetzeswortlaut mag vordergründig anders zu verstehen sein, lässt aber diese Auslegung zu (anders *TK/Loose* § 173 Rz 76 mit der Behauptung, das Gesetz verlange nur die Erfüllung der Mitwirkungspflicht im Veranlagungsverfahren).

132 Verschulden kann auch in der Versäumung der Einspruchsfrist liegen (FG BaWü EFG 78, 417; FG Bln EFG 79, 579), obwohl sich die Geltendmachung von neuen Tatsachen innerhalb der Einspruchsfrist hätte aufdrängen müssen (BFH BStBl 84, 256). Denn es kann nicht davon ausgegangen werden, dass durch die Nr 2 dem Stpfl insofern weitere Rechte eingeräumt werden sollen, als er im Wege des Einspruchsverfahrens hätte geltend machen können (richtig *Buchheister* DStZ 80, 446). Erkennt der Stpfl erst nach Unanfechtbarkeit, dass er dem FA eine Tatsache

zur Berichtigung mitteilen muss, ist dafür der Änderungsantrag nach Nr 2 statthaft (ebenso schon FG Hbg EFG 82, 278; aA FG Nbg EFG 78, 526 mit dem nicht überzeugenden Hinweis, der Stpfl könne uU gute Gründe haben, keinen Einspruch einzulegen, weil dies ggf nach entsprechendem Hinweis zu einer Verböserung, § 367, führen könne). Für die Verschuldensfrage ist auch das Verhalten des Stpfl im Zeitraum für die Stellung eines Wiedereinsetzungsantrags wegen Versäumung der Einspruchsfrist von Bedeutung (FG Bln EFG 85, 53).

12. Zusammenhang zwischen steuererhöhenden und steuermindernden Tatsachen. Dieser bewirkt die Unbeachtlichkeit des Verschuldens (Abs 1 Nr 2 S 2). Wenn die neuen Tatsachen oder Beweismittel in einem Zusammenhang mit Tatsachen oder Beweismittel stehen, die zu einer höheren Steuer führen, soll dem Stpfl nicht verwehrt werden, bei einer Änderung wegen neuer Tatsachen zu seinem Nachteil geltend zu machen, dass mit diesen Tatsachen in Zusammenhang stehende Tatsachen per Saldo zu einer StMinderung führen. 135

Ein unmittelbarer oder mittelbarer Zusammenhang zwischen Tatsachen, die zu einer höheren, und Tatsachen, die zu einer niedrigeren Steuer führen, liegt dann vor, wenn der steuererhöhende Vorgang nicht ohne den steuermindernden Vorgang denkbar ist (BFH BStBl 03, 785; 96, 149; 92, 12; 91, 496; 87, 161; 86, 120; BFH/NV 10, 604). Erforderlich ist nur ein sachlicher Zusammenhang, nicht ein steuerlicher oder zeitlicher (BFH BStBl 86, 120; 92, 12); die nachträglich bekannt gewordene Tatsache muss sich also nicht in derselben StArt oder in demselben VZ zugleich steuererhöhend oder steuermindernd auswirken oder die Auswirkung ebenfalls auf § 173 I beruhen (BFH BStBl 05, 451: Verminderung der VermögenSt wegen Erhöhung der ESt gem § 175 I 1 Nr 1). Es reicht auch ein Zusammenhang zwischen in unterschiedlichen StAbschnitten wirksamen Tatsachen aus (BFH BStBl 86, 120). So kann ein Mindergewinn des einen Jahres ursächlich auf den Mehrgewinn des vorhergehenden Jahres zurückgehen. Bei der Zusammenveranlagung von Ehegatten kann ein Zusammenhang auch dann bestehen, wenn bei dem einen Ehegatten steuererhöhende und bei dem anderen Ehegatten steuermindernde Tatsachen oder Beweismittel bekannt werden (BFH BStBl 87, 297). 136

Bei der **ESt** besteht danach zB ein Sachzusammenhang zwischen nachträglich bekannt gewordenen Einnahmen und darauf entfallenden Betriebsausgaben/Werbungskosten (BFH BStBl 87, 297; 84, 4), sofern nicht ohnehin nur der Gewinn/Verlust selbst die maßgebliche neue Tatsache ist (siehe dazu Rz 29 und BFH BStBl 94, 346; 91, 606; vgl auch FG Hbg EFG 92, 4 zur Behandlung von Arbeitslohn/Arbeitslosengeld). Kein Zusammenhang besteht hingegen zwischen laufendem und Veräußerungsgewinn (BFH BStBl 87, 161). 137

Bei der **USt** besteht der Sachzusammenhang zwischen nachträglich bekannt gewordenen höheren steuerpflichtigen Umsätzen und höheren VorStBeträgen nur, soweit die umsatzsteuerpflichtigen Leistungen zur Ausführung der nachträglich bekannt gewordenen Umsätze gegenständlich oder wirtschaftlich verwendet wurden (BFH BStBl 96, 149; 92, 12). Umsätze, die nach Schätzung in dem StBescheid bekannt werden, sind nur insoweit nachträglich bekannt geworden, als sie die geschätzten Umsätze übersteigen, und zwar unabhängig davon, ob die Zahl oder die Höhe der Umsätze oder beides zu gering geschätzt war; der erforderliche Zusammenhang mit den steuermindernden Vorsteuern kann in diesem Fall idR nur dadurch festgestellt werden, dass durch Schätzung ermittelt wird, inwiefern sie auf diese neuen Umsätze entfallen (BFH BStBl 96, 149: Aufteilung der VorSt im Verhältnis der geschätzten Umsätze zu den nachträglich erklärten Umsätzen; vgl aber auch BFH BStBl 03, 785, das die Vorsteuern uneingeschränkt über § 177 berücksichtigen will – ebenso *Looks/Jünger* DStR 03, 529 –, was nur insoweit zulässig ist, als dadurch eine sonst gebotene Erhöhung der USt wegen Saldierung mit der jetzt erklärten VorSt vermieden wird). Stehen die Vorsteuern iZm nicht steuerbaren 137a oder steuerfreien Umsätzen, können sie nicht nachträglich berücksichtigt werden (BFH BStBl 92, 12).

138 Abs 1 Nr 2 S 2 ist nicht anwendbar, wenn die **Änderung nach** § 173 I **Nr 1 bereits bestandskräftig** war (BFH BStBl 84, 48; aA *BG/von Wedelstädt* § 173 Rz 113). Nr 2 S 2 greift nämlich nach seinem Sinn und Zweck nicht ein, wenn die erneute Änderung eines bereits nach Nr 1 geänderten StBescheids beantragt wird. Wird ein StBescheid nach Nr 1 geändert, so sollen gleichzeitig inzwischen bekannt gewordene Tatsachen oder Beweismittel zugunsten des Stpfl berücksichtigt werden, ohne dass es auf die Umstände, die zum nachträglichen Bekannt werden geführt haben, ankommt. Ist ein Änderungsbescheid bereits ergangen, so können deshalb Tatsachen oder Beweismittel zugunsten des Stpfl in erleichterter Form nur noch in einem Rechtsbehelfs- oder Klageverfahren über den Änderungsbescheid geltend gemacht werden.

139 Stehen nachträglich bekannt gewordene steuermindernde Tatsachen mit nachträglich bekannt gewordenen steuererhöhenden Tatsachen in Zusammenhang, so sind die **steuermindernden Tatsachen** – anders als im Falle des § 177 – nicht nur bis zur steuerlichen Auswirkung der steuererhöhenden, sondern **uneingeschränkt zu berücksichtigen** (BFH BStBl 84, 4; 87, 297; 92, 12). Umstritten ist jedoch, ob eine Änderung insgesamt zu einer niedrigeren StFestsetzung führen kann, wenn eine in ihrer Wirkung geringfügige Tatsache zu Ungunsten des Stpfl mit gewichtigen steuermindernden Tatsachen zusammentrifft (bejahend: *BG/von Wedelstädt* § 173 Rz 109; *TK/Loose* § 173 Rz 88). Dies hätte zur Folge, dass derjenige, der objektiv seiner steuerlichen Erklärungspflicht nicht genügt hat (deshalb Änderung zuungunsten), besser gestellt wäre, als der gewissenhafte Stpfl. Diese Konsequenz nimmt aber der BFH zu Recht in Kauf: Bei einer Änderung des StBescheids nach § 173 I Nr 2 S 2 sind die steuermindernden Tatsachen oder Beweismittel nicht nur bis zur steuerlichen Auswirkung der steuererhöhenden Tatsachen oder Beweismittel, sondern uneingeschränkt zu berücksichtigen (BFH BStBl 84, 4; ebenso FG Saarl EFG 91, 443; FG Hbg EFG 92, 4).

140 Wo ein Zusammenhang iSd § 173 I Nr 2 S 2 nicht besteht, können uU Rechtsfehler, die zu Ungunsten des Stpfl unterlaufen sind, ggf im Rahmen des **§ 177** I bereinigt werden (BFH BStBl 87, 297). UU können steuermindernde Tatsachen auch sowohl gem Abs 1 Nr 2 als auch gem § 177 zu berücksichtigen sein (BFH BStBl 03, 785).

141 **13. Änderungssperre nach einer Ap (Abs 2).** Grundgedanke dieser Vorschrift ist, dass nach Durchführung einer Ap davon auszugehen ist, dass der FinBeh alle Tatsachen, die für die Festsetzung der Steuer von Bedeutung sind, bekannt sind. Die FinBeh hatte jedenfalls bei der Ap die Möglichkeit, erschöpfende Ermittlungen durchzuführen. Ergeben sich *nach* Auswertung des Ergebnisses der Ap dennoch neue Tatsachen, so hat insoweit die FinBeh ihre Möglichkeit, diese Tatsachen bei der StFestsetzung noch zu verwerten, gleichsam verwirkt. Das gilt unabhängig davon, ob aufgrund der Ap ein erstmaliger StBescheid, ein Änderungsbescheid oder ggf Rechtsbehelfsentscheidungen dazu (BFH BStBl 87, 410) ergangen sind oder ein Nachprüfungsvorbehalt aufgehoben worden ist.

142 Ap im Sinne der Vorschrift ist auch die *LSt-Ap* nach § 42f EStG (BFH BStBl 93, 840; vgl auch BFH BStBl 91, 537), ebenso eine *USt-Sonderprüfung,* die aber eine Änderungssperre nur auslöst, wenn nicht nur eine Festsetzung von Vorauszahlungen (Voranmeldungen) ergeht (BFH BStBl 07, 420; 88, 707; BFH/NV 12, 1004; 95, 283). Auch die *abgekürzte Ap* nach § 203 ist eine Ap iSd Vorschrift. Eine *Fahndungsprüfung* steht einer Ap iSd Abs 2 nicht gleich (es sei denn idF des § 208 II Nr 1), weil sie keine umfassende Prüfung ist und anders als eine Ap nicht den für diese vorgeschriebenen, Vertrauen des Stpfl begründenden besonderen Förmlichkeiten (förmliche Prüfungsanordnung etc) unterliegt (BFH BStBl 98, 367; BFH/NV 04, 1502). Ebenso wenig eine Prüfung im Rahmen der StAufsicht nach §§ 209ff und eine Bestandsaufnahme (BFH BStBl 85, 702).

Abs 2 verbietet nur eine Aufhebung oder Änderung von StBescheiden wegen neuer Tatsachen oder Beweismittel nach Abs 1 (BFH BStBl 90, 458; 88, 168; BFH/NV 10, 161; 05, 322; 95, 938), dabei jedoch auch eine Berücksichtigung steuermindernder Tatsachen (BFH BStBl 88, 307, 932; 87, 410; BFH BStBl 85, 146 ist überholt). Die Änderungssperre greift hingegen nicht ein, wenn die geprüften StBescheide noch unter Vorbehalt der Nachprüfung stehen (BFH BStBl 95, 2; 88, 168 für den Fall des § 202 I 3) oder die Änderung auf § 174 III, auf § 175 I Nr 1 (BFH BStBl 97, 269; 96, 232) oder auf § 172 I 1 Nr 2 Buchst c (BFH BStBl 95, 293; BFH/NV 14, 570; 10, 161; 08, 1984) gestützt wird bzw gestützt werden kann. 143

Ferner gilt die Änderungssperre dann nicht, wenn eine **StHinterziehung** (§ 370) oder eine leichtfertige **StVerkürzung** (§ 378) vorliegt (vgl BFH BStBl 95, 293), *soweit* infolgedessen Tatsachen erst nachträglich bekannt werden (Teildurchbrechung der Bestandskraft), wobei ein etwaiges Ermittlungsversagen der FinBeh ohne Bedeutung ist (FG Mchn EFG 04, 1416). Die StHinterziehung oder die leichtfertige StVerkürzung muss nicht durch den Stpfl selbst begangen worden sein (BFH BStBl 95, 293; aA FG Nds EFG 92, 6; *App* BB 87, 313); es genügt, wenn die Handlung durch einen Dritten zugunsten des Stpfl begangen wurde, selbst wenn dieser sich selbst nicht unredlich verhalten hat (BFH BStBl 95, 293). Selbstanzeige nach § 371 oder Verfolgungsverjährung nach § 384 schließen eine Anwendung des Abs 2 nicht aus. 144

Die Änderungssperre wird nach überw Meinung im Rahmen einer Verweisung auf die AO-Vorschriften nicht durch die Begehung eines **Subventionsbetrugs** aufgehoben (zweifelnd offenbar BFH/NV 05, 1609; FG SachsAnh EFG 09, 808; FG Nds EFG 93, 248; FG RhPf EFG 85, 431; vgl *Beckmann* DStZ 97, 393 und *Bergan/Martin* DStRE 09, 882; *HHSp/von Groll*, § 173 Rz 351; *BG/von Wedelstädt* § 173 Rz 147; *TK/Loose* § 173 Rz 97; *Schwarz/Frotscher* § 173 Rz 265), weil es sich insoweit nicht um eine StStraftat handele, sondern um ein Betrugsdelikt gem StGB (vgl dazu *Rößler* StBp 85, 232: einer erweiternden Auslegung stehe das Analogieverbot entgegen; dagegen zutreffend *Zinn* StBp 85, 232). 145

Wenn eine Ap ohne stl Auswirkung geblieben ist und folglich aufgrund der Ap kein StBescheid ergeht, greift die Änderungssperre des Abs 2 nach dessen Satz 2 ebenfalls (BFH BStBl 91, 537), aber nur dann ein, wenn eine **Mitteilung gem § 202 I 3** ergangen ist. Die erforderliche Mitteilung kann allerdings in einem bloßen entspr Hinweis im Prüfbericht liegen (BFH/NV 04, 307). Erstreckte sich die Ap auf mehrere StArten und/oder Veranlagungszeiträume und führt sie insoweit nur teilweise zu einer steuerlichen Änderung, ergeht jedoch wegen der anderen StArten oder Veranlagungszeiträume keine Mitteilung nach § 202 I 3, so greift die Änderungssperre nicht ein (BFH BStBl 91, 537; aA *TK/Loose* § 173 Rz 94); anders ist es, wenn sich insoweit – wie es nicht selten der Fall sein wird – die entsprechende Mitteilung aus dem Ap-Bericht ergibt (BFH BStBl 91, 643), was jedoch ausdrücklich geschehen muss (BFH BStBl 90, 283). Der Stpfl sollte ggf zur Klarstellung darauf dringen. 146

14. Umfang der Änderungssperre nach Ap. Ein völliger Ausschluss der Änderung wegen neuer Tatsachen ist nur gegeben, wenn die Ap *tatsächlich* umfassend war, dh wenn sie sich auf alle Umstände bezog, die für die Festsetzung der Steuer maßgebend sind (vgl BFH BStBl 88, 307, 932; 95, 289). War die Ap auf bestimmte Sachverhalte beschränkt (vgl § 194 I 2), gilt Abs 2 nur für die stl Auswertung der Tatsachen, die insoweit von der Ap erfasst wurden. Für den Umfang der Ap ist die Prüfungsanordnung maßgebend (BFH BStBl 98, 552; 95, 289; 88, 932; BFH/NV 93, 191; FG Nds EFG 92, 5; anders BFH BStBl 89, 909 und 193 für LSt-Ap; offen gelassen in BFH/NV 93, 496); sie bezieht sich also nur auf den nach der Anordnung zu prüfenden Stpfl (BFH BStBl 98, 552) und die zu prüfenden Steuern und VZ, nicht weitere StArten (BFH/NV 96, 103; 93, 496). Die Bindungswirkung wird nicht durch die Ap als solche, sondern durch die aufgrund 151 der Prüfung ergangenen StBescheide ausgelöst; solche Bescheide dürfen nicht geändert werden (BFH BStBl 89, 193). Die Feststellungen der Ap können folglich nicht durch mehrfache Änderung der StFestsetzung gleichsam schrittweise (jeweils nur teilweise) ausgewertet werden. Eine Einschränkung der Änderungssperre durch einen diesbzgl Vorbehalt in dem aufgrund der Ap ergehenden StÄnderungsbescheid ist nicht zulässig und wäre als unwirksam anzusehen.

152 Wird bei einer USt-Sonderprüfung ein ertragsteuerlich relevanter Sachverhalt geprüft und daraufhin der ESt-Bescheid geändert, unterliegt der ESt-Bescheid nicht der Änderungssperre (BFH/NV 93, 496; *Hildebrandt* BB 80, 1687; aA *Mösbauer* UVR 02, 333). Bei einer Prüfungskombination, bei der entspr der Prüfungsanordnung im Rahmen der LSt-Prüfung gleichzeitig umsatzsteuerliche Sachverhalte geprüft werden, greift jedoch die Änderungssperre auch für die USt ein (*Zwank* BB 82, 984). Etwas anderes gilt, wenn die lohnsteuerlichen Feststellungen lediglich durch Kontrollmitteilungen auch für umsatzsteuerl Zwecke ausgewertet wurden. Keine Änderungssperre steht ferner entgegen, wenn bei LSt-Ap Geschäftsführergehalt geprüft worden ist und für KSt später vGA angenommen werden soll (BFH/NV 96, 103; ebenso FG RhPf EFG 96, 574 rkr), oder im Verhältnis von LSt-Prüfung und EStSchuld, auch hinsichtlich des geprüften Stpfl (vgl BFH/NV 97, 161).

155 **15. Anwendung des Abs 2 auf LSt-Haftungsbescheide und auf LSt-Nachforderungsbescheide.** Führt die LSt-Ap zu einer Nachforderung pauschaler LSt, die der ArbG zu übernehmen hat (§ 40 III EStG), wird nach § 40 I EStG ein Nachforderungsbescheid erlassen, der sich nach der Rspr des BFH nur auf bestimmte lohnsteuerpflichtige Sachverhalte bezieht. Die Änderung dieses Nachforderungsbescheids ist zwar nur bei StHinterziehung oder leichtfertiger StVerkürzung möglich; denn ein solcher LSt-Nachforderungsbescheid ist ein StBescheid iSd § 173, weil durch ihn die vom ArbG als StSchuldner übernommene LSt festgesetzt wird (BFH BStBl 89, 193), sodass die Änderungssperre eingreift. Von dem Bescheid nicht erfasste Sachverhalte sollen hingegen zum Gegenstand weiterer Nachforderungsbescheide gemacht werden können (BFH BStBl 89, 193, 909; vgl auch BFH BStBl 91, 537). Denn ein Nachforderungs-/Haftungsbescheid schließt einen Verzicht auf weitere Nachforderung/Haftung nicht stillschweigend ein (vgl auch BFH BStBl 91, 537). Dem wird entgegengehalten, dass dies nicht damit vereinbar sei, dass Gegenstand der LSt-Ap die richtige Anmeldung der LSt in einem bestimmten Zeitraum ist (*TK/Loose* § 173 Rz 95). Freilich geht dieses Argument an der Rspr vorbei, die eben nicht auf den Gegenstand der Prüfung, sondern den des aufgrund der Prüfung ergehenden StBescheids abstellt, der bei der LSt-Nachforderung/Haftung sachverhaltsbezogen sei (BFH BStBl 89, 193), also nicht den Prüfungszeitraum als solchen umfasst (vgl BFH BStBl 89, 909). Der Änderung eines StBescheids aufgrund einer anderen Vorschrift als der des Abs 1, insbes nach § 164 II, steht die Änderungssperre des Abs 2 ohnehin nicht entgegen (BFH BStBl 88, 168).

156 Ist dem ArbG **nach § 202 I 3 mitgeteilt** worden, dass die LSt-Ap nicht zu einer Änderung der Besteuerungsgrundlagen geführt habe, kann jedoch beim nachträglichen Bekanntwerden neuer Tatsachen nicht erstmals ein LSt-Haftungs- oder Nachforderungsbescheid bzgl dieses Prüfungszeitraums ergehen; Abs 2 S 2 enthält also eine Änderungssperre in dem Sinne, dass bzgl des Prüfungszeitraums weder vor Beginn der Prüfung erlassene StBescheide geändert noch Erstbescheide erlassen werden dürfen (BFH BStBl 91, 537). In einem nach Ap ergehenden StBescheid liegt allerdings keine gleichsam stillschweigende Mitteilung iSd § 202 I 3, dass die Ap zu keinen *weitergehenden* Änderungen geführt habe, sodass bei Ausbleiben einer ausdrücklich auf § 202 I 3 gestützten Mitteilung eine Änderungssperre nach Abs 2 S 2 *nicht* eingreift (BFH BStBl 91, 537).

157 § 173 II ist auch auf **LSt-Haftungsbescheide** grds anzuwenden (BFH BStBl 95, 555; 93, 829, 840). Hebt das FA aufgrund einer LSt-Ap den Vorbehalt der Nachprüfung bei den in den LSt-Anmeldungen des Prüfungszeitraums liegenden

StFestsetzungen auf – ggf nach Berichtigung der betr Anmeldungen –, so steht also dem späteren Erlass eines LSt-Haftungsbescheids wegen neuer, den Prüfungszeitraum (und den geprüften Sachverhalt) betreffender Tatsachen die Änderungssperre des § 173 II entgegen (BFH BStBl 09, 703; 95, 555; 93, 829, 840; BFH/NV 06, 705; insoweit überholt sind BFH BStBl 89, 909 und 193), und zwar selbst dann, wenn im Prüfungsbericht auf die Möglichkeit einer späteren Inanspruchnahme hingewiesen worden ist (BFH BStBl 95, 555).

Das Gleiche gilt für einen **Pauschalierungsbescheid** (BFH BStBl 94, 715; 93, 157a 829); denn in einer solchen StFestsetzung liegt eine Änderung der StFestsetzung, die durch die StAnmeldungen bewirkt worden ist. Hat das FA dem ArbG nach § 202 I 3 mitgeteilt, dass die LSt-Ap nicht zu einer Änderung der Besteuerungsgrundlagen geführt hat, so ist es ebenfalls nach Abs 2 S 2 gehindert, beim nachträglichen Bekannt werden neuer Tatsachen, die in den Prüfungszeitraum fallen (auch wenn sie möglicherweise nicht geprüft worden sind), erstmals LSt-Haftungsbescheide oder Nachforderungsbescheide für diesen Prüfungszeitraum zu erlassen (BFH BStBl 91, 537). § 173 II 2 enthält also eine Änderungssperre in dem Sinne, dass bzgl des Prüfungszeitraums der Ap, die zu keiner Änderung der Besteuerungsgrundlagen geführt hat, weder bereits vor Beginn der Prüfung ergangene StBescheide nachträglich geändert noch neue Haftungs- oder StNachforderungsbescheide erstmals erlassen werden dürfen. Nur eine solche Auslegung wird nach BFH BStBl 91, 537 dem Sinn und Zweck der Vorschriften gerecht, die in erster Linie dem Schutz der Stpfl dienen sollen: der Stpfl soll nach einer abgeschlossenen Ap vor stl Nachforderungen sicher sein können.

Gegenüber einem nach Ap **veranlagten ArbeitN** ist eine Nachforderung auf- 158 grund bei einer LSt-Ap beim ArbG getroffener Feststellungen ebenfalls unzulässig (BFH BStBl 89, 447; 85, 191). LSt-Nachforderungen sind nach Durchführung der EStVeranlagung des ArbN nur noch bei entsprechender Änderung des EStBescheids möglich. Ist ein ArbN daher nach einer bei ihm durchgeführten Ap zur ESt veranlagt worden und werden später aufgrund einer LSt-Ap beim ArbG weitere Einkünfte des ArbN aus nichtselbständiger Arbeit bekannt, so scheitert die Änderung des EStBescheids an der Änderungssperre des Abs 2. Hingegen hat der Abschluss der LSt-Ap beim ArbG keine Bedeutung für die Änderungsmöglichkeiten hinsichtlich des ESt-Bescheids ggü dem (dabei lstrechtl mitgeprüften) ArbN (BFH BStBl 85, 191; vgl auch BFH/NV 97, 161 sowie BFH BStBl 91, 720 zur Selbständigkeit des StRechtsverhältnisses des ArbN). Nach FG Hess EFG 95, 2 (dazu BFH/NV 97, 161) soll hingegen eine Änderungssperre auch hinsichtlich Anerkennung eines Ehegattenarbeitsverhältnisses eingreifen, wenn dieses in LSt-Ap nicht beanstandet worden ist (dagegen treffend *Gosch* StBp 95, 91: keine personelle und sachliche Identität bei LSt-Ap und EStBescheid).

§ 173a Schreib- oder Rechenfehler bei Erstellung einer Steuererklärung

Steuerbescheide sind aufzuheben oder zu ändern, soweit dem Steuerpflichtigen bei Erstellung seiner Steuererklärung Schreib- oder Rechenfehler unterlaufen sind und er deshalb der Finanzbehörde bestimmte, nach den Verhältnissen zum Zeitpunkt des Erlasses des Steuerbescheids rechtserhebliche Tatsachen unzutreffend mitgeteilt hat.

Eingefügt durch StModernG v 18.7.16, BGBl I 1679.

Schrifttum: *Habel/Müller* Korrekturvorschriften 2.0 – Einführung eines § 173a AO, DStR 16, 2791.

Die Vorschrift ist gleichsam eine Komplementärbestimmung zu § 129, der in 1 erster Linie auf Fehler der FinBeh zielt. Nach § 129 konnten jedoch schon bisher auch Fehler des Stpfl in der StErklärung zu einer Berichtigung des StBescheids Anlass geben, wenn die FinBeh sich diese diese „zu eigen" gemacht hatte (sog

Übernahmefehler). Das setzt jedoch voraus, dass die Fehler für die FinBeh offenbar, also ohne weiteres erkennbar waren, woran es bei Versehen des Stpfl bei Abgabe der StErklärung oftmals fehlt.

Der neue § 173a ergänzt deshalb das Korrektursystem im Hinblick auf Flüchtigkeitsfehler des Stpfl bei Abgabe seiner StErklärung, was durch die jetzige Begrenzung der Belegvorlagepflichten im Veranlagungsverfahren noch größere Bedeutung erlangen wird als zuvor.

§ 173a ist im Zusammenhang mit der Automatisierung des Veranlagungsverfahrens eingeführt worden, aber nicht nur auf automatisch erstellte StBescheide anzuwenden.

2 Unterlaufen dem Stpfl Schreib- oder Rechenfehler, ist die darauf beruhende StFestsetzung (zwingend) zu ändern. Es besteht also – anders als bei § 129 – **kein Ermessensspielraum** für die FinBeh.

4 Der Fehler muss sich **auf Tatsachen beziehen, die nach den Verhältnissen zum Zeitpunkt des Erlasses des** StBescheids (nicht notwendig schon zum Zeitpunkt der Abgabe der StErklärung) **rechtserheblich** gewesen sind. Der Sinn dieser gesetzlichen Einschränkung der Korrekturmöglichkeiten erschließt sich – wenn man sie wörtlich nimmt – nur, wenn man an den seltenen Fall einer rückwirkenden Änderung der maßgeblichen steuerrechtl Vorschriften denkt; denn eine StErklärung bezieht sich stets auf zurückliegende Tatsachen und kann auch nur insofern als „fehlerhaft" eingestuft werden. Tatsachen, denen erst später durch Änderung der Verwaltungsansicht oder der Rspr Rechtserheblichkeit *zuerkannt* wird, sind hingegen von vornherein rechtserheblich, auch wenn dies bei Abgabe der StErklärung noch nicht zu erkennen gewesen ist. Offenbar soll die vorgenannte Formulierung aber klarstellen, dass erst aus der Sicht späterer, nach Erlass des StBescheids geläuterter Rechtseinsicht für die steuerl Beurteilung der FinBeh tatsächlich relevant gewordener Tatsachenvortrag keine Berichtigungspflicht auslöst. Voraussetzung für eine Berichtigung ist also ebenso wie bei § 129, dass feststeht, dass die FinBeh bei rechtzeitiger Kenntnis des Fehlers des Stpfl mit an Sicherheit grenzender Wahrscheinlichkeit zu einer höheren oder niedrigeren Steuerfestsetzung gelangt wäre (vgl BFH BStBl 10, 951). Das ist im Einzelfall auf Grund des Gesetzes, wie es nach der damaligen Rechtsprechung des BFH auszulegen war, und der Verwaltungsanweisungen zu beurteilen, die im Zeitpunkt des Erlasses des ursprünglichen Bescheids gegolten haben. Durch einen Antrag nach § 173a kann der Stpfl also nicht nachträglich in den Genuss einer ihm günstigen Rechtsentwicklung kommen; er muss, wenn er an diesen teilhaben will, vielmehr selbst darum kämpfen oder seine Sache zumindest durch Einlegen eines Rechtsbehelfs offen halten.

6 Schreibfehler sind insb Rechtschreibfehler, Wortverwechslungen oder Wortauslassungen. Der Fehler muss durchschaubar, eindeutig oder augenfällig sein. Das ist dann der Fall, wenn der Fehler bei Offenlegung des Sachverhalts für jeden unvoreingenommenen Dritten klar und deutlich als Schreib- oder Rechenfehler erkennbar ist und kein Anhaltspunkt dafür besteht, dass eine unrichtige Tatsachenwürdigung, ein Rechtsirrtum oder ein Rechtsanwendungsfehler vorliegt (vgl BFH BStBl 14, 439; BT-Drs 18/7557).

7 Das **Vergessen eines Übertrags** an sich von dem Stpfl ermittelter Besteuerungsgrundlagen in die StErklärung lässt sich nicht unter den Begriff des Schreibfehlers subsumieren; es stellt kein Sich-Verschreiben bei den Eintragungen dar, sondern das *Unterlassen* einer Eintragung. Auch die Gesetzesbegründung scheint solche Unrichtigkeiten der StErklärung, selbst wenn sie offenbar sind und ein nur „mechanisches" Versehen darstellen, nicht als von der Vorschrift erfasst anzusehen. Dem entspricht es, dass solche Versehen in der Terminologie des § 129 andere offenbare Unrichtigkeiten wären, die § 173a als Korrekturanlass abweichend von § 129 nicht nennt. Die Gesetzesbegründung ist aber widersprüchlich, weil sie an anderer Stelle auch „fehlerhafte Übertragungen" zu den Korrekturgründen zählt.

Die Korrekturmöglichkeit auf fehlerhafte und nicht zugleich auf ganz unterbliebene Übertragungen zu beschränken, erscheint iErg wenig befriedigend und auch durch die Schwierigkeiten beim Nachweis der Gründe für ein Vergessen von ermittelten StDaten nicht überzeugend zu rechtfertigen (kritisch auch *Baldauf* DStR 16, 833). Eine dahin gehende Auslegung der Vorschrift dürfte aber de lege lata unabweisbar sein. Diese Beschränkung des Korrekturtatbestands wird unter dem Gesichtspunkt zu kritisieren sein, dass die elektronische Abgabe von stl Erklärungen besonders anfällig für das Vergessen von Eintragungen ist (so *Braun Binder* DStZ 16, 526). Die Gesetzesbegründung nimmt zu Unrecht an an, dass in diesen Fällen regelm eine nachträglich bekanntgewordene Tatsache vorliege, die eine Bescheidsänderung nach § 173 ermögliche, wenn und weil ihr nachträgliches Bekanntwerden regelmäßig nicht auf einem Verschulden des Stpfl beruhe. Das ist durch BFH BStBl 17, 7 inspiriert, aber trotzdem jedenfalls in dieser Allgemeinheit nicht richtig (vgl § 173 Rz 113b). Zudem ergibt sich für den Stpfl der Nachteil, dass ihm die Ablaufhemmung des § 171 II 2 bei vergessenen Angaben nicht zugute kommt (vgl *Habel/Müller* DStR 16, 2791).

Andere Bescheide als StBescheide können nach der Vorschrift nicht, auch nicht im Wege einer entspr Anwendung derselben korrigiert werden, während die Korrespondenzvorschrift des § 129 für alle VA gilt; bei ihnen fehlt es aber auch an einer vergleichbaren Fehleranfälligkeit infolge der Erklärungspflicht des Stpfl, welche die Vorschrift rechtfertigt. 9

Die **Feststellungslast** für das Vorliegen eines Schreib- oder Rechenfehlers trägt derjenige, der eine Änderung zu seinen Gunsten beansprucht. 10

Der Ablauf der **Festsetzungsfrist** wird **gehemmt** (§ 171 II 2). Die Festsetzungsfrist endet nicht vor Ablauf eines Jahres nach Bekanntgabe des aufgrund der fehlerhaften StErklärung ergangenen StBescheids. 11

Die Vorschrift ist nur auf StBescheide anwendbar, die nach dem 31.12.2016 ergangen sind (Art 97 § 9 IV EGAO). 12

§ 174 Widerstreitende Steuerfestsetzungen

(1) [1] **Ist ein bestimmter Sachverhalt in mehreren Steuerbescheiden zuungunsten eines oder mehrerer Steuerpflichtiger berücksichtigt worden, obwohl er nur einmal hätte berücksichtigt werden dürfen, so ist der fehlerhafte Steuerbescheid auf Antrag aufzuheben oder zu ändern.** [2] **Ist die Festsetzungsfrist für diese Steuerfestsetzung bereits abgelaufen, so kann der Antrag noch bis zum Ablauf eines Jahres gestellt werden, nachdem der letzte der betroffenen Steuerbescheide unanfechtbar geworden ist.** [3] **Wird der Antrag rechtzeitig gestellt, steht der Aufhebung oder Änderung des Steuerbescheids insoweit keine Frist entgegen.**

(2) [1] **Absatz 1 gilt sinngemäß, wenn ein bestimmter Sachverhalt in unvereinbarer Weise mehrfach zugunsten eines oder mehrerer Steuerpflichtiger berücksichtigt worden ist; ein Antrag ist nicht erforderlich.** [2] **Der fehlerhafte Steuerbescheid darf jedoch nur dann geändert werden, wenn die Berücksichtigung des Sachverhalts auf einen Antrag oder eine Erklärung des Steuerpflichtigen zurückzuführen ist.**

(3) [1] **Ist ein bestimmter Sachverhalt in einem Steuerbescheid erkennbar in der Annahme nicht berücksichtigt worden, dass er in einem anderen Steuerbescheid zu berücksichtigen sei, und stellt sich diese Annahme als unrichtig heraus, so kann die Steuerfestsetzung, bei der die Berücksichtigung des Sachverhalts unterblieben ist, insoweit nachgeholt, aufgehoben oder geändert werden.** [2] **Die Nachholung, Aufhebung oder Änderung ist nur zulässig bis zum Ablauf der für die andere Steuerfestsetzung geltenden Festsetzungsfrist.**

(4) [1]Ist auf Grund irriger Beurteilung eines bestimmten Sachverhalts ein Steuerbescheid ergangen, der auf Grund eines Rechtsbehelfs oder sonst auf Antrag des Steuerpflichtigen durch die Finanzbehörde zu seinen Gunsten aufgehoben oder geändert wird, so können aus dem Sachverhalt nachträglich durch Erlass oder Änderung eines Steuerbescheids die richtigen steuerlichen Folgerungen gezogen werden. [2]Dies gilt auch dann, wenn der Steuerbescheid durch das Gericht aufgehoben oder geändert wird. [3]Der Ablauf der Festsetzungsfrist ist unbeachtlich, wenn die steuerlichen Folgerungen innerhalb eines Jahres nach Aufhebung oder Änderung des fehlerhaften Steuerbescheids gezogen werden. [4]War die Festsetzungsfrist bereits abgelaufen, als der später aufgehobene oder geänderte Steuerbescheid erlassen wurde, gilt dies nur unter den Voraussetzungen des Absatzes 3 Satz 1.

(5) [1]Gegenüber Dritten gilt Absatz 4, wenn sie an dem Verfahren, das zur Aufhebung oder Änderung des fehlerhaften Steuerbescheids geführt hat, beteiligt waren. [2]Ihre Hinzuziehung oder Beiladung zu diesem Verfahren ist zulässig.

Schrifttum: *Thömmes* Doppelbesteuerung in der EU – ausländische Steuern im Rahmen des § 174 AO, JbFfSt 2013/2014, 15.

Übersicht

1 **1. Inhalt – Gemeinsamkeiten und Unterschiede der vier Änderungstatbestände.** Die Vorschrift enthält unterschiedliche Änderungstatbestände, bei deren Vorliegen die Bestandskraft von StBescheiden durchbrochen werden darf. Abs 1 und 2 betreffen den **„positiven“ Widerstreit,** bei dem ein stl Sachverhalt bei mehreren StFestsetzungen berücksichtigt worden ist (vgl BFH BStBl 94, 597). Soweit diese Doppelberücksichtigung des Sachverhalts sich zuungunsten des oder der Stpfl ausgewirkt hat, geht es also darum zu verhindern, dass Steuern doppelt erhoben werden; im umgekehrten Fall der doppelten Berücksichtigung steuermindernder Tatsachen soll der Stpfl den zuunrecht erlangten stl Vorteil nicht behalten dürfen, sofern er dafür verantwortlich gemacht werden kann, dass er ihm doppelt gewährt worden ist (siehe Abs 2 S 2). Die Vorschrift eröffnet deshalb die Möglichkeit, ggf unter Durchbrechung der Bestandskraft bereits ergangener StBescheide dafür zu sorgen, dass stl relevante Sachverhalte nur einmal erfasst werden. Sie enthält aber kein Verbot, die zutreffende, jedoch hinsichtlich eines nicht mehr änderbaren anderen Bescheids widersprüchliche StFestsetzung *vorzunehmen* (BFH/NV 97, 738); § 174 I, II stellt auch nicht etwa steuerrechtl Unterlassen dem Tun gleich (BFH/NV 97, 273), gestattet also keine Änderung eines Bescheids, um mehrfach nicht berücksichtigte steuermindernde Tatsachen doch noch steuermindernd zu berücksichtigen. Ebensowenig kann ein rechtmäßiger StBescheid aufgrund des § 174 I, II geändert werden, um einen Widerstreit zu einem fehlerhaften auszuräumen (vgl BFH/NV 05, 1004).

Abs 3 und 4 betreffen **„negative" Widerstreite,** bei denen der Sachverhalt nicht berücksichtigt worden ist, obwohl er hätte berücksichtigt werden müssen. Abs 3betrifft dabei den Fall, dass die FinBeh aufgrund irriger Zuordnung des Sachverhalts zum Regelungsbereich eines *erst künftig* zu erlassenden StBescheids den Sachverhalt in einem StBescheid zu Unrecht nicht erfasst hat, während bei Abs 4 der Sachverhalt zunächst von der FinBeh stl berücksichtigt worden ist, diese Berücksichtigung sich jedoch in einem auf Initiative des Stpfl eingeleiteten Verfahren als irrig herausstellt und die Erkenntnis nach sich zieht, dass der Sachverhalt *in einem anderen, bereits erlassenen StBescheid* zu berücksichtigen gewesen wäre. Wenn feststeht, dass ein Sachverhalt stl relevant ist, und nur Zweifel bestehen, bei welcher Steuerart, bei welchem Stpfl oder in welchem Besteuerungszeitraum er erfasst werden muss, wird die FinBeh dadurch vor dem Konflikt bewahrt, die an sich zweifelsfrei verwirkte Steuer vorsorglich in einem bestimmten Bescheid festsetzen zu müssen, obwohl die richtige Zuordnung des Sachverhalts zum Regelungsbereich dieses Bescheids zweifelh ist, oder bei Gefahr, wegen zu niedriger Festsetzung den StAnspruch zu verlieren, eine möglicherweise rechtswidrige Festsetzung in diesem Bescheid zu vermeiden. 3

Allerdings ist die Änderungsmöglichkeit nach Abs 4 nicht auf diesen Fall beschränkt. Abs 4 (mit seiner verfahrensrechtlichen Ergänzung in Abs 5) bildet insoweit ggü Abs 1 bis 3 eine eigenständige Änderungsnorm, die anders als diese nicht nur die Fälle der *alternativen* Erfassung bestimmter Sachverhalte betrifft, sondern auch die Fälle der **abweichenden Beurteilung** des zu Recht **in mehreren StBescheiden** berücksichtigten Sachverhalts (BFH BStBl 95, 264; 92, 126; 89, 539; 88, 404: BFH/NV 91, 16). Er gestattet bei Änderung eines StBescheids zugunsten des Stpfl aufgrund seines Einspruchs oder Antrags unter Korrektur der Beurteilung eines bestimmten Sachverhalts die entsprechende Beurteilung dieses Sachverhalts auch in einem anderen StBescheid (Sinn: Ausgleich zwischen Bestandskraft und materieller Gerechtigkeit, BFH/NV 13, 690). Eine rechtliche *Abhängigkeit* der beiden StFestsetzungen wird hierbei nicht vorausgesetzt. Es genügt vielmehr, dass *ein und derselbe Sachverhalt* erfasst und dabei irrig beurteilt worden ist. Nach einer Richtigstellung der rechtlichen Beurteilung in dem einen StBescheid soll aus demselben einheitlichen Lebenssachverhalt die rechtliche Folgerung auch bei dem anderen StBescheid im Wege der Änderung seiner bestandskräftigen StFestsetzung gezogen werden können (BFH BStBl 88, 404; 89, 539), der Sachverhalt also beiden Bescheiden und in den Fällen des Abs 5 sogar bei beiden Stpfl steuerrechtl gleich behandelt werden. Wegen der Einheitlichkeit des Lebenssachverhalts und des Interesses an seiner übereinstimmenden steuerrechtl Beurteilung gibt das Gesetz einer zutreffenden Besteuerung den Vorrang vor dem Schutze des Vertrauens auf die Bestandskraft der StFestsetzung. Das verletzt den Vertrauensschutzanspruch des Stpfl nicht, weil dieser aufgrund seines Rechtsbehelfsbegehrens damit rechnen muss, dass stl Konsequenzen auch in anderen Bescheiden gezogen werden (vgl BFH BStBl 09, 620). 4

Wenn sich im materiellen StRecht eine Korrespondenz von Besteuerungsmerkmalen findet (zB bei den dauernden Lasten und den wiederkehrenden Bezügen), soll dies sogar durch **Änderung des an einen Dritten gerichteten StVA** verfahrensrechtl verwirklicht werden, sofern der eine Stpfl die Änderung des an ihn gerichteten Bescheids erwirkt hat. Eine Ungereimtheit zB, die darin liegt, dass der Rechtsgrund für eine Leistung beim Leistenden nicht in der gleichen Weise qualifiziert wurde wie beim Leistungsempfänger, kann nach Abs 4 und Abs 5 beseitigt werden, der es bei einer vom Stpfl erstrittenen Aufhebung oder Änderung eines StBescheids ermöglicht, auch ggü Dritten die richtigen steuerlichen Folgerungen zu ziehen. 4a

Die Änderungsmöglichkeiten nach § 174 beschränken sich auf die Beseitigung des Fehlers der doppelten Erfassung des Sachverhalts bzw im Falle des Abs 4 der unrichtigen Beurteilung des betr Sachverhalts (keine „Gesamtaufrollung"; keine 5 umfassende Beseitigung von Widersprüchen in der StFestsetzung). Andere Fehler können nur im Rahmen des § 177 berücksichtigt werden, § 176 ist jedoch dabei zu beachten. Unerheblich ist bei allen Alternativen, ob der Irrtum die tatsächlichen Voraussetzungen des Vorliegens eines bestimmten Sachverhalts betrifft oder eine fehlerhafte rechtliche Beurteilung des Sachverhalts vorlag (BFH BStBl 94, 76).

6 Bei Vorliegen der Voraussetzungen eines der Absätze des § 174 ist *zwingend* eine Änderung des bestandskräftigen StBescheids vorzunehmen (**kein Ermessen,** BFH BStBl 84, 788; 86, 241; 90, 458; BFH/NV 89, 688 zu Abs 3; BFH BStBl 12, 653 zu Abs 4; str; aA zu Abs 4 *Schick* StuW 92, 197; *Weber-Grellet* StBp 82, 29; zu Abs 3 *TK/Loose* § 174 Rz 38; die praktischen Auswirkungen des Meinungsstreits sind bei sachgemäßer Ermessensausübung entsprechend dem Zweck der Ermächtigung – Herstellung der richtigen Besteuerung unter Berücksichtigung der Belange der Rechtssicherheit (Bestandskraft) – gering).

10 **2. Allgemeines zu Abs 1 bis 3. a) Widerstreitende StFestsetzung.** Im Allgemeinen stehen sich, wenn die Anwendung der Vorschrift in Betracht gezogen werden kann, zwei oder mehrere verschiedene Besteuerungsverfahren ggü – zB Verfahren verschiedener StSchuldner, Verfahren betr verschiedene Steuerarten, verschiedener FinBeh, verschiedener VZ –, in denen derselbe bestimmte Sachverhalt geregelt worden ist. Entscheidend ist, ob die mehreren Bescheide den Sachverhalt erfassen, obwohl ein wechselseitiges Ausschließlichkeitsverhältnis besteht, das eine nochmalige Berücksichtigung desselben Sachverhalts denkgesetzlich ausschließt (vgl BFH BStBl 05, 145; 94, 597; 92, 126; 85, 282). Eine solche denkgesetzlich ausgeschlossene Mehrfacherfassung kann vorliegen, wenn der nämliche Sachverhalt kumulativ mehreren Stpfl (sog Subjektkollision), mehreren Steuerarten (sog Objektkollision) oder mehreren Besteuerungszeiträumen (sog Periodenkollision) zugeordnet worden ist, wobei die aufgrund des Sachverhalts angesetzten steuerlichen Folgen unterschiedlich sein können (zB bei einem Stpfl Ausgabe, bei einem anderen Einnahme; BFH BStBl 92, 126; 89, 539; 88, 404; 81, 101, 633; 80, 314; BFH/NV 91, 16).

11 Es ist erforderlich, dass es **den Denkgesetzen widerspricht,** den Sachverhalt mehrfach zu erfassen, eine der StFestsetzungen daher falsch sein *muss*. Es muss also nach der Struktur der einschlägigen StGesetze logisch ausgeschlossen sein, dass ein Sachverhalt den Besteuerungstatbestand x und zugleich den Besteuerungstatbestand y erfüllt, zB zugleich der ESt und der ErbSt (vgl FG Mster EFG 82, 352) oder der USt und der GrESt unterliegt. Ferner gehört hierher der Fall der doppelten steuerlichen Berücksichtigung ein und desselben Geschäftsvorfalls, zB unter dem Gesichtspunkt vereinbarter und später vereinnahmter Entgelte bei der USt (*Schwarz/Frotscher* § 174 Rz 55), oder die Gewährung eines Kinderfreibetrags für dasselbe Kind bei zwei Stpfl (FG Nds EFG 97, 1313). Der Irrtum kann die Frage betreffen, welches StObjekt, welches StSubjekt (welchen steuerpflichtigen Inhaltsadressaten) und welchen Zeitraum bzw Zeitpunkt die steuerrechtl gebotenen Folgerungen betreffen. Hingegen fällt die widersprüchliche Behandlung einer Leistungsbeziehung beim Verpflichteten und beim Berechtigten, zB die Berücksichtigung von Ausgaben bei einem Stpfl, die bei einem anderen logischerweise Einnahmen sein müssten, bei ihm aber nicht als solche erfasst worden sind, nicht unter die Abs 1 bis 3 (vgl BFH BStBl 92, 126; 94, 597; 05, 145), sondern allenfalls unter Abs 4, 5 (vgl zB BFH BStBl 07, 749).

12 Die **unterschiedliche Beurteilung desselben Sachverhalts in zwei Bescheiden** (Bsp: BFH BStBl 94, 597; BFH/NV 96, 288) oder die Berücksichtigung *zweier* Sachverhalte, die nicht gleichzeitig vorliegen können (Bsp: FG RhPf EFG 82, 590), stellt keinen Widerstreit iSd Abs 1 dar. Das EStRecht kennt kein Korrespondenzprinzip, demzufolge der Empfänger einer Leistung nicht zu versteuern braucht, was der Geber nicht abziehen darf, und – umgekehrt – der Empfänger versteuern muss, was der Leistende von der Bemessungsgrundlage abziehen darf.

Eine derart unbedingte wechselseitige Abhängigkeit wäre mit dem Grundsatz der Individualbesteuerung unvereinbar (BFH BStBl 94, 597 mit Hinw auf BFH BStBl 89, 779).

Eine bloße **rechtslogische Verknüpfung der rechtlichen Würdigung unterschiedlicher Tatbestände** reicht für eine Änderung ebenfalls nicht aus (BFH BStBl 85, 282). Eine widerstreitende StFestsetzung liegt nur vor, wenn „derselbe Sachverhalt" in verschiedenen StBescheiden *unterschiedlich* (rechtl und/oder tatsächlich) berücksichtigt worden ist (*BG/von Wedelstädt* § 174 Rz 19). Wenn die Sachverhalte zwar gleichartig, aber nicht dieselben sind, und sich lediglich der gleiche Fehler bei einem anderen Sachverhalt wiederholt (wie es bei fehlerhafter rechtlicher Würdigung leicht geschieht), greift § 174 also nicht ein. Es ist deshalb kein relevanter Widerstreit, wenn ein Sachverhalt in demselben StBescheid zu Unrecht doppelt erfasst wird oder wenn ein Sachverhalt mehrfach zu berücksichtigen war, zB ein Darlehensverhältnis beim Darlehensschuldner und beim Darlehensgläubiger, aber nur bei einem berücksichtigt worden ist (BFH BStBl 95, 264), oder wenn er zwar bei beiden berücksichtigt worden ist, die dabei jeweils zu Grunde gelegten rechtlichen Würdigungen jedoch nicht „zusammenpassen" (widersprüchliche Behandlung von Leistungsbeziehungen beim Verpflichteten und beim Empfänger, BFH BStBl 05, 145), erst recht nicht, wenn ein und derselbe Bilanzansatz bei zwei Stpfl rechtsfehlerhaft war, der Sachverhalt also so nicht nur einmal, sondern überhaupt nicht zu berücksichtigen gewesen wäre (doppelt fehlerhafte Berücksichtigung eines Sachverhalts). In diesen Fällen ist zwar denkgesetzlich eine „korrespondierende" StFestsetzung geboten, ohne dass der Verstoß gegen dieses Gebot aber zu einer *widerstreitenden* Festsetzung iSd § 174 führte; selbst eine bloß analoge Anwendung des Abs 1 ist daher nicht zulässig (BFH BStBl 92, 126; 94, 597; 95, 264). Bleibt mithin zB in einem StBescheid eine Verbindlichkeit versehentlich unberücksichtigt, obwohl die damit korrespondierende Forderung im StBescheid eines anderen angesetzt worden war, liegt keine widerstreitende StFestsetzung vor (BFH BStBl 94, 597; FG Hbg EFG 90, 208); denn es handelt sich nicht um eine doppelte Erfassung desselben Sachverhalts, sondern um eine unterschiedliche rechtliche Qualifizierung desselben Sachverhalts bzw um ein Übersehen des Sachverhalts (BFH BStBl 94, 597). Das Interesse, in einem StBescheid als Schuld nur das zu berücksichtigen, was in einem anderen StBescheid als Forderung zu berücksichtigen ist, begründet noch keinen Fall der Objektkollision und auch nicht einen solchen der Subjektkollision; eine solche läge nur dann vor, wenn entweder die Forderung sowohl bei dem A als auch bei dem B berücksichtigt oder die Schuld bei beiden angesetzt worden wäre. 13

Der Widerstreit iSd § 174 kann auch zwischen einem Feststellungs- und einem Folgebescheid bestehen (BFH/NV 01, 151 zu Abs 3; BStBl 97, 170 zu Abs 2; FG Mster EFG 96, 792; ebenso *BG/von Wedelstädt* § 174 Rz 24; *Schwarz/Frotscher* § 174 Rz 38), nicht aber innerhalb desselben Feststellungsbescheids (zB bei doppelter Zurechnung desselben Sonder-BV bei verschiedenen Beteiligten, so mit Recht *BG/von Wedelstädt* § 174 Rz 25 gegen BFH/NV 94, 468).

Beispiele für ein wechselseitiges Ausschließlichkeitsverhältnis: Wenn derselbe Vorgang der ESt und ErbSt (FG Mster EFG 82, 352) oder sonstigen, einander begrifflich ausschließenden Besteuerungen wie zB der ErbSt und der GrESt (FG Mster EFG 80, 370) oder wenn er der ESt in mehreren Veranlagungszeiträumen unterworfen wird (ebenso *BG/von Wedelstädt* § 174 Rz 33; aA *TK/Loose* § 174 Rz 13); wenn Betriebsausgaben einer Gemeinschaft in einem einheitlichen und gesonderten Gewinnfeststellungsverfahren erfasst, bei der ESt-Veranlagung eines Gemeinschafters aber diese Betriebsausgaben nochmals berücksichtigt werden (BFH BStBl 97, 170); wenn nachträglich eine umsatzsteuerrechtliche Organschaft festgestellt wird (BFH/NV 95, 580). 14

StBescheide, die **in Widerstreit mit StBescheiden ausl FinBeh,** zB in DBA-Staaten stehen, können ebenfalls nach § 174 korrigiert werden (sehr str; ebenso 15

App DB 85, 939: § 174 schaffe die Voraussetzung dafür, abkommenswidrige StFestsetzungen nach einem DBA zu beseitigen; *TK/Loose* § 174 Rz 9; vgl auch *Birkenfeld* BB 93, 1185 zum UStR). BFH BStBl 13, 566 hat sich dieser Ansicht angeschlossen, wobei freilich unklar geblieben ist, ob dies nur für die widerstreitenden StBescheide anderer EU-Staaten gelten soll (Argument: uniotäres Freiheitsrecht) oder auch für Drittstaaten gilt. Der Anwendung der Vorschrift auf ausl StBescheide wird entgegengehalten, dass § 174 sich auf StFestsetzungen iSv § 155 beziehe und diese Vorschrift nur StBescheide betreffe, die von FinBeh iSd AO erlassen worden sind, also Bundes- oder Landesfinanzbehörden, nicht jedoch Bescheide ausl Behörden (vgl FG Ddorf EFG 10, 2045; 14, 705; *Koenig/Koenig* § 174 Rz 12; *BG/von Wedelstädt* § 174 Rz 26; *Schwarz/Frotscher* § 174 Rz 56: die StRechtsordnungen verschiedener Staaten stünden nebeneinander und könnten sich daher nicht ausschließen, was aber die inl Regelungsanordnung eines DBA vernachlässigt); der Zweck der Vorschrift spricht jedoch gegen diese Ansicht, deren Prämisse, auch der widerstreitende StBescheid müsse ein solcher iS des § 155 sein, wenig gesichert ist. Immerhin werden die Folgen einer unterlassenen Anwendung des § 174 bei StBescheiden von DBA-Drittstaaten durch das (freilich komplizierte und an sich unnötige – nur als unrichtig erkannte deutsche StBescheide sind zu ändern! –) Verfahren nach § 175a gemildert.

16 Ein Sachverhalt ist in mehreren StBescheiden nur dann berücksichtigt worden, wenn er dem FA bei der StFestsetzung oder Gewinnfeststellung bekannt war und **als Entscheidungsgrundlage herangezogen** und verwertet wurde (BFH BStBl 13, 566; BFH BStBl 90, 558). Dabei ist es nicht erforderlich, dass das FA den erfassten Sachverhalt in allen Einzelheiten gekannt hat; vielmehr kann der Vorgang zB in ein komprimiertes Zahlenwerk eingegangen sein, das dem FA bei der Entscheidungsfindung vorlag; legt das FA bei der Gewinnfeststellung einen vom Stpfl erklärten Gewinn zu Grunde, so sind damit alle Geschäftsvorfälle „berücksichtigt", die der Stpfl bei seiner Gewinnermittlung erfasst hat (vgl BFH BStBl 90, 558; 86, 120). Auch bei einer Schätzung von Besteuerungsgrundlagen ist folglich die fehlerhafte Mehrfachberücksichtigung eines bestimmten Sachverhalts nicht ausgeschlossen, wenn der bestimmte Sachverhalt als Schätzungsgrundlage berücksichtigt worden ist (BFH BStBl 90, 558).

18 **b) Begriff des „bestimmten Sachverhalts".** Er ist in den Absätzen 1 bis 4 des § 174 identisch und deshalb einheitlich auszulegen (BFH BStBl 10, 586). Der Sachverhalt besteht aus den einer bestimmten rechtl Würdigung zugrundeliegenden Lebensvorgängen, also den Tatsachen, an die das Gesetz (uU mehrere verschiedene) stl Folgen knüpft (BFH BStBl 17, 143; 13, 755; 10, 586; 07, 602; 97, 647; 94, 600; 91, 387; 90, 558; BFH/NV 17, 1039). Der Begriff Sachverhalt ist jedoch nicht auf die einzelnen Tatsachen eingeengt, die für die Subsumtion unter eine StRechtsnorm erheblich sind (BFH BStBl 13, 755; 12, 23, 653); die stl relevanten Tatsachen (Besteuerungsgrundlagen) müssen auch nicht für die verschiedenen StFestsetzungen genau dieselben sein (BFH BStBl 09, 876; 97, 647). Vollständige Identität beider Sachverhalte ist also nicht erforderlich (BFH BStBl 88, 404; 80, 314). Es muss sich jedoch um einen ***einheitlichen Lebensvorgang*** (Sachverhaltskomplex) handeln, aus dem steuerrechtliche Folgen zu ziehen sind (vgl BFH BStBl 10, 586; 80, 314). Ein bloßer tatsächlicher Zusammenhang mehrerer Vorgänge, der diese jedoch nicht aufgrund ihres inneren Zusammenhanges als *einen* einheitlichen Vorgang erscheinen lässt (BFH BStBl 17,31; BFH/NV 04, 604), oder sogar eine bloße zeitliche Verknüpfung mehrerer Vorgänge reichen nicht. Ist jedoch innerhalb eines Sachverhaltskomplexes ein Sachverhaltselement Bestandteil eines anderen Sachverhaltselements, reicht dies zur Annahme eines inneren Sachzusammenhangs aus, da der „bestimmte" Sachverhalt nicht in vollem Umfang inhaltsgleich sein muss, wenn nur die für die widerstreitenden StFestsetzungen maßgeblichen Sachverhaltselemente zumindest zu einem Teil deckungsgleich sind (BFH BStBl 17,

143; BFH BStBl 17, 31; „innere Zusammenhang der Sachverhaltselemente"). Der bestimmte Sachverhalt kann aus zeitlich mehr oder weniger weit auseinander liegenden einzelnen Ereignissen bestehen, die sich uU sogar in verschiedenen Besteuerungszeiträumen zugetragen haben (*von Wedelstädt* DStR 98, 377), zB Anschaffung, Vermietung und Veräußerung eines Vermögensgegenstands (BFH BStBl 97, 647: Gewinnerzielungsabsicht anhand aller während der betr Zeit zutage getretenen Umstände einheitlich zu beurteilen; aA *Wüllenkemper* DStZ 97, 844), nicht jedoch der Erwerb und Rückerwerb eines Grundstücks (BFH/NV 17, 1). Weitere Beisp: Unternehmereigenschaft (BFH BStBl 89, 539; BFH/NV 90, 341; 92, 787); Betrieb eines Gewerbes (BFH BStBl 95, 764); die Verhältnisse, die bei einem Wirtschaftsgut im Kalenderjahr der erstmaligen Verwendung für den Vorsteuerabzug maßgebend waren (BFH BStBl 94, 600); die Tätigkeit als beratender Betriebswirt (FG Bln EFG 87, 441); Aufhebung des GewSt-Messbescheids aufgrund selbständiger Tätigkeit gestattet Versagung der Tarifbegrenzung gem § 32c EStG aF (BFH BStBl 16, 818); die Berechtigung zum VorStAbzug beim Treuhänder/Treugeber (BFH BStBl 10, 109; 09, 876). Das „Bestehen einer Organschaft" bezeichnet jedoch keinen einheitlichen Lebenssachverhalt, dieser wird vielmehr von den Lebensvorgängen gebildet, welche die Eingliederungsvoraussetzungen schaffen (BFH BStBl 17, 143).

Die aufgrund neuer Schätzungs*methoden* gewonnene Erkenntnis, dass eine Schätzung iErg unzutreffend war, keinen „Sachverhalt" dar (BFH BStBl 02, 450). BFHE 174, 290 (HFR 94, 580) hat auch die wegen vorhergegangener unrichtiger Versagung des VorStAbzugs notwendig gewordene VorStBerichtigung nach § 15a UStG mit Recht nicht als Änderung nach Abs 4 zugelassen. 19

3. Doppelte Berücksichtigung eines Sachverhalts zu Ungunsten (Abs 1). Abs 1 regelt den Fall, dass ein bestimmter Sachverhalt mehrfach *zu Ungunsten* des Stpfl stl berücksichtigt worden ist, und zwar in mehreren Bescheiden (nicht in ein und demselben). Entscheidend ist die Auswirkung in der StFestsetzung, nicht eine mögliche mittelbare Auswirkung in irgendwelchen anderen Besteuerungsverfahren. Widerstreiten sich gesonderte Feststellungen, kommt es folglich auf die festgestellten Besteuerungsgrundlagen an, nicht auf die Auswirkungen in den Folgebescheiden. Abs 1 ermöglicht die Änderung eines bestandskräftigen Bescheids insb, wenn eine dort berücksichtigte Einnahme später in einem anderen Veranlagungszeitraum (zu Recht) erfasst wird oder für eine andere StArt in Anspruch zu nehmen ist (zB im bestandskräftigen ErbStBescheid erfasst, später richtig in EStBescheid). Auch eine doppelte Berücksichtigung im Grundlagen- und (originär) im Folgebescheid rechtfertigt dessen Änderung nach Abs 1 (BFH BStBl 97, 170). Die mehrfache Nichtberücksichtigung steuermindernder Tatsachen steht der mehrfachen Berücksichtigung steuererhöhender jedoch nicht gleich (BFH/NV 97, 273; FG Bre DStRE 16, 688). 23

Die *fehlerhafte* StFestsetzung ist zu ändern. Kann sie nicht mehr geändert werden, so rechtfertigt dies nicht, die an sich noch änderbare, jedoch rechtmäßige erneute Berücksichtigung des Sachverhalts gem § 174 I 1 zu ändern (BFH/NV 06, 611). Die Korrektur ist auf die Beseitigung des Widerstreits beschränkt. Ob *die bestehen bleibende* andere Festsetzung sonst richtig ist, ist deshalb ohne Bedeutung. ZB ist ein inhaltlich richtiger, jedoch einem anderen Bescheid widerstreitender Bescheid eines unzuständigen FA aufzuheben, auch wenn der Bescheid des zuständigen FA inhaltlich falsch ist (allgM). 24

Ist der Bescheid, den die FinBeh für unrichtig hält und wegen eines Widerstreits zu einem anderen Bescheid aufheben oder ändern möchte, zuvor **gerichtlich bestätigt** worden, muss unterschieden werden, ob der (angeblich) widerstreitend berücksichtigte Sachverhalt Gegenstand des Rechtsbehelfsverfahren war oder nicht. War der Bescheid nur wegen eines anderen Punktes angefochten und hatte das Gericht nicht erkannt, dass die richtige Behandlung des jetzt von der FinBeh als 25 widerstreitend berücksichtigt angesehenen Sachverhalts (zB hinsichtlich der richtigen Periodenzuordnung einer vor Gericht als solcher streitigen Einnahme) zweifelh sein könnte, ist die FinBeh nicht gehindert, den Bescheid zu berichtigen. Zu Abs 4 hat der BFH jedenfalls die Auffassung vertreten, die FinBeh sei an die rechtliche Beurteilung des Gerichts bei einer späteren Fehlerberichtigung nicht gebunden (vgl BFH BStBl 94, 385; siehe auch BFH/NV 97, 738). Dabei ging es allerdings um verschiedene Streitjahre (bzw verschiedene Stpfl) und damit eindeutig nicht um denselben Streitgegenstand. Nach § 110 FGO binden rechtskräftige Urteile die Beteiligten jedoch nur, soweit über den Streitgegenstand entschieden worden ist; da Streitgegenstand bei einer Klage gegen einen StBescheid die (konkretisierte) Rechtsbehauptung des Stpfl ist, der Bescheid sei (in bestimmter Hinsicht) rechtswidrig, entscheidet das Gericht nicht über den Bescheid schlechthin unter jeder erdenklichen rechtlichen und tatsächlichen Hinsicht, sondern nur über die von ihm festgestellten Tatsachen (BFH BStBl 90, 1032). Es gibt folglich Fälle (es sind die Regelfälle), in denen nur „teilweise" über den StBetrag entschieden worden ist, die Entscheidung aber zB die Frage eines Widerstreits zu anderen StFestsetzungen nicht stellt und beantwortet. Dementsprechend bestimmt § 110 II FGO, dass die Berichtigungsvorschriften der AO unberührt bleiben, soweit sich nicht aus § 110 I 1 FGO etwas anderes ergibt.

26 Hat sich der Stpfl gerade wegen der Periodenzuordnung eines stl relevanten Vorfalls zB gegen die StFestsetzung in 01 gewandt mit der Begründung, der Sachverhalt sei zu Recht in 02 berücksichtigt, damit aber keinen Erfolg gehabt, so steht damit nicht rechtskräftig fest, dass der Vorgang tatsächlich in 02 zu besteuern ist; die FinBeh darf ihn trotz der Gerichtsentscheidung in der Festsetzung 02 nur dann berücksichtigen, wenn sie nicht zu einer besseren Erkenntnis als das Gericht kommt (siehe BFH BStBl 94, 385; BFH/NV 97, 738). Anderenfalls muss sie ihn in 02 unberücksichtigt lassen und den für 02 erlassenen Bescheid ggf nach Abs 1 ändern, ohne zugleich den Bescheid 01 nach Abs 3 ändern zu können (anders für einen Fall der Objektkollision FG Mster EFG 82, 352). Ist der Sachverhalt von der FinBeh in 01 und 02 erfasst worden und gegen 01 erfolglos Klage erhoben worden, muss es ferner gleichwohl bei 02 bleiben, wenn sich diese Erfassung später doch als zutreffend erweist. § 174 kann dann nicht die zutreffende, der materiellrechtlichen Lage entsprechende Festsetzung verhindern (BFH/NV 97, 738). Hat im umgekehrten Fall der Stpfl mit seiner Klage gegen die Erfassung in 01 Erfolg gehabt, kann der korrespondierenden Erfassung in 02 ebenfalls entgegengehalten werden, die Erfassung müsse doch in 01 erfolgen (FG Köln EFG 96, 638, das allerdings mit Hilfe des Treu-und-Glauben-Grundsatzes zu einem abw Ergebnis gelangt, dagegen jedoch BFH/NV 97, 738; FG Ddorf EFG 97, 1352). Bei unterschiedlichen Prozessbeteiligten kann ein Urteil der richtigen StFestsetzung freilich ohnehin nicht entgegenstehen (weitergehend aber *TK/Seer* FGO § 110 Rz 33, der sogar bei verschiedenen Verwaltungsträgern einen Anspruch auf ein länderübergreifendes „Verständigungsverfahren" einräumen will, damit jedoch im Interesse der Gerechtigkeit die subjektiven Grenzen der Rechtskraft über Bord wirft, wofür das positive Recht wenig hergibt).

27 Die Änderung der widerstreitenden Festsetzung nach Abs 1 ist **antrags- und fristgebunden.** Sie erfolgt nur aufgrund eines bis zum Ablauf der Festsetzungsfrist (§ 169) oder bis zum Ablauf eines Jahres nach Unanfechtbarwerden des von dem Widerstreit betroffenen anderen StBescheids gestellten Änderungsantrags; diese Jahresfrist läuft allerdings selbst dann, wenn der Bescheid, der zu dem zu ändernden Bescheid in Widerstreit getreten ist, noch zB nach §§ 164, 165 geändert werden kann (*Schwarz/Frotscher* § 174 Rz 72). Die fälschliche Anfechtung des rechtmäßigen der beiden (oder mehreren) widerstreitenden Bescheide wird dadurch risikoloser, weil während des Rechtsbehelfsverfahrens die Antragsfrist für den richtigerweise zu ändernden Bescheid nicht ablaufen kann; ein vorsorglicher Antrag auf Änderung auch des anderen Bescheids ist im Zweifel zweckmäßig, um zu verhindern, dass bei

diesem Bescheid die Festsetzungsfrist abläuft, bevor über den wegen des anderen Bescheids gestellten Änderungsantrag (negativ) entschieden worden ist (kein Fall der Fristverlängerung nach Satz 2!). Die FinVerw hilft freilich ohnehin durch Erfolg versprechende Auslegung des Änderungsantrages (AEAO zu § 174 Nr 3).

Durch die Regelung des Abs 1 S 3 soll einerseits klargestellt werden, dass die **Entscheidung über den Antrag auch nach Ablauf der Jahresfrist** des vorhergehenden Satzes erfolgen kann (was sich wohl auch sonst von selbst verstünde); außerdem, dass eine möglicherweise abgelaufene oder zwischenzeitlich ablaufende Festsetzungsfrist (§ 169 I) sich auf die Zulässigkeit der Aufhebung oder Änderung nicht auswirkt. Dies entspricht dem bereits in § 171 III enthaltenen Rechtsgedanken, für dessen entspr Anwendung deshalb kein Bedürfnis besteht. 28

4. Mehrfache Berücksichtigung eines Sachverhalts zugunsten (Abs 2). Das ist also der umgekehrte Fall des Abs 1. Es handelt sich um den Fall, dass ein bestimmter Sachverhalt mehrfach *zugunsten* des Stpfl oder bei mehreren Stpfl (zB Gewährung von Kindergeld an mehrere für dasselbe Kind, dazu *Felix* FR 01, 674) berücksichtigt worden ist, und zwar in einer Weise, die mit den Denkgesetzen nicht vereinbar ist. Wenn ein Sachverhalt im selben Bescheid doppelt erfasst wird, ist Abs 2 ebenso wenig anwendbar wie es bei Abs 1 der Fall wäre. 32

Die Änderung nach Abs 2 setzt voraus, dass die **Fehlerhaftigkeit der widerstreitenden StFestsetzung vom Stpfl verursacht** worden ist (BFH BStBl 11, 673; 97, 170; 96, 148). Das ist der Fall, wenn sie auf einen Antrag oder eine Erklärung des Stpfl zurückzuführen ist; dazu gehören auch formlose Mitteilungen (BFH BStBl 97, 170), auch solche, die für den Beteiligten von einem Dritten abgegeben sind, zB nach § 80 I, II, § 200 I. Abs 2 greift zB dann *nicht* ein, wenn der Stpfl dem FA den Sachverhalt vollständig und richtig dargestellt hat, dieses aber (möglicherweise der Rechtsauffassung des Stpfl entsprechende, jedoch) rechtl unzutreffende stl Folgerungen gezogen hat. In diesem Fall beruht die fehlerhafte StFestsetzung nicht auf einer Erklärung des Stpfl, sondern auf der unrichtigen Beurteilung durch das FA (BFH BStBl 81, 388). Eine Mitverursachung der fehlerhaften StFestsetzung durch falsche tatsächl Angaben des Stpfl reicht jedoch grds aus, aber nur eine *überwiegende* Mitverursachung (BFH/NV 05, 1). Umgekehrt schließt es eine Änderung nicht aus, wenn der fehlerhafte Bescheid auf Ermittlungsdefiziten seitens des FA beruht (BFH BStBl 84, 510), insbes nicht, wenn eine unrichtige StErklärung abgegeben worden ist. Es ist auch nicht nur die irrtümlich (möglicherweise sogar schuldlos) herbeigeführte Doppelberücksichtigung eines Sachverhalts, sondern auch eine bewusst herbeigeführte widerstreitende StFestsetzung zu korrigieren (BFH BStBl 96, 148). 33

Diese Grundsätze gelten auch für **gerichtl bestätigte Bescheide.** Hatte die FinBeh die Berücksichtigung des Sachverhalts im Veranlagungsjahr 2000 abgelehnt, war der Stpfl aber im Rechtsbehelfsverfahren mit seinem Antrag durchgedrungen, so kann die FinBeh die Festsetzung 1999 entspr ändern. 34

Die Änderung nach Abs 2 ist ***nicht* antrags-, aber fristgebunden** (sinngemäße Anwendung des Abs 1), nämlich noch innerhalb eines Jahres nach Unanfechtbarkeit des zweiten, widerstreitenden Bescheids zulässig (allgM); der zweite Bescheid wird damit gleichsam zum Grundlagenbescheid für den ersten (Rechtsgedanke des § 175 Nr 1). Für den Fall, dass der Stpfl durch einen Rechtsbehelf gegen den zweiten Bescheid die doppelte Berücksichtigung des für ihn günstigen Sachverhalts erreicht, würde aber nicht Abs 2, sondern Abs 4 eingreifen. 35

Kann nicht geändert werden, weil der Stpfl keine unrichtigen Angaben gemacht hatte, kann eine Aufhebung oder Änderung des StBescheids nicht ersatzweise auf § 172 I 1 Nr 2 mit der Begründung gestützt werden, der Stpfl sei früher selbst für das betr stl Ergebnis eingetreten und handle treuwidrig, wenn er jetzt seine Zustimmung zur Bescheidänderung verweigere; denn dadurch würde Abs 2 unterlaufen (BFH BStBl 99, 158). 36

40 **5. Nichtberücksichtigung eines bestimmten Sachverhalts (Abs 3).** Abs 3 regelt den Fall, dass ein bestimmter der FinBeh bekannter Sachverhalt (absichtlich oder aufgrund Rechts- oder Tatsachenirrtums) *überhaupt nicht* in einem StBescheid berücksichtigt worden ist (wenig plastisch „negativer Widerstreit" genannt; BFH BStBl 10, 586; 01, 743). Dann kann ein StBescheid ggf trotz Bestandskraft geändert werden oder der *(erstmalige)* Erlass eines StBescheids nachgeholt werden, obwohl die Frist für *diese* Festsetzung (nicht aber diejenige für den Bescheid, bei dessen Erlass der Sachverhalt irrig nicht berücksichtigt worden war) abgelaufen ist (BFH/NV 97, 84), sofern der ergangene Bescheid erkennbar auf der Annahme des FA beruht, der Sachverhalt sei anderweit zu berücksichtigen (nicht, wenn er auf der Verkennung der steuerrechtlichen Bedeutung des Sachverhalts überhaupt beruht, BFH BStBl 01, 743, oder gar darauf, dass der Sachverhalt der FinBeh verborgen geblieben ist (dann allenfalls Änderung nach § 173). „Annahme" setzt also einen kognitiven Prozess voraus; die schlichte Übernahme einer fehlerhaften Erklärung des Stpfl genügt also nicht (BFH/NV 18, 10; 17, 1415). Die FinBeh muss Kenntnis von dem betreff Sachverhalt haben (BFH/NV 17, 1039).

40a Abs 3 soll verhindern, dass ein steuererhöhender oder steuermindernder Vorgang bei der Besteuerung überhaupt nicht berücksichtigt wird, ein Sachverhalt also in keinem von mehreren in Betracht zu ziehenden StBescheiden berücksichtigt worden ist (BFH BStBl 10, 586; BFH/NV 10, 1075). Er ist dann anwendbar, wenn das FA zunächst keinen StBescheid erlassen hat, weil der Sachverhalt in einem anderen StBescheid zu berücksichtigen sei (BFH BStBl 17, 841) oder zunächst ein rechtswidriger StBescheid ergangen und dieser im Rechtsbehelfsverfahren aufgehoben oder geändert worden ist (BFH BStBl 90, 458), selbst vor bestandskräftiger Aufhebung des als fehlerhaft erkannten Bescheids (BFH BStBl 10, 593). Zum Begriff „Sachverhalt" vgl oben Rz 18. Die Nichtberücksichtigung kann auf einer sachlichen oder auf einer rechtlichen Fehlbeurteilung beruhen (BFH BStBl 10, 586; 94, 76; vgl auch BFH/NV 93, 406), insbes zB darauf beruhen, dass das FA (nicht etwa nur der Stpfl, BFH/NV 05, 1222) angenommen hat, der Vorgang habe sich in einem anderen Veranlagungszeitraum zugetragen, oder dass das FA den Vorgang rechtl falsch einem bestimmten VZ zugeordnet hat (BFH BStBl 12, 23; 94, 76; vgl auch BFH/NV 05, 1751; 01, 1007: „alternative Berücksichtigung"). Auch wenn der Sachverhalt berücksichtigt worden ist, aber unzutreffend im Rahmen eines periodisch gestreckten Ansatzes in mehreren Veranlagungszeiträumen statt eines punktuellen Ansatzes, kann geändert werden (BFH BStBl 16, 432). Es muss sich aber stets um **denselben Vorgang** handeln; deshalb hat BFH BStBl 10, 86 eine Änderung mit Recht nicht zugelassen, wenn das FA einen Vorgang – nach späterer Erkenntnis rechtsirrig – deshalb nicht als Entnahme besteuert hat, weil die Besteuerung stiller Reserven zu einem späteren Zeitpunkt erfolgen könne; denn die Umstände, die zu einer späteren Aufdeckung stiller Reserven führen können, sind unbestimmt und gehören nicht zu dem Sachverhalt, der rechtsirrtümlich nicht als Entnahme (vgl dazu BFH/NV 07, 1813) gewürdigt worden ist (zur Übertragung von Betriebsvermögen auf eine vermeintlich gewerbl tätige GbR *BMF* BStBl I 01, 614; dagegen kritisch BFH BStBl 10, 586 sowie *Tiedtke/Szczesny* NJW 02, 3733; vgl BFH BStBl 07, 602 zur zeitlichen Einordnung des Verlusts der wirtschaftlichen Identität einer GmbH; vgl aber umgekehrt BFH/NV 07, 1813 zu alternativen Entnehme*handlungen,* deren unrichtige rechtliche Beurteilung keine Bescheidsänderung rechtfertigt, auch nicht nach Abs 4).

40b Die diesbzgl Beurteilung muss für den Bescheid **kausal** geworden sein (BFH BStBl 10, 586; BFH/NV 01, 1523). Ob der Fehler der StFestsetzung von Anfang an anhaftete oder sich erst durch eine Änderungsfestsetzung eingeschlichen hat (BFH BStBl 90, 458) ist ebenso unerheblich wie, ob der andere StBescheid, in dem der Sachverhalt vermeintlich zu berücksichtigen war, dann tatsächlich erlassen wird; die Vorschrift ist ebenso einschlägig, wenn ein StBescheid erlassen worden ist, der den Sachverhalt irrtümlich nicht berücksichtigt, wie wenn nicht eine Festsetzung ganz unterblieben ist (BFH BStBl 01, 1523; 01, 473). Erfüllt aber nach Auffassung des FA ein bestimmter Sachverhalt nicht alle Voraussetzungen eines steuerrechtl Tatbestandes (wird er also als steuerrechtl irrelevant angesehen und *deshalb* nicht bei Erlass eines StBescheids berücksichtigt) und stellt sich die Annahme später als falsch heraus, so kann eine Änderung der unrichtigen StFestsetzung in diesem StBescheid nicht auf § 174 III 1 gestützt werden (BFH/NV 98, 148; 97, 273). Überhaupt ist allein falsche Rechtsanwendung kein Änderungsgrund (BFH/NV 01, 1372; zu einem Grenzfall vgl *Tiedtke/Szczesny* NJW 02, 3733 und offenlassend BFH/NV 04, 913).

Eine Änderung kann auch erfolgen, wenn sich die (erkennbare) Annahme, der 41
Sachverhalt sei bei der **Besteuerung eines Dritten** zu berücksichtigen, als unzutreffend erweist (BFH BStBl 15, 241; 10, 593; 92, 867; 84, 788). Die Änderung nach Abs 3 nach Einlegung eines Rechtsbehelfs dieses Dritten ggü dem anderen Stpfl setzt *nicht* dessen Beteiligung am Verfahren des Dritten voraus (BFH BStBl 84, 788).

Voraussetzung für die Aufhebung oder Änderung *zugunsten* wie *zu Ungunsten* 42
des Stpfl ist: Es muss **erkennbar** sein, dass die Berücksichtigung des Sachverhalts nur im Hinblick auf die spätere StFestsetzung unterblieben ist, und zwar für denjenigen, dem ggü die StFestsetzung geändert oder nachgeholt werden soll (BFH BStBl 92, 832; BFH/NV 97, 273) bzw der Feststellungsbeteiligter ist (BFH BStBl 10, 593; 04, 914), nicht nur für einen Dritten (BFH BStBl 86, 241). Erkennbar heißt, dass dieser bei verständiger Würdigung des an ihn gerichteten Bescheids erkennen musste, warum ein bestimmter Vorgang dort nicht berücksichtigt wurde (BFH BStBl 92, 832; 85, 283; 84, 788). Die Erkennbarkeit kann sich ergeben aus einem *Vermerk* im StBescheid, evtl auch aus der *StErklärung,* wenn der Stpfl darauf hingewiesen und die FinBeh dies akzeptiert hat, mag sie es auch nicht ausdrücklich vermerkt haben (BFH/NV 89, 687). Ferner kann sie sich ergeben aufgrund von *Erörterungen* mit dem Stpfl im Rahmen des rechtl Gehörs (vgl § 91 I und § 364a) oder aus einem *Bp-Bericht* (zweifelnd, sofern die Veranlagungsstelle dessen Würdigung sich nicht erkennbar zueigen gemacht hat, BFH/NV 09, 1073; vgl auch BFH BStBl 88, 307), auch aufgrund der Kenntnis des Stpfl aus einem *anderen StVerfahren,* in das er als Geschäftsführer Einblick hat (BFH BStBl 92, 832). Erkennbarkeit liegt erst recht vor, wenn der Stpfl durch sein eigenes Verhalten die FinBeh veranlasst hat, einen Sachverhalt nicht bei ihm, sondern bei einem anderen zu erfassen (BFH BStBl 10, 593). Das Wissen seines steuerlichen Beraters ist dem Stpfl zuzurechnen (BFH/NV 89, 687).

Das Erkennbarmachen kann auch noch nachträglich geschehen, soweit der Bescheid unter dem Vorbehalt der Nachprüfung steht, oder im Einspruchsverfahren. Für die Frage der Erkennbarkeit kommt es auf den gesamten Verfahrensablauf an (BFH BStBl 84, 788; 85, 283). Die Möglichkeit einer steuerrechtlichen Alternative muss nicht „zur Sprache gekommen" sein, es genügt, dass sie sich für den Stpfl aus den Umständen ergeben musste, zB weil sie von der Größenordnung her augenfällig wurde (BFH BStBl 85, 283; vgl auch BFH BStBl 84, 788; BFH/NV 99, 449). Dass die Widersprüchlichkeit „in den Bescheiden selbst erkennbar sein" müsse (so BFH/NV 97, 273), ist zu eng. Die Erkenntnismöglichkeit seines steuerlichen Beraters ist dem Stpfl zuzurechnen (BFH/NV 89, 687).

Bei einer Änderung eines Bescheids zugunsten des Stpfl wird die Ansicht vertre- 44
ten, diesem sei nicht entgegenzuhalten, dass die fehlerhafte Annahme der FinBeh, der Sachverhalt sei erst in einer anderen StFestsetzung zu berücksichtigen, ihm nicht erkennbar gemacht worden ist, weil sich sonst der von diesem Merkmal erstrebte Vertrauensschutz in sein Gegenteil verkehre (*Macher* DStR 79, 552; *TK/Loose* § 174 Rz 34 *BG/von Wedelstädt* § 174 Rz 83; sehr str); dem kann nicht nur wegen des eindeutigen Wortlauts der Vorschrift, sondern auch mangels eines Anlasses nicht gefolgt werden, dem Stpfl eine Korrekturmöglichkeit zu verschaffen, wenn er die Berücksichtigung eines ihm günstigen Umstandes gar nicht vermisst hat (hat er dies, hätte er einen Rechtsbehelf einlegen können!).

45 Der die Änderungsmöglichkeit legitimierende Vertrauensschutzgedanke greift auch dann nicht ein, wenn der Stpfl nicht die Möglichkeiten ausgeschöpft hat, die erkennbar gewordene Beurteilung der FinBeh im Rechtsbehelfsverfahren anzugreifen, er zB seinen Einspruch zurückgenommen hat (BFH BStBl 07, 238).

46 Zur Frage, ob der andere Bescheid von einer inl StBehörde zu erlassen sein muss oder ob die Vorschrift auch eingreift, wenn ein **ausl StBescheid** vorliegt und ein DBA durch eine Freistellungs- oder Anrechnungsklausel eine Verbindung zwischen den beiden Besteuerungsverfahren herstellt, vgl oben Rz 15.

48 Die Änderung, Aufhebung oder Nachholung der StFestsetzung ist nur zulässig bis zum Ablauf der **Festsetzungsfrist** derjenigen StSchuld, bei deren Festsetzung der Sachverhalt nach der zunächst geäußerten Auffassung hätte berücksichtigt werden sollen (BFH BStBl 15, 241; 10, 593). Berücksichtigt die FinBeh bei der zweiten StFestsetzung entgegen ihrer zunächst erklärten Absicht den steuermindernden Sachverhalt nicht und führt sie auch entgegen § 174 III keine Änderung des ersten Bescheids durch, sollte der Stpfl nicht lediglich den zweiten Bescheid anfechten, sondern zugleich vorsorglich Änderung des ersten Bescheids beantragen. Dann läuft in entspr Anwendung des § 171 III die Festsetzungsfrist für den ersten Bescheid jedenfalls solange nicht ab, bis über den Antrag entschieden worden ist (danach kann das Verfahren ggf durch Rechtsbehelf offen gehalten werden). Ficht er dagegen nur den zweiten Bescheid an, so ist möglicherweise bei Misserfolg dieses Rechtsbehelfs die Festsetzungsfrist für den ersten Bescheid abgelaufen und daher keine Änderung des ersten Bescheids mehr möglich. Denn im Gegensatz zu Abs 1 sieht Abs 3 keine Verlängerung der für die Änderung erforderlichen Festsetzungsfrist nach Maßgabe der Dauer des Rechtsbehelfsverfahrens gegen jenen Bescheid vor.

51 **6. Änderung nach beantragter Aufhebung einer Festsetzung zugunsten des Steuerpflichtigen (Abs 4).** Die Vorschrift enthält eine ggü Abs 1 bis 3 *eigenständige Änderungsnorm* und beschränkt sich nicht auf die Korrektur *widerstreitender* Festsetzungen (BFH BStBl 97, 647; 95, 264; BFH/NV 13, 690; siehe schon oben Rz 4; aA *TK/Loose* § 174 Rz 42). Ihr Grundgedanke ist, den Stpfl, der die Änderung eines StBescheids zu seinen Gunsten erwirkt hat, an seinem *Rechtsstandpunkt* auch insoweit festzuhalten, als dieser für ihn anderweit zu nachteiligen steuerlichen Konsequenzen führt (BFH BStBl 99, 475; BFH/NV 08, 1493; Gedanke von Treu und Glauben, BFH BStBl 17, 15; BFH/NV 17, 481), und zwar selbst wenn dies per Saldo zu einer Verböserung seiner steuerlichen Behandlung führt (BFH BStBl 05, 637; 90, 373) oder die FinBeh zunächst vorsätzlich falsch beurteilt hat (BFH BStBl 17, 287) bedarf in diesem Fall auch nicht einmal in entspr Anwendung des § 367 eines entspr vorherigen Hinweises bei Anlass der günstigen (beantragten) Änderung (BFH BStBl 05, 637; BFH DStR 16, 869), welche ihrerseits auch nicht dem Begehren des Stpfl entsprechen muss (BFH BStBl 05, 637; hingegen hält *Heger* DStZ 06, 393 einen Verböserungshinweis offenbar für erforderlich, sofern es nicht lediglich um eine abweichende Periodenzuordnung des strittigen Sachverhalts geht, wobei die dogmatische Begründung dieser Ansicht freilich dunkel bleibt). Wenn auf Rechtsbehelf des Stpfl ein StBescheid aufgehoben oder geändert wird (sei es von der FinBeh oder vom Gericht), kann die dieser Änderung zu Grunde liegende rechtl Beurteilung bei anderen bereits bestandskräftigen StBescheiden ebenfalls zugrunde gelegt werden; sie sind entsprechend zu ändern bzw aufzuheben (siehe zB BFH BStBl 97, 647: im Rechtsbehelfsverfahren hinsichtlich eines VZ geänderte Beurteilung der Einkünfteerzielungsabsicht, nachträgliche Berücksichtigung eines Einnahmeüberschusses durch Änderung des bestandskräftigen StBescheids eines anderen VZ). Es besteht kein Ermessen (BFH BStBl 12, 653; vgl Rz 6). Das finanzgerichtliche Verböserungsverbot steht dem nicht entgegen (BFH BStBl 13, 139; 01, 89). Eine „vorsorgliche" Besteuerung nach Maßgabe der von dem Stpfl in einem offenen Rechtsbehelfsverfahren vertretenen Rechtsansicht ist jedoch nicht zulässig (FG Ddorf EFG 04, 160).

Die Änderung eines bestandskräftigen StBescheids nach Abs 4 ist nur möglich, soweit sie auf der steuerlichen **Beurteilung desselben unveränderten Sachverhalts** (einheitlichen Lebensvorganges, siehe dazu schon Rz 18) in einem *anderen* Besteuerungsverfahren beruht, der Gegenstand eines Rechtsbehelfs-/Änderungsverfahrens war (BFH BStBl 97, 647; 91, 387; BFH/NV 95, 476; 08, 1493; FG Ddorf EFG 17, 886, Rev XI R 49/17), mögen die beiden Sachverhalte auch nicht vollständig übereinstimmen (BFH BStBl 17, 143; BFH/NV 04, 604). Die dem geänderten und der dem zu ändernden StBescheid zugrunde liegende Sachverhalte müssen übereinstimmen (BFH BStBl 17, 15). Es kommt nicht darauf an, ob der nach Abs 4 zu ändernde Bescheid vor dem auf Rechtsbehelf des Stpfl geänderten Bescheid ergangen ist, dieser also erst den Widerstreit herbeigeführt hat; auch ein nach der auf Rechtsbehelf erfolgten Änderung ergangener (von Anfang an fehlerhafter) Bescheid kann nach Abs 4 später noch geändert werden (BFH BStBl 09, 620, wo allerdings eine Verwirkung der Änderungsbefugnis in Ausnahmefällen – allenfalls diese könnten in Betracht kommen! – nicht für ausgeschlossen gehalten wird). 52

Die Folgeänderungen sind **nicht auf die gleiche StArt** (BFH BStBl 08, 129) **beschränkt,** auch nicht auf den gleichen Stpfl, sofern ein Dritter nach Abs 5 beteiligt war (BFH BStBl 88, 404; 89, 539; BFH/NV 89, 482; näher dazu Rz 71 ff. Abs 4 ist auch nicht periodenbezogen zu verstehen, sodass die „richtigen steuerlichen Folgerungen" nur in dem nämlichen den Besteuerungszeitraum zu ziehen wären (BFH/NV 13, 690). Zweck der Vorschrift ist es vielmehr, die korrespondierende stl Behandlung desselben Sachverhalts auch in anderen als dem auf Rechtsbehelf/Antrag geänderten StBescheid sicherzustellen. Sind mehrere Fehler zu korrigieren, können auch aufeinanderfolgende Änderungsbescheide ergehen (FG Mchn EFG 12, 1721). Die Rechtsfolgen, die in dem Rechtsbehelfs-/Änderungsverfahren verhängt worden sind und die in dem Änderungsbescheid verhängt werden sollen, müssen nicht übereinstimmen (BFH BStBl 97, 647), die Auswirkungen der Änderung zugunsten und der Änderung zuungunsten des Stpfl müssen auch nicht etwa einander aufheben (BFH BStBl 05, 637). So kann bei Änderung eines GewStBescheids zugunsten der Ehefrau zB auch der EStBescheid des Ehemannes geändert werden (BFH/NV 89, 482; aA *Schwarz/Frotscher* § 155 Rz 58); der Sachverhalt der Gewinnausschüttung (KöSt) umfasst auch den hierdurch bedingten Einbehalt der KapESt und deren Festsetzung ggü der ausschüttenden Kapitalgesellschaft (BFH BStBl 14, 982). Abs 4 setzt auch nicht voraus, dass der Sachverhalt in dem geänderten Bescheid aufgrund der Überprüfung überhaupt nicht mehr berücksichtigt wird (BFH BStBl 01, 562; vgl auch BFHE 195, 286 = HFR 01, 831); so kann der noch nicht versteuerte Rest eines in dem geänderten Bescheid berücksichtigten Aufgabegewinns nach Abs 4 erfasst werden (BFH BStBl 94, 385). 52a

Auch in *demselben* StBescheid können nach Abs 4 Folgeänderungen (etwa nach einer Abänderung durch Gerichtsurteil) *dann* vorgenommen werden, wenn sie einen *anderen,* bisher nicht angegriffenen *Streitgegenstand* betreffen, wie es bei einem Feststellungsbescheid der Fall sein kann (BFH BStBl 01, 89; Erhöhung des laufenden Gewinns nach Aufhebung der Feststellung eines Aufgabegewinns; BFH/NV 02, 895). Es muss sich aber gleichsam um mehrere verschiedene Besteuerungsverfahren (unterschiedliche Streitgegenstände) handeln, in denen der „bestimmte Sachverhalt" möglicherweise geregelt werden könnte; eine Änderung ein und desselben bereits durch Gerichtsentscheidung modifizierten StBescheids zu Ungunsten des Stpfl ist sonst nicht zulässig (BFH BStBl 13, 139; 92, 867). 52b

Ein Widerstreit zwischen einem Feststellungs- und einem Festsetzungsbescheid ist denkgesetzlich ausgeschlossen, vielmehr ggf § 175 I 1 Nr 1 anzuwenden (vgl BFH/NV 10, 167). 52c

Abs 4 stellt nur darauf ab, dass sich die Beurteilung eines bestimmten Sachverhalts in einem **StBescheid** (nicht nur einem Haftungsbescheid, BFH/NV 02, 158; 97, 212) iErg als **objektiv rechtswidrig** erweist (BFH/NV 18, 522; BFH/NV 93, 406). Ist ein eigentlich rechtmäßiger Bescheid (zuunrecht) geändert wor- 53 den, so kann dieser Fehler nicht durch eine Folgeänderung gem Abs 4 kompensiert werden (vgl BFH BStBl 10, 407). Es ist unerheblich, ob der durch Änderung korrigierte Fehler bei der Beurteilung des Sachverhalts im Tatsächlichen oder im Rechtlichen lag (BFH BStBl 97, 647; 81, 633; BFH/NV 01, 1099; 95, 1056; 93, 406) oder auch nur in der Bestimmung des Adressaten (BFH/NV 01, 1099). Unerheblich ist auch, ob der Stpfl oder das FA den Fehler verursacht hatte (BFH BStBl 09, 620; 01, 564) und ob die FinBeh „geirrt" oder nicht vielmehr bewusst falsch besteuert hat (BFH BStBl 17, 287; 13, 471; BFH/NV 04, 1497).

53a Die FinBeh muss den Sachverhalt tatsächlich beurteilt, nicht schlicht übersehen (FG Bbg EFG 98, 49) oder für stl bedeutungslos gehalten haben (vgl BFH BStBl 03, 1035; 01, 743); dafür liegt die Feststellungslast bei ihr.

54 Abs 4 greift nicht ein, wenn der **ursprüngliche Bescheid nichtig** war, denn Abs 4 setzt einen der Bestandskraft fähigen Bescheid voraus (BFH BStBl 94, 327; 90, 942; BFH/NV 96, 797; 97, 388). Anders als im Rahmen der §§ 169 ff kommt es aber bei Abs 4 nur darauf an, dass der Bescheid wirksam geworden, nicht auch darauf, dass er wirksam geblieben ist. Denn die Korrekturfolgen sollen nicht nur bei Änderung, sondern ausdrücklich auch bei Aufhebung des ursprünglichen Bescheids eintreten, zB in den Fällen des § 100 III 1 FGO oder bei Aufhebung eines StBescheids aus formell-rechtlichen Gründen.

55 Entscheidend für die Änderungsmöglichkeit ist, dass sich die steuerrechtlichen Folgerungen, die die FinBeh gezogen hatte, **aufgrund eines Rechtsbehelfs** oder anlässlich einer vom Stpfl beantragten Änderung eines StBescheids nachträglich als unzutreffend erweisen. Die durch Rechtsbehelf/Antrag des Stpfl veranlasste Änderung eines Steuer-Feststellungsbescheids schafft also erst die Möglichkeit einer Änderung des anderen Bescheids nach Abs 4. Welches Ziel der Stpfl mit seinem Rechtsbehelf/Antrag verfolgt und was er vorgetragen hat, ist aber ohne Bedeutung (BFH BStBl 01, 562); der Rechtsbehelf muss sich also nicht gerade gegen die Berücksichtigung des betr Sachverhalts gerichtet haben; es kommt nur darauf an, ob eine Änderung etc durch ihn veranlasst worden ist (BFH BStBl 10, 953; 01, 562; BFH/NV 90, 341), wenn auch möglicherweise gar nicht wegen der von ihm geltend gemachten Gründe (BFH BStBl 10, 953; 05, 637; 01, 562). Führt sein Rechtsbehelf/Antrag zwar zu neuen Erkenntnissen, aber nicht zu einer Änderung, scheidet die Anwendung des § 174 IV von vornherein aus (BFH BStBl 02, 450). Tritt die Änderung erst während des Rechtsbehelfsverfahrens ein, heilt dies die anfängliche Rechtswidrigkeit eines auf § 174 IV gestützten (oder auch nur zu stützenden) Bescheids (vgl BFH BStBl 10, 593; 09, 35). Hatte der Rechtsbehelf/Antrag jedoch den letztlich geänderten Bescheid gar nicht zum Gegenstand, scheidet eine Folgeänderung aus, auch wenn der Stpfl einer von der FinBeh veranlassten Änderung zugestimmt oder sie bloß hingenommen hat (BFH BStBl 10, 953).

55a BFH BStBl 04, 763 hält Abs 4 auch bei **widerstreitenden rechtskräftigen gerichtlichen Entscheidungen** für anwendbar; das stellt eine bedenkliche Einschränkung der Rechtskraftwirkung dieser Urteile dar, die nicht nur, wie der BFH behauptet, einen neuen Rechtsstreit über die entschiedenen Rechtsfragen ausschließen, sondern zwischen den Beteiligten Rechtsfrieden herstellen will, der durch eine nachträgliche Bescheidsänderung gestört wird (kritisch auch *BG/von Wedelstädt* § 174 Rz 25; aA offenbar auch BFH BStBl 01, 89). Urteile, die zwar zu demselben Sachverhalt, aber zu verschiedenen VZ ergangen sind, bewirken unbeschadet des Umfangs ihrer Bindungswirkung keinen änderungsbedürftigen Widerstreit (BFH/NV 12, 779).

56 Die steuerrechtl zu ziehende richtige **Folgerung aus dem Sachverhalt** muss **keine unmittelbare** sein (aA *TK/Loose* § 173 Rz 48); insbes kann eine bilanzrechtl zwingende Folgerung aus der unrichtigen Beurteilung eines Sachverhalts in einem Vorjahr gezogen werden (BFH/NV 97, 388 für die gewinnerhöhende Auflösung eines Kapitalkontos aufgrund geänderter Gewinnverteilung in einem Vorjahr; BFH/NV 95, 1056 für die Kürzung der AfA-Bemessungsgrundlage nach

Änderung des Wertansatzes des betr Wirtschaftsguts in einem Vorjahr; vgl auch FG Bln EFG 84, 530 für die Beseitigung einer GewStRückstellung nach Einstufung einer Tätigkeit als nicht gewerblich bei Anfechtung des GewStBescheids). Abs 4 ermöglicht jedoch nur, dass aus dem Sachverhalt, nicht aber, dass aus den steuerrechtlichen Folgen dieses Sachverhaltes weitere Folgerungen durch Änderung eines Bescheids (oder mehrerer, BFH BStBl 97, 647) gezogen werden. Die Übertragung einer dem Stpfl günstigen Änderung auf andere bestandskräftige Bescheide desselben Stpfl, insbes andere VZ, hält BFH BStBl 99, 475 deshalb mit Recht für unzulässig, weil Abs 4 lediglich einen Ausgleich für den auf Rechtsbehelf/Antrag des Stpfl korrigierten Fehler gewähre (ebenso BFH/NV 07, 1267). Das entspricht dem vorrangigen Ziel des Gesetzes, einen Ausgleich für vom Stpfl erstrittene günstige Änderungen der StFestsetzung zu ermöglichen, ist freilich dem Wortlaut des Abs 4 nur mühsam zu entnehmen (kritisch auch *BG/von Wedelstädt* § 174 Rz 13).

Abs 4 setzt also nach der Rspr des BFH *anders als die Absätze 1 bis 3* nicht voraus, 57
dass die Berücksichtigung der betr Tatsache in dem einen StBescheid die Berücksichtigung in dem anderen (zu ändernden) **denkgesetzlich ausschließt.** Abs 4 ist also nicht auf die Fälle der alternativen Erfassung bestimmter Sachverhalte beschränkt (vgl BFH BStBl 97, 647; 95, 264; 92, 126), sondern geht in Verwirklichung des Grundsatzes von Treu und Glauben („wer a sagt, muss auch b sagen", vgl ua BFH BStBl 10, 953; 09, 620) darüber hinaus, indem er rechtslogisch gebotene Folgeänderungen, aber auch überhaupt eine Überprüfung der Besteuerung des Sachverhalts anhand der in dem betr Rechtsbehelfs/Antragsverfahren gewonnenen Erkenntnisse zulässt. Die FinBeh kann somit die im Rechtsbehelfs-/Änderungsverfahren gewonnenen Erkenntnisse im Sinne einer korrespondierenden (richtigen) Besteuerung des betr Sachverhalts in anderen, schon bestandskräftigen Bescheiden *umsetzen* (vgl BFH BStBl 01, 729 für Streit um die Voraussetzungen für eine Übertragung des Kinderfreibetrags; 97, 647; 89, 539; 88, 404), sogar wenn der Sachverhalt dort bereits – wenn auch unzutreffend – berücksichtigt worden war. Versagt aber zB das FA aufgrund irriger Beurteilung des Sachverhaltes das Recht zum Vorsteuerabzug und wird der StBescheid deshalb auf Rechtsbehelf des Unternehmers zu seinen Gunsten geändert, so kann das FA den USt-Bescheid eines Folgejahres im Hinblick auf die in diesem Jahr erforderliche Berichtigung des Vorsteuerabzuges gem § 15a UStG jedenfalls dann nicht ändern, wenn es dort nur um die Höhe des ansonsten bereits berücksichtigten VorStBerichtigungsanspruchs geht (BFH BStBl 94, 600).

Die **„richtige steuerliche" Folgerung** iSd Abs 4 ist nicht ohne Weiteres dieje- 58
nige, die der Entscheidung entspricht, welche auf Rechtsbehelf oder Antrag des Stpfl ergangen ist. Dies hatte allerdings BFH/NV 89, 482 angenommen und an sich überzeugend hervorgehoben, dass nur diese Auslegung der Zielsetzung des Abs 4 entspreche, eine unterschiedliche Beurteilung einheitlicher Sachverhalte in verschiedenen StBescheiden zu vermeiden, wenn ein Stpfl erfolgreich die Änderung eines Bescheids betrieben hat. BFH BStBl 01, 562 und 94, 385 sind dem – dem Wortlaut der Vorschrift entsprechend – nicht gefolgt; es seien die materiell-rechtl *richtigen* steuerlichen Konsequenzen zu ziehen, unabhängig davon, auf welchen rechtlichen Erwägung die Aufhebung/Änderung des ersten Bescheids beruht (ebenso BFH/NV 94, 788); eine Bindung des FA an selbst in einem Urteil zu dem vorausgegangenen Änderungsbescheid vertretene Rechtsauffassungen bestehe nicht (vgl jetzt BFH BStBl 08, 277). Dementsprechend soll die Rechtskraft (§ 110 FGO) eines Urteils einer Änderung dann nicht entgegen stehen, wenn sich zwei Urteile in unvereinbarer Weise gegenüberstehen (BFH BStBl 04, 763); siehe jedoch Rz 55a.

Welches die „richtigen steuerlichen Folgerungen" aus einem vom Stpfl ausgelös- 58a
ten Korrekturverfahren sind, entscheidet sich aber ggü einem nach Abs 5 Hinzugezogenen (Beigeladenen) in jedem Falle aufgrund der Rechtswirkungen der Hinzuziehung/Beiladung verbindlich im Ausgangsverfahren (BFH BStBl 88, 404; 89, 482; BFH/NV 96, 195).

59 Auch aus einem Bescheid, der einen aufgrund irriger Beurteilung erlassenen Bescheid wiederum zu Unrecht ändert, dürfen die richtigen Konsequenzen gezogen werden (BFH/NV 95, 184). Abs 4 erlaubt aber nicht eine **nochmalige Änderung** eines bereits durch Gerichtsentscheidung modifizierten StBescheids mit dem Ziel, aus dieser Gerichtsentscheidung Folgerungen zu ziehen, die das Gericht wegen des Verböserungsverbots nicht ziehen durfte (BFH BStBl 92, 867); hingegen erlaubt er eine Änderung durch die FinBeh, wenn das FG Besteuerungsgrundlagen, die von der Bestandskraft seiner Entscheidung nicht erfasst sind, nicht berücksichtigt hat, selbst wenn es sie hätte berücksichtigen müssen (BFH BStBl 01, 89). Die weitere Berücksichtigung desselben Sachverhalts kann nur bei einem anderen Stpfl oder bei einer anderen StArt oder in einem anderen VZ infrage kommen. Abs 4 bleibt auch dann anwendbar, wenn der Saldo zwischen den Auswirkungen der Änderung (Aufhebung) zugunsten des Stpfl und der Wirkung der Änderung zu seinen Ungunsten zu einer StMehrbelastung führt (BFH BStBl 90, 373).

60 Soweit im Rahmen einer Änderung auch **frühere** – der widerstreitenden Festsetzung vorangegangene – **Fehler** korrigiert werden sollen, ist dies nur zulässig, wenn eine solche Korrektur ursprünglich möglich war und nur infolge der irrigen Beurteilung unterlassen wurde (FG RhPf EFG 80, 532, vgl BFH/NV 87, 421).

61 Die **Fehlerhaftigkeit eines Bilanzansatzes** lässt als solche keine Änderung von bestandskräftigen StBescheiden zu (anders zB wenn sie durch Umstände ausgelöst wird, die ihrerseits einen Änderungstatbestand, etwa iSd § 173 oder § 175 darstellen). Bilanzen müssen zwar für Zwecke der Veranlagung und der Gewinnfeststellung grds im Fehlerjahr und in den Folgejahren berichtigt werden; ist eine Berichtigung aber nicht mehr möglich, weil die betr StBescheide bestandskräftig sind und keine Änderungsvorschrift eingreift, so ist die Korrektur in der Schlussbilanz des ersten Jahres nachzuholen, in dem dies mit steuerlicher Wirkung möglich ist (BFH BStBl 01, 106); insbes ist eine falsche Periodenabgrenzung keine mehrfache, widerstreitende Erfassung *desselben* Sachverhalts. Die Berichtigung einer StBilanz ist deshalb nur insoweit zulässig, als auch der StBescheid noch aufgehoben oder geändert werden kann (vgl BFH BStBl 66, 142; 87, 333; 92, 392; BFH/NV 90, 358; 95, 192), wie jetzt § 4 II 2 HS 2 EStG für die Zeit ab 2007 ausdrücklich bestimmt. BFH BStBl 96, 417 (Anrufungsbeschluss) und ihm folgend der GrS des BFH (BFH BStBl 98, 83) gehen dabei von der Lehre des formellen Bilanzzusammenhangs aus (kritisch zu diesem str Ausgangspunkt der BFH-Rspr zuletzt *Stapperfend* FR 08, 937; auch ohne diese Prämisse der BFH-Rspr kommt *TK/Loose* § 174 Rz 46 hinsichtlich der Anwendbarkeit des § 174 IV zum gleichen Ergebnis). Die Anwendbarkeit des § 174 IV wird verneint: Aufgrund des formellen Bilanzzusammenhanges sei die Übernahme der Schlussbilanz des jeweiligen Vorjahres als Anfangsbilanz des Folgejahres auch bei vorausgegangenen Bilanzierungsfehlern keine unrichtige stl Beurteilung; unrichtige Bilanzansätze, auf denen bestandskräftige Veranlagungen beruhen, könnten nicht in der Weise korrigiert werden, dass der StBescheid für ein Folgejahr nach § 174 IV aufgehoben und dadurch erst die Notwendigkeit und Rechtfertigung einer (Folge-)Änderung des Bescheids für ein Vorjahr geschaffen werde; denn § 174 IV ermögliche nicht – auch nicht im Wege einer analogen Anwendung – eine andere, nicht angefochtene, bestandskräftige Veranlagung (für ein Vorjahr) aufzuheben oder zu ändern, um hieraus die Rechtswidrigkeit des angefochtenen Bescheids herzuleiten. Solange die (unrichtige) Veranlagung des Vorjahres Bestand hat und zu entsprechenden Ansätzen in der Schlussbilanz führt, ist demnach deren Übernahme in die Anfangsbilanz und eine darauf beruhende Veranlagung für das Folgejahr keine nach § 174 IV zu ändernde widerstreitende StFestsetzung (BFH BStBl [GrS] 98, 83; BFH BStBl 98, 503).

61a Der BFH hatte dabei schon in seiner älteren Rspr betont, dass die periodengerechte Gewinnermittlung weniger wichtig sei als die richtige Besteuerung des einzelnen Geschäftsvorfalls, auch wenn diese im falschen Jahr geschehe (BFH BStBl 60, 137; 65, 48, 179; 66, 142; 62, 273). Wenn ein Fehler nicht durch Berichtigung der früheren Bilanzen bis zur Fehlerquelle berichtigt werden könne, sei er deshalb in den folgenden Jahren durch einen gleich großen entgegengesetzten Fehler erfolgswirksam auszugleichen (BFH BStBl 92, 392; 90, 1044; 85, 308; 58, 444); das sollte auch dann gelten, wenn der StAnspruch für das Jahr, in dem die Bilanz an sich falsch ist, bereits verjährt ist (BFH/NV 95, 192; anders jedoch BFH/NV 90, 358). Der Grundsatz der periodengerechten Gewinnermittlung trat also hinter den Grundsatz der richtigen Besteuerung aller Geschäftsvorfälle (Totalgewinn) zurück (BFH BStBl 77, 866; vgl schon *Woerner* DStR 76, 623 sowie *Flies* DStZ 97, 135, der in Fällen dieser Art eine Änderung der StBescheide für das Jahr des Bilanzierungsfehlers nach § 174 I, II bzw III für möglich hält; ähnlich *von Beckerath* DStJG 14/1991, 65).

Ein falscher Bilanzansatz muss demnach in der Schlussbilanz des ersten VZ be- 62
richtigt werden, dessen Besteuerung noch nach den allgemeinen Vorschriften änderbar ist (BFH BStBl 98, 443; 99, 217; 01, 106), sofern es sich nicht um eine Berichtigung handelt, die keine stl Auswirkung hat (BFH BStBl 92, 512). Dies gilt allerdings nicht ausnahmslos; nach Treu und Glauben hat BFH BStBl 81, 225; 72, 271 eine darüber hinausreichende Fehlerkorrektur dann für geboten gehalten, wenn der Stpfl arglistig einen falschen Bilanzansatz vorgenommen hat (was *Stapperfend* FR 08, 937 zuunrecht für mit § 4 II 2 HS 2 EStG nF nicht mehr vereinbar hält); ferner bei Übernahme eines von der FinBeh veranlassten falschen Bilanzansatzes (BFH BStBl 81, 225; auch dazu kritisch *Stapperfend* FR 08, 937). Vgl zu allem eingehend *Schmidt/Heinicke* EStG § 4 Rz 680f.

Der Ablauf der **Festsetzungsfrist** ist in den Fällen des Abs 4 unschädlich, wenn 64
die steuerlichen Folgen innerhalb der Jahresfrist des S 3 gezogen werden. Das gilt auch dann, wenn die FinBeh in der erkennbaren Annahme, ein bestimmter Sachverhalt sei in einem anderen StBescheid zu berücksichtigen, zunächst überhaupt keinen StBescheid erlassen hatte (BFH/NV 97, 89). Die Frist beginnt mit Bekanntgabe des StBescheids, auch dann wenn ein Hinzugezogener gegen die Aufhebung oder Änderung klagt und das FG die Rechtmäßigkeit der Aufhebung oder Änderung bestätigt (BFH BStBl 17, 143), bei Aufhebung/Änderung durch das Gericht jedoch erst mit Rechtskraft des Urteils (BFH BStBl 04, 914). Die Durchbrechung der Festsetzungsfrist nach S 3 tritt nach S 4 jedoch nicht ein, wenn bei Erlass des später aufgehobenen oder geänderten anderen StBescheids die Festsetzungsfrist für den nämlichen Bescheid bereits abgelaufen war und die alternative Möglichkeit der steuerlichen Berücksichtigung des bestimmten Sachverhalts bei Erlass des zu ändernden Bescheids nicht iSd Abs 3 S 1 erkennbar war (BFH BStBl 16, 432).

7. Anwendung des Abs 4 ggü Dritten (Abs 5). Abs 5 lässt die entspr An- 69
wendung des Abs 4 auch ggü Dritten zu, wobei die Rechtsfolgen bei diesem nicht die gleichen zu sein brauchen wie bei dem Rechtsbehelfsführer (BFH BStBl 88, 404: abziehbare Ausgabe beim Stpfl, Einnahme beim Dritten; BFH/NV 14, 482; vgl auch BFH BStBl 07, 749) und es auch meist nicht sind (etwa wenn die stl Zuordnung eines Gegenstandes zu ihm oder zu dem Rechtsbehelfsführer fraglich ist; vgl auch BFH/NV 06, 1046 zu konkurrierenden Kindergeldberechtigten; BFH BStBl 07, 749 zur korrespondierenden Erfassung einer Last beim Begünstigten). Dritter ist jeder, der in dem zu ändernden fehlerhaften Bescheid nicht als StSchuldner angegeben ist (BFH BStBl 14, 982; 95, 764; 93, 817; BFH/NV 96, 797); also jeder, der nicht aus eigenem Recht an dem StFestsetzungs- und Rechtsbehelfsverfahren beteiligt ist (BFH BStBl 17, 10). Maßgeblich ist allein die formale Stellung im Verfahren (BFHE 244, 494), also die Stellung als Einspruchsführer oder Hinzugezogener, aber auch eine Stellung, die durch eigene verfahrensrechtliche Initiative iS eines Antrags auf Aufhebung oder Änderung des angefochtenen Bescheids vermittelt wird (BFH BStBl 17, 10). Gesellschafter einer Personengesellschaft sind bei Feststellungsbescheiden mithin keine Dritten, wenn nach dem Aus-

gang des Verfahrens ihre EStBescheide geändert werden sollen (BFH BStBl 04, 914), wohl aber bei Änderung eines USt-Bescheids gegen die Gesellschaft (BFH BStBl 93, 817). Eine Organgesellschaft ist Dritte ggü dem Organträger, aber nicht, sobald sie auf ihn verschmolzen ist (BFH BStBl 16, 967; 16, 585).

70 Abs 4 iVm Abs 5 kommt dem eindeutigen Wortlaut nach **nur** für eine **Berichtigung zu Ungunsten eines Dritten** in Betracht (vgl BFH BStBl 94, 597).

71 Zulasten eines Dritten ist eine Änderung auf der Grundlage des Abs 4 nur möglich, wenn er am Verfahren zur Änderung des fehlerhaften StBescheids **beteiligt** war (BFH BStBl 91, 888; 93, 817; BFH/NV 89, 482), sei es als Verfahrensbeteiligter (§ 359, § 57 FGO), sei es durch verfahrensrechtliche Initiative (im eigenen Namen, BFH/NV 03, 1142), zB Aufhebungs- oder Änderungsantrag (BFH BStBl 93, 817; 95, 764; vgl auch FG Nbg EFG 94, 137). Eine mittelbare Einschaltung des Dritten etwa als Mitgesellschafter der beteiligten Gesellschaft oder als Prozessvertreter genügt nicht (BFH BStBl 93, 817; BFH/NV 95, 487). Die Beteiligung muss vor Eintritt der Festsetzungsverjährung erfolgt sein (BFH BStBl 93, 817; BFH/NV 07, 199; 03, 887; 02, 898; 01, 137; 96, 524; 94, 841).

72 Die Beteiligung des Dritten an dem Verfahren über die Rechtmäßigkeit eines StBescheids, das mit dessen Aufhebung oder Änderung endet, erfordert nicht nur, dass dieser zu dem Verfahren hinzugezogen bzw beigeladen worden ist, sondern auch, dass die Aufhebung oder Änderung des Bescheids ihm bekannt gegeben wird, damit er die Möglichkeit hat, Rechtsbehelfe einzulegen. Eine Entscheidung durch Abhilfebescheid wahrt die Rechte des Hinzugezogenen nur, wenn sie seinem Antrag der Sache nach entspricht oder wenn er ihr zustimmt (BFH BStBl 91, 605; BFH/NV 93, 74).

73 Satz 2 enthält einen selbständigen, von den Voraussetzungen des § 60 FGO unabhängigen **Beiladungsgrund** (BFH/NV 95, 87; 99, 156), der uU neben dem Grund für eine notwendige Beiladung vorliegen kann (BFH/NV 97, 639). Beiladung ist also auch dann zulässig, wenn die Voraussetzungen einer notwendigen Beiladung nach § 60 III FGO nicht gegeben sind (BFH BStBl 80, 314). Die Beiladung setzt nur voraus, dass ein StBescheid *möglicherweise* aufzuheben/zu ändern, dass hieraus aufgrund desselben Sachverhalts (BFH BStBl 88, 404; BFH/NV 04, 918; 99, 156) *möglicherweise* Konsequenzen ggü einem Dritten zu ziehen sind (BFH BStBl 88, 344; BFH/NV 17, 146; 02, 308; 94, 523; 88, 69; 87, 479), wenn auch uU hinsichtlich einer anderen Steuerart (BFH/NV 00, 679). Es ist *nicht* zu prüfen, ob die Bescheide des Dritten tatsächlich geändert werden können (BFH BStBl 81, 633; BFH/NV 03, 887; 02, 308; 96, 524; 94, 216) und ob eine etwaige Folgeänderung Bestand haben würde (BFH BStBl 81, 633; 87, 268; BFH/NV 94, 216, 523). Eine Beiladung ist selbst dann geboten, wenn der Bescheid des Dritten ohnehin nur vorläufig nach § 165 ist (BFH/NV 97, 659) oder wenn ausschl der Sachverhalt und nicht die daran anknüpfende rechtliche Beurteilung streitig ist (BFH/NV 09, 1).

74 Beiladung kommt jedoch dann ausnahmsweise nicht in Betracht, wenn der Dritte eindeutig nicht rechtl betroffen sein kann, etwa weil schon **Festsetzungsverjährung** eingetreten ist (BFH BStBl 82, 239; BFH/NV 17, 146; 10, 832; 01, 1005; 97, 659; 96, 524; 94, 216; auch bei vorherigem Beiladungsantrag, FG SachsAnh EFG 15, 2151), die betr belastende Besteuerung bereits erfolgt und über sie rechtskräftig entschieden worden ist (BFH/NV 08, 1109), seine Interessen sonst nicht berührt sein können (BFH/NV 08, 187) oder er nur als Haftender in Anspruch genommen werden könnte (BFH/NV 02, 158). War der Dritte indes schon im VerwVerfahren hinzugezogen worden, so ist er auch dann beizuladen, wenn inzwischen Festsetzungsverjährung eingetreten ist (BFH/NV 02, 1422).

75 Die Beiladung setzt die **vorherige Hinzuziehung zum Einspruchsverfahren** nicht voraus (BFH BStBl 87, 267; 85, 675). Sie kann aber nicht erst im Revisionsverfahren erfolgen (vgl BFH/NV 08, 385). Das StGeheimnis steht der Beiladung ebenso wenig wie der Hinzuziehung durch die FinBeh entgegen (BFH/NV 96,

195; *BG/von Wedelstädt* § 174 Rz 130). Unschädlich ist es, wenn der Beiladungsantrag zu Unrecht auf § 60 FGO gestützt wird, sofern das Ziel (Bescheidsänderung) deutlich wird.

Die Entscheidung, den Dritten zu dem Verfahren hinzuzuziehen, liegt jedoch allein im **Ermessen der FinBeh** (BFH/NV 02, 160); eine Beiladung findet nur statt, wenn diese sie beantragt hat (BFH BStBl 82, 239; 91, 888; BFH/NV 17, 146; 94, 216); dann allerdings muss das FG einem Beiladungsbegehren entsprechen, selbst wenn es der FinBeh nur um die Möglichkeit geht, bisher unterlassene und uU mittlerweile verjährte Schritte nachzuholen (BFH/NV 10, 832; 02, 308). Das FG darf der FinBeh jedoch nicht von sich aus die Möglichkeit einer späteren Inanspruchnahme des Dritten verschaffen. 76

Der nach Abs 5 S 2 Beigeladene hat die gleiche **verfahrensrechtliche Stellung** wie ein nach § 60 III FGO notwendig Beigeladener (BFH BStBl 94, 405; 88, 344; BFH/NV 02, 898; 94, 681; 95, 87: Stellung eines Beteiligten; BFH/NV 96, 195). Nur dann, wenn dem Beigeladenen ausreichendes rechtliches Gehör gewährt, ihm die Antragsbefugnis wie einem notwendig Beigeladenen eingeräumt wird, ihm die Entscheidung zugestellt wird und er auch sonst die gleichen Rechte wie ein notwendig Beigeladener hat, wird der Zweck des Abs 5 S 2 erfüllt; denn in dem Verfahren soll verbindlich darüber entschieden werden, welches die richtigen steuerlichen Folgerungen ggü dem Dritten sind (BFH/NV 96, 195). Eine zu Unrecht unterlassene Beiladung nach Abs 5 stellt jedoch keinen Verstoß gegen die Grundordnung des Verfahrens dar und hindert daher eine Revisionsentscheidung nicht (BFH/NV 97, 659). 77

Gegen die Hinzuziehung und ihre Ablehnung sind **Einspruch** und AdV-Antrag (vgl näher *von Wedelstädt* AO-StB 2002, 340), gegen die Beiladung und ihre Ablehnung ist **Beschwerde** des Dritten gegeben (BFH BStBl 87, 267). Lehnt das FG eine Beiladung im Endurteil ab, dann besteht jedoch bei einem Beteiligten des finanzgerichtlichen Verfahrens, der im Rahmen der Beschwerde wegen Nichtzulassung der Revision die Ablehnung der Beiladung als Verfahrensmangel rügen kann, für eine gesonderte Beschwerde gegen die Ablehnung der Beiladung kein Rechtsschutzbedürfnis (BFH BStBl 94, 681 gegen BFH/NV 89, 113). 78

Der Dritte erlangt zwar im Einspruchsverfahren die Stellung eines Verfahrensbeteiligten, hat aber nicht stets auch eine Klagebefugnis (BFH BStBl 89, 87, 90, 696 01, 747; 09, 732). Eine Rechtsverletzung ist nur dann gegeben, wenn er durch die Einspruchsentscheidung formell und materiell-rechtl beschwert ist (BFH BStBl 09, 732), also Anträge gestellt hat, die zurückgewiesen worden sind (BFH BStBl 90, 696); es genügt nicht, dass dem Einspruchsbegehren nicht entsprochen worden ist (BFH BStBl 15, 595; 10, 109). Materiell-rechtl ist vorauszusetzen, dass das FA aufgrund der Beurteilung des strittigen Sachverhalts den angegriffenen StBescheid ändert, dem Hinzugezogenen diese Entscheidung bekannt gegeben worden ist (dazu BFH BStBl 10, 109) und dabei Feststellungen getroffen worden sind, die für den Hinzugezogenen zu einer nachteiligen Korrektur führen können (BFH BStBl 09, 732; 81, 101). Der hinzugezogene Dritte ist materiell-rechtl nur beschwert, wenn der StBescheid zugunsten des Hauptbeteiligten geändert wird und damit in verbindlicher Weise ggü dem Hinzugezogenen entschieden ist, welche die diesem ggü zu ziehenden „richtigen steuerlichen Folgen" sind (BFH BStBl 15, 595). Aber keine Beschwer bei Ergehen einer Abhilfeentscheidung (BFH BStBl 91, 605; 93, 817) oder Zurückweisung des Einspruchs (BFH BStBl 15, 595). 79

§ 175 Änderung von Steuerbescheiden auf Grund von Grundlagenbescheiden und bei rückwirkenden Ereignissen

(1) [1] **Ein Steuerbescheid ist zu erlassen, aufzuheben oder zu ändern,**

1. soweit ein Grundlagenbescheid (§ 171 Abs. 10), dem Bindungswirkung für diesen Steuerbescheid zukommt, erlassen, aufgehoben oder geändert wird,

2. soweit ein Ereignis eintritt, das steuerliche Wirkung für die Vergangenheit hat (rückwirkendes Ereignis).

[2]**In den Fällen des Satzes 1 Nr. 2 beginnt die Festsetzungsfrist mit Ablauf des Kalenderjahrs, in dem das Ereignis eintritt.**

(2) [1]**Als rückwirkendes Ereignis gilt auch der Wegfall einer Voraussetzung für eine Steuervergünstigung, wenn gesetzlich bestimmt ist, dass diese Voraussetzung für eine bestimmte Zeit gegeben sein muss, oder wenn durch Verwaltungsakt festgestellt worden ist, dass sie die Grundlage für die Gewährung der Steuervergünstigung bildet.** [2]**Die nachträgliche Erteilung oder Vorlage einer Bescheinigung oder Bestätigung gilt nicht als rückwirkendes Ereignis.**

Abs 2 Satz 2 angefügt durch EURLUmsG v 9.12.04 (BGBl I, 3310); Überschrift neugefasst durch StModernG v 18.7.16 (BGBl I, 1679).

Schrifttum: *Piltz* Zum Irrtum über Steuerfolgen, FS Spindler 2011, 693; *Birkenfeld* Rückwirkung in der Umsatzsteuer, UR 13, 126; *Bering* Korrekturmöglichkeiten eines Folgebescheids bei fehlenden Angaben im Grundlagenbescheid, FR 16, 1125 *Welzer* Rückwirkende Ereignisse iSv § 175 Abs. 1 S. 1 Nr. 2 AO durch Steuerklauseln in Unternehmenskaufverträgen, DStR 16, 1393.

Übersicht

1 **1. Inhalt.** Die Vorschrift regelt in Abs 1 zwei wesentlich unterschiedliche Fälle der Durchbrechung der Bestandskraft von StBescheiden (zur entspr Anwendung trotz fehlender Bestandskraft BFH BStBl 10, 539; 05, 762; 04, 107; 02, 49), die gemeinsam haben, dass ein StBescheid aufgrund nach seinem Erlass *eingetretener* Tatsachen geändert werden muss. In den Fällen des Abs 1 S 1 Nr 1 ergibt sich die Änderungsnotwendigkeit aus einer Tatsache rechtlicher Art, nämlich dem Erlass eines Grundlagenbescheids. In den Fällen des Abs 1 S 1 Nr 2 ändert sich nicht die rechtliche, sondern die tatsächliche Grundlage des ursprünglichen Bescheids in einer Weise, die nach Maßgabe des einschlägigen EinzelStGesetzes Rückwirkung

beansprucht. Die Rückwirkungs*anordnung* trifft nicht § 175 I 1 Nr 2, sondern er setzt sie voraus und zieht aus ihr die verfahrensrechtl Folgerungen (BFH BStBl 84, 786).

Sonderregelungen bestehen in § 61 III (dazu BFH BStBl 01, 518), § 10 V EStG (BFH BStBl 00, 292, dadurch überholt BFH BStBl 94, 849; vgl auch BFH BStBl 87, 164: Sonderfall des in I Nr 2 enthaltenen Rechtsgedankens), § 10d IV 4 EStG (vgl BFH BStBl 00, 3; 02, 817: erstmalige Feststellung setzt Änderbarkeit des bestandskräftigen EStBescheids voraus), früher auch § 10d III EStG (vgl BFH BStBl 93, 29; BFH BStBl 00, 3), §§ 5 II, 7 II BewG; § 16 GrEStG (tatsächliche Rückgewähr erforderlich, einschl Zustimmung zur Löschung einer Auflassungsvormerkung, BFH/NV 97, 61); in § 35b GewStG, wonach der GewSt-Messbescheid von Amts wegen durch neuen Bescheid zu ersetzen ist, wenn ESt-, KSt- oder Gewinnfeststellungsbescheid geändert wird und die Änderung die Höhe des Gewinns oder den EinhWert des Betriebes berührt. Aus § 35b GewStG ergibt sich, dass ein ESt-Bescheid usw Bindungswirkung für die Messbescheide hat und daher Grundlagenbescheid ist; folgerichtig bestimmt § 35b GewStG, dass § 171 X entspr anzuwenden ist. § 35b GewSt ist lex specialis, § 175 Nr 1 findet keine Anwendung. § 12 II Nr 4 KraftStG schließt hingegen § 175 I Nr 21 nicht aus (BFH BStBl 07, 134). Ferner besteht in § 70 IV EStG für Kindergeld eine vorrangige Sonderregelung für den Fall, dass nach Ablauf des Jahres bekannt wird, dass die Einkünfte des Kindes die maßgebliche Grenze überschritten haben; während des laufenden Jahres kann hingegen eine in tatsächlicher Hinsicht fehlerhafte Prognoseentscheidung nur nach § 175 korrigiert werden (str, jedoch hM, vgl *Korn/Greite* EStG § 70 Rz 17; offen BFH BStBl 02, 85, 86), ein diesbezüglicher Rechtsfehler rechtfertigt auch insofern eine Änderung des Kindergeldbescheids nicht. 3

2. Umsetzung von Grundlagenbescheiden (Abs 1 S 1 Nr 1). Die Norm dient dazu, die von einem Grundlagenbescheid (zum Begriff und Einzelfällen § 171 Rz 102 ff) ausgehende Bindungswirkung verfahrensrechtl zur Geltung zu bringen; dabei muss sie der Kompetenzverteilung im VerwVerfahren Rechnung tragen, welche die für die eigentliche StFestsetzung zuständige FinBeh (vorbehaltlich einer gleichsam vorläufigen Regelung nach § 155 II) daran hindert, anstelle der für eine gesonderte Festsetzung zuständigen FinBeh die Besteuerungsgrundlagen zu ermitteln (vgl BFH BStBl 93, 820). Einzige Voraussetzung eine Maßnahme nach Nr 1 ist, dass ein Grundlagenbescheid ergeht, geändert oder aufgehoben wird. Entscheidend für die Qualifikation als Grundlagenbescheid ist die Bindungswirkung für StBescheide; dazu näher § 179 Rz 16. Grundlagenbescheide binden, soweit die in ihnen getroffenen (ausdrücklichen und konkludenten, positiven und negativen) Feststellungen in dem betr Bescheid ihrer Art nach getroffen werden dürfen, unabhängig davon, ob sie ihrem Inhalte nach rechtmäßig sind und mit Bindungswirkung hätten getroffen werden dürfen (BFH/NV 92, 363; 89, 383). Ein Grundlagenbescheid kann auch Grundlagenbescheid für einen anderen Grundlagenbescheid sein, der in diesem Falle wie ein sonstiger Folgebescheid zu ändern ist und die Grundlage für die Änderung des Veranlagungsbescheids bereitet. Zur Bescheidänderung in einem mehrstufigen Feststellungsverhältnis vgl BFH/NV 02, 614. 7

a) Pflicht zur Umsetzung des Grundlagenbescheids in einem Folgebescheid. Die Änderung oder Aufhebung eines StBescheids ist (*zwingend,* kein Ermessen; BFH BStBl 08, 335) geboten, wenn in ihm die in einem Grundlagenbescheid festgestellten Besteuerungsgrundlagen nicht oder nicht richtig berücksichtigt sind. Eine etwa schon eingetretene **Bestandskraft** des StBescheids wird insoweit **durchbrochen** (vgl BFH BStBl 77, 119; 86, 245). Auch die Endgültigkeitserklärung eines Vorbehaltsbescheids (§ 164) ohne Berücksichtigung eines vorliegenden Grundlagenbescheids hindert nicht die spätere Anpassung des Bescheids nach § 175 S 1 Nr 1; denn die Endgültigkeitserklärung nach § 164 II bewirkt nur, dass 9 die StFestsetzung nicht mehr *jederzeit* geändert werden kann, eine Berichtigung aufgrund anderer Vorschriften ist damit nicht ausgeschlossen. Ebenso wenig hindert es eine Änderung, wenn in einem vorangegangenen Einspruchsverfahren gegen den StBescheid der Einspruch nach Hinweis auf die Verböserungsmöglichkeit zurückgenommen wurde (BFH/NV 92, 599).

9a Abs 1 Nr 1 gestattet jedoch nur eine Durchbrechung der (materiellen) Bestandskraft; **andere formelle Hindernisse** als die Bestandskraft werden nicht beseitigt. Die Bindungswirkung eines Grundlagenbescheids hilft nicht über Hindernisse hinweg, die der Berücksichtigung eines Grundlagenbescheids nach dem einschlägigen materiellen StRecht entgegenstehen können, etwa Fristen für die Geltendmachung eines bestimmten (anderweit bindend festzustellenden) Sachverhalts (vgl BFH BStBl 86, 245). Kann ein StBescheid infolge Versäumung der Antragsfrist (zB in Fällen des § 46 II 2 EStG aF) nicht mehr erlassen werden, vermag § 175 zB nicht einen nicht mehr durchsetzbaren Erstattungsanspruch wieder aufleben zu lassen (BFH/NV 91, 311; 87, 157; BFH BStBl 79, 676 zu § 218 II). Dies gilt auch dann, wenn nach Ergehen eines Grundlagenbescheids der erstmalige Erlass eines Folgebescheids in Betracht kommt. Deshalb kann eine behördliche Bescheinigung über die Voraussetzung einer StBefreiung nur dann zur Änderung eines StBescheids führen, wenn rechtzeitig (bei vorgeschriebener Frist) ein entsprechender Antrag auf StBefreiung gestellt worden ist (BFH BStBl 82, 491).

9b Setzt die FinBeh in einem StBescheid einen ihr bereits vorliegenden Grundlagenbescheid, zB weil sie ihn übersieht, nicht oder falsch um, kann und muss die **Anpassung an den Grundlagenbescheid nachgeholt** werden (BFH BStBl 86, 168; 88, 711; 89, 792; 92, 52; 97, 261; BFH/NV 08, 12). Die Anpassung an dessen Regelungsgehalt kann jederzeit nachgeholt werden (Grenze: § 171 X, allenfalls Verwirkung; vgl Rz 12), sodass sogar ein bewusstes Zurückstellen der Umsetzung möglich ist. Die Anpassungspflicht bleibt solange bestehen, bis der Regelungsinhalt des Grundlagenbescheids in einem Folgbescheid verwirklicht ist. Die Änderungsmöglichkeit wird nicht etwa durch eine erste, jedoch fehlerhafte Umsetzung oder das Unterlassen der Umsetzung bei Erlass des Folgebescheids „verbraucht" (BFH BStBl 89, 792; 92, 52; BFH/NV 08, 1106). Fehler, die zunächst bei der Auswertung eines Grundlagenbescheids unterlaufen sind, müssen vielmehr stets korrigiert werden. Dies gilt auch dann, wenn der Grundlagenbescheid bereits zutreffend ausgewertet worden war, dies aber in einem späteren Änderungsbescheid irrtümlich rückgängig worden war (BFH BStBl 07, 87). Der Folgebescheid ist auch dann (erneut) zu ändern, wenn aus einem Grundlagenbescheid vermeintlich mit Bindungswirkung für jenen getroffene, in Wahrheit von ihm aber nicht mit solcher Wirkung versehene Feststellungen übernommen worden sind (BFH BStBl 99, 545). Umgekehrt kann eine „Folge"änderung aber nicht deshalb erfolgen, weil nur der Grundlagenbescheid bestimmte Regelungen hätte treffen dürfen, er sie aber tatsächlich nicht getroffen hat, zwischen dem (rechtswidrigen) Festsetzungsbescheid und dem Grundlagenbescheid also gar kein inhaltlicher Widerspruch besteht (BFH BStBl 08, 4). Auch bei Erlass eines Grundlagenbescheids nach vorheriger (vorläufiger, § 155 I, oder rechtswidrigerweise trotz Feststellungsbedürftigkeit endgültiger) Berücksichtigung der betr Besteuerungsgrundlagen in dem StBescheid ist eine Folgeberichtigung vorzunehmen.

10 Die Umsetzung eines Grundlagenbescheids ist auch dann geboten, wenn ein **Folgebescheid noch nicht vorliegt;** er ist dann zu erlassen und dadurch die im Grundlagenbescheid getroffene Regelung (etwa: Feststellung steuerpfl Einkünfte und Zurechnung an einen bisher nicht veranlagten Stpfl) verfahrensrechtl zur Geltung zu bringen. Der Erlass eines Feststellungsbescheids führt aber nicht zu einer Veranlagung von Amts wegen; die Bindungswirkung eines Grundlagenbescheids bewirkt keine Ausweitung der in § 46 Abs 2 Nrn. 1 bis 8 EStG spezialgesetzlich geregelten Veranlagungsvoraussetzungen (BFH BStBl 12, 750; 06, 912; 86, 790).

Der **Zeitpunkt des Bekanntwerdens des Grundlagenbescheids** ist ohne Belang (die Folgeänderung also nicht etwa nur ähnlich wie in § 173 bei nachträglich bekannt werdendem oder wie bei § 175 I 1 Nr 2 nachträglich eintretendem, wegen steuerlicher Rückwirkung entstehendem Änderungsanlass geboten; vgl BFH BStBl 92, 52; BFH/NV 08, 12). § 175 I 1 Nr 1 setzt also nicht voraus, dass der Grundlagenbescheid nach Erlass des betr StBescheids ergeht; deshalb ist zB die Feststellung des Versorgungsamtes über das Vorliegen einer Behinderung auch dann zu berücksichtigen, wenn sie bereits vor Erlass des StBescheids getroffen war, der Stpfl jedoch den Antrag auf Gewährung eines Körperbehinderten-Pauschbetrags erst nach Eintritt der Bestandskraft des StBescheids gestellt hat (BFH BStBl 86, 245). 11

Eine Anpassungspflicht entsteht ferner nachträglich, wenn ein richtig ausgewerteter **Grundlagenbescheid später geändert** wird (BFH/NV 94, 1). Ein etwaiger Nachprüfungsvorbehalt des Grundlagenbescheids schlägt insofern auf den Folgebescheid durch; seine Bestandskraft steht dem nicht entgegen (BFH BStBl 87, 89). Vgl Rz 44. 12

Der Rechtmäßigkeit eines **Änderungsbescheids** steht es nicht entgegen, wenn er ***vor* dem Grundlagenbescheid ergangen** ist; entspricht ein „Folgebescheid" bereits dem geänderten Grundlagenbescheid, so ist eine „Anpassung" nicht mehr notwendig (BFH/NV 94, 75). 13

Eine Schranke setzen dieser absoluten, uneingeschränkten Anpassungspflicht nur die Vorschriften über die **Festsetzungsverjährung** bzw die Feststellungsverjährung (BFH BStBl 88, 318; 97, 261). Die Festsetzungsfrist für den Folgebescheid ist aber gehemmt, solange ein Grundlagenbescheid noch ergehen (oder geändert werden) kann, § 171 X (vgl BFH BStBl 16, 506; 00, 173). Ganz ausnahmsweise können auch die (kaum jemals praktisch gewordenen) Grundsätze der **Verwirkung** einer Folgeänderung entgegenstehen (BFH BStBl 89, 393; 88, 711; BFH/NV 92, 467; 89, 351; FG SchlHol EFG 01, 610; FG Hbg EFG 92, 709; FG Nbg EFG 90, 504; FG Ddorf EFG 88, 504; FG Mster EFG 87, 51 – Letztere nicht unzweifelhaft, sofern dem reinen Zeitablauf maßgebliche Bedeutung beigemessen wird –). Verwirkung setzt jedoch neben Zeitablauf voraus, dass die FinBeh einen Vertrauenstatbestand gesetzt hat (also ihr Verhalten dahin zu deuten war, den Folgebescheid nicht ändern zu wollen – was angesichts der gesetzl Änderungspflicht nicht ohne Weiteres wird unterstellt werden können) und der Stpfl das durch begründete Vertrauen bestätigt. Vertrauensschutz in den Bestand des Folgebescheids gibt es sonst im Allgem nicht, der Stpfl muss vielmehr mit einer Auswertung des Grundlagenbescheids rechnen, auch noch nach langer Zeit. 14

Nach Ergehen eines Grundlagenbescheids hat die FinBeh gem § 171 X eine **Zwei-Jahres-Frist** diesen in dem Folgebescheid **umzusetzen.** Soweit ein geänderter Grundlagenbescheid bezogen auf seinen Inhalt für den Folgebescheid nur mehr als „Wiederholung" zu werten ist, wird eine solche Hemmung der Festsetzungsfrist hins des Folgebescheids jedoch *nicht* bewirkt (BFH BStBl 16, 580; 01, 471; 95, 488; 83, 360; BFH/NV 08, 1436), wohl aber bei Aufhebung eines dem Grundlagenbescheid beigefügten Nachprüfungsvorbehalts (BFH BStBl 16, 580; BFH/NV 95, 943; aA *HHSp/von Groll* § 175 Rz. 169). Ergeht nach einem ersten – nicht umgesetzten – Grundlagenbescheid ein zweiter, kann dieser auch dann umgesetzt werden, wenn die Zweijahresfrist bezogen auf den ersten Bescheid bereits abgelaufen ist (FG SchlHol 4 K 99/16). 15

Ist ein Grundlagenbescheid rechtzeitig in einem Folgebescheid ausgewertet worden, bleibt es bei dem Ansatz der gesondert festgestellten Besteuerungsgrundlage in dem Folgebescheid auch dann, wenn ein späterer Grundlagenbescheid eine höhere oder niedrigere Besteuerungsgrundlage ausweist, aber wegen Fristablaufs nicht mehr ausgewertet werden darf (BFH BStBl 07, 87). Die FinBeh handelt regelmäßig auch nicht treuwidrig, wenn sie wegen innerorganisatorischer Mängel oder aus anderen Gründen **jahrelang keine Änderung nach § 175 I 1** vor- 16 nimmt und sich nach Aufdeckung des Fehlers auf die zwischenzeitlich eingetretene Festsetzungsverjährung beruft (FG Hess EFG 94, 462). Dies begegnet keinen verfassungsrechtl Bedenken (BFH BStBl 16, 511). Der Ablauf der Zwei-Jahres-Frist (§ 171 X 1) für die Anpassung des Folgebescheids wird freilich gehemmt, wenn der von dem Folgebescheid betroffene Stpfl selbst die Änderung des Folgebescheids vor Ablauf der Frist beantragt; ein im Verfahren über den Grundlagenbescheid gestellter Antrag auf Änderung der gesondert festgestellten Besteuerungsgrundlagen kann aber nicht dahin ausgelegt werden, dass zugleich die Änderung sämtlicher Folgebescheide beantragt wird (BFH BStBl 16, 506).

25 **b) Reichweite der Änderung des Folgebescheids.** Die Anpassung nach § 175 I 1 reicht grds nur so weit, wie es die Bindungswirkung des Grundlagenbescheids verlangt (BFH BStBl 91, 821; BFH/NV 95, 943; 98, 1452), welche ggf durch Auslegung der in dem Grundlagenbescheid mit dem Anspruch auf Verbindlichkeit getroffenen Regelungen zu ermitteln ist (BFH BStBl 98, 525; 89, 383). Ein geänderter Bescheid über die gesonderte und einheitliche Feststellung von Einkünften, in dem statt der bisher festgestellten Einkünfte aus VuV nunmehr Einkünfte aus Gewerbebetrieb festgestellt sind, enthält sowohl die (negative) Feststellung, dass keine Einkünfte aus VuV anzusetzen sind, als auch die Feststellung, dass Einkünfte aus Gewerbebetrieb in der festgestellten Höhe anzusetzen sind; jede Einzelfeststellung begründet für sich eine Änderungsbefugnis (BFH/NV 16, 889). Die Feststellung der einkommensteuerpflichtigen Einkünfte beschränkt sich nicht auf die Art, Höhe, Steuerbarkeit und StPflicht der Einkünfte sowie deren Verteilung auf die beteiligten Personen und die zeitliche Zuordnung der Einkünfte; es sind darüber hinaus auch die für die Besteuerungshöhe gemeinschaftlicher Einkünfte relevanten Feststellungen zu treffen, zB ob es sich um steuerbegünstigte Einkünfte handelt (BFH BStBl 97, 261). Die Feststellung, dass Einkünfte einer ausl Gesellschaft bei einem unbeschränkt stpfl Gesellschafter gem § 7 I AStG stpfl sind, ist für die ESt/KStFestsetzung des unbeschränkt stpfl Gesellschafters bindend (FG RhPf EFG 16, 1318, Rev I R 47/16).

25a Enthält ein geänderter Grundlagenbescheid eine **Aufhebung des Vorbehalts der Nachprüfung,** ist er ohne Bindung an in der Vergangenheit bereits erfolgte Übernahmen aus vorangegangenen Feststellungsbescheiden in den Folgebescheid zu übernehmen (BFH BStBl 16, 580).

25b Die Folgeberichtigung dient nicht zur Beseitigung von *sonstigen* Fehlern des Folgebescheids (keine *„Gesamtaufrollung"*, BFH/NV 01, 1007; 91, 143), sondern **nur** zu dessen **Ergänzung um die selbständig festgestellten Besteuerungsgrundlagen.** Werden dabei neue Tatsachen nicht gleich mitberücksichtigt, kann insofern später eine Änderung nach § 173 erfolgen (BFH BStBl 17, 4; vgl § 173 Rz 54). In einem Grundlagenbescheid nicht nur darüber entschieden, dass und in welchem Umfang eine StErmäßigung zu gewähren ist, sondern auch, in welcher Art und Weise dies zu geschehen hat (BFH BStBl 97, 261; BFH/NV 01, 729; vgl aber auch BFH BStBl 92, 187).

26 Die erforderliche Folgeänderung besteht nicht nur in der bloßen Übernahme der (ggf geänderten) Feststellungen im Grundlagenbescheid oder dort festgestellter Beträge, sondern erfordert, dass das FA alle **Folgerungen** aus der geänderten Feststellung zieht, selbst wenn sich diese auf andere Besteuerungsgrundlagen oder Einkunftsarten auswirken (BFH/NV 91, 143; vgl schon BFH BStBl 66, 131). Das FA hat eine selbständige Würdigung des für das Folgeverfahren maßgeblichen Sachverhalts in tatsächlicher und rechtlicher Hinsicht vorzunehmen (BFH/NV 10, 77; 99, 157; 91, 143). Tatsachen, die erst infolge der Folgeänderung steuerrechtliche Bedeutung erlangen, dürfen auch dann berücksichtigt werden, wenn sie sich nicht aus dem Grundlagenbescheid ergeben (vgl BFH BStBl 87, 415). Das Wohnsitz-FA darf daher zB den Gewinn aus der Veräußerung eines Anteils an einer grundbesitzenden Personengesellschaft auch dann in einen laufenden Gewinn im Rahmen

eines gewerblichen Grundstückshandels umqualifizieren, wenn er im Feststellungbescheid als Veräußerungsgewinn bezeichnet worden ist (BFH/NV 13, 13; 12, 1347). Die betragsmäßige Änderung des Grundlagenbescheids berechtigt aber zB nicht dazu, eine bisher unterlassene zeitliche Aufteilung der festgestellten Einkünfte nach Maßgabe teils unbeschränkter, teils beschränkter StPflicht nachzuholen (FG Köln EFG 82, 192).

Stellt die FinBeh durch VA die **Nichtigkeit eines Grundlagenbescheids** fest, 27 ist der Folgebescheid zu ändern (Hemmung des Ablaufs der Festsetzungsfrist für den Folgebescheid, BStBl 15, 109).

Im Rahmen einer Änderung kann ein Rechtsfehler, der bei der vorangegange- 29 nen Veranlagung zugunsten des Stpfl unterlaufen ist, auch dann noch **gem § 177 berichtigt** werden, wenn die Änderung in der Jahresfrist des § 171 Abs 10, aber nach Ablauf der allgemeinen Festsetzungsfrist gem §§ 169, 170 vorgenommen wird (BFH BStBl 92, 504). Bei der Änderung ist § 177 III auch dann anzuwenden, wenn ein Grundlagenbescheid nicht rechtzeitig ausgewertet worden ist (BFH BStBl 07, 87; BFH/NV 07, 1078; 08, 6).

Hingegen kann die Anpassung des Folgebescheids an einen Grundlagenbescheid 30 nicht zum Anlass genommen werden, den Folgebescheid nunmehr **unter Vorbehalt der Nachprüfung zu stellen** oder vorläufig zu erlassen (BFH/NV 87, 433).

c) Wirksamer Grundlagenbescheid als Voraussetzung. Die Änderung 36 setzt voraus, dass der Grundlagenbescheid *wirksam*, nicht dass er rechtmäßig oder bestandskräftig ist; AdV eines Grundlagenbescheids steht also der Änderung eines Folgebescheids nicht entgegen (vgl § 361 III 2). Für Grundlagenbescheide außerhalb des Anwendungsbereichs der AO gilt das freilich nicht; wird gegen sie ein Rechtsbehelf eingelegt, der aufschiebende Wirkung (§ 80 I VwGO) hat und mangels Anordnung der sofortigen Vollziehung auch behält, können sie einstweilen nicht Grundlage einer Änderung von Folgebescheiden sein (*Klose* AO-StB 12, 308; zu den verjährungsrechtlichen Folgen § 171 Rz 98). An einen nichtigen oder nicht den materiell-rechtl betroffenen Personen bekannt gegebenen Grundlagenbescheid darf der Folgebescheid nicht angepasst werden (BFH/NV 95, 303; 94, 75). Die Nichtigkeit kann ggf im Verfahren gegen den Folgebescheid geltend gemacht werden (BFH BStBl 86, 477). Die Änderungsbefugnis ist jedoch nicht davon abhängig, dass der Grundlagenbescheid *allen* Betroffenen bekannt gegeben worden ist; ggü denjenigen, an die er gerichtet und denen er bekannt gegeben worden ist, entfaltet er Wirksamkeit (BFH/NV 94, 75).

d) Berichtigung des Folgebescheids wegen offenbarer Unrichtigkeit. 41 Zwischen § 175 I Nr 1 und § 129 besteht Normenkonkurrenz (*BG/von Wedelstädt* § 175 Rz 19; aA *Gosch* StBp 92, 74). Hat die FinBeh einen Grundlagenbescheid übersehen und deshalb versehentlich nicht gem Abs 1 Nr 1 im Folgebescheid umgesetzt, liegt eine offenbare Unrichtigkeit vor, die jedenfalls *auch* nach § 129 berichtigt werden kann (überzeugend BFH BStBl 03, 867; kritisch *HHSp/von Groll* § 175 Rz 183).

Eine Änderung des StBescheids nach § 175 I 1 Nr 1 ist auch in den Fällen vor- 42 zunehmen, in denen der Grundlagenbescheid selbst nach § 129 berichtigt worden ist (Berichtigung als Sonderfall der Änderung, vgl § 169; aA *Schwarz/Frotscher* § 175 Rz 18).

e) Verfahren bei fehlendem Grundlagenbescheid. Schon vor Ergehen des 43 (zur Feststellung der Besteuerungsgrundlagen an sich vorgesehenen) Grundlagenbescheids kann ein StBescheid erlassen werden und die noch im Grundlagenbescheid festzustellenden Besteuerungsgrundlagen vorab, jedoch vorläufig (bis zur Nachholung des Grundlagenbescheids) berücksichtigen (§ 155 II). Zur Änderungsmöglichkeit des vorab erlassenen Folgebescheids siehe § 155 Rz 42f.

f) Verfahren bei Aufhebung eines Grundlagenbescheids. Abs 1 Nr 1 dient 44 nicht nur der positiven Umsetzung des Regelungsgehalts eines Grundlagenbescheids, sondern trägt auch dem Umstand Rechnung, dass ein solcher Bescheid das VeranlagungsFA an einer eigenständigen steuerlichen Würdigung hindert und diese folglich nachgeholt werden muss, wenn die zunächst vorhandene Bindungswirkung später entfällt (vgl BFH/NV 91, 143). Ist ein Grundlagenbescheid ersatzlos aufgehoben worden oder ein negativer Feststellungsbescheid ergangen (Rechtsfolge: „Freigabe" zunächst zum Gegenstand eines Feststellungsverfahrens gemachter Besteuerungsgrundlagen, vgl BStBl 94, 77; 93, 820; BFH/NV 94, 547; unterscheide aber hiervon den Fall eines Feststellungsbescheids, der – bindende – negative Feststellungen enthält, zB dass zurechenbare Gewinn/Verlustanteile nicht zu berücksichtigen sind, BFH BStBl 87, 637; BFH/NV 91, 143), so kann das für den Folgebescheid zuständige FA den Sachverhalt, der bisher Gegenstand des Grundlagenbescheids war, in eigener Zuständigkeit ermitteln und steuerrechtl beurteilen, um aufgrund dessen den Folgebescheid nach § 175 I Nr 1 zu ändern (BFH BStBl 91, 821; 96, 142; 93, 820 für negativen Feststellungsbescheid; BFH/NV 10, 164; 01, 733). Wird ein Grundlagenbescheid aufgehoben, ohne dass damit der Erlass eines negativen Feststellungsbescheids verbunden ist, so muss eine von dem Feststellungsbescheid ausgelöste Änderung des Folgebescheids rückgängig gemacht werden (BFH/NV 09, 1961); dies kann nicht etwa ggf gem § 177 unterbleiben, sondern es kann nunmehr allenfalls gem § 155 II ein vorläufiger Ansatz der feststellungsbedürftigen, aber nicht (mehr) festgestellten Besteuerungsgrundlagen zugrunde gelegt werden (BFH BStBl 07, 76). Einer Anpassung oder Änderung des StBescheids bedarf es hingegen dann nicht, wenn der ihm bisher zu Grunde liegende Feststellungsbescheid ersatzlos aufgehoben worden ist, das VeranlagungsFA aber an den Besteuerungsgrundlagen festhalten will (vgl BFH BStBl 95, 488).

Zur Feststellung der Nichtigkeit des Grundlagenbescheids s Rz 27.

46 **g) Rechtsschutz.** Wirkt sich ein Grundlagenbescheid zugunsten des Stpfl aus, so hat dieser einen Änderungsanspruch, den er mit der Verpflichtungsklage verfolgen kann (BFH BStBl 86, 245). Im Rahmen einer Anfechtungsklage gegen einen Folgebescheid bzw einen diesbzgl Änderungsbescheid kann die Rechtswidrigkeit des Grundlagenbescheids selbstredend nicht geltend gemacht werden. Ergeht im laufenden Anfechtungsverfahren gegen den Folgebescheid ein mit dessen Regelung übereinstimmender Grundlagenbescheid, ist dies bei der Entscheidung über die Rechtmäßigkeit des Folgebescheids zu berücksichtigen (BFH/NV 15, 1554).

46a Ein Antrag auf **AdV eines Folgebescheids** wegen Zweifeln an der Rechtmäßigkeit des Grundlagenbescheids wäre ebenfalls nicht begründet. Das gilt auch bei überlanger Dauer des Verfahrens zur Erlangung einstweiligen Rechtsschutzes hinsichtlich des Grundlagenbescheids (BFH/NV 88, 146; siehe dazu näher § 361 Rz 75 ff). Eine Aussetzung ist selbst bei AdV des Grundlagenbescheids nicht zwingend (BFH/NV 94, 75).

47 Gleichwohl ist eine Aussetzung des Verfahrens gegen den Folgebescheid geboten, wenn der Rechtsstreit ausschließl (BStBl 99, 733; BFH/NV 97, 574; 96, 222) oder jedenfalls vorrangig (BFH/NV 98, 869) mit Einwendungen geführt wird, die in Wahrheit die Rechtmäßigkeit des Grundlagenbescheids betreffen. BFH BStBl 01, 33 (iErg ebenso jetzt BFH/NV 13, 956) will bei Streit über die feststellungsbedürftigen Besteuerungsgrundlagen das Klageverfahren bis zum Ergehen des Grundlagenbescheids bzw seiner Bestandskraft ausgesetzt wissen, wenn nicht der Kläger – bzgl der noch nicht durch bestandskräftige Grundlagenbescheide festgestellten Besteuerungsgrundlagen – in Höhe seines substantiierten Bestreitens (vorläufig) klaglos gestellt wird; das unterläuft indes die Befugnis des FA aufgrund des § 155 II (ggf muss das FG vielmehr die Besteuerungsgrundlagen selbst durch Schätzung ermitteln).

47a Auch bei einem **StBescheid nach § 155 II** ist eine Aussetzung möglich, wenn unklar ist, wie die Besteuerungsgrundlagen festgestellt werden (BFH BStBl 97, 574). Ist der Grundlagenbescheid bereits ergangen, aber noch nicht bestandskräftig, ist eine Aussetzung des Verfahrens gegen den Folgebescheid zwar nicht zwingend, idR aber geboten (Ermessensentscheidung; BFH/NV 98, 869; 89, 525).

Ist mit einer Entscheidung in dem den Grundlagenbescheid betr Verfahren nicht zu rechnen (zB wegen Versäumung der Klagefrist; BFH/NV 99, 1383) oder sind gegen die StFestsetzung Einwendungen vorgebracht werden, die ungeachtet der strittigen Rechtmäßigkeit des Grundlagenbescheids zum Erfolg führen müssen, kann bei StFestsetzung nach § 155 II eine sofortige Entscheidung über den Folgebescheid ermessensgerecht sein (BFH BStBl 01, 416), insbes wenn das FA den Angaben des Stpfl zu den feststellungsbedürftigen Besteuerungsgrundlagen folgt, insoweit also kein Streit besteht (BFH/NV 12, 601). 48

Im Unterlassen einer Aussetzung liegt ein im **Revisionsverfahren** von Amts wegen zu beachtender Verstoß gegen die Grundordnung des Verfahrens (BFH BStBl 95, 640; BFH/NV 97, 574), sofern die Aussetzung wegen gänzlichen Fehlens des Grundlagenbescheids zwingend oder das Ermessen des FG sonst auf Null reduziert war. 49

3. Bescheidänderung wegen eines rückwirkenden Ereignisses (Abs 1 S 1 Nr 2). a) Sinn und Zweck der Vorschrift. Die Vorschrift regelt den Fall, dass sich der richtig ermittelte und steuerrechtl beurteilte Sachverhalt durch eine später eingetretene tatsächliche Entwicklung verändert und dieser Entwicklung nach den einschlägigen steuerrechtlichen Vorschriften Rechtserheblichkeit für den bereits erlassenen StBescheid zuzumessen ist (BFH BStBl 09, 473; 93, 897), sie also fiktiv so behandelt wird, als wäre sie schon in dem Zeitraum eingetreten, auf den sich der StBescheid bezogen hat, bzw in dem Zeitpunkt, auf den dieser abstellt. Deshalb ist ebenso wie bei einer Änderung nach § 173 I 1 (siehe § 173 Rz 71) eine Änderung nur dann vorzunehmen, wenn das nachträglich eingetretene Ereignis nach der dem ursprünglichen Bescheid zugrunde liegenden Rechtsauffassung der FinBeh rechtserheblich gewesen wäre (FG Köln EFG 11, 210), nicht wenn erst eine geläuterte Rechtsauffassung einem solchen Ereignis Bedeutung zuerkennt (keine allg Fehlerberichtigung, die durch rückwirkende Ereignisse lediglich angeregt wird). Die Berücksichtigung nachträglicher Anschaffungskosten im Rahmen des § 17 EStG kann aber auch erfolgen, wenn ein Sachverhalt im Ausgangsbescheid der Besteuerung noch nicht zugrunde gelegt wurde (BFH BStBl 17, 94). 50

Die stl Rückwirkung iSd § 175 I 1 Nr 2 kompensiert vor allem die **Wirkungen der Abschnittsbesteuerung.** Ereignissen eine solche steuerrechtl (Rück-) Wirkung beizulegen, kann insbes erforderlich sein, weil anderenfalls ihre Berücksichtigung wirtschaftlich leer liefe oder rechtstechnisch überhaupt nicht zu verwirklichen wäre (vgl BFH BStBl 01, 641), zB bei einer (zulässigen) nachträgl Ausübung eines stl Wahlrechts (vgl BFH BStBl 02, 49). 50a

b) Nachträglichkeit des Ereignisses. Das Ereignis muss nachträglich eintreten, dh nach Entstehung des StAnspruchs (BFH/NV 06, 1945) *und* der Entscheidung der FinBeh über den Erlass des zu ändernden StBescheids (BFH BStBl 09, 227; 93, 897; BFH/NV 09, 763, 1829; 05, 1741; 02, 1545; nur letzteren Zeitpunkt erwähnen vereinfachend BFH BStBl 91, 55; 89, 957, 75, denn vor Entstehen des Anspruchs wird dieser iAllg nicht festgesetzt werden; anders BFH/NV 95, 274: Bekanntgabe und BFH BStBl 02, 49: formelle Bestandskraft; vgl zum maßgeblichen Zeitpunkt, der an den des § 173 anschließt, auch § 173 Rz 53ff). § 175 I 1 Nr 2 greift also nicht, wenn das rückwirkende Ereignis bereits bei Erlass des ursprünglichen StBescheids hätte berücksichtigt werden müssen (BFH/NV 09, 1393). Denn ist das Ereignis bereits vor Abschluss der Veranlagung eingetreten, kann es bei dieser berücksichtigt werden und es gibt keinen Anlass, die Bestandskraft des StBescheids zu durchbrechen. Die Änderungstatbestände des § 173 I und des § 175 I 1 Nr 2 schließen einander grds aus (BFH BStBl 88, 863; BFH/NV 98, 147; zu einer Ausnahme BFH BStBl 05, 762); denn das Ereignis nach § 175 muss 52 nach Ergehen des zu ändernden StBescheids eintreten, die Tatsache nach § 173 jedoch damals schon (unerkannt) vorgelegen haben.

53 Ein nachträgliches Ereignis kann aber auch eintreten, wenn der **StBescheid,** in dem der Vorgang mit stl Rückwirkung zu berücksichtigen ist, **noch nicht erlassen** (BFH BStBl 17, 94) oder noch nicht bestandskräftig ist (dazu BFH BStBl 02, 49), nicht aber dann, wenn es noch während des Einspruchsverfahrens eintritt und von der FinBeh in der Einspruchsentscheidung berücksichtigt wird (BFH/NV 05, 1741). Nach BFH BStBl 89, 75 soll es hingegen dann an Nachträglichkeit fehlen, wenn die FinBeh in dem ursprünglichen StBescheid ein *zukünftiges* Ereignis bereits berücksichtigt hat. Dem ist grds zuzustimmen, jedoch nur mit der Einschränkung, dass iAllg davon auszugehen ist, dass die FinBeh auf den bei Entstehen des StAnspruches gegebenen Sachverhalt abstellen und zukünftige stl relevante Änderungen nicht berücksichtigen will (oder muss und iAllg nach dem materiellen Recht auch nicht berücksichtigen darf). Rückwirkende Ereignisse während der Rechtshängigkeit eines Verfahrens wegen des StBescheids sind in dem betr Verfahren, nicht erst später unter Durchbrechung der Bestandskraft eines bereits vorliegenden StBescheids zu berücksichtigen (BFH BStBl 08, 350).

53a § 175 I 1 Nr 2 ist auch bei StFestsetzungen unter dem **Vorbehalt der Nachprüfung** anwendbar, selbst wenn das rückwirkende Ereignis zugleich die tatsächliche Ungewissheit beseitigt, die Anlass des Vorbehalts war; dies kann wegen der unterschiedlichen Verjährung der Änderungsmöglichkeiten (§§ 171 VIII, 175 1 2) bedeutsam werden (BFH BStBl BStBl 07, 807; vgl auch BFH BStBl 04, 107; anders BFH/NV 95, 274; 99, 589 für einen Bescheid über die Aufhebung des Vorbehalts; BFH/NV 04, 154 zu einem vorläufigen Bescheid). Entsprechendes gilt, wenn eine Änderung nach § 173 geboten ist (BFH BStBl 05, 762).

54 **c) Steuerliche Rückwirkung des Ereignisses.** Die stl Rückwirkung eines Ereignisses muss aus dem Sinn des betr StGesetzes abgeleitet werden, da ausdrückliche Rückwirkungsanordnungen regelmäßig fehlen. Im Allgemeinen haben stl relevante (sachverhaltsändernde, zu Rechtsänderungen siehe Rz 80f) Ereignisse *keine* Rückwirkung. Rückwirkende Ereignisse sind nur solche, die den für die Besteuerung maßgeblichen Sachverhalt verändern – obwohl sie erst im Nachhinein eingetreten sind, ein Besteuerungstatbestand also zunächst verwirklicht worden ist – und aufgrund steuergesetzlicher Anordnung in die Vergangenheit zurückwirken sollen, weil ein Bedürfnis besteht, eine schon endgültig getroffene stl Regelung an die Sachverhaltsänderung anzupassen (BFH BStBl 91, 55; 89, 225, 957). Diese als **grundlegende Bestimmung des „rückwirkenden Ereignisses"** gedachte Formel des BFH schweigt jedoch zu dem entscheidenden Punkt, wann und aus welchen Gründen ein Bedürfnis anzunehmen ist, Ereignisse bei der Besteuerung zu berücksichtigen, die sich erst zugetragen haben, nachdem der Besteuerungstatbestand schon verwirklicht war, insbes etwa der VZ schon längst abgelaufen ist. Das muss aus der Natur der Sache, den Geboten einer gerechten Besteuerung nach der Leistungsfähigkeit, abgeleitet werden. Es geht darum, bei einer zeitlich gestreckten Tatbestandsverwirklichung materiell-rechtl angemessene Ergebnisse zu erzielen, wenn das Gesetz einen Sachverhalt einem bestimmten Zeitpunkt zuordnet, bei einer Änderung des Sachverhalts aber die angeordneten Rechtsfolgen korrigiert werden müssen, weil eine Korrektur zu einem späteren Zeitpunkt rechtl nicht möglich wäre oder wirtschaftlich leer liefe (BFH BStBl 01, 641: Änderungen des Veräußerungspreises eines nach § 6b EStG begünstigten Anlageguts).

54a Es genügt zur Annahme eines rückwirkenden Ereignisses also nicht, dass ein späteres Ereignis den für die Besteuerung maßgebenden **Sachverhalt rein faktisch beseitigt;** es muss auch kraft Gesetzes zurückwirken. Deshalb tritt keine Rückwirkung ein, wenn zB der Stpfl eine Entnahme durch eine gleich hohe Einlage ausgleicht (BFH BStBl 68, 4; 83, 736; BFH/NV 06, 1819), oder zivilrechtl vereinbart wird, ein Rechtsgeschäft rückabzuwickeln, also so zu behandeln, als sei es von Anfang an nicht vorgenommen worden. Auch eine Absicht (innere Tatsache), die aufgegeben wird, fällt nicht *rückwirkend* weg (BFH/NV 12, 1095; vgl BFH BStBl 06, 725: keine rückwirkende USt-Berichtigung, sondern § 15a UStG). Realakte, dh Handlungen, an die das Gesetz eine bestimmte Rechtsfolge knüpft (Wohnsitzbegründung, Einfuhr, Beförderung), wirken ebenfalls nicht in die Vergangenheit und sie können auch nicht nachträglich dadurch ungeschehen gemacht werden, dass gleichsam durch einen actus contrarius der vorherige Zustand wiederhergestellt und die durch solche Realakte bewirkte tatsächliche Veränderung für die Zukunft wieder beseitigt wird.

Auch **Indiztatsachen** haben keine steuerrechtliche Rückwirkung, sondern vermitteln rein tatsächlich Erkenntnis über (Haupt-)Tatsachen. Wenn sich die FinBeh bei der Veranlagung nicht sicher ist, wie der ihr vorliegende Sachverhalt in tatsächlicher Hinsicht zu beurteilen ist, kann sie mithin nicht auf § 175 setzen, sondern muss vorläufig (§ 165) veranlagen. Später eintretende Ereignisse, die früher gegebene Tatsachen erkennbar machen (wie der Verkauf eines vierten Grundstücks, welcher gewerblichen Grundstückshandel indiziert), sind ebenfalls keine rückwirkenden Ereignisse (BFH BStBl 00, 306; kritisch *Söffing* DStR 00, 916; vgl BFH/NV 92, 108); erst Recht nicht gilt dies für das Auffinden oder Beschaffen bloßer Beweismittel, wie es idR die Bescheinigung einer anderen Behörde ist (BFH BStBl 03, 554; FG Thür EFG 14, 1262; siehe aber sogleich Rz 54c und Rz 73f, 75). Zur Abgrenzung rückwirkender Ereignisse von Ereignissen, die lediglich indizielle Bedeutung für das Vorliegen der tatbestandlichen, schon früher eingetretenen Ereignisse haben vgl BFH BStBl 96, 533. 54b

Durch Anfügen des Abs 2 S 2 hat der Gesetzgeber die mitunter schwierige und weitgehend in rechtstechnischen Ursachen wurzelnde, jedoch folgenreiche Unterscheidung zwischen **Bescheinigungen** überflüssig gemacht, die bloße Beweisurkunden darstellen (grds keine nachträgliche Änderung der StFestsetzung) und solchen, die Bestandteil des materiellen Besteuerungstatbestands sind und damit hinreichender Anlass für eine Änderung nach § 175 II sind (dazu BFH BStBl 03, 554). Die 2004 in das Gesetz eingefügte Vorschrift ist durch EuGH DB 04, 2023 ausgelöst worden und sollte einer nachträglichen Anrechnung ausl KSt aufgrund entsprechender StBescheinigungen zuvor kommen (verschwiegen in BT-Drs 15/4050). EuGH HFR 2011, 1054 „Meilicke II" hat es allerdings missbilligt, dass diese Vorschrift eine rückwirkende und ohne Einräumung einer Übergangsfrist geschaffene Sperre für die Berücksichtigung von Bescheinigungen errichten wollte, um eine Anrechnung ausl Körperschaftsteuer auf Dividenden, die von einer Kapitalgesellschaft mit Sitz in einem anderen Mitgliedstaat gezahlt wurden, zu erlangen. Jenseits einer solchen Lage ist die Vorschrift jedoch nach wie vor anwendbar (BFH/NV 17, 23). 54c

Bescheinigungen sind also jetzt ungeachtet ihres Rechtscharakters stets rechtzeitig vor Bestandskraft der StFestsetzung vorzulegen, bei nachträglicher Vorlage ist eine Änderung des StBescheids nach § 175 I 1 Nr 2 ausgeschlossen. In der Folge heißt dies, dass es zu einer einheitlichen Festsetzungsfrist kommt unabhängig davon, ob es sich bei der Bescheinigung um ein Beweismittel (Änderung nach § 173 I) oder um ein Merkmal des gesetzlichen Tatbestandes (Änderung nach § 175 I 1) handelt. Erbringt die Bescheidung jedoch lediglich Beweis für ein Merkmal des Besteuerungstatbestands (ohne selbst ein solches zu sein) und wird dieses Merkmal (Tatsache) durch die Vorlage nachträglich bekannt, so ist weiterhin eine Änderung nach § 173 I zulässig (von *Wedelstädt* DB 04, 2500; anders *Melchior* DStR 04, 2121); das ist zB bei Bescheinigungen ausl Investmentgesellschaften über Erträge des Anlegers nicht der Fall (BFH/NV 12, 370). Das (Vereinfachungs-)Ziel des Gesetzgebers ist insofern nicht vollständig erreicht. 54d

Spezielle **gesetzliche Regelungen über stl Rückwirkung** sind sonst selten; es enthalten sie zB § 16 GrEStG, § 29 ErbStG, § 17 UStG (keine rückwirkende 54e

Berücksichtigung einer Änderung der Bemessungsgrundlage, Vorrang der Abschnittsbesteuerung; vgl BFH BStBl 10, 55; 08, 438), § 5 II, § 7 II BewG, § 13 V 5. VermBG, § 9 VersStG, § 13 FeuerschStG. Eine Spezialvorschrift, die ebenfalls auf dem § 175 I Nr 2 zu Grunde liegenden Rechtsgedanken beruht, enthält § 10 V EStG (Nachversteuerung; BFH BStBl 00, 292; 94, 849).

55 **d) Verfahren der Bescheidänderung; Verjährung.** Bei der Änderung sind bei der ursprünglichen Entscheidung unterlaufene Rechtsfehler – über § 177 hinaus – zu berichtigen; der StBescheid ist also so zu fassen, wie er von Gesetzes wegen hätte ergehen müssen, wenn das Ereignis bereits bei Erlass des zu ändernden Bescheids eingetreten gewesen wäre und folglich berücksichtigt worden wäre (BFH BStBl 01, 122). War der StBescheid von Anfang an rechtswidrig und ist er es nicht erst durch die Sachverhaltsänderung geworden, ist für eine Änderung von vornherein kein Raum (BFH/NV 11, 2007).

55a Ob ein Ereignis zurückwirkt, ist ggf im **Feststellungsverfahren** zu entscheiden (BFH BStBl 10, 530: Herabsetzung des gesondert festgestellten Veräußerungsgewinns aufgrund nachträglich bekannt gewordener Bodenverunreinigung).

55b Eine Bescheidsänderung nach § 175 I 1 Nr 2 ist nicht deshalb ausgeschlossen, weil die Möglichkeit bestand, die Steuer **vorläufig festzusetzen** (BFH/NV 04, 154; vgl BFH BStBl 93, 788; 01, 122). Aus § 172 I 1 Nr 2 Buchst d ergibt sich vielmehr (im Umkehrschluss), dass die Änderungsvorschriften der §§ 172 f auch dann anwendbar sind, wenn der Ausgangsbescheid nach §§ 164, 165 hätte erlassen werden können.

56 Da rückwirkende Ereignisse uU erst nach Ablauf der regulären **Festsetzungsfrist** eintreten, regelt Abs 1 S 2 eine besondere Anlaufhemmung; sie greift nicht nur bei der Änderung eines StBescheids ein, sondern auch dann, wenn aufgrund des rückwirkenden Ereignisses der Besteuerungstatbestand erst verwirklicht wird und deshalb ein Erstbescheid erlassen werden soll. Die Frist beginnt bei einer Folgeänderung, aufgrund der Korrektur der Gewinnfeststellung (Bilanzberichtigung) für ein Vorjahr, erst mit Erlass des diesbzgl Änderungsbescheids (BFH BStBl 05, 809).

57 **e) Keine stl Rückwirkung laufender Geschäftsvorfälle im Rahmen der Gewinn-/Überschussermittlung.** Bei den *laufend veranlagten Steuern* wie der ESt sind die aufgrund des Eintritts neuer Ereignisse materiell-rechtl erforderlichen steuerlichen Anpassungen regelmäßig nicht rückwirkend, sondern in dem Besteuerungszeitraum vorzunehmen, in dem sich der maßgebende Sachverhalt ändert (Maßgeblichkeit des Zufluss/Abflusszeitpunkts), es sei denn, das einschlägige materielle Recht ergibt ausnahmsweise, dass die Änderung des Sachverhaltes auch zu einer Korrektur bereits eingetretener steuerrechtlicher Rechtsfolgen berechtigt (BFH BStBl 99, 598; 93, 897 (GrS)). Dieser Grundsatz gilt auch bei der Gewinnermittlung durch Bestandsvergleich. Eine rückwirkende Korrektur insbes des *laufenden* Gewinns findet also grds nicht statt (BFH BStBl 02, 420); nach den Grundsätzen ordnungsgemäßer Buchführung berechtigt die Rückgängigmachung eines Geschäftsvorfalls nicht zur Bilanzberichtigung oder Bilanzänderung und folglich nicht zur Anwendung des § 175 I 1 Nr 2; Folgerungen aus der Rückgängigmachung eines Geschäfts sind vielmehr erst in der auf den Zeitpunkt der Aufhebung oder Anfechtung des Vertrags folgenden Bilanz zu ziehen (BFH BStBl 84, 786; 92, 472). IÜ ist § 11 EStG zu beachten, der ebenfalls grds eine rückwirkende Berücksichtigung tatsächlich erst in einem späteren VZ stattfindender Zu-/Abflüsse ausschließt (anders *TK/Loose* § 175 Rz 30ff, der im Anschluss vor allem an *Rust* Das rückwirkende Ereignis im StRecht, 1995, 77, in § 41 I 1eine Ausnahme vom Maßgeblichkeitsgrundsatz bzw eine im Verhältnis zu § 11 EStG speziellere Regelung sieht).

58 **f) Einmaltatbestände.** Anders verhält es sich bei der Besteuerung sog. „Einmaltatbestände“, bei denen nachträgliche Änderungen nicht (mit gleichartiger steuerlicher Auswirkung) in einer Folgebilanz oder nach den Grundsätzen des Zuflussprinzips in einem späteren VZ berücksichtigt werden können (BFH

BStBl 10, 249; 92, 472, 479). Die Änderung des nach dem StTatbestand rechtserheblichen Sachverhalts führt zu einer rückwirkenden Änderung steuerlicher Rechtsfolgen insbes bei StTatbeständen, die an einen einmaligen, punktuellen Vorgang anknüpfen wie z. B. bei § 29 I ErbStG oder bei der Veräußerung des ganzen Gewerbebetriebs oder eines Teilbetriebs (BFH BStBl 93, 897; 94, 564, 648; kritisch zum Begriff des einmaligen Ereignisses *Groh* DB 95, 2235). Ein rückwirkendes Ereignis ist hier anzunehmen, wenn bei einem nachträglich eintretenden Ereignis ein mit diesem in innerem Zusammenhang stehender steuerlicher Vorgang nur dem Sinn des Gesetzes entsprechend besteuert werden kann, wenn jenes Ereignis (nachträglich) berücksichtigt wird, etwa weil der Vorgang tarifbegünstigt ist und deshalb die spätere stl Erfassung des nachträglichen Ereignisses diese Begünstigung nicht herstellen könnte (vgl *Groh* DB 95, 2235).

Insbes Ereignisse, die die Höhe eines **Veräußerungs- oder Aufgabegewinns** 59 beeinflussen, müssen auf den Zeitpunkt der Veräußerung zurückbezogen werden (BFH BStBl 97, 352; BFH/NV 11, 1831 zu § 16 EStG; 94, 564; 94, 698 für den Veräußerungsgewinn gem § 17 EStG; BFH BStBl 17, 94 zu nachträglichen Anschaffungskosten; BFH BStBl 15, 668 zu § 8b II KStG 2002; BFHE 256, 392 für eine Restschuldbefreiung bei einem vor Insolvenz bereits aufgegebenen Betrieb; für Aufwendungen im Rahmen einer Nachtragsliquidation BFH BStBl 14, 786; grundlegend BFH BStBl 93, 897 (GrS); vgl auch BFH/NV 93, 654; zur Abgrenzung von Störungen der Vertragsabwicklung von einer unerwarteten Entwicklung BFH BStBl 00, 179 für den Fall, dass ein Leibrentenberechtigter frühzeitig stirbt). Denn die Ermittlung des Veräußerungsgewinns erfolgt stichtagsbezogen auf den Veräußerungszeitpunkt; eine nachträgliche Wertveränderung der Kaufpreisforderung aus einem Anteilsverkauf wegen Uneinbringlichkeit wirkt deswegen gewinnmindernd auf den Veräußerungszeitpunkt zurück. Ein Veräußerungsgewinn aus der Übertragung eines Mitunternehmeranteils gilt als mit der Übertragung realisiert; die spätere vergleichsweise Festlegung eines bisher strittigen Abfindungsanspruchs bedeutet daher ein Ereignis mit steuerlicher Wirkung für die Vergangenheit (BFH BStBl 84, 786). Das Gleiche gilt bei Veräußerung einer wesentlichen Beteiligung (§ 17 EStG; BFH BStBl 94, 648; für die Heraufsetzung des Kaufpreises BFHE 175, 516 = HFR 95, 128) und der Veräußerung einbringungsgeborener Anteile (BFH BStBl 10, 249). Bei Betriebsveräußerung oder Veräußerung im Rahmen einer Betriebsaufgabe sind also später eintretende Veränderungen des ursprünglich vereinbarten Veräußerungspreises ungeachtet der Gründe für die Minderung oder die Erhöhung des Erlöses solange und soweit auf den Zeitpunkt der Veräußerung zurückzubeziehen, als der Erwerber seine Verpflichtung zur Zahlung des Kaufpreises noch nicht erfüllt hat (BFH BStBl 06, 906: Nachforderungsklausel). Eine Teilzahlungsvereinbarung wirkt auf den Zeitpunkt des Entstehens eines Auflösungsverlusts zurück (BFH BStBl 13, 378). Ein rückwirkendes Ereignis ist es auch, wenn nach Begleichung des Kaufpreises für einen Betrieb/Beteiligung im Wege eines Vergleichs eine Rückgewähr der Leistungen aus Gründen vereinbart wird, die im Kaufvertrag angelegt waren (vgl auch FG Mster EFG 14, 1574), ebenso wie der Eintritt einer dort festgelegten auflösenden Bedingung ein solches Ereignis wäre (BFH BStBl 06, 475; 04, 107). Ferner liegt ein Ereignis mit steuerlicher Rückwirkung auf den Zeitpunkt der Veräußerung vor, wenn die gestundete Kaufpreisforderung für die Veräußerung eines Gewerbebetriebs in einem späteren VZ ganz oder teilweise uneinbringlich wird (BFH GrS BStBl 93, 897; BFH BStBl 92, 472, 479; 95, 465; 97, 509), oder wenn der gestundete Kaufpreis für die Veräußerung einer wesentlichen Beteiligung wegen einer in einem späteren VZ geschlossenen Rücktrittsvereinbarung nicht mehr entrichtet wird (BFH BStBl 94, 648). Die Herabsetzung des Kaufpreises für einen Betrieb aufgrund von Einwendungen des Käufers gegen die Rechtswirksamkeit des Kaufvertrags ist ein rückwirkendes Ereignis, das (anders als bei nachträglichen Änderungen beim laufenden Gewinn) zur Änderung des StBescheids führt, dem der nach dem ursprünglich vereinbarten Kaufpreis ermittelte Veräußerungsgewinn zu Grunde liegt (BFH BStBl 89, 41). Wenn der Erwerber eines Betriebes seine Zusage, den Veräußerer von der Haftung für alle vom Erwerber übernommenen Betriebsschulden freizustellen, nicht einhalten kann und der Veräußerer deshalb in einem späteren VZ aus einer bestellten Grundschuld in Anspruch genommen wird, liegt ebenfalls ein Ereignis mit steuerlicher Rückwirkung auf den Zeitpunkt der Veräußerung vor (BFH BStBl 93, 894 (GrS); vgl BFH BStBl 93, 897; 92, 472). Ebenso bei Ausfall einer bei Ermittlung des Aufgabegewinns berücksichtigten, im Betriebsvermögen verbliebenen Forderung oder abweichender Tilgung von Schulden („Altbetriebsvermögen", BFH BStBl 94, 564; BFH/NV 95, 1060; vgl aber BFH BStBl 02, 387: keine Übertragung dieses Grundsatzes auf andere Wirtschaftsgüter) sowie im Falle eines Zahlungseingangs auf eine bei der Ermittlung des Betriebsaufgabegewinns wegen der Ungewissheit über ihren Grund und ihre Höhe nicht angesetzte Forderung (FG Ddorf EFG 16, 1443, NZB unbegründet hins der Anwendung des materiellen Rechts, BFH/NV 17, 1437). Das Wertloswerden eines bei Ausscheiden überlassenen Gesellschafterdarlehens mindert rückwirkend den Aufgabegewinn (BFH BStBl 09, 227; 95, 112; 95, 465; vgl BFH/NV 03, 1398), ebenso eine nachträgliche Inanspruchnahme des Gesellschafters aus einer Bürgschaft (BFH/NV 97, 216; 03, 1398; vgl aber BFH BStBl 02, 506: grds keine rückwirkende Korrektur des laufenden Gewinns bei Bürgschaftsinanspruchnahme). Nachträglich anfallende Aufwendungen im Rahmen einer Nachtragsliquidation, welche die Höhe des Auflösungsgewinns oder -verlusts beeinflussen, rechtfertigen ebenfalls eine Änderung (BFH BStBl 14,786). Zahlungseingang nach Betriebsaufgabe ist ein rückwirkendes Ereignis, das den Betriebsaufgabegewinn um den tatsächlich aus der Forderung erlösten Betrag erhöht (BFH/NV 95, 1060). Ebenso wie der Ausfall einer Forderung und das Entstehen einer Verbindlichkeit erhöht der Erlass einer im Betriebsvermögen verbliebenen Forderung den Gewinn nachträglich, auch wenn er nicht in zeitlichem und sachlichem Zusammenhang mit der Betriebsaufgabe steht (BFH BStBl 97, 352; BStBl 89, 456 ist damit überholt). Der gemeine Wert eines Grundstücks wird durch einen später auftretenden Altlastenverdacht nicht mit steuerlicher Rückwirkung gemindert (BFH BStBl 98, 569).

61 **g) Bilanzänderung.** Eine Bilanzänderung (§ 4 II 2 EStG) stellt kein rückwirkendes Ereignis im Hinblick auf die StFestsetzung für das betr Wirtschaftsjahr, sondern eine Verfahrenshandlung dar; sie kann daher nach Bestandskraft des betr StBescheids – wenn er nicht unter Vorbehalt der Nachprüfung steht (BFH BStBl 89, 558) – nicht mehr vorgenommen werden (BFH 92, 958; 90, 195; 89, 558; 87, 848). *Für das Folgejahr* ist aber eine wirksame Bilanzänderung im Vorjahr mit Recht als rückwirkendes Ereignis angesehen worden. Die Korrektur eines Wertansatzes in der Schlussbilanz, der sich auf die Höhe des Gewinns der Folgejahre auswirkt, ist ein Ereignis mit steuerlicher Rückwirkung für die StFestsetzungen der Folgejahre, bei denen sich der Wertansatz gewinnerhöhend oder -mindernd auswirkt (BFH BStBl 08, 226; 05, 809; 00, 18; BFH/NV 01, 297), und zwar unabhängig von den Umständen, aufgrund deren es zu einer Korrektur des Endvermögens im vorausgegangenen Wirtschaftsjahr gekommen ist (*BG/von Wedelstädt* § 175 Rz 52; *Lauer* Die Korrekturvorschrift des § 175 I Satz 1 Nr 2 Abgabenordnung, 1984, 109f). Dass für die Bilanz*berichtigung* (Änderung eines falschen Bilanzansatzes) im Vorjahr das Gleiche gilt, wird überw angenommen (BFH BStBl 00, 18; BFH/NV 03, 1155; *BG/von Wedelstädt* § 175 Rz 52; aA mit überzeugenden Gründen *HHR/Stapperfend* EStG § 4 Rz 379). Zur Zulässigkeit der Bilanzberichtigung beachte ab 2007 § 4 II 1 Hs 2 EStG nF, zur Möglichkeit der Durchbrechung der Bestandskraft von StBescheiden nach Bilanzberichtigung aufgrund des § 174 IV siehe § 174 Rz 61f.

61a Zum Begriff Bilanzänderung vgl va BFH BStBl 08, 924, 669; 09, 187: Ausübung eines Wahlrechts zwischen mehreren Bilanzansätzen oder Ersetzung eines

Bilanzansatzes, der nach den Erkenntnismöglichkeiten im Zeitpunkt der Bilanzaufstellung der kaufmännischen Sorgfalt entsprach, durch einen anderen Bilanzansatz, der sich später als objektiv zutreffend erweist, zB aufgrund höchstrichterlicher Klärung einer bis dahin zweifelhaften Rechtsfrage (dazu auch BFH BStBl 81, 620; 90, 195; 08, 226 zu Sonderabschreibungen nach § 4 FöGbG). Zur Bilanzberichtigung vgl grundlegend BFH BStBl 66, 142; 98, 83; 98, 503.

h) Rückwirkende Ereignisse im Zusammenhang mit schuldrechtlichen Verträgen. Soweit Geschäftsvorfälle nicht nach den Grundsätzen ordnungsgemäßer Buchführung periodenbezogen zu erfassen sind, ist solchen Ereignissen Rückwirkung beizumessen, die kein neues Rechtsgeschäft über den veräußerten Gegenstand darstellen, sondern dem Grunde nach schon in dem ursprünglichen Rechtsgeschäft „angelegt" sind (BFH BStBl 17, 673; 16, 212; 13, 378; 12, 675; 06, 15; 04, 107; BFH/NV 05, 2266). Dazu gehören insbes Minderung aufgrund Mangels und Wandlung (BFH BStBl 89, 41; 77, 127; BFH/NV 90, 31), die *Ausübung* eines Rücktrittsrechts (BFH BStBl 94, 648; vgl BFH BStBl 92, 479), Rückabwicklung wegen Vertragsstörungen (BFH BStBl 07, 162; siehe auch BFH BStBl 06, 307) oder wegen Wegfalls der Geschäftsgrundlage (BFH BStBl 10, 539), Eintritt einer auflösenden Bedingung (vgl BFH BStBl 06, 475; 94, 849; anders wenn das Entgelt erst bei Eintritt einer aufschiebenden Bedingung zu leisten ist, BFH BStBl 05, 762), Anfechtung des Vertrags (BFH BStBl 82, 425; vgl aber BFH BStBl 17, 63). Voraussetzung ist dabei stets, dass die zivilrechtl Folgen solcher Rechtsgeschäfte tatsächlich und vollständig vollzogen werden; denn nach § 41 I ist die Unwirksamkeit eines Rechtsgeschäfts solange unbeachtlich, als die Beteiligten das wirtschaftliche Ergebnis des Rechtsgeschäfts gleichwohl eintreten und bestehen lassen (BFH BStBl 17, 63; 82, 425). Die wegen Nichtigkeit eines Vertrags vollzogene Rückabwicklung desselben ist deshalb an sich ein rückwirkendes Ereignis (vgl BFH/NV 12, 1095 zum Fall der gerichtlichen Feststellung der Unwirksamkeit des zunächst der Besteuerung zugrunde gelegten Rechtsgeschäfts); ist der Vertrag allerdings in Kenntnis der Nichtigkeit durchgeführt worden, beruht die spätere Rückabwicklung auf einem neuen, nachträglichen Willensentschlusss, der ähnlich wie eine Vertragsaufhebung (BFH BStBl 04, 107) nicht zurückwirkt. 62

Geschäfte wirken nicht allein deshalb zurück, weil sie sich auf vergangene Geschäftsvorfälle zurückbeziehen. Durch zivilrechtl rückwirkenden Abschluss oder rückwirkende Aufhebung oder Änderung schuldrechtlicher Verträge können keine steuerlichen Ergebnisse mit Rückwirkung geschaffen werden (BFH BStBl 85, 55; 72, 721; BFH/NV 95, 665), ebenso wenig durch eine sonstige rückwirkende Änderung eines Vertrags (zB eine rückwirkende Gehaltserhöhung, BFH BStBl 72, 721), auch wenn diese zivilrechtl gewollt und wirksam ist (BFH/NV 95, 665). 62a

Keine rückwirkenden Ereignisse sind daher: die Ausübung eines Rückkaufrechts, die Genehmigung eines schwebend unwirksamen Vertrags (BFH/NV 06, 551; für die Schenkungsteuer BFH BStBl 81, 435); die Rückzahlung von Einnahmen, zB zuunrecht bezogenen Arbeitslohns (BFH BStBl 00, 396; 06, 830, 832, 911; FG Nds EFG 14, 903; FG Köln EFG 14, 843; anders die Rückzahlung von Leistungen nach § 3 Nr 62 EStG wegen fehlender Versicherungspflicht, BFH BStBl 99, 95), die nachträgliche Erhöhung eines Entgelts (BFH BStBl 92, 434), die Erteilung der Genehmigung für einen zunächst schwebend unwirksamen Vertrag (vgl BFH BStBl 06, 475; 05, 762; 81, 435; BFH/NV 06, 551); die Ausübung einer bei Vertragsschluss vereinbarten Besserungsoption (BFH BStBl 12, 675 mit zutreffender kritischer Anm *Dötsch* jurisPR-SteuerR 32/2012 Anm 3), die Ablösung eines vertraglich vereinbarten Nießbrauchs (BFH BStBl 06, 15). Das Gleiche gilt bei Vergleichen (sie verändern nicht den Lebenssachverhalt rückwirkend, sondern betreffen dessen rechtliche Beurteilung, BFH BStBl 08, 629; vgl auch BFH/NV 11, 1831); anders ist es, wenn durch einen Vergleich der Streit über den Eintritt einer im Kaufvertrag vereinbarten auflösenden Bedingung beigelegt wird (BFH BStBl 04, 107). 63

64 Die Realisierung von Risiken und Wagnissen eines Geschäftes wie die nachträgliche Änderung einer Kaufpreisverbindlichkeit aufgrund des mit einer dauernden Last verbundenen Wagnisses (Wegfall durch vorzeitiges Ableben oder Erhöhung aufgrund längeren Lebens des Verkäufers) ist hingegen kein Anlass für eine Änderung des StBescheids nach § 175; denn sie lässt den ursprünglichen Kaufpreis (Anschaffungskosten) unberührt, es realisiert sich lediglich ein bei Vertragsschluss einkalkuliertes späteres Ereignis (BFH BStBl 95, 47).

67 **i) Sonstige rückwirkende Ereignisse im EStG.** Das Entstehen eines Erstattungsüberhangs bei gleichartigen **Sonderausgaben,** weil die in einem Vorjahr zuviel berücksichtigten Aufwendungen nicht mit im VZ zu erbringenden gleichartigen Zahlungen (vollständig) verrechnet werden können, ist ein rückwirkendes Ereignis (BFH BStBl 09, 229 für **KiStZahlungen;** BStBl 63, 536; 04, 1058; BFH/NV 13, 1060; 10, 596, 1250; aA *Endriss* DStR 05, 117; ebenso bei rechtsgrundlos geleisteten und als Sonderausgaben berücksichtigten Versicherungsbeiträgen BFH BStBl 96, 646; 99, 95; vgl auch BFH/NV 10, 1250: Wegfall der Sozialversicherungspflicht). In diesen Fällen kann nämlich eine sonst vom BFH aus Praktikabilitätsgründen (die Änderung von früheren Bescheiden nach § 175 I 1 Nr 2 wird vermieden) zugelassene (an sich steuersystematisch unzutreffende) Verrechnung mit den Zahlungen im Erstattungsjahr nicht durchgeführt werden (vgl BFH BStBl 04, 1058; BFH/NV 04, 1365; 05, 321, 1304). Das gilt auch dann, wenn KiSt nicht verrechnet werden kann, die nach dem Kirchenaustritt (rechtsgrundlos) abgeführt worden ist (BFH BStBl 09, 229).

69 Erlangt der Stpfl Ersatz für Aufwendungen, die als **außergewöhnliche Belastungen** berücksichtigt worden sind, stellt dies ein rückwirkendes Ereignis dar, weil solche Zahlungen seine Belastung entfallen lassen und stl in dem Entstehungsjahr zu berücksichtigen sind (vgl BFH BStBl 92, 179; FG Ddorf 7 K 1549/13 E, Rev erledigt; ebenso *Schwarz/Frotscher* § 175 Rz 66).

70 Rückwirkende Ereignisse sind auch ein **Vaterschaftsanerkenntnis** (BFH/NV 05, 1114) sowie die Anfechtung der Ehelichkeit oder des Vaterschaftsanerkenntnisses, wenn ein Kinderfreibetrag gewährt worden war (FG Nds EFG 94, 1006).

71 Zurück wirkt auch das Entstehen von Werbungskosten bei Einkünften aus **einmaligen (sonstigen) Leistungen** (§ 22 Nr 3 EStG), die im Zuflussjahr noch nicht sicher vorhersehbar waren (BFH BStBl 92, 1017), weil sonst die von § 22 Nr 3 EStG vorgesehene richtige Besteuerung nicht verwirklicht werden könne.

73 **j) Rückwirkung steuerverfahrensrechtlicher Maßnahmen.** Die nachträgliche Ausübung des **Wahlrechts** auf Gewinnübertragung nach § 6c EStG, die bis zum Eintritt der formellen Bestandskraft der StFestsetzung, sogar noch nach Ergehen eines Urteils in der Tatsacheninstanz bis zum Ablauf der Rechtsmittelfrist, zulässig ist, wirkt zurück (BFH BStBl 02, 49); ebenso die Ausübung des Pauschalierungswahlrechts nach § 37b I, II EStG (BFH BStBl 16, 1010) und das Wahlrecht der nachgelagerten Besteuerung (§§ 24 Nr 2, 15 EStG), das sogar noch im Einspruchsverfahren wegen eines nach § 175 geänderten Bescheides (FG Mchn EFG 17, 997, Rev III R 12/17). Nicht aber die Ausübung des Blockwahlrechts nach § 34 VII 8 EStG 2002 (BFH BStBl 18, 138).

73a Der Antrag auf **Übertragung des Kinderfreibetrags** nach Zustimmungserklärung des anderen Elternteils gem § 32 VI 5 EStG (BFHE 181, 458) ist ein rückwirkendes Ereignis. Wird nach Ablauf des Veranlagungszeitraums eine zivilrechtl bestehende Unterhaltsverpflichtung nicht nur für die Zukunft, sondern auch für die Vergangenheit erhöht, so ist diese zivilrechtliche Rückwirkung der Unterhaltsverpflichtung auch steuerrechtl bei der Prüfung der Übertragung des hälftigen Kinderfreibetrags zu Grunde zu legen (FG Bbg EFG 01, 1049). Rückwirkung hat nach zutreffend überwM auch der Zufluss unerwartet hoher Einkünfte bei einem Kind, für das Kindergeld gewährt wird oder für ein bereits abgelaufenes Jahr gewährt worden ist (vgl BFH/NV 01, 1633 und BFH BStBl 02, 86, jeweils mwN, jedoch offen lassend, ob die Änderung uU auf § 70 II EStG zu stützen ist; vgl auch BFH BStBl 02, 525; BFH BStBl 17, 997). Die nachträgliche Festsetzung von Kindergeld löst aber keinen Anspruch auf Änderung des SolZ aus (BFH BStBl 11, 543) oder der KiSt (BFH/NV 12, 921), auch nicht nach § 175 I 1 Nr 1. Zur nachträglichen Berechtigtenbestimmung (§ 64 II 2 EStG) für die Vergangenheit BFH BStBl 13, 21.

Die nachträgliche **Wahl getrennter Veranlagung** wirkt zurück (BFH BStBl 05, 690; 05, 865: keine Festsetzungsverjährung ggü dem Ehegatten; vgl BFH/NV 05, 1657), ebenso der Widerruf des Antrags auf getrennte Veranlagung (BFH/NV 05, 1657; 05, 2082), ein Antrag auf Anwendung des Realsplittings nach § 10 I Nr 1 EStG (BFH BStBl 89, 957), jedoch nur bei nachträglicher Erteilung der Zustimmung des Empfängers (BFH BStBl 15, 138), ferner der Antrag auf betragsmäßige Erweiterung eines bereits vorliegenden begrenzten Antrags zum Realsplitting (BFH BStBl 07, 5). Die Wahl einer anderen Veranlagungsart ist jedoch dann kein rückwirkendes Ereignis, wenn beide Ehegatten *bestandskräftig* veranlagt sind (BFH/NV 15, 811). **73b**

Es ist ein rückwirkendes Ereignis, wenn nach Zustimmung zur Anwendung des **Realsplittings** ein Antrag nach § 10 I Nr 1 EStG gestellt wird (BFH BStBl 89, 957), nicht aber, wenn die Zustimmung vor Eintritt des StBescheids bereits vorgelegen hat (BFH BStBl 15, 138). **73c**

Soweit eine StSchuld unter Vorbehalt einer endgültigen Prüfung festgesetzt worden und ein Rechtsbehelf dagegen ohne Erfolg geblieben ist, soll die spätere Herabsetzung der StSchuld ein Ereignis sein, das Auswirkungen auf einen vorher entgangenen **Zinsbescheid** über Aussetzungszinsen hat und dessen Änderung rechtfertigt (BFH BStBl 88, 229; BFH/NV 91, 212; 92, 150), was freilich nur insoweit relevant wird, als nicht die betr StBescheide Grundlagenbescheide für die Zinsfestsetzung sind (offen BFH/NV 91, 212; 92, 150) wie in dem vorgenannten Fall. Beachte auch § 237 V. Der GewSt-Messbescheid ist für die Feststellung, ob ein rückwirkendes Ereignis vorliegt, Grundlagenbescheid für die Zinsfestsetzung (FG Hbg EFG 16, 1971). **73d**

Werden Einkünfte nach einem **DBA** besteuert, weil sie im Ausland tatsächlich nicht erklärt worden sind, so ist die nachträgliche Besteuerung in dem betr Vertragsstaat ein rückwirkendes Ereignis (BFH BStBl 97, 117). Auch die Zahlung einer nach § 21 I ErbStG anrechenbaren ausl Steuer stellt ein rückwirkendes Ereignis dar (BFH BStBl 11, 247). **73e**

Rückwirkung hatte schließlich bisher die nachträgliche Erteilung von **Freistellungsbescheinigungen** nach § 48b I 1 oder 50d II 1 EStG (vgl *Gosch* StBp 01, 332) und die Erteilung einer Spendenbescheinigung (§ 50 EStDV) (BFH BStBl 03, 554), weil diese nicht bloße Beweisurkunden sind, sondern die Vorlage der Bescheinigung Bestandteil des Besteuerungstatbestandes. Vgl aber jetzt Rz 54c f. **73f**

Ergeht nach Bestandskraft des **Erbschaftsteuerbescheids** ein EStbescheid, der noch den Erblasser betrifft und zu einer StNachzahlung führt, liegt darin kein rückwirkendes Ereignis, das eine Änderung der Erbschaftsteuerfestsetzung ermöglicht (BFH/NV 05, 1093; FG SchlHol EFG 16, 1965, Rev II R 36/16). **74**

Zur Restschuldbefreiung im **Insolvenzverfahren** (keine Rückwirkung des Beschlusses nach § 289 InsO) vgl *TK/Loose* § 175 Rz 36). **75**

k) Rückwirkende Ereignisse bei sonstigen Steuerarten. ErbSt: Geltendmachung des Pflichtteils wirkt auf den Zeitpunkt des Todes des Erblassers zurück, stellt also ein rückwirkendes Ereignis dar (BFH BStBl 13, 332). Ebenso die Änderung des Einheitswertbescheids im Hinblick auf die Wertfortschreibung auf einen späteren Stichtag nach § 22 I BewG, wenn die erforderlichen Wertgrenzen nicht mehr erreicht werden (BFH BStBl 95, 93). Die Inanspruchnahmeerklärung nach § 13a I 1 Nr 2 ErbStG aF, solange noch keine endgültige SchenkStFestsetzung hinsichtlich des Werts des BV vorliegt (BFH BStBl 05, 182). Braucht der Erbe einen vom Erblasser noch nicht erfüllten gegenseitigen Vertrag ebenfalls nicht zu erfüllen, weil die Leistungspflicht erst mit dem Tod des Erben fällig wird, kann die **76**

Leistungspflicht erst ab diesem Zeitpunkt als rückwirkendes Ereignis (Entstehen einer Nachlassverbindlichkeit) berücksichtigt werden (BFH/NV 11, 1147).

76a Kein rückwirkendes Ereignis ist der Ausfall einer zum Nachlass gehörenden Forderung aufgrund von Umständen, die erst nach dem Todestag des Erblassers eingetreten sind (BFH/NV 01, 420). Ein rückwirkendes Ereignis ist es hingegen, wenn die Übertragung eines Vermächtnisgegenstands aufgrund eines Verschaffungsvermächtnisses (FG Köln EFG 05, 1133) oder wenn ein Geschenk wegen eines Rückforderungsrechts herausgegeben werden muss (BFH/NV 01, 39; FG Ddorf EFG 09, 501), nicht aber bei Rückabwicklung der Schenkung, wenn sich diese nicht als auf der Grundlage eines Rückforderungsanspruchs erfolgte Herausgabe eines Geschenks iSd § 29 I 1 ErbStG darstellt (BFH/NV 10, 896).

76b Ein **Schenkungsteuerbescheid** ist nicht aufzuheben, wenn sich die vertraglich vereinbarte Aufhebung und Rückabwicklung nicht als auf der Grundlage eines Rückforderungsanspruchs erfolgte Herausgabe eines Geschenks darstellt (BFH/NV 10, 896). Die StFestsetzung für einen Vorerwerb ist kein rückwirkendes Ereignis, das die Änderung der StFestsetzung für den nachfolgenden Erwerb zulässt (BFH BStBl 17, 1120) und der betr StBescheid auch kein Grundlagenbescheid hierfür (BFH BStBl 09, 969).

76c **BewG:** Wird nach Ergehen eines Wertfortschreibungsbescheids der Einheitswertbescheid geändert und infolgedessen die Wertfortschreibungsgrenze nicht mehr erreicht, ist jener Bescheid aufzuheben (BFH BStBl 95, 93). Der spätere Verkauf einer Eigentumswohnung wirkt hingegen nicht auf eine Wertfeststellung zurück (BFH/NV 17, 1299).

77 **GrESt:** StBescheid für den Vorerwerb ist kein rückw Ereignis für die nachfolgende StFestsetzung (BFH BStBl 17, 1120), erst recht kein Grundlagenbescheid (BFH BStBl 09, 969). Ist der Erwerber eines Grundstücks beim Abschluss des Grundstückskaufvertrags hinsichtlich des „Ob" und „Wie" der Bebauung gebunden, wird das erworbene Grundstück erst dann im bebauten Zustand Gegenstand des Erwerbsvorgangs, wenn der Bauerrichtungsvertrag geschlossen wird. Der Abschluss des Bauerrichtungsvertrags ist ein rückwirkendes Ereignis (BFH BStBl 17, 655; vgl 12, 920). Besteht zum Zeitpunkt der Einbringung eines Grundstücks in eine GbR die Abrede, dass sich damit die vermögensmäßige Beteiligung des Einbringenden an der GbR verringern soll, so ist die dann planmäßig erfolgende tatsächliche Verringerung der Beteiligung kein Ereignis mit grunderwerbsteuerlicher Wirkung für die Vergangenheit (BFH BStBl 96, 533); nach dem Einbringungsvorgang eintretende Ereignisse haben nur indizielle Bedeutung und geben Hinweise auf die Vorstellungen und Absichten der Beteiligten im Einbringungszeitpunkt. Hingegen hat BFH BStBl 09, 473 es als rückwirkendes Ereignis angesehen, dass der Plan, dass ein Eigentümer, der ein Grundstück in eine Gesamthand einbringt, seine Beteiligung verringert, nachträglich aufgegeben wird. Vgl die vorrangige Spezialregelung in § 16 GrEStG.

78 **KSt:** Rückwirkendes Ereignis ist der Gewinnverteilungsbeschluss einer GmbH, auch wenn die Ausschüttungen erst lange nach Ende des Wirtschaftsjahres und Bestandskraft des KStBescheids festgelegt werden (BFH BStBl 85, 225; 99, 634), die Vorlage einer StBescheinigung nach § 44 KStG aF, auch soweit § 36 II 2 Nr 3 S 4 EStG noch nicht gilt (BFH BStBl 00, 423) oder die Versagung der KSt-Anrechnung aufgrund von § 36a I EStG (BFH BStBl 99, 527); kein rückwirkendes Ereignis stellt der Ausfall der Forderung des bilanzierenden Anteilseigners (Besitzunternehmer) an der Betriebs-GmbH auf die Gewinnausschüttung als Folge der Aufhebung des Gewinnverteilungsbeschlusses dar (BFH/NV 94, 3). Ebenso wenig die Ausübung des Blockwahlrechts (§ 344 VII 8 KStG) (BFH BStBl 18, 138). Die Änderung des dem Organträger zuzurechnenden Einkommens der Organgesellschaft und eines dieser ggü ergangenen KStBescheids bezogen auf die dem Organträger ggü festgesetzte KSt ist weder rückwirkendes Ereignis noch führt es zur Änderung nach Abs 1 Nr 2 (BFH BStBl 04, 539; kritisch *von Groll* DStR 04, 1193).

Die Hinzurechnung zum Gewerbeertrag nach § 8 Nr 7 **GewStG** kann nicht korrigiert werden, wenn beim Verpächter eine Kürzung nach § 9 Nr 4 GewStG unterblieben ist; denn der materiell-rechtl gebotenen Korrespondenz ist verfahrensrechtl nicht Rechnung getragen worden (BFH BStBl 05, 145). Teilwertaufholungen sind kein rückwirkendes Ereignis (BFH BStBl 10, 301). **78a**

Das Ergebnis einer Drittanfechtung ist in Form des **§ 20 UmwStG** gem § 175 I Nr 2 umzusetzen (BFH/NV 12, 1649; vgl BFH BStBl 12, 381 zu § 24 III 1 UmwStG 1995).

Die **KraftSt**-Erhebung bei zweckwidriger Nutzung eines steuerbefreiten Anhängers ist in § 10 IV KraftStG spezialgesetzlich geregelt, was § 175 ausschließt (BFH BStBl 04, 527); das Gleiche gilt bei sonstigen zweckwidrigen Nutzungen steuerbefreiter Kfz. **78b**

USt: Keine Rückwirkung hat die Änderung der Verwendungsabsicht im Hinblick auf die (Nicht-)Berücksichtigung von VorStBeträgen (§ 15a UStG hat vielmehr insofern Vorrang; vgl *Birkenfeld* DStZ 02, 775; überholt BFH BStBl 87, 521), Die Ausübung des in § 9 I UStG enthaltenen Wahlrechts, einen Grundstücksumsatz als stpfl zu behandeln, ist mangels einer entspr Regelung in § 9 I UStG kein rückwirkendes Ereignis (BFH BStBl 03, 175; 98, 695; BFH/NV 11, 1474). Zurück wirken hingegen die Rückgängigmachung des Verzichts durch den leistenden Unternehmer hinsichtlich des Vorsteuerabzugs des Leistungsempfängers (BFH BStBl 03, 673; BFH/NV 10, 1497) sowie die Ausstellung einer Rechnung mit USt-Ausweis trotz (zB wegen Verjährung) nicht geschuldeter USt (BFH BStBl 04, 375) und das Wegfallen der Unternehmereigenschaft, wenn es in den folgenden Besteuerungszeiträumen nicht nachhaltig zur Ausführung von Leistungen gegen Entgelt kommt (BFH BStBl 93, 564); siehe hierzu auch *Birkenfeld* UR 97, 281, auch zur Frage, ob die Änderung der StFestsetzung im Abzugsjahr nach § 175 auch dann möglich ist, wenn die geänderte Verwendungsabsicht erst nach Bestandskraft der StFestsetzung für das erste Verwendungsjahr (§ 15a UStG) aufgedeckt wird. IÜ enthält § 17 UStG ebenso wie § 15a UStG abschließende Spezialregelungen, welche die Annahme einer stl Rückwirkung der dort erfassten Ereignisse ausschließen (vgl BFH BStBl 10, 55; 08, 438). Vgl zu allem *Birkenfeld* UR 13, 126. Zur umsatzsteuerlichen Rückwirkung einer Rechnungsberichtigung EuGH HFR 16, 1029 auf Vorlage von FG Nds MwStR 15, 63. **79**

l) Änderung von Normen, Verwaltungsanweisungen und dgl. Eine Änderung steuerrechtlicher Normen ist kein rückwirkendes Ereignis iSd Abs 1 S 1 Nr 2 (BFH BStBl 91, 55). Die stl Rückwirkung von Gesetzen und deren Folgen für bereits bestandskräftige StBescheide sind in deren Überleitungsvorschriften differenziert zu regelnde und iAllg auch tatsächlich geregelte Fragen, die nicht über den Leisten des § 175 geschlagen werden können (vgl BFH BStBl 91, 55). Eine rückwirkende Änderung steuerrechtlicher Vorschriften hat nicht auf den zu Grunde gelegten Sachverhalt Einfluss, sondern nur auf die rechtlichen Grundlagen eines früheren VA (BFH BStBl 91, 55), was trotz des insoweit offenen Wortlauts der Vorschrift deren Anwendung ausschließt. Etwas anderes gilt in Fällen, in denen die rückwirkende Änderung *außersteuerlicher* Normen dazu führt, dass ein Sachverhalt nachträglich umgestaltet wird (vgl BFH BStBl 00, 15; 91, 55; 61, 77; BFH BStBl 00, 115). Selbstredend kann erst recht nicht der Erlass einer Verwaltungsanweisung, in der eine neue Rechtsauffassung verbindlich gemacht wird, ein rückwirkendes Ereignis sein (BFH/NV 99, 589; 05, 489). **80**

Auch die **Änderung eines DBA** ist kein Ereignis, das als solches zur Änderung eines bereits bestandskräftigen StBescheids führt; die Frage der Korrektur bereits bestandskräftiger StBescheide ist deshalb in den Abkommen oder dem jeweiligen Ratifikationsgesetz zu regeln und wird bei den neueren Abkommen dort geregelt; außerdem kann § 165 I Nr 1 helfen. **81**

82 Nicht zurück wirkt ferner die **Nichtigkeitserklärung oder Unvereinbarkeitserklärung von StGesetzen** durch das BVerfG, weil nach § 79 II BVerfGG nicht mehr anfechtbare Bescheide unberührt bleiben (BFH BStBl 65, 196 = StRK BVerfGG § 79 R 16; BFH BStBl 94, 380). Entsprechendes gilt für Entscheidungen des EuGH (BFH BStBl 96, 399).

83 Keine rückwirkenden Ereignisse sind **Gerichtsentscheidungen,** welche iAllg den Tatbestand, an den das StGesetz anknüpft, nicht verändern, sondern lediglich die „richtige" stl Behandlung eines Vorgangs erkennbar werden lassen (BFH BStBl 95, 264; vgl BFH BStBl 92, 126. Eine Gerichtsentscheidung kann aber dann ein rückwirkendes Ereignis sein, wenn sie durch ein Gestaltungsurteil den Tatbestand, an den das StGesetz anknüpft, rückwirkend verändert (BFH/NV 12, 1095; 89, 482). Entsprechendes gilt für Rechtsverhältnisse, die durch eine behördliche Entscheidung rückwirkend umgestaltet werden (zB Rücknahme eines rechtsgestaltenden VA).

86 **4. Wegfall der Voraussetzungen für eine StVergünstigung (Abs 2).** Abs 2 regelt einen Abs 1 Nr 2 verwandten Fall, nämlich dass bei Wegfall der Voraussetzungen für eine StVergünstigung der StBescheid zu ändern ist.

Voraussetzung ist, dass das Gesetz oder eine VO eine stl Vergünstigung davon abhängig macht, dass die Voraussetzung für die Vergünstigung eine bestimmte Zeit lang gegeben sein muss (zB Verbleiben eines Wirtschaftsguts im Betriebsvermögen innerhalb der Verbleibensfrist nach § 2 I S 1 Nr 2 InvZulG 2007; dazu BFH/NV 01, 744; § 2 Nr 2 FördergebietsG; § 5 III, § 6 III GrEStG, dazu *Heine* UVR 02, 246; Einsatz von Wirtschaftsgütern in einem inl Betrieb des Stpfl unmittelbar und zu mehr als 70% für den Umweltschutz während mindestens fünf Jahren, § 7d VI EStG; vgl BFH BStBl 94, 243) oder dass durch einen VA ausdrücklich (wirksam) festgestellt worden war, dass das entsprechende Tatbestandsmerkmal die Grundlage für die StVergünstigung darstellt. In diesen Fällen wäre eine Änderung nach § 173 nicht möglich, weil die betr Umstände nachträglich eintreten, nicht nur bekannt werden.

88 Abs 1 letzter Satz über die Festsetzungsfrist gilt auch hier; vgl hierzu *Muus* DStZ 82, 87. Fallen die Voraussetzungen für die StVergünstigung durch Zuwiderhandlungen (zB gegen die Vorschrift, ein Investitionsgut in bestimmter Weise zu verwenden) weg, beginnt die Frist mit jeder Zuwiderhandlung neu (BFH BStBl 97, 269).

91 **5. Steuerklauseln.** § 175 I 1 Nr 2 wird mitunter im Zusammenhang mit sog Steuer- oder Satzungsklauseln Bedeutung zugemessen (hierzu *Streck/Mack* BB 92, 1398; *Seeger* StVj 92, 249; *Kamchen/Kling* NWB 17, 1355; *Welzer* DStR 16, 1393; *Sanna/Kiral* BB 16, 2583). Darunter soll eine Abmachung verstanden werden, welche die Wirkungen eines Rechtsgeschäfts davon abhängig macht, dass das FA eine bestimmte Rechtsauffassung, von der die Parteien ausgegangen sind, teilt. Die rechtsähnlichen Satzungsklauseln in Satzungen von Kapitalgesellschaften sollen das Entstehen verdeckter Gewinnausschüttungen verhindern. Die Auffassungen über die steuerrechtl Maßgeblichkeit solcher Klauseln gehen auseinander (die Klausel weitgehend anerkennend schon *Flume* DB 70, 77; *HHSp/Fischer* § 41 Rz 142, 145; zwiespältig *TK/Drüen* § 41 Rz 57; ablehnend zB *Grass* StuW 67, 449ff; offenbar auch *Schwarz/Frotscher* § 175 Rz 72f). Der Gesetzgeber (BT-Drs VI/1982) ging offenbar davon aus, dass es wirksame Steuerklauseln gebe, auf die § 175 anwendbar sein solle (Hinweis auf BFH BStBl 62, 112, das einen derartigen Fall betreffe). Der BFH hat bisher nicht grds entschieden (BFH BStBl 93, 296; vgl aber auch BFH BStBl 62, 112; Negativbeispiel BFH BStBl 97, 92; BFH/NV 99, 1542), ob derartige Klauseln wirksam sein können. Ihr Zweck erfordere es jedoch jedenfalls, sie so bald wie möglich dem FA bekannt zu geben (BFH BStBl 93, 296; *HHSp/Fischer* § 41 Rz 140; anders mit Recht *TK/Loose* § 175 Rz 41: Rspr ohne Rechtsgrundlage). Wenn dies nicht geschieht, die Vertragsparteien vielmehr den Zustand der steuerrechtlichen Ungewissheit fortdauern lassen und sich so verhalten, dass den FinBeh die vertraglichen Vereinbarungen nicht vollständig bekannt werden, könnten sich die an dem Rechtsgeschäft Beteiligten nachträglich nicht

mehr auf die Steuerklausel berufen. Dies folgert BFH BStBl 93, 296 aus dem Gedanken, dass niemand aus einer von ihm treuwidrig herbeigeführten Lage Vorteile ziehen soll (§ 162 BGB).

Steuerklauseln sind mE stl grds unwirksam; die Rechtsordnung bürdet dem Einzelnen das Risiko auf, die Rechtsfolgen seines Verhaltens auch bei ggf unklarer Rechtslage hinzunehmen. Ihnen kann auch nicht als Bedingungen iSd §§ 158, 159 BGB, betr die zukünftige stl Behandlung des Vorgangs durch die FinBeh, Wirksamkeit zugesprochen werden, weil es sich um unechte Gegenwartsbedingungen handelt, die in Wahrheit bei Verwirklichung des fraglichen Lebenssachverhalts nur schon eingetreten oder nicht eingetreten sein können, nämlich durch Erfüllung oder Nichterfüllung des StTatbestandes (vgl *BG/von Wedelstädt* § 175 Rz 59; *Schwarz/Frotscher* § 175 Rz 71). Eine solche Klausel kann aber mitunter unter dem Gesichtspunkt stl Bedeutung erlangen, dass sie zu einem Wegfall der Geschäftsgrundlage führt (vgl BFH BStBl 10, 539). 92

Zum Teil enthalten die EinzelStG **klarstellende Sonderregelungen;** zB geht § 17 GrEStG von einer zulässigen Rückgängigmachung des Geschäfts aus. Ebenso erkennen §§ 5 und 7 BewG auflösende Bedingungen an. 93

§ 175a Umsetzung von Verständigungsvereinbarungen

[1]Ein Steuerbescheid ist zu erlassen, aufzuheben oder zu ändern, soweit dies zur Umsetzung einer Verständigungsvereinbarung oder eines Schiedsspruchs nach einem Vertrag im Sinne des § 2 geboten ist. [2]Die Festsetzungsfrist endet insoweit nicht vor Ablauf eines Jahres nach dem Wirksamwerden der Verständigungsvereinbarung oder des Schiedsspruchs.

Schrifttum: *Schmidt* Die gesetzlichen Grundlagen von Verständigungsverfahren und Schiedssprüchen sowie deren Umsetzung nach § 175a AO, SteuerStud 10, 60.

Die StFestsetzung kann, selbst wenn sie bestandskräftig oder wenn der Anspruch aus dem StSchuldverhältnis verjährt ist, geändert werden, sofern eine zwischenstaatlich getroffene Verständigungsvereinbarung oder der Spruch eines Schiedsorgans auf der Grundlage eines DBA dies erfordert. Das gilt auch, wenn der StBescheid aufgrund gerichtlicher Entscheidung bestandskräftig geworden ist, die im Schiedsverfahren geklärten DBA-Fragen jedoch nicht dessen Gegenstand waren (vgl FG Hbg EFG 08, 962; *BG/von Wedelstädt* § 175a Rz 16). Geändert werden kann jedoch nur der Bescheid, der Gegenstand des Verständigungsverfahrens war; für mittelbare Folgerungen hinsichtl am Verständigungsverfahren nicht beteiligter Stpfl oder solche, die eine Antragstellung erfordern, bietet § 175a AO keine Grundlage (FG Köln EFG 15, 2088). 1

Bei einer Bescheidänderung sind §§ 176, 177 zu beachten. Die Festsetzungsfrist wird durch Satz 2 verlängert (Ablaufhemmung). Ist die (reguläre) Festsetzungsfrist bereits abgelaufen, so lebt der StAnspruch ebenso wie in den Fällen des § 175 I S 1 Nr 1 wieder auf, wenn ein Verständigungsverfahren eingeleitet wird (str; aA *TK/Loose* § 175 Rz 8; *Koenig/Koenig* § 175 Rz 10). Der Fristablauf ist also auflösend bedingt, solange noch die Einleitung eines Verständigungsverfahrens möglich ist; anders wäre die vom Gesetz gewollte Umsetzung völkerrechtl bindender Verständigungen in der nationalen Rechtsordnung nicht zu gewährleisten. 2

§ 175b Änderung von Steuerbescheiden bei Datenübermittlung durch Dritte

(1) **Ein Steuerbescheid ist aufzuheben oder zu ändern, soweit von der mitteilungspflichtigen Stelle an die Finanzbehörden übermittelte Daten im Sinne des § 93c bei der Steuerfestsetzung nicht oder nicht zutreffend berücksichtigt wurden.**

(2) **Gelten Daten, die von mitteilungspflichtigen Stellen nach Maßgabe des § 93c an die Finanzverwaltung übermittelt wurden, nach § 150 Absatz 7 Satz 2 als Angaben des Steuerpflichtigen, ist der Steuerbescheid aufzuheben oder zu ändern, soweit diese Daten zu Ungunsten des Steuerpflichtigen unrichtig sind.**

(3) **Ist eine Einwilligung des Steuerpflichtigen in die Übermittlung von Daten im Sinne des § 93c an die Finanzbehörden Voraussetzung für die steuerliche Berücksichtigung der Daten, so ist ein Steuerbescheid aufzuheben oder zu ändern, soweit die Einwilligung nicht vorliegt.**

(4) **Die Absätze 1 und 2 gelten nicht, wenn nachträglich übermittelte Daten im Sinne des § 93c Absatz 1 oder 3 nicht rechtserheblich sind.**

Abs 1 bis 3 eingefügt durch StModernG 18.7.16, BGBl I, 1679, Abs 4 angefügt durch StUmgBG v 23.6.17, BGBl I, 1682.

1 Sind für die StFestsetzung erhebliche Daten von Dritten nach § 93c übermittelt, aber von der FinBeh nicht oder unzutreffend berücksichtigt worden, ist ein darauf beruhender StBescheid zwingend aufzuheben oder zu ändern (vgl schon bisher § 10 IIa Satz 8 EStG), es sei denn es stellt sich durch Überprüfung anderweit heraus, dass der Bescheid iE richtig ist. Denn trotz der verwirrenden Formulierung der Vorschrift, die den Eindruck einer Bindung der FinBeh an die übermittelten Daten **wie bei einem Grundlagenbescheid** erwecken kann, steht aber außer Frage, dass die FinBeh übermittelte Daten der StFestsetzung nicht zugrundlegen darf, wenn sie diese nach Amtsermittlung als unzutreffend erkannt hat.

2 Allerdings ist nicht vorgesehen, dass Abweichungen zwischen erklärten Angaben und von Dritten übermittelten Daten zur **Aussteuerung des Veranlagungsfalls** sowie personellen Prüfung durch den Amtsträger führen. Die Änderungsvorschrift wird gleichwohl nur auf den Fall angewendet werden können, dass im Hinblick auf die übermittelten Daten kein Anlass zur Amtsermittlung besteht, angesichts des Fehlens von Erkenntnissen, die deren Richtigkeit infrage stellen könnten, die übermittelten Daten ohne Weiteres der StFestsetzung hätten zugrunde gelegt werden können, aber nicht oder nicht richtig beim Erlass des StBescheids berücksichtigt worden sind. Erkenntnisse, die eine Überprüfung der Richtigkeit der übermittelten Daten gebieten, müssen sich aber insbes daraus ergeben, dass der Stpfl von den übermittelten Daten abweichende Angaben gemacht hat. Dann muss die FinBeh dem nachgehen und ggf im Bescheid erläutern, warum sie die übermittelten statt der erklärten Daten zugrunde legt. Diese Deutung der Vorschrift wird auch durch Abs 2 nahegelegt.

3 § 175b ist entspr anzuwenden, wenn die übermittelnde Stelle **Daten nachträglich berichtigt** (*TK/Seer* § 175b Rz 7).

4 Zu ändern ist ein StBescheid ferner, wenn von der mitteilungspflichtigen Stelle an die Finanzverwaltung übermittelte Daten bei der StFestsetzung **ohne** eine gesetzlich vorgeschriebene **Einwilligung** des Stpfl übermittelt wurden.

5 Bei **Daten, die als Angaben des Stpfl gelten** (§ 150 VII 2: von mitteilungspflichtigen Stellen nach § 93c übermittelte Daten, denen der Stpfl nicht in einem Datenfeld der StErklärung abweichende Angaben entgegensetzt), ist eine Änderung nur dann vorzunehmen, wenn die Daten zu Ungunsten des Steuerpflichtigen unrichtig berücksichtigt worden sind, also eine zu hohe Steuer festgesetzt worden ist. Auf eine Verletzung der Mitwirkungspflichten seitens des Stpfl oder der Ermittlungspflichten der FinBeh kommt es in diesem Fall ebensowenig an wie darauf, ob dem Stpfl bei Erstellung der StErklärung ein Schreib- oder Rechenfehler oder ob der FinBeh ein Versehen iSd § 129 unterlaufen ist. Hingegen soll der Vorteil einer zu Unrecht zu günstigen Auswertung übermittelter Daten dem Stpfl erhalten bleiben.

Ein unrichtiger StBescheid ist ferner zu ändern, wenn Daten **ohne Einwilligung** des Stpfl verwertet worden sind, obwohl die Einwilligung nach Maßgabe des einschlägigen StGesetzes erforderlich gewesen wäre **(Abs 3).** 7

Zum Verjährungslauf in diesen Fällen siehe § 171 Xa, der ebenfalls den Fall fehlerhafter Datenverarbeitung in die Nähe der fehlerhaften Berücksichtigung eines Grundlagenbescheids rückt. 8

Die Vorschrift ist erstmals anzuwenden, wenn Daten für Besteuerungszeiträume oder Besteuerungszeitpunkte nach dem 31.12.2016 zu übermitteln waren (Art 97 § 27 II EGAO). 9

§ 176 Vertrauensschutz bei der Aufhebung und Änderung von Steuerbescheiden

(1) [1]**Bei der Aufhebung oder Änderung eines Steuerbescheids darf nicht zuungunsten des Steuerpflichtigen berücksichtigt werden, dass**
1. das Bundesverfassungsgericht die Nichtigkeit eines Gesetzes feststellt, auf dem die bisherige Steuerfestsetzung beruht,
2. ein oberster Gerichtshof des Bundes eine Norm, auf der die bisherige Steuerfestsetzung beruht, nicht anwendet, weil er sie für verfassungswidrig hält,
3. sich die Rechtsprechung eines obersten Gerichtshofes des Bundes geändert hat, die bei der bisherigen Steuerfestsetzung von der Finanzbehörde angewandt worden ist.

[2]**Ist die bisherige Rechtsprechung bereits in einer Steuererklärung oder einer Steueranmeldung berücksichtigt worden, ohne dass das für die Finanzbehörde erkennbar war, so gilt Nummer 3 nur, wenn anzunehmen ist, dass die Finanzbehörde bei Kenntnis der Umstände die bisherige Rechtsprechung angewandt hätte.**

(2) **Bei der Aufhebung oder Änderung eines Steuerbescheids darf nicht zuungunsten des Steuerpflichtigen berücksichtigt werden, dass eine allgemeine Verwaltungsvorschrift der Bundesregierung, einer obersten Bundes- oder Landesbehörde von einem obersten Gerichtshof des Bundes als nicht mit dem geltenden Recht in Einklang stehend bezeichnet worden ist.**

Schrifttum: *Klass* Vertrauensschutz im Steuerrecht außerhalb von verbindlicher Auskunft und verbindlicher Zusage, DB 10, 2464; *Ebner* Vertrauensschutz und Kontinuitätsgewähr in der höchstrichterlichen Rechtsprechung am Beispiel des Steuerrechts, Frankfurt/M 2010; *Lippross* Vertrauensschutz nach § 176 Abs. 2 AO bei der Änderung von Umsatzsteuervoranmeldungen durch Jahresumsatzsteuerbescheid?, DStR 14, 879; *Weßling* Umsatzsteuerliche Organschaft bei Personengesellschaften und Vertrauensschutz nach § 176 AO, DStR 16, 1151.

Übersicht

1. Inhalt. Die Vorschrift schützt nicht das Vertrauen des Stpfl in eine ihm günstige Gesetzgebung, Rechtsprechung oder Verwaltungsvorschrift als solches, sondern das Vertrauen in die Bestandskraft von StBescheiden, soweit sie auf einer solchen Gesetzgebung etc beruhen (vgl BFH BStBl 07, 524; 04, 317; BFH/NV 1

92, 565). Da StBescheide regelmäßig erst lange nach meist unwiderruflicher Verwirklichung wirtschaftl Dispositionen ergehen, bieten sie keinen wirklichen Schutz dagegen, in der Erwartung der Beständigkeit des StRechts enttäuscht zu werden und die betr Disposition dadurch entwertet zu sehen (treffend *Hey* DStR 04, 1897, zugleich umfassend zum Problem des Schutzes vor Änderungen der Rspr und der Verwaltungsansicht).

1a § 176 greift *nur bei der Aufhebung und Änderung* von StBescheiden ein, ist deshalb bei *Erstbescheiden* von vornherein nicht anwendbar (BFH BStBl 15, 241; 13, 460; 08, 608; 02, 662; 98, 325; 94, 303; BFH/NV 94, 303; 02, 1626; kritisch insoweit *Schwarz/Frotscher* § 176 Rz 9, deren Ansicht jedoch die auch im StRecht geltende Bindung an den objektiven Sinn des Rechts aushöhlt). § 176 *beschränkt zugunsten* des Stpfl die Änderungsmöglichkeiten, die sich sonst aus einer anderen Subsumtion des Sachverhalts ergeben würden, sodass er für Änderungen nach §§ 173 und 174 iAllg keine praktische Bedeutung hat (siehe auch Rz 5 f), wohl aber bei Änderung einer Vorbehaltsfestsetzung nach § 164 II (BFH BStBl 88, 180; 92, 5; 93, 261; 02, 840). Für Bescheide, welche die StFestsetzung *zugunsten* des Stpfl ändern wollen, hat § 176 von vornherein keine Bedeutung (BFH BStBl 00, 399). Jeder StBescheid ist dabei für sich zu betrach-ten.

1b Die Vorschrift gibt dem Stpfl keinen Anspruch auf Änderung eines StBescheids deshalb, weil sich die Gesetze, die höchstrichterliche Rspr oder Verwaltungsvorschriften geändert haben; sie setzt vielmehr voraus, dass die Steuer bereits festgesetzt worden ist und sich in der Festsetzung die Verwaltungsvorschriften, die Rspr etc niedergeschlagen haben. Sie schützt auch dann nicht dagegen, dass die FinBeh bei vertretbarer Auslegung weiterhin bestehender Verwaltungsvorschriften ihre ursprüngliche Rechtsansicht aufgibt (BFH BStBl 89, 284) oder auf die Einhaltung der Verfahrensvorschriften pocht, über deren Nichtbeachtung sie früher selbst hinweggesehen hat (vgl BFH BStBl 79, 450; BVerfG HFR 93, 544).

2 Die Anwendung des § 176 darf dem Grundsatz von Treu und Glauben nicht zuwiderlaufen; § 176 bietet daher keine Grundlage dafür, dass ein Stpfl aufgrund einer RsprÄnderung die Aufhebung eines ihn belastenden Bescheids fordert und erreicht und später geltend macht, er habe auf die Anwendung der früheren Rspr vertraut. Dies gilt zumindest insoweit, als der der RsprÄnderung Rechnung tragende Änderungsbescheid iErg zu keiner höheren Belastung führt (BFH BStBl 95, 764).

3 **2. Allgemeine Grundsätze des Vertrauensschutzes. Über § 176 hinaus** kann in Fällen, in denen einer der von dieser Vorschrift verlangten Vertrauenstatbestände nicht gegeben ist, Vertrauensschutz zu gewähren sein, wenn sich die Rspr des BFH verschärft und der Stpfl im Vertrauen auf die bisherige Rechtslage Dispositionen getroffen hat (BFH BStBl 08, 405; BFH/NV 12, 1101; 11, 865); Entsprechendes gilt, wenn eine allgemein geübte Verwaltungspraxis rückwirkend durch ein Änderungsgesetz, das auf einer aktuellen, der bisherigen Verwaltungsauffassung entgegenstehenden Rechtsprechung beruht, außer Kraft gesetzt wird (FG Nbg EFG 15, 5). Das soll der Rechtsgrundsatz von Treu und Glauben gebieten, der ggf durch Billigkeitsmaßnahmen zu verwirklichen ist (siehe jedoch auch Rz 4b). Das führt nicht zu minderem (Vertrauens-)Rechtsschutz für die Betroffenen; denn die Regelung der FinBeh, die kein Gnadenerweis ist, kann ggf in einem entsprechenden Billigkeits-Klageverfahren auf ihre Rechtsmäßigkeit überprüft werden, wobei in vollem Umfang geprüft wird, ob dem Gesichtspunkt der Billigkeit nach Maßgabe des Rechtsstaatsprinzips Rechnung getragen worden ist.

3a Vertrauensschutz setzt insofern jedoch voraus, dass eine **gesicherte Rechtsauffassung** bestand und die Rechtslage nicht als zweifelh erschien (BFH BStBl 86, 418; BFH/NV 04, 44). Schützenswerts nachhaltiges Vertrauen in den Fortbestand der früheren Rechtsauffassung ist auch nur solange gegeben, wie der Stpfl nicht mit einer Änderung rechnen oder ihm zumindest Zweifel an deren Richtigkeit kommen müssen (BFH BStBl 79, 455), etwa weil die Rechtslage unklar oder verworren war (vgl BFH BStBl 82, 397). Vertrauensschutz aufgrund schlichter bisheriger Verwaltungsübung hält der BFH offenbar für ausgeschlossen und verlangt Verwaltungs*regelungen,* besser noch eine (nur eine höchstrichterliche?) Rspr (BFH BStBl 08, 405 mit krit Anm *Rüsken* NWB Fach 2, 9721). Das überzeugt um so weniger, als gerade die Existenz solcher Regelungen oder streitiger Gerichtsentscheidungen ein Indiz dafür sein dürfte, dass die Rechtslage nicht klar und eindeutig ist, und der Stpfl sich auf die Rechtsansicht der Verwaltung ebenso wenig wie auf die der Gerichte „verlassen" darf (anders BFH BStBl 08, 608 zumindest für eine gefestigte höchstrichterliche Rspr).

Die Gewährung von allg Billigkeitsregelungen oder Billigkeitsentscheidungen im Einzelfall setzt überdies neben einem Vertrauenstatbestand (dh hier: Bestehen einer – anscheinend verfassungsmäßigen – Norm, einer höchstrichterlichen Rspr, einer Verwaltungsvorschrift iSd Abs 2 odgl) eine **Vertrauensbetätigung** voraus; Vertrauensschutz kommt also nur in Betracht, wenn der Stpfl in einem durch vorgenannte Umstände begründeten Vertrauen in eine bestimmte Rechtslage nicht mehr rückgängig zu machende *Dispositionen* getroffen hat. An Vertrauensbetätigung fehlt es, wenn der Stpfl nicht tatsächlich vertraut hat, sondern er sich bei seinen Dispositionen der Möglichkeit einer RsprÄnderung bewusst war (BFH BStBl 90, 261) oder hätte bewusst sein müssen (was bei § 176 allerdings keine Rolle spielen würde, siehe oben). Ob der Stpfl dabei eine Verfassungswidrigkeitserklärung der Norm, eine Änderung der Rspr etc für wahrscheinlich halten musste oder gehalten hat, ist ohne Bedeutung (vgl BFH BStBl 90, 261). Ob der Stpfl tatsächlich vertraut hat (oder mit einer Rspr-Änderung etc rechnete), ist hingegen *bei der Anwendung des § 176 bedeutungslos* (*Tiedtke/Szczesny* NJW 02, 3733). 3b

Der BFH hat seit jeher den Vertrauensschutz weit ausgedehnt, wenn er insbes bei einer Verschärfung einer Rspr allgemeine Übergangs- und Anpassungsregelungen der Verwaltung verlangt hat, durch die den Stpfl im Interesse der Gleichmäßigkeit der Besteuerung der StVorteil zu erhalten und ihr Vertrauen zu schützen sei, wenn sie im Vertrauen auf die bisherige Rspr Dispositionen getätigt hätten (BFH BStBl 90, 261; 81, 319). Das Gleiche soll bei einer Abweichung der höchstrichterlichen Rspr von einer bisher allgemein geübten Verwaltungsauffassung gelten (BFH BStBl 90, 261; 81, 390; 72, 603). 4

Solche **Übergangsregelungen** zu treffen wurde freilich in der Vergangenheit iAllg **der FinVerw überlassen,** der in der Tat nach der verfassungsrechtlichen Ordnung gleichsam das Recht des ersten Zugriffs auf regelungsbedürftige Sachverhalte zusteht, während die Gerichte nur nachgehende Rechtskontrolle auszuüben haben. Nur gelegentlich hat der BFH auch selbst angeordnet, dass seine Rspr für den Streitfall noch nicht anzuwenden, sondern insoweit Erleichterungen zu gewähren seien (BFH BStBl 91, 763: nachträgliche Erstellung eines an sich vorab einzuholenden amtsärztlichen Gutachtens, dazu auch BFH BStBl 98, 563; 97, 732; BFH/NV 98, 1480; 97, 337 unter dem Gesichtspunkt der damaligen Lage in den neuen Ländern). 4a

Diese gebotene Zurückhaltung hat BFH BStBl 08, 608 (GrS) jetzt freilich aufgegeben und für sich eine gleichsam originäre Jurisdiktionsgewalt über „abfedernde" Vertrauensschutzregelungen in Anspruch genommen, wenn er auch – immerhin – der FinBeh das Recht belassen will, diesbzgl Anordnungen durch Billigkeitsmaßnahmen nach §§ 163, 227 zu ergänzen, also gleichsam nachzubessern (obwohl die Gebote des Rechtsstaatsprinzips, die in diesem Zusammenhang allein maßgeblich sein können, bereits vom Gericht verwirklicht worden sind?). 4b

3. Anwendungsbereich. § 176 hat Bedeutung grds für alle Fälle der *Änderung* von StBescheiden, ganz gleich auf welchen Änderungsvorschriften sie beruht. Er gilt auch bei einer Änderung von Feststellungsbescheiden (zu § 13 IV InvStG siehe BFH DStR 18, 777), sofern höhere Besteuerungsgrundlagen festzustellen wären 5 oder bei einer veränderten Gewinnverteilung eine höhere stl Belastung die Folge ist. Die Besonderheiten des LSt-Abzugsverfahrens stehen der Anwendung des § 176 II nicht entgegen (BFH BStBl 93, 844). § 176 war also auch anwendbar auf die Eintragung eines Freibetrags auf der LSt-Karte. Denn nach § 39a IV EStG stellte die Eintragung eine gesonderte Feststellung gem § 179 unter Vorbehalt der Nachprüfung dar (*BG/von Wedelstädt* § 176 Rz 9); freilich hat § 176 insofern Bedeutung nur für das LSt-Abzugsverfahren, insofern jedoch gleichermaßen im Verhältnis zu ArbG und ArbN, nicht aber für eine ggf nachfolgende EStVeranlagung.

Die Vorschrift gilt nicht für VA, die keine StBescheide sind und auf die die Vorschrift über StBescheide auch nicht entspr anwendbar sind (zB Haftungsbescheide).

5a Bei **Erstbescheiden** ist § 176 *nicht* einschlägig (BFH BStBl 15, 241; 13, 460; BFH/NV 12, 929; 07, 2088). Der Stpfl darf also nicht lediglich wegen der bisherigen Verwaltungspraxis der FinBeh in anderen StFällen, in anderen VZ, auf Verwaltungsvorschriften oder die Rspr, auch die höchstrichterliche (siehe dazu aber jetzt BFH BStBl 08, 608), vertrauen darin setzen, bei einer ihm bevorstehenden Veranlagung genauso behandelt zu werden. Vertrauensschutz ggü der künftigen Anwendung des StGesetzes wird also grds nur aufgrund einer bindenden Auskunft (§ 89) oder Zusage (§ 204) gewährt oder wenn ganz ausnahmsweise außerhalb einer solchen Zusage von der FinBeh ein Vertrauenstatbestand geschaffen worden ist (BFH BStBl 98, 771; HFR 08, 917; jedoch unklar und zweifelhaft) sowie nach den (umstrittenen) allgemeinen Vertrauensschutzgrundsätzen bei RsprÄnderungen etc, dazu siehe oben Rz 3f sowie § 163 Rz 80ff.

6 **Hauptanwendungsgebiet** des § 176 sind die StFestsetzung unter Vorbehalt der Nachprüfung und die vorläufige StFestsetzung (BFH BStBl 02, 840; 01, 789; 00, 676; 93, 459; 92, 5; 89, 284; BFH/NV 99, 308; 98, 466), weil der Stpfl in diesen Fällen an sich mit der Möglichkeit von Änderungen rechnen muss; folglich ist § 176 auch bei (als Festsetzung wirkenden) StAnmeldungen anzuwenden (BFH BStBl 90, 253; 88, 40).

7 Die (nur begrenzte) Bedeutung (vgl BFH BStBl 88, 180) des § 176 für eine **Änderung nach § 173** (welche nicht durch bessere Rechtserkenntnis ausgelöst werden kann) besteht darin, dass die neu aufgedeckten Tatsachen (mag der Stpfl sie versehentlich oder aber bewusst im Hinblick auf die für ihn günstigere Gesetzeslage oder VerwPraxis nicht angegeben haben) rechtl so zu würdigen sind, wie diese Tatsachen damals behandelt worden wären, wären sie bekannt gewesen. Bei der Anwendung des § 173 beschränkt sich die Bedeutung des § 176 also auf den Fall der Berichtigung von Rechtsfehlern im Rahmen des § 177. Werden nachträglich Tatsachen bekannt, die eine niedrigere Steuer rechtfertigen, so können zum Nachteil der Stpfl keine Rechtsfehler berichtigt werden, die auf Ereignisse der in § 176 I genannten Art zurückgehen (BFH BStBl 88, 180).

7a Für eine **Änderung nach § 174** I oder II kann § 176 keine Bedeutung erlangen, weil dort die Änderungen nicht auf geänderten steuerrechtlichen Beurteilungen beruhen. Hingegen hat BFH BStBl 99, 46 offen gelassen, ob § 176 II der Änderungsmöglichkeit nach § 174 IV vorgeht oder ob die Vertrauensschutzregelung dem Stpfl versagt bleibt, wenn sich die Entscheidung, mit der der BFH eine Verwaltungsvorschrift als nicht mit dem geltenden Recht in Einklang stehend bezeichnet hat, in einem anderen Jahr zu seinen Gunsten ausgewirkt hat. Jedenfalls soll § 176 dann entgegenstehen, wenn die der Rspr entgegenstehende begünstigende Verwaltungsvorschrift allen anderen Stpfl ggü für eine Übergangszeit angewendet worden ist.

7b Die Anwendung des § 176 II wird durch § 50d IX 1 Nr 1 EStG 2009 nicht eingeschränkt (BFH BStBl 11, 482).

8 Da die Vorschrift nur das Vertrauen in eine formell bestandskräftige StFestsetzung schützen soll, verbietet sie dem FA nicht, in der **Einspruchsentscheidung** eine seit dem Erlass von Änderungsbescheiden eingetretene Rspr-Änderung zu berücksichtigen; insoweit bietet nur § 367 II Schutz.

Einer **gerichtlichen Aufhebung** oder Änderung des angefochtenen Bescheids wegen einer während des Verfahrens eingetretenen Änderung der höchstrichterlichen Rspr steht § 176 ebenfalls nicht entgegen (FG BaWü EFG 01, 929); denn er setzt einen bestandskräftigen Bescheid voraus, in welchen der Stpfl allein soll vertrauen können. Auch das FG muss aber dann Vertrauensschutz gewähren, wenn das FA einen StBescheid aus Gründen geändert hat, die das FG für unzutreffend hält, das FG aber die Änderung iErg aus Gründen für zutreffend hält, die sich aus einer zwischen dem Erlass des ursprünglichen Bescheids und des angefochtenen Änderungsbescheids eingetretene RsprÄnderung zulasten des Stpfl ergeben und die wegen § 176 nicht berücksichtigt werden dürfen (BFH BStBl 02, 840; FG Hbg EFG 09, 123). 9

Auch bei Erlass des **USt-Jahresbescheids** gewährt § 176 keinen Schutz ggü einer im Verhältnis zu den Vorauszahlungsfestsetzungen abweichenden Würdigung (BFH/NV 10, 1782). 9a

Nicht anwendbar ist § 176 ferner bei einer **Berichtigung nach § 129** (BFH/NV 04, 605; aA *BG/von Wedelstädt* § 176 Rz 10). 9b

4. Feststellung der Nichtigkeit durch das BVerfG (Abs 1 Nr 1). Feststellung der Verfassungswidrigkeit steht gleich. Der Vorschrift liegt im Kern der gleiche Rechtsgedanke zu Grunde wie § 79 II 1 BVerfGG, wonach nicht mehr anfechtbare Entscheidungen von einer Nichtigkeitsfeststellung des BVerfG unberührt bleiben, also nicht geändert werden. Nach spezialgesetzlichen Vorschriften, insbes nach §§ 164, 165 änderbare StBescheide dürfen also nicht geändert werden, soweit dadurch die vom BVerfG getroffene Nichtigkeits-/Verfassungswidrigkeitsfeststellung verwirklicht würde, soweit also bei Erlass des zu ändernden Bescheids ein dem Stpfl günstiges, vom BVerfG jedoch für nichtig/verfassungswidrig erklärtes Gesetz angewandt worden ist (vgl BT-Drs VI/1982, 155). 10

Eine entsprechende Anwendung der Vorschrift ist geboten, wenn sich aus einer Entscheidung des **EuGH** die Nichtigkeit einer Norm des Unionsrechts, auf der der StBescheid beruht, oder die Nichtanwendbarkeit einer Norm des nationalen Rechts wegen des Vorranges des Unionsrechts ergibt (aA *TK/Loose* § 176 Rz 13; *Schwarz/Frotscher* § 176 Rz 30). 11

5. Nichtanwendung einer Norm (Gesetz oder Rechtsverordnung) durch einen obersten Gerichtshof des Bundes (Abs 1 Nr 2). Die Regelung korrespondiert der in Nr 1 getroffenen. Die Normenkontrolle des BVerfG nach Art 100 I GG beschränkt sich auf nachkonstitutionelles Gesetzesrecht, dh auf Gesetze, die nach Inkrafttreten des GG erlassen oder in einer Weise geändert worden sind, dass der nachkonstitutionelle Gesetzgeber ihren Regelungsgehalt zu seinem eigenen Willen gemacht hat (BVerfGE 6, 65). IÜ haben die Gerichte in eigener Zuständigkeit insbes über die Geltung von Verordnungsrecht und die Vereinbarkeit von vorkonstitutionellen Normen mit dem GG zu entscheiden (BVerfGE 1, 128), ebenso über ihre Verdrängung wegen eines Anwendungsvorrangs des Unionsrechts (vgl Rz 11). 12

Abs 1 Satz 1 Nr 2 setzt voraus, dass bereits vor Aufhebung oder Änderung des StBescheids die entsprechende Norm von einem obersten Gerichtshof des Bundes nicht angewendet worden ist. Der Stpfl, in dessen Anfechtungsverfahren der BFH erstmals die entsprechenden Normen nicht anwendet, kann Vertrauensschutz in die Gültigkeit der Norm lediglich durch Billigkeitsmaßnahmen erlangen (BFH BStBl 90, 599). Es kommt nicht darauf an, dass die Norm für verfassungs- oder (bei Verordnungen) für gesetzeswidrig erklärt worden ist; Feststellung fehlender Ermächtigungsgrundlage genügt (BFH BStBl 90, 253), auch Kollision einer Rechtsverordnung mit sonstigem Gesetzesrecht (*Schwarz/Frotscher* § 176 Rz 30; zweifelnd *BG/von Wedelstädt* § 176 Rz 25); denn Nr 2 will das Vertrauen in die Wirksamkeit formell bestehender Rechtsnormen schützen. 14

16 **6. Änderung der Rechtsprechung.** Die Nr 3 regelt den **Vertrauensschutz in eine** für den Stpfl **günstige Rechtsprechung.** Der Stpfl soll so gestellt werden, wie er gestanden hätte, wenn sich die Rspr nicht geändert hätte. Die Änderung der Rspr eines obersten Gerichtshofes des Bundes stellt den praktischen Hauptanwendungsfall des § 176 dar. Änderung ggü der Rspr des RFH löst keinen Vertrauensschutz nach § 176 aus (BFH BStBl 93, 261).

17 Die **Rechtsprechung hat sich geändert, wenn** ein im Wesentlichen gleichgelagerter Sachverhalt anders entschieden wird als bisher (BFH DStR 18, 777; BFH BStBl 01, 789; 00, 676; 94, 690; 93, 459; 89, 421). Der in einem früheren höchstrichterlichen Urteil beurteilte Sachverhalt soll danach im Wesentlichen genauso gelagert sein müssen wie der spätere, die Entscheidung aber nunmehr anders ausfallen. Diese verbreitete Definition der RsprÄnderung verkennt, dass sich Rspr (jedenfalls nach deutschem Verständnis) in Rechtssätzen artikuliert; sie ändert sich folglich, wenn sie neue Rechtssätze formuliert, die freilich nicht „abstrakt", sondern uU auch ganz einzelfallbezogen sein mögen. Nur unter dieser Perspektive kommt es aber auf die Gleichheit der entschiedenen Sachverhalte an. Bloße (nicht rechtslogisch zwingende) Schlussfolgerungen, die aus früheren Entscheidungen bisher gezogen wurden, genießen keinen Schutz, wenn die Rspr die betr Frage später anders entscheidet (BFH BStBl 08, 863; vgl *Schwarz/Frotscher* § 176 Rz 46); Änderungsschutz besteht vielmehr nur, wenn eine frühere Entscheidung eine nicht notwendigerweise ausdrückliche, aber zumindest deutliche Rechtsaussage enthält (BFH DStR 18, 777; BFH BStBl 08, 863; BFH/NV 17, 1591; BFH/NV 11, 1294; 98, 314). Eine reine Präzisierung reicht für die Anwendung des § 176 nicht aus (BFH BStBl 03, 412; 99, 551), erst recht nicht wenn sich die Rspr mit der Problematik bisher noch nicht näher befasst hatte, sondern sich erst allmählich entwickelt hat (vgl BFH BStBl 02, 246). Solange zu einer bestimmten Frage keine eindeutige (strenger BFH/NV 10, 674: „gefestigte") höchstrichterliche Rspr besteht, sich diese vielmehr erst allmählich entwickelt, kommt ein Vertrauensschutz nicht in Betracht (BFH BStBl 08, 863; 99, 468). Es ist aber nicht erforderlich, dass es sich um eine „ständige" Rspr handelt.

17a Ferner muss es sich um einen tragenden Grund einer früheren Entscheidung handeln (BFH BStBl 89, 421; *Schwarz/Frotscher* § 176 Rz 44). Ein obiter dictum – zumal ein ausdrücklich als solches kenntlich gemachtes – hat keine Entscheidungsqualität; wird später die Rechtslage vom BFH anders beurteilt als im obiter dictum angedeutet, ändert sich nicht „die Rechtsprechung", sondern nur die Rechts*ansicht* des BFH (*HHSp/von Groll* § 176 Rz 175; *aA TK/Loose* § 176 Rz 15: das „Gesamtbild der Rechtsprechung" (?) genüge, dagegen BFH BStBl 08, 863). Dass die gleiche Rechtsfrage möglicherweise in einer anderen höchstrichterlichen Entscheidung anders entschieden worden ist (verbotene Divergenz), steht allerdings der Anwendung des § 176 nicht entgegen (*TK/Loose* § 176 Rz 16). Hat ein BFH-Senat bei einem anderen nach § 11 III FGO angefragt oder ist der Große Senat oder der Gemeinsame Senat angerufen worden, hat sich dadurch die Rspr noch nicht geändert, sodass § 176 anwendbar bleibt (aA *TK/Loose* § 176 Rz 16).

17b Die Vorschrift ist unanwendbar, wenn die Änderung des StBescheids nicht auf einer anderweitigen rechtlichen Subsumtion beruht (BFH/NV 04, 1629; 03, 1555), sondern auf einer – wenn auch womöglich durch die Rspr „angestoßenen" – geläuterten tatsächlichen Würdigung des entscheidungserheblichen Sachverhalts; sieschützt also insoweit nicht gegen eine Änderung nach § 173 I.

18 Nr 3 erfasst nur Fälle, in denen sich die höchstrichterliche Rspr erst **nach dem Erlass des ursprünglichen Bescheids** und vor Erlass des Änderungsbescheids (BFH BStBl 08, 438; 07, 524; 01, 409; 92, 5; 90, 599; BFH/NV 09, 1815) geändert hat und die FinBeh bis dahin die frühere Rspr angewendet hatte. Vertrauensschutz wird also nicht gewährt, wenn zunächst ein Änderungsbescheid ergeht und erst im Anschluss hieran eine RsprÄnderung erfolgt, durch die der Änderungsbescheid materiell-rechtl legitimiert wird (BFH BStBl 04, 317; 01, 409; BFH/NV

09, 1815); das ändernde Urteil muss vielmehr in der Zeit zwischen dem Erlass des ursprünglichen Bescheids und dem Zeitpunkt des Erlasses des Änderungsbescheids ergangen sein (BFH BStBl 01, 409); zum maßgeblichen Zeitpunkt vgl auch BFH BStBl 13, 844 bei VorStKorrektur. Eine Änderung ist eingetreten, sobald sie bekannt wird, zB durch eine Pressemeldung oder eine Pressemitteilung des BFH; eine Veröffentlichung der Entscheidung ist dafür nicht erforderlich (anders *Schwarz/Frotscher* § 176 Rz 47), wohl aber eine wenn nicht wörtliche, so doch fachlich klare Mitteilung des erheblichen Rechtssatzes, sodass Meldungen in der Tagespresse idR nicht ausreichen. Das *Datum* des BFH-Urteils ist deshalb für sich ohne Bedeutung (BFH BStBl 09, 203).

Die Vorschrift setzt eine „Anwendung" der früheren Rspr durch die FinBeh voraus **(Kausalität der früheren Rspr),** ist also bei bloß zufälliger Übereinstimmung (etwa durch rechtl „unbesehene" Übernahme der auf der Rspr beruhenden Angaben in einer StErklärung) nicht anwendbar (BFH BStBl 92, 5; FG Mchn EFG 98, 433; str, aA *BG/von Wedelstädt* § 176 Rz 30). Es kann allerdings von einer (widerlegbaren) Vermutung ausgegangen werden, dass bei einem Bescheid, der mit der höchstrichterlichen Rspr übereinstimmt, diese Rspr auch angewandt worden ist; es bedarf also keiner Aufklärung im Einzelfall, ob der Sachbearbeiter die Rspr kannte und anwenden *wollte* (BFH BStBl 01, 789). Die Vermutung kann jedoch widerlegt werden (BFH BStBl 95, 764; 92, 5), zB durch eindeutige Vermerke in den Akten oder durch Erläuterungen in dem Bescheid (BFH BStBl 92, 5). **19**

Vertrauensschutz kann nicht geltend gemacht werden, wenn die FinBeh bereits vor der Änderung einer Rspr die Anwendung der bisherigen Rspr abgelehnt hat (BFH BStBl 94, 385), zB durch einen **Nichtanwendungserlass** oder nachweisbare Entscheidungspraxis. Die vorgenannte Vermutung (Rz 19) gilt hingegen dann, wenn der erlassene Bescheid trotz eines Nichtanwendungserlasses der BFH-Rspr entsprach, es sei denn es handelt sich um einen Bescheid unter Vorbehalt der Nachprüfung (BFH BStBl 92, 5, offen lassend für den Fall, dass der Bescheid trotz des Nichtanwendungserlasses *nicht* unter Nachprüfungsvorbehalt gestellt wird, in dem jedoch *Schwarz/Frotscher* § 176 Rz 52 mit Recht § 176 anwenden; vgl auch BFH/NV 93, 525; 98, 578). Entscheidend ist, dass die FinBeh die Rspr tatsächlich angewandt hat, und nicht, ob sie intern dazu befugt war (vgl BFH BStBl 92, 5). **20**

Satz 2 betrifft den Fall, dass der Stpfl selbst **bei Abgabe einer StErklärung/ Anmeldung die bisherige Rspr zu Grunde** gelegt hat und die StFestsetzung deshalb auf dieser Rspr beruht, ohne dass die Anwendung der Rspr für die FinBeh erkennbar ist. Der Vertrauensschutz greift dann nur ein, wenn anzunehmen ist, dass die FinBeh bei Kenntnis der Umstände die bisherige Rspr auch *von sich aus* angewandt hätte (FG Nds DStRK 17, 76, NZB I B 2/17 unbegründet). Davon ist auszugehen, wenn die Finanzverwaltung in ihrer sonstigen Praxis die Rspr ohne Einschränkungen akzeptiert hatte. **21**

7. Allgemeine Verwaltungsvorschriften (Abs 2). Eine allgemeine Verwaltungsvorschrift der Bundesregierung (zB ESt-Richtlinien), einer obersten Bundes- oder Landesbehörde, nicht nur ein OFD-Erlass (BFH BStBl 93, 261) oder gar eine nur faktische Verwaltungs*übung* (BFH BStBl 13, 555) ist in Abs 2 vorausgesetzt. Wird in diesen eine für den Stpfl günstige Auffassung vertreten und erklärt ein oberster Gerichtshof des Bundes diese Auffassung für nicht mit dem geltenden Recht im Einklang stehend, so darf dies bei der Aufhebung oder Änderung des Bescheids nicht zu Ungunsten des Stpfl berücksichtigt werden (vgl BFH BStBl 86, 98; 92, 696; 93, 844; 95, 59). Der Fall, dass die Verwaltung die Unvereinbarkeit ihres Erlasses mit dem Recht selbst erkennt und den Erlass von sich aus ändert, ist in § 176 nicht erfasst (vgl BFH BStBl 87, 842). § 176 schützt auch nicht davor, dass die FinBeh selbst (etwa aufgrund der Analyse der Rspr) in Auslegung *fortgeltender* Verwaltungsvorschriften ihre ursprüngliche Rechtsansicht aufgibt (BFH **25**

BStBl 89, 284). In solchen Fällen kann aber eine Anwendung des § 163 in Betracht kommen (*BG/von Wedelstädt* § 176 Rz 38).

26 Abs 2 bezieht sich nicht nur auf die Fälle, in denen ein oberster Gerichtshof des Bundes eine allgemeine Verwaltungsvorschrift *ausdrücklich* als nicht mit dem geltenden Recht in Einklang stehend bezeichnet, sondern auch auf solche Entscheidungen, in denen dies sinngemäß zum Ausdruck kommt (BFH BStBl 15, 241; 93, 261; 89, 50; 88, 40), auch nur in einem obiter dictum (BFH/NV 88, 117). Die sachlich-rechtlichen Aussagen der allgemeinen Verwaltungsanweisung einerseits und des Urteils des obersten Gerichtshofs des Bundes andererseits müssen sich jedoch *widersprechen*. Vertrauen in eine später aufgehobene Verfügung soll sich regelm nicht bilden können und § 176 nicht anwendbar sein, wenn diese Verfügung schon im Zeitpunkt ihres Erlasses in grobem Widerspruch zur BFH-Rspr stand (BFH BStBl 13, 555; BFH/NV 05, 1480); die Anforderungen an die Offenkundigkeit eines solchen Widerspruchs müssen hoch angesetzt werden.

28 **8. Sondervorschriften.** Wegen der Anwendung des § 176 auf Neufestsetzung der *GrStMessbeträge s* § 17 II Nr 2 GrStG, auf Fortschreibungen der *Einheitswerte s* § 22 III 2, 3 BewG. Siehe ferner EStG § 70 III, § 12 II Nr 4 KraftStG.

§ 177 Berichtigung von materiellen Fehlern

(1) **Liegen die Voraussetzungen für die Aufhebung oder Änderung eines Steuerbescheids zuungunsten des Steuerpflichtigen vor, so sind, soweit die Änderung reicht, zugunsten und zuungunsten des Steuerpflichtigen solche materiellen Fehler zu berichtigen, die nicht Anlass der Aufhebung oder Änderung sind.**

(2) **Liegen die Voraussetzungen für die Aufhebung oder Änderung eines Steuerbescheids zugunsten des Steuerpflichtigen vor, so sind, soweit die Änderung reicht, zuungunsten und zugunsten des Steuerpflichtigen solche materiellen Fehler zu berichtigen, die nicht Anlass der Aufhebung oder Änderung sind.**

(3) **Materielle Fehler im Sinne der Absätze 1 und 2 sind alle Fehler einschließlich offenbarer Unrichtigkeiten im Sinne des § 129, die zur Festsetzung einer Steuer führen, die von der kraft Gesetzes entstandenen Steuer abweicht.**

(4) **§ 164 Abs. 2, § 165 Abs. 2 und § 176 bleiben unberührt.**

Schrifttum: *Günther* Rechtsfehlerkompensation und Anfechtung von Änderungsbescheiden, AO-StB 10, 279.

Übersicht

1 **1. Inhalt.** § 177 ist keine Korrektur-, sondern eine Korrekturbegrenzungsvorschrift (BFH/NV 12, 914). Bei einer gesetzl gebotenen Änderung eines StBescheids (§§ 172 bis 175) findet keine „Gesamtaufrollung" des Steuerfalles statt, sondern nach Maßgabe der jeweiligen Änderungsvorschrift lediglich eine (folglich betragsmäßig) begrenzte, gleichsam punktuelle Abänderung der StFestsetzung; § 177 schränkt die Änderungsmöglichkeit darüber hinausgehend ein. Soweit die nach §§ 172 ff gebotene Änderung eines StBescheids reicht, ist nach § 177 die Richtigkeit der StFestsetzung unter Berücksichtigung aller einschlägigen rechtli-

chen und tatsächlichen Gesichtspunkte umfassend neu zu prüfen mit dem Ziel, die an sich gebotene Änderung zu unterlassen, wenn durch sie der Fehler des ursprünglichen Bescheids betragsmäßig (nur darauf kommt es an, BFH/NV 08, 6) gleichsam fortgeschrieben würde; der insofern entdeckte Fehler ist vielmehr zu korrigieren, allerdings nur soweit dies durch Saldierung mit den Auswirkungen des nach der Änderungsvorschrift zu korrigierenden Fehlers möglich ist („Fehlerkompensation"). Die Saldierung von materiell-rechtlichen Fehlern ist aber nur möglich, soweit die Bestandskraft eines Bescheids durch eine Änderung bereits durchbrochen ist; der dadurch (betragsmäßig, BFH/NV 08, 6) definierte Berichtigungsrahmen darf weder überschritten noch unterschritten werden (BFH BStBl 10, 533). § 177 durchbricht also nicht die Bestandskraft der StFestsetzung und ist keine selbständige Rechtsgrundlage für eine Änderung bestandskräftiger StBescheide; er ordnet vielmehr das *Unterlassen* von Änderungen an, wenn und soweit die Steuer *iErg* richtig festgesetzt worden ist, dabei allerdings die Besteuerungsgrundlagen – mehrfach – falsch ermittelt worden sind. Das Korrektursystem der AO räumt nur insoweit dem Grundsatz der Rechtsrichtigkeit Vorrang vor dem der Rechtssicherheit ein (BFH BStBl 94, 849; beachte jedoch hierzu BFH BStBl 00, 292).

2. Anwendungsbereich. § 177 betrifft alle Fälle, in denen die Bestandskraft eines StBescheids durchbrochen werden kann (BFH BStBl 89, 225; 87, 297), unabhängig davon, ob dies aufgrund der §§ 172ff oder anderer gesetzlicher Änderungsvorschriften geschieht. Im Rahmen der durch die Gewährung eines Verlustrücktrags (§ 10d I EStG) ausgelösten Durchbrechung der Bestandskraft des StBescheids müssen auch Fehler, die bei der ursprünglichen Ermittlung der Besteuerungsgrundlagen unterlaufen sind, zugunsten und zuungunsten des Stpfl berichtigt werden (BFH BStBl 89, 225; BFH/NV 17, 721; 10, 1612; 99, 308); es können bis zur Höhe des rücktragsfähigen Verlusts in der bestandskräftigen Veranlagung enthaltene Fehler berichtigt werden. Bei Änderung eines Zerlegungsbescheids zB als Folgeänderung des GewSt-Messbescheids kann die Gemeinde im Rahmen des Erhöhungsbetrags auch eine Überprüfung des Zerlegungsmaßstabes verlangen (BFH BStBl 99, 542). Nicht anwendbar ist § 177 hingegen bei der Nachversteuerung nach § 10 V EStG (BFH BStBl 00, 292; BFH BStBl 94, 849 ist überholt). 3

§ 177 gilt auch bei *Feststellungsbescheiden.* 4

Bei der auf § 129 gestützten **Berichtigung** eines StBescheids ist eine Fehlersaldierung nach § 177 *nicht* vorzunehmen (str, aA offenbar *BG/von Wedelstädt* § 177 Rz 10); eine Saldierung kann freilich ungeachtet dessen aus Ermessensgründen gerechtfertigt sein (BFH/NV 99, 1). Die FinBeh darf die Berichtigung eines StBescheids zugunsten des Stpfl nach § 129 ablehnen, wenn sie sich auf § 177 II entsprechende Saldierungsmöglichkeiten berufen kann (BFH/NV 99, 1). Wird aber eine Änderung oder Aufhebung des StBescheids insbes nach §§ 172ff vorgenommen, so sind bei der Ermittlung des Änderungsrahmens nach ausdrücklicher Vorschrift des Abs 3 auch offenbare Unrichtigkeiten iSd § 129 zu berücksichtigen. 5

3. Durchführung der Fehlerberichtigung. § 177 sieht eine Art Saldierung vor: Nur soweit aufgrund anderer Vorschriften eine Änderung durchgeführt werden kann, dh nur soweit sich aus dieser Änderung Auswirkungen auf die Höhe der festgesetzten Steuer (in Gestalt eines bestimmten Mehr- oder Minderbetrags) ergeben, können materielle Fehler, die bei der ursprünglichen Festsetzung unterlaufen sind, gegengerechnet werden und den Mehr- bzw Minderbetrag ganz oder teilweise kompensieren. § 177 stellt allein darauf ab, dass einerseits die Voraussetzungen für die Aufhebung oder Änderung eines StBescheids vorliegen und andererseits ein materieller Fehler gegeben ist. Soweit danach eine Saldierungslage besteht, muss berichtigt werden, ohne dass es weiterer zusätzlicher Voraussetzungen oder gar einer Änderungsnorm bedarf, welche die nachträgliche Korrektur *dieses* Fehlers gestatten würde (vgl FG Sachs EFG 06, 1862). Das gilt nach Abs 1 bei einer an 6 sich *zu Ungunsten* des Stpfl gebotenen Änderung. Abs 2 enthält eine dem Abs 1 genau entsprechende Regelung für den Fall, dass sich aufgrund anderer Vorschriften ein Grund für eine Aufhebung oder Änderung des Bescheids *zugunsten* des Stpfl ergibt; dann kann die FinBeh materielle Fehlern, die dem früheren Bescheid anhaften und die sich zugunsten des Stpfl ausgewirkt haben, „gegenrechnen". Der Stpfl wiederum kann hiergegen seinerseits materielle Fehler, die sich zu seinem Nachteil ausgewirkt haben, anführen und dadurch eine Änderung der StFestsetzung verhindern. Wichtige Einschränkungen und Erweiterungen dieser Grundsätze ergeben sich jeweils aus Abs 3.

7 Auf ein **Verschulden** kommt es bei Anwendung der Vorschrift nicht an (BFH BStBl 94, 77). Der Stpfl kann **neue Anträge** stellen, sofern diese nicht fristgebunden sind, zB zur Nutzungswertbesteuerung (§ 13 II Nr 2 EStG aF) übergehen (BFH/NV 11, 2045) oder einen Antrag auf Getrenntveranlagung stellen (BFH BStBl 92, 123; vgl BFH/NV 99, 160); dadurch kann eine getrennte Ermittlung des Änderungsrahmens für die beiden Ehegatten erreicht werden, wobei diese uU erwünschte Wirkung wieder entfällt, wenn der Änderungsbescheid aufgehoben werden sollte.

7a Werden nachträglich steuererhöhende und steuermindernde Tatsachen oder Beweismittel bekannt und führen die steuererhöhenden Tatsachen und Beweismittel zur Änderung nach § 173 I Nr 1, so sind unabhängig von einem groben Verschulden des Stpfl im Rahmen der Änderung die steuermindernden Tatsachen gem § 177 zu berücksichtigen (BFH BStBl 87, 297). Denn die Fehlerberichtigung tritt neben eine Berücksichtigung steuermindernder Tatsachen nach § 173 I Nr 2 (BFH BStBl 03, 785).

7b Bei der **Zusammenveranlagung** von Ehegatten gilt dies auch, wenn bei dem einen Ehegatten steuererhöhende und bei dem anderen Ehegatten steuermindernde Tatsachen oder Beweismittel bekannt werden (BFH BStBl 87, 297); die Saldierungsmöglichkeit umfasst also materielle Fehler bei einem Ehegatten aufgrund einer lediglich auf den anderen Ehegatten bezogenen Änderungsvorschrift (BFH/NV 15, 1334).

7c Bei **mehreren aufeinander folgenden Änderungsbescheiden** ist die Saldierungsmöglichkeit für jeden gesondert zu ermitteln. Dies gilt jedoch nicht, wenn Bescheide nicht bestandskräftig geworden sind; da § 177 anwendbar ist, wenn und soweit die Bestandskraft einer StFestsetzung durch eine Änderung bereits durchbrochen ist. In diesem Fall ist der Saldierungsrahmen durch Zusammenfassung aller Änderungsbescheide zu bestimmen, die nach dem letzten formell bestandskräftig gewordenen Bescheid ergangen sind (BFH/NV 15, 1334).

8 Eine Fehlerkompensation nach § 177 kann nach den Grundsätzen von **Treu und Glauben** ausgeschlossen sein (BFH BStBl 92, 504).

9 Die Berichtigung von materiellen Fehlern findet unabhängig davon statt, ob **Verjährung** eingetreten ist (BFH BStBl 94, 77; 92, 504; Argument aus Abs 3 letzter HS; aA *TK/Loose* § 177 Rz 6). Denn nur der StAnspruch selbst kann ganz oder teilweise verjähren, nicht aber eine Besteuerungsgrundlage (zur Kritik *Schwarz/Frotscher* § 177 Rz 22; *TK/Loose* § 177 Rz 6). § 177 III ist auch dann anzuwenden, wenn ein Grundlagenbescheid nicht rechtzeitig ausgewertet worden ist (BFH BStBl 07, 87; BFH/NV 10, 1779; 08, 6; 07, 1078; 06, 1622). Denn die Vorschrift stellt nicht auf die tatsächlich noch bestehende, sondern auf die ursprünglich kraft Gesetzes entstandene Steuer ab; diese wird durch den Eintritt der Festsetzungsverjährung nicht verändert. Daher ist ein StBetrag, für dessen Festsetzung die Frist bereits abgelaufen ist, in die Berichtigung mit einzubeziehen (BFH/NV 11, 2045; vgl BVerfG DStRE 09, 1021). Dies gilt auch dann, wenn der Grundlagenbescheid zum Zeitpunkt des erstmaligen Erlasses des EStBescheids noch nicht ergangen war (BFH/NV 10, 1779). Erfolgt die Korrektur eines materiellen Fehlers zuungunsten des Stpfl, weil zunächst ein materiell-rechtl fehlerhafter Feststellungsbescheid ergangen ist, ist keine Saldierung der Korrekturrahmen zeit-

lich nachfolgender Grundlagenbescheide vorzunehmen, selbst wenn der die Entstehung eines Änderungsrahmens verursachende Feststellungsbescheid auf Einspruch hin korrigiert wird und gleichzeitig neben der Anfechtung des Feststellungsbescheids Einspruch gegen die EStFestsetzung als Folgeänderung erhoben wird (FG Mchn EFG 09, 1516).

Nach § 351 kann der Stpfl bei Änderung eines Bescheids zu seinen Ungunsten 10
nur den sich aus der Änderung ergebenden „Mehrbetrag" anfechten. Im gerichtlichen Verfahren ist § 177 zu beachten (BFHE 232, 232 = DStR 11, 362; vgl BFH/NV 93, 255).

4. Begriff des Fehlers (Abs 3). Der Fehlerbegriff umfasst jede objektive 11
Unrichtigkeit des StBescheids, ohne Rücksicht darauf, ob sie auf tatsächlichen Gründen oder falscher Rechtsanwendung beruht (BFH BStBl 92, 504). Ein materieller Fehler liegt also stets dann vor, wenn die festgesetzte Steuer höher ist als die nach § 38 entstandene (nicht: noch bestehende, unverjährte!) Steuer. Zu den Fehlern gehört auch die unterbliebene und uU wegen Verjährung an sich nicht mehr zulässige Umsetzung eines Feststellungsbescheids (BFH BStBl 07, 87; 94, 849; 92, 504; BFH/NV 10, 1779; 08, 6; 07, 1466; 95, 566; aA *von Groll* StuW 93, 312; eingehend *Söhn* StuW 08, 37). Auch Rechen- und Übertragungsfehler anlässlich der Änderung von StBescheiden können kompensiert werden. Das Gesetz spricht deshalb von „materiellen Fehlern" (BFH/NV 08, 1801; BFH BStBl 89, 531 ist insoweit überholt). Umgekehrt ist allerdings bei Berichtigung nach § 129 ein materieller Fehler nicht nach § 177 zu berichtigen, sondern die durch die Änderung der StFestsetzung eröffnete Saldierungsmöglichkeit im Rahmen der Ermessensausübung zu berücksichtigen (vgl BFH BStBl 89, 531; BFH/NV 08, 1801; 99, 1).

5. Änderungsmöglichkeit zugunsten und zu Ungunsten. § 177 enthält in 14
Abs 1 und Abs 2 zwei selbständige Tatbestände; liegen beide vor, sind die oberen und die unteren Grenzen der Fehlerberichtigung unabhängig voneinander zu ermitteln (BFH BStBl 94, 77), auch wenn die beiden Korrekturen in einem Bescheid vorgenommen werden sollen. Liegen also sowohl Gründe für eine Änderung eines StBescheids zugunsten als auch zu Ungunsten vor, so ergibt sich aus der Zweiteilung des § 177 (Abs 1 und Abs 2), dass ein weiterer früherer Fehler, der nicht Anlass einer selbständigen Änderung sein kann, im Rahmen eines der beiden Änderungsbereiche zu berücksichtigen ist; es sind die Änderungen nach Abs 1 und 2 nicht etwa zuvor gegeneinander zu verrechnen, um erst in dem dann verbleibenden Änderungsbereich die Fehlerkorrektur nach § 177 vorzunehmen (BFH BStBl 93, 822; 94, 77). Die materiellen Fehler, die nicht Anlass der Änderung sind, müssen also getrennt im Rahmen des jeweiligen Änderungsbereichs berichtigt werden. Liegen aber solche früheren materiellen Fehler sowohl zugunsten als auch zuungunsten des Stpfl vor, so sind ihre Auswirkungen vor einer Saldierung im Bereich der einzelnen Änderungen zu verrechnen; nur der daraus gewonnene Fehlersaldo ist sodann gem § 177 gegen die nach §§ 172 ff gebotenen Änderungen zu verrechnen (BFH BStBl 93, 822).

Nach BFH BStBl 07, 87 soll jedoch nicht die Differenz zwischen der in dem zu 15
ändernden StBescheid festgesetzten und der jetzt (vor Anwendung des § 177) ermittelten Steuer die Reichweite etwaiger Fehlersaldierung („Saldierungsrahmen") bestimmen, sondern die Differenz zu jedem früheren noch nicht bestandskräftigen StBescheid; das soll sich aus dem systematischen Zusammenhang mit § 351 ergeben (in Wahrheit handelt es freilich eher um eine bloße teilweise Verwandtschaft der Regelungsziele) und auch zulasten des Stpfl gelten, also eine nach den Korrekturvorschriften gebotene ihm günstige Änderung des letzten StBescheids ausschließen, wenn bei vorausgegangenen StFestsetzungen materielle Fehler zu seinen Gunsten unterlaufen sind. Das widerspricht dem Wortlaut („soweit die *Änderung* reicht") ebenso wie dem Sinn der Vorschrift (siehe Rz 1 aE), die nur verhindern

soll, dass eine unzutreffende StFestsetzung noch weiter „verbösert" werden muss (ablehnend auch *Hundt-Eßwein* DStR 07, 751).

16 **6. Verhältnis zu § 164 II, § 165 II und § 176 (Abs 4).** Die Erwähnung der Vorbehaltsfestsetzung (§ 164) ist an sich überflüssig; denn es ergibt sich aus deren Wesen, dass die Bereinigung von materiellen Fehlern bei der StFestsetzung umfassend möglich ist (der Fall bleibt offen!). Bei einer vorläufigen Festsetzung (§ 165) ermöglicht hingegen erst § 177 eine Bereinigung von materiellen Fehlern; im Rahmen des durch den Vorläufigkeitsvermerk bezeichneten Änderungsbetrags sind auch solche Fehler zu berücksichtigen, die nicht mit dem Grund der Vorläufigkeit zusammenhängen (BFH BStBl 00, 332). Wegen der str Frage der Saldierung sonstiger Rechtsfehler des vorläufigen Bescheids außerhalb des Bereichs der Vorläufigkeit siehe § 165 Rz 47 und BFH BStBl 92, 588.

17 Auch **§ 176** bleibt unberührt. Die FinBeh kann daher nicht mit materiellen Fehlern „aufrechnen", die als solche erst durch eine Entscheidung des BVerfG oder eines obersten Gerichtshofes des Bundes erkennbar werden.

IV. Kosten

§ 178 Kosten bei besonderer Inanspruchnahme der Zollbehörden

(1) **Die Behörden der Bundeszollverwaltung sowie die Behörden, denen die Wahrnehmung von Aufgaben der Bundeszollverwaltung übertragen worden ist, können für eine besondere Inanspruchnahme oder Leistung (kostenpflichtige Amtshandlung) Gebühren erheben und die Erstattung von Auslagen verlangen.**

(2) **Eine besondere Inanspruchnahme oder Leistung im Sinne des Absatzes 1 liegt insbesondere vor bei**

1. **Amtshandlungen außerhalb des Amtsplatzes und außerhalb der Öffnungszeiten, soweit es sich nicht um Maßnahmen der Steueraufsicht handelt,**
2. **Amtshandlungen, die zu einer Diensterschwernis führen, weil sie antragsgemäß zu einer bestimmten Zeit vorgenommen werden sollen,**
3. **Untersuchungen von Waren, wenn**
   a) **sie durch einen Antrag auf Erteilung einer verbindlichen Zolltarifauskunft, Gewährung einer Steuervergütung oder sonstigen Vergünstigungen veranlasst sind oder**
   b) **bei Untersuchungen von Amts wegen Angaben oder Einwendungen des Verfügungsberechtigten sich als unrichtig oder unbegründet erweisen oder**
   c) **die untersuchten Waren den an sie gestellten Anforderungen nicht entsprechen,**
4. **Überwachungsmaßnahmen in Betrieben und bei Betriebsvorgängen, wenn sie durch Zuwiderhandlungen gegen die zur Sicherung des Steueraufkommens erlassenen Rechtsvorschriften veranlasst sind,**
5. **amtlichen Bewachungen und Begleitungen von Beförderungsmitteln oder Waren,**
6. **Verwahrung von Nichtgemeinschaftswaren,**
7. **Fertigung von Schriftstücken, elektronischen Dokumenten, Abschriften und Ablichtungen sowie bei der elektronischen Übersendung oder dem Ausdruck von elektronischen Dokumenten und anderen Dateien, wenn diese Arbeiten auf Antrag erfolgen,**
8. **Vernichtung oder Zerstörung von Waren, die von Amts wegen oder auf Antrag vorgenommen wird.**

(3) **Das Bundesministerium der Finanzen wird ermächtigt, durch Rechtsverordnung, die der Zustimmung des Bundesrates nicht bedarf, die kosten-**

pflichtigen Amtshandlungen näher festzulegen, die für sie zu erhebenden Kosten nach dem auf sie entfallenden durchschnittlichen Verwaltungsaufwand zu bemessen und zu pauschalieren sowie die Voraussetzungen zu bestimmen, unter denen von ihrer Erhebung wegen Geringfügigkeit, zur Vermeidung von Härten oder aus ähnlichen Gründen ganz oder teilweise abgesehen werden kann.

(4) [1] **Auf die Festsetzung der Kosten sind die für Verbrauchssteuern geltenden Vorschriften entsprechend anzuwenden.** [2] **Im Übrigen gilt für diese Kosten das Verwaltungskostengesetz in der bis zum 14. August 2013 geltenden Fassung.** [3] **Die §§ 18 bis 22 des Verwaltungskostengesetzes in der bis zum 14. August 2013 geltenden Fassung finden keine Anwendung.**

Abs 2 Nr 6 geändert und Nr 8 angefügt durch StÄndG 2003 v 15.12.03 (BGBl I, 2645); Abs 4 Satz 1 geändert durch JStG 2008 v 20.12.07 (BGBl I, 3150); Abs 4 neu gefasst durch G v 7.8.13 (BGBl I, 3154); Abs 2 Nr 7 neu gefasst durch ZKAnpG v 22.12.14 (BGBl I, 2417).

1. Anwendungsbereich. Verwaltungshandlungen in Steuersachen sind grds (einschl des Rechtsbehelfsverfahrens) kostenfrei. Das gilt auch für Zollsachen. Die Behörden der Bundeszollverwaltung sowie Behörden, die Aufgaben der Bundeszollverwaltung wahrnehmen, können jedoch nach Maßgabe einer Rechts-VO (Zollkostenverordnung – ZKostO –, siehe Rz 8), in der die kostenpflichtigen Amtshandlungen festgelegt sind, Kosten (Gebühren und Auslagen) für eine *besondere* Inanspruchnahme der Zollbehörden erheben. Das Weitere, insbes zB wer Kostenschuldner wird (dazu BFHE 239, 461), ergibt sich aus dem VerwKostG. 1

Die Vorschrift ist nur bei Amtshandlungen einschlägig, die einen Gegenstand der AO (Steuern einschl der StVergütungen iSv § 1 I) betreffen. Die Vorschrift wird jedoch durch § 46a AWG (entspr Anwendung der VO nach § 178, Ermessen) und § 17 IV, V, VI MOG ergänzt; Abfertigungshandlungen nach § 17 V MOG (Abfertigung außerhalb des Amtsplatzes oder außerhalb der Öffnungszeiten der Zollstellen) sind kostenpflichtig, wenn sie dort aus Gründen stattfinden, die allein dem Ausführer zuzurechnen sind (BFHE 226, 559; BFH/NV 98, 1134; 99, 279). Die Bemessung der Kosten und das Erhebungsverfahren richten sich insoweit nach der ZKostO (Rz 8), der Kostentatbestand ergibt sich hingegen unmittelbar aus jenen Vorschriften (BFH/NV 98, 1134). Beachte ferner § 112 BranntwMonG. 2

Seit 30.10.2013 enthält **Art 52 UZK** vorrangige kostenrechtl Regelungen ohne dass die deutschen Vorschriften dem angepasst worden sind. § 178 und die dazu ergangene Zollkostenverordnung sind deshalb nur nach Prüfung ihrer Vereinbarkeit mit dem Unionsrecht anwendbar. Art. 52 UZK schreibt Folgendes vor: 3

„(1) Die Zollbehörden erheben für Zollkontrollen oder sonstige in Anwendung zollrechtlicher Vorschriften während der offiziellen Öffnungszeiten der zuständigen Zollstellen durchgeführte Handlungen keine Gebühren.

(2) Die Zollbehörden können Gebühren erheben oder Kostenerstattung verlangen, wenn bestimmte, insbesondere nachstehend genannte Dienstleistungen erbracht werden:

a) Anwesenheit von Zollbediensteten außerhalb der amtlichen Öffnungszeiten oder an einem anderen Ort als den Zolldienststellen auf Antrag,
b) Warenanalysen oder -gutachten und Postgebühren für die Rücksendung von Waren an einen Antragsteller, insbesondere im Falle von Entscheidungen nach Artikel 33 oder Auskünften nach Artikel 14 Absatz 1,
c) Beschau von Waren, Entnahme von Proben und Mustern zu Überprüfungszwecken und Zerstörung von Waren, sofern es sich um andere Kosten als die für die Inanspruchnahme der Zollbediensteten handelt,
d) außergewöhnliche Kontrollmaßnahmen, sofern diese aufgrund der Art der Waren oder eines möglichen Risikos erforderlich sind."

Siehe iÜ für Kosten im Vollstreckungsverfahren §§ 336 ff.

Die Aufzählung in § 178 II ist nur beispielhaft („insbesondere"). Sie ist aber so erschöpfend, dass kaum Fälle denkbar sind, die nicht durch Abs 2 erfasst sind. Eine Erweiterung über diesen Katalog hinaus setzt jedenfalls voraus, dass es sich um eine 5 *besondere* Inanspruchnahme handelt, die gerade im Interesse des Zollbeteiligten liegen muss (vgl BFHE 142, 333 = ZfZ 1985, 116). Im Bereich des grenzüberschreitenden Warenverkehrs würde es sich anderenfalls um den Mitgliedstaaten verbotene Abgaben zollgleicher Wirkung handeln (BFH ZfZ 99, 128; EuGHE 91, I-1575; 95, I-2919).

8 **2. Erforderlichkeit einer Rechtsverordnung.** Von der Verordnungsermächtigung für das BMF ist durch die Zollkostenverordnung (ZKostO) (BGBl I 09, 3001) Gebrauch gemacht worden. Sie hat den Katalog des Abs 2 weitgehend übernommen, jedoch zahlreiche sachliche Ausnahmen von der Kostenpflicht vorgesehen. Die Kosten werden im Wesentlichen als Stunden- oder Monatsgebühren erhoben (vgl dazu BFHE 226, 559. Ihre Erhebung ist insoweit zwingend (vgl BFHE 152, 377 = ZfZ 88, 240). Bei der (gerichtlich als Akt der Rechtsetzung nur eingeschränkt überprüfbaren, BFHE 226, 559) Festlegung der Gebührensätze ist das Äquivalenz- und das Kostendeckungsprinzip zu beachten. Das Äquivalenzprinzip verbietet jedoch nicht, die Kosten einer ggü dem Gebührenschuldner erbrachten, individuell zurechenbaren Leistung auf diesen abzuwälzen, sondern es beschränkt die Kostenerhebung, wo die Gebühr nicht kraft Gesetzes ausschl nach den Kosten zu bemessen ist, dahin, dass diese dann nicht in einem groben Missverhältnis zu dem Wert der mit ihr abgegoltenen Leistung der öffentlichen Hand stehen darf (BVerwGE 115, 32; BVerfGE 83, 363). Ob § 178 verlangt, dass Gebühren (§ 3 S 2 VwKostG) nur zur Deckung des Verwaltungsaufwands erhoben werden, hat BFHE 226, 559 offen gelassen.

10 **3. Verfahren, Nebenentscheidungen.** Auf die **Festsetzung** der Kosten sind nach Abs 4 die für VerbrauchSt geltenden Vorschriften (der UZK enthält insofern keine Regelung) entspr anzuwenden, dh insbes §§ 155, 169, 172. Als Folgeänderung zum BGebG, das im Anwendungsbereich des § 178 nicht gilt, ist die bisher dynamische Verweisung auf das VwKostG durch eine starre, auf die im Zeitpunkt des Inkrafttretens jenes Gesetzes geltende Fassung des VwKostG ersetzt worden. Die Reform der Vorschrift nach Maßgabe des BGebG soll gesonderter Gesetzgebung vorbehalten bleiben. §§ 18 bis 22 VwKostG sind nach wie vor nicht anzuwenden, dh es sind insbes keine Sz und Zinsen zu erheben.

§ 178a Kosten bei besonderer Inanspruchnahme der Finanzbehörden

(1) [1]**Das Bundeszentralamt für Steuern erhebt für die Bearbeitung eines Antrags auf Durchführung eines Verständigungsverfahrens nach einem Vertrag im Sinne des § 2 zur einvernehmlichen Besteuerung von noch nicht verwirklichten Geschäften eines Steuerpflichtigen mit nahe stehenden Personen im Sinne des § 1 des Außensteuergesetzes oder zur zukünftigen einvernehmlichen Gewinnaufteilung zwischen einem inländischen Unternehmen und seiner ausländischen Betriebsstätte oder zur zukünftigen einvernehmlichen Gewinnermittlung einer inländischen Betriebsstätte eines ausländischen Unternehmens (Vorabverständigungsverfahren) Gebühren, die vor Eröffnung des Vorabverständigungsverfahrens durch das Bundeszentralamt für Steuern festzusetzen sind.** [2]**Diese Eröffnung geschieht durch die Versendung des ersten Schriftsatzes an den anderen Staat.** [3]**Hat ein Antrag Vorabverständigungsverfahren mit mehreren Staaten zum Ziel, ist für jedes Verfahren eine Gebühr festzusetzen und zu entrichten.** [4]**Das Vorabverständigungsverfahren wird erst eröffnet, wenn die Gebührenfestsetzung unanfechtbar geworden und die Gebühr entrichtet ist; wird ein Herabsetzungsantrag nach Absatz 4 gestellt, muss auch darüber unanfechtbar entschieden sein.**

(2) [1]**Die Gebühr beträgt 20 000 Euro (Grundgebühr) für jeden Antrag im Sinne des Absatzes 1; der Antrag eines Organträgers im Sinne des § 14 Abs. 1**

des Körperschaftsteuergesetzes, der entsprechende Geschäfte seiner Organgesellschaften mit umfasst, gilt als ein Antrag. [2] Stellt der Antragsteller einer bereits abgeschlossenen Verständigungsvereinbarung einen Antrag auf Verlängerung der Geltungsdauer, beträgt die Gebühr 15 000 Euro (Verlängerungsgebühr). [3] Ändert der Antragsteller seinen Antrag vor der Entscheidung über den ursprünglichen Antrag oder stellt er während der Laufzeit der Verständigungsvereinbarung einen Antrag auf Änderung der Verständigungsvereinbarung, wird eine zusätzliche Gebühr von 10 000 Euro für jeden Änderungsantrag erhoben (Änderungsgebühr); dies gilt nicht, wenn die Änderung vom Bundeszentralamt für Steuern oder vom anderen Staat veranlasst worden ist.

(3) **Sofern die Summe der von dem Vorabverständigungsverfahren erfassten Geschäftsvorfälle die Beträge des § 6 Abs. 2 Satz 1 der Gewinnabgrenzungsaufzeichnungsverordnung vom 13. November 2003 (BGBl. I S. 2296) voraussichtlich nicht überschreitet, beträgt die Grundgebühr 10 000 Euro, die Verlängerungsgebühr 7500 Euro und die Änderungsgebühr 5000 Euro.**

(4) **[1] Das Bundeszentralamt für Steuern kann die Gebühr nach Absatz 2 oder 3 auf Antrag herabsetzen, wenn deren Entrichtung für den Steuerpflichtigen eine unbillige Härte bedeutet und das Bundeszentralamt für Steuern ein besonderes Interesse der Finanzbehörden an der Durchführung des Vorabverständigungsverfahrens feststellt. [2] Der Antrag ist vor Eröffnung des Vorabverständigungsverfahrens zu stellen; ein später gestellter Antrag ist unzulässig.**

(5) **Im Fall der Rücknahme oder Ablehnung des Antrags, oder wenn das Vorabverständigungsverfahren scheitert, wird die unanfechtbar festgesetzte Gebühr nicht erstattet.**

§ 178a eingefügt durch JStG 2007 v 13.12.06 (BGBl I, 2878).

Schrifttum: *Vollert/Eikel/Suret* Advance Pricing Agreements (APAs) als Instrument zur Vermeidung von Verrechnungspreiskonflikten – eine kritische Betrachtung, StuW 13, 367.

1. Inhalt und Bedeutung. Sog Advance-Pricing-Agreements (APA-Verfahren) 1
haben das Ziel, im Vorhinein bei grenzüberschreitenden Sachverhalten, deren Besteuerung durch DBA (§ 2) erfasst ist, durch entsprechende Verständigung mit dem steuerrechtl betroffenen Drittstaat Rechts- und damit stl Planungssicherheit zu schaffen und den Nachteile und Risiken nachträglicher Verständigungsverfahren iSd Art 25 OECD-Musterabkommen zur Vermeidung einer Doppelbesteuerung zuvor zu kommen. Ziel ist, mit dem Drittstaat die Besteuerung völkerrechtl verbindlich (vertraglich) zu vereinbaren und auf der Basis einer solchen Vereinbarung dem betroffenen Stpfl eine verbindliche Zusage über seine künftige Besteuerung (verbunden mit einem insofern zu erklärenden Rechtsmittelverzicht gem § 354 Ia) zu erteilen. Näheres regelt das BMF BStBl I 06, 594. Um den mit diesem Verfahren, das durch Antrag des Stpfl eingeleitet wird und überwiegend in seinem Interesse durchgeführt wird, entstehenden mitunter erheblichen Aufwand abzugelten, werden gem § 178a Kosten erhoben. Die Vorschrift ergänzt damit als Spezialvorschrift die allg Kostenregelung des § 89 III bis V.

2. Gebührentatbestand. Das ist bereits der Antrag auf Durchführung eines 2
APA, der beim örtlich zuständigen FA gestellt werden kann und das APA einleitet. Eine Gebühr für die Bearbeitung eines APA-Antrages entsteht aber auch, wenn dieser bei der StBehörde des Drittstaates gestellt wird, sobald sich diese an die deutsche FinBeh wendet (vgl BT-Drs 16/2712). Eröffnet wird das APA dadurch, dass sich die FinBeh, nämlich das für die Maßnahmen im völkervertraglichen Außenverhältnis zuständige BZSt (vgl BStBl I 11, 674), an den Drittstaat wendet. Dies hat nach Satz 4 erst zu geschehen, wenn die Gebührenfestsetzung bzw die nach Absatz 4 aus Billigkeitsgründen korrigierte Gebührenfestsetzung bestandskräftig und die Gebühr entrichtet worden ist; der Stpfl hat also insoweit Vorleistungs-

pflicht. Es handelt sich gem § 3 IV um eine stl Nebenleistung, auf welche die AO anzuwenden ist. Die Fälligkeit der Festsetzung ergibt sich aus § 220 II (Zeitpunkt der Bekanntgabe), Zinsen oder Sz entstehen aber nicht (§ 233 S 2, § 240 II).

4 **3. Gebührenbeträge.** Absätze 2 und 3 regeln die Höhe der Gebühr. Grundlage der Gebührenfestsetzung sind dreierlei Gebührenbeträge, nämlich der für einen APA-Antrag (bzw mehrere Anträge, die jedoch von Organgesellschaften iSd § 14 KStG gestellt worden sind), der für einen Verlängerungsantrag und der für einen Änderungsantrag. Die im Gesetz ausgewiesenen Beträge können sich jedoch nach Maßgabe des Abs 3 halbieren. Es handelt sich um Festbeträge, der Gegenstandswert spielt also abweichend von § 89 IV 1 nur im Rahmen des Abs 3 eine Rolle.

6 **4. Unbilligkeitsklausel.** Absatz 4 enthält eine (gleichsam hinkende) Unbilligkeitsklausel, die § 163 verdrängt. Sie setzt zwar zum einen Gründe persönlicher Unbilligkeit der Gebührenerhebung voraus, zum anderen aber auch ein öffentliches Interesse an dem APA-Verfahren (insbes Streitvermeidung in der Ap; Verhinderung von nachträglichen Verständigungsverfahren). Die Ermäßigung der Gebühr bei Vorliegen dieser beiden Tatbestandsmerkmale ist Ermessensentscheidung, Unbilligkeit freilich ein Rechtsbegriff, sodass ggf eine eingehende gerichtliche Überprüfung der Entscheidung erwartet werden darf. Der Ermäßigungsantrag kann nicht nachträglich gestellt werden; die Ermäßigung ist – entsprechend der Prüfung des öffentl Interesses an dem APA-Verfahren – Teil der Gebührenfestsetzung. § 227 ist deshalb neben Abs 4 anwendbar, weil es sich insoweit um eine Maßnahme im Erhebungsverfahren handelt, allerdings auf nachträglich eingetretene Gründe persönlicher Unbilligkeit zu beschränken (aA *TK/Seer* § 178a Rz 24).

6a Auf die Auskunftsgebühr nach § 89 III ist Absatz 4 nicht entspr anwendbar (BFH BStBl 16, 706).

7 **5. Rücknahme und Ablehnung des APA-Antrages.** Beide lassen die Gebührenerhebung abweichend von § 89 III 4 unberührt. Das Gleiche gilt, wenn das Verfahren nicht zu einer Verständigung mit dem Drittstaat führt und folglich die angestrebte Zusage ggü dem Stpfl nicht erteilt wird. Auf Abs 4 kann in solchen Fällen, um unbillige Ergebnisse zu vermeiden, die bei sehr frühzeitiger Beendigung des APA-Verfahrens in Betracht kommen könnten, selbstredend nicht zurückgegriffen werden, weil es an einem rechtzeitigen Antrag fehlen wird. Verfassungsrechtliche Bedenken, die dagegen erhoben worden sind (vgl *TK/Drüen* § 178a Rz 27: Verletzung des Äquivalenzprinzips und des Übermaßverbots) dürften angesichts des zulässigerweise grob typisierenden Charakters der Gebührenregelung nicht durchgreifend sein.

2. Unterabschnitt. Gesonderte Feststellung von Besteuerungsgrundlagen, Festsetzung von Steuermessbeträgen

I. Gesonderte Feststellungen

§ 179 Feststellung von Besteuerungsgrundlagen

(1) **Abweichend von § 157 Abs. 2 werden die Besteuerungsgrundlagen durch Feststellungsbescheid gesondert festgestellt, soweit dies in diesem Gesetz oder sonst in den Steuergesetzen bestimmt ist.**

(2) [1] **Ein Feststellungsbescheid richtet sich gegen den Steuerpflichtigen, dem der Gegenstand der Feststellung bei der Besteuerung zuzurechnen ist.** [2] **Die gesonderte Feststellung wird gegenüber mehreren Beteiligten einheitlich vorgenommen, wenn dies gesetzlich bestimmt ist oder der Gegenstand der Fest-**

stellung mehreren Personen zuzurechnen ist. [3]Ist eine dieser Personen an dem Gegenstand der Feststellung nur über eine andere Person beteiligt, so kann insoweit eine besondere gesonderte Feststellung vorgenommen werden.

(3) **Soweit in einem Feststellungsbescheid eine notwendige Feststellung unterblieben ist, ist sie in einem Ergänzungsbescheid nachzuholen.**

Schrifttum: *vor 2010 s 13. Aufl; Dißars* Besonderheiten des Feststellungsverfahrens bei Auslandsbezügen, FS Frotscher 13, 37; *Kaiser* Der anhängige Steuerstreit in der Insolvenz der Personengesellschaft, NZI 13, 332; *Hageböke* Einheitliche und gesonderte Feststellung bei der KGaA und ihrem persönlich haftenden Gesellschafter, Ubg 15, 295.

Übersicht

1. Inhalt. Die Besteuerungsgrundlagen bilden grds einen mit Rechtsbehelfen 1 nicht selbstständig anfechtbaren Teil des StBescheids (§ 157 II; „Einheit des StFestsetzungsverfahrens" BFH BStBl 00, 686); anfechtbar ist idR nur die StFestsetzung. § 179 durchbricht diesen Grundsatz und ordnet ausnahmsweise die **gesonderte** (dh selbstständig anfechtbare) **Feststellung** von Besteuerungsgrundlagen an. Dadurch wird zugleich das Verfahren der StFestsetzung in zwei Abschnitte zerlegt. Eine gesonderte Feststellung findet nur statt, wenn dies im Gesetz (ausdrücklich) vorgesehen ist. Abs 1 bildet die Grundnorm des Verfahrens; nähere Einzelheiten sind in den nachfolgenden Absätzen sowie in den §§ 180 bis 183 geregelt. Darüber hinaus werden die Besteuerungsgrundlagen (auch) **einheitlich** festgestellt, wenn dies gesetzlich bestimmt ist oder wenn der Gegenstand der Feststellung mehreren Personen zuzurechnen ist (Abs 2 S 2). Bei (nur) mittelbarer Beteiligung kommt nach Abs 2 S 3 eine **„besondere"** gesonderte Feststellung in Betracht. Abgeschlossen wird das Feststellungsverfahren idR durch einen Feststellungsbescheid. Abs 2 S 1 bestimmt, gegen wen der Feststellungsbescheid zu richten ist. Abs 3 sieht vor, dass „notwendige" Feststellungen in einem **Ergänzungsbescheid** nachgeholt werden müssen, sofern sie (im Feststellungsbescheid) unterblieben sind.

Zweck der gesonderten Feststellung. Die gesonderte Feststellung hat „dienende Funktion", dh sie soll die StFestsetzung erleichtern und vereinfachen (vgl 2 BT-Drs VI/1982, 157). Das ergibt sich ua auch aus § 180 III 1 Nr 2 (keine gesonderte Feststellung bei geringer Bedeutung; vgl BFH/NV 04, 1211) und aus § 181 V (gesonderte Feststellung auch nach Ablauf der Feststellungsfrist, vgl § 181 Rz 24). Aus der Technik der gesonderten Feststellung von Besteuerungsgrundlagen sollen dem Stpfl keine Nachteile, aber (über die isolierte Anfechtbarkeit hinaus) auch keine Vorteile entstehen (BFH BStBl 02, 681; BFH/NV 10, 723). Soweit die gesonderte Feststellung auch **einheitlich** durchzuführen ist, bezweckt sie darüber hinaus, verbindliche Entscheidungsvorgaben für alle (materiell-rechtl) an einer Einkunftsquelle Beteiligten zu liefern und divergierende Entscheidungen der FinBeh möglichst auszuschließen (BFH GrS BStBl 05, 679; BFH BStBl 10, 1104).

4 **2. Gesonderte Feststellung (Abs 1).** Eine gesonderte Feststellung darf nur stattfinden, wenn und soweit es im Gesetz (ausdrücklich) bestimmt ist (vgl BFH GrS BStBl 05, 679 mwN). Der **Gesetzesvorbehalt** ist Ausdruck der Gesetzmäßigkeit der Verwaltung (Art 20 III GG; BFH BStBl 05, 679). Er ist streng zu beachten. Zweckmäßigkeitserwägungen können eine fehlende Rechtsgrundlage nicht ersetzen (BFH BStBl 88, 981; 05, 679). Auch die entspr Anwendung von Rechtsgrundlagen erscheint wegen der gebotenen Bestimmtheit des Verfahrensrechts nicht unproblematisch (vgl aber § 180 Rz 5). Die gesonderte Feststellung muss in der AO oder in den StGesetzen bestimmt sein. **StGesetz** ist jede Rechtsnorm (§ 4). **In der AO** geregelte Fälle der gesonderten Feststellung sind insbes: § 179 II 3, § 180 I, II iVm VO v 19.12.1986 sowie § 180 V. § 239 I verweist für Zinsen auf „die für die Steuern geltenden Vorschriften" und mithin auch auf die §§ 179 ff (BFH BStBl 94, 885; 10, 528). Die Entscheidung nach § 163 ist zwar Grundlagenbescheid für die StFestsetzung (BFH BStBl 16, 139), sie unterliegt jedoch nicht der gesonderten Feststellung (BFH BStBl 17, 22). **Außerhalb der AO** in den StGesetzen geregelte Fälle sind zB: **EStG:** § 2a I 5, § 4h IV, § 5a IV 2, § 10a IV 1, § 10b I 10 und Ia 4, § 10d IV 1, § 10e VII, § 10f IV 3, § 10g IV 2, § 15 IV 2 (aA FG Ddorf EFG 10, 2106), § 15a IV, § 15b IV (BFH BStBl 16, 388), § 20 VI 3, § 22 Nr 3 S 4, § 23 III 8 (vgl BFH/NV 09, 584), § 26a III (VO-Ermächtigung), § 34a III 3, X 1, §, § 35 II (vgl BFH BStBl 10, 912; 12, 14; 12, 183; DStR 17, 1917), § 39 I 4, § 55 V 3, § 92b III; **KStG:** § 8 IX 8, § 9 I 10, § 27 II und VIII 3, § 28 I 4, § 29 VI 2, § 36 VII, § 37 II 5, § 38 I 1; **GewStG:** § 9 Nr 5 S 13, § 10a S 6; **InvStG (aF):** § 15 I 3 (dazu FG Hess EFG 14, 1222, Rev BFH VIII R 20/14); **BewG:** §§ 151 ff; **AStG:** § 18 I (dazu BFH/NV 06, 2228); **GrEStG:** § 17 II, III (vgl BFH BStBl 05, 105 und BFH/NV 05, 574 zum zweistufigen Feststellungsverfahren bei § 17 III GrEStG aF).

5 **Pflicht zur gesonderten Feststellung.** Liegen die gesetzl Voraussetzungen vor, müssen die Besteuerungsgrundlagen gesondert (und ggf einheitlich) festgestellt werden. Für jedes Gewinnermittlungssubjekt (Gesellschaft oder Gemeinschaft) ist ein selbständiges Feststellungsverfahren durchzuführen und ein eigener Feststellungsbescheid zu erlassen. Feststellungen, die unterschiedliche Gewinnermittlungssubjekte betreffen, können nicht in einem Feststellungsbescheid zusammengefasst werden (BFH BStBl 16, 517; BFH/NV 17, 475). Eine gesonderte Feststellung muss auch durchgeführt werden, wenn ihr Zweck im Einzelfall verfehlt wird, zB weil sich eine Vereinfachung des Verfahrens nicht ergibt. Das kann der Fall sein, wenn das für die gesonderte Feststellung zuständige FA zugleich für die StFestsetzung aller an den Einkünften beteiligter Stpfl zuständig ist (BFH/NV 15, 1588; beachte aber § 180 III Nr 2). Von der Durchführung des Feststellungsverfahrens kann auch nicht abgesehen werden, wenn ein Feststellungsbeteiligter bei Erlass des Bescheids bereits verstorben war (BFH BStBl 95, 640; BFH/NV 08, 1298). Abs 1 gewährt **kein Ermessen.** Etwas anderes (Ermessen, keine Pflicht) kann sich aber aus spezielleren Vorschriften ergeben, etwa § 180 II iVm § 4 der VO v 19.12.1986 oder § 180 III Nr 2 (geringe Bedeutung). Eine weitere Ausnahme von dem Zwang zur einheitlichen Feststellung enthält Abs 2 S 3 (besondere gesonderte Feststellung; Rz 28 ff). Ist das Feststellungsverfahren zu Unrecht nicht durchgeführt worden, muss es (soweit möglich) alsbald nachgeholt werden. Nachrangige Verfahren sind solange auszusetzen (§§ 363, 74 FGO). Unterbleibt die Aussetzung, handelt es sich um einen auch von Amts wegen zu beachtenden **Verstoß gegen die Grundordnung** des Verfahrens, der vom BFH auch im Verfahren der NZB zu beachten ist (stRspr BFH/NV 15, 1588). Ein StBescheid kann uU schon erlassen werden, wenn ein Grundlagenbescheid noch nicht ergangen ist (§ 155 V).

6 Nach der Eröffnung des **Insolvenzverfahrens** darf die FinBeh bis zum Prüfungstermin Steuern, die zur Tabelle anzumelden sind, nicht mehr festsetzen und diesbzgl Besteuerungsgrundlagen nicht mehr feststellen (BFH BStBl 05, 246; näher § 251 Rz 29). Grund ist der **Vorrang des Insolvenzrechts** vor dem StVerfah-

rensrecht. Durch die Eröffnung des Insolvenzverfahrens wird das stl Feststellungsverfahren entspr § 240 ZPO unterbrochen. Erst wenn die Unterbrechung beendet ist, können begonnene Verfahren fortgesetzt werden und kann das FA die Besteuerungsgrundlagen wieder durch Bescheid festsetzen.

Umfang der Pflicht. Im Feststellungsverfahren (Feststellungsbescheid) ist auch zu klären (zu entscheiden), ob die Voraussetzungen dafür vorliegen (§ 180 III 2; vgl BFH BStBl 86, 239; BFH/NV 09, 708; 10, 2011), etwa ob die Einkünfte einer nicht gewerblich tätigen EWIV gesondert festzustellen sind (BFH/NV 14, 1495) oder die Voraussetzungen des § 5a EStG vorliegen (BFH/NV 17, 1109). Dabei macht es keinen Unterschied, ob die Zweifel tatsächlicher oder rechtlicher Natur sind (BFH DStR 17, 1527). Ein Feststellungsverfahren muss deshalb stets durchgeführt werden, wenn Streit darüber besteht, zu welcher Einkunftsart die Einkünfte gehören bzw welchen Personen diese Einkünfte zuzurechnen sind (BFH/NV 15, 1588). 7

3. Feststellungsbescheid (Abs 1). Die Besteuerungsgrundlagen werden durch Feststellungsbescheid (VA) festgestellt; mit ihm wird idR das (dh jedes einzelne) Feststellungsverfahren (vgl § 181) abgeschlossen. Ein mehrere Feststellungsverfahren zusammenfassender Feststellungsbescheid ist rechtswidrig (BFH/NV 17, 475). Im Feststellungsbescheid entscheidet die FinBeh vor allem verbindlich (dh mit Bindungswirkung; Rz 12 und § 182) über das Vorliegen oder Nichtvorliegen bestimmter **Besteuerungsgrundlagen.** Der Begriff der Besteuerungsgrundlagen wird in Abs 1 vorausgesetzt und ist auch sonst für Zwecke der gesonderten Feststellung nicht legal definiert. Die Definition in § 199 II dürfte im Feststellungsverfahren unanwendbar sein. Der sachliche Umfang der Feststellungspflicht ergibt sich iEinz – ggf durch Auslegung – aus den speziellen Normen in der AO (vgl insbes § 180 Rz 15 ff) oder den StGesetzen (Rz 4), soweit in ihnen auf dieses Verfahren verwiesen wird. Der Begriff steht in Abs 1 für den jeweiligen Regelungsinhalt dieser speziellen Normen. Ein Feststellungsbescheid kann **positiven** oder **negativen** Inhalt haben (die begehrte Feststellung wird abgelehnt; BFH BStBl 98, 601). Es können auch positive und negative Feststellungen in einem Bescheid zusammengefasst werden; getrennte Bescheide sind dann jedoch ebenfalls möglich (BFH/NV 08, 1984 mwN). 9

a) Vielzahl von Feststellungen. In einem Feststellungsverfahren können verschiedene Besteuerungsgrundlagen festzustellen sein. Nach der Rspr ist grds jede im Feststellungsbescheid festgestellte Besteuerungsgrundlage als eigenständiger Regelungsgegenstand anzusehen. Der Feststellungsbescheid bildet daher eine Zusammenfassung einzelner Feststellungen von Besteuerungsgrundlagen, die jeweils selbstständiger Gegenstand eines Rechtsbehelfs- oder Klageverfahrens sein können, soweit sie eine rechtl selbstständige Würdigung beinhalten und eines rechtl selbstständigen Schicksals fähig sind/sein können (stRspr, vgl nur BFH BStBl 88, 544; GrS BStBl 90, 327; BFH/NV 10, 2246; 11, 1649; *Bode* DB 11, 1845). Das gilt insbes für Gewinnfeststellungsbescheide. Zu den Feststellungen, die selbstständig in Bestandskraft erwachsen können, gehören etwa die Qualifikation der Einkünfte, das Bestehen einer Mitunternehmerschaft, die Höhe des laufenden Gewinns, eines Veräußerungsgewinns (BFH/NV 12, 1479), des Gewinns nach § 5a EStG (BFH/NV 17, 1109) oder eines Sondergewinns (BFH BStBl 07, 378 mwN; BFH/NV 13, 1940) oder eines Unterschiedsbetrags bei der Tonnagebesteuerung (BFH BStBl 13, 324). Die Höhe des Gesamtgewinns ist keine selbständige Besteuerungsgrundlage (BFH DStR 17, 1381). Die Feststellung, dass ein Veräußerungsgewinn erzielt wurde, ist neben dessen Höhe selbstständig anfechtbar (BFH/NV 10, 2246). Auch die Höhe des Gewinns oder Verlusts im Bereich des Sonderbetriebsvermögens eines Gesellschafters kann für sich genommen Streitgegenstand im Klageverfahren gegen einen Gewinnfeststellungsbescheid sein mit der Folge, dass dann auch grds nur über die diesen Bereich betr steuerrechtl Folgen zu entscheiden ist (BFH BStBl 08, 428). Etwas anderes kann aber gelten (keine isolierte Anfechtbarkeit), 11 wenn die Angriffe gegen die Höhe des Sonderbetriebsgewinns eines Gesellschafters zwangsläufig Auswirkungen auf die Höhe des Sonderbetriebsgewinns eines anderen Gesellschafters oder auf die Höhe des Gewinns aus dem Gesellschaftsvermögen haben würden (BFH BStBl 96, 219) oder wenn die Höhe des laufenden Gewinns und des Veräußerungs- oder Aufgabegewinns untrennbar miteinander verbunden sind (BFH/NV 12, 1479). Folgeauswirkungen einzelner, für sich genommen rechtl selbstständiger Besteuerungsgrundlagen können aber ausnahmsweise (BFH/NV 12, 1479) auch verfahrensrechtl berücksichtigt werden, wenn die Änderung einer gesondert festgestellten und mit der Klage angefochtenen Besteuerungsgrundlage zwangsläufig im Sinne einer untrennbaren Verknüpfung Auswirkungen auf eine andere Besteuerungsgrundlage hat. Dann erstreckt sich die Anfechtung des Feststellungsbescheids auch auf materiell-rechtl hiervon ebenfalls betroffene Besteuerungsgrundlagen; insoweit wird der Feststellungsbescheid nicht teilweise bestandskräftig (BFH BStBl 01, 89; Abgrenzung in BFH/NV 12, 1479).

12 **b) Verbindung von Feststellungen.** Mehrere, dasselbe Gewinnermittlungssubjekt betr Feststellungen dürfen (äußerlich) miteinander verbunden und in einem Feststellungsbescheid zusammengefasst werden, auch wenn sie verschiedene Feststellungsverfahren betreffen, sofern hinreichend deutlich zum Ausdruck kommt, dass die Verfügung mehrere selbständige Regelungen enthält (BFH BStBl 12, 183; allg zur Zusammenfassung von Bescheiden § 118 Rz 31). Eine gesetzl Ermächtigung (zB § 163 S 3) ist nicht erforderlich. Feststellungen nach § 179 I und II können mit Feststellungen gem § 15a IV EStG (stRspr BFH BStBl 15, 532; 17, 391; 17, 456) oder gem § 35 II GewStG (BFH BStBl 12, 183; 15, 837; 16, 875) äußerlich verbunden werden (vgl auch § 180 Rz 55). Die miteinander verbundenen Bescheide bleiben rechtl selbständig und können (müssen) getrennt angefochten werden.

14 **c) Feststellungszeitraum.** Eine einheitliche Gewinnfeststellung ist grds für das **ganze Wirtschaftsjahr** durchzuführen (BFH/NV 13, 1569), auch wenn ein Gesellschafter während des Wj ausscheidet; der ausgeschiedene Gesellschafter ist in die Gewinnfeststellung einzubeziehen (stRspr BFH BStBl 89, 312; DStR 13, 966). Dies gilt auch dann, wenn die PersGes im Laufe des Wj in eine atypisch stille Gesellschaft umgewandelt wird (BFH BStBl 90, 561). Ausnahmen können sich aus Gründen des StGeheimnisses ergeben (BFH BStBl 79, 159; 89, 312; FG Hbg EFG 93, 700). Bei vom Kalenderjahr abweichendem Wj, insbes bei Einkünften aus Land- und Forstwirtschaft, ist Feststellungszeitraum das **Kalenderjahr** und nicht das Wj (BFH BStBl 85, 148). In die gesonderte und einheitliche Feststellung ist dann der Gewinn einzubeziehen, der in diesem Kalenderjahr als bezogen gilt. Ist ein Gesellschafter bereits aus der Gesellschaft ausgeschieden, muss die Dauer der Zugehörigkeit festgestellt werden, damit das Veranlagungs-FA erkennen kann, in welchem VZ der Gewinn dem Ausgeschiedenen zuzurechnen ist (BFH/NV 98, 454; BFH BStBl 10, 1043).

16 **d) Bindungswirkung.** Ein wirksamer Feststellungsbescheid ist für andere Feststellungsbescheide, StMessbescheide oder StBescheide sowie für StAnmeldungen bindend, soweit die in ihm getroffenen Feststellungen für diese Bescheide von Bedeutung sind (§ 182 I 1). Die Bindungswirkung ist unabhängig vom Eintritt der Bestandskraft. Auch rechtswidrige, nicht jedoch unwirksame (nichtige) Grundlagenbescheide entfalten Bindungswirkung. Als Bescheid mit Bindungswirkung für andere Bescheide ist der Feststellungsbescheid **Grundlagenbescheid** (§ 171 X). Auch **negative Feststellungsbescheide** entfalten Bindungswirkung (vgl BFH/NV 02, 153, 614). Der Umfang der Bindungswirkung bestimmt sich danach, wie weit die festgestellten Besteuerungsgrundlagen für die Folgebescheide von Bedeutung sind (§ 182 I 1). Zum Verhältnis zwischen Feststellungsbescheid (Grundlagenbescheid) und StFestsetzungsbescheid (Folgebescheid) vgl § 155 Rz 39 ff, § 175 Rz 7 ff. Näher zum Umfang der Bindungswirkung vgl § 182.

17 **4. Adressat (Abs 2 S 1).** Die Vorschr ist entgegen ihrem Wortlaut („richtet sich gegen") nicht deskriptiv, sondern normativ zu verstehen. Sie bestimmt, an wen der Feststellungsbescheid gerichtet sein muss **(richtiger Adressat).** Das ist derjenige, der von seinem Inhalt betroffen wird (sog Inhaltsadressat). Sie passt vor allem auf **positive Feststellungsbescheide.** Adressat eines (positiven) Feststellungsbescheids ist der Stpfl, dem der Gegenstand der Feststellung zuzurechnen ist. Welcher Person Besteuerungsgrundlagen zuzurechnen sind, ergibt sich nicht ausdrücklich aus dem Gesetz. § 39 regelt nur die Zurechnung von Wirtschaftsgütern. Die persönliche Zurechnung von Einkünften oder einzelnen Besteuerungsgrundlagen hängt idR von der Verwirklichung (Zurechnung) des gesetzlichen Tatbestands der Einkunftserzielung ab. Richtiger Adressat ist deshalb idR, wer den jeweiligen Tatbestand der Einkunftserzielung selbst oder in zurechenbarer Weise erfüllt hat (vgl BFH BStBl 04, 898). Adressaten eines Bescheids gem § 180 I Nr 2a) sind die Gesellschafter, da ihnen (und nicht der Personengesellschaft) die Einkünfte persönlich zurechenbar sind (vgl BFH BStBl 92, 865; BFH/NV 18, 182). Das gilt auch für die Feststellung im Ausland erzielter Einkünfte (BFH BStBl 16, 633; BFH/NV 18, 35). Ist eine Körperschaft des öffentlichen Recht an einer Personengesellschaft beteiligt, ist die Körperschaft Adressat des Feststellungsbescheids, nicht einer ihrer Betriebe gewerblicher Art (BFH/NV 13, 514). Ein **negativer Feststellungsbescheid** ist gegen den (Stpfl) zu richten, dessen Begehren im Bescheid abgelehnt wird, weil ihm die festzustellenden Besteuerungsgrundlagen nicht zugerechnet werden können (BFH BStBl 77, 737). **Mehrere Adressaten:** Sind die Besteuerungsgrundlagen mehreren Personen gemeinsam zuzurechnen, weil sie den Tatbestand der Einkunftserzielung gemeinschaftlich verwirklicht haben, muss sich der Feststellungsbescheid gegen diese (alle) Personen richten (BFH/NV 05, 214). Nach der Rspr des BFH ist der Bescheid nicht nichtig (§ 125), wenn er nicht alle Beteiligten enthält (BFH BStBl 87, 766; BFH/NV 97, 331; 10, 818; zur Nachholung durch Ergänzungsbescheid vgl Rz 38).

18 **Bezeichnung des Adressaten.** Aus dem Feststellungsbescheid muss sich eindeutig ergeben, gegen wen er gerichtet ist (sein soll). Die FinBeh muss die Person, gegen die sich der Bescheid richten soll, nicht nur richtig auswählen, sondern im Bescheid auch eindeutig bezeichnen. Letzteres ist eine Frage der Bestimmtheit (§ 119 I vgl dort Rz 12 ff). Wer Adressat ist, muss sich nicht notwendig aus dem Adressfeld ergeben. Es genügt, wenn sich aus dem Gesamtinhalt des Bescheids (ggf durch Auslegung) ergibt, gegen welche Person(en) er gerichtet sein soll (BFH BStBl 92, 585). Nach neuerer Rspr des BFH soll nicht mehr erforderlich sein, dass der StSchuldner aus dem Bescheid selbst oder dem Bescheid beigefügten Unterlagen für einen Dritten erkennbar ist, wenn er von den Betroffenen anhand der ihnen **bekannten Umstände** bestimmt werden kann; die Bezugnahme auf einen den Betroffenen bekannten **Betriebsprüfungsbericht** soll dafür ausreichen (BFH BStBl 06, 287). Damit wird allerdings der für die rechtsstaatlich bedeutsame Bestimmtheit (§ 119 I) erforderliche objektive Maßstab ohne überzeugende Begründung aufgegeben. Zumindest muss die Bezeichnung im Bescheid objektiv mehrdeutig und deshalb auslegungsfähig sein. Ist sie dagegen eindeutig falsch, kann die mangelnde Bestimmtheit des Bescheids nicht geheilt werden (vgl BFH BStBl 86, 311; BFH/NV 08, 1289, vgl auch § 119 Rz 27 ff).

19 **Fehler bei der Adressierung.** Es ist zu unterscheiden zwischen Fehlern bei der zutr Bezeichnung der (richtigen) Person (zB Schreibfehler beim Namen, falsche Adresse) und Fehlern bei der Auswahl der richtigen Person. Die unzutr Bezeichnung des richtigen Adressaten **(Bezeichnungsfehler)** ist unschädlich und kann jederzeit berichtigt werden, sofern die erforderliche Bestimmtheit (§ 119 I) gewahrt ist. Eine bloße Falschbezeichnung schadet insbes nicht, wenn sich aus dem Bescheid mit hinreichender Sicherheit ergibt, gegen wen er gerichtet sein soll und wenn es sich um den richtigen Adressaten handelt. Bei der ggf erforderlichen Auslegung ist auf den gesamten Inhalt des Bescheids abzustellen (vgl § 119 Rz 28). Ist

die Bezeichnung allerdings so missverständlich, dass der richtige Adressat nicht erkennbar ist, ist der Bescheid unwirksam. Fehler bei der Auswahl der richtigen Person **(Auswahlfehler)** haben dagegen grds die Unwirksamkeit und Nichtigkeit des gesamten Bescheids zur Folge (§ 125 I, § 124 II). Ein solcher Fehler liegt vor, wenn im Bescheid eine Person als Adressat bezeichnet ist, ohne dass sie vom Inhalt des Bescheids betroffen wird (vgl BFH BStBl 16, 633) oder wenn der Bescheid nicht gegen alle Personen gerichtet ist, gegen die er ergehen muss (zutr *HHSp/Söhn* § 179 Rz 116; BFH/NV 05, 214). Richtet sich der Bescheid gegen die vermeintlichen Gesellschafter einer nicht existierenden Gesellschaft, ist er nicht nichtig, sondern rechtswidrig (BFH/NV 18, 206). Ein Auswahlfehler liegt auch vor, wenn der Bescheid gegen eine **nicht oder nicht mehr existierende Person** gerichtet ist (vgl § 119 Rz 22 und § 122 Rz 30). Ein GewSt-Messbescheid ist unwirksam, wenn er an eine ehemals zweigliedrige, durch das Ausscheiden eines Gesellschafters vollbeendete GbR gerichtet ist und sich der richtige Inhaltsadressat auch durch Auslegung nicht ermitteln lässt (BFH/NV 08, 1289). Das gleiche gilt, wenn der Bescheid an den (nicht mehr existierenden) Rechtsvorgänger gerichtet ist. Nach dem Eintritt der Rechtsnachfolge ist ein Bescheid an den Rechtsnachfolger zu richten; ein an den Rechtsvorgänger gerichteter Bescheid ist allenfalls dann wirksam, wenn er mit dem Zusatz versehen ist, „zu Händen des Rechtsnachfolgers XY" (BFH GrS BStBl 86, 230).

20 Ist der Adressat wegen **Rechtsnachfolge** unrichtig bezeichnet (ausgewählt), kommt gem **§ 182 III** bei einheitlichen Feststellungsbescheiden eine Berichtigung durch besonderen Richtigstellungsbescheid ggü dem Rechtsnachfolger in Betracht. Der Gesetzgeber hat insoweit angeordnet, dass die durch die Nennung des nicht mehr existierenden Rechtsvorgängers bewirkte Unwirksamkeit nicht unheilbar den gesamten Gewinnfeststellungsbescheid erfassen soll (BT-Drs 10/1636, 46 f; näher dazu § 182 Rz 20 ff).

22 **5. Mehrere Beteiligte (Abs 2 S 2). Ggü** mehreren Beteiligten wird die gesonderte Feststellung „einheitlich" vorgenommen, wenn dies gesetzlich bestimmt ist (zB § 180 I Nr 2a und § 15a IV 6 EStG) oder wenn ihnen der Gegenstand der Feststellung (gemeinsam) zuzurechnen ist (vgl iEinz § 180 Rz 6 ff). **Einheitlich** bedeutet, dass unter Beteiligung aller in einem Verfahren entschieden werden muss, um die inhaltlich gleiche Sachbehandlung ggü allen Beteiligten sicherzustellen und divergierende Entscheidungen zu vermeiden (Rz 2). Es muss nicht notwendig in einem Bescheid entschieden werden; **getrennte Bescheide** mit identischem Inhalt sind zulässig (BFH/NV 08, 1984). Zur Adressierung und Bekanntgabe vgl Rz 25. Der Ausdruck **„Beteiligte"** ist nicht verfahrensrechtl zu verstehen. Aus dem Kontext ergibt sich, insbes aus § 180 I Nr 2a, dass die (materielle) gemeinschaftliche Beteiligung an Einkünften oder Besteuerungsgrundlagen gemeint ist. Für die persönliche **Zurechnung** kommt es ebenfalls auf das materielle StRecht an (zB § 39 II), für die persönliche Zurechnung von Einkünften insbes auf die individuelle Verwirklichung (Zurechnung) des Tatbestands der Einkunftserzielung (vgl BFH BStBl 04, 929; BFH/NV 05, 168, 06, 2053), bei der Zurechnung gewerblicher Gewinne auf das Vorliegen einer Mitunternehmerschaft (BFH DStR 14, 2111; BStBl 17, 1133; vgl § 180 Rz 7 ff). Deshalb sind zB die Einkünfte einer **atypisch stillen Gesellschaft** einheitlich und gesondert festzustellen (BFH/NV 15, 1075; BFH BStBl 16, 517; BFH/NV 16, 1559; BStBl 17, 1133). Zwar sind die stillen Gesellschafter zivilrechtl am Handelsgewerbe des Unternehmers nicht beteiligt, sie werden jedoch stl als Mitunternehmer behandelt und verwirklichen deshalb den Besteuerungstatbestand gemeinschaftlich (vgl BFH BStBl 86, 311; BStBl 99, 286).

23 **Keine einheitliche Feststellung** findet dagegen statt bei der typischen stillen Gesellschaft (vgl BFH/NV 01, 415) oder wenn bei einer zweigliedrigen Gesellschaft der eine Gesellschafter seine Beteiligung als Treuhänder für den anderen

Gesellschafter hält (sog Treuhandmodell). Zivilrechtl sind in beiden Fällen zwar mehrere an der Gesellschaft beteiligt, die Einkünfte werden jedoch aufgrund steuerlicher Regeln jeweils nur einem zugerechnet (BFH BStBl 93, 574; 10, 751). Eine einheitliche Feststellung ist auch ausgeschlossen, wenn Einkünfte nicht gemeinschaftlich erzielt werden, weil sie nach Bruchteilen zugerechnet werden (BFH BStBl 00, 686 zu § 17 EStG). Keine einheitliche, sondern mehrere (gestufte) Feststellungsverfahren sind erforderlich bei **doppel- oder mehrstöckigen Gesellschaften.** Das gilt auch bei Beteiligung von ausl PersGes (Ausnahme vgl § 180 Rz 45). Auf der ersten Stufe sind die Besteuerungsgrundlagen bei der Untergesellschaft festzustellen. Adressat dieses Bescheids ist die Untergesellschaft, soweit sie die Steuer selbst schuldet, ansonsten deren Gesellschafter und in dieser Eigenschaft auch die Obergesellschaft. Auf der zweiten Stufe werden die Besteuerungsgrundlagen bei der Obergesellschaft festgestellt. Diese Feststellung muss sich gegen die Obergesellschaft oder deren Gesellschafter richten. Die Gesellschafter der Obergesellschaft sind als solche weder Gesellschafter noch Mitunternehmer der Untergesellschaft (stRspr vgl BFH BStBl 07, 87; BFH/NV 05, 1560; 08, 719; 08, 1649 mwN). Entsprechendes (zwei- oder mehrstufiges Feststellungsverfahren) gilt bei der Beteiligung Mehrerer über einen oder mehrere Treuhänder (vgl Rz 33).

Zur **Adressierung** und **Bekanntgabe** eines einheitlichen Feststellungsbescheids 25
vgl § 183 und § 122 Rz 28 sowie § 125 Rz 7. Er muss grds an alle Feststellungsbeteiligten gerichtet werden (vgl BFH/NV 92, 718; 00, 554). Mit der Bekanntgabe an nur einen Beteiligten wird der Bescheid aber bereits diesem ggü wirksam (BFH BStBl 88, 410; BFH/NV 90, 484; 91, 507) und dadurch existent. Ab diesem Zeitpunkt kann der VA von allen Personen angegriffen werden, für die er bestimmt ist, mag er ihnen auch nicht oder noch nicht formgerecht bekannt gegeben worden sein (BFH BStBl 88, 855, 12, 5). Eine auf förmliche Bekanntgabe gerichtete Klage kann daher mangels Rechtsschutzinteresses unzulässig sein (BFH BStBl 86, 509). Die Einspruchsfrist wird aber (individuell) erst in Lauf gesetzt, wenn der Bescheid derjenigen Person zugeht, an die er seinem Inhalt nach gerichtet ist (BFH BStBl 79, 89). Aus dem Gebot der Einheitlichkeit ergibt sich, dass er den anderen Beteiligten inhaltlich unverändert bekannt gegeben werden muss, um die volle Wirksamkeit zu erlangen (BFH BStBl 88, 410; BFH/NV 17, 1485). Jeder Feststellungsbeteiligte kann den einheitlichen Feststellungsbescheid grds mit einem **Rechtsbehelf** angreifen. § 352 sieht hierzu jedoch weit reichende Ausnahmen vor (vgl dort). Nur wer den Feststellungsbescheid selbst anfechten kann, muss zum Einspruchsverfahren eines anderen Beteiligten hinzugezogen werden (§ 360 III) und wird durch die Hinzuziehung zum Beteiligten des Einspruchsverfahrens (§ 359 Nr 2). Für das Klageverfahren beachte §§ 48, 60 FGO.

6. Besondere gesonderte Feststellung (Abs 2 S 3). Nach der älteren Rspr 28
war bei einer **atypisch stillen Unterbeteiligung** (Mitunternehmerschaft des Unterbeteiligten) am Anteil eines Gesellschafters idR über die Frage der Unterbeteiligung und den Anteil des Unterbeteiligten in einem besonderen Gewinnfeststellungsverfahren zu entscheiden (BFH GrS BStBl 74, 414). Abs 2 S 3 geht darüber hinaus und regelt erstmals die verfahrensmäßige Behandlung für **alle Fallgruppen mittelbarer Beteiligung.** Die Vorschrift gewährt Ermessen („kann"), ob bei mittelbarer Beteiligung ein einheitliches oder ob zwei getrennte Feststellungsverfahren durchgeführt werden (BFH BStBl 84, 580; 85, 247; 88, 186; 89, 343; vgl auch BFH BStBl 95, 531). Sie trägt damit dem berechtigten Interesse an einer stillen, dh verdeckten, mittelbaren Beteiligung Rechnung. Die stille Beteiligung soll nicht aus verfahrensrechtlichen Gründen aufgedeckt werden. Werden getrennte Verfahren durchgeführt, sind die Feststellungen der Hauptgesellschaft für das die Unterbeteiligung betr Feststellungsverfahren bindend (BFH/NV 92, 515; 95, 81, 95, 759). Die mittelbare Beteiligung kann aber auch im Feststellungsverfahren der Hauptgesellschaft berücksichtigt werden, insbes wenn sie allen Beteiligten

bekannt ist und wenn kein Beteiligter Einwendungen dagegen erhebt oder wenn ein schutzwürdiges Interesse an der Durchführung getrennter Verfahren nicht besteht (BFH BStBl 85, 247; 95, 531; BFH/NV 95, 759). Die Norm setzt voraus, dass ein Beteiligter „nur" über eine andere Person beteiligt ist. Ein gestuftes Feststellungsverfahren ist demgemäß nicht erforderlich, wenn ein Kommanditist zugleich als Treugeber über einen anderen Gesellschafter *auch* mittelbar beteiligt ist (FG Ddorf EFG 13, 1289).

29 **Mittelbare Beteiligung.** Die Beteiligung **„über eine andere Person"** setzt begrifflich voraus, dass eine unmittelbare Beteiligung insoweit nicht besteht. Zivilrechtl ist nur die andere Person beteiligt. Die mittelbare Beteiligung beruht auf einer steuerrechtl Zurechnung. Die Zurechnung muss sich auf den **„Gegenstand der Feststellung"** beziehen. Entscheidend ist, ob dem mittelbar Beteiligten der Gegenstand der Feststellung, zB die Einkünfte der Hauptgesellschaft, aufgrund seiner rechtl Beziehungen zum Hauptbeteiligten stl (zumindest teilweise) zuzurechnen sind. Das bestimmt sich nach den Zurechnungsnormen des materiellen StRechts. Die Zurechnung wird insbes in zwei Konstellationen bejaht, wobei die Beziehung des Unterbeteiligten zum Hauptbeteiligten entweder schuldrechtl als Treuhand oder gesellschaftsrechtl als Unterbeteiligung gestaltet sein kann.

31 **a) Unterbeteiligung.** Bei der Unterbeteiligung liegt zivilrechtl eine **Gesellschaft bürgerlichen Rechts** vor, deren Zweck darauf gerichtet ist, den Unterbeteiligten gegen Einlage schuldrechtl im Innenverhältnis in bestimmtem Umfang an den Rechten und Pflichten des Hauptgesellschafters aus seiner Beteiligung an der Hauptgesellschaft zu beteiligen. Eine Unterbeteiligung ist keine stille Gesellschaft (§ 230 HGB), da der Hauptbeteiligte als solcher kein Handelsgewerbe betreibt. Ähnlich wie diese kann sie jedoch nach steuerrechtl Maßstäben typisch oder atypisch (mitunternehmerisch) ausgestaltet sein. Nur die **atypische Unterbeteiligung** hat zur Folge, dass der Unterbeteiligte am Gegenstand der Feststellung bei der Hauptgesellschaft über eine andere Person beteiligt ist (BFH BStBl 79, 515; FG SchlHol EFG 16, 618; AEAO zu § 179 Nr 4). Aufgrund seiner Stellung als „Mitunternehmer" der Unterbeteiligungsgesellschaft wird ihm stl ein Anteil an den Einkünften des Hauptgesellschafters an der Hauptgesellschaft zugerechnet. Die atypische Unterbeteiligung setzt voraus, dass der Unterbeteiligte aufgrund seiner vertraglichen Stellung im Innenverhältnis (wie ein Unternehmer) Initiative entfalten kann und Risiko trägt (BFH BStBl 96, 269). Besteht die Hauptbeteiligung an einer gewerblichen PersGes, gilt zwar der Unterbeteiligte nach § 15 I 1 Nr 2 S 2 EStG auch im Verhältnis zur Hauptgesellschaft als Mitunternehmer. Das ändert jedoch nichts daran, dass zwei Mitunternehmerschaften bestehen, deren Einkünfte grds gesondert festzustellen sind (*Schmidt/Wacker* § 15 Rz 370).

32 Der **typisch Unterbeteiligte** ist dagegen nicht, auch nicht mittelbar an der Hauptgesellschaft „beteiligt". Eine typische Unterbeteiligung liegt vor, wenn der Unterbeteiligte dem Typus des Mitunternehmers nicht entspricht, weil er insbes zu wenig eigenes Risiko trägt. Der Unterbeteiligte wird dann stl wie ein Darlehensgeber behandelt. Er erzielt Einkünfte aus Kapitalvermögen; entspr Zahlungen des Hauptbeteiligten sind als Sonderbetriebsausgabe oder Sonderausgabe abzugsfähig. Eine besondere gesonderte Feststellung findet insofern nicht statt (so auch: AEAO zu § 179 Nr 5). Das berechtigte Interesse der Beteiligten, auch die typische Unterbeteiligung ggü den anderen Hauptbeteiligten nicht offenbaren zu müssen, wird insoweit nicht geschützt. Da der Zweck der Norm dies jedoch gebieten würde, sollte der Gesetzgeber insofern eine Klarstellung im Gesetz erwägen (glA *BG/Kunz* § 179 Rz 45).

33 **b) Treuhand.** Nach der Rspr des GrS wird die zivilrechtl Stellung des Treuhänders als Gesellschafter gem § 39 II Nr 1 S 2 dem Treugeber zugerechnet (BFH BStBl 84, 751 und BFH BStBl 91, 691). Deswegen ist der Treugeber über den Treuhänder (Treunehmer) iSd Vorschr mittelbar am Gegenstand der Feststellung

beteiligt. Das gilt nach der Rspr sowohl für die offene (BFH BStBl 01, 471) wie für die verdeckte Treuhand (BFH BStBl 85, 247). Eine besondere gesonderte Feststellung ist deshalb grds durchzuführen (vgl BFH/NV 02, 614). Auf der ersten Stufe wird festgestellt, welchen Gewinn die PersGes erzielt hat und wie sich der Gewinn auf ihre **Gesellschafter** einschl den Treuhänder verteilt. In einer weiteren Gewinnfeststellung wird der für den Treuhänder festgestellte Gewinnanteil auf die Treugeber aufgeteilt (vgl BFH/NV 13, 1945). Erst auf der zweiten Stufe ist zu entscheiden, ob die Treuhand stl anerkannt wird mit der Folge, dass die Besteuerungsgrundlagen dem Treugeber zuzurechnen sind, weil er als Mitunternehmer anzusehen ist (BFH/NV 03, 1283; 13, 1945). Der Feststellungsbescheid der ersten Stufe ist nur für den Feststellungsbescheid der zweiten Stufe und nicht für den EStBescheid des Treuhänders bindend (BFH/NV 02, 1278). Beide Feststellungen können aber miteinander verbunden werden, falls das Treuhandverhältnis allen Beteiligten bekannt ist und keiner der Beteiligten Einwendungen erhebt und ein schutzwürdiges Interesse an der Durchführung getrennter Verfahren nicht besteht (BFH BStBl 86, 584; 99, 747; BFH/NV 95, 565; 02, 614; 03, 1283). Jedoch darf durch die Verbindung beider Verfahren der Treuhänder nicht von dem zusammengefassten Verfahren ausgeschlossen werden; er bleibt Beteiligter (BFH BStBl 99, 747). Der nur mittelbar Beteiligte kann gegen den Feststellungsbescheid auf der ersten Stufe kein Rechtsmittel einlegen (BFH/NV 13, 1945).

c) Ermessen. Nach AEAO zu § 179 Nr 4 soll die FinVerw **regelmäßig** von der besonderen Feststellung Gebrauch machen wegen des berechtigten Geheimhaltungsinteresses der Beteiligten. Etwas anderes soll nur gelten, wenn alle Beteiligten ihr Einverständnis erteilt haben (vgl auch BFH BStBl 85, 247; FG Ddorf BB 13, 1558). Vom Einverständnis der Beteiligten ist auszugehen, wenn die Unterbeteiligung in der Feststellungserklärung für die Hauptgesellschaft geltend gemacht worden ist (vgl BFH BStBl 95, 531). Dem ist zuzustimmen. Dem Zweck der Norm entspr muss von der besonderen Feststellung darüber hinaus schon dann Gebrauch gemacht werden, wenn die ernsthafte Möglichkeit besteht, dass die materiellen Voraussetzungen einer Treuhand oder mittelbaren Beteiligung vorliegen. Auch wenn die Voraussetzungen letztlich verneint werden, ist das Geheimhaltungsinteresse der Beteiligten grds schutzwürdig. 34

7. Nachholung (Abs 3). Abs 3 verpflichtet die FinBeh (kein Ermessen), unterbliebene notwendige Feststellungen durch **Ergänzungsbescheid** (nicht durch Berichtigung des Feststellungsbescheids) nachzuholen. Der Ergänzungsbescheid ist ein selbstständig anfechtbarer Feststellungsbescheid. Er ergeht ohne Rücksicht auf die Bestandskraft des Feststellungsbescheids (BFH BStBl 94, 819). In ihm ist die bislang fehlende Feststellung nachzuholen; der unvollständige Feststellungsbescheid wird dadurch weder geändert noch vervollständigt. Begrifflich kommt eine „Ergänzung" nur in Betracht, wenn ein erster Feststellungsbescheid bereits wirksam geworden ist. Mangelnde Bestimmtheit (§ 119) oder fehlender Mindestinhalt (§ 157) dieses Bescheids können durch Ergänzungsbescheid deshalb nicht geheilt werden, soweit sie zu seiner Unwirksamkeit geführt haben. Die fehlende Angabe eines Adressaten in einem einheitlichen Gewinnfeststellungsbescheid soll aber durch Ergänzungsbescheid nachgeholt werden können (BFH BStBl 99, 747; 02, 309 zweifelh s Rz 10; BFH/NV 05, 214). Ist der erste Feststellungsbescheid unwirksam, kann ein Ergänzungsbescheid als (erstmals wirksamer) Feststellungsbescheid zu bewerten sein (vgl BFH/NV 90, 750). Ergänzungsbescheide können nur in den zeitlichen Grenzen der Feststellungsfrist erlassen werden (§ 181 I iVm § 169 I 1 – zu § 181 V: BFH BStBl 99, 747). 38

Eine **notwendige Feststellung** muss unterblieben sein. Der Hinweis nach § 181 V 2 ist zwar ggf notwendig, aber keine Feststellung, denn er schränkt lediglich die bindenden Feststellungen ein (BFH BStBl 98, 426; BFH/NV 99, 282). **Notwendig** sind solche Feststellungen, die im Einzelfall im Feststellungsverfahren 39 (aber nicht unbedingt im selben Bescheid) getroffen werden müssen und nicht erst im StFestsetzungsverfahren getroffen werden dürfen (BFH/NV 99, 1446, 06, 1041; vgl dazu iEinz § 180 Rz 15 ff). Eine Feststellung ist **unterblieben,** wenn sie (noch) nicht getroffen worden ist, obwohl sie (schon) hätte getroffen werden müssen (vgl BFH BStBl 09, 444). Der Feststellungsbescheid muss also unvollständig („lückenhaft") sein. Eine Lücke liegt nicht vor, wenn die FinBeh, ggf auch (stillschweigend) negativ, bereits entschieden hat. Ob das FA im Einzelfall eine notwendige Feststellung nicht getroffen hat, ist durch Auslegung des Feststellungsbescheids zu ermitteln (BFH BStBl 07, 96; BFH/NV 05, 1749; 14, 1910). Maßgeblich ist der objektive Empfängerhorizont. Es kommt deshalb grds weder darauf an, ob das FA eine Feststellung willentlich unterlassen hat noch ob ihm der zugrunde liegende Sachverhalt bekannt war, sofern diese Umstände nicht ausnahmsweise berücksichtigt werden, weil sie dem Betroffenen bekannt waren (zutr BFH/NV 99, 1446; aA *Koenig/Koenig* § 179 Rz 43). Hat das FA bei einer Mitunternehmerschaft lediglich einen laufenden Gewinn (Verlust) festgestellt, schließt dies idR die negative Feststellung ein, dass ein Veräußerungsgewinn nicht entstanden ist (BFH BStBl 03, 112; BFH/NV 89, 281; 90, 750; 11 1649).

40 Abzugrenzen ist das Fehlen einer notwendigen Feststellung von jeder (anderen) Form der **Unrichtigkeit.** Wegen der Selbstständigkeit des Ergänzungsbescheids, richtet sich eine ggf erforderliche Änderung des ersten Feststellungsbescheids nach den allg Vorschr. Insbes eine offenbare Unrichtigkeit (§ 129) kann nicht durch Ergänzungsbescheid, sondern nur durch Berichtigungsbescheid behoben werden (BFH BStBl 84, 785; 03, 112; BFH/NV 06, 1041; zweifelnd BFH/NV 11, 1649). Die Abgrenzung ist häufig nicht einfach, zumal eine offenbare Unrichtigkeit nach der Rspr des BFH (§ 129 Rz 13) nicht aus dem Bescheid selbst erkennbar sein muss. Andererseits macht das bloße Fehlen einer (notwendigen) Regelung den Bescheid nicht unrichtig, wie sich im Umkehrschluss aus § 179 III ergibt. Entscheidend dürfte danach sein, ob der Ergänzungsbescheid den Inhalt des Feststellungsbescheids vollständig unangetastet lässt, indem er ihm lediglich etwas Neues hinzufügt. Die bestehenden Regelungen müssen dabei gänzlich unberührt bleiben (vgl BFH BStBl 09, 444; BFH/NV 09, 1235; 11, 1649).

41 **Einzelfälle.** Durch Ergänzungsbescheid kann insbes festgestellt werden, ob und in welcher Höhe ein Freibetrag nach § 16 IV EStG zu gewähren ist (BFH BStBl 74, 459); ob und in welcher Höhe eine Personengesellschaft ihren Arbeitnehmern vermögenswirksame Leistungen gewährt hat (BFH BStBl 78, 479); wie der Gewinn zu verteilen ist (BFH BStBl 84, 474); dass ein Gesellschafter während eines abw Wj ausgeschieden ist (BFH/NV 98, 454); wie der Gewinn auf die Treugeber des Kommanditisten zu verteilen ist (BFH/NV 90, 750); dass die Buchführung nicht ordnungsgemäß war (BFH/NV 90, 480); welcher Anteil am Gesamtgewinn nach § 32c EStG tarifbegünstigt ist (BFH/NV 06, 1041; BStBl 08, 4); in entsprechender Anwendung von § 179 (gem § 239 I 1), ob und in welchem Umfang Steuernachforderungen auf Hinterziehungshandlungen beruhen und deshalb tatbestandlich den Zinsanspruch des § 235 auslösen (BFH BStBl 94, 588). Das gilt auch, soweit zu entscheiden ist, ob die Änderung des Gewinnfeststellungsbescheids auf einem rückwirkenden Ereignis (iSv § 233a IIa) beruht (BFH BStBl 10, 528; 14, 609). Ein Ergänzungsbescheid kommt nach der Rspr auch in Betracht, wenn anstelle des Treuhänders der Treugeber im Bescheid aufgeführt worden ist (BFH BStBl 86, 584; 99, 747; BFH/NV 95, 565) oder wenn zu Unrecht (zB mangels Kenntnis des FA) die Berücksichtigung eines Feststellungsbeteiligten unterblieben ist (BFH BStBl 02, 309; zweifelh, mE Adressierungsmangel; vgl Rz 17 aE). Ist bei der Feststellung des Grundbesitzwerts die Artfeststellung als Betriebsgrundstück unterblieben, ist sie durch Ergänzungsbescheid nachzuholen (BFH/NV 08, 1456). **Kein Ergänzungsbescheid** kann zB ergehen, wenn das FA anstelle eines tarifbegünstigten Gewinns einen laufenden Gewinn festgestellt hat (vgl AEAO Nr 2 zu § 179), wenn das FA erklärungsgemäß die Einkünfte ohne Berücksichtigung von

Sonderwerbungskosten festgestellt hat (BFH/NV 09, 1235; 12, 2; 12, 1569), wenn das FA den verbleibenden Verlustabzug nur für bestimmte Einkunftsarten festgestellt hat (BFH BStBl 09, 444), wenn die Feststellung eines Veräußerungsgewinns unterblieben ist (BFH/NV 11, 1649; 14, 1295).

Verfahren. Ein Ergänzungsbescheid ergeht von Amts wegen oder auf Antrag. 42
Ein Rechtsbehelf, mit dem eine Ergänzung des Feststellungsbescheids begehrt wird, ist im Zweifel als Antrag auf Erlass eines Ergänzungsbescheids umzudeuten (BFH BStBl 14, 609).

§ 180 Gesonderte Feststellung von Besteuerungsgrundlagen

(1) [1] Gesondert festgestellt werden insbesondere:

1. die Einheitswerte nach Maßgabe des Bewertungsgesetzes,

2. a) die einkommensteuerpflichtigen und körperschaftsteuerpflichtigen Einkünfte und mit ihnen im Zusammenhang stehende andere Besteuerungsgrundlagen, wenn an den Einkünften mehrere Personen beteiligt sind und die Einkünfte diesen Personen steuerlich zuzurechnen sind,

b) in anderen als den in Buchstabe a genannten Fällen die Einkünfte aus Land- und Forstwirtschaft, Gewerbebetrieb oder einer freiberuflichen Tätigkeit, wenn nach den Verhältnissen zum Schluss des Gewinnermittlungszeitraums das für die gesonderte Feststellung zuständige Finanzamt nicht auch für die Steuern vom Einkommen zuständig ist,

3. der Wert der vermögensteuerpflichtigen Wirtschaftsgüter *(§§ 114 bis 117a des Bewertungsgesetzes)*[1] und der Wert der Schulden und sonstigen Abzüge *(§ 118 des Bewertungsgesetzes),*[1] wenn die Wirtschaftsgüter, Schulden und sonstigen Abzüge mehreren Personen zuzurechnen sind und die Feststellungen für die Besteuerung von Bedeutung sind.

[2] Wenn sich in den Fällen von Satz 1 Nummer 2 Buchstabe b die für die örtliche Zuständigkeit maßgeblichen Verhältnisse nach Schluss des Gewinnermittlungszeitraums geändert haben, so richtet sich die örtliche Zuständigkeit auch für Feststellungszeiträume, die vor der Änderung der maßgeblichen Verhältnisse liegen, nach § 18 Absatz 1 Nummer 1 bis 3 in Verbindung mit § 26.

(2) [1] Zur Sicherstellung einer einheitlichen Rechtsanwendung bei gleichen Sachverhalten und zur Erleichterung des Besteuerungsverfahrens kann das Bundesministerium der Finanzen durch Rechtsverordnung mit Zustimmung des Bundesrates bestimmen, dass in anderen als den in Absatz 1 genannten Fällen Besteuerungsgrundlagen gesondert und für mehrere Personen einheitlich festgestellt werden. [2] Dabei können insbesondere geregelt werden

1. der Gegenstand und der Umfang der gesonderten Feststellung,

2. die Voraussetzungen für das Feststellungsverfahren,

3. die örtliche Zuständigkeit der Finanzbehörden,

4. die Bestimmung der am Feststellungsverfahren beteiligten Personen (Verfahrensbeteiligte) und der Umfang ihrer steuerlichen Pflichten und Rechte einschließlich der Vertretung Beteiligter durch andere Beteiligte,

5. die Bekanntgabe von Verwaltungsakten an die Verfahrensbeteiligten und Empfangsbevollmächtigte,

6. die Zulässigkeit, der Umfang und die Durchführung von Außenprüfungen zur Ermittlung der Besteuerungsgrundlagen.

[3] Durch Rechtsverordnung kann das Bundesministerium der Finanzen mit Zustimmung des Bundesrates bestimmen, dass Besteuerungsgrundlagen, die sich erst später auswirken, zur Sicherung der späteren zutreffenden Besteue-

---

[1] §§ 114–117a, 118 BewG sind aufgehoben.

rung gesondert und für mehrere Personen einheitlich festgestellt werden; Satz 2 gilt entsprechend. [4]Die Rechtsverordnungen bedürfen nicht der Zustimmung des Bundesrates, soweit sie Einfuhr- und Ausfuhrabgaben und Verbrauchsteuern, mit Ausnahme der Biersteuer, betreffen.

(3) **[1]Absatz 1 Satz 1 Nummer 2 Buchstabe a gilt nicht, wenn**

1. nur eine der an den Einkünften beteiligten Personen mit ihren Einkünften im Geltungsbereich dieses Gesetzes einkommensteuerpflichtig oder körperschaftsteuerpflichtig ist oder

2. es sich um einen Fall von geringer Bedeutung handelt, insbesondere weil die Höhe des festgestellten Betrags und die Aufteilung feststehen; dies gilt sinngemäß auch für die Fälle des Absatzes 1 Satz 1 Nummer 2 Buchstabe b und Nummer 3.

[2]Das nach § 18 Absatz 1 Nummer 4 zuständige Finanzamt kann durch Bescheid feststellen, dass eine gesonderte Feststellung nicht durchzuführen ist. [3]Der Bescheid gilt als Steuerbescheid.

(4) **Absatz 1 Satz 1 Nummer 2 Buchstabe a gilt ferner nicht für Arbeitsgemeinschaften, deren alleiniger Zweck in der Erfüllung eines einzigen Werkvertrages oder Werklieferungsvertrages besteht.**

(5) **Absatz 1 Satz 1 Nummer 2 sowie die Absätze 2 und 3 sind entsprechend anzuwenden, soweit**

1. die nach einem Abkommen zur Vermeidung der Doppelbesteuerung von der Bemessungsgrundlage ausgenommenen Einkünfte bei der Festsetzung der Steuern der beteiligten Personen von Bedeutung sind oder

2. Steuerabzugsbeträge und Körperschaftsteuer auf die festgesetzte Steuer anzurechnen sind.

Abs 1 S 2 angefügt durch ZKAnpG v 22.12.14 (BGBl I, 2417); Abs 3 bis 5 neu gefasst durch StModernG v 18.7.16 (BGBl I, 1679).

Schrifttum: *vor 2010 s 13. Aufl; Stahl* Adressat und Rechtsbehelfsbefugnis bei ausländischen Personengesellschaften – Fallstricke für Verwaltung und Steuerpflichtige, ISR 13, 210; *Brinkmann* Die förmliche Feststellung von Besteuerungsgrundlagen einer Organgesellschaft, StBp 16, 189; *Heß* Die KGaA gewinnt für die Beratungspraxis weiter an Attraktivität, BB 17, 2354; *Hageböke* Einheitliche und gesonderte Feststellung bei der KGaA und ihrem persönlich haftenden Gesellschafter, Der Konzern 17, 28.

Übersicht

1 **1. Inhalt.** § 180 I ordnet die gesonderte (und einheitliche) Feststellung für besonders wichtige Fallgruppen („insbesondere") gesetzlich an (§ 179 I) und be-

stimmt, welche Gegenstände (Besteuerungsgrundlagen) jeweils gesondert festgestellt werden müssen. Weitere Fälle der gesonderten (und einheitlichen) Feststellung ergeben sich aus den Einzelsteuergesetzen, vgl § 179 Rz 4. Abs 2 enthält eine Verordnungsermächtigung, von der der Gesetzgeber Gebrauch gemacht hat (Rz 35 ff). Die Abs 3 bis 5 enthalten Ausnahmen und Ergänzungen zu Abs 1. Das Feststellungsverfahren ist in § 181 geregelt.

2. Einheitswerte (Abs 1 S 1 Nr 1). Durch den Wegfall der VSt, der Einheitsbewertung für Zwecke der Ertragsteuern (Feststellung des Einheitswerts des Betriebsvermögens) sowie der GewerbekapitalSt hat die Vorschr erheblich an Bedeutung verloren. Einheitswertfeststellungen begegnen heute nur noch bei Grundbesitz für Zwecke der GrSt, der GewSt (§ 9 Nr 1 GewStG), bei der Gewinnermittlung gem § 13a EStG und, soweit eine Gegenleistung nicht bestimmt ist, bei der GrESt und der ErbSt. Abs 1 Nr 1 verweist inhaltlich ua auf § 19 BewG, der regelt, für welche Wirtschaftsgüter (inl Grundbesitz) Einheitswerte festgestellt werden. Nach § 19 III BewG sind im Einheitswertbescheid auch Feststellungen zu treffen über die Grundstücksart und über die Zurechnung. Die einzelnen erforderlichen Feststellungen, sind nach der Rspr des BFH Gegenstand je eines VA, der selbstständig mit Rechtsbehelfen anfechtbar ist und selbstständig bestandskräftig werden kann (BFH BStBl 87, 292; 89, 822; BFH/NV 91, 726; 94, 222; aA *TK/Brandis* § 180 Rz 8 mwN). 3

3. Mehrere Beteiligte (Abs 1 S 1 Nr 2 Buchst a). Die Vorschr enthält die verpflichtende Anordnung (§ 179 Rz 5), dass eine gesonderte Feststellung stattfinden muss, wenn mehrere Personen an Einkünften beteiligt sind und die Einkünfte diesen Personen stl zuzurechnen sind (Rz 6 ff). Es handelt sich um den praktisch wichtigsten Fall der gesonderten Feststellung. Abs 3 und 4 enthalten Ausnahmen dazu. Abs 1 S 1 Nr 2 Buchst a konkretisiert zugleich § 179 II 2, indem geregelt wird, welche Besteuerungsgrundlagen **einheitlich** festgestellt werden müssen. Festzustellen sind danach die Einkünfte, soweit sie einkommen- oder körperschaftsteuerpflichtig sind (Rz 15 ff), sowie mit ihnen in Zusammenhang stehende andere Besteuerungsgrundlagen (Rz 23 ff). Die Vorschr ist nach Ansicht der Rspr **entsprechend anwendbar,** wenn dies geboten ist, um die einheitliche Behandlung eines bestimmten Vorgangs ggü mehreren Personen zu erreichen (BFH BStBl 00, 695; BFH/NV 09, 503; vgl aber § 179 Rz 4). 5

a) Beteiligung mehrerer Personen an Einkünften. Das Merkmal ist zivilrechtl zu verstehen, denn die stl Zurechnung wird unabhängig von der Beteiligung vorausgesetzt (Rz 7). Eine Beteiligung mehrerer an Einkünften liegt vor, wenn die handelnden Personen als Gemeinschafter (zB Miteigentümer) oder Gesellschafter untereinander verbunden sind und in dieser Verbundenheit steuerbare Einkünfte erzielen (vgl § 183 I 1; BFH BStBl 89, 596; BFH/NV 05, 1737; BStBl 10, 991 zu Vorgesellschaft), dh wenn sie den Tatbestand der Einkunftserzielung in einer Gesellschaft oder Gemeinschaft erfüllen (BFH DStR 17, 2104). Das ist auch der Fall bei der Beteiligung an einer ausl Gesellschaft, wenn die Beteiligung dem Gesellschafter eine unmittelbare Mitberechtigung am gemeinsamen Erfolg vermittelt, wie die Beteiligung an einer inl Gemeinschaft oder PersGes. Wer im Feststellungszeitraum (Rz 25) nicht, noch nicht oder nicht mehr (BFH BStBl 02, 532; BFH/NV 13, 1768) Gesellschafter oder Gemeinschafter ist, ist an den gemeinschaftlichen Einkünften nicht beteiligt (BFH BStBl 13, 309). Im Erbfall kommt es nicht auf die Erbenstellung, sondern auf die gesellschaftsrechtl Sonderrechtsnachfolge gem § 177 HGB an (BFH BStBl 13, 858). Ist der Stifter nicht Gesellschafter einer ausl Familienstiftung, ist er in die gesonderte Feststellung nicht einzubeziehen; daran ändert § 15 I 1 AStG nichts (BFH BStBl 16, 434). Zu beachten ist § 180 III 1 Nr 1 (s Rz 43). Haben sich verschiedene Personen jeweils einzeln als (atypisch) **stille Gesellschafter** an einem Unternehmen beteiligt, liegen gleich- 6 wohl gemeinschaftliche Einkünfte aller Gesellschafter vor, sofern sich die stillen Gesellschafter am gesamten Betrieb und nicht nur an einzelnen Betriebszweigen beteiligen (BFH/NV 02, 1447). Sind dieselben Personen in **mehreren Gesellschaften** miteinander verbunden, ist für jede Gesellschaft ein selbstständiger Gewinnfeststellungsbescheid zu erlassen (BFH/NV 05, 1737). Das ist ausnahmsweise nur dann anders, wenn diese Gesellschaften ihrerseits über einen gemeinsamen Zweck gesellschaftsrechtl verbunden sind; in diesem Fall ist für die gemeinsame Untergesellschaft (Innengesellschaft oder Außengesellschaft) nur ein Feststellungsbescheid zu erlassen (BFH/NV 06, 14). Die gemeinsame Beteiligung muss noch bestehen. Die einheitliche und gesonderte Feststellung ist bei einer Personengesellschaft bis zu deren **Vollbeendigung** erforderlich, auch wenn die Gesellschaft vorher aufgelöst worden ist (BFH BStBl 96, 291). Aus der Sicht eines Einzelnen fehlt es an einer Beteiligung mehrerer, wenn seine Beteiligung durch **Veräußerung** des Mitunternehmeranteils oder **Betriebsaufgabe** entfallen ist; auf ihn entfallende nachträgliche Betriebseinnahmen oder Sonderbetriebsausgaben können dann nicht mehr gesondert festgestellt werden (BFH BStBl 02, 532; BFH/NV 03, 900; 11, 365), wohl aber der Veräußerungsgewinn (Rz 20). **Keine Beteiligung mehrerer** iSv Abs 1 S 1 Nr 2a ist die Beteiligung an einer KapGes. Einkünfte von KapGes sind diesen selbst zuzurechnen; Ausschüttungen fließen den Anteilseignern einzeln zu und sind nicht von ihnen gemeinsam erzielt. Dasselbe gilt für die Einkünfte der persönlich haftenden Gesellschafter einer **KGaA** (str vgl FG Mchn EFG 03, 670; FG Hbg EFG 03, 711; FG SchlHol StEd 11, 425; FG Hbg EFG 15, 168; offen gelassen BFH/NV 12, 556). Bei einer **doppelstöckigen Personengesellschaft** sind die Gesellschafter der Obergesellschaft nicht Gesellschafter der Untergesellschaft. Es ist deshalb ein zweistufiges Feststellungsverfahren durchzuführen (BFH BStBl 90, 39; 95, 467; 04, 353; BFH/NV 04, 1; 05, 1560; § 179 Rz 23).

7 **Steuerliche Zurechnung.** Die Einkünfte müssen den Beteiligten darüber hinaus auch stl zuzurechnen sein. Abs 1 S 1 Nr 2a Buchst a regelt dies nicht, sondern setzt die Kriterien und Maßstäbe für die stl Zurechnung voraus. IdR werden Einkünfte demjenigen zugerechnet, der den Tatbestand der Einkunftserzielung selbst oder durch andere erfüllt hat. Vgl allg § 179 Rz 22. Einkünfte, die der Erblasser erzielt hat, sind diesem und nicht den Erben zuzurechnen (BFH/NV 17, 567). Anders ist dies, soweit die Erbengemeinschaft selbst die Einkünfte erzielt (BFH/NV 16, 1453). Zurechnungsgrund bei gemeinsamer Erzielung von Einkünften ist grds die gesellschafts- oder gemeinschaftsrechtl Verbundenheit. Insofern laufen die beiden Voraussetzungen idR parallel (*Koenig/Koenig* Rz 15). Sie bewirkt insbes die gemeinsame Zurechnung des in der Verbundenheit erzielten Handlungserfolgs. An gemeinschafts- oder gesellschaftsrechtlicher Verbundenheit fehlt es zB zwischen **beteiligungsidentischen Schwesterpersonengesellschaften;** insofern findet (zB im Hinblick auf den Tatbestand des gewerblichen Grundstückshandels) keine übergreifende Zurechnung statt (BFH BStBl 09, 529; FG BBg EFG 10, 323). Im Rahmen der Gewinneinkunftsarten setzt die stl Zurechnung – über die zivilrechtliche Verbundenheit hinaus – die Stellung als **Mitunternehmer** voraus (Rz 10 ff). Auf die Überschusseinkünfte hat die Rspr die Rechtsfigur des Mitunternehmers bisher nicht angewandt. Insofern genügt für die Zurechnung des gemeinsam erzielten Handlungserfolgs idR die zivilrechtliche Verbundenheit. § 39 regelt zwar grds nicht die Zurechnung von Einkünften, sondern die Zurechnung von Wirtschaftsgütern. Die Vorschr hat jedoch Auswirkungen auf die Zurechnung von Einkünften. Bei einem stl anzuerkennenden **Treuhandverhältnis** werden die aus dem Treugut erzielten Einkünfte dem Treugeber zugerechnet (§ 39 II Nr 1 S 2). Deshalb findet keine gesonderte einheitliche Gewinnfeststellung für eine zweigliedrige KG statt, wenn ein Gesellschafter seine Beteiligung als Treuhänder für den andern Gesellschafter hält (BFH BStBl 93, 574). Sind jedoch mehrere Treugeber über einen Treuhänder an einer KG beteiligt, ist ein zweistufiges Feststellungsverfahren erforderlich (BFH/NV 02, 1278; Rz 6 aE). Fragen der steuerlichen Zurechnung

stellen sich vor allem auch bei der mittelbarer Beteiligung. Dann kommt eine besondere gesonderte Feststellung gem § 179 II 3 in Betracht. Zu den Besonderheiten bei **Unterbeteiligung** an Personengesellschaftsanteilen vgl § 179 Rz 31. Ist ein **Betrieb gewerblicher Art** (§ 1 I Nr 6 KStG) an einer PersGes beteiligt, sind die Einkünfte der Körperschaft des öffentlichen Rechts zuzurechnen (BFH/NV 13, 514). Auch der Gewinn einer ausl PersGes ist gesondert und einheitlich festzustellen, soweit er im Inland stpfl Mitunternehmern zuzurechnen ist; der Bescheid ist gegen die an ihr beteiligten Gesellschafter (Mitunternehmer) zu richten (BFH BStBl 16, 633; unter Aufgabe von BFH/NV 07, 2236). **Nicht die stl Zurechnung**, sondern die insolvenzrechtliche Zuordnung ist betroffen bei der Frage, ob nach Insolvenzeröffnung begründete Steuerforderungen als Insolvenzforderung, Masseverbindlichkeit (§ 55 I InsO) oder insolvenzfreies Vermögen zu qualifizieren sind. Über diese Frage ist nicht im Feststellungsverfahren, sondern bei der StFestsetzung zu entscheiden (BFH BStBl 16, 251; 16, 848).

Die Einkünfte müssen den Beteiligten stl **gemeinsam** zurechenbar sein. Das 8
steht zwar nicht ausdrückl im Gesetz, ergibt sich aber aus dem Zusammenhang. Eine gesonderte und einheitliche Feststellung findet deshalb nicht statt, wenn mehreren Beteiligten die von ihnen erzielten Einkünfte nach Bruchteilen zugerechnet werden (sog **Bruchteilsbetrachtung**). Danach verwirklicht jeder Beteiligte den Tatbestand der Einkunftserzielung nach Maßgabe seiner zivilrechtl Berechtigung selbst. Die Bruchteilsbetrachtung wendet der BFH insbes bei **§ 17 EStG** in stRspr an und lehnt deshalb eine gesonderte Feststellung der Einkünfte gem § 17 EStG generell ab (BFH BStBl 00, 686; 06, 253); ebenso für Einkünfte gem § 23 EStG (FG Köln, EFG 04, 1181). Die gemeinsame stl Zurechnung kommt ansonsten aber bei allen Einkunftsarten in Betracht.

Ob mehrere Personen an Einkünften beteiligt sind und ob die Einkünfte diesen 9
Personen stl zugerechnet werden, muss nicht im Voraus feststehen. Im Zweifel muss dies im Feststellungsverfahren geklärt werden (vgl § 179 Rz 5). Eine gesonderte und einheitliche Feststellung ist demnach schon dann erforderlich, wenn es **zweifelh** ist oder nur **möglich erscheint,** ob Einkünfte vorliegen, an denen mehrere Personen beteiligt sind oder ob Einkünfte mehreren Personen zuzurechnen sind oder ob für diese Personen überhaupt eine EStVeranlagung durchgeführt werden darf (Abs 3 S 2; BFH BStBl 86, 239; BFH/NV 08, 1298; 09, 708; 10, 2011;). Die Zweifel können auch rechtlicher Natur sein (BFH DStR 17, 1527). Im Feststellungsverfahren muss deshalb geklärt werden, ob die Ergebnisanteile des persönlich haftenden Gesellschafters einer KGaA gesondert festgestellt werden (vgl BFH/NV 16, 1679; BFH DStR 17, 1976). Im Feststellungsverfahren muss auch geklärt werden, ob die einzelnen Feststellungsbeteiligten unbeschränkt oder nur beschränkt steuerpflichtig sind (FG Mchn EFG 05, 1325). Von einer gesonderten und einheitlichen Feststellung kann nicht abgesehen werden, weil zum Zeitpunkt des Erlasses des Bescheids ein Feststellungsbeteiligter verstorben ist (BFH BStBl 95, 640).

Gewerbebetrieb. Die gesonderte und einheitliche Feststellung gewerblicher 10
Einkünfte (außer § 17 EStG) setzt stl **Mitunternehmerschaft** voraus (§ 15 I 1 Nr 2 EStG; näher dazu § 179 Rz 22, 31); auf die zivilrechtl Beteiligungsform kommt es insofern nicht entscheidend an. Eine **Gütergemeinschaft** führt nicht unmittelbar und zwangsläufig zur Annahme einer Mitunternehmerschaft (BFH/NV 10, 2011). Die Frage, unter welchen Umständen die Mitglieder einer **Gewinngemeinschaft** (§ 292 I Nr 1 AktG) als Mitunternehmer zu behandeln sind, ist noch nicht geklärt (BFH DStR 17, 1527; *Walter* Der Konzern 17, 331). Ob die typischen Merkmale einer Mitunternehmerschaft vorliegen, muss im Verfahren der gesonderten Feststellung geprüft und entschieden werden. Die gesonderte Feststellung ist demnach schon dann durchzuführen, wenn eine Mitunternehmerschaft möglich erscheint (BFH/NV 96, 592; 04, 771). **Mehrmütterorganschaft:** Die den jeweiligen Muttergesellschaften anteilig zuzurechnenden Gewerbeerträge und

Gewerbekapitalien sind in entsprechender Anwendung von § 180 I Nr 2a einheitlich und gesondert festzustellen (BFH BStBl 00, 695; BFH/NV 07, 729).

11 Von Angehörigen der **freien Berufe** werden Einkünfte gemeinsam erzielt, wenn sie sich zu einer Sozietät oder Gesellschaft (GbR, PartG) zusammenschließen (BFH BStBl 85, 577). Zu den Voraussetzungen, unter denen eine Mitunternehmerschaft von Freiberuflern freiberufliche Einkünfte erzielt vgl Erläut zu § 18 EStG (zB *Schmidt/Wacker* § 18 EStG Rz 39 ff).

12 Bei **Einkünften aus Land- und Forstwirtschaft** muss die Frage der **Mitunternehmerschaft von Ehegatten** (insbes bei **Gütergemeinschaft**) grds im Feststellungsverfahren geklärt werden (BFH BStBl 86, 539; BFH/NV 08, 1156; 10, 1419). Es bestehen keine Hinderungsgründe, die Einkünfte auch noch nach Einlegung eines Einspruchs gegen den EStVeranlagungsbescheid gesondert und einheitlich festzustellen (BFH BStBl 90, 689). Der Freibetrag nach § 13 III EStG ist allerdings nicht bei der gesonderten und einheitlichen Feststellung der Einkünfte, sondern nur im Veranlagungsverfahren abziehbar (BFH BStBl 90, 689).

13 Bei **Einkünften aus VuV** ist eine gesonderte und einheitliche Feststellung vorzunehmen, wenn mehrere Personen den Tatbestand der Vermietung oder Verpachtung (§ 21 EStG) gemeinsam verwirklichen und dadurch Einkünfte erzielen, sei es in Gestalt einer Gesamthands- oder Bruchteilsgemeinschaft (BFH BStBl 09, 231; BFH/NV 13, 15). Es kommt grds darauf an, wer Träger der Rechte und Pflichten aus dem zugrunde liegenden Rechtsverhältnis (Mietvertrag) ist. Miterben erzielen gemeinschaftliche Einkünfte aus VuV, solange die Erbengemeinschaft nicht auseinandergesetzt ist (BFH/NV 13, 565). Eine gesonderte Feststellung ist auch durchzuführen, wenn eine vermögensverwaltende Personengesellschaft Räume an eine Anwaltsgemeinschaft vermietet und einer der Gesellschafter zugleich Mitglied der Anwaltsgemeinschaft ist und insofern Sondervergütungen bezieht (BFH BStBl 09, 231; abl *Steger* DStR 09, 784). Die materiell-rechtl Prüfung erfolgt in zwei Schritten. Auf der ersten Stufe ist zu klären, ob mehrere Personen den Tatbestand der Einkünfteerzielung erfüllt haben. Daran fehlt es, wenn Miteigentümer vereinbaren, dass lediglich ein Miteigentümer das betr Wirtschaftsgut zum Zweck der Vermietung nutzen soll (BFH DStR 99, 1763). Nur wenn mehrere den Tatbestand der Einkünfteerzielung verwirklicht haben, ist auf der zweiten Stufe zu prüfen, wem die Einkünfte zuzurechnen sind. Dafür sind grds die zivilrechtlichen Eigentums- und Beteiligungsverhältnisse maßgeblich. Erzielen Miteigentümer eines Wohn- und Geschäftshauses aus der gemeinsamen Fremdvermietung einer Wohnung gemeinschaftlich Einkünfte aus VuV, so sind die Einkünfte unabhängig davon, ob und in welchem Umfang die Miteigentümer die übrigen Räumlichkeiten des Hauses jeweils selbst nutzen, den Miteigentümern grds ihren Miteigentumsanteilen entspr zuzurechnen und gesondert und einheitlich festzustellen (vgl BFH BStBl 99, 360; 04, 929). Bei der Vermietung von Miteigentum an einen der Miteigentümer liegen steuerrechtl anzuerkennende Einkünfte nur insoweit vor, als das vereinbarte Nutzungsrecht den Miteigentumsanteil des Berechtigten übersteigt, weil er iÜ aus eigenem Recht nutzt (Bruchteilsbetrachtung, vgl auch § 39 Rz 83). Ebenso ist der Mietvertrag zwischen einer GbR und einem Gesellschafter steuerrechtl nicht anzuerkennen, wenn und soweit diesem das Grundstück nach § 39 II Nr 2 anteilig zuzurechnen ist (BFH BStBl 04, 898; 929; BFH/NV 05, 168). Gemeinschaftliche gesondert festzustellende Einkünfte aus VuV können auch vorliegen, wenn der Eigentümer eines vermieteten Grundstücks an einem ideellen Miteigentumsanteil einen Nießbrauch bestellt (BFH/NV 91, 11; 94, 866).

14 **Einkünfte aus Kapitalvermögen und sonstige Einkünfte.** Mehrere Personen müssen gemeinschaftlich die Einkünfte erzielt haben und sie müssen ihnen zuzurechnen sein (vgl BFH/NV 09, 1118 zu KapVermögen; BFH/NV 99, 1446 zu Spekulationsgeschäft; BFH/NV 95, 387 zu sonstigen Leistungen). Einkünfte gem § 22 Nr 2 iVm § 23 I 1 Nr 1 EStG werden gesondert und einheitlich festgestellt, wenn mehrere ein **privates Veräußerungsgeschäft** gemeinsam verwirklicht

haben (Anschaffung und Veräußerung; BFH/NV 15, 1077). Erwirbt ein Stpfl eine Beteiligung an einer grundstücksbesitzenden PersGes und veräußert diese innerhalb der Veräußerungsfrist eine Wohnung, fehlt es insofern an einer gemeinsamen Anschaffung; eine gesonderte und einheitliche Feststellung findet nicht statt (BFH BStBl 16, 515; BFH/NV 16, 529 Mischfall).

b) Gegenstand der Feststellung. Festzustellen sind einkommen- und körperschaftsteuerpflichtige Einkünfte und mit ihnen im Zusammenhang stehende andere Besteuerungsgrundlagen. Der Begriff der **Einkünfte** ist materiell-rechtl zu verstehen (§ 2 II EStG). Einkünfte können positiv (Gewinn, Überschuss der Einnahmen) oder negativ (Verlust, Überschuss der Werbungskosten) sein. Sie müssen einer der in § 2 II EStG aufgezählten Einkunftsarten unterfallen (Rz 17). Die Einkünfte müssen im im Inland einkommensteuer- oder körperschaftsteuerpflichtig (gemeint: steuerbar) sein (BFH/NV 07, 2236). 15

Im Ausland erzielte Einkünfte sind festzustellen, soweit sie nicht kraft ausdrücklicher Anordnung im Inland steuerfrei sind (BFH BStBl 14, 703). Nicht festgestellt werden danach im Ausland erzielte Einkünfte, die im Inland nicht steuerbar oder steuerfrei sind. Dazu gehören auch die nach einem DBA von der inl Besteuerung freizustellenden Einkünfte (FG Mster EFG 14, 2043, BFH BStBl 17, 107; vgl aber Abs 5, Rz 53 ff). Einkünfte einer ausl Familienstiftung, die im Inland weder beschränkt noch unbeschränkt stpfl ist, sind nicht festzustellen (BFH BStBl 16, 434). 16

Einkünfte. Festzustellen sind in jedem Fall der Grund, die Höhe der Einkünfte und ihre Verteilung auf die Beteiligten (BFH BStBl 09, 699; BFH/NV 10, 818) einschl etwaiger Korrekturen der Gewinnverteilung (BFH BStBl 15, 935). Dazu gehört auch die **Einkünfteerzielungsabsicht,** soweit sie sich auf die gemeinsame Einkünfteerzielung bezieht (BFH/NV 10, 863; 13, 565). Sie wird zwar nicht ausdrücklich festgestellt, kann aber nicht mehr verneint werden, wenn die Einkünfte gesondert festgestellt worden sind. Die **Ordnungsmäßigkeit der Buchführung** muss ebenfalls (inzident) im Gewinnfeststellungsbescheid beurteilt werden (BFH/NV 90, 480). Sie ist bejaht, wenn die Einkünfte festgestellt worden sind. Hängt die Höhe des Gewinnanteils eines Kommanditisten oder Komplementärs von der Entscheidung ab, ob bei der Komplementär-GmbH eine vGA anzunehmen ist, muss darüber im gesonderten Gewinnfeststellungsverfahren der KG entschieden werden (BFH/NV 89, 682). Einkünfte, die dem **Halb- oder Teileinkünfteverfahren** unterliegen, können in voller Höhe („brutto") festgestellt werden, sofern aus den weiteren Feststellungen des Bescheids für einen verständigen Empfänger zweifelfrei erkennbar ist, dass zur Ermittlung der stpfl Einkünfte unter Anwendung von § 3 Nr 40 EStG und § 3c II EStG ein zusätzlicher Rechenschritt notwendig ist (BFH BStBl 13, 444). Der BFH hält es allerdings für ernstlich zweifelh, ob dies auch für die Einkünfte aus privaten Veräußerungsgeschäften gilt (BFH/NV 15, 497). 17

Einkunftsart. Im Gewinnfeststellungsverfahren ist grds auch zu entscheiden, zu welcher Einkunftsart die Einkünfte gehören. Wird eine andere als die vom Stpfl begehrte Einkunftsart festgestellt, kann darin eine Beschwer liegen (BFH BStBl 08, 858; BFH/NV 17, 1523). Gesondert festzustellen ist auch, ob die Voraussetzungen von § 5a EStG vorliegen (BFH/NV 17, 1109). Etwas anderes gilt für sog **Zebra-Gesellschaften.** Nach der Entscheidung des GrS des BFH ist die verbindliche Entscheidung über die Einkünfte eines betrieblich an einer vermögensverwaltenden Gesellschaft beteiligten Gesellschafters sowohl ihrer Art als auch ihrer Höhe nach nicht auf der Ebene der Gesellschaft, sondern durch das für die persönliche Besteuerung dieses Gesellschafters zuständige Wohnsitz-FA zu treffen. Die sog Ping-Pong-Lösung, nach der das Wohnsitz-FA mit Bindungswirkung für das Feststellungsverfahren über die Qualifikation der Einkünfte entscheiden sollte, hat der GrS mit der Begründung verworfen, für die Bindungswirkung fehle eine gesetzliche Grundlage (BFH BStBl 05, 679; BFH/NV 06, 230; 17, 1313). In gleicher 18

Weise können die die gewerbliche Tätigkeit der Gesellschafter begründenden Aktivitäten beteiligungsidentischer Schwesterpersonengesellschaften erst bei der Veranlagung der Gesellschafter und nicht schon bei der Einkünftefeststellung der einzelnen Gesellschaften berücksichtigt werden (offen gelassen BFH BStBl 09, 266; aA BFH BStBl 96, 369).

19 **Sonderbetriebseinnahmen und -ausgaben** gehen in den Gesamtgewinn ein; sie sind deshalb gesondert festzustellen, auch wenn sie nicht gemeinschaftlich verwirklicht werden (BFH BStBl 91, 401; 92, 4; 92, 585; 03, 871; BFH/NV 90, 369; 92, 154). Festzustellen ist die Höhe und die persönliche Zurechnung. Gleiches gilt für Sonderwerbungskosten bei den Einkünften aus VuV (BFH/NV 91, 653; 94, 547). Auch Sonderbetriebsausgaben, die aus Leistungen an einen Unterbeteiligten resultieren, sind gesondert festzustellen (BFH BStBl 89, 343). Sonderbetriebseinnahmen müssen im Inland steuerbar sein (FG Brem EFG 04, 470). Über die Frage, ob Tätigkeitsvergütungen und Zinsen als Sonderbetriebseinnahmen zu erfassen sind, ist im Rahmen der einheitlichen und gesonderten Feststellung mit bindender Wirkung auch für den Feststellungsbescheid nach § 15a IV EStG zu entscheiden (BFH BStBl 01, 621).

20 **Außerordentliche Einkünfte.** Gesondert festgestellt werden die gemeinschaftlich (dh auf Ebene der Gesellschaft oder Gemeinschaft) erzielten außerordentlichen Einkünfte, zB wenn eine PersGes ihr Betriebsvermögen gegen Gewährung von Gesellschaftsrechten in eine KapGes eingebracht hat (BFH BStBl 79, 724). Das gilt auch für Gewinne aus der Veräußerung von Wirtschaftsgütern, die zum Sonderbetriebsvermögen gehören (FG BaWü EFG 12, 1355). Der Gewinn aus der Veräußerung oder Aufgabe eines Mitunternehmeranteils wird ebenfalls gesondert und einheitlich festgestellt (BFH BStBl 15, 536), jedoch als „andere Besteuerungsgrundlage" (BFH BStBl 17, 1053, vgl Rz 26).

21 **Umwandlungsfälle.** Gesondert festgestellt wird auch ein **Einbringungsgewinn** (§ 20 UmwStG iVm § 16 I EStG), soweit sich die Sacheinlage auf den Mitunternehmeranteil bezieht (BFH/NV 11, 258), ebenso ein Einbringungsgewinn gem § 22 I 1 UmwStG (FG Mster EFG 16, 252). Beim Formwechsel einer KapGes in eine PersGes sind ein etwaiger **Übernahmegewinn** (BFH BStBl 10, 63) sowie ein von der übertragenden Körperschaft in Anspruch genommener KStMinderungsbetrag gesondert festzustellen (BFH/NV 15, 523). Die Einbeziehung der nur einen einzelnen Gesellschafter betr Besteuerungsgrundlagen kann aber nicht über den unlösbaren Zusammenhang mit gemeinschaftlich erzielten Einkünften hinaus ausgedehnt werden. So ist der Spekulationsgewinn aus der Veräußerung eines im Privatvermögen gehaltenen Anteils an einer PersGes nicht in der einheitlichen und gesonderten Feststellung zu berücksichtigen (BFH BStBl 94, 86; BFH/NV 94, 683; vgl auch BFH/NV 95, 303).

23 **Andere Besteuerungsgrundlagen** sind insbes solche, die weder Grund noch Höhe der gemeinschaftlich erzielten Einkünfte beeinflussen und deshalb bei deren Ermittlung nicht berücksichtigt worden sind. Sie sind gesondert festzustellen, soweit sie in einem rechtlichen, wirtschaftlichen oder tatsächlichen Zusammenhang mit den gemeinschaftlich erzielten Einkünften stehen. Die Abgrenzung, was zum gesonderten Gewinnfeststellungsverfahren gehört, kann iEinz schwierig sein (vgl auch § 179 Rz 40).

24 **Im Ausland erzielte Einkünfte.** Im Gewinnfeststellungsverfahren ist auch über die beschränkte StPflicht des Gesellschafters einer PersGes zu entscheiden (FG Mchn EFG 91, 328). Über die Höhe der nach einem DBA anzurechnenden Steuer muss im Bescheid über die gesonderte einheitliche Feststellung entschieden werden, wenn die Einkünfte gesondert festgestellt werden (BFH BStBl 90, 951; s auch Rz 39). Auch die StErmäßigung nach § 34c EStG gehört in das gesonderte Gewinnfeststellungsverfahren (*Helmschrott/Eberhart* DStR 94, 525; vgl schon zu Verlusten nach § 34c IV EStG aF BFH BStBl 94, 794; 95, 692; zur Rechtslage vor 1995 iÜ s BFH BStBl 90, 951; 92, 187; BFH/NV 10, 1550; zur zeitlichen An-

wendbarkeit von § 34c IV aF vgl FG Mster EFG 10, 199). Etwas anderes gilt aber für die Unterwerfung unter einen pauschalen Steuersatz nach § 34c V EStG, da hier eine Billigkeitsentscheidung einer obersten FinBeh der Länder getroffen werden muss (vgl BFH/NV 01, 1541). Eine gesonderte Feststellung ist nicht erforderlich, soweit die ESt für die gemeinsam erzielten Einkünfte durch den gem § 50a EStG vorzunehmenden StAbzug als abgegolten gilt. Die negative Entscheidung ist allerdings in dem Feststellungsverfahren zu treffen, in dem ansonsten diese Einkünfte festzustellen wären (BFH BStBl 92, 185).

Im Inland erzielte Einkünfte. Gesondert festzustellen sind zB Aufwendungen, die aus Mitteln der Gesellschaft oder Gemeinschaft geleistet werden, wenn sie für die Besteuerung der Feststellungsbeteiligten von Bedeutung sind (vgl AEAO zu § 180 Nr 1). Dazu zählen etwa **Sonderausgaben** (zB aus den gemeinschaftlichen Einkünften geleistete Spenden oder Bausparbeiträge) und **außergewöhnliche Belastungen,** soweit sie mit den gemeinschaftlichen Einkünften in Zusammenhang stehen. **Hinzurechnungsbeträge** nach § 15a III EStG gehören zwar nicht zu den Einkünften aus der Mitunternehmerschaft (BFH BStBl II 02, 458), sondern beeinflussen nur den verrechenbaren Verlust. Es handelt sich jedoch um im Zusammenhang mit den Einkünften stehende Besteuerungsgrundlagen, die mit den Einkünften gesondert und einheitlich festzustellen sind (BFH BStBl 15, 532). Die gemeinsame Verwirklichung ist insoweit nicht Voraussetzung. Grds kann sich die gesonderte und einheitliche Feststellung auch auf Besteuerungsgrundlagen erstrecken, die nur einen einzelnen Gesellschafter betreffen, wenn diese Besteuerungsgrundlagen in (unlösbarem) Zusammenhang mit den gemeinsam erzielten Einkünften stehen. Trägt zB der Gesellschafter einer GbR deren Werbungskosten oder Betriebsausgaben über den seiner Beteiligung entsprechenden Anteil hinaus, sind ihm diese Aufwendungen im Rahmen der einheitlichen und gesonderten Gewinnfeststellung der Gesellschaft ausnahmsweise dann allein zuzurechnen, wenn insoweit weder eine Zuwendung an Mitgesellschafter beabsichtigt ist noch gegen diese ein Ausgleichsanspruch besteht (BFH BStBl 05, 454). 25

Veräußerungsgewinne. Gesondert festgestellt werden auch die Gewinne oder Verluste aus der Veräußerung oder Aufgabe eines **Mitunternehmeranteils** (BFH BStBl 93, 666; 15, 536), auch bei freiberuflicher Mitunternehmerschaft (BFH/NV 14, 1295). Sie werden zwar nicht gemeinschaftlich erzielt, gehören aber als letzter Tatbestand zur gemeinsamen Einkünfteerzielung. Festzustellen ist zunächst, dass es sich um einen **Veräußerungsgewinn** handelt. Darin liegt eine selbständige Feststellung (BFH BStBl 15, 536). Festzustellen ist die **Höhe** des Gewinns. Dazu gehört die Feststellung, ob zugunsten eines Feststellungsbeteiligten das Buchwertprivileg gem § 13 KStG zu gewähren ist, denn die Feststellung beeinflusst die Höhe des Veräußerungsgewinns (BFH/NV 12, 786). Festzustellen ist weiter die **Einkunftsart,** der er unterfällt, und ob bzw in welchem Umfang auf ihn eine Tarifermäßigung oder andere **Steuerbegünstigung** anzuwenden sind (BFH BStBl 91, 455; 95, 692; BFH/NV 92, 108; 01, 729; 02, 497; 09, 1877). Auch insofern handelt es sich um zwei jeweils selbständige Feststellungen (BFH/NV 16, 1256). Das gilt insbes für die Tarifbegünstigung gem § 34 II 1, II EStG, nicht jedoch für die Voraussetzungen von § 34 III EStG. Darüber wird erst bei der Veranlagung entschieden (BFH BStBl 17, 1053). Zum Inhalt des Feststellungsbescheids gehört ferner der Zeitpunkt, bis zu dem der ausgeschiedene Gesellschafter beteiligt war (BFH BStBl 10, 1043; zur zeitlichen Zuordnung des Veräußerungsgewinns beim ausscheidenden Gesellschafter vgl Rz 25). Gleichwohl soll das Wohnsitz-FA nicht gehindert sein, beim Gesellschafter – unter Umqualifizierung des festgestellten Veräußerungsgewinns – einen gewerblichen Grundstückshandel anzunehmen (BFH BStBl 12, 647; vgl Rz 23). 26

Die §§ 179 ff sind entspr anwendbar auf **Zinsen** (§ 239 I 1). Bei Hinterziehung von ESt durch den Geschäftsführer einer PersGes zum Vorteil der Gesellschafter ist deshalb über die Frage, ob und in welchem Umfang der von den Gesellschaftern 27 erlangte Vorteil iSv § 235 auf Hinterziehung beruht, im Verfahren der gesonderten und einheitlichen Feststellung zu entscheiden (BFH BStBl 89, 596; BFH/NV 94, 75; 95, 471). Der Feststellungsbescheid ist insoweit Grundlagenbescheid für den Zinsbescheid (FG BBg EFG 99, 368; vgl aber auch FG BaWü EFG 98, 982 zur Entbehrlichkeit eines solchen Grundlagenbescheids bei Evidenz des Vorteils eines Gesellschafters aus der StHinterziehung).

28 **Nicht festzustellen** sind Sachverhalte, die außerhalb der Beteiligung (und der gemeinschaftlich verwirklichten Tatbestände) im Bereich der persönlichen Einkunftserzielung liegen (BFH GrS BStBl 05, 679; 12, 647). Dazu gehört die verbindliche Entscheidung über die Art und Höhe der Einkünfte des betrieblich an einer vermögensverwaltenden Gesellschaft beteiligten Gesellschafters (**Zebragesellschaft;** BFH BStBl 05, 679) oder die Anwendung des **Halb- bzw Teileinkünfteverfahrens** (Rz 16). Gleiches gilt für die Entscheidung, ob ein Abzugshindernis für den Sonderausgabenabzug besteht (§ 50 I 4 EStG 2002; BFH/NV 16, 1) oder ob eine gemeinnützige Stiftung mit der Beteiligung an einer gewerblich geprägten vermögensverwaltenden PersGes einen wirtschaftlichen Geschäftsbetrieb (§ 14) unterhält, ist außerhalb des Feststellungsverfahrens zu entscheiden (BFH BStBl 11, 858). Über die Höhe des **Freibetrags nach § 16 IV EStG** und die persönlichen Voraussetzungen (Alter, Berufsunfähigkeit, Objektbeschränkung) wird bei der Veranlagung zur ESt entschieden (stRspr BFH BStBl 16, 216; BFHE 258, 317). Im Gewinnfeststellungsverfahren ist aber der Umfang der Beteiligung des Gesellschafters am Freibetrag festzustellen (BFH BStBl 86, 811; 94, 607). Das gilt auch dann, wenn der Freibetrag den Erben zu gewähren ist (BFH BStBl 95, 893). Bei einer gesonderten und einheitlichen Feststellung von Einkünften aus Kapitalvermögen sind der Werbungskostenpauschbetrag und der Sparerfreibetrag nicht zu berücksichtigen (FG RhPf EFG 99, 705). Über die Voraussetzungen von **Stundung** (§ 222) und **Erlass** (§§ 163, 227) ist auf der Ebene der Einkommensbesteuerung und nicht im Feststellungsverfahren zu entscheiden (BFH BStBl 10, 916). Das Gleiche gilt für die Frage, ob ein Gesellschafter unbeschränkt steuerpflichtig ist und ob dauernde Lasten abzugsfähig sind (FG Köln EFG 12, 2025). Nicht festzustellen sind ferner **nachträgliche Betriebseinnahmen** zB bei einem gewinn- oder umsatzabhängigen Kaufpreis (BFH BStBl 02, 532) oder **vorab entstandene Betriebsausgaben/Werbungskosten,** soweit im Feststellungszeitraum eine Beteiligung noch nicht bestand (Rz 6).

29 **Rechtsfolgen.** Liegen die Voraussetzungen der Vorschr vor, ist zwingend ein Feststellungsverfahren durchzuführen (Feststellungspflicht § 179 Rz 5). Ausnamen Abs 3 und 4. Die Einkünfte und die mit ihnen in Zusammenhang stehenden Besteuerungsgrundlagen müssen durch Feststellungsbescheid festgestellt werden. Zur Bindungswirkung des Feststellungsbescheids vgl § 182. Zur isolierten Anfechtbarkeit der einzelnen Feststellungen vgl § 179 Rz 11 ff. Sind Besteuerungsgrundlagen nicht gesondert festgestellt, obwohl über sie notwendig in einem Feststellungsbescheid entschieden werden muss, kommt der Erlass eines Ergänzungsbescheids in Betracht (§ 179 III; s dort Rz 38 ff). Enthält der Bescheid Feststellungen, über die nicht im Feststellungsverfahren, sondern im Veranlagungsverfahren zu entscheiden gewesen wäre, soll (ungeachtet der Bindungswirkung gem § 182) die verfahrensrechtliche Reichweite der **Feststellungswirkung** insofern begrenzt sein (BFH GrS BStBl 05, 679; 12, 647). Das gilt jedenfalls für Feststellungen, über die verbindlich erst im EStBescheid zu entscheiden ist (vgl Rz 18: Zebragesellschaft). An die Feststellung der Einkunftsart und die Qualifizierung als Veräußerungsgewinn ist das Wohnsitz-FA bei der Prüfung, ob ein gewerblicher Grundstückshandel vorliegt nicht gebunden (BFH/NV 13, 511). Ist eine gesonderte Feststellung generell unterblieben, s § 179 Rz 5.

30 **4. Andere Fälle (Abs 1 S 1 Nr 2 Buchst b).** Einkünfte aus **Land- und Forstwirtschaft,** aus **Gewerbebetrieb** oder aus **freiberuflicher Tätigkeit (§ 18**

I Nr 1 EStG, nicht jedoch die Einkünfte aus anderen selbstständigen Tätigkeiten) werden gesondert (nicht einheitlich) festgestellt, wenn das **Wohnsitz-FA (§ 19)** nicht mit dem **LageFA** oder **BetriebsFA iwS (§ 18)** identisch ist und wenn nicht mehrere Personen an den Einkünften beteiligt sind („in anderen als den in Buchstabe a genannten Fällen"). Die einheitliche und gesonderte Feststellung nach Abs 1 S 1 Nr 2 Buchst a geht der gesonderten Feststellung nach Abs 1 S 1 Nr 2 Buchst b vor (BFH/NV 93, 2; 08, 1298; 10, 2011), dh alle Besteuerungsgrundlagen, die gesondert und einheitlich festgestellt werden müssen (vgl Rz 15 ff) können nicht Gegenstand einer gesonderten Feststellung nach Abs 1 S 1 Nr 2 Buchst b sein (BFH/NV 09, 358).

a) Gesonderte Feststellung. Der Regelung liegt der Gedanke zugrunde, dass 31 das BetriebsFA idR über die örtlichen Verhältnisse besser informiert ist als das uU entferntere Wohnsitz-FA und dass es daher auch eher in der Lage ist, die stl Verhältnisse des Betriebes zu beurteilen (BFH BStBl 87, 195; 88, 230; BFH/NV 04, 909; 15, 468). Eine gesonderte Feststellung ist durchzuführen, wenn die örtliche Zuständigkeit für die gesonderte Gewinnfeststellung und für die Steuern vom Einkommen **auseinanderfallen** (vgl BT-Drs 18/3017, 33). Bei Einkünften aus Land- und Forstwirtschaft kommt es darauf an, in welchem Bezirk der Betrieb ua liegt (LageFA, § 18 I Nr 1). Bei gewerblichen Einkünften kommt es auf den Sitz der Geschäftsleitung an (BetriebsFA; § 18 I Nr 2), bei Einkünften aus freiberuflicher Tätigkeit darauf, von welchem Bezirk aus der Stpfl seine Tätigkeit vorwiegend ausübt (§ 18 I Nr 3). Lässt sich kein Ort feststellen (zB bei Lotsentätigkeit), von dem aus der Stpfl seine selbstständige Tätigkeit vorwiegend betreibt, ist § 18 I Nr 3 nicht einschlägig (s § 18 Rz 6). Eine gesonderte Gewinnfeststellung ist dann unzulässig (BFH/NV 04, 909). Die Zuständigkeit für die Steuern vom Einkommen ergibt sich aus § 19. § 19 III 1 sieht vor, dass in den Fällen des Abs 1 S 1 Nr 2 Buchst b das BetriebsFA iwS zugleich für die Steuern vom Einkommen zuständig ist, wenn zu der Wohnsitzgemeinde mehrere Finanzämter gehören. Zu beachten ist ferner, dass nach § 19 V bei sog GroßstadtFÄ die Zuständigkeit durch VO ausgedehnt werden kann auf Randgebiete. Eine Zuständigkeitsvereinbarung beseitigt nicht die Pflicht zur gesonderten Feststellung (BFH BStBl 88, 230; FG Sachs EFG 16, 1230).

Für die Frage, ob eine gesonderte Feststellung durchzuführen ist, kommt es auf 32 die örtliche Zuständigkeit am **Schluss des Gewinnermittlungszeitraums** an. Bei einem vom Kj abweichenden Wj oder einem Rumpfwirtschaftsjahr sind die Verhältnisse am Schluss dieses Zeitraums maßgebend (AEAO zu § 180 Nr 2.1). Nachträgliche Änderungen sind insofern unbeachtlich (BFH/NV 14, 823; 15, 468). Aus Abs 1 S 2 ergibt sich nichts anderes (Rz 33). Eine gesonderte Gewinnfeststellung ist folglich auch dann durchzuführen, wenn der Stpfl nach dem maßgeblichen Zeitpunkt in den Bezirk des BetriebsFA gezogen ist oder seinen Betrieb in den Bezirk des Wohnsitz-FA verlegt hat (AEAO zu § 180 Nr 2.1; vgl aber Rz 46). Das Gleiche gilt, wenn der Stpfl seinen Betrieb vor der Veranlagung aufgegeben hat. Die verbindliche Entscheidung über das Vorliegen der Tatbestandsvoraussetzungen für eine gesonderte Feststellung (Auseinanderfallen der örtlichen Zuständigkeiten) ist im Feststellungsverfahren von dem dafür zuständigen FA zu treffen (BFH/NV 13, 1763).

b) Örtliche Zuständigkeit (Abs 1 S 2). Die Vorschrift ist eingefügt worden 33 durch das ZKAnpG (BGBl 14, 2417) und erstmals anwendbar auf Feststellungszeiträume, die nach dem 31.12.2014 beginnen (Art 97 § 10b S 2 EGAO). Sie betrifft **nur die örtliche Zuständigkeit** für die gesonderte Feststellung. Ob eine gesonderte Feststellung durchzuführen ist, richtet sich demgegenüber auch weiterhin allein nach Abs 1 S 1 Nr 2 Buchst b und den Verhältnissen am Schluss des Gewinnermittlungszeitraums (BT-Drs 18/3017, 33). In Fällen der Verlegung des Wohnsitzes oder Betriebs nach diesem Zeitpunkt erstreckt sich die neue örtliche Zuständigkeit grds auch auf Zeiträume, die vor der Veränderung liegen, jedoch erstmals auf Feststellungszeiträume, die nach dem 31.12.2014 beginnen. § 26 ist zu beachten. Für Feststellungszeiträume davor bestimmt sich die örtliche Zuständigkeit weiterhin nach den Verhältnissen zum Schluss des Gewinnermittlungszeitraums (AEAO zu § 180 Nr 2.1; BFH/NV 15, 468). Die Verletzung der örtlichen Zuständigkeit (§§ 18, 19) in der durch Abs 1 S 1 Nr 2 Buchst b getroffenen Zuordnung ist ein nicht heilbarer Rechtsfehler; **§ 127 ist nicht anwendbar** (BFH BStBl 87, 195, 88, 230; BFH/NV 14, 823; 15, 468). Zuständigkeitsvereinbarungen (§ 27) bleiben unberührt. Steht ein unter Verstoß gegen die Vorschriften über die örtliche Zuständigkeit (dh zu Unrecht) ergangener Feststellungsbescheid unter Vorbehalt der Nachprüfung, ist das BetriebsFA durch § 127 nicht gehindert, den Feststellungsbescheid aufzuheben (BFH BStBl 99, 691).

34 **5. Sonstiges Vermögen (Abs 1 S 1 Nr 3).** Nach dieser Vorschr war die gesonderte Feststellung vorgesehen für das sonstige Vermögen iSd BewG sowie für Schulden und sonstige Abzüge, die mehreren Personen zuzurechnen sind. Die Feststellung diente der früheren VSt und war insbes für sog geschlossene Immobilienfonds wichtig. Wegen Wegfalls der VSt ab 1997 und Aufhebung der in Bezug genommenen Vorschriften des BewG hat die Vorschrift nur noch für Altfälle Bedeutung.

35 **6. VO-Ermächtigung (Abs 2).** Sie ermächtigt das BMF, durch VO mit Zustimmung des BRats zu bestimmen, dass in anderen als den in Abs 1 genannten Fällen Besteuerungsgrundlagen gesondert und für mehrere Personen einheitlich festgestellt werden. Da Abs 2 die Feststellung von Besteuerungsgrundlagen nur in anderen als den in Abs 1 genannten Fällen zulässt, ist die gesonderte Feststellung nach Abs 1 vorrangig ggü der nach Abs 2. Die Feststellungsverfahren können auch nicht miteinander verbunden werden (FG Nds EFG 91, 365). Abs 2 hat insbes für Fälle Bedeutung, in denen **keine gemeinschaftlichen Einkünfte** iSd Abs 1 S 1 Nr 2 Buchst a vorliegen. In solchen Fällen kann eine gesonderte Feststellung durchgeführt werden, wenn mehrere Personen **gleiche Sachverhalte** verwirklichen. Die VO-Ermächtigung umfasst auch die **gesonderte Feststellung bei Einzelpersonen,** wenn dies der Erleichterung des Besteuerungsverfahrens dient. Satz 3 enthält die über Abs 2 S 2 hinausgehende Ermächtigung, durch VO zu bestimmen, dass bestimmte Besteuerungsgrundlagen, die **sich erst in späteren Jahren stl auswirken,** zeitnah gesondert (und einheitlich) festgestellt werden. Die zeitnahe Feststellung und Entscheidung über den Sachverhalt dient in diesen Fällen der Rechtssicherheit, weil die sachgerechte Ermittlung und Beurteilung eines zeitlich länger zurückliegenden Sachverhalts Schwierigkeiten bereitet. Durch die entspr Anwendung von Satz 2 (2. HS nach dem Semikolon) ist klargestellt, dass die VO denselben Inhalt haben kann wie die VO nach Abs 2 S 1.

36 **7. Verordnung.** Das BMF hat von der Ermächtigung Gebrauch gemacht. Die VO zu § 180 II ist am 19.12.1986 (BGBl I, 2663) erlassen und inzwischen mehrfach geändert worden. Sie ist im Anschluss an die Erläut zu § 180 unter Rz 60 abgedruckt. Verfassungsrechtliche Bedenken gegen die VO (*Streck/Mack* DStR 87, 707; 88, 475) teilt der BFH nicht (BFH BStBl 88, 319; BFH/NV 88, 618).

37 **a) Verwirklichung gleicher Sachverhalte.** Die §§ 1–7 der VO betreffen die gesonderte und einheitliche (§ 1 III VO) Feststellung von Besteuerungsgrundlagen bei der Verwirklichung gleicher Sachverhalte durch mehrere Personen für Zwecke der ESt, KSt und USt sowie für die Eigenheimzulage und die Investitionszulage. § 1 I VO sieht vor, dass bestimmte Besteuerungsgrundlagen ganz oder teilweise gesondert festgestellt werden können (Ermessen). Die §§ 2–7 enthalten für diese Fälle besondere Verfahrensvorschriften (Annex). Zur gesonderten Feststellung bei gleichen Sachverhalten ist das BMF 2.5.2001 (BStBl I, 256) ergangen. Zum Verfahren bei der Geltendmachung von Vorsteuerbeträgen aus der Beteiligung an

Gesamtobjekten vgl BMF 24.4.1992 (BStBl I, 291). Zum Verfahren bei Geltendmachung von negativen Einkünften aus der Beteiligung an Verlustzuweisungsgesellschaften und vergleichbaren Modellen vgl BMF 13.7.1992 (BStBl I, 404) mit Änderung durch BMF 28.6.1994 (BStBl I, 420).

§ 1 I 1 Nr 1 VO setzt voraus, dass zur Einkunftserzielung dienende Wirtschaftsgüter, Anlagen oder Einrichtungen von mehreren Personen betrieben, genutzt oder gehalten werden **(gemeinsame Nutzung).** Darunter fallen insbes ohne Gewinnerzielungsabsicht betriebene Labor- oder Maschinengemeinschaften. Festgestellt werden können insoweit vor allem die Betriebsausgaben und -einnahmen der Beteiligten. Unter § 1 I Nr 1 VO fällt auch das gemeinschaftliche Halten eines Gesellschaftsanteils über einen Treuhänder (FG BaWü EFG 12, 949). Zur USt vgl Rz 40. 38

§ 1 I 1 Nr 2 VO setzt ein **Gesamtobjekt** voraus. Ein solches liegt vor, wenn zur Einkunftserzielung dienende Wirtschaftsgüter, Anlagen oder Einrichtungen zwar mehreren Personen getrennt zuzurechnen sind, diese Personen aber bei der Planung, Herstellung, Erhaltung oder dem Erwerb dieser Wirtschaftsgüter, Anlagen oder Einrichtungen **gleichartige Rechtsbeziehungen** zu Dritten hergestellt oder unterhalten haben. Darunter fallen Treuhand-, Baubetreuungs-, Bewirtschaftungs- oder Verwaltungsverträge. Das ist zB bei Bauherren- oder Erwerbermodellen (Bauträger- und Sanierungsmodellen) der Fall, wenn zivilrechtl ein Gesellschafts- oder Gemeinschaftsverhältnis fehlt (vgl BMF BStBl I 01, 256). Entsprechendes gilt (§ 1 I 2 VO) bei **Wohneigentum**, das nicht der Einkunftserzielung dient. Festgestellt werden können dann zB als Sonderausgaben abziehbare Beträge nach § 10f oder § 10g EStG (vgl FG Bln EFG 96, 320). Die Vorschrift gilt ferner bei der Anschaffung von Mietwohngebäuden, wenn die Feststellung für die Besteuerung von Bedeutung ist. Die Anschaffung von Genossenschaftsanteilen iSv § 17 EigZulG und die Feststellung für Zwecke der EigZul oder InvZul sind mWv 23.7.2016 gestrichen worden. Die bis zum 22.7.2016 geltende Fassung ist weiterhin anzuwenden für Feststellungszeiträume, die vor dem 1.1.2016 geendet haben (§ 11 S 4 VO). 39

Umsatzsteuer. In beiden Fallgruppen (Nr 1 und Nr 2) können auch Besteuerungsgrundlagen für die USt gesondert festgestellt werden, wenn mehrere Unternehmer an dem Gesamtobjekt beteiligt sind (§ 1 II VO; BFH/NV 11, 2133; FG BaWü EFG 10, 18). Eine gesonderte Feststellung ist zB möglich hinsichtlich der Höhe der Vorsteuer aus Umsätzen, die Hersteller oder Erwerber im Rahmen eines Gesamtprojekts empfangen haben, soweit ein Vorsteuerabzug nach § 15 UStG oder eine Berichtigung des Vorsteuerabzugs nach § 15a UStG in Betracht kommt (BFH BStBl 94, 488; vgl auch BFH/NV 99, 48). Fehlt es an der Berechtigung zum Vorsteuerabzug, kommt eine gesonderte Feststellung nicht in Betracht (BFH/NV 17, 1330 mE zweifelh, da im Feststellungsverfahren zu entscheiden ist). Ist in der an eine **Bruchteilsgemeinschaft** gerichteten Rechnung USt in einem Gesamtbetrag gesondert ausgewiesen, können die auf die einzelnen Gemeinschafter entfallenden Vorsteuerbeträge gesondert festgestellt werden, wenn die Gemeinschaft nicht selbst Umsätze ausführt (BFH BStBl 08, 497; Nichtanwendungserlass BStBl I 08, 675). 40

Verfahrensfragen. § 2 VO regelt die örtliche Zuständigkeit. Danach gelten (Fiktion) die Wirtschaftsgüter, Anlagen oder Einrichtungen iSv § 1 I 1 Nr 1 als Betrieb. Dies eröffnet den Anwendungsbereich von § 18 I Nr 2. Für die Fälle eines Gesamtobjekts regelt § 2 II VO die örtliche Zuständigkeit autonom und stellt insofern auf die Erklärungspflicht ab. § 3 VO enthält Sondervorschriften zur Erklärungspflicht. Erklärungspflichtig sind in den Fällen des § 1 I 1 Nr 1 die Personen, die im Feststellungszeitraum die Wirtschaftsgüter, Anlagen oder Einrichtungen betrieben, genutzt oder gehalten haben, bei einem Gesamtobjekt diejenigen Personen, die für die Feststellungsbeteiligten handeln oder im Feststellungszeitraum gehandelt haben (Baubetreuer, Treuhänder etc; vgl BFH/NV 88, 618). Diese Personen sind auch am Feststellungsverfahren beteiligt (§ 5 VO). Das FA kann jede 41 nach § 3 I VO erklärungspflichtige Person zur Abgabe einer Feststellungserklärung auffordern, ohne dabei ein Auswahlermessen ausüben zu müssen. Es ist daher auch keine Ermessensbegründung erforderlich (BFH BStBl 91, 119; BFH/NV 91, 213; 91, 645). Die Durchführung einer Ap bei einer solchen Person ist zulässig (BFH BStBl 16, 13). Über die Durchführung des Feststellungsverfahrens entscheidet die FinBeh nach Ermessen (§ 4 S 1 VO; BFH BStBl 88, 577; 12, 244). Hält sie die gesonderte Feststellung nicht für erforderlich, stellt sie dies durch Bescheid fest (§ 4 S 2 VO). § 6 VO enthält Sondervorschriften für die Bekanntgabe des Feststellungsbescheids. Ein gemeinsamer Empfangsbevollmächtigter soll bestellt werden. Die Bekanntgabe an den Empfangsbevollmächtigten iSv § 6 I 1 der VO ist auch ggü einem aus der Bauherrengemeinschaft ausgeschiedenen Feststellungsbeteiligten wirksam, solange dieser die Vollmacht nicht ggü der für die Feststellung zuständigen FinBeh widerrufen hat. Das entspricht § 183 III (BFH BStBl 95, 357). Eine Ap kann bei jedem Beteiligten stattfinden (§ 7 I VO); die Prüfungsanordnung ist (nur) dem Verfahrensbeteiligten bekannt zu geben, bei dem die Ap stattfinden soll (§ 7 II VO). Eine Bekanntgabe an jeden Beteiligten ist nicht erforderlich (BFH BStBl 16, 13; aA *Haupt* BB 16, 160). Die notwendige Beiladung der übrigen Feststellungsbeteiligten kann unterbleiben, wenn sie unter keinem rechtlichen Gesichtspunkt von den angefochtenen Feststellungen betroffen sein können (BFH/NV 14, 729; 14, 1558: Bemessungsgrundlagen für einzelne Wohnungen).

42 **b) Gesonderte Feststellung in besonderen Fällen.** Die §§ 8 und 9 der VO beruhen auf der Ermächtigung in Abs 2 S 3 und regeln gesonderte (nicht einheitliche) Feststellungen bei Einzelpersonen beim **Übergang eines Betriebes zur Liebhaberei** (keine Betriebsaufgabe, stRspr BFH BStBl 17, 112) und bei nachträglicher Steuerpflicht der **Zinsen aus bestimmten Lebensversicherungen,** soweit die Ansprüche aus den Versicherungsverträgen steuerschädlich zu Finanzierungszwecken verwendet worden sind (dazu BMF 16.7.2012 BStBl 12 I, 686; vgl auch BFH/NV 05, 181, 184). § 10 ist durch Art 12 des Gesetzes v 12.12.2006 (BGBl I, 2782) aufgehoben worden.

44 **8. Ausnahmen (Abs 3).** Die Vorschr soll verhindern, dass gesonderte Feststellungen durchgeführt werden, für die in der Praxis kein Bedürfnis besteht. Die gesonderte Feststellung ist nicht Selbstzweck, sondern sie dient der Erleichterung des Besteuerungsverfahrens (s § 179 Rz 2). Abs 3 S 1 schließt die Anwendung von Abs 1 S 1 Nr 2 Buchst a (keine Pflicht zur gesonderten Feststellung) in zwei Fällen aus. Über die Frage, ob die Voraussetzungen von Abs 3 vorliegen, kann verbindlich nur im Feststellungsverfahren entschieden werden (BFH/NV 13, 1763; 15, 468).

45 **Abs 3 S 1 Nr 1.** Eine gesonderte Feststellung gemeinschaftlich erzielter Einkünfte ist nicht erforderlich, wenn nur eine der an den Einkünften beteiligten Personen mit diesen Einkünften im Inland stpfl ist (vgl FG Ddorf EFG 09, 1395). Das ist zB der Fall bei einer zweigliedrigen atypisch stillen Gesellschaft mit einem in den USA ansässigen und im Inland nicht stpfl Operator (FG SchlHol EFG 17, 1270, Rev BFH I R 38/17). Eine Feststellungspflicht kann sich aber aus Abs 1 S 1 Nr 2 Buchst b ergeben. Der Rechtsgedanke des Abs 3 S 1 gilt über den Wortlaut hinaus entspr, wenn an einer ausl PersGes neben ausl Beteiligten lediglich eine inl Personenobergesellschaft beteiligt ist. Dann ist ein eigenes gesondertes und einheitliches Feststellungsverfahren für die ausl PersGes nicht erforderlich (BFH BStBl 11, 482; BFH/NV 04, 1372; 14, 390). Das gilt aber nicht, wenn an der Untergesellschaft eine weitere PersGes beteiligt ist und deren Gesellschafter möglicherweise ebenfalls Inländer sind (BFH/NV 04, 1).

46 **Abs 3 S 1 Nr 2 S 1.** Eine gesonderte Feststellung ist nicht erforderlich in Fällen von **geringer Bedeutung,** insbes weil die Höhe des festgestellten Betrags und die Aufteilung feststehen. Darüber hinaus liegt ein Fall von geringer Bedeutung (indiziell) auch dann vor, wenn es sich um einen leicht überschaubaren Sachverhalt handelt, die Ermittlung der Einkünfte hinsichtlich Höhe und Zurechnung verhält-

nismäßig einfach und die **Gefahr widersprüchlicher Entscheidungen nahezu ausgeschlossen** ist (stRspr BFH BStBl 95, 640; BFH/NV 04, 1211). Die geringe Bedeutung ist mithin nicht zahlenmäßig, sondern nach dem Zweck des Feststellungsverfahrens zu beurteilen. Allein der Umstand, dass die Feststellungsbeteiligten zur ESt zusammen veranlagte Eheleute sind, führt noch nicht zur Annahme eines Falles von geringer Bedeutung. Ein Fall von geringer Bedeutung ist jedoch regelmäßig anzunehmen, wenn es um die Ermittlung der Einkünfte aus VuV eines ausschl zu Wohnzwecken genutzten Hauses geht, das zusammenveranlagten Eheleuten je zur Hälfte gehört, und die Ermittlung der Einkünfte von dem FA vorgenommen wird, das auch für die gesonderte und einheitliche Feststellung zuständig wäre (BFH/NV 04, 1211 mwN). Ebenso ist es, wenn die Einkünfte der Eheleute aus VuV nur aus vorab entstehenden Werbungskosten bestehen oder wenn bei iÜ gleichen Voraussetzungen die Einkünfte aus VuV eines Hauses zu ermitteln sind, das zusammenveranlagten Eheleuten gemeinsam gehört und von diesen teils zu eigenen Wohnzwecken und teils anders genutzt wird (BFH BStBl 80, 441). Ein Fall von geringer Bedeutung ist auch gegeben, wenn eine Zurechnung von Einkünften auf mehrere Personen unter keinem rechtlichen Gesichtspunkt in Betracht kommt (BFH/NV 92, 289; 14, 1581). Ein Fall von geringer Bedeutung kann vorliegen, wenn Eheleute auf dem Dach des gemeinsamen Hauses eine Photovoltaikanlage betreiben und zur USt optiert haben (FG Nds EFG 17, 541, Rev BFH IV R 6/17).

Kein Fall von geringer Bedeutung liegt vor, wenn die Höhe der Einkünfte 47
(vgl BFH/NV 08, 1156) oder ihre Verteilung streitig sind (vgl BFH/NV 09, 1268). Das ist zB der Fall, wenn über schwierige Fragen außergewöhnlicher technischer Abnutzung und die Verteilung erheblicher Schuldzinsen auf zwei Jahre zu entscheiden ist (FG Bln EFG 86, 4) oder sich sonstige schwierige Abgrenzungsfragen stellen (BFH/NV 05, 1235). Das gilt auch, wenn die zutreffende Ermittlung des Gewinns aus der Veräußerung eines Wirtschaftsguts (BFH/NV 11, 413) oder die Zuordnung der Einkünfte zu den Gewinn- bzw den Überschusseinkünften in Streit steht (BFH/NV 10, 2010), oder wenn bei den gemeinschaftlichen Einkünften von Eheleuten über die Abgrenzung verschiedener Einkunftsarten zu entscheiden ist (BFH/NV 90, 6) oder über die stl Behandlung einer sich auf Jahre erstreckenden Leibrentenverpflichtung (BFH/NV 91, 285) oder wenn von den Eheleuten hohe, nur mit Schwierigkeiten zu beurteilende Betriebsausgaben geltend gemacht werden (FG MeVo EFG 97, 138). Das Gleiche gilt, wenn streitig ist, ob zwischen den Eheleuten eine Mitunternehmerschaft besteht (BFH BStBl 70, 730; BFH/NV 04, 27). Allg rechtfertigt die Annahme, dass eine behauptete Mitunternehmerschaft allein aus Eheleuten besteht, noch nicht die Annahme eines Falls von geringer Bedeutung (BFH/NV 90, 485 mwN). Ebenfalls liegt kein Fall von geringer Bedeutung vor, wenn streitig ist, ob ein Teil der Einkünfte einem anderen zuzurechnen ist (BFH/NV 94, 866). Bei mehreren Beteiligten ist ein Fall von geringer Bedeutung nicht gegeben, wenn streitig ist, wer von den Beteiligten AfA in Anspruch nehmen kann und ob die Voraussetzungen für eine AfA vorliegen (FG Ddorf EFG 92, 742). **Verfahrensrecht.** Ein Fall von geringer Bedeutung ist ferner nicht anzunehmen, wenn aus der Sicht des für das Feststellungsverfahren zuständigen Bearbeiters die Gefahr widersprüchlicher Entscheidungen besteht, weil nicht zu übersehen ist, ob der EStAnspruch ggü einzelnen Feststellungsbeteiligten bereits verjährt ist (BFH/NV 88, 433) bzw wenn die gesonderte Feststellung eine einheitliche StFestsetzung erst ermöglicht, weil bei einzelnen Beteiligten bereits Festsetzungsverjährung eingetreten ist (BFH/NV 16, 1537).

Abs 3 S 1 Nr 2 S 2. Dem Wortlaut nach gelten die Ausnahmen in Abs 3 nur 48
für die Fälle des Abs 1 S 1 Nr 2 Buchst a. Ein Fall von geringer Bedeutung kann aber auch in den Fällen des Abs 1 S 1 Nr 2 Buchst b und Nr 3 vorliegen. Das ordnet Abs 3 Nr 2 S 2 nun auch ausdrücklich an. Im Rahmen von Abs 1 S 1 Nr 2 Buchst b ist ein Fall von geringerer Bedeutung zB anzunehmen, wenn dasselbe FA

für die ESt-Veranlagung zuständig geworden ist, wie etwa bei der Verlegung des Wohnsitzes nach Ablauf des Feststellungszeitraums in den Bezirk des BetriebsFA (BFH/NV 11, 1826; AEAO zu § 180 Nr 4).

49 **Abs 3 S 2.** Zur Klärung von Zweifeln, ob ein Feststellungsverfahren erforderlich ist, ist ein **Negativbescheid** zu erlassen. Ein Negativbescheid muss ergehen, wenn das FA einen Fall von geringer Bedeutung annimmt, aber Zweifel oder Streitigkeiten darüber bestehen, ob ein solcher Fall vorliegt (BFH/NV 89, 87; FG BaWü EFG 98, 436). Ebenso muss eine negative (oder positive) Entscheidung im gesonderten Feststellungsverfahren erfolgen, wenn Zweifel bestehen, ob die übrigen an den gemeinschaftlichen Einkünften beteiligten Personen mit diesen Einkünften im Inland stpfl sind oder ob sie derzeit überhaupt ermittelt werden können (BFH/NV 91, 498). Der Feststellungsbescheid gilt als Steuerbescheid (Abs 3 S 3). Ausnahme: Wenn die Voraussetzungen des Abs 3 **offensichtlich vorliegen,** kann von einem Negativbescheid abgesehen werden und das gegen einen StFestsetzungsbescheid gerichtete Klageverfahren muss nicht (zur Nachholung des Feststellungsverfahrens) ausgesetzt zu werden (BFH/NV 15, 1588; FG SchlHol EFG 17, 1270, Rev BFH I R 38/17).

50 **Zeitpunkt.** Maßgebend für die Entscheidung, ob eine gesonderte Feststellung nach Abs 3 unterbleiben kann, sind die Verhältnisse im jeweiligen Besteuerungszeitraum und nicht diejenigen beim Tätigwerden des FA (BFH BStBl 95, 640; BFH/NV 86, 505). Die bestehende Ermittlungs- und ggf Schätzungspflicht geht bei einem Negativbescheid in vollem Umfang auf die beteiligten WohnsitzFÄ über.

51 **9. Arbeitsgemeinschaften (Abs 4).** Abs 4 durchbricht den Grundsatz in Abs 1 S 1 Nr 2 Buchst a (Rechtsfolge: keine gesonderte Feststellung) und korrespondiert mit § 2a GewStG. In den dort geregelten Fällen besteht kein Bedürfnis für eine gesonderte Feststellung. Ob eine Arbeitsgemeinschaft den alleinigen Zweck hat, sich auf die Erfüllung eines einzigen Werk- oder Werklieferungsvertrags zu beschränken, ist Tatfrage (BFH BStBl 93, 577).

53 **10. Progressionsvorbehalt (Abs 5 Nr 1).** Nach dieser Vorschr sind aufgrund eines DBA von der (inländischen) Bemessungsgrundlage ausgenommene Einkünfte in entsprechender Anwendung von Abs 1 S 1 Nr 2 Buchst a, Abs 2 und 3 gesondert festzustellen, soweit sie bei der Festsetzung der Steuern der beteiligten Personen von Bedeutung sind (vgl § 2a EStG). Voraussetzung ist, dass eine gesonderte und einheitliche Feststellung nach Abs 1 S 1 Nr 2 Buchst a nicht zulässig ist (BFH BStBl 00, 605; 03, 191; BFH/NV 05, 1560), sonst geht sie vor. Ob solche Einkünfte vorliegen, kann verbindlich nur im Feststellungsverfahren geklärt werden (BFH BStBl 16, 927). Hauptanwendungsfall sind **nach DBA steuerfreie Einkünfte,** die im Inland dem **Progressionsvorbehalt** unterliegen (§ 32b EStG; vgl BMF BStBl 10, 354 Rz 6.1; BFH BStBl 14, 703). Erfasst werden inl Gesellschaften (Beteiligung mehrerer) mit ausl (im Inland) nicht steuerpflichtigen, aber für die Besteuerung bedeutsamen Einkünften und ausl Gesellschaften, an denen Inländer mit solchen Einkünften beteiligt sind (FG Hbg EFG 93, 165). In die Feststellung sind nur diejenigen Personen einzubeziehen, die im Inland steuerpflichtig sind (BFH/NV 14, 161). Festzustellen sind alle nach dem DBA steuerbefreiten Einkünfte und nicht nur ein dem Progressionsvorbehalt unterliegender Betrag (BFH BStBl 94, 91), ferner Hinzurechnungen nach § 2a IV EStG (BFH BStBl 17, 709). Dabei sind die ausl Gewinne grds nach deutschem Recht und nicht nach dem jeweiligen ausl Recht zu ermitteln (BFH BStBl 92, 94; BFH/NV 93, 165; 97, 408). Die nach Abs 5 Nr 1 festzustellenden steuerfreien Einkünfte dürfen insbes nicht in der Feststellung des stpfl Gewinns der Gesellschaft enthalten sein (BFHE 201, 447). Im Feststellungsverfahren ist auch zu entscheiden, ob ein Währungsverlust bei der Besteuerung der Gesellschafter der OberPersGes zu berücksichtigen ist (BFH BStBl 16, 927).

Bei **negativen ausl Einkünften** sind auch Feststellungen zum Vorliegen der Voraussetzungen des § 2a Abs 1 EStG und damit über die Qualifizierung der Verluste als solche im Sinne dieser Bestimmung zu treffen (BFH/NV 00, 168; FG Hbg EFG 09, 557), nicht jedoch über den Verlustabzug selbst (BFH/NV 90, 570; FG Nbg EFG 91, 251; zur Verfassungsmäßigkeit dieser Bestimmung des EStG und zur Wirkung für den Progressionsvorbehalt s BFH BStBl 91, 136). Feststellungen zu einem Nachversteuerungstatbestand bei auf Antrag abzugsfähigen Verlusten einer ausl Betriebsstätte einer Personengesellschaft (§ 2a Abs 4 Nr 2 EStG) können Gegenstand eines Verfahrens der gesonderten und einheitlichen Feststellung sein (BFH/NV 08, 1097; FG Ddorf EFG 11, 1969). 54

Eine gesonderte Feststellung nach Abs 5 erfordert grds einen **selbständigen Feststellungsbescheid.** Die gesonderte und einheitliche Feststellung der dem Progressionsvorbehalt unterliegenden Einkünfte (Abs 5 Nr 1) kann aber mit der Feststellung stpfl inl Einkünfte (Abs 1 S 1 Nr 2 Buchst. a) verbunden werden (stRspr BFH BStBl 17, 745; 17, 709; BFH/NV 18, 515; vgl auch § 179 Rz 12). Die Feststellung ist nicht erforderlich in den Fällen des Abs 3 S 1 Nr 1 (FG Nds EFG 16, 473; Rz 45). Die Feststellung nach Abs 5 kann während des finanzgerichtlichen Verfahrens nachgeholt werden (BFH BStBl 17, 745). Zur örtlichen Zuständigkeit vgl AEAO zu § 18 Tz 6. Zwangsläufige Auswirkungen auf die jeweils andere Feststellung dürfen ohne Verstoß gegen das Verböserungsverbot geändert werden (BFH BStBl 17, 247). Der Feststellungsbescheid ist gegen die Gesellschafter (Mitunternehmer) zu richten (BFH DStR 14, 199). Für den Rechtsschutz gegen Feststellungsbescheide nach Abs 5 sind § 352 (BFH/NV 16, 164; *Rudolf* BB 14, 2216) und § 48 FGO zu beachten (BFH/NV 14, 161). Ein negativer Feststellungsbescheid nach Abs 5 liegt (auch) vor, wenn das FA die Durchführung eines Feststellungsverfahrens mit der Begründung ablehnt, dass es keine nach einem DBA von der Bemessungsgrundlage ausgenommenen Einkünfte gegeben habe (BFH/NV 17, 751). 55

11. Anrechenbare Beträge (Abs 5 Nr 2). Die durch das StMBG v 21.12. 1993 (BGBl I, 2310) mit Wirkung für Feststellungszeiträume ab 1995 eingefügte Vorschr ermöglicht es, im Zusammenhang mit besonders festzustellenden Besteuerungsgrundlagen stehende Steuerabzugsbeträge (zB Kapitalertragsteuer aus gemeinschaftlich angelegtem Vermögen) und bis zur Abschaffung des KSt-Anrechnungsverfahrens (ab 2002) anzurechnende KSt-Beträge (vgl dazu BFH/NV 01, 1528), die den Beteiligten anteilig zuzurechnen sind, gesondert festzustellen. Die Anrechnung auf die StSchuld der einzelnen Beteiligten kann damit ohne weitere Einzelnachweise und ohne Gefahr divergierender Entscheidungen erfolgen. Die zB bei den Kapitalerträgen aus gemeinschaftlich angelegtem Vermögen erteilte einheitliche Steuerbescheinigung braucht daher nicht mehr bei jedem Wohnsitz-FA in besonderer Ausfertigung, sondern nur noch beim FeststellungsFA vorgelegt zu werden. 57

Anhang

Verordnung über die gesonderte Feststellung von Besteuerungsgrundlagen nach § 180 Abs. 2 der Abgabenordnung 60

Vom 19.12.1986 (BGBl I, 2663, BStBl 1987 I, 2)

Geändert durch VO v 22.10.1990 (BGBl I, 2275), VO v 16.12.1994 (BGBl I, 3834), G v 15.12.1995 (BGBl I, 1783), G v 22.12.1999 (BGBl I, 2601), G v 20.12.2000 (BGBl I, 1850), G v 5.7.2004 (BGBl I, 1427), G v 7.12.2006 (BGBl I, 2782), G v 20.12.2008 (BGBl I, 2850) und VO v 18.7.2016 (BGBl I, 1722).

Auf Grund des § 180 Abs. 2 der Abgabenordnung vom 16. März 1976 (BGBl. I S. 613), der durch Artikel 1 Nr. 31 des Steuerbereinigungsgesetzes 1986 vom 19. Dezember 1985 (BGBl I S. 2436) neu gefaßt worden ist, wird mit Zustimmung des Bundesrates verordnet:

§ 1 Gegenstand, Umfang und Voraussetzungen der Feststellung

(1) [1] Besteuerungsgrundlagen, insbesondere einkommensteuerpflichtige oder körperschaftsteuerpflichtige Einkünfte, können ganz oder teilweise gesondert festgestellt werden, wenn der Einkunftserzielung dienende Wirtschaftsgüter, Anlagen oder Einrichtungen
1. von mehreren Personen betrieben, genutzt oder gehalten werden oder
2. mehreren Personen getrennt zuzurechnen sind, die bei der Planung, Herstellung, Erhaltung oder dem Erwerb dieser Wirtschaftsgüter, Anlagen oder Einrichtungen gleichartige Rechtsbeziehungen zu Dritten hergestellt oder unterhalten haben (Gesamtobjekt).

[2] Satz 1 Nummer 2 gilt entsprechend bei Wohneigentum, das nicht der Einkunftserzielung dient, und bei Mietwohngebäuden, wenn die Feststellung für die Besteuerung von Bedeutung ist.

(2) Absatz 1 gilt für die Umsatzsteuer nur, wenn mehrere Unternehmer im Rahmen eines Gesamtobjekts Umsätze ausführen oder empfangen.

(3) [1] Die Feststellung ist gegenüber den in Absatz 1 genannten Personen einheitlich vorzunehmen. [2] Sie kann auf bestimmte Personen beschränkt werden.

§ 2 Örtliche Zuständigkeit

(1) [1] Für Feststellungen in den Fällen des § 1 Abs. 1 Satz 1 Nr. 1 richtet sich die örtliche Zuständigkeit nach § 18 Abs. 1 Nr. 2 der Abgabenordnung. [2] Die Wirtschaftsgüter, Anlagen oder Einrichtungen gelten als gewerblicher Betrieb im Sinne dieser Vorschrift.

(2) Für Feststellungen in den Fällen des § 1 Abs. 1 Satz 1 Nr. 2 und Satz 2 ist das Finanzamt zuständig, das nach § 19 oder § 20 der Abgabenordnung für die Steuern vom Einkommen und Vermögen des Erklärungspflichtigen zuständig ist.

(3) Feststellungen nach § 1 Abs. 2 hat das für die Feststellungen nach § 1 Abs. 1 Satz 1 Nr. 2 zuständige Finanzamt zu treffen.

(4) § 18 Abs. 2 der Abgabenordnung gilt entsprechend.

§ 3 Erklärungspflicht

(1) [1] Eine Erklärung zur gesonderten Feststellung der Besteuerungsgrundlagen haben nach Aufforderung durch die Finanzbehörde abzugeben:
1. in den Fällen des § 1 Abs. 1 Satz 1 Nr. 1 die Personen, die im Feststellungszeitraum die Wirtschaftsgüter, Anlagen oder Einrichtungen betrieben, genutzt oder gehalten haben,
2. in den Fällen des § 1 Abs. 1 Satz 1 Nr. 2 und Satz 2 die Personen, die bei der Planung, Herstellung, Erhaltung, dem Erwerb, der Betreuung, Geschäftsführung oder Verwaltung des Gesamtobjektes für die Feststellungsbeteiligten handeln oder im Feststellungszeitraum gehandelt haben; dies gilt in den Fällen des § 1 Abs. 2 entsprechend.

[2] § 34 der Abgabenordnung bleibt unberührt.

(2) [1] Die Erklärung ist nach amtlich vorgeschriebenem Vordruck abzugeben und von der zur Abgabe verpflichteten Person eigenhändig zu unterschreiben. [2] Name und Anschrift der Feststellungsbeteiligten sind anzugeben. [3] Der Erklärung ist eine Ermittlung der Besteuerungsgrundlagen beizufügen. [4] Ist Besteuerungsgrundlage ein nach § 4 Abs. 1 oder § 5 des Einkommensteuergesetzes zu ermittelnder Gewinn, gilt § 5b des Einkommensteuergesetzes entsprechend; die Beifügung der in Satz 3 genannten Unterlagen kann in den Fällen des § 5b Abs. 1 des Einkommensteuergesetzes unterbleiben.

(3) Die Finanzbehörde kann entsprechend der vorgesehenen Feststellung den Umfang der Erklärung und die zum Nachweis erforderlichen Unterlagen bestimmen.

(4) Hat ein Erklärungspflichtiger eine Erklärung zur gesonderten Feststellung der Besteuerungsgrundlagen abgegeben, sind andere Erklärungspflichtige insoweit von der Erklärungspflicht befreit.

§ 4 Einleitung des Feststellungsverfahrens

[1] Die Finanzbehörde entscheidet nach pflichtgemäßem Ermessen, ob und in welchem Umfang sie ein Feststellungsverfahren durchführt. [2] Hält sie eine gesonderte Feststellung nicht für erforderlich, insbesondere weil das Feststellungsverfahren nicht der einheitlichen Rechtsanwendung und auch nicht der Erleichterung des Besteuerungsverfahrens dient, kann sie dies durch Bescheid feststellen. [3] Der Bescheid gilt als Steuerbescheid.

§ 5 Verfahrensbeteiligte

Als an dem Feststellungsverfahren Beteiligte gelten neben den Beteiligten nach § 78 der Abgabenordnung auch die in § 3 Abs. 1 Nr. 2 genannten Personen.

§ 6 Bekanntgabe

(1) [1]Die am Gegenstand der Feststellung beteiligten Personen sollen einen gemeinsamen Empfangsbevollmächtigten bestellen, der ermächtigt ist, für sie alle Verwaltungsakte und Mitteilungen in Empfang zu nehmen, die mit dem Feststellungsverfahren und dem anschließenden Verfahren über einen außergerichtlichen Rechtsbehelf zusammenhängen. [2]Ein Widerruf der Empfangsvollmacht wird der Finanzbehörde gegenüber erst wirksam, wenn er ihr zugeht. [3]Ist ein Empfangsbevollmächtigter nicht bestellt, kann die Finanzbehörde die Beteiligten auffordern, innerhalb einer angemessenen Frist einen Empfangsbevollmächtigten zu benennen. [4]Hierbei ist ein Beteiligter vorzuschlagen und darauf hinzuweisen, daß diesem die in Satz 1 genannten Verwaltungsakte und Mitteilungen mit Wirkung für und gegen alle Beteiligten bekanntgegeben werden, soweit nicht ein anderer Empfangsbevollmächtigter benannt wird. [5]Bei der Bekanntgabe an den Empfangsbevollmächtigten ist darauf hinzuweisen, daß die Bekanntgabe mit Wirkung für und gegen alle Feststellungsbeteiligten erfolgt.

(2) Der Feststellungsbescheid ist auch den in § 3 Abs. 1 Nr. 2 genannten Personen bekanntzugeben, wenn sie die Erklärung abgegeben haben, aber nicht zum Empfangsbevollmächtigten bestellt sind.

(3) Absatz 1 Sätze 3 und 4 ist insoweit nicht anzuwenden, als der Finanzbehörde bekannt ist, daß zwischen den Feststellungsbeteiligten und dem Empfangsbevollmächtigten ernstliche Meinungsverschiedenheiten bestehen.

(4) Ist Einzelbekanntgabe erforderlich, sind dem Beteiligten nur die ihn betreffenden Besteuerungsgrundlagen bekanntzugeben.

§ 7 Außenprüfung

(1) Eine Außenprüfung zur Ermittlung der Besteuerungsgrundlagen ist bei jedem Verfahrensbeteiligten zulässig.

(2) Die Prüfungsanordnung ist dem Verfahrensbeteiligten bekanntzugeben, bei dem die Außenprüfung durchgeführt werden soll.

§ 8 Feststellungsgegenstand beim Übergang zur Liebhaberei

Dient ein Betrieb von einem bestimmten Zeitpunkt an nicht mehr der Erzielung von Einkünften im Sinne des § 2 Abs. 1 Nr. 1 bis 3 des Einkommensteuergesetzes und liegt deshalb ein Übergang zur Liebhaberei vor, so ist auf diesen Zeitpunkt unabhängig von der Gewinnermittlungsart für jedes Wirtschaftsgut des Anlagevermögens der Unterschiedsbetrag zwischen dem gemeinen Wert und dem Wert, der nach § 4 Abs. 1 oder nach § 5 des Einkommensteuergesetzes anzusetzen wäre, gesondert und bei mehreren Beteiligten einheitlich festzustellen.

§ 9 Feststellungsgegenstand bei Einsatz von Versicherungen auf den Erlebens- oder Todesfall zu Finanzierungszwecken

[1]Das für die Besteuerung des Einkommens des Versicherungsnehmers zuständige Finanzamt stellt die Steuerpflicht der außerrechnungsmäßigen und rechnungsmäßigen Zinsen aus den in den Beiträgen zu Versicherungen auf den Erlebens- oder Todesfall enthaltenen Sparanteilen (§ 20 Absatz 1 Nummer 6 in Verbindung mit § 10 Absatz 1 Nummer 2 Buchstabe b Doppelbuchstabe bb bis dd des Einkommensteuergesetzes in der am 31. Dezember 2004 geltenden Fassung) gesondert fest, wenn

1. die Ansprüche aus den Versicherungsverträge während deren Dauer im Erlebensfall der Tilgung oder Sicherung eines Darlehens dienen, dessen Finanzierungskosten Betriebsausgaben oder Werbungskosten sind und
2. nicht die Voraussetzungen für den Sonderausgabenabzug nach § 10 Absatz 2 Satz 2 Buchstabe a oder Buchstabe b des Einkommensteuergesetzes in der am 31. Dezember 2004 geltenden Fassung erfüllt sind oder soweit bei Versicherungsbeträgen Zinsen in Veranlagungszeiträumen gutgeschrieben werden, in denen die Beiträge nach § 10 Abs. 2 Satz 2 Buchstabe c des Einkommensteuergesetzes in der am 31. Dezember 2004 geltenden Fassung nicht abgezogen werden können.

[2]Versicherungen im Sinne des Satzes 1 sind solche, deren Versicherungsvertrag vor dem 1. Januar 2005 abgeschlossen worden ist.

§ 10 *(aufgehoben)*[1)]

§ 11 Inkrafttreten, Anwendungsvorschriften

[1] Diese Verordnung tritt am Tage nach der Verkündung in Kraft. [2] Sie tritt mit Wirkung vom 25. Dezember 1985 in Kraft, soweit einheitliche und gesonderte Feststellungen nach § 180 Abs. 2 der Abgabenordnung in der bis zum 24. Dezember 1985 geltenden Fassung zulässig waren. [3] § 10 ist für Anteile, bei denen hinsichtlich des Gewinns aus der Veräußerung der Anteile die Steuerfreistellung nach § 8b Abs. 4 des Körperschaftsteuergesetzes in der am 12. Dezember 2006 geltenden Fassung oder nach § 3 Nr. 40 Satz 3 und 4 des Einkommensteuergesetzes in der am 12. Dezember 2006 geltenden Fassung ausgeschlossen ist, weiterhin anzuwenden. [4] § 1 Absatz 1 Satz 2 in der am 23. Juli 2016 geltenden Fassung ist erstmals auf Feststellungszeiträume anzuwenden, die nach dem 31. Dezember 2015 beginnen; für Feststellungszeiträume, die vor dem 1. Januar 2016 geendet haben, ist § 1 Absatz 1 Satz 2 in der am 22. Juli 2016 geltenden Fassung weiterhin anzuwenden.

§ 181 Verfahrensvorschriften für die gesonderte Feststellung, Feststellungsfrist, Erklärungspflicht

(1) **[1] Für die gesonderte Feststellung gelten die Vorschriften über die Durchführung der Besteuerung sinngemäß. [2] Steuererklärung im Sinne des § 170 Absatz 2 Satz 1 Nummer 1 ist die Erklärung zur gesonderten Feststellung. [3] Wird eine Erklärung zur gesonderten Feststellung nach § 180 Absatz 2 ohne Aufforderung durch die Finanzbehörde abgegeben, gilt § 170 Absatz 3 sinngemäß.**

(2) **[1] Eine Erklärung zur gesonderten Feststellung hat derjenige abzugeben, dem der Gegenstand der Feststellung ganz oder teilweise zuzurechnen ist. [2] Erklärungspflichtig sind insbesondere**
1. in den Fällen des § 180 Absatz 1 Satz Nummer 2 Buchstabe a jeder Feststellungsbeteiligte, dem ein Anteil an den einkommensteuerpflichtigen oder körperschaftsteuerpflichtigen Einkünften zuzurechnen ist;
2. in den Fällen des § 180 Absatz 1 Satz 1 Nummer 2 Buchstabe b der Unternehmer;
3. in den Fällen des § 180 Absatz 1 Satz 1 Nummer 3 jeder Feststellungsbeteiligte, dem ein Anteil an den Wirtschaftsgütern, Schulden oder sonstigen Abzügen zuzurechnen ist;
4. in den Fällen des § 180 Absatz 1 Satz 1 Nummer 2 Buchstabe a und Nummer 3 auch die in § 34 bezeichneten Personen.

[3] Hat ein Erklärungspflichtiger eine Erklärung zur gesonderten Feststellung abgegeben, sind andere Beteiligte insoweit von der Erklärungspflicht befreit.

(2a) **[1] Die Erklärung zur gesonderten Feststellung nach § 180 Absatz 1 Satz 1 Nummer 2 ist nach amtlich vorgeschriebenem Datensatz durch Datenfernübertragung zu übermitteln. [2] Auf Antrag kann die Finanzbehörde zur Vermeidung unbilliger Härten auf eine elektronische Übermittlung verzichten; in diesem Fall ist die Erklärung zur gesonderten Feststellung nach amtlich vorgeschriebenem Vordruck abzugeben und vom Erklärungspflichtigen eigenhändig zu unterschreiben.**

(3) **[1] Die Frist für die gesonderte Feststellung von Einheitswerten (Feststellungsfrist) beginnt mit Ablauf des Kalenderjahrs, auf dessen Beginn die Hauptfeststellung, die Fortschreibung, die Nachfeststellung oder die Aufhebung eines Einheitswerts vorzunehmen ist. [2] Ist eine Erklärung zur gesonderten Feststellung des Einheitswerts abzugeben, beginnt die Feststellungsfrist mit Ablauf des Kalenderjahrs, in dem die Erklärung eingereicht wird, spätestens jedoch mit Ablauf des dritten Kalenderjahrs, das auf das Kalender-**

[1)] § 10 aufgehoben durch Gesetz v 7.12.2006 mWv 13.12.2006; zuletzt abgedruckt in der 10. Aufl.

jahr folgt, auf dessen Beginn die Einheitswertfeststellung vorzunehmen oder aufzuheben ist. [3] Wird der Beginn der Feststellungsfrist nach Satz 2 hinausgeschoben, wird der Beginn der Feststellungsfrist für die weiteren Feststellungszeitpunkte des Hauptfeststellungszeitraums jeweils um die gleiche Zeit hinausgeschoben.

(4) **In den Fällen des Absatzes 3 beginnt die Feststellungsfrist nicht vor Ablauf des Kalenderjahrs, auf dessen Beginn der Einheitswert erstmals steuerlich anzuwenden ist.**

(5) **[1] Eine gesonderte Feststellung kann auch nach Ablauf der für sie geltenden Feststellungsfrist insoweit erfolgen, als die gesonderte Feststellung für eine Steuerfestsetzung von Bedeutung ist, für die die Festsetzungsfrist im Zeitpunkt der gesonderten Feststellung noch nicht abgelaufen ist; hierbei bleibt § 171 Abs. 10 außer Betracht. [2] Hierauf ist im Feststellungsbescheid hinzuweisen. [3] § 169 Abs. 1 Satz 3 gilt sinngemäß.**

Abs 2a eingefügt durch StBürokratieabbauG v 20.12.08 (BGBl I, 2850); Abs 1, 2 und 2a neu gefasst durch G v 18.7.16 (BGBl I, 1679).

Schrifttum: *vor 2010 s 13. Aufl; Heuermann* Gesonderte Feststellung der Verlustvortrags-Symbiose zwischen materiellem Recht und Verfahrensrecht, DStR 11, 1489.

Übersicht

1. Inhalt. Abs 1 regelt das Verfahren der gesonderten und einheitlichen Feststellung durch umfassende Verweisung auf die Vorschr über die Durchführung der Besteuerung und enthält darüber hinaus klarstellende Regelungen zur Feststellungserklärung. Abs 2 normiert die Erklärungspflicht; Abs 2a begründet (ab 2011) den Grundsatz elektronischer Übermittlung. Die Abs 3 und 4 enthalten Sondervorschriften für die Feststellungsfrist bei der gesonderten Feststellung von Einheitswerten. Abs 5 enthält eine wichtige Durchbrechung der Feststellungverjährung. 1

2. Unmittelbar anwendbare Vorschriften. Ohne die Verweisung in Abs 1 gelten für das Feststellungsverfahren die einleitenden Vorschriften des Ersten Teils (insbes die Zuständigkeitsregel in § 18) sowie die **allg Verfahrensvorschriften** des Dritten Teils (§§ 78 ff). Als VA unterliegt der Feststellungsbescheid unmittelbar den allg Vorschriften für Verwaltungsakte (§§ 118 ff). Unmittelbar gelten deshalb (VA) auch die Vorschriften des Siebenten Teils über das außergerichtliche Rechtsbehelfsverfahren (§§ 347 ff). 3

a) Verwaltungsakte. Als VA unterliegt der Feststellungsbescheid insbes den §§ 118 ff unmittelbar. Er muss danach wie jeder VA inhaltlich hinreichend bestimmt sein (§ 119 I) und die ausstellende Behörde erkennen lassen (§ 119 III). Er 4 wird nur wirksam, wenn er richtig adressiert und bekannt gegeben worden ist (§ 124 I 1 iVm § 122; zu den Besonderheiten bei der Bekanntgabe vgl § 122 Rz 28). IÜ gelten für Feststellungsbescheide sinngemäß auch die spezielleren Anforderungen für Steuerbescheide, auf die Abs 1 S 1 verweist (Rz 12). § 127 ist grds anzuwenden (BFH/NV 07, 1628). Das gilt aber nicht, wenn ein Feststellungsverfahren zu Unrecht unterblieben ist (§ 180 Rz 33). § 129 gilt ebenfalls unmittelbar. Nicht (auch nicht sinngemäß) anwendbar sind die §§ 130, 131; sie werden verdrängt durch die Vorschr über die eingeschränkte Bestandskraft und die Durchbrechung der Bestandskraft.

6 **b) Einspruchsverfahren.** Für das Verfahren der gesonderten Feststellung ist kennzeichnend, dass der Feststellungsbescheid **selbstständig anfechtbar** ist (§ 179 Rz 1). Einwendungen gegen gesondert festgestellte Besteuerungsgrundlagen müssen deshalb mit dem Einspruch gegen jede selbständige Feststellung geltend gemacht werden (§ 351 II). Im Verfahren gegen den StFestsetzungsbescheid ist der Stpfl damit ausgeschlossen. Nach BFH (zB BStBl 90, 561) kann der Stpfl durch Beschränkung des Einspruchs nicht verhindern, dass die FinBeh den angegriffenen Feststellungsbescheid im Einspruchsverfahren uneingeschränkt überprüft (§ 367 II); insofern soll keine Teilbestandskraft eintreten (BFH/NV 04, 1372). **Kritik.** Das erscheint inkonsequent und auch iErg zweifelh, soweit der Bescheid mehr als nur einen selbstständig anfechtbaren Regelungsgegenstand enthält (§ 179 Rz 11). Jede Durchbrechung der Bestandskraft bedarf der gesetzlichen Grundlage. § 367 II ist insoweit nicht eindeutig genug („Sache"). Da das FA gem § 367 IIa auch Teileinspruchsentscheidungen erlassen und dadurch Teilbestandskraft herbeiführen kann, erscheint es nicht (mehr) gerechtfertigt, die vom Einspruchsführer gewollte Teilbestandskraft zu übergehen.

7 **Vorläufiger Rechtsschutz** gegen Feststellungsbescheide ist durch **AdV** zu gewähren, auch dann, wenn geltend gemacht wird, in Verlustfeststellungsbescheiden seien die Verluste zu niedrig angesetzt (näher s § 361 Rz 35). Auch gegen die Ablehnung einer gesonderten Feststellung von Einkünften wegen Nichtbestehens einer Mitunternehmerschaft kann vorläufiger Rechtsschutz (nur) im Wege der AdV gewährt werden (BFH BStBl 87, 637).

10 **3. Sinngemäß anwendbare Vorschriften (Abs 1).** Nach Abs 1 S 1 sind auf das Feststellungsverfahren („die gesonderte Feststellung") die Vorschr über die Durchführung der Besteuerung sinngemäß anzuwenden. Sinngemäß bedeutet, dass die in Bezug genommenen Regelungen unter Beachtung der Besonderheiten des Feststellungsverfahrens zweckgerichtet anzuwenden sind (BFH BStBl 94, 3).

11 **a) Überblick.** Vorschriften über die Durchführung der Besteuerung enthält der Vierte Teil der AO (§§ 134–217). § 181 II geht § 149 vor, die §§ 169–171 werden durch § 181 Abs 3 bis 5 modifiziert. IÜ finden namentlich die Vorschriften über StErklärungen (§§ 150ff, vgl Rz 12), über StBescheide (§§ 155, 157; vgl Rz 14), die Schätzung (§ 162), über Billigkeitsmaßnahmen im Festsetzungsverfahren (§ 163; BFH DStR 18, 777), die StFestsetzung unter Vorbehalt der Nachprüfung (§ 164; ein Feststellungsbescheid kann deshalb nach Ablauf der Feststellungsfrist wegen Wegfalls des Vorbehalts der Nachprüfung nicht mehr nach § 164 II geändert werden; BFH BStBl 01, 156; 09, 587), die vorläufige StFestsetzung, Aussetzung der StFestsetzung (§ 165; vgl BFH BStBl 13, 359), Drittwirkung der StFestsetzung (§ 166), StAnmeldung (§§ 167, 168), die Festsetzungsfrist (§§ 169ff; vgl Rz 7) sowie die Vorschriften über die Bestandskraft und deren Durchbrechung (§§ 172–177; vgl Rz 12) Anwendung. Anzuwenden sind ferner die §§ 193–208 über die Ap und die StFahndung.

12 **b) Sachliche Erklärungspflicht.** Für die gesondert festzustellenden Besteuerungsgrundlagen besteht eine Erklärungspflicht. Inhalt und Form der Erklärung ergeben sich aus der entsprechenden Anwendung von § 150. Ist eine Feststellungs-

erklärung abzugeben, kann sie grds nicht durch die EStErklärung ersetzt werden. Anders kann dies ausnahmsweise sein, wenn die darin enthaltenen Angaben eine zutreffende Bearbeitung des Steuerfalles erlauben und nicht zu einer Verlängerung der Bearbeitungszeit führen (BFH/NV 14, 665). Eine Feststellungserklärung, mit der ein **Verlust** geltend gemacht wird, kann entbehrlich sein, wenn sich die Grundlagen des Feststellungsbescheids aus anderen Steuerbescheiden ergeben und sich die Angaben aus der EStErklärung ergeben (BFH/NV 14, 524; ähnlich FG SachsAnh EFG 15, 434).

c) Vorschriften über Steuerbescheide. Nach Abs 1 S 1 sind die §§ 155 ff entspr anwendbar. Danach ist für Feststellungsbescheide die Schriftform erforderlich, soweit gesetzlich nichts anderes bestimmt ist (§ 157 I 1); **Mindestinhalt:** Der Feststellungsbescheid muss mindestens die festgestellte(n) Besteuerungsgrundlage(n) sowie den oder die Feststellungsbeteiligten bezeichnen (§ 157 I 2), anderenfalls ist er insgesamt unwirksam. Inhaltsadressat ist der Feststellungsbeteiligte, gegen den sich die Feststellungen richten (vgl BFH/NV 18, 206). Das ist idR derjenige, dem der Gegenstand der Feststellung bei der Besteuerung zuzurechnen ist (BFH BStBl 16, 637; § 179 Rz 17). Fehlt der gesetzliche Mindestinhalt, kommt eine Heilung durch Ergänzungsbescheid (§ 179 III) insoweit nicht in Betracht (Rz 38; *TK/Brandis* § 179 Rz 21). Das Fehlen „notwendiger" Feststellungen macht den Feststellungsbescheid jedoch nicht unwirksam. Das ergibt sich im Gegenschluss aus § 179 III (BFH/NV 06, 1041). Notwendig sind alle Feststellungen, die im Feststellungsverfahren (und nicht im Festsetzungsverfahren) getroffen werden müssen (BFH/NV 99, 1446; näher § 179 Rz 39). Unerlässlich ist ferner eine hinreichend konkrete Rechtsbehelfsbelehrung (§ 157 I 3). Feststellungsbescheide können unter dem Vorbehalt der Nachprüfung (§ 164) oder vorläufig (§ 165) ergehen. 13

d) Feststellungsfrist. Unabhängig von den Modifikationen in Abs 3 bis 5 gelten die §§ 169–171 sinngemäß (BFH DStR 18, 189). Die daraus abzuleitende Feststellungsfrist (§ 181 III 1) ist unabhängig von der Festsetzungsverjährung der Folgesteuern zu ermitteln (BFH BStBl 89, 593; 94, 3; BFH/NV 05, 7; 06, 228). Abs 1 S 2 stellt klar, dass StErklärung iSd § 170 II Nr 1 die Erklärung zur gesonderten Feststellung ist. Die Vorschriften über **Anlaufhemmung** (§ 170) und **Ablaufhemmung** (§ 171) sind anzuwenden. Der **Beginn** der **Feststellungsfrist** richtet sich auch bei den gesonderten Feststellungen nach dem Zeitpunkt der Abgabe der Erklärung zur gesonderten Feststellung oder in Fällen, in denen eine Anzeige zu erstatten ist, nach dem Zeitpunkt der Abgabe der Anzeige (vgl zu Letzterem BFH BStBl 05, 780; BFH/NV 05, 7; FG MeVo EFG 04, 1477). Die Frist beginnt mit Ablauf des Jahres, in dem die Erklärung oder Anzeige abgegeben wird, spätestens mit Ablauf des dritten Jahres, das auf die Entstehung der Steuer folgt (vgl § 170 Rz 3). Dasselbe gilt, wenn eine Erklärung nach § 180 II und der dazu ergangenen VO erst nach Aufforderung durch das FA abgegeben werden muss (s § 3 der VO) oder unaufgefordert abgegeben wird (§ 181 I 3). Ausnahmsweise kann die Abgabe einer EStErklärung die Abgabe der eigentlich erforderlichen Feststellungserklärung ersetzen (BFH/NV 14, 665). Zu beachten sind aber die Sondervorschriften in § 181 III und V (näher jeweils dort). 14

Besonderheiten. Die Feststellungsfrist ist mit Wirkung für und gegen alle Feststellungsbeteiligten **gewahrt,** wenn der Feststellungsbescheid nur einem Beteiligten ggü wirksam geworden ist. Allen anderen Beteiligten kann der Bescheid auch noch nach Fristablauf bekannt gegeben werden (BFH BStBl 94, 3; vgl auch FG Köln DStRE 02, 1270 zum Beginn der Außenprüfung, wenn die Prüfungsanordnung nur einem Feststellungsbeteiligten bekannt gegeben worden ist). Der Einspruch nur eines Beteiligten hemmt den Ablauf der Feststellungsfrist mit Wirkung für alle anderen Beteiligten, und zwar selbst dann, wenn das FA den Bescheid bisher nur einem anderen Feststellungsbeteiligten bekannt gegeben hat (BFH BStBl 95, 39). Der Ablauf der Feststellungsfrist wird allerdings durch Einspruch nur für 15 diejenigen Personen gehemmt, die Adressaten des Feststellungsbescheids sind (BFH/NV 02, 895, 898). Sind die Besteuerungsgrundlagen innerhalb der Feststellungsfrist festgestellt worden, kann die FinBeh das Ergebnis der Feststellung (vgl § 175 1 Nr 1) bis zum Ablauf von zwei Jahren nach Bekanntgabe des Feststellungsbescheids bei der ESt der Gesellschafter berücksichtigen (vgl § 171 X), auch wenn die Festsetzungsfrist für die von der Feststellung abhängigen Steuern bereits abgelaufen wäre (BFH BStBl 88, 318).

16 **Verjährung.** Ein Feststellungsbescheid darf grds nicht mehr ergehen, wenn die Feststellungsfrist abgelaufen ist (Feststellungsverjährung); ein Feststellungsbescheid kann dann auch nicht mehr aufgehoben oder geändert werden (§ 169 I 1). Von diesem Grundsatz sieht § 181 V jedoch eine wichtige Ausnahme vor (Rz 33 ff).

18 **e) Bestandskraft.** Nach Abs 1 S 1 sind auch die §§ 172–177 über die Bestandskraft entspr anwendbar. Die Änderung oder Aufhebung eines Feststellungsbescheids unterliegt deshalb grds denselben Einschränkungen wie die Änderung oder Aufhebung eines StFestsetzungsbescheids. Der **Umfang der Bestandskraft** hängt vom Inhalt des Feststellungsbescheids und der Zielrichtung des Rechtsbehelfs, insbes vom Klageantrag ab (BFH BStBl 11, 764; BFH/NV 12, 1479; 13, 381; 15, 1351). Umfasst ein Feststellungsbescheid mehrere selbstständig anfechtbare Feststellungen (§ 179 Rz 11), kann im Klageverfahren **(Teil-)Bestandskraft** eintreten. Das gilt nach hM nicht für das Einspruchsverfahren (Rz 6).

19 **Besonderheiten.** Bei der sinngemäßen **Anwendung von § 173 I** kommt es für die Frage, ob eine nachträglich bekannt gewordene Tatsache zu einer höheren oder niedrigeren „Steuer" führt, nicht auf die Auswirkungen in Folgebescheiden, sondern bei den festzustellenden Besteuerungsgrundlagen an; die Auswirkungen sind für jeden Feststellungsbeteiligten getrennt zu beurteilen. Es genügt, wenn sich die Besteuerungsgrundlagen bei einem Feststellungsbeteiligten erhöhen (BFH/NV 15, 1331). Auch die Änderung der Einkunftsart genügt (BFH BStBl 17, 745). Auf ein grobes Verschulden am nachträglichen Bekanntwerden einer geänderten Gewinnverteilungsabrede kommt es nicht an (BFH BStBl 09, 950). In sinngemäßer Anwendung von § 173 I kann auch eine bei der Einheitswertfeststellung getroffene Artfeststellung geändert werden (BFH BStBl 88, 174, 482; BFH/NV 88, 689; 90, 415) oder die Anzahl der festgestellten wirtschaftlichen Einheiten (BFH/NV 92, 583). **§ 174** ist gem Abs 1 S 1 auf die einzelnen Feststellungen eines Feststellungsbescheids (§ 179 Rz 11) entspr anwendbar (BFH BStBl 13, 494). Die entsprechende **Anwendung von § 175** auf gesonderte Feststellungen kommt auch dann in Betracht, wenn eine Feststellung in einem Feststellungsbescheid Grundlage für eine weitere Feststellung in *demselben* Feststellungsbescheid ist (FG Mchn EFG 10, 1370).

22 **4. Persönliche Erklärungspflicht (Abs 2).** Abs 2 stellt klar, dass grds **jeder Beteiligte,** dem die festzustellenden Besteuerungsgrundlagen ganz oder zum Teil zuzurechnen sind, **erklärungspflichtig** ist (Nr 1). Die Konkretisierung in Abs 2 S 2 ist nicht abschließend („insbesondere"); die Erklärungspflicht kann auch in anderen Fällen bestehen (vgl BFH BStBl 09, 816 zur Erklärungspflicht bei der Verlustfeststellung gem § 10d IV EStG).

23 **Unternehmer** iSd Nr 2 ist sowohl der gewerbliche Unternehmer als auch der Land- und Forstwirt sowie der Freiberufler. Dies entspricht dem in § 2 UStG verwendeten Unternehmerbegriff. Wenn ein Beteiligter die Erklärung zur gesonderten Feststellung abgegeben hat, sind die übrigen Beteiligten von der Erklärungspflicht befreit, soweit die abgegebene Erklärung vollständig war. Dies gilt auch bei Abgabe der Erklärung durch eine der in § 34 genannten Personen (zB durch den Geschäftsführer einer Gesellschaft; zur Erklärungspflicht des Insolvenzverwalters s § 34 Rz 22).

24 **5. Elektronische Übermittlung (Abs 2a).** Die Vorschr ist gem § 10a II EGAO erstmals für Feststellungszeiträume anzuwenden, die nach dem 31. Dezem-

ber 2010 beginnen. Sie betrifft die Form, in der die Erklärung zur gesonderten Feststellung in den Fällen des § 180 I Nr 2 abzugeben ist. Satz 1 schafft für den Regelfall die Verpflichtung zur Übermittlung der Erklärung durch Datenfernübertragung nach amtlich vorgeschriebenem Datensatz. Gem Satz 2 kann die Erklärung ausnahmsweise aber auch wie bisher auf amtlich vorgeschriebenem Vordruck abgegeben werden, der vom Erklärungspflichtigen eigenhändig zu unterschreiben ist, wenn die FinBeh dies im Einzelfall auf Antrag zur Vermeidung unbilliger Härten zulässt (Ermessen).

Die in **Satz 1** neu geschaffene Verpflichtung zur elektronischen Abgabe von Feststellungserklärungen in den Fällen des § 180 I 1 Nr 2 stellt nach Auffassung der BReg einen wichtigen Baustein des Gesamtkonzepts zur Modernisierung des Besteuerungsverfahrens dar. Dadurch sollen unnötige Bürokratiekosten für Unternehmen abgebaut und die Verwaltung moderner, leistungsfähiger und effizienter werden (vgl BT-Drs 16/10188, 31). Sie betrifft beide in § 180 I 1 Nr 2 geregelten Fälle, aber auch nur diese. Andere, in der Praxis nur selten vorkommende Feststellungserklärungen sollen auch künftig nach amtlich vorgeschriebenem Vordruck auf Papier abgegeben werden (vgl BT-Drs 16/10188, 31). Die Einzelheiten des Verfahrens sind gem § 150 VI durch VO geregelt (vgl § 150 Rz 80 ff). 25

Satz 2 eröffnet der FinBeh im Einzelfall die Möglichkeit (Ermessen), im Billigkeitswege die Abgabe einer schriftlichen Erklärung nach amtlich vorgeschriebenem Vordruck zu erlauben. Eine unbillige Härte kann insbes vorliegen, wenn es dem Stpfl (aus finanziellen Gründen) nicht zuzumuten ist, die technischen Voraussetzungen für eine elektronische Übermittlung zu schaffen (BT-Drs 10/10188, 31), oder wenn er nach seinen individuellen Kenntnissen und Fähigkeiten nicht oder nur eingeschränkt in der Lage ist, die Möglichkeiten einer Datenfernübertragung zu nutzen. Dies dürfte praktisch vor allem bei Kleinstbetrieben der Fall sein. § 150 VIII ist zu beachten. Unter den dort aufgeführten Voraussetzungen reduziert sich das Ermessen der FinBeh auf Null (vgl BT-Drs 10/940, 13 zu § 150 VIII). Voraussetzung ist stets ein entsprechender **Antrag** des Stpfl. Das Antragserfordernis ist auf Vorschlag des BRats eingefügt worden. Der Antrag kann konkludent gestellt werden, zB durch die Abgabe einer herkömmlichen Feststellungserklärung auf Papier (BT-Drs 16/10940, 13). 26

6. Einheitswerte (Abs 3). Die Vorschr enthält eine klarstellende Regelung für die Feststellungsfrist von **Einheitswerten** (dazu § 180 Rz 3). An die Stelle der Entstehung des StAnspruchs (wie in § 170 I) tritt der Zeitpunkt, auf den die Einheitswerte festzustellen sind (Hauptfeststellung, Fortschreibung, Nachfeststellung oder Aufhebung). Wenn eine Erklärung zur Hauptfeststellung oder (auch nur auf Anforderung) eine Erklärung zur Fortschreibung, Nachfeststellung oder Aufhebung des Einheitswerts abzugeben ist, beginnt die Frist erst mit Ablauf des Kj, in dem die Erklärung eingereicht wird (Beispiele für verschiedene Fallgestaltungen in Vfg OFD Mchn, DStR 95, 1950; zur Rechtslage vor Neufassung des Abs 3 durch das StMBG v 21.12.1993 s 7. Aufl Rz 8). Fordert das LageFA vom Stpfl innerhalb der Feststellungsfrist eine Feststellungserklärung für Zwecke der GrESt an, hemmt dies unabhängig vom Zeitpunkt der Erstattung der Anzeige nach §§ 18 und 19 GrEStG das Anlaufen der Feststellungsfrist (BFH/NV 13, 1149). 28

Abs 3 Satz 3 enthält eine besondere Regelung, die sich daraus ergibt, dass die Einheitswerte regelmäßig für mehrere Jahre gelten. Sie soll verhindern, dass evtl die Feststellungsfrist für die **während** des **Hauptfeststellungszeitraums** zu treffenden Feststellungen (Fortschreibungen, Nachfeststellungen oder Aufhebungen) früher abläuft (infolge des Abs 3 S 1) als die Frist für die Hauptfeststellung oder für Zeitpunkte davor zu treffende Fortschreibungen, Nachfeststellungen oder Aufhebungen (infolge des Abs 3 S 2). Das Hinausschieben des Beginns der gesonderten Feststellung zum Hauptfeststellungszeitpunkt oder der Fortschreibung, Nachfeststellung oder Aufhebung infolge verspäteter Abgabe der entspr Erklärung schiebt 29 daher den Beginn der Feststellungsfrist für die folgenden Feststellungszeitpunkte um die gleiche Zeit hinaus (vgl FG BBg EFG 15, 792).

30 Die **Fortschreibung** eines **Einheitswerts** zur **Fehlerbeseitigung** ist von Amts wegen auf den Beginn des Kj durchzuführen, in dem der Fehler dem FA bekannt wird. Wiedereinsetzung in den vorigen Stand wegen verspäteten Hinweises auf den Fehler durch den Stpfl ist deshalb nicht möglich (BFH BStBl 78, 642).

32 **7. Festsetzung von Einheitswerten auf einen früheren Zeitpunkt (Abs 4).** Die Vorschrift enthält eine besondere Bestimmung für die Fälle, in denen Einheitswerte auf einen früheren Zeitpunkt festgestellt werden, als sie angewendet werden (zuletzt die Einheitswerte des Grundbesitzes auf den 1.1.1964, Anwendung ab 1.1.1974). Hier soll die Feststellungsfrist nicht ablaufen, bevor die Einheitswerte angewendet werden. Die Feststellungsfrist beginnt nicht vor Ablauf des Kj, auf dessen Beginn der Einheitswert erstmals angewendet wird. Die Vorschr ist derzeit bedeutungslos.

33 **8. Feststellungsfrist für Folgebescheide (Abs 5).** Die Norm erlaubt die Durchführung einer gesonderten Feststellung auch nach Ablauf der für sie geltenden Feststellungsfrist. Sie bewirkt keine Ablaufhemmung, sondern setzt den Eintritt der Feststellungsverjährung voraus (BFH BStBl 01, 156; BFH/NV 09, 762). Ist danach der Vorbehalt der Nachprüfung entfallen (§ 164 IV 1 iVm § 181 I 1), bewirkt Abs 5 nicht, dass der Vorbehalt wieder auflebt (BFH/NV 15, 353; BeckRS 2017, 145959). Abs 5 trägt dem Umstand Rechnung, dass Festsetzungsfrist und Feststellungsfrist auseinanderfallen können (BFH BStBl 13, 529). Zweck der Regelung ist es, die zutr StFestsetzung zu ermöglichen. Sie soll verhindern, dass die rechtl Verselbständigung des Feststellungsverfahrens zu materiell unrichtigen Festsetzungen führt, obwohl die Steuern noch nicht verjährt sind (BFH BStBl 09, 816). Darin kommt die dienende Funktion des Feststellungsverfahrens zum Ausdruck (vgl § 179 Rz 2). Deshalb ist es sachlich gerechtfertigt, den Grundsatz zu durchbrechen, dass nach Ablauf der Feststellungsfrist ein Feststellungsbescheid nicht mehr ergehen darf. Die Vorschr gilt ihrem Sinn und Zweck nach nicht nur für den erstmaligen Erlass, sondern auch für die **Änderung oder Berichtigung** von Feststellungsbescheiden (BFH BStBl 94, 381; 09, 587; 10, 723; Ausnahme: § 35b II 4 GewStG, BFH BStBl 16, 353). Sie ist aber keine Änderungsvorschr; eine Änderung ist vielmehr nur zulässig, wenn zusätzlich die Voraussetzungen einer Änderungsvorschr vorliegen (BFH/NV 11, 1295). Über den Wortlaut (StFestsetzung) hinaus wendet die Rspr Abs 5 auch an, wenn die Feststellungen für einen anderen ***Feststellungs*bescheid** von Bedeutung sind (vgl BFH BStBl 10, 723; BFH/NV 10, 2011). In mehrstufigen Feststellungsverfahren ist Abs 5 mit der Maßgabe anwendbar, dass an die Stelle der „StFestsetzung" die gesonderte Feststellung der zweiten (bzw der jeweils nachfolgenden) Stufe tritt (BFH BStBl 99, 747; 02, 681; 10, 723; BFH/NV 05, 490; 06, 16). Abs 5 gilt außerdem entspr für den Erlass von Ergänzungsbescheiden (§ 179 III). Erfasst werden auch Richtigstellungsbescheide nach § 183 III (FG Mchn EFG 05, 1328). Abs 5 gilt für alle gesonderten Feststellungen, nicht wie Abs 3 und 4 nur für Einheitswertfeststellungen.

34 **Von Bedeutung** sind Feststellungsbescheide nicht nur für StFestsetzungs- oder Feststellungsbescheide desselben oder des unmittelbar anschließenden Veranlagungszeitraums. Vielmehr genügt grds jede auch nur mittelbare Bindungswirkung (BFH BStBl 02, 681; 04, 546; vgl § 182 Rz 6). Es kommt also nicht darauf an, dass sich die Feststellungen unmittelbar auf den Folgebescheid auswirken. Maßgeblich ist vor allem die materielle Rechtslage (BFH BStBl 11, 963). Ein Einheitswertbescheid (1. Stufe) kann nach Abs 5 noch insoweit erlassen oder korrigiert werden, als die Festsetzungsfrist für die GrSt (3. Stufe) noch nicht abgelaufen ist; auf die 2. Stufe (Messbescheid) kommt es nicht an. In diesem Fall genügt es auch, wenn der Hinweis nach Abs 5 im Einheitswertbescheid enthalten ist (BFH BStBl 10, 723).

Ein **Verlustfeststellungsbescheid** gem § 10d IV EStG ist unter Berücksichtigung des dienenden Zwecks der gesonderten Feststellung (vgl § 179 Rz 2) stets dann (materiell-rechtl) „von Bedeutung", wenn sich der Verlust letztlich (auch vermittels weiterer gesonderter Verlustfeststellungen, für die die Feststellungsfrist noch nicht abgelaufen ist) nach Maßgabe des § 10d EStG bei der ESt eines Jahres auswirken kann, für welches die Festsetzungsfrist noch nicht abgelaufen ist (BFH BStBl 02, 681; BFH/NV 09, 762; 10, 386; 10, 1449). Das ist nicht der Fall, wenn der Stpfl in bereits festsetzungsverjährten Veranlagungszeiträumen, in die der Verlust (nach § 10d EStG) hätte vorgetragen werden müssen, über zur Verlustkompensation ausreichende Gesamtbeträge der Einkünfte verfügt (BFH BStBl 11, 963; 14, 143; vgl auch BFH/NV 13, 1381; 13, 1418). Für die Beurteilung kommt es auf den Zeitpunkt der tatsächlichen Feststellung des verbleibenden Verlustabzugs an (BFH/NV 12, 1934). Es kommt nicht darauf an, dass für den VZ der Verlustentstehung die Ertragsteuer nicht festgesetzt worden ist und auch nicht mehr festgesetzt werden kann (BFH BStBl 07, 919; 07, 921; 09, 816; BFH/NV 09, 1585; der Nichtanwendungserlass BMF BStBl I 07, 825 ist aufgehoben BMF BStBl I 09, 1189). 35

Anwendungsausschluss in bestimmten Verlustfällen. Die Rspr (Rz 35) führt dazu, dass (bei fehlender Möglichkeit der Verlustkompensation) die Feststellungsfrist für Verlustfeststellungen wegen des zeitlich nicht begrenzten Verlustvortrags faktisch nicht endet. Dieser Effekt tritt auch auf bei der Eigenkapitalfeststellung (§ 27 II 2 KStG; vgl FG Köln EFG 16, 980). Der Gesetzgeber sah es demgegenüber als vorrangig an, dass über einen Verlust zeitnah im Rahmen der Veranlagung entschieden werden soll. Er hat deshalb (durch das JStG 2007, BGBl 07, 2828) die Anwendung von § 181 V in **§ 10d IV 6 2. HS EStG** grds ausgeschlossen. § 181 V ist danach nur noch anzuwenden, wenn die FinBeh die Feststellung des Verlustvortrags **pflichtwidrig unterlassen** hat (zum zeitl Anwendungsbereich vgl § 52 XXV 5 EStG 2007; BFH/NV 09, 762). Entsprechendes gilt gem **§ 35b II 4 2. HS GewStG 2002** für die Feststellung des vortragsfähigen Gewerbeverlusts (§ 10a S 6 GewStG). Die Regelungen sind verfassungsgemäß (BFH/NV 14, 1206; 15, 1089, Verfassungsbeschwerde BVerfG 1 BvR 2582/16). § 181 V bleibt danach anwendbar, wenn das FA keinen Verlustfeststellungsbescheid erlassen hat, obwohl ihm dies möglich gewesen wäre, etwa weil ihm die Verluste aus einer StErklärung bekannt waren (BFH/NV 14, 1206). Voraussetzung ist, dass die Verlustfeststellung bislang gänzlich fehlte; eine (wenn auch fehlerhafte) Verlustfeststellung schließt die Anwendung von § 181 V aus (BFH DStR 15, 1620). Ein pflichtwidriges Unterlassen liegt nicht vor, wenn dem FA zwischen Antragseingang und Ablauf der Festsetzungsfrist nur ein Tag verbleibt (BFH BStBl 11, 807; *Heuermann* DStR 11, 1489). Die Vorschriften, in denen die Anwendung von § 181 V ausgeschlossen wird, sind nicht entspr anwendbar zB auf Fälle des § 15a EStG (FG Nds EFG 15, 95) oder andere Fallgruppen. 36

Die **Festsetzungs- oder Feststellungsfrist** für den Folgebescheid darf noch nicht abgelaufen sein. Maßgebend ist der Zeitpunkt der gesonderten Feststellung, dh der Zeitpunkt, in dem der Feststellungsbescheid ergeht (BFH/NV 12, 1934 nicht Antragstellung). Für die Rechtzeitigkeit kommt es nach Abs 5 S 3 (also entsprechend § 169 I 3) im Regelfall auf die Absendung des Bescheids an. Der Bescheid muss dem Empfänger aber auch zugehen (BFH GrS BStBl 03, 548; vgl § 169 Rz 39). Für die Berechnung der Festsetzungs- oder Feststellungsfrist des Folgebescheids gelten die allg Vorschriften. § 171 X **(Ablaufhemmung)** bleibt dabei außer Betracht (eingehend dazu *Wefers* StuW 97, 310). Das bedeutet iErg, dass der Feststellungsbescheid ergangen sein muss, bevor die (ohne Berücksichtigung von § 171 X berechnete) Festsetzungs- oder Feststellungsfrist für den Folgebescheid abgelaufen ist. § 171 X wirkt nach Ablauf der Feststellungsfrist insbes nicht für oder gegen Gesellschafter, bei denen die Festsetzungsfrist für den Folgebescheid bereits abgelaufen ist. Soweit der Feststellungsbescheid rechtzeitig ergan- 37 gen ist, greift § 171 X wieder ein (vgl BFH BStBl 88, 318). Für Gesellschafter, auf die Abs 5 zutrifft, bleibt es deshalb dabei, dass die FinBeh zwei Kj Zeit hat, um die Folgeänderungen vorzunehmen.

38 **Einheitliche Feststellung.** Der Anwendung von Abs 5 steht grds nicht entgegen, wenn bei einzelnen Feststellungsbeteiligten die Festsetzungsfrist (für den Folgebescheid) bereits abgelaufen ist; die Möglichkeit der StFestsetzung ggü nur einem Beteiligten reicht für den Erlass eines Feststellungsbescheids aus (BFH BStBl 95, 822 für die gesonderte Feststellung von Besteuerungsgrundlagen für die USt; jedoch auch allg, also auch für die gesonderte und einheitliche Feststellung von Einkünften BFH BStBl 97, 750; BFHE 189, 351; BFH/NV 00, 552; 01, 414; 16, 1679; aA BFH BStBl 94, 381 mit Rücksicht auf den Bilanzenzusammenhang; hM wie hier *BG/Kunz* § 181 Rz 28; *KvW/v Wedelstädt* § 181 Rz 18; *Koenig/Koenig* § 181 Rz 37; aA *TK/Brandis* § 181 Rz 20; *HHSp/Söhn* § 181 Rz 123). Dies ist die Folge des Umstands, dass trotz des Gebots einheitlicher Feststellung der Lauf der Festsetzungsfrist individuell bestimmt werden muss. Die gesonderte Feststellung kommt nur für oder gegen den oder diejenigen Feststellungsbeteiligten in Betracht, bei denen die Festsetzungs- oder Feststellungsfrist (für den Folgebescheid) noch nicht abgelaufen ist. Feststellungsbeteiligten, bei denen die Festsetzungs- oder Feststellungsfrist bereits abgelaufen ist, dürfen aus der Feststellung nach Abs 5 keinerlei Nachteile entstehen (zB wegen des formellen **Bilanzenzusammenhangs;** vgl BFH/NV 00, 254; 04, 414; 06, 486). Liegen die Voraussetzungen des Abs 5 nur bei einem Gesellschafter vor, können zB nicht die Abschreibungssätze bei der Gesellschaft geändert werden, auch nicht mit Wirkung für diesen einen Gesellschafter. Anderenfalls müsste man für diesen Gesellschafter eine Ergänzungsbilanz aufstellen, damit nicht ein bereits versteuerter Gewinn bei diesem Gesellschafter nochmals erfasst wird. Etwas anderes gilt nur, wenn die Berücksichtigung ohne Durchbrechung des Bilanzenzusammenhangs möglich ist, zB bei der Nichtanerkennung von Betriebsausgaben und der Erhöhung der Privatentnahmen. Haben allerdings *alle* Gesellschafter ihre EStErklärung verspätet abgegeben, so kann auch noch die Bilanz der Gesellschaft geändert werden.

39 **Rechtsfolgen.** Entgegen ihrem Wortlaut („kann") gewährt die Vorschrift **kein Ermessen.** Liegen die Voraussetzungen vor, muss ein Feststellungsverfahren durchgeführt werden (s § 179 Rz 5). Soweit nach Abs 5 noch gesonderte Feststellungen zulässig sind, ist auch die Änderung oder Berichtigung von gesonderten Feststellungen möglich, da es sich um ein Weniger ggü einer erstmals erlassenen gesonderten Feststellung handelt (BFH BStBl 94, 381; 01, 156). Nach Eintritt der Bestandskraft sind Änderungen oder Berichtigungen nur auf gesetzlicher Grundlage (zB § 173) möglich; Abs 5 überwindet nur die Hürde der abgelaufenen Feststellungsfrist. Die Regelung, dass bei einem unter dem Vorbehalt der Nachprüfung stehenden StBescheid die StFestsetzung nach Ablauf der Festsetzungsfrist wegen des damit verbundenen Wegfalls des Vorbehalts der Nachprüfung nach § 164 II nicht mehr geändert werden kann, gilt deshalb für die Änderung eines unter dem Vorbehalt der Nachprüfung stehenden Feststellungsbescheid sinngemäß (BFH BStBl 01, 156).

40 **Hinweispflicht.** Der gem Satz 2 **erforderliche Hinweis** bezieht sich darauf, dass trotz Ablaufs der Feststellungsfrist eine gesonderte Feststellung vorgenommen wird („hierauf"). Er hat nicht nur deklaratorische Bedeutung und auch nicht bloße Begründungsfunktion, sondern Regelungscharakter, weil mit ihm der Umfang der Bindungswirkung abweichend von § 182 I bestimmt (eingeschränkt) wird (BFH BStBl 16, 567). Das Fehlen des Hinweises führt daher zur Rechtswidrigkeit des Bescheids, sodass er aufzuheben ist (stRspr BFH BStBl 90, 411; 95, 302; 98, 555; BFH/NV 06, 228; 07, 2227; 10, 1788). Das gilt auch dann, wenn die Verfahrenssituation schwierig zu beurteilen ist (BFH BStBl 99, 4; 09, 335). Wird der Bescheid trotz fehlenden Hinweises bestandskräftig, entfaltet er Bindungswirkung (BFH/NV 06, 228; 06, 1616). Der Hinweis ist nicht Voraussetzung dafür, dass dem Feststel-

lungsbescheid bindende Wirkung zukommt (vgl BFH BStBl 09, 287). Der Hinweis nach Abs 5 beinhaltet keine „Feststellung", er kann deshalb nicht durch einen Ergänzungsbescheid nach § 179 III nachgeholt werden (BFH BStBl 98, 426; BFH/NV 99, 282). Allerdings kann der Hinweis in der Einspruchsentscheidung oder in einem während des Einspruchsverfahrens ergehenden Änderungsbescheid, der nach § 365 III 1 zum Gegenstand des Einspruchsverfahrens wird (BFH/NV 10, 1236) nachgeholt werden, wenn die Festsetzungsfrist für die abhängige Steuer im Zeitpunkt des Ergehens der Einspruchsentscheidung noch nicht abgelaufen ist (BFH/NV 14, 847); insofern bedarf es auch keines vorherigen Verböserungshinweises (BFH/NV 06, 228).

Inhalt. Die in dem Hinweis gem Abs 5 liegende Regelung muss den Bestimmtheitsanforderungen des § 119 I genügen und deshalb unmissverständlich, wenn auch abstrakt, zum Ausdruck bringen, dass die Feststellungen nach Ablauf der Feststellungsfrist getroffen worden und nur noch für solche Folgesteuern von Bedeutung sind, für die die Festsetzungsfrist im Zeitpunkt der gesonderten Feststellung noch nicht abgelaufen war (BFH BStBl 98, 426; BFH/NV 10, 1236; ebenso AEAO zu § 181 Nr 1). Konkrete Angaben, um welche Steuern es sich handelt und für welche Veranlagungszeiträume den Feststellungen Rechtswirkung zukommen soll, können nicht verlangt werden (BFH BStBl 98, 555). 41

§ 182 Wirkungen der gesonderten Feststellung

(1) [1] **Feststellungsbescheide sind, auch wenn sie noch nicht unanfechtbar sind, für andere Feststellungsbescheide, für Steuermessbescheide, für Steuerbescheide und für Steueranmeldungen (Folgebescheide) bindend, soweit die in den Feststellungsbescheiden getroffenen Feststellungen für diese Folgebescheide von Bedeutung sind.** [2] **Dies gilt entsprechend bei Feststellungen nach § 180 Absatz 5 Nummer 2 für Verwaltungsakte, die die Verwirklichung der Ansprüche aus dem Steuerschuldverhältnis betreffen.** [3] **Wird ein Feststellungsbescheid nach § 180 Absatz 5 Nummer 2 erlassen, aufgehoben oder geändert, ist ein Verwaltungsakt, für den dieser Feststellungsbescheid Bindungswirkung entfaltet, in entsprechender Anwendung des § 175 Absatz 1 Satz 1 Nummer 1 zu korrigieren.**

(2) [1] **Ein Feststellungsbescheid über einen Einheitswert nach § 180 Absatz 1 Satz 1 Nummer 1 wirkt auch gegenüber dem Rechtsnachfolger, auf den der Gegenstand der Feststellung nach dem Feststellungszeitpunkt mit steuerlicher Wirkung übergeht.** [2] **Tritt die Rechtsnachfolge jedoch ein, bevor der Feststellungsbescheid ergangen ist, so wirkt er gegen den Rechtsnachfolger nur dann, wenn er ihm bekannt gegeben wird.** [3] **Die Sätze 1 und 2 gelten für gesonderte sowie gesonderte und einheitliche Feststellungen von Besteuerungsgrundlagen, die sich erst später auswirken, nach der Verordnung über die gesonderte Feststellung von Besteuerungsgrundlagen nach § 180 Absatz 2 der Abgabenordnung entsprechend.**

(3) **Erfolgt eine gesonderte Feststellung gegenüber mehreren Beteiligten nach § 179 Absatz 2 Satz 2 einheitlich und ist ein Beteiligter im Feststellungsbescheid unrichtig bezeichnet worden, weil Rechtsnachfolge eingetreten ist, kann dies durch besonderen Bescheid gegenüber dem Rechtsnachfolger berichtigt werden.**

Vorschr neu gefasst durch G v 18.7.16 (BGBl I, 1679).

Schrifttum: *vor 2010 s 13. Aufl; Steinhauff* Abgrenzung Grundlagenbescheid von bloßer Tatbestandsverwirklichung, AO-StB 10, 271; *Klose* Die Anpassung von Folgebescheiden bei Erlass oder Änderung ressortfremder Grundlagenbescheide, AO-StB 12, 308; *Haberland* Die nachrichtliche Mitteilung des Sanierungsgewinns bei Personengesellschaften, FR 15, 645; *Brühl* Materielle Tatbestandswirkung in § 29 Abs. 2 KStG, DStZ 16, 689; *Drüen* „Quis iudicabit?" Zur Bindungswirkung der Begründung von Bußgeldbescheiden im Besteuerungsverfahren, Ubg 16, 505.

Übersicht

1 **1. Inhalt.** § 182 regelt seiner Überschrift nach (nur die) Wirkungen der gesonderten Feststellung. Abs 1 bestimmt, dass Feststellungsbescheide Bindungswirkung für andere Bescheide entfalten (können). Abs 2 regelt insbes die Wirkung von EW-Feststellungsbescheiden ggü einem Rechtsnachfolger. Abs 3 modifiziert die Rechtsfolgen einer fehlerhaften Bescheidadressierung in einem Sonderfall.

3 **2. Bindungswirkung von Feststellungsbescheiden (Abs 1).** Abs 1 ordnet die (in § 171 X, § 175 I 1 Nr 1 und § 351 II jeweils vorausgesetzte) bindende Wirkung von Feststellungsbescheiden gesetzlich an. Die Bindungswirkung unterliegt – wie die Anordnung der gesonderten Feststellung – dem **Gesetzesvorbehalt** (BFH GrS BStBl 05, 679; BFH/NV 17, 567). Ohne die Bindungswirkung wäre die gesonderte Feststellung sinnlos. Sie bezweckt, dass gesondert festgestellte Besteuerungsgrundlagen ohne erneute Prüfung und unverändert der Besteuerung zugrunde gelegt werden (vgl unten Rz 8). Inhalt und Umfang der Bindungswirkung (von Feststellungsbescheiden) werden in § 182 I nur teilw geregelt und iÜ vorausgesetzt. Abzugrenzen ist die Bindungswirkung von der **Tatbestandswirkung** (vgl *Steinhauff* AO-StB 10, 271). Sie führt dazu, dass der Inhalt des (idR ressortfremden) Bescheids oder Rechtsakts von der zuständigen FinBeh nicht eigenständig überprüft wird. Dies dient der sachlichen Abgrenzung verschiedener Teilrechtsordnungen (Zuständigkeiten) voneinander (vgl BFH BStBl 08, 758; BFH/NV 15, 1233 zu ausländerrechtlichem Aufenthaltstitel). Die Bindungswirkung hat dagegen den Zweck, bestimmte Inhalte für andere Verfahren verbindlich vorzugeben. Verfassungsrechtl Bedenken bestehen nicht. Offen ist, ob die Anwendung von § 182 gegen **EU-Recht** verstößt, soweit der Feststellungsbescheid nach § 18 I 1 AStG gemeinschaftsrechtswidrige Feststellungen enthält (verneint FG RhPf EFG 16, 138, Rev BFH I R 47/16).

4 **a) Begriffliches.** Der Begriff **„Folgebescheid"** ist in § 182 I 1 an unpassender Stelle (und unvollständig) legaldefiniert, denn er bildet das Gegenstück zum Begriff des Grundlagenbescheids. Nach der Legaldefinition in § 171 X ist **Grundlagenbescheid** jeder Bescheid mit Bindungswirkung. Folgebescheid ist deshalb jeder Bescheid, dessen Inhalt teilweise von (irgend) einem Grundlagenbescheid verbindlich vorgegeben wird. Abs 1 ordnet die Bindungswirkung aber nur für Feststellungsbescheide an. Andere Grundlagenbescheide, darunter zB auch VA ressortfremder Behörden (vgl zB Rz 18; *von Wedelstädt* AO-StB 09, 203), sind ebenfalls bindend. Ihre Bindungswirkung ergibt sich allerdings nicht aus Abs 1, sondern aus anderen gesetzlichen Regelungen (vgl BFH GrS BStBl 05, 679). Die Legaldefinition kann jedoch als Verweisung aufgefasst werden. Sie bewirkt, dass die für Feststellungsbescheide aus der Bindungswirkung abgeleiteten Besonderheiten für das Verhältnis zwischen allen Grundlagenbescheiden und ihren Folgebescheiden gelten. Nach diesem Verständnis hat die **Dogmatik des Feststellungsverfahrens** ihren Sitz in Abs. 1. Die inhaltliche Bindungswirkung des Grundlagenbescheids für

den Folgebescheid ist Ausdruck des Stufenverhältnisses zwischen beiden Bescheiden. Zu beachten ist sie von der für den Erlass eines Folgebescheids zuständigen FinBeh; diese ist Adressatin der gesetzlichen **Anpassungsverpflichtung** aus § 175 I 1 Nr 1. Eine **Bindungswirkung eigener Art** (inhaltliche Bindung) entfalten bestimmte Besteuerungsgrundlagen (nicht die festgesetzte Steuer) im StFestsetzungsbescheid für den Verlustabzug (§ 10d IV 4, 5 EStG). Diese Bindungswirkung ergibt sich nicht aus § 182, der Steuerbescheid ist insoweit kein Grundlagenbescheid (BFH BStBl 15, 829; aA BFH BStBl 16, 326 insoweit jedoch ohne Begründung).

b) Voraussetzungen der Bindungswirkung. Nur ein **Bescheid (VA)** kann Bindungswirkung entfalten. Weder behördeninterne Mitteilungen noch Fehlvorstellungen der für den Erlass des Folgebescheids zuständigen Behörde sind geeignet, eine Bindungswirkung zu begründen. Die nachrichtliche Mitteilung des ermittelten KStGuthabens ist kein VA mit Bindungswirkung (FG Köln EFG 15, 675), auch nicht ein Einigungsvorschlag des FA (FG Köln EFG 13, 1466). Keine Voraussetzung, sondern die Folge der Bindungswirkung ist, dass es sich um einen Grundlagenbescheid handelt (so aber BFH BStBl 99, 545). Dieser muss **wirksam** sein (vgl *HHSp/Söhn* § 182 Rz 12); ein nichtiger Feststellungsbescheid entfaltet keine Bindungswirkung (BFH/NV 05, 214; 09, 1092). An der Wirksamkeit fehlt es insbes, solange (und soweit) der Feststellungsbescheid (noch) nicht wirksam bekannt gegeben worden ist (§ 124 I iVm § 122; vgl BFH/NV 95, 303) oder wenn er nichtig ist (§ 124 III iVm § 125). Die **Rechtmäßigkeit** des Feststellungsbescheids ist nicht erforderlich. Auch ein Feststellungsbescheid, der (so) nicht hätte ergehen dürfen, kann Bindungswirkung entfalten (vgl unten Rz 9). Die Bindungswirkung entsteht bereits vor dem Eintritt der **Bestandskraft.** Unerheblich ist deshalb auch, ob der Feststellungsbescheid unter Vorbehalt der Nachprüfung oder vorläufig ergangen ist. Die Bindungswirkung kann folglich nicht durch Einspruch oder Anfechtungsklage beseitigt werden. Der Einspruch gegen einen Grundlagenbescheid (alle) unterbricht nicht die Festsetzungsverjährung für den Folgebescheid. Auch nach AdV ist der Erlass eines Folgebescheids noch möglich. Soweit die Vollziehung des Grundlagenbescheids ausgesetzt wird, ist aber auch die Vollziehung des Folgebescheids auszusetzen (vgl § 361 III 1). 5

c) Gegenstand und Umfang der Bindungswirkung. Feststellungsbescheide sind nach Abs 1 für die dort aufgezählten Bescheide bindend, soweit die in ihnen getroffenen Feststellungen für diese Bescheide „von Bedeutung" sind. Begrenzt wird die Bindungswirkung danach zum einen durch die in dem Feststellungsbescheid „getroffenen Feststellungen"; zum andern müssen die getroffenen Feststellungen für Folgebescheide „von Bedeutung" sein. 6

Getroffene Feststellungen. Bindend ist grds nur der Regelungsteil (Verfügungssatz) des Bescheids, nicht dessen Begründung (BFH BStBl 06, 253; BFH/NV 06, 491 „Feststellungsbereich"; 12, 1297). Die Abgrenzung ist bei Unklarheit des Verfügungssatzes im Einzelfall im Wege der Auslegung vorzunehmen, die darauf abzustellen hat, wie ein verständiger Empfänger nach den ihm bekannten Umständen den Bescheid unter Berücksichtigung von Treu und Glauben verstehen durfte (stRspr BStBl 07, 96; 11, 903). Auf den Willen des FeststellungsFA, eine verbindliche Regelung treffen zu wollen, kommt es nicht an (stRspr BFH BStBl 16, 388). Soweit ein Bescheid über die gesonderte und einheitliche Feststellung keine Feststellungen enthält, entfaltet er auch keine Bindungswirkung (BFH/NV 16, 1425 zum Teileinkünfteverfahren; zust *Bering* FR 16, 1125). Ein Feststellungsbescheid, der den verbindlichen Inhalt eines wirksamen Grundlagenbescheids lediglich wiederholt, löst keine Anpassungspflicht aus (BFH BStBl 01, 471; FG Ddorf EFG 04, 1341). Die Feststellung der Nichtigkeit eines Grundlagenbescheids kann Regelungswirkung haben und die Anpassungsverpflichtung gem § 175 I 1 Nr 1 auslösen (BFH BStBl 15, 109: Änderung der Rspr; *Nöcker* NWB 15, 166). 7

Wird ein bereits vollständig im Folgebescheid umgesetzter Grundlagenbescheid geändert, reicht die Bindungswirkung grds nur soweit wie die Änderung. Das gilt jedoch nicht, wenn im geänderten Grundlagenbescheid der **Vorbehalt der Nachprüfung** aufgehoben wird. Dann gilt der geänderte Grundlagenbescheid gem § 164 III 2 1. HS als erstmalige Festsetzung und muss (erneut) vollständig umgesetzt werden, auch soweit dies bisher rechtsfehlerhaft, aber bestandskräftig unterblieben ist. Das gilt auch, wenn sich die Änderung des Grundlagenbescheids auf die Aufhebung des Vorbehalts der Nachprüfung beschränkt (BFH BStBl 16, 580).

8 Ob und inwiefern ein Grundlagenbescheid für einen Folgebescheid **von Bedeutung** ist, bestimmt sich vor allem nach materiellem Recht (vgl § 181 Rz 34). Verfahrensrechtl ist entscheidend, ob aufgrund gesetzlicher Anordnung die Besteuerungsgrundlagen selbstständig festzustellen sind (§ 157 II, § 179 III; vgl iEinz § 180 Rz 15 ff). Die unter Gesetzesvorbehalt stehende (vgl § 179 Rz 4) gesonderte Feststellung von Besteuerungsgrundlagen muss sich grds im Rahmen der gesetzlichen Zuständigkeits- und Kompetenzzuweisung halten. Besteuerungsgrundlagen, die das für den Erlass des Folgebescheids zuständige FA selbst ermitteln muss, weil für sie eine gesonderte Feststellung im Gesetz nicht vorgesehen ist, dürfen deshalb grds nicht gesondert festgestellt werden. Die Bindungswirkung eines Grundlagenbescheids kann grds nur so weit reichen wie sein notwendiger, nach den einschlägigen Gesetzesbestimmungen zulässiger Inhalt (vgl BFH/NV 90, 336; 92, 363). Die äußere Grenze für die Verwirklichung des Zwecks der gesonderten Feststellung wird überschritten, wenn die zu erfassenden Einkünfte nicht Gegenstand eines Feststellungsverfahrens sein können (BFH BStBl 06, 253 zu § 17 EStG). Bindungswirkung entfalten sowohl positive als auch negative Feststellungen. Bei der **einheitlichen Feststellung** von Besteuerungsgrundlagen erstreckt sich die Bindungswirkung nur auf die gemeinschaftlich verwirklichten Tatbestandsmerkmale, nicht aber auf solche außerhalb der Beteiligung im Bereich der persönlichen Einkünfteerzielung (BFH GrS BStBl 05, 679 zur Zebragesellschaft; vgl auch BFH BStBl 12, 647). Bei der gesonderten Feststellung nach Ablauf der Feststellungsfrist beschränkt der Hinweis gem § 181 V 2 den Umfang der Bindungswirkung (vgl § 181 Rz 40).

9 **Besonderheiten** ergeben sich daraus, dass auch ein rechtswidriger Feststellungsbescheid Bindungswirkung entfalten kann (Rz 5; BFH BStBl 11, 903). Das soll nach älterer Rspr nicht nur der Fall sein, wenn sich die Rechtswidrigkeit aus Gründen ergibt, die mit dem Bindungswirkung entfaltenden Regelungsteil des Bescheids nichts zu tun haben (vgl BFH/NV 09, 437), sondern auch dann, wenn der Feststellungsbescheid unter Verletzung der das Feststellungsverfahren prägenden gesetzlichen Zuständigkeits- und Kompetenzzuweisung Gegenstände regelt, für die ein Feststellungsverfahren nicht vorgesehen ist, insbes wenn ein Sachverhalt zu Unrecht oder wenn Besteuerungsgrundlagen über den gesetzlich vorgeschriebenen Umfang hinaus durch Feststellungsbescheid festgestellt worden sind (BFH BStBl 89, 881; 94, 77; BFH/NV 92, 363; 95, 303; FG Mster EFG 02, 837). Die Bindungswirkung soll in diesen Fällen erst entfallen, wenn der Bescheid nichtig ist (§ 125 I). Das überzeugt nicht. Die Rspr durchbricht offenbar im Interesse der Praktikabilität die gesetzliche Konzeption und bleibt dabei nachvollziehbare Abgrenzungskriterien schuldig (vgl etwa BFH BStBl 06, 253). ME kann eine Bindungswirkung schon dann nicht eintreten, wenn der Feststellungsbescheid ganz oder teilweise unter Verstoß gegen die Zuständigkeits- und Kompetenzzuweisung in den §§ 179 ff erlassen worden ist. Dann ist vielmehr wie beim Unterlassen eines erforderlichen Feststellungsverfahrens ein von Amts wegen zu beachtender Verstoß gegen die **Grundordnung des Verfahrens** anzunehmen (§ 127 Rz 5; § 180 Rz 33). Die neuere Rspr weicht der Frage aus, indem sie annimmt, „die verfahrensrechtliche Reichweite der Feststellungswirkung" sei dadurch begrenzt, dass sie sich nur auf die gemeinschaftlich verwirklichten Tatbestandsmerkmale beziehe

(BFH GrS BStBl 05, 679; BFH BStBl 12, 647; BFH/NV 13, 13 zur Umqualifizierung eines bindend festgestellten Veräußerungsgewinns in einen laufenden Gewinn bei einem gewerblichen Grundstückshandel betreibenden Gesellschafter). Sie trägt damit ebenfalls dem Umstand Rechnung, dass es aus übergeordneten Gründen Ausnahmen von der Bindungswirkung geben muss.

Die **Prüfung,** ob und inwieweit die eigene Entscheidung durch bindende Feststellungen eines Grundlagenbescheids vorgegeben ist, obliegt der Behörde, die für den Erlass des Folgebescheids zuständig ist. Vor Erlass des Folgebescheids hat sie insbes zu prüfen, ob der Feststellungsbescheid wirksam ist. Ist ein Grundlagenbescheid (vom FeststellungsFA) ersatzlos aufgehoben worden, ist auch zu prüfen, ob die Aufhebung wirksam war, weil dadurch die Bindungswirkung entfällt (BFH BStBl 91, 821; 93, 820; 07, 76). Die Behörde hat außerdem zu prüfen, für welchen Bescheid der Grundlagenbescheid bindende Feststellungen enthält (vgl BFH BStBl 99, 545). Und sie hat den maßgeblichen Inhalt des Grundlagenbescheids ggf durch Auslegung zu ermitteln (BFH/NV 89, 138; 90, 366). **Verstöße** gegen die Bindungswirkung begründen nicht die Nichtigkeit, sondern nur die Anfechtbarkeit des Folgebescheids (vgl BFH/NV 07, 186). 10

Der durch das StBereinG 1999 eingefügte **Abs 1 Satz 2** stellt klar, dass sich die Bindungswirkung von Feststellungsbescheiden nach § 180 V Nr 2 auch auf (in § 182 I 1 nicht genannte) VAe im **Erhebungsverfahren** (zB Anrechnungsverfügung, Abrechnungsbescheid) erstreckt. HS 2 ergänzt die §§ 130, 131 zur Korrektur dieser VAe nach Erlass, Aufhebung oder Änderung solcher Feststellungsbescheide, indem er die entsprechende Anwendung von § 175 I 1 Nr 1 anordnet. Die im EStBescheid geänderte Feststellung von Steuerabzugsbeträgen und anrechenbarer KSt hat demnach Bindungswirkung für die mit dem EStBescheid verbundene Anrechnungsverfügung (BFH BStBl 16, 115). 11

d) Rechtsfolgen der Bindungswirkung. Bindungswirkung bedeutet, dass die in einem wirksamen Feststellungsbescheid getroffenen Feststellungen beim Erlass eines Folgebescheids ungeprüft übernommen werden müssen (stRspr BFH BStBl 88, 711; 08, 335; BFH/NV 08, 12). Sie erschöpft sich allerdings nicht in einer bloß mechanischen Übernahme seines Inhalts, sondern steht vielmehr jedem Ansatz der gesondert festgestellten Besteuerungsgrundlagen im Folgebescheid entgegen, der dem Inhalt des Grundlagenbescheids widersprechen würde (stRspr BFH BStBl 07, 687). Die Bindungswirkung schließt es folglich aus, dass über einen Sachverhalt, über den im Feststellungsverfahren entschieden worden ist, im Folgeverfahren nochmals, insbes in einem damit unvereinbaren Sinne anders entschieden wird (BFH BFHE 258, 310). Sind dem Halb- oder Teileinkünfteverfahren unterliegende Einkünfte in voller Höhe gesondert festgestellt worden, dürfen sie im Folgebescheid gleichwohl nur teilweise angesetzt werden (BFH BStBl 13, 444). Die Bindungswirkung ersetzt nicht andere notwendige Verfahrensvoraussetzungen, etwa einen Antrag auf Veranlagung gem § 46 II Nr 8 EStG (vgl BFH BStBl 79, 676; 86, 790). Wegen weiterer Einzelheiten der gesetzlichen **Anpassungsverpflichtung** vgl § 175 Rz 27 ff und AEAO zu § 175 Nr 1. 12

e) Einzelheiten. In einem zweistufigen Feststellungsverfahren (zB bei der Beteiligung mehrerer über einen Treuhänder oder bei doppelstöckiger Personengesellschaft) ist der Feststellungsbescheid der 1. Stufe verbindlich für den Feststellungsbescheid der 2. Stufe (vgl BFH BStBl 90, 38; 95, 467; 96, 297; 04, 353; BFH/NV 02, 1278; 04, 1; 05, 1560). Gewinne, die bei den Untergesellschaften als steuerbegünstigt festgestellt sind, müssen grds auch bei der Obergesellschaft als tarifbegünstigt erfasst werden. Das gilt aber zB nicht, wenn erst auf der Ebene der Obergesellschaft erkennbar ist, dass wegen der Vielzahl der Anteilsveräußerungen tarifbegünstigte Einkünfte nicht festzustellen sind (BFH BStBl 10, 974 mwN). Eine stufenweise Bindungswirkung entfalten auch die Feststellungen nach § 35 II 1 EStG im Fall einer mehrstöckigen PersGes (BFH BStBl 12, 14; DStR 17, 1917 zu 14

§ 35 II 5 EStG). Der Gewinnfeststellungsbescheid nach § 180 II 1 Nr 2 ist Grundlagenbescheid für den Feststellungsbescheid nach § 34a X 1 EStG (BFH/NV 17, 765). Werden bei der Feststellung von Einkünften aus VuV Zahlungen für Leistungen, die ein Bauherr im Rahmen seines Betriebs für die Bauherrengemeinschaft empfängt, als Werbungskosten abgezogen, so ergibt sich aus der Bindungswirkung des Feststellungsbescheids, dass der Empfänger die Zahlung auch insoweit als Betriebseinnahme erfassen muss (BFH BStBl 88, 342; zu Recht abl *Klenk* DB 88, 152). Soweit in einem Gewinnfeststellungsbescheid auch über Grundlagen der Zinsberechnung entschieden ist, entfaltet der Bescheid auch Bindungswirkung für die Zinsfestsetzung nach § 235 (BFH BStBl 10, 528). Der Feststellungsbescheid nach § 17 III S 1 Nr 2 GrEStG ist Grundlagenbescheid für den Bescheid über die Feststellung des Grundbesitzwerts und den Grunderwerbsteuerbescheid (BFH DStR 17, 1659). Die gesonderte Feststellung der Steuerpflicht von Zinsen aus Kapitallebensversicherungen entfaltet bei Veräußerung der Versicherungsansprüche Bindungswirkung für den Besteuerungstatbestand nach § 20 II 1 Nr 6 EStG (FG Mster EFG 16, 30 Rev BFH VIII R 39/15). Die in einem Einheitswertbescheid getroffene Artfeststellung eines Hauses als Einfamilienhaus oder als Zweifamilienhaus ist für Folgebescheide bindend (BFH/NV 92, 469, 599), ebenso die in einem Bescheid über die Zurechnungsfortschreibung getroffene Feststellung, wem ein Grundstück ab einem bestimmten Zeitpunkt zuzurechnen ist (BFH/NV 94, 452). Die Feststellungen des LageFA bei der Bedarfsbewertung nach § 138 V BewG binden das ErbStFA jedoch nur hinsichtlich des Grundstückswertes, nicht jedoch hinsichtlich der erbschaftsteuerl Zurechnung des Grundstücks (HessFG EFG 00, 632) oder der Artfeststellung (FG SchlHol EFG 11, 1076). Mit der Zurechnung eines Grundstücks zu einem bestimmten Stpfl in einem Einheitswertbescheid wird keine Entscheidung darüber getroffen, dass diesem Stpfl auch die mit dem Grundstück in Zusammenhang stehenden Schulden oder Forderungen zuzurechnen sind (BFH/NV 94, 453).

15 **Keine Bindungswirkung:** Die einheitliche Gewinnfeststellung gem § 180 I Nr 2a ist für die GewSt nicht bindend (BFH stRspr, vgl nur BStBl 07, 375; 09, 791; BFH/NV 08, 1256; 10, 2010 zur Aussetzung aus prozessökonomischen Erwägungen in diesen Fällen). Ein Gewinnfeststellungsbescheid für die Tochtergesellschaft einer Organgesellschaft ist nicht Grundlagenbescheid für die Besteuerung des Organträgers (BFH BStBl 08, 663). Die rechtl Qualifikation von Einkünften als solche aus Landwirtschaft bindet das FA für die GewSt nicht (BFH/NV 10, 652). Ein KStBescheid, in dem eine vGA festgestellt wird, ist für die Besteuerung des Anteilseigners nicht bindend (BFH BStBl 13, 149 auch nicht nach Einführung von § 32a KStG). Die gesonderte Feststellung des Bestands des steuerlichen Einlagenkontos einer Kapitalgesellschaft entfaltet keine unmittelbare Bindungswirkung für die Anteilseigner (BFH/NV 10, 1886). In einem einheitlichen und gesonderten Gewinnfeststellungsbescheid für eine KG wird (für die Beurteilung der Gemeinnützigkeit) nicht bindend festgestellt, ob eine als Kommanditistin beteiligte Körperschaft einen wirtschaftlichen Geschäftsbetrieb unterhält (BFH BStBl 11, 858 Änderung der Rspr). Rechnet das FA nach Abschluss eines Grundstückskaufvertrags das Grundstück dem Käufer zu, so enthält dieser Fortschreibungsbescheid die bindende Feststellung, dass dem Verkäufer die noch nicht getilgte Kaufpreisforderung zusteht (BFH BStBl 86, 41; BFH/NV 86, 389).

16 Ist ein **Verlust aus Gewerbebetrieb** einheitlich und gesondert festgestellt, so bindet diese Feststellung das FA nicht nur für das Jahr der Entstehung des Verlusts, sondern auch für die folgenden Jahre hinsichtlich des Verlustabzugs (BFH BStBl 89, 792; 02, 119; BFH/NV 90, 369; s auch zur Feststellung vortragsfähiger Gewerbeverluste nach § 10a S 4 GewStG: BFH BStBl 99, 733). Das Gleiche gilt bei einem Verlustrücktrag (vgl BFH/NV 01, 1026). Durch den Ansatz eines Verlusts in dem das Verlustentstehungsjahr betr KStBescheid wird allerdings keine Besteuerungsgrundlage mit Bindungswirkung für das Verlustabzugsjahr festgestellt (BFH

BStBl 88, 463; vgl dazu *Orth* FR 88, 317). Das Gleiche gilt für einen das Verlustentstehungsjahr betr EStBescheid. Bei dem Ansatz des Verlusts in diesen Bescheiden handelt es sich nur um Besteuerungsgrundlagen, die von der Bestandskraft des jeweiligen Bescheids nicht erfasst werden. Über Grund und Höhe des Verlusts ist dann für das Jahr zu entscheiden, in dem sich der Verlust auswirkt (BFH/NV 94, 710; 01, 1026). Der GewSt-Messbescheid des Erhebungszeitraums, auf dessen Ende der vortragsfähige Fehlbetrag nach § 10a GewStG gesondert festzustellen ist, ist für den Verlustfeststellungsbescheid dieses Erhebungszeitraums kein Grundlagenbescheid, soweit das Merkmal der sachlichen Steuerpflicht für die Beurteilung des Merkmals der Unternehmensidentität von Bedeutung ist (BFH BStBl 17, 482).

Ressortfremde Grundlagenbescheide. Der Feststellungsbescheid nach § 4 SchwerbehindertenG ist Grundlagenbescheid für das Vorliegen einer Behinderung und den Grad der auf ihr beruhenden Minderung der Erwerbstätigkeit (zu § 33b EStG: BFH BStBl 86, 245; 88, 436; 90, 60). Die Bindungswirkung des Grundlagenbescheids gem **§ 7h II EStG** erstreckt sich auf die in § 7h I EStG benannten Merkmale; deshalb prüft allein die Gemeinde, ob Modernisierungs- und Instandsetzungsmaßnahmen iSv § 177 BauGB durchgeführt worden sind (BFH BStBl 15, 367, Vereinheitlichung der Rspr). Entsprechendes gilt für den Grundlagenbescheid gem **§ 7i II EStG.** Dagegen gehören Aussagen eines Rentenbescheids, die sich in der Wiedergabe von Tatsachen (zB Alter des Berechtigten, Beginn der Rentenleistung) erschöpfen oder die spezifisch steuerrechtliche Tatbestandsmerkmale (wie etwa den Ertragsanteil und seine Höhe) betreffen, nicht zu dem für die ESt verbindlichen Regelungsgehalt des Bescheids (BFH/NV 01, 156). Die in den Fahrzeugpapieren dokumentierten Feststellungen der Zulassungsbehörde sind Grundlagenbescheid für die **Kraftfahrzeugsteuer** (BFH BStBl 07, 134; FG Nds EFG 16, 1671). Keine Bindungs-, sondern nur Tatbestandswirkung (Rz 3) entfalten ausländerrechtliche Aufenthaltstitel in Bezug auf die Berechtigung zur Inanspruchnahme von Kindergeld (BFH BStBl 08, 758; BFH/NV 15, 1233). 17

3. Wirkung ggü Rechtsnachfolger (Abs 2). Die gesonderte Feststellung des **Einheitswerts** wirkt auch ggü einem Rechtsnachfolger, auf den der Gegenstand der Feststellung nach dem Feststellungszeitpunkt übergeht (vgl BFH/NV 05, 1983). Dies gilt jedoch nur für Feststellungen, die noch vor dem Rechtsübergang ggü dem Rechtsvorgänger wirksam geworden sind. Anderenfalls ist der Feststellungsbescheid dem Rechtsnachfolger bekannt zu geben. Das bedeutet nicht, dass der Rechtsnachfolger auch immer **Zurechnungssubjekt** ist. Ergeht vielmehr ein EW-Feststellungsbescheid erst nach dem Tode eines Beteiligten auf einen davor liegenden Stichtag, so bleibt der Verstorbene Zurechnungssubjekt unbeschadet des Umstandes, dass seine Erben Feststellungsbeteiligte sind und ihnen der Bescheid bekannt zu geben ist (BFH BStBl 88, 410). Das FA kann die Bindungswirkung ggü dem Rechtsnachfolger durch schriftliche Mitteilung (VA) beseitigen (BFH/NV 10, 2023). Abs 2 ist auf Grundsteuermessbescheide entspr anzuwenden (§ 184 I 4). Die Bindungswirkung eines **Grundsteuermessbescheids** betrifft nur die Feststellung über den Wert und die Art der wirtschaftlichen Einheit, nicht die Zurechnung (Sächsisches OVG, SächsVBl 09, 189, aA FG Bbg EFG 17, 555, Rev BFH II R 10/17: Festsetzung in zutr Höhe). 20

Die bisher nur für Einheitswertbescheide vorgesehene **quasi dingliche Wirkung** ist durch § 182 II 3 (eingefügt durch StBereinG 1999) erstreckt worden auf gesonderte sowie gesonderte und einheitliche Feststellung von Besteuerungsgrundlagen, die sich erst später auswirken. Die Regelung ist im Zusammenhang zu sehen mit § 180 II 3 (Verordnungsermächtigung für Besteuerungsgrundlagen, die sich erst später auswirken). Sie betrifft insbes Fälle des Übergangs zur Liebhaberei, für die § 8 der VO zu § 180 II eine Regelung enthält (*Voß/Arns*, DStR 00, 269). 21

Eine **Rechtsbehelfsfrist,** die vor dem Übergang in Lauf gesetzt worden ist, wirkt auch ggü dem **Rechtsnachfolger.** Er kann nur innerhalb der ggü dem 22

Rechtsvorgänger in Lauf gesetzten Frist den Bescheid anfechten. Ist ein Einheitswertbescheid unanfechtbar geworden, kann uU aber der Rechtsnachfolger, wie auch der Rechtsvorgänger, eine berichtigende Fortschreibung des Einheitswerts beantragen.

24 **4. Berichtigung bei unrichtiger Bezeichnung (Abs 3).** Abs 3 ist durch StBereinigG 1986 angefügt und neugefasst worden durch **JStG 1996** (BT-Drs 13/901, 160). Ein VA, in dem eine nicht mehr existierende Person als Inhaltsadressat bezeichnet ist, kann nach § 124 I iVm § 122 nicht wirksam werden (vgl auch § 179 Rz 17 ff). Davon abw will Abs 3 verhindern, dass einheitliche Feststellungsbescheide unheilbar unwirksam sind, wenn die fehlerhafte Adressierung darauf beruht, dass Rechtsnachfolge eingetreten ist. Die Regelung befindet sich im Gesetz an systematisch unpassender Stelle. Sie regelt eine allg Frage der Wirksamkeit, nicht aber der Wirkung von Bescheiden. Abs 3 gilt nur für **einheitliche** Feststellungen, erfasst aber nicht nur die Fälle des § 180 I 1 Nr 2 und II, sondern auch Fälle, in denen sich die Erforderlichkeit einer einheitlichen Feststellung aus den StGesetzen ergibt (zB § 15a IV 5 und 6 EStG). Auf andere Bescheide ist die Vorschr nicht anwendbar, insbes nicht auf (nur) gesonderte Feststellungsbescheide (vgl BFH/NV 06, 1476 zu § 180 I 1 Nr 2 Buchst b; ebenso AEAO zu § 182 Nr 4).

25 Die **Falschbezeichnung** eines Adressaten im Bescheid (s § 179 Rz 18 ff) muss darauf beruhen, dass **Rechtsnachfolge** eingetreten ist. Rechtsnachfolge tritt bei natürlichen Personen mit dem Erbfall, bei juristischen Personen und Handelsgesellschaften zB nach Maßgabe des UmwG ein. Es ist nicht erforderlich, dass die FinBeh beim Erlass des Bescheids von der Rechtsnachfolge keine Kenntnis hatte. § 182 III ist auch dann anzuwenden, wenn das FA den Verstorbenen versehentlich als Adressaten angegeben hat, obwohl ihm die Rechtsnachfolge bekannt war (BFH BStBl 00, 170). Der Vorschr liegt **kein allgemeines Prinzip** zugrunde, wonach alle unrichtigen Angaben zu Feststellungsbeteiligten berichtigt werden können. Sie sieht vielmehr nur für den Sonderfall der Rechtsnachfolge eine Berichtigungsmöglichkeit vor (BFH/NV 00, 170). Abs 3 erfasst aber auch Fälle, in denen die Rechtsnachfolge bereits **vor Erlass des Feststellungsbescheids** oder sogar schon während des Feststellungszeitraums eingetreten ist (BFH BStBl 92, 865; FG Mchn EFG 98, 1380).

26 **Rechtsfolge.** Die unrichtige Bezeichnung kann durch besonderen Bescheid **richtiggestellt** werden. Erforderlich ist ein **Bescheid eigener Art** („besonderer" Bescheid), der sich lediglich auf den zu berichtigenden Teil erstreckt. Mit dem Ergänzungsbescheid (§ 179 III) ist er nicht vergleichbar, da der ursprüngliche Bescheid durch ihn nicht ergänzt wird. Der Richtigstellungsbescheid ist an den betroffenen Beteiligten, den bisher nicht berücksichtigten Rechtsnachfolger und, soweit noch existent, den Rechtsvorgänger zu richten und diesen bekannt zu geben. Nach Eintritt der Feststellungsverjährung kann ein Richtigstellungsbescheid grds nicht mehr ergehen (BFH BStBl 00, 170); § 181 V ist anwendbar (FG Hbg EFG 11, 1222). Der Richtigstellungsbescheid ist **selbstständig anfechtbarer VA.** Er wird jedoch gem § 68 FGO (unmittelbar) zum Gegenstand des Verfahrens, wenn er erst nach Klageerhebung ergeht (BFH/NV 09, 881; 10, 178).

§ 183 Empfangsbevollmächtigte bei der einheitlichen Feststellung

(1) [1]**Richtet sich ein Feststellungsbescheid gegen mehrere Personen, die an dem Gegenstand der Feststellung als Gesellschafter oder Gemeinschafter beteiligt sind (Feststellungsbeteiligte), so sollen sie einen gemeinsamen Empfangsbevollmächtigten bestellen, der ermächtigt ist, für sie alle Verwaltungsakte und Mitteilungen in Empfang zu nehmen, die mit dem Feststellungsverfahren und dem anschließenden Verfahren über einen Einspruch zusammenhängen.** [2]**Ist ein gemeinsamer Empfangsbevollmächtigter nicht vorhanden, so gilt ein zur**

Vertretung der Gesellschaft oder der Feststellungsbeteiligten oder ein zur Verwaltung des Gegenstands der Feststellung Berechtigter als Empfangsbevollmächtigter. [3]Anderenfalls kann die Finanzbehörde die Beteiligten auffordern, innerhalb einer bestimmten angemessenen Frist einen Empfangsbevollmächtigten zu benennen. [4]Hierbei ist ein Beteiligter vorzuschlagen und darauf hinzuweisen, dass diesem die in Satz 1 genannten Verwaltungsakte und Mitteilungen mit Wirkung für und gegen alle Beteiligten bekannt gegeben werden, soweit nicht ein anderer Empfangsbevollmächtigter benannt wird. [5]Bei der Bekanntgabe an den Empfangsbevollmächtigten ist darauf hinzuweisen, dass die Bekanntgabe mit Wirkung für und gegen alle Feststellungsbeteiligten erfolgt.

(2) [1]**Absatz 1 ist insoweit nicht anzuwenden, als der Finanzbehörde bekannt ist, dass die Gesellschaft oder Gemeinschaft nicht mehr besteht, dass ein Beteiligter aus der Gesellschaft oder der Gemeinschaft ausgeschieden ist oder dass zwischen den Beteiligten ernstliche Meinungsverschiedenheiten bestehen. [2]Ist nach Satz 1 Einzelbekanntgabe erforderlich, so sind dem Beteiligten der Gegenstand der Feststellung, die alle Beteiligten betreffenden Besteuerungsgrundlagen, sein Anteil, die Zahl der Beteiligten und die ihn persönlich betreffenden Besteuerungsgrundlagen bekannt zu geben. [3]Bei berechtigtem Interesse ist dem Beteiligten der gesamte Inhalt des Feststellungsbescheids mitzuteilen.**

(3) [1]**Ist ein Empfangsbevollmächtigter nach Absatz 1 Satz 1 vorhanden, können Feststellungsbescheide ihm gegenüber auch mit Wirkung für einen in Absatz 2 Satz 1 genannten Beteiligten bekannt gegeben werden, soweit und solange dieser Beteiligte oder der Empfangsbevollmächtigte nicht widersprochen hat. [2]Der Widerruf der Vollmacht wird der Finanzbehörde gegenüber erst wirksam, wenn er ihr zugeht.**

(4) **Wird eine wirtschaftliche Einheit**
1. **Ehegatten oder Lebenspartnern oder**
2. **Ehegatten mit ihren Kindern, Lebenspartnern mit ihren Kindern oder Alleinstehenden mit ihren Kindern**

zugerechnet und haben die Beteiligten keinen gemeinsamen Empfangsbevollmächtigten bestellt, so gelten für die Bekanntgabe von Feststellungsbescheiden über den Einheitswert die Regelungen über zusammengefasste Bescheide in § 122 Absatz 7 entsprechend.

Abs 4 neu gefasst durch G v 18.7.14 (BGBl I, 1042).

Schrifttum: *vor 2010 s 13. Aufl; Bruns* Keine Einzelbekanntgabe an Personengesellschaften in der Insolvenz bei Widerruf der Empfangsvollmacht (§ 183 AO), DStR 15, 1953.

Übersicht

1 **1. Inhalt.** Die Vorschr schafft zugunsten der FinBeh eine **Erleichterung** für die Bekanntgabe von Feststellungsbescheiden ggü mehreren Feststellungsbeteiligten. Nach § 122 I müssen Bescheide, die an mehrere Personen gerichtet sind, grds jedem Adressaten einzeln bekannt gegeben werden (§ 122 Rz 28). Das ist aufwändig, erhöht die Gefahr von Bekanntgabemängeln und erschwert die Feststellung, wann Bestandskraft eingetreten ist. § 183 ergänzt § 122 I 1. IdR soll ein **gemeinsamer Empfangsbevollmächtigter** vorhanden sein, an den die FinBeh den Feststellungsbescheid mit Wirkung für und gegen alle Feststellungsbeteiligten (gleichzeitig) bekannt geben kann. Abs 1 regelt in einem **abgestuften Verfahren** die Bestellung eines gemeinsamen Empfangsbevollmächtigten („Bestellung" durch die Feststellungsbeteiligten, Fiktion der Empfangsvollmacht, Benennung durch die FinBeh). Außerdem wird der Umfang der Empfangsvollmacht vorgegeben und in Grundzügen die Bekanntgabe an den Empfangsbevollmächtigten. Abs 2 ordnet in bestimmten Fällen zwingend Einzelbekanntgabe an. Abs 3 fingiert die Fortgeltung einer rechtsgeschäftlichen Empfangsvollmacht bis ihr widersprochen oder bis sie widerrufen wird. Abs 4 betrifft als Sonderfall die Bekanntgabe von EW-Feststellungen an Ehegatten und Eltern mit ihren Kindern, ausgedehnt auf Lebenspartner oder Lebenspartner mit ihren Kindern oder Alleinstehende mit ihren Kindern (durch Gesetz v 18.7.2014, BGBl I, 1042).

2 **Sachlicher Anwendungsbereich.** Die Vorschr setzt voraus, dass ein **Feststellungsbescheid gegen mehrere Personen** gerichtet ist. Diese Personen müssen außerdem am Gegenstand der Feststellung als Gesellschafter oder Gemeinschafter beteiligt sein. Sie werden nach der Legaldefinition in S 1 als „Feststellungsbeteiligte" bezeichnet. Der Begriff ist materiell-rechtl zu verstehen. Am Gegenstand der Feststellung sind nur diejenigen Personen „beteiligt", denen die festgestellten Besteuerungsgrundlagen **positiv** zugerechnet werden, nicht jedoch alle Personen, an die die FinBeh den VA richten will oder gerichtet hat (§ 78 Nr 2). § 183 findet deshalb keine Anwendung, soweit ein **negativer Feststellungsbescheid** bekannt gegeben werden soll (BFH BStBl 98, 480; BFH/NV 08, 1984; BeckRS 2015, 94899). Enthält ein Feststellungsbescheid positive und negative Feststellungen, kommt die Erleichterung nach § 183 nur ggü den Adressaten der positiven Feststellungen in Betracht. Den Adressaten der negativen Feststellungen muss der Bescheid einzeln bekannt gegeben werden. Die Bekanntgabe nach § 183 kann nicht gewählt werden gegen Gesellschafter, die in dem Bescheid nicht als Mitunternehmer anerkannt werden (BFH/NV 91, 793), ebenso nicht für oder gegen Mitunternehmer, die nicht Gesellschafter sind (BFH/NV 90, 343). Richtet sich die (positive) Feststellung nur gegen eine Person (etwa § 180 I 1 Nr 2 Buchst b), kommt § 183 nicht in Betracht. Die (positiven) Feststellungen müssen gegen mehrere Personen gerichtet sein. Sonst könnte eine Verfahrenserleichterung nicht erzielt werden. In den Anwendungsbereich des § 183 fallen deshalb insbes **einheitliche Feststellungsbescheide iSd § 179 II 2.** Die Vorschrift gilt ausdrücklich nicht nur für den Feststellungsbescheid selbst, sondern auch für alle VAe und Mitteilungen, die mit einem Feststellungsverfahren zusammenhängen. Die Bescheide oder Mitteilungen müssen ebenfalls an mehrere (Feststellungsbeteiligte) gerichtet sein. Sonst bestünde kein Anlass für eine Bekanntgabeerleichterung. **Nicht anwendbar** ist § 183 auf Bescheide, die nicht mit einem Feststellungsverfahren zusammenhängen und zwar auch dann nicht, wenn sie an mehrere Personen gerichtet sind (vgl § 122 VII). Für einheitliche Feststellungsbescheide nach § 180 II verdrängt § 6 der VO zu § 180 II als speziellere Regelung § 183.

3 **Einschränkende Auslegung.** Die Bekanntgabe nach Abs 1 setzt die Adressaten des Bescheids der ernsten Gefahr aus, von seinem Inhalt keine Kenntnis zu erlangen. Die Vorschr beruht auf der Annahme, dass der Empfänger den Bescheid an die von seinem Inhalt betroffenen Feststellungsbeteiligten weiterleitet oder sie zumindest von seinem Inhalt zeitnah in Kenntnis setzt. Geschieht dies tatsächlich nicht, werden die Verfahrensrechte der Feststellungsbeteiligten konkret gefährdet

oder sogar verkürzt. Das wäre mit dem Vereinfachungszweck des § 183 nicht zu rechtfertigen. Die Vorschr muss deshalb, soweit im Einzelfall eine Verkürzung subjektiver Rechte droht, einschränkend ausgelegt werden (vgl BFH/NV 96, 592). Mit dieser Maßgabe ist sie **verfassungsgemäß** (vgl zur Vorgängerregelung BFH BStBl 69, 250; BVerfG 1 BvR 2696/17 StEd 18, 36).

2. Gemeinsamer Empfangsbevollmächtigter (Abs 1). Die Befugnis, VAe und Mitteilungen mit steuerlicher Wirkung für andere in Empfang zu nehmen, kann auf drei Wegen begründet werden. Sie stehen in einem Stufenverhältnis zueinander. Auf der ersten Stufe sollen die Feststellungsbeteiligten einen gemeinsamen Empfangsbevollmächtigten (durch Rechtsgeschäft) bestellen (Abs 1 S 1). Kommen sie dem nicht nach, greift die Fiktion in Abs 1 S 2 ein. Danach gilt zB ein vertretungsbefugter Geschäftsführer als Empfangsbevollmächtigter. Ist auch ein solcher nicht (mehr) vorhanden, kann letztlich die FinBeh einseitig einen Empfangsbevollmächtigten benennen, sofern nicht die Feststellungsbeteiligten ihrerseits innerhalb einer von der FinBeh gesetzten Frist einen anderen (gemeinsamen) Empfangsbevollmächtigten bestellen (Abs 1 S 3). 5

a) Bestellung (Abs 1 S 1). Abs 1 S 1 sieht vor, dass die Feststellungsbeteiligten einen gemeinsamen Empfangsbevollmächtigten bestellen. Auch eine am Feststellungsverfahren nicht beteiligte Person kann zum Empfangsbevollmächtigten bestellt werden (BFH/NV 09, 1427). „Bestellen" geschieht idR durch rechtsgeschäftliche Bevollmächtigung zur Entgegennahme der in S 1 näher bezeichneten Schriftstücke. Die Benennung einer Person in einer StErklärung als Empfangsbevollmächtigter reicht zu ihrer Bestellung aus (BFH BStBl 07, 369). Eine Empfangsvollmacht, die sich lediglich aus der gesellschaftsrechtl Vertretungsbefugnis oder aus einem VA des FA ergibt, genügt nicht (BFH/NV 02, 1593). Eine bestimmte Form (insbes Schriftform) ist nicht erforderlich (BFH BStBl 95, 241), auch konkludentes Handeln kann genügen. **Gemeinsame Bevollmächtigung** setzt übereinstimmendes Handeln (oder Dulden) aller voraus. Im Einzelfall soll es aber genügen (Ermessen), wenn nur ein Teil der Feststellungsbeteiligten einen gemeinsamen Empfangsbevollmächtigten bestellt (AEAO zu § 122 Nr 2.5.2). Die Vollmacht wird (im Außenverhältnis) ggü der FinBeh erklärt, zB in der Feststellungserklärung. Mängel der Vollmachtserteilung sind im Außenverhältnis grds unbeachtlich. Deshalb wird die Wirksamkeit der Vollmachtserteilung vermutet, auch wenn die Feststellungserklärung nicht von sämtlichen Beteiligten unterschrieben ist (BFH BStBl 95, 241; FG Köln EFG 15, 1050). Sie bleibt ggü der FinBeh solange in Kraft, bis der FinBeh ein Widerruf zugeht (Abs 3 S 2). Die Ausnahmen in Abs 2 gelten insoweit nicht (vgl Rz 28 ff). Eine Empfangsvollmacht iSv Abs 1 S 1 kann auch nach **Rechtsscheingrundsätzen** bestehen. Einzelbekanntgabe ist daher auch dann nicht erforderlich, wenn das FA nach den Grundsätzen der Anscheins- oder der Duldungsvollmacht (zu den Begriffen vgl § 80 Rz 9) davon ausgehen darf, dass die Beteiligten eine bestimmte Person als gemeinsamen Empfangsbevollmächtigten bestellt haben (BFH BStBl 91, 120; 07, 369; BFH/NV 02, 614; 11, 1291; aA *TK/Brandis* § 183 Rz 11). Die Feststellungslast für das Vorliegen einer solchen Rechtsscheinsvollmacht hat die FinBeh zu tragen. 6

Obliegenheit. Die Feststellungsbeteiligten **sollen** einen gemeinsamen Empfangsbevollmächtigten bestellen. Eine Verpflichtung dazu besteht nicht. Die Bestellung kann von der FinBeh auch nicht erzwungen werden. Bei Nichterfüllung kann die FinBeh lediglich nach Abs 1 S 2 vorgehen. Eine Obliegenheit besteht nach dem Zweck der Vorschr nicht, wenn alle Feststellungsbeteiligten bereits einen gemeinsamen (umfassend) Bevollmächtigten (§ 80) oder einen (gemeinsamen) gesetzlichen Vertreter haben, an den die FinBeh einen an alle gerichteten Bescheid bekannt geben kann (§ 121 I 3). In diesen Fällen besteht kein Bedürfnis für einen weiteren gemeinsamen Empfangsbevollmächtigten. Dann ist auch der Hinweis nach § 183 I 5 entbehrlich (vgl BFH/NV 94, 75). 7

8 **b) Fiktion (Abs 1 S 2).** Haben die Beteiligten einen Empfangsbevollmächtigten nach Abs 1 S 1 nicht bestellt, gilt **(Fiktion)** ein zur Vertretung der Gesellschaft oder der Feststellungsbeteiligten oder ein zur Verwaltung des Gegenstands der Feststellung Berechtigter als Empfangsbevollmächtigter. Der Gesetzgeber geht davon aus, dass diese Person das Vertrauen der betroffenen Gesellschafter genießt und die stellvertretend für sie in Empfang genommenen Bescheide an die Adressaten weiterleitet, obwohl sie im Regelfall von Rechts wegen nicht dazu verpflichtet ist (vgl BT-Drs VI/1982, 158). Diese Annahme ist nicht gerechtfertigt, sobald Anhaltspunkte vorliegen, dass die interne Kommunikation zwischen den beteiligten Personen gestört sein könnte. Abs 2 verbietet deshalb die Bekanntgabe an den gemeinsamen Empfangsbevollmächtigten in diesen Fällen. Das (mutmaßliche) Vertrauen ist höchstpersönlich. Ein nach Abs 1 S 2 Empfangsbevollmächtigter kann deshalb keine Unterempfangsvollmacht begründen (FG Bln EFG 89, 269). Wer iEinz unter Abs 1 S 2 fällt, regelt § 34. Die Bekanntgabe von Feststellungsbescheiden der 2. Stufe an den für den Treugeber auftretenden **Treuhänderkommanditisten** ist nach Abs 1 S 2 möglich (BFH BStBl 01, 471; BFH/NV 02, 614). Der **Liquidator** einer PersGes kann nach Abs 1 S 2 Empfangsbevollmächtigter sein; nach Vollbeendigung der Gesellschaft kommt dies aber nicht mehr in Betracht (BFH BStBl 90, 333; FG Bln EFG 91, 166). Als zweifelh hat es der BFH angesehen, ob ein nach Löschung der Komplementär-GmbH für diese bestellter Nachtragsliquidator Empfangsbevollmächtigter iSd Abs 1 S 2 sein kann (BFH BStBl 86, 477).

9 Sind mehrere **jeweils einzeln** zur Vertretung befugt, kann die FinBeh an einen von ihnen bekannt geben. Nichts anderes gilt, wenn mehrere **nur gemeinsam** (insbes §§ 709, 714 BGB) zur Vertretung befugt sind (BFH stRspr BStBl 88, 979; DStRE 08, 341; AEAO zu § 122 Nr 2.5.2; aA *TK/Brandis* § 183 Rz 14; *BG/Kunz* § 183 Rz 10). Dem BFH ist iErg zuzustimmen. Jedenfalls für die Bekanntgabe auf der Grundlage einer nur *fiktiven* Empfangsvollmacht kommt es auf den genauen Umfang der iÜ bestehenden Vertretungsmacht nicht an. Schließen sich zB Rechtsanwälte oder StBerater zu einer Sozietät zusammen, so kann das FA, wenn kein gemeinsamer Empfangsbevollmächtigter bestellt worden ist, Bescheide über die einheitliche Feststellung der Einkünfte aus selbstständiger Arbeit einem der Partner als Empfangsbevollmächtigten bekannt geben (BFH BStBl 88, 979).

10 **c) Benennung durch FinBeh (Abs 1 S 3).** Wenn ein Empfangsbevollmächtigter nach Satz 1 oder 2 nicht vorhanden ist, kann die FinBeh von der in Satz 3 vorgesehenen Möglichkeit Gebrauch machen und die Beteiligten auffordern, einen solchen zu benennen. Die Aufforderung ist VA. Sie muss an alle Beteiligten gerichtet sein; Satz 1 und 2 sind insoweit nicht anzuwenden. In der Aufforderung ist **einer der Beteiligten** als der gemeinsame Empfangsbevollmächtigte **vorzuschlagen.** Die Auswahl hat das FA nach pflichtgemäßem Ermessen zu treffen. Ist einer der Beteiligten bereits häufiger mit der FinBeh in Verbindung getreten oder führt einer der Beteiligten erkennbar die Geschäfte der Gesellschaft, sollte die FinBeh diesen Beteiligten vorschlagen. Äußern sich die Beteiligten innerhalb einer angemessenen, in der Aufforderung zu benennenden Frist nicht, so kann die FinBeh die Bekanntgabe mit Wirkung für und gegen alle Beteiligten an den von ihr Vorgeschlagenen bewirken. Letztlich kann die FinBeh so den Empfangsbevollmächtigten selbst (durch VA) benennen. Etwas anderes gilt nur, wenn die Beteiligten innerhalb der Frist einen anderen Empfangsbevollmächtigten bestellen. Bei der Auswahl der Person unterliegen sie keinen Einschränkungen; es muss sich nicht um einen der Beteiligten handeln. Dem Zweck der Regelung entspr muss aber ein **gemeinsamer** Bevollmächtigter bestellt werden (vgl Rz 6). Die bis zur Voraufl vertretene Gegenansicht wird aufgegeben.

11 **d) Umfang der Vollmacht.** Die Vollmacht erstreckt sich **inhaltlich** auf die Entgegennahme sämtlicher VAe und Mitteilungen, die mit dem Feststellungsver-

fahren zusammenhängen. Darunter fallen zB Aufforderungen zur Mitwirkung bei der Sachverhaltsaufklärung, Androhung oder Festsetzung von Zwangsmitteln sowie VAe im Zusammenhang mit einer Ap oder Steuerfahndung, deren Ergebnisse sich auf den Feststellungsbescheid auswirken können. Die Empfangsvollmacht umfasst auch die Bekanntgabe eines Bescheids, mit dem ein Vorbehalt der Nachprüfung aufgehoben wird (BFH HFR 08, 665). Die Bescheide müssen stets gegen die Feststellungsbeteiligten gerichtet sein und es muss sich um mehrere Adressaten handeln. Ansonsten muss einzeln bekannt gegeben werden. Nach stRspr des BFH ist der Bescheid über die **Anordnung einer Ap** bei einer gewerblich tätigen GbR an die Gesellschaft zu richten (vgl § 197 Rz 5); § 183 ist deshalb nicht anwendbar (BFH BStBl 90, 272; 95, 241; BFH/NV 94, 75; vgl aber auch BFH/NV 05, 496). Die Vollmacht berechtigt auch zur Entgegennahme förmlicher Zustellungen (§ 7 III VwZG; AEAO zu § 122 Nr 3.3.3). **Zeitlich:** Die formularmäßige Bestellung eines Empfangsbevollmächtigten in der Erklärung zur gesonderten und einheitlichen Feststellung von Besteuerungsgrundlagen gilt (anders als die auf dem Mantelbogen des ESt-Erklärungsvordrucks erteilte Zustellungs- und Empfangsvollmacht) **auch für Folgejahre,** soweit und solange dem FA kein Widerruf zugeht (BFH BStBl 07, 369). In den Fällen des Abs 1 S 2 und 3 ist eine Dauerwirkung zum Schutz der Feststellungsbeteiligten aber nicht anzunehmen.

e) Ermessen, Hinweis (Abs 1 S 5). § 183 gewährt der FinBeh Ermessen (§ 5), ob sie von der Erleichterung bei der Bekanntgabe Gebrauch macht. Sie kann auf jeder Stufe auch die Einzelbekanntgabe wählen. Bei der Ausübung des Ermessens hat sie den Vereinfachungszweck zu berücksichtigen sowie die schutzwürdigen Belange der Feststellungsbeteiligten. Sie muss insbes berücksichtigen, ob im Einzelfall Hinweise auf ein nicht bestehendes oder gestörtes Vertrauensverhältnis vorliegen. Ist davon auszugehen, kann das Ermessen mit der Folge auf Null reduziert sein, dass von der Ermächtigung kein Gebrauch gemacht werden darf. Das ist zB der Fall, wenn erstmals das (streitige) Bestehen einer Gesellschaft/Gemeinschaft festgestellt wird (BFH/NV 96, 592) oder wenn über das Vermögen der Gesellschaft, aber nicht ihrer Gesellschafter das Insolvenzverfahren eröffnet worden ist (vgl AEAO zu § 122 Nr 2.5.5 Buchst d). Solange die nach Abs 1 S 1 erteilte Empfangsvollmacht ggü dem FA nicht widerrufen worden ist, bleibt sie in Kraft. Von der fortwirkenden Vollmacht darf das FA auch dann Gebrauch machen, wenn es im Zeitpunkt der Bekanntgabe Kenntnis vom Ausscheiden eines Feststellungsbeteiligten hat oder davon, dass die Gesellschaft im Zeitpunkt der Bekanntgabe iSd § 183 I 2 nicht mehr besteht (sehr weitgehend BFH/NV 08, 1103). 12

Hinweis. Im Bescheid muss die FinBeh ausdrücklich darauf hinweisen, dass die Bekanntgabe mit Wirkung für und gegen alle Feststellungsbeteiligten erfolgt. Adressat des Hinweises ist der Empfangsbevollmächtigte. Er soll aufgrund des Hinweises die Bescheidadressaten von dessen Inhalt und Bekanntgabe unterrichten, um Rechtsverluste zu verhindern. Auf die Wirkung muss im Bescheid unmissverständlich hingewiesen werden. Ausreichend ist der Hinweis, dass der Feststellungsbescheid Wirkung für und gegen alle Beteiligten hat (BFH BStBl 83, 544; 86, 123). Im Anschriftenfeld muss dies nicht geschehen (FG Hess EFG 04, 614). Es genügt, wenn der Hinweis in der Rechtsmittelbelehrung des bekannt gegebenen Bescheids enthalten ist (BFH BStBl 86, 123; BFH/NV 88, 3; 91, 793). Der Hinweis ist Voraussetzung für die Wirksamkeit der Bekanntgabe. Ist der Empfangsbevollmächtigte nicht zugleich Feststellungsbeteiligter, kann ein fehlender Hinweis nicht durch Ergänzungsbescheid nachgeholt werden (aA BFH BStBl 94, 885), sondern nur durch erneute Bekanntgabe (vgl auch BFH BStBl 01, 471). Der Hinweis ist entbehrlich, wenn der Bekanntgabeempfänger nicht nur Empfangsvollmacht hat, sondern (ggf auch bloß nach Rechtsscheingrundsätzen) als umfassend Bevollmächtigter anzusehen ist (BFH BStBl 91, 120; BFH/NV 93, 225; 94, 75, 299; FG Mster EFG 04, 547). 13

17 **3. Ausnahmen (Abs 2).** Abs 2 S 1 schließt die Anwendung von Abs 1 für drei Fallgruppen definitiv aus. Vom Vorliegen der Ausnahmefälle muss die FinBeh **positive Kenntnis** haben. Nur mögliche, aber nicht zwingende Schlussfolgerungen reichen nicht aus (BFH/NV 04, 11). Die FinBeh muss eigene Ermittlungen grds nicht anstellen. Liegen die Voraussetzungen vor, ist nicht nur die Bekanntgabe an den Empfangsbevollmächtigten ausgeschlossen. Es darf zB auch keine Aufforderung nach Abs 1 S 3 ergehen. Die Ausnahmen in Abs 2 S 1 gelten grds für Abs 1 uneingeschränkt. Ist die Empfangsvollmacht jedoch gem Abs 1 S 1 rechtsgeschäftlich bestellt, wirkt sie der FinBeh ggü fort, bis ihr ein ausdrücklicher Widerruf zugegangen ist (BFH/NV 08, 1103; Abs 3 S 1; Rz 28 ff). Eine unterbliebene Bekanntgabe kann nachgeholt werden (BFH BStBl 88, 410; 94, 3). Abs 2 hat danach Bedeutung insbes für die fingierten Empfangsvollmachten (BFH/NV 11, 1291). Abs 2 S 2 erleichtert die Einzelbekanntgabe, indem nicht der gesamte Bescheidinhalt bekannt zu geben ist. Bei berechtigtem Interesse muss der gesamte Bescheidinhalt aber mitgeteilt werden (Abs 2 S 3). Der Empfänger des einzeln bekannt gegebenen VA ist selbst einspruchsbefugt (vgl § 352 Rz 18), kann selbst Klage erheben (§ 40 II FGO) und muss ggf notwendig beigeladen werden (§ 60 III FGO; stRspr zuletzt BFH/NV 17, 266, aA FG Bbg EFG 16, 871 für den Fall, dass noch ein Klagebefugter iSv § 48 I 1 FGO vorhanden ist, Rev BFH IV R 17/16).

18 **a) Gesellschaft besteht nicht mehr.** Das ist der Fall, wenn sie entweder nach Auflösung vollständig auseinandergesetzt oder ohne Abwicklung, zB im Wege der Umwandlung **vollbeendet** ist (BFH BStBl 90, 333; 94, 3; BFH/NV 91, 507; 93, 457; 95, 759). Mit der Vollbeendigung entfällt der rechtfertigende Grund für eine Abweichung vom Grundsatz der Einzelbekanntgabe (§ 122 I 1); auf die positive Kenntnis der FinBeh wird nur aus Praktikabilitätsgründen abgestellt. Eine Ausdehnung darüber hinaus ist auch vom Zweck der Regel her nicht geboten (so BFH/NV 97, 734; aA *TK/Brandis* § 183 Rz 23 für den Beginn der Liquidation bzw Insolvenzeröffnung; ähnl *HHSp/Söhn* § 183 Rz 129 ff). In der **Liquidationsphase** ist die Gesellschaft noch nicht beendet, sodass nach Abs 1 S 2 des § 183 verfahren werden kann (AEAO zu § 122 Nr 2.5.2). Für Gemeinschaften gilt Entsprechendes. Die **Insolvenzeröffnung** hat zwar die Auflösung der Gesellschaft zur Folge; sie besteht aber zivil- und steuerrechtl fort. Die FinVerw geht gleichwohl vom Grundsatz der Einzelbekanntgabe aus (AEAO zu § 251 Nrn 4.4.1.1; aA *Bruns* DStR 15, 1953; Bekanntgabe an den Liquidator des insolvenzfreien Vermögens).

19 **b) Ausscheiden.** Abs 1 ist nicht anzuwenden, soweit ein Beteiligter aus der Gesellschaft oder Gemeinschaft (auch durch Tod, vgl zB § 736 BGB) **ausgeschieden** ist. Ist der Gesellschafter verstorben und wird die Gesellschaft mit seinen Erben nicht fortgesetzt, sind die Erben wie ausgeschiedene Gesellschafter zu behandeln (BFH BStBl 73, 746). In diesen Fällen muss die FinBeh den Bescheid an den **Ausgeschiedenen** (oder dessen Rechtsnachfolger) einzeln bekannt geben (vgl auch BFH BStBl 81, 33; 88, 855). Etwas anderes gilt nur dann, wenn der Ausgeschiedene eine rechtsgeschäftliche Empfangsvollmacht erteilt hat; sie gilt solange fort, bis der FinBeh ein Widerruf zugeht (s dazu auch Abs 3; Rz 28 ff).

20 **c) Ernstliche Meinungsverschiedenheiten.** Darunter sind Differenzen zu verstehen, die das Vertrauensverhältnis, die Zusammenarbeit und vor allem den Informationsfluss stören oder zu stören geeignet sind (BFH/NV 04, 11; *BG/Kunz* § 183 Rz 19 mwN). Nach dem Zweck der Regelung müssen Meinungsverschiedenheiten insbes zwischen dem Empfangsbevollmächtigten und den Beteiligten bestehen. Getrennte Anschriften ehemaliger Lebenspartner lassen für sich genommen noch keinen zwingenden Schluss auf solche Differenzen zu (BFH/NV 04, 11). IÜ ist es Sache der Stpfl, das FA über solche ernstlichen Meinungsverschiedenheiten in Kenntnis zu setzen (BFH aaO).

4. Einschränkung des Bekanntgabeinhalts (Abs 2 S 2). Nach früherem Recht (vor 1987) war bei Feststellungsbescheiden jedem Gesellschafter der **gesamte Inhalt** des Bescheids bekannt zu geben. Das hatte einen hohen Verwaltungs- und Kostenaufwand zur Folge. Die Bekanntgabe des vollständigen Inhalts des Feststellungsbescheids ist indessen aus Gründen des Rechtsschutzes nicht zwingend erforderlich und liegt vielfach auch nicht im Interesse des einzelnen Beteiligten, da er zur Prüfung von Feststellungen veranlasst wird, die ihn nicht betreffen und die zum Verständnis der ihn betr Feststellungen nicht erforderlich sind. 23

Zur Vereinfachung des Verfahrens ist daher durch das StBereinG 1986 zunächst für **Groß-Gesellschaften** geregelt worden, dass nur diejenigen tatsächlichen und rechtlichen Feststellungen bekannt gegeben werden müssen, die den jeweiligen **Beteiligten unmittelbar** betreffen. Durch das StMBG v 21.12.1993 (BGBl I, 2310) ist diese Erleichterung auf **alle Fälle der erforderlichen Einzelbekanntgabe** erstreckt worden. Dafür waren auch datenschutzrechtliche Gründe maßgebend (StGeheimnis). 24

Sofern ein Beteiligter ein **berechtigtes Interesse** geltend macht, ist ihm der gesamte Inhalt des Bescheids mitzuteilen (Abs 2 S 3). Zur Anfechtung ist er nur insoweit befugt, als er durch den Feststellungsbescheid selbst beschwert ist. 25

5. Fortgeltung der Empfangsvollmacht (Abs 3). Abs 3 stellt klar, dass eine (im Außenverhältnis) **rechtsgeschäftlich** begründete Empfangsvollmacht (vgl Abs 1 S 1; Rz 6) solange fortgilt, bis ihr (im Außenverhältnis) von einem ausgeschiedenen Beteiligten widersprochen wird oder bis sie (im Außenverhältnis) von allen Beteiligten oder vom Empfangsbevollmächtigten widerrufen wird. Das gilt grds auch für eine Rechtsscheinsvollmacht. Wer einen Rechtsschein zurechenbar gesetzt hat, ist daran bis zu dessen Beseitigung festzuhalten. An den konkludenten Widerruf dürfen keine besonders strengen Anforderungen gestellt werden. Abs 3 ist nicht anzuwenden auf die Fälle des Abs 1 S 2 bis 4. Solange eine Empfangsvollmacht nach Abs 1 S 1 nicht widerrufen ist, ist Abs 2 nicht zu beachten. Die Bekanntgabe an den bestellten Empfangsbevollmächtigten ist deshalb grds auch nach Auflösung der Gesellschaft, Ausscheiden eines Gesellschafters oder bei ernstlichen Meinungsverschiedenheiten wirksam und zwar auch dann, wenn das FA die Umstände kennt (BFH/NV 00, 1074; 08, 1103; 09, 1650). Der Widerspruch/Widerruf muss der FinBeh zugehen (vgl BFH BStBl 95, 357; FG BaWü EFG 96, 202). Das entspricht allg Grds (vgl § 80 I 4; § 170 BGB). Der Widerruf ist **Obliegenheit.** Bei Nichtbeachtung darf die FinBeh von der Bekanntgabeerleichterung nach § 183 auch dann Gebrauch machen, wenn Ausschlussgründe iSd Abs 2 S 1 vorliegen und wenn sie davon Kenntnis hat (BFH/NV 08, 1103). 28

Der **Widerruf** ist Willenserklärung und als solche auslegungsfähig. Er ist jederzeit formfrei möglich (BFH BStBl 07, 369); Schriftform ist aber ratsam. Die Bestellung eines neuen Empfangsbevollmächtigten wirkt idR als Widerruf der früheren Bestellung eines anderen Bevollmächtigten (BFH BStBl 07, 369; FG BBg EFG 12, 1235). Die Beteiligten können für stl Zwecke nicht mehrere Empfangsbevollmächtigte bestellen. Ansonsten wäre der Zweck der Vorschrift, die Bekanntgabe zu erleichtern, gefährdet (BFH BStBl 07, 369). 29

6. EW-Feststellungen ggü Ehegatten ua (Abs 4). Auch bei der **Einheitsbewertung** soll wegen des der Zusammenveranlagung im Prinzip ähnlichen Verfahrens der anteiligen Zurechnung eines einheitlichen Wirtschaftsguts die Bekanntgabe grds einheitlich erfolgen. Dies gilt auch dann, wenn **Kinder** an der wirtschaftlichen Einheit beteiligt sind. Die Beteiligten können einen gemeinsamen Empfangsbevollmächtigten bestellen. Haben sie das unterlassen, verweist Abs 4 auf die Rechtsfolgen des § 122 VII. Danach reicht es für die Bekanntgabe an alle Beteiligten aus, wenn ihnen eine Ausfertigung unter ihrer gemeinsamen Anschrift übermittelt wird. Die vereinfachte Bekanntgabe ist danach ausgeschlossen, soweit es an einer gemeinsamen Anschrift der Beteiligten fehlt. Auch § 122 VII 2 ist 33 entspr anwendbar. Danach können die Beteiligten jederzeit die Einzelbekanntgabe beantragen. Die FinBeh muss einzeln bekannt geben, wenn ihr bekannt ist, dass zwischen den Beteiligten ernstliche Meinungsverschiedenheiten bestehen (näher § 122 Rz 110 ff).

II. Festsetzung von Steuermessbeträgen

§ 184 Festsetzung von Steuermessbeträgen

(1) [1]**Steuermessbeträge, die nach den Steuergesetzen zu ermitteln sind, werden durch Steuermessbescheid festgesetzt.** [2]**Mit der Festsetzung der Steuermessbeträge wird auch über die persönliche und sachliche Steuerpflicht entschieden.** [3]**Die Vorschriften über die Durchführung der Besteuerung sind sinngemäß anzuwenden.** [4]**Ferner sind § 182 Abs. 1 und für Grundsteuermessbescheide auch Abs. 2 und § 183 sinngemäß anzuwenden.**

(2) [1]**Die Befugnis, Realsteuermessbeträge festzusetzen, schließt auch die Befugnis zu Maßnahmen nach § 163 Absatz 1 Satz 1 ein, soweit für solche Maßnahmen in einer allgemeinen Verwaltungsvorschrift der Bundesregierung, der obersten Bundesfinanzbehörde oder einer obersten Landesfinanzbehörde Richtlinien aufgestellt worden sind.** [2]**Eine Maßnahme nach § 163 Absatz 1 Satz 2 wirkt, soweit sie die gewerblichen Einkünfte als Grundlage für die Festsetzung der Steuer vom Einkommen beeinflusst, auch für den Gewerbeertrag als Grundlage für die Festsetzung des Gewerbesteuermessbetrags.**

(3) **Die Finanzbehörden teilen den Inhalt des Steuermessbescheids sowie die nach Absatz 2 getroffenen Maßnahmen den Gemeinden mit, denen die Steuerfestsetzung (der Erlass des Realsteuerbescheids) obliegt.**

Abs 2 S 1 neu gefasst durch ZKAnpG v 22.12.14 (BGBl I, 2417); Abs 2 S 1 und 2 geändert durch G v 18.7.16 (BGBl I, 1679).

Schrifttum: *vor 2010 s 13. Aufl; Seer* Der sog Sanierungserlass vom 27.3.2003 als Rechtsgrundlage für Maßnahmen aus sachlichen Billigkeitsgründen, FR 10, 306; *Ebbinghaus/Hinz* Sanierungshindernis Gewerbesteuer? ZInsO 13, 911; *Schwahn/Meretzki* Zuständigkeit für eine abweichende Festsetzung des Gewerbesteuermessbetrags unter dem Sanierungserlass nach der Neufassung von § 184 Abs. 2 Satz 1 AO, FR 15, 593; *Wiese/Lukas* Sanierungsgewinne und Gewerbesteuer – Zuständigkeit der Finanzämter für Billigkeitsmaßnahmen nach § 184 AO idF ZKAnpG, DStR 15, 1222; *Loose/Stehling* Rechtsänderung in § 184 AO, ZInsO 15, 439; *Bahn* Einwirkungsmöglichkeiten der Kommunen bei der Gewerbesteuer, NWB 16, 1367; *Tietze* Sanierungsgewinn und Gewerbesteuer, DStR 16, 1306.

Übersicht

1 **1. Inhalt.** Die Vorschr regelt die Festsetzung von StMessbeträgen. Abs 1 bestimmt, dass StMessbeträge durch StMessbescheid festgesetzt werden, welchen Inhalt der StMessbescheid hat und welche Vorschr auf das Festsetzungsverfahren anzuwenden sind. Abs 2 regelt die Befugnis der FinBeh zu Billigkeitsmaßnahmen. Abs 3 begründet eine Mitteilungspflicht zugunsten der Gemeinden, denen die StFestsetzung obliegt.

3 **2. Steuermessverfahren.** § 184 regelt ein besonderes Festsetzungsverfahren (vgl § 179) für StMessbeträge, das regelmäßig mit dem Erlass eines StMessbescheids

abgeschlossen wird. Nach Abs 1 S 1 werden StMessbeträge durch StMessbescheid festgesetzt. StMessbeträge sind derzeit festzusetzen für Zwecke der GewSt und der GrSt.

§ 184 ist entspr anzuwenden bei **Hinterziehungszinsen** auf Steuern, für die StMessbescheide zu erlassen sind, da nach § 239 I 1 auf die Festsetzung von Zinsen die für Steuern geltenden Vorschr entspr anzuwenden sind (vgl § 180 Rz 24). Die Berechnungsgrundlagen für die Hinterziehungszinsen (sachliche und persönliche Zinspflicht) werden daher vom FA nach § 184 festgestellt. Dieser Messbescheid ist Grundlagenbescheid für den von der Gemeinde zu erlassenden Zinsbescheid (OVG BBg BeckRS 2015, 41455; *Fuchsen* DStR 92, 1307; 95, 214; *Schwedhelm/Olgemöller* DStR 95, 1263; ebenso AEAO zu § 235 Nr 6.2; *Baum* DStR 95, 416). 4

Kein Klagerecht der Gemeinde. Aus § 40 III FGO ergibt sich, dass Gemeinden grds kein Klagerecht gegen den StMessbescheid haben (BFH BStBl 76, 426; vgl auch BFH/NV 00, 346). Dies verstößt nicht gegen Art 19 IV GG (BFH aaO). Die Gemeinde hat grds auch keinen Anspruch auf Schadenersatz wegen fehlerhaft zu niedriger Feststellung des Messbetrags (BVerwG BFH/NV 11, 2223). 5

3. Inhalt des Steuermessbescheids (Abs 1 S 2). Im StMessbescheid ist **auch** über die persönliche und sachliche Steuerpflicht zu entscheiden. Der Inhalt des StMessbescheids wird dadurch aber nicht abschließend vorgegeben („auch"). Sein Inhalt richtet sich iÜ nach materiellem Recht (§ 14 GewStG; §§ 16 ff GrStG). In ihm muss grds über die persönliche und sachliche Steuerpflicht sowie den Besteuerungszeitraum entschieden werden. Die Feststellung der **persönlichen Steuerpflicht** betrifft die Frage, wer die Steuer schuldet. Sie richtet sich nach § 5 GewStG oder § 10 GrStG. Die **sachliche Steuerpflicht** betrifft die Feststellung des Steuergegenstands einschl der Höhe des StMessbetrags. Sie richtet sich nach den materiell-rechtl Vorschr des GewStG und des GrStG. Im GewSt-Messbescheid ist vor allem darüber zu entscheiden, ob ein „laufender Betrieb" (§ 2 I GewStG) schon und noch besteht (BFH BStBl 17, 482). Dazu gehört auch die Entscheidung über die Selbständigkeit von mehreren Gewerbebetrieben (BFH BStBl 83, 278; 87, 816; BFH/NV 90, 261). Das FA und nicht die Gemeinde entscheidet auch darüber, welche ausl Steuern auf die GewSt anzurechnen sind (BVerwG BFH/NV 14, 1871). **Keine Entscheidung** ist in einem StMessbescheid zu treffen über den **Steuergläubiger.** Welche Gemeinde die Steuer letztlich erheben darf, ergibt sich grds erst aus dem Zerlegungs- oder Zuteilungsbescheid (§§ 185 ff, 190; BFH BStBl 04, 751; *Wagner* ZSteu 11, 155). 6

4. Anwendbare Vorschriften (Abs 1 S 3). Mangels Verweisung in Abs 1 S 3 sind auf das Festsetzungsverfahren die allg Verfahrensvorschriften (§§ 78 ff) und auf StMessbescheide als VA die für alle VA geltenden §§ 118 ff und §§ 347 ff unmittelbar anwendbar (vgl § 181 Rz 3 ff). Die Vollziehung des StMessbescheids kann im Rechtsbehelfsverfahren nach § 361 II ausgesetzt werden (vgl § 361 III 1). Für **Bekanntgabe** gilt § 122 (vorbehaltlich Abs 1 S 4). Aus Gründen der Verwaltungsvereinfachung werden StMessbescheide häufig nicht von den FinBeh, sondern von den Gemeinden zusammen mit dem StBescheid bekannt gegeben. Gegen dieses Kosten sparende Verfahren ist nichts einzuwenden, soweit die Länder von der Möglichkeit des **Art 108 IV 2 GG** Gebrauch gemacht haben, das Verfahren ganz oder zum Teil auf die Gemeinden zu übertragen. Bei Bekanntgabe durch die Gemeinde ohne landesgesetzliche Übertragung des Verfahrens ist der Bescheid zwar nicht nichtig (BFH BStBl 86, 880; 91, 244). Es ist in diesen Fällen aber ernstlich zweifelh, ob die Bekanntgabe durch die Gemeinde erfolgen darf (BFH BStBl 93, 263). Die Bekanntgabe dürfte wirksam sein, soweit die Voraussetzungen einer zulässigen Amtshilfe vorliegen und die Bekanntgabe mit Wissen und Wollen der FinBeh geschieht. Eine fehlerhafte Bekanntgabe durch die Gemeinde wird aber jedenfalls durch einwandfreie Bekanntgabe der Einspruchsentscheidung durch das FA geheilt (BFH BStBl 93, 263). 8

9 Abs 1 S 3 ordnet die sinngemäße Anwendung der Vorschr über die **Durchführung der Besteuerung** an (vgl § 181 Rz 10 ff). Die Regelung verweist nicht nur auf die Vorschr über die StFestsetzung, sondern auch auf die Vorschr über die Ermittlung der Steuern und über die StErklärung (§§ 149 ff AO; BFH BStBl 92, 869). Bei den Vorschr über die StFestsetzung kommen hauptsächlich in Betracht die Vorschr über die Aufhebung und Änderung von StFestsetzungen (§§ 172–177; s dazu Erläut zu § 189), zB auch § 164 über die StFestsetzung unter dem Vorbe‚halt der Nachprüfung (vgl BFH BStBl 05, 143 zu § 164 I 2). Ferner die Vorschr über die Festsetzungsfrist (§§ 169–172), namentlich die Vorschr über die Ablaufhemmung beim sog Folgebescheid (§ 171 X) und die vorläufige Festsetzung. § 171 XIV ist nicht auf den StMessbescheid, sondern nur auf den StBescheid (Folgebescheid) anwendbar (BFH BStBl 16, 567). In Bezug genommen sind grds auch die §§ 179 ff über die gesonderte Feststellung von Besteuerungsgrundlagen. Ob § 181 V entspr anwendbar ist oder durch Abs 1 S 4 ausgeschlossen wird, hat der BFH offen gelassen (BFH BStBl 16, 567; bejahend *Teller* HFR 14, 659).

11 **5. Anwendung von §§ 182, 183 (Abs 1 S 4).** Die sinngemäße **Anwendung von § 182 I** bedeutet, dass der StMessbescheid **Grundlagenbescheid** ist für die von ihm abhängigen StBescheide und Zerlegungsbescheide (BFH BStBl 99, 542; vgl auch BVerfG NJW 09, 1868). Sein nach Abs 3 mitgeteilter Inhalt (Rz 6) ist für die hebeberechtigte Gemeinde verbindlich, die den Folgebescheid erlässt. Das gilt auch für die Festsetzung von Nachzahlungszinsen gem § 233a (FG Mchn BeckRS 2018, 2722; OVG Berlin-Brandenburg BeckRS 2017, 137380). Sie wird im Rahmen der allg **Anpassungsverpflichtung** (vgl § 182 Rz 4) durch den StMessbescheid gleichermaßen berechtigt und verpflichtet, den RealStBescheid zu erlassen (BFH/NV 00, 346). Einwendungen gegen den Grundlagenbescheid können nicht gegen den Folgebescheid geltend gemacht werden (§ 351 II). Der Stpfl kann sich gegen den GewStBescheid nicht mit der Begründung zur Wehr setzen, die FinBeh sei zu Unrecht vom Bestehen eines Gewerbebetriebes ausgegangen, wenn eine entspr Feststellung im GewSt-Messbescheid getroffen worden ist (BFH/NV 89, 356). Ein behaupteter Anspruch auf Befreiung von der GrSt (§ 3 GrStG) kann nach der Rspr des BFH auch durch Anfechtung des EW-Bescheids geltend gemacht werden, sofern die FinBeh nicht ausdrücklich die Entscheidung über grundsteuerrechtl Fragen dem Steuermessbetragsverfahren vorbehalten hat (BFH BStBl 86, 128). **Keine Bindungswirkung** entfaltet der GewSt-Messbescheid des Erhebungszeitraums, auf dessen Ende der vortragsfähige Fehlbetrag nach § 10a GewStG gesondert festzustellen ist, für den Verlustfeststellungsbescheid dieses Erhebungszeitraums; umgekehrt ist der Verlustfeststellungsbescheid Grundlagenbescheid für den GewSt-Messbescheid des Folgejahrs (BFH BStBl 17, 482, Anm *Wendt* FR 17, 769). Der StMessbescheid ist ferner nicht bindend für einen Haftungsbescheid (BFH BStBl 16, 479). Soweit durch GewSt-Messbescheid über die persönliche und sachliche GewStPflicht entschieden worden ist, hat dies nach § 2 I IHKG **Tatbestandswirkung** (vgl § 182 Rz 3) für die Festsetzung der Kammerbeiträge; eine Festsetzung des Messbetrags auf null enthält keine positive Feststellung der GewStPflicht (BVerwG BFH/NV 11, 2223).

12 **Die §§ 182 II und 183** sind nur auf **GrStMessbescheide** sinngemäß anwendbar. Nur GrStMessbescheide haben wie Feststellungsbescheide über Einheitswerte quasi dingliche Wirkung. Der Rechtsnachfolger ist an den GrStMessbescheid des Rechtsvorgängers gebunden (vgl § 182 Rz 15 ff). Der neue Eigentümer muss deshalb die Vollstreckung wegen der von seinem Vorgänger nicht entrichteten GrSt dulden (*TK/Brandis* Rz 18). Weitere Wirkung hat die Verweisung nicht (FG Bbg EFG 17, 555, Rev BFH II R 10/17: Festsetzung in zutr Höhe auch bei bloßer Zurechnungsfortschreibung; vgl auch § 182 Rz 20). Die entspr **Anwendung von § 183** ermöglicht es der Behörde, den GrStMessbescheid an einen gemeinsamen

Empfangsbevollmächtigten bekannt zu geben, wenn das Grundstück mehreren Personen zuzurechnen ist (vgl Erläut zu § 183).

6. Billigkeitsmaßnahmen. Für Stundung und Erlass einer Steuer aus Billigkeitsgründen ist grds die hebeberechtigte Gemeinde zuständig, sofern das Bundesland von der Möglichkeit gem Art 108 IV 2 GG Gebrauch gemacht und die Verwaltung der GewSt auf die Gemeinden übertragen hat. Abw davon kann nach **Abs 2 S 1** die für die Festsetzung der StMessbeträge zuständige FinBeh im Rahmen der Festsetzung der StMessbeträge auch **Billigkeitsmaßnahmen nach § 163 I 1** (nicht: § 163 I 2) treffen. Durch die niedrigere Festsetzung des StMessbetrags verringert sich allerdings das StAufkommen wie beim Erlass der Steuer. Im Interesse der Gemeinden schränkt **Abs 2 S 1** deshalb die Anwendung des § 163 II 1 durch die FinBeh ein. Für solche **Billigkeitsmaßnahmen** müssen in einer allg Verwaltungsvorschr der BReg oder einer obersten Landesbehörde **Richtlinien** aufgestellt worden sein. Hinzugekommen ist die Zuständigkeit der obersten Bundesfinanzbehörde (eingefügt durch ZKAnpG v 22.12.2014, BGBl I, 2417) mit Wirkung für Maßnahmen, die nach dem 31.12.2014 getroffen werden, aber Besteuerungszeiträume betreffen können, die vor dem 1.1.2015 abgelaufen waren (Art 97 § 10c EGAO). Diese Ergänzung schafft eine (bisher zweifelh) Kompetenz des BMF, Billigkeitsregeln aus sachlichen Gründen (vgl § 163 Rz 32ff) zu erlassen, die auch bei der Festsetzung des GewStMessbetrags berücksichtigt werden müssen (verfassungsrechtl zweifelh: *Hageböke* FR 15, 539), jedoch keine Kompetenz für BMF-Schreiben, die sich allein auf die GewSt beziehen (BT-Drs 18/3017, 34; zur Klarstellung ggü BFH BStBl 02, 840). Betroffen sind zB Billigkeitsregelungen zu § 22 UmwStG (*Schwahn/Meretzki* FR 15, 595). Der sog **Sanierungserlass** (BMF BStBl I 03, 240; 10, 18) enthielt nach Auffassung der FinVerw keine Richtlinien für Maßnahmen iSv Abs 2 S 1 und § 163 I 1, sondern solche nach § 163 I 2, auf die Abs 2 S 1 nicht verweist. Für die abw Festsetzung der GewSt aus sachlichen Billigkeitsgründen sind danach auch weiterhin die Gemeinden zuständig (BFH DStR 12, 1544; FG Köln EFG 16, 1756, Rev BFH XI R 33/16; *Schwahn/Meretzki* FR 15, 593; aA *Wiese/Lukas* DStR 15, 1222). 14

Fehlt eine allg Verwaltungsvorschr, besteht keine Befugnis des FA zu Billigkeitsmaßnahmen. Insoweit sind die hebeberechtigten Gemeinden ausnahmsweise auch für Billigkeitsmaßnahmen bei der Festsetzung der StMessbeträge zuständig. Unschädlich soll aber sein, wenn das FA trotz fehlender eigener Zuständigkeit **mit Zustimmung der Gemeinde** Billigkeitsmaßnahmen nach § 163 I 1 trifft (so die frühere BFH-Rspr zur RAO, vgl BFH BStBl 63, 497 und Abschn 6 GewStR; aA FG Ddorf EFG 14, 813: keine Vereinbarung über sachliche Zuständigkeit möglich). Fehlt die Zustimmung der Gemeinde, ist eine gleichwohl vom FA getroffene Billigkeitsentscheidung nicht grds nichtig (vgl auch oben § 16 Rz 3; aA *HHSp/Boeker* § 184 Rz 83). Die Rspr des BFH, wonach bei **fehlender Zustimmung** oder bei nachträglicher Zustimmung der Gemeinde der Messbescheid geändert werden muss (vgl BFH BStBl 63, 143), ist nicht mehr aufrecht zu erhalten (aA *Koenig/Fritsch* § 184 Rz 26), da die Gemeinde gegen den StMessbescheid nicht klagen kann (Rz 19 aE). 15

Abs 2 S 2 bestimmt, dass eine Billigkeitsmaßnahme nach § 163 I 2, die sich auf die Höhe der gewerblichen Einkünfte ausgewirkt hat, auch den Gewerbeertrag als Grundlage für die Festsetzung des GewStMessbetrags beeinflusst (BFH BStBl 18, 78). Die Vorschr ist erforderlich, weil eine Bindungswirkung insoweit nicht besteht (vgl § 182 Rz 15). Zuständig für Maßnahmen nach § 163 I 2 ist die FinBeh. Erfasst werden nach dem Wortlaut nur Billigkeitsmaßnahmen, die sich auf die Höhe der gewerblichen Einkünfte als Grundlage für die Festsetzung der Steuer vom Einkommen ausgewirkt haben. Dadurch soll erreicht werden, dass die gewerblichen Einkünfte und der Gewerbeertrag in gleicher Höhe zugrunde gelegt werden. Jenseits dessen soll die Entscheidung über alle Fälle individueller Unbilligkeit den 16

Gemeinden vorbehalten sein und sollen nur die Fälle sog Gruppenunbilligkeit in die Zuständigkeit der Gemeinden fallen (FG Köln EFG 16, 1756, Rev BFH XI R 33/16; *Hageböke/Hasbach* FR 16, 1018).

19 **7. Mitteilungspflicht an die Gemeinden (Abs 3).** Nach Abs 3 haben die FinBeh den Gemeinden die festgesetzten StMessbeträge und die nach Abs 2 getroffenen Maßnahmen mitzuteilen. Dadurch werden die Gemeinden in die Lage versetzt, die Realsteuerbescheide zu erlassen. Die Mitteilung selbst ist nicht bindend, wird aber regelmäßig von der Gemeinde zugrunde gelegt. Sie hat auch keine Bindungswirkung für das in der Hand der Gemeinde liegende Haftungsverfahren gem § 73 (BFH BStBl 16, 479). Sie ist weder Teil des StMessbescheids noch selbständiger VA, sondern eine durch die Kompetenzverteilung gebotene verwaltungsinterne Maßnahme rein technischen Charakters ohne unmittelbare Außenwirkung. Es handelt sich um eine schlichte Informationsweitergabe, die selbständig vom Stpfl nicht angegriffen werden kann (BFH BStBl 16, 479). Hat ein örtlich unzuständiges FA die Mitteilung erlassen, kann die Aufhebung des GewSt-Messbescheids nicht allein deswegen beansprucht werden (BFH BStBl 04, 751).

3. Unterabschnitt. Zerlegung und Zuteilung

§ 185 Geltung der allgemeinen Vorschriften

Auf die in den Steuergesetzen vorgesehene Zerlegung von Steuermessbeträgen sind die für die Steuermessbeträge geltenden Vorschriften entsprechend anzuwenden, soweit im Folgenden nichts anderes bestimmt ist.

Schrifttum: *vor 2010 s 13. Aufl; Wagner* Gewerbesteuerliches Zuteilungsverfahren, ZSteu 11, 155; *App* Die Frist für den Erlass eines Grundsteuer-Zerlegungsbescheids des Finanzamts ZMR 12, 852.

1 **1. Zerlegung von StMessbeträgen.** Die §§ 185 ff regeln verfahrensrechtliche Besonderheiten der Zerlegung und Zuteilung von StMessbeträgen. Die materiellrechtl Maßstäbe für die Zerlegung ergeben sich nicht aus der AO, sondern den StGesetzen, insbes den §§ 28–34 GewStG (vgl dazu BFH BStBl 93, 679), §§ 22 und 23 GrStG. Für das Verfahren verweist § 185 auf die Vorschr über die **Ermittlung und Festsetzung der StMessbeträge** (§ 184). Dies bedeutet, dass auch die Vorschr über die Durchführung der Besteuerung sinngemäß anzuwenden sind (§ 184 I 3; vgl § 184 Rz 8 ff) einschl der Vorschr über die Festsetzung unter Vorbehalt der Nachprüfung (vgl BFH BStBl 05, 143) oder die Änderung von StBescheiden (BFH BStBl 92, 869; 99, 542 zu § 175; BFH/NV 06, 498). Bei der sinngemäßen Anwendung von § 173 I ist aufgrund der Besonderheiten des Zerlegungsverfahrens auf den einzelnen Zerlegungsanteil abzustellen und von der Unterscheidung zwischen der Änderung zuungunsten und zugunsten des Stpfl abzusehen (BFH BStBl 92, 869). Entspr anwendbar ist auch § 177 (BFH BStBl 99, 542; zum Verhältnis zu § 189 s dort Rz 1). Sinngemäß gelten ebenfalls die Vorschr über die gesonderte Feststellung von Besteuerungsgrundlagen (§§ 179 ff), namentlich über die Bindungswirkung von Feststellungsbescheiden (§ 184 I 4 iVm §§ 182, 351 AO, § 42 FGO), ferner die Vorschr über Festsetzungsverjährung (BFH BStBl 01, 3). Für den Sonderfall einer Änderung nach § 189 gilt allerdings eine besondere Frist (s § 189 Rz 2).

2 Für den **Zerlegungsbescheid** ist der StMessbescheid Grundlagenbescheid (BFH BStBl 88, 456; 93, 828) mit der Folge, dass bei Änderung des StMessbescheids auch der Zerlegungsbescheid zu ändern ist (§ 175 I 1 Nr 1; zur Frage, ob dabei auch der Zerlegungsmaßstab geändert werden darf vgl § 189 Rz 1). Der Zerlegungsbescheid ist Grundlagenbescheid für den GewStBescheid (BFH BStBl 93, 828). Die §§ 185–190 gelten unmittelbar nur für die Zerlegung von StMessbeträgen. Wegen der **Zerlegung von Einzelsteuern** verweist das ZerlG teilweise

auf die AO. Wegen Zerlegung der KSt verweist § 6 III ZerlG auf die §§ 185 bis 188 AO; auf die Zerlegung von LohnSt sind die §§ 185 bis 189 AO nach § 7 VIII ZerlG dagegen nicht anwendbar (zur zeitlichen Anwendung dieser Vorschriften vgl § 12 ZerlG). Die Anordnung der Ap für die GewSt umfasst auch die Zerlegung der GewSt (BFH BStBl 93, 828).

2. Rechtsbehelfe. Während die Gemeinde gegen die StMessbescheide grds kein Klagerecht hat (§ 184 Rz 5), steht ihr gegen einen Zerlegungsbescheid nach § 40 II FGO ein eigenes Klagerecht zu. In dem Klageverfahren ist (nach erfolglosem Einspruch) zu prüfen, ob der Gemeinde nach den materiell-rechtl Zerlegungsvorschriften ein **höherer Anteil** am StMessbetrag zusteht (vgl BFH BStBl 99, 542; zum Klagerecht des Stpfl § 188 Rz 2). 3

§ 186 Beteiligte

[1] Am Zerlegungsverfahren sind beteiligt:
1. der Steuerpflichtige,
2. die Steuerberechtigten, denen ein Anteil an dem Steuermessbetrag zugeteilt worden ist oder die einen Anteil beanspruchen. [2] Soweit die Festsetzung der Steuer dem Steuerberechtigten nicht obliegt, tritt an seine Stelle die für die Festsetzung der Steuer zuständige Behörde.

Beteiligte sind der **Stpfl** und die **Steuerberechtigten.** § 186 verdrängt für das Zerlegungsverfahren als speziellere Vorschrift § 78. Im Zerlegungsverfahren ist der Stpfl notwendig beteiligt, obwohl die Zerlegung des StMessbetrags für ihn nur dann von Interesse ist, wenn die beteiligten Gemeinden unterschiedlich hohe Hebesätze haben. Beteiligt sind auch die StBerechtigten (idR Gemeinden), denen ein Anteil am StMessbetrag zugeteilt worden ist oder die einen Anteil daran beanspruchen. Die Entscheidung kann allen Beteiligten ggü nur **einheitlich** ergehen (BFH/NV 95, 484 mwN). Ein Vorbehalt der Nachprüfung ist allen Beteiligten bekannt zu geben (BFH BStBl 96, 509; dort auch zur Berichtigungsmöglichkeit nach § 129 bei unterbliebener Bekanntgabe an einzelne Beteiligte). Nr 2 S 2 bezieht sich auf den Fall, dass die StFestsetzung aufgrund des Zerlegungsbescheids nicht durch Landesgesetz den Gemeinden übertragen worden ist, wie zB in Hamburg, vgl Art 108 IV 2 GG (vgl auch BFH/NV 10, 941). 1

§ 186 gilt nur für das Verwaltungsverfahren. Im **Einspruchs- und im Klageverfahren** richtet sich die Beiladung nach § 360 und § 60 FGO. Dort sind nur diejenigen Beteiligten des Verwaltungsverfahrens notwendig beizuladen, deren Interessen vom Klagebegehren berührt werden und die keine Klage erhoben haben (BFH/NV 00, 579; FG Köln EFG 14, 614). Gemeinden, denen bisher noch kein Anteil an dem möglicherweise zu zerlegenden GewStMessbetrag zugeteilt worden ist und die auch noch keinen Zerlegungsanteil beansprucht haben, sind nicht notwendig beizuladen (BFH/NV 03, 636). Ein Stpfl ist trotz seiner Beteiligtenstellung iSv § 186 in dem Rechtsstreit einer Gemeinde mit dem FA über den Zerlegungsbescheid nicht beizuladen, wenn seine StSchuld von dem anzuwendenden Zerlegungsmaßstab unabhängig ist, weil die Hebesätze der beteiligten Gemeinden gleich hoch sind (BFH BStBl 99, 542; s auch § 188 Rz 2). 2

§ 187 Akteneinsicht

Die beteiligten Steuerberechtigten können von der zuständigen Finanzbehörde Auskunft über die Zerlegungsgrundlagen verlangen und durch ihre Amtsträger Einsicht in die Zerlegungsunterlagen nehmen.

Akteneinsichtsrecht und Recht auf Auskunft haben nur die beteiligten **Steuerberechtigten,** vgl § 186, nicht aber der Stpfl. Für das Akteneinsichtsrecht fehlt das erforderliche Rechtsschutzbedürfnis, wenn der StMessbescheid nicht auf einen positiven Betrag, sondern auf 0 Euro lautet und deswegen keine Zerlegung ermöglicht (BFH/NV 00, 346). Das Recht kann nur durch Amtsträger (die zur Wahrung des StGeheimnisses verpflichtet sind) und nicht durch einen gewillkürten Bevollmächtigten, der kein Amtsträger ist, wahrgenommen werden (FG Ddorf EFG 98, 1555).

§ 188 Zerlegungsbescheid

(1) **Über die Zerlegung ergeht ein schriftlicher Bescheid (Zerlegungsbescheid), der den Beteiligten bekannt zu geben ist, soweit sie betroffen sind.**

(2) [1] **Der Zerlegungsbescheid muss die Höhe des zu zerlegenden Steuermessbetrags angeben und bestimmen, welche Anteile den beteiligten Steuerberechtigten zugeteilt werden.** [2] **Er muss ferner die Zerlegungsgrundlagen angeben.**

1 Die Vorschr regelt den notwendigen Inhalt des Zerlegungsbescheids (Abs 2). Die Mitteilung des Zerlegungsmaßstabs (Abs 2 S 2) gehört zur Begründung des Bescheids und entfaltet keine Bindungswirkung (BFH BStBl 99, 542). Der Zerlegungsbescheid ist Folgebescheid im Verhältnis zum StMessbescheid und Grundlagenbescheid für den StBescheid (vgl § 185 Rz 2). Der Bescheid ist den (allen) Beteiligten (vgl § 186) bekannt zu geben, soweit sie **betroffen** sind. Damit wird klargestellt, dass der Stpfl den vollständigen Zerlegungsbescheid, die Gemeinden dagegen grds nur einen Auszug aus dem Zerlegungsbescheid mit den sie betr Daten erhalten (AEAO zu § 188; beachte aber § 187). Die Verpflichtung zur Bekanntgabe kann wirksam auf andere Stellen, zB auf die Gemeinden übertragen werden (vgl § 184 Rz 8).

2 Gegen den Zerlegungsbescheid können der Stpfl und die betroffene(n) Gemeinde(n) **Einspruch** einlegen, soweit sie durch ihn beschwert sind (vgl § 350). Der Stpfl ist beschwert, wenn die von ihm begehrte Änderung dazu führt, dass ein niedrigerer Hebesatz zur Anwendung gelangt (*BG/Schmieszek* § 188 Rz 10; vgl auch Erläut zu § 186). Eine Beschwer der Gemeinde liegt stets dann vor, wenn sie einen höheren Anteil geltend macht (BFH BStBl 92, 869). Das gilt auch, wenn sich der Zerlegungsanteil der Gemeinde infolge eines geänderten GewSt-Messbescheids bereits erhöht hat (BFH BStBl 99, 542). In diesem Fall ist die Rechtsbehelfsbefugnis jedoch wegen der sinngemäßen Anwendung der §§ 351 AO, 42 FGO (s § 185 Rz 1) auf den Erhöhungsbetrag beschränkt (BFH aaO). Nach erfolglosem Einspruch besteht Klagemöglichkeit vor dem FG (vgl § 185 Rz 3). Gegen den Zerlegungsbescheid können Einwendungen nicht geltend gemacht werden, die sich gegen den StMessbescheid (Grundlagenbescheid) richten (s § 184 Rz 11).

§ 189 Änderung der Zerlegung

[1] **Ist der Anspruch eines Steuerberechtigten auf einen Anteil am Steuermessbetrag nicht berücksichtigt und auch nicht zurückgewiesen worden, so wird die Zerlegung von Amts wegen oder auf Antrag geändert oder nachgeholt.** [2] **Ist der bisherige Zerlegungsbescheid gegenüber denjenigen Steuerberechtigten, die an dem Zerlegungsverfahren bereits beteiligt waren, unanfechtbar geworden, so dürfen bei der Änderung der Zerlegung nur solche Änderungen vorgenommen werden, die sich aus der nachträglichen Berücksichtigung der bisher übergangenen Steuerberechtigten ergeben.** [3] **Eine Änderung oder Nachholung der Zerlegung unterbleibt, wenn ein Jahr vergangen ist, seitdem der Steuermessbescheid unanfechtbar geworden ist, es sei denn, dass der übergangene Steuerberechtigte die Änderung oder Nachholung der Zerlegung vor Ablauf des Jahres beantragt hatte.**

1 **1. Inhalt.** Zugunsten eines materiell StBerechtigten (idR Gemeinde), der bislang noch nicht berücksichtigt worden ist, kann die Zerlegung nachgeholt oder ein

bereits ergangener Zerlegungsbescheid geändert werden. Als spezielle Änderungsvorschr ergänzt § 189 die §§ 172ff. Voraussetzung ist, dass ein StBerechtigter bisher noch nicht berücksichtigt und dass die Berücksichtigung des StBerechtigten, zu dessen Gunsten die Änderung vorgenommen werden soll, nicht bereits **abgelehnt** worden ist. Auf andere Sachverhalte ist die Vorschr nicht anwendbar. § 189 bietet insbes keine Rechtsgrundlage, um Fehler zu korrigieren, die auf der Berücksichtigung einer nicht steuerberechtigten Gemeinde beruhen (BFH/NV 95, 484) oder wenn ein StBerechtigter mit einem zu hohen oder zu niedrigen Anteil berücksichtigt worden ist (BFH/NV 06,498). Die Vorschr beruht auf der Erwägung, dass die nachträgliche Berücksichtigung einer oder mehrerer hebeberechtigter Gemeinden in besonders schwerwiegender Weise auf die bisherige Zerlegung einwirken kann (BFH/NV 06, 498). Wegen anderer Sachverhalte kann ein Zerlegungsbescheid gem § 185 iVm § 184 I 3 nach den §§ 172ff geändert werden (vgl § 185 Rz 1).

2. Frist für Änderung. Die Änderung ist unzulässig (sog **Zerlegungssperre**), 3
wenn seit der Unanfechtbarkeit des StMessbescheids bereits ein Jahr vergangen ist, es sei denn, dass vorher ein entsprechender Antrag gestellt worden ist. Ein fristgerechter Antrag auf Nachholung der Zerlegung wirkt nur für den StBerechtigten, der den Antrag gestellt hat (BFH BStBl 93, 679). Er kann auch nur von dem übergangenen StBerechtigten gestellt werden (BFH BStBl 01, 769). Ein Antrag des Stpfl oder ein Einspruch des Stpfl gegen einen bisherigen Zerlegungsbescheid genügt daher nicht. Die Übersendung von Durchschriften der Gewerbeanmeldung gem den GewStR stellt keinen Antrag dar (FG Nds EFG 07, 1804). Der Antrag kann auch schon vor Erlass des Zerlegungsbescheids gestellt worden sein (BFH BStBl 78, 1201; BFH/NV 12, 699); jährliche Wiederholung des Antrags ist nicht erforderlich. Eine bestimmt Betriebsstätte braucht in dem Antrag nicht erwähnt zu werden (FG Nds EFG 07, 1804). Wegen unverschuldeter Fristversäumung ist Wiedereinsetzung in den vorigen Stand nach § 110 möglich. Für die **Anhörung** der Beteiligten gilt § 91. Die Zerlegungssperre gilt nur für den Fall, dass eine steuerberechtigte Gemeinde bei der Zerlegung des StMessbetrags überhaupt nicht berücksichtigt worden ist. Sie entfaltet darüber hinaus keine weitergehende Ausschlusswirkung (BFH BStBl 92, 869; FG Mster EFG 02, 735; s auch § 185 Rz 1 zur Anwendung des § 173). Die Frist in S 3 geht für den Sonderfall der Änderung nach § 189 als Spezialvorschr den Vorschr über die Festsetzungsverjährung für die Zerlegung vor (BFH BStBl 01, 3; aA FG Mster EFG 01, 6).

§ 190 Zuteilungsverfahren

[1]Ist ein Steuermessbetrag in voller Höhe einem Steuerberechtigten zuzuteilen, besteht aber Streit darüber, welchem Steuerberechtigten der Steuermessbetrag zusteht, so entscheidet die Finanzbehörde auf Antrag eines Beteiligten durch Zuteilungsbescheid. [2]Die für das Zerlegungsverfahren geltenden Vorschriften sind entsprechend anzuwenden.

Die Vorschr greift ein, wenn lediglich streitig ist, **welchem** von mehreren in Betracht kommenden **Steuerberechtigten** der StMessbetrag (in voller Höhe) zuzuteilen ist. Da hierüber weder im Messbescheid (§ 184 Rz 6) noch im Zerlegungsverfahren entschieden wird, ist ein besonderes Verfahren erforderlich. Die FinBeh entscheidet hierüber durch **Zuteilungsbescheid.** Über die Zuteilung kann wegen derselben Zielrichtung auch im Zerlegungsverfahren entschieden werden (FG Nds EFG 10, 386), obwohl es sich dabei grds um unterschiedliche Verfahren handelt (vgl BFH BStBl 01, 769). Ein Zuteilungsverfahren findet nur auf Antrag eines Beteiligten statt; das Zerlegungsverfahren ist auch von Amts wegen zu betreiben. Für das Verfahren verweist § 190 auf die Vorschr über das Zerlegungsverfahren, die auf das StMessbetragsverfahren und ua auf das StFestsetzungsverfahren verweisen. Es gilt auch die Jahresfrist des § 189 S 3 (FG Bbg EFG 02, 655).

Am Zuteilungsverfahren ist neben den betr Gemeinden auch der **Stpfl beteiligt,** § 186. Zu einem gerichtlichen Rechtsstreit über einen Zuteilungsbescheid ist die Gemeinde notwendig beizuladen, der entweder der Gewerbesteuermessbetrag zugeteilt worden ist oder die eine solche Zuteilung beansprucht (BFH/NV 12, 920). Der Stpfl ist durch einen Zuteilungsbescheid nicht beschwert, wenn die Gemeinde, die er für berechtigt hält, einen höheren Hebesatz hat als die begünstigte Gemeinde; seine Klage ist dann unzulässig (FG Mchn BeckRS 2004, 26017086).

4. Unterabschnitt. Haftung

§ 191 Haftungsbescheide, Duldungsbescheide

(1) [1]**Wer kraft Gesetzes für eine Steuer haftet (Haftungsschuldner), kann durch Haftungsbescheid, wer kraft Gesetzes verpflichtet ist, die Vollstreckung zu dulden, kann durch Duldungsbescheid in Anspruch genommen werden.** [2]**Die Anfechtung wegen Ansprüchen aus dem Steuerschuldverhältnis außerhalb des Insolvenzverfahrens erfolgt durch Duldungsbescheid, soweit sie nicht im Wege der Einrede nach § 9 des Anfechtungsgesetzes geltend zu machen ist; bei der Berechnung von Fristen nach den §§ 3 und 4 des Anfechtungsgesetzes steht der Erlass eines Duldungsbescheids der gerichtlichen Geltendmachung der Anfechtung nach § 7 Abs. 1 des Anfechtungsgesetzes gleich.** [3]**Die Bescheide sind schriftlich zu erteilen.**

(2) **Bevor gegen einen Rechtsanwalt, Patentanwalt, Notar, Steuerberater, Steuerbevollmächtigten, Wirtschaftsprüfer oder vereidigten Buchprüfer wegen einer Handlung im Sinne des § 69, die er in Ausübung seines Berufs vorgenommen hat, ein Haftungsbescheid erlassen wird, gibt die Finanzbehörde der zuständigen Berufskammer Gelegenheit, die Gesichtspunkte vorzubringen, die von ihrem Standpunkt für die Entscheidung von Bedeutung sind.**

(3) [1]**Die Vorschriften über die Festsetzungsfrist sind auf den Erlass von Haftungsbescheiden entsprechend anzuwenden.** [2]**Die Festsetzungsfrist beträgt vier Jahre, in den Fällen des § 70 bei Steuerhinterziehung zehn Jahre, bei leichtfertiger Steuerverkürzung fünf Jahre, in den Fällen des § 71 zehn Jahre.** [3]**Die Festsetzungsfrist beginnt mit Ablauf des Kalenderjahrs, in dem der Tatbestand verwirklicht worden ist, an den das Gesetz die Haftungsfolge knüpft.** [4]**Ist die Steuer, für die gehaftet wird, noch nicht festgesetzt worden, so endet die Festsetzungsfrist für den Haftungsbescheid nicht vor Ablauf der für die Steuerfestsetzung geltenden Festsetzungsfrist; andernfalls gilt § 171 Abs. 10 sinngemäß.** [5]**In den Fällen der §§ 73 und 74 endet die Festsetzungsfrist nicht, bevor die gegen den Steuerschuldner festgesetzte Steuer verjährt (§ 228) ist.**

(4) **Ergibt sich die Haftung nicht aus den Steuergesetzen, so kann ein Haftungsbescheid ergehen, solange die Haftungsansprüche nach dem für sie maßgebenden Recht noch nicht verjährt sind.**

(5) [1]**Ein Haftungsbescheid kann nicht mehr ergehen,**

1. **soweit die Steuer gegen den Steuerschuldner nicht festgesetzt worden ist und wegen Ablaufs der Festsetzungsfrist auch nicht mehr festgesetzt werden kann,**
2. **soweit die gegen den Steuerschuldner festgesetzte Steuer verjährt ist oder die Steuer erlassen worden ist.**

[2]**Dies gilt nicht, wenn die Haftung darauf beruht, dass der Haftungsschuldner Steuerhinterziehung oder Steuerhehlerei begangen hat.**

Abs 1 S 2 zweiter Hs geändert durch MoMiG v 23.10.08 (BGBl I, 2026).

Schrifttum: *Heintzen* Steuerliche Haftung und Duldung auf zivilrechtlicher Grundlage, DStZ 10, 199; siehe auch bei § 69; *Berninghaus* Der Geschäftsführer-Haftungsbescheid nach

§ 69 AO im finanzgerichtlichen Verfahren, DStR 12, 1001; *Werner* Haftungsbescheide gegen Rechtsanwälte und Steuerberater, PStR 12, 197; *Halaczinsky* Die Haftung im Steuerrecht, 4. Aufl., Herne/Berlin 2013; *Nacke* Steuerliche Haftung in der Insolvenz, DB 13, 1628; *Olbing/Hennig* Die Wirkung der Insolvenzeröffnung auf Rechtsbehelfsverfahren gegen einen Anfechtungs- und Duldungsbescheid, ZInsO 13, 119; *Pedak* Probleme der Bekanntgabe von Steuerbescheiden an den faktischen GmbH-Geschäftsführer, seine Haftung und die Anwendbarkeit des § 166 AO, StBp 14, 52; *Rose* Haftung im Steuerrecht – Keine Drittwirkung der Steuerfestsetzung nach § 166 AO im Haftungsverfahren, wenn ein Vorbehalt der Nachprüfung besteht?, DStR 16, 1152; *Adam* Die abgabenrechtliche Haftung des Geschäftsführers, schwachen vorläufigen Insolvenzverwalters und vorläufigen Sachwalters, ZInsO 17, 862.

Übersicht

1. Inhalt und Bedeutung. Die Vorschrift gestattet es, diejenigen, die kraft Gesetzes zur Haftung oder Duldung verpflichtet sind, durch Haftungs- oder Duldungs*bescheid* in Anspruch zu nehmen. Sie schafft *nicht* die *materielle Grundlage* für die Haftungs- oder Duldungsinanspruchnahme, sondern setzt die Anwendbarkeit entspr materieller Haftungsvorschriften bzw gesetzlicher Grundlagen von Duldungsansprüchen voraus. Dass sich die Haftung-/Duldungspflicht aus einem *StGesetz* ergibt und nicht etwa aus einem nicht-steuerlichen Gesetz, ist nicht Voraussetzung für den Erlass eines solchen Bescheids; es kommt allein darauf an, ob sich die Haftung auf StSchulden bezieht (BFH BStBl 86, 156; 89, 952; 95, 300; BFH/NV 91, 574). Die Haftung kann insbes nach AO-Haftungsvorschriften, nach EinzelStG 1 (zB § 13c UStG, dazu BFH BStBl 16, 107) oder nach ZivilR (dazu *Heintzen* DStR 10, 199) materiell-rechtl begründet sein, vgl dazu eingehende Erläut bei § 69. Duldungspflichten ergeben sich in erster Linie aus dem AnfG (siehe Rz 21 f).

2 Die Bedeutung des § 191 liegt darin, *verfahrensrechtl* die Möglichkeit dafür zu schaffen, dass die bestehende Haftung mit einem Haftungsbescheid, die Duldung mit einem Duldungsbescheid geltend gemacht werden kann (BFH BStBl 87, 363); im Insolvenzverfahren tritt selbstredend an deren Stelle die Anmeldung (BFH/NV 11, 2014), bei deren Abgabe folglich die einschlägigen Ermessenserwägungen anzustellen sind.

Der Haftungsbescheid konkretisiert den kraft Gesetzes entstandenen Haftungsanspruch (BFH BStBl 10, 215; BGHZ 192, 221) und bildet die Grundlage für dessen Verwirklichung. Er hat keine konstitutive, sondern – trotz der erforderlichen Ermessensentscheidung (die FinBeh hat *Entschließungsermessen* und bei mehreren Haftungsschuldnern *Auswahlermessen*) – nur eine deklaratorische Bedeutung (BFH BStBl 10, 215; 84, 695; BFH/NV 97, 209; BGHZ 192, 221). Dasselbe gilt für die Geltendmachung der Duldung, auch nach dem AnfG nF (BFH/NV 06, 701: keine unzulässige Rückwirkung).

3 Durch den Erlass eines Haftungsbescheids wird ein selbständiger Anspruch des StGläubigers auf Zahlung einer StSchuld aus dem Vermögen eines Dritten festgesetzt; die grds gegebene Abhängigkeit des Haftungsanspruchs vom Bestehen des StAnspruchs („Akzessorietät") besteht nur insoweit, als es das Gesetz ausdrücklich bestimmt (BFH HFR 02, 277), was BFH BStBl 14, 607 missachtet hat (dazu Rz 13). Durch den Erlass des Haftungsbescheids wird der Inanspruchgenommene neben dem StSchuldner Gesamtschuldner, wobei allerdings § 44 durch den Grundsatz der Subsidiarität der Haftung (Rz 35) modifiziert wird (vgl BFH BStBl 73, 573: „unechte" Gesamtschuld).

4 Auf Haftungsbescheide sind die Vorschriften über die Aufhebung und Änderung von StBescheiden, §§ 172–177 (BFH BStBl 95, 227), ferner die Vorschrift über die Vorbehaltsfestsetzung und die vorläufige Festsetzung, §§ 164, 165 *nicht* anwendbar (Korrektur des Haftungsbescheids stattdessen ggf nach § 130 I, BFH BStBl 98, 131, oder § 131). Ein einem Haftungsbescheid beigefügter Vorläufigkeitsvermerk ist nichtig (FG Ddorf EFG 95, 530).

5 Die Heranziehung des Haftungsschuldners zur *Zahlung* ist von den in § 219 genannten Voraussetzungen abhängig. Es kann daher geboten sein, uU zur Wahrung der Festsetzungsfrist für den Haftungsbescheid zunächst einen *Haftungsbescheid „dem Grunde nach"* zu erlassen und die Zahlungsaufforderung nach § 219 erst folgen zu lassen, wenn die Vollstreckung beim StSchuldner ohne Erfolg geblieben ist. Für die Fälligkeit des Haftungsanspruchs gilt § 220 II 2 (BFH BStBl 87, 363).

7 **2. Anwendungsbereich.** Nach Abs 1 S 1 kann, wer kraft Gesetzes für eine „Steuer" haftet, durch schriftlichen Haftungsbescheid in Anspruch genommen werden. Die Bezugnahme auf „Steuern" ist irreführend, da es auch haftungsbegründende Normen für stl Nebenleistungen gibt (zB § 69 S 2). Haftungsbescheide können auch insoweit ergehen (BFH BStBl 89, 952; BFH/NV 87, 363); denn § 191 will solche materiell-rechtlichen Vorschriften, und zwar in demselben Umfang, wie sie ihn selbst haben, verfahrensrechtl durch die Bestimmung ergänzen, dass und wie die Haftung durch Bescheid geltend zu machen ist.

8 Ebenfalls durch Haftungsbescheid kann die Haftung für Haftungsschulden einer anderen Person *(Haftung 2. Grades)* geltend gemacht werden (BFH/NV 95, 561).

9 Die FinBeh kann hingegen keine **Schadensersatzansprüche** gegen einen Insolvenzverwalter wegen Nichtabführung von Lohn- und USt im Zivilrechtsweg geltend machen. §§ 69, 34 und 191 gehen vor (LG Frankfurt, DStR 85, 674; OLG Frankfurt, StRK, KO § 82 Rz 3). Das gilt allerdings nur, soweit die §§ 69, 34 oder zivilrechtliche Vorschriften greifen, die eine Haftung für StForderungen

begründen. Die Verletzung spezifisch insolvenzrechtlicher Pflichten nach § 60 InsO kann hingegen nur im Zivilrechtsweg geltend gemacht werden (*Neeb* DStZ 89, 407; vgl auch *Frotscher* Besteuerung bei Insolvenz, 41).

Durch Haftungsbescheid ist auch der für den **Bausteuerabzug** nach § 48 EStG gem § 48 III 1 EStG Haftende in Anspruch zu nehmen, weil diese Vorschrift als Verweisung ua auf § 191 zu verstehen ist; die Frage, ob der Bausteuerabzug ein Steuereinbehalt iSd AO ist, kann also insofern dahin stehen (vgl *Ebling* DStZ 01, Beihefter zu Heft 51–52; aA *Diebold* DStZ 02, 252). **10**

Auch eine **Anfechtung** wegen Ansprüchen aus dem StSchuldverhältnis nach dem AnfG ist außerhalb des Insolvenzverfahrens durch Duldungsbescheid geltend zu machen. Strittig ist, ob ein Wahlrecht zwischen einer Klage nach §§ 11, 13 AnfG und dem Erlass eines Duldungsbescheids besteht (verneinend BVerwG NZI 17, 354; BGH ZIP 06, 1603; anders mit Recht BFH/NV 06, 701 und das steuerrechtl Schrifttum). § 191 enthält also insofern eine Spezialregelung zu § 13 AnfG, in dem die Verfolgung des Rückgewährsanspruchs durch Klage vorgesehen ist. Die FinBeh soll allerdings – nach zur früheren Fassung des § 191 I ergangenen Entscheidungen des BFH – statt einen Bescheid nach § 191 zu erlassen, ihr Anfechtungsrecht auch vor dem ordentlichen Gericht geltend machen können (BFH BStBl 83, 398; 84, 576; BFH/NV 87, 283; 00, 821, alle zur früheren Gesetzesfassung; aA für § 191 I 2 n. F. mit beachtlichen Gründen OLG Celle ZInsO 12, 2200 unter Hinweis auf BGH ZInsO 06, 870). **10a**

3. Voraussetzungen für den Erlass eines Haftungsbescheids. a) Bestehen einer StSchuld. Außer der Erfüllung der tatbestandlichen Voraussetzungen einer (öffentlich- oder zivilrechtlichen) Haftungsnorm ist Voraussetzung für die Haftungsinanspruchnahme, dass eine StSchuld (oder ein StSchuldverhältnis hinsichtlich einer steuerlichen Nebenforderung, für die gehaftet wird) im Zeitpunkt der letzten Verwaltungsentscheidung noch besteht (sog **Akzessorietät**). Deshalb kann ein Haftungsbescheid nicht mehr ergehen, sobald für die StSchuld Festsetzungs- oder Zahlungsverjährung (vgl BFH BStBl 00, 486) eingetreten ist (BFH BStBl 93, 407; 89, 315; 81, 138), s Abs 5 S 1. Verjährung der StSchuld (und damit Erlöschen derselben, § 47) *nach* Erlass des Haftungsbescheids ist jedoch ohne Bedeutung (BFH BStBl 93, 407; BFH/NV 96, 379; 07, 1067), ebenso Eintritt der Zahlungsverjährung hinsichtlich der Steuer (BFH BStBl 02, 267). Ein Haftungsbescheid kann ferner nicht mehr ergehen, wenn die StSchuld bereits getilgt ist (BFH BStBl 80, 58; 91, 939; BFH/NV 95, 281) oder dem StSchuldner (auch aus persönl Billigkeitsgründen) erlassen worden ist (Abs 5 S 1 Nr 2 und Rz 106; der StSchuldner wäre sonst dem Rückgriffsanspruch des Haftungsschuldners ausgesetzt). Wird die Steuer zwischen Erlass des Haftungsbescheids und Ergehen der Einspruchsentscheidung erlassen, so steht dies aber einer *Aufrechterhaltung* des Haftungsbescheids ebenso wie eine Tilgung der StSchuld in diesem Zeitraum (dazu näher Rz 16) entgegen. Dass dem StSchuldner seine Schuld möglicherweise später noch erlassen werden kann, steht dem Erlass eines Haftungsbescheids hingegen nicht entgegen. Ebensowenig, dass sie gestundet ist oder Stundung beantragt ist (BFH BStBl 13, 1543). Es ist auch kein Hindernis für eine Haftungsinanspruchnahme, wenn die Steuer aus Gründen des Vertrauensschutzes nicht mehr festgesetzt bzw eine unrichtige Festsetzung nicht mehr geändert werden kann, zB weil die Voraussetzungen des § 173 nicht vorliegen (*HHSp/Boeker* § 191 Rz 17). **11**

Die Umwandlung einer StSchuld in eine Naturobligation im Rahmen eines Schuldenbereinigungsplans (§ 305 f InsO) stellt indes keinen StErlass im vorgenannten Sinne dar (vgl BGH HFR 11, 1380) und hindert daher nicht eine Haftungsinanspruchnahme eines Vertreters des Schuldners (*BMF* BStBl I 02, 132; vgl *Bartone* AO-StB 05, 155); sie ist einem Erlass nicht gleichzustellen (BFH/NV 13, 1543). Erst recht nicht hindert die Haftungsinanspruchnahme der Ausfall der FinBeh im Insolvenzverfahren des StSchuldners. **11a**

11b Auch der Erlass des **USt-Jahresbescheids** vereitelt nicht die Haftungsinanspruchnahme wegen einer USt-Vorauszahlungsschuld, obwohl sich ein über Vorauszahlungen ergangener Bescheid bzw die Rechtswirkung der Anmeldung mit jenem erledigt (BFH BStBl 00, 486); das Fortbestehen der materiellen Vorauszahlungsschuld ist entscheidend, sodass einerlei ist, ob der Haftungsbescheid vor oder nach dem JahresUSt-Bescheid ergeht, sofern nach dessen Inhalt überhaupt noch eine StSchuld besteht (vgl auch FG Bbg EFG 99, 1114). Der Haftungsschuldner kann also für rückständige Vorauszahlungen in Anspruch genommen werden, auch wenn die Haftungsvoraussetzungen (nur) bzgl der Vorauszahlungen vorliegen. Die Höhe der Haftung bestimmt sich aber nach der im Jahresbescheid festgesetzten StSchuld (BFH/NV 14, 827).

12 Bei **StHinterziehung und StHehlerei** kann ein Haftungsbescheid auch dann ergehen, wenn eine StSchuld nicht (mehr) besteht, insbes verjährt oder erlassen ist (Abs 5 S 2; vgl BFH BStBl 81, 138; 87, 293; 89, 315; 93, 407).

13 **b) Verhältnis der Haftungsinanspruchnahme zur StFestsetzung.** *Keine* Voraussetzung für einen Haftungsbescheid ist, dass die **Steuer,** für die gehaftet wird, schon **festgesetzt** ist (BFH BStBl 95, 300, 817; BVerwG BStBl 97, 782; 87, 475; BFH/NV 96, 379; vgl auch BFH BStBl 11, 534 für die LSt) – Ausnahme: § 75 – oder gar dass sich die Höhe der primären StSchuld aus einem StBescheid ergibt, als ob dieser Grundlagenbescheid wäre (BVerwG BStBl 97, 782); das gilt auch bei der Haftungsinanspruchnahme für Hinterziehungszinsen im Hinblick auf die hinterzogenen StBeträge (BVerwG BStBl 97, 782). Der StSchuldner muss also nicht vor dem Haftungsschuldner in Anspruch werden (§ 219 S 2). Es ist sogar idR wegen der Schwere der Verfehlung ermessensfehlerhaft, wenn die FinBeh den StHinterzieher oder den StHehler bzw den Teilnehmer an einer solchen Straftat von einer Haftung verschont (BFH/NV 88, 692 mwN). Daraus ist zu folgern, dass die FinBeh spätestens bei Erlass des an den StSchuldner gerichteten StBescheids prüfen muss, ob zusätzlich Haftungsbescheide gegen den StHinterzieher oder StHehler erlassen werden müssen (FG Brem EFG 89, 608).

13a Umgekehrt hindert die (ggf bestandskräftige) Festsetzung den Haftungsschuldner nicht, **Einwendungen gegen das Bestehen der StSchuld** zu erheben, es sei denn, er hätte diese bereits aufgrund seiner Vertretungsmacht für den StSchuldner im StFestsetzungsverfahren geltend machen können, vgl § 166 (BFH BStBl 87, 419; 82, 226; 81, 138; das anderslautende Urteil BVerwG NJW 93, 2453 hat BVerfG DStR 97, 124 aufgehoben). Der Möglichkeit der Anfechtung nach § 166 entspricht im Insolvenzverfahren die Möglichkeit des Widerspruchs im Feststellungsverfahren. Im Haftungsverfahren sollen daher nach BFH/NV 17, 1217 und BFHE 259, 221 Einwendungen gegen formell bestandskräftig festgesetzte Steuern (angemeldete LSt) ausgeschlossen sein, wenn den **im Prüfungstermin angemeldeten** Forderungen des FA vom Geschäftsführer nicht widersprochen worden ist; das geht auch bei vorausgegangenem Einspruch (dagegen *Kahlert* EWiR 17, 556 mit dem überzeugenden Hinweis, dass ein Widerspruch allenfalls nach Abschluss des InsVerfahrens Bedeutung haben könnte; aA auch *BG*/Oellerich § 166 Rz 36; vgl auch FG Mchn EFG 16, 1931, Rev XI R 9/16 – gegen FG Köln EFG 17, 625, Rev I R 39/17); die Möglichkeit eines Schuldnerwiderspruchs im Prüfungstermin ist indes nicht eine der von § 166 gemeinten Anfechtungsmöglichkeit gleichwertige Rechtsschutzmöglichkeit (vgl § 178 I InsO) und könnte die Wiederaufrollung des Steuerfalls in einem Rechtsbehelfsverfahren überdies ohnehin nicht abwenden (§ 184 II InsO).

13b Eine zu niedrige StFestsetzung verhindert nicht die Inanspruchnahme des Haftungsschuldners in Höhe der wirklich entstandenen StSchuld (aA *Halaczinsky* Die Haftung im StRecht, 4. Aufl, Rz 608: nur wenn die StFestsetzung noch geändert werden kann). Das gilt auch dann, wenn § 166 eingreift; denn die unzutreffende StFestsetzung bringt die StSchuld, für die gehaftet wird, nicht zum Erlöschen.

Folglich kann es nicht richtig sein, dass eine Haftungsinanspruchnahme für eine Rückforderung zuunrecht geltend gemachter VorSt voraussetzt, dass die betr StAnmeldungen geändert worden sind (so aber BFH BStBl 14, 607); denn die Festsetzung einer Steuer wirkt keine Bestandskraft ggü dem Haftungsschuldner, der nicht wie ein Bürge für die StSchuld einstehen muss, sondern eine eigene Schuld in Höhe des *materiell-rechtl* ggü dem StSchuldner bestehenden StAnspruchs hat, für welche § 191 V zwar eine gewisse Akzessorität herstellt, diese dadurch aber auch begrenzt (vgl BFH VII B 36/04, nv). Deshalb ist die StFestsetzung ebenso wenig Voraussetzung der Haftungsinanspruchnahme (BFH BStBl 80, 486) wie eine verneinende Festsetzung – erst recht wenn diese noch geändert werden könnte – die Haftung für eine entstandene Steuer ausschließt.

Eine „Verständigung" im Strafverfahren soll nach abzulehnender Ansicht des FG MeVo (BeckRS 2017, 94118) den Geschäftsführer vor dem FG mit Einwendungen gegen die strafgerichtl Feststellungen ausschließen, weil dieser sonst gegen das Verbot des venire contra factum proprium verstoße. **13c**

Eine interne **vertragliche Haftungsbeschränkung,** zB im Rahmen eines Gesellschaftsvertrags, ist für die Haftungsinanspruchnahme kein Hindernis (BFH BStBl 90, 939; BVerwG BStBl 94, 140). **14**

Der StSchuldner kann grds nicht durch Haftungsbescheid in Anspruch genommen werden; denn ein StSchuldner kann für dieselbe Abgabe nicht Haftender sein (vgl BFH BStBl 88, 167). Der Geschäftsführer einer GmbH kann gleichwohl als Haftungsschuldner für von der GmbH nicht abgeführte LSt insoweit in Anspruch genommen werden, als die Steuer auf seinen eigenen Arbeitslohn entfällt (BFH BStBl 88, 167; BFH/NV 89, 150, 549). Auch der Gesellschafter-Geschäftsführer einer GmbH kann für von der GmbH nicht abgeführte KapESt als Haftungsschuldner in Anspruch genommen werden, soweit die Steuer auf seine eigenen Kapitaleinkünfte entfällt (BFH/NV 03, 1301). Dementsprechend kann bei Aufteilung der EStSchuld nach §§ 268 ff eine Haftungsinanspruchnahme des gem § 71 haftenden Ehegatten für die von ihm nicht mehr geschuldete Steuer vorgenommen werden (BFH BStBl 07, 594). **15**

c) Einfluss von Veränderungen der StSchuld auf den Haftungsbescheid. Erlischt die StSchuld nach Erlass des Haftungsbescheids, aber vor der Einspruchsentscheidung muss der Haftungsbescheid nach § 130 oder in der Einspruchentscheidung aufgehoben bzw geändert werden (BFH BStBl 80, 58; 81, 138; 91, 939); das gilt nicht, wenn der StSchuldner in einem Insolvenzplan freigestellt wird (BFH/NV 13, 1543) oder nach Erlass des Haftungsbescheids die StSchuld verjährt (BFH BStBl 02, 267). Der Haftungsbescheid erledigt sich aber nicht etwa von selbst (BFH BStBl 83, 544). Im Klageverfahren gilt § 68 FGO (BFH BStBl 97, 79; einschränkend jetzt *Nacke* AO-StB 07, 106 wegen des Verlusts einer verwaltungsinternen Überprüfung der Ermessenserwägungen). Zahlungen, die zur Tilgung der StSchuld geführt haben, muss das FA im Einspruchsverfahren aber dann nicht berücksichtigen, wenn derjenige, der gezahlt hat, den gegen ihn ergangenen Bescheid ebenfalls angefochten hat und das Rechtsmittelverfahren noch nicht beendet ist (BFH BStBl 81, 138; BFH/NV 08, 526). Zur Reihenfolge der Tilgung bei Zahlungen gesamtschuldnerisch auf LSt Haftender vgl BFH/NV 96, 285. **16**

Erhöht sich während des Rechtsbehelfsverfahrens die StSchuld, für welche der Haftungsschuldner in Anspruch genommen worden ist, ist eine Verböserung des Haftungsbescheids im Einspruchsverfahren ratsam; nach dessen Abschluss hilft nur § 131 II, wenn man in dem Haftungsbescheid eine abschließende Regelung des Haftungsfalles sieht (siehe dazu § 130 Rz 37 f und unten Rz 110). Andere selbständige StSchulden können hingegen zweifellos durch neuen Haftungsbescheid geltend gemacht werden. **17**

Nach Abschluss des Verwaltungsverfahrens geleistete Zahlungen auf die StSchuld oder Zahlungen anderer Haftungsschuldner nach Erlass der Einspruchs- **18**

entscheidung haben keinen Einfluss auf die *Rechtmäßigkeit* des Haftungsbescheids und können folglich im Klageverfahren gegen ihn nicht geltend gemacht werden (BFH BStBl 98, 131; 81, 138; 80, 103; BFH/NV 05, 1748); denn eine rechtmäßige Ermessensentscheidung wird nicht dadurch rechtswidrig, dass die Voraussetzungen für ihren Erlass nachträglich entfallen (s aber Rz 18). Zahlungen eines anderen Haftungsschuldners oder des StSchuldners mindern aber die StSchuld, sodass ein Widerruf des Haftungsbescheids nach § 131 II Nr 3 in Betracht kommt, und zwar sogar nach Ablauf der Festsetzungsfrist, die nur für den *Erlass* eines Haftungsbescheids gilt (BFH BStBl 98, 131). Da Haftungsschuldner und StSchuldner Gesamtschuldner sind (so schon BFH BStBl 72, 364 aufgrund des § 7 I StAnpG; siehe jetzt § 44 I 1, BFH BStBl 91, 939), wirken Zahlungen des StSchuldners ebenso wie anderer Haftungsschuldner als Erfüllung der festgesetzten Haftungsschuld, was im Abrechnungsverfahren nach § 218 II geltend gemacht werden kann (vgl BVerwG NJW 89, 1873; *HHSp/Boeker* § 191 Rz 111; *Schwarz/Dumke* § 191 Rz 12); deshalb besteht idR kein Widerrufsanspruch (Ermessensreduktion) und auch kein hinreichender Ermessensanlass zum Widerruf (unsicher BFH BStBl 98, 131). Hingegen ist ein Widerrufsanspruch idR anzunehmen bei Erlass der Steuer, bei Änderung des StBescheids oder wiedergewonnener Zahlungsfähigkeit des StSchuldners. Bei gerichtl Aufhebung des StBescheids ist eine Ermessensentscheidung zu treffen; ein Rechtsanspruch auf Aufhebung des Haftungsbescheids wegen Fehlerhaftigkeit der StFestsetzung besteht dann nicht, erst recht nicht wenn der Haftungsschuldner bei der Anfechtung des Haftungsbescheids mit Einwänden gegen die StFestsetzung nicht durchgedrungen war (vgl BFH BStBl 98, 131).

19 Im Klageverfahren gegen den Haftungsbescheid kann das FG also nach Erlass der Einspruchsentscheidung eingetretene Tatsachen grds nicht berücksichtigen, selbst wenn ihretwegen die Haftungsvoraussetzungen weggefallen sind (BVerwG NJW 89, 1873; anders noch BFH BStBl 83, 544). Jedoch soll eine nachträgliche Änderung der Festsetzung der StSchuld nach BFH BStBl 98, 131 vom FG zu berücksichtigen sein, weil sich ihretwegen die festgesetzte Haftungsschuld rückwirkend von Beginn an als unrichtig erweise (zweifelh, weil der Änderungsbescheid nicht auf den Zeitpunkt des Erlasses des StBescheids zurückwirkt).

21 **4. Voraussetzungen für den Erlass eines Duldungsbescheids.** Wer kraft Gesetzes verpflichtet ist, eine Vollstreckung zu dulden, ergibt sich in erster Linie aus dem Zivilrecht, zB §§ 25, 128 HGB, und insbes dem AnfG, während steuergesetzliche Duldungspflichten selten sind (vgl jedoch §§ 34, 35; § 77 Rz 2). Wer nach dem AnfG verpflichtet ist, die Vollstreckung zu dulden, wird nach dem Ermessen der FinBeh durch Duldungsbescheid in Anspruch genommen (so schon BFH BStBl 83, 545; 88, 313; 95, 225). Diese Privilegierung der FinBeh ggü privaten Gläubigern ist verfassungsrechtl unbedenklich (vgl BVerfG BB 91, 1322; BVerwG JZ 90, 969). Zur Frage, ob die Finbeh ein Wahlrecht hat, stattdessen vor dem ordentlichen Gericht Klage zu erheben, siehe Rz 10a. Der Duldungsverpflichtete kann vor dem ordentlichen Gericht negative Feststellungsklage gegen die FinBeh erheben, wenn diese sich eines Anfechtungsrechts berühmt (vgl BGHZ 112, 363). Das steht indes dem Erlass eines Bescheids nach § 191 nicht entgegen (BFH/NV 00, 821; 02, 757).

22 Die Verpflichtung des Anfechtungsgegners zur Duldung der Zwangsvollstreckung aufgrund des § 11 AnfG ergibt sich unmittelbar aus dem gesetzlichen Schuldverhältnis, auf dem der Rückgewähranspruch beruht (BFH BStBl 83, 398). Der Anfechtungsgegner muss sich vom Gläubiger so behandeln lassen, als gehöre der Gegenstand noch zum Vermögen des Schuldners (BFH BStBl 79, 756). Dem Anspruch des Gläubigers auf Rückgewähr steht die Pflicht des Anfechtungsgegners ggü, die Zwangsvollstreckung zu dulden (vgl BGH NJW 61, 1463). Der Duldungspflichtige kann freilich stattdessen freiwillig den StAnspruch erfüllen, um Vollstreckungsmaßnahmen aufgrund des Duldungsbescheids abzuwenden (BFH BStBl 01, 329).

Bei den **Anfechtungsgründen** ist insbes zwischen der sog Absichtsanfechtung nach § 3 I AnfG, für die Satz 2 Beweiserleichterungen hinsichtlich des subjektiven Tatbestandes gewährt (dazu BFH/NV 17, 763), der Anfechtung eines entgeltlichen Vertrags mit einer nahestehenden Person (§ 3 II AnfG; Gläubigerbenachteiligungsvorsatz des Schuldners sowie die Kenntnis des Anfechtungsgegners davon werden vermutet) und der sog Schenkungsanfechtung (§ 4 AnfG) zu unterscheiden. Die Bestellung dinglicher Rechte (zB eines Wohnrechts und eines Nießbrauchs) am eigenen Grundstück ist nach § 3 I AnfG anfechtbar (BFH BStBl 11, 327; kritisch *Naujok* ZflR 10, 594), auch wenn durch sie zunächst nichts weg- oder aufgegeben wird (wie es aber § 11 I 1 AnfG zu verlangen scheint). Eine Gläubigerbenachteiligung (§ 1 AnfG; dazu instruktiv FG Bre 2 K 89/17 (1), NZB VII B 26/18) liegt indes schon in der Bestellung solcher dinglicher Rechte, unabhängig von einer sich daran anschließenden Übertragung des Grundeigentums; denn Teilrechte verschlechtern im Fall einer Zwangsvollstreckung die Zugriffslage (BFH BStBl 11, 327). Bei der Schenkung eines Grundstücks, welches mit einem Grundpfandrecht belastet ist, erwirbt der Beschenkte den Grundbesitz von vornherein nur mit dinglicher Belastung, sodass eine objektive Gläubigerbenachteiligung iSd Nr 2 dann nicht vorliegt, wenn die anfechtbare Rechtshandlung ein über seinen Wert belastetes Grundstück betrifft (BFH BStBl 81, 751). Durch die Zahlung des laufenden arbeitsvertraglich geschuldeten Lohns gegen gleichzeitiges Erbringen der Arbeitsleistung tritt ebenfalls keine Gläubigerbenachteiligung ein, ebenso wenig durch Abführen der wegen des Lohns geschuldeten Abgaben (BFH/NV 99, 745). Jedenfalls wären insoweit die subjektiven Voraussetzungen der Nr 1 regelmäßig nicht erfüllt (BFH/NV 99, 745). Wenn ein Ehegatte von dem anderen Ehegatten einen Vermögensgegenstand anfechtbar durch unentgeltliche Verfügung erworben hat, können die Eheleute aber nicht durch eine *nachträgliche* Vereinbarung die unentgeltliche Zuwendung in eine entgeltliche Verfügung umwandeln (BFH BStBl 88, 313). 23

Eine Duldungsinanspruchnahme aufgrund einer anfechtbaren Schenkung soll – ungeachtet der Fristen des AnfG – nach BFH BStBl 02, 214 auch dann – und zwar in Gestalt der Fortsetzung der bereits begonnenen Vollstreckung *ohne* Erlass eines Duldungsbescheids – möglich sein, wenn der Inanspruchgenommene zunächst Gesamtschuldner war und insoweit gegen ihn ein Bescheid nach § 278 II ergangen ist (Fall des Übergangs von der Zusammenveranlagung zur getrennten Veranlagung nach Einleitung der Vollstreckung gegen den Duldungspflichtigen; kritisch hierzu *Rüsken* KFR 02, 250). 24

Anders als der Haftungsbescheid setzt ein Duldungsbescheid voraus, dass der zu vollstreckende **StAnspruch** festgesetzt, fällig und nach § 251 **vollstreckbar** ist (BVerwG BStBl 87, 475). Im Gegensatz dazu kann ein Haftungsbescheid ergehen, ohne dass zuvor ein StBescheid erlassen worden ist, Rz 13. Ist der StBescheid noch nicht bestandskräftig, ist § 14 AnfG zu beachten. Ebenso ist bei vorläufigen und Vorbehaltsbescheiden sowie bei einem Vorauszahlungsbescheid (FG BaWü EFG 88, 97) § 14 AnfG einschlägig, sodass eine entsprechende Klausel in den Duldungsbescheid aufgenommen werden muss (vgl BGHZ 66, 91). Fehlt diese, ist der Bescheid rechtswidrig. Die Klausel kann nicht vom FG beigefügt werden, wohl aber ggf vom ordentl Gericht im Klageverfahren (FG Köln EFG 17, 1925, Rev VII R 44/17). 25

Ein Duldungsbescheid kann (ebenso wie ein Haftungsbescheid, Rz 11b) wegen einer USt-Vorauszahlung auch noch ergehen, nachdem der USt-Jahresbescheid ergangen ist (aA *Nacke* Die Haftung für Steuerschulden, Rz 465). 25a

Der aus einer **Auflassungsvormerkung** Berechtigte kann durch Duldungsbescheid nur darauf in Anspruch genommen werden, bei einer Zwangsvollstreckung in das Grundstück von seiner Vormerkung keinen Gebrauch zu machen; diese besondere Zielrichtung muss in dem Bescheid deutlich zum Ausdruck kommen, anderenfalls er rechtswidrig ist (BFH BStBl 97, 17). 26

Durch Duldungsbescheid kann als Rückgewähr nach § 11 I AnfG auch **Wertersatz** gefordert werden (BFH BStBl 85, 31). Der Wertersatz ist als Modalität der 27

Rückgewähr anzusehen, die nicht von besonderen Anfechtungsvoraussetzungen abhängig ist. Zu den Grenzen des Anspruchs in dem Sonderfall der Zuwendung an ein geschäftsunfähiges Kind BFH BStBl 04, 923.

28 Der Erlass eines Duldungsbescheids erfordert eine **Ermessensentscheidung** darüber, *ob* ein Duldungspflichtiger in Anspruch genommen werden soll und ggf *wer* von mehreren dafür in Betracht Kommenden. Eine Inanspruchnahme eines Duldungspflichtigen kommt dabei grds nur in Betracht, wenn die Durchsetzung der Forderung bei dem StSchuldner ohne Erfolg geblieben oder anzunehmen ist, dass sie aussichtslos sein wäre (vgl Nds OVG KStZ 09, 214). Diesbzgl Vollstreckungsmöglichkeiten müssen aber nicht ausgeschöpft werden, die Inanspruchnahme des Duldungspflichtigen ist also nicht streng subsidiär (vgl Hess VGH KStZ 10, 77; OVG Saarl NJW 08, 250; offen BVerwGE 77, 38).

29 Der Grundsatz, dass sich der Anfechtungsgegner mit **Einwendungen gegen die StFestsetzung** verteidigen kann, wird durch § 2 AnfG eingeschränkt. Danach genügt für die Anfechtung ein vollstreckbarer Schuldtitel, ohne dass auf die Rechtmäßigkeit des Titels zurückgegriffen werden muss (vgl *App* DStZ 02, 279). Wird gegen den StSchuldner ein Insolvenzverfahren eröffnet, so kann nur der Insolvenzverwalter einen wegen des Duldungsbescheids des FA anhängigen Rechtsstreit, der zunächst unterbrochen wird (§ 17 AnfG), fortführen; er kann vom FA nicht vor Ende des Verfahrens aufgenommen werden, auch wenn der Verwalter den Rückgewähranspruch des StSchuldners „freigibt" (BFH BStBl 95, 225).

30 **5. Ermessensentscheidung bei der Haftungsinanspruchnahme. a) Allgemeines.** Die Entscheidung über die Inanspruchnahme eines Haftungsschuldners ist zweigliedrig (BFH BStBl 78, 508; BFH/NV 89, 274; 97, 386). Das FA muss zunächst – wie bei jeder Ermessensvorschrift – prüfen, ob die tatbestandlichen Voraussetzungen einer Haftungsvorschrift vorliegen. Dies ist eine im vollen Umfang überprüfbare Rechtsentscheidung; gerichtlich voll überprüfbare Rechtsentscheidung ist ferner, ob der Ermessensfreiheit der FinBeh gem § 5 Grenzen gesetzt waren, die sie nicht überschreiten durfte. Solche Grenzen ergeben sich insbes aus den Grundsätzen der Verhältnismäßigkeit, des Vertrauensschutzes und von Treu und Glauben, die aus dem Rechtsstaatsprinzip folgen, dem Gleichheitssatz (Selbstbindung des FA) und dem Sozialstaatsprinzip.

31 Liegen die Haftungsvoraussetzungen vor, ist unter Abwägung des Für und Wider (BFH BStBl 81, 493; 88, 170; BFH/NV 93, 215), die am Zweck der Haftungsvorschrift zu orientieren ist, nach Ermessen zu entscheiden, ob der Haftende in Anspruch genommen werden soll. Bei dieser Entscheidung lassen sich ggf wiederum zwei Stufen unterscheiden, nämlich die Ausübung des Entschließungsermessens (Entscheidung darüber, ob der Haftende überhaupt nach den bei der Ermessensausübung zu berücksichtigenden Umständen in Anspruch genommen werden soll) und des Auswahlermessens (Auswahl als Haftungsschuldner bei mehreren Haftenden). Die Rechtmäßigkeit der insoweit zu treffenden Ermessensentscheidung(en) setzt voraus, dass das FA von einem zutreffenden Sachverhalt ausgeht und alles berücksichtigt, was nach Lage der Dinge für eine am Normzweck orientierte Ermessensentscheidung Bedeutung haben kann (mag sie ihm auch iErg doch keine ausschlaggebende Bedeutung beimessen wollen; vgl BFH BStBl 85, 489; BFH/NV 97, 386; 87, 462). Dazu gehören auch die Billigkeitsgesichtspunkte, die bei der StFestsetzung gem § 163 gesondert zu berücksichtigen wären (anders offenbar BFH BStBl 65, 495); bei der Haftungsinanspruchnahme gibt es also kein eigenständiges Billigkeitsverfahren mit einem entspr Grundlagenbescheid (vgl Rz 48). Ermittlungsdefizite hinsichtlich der tatbestandlichen Voraussetzungen können die Ermessensausübung fehlerhaft machen, wenn die betr Tatsachen (auch) für die Ermessensausübung Bedeutung haben (BFH/NV 97, 386). Das kann zB bei der Verschuldensart der Fall sein (vgl BFH BStBl 78, 508). Vgl zum Grundsätzlichen die Erläut zu § 5.

Je nach dem, wie weit der Ermessensspielraum der FinBeh danach ist, bedarf die Entscheidung einer mehr oder weniger eingehenden Begründung (BFH BStBl 78, 508); aber keine Darlegungspflicht, wenn die Erwägungen des FA dem Inanspruchgenommenen ohnehin bekannt oder erkennbar sind (BFH BStBl 86, 178; BFH/NV 93, 215) oder der Ermessensspielraum nach Lage des Einzelfalls auf Null reduziert oder die Entscheidung jedenfalls vorgeprägt ist. Muss ein gegen den StSchuldner zu richtender Nachforderungsbescheid im Ausland vollstreckt werden, so rechtfertigt dieser Umstand zB die Inanspruchnahme eines inl Haftungsschuldners, ohne dass dies einer weiteren Begründung bedarf (BFH BStBl 87, 171; 89, 99; 97, 306; BFH/NV 01, 448). Das Gleiche gilt, wenn der FinBeh die Person des StSchuldners unbekannt ist (BFH BStBl 97, 306 für den StAbzug nach § 50a IV EStG). 32

b) „Ob" der Inanspruchnahme (Entschließungsermessen). Bei der Entscheidung darüber, *ob* überhaupt ein ausstehender StAnspruch durch Geltendmachung von Haftungsansprüchen realisiert werden soll (Entschließungsermessen), ist die Aufgabe des FA entscheidend, StAusfälle zu verhindern; bei Uneinbringlichkeit der Steuer durch StBescheid muss daher die Haftungsinanspruchnahme die Regel sein (BFH BStBl 88, 176; BFH/NV 91, 283; 87, 349). Das gilt auch bei beschränkter StPflicht und ausl Aufenthalt (BFH BStBl 87, 171; 89, 99; 93, 407). Der Haftungsanspruch ist aber ggü **dem StAnspruch subsidiär;** wenn feststeht, dass der StSchuldner zur Zahlung in der Lage und ohne Weiteres erreichbar ist, muss dieser in Anspruch genommen werden (BFH BStBl 86, 158; BFH/NV 15, 161; 89, 681; anders bei unbekanntem oder ausl Aufenthaltsort des StSchuldners ohne gesicherte Vollstreckungsmöglichkeit, BFH BStBl 97, 306). Die Inanspruchnahme des StSchuldners ist also grds vorrangig (BFH BStBl 10, 215; 95, 300, zugleich zu einem Sonderfall nach GrEStG NRW); das muss insbes beachtet werden, wenn der Haftende für die Begründung der StSchuld keine Verantwortung trägt, wie es zB bei der Organhaftung für von der Mutter begründete Steuern der Fall ist. 35

§ 167 I 1 begründet jedoch ggf ein Wahlrecht für die FinBeh, den Haftungsschuldner durch Haftungsbescheid oder durch StBescheid in Anspruch zu nehmen, wenn dieser seine StAnmeldepflicht nicht erfüllt hat; wird er durch Nacherhebungsbescheid in Anspruch genommen, sind keine besonderen Ermessenserwägungen erforderlich (BFH/NV 09, 1237). 35a

Könnte der StSchuldner seine StSchuld, für die gehaftet wird, durch Aufrechnung mit anderweitig entstandenen Ansprüchen gegen die FinBeh tilgen, mindert das selbstredend nicht ipso iure die Haftungsschuld; es ist aber bei der Ermessensausübung hinsichtlich der Höhe der Inanspruchnahme des Haftungsschuldners zu berücksichtigen (anders offenbar BFH BStBl 83, 592; offen BFH/NV 10, 393). Hat die FinBeh die Möglichkeit, die StSchuld mit Ansprüchen des StSchuldners zu verrechnen, wird es der Grundsatz der Subsidiarität der Haftung idR gebieten, hiervon statt einer Haftungsinanspruchnahme Gebrauch zu machen, und wenn voraussehbar **Aufrechnungsmöglichkeiten** entstehen, abzuwarten (vgl FG Köln EFG 01, 54; *TK/Loose* § 69 Rz 14: die Zahlung des Haftungsschuldners würde sonst die Aufrechnungslage nicht entstehen lassen). Die bestrittene und zweifelhafte Möglichkeit, die Forderung noch durch Aufrechnung ggü dem StSchuldner realisieren zu können, steht aber der Haftungsinanspruchnahme nicht schlechthin entgegen, erst recht nicht deren Anmeldung im Insolvenzverfahren des StSchuldners und die Möglichkeit einer dortigen Befriedigung; die Haftungsschuld ist vielmehr ggf zu stunden, bis die Aufrechnungsfrage geklärt ist (BFH BStBl 83, 592). 35b

Kann USt wegen einer späteren Änderung der Bemessungsgrundlage oder Uneinbringlichkeit des vereinbarten Entgelts berichtigt werden (vgl **§ 17 UStG**), ist auch dies zugunsten des Haftungsschuldners zu berücksichtigen (BFH BStBl 81, 627; festhaltend wohl auch BFH/NV 10, 393). Das FG Saarl hat ferner verlangt zu berücksichtigen, dass die Haftungsschuld alsbald von einer Restschuldbefreiung (§ 286 ff InsO) erfasst wird (FG Saarl EFG 17, 974, zweifelh, Rev VII R 2/17). 36

37 Bei der Entscheidung darüber, *ob* ein bestimmter Haftender in Anspruch genommen werden soll, sind hingegen die folgenden Aspekte grds *kein* Kriterium:

37a – die **Höhe des Haftungsanspruchs** (BFH/NV 96, 2) – sie steht grds nicht zur Disposition der FinBeh und betrifft im Allgemeinen ausschließlich die tatbestandlichen Voraussetzungen der Haftungsinanspruchnahme (vgl BFH/NV 97, 386) – sowie die Größenordnung der Haftungsschuld im Vergleich zu den **finanziellen Möglichkeiten** des potentiellen Haftungsschuldners (BFH BStBl 04, 919; BFH/NV 95, 941, 96, 589: auch kein Gesichtspunkt bei Ausübung des Auswahlermessens; BFH ZfZ 02, 55);

37b – ein bestimmtes (Mindest-)**Maß seines Verschuldens** (BFH BStBl 78, 508; 80, 58; BFHE 138, 157 = HFR 83, 397); denn die Haftungsinanspruchnahme ist keine verschuldensproportionale Sanktion für die Verletzung steuerrechtlicher Pflichten, sondern beruht allein darauf, dass ein StAusfall schuldhaft verursacht worden und der Allgemeinheit Schaden entstanden ist (BFH BStBl 89, 979; BFH/NV 90, 348). Auch bei einem außergewöhnlich hohen Haftungsanspruch braucht die FinBeh im Rahmen ihrer Ermessensentscheidung regelmäßig keine Erwägungen darüber anzustellen, ob dessen Höhe dem Grad des Verschuldens entspricht (BFH BStBl 89, 979). Bei der Auswahl zwischen mehreren Haftenden kann hingegen das Verschuldensmaß erheblich sein, vgl unten. Geringes Alter eines Geschäftsführers, seine mangelnde Vorbildung und Eignung für die Geschäftsführertätigkeit und die Tatsache, dass er von einem anderen für dieses Amt bewusst missbraucht worden ist, können aber *ausnahmsweise* bei der Ermessensentscheidung von Bedeutung sein und müssen deshalb von der FinBeh erwogen und in der Entscheidungsbegründung deutlich werden (BFH/NV 87, 459);

38 – Fehlen oder Ausmaß der durch die haftungsbegründende StHinterziehung(steilnahme) erlangten **Vorteile** (BFHE 138, 157 = HFR 83, 397; BFH BStBl 73, 573);

39 – dass hinterzogene EUSt von einem Dritten als **Vorsteuer** hätte abgezogen werden können (BFH BStBl 85, 688; mit Recht zweifelnd *Koenig/Intemann* § 71 Rz 22 und hier § 69 Rz 13); hingegen hat BFH BStBl 89, 118 es als ermessensrelevant angesehen, in welcher Höhe Steuern bei steuerlich ordnungsgemäßem Verhalten entstanden wären (Verwendung einer Ware, für die Steuer hinterzogen worden ist, zu einem begünstigten Zweck; vgl auch BFH/NV 91, 504).

40 – dass der Haftende keine Aussicht auf einen **Regress** beim StSchuldner hat (BFH BStBl 89, 491); die Haftung wäre sonst weitgehend funktionslos.

43 Die **Ermessensentscheidung ist vorgeprägt** bei besonders schwerer Schuld des Haftenden, insbes beim Erlass eines Haftungsbescheids gegen den StHinterzieher (BFH BStBl 78, 508; 85, 688; 89, 219; 04, 919; 09, 478; 91, 504 für Beihilfe, dazu auch BFH BStBl 04, 919; HFR 05, 293) oder StHehler. Auf die Heranziehung eines vorsätzlich an einer StStraftat Beteiligten kann grds nicht verzichtet werden (BFH/NV 07, 1822). Haben sich mehrere Gesamtschuldner einer vorsätzlichen Steuerstraftat schuldig gemacht, stehen diese bei der Ausübung des Auswahlermessens grds gleichrangig nebeneinander. Der haftende StStraftäter kann nicht beanspruchen, dass *statt seiner* ein gleichrangig haftender Mittäter in Anspruch genommen wird (BFHE 204, 380; BFH/NV 07, 1822), selbst wenn die Haftungsschuld bei den übrigen Mittätern ebenso schnell und einfach realisiert werden kann. Eine Inanspruchnahme ist auch sonst bei vorsätzlichem Verhalten des Haftungsschuldners regelmäßig ermessensgerecht (BFH BStBl 89, 219; BFH/NV 99, 902; 91, 641; 86, 508, 518). Auch die Höhe der Haftungsinanspruchnahme bedarf in diesen Fällen regelmäßig keiner Ermessenserwägungen (BFH/NV 91, 504). Von einer Vorprägung der Ermessensentscheidung kann aber nur dann ausgegangen werden, wenn das FA tatsächlich ein schweres Verschulden (Vorsatz oder *besonders* grobe Fahrlässigkeit) des Haftungsschuldners festgestellt hat (BFH/NV 91, 641; 98, 4). Anderenfalls bedarf es einer Darlegung der Ermessenserwägungen (BFH/NV 87, 349, 361; BFH BStBl 88, 170). Bei schlichter grober Fahrlässigkeit liegt keine Reduzierung des Ermessensspielraums vor (Vorprägung), weil diese

überhaupt erst die Mindestschuldform für die Begründung von Haftung darstellt (BFH BStBl 89, 219; BFH BStBl 78, 508 ist überholt).

Die Ermessensentscheidung ist ferner vorgeprägt, wenn eine **anderweitige Realisierung des StAnspruchs nicht möglich** ist; eine besondere Ermessensabwägung ist daher in diesem Fall nicht erforderlich. 44

Der Haftungsschuldner trägt grds das Risiko, dass die StForderung beim StSchuldner nicht beigetrieben werden kann (BFH BStBl 80, 126). Eine Inanspruchnahme des Haftenden ist folglich nur dann nicht ermessensgerecht, wenn die Beitreibung der Steuer infolge vorsätzlicher oder besonders grober Pflichtverletzung seitens der FinBeh fehlgeschlagen ist (BFH/NV 94, 357; anders noch BFH BStBl 73, 573, wonach bei Vermögensverfall des StSchuldners das FA den StSchuldner rechtzeitig in Anspruch nehmen müsse).

Das Fehlverhalten der FinBeh muss ein so erhebliches Ausmaß haben, dass demgegenüber das Verschulden des Haftungsschuldners nicht entscheidend ins Gewicht fällt (BFH/NV 06, 232). Lediglich wenn der FinBeh ihrerseits wenigstens grobe Fahrlässigkeit zur Last fällt, kann die volle Inanspruchnahme des Haftungsschuldners ermessensfehlerhaft sein (FG Saarl EFG 90, 142; *Bley* DStR 90, 25), sofern das Verschulden des Stpfl nur gering ist (BFH/NV 98, 4; 91, 290; 86, 518). Allenfalls ganz ausnahmsweise kann folglich der Inanspruchnahme entgegenstehen, dass die FinBeh nicht mit ausreichendem Nachdruck und nicht ohne pflichtwidrige Verzögerung die Verwirklichung des Anspruchs gegen den persönl Abgabenschuldner betrieben hat. Relevantes Mitverschulden der FinBeh ist nicht schon dann gegeben, wenn sie fehlerhaft oder über längere Zeit überhaupt nicht vollstreckt hat (BFH/NV 91, 290; FG Nds EFG 91, 579; vgl aber auch BFH/NV 94, 357); wenn sie von Überwachungsmaßnahmen keinen Gebrauch gemacht hat (BFH BStBl 78, 683; BFH/NV 99, 902; 96, 589; 89, 757, 150; 87, 227); oder wenn sie aufgrund einer Verkennung der Möglichkeit, ein Guthaben des Stpfl mit USt-Forderungen aufzurechnen, diese Möglichkeit nicht genutzt hat (vgl BFH/NV 16, 177). Denn die FinBeh hat insoweit ggü dem Haftungsschuldner keine Pflichten, die sie verletzt haben könnte (kritisch *Bley* DStR 90, 25 im Hinblick auf die zivilrechtliche Auslegung des § 254 BGB, wonach Obliegenheitsverletzung gegen sich selbst für Mitverschulden genügt; vgl aber Rz 45). Denn es kann nicht allgemein davon ausgegangen werden, dass das FA ggü dem Haftungsschuldner die Amtspflicht hat, für die rechtzeitige Zahlung, Beitreibung oder Sicherstellung der StSchuld durch den StSchuldner zu sorgen (aA noch BFH BStBl 76, 579). Zur Berücksichtigung von Mitverschulden in einem Sonderfall des Angebots einer „Verrechnung" der StForderung mit einem noch nicht fälligen Erstattungsanspruch vgl FG Saarl EFG 94, 329, zu einer fehlerhaften Umbuchung FG Mster EFG 96, 82. Kein Mitverschulden des FA trotz verspäteter Geltendmachung einer gepfändeten Drittschuldnerforderung (FG Saarl EFG 95, 355). 44a

Vorsätzliche Pflichtverletzung des Haftungsschuldners schließt die Berücksichtigung eines etwaigen Mitverschuldens des FA grds von vornherein aus (BFH/NV 99, 902; 02, 310; 06, 232; HFR 05, 293). 44b

Der Haftungsanspruch ist auch bei eigenem Verschulden der FinBeh am Ausbleiben der StZahlung *nicht* in entspr Anwendung des § 254 BGB (gleichsam tatbestandlich) gemindert. Eine Berücksichtigung eigenen Verschuldens der FinBeh soll vielmehr stets nur im Rahmen der Ermessensentscheidung zulässig sein (BFH BStBl 83, 135, 592; BFH/NV 02, 310; 98, 4; FG Mster EFG 95, 782). Diese Rspr passt freilich nicht zu dem von ihr betonten Schadensersatzcharakter der Haftung, den der BFH jedoch jetzt auch bei der (Nicht-)Berücksichtigung sog hypothetischer Reserveursachen missachtet (dazu § 69 Rz 72b). 45

Verschulden der FinBeh in Gestalt nicht rechtzeitiger, nicht zweckmäßiger oder sonst erfolgloser Verfolgung des StSchulders steht der Haftungsinanspruchnahme auch nicht in den Haftungsfällen entgegen, bei denen ein Verschulden des Haftenden nicht vorliegt bzw vorausgesetzt ist, sondern zB der Rechtsnachfolgegedanke 45a tragend ist wie bei § 75. Nur erhebliche Nachlässigkeit der FinBeh kann in diesem Falle eine Haftungsinanspruchnahme *ausnahmsweise* ausschließen (BFH BStBl 83, 135: unterlassene StFestsetzung trotz ausdrücklicher Bitte des später in Anspruch Genommenen um umgehende Abwicklung wegen der wirtschaftlichen Krisenlage des StSchuldners). Das gilt ebenfalls für die Gesellschafterhaftung nach bürgerlichem Recht (BFH/NV 00, 1442).

46 Wenn die Verfahrensvorschriften der AO eine Korrektur früherer Rechtsirrtümer zulässt, kann es idR auch nicht gegen pflichtgemäßes Ermessen verstoßen, wenn die FinBeh die daraus resultierenden **StNachforderungen** im Haftungswege geltend macht (BFH BStBl 93, 407).

48 Besteht bei der StSchuld eine **Erlasslage** wegen sachlicher Unbilligkeit, ist dies – unbeschadet des § 191 V Nr 2 – ein für die Haftungsinanspruchnahme wesentlicher Entscheidungsgesichtspunkt (BFH BStBl 90, 284). Bei der Haftungsinanspruchnahme für Sz, die einen Zeitraum betreffen, in dem der StSchuldner zahlungsunfähig war, sind deshalb ebenfalls die Billigkeitsgesichtspunkte zu berücksichtigen, die bei der Erhebung der Sz zu einem Billigkeitserlass führen müssten (BFH BStBl 02, 610; 01, 217).

49 Eine Haftungsinanspruchnahme ist auch in den Fällen der §§ 74, 75 zulässig, selbst wenn die Haftungsgegenstände unpfändbar sind (kein Ermessensgesichtspunkt (BFH/NV 13, 1905).

51 **c) Insbesondere: Lohnsteuerhaftung.** Auch die Haftung des ArbG nach § 42d EStG hat Schadensersatz- und keinen Strafcharakter. Dementsprechend darf eine Haftungsinanspruchnahme nur für die gesetzlich entstandene LSt erfolgen. Eine Haftung scheidet aus, wenn feststeht, dass eine Einkommensteuerschuld des ArbN nicht oder nicht in Höhe des gebotenen Lohnsteuerabzugs entstanden ist. Eine vorherige StFestsetzung ist aber nicht erforderlich (FG Mster EFG 2016, 261). Ein Haftungsbescheid darf jedoch nach § 191 V ferner nicht ergehen, wenn die Steuer gegen den StSchuldner nicht festgesetzt worden ist und wegen Ablaufs der Festsetzungsfrist auch nicht mehr festgesetzt werden kann (dazu instruktiv BFH/NV 16, 994).

51a Der ArbG haftet verschuldensunabhängig für die Einbehaltung und Abführung der LSt. Er muss grds vorrangig für einbehaltene, aber nicht abgeführte LSt in Anspruch genommen werden (BFH BStBl 92, 43; 89, 219; BFH/NV 86, 266), wobei es in diesen Fällen häufig ohnehin an einer StSchuld des ArbN (bzw nach abw Meinung einer Haftungsschuld des ArbN, vgl zB *Völlmeke* DB 94, 1746) fehlen wird (vgl § 42d III 4 EStG und dazu BFH BStBl 86, 186; vgl auch BFH BStBl 93, 182), hingegen in diesem Fall auf Seiten des ArbG idR eine vorsätzliche StVerkürzung vorliegen wird. Die Haftungsinanspruchnahme des ArbG ist insbes grds ermessensgerecht, wenn sie der Vereinfachung dient, weil sonst eine Vielzahl kleinerer LSt-Beträge aufgrund eines im Wesentlichen gleichliegenden Tatbestandes nach zu erheben ist (BFH BStBl 80, 289; 06, 30; 08, 933).

52 **Vorrangig** zu versuchen, die **ArbN in Anspruch zu nehmen**, kann aber geboten sein, wenn der ArbG die stl Verhältnisse derselben vor Abschluss des Einspruchsverfahrens angibt und diese ohnehin zu veranlagen sind/waren (Kontrollmitteilungen möglich, BFH BStBl 08, 933; 92, 696). Ähnlich soll bei einem ausgeschiedenen ArbN abzuwägen sein (BFH BStBl 67, 469) sowie nach zutreffender Auffassung des BFH bei fehlendem oder geringem Verschulden des ArbG an der unterbliebenen Einbehaltung und/oder Abführung der LSt, etwa wegen falscher Belehrung des FA (Näheres siehe sogleich Rz 54b). Die vorrangige Inanspruchnahme des ArbN kann ferner dann geboten sein, wenn die Steuer von ArbN genauso schnell hereingeholt werden kann (BFH BStBl 68, 324) oder wenn einem nicht leichtfertigen ArbG (vgl BFH BStBl 78, 508) der Rückgriff beim ArbN wesentlich schwerer fallen würde als dem FA der unmittelbare Zugriff auf diesen (vgl BFH BStBl 64, 213; 81, 801 und weitere denkbare Konstellationen bei *Mösbauer* FR 95, 727).

Der ArbG kann dann in Anspruch genommen werden, wenn der **ArbN nicht erfolgreich im Vollstreckungswege in Anspruch genommen** werden konnte (BFH BStBl 58, 384). Es entspricht aber nicht dem Zweck des § 42d EStG, dass sich das FA wegen solcher Nachteile beim ArbG schadlos halten kann, die es durch Rechtsanwendungsfehler bei der Festsetzung der endgültigen StSchuld selbst herbeigeführt hat (BFH BStBl 93, 169). Die Inanspruchnahme des ArbG als Haftungsschuldner ist deshalb idR ermessensfehlerhaft, wenn die Steuer beim ArbN deshalb nicht nachgefordert werden kann, weil seine Veranlagung zur ESt bestandskräftig ist und die für eine Änderung des StBescheids nach § 173 I Nr 1 erforderlichen Voraussetzungen nicht vorliegen (BFH BStBl 93, 169; aA noch BFH BStBl 74, 756). 53

Ebenso ist die Inanspruchnahme des ArbG vor dem ArbN grds geboten, wenn der ArbG die Einbehaltung leichtfertig unterlassen hat, etwa weil er sich über seine lohnsteuerlichen Pflichten **nicht ausreichend unterrichtet** hat (*Mösbauer* FR 95, 727). Anderenfalls ist nach Billigkeitsgesichtspunkten abzuwägen, ob Rechtsverstöße des mit der Berechnung des LSt-Abzug für den Fiskus belegten ArbG so erheblich sind, dass seine persönliche Inanspruchnahme gerechtfertigt ist. Dabei ist das fiskalische Interesse in Rechnung zu stellen, das iAllg die Inanspruchnahme des ArbG als den schnelleren und einfacheren Weg gebietet (was die Ermessensausübung allerdings nicht so vorprägt, dass einzelfallbezogene Erwägungen überflüssig sind, BFH BStBl 82, 801); ferner ist zu berücksichtigen, dass § 42d EStG den ArbG unbedingt haften lässt, die Haftung also anders als § 69 nicht auf Vorsatz und grobe Fahrlässigkeit beschränkt; die Anwendung des § 191 darf diese gesetzgeberische Entscheidung nicht unterlaufen, zumal § 42e EStG die Inpflichtnahme erträglich macht (vgl aber zB *TK/Loose* § 191 Rz 58, der eine Pflichten-„Symmetrie" zwischen ArbG und Amtsträger herstellen will). Der ArbG hat daher auftauchenden rechtlichen Zweifeln nachzugehen und sich insbes ggf des § 42e EStG zu bedienen (BFH/NV 05, 2290). 54

Wenn der ArbG den LSt-Abzug nach Ausschöpfung ihm zumutbarer Erkenntnismittel in einem folglich entschuldbaren **Rechts- oder Tatsachenirrtum** falsch berechnet, ist seine Haftungsinanspruchnahme idR ermessensfehlerhaft (BFH BStBl 81, 801; 92, 696; 06, 30); zB wenn er den LSt-Abzug entsprechend einer LSt-Anrufungsauskunft oder der von einer OFD in einer Verfügung geäußerten Auffassung durchführt (BFH BStBl 08, 933; vgl hierzu insbes BFH BStBl 14, 592; 97, 413), und zwar unabhängig davon, ob er die Verfügung gekannt hat oder nicht (BFH BStBl 86, 98 mit Anm *Offerhaus* StBp 86, 43); wenn er auf die LStR vertrauen konnte (BFH BStBl 81, 801); wenn er auf eine mehrfach überprüfte Sachbehandlung seines FA vertraut hat (vgl BFH BStBl 65, 355; vgl auch BFH BStBl 63, 23, 574; BFH/NV 86, 303) oder sonst nach den Umständen des Einzelfalls die Ursachen allein oder ganz überwiegend in der Sphäre der FinVerw liegen (vgl *Schmidt/Krüger* EStG § 42d Rz 26). Dass die lohnsteuerrechtliche Handhabung des ArbG bei einer vorherigen LSt-Ap nicht beanstandet worden ist, berechtigt nicht ohne Weiteres zu der Annahme, jene sei zutreffend (BFH BStBl 65, 355; vgl aber auch 81, 801; 63, 574 zur Berücksichtigung dieses Umstandes bei der Ermessensausübung sowie BFH BStBl 92, 696). Ermessenswidrig kann die Inanspruchnahme ferner dann sein, wenn ArbG an der richtigen lohnsteuerrechtlichen Beurteilung aufgrund eines Tarifvertrags keinen ernstlichen Zweifel haben kann (BFH BStBl 81, 101; ebenso FG Köln EFG 83, 426), nicht aber wenn er eine dort getroffene Regelung falsch versteht (BFH/NV 86, 372). Der ArbG ist aber idR nicht entschuldigt, wenn er trotz seiner Zweifel hinsichtlich der Rechtslage von der Möglichkeit einer Anrufungsauskunft keinen Gebrauch gemacht hat (BFH BStBl 06, 30; 08, 933). 54a

Zu den **formellen Anforderungen** an einen LSt-Haftungsbescheid siehe Rz 66ff. Grds muss in einem Haftungsbescheid u. a. der StSchuldner bezeichnet werden (BFH BStBl 97, 306); ob beim LSt-Haftungsbescheid eine solche Indivi- 55 dualisierung der ArbN bei einer Haftung des ArbG für mehrere ArbN ausnahmsweise unter dem Hinweis darauf unterbleiben kann, dass eine Schätzungsbefugnis hinsichtl des Gesamtbetrags der nicht versteuerten Lohnzahlungen bestehe, erscheint fraglich (dazu FG Mster EFG 16, 261 mit Anm. *Wagner*).

58 **d) Auswahlermessen.** Kommen mehrere als Haftungsschuldner in Betracht, hat das FA Auswahlermessen, sofern die Haftungsschuldner prinzipiell gleichrangig sind (BFHE 204, 380; BFH/NV 05, 827; 07, 1822; nicht zB Täter und Gehilfe, siehe Rz 60a). Die rechtmäßige Ausübung des Auswahlermessens setzt zunächst voraus, dass sich die FinBeh (sofern die Auswahl nicht „vorgeprägt" ist, siehe Rz 43) überhaupt bewusst ist, wer als Haftender in Betracht kommt. Ermessensfehlerhaft wäre es, einen Haftungsschuldner ohne Prüfung in Anspruch zu nehmen, ob weitere Schuldner vorhanden sind, wenn sich die Möglichkeit einer solchen Prüfung bei mehreren Geschäftsführern (auch Vorgänger-, Nachfolger oder faktischen Geschäftsführern, BFH/NV 93, 213; 04, 579; auch einem bloßen *Strohmann* BFH/NV 04, 852) oder einer Haftung des ArbG nach § 42d EStG neben dem Geschäftsführer (BFH BStBl 03, 160) aufdrängt und die anderen nicht von vornherein zurückstehen (kritisch zur von der Rspr angenommenen Rechtswidrigkeitsfolge bei Nichtausübung dieses Auswahlermessens *Urban* DStR 97, 1145, 1149). Die FinBeh muss sich also ihres Ermessensspielraums bei Vorhandensein mehrerer Haftungsschuldner bewusst werden, selbst wenn diese unterschiedliche Haftungstatbestände verwirklicht haben. Bei der anschließenden Auswahl zwischen mehreren greifbaren Haftungsschuldnern sind folgende Regeln zu beachten:

59 Die **Haftungsinanspruchnahme mehrerer** – auch aus unterschiedlichen Rechtstiteln Haftender – **nebeneinander** kann ermessensgerecht sein (BFH/NV 87, 550; vgl BFH/NV 95, 941), insbes wenn zu befürchten ist, dass einer allein nicht in vollem Umfang zahlen kann (BFH/NV 98, 761; 93, 218; 89, 152; vgl 95, 941). Das gilt auch, wenn ein Mithaftender die unmittelbarere Verantwortung (BFH/NV 92, 575) und/oder größere Schuld trägt (vgl BFH BStBl 98, 761; 90, 1008).

60 Ermessensfehlerhaft ist es, einen von mehreren Haftungsschuldners ohne eine Auswahlprüfung in Anspruch zu nehmen, wenn der betr Haftungsschuldner besondere zu seinen Gunsten sprechende **persönliche Umstände** anführen kann (BFH BStBl 90, 1008; BFH/NV 98, 1325: Mutterschutz). Es ist andererseits nicht ermessensfehlerhaft, von mehreren Haftungsschuldnern nur denjenigen in Anspruch zu nehmen, bei dem der Anspruch am schnellsten, leichtesten und sichersten realisiert werden kann (vgl BFH/NV 86, 380), den intern die Verantwortung traf (BFH/NV 92, 575; 92, 785), insbes den kaufmännisch Tätigen statt des nur für den technischen Bereich Verantwortlichen, oder denjenigen, der das größere Verschulden trägt (vgl BFH BStBl 90, 1008; BFH/NV 92, 785; vgl auch BFH/NV 86, 380: Auswahl bei BGB-Gesellschaftern danach, wessen Tätigkeit die USt-Forderung ausgelöst hat). Zwischen einer Haftungsinanspruchnahme nach § 69 und § 71 besteht keine grundsätzliche Rangordnung (BFH/NV 89, 88, 152; 93, 218), anders als zwischen Haftungs- und StSchuldner (§ 219 S 1; vgl BFH BStBl 85, 660; 89, 596).

60a Ein StHinterzieher oder ein Teilnehmer darf als Haftender in Anspruch genommen werden und muss nicht wegen geringen Maßes des strafrechtlichen Verschuldens, geringer Höhe des fiskalischen Schadens oder des Umfang der von ihm erlangten Vorteile von der Haftung freigestellt werden (BFH HFR 83, 397; BFH BStBl 78, 508; 80, 58). Auch beim **StHinterzieher/Gehilfen** ist jedoch eine Auswahlentscheidung erforderlich, wenn der FinBeh mehrere gleich stark beteiligte, gleichermaßen greifbare und solvente Haftungsschuldner bekannt sind (nicht ganz klar BFH BStBl 04, 919 und BFHE 204, 380; anders womöglich BFH/NV 05, 1217; richtig FG Mster EFG 02, 655; FG BaWü 05, 662). Zur Heranziehung bei mehreren Tätern BFHE 204, 380; BFH/NV 91, 504; 05, 1240; 05, 1217; zum

Gehilfen neben weiteren Haftungsschuldnern HFR 05, 293; BFH/NV 06, 1246. Die FinBeh hat hier aber einen weiten Ermessensspielraum, welche(n) der strafrechtl Verantwortlichen sie in Haftung nimmt und muss nicht etwa ihr nicht bekannte Mittäter und Teilnehmer zu ermitteln versuchen. Der Grad des Verschuldens ist für die Auswahlentscheidung nur dann ein Kriterium, wenn nicht schon durch die Art der Tatbeteiligung ein Stufenverhältnis zwischen den als Haftungsschuldner in Betracht kommenden Personen vorgegeben ist, wie es bei Tätern und Gehilfen der Fall ist BFH/NV 07, 1822). Sind die Haftungsschuldner prinzipiell gleichrangig (mehrere Täter) oder ist der Herangezogene nachrangig (Gehilfe), kann er nur aufgrund einer einzelfallbezogenen Abwägung gerechtfertigt sein, nur einen der gleichrangig Haftenden bzw nur den nachrangig Haftenden in Anspruch zu nehmen, den anderen dagegen nicht (BFH BStBl 09, 478; BFH/NV 07, 1822). Wer sich vor dem Strafgericht als Täter bekannt hat, später aber davon abgerückt ist, kann die Haftungsinanspruchnahme nicht deshalb als ermessensfehlerhaft angreifen, weil die FinBeh nicht diesem Geständnis misstraut und die Inanspruchnahme anderer Haftungsschuldner mit in Betracht gezogen hat (BFHE 218, 469).

Eine Auswahl-Ermessensentscheidung ist auch zu treffen, wenn neben dem **ArbG nach § 42d EStG** der Geschäftsführer (§§ 69, 71) in Anspruch genommen werden soll; denn § 42d EStG betrifft nur das Verhältnis ArbG – ArbN, sodass hinsichtlich weiterer Haftender § 191 I einschlägig ist; eine Haftungs-Rangordnung besteht auch in diesem Falle nicht (BFH BStBl 03, 160). Zur Geschäftsführerhaftung neben der Haftung nach § 75 siehe BFH/NV 93, 215. **60b**

Für die Inanspruchnahme eines von zwei jeweils allein vertretungsberechtigten GmbH-Geschäftsführern ist allein auf die Eigenschaft als gesetzlicher Vertreter abzustellen und nicht auf die **Beteiligungsverhältnisse am Gesellschaftskapital** (BFH BStBl 90, 1008; BFH/NV 91, 1198). Der beherrschende Einfluss eines Geschäftsführers könnte dann als sachgerechts Kriterium für das Auswahlermessen herangezogen werden, wenn dieser die Gesellschaft nicht allein finanziell, sondern in ihrem ganzen Geschäftsgebahren tatsächlich beherrscht, sodass der andere Geschäftsführer in der Erfüllung seiner Verpflichtung beeinträchtigt wird (BFH BStBl 90, 1008). Kein rechtserhebliches Auswahlkriterium ist hingegen, dass einer der Geschäftsführer alleinvertretungsberechtigt war, der andere nicht (BFH/NV 96, 3). Eine etwaige Mithaftung eines Vorgänger- oder Nachfolge-Geschäftsführers ist zu berücksichtigen (BFH/NV 90, 71; 93, 213, 143). **61**

Die Eröffnung eines Ermessensspielraums und das subjektiv öffentliche Recht auf fehlerfreie Ermessensausübung sind grds nicht das Gleiche. Die Rspr des BFH statuiert es jedoch seit jeher als selbstverständlich, dass grds ein **Anspruch auf ermessensfehlerfreie Entscheidung** bei der Inanspruchnahme eines Einzelnen aus einem Kreis von mehreren Haftenden besteht. **62**

6. Form und Inhalt des Haftungsbescheids und des Duldungsbescheids; Verfahren. a) Form. Der Haftungs- und der Duldungsbescheid sind *schriftlich* zu erteilen (§ 191 I 3). In den Fällen der LSt-Haftung nach § 42d IV EStG (LSt-Anmeldung und -Anerkenntnis) bedarf es jedoch keines schriftlichen Haftungsbescheids, um die Haftung zu aktualisieren. **65**

b) Inhalt des Haftungsbescheids. In dem Haftungsbescheid sind die erlassende FinBeh, der Adressat und die Haftungssumme zu bezeichnen (§ 119; BFH/NV 10, 8; 93, 146); ein Haftungsbescheid ohne Angabe des Schuldbetrags ist nichtig (vgl BFH BStBl 72, 181; 89, 220; 97, 306). Weiter ist (zumindest sinngemäß, jedoch eindeutig) anzugeben, dass eine Haftungs- (nicht eine Steuer-)Schuld geltend gemacht wird (BFH BStBl 85, 581; BFH/NV 95, 576), was die (äußerliche) Zusammenfassung von Steuer- und Haftungsschulden in einem Bescheid nicht ausschließt (BFH BStBl 85, 266); eine Umdeutung eines Haftungs- in einen StBescheid oder umgekehrt ist nicht zulässig (BFH BStBl 91, 781; 82, 689). Ferner **66**

muss erkennbar sein, aus welchem Sachverhalt der Haftungsanspruch hergeleitet wird, was sich aber uU auch aus einem vorangegangenen Bp-Bericht hinreichend ergeben kann (BFH BStBl 06, 530; BFH/NV 10, 8).

67 Inwieweit die Haftungsschuld auf einzelne Haftungsfälle aufgegliedert sein muss, hängt vom Gegenstand des Haftungsbescheids ab (BFH BStBl 80, 669; 82, 226; 88, 480; BFH/NV 91, 650). Bei Abschnittsteuern ist grds eine Aufgliederung auf die StAbschnitte (Angabe von StArt, VZ, StSchuldner) erforderlich (BFH BStBl 97, 306; siehe aber auch zum LSt-Haftungsbescheid Rz 77). Angaben zu den **Besteuerungsgrundlagen** verlangt das Bestimmtheitsgebot nicht (deshalb: keine Nichtigkeitssanktion bei Fehlen der Angaben). Sie sind auch nicht in jedem Fall für eine ausreichende Begründung des Bescheids erforderlich (BFH BStBl 97, 306). Auch die Benennung des StSchuldners ist nicht erforderlich, sofern die Haftungsschuld in anderer Weise ausreichend konkretisiert ist (BFH BStBl 97, 306; BFH/NV 10, 1814). Sie ist allemal dann nicht erforderlich, wenn dieser unbekannt ist (anders BFH BStBl 74, 386, Bestimmtheitserfordernis; zweifelhaft), insbes wenn der Haftungsschuldner selbst dies schuldhaft herbeigeführt hat (BFH BStBl 97, 306; 86, 274) oder der FinBeh die Angabe sonst nach Recht und Billigkeit nicht zuzumuten ist (BFH BStBl 80, 669). Bei Haftung für Sz ist anzugeben, auf welche StArten und auf welche Zeiträume die einzelnen Sz entfallen (BFH BStBl 77, 366; FG Brem EFG 78, 209). Ein Haftungsbescheid wegen nicht abgeführter ESt nach § 50a EStG braucht die einzelnen StSchuldner (ebenso wie ein LSt-Haftungsbescheid) nicht einzeln zu benennen (BFH BStBl 97, 307) und keine Darlegungen zu enthalten, weshalb der inl Haftungsschuldner statt des StSchuldners in Anspruch genommen wird (BFH BStBl 89, 99; 87, 171).

68 Die Aufgliederung des Schuldbetrags kann in einer Anlage erfolgen (BFH BStBl 91, 488) oder durch Bezugnahme auf einen entsprechenden Ap-Bericht (vgl BFH BStBl 06, 530). Es reicht aus, wenn der Haftende aus dem Zusammenhang mit den von ihm abgegebenen Voranmeldungen ersehen kann, wofür er in Anspruch genommen wird (FG RhPf EFG 79, 262).

69 Die Zusammenfassung einer Mehrzahl von Haftungsfällen in einem **Sammelhaftungsbescheid** ist zulässig, was nichts an der rechtlichen Selbständigkeit der einzelnen Haftungsansprüche ändert (BFH BStBl 79, 655; 86, 921; 89, 909; 89, 193; BFH/NV 13, 1540: keine neuen Haftungsfälle in Einspruchsentscheidung). Deshalb gilt das Verböserungsverbot im Klageverfahren in Bezug auf jeden der Haftungsfälle (BFH BStBl 05, 3).

70 Der Haftungsbescheid bedarf ferner – wie jeder Bescheid – grds einer Begründung (BFH/NV 95, 576), insbes hinsichtlich der **Ausübung des Entschließungsermessens** und ggf. auch der **Auswahl des Haftungsschuldners** (BFH BStBl 86, 178; 88, 170; BFH/NV 93, 213). Die Begründung muss sich auf die von der FinBeh konkret zu Grunde gelegte Anspruchsnorm beziehen; ein späterer Austausch derselben bleibt freilich möglich, wenn die gleichen Ermessenserwägungen anzustellen gewesen wären (BFH/NV 06, 1609).

70a **Keiner besonderen Begründung** zum Entschließungs- bzw Auswahlermessen bedarf es, wenn andere Personen als der Inanspruchgenommene als StSchuldner oder Haftungsschuldner nicht in Betracht kommen oder wenn eine anderweitige Realisierung des Haftungs- oder des StAnspruchs nicht möglich ist (BFH BStBl 88, 176; 97, 306; BFH/NV 91, 283, 641; 92, 289; 98, 4; vgl oben Rz 35 und 59); ferner wenn die Ermessensentscheidung dadurch vorgeprägt ist, dass dem Haftungsschuldner Vorsatz zur Last fällt (BFH BStBl 09, 478; BFHE 204, 380). Dass das FG einen Haftungsbescheid mit dieser Erwägung nur dann aufrecht erhalten darf, wenn auch die FinBeh von Vorsatz ausgegangen ist (so BFH/NV 98, 4; 91, 641), ist dann nicht richtig, wenn keine Umstände vorliegen, die es bei rechtmäßiger Verwaltungshandhabung ausschließen, von einer Inanspruchnahme abzusehen; denn dann handelt es ich in der Sache nicht mehr um eine Ermessens-, sondern eine gebundene Entscheidung, deren Voraussetzungen das Gericht selbst festzustellen hat. Ermessenserwägungen sind in den vorgenannten Fällen der Vorprägung nicht nur zum Grund, sondern auch zur Höhe der Inanspruchnahme entbehrlich (BFH/NV 06, 1246).

Es genügt, wenn sich aus dem Haftungsbescheid ergibt, dass auch **andere Haftungsschuldner** in Anspruch genommen worden sind (BFH/NV 93, 215) oder – wenn sie gleichrangig nebeneinander stehen – dass sie in Anspruch genommen werden könnten; es bedarf bei Gleichrangigkeit keiner Ausführungen darüber, weshalb diese nicht vorrangig in Anspruch genommen werden oder dass der Haftungsanspruch gegen sie nicht realisiert werden konnte. Auch eine fehlende Angabe der Namen anderer mit herangezogener Gesamtschuldner berührt nicht die Rechtmäßigkeit des Bescheids (BFH BStBl 81, 176). 71

Ferner bedarf es keiner Begründung der Auswahlentscheidung, wenn die einzelnen Haftungsschuldner ihre Verhältnisse iEinz genau kennen und es nur *eine* denkbare Begründung gibt (BFH/NV 93, 215; vgl auch BFH/NV 97, 2 zur Auswahl bei mehreren StSchuldnern), die Gründe für die Auswahlentscheidung sich also den Beteiligten aus der Kenntnis der Umstände des Falles aufdrängen müssen. Keine nähere Begründung ist auch dann erforderlich, wenn wegen der Höhe des StAnspruchs dessen Realisierung allein bei einem Haftungsschuldner nicht möglich ist (BFH BStBl 98, 761; BFH/NV 91, 283). Wenn alle Haftenden nebeneinander als Gesamtschuldner in Anspruch genommen werden, eine „Auswahl" also insofern gerade unterbleibt, bedarf dies überhaupt nur dann einer Begründung, wenn eine unterschiedliche Inanspruchnahme nach den Umständen in Betracht zu ziehen war, zB bei ganz geringfügiger Gesellschaftsbeteiligung einzelner (FG Ddorf EFG 99, 366). 72

Zur Vollstreckung aus Haftungsbescheid bedarf es zwar eines **Leistungsgebots** (§ 254 I). Dieses ist aber kein notwendiger Bestandteil des Bescheids, es *kann* jedoch zusammen mit dem Haftungsbescheid ergehen. Ist die Haftung gegenständlich beschränkt (§§ 74, 75), muss diese Beschränkung schon im Haftungsbescheid zum Ausdruck kommen, ohne dass allerdings das Haftungssubstrat iEinz aufgelistet werden müsste (BFH/NV 08, 333; aA FG Köln 00, 203), was freilich im Hinblick auf die sonst bei einer Vollstreckung bestehenden Schwierigkeiten zumindest ratsam ist. 73

c) Nachschieben von Gründen eines Haftungsbescheids. Der Haftungsbescheid bezieht sich notwendigerweise auf einen bestimmten haftungsbegründenden Sachverhalt, der im Rechtsbehelfsverfahren nicht ausgetauscht werden kann; denn das würde dessen Wesen verändern. Dies ist bei einem Haftungsbescheid der Fall, wenn ein StAnspruch durch einen anderen ersetzt wird; es soll nach BFH BStBl 05, 249 auch der Fall sein, wenn die Haftung statt auf entgangene Steuern auf wegen dieser entstandene Sz bezogen wird. Die Haftung für zu Unrecht in Anspruch genommene Vorsteuer kann auch nicht zB durch eine Haftung für EUSt oder wegen StHehlerei ersetzt werden (FG Köln EFG 94, 1027). Änderungen der USt-Erstschuld sollen jedoch bei der Ermittlung der Haftungsquote bis zur Höhe der angefochtenen Haftungsforderung durch Saldierung von für Teilzeiträume zu viel mit für andere Teilzeiträume zu wenig angesetzten Haftungsbeträgen berücksichtigt werden können (FG Saarl EFG 94, 686). 75

Keine Wesensänderung tritt ein, wenn ein wegen eines bestimmten tatsächlichen Geschehensablaufs auf § 69 gestützter Haftungsbescheid in der Einspruchsentscheidung (anders idR im gerichtl Verfahren, BFH BStBl 13, 842; vgl auch BFH BStBl 13, 842) auf § 71 gestützt wird oder umgekehrt, weil eine solche Abänderung der rechtlichen Würdigung zwar möglicherweise andere Ermessenserwägungen erfordert, den haftungsbegründenden Sachverhalts aber im Wesentlichen nicht zwangsläufig verändert (aA FG RhPf EFG 92, 639). Der dem Haftungsbescheid zu Grunde liegende Sachverhalt wird nicht durch die Haftungsnorm, die zur Begründung der Haftung dient, sondern durch den Geschehensablauf bestimmt, der seinerseits eine 75a oder mehrere bestimmte Haftungsnormen erfüllen kann (BFH/NV 95, 657). Auch eine Verböserung iSd § 367 II liegt in einer solchen Änderung der Begründung des Haftungsbescheids trotz unterschiedlicher Verjährungsfristen nicht vor (offen in BFH/NV 95, 657). Anders ist es jedoch, wenn die Geschäftsführerhaftung und der die Haftung nach § 71 begründende, tatsächliche Geschehensablauf nicht (im Wesentlichen) identisch sind, da dann der Bescheid nach § 69 aufgehoben werden muss und ein neuer Haftungsbescheid nach § 71 (oder umgekehrt) erlassen werden muss (BFH/NV 92, 639); § 130 II steht dem nicht entgegen.

76 Nicht endgültig geklärt erscheint, ob zu dem wesensbestimmenden Sachverhalt auch das haftungsbegründende Verhalten (zB Nichtabgabe einer bestimmten StErklärung) oder nur der Haftungsschaden (Steuerart und Besteuerungszeitraum) gehört. Die Rspr des BFH scheint bisher davon ausgegangen zu sein, dass diese *beiden* Elemente den *Haftungsfall* und damit den Gegenstand des Haftungsbescheids bestimmen, vielleicht sogar auch die Höhe des Haftungsschadens zu den wesensbestimmenden Merkmalen gehört (unklar BFH BStBl 11, 534; dazu unten Rz 110a). Nur auf den konkret geltend gemachten Steuerausfall abzustellen, würde dem Haftungsfall wohl am besten klare Konturen verleihen, den Schuldner allerdings in weitem Umfang nachgeschobenen Begründungen oder sogar Nachforderungen (dazu § 130 Rz 40) aussetzen.

77 **Im Klageverfahren** kann der dem Haftungsbescheid zu Grunde gelegte wesensbestimmende Sachverhalt selbstredend nicht ausgetauscht werden. So kann zB nicht statt der Haftung nach §§ 128, 161 HGB die Haftung nach § 71 geltend gemacht werden (BFH/NV 98, 433; vgl auch BFH BStBl 13, 842; FG Hbg EFG 80, 361). Ermessenserwägungen können nur bis zum Abschluss des Einspruchsverfahrens nachgeschoben oder sogar korrigiert werden, während des gerichtl Verfahrens jedoch nur in den Grenzen des § 102 S 2 FGO „ergänzt" werden (dazu sehr eng BFH BStBl 04, 579; zur anderenfalls notwendigen Ersetzung des Bescheids durch einen neuen siehe § 130 Rz 3). Eine Umdeutung eines auf § 69 gestützten Bescheids in einen Bescheid nach § 70 ist deshalb ausgeschlossen (FG Mster PStR 12, 209). Eine betragsmäßige Beschränkung der Haftungssumme, weil die im ursprünglichen Haftungsbescheid angegebene Haftungssumme nicht ermessensgerecht sei, ist keine zulässige Ergänzung der Ermessenserwägungen iSd § 102 Satz 2 FGO (FG Ddorf BB 17, 726, Rev I R 13/17). Hat das FA bei Erlass des Haftungsbescheids eine mögliche Inanspruchnahme eines Mitgeschäftsführers ausweislich des Akteninhalts in Betracht gezogen und geprüft, kann aber § 102 S 2 FGO nicht dadurch verletzt sein, dass das FG dies berücksichtigt, auch wenn es möglicherweise den Anforderungen an die Begründung einer Ermessensentscheidung nicht genügen sollte, dass diese Prüfung in dem angefochtenen Haftungsbescheid bzw in der Einspruchsentscheidung keinen Niederschlag gefunden hat (BFH/NV 06, 708 mit Anm *Rüsken* BFH-PR 06, 131).

78 Zur Frage, ob die Aufhebung eines Haftungsbescheids **Sperrwirkung ggü dem Erlass eines neuen Bescheids** hat, siehe die Erläut zu § 130 Rz 37 ff. Die Bestandskraft eines Haftungsbescheids steht bei unveränderter Sach- und Rechtslage der erneuten Regelung des gleichen Sachverhaltes durch Erlass eines ergänzenden, neben den ersten Haftungsbescheid tretenden Haftungsbescheids entgegen; hiervon unberührt bleibt die Korrektur des vorangegangenen Haftungsbescheids nach §§ 129, 130 und 131 (BFH BStBl 05, 3). Jedoch soll das FA zum Erlass eines „ergänzenden" Haftungsbescheids berechtigt sein, wenn die Erhöhung der dem ersten Haftungsbescheid zu Grunde liegenden StSchuld auf neuen Tatsachen beruht (BFH BStBl 11, 532; zweifelh, vgl § 130 Rz 37 sowie unten Rz 110a). Ein Urteil, mit dem ein auf Art 79 UZK gestützter Bescheid aufgehoben wird, steht einer Inanspruchnahme nach § 71 AO wegen StHehlerei zweifellos nicht entgegen (BFH/NV 14, 1187). Die Aufhebung eines gegen den Haftenden gerichteten StBescheids steht seiner späteren Haftungsinanspruchnahme erst recht nicht entgegen (BFH/NV 14, 719).

d) Insbesondere: Lohnsteuerhaftungsbescheid. Der LSt-Haftungsbescheid (zu den Voraussetzungen der Inanspruchnahme des ArbG anstelle einer StNacherhebung beim ArbN FG BBr EFG 18, 180, Rev VII R 55/17) ist seinem Inhalt nach ein Sammelbescheid betr einzelne LSt-Schulden (vgl BFH BStBl 86, 921). Er ist sachverhalts- und nicht wie der EStBescheid zeitraumbezogen (BFH BStBl 06, 530; BFH/NV 09, 904). Es soll jedoch für die ausreichende Bestimmtheit des Bescheids iAllg nicht erforderlich sein, dass angegeben wird, in welcher Höhe die nachgeforderte LSt jeweils einem konkreten ArbN zuzuordnen ist; es reicht aus, wenn die konkreten Sachverhalte, die zu Lohnzuflüssen geführt haben, und der Zeitraum der Lohnzuflüsse bezeichnet werden (BFH BStBl 94, 536 unter Distanzierung von BFH/NV 91, 600; ebenso BFH/NV 95, 297). Es ist auch nicht erforderlich, dass die für die einzelnen Monate geltend gemachten nicht angemeldeten Beträge auch auf die einzelnen Monate aufgeteilt werden (BFH BStBl 91, 488; 82, 226; 86, 152; BFH/NV 91, 600, 665, 666), es sei denn, es sind insoweit unterschiedliche StSätze anzuwenden (BFH BStBl 15, 619). 79

Auch bei einer **LSt-Haftungsinanspruchnahme des Geschäftsführers** kann im Regelfall auf eine Aufgliederung des im Bescheid in einer Summe angegebenen LSt-Haftungsbetrags nach Kalenderjahren verzichtet werden (BFH BStBl 80, 669; 82, 226; 88, 480; BFH/NV 87, 227). Dies gilt auch, wenn sich der Haftungszeitraum über einen LSt-Anmeldungszeitraum hinaus erstreckt (BFH BStBl 88, 480; BFH/NV 86, 313). Bei Inanspruchnahme eines Geschäftsführers auf LSt-Haftung – offen für JahresSt – ist es nicht einmal erforderlich, den Haftungszeitraum ausdrücklich zu benennen, wenn sich aus den dem Betroffenen bekannten Gesamtumständen, der Begründung des Bescheids odgl ergibt, wofür gehaftet werden soll (BFH/NV 91, 137). Dabei kann idR davon ausgegangen werden, dass dem Geschäftsführer als dem zur Einbehaltung und Abführung der LSt Verpflichteten die Verhältnisse bekannt sind, die im Haftungsbescheid mit einem einzigen LSt-Betrag für den Gesamtzeitraum angesprochen werden (vgl BFH/NV 91, 137, auch BFH BStBl 86, 152). Das Gleiche muss gelten, wenn ein nach den §§ 69, 35 haftender Verfügungsberechtigter innerhalb der Gesellschaft dieselbe Stellung einnimmt wie ein Geschäftsführer. 80

Die **Aufgliederung des Haftungsbetrags** kann allerdings **zur Begründung** eines LSt-Haftungsbescheids erforderlich sein, jedoch insofern ggf noch im Rechtsstreit nachgeholt werden. Denn grds ist die Höhe der LSt trotz des damit verbundenen Arbeitsaufwands individuell zu ermitteln und nicht mit einem durchschnittlichen Steuersatz zu schätzen (BFH BStBl 94, 536; 08, 933: nicht nur pauschaler Abschlag bei Berechnung nach § 40 I EStG); über die diesbzgl Erwägungen der FinBeh kann der Schuldner folglich den zur Verfolgung seiner Rechte erforderlichen Aufschluss verlangen. Eine Schätzung des Haftungsbetrags ist erst bei Unaufklärbarkeit – nach erfolgloser Aufforderung zur Mitwirkung (BFH BStBl 96, 2) – zulässig (grundlegend *Thomas* DStR 95, 273; vgl auch BFH BStBl BFH/NV 95, 297 sowie zur Schätzung der LKiSt BFH BStBl 90, 993). Die vom ArbG nachzufordernde LSt darf ferner dann unter Anwendung eines durchschnittlichen Steuersatzes ermittelt werden, wenn das FA aufgrund einer Unterlassung des ArbG nicht in der Lage ist, die Namen der ArbN, die einen lohnsteuerlichen Vorteil erlangt haben, und den von den einzelnen ArbN jeweils erlangten geldwerten Vorteil festzustellen (BFH BStBl 86, 274; DB 85, 630 mit Anm *Offerhaus*). Entsprechend gestalten sich die Begründungserfordernisse in diesen Fällen. 81

Eine **Ausnahme von dem Gebot zur Aufschlüsselung** des Haftungsbetrags auf die einzelnen ArbN ist ferner dann gerechtfertigt, wenn der ArbG von einem Rückgriff ggü seinen ArbN ohnehin absehen muss oder will; in diesen Fällen ist ein Interesse des ArbG, die LSt-Schulden der einzelnen ArbN zu kennen, nicht gegeben (vgl BFH BStBl 85, 170). Ein solches Interesse kann auch dann fehlen, wenn zwischen dem ArbN und dem ArbG eine Nettolohnvereinbarung getroffen worden ist oder der ArbG sich später zur Übernahme der LSt bereit erklärt 82 hat (BFH BStBl 84, 140; vgl auch BFH BStBl 91, 488 zur Pauschalierung der LKiSt).

83 Ist in einem Haftungsbescheid die LSt mit einem durchschnittlichen Steuersatz geschätzt worden, obwohl sie individuell zu berechnen war, so kommt aus diesem Grunde grds nur eine teilweise, nicht aber seine Aufhebung in vollem Umfang in Betracht. Denn der Haftungsbescheid ist ein VA, der einen Geldbetrag festsetzt (vgl BFH BStBl 93, 581, 583); bei Anfechtung eines solchen VA ist § 100 II 1 FGO zu beachten (BFH/NV 97, 386). Soweit nicht die Festsetzung an sich, sondern die Höhe des festgesetzten Geldbetrags zu beanstanden ist, kann das Gericht entweder den Betrag in anderer Höhe festsetzen oder nach § 100 II 2 FGO für den Fall, dass die Ermittlung des festzusetzenden Betrags einen nicht unerheblichen Aufwand erfordert, die Änderung des VA so bestimmen, dass die Behörde den Betrag aufgrund der Entscheidung errechnen kann (BFH BStBl 94, 536).

86 **e) Inhalt des Duldungsbescheids.** Der Duldungsbescheid muss (ähnlich wie nach § 13 AnfG eine zivilrechtliche Anfechtungsklage, deren inhaltl Anforderungen er entsprechen muss, BVerwGE 104, 301 = NVwZ 99, 178; vgl BFH/NV 01, 1003 und FG Thür EFG 11, 769) grds Folgendes enthalten: die (aufgeschlüsselten) zu Grunde liegenden Forderungen und deren Schuldner, den Anfechtungsgrund (BFH BStBl 79, 756), den zurück zu gewährenden Gegenstand, also was in anfechtbarer Weise erlangt worden ist und bis zu welchem Betrag der Anfechtungsgegner die Vollstreckung in das Erlangte zu dulden hat (FG Nbg EFG 80, 56), sowie die Art und Weise, wie die Rückgewähr zu erfolgen hat (zB durch Duldung der Zwangsvollstreckung) (BVerwGE 104, 301). Eine ggf berichtigende Auslegung des Bescheids ist möglich (BFH/NV 01, 100). Ferner sind die Ermessenserwägungen anzugeben. Nicht erforderlich ist die Angabe, wie sich die Zwangsvollstreckung iEinz gestalten wird (BFH BStBl 79, 756). Eine Zahlungsaufforderung darf *nicht* ergehen (wenn auch die Vollstreckung durch Begleichung der StForderungen abgewendet und hierauf *hingewiesen* werden kann); das fakultativ in den Duldungsbescheid aufgenommene Leistungsgebot (§ 254 I 1) zielt nicht auf eine Zahlungspflicht, sondern auf die Pflicht zu dulden.

87 **f) Verfahren bei Erlass eines Haftungs-/Duldungsbescheids.** Vor Erlass eines Bescheids ist der Adressat grds anzuhören (§ 91). Das geschieht bei Haftungsbescheiden idR mittels der sog Haftungsankündigung. Zum Schadenersatzanspruch bei Unterlassen OLG Mchn BB 96, 462. Die Anhörung ist aber auch bei Duldungsbescheiden geboten (kein Fall des § 91 II Nr 5).

87a Das Vorliegen des Haftungs/Duldungstatbestandes ist von Amts wegen aufzuklären; die FinBeh trägt die Feststellungslast (BFH BStBl 83, 249; BFH/NV 88, 283). Eine Schätzung insbes des Haftungsbetrags ist zulässig. Der *Haftungs*schuldner hat eine Mitwirkungspflicht bei in seinen Wissensbereich fallenden Umständen (BFH BStBl 84, 776; 87, 419; 90, 357; BFH/NV 95, 570). Er muss sich aber nicht die Bücher des StSchuldners beim Insolvenzverwalter zu beschaffen versuchen, um Angaben machen zu können (BFH/NV 99, 447; 95, 570). Er muss jedoch aus seinem Gedächtnis Auskunft auch über Vorgänge vor Verfahrenseröffnung geben (BFH/NV 95, 570). Für Umstände, welche die Haftung ausschließen oder beschränken – zB dass das Gehalt entgegen der LSt-Anmeldung nicht verfügbar gewesen oder die GmbH zum Fälligkeitszeitpunkt der LSt-Abführungen illiquide gewesen ist, BFH/NV 01, 1222) –, trägt *er* die Feststellungslast (BFH/NV 90, 650). Dazu gehört eine Benachteiligung der FinBeh bei der Tilgung der Schulden des StSchuldners aber *nicht* (BFH/NV 96, 97); vielmehr trägt die FinBeh die Feststellungslast für eine nicht anteilige Befriedigung (BFH BStBl 83, 249; BFH/NV 01, 1100), jedoch besteht insofern eine *erhöhte* Mitwirkungspflicht des Haftungsschuldners (BFH BStBl 86, 657; 95, 570; BFH/NV 01, 1100; vgl auch § 69 Rz 136). Bei Haftung nach § 71 hat der BFH jedoch in Betracht gezogen, dem Haftungsschuldner die Beweislast für eine Haftungsbeschränkung nach den

Grundsätzen der anteiligen Tilgung aufzuerlegen (BFH BStBl 93, 8; beachte aber BFH BStBl 15, 117).

Die **örtliche Zuständigkeit** zum Erlass und zur Änderung von Haftungsbescheiden regelt sich nach § 24 (Ersatzzuständigkeit) (regelmäßig FA des StSchuldners, BFH/NV 99, 433). Eine Verlagerung der Zuständigkeit, etwa nach §§ 20, 21, vor Erlass des Haftungsbescheids ist zu berücksichtigen; ein Verstoß führt regelmäßig zur Aufhebung des Haftungsbescheids, weil § 127 meist nicht anwendbar ist. Soweit die Verwaltung der GewSt den Gemeinden übertragen ist, sind diese auch für die Geltendmachung von Haftungsansprüchen nach § 191 zuständig. Für den Duldungsbescheid ist die jeweilige Vollstreckungsbehörde zuständig. 87b

Für die Durchsetzung eines auf dem Gesellschaftsverhältnis beruhenden Haftungsanspruches im **Insolvenzverfahren** weist § 93 InsO die alleinige Befugnis dem Verwalter zu; das gilt aber nicht für sonstige Haftungsansprüche gegen einen Gesellschafter, zB aufgrund seiner Geschäftsführerstellung (BFH BStBl 02, 73; BGH NJW 02, 2718; anders OLG Schleswig DStZ 01, 872, ZIP 01, 1968). Die Geschäftsführerhaftung wird also von der Sperrwirkung des § 93 InsO nicht erfasst und kann auch nach der Eröffnung des Insolvenzverfahrens geltend gemacht werden (BFH/NV 13, 587; 08, 1291). 87c

7. Haftungsbescheide gegen Rechtsanwälte und StB (Abs 2). Die Regelung steht im Zusammenhang mit der entspr Regelung in § 411 über den Erlass von Bußgeldbescheiden gegen RAe, StBerater uÄ. Die Fälle, in denen ein Angehöriger der steuerberatenden Berufe nach § 69 wegen einer Handlung, die er *in Ausübung seines Berufes* vorgenommen hat, in Anspruch genommen wird, dürften selten sein, weil eine Haftung nach §§ 34, 35 durch die Ausübung des Berufs als StBerater idR nicht ausgelöst wird. Das normale Mandatsverhältnis begründet noch keine Haftung nach §§ 34, 35, 69. So haftet zB der RA im Rahmen eines nicht besonders ausgestalteten und erweiterten Mandatsverhältnisses nicht nach §§ 35, 69 für ErbStSchulden des Mandanten (FG Bln EFG 90, 28). 88

Die FinBeh hat vor einer Haftungsinanspruchnahme *nach § 69* der zuständigen Berufskammer Gelegenheit zur Stellungnahme zu geben, damit diese von ihrem Standpunkt aus für die Entscheidung über die Haftung bedeutende Gesichtspunkte vorbringen kann (was sie freilich nicht tun muss; es ist ggf auch nicht erforderlich, dass vor Erlass des Haftungsbescheids ein berufs- oder ehrengerichtliches Verfahren durchgeführt worden ist). Das StGeheimnis tritt insoweit zurück (AEAO Nr 8.2: keine Akteneinsicht). Ist die Anhörung (die ggf im Einspruchsverfahren, nicht aber im Klageverfahren nachgeholt werden kann) unterblieben, ist der Haftungsbescheid rechtswidrig. Die Frist für die Stellungnahme soll grds mindestens einen Monat betragen (AEAO zu § 191 Nr 8.3). Bei einem StBerater, der auch als RA zugelassen ist, müssen sowohl die StBeraterkammer als auch die Rechtsanwaltskammer Gelegenheit zur Stellungnahme bekommen. Abs 2 kann entsprechend angewendet werden auf Beratungs- und Prüfungsgesellschaften. 89

Der StBerater etc muss **in Ausübung seines Berufes** gehandelt haben (vgl hierzu auch § 411 Rz 5); ein objektiver enger Zusammenhang mit den typischen beruflichen Betätigungen (§ 33 StBerG) reicht aus. Ausübung des Berufes ist daher nicht nur die Tätigkeit als steuerlicher Berater, sondern zB auch ein Tätigwerden als gesetzlicher Vertreter, Testamentsvollstrecker, Nachlassverwalter (BFH BStBl 57, 453), nach FG Hbg EFG 09, 890 jedoch nicht die des Nachtragsliquidators (mit Recht kritisch *Eppers* EFG 09, 891). Nicht in Ausübung seines Berufs handelt, wer in eigener Sache, zB in Erfüllung eigener Pflichten als Geschäftsführer der eigenen Wirtschaftsprüfungsgesellschaft, tätig wird (BFH/NV 87, 419; 86, 321; FG BaWü EFG 03, 1664). Ebenso kommt die Anwendung der Vorschrift nicht in Betracht, wenn der Betreffende hauptberuflich in der Art eines Geschäftsführers oder Vorstandes tätig geworden ist (BFH BStBl 73, 832 für einen Liquidator). Ein RA als Insolvenzverwalter handelt aber in Ausübung seines Berufes (vgl BFH BStBl 57, 90

453; offen lassend BFH/NV 86, 134), ebenso grds als Testamentsvollstrecker (BFH BStBl 98, 760) und als Vormund (BFH BStBl 81, 193; nicht aber als gesetzlicher Vertreter eines Kindes).

95 **8. Festsetzungsfrist für Haftungsbescheide (Abs 3). a) Grundsätzliches.** Die für den Stpfl und den Haftenden laufenden Verjährungsfristen laufen grds getrennt. Dies gilt insbes auch hinsichtlich der Zahlungsverjährung. Vgl aber Rz 105. Die Rechtmäßigkeit eines Haftungsbescheids wird nicht durch den Eintritt der Zahlungsverjährung oder der Festsetzungsverjährung für die dem Haftungsbescheid zu Grunde liegende StSchuld berührt, wenn die Zahlungsverjährung erst nach Erlass des Haftungsbescheids eingetreten ist (BFH HFR 02, 277). Die Verjährung eines Haftungsanspruchs aus Abs 3 kann nur durch eine gegen den Haftungsschuldner selbst gerichtete Maßnahme unterbrochen werden (vgl BFH BStBl 82, 226).

95a **b) Beginn der Festsetzungsfrist.** Entspr der Regelung für StBescheide (§ 170 I) **beginnt** die Festsetzungsfrist grds mit Ablauf des Kalenderjahres, in dem der haftungsbegründende Tatbestand verwirklicht worden und die StSchuld entstanden ist (BFH BStBl 03, 223; insofern anders bei der Sachhaftung nach § 76!). Für den Beginn der Haftungsverjährung kommt es also insbes auf den Zeitpunkt der haftungsbegründenden Pflichtverletzung an. Auf den Zeitpunkt der Fälligkeit der Steuer und den Eintritt eines Schadens auf Seiten der FinBeh kommt es nicht (zusätzlich) an (BFH BStBl 03, 223; vgl zum Fristbeginn bei Verletzung der Vermögensvorsorgepflicht FG Bln EFG 01, 722); denn die Zahlungsfähigkeit des Vertretenen ist keine Voraussetzung der Haftung, sondern allenfalls ein Gesichtspunkt bei der Auswahl zwischen Haftungs- und StSchuldner als Gesamtschuldnern (vgl auch BFH BStBl 89, 491; 03, 223).

Die Verwirklichung des Haftungstatbestandes geschieht durch die Nichtabgabe der StErklärungen zum gesetzl vorgeschriebenen Zeitpunkt oder durch die Nichtabführung der Steuer zum Fälligkeitszeitpunkt; dies sind die Ereignisse, welche die Frist beginnen lassen (BFH BStBl 01, 13). Hinsichtlich der LSt ist *nicht* die EStErklärung des ArbN maßgeblich (vgl BFH BStBl 08, 597), sondern vielmehr wann die LSt-Anmeldung des ArbG abzugeben ist. Die Festsetzungsfrist für einen Haftungsbescheid hinsichtlich der LSteuer der Monate Januar bis November beginnt mithin – entsprechend der Anmeldepflicht des ArbG nach § 41a EStG – grds mit Ablauf des entsprechenden Kalenderjahres, hinsichtlich der Lohnsteuer des Monats Dezember mit Ablauf des Folgejahres (BFH BStBl 08, 597).

95b **c) Hemmungen und Verlängerungen der Festsetzungsfrist.** Die Regelungen über die **An- und Ablaufhemmung** (§§ 170 II, 171) gelten auch für Haftungsbescheide (Abs 3 S 1). Während jedoch bei StBescheiden grds eine Anlaufhemmung nach § 170 II eintritt, trifft das Gleiche nicht zu für Haftungsbescheide, weil der Haftungsschuldner grds nicht verpflichtet ist, eine der StErklärung vergleichbare Erklärung abzugeben. Nach § 170 II Nr 1 wird der Anlauf jedoch gehemmt, wenn der Haftungsschuldner (ausnahmsweise) von Gesetzes wegen zur Abgabe einer StAnmeldung verpflichtet ist und dieser Verpflichtung nicht nachkommt (BFH BStBl 01, 13; BFH/NV 15, 797; 01, 219); eine StFestsetzung unter Schätzung der Besteuerungsgrundlagen ändert daran auch bei einer Abzugsteuer nichts (BFH/NV 15, 797).

95c Die Festsetzungsverjährung tritt für die Steuer und die Haftung regelmäßig zu unterschiedlichen Zeitpunkten ein; das könnte zur Folge haben, dass hinsichtlich der Haftung die Festsetzungsfrist abgelaufen ist, bevor die StSchuld festgesetzt worden ist. Um dies zu verhindern, wird in Abs 3 S 4 für den Fall, dass die Frist für den Erlass eines Haftungsbescheids nach den allgemeinen Kriterien vor der StFestsetzungsfrist ablaufen würde, bestimmt, dass die Festsetzungsfrist für den Haftungsbescheid **nicht vor Ablauf der für die StFestsetzung geltenden Festsetzungsfrist** endet (vgl BFH BStBl 71, 614); die Festsetzungsfrist für einen LSt-Haftungsbescheid endet dementsprechend nicht vor Ablauf der Festsetzungsfrist für die LSt (BFH BStBl 08, 597). Ist also der Haftende wie bei der LSt ein Entrichtungsschuldner, so ist für das Ende der Festsetzungsfrist des Haftungsbescheids § 170 II 1 Nr 1 zu berücksichtigen. Die Frist für die Haftung eines Entrichtungsschuldners endet also frühestens mit Ablauf des Kalenderjahrs, in dem die StAnmeldung eingereicht wird, spätestens jedoch mit Ablauf des dritten Kalenderjahrs, das auf das Kalenderjahr folgt, in dem die Steuer entstanden ist (vgl BFH BStBl 01, 13; 08, 597). Die Festsetzungsfrist für einen Haftungsbescheid endet auch dann nicht, wenn die Steuer (ausnahmsweise) in anderer Weise als durch StFestsetzung noch geltend gemacht werden kann, insbes durch Anmeldung zur Insolvenztabelle (BFH/NV 11, 2014).

Abs 3 Satz 4 hemmt den Fristablauf für den Erlass eines Haftungsbescheids, **95d** wenn nach den allgemeinen Kriterien die Festsetzungsfrist für diesen vor der StFestsetzungsfrist ablaufen würde; er verlängert sie unter bestimmten Voraussetzungen bis zum Ablauf jener Frist. Demgegenüber greift Abs 5 S 1 Nr 1 dort ein, wo ggü dem Haftungsschuldner eigentlich eine längere Frist liefe als ggü dem StSchuldner, und begrenzt für diesen Fall die im Haftungsverfahren geltende Frist auf die im StFestsetzungsverfahren maßgebliche. Das Ziel beider Regelungen ist letztlich die **Anpassung des Fristablaufs für den Haftungsbescheid an denjenigen für den StBescheid.**

Ist die **Steuer, für die gehaftet wird, festgesetzt** worden, kann der Haf- **95e** tungsbescheid noch innerhalb von zwei Jahren nach Bekanntgabe des StBescheids ergehen (§ 191 III 4 Alt 2, § 171 X), und zwar ungeachtet dessen, ob die StFestsetzung vor oder nach Ablauf der Regel-Frist (Abs 3 S 2) erfolgt ist (BFH BStBl 03, 223). Der Haftungsbescheid kann (gleichsam wie ein Folgebescheid zum StBescheid) nach Erlass des entspr StBescheids erlassen werden, obwohl Steuer- und Haftungsbescheid nicht in dem Verhältnis wie Grundlagen- und Folgebescheid zueinander stehen (BFH BStBl 06, 343). § 171 X ist also anzuwenden, eine Haftungsinanspruchnahme noch zwei Jahre nach Ergehen eines StBescheids iSd § 171 X möglich, wenn dieser erst während der durch die Hemmung der nach Abs 3 S 4 HS 1 (wegen Fehlen eines StBescheids) verlängerten Festsetzungsfrist für die Haftung ergeht. Die sinngemäße Anwendung des § 171 X bedeutet hingegen nicht, dass eine Ablaufhemmung der Frist für den Erlass eines Haftungsbescheids auch bei einer Änderung oder Aufhebung der StFestsetzung eintritt, die Frist also solange gehemmt ist, wie ein StBescheid noch ergehen kann (BFH BStBl 06, 343). Die zweijährige Festsetzungsfrist nach Ergehen eines StBescheids läuft vielmehr auch dann, wenn der StBescheid angefochten wird; die Hemmung der Festsetzungsfrist für die Steuer (§ 171 IIIa) führt nicht dazu, dass auch die Festsetzungsfrist für den Haftungsbescheid gehemmt ist.

Durch Ap beim ArbG wird die Festsetzungsfrist beim ArbN nicht nach § 171 IV **95f** gehemmt. Die LSt-Ap hemmt nur die Verjährung der Haftungsansprüche gegen den ArbG, nicht die Verjährung des individuellen StAnspruchs gegen den ArbN (BFH/NV 16, 994). Dem trägt für am 30.6.2013 noch nicht abgelaufene Festsetzungsfristen § 171 XV Rechnung, wonach die Festsetzungsfrist ggü dem ArbN nicht vor Ablauf der ggü dem steuerentrichtungspflichtigen ArbG geltenden Festsetzungsfrist endet; es wird damit ein **Gleichlauf der Festsetzungsfristen** beim StSchuldner und dem StEntrichtungspflichtigen hergestellt.

d) Frist nach Aufhebung eines Haftungsbescheids. Wenn das FG einen **96** Haftungsbescheid wegen fehlender Ermessensausübung aufgehoben hat, läuft die Festsetzungsfrist für den Haftungsanspruch gem § 171 IIIa 3 nicht ab, bevor der neue Haftungsbescheid, mit dem das FA seine Ermessensausübung nach Ergehen der gerichtlichen Entscheidung nachgeholt hat, unanfechtbar geworden ist (BFH BStBl 94, 714; 93, 581; BFH/NV 94, 71). § 171 IIIa 3 verlängert die Ablaufhemmung aber ausdrücklich nur für den Fall der *gerichtlichen* Kassation gem § 100 I 1 FGO, nicht für den Fall, dass das FA seinen Bescheid selbst aufhebt. Dies lässt eine

Ablaufhemmung nach § 171 III ggf enden, sodass ein neuer ersetzender Bescheid nur vor der Aufhebung, jedenfalls vor Erledigungserklärung in einem gerichtl Verfahren erlassen werden kann (BFH BStBl 05, 323). Dass das FA seinen Bescheid nicht zurücknehmen dürfe, sondern ggf so ändern müsse, „dass er iErg dem neu zu erlassenden Haftungsbescheid entspricht" (so BFH BStBl 95, 227), beruht auf dem (zumindest) missverständlichen Rechtssatz, durch die Aufhebung eines angefochtenen Bescheids trete seine Unanfechtbarkeit unabhängig von den Gründen ein, die Anlass zur Aufhebung des Bescheids waren (so BFH BStBl 90, 942 und 94, 715), was vorgenannte Entscheidung jetzt richtig stellt.

97 **e) Organschaft und Haftung nach § 74.** In den Fällen des § 73 (Haftung bei Organschaft) und des § 74 (Haftung des Eigentümers) wird der Ablauf der Festsetzungsfrist noch weiter hinausgeschoben (§ 191 III 5): Die Festsetzungsfrist endet nicht, bevor der sich aus der StFestsetzung ergebende Zahlungsanspruch verjährt ist. Der Grund für diese Regelung liegt darin, dass es sich bei den genannten Vorschriften um eine echte Ausfallhaftung handelt, dh die Frage, ob gehaftet werden soll, stellt sich erst, wenn von dem StSchuldner keine Zahlung erreicht werden konnte.

98 **f) Länge der Festsetzungsfrist.** Sie ergibt sich nicht aus § 169, sondern ist eigenständig geregelt. Sie beträgt deshalb nur dann 10 Jahre, wenn die Haftung auf § 71 oder auf StHinterziehung im Falle des § 70 beruht (BFH BStBl 03, 223). Diese lange Festsetzungsfrist gilt aber nicht etwa für jeden Fall, dem eine leichtfertige StVerkürzung zugrunde liegt, also nicht bei der Haftung gem § 69 (BFH BStBl 08, 735 entgegen BFH/NV 02, 755). Der Satzteil „bei leichtfertiger StVerkürzung fünf Jahre" soll sich nach dieser Entscheidung vielmehr nur auf den Fall der Inanspruchnahme des Vertretenen beziehen, was freilich zu dem kuriosen Ergebnis führt, dass der Vertreter, der also bei leichtfertiger StVerkürzung nur vier Jahre haftet, früher frei wird als der Vertretene

98a Anders als bei StBescheiden gilt die vorgenannte Haftungsverjährung aber nur für die Haftungs*inanspruchnahme;* hingegen richtet sich die **Änderung von Haftungsbescheiden** nach §§ 130, 131, ohne dass dafür die Frist des § 169 gilt.

99 **9. Fristen bei Duldungsbescheiden.** Bei einem auf das AnfG gestützten Duldungsbescheid sind die dort geregelten Fristen zu beachten (vgl § 7 AnfG mit dem dortigen Institut der fristverlängernden Anfechtungsankündigung); eine Verjährung des Duldungsanspruches gibt es nicht (BVerwG BStBl 87, 475). Ein Duldungsbescheid darf allerdings nicht mehr ergehen, wenn der StAnspruch wegen Festsetzungsverjährung nicht mehr festgesetzt werden kann, Zahlungsverjährung eingetreten ist oder die Steuer erlassen worden ist. Hat das FA durch Duldungsbescheid einen Rückgewähranspruch nach Ablauf der Jahresfrist des § 3 I Nr 2 AnfG aF geltend gemacht (vgl §§ 3 ff AnfG nF), kann es sich nicht mit Erfolg darauf berufen, es habe noch innerhalb der Jahresfrist denselben Rückgewährsanspruch durch Haftungsbescheid geltend gemacht, der jedoch durch das FG aus materiellrechtlichen Gründen ersatzlos aufgehoben worden sei; dieser Haftungsbescheid beinhaltet nicht die erforderliche fristgerechte Anfechtung (BFH BStBl 84, 576). Zum späten Beginn der Anfechtungsfrist bei mehrteiligen Rechtsakten wie einem Gründstückkauf vgl BFH BStBl 97, 17.

Die nicht bis zum Ende eines Insolvenzverfahrens vom Insolvenzverwalter geltend gemachten Anfechtungsansprüche können nach Maßgabe des § 18 AnfG verfolgt werden.

101 **10. Festsetzungsfrist bei Haftung nach Zivilrecht (Abs 4).** Soweit sich die Haftung nicht aus stl Vorschrift ergibt, richtet sich die Festsetzungsfrist für den Haftungsbescheid nach den entspr zivilrechtl Vorschriften über die Verjährung. Die (relative) Frist beträgt also gem § 195 BGB grds drei Jahre (die „absolute" nach den §§ 196, 197 BGB zehn bzw dreißig Jahre) und beginnt mit der Entstehung des

Anspruchs (§ 198 1 BGB). Die Verjährung ist, obwohl sie sich inhaltlich nach BGB etc richtet, *von Amts wegen* zu berücksichtigen! Die Fristen werden nach den zivilrechtlichen Vorschriften der §§ 203 ff BGB gehemmt oder unterbrochen; § 191 III gilt hierfür nicht.

102 Gemäß § 736 II BGB, § 159 I HGB anlog verjähren **Ansprüche gegen einen Gesellschafter** in fünf Jahren nach *Auflösung* der Gesellschaft, sofern nicht der Anspruch gegen die Gesellschaft einer kürzeren Verjährung unterliegt. Sonst beträgt die Verjährungsfrist drei Jahre und beginnt grds mit Kenntnis vom Bestehen des Anspruchs. § 159 HGB ist auch auf die BGB-Gesellschaft anzuwenden (BGHZ 117, 168; BFH BStBl 97, 745). Die Verjährung beginnt mangels Registerfähigkeit der BGB-Gesellschafter am Ende des Tages, an dem die FinBeh von der Auflösung der Gesellschaft Kenntnis erlangt hat (vgl BFH BStBl II 97, 745). Werden jedoch Steuern gegen eine Personengesellschaft erst später als fünf Jahre nach Eintragung ihrer Auflösung festgesetzt und fällig, beginnt die fünfjährige Haftungsverjährung gem § 191 IV, § 159 III HGB erst mit Fälligkeit der Steuern (FG Hbg EFG 00, 1045).

103 **Handlungen zur Unterbrechung der Verjährung,** die vor Auflösung einer Gesellschaft im Verhältnis zur Gesellschaft vorgenommen worden sind, wirken gegen die Gesellschafter auch nach Auflösung der Gesellschaft. § 159 IV HGB regelt die Wirkung von Unterbrechungshandlungen nach Auflösung der Gesellschaft. Ggü einer Gesellschaft vorgenommene Handlungen zur Unterbrechung der Verjährung wirken nach der Auflösung der Gesellschaft gegen deren Gesellschafter – unter der Voraussetzung, dass diese der Gesellschaft zurzeit ihrer Auflösung angehört haben – nur dann, wenn die Unterbrechungshandlung nach Auflösung der Gesellschaft innerhalb der zugunsten der Gesellschafter nach Auflösung der Gesellschaft laufenden Fünf-Jahres-Frist nach § 159 I HGB vorgenommen worden ist. Diese Frist läuft jedoch nicht an, solange die Verjährung der Forderung gegen die Gesellschaft unterbrochen ist (BFH/NV 99, 1440). Ob eine Unterbrechung des gegen die aufgelöste Gesellschaft bestehenden StAnspruchs ggü der Gesellschaft eingetreten ist, richtet sich allein nach den in Bezug auf diesen Anspruch bestehenden steuerrechtlichen Vorschriften).

105 **11. Ausschluss der Haftungsinanspruchnahme bei Festsetzungs-/Zahlungsverjährung und Erlass der Steuer (Abs 5).** Ein Haftungsbescheid darf nicht mehr ergehen, soweit die Steuer gegen den StSchuldner nicht festgesetzt worden ist und wegen Ablaufs der (steuerlichen) Festsetzungsfrist auch nicht mehr festgesetzt werden kann. Siehe schon Rz 11 und 12. Diese Regelung ist Ausdruck der (freilich begrenzten) Akzessorietät der Haftung: der StAnspruch begrenzt den Haftungsanspruch, dh der Haftungsschuldner schuldet höchstens die Steuer, die gegen den StSchuldner festgesetzt worden ist oder werden kann. Der Haftungsanspruch kann deshalb nur solange geltend gemacht werden, wie der StAnspruch besteht (BFH BStBl 83, 544; 93, 407; vgl Rz 11). Hat die FinBeh gegen den StSchuldner keine Steuer festgesetzt und durch Verstreichenlassen der Festsetzungsfrist auch keine Möglichkeit mehr, eine solche Festsetzung vorzunehmen, dann greift die Akzessorietät der Haftung ein; die StForderung ist erloschen (nicht nur einredebehaftet). Ein Haftungsanspruch besteht deshalb nicht mehr, obgleich die StFestsetzung keine Voraussetzung der Haftungsinanspruchnahme ist. Entsprechendes gilt, wenn die StFestsetzung zu niedrig ist und mangels eines Änderungstatbestandes (§§ 173 f) nicht mehr geändert werden kann (*Halaczinsky* Die Haftung im StRecht, 4. Aufl, Rz 608); jedoch ist ggf die vorherige Änderung der StFestsetzung entgegen BFH DB 12, 2026 (vgl Rz 3) nicht Voraussetzung der Haftungsinanspruchnahme. Das Akzessorietätsprinzip schließt eine Haftungsinanspruchnahme ferner aus, wenn im Verhältnis zum StSchuldner Zahlungsverjährung (§ 228) eingetreten ist (BFH BStBl 87, 293), denn auch dann erlischt die StForderung (§ 47). Ist jedoch der Haftungsbescheid in unverjährter Zeit ergangen (bekannt gegeben,

BFH HFR 02, 277 und BFH BStBl 02, 267), wird er nicht etwa dadurch rechtswidrig, dass nunmehr die Steuer verjährt (s oben Rz 11).

106 Die Haftungsinanspruchnahme ist ferner ausgeschlossen, wenn die geschuldete Steuer erlassen (§ 227) oder abweichend festgesetzt (§ 163) worden ist. Maßgeblich ist aber insofern nicht der Zeitpunkt der Bekanntgabe des Haftungsbescheids, sondern der Abschluss des betr Verfahrens (Einspruchsentscheidung, Urteil des FG); denn sonst müsste uU ein Haftungsbescheid bestätigt werden, und die FinBeh zugleich verpflichtet sein, ihn nach § 130 zu ändern.

106a § 191 V Satz 1 ergänzt die Tatsachen, die für und gegen Steuer- und Haftungsschuldner als Gesamtschuldner wirken (vgl § 44), nur um die vorgenannten Erlöschenstatbestände. Andere Tatsachen, die uU die StFestsetzung verhindern, sind von der Regelung nicht betroffen.

107 Wenn die Haftung darauf beruht, dass der Haftende **StHinterziehung** oder **StHehlerei** begangen hat, gelten die vorgenannten Einschränkungen nicht (Abs 5 S 2). Diese Haftenden können insb herangezogen werden, auch wenn entweder die Festsetzungsfrist gegen den StSchuldner abgelaufen oder Zahlungsverjährung eingetreten ist. Das gilt aber nicht für denjenigen, der an der StHinterziehung oder StHehlerei nur *teilgenommen* hat (aA *Schwarz/Dumke* § 191 Rz 55).

109 **12. Änderung von Haftungsbescheiden.** Siehe zur Notwendigkeit einer materiellen Anpassung des Haftungsbescheids an das Schicksal der StSchuld zunächst oben Rz 16f.

Für die Änderung von Haftungsbescheiden gelten *nicht* die für StBescheide bestehenden Vorschriften (BFH BStBl 94, 715; 95, 227), auch nicht § 169 (BFH BStBl 98, 131), sondern die allgemeinen für VA getroffenen Regelungen der §§ 130ff.

110 Hat das FA einen Haftungsfall (siehe schon Rz 75) durch einen Haftungsbescheid geregelt, steht dessen Bestandskraft bei unveränderter Sach- und Rechtslage der erneuten Regelung des gleichen Sachverhaltes durch Erlass eines ergänzenden, neben den ersten Haftungsbescheid tretenden Haftungsbescheids entgegen (BFH BStBl 05, 3; vgl auch § 130 Rz 40). Entscheidend ist jedoch, was als Regelungsgegenstand des ersten Bescheids anzusehen ist. Der BFH nennt dies den „Haftungsfall". Dieser soll entsprechend der StFestsetzung stets den gesamten Besteuerungszeitraum umfassen. Das soll sogar dann gelten, wenn bei Erlass des ersten Haftungsbescheids für einen Teil der betr Jahressteuer AdV gewährt war (BFH BStBl 05, 3; dagegen *Rüsken* BFH-PR 04, 413; vgl auch BFH BStBl 06, 530: Sperrwirkung des Haftungsbescheids nicht jahres-, sondern sachverhaltsbezogen, sodass mehrere Haftungsbescheide ergehen können, wenn die ihnen zu Grunde liegenden Haftungstatbestände zu unterschiedlichen Zeitpunkten oder durch unterschiedliche Handlungen verwirklicht worden sind). Andererseits soll die Inanspruchnahme für Sz ggü derjenigen für die betr Steuer einen anderen Haftungsfall darstellen (BFH BStBl 05, 249).

110a Widersprüchlich erscheint es dann, wenn BFH BStBl 11, 534 eine Nachforderung für zulässig hält, wenn bei der ursprünglichen Inanspruchnahme die Haftung nur für Teilbeträge der StSchuld geltend gemacht worden ist, weil deren zutreff Höhe erst später – zB nach Ap – berechnet worden ist. Das ließe sich allenfalls mit der Konstruktion rechtfertigen, der Haftungsbescheid treffe (stillschweigend) eine *Regelung* dahin, der Haftungsschuldner solle (auch in Zukunft) auf einen höheren Betrag (für die betr Steuer und den betr Veranlagungszeitraum) in Anspruch genommen werden können. Die Rspr des BFH hat für dieses Ergebnis in vorgenannter Entscheidung (BFH BStBl 11, 534) eine dogmatisch schiefe, jedenfalls unklare Begründung gewählt, wenn nicht mehr auf den Haftungsfall oder einen stillschweigenden Nachforderungsvorbehalt, sondern – ähnlich wie es § 173 tut (der hier gar nicht passt) – auf die Kenntnis des FA abgestellt wird.

Unter den Voraussetzungen der §§ 130, 131 ist eine Nachforderung stets möglich, auch wenn ein zuvor wegen der betr Steuer (des „Haftungsfalls") ergangener Haftungsbescheid entgegensteht (BFH BStBl 05, 3). 110b

Nimmt das FA den Haftungsbescheid *zurück*, kann es nach BFH BStBl 85, 562einen erneuten Haftungsbescheid nur unter den Voraussetzungen des § 130 II (Rücknahme eines begünstigenden VA) erlassen, weil die Rücknahme eines Haftungsbescheids einen begünstigenden VA darstelle; die Rücknahmeentscheidung sei geeignet, einen Vertrauenstatbestand zu begründen, sodass der Inanspruchgenommene nunmehr davon ausgehen könne, nicht mehr als Haftungsschuldner in Anspruch genommen zu werden (BFH BStBl 93, 146). Nur wenn sein Vertrauen nicht schutzwürdig ist, sei es zulässig, ihn erneut in Anspruch zu nehmen (BFH BStBl 86, 779; FG BaWü EFG 95, 600). 110c

Diese Betrachtungsweise wäre jedoch nur überzeugend, wenn der Rücknahmebescheid trotz bestehender Haftung des Inanspruchgenommenen ein rechtswidriger VA wäre und ferner, wenn im Erlass eines neuen Haftungsbescheids tatsächlich eine Rücknahme des Rücknahmebescheids läge. Denn wenn der Rücknahmebescheid nicht rechtswidrig ist, ist nicht § 130 II, sondern § 131 II einschlägig; für die Annahme einer Rechtswidrigkeit dürfte es aber iAllg an Gründen fehlen. Vor allem aber liegt im Erlass eines neuen Haftungsbescheids keine Rücknahme des Rücknahmebescheids (so auch BFH BStBl 85, 562; für den Fall einer Rücknahme des ersten Haftungsbescheids aus formellrechtlichen Gründen vgl auch BFH BStBl 90, 2; 93, 146) Der Rücknahmebescheid enthält idR nicht die Freistellung des Haftungsschuldners iS einer verbindlichen Regelung, zu der das FA ungeachtet der Frage der grundsätzlichen Zulässigkeit eines Freistellungsbescheids in entsprechender Anwendung des § 155 I 3 keinerlei Anlass hat; er enthält vielmehr iAllg lediglich die schlichte Beseitigung des ersten Haftungsbescheids, aus welchen Gründen auch immer. Deshalb steht der Rücknahmebescheid dem Erlass eines neuen Haftungsbescheids grds nicht entgegen; eines ausdrücklichen Vorbehalts iSd § 131 II Nr 1 bedarf es also nicht, wenn auch bei gleichzeitigem Neuerlass eines Haftungsbescheids wegen dieser Vorschrift keine diesbzgl Probleme entstehen. Enthält der Rücknahmebescheid keine Haftungsfreistellung, greifen zugunsten des Haftungsschuldners (nur) die allgemeinen Vertrauensschutzgrundsätze ein. 111

Auch der BFH erkennt allerdings an, dass in dem Erlass eines neuen Haftungsbescheids keine Rücknahme der Rücknahmeverfügung des vorangegangenen Haftungsbescheids liegt, weil der begünstigende VA, die Rücknahmeverfügung, formell bestehen bleibt und der später ergangene Haftungsbescheid einen eigenständigen, von der Rücknahmeverfügung unabhängigen VA darstellt (BStBl 85, 562). Er meint jedoch, unter Berücksichtigung von Sinn und Zweck des § 130 II, das Vertrauen des Betroffenen auf eine ihm günstige Verwaltungsregelung zu schützen, sei § 130 II auch auf neu ergehende Haftungsbescheide anzuwenden, und zwar jedenfalls dann, wenn der ursprüngliche Haftungsbescheid im Rechtsbehelfsverfahren zurückgenommen worden ist (zweifelhaft). Nach der Rspr des BFH unterliegen allerdings Einspruchsentscheidungen und Abhilfebescheide, die nach erneuter Prüfung der Sache im Einspruchsverfahren ergangen sind, *allgemein* wegen des durch sie angeblich begründeten Vertrauens des Stpfl einer erhöhten Bestandsgarantie. Sie können bei unverändertem Sachverhalt idR nicht lediglich aufgrund geänderter Rechtsauffassung der Verwaltung abgeändert werden. 111a

Nicht schutzwürdig ist das Vertrauen, wenn der Inanspruchgenommene die Rücknahme unter Berücksichtigung von Treu und Glauben nicht so verstehen konnte, dass kein neuer belastender VA erlassen werde (vgl iErg auch BFH BStBl 86, 779; 90, 2; 93, 146; vgl auch oben § 130 Rz 38), was idR indes nicht allein deshalb anzunehmen sein wird, weil die Rücknahme vorbehaltlos und ohne Angabe von Gründen erfolgt ist (vgl BFH BStBl 86, 779). Schutzwürdigkeit hat der BFH für den Fall verneint, dass im Rücknahmebescheid sogleich eine erneute Haftungsinanspruchnahme erfolgt (BFH BStBl 85, 562; BFH/NV 92, 639); hin- 112 gegen soll der Vertrauensschutz einen neuen Haftungsbescheid ausschließen, wenn wegen des nämlichen Sachverhalts ein Haftungsbescheid ohne Angabe der rechtlichen Gründe „ersatzlos" aufgehoben worden ist (BFH BStBl 86, 779; anders bei ersatzloser Aufhebung eines StBescheids, BFH/NV 85, 13) oder wenn der Einspruch gegen den ersten Haftungsbescheid als „erledigt" bezeichnet worden ist (FG BaWü EFG 95, 600). Anders insbes bei Aufhebung wegen formeller oder Ermessensmängel (BFH BStBl 86, 775; BFH/NV 92, 639). Kein Vertrauensschutz auch dann, wenn zwar ein Vertrauenstatbestand vorliegt, der Haftungsschuldner aber sein Vertrauen noch nicht betätigt hat (keine Vertrauensfolge; vgl BFH BStBl 88, 1022; 90, 923).

113 Eine **Verminderung der Haftungsschuld** kann Teilrücknahme bedeuten (vgl BFH/NV 98, 1140; 97, 386); sie berührt dann den bestehen bleibenden Teil des Haftungsbescheids und damit auch einen deswegen anhängigen Rechtsstreit nicht (kein Antrag nach § 68 FGO erforderlich, BFH BStBl 82, 292); anders, wenn der Haftungsbescheid als solcher zurückgenommen und durch einen neuen (inhaltsgleichen, BFH/NV 88, 82, mit anderem Haftungsbetrag, anderen Ermessensgründen oder dgl) ersetzt wird (BFH BStBl 97, 79).

114 Dass die **Änderungsmöglichkeiten** nach einer Ap eingeschränkt sind, weil § 173 II entsprechend auf Haftungsbescheide anzuwenden wäre, erscheint fraglich (verneinend auch *HHSp/Boeker* § 191 Rz 130h), ebenso die entspr Anwendung der für StBescheide geltenden Änderungsvorschriften überhaupt, die von der überwiegenden Literaturmeinung wegen des Wortlauts des Abs 3 S 1 verneint wird (BFH BStBl 98, 131: § 169 auf Änderung eines Haftungsbescheids unanwendbar). Eine Regelungslücke anzunehmen, erscheint nicht gerechtfertigt, weil die §§ 130 ff ein eigenständiges, geschlossenes Regelwerk enthalten. BFH BStBl 93, 829; 95, 555 hat unter Abkehr von BFH BStBl 89, 909 bei der LSt-Haftung nach § 42d I EStG allerdings § 173 II angewandt; das beruht aber auf der (zutreffenden) Annahme (vgl dazu BFH BStBl 09, 703), die Haftungsinanspruchnahme beinhalte eine Änderung der als LSt-Festsetzung wirkenden LSt-Anmeldungen, und kann daher auf andere Haftungsfälle nicht übertragen werden.

114a Hat sich die Haftungsschuld nach Bekanntgabe des Haftungsbescheids aufgrund einer Änderung der Steuerschuld (oben Rz 16) geändert, hat der Haftungsschuldner einen **Rechtsanspruch auf** (ggf teilweisen) **Widerruf** des Haftungsbescheids (BFH BStBl 83, 54; vgl für den Duldungsbescheid BFH/NV 99, 796).

114b Die Änderung eines Haftungsbescheids hat auf den StBescheid, der ggf wegen der Haftungsschuld ergangen ist, keine unmittelbaren Auswirkungen, insbes ist § 174 IV unanwendbar (BFH/NV 97, 212).

115 **13. Rechtsschutz gegen Haftungs- und Duldungsbescheide.** Neben dem Einwand, dass die Voraussetzungen für eine Haftung nicht gegeben seien oder dass die FinBeh bei der Inanspruchnahme ermessensfehlerhaft gehandelt habe, kann der Haftende auch Einwendungen gegen die StSchuld an sich geltend machen, selbst wenn der Bescheid gegen den persönlichen StSchuldner bestandskräftig ist (BFH BStBl 11, 477; 87, 419; 82, 226; BVerfG BStBl 97, 415). Zum Einwand des Erlöschens der StSchuld siehe Rz 11 ff.

116 Eine gegen den Haftungsschuldner gerichtete **Drittwirkung** der StFestsetzung ist aber im Fall des § 166 gegeben (vgl iEinz auch dort). Ein solcher Fall soll auch vorliegen, wenn gegen die StForderung im Insolvenzverfahren nicht wirksam Widerspruch erhoben worden ist (BFH DStRE 18, 165; BStBl 17, 934). Da der nicht (allein-)vertretungsberechtigte Gesellschafter kein Anfechtungsrecht ggü an die Gesellschaft gerichteten StBescheiden hat, und zwar auch nicht nach Kündigung des Gesellschaftsverhältnisses (BFH/NV 95, 86) oder in „Notfällen" (BFH BStBl 98, 319), muss dieser sich aber § 166 nicht entgegenhalten lassen.

117 Hat sich der ArbG die Abwälzung der LSt auf den ArbN offen gehalten, so steht neben dem ArbG auch den ArbN das Recht zu, den an den ArbG gerichteten

LSt-Haftungsbescheid anzufechten (BFH BStBl 80, 210; 73, 780; zweifelhaft, vgl *Schmidt/Krüger* § 42d EStG Rz 59). Der Haftungsbescheid entfaltet also **Drittwirkung ggü den Arbeitnehmern.**

Nach den **KiStGesetzen** der Länder ist gegen die Inanspruchnahme der ArbG im Rahmen der LSt-Haftung für Kirchensteuer nicht der Einspruch, sondern unter den Voraussetzungen der §§ 40, 68, 69 VwGO der Widerspruch gegeben. Der Widerspruch ist aber nach Maßgabe der KiStGesetze insoweit unstatthaft, als die materiellen Einwendungen durch Anfechtung des Haftungsbescheids für die ESt und LSt geltend gemacht werden können. **118**

Bei der Haftungsinanspruchnahme für **Zollschulden** handelt es sich um eine zollrechtliche Entscheidung; für AdV gilt dementsprechend Art 45 UZK (*BMF* VSFN 3299 Nr 206). **119**

Im Falle der Inanspruchnahme von mehreren Haftungsschuldnern ist eine **Beiladung** eines Haftungsschuldners im Prozess über die Rechtmäßigkeit des gegen den anderen Haftungsschuldner ergangenen Haftungsbescheids nicht notwendig; auch eine einfache Beiladung kommt nicht in Betracht, wenn der Beiladungsprätendent die ausschließliche Haftung des neben ihm ebenfalls in Anspruch Genommenen erreichen will, also ein dessen Belangen entgegenstehendes Interesse am Ausgang des Rechtsstreits hat und der Kläger der Beiladung widerspricht (BFH/NV 04, 795). Auch der für die USt-Schuld einer GmbH als Haftungsschuldner in Anspruch genommene Geschäftsführer ist zu dem Klageverfahren der GmbH gegen den USt-Bescheid nicht notwendig beizuladen (BFH/NV 07, 958). Ebensowenig ist zu dem Rechtsstreit des Vergütungsschuldners wegen eines Haftungsbescheids gem § 50a V EStG der Vergütungsgläubiger notwendig beizuladen (BFH BStBl 08, 95). Wer möglicherweise als Haftender in Betracht kommt, soll jedoch zum Rechtsstreit des StSchuldners einfach beigeladen werden *können* (BFH/NV 96, 828; 09, 1663). **121**

Ein Rechtsbehelfsverfahren gegen einen Haftungsbescheid **erledigt sich** nicht dadurch **in der Hauptsache,** dass die zu Grunde liegenden StAnsprüche entfallen oder durch Zahlungen erlöschen (BFH BStBl 83, 544). Erlischt der *Zahlungs*anspruch gegen den Haftungsschuldner während des Rechtsstreits über die Rechtmäßigkeit der Festsetzung der Haftungsschuld, ist der Rechtsstreit hingegen in der Hauptsache erledigt. Dies ist auf Antrag des Klägers, der auch noch in der Revisionsinstanz gestellt werden kann, festzustellen (BFH/NV 04, 1057). **122**

Wird ein Haftungsbescheid während des gerichtl Verfahren durch einen anderen ersetzt, wird dieser gem **§ 69 FGO** Gegenstand des Verfahrens, wenn er den gleichen Haftungsfall betrifft (BFH/NV 12, 798). Dass es sich bei der Haftungsinanspruchnahme um eine Ermessensentscheidung handelt, steht dem nicht entgegen (vgl BFH/NV 10, 1814). Die Anwendung des § 69 FGO setzt nicht voraus, dass er auf die gleiche Haftungsvorschrift und die gleichen haftungsbegründenden Pflichtverletzungen gestützt ist, wohl aber, dass es um die Haftung für die nämlichen Steuern in dem nämlichen Besteuerungszeitraum geht (vgl FG BBg EFG 11, 2096). **123**

Auch ein **Duldungsverpflichteter** kann alle Einwendungen gegen den der Duldungspflicht zugrunde liegenden StAnspruch erheben; die Duldungspflicht besteht an sich nur für den kraft Gesetzes entstandenen Anspruch, wenn für diesen ein vollstreckbarer Schuldtitel vorliegt und die Forderung des Anfechtenden fällig ist (vgl § 2 AnfG). Mit Einwendungen gegen einen bestandskräftig gewordenen Steuer- oder Haftungsbescheid ist der duldungsverpflichtete Anfechtungsgegner jedoch ausgeschlossen (BFH BStBl II 88, 408). Diese Auffassung, die sich im Wesentlichen durchgesetzt hat (vgl auch BVerfG StEd 97, 539), wird dem Wesen des Duldungsanspruchs gerecht und stellt keine Beeinträchtigung des Rechtsschutzanspruches des Duldungsverpflichteten dar; denn dessen Inanspruchnahme ist nicht wegen der rechtmäßigen Inanspruchnahme des Steuer- oder Haftungsschuldners, sondern allein wegen des zur Duldungspflicht führenden Tatbestandes gerechtfertigt; jenes Rechtsverhältnis geht ihn also gleichsam nichts an. **124**

126 Wird während des Streitverfahrens wegen eines Duldungsbescheids ein Insolvenzverfahren eröffnet, geht die Anfechtungskompetenz aus §§ 4, 11 AnfG auf den **Insolvenzverwalter** über. Der Rechtsstreit gegen den Duldungsbescheid des FA wandelt sich in eine Leistungsklage gegen den mit dem Duldungsbescheid in Anspruch Genommenen. Der Insolvenzverwalter rückt kraft Gesetzes in die Rolle des Klägers ein. Die zunächst als Anfechtungsklage gegen den Duldungsbescheid erhobene, dem Finanzrechtsweg zugewiesene Klage ist aber auch nach Übernahme durch den Insolvenzverwalter vom FG zu entscheiden (BFH BStBl 13, 128).

§ 192 Vertragliche Haftung

Wer sich auf Grund eines Vertrags verpflichtet hat, für die Steuer eines anderen einzustehen, kann nur nach den Vorschriften des bürgerlichen Rechts in Anspruch genommen werden.

1 Die Vorschrift meint zivilrechtliche Verträge (zB StBürgschaft, Schuldbeitritt), die freilich im StRecht mindestens ebenso selten sind wie öff-rechtl und den Vertragspartner der FinBeh auch dann nicht zum Abgabeschuldner machen, wenn sie sich auf Abgaben beziehen (BFH/NV 00, 1265). Sie besagt etwas heute Selbstverständliches, weil für eine Inanspruchnahme durch VA nach § 191 die aufgrund des Gesetzesvorbehalts erforderliche Rechtsgrundlage fehlt, allerdings – was darüber hinaus der Vorschrift entnommen werden mag – die Zulässigkeit einer vertraglichen Haftungsübernahme für öff-rechtl Forderungen (zB Steuern) keiner gesetzl Festlegung bedarf (siehe auch § 48 II). Dass die FinBeh einen materiell-rechtlichen Anspruch (aus Vertrag) hat, berechtigt sie weder beim bürgerlich-rechtlichen noch beim öffrechtl Vertrag, diesen Anspruch durch VA geltend zu machen. IÜ besteht selbstverständlich nur die *Möglichkeit* der (klageweisen) Inanspruchnahme des aufgrund des Vertrags Verpflichteten, aber keine entspr gesetzliche Verpflichtung dazu. Tritt neben eine vertragliche Haftung eine steuerrechtliche Haftung *gleichen Umfangs,* ist diese nach allgM nicht vorrangig (vgl FG Nds EFG 13, 570); auch mangelndes Rechtsschutzbedürfnis wird einer Klage der FinBeh nicht entgegengehalten werden können, weil bei Weigerung des Haftungsschuldners, seine Schuld zu erfüllen, ohnehin die gerichtl Klärung notwendig ist.

2 Zur Vertretung des Fiskus bei der Geltendmachung vertraglicher Haftung vor den ordentlichen Gerichten eingehend *TK/Loose* § 192 Rz 8 ff.

3 Der vertraglich Verpflichtete hat, soweit nicht etwas anderes vereinbart ist, alle Einwendungen gegen den materiell-rechtl Bestand der Primärforderung; § 166 ist nicht anzuwenden. Zahlt er, bestimmt sich nach ZivilR, ob der Anspruch der FinBeh gegen den steuerrechtl Verpflichteten auf ihn übergeht (wie bei der Bürgschaft, § 774 I 1 BGB) oder lediglich eine Rückgriffsanspruch besteht. Während dieser immer zivilrechtl Art ist, trifft es nicht zu, dass der übergehende StAnspruch seinen öffentl-rechtl Charakter verliert (so aber BGH NJW 73, 1077), wenngleich er nicht vor dem FG geltend gemacht werden kann (*HHSp/Boeker* § 192 Rz 10; *TK* § 192 Rz 3; vgl auch *Bernstorff* RIW 11, 657).

Vierter Abschnitt. Außenprüfung

1. Unterabschnitt. Allgemeine Vorschriften

§ 193 Zulässigkeit einer Außenprüfung

(1) **Eine Außenprüfung ist zulässig bei Steuerpflichtigen, die einen gewerblichen oder land- und forstwirtschaftlichen Betrieb unterhalten, die freiberuflich tätig sind und bei Steuerpflichtigen im Sinne des § 147a.**

(2) **Bei anderen als den in Absatz 1 bezeichneten Steuerpflichtigen ist eine Außenprüfung zulässig,**

1. soweit sie die Verpflichtung dieser Steuerpflichtigen betrifft, für Rechnung eines anderen Steuern zu entrichten oder Steuern einzubehalten und abzuführen,
2. wenn die für die Besteuerung erheblichen Verhältnisse der Aufklärung bedürfen und eine Prüfung an Amtsstelle nach Art und Umfang des zu prüfenden Sachverhalts nicht zweckmäßig ist oder
3. wenn ein Steuerpflichtiger seinen Mitwirkungspflichten nach § 90 Absatz 2 Satz 3 nicht nachkommt.

Abs 1 neu gefasst, Abs 2 Nr 1 und 2 geändert, Abs 2 Nr 3 angefügt durch StHintBekG v 29.7.09 (BGBl I, 2302).

Schrifttum: *Brinkmann* Außenprüfung bei Privatpersonen, StBp 11, 125; *Seer* Zeitnahe Außenprüfungen bei Groß- und Konzernbetrieben, Ubg 09, 673; *Drüen* Rechte und Pflichten bei der steuerlichen Außenprüfung, Jahresarbeitstagung Steuerrecht 2014, 61; *Werth* Effektiver Rechtsschutz in der Außenprüfung, in: 10 Jahre Deutscher Finanzgerichtstag – Für ein besseres Steuerrecht/Steuergerechtigkeit und Effektivität, Köln 2015, 279; *Dreßler* Neuerungen bei Außenprüfungen und Steuerberatungen, FR 2015, 1070; *Schiffer* Praktische Hinweise zur Vorbereitung auf Steuerprüfungen, BB 15, 343, *Nöcker* Update Betriebsprüfung – Neues vom BFH und die Auswirkungen für die Praxis, NWB 16, 3157.

Übersicht

1. Inhalt und Bedeutung; ergänzende Bestimmungen. Außenprüfung (Ap) ist das formalisierte Verfahren zur Ermittlung stl erheblicher Sachverhalte mit besonderen Mitwirkungspflichten des Stpfl. Sie hat vor allem die Aufgabe, Vollzugsdefizite bei Beziehern von (Gewinn-)Einkünften, die nicht an der Quelle besteuert werden können, auszugleichen (*Michel/Schnell* BB 98, 1562). Der Begriff Ap statt des vielfach üblichen der Bp (der nach wie vor vielerorts und synonym verwendet wird) soll daran erinnern, dass der Prüfung nicht nur Betriebe und Freiberufler unterliegen, sondern uU auch die steuerlichen Verhältnisse von Privatpersonen oder gemeinnützigen Organisationen mit oder ohne wirtschaftlichen Geschäftsbetrieb (*Teufel* DB 99, 874), wobei sich die Prüfung im letzteren Fall nicht auf jenen Betrieb beschränken muss (BFH BStBl 82, 208). 1

Die Anordnung einer Ap ist zweckmäßig, wenn eine größere Anzahl von Lebensvorgängen mit einem größeren Zeitaufwand zu prüfen ist und sich die dafür benötigten Unterlagen, insbes die Geschäftsbücher, nicht an Amtsstelle befinden (vgl Rz 15 und 40). Eine Ap durchzuführem kann dann der rationelleren Durchführung des Besteuerungsverfahrens und der Entlastung der Veranlagungsstelle 1a dienlich sein, welche Wirkungen bei der Entscheidung über die Durchführung einer Ap mitberücksichtigt werden dürfen (BFH/NV 14, 1880).

2 Die Ap ist auf eine *abschließende nachträgliche* Überprüfung des Steuerfalls (bestimmte Steuerarten in bestimmten Besteuerungszeiträumen) gerichtet; sie ist also grds für den Fall gedacht, dass StErklärungen vorliegen (anders das sog Osnabrücker Modell einer zeitnahen Ap, das § 4a BpO sich aber nicht zueigen gemacht hat), wenngleich dies keine zwingende Voraussetzung für eine Ap-Anordnung ist (BFH BStBl 93, 146). Eine Ap vor Ablauf der StErklärungsfrist anzuordnen wäre aber ermessenswidrig. Dem nachprüfenden Charakter der Ap entsprechend sind auf ihrer Grundlage ergangene StBescheide mit verstärkter Bestandskraft ausgestattet (§ 173 II) bzw auszustatten (§ 164 III 3). Ihr abschließender Charakter kommt ferner darin zum Ausdruck, dass es nach der Ap gestattet ist, stl Folgerungen auch für die Zukunft zu ziehen (Zusage nach § 204).

2a Als Ap müssen alle unter einer entsprechenden Prüfungsordnung (insoweit offen BFH BStBl 00, 306; anders BFH BStBl 84, 790; *Notthoff* DB 85, 1497) durchgeführten Ermittlungen angesehen werden; entscheidend ist dabei, wie der Stpfl das Vorgehen der FinBeh verstehen musste (BFH BStBl 98, 461, 94, 377; 90, 526). Maßnahmen eines Außenprüfers sind im Zweifel der Ap zuzuordnen und keine Einzelermittlungsmaßnahmen (BFH BStBl 03, 739; 98, 461; 94, 377; BFH/NV 04, 1510).

3 Einzelheiten der Durchführung der Ap und der Organisation der Prüfungsdienste sind in einer **Allgemeinen Verwaltungsvorschrift (BpO)** geregelt; es gilt jetzt die BpO v 15.3.2000, BStBl I, 368, zuletzt geändert BStBl I 11, 710. Beachte ferner Merkblatt über die Rechte und Mitwirkungspflichten des Stpfl bei der Ap vgl BMF v 24.10.2013, BStBl I 13, 1264. Die BpO bewirkt eine auch im gerichtlichen Verfahren zu beachtende Selbstbindung der FinBeh (BFH BStBl 99, 7; BFH/NV 05, 1218). Es handelt sich um eine ermessenslenkende Verwaltungsvorschrift, sodass ihre Auslegung sich nicht nach den für die Auslegung von Gesetzen geltenden Maßstäben richtet, sondern danach, wie die Verwaltung sie versteht und verstanden wissen will. Die gerichtliche Überprüfung beschränkt sich darauf, ob die Auslegung durch die FinBeh möglich ist (BFH BStBl 17, 15; BFH/NV 09, 887).

3a Der weite gesetzliche Rahmen, der für Anordnung und Durchführung der Ap (Ermessen) besteht und durch die BpO nicht wesentlich eingeschränkt wird, führt iVm den einschlägigen Vorschriften über die Festsetzungsverjährung und deren Hemmung durch die bloße *Anordnung* einer Ap (§ 171 IV) zu einer de lege ferenda prüfungsbedürftigen Praxis, Prüfungen erst lange nach Ablauf des VZ durchzuführen und dadurch entspr Ermittlungsschwierigkeiten bzw umfangreiche Beweisvorsorge des Stpfl auszulösen. Eine „Verjährung des Prüfungsanspruchs" der FinBeh, die dem begegnen könnte, oder eine Beschränkung der Hemmungswirkung auf konkrete Sachverhalte, mit deren Prüfung in der regulären Verjährungsfrist begonnen worden ist (vgl zB VO (EG, Euratom) 2988/95), gibt es freilich im deutschen Recht nicht.

4 Neben der Ap gem §§ 193 ff werden in den einzelnen StGesetzen **Sonderprüfungen** und ähnliche besondere Prüfungsmaßnahmen angeordnet oder zugelassen (zB §§ 50a, 50b, 50d EStG, § 29 II BewG, § 10 VersStG, § 27b UStG – USt-Nachschau –, § 210 – VerbrauchStNachschau –). Auch das SchwarzArbG sieht besondere Prüfungsmaßnahmen vor, die keine Ap darstellen (BFH/NV 13, 282). Auch die **LSt-Ap** (§ 42 f EStG) ist eine besondere Ap idS; sie kann sich auf Annexsteuern wie den SolZ, LKiSt und die Arbeitnehmer-Sparzulage erstrecken, nicht aber auf sonstige Steuern wie insbes die USt; diesbzgl zufällig gewonnene Erkenntnisse sind ggf durch Kontrollmitteilung an die zuständige FinBeh weiterzuleiten (FG BBg EFG 14, 1077).

4a §§ 193 ff gelten nicht für die sog betriebsnahe Veranlagung, also die idR punktuelle Sachverhaltsaufklärung an Ort und Stelle unmittelbar beim Stpfl statt an

Amtsstelle (BFH BStBl 00, 306). Sie gelten auch nicht für Maßnahmen der StAufsicht (§§ 209ff; eine Ap wird dadurch aber nicht ausgeschlossen, insbes auch nicht hins VerbrauchSt) und die Fahndungsprüfung nach § 208 I, sofern die Fahndungsbehörde nicht, was ihr § 208 II Nr 1 gestattet, eine Ap durchführt.

Für **Einfuhr- und Ausfuhrabgaben** enthält Art 48 UZK eine (gegenständlich begrenzte) eigenständige Grundlage für eine betriebliche Ap (*Witte/Henke,* ZK Art 78 Rz 4; *Henke/Huchatz* ZfZ 96, 262, 266; zum Ganzen eingehend *Dorsch/Weymüller* ZK Art 78). Die §§ 193ff werden damit teilweise überlagert, bleiben aber daneben auch für diesen Bereich als Prüfungsgrundlage von Bedeutung, insbes bei Prüfungsaufträgen, die sich nicht, wie Art 48 UZK voraussetzt, ausschl auf Zollanmeldungen beziehen. Zum Recht auf ermessensfehlerfreie Entscheidung über die Einleitung einer Zollprüfung siehe Rz 5. Zusagen entsprechend §§ 204ff sind im UZK – über die Verbindliche Zolltarif- und Ursprungsauskunft hinaus – nicht vorgesehen (vgl *Rüsken* in: Erweiterung der Europäischen Union – Zusammenarbeit von Wirtschaft und Verwaltung, Münster 2001) und dürften iÜ auch nicht zulässig sein (ebenso *Witte/Henke* ZK Art 78 Rz 13). 5

2. Wesen der Außenprüfung; Prüfungsanspruch. Obwohl §§ 193ff auf die *nachträgliche* Überprüfung der richtigen Besteuerung mit dem Ziel, ggf die Veranlagung zu ändern (BFH BStBl 86, 36; 87, 664), zielen, ist die Anordnung einer Ap vom vorherigen Erlass von StBescheiden, StAnmeldungen, der Abgabe von StErklärungen odgl nicht abhängig. 8

Zu der Entscheidung, eine Ap anzuordnen, und der Bestimmung ihres Gegenstandes näher § 194 Rz 17f.

Ermittlungen zur Feststellung des Sachverhalts anlässlich der **erstmaligen StFestsetzung** sind auch dann keine Ap, wenn sie nach Umfang und Intensität einer Ap gleichkommen (BFH BStBl 96, 232); ein Verwertungsverbot infolge einer fehlenden Prüfungsanordnung kann der StFestsetzung daher insoweit nicht entgegen stehen, ebenso wenig wie im Falle des § 164 (siehe näher Rz 50). 9

Bei Gelegenheit einer Ap können beim Stpfl **zusätzliche Einzelermittlungen** für noch offene, von der Ap an sich *nicht* betroffene Veranlagungen durchgeführt werden (BFH BStBl 84, 790). Maßnahmen nach §§ 85ff sind also keine Ap, selbst wenn sie anlässlich einer Ap durchgeführt werden. Soweit Nachforschungen in der Ap durch den Prüfungsauftrag nicht gedeckt sind, sind sie also nicht ohne Weiteres rechtswidrig, sondern als Einzelermittlungen bei Vorliegen der dafür maßgeblichen Voraussetzungen zulässig; ob dies auch für Dritte betr Ermittlungen bei Gelegenheit einer Ap gilt, hat BFH BStBl 04, 1032 allerdings offen gelassen. 9a

Maßgeblich für die **Abgrenzung zwischen Ap- und Einzelermittlungsmaßnahme** ist, ob die Ermittlungsmaßnahme aus der Sicht des Stpfl (BFH BStBl 98, 461; 94, 377; 86, 293) als Teil der Ap erscheint, und zwar nach dem Bereich, in dem das erkennbare wirtschaftliche Prüfungsschwergewicht liegt (FG Hbg EFG 95, 822). Im Allgemeinen muss davon ausgegangen werden, dass Maßnahmen eines Außenprüfers Ap-Maßnahmen sind (BFH BStBl 98, 461; 94, 377); der Prüfer muss daher ggf deutlich machen, dass zB vom Stpfl geforderte Auskünfte nicht mehr im Zusammenhang mit der Ap stehen. Unterbleibt dieser Hinweis, ist allerdings ein Verwertungsverbot nicht die Folge. Gegen die Annahme, dass Ermittlungsergebnisse, die einen VZ betreffen, der außerhalb des angeordneten Prüfungszeitraums liegt, als aufgrund zulässiger Einzelermittlungen iSv § 88 I zu beurteilen sind, spricht die volle Einbeziehung des betr Sachverhalts in die Schlussbesprechung, die vollständige Aufnahme der Ermittlungsergebnisse in den Ap-Bericht und die Auswertung durch die BpStelle (BFH BStBl 98, 461). 9b

Der Stpfl hat keinen **Anspruch auf Durchführung einer Ap** (vgl BFH BStBl 70, 767), entgegen der in der Rspr auch des BFH ohne Weiteres zugrunde gelegten Rechtsansicht wohl auch keinen Anspruch (subjektives öffentliches Recht) auf ermessensfehlerfreie Entscheidung über die Einleitung einer Ap (anders 10 offenbar *BG/Gosch* § 193 Rz 102). Die Ap erfolgt trotz der uU für den Stpfl günstigen Rechtsreflexe (zB §§ 164 III, 171 IV, 173 II, 204) ausschl im öffentlichen Interesse (vgl BFH BStBl 92, 220).

15 **3. Zulässigkeitsvoraussetzungen. a) Unterscheidung zwischen Steuerpflichtigen mit Gewinneinkünften, Entrichtungspflichtigen und Prüfung aus besonderem Anlass.** § 193 unterscheidet zwischen Stpfl, die einen gewerblichen oder land- und forstwirtschaftlichen Betrieb unterhalten, die freiberuflich tätig sind oder die besonders hohe Überschusseinkünfte haben auf der einen Seite (Abs 1), und anderen Stpfl (Abs 2 Nr 1 und 2). Die iÜ tatbestandlich voraussetzungslose Prüfungsermächtigung in Abs 1 (BFH BStBl 87, 664; 89, 4; 90, 272, 721; 12, 395; BFH/NV 14, 1880 für Freiberufler) *unterstellt* grds die Prüfungsbedürftigkeit der dort bezeichneten Stpfl; das erklärt sich daraus, dass sich die steuerlichen Verhältnisse insbes eines Unternehmers iAllg erst durch Einsicht in die Buchführung und die sonstigen betrieblichen Aufzeichnungen kontrollieren lassen (vgl BT-Drs VI/1982 zu § 174), wenn auch die Ermittlung der steuerlichen Verhältnisse darüber hinaus gelegentlich ein Eindringen auch in den privaten Bereich verlangt, zB wenn es darauf ankommt, ob und in welchem Umfang bestimmte Vorgänge betrieblich oder privat veranlasst sind. Besteuerungsmerkmale im privaten Bereich, die Abs 2 Nr 2 im Auge hat, erfordern hingegen idR keine Prüfung vor Ort; zudem wird ein sensiblerer Bereich berührt als bei Ap eines Unternehmens. Deshalb verlangt Abs 2 Nr 2 im Unterschied zu Abs 1, aber auch zu Abs 2 Nr 1 (der ohnehin meist Unternehmer betrifft) eine im Einzelfall ggf begründungsbedürftige Rechtfertigung der Prüfungsanordnung im Hinblick auf das Aufklärungsbedürfnis und die Zweckmäßigkeit der Ap, nämlich ein *besonderes* Aufklärungsbedürfnis, das zweckmäßig nur durch Ap befriedigt werden kann. Ein solches soll zB bei einem „Einkunftsmillionär" vorliegen, der nur Kapitaleinkünfte in geringer Höhe erklärt und keine ausreichenden Angaben zur Verwendung der verfügbaren Geldmittel gemacht hat (BFH BStBl 09, 338).

Wegen der **Ermessenserwägungen** bei der Anordnung einer Ap und der Festlegung ihrer Gegenstände nach Art und zeitlichem Umfang iEinz vgl § 194 Rz 17 f.

20 **b) Steuerliche oder steuerstrafrechtliche Relevanz der Prüfungsfeststellungen.** Eine Ap ist nur zulässig, soweit sich aus ihr stl **Folgen** ergeben können, insbes nicht die Festsetzungsfrist für die zu prüfenden Steuern unter Berücksichtigung aller Hemmungstatbestände offensichtlich (BFH BStBl 12, 395; BFH/NV 06, 964) abgelaufen ist (BFH BStBl 03, 827); sie bleibt aber zulässig, wenn dies nur *möglicherweise* der Fall ist (BFH/NV 01, 1569; 06, 1250; 09, 3), wenn über den Zeitpunkt gerade noch Streit besteht (BFH BStBl 12, 395) oder wenn der StAnspruch aus anderen Gründen *möglicherweise* nicht mehr durchgesetzt werden kann. Denn dies lässt sich häufig zuverlässig gerade erst nach Abschluss der Ap beurteilen (BFH BStBl 89, 483; 86, 433). Sobald sich allerdings herausstellt, dass die diesbzgl Anfangsannahmen unzutreffend sind, darf die Ap nicht fortgesetzt werden (BFH/NV 96, 660).

20a Steuerliche Folgen müssen sich nicht gerade für die von der prüfenden FinBeh festzusetzenden Steuern ergeben. Eine Ap ist auch dann zulässig, wenn zwar einer Verwertung der Ap-Ergebnisse gegen den geprüften Stpfl Hindernisse entgegenstehen, aber die Voraussetzungen des § 194 I 4 vorliegen (BFH BStBl 85, 566). Hingegen darf eine Prüfung nicht allein deshalb vorgenommen werden, um die Verhältnisse Dritter auszuforschen (BFH BStBl 97, 499); vgl § 194 Rz 31.

20b Zur Erledigung eines zwischenstaatlichen Rechts- und **Amtshilfeersuchens** (vgl § 117) ist die Durchführung einer Ap nur dann zulässig, wenn das geprüfte Unternehmen an dem betr (ausländischen) Besteuerungsverfahren beteiligt ist (AEAO zu § 193 Nr 3).

21 Die Ap ist auch dann zulässig, wenn festgestellt werden soll, ob **Steuern hinterzogen oder leichtfertig verkürzt** worden sind (BFH BStBl 88, 113). Eine

sich insoweit gegenseitig ausschließende Zuständigkeit von Ap und StFahndung besteht nicht (BFH BStBl 88, 113; vgl BFH/NV 90, 347; 10, 4, 600; 11, 634). Es ist eine Frage der Zweckmäßigkeit und Praktikabilität und nicht der rechtlichen Zulässigkeit, mit welchen Mitteln oder auf welche Weise das FA seiner Ermittlungspflicht bei Verdacht einer StStraftat nachkommt. Ergibt sich bei der Prüfung ein Anfangsverdacht einer StStraftat, hat der Prüfer auch die erforderlichen strafrechtl Ermittlungen aufzunehmen (BFH BStBl 88, 113; 99, 7; BFH/NV 90, 347) und ein strafrechtl Verfahren einzuleiten, vgl §§ 386 I und II, 385 I. Ob die StFahndung wegen ihrer erweiterten Befugnisse und Ermittlungsmöglichkeiten (§ 404) einzuschalten ist, obliegt der Entscheidung der FinBeh nach Zweckmäßigkeits- und Praktikabilitätsgesichtspunkten; die Einleitung eines solchen Ermittlungsverfahrens steht weiteren Ermittlungen iRd Ap nicht entgegen (BFH BStBl 99, 7). Ermittlungsmaßnahmen der Ap können also eine Doppelfunktion haben, nämlich die Ermittlung des steuerlichen und des strafrechtlichen Sachverhalts. Wird eine Ap durchgeführt, weil möglicherweise die Steuern, da hinterzogen oder leichtfertig verkürzt, trotz Ablaufs der regulären Verjährungsfrist doch noch erhoben werden können, müssen jedoch entsprechende (wenn auch nur geringe) Verdachtsmomente vorliegen (iS eines strafprozessualen Anfangsverdachts; FG Ddorf EFG 94, 992). Dies gilt insbes dann, wenn wegen Ablaufs der Strafverfolgungsverjährung ein Strafverfahren nicht mehr durchgeführt werden kann. Der Stpfl kann zwar durch die Ap nicht gezwungen werden, Tatsachen zu offenbaren, aus denen auf das Vorliegen einer StHinterziehung zu schließen ist. Eine dahingehende Verpflichtung besteht für ihn nicht einmal ggü der StFahndung. Es ist jedoch nicht ausgeschlossen, dass es trotz der ggü den strafprozessualen Ermittlungsmöglichkeiten eingeschränkten Ermittlungsbefugnisse der Ap gelingt, im Einzelfall die StHinterziehung nachzuweisen. Bei der Ap aufgefundene Unterlagen, die aufgrund gesetzlicher Aufzeichnungspflichten erstellt und in Erfüllung der Mitwirkungspflichten aus § 200 vorgelegt werden, durch Kontrollmitteilungen oder im Besteuerungsverfahren auszuwerten und zur Ahndung von Straftaten oder Ordnungswidrigkeiten zu verwenden, ist auch nicht mit dem Gebot der Selbstbelastungsfreiheit (nemo-tenetur-Grundsatz) unvereinbar (BGH NJW 14, 1975).

4. Unterscheidung nach Prüfungsobjekten. a) Unternehmer und Freiberufler (Abs 1). Die Anordnung einer Ap in den Fällen des Abs 1 ist ohne weitere tatbestandliche Voraussetzungen zulässig (BFH BStBl 87, 664; 89, 4; 90, 721; 92, 220; BFH/NV 90, 273), selbst wenn der Stpfl nur geringe Einkünfte erzielt hat und auch keine Unterlagen oder Aufzeichnungen besitzt (BFH BStBl 82, 208). In die Prüfung können alle StArten einbezogen werden, für die die betrieblichen Verhältnisse Bedeutung haben können (BFH BStBl 82, 208; 86, 437); die Prüfung muss sich dann nicht auf die Feststellung der betrieblichen Verhältnisse beschränken, sofern innerhalb der geprüften StArten Besteuerungsmerkmale berücksichtigt werden, die außerhalb betrieblicher Vorgänge liegen. Dies ist keine verfassungswidrige Benachteiligung des in Abs 1 genannten Personenkreises ggü anderen Stpfl. Allerdings darf eine Prüfung nicht allein deshalb angeordnet werden, *damit* außerhalb des betriebl Bereichs liegende Besteuerungsmerkmale ermittelt werden können, sofern nicht die Voraussetzungen des Abs 2 Nr 2 vorliegen. 35

Zu den von Abs 1 Erfassten gehören alle Stpfl, die einen Gewinn ermitteln (Ausnahme: § 18 I Nr 2 und 3 EStG), auch StBerater und Rechtsanwälte, bei denen allenfalls die Befugnis der FinBeh beschränkt ist, Kontrollmitteilungen über Mandanten auszuschreiben oder sonstige Maßnahmen zu ergreifen, die das Vertrauensverhältnis zu diesen berühren, das durch § 102 und § 57 I StBerG geschützt wird (BFH BStBl 09, 579; 04, 502; vgl BVerfGE 113, 29 zur – Ap-Maßnahmen nicht ohne Weiteres vergleichbaren – Beschlagnahme der Akten des Berufsangehörigen). Auch öffentl-rechtl oder sonst stbefreite Körperschaften können geprüft werden, insbes im Hinblick auf eine von ihnen in Anspruch genommene Gemein- 36 nützigkeit ihrer Tätigkeit, von ihnen unterhaltene wirtschaftliche Geschäftsbetriebe und von ihnen ausgestellte Spendenbescheinigungen. Zur Prüfung der Gemeinnützigkeit eines Vereins vgl FG Köln EFG 95, 459.

37 Der Wortlaut des Abs 1 könnte dahin verstanden werden, dass eine Ap nur bei Stpfl durchgeführt werden darf, die *im Zeitpunkt der Prüfung* einen gewerblichen oder landwirtschaftlichen Betrieb unterhalten oder freiberuflich tätig sind. Das entspräche aber offenkundig nicht dem Zweck der Vorschrift. Deshalb ist eine Prüfung auch dann zulässig, wenn der Stpfl inzwischen seinen Betrieb/die Praxis **veräußert** oder **aufgegeben** hat (BFH BStBl 90, 2; 86, 433; 84, 815), oder wenn eine Personengesellschaft handelsrechtl **voll beendet** ist (BFH BStBl 93, 82); die Prüfungsanordnung darf noch an diese gerichtet werden (vgl BFH BStBl 93, 82) und eine zuvor erlassene Prüfungsanordnung noch vollzogen werden (BFH/NV 95, 177), weil eine Personengesellschaft auch nach ihrer zivilrechtl Auflösung solange als steuerrechtl existent zu behandeln ist, bis alle Rechtsbeziehungen zwischen der Gesellschaft und dem FA abgewickelt sind (BFH BStBl 93, 82 mwN). Ausschlaggebend ist, ob möglicherweise noch Ansprüche aus dem StSchuldverhältnis bestehen (ausführl BFH BStBl 88, 316).

38 Eine Ap kann sich auch gegen einen **nicht unternehmerisch tätigen Erben eines Unternehmens** richten (BFH BStBl 90, 2; 78, 501). Es besteht aber kein allgemeiner Grundsatz, dass in solchen Fällen sofort eine Ap angeordnet werden muss (BFH BStBl 93, 82). Ein **Testamentsvollstrecker** kann entsprechend dem Umfang des ihm eingeräumten Verwaltungsrechts prüfungspflichtig nach Abs 1 sein (FG BaWü EFG 90, 400); denn auch ein sonst freiberuflich tätiger Stpfl kann als Testamentsvollstrecker zum Gewerbetreibenden werden, wenn er sich nicht im Rahmen seiner sonstigen Tätigkeit hält (BFH BStBl 94, 936). Im Allgemeinen hat ein Testamentsvollstrecker allerdings zwar Einkünfte aus selbständiger Arbeit, ist aber nicht freiberuflich tätig und kann daher nur gem Abs 2 Nr 2 geprüft werden (BFH BStBl 82, 184).

39 Eine Ap kann auch durchgeführt werden, wenn lediglich geprüft werden soll, **ob der Stpfl einen gewerblichen Betrieb unterhält** (BFH BStBl 92, 595; BFH/NV 05, 1218) oder ob eine im Ausland ansässige Gesellschaft deutsche Besteuerungstatbestände verwirklicht (BFH BStBl 92, 595), **ob StPflicht besteht** (BFH BStBl 91, 278; BFH/NV 95, 864: konkrete Anhaltspunkte dafür erforderlich). Bei einer gerade auf Klärung der Qualifizierung von Einkünften abzielenden Ap kann bei der Anordnung der Ap nach Maßgabe sämtlicher in Betracht kommender Einkunftsarten vorgegangen werden (BFH/NV 95, 481). Es muss nicht feststehen, dass eine unternehmerische Tätigkeit ausgeübt wurde (wird); schon bei bloßen Anhaltspunkten dafür kann eine Ap durchgeführt werden (BFH BStBl 91, 278; 92, 595; 94, 936 vorsichtiger: „konkrete Anhaltspunkte“; BFH/NV 96, 660; die entgegenstehende ältere Rspr, vgl BFH BStBl 82, 184, ist überholt; vgl auch zu Abs 2 Nr 1 BFH/NV 87, 77; „rundheraus“ ablehnend *Gosch* StBp 93, 67, weil das Stufungsverhältnis zu Einzelermittlungen nicht beachtet werde). Auch sonstige rechtl Zweifelsfragen, die sich bei der Veranlagung ergeben können, müssen nicht notwendigerweise vorab abschließend geklärt werden (vgl Rz 20).

39a **b) Hohe Überschusseinkünfte und Beherrschung von Drittstaaten-Gesellschaften (§ 147a).** Eine Ap kann schließlich (seit 2010) durchgeführt werden bei Stpfl iSd § 147a, also solchen, die Überschusseinkünfte von mehr als 500.000 € erzielen (und früher nur ausnahmsweise und bei besonderer Begründung mit einer Ap rechnen mussten). Das Gesetz vermutet bei diesen Stpfl eine erhöhte Wahrscheinlichkeit, bei einer Ap „beachtliche“ Mehrergebnisse (vgl BT-Drs 16/12852) zu erzielen, was auf einem nicht unproblematischen generellen Verdacht zu beruhen scheint, bei hohen Einkünften würden besonders oft oder in besonders großem Umfang Steuern hinterzogen (wobei für Letzteres allerdings einzuräumen ist, dass dazu die Möglichkeit eher als sonst besteht, und ein gesteigertes öffentliches Bedürfnis besteht, dies zu verhindern). Auch in diesen Fällen reicht es für eine Prüfungsanordnung aus, dass Anhaltspunkte bestehen, die es nach den *allgemeinen* Erfahrungen der Finanzverwaltung als möglich erscheinen lassen, dass die betr Einkünfte nicht oder nicht vollständig erklärt worden sind, selbst wenn eine StErklärung noch gar nicht vorliegt; es muss sich also nicht um konkrete Anhaltspunkte handeln, die sich aus den besonderen Umständen des jeweils zu prüfenden Einzelfalles ergeben (BFH BStBl 93, 146).

Der Kreis der prüfungspflichtigen Unternehmen hat sich infolge der Ergänzung des § 147a um einen Absatz 2 durch das Steuerumgehungsbekämpfungsgesetz (BGBl I 17, 1682 – StUmgBG –) um diejenigen vergrößert, die iS des § 147a I **Drittstaaten-Gesellschaften** beherrschen oder auf sie bestimmenden Einfluss haben, weil der Gesetzgeber – insoweit in nachvollziehbarer Weise – in diesen Fällen aufgrund gesteigerter steuerlicher Manipulationsmöglichkeiten ein gesteigerter Bedürfnis eingehender Ermittlungen durch Ap unterstellt (kritisch *Krüger/ Nowroth* DB 17, 90). **39b**

c) Andere Steuerpflichtige (Abs 2). Bei den in Abs 2 Genannten ist eine Ap zulässig, soweit sie die Verpflichtung dieser Personen betrifft, für Rechnung eines anderen Steuern zu entrichten oder Steuer einzubehalten (insbes LSt und KapESt) **(Nr 1).** Wenn solche Stpfl (wie meist) auch die Voraussetzungen des Abs 1 erfüllen, kann die Prüfung auch nach dieser Vorschrift durchgeführt werden. Ferner ist eine Ap bei diesen anderen Stpfl zulässig, wenn eine Prüfung an Amtsstelle nach Art und Umfang des zu prüfenden Sachverhalts nicht zweckmäßig ist, zB bei Stpfl mit umfangreichen und vielgestaltigen Einkünften **(Nr 2).** **40**

Nr 3 schließlich lässt eine Ap bei Stpfl zu, die ihren erweiterten Mitwirkungspflichten nach § 90 II 3 nicht nachkommen und dadurch die Vermutung auslösen, dass ihre steuerlichen Verhältnisse besonders intensiver und umfangreicher Prüfung bedürfen.

Es muss ein *Aufklärungsbedürfnis* bestehen und dieses muss an Amtsstelle, also ohne Ap, nicht befriedigt werden können (bejaht für „Einkommensmillionär" BFH BStBl 09, 338, siehe heute § 193 I letzter HS). Ob ein solches Bedürfnis besteht, die Verhältnisse des Stpfl aufzuklären, kann vom Gericht überprüft werden (BFH BStBl 82, 208; BFH/NV 95, 578). Ein Bedürfnis ist anzunehmen, wenn Anhaltspunkte dafür bestehen, dass der Stpfl seine Erklärung nicht, nicht vollständig oder mit unrichtigem Inhalt abgegeben hat (BFH BStBl 86, 435; 87, 664; BFH/NV 88, 550; 95, 578) bzw seine Mitwirkungspflichten nicht erfüllt hat. Es genügt, wenn Anhaltspunkte bestehen, die es nach den Erfahrungen der Finanzverwaltung als möglich erscheinen lassen, dass die StErklärung den genannten Anforderungen nicht entspricht (BFH BStBl 93, 146; 92, 707; 87, 248; 82, 208). Es muss nicht von vornherein feststehen, dass ein Besteuerungstatbestand vorliegt (BFH BStBl 93, 146). Es sind auch keine *konkreten* Anhaltspunkte, die sich aus den besonderen Umständen des jeweiligen Einzelfalles ergeben, erforderlich; insbes kann deshalb eine Ap auch durchgeführt werden, wenn eine StErklärung nicht oder noch nicht vorliegt (BFH BStBl 93, 146; 82, 208). **40a**

Das FA darf aber nicht ins Blaue hinein tätig werden (BFH BStBl 93, 148). Es müssen vielmehr objektive Anhaltspunkte bestehen, die unter Berücksichtigung allgemeiner sachbezogener Erwägungen die Annahme rechtfertigen, dass möglicherweise eine StSchuld entstanden ist bzw dass Steuern verkürzt oder zu Unrecht erhoben oder StErstattungen oder StVergütungen zu Unrecht gewährt oder versagt worden sind. StArten bzw Besteuerungszeiträume, für welche die Voraussetzungen des Abs 2 Nr 2 *nicht* vorliegen, dürfen nicht mitgeprüft werden. Bei einer auf Abs 2 Nr 2 gestützten Ap kann auch die enge Bindung berücksichtigt werden, die zB zwischen einem Gesellschafter und seiner Gesellschaft besteht, zB, wenn diese von ihrem Gesellschafter erhebliche Geldzuwendungen erhalten hat, die als Darlehen ausgewiesen wurden (vgl BFH BStBl 93, 146). **41**

42 Bei **zusammen veranlagten Ehegatten** ist eine Ap nur gegen den Ehegatten zulässig, in dessen Person die Voraussetzungen für die Durchführung der Ap vorliegen (BFH BStBl 89, 483; 77, 18). Ob mit StNachforderungen zu rechnen ist, muss also bei gegen beide Ehegatten gerichteten Prüfungsanordnungen nach den individuellen Verhältnissen jedes Ehegatten beurteilt werden (BFH BStBl 86, 435). Die Ablaufhemmung nach § 171 IV erstreckt sich entspr dieser prüfungsmäßigen Selbständigkeit nur auf die Verhältnisse des geprüften Ehegatten (vgl BFH BStBl 90, 526). Für die Bekanntgabe der Prüfungsanordnung gesteht BFH BStBl 90, 612 (vgl auch BFH BStBl 82, 208: gegenseitige Bevollmächtigung für Ap-Anordnung, wenn diese sich auf die erklärte Steuer bezieht) jedoch Erleichterungen nach dem Rechtsgedanken des früheren § 155 V (siehe jetzt § 122 VII) zu. Siehe § 197 Rz 5.

43 Eine Prüfung nach Abs 2 kann mehrere Besteuerungszeiträume umfassen. § 4 III BpO schränkt insoweit das Ermessen nicht ein (BFH BStBl 95, 291).

46 **5. Besondere Prüfungsarten. Zweitprüfung.** Die Anordnung einer Ap für einen bereits abschließend geprüften Zeitraum (Zweitprüfung) ist grds zulässig (BFH BStBl 89, 440). Eine Einschränkung der Zulässigkeit der Prüfung ist in den §§ 193 ff nicht enthalten. Insbes können rechtswidrige Ermittlungsmaßnahmen wiederholt werden, um ein Verwertungsverbot zu beseitigen (BFH BStBl 89, 180; 86, 435), auch wenn dadurch bereits Entdecktes nicht wirklich „neu" entdeckt wird; es ist aber dann soweit wie möglich die (rechtswidrige) Erstprüfung als nicht geschehen zu behandeln. Die eingeschränkte Änderbarkeit aufgrund einer Erstprüfung erlassener StBescheide (§ 173 II) ist zu berücksichtigen, wenn offensichtlich ist, dass keine StHinterziehung vorliegt (FG BaWü EFG 15, 1888).

47 Eine **„Bestandsaufnahmeprüfung"** etwa zum Ende eines Jahres als Maßnahme der allgemeinen StAufsicht wäre keine Ap iSd §§ 193 ff; für sie fehlt es auch sonst an einer rechtlichen Grundlage (BFH BStBl 85, 702); anders jedoch im Zoll- und Verbrauchsteuerbereich, vgl § 209, wobei es sich dann jedoch nicht um eine Prüfung iSd § 193 handelt.

48 **Liquiditätsprüfungen** (vgl § 2 II BpO) sind ebenfalls keine Ap, sondern besondere Prüfungsmaßnahmen eigener Art. Dienen sie Maßnahmen im Rahmen der StFestsetzung (etwa der Prüfung eines Erlasses nach § 163), so ist ihre Zulässigkeit nicht nach §§ 193 ff gegeben, die sich ausschl auf das StFestsetzungsverfahren beziehen (*Koenig/Intemann* § 193 Rz 73). Solche Prüfungen setzen also mangels einer gesetzl Grundlage das Einverständnis des Stpfl voraus. Bei Maßnahmen im Erhebungsverfahren (zB Vollstreckungsaufschub) gilt das Gleiche.

49 § 193 enthält ferner keine Regelung zur Zulässigkeit sog **Richtsatzprüfungen.** Solche Prüfungen, um für den allgemeinen Prüfungsbetrieb Richtsätze zu ermitteln, können deshalb nur mit Zustimmung des Stpfl durchgeführt werden (FG Bln EFG 02, 586). Freilich können die *anlässlich* einer Ap gewonnenen Erkenntnisse für die Ermittlung von Richtsätzen *ausgewertet* werden, soweit dabei das StGeheimnis gewahrt wird (*Martens* NJW 78, 1466; vgl § 88a sowie § 37 BpO). Eine durchgeführte Richtsatzprüfung schließt eine spätere Ap für denselben VZ selbstverständlich nicht aus.

49a Eine besondere Art der Ap ist auch die **LSt-Ap,** für die § 42 f EStG ergänzende Regelungen enthält (örtliche Zuständigkeit des BetriebsstättenFA; Erweiterung des Prüfungsgegenstands auf AnnexSt). Eine Prüfung nach § 2 **SchwarzArbG** ist keine Ap und unterliegt deshalb nicht den Anforderungen der §§ 193 ff (BFHE 239, 10; vgl BFH/NV 13, 1131).

50 **6. Folgen eines Verstoßes gegen Beweisermittlungsvorschriften in der Ap (Verwertungsverbote).** Die Folgen einer Verletzung von den bei einer Ap zu beachtenden Beweisermittlungsvorschriften sind unterschiedlich, je nachdem ob es sich um einfache verfahrensrechtliche Mängel oder um qualifizierte materiellrechtliche Verstöße handelt. Diese Differenzierung entspricht der Rspr des BVerfG, nach der es keinen allgemein geltenden Grundsatz gibt, dass jeder Verstoß gegen

Beweiserhebungsvorschriften ein Verwertungsverbot nach sich zieht (vgl BVerfG NJW 08, 3053), dass aber entspr der Rspr des BGH (vgl statt aller BGHSt 47, 172) eine Abwägung stattzufinden hat zwischen dem durch den Verfahrensverstoß bewirkten Eingriff in die Rechtsstellung des Betroffenen einerseits und den Interessen des Staates andererseits unter Berücksichtigung des Schutzzwecks der verletzten Verfahrensnorm (BVerfG NJW 11, 207).

Ein **allgemeines Verwertungsverbot** für Tatsachen, die unter Verletzung von Verfahrensvorschriften ermittelt wurden, besteht im Besteuerungsverfahren nicht (BFH BStBl 02, 328; 98, 461; 91, 204; 84, 285). 50a

Ein qualifiziertes materielles Verwertungsverbot wegen materiell-rechtlicher Verstöße, die auch nicht durch zulässige, erneute Ermittlungsmaßnahmen geheilt werden können, greift aber ein, wenn die Ermittlung von Tatsachen den verfassungsrechtl geschützten Bereich des Stpfl berührt, etwa weil **schwerwiegende Verfahrensverstöße** vorliegen oder weil Verfahrensvorschriften bewusst oder willkürlich missachtet wurden (BVerfG BFH/NV 11, 182; BFH DStRE 18, 324; BFH wistra 15, 479; BFH BStBl 14, 220; 07, 227; 01, 464). Solche Verfahrensverstöße können nicht durch zulässige, erneute Ermittlungsmaßnahmen geheilt werden. 51

Beisp: durch Auskunft eines Angehörigen des Stpfl ohne Belehrung nach § 101 I 2 verschaffte Erkenntnisse (BFH BStBl 91, 204; vgl aber BFH/NV 10, 929); Ermittlungen mittels rechtswidriger Beugemittel iSd § 136a StPO gegen den des geprüften Stpfl oder eine sonstige Auskunftsperson (dazu *Streck* Außenprüfung, Rz 756; aber kein Verwertungsverbot bei Verletzung der Belehrungspflicht nach § 393 I 4, BFH BStBl 02, 328; BFH/NV 10, 432).

Erkenntnisse der FinBeh unterliegen einem Verwertungsverbot auch dann, wenn sie nur mittelbar auf einem solchen Verstoß gegen ein materiell-rechtliches Ermittlungsverbot in der Weise beruhen, dass die aufgrund eines solchen Verstoßes gewonnenen Erkenntnisse erst nachfolgende an sich rechtmäßige Aufklärungsmaßnahmen mittels an sich selbständiger Erkenntnismittel ermöglicht haben (sog **Fernwirkung der Beweisverwertungsverbote,** grundlegend BFH BStBl 07, 227; 14, 220; BFH/NV 07, 190). 52

Beruhen die in der Ap gewonnenen Erkenntnisse nur auf einem schlichten **Verstoß gegen Verfahrensvorschriften,** so greift allenfalls ein einfaches Verwertungsverbot ein. Das gilt zB für den Fall des Fehlens einer wirksamen Prüfungsanordnung (BStBl 84, 285; 88, 165; 96, 232); die in der Prüfung gewonnenen Erkenntnisse dürfen nicht verwertet werden, die FinBeh ist jedoch nicht gehindert, sie sich in anderer, verfahrensfehlerfreier Weise zu verschaffen, zB durch die Wiederholung der Prüfung auf der Grundlage einer wirksamen Prüfungsanordnung. Die betr Verfahrensfehler sind idS heilbar; eine formell ordnungsgemäße Wiederholung der Prüfungsfeststellungen bleibt in diesen Fällen möglich (BFH BStBl 90, 2; 94, 678). Dass Heilung auch dann eintritt, wenn der Verfahrensfehler zwar nicht beseitigt wird, aber feststeht, dass die FinBeh die betr Erkenntnis auch ohne den Verfahrensfehler hätte erlangen können, erscheint zweifelh (dazu *HHSp/Schallmoser* § 196 AO Rz 112). 53

Vielfach werden solche Verfahrensfehlern allerdings auch gar **keine Auswirkungen auf die** von dem Prüfer getroffenen **Feststellungen** haben, also bei Erlass von Änderungsbescheiden nicht „verwertet" werden, wie es zB bei unterbliebenem Ausweis des Prüfers (§ 198), dem Fehlen einer Schlussbesprechung (§ 201; BFH/NV 90, 273; 98, 17; 99, 436) oder einem Verstoß gegen § 199 (BFH/NV 98, 17) der Fall wäre. 54

Im Einzelnen ist bei verfahrensfehlerhaft gewonnenen Erkenntnisse der FinBeh Folgendes zu beachten:

Prüfungsergebnisse, die auf **selbständig angreifbaren Maßnahmen** (VA) beruhen, dürfen nur dann nicht verwertet werden, wenn die betr Anordnung (ggf auch die Prüfungsanordnung selbst, dazu Rz 56) aufgehoben oder für rechtswidrig erklärt worden ist (BFH BStBl 08, 7; 07, 227; 98, 461; 02, 328; BFH/NV 09, 55

1396; 95, 621: ggf Fortsetzungsfeststellungsklage *notwendig*), wobei dies uU auch durch ein ordentliches Gericht geschehen kann (BFH BStBl 79, 705; BFH/NV 89, 416). Ob es sich dabei um eine gerichtliche oder eine verwaltungsinterne Entscheidung handelt, ist ohne Belang (vgl BFH BStBl 85, 580). Ein Verwertungsverbot besteht danach, wenn die Prüfungsanordnung aufgehoben wird (BFH BStBl 90, 721) oder wenn die Beauftragung einer anderen FinBeh (§ 195 II) mit Erfolg angefochten worden ist (BFH BStBl 93, 649; offen BFH/NV 94, 763).

55a Keine gesonderte Geltendmachung der Rechtswidrigkeit von Ap-Maßnahmen ist hingegen erforderlich bei **rein tatsächlichen Handlungen** des Prüfers, zB der Befragung von Betriebsangehörigen oder der Überschreitung des Prüfungsauftrags (Prüfung nicht von der Prüfungsanordnung erfasster Steuern oder Besteuerungszeiträume). Die Abgrenzung zwischen VA und Realakt ist freilich mitunter schwierig, die Rechtsunsicherheit kann der Stpfl nur durch vorsorgliche Anfechtung aller Maßnahmen ausräumen, die VA sein *könnten;* Indizien dafür sind insbes Erteilung einer Rechtsbehelfsbelehrung oder Androhung von Zwangsmitteln.

55b Ermittlungsmaßnahmen im Rahmen der Ap und der durch die Prüfungsanordnung konstituierten Duldungspflicht sind ***grds*** **keine VA** (BFH BStBl 99, 199). Das gilt insbes für das Ersuchen um Vorlage bestimmter Unterlagen und die Einsichtnahme in diese oder das Ersuchen um Auskunft (anders möglicherweise bei nicht prüfungsbefangenen Zeiträumen); vgl § 200 Rz 6. Keine VA, sondern Realakte sind auch das Befragen von Betriebsangehörigen und das Verlangen nach Empfängerbenennung (§ 160, BFH BStBl 88, 927; 86, 537). Zur Abgrenzung des sog Realakts von einem VA, mit dem vom Stpfl ein bestimmtes Verhalten verlangt wird, vgl auch BFH BStBl 84, 790; 84, 512; 86, 357; 86, 2: Tathandlung ist die Regel. Entscheidend für die Einordnung als VA ist, ob der Stpfl das Begehren des Prüfers als Maßnahme verstehen muss, bei deren Nichterfüllung das Begehren mit Zwangsmitteln durchgesetzt werden soll (BFH BStBl 99, 199; FG Ddorf EFG 17, 1052, NZB XI B 123/17). Für eine Feststellung der Rechtswidrigkeit von rein tatsächlichen Prüfungshandlungen würde, wenn nicht Wiederholungsgefahr besteht, das Rechtsschutzbedürfnis fehlen (BFH BStBl 99, 199; 90, 789); denn sie stellen einen nicht selbständig anfechtbaren Teil des aufgrund der Prüfung zu erlassenden StBescheids dar und können bei Anfechtung desselben ohne Weiteres geltend gemacht werden (BFH BStBl 98, 461; 86, 2), was freilich nur Erfolg verspricht, wenn die Rechtswidrigkeit der Maßnahme ein Verwertungsverbot zur Folge hat (dazu insbes Rz 50); vgl insofern auch den Rechtsgedanken des § 44a VwGO.

55c Eine gesonderte Geltendmachung der Rechtswidrigkeit von Ap-Maßnahmen ist deshalb nicht erforderlich, wenn Prüfungsmaßnahmen die sachlichen oder zeitlichen **Grenzen der** wirksamen **Prüfungsanordnung überschreiten** (BFH BStBl 90, 787; 78, 277; BFH/NV 93, 515); ob eine entsprechende Erweiterung der Anordnung zulässig gewesen wäre, ist in diesem Zusammenhang ohne Belang.

55d Bei einem **Verstoß gegen die BpO** kommt ein Verwertungsverbot nur dann in Betracht, wenn die verletzte Regelung die Belange des Betroffenen schützen soll (BFH BStBl 73, 716; vgl auch BFH BStBl 87, 361; 89, 180; 95, 291; BFH/NV 89, 416).

56 IÜ greift ein Verwertungsverbot dann von vornherein nicht ein, wenn der Stpfl (zumindest konkludent) sein **Einverständnis** mit den betr Ermittlungen erklärt hat (BFH/NV 87, 214).

57 Ein verfahrensrechtliches Verwertungsverbot wegen eines Verfahrensverstoßes kommt ferner von vornherein dann nicht in Betracht, wenn es nicht um die Änderung oder Aufhebung eines endgültigen StBescheids, sondern um die **erstmalige StFestsetzung** (dazu BFH BStBl 06, 400; 91, 825; 96, 232; 98, 461) oder um einen **unter dem Vorbehalt der Nachprüfung** (§ 164) ergangen StBescheid (BFH/NV 02, 748, 1279; 98, 1192; 95, 572) geht; denn für eine diesbzgl Aufklärung bedarf es keiner Ap (vgl BFH BStBl 96, 232; 91, 826) und folglich auch nicht der Beachtung des für diese vorgeschriebenen Verfahrens. Das Interesse an einer gesetzmäßigen StFestsetzung überwiegt dasjenige an einem rechtmäßigen Ermittlungsverfahren. In diesen Fällen besteht ein Verwertungsverbot nur dann, wenn die rechtlichen Voraussetzungen für die Anordnung einer Ap überhaupt nicht gegeben waren oder wenn im Rahmen der Prüfung schwerwiegende Verfahrensfehler unterlaufen sind und die Prüfungsfeststellungen hierauf beruhen (BFH BStBl 06, 400).

7. Rechtsschutz. Anfechtung der Prüfungsanordnung (BFH BStBl 92, 59) oder der im Rahmen der Prüfung ergehenden Maßnahmen, soweit diese VA sind (und nicht nur tatsächliche Handlungen). Die Rechtswidrigkeit einer Ap insgesamt kann selbstredend nicht daraus abgeleitet werden, dass es in ihrem Verlauf zu Maßnahmen kommen könnte, die ihrerseits rechtswidrig wären (BFH BStBl 09, 579; vgl BFH/NV 06, 2034). Mit dem Abschluss der angeordneten Prüfung erledigt sich eine Anfechtungsklage gegen die Prüfungsanordnung ungeachtet eines etwaigen Verwertungsverbots infolge der Rechtswidrigkeit der Anordnung (BFH BStBl 82, 659). Der Stpfl muss diese jedoch ggf im Wege einer Fortsetzungsfeststellungsklage geltend machen, um sich die Möglichkeit einer Berufung auf ein solches Verwertungsverbot zu erhalten (BFH BStBl 93, 649; 90, 721; 86, 2). Vgl näher § 196 Rz 55f. 58

Wegen der Notwendigkeit, gegen einzelne Prüfungsmaßnahmen Rechtsschutz zu suchen, siehe oben Rz 53f. 59

§ 194 Sachlicher Umfang einer Außenprüfung

(1) [1]**Die Außenprüfung dient der Ermittlung der steuerlichen Verhältnisse des Steuerpflichtigen.** [2]**Sie kann eine oder mehrere Steuerarten, einen oder mehrere Besteuerungszeiträume umfassen oder sich auf bestimmte Sachverhalte beschränken.** [3]**Die Außenprüfung bei einer Personengesellschaft umfasst die steuerlichen Verhältnisse der Gesellschafter insoweit, als diese Verhältnisse für die zu überprüfenden einheitlichen Feststellungen von Bedeutung sind.** [4]**Die steuerlichen Verhältnisse anderer Personen können insoweit geprüft werden, als der Steuerpflichtige verpflichtet war oder verpflichtet ist, für Rechnung dieser Personen Steuern zu entrichten oder Steuern einzubehalten und abzuführen; dies gilt auch dann, wenn etwaige Steuernachforderungen den anderen Personen gegenüber geltend zu machen sind.**

(2) **Die steuerlichen Verhältnisse von Gesellschaftern und Mitgliedern sowie von Mitgliedern der Überwachungsorgane können über die in Absatz 1 geregelten Fälle hinaus in die bei einer Gesellschaft durchzuführende Außenprüfung einbezogen werden, wenn dies im Einzelfall zweckmäßig ist.**

(3) **Werden anlässlich einer Außenprüfung Verhältnisse anderer als der in Absatz 1 genannten Personen festgestellt, so ist die Auswertung der Feststellungen insoweit zulässig, als ihre Kenntnis für die Besteuerung dieser anderen Personen von Bedeutung ist oder die Feststellungen eine unerlaubte Hilfeleistung in Steuersachen betreffen.**

Übersicht

1 **1. Inhalt.** Die Vorschrift regelt in Abs 1, worauf sich die Ap bei Stpfl, die nach Maßgabe des § 193 überhaupt geprüft werden dürfen, erstrecken darf, und zwar gegenständlich, zeitlich und persönlich (nur die Verhältnisse des geprüften Stpfl). Abs 2 lässt zu, innerhalb einer einheitlichen Ap aufgrund einer entspr Prüfungsanordnung die steuerlichen Verhältnisse von Gesellschaftern der geprüften Gesellschaft umfassend (sonst Abs 1 S 3) mitzuprüfen. In Abs 3 wird in auslegungsbedürftiger und deshalb iEinz str Weise klargestellt, dass Kontrollmitteilungen über Prüfungserkenntnisse zulässig sind.

2 Nach BFH/NV 98, 424 soll Spezialvorschrift zu § 194 der § 30a sein, welcher im Bankenbereich die Auswertungsbefugnisse nach Abs 3 begrenze (siehe § 30a Rz 14f), was jedoch zweifelh ist und sich bislang in der Rspr des BFH nicht durchgesetzt hat.

4 **2. Ermittlung der steuerlichen Verhältnisse des Steuerpflichtigen (Abs 1).** Abs 1 **Satz 1:** Die bei einem Unternehmer angeordnete Ap kann sich auch auf nicht betriebliche Sachverhalte erstrecken, und zwar nicht nur, wenn diese für die stl Beurteilung betrieblicher Vorgänge von Bedeutung sind, sondern auch wenn sie Steuern betreffen, die nicht mit dem Betrieb bzw freien Beruf zusammenhängen (BFH BStBl 90, 2; 86, 437; BStBl 82, 208); es kommt in diesem Falle auf die Voraussetzungen des § 193 II also nicht an (aA *Koenig*/Intemann § 194 Rz 11) und es bedarf keiner besonderen Prüfungsanordnung. Zu den Verhältnissen des Stpfl gehören beim Gesamtrechtsnachfolger die Verhältnisse des Rechtsvorgängers, zB in der Zeit vor dem Erbfall (BFH BStBl 78, 501).

5 Zur Ermittlung der steuerlichen Verhältnisse gehören ggf auch **strafrechtl Feststellungen** (BFH BStBl 88, 113; 99, 7; BFH/NV 90, 347). Ob die StFahndung wegen ihrer erweiterten Befugnisse und Ermittlungsmöglichkeiten (§ 404) einzuschalten ist, obliegt der Entscheidung der FinBeh nach Zweckmäßigkeits- und Praktikabilitätsgesichtspunkten; die Einleitung eines solchen Ermittlungsverfahrens steht weiteren Ermittlungen der Ap nicht entgegen (BFH BStBl 99, 7).

6 **Satz 2:** Ob zum Prüfungsgegenstand sämtliche (laufenden, ggf aber auch zB GrESt, ErbSt) Steuern gehören oder nicht, ist der Prüfungsanordnung zu entnehmen (BFH BStBl 95, 289; BFH/NV 93, 191). Sachverhalte, die lediglich für andere Steuern als diejenigen von Bedeutung sein können, auf die sich die Prüfung nach der Prüfungsanordnung erstreckt, sind nicht Gegenstand der Ap (Folgen für § 171 IV, BFH BStBl 79, 250); daran ändert sich nichts, wenn der Prüfer gleichwohl entsprechende Hinweise in den Prüfungsbericht aufnimmt. Die Erstreckung oder Beschränkung auf einzelne Steuern oder (wegen im Allgem fehlender Notwendigkeit einer diesbzgl Ap nur ausnahmsweise denkbaren) Beschränkung auf einzelne Sachverhalte (BFH/NV 12, 1927) ist Ermessensentscheidung, die umfassende Prüfung aller laufenden Steuern jedoch der Grundsatz. Übliche Sonderprüfungen für einzelne StArten sind die USt-Sonderprüfung (ggf weiter eingeschränkt für Vorsteuern, BFH BStBl 87, 486; zur USt-Sonderprüfung umfassend *Mösbauer* UVR 02, 333) und die LSt-Ap (§ 42f EStG).

Wegen der Festlegung der Anzahl der Besteuerungszeiträume und StArten siehe Rz 17ff.

8 **Satz 3:** Soweit eine Ap bei einer Personengesellschaft durchgeführt wird, umfasst die Prüfung auch die Verhältnisse der (ggf auch früheren) Gesellschafter (Aktenbeiziehung zulässig, FG Nbg EFG 88, 97), aber nur insoweit, als sie für die einheitlichen Feststellungen von Bedeutung sind (zB Entnahmen/Einlagen, Sonderbetriebsausgaben); jene sind gleichwohl nicht *Beteiligte* des Prüfungsverfahrens,

die Prüfungsanordnung richtet sich also stets nur gegen die Gesellschaft (anders als im Falle des Abs 2, in welchem aufgrund einer entspr erweiterten Prüfungsanordnung die stl Verhältnisse des Gesellschafters umfassend (mit)geprüft werden). Bei einem zweistufigen Feststellungsverfahren kann sich die Prüfungsanordnung für die Obergesellschaft auch auf Besteuerungsgrundlagen erstrecken, die aus einer gesonderten Feststellung für eine Untergesellschaft bei der Obergesellschaft stammen (BFH/NV 09, 1953).

Satz 4: Die steuerlichen Verhältnisse anderer Personen können insoweit geprüft werden, als der Stpfl verpflichtet war oder ist, für diese Steuern zu entrichten oder Steuern einzubehalten und abzuführen (also insbes bei LSt, KapESt, VersSt). Die betroffenen Stpfl sind auch hier nicht Beteiligte des Prüfungsverfahrens, folglich treten ihnen ggü die Wirkungen der Ap (zB § 173 II) nicht ein. Beachte aber § 171 XV. 10

Im Rahmen der Ap zulässig gewonnene (Zufalls-)Erkenntnisse können aber darüber hinaus grds auch hinsichtlich anderer Dritter gewonnen und durch Kontrollmitteilungen ausgewertet werden, ohne dass gegen diese eine Prüfungsanordnung erlassen werden muss, siehe näher Rz 41 ff. 11

3. Ausdehnung der Prüfung bei Prüfung einer Gesellschaft (Abs 2). Nach Abs 2 ist es zulässig, die Prüfung auf sämtliche stl Verhältnisse der Gesellschafter aufgrund einer gesonderten (Erstreckungs-)Prüfungsanordnung (§ 196) auszudehnen (BFH BStBl 86, 437; BStBl 82, 208) oder die Erstreckung von vornherein in die Anordnung gegen die (Personen- oder Kapital-)Gesellschaft aufzunehmen, vgl § 5 VI BpO; beachte § 197 I 3. Die Anordnung ggü dem Gesellschafter bzw dessen Einbeziehung in die Ap der Gesellschaft ist nicht an § 193 II Nr 2 zu messen; die Prüfung des Gesellschafters ist (ausnahmsweise) unmittelbarer *Gegenstand* (nicht nur Annex) der Gesellschafts-Ap und daher ausschl § 193 I iVm § 194 II Rechtsgrundlage der Prüfungsanordnung. Das setzt die Zuständigkeit der anordnenden FinBeh für die Besteuerung auch der Gesellschafter oder einen diesbzgl Prüfungsauftrag (§ 195 S 2) *voraus.* 14

Der Abs 2 hat keinen abschließenden Charakter in der Weise, dass eine Ap bei Gesellschaftern und Mitgliedern nur auf § 194 II gestützt werden kann; eine eigenständige Prüfung nach § 193 II Nr 2 ist ebenso möglich. 15

4. Ermessensentscheidung über den Prüfungsumfang. a) Grundsätzliches. Ap sind in den Grenzen des Verhältnismäßigkeitsprinzips und des Willkürverbots grds unbeschränkt zulässig (BFH BStBl 92, 220; 12, 395; 17, 25; BFHE 250, 1). Tatbestandliche Voraussetzungen für die Anordnung einer Ap gibt es nur hinsichtlich der Stpfl, deren Angelegenheiten in einer Ap geprüft werden dürfen (unscharf BFH BStBl 12, 395: tatbestandl voraussetzungslose Prüfungsermächtigung). Die FinBeh entscheiden zunächst nach pflichtgemäßem Ermessen, ob eine Prüfung an Amtsstelle unzweckmäßig, vielmehr eine Ap angezeigt ist (BFH BStBl 95, 291; 86, 437; BFH/NV 95, 578); Art und Umfang des zu prüfenden Sachverhalts sind dafür ausschlaggebend, ob Einzelermittlungsmaßnahmen ausreichen (vgl BFH BStBl 09, 338; 82, 208; 93, 146); dass die Möglichkeiten einer Sachverhaltsermittlung durch die Veranlagungsstelle ausgeschöpft sind, ist nicht erforderlich (BFH/NV 14, 1880). Es steht sodann im Ermessen der FinBeh, den Stpfl auszuwählen, der geprüft werden soll (**Auswahlermessen,** BFH BStBl 89, 4; 90, 272; 92, 220) und festzulegen, für welche Steuern und für welchen Besteuerungszeitraum die Prüfung durchgeführt werden soll sowie in welchem Turnus ggf eine erneute Ap angeordnet werden soll (**Entschließungsermessen,** BFH BStBl 83, 286) und auf welchen Zeitraum sie sich beziehen soll (BFH BStBl 95, 291; 92, 784). 17

Der Stpfl hat ein **subjektives Recht** auf ermessensfehlerfreie Entscheidung darüber, ob und in welchem Umfang bei ihm eine Ap durchgeführt werden soll. 17a

Die Ermessensfreiheit der FinBeh bedeutet allerdings nicht rechtliche Bindungslosigkeit der betr Entscheidungen. Denn auch Ermessensentscheidungen unterlie- 18 gen den Bindungen des § 5, der auf die Grenzen der Ermessensermächtigung wie den Gleichheits- und den Verhältnismäßigkeitsgrundsatz und vor allem den Zweck der Ermessensermächtigung verweist. Aus dem Grundsatz der Verhältnismäßigkeit folgt, dass von der Ap Abstand genommen werden muss, wenn die gewünschte **Aufklärung auch durch Maßnahmen der Einzelermittlung** erreicht werden kann (BFH BStBl 85, 568; 86, 435; BFH/NV 95, 578). Die Anordnung einer Ap ist jedoch idR ermessensgerecht, wenn zu erwarten ist, dass eine größere Anzahl von Lebensvorgängen mit einem größeren Zeitaufwand zu prüfen ist (BFH BStBl 95, 291; 93, 146).

19 Die FinBeh hat bei ihrer Ermessensentscheidung **vorrangig die Zweckmäßigkeit einer Ap,** insbes die Wahrscheinlichkeit von StAusfällen, StErstattungen oder Gewinnverlagerungen (vgl § 7 BpO zu erwägen. Ihr ist Ermessen eingeräumt, damit sie ihre begrenzten Prüfungskapazitäten effektiv einsetzen kann (BFH/NV 09, 887). Ob voraussichtlich ein steuerliches Mehrergebnis zu erzielen ist, ist aber nicht allein entscheidend, weil die Ap auch die Verifikation der Angaben des Stpfl bezweckt (BFH BStBl 12, 395; BVerfG BStBl 91, 654). Das „Modell" des Gesetzes ist die Ap bei jedem der in Abs 1 Genannten als *das* geeignete Mittel der Sachverhaltsermittlung (vgl mit entgegengesetztem Ansatz aber BFH BStBl 88, 359; 92, 707). Der Eingriff einer Ap ist vom Gesetz uneingeschränkt zugelassen; eine besondere Rechtfertigung für eine Ap ist nach dem Zweck des Gesetzes grds nicht erforderlich (vgl BFH BStBl 94, 678; BFH/NV 06, 1253); der Verzicht auf eine Ap ist nur der Tribut an die knappen Kapazitäten der Bp-Stellen (eingehend und grds zutr BFH BStBl 92, 220, auch ablehnend zur Unterscheidung von Anlass- und Routineprüfung; vgl auch BFH/NV 05, 1218). Der Stpfl darf aber mit einer (ihm regelmäßig lästigen) Prüfung nicht überzogen werden, ohne dass mit – gemessen an jener Last – angemessener Wahrscheinlichkeit zB stl erhebliche Erkenntnisse („Mehrergebnisse") zu erwarten sind (vgl ua BFH/NV 07, 2050; einschränkend aber BFH BStBl 12, 395); eine praktisch sonderlich wirksame Schranke ist dies allerdings nicht, zumal der FinBeh iAllg nach der Lebenserfahrung nicht die Erwartung strittig gemacht werden kann, bei einer Ap solche Mehrergebnisse zu erzielen.

20 **b) Ermessenslenkung durch die Betriebsprüfungsordnung (BpO).** Die FinVerw hat versucht, eine sinnvolle Steuerung ihrer Ermessenentscheidungen durch eine Verwaltungsvorschrift zu bewirken, die **BpO.** Diese (dazu *BMF* BStBl I 12, 689; grds Bedenken bei *Seer* Ubg 09, 673; vgl jedoch BFH/NV 94, 677) unterscheidet Betriebe nach (vier) Größenklassen in Abhängigkeit von Umsatz und Gewinn aufgrund des hiernach unterschiedlichen Risikos eines Steuerausfalls und macht die Prüfungshäufigkeit von einer entspr Einordnung des einzelnen Unternehmens abhängig. Der BFH hat dies als sachgerecht hingenommen (BFH BStBl 02, 269), wenngleich die Größenklassen für die Wahrscheinlichkeit einer unrichtigen oder unvollständigen Erfüllung der StErklPflicht nicht aussagekräftig sein dürften. Die FinVerw unternimmt daher den Versuch, die Regelungen der BpO durch ein Bp-Risikomanagementsystem zu effektuieren (*Schmidt/Schmitt* DStJG 08 (31), 37). Eine strikte Bindung an die in der BpO geregelten Größenklassen besteht nicht.

21 Die **unterschiedliche Prüfungsintensität** bei den verschiedenen Betriebsklassen ist nicht verfassungswidrig (BFH BStBl 94, 678; 92, 220; 89, 445; 89, 4 mit Anm von *Offerhaus* StBp 88, 285; aA offenbar *Wengert/Widmann* BB 98, 22). Der Umstand, dass ein Teil der Stpfl nicht lückenlos, sondern nur in Abständen geprüft wird, ist keine vom Gesetz vorgesehene vorteilhafte Rechtsfolge, sondern lediglich ein unvermeidlicher *Reflex praktischer Unzulänglichkeit.*

22 Grenzen der Freiheit der FinBeh bei der Anordnung einer Ap ergeben sich jedoch aus dem Willkürverbot (BFH BStBl 12, 395; BFH/NV 12, 443; 11, 137; 93, 82, 149; kritisch *Gosch* StBp 92, 119; distanziert BFH BStBl 94, 678). **Weicht die FinBeh von dem in der BpO vorgesehenen** oder zB in dem jeweiligen Ge-

schäftsbereich angewandten **Prüfungsturnus ab** (nicht aber bloß einem statistisch ermittelten, BFH/NV 90, 273; 06,1253) und hat sie dabei den Betrieb auch nicht nach reinen Zufallskriterien (die anzuwenden zulässig und zur Erhaltung eines „Überraschungseffekts" unverzichtbar ist, BFH BStBl 89, 4; einschränkend *Kalligin* Stbg 12, 173) oder solchen ausgewählt, die an sachlichen Kriterien ausgerichtet sind (zB je nach betriebstypischer Fehleranfälligkeit der Besteuerung, Erfahrungen über Mehrergebnisse udgl, vgl BFH BStBl 89, 4), muss sie für eine solche sog Anlassprüfung (dazu zB BFH/NV 10, 595; 04, 311; 03, 3) ggf sachgemäße, aus den Umständen des Einzelfalls abgeleitete Prüfungsanlässe angeben wie wirtschaftliche oder verwandtschaftliche Beziehungen zu einem anderen Unternehmen (BFH BStBl 87, 361), Betriebsaufspaltung (BFH/NV 92, 151), verdächtige Erklärungen des Stpfl (vgl BFH BStBl 85, 568). Eine *gezielte Auswahl* nach Anregungen der Veranlagungsstellen, Auswertung von Betriebskarteien und Vormerklisten ist also ermessensgerecht (BFH BStBl 92, 220; vgl auch BFH BStBl 88, 233: eine Prüfungsanordnung für ein einziges Jahr bei einem Groß- oder Mittelbetrieb, weil es sich um einen neu gegründeten Betrieb handelt). Insbes Mittel- und Kleinbetriebe können aber auch nach reinen Zufallsgesichtspunkten ausgewählt werden (BFH/NV 90, 273), betriebliche Besonderheiten andererseits Abweichungen von den Regeln der BpO oder sonstiger Praxis der FinBeh rechtfertigen.

c) Prüfungszeiträume. Die **BpO** enthält insbes Vorgaben für die Prüfung von Großbetrieben, Konzernen und sonstigen zusammenhängenden Unternehmen in § 4 II BpO, für Mittel-, Klein- und Kleinstbetriebe in § 4 III BpO (wegen der Erfassung und Zuordnung iEinz s §§ 3, 32 IV, V BpO und *BMF* BStBl I 09, 886; 12, 689; 15, 504). Durch sie haben die FinBeh ihre Ermessensfreiheit selbst eingeschränkt (ermessensregelnde Verwaltungsanweisung). Die (sehr grobe, holzschnittartige, jedoch verfassungsrechtl zulässige, BFH BStBl 02, 269) Einordnung der Betriebe in Größenklassen ist grds auf den im Zeitpunkt des Ergehens der Prüfungsanordnung maßgebenden Stichtag zu ermitteln (§ 4 IV BpO), der auch für das Einspruchsverfahren verbindlich bleibt (BFH BStBl 94, 678). Die Einteilung der Betriebe in Größenklassen erfolgt alle drei Jahre stichtagsbezogen auf den 1.1. des betr Jahres (vgl §§ 3, 32 IV BpO), und zwar nach den Ergebnissen der Veranlagung, hilfsweise nach den Angaben in den StErklärungen. Änderungen der die Größenklasse bestimmenden Betriebsmerkmale bleiben bis zur nächsten Einordnung unberücksichtigt (§ 32 V 1 BpO). 26

Bei der **gerichtlichen Kontrolle,** ob die BpO verletzt ist, muss deren Rechtsnatur berücksichtigt werden; die BpO kann nicht wie eine Rechtsnorm ausgelegt und erst Recht nicht analog auf von ihr nicht erfasste Fälle angewandt werden (BFH BStBl 92, 784). Ihre Regelungen betreffen den typischen Fall, sind aber nicht abschließend (BFH/NV 05, 1218). Eine derogierende Verwaltungspraxis ist ggf zu beachten. 27

aa) Bei **Großbetrieben,** Konzernen und sonstigen zusammenhängende Unternehmen soll grds kein Besteuerungszeitraum ungeprüft bleiben. Die Anschlussprüfung ist insoweit in § 4 II BpO bei Großbetrieben, Konzernen und international verbundenen Unternehmen als Grundsatz vorgesehen (als ermessensgerecht beurteilt schon von BFH BStBl 94, 678; 02, 269). Weist ein Unternehmen zur Zeit des Ergehens der Prüfungsanordnung die Merkmale eines Großbetriebs auf, so kann die Ap auch auf die mehr als drei Jahre zurückliegenden Besteuerungszeiträume erstreckt werden, selbst wenn das Unternehmen zu jener Zeit noch kein Großbetrieb war (BFH BStBl 86, 36; 92, 784; vgl auch BFH BStBl 09, 338). 28

bb) Bei **anderen Betrieben** als Großbetrieben soll der Prüfungszeitraum hingegen nicht mehr als drei (zusammenhängende) Besteuerungszeiträume umfassen (§ 4 III BpO). 29

cc) Auch eine Ap nach **Absatz 2 Nr 2** kann mehr als drei Besteuerungszeiträume umfassen; § 4 III BpO ist insofern nicht anwendbar (BFH BStBl 95, 291). 29a

Die Beschränkung des § 4 III BpO gilt auch nicht für Unternehmen, die zu einem Konzern gehören oder durch ein herrschendes Unternehmen verbunden sind (§ 13 I BpO). Eine einheitliche (Konzern-)Prüfung ist insoweit nach § 18 BpO nur für den Fall vorgesehen, dass dafür ein besonderes Interesse besteht.

30 **dd) Anschlussprüfungen** sind nicht nur bei Großbetrieben zulässig. Auch bei Klein-, Kleinst- und Mittelbetrieben kann sich also an den Prüfungszeitraum einer vorangegangenen Prüfung eine neue Ap anschließen (vgl BFH BStBl 17, 25; 03, 1147; 92, 220, 274; BFH/NV 06, 1253; FG Köln EFG 17, 1856, NZB VIII B 144/17). § 4 III 3 BpO lässt eine solche Anschlussprüfung ausdrücklich zu (vgl BFH/NV 07, 1804; 04, 311). Ihre Anordnung soll nach BFH/NV 10, 595 keiner besonderen Begründung bedürfen (vgl auch BFH BStBl 17, 25; BFH/NV 07, 2050) und auch nicht voraussetzen, dass bereits eine StErklärung vorliegt (BFH/NV 04, 311) oder die für die Prüfung notwendigen Unterlagen noch vorhanden sind (BFH/NV 16, 1139). Es gibt keinen Anspruch auf Verschonung von einer erneuten Ap für eine bestimmte Mindestzeit (BFH BStBl 92, 220; 89, 4).

31 **ee) Abweichende Prüfungszeiträume** können insbes festgelegt werden, wenn die Besteuerungsgrundlagen nicht ohne Erweiterung des Prüfungszeitraums festgestellt werden können oder mit nicht unerheblichen Steuernachforderungen oder nicht unerheblichen StErstattungen oder -vergütungen zu rechnen ist oder der Verdacht einer StStraftat oder StOrdnungswidrigkeit besteht, § 4 III 2 BpO (Näheres bei *Apitz* StBp 01, 57; ermessensgerecht BFH/NV 06, 09). Dafür ist in der Prüfungsanordnung eine substantielle Begründung zu geben (BFH/NV 09, 887). Mit nicht unerheblichen Nachforderungen ist zu rechnen, wenn diese wahrscheinlich sind (BStBl 89, 592; 90, 721; 85, 350); es müssen mehr Umstände für als gegen die Annahme sprechen. Dies kann zB der Fall sein, wenn bereits eine Prüfung eines eingeschränkten Zeitraums nicht unerhebliche Nachforderungen ergeben hat und nach dem Gesamtbild zu erwarten ist, dass sich ähnliche Verhältnisse auch in den davorliegenden Jahren einstellen werden (vgl BFH BStBl 83, 286). Ein maßgebender Mindestbetrag für die zu erwartenden Mehrsteuern lässt sich nicht für alle Fälle festlegen (BFH BStBl 89, 445; 88, 857: 3000 DM bei einem Mittelbetrieb ausreichend). Die prognostische Beurteilung, ggf im Zeitpunkt der Einspruchentscheidung, ist entscheidend (BFH BStBl 88, 857; str).

31a § 4 III 2 BpO ist keine abschließende Regelung, welche die Abwägung im Einzelfall ausschließt (str, offen BFH BStBl 84, 815; aA *Gosch* StbHdb 1995 E Rz 1654). Sie soll allerdings nicht nur der sinnvollen Nutzung der begrenzten Prüfungskapazitäten, sondern auch der Gleichmäßigkeit der Besteuerung dienen (BFH/NV 00, 1447). Über die in § 4 III 2 BpO ausdrücklich beschriebenen Fälle hinaus kommt eine **Erweiterung des dreijährigen Prüfungszeitraums** stets in Ausnahmefällen besonderer Prüfungsbedürftigkeit in Betracht; dabei wird es sich um Fälle handeln, die vom Normalfall abweichen, sich also durch ein besonderes Gewicht und besondere stl Relevanz auszeichnen (BFH/NV 05, 1218); der Prüfungszeitraum kann dann sogar mehr als ein Jahrzehnt umfassen (FG Ddorf DStR 14, 11). Eine Beschränkung der Prüfungsanordnung auf die Tatbestandskomplexe, die Anlass zu der Erweiterung geben, ist nicht zwingend (BFH/NV 00, 1447)

32 Ob der Drei-Jahres-Zeitraum auch ***unterschritten*** werden darf, insbes im Interesse einer zeitnahen Anschlussprüfung bei Großbetrieben die Prüfung auf jeweils ein Jahr beschränkt werden darf (vgl dazu *Seer* Ubg 09, 673), war bisher in der BpO nicht, auch nicht konkludent geregelt. FG Köln EFG 09, 1802 hatte eine solche Verkürzung des Prüfungszeitraums als ermessenswidrig beanstandet, allerdings mit der einzelfallbezogenen Begründung, dass es dafür an gewichtigen Gründen fehle.

33 § 4a BpO hat mit Wirkung ab 1.1.2012 das Institut der **zeitnahen Ap** geregelt, allerdings in einer Weise, der jegliche normative Kraft fehlen dürfte, und die Voraussetzungen für eine solche Anordnung lediglich mit den gesetzlichen Vorgaben und einer schlichten Tautologie (zeitnah = gegenwartsnah) umschreibt. Man wird unter zeitnah wohl eine Prüfung verstehen können, die nicht weiter als zwei VZ

zurückgreift (so auch *FM NRW* v 10.9.2012 S 0401-10-V A 5), folglich auch nicht wie üblich drei Jahre umfasst.

5. Prüfungsumfang; Prüfungserweiterung. Der Umfang der Prüfung wird grds durch die Prüfungsanordnung bestimmt. Sie bedarf deshalb sorgfältiger Fassung, auch im Hinblick auf ihre Folgen für die Zulässigkeit der Vorbehaltsfestsetzung (§ 164), der Verjährungsunterbrechung nach § 171 IV und der Änderung eines StBescheids wegen neuer Tatsachen; denn § 173 II enthält eine Einschränkung der Änderungsmöglichkeiten nach Durchführung einer Ap nur, soweit die Bescheide aufgrund einer Ap ergangen sind. Hinsichtlich solcher Tatsachen, die nicht „Gegenstand" der Prüfung gewesen sind, gilt die Einschränkung nicht (siehe näher § 173 Rz 152). 35

Will der Prüfer **über die Prüfungsanordnung hinausgehen,** muss die Prüfungsanordnung entspr erweitert werden (§ 5 II 5 BpO; dazu näher § 196 Rz 30 f). Eine Erweiterung des Prüfungsgegenstands ist auch nach begonnener Prüfung nach Ermessensgesichtspunkten zulässig; zu den Anforderungen, wenn der Prüfungsgegenstand zuvor auf Rechtsbehelf beschränkt worden war, BFH/NV 94, 677. Eine Erweiterung des Prüfungszeitraums soll jedoch nur in gewichtigen Fällen vorgenommen werden (vgl BFH BStBl 86, 433; 83, 286; BFH/NV 00, 1447). Eine Erweiterung wegen zu erwartender, nicht unerheblicher StNachforderungen (§ 4 II BpO) setzt bei einem Mittelbetrieb iSd § 3 BpO voraus, dass mit Mehrsteuern von mehr als 1600 €/Kj zu rechnen ist (vgl. BFH BStBl 88, 857; BFH/NV 1989, 548; FG Mchn EFG 16, 172). Das Ermessen des FA bei einer Prüfungserweiterung ist aber nicht dahin begrenzt, dass die Prüfung auf den bestimmten Sachverhalt zu beschränken ist, der voraussichtlich zu einer nicht unerheblichen Änderung der Besteuerungsgrundlagen führt und daher iSv § 4 III 2 BpO Grund für die Erweiterung des Prüfungszeitraums ist; es kann die Prüfungserweiterung generell für den Besteuerungszeitraum angeordnet werden, in dem der betr Sachverhalt verwirklicht wurde (BFH/NV 00, 1447); betriebliche StArten, die schon aufgrund der ursprünglichen Prüfungsanordnung Prüfungsgegenstand geworden sind, dürfen daher auch dann in die Prüfungserweiterung einbezogen werden, wenn sich der Sachverhalt in diesen Steuerarten von vornherein nicht auswirken kann (BFH/NV 12, 1927). 36

Bei einer **LSt-Ap** ist eine Erstreckung der Ap auf mit anderen Steuerarten, zB der USt, verbundene Vorgänge, aufgrund der von den allgemeinen Vorschriften abweichenden Zuständigkeit unzulässig (FG BBg EFG 14, 1077). 36a

Für die Entscheidung, die Prüfungsanordnung zu erweitern, bedarf es keiner abschließenden rechtl Prüfung der sich aus den **erwarteten Feststellungen** ergebenden materiell-rechtlichen Fragen (BFH/NV 06, 1250). 36b

Unterbleibt eine an sich gebotene Erweiterungs-Anordnung so hat dies ein **Verwertungsverbot** hinsichtlich der bei der unzulässig erweiterten Prüfung erlangten Erkenntnisse *nicht* zur Folge (BFH BStBl 98, 461; BFH/NV 99, 436). 37

Die Verwertung von Feststellungen, die bei einer Ap in zulässiger Weise (zufällig) getroffen werden, sich aber auf vor dem Prüfungszeitraum liegende Sachverhalte beziehen, ist iÜ uneingeschränkt zulässig. Der Prüfungszeitraum wird dadurch nicht „unterlaufen". Die Selbstbindung der Verwaltung durch § 4 III BpO verbietet nur, über den Dreijahreszeitraum hinaus ohne Prüfungserweiterung eine Ap anzuordnen und durchzuführen. 38

6. Kontrollmitteilungen (Abs 3) werten iSd Abs 3 Festsstellungen über die Verhältnisse *Dritter* aufgrund ihrer vermuteten stl Relevanz für diese aus. Sie sind mitunter dadurch gekennzeichnet, dass ihnen ein bestimmter Verdacht einer unrichtigen steuerlichen Behandlung bei dem Dritten *nicht* zu Grunde liegt, sondern sie zur stichprobenweisen oder routinemäßigen Kontrolle erteilt werden. Die grds gegebene Befugnis der FinBeh, Kontrollmitteilungen zu erteilen, ist Folge der Ermittlungspflicht der FinBeh (§ 88) sowie deren Aufgabe, das StRecht durch- 41 zusetzen (BVerfG BStBl 05, 56). Sie ist einem speziellen Gesetzesvorbehalt schwerlich zu unterwerfen, weil sie – anders als die vielfach sonst vorgenommene hoheitliche Datenauswertung – nur der zuständigen FinBeh die Auswertung derjenigen Daten ermöglicht, zu deren Offenbarung der Stpfl ohnehin bereits verpflichtet ist.

41a Kontrollmitteilungen sind kein Institut (nur) der Ap, sondern auch sonst üblich und uU von der FinVerw ausdrücklich vorgesehen (vgl Erlass v 12.3.2015, BStBl I, 225 für die ErbStStellen ggü dem Veranlagungsbezirk). Sie können jedwede tatsächlichen oder rechtlichen Verhältnisse Dritter zum Inhalt haben, deren Kenntnis für deren Besteuerung möglicherweise von Bedeutung sein kann (BFH BStBl 01, 665; BFH/NV 07, 190). § 194 III dient dabei – zumindest nicht in erster Linie – dem Schutz desjenigen, bei dessen Besteuerung die Kontrollmitteilung ausgewertet werden soll, sondern ist eine **Schutzvorschrift zugunsten des mit der Ap geprüften Stpfl** (BFH/NV 07, 190). Sie soll verhindern, dass ein Stpfl im Verlauf einer wegen *seiner* Besteuerung durchgeführten Prüfung auch noch unbeschränkt als Auskunftsperson über die Geschäfte weiterer Stpfl herhalten muss.

41b Kontrollmitteilungen verletzten das Recht der von ihnen Betroffenen auf **informationelle Selbstbestimmung** grds nicht (BFH BStBl 92, 616; BFH/NV 07, 190).

41c **Kontrollmitteilungen dürfen nicht der eigentliche Zweck einer Ap sein.** Nur „anlässlich" einer Ap gewonnene Erkenntnisse („Zufallsfunde"), die für Dritte von Bedeutung sind, dürfen erhoben und durch Ausstellung von Kontrollmitteilungen verwertet werden. „Anlässlich" meint nicht nur „während", verlangt also nicht einen bloßen zeitlichen Zusammenhang (BFH BStBl 01, 665; BFH/NV 07, 190), aber auch keinen sachlichen Zusammenhang mit dem eigentlichen Ziel der Ap derart, dass die betr Erkenntnisse auch für die Besteuerung des geprüften Stpfl selbst von Bedeutung sein müssten (BFH BStBl 07, 227). Es genügt, dass der Prüfer bei der Erledigung der Prüfungsanordnung und einer durch sie veranlassten konkreten Prüfungstätigkeit auf jene Erkenntnisse stößt, ohne nach ihnen eigens gesucht zu haben (BFH BStBl 07, 227; 04, 1032, 1216; BFH/NV 05, 1226). Unzulässig ist eine Prüfungstätigkeit, die losgelöst von der konkret angeordneten Ap unmittelbar und ausschl auf die Feststellung der steuerlichen Verhältnisse Dritter und die Fertigung von Kontrollmitteilungen gerichtet ist (BFH BStBl 07, 227; instruktives Beispiele FG BaWü EFG 16, 695, BFH/NV 18, 177). Zwischen dem durch die Prüfungsanordnung festgelegten eigentlichen Gegenstand der Ap und einer Feststellung steuerrelevanter Verhältnisse Dritter muss aber ein sachlicher *Zusammenhang* nur in der Weise bestehen, dass bei einer konkreten und im Aufgabenbereich des Prüfers liegenden Tätigkeit ein Anlass auftaucht, der den Prüfer veranlasst, solche Feststellungen zu treffen (BFH BStBl 04, 1032, wo ein solcher Zusammenhang verneint wird, weil die auf Dritte bezogenen Prüfungshandlungen bereits unmittelbar nach Beginn der Ap vorgenommen wurden; sehr zweifelhaft). Auf eine unzulässige, nicht „anlässlich" der Ap durchgeführte Ausforschung der Verhältnisse Dritter soll zB die gleichsam wahllose Fertigung von Kontrollmitteilungen bei Banken über deren Kundenkonten in großer Zahl hinauslaufen (siehe dazu *Streck/Peschges* DStR 97, 1993). In welchem Umfang der Prüfer bei einer Prüfung Kontrollmaterial erschließt, ist allerdings unerheblich; eine „Abwägung" zwischen dem Geheimhaltungsinteresse Dritter und dem Prüfungsanliegen der FinBeh hat nicht stattzufinden (BFH/NV 05, 1226).

41d Die Kontrollmitteilung darf also **lediglich ein Nebenprodukt** der Ap sein, die Ap darf nicht darauf gerichtet sein, Kontrollmaterial zu beschaffen (*Hamacher* DB 96, 2460; *Wengert/Widmann* StBp 98, 57). Bedenklich ist es, wenn BFH BStBl 04, 1032 insofern auf die von der FinBeh erklärte Absicht (oder gar deren „hauptsächliche" Zielrichtung, vgl BFH/NV 05, 1226) abstellt, statt zu prüfen, ob die Prüfungsmaßnahmen objektiv geeignet waren, der Prüfungsanordnung zu genügen.

41e Es ist aber zu berücksichtigen, dass der Prüfungsauftrag nicht verbietet, **bei Gelegenheit einer Ap die Aufgaben der FinBeh nach § 208 I 1 Nr 1** und die der FinBeh insoweit verliehenen Befugnisse wahrzunehmen, sofern der fehlende unmittelbare Bezug zur Prüfungsanordnung von dem Prüfer offen gelegt wird oder offensichtlich ist (vgl BFH BStBl 04, 1032, offen lassend; anders BFH BStBl 00, 648). Der Prüfer darf auch im Rahmen der Ap **Einzelermittlungen** – auch solche welche die stl Verhältnisse Dritter betreffen – durchführen, wenn er diese als solche kenntlich macht (BFH BStBl 89, 193; 84, 790). Zur „Doppelfunktion" der FinBeh als StVerwaltungs- und StFahndungsbehörde vgl die Erl zu § 208 Rz 4b.

Die allerdings uneinheitliche Rspr hat die *Erteilung* von Kontrollmitteilungen ebenso wie die *Beschaffung* des für Kontrollmitteilungen benötigten Materials vielfach *nicht* den **Einschränkungen, die bei gezielten Ermittlungen aufgestellt worden sind** unterworfen, also dem Verbot der Ermittlung „ins Blaue hinein" (vgl schon BFH BStBl 88, 359; BVerfG BStBl 05, 56; BVerfG NJW 90, 701). Das Ausschreiben von Kontrollmitteilungen wird nur den (nicht näher definierten, oftmals folgenlosen) Anforderungen des **Verhältnismäßigkeitsgrundsatzes** unterworfen. Da die Erteilung von Kontrollmitteilungen aufgrund in der Ap gewonnener Erkenntnisse sowohl die Rechte des geprüften Betriebs berührt (*HHSp/Schallmoser* § 194 Rz 129) als auch des Dritten (Datenschutzrechte) (*HHSp/Schallmoser* § 194 Rz 132 f) berührt, muss für die Erteilung ein „hinreichender" Anlass bestehen, was der alle staatl Maßnahmen begrenzende Verhältnismäßigkeitsgrundsatz gebietet (vgl BVerfG BStBl 91, 654). 44

Weitgehend unstrittig dürfte es inzwischen sein, dass Kontroll-mitteilungen nicht nur in Fällen gefertigt sind, in denen **aufgrund von Zufallserkenntnissen im Einzelfall der konkrete Verdacht** besteht, dass ein Geschäftsvorfall bei einem Dritten stl nicht ordnungsgemäß erfasst werden wird (zB für Schmiergelder, branchenunübliche Vermittlungsprovisionen, Beratungshonorare, ungewöhnliche Abwicklungsarten oder Barzahlungen auf Wunsch des Empfängers). Sie dürfen auch **nicht nur bei ungewöhnlichen** oder aufgrund konkreter Erfahrungen der FinBeh für eine StVerkürzung *außergewöhnlich* anfälligen **Vorgängen** (vgl dazu BFH BStBl 87, 484; 90, 280) ausgeschrieben werden (wozu jedoch der Fall BFH BStBl 90, 198 gehörte, da hier die Bank in einer unbekannten Zahl von Fällen Kunden zu steuerlichen Zwecken missverständliche Bescheinigungen erteilt hatte, sodass damit zu rechnen war, dass aufgrund dieser Bescheinigungen die Steuer falsch festgesetzt worden ist). 44

Es genügt vielmehr, wenn **aufgrund allgemeiner Erfahrung im Wege vorweggenommener Beweiswürdigung prognostiziert** werden kann, dass eine Kontrollmitteilung zur Aufdeckung steuererheblicher Tatsachen zu führen vermag (BFH BStBl 02, 495; BFH/NV 07, 190; zustimmend *Rolletschke* DStZ 99, 887; offen *Rüth* DStZ 00, 30, 36; vgl zur historischen Legitimität dieser Gesetzesauslegung *Streck/Peschges* DStR 97, 1993). Das ist zB angenommen worden, wenn ein Geschäftsvorfall Auffälligkeiten aufweist, die es aus dem Kreis der alltäglichen und üblichen Geschäfte hervorheben oder eine für StHinterziehung besonders anfällige Art der Geschäftsabwicklung erkennen lassen, die dazu verlockt, Einkünfte dem FA zu verschweigen, wenn also eine erhöhte Wahrscheinlichkeit der Entdeckung unbekannter Steuerfälle besteht (BFH BStBl 09, 509). Die Erhebung und Auswertung von Kontrollmaterial (Informationen über die stl relevanten Verhältnisse Dritter) ist nur dann unzulässig, wenn jedwede Anhaltspunkte für steuererhebliche Umstände fehlen, etwa im Rahmen sog. Rasterfahndungen oder ähnlicher Ermittlungen "ins Blaue hinein" (BFH BStBl 97, 499). Dass eine Kontrollmitteilung zur Aufdeckung steuererheblicher Tatsachen zu führen „vermag", wird kaum jemals zu verneinen sein! Die entscheidende Frage, die auch eine Streitfrage ist, besteht vielmehr darin, ob eine **stichprobenweise Erstellung von Kontrollmitteilung** zulässig ist und in welchem Umfang ggf der Nachforschungsanlass die Erwartung rechtfertigen muss, mit Hilfe einer solchen Kontrollmitteilung die unzutreffende Besteuerung Dritter aufzudecken. Diese Fragen werden durch die Begriffe „Rasterfahndung" und „Ermittlungen ins Blaue hinein" (BFH BStBl 07, 227) nicht, 45 jedenfalls nicht ausreichend differenziert beantwortet (kritisch auch BVerfG BStBl 05, 56), in deren Verwendung sich die von der Rspr gebildeten Leitsätze indes weitgehend erschöpfen.

47 Weitgehend unstrittig ist allerdings, dass ein **hinreichender Anlass** für die Erhebung von Informationen über stl bedeutsame Verhältnisse Dritter und das Ausschreiben von Kontrollmitteilungen darüber (dazu auch *El Mourabit* BB 17, 91) bei Maßnahmen zur **allgemeinen Überwachung** der Stpfl fehlt. Auch dieser (aus dem früheren § 30a II herrührende) Begriff lässt indes einen erheblichen Deutungsspielraum, wann eine Ermittlungsmaßnahme verhältnismäßig, hinreichend veranlasst und zumindest durch finanzbehördliche Erfahrung über fehlende StEhrlichkeit gerechtfertigt ist und wann eine „allgemeine Überwachung" beginnt. Dies dürfte erst bei dem Unterfangen anzunehmen sein, gleichsam flächendeckend (vgl BFH BStBl 00, 643: Erfassung der Stpfl in ihrer „Totalität" oder jedenfalls möglichst vollständig) mit Hilfe von Kontrollmitteilungen (oder anderen Ermittlungsmaßnahmen) die StEhrlichkeit der Stpfl zu überprüfen (was die ohnehin begrenzten Kapazitäten der FinVerw kaum zulassen werden). Ein solches Unterfangen, selbst wenn es an einem bestimmten Ermittlungsraster orientiert und dadurch begrenzt wird, wäre unzulässig. Denn so sehr eine Rasterfahndung idS zur Verwirklichung der Besteuerungsgleichheit förderlich sein kann, so sehr wird man bei ihr den Verhältnismäßigkeitsgrundsatz idS zumindest einfordern müssen, dass zwischen der von dem Raster erfassten Zahl der Stpfl und der Tiefe des Eindringens in ihre Privatsphäre und der Wahrscheinlichkeit, stl erhebliche Tatsachen zu entdecken, ein angemessenes Verhältnis bestehen muss. Der Verhältnismäßigkeitsgrundsatz verlangt nicht nur, dass Ermittlungsmaßnahmen geeignet sind, das von der FinVerw (rechtmäßig) festgelegte Ziel zu erreichen, und das schonendste Mittel zur Erreichung dieses Ziels sind, sondern auch dass solche Ersuchen auch verhältnismäßig ieS sind, also den Betroffenen nichts Unzumutbares abverlangen (BFH BStBl 09, 582; 97, 499). Deshalb sind bei einer Ap insbes die geschäftlichen Interessen des Prüfungsbetriebs (Wahrung der Anonymität von Kunden) zu berücksichtigen (BFH BStBl 14, 225).

47 Maßnahmen der FinBeh, die (ungeachtet konkreter Anhaltspunkte dafür, dass es hinsichtl der bestimmter Stpfl zu einer unrichtigen StFestsetzung gekommen ist) ergriffen werden, weil aufgrund der allgemeinen Erfahrung der FinBeh (BFH BStBl 87, 484) zu vermuten ist, dass **Steuern in einem bestimmten Bereich mit *erhöhter* Wahrscheinlichkeit hinterzogen worden sind** (dh in größerem Ausmaß als die allgemeine Erfahrung, dass Steuern nicht selten hinterzogen werden), stellen keine „allgemeine Überwachung", sondern grds zulässige, gezielte Aufklärungsmaßnahmen dar. Sie stellen auch nicht eine nach dem Verhältnismäßigkeitsprinzip unzulässige „Rasterfahndung" iS einer systematischen Kontrolle ohne besondere, über die allgemeine Erfahrung der Häufigkeit von StHinterziehung hinausgehende Verdachtsmomente dar (vgl BFH BStBl 09, 582). Das wird insbes dann nicht angenommen werden können, wenn die Wahrscheinlichkeit der Aufdeckung stl erheblicher Tatsachen in einem angemessenen Verhältnis zu Ausmaß und Intensität des Eindringens in den Lebensbereich des Stpfl steht (Gebot des Verhältnismäßigkeitsprinzips).

47a BFH BStBl 02, 495 hat jedoch zu Unrecht die Beobachtung als Ermittlungsanlass nicht genügen lassen, dass trotz stürmisch-positiver Kursentwicklung in einem bestimmten Bereich des Aktienmarktes praktisch keine Spekulationsgewinne erklärt worden sind. Der Umstand, dass das nach dieser Entscheidung dann anders sein soll, wenn ein entsprechender Hinweis eines Bankmitarbeiters bestätigt, dass Kunden dieses Institutes solche Geschäfte getätigt haben, ist schwer nachvollziehbar.

48 Wo auch idS ein Ermittlungsanlass fehlt, stellt sich in aller Schärfe die eingangs schon aufgeworfene Frage, ob Kontrollmitteilungen zum Zwecke einer **„beliebigen" Stichprobe** auf die StEhrlichkeit Dritter ausgeschrieben werden dürfen (offen BFH BStBl 97, 499; BFH/NV 06, 1; dem folgend zB *HHSp/Schallmoser*

§ 194 Rz 148f); formelhaft verneinend die überwiegende Rspr, vgl statt aller BFH BStBl 07, 227). Meines Erachtens ist auch dies zu bejahen, wenn darunter verstanden wird, dass nach einem reinen Zufallsprinzip in geringer Zahl *einzelne* Daten ausgewählt und der für die Besteuerung eines dritten Stpfl FinBeh übermittelt werden, ohne dass diese Art der Prüfung in dem vorstehend dargestellten Sinn zu einer „flächendeckenden" allgemeinen Überwachung der Stpfl ausufert. Ein solche vereinzelte Stichprobenkontrolle dürfte zwar kaum umfangreiche StQuellen erschließen (und dadurch zu rechtfertigen sein), wohl aber eine abschreckende, der Förderung der StEhrlichkeit dienliche Wirkung entfalten können.

Besteht im vorgenannten Sinne ein „hinreichender" Anlass Kontrollmitteilungen auszuschreiben, sind solche Maßnahmen nicht deshalb zu beanstanden, weil sie eine **große Zahl von Stpfl** betreffen (BFH BStBl 02, 495), noch weil sie nur geringfügige Erklärungsdefizite aufzuklären versuchen (ebenda; anders im Sinne einer **„Erheblichkeitsschwelle"** BFH BStBl 00, 643). Es gibt keine Beschränkung der Prüfungs- und Kontrollmitteilungsdichte (BFH BStBl 07, 227), wobei insofern bei der reinen Zufallsstichprobe die genannten Einschränkungen wegen der notwendigen Abgrenzung zu einer „allgem" Überwachung zu machen sein werden. 50

Im **Ergebnis** dürften damit allerdings Kontrollmitteilungen fast voraussetzungslos zulässig sein (auch als beliebige Stichprobe; anders mitunter vor allem das Schrifttum, vgl *Rüsken* DStJG 31, 2008, 249), Der Verhältnismäßigkeitsgrundsatz, der zu beachten ist (BFH BStBl 09, 509), dürfte jedenfalls für den (durch § 194 III geschützten, BFH BStBl 07, 227) mit der Ap geprüften Stpfl kaum jemals eine merkliche Schutzwirkung entfalten. 51

7. Besonderer Schutz von Bankdaten? Den Kundendaten von Kreditinstituten gebührt in der Ap – ebenso wie sonst – keine andere Behandlung als den Daten anderer Stpfl, die für die Besteuerung Dritter mutmaßlich relevant sein können. Auch über sie können unter den erläuterten allgemeinen Voraussetzungen Kontrollmitteilungen ausgeschrieben werden. Das für einen besonderen Schutz von Bankdaten vielfach angeführte Argument, dass das Eindringen der FinBeh in die Beziehungen zwischen Kreditinstitut und Kunde beeinträchtige das zwischen diesen bestehende „Vertrauensverhältnis" ist schon deshalb wenig geeignet, Bankdaten in besonderer Weise vor der Kenntnis der FinBeh abzuschirmen, weil bei jeder anderen geschäftlichen Beziehung das Interesse des Kunden dahin geht, dass seine dem Geschäftspartner offenbarten Verhältnisse nicht Dritten und erst recht nicht einer FinBeh offenbar werden. 55

Soweit Rspr und Schrifttum aus dem jetzt aufgehobenen § 30a einen besonderen Schutz von Bankdaten („Bankgeheimnis") hergeleitet haben, ist dies jetzt obsolet. Rspr und Schrifttum zu § 30a bleiben indes insofern von Bedeutung, als dort – was vielfach unbeschadet der vordergründigen Bezugnahme auf § 30a der Fall ist – allgemeine Grundsätze für die Ermittlungsbefugnisse der FinBeh und insbes ihre Befugnis zum Ausschreiben von Kontrollmitteilungen formuliert und in Wahrheit aus allgemeinen Rechtsgrundsätzen, insbes dem Verhältnismäßigkeitsgrundsatz abgeleitet worden sind.

Unter der Geltung des § 30a hatte sich eine lebhafte Diskussion und vielfältige, teilweise kontroverse Rspr darüber entwickelt, ob Besonderheiten hinsichtl der Zulässigkeit der Erhebung von Kontrollmaterial im Rahmen einer Ap bei Banken und hins des Ausschreibens von Kontrollmitteilungen über **legitimationsgeprüfte Bankkonten** (§ 154 II) gelten oder ob es sogar nach § 30a ein **„Bankgeheimnis"** gebe, mit welchem Begriff man offenbar (in Wahrheit wenig passende) Assoziationen zum StGeheimnis des § 30 wecken wollte. Der aufgehobene § 30a III enthielt insofern eine Regelung, die bei (legitimationgeprüften) Bankkonten scheinbar generell das Feststellen und Abschreiben der Konten verbot, wobei jedoch bereits § 30a III 2 dieses Verbot zu einer Sollvorschrift umgestaltete, dh gebundenes Er- 56 messen eröffnete, von Kontrollmitteilungen Abstand zu nehmen (vgl BFH/NV 98, 424, aA *HHSp/Hellwig* § 30a Rz 28). Der von § 30a errichtete Schutzwall – wenn es denn einen solchen tatsächlich gegeben hat – ließ sich indes in Wahrheit mit dem Begriff „Bankgeheimnis" zusammenfassend nicht kennzeichnen (so auch BFH BStBl 97, 499; *HHSp/Hellwig* § 30a Rz 3; *Rüth* DStZ 00, 30; vgl *Miebach* Das Bankgeheimnis – Verfassungsrecht und § 30a AO, 1999, S 59; aA BFH/NV 98, 424) und war allenfalls als Verdeutlichung dessen, was sich aus § 194 III und allgemeinen Rechtsgrundsätzen ergibt, für den Bankenbereich zu verstehen.

57 BFH/NV 98, 424 (also der VII. Senat des BFH; vgl auch BFH BStBl 00, 643 und ähnlich BFH BStBl 03, 74 (IX. Senat)) hatten indes ausdrückl keinen „Gleichklang" von §§ 30a und § 194 III sehen wollen (anders *Dötsch* DStZ 99, 221), sondern eine vom Gesetzgeber „zielgerichtete" Einschränkung des § 194 III im Bankenbereich durch § 30a III, der sonst ohne jeden Sinn sei (wobei nicht erwogen wurde, dass dieser Sinn in der – für den Bankenbereich besonders bedeutsamen – Bestätigung anderweitig normierter Ermittlungsgrundsätze liegen kann, so auch *Dötsch* DStR 99, 221).

58 BVerfG BStBl 05, 56 hat in diesem Zusammenhang nicht zu Unrecht von „Gegensätzen" zwischen der Rspr des VII. und des VIII. Senats des BFH gesprochen, die zu Rechtsunsicherheit geführt hätten und die FinBeh nicht von vornherein deutlich absehen ließen, welche Befugnisse sie tatsächlich im Einzelfall der Bankenprüfung haben und wie die rechtliche Bewertung von ergriffenen Kontrollmaßnahmen durch die FG ausfallen wird. Fest stehe lediglich, dass im Rahmen von Bankenprüfungen Kontrollmitteilungen nicht „stichprobenartig" – dh ohne begründeten Anlass – gewonnen werden dürften (weitergehend jedoch in Wahrheit BFH BStBl 97, 499: selbst bei Fehlen eines Anlasses kein eingriffsfreier Bereich; siehe jedoch auch Dötschs Interpretation von BFH BStBl 97, 499 in DStR 99, 221).

60 **8. Vorlage- und Auskunftverweigerung in der Außenprüfung.** Entgegen verschiedenen Forderungen (vgl ua *Arbeitskreis „Steuerrecht"* in DStR 12 Heft 48 Beihefter) ist keine gesetzliche Einschränkung der Zulässigkeit der Auswertung von Kontrollmitteilungen in den Fällen vorgesehen, in denen der Stpfl, bei dem die betr Erkenntnisse gewonnen werden, wäre er Dritter, die **Auskunft und Vorlage von Urkunden verweigern** könnte (vgl §§ 101, 103, 104; BFH BStBl 10, 455; 09, 579; aA ua *HHSp/Schallmoser* § 194 Rz 171 f; *TK/Seer* § 194 Rz 34; *Schwarz/Frotscher* § 194 Rz 50; *BG/Gosch* § 194 Rz 246 f; *Papperitz* DB 01, 1217; *Wengert/Widmann* StBp 98, 57). § 102 (Berufsgeheimnis) gibt ein Auskunftsverweigerungsrecht, aber keinen gesetzl Anspruch darauf, dass die Fertigung von Kontrollmitteilungen betr dem Berufsgeheimnis unterliegenden Vorgänge unterbleibt (anders die überwM: Kontrollmitteilungen nur bei Verzicht auf Wahrung des Berufsgeheimnisses). Wenn der Berufsangehörige verhindern will, dass Unterlagen ausgewertet werden und er sie deshalb verheimlicht, setzt er sich dem Vorwurf einer Verletzung seiner Mitwirkungspflicht aus und muss das Risiko in Kauf nehmen, dass die FinBeh eine Schätzung zu seinen Lasten vornimmt oder den Abzug von Betriebsausgaben nicht zulässt, vgl § 160. Andererseits kann der Berufsträger aufgrund des einschlägigen Berufsrechts gezwungen sein, die Auswertung geheimzuhaltender Unterlagen zu verhindern (zB durch rechtzeitige Schwärzungen) und vorgenannte negative Folgen für seine Besteuerung in Kauf zu nehmen. Tut er das nicht, besteht aber nicht etwa ein Verwertungsverbot für die Ap, welche keine berufsrechtlichen Pflichten hat und die deshalb auswerten darf, was ihr bekannt wird.

63 Es ist zulässig, den Stpfl mit dem **Mittel des Verwaltungszwangs** (§§ 328 ff) zur Herausgabe der Unterlagen zu zwingen, soweit dieser nicht zur Geheimhaltung berechtigt ist (BGH BStBl 10, 455); das ist nur der Fall, wenn er dazu berufsrechtl verpflichtet ist und das Aufklärungsinteresse der FinBeh nicht Vorrang hat, was allenfalls ganz ausnahmsweise anzunehmen sein wird (unentschieden *Arbeitskreis „Steuerrecht"* in DStR 12 Heft 48 Beihefter).

Bei Kontrollmitteilungen *aufgrund von Auskünften* des Stpfl in der Ap ist iÜ zu differenzieren: sie sind dann unzulässig, wenn ein Angehöriger (§ 101) **nicht über sein Auskunftsverweigerungsrecht belehrt** worden ist (BFH BStBl 91, 204; BFH/NV 10, 929). In § 102 ist eine Belehrung von vornherein nicht vorgeschrieben. Bei § 103, der nicht dem Schutz der Beteiligten dient, sondern der Konfliktlage der Auskunftsperson Rechnung trägt, ist ein Verwertungsverbot trotz gesetzlichem Belehrungsgebot nicht anzunehmen (*KvW/von Wedelstädt* § 194 Rz 19; aA *Rätke* § 103 Rz 16). 64

Vor der Erteilung von Kontrollmitteilungen soll die FinBeh nach BFH BStBl 09, 579 den Berufsträger rechtzeitig von der Absicht, eine Kontrollmitteilung zu fertigen, informieren, um ihm die Möglichkeit zugeben, sich mit Rechtsbehelfen dagegen zur Wehr zu setzen (ebenso BFH/NV 06, 2034). Das hat keine gesetzliche Grundlage und ist auch insofern zweifelhaft, als der Berufsträger grds die Auswertung der fraglichen Unterlagen durch Kontrollmitteilungen nicht verhindern kann. 65

Kontrollmitteilungen können auch **ausl Steuerbehörden** erteilt werden (BFH BStBl 95, 358; FG BaWü EFG 16, 695). 66

9. Rechtsbehelfe zur Abwehr von Kontrollmitteilungen. Eine Anfechtungsklage gegen Kontrollmitteilungen ist mangels VA-Charakter nicht gegeben (BFH BStBl 09, 579; 07, 227). Eine Feststellungs- oder (ggf vorbeugende) Unterlassungsklage/einstweilige Anordnung (BFH/NV 98, 424) im Hinblick auf die Weitergabe der Kontrollmitteilung kann in Betracht kommen. Ob sich allerdings der von der Kontrollmitteilung betroffene Dritte bereits gegen die Feststellung und Auswertung ihn betreffender Daten im Rahmen einer Ap oder gegen ein diesbezügliches Auskunfts- oder Vorlageersuchen erfolgreich wehren kann (so offenbar, jedoch zu Unrecht *HHSp/Hellwig* § 30a Rz 32, 33) oder allenfalls erst gegen eine Auswertung der Ergebnisse in einem gegen ihn gerichteten StBescheid (so für den vorläufigen Rechtsschutz FG Hess EFG 99, 663; *Kuhfus/Schmitz* StuW 92, 333, 339), erscheint zweifelhaft. Ein Vorgehen gegen die Kontrollmitteilung ist nicht Voraussetzung dafür, dass Einwendungen gegen ihre Verwertung in einem Besteuerungsverfahren erhoben werden können (*Wengert/Widmann* StBp 98, 57; nicht unstr). Im Allgemeinen wird es daher für eine vorbeugende Klage am Rechtsschutzbedürfnis fehlen. Denn die Rechte des Stpfl werden regelmäßig erst durch die Auswertung der Kontrollmitteilung in seinem Besteuerungs- bzw im Strafverfahren betroffen werden (vgl BFH/NV 98, 424). 67

Hinsichtlich unter **Verstoß gegen § 101 I 2** zustande gekommene oder sonst rechtswidrige Kontrollmitteilungen ist der Stpfl dadurch geschützt, dass diese nicht stl verwertet werden dürfen. Sonst ist aber ein Verwertungsverbot nicht die Folge einer unzulässigen Erhebung von Kontrollmaterial oder dessen Weiterleitung (vgl BFH BStBl 07, 227). 68

IÜ gewährt BFH/NV 98, 424 Rechtsschutz desjenigen, aufgrund dessen Unterlagen eine Kontrollmitteilung gefertigt wird, aufgrund der **Art 14, 2 GG,** die nicht nur gegen die Wegnahme von Unterlagen, sondern auch gegen deren Vervielfältigung und die dadurch bewirkte „Aneignung des Gedankenguts" schützten. Das Rechtsschutzbedürfnis für eine vorbeugende Unterlassungsklage hat BFH BStBl 09, 579 mit allerdings einzelfallbezogenen Überlegungen verneint. Gegen Auskunftsersuchen und Vorlageverlangen in der Ap kann der geprüfte Stpfl mit Einspruch und Anfechtungsklage vorgehen, weil diese Maßnahmen VA darstellen. 69

§ 195 Zuständigkeit

[1] **Außenprüfungen werden von den für die Besteuerung zuständigen Finanzbehörden durchgeführt.** [2] **Sie können andere Finanzbehörden mit der**

Außenprüfung beauftragen. ³Die beauftragte Finanzbehörde kann im Namen der zuständigen Finanzbehörde die Steuerfestsetzung vornehmen und verbindliche Zusagen (§§ 204 bis 207) erteilen.

Übersicht

1 **1. Zuständigkeiten (Satz 1).** Die Ap ist aufgrund ihrer Zweckbestimmung, die für die Besteuerung erheblichen Verhältnisse aufzuklären, Teil des Besteuerungsverfahrens (BFH BStBl 89, 483). Die Zuständigkeit richtet sich daher naturgemäß nach den §§ 16ff, §§ 12 II, 17 II, 19 III FVG; danach sind die FA und HZA bzw mit der zentralen Wahrnehmung der Prüfungsdienste betraute FA bzw das BZSt sachlich zuständig (vgl BFH/NV 99, 153). Bei Kapitalgesellschaften ist in erster Linie der Ort der Geschäftsleitung, nicht der Sitz maßgeblich. Bei einer LSt-Prüfung ist gem § 42f I EStG das BetriebsstättenFA zuständig.

2 Die örtliche **Zuständigkeit** ergibt sich aus §§ 18ff (BFH BStBl 89, 483; BFH/NV 93, 455) und landesrechtlichen Sonderregelungen (§ 17 III 2 FVG), die die Ap-Zuständigkeit idR auf wenige FA konzentrieren, ohne dabei an die Einschränkungen gebunden zu sein, denen eine Beauftragung nach Satz 2 unterliegt (Ausnahmefall). Bei einer Kapitalgesellschaft ist nach § 20 in erster Linie der Ort der Geschäftsleitung, nicht der Sitz maßgeblich (BFH/NV 99, 153).

2a Maßgeblich für die Zuständigkeit sind die Umstände zum Zeitpunkt der Bekanntgabe der Prüfungsanordnung (BFH BStBl 89, 483; 09, 338; BFH/NV 14, 823; beachte jedoch § 180 I Nr 2 Buchst b für gesonderte Feststellungen und dazu BFH BStBl 95, 640; BFH/NV 14, 823) und nicht der Prüfungszeitraum (BFH/NV 14, 823; FG Köln EFG 95, 459). Bei Wegfall der Zuständigkeit (zB wegen Betriebsverlegung) nach Beauftragung einer anderen FinBeh ist § 26 S 2 einschlägig. Die Zuständigkeit geht nach § 26 erst bei Kenntnis geänderter Umstände über (BFH BStBl 89, 483).

3 Zur **Zuständigkeit des BZSt** für Ap im Auftrag der zuständigen Landesfinanzbehörde vgl § 19 III FVG; daneben Mitwirkung des BZSt bei Ap der zuständigen FinBeh nach §§ 5 I, 19 I FVG (vgl näher §§ 20ff BpO).

5 Ist die Zuständigkeit einer FinBeh nach den vorgenannten Vorschriften begründet, so ist ihr **Prüfungsrecht örtlich nicht begrenzt;** es können also auch Besteuerungsmerkmale geprüft werden, die außerhalb des örtlichen Zuständigkeitsbereichs der Behörde, auch außerhalb des betr Bundeslandes verwirklicht worden sind. Bei einer Erstreckungsanordnung nach § 194 II bedarf es aber eines (ohne Weiteres zulässigen) Prüfungsauftrages des für den Gesellschafter zuständigen FA, wenn nicht das GesellschaftsFA auch für dessen Besteuerung zuständig ist (*BG/Gosch* § 195 Rz 21). Dass das Wohnsitz-FA eines Gesellschafters die Prüfungsanordnung auf Anregung des BetriebsFA der Gesellschaft erlassen hat, ist jedoch für die Rechtmäßigkeit und Wirksamkeit der Prüfungsanordnung ohne Bedeutung (BFH BStBl 87, 248).

7 **2. Mitwirkungsbefugnisse anderer Behörden.** Diese ergeben sich für die Gemeinden aus § 21 III FVG; sie können an einer Ap teilnehmen, wenn die Realsteuern von den Landesfinanzbehörden verwaltet werden und der Stpfl innerhalb der Gemeinde eine Betriebsstätte unterhält oder Grundbesitz hat und die Ap im Gemeindebezirk durchgeführt wird. Die Sachkunde, aber auch das Eigeninteresse der Gemeinden, die ggü den von dem FA erlassenen StVA kein Klagerecht haben, sollen dadurch berücksichtigt werden (BVerwG BStBl 95, 522). Die Gemeinden haben aber keine eigentlichen Mitwirkungsrechte in der Ap und kein selbständiges

Prüfungsrecht; sie können nur (beobachtend) teilnehmen und ihre Teilnahme nicht einmal dem Stpfl ggü selbst anordnen (vgl FG Ddorf EFG 17, 543). Sie müssen ihr Teilnahmerecht vielmehr ggü der FinBeh geltend machen (vgl aber BVerwG BStBl 95, 522), die die Teilnahme gestatten und dies dem Stpfl unter Angabe des Namens des betr Gemeindebediensteten mitzuteilen hat; deswegen ggf Klage zum FG. Eine ggü dem Stpfl ergehende „Anordnung" der Teilnahme eines Gemeindevertreters ist nicht erforderlich, der unmittelbar aufgrund von Gesetzes wegen bestehender Beteiligung der Gemeinde tätig wird. Das Teilnahmerecht kann ausgeschlossen oder eingeschränkt sein, wenn das geprüfte Unternehmen Geschäftsbeziehungen mit der Gemeinde unterhält (BFH/NV 17, 1009).

Ein Mitwirkungsrecht und uU ein selbständiges Prüfungsrecht hat hingegen das BZSt (früher BfF), § 5 I Nr 1, § 19 FVG (siehe näher §§ 20 ff BpO), vgl Rz 3. 8

3. Beauftragung anderer Behörden (Satz 2). Satz 2 ermöglicht der zuständigen FinBeh, die Ap nicht selbst durchzuführen, sondern einer anderen FinBeh zu überlassen. Die Regelung ist nicht bloß deklaratorisch. Denn nach den allg Grundsätzen können gesetzl geregelte Zuständigkeiten nicht durch Beauftragung verändert werden; das verbieten der Vorrang des Gesetzes ebenso wie die Überlegung, dass Behördenzuständigkeiten jedenfalls für die Eingriffsverwaltung nur durch Gesetz oder aufgrund Gesetzes begründet werden können. S 2 lässt jedoch die Übertragung der Zuständigkeit für eine konkrete einzelne Ap auf eine nach der gesetzl Zuständigkeitsordnung nicht zuständige FinBeh durch „Auftrag" zu. Jede FinBeh kann beauftragt werden, auch die OFD (str). Die Beauftragung ist von einem bloßen Amtshilfeersuchen zu unterscheiden. Bei der Beauftragung handelt es sich um eine echte (Singular-)Delegation einer Verwaltungszuständigkeit, welche auch von einem gesetzl nicht vorgesehenen Prüfungsmandat zu unterscheiden ist (zur Begrifflichkeit *Schenke* VerwArch 68 (1977), 118). Die beauftragte FinBeh führt also die Prüfung im eigenen Namen durch (was durch die entgegengesetzte Regelung in Satz 3 – StFestsetzuung und Zusage im Namen der beauftragenden FinBeh als Mandatar – zusätzl deutlich wird). 10

Die Beauftragung einer anderen FinBeh stellt eine ggü der Prüfungsanordnung (§ 196) **selbständige** (BFH/NV 94, 763), anfechtbare **Regelung** dar, und zwar einen der beauftragenden FinBeh zuzurechnenden VA. Das ist unstreitig, sofern der Prüfungsauftrag dem Stpfl von der beauftragenden FinBeh bekannt gegeben wird (BFH BStBl 93, 649). Der Prüfungsauftrag kann jedoch auch zunächst rein innerdienstlich ggü der beauftragten FinBeh erteilt werden (vgl BFH BStBl 92, 595) und entfaltet dann zunächst keine Außenwirkung. In diesem Fall soll er nicht *selbständig* anfechtbar (BFH BStBl 88, 322), sondern lediglich „inzident" zusammen mit der Prüfungsanordnung gerichtlich überprüfbar sein, welche in diesem Fall notwendigerweise von der beauftragten FinBeh erlassen wird. BFH/NV 04, 756 (ebenso unausgesprochen jetzt wohl BFH/NV 09, 625) hat in diesem Falle den Prüfungsauftrag als Mitwirkungshandlung der beauftragenden FinBeh gedeutet. Das überzeugt schwerlich: der Prüfungsauftrag ist keine Handlung innerhalb des Verfahrens der beauftragten FinBeh, sondern dessen Grundlage und die Beauftragung kein Tatbestandmerkmal einer Zuständigkeit begründenden Norm; vielmehr ermächtigt § 195 S 2 die zuständige FinBeh zum Erlass eines VA (BFH BStBl 93, 649), dem dieser Charakter nicht deshalb abgesprochen werden kann, weil er dem Stpfl nicht von der FinBeh *bekannt gegeben* wird, welche die betr Entscheidung getroffen hat. 10a

Durch eine Beauftragung kann nicht nur die örtliche, sondern auch die **sachliche Zuständigkeit** verändert werden (str; aA *BG/Gosch* § 195 Rz 41). Auch ein FA mit sachlicher Sonderzuständigkeit (zB für ErbSt) kann ein anderes FA also mit der Durchführung einer Ap im Bereich der Sonderzuständigkeit beauftragen (BFH/NV 13, 344). Beauftragt werden kann auch die StFahndungsstelle eines anderen FA (BFH BStBl 92, 595). „Beauftragung" ist aber nur Zuständigkeitsüber- 11 tragung im *Einzelfall;* deshalb ist eine generelle Übertragung der Zuständigkeit für Ap an die OFD nicht zulässig (BFH BStBl 93, 649; BFH/NV 94, 763).

12 Die Beauftragung ist **Ermessensentscheidung** (BFH BStBl 88, 322; FG Ddorf EFG 13, 272). Eine Zuständigkeitsverlagerung durch Beauftragung setzt einen atypischen Fall voraus und ist nur als Ausnahme von der gesetzlichen Zuständigkeitsregelung zulässig (BFH BStBl 93, 649; 88, 183). Ermessengerechter Anlass zur Beauftragung besteht zB bei Mitprüfung der persönlichen Verhältnisse eines Gesellschafters durch BetriebsFA; ebenso bei Beauftragung der StFahndungsstelle, wenn diese bereits Vorfeldermittlungen geführt hat (BFH BStBl 92, 595). Vgl auch FG Hbg EFG 94, 508 (ermessensgerecht bei personeller Verflechtung mehrerer Gesellschaften).

13 Die **Gründe für die Beauftragung** müssen **angegeben** werden. In dem innerdienstlichen Auftrag oder in dem VA, durch den die Beauftragung nach außen hin wirksam wird, muss ferner der Prüfungsauftrag (StArten, zeitlicher Prüfungsumfang) genau bezeichnet werden (BFH BStBl 88, 322).

14 Die **Prüfungsanordnung** kann von der beauftragenden (BFH BStBl 93, 649) oder der beauftragten FinBeh erlassen werden (BFH BStBl 88, 322; 92, 595; BFH/NV 04, 756). Mit der Beauftragung erlangt das beauftragte FA die Befugnis zum Erlass einer Prüfungsanordnung, sofern sich das beauftragende FA diese Befugnis nicht vorbehalten hat (BFH BStBl 88, 322).

14a Wird die Entscheidung über die Zuständigkeitsübertragung nicht vom beauftragenden FA durch selbständigen, dem Stpfl bekanntgegebenen VA getroffen, ist selbige von dem beauftragten FA zu begründen und bei einer Anfechtung der Prüfungsanordnung die Rechtmäßigkeit der Beauftragung inzident zu prüfen, Rechtsschutz also ggf gegen die beauftragte FinBeh zu suchen (BFH BStBl 09, 507; BFH/NV 09, 625; 08, 1874; 04, 756). Die Ermessenerwägungen hinsichtl der Beauftragung sollen dem Stpfl, unbeschadet dessen, dass sie naturgemäß vom beauftragenden FA angestellt werden müssen, vom beauftragten FA offenbart werden können und von diesem sogar nötigenfalls ergänzt werden können (BFH BStBl 88, 322; BFH/NV 04, 756; anders treffend FG Hess 4 V 242/16, nv), im gerichtl Verfahren allerdings nur in den Grenzen des § 102 FGO. Erlässt die beauftragte FinBeh auch die Prüfungsanordnung, muss sie auch über einen dagegen gerichteten Einspruch entscheiden (BFH BStBl 09, 507; BFH/NV 13, 1276; 11, 761; § 367 III ist nicht einschlägig, offen BFH/NV 08, 1874) und ggf AdV gewähren (BFH/NV 09, 961; 08, 1874). Denn zwar sind im Falle von Auftragsprüfungen die erforderlichen Ermessenserwägungen grds von dem *beauftragenden* FA anzustellen (FG Ddorf EFG 13, 272), weil aufgrund der Ermessenserwägungen bei Erteilung des Prüfungsauftrags sinngemäß der Inhalt der Prüfungsanordnung weitgehend festgelegt werden muss; als nach außen entscheidende Behörde wird indes die beauftragte FinBeh angesehen.

14b Diese Konzeption ist die zwingende Folge der freilich grds bedenklichen Deutung des Prüfungsauftrags als bloße Mitwirkungshandlung (siehe Rz 10a): Wenn ein anderes FA mit der Durchführung der Ausführung beauftragt wird, kann dieses zwar zweifellos alle für die Durchführung der Ap erforderlichen Maßnahmen ergreifen und entspr VA gegen den Stpfl erlassen, also auch die Prüfungsanordnung erlassen (§ 5 I 2 BpO). Die Bekanntgabe der Prüfungsanordnung durch die beauftragte FinBeh kann aber uU auch lediglich als Bekanntgabe eines VA der beauftragenden FinBeh anzusehen sein, die bei Erteilung des allein ihr zuzurechnenden (wenngleich mitunter ebenfalls – zusammen mit der Prüfungsanordnung – von der beauftragten FinBeh bekanntgegebenen) Prüfungsauftrags den Umfang der Prüfung genau bezeichnen muss (BFH BStBl 88, 322), also den Inhalt der Prüfungsanordnung (§ 196) festlegt; deshalb hat der BFH insoweit zurecht bei zunächst innerdienstl (uU telefonischer) Beauftragung verlangt, dass der Inhalt des Auftrags aktenkundig gemacht wird (BFH BStBl 88, 752). Gibt die beauftragte FinBeh die deshalb in dem Prüfungsauftrag notwendigerweise liegende Entscheidung über den

Inhalt der Prüfungsanordnung, ohne sich dieselbe ausdrücklich zu eigen zu machen und als *ihren* VA zu kennzeichnen, lediglich dem Stpfl bekannt, erscheint zweifelhaft, ob sie damit einen eigenen VA erlässt (so aber BFH BStBl 09, 507 mit der bish Rspr) und nicht vielmehr lediglich als Bote tätig wird (mit der Folge, dass ein Einspruch gegen die betr Prüfungsanordnung bei der beauftragenden FinBeh zu erheben ist).

Dies erschiene zumindest zweckmäßig, weil es einen gespaltenen Rechtsschutz auch im Falle der Mitteilung der Beauftragung unmittelbar durch die beauftragende FinBeh vermeidet. Denn würde die Prüfungsanordnung der beauftragten Behörde zugerechnet (siehe Rz 10a), ergäbe sich sonst ein zweispuriges Rechtsbehelfsverfahren: Einspruch gegen den Auftrag bei der beauftragenden FinBeh, gegen die Prüfungsanordnung bei der beauftragten; denn § 367 III 2 ist insofern nicht anwendbar (BFH/NV 09, 625; aA FG Mchn EFG 05, 579; FG Ddorf EFG 07, 982, aufgehoben VIII R 41/07, nv; FG Mchn EFG 07, 982, aufgehoben VIII R 18/07 nv; *HHSp/Birkenfeld* § 367 Rz 43; vgl auch § 367 Rz 50). **14c**

Die Prüfungsanordnung muss sich selbstredend **im Rahmen des erteilten Auftrags** halten; das gilt auch für eine Anschlussprüfung, die idR eine Erweiterung des Auftrags erfordert. All dies ist ggf im Rahmen einer Anfechtung der Prüfungsanordnung zu überprüfen (BFH BStBl 83, 506; 88, 322; BFH/NV 09, 625). **14d**

Ein subjektives **Recht auf Beauftragung** besteht nicht (FG RhPf EFG 91, 641). Auch ein Anspruch auf ermessensfehlerfreie Entscheidung über eine Beauftragung wird zu verneinen sein, weil S 2 nicht den Interessen (auch) des Stpfl, sondern allein einer effizienten Durchführung der Ap dient, dürfte aber von der insofern großzügigen Rspr des BFH anerkannt werden. **14e**

Eine von der unzuständigen FinBeh erlassene und auch nicht auf einem rechtmäßigen oder (bei selbständigem VA) wirksamen Auftrag beruhende Prüfungsanordnung der beauftragten FinBeh ist als rechtswidrig aufzuheben (BFH BStBl 89, 483); § 127 steht dem nicht entgegen, weil Prüfungsanordnung und Beauftragung Ermessensentscheidungen sind. Prüfungsfeststellungen ohne Auftrag bzw jenseits des erteilten Auftrags (*Koenig/Intemann* § 195 Rz 31) unterliegen einem **Verwertungsverbot** (BFH BStBl 93, 649; FG RhPf EFG 93, 531). Das gilt auch dann, wenn erst nach Durchführung der Ap die Rechtswidrigkeit festgestellt worden ist (BFH BStBl 63, 649). Eine Heilung der mangelnden Beauftragung kann nach Durchführung der Ap nicht durch einen nachträglich erteilten „Auftrag" bewirkt werden, wenn man nicht mit dem BFH (Rz 14) die Beauftragung als eine (nachholbare) Mitwirkungshandlung iSd § 121 I Nr 5 ansieht. **15**

4. Befugnisse der beauftragten Behörde (Satz 3). Satz 3 erweitert die Befugnisse des beauftragten FA auf die StFestsetzung und verbindliche Zusagen (§§ 204ff); diese Befugnisse sind gesetzliche Folge der Beauftragung, sodass sie von der beauftragenden FinBeh nicht besonders übertragen werden müssen und nicht zurückbehalten werden können. Die Vorschrift ermöglicht mithin auch eine veranlagende Ap. Erlässt die beauftragte Behörde nach der beauftragten Ap den StBescheid, kann dies nur „im Namen" der beauftragenden Behörde geschehen, sodass sich Einspruch und Klage ggf gegen diese zu richten haben. Man wird jener allerdings das Recht zugestehen müssen dem Einspruch abzuhelfen (*Koenig/Intemann* § 195 Rz 40). **18**

§ 196 Prüfungsanordnung

Die Finanzbehörde bestimmt den Umfang der Außenprüfung in einer schriftlich oder elektronisch zu erteilenden Prüfungsanordnung mit Rechtsbehelfsbelehrung (§ 356).

Vorschr geändert durch StModernG v 18.7.16, BGBl I 1679.

Übersicht

1 **1. Inhalt.** Die Prüfungsanordnung ist notwendiger, die Ap einleitender und ihren Gegenstand festlegender (vollstreckbarer) VA. Mit der Anordnung der Ap wird dem Stpfl aufgegeben, die Ap zu dulden; die Duldungspflicht endet erst mit dem (durch Bekanntgabe des Prüfungsberichts bzw der Mitteilung nach § 202 I 3 vollzogenen förmlichen) Abschluss der Prüfung (BFH BStBl 03, 827), ist also nicht etwa irgendwie befristet und wird wieder aktuell, wenn vor förmlichem Abschluss der Ap Prüfungshandlungen nachgeholt werden sollen oder eine unterbrochene Prüfung fortgeführt wird (BFH BStBl 03, 552). Die Formalisierung der Ap durch die Prüfungsanordnung dient zum einen dem Schutz des Stpfl; sie ist aber vor allem wegen der Wirkungen, die sich aus der Einleitung einer Ap ergeben, unverzichtbar (BR-Drs VI/1982). Zu diesen Wirkungen gehört insb: eine Vorbehaltsfestsetzung ist regelmäßig nicht mehr möglich, ein bestehender Vorbehalt nach Abschluss der Ap aufzuheben, § 164 III 3; Ablaufhemmung der Verjährungsfrist, § 171 IV; nach einer Ap ist die Berichtigung wegen Bekanntwerdens neuer Tatsachen nur unter den Einschränkungen des § 173 II zulässig; Ausschluss einer strafbefreienden Selbstanzeige, § 371 II Nr 1 Buchst a. Bezugspunkt aller dieser Wirkungen ist (zumindest neben anderen kumulativen Voraussetzungen wie dem tatsächlichen Beginn der Prüfung bei § 171 IV) die Prüfungsanordnung (Einschränkungen str nur bei § 371 II). Die Ablaufhemmung nach § 171 IV also tritt zB nur soweit ein, wie die Prüfungsanordnung reicht, auch wenn tatsächlich weniger oder mehr geprüft worden ist. Die Rspr zur (eingeschränkten) Verwertbarkeit ohne wirksame Prüfungsanordnung erlangter Prüfungsfeststellungen (siehe unten Rz 45) sieht in der Prüfungsanordnung darüber hinaus die entscheidende Grundlage der Ap als solcher (dagegen *Wolff-Diepenbrock* StuW 98, 267).

2 Wird eine **USt-Nachschau** in eine USt-Prüfung übergeleitet, bedarf es keiner vorherigen Prüfungsanordnung; der Übergang ist lediglich schriftlich zu dokumentieren (§ 27b III 2 UStG); dabei ist allerdings zu verlangen, dass der Gegenstand der Prüfung ebenso wie es für eine Ap-Anordnung erforderlich wäre genau bezeichnet wird.

3 **2. Inhalt und Begründung der Prüfungsanordnung.** Die Anforderungen an den Inhalt der Prüfungsanordnung sind in § 5 BpO aufgeführt. Sie ergeben sich aus der Funktion der Prüfungsanordnung (vgl Rz 1), den Gegenstand der Ap (genauer: die Gegenstände, denn jede Steuer und jeder VZ ist ein eigener Gegenstand, vgl BFH BStBl 89, 483) so genau festzulegen, dass Eintritt und Reichweite der Rechtswirkungen einer Ap festgestellt werden können. Danach ist erforderlich anzugeben, welcher Stpfl *(Inhaltsadressat)* geprüft werden soll; ferner die zu prüfenden Steuern *(StArten)*, schließlich die zu prüfenden *Zeiträume.* Soll die Prüfung nicht umfassend sein, sondern innerhalb bestimmter StArten/Zeiträume nur be-

stimmte Sachverhalte umfassen, so sind diese bestimmt zu bezeichnen (§ 119 I). *Nicht* zum notwendigen Inhalt der Prüfungsanordnung gehört die Angabe des Prüfungstermins und des Namens des Prüfers (BFH BStBl 89, 483; 87, 408; BFH/NV 92, 509), die Festlegung des Prüfungsorts im Falle einer Abweichung von der Regel des § 200 II (BFH BStBl 89, 445) und die Art des gem § 146 VI beabsichtigten Datenzugriffs (zweifelnd *Hagenkötter* NJW 02, 1177). Diese Regelungen sind zwar für die ordnungsgemäße Durchführung einer Ap unverzichtbar, jedoch selbständige VA; sie können aber mit der Prüfungsanordnung verbunden werden (§ 5 II 3 BpO). Nicht zum rechtl notwendigen Inhalt der Prüfungsanordnung gehören ferner die in § 5 II BpO vorgesehenen Hinweise auf Rechte und Pflichten bei der Ap. Neben dem gleichsam verfügenden Teil der Prüfungsanordnung muss dieser jedoch eine Begründung beigefügt werden; das meint offenbar § 5 II 1 BpO mit den „Rechtsgrundlagen der Ap". Im Einzelnen gilt:

a) Richtiger Adressat. Die Prüfungsanordnung muss ein bestimmtes St-Rechtssubjekt als (Inhalts-)Adressaten erkennen lassen (Bestimmtheitserfordernis, BFH BStBl 91, 120; ggf aber Auslegung aus der Sicht des konkreten Empfängers zulässig, BFH BStBl 06, 404; 90, 612) und diesem oder seinem Bevollmächtigten bekannt gegeben werden (dazu näher § 198). Eine Prüfungsanordnung, die mehrere StArten oder VZ betrifft, enthält mehrere selbständige Regelungen (BFH BStBl 89, 483; BFH/NV 09, 958), sodass für jede StArt gesondert zu prüfen ist, ob die Prüfungsanordnung den Inhaltsadressaten ausreichend bestimmt und zutreffend bezeichnet (BFH BStBl 95, 291). Eine Prüfungsanordnung, die an einen erloschenen und damit nicht mehr existenten Rechtsvorgänger gerichtet ist oder auch beim Versuch einer Auslegung mehrdeutig bleibt, ist unwirksam (BFH/NV 17, 475). Eine Umdeutung in eine Prüfungsanordnung ggü dem Gesamtrechtsnachfolger kommt auch dann nicht in Betracht, wenn sie diesem zugegangen ist und er den Inhalt als für sich bestimmt zur Kenntnis genommen hat (BFH/NV 17, 475; 08, 1289). Näheres zur Ermittlung des richtigen Inhaltsadressaten und zum davon zu unterscheidenden Bekanntgabeadressaten siehe § 197 Rz 3f. 5

b) Sachliche und zeitliche Festlegung des Prüfungsgegenstands. Sie muss nach StArten und Jahren, ggf auch nach zu prüfende StVergütungen erfolgen. Eine Festlegung allein nach einem abstrakt bezeichneten Sachverhaltskomplex (zB „gewerblicher Grundstückshandel") genügt selbst dann nicht, wenn dessen zeitliche Eingrenzung erst nach dem Ergebnis der Prüfung und seiner rechtlichen Würdigung möglich ist, (aA offenbar FG Hbg EFG 99, 879). Die Angabe des Prüfungszeitraums mit „nicht verjährter Zeitraum" kann allenfalls dann als hinreichend bestimmt angesehen werden, wenn für den StPfl klar ersichtlich ist, welche Jahre die FinBeh als nicht verjährt ansieht (*anders* indes BFH BStBl 86, 439; vgl BFH/NV 93, 515). Der BFH hingegen will eine solche Umschreibung des Prüfungszeitraums sogar dann genügen lassen, wenn die FinBeh dabei von unrichtigen Vorstellungen über den Verjährungsbeginn ausgegangen ist oder die Prüfung erst verzögert beginnt und sich infolgedessen der Prüfungszeitraum verschiebt (BFH/NV 96, 457). 15

c) Begründung der Anordnung. aa) Allgemeines zu den Anforderungen an die Begründung. Die Anordnung einer Ap ist eine Ermessensentscheidung, die vom FA grds begründet werden muss (vgl BFH BStBl 92, 220). Die an sich formell-rechtliche Frage, welche inhaltlichen Anforderungen an eine Begründung der Prüfungsanordnung zu stellen sind, lässt sich dabei nicht allein anhand formellen Rechts beantworten. Denn die Begründungserfordernisse reichen nicht weiter, als die Prüfungsanordnung im Hinblick auf das materielle Recht begründungsbedürftig ist; was sich nach dem materiellen Recht von selbst versteht, weil es der gesetzliche Regelfall ist (intendiertes Ermessen), bedarf keiner ausdrücklichen Begründung. Deshalb ist ergänzend zu dem Folgenden die Kommentierung zu § 193 heranzuziehen. 17

18 Die Begründung muss wie die Prüfungsanordnung selbst **schriftlich** oder **elektronisch** erfolgen (vgl Rz 40). Sie kann freilich bis zum Abschluss des Einspruchsverfahrens nachgeholt werden. Dass dies dann auch mündlich (zB durch entspr Erläuterungen des Prüfers) geschehen können soll (vgl jedoch Rz 27), ist aber nicht richtig.

21 **bb) Insbesondere: Begründung in Fällen des § 193 Abs 1.** Der Zweck der Ap erfordert es (siehe auch § 193 Rz 25), dass sie – auch ohne dass besondere Umstände vorliegen – unterschiedlich häufig angeordnet werden können, dass ein Prüfungsturnus nicht vorhersehbar ist und dass Prüfungen Stichprobencharakter haben können (BFH BStBl 89, 4; vgl BFH BStBl 17, 25: prophylaktische Wirkung der Unberechenbarkeit eines prüfungsfreien Zeitraums). Dies ist bei den Anforderungen an die Begründung der Prüfungsanordnung zu berücksichtigen ist. Bei Stpfl, die nach § 193 I der Ap unterliegen, genügt deshalb zur Begründung der Prüfungsanordnung grds der Hinweis auf diese Rechtsgrundlage (BFH BStBl 83, 286, 621; 92, 220, 784, 274; 12, 385; BFH/NV 07, 1805). Das gilt auch bei einem Klein- oder Kleinstbetrieb (BFH/NV 03, 296; 05, 1966; 07, 2050; BFH/NV 11, 1829), bei zur Verschwiegenheit verpflichteten Freiberuflern (BFH/NV 97, 274), bei Stpfl mit hohen Überschusseinkünften und wenn der Prüfungszeitraum unmittelbar an den vorhergehenden anschließt (BFH/NV 93, 73). Eine eingehendere Begründung der Prüfungsanordnung ist in diesen Fällen bei einer *turnusmäßigen* Prüfung nicht nötig (BFH BStBl 87, 664; 12, 385; BFH/NV 89, 749), sondern nur erforderlich, wenn die Prüfung außerhalb des allgemeinen Prüfungsrhythmus *aus besonderem Anlass* stattfindet (BFH BStBl 89, 4; 88, 233; 85, 568; BFH/NV 04, 161; 03, 172), überhaupt wenn vom Prüfungsrhythmus gem BpO abgewichen wird (BFH BStBl 83, 286; 84, 815; BFH/NV 05, 1967), wenn die Ap über den in § 4 II BpO genannten Zeitraum von drei Besteuerungszeiträumen ausgedehnt wird (BFH BStBl 83, 286) oder ein Betrieb in relativ kurzer Zeit wiederholt geprüft wird und dabei nur Zeiträume von ein bis zwei Jahren prüfungsfrei bleiben (BFH/NV 04, 1617). Dann muss die Begründung die vom FA angestellten Ermessenserwägungen erkennen lassen (BFH/NV 86, 710), sodass das FG sie ggf nachvollziehen kann (BFH/NV 04, 312). Dazu gehört jedoch nicht, weshalb nicht lediglich eine USt-Sonderprüfung stattfindet (BFH/NV 00, 166). Bei einem Großbetrieb ist die Anschlussprüfung nach § 4 II BpO die Regel (vgl § 194 Rz 18c); die Erstreckung des Prüfungszeitraums auf mehr als drei Jahre bedarf daher in diesem Fall keiner besonderen Begründung (BFH BStBl 92, 784; BFH/NV 94, 500). Eine Prüfungspause von nur einem Jahr bedarf bei einem Kleinbetrieb nach BFH/NV 94, 444 ebenfalls keiner besonderen Begründung (BFH/NV 07, 2050), während bei einer dreifachen Wiederholung von Prüfungen mit solchen Abständen eine besondere Begründung erforderlich sein soll (vgl BFH/NV 04, 1617). Soll durch Ap geklärt werden, ob der Stpfl gewerbliche Einkünfte erzielt, muss begründet werden, weshalb das FA dies für möglich hält (BFH/NV 05, 1967).

24 **cc) Insbesondere: Begründung in Fällen des § 193 Abs 2 Nr 2.** Anders als in den Fällen des § 193 I ist in den Fällen des § 193 II Nr 2 eine Ap *nicht* ohne Weiteres zulässig. Daher genügt der bloße Hinweis in der Prüfungsanordnung auf das Gesetz als Begründung für die Ap nicht. Vielmehr muss sich aus der Begründung ergeben, dass die Voraussetzungen des § 193 II 2 vorliegen, dass nämlich die für die Besteuerung maßgeblichen Verhältnisse der Aufklärung bedürfen, zB weil Anhaltspunkte dafür bestehen, dass der Stpfl seine StErklärung nicht vollständig oder mit unrichtigem Inhalt abgegeben hat (BFH BStBl 82, 208). Die Begründung muss erkennen lassen, warum eine Prüfung an Amtsstelle nach Art und Umfang des zu prüfenden Sachverhalts nicht zweckmäßig ist und dass die gewünschte Aufklärung durch Einzelermittlung nicht erreicht werden kann (BFH BStBl 86, 435; 87, 664; BFH/NV 95, 578; 90, 4). Hierbei muss das FA den Grundsatz der Verhältnismäßigkeit beachten. Der Hinweis, dass beim Ehegatten des Stpfl ohnehin

eine Ap stattfinde, reicht sicher nicht aus (BFH BStBl 86, 435), ebenso wenig der Hinweis, dass bei zusammen veranlagten Eheleuten mit einer Überprüfung der steuerlichen Verhältnisse des einen Ehegatten zweckmäßigerweise auch die Prüfung der steuerlichen Verhältnisse des anderen Ehegatten verbunden werde (BFH BStBl 87, 664). Bei einer Überprüfung der Herkunft erheblicher Geldmittel und ungeklärten Vermögenszuwachses ist aber regelmäßig damit zu rechnen, dass Einblick in verschiedene Konten und Sparbücher sowie sonstige Belege und Unterlagen zu nehmen ist und wiederholte Rückfragen erforderlich werden; deshalb reicht dann als Begründung für die Durchführung einer Ap der Hinweis auf solche ungeklärten Zuwächse aus (vgl BFH BStBl 93, 146).

dd) Begründungsmängel. Wenn die Prüfungsanordnung keine Begründung 27 enthält, kann dieser Mangel gem § 126 I Nr 2 dadurch geheilt werden, dass die entsprechenden Angaben in der Einspruchsentscheidung nachgeholt (BFH BStBl 87, 664; 83, 286; 82, 208; BFH/NV 06, 11; 04, 312; 02, 1013; 95, 578) oder in den Grenzen des § 102 S 2 FGO im Klageverfahren ergänzt werden. Ein Begründungsmangel soll auch in den Fällen des § 193 II Nr 2 dadurch geheilt werden können, dass der Prüfer dem Stpfl die Gründe für die Anordnung der Prüfung mündlich mitteilt (BFH BStBl 83, 621; 87, 248, bedenklich, weil die Begründung zwingend an der Schriftform der Prüfungsanordnung teilnimmt). Die Einspruchsentscheidung kann ggf die Prüfungsanordnung *anders* begründen als die Prüfungsanordnung selbst, denn das Ermessen ist erneut auszuüben; dass die Auswechslung der Rechtsgrundlage (zB Abs 2 Nr 2 statt Abs 1) eine (unzulässige) Wesensänderung der Prüfungsanordnung darstellen würde (wie offenbar *BG/Gosch* § 196 Rz 91 meinen), überzeugt nicht.

3. Ausdehnung oder Einschränkung der Prüfungsanordnung. Diese wird 30 durch einen selbständigen VA vorgenommen (BFH/NV 09, 3; vgl BFH/NV 90, 548). Eine Erweiterung der Prüfungsanordnung wirkt nicht auf den Erlass der ursprünglichen Prüfungsanordnung zurück (BFH/NV 09, 771), löst also die Ablaufhemmung nur dann aus, wenn sie vor Ablauf der normalen Festsetzungsfrist bekannt gegeben worden ist. Bei Nachholung einer erweiternden Prüfungsanordnung nach bereits vorgenommenen tatsächlichen Prüfungshandlungen tritt die Ablaufhemmung ein, wenn eine diesbzgl (nachträgliche) *Prüfungsanordnung* noch innerhalb der Festsetzungsfrist bekannt gegeben worden ist; es ist dann unschädlich, dass sie nicht vor Durchführung der Prüfungsmaßnahmen ergangen ist (BFH BStBl 94, 377). Die Nachholung einer Prüfungsanordnung nach bereits vorgenommenen tatsächlichen Prüfungshandlungen kann aber dann nicht zur Ablaufhemmung führen, wenn sie eine derartige Wirkung gar nicht beansprucht, sondern auf eine ihr nachfolgende Prüfung gerichtet ist (BFH BStBl 94, 375).

Zur Begründung der Erweiterung des Prüfungszeitraums kann es ausreichen, 31 dass sich das FA auf Prüfungsfeststellungen bezieht, die dem Stpfl bereits bekannt sind (BFH BStBl 79, 162; BFH/NV 15, 150). Wird die Erweiterung im Hinblick auf die Erwartung von StNachforderungen vorgenommen, muss diese Zukunftsprognose auf Tatsachen gestützt werden; die Rspr des BFH verlangt (vgl zuletzt eingehend BFH/NV 94, 677), dass die Tatsachen mehr für als gegen StNachforderungen sprechen, und hat die bloße *Möglichkeit* von StNachforderungen nicht ausreichen lassen (BFH BStBl 89, 445; 88, 857; 85, 350).

4. Fakultative Bestandteile der Prüfungsanordnung. Die in der Prüfungs- 35 anordnung enthaltene Bitte, für die Prüfung einen geeigneten Raum zur Verfügung zu stellen, ist weder eine rechtliche Regelung im Rahmen der Prüfungsanordnung noch ein selbständig anfechtbarer VA, ebenso wenig die Bitte, Bücher und Belege geordnet bereitzuhalten (Hinweis auf die gesetzlichen Mitwirkungspflichten).

Eine verbindliche Anordnung über den **Ort der Prüfung** ist ein selbständi- 36 ger VA, der mit der Prüfungsanordnung verbunden werden darf (BFH BStBl 89,

445, 483; 82, 208; BFH/NV 18, 180). Ihre etwaige Rechtswidrigkeit berührt nicht die Rechtmäßigkeit der Prüfungsanordnung, sie kann durch gesonderte Anfechtung geltend gemacht werden. Auch die gänzlich fehlende Angabe des Prüfungsorts hat deshalb keinen Einfluss auf die Rechtswirksamkeit der Prüfungsanordnung (BFH BStBl 89, 483).

37 Ebenso ist die Festlegung des **Prüfungsbeginns** ein selbständiger VA (BFH BStBl 03, 552; 89, 483; 87, 408). Ein diesbezüglicher AdV-Antrag stellt einen Antrag iSd § 197 I bzw § 171 IV dar, wenn der Prüfungsbeginn *rechtmäßig* festgelegt worden ist (BFH BStBl 89, 483). Das Gleiche gilt bei AdV-Antrag gegen die Prüfungsanordnung selbst (BFH BStBl 03, 827; BFH/NV 07, 1624).

38 Mangelnde **Belehrung** über Rechte und Pflichten eines Stpfl bei einer Ap macht die Prüfungsanordnung erst recht nicht rechtswidrig. Zu Hinweisen über die wesentlichen Rechte und Mitwirkungspflichten bei der Ap, vgl BMF v 20.7.2001, BStBl I, 502.

40 **5. Verfahren bei Erlass der Prüfungsanordnung.** Die Prüfungsanordnung ist von der für die Besteuerung zuständigen FinBeh (vgl § 195) schriftlich oder elektronisch zu erteilen. Bei nur mündlicher Erteilung (auch wesentlicher Bestandteile) ist nach dem Rechtsgedanken des § 125 BGB Nichtigkeit anzunehmen (vgl BFH BStBl 89, 76; *Kopp/Ramsauer* VwVfG § 44 Rz 25); denn das Formerfordernis ist ebenso wie bei einem StBescheid wegen der weitreichenden Rechtsfolgen der Prüfungsanordnung nicht bloßes Ordnungselement, sondern unverzichtbare Gewähr der Rechtssicherheit. Die fehlende Unterschrift unter der Anordnung soll jedoch nicht zur Nichtigkeit führen, weil sie keinen schweren und offensichtlichen Fehler darstelle (BFH/NV 93, 457; aber eben doch nicht dem Schriftformerfordernis genügt, daher zweifelh). Auch die Begründung bedarf der Form (BFH BStBl 92, 220; offenbar auch BFH/NV 95, 578; anders BFH BStBl 83, 62; 87, 248; vgl jedoch Rz 27). Das muss unabhängig davon angenommen werden, ob die Begründung dem verfügenden Teil der Prüfungsanordnung beigefügt war oder erst nachträglich (vor Prüfungsbeginn heilend) gegeben wird. Eine unzureichende oder unterlassene Begründung kann (nur) bis zum Abschluss des Einspruchsverfahrens nachgeholt werden.

45 **6. Folgen einer mangelhaften oder fehlenden Prüfungsanordnung.** Siehe auch § 193 Rz 50f zu anderen Mängeln der Ap als solchen, die mit der Prüfungsanordnung zusammenhängen. Nach dem allgemeinen Grundsatz, dass die Folgen rechtswidrigen Verwaltungshandelns rückgängig zu machen sind, dürfen die aufgrund einer rechtswidrigen Ap gewonnenen Erkenntnisse und Beweismittel nicht verwertet werden (BFH BStBl 73, 716; 91, 825), sofern nicht die Prüfungsanordnung bestandskräftig geworden ist (BFH BStBl 93, 649; BFH/NV 07, 1807). Es besteht grds ein formelles (verfahrensrechtliches) **Beweisverwertungsverbot** (BFH BStBl 84, 285; 85, 579), wenn die Ap-Anordnung entweder vom Gericht (BFH BStBl 73, 716) oder von der FinBeh selbst (BFH BStBl 85, 183) aufgehoben worden ist, wenn sie gar nicht ergangen (BFH/NV 93, 515), nicht ordnungsgemäß bekannt gemacht (FG Mchn EFG 14, 167) oder nichtig ist (BFH BStBl 88, 183), es sei denn, sie ist in diesem Falle *vor Beendigung* der Ap (wirksam) nachgeholt worden (vgl BFH/NV 90, 139).

45a Die Rechtswidrigkeit einer Prüfungsanordnung kann jedoch nicht nach Durchführung der Prüfung mit materiell-rechtlicher Wirkung **geheilt** werden, insbes auch nicht dadurch, dass die unzuständige Behörde nachträglich zuständig wird (BFH BStBl 93, 649 mit Klarstellung BFH/NV 15, 803; 94, 763). Vielmehr ist ggf eine Wiederholungsprüfung – regelmäßig durch einen anderen Prüfer – durchzuführen (näher BFH BStBl 89, 180). *Bis zum Abschluss* der Ap kann die FinBeh jedoch eine fehlende Prüfungsanordnung mit der Wirkung nachholen (BFH/NV 90, 139), dass die bereits begonnene Prüfung rechtmäßig fortgesetzt werden kann (vgl BFH/NV 00, 821). Zur Prüfungserweiterung vgl Rz 30.

Allerdings soll die Unwirksamkeit der Prüfungsanordnung wegen fehlerhafter Bekanntgabe nicht *ausnahmslos* zu einem Verwertungsverbot führen, sondern von einem Verwertungsverbot nur dann auszugehen sein, wenn in Folge der fehlenden Bekanntgabe der Prüfungsanordnung Interessen des Stpfl in nicht wieder gut zu machender Weise verletzt worden sind (BFH BStBl 92, 59 für einen Fall, in dem die Prüfungsanordnung nur einem von mehreren prüfungsbetroffenen Gesellschaftern bekannt gegeben war; zweifelhaft). **45b**

Das Verwertungsverbot wirkt nur zugunsten des geprüften Stpfl. Wird die Anordnung einer LSt-Ap auf Klage des ArbG aufgehoben, so kann das FA gleichwohl im Hinblick auf durch diese Prüfung erlangte Kenntnisse einen bestandskräftigen EStBescheid gegen den ArbN nach § 173 I Nr 1 ändern. Ein Verwertungsverbot besteht insoweit nicht (BFH BStBl 85, 191; 84, 512). Nur eine Verwertung ggü dem ArbG wäre unzulässig. Ein Verwertungsverbot besteht insofern auch nicht ggü einem Haftungsschuldner (BFH/NV 95, 572). **46**

Ein Verwertungsverbot gilt auch nur im Hinblick auf eine Änderungsfestsetzung, nicht für die Auswertung von Tatsachen, die in einer durch eine verfahrensfehlerhafte Prüfungsanordnung eingeleiteten Ap ermittelt worden sind, durch eine **Erstveranlagung** (BFH BStBl 96, 232; 91, 825; BFH/NV 95, 177) oder für die Änderung eines unter Vorbehalt (§ 164) stehenden StBescheids (BFH BStBl 98, 461 unter Hinw auf den Rechtsgedanken des § 127; BFH/NV 98, 1192; 95, 572; offen BFH/NV 98, 17); denn die Vorschriften über die Ap schränken insoweit die Befugnisse der FinBeh nicht ein, sondern betreffen nur die verfahrensrechtliche Seite einer Änderungsveranlagung nach §§ 173 ff. Für den Zweck einer Erstveranlagung oder der Überprüfung eines Vorbehalts hätte die FinBeh den Sachverhalt ohnehin ermitteln müssen, ohne dafür einer förmlichen Prüfungsanordnung zu bedürfen; sie ist zur Sachverhaltsermittlung von Amts wegen verpflichtet und hätte dabei den Stpfl heranziehen dürfen. In einer rechtswidrigen Ap gewonnene Erkenntnisse sind mit anderen Worten nicht (wie zB unter Verstoß gegen § 136a StPO erlangte) als solche makelbehaftet und deshalb schlechthin unverwertbar, sondern sie sind es nur insoweit, als die AO – die Bestandskraft der StBescheide gleichsam auch verfahrensrechtl absichernd – eine Sachaufklärung (nämlich bei der umfassenden Prüfung bestimmter Zeiträume) durch Ap und in den dafür vorgesehenen Förmlichkeiten vorschreibt. Das gilt selbst bei einer nichtigen Ap-Anordnung (BFH/NV 10, 2246). Zur Kritik an der Rspr *Wolff-Diepenbrock* StuW 98, 267. **47**

Bei der Geltendmachung der Verwertungsverbote ist zu unterscheiden: Bei einer unwirksamen (nichtigen) Prüfungsanordnung ergibt sich ein Verwertungsverbot hinsichtlich der in der Ap getroffenen Feststellungen unmittelbar aus der (inzident mit dem StBescheid zu prüfenden) Tatsache der Unwirksamkeit der Prüfungsanordnung (BFH BStBl 92, 59; 90, 789; 88, 165; 84, 285; BFH/NV 95, 177; 93, 515); einer gesonderten gerichtlichen Anfechtung der Ap-Anordnung oder der Feststellung ihrer Nichtigkeit bzw Unwirksamkeit nach § 41 FGO bedarf es nicht (BFH BStBl 90, 787; vgl BFH BStBl 91, 824; 78, 666: bei Prüfungsanordnung einer verbandsmäßig unzuständigen FinBeh auch keine Ablaufhemmung). Eine diesbzgl Klage wäre idR mangels Rechtsschutzbedürfnisses unzulässig (anders als eine Fortsetzungsfeststellungsklage bei während des Verfahrens erledigter Prüfungsanordnung), weil die Nichtigkeit im Verfahren wegen der Folgemaßnahmen, insbes wegen der Änderung eines StBescheids geltend gemacht werden kann (BFH BStBl 90, 789; 91, 824); anders jedoch, wenn die Prüfung noch nicht abgeschlossen ist, die Klage also (auch) ihrer Abwehr dient; dann ist auch eine Nichtigkeitsfeststellungsklage ausnahmsweise zulässig, wenn dadurch die Fortsetzung der Prüfung abgewehrt werden soll (BFH BStBl 91, 120; 90, 789). **48**

In allen anderen Fällen kann indes die Rechtswidrigkeit der Prüfungsanordnung (einschl deren sachlicher oder deren persönlicher Erweiterung nach § 193 II) oder einer sonstigen Ap-Maßnahme, über die durch VA entschieden worden ist (wie die **49**

Festsetzung des Prüfungsbeginns, des Prüfungsortes, der Beauftragung nach § 195 S 2 etc sowie ausnahmsweise denkbarer durch VA verfügter Einzelermittlungsmaßnahmen), nur berücksichtigt und die Verwertung der dadurch erlangten Kenntnisse nur verhindert werden, wenn die betr Maßnahme erfolgreich **(gesondert) angefochten** oder von der FinBeh selbst aufgehoben worden ist (BFH BStBl 93, 649; 92, 59; 90, 789; 88, 183; 86, 2; 82, 659; BFH/NV 99, 436; zur Aufhebung nach § 130 vgl BFH BStBl 85, 579). Denn Prüfungshandlungen ohne Prüfungsanordnung sind nicht unwirksam, sondern rechtswidrig (BFH BStBl 92, 59) und rechtswidrige Prüfungshandlungen machen nicht ohne Weiteres die darauf beruhenden StBescheide rechtswidrig (vgl BFH BStBl 69, 636; 73, 716; 75, 197, 232; 78, 501). Der Stpfl, der eine Prüfungshandlung oder die Prüfungsanordnung selbst nicht rechtzeitig anficht, sondern bestandskräftig werden lässt, läuft folglich Gefahr, Bedenken gegen ihre Rechtmäßigkeit nicht durchsetzen zu können!

50 Wenn eine Prüfungsanordnung wegen Verfahrensfehlern vom Gericht aufgehoben worden oder nichtig (unwirksam) ist, kann die FinBeh freilich die **Prüfung aufgrund einer fehlerfreien erneuten Prüfungsanordnung wiederholen,** selbst wenn aufgrund der früheren Prüfungsanordnung bereits Prüfungshandlungen vorgenommen worden sind (BFH BStBl 86, 435; 89, 180 mit Anm *Offerhaus* StBp 89, 46; BFH BStBl 89, 2, Aufhebung einer Prüfungsanordnung nur wegen eines Bekanntgabemangels und Erlass einer erneuten Anordnung; BFH BStBl 90, 2). Eine Anfechtung der Prüfungsanordnung ist daher idR nur bei dadurch zu erreichender Verjährung des StAnspruchs effektiv (vgl *Wolff-Diepenbrock* StuW 98, 267).

51 Auf die Notwendigkeit der (zusätzlichen) **Anfechtung eines StBescheids,** in dem die Prüfungsfeststellungen berücksichtigt sind, hat die Nichtigkeit der Prüfungsanordnung ebenso wenig Auswirkungen (BFH/NV 88, 284) wie die erfolgreiche Anfechtung der Anordnung oder einzelner Prüfungsmaßnahmen. Wenn die Prüfungsfeststellungen bereits Eingang in einen StBescheid gefunden haben, müssen also zur Beseitigung der daraus gezogenen Folgerungen in jedem Fall die StBescheide angefochten werden (vgl BFH BStBl 79, 704; 85, 579; 88, 183).

55 **7. Rechtsbehelfe gegen die Prüfungsanordnung.** Einspruch und Klage gegen die Prüfungsanordnung haben keine aufschiebende Wirkung, vorläufiger Rechtsschutz gegen den Vollzug der Prüfungsanordnung, dh die Durchführung der Prüfung, ist aber durch AdV möglich (BFH BStBl 75, 197). AdV der Prüfungsanordnung *wegen unbilliger Härte* kommt aber nicht in Betracht (BFH/NV 95, 1082; BFH BStBl 82, 659; 75, 197); denn der Stpfl ist gegen die Folgen einer rechtswidrigen Prüfung durch die von der Rspr entwickelten Verwertungsverbote iAllg ausreichend geschützt. Einstweiliger Rechtsschutz gegen die stl *Auswertung* durch rechtswidrige Prüfungshandlungen ermittelter Tatsachen (Untersagung der Auswertung der Prüfungsfeststellungen im Wege einstw Anordnung) wird ebenfalls nicht gewährt (BFH BStBl 87, 23), weil die Auswertung rückgängig gemacht wird, wenn die StBescheide erfolgreich angefochten werden; vorläufiger Rechtsschutz kann insoweit nur durch AdV der StBescheide (BFH BStBl 82, 659) erlangt werden. Erst recht nicht kann eine Prüfungsanordnung deshalb angefochten werden, weil der Stpfl befürchtet, die Ap solle durch bestimmte Einzelmaßnahmen in rechtswidriger Weise *durchgeführt* werden (BFH BStBl 09, 579; vgl BFH BStBl 99, 199; BFH/NV 06, 2034).

56 Wer die Prüfungsanordnung anfechten kann, richtet sich allein danach, an wen diese **adressiert** ist (BFH/NV 95, 517, 481; 92, 477); § 48 I Nr 3 ist dafür ohne Bedeutung (BFH/NV 95, 517). Da bei einer Prüfung, die sich auf die einheitliche und gesonderte Feststellung gewerbl Einkünfte oder des Einheitswerts des Betriebsvermögens bezieht, die Personengesellschaft selbst Prüfungsobjekt ist (BFH BStBl 90, 272; 93, 82), ist nur diese klagebefugt; die Gesellschafter sind nicht unmittelbar betroffen (BFH/NV 96, 660). Bei Einkünften einer GbR aus VuV sind hingegen die Gesellschafter Prüfungsobjekt (BFH BStBl 91, 120; 95, 291; str); die

nicht klagenden Gesellschafter sind daher notwendig beizuladen (BFH/NV 95, 517, 481). Der ehemalige (Treuhand-)Gesellschafter einer aufgelösten GbR ist jedoch zu einem Verfahren notwendig beizuladen, in dem über die Rechtmäßigkeit einer gegen die GbR gerichteten Prüfungsanordnung zu entscheiden ist (BFH/NV 95, 481, 517).

Das Anfechtungsrecht ggü einer Prüfungsanordnung wird nicht dadurch **verwirkt,** dass sich der Stpfl zunächst widerspruchslos auf die Prüfung einlässt (BFH BStBl 86, 435). 57

Eine Klage auf Aufhebung einer Prüfungsanordnung ist **nach Abschluss der Ap** unzulässig (BFH BStBl 88, 413; 86, 21; 82, 659; BFH/NV 16, 53). Bei Abschluss der Prüfung erledigt sich die Prüfungsanordnung, der Stpfl kann jedoch im Wege der Fortsetzungsfeststellungsklage (§ 100 I 4 FGO) den Ausspruch herbeiführen, dass die Prüfungsanordnung rechtswidrig war (BFH BStBl 78, 501; 79, 708; 91, 825). Eine solche Feststellung ist auch dann möglich, wenn die Prüfung bereits vor Erhebung der Klage durchgeführt war (BFH BStBl 79, 708). An der Feststellung der Rechtswidrigkeit einer erledigten Prüfungsanordnung kann ein berechtigtes Interesse bestehen, wenn damit die Auswertung der durch die Prüfung erlangten Kenntnisse verhindert werden soll (BFH BStBl 91, 825; 90, 721; 87, 248); denn die Feststellung der Rechtswidrigkeit der Prüfungsanordnung führt dazu, dass die durch die Ap erlangten Kenntnisse nicht ausgewertet werden dürfen (BFH BStBl 98, 461; 93, 649; 91, 825). 58

Fakultative **Nebenbestimmungen** zu den Modalitäten der Ap können selbständig angefochten werden, insbes der Beginn der Ap (BFH/NV 89, 13), ggf mit vorläufigem Rechtsschutz im Wege der AdV (BFH/NV 89, 13). Ist der festgesetzte Termin bereits verstrichen, kann nur noch im Wege der Fortsetzungsfeststellungsklage die Rechtswidrigkeit der Festlegung festgestellt werden, woran wegen des Ablaufs der Verjährungsfrist ein Interesse bestehen kann (BFH BStBl 87, 408). Gegen die Bestimmung des Prüfers ist kein Rechtsbehelf gegeben (BFH/NV 09, 1080, 1401; 95, 758; zu Unrecht zweifelnd jedoch jetzt BFH BStBl 02, 507). 59

§ 197 Bekanntgabe der Prüfungsanordnung

(1) [1] **Die Prüfungsanordnung sowie der voraussichtliche Prüfungsbeginn und die Namen der Prüfer sind dem Steuerpflichtigen, bei dem die Außenprüfung durchgeführt werden soll, angemessene Zeit vor Beginn der Prüfung bekannt zu geben, wenn der Prüfungszweck dadurch nicht gefährdet wird.** [2] **Der Steuerpflichtige kann auf die Einhaltung der Frist verzichten.** [3] **Soll die Prüfung nach § 194 Abs. 2 auf die steuerlichen Verhältnisse von Gesellschaftern und Mitgliedern sowie von Mitgliedern der Überwachungsorgane erstreckt werden, so ist die Prüfungsanordnung insoweit auch diesen Personen bekannt zu geben.**

(2) **Auf Antrag der Steuerpflichtigen soll der Beginn der Außenprüfung auf einen anderen Zeitpunkt verlegt werden, wenn dafür wichtige Gründe glaubhaft gemacht werden.**

Übersicht

1 **1. Inhalt.** Der Stpfl soll angemessene Zeit vor Beginn der Ap von dem Bevorstehen der Ap unterrichtet werden. Diese Unterrichtung dient der Vermeidung von Störungen während der Ap und sichert zudem einen zügigen Ablauf der Prüfung. Welche Frist angemessen ist, richtet sich nach den Umständen des Einzelfalles. Die Frist soll es dem Stpfl ermöglichen, sich auf die bevorstehende Prüfung vorzubereiten; er soll sich ohne unzumutbaren Aufwand auf die Prüfung einstellen können. Die Frist ist aber nicht dafür gedacht, dass der Stpfl zB nachträglich seine Buchführungspflichten erfüllen kann. In Ausnahmefällen, vor allem bei einer ergänzenden Prüfung, kann der Prüfungsbeginn sogar mit der Bekanntgabe der Prüfungsanordnung zusammenfallen (BFH BStBl 88, 413; BFH/NV 98, 17); es kommt darauf an, welche Vorbereitungshandlungen die konkrete Prüfung vom Stpfl verlangt.

2 Der Zeitpunkt der Bekantgabe muss schon deshalb sorgfältig festgehalten werden, weil von ihm an eine strafbefreiende Selbstanzeige nicht mehr möglich ist (§ 371 II Nr 1 Buchst a; kritisch *Seer* StuW 15, 315).

3 **2. Inhalts- und Bekanntgabeadressat der Prüfungsanordnung. a) Bekanntgabeadressat.** Die Prüfungsanordnung ist – wie jeder VA – demjenigen bekannt zu geben, an den sie sich richtet (der berechtigt oder verpflichtet wird), also dem Inhaltsadressaten, bei mehreren jedem von ihnen. Unterscheide vom **Inhaltsadressaten** den **Bekanntgabeadressaten,** der mit jenem nicht identisch sein muss (beachte § 80 III) und dessen richtige Bestimmung zwar Voraussetzung einer wirksamen Bekanntgabe ist, dessen Angabe in dem Bescheid aber kein Bestimmtheitserfordernis darstellt (vgl zB BFH BStBl 91, 120; BFH/NV 94, 77). Ist der Bekanntgabeadressat nicht der Inhaltsadressat, muss dies jedoch kenntlich gemacht werden. Eine Prüfungsanordnung ist nichtig, wenn aus ihr nicht zweifelsfrei erkennbar ist, ob sie sich an eine Person als Prüfungsobjekt oder als Zustellungs- bzw Verfahrensbevollmächtigten für ein anderes Prüfungsobjekt richtet (BFH BStBl 86, 834; FG Hess EFG 90, 148).

3a Der Bekanntgabeempfänger muss ebenso wie der Inhaltsadressat handlungsfähig sein (BFH BStBl 94, 787).

3b Bekanntgabeadressat der Prüfungsanordnung kann insbes ein entsprech **Bevollmächtigter** des Inhaltsadressaten sein (BFH BStBl 17, 1053; 91, 120; FG RhPf EFG 82, 335), auch bei Anscheins- oder Duldungsvollmacht (BFH/NV 03, 884; 98, 17). Eine allgemeine für das betr Veranlagungsverfahren erteilte Vollmacht genügt. Tritt zB einer der Initiatoren einer Bauherrengemeinschaft ggü dem FA wie ein Bevollmächtigter auf, so kann er nach Rechtsscheinsgrundsätzen als bevollmächtigt angesehen werden, die Prüfungsanordnung in Empfang zu nehmen (BFH BStBl 91, 120).

4 Bekanntgabeadressat (vgl § 122 I 1) ist bei einer **Gesellschaft** – neben ggf vertretungsberechtigten Gesellschaftern – idR der Geschäftsführer (BFH/NV 05, 496; BFH DStRE 08, 341). Ausreichend ist die Bekanntgabe an nur einen Geschäftsführer oder vertretungsberechtigten Gesellschafter (BFH BStBl 86, 539; 88, 979; 96, 256; BFH DStRE 08, 341). Die Bekanntgabe an (mindestens) einen der Gesellschafter bewirkt auch bei der GbR die Bekanntgabe ggü der Gesellschaft unbeschadet dessen, dass die Gesellschafter im Regelfall nur gesamtvertretungsbefugt sind (BFH BStBl 90, 272; vgl BFH BStBl 88, 979). § 183 gilt nicht (vgl § 183 Rz 2). Eine Bekanntgabe auch an die Gesellschafter sieht 197 I 3 zusätzlich vor, sofern sich die Prüfung gem § 194 II auch auf ihre steuerlichen Verhältnisse erstrecken soll.

5 **b) Inhaltsadressat.** Bei **Personengesellschaften** und -vereinigungen ist richtiger (Inhalts-)Adressat der Prüfungsanordnung bei betrieblichen Steuern (USt, GewSt) die Gesellschaft (BFH BStBl 90, 272; 86, 433; BFH/NV 91, 716; 15, 832), nicht die Gesellschafter. Das gilt auch bei der einheitlichen und gesonderten Feststellung der *gewerblichen* Einkünfte (vgl aber Rz 5b), die später bei den Gesell-

schaftern zu versteuern sind (BFH BStBl 17, 1053), und des Einheitswerts des Betriebsvermögens (BFH BStBl 93, 82, 90, 272; BFH/NV 96, 660). Dementsprechend kann ggü einem von der Gesellschaft Bevollmächtigten bekannt gegeben werden; § 183 ist nicht einschlägig (BFH BStBl 17, 1053; BFH/NV 94, 75). Die Prüfungsanordnung ist auch an eine GbR zu richten, deren Existenz im Streit ist (BFH BStBl 88, 758).

Zur hinreichenden Bezeichnung einer Personengesellschaft ist die Bezeichnung 5a des gesetzlichen Vertreters nicht notwendig; bei Handelsgesellschaften genügt die Bezeichnung der Firma. Zur Frage, ob beim Ausscheiden eines Gesellschafters aus einer zweigliedrigen KG der fortgeführte Firmenname ausreicht, um sowohl das „alte" wie das „neue" Unternehmen als Adressaten einer Ap-Anordnung zu bezeichnen, vgl BFH BStBl 06, 404; BFH/NV 06, 242. Der Hinweis auf Vertretungsbefugnisse ist zur Kennzeichnung des Adressaten auch sonst nicht erforderlich (BFH/NV 94, 75). Die Gesellschafter sind von der Prüfungsanordnung nicht betroffen und daher im Rechtsstreit auch nicht beizuladen (BFH/NV 96, 660).

Richtiger Adressat bleibt die Gesellschaft auch dann, wenn ein Gesellschafter in- 5b zwischen ausgeschieden ist (FG Nbg EFG 93, 760), obwohl der Gesellschafter uU StSchuldner hinsichtlich der aufgrund der Ap festzusetzenden Steuern ist. § 183 ist nicht anzuwenden. Keine Beiladung des Gesellschafters bei Anfechtung der Ap-Anordnung (BFH/NV 96, 660; vgl aber abweichend BFH BStBl 91, 620 bei der nicht gewerblich tätigen Personengesellschaft). Der ausgeschiedene Gesellschafter ist aber über die Prüfungsfeststellungen, soweit sie für seine Besteuerung relevant sind, zu unterrichten und kann einen Feststellungsbescheid nach § 180 ggf selbst anfechten (BFH BStBl 89, 145; 81, 33) bzw zu dem Verfahren der Gesellschaft beigeladen werden (BFH BStBl 90, 1068); erst dort kann er seine Einwendungen gegen die Ap-Feststellungen geltend machen.

Auch die **beendigte KG** (BFH BStBl 93, 82; BFH/NV 95, 177) oder GbR 5c (BFH BStBl 95, 241) und die gelöschte GmbH (BFH BStBl 93, 83) sind richtige Adressaten der Prüfungsanordnung; eine vor der Vollbeendigung erlassene Anordnung kann auch nach diesem Zeitpunkt vollzogen werden (BFH/NV 95, 177).

Hat hingegen ein Gesellschafter das Gesellschaftsvermögen ohne Liquidation der 5d Gesellschaft übernommen und ist diese folglich voll beendet, so ist eine Prüfungsanordnung an ihn als Gesamtrechtsnachfolger der Gesellschaft zu richten. IÜ berühren Veränderungen im Gesellschafterbestand die Adressatenstellung der Gesellschaft nicht.

Bei Einkünften aus **VuV** richtet sich die Prüfungsanordnung hinsichtlich ESt 5e und VSt gegen die Gesellschafter (BFH BStBl 91, 120; 95, 291; str), weil eine GbR (außer bei USt) nicht selbst steuer-, buchführungs- und aufzeichnungspflichtig ist (BFH BStBl 91, 120). Die GbR kann aber ggf für die USt Adressat der Prüfungsanordnung sein, weil sie iAllg selbst Unternehmer ist (BFH BStBl 95, 291; 88, 646); nach BFH BStBl 91, 120 ist die Prüfungsanordnung in diesem Fall aber jedenfalls nicht nichtig, wenn sie an die Gesellschafter adressiert wird, weil sich das USt-Subjekt erst in der Prüfung herausstellt. Bei Klage eines Gesellschafters sind die übrigen Gesellschafter beizuladen (BFH/NV 95, 517; 481).

Eine **atypische stille Gesellschaft** kann nicht Adressat einer Prüfungsanord- 6 nung sein (vgl BFH BStBl 86, 311). Sollen die steuerlichen Angelegenheiten einer atypischen stillen Gesellschaft (auch in Liquidation) geprüft werden, ist Adressat der Prüfungsanordnung der (ggf. frühere) Geschäftsinhaber als derjenige, den die öffrechtl Verpflichtungen zur Buchführung für die Zeit der Existenz der atypischen Gesellschaft treffen (BFH BStBl 92, 59; 86, 311; BFH/NV 12, 369; 03, 1028). Einen auf die Prüfung der Gesellschaftsverhältnisse hinweisenden (Adress-)Zusatz hält BFH BStBl 00, 376 offenbar für sinnvoll; zwingend notwendig ist er nicht. Sind die stillen Gesellschafter zB als Auskunftspersonen von der Ap betroffen, ist die Prüfungsanordnung jedoch auch an sie zu adressieren (BFH BStBl 92, 59: bei Verstoß kein Verwertungsverbot, insoweit zweifelh; vgl auch BFH/NV 90, 545), ebenso wie es bei einem ausgeschiedenen Gesellschafter einer Personengesellschaft erforderlich wäre.

7 Während in den Fällen des **§ 194 II** die Prüfungsanordnung *auch* an den Gesellschafter zu richten und ihnen auch bekannt zu machen ist (vgl § 197 I 3), umfasst die Ap einer Personengesellschaft gem § 194 I 3 die Verhältnisse der Gesellschafter von Gesetzes wegen, was als gesetzliche Fixierung der Prüfungsobjekte deren ausdrückliche Benennung in der Prüfungsanordnung und folglich auch eine Bekanntgabe derselben ihnen ggü entbehrlich macht (iErg ebenso *BG/Gosch* § 197 Rz 45).

8 Inhaltsadressat bei einer **Kapitalgesellschaft** ist selbstredend die Gesellschaft. Eine Prüfungsanordnung an eine nach ausl Recht gegründete Kapitalgesellschaft kann so adressiert werden, wie diese Gesellschaft im Geschäftsverkehr selbst auftritt (vgl BFH BStBl 92, 595).

8a Bei einer **Erbengemeinschaft** muss eine Adressierung an jeden einzelnen Erben erfolgen. Umfasst die Prüfungsanordnung einen Zeitraum, in dem ein Unternehmen nur von einem Miterben fortgeführt worden ist, muss entsprechend differenziert werden. Auch die die Bekanntgabe muss (wenn kein gemeinsamer Empfangsbevollmächtigter bestellt ist) jedem Erben ggü erfolgen.

9 Eine Prüfungsanordnung gegen **Eheleute** muss ebenfalls beide bezeichnen, kann allerdings in *einer* Verfügung ergehen (BFH BStBl 90, 612; 89, 257; 87, 664; BFH/NV 92, 151; 89, 749), soweit – wie bei Zusammenveranlagung – das StGeheimnis nicht entgegensteht. Es muss dann aber für die Empfänger klar erkennbar sein, dass und in welchem Umfang sich die zusammengefassten Prüfungsanordnungen an sie richten. Hat nur einer der Ehegatten Gewinneinkünfte, so genügt die Anordnung jedoch dem Bestimmtheitsgrundsatz, wenn sie § 193 I und II Nr 2 aufführt, weil sich durch Auslegung ohne Weiteres ergibt, dass nur bei diesem im Umfang des Abs 1 geprüft werden soll (BFH/NV 89, 749, zweifelh). Die Bekanntgabe soll bei Ehegatten an einen als Bevollmächtigten des anderen erfolgen können, wenn sie eine gemeinsame StErklärung abgegeben haben und sich die Ap auf die erklärten Steuern bezieht (BFH BStBl 82, 208; zweifelh). § 155 III 1 ist allerdings nicht einschlägig, jedoch wird die Möglichkeit, zusammengefasste Bescheide zu erlassen, dort nicht abschließend geregelt (BFH BStBl 90, 612). Zur Bekanntgabe soll die Übersendung nur einer Ausfertigung genügen, wenn die Eheleute eine gemeinsame Anschrift haben und auch sonst kein Anhaltspunkt dafür gegeben ist, dass der Bekanntgabezweck gefährdet ist (BFH BStBl 90, 612; BFH/NV 92, 151), was jedoch nur richtig ist, wenn eine gegenseitige Bevollmächtigung angenommen werden kann, an der es iAllg fehlen wird; allein im Antrag auf Zusammenveranlagung kann eine solche Vollmacht nicht gesehen werden (aA *Mösbauer* StBp 99, 188). Bei Zustellung durch die Post an Eheleute ist die Übergabe je einer Ausfertigung des Schriftstücks an jeden der Ehegatten notwendig (BFH BStBl 76, 136).

9a Während eines **Insolvenzverfahrens** ist nach BFH BStBl 92, 59 der Verwalter nur dann der richtige Adressat, wenn Zeiträume nach Eröffnung des Verfahrens (mit-)geprüft werden sollen (mit Recht aA *BG/Gosch* § 197 Rz 56). Der Verwalter tritt ggf in eine vor Verfahrenseröffnung begonnene Ap ohne Weiteres an Stelle des Insolvenzschuldners ein. Bei Eigenverwaltung (§ 270 InsO) bleibt der Insolvenzschuldner Inhaltsadressat.

9b Das Gleiche gilt für einen **Zwangsverwalter** (BFH/NV 94, 77) und **Testamentsvollstrecker.**

10 **3. Rechtzeitige Bekanntgabe mit Angabe des voraussichtlichen Prüfungsbeginns.** Die Bekanntgabe der Prüfungsanordnung muss rechtzeitig vor dem Beginn der Prüfung erfolgen. Drohende Verjährung der StAnsprüche verkürzt diese Frist nicht (vgl BFH BStBl 89, 483); bei einer bloßen Erweiterung der Prüfung soll dies aber jedenfalls dann nicht gelten, wenn in dem Erweiterungszeit-

raum Verjährung droht (BFH/NV 05, 1218; BFH BStBl 89, 445). Wird die Prüfungsanordnung *während* einer schon begonnenen Prüfung bekannt gegeben, tritt erst damit Hemmung der Verjährung ein (vgl BFH BStBl 94, 375); die nach diesem Zeitpunkt vorgenommenen Ermittlungshandlungen sieht der BFH aber als rechtmäßig an (BFH BStBl 93, 649), sodass § 197 I 1 praktisch sanktionslos wird (ablehnend auch *BG/Gosch* § 197 Rz 56), was freilich ohnehin deshalb der Fall ist, weil sich ein solcher Verstoß auf die Ermittlungsergebnisse nicht auswirken kann (vgl *BG/Gosch* § 197 Rz 61).

Der voraussichtliche Prüfungsbeginn ist bei Bekanntgabe der Prüfungsanordnung mitzuteilen. Angabe des Tages genügt (FG Hbg EFG 94, 76; vgl BFH/NV 94, 689), Angabe der Uhrzeit anders als bei § 198 S 2 nicht erforderlich (BFH/NV 06, 1791). Eine bloße Terminsankündigung oder das Unterbreiten mehrerer alternativer Terminvorschläge ist nicht der erforderliche VA über die Festlegung des Prüfungsbeginns (BFH BStBl 17, 97). **10a**

Was **angemessene Zeit** ist, lässt sich nur im Einzelfall entscheiden (vgl zB BFH BStBl 87, 408; 88, 413; 89, 445, 483; 08, 7). Nach § 5 IV BpO (insoweit norminterpretierende Verwaltungsvorschrift; anders BFH BStBl 03, 827: Ermessensrichtlinie) sind für den Regelfall bei Großbetrieben 4 Wochen, bei Mittelbetrieben sowie Klein- und Kleinstbetrieben 2 Wochen angemessen; bei kleineren auch noch eine Woche (FG Hbg EFG 94, 76). Im Einzelfall kann auch sonst eine Woche eine angemessene Zeit sein (FG RhPf EFG 92, 311), nicht aber ein Tag (FG Ddorf EFG 87, 595). Die Frist für die Bekanntgabe der Anordnung der Erweiterung eines Prüfungszeitraums kann während einer bereits begonnenen Prüfung idR kürzer als bei der erstmaligen Anordnung einer Prüfung sein (BFH/NV 09, 1405; 00, 821), ebenso bei einer Anschlussprüfung (BFH/NV 09, 1405). Es kommt darauf an, welche Vorbereitungshandlungen die konkrete Prüfung vom Stpfl verlangt (BFH BStBl 88, 413), zB die Freimachung von Räumen und das Freihalten von Terminen (BFH BStBl 08, 7). In besonderen Fällen kann daher die Bekanntgabe der Prüfungsanordnung sogar mit dem Beginn der Prüfung zusammenfallen (BFH BStBl 88, 413). Dies gilt insbes für eine Erweiterungsanordnung während einer begonnenen Prüfung (BFH BStBl 89, 445), nach BFH BStBl 88, 413 auch bei ergänzender Prüfung nach abgeschlossener Erstprüfung (iEinz zweifelh). Der drohende Ablauf der Festsetzungsverjährung rechtfertigt die Nichteinhaltung einer angemessenen Frist für die Bekanntgabe der Prüfungsanordnung grds auch dann nicht, wenn Verjährung kurz bevorsteht (BFH BStBl 89, 483; 03, 827); anders soll es sein, wenn eine Erweiterungsanordnung aufgrund in der Sphäre des Stpfl liegender Gründe (zu erwartende Mehrsteuern) ergeht (BFH BStBl 89, 445). Die fehlerhafte Festlegung des Prüfungsbeginns begründet für sich allein kein steuerliches Verwertungsverbot (BFH/NV 98, 17; FG Mchn EFG 93, 449; FG RhPf EFG 92, 311). **11**

Von der Einhaltung der Frist kann die FinBeh absehen, wenn sonst der Prüfungszweck gefährdet wäre, zB wegen Verdunkelungsgefahr (wegen bevorstehenden Ablaufs der Festsetzungsfrist vgl jedoch oben), oder wenn der Stpfl auf die Einhaltung der Frist verzichtet (§ 197 I 1 letzter HS, I 2). Ein Verzicht liegt nicht bereits darin, dass der Stpfl sich erst nach Abschluss der Prüfung gegen die Rechtmäßigkeit der Prüfungsanordnung gewandt hat (BFH BStBl 86, 435; 88, 413). **12**

Die Festlegung des Prüfungsbeginns einer Ap ist ein **VA** (BFH BStBl 08, 7; 03, 552; 89, 445; 87, 408). Er kann auch mündlich erlassen werden (BFH BStBl 08, 7; 89, 76; anders BFH BStBl 88, 413). Die Prüfungsanordnung ist ein davon zu unterscheidender VA (vgl BFH BStBl 89, 483, 445), auch wenn beide miteinander verbunden werden sollen, wie § 197 zu entnehmen ist. Eine mündliche Vorankündigung der Prüfung *vor* Erlass der Prüfungsanordnung dürfte § 197 I 1 nicht genügen, kann sich aber dahin auswirken, dass die angemessene Frist für die Bekanntgabe der Prüfungsanordnung zu verkürzen ist. Mündliche Terminabsprache vor Erlass der Prüfungsanordnung ist idR kein VA betr Prüfungsbeginn. **13**

14 Die Festlegung des Beginns einer Ap auf einen bestimmten Tag kann mit Einspruch/Anfechtungsklage angegriffen werden (keine inzidente Rüge bei Angriff gegen StBescheid, BFH BStBl 89, 76), wenn die Frist unangemessen ist oder die Terminsbestimmung ermessensfehlerhaft; vorläufiger Rechtsschutz durch AdV. Die Terminbestimmung erledigt sich mit Ablauf des festgelegten Tages, auch wenn die Prüfung nicht tatsächlich beginnt; eine Anfechtungsklage wird unzulässig (BFH BStBl 87, 408; 89, 483; FG RhPf EFG 92, 311). Für eine Fortsetzungsfeststellungsklage fehlt – wenn mit der Prüfung nicht begonnen worden ist – das berechtigte Interesse, weil der Ablauf der Festsetzungsfrist in diesem Fall nicht gehemmt wird (BFH BStBl 89, 483); anders jedoch, wenn durch Einlegen von Rechtsbehelfen oder AdV der Prüfungsbeginn erfolgreich über das an sich *rechtmäßige* Datum hinausgeschoben worden ist (BFH BStBl 03, 827; 89, 483). Der Stpfl ist nicht gezwungen, die Nichteinhaltung der angemessenen Frist in dem Verfahren nach Abs 2 geltend zu machen (BFH BStBl 87, 408).

20 **4. Scheinbestandteile der Prüfungsanordnung.** Die Mitteilung der Namen der Prüfer (zur Anfechtbarkeit siehe auch § 196 Rz 58) gehört ebenso wenig wie die des Prüfungstermines und -ortes oder die Mitteilung über teilnehmende Gemeindebeamte (vgl § 195 Rz 7) zum Inhalt der eigentlichen Prüfungsanordnung, wenn auch § 197 eine Verbindung vorsieht; die Mitteilung ist daher für die Rechtmäßigkeit der Prüfungsanordnung ohne Bedeutung. Sie ist auch kein VA (BFH/NV 95, 758; FG BaWü EFG 08, 1263; aA *BG/Gosch* § 197 Rz 29; anders offenbar auch BFH/NV 92, 509) und bedarf nicht der Schriftform. Gegen die Bestimmung des Prüfers ist kein Rechtsbehelf gegeben (BFH/NV 09, 1080, 1401; 95, 758; FG Köln EFG 91, 515; FG BaWü 08, 1263; zu Unrecht zweifelnd jedoch jetzt BFH BStBl 02, 507). Ein selbständig durchsetzbares *Ablehnungsrecht* bei Befangenheit des Prüfers hat der Stpfl nicht (BFH/NV 95, 758; 09, 1401; 12, 412: auch nicht bei gleichzeitiger Fahndungsprüfung; FG BaWü EFG 08, 1263; FG Köln EFG 91, 515). Einwände gegen die Auswahl des Prüfers sind vielmehr ggf gegen den Bescheid geltend zu machen, der auf von dem betr Prüfer getroffenen Feststellungen beruht. Dann ist aber § 127 anzuwenden, sodass ein Verstoß idR sanktionslos bleiben wird. Jedoch soll ein Anspruch zumindest auf ermessensfehlerfreie Entscheidung über eine Abberufung eines Prüfers bestehen, wenn von diesem zu befürchtende Rechtsverletzungen durch spätere Rechtsbehelfe nicht rückgängig gemacht werden können (BFH BStBl 02, 507 für unbefugte Weitergabe von StGeheimnissen an die Strafverfolgungsbehörden, ohne dass ein Verwertungsverbot als ausreichende Vorkehrung in Betracht gezogen wird).

21 Für die Auswahl der Prüfer *gelten* gleichwohl §§ 82, 83.

22 **5. Verlegung des Prüfungsbeginns (Abs 2).** Die Verlegung des Prüfungsbeginns auf (nicht notwendig schriftlichen) Antrag des Stpfl soll vorgenommen werden, wenn dafür wichtige Gründe glaubhaft gemacht werden (Verpflichtung im Regelfall). Wichtige Gründe sind nur solche, die vom Normalfall deutlich abweichen; § 5 V BpO nennt Beispiele. Der Stpfl muss Tatsachen vortragen, die das Vorhandensein solcher Gründe „wahrscheinlich" erscheinen lassen (Glaubhaftmachung ausreichend). Wenn trotzdem überwiegende öffentliche Belange gegen die Verlegung sprechen, kann der Antrag abgelehnt werden. Hierfür reichen innerorganisatorische Gründe der FinBeh aber regelmäßig nicht aus. Dem Antrag kann ggf unter Auflagen stattgegeben werden (§ 5 V 2 BpO; beachte aber § 120 III). Solche Auflagen sind keine selbständigen VA, weil sie mit der Terminsverlegung in einem untrennbaren Zusammenhang stehen (vgl *Kopp/Ramsauer* VwVfG § 36 Rz 29, 31 f). Vorläufiger Rechtsschutz bei abgelehnter Verlegung kann im Wege der einstweiligen Anordnung nach § 114 FGO gewährt werden. Im Rahmen von Absprachen mit dem FA geäußerte Terminswünsche stellen keinen Antrag nach § 197 II dar (BFH BStBl 17, 97).

§ 198 Ausweispflicht, Beginn der Außenprüfung

[1]Die Prüfer haben sich bei Erscheinen unverzüglich auszuweisen. [2]Der Beginn der Außenprüfung ist unter Angabe von Datum und Uhrzeit aktenkundig zu machen.

Die Prüfer haben sich beim Erscheinen unverzüglich auszuweisen, sofern sie zum Zwecke der Aufnahme der Ap (nicht etwa zur Terminvereinbarung odgl) erscheinen (*Mösbauer* StBp 97, 57). Unverzüglich bedeutet ohne schuldhaftes Zögern. Verstoß hiergegen macht die vom Prüfer getroffenen Feststellungen aber nicht unverwertbar. 1

Der Beginn der Ap ist mit Datum und Uhrzeit in den Akten festzuhalten und später im Prüfungsbericht mitzuteilen (AEAO zu § 198 Nr 2). Der Zeitpunkt ist im Hinblick auf die Ablaufhemmung, § 171 IV, von Bedeutung. Der Prüfungsbeginn ist abzugrenzen von sonstigen bloßen Vorbereitungshandlungen wie der Terminabsprache über den Prüfungsbeginn oder allgemeinen, nicht der Feststellung der Verhältnisse des konkreten Betriebes geltenden Vorbereitungsmaßnahmen an Amtsstelle (vgl BFH BStBl 03, 739). Das Sichten der Unterlagen und eine Anforderung fehlender reicht jedoch (BFH BStBl 03, 739; vgl BFH/NV 06, 1291; FG BaWü EFG 10, 1373), auch wenn noch keine Prüfungsergebnisse gewonnen wurden (BFH BStBl 94, 377; 93, 828). Das *bloße Erscheinen* des Prüfers, ohne dass dieser tatsächlich Prüfungshandlungen vornimmt oder zumindest an Ort und Stelle mit entspr Vorbereitungen beginnt, stellt hingegen noch nicht den Beginn der Prüfung dar (siehe näher § 171 Rz 45). Die Prüfung wird erst begonnen, wenn der Prüfer ernsthaft die Prüfung aufnimmt, zB durch Besprechung mit Stpfl oder dem Bevollmächtigten, durch Studium von Akten jedenfalls dann, wenn es am Prüfungsort geschieht (BFH BStBl 84, 125; 81, 409; vgl auch 94, 377; 87, 408) und die Vorgänge für die betrieblichen Verhältnisse des *konkreten* Prüfungsobjekts von Bedeutung sind (vgl BFH BStBl 03, 739), es sich ferner nicht um bloße Einzelermittlungen handelt, was bei Maßnahmen des Außenprüfers aber im Zweifel nicht anzunehmen ist (*Mösbauer* StBp 97, 57). Auch ein Aktenstudium, das vor dem bei der Ap-Anordnung benannten Termin des Beginns der Prüfung durchgeführt wird, gehört noch zu den Prüfungsvorbereitungen und stellt keinen Prüfungsbeginn dar (BFH BStBl 10, 4). Dass der Beginn der Prüfung für den Stpfl erkennbar sein müsste, fordert das Gesetz nicht. 2

§ 198 verlangt nicht, dass auch der Zeitpunkt des Erscheinens des Prüfers beim Stpfl aktenkundig zu machen ist. Dieser Zeitpunkt hat lediglich im Zusammenhang mit der Selbstanzeige (§ 371) Bedeutung, wobei die Straffreiheit jetzt schon nicht mehr erlangt werden kann, sobald die Prüfungsanordnung bekannt gegeben ist (§ 371 II Nr 1a). 3

§ 199 Prüfungsgrundsätze

(1) **Der Außenprüfer hat die tatsächlichen und rechtlichen Verhältnisse, die für die Steuerpflicht und für die Bemessung der Steuer maßgebend sind (Besteuerungsgrundlagen), zugunsten wie zuungunsten des Steuerpflichtigen zu prüfen.**

(2) **Der Steuerpflichtige ist während der Außenprüfung über die festgestellten Sachverhalte und die möglichen steuerlichen Auswirkungen zu unterrichten, wenn dadurch Zweck und Ablauf der Prüfung nicht beeinträchtigt werden.**

Absatz 1. Die für das Besteuerungsverfahren geltenden Grundsätze werden in Abs 1 im Hinblick auf die Ap – überflüssigerweise – besonders verdeutlicht. Nicht bestimmt wird, dass die Ap auf das Wesentliche abzustellen, ihre Dauer auf das notwendige Maß zu beschränken und vornehmlich auf Sachverhalte zu erstrecken ist, die zu endgültigen StAusfällen oder nicht unbedeutenden Gewinnverlage- 1 rungen führen können; vgl aber § 7 BpO und die dazu bestehenden sog Rationalisierungserlasse der FinVerw. Eine rechtliche Sanktion bei Missachtung der Grundsätze ist nicht gegeben.

3 **Absatz 2** sichert dem Stpfl während der Prüfung ausreichendes rechtliches Gehör (§ 91, der insoweit modifiziert wird). Der Stpfl ist *während* der Prüfung über die Feststellungen sowie über die möglichen stl Auswirkungen zu unterrichten, sofern der Prüfungsablauf nicht beeinträchtigt wird. Der Stpfl soll dadurch nicht nur vor Überraschungen in der Schlussbesprechung geschützt werden, sondern ein effizienter Prüfungsablauf soll gefördert werden. Eine abschließende rechtliche Würdigung der getroffenen Feststellungen oder eine (gleichsam prognostische) Bewertung entdeckter Beweismittel ist dem Prüfer weder möglich, noch wird sie von ihm verlangt. Bei Verletzung des Abs 2 liegt ein Verfahrensfehler vor, der nach § 126 I Nr 3 geheilt werden kann. Er führt nicht zu einem Verwertungsverbot (BFH/NV 98, 17). Dass die Unterrichtung gerichtlich erzwungen werden kann (so ua *TK/Seer* § 199 Rz 23; sinngemäß auch BFH/NV 88, 319: Ablehnung als VA), ist angesichts einer fehlenden Verletzung eines subjektiven Rechts des Stpfl, welches die Vorschrift *nicht* begründet, zu bezweifeln. Effektiv wäre ein Rechtsschutzbegehren ohnehin nur selten.

4 Das FA hat abzuwägen, ob die Unterrichtung des Stpfl oder zB die Herausgabe von Kopien der Auskünfte angehörter Auskunftspersonen den Ablauf und Zweck der Prüfung beeinträchtigten. Ist das nicht der Fall, hat das FA die Fotokopien herauszugeben (vgl § 93 Rz 19).

§ 200 Mitwirkungspflichten des Steuerpflichtigen

(1) [1] **Der Steuerpflichtige hat bei der Feststellung der Sachverhalte, die für die Besteuerung erheblich sein können, mitzuwirken.** [2] **Er hat insbesondere Auskünfte zu erteilen, Aufzeichnungen, Bücher, Geschäftspapiere und andere Urkunden zur Einsicht und Prüfung vorzulegen, die zum Verständnis der Aufzeichnungen erforderlichen Erläuterungen zu geben und die Finanzbehörde bei Ausübung ihrer Befugnisse nach § 147 Abs. 6 zu unterstützen.** [3] **Sind der Steuerpflichtige oder die von ihm benannten Personen nicht in der Lage, Auskünfte zu erteilen, oder sind die Auskünfte zur Klärung des Sachverhalts unzureichend oder versprechen Auskünfte des Steuerpflichtigen keinen Erfolg, so kann der Außenprüfer auch andere Betriebsangehörige um Auskunft ersuchen.** [4] **§ 93 Absatz 2 Satz 2 gilt nicht.**

(2) [1] **Die in Absatz 1 genannten Unterlagen hat der Steuerpflichtige in seinen Geschäftsräumen oder, soweit ein zur Durchführung der Außenprüfung geeigneter Geschäftsraum nicht vorhanden ist, in seinen Wohnräumen oder an Amtsstelle vorzulegen.** [2] **Ein zur Durchführung der Außenprüfung geeigneter Raum oder Arbeitsplatz sowie die erforderlichen Hilfsmittel sind unentgeltlich zur Verfügung zu stellen.**

(3) [1] **Die Außenprüfung findet während der üblichen Geschäfts- oder Arbeitszeit statt.** [2] **Die Prüfer sind berechtigt, Grundstücke und Betriebsräume zu betreten und zu besichtigen.** [3] **Bei der Betriebsbesichtigung soll der Betriebsinhaber oder sein Beauftragter hinzugezogen werden.**

Abs 1 S 4 neu gefasst durch AmtshilfeRLUmsG v 26.6.13 (BGBl I, 1809).

Schrifttum: *Werder/Rudolf* Compliance-Berichte in der steuerlichen Betriebsprüfung, BB 14, 3094.

Übersicht

1. Inhalt. Die Vorschrift bekräftigt die schon nach den allg Vorschriften bestehenden Mitwirkungspflichten des Stpfl und fügt ihnen in der Ap weitere hinzu, insbes diejenige, unabhängig von § 97 II Einblick in die Bücher etc zu gewähren und die Tätigkeit des Prüfers grds in den Geschäftsräumen zu dulden und durch sächliche Mittel zu unterstützen. Sie ergänzt die Vorschriften über die Mitwirkung der Stpfl im Besteuerungsverfahren (BFH BStBl 13, 196). Näheres bestimmt § 8 BpO und hinsichtlich der Pflichten beim Datenzugriff die GoBD (BMF v 14.11.2014, BStBl I, 1450). Vgl auch Schreiben des BMF betr Hinweise über die wesentlichen Rechte und Mitwirkungspflichten des Stpfl bei der Ap v 24.10.2013, BStBl I, 1264. 1

Diese erweiterten Mitwirkungspflichten entstehen jedoch erst mit der Bekanntgabe einer Prüfungsanordnung; diese bildet sowohl im Hinblick auf das Prüfungssubjekt als auch den Prüfungsumfang sowie den Prüfungszeitraum den Rahmen für die Pflichten (BFH BStBl 13, 196).

Die Mitwirkung kann ggf gem §§ 328, 329 erzwungen werden; die Weigerung mitzuwirken stellt aber auch einen Schätzungsanlass dar, sodass die FinBeh (regelmäßig) auf die Durchsetzung ihres Mitwirkungsanspruchs verzichten und von § 162 Gebrauch machen kann (anders offenbar BFH BStBl 04, 171: bei der Verletzung von Mitwirkungspflichten, die sich auf die Feststellung einer Voraussetzung des Besteuerungstatbestandes beziehen, bloße Reduzierung des Beweismaßes). Beachte auch § 146 IIb. 1a

2. Mitwirkungspflicht. Die Grenze der Mitwirkungspflicht richtet sich nach den Umständen des Einzelfalls, vgl § 90 I 3. Eine Mitwirkungshandlung darf nur verlangt werden, wenn sie notwendig, zumutbar, erfüllbar und verhältnismäßig ist (BFH/NV 97, 166; 05, 1226). Über die Anforderung von Mitwirkungshandlungen ist unter Beachtung dieser Grenze nach pflichtgemäßem Ermessen zu entscheiden (BFH/NV 93, 76; 97, 166). Die rechtl Grenze bildet der Prüfungsauftrag. Daher ist ein Mitwirkungsverlangen, das darauf gerichtet ist, unabhängig von einer konkreten Prüfungstätigkeit ausschl die steuerlichen Verhältnisse Dritter festzustellen, rechtswidrig (BFH BStBl 04, 1032); vielmehr muss bei einer konkreten und im Aufgabenbereich des Prüfers liegenden Tätigkeit ein Anlass auftauchen, solche Feststellungen zu treffen (BFH/NV 04, 549). Näheres siehe § 194 Rz 5. 2

Der Stpfl braucht keine innerbetrieblichen Einrichtungen für die *bloße Beschleunigung* der Prüfung zur Verfügung zu stellen (*Maassen* DB 75, 2050). Der Stpfl hat aber die Verpflichtung, einen zur Durchführung der Ap geeigneten Raum und Arbeitsplatz sowie die erforderlichen Hilfsmittel (Tisch, Stuhl, Lampe usw) unentgeltlich zur Verfügung zu stellen (Abs 2 S 2), nicht aber Büromaterial oder eigene Mitarbeiter. Der Stpfl ist auch nicht verpflichtet, dem Prüfer unentgeltlich *Kopien* der vorzulegenden Unterlagen zu überlassen – wohl aber die Belege selbst zur Anfertigung von Kopien seitens des Prüfers –, *besondere Aufstellungen,* Auflistungen usw anzufertigen (*Martens* NJW 78, 1468; anders jetzt für einen besonders gelagerten Fall FG Ddorf EFG 16, 2032) oder eine Nachkalkulation durchzuführen (BFH BStBl 82, 430). Zur Mitwirkung kann aber gehören, Ersatzbelege zu beschaffen (FG Hbg EFG 91, 636, insoweit bestätigt BFH/NV 93, 76). 3

Die Ap ist vornehmlich eine Buchprüfung (BFH BStBl 92, 59). Die Vorlagepflicht soll sich nach FG RhPf (EFG 88, 502) grds nicht auf private Kontoauszüge erstrecken (zutr aber BFH/NV 93, 76: Vorlage bei gemischtem Konto; ebenso FG 4

Hbg EFG 91, 636). Abweichend von der Regelung in § 93 II 2 kann die Vorlage von Büchern usw bereits verlangt werden, bevor der Stpfl um Auskunft gebeten wurde. Die Vorlagepflicht betrifft regelmäßig nur die typischerweise erwartbaren Unterlagen; wenn jedoch die Existenz typischerweise nicht zu erwartender Unterlagen bekannt ist und die besonderen Umstände im Einzelfall die Vorlage dieser Unterlagen gebieten, müssen auch diese vorgelegt werden (BFH/NV 15, 790; FG Mster EFG 14, 1936 für einen Due Diligence Bericht). Darin liegt keine unangemessene Benachteiligung des überobligationsmäßig aufbewahrenden Stpfl (BFH BStBl 10, 455). Stpfl muss die vom Prüfer gewünschten Teile der Buchführung heraussuchen und herbeischaffen. Ein solches Verlangen bedarf grds keiner Begründung (so mit Recht AEAO Nr 1 S 1 entgegen FG Mster EFG 07, 980). FG Mster EFG 14, 1936 hat mit Recht Zweifel, ob Unterlagen, die nur zum kleinen Teil stl relevante Informationen enthalten, vollständig vorgelegt werden müssen.

Wegen der Vorlagepflicht bei Konzernunternehmen vgl AEAO zu § 220 Nr. 1; zur Vorlage von Ausichtsrats- und Vorstandssitzungsprotokollen BFH BStBl 68, 365.

5 Bei einem **Datenzugriff nach § 147 VI** (siehe die Erläut dort und BMF v 16.7.2001, BStBl I, 415 sowie BFH BStBl 10, 452; 08, 415) muss Unterstützung gewährt werden (zu organisatorischen Vorkehrungen *Kromer* DStR 01, 1017). Eingescannte Unterlagen muss der Stpfl am Bildschirm (nicht nur als Ausdruck) lesbar machen (BFH BStBl 08, 415). Er muss Hard- und Software zur Verfügung stellen und deren Benutzung zum Lesen, Sortieren und sonstigen Auswerten seiner Daten in seinen Geschäftsräumen (§ 200 II) gestatten oder diese in denen Dritter (zB durch entspr vertragliche Abreden) ermöglichen, wenn er diesen die Datenspeicherung überlassen hat (vgl *Höreth/Schiegl* BB 01, 2509). Die FinBeh kann die Unterstützung durch Mitarbeiter des Stpfl beim Datenzugriff verlangen, soweit betriebsspezifische Besonderheiten der EDV dies erfordern, oder sich den Datenzugriff durch vom Stpfl bestellte sachkundige Personen besorgen lassen (mittelbarer Datenzugriff) oder die Überlassung von (verarbeitbaren) Daten auf Datenträgern erbitten; die FinBeh kann diese für anonymisierte Datenbanken (zB Richtsatzsammlungen) auswerten, jedoch nicht zu sonstigen Zwecken dauerhaft speichern. Welche der drei vorgenannten Möglichkeiten die FinBeh nutzt, steht in ihrem Ermessen; wegen der zu berücksichtigenden Belange des Stpfl wird das grds zulässige Verlangen eines Datenausdrucks nur ausnahmsweise zulässig sein.

5a Steuerl nicht relevante Daten kann der Stpfl gegen den Zugriff der FinBeh sichern (vgl aber FG RhPf EFG 05, 667; 06, 1634 zur Überprüfung durch die FinBeh), er kann insbes im Datenmanagement von vornherein zwischen stl relevanten und irrelevanten Daten trennen und dann nur in erstere Einblick geben; die stl irrelevanten Dateien unterliegen dann nicht dem Datenzugriff nach § 147 VI, wenn auch bei begründetem Verdacht in dort abgelegte Dokumente nach den allgemeinen Grundsätzen Einblick gewährt werden muss (*Hagenkötter* NJW 02, 1177). Den Zugriff auf die Konten der Finanzbuchhaltung kann der Stpfl aber nicht sperren, insbes auch nicht die Prüfung etwaiger zu seinen Gunsten zu berücksichtigender Umstände verhindern (BFH BStBl 08, 415). Zugreifen kann die FinBeh auch auf freiwillig erstellte oder aufbewahrte Daten mit stl Relevanz (aA *Kuhesel/Käser* DB 01, 1583; *Streckmeister* Stbg 01, 123; siehe schon Rz 4). Die Installation *von der FinBeh* gestellter Software in seinem eigenen System muss der Stpfl nicht gestatten.

6 Die einzelnen Prüfungsmaßnahmen, insbes die Auskunftsverlangen, sollten insbes nach der älteren Rspr des BFH grds keine Realakte, sondern **Verwaltungsakte** sein, sofern sie dem Stpfl ein bestimmtes Verhalten aufgeben, und zwar unabhängig davon, ob sie sich innerhalb der Prüfungsanordnung halten, über diese hinausgehen oder außerhalb eines Prüfungsverfahrens ergriffen werden (BFH BStBl 84, 512; vgl auch BFH BStBl 84, 790; 79, 708; 90, 357 zu einer Aufforderung im Haftungsverfahren). Ebenso die Aufforderung zur Vorlage von Unterlagen

(BFH BStBl 86, 2; BFH/NV 93, 76; 97, 166). Das ist zumindest in solcher Allgemeinheit zweifelh (mit Recht tendenziell gerade umgekehrt BFH BStBl 99, 199); jedenfalls bedürfte bei einer Anfechtungsklage das Rechtsschutzbedürfnis näherer Prüfung und der Rechtsgedanke des § 44a VwGO der Erwägung (vgl auch BVerwGE 34, 248; ähnlich de lege ferenda *Rößler* DStZ 99, 617). BFH BStBl 99, 199 will deshalb begrifflich danach differenzieren, ob das Verlangen der Ermittlung steuermindernder Umstände dient (dann idR kein VA, wenn nicht zB zwangsweise Durchsetzung angedroht), weil dann die Erzwingbarkeit als Wesensmerkmal des VA fehle (vgl BFH/NV 02, 157; FG Ddorf EFG 17, 1052, NZB XI B 123/17: VA nur, wenn der Stpfl die Aufforderung des Prüfers als Maßnahme zur Schaffung einer Rechtsgrundlage für die Einleitung eines Erzwingungsverfahrens verstehen muss); das ist als Auslegungsmaxime richtig, wobei aber entscheidend der Sinn der in dem Verlangen verkörperten Erklärung bleiben muss, auch wenn die dadurch erforderlich werdende Auslegung desselben mitunter Rechtsunsicherheit beschert (was ggf einen vorsorglichen Rechtsbehelf geraten erscheinen lässt, weil anderenfalls die Maßnahme Bestandskraft erlangt und später nicht mehr angegriffen werden kann, vgl BFH/NV 07, 1907!). Von einer Prüfung, ob die zwangsweise Durchsetzung des Verlangens ermessensfehlerhaft wäre, kann jedenfalls der VA-Charakter schon um der Rechtssicherheit willen schwerlich abhängig gemacht werden (so aber offenbar BFH BStBl 99, 199; kritisch auch *Rößler* DStZ 99, 617; *Drüen* AO-StB 09,88), erst Recht nicht davon, ob dieses „förmlich“ und schriftlich ergeht (vgl *BG/Sauer* § 200 Rz 20).

Gegen Dritte gerichtete Verlangen können jedenfalls durch den Stpfl nicht angefochten werden (str; anders *Kuhfus/Schmitz* StuW 92, 333, 339). 7

3. Erläuterungen. Der Stpfl hat die zum Verständnis seiner Aufzeichnungen erforderlichen Erläuterungen zu geben. Diese Pflicht bezieht sich dem Wortlaut nach nur auf die Aufzeichnungen. Eine entspr Erläuterungspflicht für sonstige Geschäftsunterlagen kann sich ggf aber aus der allgemeinen Mitwirkungspflicht ergeben. Der Stpfl braucht diese Pflicht nicht selbst zu erfüllen, sondern kann ggf eine andere Person dafür benennen, zB seinen stl Berater. Die FinBeh hat sich iAllg in erster Linie an die vom Stpfl ggf benannten dritten Auskunftspersonen zu halten. Trotz § 80 III kann sich die FinBeh in der Ap aber auch zunächst an den Stpfl selbst wenden, weil dieser grds zur *persönlichen* Mitwirkung verpflichtet ist. Sie hat jedoch grds kein Recht, den stl Berater von der Prüfung auszuschließen (vgl § 80 III 3). Der Stpfl kann auch, wenn er selbst Auskunft erteilt bzw durch Dritte erteilen lässt, seinen Berater als Beistand nach § 80 IV hinzuzuziehen. Die Auskunftspflicht des Stpfl erlischt selbstverständlich nicht dadurch, dass er Auskunftspersonen benennt. § 101 bleibt unberührt; die vom Stpfl benannte Auskunftsperson erfüllt keine Auskunftspflicht iS dieser Vorschrift, sondern die des Stpfl (str). Macht die vom Stpfl benannte Auskunftsperson jedoch von ihrem Auskunftsverweigerungsrecht Gebrauch, kann sich die FinBeh selbstredend an andere Personen wenden. 10

4. Andere Betriebsangehörige. Sie dürfen erst dann um Auskunft ersucht werden, wenn der Stpfl oder die von ihm benannten Personen entweder nicht in der Lage sind, die erforderlichen Auskünfte zu geben, oder wenn diese Auskünfte keinen Erfolg versprechen (Subsidiaritätsgrundsatz). Vgl aber einschränkend § 42f II 2 EStG. Vom Stpfl „benannte Personen“ sind auch solche, die erst im Laufe der Prüfung benannt werden (BT-Drs 7/4592). Wenn die Auskünfte des Stpfl oder der bisher von ihm benannten Personen nicht ausreichend sind, soll der Prüfer zunächst den Stpfl zur Benennung einer weiteren Auskunftsperson auffordern; der Prüfer soll nicht ohne Kenntnis des Stpfl andere Betriebsangehörige ohne Weiteres befragen, vgl § 8 II BpO. Die früher in der BpO vorgeschriebene vorherige Unterrichtung des Stpfl ist aber weggefallen (kritisch *Pedack* StBp 00, 149). Der Stpfl hat nach allgemeinen Grundsätzen des Verwaltungsrechts das Recht auf Anwesen- 12 heit bei der Befragung von Betriebsangehörigen (*Martens* NJW 78, 1468; FG RhPf EFG 94, 135, str). Sind die Möglichkeiten des Abs 1 S 3 erschöpft, so kann der Prüfer auch an Nichtbeteiligte, dh an außenstehende Dritte gem § 93 I 3 herantreten, allerdings nicht schon weil die Sachverhaltsaufklärung durch den Stpfl und seine Mitarbeiter langwierig, zeitraubend oder schwierig ist. Anders bei Unglaubwürdigkeit oder bewusster Verzögerungstaktik des Stpfl.

14 **5. Bedeutung des Abs 1 S 4.** Der Ausschluss des § 93 II 2 bedeutet, dass der Stpfl nicht verlangen kann, dass Auskunftsersuchen schriftlich ergehen.

16 **6. Ort der Vorlage (Abs 2).** Am von der FinBeh festgelegten Prüfungsort hat der Stpfl seine Unterlagen vorzulegen. Prüfungsort sind grds seine Geschäftsräume, eine abweichende Bestimmung auf Antrag des Stpfl ist aber zulässig (BFH/NV 92, 757); über ein diesbzgl Begehren des Stpfl ist nach pflichtgemäßem Ermessen zu entscheiden (BFH BStBl 87, 360; 89, 265; ggf Verpflichtungsklage). Die Ap in den Geschäftsräumen des Stpfl ist nach dem Gesetz die ausnahmslose Regel, soweit ein zu ihrer Durchführung geeigneter Geschäftsraum vorhanden ist. Ein Auswahlermessen hinsichtlich des Ortes der Ap steht der FinBeh deshalb nicht zu, wenn ein zur Durchführung der Prüfung geeigneter Geschäftsraum vorhanden ist (BFH BStBl 89, 265; BFH/NV 95, 469; 92, 757; FG BaWü EFG 90, 292); eine Prüfung in den Wohnräumen oder an Amtsstelle vorzusehen, kommt nur in Betracht, wenn die Prüfung in den Geschäftsräumen des Stpfl nicht möglich ist (BFH BStBl 10, 709). Geschäftsräume sind nicht deshalb ungeeignet, weil sie außerhalb des Bezirkes der FinBeh liegen (BFH/NV 95, 469). Soweit ein zur Durchführung geeigneter Geschäftsraum *nicht vorhanden* ist, sind Prüfungsort die Wohnräume des Stpfl, sonst die Amtsstelle (BFH BStBl 09, 338 bei Fehlen eines inl Wohnsitzes des Stpfl). Die FinBeh hat, wenn die Unterlagen sich nicht in den Geschäftsräumen befinden, ein Auswahlermessen unter Beachtung des Vorrangs der Geschäftsräume (vgl BFH/NV 09, 1402). Prüfung in den Wohnräumen des Stpfl ist nur mit dessen Zustimmung zulässig (FG Ddorf EFG 81, 382); das gilt auch für ein häusliches Arbeitszimmer (aA *TK/Seer* § 200 Rz 354).

17 Andere Orte, insbes das Büro des StBeraters, nennt das Gesetz nicht; sie können daher nur dann zum Prüfungsort bestimmt werden, wenn der Stpfl im Einvernehmen mit seinem Berater dies wünscht (vgl BFH BStBl 87, 360; aA FG Mster EFG 86, 163). Der Stpfl hat keinen Anspruch, dass die Ap in den Praxisräumen seines StBeraters durchgeführt wird (FG Ddorf EFG 80, 162). Einem Antrag der Stpfl, eine angeordnete Ap im Büro des Steuerberaters durchzuführen, ist aber unter dem Gesichtspunkt der Verhältnismäßigkeit zu entsprechen, wenn dem Antrag keine zumindest gleichwertigen Verwaltungsinteressen entgegenstehen (BFH BStBl 89, 265; NdsFG EFG 93, 501; *Klaproth* DStR 03, 1912; vgl auch FG Ddorf EFG 88, 610).

18 Die Festlegung eines Prüfungsortes geschieht durch einen **selbständigen VA** (BFH BStBl 95, 291; 93, 649; 89, 483, 445; BFH/NV 95, 469; auch AdV möglich, BFH/NV 95, 469); der VA kann mit der Prüfungsanordnung zusammengefasst werden, bleibt aber auch dann selbständiger VA (BFH BStBl 89, 445). Anlass zu einer ausdrücklichen Festlegung besteht freilich nur, wenn der Prüfungsort von dem Regelort (Geschäftsräume) abweicht. Eine Prüfungsanordnung, die eine Ap „beim Stpfl" anordnet, ist kein VA betr den Ort der Prüfung (BFH BStBl 82, 208).

21 **7. Zeit der Prüfung.** Die Ap findet während der üblichen Geschäfts- oder Arbeitszeit statt (Abs 3 Satz 1). Im Einvernehmen mit dem Stpfl kann die Prüfung ggf auch außerhalb dieser Zeiten durchgeführt werden.

22 **8. Betretungsrecht.** Abs 3 Satz 2 regelt das Betretungsrecht des Prüfers und enthält eine verfassungsrechtl ausreichende Ermächtigung zum Betreten von Geschäftsräumen (vgl BFH BStBl 89, 180; BVerfGE 32, 54). Das Betreten der Ge-

schäftsräume soll bei Prüfungen kleinerer Art nicht erforderlich sein, weil das Verbringen der Buchführung mit Unterlagen an Amtsstelle möglich und zumutbar sei. Die gebotene verfassungskonforme Auslegung des § 200 II könne in diesen Fällen dazu führen, dass die Prüfung bei fehlendem Einverständnis des Betroffenen grds an Amtsstelle vorgenommen werden *muss* (FG RhPf EFG 80, 11), was jedoch wegen des gesetzlichen Grundsatzes der Prüfung „vor Ort" allenfalls in besonderen Ausnahmefällen richtig ist. Die Durchführung einer Ap in den Geschäftsräumen des Stpfl verstößt nicht gegen Art 13 GG (BFH BStBl 89, 180, 440; vgl BVerfGE 32, 73 ff: auch Geschäftsräume unterliegen dem Schutz des Art 13, aber weitgehende Einschränkungen sind unter bestimmten Voraussetzungen zulässig; § 200 genügt diesen, inzwischen allgM).

Das Betretungsrecht schließt das Recht zu einer Betriebsbesichtigung ein, nicht 23
jedoch zu einer Durchsuchung der Betriebsräume nach nicht offen sichtbaren Einrichtungen, versteckten Unterlagen odgl.

§ 201 Schlussbesprechung

(1) [1]**Über das Ergebnis der Außenprüfung ist eine Besprechung abzuhalten (Schlussbesprechung), es sei denn, dass sich nach dem Ergebnis der Außenprüfung keine Änderung der Besteuerungsgrundlagen ergibt oder dass der Steuerpflichtige auf die Besprechung verzichtet.** [2]**Bei der Schlussbesprechung sind insbesondere strittige Sachverhalte sowie die rechtliche Beurteilung der Prüfungsfeststellungen und ihre steuerlichen Auswirkungen zu erörtern.**

(2) **Besteht die Möglichkeit, dass auf Grund der Prüfungsfeststellungen ein Straf- oder Bußgeldverfahren durchgeführt werden muss, soll der Steuerpflichtige darauf hingewiesen werden, dass die straf- oder bußgeldrechtliche Würdigung einem besonderen Verfahren vorbehalten bleibt.**

1. Inhalt. Die Schlussbesprechung soll dem Stpfl nach allgM noch vor Erstel- 1
lung des Prüfungsberichts rechtliches Gehör verschaffen. Der Stpfl muss zwar nach § 199 II bereits während der Prüfung laufend über die Prüfungsfeststellungen informiert werden; erst durch die Schlussbesprechung erhält er aber Gelegenheit, zu den Feststellungen im Zusammenhang und umfassend Stellung zu nehmen und sie mit dem Prüfer zu erörtern; der eigentliche Zweck der Schlussbesprechung dürfte daher weniger in der Gehörsgewährung, als in dem Versuch einer einvernehmlichen Beurteilung des Prüfungsstoffes (die aber grds noch keine „tatsächliche Verständigung" darstellt, siehe Rz 2) liegen, die Rechtsbehelfe gegen nachfolgende StBescheide vermeidet (Befriedungsfunktion der Schlussbesprechung). Die Schlussbesprechung erübrigt sich folglich, wenn die Ergebnisse der Prüfung zu keinen Abweichungen ggü der bisherigen StFestsetzung führen. Das Gleiche gilt, wenn der Stpfl auf die Schlussbesprechung verzichtet sowie bei abgekürzter Ap (§ 203 II 3). IÜ geht § 201 über die in § 91 statuierte Anhörungspflicht hinaus; denn nach § 91 I ist dem Stpfl lediglich Gelegenheit zu geben, sich zu den entscheidungserheblichen Tatsachen *zu äußern*.

Ob eine Besprechung „Schlussbesprechung" iSd § 201 war, hängt davon ab, ob 1a
sie der umfassenden und abschließenden Erörterung der vom Prüfer vorläufig zusammengestellten Prüfungsergebnisse gedient hat; die endgültige Auswertung derselben ist erst Aufgabe des Prüfungsberichts, sodass es der Qualifizierung als Schlussbesprechung nicht entgegensteht, wenn dem Stpfl noch eine Stellungnahmefrist im Anschluss an die Besprechung eingeräumt wird (FG BBg EFG 12, 1806). Die von der FinBeh bei der Anberaumung der Besprechung gewählte Bezeichnung ist nicht entscheidend, jedoch ein wichtiges Indiz.

Inwieweit eine **Einigung** in der Schlussbesprechung verbindlich für die 2
StFestsetzung ist, hängt davon ab, ob es sich um eine tatsächliche Verständigung (siehe dazu § 162 Rz 30 ff und § 78 Rz 5) oder um eine unverbindliche, wenn

auch einvernehmliche Beurteilung des Prüfungsstoffes handelt. Grds haben Äußerungen der FinBeh in der Schlussbesprechung ebenso wie des Stpfl nur vorläufigen Charakter und sind unverbindlich (BFH BStBl 90, 772; 77, 623; NdsFG EFG 88, 453). Beurteilungen im Rahmen einer Schlussbesprechung, die im Bericht nicht aufrechterhalten werden, haben erst recht keine Bindungswirkung. Eine tatsächliche Verständigung (hierzu näher § 162 Rz 30) oder eine sonstige Bindung des FA nach Treu und Glauben erfolgt durch eine einvernehmliche Erörterung in der Schlussbesprechung also grds nicht (vgl BFH/NV 01, 1619; 91, 846), erst recht keine Zusage (für die stl Behandlung in künftigen VZ). Zustimmung des Stpfl zur Beurteilung des Prüfers ist umgekehrt kein Einspruchsverzicht.

3 Zu den Möglichkeiten einer Zusage im Rahmen der Schlussbesprechung siehe § 204. Zu den verjährungsrechtl Folgen der Schlussbesprechung s § 171 IV 3.

4 **2. Durchführung der Schlussbesprechung.** In der Schlussbesprechung sind nicht nur die Sachverhalte, sondern auch deren rechtliche Beurteilung sowie die stl Auswirkungen zu erörtern (Abs 1 S 2). Die Besprechungspunkte und der Besprechungstermin sind dem Stpfl angemessene Zeit vor der Besprechung mitzuteilen, § 11 I BpO (Vorbereitungsmöglichkeit!); Schriftform ist dabei trotz § 11 I 2 BpO idR ratsam. Welche Frist angemessen ist, richtet sich nach den Umständen des Einzelfalls; hierbei wird zu berücksichtigen sein, in welchem Umfang der Stpfl während der Prüfung über die Prüfungsfeststellungen informiert worden ist.

5 Auf die Schlussbesprechung soll der Stpfl einen **Anspruch** haben, der mit Rechtsbehelfen durchgesetzt werden kann (BFH BStBl 88, 318; 73, 542; das Rechtsschutzbedürfnis ist indes zweifelhaft). Unterbleibt die erforderliche Schlussbesprechung, so liegt ein Verfahrensfehler vor, der aber idR gem § 126 geheilt wird und nicht zur Rechtswidrigkeit einer auf den Ap-Feststellungen beruhenden StFestsetzung infolge eines Verwertungsverbotes führt (BFH BStBl 89, 900; vgl auch BFH/NV 99, 436; 98, 17, 811; 90, 273); eine verjährungsrechtl Folge ist jedoch in § 171 IV 3 zweiter Hs normiert. Ein Anspruch auf Nachholung der Schlussbesprechung, den FG Mchn EFG 95, 867 in Erwägung zieht, dürfte jedenfalls nicht mehr bestehen, sobald die Prüfungsfeststellungen in StBescheiden umgesetzt sind, weil die Schlussbesprechung dann ihren Zweck (siehe oben) nicht mehr erreichen könnte und durch die Möglichkeit der Stellungnahme im Einspruchsverfahren der Verfahrensfehler geheilt wird (FG BaWü EFG 97, 779). Ebenso ist der Fehler geheilt, sobald der Stpfl den Ap-Bericht erhalten hat und zu ihm Stellung nehmen kann (vgl § 126 I Nr 3, II).

6 Der Stpfl kann auf die Schlussbesprechung verzichten: dann darf die FinBeh eine solche nicht mehr durchführen (BFH/NV 16, 168, auch zu den verjährungsrechtl Folgen).

7 **3. Hinweis auf die straf- und bußgeldrechtliche Würdigung.** Die straf- und bußgeldrechtliche Würdigung gehört an sich nicht zur Schlussbesprechung. Nach Abs 2 soll der Stpfl jedoch ggf darauf hingewiesen werden, dass diese Würdigung in einem besonderen Verfahren erfolgt. Ein strafprozessualer Anfangsverdacht ist für den Hinweis nicht erforderlich, wohl aber ein (geringwertigerer) Anlass („Möglichkeit …"). Denn liegt sogar ein Anfangsverdacht vor, ist nicht ein bloßer Hinweis, sondern die Einleitung eines Straf- bzw Ordnungswidrigkeitenverfahren angezeigt; wegen des Verfahrens vgl insoweit § 10 BpO. Die Vorschrift dehnt den Schutz des Stpfl vor einem künftigen Strafverfahren also extensiv aus und ergänzt § 397 III (unverzügliche Mitteilung über die Einleitung eines StStrafverfahrens) und § 393 I (keine Mitwirkung bei Selbstbelastung).

8 Die Mitteilung ist Realakt; ihre Unterlassung hat keine Rechtsfolgen (insbes nicht etwa die eines strafrechtlichen oder gar steuerverwaltungsrechtlichen Verwertungsverbots).

§ 202 Inhalt und Bekanntgabe des Prüfungsberichts

(1) [1]**Über das Ergebnis der Außenprüfung ergeht ein schriftlicher Bericht (Prüfungsbericht).** [2]**Im Prüfungsbericht sind die für die Besteuerung erheblichen Prüfungsfeststellungen in tatsächlicher und rechtlicher Hinsicht sowie die Änderungen der Besteuerungsgrundlagen darzustellen.** [3]**Führt die Außenprüfung zu keiner Änderung der Besteuerungsgrundlagen, so genügt es, wenn dies dem Steuerpflichtigen schriftlich mitgeteilt wird.**

(2) **Die Finanzbehörde hat dem Steuerpflichtigen auf Antrag den Prüfungsbericht vor seiner Auswertung zu übersenden und ihm Gelegenheit zu geben, in angemessener Zeit dazu Stellung zu nehmen.**

1. Inhalt. Durch Übersendung des Prüfungsberichts wird die Ap abgeschlossen 1 (BFH BStBl 86, 21); er muss vollständig sein und löst nur insoweit die Rechtsfolgen der §§ 173 II, 164 III 2 aus. Er ist dem Stpfl, ggf also der Körperschaft oder Personengesellschaft, ggf (nur) auszugsweise einem ausgeschiedenen Gesellschafter (BFH BStBl 81, 457) bekannt zu geben.

§ 202 gibt dem Stpfl einen **Rechtsanspruch** auf Erstellung eines Prüfungsberichts; er erweitert ggü den Regelungen in den §§ 91, 199 II, 201 die Chancen des Stpfl, sich rechtliches Gehör zu verschaffen (BFH BStBl 86, 21). Der frühere Gesellschafter einer Personengesellschaft kann jedoch die Übersendung eines ungekürzten Ap-Berichts über die Verhältnisse der Gesellschaft nicht beanspruchen, wenn der Prüfungszeitraum sich auch auf Zeitabschnitte nach seinem Ausscheiden erstreckt, die für seine Besteuerung ohne Bedeutung sind (BFH BStBl 81, 457). 1a

Ein Prüfungsbericht ist nicht erforderlich (aber gleichwohl mitunter zweckmäßig), wenn die Prüfung zu **keinen abweichenden Feststellungen** geführt hat. Dann genügt eine entsprechende schriftliche Mitteilung (Abs 1 S 3 und Rz 2). Der Prüfungsbericht braucht nicht die nach den Feststellungen des Prüfers zu zahlenden Steuern, sondern nur die für die Besteuerung erheblichen Feststellungen und die Änderung der Besteuerungs*grundlagen* zu enthalten; er braucht auch nicht die Einwendungen des Stpfl wiederzugeben (FG RhPf EFG 92, 312). Die Angaben im Prüfungsbericht sollen dem Stpfl eine Nachprüfung der Prüfungsergebnisse ermöglichen; daher reicht es nicht aus, wenn lediglich auf die Akten des FA verwiesen wird (FG Ddorf EFG 82, 393). Für den Innendienst oder spätere Besteuerungszeiträume bestimmte Mitteilungen des Außenprüfers brauchen nicht in den Prüfungsbericht aufgenommen zu werden (BFH BStBl 61, 290). Zu den (grds nur im gerichtl Streitverfahren offen zu legenden) Arbeitsbögen des Prüfers und den Begriffen Rot- und Grünbericht *Buse* AO-StB 08, 50. 1b

Der Stpfl hat kein subjektiv öffentliches Recht darauf, Einfluss zu nehmen, wie das FA den Prüfungsbericht abfasst (FG RhPf EFG 92, 312). Er kann zwar die Erteilung einer verbindlichen Zusage in Bezug auf einen im Prüfungsbericht dargestellten Sachverhalt nach § 204 beantragen; wenn er einen solchen Antrag stellt, die Prüfung jedoch nicht zu abweichenden Feststellungen geführt hat und deshalb ein Prüfungsbericht nach Abs 1 S 3 nicht ergehen muss, lässt sich ein Anspruch auf Erstellung eines Prüfungsberichts nicht aus § 204 herleiten (aA *Koenig/Intemann* § 202 Rz 6). Der Sachverhalt sollte im Prüfungsbericht umfassend dargestellt werden, wenn mit einem Antrag auf eine verbindliche Zusage (§ 204) zu rechnen ist, welche Verwaltungsregelung das an sich diesbzgl einzuräumende Verwaltungsermessen bindet. 1c

Verfahrensfehler, die in der Schlussbesprechung unterlaufen sind, werden durch einen entspr umfassenden Prüfungsbericht geheilt, der insofern die gleiche Funktion wie jene (Gehörsgewährung) erfüllt (vgl FG Köln EFG 00, 775). 1d

Rechtsschutz *gegen* den Prüfungsbericht wird nicht gewährt; es handelt sich insbes ungeachtet seines Inhalts nicht um einen VA (BFH BStBl 86, 21; 88, 168). Er bindet die FinBeh grds nicht. 2

4 **2. Mitteilung des Prüfungsergebnisses (Absatz 1 Satz 3).** Die Mitteilung hat ebenso wie der Prüfungsbericht Dokumentations- und Protokollfunktion (BFH/NV 10, 1234). Sie tritt an die Stelle des Prüfungsberichts, wenn keine Änderungen der Besteuerungsgrundlagen festgestellt worden sind. Sie löst wie die Änderung von StBescheiden nach Ap die Rechtsfolge des § 173 II aus, ggf auch zulasten des Stpfl, und lässt die durch die Ap bewirkte Ablaufhemmung drei Monate nach Bekanntgabe entfallen (§ 171 IV 1). Eine Mitteilung iSd § 202 I 3 kann auch in einem diesbzgl ausdrücklichen Hinweis im Prüfungsbericht liegen (BFH/NV 10, 1234; 91, 643); ein bloßes Schweigen desselben steht aber nicht einem Hinweis gleich (vgl BFH BStBl 90, 283). Denn der Dokumentations- und Protokollfunktion kann nur eine ausdrückliche Mitteilung gerecht werden (BFH/NV 10, 1234). Im Erlass von LSt-Haftungs- und LSt-Nachforderungsbescheiden liegt keine stillschweigende Mitteilung nach § 202 I 3 in dem Sinne, die Prüfung habe iÜ zu keiner Änderung der Besteuerungsgrundlagen geführt (BFH BStBl 91, 537, 539).

5 Die Mitteilung ist kein VA (BFH BStBl 95, 2; 88, 168; str, aA mit erwägenswerten Gründen ua *BG/Sauer* § 202 Rz 26; *Koenig/Intemann* § 202 Rz 17; offen lassend BFH BStBl 91, 537; 93, 829). Sie steht nur einer Änderung von StBescheiden nach § 173 I, nicht einer Änderung nach § 164 II (BFH BStBl 07, 344; 88, 168; BFH/NV 95, 938) oder dem Erlass eines Erstbescheids entgegen (BFH/NV 93, 444; 91, 341). Sie schließt weitere Ermittlungen der Veranlagungsstelle aus (*M Söffing* DStR 95, 1182 gegen *Nicolai* StBp 95, 15).

6 **3. Auswertung des Prüfungsberichts.** Der Prüfungsbericht wird ggf von der Veranlagungsstelle durch Erlass von Änderungsbescheiden ausgewertet, ggf auch für Jahre vor oder nach dem Prüfungszeitraum (wegen der Festsetzungsfrist siehe § 171 IV 1 letzter HS); diesbzgl bei Gelegenheit der Ap getroffene Feststellungen sind uneingeschränkt verwertbar (BFH BStBl 88, 2). Zur Begründung eines geänderten StBescheids genügt die Bezugnahme auf den Ap-Bericht, wenn er zumindest gleichzeitig übersandt wird (FG SachsAnh EFG 99, 358). Wenn bei Auswertung des Ap-Berichts von den Feststellungen des Prüfers wesentl zu Ungunsten des Stpfl abgewichen werden soll, ist diesem Gelegenheit zur Äußerung zu geben, § 12 II BpO. Eine Bindung an die rechtliche und tatsächliche Würdigung des Berichts besteht nicht (BStBl 63, 104; BFH/NV 16, 8; 01, 1619), es sei denn dieser dokumentiert eine (wirksame) tatsächliche Verständigung (dazu § 162 Rz 30 ff und § 78 Rz 5).

8 **4. Anhörungspflicht (Absatz 2).** Der Prüfungsbericht wird nur auf entspr Antrag des Stpfl *vor* seiner Auswertung übersandt (Abs 2), welcher hierauf aber einen Anspruch hat (vgl BFH BStBl 81, 457). Wird ein solcher Antrag gestellt, ist dem Stpfl eine angemessene Frist zur Stellungnahme zu geben. Welche Frist angemessen ist, richtet sich nach den Umständen des Einzelfalles; hierbei werden der Umfang der Fragen, über die bei der Schlussbesprechung keine Einigung erzielt worden ist, sowie die Schwierigkeit der zu entscheidenden Fragen zu berücksichtigen sein. Der Antrag kann unabhängig vom Ausgang der Schlussbesprechung gestellt werden, also auch dann, wenn es in der Schlussbesprechung zu einer Einigung gekommen ist. Voraussetzung ist allerdings, dass überhaupt ein Prüfungsbericht erstellt wird. Wenn lediglich eine Mitteilung nach Abs 1 S 2 ergeht, entfällt insoweit selbstverständlich auch das Antragsrecht des Stpfl.

§ 203 Abgekürzte Außenprüfung

(1) [1] **Bei Steuerpflichtigen, bei denen die Finanzbehörde eine Außenprüfung in regelmäßigen Zeitabständen nach den Umständen des Falls nicht für erforderlich hält, kann sie eine abgekürzte Außenprüfung durchführen.** [2] **Die Prüfung hat sich auf die wesentlichen Besteuerungsgrundlagen zu beschränken.**

(2) [1]**Der Steuerpflichtige ist vor Abschluss der Prüfung darauf hinzuweisen, inwieweit von den Steuererklärungen oder den Steuerfestsetzungen abgewichen werden soll.** [2]**Die steuerlich erheblichen Prüfungsfeststellungen sind dem Steuerpflichtigen spätestens mit den Steuerbescheiden schriftlich mitzuteilen.** [3]**§ 201 Abs. 1 und § 202 Abs. 2 gelten nicht.**

Schrifttum: *App* Zulässigkeit und Durchführung einer abgekürzten Außenprüfung, StBp 95, 95; *Mösbauer* Die abgekürzte Außenprüfung, StBp 01, 309.

Die Vorschrift ermöglicht die Durchführung einer sog abgekürzten Ap bei Stpfl, die nicht turnusmäßig geprüft werden, also insbes kleineren Betrieben und Stpfl ohne betriebliche Einkünfte. Sie ist verfassungsrechtl unter dem Gesichtspunkt der Normenklarheit und Bestimmtheit (wohl: gerade noch) unbedenklich (BFH BStBl 89, 483; kritisch ua *TK/Seer* § 203 Rz 6). Sie will die rasche Durchführung der Ap ermöglichen, die iAllg auch im Interesse des Stpfl liegt. Die Beschleunigungsabsicht kommt insbes durch Abs 1 S 1 zum Ausdruck, wonach sich die Prüfung auf die wesentlichen Besteuerungsgrundlagen zu beschränken hat. Ähnliches sieht allerdings § 7 S 1 BpO für die normale Ap vor, sodass insoweit zur abgekürzten Ap keine trennscharfe Abgrenzung besteht. 1

Ebenso fließend sind, was Prüfungsgegenstand und -umfang angeht, die Übergänge zur **betriebsnahen Veranlagung** (zu deren Abgrenzung von der Ap FG Mchn EFG 97, 1219 und BFH BStBl 00, 306), die nicht der amtswegigen Überprüfung vom Stpfl gemachter oder unterlassener Angaben, sondern der Beseitigung von Unklarheiten und Unstimmigkeiten in seinen stl Erklärungen dient und auf die Ap-Vorschriften nicht anwendbar sind. Die betriebsnahe Veranlagung wird mit Zustimmung des Stpfl bei diesem nach den Bestimmungen der §§ 93 ff (keine „Prüfungsanordnung") durchgeführt und hat eine Änderungssperre gem § 173 II nicht zur Folge; sie hemmt auch den Ablauf der Festsetzungsfrist nicht (BFH BStBl 00, 306). 1a

Die rechtlichen **Voraussetzungen** der im Ermessen der FinBeh stehenden abgekürzten Ap (§§ 193 ff) und deren Rechtsfolgen (§§ 173 II, 164 III, 171 IV, 371 II Nr 1a) sind grds dieselben wie für jede Ap; sie kann auch Grundlage für eine verbindliche Zusage nach §§ 204 bis 207 sein. Ob es sich im Einzelfall um eine abgekürzte Ap handelt, kann nur der Prüfungsanordnung bzw einer ergänzenden Anordnung entnommen werden (vgl § 5 II 4 BpO), die eine normal eingeleitete Ap in eine abgekürzte überleitet (was grds zulässig ist, str; ebenso die Fortsetzung einer abgekürzten Ap als normale, sofern die Anordnung entsprechend neu gefasst wird). IÜ bestehen hinsichtlich Notwendigkeit und Inhalt der Prüfungsanordnung keine Besonderheiten; die abgekürzte Ap verlangt jedoch ihrem Zweck entsprechend nach einer Festlegung der Prüfungsfelder, während die Ap sich sonst auf bestimmte Zeiträume und/oder StArten (umfassend) bezieht. 2

Die abgekürzte Prüfung ist – noch stärker als nach § 7 BpO (*Koenig/Intemann* § 203 Rz 16) – auf die wesentlichen Besteuerungsgrundlagen zu beschränken. 3

Eine **Schlussbesprechung** nach § 201 I und die Übersendung des (auch bei einer abgekürzten Ap zu erstellenden) **Prüfungsberichts** schreibt das Gesetz nicht vor. Eine unangemessene Beeinträchtigung der Rechtsstellung des Stpfl liegt in dieser Regelung nicht. Denn der **Hinweis auf die Abweichungen** von den StFestsetzungen (Abs 2 S 1) kommt praktisch einer Übersendung des Prüfungsberichts gleich. IÜ gilt auch bei einer abgekürzten Ap der Grundsatz des § 199 II, wonach der Stpfl *während* der Ap über die festgestellten Sachverhalte und die möglichen steuerlichen Auswirkungen zu unterrichten ist. Selbstverständlich ist es der FinBeh auch unbenommen, die Prüfungsfeststellung schon vor ihrer Auswertung zu übersenden oder trotz Abs 2 eine ggf abgekürzte Schlussbesprechung durchzuführen, wenn sich dies nach dem Prüfungsverlauf als notwendig erweist. 4

§ 203a Außenprüfung bei Datenübermittlung durch Dritte

(1) **Bei einer mitteilungspflichtigen Stelle im Sinne des § 93c Absatz 1 ist eine Außenprüfung zulässig, um zu ermitteln, ob die mitteilungspflichtige Stelle**
1. ihre Verpflichtung nach § 93c Absatz 1 Nummer 1, 2 und 4, Absatz 2 und 3 erfüllt und
2. den Inhalt des Datensatzes nach den Vorgaben des jeweiligen Steuergesetzes bestimmt hat.

(2) **Die Außenprüfung wird von der für Ermittlungen nach § 93c Absatz 4 Satz 1 zuständigen Finanzbehörde durchgeführt.**

(3) **§ 195 Satz 2 sowie die §§ 196 bis 203 gelten entsprechend.**

Eingefügt durch StModernG v 18.7.16, BGBl I 1679.

Die Vorschrift erlaubt die Durchführung einer Ap nach Maßgabe der in Abs 2 in Bezug genommenen allgem Ap-Bestimmungen bei mitteilungspflichtigen Stellen (§ 93c), die nicht Stpfl sind und daher nach § 193 nicht geprüft werden könnten. Es kann geprüft werden, ob diese ihre Verpflichtungen bei der Datenübermittlung an die FinBeh (nicht auch ihre Pflichten ggü dem Stpfl, § 93c I Nr 3) ordnungsgemäß erfüllt haben und ob der Inhalt der übermittelten Datensätze nach den Vorgaben der jeweils einschlägigen StGesetze bestimmt worden ist.

§ 203a ist nicht anwendbar in den Fällen des § 43 II Satz 8, § 45d I Satz 3 und III Satz 5 EStG sowie § 65 IIIa EStDV.

§ 203a ist nur auf Daten anzuwenden, die seit dem 1.1.2017 zu übermitteln waren (Art 97 § 27 II EGAO).

2. Unterabschnitt. Verbindliche Zusagen auf Grund einer Außenprüfung

§ 204 Voraussetzung der verbindlichen Zusage

Im Anschluss an eine Außenprüfung soll die Finanzbehörde dem Steuerpflichtigen auf Antrag verbindlich zusagen, wie ein für die Vergangenheit geprüfter und im Prüfungsbericht dargestellter Sachverhalt in Zukunft steuerrechtlich behandelt wird, wenn die Kenntnis der künftigen steuerrechtlichen Behandlung für die geschäftlichen Maßnahmen des Steuerpflichtigen von Bedeutung ist.

Schrifttum: *Eisolt* Nutzung der Informationsfreiheitsgesetze für Auskunftsansprüche des Insolvenzverwalters gegen das Finanzamt – Aktueller Stand der Rechtsprechung, DStR 13, 439; *Strunk* Erweiterter Vertrauenstatbestand bei erlangter verbindlicher Auskunft trotz nachträglicher Gesetzesänderung?, Stbg 14, 159; *Seer* Verbindliche Auskunft, FR 17, 161.

Übersicht

1 **1. Inhalt.** §§ 204–207 beschränken sich auf eine Regelung über die verbindliche Zusage *im Anschluss an eine Ap,* enthalten also keine *allgemeine* Regelung über

die verbindliche – unstrittig über § 204 hinaus grds zulässige (vgl BFH/NV 07, 1089), jetzt in § 89 geregelte – Zusage oder die Auskunft; ebenso wenig hat der Gesetzgeber die – im Unterschied zur Zusage vergangenheitsgerichtete – sog tatsächliche Verständigung geregelt (siehe dazu § 162 Rz 30 ff und § 78 Rz 5). Zusagen müssen – mitunter mühsam – von bloßen unverbindlichen Verständigungen, Ankündigungen und Auskünften der FinBeh unterschieden werden. Merkmale einer (verbindlichen) Zusage sind die Erteilung auf Antrag und eine dezidierte behördliche Erklärung, die sich auf einen erst in Zukunft zu verwirklichenden Sachverhalt bezieht (vgl BFH BStBl 04, 767), mit der die FinBeh also zusichert, einen konkreten Sachverhalt, dessen steuerrechtliche Beurteilung zweifelh erscheint und der für die wirtschaftliche Disposition des Stpfl bedeutsam ist, bei der künftigen Besteuerung in einem bestimmten Sinne zu beurteilen (BFH BStBl 06, 155).

Spezialgesetzlich geregelt ist – neben § 204 und der sog allgemeinen steuerlichen 2
Auskunft nach § 89 I und II (dazu Rz 19 f) – die LSt-Anrufungsauskunft nach § 42e EStG (siehe dazu Rz 35), die Anrufungsauskunft nach § 14 IV 5. VermBG sowie im UZK die verbindliche Zolltarifauskunft und die Ursprungsauskunft (siehe dazu Rz 37 ff). Siehe ferner § 6 IX ZollVG zu Auskünften der IHK zum Zwecke der Ausstellung von Ursprungsnachweisen.

2. Grundsätzliches zu Zusagen und Auskünften. Die Terminologie bei 3
Zusage und Auskunft ist oftmals undeutlich. Für den Bereich des § 204 sieht BFH BStBl 96, 232 mit Recht eine Zusage dadurch gekennzeichnet, dass sie in die Zukunft wirkt und die *Verpflichtung* zu einer bestimmten Behandlung eines Sachverhalts in künftigen Jahren begründen will (vgl BFH BStBl 09, 124; 86, 520; BFH/NV 91, 363). Jenseits des Regelungsbereichs des § 204 ist dies freilich nicht zwingend; § 38 VwVfG jedenfalls (Zusage als Zusicherung, einen bestimmten VA zu erlassen oder zu unterlassen) erfasst auch Zusagen, die sich auf die rechtl Behandlung eines in der Vergangenheit liegenden Geschehens beziehen. Oftmals wird die Auskunft durch ihre Unverbindlichkeit, die Zusage durch den Bindungswillen der FinBeh gekennzeichnet, was deren Wesen grds richtig erfasst. Denn die Auskunft ist *Wissenserklärung*; deshalb hat die frühere BFH-Rspr der Auskunft (aber auch der Zusage) mit Recht den Charakter eines VA abgesprochen (BFH BStBl 90, 274; BFH/NV 98, 808). Die Zusage ist hingegen *Willenserklärung*, wobei § 38 VwVfG nur von der Erklärung spricht, die sich auf einen bestimmten *VA* bezieht; es sind aber auch Willenserklärungen der FinBeh vorstellbar (und in der Praxis häufiger als die in § 38 VwVfG gemeinten), die zum Inhalt haben, bestimmte gesetzl Tatbestandsmerkmale bei einem konkreten Lebenssachverhalt als gegeben oder nicht gegeben ansehen zu wollen oder bestimmte abstrakte *Rechtsfragen* in bestimmter Weise beantworten zu wollen, wenn sie sich stellen sollten. Einer solchen Zusage (wenn sie mit Rechtsbindungswillen abgegeben ist; sonst sollte von einer Zusage – statt von Ankündigung, In-Aussicht-Stellen odgl – ohnehin nicht gesprochen werden) gleicht allerdings in der Rechtsfolge eine (rechts-)verbindlichen Auskunft (oder: eine entsprechende Auskunft enthält eine Zusage), wobei die Rechtsverbindlichkeit der Auskunft weder wesensfremd noch eigentümlich ist.

Auf die Rechtsverbindlichkeit einer erteilten Auskunft ebenso wie einer Zusage 4
kann sich der Stpfl ggü der FinBeh nur mit Erfolg berufen, wenn sich die **Zulässigkeit einer Selbstbindung** der FinBeh aus dem Gesetzesrecht ergibt oder wenn die FinBeh an ihre unzulässig erteilte und deshalb an sich unwirksame Auskunft oder Zusage (ausnahmsweise) nach dem Grundsatz von Treu und Glauben gebunden ist (wobei der BFH bisweilen dies, jedoch begrifflich unklar, als einen Unterfall der Verbindlichkeit einer Zusage/Auskunft anspricht, vgl zB BFH BStBl 83, 618, 90, 274; BFH/NV 95, 369; unter Geltung des § 89 II hat diese Konstruktion weitestgehend an Bedeutung verloren, siehe Rz 22). Aus der *Sachkompetenz* der FinBeh als solcher folgt keine Ermächtigung, verbindliche Auskünfte zu ertei-

len oder Zusagen zu machen (so offenbar auch BFH BStBl 09, 124); denn eine solche Selbstbindung ist kein „Minus" einer entsprechenden Veranlagung bei Fälligkeit derselben (aA *TK/Seer* § 89 Rz 115). Deshalb hat die Rspr – sofern es nicht um § 89 oder § 204 geht – zukunftgerichteten Auskünften oder Zusagen bisher iAllg keine Verbindlichkeit zuerkannt; denn es konnte schwerlich unterstellt werden, dass die FinBeh trotz offensichtlich fehlender gesetzlicher Ermächtigung verbindliche steuerrechtl Regelungen treffen und sich dadurch der Gefahr aussetzen wollen, ihren Auftrag der gesetzmäßigen Besteuerung des einzelnen nicht rechtmäßig erfüllen zu können (anders *Buciek* DStZ 99, 389, der lediglich auf die durch §§ 155 ff unentschiedene Frage der Rechtsqualität der Zusage abstellt).

4a Wo der Stpfl gleichwohl auf einen Selbstbindungswillen der FinBeh aufgrund schuldloser Verkennung dieser Zusammenhänge und des Verhaltens der FinBeh schließen durfte, ist im Einzelfall eine Bindung aufgrund von **Treu und Glauben** denkbar; diese unterscheidet sich von der auf Gesetz beruhenden Verbindlichkeit vor allem dadurch wesentlich, dass sie nur eintritt, wenn der Stpfl auf die Auskunft/Zusage *tatsächlich vertraut* hat und sein Vertrauen *betätigt,* also nicht mehr umkehrbare Dispositionen getroffen hat (BFH BStBl 88, 232; 04, 742; 02, 714; 09, 124; BFH/NV 93, 573; 91, 720), und zwar steuerrechtlicher Art, nicht bloße Folgedispositionen in der allgemeinen Lebensführung (vgl *Buciek* DStZ 99, 389); die Zusage muss also für ein solches Verhalten ursächlich gewesen sein (BFH BStBl 61, 562; BFH/NV 92, 722), was die gesetzlich geregelte Zusage nach § 204 ebenso wie nach § 89 II nicht voraussetzt, wenn auch ihre Erteilung von der *Absicht* des Stpfl abhängt, aufgrund der Zusage Dispositionen zu treffen.

5 Liegt eine verbindliche Zusage oder Auskunft nicht vor, ist die FinBeh bei der Veranlagung iÜ nicht an die Sachbehandlung im Rahmen vorhergehender Veranlagungen gebunden (BFH/NV 06, 1058; 2028; BFH BStBl 11, 284) (Grundsatz der Abschnittsbesteuerung). Das gilt auch im Anschluss an eine Ap (BFH BStBl 86, 520), auch bei einer tatsächlichen Verständigung, die grds nur für die Vergangenheit wirkt (vgl aber hinsichtlich Tatsachenfeststellungen, bei denen die betr Tatsachen Bedeutung auch für die Zukunft haben (Dauersachverhalte), *BG/Rüsken* § 78 Rz 65; *Seer* BB 99, 78; offen lassend insofern BFH BStBl 09, 414; vgl § 162 Rz 30 ff).

6 **3. Verfahren bei der Zusage nach § 204.** § 204 betrifft nur die Zusage im Anschluss an eine Ap. Hierzu zählt auch die *abgekürzte* Ap nach § 203. Die Zusage wird nur auf **Antrag** erteilt, welcher schriftlich gestellt werden sollte (vgl BFH BStBl 61, 562; AEAO zu § 204 Nr 3). Das Gesetz sagt nichts darüber, wie lange ein entspr Antrag noch gestellt werden kann. Zwischen Ap und Antrag muss jedoch ein zeitlicher Zusammenhang gewahrt bleiben (BFH BStBl 96, 232). Der Antrag sollte möglichst schon während der Ap angekündigt werden; wird er erst in der Schlussbesprechung gestellt, ist idR keine Zusage mehr zu erteilen, wenn nochmalige umfangreiche Prüfungshandlungen erforderlich wären (AEAO zu § 204 Nr 3). Nicht erforderlich ist, dass der Stpfl in seinem Antrag den zu beurteilenden Sachverhalt darstellt; er kann ohnehin nur Zusagen zu dem im Prüfungsbericht dargestellten Sachverhalt (siehe Rz 10) erwarten. Es kann aber zweckmäßig sein, den im Prüfungsbericht dargestellten Sachverhalt präzisierend wiederzugeben, um Unklarheiten vorzubeugen und es ist zulässig, die Sachverhaltsdarstellung des Berichts in dem Antrag zu korrigieren oder zu ergänzen; Voraussetzung ist nur, dass das „Streitthema" Gegenstand des Berichts ist (BFH/NV 14, 1722).

6a **Antragsberechtigt** ist der geprüfte Stpfl, bei einheitlicher und gesonderte Feststellung der für die Gesellschaft Vertretungsberechtigte oder es sind alle Gesellschafter gemeinsam berechtigt (*Koenig/Intemann* § 204 Rz 35; str).

6b Über den Antrag muss sachlich nur entschieden werden, wenn ein **Bescheidungsinteresse** des Stpfl besteht. Dieses kann sich nur daraus ergeben, dass er für seine zukünftigen stl bedeutsamen *Dispositionen* Rechtsklarheit erlangen möchte (vgl *TK/Seer* § 204 Rz 14: sonst keine Vorverlagerung der steuerrechtl Prüfung). Dafür kann ein Bedürfnis auch dann bestehen, wenn die einschlägigen Rechtsfragen abstrakt geklärt sind, die Anwendung der Rspr udgl auf den konkreten Fall aber Zweifelsfragen aufwirft.

Ob die FinBeh dem Antrag auf Erteilung der Zusage entspricht, liegt in ihrem pflichtgemäßen **Ermessen.** Der Ermessensspielraum ist jedoch eng, die Erteilung der Zusage bei Vorliegen der nachgenannten Voraussetzungen (Rz 10) die Regel („soll erteilt werden"). Gegen die Erteilung einer Zusage sprechende Gesichtspunkte müssen jedenfalls ggf gegen die Belange des Stpfl abgewogen werden, denen die Vorschrift dienen will und die grds Vorrang vor dem Anliegen der FinVerw haben, die Dinge offen zu halten oder sich Arbeit zu ersparen. Insbes ist zu berücksichtigen das Interesse des Stpfl, im unmittelbaren Anschluss an die Ap stl Klarheit über die Behandlung des fraglichen Sachverhalts zu gewinnen und damit eine Grundlage für seine geschäftlichen Dispositionen zu erlangen. 7

Die Erteilung einer Zusage **kann** aber zB dann **abgelehnt werden,** wenn die stl Behandlung des fraglichen Sachverhalts von der Beantwortung einer Rechtsfrage abhängt, die bereits Gegenstand eines vor dem FG anhängigen Klageverfahrens ist (BFH/NV 10, 3; 90, 654; zweifelh) oder bei der sogar eine höchstrichterliche Klärung in absehbarer Zeit zu erwarten ist (was bei Anhängigkeit eines einschlägigen Verfahrens vor dem BFH ohne Weiteres zu bejahen ist; aA *Buciek* DStZ 99, 389) oder wenn der Erlass einer Verwaltungsvorschrift bevorsteht. 7a

Kein Ablehnungsgrund darf hingegen sein, dass die FinBeh sich über die stl Beurteilung des konkreten Sachverhalts noch unschlüssig ist, etwa weil sie die künftige tatsächliche Entwicklung dabei berücksichtigen muss, aber nicht sicher voraussehen kann; deshalb muss etwa eine Zusage über die künftige Angemessenheit von Verrechnungspreisen grds auch bei unübersichtlichen Marktverhältnissen erteilt werden. 7b

Zuständig ist das Veranlagungs- bzw FeststellungsFA, bei Ap-Auftrag (§ 195) das beauftragte FA, nicht etwa (auch) eine vorgesetzte Behörde. Der handelnde Amtswalter muss zur Entscheidung über die StFestsetzung befugt sein (stRspr, vgl ua BFH BStBl 04, 742; BFH/NV 06, 1052). 8

4. Materielle Voraussetzungen für die Erteilung der Zusage. Der zu beurteilende Sachverhalt muss für die Vergangenheit **durch Ap geprüft und im Prüfungsbericht dargestellt** worden sein (BFH/NV 92, 562). Eine Bindung der FinBeh an die vom Prüfer dargestellte rechtl Beurteilung besteht nicht (*Koenig/Intemann* § 204 Rz 23). Der Stpfl muss, wenn er eine spätere Zusage anstrebt, ggf darauf hinwirken, dass der Sachverhalt geprüft und auch möglichst eingehend im Prüfungsbericht dargestellt wird; einen diesbzgl Anspruch hat er aber nicht (vgl BFH/NV 14, 1722; str). Er kann keine Zusage erhalten, wenn die Ap ohne Prüfungsbericht mit Mitteilung nach § 202 I 2 endet. Er muss daher ggf in der Ap durchzusetzen versuchen, dass zu dem fraglichen Sachverhalt Prüfungsfeststellungen getroffen und im Prüfungsbericht dargestellt werden und dass ggf die Prüfungsanordnung in sachlicher und/oder zeitlicher Hinsicht erweitert wird (Ermessen der FinBeh). Einen Rechtsanspruch hat er hierauf ebenfalls nicht (ebenso jetzt *Buciek* DStZ 99, 389; teilw aA *BG/Sauer* § 204 Rz 7), ein (klagefähiger) Anspruch auf ermessensfehlerfreie Entscheidung erscheint ebenfalls fraglich, weil die Möglichkeit, eine Zusage zu erteilen, nur Folge der Ap und der Darstellung ihrer Ergebnisse im Prüfungsbericht ist und die Ap ausschl im öffentlichen Interesse durchgeführt wird. 10

Zusagen können **nur für die künftige Behandlung** eines steuerlichen Sachverhalts erteilt werden; wie ein in der Vergangenheit verwirklichter Sachverhalt zu beurteilen ist, kann nicht Gegenstand einer Zusage sein (BFH BStBl 96, 232; 92, 385), sondern allenfalls in einem Vergleichsvertrag („tatsächliche Verständigung", siehe § 162 Rz 30 ff und § 78 Rz 5) geregelt werden oder Gegenstand einer (grds 11 unverbindlichen) Auskunft sein. Eine Zusage kann auch nur für sicher vorhersehbare künftige Sachverhalte erteilt werden; es kann daher iAllg nicht zugesagt werden, dass eine Tätigkeit nicht die Voraussetzungen der Liebhaberei erfüllt (FG Hess EFG 90, 210). Die Erteilung einer Zusage kann ferner nur für Sachverhalte gewährt werden, die für die Besteuerung des Antragstellers von Bedeutung sind, nicht über die künftige Besteuerung eines anderen Stpfl (BFH BStBl 88, 585).

12 Die erstrebte sichere Kenntnis über die stl Behandlung muss **für geschäftliche Maßnahmen des Stpfl von Bedeutung** sein. *Besonderes* Gewicht für die Dispositionen des Stpfl ist nicht erforderlich, in Bagatellsachen kann die FinBeh aber die Zusagen nach ihrem Ermessen verweigern. Es können auch Zusagen erteilt werden, die nicht Einkünfte aus Gewerbebetrieb, freiberuflicher Tätigkeit usw betreffen; § 204 ist korrigierend dahin auszulegen, dass Zusagen im Hinblick auf jedwede für die Besteuerung bedeutsame wirtschaftliche Disposition gegeben werden können, zB auch für Wertpapiergeschäfte oder VuV (str). Auch in diesen Fällen kann ein vergleichbar starkes Interesse an der Kenntnis der künftigen steuerlichen Behandlung bestimmter immer wiederkehrender Sachverhalte gegeben sein. „Geschäftlich" kann auch nicht mit „unternehmerisch" übersetzt werden.

13 Nicht ausreichend für die Erteilung einer Zusage ist ein Interesse des Stpfl, über die Möglichkeiten künftiger privater Einkommensverwendung oder über steuerverfahrensrechtliche Pflichten (zB die Anforderungen an die Buchführung) Klarheit zu erhalten. Ob die Kenntnis der künftigen steuerlichen Behandlung für jene Maßnahmen von Bedeutung ist, hat der Stpfl selbst zu beurteilen.

14 Die Zusage ist **bindend,** auch wenn sie dem Gesetz widerspricht (BFH BStBl 96, 281; 90, 274; 61, 562). Anderes gilt allerdings bei einer für den Stpfl erkennbar rechtswidrigen Zusage, weil dann dieser Makel zur Nichtigkeit der Zusage führt (BFH BStBl 02, 714: „offensichtlich rechtswidrige" Zusage).

15 **5. Rechtsbehelf.** Erteilung und Ablehnung der Zusage nach § 204 sind VA, gegen die Einspruch bzw Anfechtungs- und Verpflichtungsklage gegeben sind (allgM, vgl auch BFH BStBl 12, 651; 94, 665). Im Wege einstweiliger Anordnung kann jedoch eine Zusage mangels Anordnungsgrund nicht erstritten werden (BFH BStBl 88, 585); das ohne die Zusage bestehende geschäftliche Risiko muss der Stpfl ggf auf sich nehmen. Auch AdV einer missliebigen Zusage kommt nicht in Betracht.

16 Eine gerichtl Prüfung der Richtigkeit einer erteilten Zusage findet nicht statt. Das soll insofern anders sein, als eine Auskunft oder Zusage aufzuheben ist, wenn von der FinBeh der Sachverhalt nicht zutreffend erfasst oder die rechtliche Beurteilung evident fehlerhaft ist (BFH BStBl 15, 447; ebenso zu § 89 II BFH BStBl 12, 651; kritisch *Rüsken* FS Haarmann 2015, 809 ff; vgl auch Rz 34).

18 **6. Verbindliche Zusagen und Auskünfte außerhalb der Außenprüfung.** Über § 204 hinaus finden sich folgende Regelungen über verbindliche Auskünfte:

19 **a) § 89 II.** Verbindliche Auskünfte können– gebührenpflichtig – nach § 89 II erteilt werden, wenn sie einen genau bestimmten, noch nicht verwirklichten Sachverhalt zum Gegenstand haben (wegen der Einzelheiten vgl die Kommentierung dort). Es besteht nach wie vor kein Rechtsanspruch auf Erteilung einer Auskunft oder Zusage; diese zu erteilen steht auch nach § 89 II im Ermessen der FinBeh (vgl schon BFH/NV 04, 758; 92, 562). Ein klagbarer Anspruch auf ermessensfehlerfreie Entscheidung über die Auskunftserteilung wird – anders als bei einer Erweiterung der Ap zu dem Zweck, eine Zusage nach § 204 erhalten zu können (vgl oben Rz 10) – allerdings zu bejahen sein.

20 **b) Sonstige stl Auskünfte.** Die Rspr zu nach dem Grundsatz von Treu und Glauben bindenden Auskünften (grundlegend BFH BStBl 61, 562; stRspr, vgl zB BFH BStBl 04, 89; 93, 218; 90, 274 und jetzt BFH/NV 10, 1619) hat durch § 89

weitgehend an Bedeutung verloren; vgl stattdessen jetzt die Steuer-Auskunftsverordnung (StAuskV, BGBl I 07, 2783) sowie AEAO zu § 89 Nrn 3 bis 5.

Wird außerhalb einer Ap und des § 89 II von der FinBeh eine Auskunft oder Zusage abgegeben, kann deren Verbindlichkeit allenfalls aus den Grundsätzen von Treu und Glauben abgeleitet werden (BFH/NV 10, 1619). Eine solche Auskunft oder „Zusage" ist grds *unverbindlich* und kein VA (vgl BFH BStBl 90, 274; BFH/NV 98, 808 mwN; aA *BG/Sauer* Vor §§ 204–207 Rz 27). Angesichts der gesetzlichen Regelung, wann und wie verbindliche Auskünfte erteilt werden dürfen, wird ein Stpfl auf die Bindungswirkung einer außerhalb des in § 89 II geregelten Verfahrens oder unter Missachtung der dort aufgestellten Voraussetzungen erteilten Auskunft grds nicht (mehr) vertrauen können (großzügiger *Demleitner* AO-StB 10, 349). Das gilt allemal bei mündlichen Auskünften, bei denen die Annahme naheliegt, dass es sich um eine unverbindliche Meinungsäußerung handelt (FG Hbg 2 K 81/12, nv). 21

Hingegen ist die (mit rechtl Bindungswillen ausgesprochene) *Ablehnung* einer solchen Auskunft VA (BFH/NV 92, 562; 88, 319), der ggf durch rechtzeitige Klageerhebung beiseite geräumt werden muss. Eine solche Klage wird allerdings – außer in den Fällen des § 89 II – idR am Fehlen eines Anspruchs auf Erteilung einer solchen Auskunft bzw zumindest eines Anspruchs auf ermessensfehlerfreie Entscheidung über eine Auskunftserteilung scheitern. 22

c) Anrufungsauskunft nach § 42e EStG. § 42e EStG gibt den Beteiligten einen Rechtsanspruch auf (gebührenfreie) Auskunft des BetriebsstättenFA (vgl Näheres in Satz 2), ob und in welcher Weise Vorschriften über den LSt-Einbehalt anzuwenden sind. Das soll vor allem dem Haftungsrisiko des ArbG Rechnung tragen. Die Auskunft trifft eine Regelung nur dahin, wie die FinBeh den vom Antragsteller dargestellten Sachverhalt beurteilt; daran muss sie sich später halten. Die Auskunft ist VA, nicht bloße Wissenserklärung (BFH BStBl 10, 996; 11, 233; überholt BFH BStBl 79, 451), denn sie begründet einen Anspruch der Beteiligten, nicht schlechter als in der Auskunft angegeben von der FinBeh behandelt zu werden. Es besteht ein Recht der Beteiligten auf Auskunftserteilung, sofern nicht das Auskunftsinteresse fehlt, weil der LSt-Einbehalt abgeschlossen ist (vgl §§ 41b, 41c EStG). In dem Auskunftsantrag muss der zur Beurteilung gestellte Sachverhalt genau dargestellt werden. Beteiligte im Auskunftsverfahren sind der ArbG und alle sonst für die LSt Haftenden, aber auch der ArbN (BFH BStBl 93, 166). Rechtsschutz wird nur dahin gewährt, dass der Sachverhalt zutreffend erfasst und die rechtliche Beurteilung nicht evident fehlerhaft ist (BFH/NV 14, 1734; ebenso zu § 89 II BFH BStBl 12, 651; BFH/NV 14, 1014); es besteht kein Anspruch auf eine rechtl zutreffende Auskunft, sondern nur einer dahin, die Rechtsansicht der FinBeh zu erfahren (str, vgl *Rüsken* in FS Haarmann 2015, 809 ff). Die Verbindlichkeit der Auskunft beschränkt sich auf das LSt-Abzugsverfahren (BFH BStBl 11, 233; 97, 422; 93, 166; 92, 107), selbst wenn der ArbN die Auskunft im Hinblick auf seine Veranlagung eingeholt haben sollte (*Buciek* DStZ 99, 389); sie gilt auch bei Pauschalierung der LSt nach § 40 I 1 Nr 2 EStG (BFH BStBl 06, 210). Bindend sind iÜ auch Auskünfte, die nicht einen einzelnen LSt-Fall, sondern einen bestimmten Falltypus oder eine Fallgruppe betreffen; nur Anfragen ohne konkreten Anlass muss die FinBeh nicht beantworten (BFH BStBl 93, 166). Eine dem ArbG erteilte Auskunft ist aber für das LSt-Abzugsverfahrens auch ggü dem ArbN bindend, eine Nachforderung gem § 42d III 4 Nr 1 EStG folglich ausgeschlossen (BFH BStBl 14, 892; überholt BFH/NV 07, 1658). Die Auskunft wirkt aber selbst bei vergleichbarem Sachverhalt nicht ggü anderen ArbN des Antragstellers. 34

Die Anrufungsauskunft kann formlos erteilt werden. Auf Verlangen muss aber eine schriftliche Auskunft erteilt werden. Die FinBeh kann ihrerseits eine schriftliche Anfrage verlangen (*Schmidt/Krüger* (§ 42e Rz 4). 35

36 Eine Änderung der Anrufungsauskunft, die ebenfalls VA wäre, ist nicht nach §§ 130, 131 vorzunehmen, sondern mit Wirkung für die Zukunft entspr § 207 II möglich (BFH BStBl 11, 233; dagegen keine AdV, BFH BStBl 15, 447). Denn die Gründe, die den Gesetzgeber veranlasst haben, im Fall einer verbindlichen Zusage wegen der Vorverlagerung des Verwaltungshandelns von einer minderen Verbindlichkeit auszugehen und deshalb die Korrekturmöglichkeiten zu erleichtern, gelten auch für die Anrufungsauskunft. Da die verbindliche Zusage in die Zukunft wirkt, sind das Dispositionsinteresse des Stpfl und die Fundamentalprinzipien der Gesetz- und Gleichmäßigkeit der Besteuerung in angemessener Weise sachgerecht auszugleichen (BFH BStBl 11, 233). Bei der demnach erforderlichen Ermessensentscheidung wird allerdings der materiellen Richtigkeit der stl Handhabung idR der Vorrang vor dem Interesse des Stpfl einzuräumen sein, die FinBeh an der erteilten falschen Auskunft auch für die Zukunft festzuhalten.

36a Der Widerruf einer LSt-Anrufungsauskunft ist ein feststellender, aber nicht vollziehbarer VA (BFH BStBl 15, 447).

36b Auch in § 15 IV 5. VermBG ist eine ähnliche Anrufungsauskunft vorgesehen; dazu BFH BStBl 15, 48: inhaltliche Überprüfung der Anrufungsauskunft nur darauf, ob die rechtliche Einordnung des zutreffend zu erfassenden Sachverhalts in sich schlüssig und nicht evident rechtsfehlerhaft ist.

37 **d) Verbindliche Zolltarifauskunft und Ursprungsauskunft.** Nach Art 33 UZK werden verbindliche Zolltarifauskünfte über die Tarifstelle des Zolltarifs erteilt, der eine bestimmte Ware zuzuordnen ist. Die Ursprungsauskunft wird über den Warenursprung erteilt, der vielfach für die Anwendung von aufgrund völkerrechtlicher Vereinbarung oder autonomer Gewährung bestimmten Drittstaaten für ihre Importe eingeräumten Präferenzzollsätzen von Bedeutung ist; die Ursprungsauskunft bindet die Zollbehörde bei der Erfüllung der Zollförmlichkeiten hinsichtlich der Anwendung der Art 60 und 64 UZK (Beurteilung der Voraussetzungen für den Erwerb eines bestimmten Warenursprungs) und ist ähnlichen Regeln unterworfen, wie sie nachstehend für die Zolltarifauskunft skizziert sind.

38 Verbindliche Auskünfte binden die Zollbehörden ebenso wie den Antragsteller hinsichtlich der zolltariflichen Einreihung der Waren udgl. Sie können auf Antrag auch über sonstige zollrechtliche Fragen wie Zollsätze udgl erteilt werden (Art 35 UZK). Zum Zwecke der Erlangung einer USt-Ermäßigung darf eine Zolltarifauskunft aber nicht erteilt werden (vgl aber Rz 41). Eine erteilte Auskunft ist ggf auf Anfechtungsklage aufzuheben.

39 Verbindliche Auskünfte sind drei Jahre lang gültig (Art 33 III UZK). Art 34 UZK enthält eingehende Regelungen über ein vorheriges Außerkrafttreten, Rücknahme und Widerruf.

40 Die Auskunft kann mit dem Ziel ihrer inhaltlichen Überprüfung angefochten bzw die vom Antragsteller für richtig gehaltene Auskunft mit der Verpflichtungsklage erstritten werden (BFHE 178, 262 = HFR 96, 22). Dritte, die die gleichen Waren herstellen oder importieren, sind regelmäßig nicht beizuladen (BFH BStBl 06, 331).

41 Ferner werden *unverbindliche* **Zolltarifsauskünfte für Umsatzsteuerzwecke** erteilt, um die Voraussetzungen der Steuerermäßigung nach § 12 II Nr 1 UStG vorab zu klären (Antragsvordruck BStBl I 06, 622).

§ 205 Form der verbindlichen Zusage

(1) **Die verbindliche Zusage wird schriftlich erteilt und als verbindlich gekennzeichnet.**

(2) **Die verbindliche Zusage muss enthalten:**

1. den ihr zugrunde gelegten Sachverhalt; dabei kann auf den im Prüfungsbericht dargestellten Sachverhalt Bezug genommen werden,

2. die Entscheidung über den Antrag und die dafür maßgebenden Gründe,
3. eine Angabe darüber, für welche Steuern und für welchen Zeitraum die verbindliche Zusage gilt.

1. Inhalt. Die Vorschrift regelt nicht nur die Form, sondern vor allem den notwendigen Inhalt der verbindlichen Zusage im Anschluss an eine Ap (§ 204). 1

2. Notwendige Bestandteile der Zusage. Die verbindliche Zusage muss schriftlich erteilt werden und (nicht unbedingt wortwörtlich) als verbindlich gekennzeichnet werden, anderenfalls hat sie keine Bindungswirkung. Schriftform ist aus Beweisgründen vorgeschrieben; darin unterscheidet sich die Rechtslage von der bei einer tatsächlichen Verständigung, die keiner Form bedarf, wenn auch die Nichteinhaltung der Schriftform ein Indiz dafür ist, dass sich die Beteiligten nicht haben binden wollen (BFH/NV 06, 1052). Ein Bestätigungsschreiben des Stpfl, auf das die FinBeh untätig bleibt und nicht schriftlich antwortet, erfüllt die Schriftform nicht (BFH BStBl 13, 873; BFH/NV 10, 1619). 2

Wesentliche Bestandteile der verbindlichen Zusage sind: 3

- der zu Grunde gelegte **Sachverhalt** (vgl BFH BStBl 77, 623). Dieser ist genau in den (positiven und negativen) Merkmalen, die für die Erfüllung des steuerrechtl Tatbestandes maßgeblich sind, anzugeben, weil nur insoweit eine Bindungswirkung nach § 206 eintritt, als sich der später verwirklichte Sachverhalt mit dem zu Grunde gelegten deckt. Wenn der Sachverhalt im Prüfungsbericht vollständig dargestellt ist, kann darauf Bezug genommen werden. Unklarheiten im Sachverhalt gehen später zu Lasten dessen, der sich auf die Verbindlichkeit der Zusage beruft (BFH/NV 98, 1221);
- die **Entscheidung** über den Antrag. Die Entscheidung besteht in der Erklärung der FinBeh, wie der zu Grunde gelegte Sachverhalt künftig steuerlich behandelt werden wird. Die Entscheidung muss vorbehaltlos sein. Eine Zusage unter Vorbehalt ist keine Zusage und hat keine Bindungswirkung (vgl BFH BStBl 61, 562); siehe auch Rz 8; 4
- ferner sind anzugeben die für die steuerliche Beurteilung des fraglichen Sachverhalts maßgebenden **Gründe.** Die Vorschrift ist insoweit lex spezialis zu § 121 II. Zur Begründung zählt mindestens die Angabe der maßgebenden Rechtsvorschriften. Diese Angabe hat erhebliche Bedeutung, weil bei Änderung der Rechtsvorschriften die Bindungswirkung entfällt (§ 207 I); 5
- die Angabe darüber, für **welche Steuern** die Zusage gilt, ist schon zur ausreichenden Bestimmtheit notwendig; 6
- die Angabe, für welchen **Zeitraum** die Zusage gilt; eine Befristung der Zusage ist also nicht nur zulässig, sondern geboten; ohne diese Angabe soll die Zusage aber nach allgemeiner, indes nicht zweifelsfreier Ansicht nicht nichtig sein, sondern unbefristet gelten. Die FinBeh wird die Zusage nach Abs 2 insbes dann mit kurzer Wirkungsdauer erteilen (und erteilen dürfen), wenn sie mit einer gerichtlichen Klärung einer streitigen Rechtsfrage oder dergleichen rechnet. 7

3. Bedingungsfeindlichkeit. Nicht zulässig ist die Beifügung einer Bedingung des Inhalts, dass sich die *Rspr* nicht ändert oder dass nicht anderslautende *Verwaltungsanweisungen* ergehen (die FinBeh kann, wenn sie dies befürchtet, die Erteilung einer Zusage allenfalls ablehnen, siehe § 204 Rz 6). § 120 II ist zwar auf die Zusage als Ermessensakt grds anwendbar; die vorgenannten Bedingungen würden jedoch dem Zweck der Zusage widersprechen, dem Stpfl verbindlich die künftige stl Behandlung eines bestimmten Sachverhalts zuzusichern, sodass ihnen § 120 III entgegenstünde. Fügt die FinBeh einer Zusage gleichwohl eine solche Bedingung bei, so kann der Stpfl die Nebenbestimmung zwar zulässigerweise mit der Anfechtungsklage angreifen, weil Nebenbestimmungen zu einem VA grds selbständig Gegenstand einer Anfechtungsklage sein können (BVerfG NJW 80, 2773; 88, 276; vgl *Kopp/Schenke* VwGO § 42 Rz 22, sehr str); die Rspr des BFH differenziert 8 allerdings, der früheren Rspr des BVerwG folgend (Nachw bei *Kopp/Ramsauer* VwVfG § 36 Rz 62), zwischen nur zusammen mit dem VA anfechtbaren unselbständig und selbständig anfechtbaren Nebenbestimmungen, wobei die vorgenannte Bedingung wohl als unselbständig angesehen werden müsste. Der Stpfl wird mit einer Klage auch deshalb uU keinen Erfolg haben können, weil die Anfechtung einer Nebenbestimmung nur durchgreift, wenn ein Rechtsanspruch auf Erlass des nämlichen bedingungsfreien VA besteht (was wegen weitgehender Ermessenreduktion – Sollvorschrift! – allerdings meist der Fall sein wird). Folglich kann ggf Verpflichtungsklage auf Erteilung einer Zusage erhoben werden.

9 Der Vorbehalt, dass sich die maßgeblichen Rechtsvorschriften nicht ändern, ergibt sich ohnehin schon aus § 207 I und ist folglich unschädlich.

§ 206 Bindungswirkung

(1) **Die verbindliche Zusage ist für die Besteuerung bindend, wenn sich der später verwirklichte Sachverhalt mit dem der verbindlichen Zusage zugrunde gelegten Sachverhalt deckt.**

(2) **Absatz 1 gilt nicht, wenn die verbindliche Zusage zuungunsten des Antragstellers dem geltenden Recht widerspricht.**

1 Wesentlich für die verbindliche Zusage ist die Bindungswirkung für spätere Veranlagungszeiträume; die Zusage ist jedoch kein Grundlagenbescheid (keine Anwendung des § 175 I 1 Nr 1; vgl *TK/Seer* § 207 Rz 20). Die Bindungswirkung tritt nur ein, wenn der der Zusage zugrunde gelegte Sachverhalt sich mit einem später verwirklichten (nicht lediglich später von der FinBeh zu beurteilenden) Sachverhalt deckt. Das lässt sich nur feststellen, wenn der Sachverhalt in der erteilten Zusage hinreichend genau dargestellt ist (BFH BStBl 77, 623); anderenfalls entfaltet diese keine Rechtswirkung. Unklarheiten gehen zulasten *des Stpfl* (BFH BStBl 90, 274). Der später verwirklichte Sachverhalt muss mit demjenigen, der Anlass der Zusage war, nach dem der Zusage zu Grunde liegenden rechtlichen Betrachtung, also im Hinblick auf die dort als entscheidungserheblich angesehenen Merkmale, identisch sein; Abweichungen in anderen Punkten berühren die Bindungswirkung nur dann, wenn sie neue, nach den einschlägigen Rechtsvorschriften maßgebliche Tatbestandsmerkmale verwirklichen, die bei dem Zusage-Sachverhalt nicht vorlagen. Die Zusage kann aber in diesem Fall teilweise binden, sofern sie einen fortbestehenden, selbständigen Regelungsgehalt trotz der Änderung des Sachverhalts enthält.

2 Die Bindungswirkung ist auf den Adressaten, seinen Gesamtrechtsnachfolger und Dritte, denen ggü nur einheitlich entschieden werden kann, beschränkt. Bei objektbezogenen Zusagen wirkt sie aber auch für denjenigen, der im Hinblick auf die steuerrechtliche Behandlung des Objekts in Einzelrechtsnachfolge an die Stelle des Adressaten getreten ist. Auf Seiten der FinBeh ist nur die erteilende Behörde und diejenige gebunden, auf welche die Zuständigkeit für den betr Fall von jener übergegangen ist.

3 Die Bindungswirkung tritt unabhängig davon ein, ob der Stpfl tatsächlich geschäftliche Dispositionen (vgl § 204) im Vertrauen auf die Zusage vorgenommen oder sonst Vertrauen betätigt hat. Die Bindungswirkung tritt nur *zugunsten* des Stpfl ein. Eine Zusage, die dem Stpfl eine stl Beurteilung zusichert, die für diesen ungünstiger ist als die gesetzlich gebotene, muss der Stpfl selbst dann nicht gegen sich gelten lassen, wenn er gegen die betr Zusage erfolglos geklagt hat.

§ 207 Außerkrafttreten, Aufhebung und Änderung der verbindlichen Zusage

(1) **Die verbindliche Zusage tritt außer Kraft, wenn die Rechtsvorschriften, auf denen die Entscheidung beruht, geändert werden.**

(2) **Die Finanzbehörde kann die verbindliche Zusage mit Wirkung für die Zukunft aufheben oder ändern.**

(3) **Eine rückwirkende Aufhebung oder Änderung der verbindlichen Zusage ist nur zulässig, falls der Steuerpflichtige zustimmt oder wenn die Voraussetzungen des § 130 Abs. 2 Nr. 1 oder 2 vorliegen.**

1. Außerkrafttreten. Das Vertrauen in das Fortbestehen einer gesetzlichen Regelung wird durch die verbindliche Zusage nicht geschützt. Die Bindungswirkung der Zusage entfällt, wenn die Rechtsvorschriften, auf denen sie beruht, aufgehoben oder geändert werden, bei rückwirkender Gesetzesänderung auch rückwirkend (vgl BFH BStBl 96, 518; FG Hbg EFG 13, 1458 für die Auskunft; *Rüsken* Festschr. Haarmann 2015 S. 809). Dies gilt aber nur für solche Änderungen, die das in der Zusage Geregelte jetzt anders regeln, nicht zB bei Änderungen von gesetzlichen Merkmalen, die für den zu beurteilenden Sachverhalt keine Bedeutung hatten, erst recht nicht bei redaktionellen Änderungen, wenn zB die Bestimmung an einer anderen Stelle des Gesetzes eingeordnet wird oder wenn eine Regelung aus der VO in das Gesetz übernommen wird. Die Feststellung der Nichtigkeit eines Gesetzes durch das BVerfG ist wegen der Gesetzeskraft seines Spruches Änderung einer Rechtsvorschrift iSd Abs 1. Die Änderung von Verwaltungsvorschriften berührt die Verbindlichkeit der Zusage nicht; sie kann allenfalls Anlass für ihre Aufhebung oder Änderung nach Abs 2 sein. Die Folgen des Außer-Kraft-Tretens der Zusage nach Abs 1 will AEAO zu § 207 Nr 2 durch Billigkeitsmaßnahme nach § 227 I, § 222 ausgleichen; da jedoch der Stpfl mit einer Änderung der Rechtsvorschrift rechnen und sich auf ihren Fortbestand auch bei Erteilung einer verbindlichen Zusage nicht verlassen darf, kann die Annahme einer Unbilligkeit der durch das Außer-Kraft-Treten der Zusage ausgelösten Rechtsfolgen allenfalls ausnahmsweise in Betracht kommen (ebenso *KvW/von Wedelstädt* § 207 Rz 1). 1

§ 207 ist auf die LSt-Anrufungsauskunft analog anzuwenden (BFH BStBl 11, 233). 2

Zu Rücknahme und Widerruf **verbindlicher Zolltarifauskünfte** siehe Art 34 UZK. 3

2. Aufhebung und Änderung (Abs 2). Die FinBeh kann die Zusage *mit Wirkung für die Zukunft* aufheben oder ändern. Die Aufhebung/Änderung ist VA, welcher entspr § 205 der Schriftform bedarf und, sobald er wirksam wird, die Bindungswirkung der Zusage entfallen lässt; dies wirkt sich auf alle offenen Verfahren des betr Stpfl aus, nicht lediglich auf die Beurteilung nach der Aufhebung/Änderung verwirklichter Sachverhalte (richtig *Seer* Verständigungen im Steuerverfahren, 474). 5

Aufhebung und Änderung sind Ermessensentscheidungen. Bei einer zweckentsprechenden (§ 5) Ermessensbetätigung kommt eine Aufhebung oder Änderung nur in Betracht, wenn triftige Gründe hierfür vorliegen, insbes etwa wenn sich die stl Beurteilung des der Zusage zu Grunde liegenden Sachverhalts durch Rspr oder Verwaltung zuungunsten des Stpfl ändert (BFH/NV 10, 391). 6

Die FinBeh muss in jedem Fall bei einer Aufhebung/Änderung bereits vom Stpfl im Vertrauen auf den Bestand der Zusage vorgenommene Dispositionen berücksichtigen (Bestandsschutzinteresse, vgl FG Brem EFG 92, 710); sie muss ihretwegen aber nicht etwa zwingend von der Aufhebung absehen. Es ist insbes zu berücksichtigen, ob der Stpfl mit einer Änderung der Rechtsauffassungen rechnen musste, ob er sich nur in dem erforderlichen Umfang für die Zukunft gebunden hat und ob die ihm bei Bestehenlassen der Zusage erwachsenden StVorteile unter Berücksichtigung der Interessen seiner Konkurrenten hinnehmbar sind (was regelmäßig der Fall sein wird; vgl auch *TK/Seer* § 207 Rz 11: Bevorzugung des „aktiven" Stpfl). 7

8 **3. Rückwirkung.** *Rückwirkende* Aufhebung oder Änderung (Abs 3) ist nur zulässig, falls der Stpfl zustimmt oder die Voraussetzungen des § 130 II Nr 1 und 2 vorliegen. Bestandskräftige StBescheide sind dann nach § 175 I 1 Nr 2 zu ändern.

Fünfter Abschnitt. Steuerfahndung (Zollfahndung)

§ 208 Steuerfahndung (Zollfahndung)

(1) [1] **Aufgabe der Steuerfahndung (Zollfahndung) ist**
1. die Erforschung von Steuerstraftaten und Steuerordnungswidrigkeiten,
2. die Ermittlung der Besteuerungsgrundlagen in den in Nummer 1 bezeichneten Fällen,
3. die Aufdeckung und Ermittlung unbekannter Steuerfälle.
[2] **Die mit der Steuerfahndung betrauten Dienststellen der Landesfinanzbehörden und die Zollfahndungsämter haben außer den Befugnissen nach § 404 Satz 2 erster Halbsatz auch die Ermittlungsbefugnisse, die den Finanzämtern (Hauptzollämtern) zustehen.** [3] **In den Fällen der Nummern 2 und 3 gelten die Einschränkungen des § 93 Abs. 1 Satz 3, Abs. 2 Satz 2 und des § 97 Absatz 2 nicht; § 200 Abs. 1 Satz 1 und 2, Abs. 2, Abs. 3 Satz 1 und 2 gilt sinngemäß, § 393 Abs. 1 bleibt unberührt.**

(2) **Unabhängig von Absatz 1 sind die mit der Steuerfahndung betrauten Dienststellen der Landesfinanzbehörden und die Zollfahndungsämter zuständig**
1. für steuerliche Ermittlungen einschließlich der Außenprüfung auf Ersuchen der zuständigen Finanzbehörde,
2. für die ihnen sonst im Rahmen der Zuständigkeit der Finanzbehörden übertragenen Aufgaben.

(3) **Die Aufgaben und Befugnisse der Finanzämter (Hauptzollämter) bleiben unberührt.**

Abs 1 S 3 geändert durch AmtshilfeRLUmsG v 26.6.13 (BGBl I, 1809).

Schrifttum: *Mack* Erscheinen der Steuerfahndung in der Beraterpraxis, DStR 11, 53; *Jesse* Das Nebeneinander von Besteuerungs- und Steuerstrafverfahren, DB 13, 1803.

Übersicht

1. Inhalt und Bedeutung. Die Vorschrift weist den Zollfahndungsämtern und den für die StFahndung zuständigen Dienststellen der FinBeh Aufgaben (Zuständigkeiten) zu und regelt ihre Befugnisse; bei der Überprüfung ihrer Maßnahmen ist dementsprechend zwischen der Frage der *Aufgabenzuweisung* und der Frage der *Befugnisverleihung* zu unterscheiden (BFH BStBl 00, 643; 02, 495; BFH/NV 07, 190; 06, 1; 01, 624; 98, 424); aus der Aufgabenzuweisung ergeben sich also nicht etwa ohne Weiteres die (zur Aufgabenerfüllung notwendigen oder gar nur zweckmäßigen) Befugnisse (vgl auch BFH BStBl 98, 231). Es ist jeweils zu prüfen, ob sich die vorgenommene Maßnahme im Rahmen der Aufgabenzuweisung hält und ob der FinBeh für sie auch eine gesetzliche Befugnis zusteht. 1

In Folge der in Abs 1 S 1 Nr 1 bis 3 vorgenommenen Aufgabenzuweisung haben die Fahndungsbehörden zwei (Rz 3 und 4) klar zu unterscheidende, aber ganz eng miteinander zusammenhängende Aufgabenbereiche, bei denen ihnen unterschiedliche Befugnisse gegeben sind (Satz 2; vgl BFH BStBl 98, 231; 88, 359), wobei sowohl von der Aufgabenzuweisung wie von der Befugnisverleihung Gebrauch zu machen einen „hinreichenden Anlass“ für die Annahme voraussetzt, steuerrechtl oder strafrechtl erhebliche neue Erkenntnisse gewinnen zu können (vgl schon BFH BStBl 88, 3). Neben diese Aufgabenbereiche stellt die Vorschrift einen dritten, namentlich den der sog Vorfeldermittlungen (Abs 1 S 1 Nr 3), also der Aufklärung im Hinblick auf mutmaßliche StFälle, bei denen der Täter und/oder der Tathergang (noch) nicht bekannt ist. Insofern wird die Fahndung ggf sowohl mit steuerverfahrensrechtl wie strafrechtl Zielrichtung tätig und hat im letzteren Fall dieselben Befugnisse wie im Falle des Abs 1 S 1 Nr 1. 1a

Die AO greift die geläufige, durch die im außersteuerlichen Bereich üblichen Organisationsstrukturen bedingte **Unterscheidung zwischen** der Aufgabe der **Staatsanwaltschaften,** strafrechtliche Ermittlungsverfahren zu führen („Herrin des Ermittlungsverfahrens“), **und** der Aufgabe der **Polizei** auf. Diese hat neben ihren sonstigen ordnungsbehördlichen Aufgaben) den Staatsanwaltschaften als Hilfspersonen zur Verfügung zu stehen, also unter deren Leitung Ermittlungsmaßnahmen durchzuführen; soweit die Staatsanwaltschaft die Ermittlungen noch nicht selbst aufnehmen konnte bzw aufnehmen will, hat die Polizei selbständig erste Ermittlungsmaßnahmen zu ergreifen („Recht des ersten Zugriffs“). Dem korrespondiert im steuerlichen Bereich die Zuständigkeit des FA/HZA gem § 386 als Steuer-Staatsanwaltschaft, wofür iAllg sog **Strafsachenstellen** bei den FA/HZA gebildet werden, und die Zuständigkeit der sog **StFahndung** bzw der (stets behördlich verselbständigten, Rz 18) Zollfahndung als Polizeidienst (vgl § 404 S 2 HS 2 „Ermittlungspersonen der Staatsanwaltschaft“, welche die Ermittlungsverfahren gem § 386 übernehmen *kann*). Die Fahndungsdienststellen sind mithin, obgleich meist Teil derselben FinBeh, von der Strafsachenstelle des FA zu unterscheiden, der die unmittelbare Wahrnehmung staatsanwaltschaftlicher Aufgaben zugedacht ist, während die Aufgaben der Fahndungsstellen schlagwortartig als die einer Steuerkriminalpolizei gekennzeichnet werden könnten. Während bei allgemeinen Strafsachen die strafprozessuale Ermittlungsfunktion von Anfang an bei der StA liegt, wird die Ermittlungszuständigkeit in StStrafsachen von § 386 I grds den FinBeh als eigene Aufgabe unter eigener Verantwortung übertragen (vgl Rz 1a). Das Verfolgungsmonopol der StA wird also für den stl Bereich durchbrochen. Bei organisatorischer Verbindung oder gar Vereinigung von Strafsachen- und Fahndungsstelle (sog Hamburger Modell eines Einheitssachgebiets) ist diese zugleich „Steuer-Kriminalpolizei“ und „Steuerstaatsanwaltschaft“ (zur Kritik an dieser Konstruktion *TK/Seer* § 208 Rz 8). 1b

Die **Befugnisse der Strafsachenstellen** des FA/HZA sind dementsprechend die einer Staatsanwaltschaft und ergeben sich insbes aus der StPO (vgl näher Erläut zu § 385). Die *Fahndungsdienststellen* haben diese den FA/HZA zustehenden Befugnisse nicht (vgl § 404 Rz 1f). Denn sie stehen nicht der StA gleich, sondern stellen dieser nur „Ermittlungspersonen“ (§ 404 S 2 HS 2). Die Befugnisse der Fahndung sind hauptsächlich in § 404 geregelt und dort erläutert. 1c

2 Auf den ersten Blick verwirrend, scheint jedoch § 208 I 2 der Fahndung ebenfalls (weitergehende) steuerverfahrensrechtliche Befugnisse zu verleihen. Dass sich diese Befugnisverleihung (mit den hierfür in den in Bezug genommenen Vorschriften modifizierenden Regelungen in § 208 I 3) in § 208 I findet, erklärt sich indes daraus, dass § 404 nur die Befugnisse im Strafverfahren wegen Steuerstraftaten betrifft, während es in § 208 I 3 gerade um die Befugnisse außerhalb desselben geht, also um die Fälle, in denen die Fahndung in ihrem zweiten Aufgabenbereich, der Ermittlung der Besteuerungsgrundlagen (§ 208 I 1 Nr 2), tätig wird (vgl Rz 44). Die dann gegebenen Befugnisse mussten systematisch im Vierten Teil der AO („Durchführung der Besteuerung") erteilt werden, während § 404 zum strafrechtlichen Achten Teil derselben gehört.

3 **2. Aufgaben und Befugnisse der Fahndung. a) Besteuerungsverfahren.** Die Fahndung hat zum einen die Aufgabe der Ermittlung der Besteuerungsgrundlagen einschl der StAufsicht, also der Vorbereitung der StFestsetzung (die sie nicht selbst vornehmen darf), mithin eine **steuerverfahrensrechtliche Aufgabe,** genauso wie sonstige FinBeh; die betr Dienststellen bzw (insbes im Zollbereich) für die Fahndung eingerichteten selbständigen Behörden sind insoweit nach Maßgabe des 208 I 3 von gewissen formellen Beschränkungen des Beweiserhebungsrechts befreit (Vorrang der Auskunft des Beteiligten, § 93 I 3; schriftliches Auskunftsersuchen, § 93 II 2; Subsidiarität der Vorlage von Büchern etc, § 97 II), zugleich sind die Mitwirkungspflichten des Stpfl ggü der Fahndung als *steuerverfahrensrechtl* tätiger FinBeh denen in der Ap nach § 200 I, II und III gleichgestellt.

4 **b) StStrafverfahren.** Gleichrangig (und praktisch bedeutsamer) steht neben der steuerverfahrensrechtlichen Aufgabe der Fahndung ihre (steuer-)***straf*****verfahrensrechtliche Aufgabe** (Abs 1 S 1 Nr 1). Die Fahndung wird insoweit nicht als Finanz-, sondern in der Funktion einer Justizbehörde tätig; sie untersteht den Weisungen der Staatsanwaltschaft (also nicht denen des Leiters des betr FA; vgl § 404 S 2) und hat keine Entscheidungsbefugnis dahin, das Ermittlungsverfahren zum Abschluss zu bringen; das ist Aufgabe der Staatanwaltschaft bzw der in dieser Funktion tätigen Strafsachenstelle des FA/HZA.

4a Soweit Fahndungsbehörden bzw -dienststellen *straf*verfahrensrechtliche Aufgaben wahrnehmen, haben sie dementsprechend **Befugnisse,** die sich **aus § 404 S 2** ergeben; diese Vorschrift hängt also insoweit eng mit § 208 zusammen. Der strafverfahrensrechtl tätigen Fahndung stehen daneben die allgemeinen Ermittlungsbefugnissen der FinBeh (Abs 1 S 2) – anders als man nach dem Wortlaut des § 208 I annehmen könnte – *nicht* zu, vgl Rz 44. Der Hinweis auf § 393 I in Abs 1 S 3 letzter Hs unterstreicht die eben hervorgehobene Abhängigkeit der Rechte und Pflichten von Stpfl und FinBeh von der durch die Fahndung jeweils wahrgenommenen Aufgabe.

4b Die mit der Steuer- und Zollfahndung betrauten Behörden/Dienststellen üben also eine doppelfunktionale Tätigkeit aus. Der BFH (BFH BStBl 00, 643; BFH/NV 06, 1; 98, 424) hält diese **Doppelfunktion** zwar nicht für unproblematisch, aber doch für verfassungsrechtl hinnehmbar trotz der grds unterschiedlichen Rechtsstellung des Stpfl im Besteuerungsverfahren einerseits und im Strafverfahren andererseits (dazu näher Rz 23f); denn § 393 I 1 sehe eine strikte Trennung der *Befugnisse* vor, die der FinBeh im Besteuerungsverfahren einerseits und im Strafverfahren andererseits zustehen (BFH BStBl 98, 231), so wie die *Rechte und Pflichten* des Stpfl unterschiedlich sind, je nachdem, welchem Verfahren er sich ausgesetzt sieht. Für die praktische Funktionsfähigkeit dieses Regelwerks ist freilich erforderlich, dass der Fahndungsbeamte sich jederzeit Rechenschaft darüber ablegt, welche Aufgabe er gerade wahrnehmen möchte, dass er nicht möglichst häufig die „Rolle" wechselt, um sich den Einsatz des meistversprechenden Ermittlungsinstrumentariums zu ermöglichen; und dass der Stpfl stets erkennen kann, ob er einem Steuer- oder einem Strafermittler ggü steht. Selbst wenn ein förmliches

Ermittlungsverfahren bereits anhängig ist, kann die Fahndung jedoch noch Ermittlungen zum Zwecke der richtigen Besteuerung anstellen und zwar sogar, wenn die davon erwarteten Erkenntnisse auch Bedeutung für die strafrechtliche Beurteilung des Steuerfalls haben können; sie muss dann allerdings „nach außen objektiv und eindeutig" erkennbar machen, dass sie außerhalb des eingeleiteten StStrafverfahrens ausschl im Besteuerungsverfahren tätig sein will (BFH BStBl 87, 440; 01, 306). Sonst besteht eine (allerdings unsichere) Vermutung strafverfahrensrechtlicher Tätigkeit, auch wenn keinerlei strafprozessualen Befugnisse in Anspruch genommen werden (BFH/NV 92, 254).

Die **Unterscheidung, in welchem Bereich die Fahndung im Einzelfall tätig wird,** ist folglich fast immer äußerst schwierig (vgl Rz 24, 25). Der unterschiedlichen Zuordnung zu Abs 1 Nr 1 oder Abs 1 Nr 2 kommt jedoch vor allem deshalb wesentliche Bedeutung zu, weil der Stpfl im Besteuerungsverfahren umfangreiche Mitwirkungspflichten hat (vgl §§ 90 I, 93 I), während er im strafrechtlichen Ermittlungsverfahren von jeder Mitwirkungspflicht frei ist (§ 136 StPO). 5

c) „Vorfeldermittlungen". Im Überschneidungsbereich dieser beiden Aufgabenbereiche liegen die Aufgaben der Fahndung nach Abs 1 S 1 Nr **3 („Vorfeldermittlungen")** bei denen noch offen ist, ob sie in ein steuerverfahrensrechtliches und/oder steuerstrafrechtliches Verfahren gegen bestimmte Stpfl oder in beides einmünden. Steht hingegen ein strafrechtl relevanter Sachverhalt schon hinreichend fest (strafprozessualer Anfangsverdacht), so handelt es sich auch dann nicht mehr um bloße Vorfeldermittlungen, wenn die Identität des Stpfl erst ermittelt werden muss. 6

3. Behördliche Organisation der Steuer- und Zollfahndung. a) Allgemeines. Die Behördenorganisation im Bereich der Fahndung ist in § 208 *nicht* geregelt. Die Errichtung und örtliche Zuständigkeit der betr Dienste ist demzufolge im Bereich der von den Ländern verwalteten Steuern (§ 17 II 1 FVG) grds Sache landesrechtlicher Regelung (Organisationsrecht). Ob die Organisationsgewalt durch ein Landesgesetz oder im Wege einer Verwaltungsvorschrift der Landesregierung auszuüben ist, richtet sich nach Landesverfassungsrecht. Soweit ersichtlich, ist in den Landesverfassungen ein Gesetzesvorbehalt insoweit nicht vorgesehen. StFahndungs-Dienststellen und Behörden können also durch Verwaltungsvorschrift errichtet werden. 10

Von der Frage der Bestimmung der Bezirke von StFahndungsbehörden zu unterscheiden ist die Frage, ob die betr Ämter und Dienststellen **außerhalb ihres Bezirks Amtshandlungen vornehmen** dürfen. Sie wird jetzt fast allg bejaht, soweit die Verbandskompetenz reicht (also für das Gebiet des jeweiligen Bundeslandes). Dass sie auch im Gebiet eines anderen Bundeslandes besteht, wird vielfach und mit Recht angenommen, weil das Bundesgebiet als StVerwaltungseinheit anzusehen sei (*Tipke/Lang* StRecht, § 22 Rz 41; *Jakob* StuW 72, 115). Näheres siehe Rz 61 ff. Auch hinsichtlich der strafprozessualen Befugnisse des Fahnders besteht keine örtliche Begrenzung auf die Grenzen des jeweiligen Landesgebiets (aA *JJR/Randt* § 404 Rz 104). Denn die strafverfahrensrechtl tätige StFahndung ist nur organisatorisch FinBeh, funktional aber Strafverfolgungsbehörde; deshalb besitzt sie wie auch die StA selbst, wenn der Tatort in ihrem Bezirk liegt, eine umfassende Strafverfolgungszuständigkeit. Jedes Land ist iÜ in seiner Verwaltungshoheit zwar grds auf sein eigenes Gebiet beschränkt (BVerfGE 11, 6). Seine Behörden können aber in anderen Bundesländern – anders als im Ausland – ohne Weiteres Amtshandlungen vornehmen (vgl zur Bekanntgabe eines Bescheids BFH/NV 87, 813). 11

b) Steuerfahndungsämter. Sie werden weder im FVG noch in der AO als selbständige Behörden konstituiert; denn sie sollen nach dem Willen des Gesetzgebers (BT-Drs V/1812) *Dienststellen* der (Landes-)FinVerw sein. Sie sind in den einzelnen Ländern unterschiedlich organisiert. Da die StFahndung entweder unselbständigen Dienststellen der Finanzämter oder besonderen Finanzämter über- 12 tragen ist, gilt bundesrechtl hinsichtlich der erforderlichen Regelungen über die Errichtung und den Bezirk § 17 I FVG (Bestimmung durch die oberste Landesbehörde). Wegen der danach bestehenden örtlichen Zuständigkeiten vgl näher unten Rz 60f.

13 § 17 II 3 FVG, der auch auf Zuständigkeitsregelungen für die StFahndung anzuwenden ist, lässt die Übertragung der Fahndungszuständigkeit für den Bezirk mehrerer FÄ auf ein FA zu, verlangt dafür jedoch eine Rechtsverordnung. Die Länder haben auch von der Möglichkeit einer örtlichen Zuständigkeitskonzentration (Rz 13) fast ausnahmslos Gebrauch gemacht. Es sind folgende Organisationsmodelle anzutreffen:

14 Die StFahndung ist in den meisten Ländern als Sachgebiet (Dienststelle) eines FA organisiert. Überwiegend bestehen jedoch überbezirkliche Fahndungsstellen, deren örtliche Zuständigkeit sich also auf den Bezirk mehrerer FÄ erstreckt. In einem anderen Modell (Hamburg, Berlin, Niedersachsen und NRW) gibt es selbständige FÄ für Fahndung und Strafsachen bzw Prüfungsdienste; der StFahndungsdienst ist also organisatorisch verselbständigt. Dieses Organisationsmodell nähert sich dem für die Zollfahndungsstellen der Bundesfinanzverwaltung (§ 1 FVG) an.

15 Werden Fahndungsbeamte eines Landes zugleich auch für ein anderes Bundesland tätig, indem sie dessen Fälle miterledigten (zB Fahndungsstellen für bestimmte Berufsgruppen, zB Künstler), stellt sich die Frage der Verbandskompetenz (dazu grds § 17 Rz 4). § 17 IV FVG ermächtigt allerdings die Länder, durch Staatsvertrag Zuständigkeiten auf ein FA oder eine besondere LandesFinBeh außerhalb des Landes zu übertragen. Damit wird die Möglichkeit eröffnet, über die jeweiligen Landesgrenzen hinaus zentrale Fahndungsstellen zu schaffen, wovon bislang aber nicht Gebrauch gemacht worden ist.

16 Die sachliche und örtliche Zuständigkeit der StFahndung im Strafverfahren (strafrechtlichen Ermittlungsverfahren) ist eingehend in den §§ 386 bis 390 geregelt. Die Fahndung ist danach örtlich zuständig unabhängig davon, ob das FA bzw die im Bezirk des besonderen Fahndungs-FA gelegenen FÄ für die stl Umsetzung des Ermittlungsergebnisses (voraussichtlich) zuständig wären. Die sachliche Zuständigkeit ist nach § 386 I 1 iÜ nur für *Steuer*straftaten gegeben. Die Fahndung ist also nicht zuständig für die Verfolgung nicht steuerlicher Straftaten, es sei denn, diese bilden mit der StStraftat eine prozessual einheitliche Tat (vgl § 404 Rz 22). Führt die Staatsanwaltschaft Ermittlungen, so kann sie das Zollfahndungsamt oder die StFahndung aber auch dann um die Vornahme von Ermittlungen ersuchen, wenn die verfolgte Zoll- oder StStraftat mit einer allgemeinen Straftat in einem einheitlichen Zusammenhang steht (vgl BGH wistra 90, 59 und § 404 Rz 22).

17 Beachte iÜ die Zugriffsmöglichkeiten auf steuerstrafrechtliche Informationen des **Bundeszentralregisters** (vgl § 492 StPO) und des BZSt (§ 5 FVG).

18 **c) Zollfahndungsämter.** Dafür ergeben sich die Grundlagen der Behördenorganisation aus dem ZFdG (BGBl I 02, 3202, zuletzt geändert BGBl I 17, 417). Nach dessen § 1 I bestehen die Zollfahndungsämter als selbständige örtliche Behörden unter Leitung des Zollkriminalamts als Direktion der Generalzolldirektion (vgl §§ 3ff ZFdG mit umfangreichen Regelungen zu dessen Aufgaben und Befugnissen sowie zum Datenschutz) als (Bundes-)Mittelbehörde. Sie haben neben den HZA keine Befugnisse zur Abgabenfestsetzung oder zur selbständigen Ermittlung, sondern sind Hilfsorgane der dafür zuständigen HZÄ (vgl *JJR/Randt* § 387 Rz 8). So fehlt ihnen auch für die Geltendmachung der Sachhaftung nach § 76 die sachliche Zuständigkeit (BFHE 154, 304 = HFR 89, 61), weil es sich dabei nicht um die Ermittlung der Besteuerungsgrundlagen, sondern um die Sicherung der Durchsetzbarkeit des StAnspruchs handelt. Sie haben neuerdings in § 12a ZollVG geregelte, über den zollrechtlichen Bereich hinausgehende Aufgaben im Bereich der Bekämpfung der Geldwäsche (Befugnis zur Überwachung des grenzüberschreitenden Bargeldverkehrs, vgl EWGVO 1889/05; dazu *Thiele* ZfZ 07, 205 und

FG BaWü DStRE 07, 1575) und insbes auch im Außenwirtschaftsrecht nach § 21 AWG (dazu *Stein/Thoms,* AWG; in *Dorsch* Zollrecht C 11; vgl *Ricke* AW-Prax 07, 288). Vgl auch § 12 MOG, § 68 BNatSchG, § 8 GÜG, § 24 I ZFdG.

Zur Organisation der Zollfahndung siehe ferner § 12 I FVG (Bestimmung des Bezirks der Zollfahndungsämter durch das BMF). Da die Zollfahndungsämter als selbständige Behörde neben den HZÄ stehen, ergeben sich vergleichbare Probleme wie bei übergreifenden Zuständigkeiten der StFahndung nicht; eine Vorschrift wie § 17 II 3 FVG fehlt dementsprechend. 19

Das Zollkriminalamt (ZKA) ist die Zentralstelle für den Zollfahndungsdienst und ist darüber hinaus eine der Zentralstellen für das Auskunfts- und Nachrichtenwesen der Zollverwaltung. 20

4. Aufgaben und Befugnisse nach Abs 1 S 1 Nr 1: Erforschung von Steuerstraftaten und -ordnungswidrigkeiten. Die Voraussetzungen für ein Tätigwerden zur (zielgerichteten) „Erforschung" einer konkretiesierten Tat (Abgrenzung: Vorfeldermittlungen, Rz 40 ff) ergeben sich aus den allgemeinen strafprozessualen Bestimmungen. Es gilt also das Legalitätsprinzip, bei Ordnungswidrigkeiten das Opportunitätsprinzip. Erforderlich ist insbes ein strafrechtlicher **Anfangsverdacht;** deshalb wäre eine (gleichsam vorsorgliche, auch nur beobachtende) Anwesenheit von Fahndungsbeamten bei einer Ap zu beanstanden, außer sie lässt sich nach § 218 I 1 Nr 3 rechtfertigen. Hat der Strafrichter, etwa bei Anordnung von Durchsuchungen und Beschlagnahmen, einen Anfangsverdacht bejaht, so soll dies allerdings vom FG nicht einer erneuten gerichtlichen Überprüfung zu unterziehen sein, es sei denn, die Entscheidung des ordentlichen Gerichts erwiese sich als offensichtlich grob fehlerhaft und damit als greifbar gesetzwidrig (BFH BStBl 01, 624). 23

Die **Abgrenzung der steuerstrafrechtlichen Tätigkeit** von einer (möglicherweise nur daneben durchgeführten) steuerverfahrensrechtlichen Tätigkeit kann im Einzelfall schwierig sein (vgl schon Rz 4a). Die Zuordnung von Maßnahmen einer Fahndungsstelle zu Nr 1 ist insbes zweifelhaft, wenn es sich um die Ermittlung von Tatsachen handelt, die auch zu den Besteuerungsgrundlagen (Nr 2) gehören. Maßgebend soll sein, in welcher Funktion und in welchem Verfahren die FinBeh *nach außen objektiv und eindeutig erkennbar* tätig geworden ist oder tätig werden will (BFH BStBl 87, 440; FG BaWü EFG 97, 519). Dass sich diese Forderung von BFH BStBl 87, 440 einlösen lässt, ist zu bezweifeln. Da die Normen des StStrafrechts im Wesentlichen Blankettnormen sind, ihre Vorschriften also durch materielles StRecht ausgefüllt werden müssen, können Ermittlungen in diesem Bereich iAllg steuerlichen ebenso wie steuerstrafrechtlichen Zwecken dienen (Ausnahme: Schuldfragen; Verjährungseintritt für einen Bereich; vgl BFH BStBl 97, 543; 87, 440). Welcher Funktion der StFahndung einzelne Ermittlungsmaßnahmen zuzuordnen sind, hängt von der dafür ggf in Anspruch genommenen strafprozessualen Rechtsgrundlage (aber kein Umkehrschluss, siehe Rz 4a, 24a), dem gewählten Behördenweg (Nichtbeteiligung der Staatsanwaltschaft, BFH BStBl 87, 440) und vor allem einer *erklärten* Zweckbestimmung ab. 24

Ermittlungen dienen der Erforschung von StStraftaten (Nr 1), wenn sie „in den Rahmen der Verfolgung einer Straftat fallen" (BFH BStBl 83, 482). Solange gegen eine Person noch gar kein förmliches Straf- oder Bußgeldverfahren anhängig ist, handelt es sich folglich immer um Ermittlungen im Rahmen des § 208 I 1 Nr 2, also Abgabenangelegenheiten (BFH BStBl 77, 318); dabei bleibt es selbst dann, wenn später ein solches Verfahren eingeleitet wird und die fraglichen Ermittlungsergebnisse in dieses eingehen (vgl auch BFH BStBl 97, 543). Ist hingegen gegen die Person, gegen die sich die Maßnahme der StFahndung richtet oder richten soll, ein steuerstrafrechtliches oder bußgeldrechtliches Ermittlungsverfahren eingeleitet und noch nicht abgeschlossen, wird die StFahndung im Straf- oder Bußgeldverfahren tätig, auch wenn sie im Zusammenhang mit dem eingeleiteten 24a

Ermittlungsverfahren gem § 208 I 1 Besteuerungsgrundlagen ermittelt, wie es ihre (zweite) Aufgabe ist (BFH BStBl 01, 306; 98, 367; 85, 571; 83, 482; BFH/NV 10, 1777), und zwar selbst dann, wennn sie sich nicht auf strafprozessuale Befugnisse beruft (BFH BStBl 83, 482; BFH/NV 92, 254). Das gilt auch dann, wenn damit eine andere FinBeh von der StFahndung beauftragt wird (BFH/NV 92, 254). Auch wenn sich der strafrechtliche Anfangsverdacht nur auf einen bestimmten Sachverhalt richtet, ist die StFahndung nicht darauf beschränkt, diesen Sachverhalt aufzuklären, sondern berechtigt und verpflichtet, alle für die Feststellung der Straftat erforderlichen Besteuerungsgrundlagen zu ermitteln (BFH/NV 10, 1777). Lautet der strafrechtl Vorwurf also zB auf Hinterziehung der ESt eines bestimmten Jahres, dürfen sämtliche für die Festsetzung der ESt dieses Jahres erforderlichen Besteuerungsgrundlagen ermittelt werden, auch wenn es sich dabei um Sachverhalte handelt, auf die sich ein strafrechtlicher Anfangsverdacht nicht richtet. Betrifft die Maßnahme der StFahndung hingegen Dritte, gegen die sich das eingeleitete steuerstrafrechtliche Ermittlungsverfahren nicht richtet, kann die StFahndung nur zur Ermittlung von Besteuerungsgrundlagen oder zur Aufdeckung und Ermittlung unbekannter StFälle tätig werden, wobei es unerheblich ist, ob die Maßnahmen in einem sachlichen Zusammenhang mit dem Ermittlungsverfahren stehen oder nur gelegentlich des straf- oder bußgeldrechtlichen Ermittlungsauftrags durchgeführt werden (BFH BStBl 01, 306, wo der BFH das Ziel der Ermittlungen allerdings allein aus einem zuvor ergangenen strafrichterlichen Beschluss zu entnehmen sucht, ohne der sonst iAllg für entscheidend angesehenen eigenen Erklärung der StFahndung, dazu zuletzt BFH BStBl 02, 495, maßgebliche Bedeutung beizumessen).

24b Auch **nach Einleitung eines Ermittlungsverfahrens** können allerdings Ermittlungsmaßnahmen der StFahndung **dem Besteuerungsverfahren dienen** und den entsprechenden Rechtmäßigkeitsanforderungen zu unterwerfen sein (BFH BStBl 00, 643; vgl auch BFH BStBl 01, 306). Mit der Einleitung eines Strafverfahrens tritt ein Rollenwechsel der Fahndungsbehörde von der StBehörde zur Strafverfolgungsbehörde nur *bedingt* ein (vgl BFH BStBl 81, 349; hingegen soll nach BFH BStBl 77, 318 dieser Rollenwechsel offenbar umfassend durch die Einleitung eines Straf-/OWi-Verfahrens bewirkt werden). Ferner kann sich eine Doppelfunktion daraus ergeben, dass dieselben Ermittlungen der Besteuerung des einen Stpfl und der Strafverfolgung eines anderen dienen bzw das Ermittlungsziel während eines Prüfungsvorganges ständig wechselt (BFH/NV 98, 424).

25 Dienen Maßnahmen gleichzeitig beiden Verfahren, wird man nach dem **Prinzip der Meistbegünstigung** ihre Rechtmäßigkeit prüfen müssen. Die Rechte der FinBeh ggü *Dritten* werden durch § 393 allerdings nicht eingeschränkt. Auskunftspflichtige Dritte stehen in einem latenten Pflichtverhältnis zur FinBeh; diesem Pflichtverhältnis wird nicht dadurch der Boden entzogen, dass gegen die Person, über deren stl Verhältnisse eine Auskunft verlangt wird, ein Strafverfahren eingeleitet wird. Der Fahndung steht also das Recht zu, unter den Voraussetzungen des § 93 auch im StStrafverfahren Auskünfte von Dritten zu fordern. Einer unmittelbaren Beziehung zu dem mutmaßlichen StHinterzieher oder gar einer Begünstigung seiner Tat bedarf es dafür nicht (BFH BStBl 07, 155).

26 Vgl ergänzend die eingehenden Anweisungen für das Straf- und Bußgeldverfahren (Steuer) (AStBV (St) 2017, BStBl I 16, 1338).

27 Welche **Befugnisse** der Fahndung bei strafrechtlichen Ermittlungen zustehen, ergibt sich aus § 404 (siehe die Erl dort). Es kommen insbes Durchsuchungen (§§ 102 ff StPO), Beschlagnahmen (§§ 94 ff StPO) und vorläufige Festnahmen (§ 127 II StPO) in Betracht.

30 **5. Aufgaben und Befugnisse nach Abs 1 S 1 Nr 2: Ermittlung von Besteuerungsgrundlagen.** Die Ermittlung der Besteuerungsgrundlagen gehört unmittelbar zur Erforschung von StStraftaten/Ordnungswidrigkeiten und ist folglich deren an sich nicht abtrennbarer Teil (BFH/NV 10, 1777). Denn StStraf- und Besteuerungsverfahren lassen sich nicht sinnvoll voneinander trennen. Die Ermittlung der StStraftat setzt vielmehr voraus, dass festgestellt wird, welche Steuer und in welcher Höhe sie verkürzt worden ist. Die Fahndung hat deshalb *im Zusammenhang* mit der Erforschung von StStraftaten und StOrdnungswidrigkeiten auch die Besteuerungsgrundlagen für das Besteuerungsverfahren zu ermitteln. Die steuerverfahrensrechtlichen Ermittlungsbefugnisse sind nicht verselbständigt (vgl BFH BStBl 83, 482), sondern rechtfertigen sich gleichsam aus einem strafrechtl Ermittlungsanlass heraus. Das bedeutet indes nicht etwa, dass die StFahndungs-Ermittlungen nicht über die strafrechtl relevanten Tatsachen hinausgehen dürften oder sich nur auf StForderungen beziehen dürften, deren Nichterfüllung auch strafrechtl relevant sein kann (vgl BFH BStBl 98, 231). Ausreichend ist, dass ein „Zusammenhang" mit strafrechtl Ermittlungen besteht, etwa weil der gleiche Lebenssachverhalt hinsichtlich eines bestimmten Zeitraums Gegenstand solcher Ermittlungen ist oder war und die StFahndung deshalb auch wegen strafrechtl zB infolge Verfolgungsverjährung nicht mehr relevanter anderer Zeiträume ermittelt (BFH BStBl 98, 231; dagegen nicht überzeugend *Dücker/Keune* DStR 99, 14). Der FinBeh wird dabei ein weiter Entscheidungsspielraum zuzugestehen sein, den Umfang der Ermittlungen nach Zweckmäßigkeitsgesichtspunkten zu gestalten.

Der Auftrag der StFahndung umfasst nicht nur die Nichterfüllung einer konkreten Einzelverpflichtung, sondern den gesamten geschichtlichen Vorgang. **Tathandlung** ist zB die Einreichung der unrichtigen StErklärung, ohne Rücksicht darauf, ob sie neben unrichtigen auch zutreffende Einzelangaben enthält. Die Fahndungs-Prüfung kann sich dann auf den gesamten StAnspruch, der der Erklärung zu Grunde liegt, erstrecken (so auch BFH BStBl 83, 482). Die Doppelfunktion der Fahnder als Ermittlungspersonen (früher: „Hilfsbeamte") der StA und Hilfskräfte bei der Vorbereitung der StErhebung besteht nur dann nicht, wenn der Sachverhalt ausschl unter strafrechtlichen Gesichtspunkten ermittelt wird, zB bei Ermittlung hinsichtlich der Schuldfrage allein im strafrechtlichen Interesse. **32**

Die *Zuständigkeit* der StFahndung im Zusammenhang mit der Ermittlung der Besteuerungsgrundlagen hängt nicht davon ab, dass tatsächlich gleichzeitig auch ein StStrafverfahren durchgeführt wird. Die StFahndung ist vielmehr auch zuständig, wenn wegen der StStraftat bereits **Verfolgungsverjährung** eingetreten ist (BFH BStBl 98, 231), die Festsetzungsfrist gem § 169 II aber nicht abgelaufen ist. Denn auch in solchen Fällen besteht idR der erforderliche, aber auch ausreichende tatsächliche Zusammenhang mit einer StStraftat. Die *Eingriffsbefugnisse* der StPO sind der StFahndung in diesem Fall jedoch nicht zuzugestehen (*Tormählen* wistra 93, 174). Das Gleiche dürfte gelten, wenn die StStraftat erst nach dem **Tod des Stpfl** bekannt wird oder der Beschuldigte während der Ermittlungen nach Nr 1 und Nr 2 stirbt. **35**

Eine mit dem Ziel der Straffreiheit abgegebene Selbstanzeige begründet den Anfangsverdacht, dass eine StStraftat begangen worden ist, namentlich, wenn sie als solche bezeichnet wird (BFH BStBl 08, 844). Die notwendige Überprüfung ihrer Wirksamkeit erfolgt in einem Strafverfahren, das mithin regelm nach Abgabe einer Selbstanzeige einzuleiten ist. Nur wenn ganz ausnahmsweise die Wirksamkeit der Selbstanzeige einschl der Zahlung der hinterzogenen Beträge bereits im Zeitpunkt der Schöpfung des Anfangsverdachts feststeht, hat die Einleitung des Strafverfahrens zu unterbleiben (BFH BStBl o8, 844; *Rolletschke* wistra 07, 89). **35a**

Wird durch ein Tätigwerden der StFahndung (statt der Veranlagungsstelle) der Eindruck eines (in Wahrheit nicht hinreichend gesicherten) strafrechtl Verdachts erweckt, sollen davon in unzulässiger Weise Grundrechtsbeeinträchtigungen ausgehen können, die schwerer wögen als die durchzusetzenden Interessen (so – weitgehend – BFH BStBl 14, 220; vgl BVerfGE 118, 168; 115, 345 zu Beeinträchtigungen, die nicht aufgrund der Unzulässigkeit der Maßnahme als solcher zu **35b** beanstanden sind, sondern sich daraus ergeben, dass die Maßnahme auf eine Weise durchgeführt wird, die die Persönlichkeit erheblich berührt).

36 Die **Befugnisse** der FinBeh bei rein steuerverfahrensrechtlichen Ermittlungen ergeben sich aus den allgemeinen Verfahrensvorschriften der AO einschl derjenigen betr der Ap (BFH/NV 98, 424). Einer förmlichen Prüfungsanordnung gem § 196 bedarf die StFahndung allerdings für eine sog Fahndungsprüfung nicht. Anderenfalls wären Maßnahmen – die zum sachlichen Umfang einer Ap gehören (§ 194) – bei einer Fahndungsprüfung nur möglich, wenn die für die Besteuerung zuständige FinBeh zuvor ihre Zustimmung erteilt oder mit der Durchführung einer Ap nach Erlass einer Prüfungsanordnung, was der Doppelaufgabe der Fahndung nicht gerecht würde (BFH/NV 98, 424). Gleichwohl handelt es sich bei einer Fahndungsprüfung (zu deren Rechtswirkungen näher Rz 55 f) nicht um eine Ap (vgl auch BFH BStBl 89, 620). Es ist auch nicht erforderlich, dass der Prüfungszeitraum im Vorhinein eingegrenzt wird (BFH BStBl 95, 575). Die Reichweite einer StFahndungsprüfung wird nach dem Ermittlungswillen der Fahndungsbeamten bestimmt, also danach, welchen Verdachtsmomenten diese nachgehen (BFH BStBl II 08, 344; BFH wistra 14, 152).

40 **6. Aufgaben und Befugnisse nach Abs 1 S 1 Nr 3: Aufdeckung unbekannter Steuerfälle.** Neben der durch Abs 1 Nr 1 und 2 erteilten Aufgabe, StStraftaten eines *bekannten* Täters zu erforschen und in diesem Rahmen zugleich gem der Nr 2 die Ermittlung der Besteuerungsgrundlagen für die Veranlagungsstelle mit zu erledigen, hat die Fahndung nach Nr 3 die Aufgabe sog **Vorfeldermittlungen,** bei denen ein Verdächtiger (noch) nicht namentlich bekannt ist (BFH BStBl 00, 643; 02, 495). Der BFH verlangt hierfür **keinen strafrechtlichen Anfangsverdacht** (BFH BStBl 88, 359; 07, 155; BFH/NV 06, 1, 476; zustimmend *Steinberg* DStR 08, 1718), ordnet diese Funktion also nicht ausschl als polizeilich bzw strafrechtl ein, sondern als (auch) steuerverfahrensrechtliche Tätigkeit der Amtsermittlung unbekannter StFälle. Die Grenzziehung zwischen Besteuerungsverfahren und Strafverfahren wird dadurch freilich noch weiter verwischt als es durch die Doppelfunktion der Fahndung bei der Prüfung konkreter StFälle ohnehin der Fall ist (kritisch deshalb ua *Rüping* DStR 02, 2020; *Rüsken* DStJG 31 (2008), 243).

40a Abs 1 Nr 3 betrifft nicht nur den Fall, dass ein in Umrissen bekannter stl mutmaßlich relevanter Sachverhalt (konkreter „Steuerfall") näher aufgeklärt werden soll, sondern insbes auch den, dass **nach unbekannten StFällen** überhaupt erst ***gesucht*** werden soll, wobei die steuerverfahrensrechtliche Zielsetzung im Allgemeinen gleichberechtigt und unentschieden neben einer etwaigen steuerstrafrechtlichen steht. BFH BStBl 88, 359 hat allerdings der Aufgabenzuweisung durch Nr 3 einen „starken" steuerrechtlichen Bezug beigemessen und Vorfeldermittlungen nicht als Einleitung eines Strafverfahrens angesehen, sodass in diesem Ermittlungsstadium grds gegen die Maßnahmen der Fahndung der Finanzrechtsweg zu beschreiten ist (vgl aber BFH BStBl 83, 482: ordentlicher Rechtsweg nach Einleitung eines StStrafverfahrens).

40b Ergibt sich bei den Vorfeldermittlungen ein Anfangsverdacht gegen einen *bestimmten* Stpfl, richtet sich die Fortführung des Verfahrens nach Abs 1 Nr 1 und 2 (Rechtsfolgen: Abs 1 S 3, § 393). Umgekehrt schließt es fortgesetzte Ermittlungen der StFahndung nicht aus, wenn das Strafverfahren nach § 170 II StPO eingestellt worden ist (siehe jedoch Rz 35).

41 Unbeschadet dessen, dass nach der Rspr Vorfeldermittlungen keinen strafrechtlichen Anfangsverdacht voraussetzen, darf die Fahndung nach Nr 3 allerdings nur bei **hinreichendem Anlass** tätig werden (BFH BStBl 00, 643; vgl auch Rz 35). Sie darf ihre Ermittlungen also nicht „ins Blaue hinein" (zB Ausforschungsdurchsuchung) führen (BFH BStBl 91, 277; 88, 359; 87, 484; BFH/NV 06, 1; 98, 424; 92, 791; vgl auch BVerfG HFR 90, 266; 89, 440). Die zur Konkretisierung dieses

Erfordernisses eines qualifizierten Ermittlungsanlasses gebrauchten Formeln sind allerdings wenig prägnant und trennscharf; ob sich der erforderliche Anlass überhaupt begrifflich präzise umreißen lässt, muss bezweifelt werden, da über die Zulässigkeit der Aufnahme von Vorfeldermittlungen maßgeblich aufgrund einer (nur im Einzelfall durchführbaren) Abwägung des Interesses der Allgemeinheit an einer gleichmäßigen Besteuerung/der Aufdeckung von StStraftaten und den durch diesbzgl Ermittlungen betroffenen Bürgerrechten entschieden werden kann (eine Check-Liste entscheidungserheblicher Gesichtspunkte versucht BFH BStBl 09, 509 zu entwickeln; kritisch dazu *Wagner* DStZ 10, 69, zu den unterschiedlichen Folgerungen aus dieser Entscheidung *von Wedelstädt* DB 09, 700 einerseits, *Geuenich* BB 09, 1057 andererseits). Obgleich die Eingriffsschwelle nicht hoch angesetzt werden kann, darf der Steuerbürger aber nicht gleichsam unter Generalverdacht gestellt werden. Der (unterhalb der Schwelle eines strafrechtlichen Anfangsverdachts anzusiedelnde) hinreichende Anlass muss also zumindest über die allg Erwägung hinaus verdichtet sein, dass Steuern häufig hinterzogen oder sonst verkürzt werden (BFH BStBl 09, 582: erhöhte Entdeckungswahrscheinlichkeit erforderlich; vgl auch § 30a Rz 20).

Ein hinreichender Anlass besteht aber nicht erst dann, wenn ein durch *konkrete* **41a** Tatsachen begründeter Verdacht dafür besteht, dass in einem *bestimmten* Einzelfall (oder einer näher umrissenen Zahl von Fällen) stl Unregelmäßigkeiten vorliegen könnten. Es soll vielmehr genügen, wenn aufgrund bestimmter Merkmale des Einzelfalls (zB unübliches wirtschaftliches Verhalten des Stpfl, BFH BStBl 01, 306, 624) *oder* **aufgrund allgemeiner Erfahrung** eine Überprüfung angezeigt erscheint (BFH BStBl 90, 1010; BFH/NV 07, 190; 92, 791; kritisch *Steinberg* DStR 08, 1718, der, mE zu eng, sinngemäß einen einzelfallbezogenen *Ansatzpunkt* für jene allgemeinen Erfahrungen verlangt). Sogar auf allgemeine Erfahrungen begründete *Vermutungen* sollen genügen können (BFH BStBl 88, 359; 92, 707; unklar insofern BFH/NV 90, 279; anders offenbar BFH BStBl 02, 495, wo bankspezifische Informationen für maßgeblich gehalten werden, die freilich nichts besagten, als was die Lebenserfahrung ohnehin ergab). Zweifelh ist auch BFH BStBl 01, 624, wo wegen der Legalität eines Verhaltens ein Ermittlungsanlass verneint wird, und BFH/NV 01, 709, wo dafür sogar das unionsrechtl Verbot einer Diskriminierung bemüht wird, zu diesem Aspekt kritisch BFH/NV 06, 1. Auch umfangreiche Ermittlungen sind zulässig, wenn sie zur Klärung einer großen Zahl von Straftaten geeignet sind (vgl BFH BStBl 02, 495) und die Gesetzesverstöße nicht völlig belanglos sind (BVerfG NJW 94, 2079), wobei das BVerfG das Schwergewicht nicht auf der Beeinträchtigung fiskalischer Interessen, sondern auf der Störung der Besteuerungsgerechtigkeit liegen sieht (BVerfG NJW 95, 2839).

Ein hinreichender Anlass kann sich auch aufgrund einzelner bereits aufgedeckter **42** StFälle iVm der Annahme ergeben, **bestimmte für eine Berufsgruppe typische Geschäftsabläufe begünstigten StVerkürzung;** eine nur geringe Anzahl bereits festgestellter StVerkürzungen allein steht dann der Aufnahme von Vorfeldermittlungen nicht entgegen (BFH BStBl 07, 155 „Hormonspirale" mit krit Anm *Weidemann* wistra 07, 396). Eine verbotene Ermittlung ins Blaue hinein liegt also nicht vor, wenn die FinBeh Hinweise dafür hat, dass zB in einer bestimmten Branche oder Berufssparte typischerweise bestimmte Fälle von StHinterziehungen auftreten; dies ist – obwohl dieser Begriff oftmals gemieden oder sogar negativ besetzt wird – eine (zulässige) Rasterfahndung, sofern der Verhältnismäßigkeitsgrundsatz gewahrt bleibt (vgl BFH BStBl 09, 582). Für die Beschlagnahme von Bankunterlagen reicht aber nach BVerfG NJW 95, 2839 idR *nicht* die bloße *Möglichkeit* aus, dass das Bankverfahren von Straftätern missbraucht worden sein könnte; es müssten vielmehr Verdachtsmomente für den konkreten Missbrauch vorliegen, was bei konkreten Erkenntnissen zu zwei Einzelfällen, nicht jedoch bei allgemeinen Erwägungen zu Häufigkeit und Methode der StHinterziehung zu bejahen sein soll (vgl auch BVerfG NJW 94, 2079 = HFR 95, 36).

42a **Sammelauskunftsersuchen** sind zulässig (BFH BStBl 02, 495; 91, 277; 90, 198, 280, 1010; 88, 359; 87, 484; diese Rspr ist verfassungsrechtl gebilligt worden von BVerfG HFR 89, 440; ferner Erläut oben zu § 93 Rz 3). Sammelauskunftsersuchen sind allerdings idR an einem Fahndungsraster orientiert, definieren also den Gegenstand der begehrten Auskunft durch eine Kombination allgemeiner, anhand der Lebenserfahrung oder bestimmter bereits gewonnener Ermittlungsergebnisse gebildeter Merkmale. IdS stellen sie eine „Rasterfahndung" dar, die folglich keineswegs ihrer Art nach generell unzulässig ist (vgl auch treffend *Steinberg* DStR 08, 1718: nicht weiterführender Allgemeinplatz). Dass sie nur dann zulässig wären, wenn das Fahndungsraster anhand von Ermittlungsergebnissen entwickelt worden ist („Raster zur Beschränkung der weiterzuverfolgenden Fälle", vgl BFH BStBl 01, 665), ist nicht zu begründen.

42b Sammelauskunftsersuchen müssen allerdings – wie jede Ermittlungsmaßnahme – **geeignet, notwendig und – gemessen an der Bedeutung der Angelegenheit – verhältnismäßig** sein und vom Adressaten zumutbar beantwortet werden können (BFH BStBl 02, 495; 97, 449). Der Ermittlungsaufwand eines Sammelauskunftsersuchens muss in einem angemessenen Verhältnis zu der Bedeutung der Angelegenheit stehen, insbes zu dem von den Ermittlungen zu erwartenden fiskalischen Ertrag. Das Gebot des Verhältnismäßigkeitsgrundsatzes verlangt nicht nur, dass das Auskunftsersuchen geeignet ist, das von der FinBeh (rechtmäßig) festgelegte Ziel zu erreichen und dass das die Belange des Auskunftspflichtigen am besten schonende Mittel zur Erreichung dieses Ziels gewählt wird, sondern auch, dass solche Ersuchen verhältnismäßig ieS sind, also dem Auskunftspflichtigen nichts auch unter Berücksichtigung der betroffenen Belange der Allgemeinheit Unzumutbares abverlangen (BFH BStBl 09, 582; vgl schon BFH BStBl 97, 499). Richtet sich das Ersuchen darauf, die Identität von Geschäftspartnern zu offenbaren, ist auch das geschäftliche Interesse zu berücksichtigen, eine mit diesen vereinbarte Anonymität zu wahren; deren Vertrauen, durch Verwendung von Pseudonymen Steuern gefahrlos verkürzen könnten, ist freilich nicht schutzwürdig (BFH BStBl 14, 225 zum Internethandel).

42c § 30a III steht der **Auswertung** so gewonnener Informationen nicht entgegen (BFH BStBl 02, 495; BFH/NV 06, 1). BFH BStBl 07, 155 („Hormonspirale") hat sogar einen die Möglichkeit einer StVerkürzung „begünstigenden" Geschäftsablauf ausreichen lassen, um unabhängig von einer Bewertung der Entdeckungswahrscheinlichkeit und des fiskalischen Gewichts der vermuteten StVerkürzungen umfangreiche Ermittlungen gegen einen nicht näher eingegrenzten Personenkreis (Frauenärzte) einzuleiten.

43 **Weitere Einzelfälle:** Ein Kreditinstitut kann um Auskunft über Provisionszahlungen an alle in einer bestimmten Zeit für das Institut tätig gewordenen Kreditvermittler ersucht werden (BFH BStBl 87, 484). BFH BStBl 02, 495 hat eine Ermittlungszuständigkeit und -befugnis der Steufa im Rahmen eines Sammelauskunftsersuchens nur deshalb bejahen wollen, weil diese über „Informationen" verfügt habe, dass von Kunden einer bestimmten Bank stpfl Spekulationsgewinne erzielt worden sind; hingegen soll es Ermittlungen nicht rechtfertigen, dass der Steufa über die Kursentwicklung und das stl Erklärungsverhalten „im Einzugsbereich" der Bank Erkenntnisse vorlagen, was sich mit der in der bisherigen Rspr zweifelsfreien Anerkennung allg Lebenserfahrung als Ermittlungsanlass schwerlich vereinbaren lässt und überraschend gleichsam eine Verortung des allgemeinen Verdachts unerklärter Spekulationsgewinne verlangt, obwohl ein diesbezügliches steuerunehrliches Verhalten offensichtlich nicht orts- oder bankinstitutstypisch ist. Zudem hat BVerfG BStBl 04, 591 zu Recht moniert, dass in dieser Entscheidung die Voraussetzungen für Sammelauskunftsersuchen an Kreditinstitute „zu wenig konturiert" geblieben seien, als dass sich die Rechtmäßigkeit solcher Maßnahmen für die FinBeh mit ausreichender Sicherheit von vornherein abschätzen ließe.

Kein hinreichender Ermittlungsanlass soll bei Einkünften in Form des Bezugs sog Bonusaktien bestehen, wenn die Bankkunden im Zusammenhang mit der Übersendung der Erträgnisaufstellung der Bank auf deren Ergänzungsbedürftigkeit im Hinblick auf solche Einkünfte und deren nach Ansicht der FinVerw gegebene StPflichtigkeit hingewiesen worden sind (BFH BStBl 09, 582). BFH BStBl 01, 624 hat einen Anfangsverdacht einer StStraftat und mithin Ermittlungsmaßnahmen bei der Durchführung von Tafelgeschäften als gerechtfertigt angesehen, wenn Bankkunden solche Geschäfte bei dem Kreditinstitut, bei dem sie ihre Konten und/oder Depots führen, außerhalb dieser Konten und Depots durch Bareinzahlungen und Barabhebungen abwickeln (vgl auch BFH/NV 06, 476; 483). Hingegen hat BFH BStBl 00, 643 (dazu Nichtanwendungserlass BStBl I 00, 1549) trotz der hohen Geldabflüsse nach Luxemburg noch keinen ermittlungsrelevanten Anfangsverdacht daraus herleiten wollen, dass Bankkunden überhaupt Tafelgeschäfte getätigt haben, was – wenig überzeugend – auch aus dem europarechtlichen Diskriminierungsverbot hergeleitet wird (vgl dazu auch BFH/NV 06, 1). **43a**

Die Fahndung darf eine Zeitung um Auskunft über Name und Adresse der Aufgeber einzelner Chiffreanzeigen ersuchen, in denen ausl Immobilien von beträchtlichem Wert zum Verkauf angeboten wurden (BFH BStBl 88, 359). Die Fahndung kann aufgrund der Erfahrung, dass kostspielige Yachten oftmals stl nicht erfasst werden, die in den Verkauf der Yachten eingeschalteten Makler zur Angabe von Namen und Anschriften der Yachteigner auffordern (BFH/NV 92, 791; FG Hbg ZfZ 88, 374). Ein Sammelauskunftsersuchen, das an ein Presseunternehmen wegen Übermittlung von Personen- und Auftragsdaten zu Anzeigenauftraggebern einer bestimmten Anzeigenrubrik (sog „Rotlichtmilieu") gerichtet ist, kann mit Art 5 I 2 GG vereinbar sein, jedenfalls wenn relativ wenige Anzeigen von dem Auskunftsersuchen betroffen und die Anzeigen nicht bedeutsam für die öffentliche Meinungsbildung sind (BFH BStBl 16, 822). Eine in die Zukunft gerichtete Verpflichtung, laufende Auskünfte zu erteilen, bedarf einer besonderen Begründung der Ermessensentscheidung (BFH BStBl 16, 822). **44**

Hins Internethandelsplattformen gewonnene Erkenntnisse können den Schluss auf ein strukturelles Vollzugsdefizit im Bereich des Onlinehandels rechtfertigen; insbes bei unter Pseudonym handelnden Personen liegen hinreichende Anhaltspunkte für ein statistisch relevantes und mehr als nur unerhebliches Nichtbefolgen der steuerlichen Erklärungspflichten vor (FG Nds EFG 15, 1662); die Herausgabe personenbezogener Daten soll sogar im Falle eines dadurch begangenen strafbewährten Verstoßes gegen ein ausl Datenschutzgesetz zumutbar sein (FG Nds EFH 15, 1662 unter Berufung auf BFH BStBl 81, 492). **44a**

„Kontrollbesuche" der Fahndung in einem Bordell zur steuerlichen Erfassung von Prostituierten sollen (in der Geschäftszeit und ungeachtet einer Abwägung des Ermittlungserfolges gegen die Beeinträchtigung geschäftlicher Belange) zulässig sein (BFH BStBl 09, 839, zweifelhaft). **44b**

7. Erweiterung der Ermittlungsbefugnisse durch Abs 1 S 2. Die Vorschrift verleiht der StFahndung *ihrem Wortlaute nach* im Straf-/OWi-Verfahren scheinbar ebenso wie im StVerwaltungsverfahren und bei Vorfeldermittlungen *neben* den besonderen Befugnissen nach § 404 S 2 HS 1 (Anordnung der Beschlagnahme, Durchsuchungen nach den für Ermittlungspersonen – früher: „Hilfsbeamte" – der StA geltenden Vorschriften) die Ermittlungsbefugnisse der FÄ im Besteuerungsverfahren. § 393 soll aber unberührt bleiben, wie Abs 1 S 3 letzter HS ausdrücklich sagt. Nach dessen S 1 richten sich Rechte und Pflichten des Betroffenen aber gerade danach, ob es um Maßnahmen in einem Besteuerungs- oder in einem Strafverfahren geht. Obwohl also Abs 1 S 2 hinsichtlich der Befugnisse der FinBeh nicht zwischen Fällen der Nr 1 und Nr 2 unterscheidet und trotz der doppelten Bedeutung der Erkenntnisse über die Besteuerungsgrundlagen, hat die Fahndung die Befugnisse der FÄ im Besteuerungsverfahren iErg nur, soweit sie **45**

nach Abs 1 Nr 2, also im Besteuerungsverfahren, tätig ist; ihre Ermittlungsbefugnisse im strafrechtlichen Ermittlungsverfahren sind allein in § 404 geregelt (anders wohl noch BFH BStBl 83, 482). Die Fahndung ist aber auch nach Aufnahme strafrechtlicher Ermittlungen nicht gehindert, Ermittlungen nach Abs 1 Nr 2 fortzuführen und in dem einen Verfahren gewonnene Erkenntnisse für die Zwecke des anderen zu verwenden; der von § 393 I 1 gewährte, von Abs 1 S 3 letzter Hs bestätigte Schutz ist insofern nur sehr eingeschränkt wirksam. Gewisse Einschränkungen, die im Rahmen der Ermittlung der Besteuerungsgrundlagen von den FinBeh grds zu beachten sind, gelten für die Fahndung nicht, wie sich aus S 3 ergibt. Bei einer Kontenabfrage nach § 93 VII greifen die diesbzgl Erleichterungen aber nicht ein (vorherige Anfrage beim Stpfl notwendig), wenn auch insofern die Möglichkeit einer auf § 24c KWG gestützten Kontenabfrage (ohne vorherige oder zumindest nachgehende – zu § 93 VII siehe insoweit BVerfGE 112, 284 – Einschaltung des Stpfl) besteht. Für Auskunftsersuchen an Kreditinstitute beachte die Beschränkung in § 30a V 2 (vgl BFH BStBl 98, 231).

45a Zu den Ermittlungsbefugnisse der FÄ gehören – neben den allg Ermittlungsbefugnissen – auch die Befugnisse, die die FÄ bei **Ap** haben (BFH/NV 98, 424: zumindest wenn die Fahndung der Funktion nach Aufgaben der Ap erfüllt). Eines Ap-Auftrags des FA bedarf es dafür nicht; Abs 1 S 3 Hs 2, der gerade bestimmte Mitwirkungspflichten sowie die Vorschriften über die Zeit der Prüfung und das Betretungs- und Besichtigungsrecht der Prüfer für sinngemäß anwendbar erklärt, soll dieser Deutung nicht entgegen stehen. Es ist aber nicht zweifelsfrei, ob zu den erweiterten Befugnissen auch die Vollstreckungsrechte der FÄ gehören, dh ob die Fahndung im Rahmen steuerlicher Ermittlungen ihre Anordnungen, soweit die Einschränkungen des § 393 I nicht gelten, mit **Zwangsmitteln** (§§ 328 ff) durchsetzen kann. Verneint man diese Frage, wäre für die Durchsetzung das jeweils zuständige FA, für das die Fahndung tätig wird, zuständig.

46 Der Fahndung steht das Recht zu, unter den Voraussetzungen des § 93 auch im StStrafverfahren **Auskünfte von Dritten** zu fordern (BFH BStBl 83, 482; siehe auch oben Rz 3, 25). Die Befugnisse der Straf- und Bußgeldstellen bzw einer sonst nach § 386 II selbständig ein Ermittlungsverfahren führenden FinBeh, dh Befugnisse wie die StA (vgl § 399 I), hat die Fahndung nicht; insbes sind der **Beschuldigte und Zeugen** daher anders als bei der StA und der Strafsachenstelle (siehe § 163a III 1 StPO) nicht verpflichtet, vor ihr zu erscheinen.

47 **8. Einschränkung von Vorschriften des steuerlichen Ermittlungsverfahrens durch Abs 1 S 3.** Um zu verhindern, dass die Ermittlung der Besteuerungsgrundlagen im Zusammenhang mit der Erforschung von StStraftaten und StOrdnungswidrigkeiten oder im Zusammenhang mit der Aufdeckung und Ermittlung unbekannter StFälle in unangemessener Weise erschwert oder uU unmöglich gemacht wird, wird die Geltung einiger Vorschriften über das StErmittlungsverfahren ausgeschlossen. Ua kann die Fahndung andere Personen als den Stpfl schon dann um Auskunft ersuchen, wenn der Stpfl noch nicht befragt worden ist und schon vor der Befragung des Stpfl und anderer Personen die Vorlage von Büchern und Aufzeichnungen, Geschäftspapieren usw verlangen. Der Stpfl hat auch nicht das Recht, eine schriftliche Erteilung des Auskunftsersuchens zu verlangen.

48 Es bestehen bestimmte **Mitwirkungspflichten,** die der Stpfl sonst nur in einer Ap hätte, soweit es um die Ermittlung der Besteuerungsgrundlagen geht; dies wird durch die Bezugnahme auf verschiedene Vorschriften des § 200 zum Ausdruck gebracht. Es ist aber weder eine vorherige Prüfungsanordnung vorgesehen noch eine Schlussbesprechung (BFH BStBl 98, 367; BFH/NV 99, 1186; 90, 151); vgl Rz 45. Beachte jedoch § 30 V 2.

49 Der Hinweis auf § 393 I stellt klar, dass die **Mitwirkung des Stpfl nicht erzwungen werden kann,** wenn er sich dadurch wegen einer von ihm begangenen

StStraftat belasten müsste oder gegen ihn bereits ein StStrafverfahren oder ein Bußgeldverfahren eingeleitet worden ist. Die Bezugnahme auf § 393 I bedeutet auch, dass der Stpfl über diese Rechtslage, dh einerseits Weiterbestehen der Mitwirkungspflicht ohne Auskunftsverweigerungsrecht, andererseits das Verbot der Anwendung von Zwangsmitteln, zu belehren ist, soweit hierzu Anlass besteht. Text des Belehrungsschreibens vgl BMF 13.11.2013, BStBl I, 1458. In den Fällen des Abs 1 Nr 2 und 3 ist regelmäßig ein solcher Anlass gegeben. Damit dürfte den Bedenken von BVerfG NJW 81, 1431 ausreichend Rechnung getragen sein.

9. Sonstige stl Ermittlungsaufgaben (Abs 2). Abs 2 Nr 1 stellt klar, dass die 50
Fahndungsdienststelle auf Ersuchen der zuständigen FinBeh stl Ermittlungen einschl der Ap vornehmen darf. Der Auftrag kann sich nur auf die Sachaufklärung, nicht auf die StFestsetzung beziehen (sonst allenfalls § 195). Neben der Ap kommen vor allem Maßnahmen der StAufsicht (§ 209) in Betracht. Das rechtsstaatliche Übermaßverbot steht dieser Indienstnahme der Fahndungsdienste schwerlich entgegen, welche nur das tun, was sonst das FA zu tun hätte (BFH BStBl 92, 595; offenbar auch BFH/NV 98, 424; vgl aber Rz 35). Die Betrauung von Fahndern mit Aufgaben der Ap wird freilich rechtstatsächlich deswegen als nicht unproblematisch angesehen, weil ein Fahnder dazu neige, die Dinge zu sehr aus der Sicht der Fahndung zu sehen und hierbei zB seine ihm bei der Ap übertragene Verpflichtung, den Steuerfall auch zugunsten des Stpfl zu prüfen, zu vernachlässigen. Dies ist jedoch eine verwaltungspraktische, keine rechtliche Überlegung; denn führt die Fahndung auf Ersuchen der zuständigen FinBeh eine Ap durch, hat sie uneingeschränkt die für die Ap geltenden Vorschriften (§§ 193 ff) zu beachten, also eine Prüfungsanordnung zu erlassen (BFH BStBl 92, 595) und im Rahmen des § 201 auch eine Schlussbesprechung abzuhalten. Sie hat folglich insbes auch den Sachverhalt umfassend, auch zugunsten des Stpfl zu erforschen.

Ob eine Übertragung nach Abs 2 vorgenommen wird, steht im **Ermessen** der 51
zuständigen Behörde; seine Ausübung darf sich allein an verwaltungsökonomischen, ermittlungstaktischen Erwägungen orientieren, ohne diese gegen etwaige Interessen des Stpfl, Ermittlungen der Fahndung nicht ausgesetzt zu sein, abwägen zu müssen (aA *Koenig/Koenig* § 208 Rz 39). BFH BStBl 92, 595 hat offen gelassen, ob es für eine Beauftragung nach Abs 2 Nr 1 überhaupt einer sachlichen Notwendigkeit bedarf, jedenfalls das Interesse an einer raschen Abwicklung der Aufklärungsmaßnahmen ausreichen lassen. Dass Abs 2 Nr 1 rechtsstaatlich nicht tragbar wäre, kann schwerlich behauptet werden. Ein klagefähiges, subjektives Recht auf ermessensfehlerfreie Entscheidung über die Einschaltung der Fahndung dürfte nicht bestehen.

Nr 2 stellt klar, dass der Fahndung auch **sonstige Aufgaben zugewiesen** wer- 53
den können, allerdings nur insoweit, als es sich um Aufgaben handelt, für deren Wahrnehmung die FinBeh zuständig sind, zB Vollstreckungsmaßnahmen, StAufsichtsmaßnahmen, wobei dies nach überwM durch interne Verwaltungsanordnung geschehen kann (aA ua *Schwarz/Dumke* § 208 Rz 33).

10. Wirkung einer Fahndungsprüfung. Für Ermittlungen der Fahndung 55
sind zwar verschiedene Vorschrift der Ap anwendbar, es handelt sich aber, abgesehen von den Fällen des § 208 II, nicht um eine Ap (BFH BStBl 00, 643, 648). Infolgedessen greift § 173 II (BFH BStBl 98, 367) nicht ein. Da die Fahndung nur Ermittlungshilfe leistet, kann sie auch keine Zusage nach § 204 erteilen (*Schwarz/Dumke* § 208 Rz 30), soweit nicht Abs 2 Nr 2 einschlägig ist. Auch die Ablaufhemmung bei Ap (§ 171 IV) tritt nicht ein, stattdessen gem § 171 V eine speziell auf die Fahndung zugeschnittene Ablaufhemmung (dazu BFH/NV 10, 1777). Auch § 171 VI kann ggf einschlägig sein. Die Regelung des § 171 V ist deswegen erforderlich, weil zwar Fahndungsprüfungen häufig zu stl Mehrergebnissen führen, es aber nicht immer gelingt, insoweit eine StHinterziehung oder eine leichtfertige StVerkürzung mit der Folge einer längeren Festsetzungsfrist nachzuweisen. Ein

solches Ergebnis wäre insbes dann unbefriedigend, wenn die FinBeh bei Beginn der Ermittlungen durch die Fahndung zu Recht davon ausgehen konnte, dass ihr der Nachweis einer strafbaren Handlung gelingen wird und daher keine Ap angeordnet hat.

56 Weitere Wirkungen: Unterbrechung der Strafverfolgungsverjährung (§ 78c StGB). Eine strafbefreiende Selbstanzeige (§ 371) bzw eine strafbefreiende Erklärung nach dem StrbEG (dazu BFH BStBl 08, 344) sind ausgeschlossen, sobald ein Amtsträger der Fahndung bei dem Stpfl erschienen ist (nicht schon mit Anordnung einer Fahndungsprüfung oder deren – seltener – vorheriger Bekanntgabe).

57 Die Ermittlungen der Fahndung werden durch einen Bericht beendet, nicht durch die *Einstellung* des Strafverfahrens. Die tatsächliche und rechtliche Würdigung des Berichts ist für die Strafsachenstelle nicht verbindlich, erst recht nicht für die Veranlagungstelle; ebensowenig sind diese *verpflichtet,* zur Klärung strafrechtlicher Fragen (etwa des § 71) die Ermittlungshilfe der Fahndung in Anspruch zu nehmen (BFH BStBl 99, 7; BFH/NV 03, 1034).

58 **11. Unberührte Befugnisse der Finanzämter (Abs 3).** Die Aufgabenzuweisung an die Fahndungsstellen lässt die Aufgaben und Befugnisse der FÄ unberührt, dh das FA ist nicht gehindert, in der gleichen Sache wie die Fahndung tätig zu werden oder sich sogar bestimmte Ermittlungen vorzubehalten (BFH BStBl 16, 135; 14, 220; 07, 227). Es kann zB eine Ap anordnen und selbst durchführen (BFH BStBl 07, 227; 99, 7; 88, 113; BFH/NV 88, 550). Das FA darf insofern das nach seiner Auffassung zweckmäßigste Mittel für die Feststellung der Besteuerungsgrundlagen wählen, auch wenn feststeht oder wahrscheinlich ist, dass eine StStraftat vorliegt; es ist nicht auf den Einsatz der Steufa angewiesen (BFH BStBl 16, 135; 07, 227). Die Würdigung etwaiger Ermittlungsergebnisse der Steufa ist von ihm selbständig vorzunehmen.

71 **12. Rechtsbehelfe.** Die Doppelfunktion der Fahndung hat zur Folge, dass der Rechtsweg gespalten ist, je nachdem, welche Funktion wahrgenommen worden ist: In den Fällen des Abs 1 S 1 Nr 1 *und* Nr 2 (Tätigkeit im Straf- und Bußgeldverfahren) ist weder ein Einspruch noch der Finanzrechtsweg, sondern vielmehr die Zuständigkeit der ordentlichen Gerichte gegeben. Abgabenrechtliche Angelegenheiten (Einspruch, Finanzrechtsweg) liegen hingegen in den Fällen des Abs 1 S 1 Nr 3 vor (BFH BStBl 88, 359); dasselbe gilt erst recht im Falle des Abs 2 Nr 1.

72 Für Maßnahmen in einem **strafrechtlichen Ermittlungsverfahren** (Abs 1 Nr 1) unter Inanspruchnahme der Befugnisse der Fahndung nach § 404 ist der ordentliche Rechtsweg durch § 23 EGGVG eröffnet. Denn Strafrechtspflege ist nach § 23 EGGVG auch die Ermittlung und Erforschung strafbarer Handlungen nach den Vorschriften der StPO, und dies auch dann, wenn diese von Polizeibehörden durchgeführt wird (BVerwGE 47, 255, 260). Die Fahndung ist nach Einleitung eines Strafverfahrens Justizbehörde, weil dieser Begriff im funktionellen Sinne zu verstehen ist (*Meyer-Goßner/Schmitt* StPO § 23 EGGVG Anm 2; BGHSt 28, 206). Maßnahmen von StFahndungsbehörden zur Verfolgung von StStraftaten gehören zu den Maßnahmen der Justizbehörden iS dieser Vorschrift und stellen auch dann keine Abgabenangelegenheiten dar, wenn etwaige im StStrafverfahren (Ermittlungsverfahren) gewonnene Erkenntnisse auch für die StFestsetzung ausgewertet werden können oder sollen (BFH BStBl 83, 482). Das gilt auch für Ermittlungen, die von den WohnsitzFÄ auf Ersuchen der Fahndung durchgeführt werden (BFH/NV 92, 254).

73 Dasselbe gilt, wenn die Fahndung nach Einleitung eines strafrechtlichen Ermittlungsverfahrens ihre ***steuerverwaltungsrechtlichen* Instrumente** einsetzt, zB ein Auskunftsverlangen auf § 93 stützt, um die Besteuerungsgrundlagen zu ermitteln; sie nimmt damit nämlich eine ihr für die Erforschung von Straftaten übertragene Befugnis wahr, sodass ihr Auskunftsverlangen nicht im Finanzrechtsweg überprüft

werden kann (BFH BStBl 85, 571; 83, 482; BFH/NV 01, 709). Der BFH hat dies ua damit begründet, für die Frage des Rechtswegs könne es nicht darauf ankommen, in welchem Gesetz der Gesetzgeber die diesbzgl Befugnis geregelt habe; außerdem könne es Fälle geben, in denen sich ein und dieselbe Maßnahme sowohl nach Vorschriften der AO als auch nach denen der StPO rechtfertigen lasse, ohne dass davon der sonst zur Disposition der FinBeh stehende Rechtsweg abhängen könne (vgl auch BFH BStBl 81, 349; 82, 352).

Maßnahmen der Fahndung können jedoch, auch wenn sie während eines straf- **74** rechtlichen Ermittlungsverfahrens ergehen, uU ***nur äußerlich mit dem Strafverfahren verbunden,*** inhaltlich jedoch eindeutig dem Besteuerungsverfahren zuzuordnen sein; sie führen dann zu Streitigkeiten über Abgabenangelegenheiten iSd § 33 I Nr 1 FGO, für die der Finanzrechtsweg gegeben ist. Das gilt zB wenn sich ein Beschuldigter ausschl gegen die Weitergabe von Bankunterlagen an sein Wohnsitzfinanzamt zu Besteuerungszwecken wendet (FG Nds DStRE 02, 659) oder die Auswertung von Kontrollmaterial, das die Fahndung anlässlich einer strafprozessualen Durchsuchung gefertigt hat, verhindert werden soll (FG BaWü EFG 97, 519). Das Gleiche gilt, wenn *bei Gelegenheit* eines strafrechtl Ermittlungsverfahrens die Besteuerungsgrundlagen nicht verfahrensbeteiligter Dritter ermittelt werden (BFH BStBl 00, 648).

Bei **Strafverfolgungsmaßnahmen auf richterliche Anordnung** und sonsti- **75** gen **Prozesshandlungen** (insbes der Einleitung des Verfahrens als solcher) sind nur die in der StPO (§§ 304 ff) geregelten Rechtsbehelfe gegeben. Das Gleiche gilt, soweit gegen Maßnahmen der FinBeh bei Gefahr im Verzuge (Durchsuchungen, körperliche Untersuchung, Beschlagnahme) richterliche Entscheidung beantragt werden kann (§ 98 II 2 StPO).

Ferner gehört zu den Prozesshandlungen zB die Abgabe der Sache an die StA; **78** Verweigerung der Einsichtnahme in Ermittlungsakten ggü dem Verteidiger, wenn dieser Anspruch im Laufe eines Strafverfahrens geltend gemacht wird (anders für die Verfolgung des Anspruchs auf Einsicht in die Akten der Bußgeld- und Strafsachenstelle: Finanzrechtsweg gegeben); Entscheidung über Beweisanträge des Verteidigers; Rechtmäßigkeit einer Zeugenvernehmung; zwangsweise Vorführung des Beschuldigten oder eines Zeugen, vgl §§ 163a, 161a StPO; Antrag auf Erlass eines Strafbefehls.

Der Rechtsweg nach § 23 EGGVG ist nicht gegeben, wenn die Fahndung in **79** **Ausführung einer Prozesshandlung** bestimmte Maßnahmen ergreift und sich der Rechtsbehelf gegen deren *Art und Weise* richtet (BGH wistra 99, 109; *JJR/Joecks* § 399 Rz 189), zB wenn bei Vernehmung des Beschuldigten die Anwesenheit seines Verteidigers nicht gestattet wird, wenn dem Verteidiger das Recht zur Einsicht in die Protokolle der Vernehmung des Beschuldigten verweigert wird, wenn nach Abschluss des Verfahrens Beweismittel nicht herausgegeben werden oder dem Betroffenen die Einsicht in Ermittlungsakten, die er im Hinblick auf einen Zivilprozess benötigt, verwehrt wird. Es ist dann die richterliche Entscheidung entsprechend StPO § 98 Abs 2 S 2 zu beantragen (BGH wistra 99, 109; vgl aber *Meyer-Goßner/Schmitt* § 147 StPO Rz 39 mwN). Vgl auch § 101 VII 2 StPO für heimliche Ermittlungsmaßnahmen.

Nach Abschluss des Strafverfahrens hat die FinBeh die Funktion einer Jus- **82** tizbehörde nicht mehr, sodass der Finanzrechtsweg wieder eröffnet ist (BFH BStBl 85, 571 für den Fall der Einstellung; 77, 318; BGH NJW 78, 78; OLG Karlsruhe NJW 78, 1339; *JJR/Joecks* § 399 Rz 193). Das gilt auch nach rechtskräftigem Abschluss eines gerichtlichen Verfahrens (so *Burkhard* DStR 02, 1794; NdsFG EFG 93, 351 mit Anm *Schuhmann* wistra 95, 181).

Wenn die StFahndung im Auftrage der StA tätig wird, so entscheidet die StA in- **83** soweit auch über **Dienstaufsichtsbeschwerden.**

Sechster Abschnitt. Steueraufsicht in besonderen Fällen

§ 209 Gegenstand der Steueraufsicht

(1) **Der Warenverkehr über die Grenze und in den Freizonen und Freilagern sowie die Gewinnung und Herstellung, Lagerung, Beförderung und gewerbliche Verwendung verbrauchsteuerpflichtiger Waren und der Handel mit verbrauchsteuerpflichtigen Waren unterliegen der zollamtlichen Überwachung (Steueraufsicht).**

(2) **Der Steueraufsicht unterliegen ferner:**

1. **der Versand, die Ausfuhr, Lagerung, Verwendung, Vernichtung, Veredelung, Umwandlung und sonstige Bearbeitung oder Verarbeitung von Waren in einem Verbrauchsteuerverfahren,**
2. **die Herstellung und Ausfuhr von Waren, für die ein Erlass, eine Erstattung oder Vergütung von Verbrauchsteuer beansprucht wird.**

(3) **Andere Sachverhalte unterliegen der Steueraufsicht, wenn es gesetzlich bestimmt ist.**

1 **1. Ziel und Anwendungsbereich.** Die Vorschrift regelt Aufgaben; die zur Erfüllung dieser Aufgaben erforderlichen und verfügbaren Eingriffsbefugnisse ergeben sich im Wesentlichen aus §§ 210, 213.

2 Die StAufsicht dient – anders als die Ap – nicht in erster Linie der Ermittlung von Besteuerungsgrundlagen iEinz Steuerfall und der Nachprüfung in der Vergangenheit liegender Sachverhalte, sondern der *laufenden* Kontrolle von Betrieben und Unternehmen (BFH BStBl 85, 702) und der Überwachung der in Abs 1 und 2 bezeichneten Vorgänge durch die Zollbehörden. Verbrauchsteuerpflichtige Waren sollen schon im Vorfeld der StSchuldentstehung einer weitgehenden amtlichen Aufsicht unterstellt werden, um die Erhebung der einschlägigen Verbrauchsteuern zu gewährleisten.

4 **2. Konkurrierende und ergänzende Regelungen.** Der Anwendungsbereich der Vorschrift erfasst neben dem Verbringen solcher Waren in das Erhebungsgebiet der Verbrauchsteuern Lagerung, Beförderung und gewerbliche Verwendung verbrauchssteuerpflichtiger Waren und den Handel mit diesen Waren. Hierbei ist nicht Voraussetzung, dass sich die Waren in einem VerbrauchStVerfahren befinden. Auch hinsichtlich des von der StAufsicht betroffenen Personenkreises sind keine Einschränkungen vorgesehen.

5 Soweit es um den **Warenverkehr über die Zollgrenze der EU** oder sonstige unmittelbar oder kraft Verweisung durch das Unionsrecht, insbes den UZK, geregelte Gegenstände geht, tritt das Unionsrecht an die Stelle der §§ 209 ff. Insbes die Aufsicht über die Einfuhr von Waren in das Zollgebiet der Union (Art 143 UZK) sowie die Überwachung von Ein- und Ausgängen von Waren in Freizonen und Zolllagern (vgl zu diesen Instituten Art 243 ff bzw 237 ff UZK) ist vorgeschrieben. Das Gleiche gilt für die in Art 263 ff UZK geregelte zollamtliche Überwachung der Ausfuhr von Waren aus dem Zollgebiet der Union; da Ausfuhrabgaben keine praktische Bedeutung haben, liegt die Bedeutung der Aufsicht insoweit freilich nicht auf abgabenrechtlichem Gebiet.

6 Ferner weist das ZollVG der Zollverwaltung die Aufgabe zu, den Verkehr mit Waren über die Grenze des Zollgebiets der Gemeinschaft sowie über die Freizonengrenzen zu überwachen, ebenso die Aufgabe der Überwachung des Verkehrs mit verbrauchsteuerpflichtigen Waren sowie drittens die Überwachung der Einhaltung gemeinschaftlicher und nationaler Vorschriften über Verbote und Beschränkungen im Warenverkehr (Ein-, Aus- und Durchfuhrverbote und -beschränkungen). § 10 ZollVG regelt hierzu bestimmte Kontrollbefugnisse, die zum Teil über die der §§ 209 ff hinausgehen (Anhalterecht von Personen im grenznahen Raum –

30 km von der Grenze, 50 km von der Küstengrenze; vgl zu Anhalterechten insbes auch § 210 III; Anhalterecht auch außerhalb des grenznahen Raums bei Vorliegen tatsächlicher Anhaltspunkte dafür, dass vorschriftswidrig nicht Gemeinschaftswaren, verbrauchsteuerpflichtige Waren oder Waren, die Verboten oder Beschränkungen unterliegen, mitgeführt werden; Recht zur körperlichen Durchsuchung). Diese Vorschriften treten selbständig neben die §§ 209 ff.

Überwachungsaufgaben der Zollbehörden normieren darüber hinaus ua das AWG (§ 21) und das MOG (§§ 15 und 28; dazu *Kraus* ZfZ 97, 7), § 21 BtMG sowie das StGB (weitere Aufgabennormen bei *Wamers* ZfZ 99, 326). Die Zolldienststellen wirken ferner nach § 18 XI UStG an der umsatzsteuerlichen Erfassung von Personenbeförderungen mit und haben die dort festgelegten Befugnisse zu entsprechenden Kontrollen. 7

Besondere, bereichsspezifisch ergänzende Bestimmungen über die StAufsicht sind iÜ enthalten in § 33 TabStG, § 26 BierStG, §§ 43, 156 BranntwMonG, §§ 26 SchaumwZwStG, § 61 EnergieStG, § 22 KaffeeStG, die insbes die Gegenstände der Aufsicht über § 209 hinaus erweitern und konkretisieren. 8

3. Regelungsinhalte. Absatz 1 zählt die wichtigsten Vorgänge auf, die der StAufsicht unterliegen. Gegenstand der StAufsicht ist ua die Gewinnung und Herstellung verbrauchsteuerpflichtiger Waren (die nach Maßgabe des einschl StGesetzes iAllg zur StAussetzung führt, vgl § 50 Vorbemerkung). Grenze ist sowohl die Zollgrenze der Gemeinschaft als auch die Grenze zu deren Mitgliedstaaten. 9

Absatz 2. Nicht nur die Gewinnung und Herstellung verbrauchsteuerpflichtiger bzw der grenzüberschreitende Verkehr mit einfuhrabgabepflichtigen Waren unterliegen der StAufsicht, sondern bestimmte Vorgänge iZm der Weiterverwendung der Ware. In den Fällen der Nr 1 befinden sich die Waren weiter in einem iAllg zulassungsbedürftigen besonderen Verfahren (zB Zolllager, Art 237 ff UZK, oder Steuerlager nach VerbrauchStGesetzen; Veredelung, Art 255 ff UZK), wobei die StAussetzung iAllg erhalten bleibt. Die Fälle der Nr 2 sind dadurch gekennzeichnet, dass für die betr Waren Abgaben erhoben worden sind und der Umgang mit ihnen daher an sich keinen abgaberechtlichen Beschränkungen unterliegt, jedoch unter bestimmten in den einschlägigen VerbrauchStGesetzen (zB § 46 EnergieStG) festgelegten Voraussetzungen die Abgabenbelastung rückgängig gemacht werden kann. Wegen der Erfassung der insoweit für die Aufsicht in Betracht kommenden Betriebe vgl § 139. 10

Absatz 3 verweist auf besondere gesetzliche Bestimmungen, wie sie in den meisten VerbrauchStG vorgesehen sind, wonach ua die Herstellungsbetriebe als solche der StAufsicht unterliegen, die aber im Wesentlichen die Geltung der §§ 209 f bekräftigen (vgl § 26 BierStG, § 26 SchaumwZwStG, § 33 TabStG, § 61 EnergieStG, § 22 KaffeeStG). 12

§ 210 Befugnisse der Finanzbehörde

(1) **Die von der Finanzbehörde mit der Steueraufsicht betrauten Amtsträger sind berechtigt, Grundstücke und Räume von Personen, die eine gewerbliche oder berufliche Tätigkeit selbständig ausüben und denen ein der Steueraufsicht unterliegender Sachverhalt zuzurechnen ist, während der Geschäfts- und Arbeitszeiten zu betreten, um Prüfungen vorzunehmen oder sonst Feststellungen zu treffen, die für die Besteuerung erheblich sein können (Nachschau).**

(2) [1]**Der Nachschau unterliegen ferner Grundstücke und Räume von Personen, denen ein der Steueraufsicht unterliegender Sachverhalt zuzurechnen ist ohne zeitliche Einschränkung, wenn Tatsachen die Annahme rechtfertigen, dass sich dort Schmuggelwaren oder nicht ordnungsgemäß versteuerte verbrauchsteuerpflichtige Waren befinden oder dort sonst gegen Vorschriften**

oder Anordnungen verstoßen wird, deren Einhaltung durch die Steueraufsicht gesichert werden soll. [2]Bei Gefahr im Verzug ist eine Durchsuchung von Wohn- und Geschäftsräumen auch ohne richterliche Anordnung zulässig.

(3) [1]**Die von der Finanzbehörde mit der Steueraufsicht betrauten Amtsträger sind ferner berechtigt, im Rahmen von zeitlich und örtlich begrenzten Kontrollen, Schiffe und andere Fahrzeuge, die nach ihrer äußeren Erscheinung gewerblichen Zwecken dienen, anzuhalten. [2]Die Betroffenen haben sich auszuweisen und Auskunft über die mitgeführten Waren zu geben; sie haben insbesondere Frachtbriefe und sonstige Beförderungspapiere, auch nicht steuerlicher Art, vorzulegen. [3]Ergeben sich dadurch oder auf Grund sonstiger Tatsachen Anhaltspunkte, dass verbrauchsteuerpflichtige Waren mitgeführt werden, können die Amtsträger die mitgeführten Waren überprüfen und alle Feststellungen treffen, die für eine Besteuerung dieser Waren erheblich sein können. [4]Die Betroffenen haben die Herkunft der verbrauchsteuerpflichtigen Waren anzugeben, die Entnahme von unentgeltlichen Proben zu dulden und die erforderliche Hilfe zu leisten.**

(4) [1]**Wenn Feststellungen bei Ausübung der Steueraufsicht hierzu Anlass geben, kann ohne vorherige Prüfungsanordnung (§ 196) zu einer Außenprüfung nach § 193 übergegangen werden. [2]Auf den Übergang zur Außenprüfung wird schriftlich hingewiesen.**

(5) [1]**Wird eine Nachschau in einem Dienstgebäude oder einer nicht allgemein zugänglichen Einrichtung oder Anlage der Bundeswehr erforderlich, so wird die vorgesetzte Dienststelle der Bundeswehr um ihre Durchführung ersucht. [2]Die Finanzbehörde ist zur Mitwirkung berechtigt. [3]Ein Ersuchen ist nicht erforderlich, wenn die Nachschau in Räumen vorzunehmen ist, die ausschließlich von anderen Personen als Soldaten bewohnt werden.**

Übersicht

1 **1. Inhalt.** Abs 1 regelt die Nachschau, Abs 2 die darüber hinausgehenden Befugnisse zur sog Verdachtsnachschau. Bei beiden handelt es sich um Maßnahmen der (gegenständlich begrenzten, gezielten) steueraufsichtlichen Überwachung, die von der (umfassenden, zur Aufdeckung unbekannter StSachverhalte dienenden) (Außen-)Prüfung zu unterscheiden ist (vgl Abs 4 und § 209 Rz 2 sowie BFH BStBl 85, 702; *Kraus* ZfZ 97, 7). Der Zusammenhang mit § 209 verdeutlicht, dass § 210 nur zu Maßnahmen der StAufsicht im Bereich der VerbrauchSt berechtigt. Es können Feststellungen getroffen werden zB über die Anwesenheit von Waren oder in Bezug auf Geräte, Gefäße und Leitungen, die der Herstellung, Bearbeitung, Verarbeitung, Lagerung, Beförderung oder Messung steuerpflichtiger Waren dienen oder dienen können, vgl auch § 212 I Nr 2. Der Zweck der Nachschau muss sich aus der Aufgabe der StAufsicht ergeben, den gegenwärtigen und zukünftigen Warenverkehr zu überwachen, nicht jedoch – wie die Ap – abgeschlossene Sachverhalte zu untersuchen und diesbzgl Besteuerungsgrundlagen zu ermitteln. Die in § 210 genannten Befugnisse bestehen auch außerhalb eines Besteuerungsverfahrens. Ein irgendwie konkretisierter Verdacht von steuerlichen Unregelmäßigkeiten ist für die Nachschau nicht vorausgesetzt; sie kann anlasslos erfolgen, auch der allg Verhältnismäßigkeitsgrundsatz wird ihr allenfalls ausnahmsweise entgegenstehen. Eine Nachschau in unregelmäßigen Abständen ist zumutbar, ohne

dass zwischen den einzelnen Aufsichtsmaßnahmen ein zeitlicher Mindestabstand eingehalten werden müsste (BVerwGE 37, 291).

Die mit der StAufsicht betrauten Amtsträger haben umfassende Kontrollbefugnisse (BFHE 205, 351). Sie haben insbes das Recht, Grundstücke und Räume sowie (auch unter fremder Flagge fahrende, im Geltungsbereich des Gesetzes anwesende) Schiffe und andere Fahrzeuge während der Geschäfts- und Arbeitszeiten zu betreten, um Prüfungen vorzunehmen oder sonst Feststellungen zu treffen. Das Betretungsrecht nach Abs 1 erstreckt sich nicht auf Wohnräume (eingehend *Dißars/Dißars* ZfZ 96, 132; trotz des unklaren Wortlauts allgM); das meint die Beschränkung auf Personen, die eine gewerbliche oder berufliche Tätigkeit selbständig ausüben. Bei geschäftlich (mit-)genutzten Räumen einer Wohnung kommt es darauf an, ob sie durch Anmeldung nach § 139 dem Betrieb gewidmet sind (*BG/Hoyer* § 210 Rz 14). Das Betretungsrecht besteht ferner nur während der Geschäfts- oder Arbeitszeiten des betr Betriebs (*TK/Brandis* § 209 Rz 3: nicht notwendig branchenübliche Zeiten). Außerhalb der Geschäfts- und Arbeitszeiten besteht die Befugnis zur Betretung nur, wenn konkrete Tatsachen die Annahme rechtfertigen, dass sich an dem betr Ort Schmuggelwaren oder nicht ordnungsgemäß versteuerte verbrauchsteuerpflichtige Waren befinden. Auch ein gewaltsames Eindringen in die betr Räume, also eine Durchsetzung der Nachschau durch unmittelbaren Zwang, ist unter den Voraussetzungen des § 328 zulässig, wenn der Betroffene die Nachschau nicht duldet. Eine Durchsuchung kann jedoch auf Abs 1 nicht gestützt werden. 2

Verpflichtet ist derjenige, dem ein der StAufsicht unterliegender Sachverhalt entspr § 39 zuzurechnen ist, zB der Warenverkehr über die Grenze und in den Freizonen, Art 243–249 UZK. Ferner die Gewinnung oder technische Herstellung von Waren, deren Verbrauch einem VerbrauchStG unterliegt. 3

Die Anordnung von Nachschau und Verdachtsnachschau (Abs 2) ist rechtsbehelfsfähiger und vollstreckbarer VA. 4

2. Ergänzende Regelungen. Teilweise enthalten die **EinzelStG** über die AO hinausgehende Befugnisse, die der jeweiligen StArt entspr angepasst sind, siehe dazu schon § 209 Rz 12. Vgl auch §§ 10, 12a ZollVG zur Grenzaufsicht. Eine spezielle **umsatzsteuerl Nachschau** ist in § 27b UStG geregelt (dazu *Buse* UR 08, 605; *Rüsken* DStJG (32) 07, 243; *Kühn/Winter* UR 01, 478); sie ermöglicht keinen Datenzugriff nach § 146 VI (keine Ap), kann aber ohne vorherige Anordnung nach § 196 in eine Ap übergeleitet werden. 5

3. Verdachtsnachschau. Nach Abs 2 S 1 bezieht sich das Betretungsrecht auf Geschäfts- und auf Wohnräume unabhängig davon, ob die betroffene Person Unternehmer ist oder nicht. Dies gilt allerdings nur dann, wenn der Person ein der StAufsicht unterliegender Sachverhalt zuzurechnen ist und – anders als bei Abs 1 – Tatsachen vorliegen, aus denen sich konkrete, auf die betroffenen Räumlichkeiten bezogene Anhaltspunkte für Zuwiderhandlungen gegen StVorschriften oder gegen Anordnungen der StBehörden ergeben; ein bloßer auf allgemeinen Erfahrungen beruhender Verdacht oder bloße Vermutungen reichen nicht aus (BFHE 211, 26: keine richterl Anordnung einer Wohnungsdurchsuchung, weil dort häufig die Schmuggelware versteckt wird; vgl auch BFHE 211, 26). Die Befugnis zur Öffnung von Behältnissen schließt Abs 2 S 1 ebenso wenig wie Abs 1 ein, auch nicht vorbehaltlich Abs 3 zum Durchsuchen eines Pkw (BFHE 211, 26; FG BaWü PStR 05, 255). 6

Abs 2 S 2 regelt das Recht zu einer **Durchsuchung** ohne richterliche Anordnung (vgl Art 13 II GG). Der nicht näher gesetzlich definierte Begriff der Durchsuchung schließt die Einsichtnahme in elektronisch gespeicherte Datenbestände ein, nicht jedoch die Suche nach Personen, deren Aufenthalt an einem bestimmten Ort vermutet wird (vgl *Meyer-Goßner/Schmitt* StPO § 102 Rz 7), oder die körperliche Durchsuchung von Personen (vgl aber § 10 III ZollVG). 8

10 **4. Anhalterecht.** Abs 3 regelt das Anhalterecht von Schiffen und anderen Fahrzeugen. Schiffe (dazu BFHE 205, 351) und andere Fahrzeuge, die dem äußeren Anschein nach im gewerblichen Verkehr eingesetzt werden (wegen des Anhalterechts für Privatfahrzeuge vgl § 10 ZollVG und § 209 Rz 6), dürfen angehalten und es darf neben einer möglichen Auskunft über die mitgeführten Waren die Vorlage von Beförderungspapieren verlangt werden. Bei entsprechenden Anhaltspunkten für mitgeführte verbrauchsteuerpflichtige Waren können diese näher überprüft werden. Durch die Vorschrift soll die Einhaltung des vorgeschriebenen Beförderungsverfahrens überwacht, ferner sollen StStraftaten frühzeitig erkannt und wirksam bekämpft werden. Das Anhalterecht setzt keinen konkreten Verdacht voraus, da die Feststellung von besteuerungserheblichen Tatsachen im fließenden Verkehr kaum möglich ist. Stichprobenkontrollen im fließenden Verkehr sind zur Sicherung des StAufkommens und der Gleichmäßigkeit der Besteuerung erforderlich. Auch bei Anwendung des Abs 3 sind jedoch die Grundsätze der Verhältnismäßigkeit zu beachten. Es wäre zB nicht gerechtfertigt, ohne konkreten Anlass Straßensperren zu errichten, um in den angehaltenen Kraftfahrzeugen nach Schmuggelware zu fahnden. Einen konkreten Verdacht setzt die Vorschrift andererseits nicht voraus. Die Amtsträger können nach § 13 FVG den Beistand der Gemeinde/Ortspolizei und sonstigen Ortsbehörden in Anspruch nehmen.

11 Satz 4 beschreibt konkret die in § 211 normierten Pflichten der von den StAufsichtsmaßnahmen Betroffenen und ermöglicht eine unentgeltliche Probeentnahme, die für die Bestimmung des StGegenstandes erforderlich ist (vgl auch § 10 ZollVG).

13 **5. Überleitung in die Außenprüfung.** Abs 4 berücksichtigt, dass sich im Rahmen einer StAufsichtsmaßnahme die Notwendigkeit einer umfassenden Ap zur Überprüfung der Besteuerungsgrundlagen ergeben kann. Er bestimmt daher, dass ohne vorherige Prüfungsanordnung zu einer Ap nach §§ 193 ff übergegangen werden kann (ebenso § 27b III UStG). Von einer vorherigen Prüfungsanordnung ist insbes dann abzusehen, wenn durch Einhaltung einer Frist uU die Festsetzungsfrist ablaufen würde. Erforderlich ist es aber, den Stpfl auf den Übergang zu Ap hinzuweisen; der Hinweis ist – wie die Ap-Anordnung nach § 194 – VA. ME muss darüber hinaus in einem solchen Hinweis bestimmt werden, auf welche Zeiträume und welche Sachverhalte und Steuern sich die Prüfung erstrecken soll, vgl § 196 (so auch *Martens* NJW 78, 1465 Fn 7). Das ist ua wichtig für die Frage, inwieweit die Ablaufhemmung nach § 171 IV eintritt. Auch die sonstigen Vorschriften über die Ap sind in diesem Falle anwendbar, auch die Vorschrift über die verbindliche Zusage (§§ 204 bis 207).

15 **6. Sonderregelung Bundeswehr.** Abs 5. Soweit die StAufsicht Einrichtungen der Bundeswehr betrifft, wird sie grds auf Ersuchen von der vorgesetzten Dienststelle der Bundeswehr durchgeführt. Die FinBeh ist insoweit auf eine Mitwirkung beschränkt, die ihr aber von den betr Dienststellen gestattet werden muss (einschränkend *HHSp/Schallmoser* § 210 Rz 28). Das entspricht dem auch sonst geltenden Grundsatz, dass Behörden nicht der Aufsicht anderer außer den vorgesetzten Behörden unterstehen (fehlende „formelle Polizeipflicht").

§ 211 Pflichten des Betroffenen

(1) [1] **Wer von einer Maßnahme der Steueraufsicht betroffen wird, hat den Amtsträgern auf Verlangen Aufzeichnungen, Bücher, Geschäftspapiere und andere Urkunden über die der Steueraufsicht unterliegenden Sachverhalte und über den Bezug und den Absatz verbrauchsteuerpflichtiger Waren vorzulegen, Auskünfte zu erteilen und die zur Durchführung der Steueraufsicht sonst erforderlichen Hilfsdienste zu leisten.** [2] **§ 200 Abs. 2 Satz 2 gilt sinngemäß.**

(2) **Die Pflichten nach Absatz 1 gelten auch dann, wenn bei einer gesetzlich vorgeschriebenen Nachversteuerung verbrauchsteuerpflichtiger Waren in einem der Steueraufsicht unterliegenden Betrieb oder Unternehmen festgestellt werden soll, an welche Empfänger und in welcher Menge nachsteuerpflichtige Waren geliefert worden sind.**

(3) **Vorkehrungen, die die Ausübung der Steueraufsicht hindern oder erschweren, sind unzulässig.**

1 Den Befugnissen der FinBeh stehen entspr Mitwirkungspflichten des Betroffenen ggü. Die Regelung entspricht den vergleichbaren Bestimmungen über die Ap. Dadurch wird der Grundsatz des § 97 II, wonach die Vorlage von Urkunden erst nach Befragung durch den Beteiligten verlangt werden soll, modifiziert. Nicht nur Geschäftsbücher und Schriftstücke über Herstellung und Absatz von stpfl Erzeugnissen, sondern alle die Besteuerung betr Unterlagen sind vorzulegen.

2 **Absatz 2** regelt den besonderen Fall, dass bei der Einführung einer neuen VerbrauchSt oder einer Erhöhung der StSätze die zu diesem Zeitpunkt bereits vorhandenen Waren einer Nachversteuerung unterworfen werden. Danach kann die FinBeh bei den Herstellern dieser Waren feststellen, an welche Abnehmer (Händler) die Waren geliefert worden sind, um ggf dort die Nachsteuern erheben zu können. Das Gleiche gilt für die Inhaber von StLagern.

§ 212 Durchführungsvorschriften

(1) **Das Bundesministerium der Finanzen kann durch Rechtsverordnung zur näheren Bestimmung der im Rahmen der Steueraufsicht zu erfüllenden Pflichten anordnen, dass**

1. **bestimmte Handlungen nur in Räumen vorgenommen werden dürfen, die der Finanzbehörde angemeldet sind oder deren Benutzung für diesen Zweck von der Finanzbehörde besonders genehmigt ist,**
2. **Räume, Fahrzeuge, Geräte, Gefäße und Leitungen, die der Herstellung, Bearbeitung, Verarbeitung, Lagerung, Beförderung oder Messung steuerpflichtiger Waren dienen oder dienen können, auf Kosten des Betriebsinhabers in bestimmter Weise einzurichten, herzurichten, zu kennzeichnen oder amtlich zu verschließen sind,**
3. **der Überwachung unterliegende Waren in bestimmter Weise behandelt, bezeichnet, gelagert, verpackt, versandt oder verwendet werden müssen,**
4. **der Handel mit steuerpflichtigen Waren besonders überwacht wird, wenn der Händler zugleich Hersteller der Waren ist,**
5. **über die Betriebsvorgänge und über die steuerpflichtigen Waren sowie über die zu ihrer Herstellung verwendeten Einsatzstoffe, Fertigungsstoffe, Hilfsstoffe und Zwischenerzeugnisse in bestimmter Weise Anschreibungen zu führen und die Bestände festzustellen sind,**
6. **Bücher, Aufzeichnungen und sonstige Unterlagen in bestimmter Weise aufzubewahren sind,**
7. **Vorgänge und Maßnahmen in Betrieben oder Unternehmen, die für die Besteuerung von Bedeutung sind, der Finanzbehörde anzumelden sind,**
8. **von steuerpflichtigen Waren, von Waren, für die ein Erlass, eine Erstattung oder Vergütung von Verbrauchsteuern beansprucht wird, von Stoffen, die zur Herstellung dieser Waren bestimmt sind, sowie von Umschließungen dieser Waren unentgeltlich Proben entnommen werden dürfen oder unentgeltlich Muster zu hinterlegen sind.**

(2) **Die Rechtsverordnung bedarf, außer wenn sie die Biersteuer betrifft, nicht der Zustimmung des Bundesrates.**

1 Abs 1 enthält Verordnungsermächtigungen für DVOen. Die Regelung ist nicht etwa abschließend und kann es nicht sein.

2 Auf der Vorschrift beruhen folgende heute geltenden Verordnungen: **BierStV** (BGBl I 09, 3262), **AlkStV** (BGBl I 17, 431), **KaffeeStV** (BGBl I 09, 3262), **TabStV** (BGBl I 09, 3262), Schaumwein- und Zwischenerzeugnissteuerverordnung – **SchaumwZwStV** – (BGBl I 09, 3262), alle vielfach geändert insbes durch die 6. VO zur Änderung von Verbrauchsteuerverordnungen v 1.7.2011 (BGBl I, 1308). Die **EnergieStV** (BGBl I 06, 1753, zuletzt geänd BGBl I 16, 1158) und die StromStV v 31.5.2000 (BGBl I 00, 794, zuletzt geänd BGBl I 16, 1158) beruhen auf dem EnergieStG bzw dem StromStG.

§ 213 Besondere Aufsichtsmaßnahmen

[1] Betriebe oder Unternehmen, deren Inhaber oder deren leitende Angehörige wegen Steuerhinterziehung, versuchter Steuerhinterziehung oder wegen der Teilnahme an einer solchen Tat rechtskräftig bestraft worden sind, dürfen auf ihre Kosten besonderen Aufsichtsmaßnahmen unterworfen werden, wenn dies zur Gewährleistung einer wirksamen Steueraufsicht erforderlich ist. [2] Insbesondere dürfen zusätzliche Anschreibungen und Meldepflichten, der sichere Verschluss von Räumen, Behältnissen und Geräten sowie ähnliche Maßnahmen vorgeschrieben werden.

1 Die besonderen Aufsichtsmaßnahmen sind nur zulässig, wenn der Betriebsinhaber (geschäftsführender Gesellschafter, Vorstand) oder (mit steuerlichen Angelegenheiten befasste) *leitende* Angestellte sich einer der aufgeführten StStraftaten schuldig gemacht hat. Nicht von Bedeutung ist, in welchem Betrieb der leitende Angestellte die StHinterziehung begangen hat (*Mösbauer* DB 80, 1509); das ist aber im Rahmen der Ermessensbetätigung zu berücksichtigen, die Aufsichtsmaßnahme also ggf auf den betroffenen Betrieb zu begrenzen. Die StStraftat muss die Prognose erlauben, dass die Belange der StAufsicht gefährdet sind, was bei einer Straftat ohne Bezug auf Einfuhrabgaben oder VerbrauchSt idR ebenso wenig der Fall sein wird wie bei sonstigen allg Straftaten, die besondere Aufsichtsmaßnahmen von vornherein nicht ermöglichen. Um Hinterziehung von Einfuhrabgaben oder VerbrauchSt muss es sich aber nicht gehandelt haben (*HHSp/Schallmoser* § 213 Rz 7; aA *Mösbauer* DB 80, 1509). Die Maßnahme (Ermessensentscheidung) muss erforderlich und geeignet sein, die Nichteinhaltung der Überwachungsbestimmungen künftig zu verhindern. Satz 2 enthält eine nur beispielhafte Aufzählung möglicher Maßnahmen. Andere als *Aufsichts*maßnahmen, etwa eine Untersagung der Teilnahme an Verbrauchsteuerverkehren, können auf die Vorschrift nicht gestützt werden.

2 Ist die Strafe im Bundeszentralregister getilgt worden, greift insoweit ein Verwertungsverbot ein, das die Anwendbarkeit des § 213 ausschließt (BFH BStBl 53, 52).

§ 214 Beauftragte

Wer sich zur Erfüllung steuerlicher Pflichten, die ihm auf Grund eines der Steueraufsicht unterliegenden Sachverhalts obliegen, durch einen mit der Wahrnehmung dieser Pflichten beauftragten Angehörigen seines Betriebs oder Unternehmens vertreten lässt, bedarf der Zustimmung der Finanzbehörde.

Satz 2 aufgehoben durch G v 22.12.14 (BGBl I, 2417) mWv 1.5.2016.

Schrifttum: *Falckenberg* Unterschriftsberechtigung für Steueranmeldungen und Steuerentlastungsanmeldungen nach dem Energiesteuerrecht, ZfZ 11, 316.

1 Die Bestellung eines Beauftragten wird in Übereinstimmung mit der schon früher in den EinzelStG für die Betriebsleiterbestellung getroffenen Regelungen von der Zustimmung des HZA abhängig gemacht (vgl zB § 25 III 2 AlkStV). § 62

EnergieStG enthält noch heute eine entsprechende Bestimmung über die Bestellung eines Betriebsleiters (und einer StHilfsperson, vgl dazu § 217; vgl auch § 44 BranntwMonopG). Diese Regelungen gleichen im Wesentlichen § 214. Nur solchen Personen soll die Wahrnehmung der StPflichten übertragen werden, die aufgrund ihrer betrieblichen Stellung, ihrer Kenntnisse und Fähigkeiten eine ordnungsgemäße Pflichterfüllung gewährleisten; dementsprechend besteht die Möglichkeit, die Zustimmung zu versagen, nicht bei fehlendem innerbetrieblichen Bedürfnis für eine Beauftragtenbestellung. Eine Verpflichtungsklage ist möglich (Rechtsanspruch auf Erteilung der Zustimmung bei Fehlen von solchen ungeschriebenen Versagungsgründen, aber nur für den Betriebsinhaber).

Die Vorschrift schränkt § 80 I ein, soweit es um die Bestellung eines Bevollmächtigten geht, der *innerbetrieblich* für die Erfüllung der StPflichten zuständig sein soll. Für die Bestellung externer Dritter, die also nicht „Angehörige" des Betriebs/Unternehmens sind, zu Bevollmächtigten gilt der Zustimmungsvorbehalt nicht; diese pflegen jedoch idR einer öffentlichen Kontrolle ebenfalls unterworfen zu sein, insbes wenn sie als StBerater oder Rechtsanwälte fremde Rechtsangelegenheiten besorgen. 2

Der Beauftragte kann den Vertretenen in der Wahrnehmung jedweder *steuerlichen* Pflicht in Bezug auf verbrauchstpfl Waren vertreten; er kann für ihn nicht nur Erklärungen abgeben, sondern mit Wirkung für und gegen ihn auch sonstige Handlungen vornehmen (zB Bücher führen), zu denen dieser steuerrechtl verpflichtet ist (vgl *BG/Hoyer* § 214 Rz 11), soweit solche Handlungen zurechnungsbedürftig sind. Soweit es um die Abgabe von Willenserklärungen für den Betrieb geht (worauf die Vorschrift nicht beschränkt ist; aA *Koenig/Koenig* § 214 Rz 5: nur rechtsgeschäftliche Vertretung), ist er gewillkürter Vertreter des Stpfl und gehört als solcher nicht zu den in den §§ 34, 35 genannten Personen; er haftet also nicht nach §§ 69, 70, wohl aber ggf nach § 71. Handlungen eines Beauftragten, dessen Bestellung die FinBeh nicht zugestimmt hat, sind nicht unwirksam; ein solcher Beauftragter kann jedoch in entspr Anwendung des § 80 VI, VII zurückgewiesen werden. IÜ ist die Verletzung der Vorschrift sanktionslos. 3

Der Begriff des Beauftragten in Art 17 **System-Richtlinie** 92/12/EWG (ABl EG 92 Nr 76, 1) und, diesem folgend, in den neuen VerbrauchStG (vgl zB § 21 BierStG) entspricht nicht dem des steuerlichen Beauftragten in § 214 und ist im früheren deutschen Verbrauchsteuerrecht ohne Vorbild. Er ist dem Fiskalvertreter nach Artikel 289a des französischen StGesetzbuchs nachgebildet (*Jatzke* BB 93, 41). Der Beauftragte wird selbst StSchuldner. Er hat anstelle des Empfängers für eine erforderliche Sicherheitsleistung zu sorgen, bei Empfang der Ware die Verbrauchsteuern zu entrichten und betriebliche Aufzeichnungen über Lieferungen zu führen; der Beauftragte idS wird neben dem Versandhändler StSchuldner und hat die sonstigen steuerlichen Pflichten des Versandhändlers zu erfüllen. 4

Für ausl Unternehmen, die eine Befreiung von der EUSt in Anspruch nehmen wollen (nicht auch für stpfl Umsätze im Inland und den USt-Erstattungsanspruch), ist eine **Fiskalvertretung** nach §§ 22a ff UStG zulässig. Fiskalvertreter können nur Angehörige bestimmter Berufe wie der rechts- und steuerberatenden sowie zB Spediteure und Lagerhalter sein (vgl § 22a II UStG). Wegen der Einzelheiten vgl *Nieskens* UR 97, 1; *Lange* UR 96, 401; *Birkenfeld* DStZ 97, 461; sowie *Rondorf* BB 97, 705; *Püschner* UVR 00, 237. 5

§ 215 Sicherstellung im Aufsichtsweg

(1) [1] **Die Finanzbehörde kann durch Wegnahme, Anbringen von Siegeln oder durch Verfügungsverbot sicherstellen:**

1. verbrauchsteuerpflichtige Waren, die ein Amtsträger vorfindet

a) in Herstellungsbetrieben oder anderen anmeldepflichtigen Räumen, die der Finanzbehörde nicht angemeldet sind,

b) im Handel ohne eine den Steuergesetzen entsprechende Verpackung, Bezeichnung, Kennzeichnung oder ohne vorschriftsmäßige Steuerzeichen,

2. Waren, die im grenznahen Raum oder in Gebieten, die der Grenzaufsicht unterliegen, aufgefunden werden, wenn sie weder offenbar Gemeinschaftswaren noch den Umständen nach in den zollrechtlich freien Verkehr überführt worden sind,

3. die Umschließungen der in den Nummern 1 und 2 genannten Waren,

4. Geräte, die zur Herstellung von verbrauchsteuerpflichtigen Waren bestimmt sind und die sich in einem der Finanzbehörde nicht angemeldeten Herstellungsbetrieb befinden.

[2] **Die Sicherstellung ist auch zulässig, wenn die Sachen zunächst in einem Strafverfahren beschlagnahmt und dann der Finanzbehörde zur Verfügung gestellt worden sind.**

(2) [1] **Über die Sicherstellung ist eine Niederschrift aufzunehmen.** [2] **Die Sicherstellung ist den betroffenen Personen (Eigentümer, Besitzer) mitzuteilen, soweit sie bekannt sind.**

1 **1. Inhalt.** Die Besonderheiten der Einfuhrabgaben, insbes der Zölle, und der VerbrauchSt machen es notwendig, neben den strafrechtl Regelungen über die Beschlagnahme und Einziehung noch eine besondere Sicherstellung und Einziehung im Aufsichtswege vorzusehen. Für den Zollbereich siehe Art 134 UZK, § 13 ZollVG, die § 215 für den Bereich der Ein- und Ausfuhrabgaben verdrängen. Sicherstellen bedeutet Entziehen der Verfügungsberechtigung, ggf auch der Verfügungsmöglichkeit (*Mösbauer* DB 80, 1510) durch einen diesbzgl VA. Die Wegnahme oder das Anbringen eines Siegels stellt eine amtliche Handlung dar, durch die der Gewahrsam des Aufsichtsadressaten gebrochen und zugleich ein Gewahrsam der FinBeh begründet wird. Die Sicherstellung nach § 215 wird durch die Möglichkeit einer Beschlagnahme nach §§ 111b, 94 StPO nicht ausgeschlossen (unterschiedliche Verwertungsrechte). Eine Beschlagnahme nach § 94 StPO wird auch nicht dadurch gehindert, dass die Sache bereits nach § 215 sichergestellt ist; für den umgekehrten Fall (zunächst strafprozessuale Beschlagnahme), macht Abs 1 S 2 die Möglichkeit der Sicherstellung (mit Überführung in das Eigentum des Bundes, § 216) von einem Überlassen zugunsten der FinBeh abhängig, räumt also der strafprozessualen Maßnahme Vorrang ein.

2 Die Sicherstellung ist auch von der Beschlagnahme nach § 76 III zu unterscheiden, durch welche die Sachhaftung für Abgaben durchgesetzt werden soll, während die Sicherstellung nicht unmittelbar auf die Verwirklichung des Abgabenanspruchs zielt, sondern allgemein das Inverkehrbringen nicht versteuerter Waren verhindern soll, wie sich zB an Abs 1 Nr 5 zeigt. Werden zB Tabakwaren unzulässigerweise, ohne dass Steuerzeichen entwertet und angebracht worden sind (§ 17 I TabStG), aus dem freien Verkehr anderer Mitgliedstaaten zu gewerblichen Zwecken in das StGebiet verbracht oder versandt, sind sie sicherzustellen. Der StAnspruch (entstanden zB nach § 15 TabStG) bleibt von der Sicherstellung nach § 214 unberührt und zwar auch nach der anschließenden Überführung gem § 216 (hingegen erlischt ggf eine Zollschuld gem Art 124 I Buchst e, f UZK).

3 Die **EinzelStGesetze** enthalten teilweise ähnliche, teils weitergehende Regelungen, die konkurrieren. Die §§ 215, 216 finden ggf entsprechend Anwendung. Vgl zB § 65 EnergieStG.

5 **2. Die Einzelregelungen. Nr 1.** Nach den VerbrauchStGesetzen dürfen regelmäßig verbrauchsteuerpflichtige Waren nur in besonders *angemeldeten* Betrieben (vgl § 139) oder Räumen aufbewahrt werden. Um zu verhindern, dass Waren entgegen den entspr Vorschriften aufbewahrt werden, wird bestimmt, dass die Waren bei Zuwiderhandlung sichergestellt werden können. Das Gleiche gilt für

Waren, für die bestimmte Verpackungen oder die Verwendung von StZeichen vorgeschrieben sind. Im Handel sind Waren, wenn sie sich nicht mehr im Herstellungsbetrieb befinden (BFH HFR 65, 289) oder in einem Steuerlager.

Nr 2 betrifft (Nichtgemeinschafts-)Waren, die im grenznahen Raum (§ 14 ZollVG) oder in Gebieten, die der Grenzaufsicht unterliegen (zB bestimmte Binnengewässer, Umgebung von Freizonen nach Art 243 UZK, vgl § 14 IV ZollVG), aufgefunden werden. Die Vorschrift meint nicht (nur) herrenlose Sachen iSd § 965 BGB, sondern Sachen, die sich nicht erkennbar in Gewahrsam einer bestimmten Person befinden. 6

Auch nach § 13 ZollVG können Waren durch Wegnahme oder Verfügungsverbot zollamtlich sichergestellt werden, soweit im UZK und in sonstigen unionsrechtlichen Vorschriften geregelt ist, dass die Waren durch die Zollbehörden *veräußert* werden können. Die Vorschriften der AO über die Verwertung gepfändeter Sachen gelten dann sinngemäß. Nach § 13 II ZollVG können vorübergehend verwahrte Waren durch die Zollbehörden veräußert werden, wenn ihnen Verderb oder eine wesentliche Minderung ihres Werts droht oder ihre Aufbewahrung unverhältnismäßig viel kostet oder unverhältnismäßig schwierig ist. Waren, die nicht veräußert werden können, können vernichtet werden. Ein Veräußerungsrecht besteht, wenn Waren vorschriftswidrig in das Zollgebiet der Gemeinschaft verbracht wurden oder der zollamtlichen Überwachung entzogen wurden. 7

Nrn 3 und 4. Die gleichen Eingriffsbefugnisse bestehen im Hinblick auf Umschließungen der in Abs 1 Nr 1 und 2 genannten Waren sowie Geräte zur Herstellung von verbrauchsteuerpflichtigen Waren in nicht angemeldeten (vgl § 139) Herstellungsbetrieben, zB Brennereigeräte (Nrn 3 und 4). Zu den Ermessenserwägungen insofern FG Hbg 4 K 57/14. 9

3. Verfahren. Die Sicherstellung geschieht dadurch, dass die Sachen in Verwahrung (öff-rechtl Verwahrungsverhältnis) genommen oder durch Siegel gekennzeichnet werden oder dass lediglich ein Verfügungsverbot erlassen wird. Durch die Sicherstellung tritt öff-rechtl Verstrickung ein; auch eine rechtsgeschäftliche Verfügung ist dann unzulässig (*HHSp/Schallmoser* § 215 Rz 21). Die Beiseiteschaffung, Zerstörung usw der Sache ist nach § 137 StGB strafbar. Die Sicherstellung ist VA (FG Hbg 4 K 122/15), sofern der Eigentümer der Sache nicht bekannt ist, adressatloser dinglicher VA (aA *BG/Hoyer* § 215 Rz 22 f). Nach Unanfechtbarkeit der Sicherstellung hat der Bund ein dingliches Anwartschaftsrecht an den sichergestellten Sachen. Er kann daher analog § 985 BGB auch privatrechtl gegen den Besitzer der Sachen vorgehen. Der Anspruch kann allerdings bei gutgläubigem Erwerb erlöschen (vgl *Schrömbges* ZfZ 88, 73). 11

§ 216 Überführung in das Eigentum des Bundes

(1) [1]**Nach § 215 sichergestellte Sachen sind in das Eigentum des Bundes überzuführen, sofern sie nicht nach § 375 Abs. 2 eingezogen werden.** [2]**Für Fundgut gilt dies nur, wenn kein Eigentumsanspruch geltend gemacht wird.**

(2) [1]**Die Überführung sichergestellter Sachen in das Eigentum des Bundes ist den betroffenen Personen mitzuteilen.** [2]**Ist eine betroffene Person nicht bekannt, so gilt § 10 Abs. 2 des Verwaltungszustellungsgesetzes sinngemäß.**

(3) [1]**Der Eigentumsübergang wird wirksam, sobald der von der Finanzbehörde erlassene Verwaltungsakt unanfechtbar ist.** [2]**Bei Sachen, die mit dem Grund und Boden verbunden sind, geht das Eigentum unter der Voraussetzung des Satzes 1 mit der Trennung über.** [3]**Rechte Dritter an einer sichergestellten Sache bleiben bestehen.** [4]**Das Erlöschen dieser Rechte kann jedoch angeordnet werden, wenn der Dritte leichtfertig dazu beigetragen hat, dass die in das Eigentum des Bundes überführte Sache der Sicherstellung unterlag**

oder er sein Recht an der Sache in Kenntnis der Umstände erwarb, welche die Sicherstellung veranlasst haben.

(4) [1]**Sichergestellte Sachen können schon vor der Überführung in das Eigentum des Bundes veräußert werden, wenn ihr Verderb oder eine wesentliche Minderung ihres Werts droht oder ihre Aufbewahrung, Pflege oder Erhaltung mit unverhältnismäßig großen Kosten oder Schwierigkeiten verbunden ist; zu diesem Zweck dürfen auch Sachen, die mit dem Grund und Boden verbunden sind, von diesem getrennt werden. [2]Der Erlös tritt an die Stelle der Sachen. [3]Die Notveräußerung wird nach den Vorschriften dieses Gesetzes über die Verwertung gepfändeter Sachen durchgeführt. [4]Die betroffenen Personen sollen vor der Anordnung der Veräußerung gehört werden. [5]Die Anordnung sowie Zeit und Ort der Veräußerung sind ihnen, soweit tunlich, mitzuteilen.**

(5) [1]**Sichergestellte oder bereits in das Eigentum des Bundes überführte Sachen werden zurückgegeben, wenn die Umstände, die die Sicherstellung veranlasst haben, dem Eigentümer nicht zuzurechnen sind oder wenn die Überführung in das Eigentum des Bundes als eine unbillige Härte für die Betroffenen erscheint. [2]Gutgläubige Dritte, deren Rechte durch die Überführung in das Eigentum des Bundes erloschen oder beeinträchtigt sind, werden aus dem Erlös der Sachen angemessen entschädigt. [3]Im Übrigen kann eine Entschädigung gewährt werden, soweit es eine unbillige Härte wäre, sie zu versagen.**

Abs 2 S 2 redaktionell geändert durch G v 12.8.05 (BGBl I, 2354).

1 **1. Inhalt.** Das Eigentum an einfuhrabgabe- und verbrauchsteuerpflichtigen Waren unterliegt einer herkömmlichen inhaltlichen Beschränkung iSd Art 14 I GG. Wer einfuhrabgabe- oder verbrauchsteuerpflichtige Waren erwirbt, muss sich darauf einrichten, dass er uU einen Rechtsverlust erleidet. Die Einziehung ist insoweit keine unzumutbare Beeinträchtigung des Eigentums (zweifelnd *Dißars/Dißars* ZfZ 96, 135 wegen mangelnder Bestimmtheit der Sicherstellungs- und Einziehungsvoraussetzungen). Die Interessen der Rechtsinhaber werden allerdings dadurch geschützt, dass uU die sog Härteklausel des Abs 5 eingreift und dass der gutgläubige Erwerb vor der Einziehung grds geschützt bzw der gutgläubige Erwerber aus dem Erlös der zugunsten des Bundes eingezogenen Waren angemessen entschädigt wird. Die Vorschrift ist iÜ weitgehend an die Einziehungsvorschriften des StGB angeglichen worden; dies zeigt sich insbes bei der Fassung des Abs 3.

2 Die Überführung ist ebenso wie die Sicherstellung (§ 215) VA, der bei bekanntem Eigentümer der Bekanntgabe bedarf (Abs 2 S 1 ist deshalb überflüssig). Er wird nach Abs 3 erst mit Bestandskraft wirksam, soweit er den Eigentumsübergang bewirkt.

4 **2. Die Einzelregelungen. Absatz 1.** Sichergestellte Sachen sind in das Eigentum des Bundes zu überführen, soweit nicht die Ausnahmeregelung des Abs 5 eingreift. Die Überführung in das Eigentum des Bundes kommt nicht in Betracht, wenn die Sachen nach § 375 II ohnehin eingezogen werden bzw solange nicht geklärt ist, ob dies geschieht. Die Einziehung nach § 375 II kann angeordnet werden, wenn eine StHinterziehung, ein Bannbruch oder eine StHehlerei begangen worden ist und sich die Handlung auf diese Sachen bezieht. Im Gegensatz dazu setzt § 216 keine strafbare Handlung voraus. Meldet sich der Eigentümer, können ihm die Sachen unter den Voraussetzungen des Abs 5 zurückgegeben werden. Ggf ist zu prüfen, ob gegen den Eigentümer ein Straf- oder Bußgeldverfahren einzuleiten ist.

6 **Absatz 2** ordnet an, dass die Überführung in das Eigentum den betroffenen Personen mitzuteilen ist. Betroffen von der Einziehung sind sowohl der Eigentümer als auch der Besitzer der Sache (§ 215 II). Wenn die Betroffenen nicht be-

kannt sind, ist die Überführung nach § 15 II, III VwZG öffentl bekannt zu machen.

Absatz 3. Die Überführung wird wirksam erst nach Unanfechtbarkeit der entspr Anordnung, bei Sachen, die mit dem Grund und Boden fest verbunden sind, erst mit der Trennung. Rechte Dritter (Pfand-, Besitzrechte usw) bleiben grds bestehen. Deren Erlöschen kann jedoch angeordnet werden, wenn der Dritte mindestens leichtfertig dazu beigetragen hat, dass die Sache der Sicherstellung unterlag oder er sein Recht an der Sache in Kenntnis der Umstände erwarb, die die Sicherstellung veranlasst haben. 8

Absatz 4. Bei verderblichen Sachen kann eine Notveräußerung durchgeführt werden, zB bei Lebensmitteln. Das Gleiche gilt für Sachen, deren Aufbewahrung und Pflege oder Erhaltung mit unverhältnismäßig hohen Kosten verbunden ist, zB bei Tieren usw. Vgl die Regelung in § 101a StPO. Der Erlös tritt insoweit an die Stelle der Sachen. Es sind die Vorschriften der §§ 296 ff insoweit anzuwenden. Zur Verwertung von Waren vgl iÜ § 13 ZollVG. 10

Absatz 5 enthält eine von Amts wegen zu beachtende Milderungsregelung für die Fälle, in denen dem Eigentümer die Umstände, die zur Sicherstellung geführt haben, nicht zuzurechnen sind, zB weil die Waren ihm gestohlen wurden. Das Gleiche gilt, wenn die Überführung eine unbillige Härte für die Betroffenen darstellt. Darüber hinaus kann sogar eine Entschädigung gewährt werden, wenn es eine unbillige Härte wäre, sie zu versagen. Gutgläubige Dritte, deren Rechte durch die Überführung erloschen oder beeinträchtigt sind, haben einen Anspruch auf eine angemessene Entschädigung aus dem Erlös der Sachen, der Eigentümer ggf auf dessen Auskehrung. 12

§ 217 Steuerhilfspersonen

Zur Feststellung von Tatsachen, die zoll- oder verbrauchsteuerrechtlich erheblich sind, kann die Finanzbehörde Personen, die vom Ergebnis der Feststellung nicht selbst betroffen werden, als Steuerhilfspersonen bestellen.

Die Vorschrift enthält eine allgemeine Regelung über die Bestellung von StHilfspersonen (ähnlich § 44 II BranntwMonG). Die Hilfspersonen werden im Interesse der FinBeh tätig; für sie gelten §§ 30, 32 und 82 (mit Ausnahme von Abs 1 Nr 5), 211 sowie 371 II (*Koenig/Koenig* § 217 Rz 6). Sie nehmen Überwachungs- und Kontrollfunktionen wahr, soweit es um die Feststellung von tatsächlichen Vorgängen geht, sind aber nicht mit Hoheitsgewalt beliehen (*Gellert* Zollkodex und Abgabenordnung, S 191); sie können folglich keine Abfertigungshandlungen vornehmen, zB keine Versandpapiere erledigen, auch keine Zollverschlüsse anlegen oder abnehmen, weil auch darin schlicht-hoheitl Tätigkeit und keine Tatsachen*feststellung* läge. Die getroffenen Feststellungen sind für die FinBeh nicht bindend (aA *TK/Brandis* § 217 Rz 8, weil die Hilfsperson ein Organ der FinBeh sei, was wiederum richtig ist). Nur natürliche Personen, die vom Ergebnis der Feststellung nicht selbst betroffen werden (dh unmittelbar rechtl von den Folgen der Feststellungen nicht berührt werden), können als StHilfspersonen bestellt werden, auch Betriebsangehörige des Stpfl, nicht jedoch Beauftragte (§ 214). Es besteht Ermessen der FinBeh (dazu FG Ddorf EFG 94, 70). Ein Anspruch des durch die Bestellung begünstigten Betriebs(inhabers) auf ermessensfehlerfreie Entscheidung darüber dürfte iAllg nicht bestehen, auch wenn die Bestellung für ihn nützlich sein kann. Andererseits kann eine Bestellung nicht gegen den Willen des Bestellten und des Betriebsinhabers erfolgen (mitwirkungsbedürftiger VA). 1

Die Bestellung von StHilfspersonen ist auch im **Zollverfahren** (vgl FG Ddorf EFG 94, 70) sowie im **Marktordnungsrecht** aufgrund der Verweisung des MOG zulässig (BFH/NV 98, 1135; *Schrömbges* ZfZ 93, 343; str). 2

3 Nach **§ 19 ZollVG** kann das BMF iÜ den Eisenbahnen des Bundes durch Rechtsverordnung zur Erleichterung des Verkehrs Hoheitsaufgaben übertragen. Das Gleiche gilt für andere nach § 111 I zur Amtshilfe verpflichtete Verwaltungen des Bundes, sofern sie diese Aufgaben durch Bundesbeamte wahrnehmen. Diese Verwaltungen und die zu Zollhilfsorganen bestellten Unternehmen haben den Zollstellen bei der zollamtlichen Überwachung und bei der Zollbehandlung des Personen- und Güterverkehrs Hilfe zu leisten.

Fünfter Teil
Erhebungsverfahren

Erster Abschnitt. Verwirklichung, Fälligkeit und Erlöschen von Ansprüchen aus dem Steuerschuldverhältnis

1. Unterabschnitt. Verwirklichung und Fälligkeit von Ansprüchen aus dem Steuerschuldverhältnis

§ 218 Verwirklichung von Ansprüchen aus dem Steuerschuldverhältnis

(1) **[1] Grundlage für die Verwirklichung von Ansprüchen aus dem Steuerschuldverhältnis (§ 37) sind die Steuerbescheide, die Steuervergütungsbescheide, die Haftungsbescheide und die Verwaltungsakte, durch die steuerliche Nebenleistungen festgesetzt werden; bei den Säumniszuschlägen genügt die Verwirklichung des gesetzlichen Tatbestands (§ 240). [2] Die Steueranmeldungen (§ 168) stehen den Steuerbescheiden gleich.**

(2) **[1] Über Streitigkeiten, die die Verwirklichung der Ansprüche im Sinne des Absatzes 1 betreffen, entscheidet die Finanzbehörde durch Abrechnungsbescheid. [2] Dies gilt auch, wenn die Streitigkeit einen Erstattungsanspruch (§ 37 Abs. 2) betrifft.**

(3) **[1] Wird eine Anrechnungsverfügung oder ein Abrechnungsbescheid auf Grund eines Rechtsbehelfs oder auf Antrag des Steuerpflichtigen oder eines Dritten zurückgenommen und in dessen Folge ein für ihn günstigerer Verwaltungsakt erlassen, können nachträglich gegenüber dem Steuerpflichtigen oder einer anderen Person die entsprechenden steuerlichen Folgerungen gezogen werden. [2] § 174 Abs. 4 und 5 gilt entsprechend.**

Abs 2 S 1 geändert, Abs 3 angefügt durch ZKAnpG v. 22.12.14 (BGBl I, 2417).

Übersicht

1. Inhalt und Bedeutung. In der Vorschrift zeigt sich die für die Systematik 1
der AO fundamentale Unterscheidung von StFestsetzungs- und Erhebungsverfahren. Nach Abs 1 der Vorschrift bedarf es als Grundlage für die Verwirklichung von Ansprüchen aus dem StSchuldverhältnis eines StBescheids oder eines der sonstigen dort genannten SteuerVA, vgl § 37 I. Nur bei Sz (§ 240) und Erstattungs-/Rückforderungsansprüchen nach rechtsgrundloser (dh bescheidloser) Zahlung ergeht kein (Festsetzungs-)Bescheid, allein durch die Verwirklichung des gesetzlichen Tatbestandes wird dort der StAnspruch verwirklicht (BFH BStBl 92, 713; 91, 281; 86, 704); der Sz kann also ohne vorherigen Festsetzungsbescheid erhoben, der rechtsgrundlos gezahlte Betrag zurückgefordert werden (siehe Rz 3). Ähnliches gilt für den vor Eröffnung eines Insolvenzverfahrens noch nicht festgesetzten StAn-

spruch, der im Insolvenzverfahren nicht mehr festgesetzt, wohl aber aufgerechnet (BFH BStBl 04, 815) und durch Anmeldung zur Tabelle geltend gemacht werden kann (vgl § 251); nur bei Bestreiten im Prüfungstermin ergeht in solchen Fällen ein dem Festsetzungsverfahren zuzurechnender Bescheid, und zwar bei Widerspruch des Verwalters und/oder der Gläubiger der Feststellungsbescheid nach § 251 III (bei Widerspruch nur des Schuldners StBescheid analog § 184 InsO). Durch den StFestsetzungsbescheid muss in allen übrigen Fällen der zunächst abstrakte StAnspruch konkretisiert werden; der Festsetzungsbescheid muss deshalb genau angeben, für welchen Sachverhalt (zB VZ) welche Steuer in welcher Höhe zu zahlen ist (siehe näher § 119 Rz 34f, § 155 Rz 2f). Seine zentrale Funktion bei der Verwirklichung des StSchuldverhältnisses zeigt sich auch in der (verglichen mit anderen VA sogar noch) erhöhten Bestandskraft der StBescheide. Welche Steuer tatsächlich zu zahlen ist, entscheidet sich daher nicht unmittelbar nach der Höhe des tatsächlich (materiell-rechtl) entstandenen Anspruchs (§ 38), sondern nach dem StBescheid, ggf nach dessen gerichtl Bestätigung oder Abänderung (vgl ua BFH BStBl 00, 46).

2 Der **Begriff Verwirklichung** soll klarstellen, dass erst nach Ergehen eines solchen Bescheids die Einziehung der StForderung möglich und dass die Erstattung der Steuer ausgeschlossen ist, solange ein solcher Bescheid besteht. Der StBescheid ist, soweit er dem gesetzlich entstandenen Anspruch entspricht, gleichsam deklaratorisch, wirkt jedoch iÜ konstitutiv. Der SteuerVA wirkt konstitutiv ferner, wenn die Festsetzung von stl Nebenleistungen in das Ermessen der Verwaltung gestellt ist (anders bei Haftungsbescheiden, § 191 Rz 2). Zahlungen des Stpfl, die nach Entstehung des abstrakten (gesetzlichen) StAnspruchs auf diesen geleistet werden, haben jedoch Tilgungswirkung (§ 47), auch wenn sie die durch StBescheid festgesetzte Steuer übersteigen (BFH BStBl 97, 112); sie können also nicht zurückgefordert werden, sofern nachträglich ein entsprechender StFestsetzungsbescheid ergeht. Auch ob ein Erstattungsanspruch entstanden ist, ist nicht nach der formellen Rechtslage aufgrund einzelner StFestsetzungen, sondern nach dem Stand der ggf einheitlich zu betrachtenden StFestsetzungsverfahren bei Erlass des Abrechnungsbescheids zu beurteilen; bei mehrfach geänderter StFestsetzung besteht daher ein einheitlicher Erstattungsanspruch und nicht eine Vielzahl unterschiedlicher (zu saldierender) StZahlungs- und Erstattungsansprüche, die bezogen auf die jeweils ergangenen StBescheide unterschiedlichen Verjährungsfristen unterlägen (BFH BStBl 97, 112).

3 Die zentrale Bedeutung des Festsetzungsbescheids zeigt sich ferner an § 37 II, wonach eine Steuer usw, die ohne rechtlichen Grund gezahlt worden ist, zurückzuzahlen ist. Rechtlicher Grund iSd Bestimmung ist nämlich der Bescheid iSd § 218 I. Wenn der rechtliche Grund für eine Zahlung später durch Änderung oder Aufhebung des Bescheids – ganz oder teilweise – wegfällt, entsteht ein materiellrechtlicher Erstattungsanspruch (vgl BFH BStBl 86, 704), der *keiner* Festsetzung bedarf. Die FinBeh kann allerdings einen Rückforderungsbescheid erlassen (der eine solche Festsetzung enthielte), was sie nach § 218 I allerdings nicht tun muss, weil der Erstattungsanspruch nach § 37 II dort nicht genannt ist; sie kann über Bestehen und Höhe des Rückforderungsanspruchs also auch in einem Abrechnungsbescheid nach § 218 II entscheiden – obgleich diese Entscheidung in gewissem Sinn (feststellend) über das Erhebungsverfahren hinausgreift –. Sie kann insbes mit einem solchen Anspruch aufrechnen, ohne über ihn zuvor durch Bescheid nach § 218 entschieden zu haben. Nur wenn der Anspruch vollstreckt werden muss, muss ein Festsetzungsbescheid betr den Rückzahlungsanspruch ergehen (und nur dann pflegt er ausnahmsweise zu ergehen), weil Grundlage der Vollstreckung ein Titel (Bescheid) sein muss.

5 **2. Erforderlichkeit eines Steuerbescheids (Abs 1).** Die Regelung des Abs 1 bedeutet, dass ohne Vorliegen eines (Festsetzungs-)Bescheids der entsprechende (Zahlungs-)Anspruch nicht geltend gemacht werden kann (BFH BStBl 91, 281; *HHSp/Alber* § 218 Rz 4; siehe auch § 38 Rz 18). Das gilt insbes auch für Erstat-

tungsansprüche aufgrund von Überzahlungen aufgrund geänderter StFestsetzung (die erst durch diese unmittelbar entstehen, BFH/NV 87, 558; vgl § 37 Rz 25 f); der Erstattungsbetrag ist dann die Differenz zwischen dem bereits an die Finanzbehörde geleisteten Betrag und dem durch Änderungsbescheid festgesetzten Betrag (BFH/NV 13, 897). Eine StAnmeldung steht einem StBescheid gleich (S 2), ggf jedoch erst nach Zustimmung der FinBeh. Das bedeutet, dass auch die StAnmeldung Grundlage für die Geltendmachung der darin ausgewiesenen StSchuld ist. Sie ist sogar dann ein hinreichender rechtl Grund, wenn die materiell-rechtl Grundlage für die StErhebung (wegen Nichtigkeit des StGesetzes) nicht besteht, sofern nur die (verfahrensrechtl) *Anmeldepflicht* wirksam begründet worden ist; die Nichtigkeit der *materiellen* Vorschriften des StGesetzes wirkt sich nicht zwingend in der Nichtigkeit der Anmeldepflicht aus (BFH BStBl 03, 43).

StBescheide, die Grundlage der Verwirklichung von Ansprüchen aus dem 6
StSchuldverhältnis sind, sind auch Freistellungsbescheide iSd § 155 I 3 (BFH/NV 08, 1435; nicht jedoch bloße NV-Verfügungen, vgl BFH BStBl 80, 193), der Abrechnungsbescheid nach Abs 2 im Falle rechtsgrundloser Zahlungen (vgl BFH BStBl 86, 702) sowie Billigkeitsentscheidungen nach §§ 163, 227. In den Fällen der bescheidlosen Änderung der Kindergeldfestsetzung (§ 70 II 2 EStG) liegt in der ersten Auszahlung die Festsetzung (FG RhPf EFG 09, 1573). **Sz** entstehen kraft Gesetzes und werden nicht durch StBescheide nach § 218 I festgesetzt; sie werden vielmehr durch Abrechnungsbescheid gem § 218 II „verwirklicht". Bei Zuständigkeitswechsel während des Rechtsbehelfsverfahrens betrachtet FG BBr EFG 17, 1713 (Rev VII R 27/17) mit Recht die für die betreff Steuer jetzt zuständige FinBeh als auch für das Abrechnungsverfahren zuständig (abw BFH/NV 11, 1936; die vorgenannte Rev sollte Gelegenheit geben, diese auch von der FinVerw nicht übernommene verfehlte Entscheidung zu korrigieren).

Erstattungs- und Rückforderungsbescheide kennt § 218 I an sich nicht 7
(vgl BFH BStBl 92, 713). Rechtsgrundlage einer Erstattung ist vielmehr der StÄnderungsbescheid bzw der Verfahrensbescheid (FG Köln EFG 18, 429, Rev I R 4/18). Ein solcher *Bescheid* soll jedoch über einen unmittelbar durch Erfüllung des Gesetzes (§ 37 II) und außerhalb eines Steuerschuldverhältnisses entstandenen Rückforderungs- oder Erstattungsanspruch, zB bei versehentlicher oder fehlgeleiteter Zahlung, ergehen können (BFH BStBl 83, 704; zweifelnd aber BFH BStBl 86, 511). Entsteht Streit über einen solchen Anspruch, soll gem § 218 II ein Abrechnungsbescheid ergehen; eine schlichte Leistungsklage könnte folglich nicht zugelassen werden. Es muss sich jedoch, wie die neuere Rspr des BFH betont, um einen Anspruch aus einem (aufgrund der Zahlung) entstandenen Steuer(rückforderungs)schuldverhältnis handeln, dh um wegen eines fehlenden oder weggefallenen *steuergesetzlichen* Rechtsgrundes zurückgeforderte Steuern (vgl *Rüsken* BFH/PR 14, 206 mit Zweifel, ob die Rspr des BFH mit GmS-OGB BGHZ 187, 105 vereinbar ist). Das ist ohne Weiteres anzunehmen, wenn zB ein vermeintlicher VorStÜberschuss an den Stpfl ausgezahlt worden ist (BFH/NV 89, 146). Der Anspruch eines Insolvenzverwalters auf Rückgewähr in anfechtbarer Weise geleisteter Steuern soll hingegen kein Anspruch aus dem StSchuldverhältnis sein, sondern ein bürgerlich-rechtlicher Anspruch (BFH BStBl 14, 359; 13, 109; 12, 854). Auch der Rückzahlungsanspruch einer Bank nach einer zu hohen Überweisung an das FA aufgrund dessen Pfändung und Einziehung eines Kontoguthabens eines Stpfl ist kein Anspruch aus dem Steuerschuldverhältnis, dessen Bestehen oder Nichtbestehen durch Abrechnungsbescheid festgestellt werden kann (BFH/NV 13, 897).

Ist über den Erstattungsanspruch anderweitig bereits entschieden, zB durch Zu- 7a
stimmung zu einer USt-Erklärung gem § 168 II, kann kein Erstattungsbescheid mehr darüber ergehen (FG Köln EFG 14, 970).

Auch StVorauszahlungen (§ 37 EStG, § 18 I 1 UStG) müssen durch StBescheid 8
festgesetzt werden. Der **Vorauszahlungsbescheid** setzt eine StSchuld fest, die durch die endgültige Festsetzung der Steuer im JahresStBescheid bedingt (befristet)

ist. Der Stpfl erlangt mit der Entrichtung der Vorauszahlung einen Erstattungsanspruch unter der aufschiebenden Bedingung, dass die JahresSt geringer ist als die Summe der Vorauszahlungen (BFH BStBl 15, 993). Der JahresStBescheid löst später den Vorauszahlungsbescheid ab (BFH BStBl 94, 538 für USt; BFH BStBl 94, 38; 79, 461; BFH/NV 96, 454); dieser ist – vorbehaltlich etwaiger von der Jahressteuerfestsetzung unberührter Rechtswirkungen (Rz 8a) – iSd § 124 II erledigt (BFH BStBl 09, 90, 953; 95, 730; 85, 370) und die geleisteten Vorauszahlungen sind als Tilgungsleistungen auf die festgesetzte Steuer nach Abs 2 zu verrechnen (BFH BStBl 94, 38; 92, 956). Prozessual wirkt sich dies dahin aus, dass der JahresStBescheid nach § 68 FGO zum Gegenstand des Klageverfahrens wird (BFH BStBl 91, 465; 87, 28; kritisch *Wüllenkemper* DStZ 98, 458) bzw nach § 365 Gegenstand des Einspruchsverfahrens (FG Hbg EFG 99, 157). Überzahlte Vorauszahlungen werden nicht aufgrund eines StVergütungsbescheids, sondern aufgrund des JahresStBescheids vergütet (*Schwakenberg* UR 93, 295; richtiger: *erstattet*). Der Vorauszahlungsbescheid (Voranmeldung) soll allerdings bei der USt Bestand haben, auch wenn die in § 18 III und IV UStG vorgesehene Jahressteuerfestsetzung bis zum Ablauf der Festsetzungsfrist nicht nachfolgt (BFH BStBl 02, 214; 85, 370; BFH/NV 93, 279). Das erscheint für das Gerechtigkeitsempfinden nachvollziehbar, weil bei der USt die Jahresfestsetzung lediglich die Voranmeldungen aggregiert, ist aber dogmatisch nicht zu begründen; denn auch USt-Voranmeldungen begründen lediglich Vorauszahlungsschulden (vgl § 18 I 1 UStG), also solche, die auflösend bedingt sind durch das Ergehen einer (endgültigen Jahres-)Festsetzung; welchen Sinn sollte diese auch haben, wenn die betr Beträge aufgrund der Voranmeldungen ohnehin (endgültig) geschuldet werden? Bei der VSt entfiel jedenfalls die StVorauszahlungsschuld, wenn die Steuer wegen Ablaufs der Verjährungsfrist nicht mehr festgesetzt werden konnte bzw eine gleichwohl vorgenommene Festsetzung aufgehoben worden ist (BFH/NV 96, 454; vgl BFH BStBl 79, 461 zur RAO).

8a Unabhängig von der grds Erledigung der Vorauszahlungsfestsetzungen durch einen JahresStBescheid bleiben jedoch diejenigen **Rechtswirkungen der Vorauszahlungsfestsetzung** auch nach Ergehen des Jahresbescheids erhalten, die jene in der Vergangenheit ausgelöst hat. Zu diesen formellen Rechtswirkungen des Vorauszahlungsbescheids gehören seine Auswirkungen auf Vollstreckungsmaßnahmen (BFH BStBl 85, 370), festgesetzte Verspätungszuschläge (BFH BStBl 96, 259) oder – bei negativer Steuer – die Auszahlung des an einen Dritten abgetretenen Vorsteuerüberschusses (BFH BStBl 95, 862), die *Fälligkeit* von Vorauszahlungsansprüchen (BFH/NV 91, 563). Aufrechnung von Voranmeldungsbeträgen ist daher möglich auch nach Ergehen des JahresStBescheids, jedoch der Höhe nach nur nach Maßgabe des in diesem noch festgestellten Vorauszahlungsrückstands (BFH BStBl 95, 916); ebenso eine Haftungsinanspruchnahme, selbst wenn sie erst nach Ergehen des Jahresbescheids erfolgt (BFH BStBl 00, 486).

9 Wird die Vollziehung eines EStJahresbescheids aufgehoben, sollten geleistete Vorauszahlungen nach BFH BStBl 95, 730 (GrS) zu erstatten sein, ebenso bei einbehaltener KapESt oder anzurechnender KSt (BFH BStBl 96, 316; BFH/NV 96, 674). § 69 II 8 FGO bzw § 361 II 4 regeln jedoch, dass die **AdV des JahresStBescheids** Vorauszahlungen und anzurechnende KSt und StAbzugsbeträge grds nicht erfasst (vgl BFH/NV 02, 519; *Gräber/Stapperfend* § 69 Rz 257 f; zu den Rechtsschutzmöglichkeiten *Groh* FR 95, 707; *Woerner* BB 96, 2649).

9a Mitunter bedarf es zur **Verwirklichung *eines* Anspruches** aus dem Steuerschuldverhältnis **mehrerer StFestsetzungsbescheide.** Dies ist bei der USt der Fall, wenn neben den Leistungen, die der Insolvenzverwalter während des Insolvenzverfahrens erbringt oder in Anspruch nimmt, der Insolvenzschuldner mittels aus dem Insolvenzbeschlag freigegebener Mittel (vgl § 35 InsO) ein Unternehmen betreibt; denn ungeachtet des Insolvenzverfahrens umfasst das Unternehmen in dem hier maßgeblichen Sinn beide Tätigkeitsbereiche (BFH BStBl 00, 639; 02, 705). Jedoch muss die USt aus diesem mit gegen den Insolvenzschuldner zu richtenden StBescheid die USt aus jenem gegen den Verwalter festgesetzt werden (Grundsatz der Unternehmenseinheit, vgl insbes BFH BStBl 02, 705). Die durch § 16 UStG vorgeschriebene Saldierung findet folglich nur *innerhalb* dieser beiden Teilbereiche statt. Entsprechendes gilt, wenn Umsätze in der Zeit vor und in der Zeit nach Eröffnung eines Insolvenzverfahrens ustrechtl zu erfassen sind (BFH BStBl 11, 991; 88, 190); es bedarf dann dreier Bescheide, die jedoch alle dasselbe Unternehmen betreffen. Vgl auch § 155 Rz 20f.

Für das **Zollrecht** siehe Art 102 UZK (Mitteilung der Zollschuld), der iErg an der Maßgeblichkeit des durch die FinBeh festgesetzten und bekannt gegebenen (oder angemeldeten, vgl dort Abs 2) Abgabebetrags auch für diesen Bereich nichts ändert. 9b

3. Gegenstand des Abrechnungsbescheids (Abs 2). Über Streitigkeiten, die das Bestehen oder Nichtbestehen von festgesetzten Zahlungsansprüchen, auch aus Haftungs- oder Zinsbescheiden, betreffen, also die Verwirklichung der Ansprüche iSd Abs 1, hat die FinBeh durch einen besonderen VA, den jetzt auch vom Gesetz Abrechnungsbescheid genannten VA zu entscheiden (vgl schon BFH BStBl 77, 396). Solche Meinungsverschiedenheiten werden also nicht sogleich bei Gericht ausgetragen (eine unmittelbare Leistungsklage wäre unzulässig), sondern sollen in einem Verwaltungsverfahren geklärt werden. 10

Eine Anrechnung von Steuerabzugsbeträgen odgl ohne diesbzgl Streit ist hingegen durch sog *Anrechnungsverfügung,* nicht durch Abrechnungs*bescheid* (BFH/NV 99, 440) vorzunehmen. Zur Abgrenzung zu Anrechnungsverfügungen iÜ siehe Rz 25. Zur Notwendigkeit der Abgrenzung des Abrechnungsbescheids von einer bloßen Kontostandsmitteilung ohne Regelungscharakter BFH BStBl 73, 89.

In einem Abrechnungsbescheid ist stets von der *formellen Bescheidlage* auszugehen, ungeachtet der Richtigkeit der betr StBescheide (BFH/NV 10, 1412, 2274; 97, 537; zu einer Ausnahme BFH BStBl 00, 46). Es wird nur darüber entschieden, inwieweit die in StBescheiden festgestellten Ansprüche aus dem StSchuldverhältnis noch bestehen oder inzwischen ganz oder teilweise erloschen (§ 47) sind, dh ob wirksam gezahlt (und welchen StSchulden etwaige Zahlungen zuzuordnen sind, BFH BStBl 07, 291), aufgerechnet, verrechnet, erlassen worden ist (nicht: *ob* sie zu erlassen ist!), ob Verjährung eingetreten, die Schuld bereits vor der Begründung der Zahlungspflicht erloschen (BFH BStBl 00, 246; 94, 147 für Vorauszahlungen) oder der Forderungsausgleich durch Vollstreckungsmaßnahmen erreicht worden ist (BFH BStBl 92, 791 für Vollstreckung; BFH BStBl 86, 776; BFH/NV 01, 1521; 95, 580; 94, 285). Ferner ob die festgesetzten Ansprüche *dem Stpfl* noch zustehen oder ob sie zB wirksam an andere abgetreten worden sind. Über die insolvenzrechtl Zuordnung eines StAnspruchs als Insolvenzforderung oder als Masseschuld oder als gegen den Schuldner selbst gerichtete Forderung wird indes im StFestsetzungsverfahren, nicht erst im Abrechnungsbescheid entschieden (BFH BStBl 12, 466), weil dort entschieden werden muss, ob eine Masseschuld gegen den Insolvenzverwalter bzw eine gewöhnliche StSchuld gegen den Stpfl festgesetzt oder eine Insolvenzforderung zur Tabelle angemeldet werden muss. Zum Regelungsgegenstand des Abrechnungsbescheids gehört hingegen auch die der Abrechnung rechtslogisch vorrangige Frage, ob überhaupt und welche Zahlungsverpflichtungen (*wirksam)* begründet worden sind (BFH BStBl 07, 291), nicht aber, ob bestehende Ansprüche vollstreckbar sind (BFH BStBl 01, 525). Die Frage der wirksamen Begründung der Stpfl ist also nicht nur im Festsetzungsverfahren, sondern auch für die Erhebung relevant; ist allerdings die Klage gegen den StBescheid rechtskräftig abgewiesen worden, kann im Abrechnungsverfahren Unwirksamkeit der StFestsetzung auch dann nicht mehr geltend gemacht werden, wenn zB Bekanntgabe- oder Bestimmtheitsmängel damals nicht gerügt oder vom FG nicht erörtert worden sind (zum Umfang der Rechtskraft einer Entscheidung vgl *Gräber/Ratschow* FGO, § 110 Rz 35ff). Bei der bestandskräftigen Zurückweisung eines Einspruchs gegen den Festsetzungsbescheid als unbegründet muss das Gleiche gelten. 13

Der Abrechnungsbescheid entscheidet sonst aber nur über den reinen *Zahlungsanspruch,* nicht über den im StBescheid festgesetzten StAnspruch (vgl ua BFH BStBl 12, 451; 00, 46; 99, 751). Andererseits ist im Vollstreckungsverfahren nicht über das Erlöschen von StForderungen zu entscheiden, sondern diesbzgl Einwände sind ggf nach § 218 II geltend zu machen (vgl § 256).

14 Die **Begründung der Zahlungsverpflichtung** (durch Bescheid nach Abs 1) ist also nicht Gegenstand des Abrechnungsbescheids; sie wird vorausgesetzt. Streitigkeiten, die die materielle Richtigkeit eines StBescheids betreffen, können nicht Gegenstand eines Abrechnungsbescheids sein (vgl BFH BStBl 70, 444; BFH/NV 94, 292); Gründe, die gegen die (Rechtmäßigkeit der) StFestsetzung erhoben werden, können nicht im Abrechnungsverfahren geltend gemacht werden (BFH BStBl 92, 781; 86, 776). Nur bei Nebenleistungen, die ohne einen Festsetzungsbescheid unmittelbar aufgrund ihres Entstehens kraft Gesetzes zu zahlen sind, können alle Einwendungen gegen das Entstehen diesbezüglicher Forderungen im Abrechnungsverfahren erhoben werden (vgl BFH BStBl 79, 429).

14a Das Ergehen eines Abrechnungsbescheids setzt nicht die **Bestandskraft der StBescheide** voraus, wenn auch ein darüber noch anhängiges Rechtsbehelfsverfahren zur Aussetzung des Verfahrens über einen Abrechnungsbescheid nach § 74 FGO nötigen kann (BFH BStBl 85, 114; BFH/NV 97, 537). Dementsprechend kann über eine Forderung des FA sogar abgerechnet werden, obwohl das FG den StBescheid aufgehoben hat, solange diese Entscheidung nicht rechtskräftig ist (BFH BStBl 71, 498).

14b Auch irgendwelche *Entscheidungen,* die zum Erlöschen eines Anspruchs führen, können im Abrechnungsverfahren nicht getroffen werden, das vielmehr nur (die Rechtsfolge) feststellen kann, *dass* ein Anspruch aus irgendwelchen Gründen erloschen ist. Das gilt insbes für einen Billigkeitserlass der Steuer, auch für den Erlass von Sz (BFH/NV 12, 709). Obwohl Sz keiner Festsetzung bedürfen und daher (deklaratorisch) in den Abrechnungsbescheid aufgenommen werden (vgl FG Köln EFG 14, 973), kann im Abrechnungsverfahren nicht geprüft werden, ob die Vollziehung des StBescheids mit der Folge des Wegfalls bereits verwirkter Sz hätte aufgehoben werden müssen (BFH BStBl 06, 578); denn Abrechnung über Sz und Erlass von Sz sind zwei VA (BFH BStBl 16, 508; 10, 955; BStBl II; BFH/NV 03, 1393).

14c Ein wegen der **Erstattung von Steuern** bestehender Streit ist in einem gesonderten Verfahren auszutragen (ggf mit dem Ergebnis eines Grundlagenbescheids für die StFestsetzung; vgl BFH BStBl 10, 955); die *Abrechnung* über die betr Steuern ist erst nach em Ergebnis jenes Verfahrens zu ändern. Deshalb steht ein noch nicht beschiedener Antrag auf StErlass dem Erlass eines Abrechnungsbescheids ungeachtet eines etwaigen Erlassanspruchs nicht entgegen.

14d Auch eine **Verrechnungslage** ist nur dann für das Abrechnungsverfahren von Bedeutung, wenn (ggf in dem Abrechnungsbescheid selbst) eine Aufrechnungserklärung abgegeben oder ein Verrechnungsvertrag *geschlossen worden* ist (vgl BFH BStBl 00, 246).

15 § 36 II 2 EStG stellt allerdings eine gewisse inhaltliche **Verknüpfung zwischen StFestsetzungs- und StErhebungsverfahren** her, sodass die Anrechnung von StAbzugsbeträgen nicht ohne Bindung an das Veranlagungsverfahren erfolgt (dazu BFH/NV 95, 779; vgl auch BFH/NV 03, 854: Anrechnung von KSt setzt voraus, dass die Einnahmen bei der ESt-Veranlagung des Gesellschafters erfasst wurden). Im Wege des StAbzugs erhobene ESt ist nur anzurechnen, soweit die belasteten Einkünfte bei der Veranlagung tatsächlich erfasst worden sind. StAbzüge, die auf Einkunftsteile entfallen, die bei der Veranlagung nicht erfasst worden sind, sind von der Anrechnung ausgeschlossen; ebenso nach den §§ 40, 40a, b EStG pauschalierte LSt. Für die Anrechnung kommt es darauf an, ob die betr konkreten Lohnzahlungen bei der EStFestsetzung berücksichtigt worden sind; es genügt nicht, dass die Summe der Einkünfte aus nichtselbständiger Arbeit zutreffend angesetzt wurde (BFH/NV 10, 2274). Selbst wenn eine EStVeranlagung wegen Festsetzungsverjäh-

rung nicht mehr möglich ist, kann der StAbzug im Abrechnungsbescheid nicht berücksichtigt werden (BFH/NV 11, 197). Einbehaltene und angemeldete LSt ist jedoch unabhängig davon auf die ESt anzurechnen, ob und in welcher Höhe sie der ArbG abgeführt hat (BFH/NV 02, 1574).

Besonderheiten sind bei **Vorauszahlungen** zu beachten (siehe dazu schon Rz 8), weil der Jahresbescheid zur Erledigung der Vorauszahlungsbescheide bzw der als Festsetzung wirkenden Anmeldungen führt (BFH BStBl 85, 370; 94, 538; eingehend hierzu *Wüllenkemper* DStZ 98, 458). Besteht über die Wirksamkeit einer Aufrechnung des FA mit einer USt-Vorauszahlungsforderung Streit, ist – ausnahmsweise – auch über den materiell-rechtlichen Bestand der Vorauszahlungsschuld ungeachtet ihrer wirksamen Festsetzung in einem StBescheid zu entscheiden, sofern und soweit darüber nicht eine Bestandskraft wirkende Entscheidung in dem JahresStBescheid ergangen ist (BFH BStBl 00, 46); denn die Vorauszahlungsschuld besteht nur auflösend bedingt durch das Entstehen einer entspr Jahressteuerschuld. Ggf ist das Abrechnungsverfahren bis zur Bestandskraft des Jahresbescheids auszusetzen (§ 74 FGO), soweit dieser auch über für den Bestand der Vorauszahlungsschuld erhebliche strittige Fragen entscheidet (siehe dazu BFH/NV 98, 602). **16**

Bei den sog **reinen Erstattungsansprüchen,** die nicht aufgrund Änderung einer StFestsetzung entstanden sind, wird der Rückforderungsanspruch im Abrechnungsbescheid festgesetzt; in diesem Fall wird ungeachtet etwaigen Bestreitens des Zahlungspflichtigen, mithin ohne „Streit" ein Abrechnungsbescheid erlassen (vgl BFH BStBl 86, 704; *TK/Loose* § 218 Rz 8: analoge Anwendung des § 218 II; siehe auch Rz 7). Ein Rückforderungsanspruch *muss* so festgestellt werden, wenn er gegen den Stpfl im Wege der *Vollstreckung* geltend gemacht werden soll oder wenn über einen vom Stpfl unberechtigt erhobenen Erstattungsanspruch (negativ) zu entscheiden ist (BFH/NV 88, 141). Eine vom Stpfl unmittelbar (ohne vorheriges Abrechnungsverfahren) erhobene Leistungsklage auf Rückzahlung oder eine Feststellungsklage wäre unbegründet (BFH BStBl 86, 702; 77, 396; anders BFH/NV 14, 1504: unzulässig). **17**

Im **Insolvenzverfahren** des StSchuldners können StBescheide nicht mehr ergehen; über eine etwaige Änderung eines Vergütungsbescheids ist daher inzident im Abrechnungsbescheid zu entscheiden (BFH BStBl 13, 778 für die InvZul). **18**

Bescheide nach Abs 2 können nicht nur bei Streitigkeiten im unmittelbaren Verhältnis zwischen dem FA und dem Stpfl, sondern auch bei Streitigkeiten im Verhältnis zwischen dem FA und **Dritten** ergehen, sofern es sich um Streitigkeiten über einen Anspruch iSd Abs 2 handelt (BFH BStBl 87, 802; 86, 704; BFH/NV 17, 442; 87, 283). So ist ein Zessionar Beteiligter iSd § 218 II und kann einen Abrechnungsbescheid verlangen (*TK/Drüen* § 46 Rz 58; *HHSp/Boeker* § 46 Rz 80), denn durch die Abtretung ist er zumindest in eingeschränktem Umfang an die Stelle des Zedenten getreten (*TK/Drüen* § 46 Rz 54, eingehend auch zur Frage von *Kruse* bejahter weitergehender Rechte insb zur Anfechtung eines gegen den Zedenten ergangenen StBescheids, die BFH BStBl 00, 573; 99, 84 – zu Unrecht – verneint hat; vgl dazu auch BGH BFH/NV 04, Beilage 2, 160 und *HHSp/Boeker* § 46 Rz 76). Über die Rechtsstellung im StFestsetzungsverfahren kann allerdings privatrechtl nicht verfügt werden (vgl BFH BStBl 85, 330; vgl zu allem auch die Erläut zu § 46), was jedoch mE die Begründung einer Verfahrensstandschaft nicht ausschließt, welche allerdings nur richterrechtl zu begründen wäre. Unstrittig ist jedenfalls, dass der reine Erstattungszahlungsanspruch abgetreten werden kann (vgl schon BFH BStBl 86, 565). Eine wirksame Abtretung hat dann zur Folge, dass nicht mehr der Abtretende, sondern nur noch der Abtretungsempfänger den Erstattungszahlungsanspruch im eigenen Namen und aus eigenem Recht geltend machen kann (BFHE 123, 225; BStBl 86, 565). **20**

Auch über eine Streitigkeit, die einen einem Dritten durch zivilgerichtl Beschluss überwiesenen StErstattungsanspruch betrifft, kann das FA ggü dem Pfändungsgläubiger durch Abrechnungsbescheid entscheiden (BFH BStBl 02, 67; 87, **21**

802; BFH/NV 00, 412). Denn der Pfändungs- und Überweisungsbeschluss schließt nachträgliche Streitigkeiten über die Verwirklichung des Erstattungsanspruchs nicht aus; insb können auch Einwendungen gegen den Bestand der Forderung sowie gegen die Schuldnerschaft des Drittschuldners (Wirksamkeit der Pfändung) erhoben werden, es kann auch eingewandt werden, dass der Pfändungs- und Überweisungsbeschluss nicht wirksam ergangen sei. § 218 II geht insoweit § 766 ZPO vor, die FinBeh muss ihre Einwendungen also nicht beim Vollstreckungsgericht geltend machen (ebenso die überwM, *HHSp/Alber* § 218 Rz 92; anders *TK/Drüen* § 46 Rz 11). Wird dem FA jedoch aufgrund Pfändung und Einziehung eines Kontoguthabens des Vollstreckungsschuldners versehentlich ein dessen Guthaben übersteigender Betrag überwiesen, ist der Rückzahlungsanspruch kein Anspruch aus dem StSchuldverhältnis, dessen Bestehen oder Nichtbestehen durch Abrechnungsbescheid festgestellt werden kann (BFH/NV 13, 897). Das FA kann hingegen einen Abrechnungsbescheid gegen den Organträger erlassen, wenn streitig ist, ob die originäre Steuerschuld des Organträgers durch Leistung der Organgesellschaft (Dritter) erloschen oder gem § 144 InsO wieder aufgelebt ist, nachdem das FA die Zahlungen der Organgesellschaft aufgrund Anfechtung gem § 131 Abs 1 Nr. 1,2 InsO seitens des Sachwalters (Insolvenzverwalters) der Organgesellschaft in die Insolvenzmasse geleistet hat (SächsFG EFG 16, 175, Rev VII R 28/15).

22 Wird eine StZahlung **insolvenzrechtl angefochten** (§§ 129 ff InsO) und aufgrund dessen vom Insolvenzverwalter zurückgefordert, so kann das FA über die Berechtigung dieses Anspruchs nicht durch Abrechnungsbescheid entscheiden, weil es sich nicht um einen Anspruch „aus dem Steuerschuldverhältnis" handelt (BFH BStBl 14, 359; 13, 109; 12, 854; anders BFH BStBl 12, 298 obiter; BFH BStBl 10, 215; vgl auch BGH NJW 11, 1365; unklar insoweit GemS-OBG BGHZ 187, 105; *Krumm* ZIP 12, 959). Vgl auch § 37 Rz 15. **§ 228 II 2,** § 37 II 1 ließen freilich auch die Deutung zu, dass es nur auf den Gegenstand des Anspruchs (Steuer) ankommt, über den entschieden wird (dagegen aber BFH/NV 13, 897). Zu allem schon oben Rz 7.

23 Auch der Anspruch der Familienkasse auf Rückerstattung von **Kindergeld** (§ 112 SGB X, § 74 V EStG) ist kein Anspruch aus dem StSchuldverhältnis (BFH BStBl 06, 544). Hingegen wird über den Anspruch auf Kindergeld, wenn dieser aufgrund eines Erstattungsanspruchs des Sozialhilfeträgers nach § 74 II EStG, §§ 103, 104, 107 SGB X erfüllt worden ist, durch Abrechnungsbescheid entschieden (BFH/NV 12, 1997). Vgl auch FG Nds EFG 12, 853.

25 **4. Anrechnungsverfügungen und Kassenmitteilungen.** Der Abrechnungsbescheid ist von einer sog Anrechnungsverfügung (mitunter auch ganz missverständlich *Ab*rechnungsverfügung genannt) zu unterscheiden (BFH BStBl 94, 147), ferner von bloßen Kassenmitteilungen (BFH/NV 10, 174; 92, 716). Vgl auch BFHE 249, 99 (= DStR 15, 1297) zur Auslegung eines FA-Schreibens als Abrechnungsbescheid.

Gesetzlich vorgeschriebene StAnrechnungen sind nicht durch bloße Kassenmitteilungen vorzunehmen, sondern durch eine (bestandskraftfähige, BFH BStBl 87, 405) Anrechnungsverfügung (BFH BStBl 87, 405; 92, 713), die entweder in ein Leistungsgebot mündet (aber nicht dessen Bestandteil ist und an dem VA-Charakter desselben deshalb nicht teil hat) oder in eine Erstattungsverfügung. Durch Anrechnungsverfügung wird insbes die Anrechnung inl KSt auf die ESt nach § 36 II Nr 3 EStG vorgenommen (BFH BStBl 93, 836; 87, 405; vgl auch BFH/NV 98, 581), ebenso die Verrechnung entrichteter StAbzugsbeträge (BFH BStBl 94, 182) oder zB der USt-Vorauszahlungen (BFH BStBl 87, 405; BFH/NV 05, 660). Zur Anrechnung von LSt und EStVorauszahlungen bei Ehegatten siehe BFH BStBl 90, 41; BFH/NV 05, 830; 04, 1214 und BFH BStBl 91, 47 für den LSt-Abzug. Das Ergehen einer solchen Verfügung schließt einen nachfolgenden Abrechnungsbescheid aber nicht aus (BFH/NV 92, 716; vgl jedoch Rz 29); der Abrechnungsbescheid ist ggü einer Anrechnungsverfügung vorrangig (BFH BStBl 93, 336; BFH/NV 16, 40).

Die Anrechnungsverfügungen gehören nicht zum St-(Festsetzungs-)Bescheid, obwohl sie mit dem StFestsetzungs- bzw Feststellungsbescheid (§ 180 V Nr 2) (äußerlich) zu verbinden sind (zB nach §§ 36 II 2, 44b, 44c EStG – nicht hingegen nach § 34c I EStG, BFH BStBl 96, 261, § 20 GewStG); sie sind Entscheidungen im *Erhebungsverfahren.* Trotz der technischen Zusammenfassung von JahresStFestsetzung und Anrechnung handelt es sich also der Sache nach bei dem StBescheid und der Anrechnungsverfügung um zwei Bescheide, die auch in ihrer rechtlichen Beurteilung voneinander zu trennen sind und hinsichtlich der Bestandskraft, Rücknahme und Änderbarkeit unterschiedlichen Vorschriften unterliegen (BFH BStBl 87, 405; 86, 186; siehe auch § 118 Rz 42 „Abrechnung"). 25a

Anrechnungsverfügungen haben den gleichen **Regelungsgegenstand** (BFH BStBl 02, 705) wie der Abrechnungsbescheid nach § 218 II, setzen jedoch keinen *Streit* mit dem Stpfl voraus (vgl BFH BStBl 85, 216; BFH/NV 99, 440) und nehmen keine *umfassende Ab*rechnung, sondern nur eine Anrechnung der auf die jeweilig festgesetzte Steuer anzurechnenden Beträge (Vorauszahlungen, StAbzugsbeträge) vor. Sie entscheiden, welche bereits gezahlten StBeträge in welcher Höhe auf die festgesetzte Steuer anzurechnen sind. Die Anrechnungsverfügung ist insofern zwar nur deklaratorisch (sie begründet oder beseitigt keine steuerlichen Ansprüche, sondern setzt deren Entstehen/Erlöschen voraus); sie wird jedoch von BFH und der hM als *VA* angesehen (*HHSp/Alber* § 218 Rz 43; anders *Siegert* DB 97, 2398, sofern die Anrechnung nicht ausnahmsweise eine Ermessensentscheidung einschließt; vgl *Sedemund* DStZ 02, 560). Ganz unzweifelh ist das nicht, weil die FinBeh idR keinen Anlass verspüren wird, über eine Kassenmitteilung hinaus von sich aus eine bestandskräftige Anrechnungs-*Entscheidung* zu treffen, die sie ggf nur nach §§ 130, 131 aufheben kann (vgl auch *Flies* DStR 98, 153); man wird jedoch mit dem BFH den betr gesetzl Regelungen eine Verpflichtung der FinBeh entnehmen können, über die Anrechnung durch VA zu entscheiden. 26

Nicht alles, was in dem Abrechnungsteil eines StBescheids enthalten ist, stellt aber eine bestandskraftfähige **Abrechnungsregelung** dar; diese bezieht sich vielmehr nur auf die zB im EStG vorgeschriebene Entscheidung über die Anrechnung bestimmter Steuerzahlungen auf die ESt, nicht aber auf sonstige Zahlungen oder Verbuchungen oder zB einen angeblichen Erstattungsanspruch aufgrund solcher Buchungen (BFH BStBl 05, 457; BFH/NV 07, 200; kritisch *Haunhorst* DStZ 05, 706). 27

Kommt es **über die Anrechnung** von Vorauszahlungen oder StAbzugsbeträge zum **Streit,** ist ein Abrechnungsbescheid zu erlassen (BFH BStBl 94, 147; vgl BFH BStBl 94, 182; BFH/NV 02, 1574; 99, 440). Darin wird über Meinungsverschiedenheiten, die sich aus einer Anrechnungsverfügung ergeben haben, verbindlich entschieden (BFH/NV 00, 1096; 90, 69). Ein Abrechnungsbescheid kann auch ergehen, wenn er in seinen Regelungsumfang Anrechnungsverfügungen aufnehmen muss, die bereits Gegenstand eines Rechtsbehelfsverfahrens sind (anders BFH/NV 87, 558; vgl jedoch BFH/NV 95, 479). Das Abrechnungsverfahren hat Vorrang vor einem Verfahren gegen die Anrechnungsverfügung (BFH BStBl 94, 147, 182; 93, 836; 92, 713; BFH/NV 16, 40); deshalb entfällt für dieses das Rechtsschutzbedürfnis, wenn ein Abrechnungsbescheid vorliegt (BFH BStBl 94, 182; 92, 713); auch AdV oder eine Aussetzung des Abrechnungsverfahrens nach § 74 FGO kommen nicht mehr in Betracht (BFH/NV 07, 1014; 00, 1096). 28

Eine **Änderung vorausgegangener Anrechnungsverfügungen** in einem Abrechnungsbescheid soll nach BFH BStBl 93, 836; 94, 147 ohne (materiellrechtl) Bindung an solche Anrechnungsverfügungen möglich sein, weil diese durch den Anrechnungsbescheid formell weder aufgehoben noch geändert würden (vom I. Senat jetzt offen gelassen in BStBl 13, 11). Ob die Anrechnungsverfügung gem §§ 130, 131 geändert werden dürfe, sei deshalb bedeutungslos (BFH BStBl 94, 147; 93, 836). Diese Auffassung des I. Senats des BFH ist indes mit der vom 29

VII. Senat angenommenen Verbindlichkeit der Anrechnungsverfügung (VA, wenn auch idR nur deklaratorisch) nicht vereinbar; die Anrechnungsverfügung hat danach Tatbestandswirkung, an welche die FinBeh bei Erlass eines Abrechnungsbescheids gebunden ist (ebenso wie an einen sachlich vorgreiflichen anderen Abrechnungsbescheid); sie kann jedoch unter den Voraussetzungen der §§ 130, 131 etwaige Anrechnungsverfügungen (ggf stillschweigend) in dem Abrechnungsbescheid ändern (BFH BStBl 13, 11; 97, 787; 87, 405; ebenso BFHE 219, 67 (I. Senat) und *Völlmeke* DB 94, 1746, 1750; AEAO Nr 3). Ob eine Anrechnungsverfügung Bindungswirkung ggü einem nachfolgenden Abrechnungsbescheid hat, ist mithin dann ohne entscheidende Bedeutung, wenn diese zurückgenommen oder widerrufen werden *kann* (BFHE 231, 97; BFH BStBl 13, 11). Eine Änderung zugunsten des Stpfl ist nach § 130 I ohnehin auch dann, wenn keiner der Tatbestände des § 130 II vorliegt, zulässig (BFHE 219, 67). Ebenso ist selbstredend eine Berichtigung nach § 129 jederzeit zulässig (BFH/NV 93, 1).

29a Die Anrechnungsverfügung *muss* iAllg im Interesse von Gesetzmäßigkeit und Gleichmäßigkeit der Besteuerung zurückgenommen werden, wenn der Begünstigte deren Rechtswidrigkeit erkannt oder lediglich infolge grober Fahrlässigkeit nicht erkannt hat; diese Regelfolge des § 130 II Nr 4 ist grds nicht einmal (als Ermessensentscheidung) begründungsbedürftig (BFH BStBl 07, 742). IÜ kann gegen eine Änderung weder Vertrauensschutz noch der Wegfall der Bereicherung angeführt werden (BFH/NV 06, 1442).

29b Ist eine Anrechnung nach Maßgabe der bei Erlass des betr Bescheids bestehenden Sachlage zutreffend ergangen, der dafür maßgebliche StFestsetzungsbescheid aber nachträglich geändert worden, ist die Anrechnungsverfügung zu widerrufen (§ 131 II 2 Nr 3; BFH StBl 13, 11; BFH/NV 14, 339; 16, 1428), nicht gem § 130 zurückzunehmen (BFH BStBl 09, 344); ob es ihrer Änderung überhaupt bedarf und die Anrechnungsverfügung nicht vielmehr nur stichtagsbezogen die (Erhebungs-)Folgerungen aus dem StBescheid zieht, mit dem sie verbunden ist, oder unter einer entsprechenden auflösenden Bedingung steht (vgl BFH BStBl 09, 344), hat der BFH offen gelassen; es ist mE anzunehmen. Werden durch einen die Festsetzung der ESt ändernden StBescheid die Einkünfte in abweichender Weise erfasst und führt diese Änderung zu einer entsprechenden Änderung der anzurechnenden Beträge (§ 36 II Nr 2 EStG), kann jedenfalls eine neue Anrechnungsverfügung oder ein Abrechnungsbescheid innerhalb der fünfjährigen Zahlungsverjährungsfrist ergehen, die erst durch die Bekanntgabe des Steueränderungsbescheids in Lauf gesetzt wird (BFH/NV 14, 393). Dem steht nicht entgegen, dass sonst die Anrechnung von StAbzugsbeträgen nach Ablauf der Zahlungsverjährungsfrist weder zugunsten noch zulasten des Stpfl geändert werden kann (BFH BStBl 12, 220; 10, 382).

30 **5. Form und Inhalt des Abrechnungsbescheids.** Die Anforderungen an den Inhalt des Bescheids hängen von dem Gegenstand des durch ihn entschiedenen Streites ab (BFH BStBl 97, 479); der Bescheid muss keine Abstimmung aller gegenseitigen Ansprüche eines bestimmten Zeitraums enthalten (RFHE 33, 145) oder über die tatsächliche Streitfrage hinaus Angaben zum Grund des Erlöschens von StForderungen machen (BFH BStBl 97, 479 für die aufgerechnete Gegenforderung; BFH/NV 90, 69 für Verjährungsfragen). Ist jedoch streitig, ob der Stpfl hinsichtlich bestimmter StForderungen des FA überhaupt noch etwas schuldet, so muss ihn der Abrechnungsbescheid in die Lage versetzen, nachzuvollziehen. Deshalb wird idR eine genaue Auflistung der streitigen StForderungen nach StArt, Besteuerungszeitraum und Betrag sowie eine substantiierte Darstellung etwaiger Erlöschenstatbestände erforderlich sein.

31 Ist **streitig, ob eine Forderung durch Aufrechnung erloschen** ist, weil die Gegenforderung nicht bestehe, so ist die Konkretisierung der Forderung, mit der die Aufrechnung erklärt wurde, unumgänglich, obgleich die Nichtbezeichnung der Forderung, mit der aufgerechnet werden soll, der *Wirksamkeit* einer Aufrechnungserklärung nicht entgegen steht. Bei Geltendmachung einer solchen unbestimmt erklärten Aufrechnung im gerichtlichen Verfahren muss der Aufrechnende spätestens bis zum Schluss der mündlichen Verhandlung der Tatsacheninstanz darlegen, welche Forderungen ihm nach seiner Auffassung zur Aufrechnung zur Verfügung gestanden haben (BFH BStBl 97, 171, 479; 90, 523; 84, 184; BFH/NV 90, 141), sodass die FinBeh ggf die Abrechnung im gerichtl Verfahren spezifizieren kann.

Eine bestimmte **Form** ist für den Abrechnungsbescheid nicht vorgeschrieben, wenn auch Schriftform idR unerlässlich sein dürfte (weitergehend ua *TK/Loose* § 218 Rz 25: Schriftformerfordernis aufgrund der „Natur der Sache"). Die ausdrückliche Bezeichnung als Abrechnungsbescheid ist nicht erforderlich (BFH/NV 91, 569; 87, 802). 32

Abrechnungsbescheide für **zusammenveranlagte Eheleute** können nicht in der Form eines zusammengefassten Bescheids nach § 155 III ergehen, wenn sie Erstattungsansprüche ausweisen, für welche die Eheleute nicht Gesamtgläubiger sind (FG Köln EFG 88, 344; *Koenig/Intemann* § 218 Rz 37; aA BFH/NV 91, 3); die einzeln ausgewiesenen Erstattungsansprüche können ungeachtet dessen jedoch, soweit das StGeheimnis nicht – wie regelmäßig – entgegensteht und der Bestimmtheitsgrundsatz gewahrt ist, äußerlich in einem Bescheid verbunden werden; auch Sz konnten dementsprechend unabhängig von der jetzigen ausdrücklichen Regelung in § 155 III 2 in einem Bescheid für beide Eheleute ausgewiesen werden (vgl BFH/NV 91, 3). 33

6. Anspruch auf Erlass eines Abrechnungsbescheids; Verfahren. Der Abrechnungsbescheid ergeht auf Antrag des Stpfl oder von Amts wegen (BFH BStBl 99, 751). 34

Meinungsverschiedenheiten über *konkrete* Fragen der Verwirklichung *bestimmter* Ansprüche aus dem StSchuldverhältnis sind Voraussetzung eines Anspruchs auf Erlass eines Abrechnungsbescheids (BFH BStBl 12, 451; 79, 714). Sie bestehen zB, wenn FinBeh oder Stpfl sich berühmen, einen näher bezeichneten Anspruch erfüllt zu haben, oder die Wirksamkeit einer näher bezeichneten Erfüllungshandlung bestreiten udgl; die allg Bitte des Stpfl, ihm den Schuldenstand mitzuteilen, ist kein solcher Antrag, wohl aber (auch unsubstantiiertes) Bestreiten der Richtigkeit einer solchen Mitteilung. BFH BStBl 99, 751 hat an die Substantiierung des Vorbringens des Stpfl nur geringe Anforderungen gestellt und querulatorische Begehren durch eine Missbrauchsklausel abzuwehren gesucht; so soll ein Abrechnungsbescheid über Entstehung und Fortbestand von Sz zu erteilen sein, auch wenn der Stpfl keine Angaben über Art, Entstehungszeitpunkt, Betrag, Fälligkeit und Erlöschensgrund hinsichtlich der einzelnen Zahlungsansprüche gemacht, sondern nur die StArten und die Besteuerungszeiträume bezeichnet hat (einschränkend jetzt BFH/NV 06, 1048: kein gleichsam voraussetzungsloser Anspruch des Stpfl auf Abrechnungsbescheid über alle seine StSchulden, Zahlungen, Erstattungen, Aufrechnungen etc). Steht unstrittig fest, dass die Ansprüche jedenfalls verjährt sind, kann aber kein Abrechnungsbescheid mehr verlangt werden (BFH/NV 95, 474). 34b

Meinungsverschiedenheiten über das Erlöschen einer Zahlungsverpflichtung liegen nicht nur dann vor, wenn die eine Seite das Erlöschen (zB in Folge Zahlung oder Zahlungsverjährung) bejaht, die andere es verneint, sondern auch dann, wenn zwar Gläubiger und Schuldner eine Verpflichtung als erloschen ansehen, aber jeder aus einem anderen Grunde. Ein Abrechnungsbescheid kann demnach auch dann zu erlassen sein, wenn etwa über die Frage zu entscheiden ist, *wodurch* die Zahlungsverpflichtung erloschen ist (BFH BStBl 68, 501), sofern dafür zB wegen eines Erstattungsanspruches wegen Zahlung auf eine verjährte StSchuld (BFH/NV 95, 474) ein rechtliches Interesse besteht. 34c

Zu Kleinbeträgen siehe *BMF* v 22.3.2001, BStBl I, 242.

Zuständig für den Erlass eines Abrechnungsbescheids soll nach BFHE 234, 114 = DStR 11, 1758 die FinBeh sein, die den StAnspruch festgesetzt hat, um dessen 34d

Verwirklichung gestritten wird; bei einem Wohnsitzwechsel des Stpfl gehe also zwar die Zuständigkeit für dessen Veranlagung auf das neue örtliche FA über, nicht aber die Zuständigkeit für die Abrechnung bereits festgesetzter Steuer (BFHE 234, 114 = DStR 11, 1758). Das erschwert ohne triftigen Grund die verwaltungsmäßige Durchführung des Abrechnungsverfahrens und wäre deshalb ein geeigneter Fall für einen Nichtanwendungserlass, der allerdings nicht ergangen ist (kritisch auch *Bergan/Martin* DStR 12, 171).

35 **7. Änderung eines Abrechnungsbescheids. Folgeänderungen (Abs 3).** Wird ein Abrechnungsbescheid bestandskräftig, so ist er – unabhängig davon, ob er die StForderungen konstitutiv festsetzt oder deklaratorisch aus dem StBescheid übernimmt – für das künftige StSchuldverhältnis verbindlich. Seine Änderung richtet sich nach §§ 129–131 (zur Rechtslage bei einer Anrechnungsverfügung siehe Rz 26).

36 Wird eine Anrechnungsverfügung oder ein Abrechnungsbescheid aufgrund eines Rechtsbehelfs oder auf Antrag zurückgenommen und eine für den Rechtsbehelfsführer/Antragsteller günstigere Regelung getroffen, können nachträglich ggü diesem, aber auch ggü Dritten (Ehegatten, Lebenspartner, Abtretungsempfänger, Pfandgläubiger) stl Folgerungen gezogen werden, so wie umgekehrt bei einem Rechtsbehelf/Antrag des Dritten Folgerungen auch ggü dem Stpfl gezogen werden können. Der Betreffende muss jedoch entspr § 174 V unter Mitteilung der ergangenen Entscheidungen (vgl BFH BStBl 93, 817; 91, 605) beigeladen werden. Die Zahlungsverjährungsfrist wird entspr § 174 IV 3 unterbrochen, wenn der Dritte vor deren Eintritt beteiligt worden ist und die stl Folgerungen innerhalb eines Jahres nach Korrektur der Anrechnungsverfügung oder des Abrechnungsbescheids im Ausgangsverfahren gezogen werden (AEAO).

37 § 218 III soll der Rechtsklarheit und dem Rechtsschutz von Ehegatten (Lebenspartnern) bei widerstreitenden Entscheidungen über die Erfüllung von EStSchulden dienen (vgl zum Problem notwendiger Folgeänderungen von Abrechnungsbescheiden früher BMF 31.1.2013, BStBl I, 70). Eine Folgekorrektur kann auch in Fällen der Abtretung, Pfändung etc vorgenommen werden.

38 Abs 3 gilt auch für Abrechnungsbescheide/Anrechnungsverfügungen, die vor dem Inkrafttreten der Gesetzesänderung durch das ZKAnpüG erlassen worden sind (Art 97 § 13a EGAO).

40 **8. Rechtsbehelfe.** Der Abrechnungsbescheid ist ebenso wie eine Anrechnungsverfügung eigenständiger VA, der unabhängig von der StFestsetzung angegriffen werden kann und ggf selbständig angegriffen werden muss (BFH BStBl 02, 705; 97, 787). Ein Übergang von der Anfechtungsklage gegen einen StBescheid zur Anfechtung des Abrechnungsbescheids nach § 68 FGO ist nicht möglich (BFH/NV 91, 604); ein Übergang von der Anfechtung der Abrechnungsverfügung zur Verpflichtung, einen Abrechnungsbescheid zu erlassen, ist nur zulässig, wenn neben den Voraussetzungen des § 67 FGO das FA den Erlass eines Abrechnungsbescheid abgelehnt hat oder ein Untätigkeitseinspruch erfolglos geblieben ist (BFH/NV 14, 1723). Im Klageverfahren (Anfechtungs- bzw Verpflichtungsklage) hat das FG selbst die zutreffende Abrechnung zu ermitteln und ist ggf zum Erlass eines entsprechenden inhaltlich konkretisierten Abrechnungsbescheids zu verpflichten (BFH BStBl 94, 182; § 100 II FGO) bzw dazu, den angefochtenen Bescheid teilweise aufzuheben oder zu ändern. Für die gerichtliche Entscheidung sind die Verhältnisse im Zeitpunkt der letzten Verwaltungsentscheidung maßgeblich (BFH BStBl 07, 291; 71, 498; BFH/NV 94, 285; FG Köln EFG 13, 576). Denn der Abrechnungsbescheid betrifft nur die Tilgungslage in *diesem* Zeitpunkt (BFH BStBl 07, 291); er steht insofern (gleichsam stillschweigend) unter einer clausula rebus sic stantibus.

41 Der Einspruch gegen eine Anrechnungsverfügung kann als Antrag auf Erlass eines Abrechnungsbescheids behandelt werden (vgl BFH/NV 92, 716), in dem dann

vorrangig über die noch bestehende StSchuld zu entscheiden ist (BFH BStBl 94, 147; BFH/NV 88, 349).

Lehnt die FinBeh trotz bestehender Streitigkeiten den Erlass eines Abrechnungsbescheids ab oder bleibt sie auf einen Antrag unangemessen lange untätig, muss der Stpfl Verpflichtungs-/Untätigkeitsklage erheben (BFH BStBl 94, 147); er kann auch dann (Rz 10) keine unmittelbare Klärung des Bestehens einer streitigen Forderung im Wege einer Feststellungsklage erreichen, weil dem § 41 II FGO entgegenstünde; das gilt auch im Hinblick auf die Wirksamkeit einer Aufrechnungserklärung (BFH/NV 10, 2238; FG Köln EFG 14, 2156). Er kann auch nicht schlicht Leistungsklage erheben.

Für den Antrag auf Rückzahlung der bereits entrichteten Steuer neben dem Angriff gegen den Abrechnungsbescheid fehlt iAllg das Rechtsschutzbedürfnis (BFH BStBl 86, 565).

Ist einem zur ESt getrennt veranlagten Ehegatten ein Abrechnungsbescheid er- **42**
teilt worden und ist im finanzgerichtlichen Verfahren über diesen Bescheid streitig, in welcher Höhe die von den Eheleuten geleisteten Vorauszahlungen auf die festgesetzte StSchuld des Klägers anzurechnen sind, so ist der andere Ehegatte zu diesem Verfahren ***nicht* notwendig beizuladen** (BFH BStBl 94, 405; BFH/NV 05, 719 für den Pfändungsgläubiger). Das Gleiche gilt sonst bei Gesamtschuldnern, selbst wenn ein zusammengefasster Abrechnungsbescheid ergangen ist, und dem Zessionar sowie für die Hinzuziehung zum Einspruchsverfahren.

Der Abrechnungsbescheid hat idR keinen vollziehbaren Inhalt, sodass eine **AdV** **45**
nicht in Betracht kommt (vgl BFH BStBl 88, 742; FG Mchn EFG 00, 51). Dies gilt insb, soweit nur festgestellt wird, dass die Steuer nicht gezahlt wurde und die StSchuld deshalb nicht erloschen ist (BFH/NV 09, 1599; 05, 492; 97, 547). Der StBescheid bleibt dann alleinige Grundlage des StSchuldverhältnisses. Um einen vollziehbaren VA handelt es sich aber, wenn der Abrechnungsbescheid die Rechtsposition des Stpfl verschlechtert, weil er eine ggü vorausgegangenen StBescheiden eigenständige Regelung enthält, zB weil in dem Bescheid die Aufrechnung (die kein VA ist, siehe § 226 Rz 5) erklärt (BFH BStBl 88, 43) oder die Anrechnung von Abzugsbeträgen/Vorausleistungen zum Nachteil des Stpfl verändert wird oder weil in dem Abrechnungsbescheid *erstmals* eine Leistungsverpflichtung bescheidförmig begründet wird, zB festgestellt wird, ein StRückforderungsanspruch bestehe (BFH StRK § 218 R 5) oder Sz seien verwirkt (BFH/NV 90, 546). In allen diesen Fällen ist der Stpfl also nicht etwa darauf verwiesen, erst gleichsam nachgehenden Rechtsschutz etwa gegen Vollstreckungsmaßnahmen der FinBeh zu suchen (*Schwarz/Dißars* § 218 Rz 42). Wird festgestellt, dass dem Stpfl *kein* Erstattungsanspruch zustehe, kann aber die vorläufige Auszahlung desselben nicht allein durch AdV eines solchen Bescheids erreicht werden.

§ 219 Zahlungsaufforderung bei Haftungsbescheiden

[1]Wenn nichts anderes bestimmt ist, darf ein Haftungsschuldner auf Zahlung nur in Anspruch genommen werden, soweit die Vollstreckung in das bewegliche Vermögen des Steuerschuldners ohne Erfolg geblieben oder anzunehmen ist, dass die Vollstreckung aussichtslos sein würde. [2]Diese Einschränkung gilt nicht, wenn die Haftung darauf beruht, dass der Haftungsschuldner Steuerhinterziehung oder Steuerhehlerei begangen hat oder gesetzlich verpflichtet war, Steuern einzubehalten und abzuführen oder zu Lasten eines anderen zu entrichten.

Übersicht

1 **1. Inhalt.** Die Vorschrift enthält einschränkende Bestimmungen für die Inanspruchnahme von Haftungsschuldnern auf *Zahlung,* also für den Erlass eines Leistungsgebots bei Haftungsbescheiden (§ 254 I = Zahlungsaufforderung iSd § 219; BFH/NV 95, 950); bisweilen ist in ihr (zu Unrecht) schlechthin die Grundlage für die Subsidiarität der Haftung gesehen worden (BFH/NV 87, 140), welchen (freilich praktisch weitgehend bedeutungslosen, siehe Satz 2) Grundsatz sie in der Tat bestätigt. Sie gilt auch für den Duldungsverpflichteten entspr (allgM; SächsOVG 5 B 207/10, nv), für die praktisch wichtigsten Duldungspflichten nach dem AnfG hat jedoch § 2 AnfG Vorrang (vgl BFH/NV 88, 752). Es wird nur die Inanspruchnahme des Haftungsschuldners auf Zahlung, nicht aber der (gleichzeitige oder vorausgehende) Erlass des (für die Inanspruchnahme erforderlichen) Haftungsbescheids selbst geregelt. Während in § 191 die Fragen des Erlasses eines Haftungsbescheids geregelt sind, bestimmt § 219, unter welchen Voraussetzungen aufgrund eines Haftungsbescheids die Zahlung verlangt werden kann. Beide Vorschriften verlangen eine Ermessensausübung; die bei Erlass des Haftungsbescheids und der Zahlungsaufforderung anzustellenden Erwägungen sind jedoch so ähnlich, dass häufig zwischen beiden kaum oder gar nicht differenziert wird. Liegen die Voraussetzungen des § 219 schon bei Erlass des Haftungsbescheids vor, so kann die Zahlungsaufforderung mit dem Haftungsbescheid verbunden werden.

2 Die Zahlungsaufforderung nach § 219 ist ein selbständiger **Verwaltungsakt,** gegen den der Einspruch gegeben ist (BFH BStBl 83, 622; BFH/NV 08, 967; 95, 9590). Die Angabe einer Zahlungsfrist gehört nicht zu seinem unverzichtbaren Inhalt (*HHSp/Beermann* § 254 Rz 38; vgl BFH/NV 95, 950), wohl aber die Angabe eines dem Grunde und der Höhe nach genau bezeichneten Geldbetrags. Da die Ermessensausübung durch den Erlass des Haftungsbescheids vorgeprägt ist, bedarf sie idR keiner besonderen Begründung im Hinblick auf die Zahlungsaufforderung (*Koenig/Intemann* § 219 Rz 22). Diese kann sich auch bei mehreren nebeneinander Haftenden auf das Ganze richten.

3 **2. Sekundäre Inanspruchnahme.** Der Begriff StSchuldner in Satz 1 bezeichnet den sog Erstschuldner. Der Haftungsschuldner kann aufgrund des Haftungsbescheids, soweit nichts anderes bestimmt ist (zB § 25d I UStG), nur in Anspruch genommen werden, wenn die Vollstreckung in das *bewegliche* Vermögen (§ 281) des StSchuldners versucht worden, jedoch ohne Erfolg geblieben ist oder wenn sie aussichtslos erscheint. Eine an Gewissheit grenzende Wahrscheinlichkeit der Erfolglosigkeit von Vollstreckungsversuchen braucht indes nicht vorzuliegen (BFH/NV 08, 1448). Liegen die Voraussetzungen des Satzes 1 vor, ist ein Leistungsgebot idR ermessensfehlerfrei; dementsprechend bedarf es in diesem Falle keiner näheren Ermessensbegründung.

4 Ein Vollstreckungsversuch ins unbewegliche Vermögen des StSchuldners oder ein Vollstreckungsversuch in Forderungen wird zwar nicht gefordert; Inanspruchnahme des Haftenden trotz ausreichenden diesbzgl Vermögens des Erstschuldners wird aber idR ermessensfehlerhaft sein. Zu einschlägigen Ermessensgesichtspunkten iEinz *HHSp/Alber* § 219 Rz 64; diese berühren sich häufig mit den beim Erlass des Haftungsbescheids anzustellenden, ohne dass sie von diesen genau unterschieden zu werden pflegen. Zudem können die tatbestandlichen Voraussetzungen des § 219 I – Vollstreckungsversuch oder dessen Aussichtslosigkeit – insofern bereits für die Ermessensausübung bei Erlass des Haftungsbescheids von Bedeutung sein, als dieser grds Nichtrealisierbarkeit der Forderung beim StSchuldner voraussetzt und bei schuldhaftem Verstreichenlassen einer früheren Realisierungsmöglichkeit (sog Mitverschulden des FA) zumindest ausnahmsweise ausgeschlossen sein kann (§ 191 Rz 44). Die Frage der Realisierbarkeit der StForderung stellt sich indes im

Rahmen des § 219 – anders als bei § 191 – auf der Tatbestandsebene, bezogen nur auf das bewegliche Vermögen und bezogen auf den Zeitpunkt des Erlasses *der Zahlungsaufforderung* bzw der dazu ergehenden Einspruchsentscheidung.

5 Die Subsidiarität der Zahlungsinanspruchnahme des Haftungsschuldners verlangt insb auch, durch **Aufrechnung** Befriedigung beim Erstschuldner zu suchen (BFH BStBl 86, 158), soweit möglich auch im Insolvenzverfahren (BFH BStBl 94, 83); nicht jedoch, wenn die Aufrechnungsmöglichkeit ernstlich zweifelh ist (vgl BFH BStBl 83, 592). Diese Rspr ist auch im Rahmen der Ermessensausübung bei Erlass der Zahlungsaufforderung anzuwenden, auch wenn § 219 I nur auf das bewegliche Vermögen abstellt. Dass der Ausgang eines Insolvenzverfahrens des StSchuldners offen ist, steht einer Zahlungsaufforderung nicht entgegen, uU ist jedoch Stundung geboten (BFH BStBl 76, 579). Erklärungen nach § 284 müssen vom StSchuldner nur dann verlangt werden, wenn Anlass für die Annahme besteht, sie könnten zum Erfolg von Vollstreckungsversuchen führen (weitergehend *HHSp/Alber* § 219 Rz 24).

8 **3. Ausnahmen von dem Grundsatz der nachrangigen Haftung.** Satz 2 enthält wichtige Ausnahmen, die sich aus der Besonderheit bestimmter Haftungstatbestände ergeben und die Ausnahme praktisch zur Regel machen. Den in Satz 2 genannten Fällen ist gemeinsam, dass hier der Haftende ausschl oder ganz überwiegend zur Entstehung der StSchuld beigetragen hat. Das gilt für die Fälle der Haftung des StHinterziehers (§ 370), des StHehlers (§ 374) und des StAbzugsverpflichteten (§§ 42d I, III, VI, 44 V, 48a III, 50a V EStG) sowie cum grano salis für den praktisch wichtigsten Fall des § 69. Personen, die wegen eines solchen Haftungstatbestandes in Anspruch genommen worden sind, können sofort auf Zahlung in Anspruch genommen werden, ohne dass sich die FinBeh zunächst an den StSchuldner wenden muss. Dies bedeutet insbes, dass der Haftungsbescheid mit der Zahlungsaufforderung verbunden werden darf, was oft konkludent geschieht. Ob die Behörde das tut, bleibt Ermessensentscheidung (BFH BStBl 85, 688; FG RhPf EFG 81, 263). Anstifter oder Gehilfen fallen nicht unter Satz 2 (Rz 10; aA *Arnold Müller* DStZ 98, 449), erst Recht nicht nach §§ 45a VII EStG, 27 V 4 KStG Haftende.

11 **4. Korrektur der Zahlungsaufforderung; Rechtsschutz.** §§ 129, 130, 131 sind einschlägig. AdV des Haftungsbescheids verlangt keinen Widerruf der Zahlungsaufforderung (erfasst aber auch diese), teilweise Aufhebung des Haftungsbescheids wird jedoch idR stillschweigende entspr Reduzierung einer mit ihm verbundenen Zahlungsaufforderung beinhalten (BFH/NV 95, 950).

12 Einwendungen gegen die materielle Rechtmäßigkeit des Haftungsbescheids oder gar gegen Grund und Höhe der Steuer sind ggü der Zahlungsaufforderung ausgeschlossen (BFH/NV 95, 950; 91, 350). Zahlungen des StSchuldners nach Erlass der letzten Verwaltungsentscheidung führen im gerichtlichen Verfahren ebenso wenig wie zur Änderung des Haftungsbescheids zur Herabsetzung des Leistungsgebotes (vgl BFH BStBl 98, 131); sie sind vielmehr durch Antrag nach § 218 II geltend zu machen (vgl *HHSp/Alber* § 219 Rz 97).

13 Erlass eines weiteren Haftungsbescheid ist Teilrücknahme des ersten iSd § 130 I, wenn im ursprünglichen Haftungsbescheid zuviel angeforderte Beträge ermäßigt bzw nicht mehr berücksichtigt werden und der neue Haftungsbescheid iÜ nur eine Wiederholung des ursprünglichen enthält; das Leistungsgebot eines solchen Bescheids kann ebensowenig wie dieser selbst oder die erneute Bestimmung einer Zahlungsfrist vom Stpfl angefochten werden (BFH/NV 08, 967).

§ 220 Fälligkeit

(1) **Die Fälligkeit von Ansprüchen aus dem Steuerschuldverhältnis richtet sich nach den Vorschriften der Steuergesetze.**

(2) [1] **Fehlt es an einer besonderen gesetzlichen Regelung über die Fälligkeit, so wird der Anspruch mit seiner Entstehung fällig, es sei denn, dass in einem nach § 254 erforderlichen Leistungsgebot eine Zahlungsfrist eingeräumt worden ist.** [2] **Ergibt sich der Anspruch in den Fällen des Satzes 1 aus der Festsetzung von Ansprüchen aus dem Steuerschuldverhältnis, so tritt die Fälligkeit nicht vor Bekanntgabe der Festsetzung ein.**

Übersicht

1 **1. Inhalt.** Fälligkeit bedeutet Zahlenmüssen bzw Fordernkönnen (vgl § 271 BGB); sie ist Voraussetzung insb für die zwangsweise Beitreibung der Forderung, aber auch für eine Aufrechnung (§ 226), ferner für das Entstehen von Sz; sie ist Anknüpfungspunkt des § 229. Davon zu unterscheiden ist das *Entstehen* der StSchuld/Forderung (dazu § 38); fällig werden können nur entstandene Forderungen, aber mit dem Entstehen sind StForderungen idR noch nicht fällig.

2 Die Vorschrift verweist hinsichtlich der Regelung der Fälligkeit in Abs 1 auf die einzelnen StGesetze. Nur für den (seltenen) Fall, dass diese Gesetze keine Fälligkeitsregel enthalten, bestimmt Abs 2 S 1 entsprechend § 271 I BGB, dass der Zahlungsanspruch mit der Entstehung der StForderung fällig wird (was praktisch die Ausnahme ist, nämlich im Wesentlichen nur der Fall ist bei Sz, § 37 II), es sei denn, dass in dem Leistungsgebot eine Zahlungsfrist bewilligt wird. Ergibt sich der Zahlungsanspruch aus einer StFestsetzung, so tritt die Fälligkeit nach Abs 2 S 2 nicht vor Bekanntgabe der Festsetzung ein (siehe näher Rz 13), was wegen § 155 I der Regelfall ist; es gilt auch bei Haftungsbescheiden und im Falle des § 48a EStG (str).

3 Die Vorschrift gilt für Ansprüche des Stpfl ebenso wie für solche gegen ihn.

4 **2. Fälligkeitsregeln in den EinzelStGesetzen.** In den EinzelStGesetzen ist zB in den §§ 36 IV 1 und 2 (dazu BFH BStBl 01, 133; 90, 523), 37 I, 41a I 1 Nr 2, 44 I 5, 48a I, 50a V 3 EStG, § 73e EStDV, §§ 28, 29, 30, 31 GrStG, §§ 19, 20 GewStG, §§ 18 UStG, § 15 GrEStG, § 8 VersStG, § 11 KraftStG, § 8 FeuerschStG, §§ 13, 18 RennwLottG. Hinsichtlich der VerbrauchStG siehe Rz 5a.

5 Die sog **Veranlagungssteuern** werden nach Abs 2 S 2 nicht vor ihrer Festsetzung fällig. Bei der ESt löst aber die StFestsetzung, nicht erst die Feststellung einer Abschlusszahlung in einer Anrechnungsverfügung nach § 36 IV EStG die Fälligkeit (bei vollständiger Entrichtung der festgesetzten Vorauszahlungen mit der Maßgabe einer einmonatigen Zahlungsfrist) aus (BFH BStBl 10, 382; BFH BStBl 01, 133 ist überholt). Ein sich aus dem Überschuss auf die EStSchuld geleisteter Vorauszahlungen ergebender Erstattungsanspruch wird mit Bekanntgabe des StBescheids, der die ESt festsetzt, fällig (vgl BFH BStBl 90, 523; 83, 162). Auch die USt ist nach hM keine Fälligkeitssteuer (für die Jahressteuer siehe dazu § 18 IV UStG). Eine Vorauszahlung wird nach § 18 I 3 UStG nur dann fällig, wenn sie von dem Unternehmer angemeldet worden ist; wird sie entgegen § 18 I 1 UStG nicht angemeldet, wird sie erst mit Bekanntgabe eines Festsetzungsbescheids des FA fällig (str; ebenso *Birkenfeld/Wäger* Das große Umsatzsteuer-Handbuch, Bd II, § 210 Rz 172; *HHSp/Alber* § 220 Rz 24; offen BFH BStBl 04, 815).

5a Fälligkeit und Zahlungsfrist nach den **VerbrauchStGesetzen** hängen wesentlich von dem einschlägigen StEntstehungstatbestand ab; insb bei Unregelmäßigkeiten im Verfahren der StAussetzung ist die Steuer idR sofort fällig, sonst wird von den Gesetzen idR eine kurze Zahlungsfrist gewährt. Vgl zB § 18 TabStG: am 10., 12., 25. bzw 27. Tag des nächsten bzw übernächsten Monats für die in einem Monat bezogenen StZeichen, sofort für bei Herstellung entstandene Steuer.

Für **Einfuhrabgaben** (kraft Verweisung auch für EUSt, vgl § 21 UStG, und für die VerbrauchSt im Falle der Einfuhr aus Drittländern) beträgt die Fälligkeitsfrist nach Art 108 I UZK maximal 10 Tage ab dem Zeitpunkt der Mitteilung des geschuldeten Abgabebetrags (= StBescheid), mit der Möglichkeit unter bestimmten Voraussetzungen teils auf Antrag, teils von Amts wegen die Frist zu verlängern oder Zahlungsaufschub von max 30 Tagen zu gewähren (siehe dazu § 222 Rz 6). 6

Nach § 41 InsO gelten im **Insolvenzverfahren** nicht fällige Forderungen als fällig; das gilt auch für StForderungen. Die Vorschrift ist jedoch im Rahmen der Aufrechnung *nicht* anzuwenden (§ 95 I InsO); das wirkt sich iErg jedoch zumeist nicht aus, weil entstandene festsetzungsbedürftige Steuern mit der Eröffnung des Insolvenzverfahrens gem § 220 II 1 fällig werden (BFH BStBl 10, 55; 04, 815; vgl Rz 15). 7

3. Fehlen einer gesetzlichen Regelung (Abs 2 S 1). Bei Fehlen einer gesetzlichen Regelung in den EinzelStGesetzen wird der Anspruch mit seiner Entstehung fällig; das wird praktisch bedeutsam zB bei reinen Erstattungsansprüchen nach rechtsgrundloser Zahlung (BFH/NV 97, 10; BFH/NV 13, 1378 und 98, 1455 für den Fall nichtiger StBescheide; BFH BStBl 92, 713 für einen Rückforderungsanspruch der FinBeh), ferner bei Sz. Soweit stl Nebenleistungen von der FinBeh nach Ermessen festgesetzt werden (insb Verspätungszuschläge, Zwangsgelder), „entstehen" diese erst mit Bekanntgabe (Wirksamkeit) des entsprechenden Bescheids (§ 38 Rz 13 und 28); insoweit ist es gleichgültig, ob man auf sie Abs 2 S 1 oder S 2 anwenden will. 10

Ein Hinausschieben der Fälligkeit über den Entstehungszeitpunkt hinaus ist in diesen Fällen durch **Gewährung einer Zahlungsfrist** möglich (vgl zB BFH BStBl 97, 171), auch wenn ein Leistungsgebot nach § 254 II nicht erforderlich ist. Eine gesetzliche Fälligkeit hingegen kann durch Gewährung einer Zahlungsfrist nicht verändert werden, wohl aber durch eine StundungsVfg. 11

4. Keine Fälligkeit vor Bekanntgabe der Festsetzung (Abs 2 S 2). Abs 2 S 2 gilt nur dann, wenn eine Festsetzung gesetzlich *vorgeschrieben* ist. Dass StAnsprüche auf Zahlung iAllg festgesetzt werden müssen, wenn sie verwirklicht werden sollen, ergibt sich aus § 155 I 1, VI (Ausnahmen: reine Erstattungsansprüche – zB bei Zahlung auf einen nichtigen StBescheid, BFH/NV 13, 1378; 97, 10 –; Sz, die mit ihrem Entstehen fällig werden, zu diesen siehe Rz 10). Aus Abs 2 S 2 folgt dann, dass sie nicht vor Festsetzung fällig werden (sie entstehen freilich entgegen der durch die Gesetzesfassung nahe gelegten Annahme früher, vgl § 38), mit der Festsetzung aber ebenso wie bei der Fälligkeit unmittelbar kraft Entstehens sofort, wenn das einschlägige Gesetz keine Zahlungsfrist nach der Festsetzung einräumt (wie § 36 IV 1 EStG). Festsetzung heißt Bekanntgabe des StFestsetzungsbescheids, ggf unter Berücksichtigung des § 122 II Nr 1 (BFH/NV 08, 738). Dieselbe Fälligkeitsregelung gilt grds auch dann, wenn die betr Ansprüche angemeldet werden müssen (BFH BStBl 96, 660; BFH/NV 00, 669); siehe jedoch Rz 18. Abs 2 S 2 umfasst alle Ansprüche aus dem StSchuldverhältnis, findet also auch auf **Haftungsansprüche** (vgl § 37) Anwendung, die trotz der Notwendigkeit einer Ermessensentscheidung nach § 191 mit Verwirklichung des Haftungstatbestandes entstehen (vgl schon BFH BStBl 90, 363). Entsprechendes gilt bei Haftung für BauabzugSt (*Koenig/Fritsch* § 220 Rz 9; kritisch *Diebold* DStZ 02, 471). 13

Abs 2 S 2 greift im **Insolvenzverfahren** grds nicht ein. Denn nach Eröffnung eines Insolvenzverfahrens ist die FinBeh am Erlass eines StBescheids gehindert (BFH BStBl 04, 815), sodass auch sonst festsetzungsbedürftige StForderungen aufgrund ihrer Entstehung (Abs 2 S 1) mit der Eröffnung des Insolvenzverfahrens ungeachtet des § 41 InsO fällig werden, weil in diesem Zeitpunkt ihre Festset- 15 zungsbedürftigkeit wegfällt. Auf eine Anmeldung der Forderung zur Tabelle oder gar auf den Erlass eines Festsetzungsbescheids (§ 251) kommt es für die Fälligkeit nicht an (BFH BStBl 10, 55; 04, 815; BGH DB 13, 109). Das gilt auch für Haftungsforderungen, obwohl diese nach § 191 aufgrund einer Ermessensentscheidung geltend gemacht werden (BFH BStBl 07, 914).

16 **5. Wirkung der Fälligkeit.** Die fällige Leistung ist zu erbringen und ihretwegen kann gem §§ 249 ff vollstreckt werden (§ 254 I 1). Vom Fälligkeitstage an werden Sz erhoben (§ 240), es sei denn die Vollziehung ist ausgesetzt bzw aufgehoben (BFH BStBl 96, 55; 97, 730). Fälligkeit ist Voraussetzung wirksamer Aufrechnung (siehe jedoch Rz 7). Eine vor Fälligkeit eines Erstattungsanspruchs vom Abtretungsempfänger erklärte Aufrechnung geht ins Leere und wird bei Fälligkeit nicht nachträglich wirksam (FG Hbg EFG 94, 734).

18 **6. Steuervergütung, Herabsetzung der Steuer.** StAnmeldungen, die zu einer StVergütung oder zu einer Herabsetzung der bisher festgesetzten Steuer führen, stehen einer StFestsetzung unter dem Vorbehalt der Nachprüfung erst gleich, wenn die FinBeh zustimmt (§ 168). Die angemeldeten Überschüsse werden nach § 220 II 2 nicht fällig, bevor die Zustimmung der FinBeh zur Anmeldung dem Stpfl bekannt gegeben wird (BFH BStBl 96, 660), es sei denn die Zustimmung ist allgemein erteilt (dann Eingang bei FinBeh). Rechnet der Stpfl mit den Überschüssen gegen StSchulden auf, so gilt insoweit der Tag der Einreichung der StAnmeldung als Fälligkeitstag der StVergütung/Erstattung.

19 **Erstattungsansprüche aufgrund Aufhebung oder Änderung der StFestsetzung** werden mit Bekanntgabe des Bescheides fällig (FG SchlHol EFG 17, 1853; ergeben sie sich aus einem gerichtlichen Urteil, werden sie erst mit *Rechtskraft* des Urteils fällig (BFH/NV 87, 558); ein Vorziehen der Fälligkeit durch Vollstreckbarkeitserklärung schließt § 151 III FGO aus. Es ist auch nicht ohne Weiteres Unbilligkeit der Zwangsvollstreckung (§ 254) oder Anspruch auf Verrechnungsstundung gegeben (BFH/NV 87, 558).

21 **7. Stundung (§ 222).** Sie bewirkt ein Hinausschieben der Fälligkeit ebenso wie der sog Zahlungsaufschub (§ 223), nicht aber etwa auch der *Vollstreckungs*aufschub (§ 258).

22 Dass für **AdV** das Gleiche gilt, hat BFH BStBl 88, 366 überzeugend verneint (vgl auch BFH BStBl 90, 352; BFH/NV 88, 752; 91, 172; str, aA *KvW/Lemaire* § 220 Rz 7). BFH BStBl 96, 55 hingegen will offenbar in Zweifel ziehen, ob dies richtig ist, hat es aber offengelassen und lediglich die Folgen dieser Rechtsansicht dadurch abgemildert, dass die Aufrechnung mit einer in der Vollziehung ausgesetzten Forderung jedenfalls ausgeschlossen sei. Mit der zu Recht weiten Fassung des Begriffs AdV (vgl BFH BStBl 95, 730) ist jedenfalls iErg AdV einem Hinausschieben der Fälligkeit gleichgestellt (vgl *Schwarz/Dißars* § 220 Rz 27). Zur Frage, ob bei (rückwirkender) Aufhebung der Vollziehung auch keine Sz entstehen, siehe § 240 Rz 19a.

§ 221 Abweichende Fälligkeitsbestimmung

[1] Hat ein Steuerpflichtiger eine Verbrauchsteuer oder die Umsatzsteuer mehrfach nicht rechtzeitig entrichtet, so kann die Finanzbehörde verlangen, dass die Steuer jeweils zu einem von der Finanzbehörde zu bestimmenden, vor der gesetzlichen Fälligkeit aber nach Entstehung der Steuer liegenden Zeitpunkt entrichtet wird. [2] Das Gleiche gilt, wenn die Annahme begründet ist, dass der Eingang einer Verbrauchsteuer oder der Umsatzsteuer gefährdet ist; an Stelle der Vorverlegung der Fälligkeit kann auch Sicherheitsleistung verlangt werden. [3] In den Fällen des Satzes 1 ist die Vorverlegung der Fälligkeit nur zulässig, wenn sie dem Steuerpflichtigen für den Fall erneuter nicht rechtzeitiger Entrichtung angekündigt worden ist.

Die praktisch wenig bedeutsame Vorschrift dient der Sicherung des StAufkommens ggü säumigen Zahlern. Hat ein Stpfl mehrfach eine VerbrauchSt oder die USt nicht rechtzeitig entrichtet oder erscheint der (rechtzeitige) Eingang der Steuer als gefährdet, so kann die FinBeh einen abweichenden, vor der gesetzlichen Fälligkeit liegenden Fälligkeitszeitpunkt bestimmen oder Sicherheit verlangen. Sofern die FinBeh hiervon wegen Säumnis des Stpfl Gebrauch machen will, muss sie dies dem Stpfl vorher androhen. Einmalige Säumnis reicht nicht aus, wohl aber mehrfache nicht *vollständige* Entrichtung. Die *Androhung* kann aber bereits nach einmaliger Säumnis ergehen. Es ist *nicht* erforderlich, dass die Säumnis in aufeinander folgenden Fälligkeitsterminen auftritt; dies kann aber ggf im Rahmen der Ermessensentscheidung von Bedeutung sein (vgl FG Saarl EFG 74, 563), zB wenn der Stpfl ständig die Schonfrist nach § 240 III ausnutzt. 1

Für VerbrauchSt, die bei der Einfuhr in die EU entstehen, verweisen die VerbrauchStG auf die Zollschuldvorschriften des UZK. Diese enthalten keine § 221 vergleichbare Vorschrift; sie sind insofern als abschließend zu verstehen, sodass § 221 nicht entspr angewandt werden kann (*Gellert* Zollkodex und Abgabenordnung, S 194; *Schwarz/Wöhner* § 221 Rz 1; aA *Koenig/Fritsch* § 221 Rz 2). 2

Es steht im Ermessen des FA, ob es von der Vorschrift Gebrauch macht. Die Fälligkeit darf selbstredend nicht auf einen Zeitpunkt vor Entstehung der StSchuld gelegt werden. Vorher ist auch das Verlangen einer Sicherheitsleistung nicht zulässig, insb darf diese auch nicht für eine noch nicht entstandene USt-Schuld verlangt werden (str, wie hier *TK/Loose* § 221 Rz 7; *BG/Schindler* § 221 Rz 13; zweifelnd BFH BStBl 87, 830). Beachte aber § 18f UStG (Sicherheitsleistung für Zustimmung zur StAnmeldung und bei Anmeldung einer Erstattung; vgl *Burgmaier* USt-B 02, 90; *Nieskens* UR 02, 53; *Philipp/Grießhammer* DStR 03, 46). 4

Die Anforderung einer Sicherheitsleistung nach § 221 ist nur hinreichend bestimmt, wenn sie Angaben über die Höhe, die Form und den Zeitpunkt für die Bestellung der Sicherheit enthält (BFH/NV 88, 145). 5

Gegen die Vorverlegung der Fälligkeit und die Anforderung einer Sicherheitsleistung ist Einspruch gegeben, nicht jedoch gegen die Ankündigung nach Satz 3 (aA *TK/Loose* § 221 Rz 10, jedoch im Widerspruch zu dem fehlenden Regelungsgehalt der Ankündigung und dem auch für die AO gültigen Rechtsgedanken des § 44a VwGO). Erzwingung der Sicherheitsleistung nach § 336. 6

§ 222 Stundung

[1] Die Finanzbehörden können Ansprüche aus dem Steuerschuldverhältnis ganz oder teilweise stunden, wenn die Einziehung bei Fälligkeit eine erhebliche Härte für den Schuldner bedeuten würde und der Anspruch durch die Stundung nicht gefährdet erscheint. [2] Die Stundung soll in der Regel nur auf Antrag und gegen Sicherheitsleistung gewährt werden. [3] Steueransprüche gegen den Steuerschuldner können nicht gestundet werden, soweit ein Dritter (Entrichtungspflichtiger) die Steuer für Rechnung des Steuerschuldners zu entrichten, insbesondere einzubehalten und abzuführen hat. [4] Die Stundung des Haftungsanspruchs gegen den Entrichtungspflichtigen ist ausgeschlossen, soweit er Steuerabzugsbeträge einbehalten oder Beträge, die eine Steuer enthalten, eingenommen hat.

Übersicht

1 **1. Inhalt.** Stundung schiebt die Fälligkeit eines Anspruchs aus dem StSchuldverhältnis mittels VA hinaus (BFH BStBl 05, 7). Voraussetzung für die Stundung ist eine gerade in der Einziehung bei Fälligkeit (nicht in der StErhebung als solcher) liegende erhebliche Härte. Der Anspruch darf durch die Stundung nicht gefährdet erscheinen. Eine Stundung soll regelmäßig nur auf Antrag und gegen Sicherheitsleistung gewährt werden und hat grds eine Zinserhebung (§ 234) zur Folge.

4 **2. Anwendungsbereich. Abzugsteuern** (Abs 1 S 3) sind *nicht,* weder ggü dem StSchuldner (zB dem ArbN), noch ggü dem Entrichtungspflichtigen (zB dem ArbG) stundbar (BFH BStBl 93, 479 ist dadurch überholt; beachtliche verfassungsrechtliche Bedenken gegen die gesetzliche Regelung bei *TK/Loose* § 222 Rz 6; *Koenig/Fritsch* § 222 Rz 10; *KvW/Lemaire* § 222 Rz 6). Diese Regelung dürfte in dem Interesse, das Abzugsverfahren reibungslos und einfach zu gestalten, eine (verfassungsrechtl) hinreichende Rechtfertigung (vgl BFH BStBl 99, 3) jedenfalls insoweit finden, wie sich in dem praktisch wichtigsten Fall der LSt auf anderem Weg die verfahrensrechtl misslichsten Ergebnisse vermeiden lassen (vgl *Carl/Klos* DB 95, 1146: Freibetrag).

4a Die LohnStAbführungsschuld des *ArbG* (auch § 50a V EStG) oder die Abführungspflicht bei KapESt kann schon nach § 222 S 1 nicht gestundet werden; denn es handelt sich weder um einen Anspruch aus dem StSchuldverhältnis noch um einen Haftungsanspruch und der Entrichtungspflichtige ist auch nicht Schuldner iSd Satzes 1 (BFH BStBl 99, 3; BFH/NV 00, 1066; offen lassend jedoch jetzt BFH BStBl 01, 742: aber jedenfalls keine erhebliche Härte, weil fremdes Geld). Ist der Lohn/Kapitalertrag ausgezahlt worden, wird die Einbehaltung der Steuer unterstellt (vgl BFH/NV 88, 345).

4b Auch eine **Haftungsschuld** des StEntrichtungspflichtigen darf nicht gestundet werden, wenn der Haftungsschuldner StAbzugsbeträge einbehalten oder Beträge erhalten hat, die eine Steuer enthalten (Satz 4). Das gilt auch für die LSt-Haftung und die KapEStHaftung, §§ 42d IV, 44 V 3 EStG (*BG/Schindler* § 222 Rz 9) sowie die Bauabzugsteuer (§ 48a III EStG). Das ist vom Grundgedanken her einleuchtend; in der praktischen Anwendung ist aber die 2. Alternative deshalb wenig bedeutsam, weil in dem wichtigsten Fall vereinnahmter USt keine Haftungs-, sondern eine StSchuld vorliegt (vgl § 13b II UStG), Satz 4 also nicht eingreift, ebenso nicht bei pauschalierter LSt (vgl BT-Drs 12/5630, 101).

4c Auf die Fälle des § 48a III EStG und des § 13b UStG ist Abs 1 S 3 *nicht* anzuwenden.

5 § 222 gilt iÜ für alle Steuern, auch für **VerbrauchSt,** soweit nicht insoweit auf den UZK verwiesen wird. Der bei ihnen meist eintretende Vorfinanzierungseffekt (bei erst späterer Abwälzungsmöglichkeit) kann aber nicht durch Stundung (keine objektive, sondern vom Gesetz gewollte Härte), sondern allenfalls nach § 224 kompensiert werden.

5a § 222 ist ferner für die **ErbSt** trotz der Sonderregelung in § 28 ErbStG (§ 28 I 3) anwendbar.

Für **Einfuhrabgaben** gilt der UZK, ebenso für **EUSt,** § 21 II UStG. Nach Art 110ff UZK werden Zahlungserleichterungen in erster Linie durch sog Zahlungsaufschub (von 30 Tagen und außer bei als Vorsteuer abziehbarer EUSt nur gegen Sicherheitsleistung) gewährt (zu den Modalitäten der Aufschubgewährung und der Berechnung der 30-Tage-Frist vgl Art 111 UZK; ferner die Dienstanweisung VSFZ 0914 und dazu, kritisch, *Kraus* ZfZ 05, 114). Daneben lässt Art 112 III UZK zu, dem Zollschuldner andere Zahlungserleichterungen aufgrund nationalen Rechts einzuräumen, sodass § 222 auch auf Zollschulden grds anwendbar bleibt (vgl *Gellert* Zollkodex und Abgabenordnung, S 194; *Witte/Alexander* ZK Art 229 Rz 1). Allerdings muss grds Sicherheitsleistung gefordert werden; außerdem sind auf den gestundeten Abgabebetrag Kreditzinsen zu erheben, die sich nach den Kreditzinsen des jeweiligen inl Kapitalmarkts richten. Nach Art 112 III UZK können die Zollbehörden auf Kreditzinsen nur verzichten, wenn diese zu erheblichen wirtschaftlichen oder sozialen Schwierigkeiten beim Beteiligten führen könnten. 6

Die Anwendung der Vorschrift auf **örtliche Verbrauch- und AufwandSt** und **Kommunalabgaben** richtet sich nach den jeweiligen LandesG, die mitunter vorrangige eigene Stundungsbestimmungen enthalten; das Gleiche gilt für die **KiSt** nach Maßgabe der einzelnen KiStG. 7

Im **Insolvenzverfahren** ergeht die Zustimmung zum Insolvenzplan (§§ 217ff InsO), zum außergerichtlichen oder gerichtlichen Schuldenbereinigungsplan (vgl §§ 305, 307 InsO) auf der Grundlage der betr Vorschriften der InsO, auch wenn sie eine Stundung von StForderungen beinhaltet (vgl BMF BStBl I 02, 132); auch die materiellen Maßstäbe des § 222 sind insofern *nicht* ohne Weiteres übertragbar (vgl *Loose* StuW 99, 20). 8

3. Stundung der ErbSt bei betrieblichem Vermögen. Konkurrierende Vorschriften. Spezielle, neben § 222 anzuwendende Rechtsgrundlagen für eine Stundung finden sich ua in § 28 ErbStG. Danach ist beim Erwerb von Betriebsvermögen dem Erwerber die darauf entfallende ErbSt auf Antrag bis zu sieben Jahren verzinslich (bei Erwerben von Todes wegen unverzinslich) insoweit zu stunden, als dies zur Erhaltung des Betriebs notwendig ist. Auf diese Stundung besteht ein Rechtsanspruch. Er setzt jedoch voraus, dass der Erwerber die Steuer nicht aus erworbenem weiteren Vermögen oder aus seinem eigenen Vermögen aufbringen kann (BFH BStBl 88, 730). Das Verlangen einer Sicherheit soll dabei unzulässig sein (FG Mchn UVR 91, 340). 10

Siehe auch §§ 20 VI, 21 II UmwStG, § 13 VI EStG sowie § 15 S 2 GrEStG (dazu *Bruschke* UVR 00, 10). Spezialgesetzliche Stundungsregeln enthält auch § 6 IV, V **AStG.** 11

4. Voraussetzungen der Stundung. Im Rahmen der Prüfung der Stundungsvoraussetzungen sind wie bei §§ 163, 227 sachliche und persönliche Billigkeitsgründe zu berücksichtigen. Die Erläut zu den vorgenannten Bestimmungen sind daher ergänzend zu berücksichtigen. 16

Stundung setzt voraus, dass die Einziehung bei Fälligkeit eine erhebliche Härte für den Schuldner bedeutet *und* dass der Anspruch durch die Stundung nicht gefährdet wird. Das eine pflegt das andere mehr oder weniger auszuschließen, sodass zwischen beidem abzuwägen ist (BFH BStBl 74, 307; 77, 587). Die Entscheidung über die Stundung ist eine mit zwei unbestimmten Rechtsbegriffen gekoppelte Ermessensentscheidung (BFH BStBl 77, 587; 85, 449); der Maßstab der Billigkeit bestimmt Inhalt und Grenzen des Ermessens (BFH BStBl 96, 561), welches durch den Begriff der erheblichen Härte (lediglich) umgrenzt wird. Die (rechtsdogmatisch nicht recht bewältigte) Intention dieser Rspr, der FinBeh einen gewissen gerichtlich nicht überprüfbaren Spielraum bei der Bewertung der Stundungslage zu belassen, hat die gerichtliche Praxis an einer umfassenden Prüfung, ob eine „erhebliche Härte" vorliegt, iAllg nicht gehindert. Ist jedoch die Härte zu bejahen, bleibt für das Ob der Stundung kaum Ermessensspielraum (wohl aber für Zeitraum und die Frage 17 der Sicherheitsleistung), sofern nicht die (gerade durch die Stundung eintretende!) Gefährdung des StAnspruchs besonders groß ist. IdR wird vielmehr der Ermessensspielraum auf Null reduziert sein (vgl BFH BStBl 92, 321; BFH/NV 92, 42).

19 Die erhebliche Härte muss eine momentane sein; geht es nicht darum, die Einziehung der Steuer nur zu *verschieben,* sondern *endgültig* zu unterlassen, kommt keine Stundung in Betracht (vgl BFH/NV 95, 472). Die Anforderungen an die Härte sind geringer als bei der AdV (BFH/NV 00, 885). Bei der Prüfung, ob eine erhebliche Härte vorliegt, hat die FinBeh abzuwägen zwischen dem Interesse des StGläubigers an einer vollständigen und gleichmäßigen StErhebung (nach Maßgabe des Gesetzes) und dem Interesse des Stpfl an einem Aufschub der Fälligkeit (nach Maßgabe seiner persönlichen wirtschaftlichen Verhältnisse, sog persönliche Billigkeitsgründe, oder wegen eines sonst den besonderen Umständen des Einzelfalls unangemessenen Ergebnisses der Fälligkeitsregelungen des Gesetzes, sog sachliche Billigkeitsgründe, BFH BStBl 85, 449; BFH/NV 90, 757; 94, 517). Einzelheiten zu dieser wenig ergiebigen und nicht immer sauber durchführbaren Unterscheidung Rz 30 ff. Erheblich ist eine Härte nur dann, wenn der StSchuldner durch die Zahlung bei Fälligkeit deutlich größere Nachteile erleiden würde als jedermann, der in einer uU angespannten finanziellen Situation Schulden begleichen muss; Zahlungsschwierigkeiten allein oder die Notwendigkeit einer Kreditaufnahme sind daher kein Stundungsgrund (vgl Rz 23 f).

20 Auch Treu und Glauben sind zu berücksichtigen; hat daher die FinBeh aufgrund bestimmter tatsächlicher und rechtlicher Beurteilung eines Sachverhalts wiederholt Stundung gewährt und hielt sich diese Beurteilung im Rahmen des rechtl Möglichen, ist Ablehnung erneuter Stundung ermessensfehlerhaft, wenn sie die für die bisherigen Ermessensentscheidungen maßgeblichen Gesichtspunkte völlig außer Betracht lässt. Befristung vorangegangener Stundung ist als solche kein Grund für Ablehnung, insb wenn mehrfach hintereinander befristete Stundungen gewährt worden sind (BFH/NV 94, 517).

23 **5. Persönliche Stundungsgründe.** Eine erhebliche Härte kann sich aus den persönlichen Verhältnissen des Stpfl ergeben. *Jede* StZahlung entzieht indes dem Stpfl Mittel und bedeutet eine gewisse Härte; eine solche allgemeine Härte ist keine erhebliche Härte iSd § 222 (BFH BStBl 77, 436). Eine erhebliche Härte liegt erst dann vor, wenn die StZahlung zu wirtschaftlichen Schwierigkeiten führen würde (BFH/NV 01, 1362) und die Verhältnisse beim Stpfl ungünstiger liegen als bei anderen. Existenzgefährdung ist aber nicht notwendige Voraussetzung, es genügen ernsthafte Zahlungsschwierigkeiten, die der Stpfl auch nicht in zumutbarer Weise, zB durch Aufnahme eines Kredits, überwinden kann (BFH BStBl 61, 71; 90, 673). Ebenso zumutbar ist uU der Rückgriff auf ohne Weiteres wiederbeschaffbare Vermögensgegenstände (etwa Wertpapiere; vgl BFH BStBl 74, 307), nicht aber idR die Aufgabe eines angemessenen selbstgenutzten Wohnhauses (Rechtgedanke des § 90 II Nr 8 SGB XII, dazu in anderem Zusammenhang BFH BStBl 95, 104), wohl aber seine Beleihung.

24 Stundung kommt nur in Betracht, wenn die Zahlungsfähigkeit des Stpfl nur gemindert ist, nicht aber wenn sie nicht besteht (BFH/NV 01, 1362). Die Stundungssituation unterscheidet sich von der Überschuldung und Zahlungsunfähigkeit dadurch, dass noch keine Gründe für ein Insolvenzverfahren gegeben sind, sondern die Stundung dem Stpfl die Fortführung seiner wirtschaftlichen Existenz ermöglichen kann (BFH BStBl 85, 489; BFH/NV 94, 144). Stundung ist also nur möglich, wenn spätere Leistungsfähigkeit erwartet werden kann. Liegt dauernde Zahlungsunfähigkeit vor, so ist nur noch die Frage des Erlasses (§ 227) zu prüfen. Bei der Frage, ob Stundung angebracht ist, ist auch zu berücksichtigen, dass die Stundung nur die stl Leistungspflicht hinausschiebt und in Zukunft zu einer stärkeren steuerlichen Verpflichtung führt, weil dann die gestundeten und die dann fälligen Leistungen zu erbringen sind.

Rückläufige Gewinne allein reichen als Stundungsgrund nicht aus. War der Stpfl längere Zeit krank und hat daher erhebliche geschäftliche Verluste gehabt, kann die Einziehung eine unbillige Härte bedeuten; ebenso bei Naturkatastrophen, nach denen von der FinVerw vielfach Stundung (oft durch generelle VerwErlasse) eingeräumt wird. Auch sind Nachforderungen bei Saisonbetrieben außerhalb der Saison oft mit erheblichen Härten verbunden (vgl BFH BStBl 66, 694; NdsFG EFG 82, 571), jedoch ist von den Betrieben grds Vorsorge (Rücklagenbildung) zu verlangen. Stundung nicht allein wegen Wertminderungen und Vermögensverlusten sowie solchen Verlusten, die nicht einkommensmindernd berücksichtigt werden (BFH BStBl 74, 582), sofern nicht dadurch die Liquidität des Stpfl in einer Weise beeinträchtigt wird, die die Einziehung als erhebliche Härte erscheinen lässt. 25

Die persönlichen Stundungsgründe sind nachzuweisen (BFH BStBl 61, 292). Ein geeignetes Mittel ist der Liquiditätsstatus, der die Vermögenswerte in kurzfristig realisierbare und nicht kurzfristig realisierbare Vermögenswerte aufteilt (BFH BStBl 66, 694). 27

Neben einem persönlichen Stundungsgrund ist **Stundungswürdigkeit** erforderlich (BFH BStBl 87, 696; BFH/NV 94, 144). Bei einer Stundung aus persönlichen Gründen ist insb zu berücksichtigen, ob der Stpfl evtl seine Zahlungsschwierigkeiten – auch durch mangelnde Vermögensvorsorge, zB durch entsprechende Vorauszahlungen oder Bildung von Rücklagen (BFH BStBl 74, 307; vgl aber FG Bbg EFG 98, 169), insbes bei schwankenden Einkünften (BFH BStBl 66, 694) – selbst verursacht hat, zB durch hohe Privatentnahmen, Aufwendungen zur Erlangung von StVorteilen, Rabatten usw (vgl BFH BStBl 58, 153; FG Hbg DStR 54, 207; FG Hess EFG 77, 128) oder sonst durch sein Verhalten in eindeutiger Weise gegen die Interessen der Allgemeinheit verstoßen hat (BFH/NV 99, 12). Betriebsnotwendige Investitionen schaden jedoch nicht (BFH BStBl 74, 307). Ob der Stpfl sonst stl Pflichten verletzt hat, etwa seine StErklärung verspätet abgegeben (FG Ddorf EFG 98, 713), ist grds ohne Bedeutung. Steuerliches Fehlverhalten schließt eine Stundung iAllg nur aus, wenn es wesentliche und vorwerfbare Ursache für die unpünktliche Steuerzahlung ist (FG Thür EFG 00, 980). Selbst die Einleitung eines ststrafrechtlichen Ermittlungsverfahrens soll die Stundungswürdigkeit nicht ausschließen (FG BBg EFG 17, 1144). 28

6. Sachliche Stundungsgründe. Dies sind solche, bei denen sich die tatbestandliche Härte nicht aus den individuellen Verhältnissen des jeweiligen Stpfl, sondern rein objektiven Umständen, insb der Verfahrensstruktur im StRecht ergibt. Sie kommen vor allem bei folgenden Fallgruppen in Betracht: 30

a) Unerwartete Steuernachforderungen; Sanierungsgewinn. Steuernachforderungen aufgrund einer Ap, auf die sich Stpfl nicht rechtzeitig einrichten konnte, weil er sie nicht voraussehen oder erwarten konnte. Bei Abschlusszahlungen ist aber grds ein strenger Maßstab anzulegen (vgl BFH BStBl 74, 307). Anders evtl, wenn Vorauszahlungen kurz vor dem Vorauszahlungstermin erheblich erhöht werden (BFH BStBl 82, 105) und ggf noch mit hohen Abschlusszahlungen zeitlich zusammentreffen (BFH BStBl 75, 15). Beachte aber in diesem Zusammenhang die Vermögensvorsorgepflicht des Stpfl (Rz 28). 31

Realisierung stiller Reserven ohne Zufluss von Geldmitteln ist kein Grund für Stundung aus sachlichen Gründen (BFH BStBl 92, 321). Die Stundung von Steuern, die auf Gewinnen aufgrund einer unternehmensbezogenen Sanierung beruhen, die den Fortbestand des Unternehmens sichern soll, war früher in BMF 27.3.2003, BStBl I, 240; ergänzt BStBl I 10, 18 (Sanierungserlass) durch VerwVorschrift geregelt, der – von BFH BStBl 17, 393 aus formellrechtlichen Gründen (Gesetzmäßigkeit der Verwaltung) für rechtswidrig erklärt worden ist. Siehe zu den zukünftig geltenden Vorschriften § 3c EStG nF, § 7b GewStG nF und hierzu sowie zur Problematik von Übergangsregelungen die Komm zu § 163 Rz 45. 33

36 **b) Gegenansprüche.** Die Stundung darf nicht zu einer Änderung der Fälligkeitsbestimmung führen, sodass grds der Umstand, dass der Stpfl mit späteren Rückzahlungen oder Aufrechnungsmöglichkeiten rechnen kann, *nicht* zu berücksichtigen ist. Eine erhebliche Härte liegt jedoch vor, wenn der zu zahlende Betrag mit einer an Sicherheit grenzenden Wahrscheinlichkeit alsbald zu erstatten sein wird, insbes wenn seine Fälligkeit nur noch von einer uU bislang verzögerten Festsetzung seitens der FinBeh abhängt (**„Verrechnungsstundung"**, BFH BStBl 85, 449; 63, 445; BFH/NV 96, 873; 91, 146, 14; 90, 757; FG Köln EFG 17, 17), dh wenn der Anspruch des Stpfl bereits nach Grund und Höhe rechtl und tatsächlich schlüssig belegt ist (nicht notwendigerweise durch eine diesbzgl StErklärung, BFH/NV 96, 873; enger BFH/NV 98, 418) und in *naher* Zeit fällig wird (BFH BStBl 83, 397). Der (künftig fällige) Gegenanspruch muss *dem Stpfl* zustehen bzw an ihn wirksam abgetreten sein; sonst kommt allenfalls der Abschluss eines Verrechnungsvertrags in Betracht. Es ist hingegen nicht notwendig, dass der Gegenanspruch schon festgesetzt oder die Zustimmung zu einer StAnmeldung schon erteilt ist, was ohnehin idR eine Aufrechnungsmöglichkeit begründen und ein Stundungsbedürfnis entfallen lassen würde. Unerheblich ist ferner, ob der Gegenanspruch in einem rechtlichen oder tatsächlichen Zusammenhang mit der StSchuld steht (vgl NdsFG EFG 93, 631).

39 Unterscheide von der Verrechnungsstundung idS die sog **technische Stundung,** die grds fällige, wenn auch noch nicht zur Zahlung gestellte Ansprüche voraussetzt und intern, auch ohne Antrag, zur zweckmäßigen Abwicklung des Zahlungsverkehrs (Vermeidung von Zahlungsbewegungen) zinslos vorgenommen wird und daher kein Fall des § 222 (keine Billigkeitsmaßnahme) ist (anders BFH BStBl 99, 3); auf eine technische Stundung besteht kein Anspruch, insb auch nicht nach Treu und Glauben (insoweit zutr BFH BStBl 99, 3). Die Begriffe technische und Verrechnungsstundung werden allerdings mitunter synonym gebraucht.

41 **c) Offenes Rechtsbehelfsverfahren.** Kein Stundungsgrund ist, dass der StSchuldner die Steuer vor Abschluss eines Rechtsbehelfsverfahrens bezahlen soll, auf dessen für ihn günstigen Ausgang er setzt und möglicherweise sogar zu setzen begründeten Anlass hat; denn insoweit kann er auf das AdV-Verfahren verwiesen werden (BFH/NV 91, 14). Selbst die vorgebliche Verfassungswidrigkeit des StGesetzes ist ebenso wenig wie die Rechtswidrigkeit des StBescheids ein Stundungsgrund (die AdV-Vorschriften würden sonst unterlaufen).

42 **7. Gefährdung des Anspruchs und Sicherheitsleistung.** Gefährdung des Anspruchs ist unbestimmter Rechtsbegriff. Eine Gefährdung des Anspruchs liegt vor, wenn er zu dem späteren hinausgeschobenen Fälligkeitszeitpunkt nicht mehr oder nur unter Schwierigkeiten realisiert werden kann. Durch Sicherheitsleistung (Satz 2) kann diese Gefahr abgewendet werden, obgleich der stundungsbedürftige Stpfl diese häufig gerade nicht wird leisten können; die vom Gesetz aufgestellte Regel ist daher nicht streng zu handhaben, weil sonst die Vorschrift in weiten Bereichen leer liefe. Von der regelmäßig gebotenen Sicherheitsleistung wird vor allem abgesehen werden können, wenn kleinere Beträge gestundet werden oder wenn die Stundung nur einen kurzen Zeitraum betrifft und keinerlei Gefährdung des Anspruchs zu besorgen ist. Umgekehrt wird bei langfristiger Stundung idR eine Sicherheitsleistung erforderlich sein (FG Köln EFG 00, 980; vgl auch BFH BStBl 88, 514). *Trotz* Gefährdung kann ohne Sicherheit gestundet werden, wenn anderenfalls die Steuer erlassen oder niedergeschlagen werden müsste. Das Verlangen einer Sicherheitsleistung kann nachgeholt werden, wenn sich die Gefährdungslage erst nachträglich einstellt und deshalb die Voraussetzungen für einen Widerruf der sicherheitslosen Stundung vorlägen. Wegen der Art der Sicherheitsleistung vgl §§ 241 ff.

43 **8. Stundungsantrag.** Die Stundung geschieht idR auf Antrag, ein Antrag ist jedoch trotz der Zinsregelung (§ 234) nicht zwingend erforderlich (BFH/NV 94,

687). Denn der Schuldner kann nach der hier vertretenen Ansicht (vgl Rz 5 zu § 237) trotz Stundung zahlen und dadurch das Entstehen von Zinsen vermeiden! Folgt man hingegen der vom BFH BStBl 08, 134; BFH/NV 12, 2004 (beide zu AdV) vertretenen Ansicht, dass der Stundungsbescheid Grundlagenbescheid für § 234 ist, muss dem Stpfl die Möglichkeit der Beseitigung der Stundungsverfügung durch Einspruch/Anfechtungs-/Fortsetzungsfeststellungsklage eingeräumt werden.

Ein Erlassantrag schließt idR als Hilfsantrag den Antrag auf Stundung ein. Ein Stundungsantrag erledigt sich nicht durch Erlöschen des Anspruchs; denn eine nach Entrichtung der Steuer ausgesprochene Stundung geht nicht ins Leere, weil sie ggf Verzugsfolgen beseitigt (BFH/NV 89, 428; 87, 696).

Der Antrag ist zu begründen (BFH BStBl 61, 292), dazu kann bei größeren Beträgen ein Liquiditätsstatus dienen (vgl BFH BStBl 66, 694). 44

9. Entscheidung über die Stundung. Stundung ist Ermessensentscheidung (BFH BStBl 77, 587; BFH/NV 94, 517; siehe aber auch oben Rz 17). Die Entscheidung über eine Stundung kann nach § 120 II mit einer Nebenbestimmung, etwa einer Bedingung (zB dass Sicherheit geleistet worden ist, was aber ausnahmsweise auch nur Auflage sein kann, sodass die Stundung sofort wirksam wird) oder dem Vorbehalt des Widerrufs versehen werden. Die Stundung kann insbes befristet werden auf einen bestimmten Tag oder auf eine bestimmte Zeit; anderenfalls ist idR ein Widerrufsvorbehalt aufzunehmen. Die Beifügung eines Widerrufsvorbehalts (Ermessensentscheidung, vgl aber BStBl I 08, 534) muss sachlich gerechtfertigt sein, was idR jedoch nicht zu bezweifeln sein wird (*BG/Schindler* § 222 Rz 53). Dass der Widerrufsvorbehalt selbständig mit Aussicht auf Erfolg anfechtbar ist (vgl BFH BStBl 65, 721), wird sich nicht aufrechterhalten lassen; der Stpfl muss vielmehr ggf auf Verpflichtung zur vorbehaltlosen Stundung Klage erheben. Eine Verpflichtung des Stpfl, eine Verbesserung seiner Vermögenslage anzuzeigen, muss ggf durch Auflage ausgesprochen werden; diese ergibt sich nicht aus § 153 II, weil sich diese Vorschrift nur auf StErklärungen bezieht. 46

Wird der Stundungsantrag vor Fälligkeit gestellt, ist mWv Fälligkeitstag an zu stunden; wenn ein rechtzeitig gestellter Antrag erst nach Fälligkeit abgelehnt wird, sollte dem Stpfl idR eine kurze neue Zahlungsfrist gesetzt werden, falls der Antrag nicht offensichtlich unbegründet war. Rückwirkung der Stundung (zu den Wirkungen Rz 55a) anzuordnen ist geboten, wenn der Antrag rechtzeitig gestellt worden ist, die FinBeh aber erst nach Fälligkeit positiv entschieden hat. Bei Antragstellung nach Fälligkeit kommt Stundung grds erst ab Antragstellung infrage. 47

10. Zuständige Behörde. Maßgebend sind die Zuständigkeitsregeln der Länder, soweit es sich um Steuern handelt, die von den Landesfinanzbehörden verwaltet werden. Es gelten einheitliche Zuständigkeitsgrenzen, vgl gleich lautende Ländererlasse (BStBl I 08, 534), und Mitwirkungsvorbehalte (BStBl I 04, 29). 48

Für **KiSt** sind die FÄ idR zuständig, wenn zugleich auch ESt gestundet wird; anderenfalls entscheiden die Kirchen, vgl die LandesKiStG. 49

Für die **Zuständigkeitsgrenzen** gilt Folgendes: Jede StArt und jeder VZ sind für sich zu betrachten. Vorauszahlungen dürfen nicht auf den Jahresbetrag umgerechnet werden. Bei Steuern verschiedener Art und Höhe entscheidet hinsichtlich aller Beträge die für den höchsten Betrag zuständige Stelle. Steuerliche Nebenleistungen sind dem Hauptbetrag nicht hinzuzurechnen. 50

FÄ und OFD sind unabhängig von der Zuständigkeit iÜ berechtigt, Stundung abzulehnen. 51

11. Wirkung der Stundung. Die Stundung ist ein VA, der die Fälligkeit hinausschiebt; Sz fallen während der Stundungsdauer nicht an. Wird eine gegen das FA gerichtete Forderung abgetreten und besteht für das FA im Zeitpunkt der Kenntniserlangung von der Abtretung eine Aufrechnungslage ggü dem bisherigen Gläubiger, die das FA berechtigt, die Aufrechnung mit ihrer Gegenforderung auch 55 ggü dem neuen Gläubiger der Hauptforderung zu erklären, so werden diese Rechtswirkungen (§ 406 BGB) durch eine nachträglich gewährte Stundung der Gegenforderung nicht beseitigt (BFH BStBl 05, 7). Eine Stundung, selbst wenn sie als Verrechnungsstundung im Hinblick auf bestimmte bereits entstandene Ansprüche des Stpfl gewährt wird, hindert diesen auch nicht daran, seine Forderung während der Stundung abzutreten, sodass eine Verrechnung nur noch unter den Voraussetzungen des § 406 BGB möglich ist (BFH BStBl 10, 829).

56 **Rückwirkende Stundung** ist zulässig (BFH BStBl 05, 7) und soll von bereits verwirkten Säumnisfolgen befreien (insbes Sz). Die bis zum Erlass des Stundungs-VA bereits eingetretenen Rechtsfolgen der Säumnis entfallen aber nicht automatisch; vielmehr bildet die rückwirkende Stundung lediglich die rechtliche Grundlage für entsprechende Maßnahmen des FA, mit denen sie den StSchuldner von den eingetretenen Folgen der Säumnis zB durch Erlass der Sz befreien kann (BFH/NV 94, 144 für persönliche Stundungsgründe). Bereits verwirkte Sz bleiben also zunächst trotz rückwirkender Stundung verwirkt. Auch bereits durchgeführte Vollstreckungsmaßnahmen verlieren nicht automatisch, sondern erst durch ausdrückliche Aufhebung ihre Wirksamkeit (vgl § 257 II 3). Zwangshypotheken werden nicht automatisch zu Eigentümer-Grundschulden.

57 Nach Ablauf der Stundung wird die Steuer erneut fällig, eine Mahnung ist nicht erforderlich. Die Schonfrist des § 240 III gilt aber auch dann. Durch die Stundung wird die Zahlungsverjährung in Höhe des gestundeten Betrags unterbrochen, § 231 I, II, IV.

60 **12. Widerruf der Stundung.** Die Stundung kann unter den Voraussetzungen des § 130 II oder § 131 II zurückgenommen oder widerrufen werden. Dass dies nicht auch stillschweigend dadurch geschehen kann, dass die FinBeh mit der gestundeten Forderung aufrechnet, bezweifelt BFH BStBl 73, 513 zu Unrecht und verlangt einen vorherigen ausdrücklichen Widerruf. Rücknahme und Widerruf einer Stundung sind vollziehbare VA. AdV der Widerrufsverfügung hindert die Wirkung der Aufhebung der Stundung (vgl BFH BStBl 82, 608). Auch wenn ein Widerrufsvorbehalt fehlt, berechtigt der Erwerb eines Erstattungsanspruches (vgl BFH BStBl 73, 513) oder sonst eine unerwartete Verbesserung der Vermögenslage des Stpfl nach § 131 II Nr 3 zum Widerruf.

63 **13. Rechtsbehelfe.** Gegen die Ablehnung eines Antrags auf Stundung ist Einspruch und Verpflichtungsklage gegeben. Keine Klage auf Stundung einer bereits erloschenen StForderung (BFH/NV 92, 77). Vorläufiger Rechtsschutz im Wege der einstweiligen Anordnung (BFH BStBl 82, 307; vgl auch BFH/NV 93, 583). Ein Anordnungsgrund ist iAllg nur gegeben, wenn die wirtschaftliche und persönliche Existenz der Betroffenen durch die Ablehnung der Stundung unmittelbar bedroht ist (BFH/NV 93, 583). Beachte Verbot der Vorwegnahme der Hauptsache und Problem der Anordnung bei Ermessen der FinBeh.

64 Keine Erledigung des Rechtsbehelfs durch Zahlung (BFH BStBl 66, 694; BFH/NV 87, 696). Durch Tilgung der StSchuld, deren Stundung zuvor begehrt worden ist, erledigt sich auch nicht ein die Stundung ablehnender VA (BFH BStBl 74, 307; BFH/NV 87, 696), denn eine (rückwirkende) Stundung wäre für § 240 von Bedeutung.

65 Der Streitwert einer Klage auf Stundung beträgt 10% des Stundungsbetrags (BFH BStBl 55, 56; 63, 76).

§ 223 *(aufgehoben)*

Vorschrift aufgehoben durch ZKAnpG v 22.12.14 (BGBl I, 2417) mWv 31.12.2014.

Siehe zuletzt 12. Auflage.

2. Unterabschnitt. Zahlung, Aufrechnung, Erlass

§ 224 Leistungsort, Tag der Zahlung

(1) [1] **Zahlungen an Finanzbehörden sind an die zuständige Kasse zu entrichten.** [2] **Außerhalb des Kassenraums können Zahlungsmittel nur einem Amtsträger übergeben werden, der zur Annahme von Zahlungsmitteln außerhalb des Kassenraums besonders ermächtigt worden ist und sich hierüber ausweisen kann.**

(2) **Eine wirksam geleistete Zahlung gilt als entrichtet:**

1. **bei Übergabe oder Übersendung von Zahlungsmitteln am Tag des Eingangs, bei Hingabe oder Übersendung von Schecks jedoch drei Tage nach dem Tag des Eingangs,**
2. **bei Überweisung oder Einzahlung auf ein Konto der Finanzbehörde und bei Einzahlung mit Zahlschein an dem Tag, an dem der Betrag der Finanzbehörde gutgeschrieben wird,**
3. **bei Vorliegen einer Einzugsermächtigung am Fälligkeitstag.**

(3) [1] **Zahlungen der Finanzbehörden sind unbar zu leisten.** [2] **Das Bundesministerium der Finanzen und die für die Finanzverwaltung zuständigen obersten Landesbehörden können für ihre Geschäftsbereiche Ausnahmen zulassen.** [3] **Als Tag der Zahlung gilt bei Überweisung oder Zahlungsanweisung der dritte Tag nach der Hingabe oder Absendung des Auftrags an das Kreditinstitut oder, wenn der Betrag nicht sofort abgebucht werden soll, der dritte Tag nach der Abbuchung.**

(4) [1] **Die zuständige Kasse kann für die Übergabe von Zahlungsmitteln gegen Quittung geschlossen werden.** [2] **Absatz 2 Nr. 1 gilt entsprechend, wenn bei der Schließung von Kassen nach Satz 1 am Ort der Kasse eine oder mehrere Zweiganstalten der Deutschen Bundesbank oder, falls solche am Ort der Kasse nicht bestehen, ein oder mehrere Kreditinstitute ermächtigt werden, für die Kasse Zahlungsmittel gegen Quittung anzunehmen.**

Abs 2 Nr 1 neu gefasst durch JStG 2007 v 13.12.06 (BGBl I, 2878); Abs 2 Nr 2 geändert durch AmtshilfeRLUmsG v 26.6.13 (BGBl I, 1809).

Schrifttum: *Berger* Zur Insolvenzanfechtung beim Lastschrifteinzug von Steuerforderungen, EWiR 10, 427.

Übersicht

1. Inhalt. § 224 bestimmt, wo Zahlungen zu leisten sind, wie sie geleistet werden können und wann eine wirksam geleistete Zahlung als erfolgt gilt. Die Zahlung ist ein iÜ nach Zivilrecht zu beurteilender Vorgang, wenn er auch aufgrund öffentlichen Rechts (Steueranspruch) und mit öff-rechtl Wirkung (Erlöschen des StAnspruchs) erfolgt (BVerwG NJW 84, 2114; BFH BStBl 88, 41). 1

Zahlungen sind an die zuständige Kasse der FinBeh zu entrichten (vgl Buchungsordnung für die Finanzämter – BuchO –, neu bekannt gemacht BStBl I 16, 1982, §§ 98 bis 123 der Fassung der BuchO BStBl I 96, 386, zuletzt geänd BStBl I 03, 270, gelten jedoch einstweilen fort). Das ist die Kasse, die bei dem zuständigen FA besteht, oder die Kasse, die nach Abs 4 bestimmt worden ist. Zahlungen kön- 2 nen bar, durch Scheck, durch Überweisung oder durch Erteilung einer Einzugsermächtigung geleistet werden.

2a Barzahlungen außerhalb des Kassenraums dürfen nur an Amtsträger geleistet werden, die hierzu besonders ermächtigt worden sind und sich hierüber ausweisen können, zB die Vollziehungsbeamten nach §§ 285 II, 292 I. Nach den Grundsätzen der Anscheins- oder Duldungsvollmacht kann keine Ermächtigung eines Amtsträgers angenommen werden (FG Saarl EFG 92, 501).

3 Die Zahlung bringt den Anspruch zum Erlöschen, vgl § 47. Sie kann vor Fälligkeit geleistet werden (BFH BStBl 54, 26). Auch freiwillige Vorauszahlungen bringen die StSchuld zum Erlöschen (vgl BFH/NV 94, 445). Zahlung unter Vorbehalt führt nicht zum Erlöschen des Anspruchs (BGH NJW 72, 1750), wenn der Vorbehalt nicht lediglich dahin auszulegen ist, gegen die StFestsetzung Rechtsbehelfe ergreifen zu wollen.

4 Gefahr und Kosten der Zahlung trägt nach § 270 I BGB der Schuldner. Das gilt auch für stl Zahlungen (BFH BStBl 91, 442; BFH/NV 99, 1058). Der Gläubiger hat jedoch Gefahr und Kosten zu tragen, wenn er nach Entstehung des Anspruchs Wohnsitz oder Ort der Niederlassung ins Ausland verlegt, vgl § 270 III BGB. Er trägt auch die Gefahr, die er durch ein ihm zuzurechnendes Verhalten sonst verursacht (BFH BStBl 91, 442; BFH/NV 95, 179: Angabe eines aufgelösten Kontos in EStErklärung).

6 **2. Zeitpunkt der Zahlung an die Finanzbehörde.** Abs 2 bestimmt den Zeitpunkt einer wirksam geleisteten Zahlung an die FinBeh. Diese Vorschrift ist vor allem bedeutsam für die Berechnung von Zinsen und Sz.

7 Zu unterscheiden ist, ob der Stpfl durch Hingabe von Zahlungsmitteln (Abs 2 Nr 1) oder durch Überweisung, durch Einzahlung auf ein Konto der FinBeh bzw Einzahlung mit Zahlschein (Abs 2 Nr 2) zahlt. Maßgebend ist in den letztgenannten Fällen des unbaren Zahlungsverkehrs für den Eintritt der schuldbefreienden Wirkung und – abweichend vom ZivilR (vgl *Palandt* BGB § 270 Rz 6) – der Rechtzeitigkeit der Zahlung der Tag der *Gutschrift* (nicht der Wertstellung, NdsFG EFG 98, 170; FG Hbg EFG 08, 90, vgl BFH BStBl 92, 232) auf dem Konto der FinBeh bei einem Kreditinstitut (Bank, Sparkasse), sonst der Tag des Eingangs des Zahlungsmittels bei der FinBeh, niemals also der Tag der Überweisung, der Lastschrift oder der Absendung von Scheck oder Bargeld. Durch die in § 240 III vorgesehene Schonfrist wird der StSchuldner ausreichend geschützt, falls er die Zahlungsfrist wegen eines längeren Übermittlungsweges kurzfristig überschreitet.

8 Zahlungsmittel iSd Nr 1 ist neben Bargeld der (auf inl Währung lautende) **Scheck.** Tilgung erst drei Tage nach Scheckeingang; das gilt auch dann, wenn die Gutschrift schneller erfolgt, sodass ggf Säumnis infolge der gesetzl (auch insofern verfassungsgemäßen) Regelung fingiert wird (BFH BStBl 13, 103). Kommt der Scheck bei der FinBeh abhanden, erlischt gleichwohl die StForderung ungeachtet eines Verschuldens der FinBeh nicht (BFH/NV 99, 1085), weil es insofern nicht auf den Zeitpunkt der Zahlung, sondern auf die (Tilgungs-)Wirkung ankommt.

9 Unrichtige Verbuchung ändert nichts an rechtzeitiger Entrichtung, unrichtige oder unklare Bezeichnung des Zahlungszwecks (StArt, VZ etc) durch den StSchuldner nur, wenn richtige Zuordnung nicht möglich war (vgl BGH NJW 72, 1750), wobei allerdings keine hohen Anforderungen an die Findigkeit der FinBeh gestellt werden können (Massenverfahren).

11 Zeitpunkt der Zahlung bei **Einzugsermächtigung** ist (gleichsam fiktiv) der Fälligkeitstag. Verzögerungen gehen bei der Einziehung also nicht zulasten des Stpfl. Es muss jedoch aufgrund der Einzugsermächtigung eine Einziehung des geschuldeten Betrags möglich gewesen sein.

13 **3. Zeitpunkt der Zahlung durch die Finanzbehörde.** Auszahlungen der FinBeh sind unbar zu leisten. Ausnahmen sind jedoch möglich (Abs 3 S 2). Da hier jedoch der Tag des Zahlungseingangs beim Zahlungsempfänger nur mit Schwie-

rigkeiten feststellbar ist, ist ein fiktiver Tag des Zahlungseingangs beim Zahlungsempfänger angenommen worden, und zwar regelmäßig der dritte Tag nach Absendung des Zahlungsauftrages. Die Regelung gilt nur, wenn die Absendung des Zahlungsauftrags wirksam erfolgt ist. Sie stellt keine Fiktion dahingehend auf, dass die Schuld auch dann erloschen ist, wenn eine Überweisung fehl gelaufen ist.

Bei **Angabe eines falschen Erstattungskontos** durch den Überweisungsempfänger hat dieser ggü dem Überweisenden in zurechenbarer Weise einen Rechtsschein geschaffen mit der Folge, dass der Überweisende in Analogie zu §§ 170 ff BGB von seiner Schuld befreit wird. Der Stpfl trägt die Verlustgefahr für einen StErstattungsbetrag, den das FA auf ein Konto überwiesen hat, das der Stpfl in der StErklärung angegeben hat, aber von ihm schon vorher aufgelöst und von der Bank sodann auf eine andere Person umgeschrieben worden ist (BFH BStBl 88, 41; BFH/NV 95, 179). Hingegen soll das FA die Verlustgefahr tragen, wenn es eine Bankverbindung benutzt, die der Stpfl für ein Vorjahr mitgeteilt hatte (NdsFG EFG 01, 901, zweifelhaft; richtigerweise ist vom Stpfl zu verlangen, dass er Änderungen der Bankverbindung bei laufend veranlagten Steuern mitteilt, vgl FG Brem EFG 93, 63). Bei geschiedener Ehe siehe BFH BStBl 91, 442. **15**

Bedient sich die FinBeh bei der Überweisung eines Kreditinstituts, das ihr der Stpfl als Zahlstelle benannt hat, hat die Zahlung befreiende Wirkung auch dann, wenn sie dabei eine falsche Kontonummer angibt oder das Konto nicht mehr besteht, sofern die Zahlung von dem Kreditinstitut nicht zurückgewiesen wird; das gilt selbst dann, wenn das Kreditinstitut den Überweisungsbetrag entgegen seinen Verpflichtungen aus dem (evtl beendeten, aber noch fortwirkenden) Kontokorrentvertrag (etwa zur Tilgung eines Kredits) verwendet, was nicht das Rechtsverhältnis zur FinBeh berührt, sondern ggf im Verhältnis Kreditinstitut/Kunde über eine Eingriffskondiktion abzuwickeln ist (vgl BFH BStBl 10, 255; 12, 167; BFH/NV 04, 762). Entsprechendes müsste sogar dann gelten, wenn die FinBeh ein Kreditinstitut angibt, welches ihr der Stpfl nicht benannt hat, bei dem er jedoch (zufällig) ein Konto unterhält, dem der Überweisungsbetrag gutgeschrieben wird. **15a**

Die Angabe einer **neuen Bankverbindung** ist grds als konkludenter Widerruf aller früheren Angaben zu werten. Der Widerruf einer Abbuchungsermächtigung enthält hingegen nicht den Widerruf der (in der Kontobenennung idR konkludent liegenden Bezeichnung eines) Erstattungskontos (FG Mster EFG 96, 461). **15b**

Eine Verpflichtung des Stpfl, der FinBeh seine Kontoverbindung mitzuteilen und dadurch die unbare Zahlung zu ermöglichen, ergibt sich aus Treu und Glauben; hingegen soll es keine Verpflichtung geben, ein Konto dafür eigens einzurichten (FG Köln EFG 03, 1282; FG MeVo 1 K 275/02 nv, zweifelhaft). **16**

4. Schließung der Finanzkassen für den Barzahlungsverkehr. Nach Abs 4 können Finanzkassen sowohl für den Einzahlungsverkehr wie auch für den Auszahlungsverkehr geschlossen werden, was überall geschehen ist. Die Hauptverwaltungen (§ 8 BBankG) und Filialen der Deutschen Bundesbank (§ 10 BBankG) sowie hilfsweise die Kreditinstitute können mit der Ersatzannahme betraut werden; in diesem Fall bestimmt die Übergabe bzw Übersendung der Zahlungsmittel an diese den Zahlungszeitpunkt. **17**

5. Zahlung durch Dritte. Die Vorschrift stellt lediglich auf die geleistete Zahlung ab, nicht auf denjenigen, der die Zahlung geleistet hat. Auch Dritte können wirksam zahlen, vgl § 48, der StSchuldner hat grds kein Widerspruchsrecht. § 267 II BGB findet aber entsprechende Anwendung (BFH BStBl 67, 650; aA *Koenig/Fritsch* § 224 Rz 4). **19**

§ 224a Hingabe von Kunstgegenständen an Zahlungs statt

(1) [1] **Schuldet ein Steuerpflichtiger Erbschaft- oder Vermögensteuer, kann durch öffentlich-rechtlichen Vertrag zugelassen werden, dass an Zahlungs**

statt das Eigentum an Kunstgegenständen, Kunstsammlungen, wissenschaftlichen Sammlungen, Bibliotheken, Handschriften und Archiven dem Land, dem das Steueraufkommen zusteht, übertragen wird, wenn an deren Erwerb wegen ihrer Bedeutung für Kunst, Geschichte oder Wissenschaft ein öffentliches Interesse besteht. [2]Die Übertragung des Eigentums nach Satz 1 gilt nicht als Veräußerung im Sinne des § 13 Abs. 1 Nr. 2 Satz 2 des Erbschaftsteuergesetzes.

(2) **[1]Der Vertrag nach Absatz 1 bedarf der Schriftform; die elektronische Form ist ausgeschlossen. [2]Der Steuerpflichtige hat das Vertragsangebot an die örtlich zuständige Finanzbehörde zu richten. [3]Zuständig für den Vertragsabschluss ist die oberste Finanzbehörde des Landes, dem das Steueraufkommen zusteht. [4]Der Vertrag wird erst mit der Zustimmung der für kulturelle Angelegenheiten zuständigen obersten Landesbehörde wirksam; diese Zustimmung wird von der obersten Finanzbehörde eingeholt.**

(3) **Kommt ein Vertrag zustande, erlischt die Steuerschuld in der im Vertrag vereinbarten Höhe am Tag der Übertragung des Eigentums an das Land, dem das Steueraufkommen zusteht.**

(4) **[1]Solange nicht feststeht, ob ein Vertrag zustande kommt, kann der Steueranspruch nach § 222 gestundet werden. [2]Kommt ein Vertrag zustande, ist für die Dauer der Stundung auf die Erhebung von Stundungszinsen zu verzichten.**

1 **1. Inhalt.** Durch diese Vorschrift soll verhindert werden, dass Kunstgegenstände ins Ausland veräußert werden, um deren Erlös für die Bezahlung von ErbSt verwenden zu können. Sie gilt nur für die ErbSt und hat kaum praktische Bedeutung erlangt. Eine analoge Anwendung auf andere Fälle einer Leistung an Zahlungs Statt dürfte nicht in Betracht kommen (offen BFH/NV 99, 744).

3 **2. Voraussetzungen.** Voraussetzung für die Anwendung der Regelung ist, dass an dem Erwerb der genannten Gegenstände wegen ihrer Bedeutung für Kunstgeschichte oder Wissenschaft ein öffentliches Interesse besteht. Wann ein solches Interesse besteht, sagt der Gesetzgeber nicht (ggf Amtshilfe der in Abs 2 S 2 genannten für kulturelle Angelegenheiten zuständigen Landesbehörde). Für den Vertragsabschluss zuständig ist jedoch die zuständige FinBeh (Abs 2 S 2).

5 **3. Rechtsform.** Die Hingabe erfolgt aufgrund eines **öff-rechtl Vertrags,** der auch künftig nur schriftlich, nicht elektronisch soll abgeschlossen werden können (gesetzgeberischer Grund: verwaltungsverfahrensrechtl Erfordernis der Einschaltung anderer Behörden). Der Stpfl ist nicht gehindert sich durch freihändige Verwertung der betr Gegenstände die für die StZahlung benötigten Mittel zu verschaffen (was er iAllg vorziehen dürfte). Durch die Hingabe der genannten Gegenstände an Zahlungs Statt erlischt der StAnspruch (vgl § 364 I BGB). Als schwierig und als Quelle von Auseinandersetzungen dürfte sich die Ermittlung des Werts der an Zahlungs Statt hinzugebenden Gegenstände erweisen. Bei der Ermittlung des Werts kann ggf § 162 II 2 herangezogen werden. Ist der Wert höher als die zu tilgende Steuer, muss der Differenzbetrag an den Stpfl ausgezahlt werden.

7 **4. Wirkung der Inzahlungnahme.** Die StSchuld erlischt am Tage der Übertragung des Eigentums an das aufkommensberechtigte Land. Wird der zu Grunde liegende StBescheid aufgehoben, müssen die übertragenen Gegenstände zurückübertragen werden. Bei *wesentlicher* Herabsetzung der StSchuld entfällt die Geschäftsgrundlage für den Vertrag (ebenso *TK/Loose* § 224a Rz 9). Bei Rechts- und Sachmängeln des Kunstgegenstands sind die §§ 434, 435, 437 BGB entsprechend anzuwenden. Bei Wandlung müsste der StAnspruch neu entstehen; dies ist in § 38 aber nicht vorgesehen. *TK/Loose* § 224a Rz 10 verweisen das FA daher an die ordentlichen Gerichte, was bei einem öff-rechtl Vertrag, an dessen Charakter die

Gewährleistungsansprüche teilhaben, nicht richtig ist; durch VA kann die FinBeh allerdings ihren Anspruch nicht durchsetzen.

5. Stundung (Absatz 4). Für die Stundung gem Abs 4 müssen die tatbestandlichen Voraussetzungen des § 222 nicht erfüllt sein (ebenso *BG/Schindler* § 224a Rz 18; aA *TK/Loose* § 224a Rz 11). Es handelt sich um eine eigenständige Stundungsvorschrift und lediglich um eine Rechtsfolgenverweisung auf § 222 (*Carl/Klos* Die Hingabe von Kunstgegenständen an Zahlungs Statt, StVj 92, 156, 166; str, aA ua *Schwarz/Frotscher* § 224a Rz 15). Nur bei Zustandekommen eines Vertrags muss jedoch auf die Erhebung von Stundungszinsen verzichtet werden. 9

§ 225 Reihenfolge der Tilgung

(1) **Schuldet ein Steuerpflichtiger mehrere Beträge und reicht bei freiwilliger Zahlung der gezahlte Betrag nicht zur Tilgung sämtlicher Schulden aus, so wird die Schuld getilgt, die der Steuerpflichtige bei der Zahlung bestimmt.**

(2) [1] **Trifft der Steuerpflichtige keine Bestimmung, so werden mit einer freiwilligen Zahlung, die nicht sämtliche Schulden deckt, zunächst die Geldbußen, sodann nacheinander die Zwangsgelder, die Steuerabzugsbeträge, die übrigen Steuern, die Kosten, die Verspätungszuschläge, die Zinsen und die Säumniszuschläge getilgt.** [2] **Innerhalb dieser Reihenfolge sind die einzelnen Schulden nach ihrer Fälligkeit zu ordnen; bei gleichzeitig fällig gewordenen Beträgen und bei den Säumniszuschlägen bestimmt die Finanzbehörde die Reihenfolge der Tilgung.**

(3) **Wird die Zahlung im Verwaltungsweg erzwungen (§ 249) und reicht der verfügbare Betrag nicht zur Tilgung aller Schulden aus, derentwegen die Vollstreckung oder die Verwertung der Sicherheiten erfolgt ist, so bestimmt die Finanzbehörde die Reihenfolge der Tilgung.**

Übersicht

1. Inhalt. Die Vorschrift gilt für alle Ansprüche aus dem StSchuldverhältnis. 1
Nach Abs 1 bestimmt grds der Stpfl die zu tilgenden Schulden, wenn eine Zahlung zur Tilgung aller Schulden nicht ausreicht. Er kann bei Streit über die richtige Verbuchung seiner Zahlungen, die als solche lediglich einen behördeninternen Vorgang darstellt, einen Bescheid nach § 218 II verlangen.

Zum Verhältnis der Vorschrift zu auf den Vollstreckungsgesetzen der Länder beruhenden Tilgungsbestimmungen in KostenO vgl *App* KKZ 03, 120.

2. Wahlrecht des StSchuldners. Der StSchuldner hat nur bei freiwilliger 3
Zahlung ein Wahlrecht, welche Schuld durch den gezahlten Betrag getilgt werden soll. Freiwillig ist die Zahlung auch dann noch, wenn sie zur Abwendung einer unmittelbar bevorstehenden Pfändung oder sonstigen Vollstreckungsmaßnahme geleistet wird oder von einem durch Duldungsbescheid in Anspruch Genommenen (BFH BStBl 01, 329), nicht aber bei Verwertung einer freiwillig hingegebenen Sicherheit. Aufrechnung ist keine Zahlung, jedoch ist ein entsprechendes Bestimmungsrecht des Aufrechnenden nach § 396 BGB gegeben (vgl § 226 Rz 5). Die Tilgungsbestimmung kann formlos, ggf auch konkludent (BFH BStBl 01, 329: AdV Indiz, dass insofern nicht getilgt werden sollte), vor oder bei der Zahlung getroffen werden. Der StSchuldner kann die Tilgungsbestimmung, die eine ver-

waltungsrechtliche Willenerklärung ist, entsprechend § 119 BGB anfechten (NdsFG EFG 15, 269, str), aber nicht nach der Zahlung rückwirkend ändern (BFH BStBl 01, 329;) oder gar erstmals vornehmen (BFH/NV 95, 373), nicht einmal mit Zustimmung des FA (BFH BStBl 01, 329). Er kann aber unter Vorbehalt späterer Bestimmung zahlen, sodass zunächst gar nicht getilgt wird. Eine Tilgungsbestimmung dahin, dass das FA die Tilgungsreihenfolge – ungeachtet des Abs 2 – bestimmen darf, soll darin liegen können, dass der Stpfl dem FA „freie Hand" bei der Verrechnung lässt (BFH BStBl 01, 329).

4 Zahlt gem § 48 ein **Dritter** die Schuld des Stpfl, so steht unbeschadet des Wortlauts der Vorschrift dem Dritten das Recht zu, den Verwendungszweck seiner Zahlung zu bestimmen (BFH/NV 01, 329; FG Hbg EFG 67, 537).

5 **3. Fehlen einer Bestimmung.** Fehlt es an einer Bestimmung, greift die in Abs 2 S 1 festgelegte Tilgungsreihenfolge ein. Für die hier vorgesehene Reihenfolge ist der Gesichtspunkt maßgebend, dass zunächst die den Stpfl am stärksten belastenden Schulden getilgt werden sollen. In zweiter Linie ist die Fälligkeit der Schuld entscheidend.

6 **Absatz 2** ist *zwingend;* eine andere Verbuchung wäre unwirksam (FG Hess EFG 93, 565). Die Anwendung des Abs 2 erfolgt durch schlichtes hoheitliches Tun (kein VA, BFH BStBl 73, 89); bei Streit ist durch Abrechnungsbescheid (§ 218 II) über die richtige Tilgungsreihenfolge zu entscheiden. Die Entscheidung der FinBeh nach Abs 2 S 2 Hs 2 ist hingegen VA, bei dem eine Rechtsverletzung des Stpfl aber allenfalls ausnahmsweise denkbar ist (weites Ermessen). Das FA darf StLeistungen jedoch nicht so verrechnen, dass für den Betroffenen ein Rückstand entsteht, der bußgeldrechtliche Folgen hat (OLG Köln wistra 83, 163).

8 **4. Zwangsvollstreckung.** Kein Bestimmungsrecht des Stpfl bei erzwungener Zahlung (Abs 3). Wenn die Zahlung im Verwaltungswege erzwungen wird (§ 249), entscheidet die FinBeh – ebenso wie wenn sie aufrechnete (dazu § 226 Rz 6) – nach ihrem Ermessen über die Tilgungsreihenfolge, wenn nicht alle Schulden mit dem Vollstreckungsertrag getilgt werden können – ebenso wie im ZivilR trotz § 366 BGB in der Zwangsvollstreckung kein Bestimmungsrecht des Schuldners besteht (BGH BB 99, 762) –. In einer solchen Entscheidung (nicht schon in einer Kassenmitteilung) liegt ein VA, der ggf wie im Falle des Abs 2 S 2 Hs 2 (Rz 6) angefochten werden muss (*BG/Schindler* § 225 Rz 18).

8a Auch das Recht des Stpfl, über auf sein Bankkonto eingezahltes Geld vor dessen Einstellung in den jeweils nächsten Rechnungsabschluss durch Überweisung an einen Dritten zu verfügen, kann vom FA gepfändet werden; dann kann *das FA* über die Verwendung solcher Einzahlungen bestimmen (BFH/NV 03, 882), der Stpfl also Zahlungsvorgänge über ein solches Konto nicht mehr nach seinen Vorstellungen abwickeln.

9 Abs 3 ist auf den Duldungsverpflichteten nicht anzuwenden, solange gegen ihn keine Vollstreckungsmaßnahmen durchgeführt werden; ein auf das AnfG gestützter Duldungsbescheid ist keine Vollstreckungsmaßnahme (BFH BStBl 00, 46).

§ 226 Aufrechnung

(1) **Für die Aufrechnung mit Ansprüchen aus dem Steuerschuldverhältnis sowie für die Aufrechnung gegen diese Ansprüche gelten sinngemäß die Vorschriften des bürgerlichen Rechts, soweit nichts anderes bestimmt ist.**

(2) **Mit Ansprüchen aus dem Steuerschuldverhältnis kann nicht aufgerechnet werden, wenn sie durch Verjährung oder Ablauf einer Ausschlussfrist erloschen sind.**

(3) **Die Steuerpflichtigen können gegen Ansprüche aus dem Steuerschuldverhältnis nur mit unbestrittenen oder rechtskräftig festgestellten Gegenansprüchen aufrechnen.**

(4) **Für die Aufrechnung gilt als Gläubiger oder Schuldner eines Anspruchs aus dem Steuerschuldverhältnis auch die Körperschaft, die die Steuer verwaltet.**

Schrifttum: *Werth* Insolvenzaufrechnung von Forderungen aus dem Steuerschuldverhältnis – aktuelle Entwicklungen auf Grund der neueren Rechtsprechung des BGH, DStZ 10, 572; *Viertelhausen* Verrechnung von negativer Umsatzsteuer im Insolvenzverfahren, ZInsO 10, 2213; *Jatzke* Einschränkung der Aufrechnungsbefugnis der Finanzbehörden in der Insolvenz des Steuerschuldners durch Änderung der BFH-Rechtsprechung, DStR 11, 919; *Kahlert* Insolvenzrechtliche Aufrechnungsverbote im Umsatzsteuerrecht – Aktuelle Entwicklungen und Auswirkungen auf die Insolvenzpraxis, ZIP 13, 500; *Dusch* Aufrechnung und § 74 AO, DStR 12, 1537; *Bergan/Martin* Die Aufrechnung mit Steuerforderungen gegen staatliche Zuwendungen, DÖV 13, 268; *Marchal* Aufrechnung mit Umsatzsteuerforderungen in der Insolvenz, BB 13, 33; *Stadie* Umsatzsteuer und Insolvenz – Kritische Anmerkungen zu neueren BGH- und BFH-Entscheidungen –, UR 13, 158; *Bergan/Martin* Die Aufrechnung mit Steuerforderungen gegen staatliche Zuwendungen, DÖV 13, 362.

Übersicht

1. Inhalt. Für die Aufrechnung mit steuerlichen Ansprüchen und gegen solche Ansprüche gelten grds die Vorschriften des bürgerlichen Rechts. Abweichend von § 215 BGB (früher § 390 S 2 BGB) kann jedoch nach Abs 2 mit steuerlichen Ansprüchen nicht aufgerechnet werden, wenn sie durch Verjährung oder infolge Ablaufs einer Ausschlussfrist erloschen sind (wohl aber mit verjährten zivilrechtlichen Forderungen *gegen* eine StForderung). Etwas anderes wäre im StRechtsverhältnis nicht sachgerecht, weil dort die Verjährung nicht nur eine Einrede (wie im BGB) ist, sondern den Anspruch zum Erlöschen bringt, vgl § 232. 1

Abs 3 schränkt die Aufrechnungsmöglichkeiten des Stpfl im fiskalischen Interesse ein; Stpfl können danach gegen steuerrechtliche Ansprüche nur mit unbestrittenen oder rechtskräftig festgestellten Gegenansprüchen aufrechnen.

Abs 4 klärt die Frage, ob jeweils die steuerberechtigte oder die verwaltende Körperschaft als Gläubiger oder Schuldner anzusehen ist dahin, dass Gläubiger oder Schuldner *sowohl* die verwaltende *als auch* die ertragsberechtigte Körperschaft ist.

3 **2. Geltungsbereich.** Die Vorschrift gilt für die Aufrechnung sowohl durch den StGläubiger als auch durch den StSchuldner; Abs 3 hat jedoch nur für die Aufrechnung durch den StSchuldner Bedeutung. Die Aufrechnung ist mit sämtlichen Ansprüchen aus dem StSchuldverhältnis ebenso wie gegen solche Ansprüche (§ 37) zulässig, und zwar auch dann, wenn nur einer der einander gegenüberstehenden Ansprüche ein steuerlicher ist (BFH BStBl 84, 178; siehe auch Rz 25). Nicht zu den Ansprüchen aus dem StSchuldverhältnis gehören jedoch **Bußgelder, Strafen** und Kosten für Bußgeld-, Straf- und Rechtsmittelverfahren (*HHSp/Rozek* § 226 Rz 8). Insoweit sind aber die Vorschriften des BGB *unmittelbar* anwendbar.

4 § 226 ist nach Art 109 I UZK auch auf **Zollschulden** anwendbar; sofern iÜ die Aufrechnungsvoraussetzungen vorliegen, gilt dies nicht nur, wenn Ansprüche wegen Zollschulden (Ein- und Ausfuhrabgaben) oder anderweitig unionsrechtl begründete Ansprüche *untereinander* aufgerechnet werden sollen (aA *Friedrich* StuW 95, 15; *Gellert* Zollkodex und Abgabenordnung, S 198).

5 **3. Rechtsnatur der Aufrechnung.** Aufrechnung führt zur wechselseitigen Tilgung zweier gleichartiger Forderungen aufgrund einseitiger Erklärung eines der Beteiligten; sie hat Erfüllungswirkung. Die Abgabe der Aufrechnungserklärung, durch welche erst die Verrechnung der gegenseitigen Forderungen bewirkt wird, ist rechtsgeschäftliche Ausübung eines Gestaltungsrechts und *kein* VA (BFH BStBl 96, 55; 88, 43, 117; 87, 536; BVerwGE 66, 218; siehe auch § 118 Rz 42 „Aufrechnung"). Hat sich das FA unzulässigerweise bei seiner Aufrechnungserklärung der Rechtsform eines VA bedient, so ist dieser auf Anfechtung hin aufzuheben. Die Frage der Wirksamkeit der Aufrechnungserklärung als solcher, die in dem VA enthalten ist, wird hierdurch aber nicht berührt (BFH/NV 91, 69; vgl auch BFH BStBl 87, 536; FG Mchn EFG 84, 103). Die Aufrechnungserklärung wird mit Zugang wirksam, bedarf also keiner Bekanntgabe gem § 122 (BFH/NV 13, 508). Rechtsschutz gegen eine von der FinBeh erklärte Aufrechnung erhält der Stpfl dadurch, dass er ggf einen Abrechnungsbescheid (§ 218 II) beantragen oder anfechten kann. Entsprechend ist zu verfahren, wenn die FinBeh eine vom Stpfl erklärte Aufrechnung nicht anerkennen will.

6 Die FinBeh übt mit der Aufrechnung lediglich ein schuldrechtl Gestaltungsrecht aus, trifft also keine Ermessensentscheidung, gegen die der Stpfl (etwa im Verfahren nach § 218 II) irgendwelche diesbzgl Einwendungen vorbringen könnte. Wenn mehrere zur Aufrechnung geeignete Forderungen vorhanden sind, kann die FinBeh ganz genauso wie der Stpfl, wenn dieser die Aufrechnung erklärt, die Forderungen bestimmen, die gegeneinander aufgerechnet werden sollen; sie ist nicht gezwungen, ihre Ansprüche nach der Billigkeit zu ordnen oder zunächst die älteren Ansprüche (BFH BStBl 88, 117) oder vorrangig Ansprüche betr dieselbe Steuerart zum Erlöschen zu bringen (BFH/NV 87, 74). Sie ist auch nicht zu einer entsprechenden Anwendung des § 225 verpflichtet (BFH/NV 14, 1489, 1491). Willkürlich verfahren darf die FinBeh freilich nie, auch nicht bei der Auswahl unter mehreren aufrechenbaren StForderungen; eine Orientierung an § 225 II kann insofern dem Willkürvorwurf von vornherein jede Nahrung nehmen. Nur ganz ausnahmsweise wird freilich der Einwand unzulässiger Rechtsausübung in Betracht kommen (vgl BFH BStBl 77, 393; zu Recht einschränkend BFH BStBl 88, 366; 83, 541). Ein klagefähiger *Anspruch* des Stpfl auf willkürfreie Entscheidung besteht grds nicht. Soweit der BFH dem Stpfl einen Anspruch auf ermessensfehlerfreie Auswahl der FinBeh zwischen mehreren Gesamtschuldnern eingeräumt hat (BFHE 207, 565), ist diese (mE auch dort zweifelhafte) Rspr auf die Aufrechnung nicht zu übertragen.

Erst eine **Aufrechnungs*erklärung*** führt die Wirkungen der Aufrechnung herbei (kein automatisches Erlöschen der aufrechenbar gegenüberstehenden Forderungen); sie wirkt aber auf den Augenblick zurück, in dem sich die Forderungen zum ersten Mal aufrechenbar gegenüberstanden (Aufrechnungslage). Die Aufrechnungserklärung muss dem Aufrechnungsgegner zugehen; eine *amtsinterne* Umbuchung ist daher keine Aufrechnung (vgl FG Mster EFG 03, 1662; zur Rechtsnatur der Umbuchungs*mitteilung* siehe Rz 62a). 7

Die **Saldierung** von positiven und negativen USt-Beträgen gem **§ 16 UStG** ist keine Aufrechnung, sondern ein Rechtsinstitut eigener Art (BFH BStBl 12, 298), weil es sich insofern nicht um die Verrechnung rechtl selbständiger Forderungen handelt, die entspr Beträge vielmehr nur unselbständige Positionen der StBerechnung sind (vgl auch BFH BStBl 13, 33). 7a

4. Voraussetzungen der Aufrechnung. Es gelten sinngemäß die Vorschriften des BGB (§§ 387 bis 396; vgl BFH BStBl 00, 46, 246). Nur § 215 BGB wird durch § 226 II ausgeschlossen. Fehlt es an den Voraussetzungen für eine Aufrechnung, kann freilich ein „Umbuchungs-" oder „Verrechnungsvertrag" geschlossen werden (die Terminologie in Rspr und Schrifttum ist oft schwankend), wobei die Annahme des Angebots zum Abschluss eines solchen Vertrags seitens des Stpfl meist konkludent erfolgen wird (vgl auch BFH BStBl 87, 8). Zu den Wirkungen verfügender und verpflichtender Verrechnungsverträge BFH BStBl 10, 839; 85, 278 und Rz 75. 8

Die Aufrechnung ist, was das Gesetz als Selbstverständlichkeit nicht ausdrücklich sagt, nur wirksam, wenn die Gegenforderung (also die Forderung des Aufrechnenden gegen seinen Schuldner – Aufrechnungsgegner –, dem die sog Haupt- oder Passivforderung zusteht, *gegen* die *mit* der Gegenforderung aufgerechnet wird) ebenso wie die (Haupt-)Forderung des Aufrechnungsgegners **materiell-rechtl besteht** (BFH BStBl 00, 46; 88, 366; BFH/NV 94, 285). Die (Haupt-)Forderung des Aufrechnungsgegners muss allerdings nur *bestehen*, braucht aber im Unterschied zur Gegenforderung des Aufrechnenden nicht *fällig* zu sein, vgl § 387 und Rz 28f; es genügt, dass sie erfüllbar ist. Die Aufrechnungsvoraussetzungen treten folglich regelmäßig für Gläubiger und Schuldner zu *unterschiedlichen* Zeitpunkten ein. Erfüllbar ist eine StForderung, wenn sie entstanden ist (§ 38); ob sie auch festgesetzt ist, ist ohne Bedeutung. Jedoch ist auch eine materiell-rechtl nicht entstandene StForderung, die wirksam festgesetzt ist, so lange erfüllbar, wie die Festsetzung nicht aufgehoben worden ist. 9

Im Einzelnen sind einer wirksamen Aufrechnung, dass die aufgerechneten Forderungen *gegenseitig* und *gleichartig* sind, dass die *Gegenforderung fällig* und die *Hauptforderung erfüllbar* ist. 10

a) Gegenseitigkeit. Das Erfordernis der Gegenseitigkeit bedeutet, dass Schuldner und Gläubiger identisch sein müssen. StGläubiger ist die Körperschaft, welcher der Ertrag einer Steuer zusteht; bei Gemeinschaftssteuern (Art 106 III GG) sind Bund und Länder jeweils in Höhe des ihnen zustehenden Ertragsanteils StGläubiger (BFH BStBl 06, 584). 11

aa) Gläubiger- und Schuldnerstellung des Fiskus auch bei bloßer Verwaltungshoheit. Auf Seiten des Fiskus ist nach § 226 IV *nicht nur* die *ertragsberechtigte* Körperschaft StGläubigerin und Schuldnerin, sondern *fiktiv* auch die *verwaltende* Körperschaft. Die Aufrechnung ist also unabhängig davon möglich, ob Bund oder Land die Ertragshoheit zusteht. Besteht zwischen Haupt- und Gegenforderung materiell-rechtl Gegenseitigkeit (Beispiel: Erstattung des Bundesanteils von einer Organgesellschaft gezahlter USt/Haftungsanspruch aus Organhaftung), kann die Körperschaft, welche den Erstattungsanspruch verwaltet, die Aufrechnung zB erklären, selbst wenn sie nicht Gläubiger der Haftungsforderung ist und diese auch nicht verwaltet (BFH BStBl 07, 914); vorbehaltlich verwaltungsmäßiger Zuständigkeit sind also im Gegenseitigkeitsverhältnis stehende stl Forderungen aufrechen- 14 bar, auch wenn weder Gläubiger und Schuldner der beiden betr Forderungen die gleichen sind noch beide Forderungen von derselben Körperschaft verwaltet werden, weil die Verwaltungszuständigkeit für die aufzurechnenden Beträge den FÄ verschiedener Länder zusteht. Für die (strittige) Abtretung von StForderungen zwischen Hoheitsträgern dürfte damit iErg kaum noch ein Anwendungsfall verbleiben. Für die KraftSt beachte auch § 18 VIIa KraftStG.

14a Abs 4 gilt auch für die Aufrechnung mit einer zivilrechtlichen Forderung gegen einen StErstattungsanspruch (vgl BFH BStBl 84, 178).

15 Das FA kann jedoch gegen einen LSt-Erstattungsanspruch nicht mit einer Forderung einer anderen Körperschaft des öffentlichen Rechts aufrechnen, wenn es von dieser lediglich um die Vollstreckung der Forderung ersucht worden ist (BFH BStBl 84, 185). § 252 regelt nur, wer als Gläubiger *im Vollstreckungsverfahren* gilt.

16 Es besteht für die Aufrechnung auch kein Erfordernis der Kassenidentität (§ 395 BGB); nach der Entstehungsgeschichte der steuerrechtlichen Aufrechnungsnormen und § 226 IV sowie Sinn und Zweck des Gebots der Kassenidentität des § 395 BGB bedarf es dessen auch bei der Aufrechnung durch den Stpfl gegen Ansprüche des StGläubigers nicht (BFH BStBl 89, 949; BFH/NV 90, 141; inzwischen allgM).

18 **bb) Probleme der Gläubigerstellung auf Seiten des Steuerpflichtigen.** Erstattungsansprüche (§ 37 II) stehen dem Stpfl zu, auf dessen Rechnung die Zahlung bewirkt worden ist. Das ist derjenige, welcher materiell- und formell-rechtl die Steuer (uU nur vermeintlich) schuldete, und zwar auch bei Zahlungen eines Dritten auf die (fremde) Schuld (siehe dazu näher § 37 Rz 61 ff und BFH BStBl 90, 41; BFH/NV 97, 10).

19 **Zusammen veranlagte Ehegatten,** die als ein *Stpfl* behandelt werden (§ 26b EStG), sind für die entspr *Erstattungsansprüche* keine Gesamtgläubiger. Denn sie bleiben auch bei Zusammenveranlagung getrennte StSubjekte. Dies gilt auch, wenn zB der Erstattungsanspruch nur durch Geltendmachung von Verlusten des anderen Ehegatten entstanden ist. Das Bestehen einer Gesamtgläubigerschaft ergibt sich auch nicht aus § 36 IV 3 EStG, wonach die Auszahlung auch für und gegen den anderen Ehegatten wirkt. Diese Bestimmung gibt dem FA nur eine Befugnis zur Auszahlung, regelt aber nicht, welcher der Ehegatten die Auszahlung *fordern* darf. Bei gegen zusammen veranlagte Eheleute festgesetzten Vorauszahlungen (nicht: LohnSt) während „intakter" Ehe soll jedoch bei Fehlen einer ausdrücklichen Tilgungsbestimmung die Zahlung (anders als sonst bei Gesamtschuldnern!) als für beide geleistet anzusehen und daher beiden zu gleichen Teilen zu erstatten sein (st Rspr, ua BFH BStBl 07, 742; ausdrückl bestätigt BFH/NV 17, 906; 07, 906, jedoch zweifelhaft, weil das Rechtsinstitut der Zusammenveranlagung ein solches des Festsetzungs-, nicht des Erhebungsverfahrens ist und iÜ der BFH nicht fundierte (wenn nicht durch die soziale Wirklichkeit überholte) Annahmen über die Willensrichtung der Eheleute zugrundelegt; vgl *Rüsken* BFH/PR 06, 146); das soll selbst dann gelten, wenn sich der andere Ehegatte im Zahlungszeitpunkt im Insolvenzverfahren befand und dem FA dies bekannt war (BFH BStBl 09, 38) oder wenn nach den dem FA erkennbaren Umständen der andere durch eigenes wirtschaftliches Tun zum Entstehen der Steuer nichts beiträgt, jedoch rückständige StSchulden aus vorehelicher Zeit hat (BFH BStBl 06, 453). BFH BStBl 90, 41 hatte hingegen eine differenzierte Prüfung aller Anhaltspunkte verlangt, aus denen sich das Bestehen einer doppelten Tilgungsbestimmung für das FA ergeben kann; die spätere Rspr hat sich mit dem „Grundsatz" hälftiger Teilung hiervon jedoch entfernt, wenn auch dieser Grundsatz dann zweifellos einschlägig sein muss, wenn von einem Oder-Konto beider Eheleute gezahlt worden ist und *jegliche* Anhaltspunkte für eine bestimmte Tilgungsbestimmung fehlen. Zum internen Ausgleich zwischen den Eheleuten BGH DStR 06, 1455 und *Witt* DStR 07, 56. Vgl zu allem näher § 37 Rz 70.

20 Die Befugnis zusammenveranlagter Ehegatten, die Aufteilung ihrer Gesamtschuld zu beantragen, begründet keine Einrede, die der Aufrechnung des FA mit

der Gesamtschuld aus der EStFestsetzung entgegensteht (BFH BStBl 91, 493). *Nach* **Aufteilung der Gesamtschuld** von zusammenveranlagten Ehegatten ist hingegen eine Aufrechnung ggü einem Ehegatten nicht mehr zulässig, wenn die aufzurechnende StForderung nur auf den anderen Ehegatten entfällt (BFH BStBl 91, 493). Nach §§ 268ff bleibt das Gesamtschuldverhältnis der Ehegatten zwar auch im Falle der Aufteilung als solches zwar unberührt; lediglich die Vollstreckung ist gem §§ 268, 278 auf die aufgeteilten Beträge beschränkt (siehe aber jetzt einschränkend für den Fall des § 278 II BFH BStBl 02, 214). Diese Beschränkung steht indes einer Aufrechnung entgegen. Die Aufrechnung ist zwar keine Vollstreckungsmaßnahme, sondern eine Maßnahme der Erhebung. Der Begriff „Vollstreckung" in den Aufteilungsvorschriften ist aber nach deren Sinn und Zweck erweiternd auszulegen und umfasst auch die Aufrechnung (so auch FG Mster EFG 84, 164). Verboten ist daher jede Verwirklichung der Gesamtschuld über den auf den jeweiligen Ehegatten entfallenden Betrag hinaus (BFH BStBl 91, 493; 88, 406; BFH/NV 91, 6; siehe auch § 268 Rz 4). Da jedoch eine Aufrechnungserklärung des FA unmittelbar zum Erlöschen der gegenseitigen Ansprüche führt und ein nach vollständiger Tilgung rückständiger StSchulden gestellter Aufteilungsantrag unzulässig ist, muss der Stpfl ggf mit einem rechtzeitig gestellten Aufteilungsantrag der Aufrechnung zuvorkommen (BFH BStBl 91, 493). Wird trotz eines unbeschiedenen Aufteilungsantrags aufgerechnet, entfallen die Aufrechnungswirkungen rückwirkend, sobald dem Antrag entsprochen wird (BFH BStBl 88, 406).

Ein **Gesellschafter** kann gegen StAnsprüche nicht mit Ansprüchen der Gesellschaft aufrechnen (BFH BStBl 85, 114; BFH/NV 07, 1622). Ebenso wie nach § 171 II HGB ein Gesellschaftsgläubiger während des Konkursverfahrens einer KG nicht den Haftungsanspruch ggü einem Kommanditisten, der die Einlage noch nicht erbracht hat, geltend machen kann, darf die FinBeh nicht eine StForderung gegen die KG gegen einen StErstattungsanspruch des Kommanditisten aufrechnen. Das gilt auch dann, wenn der Erstattungsanspruch an einen Dritten abgetreten worden ist (BFH BStBl 84, 795). In der Mitteilung einer Umbuchung von dem StKonto eines zuunrecht als Einzelunternehmer in Anspruch genommenen Stpfl (Folge: Erstattungsanspruch) auf das StKonto einer angeblich von ihm mit einem anderen gebildeten GbR liegt eine wirksame Aufrechnungserklärung, weil jener für die StSchulden der GbR haftet und es für die Verrechnung seiner zunächst angenommenen persönlichen StSchuld mit seiner Haftungsschuld keines vorherigen Erlasses eines Haftungsbescheids (§ 191 I) bedarf (BFH BStBl 13, 3). 21

Bei **organschaftsähnlich verbundenen Personengesellschaften** ist der USt-Vergütungsanspruch der herrschenden Gesellschaft von bereits der beherrschten Gesellschaft vergüteter USt unabhängig (BFH BStBl 85, 114). Eine Aufrechnung von USt, die gegen eine Organgesellschaft festgesetzt und von dieser gezahlt wurde, auf die USt-Schuld des Organträgers kommt dann von vornherein nicht in Betracht, wenn die USt-Festsetzungen ggü der Organgesellschaft, auf die von dieser Zahlungen erbracht worden sind, nicht aufgehoben worden sind (so schon BFH/NV 97, 537; 95, 580); die herrschende Gesellschaft muss sich an die beherrschte Gesellschaft ausgezahlte USt aber auch nicht auf einen USt-Anspruch anrechnen lassen, der sich nach den gesamten Umsätzen des Organkreises ergibt; das FA muss vielmehr diese USt nach Aufhebung des entsprechenden USt-Bescheids von der beherrschten Gesellschaft zurückfordern (BFH BStBl 02, 330). Denn eine von einem – wirklichen oder vermeintlichen – StSchuldner geleistete Zahlung kann grds nicht auf die StSchuld eines anderen StSchuldners angerechnet werden, sondern ist ggf demjenigen zu erstatten, der als Leistender aufgetreten ist (BFH BStBl 02, 330; 95, 492). Der Geltendmachung eines solchen (nicht verrechenbaren) Erstattungsanspruchs stehen regelmäßig Treu und Glauben nicht entgegen (vgl BFH BStBl 02, 320). 22

cc) Herstellung von Gegenseitigkeit durch Abtretung. Sie ist auf Seiten des Stpfl ohne Weiteres möglich (BFH BStBl 76, 549). Jedoch ist eine Abtretungs- 23 anzeige (§ 46 II) als materielle Wirksamkeitsvoraussetzung und Tatbestandsmerkmal der Abtretung erforderlich; ohne sie liegt eine rechtswirksame Abtretung nicht vor (BFHE 179, 547). Andererseits wird dem Schuldner durch die Abtretung eine bestehende Aufrechnungsmöglichkeit grds nicht genommen, vgl § 406 BGB und näher unten Rz 57.

24 Die Gegenseitigkeit kann auch durch **Abtretung des Anspruchs des Fiskus** hergestellt werden (sehr str, einschränkend wohl BFH BStBl 89, 1004). Einer ausdrücklichen gesetzlichen Grundlage bedarf es für die Abtretung auch insofern nicht; denn die Abtretung des reinen Zahlungsanspruchs aus einer StFestsetzung – nur sie kommt freilich in Betracht, nicht die Übertragung der Festsetzungszuständigkeit – ist dem Gesetzesvorbehalt nicht unterworfen, weil sie dem Stpfl keine Zahlungspflicht auferlegt, sondern diese nur verwirklicht. § 226 IV schränkt die Abtretbarkeit nicht ein, verbietet also nicht, einzelne Ansprüche zwecks Einziehung der FinBeh eines anderen Rechtsträgers abzutreten, sofern nach der Zweckbestimmung des der Abtretung zu Grunde liegenden Rechtsgeschäfts der beteiligten Hoheitsträger oder einer dort ausdrücklich getroffenen Vereinbarung die Abtretung zwecks Einziehung erfolgt (BFH BStBl 00, 46). Eine generelle (Voraus-) Abtretung bestimmter StForderungen wäre allerdings als Verlagerung von Verwaltungszuständigkeiten im Erhebungsverfahren ohne gesetzliche Grundlage problematisch. Abs 4 nimmt dem Problem der Abtretbarkeit weitgehend die praktische Bedeutung, wenn man ihn so auslegt wie BFH BStBl 07, 914. Vgl iÜ schon Rz 14 zur faktischen Bedeutung dieser Frage.

25 **b) Gleichartigkeit der Forderungen.** Die Forderungen müssen beide auf Geld gleicher Währungseinheit lauten, dann sind sie gleichartig (vgl aber BFH BStBl 14, 551 zur Aufrechnung mit einem Anspruch aus § 74). Es kommt nicht darauf an, ob der Gegenanspruch ebenfalls ein Anspruch aus dem StSchuldverhältnis ist (siehe schon Rz 3) oder gar die gleiche Steuer betrifft (BFH BStBl 07, 914). Der Stpfl kann grds auch mit Forderungen aus privatrechtl Vertrag oder zB Amtshaftung unter den Voraussetzungen des Abs 3 aufrechnen; umgekehrt gilt das Gleiche.

28 **c) Fälligkeit der Gegenforderung.** Der Anspruch, mit dem vom Erklärenden aufgerechnet wird (Gegenforderung), muss fällig sein (nicht aber die Hauptforderung des Aufrechnungsgegners!). Fälligkeit tritt iAllg nicht vor Festsetzung ein, vgl § 220 II 2. Aufrechnung vor Fälligkeit der eigenen Forderung geht ins Leere und ist unwirksam, die Unwirksamkeit wird auch nicht durch späteren Eintritt der Fälligkeit geheilt (FG Hbg EFG 94, 734; FG Bln EFG 76, 45). Anders, wenn der Aufrechnungsgegner zustimmt (BFH BStBl 73, 66). Eine „Verrechnung" noch nicht fälliger StForderungen gegen StGuthaben kann allenfalls bei kurzfristig fällig werdenden Forderungen in Betracht kommen, sofern die sofortige Verrechnung dem mutmaßlichen Willen auch des Stpfl· (Reduzierung von Zahlungsvorgängen) entspricht.

29 Fälligkeit und damit Aufrechenbarkeit setzt bei **VeranlagungsSt** also deren Festsetzung voraus, ebenso zB bei Haftungsansprüchen. Bei Sz, die kraft Gesetzes entstehen, setzt Fälligkeit eine Festsetzung oder Feststellung in einem StBescheid hingegen *nicht* voraus; mit ihnen kann daher ohne Weiteres aufgerechnet werden.

30 Ansprüche aus Vorauszahlungsfestsetzungen bleiben auch nach Erlass des USt-Jahresbescheids grds existent und fällig, so dass mit ihnen vom FA noch aufgerechnet werden kann; die Aufrechnung ist jedoch der Höhe nach nur nach Maßgabe des im JahresStBescheid noch festgestellten Rückstands wirksam (BFH BStBl 95, 916).

31 Fälligkeit fehlt bei **gestundeten Steuerforderungen.** Die Aufrechnung mit einer gestundeten StForderung setzt voraus, dass der Aufrechnungserklärung ein wirksamer Widerruf der Stundung vorangegangen ist bzw ein solcher mit ihr (ggf stillschweigend) verbunden (aber nicht nur unterstellt) wird, vgl dazu § 222 Rz 60.

Wenn Stundung unter Vorbehalt des Widerrufs bewilligt wurde, ist der Umstand, dass der Stpfl später einen Erstattungsanspruch erworben hat, ein Widerrufsgrund (vgl BFH BStBl 73, 513). Das FA kann mit einem Haftungsanspruch ggü einem Gläubiger, dem der Haftungsschuldner seinen Anspruch gegen das FA abgetreten hat, dann nicht aufrechnen, wenn der Haftungsanspruch wegen Stundung erst nach Kenntnis von der Abtretung und später als die abgetretene Forderung fällig geworden ist (BFH BStBl 90, 352).

Auch mit einer Forderung, für die **AdV** gewährt worden ist, kann nicht aufgerechnet werden (BFH BStBl 96, 55). Denn die Aufrechnung mit einem StAnspruch stellt eine „Vollziehung" des zu Grunde liegenden StBescheids dar. Ungeachtet der Frage, ob AdV die Fälligkeit beseitigt (dazu § 220 Rz 22), hindert deshalb AdV eines SteuerVA eine wirksame Aufrechnung mit der durch ihn festgesetzten Steuer (BFH BStBl 01, 247 für Ausfuhrerstattung; aA noch BFH BStBl 88, 366). Eine Aufrechnungserklärung behält aber ihre Wirkung, wenn *nachträglich* die Vollziehung ausgesetzt wird; hingegen ist der Stpfl bei Aufhebung der Vollziehung (einstweilen) wieder so zu stellen, wie er ohne die erklärte Aufrechnung stünde (vgl BFH/NV 97, 257). 31a

Das BVerwG scheint hingegen in der Aufrechnung keine Vollziehungsmaßnahme sehen zu wollen (vgl BVerwGE 66, 218), wobei seine Entscheidungen allerdings überwiegend Ansprüche betreffen, die nicht durch VA festgesetzt werden *müssen.* Die Rspr des BVerwG wäre insoweit auch für den AO-Bereich zutreffend im Hinblick auf die AdV eines Bescheids, der einen anderweit unmittelbar kraft Gesetzes entstandenen Anspruch der FinBeh lediglich deklaratorisch feststellt (und für dessen Vollstreckung einen Titel schafft); sie wäre auch im Rahmen der AO zutreffend, soweit es dort um *nicht festsetzungsbedürftige* Ansprüche geht. 31b

Hingegen hindert es eine Aufrechnung nicht, dass wegen der betr StForderung das **Rechtsbehelfsverfahren** noch nicht abgeschlossen ist (BFH/NV 10, 1478). 31c

Fälligkeit der StForderung, mit der aufgerechnet werden soll, ist auch bei der **Aufrechnung im Insolvenzverfahren** erforderlich; die Fälligkeit wird nicht gem § 41 I InsO fingiert (§ 95 I 2 InsO), tritt jedoch ohne StFestsetzung ein (BFH BStBl 04, 815), auch bei einer Haftungsforderung (BFH BStBl 07, 914). Denn im Insolvenzverfahren können StForderungen entgegen § 155 I nicht durch Bescheid festgesetzt werden; sie sind deshalb existent, sobald der gesetzliche Besteuerungstatbestand verwirklicht ist (BFH BStBl 07, 914; vgl schon BFH BStBl 04, 815). Näheres Rz 53f. 32

Bei **Erstattungsansprüchen**, die der Stpfl gegen seine StSchulden aufrechnen möchte, ist zwischen sog reinen Erstattungsforderungen (vgl Erläut zu § 37 II) und solchen Erstattungsansprüchen zu unterscheiden, die einer Festsetzung durch StBescheid bedürfen wie zB die EStErstattung nach Anrechnung von Vorauszahlungen. Diese werden frühestens mit der Festsetzung fällig, die reinen Erstattungsforderungen bereits mit ihrem Entstehen; sie sind damit sofort aufrechenbar. 33

Ergibt sich der Anspruch des Stpfl aus einer **StAnmeldung,** so tritt die Fälligkeit nicht vor der Zustimmung der FinBeh ein, vgl § 168 S 2, sofern nicht die Zustimmung als allgemein erteilt gilt. 34

Im Gegensatz zu der Forderung desjenigen, der die Aufrechnung erklärt, muss die **Forderung des Aufrechnungsgegners** (Hauptforderung) nicht notwendigerweise fällig, sondern nur erfüllbar sein. Erstattungsforderungen des Stpfl sind auch dann schon erfüllbar, wenn dem Entstehen eines Erstattungsanspruchs noch (rechtswidrige und daher aufzuhebende) StFestsetzungen (als Rechtsgrund für das vorläufige Behaltendürfen der zu erstattenden Steuer) entgegenstehen (BFH BStBl 07, 914; 06, 193; 05, 195; BFH/NV 94, 839). Das Entstehen eines StErstattungsanspruchs ist auch unabhängig von seiner Festsetzung in einem Erstattungsbescheid (BFH BStBl 79, 639; 90, 523; 00, 246; BFH/NV 91, 791; vgl auch BFH BStBl 10, 839 für einen InvZulAnspruch). 35

Bei StAnsprüchen ist die Festsetzung des Anspruchs durch einen Bescheid für die Erfüllbarkeit nicht erforderlich (BFH BStBl 90, 523; 54, 26; BFH/NV 17, 1011).

38 **d) Aufrechnungsausschluss für bestrittene Forderungen des Steuerpflichtigen (Abs 3).** Die Forderung des Stpfl muss, wenn *dieser* die Aufrechnung gegen eine StForderung der FinBeh erklären will, unbestritten oder rechtskräftig festgestellt sein (vgl BFH/NV 00, 1216); das gilt nicht nur für öff-rechtl Forderungen des Stpfl (zB StErstattungsansprüche), sondern auch für etwaige privatrechtliche. Bestandskraft steht Rechtskraft gleich. Hingegen kann die FinBeh auch mit StForderungen aufrechnen, deren Berechtigung der Stpfl bestreitet und deretwegen er noch nicht beschiedene Rechtsbehelfe erhoben hat (BFH/NV 03, 444), es sei denn es ist AdV gewährt (BFH BStBl 96, 55), vgl Rz 31a, 31b. Aussetzung des Verfahrens über einen Abrechnungsbescheid, der eine Verrechnung enthält, ist ggf geboten, wenn wegen des StBescheids ein noch offenes Rechtsbehelfsverfahren anhängig ist (§ 74 FGO; BFH/NV 03, 444; 92, 86; vgl Rz 41). Wird die noch nicht rechtskräftig festgesetzte Gegenforderung später durch VA oder Urteil herabgesetzt, so verliert die Aufrechnung insoweit ihre rechtliche Wirkung (vgl auch BFH BStBl 87, 8 für auflösend bedingte Forderung; FG Bln EFG 69, 46).

39 Bestritten werden kann eine Forderung des Stpfl, soweit es sich um einen Anspruch aus dem StSchuldverhältnis handelt, von der FinBeh, iÜ von der Behörde, die für die Entscheidung über den Anspruch zuständig ist (vgl BFH BStBl 79, 690). Bei Aufrechnung mit einem Gegenanspruch, für dessen Feststellung das betr FA *nicht* zuständig ist, und der auch noch nicht ggü der zuständigen Behörde geltend gemacht worden ist, kann das FA die Aufrechnung mit der Begründung ablehnen, das Bestehen des Gegenanspruchs sei fragwürdig (BFH BStBl 79, 690; FG Nds EFG 94, 510); es genügt dann zur Zurückweisung der Aufrechnungserklärung der Hinweis, dass die zuständige Behörde die Forderung bestreitet (BFH/NV 03, 446). Gegenansprüche sind nicht nur dann als bestritten anzusehen, wenn sie *substantiiert* abgelehnt werden. Anders ist es hingegen bei Gegenforderungen, über deren Berechtigung die betr FinBeh ohnehin *selbst* befinden muss; hier ist ein *substantiiertes* Bestreiten erforderlich (vgl BFH BStBl 79, 690). Rechtsanwaltsvergütungsforderungen (§ 55 RVG) sind erst unbestritten, wenn das Festsetzungsverfahren abgeschlossen wurde oder sie rechtskräftig festgestellt sind (FG SachsAnh NJ 16, 438).

40 Das Gesetz verlangt nicht, dass das Bestreiten unmittelbar im Zeitpunkt des Zugangs der Aufrechnungserklärung erfolgt; dem Schuldner ist vielmehr eine gewisse Prüfungsfrist einzuräumen (BFH/NV 87, 2), die aber wegen der notwendigen Klarheit über die Wirksamkeit der Aufrechnung nicht lang bemessen werden kann; ein späteres Bestreiten – etwa erst im Abrechnungsverfahren – ist grds unbeachtlich.

41 Bei (zumindest *auch*) **auf rechtswegfremde Anspruchsgrundlagen gestützten Forderungen** darf das Gericht, das zur Entscheidung über die Hauptforderung zuständig ist, über das Bestehen der Gegenforderung nicht mitentscheiden, wenn diese nicht rechtskräftig festgestellt ist und von einem Beteiligten bestritten wird. § 17 II 1 GVG ist nicht anzuwenden. Der Rechtsstreit ist auszusetzen, bis das zuständige Gericht über den Bestand der zur Aufrechnung gestellten rechtswegfremden Gegenforderung entschieden hat. Gleichzeitig hat das FG dem mit der umstrittenen Gegenforderung aufrechnenden Beteiligten zur Erhebung der Klage auf Feststellung des Bestehens dieser Forderung in dem für diese zuständigen Rechtsweg eine Frist zu setzen. Erhebt der Aufrechnende die Klage vor dem anderen Gericht nicht innerhalb der ihm gesetzten Frist, kann das Gericht das Bestehen der Gegenforderung als nach den Grundsätzen der objektiven Beweislast nicht erwiesen behandeln und ohne Berücksichtigung der Aufrechnung entscheiden (zu allem BFH/NV 05, 1759). Es besteht keine Mitentscheidungskompetenz nach § 17 II 1 GVG bei rechtswegfremder Gegenforderung, wenn die Entscheidung über die Gegenforderung in Rechtskraft erwachsen würde, anders als in dem Fall BFH DStRE 18, 50 (vgl auch BFH BStBl 02, 509). Aussetzung folglich zwingend

geboten (BFH/NV 07, 968), es sei denn, das mit der Gegenforderung befasste Gericht hat seinerseits das Verfahren ausgesetzt (vgl BFH/NV 00, 1216; siehe auch BFH BStBl 98, 200).

5. Aufrechnungsverbote. Sie ergeben sich zunächst aus §§ 390 bis 394 BGB. 45
Insbes steht § 393 der Aufrechnung gegen einen Anspruch des Stpfl aus **Amtspflichtverletzung** entgegen. Er schließt aber eine Aufrechnung des FA mit einem **Kostenerstattungsanspruch** nach Obsiegen des Stpfl in einem Rechtsstreit *nicht* aus (BFH BStBl 95, 916: Ausnahme denkbar: BFH BStBl 84, 205), selbst wenn der Anspruch gerade aus dem Verfahren herrührt, in dem über den StAnspruch gestritten worden ist (BFH BStBl 90, 352; BFH/NV 97, 93). Eine Sonderregelung besteht jedoch für den Kostenerstattungsanspruch eines im Wege der **PKH** beigeordneten RA (§ 126 II 1 ZPO; vgl BFH/NV 86, 756; 97, 93).

Verboten ist ferner die Aufrechnung mit einer **einredebehafteten Forderung** 47
(§ 390 BGB) wie zB bei Einrede der Haftungsbeschränkung für Minderjährige nach § 1629a BGB oder Beschränkung der Erbenhaftung (dazu BFH BStBl 04, 35). Festsetzungsverjährung ist aber keine Einrede, sondern bringt den StAnspruch zum Erlöschen (§ 169 Rz 14a). Anfechtung des StBescheids ist ebenfalls keine Einrede, sondern für das Aufrechnungsrecht des FA ohne Bedeutung (Rz 31b). Verboten ist auch die Aufrechnung gegen eine **gepfändete Forderung** (§ 392 BGB), erst recht gegen unpfändbare (§ 394 BGB).

Die Aufrechnung kann auch gegen **Treu und Glauben** verstoßen (BFH/NV 48
97, 93), wenn sie auf die Ausnutzung einer lediglich formalen Rechtsposition hinausläuft (BFH BStBl 77, 393). Die Aufrechnung des FA gegen einen LSt-Erstattungsanspruch ist aber idR keine unzulässige Rechtsausübung (BFH BStBl 83, 541). Der LSt-Erstattungsanspruch gehört insb nicht zum Arbeitseinkommen iSv § 850 ZPO, sodass § 394 BGB der Aufrechnung nicht entgegen steht (BFH/NV 96, 281; FG Brem EFG 94, 77); vgl Rz 55n. Eine StForderung kann gegen einen Kostenfestsetzungsanspruch aufgerechnet werden, sobald die Kostengrundentscheidung ergangen ist (BFH/NV 16, 996).

Das Recht des Insolvenzverwalters, seine Rechte aus einer in anfechtbarer Weise erfolgten Aufrechnung wahrzunehmen, verjährt analog § 146 InsO, §§ 195 ff BGB; die Verjährungsfrist beginnt mit der Verrechnungserklärung des FA (NdsFG DStRE 14, 1000, offen BFH BStBl 15, 856).

Eine Aufrechnung ist unzulässig, wenn die FinBeh mit einer Forderung aufrech- 49
net, deren Festsetzung auf einer für **verfassungswidrig erklärten Norm** beruht (BFH BStBl 67, 381; *HHSp/Rozek* § 226 Rz 90: auch bei bereits vor der BVerfG-Entscheidung erklärter Aufrechnung, wenn diese noch nicht durch Abrechnungsbescheid „abgewickelt" ist; zweifelh trotz § 79 II BVerfGG).

Durch die **Kleinbetragsregelung** für das Erhebungsverfahren (siehe dazu § 218 50
Rz 42) wird die Möglichkeit der Aufrechnung oder Umbuchung nicht ausgeschlossen.

Spezielle Aufrechnungsbeschränkungen ergeben sich ferner aus § 75 EStG 51
(Kindergeldansprüche). § 75 EStG enthält allerdings keine Einschränkung der Aufrechnungsbefugnis, sondern begründet diese erst. Sofern der Tatbestand des § 75 EStG nicht eingreift, ist eine Aufrechnung unzulässig (SächsFG 6 K 1290/06 (Kg). Vgl auch FG Mchn EFG 02, 1351; FG Hbg EFG 05, 1250.

Eine Verrechnung der Haftungsschuld des an einem Unternehmen wesentlich 52
beteiligten Eigentümers von Gegenständen mit einem diesem zustehenden StGuthaben ist aufgrund des Sinnes der **gegenständlichen Beschränkung der Haftung gem § 74** unwirksam (BFH BStBl 14, 551).

6. Besondere Aufrechnungsverbote im Insolvenzverfahren. Solche sind 53
enthalten in den §§ 95 und 96 InsO.

Ist die Fälligkeit einer Forderung gegen den Schuldner vor Eröffnung des Insolvenzverfahrens eingetreten, bleibt die Aufrechnung grds auch nach Verfahrenseröffnung möglich (§ 94 InsO). § 95 InsO schränkt die Aufrechnungsbefugnis jedoch ein: Eine Aufrechnung gegen im Zeitpunkt der Eröffnung des Insol venzverfahrens noch nicht fällige und gegen damals noch aufschiebend bedingte Forderungen wird erst zulässig, sobald die Aufrechnungslage im Laufe dieses Verfahrens eintritt; die Aufrechnung ist aber ausgeschlossen, wenn die Hauptforderung des Gemeinschuldners vor der Gegenforderung des Insolvenzgläubigers aufrechenbar wird (§ 95 I 3 InsO). §§ 41, 42 InsO sind nicht anzuwenden (§ 95 I 2 InsO), dh die Forderung ist hinsichtlich der Aufrechnungsmöglichkeit nicht etwa als mit Eröffnung des Insolvenzverfahrens fällig geworden anzusehen.

Von den vier **Aufrechnungsverboten** des § 96 InsO haben insbes die Folgenden steuerrechtl Bedeutung:

54 **a)** Das **Aufrechnungsverbot des § 96 I Nr 1 InsO** erklärt die Aufrechnung mit einer Insolvenzforderung für unzulässig, sofern ein Insolvenzgläubiger erst nach Eröffnung des Insolvenzverfahrens etwas zur Masse schuldig geworden ist. Eine diesbzgl Aufrechnungserklärung ist wirkungslos. Einer erst nach Eröffnung des Insolvenzverfahrens entstandenen Aufrechnungsbefugnis gewährt das Gesetz im Interesse der Insolvenzmasse und des Ziels einer gleichmäßigen Gläubigerbefriedigung keinen Schutz (BFH BStBl 11, 822). Jedoch können nach Abschluss des InsOVerfahrens zur Masse geschuldeten Steuern gegen Erstattungsansprüche des Schuldners aufgerechnet werden (BFH DStRE 18, 439). Das Aufrechnungsverbot besteht nach Einstellung des Verfahrens nicht mehr (BFH BStBl 17, 541).

55 **aa) Grundsätzliches.** Es kommt darauf an, ob der Anspruch des Gläubigers zum Zeitpunkt der Eröffnung des Insolvenzverfahrens bereits „begründet" iSd § 38 InsO war. Die Grundsätze, die für die Einordnung einer Forderung als Insolvenzforderung oder Masseverbindlichkeit gelten, sind also ebenso für die Frage maßgeblich, ob die FinBeh dem Stpfl erst nach Eröffnung des Insolvenzverfahrens etwas schuldig geworden ist und folglich nicht mit Insolvenzforderungen aufrechnen kann, sondern diese Ansprüche des Insolvenzschuldners zugunsten der Masse befriedigen und sich wegen Ihrer offenen Forderungen mit der Quote zufrieden geben muss, oder ob sie durch Aufrechnung mit ihren Insolvenzforderungen die Befriedigung der betr Forderung des Insolvenzschuldners abwenden und damit im wirtschaftl Ergebnis Befriedigung des betr Teils ihrer Insolvenzforderungen erlangen kann.

55a Nach der früheren Rspr des BFH war eine Forderung iSd § 38 InsO **„begründet"**, wenn sie „ihrem Kern nach", „aufschiebend bedingt" bereits vor der Eröffnung des Insolvenzverfahrens entstanden ist bzw ihr „Rechtsgrund" damals bereits gelegt war (unterschiedliche Formeln der Rspr; vgl BFH BStBl 06, 193; 05, 195; 02, 323; 99, 423; 94, 83). Das sollte der Fall sein, wenn für die Forderung vor Eröffnung des Insolvenzverfahrens bereits der zivilrechtliche (oder zB bei der KraftSt öff-rechtliche) Lebenssachverhalt verwirklicht worden ist, an den das StGesetz als für die Entstehung des betr StAnspruchs anknüpft. Die Forderung müsse dann nicht vor Eröffnung des Insolvenzverfahrens im *steuerrechtlichen Sinn* (§ 38) entstehen, um mit Insolvenzforderungen bzw vorinsolvenzlichen Erstattungs-/Vergütungsansprüchen verrechnet werden zu können. Vorsteuervergütung wird das FA dementsprechend in dem Zeitpunkt schuldig, in dem ein Unternehmer eine Leistung für das Unternehmen des Vergütungsgläubigers erbracht hat (BFH BStBl 05, 195).

55b Hieran anknüpfend hatte die ältere Rspr insbes des VII. Senats bis vor kurzem Erstattungs- und Vergütungsansprüche des Stpfl, insbes auch Ansprüche nach § 17 II UStG, als vor Eröffnung des Insolvenzverfahrens begründet angesehen, wenn die betr (zB nach § 17 II UStG) zu „korrigierende" StForderung in diesem Zeitpunkt bereits begründet war. Sei eine Steuer zu erstatten oder zu vergüten oder aber auch *in anderer Weise* dem Stpfl wieder gut zu bringen, entstehe der diesbzgl Anspruch des Stpfl aufschiebend bedingt in dem Zeitpunkt, in dem der *Besteuerungs*tatbestand verwirklich wird, sodass die FinBeh gem § 95 InsO aufrechnen kann, auch wenn das die Erstattung/Vergütung auslösende Ereignis erst nach Eröffnung des Insolvenzverfahrens eintritt (BFH BStBl 09, 589). Das sollte unabhängig davon gelten, ob dieses Ereignis den Rechtsgrund der StFestsetzung wegfallen lässt, steuertechnisch also als rückwirkendes Ereignis zu einer Änderung der ursprünglichen StFestsetzung führt, oder ob es zu einem selbständigen Anspruch führt, wie insb in den Fällen des § 17 UStG. In solchen Fällen entstehe zwar ein steuerverfahrensrechtl selbständiger Anspruch, der jedoch kompensatorischen Charakter habe, indem er die ursprünglich vorgenommene Besteuerung ausgleiche und die damals für ein bestimmtes Ereignis erhobene Steuer aufgrund eines späteren, entgegengesetzten Ereignisses zurückführe. Das rechtfertige es, ihn als bereits mit der Verwirklichung des Besteuerungstatbestands insolvenzrechtl begründet anzusehen; denn zwischen der durch eine solche Berichtigung ausgelösten und der ursprünglich begründeten StForderung bestehe ein enger Zusammenhang dergestalt, dass das StRecht den StAnspruch entstehen lässt, bevor der eigentliche stl Belastungsgrund eingetreten ist bzw unabänderlich feststeht, und zum Ausgleich für die Vorverlagerung der StSchuldentstehung dem Stpfl einen („kompensatorischen") Korrekturanspruch für den Fall garantiert, dass der stl Belastungsgrund nicht in der von dem StGesetz vorausgesetzten Weise dauerhaft eintritt. Dass das UStG in einem solchen Fall einen eigenständigen Berichtigungsanspruch gewähre, statt entsprechend § 175 I Nr 2 eine rückwirkende Änderung der StFestsetzung zuzulassen, beruhe allein auf steuerverfahrensrechtlichen Zweckmäßigkeitserwägungen und könne deshalb *insolvenzrechtl* nicht ausschlaggebend sein. Diese Zurückverlagerung des Entstehenszeitpunkts stl Ansprüche sollte sowohl im Falle der Rechnungsberichtigung (§ 17 I 1 UStG; BFH/NV 06, 369; 05, 942) als auch der Uneinbringlichkeit von Forderungen (§ 17 II Nr 1 UStG; BFH/NV 04, 1566; 87, 707), ferner hinsichtlich eines Vergütungsanspruchs aufgrund Verrechnung einer vor Verfahrenseröffnung erbrachten Sondervorauszahlung (BFH/NV 05, 1210) Platz greifen.

Abweichend hiervon hat der V. Senat des BFH in neuerer Zeit § 38 InsO dahin **55c** ausgelegt, dass sich die „Begründung" steuerlicher Forderungen und damit die Abgrenzung zwischen Masseverbindlichkeiten und Insolvenzforderungen danach bestimme, ob der den USt-Anspruch begründende Tatbestand nach den steuerrechtlichen Vorschriften bereits vor oder erst nach Insolvenzeröffnung „vollständig verwirklicht und damit abgeschlossen" ist; nicht maßgeblich sei lediglich der Zeitpunkt der Steuerentstehung nach § 13 UStG (BFH BStBl 09, 682; 12, 466; vgl auch BFH BStBl 11, 822 (I. Senat): Aufrechenbarkeit nur wenn „der anspruchsbegründende Tatbestand abgeschlossen ist und damit ein gesicherter Rechtsgrund für das Entstehen der Gegenforderung festgestellt werden kann", sodass „ohne weitere Rechtshandlung eines Beteiligten der entsprechende Anspruch kraft Gesetzes entsteht"); vgl ferner BFH BStBl 11, 1000 (XI. Senat). Dafür kann angeführt werden, dass der BGH nur den Gläubiger von dem insolvenzrechtl Aufrechnungsverbot ausnimmt, „dessen Anspruch gesichert ist und fällig wird, ohne dass es einer weiteren Rechtshandlung des Anspruchsinhabers bedarf" (vgl BGH NJW 90, 1301; BGH NJW-RR 00, 1285). Die Befugnis des Gläubigers zur Aufrechnung werde deshalb nur dann unbeschadet der Insolvenzeröffnung nicht angetastet, wenn dieser vor der Eröffnung darauf „vertrauen" durfte, dass die Durchsetzung seiner Forderung mit Rücksicht auf das Entstehen einer Aufrechnungslage keine Schwierigkeiten bereiten werde (BGHZ 170, 206; BGHZ 160, 1).

Der VII. Senat des BFH hat mit Rücksicht auf diese Entscheidungen seine bis- **55d** herige Rspr, in Streitverfahren die das Umsatzsteuerrecht betreffen, aufgegeben (BFH BStBl 13, 36; vgl auch BFH/NV 16, 87; BFH/NV 14, 1088 zur InvZ; SächsFG EFG 17, 1465, NZB VII B 100/17 zu § 16 GrEStG; siehe FG EFG 18, 187, Rev VII R 23/17; anders für GewStVorauszahlungen FG BBr EFG 17, 809: wirtschaftliche Gesichtspunkte maßgeblich). Er sieht jetzt als **entscheidend** an, **wann der steuergesetzliche Entstehungstatbestand verwirklicht** wird, die in der betr Vorschrift aufgeführten Tatbestandsvoraussetzungen also eintreten. Hingegen ist (nach wie vor) ohne Bedeutung, ob der betr Voranmeldungs- oder Besteuerungszeitraum erst während des Insolvenzverfahrens endet und mithin die Steuer iSd § 13 UStG erst nach Eröffnung des Insolvenzverfahrens entsteht (vgl BGH NJW-RR 08, 206). Auf den Zeitpunkt der Abgabe einer StAnmeldung oder des Erlasses eines StBescheids, in dem der Berichtigungsfall erfasst wird, kommt es in diesem Zusammenhang erst recht nicht an. Ebensowenig entstehen Ansprüche deshalb erst nach Eröffnung des Insolvenzverfahrens, weil ein diesbezügliches Wahlrecht erst nach diesem Zeitpunkt ausgeübt und ein StBescheid deshalb möglicherweise geändert worden ist (BFH/NV 2016, 87); das müsste zB auch bei Übergang zur Einzelveranlagung während des Insolvenzverfahrens gelten, selbst wenn dieser zum Erlass neuer EStBescheide führt.

Danach ergibt sich iEinz jetzt folgende **Rechtslage:**

55e **bb) Umsatzsteuer.** Wird ein **Berichtigungstatbestand des § 17 II UStG** erst nach Eröffnung des Insolvenzverfahrens dadurch verwirklicht, dass der Leistungsempfänger (ebenfalls) zahlungsunfähig wird, greift das Aufrechnungsverbot des § 96 I Nr 1 InsO ein (BFH BStBl 13, 36). Bei Insolvenz des Leistenden, die idR ohne Weiteres aus der Eröffnung eines Insolvenzverfahrens geschlossen werden kann, greift das Aufrechnungsverbot hingegen iAllg – außer in den Fällen des § 18 InsO – nicht ein; denn die Insolvenz pflegt zumindest eine logische Sekunde vor Eröffnung des Insolvenzverfahrens zu bestehen. Allerdings hat der BFH (BStBl 12, 298) für einen Fall vor Verfahrenseröffnung an den Leistenden nicht entrichteten Entgelts angenommen, dessen diesbzgl USt-Schuld sei eine logische Sekunde vor Verfahrenseröffnung auf Null zu berichtigen und entstehe bei Eingang des Entgelts während des Insolvenzverfahrens ggf neu; denn infolge der Verfahrenseröffnung werde das Entgelt uneinbringlich, weil dem Leistenden von nun an die Empfangszuständigkeit fehle. Diese Betrachtungsweise lässt freilich die Wirkung (fehlende Empfangszuständigkeit = Uneinbringlichkeit = USt-Berichtigung) vor der Ursache (Verfahrenseröffnung) eintreten (kritisch, aber offenlassend BFH BStBl 13, 36). Zudem müsste nach der Logik vorgenannter Rspr die Berichtigung auch bei bereits abgeführter USt vorgenommen werden und die USt erst später als Masseverbindlichkeit geltend gemacht werden, was bei Massearmut zu einem befremdlichen Ergebnis führt.

Die Aufrechnungsmöglichkeit hinsichtlich eines während des Insolvenzverfahrens steuerrechtl entstandenen Vorsteuervergütungsanspruchs hatte die bisher Rspr iÜ davon abhängig gemacht, dass der im Insolvenzverfahren entstehende negative USt-Anspruch auf VorSt beruht, die vor der Eröffnung des Insolvenzverfahrens begründet worden sind (BFH BStBl 05, 195; BFH/NV 05, 730). Jedoch sollte das nur insoweit gelten, als den betr VorStBeträgen nicht USt-Forderungen des betr Voranmeldungszeitraums gegenüberstehen; vielmehr sollte die ustrechtliche Saldierung Vorrang vor der (bei einem danach verbliebenen VorStÜberhang gebotenen) insolvenzrechtlichen Zuordnung nur dieses Überhanges haben (BFH BStBl 06, 193; 07, 747; krit *Kahlert* ZIP 11, 185; *Onusseit* ZInsO 05, 638). Entsprechendes sollte bei Widerruf der Dauerfristverlängerung im Hinblick auf die Sondervorauszahlung gelten, die auf die Jahressteuer anzurechnen ist (BFH BStBl 10, 91). Zur Behandlung nicht aufteilbarer Entgelte, wie sie die Vergütung des Insolvenzverwalters darstellt, BFH BStBl 02, 323; 08, 506.

Dieses Zuordnungsproblem, dass idR nur durch eine USt-Sonderprüfung zu lösen war, dürfte sich nach der neueren Rspr nicht mehr stellen.

55f Keine Aufrechnung ist dementsprechend zulässig mit dem Anspruch des FA nach **§ 15a UStG,** wenn dessen Voraussetzungen erst im Insolvenzverfahren eintreten und mithin erst zu diesem Zeitpunkt ein (ggü dem ursprüngl gewährten VorStAbzug und dem daraus resultierenden Vergütungsanspruch bzw der Verminderung der USt-Schuld) selbständiger ustrechtl Anspruch entsteht (BFH BStBl 12, 466; 11, 1000; 91, 817; 87, 527).

Für den aus einer Rechnungsberichtigung nach § 14c I 2, § 17 I 1 UStG resultierenden Erstattungsanspruch kommt es darauf an, wann der unrichtige StAusweis in einer berichtigten Rechnung beseitigt wurde (BFH BStBl 17, 496; FG Saarl EFG 17, 354). 55g

Die **Saldierung nach § 16 UStG** ist keine Aufrechnung. Eine entspr Anwendung des § 96 I InsO bei der Saldierung, die allerdings nur eine durch die Besonderheiten des ustrechtl Rechtsverhältnisses gerechtfertigte Modifikation der Aufrechnung darstellen dürfte, hat BFH BStBl 12, 298 nicht in Betracht gezogen (kritisch dazu schon BFH BStBl 13, 33; *Kahlert/Onusseit* DStR 12, 334). Das hat zur Folge, dass sich die Frage der Beachtung insbes des § 96 I Nr 1 bei Verrechnung von vorangemeldeten StBeträgen dann nicht mehr stellt, wenn der (Jahres)Besteuerungszeitraum abgelaufen ist, in welchen die Voranmeldungen fallen, und daher bei der JahresStBerechnung die Beträge ungeachtet der Zulässigkeit der Aufrechnung zu saldieren sind (BFH BStBl 13, 33). Denn der JahresStBescheid erledigt – vorbehaltlich fortbestehender Rechtswirkungen der Voranmeldungen etwa im Rahmen einer Vollstreckung – die Vorauszahlungsfestsetzungen und damit auch einen Streit um die Zulässigkeit einer diesbzgl Aufrechnung (BFH BStBl 00, 46). Das gilt auch, wenn eine Jahresfestsetzung wegen unterjähriger Eröffnung eines Insolvenzverfahrens nicht erfolgen kann, sondern für das Rumpfjahr die USt lediglich zu berechnen und die Summe zur Insolvenztabelle anzumelden ist; die Saldierung vollzieht sich dann ungeachtet der ausbleibenden StFestsetzung gleichsam automatisch (BFH BStBl 13, 33). 55h

cc) Andere Steuern. Bei **EStVorauszahlungen** hatte BFH BStBl 06, 641 bereits mit deren Entrichtung einen Erstattungsanspruch angenommen, der unter der aufschiebenden Bedingung stehe, dass am Ende des Besteuerungszeitraums die geschuldete Steuer geringer ist als die Vorauszahlung (vgl auch BFH BStBl 91, 791; 79, 639). FG BBg EFG 17, 809 betrachtet einen solchen Erstattungsanspruch hins vor Verfahrenseröffnung geleisteter Vorauszahlungen – mit Recht – als vor Eröffnung des Insolvenzverfahrens entstanden (also mit Insolvenzforderungen des FA verrechenbar), wenn nach wirtschaftlicher Betrachtung vor Verfahrenseröfffnung feststeht, dass sich ein Erstattungsanspruch ergeben wird, auch wenn er steuerrechtl erst nach Eröffnung entstehe (im Entscheidungsfall: Verrechnung der Erstattung vor Eröffnung geleisteter GewStVorauszahlungen mit Insolvenzforderungen, obwohl die betr GewSt erst nach Eröffnung – in geringerer Höhe als vorausgezahlt – entstanden ist). Die Rspr des BFH zur Verrechnung von USt-Ansprüchen des Stpfl mit seinen StSchulden sei auf die Ertragssteuern nicht übertragbar. 55i

Werden Vorauszahlungen für einen Zeitraum vor Verfahrenseröffnung aus der Insolvenzmasse geleistet, darf ein diesbzgl Erstattungsanspruch nur auf Masseverbindlichkeiten angerechnet werden, anderenfalls der Masse eine Erstattung zusteht (BFH BStBl 15, 993). 55j

Dass eine Erstattung von **GrESt** gegen Insolvenzforderungen verrechnet werden kann, wenn der Verkäufer nach Eröffnung des Insolvenzverfahrens das ihm vorbehaltene Recht zum Rücktritt von einem vor Verfahrenseröffnung geschlossenen Kaufvertrag ausübt, wie BFH BStBl 09, 589 geurteilt hatte, wird nach eben dargestelltem RsprWandel keinen Bestand haben können (so auch FG Sachs 2 K 408/16, NZB VII B 100/17). 55k

Werden dem Insolvenzschuldner entrichtete Sz, die vor Eröffnung des Insolvenzverfahrens verwirkt worden sind, **aus sachlichen Billigkeitsgründen erlassen,** ist der daraus resultierende Erstattungsanspruch jedoch nach wie vor als vor Eröffnung des Insolvenzverfahrens begründet anzusehen (vgl BFH/NV 07, 1452). 55l

Für die Aufrechnung gegen Forderungen des Stpfl genügte es schon nach bisheriger Rspr bei **zeitabschnittsweise entstehenden Ansprüchen** nicht, dass ihr Entstehungsgrund in die Zeit vor Verfahrenseröffnung zurückreicht. So ist ein Anspruch auf Eigenheimzulage trotz Erwerb der Wohnung und Festsetzung der Eigenheimzulage vor Verfahrenseröffnung nicht gegen Forderungen des Stpfl auf- 55m rechenbar, soweit er auf den Zeitraum nach Verfahrenseröffnung entfällt (BFH BStBl 08, 215), ebenso wenig zB ein entsprechender Anspruch auf Kindergeld oder der Anspruch auf Erstattungszinsen für Monatszeiträume nach Verfahrenseröffnung (BFH StEd 05, 2147; BStBl 09, 624).

55n Gegen einen Anspruch auf Erstattung nach der Eröffnung des Insolvenzverfahrens für einen ArbN entrichteter **LSt** kann nicht mit Insolvenzforderungen aufgerechnet werden (BFH BStBl 06, 641). Hingegen hindert die Abgabe einer *berichtigten* LSt-Anmeldung erst im Insolvenzverfahren, die zu einer Erstattung führt, die Aufrechnung nicht (BFH/NV 05, 1211).

55o Für die **KraftSt** hat BFH BStBl 05, 309 angenommen, hinsichtlich für Tage nach Eröffnung eines Insolvenzverfahrens für ein für die Masse genutztes Fahrzeug im Voraus entrichteter KraftSt entstehe im Zeitpunkt der Verfahrenseröffnung ein Erstattungsanspruch (dagegen ua *Rüsken* ZIP 07, 2053; vgl jetzt aber erneut BFH/NV 14, 581), gegen den das FA mit Insolvenzforderungen aufrechnen könnte (zur Behandlung der KraftSt in der Insolvenz siehe jetzt BFH ZIP 11, 1728).

55p **dd) Reichweite des Aufrechnungsverbots.** Nach Einstellung des Insolvenzverfahrens besteht kein Aufrechnungsverbot mehr. Will der Insolvenzverwalter das Verfahren beenden, aber gleichwohl künftig entstehende Forderungen zur Masse ziehen, muß er gem §§ 203, 211 III InsO die Anordnung der Nachtragsverteilung beantragen (BFH BStBl 17, 541). Das Aufrechnungsverbot des § 96 I Nr 1 InsO entfällt erst mit der Aufhebung des Insolvenzverfahrens und nicht bereits mit dem Beschluss über die Ankündigung der Restschuldbefreiung (BFH BStBl 06, 641).

55q Gegen eine – erst nach Aufhebung des Insolvenzverfahrens ermittelte – zur Insolvenzmasse gehörende Forderung des Schuldners kann die Aufrechnung mit einer Insolvenzforderung erklärt werden; eine spätere Anordnung der Nachtragsverteilung hat keine Rückwirkung (BFH/NV 09, 6).

55r Im verfahrensmäßig gesetzlich nicht näher geregelten **„Konkurs im Konkurs"** – Fall der Masseunzulänglichkeit im Hinblick auf die Befriedigung der Masseforderungen – ist § 96 InsO sinngemäß anzuwenden (BFH BStBl 02, 323; 08, 506; vgl auch BGHZ 154, 358). Massegläubiger können also mit ihren Altforderungen gegen die Masse gegen solche Ansprüche der Masse wirksam aufrechnen, die vor Anzeige der Masseunzulänglichkeit entstanden sind. Unzulässig ist dagegen die Aufrechnung von Altforderungen gegen Neuansprüche der Masse die erst nach dieser Anzeige begründet worden sind und von Neuforderungen, die erst nach Feststellung der Masseunzulänglichkeit begründet worden sind.

55s Erwirbt der Insolvenzschuldner aufgrund neuer gewerblicher Tätigkeit nach **„Freigabe"** durch den Insolvenzverwalter StForderungen (insbes aus Anrechnung von Vorsteuern, dazu BFH BStBl 11, 336; BFH/NV 11, 2115), so fallen diese Ansprüche zwar nicht in die Masse, sodass es das Aufrechnungsverbot des § 96 I Nr 1 InsO die FinBeh nicht verhindert, gegen diese Forderung vorinsolvenzliche StSchulden zu verrechnen. Das gilt auch für EStErstattungsansprüche, wenn die zugrunde liegenden Vorauszahlungen aus den zu erwartenden Einkünften aus einer freigegebenen Tätigkeit (§ 35 II InsO) festgesetzt worden sind (BFH/NV 14, 1013) oder aus dem freigegebenen Vermögen bestritten worden sind (BFH BStBl 15, 561). Es stellt sich allerdings die Frage, ob – unbeschadet des Fehlens eines ausdrücklichen gesetzlichen Aufrechnungsverbots – die Aufrechnung deshalb unzulässig ist, weil die InsO auf dem Grundgedanken beruht, dass die Insolvenzforderungen durch Verteilung der Insolvenzmasse befriedigt werden sollen, und das insolvenzfreie Vermögen einschl des insolvenzfreien Neuerwerbs eine dritte Vermögensmasse darstellt (sog separatio bonorum). Der BFH hat gleichwohl eine Aufrechnung der FinBeh zugelassen, weil jener Grundsatz von der InsO nicht streng durchgeführt werde und de lege lata über die Aufrechnungsverbote des § 96 I grds nicht hinausgegangen werden könne (BFH BStBl 11, 336; BFH/NV 11, 2115; aA Kahlert EWiR § 35 InsO 2/11, 53; EWiR 12, 55). Das gilt jedoch nur im Falle einer Freigabe iSd § 35 I InsO, nicht etwa bei jeder geduldeten Tätigkeit während des Insolvenzverfahrens (vgl BFH VII B 80/08, nv). Ein Anspruch auf Erstattung von LSt gehört gem § 287 II InsO nicht zum insolvenzfreien Vermögen, selbst wenn er durch eine Tätigkeit des Schuldners während des Insolvenzverfahrens begründet worden ist; er kann daher gegen vorinsolvenzliche StSchulden verrechnet werden (BFH/NV 10, 1243).

In der **Wohlverhaltensperiode** mit dem Ziel der Restschuldbefreiung 55t
(§§ 286 ff InsO) besteht kein allgemeines Aufrechnungsverbot (BGH NJW 05, 2988; BFH ZInsO 12, 2104), auch nicht für LSt- oder gar USt-Erstattungen (BFH BStBl 08, 272; BFH/NV 07, 1066, 855; FG Ddorf 05, 845; FG Hbg EFG 07, 86). Ein bei Eröffnung des Insolvenzverfahrens bestehendes Recht zur Aufrechnung bleibt durch die Restschuldbefreiung unberührt (FG SchlHol EFG 14, 1028).

Eine in einen **Schuldenbereinigungsplan** (§ 305 InsO) aufgenommene StFor- 55u
derung bleibt aufrechenbar, solange der Plan nicht angenommen bzw die Zustimmung zu ihm vom Insolvenzgericht ersetzt worden ist; auch eine Unterlassung der aufgrund der Aufrechnung gebotenen Berichtigung der angemeldeten Forderungen nimmt der Aufrechnung nicht die Wirkung (FG SachsAnh EFG 13, 748). Hat der Insolvenzverwalter während des Insolvenzverfahrens eine Forderung des Insolvenzschuldners durch Abtretung verwertet (§ 159 InsO), so wirkt § 96 I InsO nicht zugunsten des Zessionars weiter.

Eine Aufrechnung im insolvenzfreien Vermögen entstandener StGuthaben mit 55v
offenen, nach der Eröffnung des Insolvenzverfahrens als Masseverbindlichkeit entstandenen StForderungen ist zulässig; die vom BGH (NJW 10, 69) aus § 80 InsO abgeleitete Beschränkung der Haftung des Schuldners auf die Insolvenzmasse greift nach Aufhebung des Insolvenzverfahrens nicht mehr ein (BFH DStRE 18, 439).

b) Aufrechnungsverbot des § 96 I Nr 3 InsO. Neben § 96 I Nr 1 InsO ist 56
insbes das Aufrechnungsverbot des § 96 I Nr 3 InsO zu beachten. Danach darf das FA nicht aufrechnen (eine Aufrechnungserklärung ist also unwirksam), wenn es die **Möglichkeit der Aufrechnung mit einer Gegenforderung in anfechtbarer** (§§ 130, 131 InsO) **Weise erlangt** (also insbes in „kritischer Zeit" vor Eröffnung des Insolvenzverfahrens) hat. Bei vor Verfahrenseröffnung vorgenommenen Rechtshandlungen wird die Aufrechnungserklärung ggf rückwirkend unwirksam (BGH BB 03, 2707). Anfechtbare Rechtshandlungen können zB die VorStErstattungsansprüchen zugrundeliegenden Leistungsaustäusche sein (FG Mster 6 K 1013/15. NZB VII B 56/18). Eine Aufrechnung mit StForderungen aus der Zeit vor Eröffnung des Insolvenzverfahrens gegen den aus dem Vergütungsanspruch des vorläufigen Insolvenzverwalters herrührenden VorStVergütungsanspruch des Insolvenzschuldners hatte der BFH zunächst (zuletzt BFH BStBl 06, 193; vgl auch BFH BStBl 99, 423; BFH/NV 09, 885; 05, 730) ungeachtet dessen zugelassen; denn diese Forderung des Schuldners entstehe kraft Gesetzes und könne daher keine anfechtbare Rechtshandlung iSd § 96 I Nr 3 darstellen. Der BFH ist davon jedoch jetzt im Anschluss an BGH DStR 10, 1145 mit Recht in der Erkenntnis wieder abgerückt, dass zwar nicht die Bestellung des Verwalters und die Erbringung seiner Leistung anfechtbar sind, wohl aber die dadurch uU bewirkte Herstellung einer Aufrechnungslage (BFH BStBl 11, 439, 374; zustimmend *de Weerth* EWiR § 96 InsO 1/11, 87; *Kahlert* ZIP 11, 185 sowie DStR 11, 1973; anders *Wäger* DStR 11, 1925; vgl auch FG BBg EFG 11, 1593 und *Widmann* UR 11, 555). Die Leistung des vorläufigen Insolvenzverwalters an den Insolvenzschuldner begründet für das FA die Möglichkeit der Aufrechnung von vorinsolvenzlichen USt-Verbindlichkeiten gegen den USt-Vergütungsanspruch aus der Tätigkeit des vorläufigen Insolvenzverwalters, also durch eine anfechtbare Rechtshandlung; eine Aufrechnung wäre folglich unwirksam (BFH BStBl 15, 856, auch zur Frage der Anfechtungsfrist des § 146 I InsO; insofern kritisch *Kruth* MwStR 2015, 861). Die Wirkung einer gesetzlichen Neuregelung, zB Entstehung eines KStGuthabens infolge § 37 KStG

nF, ist jedoch keine anfechtbare Rechtshandlung und berührt die Aufrechnungsmöglichkeit daher nicht (FG Mchn EFG 15, 67).

56a Das Aufrechnungsverbot des § 96 I Nr 3 InsO greift in gleicher Weise bei jeder sonstigen **Vermehrung der Schulden** des (künftigen) Insolvenzverwalters und einer **Verminderung seines Aktivvermögens** unter den Voraussetzungen der §§ 130, 131 InsO (BFH BStBl 11, 374). Für Insolvenzverfahren, die nach dem 1.11.2011 beantragt worden sind, ist allerdings § 55 IV InsO zu beachten, wonach Verbindlichkeiten des Insolvenzschuldners aus dem Steuerschuldverhältnis nach Eröffnung des Insolvenzverfahrens als Masseverbindlichkeit gelten, wenn sie von einem vorläufigen Insolvenzverwalter oder vom Schuldner mit Zustimmung eines vorläufigen Insolvenzverwalters begründet worden sind; daraus dürfte indes nicht zu folgern sein, dass künftig vorgenanntes Aufrechnungsverbot nicht (mehr) eingreift, weil der Fiskus insofern nicht (mehr) als Insolvenzgläubiger iSd §§ 129 ff InsO anzusehen wäre (*Kahlert* ZIP 11, 1885; aA *de Weerth* EWiR § 96 InsO 1/11, 87).

56b § 55 IV InsO weist aber lediglich Verbindlichkeiten, nicht Forderungen der Masse zu (FG BaWü ZIP 15, 1452, BFH VII R 16/15 nv). VorStBeträge, die durch Rechtshandlungen des vorläufigen Insolvenzverwalters oder vom Schuldner mit Zustimmung desselben begründet worden sind, sind deshalb nicht mit Masseverbindlichkeiten, sondern mit Insolvenzforderungen zu verrechnen.

56c Auch die durch **Eingangsumsätze** des späteren Insolvenzschuldners zugunsten des FA entstehende Aufrechnungslage (Verrechnung der VorSt mit Insolvenzforderungen) hat der BFH (BFH BStBl 11, 374; 11, 439) als durch eine anfechtbare Rechtshandlung begründet angesehen, weil solche Umsätze dem FA die Möglichkeit einer bevorrechtigten Befriedigung seiner StForderung durch Aufrechnung verschaffen, wenn auch die übrigen Gläubiger dadurch nicht unmittelbar benachteiligt werden (vgl FG Mster 6 K 1013/15, NZB VII B 56/18); auch durch solche Umsätze wird jedoch die spätere Masse durch Verausgabung des – einen USt-Anteil enthaltenden – Entgelts bzw Begründung einer entsprechenden Insolvenzforderung des Leistenden geschmälert und es muss zumindest zweifelh erscheinen, ob insofern gleichsam gegengerechnet werden kann, dass dieser Schmälerung das Entstehen eines Anspruchs auf VorStAbzug sowie der Erhalt einer (möglicherweise aber nicht gleichwertigen) Leistung durch Vorteilsausgleich entgegengehalten werden kann (vgl jedoch *Stadie* UR 13, 158, 164, der die Auffassung von BFH BStBl 11, 374 als abwegig ansieht).

57 **7. Aufrechnungsmöglichkeit trotz fehlender Gegenseitigkeit (§ 406 BGB).** § 406 BGB durchbricht den Grundsatz, dass Haupt- und Gegenforderung den gleichen Personen zustehen müssen, für den Fall der Abtretung einer Forderung. § 406 BGB gilt auch für die Aufrechnung nach § 226 I (BFH BStBl 17, 541; 85, 278; 78, 606). Er soll das Vertrauen des Schuldners in eine ggü dem bisherigen Gläubiger bestehende Aufrechnungslage sowie die Aussicht auf eine bis zur Fälligkeit der Gegenforderung möglicherweise entstehende Aufrechnungslage schützen; die Rechtsstellung des Schuldners soll sich durch die Abtretung nicht verschlechtern (BFH BStBl 17, 541; 05, 17; 90, 352).

57a Der Schuldner einer (Haupt-)Forderung kann eine ihm gegen seinen Gläubiger zustehende (Gegen-)Forderung grds auch einem neuen Gläubiger ggü aufrechnen, an den dieser seine Forderung abgetreten hat. § 406 BGB formuliert dazu jedoch zwei Einschränkungen.

58 Hat der Stpfl seinen Erstattungsanspruch abgetreten und besteht im Zeitpunkt der Abtretungsanzeige zugunsten des FA eine Aufrechnungslage, so kann das FA die Aufrechnung auch ggü dem Neugläubiger erklären (BFH BStBl 90, 523; 86, 506); eine ggü dem Altgläubiger erklärte Aufrechnung ginge dann ins Leere (BFH/NV 00, 4). Etwas anderes gilt jedoch, wenn das FA bei Erwerb seiner (Gegen-)Forderung, mit der es aufrechnen will, von der Abtretung Kenntnis hatte

(§ 406 Hs 2 1. Alt BGB, vgl dazu BFH/NV 96, 387: zuständiger Sachbearbeiter entscheidend).

Es kann ferner nicht aufgerechnet werden, wenn die Gegenforderung erst nach der Erlangung der Kenntnis und später als die abgetretene Hauptforderung fällig geworden ist (§ 406 Hs 2 2. Alt BGB). Die Aufrechnung mit der Gegenforderung kann ggü dem neuen Gläubiger also nur wirksam erklärt werden, wenn die Gegenforderung bei Kenntniserlangung von der Abtretung der Hauptforderung bereits fällig ist. Eine nachträglich vom FA gewährte Stundung der Gegenforderung nimmt dem FA allerdings die Aufrechnungsmöglichkeit nicht, obwohl sie auf den Zeitpunkt der Kenntniserlangung von der Abtretung zurückwirkt (BFH BStBl 05, 7). Im Fall der späteren Fälligkeit der Gegenforderung hätte auch ohne das Dazwischentreten der Abtretung dem alten Gläubiger ggü nicht aufgerechnet werden können, sodass die Fiktion einer Aufrechnungslage ggü dem Neugläubiger diesen schlechter (nicht nur dem früheren gleich) stellen würde. Deshalb soll das FA mit einem Haftungsanspruch ggü einem Neugläubiger, dem die Hauptforderung vom Haftungsschuldner abgetreten wurde, dann nicht aufrechnen können, wenn der Haftungsanspruch gestundet war und erst später als die abgetretene Forderung und erst fällig geworden ist, nachdem das FA von der Abtretung Kenntnis erlangte (BFH BStBl 90, 352); jedoch wird in diesem Zusammenhang richtigerweise ggf auf die *erstmalige* Fälligkeit abzustellen sein, sodass eine Stundung, die im Zeitpunkt der Abtretung fortdauert, ohne Belang ist (vgl den Streitfall BFH BStBl 10, 839). 59

Die Kenntnis von der **Vorausabtretung** einer Erstattungsforderung wird nicht wie die Kenntnis von der Abtretung behandelt; die FinBeh soll vielmehr ggü dem Abtretungsempfänger mit Rückforderungsansprüchen gegen den Abtretenden aufrechnen können, die er vor oder spätestens bei Entstehen der Hauptforderung erwirbt und die nicht später als die Hauptforderung fällig werden (BFHE 144, 92 = HFR 85, 448). 60

Es genügt zur Erhaltung der Aufrechnungsmöglichkeit auch ggü dem neuen Gläubiger, dass der Rechtsgrund der zur Aufrechnung verwendeten Gegenforderung zu dem Zeitpunkt bereits bestanden hat, in dem der Schuldner Kenntnis von der Abtretung der Hauptforderung erlangt. Die Gegenforderung muss zur Zeit der Abtretung lediglich „dem Rechtsgrund nach" gegeben sein. Sie ist *„entstanden"* nicht erst mit Erlass eines entspr StBescheids, sondern es muss im Zeitpunkt der Kenntnisnahme von der Abtretung lediglich der materiell-rechtliche Entstehungstatbestand iSv § 38 verwirklicht sein (BFH BStBl 00, 46; 90, 523). Auch ein Haftungsanspruch entsteht vor seiner Geltendmachung nach § 191 mit der Erfüllung des Haftungstatbestandes, sodass er einem Abtretungsempfänger ggf entgegengehalten werden kann, auch wenn der Haftungsbescheid erst später ergeht (BFH/NV 97, 209). 61

Wegen der Rechtsstellung des Abtretungsempfängers siehe iÜ § 46 Rz 41.

Solange das FA nicht aufgerechnet hat, kann der Neugläubiger freilich seinerseits mit der auf ihn übergegangenen Forderung des Altgläubigers gegen seine eigene StSchuld aufrechnen (BFH BStBl 76, 549; 90, 523). Für ein Widerspruchsrecht des FA gegen eine frühere Aufrechnungserklärung des Neugläubigers ist kein Raum. 61a

8. Form der Aufrechnungserklärung. Eine bestimmte Form ist für die Aufrechnungserklärung nicht vorgeschrieben, sie kann auch durch schlüssiges Handeln erfolgen (BFH BStBl 90, 523; 84, 178). Da die Aufrechnungserklärung kein VA ist (siehe Rz 65), gelten die Anforderungen des § 119 nicht (BFHE 182, 276). Der Anspruch des Stpfl, gegen den mit StForderungen aufgerechnet wird, muss aber genau bezeichnet werden. Die Aufrechnungserklärung wird mit Zugang wirksam, bedarf also keiner Bekanntgabe gem § 122 (BFH/NV 13, 508). 62

Die Aufrechnung gegen einen durch Urteil festgestellten Anspruch, insb auch gegen einen Kostenerstattungsanspruch, ist entspr § 767 ZPO geltend zu machen (BFH BStBl 84, 205; BFH/NV 00, 166; 00, 4). Eine Prozessvollmacht ermächtigt dazu, mit einem Kostenerstattungsanspruch des Vollmachtgebers gegen die For- 63 derung aufzurechnen, zu deren Abwehr die Vollmacht erteilt worden war; Entsprechendes gilt für die Entgegennahme einer Aufrechnungserklärung des Kostenschuldners (BFH BStBl 08, 307, jedoch zweifelhaft; vgl *Rüsken* BFH-PR 08, 176).

64 Eine sog **„Umbuchungsmitteilung"** beinhaltet eine Aufrechnungserklärung hinsichtlich der in ihr bezeichneten *aufrechenbaren* Forderungen, selbst wenn sie auch andere (noch nicht fällige und daher nicht aufrechenbare) Forderungen mit erfasst und die FinBeh die Bereitschaft erklärt, auf Wunsch des Stpfl eine andere Buchungsmöglichkeit zu prüfen, zu erwägen odgl (BFH/NV 05, 1900). Der Wille, die aufrechenbaren Forderungen zum Erlöschen zu bringen, muss jedoch in der Mitteilung hinreichend deutlich werden; Umbuchung unter Vorbehalt der Billigung des Stpfl wäre keine wirksame Aufrechnung (vgl BFH BStBl 06, 350, BFH/NV 06, 7 zu einer insofern unklaren Mitteilung, in der das FA Bereitschaft erklärt, Buchungswünsche des Stpfl „zu berücksichtigen"). Eine amtsinterne Umbuchung ist keine Aufrechnung.

65 Der Stpfl und die FinBeh sind nicht gezwungen, die Forderung, *mit der* aufgerechnet werden soll (sog **Gegenforderung**), in der Aufrechnungserklärung genau zu bezeichnen. Die Nichtbezeichnung der Forderung, mit der aufgerechnet werden soll, steht der Wirksamkeit der Aufrechnungserklärung nicht entgegen (BFH BStBl 84, 184; BFH/NV 97, 209; 90, 141). Aus § 396 I BGB folgt vielmehr, dass beim Bestehen mehrerer Gegenforderungen die Aufrechnung ohne Bezeichnung der Forderung, mit welcher aufgerechnet wird, erklärt werden kann. Wird keine diesbzgl Bestimmung getroffen, greift jedoch nicht § 225 II, sondern gem Abs 1 § 366 II BGB ein. Eine Konkretisierung der Forderung, mit der die Aufrechnung erklärt wurde, muss im gerichtlichen Verfahren spätestens zum Schluss der mündlichen Verhandlung in der Tatsacheninstanz erfolgen (BFH BStBl 97, 479; 90, 523; 84, 184; BFH/NV 90, 141).

66 **Zuständig** für eine Aufrechnungserklärung ist das für die Erfüllung der Hauptforderung zuständige FA. Sofern Haupt- und Gegenforderung demselben Rechtsträger zustehen bzw sich gegen ihn richten, beeinträchtigt ein Zuständigkeitsmangel die Wirksamkeit der Aufrechnung aber nicht; denn sie ist rechtsgeschäftliche Gestaltungshandlung, ihre Wirksamkeit daher von der öff-rechtl Zuständigkeitsordnung unabhängig.

68 **9. Wirkung der Aufrechnung.** Die Aufrechnung bringt die gegenseitigen Forderungen zum Erlöschen, § 47, und zwar ggf rückwirkend zu dem Zeitpunkt, an dem sie sich zum ersten Mal aufrechenbar ggü standen, § 389 BGB. Diese Erlöschenswirkung fällt rückwirkend fort, wenn der Anspruch aus dem StSchuldverhältnis, mit dem aufgerechnet worden ist, später im Wege der Änderung der StFestsetzung aufgehoben oder herabgesetzt wird (BFH/NV 06, 1434); die Aufrechnung steht also insofern immer (stillschweigend) unter einer auflösenden Bedingung.

68a Die Rückwirkung der Aufrechnung nach § 389 BGB geht nicht über den Zeitpunkt der Fälligkeit eines aufgerechneten Erstattungsanspruchs des Stpfl hinaus. BGHZ 27, 123 hat mit Recht Sinn und Zweck des § 389 BGB darin gesehen, eine Beschränkung der Rückwirkungsanordnung außer hinsichtlich des Erlöschens des bei Fälligkeit der Schuld des Aufrechnenden noch nicht entstandenen Teils der zur Aufrechnung gestellten Hauptforderung auch hinsichtlich dem damals einseitig aufrechnungsberechtigten Gläubiger zustehender, nach Fälligwerden der Hauptforderung entstehender Nebenforderungen eingreifen zu lassen, wenn der Gläubiger später die Aufrechnung erklärt. Denn der Schuldner konnte in diesem Falle nicht davon ausgehen, nichts zu schulden und deshalb etwaige Folgen seiner zunächst eintretenden Säumnis nicht tragen zu müssen. Rechnet das FA mit einer StForderung gegen einen später fälligen Erstattungsanspruch auf, erlischt die Forderung des FA also erst bei Fälligkeit des Erstattungsanspruchs. Sz bleiben bis dahin bestehen. Die Anwendung der in § 389 BGB normierten Erlöschensfiktion auf Sz, die nach dem StRecht für Steuern verwirkt sind, auch wenn ihnen (noch nicht festgesetzte) StVergütungen ggü stehen, würde Sinn und Zweck des § 240 nicht entsprechen. Im Übrigen könnte der Gesichtspunkt der (als einseitige allerdings str, vgl MüKo § 389 Rz 8) Abdingbarkeit der Fiktion des § 389 BGB zum nämlichen Ergebnis führen.

Säumniszuschläge fallen sonst nach dem Zeitpunkt, zu dem die Aufrechnung wirksam wird (siehe Rz 68), nicht an, auch wenn die Aufrechnungserklärung erst später abgegeben wird; § 240 I 4 steht dem nicht entgegen, er gilt lediglich im Festsetzungsverfahren, das hier nicht berührt ist. 69

Bei den **Zinsen** kommt es darauf an, ob der Zinslauf mit dem Erlöschen des Anspruchs endet oder ob an einen anderen Zeitpunkt angeknüpft wird. Nach § 234 werden für die Dauer einer Stundung Zinsen erhoben; ein erloschener Anspruch kann jedoch nicht gestundet werden, eine vor seinem Erlöschen ausgesprochene Stundung geht insoweit ins Leere, sodass ab dem Zeitpunkt des Erlöschens keine Stundungszinsen mehr erhoben werden dürfen, auch wenn die Aufrechnung erst später erklärt und die Stundungsverfügung nicht aufgehoben wird. Eine bereits vor der Aufrechnungserklärung rechtmäßig erfolgte Festsetzung von Stundungszinsen wird indes nicht nachträglich rechtswidrig; die Festsetzung wird jedoch idR zu widerrufen sein. Das Gleiche gilt für Hinterziehungszinsen; der Zinslauf endet nach § 235 III erst mit der Zahlung der hinterzogenen Steuern, Aufrechnung ist dem jedoch als Erfüllungssurrogat gleichzustellen, ebenso hinsichtlich Aussetzungszinsen nach § 237. Wegen § 233a siehe § 233a Rz 9. 70

10. Rechtsbehelf. Über die Wirksamkeit einer Aufrechnung ist bei Streit durch Abrechnungsbescheid nach § 218 II zu entscheiden (BFH BStBl 87, 536; BFH/NV 93, 397; 92, 86; 91, 791; 90, 344; vgl auch BFH BStBl 90, 523), und zwar sowohl wenn die Aufrechnung als solche, als auch wenn der Bestand der aufgerechneten Forderungen streitig ist. Zum notwendigen Inhalt eines solchen Abrechnungsbescheids gehört die Abgabe des Erlöschensgrundes (BFH BStBl 68, 501; BFH/NV 90, 69); der genauen Bezeichnung der Gegenforderung bedarf es allenfalls, wenn über den Bestand der Gegenforderung Streit herrschte (BFH BStBl 97, 479, offen lassend, ob ggf eine solche Angabe auch zur Bestimmtheit des Bescheids erforderlich ist). Das Erlöschen einer StForderung infolge Aufrechnung kann jedoch unabhängig vom Ergehen eines solchen Bescheids jederzeit geltend gemacht werden, zB im Vollstreckungsverfahren. Zu rechtswegfremden Gegenforderungen Rz 41. 71

11. Verrechnungsvertrag. Wenn eine Aufrechnung nicht möglich ist, weil es zB an der Gegenseitigkeit oder an der Fälligkeit der Forderung, mit der aufgerechnet werden soll, fehlt, kann ein Verrechnungsvertrag geschlossen werden (BFH BStBl 00, 246; 85, 278; 78, 606; 73, 66; BFH/NV 92, 77; 91, 69; 89, 762). Grundsätze des StRechts stehen dem nicht entgegen, weil der StGläubiger nicht auf seinen StAnspruch verzichtet und der Stpfl bis zur Tilgung der StSchuld StSchuldner bleibt (BFH BStBl 87, 8; BFH/NV 86, 642, 643). Dabei ist zu unterscheiden zwischen einem obligatorischen Verrechnungsvertrag, aufgrund dessen das FA einseitig verrechnen darf, und dem verfügenden Verrechnungsvertrag, durch den die Verrechnung unmittelbar erfolgt (BFH BStBl 10, 839; 85, 278). Die Parteien müssen über die zur Verrechnung bzw Aufrechnung gestellten Forderungen verfügen können. Formerfordernisse stellt die Rspr trotz der öff-rechtl Natur des Verrechnungsvertrags über stl Ansprüche nicht (etwa entspr § 57 VwVfG) auf. Das Angebot zum Verrechnungsvertrag kann auch in einer Umbuchungsmitteilung gesehen werden (FG RhPf EFG 70, 405), die aber bei Vorliegen der Aufrechnungsvoraussetzungen im Zweifel eine einseitige Aufrechnungserklärung darstellt (vgl Rz 62a); Schweigen des Stpfl ist nicht die (erforderliche) Annahmeerklärung (BFH BStBl 86, 506; BFH/NV 91, 69). Ein Verrechnungsvertrag zur Umbuchung von VorStÜberschüssen aus UmsatzStVoranmeldungen auf StRückstände steht kraft Gesetzes unter der auflösenden Bedingung, dass das Guthaben durch die Festsetzung der Jahressteuer bestätigt wird (BFH BStBl 87, 8). Soll die Forderung eines 75

Stpfl mit der StSchuld eines Dritten verrechnet werden, kann dies durch Verrechnungsvertrag ohne Bindung an § 46 vereinbart werden (FG Mster EFG 08, 1597). Zu einem dreiseitigen Verrechnungsvertrag (Kindergeld bei zwei Familienkassen) vgl FG Köln 1 K 2090/15.

76 Ein **Rechtsanspruch** auf Abschluss eines Verrechnungsvertrags besteht jedoch unter keinen Umständen, ebenso wenig ein Anspruch auf ermessensfehlerfreie Entscheidung darüber (BFH BStBl 00, 246); denn es fehlt an einem diesbzgl den einzelnen berechtigenden Rechtssatz, die bloße tatsächlich begünstigende Wirkung des Vertragsschlusses begründet keinen solchen Anspruch (vgl BFH/NV 95, 77).

§ 227 Erlass

Die Finanzbehörden können Ansprüche aus dem Steuerschuldverhältnis ganz oder zum Teil erlassen, wenn deren Einziehung nach Lage des einzelnen Falls unbillig wäre; unter den gleichen Voraussetzungen können bereits entrichtete Beträge erstattet oder angerechnet werden.

Schrifttum: *Ebbinghaus/Hinz* Der Erlass der Umsatzsteuer bei Sanierungsgewinnen, BB 13, 479; *Eich* Erlass von Steuern und Nebenleistungen aus Billigkeitsgründen, KÖSDI 12, 18033; *Seer* Der sog Sanierungserlass vom 27.3.2003 als Rechtsgrundlage für Maßnahmen aus sachlichen Billigkeitsgründen, FR 10, 306; siehe auch bei § 163.

Übersicht

1 **1. Inhalt.** Die Erhebung der Steuer kann – ebenso wie ihre Festsetzung – unbillig sein, wobei die Unbilligkeit sich aus der Person des Stpfl ergeben kann, insbes seinen wirtschaftlichen Verhältnissen oder zB (ausnahmsweise) daraus, dass er Rechtsschutz gegen die StFestsetzung nicht erlangen konnte (dazu § 163 Rz 40 f), oder daraus ergeben kann, dass die stl Regelung, die an sich in verfassungsgemäßer Weise die StErhebung gebietet, aufgrund besonderer Umstände des betr Einzelfalls einer (durch einschränkende *Auslegung* derselben nicht erreichbaren) Einschränkung bedarf. Man unterscheidet dementsprechend zwischen sachlichen Billigkeitsgründen (die sich aufgrund des Gesetzes selbst ergeben, das *im Einzelfall* einer Korrektur bedarf, und die bei § 163 iE dargestellt sind) und persönlichen Billigkeitsgründen (die sich aus den persönlichen, insbes wirtschaftlichen Verhältnissen des Stpfl ergeben und iAllg nicht im Rahmen einer Entscheidung nach § 163, sondern erst im Erhebungsverfahren nach § 227 berücksichtigt werden).

1a Die Billigkeitserwägungen, die bei § 163 und bei § 227 anzustellen sind, gleichen sonst einander. Deshalb sind die Erläuterungen zu § 163 insoweit auch bei der Anwendung des § 227 heranzuziehen. Die Billigkeit der StErhebung bedarf ggf erneuter, eigenständiger Prüfung nach § 227 insbes dann, wenn sich die Vermögenslage des Stpfl seit der StFestsetzung geändert hat; sonst konsumiert ggf eine Entscheidung nach § 163 die Billigkeitsgründe, die also im Rahmen des § 227 nicht erneut geltend gemacht werden können.

2 Im Festsetzungsverfahren ermöglicht § 163 eine abweichende StFestsetzung, im Erhebungsverfahren § 227 eine abweichende Durchsetzung des StAnspruchs. Eine

Erlassentscheidung nach § 227 hat also auf den StBescheid keine Auswirkungen (anders als eine Billigkeitsentscheidung nach § 163, welche ggf sogar die nachträgliche Änderung eines bestandskräftigen StBescheids gebietet, § 175 I 1). Deshalb kann BFH/NV 11, 1357 nicht gefolgt werden, wenn dort die Rechtskraft eines die Rechtmäßigkeit der StFestsetzung bestätigenden Urteils als Hindernis eines Billigkeitserlasses angesehen wird (zweifelnd insoweit offenbar auch BFH BStBl 16, 117). Richtig ist allerdings, dass die Bedeutung der Rechtskraft ein ermessensrelevanter Gesichtspunkt für die Entscheidung nach § 227 ist, weshalb BFH BStBl 16, 117 einen Erlass wegen Unrichtigkeit der StFestsetzung nach rechtskräftiger Abweisung der Klage gegen den StBescheid nur zulassen will, wenn das betr Urteil „so offenbar unrichtig ist, dass dessen Fehlerhaftigkeit ohne Weiteres erkannt werden konnte".

Bei Gesamtschuldnern kann ein Erlass ggü einzelnen Schuldnern in Betracht 3
kommen. Der Erlass wirkt nicht ggü anderen Schuldnern, § 44 II 3.

2. Ergänzende Regelungen enthalten § 222 (Stundung; zum Vorrang BFH/ 3a
NV 89, 426), § 258 (einstweilige Beschränkung der Vollstreckung) und die Pfändungsschutzvorschriften (§§ 811ff, 850ff ZPO), die einen Erlass ausschließen, wenn sie dem StSchuldner ausreichenden Schutz gewähren (vgl BFH/NV 89, 285; 90, 213; vgl aber BFH/NV 02, 176).

Die EinzelStG enthalten gelegentlich spezielle Billigkeitsvorschriften, neben de- 3b
nen aber § 227 iAllg anwendbar bleibt (vgl zB § 33 GrStG – dazu BFH BStBl 07, 469; 06, 921; VGH BaWü DÖV 02, 580: außergewöhnliche, atypische Umstände erforderlich – sowie BVerwG BStBl 02, 889). Nicht alle speziellen Erlassvorschriften beruhen aber auf dem Gedanken der Billigkeit (vgl zB § 32 GrStG, § 34c V EStG, § 10 StromStG für Unternehmen des produzierenden Gewerbes sowie §§ 45ff EnergieStG).

Bei persönlichen Billigkeitsgründen wird insbes von den **VerbrauchStGesetze** 4
eine abweichende Behandlung von Zoll und VerbrauchSt bei ein und demselben Vorgang durch Anwendung des § 227 ausdrücklich zugelassen, um die Gleichbehandlung eingeführter Waren mit im Inland hergestellten zu gewährleisten; vgl § 21 TabStG, § 18 BierStG, § 3 AlkopopStG, § 147 BranntwMonG, § 18 SchaumwZwStG, § 19b EnergieStG, § 15 KaffeeStG. Ein Billigkeitserweis ist aber grds nicht deshalb möglich, weil bei einer VerbrauchSt wegen Zahlungsunfähigkeit des Abnehmers die Überwälzung der Abgabebelastung misslingt (so schon BFH BStBl 75, 462 betr Mineralöl; BFHE 122, 20 = ZfZ 77, 337; vgl auch BFH BStBl 75, 727 zur SchaumweinSt). Sind aber solche Abgaben nicht (mehr) abwälzbar, ohne dass dies dem Stpfl anzulasten ist, kann auch bei ihnen ein Erlass wegen persönlicher Unbilligkeit in Betracht kommen (BFH BStBl 75, 727; einschränkend etwa auch BVerwG NJW 82, 2682 zur GrSt).

Für die EUSt bleibt es aber auch insofern bei der abschließenden Regelung im 5
Unionsrecht (kritisch *TK/Loose* § 227 Rz 12).

Anders als alle anderen VerbrauchStGesetze enthält **§ 60 I EnergieStG** eine be- 6
sondere Erstattungsregelung. Danach hat der Verkäufer einen Erstattungs- oder Vergütungsanspruch, wenn er die EnergieSt wegen Zahlungsunfähigkeit des Abnehmers auf diesen nicht abwälzen kann, vorausgesetzt, dies ließ sich durch Verfolgung des Zahlungsanspruchs nicht vermeiden. Die Regelung hat zu einer Fülle von Problemen und entspr Entscheidungen geführt (dazu BFHE 188, 217 = ZfZ 99, 305; BFHE 187, 177 = ZfZ 99, 133; BFHE 188, 208 = ZfZ 99, 307; BFHE 188, 199 = ZfZ 99, 310; BFHE 195, 78, 81 = ZfZ 01, 415; BFHE 200, 475 = ZfZ 03, 165; BFHE 215, 392, 400 = ZfZ 07, 45; BFHE 216, 471 = ZfZ 07, 221; BFH/NV 03, 661; 04, 1549; 07, 109, 1353, 1356; 08, 621; 11, 438; zusammenfassend zur BFH-Rspr *Jatzke* ZfZ 08, 248), wobei der BFH in klarem Widerspruch zum Normtext jegliche Kausalitätsprüfung (Hätte sich der Zahlungsausfall vermeiden lassen?) ausblendet (besonders deutlich BFH/NV 11, 1022: verspätete Insolvenzanmeldung erstattungsschädlich) und mitunter überzogene Anforderungen an die

Anspruchsverfolgung stellt, die auch bei offensichtlicher Aussichtslosigkeit nicht soll unterbleiben dürfen. Die im Rahmen des 2. EnergieStromStÄG von 2017 zunächst vorgesehene Streichung dieser Vorschrift, die ein Fremdkörper im VerbrauchStR ist, ist jedoch in letzter Minute fallen gelassen worden. Vgl iÜ auch § 48 EnergieStG.

7 Bei den **übrigen VerbrauchStGesetzen** bestehen vereinzelt besondere Erlassregelungen, die maßgeblich aber nicht auf Billigkeitserwägungen beruhen (vgl § 32 TabakStG, § 21 KaffeeStG, § 24 f BierStG).

9 § 60 EnergieStG ist auf die **Stromsteuer** nicht (entsprechend) anwendbar, obwohl es sich auch insofern um eine Besteuerung von Energie handelt; denn eine entsprechende Regelung auch in dieses aufzunehmen, hat der Gesetzgeber ersichtlich bewusst unterlassen. Auch der § 60 EnergieStG zugrunde liegende Regelungsgedanke ist auf die Stromsteuer nicht entsprechend anzuwenden, sodass diese nicht etwa bei Vorliegen der Voraussetzungen des § 60 EnergieStG gem §§ 163, 227 nicht festzusetzen bzw zu erlassen ist (BFH/NV 14, 748). Zur Vergütung von Stromsteuer siehe aber ferner §§ 9a, 10 StromStG, die allerdings nicht wesentlich auf Billigkeitserwägungen beruhen (vgl *Milewski* CR 07, 3; *Hille/Gallert* ZfZ 09, 253).

11 **3. Anwendungsbereich.** Ansprüche aus dem StSchuldverhältnis können nach ihrer Festsetzung erlassen, bereits entrichtete Beträge erstattet oder verrechnet werden; das gilt sogar für inzwischen (nach ihrer Erfüllung) verjährte Ansprüche (BFH BStBl 81, 82; BFH/NV 87, 620; FG Nds EFG 12, 2086: aber nicht unbegrenzt lange; FG BaWü EFG 84, 358). Auch mit dem Ziel der Rückforderung bereits gezahlter Steuer kann ggf ein Erlass verlangt werden (BFH BStBl 77, 127); Erstattungszinsen (§ 233a I) entstehen jedoch in diesem Fall mangels abweichender StFestsetzung nicht.

12 § 227 gilt für alle Ansprüche aus dem StSchuldverhältnis. Er gilt auch für Haftungsschulden, jedoch nur, sofern die Erlassgründe nicht schon ggü der Haftungsinanspruchnahme (§ 191) hätten geltend gemacht werden können, also nur für *nachträglich* entstandene Gründe.

13 Dass für Billigkeitsmaßnahmen nach § 227 bei Nachzahlungszinsen nach § 233a Raum ist, obwohl zwar § 234 II für Billigkeitsmaßnahmen eine ausdrückliche Sonderregelung, nicht jedoch § 233a eine solche enthält, hat BFH BStBl 96, 503 grds bejaht (vgl auch BFH BStBl 97, 446); die Voraussetzungen eines Erlasses werden jedoch nur selten vorliegen (siehe § 233a Rz 50 ff). § 227 hat insbes Bedeutung bei Sz, weil bei diesen mangels Festsetzung § 163 nicht greift (Einzelheiten zu den Billigkeitsgründen siehe bei § 240 Rz 51 ff).

13a Persönliche Leistungen, wie zB die Pflicht zur Abgabe von Erklärungen, können nicht Gegenstand eines Erlasses sein; soweit ihre Geltendmachung im Ermessen der FinBeh steht, sind indes etwaige Gesichtspunkte der Billigkeit bei pflichtgemäßer Ermessensausübung zu berücksichtigen.

14 Gegenüber einem Abrechnungsbescheid (§ 218 II) können Billigkeitsgründe nicht geltend gemacht werden, weil insoweit lediglich auf die anderweit erlassenen StBescheide abzustellen ist (formelle Bescheidlage, BFH/NV 98, 280; 97, 537). Billigkeitsverfahren und Abrechnungsverfahren nach § 218 stehen selbständig nebeneinander (BFH BStBl 16, 508; BFH/NV 07, 2305); deshalb muss das Billigkeitsverfahren auch nicht ausgesetzt werden, wenn abgerechnete Sz möglicherweise nicht entstanden sind (BFH BStBl 10, 955).

16 Im **Insolvenzverfahren** ergeht die Zustimmung zum Insolvenzplan (§§ 217 ff InsO), zum außergerichtlichen oder gerichtlichen Schuldenbereinigungsplan (vgl §§ 305, 307 InsO) auf der Grundlage der betr Vorschriften der InsO, auch wenn sie einen Erlass von StForderungen beinhaltet; die materiellen Maßstäbe des § 227 sind insofern nicht ohne Weiteres übertragbar (vgl § 163 Rz 11; OLG Köln NJW-RR 01, 911; vgl *Loose* StuW 99, 20; *Bartone* AO-StB 05, 155).

17 Für **Einfuhr- und Ausfuhrabgaben** iSd UZK (Art 5 Nrn 20, 21 UZK) enthält dieser Vorschriften über Erstattung und Erlass, die Anwendungsvorrang haben

und, weil sie eine abschließende Regelung der Billigkeitsgesichtspunkte darstellen (BFH/NV 93, 137 zur früheren VO-Erstattung/Erlass (EWG) Nr 1430/79), für die Anwendung des § 227 keinen Raum lassen (vgl auch EuGHE 77, 1177 = HFR 77, 552). Insbes enthält Art 114 UZK für die Frage des Verzichts auf Sz eine abschließende Regelung, die § 227 AO insoweit verdrängt (FG BaWü 11 K 2269/14 nv; anders FG Ddorf ZfZ 02, 389). Hinsichtlich kraft Verweisung bei der Einfuhr zu erhebender VerbrauchSt siehe § 163 Rz 10. Abgaben nach der MilchQuotV konnten nicht nach § 227 erlassen werden (BFH/NV 91, 855; aA FG Hess EFG 95, 757).

4. Voraussetzungen des Erlasses. Voraussetzung für einen Erlass ist, dass die *Erhebung* der Steuer nach Lage des Einzelfalles unbillig wäre. Ein Erlass wegen persönlicher Unbilligkeit kommt daher nur in Betracht, wenn sich der Erlass auf die wirtschaftliche Situation des Stpfl (noch) auswirken kann (stRspr, vgl BFH/NV 02, 889), zB weil er eine Unternehmenssanierung ermöglicht (kritisch BFH/NV 12, 1135). Da es sich um eine Maßnahme im Erhebungsverfahren handelt, kommt es grds *nicht* auf den Vorteil an, der von einem *Erlöschen der StForderung* ausgeht (BFH BStBl 02, 176). 26

Der Begriff der Unbilligkeit ist mit dem in § 163 gebrauchten identisch; die Gründe, die in seinem Rahmen geltend gemacht werden können, entsprechen denen, die bei der StFestsetzung zu berücksichtigen § 163 gestattet. Auch die eigentümliche Normstruktur, die durch die Verbindung des Rechtsbegriffes „unbillig" mit einer Ermessensermächtigung gekennzeichnet ist, entspricht genau der des § 163 (siehe dazu näher § 163 Rz 20). In diesem Befund spiegelt sich, dass die §§ 163, 227 aus der ehemals einheitlichen Regelung des § 131 RAO hervorgegangen sind, welche die heutige Trennung von StFestsetzungs- und StErhebungsverfahren noch nicht kannte. Wegen der Erläuterung der Normstruktur, des Begriffs Unbilligkeit und der Voraussetzungen einer Billigkeitsmaßnahme im Einzelnen kann daher in vollem Umfang auf die Erläuterungen zu § 163 verwiesen werden. 27

Auch Billigkeitsgründe, die an sich schon nach § 163 hätten berücksichtigt werden müssen, aber übersehen oder falsch gewürdigt worden sind, können nachträglich bei § 227 berücksichtigt werden. Ist jedoch eine Billigkeitsmaßnahme nach § 163 abgelehnt worden, kann nicht wegen *derselben* Billigkeitsgründe eine Maßnahme nach § 227 begehrt werden (FG Hbg EFG 95, 408). 28

Anlass eines Erlasses nach § 227 ist jedoch im Allgem, dass **persönliche Unbilligkeitsgründe** vorliegen. Sie ergeben sich ggf aus den *persönlichen* Verhältnissen des *Stpfl.* Sie begründen dann seine *Erlassbedürftigkeit* (BFH BStBl 94, 833; 81, 726). Der Stpfl ist hierbei in besonderem Maße zur Mitwirkung bei der Aufklärung des entscheidungserheblichen Sachverhalts verpflichtet (BFH/NV 94, 757). Daneben muss der Stpfl „erlasswürdig" sein. 29

a) Erlassbedürftigkeit. Sie wird in erster Linie bei natürlichen Personen bestehen können, die sonst ihre Existenzgrundlage verlieren würden (Zweck: Schutz des Existenzminimums). Sie ist aber keineswegs bei juristischen Personen, von deren Fortbestand die Existenz natürlicher vielfach unmittelbar abhängt, grds ausgeschlossen (enger *Weinreuter* DStR 99, 853; zu den Prüfungsmaßstäben FG BaWü EFG 00, 719). Es ist aber nicht Zweck der Ermessensermächtigung, durch einen Erlass (oder andere Billigkeitsmaßnahmen) einzelnen Unternehmen die von ihnen durch ihre wirtschaftliche Betätigung nicht erzielte Rentabilität zu verschaffen. 31

Persönliche Billigkeitsgründe liegen vor, wenn der Stpfl in eine **unverschuldete finanzielle Notlage** geraten ist oder durch die StFestsetzung und/oder Erhebung geraten würde, sodass die *Fortführung eines Unternehmens* des Stpfl oder dessen notwendiger *Lebensunterhalt* dauernd gefährdet würde (BFH BStBl 02, 176; 72, 918), ferner wenn er die von seinem Unterhalt abhängigen Familienmitglieder nicht mehr unterhalten könnte (BFH/NV 89, 411). Unbilligkeit kann insofern selbst dann vorliegen, wenn zwar die Durchsetzung des StAnspruchs wegen des Vollstreckungsschutzes ausgeschlossen ist, die StRückstände den Stpfl aber hindern, eine 33 neue Erwerbstätigkeit zu beginnen und sich so eine eigene, von Sozialhilfeleistungen unabhängige wirtschaftliche Existenz aufzubauen (BFH BStBl 02, 176). Kann die StForderung wegen der Pfändungsschutzvorschrift allerdings nicht durchgesetzt werden, besteht kein Anlass, sie zu erlassen (FG BaWü FamRZ 17, 1795). Nur vorübergehende wirtschaftliche Schwierigkeiten sind hingegen grds kein Erlassgrund, sondern rechtfertigen ggf eine Stundung. Ein Erlass ist auch nur dann gerechtfertigt, wenn die wirtschaftliche Notlage durch die stl Inanspruchnahme selbst verursacht würde (BFH BStBl 75, 727; BFH/NV 18, 221), dh wenn die Erhebung der Steuer eine wesentliche Ursache für die Existenzgefährdung darstellen würde. Es muss ein konkreter Zusammenhang zwischen der Einziehung der Steuer und den persönlichen Verhältnissen des StSchuldners bestehen (vgl BFH/NV 89, 285; 90, 213; 93, 640; 94, 439). In gleicher Weise setzt ein Erlass bei einem Unternehmen voraus, dass dieses unverschuldet und in eine voraussichtlich nur vorübergehende Krise geraten ist.

35 Ein Erlass stellt eine Begünstigung eines einzelnen Schuldners zulasten der Allgemeinheit dar, sodass von ihm gewisse **Einschränkungen seines privaten Aufwands** verlangt werden müssen (BFH BStBl 78, 237). Dem Stpfl ist zuzumuten, einen *Kredit* aufzunehmen und ggf auch seine Vermögenssubstanz anzugreifen. Zur Frage, unter welchen Voraussetzungen es unbillig sein kann, zur Begleichung von StSchulden *Vermögen* zu verwerten siehe BFH BStBl 87, 612; BFH/NV 87, 691; 91, 171; 92, 42. Bei einem Einzelunternehmer kann die Prüfung der Sanierungsbedürftigkeit nicht auf die Wirtschaftslage des Unternehmens beschränkt werden, sondern muss die private Leistungsfähigkeit des Unternehmers einschl seines Privatvermögens einbeziehen, da eine Krise im privaten Bereich eine Unternehmenskrise verstärken kann; der Einzelunternehmer muss ggf Privatvermögen einsetzen (BFH BStBl 14, 572).

37 Der Stpfl kann sich nicht darauf berufen, es müsse ihm soviel belassen werden, dass er zur Absicherung einer bescheidenen Lebensführung eine *Versicherung* über sofort fällige Leibrentenbezüge begründen könne (BFH BStBl 82, 530). Wenn jedoch ein Stpfl trotz Überschreitens der normalen Altersgrenze mangels ausreichender *Altersversorgung* noch zu einer Erwerbstätigkeit gezwungen ist, so kann ein Erlass von Steuern aus Billigkeitsgründen geboten sein, um ihm nicht die erforderlichen Mittel für *zukunftssichernde Maßnahmen,* insbes zum Abschluss einer Rentenversicherung gegen Einmalprämie zu entziehen (BFH BStBl 87, 612; zum Erlass von KapESt zur Sicherung der Altersversorgung Nds FG EFG 18, 432). Trotz vorhandenen Vermögens kann ein Erlass der auf den *Betriebsaufgabegewinn* entfallenden Steuer aus persönlichen Billigkeitsgründen geboten sein, wenn der Stpfl auf das ihm verbliebene Vermögen für seinen Unterhalt angewiesen ist. Ihm ist dann soviel zu erlassen, dass er in der Lage bleibt, eine Versicherung über sofort fällige Leibrentenbezüge gegen eine Einmalprämie abzuschließen, und zwar in einer Höhe, die ihm eine bescheidene Lebensführung ermöglicht (BFH BStBl 81, 726). Ein Erlassanspruch soll nach BFH/NV 99, 1465 sogar bestehen, wenn sonst ein *angemessenes Eigenheim* nicht mehr gehalten werden könnte, sondern aufgegeben werden müsste (was sich schwer mit der sonstigen berechtigten Strenge des BFH vereinbaren lässt und durch das von BFH/NV 99, 1465 angeführte Sozialrecht nicht gerechtfertigt werden kann; zweifelnd offenbar auch BFH/NV 04, 466).

37a Zum Erlass der Rückforderung von **Kindergeld** bei Gewährung vom ALG II SächsFG 3 K 69/17 (Kg), Rev III R 31/17.

38 Nach Auffassung des BVerfG können bei einer Stundung, ähnlich wie bei anderen staatlichen Hilfsmaßnahmen zur Deckung des notwendigen Lebensbedarfs, für nicht getrennt lebende **Ehegatten** der Lebensbedarf und die zu seiner Deckung vorhandenen Mittel einheitlich berücksichtigt werden. Dies entspreche der familienrechtlichen Unterhaltsregelung, wonach Ehegatten verpflichtet sind, zu dem gemeinsamen Unterhalt beizutragen. Erlass und Stundung kommen daher erst dann in Betracht, wenn dies nach der Vermögenssituation beider Ehegatten angemessen ist (BVerfGE

12, 180, 190); dies gilt jedenfalls bei der *Zusammenveranlagung* (BVerfG BStBl I 61, 63). Der BFH ist dieser Betrachtungsweise gefolgt (HFR 64, 257; BStBl 82, 530; vgl BFH/NV 89, 411; 91, 430; FG Nds EFG 01, 341; anders jedoch BFH BStBl 73, 176). Leben Ehegatten getrennt, ist ebenso wie bei anderen Unterhaltsberechtigten auf den Umfang der Unterhaltspflicht des Stpfl abzustellen, der von den Einkommens- und Vermögensverhältnissen des Berechtigten (mit-)abhängt.

Der Tod des Stpfl ist an sich kein Grund für Billigkeitsmaßnahmen (BFH/NV 39 93, 455). Bei Inanspruchnahme für **Erblasserschulden** sind die Umstände des Erbantritts (freiwillige Übernahme von Schulden, die bei Ausschlagung des Nachlasses nicht angefallen wären; offensichtlich keine überwiegenden Vorteile durch Annahme der Erbschaft) jedoch in besonderem Maße zu berücksichtigen. Das bedeutet nicht, dass bei Vorliegen dieser besonderen Umstände die Ablehnung eines Erlasses stets ermessensfehlerhaft wäre. Wenn bei dem Stpfl bis zu seinem Tode kein Grund für einen Billigkeitserlass (wie etwa Überschuldung und Zahlungsunfähigkeit, BFH BStBl 84, 415) vorlag, kann dies auch nicht bei dem in die Rechtsposition des Erblassers einrückenden Erben der Fall sein. Der Erbe muss sich insbes entgegenhalten lassen, dass ein Sz auch bezweckt, eine Gegenleistung für das Hinausschieben der Zahlung zu sein. Es bleibt dem Erben allerdings unbenommen, den Erlass von Sz aus sachlichen, auf den Erblasser bezogenen Billigkeitsgründen geltend zu machen, wobei jeder Erbe für sich handelt; keine Vertretung der anderen durch ihn oder Beiladung (BFH BStBl 90, 360). Der Umstand, dass der Verspätungszuschlag mit dem Tode des Stpfl diesem ggü seine Wirkung als Druckmittel verliert, ist kein Grund für einen sachlichen Billigkeitserlass. Denn der Verspätungszuschlag knüpft an ein in der Vergangenheit liegendes schuldhaftes Verhalten des Stpfl an; er soll ua dem Ausgleich der aus der verspäteten Abgabe der StErklärung gezogenen Vorteile dienen (BFH/NV 93, 455).

Ein Erlass scheidet aus, wenn er dem Stpfl ohnehin nicht mehr helfen könnte 40 (BFH/NV 91, 171: **Insolvenz**) und sich auf seine wirtschaftliche Existenz mangels Durchsetzbarkeit des StAnspruchs nicht konkret auswirken würde (BFH/NV 97, 326), zB weil er ohnehin Pfändungsschutz genießen würde (BFH/NV 98, 1191; FG Nbg DStRE 01, 552) und sich mit Maßnahmen des Vollstreckungsschutzes gegen eine seine persönliche finanzielle Leistungsfähigkeit überfordernde Inanspruchnahme zur Wehr setzen könnte (BFH/NV 98, 683; einschränkend BFH BStBl 02, 176). Der Erlass muss *geeignet* sein, die Verhältnisse des Betriebs in absehbarer Zeit zu normalisieren (vgl BVerwGE 10, 191; BVerwG KStZ 69, 76, 77); eine Billigkeitsmaßnahme zum Zwecke der Sanierung eines Unternehmens will BFH/NV 99, 21 nur ausnahmsweise zulassen, etwa im Rahmen eines Gläubigerakkords. Wenn die wirtschaftliche Lage bereits aufgrund anderer Umstände so ungünstig war, dass der Stpfl überhaupt nicht in der Lage war, die StSchuld zu bezahlen, würde sich ein Billigkeitserlass für den Stpfl nicht auswirken und allenfalls seinen Gläubigern zugute kommen. Für diesen Fall bietet die in § 261 geregelte Niederschlagung das geeignete Instrument zur Regelung der Rechtsbeziehungen zwischen dem Stpfl und dem FA. Diese Vorschrift ginge ins Leere, wollte man schon allein an die wirtschaftliche Notlage ein Recht auf Billigkeitsmaßnahmen anknüpfen.

b) Erlasswürdigkeit. Beim Erlass aus persönlichen Gründen muss zur Erlass- 45 bedürftigkeit noch die Erlasswürdigkeit hinzukommen (zB BFH BStBl 61, 288; vgl BFH BStBl 91, 864; 90, 673; BFH/NV 91, 171; 90, 137; 89, 432; 87, 20; kritisch dazu mit dem Ergebnis einer abweichenden dogmatischen Einordnung *HHSp/von Groll* § 227 Rz 300); der Stpfl kann einen Erlass aus persönlichen Gründen nicht verlangen, wenn er sich selbst in vorwerfbarer Weise in eine Lage gebracht hat, aus der ihm auf Kosten des Fiskus herauszuhelfen er billigerweise nicht erwarten kann (Abwägungsentscheidung erforderlich). Die FinBeh ist sonst nur verpflichtet, bei etwaigen künftigen Vollstreckungsmaßnahmen der wirtschaftlichen Lage des Stpfl angemessen Rechnung zu tragen (BFH/NV 90, 137). Bei Prüfung der Erlasswürdigkeit ist eine *Gesamtwürdigung* des Verhaltens des Stpfl erforderlich (BFH/NV 94, 606); einzelne Pflichtverstöße machen nicht „unwürdig" (BFH/NV 93, 80). Ein Stpfl ist zB nicht erlasswürdig, wenn er durch *aufwändige Lebensführung* seine Notlage selbst verschuldet (BFH BStBl 58, 153). *Bestrafung* des Stpfl wegen StHinterziehung schließt Erlasswürdigkeit nicht in jedem Fall aus (BFH BStBl 61, 288), ebenso nicht eine *nachhaltige Nichterfüllung der steuerlichen Erklärungspflichten* (BFH/NV 93, 80). Erlasswürdigkeit ist aber uU zu verneinen, wenn seit Jahren keine StErklärungen abgegeben worden sind (BFH BStBl 58, 153; BFH/NV 90, 137, 138) oder ständig die Schonfrist ausgenutzt worden ist (FG Hbg EFG 00, 719 für den Erlass von Sz). Schuldhafte Herbeiführung einer wirtschaftl Notlage, zB durch zu hohe Entnahmen, ist idR schädlich (vgl BFH BStBl 64, 225), nicht jedoch riskantes wirtschaftliches Verhalten (*Koenig/Fritsch* § 227 Rz 39). Erlasswürdigkeit ist vor allem zu verneinen, wenn der Stpfl ohne zwingenden Grund aus persönlichen Erwägungen heraus von einer Erwerbstätigkeit absieht, die ihm möglich und zumutbar wäre (FG Bln EFG 81, 609), oder ein Beschäftigungsverhältnis grundlos kündigt (BFH/NV 97, 326) oder sein Einkommen und Zuwendungen Dritter in Vermögenswerten anlegt oder sein Vermögen verschwendet (BFH/NV 98, 683).

46 Trotz fehlender Erlasswürdigkeit kann ein Erlass ausnahmsweise geboten sein, wenn die Durchsetzung der StForderung **existenzvernichtend** sein kann. Es muss das Allgemeininteresse, festgesetzte Abgaben einzuziehen, gegen die Pflichtverletzung des Stpfl ausreichend abgewogen werden (BFH/NV 93, 80), wobei zB (jugendliches) Alter, Krankheit, Abhängigkeit von Dritten, Schicksalsschläge sowie unterdurchschnittliche Intelligenz oder eine aus sonstigen Gründen mangelnde persönliche Fähigkeit, steuerlichen Pflichten nachzukommen, zu berücksichtigen sein sollen.

47 **c) Einzelne Erlassgründe.** Bestandskräftig festgesetzte Steuern können im Billigkeitsverfahren nur dann nachgeprüft werden, wenn die **StFestsetzung offensichtlich und eindeutig unrichtig** ist und wenn es dem Steuerpflichtigen nicht möglich und nicht zumutbar war, sich gegen die Fehlerhaftigkeit rechtzeitig zu wehren. Mangelnde Zumutbarkeit in diesem Sinn liegt nicht schon dann vor, wenn die Einlegung von Rechtsbehelfen im Hinblick auf eine – später geänderte – höchstrichterliche Rechtsprechung oder wegen entschuldbarer Rechtsunkenntnis unterblieben ist (BFH BStBl 88, 512; 81, 611). Die Frage, ob des dem Stpfl möglich und zumutbar war, sich gegen die fehlerhafte StFestsetzung zu wehren, ist nicht identisch mit der Frage eines Verschuldens des Stpfl. Die Verschuldenszurechnung nach § 110 I 2 oder nach § 155 1 FGO iVm § 85 II ZPO ist daher kein geeigneter Maßstab für die Zurechnung des Verhaltens Dritter (BFH/NV 18, 221). Siehe näher § 163 Rz 66f. Die gutgläubige, aber zu vertretende Rücknahme einer Klage rechtfertigt keine sachliche Billigkeitsmaßnahme (BFH BStBl 17, 760).

47a War dem StSchuldner Vollstreckungsschutz nach § 258 gewährt (BFH BStBl 85, 489; 91, 864) oder hätte er gewährt werden müssen (BFH/NV 93, 510) oder ist **AdV** – obwohl an sich möglich und geboten – von der FinBeh versagt worden und hat das Rechtsmittel gegen die geltend gemachte StForderung dann endgültig Erfolg (BFH BStBl 91, 906), sollen Billigkeitsmaßnahmen in Betracht kommen.

47b Auch ein **Fehlverhalten** einer nicht mit der Verwaltung von Steuern befassten Behörde soll eine Billigkeitmaßnahme rechtfertigen können, wenn zB deren unzutreffende Auskunft dafür ursächlich ist, dass der Stpfl von einer gesetzlichen Möglichkeit der StFreiheit keinen Gebrauch gemacht hat (BFH/NV 12, 161, was ein Fall „sachlicher" Unbilligkeit sein soll). Dabei werden aber zumindest – was die Vertrauenswürdigkeit solcher Auskünfte angeht – strenge Maßstäbe anzulegen sein, zumal selbst eine Auskunft der StBehörde regelmäßig keine Bindungswirkung hätte, was nicht durch Billigkeitserwägungen unterlaufen werden darf. Bei der Verletzung von Informationspflichten seitens des **Stpfl** ist dessen Verursachungsbeitrag ggf gegen den der Familienkasse und des Sozialleistungsträgers abzuwägen (FG SchlHol NZFam 17, 971, Rev III R 19/17).

Grds Einschränkungen hinsichtlich der Erheblichkeit bestimmter Billigkeitserwägungen können sich aus **Eigenarten bestimmter Steuern** und deren Erhebung ergeben, vor allem bei auf unmittelbare Abwälzung angelegten Abgaben wie insbes der USt bzw bei einbehaltener LSt sowie den VerbrauchSt (zur StromSt bei wegen Zahlungsunfähigkeit des Kunden ausgefallener Stromentgelte BFH/NV 14, 748). Hat der Stpfl die Steuer auf andere abgewälzt (BFH BStBl 75, 727) oder kann er sie noch abwälzen oder hat er sie wie die LSt von den Ansprüchen Dritte einbehalten (offen BFH BStBl 99, 3), besteht kein Anlass für eine Billigkeitsmaßnahme. Nur bei Steuern, die ihren Grund in der Leistungsfähigkeit des Stpfl finden, kann die mangelnde Leistungsfähigkeit Grund für einen Erlass sein (BFH BStBl 75, 727 zur SchaumweinSt, jedoch ohne den Unterschied zwischen der Abwälzung solcher Abgaben und der nur mittelbaren Abwälzbarkeit von Abgaben herauszuarbeiten), was einen Erlass bei Verbrauchsteuern aber nicht völlig ausschließt. Denn sind aber solche Abgaben nicht (mehr) abwälzbar, ohne dass dies dem Stpfl anzulasten ist, kann auch bei ihnen ein Erlass wegen persönlicher Unbilligkeit in Betracht kommen (BFH BStBl 75, 727). 48

Eine durch atypische Kumulation von StErhebungstatbeständen eintretende **Übermaßbesteuerung** kann grds Erlassgrund sein. Begehrt jedoch ein Stpfl, der an mehreren Personengesellschaften beteiligt ist, einen Erlass, weil er übermäßig durch ESt- und GewSt belastet sei, so ist die bei den Personengesellschaften entstandene GeSt, die anteilig auf den Stpfl entfällt, einzubeziehen, es sei denn, die GewStBelastung ist darauf zurückzuführen, dass Gewinne und Verluste einzelner Gesellschaften für Zwecke der GewSt nicht saldiert werden können (BFH BStBl 17, 757). 48a

Der von BFH BStBl 17, 393 aus formellrechtlichen (Gesetzmäßigkeit der Verwaltung) für rechtswidrig erklärte sog **Sanierungserlass** (BMF 27.3.2003, BStBl I, 240; ergänzt BStBl I 10, 18) regelte die Voraussetzungen eines StErlasses zur Sanierung eines Unternehmens. Er verlangte Sanierungsbedürftigkeit, Sanierungsfähigkeit, Sanierungseignung der Stundung, Sanierungsabsicht und einen Sanierungsplan. Der Gesetzgeber hat inzwischen auf diese Rspr durch Einfügung des § 3a EStG, § 7b GewStG reagiert. Siehe dazu und zur Problematik von Übergangsregelungen für Altfälle vor dem 8.2.2017 (Vertrauensschutz?), die das Gesetz nicht erfasst, vgl § 169 Rz 45. 48b

Die Zahlung von Steuern kann nicht wegen Einwänden gegen ihre Verwendung aus **Gewissensgründen** abgelehnt werden (BFH BStBl 92, 303; bestätigt durch BVerfG HFR 93, 89; vgl auch BVerfGE 67, 26; BFH/NV 04, 311). 48c

Unionsrechtswidrige, aber nach Ausschöpfung des Rechtsweges rechtskräftig gewordene Entscheidungen können durch einen Erlass nicht korrigiert werden (BFH BStBl 16, 117; 11, 151; BFH/NV 08, 1889). 48d

5. Rücknahme und Widerruf des Erlasses. Die Rücknahme und der Widerruf des Erlasses richten sich nach den §§ 130, 131 (siehe auch § 163 Rz 115). Durch den Erlass erlischt die StSchuld; da ein Widerruf nach § 131 nur mit Wirkung für die Zukunft zulässig ist, kann durch einen Widerruf auch nicht der einmal wirksam gewordene Erlass wieder beseitigt werden. Daher ist ein Erlass unter Widerrufsvorbehalt nicht mit dem Wesen des Erlasses vereinbar. Auch ein vorläufiger Erlass ist nicht zulässig (BFH BStBl 72, 83). Infolgedessen kann auch die nachträgliche Verbesserung der Liquiditätslage des Stpfl nicht zu einer Aufhebung des Erlasses führen. Der Erlass kann aber ggf unter die auflösende Bedingung gestellt werden, dass sich die Vermögenslage des Stpfl nicht entscheidend verbessert. Sonst kommt eine Beseitigung des Erlasses nur in Form einer rückwirkenden Rücknahme nach § 130 II in Betracht, insbes dann, wenn der Stpfl den Erlass durch unlautere Mittel, wie arglistige Täuschung, Drohung oder Bestechung oder durch unvollständige oder unrichtige Angaben erwirkt hat (vgl BFH BStBl 75, 677). 49

51 **6. Verfahren und Zuständigkeit.** Ein **Antrag** auf Billigkeitserlass ist ebenso wenig wie bei § 163 erforderlich, jedoch üblich und ratsam, insbes um zugleich die für persönliche Billigkeitsgründe maßgeblichen Tatsachen vorzutragen. Die FinBeh hat jedoch von Amts wegen über die gebotenen Billigkeitsmaßnahmen zu entscheiden und sollte nicht auf einen Antrag des Stpfl warten, wenn die Billigkeitsgründe offen zu Tage liegen, woran es freilich bei persönlicher Unbilligkeit oft fehlen wird. Es besteht aber bei persönlichen Billigkeitsgründen eine gesteigerte Mitwirkungspflicht des Stpfl; dieser muss insbes auf Anforderung seine Einkommens- und Vermögensverhältnisse substantiiert darlegen (BFH/NV 01, 882; 96, 565; 91, 171; 89, 462; 88, 328). Ggf muss zunächst Stundung gewährt werden.

Billigkeitsmaßnahmen können auch nicht nach § 164 unter Vorbehalt der Nachprüfung gestellt oder nach § 165 vorläufig erlassen werden; denn auch dies wäre mit ihrer Rechtsfolge (Erlöschen der StSchuld) wesensmäßig unvereinbar.

52 Für die von ihnen verwalteten Steuern haben die Länder in gleich lautenden Erlasse der obersten FinBeh Regelungen getroffen, siehe § 163 Rz 130; bei ESt, KSt, SolZ, USt über 200.000 € Zustimmung des BMF erforderlich (BStBl I 03, 401). Zu den Besonderheiten im Insolvenzverfahren Bartone AO-StB 05, 155. Soweit die KiSt von den LandesFinBeh verwaltet werden, steht diesen auch die Befugnis zur Stundung und zum Erlass zu. Unabhängig davon können aber auch die Kirchen selbst Erlass bewilligen. IÜ regelt sich die Frage nach den KiStGesetzen der Länder. Für den Erlass von KiSt sind idR die FÄ zuständig, soweit sie zugleich auch ESt erlassen. Festgesetzte GewSt ist ggf von der Gemeinde zu erlassen, ebenso GrSt.

55 **7. Rechtsschutz.** Wegen des Rechtsschutzes siehe auch § 163 Rz 138f.

Hat der Stpfl seine Mitwirkungspflicht bei Aufklärung des Sachverhalts verletzt, so führt neues tatsächliches Vorbringen im Klageverfahren nur dann zur Aufhebung der den Erlassantrag ablehnenden Rechtsbehelfsentscheidung (und Verpflichtung zu erneuter Bescheidung, BFH/NV 02, 889), wenn sich der neu vorgetragene Sachverhalt der FinBeh hätte aufdrängen müssen (BFH/NV 01, 882). Ein Erlass durch Entscheidung des FG kommt in keinem Falle in Betracht (BFH BStBl 97, 259), allenfalls (ausnahmsweise) eine Verpflichtung der FinBeh zum Erlass, sofern der Ermessensspielraum im konkreten Fall auf „Null" eingeengt ist (was angesichts der vornehmlich in der Subsumtion unter den Rechtsbegriff Billigkeit liegenden Problematik solcher Entscheidungen allerdings häufig sein wird). Das Gericht hat auch nicht darüber zu befinden, ob die FinBeh auch bei Kenntnis des richtigen Sachverhalts ebenso entschieden hätte, weil es damit eine eigene Ermessensentscheidung träfe; anders jedoch ausnahmsweise, wenn Billigkeitsgründe (unbestimmter Rechtsbegriff) nicht vorliegen und daher von vornherein kein Raum für eine Ermessensbetätigung gegeben ist. Die FinBeh kann auch die erforderlichen Ermessenserwägungen nicht im finanzgerichtlichen Verfahren nachholen und die Begründung der Ermessensentscheidung gleichsam nachschieben oder auswechseln, vgl auch § 126 I Nr 2, II (BFH BStBl 91, 545; FG BaWü EFG 78, 474; siehe auch § 5 Rz 13). Die Ermessenserwägungen können aber „ergänzt" werden (§ 102 S 2 FGO). Die nach der letzten VerwEntscheidung eingetretene Veränderung der tatsächlichen Verhältnisse kann aber nur die Grundlage für einen neuen Erlassantrag sein (BFH/NV 94, 562).

56 Die Anfechtung des StBescheids erledigt sich wegen Fortfall des Rechtsschutzbedürfnisses, wenn die festgesetzte Steuer nach § 227 erlassen wird (BFH/NV 87, 205).

57 Eine vorläufige Verpflichtung zum Erlass im Wege der einstweiligen Anordnung kommt nicht in Betracht (FG Hbg DStRE 02, 442). Aus einem im Hauptsacheverfahren verfolgten Begehren auf Erlass kann sich jedoch ein die vorläufige Einstellung der Zwangsvollstreckung rechtfertigender Anordnungsanspruch ergeben, wenn für eine dem Antragsteller günstige Ermessensentscheidung eine hinreichende Wahrscheinlichkeit besteht (BFH/NV 92, 42). AdV könnte hingegen gegen

Rücknahme oder Widerruf einer Billigkeitsentscheidung gewährt werden (vgl BFH BStBl 68, 743).

3. Unterabschnitt. Zahlungsverjährung

§ 228 Gegenstand der Verjährung, Verjährungsfrist

[1] Ansprüche aus dem Steuerschuldverhältnis unterliegen einer besonderen Zahlungsverjährung. [2] Die Verjährungsfrist beträgt fünf Jahre, in Fällen der §§ 370, 373 oder 374 zehn Jahre.

Satz 2 geändert durch durch StUmgBG v 23.6.17, BGBl I 1682.

Schrifttum: *Hein* Zahlungsverjährung von Erstattungsansprüchen, die auf Zahlungen auf Grund nichtiger StBescheide beruhen, DStZ 96, 609.

Übersicht

1. Inhalt. Die AO unterscheidet zwischen der Festsetzungsverjährung (vgl §§ 169–171), dh der Verjährung des noch nicht festgesetzten abstrakten StAnspruchs, und der sog Zahlungsverjährung, dh der Verjährung des festgesetzten, auf Zahlung gerichteten Anspruchs. Sowohl die Festsetzungsverjährung als auch die Zahlungsverjährung beziehen sich auf Ansprüche des StGläubigers *und* des StSchuldners. Zu den Wirkungen der Zahlungsverjährung und deren Sinn und Zweck siehe § 232. 1

§ 53 II VwVfG, der insofern vergleichbar ist, sieht für Ansprüche aus unanfechtbaren VA die dreißigjährige Verjährungsfrist des § 197 I Nr 3 BGB vor; warum die AO hiervon beträchtlich abweicht, ist nicht recht erkennbar (vgl aber BT-Drs VI/1982, 170). 2

Für jeden steuerlichen Anspruch läuft eine eigene Zahlungsverjährungsfrist. Die Zahlungsverjährung der StForderung erstreckt sich daher nicht auf die Sz (BFH/NV 05, 492). Ist für festgesetzte Vorauszahlungen bereits die Zahlungsverjährung eingetreten, bevor die endgültig zu zahlende Steuer festgesetzt worden und damit die Abschlusszahlung fällig geworden ist, wird durch den JahresStBescheid die Verjährung nicht nur hinsichtlich des durch die (ausgebliebenen) Vorauszahlungen nicht abgedeckten Betrags in Gang gesetzt. Die abgelaufene Verjährungsfrist hinsichtlich der Vorauszahlungsbeträge steht einer späteren StFestsetzung nicht entgegen, welche vielmehr die Vorauszahlungsfestsetzungen erledigt (§ 124 II) und eine im Verhältnis zur Vorauszahlungsschuld neue stl Forderung begründet, für welche eine neue Zahlungsverjährungsfrist läuft (BFH BStBl 13, 3). 3

2. Dauer der Zahlungsverjährung. Die Frist beträgt im Allgem fünf Jahre. Sie hängt – anders als die Dauer der Festsetzungsverjährung – nicht davon ab, um welche Steuer es sich handelt. Für hinterzogene Steuern und in Fällen der Steuerhehlerei beträgt sie jetzt jedoch ebenso wie die Festsetzungsfrist 10 Jahre. Diese Verlängerung der Frist auf 10 Jahre hat besondere Bedeutung in den Fällen, in denen aufgrund unzutreffender oder unvollständiger Angaben KapESt zu Unrecht auf die KSt angerechnet worden ist und die zugrunde liegenden Einnahmen gem § 8b KStG keine Auswirkung auf die Höhe der festgesetzten Steuer haben. In diesen Fällen war es nach bisherigem Recht möglich, dass die (fünfjährige) Zahlungsverjährungsfrist vor der nach § 169 II 2 auf zehn Jahre verlängerten Festsetzungsfrist endete (BT-Drs 18/11132). 4

Ferner wollte der Gesetzgeber mit der Fristverlängerung auf 10 Jahre eine Situation ausschließen, in der wegen einer vom Stpfl begangenen StStraftat eine Rest- 4a schuldbefreiung hinsichtl der StSchuld zwar gem § 302 Nr 1 InsO nicht eintritt, der StAnspruch jedoch durch Verjährung erlischt (§ 47), weil die von jener Vorschrift vorausgesetzte rechtskräftige Verurteilung erst nach Ablauf der Zahlungsverjährungsfrist erfolgt.

5 Zahlungsverjährung tritt auch für Ansprüche ein, die keiner Festsetzungsverjährung unterliegen, insbes für Sz (§ 240), oder für reine Erstattungsansprüche, etwa bei rechtsgrundloser Zahlung (vgl zB BStBl II 02, 447).

6 § 228 ist auch auf vom **UZK** erfasste Ein- und Ausfuhrabgaben anwendbar (*Gellert* Zollkodex und Abgabenordnung, S 201; *Witte* ZK Art 233 Rz 5; *BG/Kögel* § 228 Rz 8), obgleich der UZK eine vergleichbare Frist nicht kennt und auch nicht ausdrücklich den Mitgliedstaaten vorbehält, eine solche vorzusehen; es kann aber nicht angenommen werden, dass die Durchsetzung buchmäßig erfasster Abgaben des Unionsrechts wegen zeitlich unbegrenzt zulässig sein muss.

7 Auch bei Ansprüchen aus dem StSchuldverhältnis, die zur **Insolvenztabelle** festgestellt worden sind, richtet sich die Zahlungsverjährung nach der AO (BFH BStBl 88, 865); denn die StForderung verliert mit ihrer Anmeldung und Feststellung nicht ihre Eigenschaft als öff-rechtl StForderung, sondern wird nur hinsichtlich ihrer Durchsetzung einem besonderen Verfahren eingegliedert.

8 Bei der **zwischenstaatlichen Amtshilfe** im Erhebungsverfahren richten sich die Verjährungsfragen ausschl nach dem Recht des Staates, in dem die ersuchende Behörde ihren Sitz hat.

9 Aus welchem Grunde der Anspruch ggf nicht innerhalb der Verjährungsfrist geltend gemacht worden ist, hat für den Eintritt der Zahlungsverjährung keine Bedeutung; Zahlungsverjährung tritt auch ein, wenn Stpfl und die FinBeh irrtümlich eine vorherige StFestsetzung/Erstattungsfestsetzung für erforderlich gehalten haben (vgl *Hein* DStZ 96, 609) oder **keine Kenntnis vom Bestehen ihres Zahlungsanspruchs** hatten (vgl BFH BStBl 12, 220). Wird nach Entstehen des materiellrechtlichen StAnspruchs die Steuer zu niedrig festgesetzt, aber in an sich richtiger Höhe bezahlt, und wird der durch diese Überzahlung ausgelöste Erstattungsanspruch nicht geltend gemacht, ist die Überzahlung auf eine spätere Festsetzung des betr StAnspruches ungeachtet der Frist des § 228 anzurechnen; der Anspruch aus dem StSchuldverhältnis ist nicht in einzelne StZahlungs- und Erstattungsansprüche aufzuspalten, die unterschiedlichen Verjährungsfristen unterliegen (BFHE 179, 556).

10 Zur Frage, ob dem Stpfl die Berufung auf Verjährung des gegen ihn gerichteten StAnspruches nach Treu und Glauben versagt ist, weil er sich entgegenhalten lassen muss, durch Nichtzahlung nach AdV-Antrag habe er bei der FinBeh die Vorstellung erweckt, deren (ihm in Wahrheit nicht zugegangene) AdV-Verfügung erhalten zu haben, verneinend BFH/NV 96, 865 und 04, 1057 (wo diese Frage zu Unrecht nach Verwirkungsgrundsätzen entschieden wird, obwohl der Stpfl nicht Rechtsinhaber ist).

13 **3. Verwirkung von Steueransprüchen.** Eine Verwirkung innerhalb noch laufender Verjährungsfrist kann allenfalls unter außergewöhnlichen Umständen angenommen werden (st Rspr des BFH, vgl BFH BStBl 84, 780; BFHE 88, 42; BFH/NV 93, 454; siehe näher § 4 Rz 21). Ein bloßes Untätigbleiben der FinBeh genügt nicht, denn die zeitliche Grenze für die Festsetzung eines StAnspruchs hat der Gesetzgeber in den Vorschriften über die Verjährung festgelegt (BFH BStBl 84, 697; BFH/NV 86, 679). Das gilt auch für Sz (BFH/NV 05, 492). Neben dem bloßen Zeitmoment ist ein von der FinBeh geschaffener *Vertrauenstatbestand* erforderlich, dessentwegen der Stpfl bei objektiver Beurteilung darauf vertrauen durfte, nicht mehr in Anspruch genommen zu werden, und dessentwegen er auch tatsächlich auf die Nichtgeltendmachung des Anspruchs vertraut und sich hierauf eingerichtet hat *(Vertrauensfolge)*. Art 6 EMRK dürfte an der Berechtigung dieser Rspr nichts ändern (vgl BFH/NV 11, 2011; zweifelnd jedoch FG RhPf EFG 11, 757;

offen BFH BStBl 14, 925); abgesehen von der Unanwendbarkeit dieser Vorschrift im stl Verfahren gewährleistet sie nicht, dass öffentl-rechtl Ansprüche in angemessener Zeit geltend gemacht und sonst fallen gelassen werden.

§ 229 Beginn der Verjährung

(1) [1]**Die Verjährung beginnt mit Ablauf des Kalenderjahrs, in dem der Anspruch erstmals fällig geworden ist.** [2]**Sie beginnt jedoch nicht vor Ablauf des Kalenderjahrs, in dem die Festsetzung eines Anspruchs aus dem Steuerschuldverhältnis, ihre Aufhebung, Änderung oder Berichtigung nach § 129 wirksam geworden ist, aus der sich der Anspruch ergibt; eine Steueranmeldung steht einer Steuerfestsetzung gleich.**

(2) **Ist ein Haftungsbescheid ohne Zahlungsaufforderung ergangen, so beginnt die Verjährung mit Ablauf des Kalenderjahrs, in dem der Haftungsbescheid wirksam geworden ist.**

1. Inhalt. Die Zahlungsverjährung beginnt nach Abs 1 S 1 grds mit Ablauf des 1
Kj, in dem der Anspruch erstmals fällig geworden ist. Von dieser Grundregel macht Satz 2 eine Ausnahme für die Fälle, in denen der Erlass eines StBescheids Voraussetzung für die Durchsetzbarkeit des betr Anspruches ist. So beginnt die Frist für den Rückforderungsanspruch nach Aufhebung eines Festsetzungsbescheides erst mit deren Bekanntgabe (FG SchlHol EFG 17, 1853); anders bei Rückforderung rechtsgrundlos geleisteter Zahlungen (BFH/NV 98, 1455). Da der Anspruch bei den sog FälligkeitsSt (vgl § 220 Rz 4f) ungeachtet dessen fällig wird, ob die Steuer angemeldet oder festgesetzt worden ist, die StAnmeldung oder StFestsetzung aber erst die Voraussetzung für die Durchsetzung des Anspruchs schafft, könnte der Stpfl die für die Erhebung der Steuer von der FinBeh nutzbare Zeitspanne durch späte Abgabe der Anmeldung/Erklärung verkürzen. Um dies zu verhindern, bestimmt **Absatz 1 Satz 2,** dass die Verjährung auch bei früherer Fälligkeit des Anspruchs nicht vor Ablauf des Kj beginnt, in dem die StFestsetzung, die Aufhebung oder Änderung der StFestsetzung oder die StAnmeldung wirksam geworden ist, aus der sich der Anspruch ergibt.

2. Verjährung ab Fälligkeit (Absatz 1 Satz 1). Die Zahlungsverjährungsfrist 3
knüpft, bei Ansprüchen die keiner Festsetzung bedürfen, an deren Fälligkeit an (Fristlauf ab dem Ende des Jahres). Diese fällt oftmals mit dem Entstehen der Ansprüche zusammen, weil das Einzelsteuergesetz keine spezielle Fälligkeitsregelung enthält und die FinBeh auch nicht im Einzelfall eine solche getroffen, zB eine Zahlungsfrist ausdrückl eingeräumt hat (siehe § 220 II 1). So ist es insbes beim Anspruch der FinBeh auf Sz, aber auch bei der Rückforderung rechtsgrundlosen Zahlungen der FinBeh (§ 37 II) (BFH BStBl 92, 713; siehe auch BFH/NV 92, 94 zum Fall der Aufhebung eines stattgebenden FG-Urteils) oder wenn eine Erstattung auf einer Anrechnungsverfügung über tatsächlich weder angemeldete noch abgeführte LSt beruht (BFH BStBl 12, 220; näher § 232 Rz 3). Aufseiten des Stpfl gilt diese Fälligkeitsregelung ebenfalls bei reinen Erstattungsansprüchen (zB bei Zahlung auf nichtigen StBescheid, BFH/NV 97, 10; 98, 1455, und zwar ungeachtet dessen, ob die Nichtigkeit vor Ablauf der Frist erkannt wird, BFH/NV 13, 1378; Doppelzahlung -anders aber für den Fall der Zahlung aufgrund doppelter *Festsetzung* BFH BStBl 14, 840: Beginn der Frist erst mit Aufhebung des Festsetzungsbescheids) –; Zahlung nach Eintritt der Verjährung, Zahlung auf einen nichtigen StBescheid (vgl BFH/NV BFH/NV 13, 1378) oder aufgrund einer „StAnmeldung", die mangels gesetzl Anmeldepflicht keine Festsetzungswirkung hat (BFH BStBl 02, 447; vgl auch BFH/NV 09, 1404 für Rückforderung von Eigenheimzulage). Bei Erstattungsansprüchen des Stpfl hingegen, die sich aus der Änderung einer StFestsetzung oder Festsetzung einer StVergütung ergeben, tritt die

Fälligkeit nicht vor Bekanntgabe der Festsetzung ein (BFH BStBl 76, 438; 13, 3), dh die Verjährung beginnt mit Ablauf des Kj, in dem der StBescheid bekannt gegeben ist (es sei denn, der Anspruch ist bereits *vor Eintritt der Fälligkeit* gestundet, die Fälligkeit also hinausgeschoben worden; bei späterer Stundung, AdV und Zahlungsaufschub s § 231).

3a Zum Erstattungsanspruch des Stpfl bei wechselnder Inanspruchnahme desselben und einer angeblich von ihm begründeten GbR BFH BStBl 13, 3.

5 Durch Abs 1 Satz 2 ist klargestellt, dass der bei **Änderung des StBescheids** spätere Beginn der Verjährungsfrist auch bei der Berichtigung offenbarer Unrichtigkeiten (§ 129) eingreift. Auch bei Aufhebung eines StBescheids und dadurch ausgelöstem Erstattungsanspruch beginnt die Zahlungsverjährung erst mit dem Ende des Jahres, in dem der festgesetzte Erstattungsanspruch fällig geworden ist. Hat die Änderung der StFestsetzung wegen § 36 II EStG zur Folge, dass sich die Beträge anzurechnender Abzugsteuern ändern, so kann diese Änderung, die materiell-rechtl gem § 131 II Nr 3 zuzulassen ist, bis zum Ablauf der erst durch den Erlass des ändernden StBescheids in Lauf gesetzten Zahlungsverjährungsfrist durch Änderung der Anrechnungsverfügung bzw einen Abrechnungsbescheid (§ 218 II) umgesetzt werden (BFH BStBl 16, 115). Das gilt selbstredend auch bei gesonderter Feststellung der Besteuerungsgrundlagen und der Abzugsbeträge/KöSt gem § 180 V Nr 2; jedoch dürfte die Zahlungsverjährungsfrist in diesem Fall erst mit dem Erlass des gem § 175 I 1 Nr 1 gebotenen (Frist: § 171 X) StBescheids zu laufen beginnen.

5a Ein geänderter StBescheid setzt eine Zahlungsverjährungsfrist nur insoweit neu in Lauf, wie die Änderung reicht bzw sich auf die gem § 36 II EStG anzurechnenden Beträge auswirkt; aus dem abschließenden obiter dictum in BFH BStBl 97, 112, der einheitliche Anspruch aus dem StSchuldverhältnis könne bei mehrfach geänderter StFestsetzung nicht in unterschiedliche Zahlungs- und Erstattungsansprüche aufgespalten werden, die unterschiedlichen Verjährungsfristen unterliegen, ist nichts anderes zu entnehmen. Geboten ist nach dieser Entscheidung lediglich, Überzahlungen Tilgungswirkung hinsichtlich der materiell-rechtl entstandenen, aber noch nicht festgesetzten Steuer beizumessen, statt ihretwegen einen (uU zahlungsverjährten) Erstattungsanspruch anzunehmen.

6 Wird eine StFestsetzung **durch das FG aufgehoben** oder geändert, beginnt die Verjährung des Erstattungsanspruchs erst mit Ablauf des Kj, in dem das Urteil rechtskräftig geworden ist.

7 Bei Ansprüchen, die zur **Insolvenztabelle** festgestellt worden sind, beginnt die 5-Jahres-Frist mit der Beendigung des Insolvenzverfahrens, weil sie während dessen Dauer unterbrochen ist (BFH BStBl 88, 865).

8 **3. Verjährung bei der ESt.** Unbeschadet des § 36 IV EStG, der den BFH ursprünglich zu einer anderen, differenzierenden Betrachtung verleitet hatte (BFH BStBl 01, 133, überholt), wird die Zahlungsverjährungsfrist durch die Bekanntgabe der EStFestsetzung in Lauf gesetzt (aA *HHSp/Heuermann* § 229 Rz 2: Verjährung der einzelnen angerechneten Ansprüche maßgeblich), unabhängig davon, ob eine Abschlusszahlung oder infolge von Anrechnungen ein Erstattungsbetrag ausgewiesen ist (BFH BStBl 10, 382; BFH/NV 11, 750; vgl schon BFH BStBl 08, 504: keine StAnrechnung nach Fristablauf, und BFH BStBl 01, 133).

9 **4. Verjährung bei angemeldeten Steuern.** Bei StAnmeldungen, die zu einer Zahllast des Stpfl führen, beginnt die Zahlungsverjährung mit Ablauf des Kj, in dem die Anmeldung eingereicht worden ist, denn die Anmeldung steht einer StFestsetzung unter Vorbehalt der Nachprüfung gleich, vgl § 168. Führt die Anmeldung zu einer StErstattung oder Vergütung, ist für den Beginn der Zahlungsverjährung der Zeitpunkt der Zustimmung der FinBeh maßgebend.

10 **5. Zahlungsverjährung bei Haftungsbescheiden (Absatz 2).** Haftungsbescheide können ergehen, ohne dass der Haftungsschuldner gleichzeitig zur Zah-

lung aufgefordert wird, vgl §§ 191, 219. Dies kann zB notwendig sein, wenn der Ablauf der Festsetzungsfrist ggü dem Haftenden droht, die Voraussetzungen für die Inanspruchnahme des Haftenden auf Zahlung nach § 219 aber (ausnahmsweise) noch nicht vorliegen. Nach der Regelung des Abs 1 würde die Verjährung uU über Gebühr hinausgeschoben und erst mit der Zahlungsaufforderung ggü dem Haftungsschuldner beginnen. Die Zahlungsverjährung ggü dem Haftenden soll daher in diesen Fällen mit Ablauf des Kj beginnen, in dem der Haftungsbescheid wirksam geworden ist. Enthält der Haftungsbescheid (wie regelmäßig) sogleich auch eine Zahlungsaufforderung, ist für den Beginn der Verjährung dagegen der Abs 1 maßgebend. Von der Zahlungsverjährung für die betr Steuer ist die Verjährung des Haftungsanspruchs unabhängig, sofern die Haftungsschuld rechtzeitig (vgl insbes § 191 V) festgesetzt worden ist (BFH BStBl 02, 267).

§ 230 Hemmung der Verjährung

Die Verjährung ist gehemmt, solange der Anspruch wegen höherer Gewalt innerhalb der letzten sechs Monate der Verjährungsfrist nicht verfolgt werden kann.

1. Inhalt. Die Verjährung ist gehemmt, solange der Anspruch wegen höherer Gewalt innerhalb der letzten sechs Monate der Verjährungsfrist nicht verfolgt werden konnte; davor liegende Hindernisse sind ohne Bedeutung. Die Verjährungsfrist wird um den Ruhenszeitraum verlängert. Die Verlängerungszeit kann höchstens sechs Monate betragen und beginnt zu laufen, sobald das Verfolgungshindernis weggefallen ist. 1

2. Begriff der höheren Gewalt. Siehe schon § 171 Rz 5 ff. Unter höherer Gewalt sind alle („von außen kommenden") Ereignisse zu verstehen, die es bei Anwendung der äußersten den Umständen nach zu erwartenden Sorgfalt nicht zulassen, dass der Anspruch verfolgt wird (BFH BStBl 15, 709; 93, 818; 90, 177; 89, 196; BVerfGK 12, 303). Geringstes eigenes Verschulden schließt höhere Gewalt aus (BFH BStBl 93, 818), subjektive Kriterien bei der Bestimmung des Sorgfaltmaßstabes sind aber zu berücksichtigen (BVerwGE 105, 288). Beispiele für höhere Gewalt: plötzlich auftretende Krankheit, ohne dass Möglichkeit zur Vorsorge bestand, Krieg, Naturkatastrophen und andere unabwendbare Zufälle. Unkenntnis des FA von einem StAnspruch gehört nicht dazu, selbst wenn sie auf einem Vorfall *beruht*, der als höhere Gewalt angesehen werden kann (BFH BStBl 93, 818: Brand im FA; vgl auch BFH BStBl 14, 46 zum Rechtsirrtum). 2

§ 231 Unterbrechung der Verjährung

(1) [1]**Die Verjährung eines Anspruchs wird unterbrochen durch**

1. **Zahlungsaufschub, Stundung, Aussetzung der Vollziehung, Aussetzung der Verpflichtung des Zollschuldners zur Abgabenentrichtung oder Vollstreckungsaufschub,**
2. **Sicherheitsleistung,**
3. **eine Vollstreckungsmaßnahme,**
4. **Anmeldung im Insolvenzverfahren,**
5. **Eintritt des Vollstreckungsverbots nach § 294 Absatz 1 der Insolvenzordnung,**
6. **Aufnahme in einen Insolvenzplan oder einen gerichtlichen Schuldenbereinigungsplan,**
7. **Ermittlungen der Finanzbehörde nach dem Wohnsitz oder dem Aufenthaltsort des Zahlungspflichtigen und**
8. **schriftliche Geltendmachung des Anspruchs.**

[2]**§ 169 Abs. 1 Satz 3 gilt sinngemäß.**

(2) [1]**Die Unterbrechung der Verjährung dauert fort**
1. in den Fällen des Absatzes 1 Satz 1 Nummer 1 bis zum Ablauf der Maßnahme,
2. im Fall des Absatzes 1 Satz 1 Nummer 2 bis zum Erlöschen der Sicherheit,
3. im Fall des Absatzes 1 Satz 1 Nummer 3 bis zum Erlöschen des Pfändungspfandrechts, der Zwangshypothek oder des sonstigen Vorzugsrechts auf Befriedigung,
4. im Fall des Absatzes 1 Satz 1 Nummer 4 bis zur Beendigung des Insolvenzverfahrens,
5. im Fall des Absatzes 1 Satz 1 Nummer 5 bis zum Wegfall des Vollstreckungsverbots nach § 294 Absatz 1 der Insolvenzordnung,
6. in den Fällen des Absatzes 1 Satz 1 Nummer 6, bis der Insolvenzplan oder der gerichtliche Schuldenbereinigungsplan erfüllt oder hinfällig wird.
[2]**Wird gegen die Finanzbehörde ein Anspruch geltend gemacht, so endet die hierdurch eingetretene Unterbrechung der Verjährung nicht, bevor über den Anspruch rechtskräftig entschieden worden ist.**

(3) **Mit Ablauf des Kalenderjahrs, in dem die Unterbrechung geendet hat, beginnt eine neue Verjährungsfrist.**

(4) **Die Verjährung wird nur in Höhe des Betrags unterbrochen, auf den sich die Unterbrechungshandlung bezieht.**

Abs 1 Satz 1 und Abs 2 Satz 1 neu gefasst durch StUmgBG v 23.6.17, BGBl I 1682.

Schrifttum: *Bolz* Unterbrechung der Zahlungsverjährung, AktStR 00, 247; *Hartmann* Die Unterbrechung der Zahlungsverjährung durch Vollstreckungsmaßnahmen gem § 231 AO, BB 14, 2397.

Übersicht

1 **1. Inhalt.** Die Vorschrift regelt die Unterbrechung der Zahlungsverjährung, dh Tatbestände, bei deren Eintritt mit Ablauf des Kalenderjahrs eine *neue* fünfjährige Verjährungsfrist beginnt (Abs 3). Abs 1 S 1 zählt die einzelnen Unterbrechungstatbestände abschließend auf. Sie können sowohl VA als auch Realakte sein, müssen aber nach außen wirken; rein innerdienstl Maßnahmen unterbrechen nicht (BFH BStBl 09, 575; 97, 8; 91, 742). Der StSchuldner musss von der betr Maßnahme aber nicht notwendigerweise erfahren; erforderlich ist allein, dass die FinBeh den Entschluss fasst, ihren Zahlungsanspruch durchzusetzen, und dies über den rein innerdienstlichen Bereich hinaus nach außen hin sichtbar wird.

1a Es gibt Tatbestände, die auf eine punktuelle Unterbrechung durch eine bestimmte Handlung angelegt sind (Wohnsitzermittlung, nicht zu Pfandrechten uä führende Vollstreckungsmaßnahmen, schriftliche Geltendmachung des Anspruchs); bei ihnen beginnt mit dem Folgejahr eine neue Verjährungsfrist. Unterbrechungstatbestände, die auf eine Unterbrechung für eine bestimmte oder unbestimmte Dauer angelegt sind, wie AdV, Stundung und Sicherheitsleistung, lassen eine neue Verjährungsfrist erst mit Ablauf des Jahres beginnen, in dem ihre Wirkung geendet hat.

Die Unterbrechungswirkung steht nicht zur Disposition der Beteiligten; auf sie kann nicht „verzichtet" werden oder die Wirkung durch einen actus contrarius sonst beseitigt werden (BFH BStBl 09, 575, auch zu der – zu verneinenden – Frage, ob diese Wirkung durch einen öff-rechtl Vertrag herbeigeführt werden könnte). 1b

2. Wirksamkeitsvoraussetzungen der Unterbrechungshandlungen. Wird die Verjährung durch einen VA unterbrochen, muss dieser, um die Unterbrechungswirkung dauerhaft herbeizuführen, nach hM wirksam sein und bleiben; er soll also insbes nicht auf Rechtsbehelf aufgehoben werden dürfen (anders noch BFH BStBl 60, 29 und 75, 460). Folglich unterbrächen Handlungen, die einen VA darstellen, nicht, wenn sie ggü nicht Handlungsfähigen (§ 79) ergingen, ebenso wenig wie nichtige VA (BFH BStBl 99, 749). Das ist freilich weniger eindeutig als die allgM vermuten lässt; denn die Nichtigkeitsfolge bezieht sich gemeinhin auf die Rechtsfolgeanordnung eines VA, während die Wirkung der Verjährungsunterbrechung zweifellos keine „Anordnung" des VA, sondern als gesetzliche Folge des Ergehens eines VA anzusehen ist, mithin weder von der Wirksamkeit seiner Rechtsfolgeanordnung noch davon abhängig sein dürfte, dass er nicht später aufgehoben wird (zweifelnd in jeder dieser Hinsichten jetzt anscheinend auch BFH BStBl 11, 331 mit Hinweis auf BFH BStBl 76, 510). Jedenfalls ist zu berücksichtigen, dass in einem (rechtswidrigen und deshalb später aufgehobenen oder von Anfang an nichtigen) VA ein Realakt *enthalten* sein kann, der seine verjährungsunterbrechende Wirkung auch dann entfalten würde, wenn man vorgenannter allgM folgen müsste; so enthält etwa eine Aufforderung zur Abgabe der eidesstattlichen Versicherung (§ 284) sinngemäß eine Zahlungsaufforderung, die unterbricht, auch wenn jene Aufforderung (VA) nichtig ist oder aufgehoben wird (BFH BStBl 11, 331 mit krit Anm *Felten* BB 10, 2418). 2

Bei Unterbrechungsmaßnahmen, die nicht ggü dem Vollstreckungsschuldner vorzunehmen sind, zB bei einer Wohnsitzanfrage, aber auch einer Pfändungsverfügung, die gegen einen Dritten gerichtet ist, ist Handlungsfähigkeit des Schuldners hingegen allemal *nicht* erforderlich (BFH BStBl 09, 714; 07, 291, 388); ebensowenig, dass der Vollstreckungsschuldner von ihr erfährt (BFH/NV 15, 4 für die Wohnsitzanfrage beim Einwohnermeldeamt, offen für einen Zugriff auf Datenbanken der FinVerw). 2a

Zuständigkeitsmängel hindern die Unterbrechungswirkung nicht, sofern sie nicht (ausnahmsweise) zur Nichtigkeit des VA (siehe aber Rz 2), der unterbrechen soll, führen; denn § 231 verlangt anders als § 169 (dazu BFH BStBl 02, 406) kein Handeln der *zuständigen* FinBeh. 2b

Die Unterbrechungshandlungen, die ggü einem Adressaten vorzunehmen sind, müssen *wirksam* **bekannt gegeben** werden (BFH BStBl 03, 933 für die Zahlungsaufforderung; 99, 749 für AdV; BFH/NV 96, 865; 90, 44; BFHE 182, 262), aber nicht notwendigerweise in Schriftform (FG RhPf EFG 12, 1005). Die Zahlungsverjährung wird folglich dann nicht unterbrochen, wenn die FinBeh eine Zahlungsaufforderung an eine Adresse des Stpfl richtet, an der dieser nicht mehr wohnt (BFH/NV 95, 943) oder an einen nicht mehr existenten StSchuldner (BFH/NV 91, 790: keine Unterbrechung ggü dem Gesamtrechtsnachfolger); ebenso wenig unterbricht die Zahlungsaufforderung an den Gesellschafter einer nicht mehr existierenden GbR die Zahlungsverjährung ggü der GbR als StSchuldnerin (FG Ddorf EFG 01, 547). Die Unterbrechungshandlung muss sich auch gegen einen Lebenden richten (sonst nicht etwa Unterbrechung ggü Erben, BFH BStBl 79, 501). 2c

Nach Abs 1 S 2 bestimmt sich der **Zeitpunkt,** in dem die Unterbrechungswirkung eintritt, bei einer schriftlichen Unterbrechungshandlung danach, wann das entsprechende Schriftstück die FinBeh verlassen hat (zweifelnd, ob das gelten kann, wenn kein Zugang nachgewiesen werden kann, schon BFH/NV 95, 296) bzw bei öffentlicher Zustellung, wenn zu diesem Zeitpunkt der Aushang erfolgt ist, vgl § 169 I 3. Die Unterbrechungswirkung tritt jedoch nur ein, wenn das Schriftstück 2d dem Stpfl überhaupt (irgendwann) zugegangen ist (BFH BStBl 03, 548). Wird eine Zahlungsaufforderung von der FinBeh also an den StSchuldner mit richtiger Adresse abgesandt, wirkt die Unterbrechung auf den Zeitpunkt zurück, in dem die Zahlungsaufforderung den Bereich der FinBeh (nachweislich) verlassen hat, auch wenn sie erst nach Eintritt der Zahlungsverjährung ankommt (vgl § 169 I 3 und BFH BStBl 03, 548, 933); sie muss aber (von ihrer Bekanntgabe möglicherweise erst nach Ablauf der Verjährungsfrist abgesehen) ihrer Art nach geeignet sein, eine Unterbrechung der Zahlungsverjährung herbeizuführen. Auch eine infolge von Zustellungsmängeln nur fingierte Zustellung unterbricht (BFH/NV 09, 354).

8 **3. Unterbrechungshandlungen.** Der Katalog des Gesetzes ist durch das StUmgBG neu gefasst worden, ohne dass sich in der Sache etwas geändert hätte. Er ist abschließend. Unterbrechungshandlungen nach Maßgabe dieses Katalogs enthalten oftmals konkludent eine Zahlungsaufforderung, sodass die Unterbrechungswirkung ungeachtet der Wirksamkeit der betr Maßnahme nach Maßgabe der für sie einschlägigen Rechtsvorschriften eintritt (vgl Rz 2); auf die Rechtsmäßigkeit der betr Maßnahme kommt es zweifelsfrei nicht an. Liegen mehrere Unterbrechungshandlungen vor, kommt es selbstredend auf die Unterbrechungswirkung der zuletzt verwirklichten an.

Im Einzelnen haben Unterbrechungswirkung (zu den allgemeinen Wirksamkeitsvoraussetzungen vgl oben Rz 2):

9 – **Absatz 1 Satz 1 Nummer 1: a) Zahlungsaufschub.** Vgl § 223, Art 110 UZK. Er kann auch bloß mündlich ausgesprochen worden sein (FG RhPf EFG 12, 1005).

10 **b) Stundung.** Vgl § 222.

11 **c) Aussetzung der Vollziehung.** Vgl § 361, und zwar des betr StBescheids, nicht bloß eines ihm etwa zu Grunde liegenden Feststellungsbescheids, zB des GewSt-Messbescheids; insoweit tritt Unterbrechung vielmehr erst ein, wenn (auch) der StBescheid gem § 361 III ausgesetzt wird (BFH/NV 98, 1322). AdV unterbricht die Verjährung ohne Rücksicht darauf, ob sie das FA (durch bekanntgabebedürftigen, tatsächlich zugegangenen VA, BFH/NV 04, 1057; vgl BFH BStBl 99, 749; sonst auch bei vorangegangenem Antrag des Stpfl keine Berufung der FinBeh auf Treu und Glauben, BFH/NV 96, 865) oder das Gericht angeordnet hat. Sie kann auch bereits vor Beginn der Zahlungsverjährung ausgesprochen worden sein (richtig FG BaWü EFG 98, 1174 entgegen BFH BStBl 80, 306; zögernd BFH/NV 03, 143). Zusage, nach Ergehen des StBescheids auszusetzen, unterbricht aber nicht (BFH/NV 96, 865). Wird AdV gegen Sicherheitsleistung gewährt, hat dies unterbrechende Wirkung auch dann, wenn die Sicherheit nicht geleistet wird (BFH/NV 03, 143). Bei Eheleuten ggf Bekanntgabe an beide erforderlich, wenn nur einer von ihnen AdV beantragt hatte (BFH/NV 98, 1322 (obiter). IÜ gilt aber § 122 VII (vgl dort Rz 112) und § 155 III 1 (BFH/NV 97, 283). Zur Auslegung einer Aussetzungsverfügung der FinBeh „bis zum Abschluss des Rechtsbehelfsverfahrens" BFH BStBl 97, 339 sowie BFH/NV 99, 7; 98, 1322; vgl ferner FG Hess EFG 96, 635 entgegen FG Brem EFG 94, 862; es kommt aber immer auf die Umstände des Einzelfalls an.

12 **d) Aussetzung der Verpflichtung des Zollschuldners zur Abgabenentrichtung.** Dieses Institut ist in Art 108 III UZK geregelt und ermöglicht es, die Frist für die Entrichtung des Abgabebetrags unter bestimmten Voraussetzungen auszusetzen. Zu diesen gehört vor allem die Anhängigkeit eines Erlassantrags nach Art 121 UZK, eine bevorstehende Einziehung, Zerstörung oder Aufgabe der Waren zugunsten der Staatskasse und das Bestehen einer Zollschuld aufgrund Verstößen gegen zollrechtliche Vorschriften, wenn deshalb mehrere Zollschuldner geworden sind. Ist die Abgabeschuld ausgesetzt, kann die festgesetzte Abgabe nicht realisiert werden, sodass es nicht gerechtfertigt wäre, die Zahlungsverjährung weiterlaufen zu lassen.

e) Vollstreckungsaufschub. Er stellt eine einstweilige Einstellung oder Beschränkung der Vollstreckung dar (§ 258). Zu gerichtlichem Protokoll gegebene Erklärung, bis zum Abschluss des Verfahrens auf Vollstreckungsmaßnahmen zu verzichten, oder Gewährung von Ratenzahlung können hierher gehören (BFH/NV 98, 686); wird Ratenzahlung unter Widerrufsvorbehalt gewährt, dauert die Unterbrechung bis zum Widerruf. Auch Aussetzung der Verwertung (§ 297) unterbricht (*Koenig/Fritsch* § 231 Rz 21). Durch einen Vollstreckungsaufschub wird die Verjährung nur dann unterbrochen, wenn er dem Vollstreckungsschuldner mitgeteilt worden ist (BFH BStBl 91, 742), was aber auch mündlich geschehen kann (FG RhPf EFG 12, 1005). 13

– **Absatz 1 Satz 1 Nummer 2: Sicherheitsleistung**. Nicht das bloße Verlangen! Die Sicherheitsleistung soll nach BFH BStBl 80, 306 die Verjährung nur dann unterbrechen, wenn sie nach Beginn der Zahlungsverjährungsfrist geleistet wurde; dagegen jetzt mit Recht OVG NRW 14 B 198/14 für den Fall, dass die Frist zunächst in anderer Weise (zB Stundung) unterbrochen war. Eine im Arrestverfahren beigebrachte Sicherheit, die nach Überführung des Arrestverfahrens in das StErhebungsverfahren als Sicherheit herangezogen wird, unterbricht folglich die Verjährung (BFH/NV 03, 143). Die Arten der Sicherheitsleistungen ergeben sich aus § 241. Eine allgemeine Sicherheitsgestellung, wie sie im VerbrauchStR verbreitet ist, gehört nicht hierher, weil ihr der unmittelbare Bezug zur Durchsetzung der konkreten Zahlungspflicht fehlt. 15

– **Absatz 1 Satz 1 Nummer 3: Vollstreckungsmaßnahmen.** Sie sind in den §§ 249 ff abschließend geregelt. Sie sind unmittelbar darauf gerichtet, den Anspruch im Wege der Zwangsvollstreckung durchzusetzen, nicht bloße Vorbereitungsmaßnahmen hierzu wie ein Erscheinen des Vollstreckungsbeamten beim Schuldner mit Aufforderung zur Zahlung. Vollstreckungsmaßnahmen sind zB Sachpfändung, Pfändungsversuch, Abholung und Versteigerung, Vorladung zur Abnahme einer eidesstattlichen Versicherung nach § 284 (nicht aber bloße Anfrage nach § 284 III 2, BFH BStBl 97, 8), Verlangen nach Vorlage eines Vermögensverzeichnisses (BFH BStBl 11, 331), Antrag und Eintragung einer Zwangshypothek oder der Zwangsverwaltung. Die bloße interne Anordnung der Zwangsvollstreckung oder ein Vollstreckungsersuchen an eine andere Behörde genügen nicht, ebenso wenig die Anordnung des dinglichen Arrestes (wohl aber seine Vollziehung, BFH BStBl 97, 8). Auch eine Ankündigung der Vollstreckung ggü dem Schuldner ist keine Vollstreckungsmaßnahme, wenngleich sie eine unterbrechende Zahlungsaufforderung sein kann (FG Brem EFG 97, 779). Zur Verjährungsunterbrechung reicht das mit dem Bestätigungsvermerk gem § 322 III 2 verbundene Eintragungsersuchen der FinBeh an das Grundbuchamt aus, Bekanntgabe an den Schuldner ist nicht Voraussetzung der Unterbrechung, obwohl es sich nach BFH anderenfalls um einen VA ihm ggü handelt (BFH BStBl 90, 44); darin liegt keine Verletzung des Rechtsstaatsprinzips (BVerfG HFR 90, 578). Das Gleiche gilt für entsprechende Maßnahmen in der Immobiliarzwangsvollstreckung oder bei der Forderungspfändung, die nicht ggü dem Schuldner vollzogen werden. Eintragungsersuchen sind auch dann gegen den Schuldner wirkende verjährungsunterbrechende Maßnahmen, wenn sie ihm nicht bekannt gegeben worden sind (BFH BStBl 90, 44; BFH/NV 91, 72). Eine Bekanntgabe der Vollstreckungsmaßnahme ist – anders als beim Vollstreckungsaufschub (BFH BStBl 91, 742, siehe auch oben) – entbehrlich jedenfalls bei solchen Maßnahmen, die ihrer Zielrichtung nach ein Tätigwerden ggü Dritten erforderlich machen (BFH BStBl 97, 8; BFH/NV 09, 714 für Antrag auf Eintragung einer Zwangshypothek). Ob die Vollstreckungsmaßnahme zu einer teilweisen Befriedigung geführt hat, ist selbstverständlich bedeutungslos, ebenso, ob der gepfändete Gegenstand später freigegeben wird etc. 16

– **Absatz 1 Satz 1 Nummer 4: Anmeldung im Insolvenzverfahren.** Die Unterbrechung durch Anmeldung dauert fort, bis das Verfahren beendigt ist. Die 17

Unterbrechung gilt als nicht erfolgt, wenn die Anmeldung zurückgenommen wird (aA *Koenig/Fritsch* § 231 Rz 24). Das Verfahren endet durch Aufhebung oder Einstellung (§§ 207, 211 ff, 258 InsO).

18 – **Absatz 1 Satz 1 Nummer 5: Eintritt des Vollstreckungsverbots nach § 294 Absatz 1 der Insolvenzordnung.** § 294 I InsO erklärt Zwangsvollstreckungen für einzelne Insolvenzgläubiger in das Vermögen des Schuldners während des Zeitraums zwischen Beendigung des Insolvenzverfahrens und dem Ende der Abtretungsfrist (§ 287 II InsO) für unzulässig. Eine festgesetzte StForderung des FA kann folglich in diesem Zeitraum nicht durch Vollstreckung realisiert werden; dem musste vom Gesetz selbstredend durch eine Unterbrechung der Zahlungsverjährung für den besagten Zeitraum Rechnung getragen werden. Die Verjährungsunterbrechung endet grds sechs Jahren nach der Eröffnung des Insolvenzverfahrens (Abtretungsfrist; vgl jedoch § 300 InsO), wenn der der Antrag auf Restschuldbefreiung mit dem Antrag auf Eröffnung des Insolvenzverfahrens verbunden worden ist (§ 287 I InsO).

19 – **Absatz 1 Satz 1 Nummer 6: Aufnahme in einen Insolvenz/Schuldenbereinigungsplan.** Über den Unterbrechungstatbestand der Anmeldung eines Anspruchs im Insolvenzverfahren hinaus besteht ein Bedürfnis für eine weitere Verjährungsunterbrechung, wenn das Insolvenzverfahren zwar beendet ist (Folge: Beendigung der Unterbrechung gem Abs 2 Nr 4), aufgrund von § 294 I InsO aber eine Vollstreckung weiterhin ausgeschlossen ist. Wird eine mit Unterbrechungswirkung (Nummer 4) angemeldete Forderung in den Insolvenzplan, den Schuldenbereinigungsplan oder das Verfahren der Restschuldbefreiung aufgenommen, muss die Unterbrechung bis zur Erfüllung dieser Pläne bzw bis zum Ende jenes Verfahrens fortdauern.

20 – **Absatz 1 Satz 1 Nummer 7: Ermittlungen der Finanzbehörde nach dem Wohnsitz oder dem Aufenthaltsort des Zahlungspflichtigen.** Sie haben die Eigenart, dass der Zahlungspflichtige von ihnen nichts zu bemerken pflegt. Gleichwohl unterbrechen sie die Verjährung (Rz 2a), aber nur, wenn sie von der *FinBeh* vorgenommen werden. Die Ermittlungen müssen sich auf Wohnsitz oder Aufenthaltsort des Zahlungspflichtigen richten. Bloße interne Anfrage innerhalb der eigenen Behörde genügt nicht, wohl aber ein Suchvermerk nach § 27 BZRG (FG Köln EFG 97, 592) oder ein Zugriff auf zentrale Datenbanken der FinVerw wie der des BZSt oder eine EMA-Online-Anfrage (BFH/NV 15, 4). Die Ermittlungen müssen auf die Realisierung des *konkreten* Anspruchs, dessen Verjährung unterbrochen werden soll, gerichtet sein (BFH BStBl 93, 220). Es muss ein Anlass bestehen, zu ermitteln; eine rein schematische Anfrage unterbricht nicht (BFH BStBl 93, 220; BFH/NV 15, 4; 95, 657). Bedeutungslos ist aber, ob die Finanzbehörde die zur Durchsetzung der Zahlungsansprüche zweckmäßigste Maßnahme ergriffen hat (BFH/NV 15, 4). Außerdem muss ein besonderer Anlass zu derartigen Ermittlungshandlungen bestehen, zB dass das FA den Wohnsitz oder Aufenthaltsort des Verpflichteten nicht kennt (BFH/NV 12, 691); ob eine andere, mit der Sache nicht befasste Dienststelle den Aufenthalt kannte, ist bedeutungslos. Wohnsitzanfragen, die nur das Ziel haben, die Verjährung zu unterbrechen, entfalten allerdings keine Unterbrechungswirkung (BFH BStBl 93, 220).

21 – **Absatz 1 Satz 1 Nummer 8: schriftliche Geltendmachung des Anspruchs.** Die schriftliche Geltendmachung des Anspruchs kann durch schriftliche Mahnung und durch jedes andere Schreiben, das den Stpfl **zur Zahlung auffordert,** geschehen, auch durch Vollstreckungsankündigung (BFH/NV 94, 4), Aufforderung zur Abgabe der eidesstattlichen Versicherung (BFH BStBl 11, 331) oder Zahlungsaufforderung im Tenor der Einspruchsentscheidung (BFH/NV 95, 657), nicht aber durch bloßen Kontoauszug (*Kraemer* DStZ 88, 330; vgl BFH BStBl 03, 933). Es ist nur erforderlich, dass sich klar ergibt, dass die FinBeh Zahlung erwartet (vgl BFH BStBl 75, 460). Deshalb kann die Frist auch durch

einen Abrechnungsbescheid unterbrochen werden (FG Köln 12 K 2920/06, dazu BFH VII B 16/09, beide nv; aA *Wenzler* AO-StB 09, 145) oder durch einen Schriftsatz im gerichtlichen AdV-Verfahren, dass die Vollstreckung des dort nicht streitbefangenen Teilbetrags einstweilen nicht durchgeführt werde (BFH BStBl 11, 667). Aus dem Schreiben müssen sich allerdings Art und Umfang des geltend gemachten Anspruchs ergeben, auch gegen wen er geltend gemacht wird (zB gegen welche Gesamtschuldner), ferner die Absicht, diesen bestimmten Anspruch wenn nicht sofort so später zu realisieren (BFH BStBl 93, 220). Mögliche Zweifel an Art und Umfang des geltend gemachten Anspruchs schließen die Unterbrechungswirkung aber nicht generell aus; es genügt, wenn sich Zweifel im Wege der Auslegung beheben lassen (BFH/NV 94, 4).

Ein StBescheid als solcher unterbricht die Zahlungsverjährung nicht, sondern nur in Folge einer mit ihm verbundenen Zahlungsaufforderung; insb ein Feststellungsbescheid hat keine Unterbrechungswirkung. Die Führung eines Rechtsstreits über die StFestsetzung führt nicht zur Verjährungsunterbrechung; Anträge und Stellungnahmen der FinBeh in dem Rechtsstreit stellen grds keine schriftliche Geltendmachung des Anspruchs dar (BFH BStBl 90, 802; BFH/NV 94, 784). Auch Zahlungen des Stpfl auf die StSchuld unterbrechen die Verjährung nicht (vgl BFH BStBl 79, 461). 22

Zu den wirksamen Unterbrechungshandlungen gehört auch die schriftliche Geltendmachung eines Anspruchs **durch den Stpfl,** dem ein Zahlungsanspruch zusteht (vgl auch Rz 2), also ggf durch den Zessionar; ausreichend ist ein Schreiben, mit dem er die (zuständige) FinBeh zur Festsetzung oder Erfüllung des Anspruches auffordert (aA *TK/Loose* § 231 Rz 7: nur sachliche Zuständigkeit erforderlich). Nicht ausreichend ist der Einspruch gegen StBescheid oder Zahlung unter Vorbehalt (vgl BFH/NV 97, 10). Die eingetretene Verjährungsunterbrechung dauert fort, bis über den erhobenen Anspruch rechtskräftig entschieden ist (Abs 2 S 2). Zur Hemmung der Zahlungsverjährung eines Erstattungsanspruchs, auf den StForderungen aus einem später aufgehobenen StBescheid verrechnet worden sind, bis zur Wirksamkeit der Aufhebung des betr StBescheids s BFH/NV 96, 866. 23

4. Dauer der Unterbrechung (Absatz 2). Die Unterbrechung endet, sobald die durch Unterbrechungshandlungen bewirkten Folgen für die Fälligkeit des Anspruches, seine Vollstreckbarkeit etc wieder entfallen sind, dh entweder mit der Durchführung der Maßnahme (zB bei Wohnsitzermittlung) oder durch Zeitablauf oder durch Rücknahme oder Widerruf (§§ 130, 131) der Maßnahme, wenn sie Dauerwirkung hat. Eine Sicherheit erlischt mit ihrer Rückgabe oder Verwertung, ein Pfändungspfandrecht durch Aufhebung der Pfändung oder Verwertung des Pfandgegenstands (zum Erlöschen einer Zwangshypothek siehe *App* DStZ 97, 329). In den Fällen des S 2 endet die Unterbrechung mit Rechtskraft (Bestandskraft) der Entscheidung über den Anspruch. 24

5. Umfang der Unterbrechung. Die Verjährung wird nur in dem Umfang unterbrochen, in dem der Anspruch geltend gemacht wird, und nur im Verhältnis zu dem Schuldner (Zahlungspflichtigen), gegen den sich die Maßnahme richtet, nicht Dritten (BFH BStBl 91, 742; 82, 226). Wird eine zu geringe Forderung im Insolvenzverfahren angemeldet, verjährt die Forderung folglich iÜ. 25

6. Rechtsschutz. Meinungsverschiedenheiten darüber, ob Zahlungsverjährung eingetreten ist, sind durch Abrechnungsbescheid zu klären; eine Feststellungsklage ist wegen dieser vorrangigen Rechtsschutzmöglichkeit unzulässig (BFH/NV 98, 686). 26

§ 232 Wirkung der Verjährung

Durch die Verjährung erlöschen der Anspruch aus dem Steuerschuldverhältnis und die von ihm abhängenden Zinsen.

1 Anders als im bürgerlichen Recht bewirkt (auch die Zahlungs-)Verjährung das Erlöschen des StAnspruchs durch Zeitablauf (§§ 47, 232); es entsteht nicht lediglich ein Leistungsverweigerungsrecht, das als Einrede prozessual geltend gemacht werden muss (§ 222 I BGB). Eine begonnene Zwangsvollstreckung ist einzustellen. Auch eine Aufrechnung ist nicht mehr möglich. Wurde nach Erlöschen des Anspruchs infolge Zahlungsverjährung auf das StSchuldverhältnis gezahlt, kann Erstattung verlangt werden.

2 Nur der Hauptanspruch und die von ihm abhängigen **Zinsen** erlöschen. Für die sonstigen stl Nebenleistungen laufen selbständige Verjährungsfristen, unabhängig vom Hauptanspruch, zB für Sz und Verspätungszuschläge.

3 Das Institut der Zahlungsverjährung soll im Erhebungsverfahren dafür sorgen, dass Rechtssicherheit darüber einkehrt, was der Stpfl aufgrund der StFestsetzung unter Berücksichtigung anzurechnender Vorauszahlungen und Abzugssteuern noch zu zahlen hat bzw was ihm zu erstatten ist (BFH BStBl 08, 504). Nach Eintritt der Zahlungsverjährung kann daher auf die fällig gestellte StForderung nichts mehr angerechnet werden; die **Anrechnung** abgeführter KapESt kann nicht mehr nachgeholt werden (BFH BStBl 08, 504), aber auch eine zuunrecht vollzogene Anrechnung kann nicht mehr rückgängig gemacht werden (BFH BStBl 10, 382; anders noch BFH BStBl 01, 133, jedoch überholt). Das gilt auch dann, wenn in einer Anrechnungsverfügung Vorauszahlungsbeträge angerechnet worden sind, die in Wahrheit nicht festgesetzt und nicht bezahlt worden waren, und diese Verfügung nicht vor Ablauf der Zahlungsverjährungsfrist geändert worden ist (BFH BStBl 12, 220: 10fach überhöhte LSt-Anrechnung infolge eines EDV-Fehlers). Zwar ist fraglich, ob der Erstattungsanspruch des FA in einem solchen Fall nicht erst mit Erlass der Änderungsverfügung iSd § 229 I 1 „fällig" wird, weil ihm vorher die Rechtswirkung der ursprünglichen Anrechnungsverfügung entgegenstand. Der BFH hat jedoch in diesem Zusammenhang auf das besondere Verhältnis der Anrechnungsverfügung als eines deklaratorischen VA zu der StFestsetzung abgestellt und als entscheidend angesehen, dass solche Verfügungen im StFestsetzungsverfahren ergangene Entscheidungen nur umsetzen sollen und eine Anrechnungsverfügung den festgesetzten StAnspruch auch dann zum Erlöschen bringt, wenn nicht festgesetzte und entrichtete Vorauszahlungen auf diesen angerechnet werden; denn es komme für deren Regelungswirkung nicht darauf an, ob das FA von einem zutreffenden Sachverhalt ausgegangen ist oder nicht.

4 Ein **Rechtsstreit** um die Rechtmäßigkeit einer StFestsetzung wird mit Eintritt der Zahlungsverjährung regelmäßig gegenstandslos (BFH BStBl 90, 802; BFH/NV 94, 437; vgl BFH/NV 96, 865 zu einem Fall vermeintlich fortbestehenden Rechtsschutzbedürfnisses). Tritt die Zahlungsverjährung vor Erlass der Einspruchsentscheidung ein, lässt dies den StBescheid aber nicht rechtswidrig werden, führt also nicht etwa zu dessen Aufhebung im Wege einer Abhilfeentscheidung; ratsam: Feststellung der Zahlungsverjährung durch Abrechnungsbescheid (§ 218 II) und Einstellung des Einspruchsverfahrens. Bestreitet die FinBeh das Erlöschen des StAnspruchs, muss gegen den Abrechnungsbescheid und gegen den StBescheid Klage erhoben werden, wenn gegen dessen Rechtmäßigkeit Einwände vorgebracht werden sollen.

Zweiter Abschnitt. Verzinsung, Säumniszuschläge

1. Unterabschnitt. Verzinsung

§ 233 Grundsatz

[1] Ansprüche aus dem Steuerschuldverhältnis (§ 37) werden nur verzinst, soweit dies gesetzlich vorgeschrieben ist. [2] Ansprüche auf steuerliche Nebenleistungen (§ 3 Abs. 4) und die entsprechenden Erstattungsansprüche werden nicht verzinst.

Schrifttum: *Rublack* Zur Einführung der Steuerpflicht von Erstattungszinsen durch das JStG 2010, FR 11, 173; *Balliet* Besteuerung von Erstattungszinsen, DStZ 12, 436; *Seer/Klemke* Neuordnung der Verzinsung von Ansprüchen aus dem Steuerschuldverhältnis, 2013, ifst-Schrift Nr. 490; *Stein/Meister* Rechtsschutz schnell und teuer? Steuerliche Nebenleistungen in der Abgabenordnung, BB 14, 538.

1. Inhalt und Anwendungsbereich. Ansprüche aus dem StSchuldverhältnis (vgl § 37) werden nur verzinst, wenn dies gesetzlich vorgeschrieben ist (vgl BFH/NV 10, 827; vgl BFH/NV 14, 1713: kein Anspruch auf (Prozess-)Zinsen im Fall der Erstattung von Nachzahlungszinsen). Der allgemeine Folgenbeseitigungsanspruch kann also weder als Anspruchsgrundlage für einen höheren Zinsanspruch, als ihn §§ 233 ff gewähren, noch überhaupt zur Stützung eines Zinsanspruches herangezogen werden (vgl BFH BStBl 12, 219; FG Saarl EFG 91, 294). Weitergehende Verzinsung kann freilich *vertraglich* vereinbart werden, soweit der Anspruch – woran es iAllg fehlt – einer vertraglichen Regelung zugänglich ist (BVerwG NVwZ 03, 993). Lückenfüllung im Wege einer Analogie wäre gleichwohl zulässig (BFH BStBl 13, 104; 88, 600). 1

Verzinsungstatbestände enthält die AO für Stundungszinsen, Hinterziehungszinsen, Prozesszinsen auf Erstattungsbeträge und Zinsen bei AdV sowie hinsichtl der Verzinsung von Nachzahlungen und Erstattungen vor Fälligkeit (hierzu § 233a). Verzugszinsen sind nicht vorgesehen (vgl BFH BStBl 97, 476; BVerwGE 37, 239 = NJW 71, 1148); an ihre Stelle tritt zulasten (nur) des Stpfl der Sz (§ 240). Steuerliche Nebenleistungen und die entsprechenden Erstattungsansprüche werden nicht verzinst (Satz 2).

Weitere Zinsvorschriften finden sich zB in § 28 ErbStG, § 12 InvZulG 2010 (zur Frage eines Erlasses bei abweichender zeitlicher Zuordnung einer Investition *Hagemeister* AO-StB 07, 186), §§ 75, 111 BranntwMonG. Abgaben, die auf der Grundlage einer für ungültig erklärten Unionsverordnung erhoben wurden, sind ab dem Zeitpunkt der Zahlung mit 0,5%/Monat zu verzinsen (BStBl 16, 323).

Bei **Ein- und Ausfuhrabgaben** gilt Folgendes: Säumniszinsen sind in Art 114 UZK bei nicht fristgerechter Abgabeentrichtung vorgesehen (mit besonderer Erlassregelung). Ferner sind bei Zahlungserleichterungen ähnlich den deutschen Stundungszinsen Kreditzinsen von 6% p. a. (langjähriges Mittel der auf dem deutschen Kapitalmarkt berechneten Zinssätze) zu erheben (Art 229). Eine Verzinsung bei Erstattungen ist in Art 116 V UZK und aufgrund einzelstaatlicher Bestimmungen in Gestalt von Prozesszinsen auf gerichtlich erstrittene Erstattungen von Eingangsabgaben gem § 236 vorgesehen. Sonst sind zu Unrecht gezahlte Einfuhrabgaben aber nicht zu verzinsen (BFH/NV 02, 1624). § 233a ist nicht anwendbar, wohl aber § 235 (Hinterziehungszinsen; dazu eingehend *Gellert* Zollkodex und Abgabenordnung, S 205 f) und gem § 237 (Aussetzungszinsen). Aufgrund wichtiger Vorschriften des Unionsrechts erhobene Abgaben sind jedoch nach EuGH ZfZ 17, 42 aufgrund einzelrechtlicher Regelung zu verzinsen, wenn sie rückerstattet werden (FG Ddorf EFG 18 Beil Nr 3, 1; BFH BStBl 16, 323). Die Modalitäten ergeben sich aus §§ 233, 238 (6% ab dem Zeitpunkt der Zahlung der Abgabe). 2

Für **Marktordnungsabgaben** beachte § 12 MOG, der auch für die Zinsfrage auf die AO verweist, soweit nicht die Sonderregeln des § 14 MOG eingreifen; siehe ferner für Ansprüche auf Erstattung von besonderen Vergünstigungen, wie insb Ausfuhrerstattung, § 14 MOG (dazu BFH/NV 00, 669 und BVerwG NVwZ 00, 818). 3

Die Zinsvorschriften sind nach Maßgabe der Landesgesetze auch anwendbar auf die **örtlichen Verbrauch-** und **AufwandSt.** Die Anwendung auf die **KiSt** ist unterschiedlich geregelt; iAllg werden Hinterziehungszinsen nicht erhoben. 4

2. Ertragsteuerliche Behandlung von Zinszahlungen und Zinseinnahmen. Erstattungszinsen (§ 233a) aufgrund einer Überzahlung von Steuern (§ 12 Nr 3 EStG) sind steuerbare Erträge aus Kapitalforderungen (BFH BStBl 14, 168; 6

BFH/NV 10, 470). Ein „Gleichklang" mit Nachzahlungszinsen (keine stl Auswirkung bei natürlichen Personen) ist nicht gewahrt (dazu kritisch ua *Eggesieker/Ellerbeck* BB 04, 745; *Brete* DStZ 09, 692; *Kanzler* FR 10, 1045; *Behrens* BB 14, 168).

8 Zinseinnahmen (Erstattungs- und Prozesszinsen) auf andere als Personensteuern (§ 13 Nr 3 EStG) sind ebenfalls stpfl Einkünfte aus Kapitalvermögen (BFH/NV 06, 527; 93, 165); ebenso Prozesszinsen bei Erstattung von GrESt (BFH BStBl 86, 557, nicht aus VuV). Aussetzungszinsen zur GrESt sind WK bei Einkünften aus VuV, wenn sie zu den Anschaffungs- oder Herstellungskosten eines zur Erzielung von Mieteinnahmen bestimmten Gebäudes gehören (BFH BStBl 95, 835).

9 Zinsen auf **BetriebsSt** sind Betriebseinnahmen (*Schmidt* EStG § 4 Rz 460 „Zinsen"). Nachzahlungszinsen auf Betriebsteuern (GewSt, USt) sind stl als Betriebsausgaben zu berücksichtigen.

10 Zinsen auf **zurückzuzahlende InvZul** nach § 11 InvZulG 2007/§ 12 InvZulG 2010 sind Betriebsausgaben, obwohl die Zulage als solche keine Betriebseinnahme ist (*FM BaWü* BB 78, 109).

§ 233a Verzinsung von Steuernachforderungen und Steuererstattungen

(1) [1] **Führt die Festsetzung der Einkommen-, Körperschaft-, Vermögen-, Umsatz- oder Gewerbesteuer zu einem Unterschiedsbetrag im Sinne des Absatzes 3, ist dieser zu verzinsen.** [2] **Dies gilt nicht für die Festsetzung von Vorauszahlungen und Steuerabzugsbeträgen.**

(2) [1] **Der Zinslauf beginnt 15 Monate nach Ablauf des Kalenderjahrs, in dem die Steuer entstanden ist.** [2] **Er beginnt für die Einkommen- und Körperschaftsteuer 23 Monate nach diesem Zeitpunkt, wenn die Einkünfte aus Land- und Forstwirtschaft bei der erstmaligen Steuerfestsetzung die anderen Einkünfte überwiegen.** [3] **Er endet mit Ablauf des Tages, an dem die Steuerfestsetzung wirksam wird.**

(2a) **Soweit die Steuerfestsetzung auf der Berücksichtigung eines rückwirkenden Ereignisses (§ 175 Abs. 1 Satz 1 Nr. 2 und Abs. 2) oder auf einem Verlustabzug nach § 10d Abs. 1 des Einkommensteuergesetzes beruht, beginnt der Zinslauf abweichend von Absatz 2 Satz 1 und 2 15 Monate nach Ablauf des Kalenderjahrs, in dem das rückwirkende Ereignis eingetreten oder der Verlust entstanden ist.**

(3) [1] **Maßgebend für die Zinsberechnung ist die festgesetzte Steuer, vermindert um die anzurechnenden Steuerabzugsbeträge, um die anzurechnende Körperschaftsteuer und um die bis zum Beginn des Zinslaufs festgesetzten Vorauszahlungen (Unterschiedsbetrag).** [2] **Bei der Vermögensteuer ist als Unterschiedsbetrag für die Zinsberechnung die festgesetzte Steuer, vermindert um die festgesetzten Vorauszahlungen oder die bisher festgesetzte Jahressteuer, maßgebend.** [3] **Ein Unterschiedsbetrag zugunsten des Steuerpflichtigen ist nur bis zur Höhe des zu erstattenden Betrags zu verzinsen; die Verzinsung beginnt frühestens mit dem Tag der Zahlung.**

(4) **Die Festsetzung der Zinsen soll mit der Steuerfestsetzung verbunden werden.**

(5) [1] **Wird die Steuerfestsetzung aufgehoben, geändert oder nach § 129 berichtigt, ist eine bisherige Zinsfestsetzung zu ändern; Gleiches gilt, wenn die Anrechnung von Steuerbeträgen zurückgenommen, widerrufen oder nach § 129 berichtigt wird.** [2] **Maßgebend für die Zinsberechnung ist der Unterschiedsbetrag zwischen der festgesetzten Steuer und der vorher festgesetzten Steuer, jeweils vermindert um die anzurechnenden Steuerabzugsbeträge und um die anzurechnende Körperschaftsteuer.** [3] **Dem sich hiernach ergebenden Zinsbetrag sind bisher festzusetzende Zinsen hinzuzurechnen; bei einem**

Unterschiedsbetrag zugunsten des Steuerpflichtigen entfallen darauf festgesetzte Zinsen. [4]Im Übrigen gilt Absatz 3 Satz 3 entsprechend.

(6) **Die Absätze 1 bis 5 gelten bei der Durchführung des Lohnsteuer-Jahresausgleichs entsprechend.**

(7) **[1]Bei Anwendung des Absatzes 2a gelten die Absätze 3 und 5 mit der Maßgabe, dass der Unterschiedsbetrag in Teil-Unterschiedsbeträge mit jeweils gleichem Zinslaufbeginn aufzuteilen ist; für jeden Teil-Unterschiedsbetrag sind Zinsen gesondert und in der zeitlichen Reihenfolge der Teil-Unterschiedsbeträge zu berechnen, beginnend mit den Zinsen auf den Teil-Unterschiedsbetrag mit dem ältesten Zinslaufbeginn. [2]Ergibt sich ein Teil-Unterschiedsbetrag zugunsten des Steuerpflichtigen, entfallen auf diesen Betrag festgesetzte Zinsen frühestens ab Beginn des für diesen Teil-Unterschiedsbetrag maßgebenden Zinslaufs; Zinsen für den Zeitraum bis zum Beginn des Zinslaufs dieses Teil-Unterschiedsbetrags bleiben endgültig bestehen. [3]Dies gilt auch, wenn zuvor innerhalb derselben Zinsberechnung Zinsen auf einen Teil-Unterschiedsbetrag zuungunsten des Steuerpflichtigen berechnet worden sind.**

Abs 2 S 2 geändert durch SteuervereinfachungsG 2011 v 1.11.11 (BGBl I, 2131).

Schrifttum: *Körner* Für die Einführung einer Gesamtbetrachtungsweise bei der Vollverzinsung im Bereich der Umsatzsteuer de lege ferenda, DStR 10, 1363; *Slapio/Klaus* Vollverzinsung der Umsatzsteuer nach § 233a, UR 14, 346; *Drüen* Ideal und Wirklichkeit der Vollverzinsung im Steuerrecht, StJB 2013/2014, 468; *Behrens* Reformbedarf bei der Vollverzinsung im Steuerverfahrensrecht, FR 15, 214; *Dziadkowski* Zur Fortgeltung der totalen Vollverzinsung – Anmerkungen zu einem erfolgreichen Geschäftsmodell, FR 15, 922; *Ebner/Malzahn/Martini* Verzinsung von Ansprüchen aus dem Steuerschuldverhältnis sowie methodischer und verfassungsrechtlicher Rahmen richterlicher Gesetzeskorrektur, DStR 17 Beihefter Nr 23, 77.

Übersicht

1. Inhalt und Bedeutung der Vorschrift. Während der Entstehungszeitpunkt der Steuern gesetzlich festgelegt und für alle Stpfl gleich ist, tritt die Fälligkeit idR nicht vor Festsetzung der Steuer in den entsprechenden Bescheiden bzw vor Anmeldung der Steuern ein. Insb bei Stpfl, die der Ap unterliegen, liegt häufig zwischen dem Entstehungszeitpunkt der Steuer und der Fälligkeit der Abschluss- 1 zahlung aufgrund der Feststellungen der Ap ein Zeitraum von mehreren Jahren, ohne dass dies nach früherem Recht zinsmäßige Folgen für den Stpfl hatte. Entsprechendes hatte bis zum StReformG 1990 für StErstattungen gegolten. Das Fehlen einer Regelung über die Verzinsung vor Fälligkeit (sog Vollverzinsung) führte zu einer faktischen Ungleichbehandlung der Stpfl und dazu, dass Stpfl mit zu erwartenden hohen Abschlusszahlungen ein Interesse daran haben mussten, die Abgabe ihrer StErklärung und damit die StFestsetzung möglichst weit hinauszuschieben. § 233a soll insoweit einen Ausgleich schaffen.

2 Die Verzinsung soll typisierend objektive Zins- und Liquiditätsvorteile des Stpfl ausgleichen, ohne dass es darauf ankommt, ob und in welchem Umfang diese Vorteile tatsächlich in Anspruch genommen worden sind und auf welchen Ursachen sie beruhen (BFH BStBl 04, 89; BFH/NV 11, 1474). Auch auf Verschulden kommt es nicht an; selbst wenn die Anforderung einer StNachzahlung auf einem vorwerfbaren Verhalten der FinBeh beruht, greift § 233a ein (BFH/NV 12, 550; Rz 52). Liquiditätsvorteile bei später StFestsetzung wie in § 233a vorgesehen auszugleichen, bedeutet jedoch Anwendung eines (angeblich nur so wie geregelt praktikablen, unter den Bedingungen allg eingesetzter EDV freilich ohne Weiteres anders – gerechter – regelbaren) stark typisierenden Verfahrens (vgl BFH BStBl 97, 259; 96, 53, 503; BFH/NV 09, 1078).

3 Verfassungsrechtlichen Bedenken gegen die Vorschrift (vgl BFH/NV 94, 445) sind in der Rspr seit BFH BStBl 95, 490 überwunden (vgl auch BFH BStBl 03, 115; BFH/NV 10, 1233; 11, 1654). Steuermoralisch ausgeräumt sind sie nicht, insb wegen der Nichtberücksichtigung von freiwilligen StZahlungen (Rz 9), in Folge deren sich der Stpfl den (Zins-)Folgen von ihm kaum zu beeinflussender später StFestsetzung nicht entziehen kann (vgl *Loose* StuW 03, 377 und, ebenso kritisch, *Loose* DStJG 31 (2008) 203, 207).

3a Die Erhebung von Nachzahlungszinsen zur USt verstößt nicht gegen Art 401 MwStSystRL 2006/112/EG (BFH BStBl 02, 887; 03, 1350; vgl BFH/NV 00, 1178); sie ist auch bei nachträglicher Option nicht zu beanstanden (BFH/NV 13, 901).

4 Neben Zinsen nach § 233a sollen grds keine weiteren Zinsen für denselben Zinszeitraum erhoben werden dürfen. Dem tragen die **Anrechnungsvorschriften** der §§ 234 III, 235 IV, 236 IV, 237 IV Rechnung. Mit Sz ist eine Kumulation iAllg von vornherein deshalb ausgeschlossen, weil diese erst nach Fälligkeit entstehen, Zinsen nach § 233a jedoch Zinsen *vor* Fälligkeit sind (§ 233a II 3; vgl oben). Wo ausnahmsweise aus verfahrensrechtlichen Gründen doch eine Kumulation auftritt, insb wegen § 234 IV bei Festsetzung vor den Zinsen nach § 233a, greifen Erlasstatbestände des AEAO ein. Siehe näher unten Rz 50.

5 Zusätzlich zu Nachzahlungszinsen kann jedoch ein Verspätungszuschlag erhoben werden (vgl BFH BStBl 01, 60; BFH/NV 04, 829).

6 **2. Anwendungsbereich (Abs 1).** Die Verzinsung nach § 233a gilt nur für die ESt, KSt, USt (nicht EUSt) und GewSt, dh für die laufend veranlagten Steuern. Nur bei diesen ist der zeitliche Abstand zwischen Entstehung und Fälligkeit mitunter groß. Bei den übrigen Steuern käme der Verzinsung nur geringe Bedeutung zu, weil diese idR innerhalb von 15 Monaten seit Entstehung festgesetzt und damit fällig werden. Vorauszahlungen und StAbzugsbeträge (vgl BFH/NV 11, 737) sind von der Verzinsung ausdrückl ausgenommen (vgl BFHE 180, 15), ebenso Nebenleistungen (§ 233 S 2). § 233a greift nicht bei Abzugsteuern (insb LSt in den Fällen der §§ 39 IV 4, 39a 4, VI, 40, 40a, 40b EStG; siehe auch § 13b II UStG), denn insoweit fehlt es schon an einer StFestsetzung, die nach Abs 1 Voraussetzung für die Verzinsung ist. Beachte § 7g III 4 EStG. § 233a gilt auch nicht für StVergütungen (zB §§ 36b ff EStG) und bei der Erstattung eines StAbzugs nach § 50a IV EStG (mit dem Unionsrecht vereinbar: BFH BStBl 08, 332; siehe jedoch EuGH BFH/NV 16, 440; 13, 1136 und BFH/NV 16, 440). Hingegen ist § 233a zB an-

zuwenden, wenn die USt-Jahresfestsetzung einen Überschuss für den Unternehmer ergibt (BFH BStBl 96, 662; 09, 2), sowie idF des § 18 IX UStG, § 59 UStDV (BFH BStBl 09, 2 mit Anm *Maunz/Zugmaier* DStR 08, 2165) und des § 14c II UStG (BFH/NV 12, 1941; 97, 165).

§ 233a ist *nicht* auf **Haftungsansprüche** anzuwenden, weil es insoweit an einer *St*Festsetzung fehlt (BFH BStBl 89, 821; FG Nds EFG 11, 1587); auch eine entspr Anwendung von § 717 II ZPO ist ausgeschlossen (BGHZ 39, 77; BGH HFR 01, 1109). 7

§ 233a gilt nicht und würde auch *nicht* passen für **Einfuhrabgaben** (Zölle) (vgl insoweit Art 114 UZK und § 233 Rz 2), ebenso wenig für **Verbrauchsteuern** oder für **EUSt** (BFH BStBl 10, 334). Auch auf den **SolZ** (BFH BStBl 12, 688; BFH/NV 07, 1073), auf **Kindergeldnachzahlungen** (BFH BStBl 07, 240) und den **InvZulAnspruch** (BFH BStBl 06, 741) findet § 233a keine Anwendung; auf **KiSt** aufgrund der KiStG (str, so mit Recht *TK/Loose* Vor § 233 Rz 13f mit den einschlägigen Fundstellen). 8

3. Voraussetzungen des Zinsanspruchs. Voraussetzung der Zinserhebung ist, dass ein Unterschiedsbetrag zwischen der festgesetzten Steuer (Soll = Saldo von festgesetzter Steuer und Abzugsbeträgen) und einer vorher festgesetzten StBeträgen (Vorsoll) besteht **(„Sollverzinsung“);** dieses Vorsoll wird dabei gebildet entweder durch ein früheres Soll – Fall der Änderungsfestsetzung, Abs 5 – oder durch die *festgesetzten* Vorauszahlungen. Kassenvorgänge sollen also grds *keine* Rolle spielen, damit diese nicht eigens erfasst und die Zinsfestsetzung idR mit der StFestsetzung verbunden werden kann (wobei die Notwendigkeit die Kassenvorgänge nicht zu berücksichtigen bei elektronischer Kassenführung nur noch wenig einsichtig ist). Aus dem Zeitpunkt der StFestsetzung kann man das Ende des Zinslaufs ermitteln, während der Zeitpunkt des Erlöschens (Tilgung) des Anspruchs zu diesem Zeitpunkt noch nicht feststeht. Bei StErstattungen nimmt Abs 3 S 3 indes Einschränkungen vor, die iErg zu einer **Ist-Verzinsung** führen und dadurch den angestrebten Verzicht auf die Erfassung und Berücksichtigung der Kassenvorgänge weitgehend zunichte machen (vgl *Loose* DStJG 31 (2008), 203). 9

4. Beginn des Zinslaufs (Abs 2). Der Zinslauf beginnt erst nach einer Karenzzeit von 15 Monaten, gerechnet vom Ablauf des Kj an, in dem die Steuer entstanden ist. Diese soll eine Anlaufphase zinsfrei halten, in der das Veranlagungsverfahren regelmäßig abgeschlossen werden kann (BFH/NV 16, 1668). Das gilt für Erstattungszinsen (§ 233a V) auch dann, wenn vor Ablauf der Karenzzeit gezahlt worden war (FG BaWü 1 K 1293/17, Rev XI R 4/18; FG Hbg EFG 97, 453). 12

Wenn bei der ESt die Einkünfte aus **Land-** und **Forstwirtschaft** überwiegen, tritt an die Stelle der 15monatigen eine 23monatige Karenzzeit. Dabei hat auf die Karenzzeiten keinen Einfluss, ob die zugrunde liegenden Einkünfte Gegenstand einer gesonderten Feststellung sind, wann die gesonderte Feststellung frühestens möglich ist und wann sie tatsächlich vorgenommen wird. § 233a Abs 2a AO ist nicht entsprechend anwendbar (BFH/NV 16, 668). 13

Negative Einkünfte aus Land- und Forstwirtschaft überwiegen die anderen Einkünfte, wenn diese positiv oder in geringerem Umfang negativ sind; werden andere Einkünfte in zwei oder mehreren Einkunftsarten erzielt, kommt es für den Vergleich auf die Summe oder, wenn darunter nicht nur positive Einkünfte sind, den Saldo der anderen Einkünfte an (BFH BStBl 06, 881; vgl BFH/NV 90, 566). Grund für diese Regelung ist, dass bei den Land- und Forstwirten auch die EStErklärungen später abzugeben sind und bei der Gewinnermittlung zeitanteilig der Gewinn des folgenden Kj bereits mit erfasst wird. Für die Frage, ob die Einkünfte aus Land- und Forstwirtschaft überwiegen, kommt es auf die Einkünfte an, die der erstmaligen Veranlagung für dieses Jahr zu Grunde gelegt werden, bei Zusammenveranlagung auf beider Einkünfte (allgM, jedoch str, wenn nur einer Einkünfte aus LuF bezieht, vgl *Stahl* KÖSDI 91, 8348). Spätere Änderungen des StBescheids 13a wirken sich nicht aus. Für Jahre, in denen § 2 III EStG nur einen eingeschränkten Verlustausgleich ermöglichte, ist auf die nach Durchführung des Verlustausgleichs in die Summe der Einkünfte eingegangenen Einkünfte abzustellen (BFH/NV 12, 1413).

14 Der jeweils maßgebliche **Entstehenszeitpunkt** der zu verzinsenden Steuerforderung ergibt sich aus § 36 I EStG, § 30 KStG, § 18 GewStG. Die Jahresumsatzsteuer entsteht, sobald sie nach § 16 I, II UStG berechenbar ist, also am Ende eines jeden Kj (BFH BStBl 96, 662).

16 **5. Ende des Zinslaufs (Abs 2 S 3).** Der Zinslauf endet sowohl für StErstattungen wie auch für Steuernachforderungen im Zeitpunkt der Wirksamkeit der StFestsetzung, dh mit Ablauf des Tages der Bekanntgabe des StBescheids. § 108 III ist unanwendbar. Der Zinslauf endet erst mit dem dritten Tag, auch wenn der Bescheid früher zugeht (§ 122 II ist also anzuwenden, BFH BStBl 01, 274); die Zugangsfiktion kann jedoch zumindest insoweit dadurch widerlegt werden, dass nachgewiesen wird, der Bescheid sei nicht oder *später* zugegangen. Der Zinslauf endet ferner mit Ablauf des Tages des Eingangs einer nicht zustimmungsbedürftigen StAnmeldung (ebenso bei allgemein erteilter Zustimmung) oder mit Ablauf des Tages der Bekanntgabe (§ 122 II) einer Zustimmung der FinBeh zu einer zustimmungsbedürftigen StAnmeldung (für USt-Erstattung BFH BStBl 96, 662; ebenso BFHE 179, 248 = BB 96, 946; FG Köln EFG 95, 153). Wird also ein StBescheid noch während der Karenzzeit wirksam, können keine Zinsen nach § 233a entstehen.

18 Für die Berechnung der Zinsen ist es unerheblich, ob und ggf wann auf die festgesetzte StNachforderung tatsächlich Zahlungen entrichtet werden. Ein Unterschiedsbetrag ist also auch dann zu verzinsen, wenn überhaupt kein StNachforderungsbetrag zu erheben ist, insb weil der Stpfl im Voraus freiwillige Zahlungen geleistet oder mit Erstattungsforderungen aufgerechnet hat (BFH BStBl 03, 115 zum Fall verspätet erklärter Umsätze). Allenfalls kommt ein Billigkeitserlass in Betracht, wenn vor Festsetzung gezahlt worden ist (dazu Rz 51).

21 **6. Zinsberechnung (Abs 3).** Maßgebend für die Zinsberechnung ist die Differenz zwischen der (ggf auch unter Vorbehalt oder vorläufig) festgesetzten Steuer (Soll) und den (bis zum Beginn des Zinslaufs) festgesetzten Vorauszahlungsbeträgen (Vorsoll), ungeachtet der tatsächlich entrichteten Vorauszahlungen (vgl Rz 9).

22 Zinsen werden nur für volle Monate berechnet (§ 238 I 2; zur Berechnung siehe auch BFH DStR 18, 29). Fällt das den Beginn des Zinslaufs begründende Ereignis auf den 1., das beendende auf den letzten Tag des Monats, liegt ein voller Monat vor (BFH BStBl 97, 6). Der Zinssatz beträgt für jeden vollen Monat des Zinslaufs 0,5% (§ 238 I 1). Zinsen unter 10 € werden nicht festgesetzt (§ 239 II).

Zahlreiche detaillierte Beispielberechnungen finden sich im AEAO zu § 233a.

25 **a) Fälle eines durch zu niedrige Vorauszahlungen etc entstandenen Mehrsolls (Nachzahlungszinsen, Abs 3).** Nur die bis zum Beginn des Zinslaufs festgesetzten StVorauszahlungen sind zu berücksichtigen. Der Stpfl hat also keine Möglichkeit, durch freiwillige Zahlungen (gleichsam aufgedrängte Kredite zugunsten der FinBeh) die Berechnungsgrundlage bei Nachzahlungszinsen zu vermindern oder bei Erstattungszinsen zu erhöhen. Er kann aber eine Anpassung der Vorauszahlungen beantragen und zwar bei der ESt-, KSt- und GewSt noch bis zu 15 Monaten nach dem Ende des auf das Veranlagungsjahr folgende Kj, also während der gesamten Karenzzeit (§ 37 III 3 EStG). Ist ein Änderungsantrag nicht möglich, kann der Stpfl sich allenfalls um einen Billigkeitserlass bemühen (BFH/NV 13, 509). Die Berufung auf in concreto nicht eingetretene Liquiditätsvorteile, auch etwa wegen fehlender Anlagemöglichkeit des bereitstehenden Nachzahlungsbetrags (vgl BFH BStBl 96, 53), ist ausgeschlossen (BFH BStBl 04, 39; BFH/NV 10, 1233; 06, 1433; 05, 832). Nach AEAO zu § 233a Nr 15 soll jedoch eine Zah-

lung über den festgesetzten Vorauszahlungsbetrag hinaus während der Karenzzeit als Antrag auf Änderung der Vorauszahlungsfestsetzung gewertet werden, dem regelmäßig zu entsprechen sei (beachte jedoch, dass nach § 37 V EStG eine Anpassung der Vorauszahlung zur ESt oder KSt nach Ablauf des Besteuerungszeitraums nur dann möglich ist, wenn der Erhöhungsbetrag mindestens 5.000 € beträgt; vgl BFH BStBl 96, 503); bei Zahlung nach Ablauf der Karenzzeit soll möglichst eine sofortige StFestsetzung erfolgen.

b) Fälle eines durch zu hohe Vorauszahlungen etc entstandenen Mindersolls (Berechnung von Erstattungszinsen, Abs 3). Eine entsprechende Berechnung ist anzustellen, wenn sich ein Mindersoll ergibt, also zu hohe Vorauszahlungen festgesetzt waren. In diesem Fall sind jedoch nicht die festgesetzten, sondern die auf die Festsetzung *tatsächlich entrichteten* Vorauszahlungen entsprechend dem Entrichtungszeitpunkt (Abs 3 S 3 Hs 2) maßgeblich (Durchbrechung des Prinzips der Sollverzinsung; Berechnungsbeispiel AEAO zu § 233a Nr 22). Stundungen haben in diesem Zusammenhang keine Bedeutung (BFH/NV 10, 827), ebenso wenig eine (vom Stpfl nicht ausgenutzte) Vollziehungsaussetzung. *Freiwillige* Zahlungen über die festgesetzten Vorauszahlungen hinaus gehören nicht zum Vorsoll und führen folglich nicht zu Erstattungszinsen (keine Unbilligkeit, FG Nds 6 K 66/11). Da bei der Anmeldung einer negativen StSchuld (insbes eines Vorsteuererstattungssaldos) erst die Zustimmung der FinBeh Festsetzungswirkung eintreten lässt, laufen die Erstattungszinsen ggf bis zum Tag der Bekanntgabe der Zustimmung, wenn sie nicht allg erteilt ist. Erstattungszinsen sind auch für einen im Wege der Aufhebung der Vollziehung vorab erstatteten Betrag anzusetzen, wenn die Steuer später herabgesetzt wird (BFH/NV 05, 1652). 28

Bei Erstattungszinsen wird also vom Prinzip der Sollverzinsung zugunsten einer modifizierten „Istverzinsung" abgewichen. Der Unterschiedsbetrag wird nur verzinst, soweit die anzurechnenden Beträge tatsächlich *gezahlt* worden sind (Abs 3 S 3 Hs 2). Die Verzinsung beginnt folglich nicht stets 15 Monate nach Entstehung der Steuern, sondern frühestens mit dem Tag der Zahlung. Es ist mit anderen Worten zwischen dem Beginn des Zinslaufs (= Ablauf der Karenzzeit) und des *Zinsberechnungszeitraums* zu unterscheiden, sofern erst nach Ablauf der Karenzzeit vom Stpfl Vorauszahlungen geleistet worden sind. Eine andere Regelung könnte dazu führen, dass der Stpfl Zinsen erhält für einen Zeitraum, in dem er die entsprechende Steuer noch gar nicht entrichtet hatte und ihm uU hierfür weder Sz noch Stundungszinsen berechnet worden sind, zB, weil das FA auf deren Erhebung verzichtet hatte. Falls auf das Vorsoll Nachzahlungszinsen festgesetzt worden sind, ist dies rückgängig zu machen. 29

Zu erstattende Nachzahlungszinsen sind nicht zu verzinsen (BFH/NV 14, 1713).

7. Durch Ereignisse mit Rückwirkung etc entstehendes Mehr- oder Mindersoll (Abs 2a und 7). 30

Nachforderungs-/Erstattungszinsen sind erst ab Eintritt des rückwirkenden Ereignisses/der Vornahme des Verlustrücktrags (zuzüglich einer Karenzzeit, wie sie sonst nach dem Zeitpunkt der StEntstehung zu berücksichtigen ist) zu zahlen (BFH BStBl 00, 491; 02, 453), also von einem Zeitpunkt ab, in dem tatsächlich Liquiditätsvor- oder Nachteile eingetreten sind. Der unterschiedliche Beginn des Zinslaufs nach Abs 2 einerseits und Abs 2a andererseits beruht auf dem Gedanken, dass ein Verlustabzug oder ein rückwirkendes Ereignis zugunsten wie zulasten des Stpfl bei der ursprünglichen StFestsetzung noch nicht berücksichtigt werden konnte und daher weder der Stpfl noch die FinBeh zuvor einen Liquiditätsvor- oder -nachteil erlitten hat. Es wäre daher nicht gerechtfertigt, einen Nachzahlungs- oder Erstattungsanspruch, soweit er auf dem rückwirkenden Ereignis oder dem Verlustrücktrag beruht, schon für den Zeitraum vor Eintritt desselben zu verzinsen (BFH BStBl 11, 340). 31

31a Die geänderte StFestsetzung muss auf der Berücksichtigung eines rückwirkenden Ereignisses *beruhen.* Hat zB eine Bilanzänderung (Korrektur eines fehlerhaften Bilanzansatzes oder der Ersetzung eines zulässigen Bilanzansatzes durch einen anderen) keine Auswirkung auf die StFestsetzung, kommt Abs 7 nicht zum Zuge (BFH BStBl 11, 340). Die Zinsberechnung nach Abs 2a und 7 ist aber auch dann vorzunehmen, wenn das rückwirkende Ereignis noch *nicht* in einem StBescheid berücksichtigt worden war, es also zu einer Bescheidsänderung nach § 175 gar nicht erst kommt (BFH BStBl 99, 634; vgl auch FG Köln EFG 98, 1559). Die Bezugnahme auf § 175 I 1 Nr 2 betrifft nur die Frage, ob ein rückwirkendes Ereignis vorliegt, nicht, ob die Voraussetzungen jener Vorschrift vorliegen. § 233a IIa gilt also auch für die Fälle der Rückgängigmachung des Investitionsabzugsbetrags nach § 7g III EStG (BFH BStBl 14, 609); siehe jetzt aber § 7g III 4 EStG (Fassung 2013) und dazu BFH BStBl 14, 609.

32 Rückwirkende Ereignisse – der Begriff deckt sich mit dem des § 175 (BFH BStBl 03, 175; 99, 634) – sind insbes die nachträgliche Ausübung eines (bei fehlender Befristung bis zum Eintritt der Bestandskraft der StFestsetzung ausübbaren, vgl BFH BStBl 02, 49; 99, 762; 74, 319) Wahlrechts, zB auch der Wechsel von der Einzel- zur Zusammenveranlagung (dazu FG Mster EFG 14, 807, NZB X B 32/14 erfolglos, BFH/NV 15, 336; SächsFG EFG 11, 1046; *Loose* FR 03, 1068). Das gilt jedoch nicht für die Ausübung des Blockwahlrechts nach § 34 VII 8 Nr 2 UStG 2002 (BFH BStBl 18, 138). Rückwirkendes Ereignis ist hingegen eine Bilanzkorrektur für das Vorjahr (BFH BStBl 00, 18; 05, 809; str jedoch, ob dies auch für § 233a gilt, dagegen *Linau* DStR 06, 1167, oder das Ergebnis zumindest durch Erlass der Nachzahlungszinsen zu korrigieren ist, so *Greulich/Krohn* DStR 05, 1433). Rückwirkende Ereignisse sind ferner Gewinnausschüttungs- und -verteilungsbeschlüsse, die idR erst nach Ablauf des Wj ergehen können (BFH BStBl 99, 634; 97, 714). Die Rückwirkung eines solchen Beschlusses und der daraufhin erfolgten Ausschüttung auf die Festsetzung der KSt für ein bereits abgelaufenes Wirtschaftsjahr ist im Gesetz angelegt und diesem immanent. BFH BStBl 99, 634 hat aber mit Rücksicht darauf mit überzeugenden Gründen die Anwendbarkeit des Abs 2a für solche Fälle dann iErg verneint, wenn es sich nicht um einen Änderungs-, sondern einen *Erstbeschluss* handelt (st Rspr, BFH BStBl 04, 398); durch den erstmaligen Beschluss über eine offene Gewinnausschüttung für ein abgelaufenes Wj wird also auch dann kein abweichender Zinslauf ausgelöst, wenn dieser Beschluss nach Ablauf des Wj gefasst wird (BFH BStBl 01, 326 zur Nachtragsausschüttung; BFH HFR 01, 943; BFH BStBl 99, 634), und zwar unabhängig davon, ob KSt schon festgesetzt worden ist und ob der Gewinnverteilungsbeschluss innerhalb eines Jahres nach Ablauf des Wj gefasst wurde, für das die Ausschüttung erfolgt. Anderes gilt für nachträglich geänderte Gewinnausschüttungen (BFH/NV 07, 1065) sowie Gewinnausschüttung nach vorausgegangenem Thesaurierungsbeschluss (BFH BStBl 04, 398; aA *Berg/Schmich* DStR 02, 2026; vgl auch *Baum* DB 97, 1888: kein abweichender Zinslauf nach Abs 2a bei verdeckter Gewinnausschüttung oder offener Ausschüttung zwar nach Ablauf des Wj, jedoch noch während des abweichenden VZ; weitergehend FG Hess EFG 98, 1559, jedoch durch BFH BStBl 01, 326 überholt; siehe auch eingehend AEAO zu § 233a Nr 10; zur Berechnung FG Mchn EFG 99, 101; vgl auch *Siegert* DStR 00, 46, 50). Aber auch Ereignisse iSd § 175 II wie Wegfall der Verbleibensvoraussetzungen nach § 2 Nr 2 FörderG, § 2 InvZulG oder der Begünstigungsvoraussetzungen nach § 7d VI EStG, § 82f EStDV, § 61 III führen zur Anwendung des Abs 2a (zur Aufgabe der Investitionsabsicht BFH BStBl 14, 609).

32a Hingegen ist einer Änderung der Bemessungsgrundlage bei der USt nicht nach § 175, sondern nach § 17 UStG Rechnung zu tragen, sodass eine Verzinsung in solchen Fällen nicht in Betracht kommt. Im Falle der Rechnungsberichtigung gem § 31 V UStDV dürfen keine Nachzahlungszinsen festgesetzt werden, EuGH DStR 16, 2211 (vgl FG Nds MWStR 15, 63 mit Anm *Zugmaier/Streit*).

Folgeregelungen zu Abs 2a enthält **Absatz 7.** Er zieht die rechnerischen Konsequenzen aus dem in Abs 2a aufgestellten Grundsatz, dass ein rückwirkendes Ereignis/ein Verlustrücktrag keine Auswirkungen auf Erstattungs-/Nachzahlungszinsen haben soll, die vor Eintritt des Ereignisses/Vornahme des Verlustrücktrages (+ Karenzzeit) entstanden sind. Die Zinsberechnung muss in solchen Fällen berücksichtigen, dass Abs 2a den sonst auch bei unterschiedlichem Zinslauf in Folge mehrfacher Änderung der StFestsetzung (wegen des notwendigerweise gleichen Entstehungszeitpunktes der betr Steuer) gegebenen stets gleichzeitigen Beginn des Zinslaufs auflöst und zu einem zeitlich gestuften Zinsbeginn führt (je nach dem Zeitpunkt, in dem das rückwirkende Ereignis eintritt bzw der Verlustrücktrag vom Stpfl vorgenommen wird). Dementsprechend sind nach Abs 7 S 1 bei der Zinsfestsetzung in den Fällen des Abs 2a Teilberechnungen jeweils für die einzelnen Teilbeträge (dh die einzelnen fiktiven Nachzahlungs- oder Erstattungsbeträge) durchzuführen, für die Zinsen nach Maßgabe des Abs 2 und 2a zur gleichen Zeit zu laufen begonnen haben. An die Stelle des Unterschiedsbetrags, der sonst Grundlage der Zinsberechnung ist, treten in diesem Falle also die Teil-Unterschiedsbeträge. Das gilt auch dann, wenn sich im Saldo ein Unterschiedsbetrag von 0 € ergibt; dieser ist ggf – ebenso wie im Falle verschiedener, sich nur teilweise per Saldo ausgleichender Unterschiedsbeträge – in einen positiven Teil-Unterschiedsbetrag und einen zB durch Verlustrücktrag entstandenen, gleich hohen negativen Teil-Unterschiedsbetrag aufzuteilen; dass keine Differenz zwischen der festgesetzten und der neu festgesetzten Steuer besteht, schließt in diesem Fall eine Verzinsung nicht aus (BFH BStBl 07, 82; vgl BFH/NV 06, 475). Auch ein Erlass kommt in einem solchen Fall nicht in Betracht (BFH/NV 07, 1266). 33

Für die Ermittlung der Zinsen sind in solchen Fällen **„Schattenveranlagungen"** durchzuführen, bei denen die nachzuzahlende/zu erstattende Steuer zunächst ohne Berücksichtigung des rückwirkenden Ereignisses/Verlustrücktrages und sodann für jedes rückwirkende Ereignis/jeden Verlustrücktrag gesondert berechnet wird, beginnend mit dem Ereignis/Verlustrücktrag, der/das am weitesten zurückwirkt. Der erste Teil-Unterschiedsbetrag drückt dabei die Differenz zwischen festgesetzten Vorauszahlungen und der StSchuld im frühesten maßgeblichen Zeitpunkt der Zinsberechnung aus. Der zweite Teil-Unterschiedsbetrag verkörpert die im zweitfrühesten Zeitpunkt eingetretene Veränderung der StSchuld ggü dem ersten Teil-Unterschiedsbetrag (und damit mittelbar ggü den festgesetzten Vorauszahlungen); im Falle einer Erhöhung des maßgeblichen StBetrags macht er einen positiven Betrag, sonst einen negativen aus. Im nächsten Berechnungsschritt wird für jeden dieser Teil-Unterschiedsbeträge der Zinslauf nach Maßgabe des Abs 2a ermittelt und dementsprechend der Zinsbetrag errechnet (bei gesonderter Anwendung von Abrundungs- und Laufzeitregeln; nur volle Monate). Die Summe der einzelnen, so errechneten Zinsbeträge ergibt ohne Weiteres den festzusetzenden Nachzahlungs-/Erstattungszins, sofern nur positive Teil-Unterschiedsbeträge entstanden sind (in der Sprache des § 233a: Teil-Unterschiedsbeträge *zu Ungunsten* des Stpfl), also die StSchuld sich von einem Zeitpunkt zum nächsten stets erhöht hat. 33a

Ergeben sich hingegen Teil-Unterschiedsbeträge zugunsten des Stpfl (etwa bei einem Verlustrücktrag), wird diese Berechnung zum einen dadurch zusätzlich komplizierter, dass die Erstattungszinsen zu ermitteln sind nach Maßgabe des Zeitpunktes, in dem die festgesetzten Vorauszahlungen tatsächlich entrichtet worden sind („Istverzinsung", siehe oben Rz 29, wobei evtl Teilzahlungen zu weiteren Differenzierungen des Zinslaufs führen). 34

Vor allem aber ergibt sich notwendigerweise eine Schwierigkeit, wenn auf Teil-Unterschiedsbeträge *zu Ungunsten* des Stpfl Teil-Unterschiedsbeträge *zugunsten* des Stpfl folgen. Abs 7 S 2 und 3 regeln das rechtliche Schicksal der Nachzahlungszinsen, die ggf in dem Zeitraum entstanden sind, der dem Zeitpunkt vorausliegt, zu dem ein rückwirkendes Ereignis zugunsten des Stpfl/der Verlustrücktrag nach Abs 2a Zinswirksamkeit erlangt. 35

36 Sofern Nachzahlungszinsen für die Zeit vor Zinswirksamkeit des zu einem Teil-Unterschiedsbetrag zugunsten des Stpfl führenden Ereignisses (Eintritt des Ereignisses + Karenzzeit) entstanden sind, bleiben diese bestehen (Abs 7 S 2 Hs 2). Dies entspricht dem Grundgedanken, dass rückwirkende Ereignisse keine Zinswirkung dahin haben sollen, dass vor ihrem Eintritt (zuzüglich Karenzzeit) geleistete Vorauszahlungen nachträglich genauso behandelt werden, als hätte es sich um Zahlungen auf von der FinBeh zu hoch festgesetzte Vorauszahlungen gehandelt. Ist die Zinswirkung des fraglichen Ereignisses jedoch vor Ende des Zinslaufs der betr Nachzahlungszinsen eingetreten, fallen ab diesem Zeitpunkt die Nachzahlungszinsen weg (S 2 Hs 1). Abs 7 S 2 Hs 2 zieht – verdeutlichend – den Umkehrschluss: die nicht wegfallenden, vor Zinswirksamkeit des zugunsten des Stpfl wirkenden Ereignisses errechneten (Nachzahlungs-)Zinsen bleiben bestehen.

37 Wie sich aus der Rede des Abs 7 S 2 von den „festgesetzten" Zinsen ergibt, hat diese Vorschrift den Fall einer Änderung der Zinsfestsetzung gem Abs 5 im Auge; dementsprechend korrespondiert Abs 7 S 2 vornehmlich mit Abs 5 S 3 Hs 2, indem er diese Vorschrift in der durch Abs 2a gebotenen Weise für den Fall der Berücksichtigung rückwirkender Ereignisse modifiziert (festgesetzte Zinsen entfallen nicht schlechthin, sondern frühestens ab dem in Abs 7 S 2 bezeichneten Zeitpunkt, bei tatsächlicher Zahlung nach diesem Zeitpunkt auch später!).

38 Für den weiteren denkbaren Fall, dass sich ein Teil-Unterschiedsbetrag *zu Ungunsten* des Stpfl ergibt, bedarf es keiner Abs 7 S 2 entsprechenden Regelung. Denn dass festgesetzte Nachzahlungszinsen in diesem Fall wegfallen könnten, kommt nicht in Betracht (der fiktive Nachzahlungsbetrag hat sich ja im Gegenteil noch erhöht), und festgesetzte Erstattungszinsen wegfallen zu lassen besteht kein Anlass, weil die festzusetzenden Nachzahlungszinsen auf den vorgenannten Teil-Unterschiedsbetrag insoweit die vorangegangene Zinsfestsetzung kompensieren.

39 Abs 7 S 3 schließlich dehnt die vorstehend erläuterten Grundsätze auf den Fall aus, dass die **Zinsen noch nicht festgesetzt** worden sind, ergänzt also Abs 3. Deshalb spricht er von Zins*berechnung* statt wie Satz 2 eine bereits erfolgte Zins*festsetzung* vorauszusetzen. Dass beide Fälle iErg gleichgestellt werden müssen, liegt auf der Hand (vgl *Baum* Die Vollverzinsung nach § 233a AO, Rz 333). Das Gesetz sprach allerdings zunächst von einer vorangegangenen Zinsberechnung auf einen Teil-Unterschiedsbetrag *zugunsten* des Stpfl. Das gab keinen Sinn, weil Satz 2, dessen Regelung nach Satz 3 auch bei einer (erstmaligen) Zinsfestsetzung gelten soll, ja das Problem betrifft, ob Zinsen auf einen *zu Ungunsten* des Stpfl entstandenen Teil-Unterschiedsbetrag (Nachzahlungszinsen) deshalb wegfallen, weil ein auf einen späteren Zeitpunkt rückwirkendes Ereignis zu einem Teil-Unterschiedsbetrag zugunsten des Stpfl führt (wie es bei einer nicht auf einem solchen Ereignis beruhenden Änderung eines StBescheids der Fall wäre). Sinngemäß müsste es also in Satz 3 statt zugunsten heißen: zu Ungunsten. Eine Ersetzung des Wortes „zugunsten" durch „zu Ungunsten" in Abs 7 S 3 ist dementsprechend im StBereinG 1999 vorgenommen worden. Die vor Zinswirksamkeit des rückwirkenden Ereignisses entstandenen Nachzahlungszinsen bleiben nach Abs 7 S 3 endgültig auch dann bestehen (sind festzusetzen), wenn sich aufgrund eines Teil-Unterschiedsbetrags zugunsten des Stpfl Erstattungszinsen ergeben, zuvor jedoch auf einen Teil-Unterschiedsbetrag Nachzahlungszinsen errechnet worden sind. Auch dies ist an sich lediglich eine logische Folge des dargestellten, § 233a II a prägenden Grundgedankens, dass rückwirkende Ereignisse hinsichtlich der Verzinsung der StForderung *nicht* zurückwirken.

41 **8. Zinsen bei Aufhebung oder Änderung der StFestsetzung oder der Anrechnung von Steuerbeträgen (Abs 5).** Satz 1 ist ggü § 175 spezielle Rechtsgrundlage für die (Änderung der) Zinsfestsetzung bei einer Änderung des StBescheids; sie trägt der Abhängigkeit der Zinsen von der Steuer als Hauptforde-

rung (Grundlagenbescheid, BFH BStBl 09, 117) Rechnung und regelt die Berechnung des für die Zinsfestsetzung maßgeblichen Unterschiedbetrags ergänzend zu der allg Regelung in Abs 3 für die Fälle der Korrektur der StFestsetzung. Ohne Belang ist, auf welcher Rechtsgrundlage die Aufhebung, Änderung oder Berichtigung beruht; erfasst sind deshalb auch Änderungen und Aufhebungen im Rechtsbehelfsverfahren (BFH BStBl 17, 1079). Muss ein Zinsbescheid aus anderen Gründen als wegen Änderung der StFestsetzung geändert werden, insb weil die Zinsen von Anfang an unrichtig berechnet worden sind, richtet sich dies hingegen nach den allg Vorschriften (§§ 129, 172 ff). Ist eine Änderung nach Abs 5 vorzunehmen, sind aber auch die Zinsen einzubeziehen, deren Berücksichtigung trotz entsprechender StFestsetzung bisher versäumt worden ist (BFH BStBl 09, 117). Abs 5 gilt außer bei Änderungen des zu Grunde liegenden StBescheids nach §§ 172 ff, 164 II, 165 II, zB auch wegen Wechsel der Veranlagungsart bei Eheleuten (*Loose* FR 03, 1068), auch bei der Berichtigung offenbarer Unrichtigkeiten (§ 129), ebenso bei Änderungen im Rechtsbehelfsverfahren (BFH BStBl 12, 220). Grundlage für die Zinsberechnung in diesen Fällen ist der Unterschiedsbetrag zwischen der (neu) festgesetzten Steuer und der bisher festgesetzten Steuer, jeweils vermindert um die anzurechnenden StAbzugsbeträge und die anzurechnende KSt. Die Vorschrift ist ferner auch anzuwenden, wenn Zinsen überhaupt noch nicht festgesetzt worden waren, weil bei der ursprünglichen Festsetzung zB eine StErstattung in der Karenzzeit solche nicht auslöste (BFH BStBl 05, 735). Waren aufgrund einer erstmaligen StFestsetzung Erstattungszinsen für einen angefangenen Monat nicht zu zahlen, und wird die festgesetzte Steuer später erhöht, so sind auch für diesen Monat Nachzahlungszinsen zu entrichten (BFH BStBl 97, 263).

Eine Änderung der Zinsfestsetzung ist nach Satz 1 Hs 2 auch bei einer Änderung in der **„Anrechnung von StBeträgen"**, also bei den StAbzugsbeträgen sowie der anzurechnenden KSt geboten. Die Änderung kann durch Änderung der AnrechnungsVfg, aber auch durch einen Abrechnungsbescheid nach § 218 II erfolgt sein (BFH/NV 03, 154; BFH BStBl 12, 220). Wenn bei einer erstmaligen Zinsfestsetzung die Anrechnung von StBeträgen zu Unrecht unterblieben ist, wird die Zinsfestsetzung hingegen nach den für StBescheide geltenden Bestimmungen berichtigt, aufgehoben oder geändert (vgl § 239 I 1). Auf derartige Fälle ist § 233a V 1 nicht anwendbar. Entsprechendes gilt bei unrichtiger Zinsfestsetzung in dem ersten Bescheid, die vorbehaltlich der genannten Änderungsvorschriften in den Bescheid nach Abs 5 übernommen werden muss. 42

Maßgebend für die (Neu-)Festsetzung der Zinsen ist die Differenz zwischen dem zunächst der Zinsfestsetzung zu Grunde gelegtem StBescheid und dem geänderten (berichtigten) StBescheid, jeweils vermindert um die Anrechnungsbeträge. Zu den anzurechnenden StBeträgen gehören hier die festgesetzten Vorauszahlungen deshalb nicht, weil diese ja bereits bei der (ersten) vorangegangenen Zinsberechnung berücksichtigt worden sind. Der Unterschiedsbetrag, von dem Abs 5 S 2 spricht, ist insoweit ein anderer als der des Abs 3 S 1. Beruht die Änderung des StBescheids (auch) auf § 175 I 1 Nr 2 und II oder § 10d I EStG, ist Abs 2a zu berücksichtigen (dazu oben Rz 31). Auch hierzu enthält der AEAO zu § 233a Nr 48 ff eingehende Berechnungsbeispiele. Denn wegen der unterschiedlichen Regelungen der Abs 2 und 2a hat der Unterschiedsbetrag in solchen Fällen keinen einheitlichen Zinslauf; daher sind entsprechend den Erläut zu Rz 31 f so viele Teil-Unterschiedsbeträge zu bilden, wie unterschiedliche Zinsläufe zu berücksichtigen sind. Es entspricht der Vereinfachung der Berechnung, innerhalb einzelner Teil-Unterschiedsbeträge ggf entstehende Sollminderungen und -erhöhungen zu saldieren (AEAO Nr 46). §§ 238 II, 239 II sind hinsichtlich des neu berechneten Betrags nicht anzuwenden (FG Bbg EFG 01, 669). 43

Dem so errechneten Zinsbetrag sind die Zinsen hinzuzurechnen, die auf den bisher festgesetzten StBetrag zu erheben waren (vgl BFH/NV 13, 509), selbst wenn diese erlassen worden waren (BFH/NV 13, 509); zu viel festgesetzte Zinsen 44 entfallen. Nachzahlungszinsen, die an den Stpfl zu erstatten sind, sind jedoch nicht ihrerseits zu verzinsen (BFH/NV 14, 1713). Bei mehrfacher Änderung des StBescheids sind dementsprechend Berechnungen für jeden Änderungsbescheid nach Maßgabe des jeweiligen Endes des Zinslaufs (Bekanntgabe des Bescheids) durchzuführen (während der Beginn des Zinslaufs – Entstehen der StForderung + Karenzzeit – für alle Berechnungen gleich ist). Es ist deshalb ohne Bedeutung, ob ursprünglich festgesetzte Nachzahlungszinsen aus Billigkeit erlassen/abweichend festgesetzt worden sind, da dem neu berechneten Zinsbetrag die bisher festzusetzenden Zinsen hinzuzurechnen sind (BFH/NV 13, 509).

45 Bei Änderung der StFestsetzung zu Ungunsten des Stpfl sind also die auf das *Mehrsoll* entfallenden Zinsen vom Beginn des Zinslauf an (Abs 2 S 1: 15 Monate nach Entstehung der Steuer) zu berechnen. Vorsteuern aufgrund nachträglicher Rechnungserteilung sind nicht iS einer fiktiven StBerechnung abzuziehen, sondern erst im Zeitpunkt der Rechnungserteilung berücksichtigungsfähig (BFH BStBl 05, 236). War die aufgrund der vorangegangenen StFestsetzung zu zahlende Steuer vor Ablauf der Karenzfrist fällig und sind deswegen damals keine Nachzahlungszinsen festgesetzt worden, kann es durch die Nachforderung aufgrund der geänderten Festsetzung zur erstmaligen Festsetzung von Nachzahlungszinsen kommen.

46 Bei einer **Erstattung in Folge Änderung des StBescheids** ist der zu erstattende Betrag ebenfalls vom Ablauf der Karenzzeit an, frühestens jedoch vom Zeitpunkt der Zahlung an zu verzinsen. Bei Ratenzahlungen sind dementsprechend mehrere Berechnungen notwendig. Wenn das Vorsoll nicht bezahlt war, entfällt auch eine Verzinsung. War das Vorsoll verspätet gezahlt, bleiben die evtl entstandenen Säumnisfolgen oder Stundungszinsen bestehen. Falls jedoch auf das Mindersoll Nachzahlungszinsen berechnet wurden, wird die vorangegangene Zinsberechnung insoweit rückgängig gemacht.

47 Bei einer **Änderung der StFestsetzung durch das Gericht** gem § 100 I 1, II 1 FGO ist zu beachten, dass die gerichtliche Entscheidung ein Gestaltungsurteil ist mit der Folge, dass die Änderung erst mit dessen Rechtskraft wirksam wird. Dieser Zeitpunkt ist daher für die Zinsberechnung maßgebend. Bei Aufhebung ohne Entscheidung in der Sache gem § 100 II 2 FGO kommt es auf die erneute Entscheidung des FA an.

50 **9. Billigkeitserlass.** Die Anwendung der §§ 163, 227 auf Nachzahlungszinsen ist nicht etwa deshalb ausgeschlossen, weil anders als in den §§ 234 II und 237 IV über Billigkeitsmaßnahmen keine ausdrückliche gesetzliche Regelung getroffen ist (BFH BStBl 96, 503). Billigkeitsmaßnahmen kommen hauptsächlich in Betracht, wenn solche auch hinsichtlich der zu Grunde liegenden Steuer zu treffen sind (nicht jedoch wegen angeblicher Rechtswidrigkeit des StBescheids, BFH/NV 03, 1531, oder Änderung des StBescheids aufgrund RsprÄnderung, FG Ddorf DStRE 14, 999) oder – als zinsspezifische Billigkeitsmaßnahmen –, wenn der Stpfl einen gegen ihn festgesetzten Nachzahlungsbetrag bereits entrichtet hatte (Korrektur der Sollverzinsung, BFH BStBl 06, 155; dazu Rz 51). Ein Erlass ist aber angesichts der vom Gesetzgeber beabsichtigten Typisierung des Zinsvorteils nur in Fällen vorzunehmen, in denen der Stpfl aufgrund *außergewöhnlicher* Umstände keinen Zinsvorteil hatte (BFH BStBl 97, 259 zur USt; BFH/NV 10, 6 zur KSt; BFH/NV 02, 505). Da die Nachzahlungszinsen als Ausgleich für *typischerweise mögliche* Zinsvorteile des Schuldners gedacht sind (vgl ua BFH/NV 07, 208), reicht als sachlicher Billigkeitsgrund hingegen nach der (vielfach angegriffenen) Rspr des BFH nicht der Umstand aus, dass der Stpfl auf den Zeitpunkt der StFestsetzung keinen Einfluss hat und eine Verzögerung der StFestsetzung vom FA zu vertreten ist (stRspr, ua BFH BStBl 94, 81; 97, 446; BFH/NV 06, 2029; dazu Rz 52).

50a Es ist nur auf die Verhältnisse des jeweiligen Zinsschuldners abzustellen; die Verhältnisse eines anderen Rechtssubjekts müssen außer Betracht bleiben (BFH BStBl 97, 716 zum VorStAbzug eines Dritten: kein Billigkeitserlass bei „Null-Situation“, vgl Rz 54; bedenklich BFH BStBl 97, 714, wenn nur auf einen „Wertungsüberhang" abgestellt wird; BFH/NV 00, 1178). Kein Zinserlass daher, wenn sich infolge einer Verrechnungspreiskorrektur einerseits die KSt einer in einem anderen EU-Mitgliedstaat ansässigen Kapitalgesellschaft mindert und diese dort keine Erstattungszinsen beanspruchen kann, die ESt des inl Anteilseigners einer inl (Schwester-)Mitunternehmerschaft sich aber erhöht (BFH BStBl 17, 3). Auf einen korrespondierenden Nachteil der FinBeh kommt es ohnehin nicht an. Auch wer das Entstehen einer StNachforderung zu verantworten hat, ist grds ohne Bedeutung (BFH/NV 00, 1441), ebenso ob die Liquidität des Stpfl aufgrund seines Verhaltens ggü der fiktiven Liquidität bei „vorschriftsgemäßem" Verhalten erhöht worden ist (BFH/NV 05, 1220; vgl auch BFH/NV 14, 5).

Nachzahlungszinsen sind nur bis zum Eingang einer vom FA vor Wirksamkeit der 51
StFestsetzung angenommenen (woran die FinBeh nicht gehindert ist, BFH BStBl 95, 490) freiwilligen Zahlung auf die noch nicht festgesetzte Steuer zu bezahlen; sie entstehen zwar nach dem Prinzip der Sollverzinsung (Rz 21), müssen aber in solchen Fällen aus sachlichen Billigkeitsgründen grds erlassen werden (BFH/NV 00, 1177; vgl FG Nds EFG 03, 17 und EFG 97, 451 für den Fall freiwilliger Vorauszahlungen auf einen Änderungsbescheid). § 238 I 1 ist nicht anzuwenden (FG Nds EFG 03, 17). Aus Vereinfachungsgründen ist entspr AEAO zu § 233a Nr. 70.1.2 Satz 2 der Erlass auf die Zinsen beschränken, die für jeweils volle Monate zwischen der Annahme der Zahlung und der Wirksamkeit der SFestsetzung angefallen sind (BFH/NV 14, 817). FG Mchn EFG 16, 351, BFH DStR 18, 29 haben jedoch die Regelung beanstandet, dass der fiktive Zinslauf erst am Tag nach der Erbringung der freiwilligen Leistung beginnt. Ferner ist zu erlassen, wenn die FinBeh eine Vorauszahlung ohne triftigen Grund zurückgewiesen hat (offen gelassen BFH BStBl 96, 503); wenn Vorauszahlungen zu Unrecht erstattet worden sind, dies die FinBeh allein zu vertreten hat, der Stpfl sie auf ihren Fehler unverzüglich aufmerksam gemacht und den Erstattungsbetrag zur erneuten Einzahlung bereitgehalten hat (BFH BStBl 98, 550; BFH/NV 07, 2075). Kein Erlass hingegen, wenn ESt niedriger als erklärt festgesetzt worden ist, weil sich dies aus einem Grundlagenbescheid ergab, der jedoch nachträglich zulasten des Stpfl geändert worden ist (FG Mster EFG 18, 174), oder sonst bei Anpassung der EStFestsetzung an einen Feststellungsbescheid (BFH/NV 18, 1668). Bei einer Zahlung über den später festgesetzten Betrag hinaus werden jedoch keine *Erstattungszinsen* fällig, wogegen auch keine Billigkeitsmaßnahmen angebracht oder zulässig sind.

Zur Problematik bei KStNachzahlung nach Gewinnausschüttung und zu hohen Vorauszahlungen für Folgejahr siehe BFH BStBl 97, 714 und BFH BStBl 99, 634 – keine Anwendung des Abs 2a jedenfalls bei Erstbeschluss – sowie oben Rz 32.

Der Grundsatz von Treu und Glauben steht einer Festsetzung von Nachforde- 52
rungszinsen grds selbst dann nicht entgegen, wenn der Veranlagungsbeamte die **Bearbeitung der StErklärung schuldhaft verzögert** (BFH BStBl 97, 446; 96, 503; 94, 81; BFH/NV 10, 606; 01, 1003; 06, 2029; FG Mnch EFG 17, 1716; aA FG RhPf EFG 92, 646; *TK/Loose* § 233a Rz 79 ohne zu berücksichtigen, dass solche Verzögerung idR kein außergewöhnlicher Umstand sind (kritisch *Loose* DStJG 31 (2008), 203, 212); erst recht nicht, wenn neben Versäumnissen der FinBeh die Verletzung von Erklärungspflichten des Stpfl für das Entstehen des Zinsanspruches maßgebend ist (BFH/NV 96, 797) oder die FinBeh die Bearbeitung fehlerhaft vorgenommen hat (BFH/NV 00, 1441; 06, 2029; 08, 740). Daher kein Erlass bei einer Bearbeitungszeit von 14 Monaten nach Eingang der StErklärung, zumal der Stpfl ggf Erhöhung der Vorauszahlungen oder Festsetzung nach § 164 habe beantragen können (BFH BStBl 96, 53; 503 bei elf Monaten; vgl BFH/NV 97, 92; 07, 1705). Die Erhebung von Nachforderungszinsen ist auch dann nicht unbillig, wenn die Voraussetzungen für eine nachträgliche Erhöhung der EStVorauszahlungen nach § 37 EStG nicht vorlagen und der StBescheid erst 11 Monate nach Abgabe der StErklärung ergeht (BFH BStBl 96, 503). Der BFH hat in dieser

Entscheidung allerdings offen gelassen, ob das auch dann gilt, wenn der Stpfl den Nachzahlungsbetrag unverzinst angelegt hat und die FinBeh schuldhaft gehandelt hat (vgl aber BFH BStBl 96, 651; 94, 81: fehlender Zinsvorteil kein Erlassgrund). Eine Bearbeitungszeit von zB vier Jahren dürfte aber idR (in einem „normalen“ Steuerfall) schwerlich angemessen und wegen der gesetzlichen Typisierung hinzunehmen sein (anders FG Hbg EFG 94, 183). Ebenso kann ein Erlass in Betracht kommen, wenn die Nachforderung im Fall einer StFestsetzung vor Ablauf der Karenzfrist im Verrechnungswege gestundet worden wäre und das FA auf die Erhebung von Stundungszinsen verzichtet hätte (FG Nds EFG 98, 618) oder wenn das FA wissentlich wesentlich zum Entstehen der Nachforderungsschuld beigetragen hat (vgl FG Sachs FG EFG 98, 1449).

53 Bei der Zinserhebung trotz verzögerlicher StFestsetzung kommt es jedenfalls auf die vom einzelnen Stpfl erzielten Zinsvorteile bzw (bei schlecht verzinster Rücklage) erlittenen Nachteile und im Einzelfall beim Fiskus eingetretene Nachteile *nicht* an; denn § 233a trifft im Interesse der Praktikabilität und der Verwaltungsvereinfachung eine typisierende Regelung des Vorteilsausgleichs, die entsprechende (Billigkeits-)Regelungen nach Maßgabe des (nicht außergewöhnlichen) Einzelfalls ausschließt (BFH BStBl 97, 446; vgl auch BFH BStBl 96, 53; aA *Bolz* AktStR 96, 185).

54 Nachforderungszinsen auf **USt** sind aus sachlichen Billigkeitsgründen zu erlassen, wenn eine von der ursprüngl zeitlichen Zuordnung eines Umsatzes abweichende spätere StFestsetzung zu einer StNachforderung und zugleich zu einer StErstattung führt, sofern der Stpfl während der Zinslaufzeit keinen StVorteil haben konnte (BFH BStBl 97, 259), wobei bei einer Aufrechnung der Nachforderung mit der vorher festgesetzten Erstattung nach BFH BStBl 95, 490 (siehe oben) ohnehin keine „Steuernachforderung“ iSd § 233a entsteht (zur Verlagerung von Einkünften siehe Rz 55). Es kommt jedoch auf einen etwaigen Vorteil des Stpfl, nicht einen solchen des FA an (BFH/NV 02, 307), sodass die Verzinsung bei einer „Null-Situation“ (keine Versteuerung des Umsatzes durch den Leistenden, kein VorStAbzug des Leistungsempfängers) nicht unbillig ist (BFH/NV 07, 208; 01, 656; 00, 824); die Verzinsung (wegen irrtümlicher Annahme der USt-Freiheit) nachträglich festgesetzter USt ist daher nicht deshalb (sachlich) unbillig, weil sich ein Ausgleich mit den vom Leistungsempfänger abgezogenen VorStBeträgen ergibt (BFH BStBl 97, 716; vgl BFH/NV 02, 545; 00, 1178; FG Hess DStRE 99, 324 sowie – unter unionsrechtl Aspekten kritisch – *Nagler* DStR 99, 1176). Nach irrtümlich angenommener Organschaft für festgesetzte Steuern auf vermeintlich nicht steuerbare Innenumsätzen entstandene Zinsen sind nicht deshalb zu erlassen, weil die VorSt vom Leistungsempfänger erst in dem Besteuerungszeitraum abgezogen werden kann, in dem eine Rechnung mit USt-Ausweis vorliegt (FG MeVo EFG 15, 496, Rev BFH XI R 18/14 erledigt). Hingegen soll ein Erlass in Betracht kommen, wenn VorSt für einen vom Leistenden zu Unrecht als stpfl behandelten Eingangsumsatz korrigiert werden musste (*Jacobsen/Tietjen/Fajen* UR 03, 417). Es ist jedoch sowohl für die Entstehung wie für den Billigkeitserlass von Zinsen auf nicht abgeführte USt grds ohne Belang, ob einer (USt auslösenden) Rechnungserteilung ein Leistungsaustauschverhältnis zugrunde liegt und ob die USt vom Leistenden vereinnahmt wurde (BFH/NV 12, 1941). Auch der ungleiche Zinslauf bei nacherhobener USt (Nachzahlungszinsen) und mangels Eingangsrechnung erst später möglichem Abzugs korrespondierender VorSt rechtfertigt kleinen Erlass (BFH BStBl 14, 738). Die Verzinsung der nachträglich aufgrund der Ausübung des Optionsrechts gem § 9 UStG festgesetzten USt ist ebenfalls nicht sachlich unbillig, weil die Ausübung des Optionsrechts kein rückwirkendes Ereignis ist (BFH BStBl 04, 39;vgl auch BFH BStBl 03, 175; BFH/NV 13, 901; 11, 1474), ebensowenig die Verzinsung im Falle des § 14c II UStG (FG Bbg EFG 02, 177) und des § 14 II 2, 17 I UStG (BFH BStBl 10, 92).

54a Zu Bauträgerfällen vgl FG BaWü 1 K 1293/17, Rev XI R 4/18; FG BaWü EFG 18, 599, Rev V R 8/18; FG Mchn EFG 18, 593, Rev V R 3/18.

Zinserhebung in Folge einer **Gewinnverlagerung** ist nicht unbillig, selbst wenn per Saldo der einzelnen Veranlagungszeiträume keine höheren Steuern entstehen und die Nachzahlungs- durch die Erstattungszinsen nicht voll ausgeglichen werden (BFH BStBl 06, 155; BFH/NV 06, 387; aA FG SchlHol EFG 99, 9; FG Nds EFG 98, 83). Zinsen, die aufgrund der zeitlich verzögerten Erfassung eines in einem Feststellungsverfahren dem Kläger zugerechneten Gewinns aus der Veräußerung/Einbringung einer Beteiligung (wegen eines vom Kalenderjahr abweichenden Wirtschaftsjahres) entstanden sind, müssen ebenfalls nicht erlassen werden (FG SchlHol EFG 14, 321, Rev zurückgewiesen, BFH/NV 16, 1668). 55

Schließlich kann bei (eingeschränkt zulässiger) **rückwirkender Gesetzesänderung** die Erhebung von Nachzahlungszinsen unbillig sein (vgl FG Mchn EFG 95, 601). 56

10. Zinsfestsetzung (Abs 4). Der Zinsanspruch nach § 233a entsteht kraft Gesetzes, und zwar (erst) im Zeitpunkt der Festsetzung der zu verzinsenden StForderung (BFH BStBl 02, 677: Abtretung vor StFestsetzung deshalb unwirksam). Die Zinsen sind durch Bescheid festzusetzen (wegen des Ablaufs der Festsetzungsfrist siehe § 239 Rz 4). Die Festsetzung der Zinsen soll mit der StFestsetzung verbunden werden, bleibt aber eigenständiger VA (BFH BStBl 17, 1079). Insoweit gelten die Vorschriften über StBescheide entsprechend. Dies gilt für die Form und den Inhalt des Bescheids und für dessen Änderungsmöglichkeiten. Falls die der Zinsfestsetzung zu Grunde liegende StFestsetzung geändert wird, ergeben sich die Folgen dieser Änderung allerdings aus § 233a V, der als lex specialis die Regelung des § 175 ausschließt (FG Brem EFG 93, 361; *Krabbe* DB 88, 1722). Rechtsbehelf gegen den Zinsbescheid ist der Einspruch, gegen Zinsbescheid der Gemeinden der Widerspruch (§ 69 VwGO). Im Verfahren über die Rechtmäßigkeit der Zinsfestsetzung wird die Richtigkeit der StFestsetzung nicht geprüft (BFH BStBl 03, 175). Wird die Vollziehung des zu Grunde liegenden StBescheids ausgesetzt, bedarf es grds keiner AdV des Zinsbescheids (Gesichtspunkt fehlenden Rechtsschutzbedürfnisses). Jedoch sind selbstredend auch Zinsbescheide aussetzungsfähig (vgl BFH BStBl 98, 721, BFH/NV 12, 1452). 60

Bei einer wiederholten Änderung der StFestsetzung läuft die Festsetzungsfrist für den gesamten Anspruch auf Nachzahlungszinsen nicht ab, solange noch eine – wenn auch nur punktuell wirkende – Änderung der StFestsetzung zulässig ist; Teile des Zinsanspruchs unterliegen keiner gesonderten Teilverjährung (BFH/NV 09, 117; FG Ddorf EFG 17, 1059, Rev X R 30/17). 60a

Ob und in welchem Umfang Zinsen durch ein rückwirkendes Ereignis entstanden sind, ist ggf im Feststellungsverfahren zu klären (BFH BStBl 10, 528); es gilt insofern das Gleiche wie bei Hinterziehungszinsen (dazu BFH BStBl 89, 596); ggf ist der Feststellungsbescheid gem § 179 III zu ergänzen (BFH BStBl 10, 528). 61

§ 239 II und das Abrundungsgebot des § 238 II sind auf die Grundlage der Zinsberechnung nicht anzuwenden, sodass auch bei einer geänderten StFestsetzung, die zu einem nur etwas höheren StGuthaben führt, auf das Guthaben oder die Nachforderung *insgesamt* abzustellen ist (FG Bbg EFG 01, 669). 62

11. Verhältnis der Zinsen nach § 233a zu den Säumniszuschlägen und den Zinsen nach §§ 235, 236, 237. a) Säumniszuschläge. Nachforderungszinsen und Sz schließen sich schon begrifflich gegenseitig aus, weil Nachforderungszinsen auf nicht fällige Steuern erhoben werden, während Sz die Fälligkeit der StForderung voraussetzen. Etwas scheinbar anderes ergibt sich nur, wenn wegen späterer Heraufsetzung einer zunächst herabgesetzten Steuer neben Sz Nachforderungszinsen anfallen, weil gem § 240 I 4 verwirkte Sz durch eine Änderung der bisherigen StFestsetzung nicht berührt werden. Schon festgesetzte Erstattungszinsen werden mit den Nachzahlungszinsen verrechnet. Im Ergebnis bedeutet das, dass der Stpfl für den Zeitraum und in der Höhe, in dem/in der er die endgültig festgesetzte Steuer bereits bezahlt hatte, nicht mit Nachzahlungszinsen belastet 63 wird; die Sz für die Zeit nach Ablauf der Karenzzeit bis zur Zahlung treten aber neben die auf den gleichen Zeitraum entfallenden Nachzahlungszinsen. AEAO zu § 233a Nr 64 sieht Erlass der Sz zur Hälfte vor (weitergehend *Krabbe* DB 88, 1722; dagegen mit beachtlichen Gründen *TK/Loose* § 233a Rz 84).

65 Sz und Erstattungszinsen können selbstredend wegen derselben StForderung nacheinander anfallen, wenn die fälligen StVorauszahlungen nicht bezahlt werden, später aber die Steuer herabgesetzt wird.

68 **b) Stundungszinsen.** Ebenso wie bei den Sz ist eine Überschneidung mit Nachzahlungszinsen iAllg ausgeschlossen, weil Stundungszinsen erst für die Zeit nach erstmaliger Fälligkeit entstehen, der Lauf von Nachzahlungszinsen aber mit Bekanntgabe des StBescheids endet. Überschneidungen sind aber möglich, wenn eine gestundete Steuer zunächst herabgesetzt, aber später wieder in der ursprünglichen Höhe festgesetzt wird. Nach § 234 III sind bei Überschneidungen Nachzahlungszinsen auf die Stundungszinsen anzurechnen. Ein Erlass kommt in Betracht, wenn die Festsetzung der Nachzahlungszinsen erst nach der Festsetzung der Stundungszinsen und für denselben Zeitraum wie die bereits erhobenen Stundungszinsen geschieht (AEAO zu § 233a Nr 65).

70 **c) Hinterziehungszinsen.** Sie werden nach § 235 IV angerechnet, also nicht festgesetzt, soweit nach Ablauf der Karenzzeit bis zur StFestsetzung Nachzahlungszinsen entstehen; sie entstehen aber für die Zeit davor und danach (rechtspolitisch verfehlte Kritik bei *TK/Loose* § 233a Rz 87).

71 **d) Prozesszinsen.** Diese werden nach § 236 IV angerechnet, ebenso **Aussetzungszinsen** nach § 237 IV. Eine Überschneidung der Nachzahlungszinsen mit Aussetzungszinsen scheidet iAllg ohnehin aus, weil Aussetzungszinsen die Fälligkeit des ausgesetzten Betrags voraussetzen. Erstattungszinsen können ebenfalls nicht neben Aussetzungszinsen anfallen, weil sie nur für bezahlte Beträge entstehen können, Aussetzungszinsen hingegen nur für nicht bezahlte (BFHE 166, 361).

72 **e) Verspätungszuschläge (§ 152).** Sie dürfen bei ermessensgerechter Handhabung nicht ohne Rücksicht auf eine etwaige Abschöpfung von Zinsvorteilen nach § 233a festgesetzt werden. Trotz des Entstehens von Säumniszinsen gem § 233a kann aber der Vorteil der Säumnis bei der Bemessung eines Verspätungszuschlages berücksichtigt werden (vgl BFH BStBl 01, 60; BFH/NV 02, 475), was idR eine Betragsminderung zur Folge haben muss (BFH BStBl 02, 124).

§ 234 Stundungszinsen

(1) [1] **Für die Dauer einer gewährten Stundung von Ansprüchen aus dem Steuerschuldverhältnis werden Zinsen erhoben.** [2] **Wird der Steuerbescheid nach Ablauf der Stundung aufgehoben, geändert oder nach § 129 berichtigt, so bleiben die bis dahin entstandenen Zinsen unberührt.**

(2) **Auf die Zinsen kann ganz oder teilweise verzichtet werden, wenn ihre Erhebung nach Lage des einzelnen Falls unbillig wäre.**

(3) **Zinsen nach § 233a, die für denselben Zeitraum festgesetzt wurden, sind anzurechnen.**

Übersicht

1 **1. Inhalt.** Die Vorschrift sieht die Verzinsung sämtlicher gestundeter Ansprüche aus dem StSchuldverhältnis vor (auch von Haftungsansprüchen, BFH BStBl 98, 2; beachte jedoch § 233 S 2), und zwar für die nach der Stundungsverfügung eingeräumte Stundungsdauer (nicht bloß die tatsächlich in Anspruch genommene). In Abs 2 lässt sie (was neben § 163 an sich überflüssig ist) ein Absehen von der Zinserhebung aus Billigkeitsgründen zu. Die diesbzgl Entscheidung ist von der Zinsfestsetzung als solcher unabhängig (vgl BFH BStBl 98, 38).

2 **2. Anwendungsbereich.** Zinsen werden nach § 234 nur bei Stundung erhoben, jedoch auch bei einer solchen, die nicht auf einer Entscheidung der FinBeh oder des FG, sondern unmittelbar auf dem Gesetz beruht (zB § 20 VI UmwStG, dazu BFH BStBl 98, 38; vgl auch BFH BStBl 92, 231 zur Stundung nach § 6 V AStG), soweit nicht ausdrücklich zinslose Stundung vorgesehen ist (vgl zB § 28 ErbStG für den Erwerb eines Betriebsvermögens von Todes wegen). Ist nicht gestundet, sondern (zuunrecht) AdV gewährt worden, können gleichwohl Stundungszinsen verlangt werden, wenn die betr Verfügung in eine Stundungsverfügung umzudeuten ist (BFH/NV 86, 11 für AdV während des Verfassungsbeschwerdeverfahrens).

4 Wird ein Anspruch auf Rückforderung von Arbeitnehmer-Sparzulage (§ 14 II 1 5. VermBG), Bauprämien (§ 8 I 1 WoPG), Bergmannsprämien (§ 5a I 1 BergPG) oder Altersvorsorgezulagen (§§ 79 f EStG) gestundet, so sind – da die Vorschriften über die StVergütung entsprechend gelten – Stundungszinsen zu erheben (§ 234 iVm § 37 I). Bei der Investitionszulage wird die Regelung über die Stundungszinsen durch die weitergehende Zinspflicht nach § 12 InvZulG 2010 verdrängt.

6 **Zahlungsaufschub** nach § 223 und **Vollstreckungsaufschub** nach § 258 lösen keine Zinspflicht aus.

7 **3. Bemessung der Stundungszinsen.** Stundungszinsen werden für die Dauer der gewährten Stundung erhoben (Zinssatz: siehe § 238). Daraus ist gefolgert worden (*HHSp/Heuermann* § 234 Rz 8; aA *App* DStR 83, 504), ihre Höhe ändere sich nicht, wenn der Stpfl vor oder nach dem Zahlungstermin zahlt, der in der Stundungsverfügung festgelegt ist („Sollverzinsung", von der insbes die Gesetzesbegründung BT-Drs 7/4292 auszugehen scheint, um eine sofortige Berechnung der Stundungszinsen bei Erlass des Stundungsbescheids zu ermöglichen, vielleicht auch wegen des mitunter angeführten, unter den modernen Bedingungen (EDV) freilich kaum noch gegebenen Bedürfnisses eines einfachen Verwaltungsverfahrens). Diese Ansicht übersieht freilich, dass Stundungszinsen nur auf „Ansprüche aus dem Steuerschuldverhältnis" erhoben werden dürfen, wie es iÜ dem für Zinsen typischen Akzessorietätsgedanken entspricht; wird jedoch der gestundete Anspruch vor Ende der verfügten Stundung (die zweifellos kein Zahlungs*verbot* beinhaltet und anders als bei Darlehen mitunter üblich auch nicht unter dem konkludenten Vorbehalt steht, dass ggf Vorfälligkeitszinsen zu zahlen seien) durch Zahlung oder anderweit (zB Aufrechnung) getilgt, erlischt der Anspruch aus dem StSchuldverhältnis, sodass auch keine weiteren Zinsen mehr entstehen können (ebenso BFH BStBl 13, 767 zu Aussetzungszinsen; 92, 916; BFH/NV 07, 1817). Der Stpfl ist also, um die Zinserhebung für nicht in Anspruch genommene Zeiträume zu vermeiden, nicht darauf angewiesen, eine Änderung der Stundungsverfügung zu beantragen.

Des ohnehin unnötig komplizierenden Verwaltungsverfahrens, das AEAO zu § 234 Nr 1 für diese Fälle vorsieht (bei Tilgung mehr als einen Monat vor Fälligkeit Anwendung des Abs 2, soweit die Stundungszinsen auf einen Zeitraum entfallen, der nach der Tilgung liegt), bedarf es mithin nicht.

8 Eine **Aufhebung, Änderung oder Berichtigung** des StBescheids nach Ablauf des Stundungszeitraums ist nach Abs 1 S 2 für die Höhe der Stundungszinsen ohne Belang. Das entspricht dem Umstand, dass die festgesetzte Steuer – ungeachtet gegen sie erhobener rechtlicher Einwände und Rechtsbehelfe – einstweilen zu bezahlen war. Maßgebend für die Festsetzung von Stundungszinsen ist damit allein der gestundete StAnspruch nach den Verhältnissen während des Stundungszeitraums. Stundungszinsen werden also auf den gestundeten StBetrag erhoben, auch wenn nach Ablauf des Stundungszeitraums der festgesetzte StBetrag sich als aus irgendeinem Grunde unzutreffend erweist und die Festsetzung deshalb aufgehoben, geändert (auch aufgrund Rechtsbehelfs, OVG NRW NVwZ-RR 05, 505) oder berichtigt (§ 129) wird, erst recht bei späterem Erlass oder StVergütung. Für diesen Fall gleicht die Rechtslage bei den Stundungszinsen der bei Sz (§ 240 I 4). Sie kann iAllg nicht dadurch doch noch zugunsten des Stpfl korrigiert werden, dass bei nachträglicher Aufhebung oder Änderung des StBescheids die Stundungszinsen nach Abs 2 nicht erhoben werden. Der Stpfl muss also ggf statt Stundung in Anspruch zu nehmen AdV beantragen und dadurch die Akzessorietät seiner Zinsschuld ggü der StSchuld (nach Maßgabe der das Rechtsbehelfsverfahren abschließenden Entscheidung) sicherstellen. Da die AO keine Verzugszinsen kennt, steht der Stpfl also, wenn er Stundung in Anspruch nimmt, auch im Vergleich zu demjenigen schlechter, der seiner sofortigen Zahlungspflicht schlicht nicht nachkommt.

Die Rspr des BFH, wonach bei einer nachträglichen Herabsetzung der Steuer die Stundungszinsen rückwirkend zu mindern sind (BFH/NV 91, 212; 92, 150; 94, 687), ist durch den später eingefügten Abs 1 S 2 überholt.

9 Bei **StHerabsetzungen vor Ablauf der Stundung** will AEAO zu § 234 Nr 2 hingegen die Festsetzung der Stundungszinsen ggf nach § 175 I 1 Nr 2 ändern, während *TK/Loose* § 234 Rz 10 als Rechtsgrundlage hierfür § 175 I 1 Nr 1 anführen. Bis zum Zeitpunkt der Bekanntgabe des ändernden StBescheids (Grundlagenbescheid für die Zinsfestsetzung) bereits entstandene Stundungszinsen müssten aber davon mE, anders als jene Stimmen anzunehmen scheinen, unberührt bleiben, weil die Änderung der StFestsetzung insofern die vorläufige Zahlungspflicht nicht rückwirkend beseitigt hat. Werden **Vorauszahlungen** gestundet, ist allemal nur eine Änderung des Vorauszahlungsbescheids, nicht auch des JahresStBescheids von Belang (AEAO zu § 234 Nr 2).

11 **4. Beginn des Zinslaufs.** Der Zinslauf beginnt bei den Stundungszinsen an dem ersten Tag, für den die Stundung wirksam wird (§ 238 I S 2 iVm § 234 I). Dieser Tag zählt mit. Bei einer Stundung ab Fälligkeit beginnt der Zinslauf also am Tage nach Ablauf der Zahlungsfrist, bei deren Berechnung § 108 III zu beachten ist. Er beginnt folglich normalerweise am Tag nach dem Fälligkeitstag; ist der Fälligkeitstag jedoch ein Samstag, Sonntag oder Feiertag, beginnt der Zinslauf erst am darauf folgenden Dienstag bzw dem darauf folgenden übernächsten Tag (AEAO zu § 234 Nr 4; aA *Koenig/Koenig* § 234 Rz 9).

12 Wenn im Zinsbescheid ein bestimmter Tag als Beginn genannt wird (insb etwa bei einer rückwirkenden Stundung), wird dieser bei der Zinsberechnung mitgezählt. Wird die Stundung indes (versehentlich) schon auf einen Tag gewährt, an dem die Forderung tatsächlich noch gar nicht fällig ist, beginnt der Zinslauf entgegen dem Wortlaut der Vorschrift sinngemäß erst mit der Fälligkeit (aA *TK/Loose* § 234 Rz 4).

15 **5. Ende des Zinslaufs.** Der Zinslauf endet mit Ablauf des letzten Tages, für den die Stundung ausgesprochen worden ist (wenn nicht zuvor gezahlt worden ist, Rz 7). Dieser Tag ist der Zinsberechnung nach § 108 III auch dann zu Grunde zu

legen, wenn er ein Samstag, Sonntag oder ein gesetzlicher Feiertag ist; die Fälligkeit tritt dann allerdings erst am folgenden Werktag ein.

6. Zinsberechnung nur für volle Monate. Stundungszinsen sind nur für volle Monate zu zahlen; angefangene Monate bleiben außer Ansatz. Dementsprechend ist ggf der Schuldenstand am Anfang eines Monats maßgeblich. 16

7. Gesonderte Berechnung für jeden Anspruch. Zu verzinsen ist der jeweils gestundete Anspruch aus dem StSchuldverhältnis (§ 37) mit Ausnahme der Ansprüche auf stl Nebenleistungen (§ 233 S 2). Die Zinsen sind für jeden Anspruch (Einzelforderung, ggf einzelne Vorauszahlungsbeträge) besonders zu berechnen. Bei der Zinsberechnung sind die Ansprüche zu trennen, wenn StArt, Zeitraum (Teilzeitraum) oder der Tag des Beginns des Zinslaufs voneinander abweichen. 17

8. Kleinbetragsregelung. Die Kleinbetragsregelung des § 239 II, wonach Zinsen unter 10 € nicht erhoben werden, ist auf die für eine Einzelforderung berechneten Zinsen anzuwenden. 18

9. Stundung in Raten. Sollen mehrere Ansprüche in Raten gestundet werden, so ist bei der Festlegung der Raten möglichst zunächst die Tilgung der Ansprüche anzuordnen, für die keine Stundungszinsen erhoben werden. Sodann sind die Forderungen in der Reihenfolge ihrer Fälligkeit zu ordnen; bei gleichzeitig fällig gewordenen Forderungen soll die niedrigere Forderung zuerst getilgt werden. Dies gilt nicht, wenn die Sicherung der Ansprüche eine andere Tilgungsfolge erfordert. 19

10. Anschlussstundung. Bei einer Anschlussstundung sind die Zinsen, unabhängig vom alten Zinsbescheid, von dem Tag an, der auf den bisherigen Stundungstermin folgt, neu festzusetzen, sodass die Vorschriften über die Abrundung und Kleinbeträge nochmals anzuwenden sind; es handelt sich also *nicht* um eine Änderung der früheren StundungsVfg. Etwas anderes kann gelten, wenn die Voraussetzungen für die rückwirkende Rücknahme der früheren StundungsVfg nach § 130 II vorliegen und die frühere Vfg dementsprechend von der FinBeh aufgehoben und durch eine neue ersetzt wird. 20

11. Abrundung. Wegen der Vorschrift über die Abrundung (vgl § 238 II) kann sich bei Stundungen ein sog Abrundungsrest ergeben. Die Abrundung soll bei der zu stundenden Forderung und nicht bei den einzelnen Stundungsraten vorgenommen werden. Der sog Abrundungsrest ist bei der letzten Rate abzuziehen (AEAO zu § 234 Nr 9 S 3), dh es wird unterstellt, dass dieser bei der letzten Rate zinsfrei entrichtet wird. Aus praktischen Gründen soll die Stundung so ausgesprochen werden, dass die Raten, mit Ausnahme der letzten, auf durch 50 ohne Rest teilbare €-Beträge festgelegt werden. 21

12. Zinsschuldner. Zinsschuldner ist derjenige, dem die Stundung bewilligt wird, das kann zB auch der Abzugsverpflichtete sein, wobei jedoch § 222 S 3 ihm ggü eine Stundung jetzt grds nicht mehr zulässt. Die gesetzlichen Vertreter usw nach §§ 34, 35 werden nicht Zinsschuldner, können aber ggf als Haftende nach §§ 69 ff in Betracht kommen. Bei Gesamtschuld ist nur insgesamt einmal der geschuldete Betrag zu verzinsen. 22

13. Zinsfestsetzung; Änderung. Die Stundungszinsen werden regelmäßig schon bei Gewährung der Stundung durch schriftlichen Zinsbescheid festgesetzt. Ein Sammelbescheid muss ausweisen, in welcher Höhe Zinsen für die Steuern (VZ) festgesetzt werden (BFH/NV 15, 785), ist aber selbstverständlich nicht als solcher unzulässig (BFH/NV 14, 665). Gegen die Rechtmäßigkeit der StFestsetzung können dabei Einwendungen nicht erhoben werden (BFH/NV 98, 807). Bei einer Aufhebung oder Änderung der Stundungsverfügung sind die auf ihr beru- 25 henden Zinsbescheide nach §§ 239 I S 1, 175 Nr 1 aufzuheben oder zu ändern; ggf entstehen in Folge dessen Sz. Die Stundungsverfügung ist ggü den Zinsbescheiden ein Grundlagenbescheid iSd § 171 X.

27 **14. Verzicht auf Stundungszinsen (Abs 2).** Auf die Erhebung von Stundungszinsen kann aus Billigkeitsgründen verzichtet werden. Hierüber ist wie sonst bei Billigkeitsmaßnahmen durch von der Zinsfestsetzung zu unterscheidenden gesonderten VA zu entscheiden (vgl BFH BStBl 98, 38), der freilich idR mit der Zinsfestsetzung verbunden werden wird. Bestandskraft der Zinsfestsetzung steht jedoch späterem Erlass nicht entgegen (ebenso *TK/Loose* § 234 Rz 18). Die Voraussetzungen decken sich mit den Voraussetzungen für Billigkeitsmaßnahmen nach §§ 163 I, 227 I (BFH BStBl 88, 402). Die Grundsätze von BFH BStBl 72, 603 sind anzuwenden (BFH BStBl 88, 402). Zuständig ist grds das FA, das die Zinsen festzusetzen hat; wegen der Zuständigkeit der OFD (bei Beträgen über 20.000 €) bzw des BMF (bei Beträgen über 200.000 €) und der Mitwirkung vorgeordneter Behörden (*Ländererlasse* BStBl I 08, 534). Zinsverzicht kann bereits zusammen mit der Stundung ausgesprochen werden. Ein Antrag ist nicht zwingend erforderlich, insb sachliche Billigkeitsgründe sind von Amts wegen zu berücksichtigen, persönliche, wenn sie dem FA bekannt sind.

28 Unbilligkeit *der Zinserhebung* (nicht bloß des gesetzl Fälligkeitstermins) kann sich aus persönlichen oder sachlichen Gründen ergeben. **Persönliche Billigkeitsgründe** liegen zB vor bei längerer *Erwerbslosigkeit,* bei schwerer *Krankheit* eines Unternehmers eines Einmannbetriebes, bei *Naturkatastrophen,* bei hohen *Forderungsausfällen* im Konkurs und bei Sanierungsmaßnahmen, wenn allgemein ein Zinsmoratorium gewährt wird (AEAO zu § 234 Nr 11); eine vom Stpfl nicht verschuldete wirtschaftliche Notlage soll einen Verzicht auf Zinsen regelmäßig nur dann rechtfertigen, wenn sie durch die StFestsetzung selbst verursacht worden ist (FG Mchn EFG 97, 1085; aA mit Recht *Koenig/Koenig* § 234 Rz 20); kurzfristige Stundung kleinerer Beträge eines sonst pünktlichen StZahlers (so AEAO zu § 234 Nr 11, jedoch nicht zweifelsfrei, sofern nicht durch Verfahrensvereinfachung/Unangemessenheit der Zinserhebung gerechtfertigt). *Kein Grund* für Stundung ist, dass der StSchuldner vorübergehend zahlungsunfähig oder überschuldet ist (BFH/NV 99, 1057).

29 **Sachliche Billigkeitsgründe:** Stundung bei demnächst fällig werdenden Erstattungsansprüchen, soweit für diese noch keine Erstattungszinsen (§ 233a) anfallen (vgl *BMF* BStBl I 91, 932), nicht aber allgemein nach Gewährung einer sog Verrechnungsstundung (insbes nicht, wenn der zur Verrechnung gestellte Anspruch noch von einem anderen FA zu prüfen ist, FG Mster EFG 18, 265) oder gar bei *späterem* StErlass oder Vergütung; wohl aber bei Bestehen einer *Aufrechnungslage* während des Stundungszeitraums (BFH/NV 07, 1622). Wenn mehr als einen Monat vor Fälligkeit des gestundeten Betrags gezahlt wird (AEAO zu § 234 Nr 1, FG SchlHol EFG 15, 962; siehe auch oben Rz 7); wenn die Nachforderung im Fall einer StFestsetzung vor Ablauf der Karenzfrist des § 233a II 1 im Verrechnungswege gestundet worden wäre und das FA auf die Erhebung von Stundungszinsen verzichtet hätte (FG Nds EFG 98, 618). Ein tatsächlicher oder rechtlicher Zusammenhang zwischen StForderung und Erstattungsforderung (zB aufgrund einer tatsächlichen Verständigung) soll das Ermessen zugunsten eines Zinsverzichts reduzieren (FG Hbg EFG 97, 1355). Zu beachten ist, dass nach § 156 II auch ein Verzicht auf Stundungszinsen zulässig ist, wenn die *Kosten der Einziehung* einschl der Festsetzung außer Verhältnis zu dem Zinsbetrag stehen.

31 **15. Anrechnung von Nachforderungszinsen.** Abs 3 trägt der Möglichkeit einer Überschneidung von Stundungszinsen und Zinsen nach § 233a (sog Vollverzinsung) Rechnung (siehe dazu § 233a Rz 68). Die Anrechnung ist Teil der Zinsfestsetzung (nicht erst im Erhebungsverfahren vorzunehmen, BFH/NV 15, 785). Bei nachgehender Festsetzung nach § 233a Änderung des Stundungszinsbescheids

nach § 175 I 1 Nr 1 (*Eich* KÖSDI 98, 11483; anders AEAO zu § 233a Nr 65: Billigkeitsmaßnahme).

§ 235 Verzinsung von hinterzogenen Steuern

(1) [1]**Hinterzogene Steuern sind zu verzinsen.** [2]**Zinsschuldner ist derjenige, zu dessen Vorteil die Steuern hinterzogen worden sind.** [3]**Wird die Steuerhinterziehung dadurch begangen, dass ein anderer als der Steuerschuldner seine Verpflichtung, einbehaltene Steuern an die Finanzbehörde abzuführen oder Steuern zu Lasten eines anderen zu entrichten, nicht erfüllt, so ist dieser Zinsschuldner.**

(2) [1]**Der Zinslauf beginnt mit dem Eintritt der Verkürzung oder der Erlangung des Steuervorteils, es sei denn, dass die hinterzogenen Beträge ohne die Steuerhinterziehung erst später fällig geworden wären.** [2]**In diesem Fall ist der spätere Zeitpunkt maßgebend.**

(3) [1]**Der Zinslauf endet mit der Zahlung der hinterzogenen Steuern.** [2]**Für eine Zeit, für die ein Säumniszuschlag verwirkt, die Zahlung gestundet oder die Vollziehung ausgesetzt ist, werden Zinsen nach dieser Vorschrift nicht erhoben.** [3]**Wird der Steuerbescheid nach Ende des Zinslaufs aufgehoben, geändert oder nach § 129 berichtigt, so bleiben die bis dahin entstandenen Zinsen unberührt.**

(4) **Zinsen nach § 233a, die für denselben Zeitraum festgesetzt wurden, sind anzurechnen.**

Übersicht

1. Inhalt. Auch bei der Erhebung von Hinterziehungszinsen handelt es sich nicht um eine Strafmaßnahme (BFH BStBl 92, 9; BFH/NV 02, 155). Die Vorschrift bezweckt vielmehr den Zinsvorteil des Nutznießers einer StHinterziehung abzuschöpfen (BFH BStBl 89, 596; 91, 822; 92, 9, 163; 94, 438). Einen Vorteil erlangt der StSchuldner auch dann, wenn er an der StHinterziehung nicht mitgewirkt hat. Er liegt darin, dass er die geschuldete Steuer erst verspätet zahlt (BFH BStBl 91, 822). 1

Der Gesetzgeber hat von einer Verzinsung auch für Fälle der leichtfertigen StVerkürzung abgesehen. Sie würde außerordentlichen Arbeitsaufwand erfordern, vor allem weil die Verfolgung leichtfertiger StVerkürzungen dem Opportunitätsprinzip unterliegt. In vielen Fällen wäre deshalb die Frage, ob leichtfertig oder nur leicht fahrlässig gehandelt worden ist, lediglich im Hinblick auf eine mögliche Verzinsung zu entscheiden. IÜ kann bei der Verhängung eines Bußgelds der wirtschaftliche Vorteil der StVerkürzung nach § 17 IV OWiG entzogen werden. 2

2. Voraussetzung der Verzinsung (Abs 1). Steuern, dh auch SolZ (BFH/NV 17, 1012), Rückforderungsbeträge auf StErstattungen und StVergütungen, Vorauszahlungsschulden (abweichender Zinslauf ggü der hinterzogenen Jahressteuer!), Haftungsbeträge (FG BBg DStRE 16, 430), auf welche (iAllg) die Vorschriften über Steuern anzuwenden sind, sind zu verzinsen, wenn eine StHinterziehung 5 vorliegt. Die Verzinsung knüpft an den StAnspruch an; jedoch richten sich die Hinterziehungszinsen nicht akzessorisch nach dem ggf festgesetzten, sondern nach dem **tatsächlich hinterzogenen StBetrag** (BFH BStBl 12, 712); denn der StBescheid ist kein Grundlagenbescheid für den Bescheid über Hinterziehungszinsen (BFH BStBl 74, 125).

5a Es muss hinsichtlich der festgesetzten Steuer **vollendete StHinterziehung** (§§ 370, 370a, 373) oder Betrug bzw Subventionsbetrug (§§ 263, 264 StGB) vorliegen, dh es müssen sowohl der objektive als auch der subjektive Tatbestand erfüllt sein (BFH BStBl 92, 9; 76, 260). Zu diesbzgl Schätzungen siehe Rz 20 und § 71 Rz 8. Rechtfertigungs- und Schuldausschließungsgründe hindern die Entstehung des Zinsanspruchs (vgl BFH BStBl 98, 530), nicht hingegen persönliche Strafausschließungsgründe (zB eine Selbstanzeige, FG Ddorf EFG 89, 491; FG Brem EFG 99, 417); deshalb schloss Amnestie nach StrbEG die Zinserhebung nicht aus, soweit Steuern nachzuerheben waren (FG Köln EFG 93, 388). Der Zinsanspruch wird auch nicht dadurch beeinträchtigt, dass das Strafverfahren (zB wegen Geringfügigkeit) eingestellt worden ist.

6 **Versuchte** StHinterziehung (BFH BStBl 90, 340), **Anstiftung** und **Beihilfe** zur StHinterziehung lösen keine Zinspflicht aus (*Franzen* DStR 65, 320; aA betr die Beihilfe BFH BStBl 75, 129), aber Haftung nach § 71. Die Festsetzung von Hinterziehungszinsen ist nicht davon abhängig, dass der StSchuldner selbst die StHinterziehung begangen oder an ihr teilgenommen hat (FG Nbg EFG 87, 596; FG Nds StB 95, 113). Hinterziehungszinsen können auch gegen den gutgläubigen Tatmittler festgesetzt werden, der aufgrund fingierter Rechnungen unberechtigt Vorsteuer in Anspruch genommen hat (BFHE 180, 533 = BB 96, 2184); denn Schuldner von Hinterziehungszinsen ist jeder, zu dessen Vorteil Steuern hinterzogen worden sind.

7 Die **Vorschrift gilt nicht** bei Bannbruch nach § 372, StHehlerei nach § 374 oder leichtfertige StVerkürzung nach § 378, wohl aber bei gewerbsmäßig oder gewaltsamen Schmuggel nach § 373, soweit er als StHinterziehung begangen wird. Sie dürfte auch für Einfuhr- und Ausfuhrabgaben anwendbar sein, obwohl der UZK Hinterziehungszinsen weder vorsieht noch ausdrücklich zulässt (vgl zum früheren ZK *Gellert* Zollkodex und Abgabenordnung, S 206; aA *Henke/Huchatz* ZfZ 96, 226, 231: abschließende Regelung der Nebenleistungen im ZK).

7a **Ob eine StHinterziehung vorliegt,** ist vom FA/FG in eigener Verantwortlichkeit festzustellen (BFH BStBl 74, 125; 88, 213; BFH/NV 94, 294). Es ist aber kein höherer Grad von Gewissheit erforderlich als für die Feststellung anderer Tatsachen, für die die FinBeh die Feststellungslast trägt (BFH BStBl 92, 128; 07, 364; 16, 868). Steht jedoch eine StHinterziehung nicht mit völliger Gewissheit fest, können keine Hinterziehungszinsen erhoben werden, auch wenn strafrechtl eine Verurteilung nach Wahlfeststellung mit StHehlerei möglich wäre (*Franzen* DStR 67, 324) und steuerverfahrensrechtl die Voraussetzungen einer Hinzuschätzung iÜ vorliegen (FG Mchn EFG 10, 298). Auch steuerrechtl Feststellungslastregeln dürfen nicht zulasten des Betr angewendet werden. Das Verfahren richtet sich nach der AO/FGO, nicht nach der StPO.

8 **Strafrechtliche Verurteilung** des StHinterziehers ist weder hinreichend noch erforderlich (BFH BStBl 74, 125), auch nicht, dass er überhaupt strafrechtl verfolgt oder zumindest ausfindig gemacht worden ist (BFH BStBl 98, 466). Das FA ist bei der Festsetzung der Zinsen an die Feststellungen der Strafgerichte nicht gebunden. Das FA kann sich aber die tatsächlichen Feststellungen, Beweiswürdigungen und rechtlichen Beurteilungen des Strafgerichts zueigen machen, wenn substantiierte Einwendungen gegen die Feststellungen im Strafurteil nicht erhoben werden (BFH/NV 88, 692; FG Mster EFG 94, 862; einschränkend *Rüsken* BB 94, 761).

9 Hinterziehungszinsen können auch noch nach dem **Tod des Stpfl** gegen die Erben des StHinterziehers festgesetzt werden (BFH BStBl 92, 9; 78, 359; BFH/NV 02, 156; 86, 131; FG Mster INF 94, 713 mit Anm *Klos*). Das FA darf ggf auch

die diesbzgl Feststellungen erst dann treffen. Art 6 II EMRK steht dem nicht entgegen (BFH BStBl 92, 9; BFH/NV 02, 156). Der Anspruch auf rechtliches Gehör ist nicht deshalb verletzt, weil der Stpfl wegen seines Todes vor Gericht nicht mehr gehört werden kann; Anspruch auf rechtliches Gehör haben nur die im Verfahren jeweils Beteiligten.

Hinterziehungszinsen sind keine Verbindlichkeiten aus einer vorsätzlich begangenen unerlaubten Handlung und folglich nicht gem § 302 Nr 1 InsO von der Restschuldbefreiung ausgeschlossen (BFH BStBl 12, 491). 10

Die Entscheidungen des BVerfG über die **Verfassungswidrigkeit des VStG** und der Besteuerung von Zinseinkünften bis 1992 (BVerfG BStBl 95, 655; 91, 654) stehen der Erhebung von Hinterziehungszinsen nicht entgegen (BFH BStBl 01, 16; 00, 378; BFH/NV 03, 353; vgl BVerfG StEd 01, 387 sowie BGH NJW 87, 1273). 11

3. Schuldner der Hinterziehungszinsen. Zinsschuldner kann allein der StSchuldner sein (BFH BStBl 92, 163; 94, 557) bzw der Abführungspflichtige, auch wenn er an der StHinterziehung nicht mitgewirkt hat (BFH BStBl 82, 689). Er ist derjenige, zu dessen Gunsten die Steuern hinterzogen worden sind (Abs 1 S 2; aA FG Mster EFG 89, 611). Denn Steuern können auch zugunsten eines anderen hinterzogen werden. 12

Abs 1 S 3 enthält für **StAbzugsverpflichtete** und diejenigen, die verpflichtet sind, Steuer für Rechnung eines anderen zu entrichten (vgl §§ 38 III 1, IV, 41a I Nr 2, 45a EStG, § 7 I 3 VersStG), eine Sonderregelung mit Rücksicht darauf, dass in diesen Fällen nicht der StSchuldner (zB ArbN, Versicherungsnehmer), sondern der Dritte in den Genuss des steuerlichen Vorteils der Hinterziehung gelangt (BFH BStBl 84, 557; 92, 163). Die Vorschrift ist auf denjenigen, der unberechtigt VorStAbzug in Anspruch genommen hat, nicht anwendbar (BFH BStBl 96, 554); ebenso wenig war sie es, wenn der Leistungsempfänger seine Verpflichtung aus dem früheren § 51 UStDV nicht erfüllt hatte (BFH BStBl 98, 466; siehe jetzt § 13b II UStG). In den Fällen des Satzes 3 muss der Zinsschuldner „seine Verpflichtung nicht erfüllt haben". Ob jemand eine eigene Verpflichtung zur Entrichtung der Steuer hat, ergibt sich aus den StGesetzen (vgl § 43 S 2). Der ArbG schuldet keine Hinterziehungszinsen, wenn er LSt bewusst nicht einbehalten, sondern seinen ArbN ausbezahlt hat, und wenn deswegen bei ihm pauschale Lohnsteuer gem § 40 I 1 Nr 2 EStG nacherhoben wird (BFH BStBl 94, 557). 13

Wer als **Sachwalter des Stpfl** (§§ 34 und 35) dessen Pflichten zu erfüllen hat, ist nicht „anderer". Diese Personen sind also in Satz 3 nicht gemeint. Gegen die Auslegung, dass mit „seinen Verpflichtungen" in Satz 3 auch diejenigen der gesetzlichen Vertreter und Geschäftsführer iSd § 34 gemeint sind, spricht auch, dass die Kapitalgesellschaft im Verhältnis zu ihren gesetzlichen Vertretern kein „Anderer" iSd Satzes 3 2. Alt ist (BFH BStBl 92, 163, 164; BFH/NV 93, 644, 708; aA FG Mchn EFG 87, 394; FG Mster EFG 89, 611). Diese Personen sind aber auch nicht Zinsschuldner nach S 2 des § 235 I. Der Vorteil verspäteter Zahlung der geschuldeten Steuer erwächst dem Nutznießer der StHinterziehung, also zB einer GmbH, und nicht deren Geschäftsführer (BFH BStBl 91, 781; BFH/NV 92, 150); eine GmbH ist folglich Schuldnerin der Hinterziehungszinsen, wenn der Geschäftsführer Steuern zu ihrem Vorteil hinterzieht (FG Brem EFG 91, 300; aA FG Mster EFG 89, 611); dieser haftet lediglich. 14

Satz 2 meint nur den steuerlichen, nicht den wirtschaftlichen **Vorteil.** Daher schuldet ein Stpfl auch dann Hinterziehungszinsen, wenn der Dritte die hinterzogenen Beträge auf betrügerische und treuwidrige Weise zulasten des Stpfl für sich vereinnahmt hat (BFH BStBl 91, 822). Der stl Vorteil besteht sogar dann, wenn dem StSchuldner durch die StHinterziehung des Dritten ein wirtschaftlicher Nachteil entstanden ist (BFH BStBl 89, 596; BFH BStBl 91, 822). 15

18 **4. Umfang der Verzinsung.** Zu verzinsen sind nur die hinterzogenen StBeträge (auch Vorauszahlungen, FG Mster EFG 16, 965), vgl aber § 233 S 2 (Zinssatz: siehe § 238). Hinterziehungszinsen fallen nicht an, soweit auf nicht erklärte Einkünfte aus Kapitalvermögen bereits KapESt entrichtet worden ist (FG Mchn EFG 84, 267) und keine höhere ESt im Rahmen der Veranlagung angefallen wäre. Hinterzogene EUSt ist jedoch auch dann zu verzinsen, wenn bei zutreffender Festsetzung der EUSt die Möglichkeit zum VorStAbzug bestanden hätte.

19 Ob § 370 IV 3 **(„Vorteilsausgleichsverbot")** im Rahmen des § 235 anzuwenden ist (mit Recht verneinend FG Mchn EFG 00, 1169; *Gast-deHaan* wistra 88, 298; *Lindwurm* AO-StB 07, 218; aA *TK/Loose* § 235 Rz 10), hat BFH BStBl 94, 438 offengelassen. Wenn man die Frage bejahte, hätte dies die zweifelhafte Folge, dass eine Steuer verzinst werden muss, die gar nicht geschuldet wird und die auch nicht festgesetzt werden kann. Es würde ferner bedeuten, dass – weil nach Abs 3 S 1 der Zinslauf mit der Zahlung der hinterzogenen Steuern endet – der Stpfl den Zinslauf für nicht geschuldete Beträge nicht durch Zahlung beenden könnte (vgl *Gast-deHaan* wistra 88, 299). § 370 IV 3 gilt auch bei der Festsetzung der Steuer nicht (*Gast-deHaan* wistra 88, 298). § 370 IV 3 ist nämlich eine Ergänzung des Verkürzungsbegriffs für rein strafrechtliche Zwecke. Der Zweck der Vorschrift, den durch die Hinterziehungstat erlangten Zinsvorteil abzuschöpfen, muss dahinter zurücktreten, dass dem Stpfl der Vorteil materiell-rechtl zusteht.

20 Bei einer **Steuerschätzung** können die geschätzten Steuern bei der Anforderung von Hinterziehungszinsen nicht ohne Weiteres als verkürzt angesehen werden (BFH BStBl 92, 128; anders jedoch jetzt BFH/NV 02, 155); denn im Besteuerungsverfahren, das in § 235 einen Straftatbestand voraussetzt, ist der strafverfahrensrechtliche Grundsatz in dubio pro reo bzw die Feststellungslast der FinBeh zu beachten (BFH BStBl 73, 273; 79, 570; 88, 213; 92, 128; BFH/NV 99, 1188; 95, 57, 394, 294; vgl auch Rz 8 und § 71 Rz 7). Eine genaue Berechenbarkeit der hinterzogenen Steuer ist freilich nicht erforderlich; es kann die („Mindest"-)Steuer für die Zinsberechnung zugrunde gelegt werden, deren Hinterziehung jedenfalls feststeht (was der BGH offenbar als „Schätzung" bezeichnen will); unzulässig ist jedoch ein Unsicherheitszuschlag odgl.

22 **5. Beginn des Zinslaufs (Abs 2).** Vgl hierzu § 370 IV. Die Steuer ist verkürzt mit Bekanntgabe eines aufgrund unzutr StErklärung ergangenen StBescheids (ggf ist § 122 II anzuwenden, BFH BStBl 70, 556) bzw Abgabe einer StAnmeldung, idF des § 168 II jedoch nicht vor der Zustimmung der FinBeh. Regelmäßig wird die Zahlungen erst einen Monat nach Bekanntgabe des StBescheids fällig, sodass der Zinslauf dann nach Abs 2 Hs 2 erst mit Ablauf des Fälligkeitstages beginnt (BFH BStBl 70, 556). Wenn der Stpfl *keine* Erklärung abgegeben hat, kommt es darauf an, zu welchem Zeitpunkt der Stpfl, wenn er die Erklärung pflichtgemäß abgegeben hätte, nach den konkreten Gegebenheiten in dem betroffenen FA spätestens veranlagt worden wäre, vgl BGH HFR 99, 669. Bei FälligkeitsSt ist der gesetzliche Fälligkeitstag maßgebend (BGH BStBl I 56, 441; FG Nds EFG 92, 711).

Zum Beginn des Zinslaufs bei Hinterziehungszinsen zur Schenkungsteuer (FG Mster BeckRS 2017, 94346, Rev II R 8/17).

24 **6. Ende des Zinslaufs (Abs 3).** Der Zinslauf endet mit Zahlung der hinterzogenen Steuern, auch durch eine Aufrechnung, die nach § 389 BGB zurückwirkt (vgl § 226 Rz 6; anders AEAO zu § 235 Nr 4.2.1). Der Zinslauf endet erst mit der Zahlung der hinterzogenen Steuer und nicht etwa schon mit der Sicherung des StAnspruchs und Zinsanspruchs durch Anordnung eines dinglichen Arrestes (BFH BStBl 94, 438; BFH/NV 01, 424). Ist aber die Zahlung des hinterzogenen StBetrags gestundet oder AdV gewährt, endet damit der Zinslauf; es sind stattdessen Stundungs- oder Aussetzungszinsen festzusetzen.

7. Nachträgliche Änderungen des Steuerbescheids (Abs 3 S 3). Die Vorschrift sagt, dass eine Aufhebung oder Änderung der StFestsetzung oder ihre Berichtigung nach § 129 die bis dahin entstandenen Hinterziehungszinsen nicht berührt, wenn sie nach Ende des Zinslaufs erfolgt. Damit soll offenbar erreicht werden, dass die Hinterziehungszinsen – ebenso wie Stundungszinsen, § 234 I 2 – auf der Grundlage der während des Zinslaufs geltenden StBescheide berechnet werden, die eine sofort zu erfüllende Zahlungspflicht begründet haben. Da diese indes keine Grundlagenbescheide für die Zinsfestsetzung darstellen, bedeutet die Vorschrift eine Durchbrechung des Grundsatzes des Abs. 1 S 1, dass die hinterzogene Steuer verzinst werden soll. Diese Durchbrechung ist in den Fällen gerechtfertigt, in denen die nachträgliche Änderung der StFestsetzung auf einem nachträglichen, mit Rückwirkung eingetretenen Ereignis beruht, etwa einem Verlustrücktrag oder einem nachträglich ergangenen Grundlagenbescheid. Hätte der Stpfl nicht hinterzogen, sondern ordnungsgemäß erklärt bzw. angemeldet, hätte er ein solches Ereignis nicht berücksichtigen können, sondern er hätte die ungeminderten StBeträge zunächst entrichten müssen (und entsprechende Zinsnachteile gehabt). Das rechtfertigt es, ihm bei der Zinsberechnung den erst nach Ende des Zinslaufs vorgenommenen Verlustrücktrag etc nicht zugute zu halten. 25

Anders ist es indes, wenn der während des Zinslaufs bestehende StBescheid rechtswidrig oder berichtigungsbedürftig war und die festgesetzte Steuer entrichtet worden ist: Es ist nicht einzusehen, warum das dem Stpfl zinsmäßig nur dann zugute kommen soll, wenn es vor Ende des Zinslaufs entdeckt und dementsprechend der StBescheid rechtzeitig geändert wird. Anders als bei Stundungszinsen, für die § 234 I 2 eine ähnliche Regelung wie § 235 III 3 enthält, bei denen sich aber der Stpfl durch Inanspruchnahme von Stundung statt von AdV auf die StFestsetzung gleichsam eingelassen hat, kann sich der Stpfl gegen die Verzinsung rechtswidrig festgesetzter angeblicher Hinterziehungsbeträge nach Abs 3 Satz 3 nicht verteidigen, was sich auch durch eine korrigierende Auslegung der Vorschrift nicht ändern lassen dürfte. Abhilfe kann und muss allerdings nach § 163 geschaffen werden (*Koenig/Koenig* § 235 Rz 27), auch wenn das die Vorschrift – anders als § 234 II – nicht ausdrücklich zulässt. Das gilt jedenfalls dann, wenn die fehlerhaft festgesetzte Steuer entrichtet worden ist, während anderenfalls eine Rechtfertigung der Zinserhebung darin gefunden werden mag, dass der Stpfl seiner vorläufigen Zahlungspflicht nicht nachgekommen ist, obgleich der StHinterzieher damit gleichsam zu Verzugszinsen herangezogen würde, die andere nicht zu zahlen haben, zu deren Lasten allerdings mitunter § 233a ausgleichend eingreift (vgl *BG/Kögel* § 235 Rz 41). 25a

Zu einer nur scheinbar vergleichbaren Regelung bei Prozesszinsen vgl § 236 V.

8. Festsetzung der Zinsen. Die Zinsen werden wie Steuern festgesetzt, vgl § 239. Bei gemeinsamer StErklärung von Eheleuten ist von gegenseitiger Bevollmächtigung und Zulässigkeit eines zusammengefassten Bescheids über Hinterziehungszinsen auszugehen (BFH BStBl 95, 484). Hinterziehen Geschäftsführer einer Personengesellschaft ESt zum Vorteil der Gesellschafter, ist über die Frage, ob und in welchem Umfang der von den Gesellschaftern erlangte Vorteil auf einer Hinterziehung beruht, im Verfahren der einheitlichen und gesonderten Feststellung zu entscheiden (BFH BStBl 94, 885; 89, 596; BFH/NV 04, 906; zum Inhalt näher FG Bln EFG 99, 368). 26

9. Anrechnung von Nachzahlungszinsen (Abs 3 S 2). Nach § 233a festgesetzte Zinsen sind auf die Hinterziehungszinsen bei deren Festsetzung anzurechnen. Dies bedeutet, dass auch in den Fällen des § 235 Nachzahlungszinsen grds zu berechnen und festzusetzen sind (nach Maßgabe des in § 233a festgelegten Zinslaufs); der Hinterziehungszinsbescheid ist ggf nach § 175 I Nr 1 zu ändern (*Stahl* KÖSDI 91, 8354). Wenn BFH BStBl 05, 274 von einem Vorrang des § 235 spricht, ist dies insofern missverständlich. 28

§ 236 Prozesszinsen auf Erstattungsbeträge

(1) [1] **Wird durch eine rechtskräftige gerichtliche Entscheidung oder auf Grund einer solchen Entscheidung eine festgesetzte Steuer herabgesetzt oder eine Steuervergütung gewährt, so ist der zu erstattende oder zu vergütende Betrag vorbehaltlich des Absatzes 3 vom Tag der Rechtshängigkeit an bis zum Auszahlungstag zu verzinsen.** [2] **Ist der zu erstattende Betrag erst nach Eintritt der Rechtshängigkeit entrichtet worden, so beginnt die Verzinsung mit dem Tag der Zahlung.**

(2) **Absatz 1 ist entsprechend anzuwenden, wenn**
1. **sich der Rechtsstreit durch Aufhebung oder Änderung des angefochtenen Verwaltungsakts oder durch Erlass des beantragten Verwaltungsakts erledigt oder**
2. **eine rechtskräftige gerichtliche Entscheidung oder ein unanfechtbarer Verwaltungsakt, durch den sich der Rechtsstreit erledigt hat,**
   a) **zur Herabsetzung der in einem Folgebescheid festgesetzten Steuer,**
   b) **zur Herabsetzung der Gewerbesteuer nach Änderung des Gewerbesteuermessbetrags**

führt.

(3) **Ein zu erstattender oder zu vergütender Betrag wird nicht verzinst, soweit dem Beteiligten die Kosten des Rechtsbehelfs nach § 137 Satz 1 der Finanzgerichtsordnung auferlegt worden sind.**

(4) **Zinsen nach § 233a, die für denselben Zeitraum festgesetzt wurden, sind anzurechnen.**

(5) **Ein Zinsbescheid ist nicht aufzuheben oder zu ändern, wenn der Steuerbescheid nach Abschluss des Rechtsbehelfsverfahrens aufgehoben, geändert oder nach § 129 berichtigt wird.**

Übersicht

1 **1. Inhalt und Bedeutung; Anwendungsbereich.** Es gibt keinen allgemeinen Rechtsgrundsatz, dass rückständige Staatsleistungen zu verzinsen sind (BFH BStBl 97, 476; 87, 368). Ein Anspruch auf Prozesszinsen entsteht jedoch nach Maßgabe des § 236, und zwar unabhängig von einem entspr Zinsschaden des Stpfl (FG Ddorf EFG 11, 104, auch bei abzugfähiger Vorsteuer) mit der Rechtskraft des Urteils des Gerichts oder – in den Fällen der Erledigung eines Rechtsstreits – der Bestandskraft des geänderten VA (BFH BStBl 85, 546). Dem Gläubiger eines Erstattungsanspruchs soll für die Vorenthaltung des Kapitals und der damit verbundenen Nutzungsmöglichkeiten für die Zeit ab Rechtshängigkeit eine Entschädigung gewährt werden (BFH BStBl 13, 104; 07, 598; 02, 119). Prozesszinsen sind jedoch lediglich die *Folge* der berechtigten Inanspruchnahme des Gerichts; ihre Entstehung kann nicht Selbstzweck einer Klageerhebung sein und die iÜ sinnlose Inanspruchnahme des Gerichts rechtfertigen (BFH BStBl 94, 803; 92, 673). So kann eine

Untätigkeitsklage nicht allein deshalb als zulässig behandelt werden, weil der Stpfl nur mit ihrer Hilfe Prozesszinsen erlangen kann (BFH/NV 93, 610). § 717 II ZPO ist bei Vollziehung eines noch nicht bestandskräftigen und später aufgehobenen StBescheids nicht anwendbar (BGH HFR 01, 1109).

Die Vorschrift sieht eine Verzinsung des zu viel gezahlten StBetrags vor, nicht eigentlich des Erstattungsanspruches, der erst mit der Änderung oder Aufhebung der StFestsetzung (also regelmäßig nach Abschluss des Rechtsstreits) entsteht. Sie erfasst jedoch nur StErstattungs- und StVergütungsansprüche, die auf der Änderung einer StFestsetzung beruhen. Ein weitergehender **Folgenbeseitigungs-** oder **Schadensersatzanspruch** wird durch § 236 nicht ausgeschlossen (§ 233 Rz 1; vgl auch FG Hbg 4 K 42/15, NZB unbegründet, nv). § 291 BGB ist nicht ergänzend anwendbar, wo § 236 die Verzinsung versagt (BFHE 149, 15 ist überholt, siehe BFH BStBl 97, 476; vgl BVerwG NJW 94, 3116), sonst aber auf öff-rechtl Forderungen anzuwenden (BVerwG DVBl 10, 575). 2

Die Vorschrift bezieht sich nur auf StAnsprüche, nicht auf stl Nebenleistungen (BFH/NV 14, 1713: kein Anspruch auf (Prozess-)Zinsen im Fall der Erstattung von Nachzahlungszinsen). Auch bei Rechtsstreitigkeiten über Haftungsbescheide sind keine Prozesszinsen zu zahlen (BFH BStBl 98, 2; 89, 821; BFH/NV 12, 1938; Hess VGH NVwZ 95, 1230). Ebensowenig für den Erstattungsbetrag nach § 11 II AStG aF (FG Hbg DStRE 09, 947). 3

Die Vorschrift gilt auch für Einfuhr- und Ausfuhrabgaben (BFH/NV 02, 1624; FG Hbg 4 K 10/17, NZB unbegründet, nv; FG Ddorf ZfZ 18 Beil Nr 3, 1; vgl auch EuGH ZfZ 17, 42; *Henke/Huchatz* ZfZ 96, 226, 232), gem § 14 II MOG auch für Ausfuhrerstattung und unionsrechtl geregelte Beihilfen (aber Rechtsgrundverweisung, vgl BFH/NV 08, 1714; 97, 476, deshalb nicht für eine reine Leistungsklage; BVerwG NVwZ 00, 818). Soweit sie nicht eingreift, ist ein Rückgriff auf § 291 BGB ausgeschlossen, was § 14 II 2 MOG klarstellt (BFH BStBl 87, 368 ist insoweit überholt). Zu verzinsen ist aber auch der Anspruch auf Rückzahlung einer Sanktion nach Art 51 EGVO 800/1999 (BFH ZfZ 07, 248). 4

2. Gegenstand der Verzinsung. Zu verzinsen ist die zu viel entrichtete Steuer oder die zu wenig gewährte StVergütung. Rechtshängigkeit des Anspruchs betr die Herabsetzung der Steuer oder die Gewährung einer StVergütung ist erforderlich (BFH BStBl 88, 600). Die Art der Erledigung des gerichtlichen Verfahrens ist ohne Bedeutung (vgl zB FG Köln EFG 05, 1088: Aufhebung eines Ablehnungsbescheids und nachfolgender StVergütung durch Bescheid der FinBeh). 5

a) Herabsetzung einer festgesetzten Steuer. Es muss also eine festgesetzte Steuer herabgesetzt worden sein (deshalb keine Verzinsung der Erstattung von Nachzahlungszinsen, BFH/NV 14, 1713). Ob die Festsetzung ggf unter Vorbehalt der Nachprüfung stand oder vorläufig war, ist ohne Bedeutung. Die Festsetzung muss auch nicht wirksam gewesen sein (BFH BStBl 13, 770). Auf Überzahlung von Steuern beruhende Erstattungsansprüche, die nicht auf der Änderung oder Aufhebung einer StFestsetzung, sondern zB auf einem erfolgreichen Rechtsstreit gegen einen Abrechnungsbescheid oder auf Billigkeitsmaßnahmen beruhen, werden nicht verzinst (BFH BStBl 87, 702; BFH/NV 99, 1055; siehe auch unten Rz 10). Die Verzinsung kommt also nur für Erstattungsansprüche in Betracht, die als solche rechtshängig gewesen sind; deshalb keine entsprechende Anwendung auf Erstattungsansprüche, die Gegenstand wegen des gerichtlichen Verfahrens ruhender Einspruchsverfahren waren (BFH BStBl 88, 600; 07, 240; BFH/NV 07, 1267). 6

Herabsetzung ist aber auch die vollständige Aufhebung des StBescheids (BFH BStBl 13, 770). 6a

Eine StFestsetzung liegt nicht vor, wenn die Steuer durch Verwendung von **Stemplern** oder **StZeichen** entrichtet wird oder wenn sie im Wege des StAbzugs einbehalten wird. Nach § 168 steht jedoch eine **StAnmeldung** einer StFestset- 7 zung gleich; daher sind Prozesszinsen zu gewähren, wenn im Klageverfahren die angemeldete Steuer herabgesetzt wird.

8 Die Zinspflicht für Beträge, die aufgrund einer gerichtlichen Entscheidung über die Klage gegen einen **USt-Jahresbescheid** zu erstatten sind, beginnt mit der Rechtshängigkeit der Klage gegen den USt-Jahresbescheid. Sie beginnt nicht mit der Rechtshängigkeit der vorgeschalteten, aber durch die Bekanntgabe des USt-Jahresbescheids in der Hauptsache erledigten Klage gegen die als StFestsetzungen wirkenden USt-Voranmeldungen (BFH/NV 95, 849), jedenfalls wenn der Kläger insoweit keinen Antrag nach § 68 FGO gestellt hat (BFH BStBl 94, 427).

9 Hingegen ist die Vorschrift nach Abs 2 Nr 2a anwendbar, wenn der Stpfl einen höheren **Freibetrag** erstreitet und in Folge dessen bereits abgeführte LSt zu erstatten ist (str; unentschieden BFH BStBl 80, 509), nicht hingegen bei Änderung der Anrechnungsverfügung betr die einbehaltene LSt.

10 Auf Überzahlung von Steuern beruhende **Erstattungsansprüche,** die ohne Änderung einer StFestsetzung erst aufgrund eines Rechtsstreits über einen Abrechnungsbescheid oder eine Billigkeitsmaßnahme (§§ 163, 227) entstehen (vgl BFH BStBl 76, 497), sind nicht zu verzinsen (BFH BStBl 90, 719; 88, 865; 87, 702; FG Köln EFG 18, 429, Rev XI R 14/18). Auch eine entsprechende Anwendung auf Erstattungsansprüche, die Gegenstand eines nach § 363 I ausgesetzten Rechtsbehelfsverfahrens waren, ist nicht möglich (BFH/NV 88, 619), obgleich ein vernünftiger Grund für die gesetzl Beschränkung der Verzinsung auf die Fälle der StHerabsetzung nicht erkennbar ist. § 291 BGB ist nicht entsprechend anwendbar (vgl BVerwG NJW 94, 3116), insb nicht, wenn es an einer (iAllg ohnehin mangels Rechtsschutzbedürfnis unzulässigen) Leistungsklage fehlt, der Stpfl sich also auf die Erhebung einer Anfechtungsklage gegen den ihm erteilten Abrechnungsbescheid beschränkt hat. Erhebt ein Stpfl Zahlungsklage, weil das FA unbestrittene StGuthaben nicht auszahlt, so stehen ihm Zinsen ab Rechtshängigkeit bis zur Zahlung jedoch ebenfalls nicht zu (vgl FG Hbg EFG 83, 215). Die Verzinsung soll ferner nicht anwendbar sein, wenn ohne Änderung einer StFestsetzung aufgrund eines vom FA entsprechend einer gerichtlichen Entscheidung erteilten Aufteilungsbescheids Erstattungsansprüche entstehen (FG Brem EFG 95, 1043). Bei der Erstattung von KapESt aufgrund eines DBA hat BFH BStBl 82, 104; 150 allerdings eine Herabsetzung der festgesetzten Steuer (mit nicht überzeugender Konstruktion) bejaht und folglich eine Verzinsung zugelassen.

11 **Änderung einer StFestsetzung ohne Herabsetzung der Steuer** genügt hingegen, wenn ausnahmsweise die Klage darauf gerichtet war, dass die Steuer heraufgesetzt werde (um durch Anrechnungen iErg eine geringere StLast zu erreichen; aA FG Mster EFG 04, 1742, aufgehoben BFH/NV 06, 1435); bei einer darauf beruhenden Erstattung handelt es sich nicht um einen „reinen" Erstattungsanspruch, dessen Verzinsung die Vorschrift allein ausschließen will (richtig BFH BStBl 97, 476; vgl *Rüsken* BFH/PR 06, 33).

12 **b) Gewährung einer Steuervergütung** (zB nach §§ 36b ff EStG; Überschuss nach § 16 II UStG, trotz *Stadies* Empörung UR 00, 87 in vulgo VorStErstattungsanspruch genannt). Gewährung einer StVergütung liegt auch vor, wenn eine bereits gewährte Vergütung erhöht wird; auf andere Ansprüche als StVergütungen, zB auf **Prämien** und **Zulagen** ist die Vorschrift nur anwendbar, soweit die Vorschriften der AO für anwendbar erklärt werden, zB nach § 8 I 1 WoPG.

13 Verzinsung einer StVergütung setzt ebenfalls voraus, dass über diese ein ablehnender oder zurückfordernder Bescheid ergangen ist.

15 **3. Ereignisse, die Zinspflicht auslösen.** Zu der Herabsetzung der Steuer muss es nach Abs 1 aufgrund der Inanspruchnahme des Gerichts gekommen sein. Mittelbare **Kausalität** (zB Parallelverfahren eines anderen oder sogar desselben Stpfl, FG Köln EFG 04, 84; ausgesetztes Rechtsbehelfsverfahren, BFH BStBl 13, 149; Vorläufigkeitserklärung während eines anhängigen Rechtsstreits und Ände-

rung der StFestsetzung nach Abschluss des Verfahrens, BFH BStBl 13, 104) genügt nicht. Es genügt auch nicht, dass der schließlich erstattete StBetrag rechtshängig gewesen ist, die Herabsetzung der Steuer nach Abschluss des Rechtsstreits (anders wenn dieser ausgesetzt war) aber auf einem außerhalb des Rechtsstreits eingetretenen Ereignis (zB BVerfG-Entscheidung in Musterverfahren) beruht (BFH BStBl 13, 104). Nach Abs 2 kann der Kläger jedoch Zinsen beanspruchen, wenn die FinBeh einer gerichtlichen Entscheidung gleichsam zuvorkommt; es müssen jedoch sonst alle Voraussetzungen des Abs 1 vorliegen, Abs 2 enthält also eine Rechtsgrundverweisung auf Abs 1 (BFH BStBl 04, 169).

Der erstattete StAnspruch muss **rechtshängig** gewesen sein (BFH/NV 12, 1578 **15a** für Erstattung nach AdV-Verfahren; FG Mchn ZfZ 05, 135 für den Streit um die Erlaubnis zum Bezug steuerbegünstigten Mineralöls). Wird durch Anfechtung eines Grundlagenbescheids die Änderung der EStFestsetzung veranlasst, ist aber auch ein Erstattungsanspruch anderer Feststellungsbeteiligter (auch hinsichtl Folgesteuern) zu verzinsen, die nicht Kläger waren (BFH BStBl 07, 506). Diesem Fall wird in Abs 2 Nr 2 Buchst b ausdrücklich gleichgestellt, dass die Klage gegen den ESt-(KSt-)Bescheid Erfolg hat und deshalb nach Änderung des GewSt-Messbescheids auch die GewSt herabzusetzen und zu erstatten ist.

Im Einzelnen besteht ein Anspruch auf Prozesszinsen bei Herabsetzung der Steuer:

- durch rechtskräftige **gerichtliche Entscheidung,** auch wenn diese die Nichtig- **16** keit des StBescheides feststellt (BFH BStBl 13, 770), **Absatz 1.** Das sind die Fälle des § 100 I 1, II 1 FGO. Keine Prozesszinsen sind zu gewähren, wenn eine Sprungklage vom Gericht an FA zur Durchführung des Vorverfahrens abgegeben worden ist und die Streitsache vom FA erledigt wird (FG Mster EFG 80, 477). Die durch die Sprungklage eingetretene Rechtshängigkeit ist durch die Abgabe an das FA wieder entfallen und damit das finanzgerichtl Verfahren formell und materiell rechtskräftig abgeschlossen. Auf eine Erledigung im Einspruchsverfahren ist § 236 nicht anwendbar.

  Das Gleiche gilt bei Änderung **auf Grund** einer rechtskräftigen **gerichtlichen** **17** **Entscheidung,** dh Aufhebung des StBescheides durch das Gericht gem § 100 I 1, II 2 und weisungsgemäße StFestsetzung durch das FA (BFH BStBl 88, 600). Das sind die Fälle, in denen das FA die Steuer niedriger festsetzt oder eine (höhere) StVergütung gewährt. Eine mittelbare Ursächlichkeit einer gerichtl Entscheidung, zB in einem Erlaubnisverfahren bezügl der steuerbegünstigten Verwendung von Mineralöl, genügt nicht (vgl FG Mchn ZfZ 05, 135); erst recht nicht eine unnötige Klage gegen einen StBescheid, wenn diese lediglich eine Änderung eines Grundlagenbescheides und damit eine Folgeänderung gem § 175 I 1 Nr 1 auslöst (BFH BStBl 04, 169). Auf Grund einer gerichtlichen Entscheidung wird die Steuer aber auch erstattet, wenn die StFestsetzung zum Nachteil des Stpfl geändert worden ist, dies jedoch im Erhebungsverfahren zu einer Verminderung der StLast geführt hat, zB weil das zu versteuernde Einkommen um anzurechnende KSt/KapErtrSt erhöht worden ist und nunmehr diese StZahlungen anzurechnen sind (BFH/NV 06, 1435; vgl *Rüsken* BFH/PR 06, 33). Die grds erforderliche unmittelbare Verbindung von StFestsetzung und StErstattung (dazu BFH BStBl 87, 702; 88, 865; 97, 476; 04, 169 im Hinblick auf Erstattungen, die ausschließlich auf im Erhebungsverfahren zu treffenden Regelungen beruhen) ist also in diesem Fall nicht Voraussetzung für eine Verzinsung.

- durch **Aufhebung oder Änderung des angefochtenen VA** sowie durch **18** **Erlass des beantragten VA, Absatz 2 Nr 1** (Rechtsgrundverweisung, BFH BStBl 13, 104; 04, 169). Die FinBeh kann sich also durch Änderung des angefochtenen Bescheids vor Ergehen der gerichtlichen Entscheidung den Prozesszinsen nicht entziehen. Billigkeitsmaßnahmen, durch die nicht die festgesetzte Steuer herabgesetzt, sondern in einem gesonderten Verfahren unbeschadet der

Festsetzung erlassen und der Rechtsstreit dadurch erledigt wird, reichen nicht (vgl BFH BStBl 95, 37). Ein Teilabhilfebescheid, der zum Gegenstand des gerichtlichen Verfahrens gemacht wird, erledigt noch nicht den Rechtsstreit (BFH/NV 94, 438). Auch bei einer Erledigung in der Hauptsache, bei der das FA gleichzeitig mit der Verminderung der strittigen Einkünfte andere Einkünfte nach § 175 I Nr 1 erhöht und sich insgesamt eine Steuernachforderung ergibt, werden keine Prozesszinsen gezahlt (vgl FG Mchn EFG 90, 279). Führt die Änderung eines StBescheides während eines laufenden Klageverfahrens zu einer StErstattung und wird der geänderte Bescheid auf Antrag des Klägers nach § 68 FGO zum Gegenstand des Verfahrens gemacht, so besteht insoweit solange kein Anspruch auf Prozesszinsen nach § 236, als der Rechtsstreit nicht durch *beidseitige* Erledigungserklärung (Eingang bei Gericht) oder gerichtliche Endentscheidung beendet (beachte Abs 3) ist. Zur Verzinsung bei Aufhebung eines Ablehnungsbescheides durch die FinBeh und Zusage einer gewährenden Entscheidung richtig FG Köln EFG 05, 1088.

19 Diese Zinsregelung greift auch bei **Rücknahme der Klage** ein, sofern der Kläger durch Abhilfebescheid klaglos gestellt worden ist (BFH BStBl 13, 665 auch bei neuem Tatsachenvortrag des StPfl; BFH BStBl 95, 37 mit Hinw auf den klaren Wortlaut des Gesetzes; FG Mster EFG 92, 175; aA FG Saarl EFG 92, 385; FG Brem EFG 93, 623). Das kann zu der merkwürdigen Folge führen, dass der Kläger, dessen verspäteter Tatsachenvortrag zur Bescheidänderung geführt hat und dem deshalb bei Abgabe einer Erledigungserklärung der Zinsanspruch gem § 236 III HS 2 abgeschnitten wäre, sich durch eine Klagerücknahme den (an sich unverdienten) Zinsanspruch erhalten kann (vgl FG Thür EFG 12, 1020; mit Recht kritisch daher *Weigel* AO-StB 12, 181).

19a Wird eine Klage nach **§ 45 III FGO** als außergerichtlicher Rechtsbehelf behandelt, wird auch bei Erfolg in der Sache der Rechtsstreit nicht ursächlich für die Herabsetzung der Steuer, so dass keine Prozesszinsen entstehen können (BFH BStBl 04, 169).

20 – durch einen **Folgebescheid** nach § 175 I Nr 1 oder § 35b GewStG, **Absatz 2 Nr 2a und b,** wenn sich der Rechtsstreit gegen den Grundlagenbescheid (zB Feststellungsbescheid, StMessbescheid) durch (Abs 2 Nr 2 Buchst a) oder auf Grund (Buchst b) einer gerichtlichen Entscheidung bzw durch einen VA (Buchst c) erledigt, zB nach Aufhebung eines GewStMessbescheids durch ein rechtskräftiges Urteil der GewStBescheid von der FinBeh aufgehoben wird (HessVGH NVwZ 95, 1230).

21 Es nicht erforderlich, dass es sich um eine gesonderte Feststellung von Besteuerungsgrundlagen iSd § 180 handelt; es genügt jeder für eine StFestsetzung verbindliche VA iSd § 171 X, also auch ein VA einer anderen Behörde, vgl § 175 Rz 16, oder ein Verlustfeststellungsbescheid für ein Folgejahr, wenn die dort festgestellten Verluste sich nach § 10d EStG in einem früheren Jahr auswirken (BFH BStBl 02, 119). Bescheide, die keine Bindungswirkung haben (zB eine einem anderen als dem Zollschuldner erteilte verbindliche Zolltarifauskunft), fallen aber nicht darunter (BFH/NV 94, 289). Wird ein EStBescheid des Gesellschafters einer Kapitalgesellschaft gem § 32a KStG wegen geänderter Erfassung der vGA bei der Kapitalgesellschaft geändert, besteht kein Anspruch auf Prozesszinsen, da der KStBescheid kein Grundlagenbescheid für die EStVeranlagung ist (BFH BStBl 13, 149). Wird ein Grundlagenbescheid, der während eines Klageverfahrens ergeht und der zur Herabsetzung der Folgesteuer führt, zum Gegenstand des Verfahrens erklärt, so sind noch keine Prozesszinsen für den zu erstattenden Betrag festzusetzen (BFH/NV 94, 438).

23 **4. Beginn und Ende des Zinslaufs.** Prozesszinsen sind für die Zeit vom Tage der Rechtshängigkeit (nicht erst mit dem Ablauf dieses Tages, BFH BStBl 74, 408), frühestens vom Tage der Zahlung des StBetrags an, bis zum Tage der Auszahlung des zu verzinsenden Steuer- oder StVergütungsbetrags zu berechnen (Zinssatz: siehe § 238), auch wenn diese nur vorläufig unter Vorbehalt des Obsiegens des Stpfl erfolgt ist (BFH BStBl 07, 589). Ein Anspruch nach § 236 entsteht nur dann, wenn der Stpfl Leistungen erbracht hatte, die die Erfüllung der Steuer bewirken sollten. Eine Sicherheitsleistung ist keine Erfüllung. Wird ein Erstattungsbetrag mit Zustimmung des Stpfl auf ein Verwahrungskonto als Sicherheit für einen umstrittenen Anspruch des FA gebucht, hat der Stpfl keinen Anspruch auf Prozesszinsen (FG Hbg EFG 83, 56). Ebenso wenig, wenn die Vollziehung des StBescheids für die Zeit zwischen Klageerhebung und Zahlung wegen eines Rechtsbehelfs gegen einen Grundlagenbescheid ausgesetzt war und das FA nach Rücknahme dieses Rechtsbehelfs Aussetzungszinsen auf einen den späteren Erstattungsbetrag übersteigenden StBetrag festgesetzt hatte (FG Nds EFG 97, 857).

Wird die Klage beim FA angebracht (§ 47 II FGO), ist die Streitsache mit dem Tage der Anbringung zwar anhängig, nicht aber rechtshängig. 24

5. Ausschluss der Zinsen (Abs 3). Die Zahlung von Prozesszinsen entfällt, soweit durch Entscheidung des Gerichts einem Stpfl die Kosten des Verfahrens nach § 137 S 1 FGO auferlegt worden sind, weil die Herabsetzung der Steuer oder die Gewährung (Erhöhung) der StVergütung auf Tatsachen beruht, die dieser früher hätte geltend machen oder beweisen können. 26

6. Festsetzung der Zinsen. Die Festsetzung von Prozesszinsen hat von Amts wegen zu erfolgen. Die Klage auf Zahlung von Prozesszinsen kann (unter Verzicht auf ein Vorverfahren) mit der Anfechtungsklage gegen den StBescheid bzw der Verpflichtungsklage entsprechend § 100 IV FGO verbunden werden, obwohl erst die Rechtskraft der gerichtl Entscheidung über die Herabsetzung der Steuer den Zinsanspruch entstehen lässt (BFH BStBl 94, 427; 82, 150; BVerwG NVwZ 00, 818; FG Hbg EFG 97, 28; rechtspolitisch kritisch dazu *TK/Loose* § 236 Rz 31, anders aber auch *Kopp/Schenke* VwGO § 113 Rz 172); für sie wird aber idR kein Rechtsschutzbedürfnis bestehen (BFH VII R 15/11, nv; BFH/NV 90, 247). 28

Verjährung vorbehaltl § 239 I Nr 4 entspr § 199 I BGB (BVerwG NVwZ 17, 1142). 28a

Bei den Realsteuern obliegt die Zahlung von Prozesszinsen den Gemeinden. Diesen sind deshalb – soweit erforderlich – die zur Berechnung und Festsetzung der Zinsen notwendigen Daten mitzuteilen. 29

7. Anrechnung von Zinsen (Abs 4). Abs 4 entspricht der für die Hinterziehungszinsen nach § 235 IV (ebenfalls durch das StReformG 1990) getroffenen Regelung. Durch die Vollverzinsung kann es zu Überschneidungen zwischen Prozesszinsen nach § 236 und Erstattungszinsen nach § 233a I 2, III 3 kommen. Abs 4 schreibt daher vor, dass Erstattungszinsen nach § 233a, die für denselben Zeitraum festgesetzt wurden, auf die Prozesszinsen anzurechnen sind. 31

8. Keine Änderung nach Verfahrensabschluss (Abs 5). Nach Abs 5 sind Prozesszinsen ausschl nach dem Ergebnis des Rechtsbehelfsverfahrens zu bemessen. Eine Aufhebung oder Änderung der StFestsetzung oder ihre Berichtigung nach § 129 *nach* Abschluss des Rechtsbehelfsverfahrens soll unberücksichtigt bleiben. 32

§ 237 Zinsen bei Aussetzung der Vollziehung

(1) [1] **Soweit ein Einspruch oder eine Anfechtungsklage gegen einen Steuerbescheid, eine Steueranmeldung oder einen Verwaltungsakt, der einen Steuervergütungsbescheid aufhebt oder ändert, oder gegen eine Einspruchsentscheidung über einen dieser Verwaltungsakte endgültig keinen Erfolg gehabt hat, ist der geschuldete Betrag, hinsichtlich dessen die Vollziehung des angefochtenen Verwaltungsakts ausgesetzt wurde, zu verzinsen.** [2] **Satz 1 gilt entsprechend, wenn nach Einlegung eines förmlichen außergerichtlichen oder**

gerichtlichen Rechtsbehelfs gegen einen Grundlagenbescheid (§ 171 Abs. 10) oder eine Rechtsbehelfsentscheidung über einen Grundlagenbescheid die Vollziehung eines Folgebescheids ausgesetzt wurde.

(2) [1] **Zinsen werden erhoben vom Tag des Eingangs des außergerichtlichen Rechtsbehelfs bei der Behörde, deren Verwaltungsakt angefochten wird, oder vom Tag der Rechtshängigkeit beim Gericht an bis zum Tag, an dem die Aussetzung der Vollziehung endet.** [2] **Ist die Vollziehung erst nach dem Eingang des außergerichtlichen Rechtsbehelfs oder erst nach der Rechtshängigkeit ausgesetzt worden, so beginnt die Verzinsung mit dem Tag, an dem die Wirkung der Aussetzung der Vollziehung beginnt.**

(3) **Absätze 1 und 2 sind entsprechend anzuwenden, wenn nach Aussetzung der Vollziehung des Einkommensteuerbescheids, des Körperschaftsteuerbescheids oder eines Feststellungsbescheids die Vollziehung eines Gewerbesteuermessbescheids oder Gewerbesteuerbescheids ausgesetzt wird.**

(4) **§ 234 Abs. 2 und 3 gelten entsprechend.**

(5) **Ein Zinsbescheid ist nicht aufzuheben oder zu ändern, wenn der Steuerbescheid nach Abschluss des Rechtsbehelfsverfahrens aufgehoben, geändert oder nach § 129 berichtigt wird.**

Schrifttum: *Bergmann* Rechtsschutz gegen aufgedrängte AdV und nachfolgende Zinsforderungen, DStR 13, 1651.

Übersicht

1 **1. Inhalt.** Die Vorschrift gleicht den Zinsnachteil des StGläubigers und den Zinsvorteil des Stpfl bei AdV aus (BFH BStBl 79, 712; 91, 498; 99, 201). Dieser Gesichtspunkt rechtfertigt eine Zinserhebung auch dann, wenn ohne Zutun des Stpfl die angemessene Verfahrensdauer überschritten wird (BFH BStBl 97, 716; 91, 498; BFH/NV 12, 1581; 96, 725). Ob Zinsvorteile tatsächlich gezogen worden sind, ist unbeachtlich (BFH BStBl 04, 39).

3 **2. Anwendungsbereich.** Die Zinsregelung bezieht sich auf *Steuern* und *StVergütungen;* sie gilt für *Prämien* und *Zulagen,* soweit auf diese die Vorschriften über StVergütungen anwendbar sind, vgl die entsprechenden Bestimmungen des PrämienG und des InvZulG. Dem StBescheid steht die StAnmeldung gleich. Die Vorschrift gilt nicht für stl *Nebenleistungen* und *Haftungsansprüche* (BFH BStBl 89, 821). Sie gilt hingegen für *Einfuhr- und Ausfuhrabgaben* (*Gellert* Zollkodex und Abgabenordnung, S 209: „Anhängsel des Rechtsbehelfsverfahrens"; *Henke/Huchatz* ZfZ 96, 226, 232).

4 Bei der *KiSt* werden Aussetzungszinsen iAllg nicht erhoben (vgl die KiStG der Länder). Bei den *Realsteuern* obliegt die Festsetzung der Aussetzungszinsen den Gemeinden. Diesen sind deshalb – soweit erforderlich – die für die Berechnung und Festsetzung der Zinsen notwendigen Daten mitzuteilen.

5 **3. Anspruchsvoraussetzungen. a) Vollziehungsaussetzung.** Die Vollziehung eines mit einem Rechtsbehelf angegriffenen *StBescheids,* eines – nicht ange-

fochtenen – *Folgebescheids,* eines Bescheids über die *Rückforderung einer StVergütung* oder – nach AdV eines ESt-, KSt- oder Feststellungsbescheids – eines *GewSt-Messbescheids oder GewStBescheids* muss nach § 361 oder nach § 69 FGO ausgesetzt worden sein (einerlei ob zu Recht oder zu Unrecht, BFH BStBl 99, 201; 95, 4; FG Ddorf EFG 06, 1226; FG RhPf EFG 98, 1111). Ein Aussetzungsbescheid ist also insofern Grundlagenbescheid der Verzinsung (kein Ermessen, aber Absehensmöglichkeit nach Abs 4). Hinzutreten muss freilich, dass die AdV tatsächlich *in Anspruch genommen,* der festgesetzte StBetrag also nicht bezahlt worden ist (vgl BFH BStBl 13, 767; 92, 319; BFH/NV 07, 1817; vgl § 234 Rz 7). Denn zu verzinsen ist „der geschuldete Betrag", an welchem es nach Tilgung der StSchuld fehlt. AdV „verbietet" auch nicht etwa die Zahlung und beseitigt folglich nicht ihre Erfüllungswirkung; sie berechtigt die FinBeh weder dazu die Zahlung zurückzuweisen, noch steht sie einem späteren Anspruch auf Erstattungs- oder Prozesszinsen (§§ 233a, 236) entgegen. Besorgnis vor einer „aufgedrängten" AdV ist daher unberechtigt. Siehe auch Rz 30. Im Übrigen kann der Stpfl Aussetzungszinsen auch dadurch vermeiden, dass er die AdV-Verf der FinBeh anficht (BFH/NV 12, 2004).

Ist die Vollziehung eines JahresStBescheids ausgesetzt worden, so dürfte eine Verzinsung von ausgebliebenen Vorauszahlungen nicht verlangt werden können (BFH BStBl 94, 785). § 237 greift auch dann ein, wenn nicht einer der vorgenannten Bescheide selbst, sondern eine Einspruchsentscheidung dazu alleiniger Gegenstand eines gerichtlichen Verfahrens ist. 5a

Abs 1 S 2 bewirkt, dass auch dann Aussetzungszinsen zu zahlen sind, wenn die Vollziehung eines nicht angefochtenen **Folgebescheids** im Hinblick auf den Rechtsstreit über den Grundlagenbescheid ausgesetzt wird, und der Rechtsbehelfsführer im Verfahren bzgl des Grundlagenbescheids unterliegt; dabei wird in Abs 3 diesem Fall gleichgestellt, dass der Rechtsbehelf gegen den ESt-(KSt-)Bescheid gerichtet war und – nach AdV des GewSt-Messbescheids – die Gemeinde den GewStBescheid ausgesetzt hatte. Das gilt nicht nur bei der Anfechtung von Grundlagenbescheiden, die StBescheide sind, sondern auch für solche Grundlagenbescheide, die von anderen als StBehörden erlassen wurden. Nicht nur der (abgabenrechtliche) Einspruch gegen Feststellungsbescheide, sondern auch ein bei Grundlagenbescheiden nach VwVfG, SGB X gegebener Rechtsbehelf kann daher Zinsen auslösen. Aber keine Zinsfestsetzung vor Abschluss des Verfahrens gegen den Grundlagenbescheid, selbst wenn der Stpfl dort nur beigeladen ist (BFH BStBl 13, 107). 6

Aussetzungszinsen sind nicht zu erheben, wenn die Fälligkeit des streitigen StAnspruchs zB aufgrund einer **Stundung** (§ 222) oder eines **Vollstreckungsaufschubs** (§ 258) hinausgeschoben war. In diesen Fällen entstehen jedoch idR Stundungszinsen oder Sz. Ggf entstandene Nachzahlungszinsen sind anzurechnen (BFH/NV 15, 785). 7

b) Erfolglosigkeit des Rechtsbehelfs. Aussetzungszinsen sind nur zu erheben, wenn ein Einspruch bzw im Rechtsbehelfsverfahren außerhalb der AO ein sonstiger außergerichtlicher Rechtsbehelf oder eine Anfechtungsklage endgültig „erfolglos" geblieben ist (BFH BStBl 95, 4; 92, 319; 88, 484). Einspruch bzw Klage gegen einen StBescheid haben insoweit endgültig keinen Erfolg, als dem Begehren nicht entsprochen wird, den festgesetzten StBetrag herabzusetzen. Aus welchem Grund der Antrag erfolglos bleibt, ist ohne Bedeutung. Erfolglosigkeit liegt also nicht nur bei Abweichung oder Rücknahme der Klage vor, sondern auch im Falle übereinstimmender Erledigungserklärung, selbst wenn später aufgrund getroffener tatsächlicher Verständigung die StFestsetzung geändert wird (BFH BStBl 18, 2, offenlassend, ob das Gleiche bei Rücknahme des Einspruchs gilt). Zustimmung zur Änderung des angefochtenen VA nach § 172 I 2 kann eine Einschränkung des Rechtsbehelfsantrages bedeuten (BFH BStBl 92, 319). Maßgebend 8 ist der endgültig geschuldete Betrag, hinsichtlich dessen die Vollziehung des StBescheids ausgesetzt war. Richtet sich der Rechtsbehelf gegen einen StBescheid, bei dem die Besteuerungsgrundlagen nicht selbständig anfechtbar sind (§ 157 II), kommt es also auf den *betragsmäßigen* Misserfolg an; der Antrag ist daher auch erfolglos, wenn der Stpfl mit seinem Vorbringen zwar durchdringt, jedoch gegen zu seinen Gunsten begangene Fehler zu saldieren ist (BFH/NV 15, 1338; dann auch grds kein Billigkeitserlass, siehe auch Rz 29).

10 Ein Verfahren gegen einen Grundlagenbescheid ist jedoch nicht allein deshalb erfolglos, weil sich auf der Ebene des Folgebescheids keine günstigen steuerlichen Auswirkungen ergeben (BFH BStBl 12, 219; BFH/NV 04, 158).

11 Eine Anfechtungsklage ist bei übereinstimmenden Erledigungserklärungen mit Eingang der zweiten Erledigungserklärung oder mit Eintritt der Fiktion des § 138 III FGO endgültig erfolglos. Wird der angefochtene Bescheid später auf Grundlage einer tatsächlichen Verständigung geändert, hat dies auf die festzusetzenden Aussetzungszinsen keinen Einfluss (BFH BStBl 8, 2: gem § 237 V keine Änderung der Zinsfestsetzung). Wird gegen ein Urteil Verfassungsbeschwerde erhoben, ändert dies an der durch das Urteil begründeten Erfolglosigkeit nichts (BFH BStBl 87, 320; BFH/NV 07, 2055), selbst wenn mit Rücksicht auf die Verfassungsbeschwerde AdV gewährt wird.

15 **4. Zu verzinsender Betrag.** Zu verzinsen ist der geschuldete Betrag, hinsichtlich dessen die Vollziehung des angefochtenen VA oder eines Folgebescheids ausgesetzt wurde (BFH BStBl 99, 201); vgl aber Rz 5. Zum Zinssatz siehe § 238. Wenn das FA irrtümlich für einen höheren als den streitigen Betrag AdV gewährt hatte, entstehen bei Erfolg des Rechtsbehelfs keine Aussetzungszinsen auf den Nachzahlungsbetrag (BFH BStBl 12, 219). Wird der StBetrag, hinsichtlich dessen die Vollziehung ausgesetzt war, nach Abschluss des Rechtsbehelfsverfahrens herabgesetzt, hat BFH/NV 97, 275 aus der Akzessorietät des Zinsanspruchs ableiten wollen, dass sich die Bemessungsgrundlage der Aussetzungszinsen mindert; diese Entscheidung ist jedoch durch § 237 V überholt (siehe auch Rz. 25).

17 **5. Zeitraum der Verzinsung.** Zu verzinsen ist für den Zeitraum, für den ausgesetzt und der Rechtsbehelf in der Hauptsache anhängig war (vgl iEinz Abs 2). Der Zinslauf beginnt also am Tage des Eingangs des außergerichtlichen Rechtsbehelfs oder mit Eintritt der Rechtshängigkeit, wenn nicht erst später die Aussetzung gewährt wird (anders hingegen wiederum, wenn sie dann rückwirkend gewährt wird – also eine Aufhebung der Vollziehung – und deshalb keine Sz, aber Aussetzungszinsen anfallen, BFH/NV 07, 1817). Der Tag des Eingangs oder des Eintritts der Rechtshängigkeit wird mitgezählt. Nach Ergehen eines Änderungsbescheids entstehen ggf weiterhin Aussetzungszinsen (vgl BFH/NV 07, 1817). Wird die aufgrund eines Einspruchs gegen einen vor Erlass eines Grundlagenbescheids ergangenen StBescheid gewährte AdV nach Ergehen des Grundlagenbescheids aufgehoben, aber wegen Anfechtung des Grundlagenbescheids im Hinblick auf dieselben Besteuerungsgrundlagen sogleich erneut gewährt, beginnt die Festsetzungsfrist erst mit Ablauf des Kalenderjahres, in dem der Rechtsbehelf gegen den Grundlagenbescheid endgültig erfolglos geblieben ist (BFH/NV 15, 785).

17a Hat der Stpfl in erster Instanz obsiegt, in der Revisionsinstanz aber keinen Erfolg, ist eine Verzinsung für die Zeit zwischen der erstinstanzlichen Entscheidung und der zweitinstanzlichen Entscheidung vorzunehmen, wenn AdV gewährt war, was wegen der fehlenden vorläufigen Vollstreckbarkeit des FG-Urteils (§ 151 III FGO) der Fall sein wird (anders offenbar *TK/Loose* § 237 Rz 10).

18 Der **Zinslauf endet** an dem Tage, an dem die nach § 361 oder nach § 69 FGO gewährte AdV endet; wird vorher durch Zahlung oder Aufrechnung erfüllt, endet damit der Zinslauf (BFH BStBl 13, 767; 92, 319; BFH HFR 14, 195). Der Zinslauf endet ferner und der Zinsanspruch entsteht, sobald das Rechtsbehelfsverfahren rechtskräftig abgeschlossen ist. Zu verzinsen ist nur wegen der AdV während des

Rechtsbehelfsverfahrens, nicht auch während eines ggf anschließenden Verfassungsbeschwerdeverfahrens (BFH BStBl 87, 320; BFH/NV 07, 2055).

Zur Frage des Zinslaufs bei nachträglicher Heilung eines Abgabenbescheids siehe OVG NRW NVwZ-RR 93, 271 mit Recht gegen Hbg OVG NVwZ-RR 94, 283; § 237 stellt nur auf die Erfolglosigkeit des Rechtsbehelfs ab, nicht auf die Gründe, die für die Erfolglosigkeit verantwortlich sind. Siehe aber zur Frage eines Billigkeitserlasses in solchen Fällen Rz 29. 22

6. Schuldner der Zinsen. Schuldner der Zinsen ist der StSchuldner. Bei Gesamtschuldnern hat nur derjenige die Zinsen zu zahlen, der die AdV beantragt oder sonst erhalten hat (vgl BFH BStBl 75, 129); das gilt auch bei zusammenveranlagten Eheleuten (BFH/NV 92, 506). 23

7. Zinsen nach Rechtsbehelfsverfahren (Absatz 5). Nach Abs 5 sind die Aussetzungszinsen ausschl nach dem Ergebnis des Rechtsbehelfsverfahrens zu bemessen. Eine Aufhebung oder Änderung der StFestsetzung oder ihre Berichtigung nach § 129 nach Abschluss des Rechtsbehelfsverfahrens soll unberücksichtigt bleiben. Die entgegenstehende Rspr des BFH (vgl BFH BStBl 88, 229; 92, 997) ist danach überholt. Die Rechtslage ist ähnlich wie bei Stundungs- und Hinterziehungszinsen (vgl § 234 Rz 8). 25

8. Verzicht auf Zinsen (Abs 4). Die Voraussetzungen, unter denen auf die Festsetzung der Zinsen verzichtet werden kann, decken sich mit den Voraussetzungen nach §§ 163 I, 227 (BFH/NV 12, 1581; 94, 597). Verzicht kommt auch in Betracht, wenn objektiv die Voraussetzungen für eine Verrechnungs- oder technische Stundung vorlagen (vgl FG Mster EFG 94, 552; FG Hbg EFG 97, 1355), sofern für den Gegenanspruch keine Erstattungszinsen nach § 233a anfallen (siehe auch § 234 Rz 29). Das gilt jedenfalls bei einem sachlichen oder rechtlichen Zusammenhang der Forderungen, wobei Ermessensreduktion in Betracht kommt (vgl FG Hbg EFG 97, 1355). 27

Aussetzungszinsen sind nicht deshalb zu erlassen, weil vom Unternehmer zu entrichtender USt beim Leistungsempfänger ein Vorsteueranspruch gegenübersteht (FG BaWü EFG 96, 905; FG Hbg EFG 96, 968). 27a

Eine **lange Dauer** des Rechtsbehelfsverfahrens ist kein Grund für einen Verzicht auf Aussetzungszinsen (BFH BStBl 16, 840, VerfBeschw 1 BvR 1928/16; BFH BStBl 92, 148; 91, 498), auch nicht wenn die FinBeh die Entscheidung schuldhaft spät trifft (vgl BFH BStBl 94, 81; BFH/NV 17, 1409; 96, 725; BVerfG HFR 94, 551). 28

Keine Unbilligkeit, wenn der Stpfl zwar mit seinen Rechtsrügen gegen den StBescheid durchgedrungen ist, es aber aufgrund inzwischen festgestellter **steuererhöhender Umstände** bei der festgesetzten Steuer bleibt (FG Köln EFG 92, 384). Ein Erlass ist aber geboten, wenn ein Mangel der Rechtsgrundlage der StFestsetzung *rückwirkend geheilt* wird (OVG NRW ZMR 02, 477 und NVwZ-RR 99, 210 gegen OVG NRW NVwZ-RR 93, 271). Vgl Rz 8 bzw 22. 29

Auch eine **„aufgedrängte" AdV** (ohne Antrag des Stpfl und gegen seinen erklärten Willen; zu deren Rechtmäßigkeit FG Köln EFG 11, 105, aufgehoben wegen Unzulässigkeit der Klage BFH/NV 12, 2004 und zweifelh) rechtfertigt einen Zinserlass grds selbst dann nicht, wenn man sie für rechtswidrig hält (so mE zu Unrecht *Seer* Ubg 08, 249; *Koepsell/Walbrodt* INF 06, 822). Denn es ist Sache des Stpfl, ggf trotz der AdV die festgesetzte Steuer zu begleichen (siehe auch BFH BStBl 13, 767 zur unterbliebenen Freigabe einer Sicherheit) und dadurch Aussetzungszinsen zu vermeiden (vgl Rz 5). Hat er das unterlassen, zB weil er mit einem Misserfolg seines Rechtsbehelfs gegen den von der Vollziehung ausgesetzten Bescheid nicht rechnete oder in diesem Fall die AdV jedenfalls als vorteilhaft einschätzte (etwa wegen eines Zinsvorteils), ist die Zinserhebung nicht unbillig, wenn sich diese Einschätzung nachträglich als unrichtig erweist. Nimmt allerdings in 30 einem solchen Fall die FinBeh die vom Stpfl angebotene StZahlung nicht an, so werden die dadurch ggf entstandenen Belastungen (Differenz zwischen Aussetzungszinsen und vom Stpfl für die „Vorfinanzierung" der Steuer aufgewandten Darlehenszinsen oder sonstigen glaubhaft gemachten finanziellen Lasten) durch einen teilweisen Zinserlass zu kompensieren sein. In einer Aufhebung der Vollziehung nach erfolgter Zahlung und Rückzahlung der Steuer von Amts wegen liegt nicht ohne Weiteres eine Annahmeverweigerung der FinBeh idS (Nachfrage ratsam). Es besteht jedoch ggf kein *rechtsschutzfähiges* Recht des Stpfl, dass seine Zahlung von der FinBeh entgegen genommen wird; dieses lässt sich insbes schwerlich aus seinem möglicherweise gegebenen Interesse herleiten, sich im Falle des Erfolgs seines Rechtsbehelfs Prozesszinsen auf den Erstattungsbetrag (§ 236) zu verdienen. Der Stpfl kann also entscheiden, ob er trotz gewährter AdV Zahlung anbietet (folglich keine Aussetzungszinsen befürchten muss), die FinBeh, ob sie die Zahlung annimmt (und ggf Prozesszinsen zahlen muss).

§ 238 Höhe und Berechnung der Zinsen

(1) [1] **Die Zinsen betragen für jeden Monat einhalb Prozent.** [2] **Sie sind von dem Tag an, an dem der Zinslauf beginnt, nur für volle Monate zu zahlen; angefangene Monate bleiben außer Ansatz.** [3] **Erlischt der zu verzinsende Anspruch durch Aufrechnung, gilt der Tag, an dem die Schuld des Aufrechnenden fällig wird, als Tag der Zahlung.**

(2) **Für die Berechnung der Zinsen wird der zu verzinsende Betrag jeder Steuerart auf den nächsten durch 50 Euro teilbaren Betrag abgerundet.**

Abs 1 S 1 geändert durch JStG 2007 v 13.12.06 (BGBl I, 2878).

Schrifttum: *Ortheil* Rechtmäßigkeit eines typisierenden Zinssatzes, BB 12, 1513.

1 **1. Inhalt.** Nach Abs 1 beträgt der Zins 0,5% für jeden vollen Monat des Zinslaufs. Das hat eine Reihe von Entscheidungen des BFH, aber auch der FG und anderer Gerichte (vgl zB OVG NRW Versorgungswirtschaft 15, 93; BayVGH 4 ZB 17.279, nv) für verfassungsmäßig erklärt. Hingegen hat BFH IX B 21/18 (DStR 18, 1020) – ohne sich mit dieser Rspr in den Einzelheiten auseinanderzusetzen – die Verfassungsmäßigkeit jedenfalls ab dem VZ 15 im AdV-Verfahren bezweifelt. Dass allerdings entspr dem gedanklichen Ansatz dieser Entscheidung ein Vergleich mit dem „Marktzinsniveau" anzustellen ist und ob dieser „strukturell" auf niedrigem Niveau verfestigt ist, erscheint nicht zweifelsfrei. Zu der Frage sind jedoch mehrere Hauptsacheverfahren beim BFH und zwei VfB beim BVerfG (1 BvR 2422/17, 1 BvR 2237/14) anhängig. Niedrigeren Marktzinses vgl nur BFH/NV 16, 223; 15, 1329; 13, 1380; 11, 1654; 10, 1233; BVerfG BFH/NV 09, 2115.

2 **2. Monatszeitraum.** Nur volle Monate des Zinslaufs (nicht Kalendermonate!) sind zu verzinsen (während Sz auch für angefangene Monate anfallen, § 240 I 1). Die §§ 187 ff BGB sind anzuwenden. Fällt das Ende des Zinslaufs auf einen Sonntag, einen gesetzlichen Feiertag oder einen Sonnabend, so tritt zwar für die Fälligkeit an Stelle dieses Tages der nachfolgende Werktag (§ 108 III), für die Berechnung des Zinslaufs und bei der Prüfung der Frage, ob ein voller Monat vorliegt, sind die Sonntage usw aber mit einzubeziehen (vgl AEAO zu § 238 Nr 1; str). Fällt das den Beginn des Zinslaufs begründende Ereignis auf den 1., das beendende auf den letzten Tag des Monats, liegt ein voller Monat vor (BFH BStBl 97, 6).

3 **3. Zinsen bei Aufrechnung.** Im Falle der Aufrechnung hatte BFH/NV 92, 77 aufgrund des gem § 226 I entspr anwendbaren § 389 BGB angenommen, Zinsen seien auch dann nicht zu zahlen, wenn die Forderung des Stpfl erst nach der des FA fällig geworden, vom FA jedoch verrechnet worden ist (anders für Sz schon BFH BStBl 00, 246). Dass diese Wirkung nicht eintreten soll, das FA also trotz

Verrechnung bei ursprünglich nur ihm zustehender Aufrechnungsbefugnis (der Stpfl konnte zunächst mangels Fälligkeit seiner Gegenforderung nicht aufrechnen) die Zinsen nicht einbüßt, stellt Abs 1 S 3 jetzt klar. Als Zahlungstag gilt in diesen Fällen (fiktiv) der Tag der Fälligkeit der (Haupt-)Forderung des Stpfl. Die Regelung trägt dem Umstand angemessen Rechnung, dass der Stpfl seine StZahlung nicht bis zur Fälligkeit seines eigenen Anspruchs zurückhalten durfte (kritisch hingegen *TK/Loose* § 238 Rz 5, weil der Stpfl angeblich nur „mit der Abgabe seiner Aufrechnungserklärung" säumig sei). Der von der Vorschrift ebenfalls erfasste umgekehrte Fall, dass der Stpfl vor der FinBeh die Möglichkeit der Aufrechnung erlangt, dürfte nur selten praktisch werden. Vgl auch § 240 Rz 21.

4. Abrundung. Der zu verzinsende Betrag ist auf den nächsten durch 50 € 4
teilbaren Betrag nach unten abzurunden. Dies gilt unabhängig vom Zeitraum des Zinslaufs für alle nach dem 31.12.2001 festgesetzten Zinsforderungen (Art 97 § 15 X EGAO). So abzurunden ist nicht jeweils der einzelne zu verzinsende Anspruch, sondern der für eine StArt errechnete Anspruch. Zwar sind bei der Zinsberechnung die einzelnen Ansprüche nicht nur nach StArt zu trennen, sondern auch nach Zeitraum, Vorauszahlung/Abschlusszahlung, Tag des Beginns des Zinsablaufs (AEAO zu § 238 Nr 2) sowie nach unterschiedlichen Verzinsungstatbestände (§§ 234, 235, 236, 237, 233a). Vor der Abrundung sind jedoch die Beträge, die sich für eine StArt ergeben, zusammenzurechnen (anders AEAO zu § 238 Nr 2).

Die Abrundungsvorschrift ist auch auf Einfuhr- und Ausfuhrabgaben grds an- 4a
wendbar (aA *Henke/Huchatz* ZfZ 96, 226, 233).

Hat der Stpfl eine zu erstattende StSchuld in Raten entrichtet, wird die Ab- 5
rundung der Prozesszinsen nach AEAO zu § 236 Nr 3 nur einmal bei der Rate mit der kürzesten Laufzeit vorgenommen. Bei Stundungszinsen wird Ratenzahlung von AEAO zu § 234 Nr 13 in der Weise berücksichtigt, dass die für die einzelnen Raten errechneten Zinsen auf den nächsten durch 50 € teilbaren Betrag abgerundet werden.

5. Kleinbetragsregelung. Die Kleinbetragsregelung des § 239, wonach Zinsen 6
unter 10 € nicht erhoben werden, ist auf die für jede Einzelforderung nach Abs 2 berechneten Zinsen anzuwenden.

§ 239 Festsetzung der Zinsen

(1) [1] **Auf die Zinsen sind die für die Steuern geltenden Vorschriften entsprechend anzuwenden, jedoch beträgt die Festsetzungsfrist ein Jahr.** [2] **Die Festsetzungsfrist beginnt:**

1. in den Fällen des § 233a mit Ablauf des Kalenderjahrs, in dem die Steuer festgesetzt, aufgehoben, geändert oder nach § 129 berichtigt worden ist,

2. in den Fällen des § 234 mit Ablauf des Kalenderjahrs, in dem die Stundung geendet hat,

3. in den Fällen des § 235 mit Ablauf des Kalenderjahrs, in dem die Festsetzung der hinterzogenen Steuern unanfechtbar geworden ist, jedoch nicht vor Ablauf des Kalenderjahrs, in dem ein eingeleitetes Strafverfahren rechtskräftig abgeschlossen worden ist,

4. in den Fällen des § 236 mit Ablauf des Kalenderjahrs, in dem die Steuer erstattet oder die Steuervergütung ausgezahlt worden ist,

5. in den Fällen des § 237 mit Ablauf des Kalenderjahrs, in dem ein Einspruch oder eine Anfechtungsklage endgültig erfolglos geblieben ist.

[3] **Die Festsetzungsfrist läuft in den Fällen des § 233a nicht ab, solange die Steuerfestsetzung, ihre Aufhebung, ihre Änderung oder ihre Berichtigung nach § 129 noch zulässig ist.**

(2) [1] **Zinsen sind auf volle Euro zum Vorteil des Steuerpflichtigen gerundet festzusetzen.** [2] **Sie werden nur dann festgesetzt, wenn sie mindestens 10 Euro betragen.**

(3) **Werden Besteuerungsgrundlagen gesondert festgestellt oder wird ein Steuermessbetrag festgesetzt, sind die Grundlagen für eine Festsetzung von Zinsen**
1. nach § 233a in den Fällen des § 233a Absatz 2a oder
2. nach § 235
gesondert festzustellen, soweit diese an Sachverhalte anknüpfen, die Gegenstand des Grundlagenbescheids sind.

(4) **Werden wegen einer Steueranmeldung, die nach § 168 Satz 1 einer Steuerfestsetzung unter Vorbehalt der Nachprüfung gleichsteht, Zinsen nach § 233a festgesetzt, so steht diese Zinsfestsetzung ebenfalls unter dem Vorbehalt der Nachprüfung.**

Abs 3 und 4 eingefügt durch G v 18.7.16, BGBl I 1679.

Übersicht

1 **1. Inhalt.** § 239 I kommt rein *verfahrensrechtliche* Bedeutung zu. Nach Abs 1 S 1 sind auf Zinsen die für Steuern geltenden Vorschriften entsprechend anzuwenden. Die Festsetzung von Zinsen richtet sich also unbeschadet der Stellung des § 239 innerhalb der Vorschriften über das Erhebungsverfahren nach den §§ 155 ff; das bestimmt die Vorschrift besonders, weil es sich aus § 1 III noch nicht ergibt (BFH BStBl 89, 116). Die Festsetzungsfrist beträgt jedoch nur ein Jahr. Der Ablauf der Festsetzungsfrist kann ggf nach § 171 hinausgeschoben sein (BFH BStBl 94, 885); eine Anlaufhemmung nach § 170 kommt hingegen nicht in Betracht.

3 **2. Beginn der Festsetzungsfrist.** Satz 2 Nrn 1 bis 5 regelt den *Beginn* der Festsetzungsfrist nach den Besonderheiten der verschiedenen Zinsen. Die Festsetzungsfrist beginnt

4 – für **Nachzahlungszinsen und Erstattungszinsen** mit Ablauf des Kj, in dem die Steuer festgesetzt oder die bisherige StFestsetzung aufgehoben oder geändert wurde. Der Satz 3 ist im Zusammenhang mit § 233a V 1 zu sehen. Nach dieser Bestimmung ist die bisherige Zinsfestsetzung aufzuheben oder zu ändern, wenn die StFestsetzung oder die Anrechnung von StBeträgen aufgehoben oder geändert wird. Dies setzt voraus, dass die Frist für die Festsetzung der Zinsen nicht abläuft, solange noch eine StFestsetzung sowie ihre Aufhebung oder Änderung zulässig ist. Dasselbe gilt bei der Berichtigung offenbarer Unrichtigkeiten (§ 129), § 169 I 2. § 171 X ist insoweit nicht anzuwenden (BFH BStBl 99, 117; FG Ddorf EFG 17, 1059, Rev X R 30/17).

4a Bei wiederholter Änderung der StFestsetzung läuft die Festsetzungsfrist für den gesamten Zinsanspruch nicht ab, solange noch eine, wenn auch nur punktuell wirkende Änderung der StFestsetzung zulässig ist. Teile des Zinsanspruchs unterliegen also keiner *Teilverjährung* (BFH BStBl 09, 117). Das Gebot, die Festsetzung der Zinsen mit der StFestsetzung zu verbinden (Abs 4), steht der nachholenden Zinsfestsetzung nicht entgegen (vgl schon BFH BStBl 02, 124 zum Verspätungszuschlag).

– für die **Stundungszinsen** mit Ablauf des Kj, in dem die Stundung geendet hat; maßgebend dürfte hier die in der StundungsVfg gesetzte Frist sein, so dass eine vorzeitige Zahlung grds keinen Einfluss auf den Beginn der Festsetzungsfrist haben dürfte (aA ua *BG/Kögel* § 239 Rz 17; *TK/Loose* § 239 Rz 6). Ebenso wird man bei Ratenzahlungen nicht auf die Fälligkeit der jeweiligen Rate abstellen können, denn es wird nicht die einzelne Rate gestundet, sondern der Gesamtbetrag (FG Mster EFG 87, 280; aA *TK/Loose* § 239 Rz 6); 5
– für die **Hinterziehungszinsen** nach Nr 3 mit Ablauf des Kj, in dem die Festsetzung der hinterzogenen Steuern unanfechtbar geworden ist (auch wenn sie noch unter Nachprüfungsvorbehalt stand, FG Köln EFG 97, 853), jedoch nicht vor dem rechtskräftigen Abschluss eines (vor Beginn der Festsetzungsfrist, BFH BStBl 01, 782) eingeleiteten StStrafverfahrens (dazu *Dahlmann* DStR 98, 1246); insofern kommt es auf die *förmliche* Entscheidung an, die bei jedem Strafverfahren ergehen muss (zur Frage des Fristbeginns, wenn das Strafverfahren ausnahmsweise ohne rechtskräftige Entscheidung endet, *Dahlmann* DStR 98, 1246). Erst dann ist eine abschließende Beurteilung möglich, ob und inwieweit Steuern hinterzogen worden sind. Die Frist wird auch im Falle einer Einleitungsverfügung nach Selbstanzeige hinausgeschoben; denn die Prüfung deren strafbefreiender Wirkung hat ebenfalls in einem Strafverfahren iSd Nr 3 zu erfolgen; das gilt aber dann nicht, wenn die Verfahrenseinleitung greifbar gesetzwidrig ist, etwa weil keinerlei Anfangsverdacht besteht oder der Eintritt der Strafverfolgungsverjährung „leicht und eindeutig" feststellbar ist (BFH BStBl 08, 844). Bei mehreren Strafverfahren gegen Mittäter ist auf das zuletzt abgeschlossene Verfahren abzustellen (BFH BStBl 94, 885); 6
– für **Prozesszinsen** auf Erstattungsbeträge nach Nr 4 mit Ablauf des Kj, in dem der Erstattungsbetrag oder die StVergütung ausgezahlt worden ist (beachte § 224 III 3); das gilt aber nur, wenn bei Zahlung der Anspruch auf Prozesszinsen überhaupt schon entstanden ist, also nicht wenn nur vorläufig, zB zur Gewährung einstweiligen Rechtsschutzes gezahlt worden ist (BFH BStBl 07, 598); 7
– für die **Aussetzungszinsen** kommt es nach Nr 5 auf den Ablauf des Kj an, in dem die Anfechtungsklage oder der außergerichtliche Rechtsbehelf endgültig erfolglos geblieben ist. Das gilt auch, wenn die AdV schon zuvor geendet hat (BFH/NV 07, 1634; FG Hbg EFG 96, 5); Ende des Zinslaufs und Beginn der Festsetzungsfrist für die Zinsen sind also zu unterscheiden! Bei Rücknahme des Rechtsbehelfs will FG Ddorf EFG 92, 649 (aus BFH BStBl 94, 785 ergibt sich dafür nichts) zu Unrecht auf die Beschwerdefrist gegen den (bloß deklaratorischen) Einstellungsbeschluss abstellen (richtig *BG/Kögel* § 239 Rz 24: Abgabe der Rücknahme/Erledigungserklärung). Siehe auch BFH/NV 97, 275: Fristbeginn bei beidseitigen Erledigungserklärungen mit Ablauf des Jahres der Abgabe der Erklärungen, nicht des Kostenbeschlusses (vgl BFH BStBl 99, 201). Ein nicht *statthafter* Rechtsbehelf schiebt den Fristbeginn nicht hinaus, so dass sich in diesem Fall die Festsetzungsfrist nach dem Ablauf der Rechtsbehelfsfrist richtet. Bei Einlegung eines *unzulässigen* Rechtsmittels beginnt die Frist hingegen erst mit dessen Verwerfung (FG Köln EFG 01, 59). Die Notwendigkeit einer bescheidsmäßigen Umsetzung einer Einigung ist auf den Beginn ebenfalls ohne Einfluss (BFH/NV 97, 275: ggf spätere Änderung des Zinsbescheides). Wird aber gegen die Nichtzulassung der Revision in der abschließenden fachgerichtlichen Entscheidung Verfassungsbeschwerde eingelegt, lässt BFH/NV 08, 339 die Festsetzungsfrist erst mit der Abweisung/Verwerfung der Beschwerde beginnen. Schließt sich an ein AdV-Verfahren wegen eines Folgebescheids ein solches wegen des während dieses Verfahrens erlassenen Grundlagenbescheids an, beginnt die Festsetzungsfrist für den gesamten AdV-Zeitraum erst mit Erfolglosigkeit des Rechtsbehelfs gegen den Grundlagenbescheid (BFH/NV 15, 785; vorgehend FG Ddorf EFG 13, 1003); maßgebend für die endgültige Erfolglosigkeit des Rechtsbehelfs und den Beginn des Laufs der Festsetzungsfrist ist also erst das 8

endgültige Erfolglosbleiben des Rechtsbehelfs gegen den die Besteuerungsgrundlagen feststellenden Grundlagenbescheid.

9 Wegen der Festsetzungsfrist hinsichtlich Verzinsung des Anspruchs auf Rückzahlung einer **Investitionszulage** siehe § 12 S 2 InvZulG 2010.

10 Für die **Zahlungsverjährung** gelten §§ 228 ff.

11 **3. Anwendung der Vorschriften über die StFestsetzung (Abs 1 S 1).** Auf die Festsetzung von Zinsen sind die für Steuern geltenden Vorschriften entsprechend anzuwenden. Dies gilt für die Vorschriften über die StFestsetzung (§§ 155 ff) einschl der Bestimmungen über die Aufhebung und Änderung von Bescheiden (§§ 172 ff; vgl Rz 17), aber nur für solche reinen Verfahrensvorschriften. § 239 hat keine haftungsbegründende Wirkung, sodass für Zinsen nur gehaftet wird, wo dies in der Zinsvorschrift angeordnet ist (BFH BStBl 06, 3: nicht bei Organhaftung). Die Haftung für Steuern erstreckt sich also grds nicht auf die mit ihnen akzessorisch verknüpften Zinsen. § 71 lässt deshalb den StHinterzieher ausdrücklich auch für die Hinterziehungszinsen haften.

12 Auf die Zinsfestsetzung anzuwenden sind insb auch §§ 179 ff. Ob und in welchem Umfang Steuernachforderungen gegen Gesellschafter einer Personengesellschaft auf Hinterziehungshandlungen beruhen, ist daher im Verfahren der **gesonderten und einheitlichen Feststellung** zu klären (BFH BStBl 94, 885; 89, 596); der Zinsbescheid ist ein Folgebescheid, sodass die Festsetzungsfrist nach § 171 X endet (BFH BStBl 88, 318). Hinterziehen Geschäftsführer einer Personengesellschaft ESt zum Vorteil der Gesellschafter, ist über die Frage, ob und in welchem Umfang der von den Gesellschaftern erlangte stl Vorteil auf einer Hinterziehung beruht, ebenfalls durch Feststellungsbescheid zu entscheiden (BFH/NV 90, 73). Vor der Feststellung ist nur ein vorläufiger Zinsbescheid zulässig, § 155 II (BFH/NV 90, 73), der nach dieser Vorschrift als solcher deutlich gekennzeichnet sein muss (BFH BStBl 89, 596).

13 **Billigkeitsmaßnahmen** hins der entstandenen Zinsen können nach §§ 163, 227 geboten sein (vgl schon § 237 Rz 27 f). Jedoch kann im Erlassverfahren nicht geltend gemacht werden, § 238 I sei verfrechtl zu beanstanden (BFH BStBl 17, 101; BFH/NV 17, 1409; 16, 369).

16 **4. Schriftlicher Bescheid.** Zinsen werden durch – von der StFestsetzung gesonderten, wenn auch mit ihr regelmäßig verbundenen (BFH BStBl 17, 1079; 03, 737) – schriftlichen Zinsbescheid festgesetzt. Es gelten die für Steuern geltenden Vorschriften. Der StBescheid ist insb im Fall des § 233a Grundlagenbescheid (dort Abs 5; vgl BFH/NV 03, 737; 98, 1318). Der Mindestinhalt des Zinsbescheids richtet sich nach §§ 157 I 2 und 3, 119 III und IV (vgl BFH/NV 94, 2; FG Köln EFG 94, 330); die einzelnen Zinsforderungen sind nach Art und Betrag zu bezeichnen und der Schuldner ist anzugeben (BFH BStBl 14, 665; 84, 697; BFH/NV 92, 506). Aus dem Bestimmtheitsgebot kann jedoch nicht abgeleitet werden, dass die Zinsansprüche auch bei nämlicher StArt für jeden VZ gesondert ausgewiesen werden müssen (so aber *HHSp/Heuermann* Rz 6; offen BFH/NV 14, 665). Der Bescheid kann nach §§ 129, 172 bis 177 berichtigt und geändert werden. Eine falsche Schuldnerangabe kann aber nicht durch Richtigstellung im weiteren Verfahren geheilt werden (BFH/NV 04, 316).

17 Gegen den Zinsbescheid kann nicht die Rechtswidrigkeit der StFestsetzung eingewandt werden (BFH BStBl 03, 175), denn der StBescheid ist Grundlagenbescheid für die Zinsfestsetzung. Bei Stundungs- bzw Aussetzungszinsen kann selbstredend auch nicht die Rechtswidrigkeit der StundungsVfg oder der AdV-Entscheidung eingewandt werden. Inwiefern gegen einen Zinsbescheid eingewandt werden kann, die der Verzinsung zu Grunde liegende StFestsetzung sei geändert worden, ergibt sich aus §§ 234 I 2, 235 III 3, 236 V und 237 V; nach diesen Vorschriften ist eine Aufhebung oder Änderung von StBescheiden *nach* Ablauf des Stundungszeitraums, des Zinslaufs im Fall des § 235, des Rechtsbehelfsverfahrens bzw der Voll-

ziehungsaussetzung ohne Einfluss auf das Entstehen der Stundungs- bzw Hinterziehungszinsen und in Fällen der §§ 236, 237 ohne Einfluss auf einen bereits ergangenen Zinsbescheid. Die Akzessorietät der Zinsen bzw der Zinsbescheide ggü der StFestsetzung ist insoweit aufgehoben. Der Zinsbescheid muss sonst ggf gem § 175 I 1 Nr 1 geändert werden.

Haben sich **Ehegatten** zum Empfang eines zusammengefassten StBescheids bevollmächtigt, ist auch die Bekanntgabe eines zusammengefassten Bescheids über Zinsen an einen Ehegatten mit Wirkung für den anderen Ehegatten zulässig, weil sich die Bevollmächtigung auf den Zinsbescheid erstreckt (BFH BStBl 95, 484). 18

5. Kleinbetragsregelung (Abs 2). Durch § 239 II wird § 156 II nicht ausgeschlossen. Maßgebend ist der Zinsanspruch für die jeweilige Einzelforderung. Die Kleinbetragsverordnung ist anzuwenden (FG Bbg EFG 01, 669). 20

6. Gesonderte Feststellung (Abs 3). Die Grundlagen für eine Zinsfestsetzung nach §§ 233a oder 235 AO sind gesondert bzw gesondert und einheitlich festzustellen, wenn solche Zinsen aufgrund von Sachverhalten entstehen, die ihrerseits Gegenstand eines Grundlagenbescheids sind. Dafür bedarf es einer Feststellung über die Auswirkungen eines erstmals oder abweichend berücksichtigten rückwirkenden Ereignisses auf die festgestellten Besteuerungsgrundlagen und zum Zeitpunkt des Eintritts des rückwirkenden Ereignisses bzw des von einem Gesellschafter erlangten Vorteils (vgl schon BFH BStBl 89, 596). Im Falle des § 233a ist mithin festzustellen, ob die Änderung des Gewinnfeststellungsbescheids auf einem rückwirkenden Ereignis iSd § 175 I 1 Nr 2 und damit auf einem rückwirkenden Ereignis iSv § 233a beruht (vgl schon BFH BStBl 99, 634; 10, 528). Im Verhältnis zwischen GewSt-Messbescheid und GewStBescheid sowie in den Fällen des § 35b GewStG gilt Entsprechendes; die Berechnungsgrundlagen sind von der für den Erlass des Messbescheids zuständigen FinBeh in entsprechender Anwendung des § 184 I festzustellen. 22

Diese Regelungen entsprechen der schon bisher geübten Verwaltungspraxis bei einer einheitlichen und gesonderten Feststellung. Sie gelten jetzt aber auch bei gesonderter Feststellung. 23

7. Vorbehalt der Nachprüfung (Abs 4). Abs 4 ermöglicht eine Änderung der Zinsfestsetzung nach den Vorschriften über die StFestsetung unter Nachprüfungsvorbehalt in Fällen der StAnmeldung. Zinsen nach § 233a werden bei einer StAnmeldung grds automationsgestützt berechnet und festgesetzt (§ 239 I 1 iVm § 155 VII), da sich die Zinsberechnungsgrundlagen im Regelfall aus der StAnmeldung und den bei der FinBeh vorhandenen Daten ableiten lassen. Die Zinsfestsetzung wird dann mit der kassenmäßigen Abrechnung der StAnmeldung verbunden. Dabei kann es zu einer unzutreffenden Zinsfestsetzung kommen, wenn für die Verzinsung nach § 233a IIa relevante Umstände nicht berücksichtigt worden sind, weil sie sich aus jenen Daten nicht ergaben. Um in derartigen Fällen eine Anpassung der Zinsfestsetzung zu ermöglichen, soll der Vorbehalt der Nachprüfung der StAnmeldung auf die Zinsfestsetzung erstreckt werden. 25

2. Unterabschnitt. Säumniszuschläge

§ 240 Säumniszuschläge

(1) [1] **Wird eine Steuer nicht bis zum Ablauf des Fälligkeitstages entrichtet, so ist für jeden angefangenen Monat der Säumnis ein Säumniszuschlag von 1 Prozent des abgerundeten rückständigen Steuerbetrags zu entrichten; abzurunden ist auf den nächsten durch 50 Euro teilbaren Betrag.** [2] **Das Gleiche gilt für zurückzuzahlende Steuervergütungen und Haftungsschulden, soweit sich die Haftung auf Steuern und zurückzuzahlende Steuervergütungen erstreckt.**

[3] Die Säumnis nach Satz 1 tritt nicht ein, bevor die Steuer festgesetzt oder angemeldet worden ist. [4] Wird die Festsetzung einer Steuer oder Steuervergütung aufgehoben, geändert oder nach § 129 berichtigt, so bleiben die bis dahin verwirkten Säumniszuschläge unberührt; das Gleiche gilt, wenn ein Haftungsbescheid zurückgenommen, widerrufen oder nach § 129 berichtigt wird. [5] Erlischt der Anspruch durch Aufrechnung, bleiben Säumniszuschläge unberührt, die bis zur Fälligkeit der Schuld des Aufrechnenden entstanden sind.

(2) **Säumniszuschläge entstehen nicht bei steuerlichen Nebenleistungen.**

(3) **[1] Ein Säumniszuschlag wird bei einer Säumnis bis zu drei Tagen nicht erhoben. [2] Dies gilt nicht bei Zahlung nach § 224 Abs. 2 Nr. 1.**

(4) **[1] In den Fällen der Gesamtschuld entstehen Säumniszuschläge gegenüber jedem säumigen Gesamtschuldner. [2] Insgesamt ist jedoch kein höherer Säumniszuschlag zu entrichten als verwirkt worden wäre, wenn die Säumnis nur bei einem Gesamtschuldner eingetreten wäre.**

Abs 3 S 1 geändert durch StÄndG 2003 v 15.12.03 (BGBl I, 2645); Abs 1 S 1 geändert durch JStG 2007 v 13.12.06 (BGBl I, 2878).

Schrifttum: *Kohlhaas* Vollständiger Erlass von Säumniszuschlägen bei erfolgreichem Rechtsbehelfsverfahren?, DStR 10, 2387; *Nieuwenhuis* Säumniszuschläge bei rechtswidriger Steuerfestsetzung, BB 10, 2412.

Übersicht

1 **1. Inhalt und Bedeutung.** Der Säumniszuschlag (Sz) wird bei nicht rechtzeitiger Zahlung einer fälligen Steuer oder zurückzuzahlenden StVergütung erhoben. Er ist ein dem StRecht eigenes Druckmittel zur Durchsetzung von titulierten Zahlungsansprüchen des StFiskus (BFH BStBl 76, 262) mit Zinsersatzcharakter (BFH BStBl 91, 906; vgl BFH BStBl 98, 2). Sie verfolgen neben dem Zweck, der FinBeh eine Gegenleistung für das Hinausschieben der Zahlung fälliger Steuern und für den dadurch entstehenden zusätzlichen Verwaltungsaufwand zu verschaffen, das Ziel, den Stpfl durch Androhung einer verschuldensunabhängigen (BFH/NV 05, 709) Verwaltungssanktion zur pünktlichen Zahlung auf insb die (sofort vollziehbaren) StBescheide anzuhalten (BFH BStBl 98, 7; 91, 906; BFH/NV 98, 9; str). Die Akzessorietät, die Zinsen wesenseigen ist, ist beim Sz durch Abs 1 S 4 gelockert; verwirkte Sz bleiben bei Aufhebung oder Änderung der StFestsetzung bestehen

(BFH BStBl 91, 906; 06, 612; vgl Rz 23f; zur Verfassungsmäßigkeit BVerwG Buchholz 401.0 § 240 AO Nr 1).

Ein Sz entsteht nicht, bevor die Steuer festgesetzt oder angemeldet worden ist (Abs 1 S 3), obwohl zahlreiche StForderungen unabhängig von ihrer Festsetzung oder Anmeldung fällig werden (FälligkeitsSt). Die „Lücke" zwischen Fälligkeit und Festsetzung kann die FinBeh allenfalls durch die Erhebung eines Verspätungszuschlags (§ 152) schließen. Dieser ergänzt also das abgabenrechtliche „Sanktionssystem" ggü säumigen Stpfl. Anders als beim Verspätungszuschlag besteht jedoch bei Sz kein Festsetzungsermessen der FinBeh, da Sz kraft Gesetzes entstehen und folglich erhoben werden *müssen*. 2

Sz sind öffentliche Abgaben iSd § 80 II Nr 1 VwGO, auch wenn die Finanzierungsfunktion nicht im Vordergrund steht (str, ebenso OVG Bremen NVwZ 87, 65, Hess VGH NVwZ-RR 95, 158 und OVG NRW NVwZ 84, 395; aA OVG Koblenz NVwZ 87, 63 und KStZ 00, 77; BayVGH KKZ 00, 70; *Eyermann/Schmidt* VwGO § 80 Rz 22, auch zum Charakter von Stundungs- und Aussetzungszinsen, welche nach überwM ebenfalls § 80 II Nr 1 VwGO unterfallen). 3

2. Anwendungsbereich. Die Vorschrift gilt auch für *RealSt,* wenn diese von den Gemeinden verwaltet werden, vgl § 1 II Nr 5. Für die örtlichen *Verbrauch- und AufwandSt* gilt sie nach Maßgabe der LandesG; ferner, soweit die AO sonst für entsprechend anwendbar erklärt worden ist, zB in den Prämien- und ZulagenG oder im MOG. Auf *KiSt* ist § 240 überwiegend nicht anwendbar mit Ausnahme von Bayern. § 240 gilt auch für *Haftungsschulden* (Abs 1 S 2) und die Nichtentrichtung einer Zahlung durch einen *StEntrichtungspflichtigen* (obwohl dieser keine Steuer schuldet, sondern allenfalls für sie haftet; vgl BFH BStBl 00, 246). Deshalb ist eine Sz auch zu erheben, wenn der Bausteuerabzugspflichtige seinen Pflichten nach §§ 48ff EStG nicht nachgekommen ist und deshalb auf Haftung (§ 48 III EStG) in Anspruch genommen wird (*Diebold* DStZ 02, 252). Zum Rückforderungsanspruch des § 16 GrEStG BFH/NV 08, 1439. 7

Nach Abs 2 entstehen Sz *nicht* bei steuerlichen **Nebenleistungen.** Sz sind also nicht zu entrichten, wenn Verspätungszuschläge, Zinsen, Sz, Zwangsgelder oder Kosten (steuerliche Nebenleistungen) nicht rechtzeitig gezahlt werden. 8

Art 114 **UZK** schreibt bei nicht fristgerechter Entrichtung des Abgabenbetrags die Erhebung von Verzugszinsen vor, deren Höhe in Art 114 I UAbs 3 in Anknüpfung an den von der jeweiligen nationalen Zentralbank angewendeten Zinssatz bestimmt wird. Art 114 III UZK lässt für den Fall von wirtschaftlichen und sozialen Schwierigkeiten ihrer Erhebung sowie in Art 114 IV bei Bagatellbeträgen einen Verzicht zu. 9

3. Voraussetzungen der Verwirkung des Säumniszuschlags. Ein Sz entsteht kraft Gesetzes (ist „verwirkt") bei Verwirklichung des Tatbestandes der Säumnis, vorbehaltlich des Abs 1 S 3; weitere Tatbestandsmerkmale gibt es nicht, insbes ist kein Verschulden des Stpfl an der Säumnis (vgl Rz 55) erforderlich. 11

Säumnis tritt grds ein, wenn die Steuer oder die zurückzuzahlende StVergütung nicht bis zum Ablauf des Fälligkeitstages entrichtet wird. Sofern jedoch – wie bei den Fälligkeitssteuern – die Steuer ohne Rücksicht auf die erforderliche StFestsetzung oder StAnmeldung fällig wird, tritt Säumnis gleichwohl nicht ein, bevor die Steuer festgesetzt oder die StAnmeldung abgegeben worden ist (Abs 1 S 3; siehe aber abweichende Regelung in § 51a IV 3 EStG). 12

Sz für verspätet geleistete **Vorauszahlungen** sind auch dann zu entrichten, wenn später die StSchuld durch Vorauszahlungsanpassung oder die Jahressteuer auf einen niedrigeren Betrag als die Summe der Vorauszahlungen festgesetzt wird und daher der Unterschiedsbetrag dem StSchuldner zu erstatten ist (vgl schon BVerwG BStBl 74, 279; BFH BStBl 92, 956; FG Mster EFG 02, 118). Sz für den angeforderten Nachzahlungsbetrag entstehen erst nach dessen Festsetzung, sofern nicht die Fälligkeit noch weiter hinausgeschoben ist. 13

14 Bei **Haftungsschulden** entstehen Sz zwar ebenfalls kraft Gesetzes (Abs 1 S 2), aber auch erst, wenn die Haftungsschuld fällig ist, regelmäßig also erst vom Ergehen des Haftungsbescheids an (jedoch unabhängig von der Festsetzung der StSchuld); sie treten uU neben den beim StSchuldner entstehenden Sz, für die der Haftungsschuldner ggf zusätzlich zu seiner eigenen Sz-Schuld haftet (§§ 69, 72). Auf den Zeitpunkt der Festsetzung der Haftungsschuld bzgl dieser Sz in einem Haftungsbescheid kommt es insofern nicht an, wohl aber auf die Festsetzung der Steuer, ohne die keine Sz entstehen. Die doppelte Anforderung von Sz für den gleichen Zeitraum wäre jedoch unbillig. Das ist im Hinblick auf den Teil der Sz (Hälfte), der Ausgleich der Liquiditätsnachteile ist, zwingend; dementsprechend ist ab dem Zeitpunkt, ab dem für den StSchuldner Sz entstehen, nur die Hälfte in die Haftung einzubeziehen.

16 **4. Ablauf des Fälligkeitstages.** Begriff der Fälligkeit vgl § 220. Vollstreckungsaufschub nach § 258 ändert nichts an der Fälligkeit, sodass weiter Sz entstehen (BFH BStBl 79, 429; 91, 864; BFH/NV 87, 696; 88, 411; 90, 546; siehe näher § 258 Rz 3 und unten Rz 62). Auch „Stillhalten" der FinBeh während AdV-Antrag lässt Sz unberührt (FG Hbg EFG 94, 731), ebenso eine nicht vollzogene Aussetzungszusage (BFH/NV 94, 4) oder das Bestehen einer bloßen Aussetzungslage (BFH/NV 00, 1070; 94, 4). Das gilt auch, wenn von einem AdV-Antrag wegen eines inzwischen eröffneten Insolvenzverfahrens abgesehen worden ist (BFH BStBl 06, 612). Inwieweit allerdings in diesen Fällen auf die Sz aus Billigkeitsgründen verzichtet werden muss (vgl BFH BStBl 75, 727), ist eine andere Frage (siehe auch dazu ebenfalls näher § 258 Rz 3 und unten Rz 62).

Keinen Einfluss auf die Sz hat grds auch die Niederschlagung nach § 261.

17 Die Fälligkeit wird hingegen durch **Stundung** nach § 222 und **Zahlungsaufschub** nach § 223 hinausgeschoben. Die Stundung wirkt allerdings nicht auf den Fälligkeitstag zurück, wenn dies nicht – bei rechtzeitigem Antrag – angeordnet wird; sonst entstehen zunächst Sz. Diese entfallen auch im Fall rückwirkender Stundung nicht automatisch, sondern können allenfalls erlassen werden (BFH BStBl 05, 7).

18 Die Gewährung von **AdV** nach § 361 und § 69 FGO schiebt zwar die Fälligkeit nicht hinaus (vgl § 220 Rz 22; str); unstrittig ist jedoch, dass während der Dauer der AdV Sz nicht entstehen (BFH BStBl 96, 55; 87, 389; BFH/NV 94, 4) oder zumindest solche Sz zu erlassen wären (vgl *HE* HFR 96, 4). Das gilt nicht für die *vor* Wirksamkeit der AdV verwirkten Sz (BFH/NV 94, 4; 90, 670); denn die Fälligkeit der StForderung entfällt durch die AdV jedenfalls nicht rückwirkend und die in der Vergangenheit bereits bewirkten Vollziehungsfolgen, zu denen auch die Verwirkung von Sz gehören, bleiben bestehen (vgl Rz 19a). Die Tatbestandswirkung, die selbst ein *aufgehobener* Beschluss über AdV habe, soll allerdings dazu führen, dass für den Zeitraum zwischen Erlass und späterer Aufhebung eines AdV-Beschlusses Sz nicht „erhoben" werden dürfen (dh aus Gründen der Billigkeit zu erlassen sind, BFH BStBl 79, 58; so offenbar auch BFH/NV 95, 662). Dies ist indes insoweit offensichtlich unzutreffend, als ohnehin Aussetzungszinsen angefallen wären. Es ist aber auch sonst nur richtig, soweit die FinBeh die AdV-Anordnung aufhebt (was idR von vornherein nur ex nunc wirkt). Wird hingegen ein Beschluss des FG über die AdV vom BFH im Rechtsbehelfsverfahren aufgehoben (welche Kassations-Entscheidung bewirkt, dass dem FG-Beschluss jede Rechtswirkung genommen ist), sind Sz für die Zeit entstanden, in welcher der StSchuldner von dem FG-Beschluss Gebrauch gemacht, die Steuer also nicht bezahlt hat (vgl BFH/NV 13, 416). Es dürfte dann auch allenfalls ausnahmsweise Anlass bestehen, die Sz zu erlassen, weil der Stpfl das Risiko der unterlassenen Bezahlung trotz fehlender Rechtskraft der FG-Entscheidung kennen musste.

Zum Erlass von Sz bei erfolglosem AdV-Antrag siehe Rz 64.

Wird die Vollziehung des StBescheids (rückwirkend) aufgehoben, entfallen die Sz auch für die Vergangenheit (BFH BStBl 97, 466; BFH/NV 04, 183; 03, 12; 02, 1125; 01, 1545; str, mit gewichtigen Gründen, die jedoch ggü dem Sz *auch* kennzeichnenden Zinscharakter nicht verfangen). Das gilt selbstredend auch bei AdV seitens der FinBeh (BFH BStBl 79, 698). *Ohne* einen solchen rückwirkenden Ausspruch sind hingegen auch für die Dauer des AdV-Verfahrens Sz zu erheben (BFH BStBl 06, 578; 75, 452; BFH/NV 91, 5; 92, 431). Ein rückwirkender Ausspruch wird aber idR geboten sein, wenn AdV vor Fälligkeit beantragt, aber erst später gewährt worden ist; in diesem Fall kann sogar eine *Auslegung* der AdV-Entscheidung dahin geboten sein, dass AdV rückwirkend gewährt werden sollte (BFH BStBl 05, 351; 77, 645; vgl SächsOVG NVwZ-RR 07, 54). AdV kann jedoch nicht allein wegen der Beseitigung verwirkter Sz verlangt werden, wenn dem Begehren in der Hauptsache bereits entsprochen worden ist (FG BaWü EFG 04, 829). 19

Bei AdV, die sich lediglich auf einen für die StForderung maßgeblichen **Grundlagenbescheid** bezieht, entstehen grds die Sz weiterhin (BVerwG NVwZ-RR 99, 193 für AdV des GewSt-Messbescheids); in diesem Falle muss der Stpfl eine Entscheidung nach § 361 III erwirken, wenn er dem StBescheid nicht Folge leisten will. Hierbei können freilich Stundungszinsen nach § 234 entstehen. 20

5. Säumniszuschläge bei Aufrechnung. Vgl hierzu § 226 Rz 69. Die Aufrechnung wirkt auf die vor Wirksamwerden der Aufrechnungserklärung entstandenen Sz zurück und lässt sie an sich entfallen (Folge des § 389 BGB); denn sie bewirkt die Tilgung der StSchuld in dem Zeitpunkt, in dem sich die aufgerechneten Forderungen aufrechenbar gegenüberstanden. Diese Wirkung schränkt das Gesetz indes ein: Sz entfallen dann nicht ab Eintritt der Aufrechnungslage, wenn in diesem Zeitpunkt die Aufrechnungsbefugnis einseitig dem FA zustand, weil die Hauptforderung des Stpfl noch nicht fällig war (Abs 1 S 5; vgl FG BBg EFG 10, 777; ebenso vor Einfügung dieser Vorschrift BFH BStBl 00, 246). Vgl auch § 238 Rz 3. Bei StAnmeldungen, die zu einer Erstattung oder Vergütung führen und daher der Zustimmung der FinBeh bedürfen, wird von der FinVerw aus Billigkeitsgründen zugelassen, dass im Falle der Aufrechnung die Forderung des Stpfl als im Zeitpunkt der Einreichung der StErklärung fällig gilt, jedoch nicht vor Ablauf des Anmeldungszeitraums (vgl AEAO zu § 226 Nr 2 II). Ändert sich der rückständige StBetrag in Folge einer nachträglichen Anrechnung von Steuern gem § 36 II EStG, so ändert sich der Betrag des verwirkten Sz entsprechend; § 240 I 4 findet auf diesen Fall keine Anwendung (BFH BStBl 92, 956). 21

6. Änderung der StFestsetzung (Abs 1 S 4). Im Falle der Aufhebung oder Änderung der StFestsetzung bleiben die bis dahin verwirkten Sz bestehen. Das gilt auch bei der Berichtigung offenbarer Unrichtigkeiten (§ 129) sowie dann, wenn die ursprüngliche, für die Bemessung der Sz maßgebende Steuer in einem Rechtsbehelfsverfahren herabgesetzt wird, erst recht wenn die Vorauszahlungen wegen geringerer Jahressteuer später geändert werden oder sich durch die JahresStFestsetzung erledigen. Abs 1 S 4 verletzt nicht Verfassungsrecht (vgl BFH/NV 88, 695; BVerfG DStZ/E 86, 101). 23

Nur soweit die Änderung des rückständigen StBetrags auf die Änderung der St*Festsetzung* zurückzuführen ist, bleibt der Sz unberührt. Wird hingegen der angeforderte StBetrag in Folge **Änderung der Verfügung über die anzurechnenden Steuern** geändert, schlägt dies auf den geschuldeten Sz durch. Denn der Gesetzgeber hat die Akzessorietät des Sz durch Abs 1 S 4 lediglich insoweit aufgehoben, als der rückständige StBetrag in Folge einer nachträglichen Änderung oder Aufhebung der St*Festsetzung* geändert wird, nicht für den Fall einer Änderung der im StErhebungsverfahren angeforderten Steuer; Abs 1 S 4 findet hierauf keine Anwendung (BFH BStBl 92, 956). 24

27 **7. Schonfrist (Abs 3).** Beachte dazu auch Rz 66. Die Schonfrist dient der Verwaltungsvereinfachung und der Vermeidung von Härten. Sie betrifft lediglich die Sz und ändert nichts an der Verpflichtung, die Steuern zum Fälligkeitszeitpunkt zu zahlen. Die Schonfrist ist von Amts wegen zu berücksichtigen; hierauf besteht ein Rechtsanspruch. Bei Zahlung nach Ablauf der Schonfrist ist der Sz ab Fälligkeit zu berechnen, denn durch sie wird die Fälligkeit nicht geändert.

28 Die Schonfrist von drei Tagen gilt nicht, wenn die Steuer mittels **Bargeld oder Scheck** bezahlt wird, sondern nur bei Zahlung durch Überweisungsauftrag, weil hier der Stpfl keinen Einfluss auf die Banklaufzeit von Zahlungen nehmen kann.

29 Die Schonfrist beginnt mit Ablauf des Fälligkeitstags, auch wenn dies ein Sonntag, gesetzl Feiertag oder ein Samstag ist. Sie endet aber erst am folgenden Werktag, wenn der dritte Tag ein Samstag, Sonntag oder Feiertag ist (ebenso *HHSp/Heuermann* § 240 Rz 78; *Koenig/Koenig* § 240 Rz 40).

35 **8. Berechnung der Säumniszuschläge.** Sz werden für jeden angefangenen Monat (nicht den Kalendermonat) der Säumnis berechnet. Auch bei fiktiver Säumnis gem § 224 II Nr 1 HS 2 entstehen Sz (BFH BStBl 13, 103; vgl dazu § 224 Rz 8).

Jede rückständige StForderung wird selbständig abgerundet, zB getrennt nach Vorauszahlungen und Abschlusszahlungen, StForderungen für verschiedene Jahre usw. Zeitpunkt der Tilgung vgl § 224. Sz von insgesamt weniger als 5 €, die unter einer StNr nachgewiesen werden, sollen idR nicht gesondert angefordert werden; sie können jedoch zusammen mit anderen Beträgen angefordert werden (vgl Kleinbetragsregelung für das Erhebungsverfahren, *BMF* v 22.3.2001, BStBl I, 242; § 218 Rz 42).

38 **9. Schuldner der Säumniszuschläge; Gesamtschuldner.** Schuldner der Sz ist derjenige, der seiner Zahlungsverpflichtung nicht pünktlich nachkommt; dies kann auch der StAbzugsverpflichtete sein. Mit dem Tode des Stpfl gehen die von ihm verwirkten Sz *nicht* unter (BFH/NV 93, 455).

39 Abs 4 enthält eine Sonderregelung für die Fälle der Gesamtschuldnerschaft. Dem Charakter der Sz als Druckmittel entspricht es, bei jedem säumigen Gesamtschuldner Sz entstehen zu lassen. Dies kann jedoch zu unverhältnismäßig hohen Sz führen. Deshalb bestimmt Satz 2, dass insgesamt kein höherer Sz zu entrichten ist, als verwirkt worden wäre, wenn die Säumnis nur bei einem Gesamtschuldner eingetreten wäre.

40 Von zusammenveranlagten **Ehegatten** geschuldete Sz können nach § 268 aufgeteilt werden, und zwar selbständig auch dann, wenn die Steuer selbst nicht mehr rückständig ist (BFH BStBl 95, 487); Maßstab ist, wie die festgesetzte Steuer, ggf die geänderte StFestsetzung, aufzuteilen war.

42 **10. Verjährung.** Sz entstehen kraft Gesetzes und werden mit ihrer Entstehung fällig, vgl § 220 II 1. Sie unterliegen daher nur der 5jährigen Zahlungsverjährung, unabhängig von der Verjährung des Hauptanspruchs.

43 **11. Rechtsbehelfe.** Da Sz grds nicht festgesetzt zu werden brauchen und nach § 254 II 1 bei Beitreibung zusammen mit der Steuer auch kein Leistungsgebot erforderlich ist, muss Rechtsschutz ggf im Vollstreckungsverfahren gesucht werden. Der Erlass eines Leistungsgebots ist jedoch nicht ausgeschlossen. AdV dagegen möglich. Ergeht vor Bestandskraft des Leistungsgebots ein Abrechnungsbescheid (siehe dazu sogleich Rz 44 f), ist dieses Verfahren jedoch vorrangig (BFH BStBl 94, 147; 97, 787).

44 Der Stpfl hat einen Anspruch auf Erlass eines Abrechnungsbescheids über Sz, sofern Streit über die Verwirkung von Sz (nicht über Unbilligkeit) besteht (BFH BStBl 06, 578; FG Köln EFG 14, 973); in einfach gelagerten Fällen muss er aber die von ihm angeforderten Sz selbst nachrechnen (BFH BStBl 99, 751). Die Erteilung eines Abrechnungsbescheids über die Entstehung und den Fortbestand von Sz setzt Angaben des Stpfl über Art, Entstehungszeitpunkt, Betrag, Fälligkeit und

Erlöschensgrund hinsichtlich jedes einzelnen Zahlungsanspruchs nicht voraus; es genügt, wenn die StArten und die Besteuerungszeiträume, für die die Sz festgestellt werden sollen, hinreichend konkret bezeichnet werden, sofern die Antragstellung nicht missbräuchlich erscheint (BFH BStBl 99, 751). Im Abrechnungsverfahren kann nicht geprüft werden, ob die Vollziehung des StBescheids hätte aufgehoben werden müssen, sodass Sz nicht entstanden wären (BFH BStBl 06, 578).

Gegen den Abrechnungsbescheid, mit dem die FinBeh über Sz entscheidet oder gegen die Anforderung in Form eines Leistungsgebots, kann AdV gewährt werden (BFH BStBl 77, 640). 45

Auch im Bereich der VwGO hat ein Rechtsbehelf gegen Sz keine aufschiebende Wirkung (HbgOVG NVwZ-RR 06, 156; aA ThürOVG NJ 08, 134; näher Rz 3). 46

12. Haftung für Säumniszuschläge. Nach § 69 S 2 erstreckt sich die Haftung auch auf die durch die Pflichtverletzung entstandenen Sz, ungeachtet dessen also, ob den Haftungsschuldner an der Nichtentrichtung der durch seine Pflichtwidrigkeit bei der Entrichtung der Steuer entstandenen Sz ebenfalls ein haftungsbegründendes Verschulden trifft (vgl BFH BStBl 80, 375; 88, 859; BFH/NV 05, 495). Hingegen sehen §§ 70, 71 und 73 bis 76 eine Haftung (auch) für die zulasten des Stpfl entstandenen Sz *nicht* vor. 47

Bei der Inanspruchnahme eines Haftungsschuldners für Sz sind bereits die Billigkeitsgesichtspunkte zu berücksichtigen, die bei der Erhebung der Sz bei dem StSchuldner sonst erst nach § 227 zu einem Billigkeitserlass führen können (BFH BStBl 01, 217; BFH/NV 05, 495). 48

Bei Erlass der Sz ggü dem StSchuldner darf auch der Haftungsschuldner nicht auf Sz in Anspruch genommen werden (BFH BStBl 88, 859). Kann der StSchuldner aus sachlichen Gründen Erlass der Sz verlangen oder ist dies nur deshalb nicht der Fall, weil er insolvent geworden ist und diese Lage durch einen Erlass nicht mehr beseitigt werden könnte (vgl § 163 Rz 93), so ist gleichwohl insoweit von einer Inanspruchnahme des Haftungsschuldners abzusehen (BFH BStBl 88, 859; 89, 315). Tritt neben die Haftung für primär vom StSchuldner geschuldete Sz die Verpflichtung des Haftungsschuldners, nach Abs 1 S 2 auf den von ihm geschuldeten Haftungsbetrag Sz zu entrichten, so ist Abs 4 S 2 entspr anzuwenden; denn die Schuld des Haftungsschuldners und die des StSchuldner, für die er einzutreten hat, stehen trotz des unterschiedlichen Rechtsgrundes der Sz gesamtschuldnerisch nebeneinander, die Sz sind also insoweit beim Haftungsschuldner nicht doppelt zu erheben (vgl BFH BStBl 98, 2). 48a

13. Behandlung der Säumniszuschläge im Insolvenzverfahren. Sz auf Insolvenzforderungen sind selbständig zur Insolvenztabelle anzumelden (BFH/NV 05, 1001), auch wenn sie nach Insolvenzeröffnung entstehen. Sie sind insoweit nachrangig (§ 39 I Nr 1 InsO; str, ebenso SG Köln ZIP 01, 1162 gegen SG Oldenburg EWiR 02, 81; wie hier auch *Rendels* EWiR 02, 81; vgl ferner *App* KKZ 02, 248; vgl auch § 251 Rz 28), sonst aber gewöhnliche Insolvenzforderungen (BFH/NV 05, 375). Sz, die der Insolvenzverwalter durch sein Tun verwirkt, sind Masseforderungen (§ 55 InsO). Mit einer erfolgreichen InsAnfechtung leben die StSchulden rückwirkend mit ihrer ursprünglichen Fälligkeit wieder auf; gleichwohl entstehen keine Sz, weil es dafür nicht auf den Bestand der (wiederaufgelebten) StForderung, sondern auf die durch die InsAnfechtung nicht etwa rückwirkend beseitigte Tatsache der Entwicklung der Steuer bei Fälligkeit ankommt (BFHE 260, 300). 49

14. Erlass von Säumniszuschlägen. a) Allgemeines. Der Erlass erfolgt durch *selbständigen* Bescheid (BFH/NV 03, 1393; 07, 2069; 11, 565; 12, 709); solange dieser nicht ergangen ist, kann der Sz im Abrechnungsverfahren angesetzt werden. Die Anwendung des § 163 scheidet als Rechtsgrundlage eines Erlasses mangels Festsetzung der Sz aus, einschlägig ist nur § 227. Für die Inanspruchnah- 51 me eines Haftungsschuldners beachte Rz 48. Die verschiedenen Zwecke der Sz sind wie stets bei Billigkeitsentscheidungen (zum Grundsätzlichen siehe § 163 Rz 30) zu berücksichtigen (BFH BStBl 98, 7; 91, 906; BFH/NV 98, 9; siehe auch Rz 1). Es ist insbes zu berücksichtigen, dass die Sz neben dem Zweck, Druck auszuüben, dem zusätzlichen Zweck dienen, eine Ausgleich für die verspätete Zahlung der Steuer zu gewähren; deshalb kommt uU nur ein Teilerlass in Betracht, wo nur einer dieser Zwecke nicht erreichbar war, zB bei Stundungssituation (BFH BStBl 85, 489; 91, 906; vgl iEinz Rz 56, 60). Ein darüber hinausgehender (völliger) Erlass ist aber auch dann nicht generell ausgeschlossen (BFH BStBl 15, 106; 98, 7; BFH/NV 96, 526; vgl auch AEAO zu § 240 Nr 5 Beispiele c, d und unten Rz 56).

52 Dass die **Aufhebung oder Änderung einer StFestsetzung** kein Grund für den Erlass bis dahin verwirkter Sz sein kann, versteht sich nach Abs 1 S 4 von selbst (vgl BFH/NV 00, 161); Sz sind vom materiellen Bestehen der ihnen zugrunde liegenden StSchuld gerade unabhängig. Erst recht können Sz nicht erlassen werden, weil eine StFestsetzung später aufgrund entsprechender kompensatorischer Vorschriften korrigiert worden ist, zB im Falle des § 17 II UStG, der die StLast lediglich in einem späteren VZ reduziert und folglich für die Verwirkung eines Sz aufgrund Nichtzahlung der zunächst entstandenen fälligen USt ohne Bedeutung ist (vgl FG Hbg 2 K 46/11, nv). Die Erhebung von Sz zur GrESt ist folglich nicht deshalb unbillig, weil die GrEStFestsetzung später gem § 16 I GrEStG aufgehoben wird (BFH/NV 08, 1438); erst ab dem Zeitpunkt der wirksamen Erklärung des Rücktritts vom Kaufvertrag wird die Einziehung von Sz unbillig (BFH/NV 15, 68).

52a Hat der Stpfl vergeblich AdV des StBescheides begehrt und alles insoweit zumutbare getan, sind die Sz zu erlassen, wenn ihm AdV zu Unrecht vorenthalten worden ist (BFH BStBl 17, 646). Erlass kommt hingegen nicht in Betracht, wenn der StBescheid später deshalb aufgehoben worden ist, weil der Stpfl erst nachträglich eine StErklärung vorgelegt hat (BFH BStBl 16, 508). Hat die FinBeh AdV abgelehnt, muss der Stpfl, um seinen Erlassanspruch zu sichern, aber nicht das FG anrufen (FG Köln EFG 17, 363, Rev XI R 36/16).

53 Ein Erlass von Sz aus sachlichen Billigkeitsgründen ist nicht deswegen geboten, weil der Stpfl **gestorben** ist (BFH/NV 93, 455); **Miterben** können jedoch einen Anspruch auf Erlass von Sz aus in der Person des Erblassers liegenden Billigkeitsgründen (jeder für sich) geltend machen (BFH BStBl 90, 360; BFH/NV 93, 455).

53a Beim **BVerfG** anhängige Verfahren wegen der Verfassungswidrigkeit der dem StBescheid zugrundeliegenden Vorschrift rechtfertigen keinen Erlass von Sz (BStBl 17, 646).

54 **b) Persönliche Erlassgründe.** Persönliche Billigkeitsgründe sind: plötzliche Erkrankung ohne Möglichkeit, einen Vertreter mit der Vornahme der StZahlung zu beauftragen; Naturkatastrophen (FM BaWü DStZ/E 95, 177); offenbares unverschuldetes Versehen eines sonst pünktlichen Steuerzahlers (dazu BFH BStBl 90, 1007), was selten ist; nach FG Hess EFG 01, 668 auch „irrtümliche" USt-Anmeldung, wenn eine zunächst erteilte Rechnung mit USt-Ausweis vom Leistungsempfänger zurückgegeben wird (zweifelhaft). In solchen Fällen wird allerdings wegen des mitbestimmenden Zinscharakters der Sz nur ein Erlass zur Hälfte vorzunehmen sein.

55 Sz entstehen ohne Rücksicht auf ein **Verschulden** des Stpfl (BFH BStBl 86, 122); Entschuldbarkeit der Säumnis ist deshalb grds kein Erlassgrund (BFH BStBl 81, 608). Abweichende Beurteilung kann geboten sein, wenn die FinBeh die Zahlungsverzögerung durch ihr eigenes Verhalten verursacht hat, der Stpfl aber alles ihm nach den Umständen Zumutbare getan hat (BFH BStBl 76, 359) oder sonst eine dem Stpfl nicht vorwerfbare Zahlungsverzögerung eingetreten ist (vgl zB FG Nds EFG 98, 170: unerwartete Laufzeit einer Überweisung).

56 **c) Zahlungsunfähigkeit und Überschuldung.** Dann ist die Erhebung von (vollen) Sz sachlich unbillig, weil dem Stpfl die rechtzeitige Zahlung unmöglich ist und deshalb die Ausübung von Druck zur Zahlung ihren Sinn verliert (BFH BStBl

98, 7; 91, 864, 906; 85, 489; 84, 415; 75, 727); die Unbilligkeit besteht aber insofern nur für die Zeit nach Eintritt der Überschuldung bzw Zahlungsunfähigkeit. Hinsichtlich der Höhe des Erlasses sind die weiteren Zwecke der Sz zu berücksichtigen (Sz bleiben geschuldete Gegenleistung für Nichtzahlung trotz Fälligkeit); daher kommt ein vollständiger Erlass nur bei (zusätzlicher) persönlicher (oder möglicherweise aus anderen Gründen als Zahlungsunfähigkeit gegebener sachlicher) Unbilligkeit nach den besonderen Umständen des Einzelfalls in Betracht (BFH BStBl 02, 176; 98, 7; 96, 561; BFH/NV 01, 217; 00, 61, 161; 99, 10, 1440; vgl auch FG Köln EFG 03, 754), insbes bei Anspruch auf Erlass der StForderung oder von (fiktiven) Stundungszinsen (BFH/NV 00, 161). Vollerlass wegen Vorliegens der Voraussetzungen einer zinslosen Stundung kann bei *nicht behebbarer* Zahlungsunfähigkeit nicht in Betracht kommen, weil zinslose Stundung die Möglichkeit der Abwendung eines Insolvenzverfahrens voraussetzt (vgl BFH BStBl 98, 7; 90, 637; 85, 489; BFH/NV 96, 526), an der es in dem vorgenannten Fall gerade fehlt. Das verkennt BFH/NV 96, 526. Der Vollerlass muss sich bei persönlicher Unbilligkeit auf die wirtschaftliche Situation des Stpfl auswirken können, woran es fehlt, wenn dieser ohnehin nur unpfändbares Einkommen hat (BFH/NV 00, 161).

Auch ohne das Vorliegen von Zahlungsunfähigkeit und Überschuldung kann die Anforderung von Sz sachlich unbillig sein, wenn dem StSchuldner Ratenzahlung als Maßnahme nach § 258 eingeräumt wurde (BFH BStBl 91, 864; BFH/NV 02, 610). **57**

Der BFH wendet in diesem Zusammenhang insolvenzrechtliche Kriterien an; Zahlungsunfähigkeit besteht danach, wenn die in den nächsten drei bis sechs Monaten anfallenden Verbindlichkeiten nicht mehr im Wesentlichen erfüllt werden können, nicht hingegen wenn größere Forderungen angefallen sind, die aber aus in absehbarer Zeit zu erwartenden Eingängen voraussichtlich beglichen werden können (Zahlungsstockung). Ein Erlass von Sz aus Billigkeitsgründen muss nicht schon dann ausgesprochen werden, wenn der Stpfl nach seinen Vermögens- und Einkommensverhältnissen nicht in der Lage ist, sämtliche Verpflichtungen bei Fälligkeit sofort zu begleichen, und deshalb den StGläubiger hintanstellt (FG Bln EFG 81, 608). Möglichkeit der Kreditaufnahme schließt Erlass idR aus. **58**

Auch **in der Insolvenz** bleibt die Funktion der Sz (Gegenleistung für verspätete Zahlung, Aufwendungsersatz) grds gewahrt; deshalb kein (völliger) Erlass, auch wenn der Insolvenzverwalter USt aus der Verwertung von Sicherungsgut mangels Liquidität der Masse oder aus insolvenz- und haftungsrechtlichen Gründen (insbes weil noch nicht feststeht, ob die Masse zur Begleichung vorrangiger Masseschulden ausreicht, §§ 209, 60 InsO, vormals §§ 60 I, 82 KO) nicht rechtzeitig bezahlen konnte; der Erlass kann in diesem Fall ermessensgerecht bis auf die Höhe von Stundungszinsen beschränkt werden (BFH BStBl 96, 561; 01, 217; BFH/NV 00, 161). Der (sachlich gebotene Teil-)Erlass bei Zahlungsunfähigkeit und Überschuldung ist nicht deshalb ausgeschlossen, weil er zunächst nicht dem Schuldner selbst, sondern lediglich dessen sonstigen mit dem FA konkurrierenden Gläubigern zu Gute komme (vgl *Buciek* DB 86, 1492); denn eine Begünstigung auch des Stpfl nach Abschluss des Insolvenzverfahrens ist im Vorhinein niemals auszuschließen. **59**

Zu den Voraussetzungen für einen Billigkeitserlass von Sz aus sachlichen Gründen bei bevorstehender Vermögensverwertung durch den Drittgläubiger vgl BFH BStBl 90, 673.

d) Erlass- oder Stundungssituation. Der Erlass von Sz setzt jedoch nicht stets Zahlungsunfähigkeit und Überschuldung des Stpfl im iSd Insolvenzrechts voraus, sondern lediglich eine Erlass- oder Stundungssituation (Erlass- oder Stundungsbedürftigkeit und -würdigkeit) in Bezug auf die StForderung (BFH BStBl 91, 864, 906; 90, 179; 85, 489; BFH/NV 94, 144; 89, 415; 88, 695; BVerwG NJW 91, 1073), und zwar ebenfalls nicht nur im Fälligkeitszeitpunkt, sondern während der gesamten Dauer der Säumigkeit (sonst allenfalls Teilerlass). Es muss Erlass- und Stundungswürdigkeit in Bezug auf die zu Grunde liegenden StForderungen (nicht **60**

die Sz!) gegeben sein (BFH BStBl 91, 864; BFH/NV 94, 144). Der spätere Erlass von Einfuhrabgaben nach Art. 239 Zollkodex begründet keinen Anspruch auf Billigkeitserlass von bis dahin entstandenen Sz (FG Hbg 4 K 149/12).

60a Auch in den Fällen einer Stundungssituation ist idR nur **Erlass zur Hälfte** geboten (BFH BStBl 06, 612; BFH/NV 99, 10, 1440); denn bei Stundung wären Stundungszinsen (§ 237) zu zahlen gewesen (BFH/NV 87, 684). Es kommt aber auch völliger Erlass in Betracht (zweifelnd offenbar BFH/NV 89, 761), wenn die Voraussetzungen einer zinslosen Stundung vorlagen (BFH BStBl 85, 489, BFH/NV 00, 161), zB zur Abwendung eines Insolvenzverfahrens (BFH BStBl 85, 489; 98, 7; BFH/NV 96, 526). Die Erlass- und Stundungssituation unterscheidet sich von der Überschuldung und Zahlungsunfähigkeit dadurch, dass noch keine Gründe für ein Insolvenzverfahren gegeben sind, sondern der Erlass oder die Stundung dem Stpfl gerade die Fortführung seiner wirtschaftlichen Tätigkeit ohne etwaige Sanierung im Insolvenzverfahren ermöglichen sollen (vgl BFH/NV 94, 144). Erlass- oder Stundungswürdigkeit hinsichtlich der Sz können ausnahmsweise sogar dann gegeben sein, wenn Stundungswürdigkeit hinsichtlich der zu Grunde liegenden StForderung zu verneinen war (vgl BFH/NV 99, 12).

60b Bei nach Eintritt der Fälligkeit beantragter, **nicht rückwirkender Stundung** ist das Festhalten an Sz nicht ohne Weiteres unzulässig (aA offenbar *TK/Loose* § 240 Rz 25). Bei Ablehnung vor Fälligkeit beantragter und erst danach abgelehnter Stundung wird von der FinVerw eine neue, höchstens einwöchige Zahlungsfrist zzgl Schonfrist gewährt.

61 Die persönliche Erlass- und Stundungssituation kann auch **nur hinsichtlich eines Teils der StForderung** bestehen, zB wenn eingeräumte Ratenzahlungen die äußerste Grenze dessen darstellen, was der StSchuldner ohne Gefährdung seiner wirtschaftlichen Existenz leisten kann. In diesen Fällen hat nur ein Teilerlass der Sz zu erfolgen (BFH BStBl 91, 864).

62 **e) Vollstreckungsaufschub.** Mit dem Vollstreckungsaufschub wird lediglich zeitweilig auf die zwangsweise Durchsetzung des Zahlungsanspruchs verzichtet, aber die Fälligkeit der StForderung nicht berührt. Ein dem Stpfl mitgeteilter Vollstreckungsaufschub (§ 258) hindert demgemäß nicht das Entstehen von Sz (BFH BStBl 85, 489; 91, 864; BFH/NV 87, 696; 88, 411; 90, 546). Die Einziehung festgesetzter Sz ist trotz mitgeteilten Vollstreckungsaufschubs auch nicht generell unbillig, insbes nicht, wenn die FinBeh bei Gewährung von Vollstreckungsaufschub darauf hingewiesen hatte, dass Sz auch weiterhin berechnet würden (vgl BFH/NV 88, 411). Der Zweck des Sz wird jedenfalls dann nicht verfehlt, wenn der Vollstreckungsaufschub wegen eines Liquiditätsengpasses und nicht wegen Zahlungsunfähigkeit oder wegen einer Erlass- oder Stundungssituation bewilligt wurde. Allerdings kann die Anforderung von Sz unangemessen sein, wenn die einstweilige Verschonung von der Zwangsvollstreckung anstelle einer – an sich möglichen oder gebotenen – Stundung gewährt wurde (BFH BStBl 85, 489; 91, 864; BFH/NV 87, 684; 89, 415) oder hätte gewährt werden müssen (BFH/NV 93, 510). Dies gilt vor allem dann, wenn zB Ratenzahlung als Maßnahme iSd § 258 eingeräumt wurde, um auf die Leistungsfähigkeit des Stpfl für einen längeren Zeitraum Rücksicht zu nehmen. Wenn dabei die vereinbarten Raten die äußerste Grenze der Zahlungsfähigkeit des Stpfl erreicht haben, verlieren idR die Sz als Druckmittel hinsichtlich der Zahlung des gesamten StBetrags ihren Sinn. Unter Berücksichtigung des zusätzlichen Zwecks der Sz als Gegenleistung für das Hinausschieben der Zahlung liegt es allerdings auch in solchen Fällen nahe, nur einen Teilerlass der Sz auszusprechen. Als Maßstab für die dem Stpfl verbleibende Belastung kann hier die Höhe der Aussetzungs- oder Stundungszinsen gelten (BFH BStBl 85, 489; 91, 864).

63 Unter den vorgenannten Voraussetzungen kann auch bei **Niederschlagung** nach § 261 ein Erlass der entstandenen Sz in Betracht kommen.

f) Erfolgloser Aussetzungsantrag. Bei erfolglosem Antrag auf AdV wird idR eine kurze **Nachfrist** gesetzt (vgl AEAO Nr 6b), auch wenn ein Antrag vom FG abgelehnt worden ist, aber nur bei erstmaliger Ablehnung eines solchen Begehrens (auch auf Stundung) und wenn es rechtzeitig (vor Fälligkeit) gestellt worden ist; es handelt sich insoweit lediglich um eine Ermessensrichtlinie, die keine *Verpflichtung* zum Erlass der entstehenden Sz auslöst (BFH/NV 92, 431). Die Verwaltungsanweisungen, wonach in den Fällen, in denen AdV vor Fälligkeit des Anspruchs beantragt, aber nach Fälligkeit abgelehnt wird, allgemein eine Frist zur Entrichtung der rückständigen Steuer zu gewähren und bei Zahlung der rückständigen Steuer innerhalb der Nachfrist auf die Erhebung von Sz aus Billigkeitsgründen zu verzichten ist, gelten nicht für vom Gericht abgelehnte Aussetzungsanträge (BFH/NV 92, 431; FG Mchn EFG 90, 213; vgl auch FG Hbg EFG 94, 731), selbst dann nicht, wenn sodann Stundung gewährt wird (FG Hbg ZfZ Beil 13, 39). 64

Die **Erhebung der vollen Sz** ist dann **unbillig,** wenn der Aussetzungsantrag des Stpfl abgelehnt wurde, aber der eingelegte Rechtsbehelf in der Hauptsache später Erfolg hatte (BFH BStBl 15, 106; 91, 906; BFH/NV 02, 7; vgl auch BFH/NV 99, 908). Da der Stpfl ggü der FinBeh alles getan habe, um die AdV zu erreichen, sei die vollständige Erhebung von Sz in diesem Fall eine unbillige Härte, sofern die Aussetzung an sich möglich und geboten gewesen wäre; denn bei richtiger Entscheidung über den AdV-Antrag wären auch keine Aussetzungszinsen angefallen (BFH BStBl 15, 106). Mit dem Vorbringen, AdV sei zu Unrecht versagt worden, kann aber keine nachträgliche Überprüfung der AdV-Entscheidung erreicht werden (FG RhPf EFG 95, 1093). Der Erlass von Sz ist nicht geboten, wenn AdV vom FG gewährt worden ist, dessen Entscheidung vom BFH dann aber aufgehoben wurde. 65

Sz sind zu erlassen, wenn sie auf einer rechtswidrigen geänderten JahresStFestsetzung beruhen, der Stpfl insoweit AdV der Vorauszahlungsbescheide *erreicht* hatte und die AdV des JahresStBescheids allein an §§ 361 II 4, 69 II 8 FGO scheitert; denn es besteht dann nicht die von jenen Vorschriften abzuwehrende Gefahr, dass bereits vereinnahmte (vorausgezahlte) Steuern zurückgezahlt werden müssen und uU sogar säumige Steuerzahler privilegiert werden (BFH BStBl 10, 955). 66

g) Ausnutzung der Schonfrist. Bei Überschreitung der ständig ausgenutzten Schonfrist ist kein Erlass der Sz geboten; das gilt auch, soweit sich die Gutschrift des StBetrags verzögert und sich damit das mit der Ausnutzung der Schonfrist eingegangene Risiko verwirklicht hat (FG Hbg EFG 00, 475; 08, 90). Das gilt sogar dann, wenn die Schonfrist erstmals und entschuldigt versäumt worden ist (BFH BStBl 90, 1007; vgl *Klos* in Steuer und Studium 91, 251). Ebenso wenig ist bloße Kurzfristigkeit der Überschreitung der Schonfrist Erlassgrund, anderenfalls das Wesen der notwendigerweise „willkürlichen" Fristenregelung verkannt würde. Zur Haftung wegen Ausnutzung der Schonfrist vgl BFH HFR 91, 257. 67

Dritter Abschnitt. Sicherheitsleistung

Vorbemerkungen zu §§ 241 ff

Die Vorschriften regeln nur die **Art** und das **Verfahren** der Sicherheitsleistung im Besteuerungsverfahren. Wann und ggf in welcher Höhe Sicherheit zu leisten ist, ist in anderen Vorschriften der AO (vgl §§ 109 III, 165 I, 221, 222, 223, 361 II) oder in den Einzelsteuergesetzen (vgl zB § 18f UStG) geregelt. Allgemein muss die Anordnung der Sicherheitsleistung vom Grundsatz der Verhältnismäßigkeit beherrscht sein (BFH/NV 13, 615). Die Höhe der Sicherheitsleistung muss bestimmt oder bestimmbar angegeben werden (BFH BStBl 74, 118; *TK/Kruse* vor 1

§ 241 Rz 5). Die Erzwingung von Sicherheiten richtet sich nach § 336, ihre Verwertung nach § 327.

2 Die AO sagt nichts darüber aus, wer die **Kosten** der Sicherheitsleistung zu tragen hat. Da die Sicherheitsleistung grds die Gegenleistung für dem Stpfl gewährte Vorteile (zB Zahlungsaufschub, Fristverlängerung) ist, fallen die Kosten dem Stpfl zur Last (FG BaWü EFG 08, 1267). Sie können daher, auch wenn sie im Interesse der AdV eines Steuerbescheids aufgewendet worden sind, im gerichtlichen Hauptverfahren nicht erstattet werden (BFH BStBl 72, 429 und 573; FG Köln EFG 12, 2234; FG Hbg EFG 12, 1374; aA *TK/Kruse* vor § 241 Rz 10; *BG/Schmieszek* § 241 Rz 15; FG BaWü DStRE 07, 983 und wohl auch BFH BStBl 82, 602 für den Fall, dass die Kosten in einem Rechtsstreit über das Aussetzungsverfahren selbst geltend gemacht werden).

3 Die §§ 241 ff entsprechen nur zum Teil den Regelungen des BGB über Sicherheitsleistungen (s §§ 232 bis 240 BGB). Sie gehen mehr ins Einzelne als die Regelungen über die prozessuale Sicherheitsleistung (vgl § 108 ZPO). Für den Bereich der BundesFinVerw sind sie durch die **Dienstanweisung** „Formen der Sicherheitsleistung in Verbrauchsteuer- und Zollverfahren" (SiLDV) näher konkretisiert worden (s Vorschriftensammlung der BundesFinVerw E – VSF – S 1450 und Z 0915). Diese Dienstanweisung gilt laut AEAO zu §§ 241 bis 248 bei der Verw der Besitz- und Verkehrsteuern durch die LandesFinBeh entsprechend und dürfte auch darüber hinaus Bedeutung haben.

4 Im **gerichtlichen Aussetzungsverfahren** sind §§ 241 ff nicht anwendbar, da prozessuale Sicherheiten im § 155 FGO iVm §§ 108 ff ZPO geregelt sind (FG RhPf EFG 85, 187; vgl auch FG Hbg EFG 97, 895 zur sinngemäßen Anwendung des § 241 im Rahmen des § 108 ZPO).

5 Die §§ 241 ff gelten ferner nicht nach dem Recht der **Europäischen Union** für Einfuhr- und Ausfuhrabgaben, insbes Zölle. Hier gelten eigene gemeinschaftsrechtliche Regelungen, und zwar bis zum 30.4.2016 Art 189–200 ZK, 857 f ZK-DVO. Bis zu diesem Zeitpunkt ergibt sich noch ausschl aus nationalem Recht (§ 244 AO), wer als Steuerbürge zugelassen wird (vgl Art 195 ZK). Ab 1.5.2016 regelt der Zollkodex der Union (UZK) in Art 89–98 das Verfahren der Sicherheitsleistung für eine Zollschuld im Zollgebiet der Union und wer als Steuerbürge zugelassen werden kann; s dazu § 1 Rz 15.

6 Die Sicherheitsleistung kann als **Nebenbestimmung** nur zusammen mit dem VA, zu dem sie ergeht, **angefochten** werden (s § 120 Rz 11).

§ 241 Art der Sicherheitsleistung

(1) **Wer nach den Steuergesetzen Sicherheit zu leisten hat, kann diese erbringen**

1. **durch Hinterlegung von im Geltungsbereich dieses Gesetzes umlaufenden Zahlungsmitteln bei der zuständigen Finanzbehörde,**
2. **durch Verpfändung der in Absatz 2 genannten Wertpapiere, die von dem zur Sicherheitsleistung Verpflichteten der Deutschen Bundesbank oder einem Kreditinstitut zur Verwahrung anvertraut worden sind, das zum Depotgeschäft zugelassen ist, wenn dem Pfandrecht keine anderen Rechte vorgehen. [2]Die Haftung der Wertpapiere für Forderungen des Verwahrers für ihre Verwahrung und Verwaltung bleibt unberührt. [3]Der Verpfändung von Wertpapieren steht die Verpfändung von Anteilen an einem Sammelbestand nach § 6 des Depotgesetzes in der im Bundesgesetzblatt Teil III, Gliederungsnummer 4130-1, veröffentlichten bereinigten Fassung, zuletzt geändert durch Artikel 1 des Gesetzes vom 17. Juli 1985 (BGBl. I S. 1507), gleich,**
3. **durch eine mit der Übergabe des Sparbuchs verbundene Verpfändung von Spareinlagen bei einem Kreditinstitut, das im Geltungsbereich dieses Ge-**

setzes zum Einlagengeschäft zugelassen ist, wenn dem Pfandrecht keine anderen Rechte vorgehen,

4. durch Verpfändung von Forderungen, die in einem Schuldbuch des Bundes, eines Sondervermögens des Bundes oder eines Landes eingetragen sind, wenn dem Pfandrecht keine anderen Rechte vorgehen,

5. durch Bestellung von

a) erstrangigen Hypotheken, Grund- oder Rentenschulden an Grundstücken oder Erbbaurechten, die im Geltungsbereich dieses Gesetzes belegen sind,

b) erstrangigen Schiffshypotheken an Schiffen, Schiffsbauwerken oder Schwimmdocks, die in einem im Geltungsbereich dieses Gesetzes geführten Schiffsregister oder Schiffsbauregister eingetragen sind,

6. durch Verpfändung von Forderungen, für die eine erstrangige Verkehrshypothek an einem im Geltungsbereich dieses Gesetzes belegenen Grundstück oder Erbbaurecht besteht, oder durch Verpfändung von erstrangigen Grundschulden oder Rentenschulden an im Geltungsbereich dieses Gesetzes belegenen Grundstücken oder Erbbaurechten, wenn an den Forderungen, Grundschulden oder Rentenschulden keine vorgehenden Rechte bestehen,

7. durch Schuldversprechen, Bürgschaft oder Wechselverpflichtungen eines tauglichen Steuerbürgen (§ 244).

(2) **Wertpapiere im Sinne von Absatz 1 Nr. 2 sind**

1. Schuldverschreibungen des Bundes, eines Sondervermögens des Bundes, eines Landes, einer Gemeinde oder eines Gemeindeverbands,

2. Schuldverschreibungen zwischenstaatlicher Einrichtungen, denen der Bund Hoheitsrechte übertragen hat, wenn sie im Geltungsbereich dieses Gesetzes zum amtlichen Börsenhandel zugelassen sind,

3. Schuldverschreibungen der Deutschen Genossenschaftsbank, der Deutschen Siedlungs- und Landesrentenbank, der Deutschen Ausgleichsbank, der Kreditanstalt für Wiederaufbau und der Landwirtschaftlichen Rentenbank,

4. Pfandbriefe, Kommunalobligationen und verwandte Schuldverschreibungen,

5. Schuldverschreibungen, deren Verzinsung und Rückzahlung vom Bund oder von einem Land gewährleistet werden.

(3) **Ein unter Steuerverschluss befindliches Lager steuerpflichtiger Waren gilt als ausreichende Sicherheit für die darauf lastende Steuer.**

Übersicht

1. Inhalt. Die Vorschrift nennt diejenigen Sicherheiten, unter denen der zur Sicherheitsleistung Verpflichtete wählen kann und die die FinBeh **annehmen muss.** Die Annahme anderer Sicherheiten steht nach § 245 im Ermessen der FinVerw. Die Annahmewerte bestimmen sich in allen Fällen nach § 246. 1

2 **2. Zahlungsmittel.** Hinterlegt werden können nach Abs 1 Nr 1 nur die im Geltungsbereich der AO umlaufenden Zahlungsmittel. Das sind die von der EZB und den teilnehmenden Mitgliedstaaten herausgegebenen Euro-Banknoten und Euro-Münzen und Geldsorten der Mitgliedstaaten der EU als Banknoten. Die Annahme weiterer Geldsorten liegt im Ermessen der FinBeh, ist jedoch nicht durch § 241 I Nr 1, sondern allenfalls nach § 245 legitimiert. Werden Zahlungen mit Geldsorten bewirkt, ist der Gegenwert in Euro zu ermitteln. Für die Umrechnung ist der Sortenkurs zu Grunde zu legen (SiLDV, VSF – S 1450 Abs 10). Bei Schecks gilt die Sicherheitsleistung idR erst als erbracht, wenn die Schecks eingelöst und der Betrag der Kasse oder Zahlstelle der FinBeh gutgeschrieben worden ist (SiLDV, VSF – S 1450 Abs 11). Die Zahlungsmittel sind zum Nennwert anzunehmen (Annahmewert). Die Wirkung der Hinterlegung ergibt sich aus § 242.

3 **3. Wertpapiere.** Nach Nr 2 des § 241 ist nur die **Verpfändung** der in Abs 2 genannten bankverwahrter Wertpapiere eine zwingend anzunehmende Sicherheit. Hinterlegung ist nicht vorgesehen. Grund hierfür ist, dass die Kreditinstitute am ehesten in der Lage sind, Wertpapiere sachgemäß zu verwahren, die Zinsen einzuziehen und die aufgerufenen Wertpapiere zur Einlösung zu bringen. Hinterlegung ist allerdings weiterhin gem § 245 nach Ermessen der FinBeh möglich. Das verwahrende Kreditinstitut muss nach § 32 KWG zum Depotgeschäft zugelassen sein.

4 Die Verpfändung geschieht nach den **Vorschr des BGB** (§§ 1292, 1293 iVm § 1205 BGB). Da das verwahrende Kreditinstitut im Besitz der Wertpapiere bleibt, ist nach § 1205 II BGB neben der Einigung zwischen FinBeh und Sicherheitsleistenden über die Verpfändung auch die Abtretung des Herausgabeanspruchs an die FinBeh und die Anzeige der Verpfändung an das Kreditinstitut erforderlich. Die Abtretung des Herausgabeanspruchs kann durch schlüssige Handlung erfolgen (*Palandt/Bassenge* BGB, § 931 Rz 4). Nach Abs 14 SiLDV (VSF – S 1450) hat der Sicherheitsleistende daher bei der FinBeh eine schriftl Verpfändungserklärung, ein Depotschein des Kreditinstituts über die zu verpfändenden Wertpapiere und in doppelter Ausführung eine von dem Sicherheitsleistenden unterzeichnete, an das Kreditinstitut (Depotbank) gerichtete Anzeige über die Verpfändung der Wertpapiere einzureichen.

5 Durch die Verpfändung muss ein **erstrangiges Pfandrecht** bestellt werden. Maßgebend für die Rangfolge ist der Zeitpunkt der Bestellung des Pfandrechts (§ 1209 BGB), sodass nicht bereits andere Rechte an den Wertpapieren bestehen dürfen, auch nicht solche der verwahrenden Bank aus den Geschäftsbeziehungen mit dem Sicherheitsleistenden. Ausgenommen sind nur Rechte, insb Pfand- und Zurückbehaltungsrechte, die zur Sicherung der Forderungen des Kreditinstituts aus der Verwahrung und Verwaltung der Wertpapiere bestehen oder bestellt worden sind (vgl § 4 I 2 DepotG). Weitere Einschränkungen und Voraussetzungen für die Sicherheitsleistung durch Verpfändung von Wertpapieren ergeben sich aus §§ 241 II und 243. Bei der nach § 241 II zugelassenen Verpfändung von Anteilen an einem Sammelbestand nach § 6 DepotG muss es sich um einen Sammelbestand von Wertpapieren handeln, die die Voraussetzungen der §§ 241 II und 243 erfüllen.

6 **4. Spareinlagen.** Nr 3 des § 241 erklärt Spareinlagen **aller Kreditinstitute,** die im Geltungsbereich der AO zum Einlagengeschäft zugelassen sind, als zur Sicherheit geeignet. Die auf Euro lautenden Sparguthaben werden bis zur Höhe ihrer Einlage und die auf fremde Währungen lautenden Spareinlagen nach Umrechnung zum Geldkurs in Euro höchstens bis zu 85% ihrer Einlage als Sicherheit angenommen (SiLDV Abs 18, VSF – S 1450). Die Verpfändung der Spareinlagen erfolgt nach §§ 1274, 1280 BGB (*Palandt/Bassenge* BGB, § 1280 Rz 1 iVm § 1274 Rz 3). Erforderlich ist danach ein Verpfändungsvertrag zwischen Sicherheitsleistendem und FinBeh und **Anzeige** des Sicherheitsleistenden an das Kreditinstitut

von der Verpfändung. Dass Anzeige erfolgt ist, ist durch eine Bescheinigung des Kreditinstituts nachzuweisen. Aus der Bescheinigung muss sich auch ergeben, dass keine anderen Rechte dem Pfandrecht vorgehen und das Guthaben nicht durch ein Kennwort odgl gesperrt ist (s dazu SiLDV Abs 16 ff, VSF – S 1450). Erforderlich für die Sicherheitsleistung ist zusätzlich die Übergabe des Sparbuchs.

5. Schuldbuchforderungen. Abs 1 Nr 4 betrifft die Verpfändung von Forderungen, die in ein Schuldbuch des Bundes, eines Sondervermögens des Bundes oder eines Landes eingetragen sind, wenn dem Pfandrecht keine anderen Rechte vorgehen. **Staatsanleihen,** für die Schuldverschreibungen ausgestellt sind, Schatzwechsel oder Schatzanweisungen fallen als Wertpapiere unter Nr 2. Nr 4 betrifft nur Forderungen, für die keine Wertpapiere oder nur echte Namenspapiere (s § 243 Nr 3) ausgegeben worden sind und die durch Eintragung in das Schuldbuch der öffentlichen Körperschaft zu Schuldbuchforderungen geworden sind. Für die Verpfändung der Schuldbuchforderungen sind das **Bundesschuldenwesengesetz** v 12.7.2006 (BGBl I, 1466) und die entspr Landesgesetze maßgebend. Danach ist neben der Verpfändungserklärung und ihrer Annahme eine Eintragung der FinBeh als Pfandgläubiger mit einer Verfügungsbeschränkung zu ihren Gunsten in das Schuldbuch erforderlich. Zum Zwecke dieser Eintragung hat der Sicherungsgeber der FinBeh neben der Verpfändungserklärung eine Benachrichtigung der Schuldbuchbehörde (beim Bund der „Bundesrepublik Deutschland – Finanzagentur GmbH") über die zu verpfändende Forderung und in doppelter Ausführung einen von dem Sicherungsgeber unterzeichneten, an die Schuldbuchbehörde gerichteten Antrag einzureichen, die FinBeh als Pfandgläubiger und eine Verfügungsbeschränkung zu ihren Gunsten einzutragen (s näher SiLDV Abs 22, VSF – S 1450). 7

6. Bestellung von Grundpfandrechten und Schiffspfandrechten. Zu den Begriffen der in Nr 5 genannten Grundpfandrechte s §§ 1113, 1191, 1199 BGB, zu ihrer Bestellung §§ 873, 1115 ff BGB. Es muss sich um **erstrangige Rechte** handeln und das Grundstück muss im Geltungsbereich der AO liegen. Nachrangige Rechte können nur nach § 245 als Sicherheit angenommen werden. Der zur Sicherheitsleistung Verpflichtete hat das Grundpfandrecht oder die Schiffshypothek auf eigene Kosten im Grundbuch, Schiffsregister oder Schiffsbauregister eintragen zu lassen (s Vor § 241). Die Eintragung ist zugunsten der FinBeh vorzunehmen. Der Grundstücks- oder Schiffseigentümer hat sich in der Urkunde über die Bestellung des Grundpfandrechts der sofortigen Zwangsvollstreckung zu unterwerfen; die Unterwerfung bedarf ebenfalls der Eintragung in das Grundbuch, Schiffsregister oder Schiffsbauregister (s näher SiLDV Abs 26, VSF – S 1450). Für die Schiffspfandrechte gelten §§ 23, 45 der Schiffsregisterordnung. Die Pfändung von Flugzeugen fällt nicht unter Nr 5, sondern unter § 245 AO (*BG/Schmieszek* § 241 Rz 31). 8

7. Verpfändung von dinglich gesicherten Forderungen. Nach Nr 6 muss die FinBeh außer der Verpfändung von Grund- und Rentenschulden als Sicherheit nur die Verpfändung von Forderungen annehmen, die durch eine **Verkehrshypothek** gesichert sind. Voraussetzung ist, dass es sich um **erstrangige** Grundpfandrechte an einem im Geltungsbereich der AO belegenen Grundstück handelt. Forderungen, für die eine Sicherungshypothek (s dazu §§ 1184, 1185 BGB) besteht, sind keine zwingend anzunehmende Sicherheiten, können aber nach § 245 verpfändet werden. Die Verkehrshypothek kann eine **Brief- oder Buchhypothek** sein (s dazu § 1116 BGB). Die Verpfändung einer durch eine Buchhypothek gesicherten Forderung erfolgt nach §§ 1274, 1154 III, 873 BGB durch Einigung (Verpfändungserklärung und Annahme der FinBeh) und Eintragung der Verpfändung in das Grundbuch. Bei einer Briefhypothek ist die Grundbucheintragung grds nicht erforderlich, sondern die Briefübergabe reicht nach §§ 1274, 1154 I BGB aus, wenn die Verpfändungserklärung schriftlich abgegeben wird. Die Verpfändung 9 von Grund- und Rentenschulden erfolgt außer in den Fällen des § 1195 BGB nach § 1291 BGB ebenso wie die Verpfändung von Hypothekenforderungen, je nachdem, ob es sich um Buch- oder Briefgrundschulden handelt. Für die Kosten gilt das Gleiche wie oben zu Nr 5.

10 **8. Steuerbürgen.** Nr 7 regelt nur die **Arten der zwingend anzunehmenden Sicherheitsleistungen** durch einen Steuerbürgen. Dies sind Schuldversprechen iSv § 780 BGB (Schriftform erforderlich), Bürgschaften nach §§ 765 ff BGB (nach § 766 BGB ebenfalls Schriftform erforderlich) oder Wechselverpflichtungen aus Art 28 und 78 WG (s iEinz zur Sicherheitsleistung des Steuerbürgen SiLDV Abs 29 bis 33, VSF – S 1450). **Wer Steuerbürge** sein kann, bestimmt sich nach § 244. Die Beibringung einer Bürgschaft kann für sich genommen die Fälligkeit einer StForderung nicht hinausschieben (BFH/NV 99, 744). Hierzu bedarf es vielmehr der Stundung nach § 222.

11 **9. Arten der Wertpapiere.** In Abs 2 werden die Wertpapiere genannt, die zur Verpfändung nach Abs 1 Nr 2 geeignet sind. Es geht um **Schuldverschreibungen,** die von der öffentlichen Hand ausgestellt oder garantiert sind oder die wie die Pfandbriefe besonders strengen Deckungs- oder Gläubigerschutzvorschriften unterliegen. Es kommt nicht darauf an, dass die Wertpapiere ausdrücklich als Schuldverschreibungen bezeichnet sind, sondern, dass sie es ihrem Wesen nach sind. So gehören zB auch Schatzwechsel dazu, weil es sich ihrem Wesen nach um Orderschuldverschreibungen handelt. Aus § 243 Nr 3 ergibt sich, dass Namenspapiere, die nicht durch Indossament übertragen werden, nicht erfasst werden. Ferner fallen nicht unter Abs 2 zB Aktien, Industrieobligationen oder Sparbriefe. Sie könne allerdings nach § 245 als Sicherheit angenommen werden.

12 **10. Lager unter Steuerverschluss.** Das Lager unter Steuerverschluss kann nur für die auf den **Waren des Lagers** lastenden Steuern als Sicherheit dienen.

§ 242 Wirkung der Hinterlegung von Zahlungsmitteln

[1] Zahlungsmittel, die nach § 241 Abs. 1 Nr. 1 hinterlegt werden, gehen in das Eigentum der Körperschaft über, der die Finanzbehörde angehört, bei der sie hinterlegt worden sind. [2] Die Forderung auf Rückzahlung ist nicht zu verzinsen. [3] Mit der Hinterlegung erwirbt die Körperschaft, deren Forderung durch die Hinterlegung gesichert werden soll, ein Pfandrecht an der Forderung auf Rückerstattung der hinterlegten Zahlungsmittel.

Die Bestimmung über den Eigentumsübergang in S 1 gilt nur für die nach § 241 I Nr 1 hinterlegten, dh für die **in der Bundesrepublik umlaufenden Zahlungsmittel.** Sie gehen auch dann in das Eigentum der Körperschaft, der die FinBeh angehört, über, wenn der Hinterleger nicht Eigentümer oder zur Hinterlegung nicht berechtigt ist (RGZ 112, 224; *TK/Kruse* Rz 5). An Fremdwährungen, die die FinBeh nach § 245 annehmen kann, entsteht nur ein Pfandrecht (zur Annahme von Zahlungsmitteln vgl SiLDV Abs 9 bis 11, VSF – S 1450). S 2, der die Verzinsung des Anspruchs auf Rückforderung der in das Eigentum der öffentlichen Hand übergegangenen Zahlungsmittel ausschließt, setzt als selbstverständlich voraus, dass ein solcher Rückforderungsanspruch besteht (*HHSp/Sunder-Plassmann* Rz 9). Der hinterlegte Betrag ist also zurückzuzahlen, wenn der Anlass für die Sicherheitsleistung fortgefallen ist. Das nach S 3 bestehende Pfandrecht am Rückzahlungsanspruch sichert gegen vorzeitige Rückforderung, aber auch bei Abtretung des Rückzahlungsanspruchs an einen Dritten und bei Insolvenz des Hinterlegers, bei der ein Recht des Pfandgläubigers auf abgesonderte Befriedigung besteht (§ 50 I InsO).

§ 243 Verpfändung von Wertpapieren

[1] Die Sicherheitsleistung durch Verpfändung von Wertpapieren nach § 241 Abs. 1 Nr. 2 ist nur zulässig, wenn der Verwahrer die Gewähr für die Umlauffähigkeit übernimmt. [2] Die Übernahme dieser Gewähr umfasst die Haftung dafür,

1. dass das Rückforderungsrecht des Hinterlegers durch gerichtliche Sperre und Beschlagnahme nicht beschränkt ist,

2. dass die anvertrauten Wertpapiere in den Sammellisten aufgerufener Wertpapiere nicht als gestohlen oder als verloren gemeldet und weder mit Zahlungssperre belegt noch zur Kraftloserklärung aufgeboten oder für kraftlos erklärt worden sind,

3. dass die Wertpapiere auf den Inhaber lauten, oder, falls sie auf den Namen ausgestellt sind, mit Blankoindossament versehen und auch sonst nicht gesperrt sind, und dass die Zinsscheine und die Erneuerungsscheine bei den Stücken sind.

Die Vorschrift enthält Regelungen, die die Umlauffähigkeit und damit die Verwertbarkeit verpfändeter Wertpapiere gewährleisten sollen. Das verwahrende Kreditinstitut muss die Gewähr für die Umlauffähigkeit übernehmen. Welche Kreditinstitute als geeignete Verwahrer in Betracht kommen, ergibt sich aus § 241 I Nr 2 (s § 241 Rz 3). Übernimmt das Kreditinstitut die Gewähr, wird es **schadensersatzpflichtig,** wenn die in S 2 Nr 1 bis 3 aufgeführten Bedingungen bei den verpfändeten Wertpapieren nicht gegeben sind. Schadensersatz ist in Höhe der Annahmewerte gem § 246 (aA *BG/Schmieszek* Rz 8) und für alle der FinBeh durch einen etwaigen erfolglosen Verwertungsversuch entstehenden Kosten zu leisten.

§ 244 Taugliche Steuerbürgen

(1) **[1] Schuldversprechen und Bürgschaften nach dem Bürgerlichen Gesetzbuch sowie Wechselverpflichtungen aus Artikel 28 oder 78 des Wechselgesetzes sind als Sicherheit nur geeignet, wenn sie von Personen abgegeben oder eingegangen worden sind, die**

1. ein der Höhe der zu leistenden Sicherheit angemessenes Vermögen besitzen und

2. ihren allgemeinen oder einen vereinbarten Gerichtsstand im Geltungsbereich dieses Gesetzes haben.

[2] Bürgschaften müssen den Verzicht auf die Einrede der Vorausklage nach § 771 des Bürgerlichen Gesetzbuchs enthalten. [3] Schuldversprechen und Bürgschaftserklärungen sind schriftlich zu erteilen; die elektronische Form ist ausgeschlossen. [4] Sicherungsgeber und Sicherungsnehmer dürfen nicht wechselseitig füreinander Sicherheit leisten und auch nicht wirtschaftlich miteinander verflochten sein. [5] Über die Annahme von Bürgschaftserklärungen in den Verfahren nach dem A. T. A.-Übereinkommen vom 6. Dezember 1961 (BGBl. 1965 II S. 948) und dem TIR-Übereinkommen vom 14. November 1975 (BGBl. 1979 II S. 445) in ihren jeweils gültigen Fassungen entscheidet die Generalzolldirektion. [6] Über die Annahme von Bürgschaftserklärungen über Einzelsicherheiten in Form von Sicherheitstiteln nach der Verordnung (EWG) Nr. 2454/93 der Kommission vom 2. Juli 1993 mit Durchführungsvorschriften zu der Verordnung (EWG) 2913/92 des Rates zur Festlegung des Zollkodexes der Gemeinschaften (ABl. EG Nr. L 253 S. 1) und dem Übereinkommen vom 20. Mai 1987 über ein gemeinsames Versandverfahren (ABl. EG Nr. L 226 S. 2) in ihren jeweils gültigen Fassungen entscheidet die Generalzolldirektion.

(2) **[1] Die Generalzolldirektion kann Kreditinstitute und geschäftsmäßig für andere Sicherheit leistende Versicherungsunternehmen allgemein als Steuer-**

bürge zulassen, wenn sie im Geltungsbereich dieses Gesetzes zum Geschäftsbetrieb befugt sind. [2]Bei der Zulassung ist ein Höchstbetrag festzusetzen (Bürgschaftssumme). [3]Die gesamten Verbindlichkeiten aus Schuldversprechen, Bürgschaften und Wechselverpflichtungen, die der Steuerbürge gegenüber der Finanzverwaltung übernommen hat, dürfen nicht über die Bürgschaftssumme hinausgehen.

(3) **Das Bundesministerium der Finanzen wird ermächtigt, durch Rechtsverordnung mit Zustimmung des Bundesrates die Befugnisse nach Absatz 1 Satz 6 und Absatz 2 auf ein Hauptzollamt oder mehrere Hauptzollämter zu übertragen.**

Abs 1 S 6, Abs 2 S 1, 2 und 3 zweiter HS geändert durch G v 13.12.07 (BGBl I, 2897); Abs 1 S 5 und 6 sowie Abs 2 S 1 geändert, Abs 2 S 2 und 3 aufgehoben, bisherige S 4 und 5 werden S 2 und 3, Abs 3 angefügt durch G v 3.12.15 (BGBl I, 2178).

1 **1. Inhalt.** In § 241 I Nr 7 ist bestimmt, dass Schuldversprechen, Bürgschaften oder Wechselverpflichtungen eines tauglichen Steuerbürgen zu den sogen Muss-Sicherheiten gehören (s § 241 Rz 10). Die Vorschr des § 244 regelt näher, **wer** im Einzelfall oder allgemein **tauglicher Steuerbürge ist,** dh wer in den genannten Formen für einen Stpfl Sicherheit leisten kann.

2 **2. Bedeutung der Steuerbürgschaft.** Die Bürgschaftserklärung, das Schuldversprechen oder die Wechselverpflichtung hat eine **Doppelwirkung.** Im Verhältnis zum Stpfl liegt darin eine Form der Sicherheitsleistung (vgl BFH BStBl 60, 259). Die Annahme oder Ablehnung als Sicherheit ist ein **Verwaltungsakt.** Der Stpfl kann gegen die Ablehnung Einspruch einlegen (*TK/Kruse* Rz 20). Dem Steuerbürgen (anders bei allgemeinen Steuerbürgen, s unten Rz 4) steht kein Rechtsmittel zu. Im Verhältnis zwischen Steuergläubiger und Bürgen, Versprechendem oder Bezogenem entsteht bei Annahme als Sicherheit ein **privates Rechtsverhältnis** (BFH BStBl 64, 218). Es finden die Vorschr des bürgerlichen Rechts Anwendung, beim Schuldversprechen zwischen Steuergläubiger und Versprechendem die §§ 780 ff BGB, bei Bürgschaft §§ 765 ff BGB und bei Wechselhingabe die Vorschriften des WG. Die Ansprüche daraus muss die FinBeh auf dem Zivilrechtsweg verfolgen. Nach Abs 1 S 3 der Vorschr wird die Anwendung des § 87a auf Schuldversprechen und Bürgschaften ausgeschlossen, sodass diese Rechtsverhältnisse nur schriftlich und nicht in elektronischer Form begründet werden können. Die Bürgschaftserklärung muss nach Abs 1 S 2 den Verzicht auf die Einrede der Vorausklage enthalten. Abs 1 S 5 und 6 treffen für Bürgschaften im Verfahren nach den A. T. A.-Übereinkommen und dem TIR-Übereinkommen und für bestimmte nach EG-Recht geregelte Bürgschaften hinsichtlich der Zuständigkeit Sonderregelungen zu §§ 16 AO, 12 II FVG.

3 **3. Wirtschaftlich verflochtene Unternehmen als Steuerbürgen.** Das Verbot, wonach Sicherungsgeber und Sicherungsnehmer nicht wirtschaftlich untereinander verflochten sein dürfen, betrifft insbes **Mutter- und Tochtergesellschaften,** darüber hinaus alle Fälle, in denen sich das Aktienkapital oder die Geschäftsanteile eines Unternehmens überwiegend in der Hand eines anderen Unternehmens befinden. Andererseits liegt eine wirtschaftliche Verflechtung noch nicht vor, wenn ein Unternehmen zu einem untergeordneten Teil an einem anderen beteiligt ist. Das Verbot des Abs 1 S 4 gilt **nur** für die Fälle des Abs 1, also **bei Einzelsteuerbürgschaften.** Nach Abs 2 zugelassene allgemeine Steuerbürgen können auch dann Steuerbürgschaften für einen Stpfl leisten, wenn sie wirtschaftlich mit diesem verflochten sind (*App* KKZ 02, 236).

4 **4. Allgemeine Steuerbürgen.** Während die Rechtsbeziehungen zwischen Steuergläubiger und Einzelsteuerbürgen rein privatrechtl sind, ist das Verhältnis zwischen FinBeh und allgemeinem Steuerbürgen hinsichtl der Zulassung **öff-rechtl** (BFH BStBl 64, 217; *TK/Kruse* Rz 4). Die Zulassung als allgemeiner

Steuerbürge ist ein Verwaltungsakt ggü dem Steuerbürgen. Es können nur Kreditinstitute oder Versicherungsunternehmen zugelassen werden, nicht sonstige Kaufleute. Zuständig für die Zulassung ist mit Wirkung ab 1.1.2016 die Generalzolldirektion. Die Ablehnung der Zulassung kann durch Einspruch und anschließend im Finanzrechtsweg angefochten werden. Das gilt auch bei einem Antrag auf Erhöhung der Bürgschaftssumme (*TK/Kruse* Rz 20). Die im Rahmen der Bürgschaftssumme vom allgemeinen Steuerbürgen abgegebenen Schuldversprechen, Bürgschaften oder die auf ihn gezogenen Wechsel schaffen wieder privatrechtliche Rechtsbeziehungen zwischen Steuergläubiger und Steuerbürgen. Die Verpflichtungen daraus muss die FinBeh notfalls im Zivilrechtsweg einklagen (s oben Rz 2).

§ 245 Sicherheitsleistung durch andere Werte

[1] Andere als die in § 241 bezeichneten Sicherheiten kann die Finanzbehörde nach ihrem Ermessen annehmen. [2] Vorzuziehen sind Vermögensgegenstände, die größere Sicherheit bieten oder bei Eintritt auch außerordentlicher Verhältnisse ohne erhebliche Schwierigkeit und innerhalb angemessener Frist verwertet werden können.

1. Inhalt. Die Vorschrift dient der Berücksichtigung der Belange des zur Sicherheitsleistung Verpflichteten, der nicht immer in der Lage ist, entspr der Vorschrift des § 241 Sicherheit zu leisten. Eine andere Sicherheit darf daher nur im Rahmen **pflichtgemäßen Ermessens** abgelehnt werden (vgl *TK/Kruse* Rz 1). Die FinBeh handelt idR aber nicht ermessensfehlerhaft, wenn sie eine Sicherheit nach § 245 ablehnt, weil der Stpfl Sicherheit nach § 241 leisten kann (*HHSp/Sunder-Plassmann* Rz 8). Sie hat jedoch bei der Ausübung ihres Ermessens den Grundsatz der **Verhältnismäßigkeit** zu beachten. 1

2. Anwendungsfälle. Eine Sicherheitsleistung nach § 245 kommt nur in Betracht, wenn der Vermögensgegenstand **Sicherheit** bietet und **leicht verwertet** werden kann. Ein wichtiger Anwendungsfall ist die **Verpfändung** von beweglichen Sachen oder von Wertpapieren (zB Aktien, Industrieobligationen), die nicht unter § 241 fallen (s dort Rz 3 und 11). Die **Hinterlegung von Sparbüchern** oder **Kfz-Briefen** dürfte in der Praxis eine geringere Rolle spielen, da diese allein nur eine begrenzte Sicherheit bringt. Die Hinterlegung des Sparbuchs hindert nur die Geltendmachung der Forderung durch den Berechtigten, die Hinterlegung des Kfz-Briefes behindert die Verwertung (Verkauf usw) durch den Eigentümer (s dazu *HHSp/Sunder-Plassmann* Rz 36). Da die FinBeh nach S 2 des § 245 die Möglichkeit wählen muss, die größere Sicherheit bietet, wird sie zusätzlich zu der Hinterlegung des Sparbuchs die Verpfändung der Spareinlage (§ 241 Nr 1) oder zusätzlich zur Hinterlegung des Kfz-Briefes die Sicherungsübereignung des Fahrzeugs fordern. Die **Sicherungsübereignung** von Sachen soll nach SiLDV Abs 56, VSF – S 1450 aber nur für bereits bestehende, nicht aber für künftige Abgabenforderungen und nur dann erfolgen, wenn keine anderen Sicherheiten zu erlangen sind. Als weitere Sicherheit kommt die **Abtretung von Forderungen** zB aus einem Miet- oder Lebensversicherungsvertrag in Betracht. 2

3. Rechtsschutz. Bei der Entscheidung über die Annahme anderer Werte als Sicherheit handelt es sich um einen VA (*BG/Schmieszek* Rz 10). Hat die FinBeh einen Anspruch auf Sicherheitsleistung, kann die ablehnende Entscheidung mit Einspruch und Anfechtungsklage angefochten werden. Zu beachten ist jedoch, dass die FinBeh die Verpflichtung zur Erbringung einer Sicherheit iSd § 241 nach § 336 erzwingen kann.

§ 246 Annahmewerte

[1]Die Finanzbehörde bestimmt nach ihrem Ermessen, zu welchen Werten Gegenstände als Sicherheit anzunehmen sind. [2]Der Annahmewert darf jedoch den bei einer Verwertung zu erwartenden Erlös abzüglich der Kosten der Verwertung nicht übersteigen. [3]Er darf bei den in § 241 Abs. 1 Nr. 2 und 4 aufgeführten Gegenständen und bei beweglichen Sachen, die nach § 245 als Sicherheit angenommen werden, nicht unter den in § 234 Abs. 3, § 236 und § 237 Satz 1 des Bürgerlichen Gesetzbuchs genannten Werten liegen.

1 **1. Inhalt.** § 246 überlässt die Bestimmung der Annahmewerte dem pflichtgemäßen Ermessen der FinBeh. In S 2 wird das Ermessen allerdings durch eine allgemeine Obergrenze für die Annahmewerte eingeschränkt. S 3 bestimmt, dass bei Wertpapieren und Schuldbuchforderungen sowie beweglichen Sachen bestimmte im BGB genannte Werte als Untergrenze nicht unterschritten werden dürfen. Das sind bei Wertpapieren und Schuldbuchforderungen drei Viertel des Kurswerts (§§ 234 III, 236 BGB), bei beweglichen Sachen zwei Drittel des Schätzwerts (§ 237 BGB).

2 **2. Richtlinien.** Für die Ermittlung der Annahmewerte sind in der SiLDV (VSF – S 1450) Richtlinien erlassen worden (zum Geltungsbereich s Vor § 241 Rz 3). Danach werden die in § 241 II genannten, festverzinslichen auf Euro lautenden Wertpapiere zum zur Zeit der Sicherheitsleistung maßgebenden Kurswert, höchstens jedoch zum Nennwert als Sicherheit angenommen. Den Annahmewert nicht festverzinslicher Wertpapiere bestimmt die FinBeh nach ihrem Ermessen. Sie dürfen bei längerfristigen Bewilligungen höchstens mit dem Nennwert als Sicherheit angenommen werden (SiLDV Abs 13). Entsprechendes gilt für die Verpfändung von Schuldbuchforderungen iSv § 241 I Nr 4 (SiLDV Abs 21). Sparguthaben werden bis zur Höhe ihrer Einlagen als Sicherheit angenommen (SiLDV Abs 18). Zur Bewertung von festverzinslichen und unverzinslichen Schatzanweisungen des Bundes, eines Sondervermögens des Bundes oder eines Landes s SiLDV Abs 13 b. Bei der Bestellung von Hypotheken, Grund- oder Rentenschulden (§ 241 I Nr 5) sowie bei der Verpfändung von Forderungen, die durch solche Rechte gesichert sind (§ 241 Nr 6), bemisst sich der Annahmewert idR bis zur Hälfte des Werts des belasteten Grundstücks. Dieser kann nach der VO über Grundsätze für die Ermittlung des Verkehrswerts von Grundstücken idF v 19.5.2010 (BGBl I, 639) und die Richtlinien für die Ermittlung des Verkehrswerts von Grundstücken idF v 1.3.2006 (BAnz Nr 108a, Nr 121 S 4798) bestimmt werden (SiLDV Abs 25).

§ 247 Austausch von Sicherheiten

Wer nach den §§ 241 bis 245 Sicherheit geleistet hat, ist berechtigt, die Sicherheit oder einen Teil davon durch eine andere nach den §§ 241 bis 244 geeignete Sicherheit zu ersetzen.

Der StSchuldner hat nach § 241 die Wahl, welche Sicherheit er leisten will. § 247 will ihm diese Wahlmöglichkeit auch belassen, falls er zuvor eine andere Sicherheit gewählt hat. Wenn der Schuldner aber eine Sicherheit durch eine solche ersetzen will, die er nach § 245 nicht frei wählen kann, sondern zu deren Wahl er der Zustimmung der FinBeh bedarf, so ist der Austausch auch nur mit Zustimmung der FinBeh möglich. Die FinBeh entscheidet hier nach pflichtgemäßem Ermessen. Die Ersetzung kann auch dann erfolgen, wenn die Sicherheit gem § 336 erzwungen worden ist (*TK/Kruse* zu § 247 Rz 2). Weigert sich die FinBeh, einen Austausch der Sicherheit vorzunehmen, ist dies ein anfechtbarer VA, der auch auf Ermessensfehler zu überprüfen ist (*BG/Schmieszek* Rz 8).

§ 248 Nachschusspflicht

Wird eine Sicherheit unzureichend, so ist sie zu ergänzen oder es ist anderweitige Sicherheit zu leisten.

Die Vorschrift regelt die Fälle, in denen eine Sicherheit erst **nach der Sicherheitsleistung** unzureichend geworden ist. Nicht erfasst werden die Fälle, in denen die FinBeh von vornherein eine unzureichende Sicherheit verlangt oder angenommen hat und aus diesem Grunde später eine höhere oder anderweitige Sicherheit fordert. In einem solchen Fall handelt es sich um eine Änderung des VA, mit dem die Sicherheitsleistung festgestellt worden ist, oder des VA, der von der Sicherheitsleistung abhängig gemacht worden ist (*BG/Schmieszek* Rz 4), die nur unter den Voraussetzungen der §§ 130 II, 131 II 2 zulässig ist. Die Vorschr des § 248 erfasst sowohl den Fall, dass die Sicherheit nachträglich wegen einer Erhöhung der zu sichernden Forderung unzureichend wird, als auch den Fall, dass der Wert einer Sicherheit gesunken ist. Der Wertverlust muss sich jedoch verfestigt haben. So führt das unerhebliche Sinken des Börsenkurses noch nicht zu einer Nachschusspflicht (SiLDV Abs 59, VSF – S 1450). Allgemeine Entwicklungen, wie zB die Geldentwertung aufgrund Inflation, reichen nicht aus (*HHSp/Sunder-Plassmann* Rz 3). Ob der Wertverlust so erheblich ist, dass eine Nachschusspflicht besteht, entscheidet die FinBeh nach pflichtgemäßem Ermessen (SiLDV Abs 58, VSF – S 1450). Das Verlangen der Behörde, die Sicherheit zu ergänzen oder auszutauschen, ist ein VA und mit dem Einspruch anfechtbar (*TK/Kruse* § 248 Rz 2).

Sechster Teil
Vollstreckung

Erster Abschnitt. Allgemeine Vorschriften

Vorbemerkungen zu § 249

Der sechste Teil gilt nur für die Vollstreckung der Ansprüche des Steuerfiskus. 1
Der Stpfl kann Ansprüche, die er gegen den Steuerfiskus hat, nur aufgrund gerichtlicher Entscheidung vollstrecken. Hierfür gelten die §§ 151 bis 154 FGO.

Die Vorschr des sechsten Teils der AO bilden eine eigenständige Regelung ggü 2
der Vollstreckung nach der ZPO. Sie schließen daher die Anwendung des VollstrRechts der ZPO aus, soweit sie eine eigene Regelung getroffen haben (BFH/NV 89, 75). Allerdings verweisen eine Reihe von Vorschr (vgl zB §§ 262 bis 266) auf Bestimmungen der ZPO, sodass häufig eine unmittelbare Verbindung gegeben ist. Darüber hinaus entspricht ein Teil der Vorschr den Bestimmungen der ZPO (vgl zB §§ 281 bis 283 und §§ 803, 804, 806 ZPO) oder es treten ähnliche Fragen auf wie im VollstrRecht der ZPO. Hier bietet der Rückgriff auf das VollstrRecht der ZPO eine unerlässliche Hilfe bei der Anwendung der AO.

Eigenständig ist das VollstrRecht des sechsten Teils der AO grds ggü dem übri- 3
gen Verwaltungsvollstreckungsrecht, das in den Verwaltungsvollstreckungsgesetzen des Bundes und der Länder geregelt ist. Aber auch hier gibt es enge Verzahnungen. So regelt sich nach § 5 VwVG (Bund) die Vollstreckung wegen Geldforderungen weitgehend nach dem VollstrRecht der AO (vgl BFH/NV 03, 142; 07, 2240; 09, 592; s auch § 19 VwVG wegen der Kosten).

Die AO ist grds auch bei der VollstrHilfe für **ausl Steuerforderungen** im Gel- 4
tungsbereich der AO anzuwenden. Es besteht aber nur dann eine Pflicht zur Amtshilfe ggü ausl Behörden, wenn und soweit entsprechende Abkommen bestehen. Aus diesen Abkommen können sich dann auch gewisse Besonderheiten ggü der AO ergeben (vgl § 2).

Für die Vollstreckung von Forderungen, die in anderen Mitgliedstaaten der EU 5
entstanden sind und Maßnahmen, die Bestandteil des Finanzierungssystems des Europäischen Ausrichtungs- und Garantiefonds für die Landwirtschaft sind, sowie Abschöpfungen, Zölle, Verbrauchsteuern auf Tabakwaren, Alkohol und alkoholische Getränke oder Umsatzsteuern betreffen, gilt das EU-Beitreibungsgesetz v 7.12.2011 (BGBl I, 2592). Nach § 9 II dieses Gesetzes findet für die Vollstreckung dieser Forderungen ebenfalls die AO Anwendung. Besonderheiten gelten hinsichtlich der VollstrBehörden, Auskünfte und Zustellungen, Voraussetzungen der Vollstreckung, Rechtsbehelfe und Sicherungsmaßnahmen. Der ab 1.5.2016 geltende modernisierte Zollkodex der Union (UZK) verweist in Art 113 auf das Vollstreckungsrecht der Mitgliedstaaten (zur Vollstreckung nach dem bis zum 30.4.2016 geltenden ZK s 13. Aufl).

Der im sechsten Teil geregelte Katalog möglicher Maßnahmen ist abschließend 6
festgelegt. Obwohl es kein Ermessen der FinBeh beim „Ob" der Vollstreckung gibt (s § 249 Rz 2), gilt allgemein für alle Maßnahmen der Verwaltungsgrundsatz der Verhältnismäßigkeit der Mittel (BFH/NV 07, 2229). Der **Grundsatz der Verhältnismäßigkeit** gilt auch im VollstrRecht, sodass jeder VollstrEingriff geeignet und erforderlich sein muss, seinen Zweck zu erreichen (FG Hbg EFG 00, 536; vgl auch BFH BStBl 01, 5). Es haben daher Maßnahmen zu unterbleiben, deren Wirkung über das öffentliche Interesse an der Vollstreckung und der gleichmäßi-

gen Erhebung der Steuern erheblich hinausgehen (BGH NJW 73, 894; BFH/NV 05, 1002; 13, 1267; *TK/Kruse* Rz 14). Die FinBeh ist ggü dem VollstrSchuldner verpflichtet, so **schonend wie möglich** vorzugehen (BFH HFR 64, 308; *TK/Kruse* Rz 16). Es gilt das Prinzip des geringstmöglichen Eingriffs (BFH/NV 07, 2229; FG Bbg EFG 98, 1450, 1451; 99, 62; vgl aber auch FG Hbg EFG 00, 536; *Wiggen* DStZ 99, 744: zur Beachtung des Ziels der möglichst zügigen und effektiven Forderungsrealisierung). Dies ist unter Würdigung des Einzelfalls zu entscheiden (BFH/NV 07, 2060; 2229). Allgemein sind zB sog Überpfändungen nach § 281 II verboten. Eine Grenze ergibt sich zudem aus § 261 (s dort Rz 5) oder aus § 281 III, wenn die Vollstreckung **aussichtslos** erscheint (Abschn 20 VI VollstrA). In diesem Fall hat die Vollstreckung zu unterbleiben. Die Verletzung des Grundsatzes der Verhältnismäßigkeit macht die VollstrMaßnahmen allerdings nicht nichtig, sondern nur anfechtbar (vgl für die Überpfändung BFH BStBl 73, 513).

7 Als VerwVorschr zu den §§ 249 ff sind die Allgem VerwVorschr über die Durchführung der Vollstreckung nach der AO (Vollstreckungsanweisung – VollstrA) v 13.3.1980 (BStBl I, 112) und die Allgem VerwVorschr für Vollziehungsbeamte der Finanzverwaltung (Vollziehungsanweisung – VollzA) v 29.4.1980 (BStBl I, 194), beide zuletzt geändert durch Allgem VerwVorschr v 3.6.2015 (BStBl I, 497), ergangen.

8 Neben den in der AO geregelten VollstrMaßnahmen gibt es auch in anderen Gesetzen Maßnahmen, denen sich die FinBeh bedienen können, um Steuerforderungen durchzusetzen oder das Entstehen von Rückständen zu vermeiden. Beispiele sind die Anregung eines Gewerbeuntersagungsverfahrens nach § 35 GewO (Abschn 66 I VollstrA) oder das Ersuchen um Passentziehung gem §§ 7, 8 PassG (Abschn 66 III VollstrA; Überblick über derartige Maßnahmen bei *BG/Neumann* § 249 Rz 54 ff mwN).

§ 249 Vollstreckungsbehörden

(1) [1]**Die Finanzbehörden können Verwaltungsakte, mit denen eine Geldleistung, eine sonstige Handlung, eine Duldung oder Unterlassung gefordert wird, im Verwaltungsweg vollstrecken.** [2]**Dies gilt auch für Steueranmeldungen (§ 168).** [3]**Vollstreckungsbehörden sind die Finanzämter und die Hauptzollämter sowie die Landesfinanzbehörden, denen durch eine Rechtsverordnung nach § 17 Absatz 2 Satz 3 Nummer 3 des Finanzverwaltungsgesetzes die landesweite Zuständigkeit für Kassengeschäfte und das Erhebungsverfahren einschließlich der Vollstreckung übertragen worden ist; § 328 Absatz 1 Satz 3 bleibt unberührt.**

(2) [1]**Zur Vorbereitung der Vollstreckung können die Finanzbehörden die Vermögens- und Einkommensverhältnisse des Vollstreckungsschuldners ermitteln.** [2]**Die Finanzbehörde darf ihr bekannte, nach § 30 geschützte Daten, die sie bei der Vollstreckung wegen Steuern und steuerlicher Nebenleistungen verwenden darf, auch bei der Vollstreckung wegen anderer Geldleistungen als Steuern und steuerlicher Nebenleistungen verwenden.**

Abs 1 S 3 neu gefasst durch StÄndG 2015 v 2.11.15 (BGBl I, 1834).

Übersicht

1. Inhalt. Die Vorschrift regelt gemeinsam mit § 254 I die unabdingbaren Voraussetzungen für die **Statthaftigkeit** der Vollstreckung. Gem Abs 1 sind VA nach den Vorschr des sechsten Teils von den FinBeh selbst zu vollstrecken (zur Vollstr von Entscheidungen der FG s § 150 FGO). Es muss sich um VA handeln, die der Vollstr zugänglich sind, dh die ein Tun, Dulden oder Unterlassen fordern. Die wichtigsten hierunter fallenden VA sind die StBescheide. Der Wortlaut des Abs 1 S 1, wonach die FinBeh VA vollstrecken **können,** ist missverständlich. Es gibt kein Ermessen beim „Ob" der Vollstreckung. Aus dem Grundsatz der Gesetzmäßigkeit der Verwaltung folgt, dass StAnsprüche auch vollstreckt werden müssen (BFH BStBl 03, 109). Ein Ermessen hat die FinBeh dagegen bei der Auswahl der VollstrMaßnahmen (BFH/NV 11, 763). Es gilt allerdings der Verhältnismäßigkeitsgrundsatz (s Vor § 249 Rz 6). 1

In Abs 1 S 2 wird ausdrücklich klargestellt, dass auch aus einer StAnmeldung, die einer StFestsetzung unter Vorbehalt der Nachprüfung gleichsteht, vollstreckt werden kann. Abs 1 S 3 überträgt die **sachliche Zuständigkeit** für die Vollstr wegen Geldforderungen in allen Fällen den FÄ oder HZÄ sowie den LandesFinBeh, denen durch RVO nach § 17 III 3 Nr 2 FinVerwG die landesweite Zuständigkeit für Kassengeschäfte und das Erhebungsverfahren einschl der Vollstreckung übertragen worden ist. Für andere Forderungen gilt § 328 I 3. Abs 2 dient der Vorbereitung der Vollstreckung und bedeutet insoweit eine Ausweitung der allgemeinen Ermittlungsbefugnisse nach den allgemeinen Vorschriften, insbes nach § 88 (*Koenig/Fritsch* Rz 1). 2

2. Verwaltungsakt. Der Begriff des VA ergibt sich aus § 118 (s iEinz Erläut zu § 118). Nicht entscheidend ist, dass der VA bereits bestandskräftig ist. Auch angefochtene Steuerbescheide, Steuerbescheide unter Vorbehalt der Nachprüfung und vorläufige Steuerbescheide sind grds vollstreckbar. Liegt der VollstrMaßnahme (zB Pfändungs- und Überweisungsbeschluss) überhaupt kein vollstreckbarer VA (und damit kein Leistungsgebot) zu Grunde, weil dieser mangels Bekanntgabe nicht wirksam geworden ist, ist die VollstrMaßnahme nicht nichtig, sondern nur anfechtbar (BFH BStBl 03, 109; s § 254 Rz 3). 3

3. Geldleistungen. Es muss sich um Geldleistungen handeln, die in einem VA festgesetzt worden sind, der dem **Recht der AO** unterliegt. In anderen Fällen (zB Erhebung anderer Abgaben als Steuern) findet das VollstrRecht der AO nur Anwendung, wenn dies gesetzlich besonders vorgesehen ist (zB § 5 VwVG Bund). VA, in denen eine Geldleistung gefordert wird, sind nicht nur Bescheide über die **Hauptschuld,** sondern auch die Forderung von **Nebenleistungen** iSv § 3 III. Erforderlich ist, dass die Forderung auf Nebenleistungen in einem VA, dh in dem Bescheid über die Hauptforderung oder in einem gesonderten Bescheid festgesetzt und gefordert worden ist. Ansprüche auf Geldleistungen, die nach § 218 ohne besondere Festsetzung verwirklicht werden können (Sz, Steueranmeldungen), sind aufgrund des Leistungsgebots (§ 254) vollstreckbar (*BG/Neumann* Rz 20). Auch Haftungsbescheide nach § 191 I sind VA, in denen eine Geldleistung gefordert wird. 4

4. Sonstige Handlung. Der Begriff sonstige Handlung ist sehr weit gefasst (näher dazu § 328 Rz 6). Sonstige Handlung kann zB auch die Stellung von Sicherheiten sein. 5

5. Duldung. Zu unterscheiden ist zwischen **echter und unechter Duldungspflicht** (vgl *TK/Kruse* Rz 8). Die unechte Duldungspflicht steht neben der 6

Leistungspflicht. Leistet der Schuldner nicht, muss er die Vollstr in sein Vermögen dulden. Die Zulässigkeit der Vollstr ergibt sich dann unmittelbar aus dem Leistungsbescheid. VA, die die Duldung der Vollstr fordern, sind daher nur in den Fällen echter Duldungspflicht notwendig (s Erläut zu § 191 I). Zahlt der Duldungsverpflichtete freiwillig, ist die Zahlung nicht nach § 249 im Verwaltungswege erzwungen, sodass § 225 III keine Anwendung findet (BFH BStBl 01, 329).

7 **6. Unterlassung.** Unterlassungspflichten sind negative Handlungspflichten, so zB Gebot, ein stillgelegtes Kfz nicht zu benutzen oder Gebot, innerhalb der Zwangsvollstr die gepfändeten Sachen nicht zu entstricken (vgl § 328 Rz 4).

8 **7. Anspruch des Steuerfiskus.** Der sechste Teil der AO gilt nur für die Vollstr von Ansprüchen des Steuerfiskus. Will der Bürger gegen den Staat vollstrecken, muss er den Gerichtsweg beschreiten, um sich einen Titel zu beschaffen (s Vorbem Vor § 249 Rz 1).

9 **8. Sachliche Zuständigkeit.** Abs 1 S 3 regelt die sachliche Zuständigkeit für die Vollstr wegen Geldforderungen. Danach sind die FÄ oder HZÄ sowie die FinBeh, denen durch eine RVO nach § 17 II 3 Nr 3 FinVerwG die landesweite Zuständigkeit für Kassengeschäfte und das Erhebungsverfahren einschl der Vollstreckung übertragen worden ist, für die Vollstr von Geldforderungen zuständig. Übergeordnete Behörden (zB OFDen) sind keine VollstrBehörde (*BG/Neumann* Rz 27). Für die Vollstreckung von Handlungen, Duldungen oder Unterlassungen ist nach § 328 I 3 die Behörde zuständig, die den VA erlassen hat. Die Frage, welches der sachlich zuständigen FÄ oder HZÄ im Einzelfall örtlich zuständig ist, bestimmt sich unmittelbar nach §§ 17 ff. Eine besondere örtliche Zuständigkeit im VollstrVerfahren gibt es nach § 284 V für die Abnahme von eidesstattlichen Versicherungen. Handelt eine örtlich unzuständige Behörde, ist die VollstrMaßnahme nicht nichtig, sondern nur anfechtbar (§§ 125 III Nr 1, 127). Zur Amtshilfe s § 250.

10 Für die Vollstreckung von anderen Geldforderungen als Forderungen aus einem Steuerschuldverhältnis sind die FinBeh nur aufgrund besonderer gesetzlicher Zuweisung zuständig. So sind die Hauptzollämter gem § 4 Buchst b iVm § 3 IV VwVG auf Ersuchen für die Vollstreckung wegen öff-rechtl Geldforderungen der Sozialbehörden nach § 66 I 1 SGB X zuständig (vgl BFH/NV 07, 2240 zur Vollstreckung von Geldforderungen der Bundesagentur für Arbeit und deren Untergliederungen). Zur Zuständigkeit für die Beitreibung von Geldforderungen nach Landesrecht s Bayer StMF v 19.2.1993 (BStBl I, 269 mit Übersicht; vgl auch BFH/NV 07, 1463 zur Beitreibung von Gerichtskosten der Verwaltungsgerichtsbarkeit in Bayern durch die FÄ).

11 **9. Vollstreckungsbeginn und Vollstreckungsmaßnahmen.** Die Vollstreckung beginnt mit deren Anordnung nach Maßgabe des § 249 iVm Abschn 22 VollstrA. Bei dieser Anordnung handelt es sich um eine behördeninterne Maßnahme und daher auch dann nicht um einen VA, wenn die Anordnung aus Gründen der Zweckmäßigkeit dem VollstrSchuldner mitgeteilt wird (BFH/NV 89, 75; vgl aber auch § 254 Rz 4).

12 Welche VollstrMaßnahme die VollstrBehörde aus dem abschließenden Katalog der in den §§ 249 ff geregelten möglichen Maßnahmen (vgl oben Vorbem zu § 249) ergreift, steht in ihrem pflichtgemäßen Ermessen.

13 **10. Ermittlung der Vermögensverhältnisse.** Die Ermittlung der Vermögens- und Einkommensverhältnisse des VollstrSchuldners geschieht in erster Linie durch Anforderungen von Einkommens- und Vermögensaufstellungen. Diese können sowohl bei dem ArbG als auch bei den Geschäftsbanken eingeholt werden. Auskunftsverweigerungsrechte Dritter bestehen im Rahmen der §§ 101 ff (zum Bankgeheimnis s § 102 Rz 44). Die VollstrBehörde hat iÜ nicht nur nach § 284

sondern auch im Rahmen des § 249 II iVm § 95 die Möglichkeit, vom Schuldner ein Vermögensverzeichnis und die eidesstattliche Versicherung über dessen Richtigkeit und Vollständigkeit entgegenzunehmen (BFH BStBl 92, 57; *App* DStZ 89, 148). Das bedeutet aber nicht, dass die VollstrBehörde nach dem Grundsatz der Verhältnismäßigkeit zunächst den Weg des § 249 II iVm § 95 gehen muss (näher § 95 Rz 2). Allgemein gelten für die Ermittlung der Vermögensverhältnisse die Verfahrensvorschriften der §§ 78 bis 133 (BFH BStBl 00, 366 zu § 93), also zB auch § 93 (s § 93 Rz 6).

11. Vollstreckung nicht steuerlicher Forderungen. Wenn die VollstrBehörden der FinVerw Forderungen anderer Verwaltungsträger vollstrecken (zB die HZÄ Forderungen der Sozialbehörden, s oben Rz 10, oder nach Landesrecht die FÄ die Forderungen anderer Behörden), dürfen sie nach § 249 II S 2 auch unter das StGeheimnis fallende Kenntnisse verwenden, die sie für die Vollstr von StForderungen haben. Verwendet werden dürfen aber nur bereits bekannte Daten oder Daten, die für etwaige parallel zu vollstreckende StForderungen ermittelt werden. Besondere Ermittlungen nach §§ 85 ff für die Vollstr der nicht steuerlichen Forderungen sind nicht zulässig. Ebenso wenig dürfen die bekannten unter das StGeheimnis fallenden Daten an andere als FinBeh für deren Zwecke weitergegeben werden, auch zwar dann nicht, wenn diese nach den Vorschriften der AO vollstrecken. 14

12. Rechtsschutz. Ist die VollstrMaßnahme als VA zu qualifizieren, ist sie mit dem Einspruch (§ 347 Rz 3, 6) anfechtbar. Dies gilt für die Pfändung und die Aufforderung zur Abgabe der eidesstattlichen Versicherung. Die Gewährung von vorläufigem Rechtsschutz erfolgt durch AdV (§ 361, § 69 FGO). Streitig ist, ob der Antrag auf Eintragung einer Sicherungshypothek beim Grundbuchamt als VA zu qualifizieren ist. Dies ist zu bejahen, wenn er die Bestätigung nach § 322 II 2 enthält (§ 118 Rz 42). Der Antrag auf Eröffnung des Insolvenzverfahrens ist nach hM kein VA (BFH/NV 11, 724), sodass Rechtsmittel die Leistungsklage auf Rücknahme des Antrags ist. Vorläufiger Rechtsschutz wird durch einstweilige Anordnung gewährt (*TK/Kruse* Rz 22 f). 15

§ 250 Vollstreckungsersuchen

(1) [1] **Soweit eine Vollstreckungsbehörde auf Ersuchen einer anderen Vollstreckungsbehörde Vollstreckungsmaßnahmen ausführt, tritt sie an die Stelle der anderen Vollstreckungsbehörde.** [2] **Für die Vollstreckbarkeit des Anspruchs bleibt die ersuchende Vollstreckungsbehörde verantwortlich.**

(2) [1] **Hält sich die ersuchte Vollstreckungsbehörde für unzuständig oder hält sie die Handlung, um die sie ersucht worden ist, für unzulässig, so teilt sie ihre Bedenken der ersuchenden Vollstreckungsbehörde mit.** [2] **Besteht diese auf der Ausführung des Ersuchens und lehnt die ersuchte Vollstreckungsbehörde die Ausführung ab, so entscheidet die Aufsichtsbehörde der ersuchten Vollstreckungsbehörde.**

1. Inhalt. § 250 ist lex specialis zu § 111 und regelt die **Amtshilfe** zwischen VollstrBehörden (Rz 3). Amtshilfe kann insbes dann notwendig werden, wenn der VollzBeamte der zuständigen VollstrBehörde außerhalb des Bezirks seiner Behörde tätig werden müsste. Nach § 250 I tritt die ersuchte VollstrBehörde an die Stelle der anderen VollstrBehörde. Die Frage, wer VollstrSchuldner ist und welche Voraussetzungen für die Zulässigkeit von VollstrMaßnahmen gelten, ist nach dem für die ersuchende Behörde geltenden Recht zu beurteilen. Für die Art und Weise der Vollstreckung ist die ersuchte Behörde verantwortlich (s auch § 114 I). 1

VollstrHilfe für Behörden anderer Staaten kann geleistet werden, wenn darüber Abkommen mit diesen Staaten bestehen (s Zusammenstellung bei *BG/Neumann* 2

Rz 16f; vgl BMF BStBl I 14, 188). Zu beachten ist auch das EU-Beitreibungsgesetz (s näher Vor § 249 Rz 5).

3 **2. Sonderfall der Amtshilfe.** Allgemeine Pflicht zur Amtshilfe ergibt sich aus Art 35 GG. Danach haben alle Behörden des Bundes und der Länder sich gegenseitig Amtshilfe zu leisten. § 250 gibt im Rahmen der Amtshilfe bei VollstrErsuchen die spezielle Ermächtigung. Die Bestimmung ist daher auch eine **Spezialvorschrift** ggü §§ 111ff. Auf die allgemeinen Regelungen der AO über die Amtshilfe kann daher nur zurückgegriffen werden, wenn sich aus § 250 keine Besonderheiten ergeben.

4 **3. Voraussetzungen der Amtshilfe.** § 250 sagt nichts darüber aus, in welchen Fällen ein FA oder HZA um Amtshilfe ersuchen kann. Insoweit gilt § 112 I. Die ersuchte VollstrBehörde kann die Amtshilfe nach Abs 2 S 1 ablehnen, wenn sie sich für unzuständig hält oder die Handlung, um die sie ersucht wird, für unzulässig hält. Darüber hinaus gelten die Einschränkungen des § 112 II, III (aA 13. Aufl). Danach braucht die ersuchte Behörde keine Amtshilfe leisten, wenn sie hierzu aus rechtlichen Gründen nicht in der Lage ist oder wenn eine andere Behörde die Amtshilfe einfacher oder mit wesentlich geringerem Aufwand leisten könnte. Die ersuchte Behörde kann die Amtshilfe außerdem ablehnen, wenn ihre VollstrBeamten ebenfalls außerhalb ihres Bezirks tätig werden müssten.

5 **4. Inhalt des Vollstreckungsersuchens.** Das VollstrErsuchen kann sich allgemein auf die Vollstreckung des VA durch die ersuchte Behörde richten, aber auch eine konkrete Maßnahme bezeichnen (Abschn 8 IV VollstrA). Es handelt sich um eine interne VerwMaßnahme und keinen VA (§ 118 Rz 42). Daher kann das VollstrErsuchen nicht mit dem Einspruch angefochten werden. Der VollstrSchuldner kann aber bereits gegen das VollstrErsuchen einen Antrag auf einstweilige Einstellung der Vollstr nach § 258 stellen, da es für die Anwendbarkeit des § 258 nicht darauf ankommt, ob das VollstrErsuchen selbständig anfechtbar ist (BFH/NV 87, 222).

6 **5. Negativer Kompetenzkonflikt.** Wenn sich eine ersuchte VollstrBehörde für unzuständig hält, die ersuchende Behörde aber die Zuständigkeit bejaht, entscheidet gem Abs 2 S 2 die Aufsichtsbehörde der ersuchten VollstrBehörde. Steht zweifelsfrei fest, dass für die Durchführung des VollstrErsuchens eine andere als die ersuchte VollstrBehörde zuständig ist, ist das VollstrErsuchen an diese weiterzugeben. Die ersuchende VollstrBehörde ist über die Abgabe zu unterrichten (Abschn 9 II VollstrA).

7 **6. Stellung der ersuchenden Behörde.** Die Einschaltung einer anderen VollstrBehörde im Wege der Amtshilfe ändert nichts an der Gläubigerstellung (BFH BStBl 84, 185; *TK/Kruse* Rz 15). Nach Abs 1 S 2 hat die ersuchte Behörde nicht zu prüfen, ob die Voraussetzungen für die Vollstreckbarkeit des VA gegeben sind. Die Verantwortung dafür bleibt bei der ersuchenden Behörde. Diese Regelung betrifft aber nur das **Innenverhältnis** zwischen den beiden Behörden. Der VollstrSchuldner kann sich folglich ggü der ersuchten Behörde auf das Fehlen eines Leistungsbescheids berufen (BFH BStBl 86, 731). Dies gilt auch für bei der Durchführung des VollstrErsuchens des FA erwachsende Ersatzansprüche Dritter. Diese sind nicht gegen die ersuchende, sondern gegen die ersuchte Behörde geltend zu machen (BFH/NV 88, 417).

8 **7. Stellung der ersuchten Behörde.** Die ersuchte Behörde ist danach voll **verantwortlich für die VollstrMaßnahmen,** die sie durchführt. Sie kann alle VollstrMaßnahmen vornehmen, die sie für erforderlich hält. Daher kann sie auch einen Antrag auf Durchsuchung stellen (FG SchlHol EFG 80, 372). Sie hat zwar nicht zu prüfen, ob die Voraussetzungen für den Beginn der Vollstr (§ 254) vorliegen. Zuständig wird sie aber für die Einstellung oder Beschränkung der Vollstr-

Maßnahmen (§ 257), um die sie ersucht worden ist. Etwaige Rechtsmittel gegen die von der ersuchten Behörde durchgeführten VollstrMaßnahmen sind folglich gegen die ersuchte Behörde zu richten, die zB auch Gegner einer Widerspruchsklage nach § 262 ist (*TK/Kruse* Rz 16).

8. Kosten der Amtshilfe. Die Kosten der Amtshilfe sind in § 115 geregelt (s daher näher Erläut dort). 9

§ 251 Vollstreckbare Verwaltungsakte

(1) [1]**Verwaltungsakte können vollstreckt werden, soweit nicht ihre Vollziehung ausgesetzt oder die Vollziehung durch Einlegung eines Rechtsbehelfs gehemmt ist (§ 361; § 69 der Finanzgerichtsordnung).** [2]**Einfuhr- und Ausfuhrabgabenbescheide können außerdem nur vollstreckt werden, soweit die Verpflichtung des Zollschuldners zur Abgabenentrichtung nicht ausgesetzt ist (Artikel 108 Absatz 3 des Zollkodex der Union).**

(2) [1]**Unberührt bleiben die Vorschriften der Insolvenzordnung sowie § 79 Abs. 2 des Bundesverfassungsgerichtsgesetzes.** [2]**Die Finanzbehörde ist berechtigt, in den Fällen des § 201 Abs. 2, §§ 257 und 308 Abs. 1 der Insolvenzordnung gegen den Schuldner im Verwaltungsweg zu vollstrecken.**

(3) **Macht die Finanzbehörde im Insolvenzverfahren einen Anspruch aus dem Steuerschuldverhältnis als Insolvenzforderung geltend, so stellt sie erforderlichenfalls die Insolvenzforderung durch schriftlichen Verwaltungsakt fest.**

Abs 1 Satz 2 angefügt durch StÄndG 2003 v 15.12.03 (BGBl I, 2645); Abs 1 geändert durch Art 2 des G v 22.12.14 (BGBl I, 2417) mWv 1.5.2016.

Übersicht

1. Inhalt. Abs 1 stellt klar, dass die **Vollstreckbarkeit eines VA** nicht von seiner formellen Bestandskraft, dh Unanfechtbarkeit abhängt. Danach wird die Vollziehung eines SteuerVA grds nicht durch die Einlegung eines außergerichtl Rechtsbehelfs oder die Erhebung einer Klage gehemmt (Ausnahme § 361 IV, § 69 V FGO Rechtsbehelf/Klage gegen die Untersagung des Gewerbebetriebs oder der Berufsausübung). Auch der Rechtsbehelf gegen die Aufforderung zur Abgabe der Vermögensauskunft hat keine die Vollstreckung aufschiebende Wirkung mehr (§ 284 VI 3). Einfuhr- und Ausfuhrabgabenbescheide können solange vollstreckt werden, bis die Verpflichtung des Zollschuldners zur Abgabenentrichtung nach Art 108 III UZK ausgesetzt ist. 1

Erst die AdV gem §§ 361, 69 FGO, Art 108 III UZK beseitigt die Vollstreckbarkeit (vgl BFH BStBl 05, 198). Nach Abschn 5 IV VollstrA sehen die FinBeh allerdings von der Vollstr ab, solange über einen Antrag auf AdV noch nicht entschieden worden ist und dieser nicht aussichtslos erscheint und offensichtlich nur 2 ein Hinausschieben der Vollstr bezwecken soll oder Gefahr im Verzuge ist. Einen Anspruch auf Unterlassen von VollstrMaßnahmen, allein weil ein Antrag auf AdV gestellt und darüber noch nicht entschieden worden ist, hat der BFH abgelehnt. Solange die Vollziehung eines VA nicht ausgesetzt ist, kann er vollstreckt werden (BFH BStBl 80, 399; BFH/NV 86, 138; 92, 156).

3 Abs 2 regelt den Vorrang der InsO und des § 79 II 2 BVerfGG. Aufgrund des VollstrVerbots des § 89 InsO ist eine Vollstreckung nach den Vorschriften des sechsten Teils der AO nach Eröffnung des Insolvenzverfahrens für StForderungen, die vor Eröffnung des Verfahrens begründet waren (Insolvenzforderungen), nicht mehr möglich. Nach Abschluss des Insolvenzverfahrens kann aber aus den Auszügen aus der Insolvenztabelle oder aus dem rechtskräftig bestätigten Insolvenzplan (s dazu Rz 35) iVm mit der Eintragung in die Tabelle oder im Verbraucherinsolvenzverfahren aus dem Schuldenbereinigungsplan wie aus vollstreckbaren Urteilen wieder nach der AO vollstreckt werden (vgl BFH/NV 01, 144). Das wird in Abs 2 S 2 klargestellt. Voraussetzung für die Vollstreckung aus der Insolvenztabelle oder aus dem rechtskräftig bestätigten Insolvenzplan ist allerdings nach §§ 201 II 1 und 257 I 1 InsO, dass die Forderung nicht vom Schuldner im Prüfungstermin bestritten oder der Widerspruch des Schuldners durch einen gegen ihn ergangenen StBescheid ausgeräumt worden ist (s dazu *Fett/Geißdorf* DStZ 01, 659).

Gemäß **§ 79 II 2 BVerfGG** ist die Vollstreckung aus einem bestandskräftigen VA, der auf einer vom BVerfG für nichtig erklärten Norm beruht, unzulässig (Rz 5).

4 **Abs 3** stellt klar, dass die FinBeh im Insolvenzverfahren den Steueranspruch als Insolvenzforderung durch schriftlichen VA feststellt, da der Erlass eines Steuerbescheids gem § 87 InsO ausgeschlossen ist. Erlässt die FinBeh nach Insolvenzeröffnung einen Steuerbescheid über eine Insolvenzforderung, ist dieser nichtig (BFH BStBl 03, 630; 04, 815).

5 **2. Ausschluss der Vollstreckung nach § 79 II 2 BVerfGG.** Unberührt von der Vollstr nach der AO bleibt gem § 251 II 1 die Regelung des § 79 II 2 BVerfGG anwendbar. Danach darf ein VA, der auf einer vom BVerfG für **nichtig erklärten Rechtsnorm** beruht, nicht vollstreckt werden. Diese Einschränkung der Vollstreckbarkeit gilt nicht nur, wenn die Nichtigkeit der Rechtsnorm vom BVerfG nach § 31 II BVerfGG mit Gesetzeskraft festgestellt worden ist, sondern – über den Wortlaut des § 251 II 1 hinaus – auch dann, wenn das BVerfG die Rechtsnorm für unvereinbar mit dem GG erklärt hat. Hält das BVerfG die Norm zwar für unvereinbar mit dem GG, ordnet es aber gleichzeitig eine Neuregelung für die Zukunft an, bleiben die VA, die Zeiträume vor dem Zeitpunkt der Neuregelung betreffen, weiter vollstreckbar (vgl dazu BFH BStBl 95, 42; BFH/NV 96, 284). Hält ein anderes Gericht eine Rechtsnorm, die nicht zum Zuständigkeitsbereich des BVerfG gehört (zB vorkonstitutionelles Recht, VerwVorschriften), für verfassungswidrig, können VA, die hierauf beruhen, aber nicht Gegenstand des gerichtl Verfahrens waren, weiter vollstreckt werden (*Frotscher* BB 76, 1659).

6 **3. Steuerforderungen im Insolvenzverfahren. a) Insolvenzantrag durch die FinBeh.** Das Insolvenzverfahren wird nach § 13 InsO nur auf Antrag eröffnet. Antragsberechtigt ist der Schuldner (Insolvenzschuldner) und jeder Gläubiger. Der **Insolvenzantrag** kann daher auch **von der FinBeh** wegen Steuerforderungen gestellt werden. Die FinBeh muss dazu nach § 14 InsO die StForderung und den Eröffnungsgrund (Zahlungsunfähigkeit oder bei juristischen Personen auch Überschuldung) glaubhaft machen (näher zu Form und Inhalt des Antrags AEAO zu § 251 und Abschn 58 VollstrA). Zur **Glaubhaftmachung der Steuerforderung** sind die StBescheide und ggf etwaige StAnmeldungen des Schuldners vorzulegen. Die Vorlage eines Kontoauszugs der FinBeh reicht nicht aus (BGH BFH/NV Beilage 07, 125: zu Ausnahmen von dem Gebot der Vorlage der StBescheide vgl BGH BFH/NV 09, 1951).

Ob der Insolvenzantrag gestellt wird, ist eine **Ermessensentscheidung** (BFH/NV 86, 41; 05, 1002; 07, 1270). Es gilt der allgemeine Grundsatz der Verhältnismäßigkeit (BGH BFH/NV 09, 1391 zu Insolvenzanträgen des FA wegen relativ geringfügiger StForderungen; vgl ferner Vor § 249 Rz 6). Ein Insolvenzantrag als für den Schuldner einschneidendste Maßnahme darf erst dann gestellt werden, wenn weniger belastende Maßnahmen der Einzelvollstr ausgeschöpft sind oder keine Aussicht auf Erfolg versprechen (BFH/NV 91, 787; FG Bln DStRE 06, 175). Die FinBeh ist aber nicht in jedem Fall verpflichtet, den Schuldner vor Stellung des Insolvenzantrags zur Vorlage eines Vermögensverzeichnisses nach § 284 I aufzufordern (BFH/NV 06, 900; 07, 1270). Das hängt vielmehr von den Umständen des Einzelfalls ab. Dies gilt auch für das Verlangen auf Abgabe einer eidesstattlichen Versicherung nach § 284 III (BFH/NV 07, 1270). Ermessensfehlerhaft ist ein Insolvenzantrag, wenn er nur der Existenzvernichtung des Stpfl oder lediglich als Druckmittel für die Abgabe von StErklärungen oder StAnmeldungen dient (BFH/NV 04, 464; 05, 1002 mwN) oder das FA davon ausgeht, dass der Antrag auf Eröffnung des Insolvenzverfahrens mangels Masse abgewiesen wird (BFH/NV 11, 2105; 13, 1267). Auch darf die FinBeh ernstliche Zweifel an der Rechtmäßigkeit der StFestsetzung nicht unbeachtet lassen (FG BaWü EFG 79, 4; FG Hess EFG 82, 419; *TK/Loose* Rz 19). Allerdings lässt die fehlende Bestandskraft einer StFestsetzung den Insolvenzantrag nicht von vornherein als ermessensfehlerhaft erscheinen (BFH/NV 05, 1002).

Der **Antrag der FinBeh** auf Eröffnung des Insolvenzverfahrens ist **kein VA** 7
(BFH/NV 16, 1586; § 118 Rz 42). Durch ihn wird – auch ggü dem Schuldner – keine Regelung getroffen, sondern die Eröffnung des Insolvenzverfahrens erstrebt. Der Insolvenzantrag ist eine Verfahrenshandlung wie der Antrag eines jeden anderen Gläubigers. Die Überprüfung der Ermessensausübung der FinBeh obliegt dem FG und nicht dem Insolvenzgericht (BFH/NV 11, 763, 1017, 2105; 07, 1270; 90, 710; FG RhPf EFG 87, 103; FG Mchn EFG 89, 237; FG Saarl EFG 04, 759, 1021; FG Köln DStRE 05, 298; FG Bln DStRE 06, 175; *TK/Loose* Rz 18; aA *Brockmeyer* in der 11. Aufl; *Lippros* DB 85, 2482; 86, 991; vgl auch Erläut zu § 118 Rz 36; gegen die Zulässigkeit des Finanzrechtswegs überhaupt *Kalmes* BB 89, 818; *Fu* DStR 10, 1411). Die Rücknahme des Insolvenzantrags durch das FA ist durch **Leistungsklage** zu verfolgen. Es bedarf keines Verwaltungsvorverfahrens nach § 44 FGO, da dem Insolvenzantrag der verbindliche Regelungscharakter eines VA fehlt. **Vorläufiger Rechtsschutz** kann nach § 114 FGO und nicht durch AdV erlangt werden (BFH/NV 11, 763, 1017, 2104; 16, 1586; *TK/Loose* Rz 22). Für die einstweilige Anordnung ist ein Anordnungsanspruch Voraussetzung. Hierzu muss dargelegt und glaubhaft gemacht werden, dass die FinBeh bei der Entscheidung über die Stellung des Insolvenzantrages ermessensfehlerhaft gehandelt hat (*Trossen* DStZ 01, 877; vgl auch BFH/NV 11, 76; FG Hbg EFG 11, 1400). Außerdem muss ein Anordnungsgrund gegeben sein. Dies setzt voraus, dass dem VollstrSchuldner das Abwarten der Entscheidung über ein Rechtsmittel gegen den Antrag oder der Entscheidung des Insolvenzgerichts über den Antrag nicht zumutbar ist. Zudem muss die wirtschaftliche oder persönliche Existenz des Betroffenen durch die Ablehnung der beantragten Maßnahme unmittelbar bedroht sein (vgl BFH/NV 89, 529; 90, 76; 16, 1586). Mit der Eröffnung des Insolvenzverfahrens oder der Abweisung des Antrags mangels Masse wird die Klage auf Rücknahme des Insolvenzantrags unzulässig, da nach § 13 II InsO der Insolvenzantrag ab diesem Zeitpunkt nicht mehr zurückgenommen werden kann (BFH/NV 11, 1017; 10, 1122). Der StSchuldner hat außerdem die Möglichkeit, sich vor dem Insolvenzgericht gegen den Antrag zu wehren (eingehend dazu *Fu* DStR 10, 1411, der allerdings – entgegen der Auffassung des BFH – den Finanzrechtsweg überhaupt nicht als eröffnet ansieht).

Nach der Eröffnung des Insolvenzverfahrens ist gegen den Eröffnungsbeschluss des Insolvenzgerichts nur noch die sofortige Beschwerde gem § 34 II InsO gegeben.

8 Ein ohne Insolvenzgrund gestellter Insolvenzantrag kann eine **Amtspflichtverletzung** iSv § 839 BGB sein (BGH NJW 90, 2675).

9 **b) Wirkungen der Insolvenzeröffnung.** Die Eröffnung des Insolvenzverfahrens hat tiefgreifende **Auswirkungen auf das Besteuerungsverfahren.** Nach § 251 II 1 AO tritt das stl Verfahrensrecht hinter das Insolvenzrecht zurück. Gem § 87 InsO kann die FinBeh als **Insolvenzgläubiger** ihre Forderungen nur noch nach den Vorschriften über das Insolvenzverfahren verfolgen, dh zur Tabelle anmelden (§ 174 I 1 InsO; Rz 25). Sie kann danach StAnsprüche, die als Insolvenzforderungen vor der Eröffnung des Insolvenzverfahrens begründet wurden, nicht mehr durch StBescheide geltend machen, sondern nur durch schriftlichen VA feststellen (§ 251 III) und dann zur Tabelle anmelden. Der Erlass eines StBescheids ist nichtig (BFH BStBl 03, 630). Der Schuldner ist prozessführungsbefugt, wenn sich ein solcher Bescheid gegen ihn persönlich richtet (BFH/NV 13, 82). Das Verbot gilt auch für Feststellungsbescheide wie zB GewSt-Messbescheide, in denen Besteuerungsgrundlagen ausschl zu dem Zweck ermittelt und festgestellt werden, um Steuerforderungen zur Insolvenztabelle anmelden zu können (BFH BStBl 98, 428; 03, 630; vgl auch § 179 Rz 6). Fehlt eine solche abstrakte Eignung, ist der Erlass von (Feststellungs-)Bescheiden weiterhin möglich (BFH/NV 09, 719). Deshalb kann bei der Insolvenz der Personengesellschaft weiterhin ein Bescheid über die Gewinnfeststellung zur Besteuerung der Gesellschafter (BFH BStBl 93, 265; 95, 194; BFH/NV 95, 663; 15, 470), ein Bescheid über eine USt-Erstattung (BFH BStBl 10, 11) oder ein Null-Bescheid ergehen (zur KSt: BFH/NV 09, 719; vgl auch FG Mchn EFG 10, 379).

Dagegen sind **Masseforderungen** ggü dem Insolvenzverwalter und Forderungen, die durch eine frei gegebene selbständige Tätigkeit des Schuldners begründet wurden **(insolvenzfreie Forderungen),** ggü dem Schuldner durch Steuerbescheid geltend zu machen, da für diese Forderungen die Einschränkungen des §§ 251 II 1, 87 InsO nicht gelten.

10 Mit der Eröffnung des Insolvenzverfahrens beginnt ein neues Geschäftsjahr (§ 155 II InsO). Jedoch wird der **VZ nicht unterbrochen,** sondern bleibt das Kalenderjahr. Die Steuerschuld entsteht als einheitlicher Steueranspruch, der nur zum Zwecke der Geltendmachung (als insolvenzfreie Forderung, Insolvenz- oder Masseforderung) aufzuteilen ist, Rz 14 (BFH/NV 94, 477). Es wird für jede Vermögensmasse (Insolvenzmasse unterschieden nach Insolvenz- und Masseforderungen und den Neuerwerb bei Freigabe) eine eigene StNummer erteilt.

11 Das Recht, das zur Insolvenzmasse gehörende Vermögen zu verwalten und über es zu verfügen, geht nach § 80 I InsO auf den **Insolvenzverwalter** über. Dieser hat nach § 34 I, III die steuerlichen Pflichten des Insolvenzschuldners zu erfüllen, soweit sie sich auf die Masse beziehen (vgl auch § 34 Rz 22). Zu den Verwaltungsrechten, die auf den Insolvenzverwalter übergehen, gehört in der Insolvenz eines Ehegatten auch das Wahlrecht nach § 26 II EStG auf Zusammenveranlagung oder getrennte Veranlagung (BGH DStR 07, 1411). Bei der Insolvenz einer PersGes besteht jedoch keine Pflicht des Insolvenzverwalters zur Abgabe von Erklärungen zur einheitlichen und gesonderten Gewinnfeststellung, da dies zu den insolvenzfreien Angelegenheiten der Gesellschaft gehört (BFH BStBl 93, 265). Ansonsten hat der Insolvenzverwalter nach § 155 I 2 InsO die handels- und steuerrechtlichen Buchführungspflichten zu erfüllen. Dies gilt sowohl für den Zeitraum vor als auch nach der Eröffnung des Insolvenzverfahrens, sodass er unrichtige und unvollständige StErklärungen des Insolvenzschuldners zu berichtigen hat (§ 153 I). Beantragt der Insolvenzverwalter beim FA die Erteilung eines Kontoauszugs, hat er substantiiert darzulegen, aus welchen Gründen er Auskunft begehrt und dass das Auskunftsbegehren auf dem StRechtsverhältnis und nicht allein auf dem Verdacht anfechtbarer Zahlungen auf Steuerschulden beruht (BFH BStBl 13, 639).

Der **Schuldner** ist auch nach der Eröffnung des Insolvenzverfahrens zur Mitwirkung (§ 90) und Auskunft (§ 93) verpflichtet. Zur weiterhin bestehenden StSchuldnerschaft des Insolvenzschuldners vgl Erläut zu § 43. 12

Rechtsbehelfs- und Klageverfahren (vgl § 363 Rz 2), sowie Rechtsbehelfsfristen werden **unterbrochen** (§ 240 ZPO). Die Unterbrechung tritt auch bei Eröffnung des Insolvenzverfahrens durch ein ausl Insolvenzgericht ein (§ 352 InsO). Dies gilt auch bei der Bestellung eines vorläufigen Insolvenzverwalters, wenn die Verwaltungs- und Verfügungsbefugnis über das Vermögen des Schuldners auf den vorläufigen Insolvenzverwalter übergeht (§ 22 I InsO). Die bloße Anordnung eines Zustimmungsvorbehalts nach § 21 II Nr 2 Alternative 2 InsO durch das Insolvenzgericht reicht jedoch nicht aus (BFH/NV 00, 734; 08, 818, 1190). 13

c) Geltendmachung von Steueransprüchen im Insolvenzverfahren. Es ist bei der Geltendmachung von Steueransprüchen im Insolvenzverfahren danach zu unterscheiden, ob es sich um insolvenzfreie Forderungen (Geltendmachung durch StBescheid gegen Insolvenzschuldner), Insolvenzforderungen (Anmeldung zur Tabelle und Vollstreckungsverbot nach § 87 InsO) oder um Masseforderungen (Geltendmachung durch StBescheid gegen Insolvenzverwalter) handelt. 14

aa) Insolvenzfreie Forderungen. Einkünfte sind insolvenzfrei, wenn der Insolvenzverwalter die **selbständige oder beabsichtigt selbständige Tätigkeit des Schuldners** nach § 35 II InsO **frei gegeben hat.** Der BFH interpretiert den Wortlaut des Gesetzes dahingehend, dass zu unterscheiden ist zwischen der Freigabe der selbständigen Tätigkeit und der Freigabe des Betriebsvermögens, mit dem die Einkünfte erzielt werden. Danach ist die Kfz-Steuer nur dann eine Verbindlichkeit des Schuldners aus einer frei gegebenen selbständigen Tätigkeit, wenn der Insolvenzverwalter explizit auch eine echte Freigabe des Fahrzeugs erklärt hat. Hierdurch wird das Fahrzeug aus der Insolvenzmasse entlassen und fällt in das insolvenzfreie Schuldnervermögen zurück. Die Kfz-Steuer ist in diesem Fall auch dann gegen den Schuldner und nicht gegen den Insolvenzverwalter festzusetzen, wenn der Insolvenzverwalter noch Halter des Kfz ist, da allein maßgebend ist, ob das Kfz Teil der Insolvenzmasse ist (BFH BStBl 12, 149; BFH/NV 15, 240). Neben der Freigabe beruht eine Steuerforderung auch dann auf insolvenzfreiem Vermögen, wenn die vom Schuldner im Rahmen seiner unternehmerischen Tätigkeit begründeten Einkünfte und Umsätze nicht im Wesentlichen auf der Nutzung von Massegegenständen, sondern von nach § 36 InsO, § 811 Nr 5 ZPO **unpfändbaren und somit insolvenzfreien Gegenständen** beruht. In diesem Fall handelt es sich nicht um die Verwertung von Massegegenständen iSd § 55 I Nr 1 InsO, sondern um die nicht in die Insolvenzmasse fallende Verwertung der eigenen Arbeitskraft des Schuldners (zur USt BFH/NV 10, 1568; zur Kfz-Steuer BStBl 11, 944). 15

Steuern, die auf der insolvenzfreien Tätigkeit beruhen, sind **außerhalb des Insolvenzverfahrens** gegenüber dem Insolvenzschuldner durch Steuerbescheid geltend zu machen. Die Beschränkungen der §§ 251 II 1, 87 InsO gelten nicht. Es handelt sich bei der Steuer weder um eine Masseverbindlichkeit, da sie nicht auf Handlungen des Insolvenzverwalters oder in sonstiger Weise auf der Verwaltung, Verwertung und Verteilung der Insolvenzmasse beruht (§ 55 I InsO, vgl BFH BStBl 05, 848), noch um eine Insolvenzforderung, da die Forderung erst nach Insolvenzeröffnung begründet worden ist. 16

Steuererstattungen, die sich aus der freigegebenen unternehmerischen Tätigkeit ergeben, fallen nicht in die Masse, da sie abweichend von der Grundregel des § 35 I InsO nicht vom Insolvenzbeschlag erfasst sind (vgl aber Rz 18). Das FA kann gegen diese Erstattungsansprüche mit Insolvenzforderungen aufrechnen. Die InsO statuiert kein allgemeines Verbot, Ansprüche, die zum insolvenzfreien Vermögen gehören, gegen Insolvenzforderungen aufzurechnen (BFH BStBl 11, 336; 15, 561). Das Aufrechnungsverbot des § 96 InsO greift nicht, da das FA nach der Freigabe nichts zur Masse schuldig geworden ist. Auch die Pfändungsschutzvorschriften der ZPO stehen einer Aufrechnung nicht entgegen (BFH/NV 13, 712).

17 **bb) Masseverbindlichkeiten.** Abgabeforderungen sind Masseforderungen, wenn sie nach der Insolvenzeröffnung **durch Handlungen des Insolvenzverwalters** oder in anderer Weise durch die Verwaltung, Verwertung und Verteilung der Insolvenzmasse (§ 55 I Nr 1 InsO) begründet wurden. Dies gilt auch für Steuerverbindlichkeiten, die von einem **vorläufigen Insolvenzverwalter** oder vom Schuldner mit Zustimmung eines vorläufigen Insolvenzverwalters (§ 55 IV) begründet wurden. Entscheidend für die Qualifizierung eines Steueranspruchs als Insolvenz- oder Masseforderung ist nicht die Entstehung der Steuer, sondern die Verwirklichung des Besteuerungstatbestands durch den (vorläufigen) Insolvenzverwalter.

Masseverbindlichkeiten sind danach zB die **nach Eröffnung des Insolvenzverfahrens** von dem Insolvenzverwalter begründete **Einkommensteuer,** die auf der Verwertung (Aufdeckung stiller Reserven; BFH BStBl 13, 759) oder Verwaltung der Masse (Erfüllung von Verträgen) beruht. Gelangt pfändbarer Arbeitslohn des Insolvenzschuldners als Neuerwerb zur Insolvenzmasse, liegt darin keine Verwaltung der Insolvenzmasse iSd § 55 I Nr 1 InsO, sodass die auf die Lohneinkünfte zu zahlende Einkommensteuer keine Masseverbindlichkeit ist (BFH BStBl 11, 520). Dies gilt auch bei der Zusammenveranlagung hinsichtlich der Einkünfte des nicht insolventen Ehegatten. Das Insolvenzverfahren über das Vermögen einer Personengesellschaft unterbricht das **Gewinnfeststellungsverfahren** nicht, da dieses die steuerlichen Verhältnisse der Gesellschafter und nicht der Gesellschaft betrifft (BStBl 92, 508). Die Zuordnung der aus Gewinnanteilen aus einer Mitunternehmerschaft resultierenden EStSchuld zu den insolvenzrechtlichen Forderungskategorien (Insolvenzforderung, Masseverbindlichkeit, insolvenzfreies Vermögen) betrifft bei der Insolvenz des Gesellschafters die EStFestsetzung und nicht die Gewinnfeststellung (BFH BStBl 16, 848). Für die **Körperschaftsteuer** ist nach § 11 KStG Besteuerungszeitraum der Liquidationszeitraum, der drei Jahre nicht übersteigen soll. Veranlagungszeitraum ist somit nicht mehr das Kalenderjahr, sondern der Abwicklungszeitraum. Liquidationsgewinn ist der Gewinn zwischen dem Abwicklungsend- und -anfangsvermögen (§ 11 II 2 KStG), der vornehmlich aus der Auflösung der stillen Reserven nach Insolvenzeröffnung begründet wird und somit Masseverbindlichkeit ist.

18 Hinsichtlich der **Umsatzsteuer** zählt zu den Masseverbindlichkeiten die USt, die durch die Verwertung der Insolvenzmasse begründet wird, soweit der Erlös zur Masse gelangt (BFH BStBl 84, 602; BFH/NV 94, 477). Hierzu zählt auch die USt aus der Erfüllung von Verträgen nach § 103 InsO und die vom Insolvenzverwalter vereinnahmte USt aus Umsätzen vor Eröffnung des Insolvenzverfahrens, unabhängig davon, ob Ist- (BFH BStBl 09, 682) oder Sollversteuerung (BFH BStBl 11, 996) vorliegt. Masseforderung ist nach § 55 IV InsO auch die Umsatzsteuer aus Entgelten, die vom vorläufigen Insolvenzverwalter vereinnahmt werden (BFH BStBl 15, 506). Wird die USt durch den Schuldner aufgrund der nach § 35 II InsO frei gegebene Tätigkeit oder der Nutzung freigegebener oder nach § 811 ZPO unpfändbarer Gegenstände begründet, handelt es sich nicht um eine Masseverbindlichkeit (BFH BStBl 05, 848; BFH/NV 10, 1568); Schuldner der USt ist in diesen Fällen der Insolvenzschuldner und nicht der Insolvenzverwalter (Rz 16). Jedoch fällt ein Umsatzsteuervergütungsanspruch, der durch den Einsatz pfändungsfreier Gegenstände begründet worden ist, in die Insolvenzmasse, wenn der Insolvenzverwalter nicht die gesamte unternehmerische Tätigkeit mit allen Aktiva und Passiva frei gegeben hat (BFH/NV 11, 647; vgl aber Rz 16). Zu den Masseverbindlichkeiten zählt auch die Vorsteuerberichtigung nach § 15a UStG, soweit sie durch eine Handeln des Insolvenzverwalters ausgelöst wird (BFH BStBl 12, 466; 11, 1000). USt, die auf einer Berichtigung nach § 17 UStG beruht, ist Masseforderung, wenn der Berichtigungstatbestand nach der Eröffnung des Insolvenzverfahrens verwirklicht worden ist (BFH BStBl 13, 36). Dies betrifft insbes die Ver-

einnahmung von zuvor durch die Bestellung eines vorläufigen Insolvenzverwalters uneinbringlich gewordener Entgelte. Die Entgeltvereinnahmung führt zu einer zweiten Berichtigung des StBetrags nach § 17 UStG und ist eine Masseverbindlichkeit (BFH BStBl 15, 506). Masseverbindlichkeiten sind auch die **GewSt,** die durch die Weiterführung des Gewerbebetriebs durch den Insolvenzverwalter begründet wird, **Lohnsteuer** auf die nach der Eröffnung des Insolvenzverfahrens vom Insolvenzverwalter ausgezahlten Arbeitslöhne (BFH BStBl 75, 621) und die **KfzSt** ab der Verfahrenseröffnung, wenn keine Freigabe des Kfz durch den Insolvenzverwalter erfolgt ist und das Kfz nicht zu den nach § 36 InsO, § 811 Nr 5 ZPO unpfändbaren und somit insolvenzfreien Gegenständen gehört (BFH BStBl 12, 149), Rz 15. **Erbschaftsteuer** auf Erwerbe des Insolvenzschuldners nach Insolvenzeröffnung ist Masseverbindlichkeit und gegen den Insolvenzverwalter festzusetzen (BFH BStBl 17, 971).

Die Verwertung von Gegenständen aus der Insolvenzmasse, die einem **Absonderungsrecht eines Gläubigers** unterliegen, erfolgt als Teil des Insolvenzverfahrens durch den Insolvenzverwalter (§§ 165 ff InsO). Die dadurch begründeten Steuerforderungen sind daher Masseverbindlichkeiten. Führt die Verwertung zu einer Belastung der Masse mit Umsatzsteuer, ist der Betrag dem Gläubiger in Rechnung zu stellen (§ 171 II 3 InsO). Dies gilt auch dann, wenn der Gläubiger eine bewegliche Absonderungssache in Besitz hat und diese selbst verwertet (§ 170 II InsO). Die dadurch entstehenden Steuerforderungen sind nach § 55 I Nr 1 InsO Masseverbindlichkeiten. Zu beachten ist, dass die StSchuldnerschaft des Leistungsempfängers bei der Lieferung sicherungsübereigneter Gegenstände nicht für Lieferungen im Rahmen des Insolvenzverfahrens gilt (§ 13b II Nr 2, V UStG). 19

Säumniszuschläge auf Steuerforderungen, die zu den Masseforderungen gehören, sind ebenfalls Masseforderungen, da sie durch den Insolvenzverwalter verwirklicht werden (vgl § 55 InsO). 20

Masseforderungen sind durch Steuerbescheid ggü dem Insolvenzverwalter geltend zu machen (BFH BStBl 12, 256; 16, 848), da die Einschränkung der §§ 251 II 1 AO, 87 InsO für Masseforderungen nicht gelten. Der Steuerbescheid ist nicht deshalb rechtswidrig, weil das FA die Forderung auch zur Insolvenztabelle angemeldet hat (BFH BStBl 17, 971). Die Masseverbindlichkeiten sind aus der Insolvenzmasse vorweg zu berichtigen (§ 53 InsO). Hierfür hat der Insolvenzverwalter nach § 34 zu sorgen. Er haftet gem § 69 persönlich für die Erfüllung der Steuerschuld (BGH NJW 89, 303). 21

Wegen der Masseforderungen kann das FA **in die Insolvenzmasse vollstrecken.** Ist die Verbindlichkeit nicht durch eine Rechtshandlung des Insolvenzverwalters begründet worden, ist die Vollstreckung jedoch für die Dauer von sechs Monaten seit der Eröffnung des Insolvenzverfahrens unzulässig (§ 90 InsO). Eine Vollstreckung des FA als Massegläubiger in die Insolvenzmasse ist ferner unzulässig, sobald der Insolvenzverwalter deren Unzulänglichkeit zur Befriedigung der Massegläubiger angezeigt hat (§ 210 InsO). Dies gilt nach § 210 InsO iVm § 209 I Nr 3 InsO nur für solche Masseverbindlichkeiten, die vor der Anzeige der Masseunzulänglichkeit entstanden sind (vgl BFH BStBl 08, 322). Das Vollstreckungsverbot ändert iÜ nichts daran, dass über solche Masseverbindlichkeiten Steuerbescheide gegen den Insolvenzverwalter erlassen werden können (BFH BStBl 08, 322). 22

cc) Insolvenzforderungen. Insolvenzforderungen sind nach § 38 InsO Forderungen, die **zur Zeit der Eröffnung des Insolvenzverfahrens bereits insolvenzrechtl begründet** waren. Auf die stl Entstehung der Forderung und deren Fälligkeit kommt es nicht an. Entscheidend ist, wann der Rechtsgrund für den Anspruch gelegt wurde, dh der gesetzliche Besteuerungstatbestand verwirklicht wurde. Wurde der die Forderung begründende Tatbestand bereits vor der Insolvenzeröffnung vollständig abgeschlossen, handelt es sich um eine Insolvenzforderung (BFH BStBl 87, 226; 87, 741; 13, 36). Ist die Steuerforderung im Zeitpunkt der Eröffnung des Insolvenzverfahrens noch nicht gem § 38 entstanden, ist nur die 23 zum Zeitpunkt der Eröffnung des Insolvenzverfahrens bereits begründete Teilforderung Insolvenzforderung (zB Eröffnung während des ESt-VZ). Allein **zum Zweck der Geltendmachung des Steueranspruchs als Insolvenzforderung** ist zB die einheitliche EStSchuld (ggf nach § 162) entweder nach dem Verhältnis der Teileinkünfte oder im Wege einer fiktiven Veranlagung für die Zeit vor und nach Eröffnung des Insolvenzverfahrens aufzuteilen (BFH/NV 94, 477; 96, 117). Eine Ausnahme gilt nach § 55 IV InsO für Forderungen, die durch den vorläufigen Insolvenzverwalter bereits vor Insolvenzeröffnung begründet wurden; bei diesen handelt es sich um Masseverbindlichkeiten (Rz 17). Zur Abgrenzung von Insolvenz- und Masseforderungen bei den einzelnen Steuerarten s AEAO zu § 251 Nr 9, Rz 17 f.

24 **Zu den nachrangigen Insolvenzforderungen** gehören die seit der Eröffnung des Insolvenzverfahrens für die Insolvenzforderungen laufenden Zinsen und Säumniszuschläge (AEAO zu § 251 Nr 5.1; vgl auch BFH BStBl 03, 901 und Erläut zu § 240 Rz 49). Sie werden im Rang nach den zuvor behandelten Insolvenzforderungen berichtigt (§ 39 InsO) und sind nur zur Insolvenztabelle anzumelden, soweit das Insolvenzgericht besonders zur Anmeldung auffordert (§ 174 III InsO).

25 Die bei Eröffnung des Insolvenzverfahrens begründeten Steuerforderungen sind als Insolvenzforderungen gem § 87 InsO schriftlich beim Insolvenzverwalter **zur Insolvenztabelle anzumelden.** Der Anmeldung sind Kopien der Steuerbescheide und Steuerberechnungen beizufügen (§ 174 InsO). Die angemeldeten Forderungen werden im Prüfungstermin geprüft (§ 176 InsO). Widerspricht weder der Insolvenzverwalter noch ein Insolvenzgläubiger der angemeldeten Forderung oder wird ein erhobener Widerspruch beseitigt, gilt die Forderung gem § 178 I InsO als festgestellt. Ein Widerspruch des Schuldners steht der Feststellung nicht entgegen. Die **Eintragung in die Tabelle** wirkt für die festgestellte Forderung nach § 178 III InsO wie ein rechtskräftiges Urteil und kann bei Ansprüchen aus dem Steuerschuldverhältnis (§ 38 II) nur unter den Voraussetzungen des § 130 geändert werden (BFH BStBl 12, 298; BFH/NV 12, 711). Ein Vollstreckung aus der Tabelle ist jedoch ausgeschlossen, wenn der Schuldner der Forderung widersprochen hat (§ 201 II InsO, AEAO zu § 251 Nr. 5.3.2). Mit der Feststellung ist das Besteuerungsverfahren – ggf auch das Rechtsbehelfsverfahren- nicht jedoch ein finanzgerichtliches Verfahren beendet, auch wenn der Rechtsstreit in der Hauptsache erledigt ist (BFH BStBl 13, 585).

26 Wird die von der FinBeh zur Tabelle **angemeldete Forderung vom Insolvenzverwalter bestritten,** kann die Feststellung zur Tabelle nur erfolgen, wenn der Widerspruch beseitigt wird. Diesbzgl kommt es darauf an, ob der Steueranspruch zum Zeitpunkt der Eröffnung des Insolvenzverfahrens bereits begründet, aber (1) noch nicht festgesetzt worden war, (2) die Festsetzung der Steuer bereits erfolgt, aber unanfechtbar war, (3) die Festsetzung anfechtbar, aber noch nicht angefochten worden war oder ein (4) Einspruchs- oder (5) Klageverfahren anhängig war.

27 **(1)** War der Steueranspruch zum Zeitpunkt der Eröffnung des Insolvenzverfahrens schon begründet (Rz 23), aber **noch nicht festgesetzt worden,** hat die FinBeh im Falle des Bestreitens durch den Insolvenzverwalter den als Insolvenzforderung geltend gemachten Anspruch nach § 185 InsO iVm § 251 III 3 AO durch schriftlichen VA festzustellen (BFH BStBl 05, 591). Die Feststellung ist kein Steuerbescheid, sondern ein **sonstiger VA.** Er kann mit den Rechtsmitteln der AO und der FGO angefochten werden und nach Bestandskraft ausschl nach §§ 129–131 korrigiert werden (BFH/NV 13, 906). Wird der Bescheid unanfechtbar, wirkt er wie eine rechtskräftige Entscheidung des FG über das Bestehen des Steueranspruchs ggü dem Insolvenzverwalter und anderen Gläubigern und führt zur Beseitigung des Widerspruchs und Berichtigung der Tabelle (§ 183 I InsO; BFH BStBl 17, 755).

28 **(2)** Ist die Insolvenzforderung bereits vor der Eröffnung des Insolvenzverfahrens **bestandskräftig festgesetzt geworden,** hat der Insolvenzverwalter nur noch die

verfahrensrechtlichen Möglichkeiten, die auch der Insolvenzschuldner ohne die Eröffnung des Insolvenzverfahrens noch gehabt hätte. Danach kann nur noch Antrag auf Wiedereinsetzung in den vorigen Stand oder auf Änderung nach den §§ 172ff AO beantragt oder die Nichtigkeit (§ 125) geltend gemacht werden (*Gundlach/Frenzel/Schmidt* DStR 02, 406). Widerspricht der Insolvenzverwalter trotzdem der Forderung oder behauptet er die Unwirksamkeit der Forderungsanmeldung, ist das FA berechtigt, das Bestehen der angemeldeten Forderung durch Bescheid nach § 251 III festzustellen. Im Rahmen dieser Feststellung ist die Begründetheit des vom Insolvenzverwalter erhobenen Widerspruchs zu prüfen (BFH BStBl 10, 562).

(3) War der Bescheid bei Eröffnung des Insolvenzverfahrens **noch nicht bestandskräftig und noch nicht angefochten,** wird der Lauf der Rechtsbehelfsfrist entsprechend §§ 240, 249 ZPO unterbrochen (vgl § 363 Rz 2). Die FinBeh kann das Verfahren aufnehmen (AEAO zu § 251 Nr 5.3.1.2.1) oder der Bestreitende kann Einspruch gegen den Bescheid einlegen (BFH BStBl 03, 779; 05, 591; *Gundlach/Frenzel/Schmidt* aaO). Mit der Aufnahme des Verfahrens durch die FinBeh beginnt die Rechtsbehelfsfrist erneut zu laufen. 29

(4) War das **Einspruchsverfahren** bei der Insolvenzeröffnung schon anhängig, so wird das Rechtsbehelfsverfahren durch die Insolvenzeröffnung unterbrochen. Zwar enthält die AO darüber keine Regelung. Nach hM ist insoweit § 240 ZPO entspr anwendbar (§ 363 Rz 2). Das Verfahren kann sowohl vom Insolvenzverwalter analog § 180 II InsO als auch von der FinBeh ggü dem Insolvenzverwalter oder nach § 184 I 2 InsO ggü dem Insolvenzschuldner aufgenommen werden (BFH BStBl 08, 790). Die Einspruchsentscheidung ersetzt den Feststellungsbescheid iSd § 251 III (BFH/NV 13, 773). Sie ergeht ggü dem Schuldner als Verfahrensbeteiligtem (*TK/Loose* Rz 50; *Bartone* AO-StB 04, 143). 30

(5) Ein bei Eröffnung des Insolvenzverfahrens **anhängiges Klageverfahren** wird unterbrochen, bis es nach den für das Insolvenzverfahren geltenden Vorschriften aufgenommen wird oder das Insolvenzverfahren beendet wird (§ 240 S 1 ZPO). Gleichwohl vorgenommene Verfahrensverhandlungen bzw Urteile sind unwirksam (BFH/NV 04, 366). Bestreitet der Insolvenzverwalter die von der FinBeh angemeldete Insolvenzforderung, obliegt es ihm nach § 179 II InsO den Widerspruch zu verfolgen, dh den Rechtsstreit aufzunehmen. Aber auch die FinBeh ist nach §§ 180 II, 185 InsO berechtigt, die Feststellung der Forderung durch Aufnahme des Rechtsstreits ggü dem Insolvenzverwalter zu betreiben. Bestreitet allein der Schuldner das Bestehen der Insolvenzforderung, kann die FinBeh das Verfahren auch ggü dem Insolvenzschuldner aufnehmen (§ 184 I InsO). Der widersprechende Schuldner selbst kann mangels Rechtsschutzbedürfnisses das Verfahren nicht aufnehmen (BFH BStBl 06, 573). Bei der Aufnahme des Klageverfahrens durch die FinBeh zur Beseitigung des Widerspruchs handelt es sich um einen **Passivprozess.** Dieser unterscheidet sich vom Aktivprozess dadurch, dass bei einem Erfolg der Klage nicht die Masse vergrößert wird, sondern Ansprüche gegen die Masse abgewehrt werden (*TK/Loose* Rz 52). Zwar wird das Klageverfahren in dem Stand weitergeführt, in dem es sich vor der Unterbrechung befand (§ 180 II InsO). Das Anfechtungsverfahren verwandelt sich jedoch in ein Feststellungsverfahren. Nimmt die FinBeh das Verfahren auf, ändern sich die Rollen der am Rechtsstreit Beteiligten. Die FinBeh wird Klägerin des Verfahrens und der Insolvenzverwalter zum Beklagten (BFH BStBl 08, 790; 17, 755; BFH/NV 16, 65). Der Antrag der FinBeh lautet auf Feststellung der angemeldeten Forderung zur Insolvenztabelle. Die Klage ist mangels Feststellungsinteresse des FA jedoch unzulässig, wenn der Feststellungsbescheid gem § 251 III unanfechtbar geworden ist (BFH BStBl 17, 755). 31

4. Insolvenzplanverfahren. In einem Insolvenzplan, der vom Insolvenzverwalter oder vom Schuldner eingebracht werden kann, können die Folgen der Insolvenz abweichend von den Regelungen der InsO geregelt werden (§§ 217ff 32

InsO). Er kommt zustande, wenn das Insolvenzgericht den Plan nicht gem § 231 InsO zurückweist, die erforderliche Mehrheit der Gläubiger (s dazu § 244 InsO) zustimmt und der Insolvenzschuldner nicht oder nicht wirksam widerspricht (s dazu § 247 InsO).

33 Die Entscheidung über die Zustimmung oder Ablehnung zu einem Insolvenzplan steht im **Ermessen der FinBeh** (*TK/Loose* Rz 109). Nach VollstrA Abschn 61 sind für die Zustimmung zum Insolvenzplan wirtschaftliche Gesichtspunkte maßgebend. Eine Zustimmung kommt regelmäßig nicht in Betracht, wenn aufgrund des bisherigen Verhaltens nicht mit der ordnungsgemäßen Erfüllung steuerlicher Pflichten zu rechnen ist, die Planvereinbarungen nicht eingehalten werden oder die FinBeh durch den Insolvenzplan schlechter gestellt wird, als sie bei Fortführung des Insolvenzverfahrens gestellt würde. Dies muss nach § 251 II InsO von der FinBeh aber glaubhaft gemacht werden. Außerdem setzt der Antrag auf Versagung der Bestätigung des Insolvenzplans nach § 251 I Nr 1 InsO voraus, dass dem Insolvenzplan spätestens im Abstimmungstermin schriftlich oder zu Protokoll der Geschäftstelle des Insolvenzgerichts widersprochen wird. Die Erteilung der Zustimmung zur Umwandlung von Steuerforderungen in Anteils- oder Mitgliedschaftsrechte („Debt-Equity-Swap") nach § 225a InsO ist regelmäßig ausgeschlossen, da die unternehmerische Betätigung des Bundes und der Länder auf die Verfolgung von wichtigen Interessen beschränkt ist (AEAO zu § 251 Nr 11).

34 Die **Zustimmung** der FinBeh zum Insolvenzplan ist **kein VA,** da diese keinen selbständigen Regelungscharakter hat, wie es § 118 voraussetzt. Ebenso wie die Zustimmung sind auch die Ablehnung der Zustimmung zum Insolvenzplan oder der Widerspruch im Abstimmungstermin keine VA. Das Gleiche gilt für den Antrag der FinBeh nach § 251 InsO an das Insolvenzgericht, die Zustimmung zum Insolvenzplan zu verweigern. Gegen die Ablehnung der Zustimmung ist Leistungsklage gegeben (*TK/Loose* Rz 110f).

35 Wird der Insolvenzplan (mit oder ohne Zustimmung der FinBeh) vom Gericht bestätigt, finden auf die Abgabenforderungen, auf die sich der Insolvenzplan bezieht, die Vorschriften der **§§ 163, 222, 227 AO keine Anwendung** mehr. Eine Änderung der StFestsetzung ist nach rechtskräftiger Bestätigung des Insolvenzplanes ausgeschlossen (BFH BStBl 15, 577). Die FinBeh kann aus dem Insolvenzplan nach § 257 I InsO im Verwaltungsweg vollstrecken (§ 251 II 2). Abgabenforderungen, auf die nach dem Insolvenzplan verzichtet wurde, werden zu unvollkommenen Forderungen und können ggü dem Schuldner nicht mehr geltend gemacht werden. Dagegen können Haftungsschuldner weiter in Anspruch genommen werden, soweit nicht ein Haftungsausschluss nach § 227 II InsO greift (BFH/NV 13, 1543). Gerät der Schuldner mit der Erfüllung des Plans erheblich in Rückstand, wird eine im Plan geregelte Insolvenzstundung oder ein Insolvenzerlass nach § 255 InsO hinfällig (VollstrA Abschn 61 VII). In diesem Fall leben die Ansprüche aus dem Steuerschuldverhältnis wieder auf. Dies gilt nicht, wenn die Forderung im Prüfungstermin bestritten wurde (§ 256 InsO).

36 **5. Verbraucherinsolvenz.** Bei natürlichen Personen, die keine selbständige wirtschaftliche Tätigkeit ausüben oder ausgeübt haben, findet das Verfahren der Verbraucherinsolvenz statt. Hat der Schuldner eine selbständige Tätigkeit ausgeübt, gilt dies auch dann, wenn seine Vermögensverhältnisse überschaubar sind – weniger als 20 Gläubiger – und gegen ihn die keine Forderungen aus Arbeitsverhältnissen (zB Lohnsteuerforderungen) bestehen (§ 304 I InsO). Zunächst hat der Schuldner auf der Grundlage eines von ihm erstellten Plans eine außergerichtliche Einigung mit seinen Gläubigern ernsthaft zu versuchen. Wenn ihm dies nicht gelingt, wird auf seinen Antrag (näher dazu § 305 InsO) ein gerichtliches Schuldenbereinigungsverfahren durchgeführt, es sei denn, dass nach der freien Überzeugung des Insolvenzgerichts der Schuldenbereinigungsplan voraussichtlich nicht angenommen wird (§ 306 InsO). Scheitert auch das gerichtliche Schuldenbereinigungs-

verfahren oder verzichtet das Insolvenzgericht auf dessen Durchführung, schließt sich unmittelbar das Restschuldbefreiungsverfahren an (Rz 37).

Für die **Zustimmung zum außergerichtlichen Einigungsversuch** hat das BMF eingehende Kriterien aufgestellt (BMF BStBl I 02, 132). Als Rechtsgrundlage für einen Verzicht auf Abgabenforderungen in diesem Verfahren kann nur das Abgabenrecht herangezogen werden, jedoch unter Einbeziehung der Zielsetzung der InsO, redlichen Schuldnern einen Neuanfang zu ermöglichen. Die Frage, ob die FinBeh einem außergerichtlichen Schuldenbereinigungsplan zustimmen kann, ist deshalb nach §§ 163 (abweichende Festsetzung) oder 227 (Erlass) evtl auch § 222 (Stundung) zu beurteilen (vgl BFH/NV 12, 552; aA *TK/Loose* Rz 126). Sachliche Billigkeitsgründe werden vom außergerichtlichen Schuldenbereinigungsverfahren nicht berührt und sind daher vorab zu berücksichtigen. Es kommen deshalb nur persönliche Billigkeitsgründe in Betracht. Der Schuldner muss also erlassbedürftig und -würdig sein, wobei sich diese Kriterien aber an den Zielsetzungen der InsO zu orientieren haben (BMF BStBl I 02, 132 Tz 3, 5). Einer Zustimmung des BMF bedarf es nicht. Danach kann eine angemessene Schuldenbereinigung eine Ratenzahlung, aber auch eine einmalige Zahlung oder überhaupt keine Zahlung (Null-Plan) des Schuldners vorsehen. Sind noch nicht alle Bedingungen für den Erlass erfüllt, wird dieser nach § 291 InsO verbindlich in Aussicht gestellt. Im Falle der Vereinbarung einer Ratenzahlung hat der Schuldner ggü dem FA jährlich über die an die Gläubiger geleisteten Zahlungen Rechnung zu legen und seine laufenden steuerlichen Verpflichtungen zu erfüllen. Das Gleiche gilt für die Zustimmung der FinBeh im **gerichtlichen Schuldenbereinigungsverfahren,** wenn das außergerichtliche Schuldenbereinigungsverfahren gescheitert ist (AEAO zu § 251 Nr 12.2). Hier kann die Zustimmung der FinBeh allerdings unter den Voraussetzungen des § 309 InsO (vorhandene Zustimmung bestimmter Mehrheiten der Gläubiger) durch das Insolvenzgericht ersetzt werden. Der angenommene Schuldenbereinigungsplan hat nach § 308 I 2 InsO die Wirkung eines Prozessvergleichs (§ 794 I Nr 1 ZPO), aus dem das FA gem § 251 II 2 vollstrecken kann. 37

Die Zustimmung der FinBeh zu einem außergerichtlichen Schuldenbereinigungsplan ist ebenso wie die Zustimmung im gerichtlichen Schuldenbereinigungsverfahren kein VA. Das gilt auch für die Verweigerung der Zustimmung, gegen die nach § 40 FGO Leistungsklage gegeben ist (*TK/Loose* Rz 131). Vorläufiger Rechtsschutz wird durch einstweilige Anordung gewährt (§ 114 FGO). 38

6. Restschuldbefreiung. Nach der Beendigung des Insolvenzverfahrens kann das FA wieder gegen den Insolvenzschuldner aus der Tabelle vollstrecken (§ 201 II InsO, § 251 II 2), sofern kein Insolvenzplan oder ein (außer-)gerichtlicher Schuldenbereinigungsplan vorliegt (Rz 32ff). Eine Vollstreckung von Insolvenzforderungen ist auch dann ausgeschlossen, wenn der Insolvenzschuldner eine natürliche Person ist und nach §§ 286ff InsO Restschuldbefreiung beantragt hat (§ 294 InsO). In diesem Fall muss er für einen Zeitraum von 6 Jahren, bzw 5 Jahren bei Begleichung der Verfahrenskosten oder von 3 Jahren bei Befriedigung der Insolvenzforderungen iHv mindestens 35% den pfändbaren Teil seiner Bezüge sowie die Hälfte des durch Erbfall erlangten Vermögens an einen Treuhänder abtreten bzw herausgeben (vgl §§ 287 II, 295 I Nr 2, 300 I InsO). Steuererstattungsansprüche gehören nicht zu den abtretbaren Bezügen und können mit Insolvenzforderungen aufgerechnet werden (BFH/NV 07, 855; ZinsO 12, 2104), da im Restschuldbefreiungsverfahren die Aufrechnungsverbote des § 96 InsO keine Geltung haben. Dies gilt jedoch nur, wenn keine Nachtragsverwaltung (§ 203 InsO) angeordnet wurde. 39

Der **Treuhänder** kehrt das Erlangte jährlich nach der Quote an die Gläubiger aus (§ 292 I S 2 InsO), hat aber keine Befugnis, das Vermögen des Schuldners zu verwalten. Er ist nicht Vertreter iSv § 34 I, sodass SteuerVA wieder dem Schuldner bekannt zu geben sind. Nach erteilter Restschuldbefreiung kann die FinBeh die 40 dem Verfahren zu Grunde liegenden Abgabeforderungen nicht mehr gegen den Schuldner geltend machen. Es besteht jedoch weiterhin die Möglichkeit, Haftungs- oder Gesamtschuldner in Anspruch zu nehmen (§ 301 II InsO), da es sich um eine unvollkommene Forderung handelt (AEAO zu § 251 Nr 15.3). **Ausgenommen von der Restschuldbefreiung** sind nach § 302 Nr 1 InsO Steuerverbindlichkeiten bei einer rechtskräftigen Verurteilung wegen einer Steuerstraftat, sodass wegen dieser weiter gegen den StSchuldner vollstreckt werden kann.

§ 252 Vollstreckungsgläubiger

Im Vollstreckungsverfahren gilt die Körperschaft als Gläubigerin der zu vollstreckenden Ansprüche, der die Vollstreckungsbehörde angehört.

1 Mit der Vorschrift wird ganz allgemein die Körperschaft, der die VollstrBehörde nach dem FVG angehört, als **Gläubiger fingiert.** Diese Körperschaft erwirbt also die Pfandrechte an beweglichen und unbeweglichen Sachen sowie das Pfändungspfandrecht an Forderungen. Damit wird das VollstrVerfahren vor allem in den Fällen erleichtert, in denen die FinVerw der Länder Bund und Ländern gemeinsam zustehende Steuern (ESt, KSt, USt) oder in denen die HZÄ Landessteuern (Biersteuer) verwalten.

2 Die Gläubigerfiktion gilt aber auch in den Fällen, in denen eine VollstrBehörde gem § 250 auf Ersuchen einer anderen VollstrBehörde vollstreckt oder auch für solche Ansprüche, die aufgrund besonderer gesetzl Bestimmungen nach der AO beigetrieben werden (zB Kirchensteuer). Durch die Fiktion wird insb die Rechtsverfolgung aus Pfändungspfandrechten einfacher. Auch Dritten wird die Verfolgung ihrer Rechte erleichtert, zB in den Fällen der §§ 262 und 293. Der Dritte braucht keine Ermittlungen darüber anzustellen, gegen wen er als VollstrGläubiger zu klagen hat.

3 Eine **Aufrechnung** durch die FinBeh ist nicht Teil des Vollstreckungs-, sondern Teil des Erhebungsverfahrens. Für die Aufrechnung gilt daher die Gläubigerfiktion des § 252 nicht (BFH BStBl 84, 185). Hier muss auf die Gläubigerfiktion des § 226 IV zurückgegriffen werden (vgl dazu unten § 257 Rz 6).

§ 253 Vollstreckungsschuldner

Vollstreckungsschuldner ist derjenige, gegen den sich ein Vollstreckungsverfahren nach § 249 richtet.

Die Vorschr definiert den Begriff des VollstrSchuldners **rein verfahrensrechtl** und nicht materiellrechtlich. Als VollstrSchuldner gilt danach derjenige, gegen den sich das VollstrVerfahren nach § 249 tatsächlich richtet, unabhängig davon, ob seine Inanspruchnahme zu Recht erfolgt (BGH BFH/NV Beil 05, 272). So ist VollstrSchuldner nicht nur der StSchuldner, sondern auch der Haftungsschuldner (§§ 69 ff) sowie der Duldungsschuldner (§ 77). Der Eigentümer einer beim VollstrSchuldner gepfändeten Sache ist dagegen nicht auch VollstrSchuldner. Denn neben dem eigentlichen StSchuldner kann nach obigen Ausführungen nur derjenige VollstrSchuldner sein, der aufgrund eines Haftungs- oder Duldungsbescheids in Anspruch genommen wird (Abschn 3 VollstrA). Der Begriff des VollstrSchuldners ist zB wichtig für die Adressierung des Leistungsgebots nach § 254 oder der Mahnung nach § 259 sowie von Zwangsmitteln nach §§ 328 ff, ferner zB für die Frage, wer nach §§ 337 ff die Kosten zu tragen hat.

§ 254 Voraussetzungen für den Beginn der Vollstreckung

(1) [1] **Soweit nichts anderes bestimmt ist, darf die Vollstreckung erst beginnen, wenn die Leistung fällig ist und der Vollstreckungsschuldner zur Leis-**

tung oder Duldung oder Unterlassung aufgefordert worden ist (Leistungsgebot) und seit der Aufforderung mindestens eine Woche verstrichen ist. ²Das Leistungsgebot kann mit dem zu vollstreckenden Verwaltungsakt verbunden werden. ³Ein Leistungsgebot ist auch dann erforderlich, wenn der Verwaltungsakt gegen den Vollstreckungsschuldner wirkt, ohne ihm bekannt gegeben zu sein. ⁴Soweit der Vollstreckungsschuldner eine von ihm auf Grund einer Steueranmeldung geschuldete Leistung nicht erbracht hat, bedarf es eines Leistungsgebots nicht.

(2) **¹Eines Leistungsgebots wegen der Säumniszuschläge und Zinsen bedarf es nicht, wenn sie zusammen mit der Steuer beigetrieben werden. ²Dies gilt sinngemäß für die Vollstreckungskosten, wenn sie zusammen mit dem Hauptanspruch beigetrieben werden.**

1. Inhalt. Die Vorschr macht den Beginn der Vollstr allgemein von drei Voraussetzungen abhängig: Fälligkeit der Leistung, Vorliegen eines Leistungsgebots und Ablauf einer Frist von 1 Woche seit Bekanntgabe des Leistungsgebots. S 2 und 3 des Abs 1 stellen klar, dass das Leistungsgebot mit dem zu vollstreckenden VA verbunden werden kann und dass es eines Leistungsgebots auch dann bedarf, wenn der zu vollstreckende VA (insbes in den Fällen der Gesamtrechtsnachfolge) ohne Bekanntgabe gegen den VollstrSchuldner wirkt. Abs 1 S 4 und Abs 2 regeln Ausnahmen von dem Erfordernis eines Leistungsgebots. 1

2. Fälligkeit der Leistung. Die Fälligkeit der Leistung ergibt sich nach § 220 I regelmäßig aus den EinzelStG. Wenn darin eine Regelung fehlt, ist nach § 220 II die **Entstehung des Anspruchs** oder der Ablauf einer im Leistungsgebot eingeräumten Leistungsfrist maßgebend. 2

3. Rechtsnatur und Form des Leistungsgebots. Bei dem Leistungsgebot handelt es sich nicht um eine VollstrMaßnahme, sondern um eine Voraussetzung für den Beginn der Vollstreckung. Grundlage für die Vollstreckung ist nicht das Leistungsgebot, sondern der Vollstreckungstitel, zB der Steuerbescheid (*TK/Loose* Rz 7). Eine ohne Leistungsgebot vorgenommene VollstrMaßnahme ist nicht nichtig, sondern rechtswidrig (BFH BStBl 03, 109). Der Mangel ist nicht heilbar. Die Aufhebung der VollstrMaßnahme muss also auch dann erfolgen, wenn später die Bekanntgabe des Leistungsgebots nachgeholt wird (BFH aaO; Abschn 22 II VollstrA). 3

Das Leistungsgebot ist ein **VA** (BFH/NV 95, 950), der den Ausspruch der Behörde enthält, dass jemand steuerrechtl etwas leisten soll (so *TK/Loose* Rz 5; *HHSp/Jatzke* Rz 22). Es ist nach § 122 dem VollstrSchuldner bekannt zu geben. Eine besondere Form ist für das Leistungsgebot nicht vorgesehen. Meist wird das Leistungsgebot allerdings nach Abs 1 S 2 des § 254 mit dem StBescheid verbunden, sodass sich schon deswegen gem § 157 die Schriftform ergibt. Es kann auch mit einem ausl Vollstreckungstitel verbunden werden (BFH/NV 10, 2235). Bei einem Haftungsbescheid ist die Zahlungsaufforderung nach § 219 das Leistungsgebot (BFH/NV 95, 950). Eine VollstrAnkündigung kann als Leistungsgebot ausgelegt werden, wenn sie den notwendigen Inhalt eines Leistungsgebots enthält (FG BaWü EFG 80, 262; *TK/Loose* Rz 10). Nur dann ist sie ein VA. IdR ist die VollstrAnkündigung allerdings nur eine aus Gründen der Zweckmäßigkeit nach außen gerichtete Bekanntmachung einer verwaltungsinternen Maßnahme und daher kein VA (BFH/NV 89, 75; 10, 2235). 4

4. Inhalt des Leistungsgebots. Das Leistungsgebot muss den **VollstrSchuldner, Gegenstand** und **Grund** der Leistung sowie Angaben darüber enthalten, **wann, wo und wie** die Leistung zu bewirken ist. Ein von der FinBeh übersandter Kontoauszug erfüllt diese Voraussetzungen nicht (BFH BStBl 77, 83). Das mit dem Steuerbescheid verbundene Leistungsgebot bedarf keiner Aktualisierung, wenn es 5 nicht mehr dem aktuellen Saldenstand entspricht, sondern dies ist nach § 257 von Amts wegen zu berücksichtigen (BFH/NV 06, 2227). Wichtig ist, dass in den Fällen, in denen in einen Gegenstand vollstreckt werden soll, der mehreren gemeinschaftlich gehört (zB Erbengemeinschaft), das Leistungsgebot an alle Mitinhaber zu richten und bekannt zu machen ist, wenn nicht einer der Fälle der §§ 263 ff gegeben ist. Bei Zusammenveranlagung von **Ehegatten** muss das Leistungsgebot grds an beide Ehegatten ergehen, wenn in das gesamte Vermögen der Eheleute vollstreckt werden soll (vgl Erläut zu § 263; ferner BMF, DStR 76, 158). Aufgrund eines gegen eine **Personengesellschaft** gerichteten StBescheids (vgl Erläut zu § 122) kann nicht ein Leistungsgebot gegen einen Gesellschafter als Gesamtschuldner ergehen (*App* DB 85, 2319).

6 **5. Ablauf der Wochenfrist.** Für die Berechnung der Wochenfrist gelten nach § 108 I die **Vorschr des BGB.** Der erste Tag der Frist ist nach § 187 I BGB der Tag, der auf die Bekanntgabe des Leistungsgebots folgt. Für die Berechnung des Zeitpunktes der Bekanntgabe gilt § 122 II. Ähnlich wie das Fehlen des Leistungsgebots macht die Nichtbeachtung der Wochenfrist VollstrMaßnahmen nicht nichtig, sondern nur aufhebbar (so schon BFH BStBl 79, 589). Die Frist endet mit Ablauf desjenigen Tages, der durch seine Benennung dem Tag entspricht, in den die Bekanntgabe fällt (§ 188 II BGB).

7 **6. Wirkung ggü Dritten.** Obwohl der Gesamtrechtsnachfolger eines StSchuldners unanfechtbare StFestsetzungen gegen sich gelten lassen muss, ist nach § 254 I 3 ein neues Leistungsgebot ggü ihm erforderlich. Gegen den Erben ist daher ein neues Leistungsgebot auch dann erforderlich, wenn die Zwangsvollstreckung gegen den Erblasser bereits begonnen hatte (*HHSp/Jatzke* Rz 46; *TK/Loose* Rz 17; aA Abschn 30 II VollstrA).

8 **7. Ausnahmen vom Erfordernis des Leistungsgebots.** Die Ausnahmen des Abs 1 S 4 betreffen die Fälle, in denen der VollstrSchuldner zB die USt-Voranmeldung (§ 18 UStG) oder die LohnSt-Anmeldung (§ 41a EStG) abgegeben hat, aber nicht zahlt. Die Ausnahme gilt nicht, wenn der VollstrSchuldner weder eine Anmeldung abgibt, noch zahlt. Hier muss der zu zahlende Betrag von der FinBeh festgesetzt und bekannt gegeben werden und ein Leistungsgebot ergehen. Ebenso ist ein Leistungsgebot erforderlich, wenn die FinBeh eine höhere Steuer festsetzt als angemeldet worden ist. Das Leistungsgebot muss hier über den Unterschiedsbetrag ergehen (*TK/Loose* Rz 21; *HHSp/Jatzke* Rz 62).

9 In der Ausnahmeregelung des Abs 2 für die **steuerlichen Nebenleistungen** werden nicht die Verzögerungsgelder (§ 146 IIb), Verspätungszuschläge (§ 152) und Zwangsgelder (§ 329) genannt. Für die Verspätungszuschläge ist eine Ausnahmeregelung nicht erforderl, weil sie nach § 152 III regelmäßig mit der Steuer, also im Steuerbescheid festgesetzt werden und das Leistungsgebot über die Steuern sich daher auch auf Zuschläge bezieht. Werden die Verspätungszuschläge ausnahmsweise gesondert festgesetzt, ist jedoch ein Leistungsgebot erforderlich. Bei der Vollstr von Zwangsgeldforderungen und Verzögerungsgelder muss immer ein Leistungsgebot ergehen (vgl dazu BFH/NV 04, 159).

10 **8. Rechtsbehelfe.** Gegen das Leistungsgebot als VA ist Einspruch gegeben. Der Einspruch kann aber nicht mit Einwendungen gegen den dem Leistungsgebot zu Grunde liegenden StBescheid begründet werden (BFH/NV 91, 350; 95, 950), da das Leistungsgebot einer selbständigen Bestandskraft fähig ist (s auch § 256). Auch kann zB die Einrede der beschränkten Erbenhaftung oder der Haftungsbeschränkung für Minderjährige nach § 1629a BGB nicht gegen das Leistungsgebot, sondern nur im VollstrVerfahren erhoben werden (BFH BStBl 04, 35; s auch § 265 Rz 13). Die Vollziehung des Leistungsgebots kann nach § 361 ausgesetzt werden. VollstrMaßnahmen dürfen dann nicht mehr stattfinden (BFH BStBl 76, 258; FG BaWü EFG 80, 262). Auch eine AdV des dem Leistungsgebot zu Grunde liegen-

den VA (zB des StBescheids) bewirkt, dass von dem Leistungsgebot nicht mehr Gebrauch gemacht werden und ein neues Leistungsgebot nicht mehr ergehen darf (BFH/NV 94, 950; 03, 592). Zu den Rechtsfolgen bei dem Fehlen eines Leistungsgebots oder einem Verstoß gegen die Wochenfrist Rz 3, 6.

§ 255 Vollstreckung gegen juristische Personen des öffentlichen Rechts

(1) [1]**Gegen den Bund oder ein Land ist die Vollstreckung nicht zulässig.** [2]**Im Übrigen ist die Vollstreckung gegen juristische Personen des öffentlichen Rechts, die der Staatsaufsicht unterliegen, nur mit Zustimmung der betreffenden Aufsichtsbehörde zulässig.** [3]**Die Aufsichtsbehörde bestimmt den Zeitpunkt der Vollstreckung und die Vermögensgegenstände, in die vollstreckt werden kann.**

(2) **Gegenüber öffentlich-rechtlichen Kreditinstituten gelten die Beschränkungen des Absatzes 1 nicht.**

1. Inhalt. Die Vorschr regelt die Vollstr gegen juristische Personen des öffentlichen Rechts. 1

2. Bund und Land. Das VollstrVerbot des Abs 1 betrifft nur Bund und Land. 2 Das sind unmittelbare Bundes- oder Landesbehörden. Die Deutsche Post gehört seit ihrer Privatisierung nicht mehr zu den unmittelbaren Bundesbehörden.

Gemeinden, Gemeindeverbände, Handels- und Handwerkskammern und Sozi- 3 alversicherungsträger fallen nicht unter das VollstrVerbot. Sie gehören zu den juristischen Personen des öffentlichen Rechts, die der Staatsaufsicht unterliegen und gegen die nach Abs 1 S 2 mit Zustimmung der Aufsichtsbehörden vollstreckt werden kann (Abschn 18 II VollstrA). Die Aufsichtsbehörde bestimmt den Zeitpunkt der Vollstreckung und die Vermögensgegenstände, in die vollstreckt werden kann (§ 255 I 3). Sie kann die Zustimmung nur dann versagen, wenn aufgrund der Vollstreckung die Erfüllung der öffentlich-rechtlichen Aufgaben gefährdet wäre (*TK/Loose* Rz 4).

Keine Vollstreckungsbeschränkung besteht für in Deutschland anerkannte Reli- 4 gionsgemeinschaften, dh **Kirchen,** da für deren vermögensrechtlichen Verhältnisse keine allgemeine Staatsaufsicht besteht (vgl *HHSp/Jatzke* Rz 18; *BG/Neumann* Rz 4.1; *TK/Loose* Rz 5).

Das Erfordernis der Zustimmung zu VollstrMaßnahmen gegen juristische Perso- 5 nen des öffentlichen Rechts soll bewirken, dass die Aufsichtsbehörde ggf ihren Einfluss zwecks Zahlung der Rückstände geltend macht, sodass nur in seltenen Ausnahmefällen die Zustimmung zur Vollstr erforderlich sein wird.

3. Öffentlich-rechtliche Kreditinstitute. Zu den öff-rechtl Kreditinstituten, 6 gegen die eine Vollstr nach § 255 II ohne die Einschränkungen des Abs 1 möglich ist, zählen zB die Sparkassen oder Landesbanken. Zur Vermeidung von Wettbewerbsverzerrungen greift die VollstrBeschränkung auch nicht zugunsten der **Betriebe gewerblicher Art** von juristischen Personen des öffentlichen Rechts (*HHSp/Jatzke* Rz 18; *BG/Neumann* Rz 5; *TK/Loose* Rz 6).

4. Folgen einer unzulässigen Vollstreckung. Ein Verstoß gegen das Vollstr- 7 Verbot des Abs 1 oder den Zustimmungsvorbehalt des Abs 2 führt zur Nichtigkeit der VollstrMaßnahme gem § 125 I (*HHSp/Jatzke* Rz 23 f; *BG/Neumann* Rz 6; aA *TK/Loose* Rz 8 VollstrMaßnahme ist rechtswidrig, aber nicht nichtig).

§ 256 Einwendungen gegen die Vollstreckung

Einwendungen gegen den zu vollstreckenden Verwaltungsakt sind außerhalb des Vollstreckungsverfahrens mit den hierfür zugelassenen Rechtsbehelfen zu verfolgen.

1 **1. Inhalt.** Die Vorschr befasst sich hauptsächlich mit Einwendungen des VollstrSchuldners. Einwendungen Dritter sind in § 262 erfasst. Aus § 256 ergibt sich, dass im VollstrVerfahren **nur Einwendungen gegen die Vollstr selbst** und nicht gegen den zu vollstreckenden VA geltend gemacht werden können. Dies folgt aus der Trennung von Vollstr- und Festsetzungsverfahren. Die Einwendung, der zu vollstreckende VA sei nichtig, kann aber auch im VollstrVerfahren geltend gemacht werden, ohne dass § 256 entgegensteht (s § 257 Rz 3). Wie sich aus § 257 I Nr 3 ergibt, kann auch der Einwand geltend gemacht werden, dass der vom FA mit der Vollstr verfolgte Leistungsanspruch erloschen sei (BFH/NV 90, 312; 91, 759; FG Mster EFG 05, 841). Besteht aber über das Erlöschen des Leistungsanspruchs Streit, kann darüber nur in einem gesonderten Abrechnungsverfahren und nicht im Rahmen von Einwendungen gegen die Vollstr entschieden werden (s § 218 Rz 10ff).

2 **2. Unzulässige Einwendungen.** Einwendungen, die außerhalb des VollstrVerfahrens zu verfolgen sind, können sich zunächst einmal gegen die Steuerschuld als solche richten, zB, dass der gesetzliche Tatbestand nicht oder nur teilweise verwirklicht sei, oder dass der der Vollstreckung zugrunde liegende VA wegen eines Verfahrensfehlers rechtswidrig sei. Auch die Verfassungswidrigkeit der StFestsetzung kann im VollstrVerfahren nicht geltend gemacht werden. Hat das BVerfG jedoch eine Norm für verfassungswidrig erklärt, ist die Vollstreckung nach § 79 II 2 BVerfGG ausgeschlossen (§ 251 Rz 5).

3 **3. Zulässige Einwendungen.** Im VollstrVerfahren können nur Einwendungen gegen die einzelne VollstrMaßnahme, ihre Anordnung und Aufrechterhaltung sowie gegen Art und Weise der Durchführung erhoben werden. Es kann auch geltend gemacht werden, dass die Einleitung einer VollstrMaßnahme rechtsmissbräuchlich sei (vgl BFH/NV 05, 1002). Angreifbar sind dabei nur VA im Rahmen der Vollstr, nicht zB die innerdienstliche VollstrAnordnung (s § 249 Rz 11), das VollstrErsuchen (§ 250 Rz 5) oder die Mahnung (§ 259 Rz 2).

4 **4. Rechtsbehelfe vor und nach Beginn der Vollstreckung.** Vor Beginn der Vollstr ist grds kein Rechtsbehelf gegeben, da noch kein anfechtbarer VA ergangen ist. Ausnahmsweise können jedoch drohende VollstrMaßnahmen nach § 114 FGO vorläufig abgewendet werden (BFH BStBl 67, 142; 77, 83; 77, 161; FG BaWü EFG 93, 703; vgl auch § 258 Rz 11). Unter Umständen kann gegen drohende VollstrMaßnahmen auch ein Rechtsschutzbedürfnis für eine vorbeugende Feststellungs- oder Unterlassungsklage bestehen (BFH BStBl 76, 296; 79, 24). Dies gilt insbes auch bei einem ausl Beitreibungsersuchen (BFH/NV 13, 739). Nach Beginn der Vollstr ist gegen bereits ergangene VA zur Durchführung der Vollstr (zB Pfändungs- und Einziehungsverfügung einer Forderung) der Einspruch und als einstweiliger Rechtsschutz die Aussetzung oder Aufhebung der Vollziehung gegeben (vgl FG Hess EFG 97, 898; vgl ferner § 258). Erforderlich ist aber immer, dass es sich bei der angegriffenen VollstrMaßnahme um einen VA handelt (s § 118 Rz 42). Eine Vollstreckungsgegenklage nach § 767 ZPO ist im steuerlichen Vollstreckungsverfahren ausgeschlossen (BFH BStBl 71, 702; 96, 511; BFH/NV 02, 1547).

5 **5. Einwendungen nach Beendigung der Vollstreckung.** Nach Beendigung der Vollstreckung (zB nach Verwertung gepfändeter Sachen) kann Rechtsschutz nicht mehr gewährt werden, da sich die VollstrMaßnahme erledigt hat (FG Bln EFG 87, 197; *HHSp/Jatzke* Rz 21; *TK/Loose* Rz 13; wohl auch BFH/NV 86, 611). Ein außergerichtlicher Rechtsbehelf gegen vollzogene VollstrMaßnahmen nach der AO ist danach nicht gegeben. Jedoch besteht die Möglichkeit, die Rechtmäßigkeit der Vollstreckungsmaßnahme mittels einer Feststellungsklage nach § 41 FGO oder Fortsetzungsfeststellungsklage nach § 100 I 4 FGO gerichtlich überprüfen zu lassen (vgl BFH/NV 08, 749; FG Bln EFG 75, 18; 87, 197;

TK/Loose Rz 13 mwN). Eine unzulässige Anfechtungsklage kann in eine Feststellungsklage umgedeutet werden (FG Bln EFG 87, 197).

§ 257 Einstellung und Beschränkung der Vollstreckung

(1) **Die Vollstreckung ist einzustellen oder zu beschränken, sobald**
1. die Vollstreckbarkeitsvoraussetzungen des § 251 Abs. 1 weggefallen sind,
2. der Verwaltungsakt, aus dem vollstreckt wird, aufgehoben wird,
3. der Anspruch auf die Leistung erloschen ist,
4. die Leistung gestundet worden ist.

(2) [1] **In den Fällen des Absatzes 1 Nr. 2 und 3 sind bereits getroffene Vollstreckungsmaßnahmen aufzuheben.** [2] **Ist der Verwaltungsakt durch eine gerichtliche Entscheidung aufgehoben worden, so gilt dies nur, soweit die Entscheidung unanfechtbar geworden ist und nicht auf Grund der Entscheidung ein neuer Verwaltungsakt zu erlassen ist.** [3] **Im Übrigen bleiben die Vollstreckungsmaßnahmen bestehen, soweit nicht ihre Aufhebung ausdrücklich angeordnet worden ist.**

1. Inhalt. In Abs 1 sind vier Fallgruppen genannt, die zur Einstellung oder Be- 1
schränkung der Vollstr von Amts wegen führen. Im Falle der Aufhebung des VA (Abs 1 Nr 2) und des Erlöschens des Anspruchs (Abs 1 Nr 3) ordnet § 257 II 1 an, dass die bereits getroffenen VollstrMaßnahmen aufzuheben sind. Dies gilt im Falle einer gerichtlichen Aufhebung des VA gem Abs 2 S 2 jedoch nur dann, wenn die Entscheidung unanfechtbar geworden ist und kein neuer VA erlassen worden ist. Ansonsten bleiben die VollstrMaßnahmen bestehen (Abs 2 S 3) und es unterbleiben nur weitere VollstrMaßnahmen (vgl BFH BStBl 02, 214), soweit nicht die Aufhebung der Vollstreckung ausdrücklich angeordnet worden ist. Die Entscheidung steht im Ermessen der VollstrBehörde (BFH/NV 87, 219).

2. Vollstreckbarkeitsvoraussetzungen weggefallen (Abs 1 Nr 1). Die 2
Vollstreckbarkeitsvoraussetzungen des § 251 I sind weggefallen, wenn die Vollziehung des VA ausgesetzt (§ 361 II und § 69 II FGO), bzw aufgehoben (s oben Rz 2) oder die Vollziehung durch Einlegung eines Rechtsbehelfs gehemmt (§ 361 IV und § 69 V FGO) ist. Schließlich ist eine Vollstreckung nach § 79 II 2 BVerfGG auch dann ausgeschlossen, wenn die Norm, aufgrund deren die Leistung zu erbringen ist, vom BVerfG für **verfassungswidrig** erklärt wurde oder das Insolvenzverfahren eröffnet wurde (§ 251 Rz 3).

3. VA aufgehoben (Abs 1 Nr 2). Der VA kann aufgehoben werden durch die 3
Behörde selbst, die ihn erlassen hat, oder durch einen Gerichtsentscheid. Dies führt gem Abs 2 S 1 nicht nur zu einer Einstellung der Vollstreckung, sondern auch zur Aufhebung der VollstrMaßnahmen. Dies gilt gem Abs 2 S 2 bei einer gerichtlichen Entscheidung jedoch nur dann, wenn die Entscheidung unanfechtbar geworden ist. Die Nichtigkeit eines StBescheids steht der Aufhebung gleich. Die Einwendung, der zu vollstreckende VA sei nichtig oder nicht wirksam geworden, kann daher auch im VollstrVerfahren geltend gemacht werden, ohne dass § 256 entgegensteht (BFH/NV 93, 343; 02, 660; vgl § 256 Rz 1).

Die Ersetzung eines Zusammenveranlagungsbescheids bei der ESt durch getrennte Bescheide, weil die Eheleute nachträglich die getrennte Veranlagung gewählt haben, bedeutet keine rückwirkende Aufhebung des Zusammenveranlagungsbescheids iSv Abs 1 Nr 2 des § 257. VollstrMaßnahmen, die aufgrund des Zusammenveranlagungsbescheids bis zum Wirksamwerden der Bescheide über die getrennte Veranlagung ergriffen worden sind, bleiben daher bestehen. Soweit die VollstrMaßnahmen noch nicht vollzogen worden sind, können sie allerdings aufgrund des Zusammenveranlagungsbescheids ggü dem Ehegatten, der nach der getrennten Veranlagung nicht StSchuldner ist, nicht mehr fortgesetzt werden, es sei denn, dass dieser Ehegatte aufgrund anderer gesetzlicher Vorschriften zur Duldung der Vollstr verpflichtet ist (BFH BStBl 02, 214).

Der Erlass eines Jahressteuerbescheids führt nicht dazu, dass die aufgrund der Vorauszahlungsbescheide getroffenen VollstrMaßnahmen aufzuheben sind. Die Voraussetzungen des § 257 II für eine Aufhebung liegen nicht vor. Die Vollstr-Maßnahmen bleiben daher bestehen und weitere VollstrMaßnahmen finden nunmehr ihre Grundlage in dem Jahresbescheid (BFH BStBl 85, 370).

4 **4. Anspruch auf Leistung erloschen (Abs 1 Nr 3).** Der Anspruch auf Leistung ist gem § 47 erloschen, wenn die Leistung erbracht worden ist (§§ 224, 224a, 225), die Aufrechnung erfolgt ist (§ 226) oder die Steuer nach § 227 erlassen worden ist. Die **Aufrechnung** selbst ist keine VollstrMaßnahme (BFH BStBl 67, 381; 84, 185; s § 252 Rz 3). Ferner führt die **Verjährung** nach § 232 zu einem Erlöschen des Anspruchs. Im VollstrVerfahren kann daher geltend gemacht werden, dass für die festgesetzte Steuer Zahlungsverjährung eingetreten ist. Besteht Streit über das Erlöschen des Anspruchs muss darüber in einem gesonderten Abrechnungsverfahren durch Abrechnungsbescheid (§ 218 II) und nicht im VollstrVerfahren entschieden werden (s § 256 Rz 1). IÜ kann ein Begehren auf Einstellung der Vollstr nach Nr 3 des § 257 I nicht darauf gestützt werden, dass in Folge fehlender Bekanntgabe der StBescheide die StAnsprüche, derentwegen vollstreckt werden soll, durch Verjährung (Festsetzungsverjährung) erloschen seien. In diesem Fall richtet sich das Vorbringen nämlich gegen die Rechtmäßigkeit der zu vollstreckenden VA (FG Mchn EFG 89, 194).

5 **5. Stundung der Leistung (Abs 1 Nr 4).** Die Stundung der Leistung richtet sich nach § 222. Der Stundung steht der Zahlungsaufschub nach § 223 gleich (*TK/Loose* Rz 7; *HHSp/Jatzke* Rz 30).

6 **6. Entscheidung.** Die Entscheidung über die Einstellung oder Beschränkung der Vollstr trifft die VollstrBehörde, während für Entscheidungen, die nach Abs 1 Voraussetzung für diese sind (zB Aufhebung des VA, streitige Aufrechnung oder Zahlungsverjährung), die FinBeh zuständig ist, die den zu vollstreckenden VA erlassen hat. Gem § 257 II 1 sind in den Fällen des Abs 1 Nrn 2 und 3 bereits getroffene VollstrMaßnahmen aufzuheben. Ist der VA durch eine gerichtliche Entscheidung aufgehoben worden, gilt dies nur, soweit diese unanfechtbar geworden ist und nicht aufgrund der Entscheidung ein neuer VA zu erlassen ist. In den Fällen des Abs 1 Nrn 1 und 4 bleiben die VollstrMaßnahmen bestehen, soweit nicht ihre Aufhebung ausdrücklich angeordnet worden ist.

7 **7. Rechtsbehelfe.** Die VollstrBehörde hat **von Amts wegen** zu entscheiden, wenn ihr Voraussetzungen für die Einstellung oder Beschränkung der Vollstr bekannt werden. Der VollstrSchuldner kann aber auch einen Antrag stellen (BFH/NV 06, 2227). Gegen die Ablehnung des Antrags ist der Einspruch gegeben. Gerichtlich kann mit der Verpflichtungsklage vorgegangen werden. Eine unmittelbare VollstrGegenklage entsprechend § 767 ZPO ist im steuerlichen VollstrVerfahren nicht zulässig (BFH BStBl 96, 511; BFH/NV 91, 759; 02, 1547). Auch § 775 Nr 5 ZPO ist nicht anwendbar (BFH/NV 91, 759).

8 Eine (vorläufige) Einstellung oder Beschränkung der Vollstr kann auch im Wege der **einstweiligen Anordnung** nach § 114 FGO erreicht werden. Dazu muss glaubhaft gemacht werden, dass die Voraussetzungen des § 257 gegeben sind (BFH/NV 88, 423).

§ 258 Einstweilige Einstellung oder Beschränkung der Vollstreckung

Soweit im Einzelfall die Vollstreckung unbillig ist, kann die Vollstreckungsbehörde sie einstweilen einstellen oder beschränken oder eine Vollstreckungsmaßnahme aufheben.

hat, dass vor der Entscheidung über die AdV nicht mit der Vollstr begonnen werde (BFH/NV 92, 431). Allgemein ist eine Unbilligkeit der Vollstr anzunehmen, wenn der Antrag mit hoher Wahrscheinlichkeit Erfolg haben wird (BFH BStBl 05, 198; FG BBg EFG 08, 964). Nach Ablehnung des Antrags auf AdV ist die FinBeh grds nicht verpflichtet, dem VollstrSchuldner vor Einleitung von VollstrMaßnahmen eine Frist einzuräumen, um einen Antrag nach § 69 III FGO zu stellen (BFH aaO).

Eine Vollstr ist auch dann als unzulässige Rechtsausübung unbillig und ermessensfehlerhaft, wenn der Betrag der Vollstr **sogleich zurückgezahlt** werden müsste (BFH BStBl 85, 194; BFH/NV 91, 633; 92, 618; FG BBg EFG 08, 964). Der VollstrSchuldner kann sich deshalb darauf berufen, dass er einen Erlass- oder Stundungsantrag gestellt hat und die Voraussetzungen hierfür mit einer gewissen Wahrscheinlichkeit vorliegen (BFH/NV 03, 738 mwN) oder dass mit an Sicherheit grenzender Wahrscheinlichkeit Gegenansprüche gegen das FA bestehen und in absehbarer Zeit fällig werden, sodass eine Aufrechnungslage besteht (BFH/NV 08, 1991). 11

Bei **Anerbieten von Ratenzahlungen** kann die Vollstr unbillig sein. Das gilt aber nur dann, wenn mit hinreichender Wahrscheinlichkeit erwartet werden kann, dass der VollstrSchuldner seine Zusage einhalten wird, wenn nach der Höhe der angebotenen Raten mit einer kurzfristigen (s Rz 13) Tilgung der StSchuld gerechnet werden kann (BFH BStBl 92, 742; 08, 749) und die Ratenzahlungen nicht aufgrund einer drohenden Insolvenz der Schuldners nach §§ 129 ff InsO anfechtbar sind (vgl BGH BB 13, 525). Gerät der Schuldner mit der Zahlung in Rückstand, muss die Ratenzahlungsvereinbarung vor der Einleitung weiterer Vollstreckungsmaßnahmen nicht förmlich widerrufen werden (BFH/NV 11, 763). Im Falle der **Selbstanzeige** einer StHinterziehung ist die Vollstreckung vor Ablauf der dem Stpfl nach § 371 III zu setzenden Nachentrichtungsfrist unbillig (FG Ddorf EFG 94, 553). 12

d) Vorübergehende Vermeidbarkeit der unangemessenen Nachteile. § 258 ermächtigt die VollstrBehörde nur zu einer „einstweiligen" Einstellung der Vollstr. Die Vorschr ermöglicht es folglich nur, unangemessene Nachteile durch kurzfristiges Abwarten oder Ergreifen einer anderen VollstrMaßnahme wegen einer vorübergehenden Notlage abzuwenden (BFH/NV 89, 284, 565; 92, 789; 05, 1743; 11, 199; BStBl 16, 508). Nach FG Ddorf (EFG 88, 455) soll § 258 keine einstweilige Einstellung der Vollstreckung über die Dauer eines Jahres hinaus erlauben (vgl auch FG Köln EFG 97, 938; FG Bln EFG 05, 9). Für eine solche starre Frist gibt es jedoch keine Rechtsgrundlage. Bei Gefahr für das Leben oder die Gesundheit des VollstrSchuldners kann ausnahmsweise sogar eine nicht nur kurzfristige, sondern längerfristige Einstellung der Vollstreckung geboten sein (BFH/NV 92, 317; 99, 443; 02, 160; s näher Rz 7). Der Zeitraum, in dem die Rückstände getilgt werden können, muss nur absehbar sein. Ein Zeitraum von sieben Jahren (BFH/NV 93, 513; 02, 160; vgl auch BFH/NV 89, 565) oder auch nur von mehr als fünf Jahren (BFH/NV 05, 1743; 06, 900; vgl auch BFH/NV 09, 1596 zu einem Dreijahreszeitraum) ist jedenfalls zu lang. Die drohende Vernichtung der Existenz des VollstrSchuldners vermag daher eine vorübergehende Einstellung der Vollstreckung nicht zu rechtfertigen (BFH/NV 93, 513, 709). Anders kann dies nur sein, wenn in solchen Fällen in Kürze eine entscheidende Verbesserung der wirtschaftlichen Situation des VollstrSchuldners zu erwarten ist (vgl BFH/NV 88, 422; 11, 199). Allgemein können Umstände nicht berücksichtigt werden, die zu einer dauerhaften Einstellung der Vollstreckung führen (BFH/NV 91, 758; 93, 660, 708). 13

4. Rechtsfolgen. Über die einstweilige Einschränkung oder Beschränkung der Vollstr entscheidet die VollstrBeh und innerhalb einer FinBeh die VollstrStelle auf Antrag oder von Amts wegen. Sie kann die Vollstreckung einstweilig einstellen 14 oder beschränken, VollstrMaßnahmen aufheben oder ersetzen oder von der Verwertung absehen. Der VollstrAufschub kann befristet oder widerruflich gewährt werden (zB gegen Ratenzahlung Rz 12) und nur nach §§ 130, 131 AO zurückgenommen oder widerrufen werden.

15 Da durch den VollstrAufschub die Fälligkeit der Steuerschuld nicht aufgehoben wird, fallen weiter **Sz** an, die eingezogen werden können, § 240 Rz 62 (BFH/NV 87, 684; 88, 411). Jedoch sind bei einem Erlass der Sz die Gründe, die zu dem VollstrAufschub geführt haben, zu berücksichtigen. Dies ist der Fall, wenn eine Erlass- oder Stundungssituation bestand (BFH BStBl 85, 489; BFH/NV 87, 684; 92, 431; 93, 511) oder dem StSchuldner Ratenzahlung als Maßnahme iSv § 258 eingeräumt wurde (BFH BStBl 91, 864).

16 Eine **Aufrechnung** mit Steuererstattungsansprüchen ist auch bei einem VollstrAufschub möglich (BFH/NV 97, 257; aA *TK/Loose* Rz 14), da der VollstrAufschub die Fälligkeit der zugrunde liegenden Forderung unberührt lässt und keine AdV gewährt.

17 **5. Rechtsbehelfe.** Die Ablehnung des VollstrAufschubs ist mit dem Einspruch anfechtbar. Eine Verpflichtungsklage setzt voraus, dass zunächst ein Antrag bei der VollstrBehörde gestellt wurde und kann nicht über diesen Antrag hinausgehen (FG Bln EFG 87, 283). Wenn kein Antrag gestellt und der von Amts wegen angeordnete VollstrAufschub dem VollstrSchuldner nicht mitgeteilt wird, ist diese innerdienstliche Anordnung kein VA. Es tritt keine **Unterbrechung der Verjährung** ein (§ 231 Rz 13), da diese die Bekanntgabe der Vollstreckungseinstellung voraussetzt (BFH BStBl 91, 742; vgl BFH/NV 96, 865; FG Ddorf EFG 90, 280; vgl aber auch BFH BStBl 09, 575).

18 Der VollstrAufschub kann auch als vorläufiger Rechtsschutz **im Wege einstweiliger Anordnung** durch das FG gewährt werden (BFH BStBl 85, 194; BFH/NV; 96, 733; 00, 588; 02, 1547; 03, 738). Ein Anordnungsgrund besteht idR jedoch nur dann, wenn in Kürze eine entscheidende Verbesserung der Situation des VollstrSchuldners zu erwarten ist, sodass die Vollstreckung als unbillig erscheint. Die abstrakte Gefahr, dass die Vollstreckung zur Verschlechterung der wirtschaftlichen Situation des VollstrSchuldners führt, reicht nicht aus (BFH/NV 92, 789). Wird lediglich die Rechtswidrigkeit der StFestsetzung (BFH/NV 91, 695; 92, 156) oder der VollstrMaßnahmen geltend gemacht, muss Antrag auf AdV gestellt werden (BFH/NV 92, 789; 93, 709). Es können auch beide Verfahren nebeneinander betrieben werden. Das **Rechtsschutzinteresse** auf den Erlass einer einstweiligen Anordnung entfällt, wenn die gepfändete Sache bereits verwertet (BFH/NV 86, 611) oder die eidesstattliche Versicherung geleistet worden ist (BFH/NV 87, 109).

Zweiter Abschnitt. Vollstreckung wegen Geldforderungen

1. Unterabschnitt. Allgemeine Vorschriften

§ 259 Mahnung

[1]Der Vollstreckungsschuldner soll in der Regel vor Beginn der Vollstreckung mit einer Zahlungsfrist von einer Woche gemahnt werden. [2]Einer Mahnung bedarf es nicht, wenn der Vollstreckungsschuldner vor Eintritt der Fälligkeit an die Zahlung erinnert wird. [3]An die Zahlung kann auch durch öffentliche Bekanntmachung allgemein erinnert werden.

Bish S 2 aufgehoben durch AmtshilfeRLUmsG v 26.6.13 (BGBl I, 1809).

1 **1. Inhalt.** Gem dem Gebot der Verhältnismäßigkeit der Vollstreckung (Vor § 249 Rz 6) soll diese nur stattfinden, wenn sie erforderlich wird. Daher soll der

2. Gegenstand der Niederschlagung. Dies sind die Ansprüche aus dem StSchuldverhältnis (§ 37). Niedergeschlagen werden können auch die steuerlichen **Nebenleistungen** iSv § 3 III. **Bußgelder** nach §§ 409ff werden jedoch nicht erfasst. Gem § 412 II gilt für die Vollstreckung von Bußgeldern § 95 OWiG. Diese Bestimmung ist lex specialis zu § 261, hat aber im Wesentlichen die gleichen Wirkungen (*TK/Loose* Rz 3; *HHSp/Müller-Eiselt* Rz 17). Für die Kosten des Bußgeldverfahrens gilt über § 412 III jedoch § 261 unmittelbar (Abschn 14 I VollstrA; *BG/Zeller-Müller* Rz 5; *HHSp/Müller-Eiselt* Rz 17). 2

3. Begriff der Niederschlagung. Niederschlagung ist ein innerdienstlicher Rechtsakt und begründet kein subjektives Recht des Stpfl (BFH/NV 99, 285). Sie führt dazu, dass der Anspruch aus dem StSchuldverhältnis nicht mehr beigetrieben wird. Diese Anordnung kann jederzeit wieder aufgehoben werden. Die Niederschlagung soll als innerbehördliche Maßnahme dem VollstrSchuldner nicht mitgeteilt werden. Wird sie dennoch mitgeteilt, hat ihre Bekanntgabe idR nicht die Wirkung einer Stundung bzw eines Erlasses (FG Hbg EFG 59, 179; *TK/Loose* Rz 8; str, vgl *HHSp/Müller-Eiselt* Rz 13f). Um Missdeutungen zu vermeiden, sollte die Mitteilung, wenn sie ausnahmsweise aus Gründen in der Person des Schuldners erfolgt, eindeutig zum Ausdruck bringen, dass eine Vollstreckung nur unterbleibt, solange sich die wirtschaftliche Lage des Schuldners nicht verbessert. 3

4. Rechtsfolgen. Die Niederschlagung führt weder zur **Stundung** noch zum **Erlass.** Der StAnspruch kann jederzeit erneut geltend gemacht werden (*TK/Loose* Rz 10 mwN). Da die Niederschlagung keinen Einfluss auf die **Fälligkeit der Forderung** hat, entstehen weiter Sz (§ 240). Ihre Erhebung würde aber dem Zweck als Druckmittel zuwider laufen, da dem Schuldner die rechtzeitige Zahlung unmöglich ist. Aus diesem Grund sind die Sz wegen sachlicher Unbilligkeit nach § 227 zu erlassen (*HHSp/Müller-Eiselt* Rz 12; *TK/Loose* Rz 12). 4

Durch die Niederschlagung wird die **Verjährung** nicht unterbrochen. Das gilt auch dann, wenn die Niederschlagung dem VollstrSchuldner mitgeteilt wird, weil die Niederschlagung nach dem klaren Wortlaut in § 231 nicht genannt ist (*TK/Loose* Rz 11). Vor Eintritt der Verjährung sind die Vermögens- und Einkommensverhältnisse von der VollstrStelle zu überprüfen und die Verjährung nach § 231 zu unterbrechen (Abschn 17 I VollstrA). 5

5. Voraussetzungen der Niederschlagung. Nach der seit dem 1.1.2017 geltenden Fassung kann die Niederschlagung bereits dann erfolgen, wen zu erwarten ist, dass die Erhebung keinen Erfolg haben wird. Dies muss nicht mehr feststehen. Danach müssen keine erfolglosen VollstrVersuche mehr durchgeführt werden, um die StForderungen niederzuschlagen. Ausreichend ist die Prognose der VollstrBeh, dass eine Vollstr keinen Erfolg haben wird (BG/Zeller-Müller Rz 14). Die bloße Existenzgefährdung reicht nicht für eine Niederschlagung, ist aber möglicherweise Erlassgrund nach § 227 (*HHSp/Müller-Eiselt* Rz 20; *TK/Loose* Rz 5). 6

Wann die Kosten der Einziehung außer Verhältnis zu dem Betrag stehen, ist Tatfrage. Nach der Praxis der FinVerw stehen die Kosten der Einziehung außer Verhältnis zu dem Betrag, wenn der gesamte rückständige Betrag 36 € nicht überschreitet oder die Summer der rückständigen Beträge weniger als 250 € beträgt, die Vollstreckung in das bewegliche Vermögen erfolglos verlaufen ist und andere Vollstreckungsmöglichkeiten nicht ersichtlich sind oder der Aufenthalt des VollstrSchuldners unbekannt ist (vgl iEinz Abschn 15 VollstrA). 7

6. Zuständigkeit für die Niederschlagung. Zuständig für die Niederschlagung ist die VollstrBehörde. Interne VerwErlasse regeln in Bund und Ländern, bis zu welcher Höhe des Betrags die FinBeh allein, die OFD oder der jeweilige Minister die Niederschlagung genehmigen muss (Abschn 15 III VollstrA). Für die Länder gelten gleich lautende Erlasse der obersten FinBeh v 24.3.2017 (BStBl I, 419). Danach ist bei einer Niederschlagung von Beträgen, die 125.000 € übersteigen, die 8

Zustimmung der OFD einzuholen, es sei denn, es handelt sich um Insolvenzforderungen oder die Zustimmung ist in den letzten zwölf Monaten erteilt worden. Die Niederschlagung der GewSt obliegt nach den landesrechtlichen Vorschriften der Gemeinde, der die Festsetzung übertragen worden ist (*BG/Zeller-Müller* Rz 21).

§ 262 Rechte Dritter

(1) [1] **Behauptet ein Dritter, dass ihm am Gegenstand der Vollstreckung ein die Veräußerung hinderndes Recht zustehe, oder werden Einwendungen nach den §§ 772 bis 774 der Zivilprozessordnung erhoben, so ist der Widerspruch gegen die Vollstreckung erforderlichenfalls durch Klage vor den ordentlichen Gerichten geltend zu machen.** [2] **Als Dritter gilt auch, wer zur Duldung der Vollstreckung in ein Vermögen, das von ihm verwaltet wird, verpflichtet ist, wenn er geltend macht, dass ihm gehörende Gegenstände von der Vollstreckung betroffen seien.** [3] **Welche Rechte die Veräußerung hindern, bestimmt sich nach bürgerlichem Recht.**

(2) **Für die Einstellung der Vollstreckung und die Aufhebung von Vollstreckungsmaßnahmen gelten die §§ 769 und 770 der Zivilprozessordnung.**

(3) [1] **Die Klage ist ausschließlich bei dem Gericht zu erheben, in dessen Bezirk die Vollstreckung erfolgt.** [2] **Wird die Klage gegen die Körperschaft, der die Vollstreckungsbehörde angehört, und gegen den Vollstreckungsschuldner gerichtet, so sind sie Streitgenossen.**

Übersicht

1 **1. Inhalt.** Die Vorschr **stimmt** im Wesentlichen **mit § 771 ZPO** überein und dient dem Schutz Dritter. Sie soll sicherstellen, dass nur in Vermögensgegenstände des im Leistungsgebot genannten VollstrSchuldners vollstreckt wird. Abweichend vom Wortlaut des § 771 ZPO sieht allerdings Abs 1 S 1 nur „erforderlichenfalls"

21419). Die VollstrBehörde kann die Forderung des Vorbehaltsverkäufers gegen den Käufer allerdings erfüllen und so die Klage nach § 262 abwenden (LG Köln, DB 81, 884; *BLAH/Hartmann* § 771 Rz 17). Die VollstrBehörde kann auch das Anwartschaftsrecht des Vorbehaltskäufers pfänden, was bei Zahlung der letzten Kaufpreisrate aber nicht automatisch zum Pfandrecht an der Sache führt (*HHSp/Müller-Eiselt* Rz 14). Es muss dann der Gegenstand selbst gepfändet werden. Andererseits kann aber auch der Vorbehaltskäufer wegen seines Anwartschaftsrechts widersprechen, wenn der Vorbehaltsverkäufer VollstrSchuldner ist (BGHZ 55, 27). Zur Pfändung sicherungsübereigneter Sachen s unten Rz 16.

Ebenso wie das Eigentum an Sachen berechtigt die **Inhaberschaft von Rechten** (Rechte aller Art wie zB Forderung) zum Widerspruch, wenn dieses Recht unmittelbar von der Vollstr betroffen ist (RG 49, 347; BGH NJW 77, 384; zu schuldrechtlichen Ansprüchen auf Gegenstand s aber unten Rz 15). Das gilt dann, wenn in das dem Dritten zustehende Recht vollstreckt wird (zB Pfändung einer nicht dem VollstrSchuldner zustehenden Forderung). 13

b) Beschränkte dingliche Rechte. Bei Vollstr in einen Gegenstand, an dem ein beschränktes dingliches Recht (zB Pfandrecht, Erbbaurecht, Nießbrauch, Hypothek, Grundschuld) eines Dritten besteht, hat dieser Dritte nur dann ein Widerspruchsrecht, wenn sein **dingliches Recht** durch die Vollstr **beeinträchtigt wird** (zB Wegnahme der Sache, an der Pfandrecht besteht). Das ist idR nicht der Fall, wenn eine Sache gepfändet wird, an der bereits Pfandrechte bestehen, da diese vorrangig sind (*BLAH/Hartmann* § 771 Rz 16). Ebenso liegt in der Eintragung einer Zwangshypothek keine Beeinträchtigung der bereits bestehenden Grundpfandrechte, weil diese vorrangig sind. 14

c) Schuldrechtliche Rechte auf den Gegenstand. Schuldrechtliche Ansprüche geben nach allgM nur insoweit ein Recht zum Widerspruch, als es sich um **Herausgabeansprüche** auf die Überlassung von Gegenständen handelt (zB Miete, Pacht, Leihe, Verwahrung, Auftrag), **nicht** aber insoweit, als es sich um **Verschaffungsansprüche** (zB aus Kauf) handelt (RG 84, 216; *TP/Seiler* § 771 Rz 18). Bei Verschaffungsansprüchen gehört der Gegenstand zum Vermögen des Schuldners und ist aus diesem zu leisten, auch wenn solche Ansprüche durch eine Vormerkung gesichert sind (BGH NJW 94, 128). 15

d) Treuhandverhältnisse. Der Anspruch des Treugebers gegen den Treuhänder in Bezug auf den Gegenstand ist grds ein Recht iSv § 262 (BGHZ 11, 41). Das ist bei der **uneigennützigen Treuhand** ganz hM (vgl *BLAH/Hartmann* § 771 Rz 26). So kann bei Inkassozession der Treugeber der Vollstr in die Forderung beim Treuhänder widersprechen, nicht aber umgekehrt der Treuhänder der Vollstr gegen den Treugeber (*TK/Loose* Rz 15). Bei Rechtsanwälten können Mandanten widersprechen, wenn Mandantengelder auf ein Anderkonto gebracht worden sind (BGH NJW 71, 559; 93, 2622; 96, 1543). 16

Sehr str ist die Rechtslage bei **eigennütziger Treuhand,** insb bei **Sicherungsübereignung** (vgl *Palandt/Bassenge* BGB, § 930 Rz 34 und 35; *BLAH/Hartmann* § 771 Rz 24 ff). Zutreffend ist von folgender Rechtslage auszugehen: Der Sicherungsnehmer kann wegen seines Eigentums Widerspruchsklage erheben, wenn Vollstr gegen Sicherungsgeber erfolgt (RG 124, 73; BGHZ 12, 234; 72, 141; BGH NJW 81, 1835; 91, 353; 92, 2014). Die Gegenmeinung sieht nur die Klage auf vorzugsweise Befriedigung nach § 293 als gegeben (so zB *BLAH/Hartmann* § 771 Rz 25). Andererseits kann aber auch der Sicherungsgeber der Pfändung der zur Sicherheit übereigneten Sache widersprechen, wenn die Vollstr gegen den Sicherungsnehmer erfolgt. Das gilt nicht erst dann, wenn die gesicherte Forderung erfüllt und der Anspruch auf Rückübereignung entstanden ist (BGH NJW 78, 1859; *TP/Seiler* § 771 Rz 19). Das Widerspruchsrecht besteht aber nur bis zu dem Zeitpunkt, von dem an der Sicherungsnehmer die Sache verwerten darf (BGH aaO; *TK/Loose* Rz 10). 17

18 **e) Sondervermögen.** Der Verwalter fremden Vermögens (zB Insolvenzverwalter, Nachlassverwalter usw) kann Vollstr wegen seiner privaten StSchulden in das Sondervermögen oder umgekehrt der Vollstreckung von Ansprüchen gegen das Sondervermögen widersprechen (s oben Rz 5).

19 **f) Besitz.** Besitz ist kein Recht iSv Abs 1. Für unbewegliche Sachen ist das hM; für bewegliche Sachen muss das Gleiche gelten, weil aus dem Besitz als bloß tatsächlicher Sachherrschaft nicht folgt, dass die Sache zum Vermögen des Besitzers gehört (*TP/Seiler* § 771 Rz 21; *TK/Loose* Rz 12; aA *HHSp/Müller-Eiselt* Rz 21; *BLAH/Hartmann* § 771 Rz 15, die das Recht zum Besitz zu den nach § 771 ZPO = § 262 geschützten Rechten zählen). Anders kann dies sein, wenn dem Besitzer die Eigentumsvermutung des § 1006 zu Gute kommt (vgl BGH NJW 04, 217). Dann geht es aber um das Eigentum als Recht iSv § 262 Abs 1.

20 **9. § 772 ZPO Drittwiderspruchsklage bei Veräußerungsverbot**

[1] Solange ein Veräußerungsverbot der in den §§ 135, 136 des Bürgerlichen Gesetzbuchs bezeichneten Art besteht, soll der Gegenstand, auf den es sich bezieht, wegen eines persönlichen Anspruchs oder auf Grund eines infolge des Verbots unwirksamen Rechts nicht im Wege der Zwangsvollstreckung veräußert oder überwiesen werden. [2] Auf Grund des Veräußerungsverbots kann nach Maßgabe des § 771 Widerspruch erhoben werden.

Unter diese Vorschrift fallen nur **relative Veräußerungsverbote,** die zugunsten bestimmter Personen wirken (§§ 135, 136 BGB). Veräußerungsverbote nach § 135 BGB kommen kaum vor (*Palandt/Ellenberger* BGB, §§ 135, 136 Rz 3). Keine Veräußerungsverbote iSv § 135 BGB enthalten §§ 399 (BGHZ 40, 160), 717, 719 BGB (BGHZ 13, 183; aA für § 719 RGZ 92, 401) und die Verfügungsbeschränkungen nach §§ 1365 ff, 1423 ff, 1643 ff, 1812 ff und 2211 BGB (*Palandt/Ellenberger* BGB, §§ 135, 136 Rz 2a; vgl auch *TK/Loose* Rz 17 mwN). Wichtiger sind daher die behördlichen Veräußerungsverbote nach § 136 BGB. Dazu gehöreninsbes das Veräußerungsverbot nach § 23 ZVG und durch eine einstweilige Verfügung (§ 938 II ZPO). Nicht darunter fallen Insolvenz (§ 21 II Nr 2 InsO, § 89 InsO), Vormerkung (§ 883 BGB), Widerspruch (§ 899 BGB), die als absolute Veräußerungsverbote unter § 134 BGB fallen.

21 **10. Wirkung der Einwendungen.** Die Einwendung wirkt nur, wenn sie geltend gemacht wird. Auch wenn dagegen verstoßen wird, sind alle VollstrMaßnahmen wirksam. Ablehnen soll das VollstrOrgan lediglich die Veräußerung (Versteigerung § 817 ZPO, freihändiger Verkauf § 825 ZPO, Zwangsversteigerung § 35 ZVG) und Überweisung (§ 835 ZPO). Die Pfändung kann nicht abgelehnt werden (außer im Fall des § 21 II Nr 3 InsO), sie folgt im Range nur nach. Ist Gegenstand eine Forderung, darf dagegen nicht aufgerechnet werden (RGZ 80, 33).

22 **11. Berechtigter.** Zur Widerspruchsklage berechtigt ist der, der durch das Veräußerungsverbot geschützt wird.

23 **12. § 773 ZPO Drittwiderspruchklage des Nacherben**

[1] Ein Gegenstand, der zu einer Vorerbschaft gehört, soll nicht im Wege der Zwangsvollstreckung veräußert oder überwiesen werden, wenn die Veräußerung oder die Überweisung im Falle des Eintritts der Nacherbfolge nach § 2115 des Bürgerlichen Gesetzbuchs dem Nacherben gegenüber unwirksam ist. [2] Der Nacherbe kann nach Maßgabe des § 771 Widerspruch erheben.

13. Voraussetzungen. Die Vorschrift schützt den Nacherben bei Vollstreckungen gegen den Vorerben. Nach § 2115 BGB sind Verfügungen über einen Erbschaftsgegenstand bei Eintritt der Nacherbfolge unwirksam, wenn sie das Recht des Nacherben vereitelt oder beeinträchtigt. Die Vorschrift **gilt nicht,** wenn wegen StForderungen vollstreckt wird, **die den Nachlass betreffen** (§ 2115 S 2 BGB), ferner dann nicht, wenn in einen Erbschaftsgegenstand aufgrund eines dinglichen Rechts vollstreckt wird, das bei Eintritt der Nacherbfolge gegen den Nacherben wirkt (RGZ 133, 264; *TK/Loose* Rz 20; *HHSp/Müller-Eiselt* Rz 33).

14. Wirkung. Die Wirkung ist die gleiche wie bei § 772 ZPO. Verhindert werden kann wiederum **nur die Veräußerung und Überweisung,** nicht aber die Pfändung oder Eintragung einer Zwangshypothek, die Anordnung der Zwangsverwaltung oder Zwangsversteigerung. Pfändung und Zwangshypothek können aber nach § 262 beseitigt werden, sobald der Nacherbfall eingetreten ist (*HHSp/Müller-Eiselt* Rz 33). Der Nacherbe hat die Vollstreckung zu dulden, soweit der Vorerbe von der Vollstreckung nach § 2136 BGB befreit ist (*TK/Loose* Rz 21). 24

15. § 774 ZPO Drittwiderspruchsklage des Ehegatten oder Lebenspartners 25

Findet nach § 741 die Zwangsvollstreckung in das Gesamtgut statt, so kann ein Ehegatte oder Lebenspartner nach Maßgabe des § 771 Widerspruch erheben, wenn das gegen den anderen Ehegatten oder Lebenspartner ergangene Urteil in Ansehung des Gesamtgutes ihm gegenüber unwirksam ist.

16. Voraussetzungen. Die Vorschr betrifft nur den **Sonderfall,** dass nach § 741 ZPO **bei ehelicher Gütergemeinschaft** in das Gesamtgut vollstreckt wird. Sie setzt voraus, dass einer der Ehegatten oder Lebenspartner, der das Gesamtgut nicht oder nicht allein verwaltet, selbständig ein Erwerbsgeschäft betreibt. In diesem Fall ist zur Zwangsvollstreckung in das Gesamtgut ein gegen ihn ergangenes Urteil ausreichend. § 774 ZPO gibt dem anderen Ehegatten oder Lebenspartner jedoch ein Widerspruchsrecht, wenn das gegen den anderen Ehegatten oder Lebenspartner ergangene Urteil in Ansehung des Gesamtguts ihm ggü unwirksam ist. Anwendungsfälle sind: Eintragung eines Widerspruchs des anderen Ehegatten gegen den Betrieb des Erwerbsgeschäfts in das Güterrechtsregister (§ 263 Rz 12 ff), Nichtkenntnis des anderen Ehegatten vom Betrieb des Erwerbsgeschäftes, Nichtvorliegen einer Geschäftsschuld.

Die Vorschr findet **keine Anwendung**, wenn die Ehegatten aufgrund Zusammenveranlagung Gesamtschuldner sind.

17. Wirkung. Die Wirkung ist die gleiche wie bei §§ 772, 773 ZPO. Anders als bei diesen Vorschr kann aber nicht nur gegen die Veräußerung oder Überweisung, sondern gegen alle VollstrMaßnahmen vorgegangen werden. 26

18. § 769 ZPO Einstweilige Anordnungen 27

(1) [1] Das Prozessgericht kann auf Antrag anordnen, dass bis zum Erlass des Urteils über die in den §§ 767, 768 bezeichneten Einwendungen die Zwangsvollstreckung gegen oder ohne Sicherheitsleistung eingestellt oder nur gegen Sicherheitsleistung fortgesetzt werde und dass Vollstreckungsmaßregeln gegen Sicherheitsleistung aufzuheben seien. [2] Es setzt eine Sicherheitsleistung für die Einstellung der Zwangsvollstreckung nicht fest, wenn der Schuldner zur Sicherheitsleistung nicht in der Lage ist und die Rechtsverfolgung durch ihn hinreichende Aussicht auf Erfolg bietet. [3] Die tatsächlichen Behauptungen, die den Antrag begründen, sind glaubhaft zu machen.

(2) [1] In dringenden Fällen kann das Vollstreckungsgericht eine solche Anordnung erlassen, unter Bestimmung einer Frist, innerhalb der die Entscheidung des Prozessgerichts beizubringen sei. [2] Nach fruchtlosem Ablauf der Frist wird die Zwangsvollstreckung fortgesetzt.

(3) Die Entscheidung über diese Anträge ergeht durch Beschluss.

(4) Im Fall der Anhängigkeit einer auf Herabsetzung gerichteten Abänderungsklage gelten die Absätze 1 bis 3 entsprechend.

19. Anwendungsbereich. Die Vorschr ermöglicht es dem Prozessgericht, bis zum Erlass des Urteils über die Einwendungen des Dritten durch einstweilige Anordnung die Zwangsvollstreckung gegen oder ohne Sicherheitsleistung einzustellen. Vollstreckungsmaßnahmen können nur gegen Sicherheitsleistung aufgehoben werden, da § 771 III 2 ZPO nicht in § 262 übernommen wurde. Die Anordnung der Fortsetzung der Vollstreckung nur gegen Sicherheitsleistung der FinBeh wird in der Praxis nicht vorkommen. Für die Sicherheiten gelten §§ 108 ff ZPO und nicht §§ 240 ff AO, da es sich um prozessuale Sicherheiten handelt (*TK/Loose* Rz 35).

28 Zuständig für die einstweilige Anordnung ist das **Prozessgericht,** das für die Widerspruchsklage zuständig wäre. Der Finanzrechtsweg ist nicht gegeben (FG Brem EFG 90, 557). Das Rechtsschutzbedürfnis für diese einstweilige Anordnung besteht nur, wenn das FA nicht freiwillig dem Widerspruch des Dritten Rechnung trägt. In dringenden Fällen kann entspr § 769 II ZPO **auch die VollstrBehörde** eine solche Anordnung erlassen. Diese stehen unter dem Vorbehalt etwaiger späterer Anordnungen des Gerichts.

29 Der Beschluss über die einstweilige Anordnung oder ihre Ablehnung ist unanfechtbar (BGH NJW 04, 2225; FamRZ 06, 696; zum Streitstand vgl *BLAH/Hartmann* § 769 Rz 12 ff mwN). Die Beschwerde kann vom Gericht jedoch als Abänderungsantrag ausgelegt werden (*BG/Zeller-Müller* Rz 35).

30 **20. § 770 ZPO Einstweilige Anordnungen im Urteil**

[1] Das Prozessgericht kann in dem Urteil, durch das über die Einwendungen entschieden wird, die in dem vorstehenden Paragraphen bezeichneten Anordnungen erlassen oder die bereits erlassenen Anordnungen aufheben, abändern oder bestätigen. [2] Für die Anfechtung einer solchen Entscheidung gelten die Vorschriften des § 718 entsprechend.

21. Anwendungsbereich. Mit Erlass des Urteils über die Widerspruchsklage treten die Anordnungen nach § 769 außer Kraft. Durch § 770 können deshalb einstweilige Anordnungen im Urteil erlassen werden, die bis zur Rechtskraft wirken und mit ihr außer Kraft treten. Die Entscheidung ergeht auf Antrag oder von Amts wegen. Ebenso wie nach § 769 ZPO kann die einstweilige Aufhebung von VollstrMaßnahmen nicht ohne Sicherheitsleistung erfolgen. Da die Entscheidung nach § 770 ZPO Teil des Urteils ist, ist sie nur zusammen mit diesem und mit dessen Rechtsmitteln anfechtbar.

§ 263 Vollstreckung gegen Ehegatten oder Lebenspartner

Für die Vollstreckung gegen Ehegatten oder Lebenspartner sind die Vorschriften der §§ 739, 740, 741, 743, 744a und 745 der Zivilprozessordnung entsprechend anzuwenden.

Geändert durch G v 18.7.14 (BGBl I, 1042).

Übersicht

1. Inhalt. Die Vorschrift regelt Besonderheiten bei der Vollstreckung gegen Ehegatten oder Lebenspartner. Allgemein gilt, dass nur in das Vermögen des Ehegatten oder Lebenspartners vollstreckt werden darf, der aus dem Steuerschuldverhältnis zur Leistung verpflichtet ist. Wenn trotzdem in das Vermögen des anderen Ehegatten oder Lebenspartners vollstreckt wird, hat dieser die Rechte aus § 262. Jedoch erfordert der Gläubigerschutz, Einwände auszuschließen, der gepfändete Gegenstand gehöre dem anderen oder beiden Ehegatten bzw Lebenspartnern. Daher verweist § 263 auf die Gewahrsamsvermutung des § 739 ZPO und mit diesem auf die Eigentumsvermutung des § 1362 BGB. 1

Besonderheiten gelten nach § 263 jedoch nur, soweit die **Eigentumsvermutung des § 1362 BGB** reicht (§ 739 ZPO) und bei der **Gütergemeinschaft** (§§ 740, 741, 743 und 745 ZPO). In diesen besonderen Fällen wirkt der stl Anspruch gegen den einen Ehegatten oder Lebenspartner unmittelbar gegen den anderen. Eines Leistungsgebots bedarf es nur gegen den Ehegatten oder Lebenspartner, der StSchuldner ist, nicht gegen den anderen. Der andere ist unmittelbar aufgrund des Leistungsgebots zur Duldung der Vollstreckung verpflichtet (Ausnahme § 743 ZPO und die unten bei Rz 9 behandelten Fälle). Es kann aber auch aufgrund der Duldungspflicht ein gesonderter Duldungsbescheid ergehen. Das kann dann wichtig sein, wenn der andere Ehegatte oder Lebenspartner selbständiger VollstrSchuldner werden soll, um ihn zB zur Abgabe einer eidesstattlichen Versicherung nach § 284 zu verpflichten (*HHSp/Müller-Eiselt* Vor §§ 263 bis 267 Rz 3). 2

Wichtig ist, dass die Vorschr nur Bedeutung hat, wenn sich die StForderung ausschließlich gegen einen Ehegatten richtet. Bei **Zusammenveranlagung** haften die Eheleute nach § 44 I 1 als Gesamtschuldner, sodass in jedem Fall (Ausnahme nach Aufteilung der Schuld) sowohl in das Vermögen jedes Einzelnen als auch bei Gütergemeinschaft in das Gesamtgut vollstreckt werden kann. Voraussetzung ist nach § 254 (s § 254 Rz 5) nur, dass gegen beide Eheleute ein Leistungsgebot ergangen ist, ggf in einem zusammengefassten Steuerbescheid nach § 155 II. 3

Liegen die Voraussetzungen der in § 263 genannten ZPO-Vorschrift für die Drittwirkung des Leistungsgebots nicht vor (zB bei Vollstreckung in das Vorbehaltsgut oder trotz Eintragung eines Einspruchs in das Güterregister, vgl § 262 Rz 26) oder kann die Vermutung des § 1362 durch den Nachweis des vorehelichen Erwerbs widerlegt werden, kann der Ehegatte oder Lebenspartner, der nicht StSchuldner ist, nach § 262 vorgehen und der Vollstreckung widersprechen (*HHSp/Müller-Eiselt* Rz 3; *TK/Loose* Rz 4). Parallel dazu ist gegen die VollstrMaßnahme der Einspruch und der **Finanzrechtsweg** gegeben. 4

2. § 739 ZPO Gewahrsamsvermutung bei Zwangsvollstreckung gegen Ehegatten und Lebenspartner 5

(1) Wird zugunsten der Gläubiger eines Ehemannes oder der Gläubiger einer Ehefrau gemäß § 1362 des Bürgerlichen Gesetzbuchs vermutet, dass der Schuldner Eigentümer beweglicher Sachen ist, so gilt, unbeschadet der Rechte Dritter, für die Durchführung der Zwangsvollstreckung nur der Schuldner als Gewahrsamsinhaber und Besitzer.

(2) Absatz 1 gilt entsprechend für die Vermutung des § 8 Abs. 1 des Lebenspartnerschaftsgesetzes zugunsten der Gläubiger eines der Lebenspartner.

3. Anwendungsbereich. Die Vorschrift ist **bei allen Güterständen** (vgl §§ 1363, 1414, 1415 BGB), bei Gütergemeinschaft (§ 1415 BGB) jedoch nur für

Sonder- und Vorbehaltsgut (§§ 1417, 1418 BGB) **anwendbar.** Für das Gesamtgut gelten die §§ 740 bis 745 ZPO. Die Vorschrift ist nur insoweit anwendbar, als die Vermutung des § 1362 BGB reicht. Voraussetzung ist danach, dass zum Zeitpunkt der Vollstreckung die Ehe besteht. § 739 gilt nicht für Sachen, die der andere Ehegatte in Besitz hat, wenn die Ehegatten getrennt leben (§ 1362 I 2 BGB). Die Vorschrift gilt nach Abs 2 auch für die eingetragenen Lebenspartnerschaften, für die es in § 8 des Lebenspartnerschaftsgesetzes (LPartG) eine dem § 1362 BGB entsprechende Vermutung gibt. Keine Anwendung findet § 263 bei einer nichtehelichen Lebensgemeinschaft (*TK/Loose* Rz 3). Die Eigentumsvermutung des § 1362 BGB gilt auch nicht, wenn andere Personen, zB Kinder und sonstige Angehörige in der Wohnung Sachen des Ehegatten oder Lebenspartners in Besitz haben. Sie gilt zudem **nur bei beweglichen Sachen,** die nicht für die ausschl zum persönlichen Gebrauch eines Ehegatten oder eingetragenen Lebenspartners bestimmten sind, so zB nicht für Kleidungsstücke, Schmuck, Armbanduhren, Arbeitsgeräte. Belanglos ist, welcher der Ehegatten oder Lebenspartner diese Sachen in Besitz oder Gewahrsam hat. Die Vermutung gilt auch nicht für Sachen, die zu einem vom Haushalt räumlich getrennten Erwerbsgeschäft gehören, das ein Ehegatte oder Lebenspartner erkennbar als alleiniger Inhaber betreibt.

6 **4. Wirkung.** Die Vorschrift verhindert, dass sich bei Vollstreckung gegen einen Ehegatten oder eingetragenen Lebenspartner der andere Ehegatte oder Lebenspartner auf den im Normalfall mit der Ehe oder Lebenspartnerschaft verbundenen Mitbesitz oder Mitgewahrsam an den Sachen der beiden Eheleute oder Lebenspartner beruft. Ohne die Vorschr wäre eine Pfändung dieser Sache nach § 286 IV nur möglich, wenn der andere Ehegatte oder Lebenspartner zur Herausgabe bereit wäre.

7 Die Eigentumsvermutung des § 1362 BGB oder § 8 LPartG, an die § 739 ZPO anknüpft, ist **widerlegbar.** Dazu muss der Ehegatte oder eingetragene Lebenspartner, gegen den sich der Steuerbescheid und das Leistungsgebot nicht richtet, den Weg des § 262 gehen oder Einspruch gegen die VollstrMaßnahme einlegen (vgl BGH NJW 76, 238; *TK/Loose* Rz 4). Gelingt die Widerlegung nicht, wird unwiderlegbar vermutet, dass der VollstrSchuldner Alleinbesitz und Alleingewahrsam hat.

8 **5. § 740 ZPO Zwangsvollstreckung in das Gesamtgut**

(1) Leben die Ehegatten oder Lebenspartner in Gütergemeinschaft und verwaltet einer von ihnen das Gesamtgut allein, so ist zur Zwangsvollstreckung in das Gesamtgut ein Urteil gegen diesen Ehegatten oder Lebenspartner erforderlich und genügend.

(2) Verwalten die Ehegatten oder Lebenspartner das Gesamtgut gemeinschaftlich, so ist die Zwangsvollstreckung in das Gesamtgut nur zulässig, wenn beide Ehegatten oder Lebenspartner zur Leistung verurteilt sind.

6. Anwendungsbereich. Anders als § 739 ZPO gilt die Vorschrift nicht nur bei Vollstreckung in bewegliche Sachen, sondern **für jede Art der Vollstreckung.** Es muss sich um eine bestehende Gütergemeinschaft handeln (§§ 1414 ff BGB). Ist die Gütergemeinschaft erst eingetreten, nachdem ein Leistungsgebot gegen den das Gesamtgut nicht oder nicht allein verwaltenden Ehegatten ergangen ist, ist die Vollstreckung in das Gesamtgut zwar auch zulässig. Es bedarf aber eines besonderen, den Vorschr der §§ 727, 730 bis 732 ZPO entsprechenden Leistungsgebots, das dem anderen Ehegatten oder Lebenspartner bekannt zu geben ist. Das Gleiche gilt für die Vollstreckung in das Gesamtgut aus einem Leistungsgebot, welches vor Beendigung der Gütergemeinschaft rechtsbeständig geworden ist und danach vollstreckt werden soll (§§ 742, 744 ZPO).

Die Vorschr gilt nur bei Vollstreckung in das Gesamtgut (§ 1416 BGB), nicht aber hinsichtlich des Sonder- und Vorbehaltsguts und nicht in den Fällen des § 741 ZPO, der die Vollstreckung in das Gesamtgut bei einem Erwerbsgeschäft regelt (Rz 12 ff).

7. Alleinverwaltung. Bei Alleinverwaltung (s dazu § 1421 BGB) ist ein Bescheid gegen den verwaltenden Ehegatten oder Lebenspartner notwendig und genügend. 9

8. Gemeinschaftliche Verwaltung. Wird das Gesamtgut gemeinschaftlich verwaltet, so ist die Vollstreckung nur möglich, wenn sich der VA und das Leistungsgebot gegen beide Ehegatten oder Lebenspartner richten. Ein Leistungsbescheid gegen den einen und ein Duldungsbescheid gegen den anderen Ehegatten oder Lebenspartner reichen nicht aus (LG München DGVZ 82, 188; *BLAH/Hartmann* § 740 Rz 6; *TP/Seiler* § 740 Rz 3). Zur Zusammenveranlagung s oben Rz 4. 10

9. Fehlen des erforderlichen VA. Fehlt der VA gegen den verwaltenden Ehegatten, so ist die Zwangsvollstreckung unzulässig und darf nicht durchgeführt werden. Beide Ehegatten oder Lebenspartner haben die Möglichkeit des Einspruchs und anschließend des Finanzrechtswegs. Die Klagemöglichkeit nach § 262 ist gegeben, wenn ein Ehegatte oder Lebenspartner geltend macht, dass das Gesamtgut nach den Vorschriften des BGB nicht für den Anspruch haftet (*BLAH/Hartmann* § 740 Rz 11). 11

10. § 741 ZPO Zwangsvollstreckung in das Gesamtgut bei Erwerbsgeschäft 12

Betreibt ein Ehegatte oder Lebenspartner, der in Gütergemeinschaft lebt und das Gesamtgut nicht oder nicht allein verwaltet, selbständig ein Erwerbsgeschäft, so ist zur Zwangsvollstreckung in das Gesamtgut ein gegen ihn ergangenes Urteil genügend, es sei denn, dass zur Zeit des Eintritts der Rechtshängigkeit der Einspruch des anderen Ehegatten oder Lebenspartner gegen den Betrieb des Erwerbsgeschäfts oder der Widerruf seiner Einwilligung zu dem Betrieb im Güterrechtsregister eingetragen war.

11. Anwendungsbereich. Die Vorschrift ist wie § 740 ZPO nur bei bestehender Gütergemeinschaft und Zwangsvollstreckung in das Gesamtgut anwendbar. Sie gilt ebenso wie § 740 ZPO für jede Art der Zwangsvollstreckung.

12. Voraussetzungen der Zwangsvollstreckung. Der Ehegatte oder Lebenspartner, der nicht oder nur gemeinschaftlich das Gesamtgut verwaltet (§ 1421 BGB), muss selbständig ein Erwerbsgeschäft betreiben; Erwerbsgeschäft ist jedes Gewerbe, aber auch jeder freie Beruf. In diesem Fall reicht ein gegen ihn ergangenes Urteil zur Vollstreckung in das Gesamtgut aus. 13

13. Fehlen der Voraussetzungen. Dies gilt jedoch nicht, wenn zum Zeitpunkt des Erlasses des zu vollstreckenden VA ein Einspruch oder Widerruf im Güterrechtsregister eingetragen ist (§§ 1431 III, 1456 III, 1417 BGB). Dies gilt auch dann, wenn die FinBeh (Gläubiger) bei Erlass des VA den Einspruch oder Widerruf trotz der fehlenden Eintragung kennt (*BLAH/Hartmann* § 741 Rz 5). In diesem Fall ist der Einspruch oder eine Klage nach § 262 Rz 25 gegeben. 14

14. § 743 ZPO Beendete Gütergemeinschaft 15

Nach der Beendigung der Gütergemeinschaft ist vor der Auseinandersetzung die Zwangsvollstreckung in das Gesamtgut nur zulässig, wenn
1. beide Ehegatten oder Lebenspartner zu der Leistung verurteilt sind oder
2. der eine Ehegatte oder Lebenspartner zu der Leistung verurteilt ist und der andere zur Duldung der Zwangsvollstreckung.

15. Anwendungsbereich. Die Gütergemeinschaft kann durch Vertrag (§ 1408 BGB), Urteil (§§ 1449, 1470 BGB) oder Auflösung der Ehe beendet werden.

Da bei beendeter Gütergemeinschaft eine gemeinsam verwaltete Gesamthand fortbesteht, bis auseinandergesetzt ist (§ 1472 BGB), ist die Vorschr erforderlich. Sie ist nur solange relevant, als das Gesamtgut noch nicht auseinandergesetzt ist. Für erst nach Beendigung der Gütergemeinschaft entstehende Steuerschulden haftet das Gesamtgut nicht mehr (*HHSp/Müller-Eiselt* Rz 35).

16 **16. Voraussetzung der Vollstreckung.** Es müssen entweder ein oder zwei getrennte VA **gegen beide Ehegatten oder Lebenspartner** vorliegen. Anders als nach § 740 II ZPO braucht es sich nicht in beiden Fällen um einen Leistungsbescheid zu handeln, sondern es kann nach § 191 I auch ein Duldungsbescheid gegen einen der Ehegatten oder Lebenspartner ergehen (*TK/Loose* Rz 12).

17 **17. Fehlen der Voraussetzungen.** Liegt ein VA gegen beide Ehegatten oder Lebenspartner nicht vor, sind der Einspruch und der Finanzrechtsweg gegeben. Wenn dagegen einer der Ehegatten oder Lebenspartner geltend machen will, dass das Gesamtgut nicht haftet, muss er den Weg des § 262 gehen.

18 **18. § 744a ZPO Zwangsvollstreckung bei Eigentums- und Vermögensgemeinschaft**

Leben die Ehegatten gemäß Artikel 234 § 4 Abs. 2 des Einführungsgesetzes zum Bürgerlichen Gesetzbuch im Güterstand der Eigentums- und Vermögensgemeinschaft, sind für die Zwangsvollstreckung in Gegenstände des gemeinschaftlichen Eigentums und Vermögens die §§ 740 bis 744, 774 und 860 entsprechend anzuwenden.

19. Anwendungsbereich. Bei der durch den Einigungsvertrag in die ZPO eingefügten Vorschrift **geht es um die neuen Bundesländer.** Sie ist nur anwendbar, wenn einer der Ehegatten bis zum 3.10.1992 ggü einem Kreisgericht (oder Amtsgericht in Berlin) wirksam erklärt hat, dass der bisherige gesetzliche Güterstand der ehemaligen DDR (§§ 12–13 Familiengesetzbuch der DDR) fortgelten solle (s dazu *TP/Seiler* Erläut zu § 744a).

19 **20. § 745 ZPO Zwangsvollstreckung bei fortgesetzter Gütergemeinschaft**

(1) Im Falle der fortgesetzten Gütergemeinschaft ist zur Zwangsvollstreckung in das Gesamtgut ein gegen den überlebenden Ehegatten oder Lebenspartner ergangenes Urteil erforderlich und genügend.

(2) Nach der Beendigung der fortgesetzten Gütergemeinschaft gelten die §§ 743 und 744 mit der Maßgabe, dass

1. an die Stelle desjenigen Ehegatten oder Lebenspartners, der das Gesamtgut allein verwaltet, der überlebende Ehegatte oder Lebenspartner tritt und
2. an die Stelle des anderen Ehegatten oder Lebenspartners die anteilsberechtigten Abkömmlinge treten.

21. Anwendungsbereich. Die fortgesetzte Gütergemeinschaft tritt nach dem Tod eines der in Gütergemeinschaft lebenden Ehegatten oder Lebenspartner ein, aber nicht automatisch, sondern nur kraft Vereinbarung im Ehevertrag (§ 1489 BGB). Da der überlebende Ehegatte dann allein verwaltet, entspricht die Regelung dem § 740 I ZPO. Nach der Beendigung der fortgesetzten Gütergemeinschaft gelten nach § 745 II ZPO bis zur Auseinandersetzung die §§ 743f.

§ 264 Vollstreckung gegen Nießbraucher

Für die Vollstreckung in Gegenstände, die dem Nießbrauch an einem Vermögen unterliegen, ist die Vorschrift des § 737 der Zivilprozessordnung entsprechend anzuwenden.

1 **1. Inhalt.** Die Vorschrift zieht für die Vollstr die Folgerung aus der Haftungsvorschrift des § 1086 BGB. Sie betrifft nur Nießbrauch am gesamten Vermögen (§§ 1085ff BGB). Nießbrauch an einzelnen Sachen (§§ 1030ff BGB) oder Rechten (§§ 1086ff BGB) wird nicht erfasst.

2 **2. § 737 ZPO Zwangsvollstreckung bei Vermögens- oder Erbschaftsnießbrauch**

(1) Bei dem Nießbrauch an einem Vermögen ist wegen der vor der Bestellung des Nießbrauchs entstandenen Verbindlichkeiten des Bestellers die Zwangsvollstreckung in die dem Nießbrauch unterliegenden Gegenstände ohne Rücksicht auf den Nießbrauch zulässig, wenn der Besteller zu der Leistung und der Nießbraucher zur Duldung der Zwangsvollstreckung verurteilt ist.

(2) Das Gleiche gilt bei dem Nießbrauch an einer Erbschaft für die Nachlassverbindlichkeiten.

3. Anwendungsbereich. Der Anspruch aus dem Steuerschuldverhältnis muss vor der Bestellung des Nießbrauchs an dem Vermögen oder der Erbschaft (§ 737 II ZPO) des StSchuldners entstanden sein (*BLAH/Hartmann* § 737 Rz 2). Für den Zeitpunkt der Entstehung der Forderung gelten die gleichen Grundsätze wie im Insolvenzrecht (*Palandt/Bassenge* BGB, § 1086 Rz 1). Es reicht aus, wenn vor dem Zeitpunkt der Nießbrauchsbestellung der Rechtsgrund für die Entstehung der Forderung bereits gelegt ist (§ 251 Rz 23). Soweit der Nießbraucher an verbrauchbaren Sachen Eigentum erlangt hat, kann der nach § 1086 S 2 BGB bestehende Wertersatzanspruch gepfändet werden. 3

4. Voraussetzung der Vollstreckung. Es muss neben dem VA, aufgrund dessen die Vollstreckung betrieben wird, ein weiterer VA auf Duldung gegen den Nießbraucher erlassen werden. 4

§ 265 Vollstreckung gegen Erben

Für die Vollstreckung gegen Erben sind die Vorschriften der §§ 1958, 1960 Abs. 3, § 1961 des Bürgerlichen Gesetzbuchs sowie der §§ 747, 748, 778, 779, 781 bis 784 der Zivilprozessordnung entsprechend anzuwenden.

Übersicht

1. Inhalt. Diese Vorschrift regelt die Besonderheiten der Vollstreckung im Falle der Erbfolge. Für die Vollstreckung gegen Erben sind eine Reihe von Vorschr des BGB und der ZPO sinngemäß anwendbar. Damit wird sichergestellt, dass bei der VerwVollstr nicht anders verfahren wird, als bei der Vollstreckung nach der ZPO. 1

2. § 1958 BGB Gerichtliche Geltendmachung von Ansprüchen gegen den Erben 2

Vor der Annahme der Erbschaft kann ein Anspruch, der sich gegen den Nachlass richtet, nicht gegen den Erben gerichtlich geltend gemacht werden.

Die Schwebezeit bis zur Annahme oder bis zum Ablauf der Ausschlussfrist soll der vorläufige Erbe zur Überlegung und Prüfung des Nachlasses verwenden. Er ist daher vor der gerichtlichen Inanspruchnahme geschützt und zur Fortsetzung eines durch Tod des Erblassers unterbrochenen Prozesses nicht verpflichtet (§ 239 V ZPO; vgl *Palandt/Weidlich* BGB § 1958 Rz 1).

Auf die AO übertragen, bedeutet dies, dass bis zur Annahme der Erbschaft oder bis zum Ablauf der Sechs-Wochenfrist des § 1944 BGB wegen Nachlassverbindlichkeiten kein vollstreckbarer VA, dh kein Steuerbescheid und vor allem kein 3

Leistungsgebot ergehen darf (*HHSp/Müller-Eiselt* Rz 12). Bereits gegen den Erblasser ergangene StBescheide wirken allerdings nach § 45 ohne Weiteres gegen den Erben. Dennoch ist nach § 254 I 3 ein Leistungsgebot gegen den Erben erforderlich. Die Verweisung auf § 1958 BGB richtet sich also nicht erst gegen die eigentliche Vollstreckung, sondern verhindert bereits, dass die Voraussetzungen für den Beginn der Vollstreckung eintreten (*HHSp/Müller-Eiselt* Rz 12).

4 Will die Behörde trotzdem vor Annahme der Erbschaft oder Ablauf der Ausschlagungsfrist die Voraussetzungen der Vollstreckung schaffen, muss sie nach § 1961 BGB vorgehen (s unten Rz 8), wenn nicht ohnehin nach § 1960 BGB ein Nachlasspfleger eingesetzt ist oder der Nachlass der Testamentsvollstreckung unterliegt (§ 748 ZPO, s unten Rz 10). Die Vollstreckung ist dann nur in den Nachlass möglich (§ 778 ZPO, s unten Rz 11). Eine Vollstreckung, die zZt des Todes des Schuldners gegen ihn bereits begonnen hatte, kann ohne Weiteres in den Nachlass fortgesetzt werden (§ 779 ZPO, s unten Rz 12).

5 **Nachlassverbindlichkeiten** sind nach §§ 1987 ff BGB die Steuerschulden, die vom Erblasser herrühren, ferner die Erbfallschulden, die aus Anlass des Erbfalls entstehen (Erbschaftsteuer) und schließlich die Nachlasserbenschulden, die sich aus der notwendigen Verwaltung des Nachlasses (zB Lohn- und Umsatzsteuer aus Fortführung von Erwerbsgeschäft) ergeben (*Palandt/Weidlich* BGB, § 1967 Rz 1 ff; vgl auch BFH BStBl 98, 705), näher hierzu § 45 Rz 16.

6 **3. § 1960 III BGB Sicherung des Nachlasses; Nachlasspfleger**

(1), (2) …

(3) Die Vorschrift des § 1958 findet auf den Nachlasspfleger keine Anwendung.

Der Nachlasspfleger wird vom Nachlassgericht bestellt. Er ist gesetzlicher Vertreter des zukünftigen Erben (RGZ 106, 46). Der Nachlasspfleger kann einen Prozess über den Nachlass führen. Er kann, wenn es zur ordnungsmäßigen Verwaltung und Erhaltung des Nachlasses, etwa zur Verhütung von Schäden, unnötigen Prozessen und Kosten geboten ist, vorhandene Nachlassgläubiger befriedigen und hierzu Nachlassgegenstände veräußern (BGH DRiZ 66, 395), jedoch nur nach Kräften des Nachlasses und unter Berücksichtigung der beschränkten Erbenhaftung (vgl *Palandt/Weidlich* BGB § 1960, Rz 15 und 17).

Besteht eine Nachlasspflegschaft, kann somit ein Steuerbescheid gegen den Nachlasspfleger ergehen. Ferner kann ein Leistungsbescheid erlassen werden, der auch für den Fall der Nichtzahlung auf Duldung der Vollstreckung in das Nachlassvermögen gerichtet ist. Die Schwebezeit des § 1958 BGB steht dem nicht entgegen. Der Nachlasspfleger hat im Rahmen der vorgenannten Pflichten zu entscheiden, ob er den steuerlichen Anspruch erfüllt oder die Vollstreckung duldet. Für die Vollstreckung gilt § 778 ZPO (s unten Rz 11).

7 Ebenso wie bei Nachlasspflegschaft kann die VollstrBehörde bei Nachlassverwaltung (§ 1984 II BGB) und bei Testamentsvollstreckung (§ 748 ZPO, s unten Rz 10) die notwendigen VA schon vor Annahme der Erbschaft und Ablauf der Ausschlagungsfrist erlassen.

8 **4. § 1961 BGB Nachlasspflegschaft auf Antrag**

Das Nachlassgericht hat in den Fällen des § 1960 Abs. 1 einen Nachlasspfleger zu bestellen, wenn die Bestellung zum Zwecke der gerichtlichen Geltendmachung eines Anspruchs, der sich gegen den Nachlass richtet, von dem Berechtigten beantragt wird.

Da § 1958 gem § 1960 III auf den Nachlasspfleger keine Anwendung findet, wird den Nachlassgläubigern durch § 1961 die Möglichkeit gegeben, ihre Ansprüche auch vor Annahme der Erbschaft zu verfolgen. Auf die AO übertragen bedeutet dies, dass die FinBeh mit der Begründung, einen Steuerbescheid oder Leistungsgebot gegen den Nachlass erlassen zu wollen, die Nachlasspflegschaft beantragen kann (vgl *Palandt/Weidlich* BGB, § 1961 Rz 1).

5. § 747 ZPO Zwangsvollstreckung in ungeteilten Nachlass 9

Zur Zwangsvollstreckung in einen Nachlass ist, wenn mehrere Erben vorhanden sind, bis zur Teilung ein gegen alle Erben ergangenes Urteil erforderlich.

Grund der Vorschrift ist die Gesamthandberechtigung der Miterben (§§ 2032 I und 2033 II BGB). Die Vorschr gilt nur bei Zwangsvollstreckung in einen Nachlass, sofern er einer Erbengemeinschaft (§ 2032 BGB) zusteht, und bis zur vollzogenen Auseinandersetzung (vgl § 2042 BGB). Die Zwangsvollstr darf beim Tode des Erblassers noch nicht begonnen haben; falls sie vorher begann, gilt § 779 ZPO. Der vollstreckbare Anspruch ist idR eine Nachlassverbindlichkeit, kann aber auch ein anderer Anspruch sein, für den die Erben aus demselben Rechtsgrund als Gesamtschuldner haften (BGHZ 53, 110). Voraussetzung für die Vollstreckung ist, dass ein vollstreckbarer VA gegen alle Miterben vorliegt. Ein bereits gegen den Erblasser ergangener VA wirkt allerdings nach § 45 gegen alle Miterben. In diesem Fall muss sich aber das nach § 254 I 3 noch erforderliche Leistungsgebot gegen alle Miterben richten und allen Miterben bekannt gemacht werden (s § 254 Rz 5). Erforderlich ist nicht ein einheitlicher VA gegen alle Miterben. Es genügen auch inhaltlich gleiche VA gegen die einzelnen Miterben (BGHZ 53, 113; *BLAH/Hartmann* § 747 Rz 2). Fehlt der vollstreckbare VA oder das Leistungsgebot gegen einen Miterben, ist die Zwangsvollstreckung unzulässig (vgl *TP/Seiler* § 747 Rz 4).

6. § 748 ZPO Zwangsvollstreckung bei Testamentsvollstrecker 10

(1) Unterliegt ein Nachlass der Verwaltung eines Testamentsvollstreckers, so ist zur Zwangsvollstreckung in den Nachlass ein gegen den Testamentsvollstrecker ergangenes Urteil erforderlich und genügend.

(2) Steht dem Testamentsvollstrecker nur die Verwaltung einzelner Nachlassgegenstände zu, so ist die Zwangsvollstreckung in diese Gegenstände nur zulässig, wenn der Erbe zu der Leistung, der Testamentsvollstrecker zur Duldung der Zwangsvollstreckung verurteilt ist.

(3) Zur Zwangsvollstreckung wegen eines Pflichtteilanspruchs ist im Falle des Absatzes 1 wie im Falle des Absatzes 2 ein sowohl gegen den Erben als gegen den Testamentsvollstrecker ergangenes Urteil erforderlich.

Ist Testamentsvollstreckung angeordnet, gilt § 748 ab dem Tode des Erblassers. Dem Erben fehlt die Verfügungsbefugnis. Der vollstreckbare VA muss sich gegen den Testamentsvollstrecker richten (BFH BStBl 88, 120). Ein Titel gegen den Erben ist entbehrlich. Ist bereits ein vollstreckbarer VA gegen den Erben ergangen, genügt ein Duldungs-Bescheid gegen den Testamentsvollstrecker (vgl BFH BStBl 88, 120). Bei beschränkter Verwaltung sind Steuerbescheid und Leistungsgebot gegen Erben und Leistungsgebot oder Duldungsbescheid gegen Testamentsvollstrecker (vgl *BLAH/Hartmann* § 748 Rz 4) erforderlich.

7. § 778 ZPO Zwangsvollstreckung vor Erbschaftsannahme 11

(1) Solange der Erbe die Erbschaft nicht angenommen hat, ist eine Zwangsvollstreckung wegen eines Anspruchs, der sich gegen den Nachlass richtet, nur in den Nachlass zulässig.

(2) Wegen eigener Verbindlichkeiten des Erben ist eine Zwangsvollstreckung in den Nachlass vor der Annahme der Erbschaft nicht zulässig.

§ 778 gilt für jede Art von Zwangsvollstreckung in Vermögen. Der Erbe darf die Erbschaft noch nicht angenommen haben. Solange ist sein Vermögen und der Nachlass getrennt zu behandeln (§ 1958 BGB). Wegen Nachlassverbindlichkeiten kann vor der Annahme nur in den Nachlass und nur, wenn ein Nachlasspfleger, Testamentsvollstrecker oder Nachlassverwalter vorhanden ist, vollstreckt werden. Nach der Annahme kann auch gegen den Erben in dessen übriges Vermögen und in den Nachlass vollstreckt werden (vgl *TP/Seiler* § 778 Rz 4).

8. § 779 ZPO Fortsetzung der Zwangsvollstreckung nach dem Tod des Schuldners 12

(1) Eine Zwangsvollstreckung, die zur Zeit des Todes des Schuldners gegen ihn bereits begonnen hatte, wird in seinen Nachlass fortgesetzt.

(2) [1] Ist bei einer Vollstreckungshandlung die Zuziehung des Schuldners nötig, so hat, wenn die Erbschaft noch nicht angenommen oder wenn der Erbe unbekannt oder es ungewiss ist, ob er die Erbschaft angenommen hat, das Vollstreckungsgericht auf Antrag des Gläubigers dem Erben einen einstweiligen besonderen Vertreter zu bestellen. [2] Die Bestellung hat zu unterbleiben, wenn ein Nachlasspfleger bestellt ist oder wenn die Verwaltung des Nachlasses einem Testamentsvollstrecker zusteht.

Die Zwangsvollstreckung muss vor dem Tode des Schuldners begonnen haben, wenn nicht, gilt § 778 I ZPO. **Begonnen** hat die **Vollstreckung** dann, **wenn** einzelne VollstrMaßnahmen nach außen hin erkennbar eingeleitet worden sind (zB Pfändungsverfügung, Vorzeigen des VollstrAuftrags usw, vgl *HHSp/Müller-Eiselt* Vor §§ 259–267 Rz 10). Es dürfen nicht nur die begonnenen VollstrMaßnahmen durchgeführt werden, sondern können auch neue eingeleitet und es kann in andere Nachlassgegenstände vollstreckt werden. Die Vorschr betrifft die Zwangsvollstreckung im Ganzen und nicht einzelne VollstrMaßnahmen (hM, vgl *TP/Seiler* § 779 Rz 1).

In den Fällen des Abs 2 darf die Vollstreckung erst fortgesetzt werden, wenn der Vertreter bestellt ist. Die Vertretung ist umfassend für alle bei der Vollstreckung notwendigen Handlungen, insb auch Rechtsbehelfe. Fälle, in denen die Zuziehung des Schuldners und somit vor Annahme der Erbschaft oder Ablauf der Ausschlagungsfrist eine Vertreterbestellung notwendig ist, sind zB §§ 286 III, 307 I 2, 309 I 1, II 3.

13 **9. § 781 ZPO Beschränkte Erbenhaftung in der Zwangsvollstreckung**

Bei der Zwangsvollstreckung gegen den Erben des Schuldners bleibt die Beschränkung der Haftung unberücksichtigt, bis auf Grund derselben gegen die Zwangsvollstreckung von dem Erben Einwendungen erhoben werden.

Nach Annahme der Erbschaft kann die Finbeh sowohl in den Nachlass als auch in das sonstige Vermögen des Erben vollstrecken. Der Erbe kann jedoch durch Nachlassverwaltung und Nachlassinsolvenzverfahren (§ 1975 BGB), Erschöpfungseinreden (§§ 1973, 1974 BGB), Dürftigkeitseinreden (§§ 1990, 1992 BGB; vgl dazu FG BaWü EFG 06, 1229) und Einreden aus § 2059 BGB bei Miterben (s auch näher § 45 Rz 18) seine Haftung beschränken. Solange diese beschränkte Erbenhaftung nicht von Erben als Einwendung gegen die Vollstreckung geltend gemacht wird, bleibt sie unberücksichtigt. Es findet die Vollstreckung in den Nachlass und das gesamte übrige Vermögen des Erben statt.

Die Einwendung der beschränkten Erbenhaftung kann allein im VollstrVerfahren erhoben werden (BFH BStBl 04, 35; 08, 418). Die Einwendungen sind zur Sicherheit mit dem Einspruch nach § 347 AO geltend zu machen (Abschn 31 VollstrA; aA *TK/Loose* Rz 18; *HHSp/Müller-Eiselt* Rz 24 und auch BFH BStBl 98, 705; FG Nds EFG 05, 550; FG BaWü EFG 06, 1229, nach denen eine formlose Erklärung genügt), vgl auch § 45 Rz 18.

14 **10. § 782 ZPO Einreden des Erben gegen Nachlassgläubiger**

[1] Der Erbe kann auf Grund der ihm nach den §§ 2014, 2015 des Bürgerlichen Gesetzbuchs zustehenden Einreden nur verlangen, dass die Zwangsvollstreckung für die Dauer der dort bestimmten Fristen auf solche Maßregeln beschränkt wird, die zur Vollziehung eines Arrestes zulässig sind. [2] Wird vor dem Ablauf der Frist die Eröffnung des Nachlassinsolvenzverfahrens beantragt, so ist auf Antrag die Beschränkung der Zwangsvollstreckung auch nach dem Ablauf der Frist aufrechtzuerhalten, bis über die Eröffnung des Insolvenzverfahrens rechtskräftig entschieden ist.

Die Vorschr betrifft die aufschiebenden Einreden der §§ 2014 und 2015 BGB, während es sich im Gegensatz dazu bei den Einwendungen der beschränkten Erbenhaftung nach § 781 ZPO um endgültige Einwendungen handelt. Nach § 2014 BGB kann der Erbe die Berichtigung von Nachlassverbindlichkeiten bis zu 3 Monaten nach Annahme der Erbschaft, jedoch höchstens bis zur Errichtung des Inventars verweigern. Nach § 2015 BGB steht ihm dieses Verweigerungsrecht bis zur Beendigung eines Aufgebotsverfahrens zu. Die aufschiebenden Einreden sind ggü der VollstrBehörde geltend zu machen. Sie sind nach Abschn 31 I VollstrA als Einspruch zu behandeln. Es empfiehlt sich daher, diese schriftlich oder elektronisch oder zur Niederschrift zu erklären (§ 357 I 1) (aA *TK/Loose* Rz 18; *BG/Zeller-Müller* § 265 Rz 19, wonach eine formlose Erklärung genügt).

11. § 783 ZPO Einreden des Erben gegen persönliche Gläubiger 15

In Ansehung der Nachlassgegenstände kann der Erbe die Beschränkung der Zwangsvollstreckung nach § 782 auch gegenüber den Gläubigern verlangen, die nicht Nachlassgläubiger sind, es sei denn, dass er für die Nachlassverbindlichkeiten unbeschränkt haftet.

Für Nachlassverbindlichkeiten (§ 1967 II) gilt § 782 ZPO, für sonstige Verbindlichkeiten des Erben, die in den Nachlass vollstreckt werden sollen, § 783 ZPO. Zur Form der Einrede s Rz 14.

12. § 784 ZPO Zwangsvollstreckung bei Nachlassverwaltung und -insolvenzverfahren 16

(1) Ist eine Nachlassverwaltung angeordnet oder das Nachlassinsolvenzverfahren eröffnet, so kann der Erbe verlangen, dass Maßregeln der Zwangsvollstreckung, die zugunsten eines Nachlassgläubigers in sein nicht zum Nachlass gehörendes Vermögen erfolgt sind, aufgehoben werden, es sei denn, dass er für die Nachlassverbindlichkeiten unbeschränkt haftet.

(2) Im Falle der Nachlassverwaltung steht dem Nachlassverwalter das gleiche Recht gegenüber Maßregeln der Zwangsvollstreckung zu, die zugunsten eines anderen Gläubigers als eines Nachlassgläubigers in den Nachlass erfolgt sind.

Abs 1 bestimmt, dass bereits erfolgte VollstrMaßnahmen in das nicht zum Nachlass gehörende Vermögen des Erben aufzuheben sind, wenn die Nachlassverwaltung angeordnet oder das Nachlassinsolvenzverfahren eröffnet wurde. Dieses Recht steht dem Erben nicht zu, wenn er für die Nachlassverbindlichkeiten unbeschränkt haftet. Die Vorschrift gilt über Nachlassverwaltung und Nachlassinsolvenzverfahren hinaus entspr für die anderen in Rz 13 genannten Fälle beschränkter Haftung des Erben (hM, s *TP/Seiler* § 784 Rz 2). Vor der Eröffnung der Nachlassverwaltung bzw des Nachlassinsolvenzverfahrens kann sich der Erbe auf §§ 781, 782 ZPO berufen (*TK/Loose* Rz 20). Nach Abs 2 der Vorschr steht dieses Recht auch dem Nachlassverwalter zu, wenn Gläubiger in den Nachlass vollstrecken, die nicht Nachlassgläubiger sind. Dagegen können Nachlassgläubiger mit Duldungstitel gegen den Nachlassverwalter in den Nachlass vollstrecken.

§ 266 Sonstige Fälle beschränkter Haftung

Die Vorschriften der §§ 781 bis 784 der Zivilprozessordnung sind auf die nach § 1489 des Bürgerlichen Gesetzbuchs eintretende beschränkte Haftung, die Vorschrift des § 781 der Zivilprozessordnung ist auf die nach den §§ 1480, 1504 und 2187 des Bürgerlichen Gesetzbuchs eintretende beschränkte Haftung entsprechend anzuwenden.

1. Inhalt. Die Anwendungsfälle der Vorschrift unterscheiden sich grundlegend 1 von denen des § 265. Bei der in § 265 geregelten Vollstreckung gegen Erben geht es im Grundsatz um Fälle der Gesamtrechtsnachfolge. In § 266 handelt es sich dagegen um die Beschränkung der Vollstreckung bei der Haftung für die Steuerverbindlicheiten anderer Personen oder für bestimmte Vermögensmassen (Gesamtgut, Nachlass). Grundlage der Vollstreckung ist daher regelmäßig ein **Haftungsbescheid** nach § 191 I mit einer Zahlungsaufforderung nach § 219 (*HHSp/Müller-Eiselt* Rz 8; *TK/Loose* Rz 1). Das Leistungsgebot nach § 254, das an sich noch hinzukommen müsste, liegt bereits in der Zahlungsaufforderung nach § 219 (BFH/NV 95, 950; s § 254 Rz 4).

Die Einwendungen der Haftungsbeschränkung sind in entspr Anwendung des 2 § 781 ZPO ebenso wie in den Fällen des § 265 (s dort Rz 13 und 14) durch **Ein-**

spruch gegen VollstrMaßnahmen und erforderlichenfalls im **Finanzrechtsweg** geltend zu machen, wenn formlose Gegenvorstellungen bei der VollstrBeh nichts nützen (zu aA s § 265 Rz 13).

3 Die Vollstreckung muss grds begonnen haben. Hier muss allerdings die Androhung von VollstrMaßnahmen genügen, weil der VollstrSchuldner vor seiner Inanspruchnahme als Haftungsschuldner weder in einem Steuer- noch VollstrVerhältnis wegen des stl Anspruchs gestanden hat und daher in der Lage sein muss, möglichst frühzeitig auf Haftungsbeschränkung hinzuweisen und möglicherweise irreparablen Schaden zu vermeiden (*HHSp/Müller-Eiselt* Rz 7). Es muss auch zulässig sein, dass in den Fällen, in denen die Haftungsbeschränkungen bekannt sind, von vornherein entspr § 780 ZPO nur ein Duldungsbescheid erlassen wird, der die Haftungsbeschränkung berücksichtigt (*HHSp/Müller-Eiselt* Rz 8).

4 **2. § 1489 BGB Persönliche Haftung für die Gesamtgutsverbindlichkeiten**

(1) Für die Gesamtgutsverbindlichkeiten der fortgesetzten Gütergemeinschaft haftet der überlebende Ehegatte persönlich.

(2) Soweit die persönliche Haftung den überlebenden Ehegatten nur infolge des Eintritts der fortgesetzten Gütergemeinschaft trifft, finden die für die Haftung des Erben für die Nachlassverbindlichkeiten geltenden Vorschriften entsprechende Anwendung; an die Stelle des Nachlasses tritt das Gesamtgut in dem Bestand, den es zur Zeit des Eintritts der fortgesetzten Gütergemeinschaft hat.

(3) Eine persönliche Haftung der anteilsberechtigten Abkömmlinge für die Verbindlichkeiten des verstorbenen oder des überlebenden Ehegatten wird durch die fortgesetzte Gütergemeinschaft nicht begründet.

Bedeutung hat im Rahmen des § 266 vor allem die Haftungsbeschränkung nach Abs 2 der BGB-Vorschrift. Diese dient dem Schutz des überlebenden Ehegatten vor der Inanspruchnahme seines sonstigen Vermögens gegen den Zugriff der Gesamtgutsgläubiger, denen er erst aufgrund des Eintritts der fortgesetzten Gütergemeinschaft mit seinem sonstigen Vermögen haftet. Die Regelung dient aber auch dem Schutz der Gesamtgutsgläubiger, denen der Überlebende schon vor Beginn der fortgesetzten Gütergemeinschaft nach § 1437 II BGB haftete (*TK/Loose* Rz 4). In diesem Fall sind auf die beschränkte Haftung nach § 1489 BGB nach § 266 die Vorschriften der §§ 781–784 ZPO entsprechend anzuwenden (s § 265 Rz 13 ff). Die anteilsberechtigten Abkömmlinge haften nicht persönlich (§ 1489 III BGB).

5 **3. § 1480 BGB Haftung nach der Teilung gegenüber Dritten**

[1] Wird das Gesamtgut geteilt, bevor eine Gesamtgutsverbindlichkeit berichtigt ist, so haftet dem Gläubiger auch der Ehegatte persönlich als Gesamtschuldner, für den zur Zeit der Teilung eine solche Haftung nicht besteht. [2] Seine Haftung beschränkt sich auf die ihm zugeteilten Gegenstände; die für die Haftung des Erben geltenden Vorschriften der §§ 1990, 1991 sind entsprechend anzuwenden.

Die Vorschr regelt die Folgen, wenn die Gesamtgutsverbindlichkeiten entgegen § 1475 BGB nicht vor der Teilung des Gesamtguts berichtigt werden. Ob das Gesamtgut geteilt ist, bestimmt sich nach den Umständen des Einzelfalles. Auch der Ehegatte, für den vorher eine solche Haftung nicht bestand, kann danach persönl als Haftungsschuldner für die StSchulden des Gesamtguts in Anspruch genommen werden. Er kann dann zwar gegen VollstrMaßnahmen die Einwendung erheben, dass das ihm Zugeteilte zur Befriedigung des steuerlichen Anspruchs nicht ausreicht, muss dann aber das Zugeteilte nach § 1990 BGB zur Vollstreckung herausgeben.

6 **4. § 1504 BGB Haftungsausgleich unter Abkömmlingen**

[1] Soweit die anteilsberechtigten Abkömmlinge nach § 1480 den Gesamtgutsgläubigern haften, sind sie im Verhältnis zueinander nach der Größe ihres Anteils an dem Gesamtgut verpflichtet. [2] Die Verpflichtung beschränkt sich auf die ihnen zugeteilten Gegenstände; die für die Haftung des Erben geltenden Vorschriften der §§ 1990, 1991 finden entsprechende Anwendung.

Die Vorschrift regelt das Innenverhältnis, wenn im Falle der Beendigung der fortgesetzten Gütergemeinschaft die Abkömmlinge nach § 1480 BGB den Gesamtgutsgläubigern haften. Die Verpflichtung beschränkt sich auf die ihnen zugeteilten Gegenstände (s Rz 5).

5. § 2187 BGB Haftung des Hauptvermächtnisnehmers 7

(1) Ein Vermächtnisnehmer, der mit einem Vermächtnis oder einer Auflage beschwert ist, kann die Erfüllung auch nach der Annahme des ihm zugewendeten Vermächtnisses insoweit verweigern, als dasjenige, was er aus dem Vermächtnis erhält, zur Erfüllung nicht ausreicht.

(2) Tritt nach § 2161 ein anderer an die Stelle des beschwerten Vermächtnisnehmers, so haftet er nicht weiter, als der Vermächtnisnehmer haften würde.

(3) Die für die Haftung des Erben geltende Vorschrift des § 1992 findet entsprechende Anwendung.

Ebenso wie der Erbe kann der beschwerte Vermächtnisnehmer die Haftung auf das ihm Zugewendete beschränken.

6. § 1629a BGB Beschränkung der Minderjährigenhaftung 8

(1) Die Haftung für Verbindlichkeiten, die die Eltern im Rahmen ihrer gesetzlichen Vertretungsmacht oder sonstige vertretungsberechtigte Personen im Rahmen ihrer Vertretungsmacht durch Rechtsgeschäft oder eine sonstige Handlung mit Wirkung für das Kind begründet haben, oder die auf Grund eines während der Minderjährigkeit erfolgten Erwerbs von Todes wegen entstanden sind, beschränkt sich auf den Bestand des bei Eintritt der Volljährigkeit vorhandenen Vermögens des Kindes; dasselbe gilt für Verbindlichkeiten aus Rechtsgeschäften, die der Minderjährige gemäß §§ 107, 108 oder § 111 mit Zustimmung seiner Eltern vorgenommen hat oder für Verbindlichkeiten aus Rechtsgeschäften, zu denen die Eltern die Genehmigung des Familiengerichts erhalten haben. Beruft sich der volljährig Gewordene auf die Beschränkung der Haftung, so finden die für die Haftung des Erben geltenden Vorschriften der §§ 1990, 1991 entsprechende Anwendung.

(2) Absatz 1 gilt nicht für Verbindlichkeiten aus dem selbständigen Betrieb eines Erwerbsgeschäfts, soweit der Minderjährige hierzu nach § 112 ermächtigt war, und für Verbindlichkeiten aus Rechtsgeschäften, die allein der Befriedigung seiner persönlichen Bedürfnisse dienten.

(3) Die Rechte der Gläubiger gegen Mitschuldner und Mithaftende sowie deren Rechte aus einer für die Forderung bestellten Sicherheit oder aus einer deren Bestellung sichernden Vormerkung werden von Absatz 1 nicht berührt.

(4) Hat das volljährig gewordene Mitglied einer Erbengemeinschaft oder Gesellschaft nicht binnen drei Monaten nach Eintritt der Volljährigkeit die Auseinandersetzung des Nachlasses verlangt oder die Kündigung der Gesellschaft erklärt, ist im Zweifel anzunehmen, dass die aus einem solchen Verhältnis herrührende Verbindlichkeit nach dem Eintritt der Volljährigkeit entstanden ist; Entsprechendes gilt für den volljährig gewordenen Inhaber eines Handelsgeschäfts, der dieses nicht binnen drei Monaten nach Eintritt der Volljährigkeit einstellt. Unter den in Satz 1 bezeichneten Voraussetzungen wird ferner vermutet, dass das gegenwärtige Vermögen des volljährig Gewordenen bereits bei Eintritt der Volljährigkeit vorhanden war.

Auf die Beschränkung der Minderjährigenhaftung nach § 1629a BGB ist § 266 ZPO analog anzuwenden, obgleich diese Vorschrift nicht gesondert aufgeführt wird (*TK/Loose* Rz 10a; *B/G Zeller/Müller* Rz 8; *HHSp/Müller-Eiselt* Rz 26). Die Haftungsbeschränkung für Minderjährige nach § 1629a BGB ist wie die Beschränkung der Erbenhaftung im Wege der Einrede geltend zu machen; die Einrede kann weder im StFestsetzungsverfahren noch gegen das Leistungsgebot im EStBescheid, sondern nur im Zwangsvollstreckungsverfahren erhoben werden. Zur Geltendmachung der Einrede genügt eine formlose Erklärung des VollstrSchuldners ggü der VollstrBehörde (BFH BStBl 04, 35).

§ 267 Vollstreckungsverfahren gegen nicht rechtsfähige Personenvereinigungen

[1] Bei nicht rechtsfähigen Personenvereinigungen, die als solche steuerpflichtig sind, genügt für die Vollstreckung in deren Vermögen ein vollstreckbarer Verwaltungsakt gegen die Personenvereinigung. [2] Dies gilt entsprechend für Zweckvermögen und sonstige einer juristischen Person ähnliche steuerpflichtige Gebilde.

1 **1. Inhalt.** Die Vorschrift lehnt sich an § 735 ZPO an, der die Voraussetzungen der Vollstreckung in das Vermögen eines nicht rechtsfähigen Vereins regelt. Über § 735 ZPO hinaus erfasst § 267 alle nicht rechtsfähigen Personenvereinigungen, sowie Zweckvermögen und die sonstigen einer juristischen Person ähnlichen stpfl Gebilde.

2 **2. Adressat des vollstreckbaren Verwaltungsakts.** Der vollstreckbare VA muss gegen die nichtrechtsfähige Personenvereinigung gerichtet sein (BFH BStBl 87, 325; s auch näher Erläut zu § 122). Die Bekanntgabe an nur einen ihrer Gesellschafter oder Bevollmächtigten genügt (BFH BStBl 87, 325). Mit diesem VA kann gegen die nichtrechtsfähige Personenvereinigung vollstreckt werden, aber nur in das Vermögen der Personengemeinschaft, das seine Organe als solche in Gewahrsam haben, ferner in Forderungen (RGZ 76, 278). Sollen die Mitglieder der Personengemeinschaft mit ihrem persönlichen Vermögen für Steuerschulden der Personengemeinschaft in Anspruch genommen werden, muss ein Haftungsbescheid nach § 191 erlassen werden (zum Umfang der persönlichen Haftung s Erläut zu § 69).

3 **3. Personenvereinigungen.** Unter die Vorschr fallen zB nicht rechtsfähige Vereine, (Außen-)Gesellschaften nach § 705 BGB, auch wenn diese nach neuerer Rspr als rechtsfähig gelten (*Koenig/Zöllner* Rz 5), ferner OHG und KG, bei denen nach § 124 II HGB der VA ohnehin gegen die Gesellschaft zu richten ist, schließlich nicht rechtsfähige Stiftungen und Anstalten nach §§ 80 ff BGB (vgl *HHSp/Müller-Eiselt* Rz 10 ff).

2. Unterabschnitt. Aufteilung einer Gesamtschuld

Vorbemerkung zu §§ 268 ff

Beschränkung der Vollstreckung in den Fällen der Zusammenveranlagung

Die Vorschriften betreffen die Beschränkung der Vollstr bei der ESt und bei der früheren VSt (Altfälle) im Falle der Zusammenveranlagung. Es handelt sich zwar um ziemlich komplizierte Regelungen. Würde es aber die Aufteilungsvorschriften nicht geben, so könnten die Zusammenveranlagung und damit der Splitting-Tarif bei der ESt nur um den Preis der gesamtschuldnerischen Haftung beantragt werden. Dieses Ergebnis ist aus verfassungsrechtlichen Gründen nicht vertretbar, da sie zu einer Benachteiligung von Ehe und Lebenspartnerschaft führen würde (Art 6 I, 3 I ff; BVerfGE 12, 151, 175). Es gilt zudem der Grundsatz der Individualbesteuerung. Danach ist der VollstrSchuldner bei der Zusammenveranlagung so zu stellen, als sei er Einzelschuldner und nach seinen individuellen Verhältnissen zu behandeln.

§ 268 Grundsatz

Sind Personen Gesamtschuldner, weil sie zusammen zu einer Steuer vom Einkommen oder zur Vermögensteuer veranlagt worden sind, so kann jeder von ihnen beantragen, dass die Vollstreckung wegen dieser Steuern jeweils auf

den Betrag beschränkt wird, der sich nach Maßgabe der §§ 269 bis 278 bei einer Aufteilung der Steuern ergibt.

Schrifttum: *Pasche* Aufteilung der Steuerschuld und der Steuererstattungen, FPR 12, 312.

1. Inhalt und Anwendungsbereich. Die Vorschr ist im Zusammenhang zu sehen mit der Regelung über Gesamtschuldner in § 44. Von den dort aufgeführten Möglichkeiten zur Entstehung einer Gesamtschuld betrifft § 268 nach dem Wegfall der VSt **nur die Zusammenveranlagung** von Ehegatten (§§ 26, 26b EStG) und Lebenspartnern (§ 2 VIII EStG) zur Einkommensteuer. Auf andere Fälle der Zusammenveranlagung, wie bei den landesgesetzlich geregelten Kirchensteuern, ist die Vorschr nicht anwendbar, es sei denn, dass auf die Aufteilungsvorschriften der AO verwiesen wird. Jedoch folgt hier aus dem allgemeinen verfassungsrechtlichen Verbot der Benachteiligung von Ehegatten die Pflicht zur proportionalen Aufteilung der Schuld nach entsprechenden Grundsätzen (BVerfGE 12, 151; BFH BStBl 08, 418; BFH/NV 89, 755; FG Hess EFG 08, 1850). Zweck des § 268 ist es, die einzelnen Zusammenveranlagten im Fall der Vollstreckung (und darüber hinaus, s unten Rz 3) nicht schlechter zu stellen als einen nicht zusammenveranlagten Stpfl. 1

2. Begriff der Gesamtschuld. Der Begriff der Gesamtschuld ist aus dem bürgerlichen Recht (§ 421 BGB) entnommen und für das Abgabenrecht in § 44 definiert (näher § 44 Rz 1). Sie bewirkt, dass von jedem der Gesamtschuldner die gesamte Leistung gefordert und in das Vermögen jedes Gesamtschuldners wegen der ganzen Leistung vollstreckt werden kann. Ein Arrestgrund besteht jedoch ggü dem zusammenveranlagten Ehegatten nur in der Höhe, als auf ihn im Aufteilungsverfahren anteilige Steuer entfallen würde (näher § 324 Rz 6). 2

3. Wirkung der Aufteilung. Die Aufteilung einer Steuerschuld berührt weder den EStBescheid noch die Gesamtschuldnerschaft der zusammenveranlagten Ehegatten. Die Steuerschuld wird auch nicht in Teilschulden in der Weise aufgeteilt, dass nachträglich getrennte Veranlagungen durchgeführt und Teilsteuern festgesetzt werden (aA 13. Aufl, die hiermit aufgegeben wird). Vielmehr wird allein für Zwecke der Vollstreckung eine fiktive getrennte Veranlagung durchgeführt. Danach kann jeder Gesamtschuldner nur noch mit dem StBetrag in Anspruch genommen werden, der seinem Anteil am zusammen veranlagten Einkommen entspricht (BFH/NV 01, 1521; 10, 604; 11, 203, 299, 1537; FG Hess EFG 05, 920; *TK/Drüen* Rz 9; *BG/Zeller-Müller* Rz 10). Vollstreckungsgegenstand ist jedoch sein gesamtes Vermögen. 3

Nach der Aufteilung ist eine Aufrechnung der Gesamtschuld ggü jedem Ehegatten nur noch in der Höhe möglich, in der die aufzurechnende Steuer auf ihn entfällt (BFH BStBl 91, 493; BFH/NV 91, 6). Im Falle der StHinterziehung kann auch nach der Aufteilung der Steuerschuld gegen den Ehegatten als Täter oder Mittäter einer StHinterziehung ein Haftungsbescheid nach § 71 erlassen werden, sodass er sich der Vollstreckung der hinterzogenen Steuer nicht durch einen Antrag gem § 268 entziehen kann (BFH BStBl 07, 594; FG Hess EFG 05, 920; aA *HHSp/Müller-Eiselt* Rz 6). 4

§§ 268 ff gelten **nicht** für die Aufteilung von **Erstattungsansprüchen,** auch wenn sie im Rahmen eines Gesamtschuldverhältnisses entstanden sind. Die Regelung bezweckt die Beschränkung der Vollstreckung gegen Personen, die zusammen zur ESt veranlagt werden. Sie findet aufgrund der Verschiedenartigkeit der Regelung keine Anwendung auf den umgekehrten Fall, dass ein Erstattungsanspruch bei zusammen veranlagten Ehegatten aufgeteilt werden muss (BFH/NV 05, 1222). Die Aufteilungsvorschriften lassen sich auch nicht für die Berechnung der Rückforderungsbeträge bei zu Unrecht an Ehegatten gezahlten EStErstattungsbeträgen heranziehen (FG Bln EFG 87, 53). 5

4. Antragserfordernis. Zur Aufteilung ist immer ein Antrag erforderlich (s auch § 269). Der Antrag ist identisch mit dem in § 277 genannten Antrag auf 6

Beschränkung der Vollstreckung (s § 277 Rz 1). Über den Antrag wird durch einen Aufteilungsbescheid entschieden (§ 279 I 1). Der Antrag kann **frühestens** nach Bekanntgabe des Leistungsgebots und nur bis zur vollständigen Tilgung der Gesamtschuld gestellt werden (§ 269 II). Im Falle der Insolvenz eines der Ehegatten kann dessen Insolvenzverwalter die Aufteilung der Gesamtschuld beantragen (BFH/NV 11, 1822). Eine Aufteilung ohne Antrag ist unzulässig. Das schließt nicht aus, dass die VollstrBeh im Rahmen ihres Ermessens die Vollstreckung beschränkt (*TK/Drüen* Rz 12). Str ist, ob eine Pflicht der FinBeh besteht, auf die Antragsmöglichkeit hinzuweisen (vgl *HHSp/Müller-Eiselt* Rz 15). Ein solcher Hinweis dürfte in geeigneten Fällen (zB Ehescheidung) zwar angebracht sein. Eine Hinweispflicht besteht jedoch nicht (BFH BStBl 76, 572; *BG/Zeller-Müller* Rz 17).

§ 269 Antrag

(1) **Der Antrag ist bei dem im Zeitpunkt der Antragstellung für die Besteuerung nach dem Einkommen oder dem Vermögen zuständigen Finanzamt schriftlich oder elektronisch zu stellen oder zur Niederschrift zu erklären.**

(2) [1]**Der Antrag kann frühestens nach Bekanntgabe des Leistungsgebots gestellt werden.** [2]**Nach vollständiger Tilgung der rückständigen Steuer ist der Antrag nicht mehr zulässig.** [3]**Der Antrag muss alle Angaben enthalten, die zur Aufteilung der Steuer erforderlich sind, soweit sich diese Angaben nicht aus der Steuererklärung ergeben.**

Abs 1 geändert durch G v 18.7.16 (BGBl I, 1679).

1 **1. Wirkung des Antrags.** Der Antrag auf Aufteilung ist die Ausübung eines verwaltungsrechtlichen Gestaltungsrechts (FG BaWü EFG 17, 1146). Er wirkt zurück auf den Zeitpunkt der Antragstellung (§ 276 I) und kann nicht widerrufen werden (*BG/Zeller-Müller* Rz 2). Bis zur Entscheidung über den Antrag dürfen VollstrMaßnahmen nur insoweit durchgeführt werden, als dies für die Sicherung des Anspruchs erforderlich ist (§ 277). Der Ehegatte ist als weiterer Gesamtschuldner am Verfahren zu beteiligen (§ 78 AO) und im finanzgerichtlichen Verfahren notwendig beizuladen (§ 60 III, § 57 Nr 3 FGO). Nach Ergehen des Aufteilungsbescheides kann der Antrag nicht mehr zurückgenommen werden (FG BaWü EFG 17, 1146; FG Hess EFG 17, 1777).

2 **2. Antragsbefugnis.** Antragsbefugt ist jeder Ehegatte oder Lebenspartner, der aufgrund der Zusammenveranlagung Gesamtschuldnern geworden ist. Der Rechtsanspruch auf Aufteilung besteht auch nach dem Tod eines Gesamtschuldners bei Rechtsnachfolge durch den anderen Gesamtschuldner (BFH BStBl 08, 418). Im Falle der Insolvenz eines der Ehegatten kann der Antrag auch von dessen Insolvenzverwalter gestellt werden (s § 268 Rz 6).

3 **3. Form des Antrags.** Die **Formerfordernisse** des Abs 1 sind **zwingend.** Danach kann der Antrag nur schriftlich, zur Niederschrift und ab dem 1.1.2017 auch elektronisch erklärt werden. Für Letzteres ist keine elektronische Signatur erforderlich, da keine Übermittlung nach amtlich vorgeschriebenen Datensätzen vorgeschrieben ist. Ausreichend ist eine Übermittlung des Antrags per E-Mail oder über ein Internetportal der FinBeh (*BG/Zeller-Müller* Rz 15).

4 **4. Inhalt des Antrags.** Der Antrag muss alle Angaben enthalten, die zur Aufteilung der Steuer erforderlich sind, soweit sich diese Angaben nicht aus der StErklärung ergeben (II 3). Er kann daher nicht konkludent aus irgendwelchen in anderem Zusammenhang stehenden Äußerungen herausgelesen werden (vgl BFH BStBl 76, 572; *TK/Drüen* Rz 4; *HHSp/Müller-Eiselt* Rz 14). Die Verletzung der Angabepflichten nach Abs 2 S 3 macht den Antrag nicht unwirksam. Der Antragsteller ist zu den erforderlichen Angaben aufzufordern. Kommt er dem nicht nach, muss die FinBeh die Aufteilungsgrundlagen notfalls schätzen (*HHSp/Müller-*

Eiselt Rz 15; *TK/Drüen* Rz 8). Außerdem hat die FinBeh eine Ermittlungsbefugnis nach § 249 II.

5. Zeitpunkt der Antragstellung. Der Antrag kann nach § 269 II 1 schon vor Einleitung der Vollstreckung, jedoch nicht vor der nach § 254 für den Beginn der Vollstreckung erforderlichen Bekanntgabe des Leistungsgebots gestellt werden (BFH/NV 91, 6). Ein vorher gestellter Antrag wird nicht durch nachträgliche Bekanntgabe des Leistungsgebots geheilt (hM *HHSp/Müller-Eiselt* Rz 10, *TK/Drüen* Rz 5; aA FG Hbg EFG 04, 703). 5

Der Antrag kann **nur bis zur vollständigen Tilgung** der Gesamtschuld gestellt werden (§ 269 II 2). Dies schließt neben der Hauptschuld die abgabenrechtlichen Nebenleistungen mit ein (§ 276 IV). Im Zeitpunkt der Antragstellung muss wenigstens noch ein Teilbetrag der Gesamtschuld rückständig sein (BFH BStBl 91, 493). Bei Streitigkeiten über die Höhe der Rückstände ist ein Abrechnungsbescheid zu beantragen (§ 218 II). Zur Bedeutung des Zeitpunkts der Antragstellung für die Berechnung der Höhe der rückständigen Steuer s § 276. Ein Aufteilungsbescheid kann daher zB nicht ergehen, wenn die Abrechnung für das betr Jahr zu einer Erstattung geführt hat (FG Ddorf EFG 94, 644; s auch BFH/NV 89, 735). Die Aufteilung einer Gesamtschuld ist aber auch dann möglich, wenn die rückständige Steuer nur gegen einen Ehegatten festgesetzt wurde (FG BaWü 95, 59). Ferner ist der Aufteilungsantrag auch noch möglich, wenn die Vollziehung des StBescheids nach der vollständigen Tilgung der Steuerschuld ganz oder teilweise nach § 361 oder nach § 69 FGO wieder aufgehoben wird und die gezahlte Steuer zurückzuerstatten ist (BFH/NV 89, 755). IU ist es unerheblich, wie die Gesamtschuld vollständig getilgt worden ist. Ein Aufteilungsantrag ist daher auch nicht mehr zulässig, wenn die Steuerschuld vollständig im Wege der Vollstr beigetrieben worden ist (BFH BStBl 91, 493). 6

Ebenso kann der Aufteilungsantrag nicht mehr gestellt werden, wenn die Gesamtschuld durch **Aufrechnung** des FA **getilgt** worden ist (BFH BStBl 91, 493). Entscheidend ist dabei, dass die Aufrechnungserklärung des FA vor der Stellung des Antrags erfolgt ist, da sie – bei Vorliegen der Voraussetzungen für die Aufrechnung – unmittelbar zum Erlöschen des Anspruchs führt (BFH aaO). Ohne Bedeutung ist, wann der ggf über die Aufrechnung zu erteilende Abrechnungsbescheid bestandskräftig geworden ist (aA FG Mchn EFG 89, 442). Der Aufrechnung durch das FA steht nicht die Befugnis der Ehegatten entgegen, einen Aufteilungsantrag zu stellen. Bei dieser Befugnis handelt es sich nicht um eine Einrede iSd BGB, die die Aufrechnung hindert (BFH BStBl 91, 493; aA FG Nds EFG 89, 388). 7

6. Zuständigkeit. Der Antrag ist gem § 269 I bei dem im Zeitpunkt der Antragstellung für die Besteuerung nach dem Einkommen zuständigen FA zu stellen. Werden, zB im Fall des Getrenntlebens, bei verschiedenen örtlich zuständigen FÄ Aufteilungsanträge gestellt, entscheidet nach § 25 AO das mit der Sache zuerst befasste FA. Bei der Vollstreckung aufgrund eines Amtshilfeersuchens ist das ersuchende FA für die Aufteilung zuständig (§ 250 I 2). Dies gilt auch bei einem ausl Vollstreckungsersuchen (*BG/Zeller-Müller* Rz 7). 8

§ 270 Allgemeiner Aufteilungsmaßstab

[1] Die rückständige Steuer ist nach dem Verhältnis der Beträge aufzuteilen, die sich bei Einzelveranlagung nach Maßgabe des § 26a des Einkommensteuergesetzes und der §§ 271 bis 276 ergeben würden. [2] Dabei sind die tatsächlichen und rechtlichen Feststellungen maßgebend, die der Steuerfestsetzung bei der Zusammenveranlagung zugrunde gelegt worden sind, soweit nicht die Anwendung der Vorschriften über die Einzelveranlagung zu Abweichungen führt.

Sätze 1 u 2 geändert durch StVereinfachungsG 2011 v 1.11.11 (BGBl I, 2131).

1 **1. Aufteilungsmaßstab.** Zur Aufteilung der Steuer ist eine **fiktive Einzelveranlagung** (bei der VSt auch für die Eltern und Kinder s § 271) nach Maßgabe des § 26a EStG durchzuführen. Aufteilungsschlüssel für die rückständige Steuer ist das Verhältnis der Steuerbeträge, die sich bei der fiktiven Einzelveranlagung für die Ehegatten ergeben. Der Ansatz, die rückständige Steuer nach dem Verhältnis der Einkünfte aufzuteilen, wurde vom Gesetzgeber bewusst nicht gewählt, weil dieses Verfahren den Gesamtschuldner mit dem niedrigeren Einkommen benachteiligen würde (BFH/NV 04, 1624).

2 **2. Bindungswirkung.** Bei der fiktiven Veranlagung sind gem § 270 S 2 die Besteuerungsgrundlagen aus dem Zusammenveranlagungsbescheid unverändert zu übernehmen. Das gilt selbst dann, wenn die Besteuerungsgrundlagen falsch angesetzt oder zugeordnet worden sind oder wenn das FA Tatbestandsmerkmale im Zeitpunkt der Aufteilung zB wegen geänderter Rspr anders beurteilen würde als bei der Zusammenveranlagung (BFH/NV 91, 214; FG RhPf EFG 10, 1766). Unerheblich für die Aufteilung ist auch, von wem und auf wessen Rechnung uU bereits Tilgungsleistungen auf die EStGesamtschuld erbracht worden sind (BFH BStBl 01, 133). Bereits entrichtete Steuerabzugsbeträge oder getrennt festgesetzte Vorauszahlungen sind allerdings nach § 276 III und VI zu berücksichtigen (s § 269 Rz 1 und § 276 Rz 4). Die Summe der Teilschulden nach der Aufteilung muss die Gesamtschuld der ursprünglichen Veranlagung ergeben (BFH/NV 91, 214). Zur analogen Anwendung des § 270 auf die Bestimmung der Höhe der als Nachlassverbindlichkeiten geltenden EStSchulden, die von einem während des VZ verstorbenen Erblasser herrühren, vgl BFH BStBl 12, 790.

§ 271 Aufteilungsmaßstab für die Vermögensteuer

Die Vermögensteuer ist wie folgt aufzuteilen:

1. **Für die Berechnung des Vermögens und der Vermögensteuer der einzelnen Gesamtschuldner ist vorbehaltlich der Abweichungen in den Nummern 2 und 3 von den Vorschriften des Bewertungsgesetzes und des Vermögensteuergesetzes in der Fassung auszugehen, die der Zusammenveranlagung zugrunde gelegen hat.**
2. **Wirtschaftsgüter eines Ehegatten oder Lebenspartners, die bei der Zusammenveranlagung als land- und forstwirtschaftliches Vermögen oder als Betriebsvermögen dem anderen Ehegatten oder Lebenspartner zugerechnet worden sind, werden als eigenes land- und forstwirtschaftliches Vermögen oder als eigenes Betriebsvermögen behandelt.**
3. **Schulden, die nicht mit bestimmten, einem Gesamtschuldner zugerechneten Wirtschaftsgütern in wirtschaftlichem Zusammenhang stehen, werden bei den einzelnen Gesamtschuldnern nach gleichen Teilen abgesetzt, soweit sich ein bestimmter Schuldner nicht feststellen lässt.**

Nr 2 geändert durch G v 18.7.14 (BGBl I, 1042).

Bei der früheren Vermögensteuer (bis VZ 1996) war die Zusammenveranlagung zwingend, und zwar nicht nur nach § 14 I Nr 1 VStG für Ehegatten, sondern nach § 14 I Nr 2, II auch für Eltern und Kinder im Rahmen der Haushaltsbesteuerung. Der Anwendungsbereich wurde durch das Gesetz zur Anpassung steuerlicher Regelungen an die Rechtsprechung des BVerfG v 18.7.2014 (BGBl I, 1042) auf die Lebenspartnerschaft erweitert. In all diesen Fällen kommt eine Aufteilung in Betracht. Wie bei der ESt ist dann eine fiktive getrennte Veranlagung durchzuführen, wobei sich das Nähere aus Nr 1 bis 3 ergibt. Der Aufteilungsschlüssel ist nach § 270 der Gleiche wie bei der ESt. Da es nur noch um Altfälle gehen kann, wird wegen näherer Einzelheiten auf die Erläut zu der Vorschrift in der 9. Auflage verwiesen.

§ 272 Aufteilungsmaßstab für Vorauszahlungen

(1) [1]**Die rückständigen Vorauszahlungen sind im Verhältnis der Beträge aufzuteilen, die sich bei einer getrennten Festsetzung der Vorauszahlungen ergeben würden.** [2]**Ein Antrag auf Aufteilung von Vorauszahlungen gilt zugleich als Antrag auf Aufteilung der weiteren im gleichen Veranlagungszeitraum fällig werdenden Vorauszahlungen und einer etwaigen Abschlusszahlung.** [3]**Nach Durchführung der Veranlagung ist eine abschließende Aufteilung vorzunehmen.** [4]**Aufzuteilen ist die gesamte Steuer abzüglich der Beträge, die nicht in die Aufteilung der Vorauszahlungen einbezogen worden sind.** [5]**Dabei sind jedem Gesamtschuldner die von ihm auf die aufgeteilten Vorauszahlungen entrichteten Beträge anzurechnen.** [6]**Ergibt sich eine Überzahlung gegenüber dem Aufteilungsbetrag, so ist der überzahlte Betrag zu erstatten.**

(2) **Werden die Vorauszahlungen erst nach der Veranlagung aufgeteilt, so wird der für die veranlagte Steuer geltende Aufteilungsmaßstab angewendet.**

Nach Abs 1 der Vorschrift sind die rückständigen Vorauszahlungen nach dem 1
gleichen Prinzip aufzuteilen wie nach § 270 die zusammenveranlagte ESt und frühere VSt. Es ist eine **fiktive getrennte Festsetzung** der Vorauszahlung vorzunehmen. Die rückständigen Vorauszahlungen sind dann nach dem Verhältnis der sich bei dieser fiktiven Festsetzung ergebenden Beträge aufzuteilen. Es werden immer nur die im Zeitpunkt der Antragstellung rückständigen und nicht auch bereits geleistete Vorauszahlungen aufgeteilt. Bei Antragstellung nach Einleitung der Vollstreckung gilt § 276 II.

Der nach § 268 erforderliche Antrag zwingt nach Abs 1 S 2 dazu, nicht nur die 2
rückständigen Vorauszahlungen, sondern alle weiteren im VZ fällig werdenden Vorauszahlungen und auch eine etwaige Abschlusszahlung aufzuteilen. Nach Durchführung der Veranlagung ist nach Satz 3 eine **abschließende Aufteilung** vorzunehmen. Aufzuteilen ist die gesamte Steuer abzüglich der Beträge, die nicht in die Aufteilung der Vorauszahlungen einbezogen worden sind. Danach ist in die abschließende Aufteilung die bereits erfolgte Aufteilung der Vorauszahlungen unverändert zu übernehmen. Das ist wichtig wegen etwa angefallener Säumniszuschläge, an denen sich also durch die abschließende Aufteilung nichts ändert. Die Aufteilung der Abschlusszahlung ergibt sich aus der Differenz zwischen den Beträgen, die in der abschließenden Aufteilung der gesamten Steuer abzüglich der bei Antragstellung bereits geleisteten Vorauszahlungen gem § 270 auf die einzelnen Zusammenveranlagten entfallen, und den Beträgen, die sich bei der Aufteilung der Vorauszahlungen für die einzelnen Zusammenveranlagten ergeben haben.

2. Aufteilung nach Veranlagung. Die Vorauszahlungen werden nach Abs 2 3
nur dann in dem gleichen Verhältnis aufgeteilt wie die veranlagte gesamte Steuer, wenn die Aufteilung der Vorauszahlungen erst nach der Veranlagung erfolgt.

§ 273 Aufteilungsmaßstab für Steuernachforderungen

(1) **Führt die Änderung einer Steuerfestsetzung oder ihre Berichtigung nach § 129 zu einer Steuernachforderung, so ist die aus der Nachforderung herrührende rückständige Steuer im Verhältnis der Mehrbeträge aufzuteilen, die sich bei einem Vergleich der berichtigten Einzelveranlagungen mit den früheren Einzelveranlagungen ergeben.**

(2) **Der in Absatz 1 genannte Aufteilungsmaßstab ist nicht anzuwenden, wenn die bisher festgesetzte Steuer noch nicht getilgt ist.**

Abs 1 geändert durch StVereinfachungsG 2011 v 1.11.11 (BGBl I, 2131) mit Wirkung ab VZ 2013.

1 **1. Anwendungsbereich.** Die Vorschrift betrifft Änderungen der StFestsetzung, wenn die Steuer bereits getilgt ist (Rz 3). Keine Anwendung findet die Vorschrift auf die Änderung einer Anrechnungsverfügung, die zu einer StNachforderung führt (BFH BStBl 01, 133).

2 **2. Sonderregelung.** Der besondere Aufteilungsmaßstab des § 273 für Nachforderungen aufgrund einer Änderung der StFestsetzung weicht von dem Aufteilungsmaßstab des § 270 ab. Erforderlich sind **zwei fiktive Berechnungen.** Einmal ist die berichtigte Zusammenveranlagung fiktiv getrennt (als zwei Einzelveranlagungen) durchzuführen. Zum anderen ist die frühere Veranlagung ohne die Berichtigung fiktiv getrennt (als zwei Einzelveranlagungen) vorzunehmen, falls das noch nicht geschehen ist. Die Aufteilung der Steuernachforderung ergibt sich aus dem Verhältnis der Differenzen der bei diesen beiden fiktiven Veranlagungen auf die einzelnen Zusammenveranlagten entfallenden Beträge (vgl FG Mster EFG 89, 613; FG Nbg BeckRS 2012, 96651). Voraussetzung für die Anwendung des § 273 I ist aber immer, dass sich aufgrund der Änderung der StFestsetzung bei der Vergleichsrechnung wenigstens für einen der Gesamtschuldner ein fiktiver Steuermehrbetrag ergibt. Anderenfalls bleibt es bei dem allgemeinen Aufteilungsmaßstab des § 270 (BFH BStBl 09, 577; BGH BFH/NV Beilage 06, 508).

3 **3. Korrektur bei noch nicht getilgter Steuer.** Vorstehende Ausführungen gelten nach Abs 2 nur, wenn die in der früheren Veranlagung festgesetzte Steuer schon **vollständig getilgt** ist. Dies ist auch dann der Fall, wenn die Steuer ursprünglich auf 0 DM/Euro festgesetzt war, selbst dann, wenn dies zur Erstattung von Vorauszahlungen geführt hat (FG Mster EFG 89, 613). Ist die Steuer nicht vollständig getilgt, erfolgt die Aufteilung nach dem allgemeinen Aufteilungsmaßstab (§§ 270, 271). Ist die Steuer bereits aufgeteilt, muss ein Änderungsbescheid nach § 280 I Nr 2 ergehen (*TK/Drüen* Rz 3). Diese Fälle betrifft § 273 nämlich nicht (*TK/Drüen* Rz 1; *BG/Zeller-Müller* Rz 6). Der Änderungsbescheid nach § 280 Nr 2 muss die Nachforderung und den gesamten der ursprünglichen Aufteilung zu Grunde liegenden StBetrag erfassen (s § 280 Rz 4).

§ 274 Besonderer Aufteilungsmaßstab

[1] Abweichend von den §§ 270 bis 273 kann die rückständige Steuer nach einem von den Gesamtschuldnern gemeinschaftlich vorgeschlagenen Maßstab aufgeteilt werden, wenn die Tilgung sichergestellt ist. [2] Der gemeinschaftliche Vorschlag ist schriftlich einzureichen oder zur Niederschrift zu erklären; er ist von allen Gesamtschuldnern zu unterschreiben.

1 **1. Inhalt der Regelung.** Die Vorschrift lässt einen anderen als den in den §§ 270 bis 273 vorgeschriebenen Aufteilungsmaßstab zu, wenn sich die Zusammenveranlagten auf einen solchen Maßstab einigen. Die Zusammenveranlagten haben aber **keinen Rechtsanspruch** auf Annahme des gemeinschaftlich vorgeschlagenen Aufteilungsmaßstabes durch das FA. Die Annahme steht vielmehr im Ermessen des FA. Das FA darf den Vorschlag nur dann annehmen, wenn sichergestellt ist, dass die nach der Aufteilung auf den einzelnen Zusammenveranlagten entfallenden Beträge rechtzeitig gezahlt werden. Andernfalls könnten die Zusammenveranlagten einen solchen Aufteilungsmaßstab wählen, der zur geringsten VollstrBeschränkung bei dem Gesamtschuldner führt, der keine oder nur geringwertige vollstreckbare Gegenstände besitzt (vgl *HHSp/Müller-Eiselt* Rz 4). Macht das FA aber von § 274 Gebrauch, ist es an den vorgeschlagenen Schlüssel gebunden (*HHSp/Müller-Eiselt* Rz 6). Die Sicherstellung der Zahlung kann auch durch Sicherheitsleistung erfolgen.

2. Form des Antrags. Nach S 2 ist der gemeinschaftliche Vorschlag **schriftlich** einzureichen oder zur Niederschrift zu erklären. Er muss zudem von allen Gesamtschuldnern unterschrieben werden. 2

3. Rechtsschutz. Im Falle der Ablehnung des Aufteilungsvorschlags, hat das FA die Aufteilung nach dem gesetzlichen Aufteilungsmaßstab des § 270f. vorzunehmen, falls nicht die Regelung des § 279 I 2 AO greift. Die Ablehnung bzw der von dem Vorschlag abweichende Aufteilungsbescheid ist mit dem Einspruch anfechtbar (*BG/Zeller-Müller* Rz 7). 3

§ 275 *(aufgehoben)*

§ 275 aufgehoben durch AmtshilfeRLUmsG v 26.6.13 (BGBl I, 1809).

Zum Inhalt der aufgehobenen Regelung, s. Vorauflage.

§ 276 Rückständige Steuer, Einleitung der Vollstreckung

(1) **Wird der Antrag vor Einleitung der Vollstreckung bei der Finanzbehörde gestellt, so ist die im Zeitpunkt des Eingangs des Aufteilungsantrags geschuldete Steuer aufzuteilen.**

(2) **Wird der Antrag nach Einleitung der Vollstreckung gestellt, so ist die im Zeitpunkt der Einleitung der Vollstreckung geschuldete Steuer, derentwegen vollstreckt wird, aufzuteilen.**

(3) **Steuerabzugsbeträge und getrennt festgesetzte Vorauszahlungen sind in die Aufteilung auch dann einzubeziehen, wenn sie vor der Stellung des Antrags entrichtet worden sind.**

(4) **Zur rückständigen Steuer gehören auch Säumniszuschläge, Zinsen und Verspätungszuschläge.**

(5) **Die Vollstreckung gilt mit der Ausfertigung der Rückstandsanzeige als eingeleitet.**

(6) [1] **Zahlungen, die in den Fällen des Absatzes 1 nach Antragstellung, in den Fällen des Absatzes 2 nach Einleitung der Vollstreckung von einem Gesamtschuldner geleistet worden sind oder die nach Absatz 3 in die Aufteilung einzubeziehen sind, werden dem Schuldner angerechnet, der sie geleistet hat oder für den sie geleistet worden sind.** [2] **Ergibt sich dabei eine Überzahlung gegenüber dem Aufteilungsbetrag, so ist der überzahlte Betrag zu erstatten.**

1. Inhalt. Die Vorschrift regelt den maßgebenden Zeitpunkt für die Bestimmung der Höhe des aufzuteilenden Betrags (Abs 1, 2 und 5) und legt fest, welche Beträge dabei einzubeziehen sind (Abs 3 und 4) und welche Zahlungen auf die aufgeteilten Beträge anzurechnen sind (Abs 6). 1

2. Maßgebender Zeitpunkt. Nach § 269 II 1 kann der Aufteilungsantrag bereits **nach Bekanntgabe des Leistungsangebots** gestellt werden, also vor Einleitung der Vollstr. Wird der Antrag so frühzeitig gestellt, ist der aufzuteilende Betrag nach Abs 1 die rückständige Steuer im Zeitpunkt des Eingangs des Antrags beim FA. Die Aufteilungsentscheidung wirkt somit auf den Zeitpunkt der Antragstellung zurück. Alle in diesem Zeitpunkt **geschuldete Steuer** ist aufzuteilen. Fälligkeit ist nicht erforderlich. Es gehören daher auch gestundete Beträge oder Forderungen, deren Vollziehung ausgesetzt ist, dazu (*HHSp/Müller-Eiselt* Rz 7; *TK/Drüen* Rz 2; *BG/Zeller-Müller* Rz 4). Erfolgt die Antragstellung erst **nach Einleitung der Vollstreckung,** ist die Einleitung der Vollstreckung gem Abs 2 maßgebender Zeitpunkt für die Aufteilung. Diese wird nach Abs 5 fiktiv auf die Ausfertigung der Rückstandsanzeige vorverlegt, obwohl es sich materiell noch nicht um 2 die Einleitung der Vollstr handelt (FG RhPf EFG 89, 65). Von der Aufteilung nicht erfasst werden in diesem Fall Beträge, die noch nicht fällig geworden sind, deren Vollziehung ausgesetzt ist oder die gestundet sind (*TK/Drüen* Rz 3; *BG/Zeller-Müller* Rz 5).

3 Zahlungen, die nach dem Stichtag (Antragstellung oder Einleitung der Vollstreckung) erbracht worden sind, werden nach § 276 VI demjenigen Schuldner angerechnet, der sie geleistet hat (s Rz 7).

4 **3. Einzubeziehende Beträge.** Nach der Vorschrift des Abs 3 über die Einbeziehung von vor den maßgebenden Zeitpunkten geleisteten Zahlungen kommen diese Zahlungen nicht den anderen Gesamtschuldnern zu Gute, obwohl insoweit die Steuer nicht rückständig war und nur der rückständige Betrag aufgeteilt wird. Die rückständige Steuer wird um diese Beträge erhöht. So ist der durch LSt-Abzug ggü dem Aufteilungsbetrag überzahlte Betrag, der vor dem Aufteilungsantrag entrichtet worden ist, dem betr Gesamtschuldner zu erstatten (BFH/NV 10, 604). Die Bestimmung gilt aber nur für **Steuerabzugsbeträge** (LSt, KapESt) und für getrennt festgesetzte Vorauszahlungen (vgl BFH BStBl 01, 133). Bei zusammen festgesetzten Vorauszahlungen gilt § 272. Hier sind die vor der Antragstellung geleisteten Vorauszahlungen auf keinen Fall mehr in die Aufteilung einzubeziehen, auch nicht bei der abschließenden Aufteilung. § 276 III hat also hinsichtlich der Vorauszahlungen nur Bedeutung, wenn diese getrennt festgesetzt waren und die Ehegatten erst später in der StErklärung die Zusammenveranlagung wählen. Getrennt festgesetzte Vorauszahlungen sind demnach nur die Vorauszahlungen, die aufgrund einer StBerechnung festgesetzt wurden, die den Regelungen der Einzelveranlagung zur ESt oder einer Alleinveranlagung zur VSt entsprach. Die Voraussetzungen liegen dagegen nicht bereits dann vor, wenn die Vorauszahlungen mit einem nur an einen der Gesamtschuldner gerichteten Bescheid oder wenn sie wegen der Einkünfte nur einer der Gesamtschuldner festgesetzt worden sind (FG Hess EFG 85, 592).

5 **4. Nebenleistungen als rückständige Steuern.** Abs 4 stellt klar, dass auch Säumniszuschläge, Zinsen und Verspätungszuschläge zu der rückständigen Steuer gehören.

6 Die Aufteilung von Säumniszuschlägen setzt nicht voraus, dass auch noch Rückstände bei der dazugehörigen Steuer bestehen (*HHSp/Müller-Eiselt* Rz 9). Rückständige Säumniszuschläge sind daher auch dann aufzuteilen, wenn die ihnen zu Grunde liegende Steuer nicht mehr rückständig ist (BFH BStBl 95, 487).

7 **5. Anzurechnende Beträge.** Die Anrechnung der **nach der Antragstellung** oder **nach der Einleitung der Vollstr** geleisteten Zahlungen und der nach Abs 3 einzubeziehenden Zahlungen auf die aufgeteilten Beträge bewirkt, dass diese Zahlungen nicht mehr den anderen Gesamtschuldnern zugute kommen. Bei demjenigen, der geleistet hat, wird der nach der Aufteilung auf ihn entfallende Steueranteil gekürzt. Die Zahlungen brauchen nicht freiwillig geleistet zu sein (*TK/Drüen* Rz 7). Auch beigetriebene Beträge oder durch Aufrechnung getilgte Forderungen werden angerechnet. Durch die Anrechnung entfällt rückwirkend zum Zeitpunkt der Aufteilung die Rechtsfolge des § 44 II 1 (BFH BStBl 91, 493; *HHSp/Müller-Eiselt* Rz 12; *TK/Drüen* Rz 7; s auch Rz 3).

8 Für die Entscheidung der Frage, bei welchem der beiden Schuldner eine **auf die Gesamtschuld geleistete Zahlung** anzurechnen ist, gelten die zu § 37 entwickelten Grundsätze über die Erstattungsberechtigung bei Zusammenveranlagung (s näher Erläut zu § 37). Danach ist erstattungsberechtigt derjenige, auf dessen Rechnung die Zahlung (ohne rechtlichen Grund) bewirkt worden ist. Dementsprechend sind die nach Abs 6 des § 276 anzurechnenden Beträge demjenigen der beiden Eheleute zuzurechnen, auf dessen Rechnung die Zahlung erfolgt ist (BFH BStBl 95, 492).

§ 277 Vollstreckung

Solange nicht über den Antrag auf Beschränkung der Vollstreckung unanfechtbar entschieden ist, dürfen Vollstreckungsmaßnahmen nur soweit durchgeführt werden, als dies zur Sicherung des Anspruchs erforderlich ist.

1. Zweck. Die Vorschrift schreibt die **vorläufige Beschränkung** der Vollstr bis zur unanfechtbaren Entscheidung über den Aufteilungsantrag vor. Der in der Vorschrift genannte Antrag auf Beschränkung der Vollstr ist identisch mit dem nach § 268 gestellten Aufteilungsantrag (BFH BStBl 04, 566). Dieser Aufteilungsantrag entfaltet über § 277 seine Schutzwirkung für jeden der Gesamtschuldner, solange über einen Aufteilungsantrag noch nicht unanfechtbar entschieden ist (BFH aaO). Unerheblich ist, ob der Antragsteller oder der andere Gesamtschuldner den Schutz auch verdient (BFH BStBl 04, 566). 1

2. Beschränkung der Vollstreckung. Die Regelung beschränkt die Vollstreckung auf Sicherungsmaßnahmen. Es sind nur noch die **zur Sicherung** des Anspruchs erforderlichen VollstrMaßnahmen zulässig. Bewegliche Sachen dürfen daher nur noch gepfändet, aber nicht mehr verwertet werden (BFH/NV 94, 525). Überhaupt sind alle nicht mehr rückgängig zu machenden VollstrMaßnahmen zu unterlassen. Bereits ergriffene VollstrMaßnahmen, die zur bloßen Sicherung des Anspruchs nicht erforderlich sind, müssen aufgehoben werden (*HHSp/Müller-Eiselt* Rz 7). Zu den zulässigen Sicherungsmaßnahmen gehört das Arrestverfahren nach §§ 324 ff. Die Sicherungsmaßnahmen können sich aber bei dem einzelnen Gesamtschuldner auf den **gesamten Steueranspruch** beziehen (BFH/NV 94, 525). Erst die Aufteilung bewirkt die Veränderung der Gesamtschuld zu einer Teilschuld (s § 268 Rz 4). Bis dahin bleiben die Zusammenveranlagten vorläufig Gesamtschuldner. Der Aufteilungsantrag führt nicht dazu, dass die Fälligkeit der Forderung hinausgeschoben wird. Jeder Gesamtschuldner bleibt weiterhin verpflichtet, die Steuerschuld termingerecht zu zahlen (*KSch/Szymczak* Rz 2). Es fallen daher auch Säumniszuschläge an. 2

3. Rechtsschutz. Die vorläufige VollstrBeschränkung des § 277 kann ggü dem FA durch **Einspruch** gegen die konkrete VollstrHandlung ggf verbunden mit einem Antrag auf Aussetzung oder Aufhebung der Vollziehung der VollstrHandlung durchgesetzt werden, wenn sich das FA nicht an die Beschränkung hält (BFH/NV 02, 476; FG Nds EFG 97, 897; näher § 279 Rz 2). 3

§ 278 Beschränkung der Vollstreckung

(1) **Nach der Aufteilung darf die Vollstreckung nur nach Maßgabe der auf die einzelnen Schuldner entfallenden Beträge durchgeführt werden.**

(2) [1] **Werden einem Steuerschuldner von einer mit ihm zusammen veranlagten Person in oder nach dem Veranlagungszeitraum, für den noch Steuerrückstände bestehen, unentgeltlich Vermögensgegenstände zugewendet, so kann der Empfänger bis zum Ablauf des zehnten Kalenderjahres nach dem Zeitpunkt des Ergehens des Aufteilungsbescheids über den sich nach Absatz 1 ergebenden Betrag hinaus bis zur Höhe des gemeinen Werts dieser Zuwendung für die Steuer in Anspruch genommen werden.** [2] **Dies gilt nicht für gebräuchliche Gelegenheitsgeschenke.**

Abs 2 S 1 geändert durch JStG 2009 v 19.12.08 (BGBl I, 2794).

1. Inhalt. Die Vorschrift ist im Zusammenhang mit § 277 zu sehen. § 277 beschränkt nicht die Höhe der zu vollstreckenden Steuerforderung, lässt aber bis zur Bestandskraft der Entscheidung über den Aufteilungsantrag nur vorläufige Sicherungsmaßnahmen zu. Dagegen ist gem § 278 nach der Aufteilung der Gesamtschuld die **Vollstreckung nur noch in beschränkter Höhe,** andererseits jedoch 1 mit endgültigen, nicht mehr rückgängig zu machenden VollstrMaßnahmen in das gesamte Vermögen zulässig (zur Aufrechnung s § 268 Rz 4). Während § 277 bis zum Zeitpunkt der Unanfechtbarkeit des Aufteilungsbescheids Anwendung findet, gilt § 278 danach.

2 Abs 2 soll Umgehungen durch unentgeltliche Übertragung von Vermögensgegenständen auf den anderen Gesamtschuldner entgegenwirken, auf den bei der Aufteilung ein geringerer StBetrag entfallen ist (vgl BFH BStBl 84, 287).

3 **2. Wirkung der Beschränkung.** Nach der Unanfechtbarkeit des Aufteilungsbescheids können die vorläufigen Sicherungsmaßnahmen in eine endgültige Vollstr übergeleitet werden. Es können auch neue VollstrMaßnahmen gegen die Zusammenveranlagten ergriffen werden. Sie müssen insgesamt gegen den einzelnen Schuldner aber immer auf die Höhe des auf ihn aufgeteilten Betrags begrenzt bleiben. Soweit Sicherungsmaßnahmen im Rahmen des § 277 über diese Begrenzung hinausgegangen sind, müssen sie aufgehoben werden. Gegen VollstrMaßnahmen über den im Aufteilungsbescheid festgesetzten Aufteilungsbetrag hinaus kann der VollstrSchuldner unmittelbar mit dem Einspruch vorgehen (*TK/Drüen* Rz 8).

4 Ein neues Leistungsgebot aufgrund des Aufteilungsbescheids ist nicht erforderlich. Die Vollstreckbarkeit ergibt sich bereits aus dem ursprüngl Leistungsgebot über die Gesamtschuld (*HHSp/Müller-Eiselt* Rz 4; *TK/Drüen* Rz 1).

5 **3. Unentgeltliche Vermögensübertragungen.** Werden Vermögensübertragungen iSv Abs 2 vorgenommen, erhöhen sich die auf den Empfänger entfallenden Aufteilungsbeträge um den gemeinen Wert der Zuwendungen (zum gemeinen Wert der Zuwendung eines grundschuldbelasteten Grundstücks vgl BFH BStBl 84, 287). Die VollstrBeschränkung vermindert sich entsprechend. Dadurch wird der in dem Aufteilungsbescheid festgelegte Aufteilungsschlüssel aber nicht berührt, was wegen der Anrechnung von Zahlungen wichtig ist. Die VollstrBehörde hat lediglich erweiterte VollstrMöglichkeiten. Deswegen ist **keine Änderung des Aufteilungsbescheids** nach § 280 möglich (*HHSp/Müller-Eiselt* Rz 23; *BG/Zeller-Müller* Rz 7; aA wohl *Eschenbach* DStZ 94, 679).

6 Die unentgeltliche Übertragung bzw Vermögensverschiebung muss in oder nach dem VZ geschehen sein, für den noch Steuerrückstände bestehen. Zu den **Steuerrückständen** gehören auch solche Steuerforderungen, die von der Vollziehung ausgesetzt sind und daher zeitweise nicht zwangsweise beigetrieben werden können (FG Köln EFG 08, 512). Allgemein sind unter Steuerrückständen die in den EStBescheiden festgesetzten, den Aufteilungsbescheiden zugrunde liegenden Steuern unter Abzug der darauf geleisteten Zahlungen zu verstehen (BFH/NV 09, 1781).

7 Unter die **unentgeltlichen Zuwendungen** fallen auch die sog gemischten Schenkungen, bei denen die Übertragung zwar nicht unentgeltlich, aber weit unter dem gemeinen Wert erfolgt ist (FG Köln EFG 08, 512; *TK/Drüen* Rz 5). Auch die sog unbenannten Zuwendungen zwischen Ehegatten (Übertragung eines Gegenstandes auf Ehegatten ohne Gegenleistung) sind unentgeltlich iSv § 278 II, da es nicht auf die subjektiven Motive der Eheleute sondern allein auf die objektive Unentgeltlichkeit ankommt (BFH/NV 95, 486; 03, 1033; 09, 1781; vgl zu SchenkSt-Pflicht für solche Zuwendungen BFH BStBl 94, 366). Der Steuerbefreiungstatbestand des § 13 I Nr 4a ErbStG für Zuwendungen unter Ehegatten mit Bezug auf ein Familienwohnheim ändert nichts an der Unentgeltlichkeit der Zuwendung iSv § 278 II (BFH/NV 96, 871). Zur Streitfrage, ob bei einer Zuwendung zwischen Ehegatten als Gegenleistung die Haushaltsführung des anderen Ehegatten anzurechnen ist (*HHSp/Müller-Eiselt* Rz 13, FG Mster EFG 17, 803, Rev BFH VII R 18/17). Die unentgeltliche Zuwendung verlangt iÜ nicht die Übertragung von aktiven Wirtschaftsgütern, sondern erfasst jede Art von Vermögensverschiebung. Ein Fall der unentgeltlichen Zuwendung ist daher auch dann gegeben, wenn der mit dem StSchuldner zusammenveranlagte Ehegatte Verbindlichkeiten des StSchuldners im abgekürzten Zahlungswege begleicht (FG Mster

EFG 01, 669; FG Nds EFG 12, 207 rkr, dort auch zu einem Ausnahmefall). Ausgenommen von der Ausgleichspflicht sind nach § 278 II 2 gebräuchliche Gelegenheitsgeschenke.

Die Zuwendung muss nicht missbräuchlich sein oder in Gläubigerbenachteiligungsabsicht erfolgen. Es ist ausreichend, wenn die Vollstreckung objektiv vereitelt wird. 8

4. Rechtsfolge. Die Minderung der Vollstreckungsbeschränkung wirkt kraft Gesetzes. Ein **besonderer Bescheid** darüber ist also **nicht erforderlich** (BFH BStBl 84, 287; BFH/NV 08, 188; 09, 121; 11, 195; *HHSp/Müller-Eiselt* Rz 23, wo aber ein solcher Bescheid für zweckmäßig gehalten wird; ebenso BFH BStBl 02, 214; FG RhPf DStRE 05, 917; FG Nds EFG 12, 207; aA *Eschenbach* DStZ 94, 679, der Regelung im Aufteilungsbescheid für erforderlich hält). Ergeht aus Zweckmäßigkeitsgründen ein besonderer Bescheid, entspricht er inhaltlich einem Duldungsbescheid, dessen Inhalt in der Anfechtung der Vermögensübertragung und in der Bestimmung des Betrags besteht, bis zu dessen Höhe der Zuwendungsempfänger die Vollstr dulden muss (BFH BStBl 02, 214; FG RhPf DStRE 05, 917; FG Köln EFG 08, 512; FG Nds EFG 12, 207). Im Gegensatz zur vergleichbaren Regelung in § 4 iVm § 11 AnfG wird der Zugriff jedoch nicht auf den zugewendeten Gegenstand selbst ermöglicht, sondern die persönliche VollstrBeschränkung des § 278 I wird hinsichtlich des gemeinen Werts des empfangenen Vermögensvorteils aufgehoben (BFH BStBl 08, 543). Der Bescheid muss wie jeder andere VA gem § 119 I hinreichend bestimmt sein und daher Angaben zu der Zuwendung selbst, zu deren Höhe und zum Jahr enthalten. Bei Zuwendungen aus verschiedenen Jahren muss der Bescheid erkennen lassen, aufgrund welcher Zuwendung und für welches Jahr die Inanspruchnahme erfolgen soll (FG Nds EFG 12, 2181 rkr). 9

5. Frist. Ob die FinBeh von der Möglichkeit des Durchgriffs nach § 278 II 1 Gebrauch macht, steht in ihrem Ermessen. Die Vollstreckung gegen den Zuwendungsempfänger ist jedoch auf 10 Jahre befristet. Die Frist beginnt mit dem Zeitpunkt des Ergehens des Aufteilungsbescheids zu laufen. 10

6. Rechtsschutz. Zum Rechtsschutz bei einer Vollstreckung, die über den im Aufteilungsbescheid festgesetzten Aufteilungsbetrag hinausgeht s Rz 3. Ergeht ein besonderer Bescheid über die Minderung der Vollstreckungsbeschränkung wegen einer unentgeltlichen Vermögensübertragung (Rz 9), ist dieser mit dem Einspruch anfechtbar. Beruft sich die VollstrBehörde direkt auf § 278 II, können Einwendungen gegen die Inanspruchnahme direkt mit dem Einspruch gegen die VollstrMaßnahme geltend gemacht werden. 11

§ 279 Form und Inhalt des Aufteilungsbescheids

(1) [1] **Über den Antrag auf Beschränkung der Vollstreckung ist nach Einleitung der Vollstreckung durch schriftlich oder elektronisch zu erteilenden Aufteilungsbescheid gegenüber den Beteiligten einheitlich zu entscheiden.** [2] **Eine Entscheidung ist jedoch nicht erforderlich, wenn keine Vollstreckungsmaßnahmen ergriffen oder bereits ergriffene Vollstreckungsmaßnahmen wieder aufgehoben werden.**

(2) [1] **Der Aufteilungsbescheid hat die Höhe der auf jeden Gesamtschuldner entfallenden anteiligen Steuer zu enthalten; ihm ist eine Belehrung beizufügen, welcher Rechtsbehelf zulässig ist und binnen welcher Frist und bei welcher Behörde er einzulegen ist.** [2] **Er soll ferner enthalten:**

1. **die Höhe der aufzuteilenden Steuer,**
2. **den für die Berechnung der rückständigen Steuer maßgebenden Zeitpunkt,**
3. **die Höhe der Besteuerungsgrundlagen, die den einzelnen Gesamtschuldnern zugerechnet worden sind, wenn von den Angaben der Gesamtschuldner abgewichen ist,**

4. die Höhe der bei Einzelveranlagung (§ 270) auf den einzelnen Gesamtschuldner entfallenden Steuer,
5. die Beträge, die auf die aufgeteilte Steuer des Gesamtschuldners anzurechnen sind.

Abs 2 Nr 4 geändert durch StVereinfachungsG v 1.11.11 (BGBl I, 2131); Abs 1 S 1 geändert durch G v 18.7.16 (BGBl I, 694).

1 **1. Inhalt.** Die Vorschrift regelt Form und Inhalt des Aufteilungsbescheids, sowie ab welchem Zeitpunkt über den Antrag auf Aufteilung zu entscheiden ist und wann diese aus verfahrensökonomischen Gründen entbehrlich ist.

2 **2. Wirkung.** Der Aufteilungsbescheid nach Abs 1 S 1 hat **nur deklaratorischen Charakter** (ähnlich wie ein Steuerbescheid), da jeder von den Zusammenveranlagten einen Rechtsanspruch auf die Aufteilung hat (*HHSp/Müller-Eiselt* Rz 2). Es handelt sich um eine deklaratorische rückwirkende Feststellung über die Höhe des auf den einzelnen Gesamtschuldner entfallenden Steueranteils.

3 **3. Zeitpunkt der Entscheidung.** Über den Antrag auf Beschränkung der Vollstreckung, dh über den Antrag auf Aufteilung der Steuerschuld, ist nach Abs 1 S 1 erst nach Einleitung der Vollstreckung zu entscheiden (aA FG Köln EFG 17, 1049; Rev BFH VII R 17/17). Dies ist gem § 276 V der Zeitpunkt der Ausfertigung der Rückstandsanzeige. Der Antrag auf Aufteilung der Steuerschuld kann schon nach Bekanntgabe des Leistungsgebots gestellt werden (§ 269 Rz 5). Ein Rechtsschutzbedürfnis besteht jedoch erst ab dem Zeitunkt der Einleitung der Vollstreckung. Um zu vermeiden, dass über vorsorglich gestellte Anträge auf Aufteilung der Steuerschuld entschieden wird, ohne dass es zu einer VollstrMaßnahme kommt, bestimmt S 2, dass eine Entscheidung über den Antrag nicht erforderlich ist, wenn keine VollstrMaßnahmen ergriffen oder ergriffene VollstrMaßnahmen wieder aufgehoben werden. FG Hess (EFG 08, 1850 rkr) hält in solchen Fällen den Erlass eines Aufteilungsbescheids sogar für unzulässig. Jedoch kann auch vor Durchführung der Vollstreckung ein berechtigtes Interesse des Gesamtschuldners auf Aufteilung bestehen, etwa wenn das FA gegen diesen aufrechnen will oder wenn es um die Anrechnung von Zahlungen nach dem Zeitpunkt der Antragstellung geht (§ 276 VI; *BG/Zeller-Müller* Rz 5; FG Köln, EFG 17, 1049).

4 **4. Form des Bescheids.** Der Bescheid kann nach der Änderung durch das SteuermodernisierungsG **schriftlich oder elektronisch** ergehen. Ein schriftlicher Aufteilungsbescheid ist nach § 122 II bekannt zu geben. Der elektronische Aufteilungsbescheid kann entweder mittels verschlüsselter E-Mail nach § 122 IIa iVm § 87a VII oder durch Bereitstellung zum Datenabruf nach § 122a I iVm § 87a VIII bekannt gegeben werden. Die Entscheidung hat ggü den beteiligten Gesamtschuldnern nach Abs 1 S 1 einheitlich zu ergehen.

5 **5. Inhalt des Aufteilungsbescheids.** Bei dem nach Abs 2 vorgeschriebenen Inhalt des Aufteilungsbescheids geht es im Wesentlichen um die in den §§ 270 ff geregelten Berechnungsgrundlagen für die Aufteilung. Danach ist in dem Aufteilungsbescheid die Höhe der auf jeden Gesamtschuldner entfallenden anteiligen Steuer anzugeben und dem Bescheid eine Rechtsbehelfsbelehrung beizufügen. Dadurch wird dem Zusammenveranlagten eine Überprüfung und ggf die Anfechtung ermöglicht. S 2 des Abs 2 ist nur eine Sollvorschrift.

6 **6. Rechtsschutz.** Gegen den Aufteilungsbescheid ist der Einspruch gegeben. Es kann dabei um die Art der Aufteilung und die damit verbundenen VollstrBeschränkungen gehen. Wie sich aus § 270 S 2 ergibt, sind Einwendungen gegen die StFestsetzung selbst unzulässig (*TK/Drüen* Rz 9). Vorläufiger Rechtsschutz ergibt sich nach der Rechtsprechung des BFH aus der VollstrBeschränkung des § 277, sodass für die Anwendung von § 361 oder § 69 FGO kein Raum bleibt, da es sich bei dem Aufteilungsbescheid nicht um einen vollziehbaren VA handelt

(BFH/NV 02, 476; FG Nds EFG 97, 897; *TK/Drüen* Rz 8; *HHSp/Müller-Eiselt* Rz 10; wohl auch BFH/NV 00, 827; aA FG Hess EFG 97, 90; *Wüllenkemper* DStZ 91, 36). Zu Recht lässt aber der BFH AdV nach § 361 oder § 69 FGO zu, wenn sich die FinBeh nicht an die VollstrBeschränkung des § 277 hält (BFH/NV 02, 476; vgl auch § 277 Rz 3). In dem von einem Ehegatten gegen den Aufteilungsbescheid betriebenen Einspruchsverfahren ist der andere Ehegatte hinzuzuziehen (BFH/NV 03, 195; vgl § 360 Rz 9).

§ 280 Änderung des Aufteilungsbescheids

(1) **Der Aufteilungsbescheid kann außer in den Fällen des § 129 nur geändert werden, wenn**

1. **nachträglich bekannt wird, dass die Aufteilung auf unrichtigen Angaben beruht und die rückständige Steuer infolge falscher Aufteilung ganz oder teilweise nicht beigetrieben werden konnte,**
2. **sich die rückständige Steuer durch Aufhebung oder Änderung der Steuerfestsetzung oder ihre Berichtigung nach § 129 erhöht oder vermindert.**

(2) **Nach Beendigung der Vollstreckung ist eine Änderung des Aufteilungsbescheids oder seine Berichtigung nach § 129 nicht mehr zulässig.**

1. Inhalt. Die Vorschrift ist **lex specialis** zu §§ 130 ff, 172 ff. Änderungen von Aufteilungsbescheiden können daher nur nach § 280 erfolgen, der abschließend ist (FG Hess EFG 17, 1777, Rev BFH VII R 28/17). Die einzige Ausnahme sind Änderungen wegen offenbarer Unrichtigkeit, da die Anwendung des § 129 in § 280 ausdrücklich zugelassen ist. 1

2. Unrichtige Angaben. Abs 1 ist im Zusammenhang mit § 269 II 3 zu sehen. Danach hat der Antragsteller im Antrag alle für die Aufteilung erforderlichen Angaben zu machen. Erweisen sich diese Angaben nach Erlass des Aufteilungsbescheids als unrichtig, ist eine Änderung des Bescheids möglich, wenn die unrichtigen Angaben zu einer falschen Aufteilung geführt haben und deshalb die rückständige Steuer ganz oder teilweise nicht beigetrieben werden konnte. Dabei ist es **unerheblich,** ob die unrichtigen Angaben auf **Verschulden** des Antragstellers beruhen oder nicht. Eine Änderung des Bescheids muss auch dann möglich sein, wenn der Antragsteller seiner Mitwirkungspflicht nicht nachgekommen und daher das FA bei eigenen Ermittlungen oder Schätzungen zu unrichtigen tatsächlichen Feststellungen gekommen ist (vgl § 269 Rz 2). Die Vorschrift ist ferner anwendbar, wenn das FA unrichtige Angaben aus dem StFestsetzungsverfahren übernommen hat. Führt das allerdings zu einer Änderung der StFestsetzung, gilt Abs 1 Nr 2. 2

3. Änderung der StFestsetzung. Abs 1 Nr 2 steht in **Konkurrenz zu § 273.** Diese Bestimmung geht als speziellere Regelung Abs 1 Nr 2 vor (*HHSp/Müller-Eiselt* Rz 8; *TK/Drüen* Rz 3). Da der Anwendungsbereich des § 273 erst einsetzt, wenn die ursprünglich festgesetzte Steuer völlig getilgt ist (§ 273 II), kommt Abs 1 Nr 2 nur zur Anwendung, wenn noch Steuer aus der ursprünglichen Festsetzung rückständig ist. Außerdem gilt Abs 1 Nr 2 immer dann, wenn die ursprünglich festgesetzte Steuer vermindert wird, da hier keine Konkurrenz zu § 273 besteht. Durch § 280 Abs 1 Nr 2 wird klargestellt, dass der Änderung der StFestsetzung die Aufhebung und insb auch die Berichtigung nach § 129 gleichsteht. 3

Bei einer Änderung der Aufteilung nach Abs 1 Nr 2 ist nicht nur die Steuernachforderung oder -minderung zusammen mit der im Zeitpunkt des Änderungsbescheids noch rückständigen Steuer aus der ursprünglichen Festsetzung neu aufzuteilen. Die Neuaufteilung muss vielmehr rückwirkend bis zu den Zeitpunkten des § 276 I und II die Nachforderung oder Minderung zusammen mit dem gesamten der ursprünglichen Aufteilung zu Grunde liegenden Betrag erfassen (FG Ddorf 4

EFG 90, 281; *HHSp/Müller-Eiselt* Rz 9; *TK/Drüen* Rz 4). Dies ist schon aus Gründen der Anrechnung der zwischenzeitlichen Zahlungen erforderlich.

5 **4. Beendigung der Vollstreckung.** Nach Beendigung der Vollstreckung ist eine Änderung des Aufteilungsbescheids oder seine Berichtigung nach § 129 nach § 280 II nicht mehr zulässig. Voraussetzung hierfür ist, dass die Vollstr **endgültig nach § 257 eingestellt** worden ist. Die einstweilige Einstellung oder Aufhebung von VollstrMaßnahmen nach § 258 oder die Niederschlagung nach § 261 führen noch nicht zu dem Verbot (*HHSp/Müller-Eiselt* Rz 12; *TK/Drüen* Rz 5). Ggf kann nach Beendigung der Vollstr auf Antrag ein neuer Aufteilungsbescheid ergehen, wenn Steuern nachgefordert werden (*BG/Zeller-Müller* Rz 9; *TK/Drüen* Rz 5).

3. Unterabschnitt. Vollstreckung in das bewegliche Vermögen

I. Allgemeines

§ 281 Pfändung

(1) **Die Vollstreckung in das bewegliche Vermögen erfolgt durch Pfändung.**

(2) **Die Pfändung darf nicht weiter ausgedehnt werden, als es zur Deckung der beizutreibenden Geldbeträge und der Kosten der Vollstreckung erforderlich ist.**

(3) **Die Pfändung unterbleibt, wenn die Verwertung der pfändbaren Gegenstände einen Überschuss über die Kosten der Vollstreckung nicht erwarten lässt.**

1 **1. Inhalt.** Die Vorschrift stimmt mit § 803 ZPO überein. Abs 1 bestimmt, dass die Vollstr in das bewegliche Vermögen durch Pfändung erfolgt. Abs 2 verbietet die Überpfändung. Nach Abs 3 sind zwecklose Pfändungen zu unterlassen.

2 **2. Bewegliches Vermögen.** Zum beweglichen Vermögen gehören sowohl **Sachen** (körperliche Gegenstände) iSv § 90 BGB als auch **Forderungen** und **andere Vermögensrechte.** Dabei ist die Vollstr in Sachen oder Forderungen oder andere Vermögensrechte gleichrangig nebeneinander zulässig (BFH/NV 07, 2229). Bei den Sachen muss es sich um bewegliche Sachen handeln. Bewegliche Sachen iSv § 281 sind alle Sachen, die nicht nach § 322 der Vollstr in das unbewegliche Vermögen unterliegen (s § 322 Rz 2 ff). Die Vollstreckung in den Anspruch auf die Herausgabe oder die Leistung von Sachen richtet sich nach § 318 und in andere Vermögensrechte nach § 321.

3 **3. Pfändung.** Die Pfändung ist ein **VA** (BFH BStBl 87, 251; 01, 5; BFH/NV 92, 789). Sie führt zur Beschlagnahme des gepfändeten Vermögens und zum Erwerb eines Pfandrechts (§ 282). Die Befriedigung des Gläubigers erfolgt durch die spätere Pfandverwertung (§§ 269, 314).

4 **4. Überpfändung.** Eine Überpfändung liegt vor, wenn der Wert der gepfändeten Gegenstände die beizutreibenden Geldforderungen und Kosten der Vollstr übersteigen. Das Verbot der Überpfändung gilt sowohl für die beweglichen Sachen als auch für Forderungen und andere Vermögensrechte. Der Wert ist vom Vollziehungsbeamten oder bei Forderungen und anderen Vermögensrechten von der VollstrBehörde zu **schätzen** (Abschn 41 Abs 1 VollzA). Bei Forderungen kann der tatsächliche Wert niedriger sein als der Nennwert (*TK/Loose* Rz 9; näher § 309 Rz 28). Entscheidend ist eine wirtschaftliche Betrachtungsweise (BGH DB 82, 2684). Bei der Schätzung kann ein Sachverständiger oder Sachkundiger, zB bei Schmuck ein Juwelier, hinzugezogen werden. Eine Überpfändung ist nur dann gegeben, wenn die bereits vorher getroffenen VollstrMaßnahmen mit einiger Sicherheit ausreichen. Das ist zB dann nicht anzunehmen, wenn die VollstrBehörde

bisher nur eine zukünftige Forderung gepfändet hat, die mit dem erkennbaren Risiko der Nichtentstehung oder eines vorzeitigen Wegfalls belastet ist (BGH aaO). Bei dem Verbot der Überpfändung handelt es sich um eine Sollvorschrift (BFH BStBl 73, 513). Das Verbot gilt daher nicht uneingeschränkt, zB dann nicht, wenn nur solche pfändbare Sachen vorhanden sind, deren einzelner Wert die Höhe der beizutreibenden Forderung übersteigt, oder wenn wegen Einwendungen gegen die Pfändung zweifelh ist, welche Pfandstücke zur Deckung der beizutreibenden Forderung verwendbar sind (*TK/Loose* Rz 10). Das Verbot der Überpfändung gilt nicht für die Vollstr in das unbewegliche Vermögen und kann dort auch nicht analog angewendet werden (BFH/NV 07, 2060).

Unzulässige Überpfändung macht die Pfändung **nicht nichtig,** sondern ledig- 5
lich mit dem Einspruch anfechtbar (FG Köln EFG 12, 1715). Im Rahmen des Anfechtungsverfahrens ist die vom VollzBeamten vorgenommene Schätzung des Werts voll nachprüfbar (*TK/Loose* Rz 11). Die Anfechtung kann zur Aufhebung der Pfändungsverfügung führen, soweit eine Überpfändung vorliegt. Bei schuldhafter Pflichtverletzung der VollstrBehörde kommt ein Schadensersatzanspruch wegen Amtspflichtverletzung in Betracht.

5. Zwecklose Pfändung. Abs 3 verbietet die Pfändung, wenn nach Schätzung 6
der VollstrBehörde oder des VollzBeamten ein Überschuss über die Kosten der Vollstreckung bei Verwertung der Pfandsachen nicht zu erwarten ist (Abschn 42 Abs 2 VollzA). Ein zu erwartender geringer Überschuss reicht für die Pfändung aus (*HHSp/Müller-Eiselt* Rz 31; *BLAH/Hartmann* § 803 Rz 15; aA *TK/Loose* Rz 15). Jedoch ist auch insoweit der Grundsatz der Verhältnismäßigkeit der Vollstreckung zu beachten (Vor § 249 Rz 6). Danach hat die Pfändung in das bewegliche Vermögen zu unterbleiben, wenn die gepfändeten Gegenstände oder die gepfändeten anderen Vermögensrechte (§ 321 AO) wertlos bzw unverkäuflich sind (BFH DB 17, 2012 zur Pfändung einer Internet-Domain). Verstöße gegen das Verbot der nutzlosen Pfändung machen diese **nicht nichtig**, sondern mit dem Einspruch und der Klage anfechtbar.

6. Rechtsschutz. Die Pfändung ist als VA mit dem Einspruch und der Anfech- 7
tungsklage anfechtbar. Vorläufiger Rechtsschutz erfolgt durch AdV (§§ 361, 69 FGO; BFH/NV 90, 718; *TK/Loose* Rz 7; *BG/Zeller-Müller* Rz 12). Diese setzt die Anfechtung der Pfändungsverfügung und nicht des zu vollstreckenden VA voraus (FG Saarl EFG 95, 170). Will die VollstrBehörde trotz AdV den gepfändeten Gegenstand verwerten, kann eine einstweilige Anordnung nach § 114 FGO beantragt werden (*TK/Loose* Rz 7).

§ 282 Wirkung der Pfändung

(1) **Durch die Pfändung erwirbt die Körperschaft, der die Vollstreckungsbehörde angehört, ein Pfandrecht an dem gepfändeten Gegenstand.**

(2) **Das Pfandrecht gewährt ihr im Verhältnis zu anderen Gläubigern dieselben Rechte wie ein Pfandrecht im Sinne des Bürgerlichen Gesetzbuchs; es geht Pfand- und Vorzugsrechten vor, die im Insolvenzverfahren diesem Pfandrecht nicht gleichgestellt sind.**

(3) **Das durch eine frühere Pfändung begründete Pfandrecht geht demjenigen vor, das durch eine spätere Pfändung begründet wird.**

1. Inhalt. Die Vorschrift ähnelt § 804 ZPO. Sie regelt die Wirkung und 1
Rechtsfolgen einer wirksamen Pfändung. Das Pfändungspfandrecht erwirbt nach § 252 die Körperschaft, der die VollstrBehörde angehört.

2. Pfandverstrickung. Mit der Pfändung tritt die Pfandverstrickung ein. 2
Durch dies wird die Verwertung sichergestellt. Die Pfandverstrickung führt zur

rechtlichen Gebundenheit des gepfändeten Gegenstandes zugunsten des Vollstr-Gläubigers. Es entsteht ein Verfügungsverbot iSv §§ 135, 136 BGB zulasten des VollstrSchuldners. Voraussetzung der Pfandverstrickung ist die wirksame Pfändung. Die Anfechtbarkeit der Pfändung steht der Verstrickung des gepfändeten Gegenstandes nicht entgegen, wohl aber deren Nichtigkeit.

Die Verstrickung endet mit Beendigung der Verwertung, mit Rückgabe der Pfandsache sowie mit Aufhebung der Vollstr. Auch der gutgläubige Erwerb der gepfändeten Sache beendet die Verstrickung (§ 936 BGB; s *BLAH/Hartmann* § 804 Rz 5). Dagegen endet die Vollstreckung nicht mit der Entfernung des Pfandsiegels gegen den Willen der VollstrBehörde (*TK/Loose* Rz 4).

3 **3. Pfändungspfandrecht.** Das Pfändungspfandrecht entsteht allein durch die Pfandverstrickung kraft Gesetzes. Es ist also im Gegensatz zum bürgerlich rechtlichen Pfandrecht nicht akzessorisch, sondern entsteht und besteht unabhängig vom Bestand der vollstreckbaren Forderung (hM, s *TK/Loose* Rz 5; *BLAH/Hartmann* § 804 Rz 3; aA wohl BFH BStBl 01, 5, wonach eine für das Pfandrecht wesentliche Beziehung zwischen der gepfändeten Forderung und einer bestimmten Forderung des Pfändungsgläubigers besteht; vgl aber auch § 309 Rz 8). Das Pfändungspfandrecht entsteht auch dann, wenn die gepfändete Sache nicht dem Vollstr-Schuldner gehört.

Dritten ggü gewährt das Pfändungsrecht nach Abs 2 die gleichen Rechte, wie sie nach den Vorschriften des BGB für durch Rechtsgeschäft bestellte Pfandrechte bestehen (an Sachen nach §§ 1204 ff BGB, an Rechten §§ 1272 ff BGB).

4 **4. Rang des Pfandrechts.** Das Pfändungspfandrecht geht nach Abs 2 allen Pfand- und Vorzugsrechten vor, die im Insolvenzverfahren nicht dem durch Rechtsgeschäft bestellten Faustpfandrecht gleichstehen. Diese werden in den §§ 50 ff. InsO aufgezählt und führen in der Insolvenz zur abgesonderten Befriedigung. Ansonsten gilt für den Rang mehrerer Pfändungspfandrechte untereinander nach Abs 3 das **Prioritätsprinzip.** Das frühere Recht geht späteren Rechten vor. Gleichzeitige Pfandrechte haben gleichen Rang. Dieses Prioritätsprinzip gilt aber nicht nur im Verhältnis zu anderen Pfändungspfandrechten, sondern auch ggü durch Rechtsgeschäft bestellten Pfandrechten. Jedoch gehen gutgläubig erworbene Vertragspfandrechte dem bereits bestehenden Pfändungspfandrecht vor (§ 1208 BGB).

5 **5. § 50 InsO Abgesonderte Befriedigung der Pfandgläubiger**

(1) Gläubiger, die an einem Gegenstand der Insolvenzmasse ein rechtsgeschäftliches Pfandrecht, ein durch Pfändung erlangtes Pfandrecht oder ein gesetzliches Pfandrecht haben, sind nach Maßgabe der §§ 166 bis 173 für Hauptforderung, Zinsen und Kosten zur abgesonderten Befriedigung aus dem Pfandgegenstand berechtigt.

(2) [1] Das gesetzliche Pfandrecht des Vermieters oder Verpächters kann im Insolvenzverfahren wegen der Miete oder Pacht für eine frühere Zeit als die letzten zwölf Monate vor der Eröffnung des Verfahrens sowie wegen der Entschädigung, die infolge einer Kündigung des Insolvenzverwalters zu zahlen ist, nicht geltend gemacht werden. [2] Das Pfandrecht des Verpächters eines landwirtschaftlichen Grundstücks unterliegt wegen der Pacht nicht dieser Beschränkung.

6 **6. § 51 InsO Sonstige Absonderungsberechtigte**

Den in § 50 genannten Gläubigern stehen gleich:

1. Gläubiger, denen der Schuldner zur Sicherung eines Anspruchs eine bewegliche Sache übereignet oder ein Recht übertragen hat;
2. Gläubiger, denen ein Zurückbehaltungsrecht an einer Sache zusteht, weil sie etwas zum Nutzen der Sache verwendet haben, soweit ihre Forderung aus der Verwendung den noch vorhandenen Vorteil nicht übersteigt;
3. Gläubiger, denen nach dem Handelsgesetzbuch ein Zurückbehaltungsrecht zusteht;
4. Bund, Länder, Gemeinden und Gemeindeverbände, soweit ihnen zoll- und steuerpflichtige Sachen nach gesetzlichen Vorschriften als Sicherheit für öffentliche Abgaben dienen.

§ 283 Ausschluss von Gewährleistungsansprüchen

Wird ein Gegenstand auf Grund der Pfändung veräußert, so steht dem Erwerber wegen eines Mangels im Recht oder wegen eines Mangels der veräußerten Sache ein Anspruch auf Gewährleistung nicht zu.

1. Inhalt. Die Vorschrift entspricht in ihrem Wortlaut § 806 ZPO. 1

2. Anwendungsbereich. Die Vorschrift ist anwendbar bei Veräußerung, das ist 2
jede Verwertung von Sachen und Rechten. Es kann sich somit um die öffentliche Versteigerung gem § 296, den freihändigen Verkauf nach § 302 oder die Verwertung gem §§ 305, 317 handeln (vgl OLG Bbg NJW-RR 10, 1723). Stets muss der Veräußerung eine Pfändung zu Grunde liegen.

Die Gewährleistung ist gesetzlich ausgeschlossen für die in den §§ 434 und 435 BGB aufgeführten Sach- und Rechtsmängel, die kein Verschulden voraussetzen.

3. Amtspflichtverletzung. Die auf einer Amtspflichtverletzung (§ 839 I 3
BGB, Art 34 GG) beruhenden Ansprüche werden durch die Vorschrift nicht berührt.

§ 284 Vermögensauskunft des Vollstreckungsschuldners

(1) [1]**Der Vollstreckungsschuldner muss der Vollstreckungsbehörde auf deren Verlangen für die Vollstreckung einer Forderung Auskunft über sein Vermögen nach Maßgabe der folgenden Vorschriften erteilen, wenn er die Forderung nicht binnen zwei Wochen begleicht, nachdem ihn die Vollstreckungsbehörde unter Hinweis auf die Verpflichtung zur Abgabe der Vermögensauskunft zur Zahlung aufgefordert hat.** [2]**Zusätzlich hat er seinen Geburtsnamen, sein Geburtsdatum und seinen Geburtsort anzugeben.** [3]**Handelt es sich bei dem Vollstreckungsschuldner um eine juristische Person oder um eine Personenvereinigung, so hat er seine Firma, die Nummer des Registerblatts im Handelsregister und seinen Sitz anzugeben.**

(2) [1]**Zur Auskunftserteilung hat der Vollstreckungsschuldner alle ihm gehörenden Vermögensgegenstände anzugeben.** [2]**Bei Forderungen sind Grund und Beweismittel zu bezeichnen.** [3]**Ferner sind anzugeben:**

1. **die entgeltlichen Veräußerungen des Vollstreckungsschuldners an eine nahestehende Person (§ 138 der Insolvenzordnung), die dieser in den letzten zwei Jahren vor dem Termin nach Absatz 7 und bis zur Abgabe der Vermögensauskunft vorgenommen hat;**
2. **die unentgeltlichen Leistungen des Vollstreckungsschuldners, die dieser in den letzten vier Jahren vor dem Termin nach Absatz 7 und bis zur Abgabe der Vermögensauskunft vorgenommen hat, sofern sie sich nicht auf gebräuchliche Gelegenheitsgeschenke geringen Werts richteten.**

[4]**Sachen, die nach § 811 Abs. 1 Nr. 1 und 2 der Zivilprozessordnung der Pfändung offensichtlich nicht unterworfen sind, brauchen nicht angegeben zu werden, es sei denn, dass eine Austauschpfändung in Betracht kommt.**

(3) [1]**Der Vollstreckungsschuldner hat zu Protokoll an Eides statt zu versichern, dass er die Angaben nach den Absätzen 1 und 2 nach bestem Wissen und Gewissen richtig und vollständig gemacht habe.** [2]**Vor Abnahme der eidesstattlichen Versicherung ist der Vollstreckungsschuldner über die Bedeutung der eidesstattlichen Versicherung, insbesondere über die strafrechtlichen Folgen einer unrichtigen oder unvollständigen eidesstattlichen Versicherung, zu belehren.**

(4) [1]**Ein Vollstreckungsschuldner, der die in dieser Vorschrift oder die in § 802c der Zivilprozessordnung bezeichnete Vermögensauskunft innerhalb der letzten zwei Jahre abgegeben hat, ist zur erneuten Abgabe nur verpflich-**

tet, wenn anzunehmen ist, dass sich seine Vermögensverhältnisse wesentlich geändert haben. [2]Die Vollstreckungsbehörde hat von Amts wegen festzustellen, ob beim zentralen Vollstreckungsgericht nach § 802k Abs. 1 der Zivilprozessordnung in den letzten zwei Jahren ein auf Grund einer Vermögensauskunft des Schuldners erstelltes Vermögensverzeichnis hinterlegt wurde.

(5) **[1]Für die Abnahme der Vermögensauskunft ist die Vollstreckungsbehörde zuständig, in deren Bezirk sich der Wohnsitz oder der Aufenthaltsort des Vollstreckungsschuldners befindet. [2]Liegen diese Voraussetzungen bei der Vollstreckungsbehörde, die die Vollstreckung betreibt, nicht vor, so kann sie die Vermögensauskunft abnehmen, wenn der Vollstreckungsschuldner zu ihrer Abgabe bereit ist.**

(6) **[1]Die Ladung zu dem Termin zur Abgabe der Vermögensauskunft ist dem Vollstreckungsschuldner selbst zuzustellen; sie kann mit der Fristsetzung nach Absatz 1 Satz 1 verbunden werden. [2]Der Termin zur Abgabe der Vermögensauskunft soll nicht vor Ablauf eines Monats nach Zustellung der Ladung bestimmt werden. [3]Ein Rechtsbehelf gegen die Anordnung der Abgabe der Vermögensauskunft hat keine aufschiebende Wirkung. [4]Der Vollstreckungsschuldner hat die zur Vermögensauskunft erforderlichen Unterlagen im Termin vorzulegen. [5]Hierüber und über seine Rechte und Pflichten nach den Absätzen 2 und 3, über die Folgen einer unentschuldigten Terminssäumnis oder einer Verletzung seiner Auskunftspflichten sowie über die Möglichkeit der Eintragung in das Schuldnerverzeichnis bei Abgabe der Vermögensauskunft ist der Vollstreckungsschuldner bei der Ladung zu belehren.**

(7) **[1]Im Termin zur Abgabe des Vermögensauskunft erstellt die Vollstreckungsbehörde ein elektronisches Dokument mit den nach den Absätzen 1 und 2 erforderlichen Angaben (Vermögensverzeichnis). [2]Diese Angaben sind dem Vollstreckungsschuldner vor Abgabe der Versicherung nach Absatz 3 vorzulesen oder zur Durchsicht auf einem Bildschirm wiederzugeben. [3]Ihm ist auf Verlangen ein Ausdruck zu erteilen. [4]Die Vollstreckungsbehörde hinterlegt das Vermögensverzeichnis bei dem zentralen Vollstreckungsgericht nach § 802k Abs. 1 der Zivilprozessordnung. [5]Form, Aufnahme und Übermittlung des Vermögensverzeichnisses haben den Vorgaben der Verordnung nach § 802k Abs. 4 der Zivilprozessordnung zu entsprechen.**

(8) **[1]Ist der Vollstreckungsschuldner ohne ausreichende Entschuldigung in dem zur Abgabe der Vermögensauskunft anberaumten Termin vor der in Absatz 5 Satz 1 bezeichneten Vollstreckungsbehörde nicht erschienen oder verweigert er ohne Grund die Abgabe der Vermögensauskunft, so kann die Vollstreckungsbehörde, die die Vollstreckung betreibt, die Anordnung der Haft zur Erzwingung der Abgabe beantragen. [2]Zuständig für die Anordnung der Haft ist das Amtsgericht, in dessen Bezirk der Vollstreckungsschuldner im Zeitpunkt der Fristsetzung nach Absatz 1 Satz 1 seinen Wohnsitz oder in Ermangelung eines solchen seinen Aufenthaltsort hat. [3]Die §§ 802g bis 802j der Zivilprozessordnung sind entsprechend anzuwenden. [4]Die Verhaftung des Vollstreckungsschuldners erfolgt durch einen Gerichtsvollzieher. [5]§ 292 dieses Gesetzes gilt entsprechend. [6]Nach der Verhaftung des Vollstreckungsschuldners kann die Vermögensauskunft von dem nach § 802i der Zivilprozessordnung zuständigen Gerichtsvollzieher abgenommen werden, wenn sich der Sitz der in Absatz 5 bezeichneten Vollstreckungsbehörde nicht im Bezirk des für den Gerichtsvollzieher zuständigen Amtsgerichts befindet oder wenn die Abnahme der Vermögensauskunft durch die Vollstreckungsbehörde nicht möglich ist. [7]Der Beschluss des Amtsgerichts, mit dem der Antrag der Vollstreckungsbehörde auf Anordnung der Haft abgelehnt wird, unterliegt der Beschwerde nach den §§ 567 bis 577 der Zivilprozessordnung.**

(9) [1]**Die Vollstreckungsbehörde kann die Eintragung des Vollstreckungsschuldners in das Schuldnerverzeichnis nach § 882h Abs. 1 der Zivilprozessordnung anordnen, wenn**

1. **der Vollstreckungsschuldner seiner Pflicht zur Abgabe der Vermögensauskunft nicht nachgekommen ist,**
2. **eine Vollstreckung nach dem Inhalt des Vermögensverzeichnisses offensichtlich nicht geeignet wäre, zu einer vollständigen Befriedigung der Forderung zu führen, wegen der die Vermögensauskunft verlangt wurde oder wegen der die Vollstreckungsbehörde vorbehaltlich der Fristsetzung nach Absatz 1 Satz 1 und der Sperrwirkung nach Absatz 4 eine Vermögensauskunft verlangen könnte, oder**
3. **der Vollstreckungsschuldner nicht innerhalb eines Monats nach Abgabe der Vermögensauskunft die Forderung, wegen der die Vermögensauskunft verlangt wurde, vollständig befriedigt. [2]Gleiches gilt, wenn die Vollstreckungsbehörde vorbehaltlich der Fristsetzung nach Absatz 1 Satz 1 und der Sperrwirkung nach Absatz 4 eine Vermögensauskunft verlangen kann, sofern der Vollstreckungsschuldner die Forderung nicht innerhalb eines Monats befriedigt, nachdem er auf die Möglichkeit der Eintragung in das Schuldnerverzeichnis hingewiesen wurde.**

[2]**Die Eintragungsanordnung soll kurz begründet werden. [3]Sie ist dem Vollstreckungsschuldner zuzustellen. [4]§ 882c Abs. 3 der Zivilprozessordnung gilt entsprechend.**

(10) [1]**Ein Rechtsbehelf gegen die Eintragungsanordnung nach Absatz 9 hat keine aufschiebende Wirkung. [2]Nach Ablauf eines Monats seit der Zustellung hat die Vollstreckungsbehörde die Eintragungsanordnung dem zentralen Vollstreckungsgericht nach § 882h Abs. 1 der Zivilprozessordnung mit den in § 882b Abs. 2 und 3 der Zivilprozessordnung genannten Daten elektronisch zu übermitteln. [3]Dies gilt nicht, wenn Anträge auf Gewährung einer Aussetzung der Vollziehung der Eintragungsanordnung nach § 361 dieses Gesetzes oder § 69 der Finanzgerichtsordnung anhängig sind, die Aussicht auf Erfolg haben.**

(11) [1]**Ist die Eintragung in das Schuldnerverzeichnis nach § 882h Abs. 1 der Zivilprozessordnung erfolgt, sind Entscheidungen über Rechtsbehelfe des Vollstreckungsschuldners gegen die Eintragungsanordnung durch die Vollstreckungsbehörde oder durch das Gericht dem zentralen Vollstreckungsgericht nach § 882h Abs. 1 der Zivilprozessordnung elektronisch zu übermitteln. [2]Form und Übermittlung der Eintragungsanordnung nach Absatz 10 Satz 1 und 2 sowie der Entscheidung nach Satz 1 haben den Vorgaben der Verordnung nach § 882h Abs. 3 der Zivilprozessordnung zu entsprechen.**

§ 284 neu gefasst durch G v 29.7.09 (BGBl I, 2258) mWv 1.1.2013; Abs 3 S 1 und Abs 7 S 1 geändert durch G v 22.12.11 (BGBl I, 3044).

Schrifttum: *vor 2010 s 13. Aufl; Carlé* Die Vermögensauskunft kritisch betrachtet, AO-StB 13, 34.

Übersicht

1 **1. Inhalt.** Durch das **Gesetz zur Reform der Sachaufklärung in der Zwangsvollstreckung** (ZwVollstrÄndG) v. 29.7.2009 (BGBl I, 2258) ist die Vorschrift mit Geltung ab **1.1.2013** grundlegend neugefasst worden. Die Neufassung des § 284 dient der Herstellung des Gleichklangs mit den ZPO-Vorschriften über die Vermögensauskunft, die gleichfalls reformiert wurden. Das Gesetz verfolgt insbes zwei Ziele. Es soll eine möglichst frühzeitige Informationsbeschaffung für den Gläubiger iEinz VollstrVerfahren ermöglicht werden. Außerdem wird im Hinblick auf die moderne Informationstechnologie das Verfahren modernisiert und das Schuldnerverzeichnis unter Wahrung datenschutzrechtlicher Belange neugestaltet, um die Justiz zu entlasten und den Schutz des Rechtsverkehrs weiter zu verbessern (Begründung Gesetzentwurf Bundesrat, BT-Drs 16/10069, Einleitung B). Abs 1 und 2 regeln die Auskunftspflichten des VollstrSchuldners, Abs 3 bis 7 das Verfahren über die eidesstattliche Versicherung. Entgegen der früheren Rechtslage kann die VollstrBehörde nicht mehr von der Abnahme der eidesstattlichen Versicherung absehen. Abs 8 regelt die Erzwingungshaft und Abs 9 bis 11 haben dagegen die Eintragung in das Schuldnerverzeichnis und die Rechtsbehelfe zum Inhalt.

2 **2. Pflicht zur Auskunftserteilung.** Der VollstrSchuldner ist zur Auskunft über sein Vermögen verpflichtet, wenn er die geschuldete Zahlung nicht innerhalb von zwei Wochen leistet, nachdem ihn die VollstrBehörde unter Hinweis auf die Verpflichtung zur Abgabe der Vermögensauskunft zur Zahlung aufgefordert hat.

3 Die VollstrBehörde kann die Auskunft über die Vermögensverhältnisse des VollstrSchuldners bereits zu Beginn des VollstrVerfahrens anfordern. Damit wird eine **zentrale vollstreckungsrechtliche Mitwirkungspflicht des VollstrSchuldners** begründet. Dies rechtfertigt sich nach den Motiven des Gesetzgebers aus dem Umstand, dass der VollstrSchuldner trotz Verwirklichung der allgemeinen Vollstreckungsvoraussetzungen nicht leistet (BT-Drs 16/10069, 25 zu § 802c I ZPO).

4 Voraussetzung für das Vorgehen der VollstrBehörde nach § 284 ist daher nur noch das Vorliegen der allgemeinen Voraussetzungen der Vollstreckung wegen einer Geldforderung (§§ 251, 254 und 259 ff).

5 Ob die VollstrBehörde nach § 284 vorgeht, bleibt allerdings eine **Ermessensentscheidung.** Angesichts der vom Gesetzgeber gewollten zentralen Mitwirkungspflicht des VollstrSchuldners im VollstrVerfahren ist das Ermessen der VollstrBehörde kaum eingeschränkt (Rz 7). Es ist bei der Aufforderung zur Auskunftserteilung jedoch zu berücksichtigen, dass der VollstrSchuldner seine Angaben nach Abs 3 zwingend an Eides statt zu versichern hat. Eine Grenze besteht dann, wenn die VollstrBehörde die Vermögensverhältnisse des VollstrSchuldners zuverlässig kennt oder weiß, dass der VollstrSchuldner kein pfändbares Vermögen hat (BFH/NV 90, 79; FG Mchn BeckRS 2013, 94259; aA FG Köln EFG 13, 580; näher Rz 6 der 11. Aufl). Außerdem muss Zurückhaltung geboten sein, wenn der VollstrSchuldner seine Steuerschulden vorher immer zuverlässig und pünktlich gezahlt hat und daher Anhaltspunkte gegeben sein könnten, dass besondere Umstände (zB schwere Krankheit oder unvorhersehbare notwendige Abwesenheit) den VollstrSchuldner an der Zahlung hindern. Ansonsten steht es dem VollstrSchuldner frei, die Auskunftserteilung zu vermeiden, indem er innerhalb der Fristsetzung zahlt oder sonstige Maßnahmen (zB Antrag auf Stundung oder VollstrAufschub) ergreift, um die VollstrBehörde von dem weiteren Vorgehen nach § 284 abzuhal-

ten. Daher ist es auch nicht ermessensfehlerhaft, wenn die VollstrBehörde auch bei geringfügigen Beträgen zur Auskunft über die Vermögensverhältnisse auffordert (*TK/Loose* Rz 6 sieht die Grenze im Einzelfall bei 1.000 €). Zur Anordnung der Eintragung in das Schuldnerverzeichnis gem Abs 9 vgl Rz 35.

Ein gegen den VollstrSchuldner eingeleitetes **StStrafverfahren** macht die Aufforderung zur Abgabe der eidesstattlichen Versicherung nicht ermessensfehlerhaft. Sie kann daher auch bei dem zwingend mit der Abgabe der eidesstattlichen Versicherung verbundenen Verlangen nach Auskunft über das Vermögen des VollstrSchuldners keinen Ermessensfehler bedeuten. Der VollstrSchuldner bleibt daher trotz eines gegen ihn eingeleiteten Strafverfahrens zu der Vermögensauskunft verpflichtet. Hier bietet das strafrechtliche Verwertungsverbot § 136a III StPO ausreichend Schutz (BGH NStZ-RR 12, 372; BFH/NV 02, 305; s auch Erläut zu § 103). 6

Die VollstrBehörde muss iÜ nicht sofort nach Vorliegen der allgemeinen Voraussetzungen der Vollstr wegen einer offenen Geldforderung den Weg des § 284 gehen. Sie kann weiterhin zunächst auch die Pfändung von beweglichem (oder unbeweglichem) Vermögen versuchen, ehe sie nach § 284 vorgeht. Unberührt bleibt auch die Möglichkeit, eine Auskunft des VollstrSchuldners über sein Vermögen und die Versicherung an Eides statt (ohne die Folge der Eintragung in das Schuldnerverzeichnis) nach § 249 II 1, § 95 I 1 zu verlangen (BT-Drs 16/10069, 45 zu § 284 I AO). Die VollstrBehörde muss aber nicht vor Anwendung des § 284 diesen Weg gehen. 7

Sätze 2 und 3 des § 284 I ermöglichen der VollstrBehörde, durch die Anforderung von Angaben zu Geburtsname, -datum und -ort Firma, Nummer des Registerblatts im Handelsregister und Sitz bei Personengesellschaften und juristischen Personen, die eindeutige Zuordnung der Vermögensangaben (vgl BT-Drs 16/10069, 25 zu §§ 802c I ZPO). Dadurch wird sichergestellt, dass die VollstrBehörde bei natürlichen oder juristischen Personen die notwendigen Daten erhält, die nach dem neuen § 882b II ZPO im Schuldnerverzeichnis anzugeben sind (Bericht Rechtsausschuss BT, BT-Drs 16/13432, 55 zu Art 2 Nr 2, § 284 I AO). 8

3. Gegenstand der Auskunftserteilung. Abs 2 regelt den Inhalt der vom VollstrSchuldner zu erteilenden Auskunft über seine wirtschaftlichen Verhältnisse. Die Regelung entspricht im Wesentlichen dem neuen § 802c II ZPO. 9

Danach hat der VollstrSchuldner das **gesamte Aktivvermögen** anzugeben (vgl dazu *Wiethölter* DStZ 94, 295). Die VollstrBehörde soll erkennen können, welche Möglichkeiten der Vollstreckung bestehen (vgl BVerfGE 61, 126; *BLAH/Hartmann* § 802c ZPO Rz 12ff; vgl auch BGH BFH/NV Beil 04, 383 zu erforderlichen Angaben zu Einkünften von Unterhaltsberechtigten im Hinblick auf die Berechnung des unpfändbaren Teils des Arbeitseinkommens). Aufzuführen sind daher alle geldwerten Sachen und Rechte, ohne Rücksicht auf die Höhe des Wertes. Das sind bewegliche Sachen, unbewegliche Sachen, Forderungen einschl Arbeitsverdienst, Renten und Unterhaltsansprüche (*Wiethölter* DStZ 94, 295) und sonstige Rechte. Es ist gleichgültig, ob die Sachen pfändbar oder unpfändbar sind (BGH LM 10 zu § 807 ZPO) oder in wessen Besitz sich die Sachen befinden. Eine Ausnahme besteht nach S 4 des § 284 II nur für Sachen, die nach § 811 I Nrn 1 und 2 ZPO offensichtlich unpfändbar sind (s § 295 Rz 7). Bei Forderungen sind auch künftige (BGH NJW 58, 427), bedingte, zweifelhafte und unpfändbare (BGH LM 10 zu § 307 ZPO) anzugeben. Unerheblich ist es daher, ob der Drittschuldner die jeweilige Forderung bestreitet, anerkennt, zahlungsfähig oder zahlungswillig ist (FG Brem EFG 00, 1268). Auskunftsverweigerungsrechte nach § 102 stehen der Angabe von Honorarforderungen nicht entgegen (BGH NJW 05, 1505; *TK/Loose* Rz 9). Zu den sonstigen Rechten zählen zB beschränkte dingliche Rechte, Anwartschaftsrechte, Erbanteile, geldwerte Mitgliedschaftsrechte wie zB GmbH-Anteile. 10

11 Die nach Satz 2 des § 284 II zusätzlich anzugebenden Gründe und Beweismittel der Forderungen umfassen auch die Bezeichnung des Drittschuldners mit Namen und Anschrift und andere zur Identifikation der Forderung erforderliche Daten. Insgesamt muss der VollstrSchuldner die Forderung nachvollziehbar angeben (BGH NJW 04, 2435).

12 Satz 3 des § 284 II soll der VollstrBehörde die Ausübung von einem Anfechtungsrecht nach §§ 3 II, 4 AnfG ermöglichen. Dies betrifft entgeltliche Veräußerungen an eine nahestehende Person (§ 138 I InsO) in den letzten zwei Jahren und unentgeltliche Leistungen in den letzten vier Jahren. Dabei wird auch der Zeitraum zwischen dem festgesetzten Termin zur Abnahme der Vermögensauskunft und der tatsächlichen Auskunftsabgabe erfasst.

13 Satz 4 regelt die Ausnahme, dass offensichtlich unpfändbare Sachen bei der Auskunftserteilung nicht angegeben werden müssen (Rz 10).

14 **4. Eidesstattliche Versicherung.** Nach Satz 1 des Abs 3 hat der VollstrSchuldner stets an Eides statt zu versichern, dass er die Angaben nach Abs 1 und 2 nach bestem Wissen und Gewissen richtig und vollständig gemacht hat. Die VollstrBehörde kann von der Abnahme der eidesstattlichen Versicherung nicht mehr absehen. Die eidesstattliche Versicherung ist ab 1.1.2013 zwingend und steht nicht mehr im Ermessen der VollstrBehörde. Diese umfasst nicht nur die Angaben zu den Vermögenswerten nach Abs 2, sondern auch die Angaben zur Personenidentität nach Abs 1 (Rz 8).

15 Satz 2 des § 284 II, der die Belehrung des VollstrSchuldners vor Abgabe der eidesstattlichen Versicherung vorschreibt, stimmt im Wesentlichen mit § 95 IV 1 überein. Die Belehrung über die Bedeutung der eidesstattlichen Versicherung hat unabhängig davon zu erfolgen, dass der VollstrSchuldner nach Abs 7 S 5 bereits in der Ladung zum Termin für die Vermögensauskunft umfassend zu belehren ist (s Rz 24). Die Abgabe einer falschen eidesstattlichen Versicherung ist nach §§ 156 und 161 StGB strafbar (*TK/Loose* Rz 14).

16 **5. Sperrfrist.** Die Sperrfrist für die Anforderung einer nochmaligen Vermögensauskunft knüpft an die beim zentralen Vollstreckungsgericht hinterlegte Vermögensauskunft (das Vermögensverzeichnis) an. Sie beträgt zwei Jahre. Innerhalb dieser zwei Jahre nach Abgabe der Vermögensauskunft ist der VollstrSchuldner nur noch zur Abgabe einer nochmaligen Vermögensauskunft verpflichtet, wenn anzunehmen ist, dass sich seine Vermögensverhältnisse wesentlich geändert haben. Eine Änderung der Vermögensverhältnisse liegt nicht nur vor, wenn dies nach Abgabe der Vermögensauskunft geschehen ist, sondern auch dann, wenn der VollstrSchuldner bereits bei der Abgabe der Vermögensauskunft bewusst oder unbewusst falsche Angaben gemacht hat (vgl zur alten Rechtslage BGH NJW-RR 11, 667; BFH BStBl 05, 814). Die VollstrBehörde muss begründete Anhaltspunkte für eine wesentliche Änderung der Vermögensverhältnisse haben. Eine bloße Vermutung der Änderung der Vermögensverhältnisse reicht nicht aus.

17 Es besteht sowohl nach § 284 IV als auch nach § 802d ZPO eine wechselseitige Sperrwirkung der vor der VollstrBehörde nach der AO und vor dem Gerichtsvollzieher nach der ZPO abgegebenen Vermögensauskunft. Die Prüfung, ob beim zentralen VollstrGericht in den letzten zwei Jahren ein aufgrund einer Vermögensauskunft des VollstrSchuldners erstelltes Vermögensverzeichnis hinterlegt wurde, muss die VollstrBehörde von Amts wegen vornehmen. Die Zahlungsverjährung wird nach § 231 auch durch eine aufgrund der Sperrfrist rechtswidrige Aufforderung zur Abgabe der Vermögensauskunft unterbrochen (*TK/Loose* Rz 18).

18 **6. Zuständige Behörde.** Abs 5 regelt die **örtliche Zuständigkeit für die Abnahme der Vermögensauskunft.** Die Zuständigkeitsregelung betrifft nur die Abnahme der Vermögensauskunft und nicht deren Anordnung. Für die Anord-

nung bleibt also die VollstrBehörde zuständig, die die Vollstreckung betreibt (BFH/NV 12, 690 zur früheren eidesstattlichen Versicherung).

Für die Abnahme der eidesstattlichen Versicherung ist die VollstrBehörde zuständig, in deren Bezirk sich der Wohnsitz oder Aufenthaltsort des VollstrSchuldners befindet. Wenn der VollstrSchuldner seinen Wohnsitz oder Aufenthaltsort nicht im Bezirk der die Vollstreckung betreibenden VollstrBehörde hat, muss diese die nach Abs 5 zuständige VollstrBehörde gem § 250 um die Abnahme der Vermögensauskunft ersuchen. Das Ersuchen erstreckt sich auch auf die Abnahme der eidesstattlichen Versicherung. Ist der VollstrSchuldner zur Abgabe der Vermögensauskunft vor der örtlich unzuständigen Behörde bereit, erübrigt sich das Ersuchen. 19

7. Termin. Abs 6 regelt die formellen Voraussetzungen für die Ladung zu dem Termin zur Vermögensauskunft. Dies ist ein von der Aufforderung zur Abgabe der Vermögensauskunft zu trennender eigenständiger VA. Satz 1 bestimmt, dass die Ladung zum Termin zur Abgabe der Vermögensauskunft, evtl verbunden mit der Fristsetzung nach Abs 1 S 1, dem **VollstrSchuldner selbst zuzustellen** ist. Die Zustellung an einen Bevollmächtigten des VollstrSchuldners genügt also nicht den Anforderungen. 20

Nach S 2 soll der Termin zur Abgabe der Vermögensauskunft nicht vor Ablauf eines Monats nach der Zustellung der Ladung bestimmt werden. Dadurch soll verhindert werden, dass der VollstrSchuldner noch vor Ablauf der Rechtsbehelfsfrist gegen die Zustellung der Ladung eine Vermögensauskunft abzugeben hat. Es handelt sich allerdings nur um eine Sollvorschrift, von der in Ausnahmefällen (zB unmittelbar drohender Vermögensverfall; Gefahr der Beiseiteschaffung von Vermögen) abgewichen werden kann. 21

Nach Satz 3 hat der **Rechtsbehelf gegen die Anordnung der Abgabe der Vermögensauskunft keine aufschiebende Wirkung.** Da mit der Vermögensauskunft zwingend die eidesstattliche Versicherung verbunden ist, hat auch insoweit der Rechtsbehelf keine aufschiebende Wirkung. Das Gericht hat bei der Überprüfung der Anordnung die Sach- und Rechtslage der letzten Verwaltungsentscheidung zugrunde zu legen. Hat sich die Sachlage zwischenzeitlich verändert und wurde die Anordnung noch nicht vollzogen, muss der Schuldner die Aufhebung der im Zeitpunkt ihres Erlasses rechtmäßigen Anordnung nach § 131 I AO beantragen (vgl BFH/NV 13, 972). 22

Die nach Satz 4 bestehende Pflicht des VollstrSchuldners, zu dem Termin zur Abgabe der Vermögensauskunft alle für die Vermögensauskunft erforderlichen Unterlagen mitzubringen, umfasst zB auch die nach Abs 2 S 2 bei Forderungen zu bezeichnenden Beweisurkunden, wenn diese (wie zB Kontoauszüge) in seinem Besitz sind. 23

Satz 5 bestimmt eine umfassende Belehrungspflicht ggü dem VollstrSchuldner. Dadurch soll erreicht werden, dass sich dieser auf den Termin hinreichend vorbereiten kann. Außerdem soll gewährleistet werden, dass er sich der Folgen des Verfahrens, insbes im Hinblick auf eine mögliche Eintragung ins Schuldnerverzeichnis bewusst wird. Diese Belehrung hat schon bei der Ladung zu dem Termin für die Vermögensauskunft zu erfolgen. Unabhängig davon ist der VollstrSchuldner im Termin der Vermögensauskunft vor Abgabe der eidesstattlichen Versicherung nach Abs 3 S 2 nochmals besonders über die Bedeutung der eidesstattlichen Versicherung zu belehren (s dazu oben Rz 15). 24

8. Art und Weise der Auskunft. Sätze 1 bis 3 des Abs 7 regeln, auf welche Art und Weise die Vermögensauskunft vom VollstrSchuldner in dem festgesetzten Termin abgegeben wird. Der VollstrSchuldner kann sich dem Termin nicht durch Abgabe einer schriftlichen Auskunft entziehen, sondern muss erscheinen. Die VollstrBehörde erstellt dann aufgrund der Auskünfte des VollstrSchuldners (und der mitgebrachten Unterlagen) ein elektronisches Dokument. Das Vermögensverzeichnis ist dem VollstrSchuldner vorzulesen oder ihm auf dem Bildschirm zur 25

Durchsicht wiederzugeben und von ihm eidesstattlich zu versichern. Auf Verlangen ist ihm ein Ausdruck zu erteilen. Die VollstrBehörde hat das Vermögensverzeichnis beim zentralen VollstrGericht zu hinterlegen. Form, Aufnahme und Übermittlung des Vermögensverzeichnisses sind in § 802k IV ZPO geregelt (s Rz 44). Dort finden sich auch die Datenschutzvorgaben für die VO. Die in Ausführung der Ermächtigung erlassene „Vermögensverzeichnisverordnung“ des BMJ ist am 26.7.2012 (BGBl I, 1663) ergangen.

26 **9. Erzwingungsmöglichkeit.** Bei Nichterscheinen im anberaumten Termin oder der grundlosen Verweigerung der Vorlage des Vermögensverzeichnisses oder der Abgabe der eidesstattlichen Versicherung ermöglicht Abs 8 S 1 die Anordnung der Haft zur **Erzwingung der Vermögensauskunft.** Die Verpflichtung zur Abgabe einer eidesstattlichen Versicherung nach § 284 fällt nicht unter das Zwangsmittelverbot des § 393 I 2 iVm § 328 (Rz 7) (BFH/NV 02, 305; BGH NStZ-RR 12, 372). Da ein Einspruch gegen die Anordnung der Abgabe der Vermögensauskunft keine aufschiebende Wirkung mehr hat, ist der VollstrSchuldner nicht mehr entschuldigt, wenn er in dem festgesetzten Termin zur Abgabe der Vermögensauskunft nicht erscheint, weil er vorher Einspruch eingelegt hat. Die Erzwingungshaft verstößt nicht gegen das GG (BVerfGE 61, 134). Ein Vorgehen der VollstrBehörde nach § 328 ist nicht möglich (vgl § 328 Rz 2).

27 Für den Antrag auf Anordnung der Erzwingungshaft ist nach Abs 8 S 1 die Behörde zuständig, die die Vollstreckung betreibt und nicht die nach Abs 5 für die Abnahme der Vermögensauskunft zuständige Behörde.

28 Für die Anordnung der Haft ist das Amtsgericht zuständig. Dieses wird in Amtshilfe tätig. Das **Ersuchen der VollstrBehörde auf Erlass des Haftbefehls ist kein VA** (§ 118 Rz 42; *TK/Loose* Rz 22; aA FG Köln EFG 17, 6; *HHSp/Müller-Eiselt* Rz 69). Gegen dieses ist jedoch effektiver Rechtsschutz durch Leistungsklage (auf Zurücknahme des Antrags) zu gewähren (vgl § 118 Rz 36). Ist der Haftbefehl bereits ergangen, ist zusätzlicher finanzgerichtlicher Rechtsschutz nicht weiter erforderlich (BFH/NV 05, 659), s auch § 118 „Verfahrenshandlungen“. In diesem Fall besteht die Möglichkeit der sofortigen Beschwerde (Rz 31). Das Amtsgericht muss prüfen, ob der VollstrSchuldner nach den Vorschriften der AO zu der von ihm verlangten Vermögensauskunft verpflichtet ist (BGH HFR 09, 77; OLG Köln VersR 94, 500; DStR 00, 1280). Das ergibt sich aus Art 104 II GG (*TK/Loose* Rz 23). Es muss bei seiner Entscheidung den Grundsatz der Verhältnismäßigkeit beachten (BVerfGE 61, 134 mwN). Die Anordnung der Erzwingungshaft scheidet aus bei feststehender Leistungsunfähigkeit des VollstrSchuldners (BVerfGE aaO). Der Grundsatz der Verhältnismäßigkeit verbietet aber nicht allgemein eine Erzwingungshaft wegen geringer Forderungen, da der Schuldner die Haft jederzeit durch Begleichung der Forderung oder durch Abgabe der Vermögensauskunft vermeiden kann (BVerfGE 43, 106 f; 48, 401).

29 Abs 8 S 2 regelt die örtliche Zuständigkeit des Amtsgerichts für die Anordnung der Haft. Dies ist das Amtsgericht, in dessen Bezirk der VollstrSchuldner seinen Wohnsitz oder in Ermangelung eines solchen seinen Aufenthaltsort hat. Entscheidend sind dabei die Verhältnisse im Zeitpunkt der Fristsetzung nach Satz 1 zur Begleichung der Forderung.

30 Für die Erzwingung der Haft sind nach Abs 8 S 3 die §§ 802g bis 802j ZPO entsprechend anzuwenden. Die Verhaftung des VollstrSchuldners erfolgt nach Abs 8 S 4 durch den Gerichtsvollzieher. Der VollstrSchuldner kann die Verhaftung nach § 292 abwenden, wenn er den Betrag bezahlt. Nach der Verhaftung kann die Vermögensauskunft von dem nach § 802i ZPO zuständigen Gerichtsvollzieher abgenommen werden, wenn sich der Sitz der in Abs 5 bezeichneten VollstrBehörde nicht im Bezirk des für den Gerichtsvollzieher zuständigen Amtsgerichts befindet oder wenn die Abnahme der Vermögensauskunft durch die VollstrBehörde nicht möglich ist.

Gegen die Ablehnung des Amtshilfeersuchens durch das Amtsgericht hat die VollstrBehörde nach Satz 7 des § 284 VIII das Rechtsmittel der sofortigen Beschwerde nach § 567 ZPO. Dem VollstrSchuldner steht dieses Rechtsmittel nach Anordnung der Haft gem § 567 I Nr 1 iVm § 793 ZPO ebenfalls offen (BFH/NV 05, 659). Die Frist für die Einlegung beträgt zwei Wochen (§ 569 ZPO). Gegen die Entscheidung des Beschwerdegerichts ist uU die Rechtsbeschwerde gegeben (§ 574 ZPO). 31

Ist der **VollstrSchuldner** nach der Anordnung der Erzwingungshaft **bereit,** die Vermögensauskunft zu erteilen, ist für deren Abnahme wieder die VollstrBehörde zuständig, in deren Bezirk sich der Wohnsitz oder Aufenthaltsort des VollstrSchuldners befindet (s oben Rz 19), und nicht die VollstrBehörde, die die Vollstreckung betreibt. Wenn sich der Sitz der zuständigen VollstrBehörde nicht im Bezirk des für den Gerichtsvollzieher zuständigen Amtsgerichts befindet oder wenn die Abnahme der Vermögensauskunft durch die zuständige VollstrBehörde nicht möglich ist (zB Nichterreichbarkeit an Sonntagen), kann **nach der Verhaftung** der Gerichtsvollzieher bei dem für die Verhaftung zuständigen Amtsgericht die Vermögensauskunft abnehmen (§ 802i ZPO). Dem Verlangen ist unverzüglich stattzugeben. 32

Für die **Vollziehung der Haftanordnung** ist immer der **Gerichtsvollzieher** und nicht der VollzBeamte zuständig. Das FA hat daher dem zuständigen Gerichtsvollzieher die Höhe der offenen Steuerschuld mitzuteilen (LG Limburg NJW-RR 88, 704), damit der VollstrSchuldner die Haft durch Zahlung nach § 292 abwenden kann. 33

Die Aussetzung einer einmal angeordneten Erzwingungshaft fällt nicht mehr in die Zuständigkeit des Amtsgerichts, sondern der die Vollstreckung betreibenden VollstrBehörde. 34

10. Eintragung in das Schuldnerverzeichnis. Nach Abs 9 ist die Anordnung der Eintragung in das Schuldnerverzeichnis eine **Ermessensentscheidung** (s auch BT-Drs 16/10069, 46 zu § 284 IX AO). Die stark am Interesse des allgemeinen Gläubigerschutzes im Rechtsverkehr ausgerichtete Regelung erfordert allerdings besonders sorgfältige Abwägungen, um den Schuldnerschutz nicht unvertretbar zu vernachlässigen (vgl *BLAH/Hartmann* Vorbem Rz 4 zu § 882b). 35

Jedoch ist die **Gefährdung der wirtschaftlichen oder persönlichen Existenz** des VollstrSchuldners durch die Eintragung in das Schuldnerverzeichnis nicht allgemein ein Grund, von der Eintragung in das Schuldnerverzeichnis abzusehen (FG Köln EFG 14, 1848). Zwar ist dies ein Faktor, der bei der Ermessensentscheidung in Erwägung zu ziehen ist. Sie wird aber vom Gesetzgeber in Kauf genommen, um das Ziel der Eintragung in das Schuldnerverzeichnis als Druckmittel zur Steigerung der Zahlungsmoral zu erreichen (vgl zur eidesstattlichen Versicherung BFH/NV 02, 305 und auch BFH BStBl 01, 681).

Die **Höhe der zu vollstreckenden Forderung** ist für die Frage, ob die Anordnung der Eintragung in das Schuldnerverzeichnis verhältnismäßig ist, jedoch nicht von Belang. Zwar musste nach der Rspr zur der früher (bis einschl 2012) gebotenen Ermessensentscheidung über die Abnahme der eidesstattlichen Versicherung geprüft werden, ob von einer eidesstattlichen Versicherung abgesehen werden konnte, wenn die rückständigen Steuern in ihrer Höhe nicht hoch waren, der Schuldner in der Vergangenheit bereits Tilgungsleistungen erbracht hatte und zu erwarten war, dass sich die Rückstände durch regelmäßige Tilgungsleistungen verringern würden, oder dass sich aus sonstigen Umständen eine günstige Prognose ergebe (vgl BFH/NV 02, 617, dort auch zu einer Betragsgrenze für die Frage, wann die Steuerrückstände als gering angesehen werden können). Dem ist jedoch entgegen zu halten, dass von dem VollstrSchuldner die Zahlung von Steuerschulden in geringer Höhe erwartet werden kann und das FA bei der Gewährung von Ratenzahlung für höhere Beträge das Risiko der Insolvenzanfechtung wegen Gläubigerbenachteiligung gem § 133 Inso trägt (BGH NJW-RR 16,

43). Die Rspr zur alten Rechtslage ist danach auf die Neuregelung des § 284 nicht zu übertragen.

36 Wie wichtig der Gesetzgeber neben dem Ziel des allgemeinen Gläubigerschutzes auch den Schuldnerschutz nimmt, zeigt sich darin, dass er für die Anordnung der Eintragung in das Schuldnerverzeichnis einen konkreten Rahmen gesetzt hat, in dem sich die Ermessensentscheidung bewegen muss. Dieser ist in Abs 9 S 1 Nrn 1 bis 3 geregelt. Zusammenfassend kann danach die Eintragung nur noch angeordnet werden, wenn die **Anordnung der Abgabe der Vermögensauskunft** als solche oder iErg **erfolglos** war.

37 **S 1 Nr 1** betrifft den Fall, dass die **Anordnung zur Abgabe der Vermögensauskunft** als solche **erfolglos** war, weil der VollstrSchuldner seiner Pflicht nicht nachgekommen ist. Die für diesen Fall eröffnete Möglichkeit, zur Eintragung in das Schuldnerverzeichnis tritt selbständig neben die Möglichkeit, zur Erzwingung der Vermögensauskunft die Anordnung der Haft des VollstrSchuldners zu beantragen (Abs 8). Dies kann erforderlich sein, wenn die Erzwingungshaft nicht erfolgreich war, oder auch statt der Beantragung der Erzwingungshaft.

38 **S 1 Nr 2** regelt den Fall, dass die **Anordnung der Vermögensauskunft iErg erfolglos** war. Dies ist der Fall, wenn der VollstrSchuldner zwar eine Vermögensauskunft abgegeben hat, das angegebene **Vermögen** aber offensichtlich **nicht ausreicht,** um daraus mittels Vollstreckung eine vollständige Erfüllung der Forderung zu erreichen. Die dann bestehende Möglichkeit der Anordnung der Eintragung in das Schuldnerverzeichnis besteht nach dem zweiten HS der Nr 2 selbst dann, wenn der VollstrSchuldner innerhalb der Sperrfrist des Abs 4 (s dazu Rz 16) bereits vor der VollstrBehörde oder nach der ZPO vor dem Gerichtsvollzieher eine Vermögensauskunft abgegeben hat und daher nicht erneut die Abgabe einer Vermögensauskunft angefordert werden kann. In solchen Fällen kann die VollstrBehörde nach § 802k II 2 Nr 1 ZPO im Zuge der Feststellung des Vorliegens eines Vermögensverzeichnisses (Abs 4 S 2 des neuen § 284) das Vermögensverzeichnis abrufen. Ergibt sich dann aus diesem Vermögensverzeichnis, dass die Voraussetzungen des Abs 9 S 1 Nr 2 vorliegen, kann die VollstrBehörde isoliert von der eigenen Einholung der Vermögensauskunft die Eintragung in das Schuldnerverzeichnis anordnen. Es kann dann zur Mehrfacheintragung des VollstrSchuldners kommen (BT-Drs 16/10069, 37 zu § 882c I ZPO und S 47 zu § 284 IX).

39 Bei **S 1 Nr 3** geht es schließlich darum, dass die Anordnung der Abgabe der Vermögensauskunft iErg insofern erfolglos war, als sie nicht den erwünschten Druck auf den Schuldner ausgeübt hat. Die von dem VollstrSchuldner abgegebene Auskunft hat dann zwar ein Vermögen ergeben, aus dem möglicherweise die Forderung mittels Vollstreckung vollständig befriedigt werden kann. Trotzdem hat der **VollstrSchuldner die Forderung nicht von sich aus erfüllt.** Dazu lässt die Vorschrift dem VollstrSchuldner nach Abgabe der Vermögensauskunft nochmals einen Monat Zeit. Erst dann kann die VollstrBehörde die Eintragung in das Schuldnerverzeichnis beantragen. Nr 3 S 2 des Abs 9 S 1 erlaubt der VollstrBehörde ähnlich wie S 1 Nr 2 auch dann die Anordnung der Eintragung in das Schuldnerverhältnis, wenn keine erneute Vermögensauskunft angefordert werden konnte, weil der VollstrSchuldner bereits vorher innerhalb der Sperrfrist des Abs 4 eine Vermögensauskunft abgegeben hatte. Die VollstrBehörde kann den VollstrSchuldner dann auf die Möglichkeit der Eintragung in das Schuldnerverzeichnis hinweisen und darauf nach einem Monat die Eintragung anordnen, wenn der VollstrSchuldner die Forderung nicht innerhalb dieses Zeitraums befriedigt hat. Auch das kann zu einer Mehrfacheintragung des VollstrSchuldners in das Schuldnerverzeichnis führen.

40 Nach S 2 und 3 ist die **Eintragungsanordnung kurz zu begründen** und dem VollstrSchuldner zuzustellen. Die Regelung dient dem Rechtsschutz des VollstrSchuldners. S 4 regelt den Inhalt der Eintragungsanordnung, indem er § 882c III ZPO für entsprechend anwendbar erklärt.

Die Schuldnerverzeichnisse werden nach § 882h I ZPO nicht mehr örtlich bei den jeweiligen VollstrGerichten geführt, sondern es wird für **jedes Land** in Deutschland ein Schuldnerverzeichnis **von einem zentralen Vollstreckungsgericht** geführt. Der Inhalt des Schuldnerverzeichnisses kann dann über eine zentrale länderübergreifende Abfrage im Internet eingesehen werden. Nach § 882g ZPO können zudem auf Antrag Abdrucke aus dem Schuldnerverzeichnis zum laufenden Bezug (auch elektronisch) erteilt werden. Antragsberechtigt sind Kammern, Führer von privaten Schuldnerverzeichnissen und Antragsteller mit besonderem berechtigten Interesse (kritisch dazu und mit verfassungsrechtlichen Zweifeln *BLAH/Hartmann* Vorbem Rz 6 ff zu § 882b). 41

11. Keine aufschiebende Wirkung des Rechtsbehelfs. Satz 1 des § 284 X geht ebenso wie die Sätze 2 und 3 des Abs 9 davon aus, dass es sich bei der Eintragungsanordnung um einen VA handelt, der mit dem Einspruch angefochten werden kann. Ebenso wie bei der Anordnung der Abgabe der Auskunftserteilung (Abs 6 S 3) wird die aufschiebende Wirkung des Rechtsbehelfs durch Abs 10 S 1 ausgeschlossen. 42

Um zu verhindern, dass mit dem Vollzug der Eintragung vollendete Tatsachen geschaffen werden, bevor der VollstrSchuldner Einspruch gegen die Eintragungsanordnung einlegen und AdV beantragen konnte, bestimmt Satz 2 jedoch, dass die Anordnung der Eintragung in das Schuldnerverzeichnis erst nach Ablauf eines Monats nach deren Zustellung an das zentrale VollstrGericht übermittelt werden darf. Die Übermittlung hat elektronisch zu erfolgen. Zum Inhalt der Übermittlung wird auf § 882b II und III ZPO verwiesen.

Die Übermittlung ist zwingend. Die VollstrBehörde hat keinen Ermessensspielraum. Nach Satz 3 des Abs 10 darf **ausnahmsweise nur dann keine Übermittlung erfolgen,** wenn Anträge auf AdV der Eintragungsanordnung nach § 361 AO oder nach § 69 FGO anhängig sind, die Aussicht auf Erfolg haben. Zur Herstellung der aufschiebenden Wirkung eines Rechtsbehelfs bedarf es also nicht eines erfolgreichen Antrags auf AdV, sondern es muss nur Aussicht auf Erfolg bestehen. Die aufschiebende Wirkung erledigt sich, wenn die AdV abgelehnt wird. Im Erfolgsfall bleibt sie bis zur Entscheidung über den Rechtsbehelf erhalten.

12. Entscheidungen nach Eintragung. Nach der Eintragung in das Schuldnerverzeichnis ergangene Entscheidungen der VollstrBehörde oder des Gerichts über vom VollstrSchuldner eingelegte Rechtsbehelfe sind nach Abs 11 S 1 dem zentralen VollstrGericht, das das Schuldnerverzeichnis führt, elektronisch zu übermitteln. Zur Form und zum Inhalt der Übermittlung verweist Satz 2 des § 882h III ZPO. 43

13. Vorschriften der ZPO, die sinngemäß anzuwenden sind. § 284 verweist auf eine Reihe von Vorschriften der ZPO, die wiederum auf § 284 verweisen. Aus Platzgründen können nur die wichtigsten abgedruckt werden. 44

§ 802k ZPO Zentrale Verwaltung der Vermögensverzeichnisse

(1) [1] Nach § 802f Abs. 6 dieses Gesetzes oder nach § 284 Abs. 7 Satz 4 der Abgabenordnung zu hinterlegende Vermögensverzeichnisse werden landesweit von einem zentralen Vollstreckungsgericht in elektronischer Form verwaltet. [2] Die Vermögensverzeichnisse können über eine zentrale und länderübergreifende Abfrage im Internet eingesehen und abgerufen werden. [3] Gleiches gilt für Vermögensverzeichnisse, die auf Grund einer § 284 Abs. 1 bis 7 der Abgabenordnung gleichwertigen bundesgesetzlichen oder landesgesetzlichen Regelung errichtet wurden, soweit diese Regelung die Hinterlegung anordnet. [4] Ein Vermögensverzeichnis nach Satz 1 oder Satz 2 ist nach Ablauf von zwei Jahren seit Abgabe der Auskunft oder bei Eingang eines neuen Vermögensverzeichnisses zu löschen.

(2) [1] Die Gerichtsvollzieher können die von den zentralen Vollstreckungsgerichten nach Absatz 1 verwalteten Vermögensverzeichnisse zu Vollstreckungszwecken abrufen. [2] Den Gerichtsvollziehern stehen Vollstreckungsbehörden gleich, die

1. Vermögensauskünfte nach § 284 der Abgabenordnung verlangen können,
2. durch Bundesgesetz oder durch Landesgesetz dazu befugt sind, vom Schuldner Auskunft über sein Vermögen zu verlangen, wenn diese Auskunftsbefugnis durch die Errichtung eines nach Absatz 1 zu hinterlegenden Vermögensverzeichnisses ausgeschlossen wird, oder
3. durch Bundesgesetz oder durch Landesgesetz dazu befugt sind, vom Schuldner die Abgabe einer Vermögensauskunft nach § 802c gegenüber dem Gerichtsvollzieher zu verlangen.

[3] Zur Einsicht befugt sind ferner Vollstreckungsgerichte, Insolvenzgerichte und Registergerichte sowie Strafverfolgungsbehörden, soweit dies zur Erfüllung der ihnen obliegenden Aufgaben erforderlich ist.

(3) [1] Die Landesregierungen bestimmen durch Rechtsverordnung, welches Gericht die Aufgaben des zentralen Vollstreckungsgerichts nach Absatz 1 wahrzunehmen hat. [2] Sie können diese Befugnis auf die Landesjustizverwaltungen übertragen. [3] Das zentrale Vollstreckungsgericht nach Absatz 1 kann andere Stellen mit der Datenverarbeitung beauftragen; die jeweiligen datenschutzrechtlichen Bestimmungen über die Verarbeitung personenbezogener Daten im Auftrag sind anzuwenden.

(4) [1] Das Bundesministerium der Justiz und für Verbraucherschutz wird ermächtigt, durch Rechtsverordnung mit Zustimmung des Bundesrates die Einzelheiten des Inhalts, der Form, Aufnahme, Übermittlung, Verwaltung und Löschung der Vermögensverzeichnisse nach § 802f Abs. 5 dieses Gesetzes und nach § 284 Abs. 7 der Abgabenordnung oder gleichwertigen Regelungen im Sinne von Absatz 1 Satz 2 sowie der Einsichtnahme, insbesondere durch ein automatisiertes Abrufverfahren, zu regeln. [2] Die Rechtsverordnung hat geeignete Regelungen zur Sicherung des Datenschutzes und der Datensicherheit vorzusehen. [3] Insbesondere ist sicherzustellen, dass die Vermögensverzeichnisse
1. bei der Übermittlung an das zentrale Vollstreckungsgericht nach Absatz 1 sowie bei der Weitergabe an die anderen Stellen nach Absatz 3 Satz 3 gegen unbefugte Kenntnisnahme geschützt sind,
2. unversehrt und vollständig wiedergegeben werden,
3. jederzeit ihrem Ursprung nach zugeordnet werden können und
4. nur von registrierten Nutzern abgerufen werden können und jeder Abrufvorgang protokolliert wird.

§ 882b ZPO Inhalt des Schuldnerverzeichnisses

(1) Das zentrale Vollstreckungsgericht nach § 882h Abs. 1 führt ein Verzeichnis (Schuldnerverzeichnis) derjenigen Personen,
1. deren Eintragung der Gerichtsvollzieher nach Maßgabe des § 882c angeordnet hat;
2. deren Eintragung die Vollstreckungsbehörde nach Maßgabe des § 284 Abs. 9 der Abgabenordnung angeordnet hat; einer Eintragungsanordnung nach § 284 Abs. 9 der Abgabenordnung steht die Anordnung der Eintragung in das Schuldnerverzeichnis durch eine Vollstreckungsbehörde gleich, die auf Grund einer gleichwertigen Regelung durch Bundesgesetz oder durch Landesgesetz ergangen ist;
3. deren Eintragung das Insolvenzgericht nach Maßgabe des § 26 Absatz 2 oder des § 303a der Insolvenzordnung angeordnet hat.

(2) Im Schuldnerverzeichnis werden angegeben:
1. Name, Vorname und Geburtsname des Schuldners sowie die Firma und deren Nummer des Registerblatts im Handelsregister,
2. Geburtsdatum und Geburtsort des Schuldners,
3. Wohnsitze des Schuldners oder Sitz des Schuldners,

einschließlich abweichender Personendaten.

(3) Im Schuldnerverzeichnis werden weiter angegeben:
1. Aktenzeichen und Gericht oder Vollstreckungsbehörde der Vollstreckungssache oder des Insolvenzverfahrens,
2. im Fall des Absatzes 1 Nr. 1 das Datum der Eintragungsanordnung und der gemäß § 882c zur Eintragung führende Grund,
3. im Fall des Absatzes 1 Nr. 2 das Datum der Eintragungsanordnung und der gemäß § 284 Abs. 9 der Abgabenordnung oder einer gleichwertigen Regelung im Sinne von Absatz 1 Nr. 2 Halbsatz 2 zur Eintragung führende Grund,
4. im Fall des Absatzes 1 Nummer 3 das Datum der Eintragungsanordnung sowie die Feststellung, dass ein Antrag auf Eröffnung des Insolvenzverfahrens über das Vermögen des Schuldners mangels Masse gemäß § 26 Absatz 1 Satz 1 der Insolvenzordnung abgewiesen wurde, oder bei einer Eintragung gemäß § 303a der Insolvenzordnung der zur Eintragung führende Grund und das Datum der Entscheidung des Insolvenzgerichts.

§ 882h ZPO Zuständigkeit; Ausgestaltung des Schuldnerverzeichnisses

(1) [1]Das Schuldnerverzeichnis wird für jedes Land von einem zentralen Vollstreckungsgericht geführt. [2]Der Inhalt des Schuldnerverzeichnisses kann über eine zentrale und länderübergreifende Abfrage im Internet eingesehen werden. [3]Die Länder können Einzug und Verteilung der Gebühren sowie weitere Abwicklungsaufgaben im Zusammenhang mit der Abfrage nach Satz 2 auf die zuständige Stelle eines Landes übertragen.

(2) [1]Die Landesregierungen bestimmen durch Rechtsverordnung, welches Gericht die Aufgaben des zentralen Vollstreckungsgerichts nach Absatz 1 wahrzunehmen hat. [2]§ 802k Abs. 3 Satz 2 und 3 gilt entsprechend. [3]Die Führung des Schuldnerverzeichnisses stellt eine Angelegenheit der Justizverwaltung dar.

(3) [1]Das Bundesministerium der Justiz und für Verbraucherschutz wird ermächtigt, durch Rechtsverordnung mit Zustimmung des Bundesrates die Einzelheiten zu Form und Übermittlung der Eintragungsanordnungen nach § 882b Abs. 1 und der Entscheidungen nach § 882d Abs. 3 Satz 2 dieses Gesetzes und § 284 Abs. 10 Satz 2 der Abgabenordnung oder gleichwertigen Regelungen im Sinne von § 882b Abs. 1 Nr. 2 Halbsatz 2 dieses Gesetzes sowie zum Inhalt des Schuldnerverzeichnisses und zur Ausgestaltung der Einsicht insbesondere durch ein automatisiertes Abrufverfahren zu regeln. [2]Die Rechtsverordnung hat geeignete Regelungen zur Sicherung des Datenschutzes und der Datensicherheit vorzusehen. [3]Insbesondere ist sicherzustellen, dass die Daten

1. bei der elektronischen Übermittlung an das zentrale Vollstreckungsgericht nach Absatz 1 sowie bei der Weitergabe an eine andere Stelle nach Absatz 2 Satz 2 gegen unbefugte Kenntnisnahme geschützt sind,
2. unversehrt und vollständig wiedergegeben werden,
3. jederzeit ihrem Ursprung nach zugeordnet werden können und
4. nur von registrierten Nutzern nach Angabe des Verwendungszwecks abgerufen werden können, jeder Abrufvorgang protokolliert wird und Nutzer im Fall des missbräuchlichen Datenabrufs oder einer missbräuchlichen Datenverwendung von der Einsichtnahme ausgeschlossen werden können.

[4]Die Daten der Nutzer dürfen nur für die in Satz 3 Nr. 4 genannten Zwecke verwendet werden.

II. Vollstreckung in Sachen

§ 285 Vollziehungsbeamte

(1) **Die Vollstreckungsbehörde führt die Vollstreckung in bewegliche Sachen durch Vollziehungsbeamte aus.**

(2) **Dem Vollstreckungsschuldner und Dritten gegenüber wird der Vollziehungsbeamte zur Vollstreckung durch schriftlichen oder elektronischen Auftrag der Vollstreckungsbehörde ermächtigt; der Auftrag ist auf Verlangen vorzuzeigen.**

Abs 2 geändert durch JStG 2009 v 19.12.08 (BGBl I, 2794).

1. Inhalt. Die VollstrBehörde braucht sich bei der Vollstreckung in bewegliche Sachen als VollstrGläubiger idR nicht eines anderen VollstrOrgans wie des Gerichtsvollziehers zu bedienen. Sie führt insoweit die Vollstreckung durch ihre eigenen VollzBeamten aus. Zum Begriff der beweglichen Sachen s § 281 Rz 2 und § 286 Rz 2. 1

Nicht zuständig ist der VollzBeamte für die Vollstreckung in Forderungen und Rechte sowie in das unbewegliche Vermögen. Er kann allerdings uU nach § 317 bei der Verwertung von Forderungen und anderen Vermögensrechten eingesetzt werden (*TK/Kruse* Rz 1). 2

2. Vollziehungsbeamte. VollzBeamte sind Amtsträger (§ 7), die zur Ausführung von VollstrMaßnahmen ständig eingesetzt oder mit der Ausführung solcher Maßnahmen beauftragt worden sind (Abschn 24 III VollstrA). Es muss sich **nicht um Beamte** im beamtenrechtlichen Sinne handeln. 3

Für die VollzBeamten gilt die Allgemeine Verwaltungsvorschrift für Vollziehungsbeamte der Finanzverwaltung (Vollziehungsanweisung – VollzA, näher dazu Vor § 249 Rz 7), die ihrem Wesen nach eine allgemeine Verwaltungsvorschr iSv Art 108 VII GG ist.

4 **3. Vollstreckungsauftrag.** Der VollstrAuftrag ist ein **behördeninterner Vorgang,** der allerdings Legitimationswirkung nach außen hat. Es handelt sich daher nicht um einen VA (*TK/Kruse* Rz 5). Er ist folglich nicht selbständig anfechtbar. Die Anfechtung kann sich immer nur gegen VollstrMaßnahmen richten, die aufgrund des Auftrags ergriffen worden sind.

5 Der VollstrAuftrag ist nach Abs 2 **schriftlich** oder **elektronisch** zu erteilen und von der VollstrBehörde auszustellen. Da es sich nicht um einen VA handelt, ist weder bei automatisierter schriftlicher Erstellung eine Unterschrift (vgl § 119 III) noch bei einem elektronischen Auftrag eine elektronische Signatur nach § 87a erforderlich (vgl § 87a). Der VollzBeamte darf nur aufgrund eines derartigen Auftrages VollstrMaßnahmen ergreifen. Jedoch ist die Pfändung nicht unwirksam, wenn der VollzBeamte ohne schriftlichen Auftrag gepfändet hat. Denn die Schriftlichkeit oder elektronische Form des VollstrAuftrages ist keine wesentliche Voraussetzung für die Entstehung des Pfandrechts (FG Sachs BeckRS 2002, 260207; *TK/Kruse* Rz 7). Die VollstrHandlung ist aber mit dem Einspruch anfechtbar.

6 **4. Legitimation durch Vollstreckungsauftrag.** Der VollstrAuftrag ist nach Abs 2 (2. HS) nur auf Verlangen **vorzuzeigen.** Die Legitimationswirkung tritt erst mit Vorzeigen ein. Ein VollstrSchuldner braucht die Vollstr nur zu dulden, wenn der VollzBeamte den Auftrag vorzeigt. Dies gilt nicht, wenn der VollstrSchuldner den VollzBeamten daran hindert, den Auftrag vorzuzeigen (*TK/Kruse* Rz 7).

7 **5. Inhalt des Vollstreckungsauftrags.** Der Inhalt des VollstrAuftrags ist in Abschn 34 VollstrA (s dazu Vor § 249 Rz 7) festgelegt. Dieser muss Gegenstand und Umfang der Vollstr und die beteiligten Personen angeben (*TK/Kruse* Rz 11). Der Umfang bestimmt sich nach der Höhe des zu vollstreckenden Anspruchs. Den Namen des beauftragten Vollziehungsbeamten braucht der VollstrAuftrag nicht zu enthalten. Der VollzBeamte wird dadurch legitimiert, dass er den VollstrAuftrag bei sich hat und vorzeigt und sich durch seinen Dienstausweis ausweist.

§ 286 Vollstreckung in Sachen

(1) **Sachen, die im Gewahrsam des Vollstreckungsschuldners sind, pfändet der Vollziehungsbeamte dadurch, dass er sie in Besitz nimmt.**

(2) [1] **Andere Sachen als Geld, Kostbarkeiten und Wertpapiere sind im Gewahrsam des Vollstreckungsschuldners zu lassen, wenn die Befriedigung hierdurch nicht gefährdet wird.** [2] **Bleiben die Sachen im Gewahrsam des Vollstreckungsschuldners, so ist die Pfändung nur wirksam, wenn sie durch Anlegung von Siegeln oder in sonstiger Weise ersichtlich gemacht ist.**

(3) **Der Vollziehungsbeamte hat dem Vollstreckungsschuldner die Pfändung mitzuteilen.**

(4) **Diese Vorschriften gelten auch für die Pfändung von Sachen im Gewahrsam eines Dritten, der zu ihrer Herausgabe bereit ist.**

Übersicht

1. Inhalt. Die Vorschrift regelt die Einzelheiten der Pfändung von Sachen durch den VollzBeamten. Sie entspricht voll inhaltlich §§ 808, 809 ZPO. Danach ist Voraussetzung für die Pfändung, dass sich die Sache im Gewahrsam des Vollstreckungsschuldners befindet und sie der VollzBeamte in Besitz nimmt. 1

2. Sachen. Unter Sachen sind **körperliche Gegenstände** zu verstehen, die nicht der Zwangsvollstr in das unbewegliche Vermögen unterliegen, dazu gehören auch Inhaberpapiere, Namenspapiere und Früchte auf dem Halm. Auch die sog kleinen Inhaberpapiere wie Fahrkarten, Eintrittskarten, Postwertzeichen, Versicherungsmarken usw fallen darunter (*TK/Kruse* Rz 12). Zu indossablen Orderpapieren s § 312. 2

Rektapapiere, bei denen das Recht aus dem Papier dem verbrieften Recht folgt, und Legitimationspapiere (insb Sparkassenbücher) werden im Wege der sog **Hilfspfändung** neben der entscheidenden Forderungspfändung weggenommen. Nach Abschn 32 IV, 50 VollzA bedarf der VollzBeamte zu dieser Wegnahme eines besonderen VollstrAuftrags. Ebenso wird bei der Pfändung eines Kfz die Zulassungsbescheinigung Teil I (Fahrzeugschein) und Teil II (Fahrzeugbrief) weggenommen (hier ohne das Erfordernis eines bes VollstrAuftrags, s Abschn 46 II VollzA). 3

3. Gewahrsam. Der Gewahrsam ist die rein tatsächliche Herrschaft über die Sache und begrifflich **vom Besitz des BGB verschieden.** In der Sache besteht aber weitgehend eine Übereinstimmung mit dem unmittelbaren Besitz (§ 854 BGB). Mittelbarer Besitz (§ 868 BGB) oder der tatsächlich nicht ausgeübte Erbenbesitz (§ 857 BGB) stellen jedoch keinen Gewahrsam her. Mitbesitz (§ 866 BGB) bedeutet idR auch Mitgewahrsam, auf den Abs 4 Anwendung findet (Rz 6). Der Besitzdiener (§ 855 BGB) hat iAllg keinen Gewahrsam (*BLAH/Hartmann* § 808 Rz 10; *TP/Seiler* § 808 Rz 3; differenzierend *TK/Kruse* Rz 2; *HHSp/Müller-Eiselt* Rz 8 ff). 4

Gewahrsam hat zB der Wohnungsinhaber an den Gegenständen der Wohnung. Haben jedoch andere Personen unter Ausschluss des Wohnungsinhabers, zB Untermieter, andere Räume allein inne, so haben diese den Gewahrsam, nicht der Wohnungsinhaber. An einem Kraftfahrzeug hat derjenige Gewahrsam, der es gerade fährt (*TP/Seiler* § 808 Rz 5), es sei denn, er führt es als Besitzdiener für jemand anders (vgl auch FG Köln EFG 03, 566 zu Gewahrsam an einem auf öffentlicher Straße abgestellten Kfz). Am Inhalt von Banksafes hat nur der Kunde Gewahrsam. Bei Mitverschluss der Bank muss notfalls der Anspruch des Kunden auf Mitwirkung der Bank gepfändet werden (*TK/Kruse* Rz 4; *HHSp/Müller-Eiselt* Rz 15). 5

Bei **Ehegatten** gilt § 263. Hier ist insb die Gewahrsamsvermutung des § 739 ZPO zu beachten.

4. Gewahrsam Dritter. Abs 4 erlaubt die Pfändung von Sachen im Mitgewahrsam eines Dritten nur dann, wenn der Dritte zur Herausgabe bereit ist. Verweigert dieser die Zustimmung, kann die Pfändung des Anteils des VollstrSchuldners nach § 321 erfolgen (vgl *BLAH/Hartmann* § 808 Rz 10). Die Verletzung von Abs 4 macht die Pfändung aber nicht unwirksam, sondern nur mit dem Einspruch nach § 349 anfechtbar (*TK/Kruse* Rz 6). 6

5. Rechte Dritter. Werden Sachen gepfändet, die Dritten gehören oder an denen Rechte Dritter bestehen, ohne dass sie in deren (Mit-)Gewahrsam stehen (Rz 6), so ist die Pfändung wirksam und nicht mit dem Einspruch anfechtbar. Der Dritte muss sein Recht nach § 262 oder § 293 verfolgen. Der VollzBeamte hat idR 7 auch gar nicht zu prüfen, ob Rechte Dritter bestehen. Nur wenn ganz offenkundig ist, dass die Sache einem Dritten gehört, hat er von der Pfändung abzusehen (*BLAH/Hartmann* § 808 Rz 2; Abschn 43 V VollzA).

8 **6. Durchführung der Pfändung.** Die Pfändung erfolgt dadurch, dass der VollzBeamte die Sachen **in Besitz nimmt** oder die Sachen im Gewahrsam des VollstrSchuldners belässt, aber durch **Anlegung von Siegeln** oder in sonstiger Weise ersichtlich gemacht wird, dass die Pfändung erfolgt ist.

9 In sonstiger Weise kann geschehen durch Anheften einer vom VollzBeamten gesiegelten und unterschriebenen Pfandanzeige an einer Stelle, die den Pfandsachen räumlich nahe ist. Es geht auch durch Aufstellen von Tafeln.

Das Anlegen von Siegeln muss haltbar und so auffällig sein, dass bei gewöhnlicher Aufmerksamkeit das Siegel zu erkennen ist (OLG Königsberg JW 30, 1737). Die Verletzung dieser grundlegenden Formvorschriften für die Durchführung der Pfändung macht die Pfändung unwirksam (allg Meinung, vgl *TK/Kruse* Rz 23). Es entsteht somit auch kein Pfändungspfandrecht. Fällt das Siegel später ab oder wird es unzulässigerweise entfernt, so besteht die Pfändung fort (RGZ 161, 114).

10 In Besitz zu nehmen hat der VollzBeamte Geld, Kostbarkeiten und Wertpapiere. Geld sind auch ausl Zahlungsmittel (*TK/Kruse* Rz 10). Kostbarkeiten sind die im Verhältnis zu ihrer Größe besonders wertvollen Sachen wie zB Kunstwerke, Sachen aus Edelmetall oder Edelstein oder Antiquitäten (*TP/Seiler* § 813 Rz 5). Zum Begriff der Wertpapiere s oben Rz 2. Nach Abschn 46 I VollzA hat der VollzBeamte idR auch Kraftfahrzeuge und KfzAnhänger in Besitz zu nehmen, weil davon ausgegangen wird, dass die Befriedigung des VollstrGläubigers gefährdet ist, wenn das Fahrzeug im Gewahrsam des VollstrSchuldners verbleibt.

11 **7. Begriff und Wirkung der Pfändung.** Zu Begriff und Wirkung der Pfändung vgl §§ 281 und 282, dort auch zur VA-Eigenschaft der Pfändung durch Wegnahme von Sachen oder Anbringung von Pfandsiegeln (s § 281 Rz 3). Der VA ergeht in diesem Fall in anderer Weise (§ 119 I 1).

12 **8. Mitteilung an Vollstreckungsschuldner.** Die Mitteilung des VollzBeamten nach Abs 3 kann **mündlich** erfolgen. Sofern eine mündliche Mitteilung nicht möglich ist, geschieht dies durch Übersendung des Pfändungsprotokolls. Nichtbefolgen von Abs 3 berührt die Wirksamkeit die Pfändung nicht.

13 **9. Rechtsschutz.** Gegen die Pfändung ist der Einspruch (§ 347) gegeben. Die Einspruchsfrist beträgt einen Monat. § 356 ist mangels gesetzlich vorgeschriebener Schriftform nicht anwendbar (*TK/Kruse* Rz 27).

§ 287 Befugnisse des Vollziehungsbeamten

(1) **Der Vollziehungsbeamte ist befugt, die Wohn- und Geschäftsräume sowie die Behältnisse des Vollstreckungsschuldners zu durchsuchen, soweit dies der Zweck der Vollstreckung erfordert.**

(2) **Er ist befugt, verschlossene Türen und Behältnisse öffnen zu lassen.**

(3) **Wenn er Widerstand findet, kann er Gewalt anwenden und hierzu um Unterstützung durch Polizeibeamte nachsuchen.**

(4) **[1] Die Wohn- und Geschäftsräume des Vollstreckungsschuldners dürfen ohne dessen Einwilligung nur auf Grund einer richterlichen Anordnung durchsucht werden. [2] Dies gilt nicht, wenn die Einholung der Anordnung den Erfolg der Durchsuchung gefährden würde. [3] Für die richterliche Anordnung einer Durchsuchung ist das Amtsgericht zuständig, in dessen Bezirk die Durchsuchung vorgenommen werden soll.**

(5) [1] **Willigt der Vollstreckungsschuldner in die Durchsuchung ein oder ist eine Anordnung gegen ihn nach Absatz 4 Satz 1 ergangen oder nach Absatz 4 Satz 2 entbehrlich, so haben Personen, die Mitgewahrsam an den Wohn- oder Geschäftsräumen des Vollstreckungsschuldners haben, die Durchsuchung zu dulden.** [2] **Unbillige Härten gegenüber Mitgewahrsaminhabern sind zu vermeiden.**

(6) **Die Anordnung nach Absatz 4 ist bei der Vollstreckung vorzuzeigen.**

Übersicht

1 **1. Inhalt.** Die Vorschrift regelt die Durchsuchungsbefugnis des VollzBeamten entspr § 758 ZPO.

2 **2. Verfassungsrechtliche Problematik.** Problematisch war die Vereinbarkeit der Vorschrift mit Art 13 GG. Nach Abs 2 des **Art 13 GG** dürfen Durchsuchungen von Wohnungen außer bei Gefahr im Verzug nur durch den Richter angeordnet werden. Art 13 IV GG lässt Eingriffe und Beschränkungen ua aufgrund eines Gesetzes auch zur Verhütung dringender Gefahren für die öffentliche Sicherheit und Ordnung zu. Str war zunächst, ob § 287 an Abs 2 oder Abs 4 des Art 13 GG zu messen ist (näher dazu die 7. Aufl Rz 2 bis 5).

3 Das **BVerfG** hat dazu grundlegend festgestellt, dass die Wohnungsdurchsuchung auch bei der Zwangsvollstreckung nach der AO außer bei Gefahr im Verzuge der richterlichen Anordnung nach Art 13 II GG bedarf (BVerfGE 51, 97 ff zu § 758 ZPO und BVerfGE 57, 346 ff ausdrücklich zu § 287 AO). Die Durchsuchungsanordnung muss für alle Gläubiger vorliegen (BVerfG WM 87, 1021). Durch das Gesetz zur Änderung des EStG, des KStG und anderer Gesetze v 20.8.1980 (BGBl I, 1545) ist daher der Abs 4 an § 287 angefügt worden (s dazu Rz 16). Durch die 2. Zwangsvollstreckungsnovelle aus dem Jahre 1997 ist dann entspr Art 13 II GG durch Abs 4 S 2 ausdrücklich klargestellt worden, dass eine richterliche Anordnung nicht erforderlich ist, wenn die Einholung der Anordnung den Erfolg der Durchsuchung gefährden würde.

4 **3. Durchsuchung.** Durchsuchung iSv Art 13 II GG, die somit einer richterlichen Anordnung bedarf, ist das ziel- und zweckgerichtete Suchen staatlicher Organe nach Personen oder Sachen oder zur Ermittlung eines Sachverhalts, um etwas aufzuspüren, was der Inhaber der Wohnung von sich aus nicht offen legen oder herausgeben will (BVerfGE 51, 107; BVerwGE 28, 287 ff; 47, 37; BFH BStBl 89, 55). Bei der Durchsuchung im Rahmen des § 287 geht es vor allem um das Ziel, pfändbare Gegenstände für die beabsichtigte Vollstr zu finden. Die Durchsuchung ist danach mehr als das bloße Betreten der Wohnung. Sie geht auch über die Pfändung von in der Wohnung oder in den Geschäftsräumen offen ausgelegten Gegenständen, die für den VollzBeamten ohne Weiteres Nachforschen zugänglich sind, hinaus (BFH BStBl 89, 55). Das bloße Betreten der Wohnung oder das Pfänden offen ausgelegter Gegenstände ohne den Zweck der Durchsuchung richten sich daher nicht nach § 287. Das bedeutet aber nicht, dass ein Betreten der Wohnung des VollstrSchuldners ohne Weiteres möglich wäre. Das Betreten der Wohnung fällt zwar nicht unter Art 13 II GG. Es handelt sich aber um Eingriffe und Beschränkungen iSv Art 13 VII GG (BVerfGE 32, 73). Daraus darf jedoch nicht geschlossen

werden, dass das bloße Betreten der Wohnung ohne richterliche Anordnung der Durchsuchung damit gerechtfertigt werden kann, dass es bei der Vollstreckung von Steuerforderungen immer um eine Verhütung dringender Gefahren für die öffentliche Sicherheit und Ordnung iSv Art 13 IV GG geht und daher keine richterliche Durchsuchungsanordnung erforderlich ist. Das BVerfG zieht die Grenzen für die Betretungsrechte von Wohnungen vielmehr sehr eng. Bei Wohnräumen greift danach das Grundrecht des Art 13 I GG, „in Ruhe gelassen zu werden", voll durch, sodass ein Betretungsrecht für Vollzugsbeamte außer bei Gefahr im Verzug ohne richterliche Anordnung nicht besteht (ebenso *TK/Loose* Rz 14; aA *Kraemer* DStZ 89, 410).

5 Bei **Betriebs- oder Geschäftsräumen** wertet das BVerfG den Schutzzweck des Art 13 GG aber geringer, da diesen Räumen während der Öffnungszeiten eine größere Offenheit nach außen eigen ist (BVerfGE 32, 75). Hier reicht eine besondere gesetzliche Ermächtigungsgrundlage aus, die den Zweck des Betretens, den Gegenstand und den Umfang der zugelassenen Besichtigung und Prüfung deutlich erkennen lässt. Ob § 249 I und 287 eine solche „besondere" gesetzliche Grundlage für das Betreten zum Zwecke der Vollstreckung sind (so BFH BStBl 89, 55; *TK/Loose* Rz 10), ist sehr zweifelhaft. Der VollzBeamte darf die Betriebs- und Geschäftsräume nur ohne richterliche Durchsuchungsanordnung betreten, um zu erkunden, ob der VollstrSchuldner freiwillig zur Zahlung oder freiwillig zur Gestattung der Durchsuchung bereit ist.

6 Wie oben dargelegt worden ist, setzt der Begriff der Durchsuchung voraus, dass der VollstrSchuldner nicht von sich aus die Gegenstände, in die vollstreckt werden kann, offen legen oder herausgeben will. Die vom BFH für zulässig gehaltene Pfändung von offen ausgelegten Sachen, die für den VollzBeamten ohne weiteres Nachforschen zugänglich sind, lässt sich kaum abgrenzen. Außerhalb der Vollstreckung ist ein Betreten von Betriebs- oder Geschäftsräumen nach § 99 möglich. Gestattet daher der VollstrSchuldner dem Vollziehungsbeamten **freiwillig** das Betreten der Wohnung und die Pfändung von Sachen oder die Suche nach pfändbaren Gegenständen, so liegt schon begrifflich kein Fall des § 287 vor, für den eine richterliche Anordnung erforderlich ist (vgl OLG Köln NJW-RR 88, 832; *BLAH/Hartmann* § 758 Rz 6; vgl Abs 5 S 1). IÜ kann ohnehin auf den Grundrechtsschutz verzichtet werden (*Kottmann* DÖV 80, 902 mwN). Das Einverständnis muss aber in dem **Bewusstsein** erklärt werden, das Betreten der Wohnung auch verweigern zu können. Es ist also eine entsprechende **Belehrung** durch den Vollziehungsbeamten erforderlich (FG BaWü EFG 88, 99; *Kottmann* aaO mwN).

7 Da der **Verhältnismäßigkeitsgrundsatz** zu beachten ist, und außerdem für die gerichtliche Anordnung der Durchsuchung ein Rechtsschutzbedürfnis bestehen muss, wird jedenfalls für die Vollstreckung nach der ZPO allgemein gefordert, dass die Vollstreckung zunächst **ohne richterliche Anordnung versucht** werden muss, es sei denn, dass bereits bekannt ist, dass der VollstrSchuldner den Zutritt zur Wohnung verwehren wird (OLG Köln NJW-RR 88, 832; LG Ddorf DGVZ 98, 157; *BLAH/Hartmann* § 758 Rz 6). Die richterliche Anordnung zur Durchsuchung kann jedoch nicht von einem ergebnislosen VollstrVersuch zur Nachtzeit oder an Sonn- und Feiertagen abhängig gemacht werden (LG Zweibrücken DGVZ 79, 185). Außerdem ist Vorsicht geboten, da der ergebnislose Versuch des VollzBeamten, sich Zutritt zu der Wohnung zu verschaffen, leicht den VollstrSchuldner veranlassen könnte, pfändbare Sachen vor der richterlichen Anordnung der Durchsuchung beiseite zu schaffen. Deshalb ist nach Auffassung des BVerfG auch keine Anhörung des VollstrSchuldners vor der richterlichen Anordnung der Durchsuchung erforderlich, wenn dadurch der VollstrErfolg gefährdet würde (BVerfGE 57, 359; vgl auch FG BBg EFG 12, 1008). Nach dem Gebot der Verhältnismäßigkeit braucht die Durchsuchung auch **nicht die letzte Möglichkeit** der Vollstr zu sein, nachdem vorher alle anderen Vollstreckungsversuche erfolglos versucht worden sind (KG NJW 82, 2326; *Rößler* NJW 83, 661). Die Erteilung

einer Durchsuchungsermächtigung kann deshalb nicht generell davon abhängig gemacht werden, dass vorher eine mögliche Immobiliarvollstreckung versucht worden ist. Es ist vielmehr eine Abwägung der verschiedenen VollstrMöglichkeiten erforderlich. Schließlich kann auch nicht eine Durchsuchung allein deswegen als unverhältnismäßig angesehen werden, weil es nur um eine geringe Forderung geht (OLG Ddorf NJW 80, 1171; *Schneider* NJW 80, 2384 mwN). Gerade bei geringen Forderungen hat der VollstrSchuldner ohne Weiteres die Möglichkeit, die Vollstr durch Zahlung abzuwenden. Allerdings ist in solchen Fällen eine besonders sorgfältige Abwägung erforderlich, da die Schutzinteressen des Schuldners bei geringen Forderungen erhöhte Bedeutung gewinnen (*Schneider* aaO mwN; vgl auch BVerfGE 51, 173; BFH BStBl 80, 399).

Voraussetzung für die Durchsuchung einer Wohnung ist immer, dass der Vollstr- 8
Schuldner **Gewahrsam** an ihr hat. In Räumen des Untermieters hat der Schuldner keinen Gewahrsam. **Mitgewahrsam** des VollstrSchuldners an einer Wohnung (zB Wohnung des Ehegatten, Lebenspartners oder Lebensgefährten) reicht aber aus (nunmehr ausdrücklich in Abs 5 S 1 geregelt). Der Durchsuchung steht nicht entgegen, dass Mitgewahrsamsinhaber des VollstrSchuldners widersprechen (Vfg OFD Hannover DStZ 91, 414). Fehlt es am Gewahrsam des VollstrSchuldners dürfen die Räume nur mit Zustimmung des Gewahrsamsinhabers betreten oder durchsucht werden.

Die Begriffe **„Wohn- und Geschäftsräume"** umschreiben den Begriff „Woh- 9
nung" iSv Art 13 GG. IdS handelt es sich neben Wohnräumen um alle gemischt genutzten Räume, Arbeits-, Betriebs- und Geschäftsräume einschl Garten, Hof usw, sowie überhaupt jedes befriedete Besitztum (BVerfGE 32, 54 ff; *TK/Loose* Rz 9; vgl auch BFH BStBl 89, 55).

4. Öffnen von Türen und Behältnissen. Für das Öffnen der Behältnisse ist 10
keine richterliche Anordnung erforderlich. Ebenso ist für Taschenpfändung keine richterliche Anordnung erforderlich (OLG Köln ZIP 80, 386). Behältnisse sind Möbelstücke, Taschen, Kassenschränke.

Das Öffnen von Türen und Behältnissen muss **fachgerecht** geschehen. Die 11
Verhältnismäßigkeit der Mittel ist hier zu beachten. Der Schaden muss so gering wie möglich gehalten werden (BGH NJW 57, 544).

5. Gewalt. Der VollstrBeamte darf Gewalt anwenden und sich dabei der **Poli-** 12
zei bedienen. Voraussetzung ist, dass er Widerstand vorfindet. Ernstzunehmende Androhung von Tätlichkeiten reicht aus (*TK/Loose* Rz 34). Vgl dazu § 288 Rz 2.

6. Richterliche Anordnung. Durch die Einfügung des Abs 4 ist der frühere 13
Streit, ob die Amtsgerichte oder Finanzgerichte für die richterliche Anordnung zuständig sind, zu Gunsten der Amtsgerichte entschieden worden. Die Amtsgerichte verfahren dabei nach dem Verfahrensrecht der ZPO und nicht der FGO (KG NJW 82, 2326; *TK/Loose* Rz 29; aA *Rößler* NJW 81, 25), jedoch gilt der Formularzwang nach § 758a VI ZPO nicht für Anträge auf Erlass einer richterlichen Durchsuchungsanordnung im Verwaltungsvollstreckungsverfahren (BGH NJW-RR 14, 1023). Der Antrag der VollstrBehörde ist eine Verfahrenshandlung und kein VA (*TK/Loose* Rz 25; § 118 Rz 42). Gegen die Entscheidungen der Amtsgerichte ist der Rechtsmittelzug der ZPO eröffnet (BFH/NV 07, 1463; FG Hbg EFG 07, 1486; KG aaO). Gegen die richterliche Durchsuchungsanordnung ist die sofortige Beschwerde nach § 793 ZPO gegeben (OLG Hamm NJW 84, 1972; FG Hbg EFG 07, 1486; *TK/Loose* Rz 31; *Koenig/Fritsch* Rz 34). Dies gilt auch dann, wenn die Durchsuchung bereits durchgeführt worden ist (BVerfG NJW 15, 3432). Das zuständige Amtsgericht hat zu prüfen, ob die formellen allgemeinen VollstrVoraussetzungen (auch Verhältnismäßigkeit) vorliegen (BFH BStBl 80, 399; *TK/Loose* Rz 25; *Rößler* NJW 83, 661). Der zu vollstreckende VA selbst ist in diesem Rahmen nicht nachprüfbar (vgl BVerfGE 57, 134). Die richterliche Durchsu-

chungsanordnung braucht dem VollstrSchuldner nicht zugestellt zu werden (BFH BStBl 80, 399). Vorherige Bekanntgabe der Durchsuchungsanordnung ist jedoch geboten, wenn eine VollstrVereitelung nach den Umständen des Einzelfalls nicht zu erwarten ist (FG Hess EFG 80, 112). Nach FG BaWü (EFG 88, 102) soll eine auf Grund einer Durchsuchungsanordnung des Amtsgerichts vom FA ausgebrachte Sachpfändung nicht deshalb rechtswidrig sein, weil auf Rechtsmittel des VollstrSchuldners hin das Landgericht feststellt, dass die Durchsuchungsanordnung nicht unter Beachtung der vorgeschriebenen Form erlassen wurde und deshalb rechtswidrig ist.

14 Inhaltlich muss die richterliche Durchsuchungsanordnung den Gläubiger, den Schuldner, die zu durchsuchenden Räume und den vollstreckbaren Anspruch nach Grund und Höhe unter **Angabe des jeweiligen Bescheids** bezeichnen (OLG Köln DB 92, 2341; vgl auch zum Inhalt einer Durchsuchung wegen StHinterziehung BVerfG HFR 01, 279). Die Durchsuchungsanordnung muss unterschrieben sein (FG Bln EFG 92, 6).

15 Der Abs 4 gilt wegen seiner Stellung im 2. Abschn des 6. Teils der AO nur für die Vollstreckung von Geldforderungen. Für richterliche Durchsuchungsanordnungen bei **Vollstreckung anderer Leistungen als Geldleistungen** (§§ 328 ff) sind die FG zuständig (FG BaWü EFG 93, 804; FG BBg EFG 14, 2018).

§ 288 Zuziehung von Zeugen

Wird bei einer Vollstreckungshandlung Widerstand geleistet oder ist bei einer Vollstreckungshandlung in den Wohn- oder Geschäftsräumen des Vollstreckungsschuldners weder der Vollstreckungsschuldner noch ein erwachsener Familienangehöriger, ein erwachsener ständiger Mitbewohner oder eine beim Vollstreckungsschuldner beschäftigte Person gegenwärtig, so hat der Vollziehungsbeamte zwei Erwachsene oder einen Gemeinde- oder Polizeibeamten als Zeugen zuzuziehen.

Vorschrift geändert durch AmtshilfeRLUmsG v 26.6.13 (BGBl I, 1809).

1 **1. Inhalt.** Die Vorschrift deckt sich weitgehend mit § 759 ZPO. Erfasst werden zwei Fälle, und zwar der Fall, dass bei einer VollstrHandlung Widerstand geleistet wird, und der Fall, dass der VollstrSchuldner oder ihm nahe stehende Personen nicht anwesend sind.

2 **2. Widerstand.** Widerstand ist gegeben, wenn die Durchführung der VollstrHandlung nicht ohne Gewalt möglich erscheint, auch **schon bei** ernst zu nehmender **Androhung** von Tätlichkeiten oder wenn nach früheren Erfahrungen mit Tätlichkeiten zu rechnen ist (*TK/Loose* § 287 Rz 34). Die in diesem Fall gebotene Zuziehung von Zeugen steht neben der Möglichkeit nach § 287 III, den Widerstand mit Hilfe von Polizeibeamten zu brechen.

3 **3. Anwesenheit.** Die Anwesenheit bezieht sich direkt auf die VollstrHandlungen. Bei anwesenden Familienmitgliedern braucht es sich nicht um Angehörige ieS zu handeln. Es können auch Familienmitglieder wie zB Pflegekinder sein, die mit in der Familie des VollstrSchuldners leben und wirtschaftl von ihm abhängig sind. Die anwesenden Familienmitglieder oder ständigen Mitbewohner müssen **erwachsen** (nicht volljährig) sein. Dies ist durch die Änderung der Vorschr durch das AmtshilfeRLUmsG ausdrücklich klargestellt worden. Bei den Beschäftigten des VollstrSchuldners wird das zwar nicht ausdrücklich gefordert, wird aber wegen § 113 BGB praktisch vorausgesetzt (*TP/Hüßtege* § 178 ZPO Rz 12; aA *BLAH/Hartmann* § 178 ZPO Rz 13). Das bedeutet, sie müssen von ihrer äußeren Erscheinung her den Eindruck machen, dass sie eine Vorstellung von der Bedeutung des Vorgangs haben (BGH NJW 81, 1614; VGH Mannheim NJW 78, 719; vgl auch *BLAH/Hartmann* § 178 ZPO Rz 15 mwN).

4. Wohnung. Der Begriff Wohnung entspr **Art 13 I GG** umfasst auch Arbeits-, Betriebs- und Geschäftsräume (s § 287 Rz 9). 4

5. Zeuge. Der Zeuge muss erwachsen sein (Rz 3). Ein Bediensteter eines Schlüsseldienstes, den der VollzBeamte zum Öffnen der Tür zuzieht, kann kein Zeuge sein (FG BBg EFG 12, 1008). Der Zeuge erhält eine Entschädigung nach dem Justizvergütungs- und -entschädigungsgesetz. Die Entschädigung wird als Auslage nach § 344 I Nr 7 erhoben (*HHSp/Müller-Eiselt* Rz 19; *BG/Neumann* § 344 Rz 11). Ein Zeuge reicht aus, wenn es sich um einen Gemeinde- oder Polizeibeamten handelt. Ein weiterer VollzBeamter, der bei der VollstrHandlung anwesend ist, ersetzt einen Gemeinde- oder Polizeibeamten nicht (FG BBg aaO). 5

6. Folgen von Verstößen. Verstöße gegen die Vorschr machen die **VollstrHandlung mit dem Einspruch anfechtbar,** jedoch nicht nichtig. Wird der VollzBeamte gehindert, Polizeibeamte oder Zeugen beizuziehen (BGHSt 5, 93; *TK/Loose* Rz 7), gilt dies nicht und die Vollstr ist rechtmäßig. 6

§ 289 Zeit der Vollstreckung

(1) **Zur Nachtzeit (§ 758a Absatz 4 Satz 2 der Zivilprozessordnung) sowie an Sonntagen und staatlich anerkannten allgemeinen Feiertagen darf eine Vollstreckungshandlung nur mit schriftlicher oder elektronischer Erlaubnis der Vollstreckungsbehörde vorgenommen werden.**

(2) **Die Erlaubnis ist auf Verlangen bei der Vollstreckungshandlung vorzuzeigen.**

Abs 1 und 2 geändert durch JStG 2009 v 19.12.08 (BGBl I, 2794); Abs 1 geändert durch JStG 2010 v 8.12.10 (BGBl I, 1768).

1. Inhalt. Die Vorschrift macht VollstrHandlungen zur Nachtzeit oder an Sonn- und Feiertagen von besonderen formalen Voraussetzungen abhängig. 1

2. Nachtzeit. Die Nachtzeit umfasst die Stunden von 21 bis 6 Uhr (§ 758a IV 2 ZPO). 2

3. Feiertage. Die Feiertage richten sich nach Landesrecht. Es sind nur die **gesetzlichen** Feiertage gemeint. 3

4. Schriftliche oder elektronische Erlaubnis. Abs 1 lässt neben der schriftlichen auch die elektronische Erlaubnis zu. Eine Signatur nach § 87a IV 2 ist bei der elektronischen Erlaubnis nicht erforderlich (vgl § 285 Rz 5). Die schriftliche oder elektronische Erlaubnis gilt nur für die einzelne VollstrHandlung. Es können jedoch mehrere VollstrHandlungen durch **eine Verfügung** erlaubt werden. Die VollstrBehörde entscheidet über die Erlaubnis nach ihrem Ermessen (gem § 758a IV ZPO darf die Vollstreckung zur Nachtzeit oder an Sonn- und Feiertagen keine unbillige Härte darstellen und der zu erwartende Erfolg nicht in einem Missverhältnis zu dem Eingriff stehen). Wie bei allen VollstrHandlungen ist der Grundsatz der Verhältnismäßigkeit zu beachten. IdR ist es daher erforderlich, dass ein vergeblicher VollstrVersuch während der üblichen Arbeitszeit an einem Werktag vorausgegangen ist (LG Trier DGVZ 81, 13). Die Erlaubnis ist nach Abs 2 nur auf Verlangen vorzuzeigen. 4

5. Mangelnde Erlaubnis. VollstrHandlungen ohne die erforderliche Erlaubnis sind **anfechtbar,** aber nicht nichtig (*TK/Loose* Rz 7; *HHSp/Müller-Eiselt* Rz 20). 6

§ 290 Aufforderungen und Mitteilungen des Vollziehungsbeamten

Die Aufforderungen und die sonstigen Mitteilungen, die zu den Vollstreckungshandlungen gehören, sind vom Vollziehungsbeamten mündlich zu

erlassen und vollständig in die Niederschrift aufzunehmen; können sie mündlich nicht erlassen werden, so hat die Vollstreckungsbehörde demjenigen, an den die Aufforderung oder Mitteilung zu richten ist, eine Abschrift der Niederschrift zu senden.

1 **1. Inhalt.** Die Vorschrift entspricht § 763 ZPO. Sie regelt die **Form,** in der mit VollstrHandlungen zusammenhängende **Aufforderungen** und **Mitteilungen** zu machen sind.

2 **2. Aufforderungen, Mitteilungen.** Welche Aufforderungen und Mitteilungen der VollzBeamte zu geben hat, ergibt sich aus Sinn und Zweck der Vollstr. zB die Aufforderung zur freiwilligen Zahlung, die Aufforderung zum Öffnen von Türen und Behältnissen oder die Mitteilungen nach §§ 286 III, 307 I 2.

3 **3. Form der Niederschrift.** Die zu übersendende Abschrift braucht nicht beglaubigt zu sein, einfacher Brief genügt. Zum Inhalt der Niederschrift s § 291 und hinsichtlich der Pfändungsniederschrift § 286 Rz 12. Ein Verstoß gegen § 290 macht die VollstrHandlung anfechtbar aber nicht nichtig (*TK/Loose* Rz 4).

§ 291 Niederschrift

(1) **Der Vollziehungsbeamte hat über jede Vollstreckungshandlung eine Niederschrift aufzunehmen.**

(2) **Die Niederschrift muss enthalten:**
1. Ort und Zeit der Aufnahme,
2. den Gegenstand der Vollstreckungshandlung unter kurzer Erwähnung der Vorgänge,
3. die Namen der Personen, mit denen verhandelt worden ist,
4. die Unterschriften der Personen und die Bemerkung, dass nach Vorlesung oder Vorlegung zur Durchsicht und nach Genehmigung unterzeichnet sei,
5. die Unterschrift des Vollziehungsbeamten.

(3) **Hat einem der Erfordernisse unter Absatz 2 Nr. 4 nicht genügt werden können, so ist der Grund anzugeben.**

(4) [1]**Die Niederschrift kann auch elektronisch erstellt werden.** [2]**Absatz 2 Nr. 4 und 5 sowie § 87a Abs. 4 Satz 2 gelten nicht.**

Abs 4 angefügt durch JStG 2009 v 19.12.08 (BGBl I, 2794).

1 **1. Inhalt.** Die Vorschrift entspricht § 762 ZPO. Sie schreibt dem VollzBeamten aus **Gründen der Beweissicherung** zwingend die Aufnahme einer Niederschrift über jede VollstrHandlung vor.

2 **2. Wesen der Niederschrift.** Die Niederschrift ist eine **öffentliche Urkunde** iSv § 415 ZPO und § 348 StGB (RGSt 60, 27). Da sie nur der Beweissicherung dient, macht die Verletzung der Pflicht zur Aufnahme einer Niederschrift die VollstrHandlung **nicht anfechtbar.** Bei der Anschlusspfändung nach § 307 ist die Niederschrift allerdings Voraussetzung für die Wirksamkeit der Pfändung.

3 **3. Vollstreckungshandlungen.** VollstrHandlungen sind alle Handlungen, die der VollzBeamte zum **Zwecke der Zwangsvollstr** vornimmt (vgl *Koenig/Fritsch* Rz 2). Dazu gehören zB Betreten der Wohnung, Durchsuchung der Wohnung, Pfändung, Wegschaffen gepfändeter Sachen usw.

Nähere Einzelheiten über die Niederschrift bei den verschiedenen VollstrHandlungen sind in der VollzA, insbes dort in Abschn 20, geregelt (vgl dazu § 285 Rz 3; zu weiteren Einzelheiten der Pfändungsniederschrift s Abschn 48 I VollzA).

4 **4. Elektronische Niederschrift.** Abs 4 ermöglicht die Erstellung der Niederschrift in elektronischer Form und stellt daher eine Ausnahme iSv § 87a IV 4 dar.

Nach Satz 2 der Regelung kann dabei generell auf Unterschriften und entsprechend auf elektronische Signaturen verzichtet werden (vgl Begr RegEntw BT-Drs 16/10189, 113 zu Nr 10).

§ 292 Abwendung der Pfändung

(1) **Der Vollstreckungsschuldner kann die Pfändung nur abwenden, wenn er den geschuldeten Betrag an den Vollziehungsbeamten zahlt oder nachweist, dass ihm eine Zahlungsfrist bewilligt worden ist oder dass die Schuld erloschen ist.**

(2) **Absatz 1 gilt entsprechend, wenn der Vollstreckungsschuldner eine Entscheidung vorlegt, aus der sich die Unzulässigkeit der vorzunehmenden Pfändung ergibt oder wenn er eine Post- oder Bankquittung vorlegt, aus der sich ergibt, dass er den geschuldeten Betrag eingezahlt hat.**

1. Inhalt. Der VollstrSchuldner hat unter den Voraussetzungen des § 292 einen **Rechtsanspruch** darauf, dass die VollstrHandlungen nicht fortgesetzt werden. Dies ist nach Abs 1 der Fall, wenn er den geschuldeten Betrag an den VollzBeamten zahlt oder nachweist, dass ihm eine Zahlungsfrist bewilligt worden ist oder dass die Schuld erloschen ist. Dasselbe gilt, wenn der VollstrSchuldner eine Entscheidung nach den §§ 251, 257, 258, 298 vorlegt, aus der sich die Unzulässigkeit der Pfändung ergibt. Haben diese noch nicht ihren Niederschlag in einer Rücknahme des VollstrAuftrags gefunden, könnte dem VollstrSchuldner durch die Fortsetzung der Vollstr ein unabwendbarer Schaden entstehen. Dies gilt auch dann, wenn der Schuldner eine Post- oder Bankquittung vorlegt, aus der sich die Zahlung ergibt. Ein Verstoß gegen § 292 macht die VollstrHandlungen **anfechtbar** (*TK/Loose* Rz 9). 1

Der Anspruch geht auf **Abwendung der Pfändung.** Das Betreten oder Durchsuchen von Wohnungen ist zu unterlassen. Von noch nicht ausgeführten Pfändungen ist abzusehen. Gepfändete Sachen sind nicht zu verwerten oder die Verwertung einzustellen (vgl § 296 I). Dagegen geht der Anspruch nicht auf Aufhebung bereits getroffener VollstrMaßnahmen (*HHSp/Müller-Eiselt* Rz 24). 2

Die Vorschrift gilt auch für die Forderungspfändung, wenn der geschuldete Betrag an den VollzBeamten gezahlt wird (*TK/Loose* Rz 1; *Koenig/Fritsch* Rz 2). 3

2. Zahlung. Die Vollstr kann durch Zahlung oder durch Übergabe eines Schecks an den VollzBeamten abgewendet werden. Dieser soll Schecks nicht annehmen, wenn zu befürchten ist, dass sie mangels Deckung nicht sofort eingelöst werden oder ihm bekannt ist, dass der VollstrSchuldner wiederholt ungedeckte Schecks eingereicht hat (Abschn 26 III VollzA). 4

3. Nachweis von Zahlungsfristen und des Erlöschens der Schuld. Der Nachweis von Zahlungsfristen kann durch Vorlage von Stundungsverfügungen nach § 222 oder Zahlungsaufschub nach § 223 erbracht werden. Das Erlöschen der Schuld kann durch Zahlungsnachweis (zB Quittung der Finanzkasse) oder durch Erlassbescheide nach §§ 163, 227 nachgewiesen werden. Zwar kann die Schuld auch durch Aufrechnung (§ 226) oder durch Verjährung (§ 232) erloschen sein. Diese Erlöschensgründe sind aber nicht ohne Weiteres nachzuweisen, weil sie häufig mit komplizierten Rechtsfragen verbunden sind. Der VollstrSchuldner kann sie daher nicht im Rahmen des § 292, sondern nur gem § 256 als Einwendung außerhalb des VollstrVerfahrens geltend machen (*HHSp/Müller-Eiselt* Rz 19). 5

4. Vorlage von Dokumenten. Entscheidungen, aus denen sich die Unzulässigkeit der vorzunehmenden Pfändung ergibt, können **Entscheidungen** der **Veranlagungsstelle** nach § 361 II oder nach § 69 II FGO oder des **FG** nach § 69 III FGO über die AdV sowie Entscheidungen nach §§ 257, 258 über die Einstellung 6 oder Beschränkung der Vollstr sein. Es kann sich auch um Entscheidungen der **Zivilgerichte** im Rahmen des § 262 handeln, aus denen sich die Unzulässigkeit der Vollstr wegen Rechter Dritter ergibt (s § 262 Rz 6).

7 Quittungen der Postbank sind normale Bankquittungen. Die Quittung muss ausweisen, dass der geschuldete Betrag eingezahlt worden ist. Bankquittungen sind nicht die mit Annahmestempel der Bank versehenen Durchdrucke von Überweisungsformularen, da sie nichts darüber aussagen, dass die Überweisung tatsächlich erfolgt ist. Der bloße Durchdruck von Überweisungsträgern ohne Annahmestempel der Bank ist erst recht keine Bankquittung. Allerdings reicht die Vorlage eines solcher Durchdrucke aus, wenn der entsprechende Kontoauszug der Bank beigefügt ist (vgl *TK/Loose* Rz 7).

§ 293 Pfand- und Vorzugsrechte Dritter

(1) [1] **Der Pfändung einer Sache kann ein Dritter, der sich nicht im Besitz der Sache befindet, auf Grund eines Pfand- oder Vorzugsrechts nicht widersprechen.** [2] **Er kann jedoch vorzugsweise Befriedigung aus dem Erlös verlangen ohne Rücksicht darauf, ob seine Forderung fällig ist oder nicht.**

(2) [1] **Für eine Klage auf vorzugsweise Befriedigung ist ausschließlich zuständig das ordentliche Gericht, in dessen Bezirk gepfändet worden ist.** [2] **Wird die Klage gegen die Körperschaft, der die Vollstreckungsbehörde angehört, und gegen den Vollstreckungsschuldner gerichtet, so sind sie Streitgenossen.**

1 **1. Inhalt.** Die Vorschrift stimmt mit § 805 ZPO überein. § 805 IV ZPO, der eine Anordnung des Gerichts zur Hinterlegung des Erlöses zulässt, ist allerdings nicht übernommen worden. Diese Möglichkeiten gibt es also in den nach der AO betriebenen VollstrVerfahren nicht. Das Gericht kann somit im Rahmen des § 293 **keine einstweiligen Anordnungen** treffen (*HHSp/Müller-Eiselt* Rz 22). Das ist anders als bei der Drittwiderspruchsklage nach § 262 (s § 262 Rz 30).

2 Die Vorschrift des § 293 steht in engem Zusammenhang mit § 262. Es handelt sich um eine **mindere Widerspruchsklage** (*BLAH/Hartmann* § 805 Rz 1). Der Dritte, der ein Pfand- oder Vorzugsrecht an der Sache geltend macht und sich **nicht im Besitz** der Sache befindet, hat nur die Möglichkeit dieser minderen Widerspruchsklage. Der Pfandgläubiger, der Besitz (auch Mitbesitz oder mittelbaren Besitz) an der Sache hat, kann dagegen nach § 262 vorgehen. Er kann sich aber auch mit einem Vorgehen nach § 293 begnügen und hat somit beide Möglichkeiten (s näher § 262 Rz 4).

3 **2. Geltungsbereich.** Die Vorschrift gilt nur bei **Pfändung beweglicher Sachen** und von Früchten auf dem Halm, nicht bei Zwangsvollstr in unbewegliche Sachen und bei Pfändung von Forderungen und Rechten. Dem Dritten steht ein Ablösungsrecht gem § 268 BGB zu (RGZ 146, 317).

4 **3. Umfang des Rechts.** Das Recht der **vorzugsweisen Befriedigung** gibt dem Dritten den Anspruch auf Befriedigung aus dem Reinerlös. Die Verwertung kann der Dritte jedoch nicht verhindern. Der Anspruch auf bevorzugte Befriedigung aus dem Reinerlös besteht unabhängig davon, ob die durch das Pfand- oder Vorzugsrecht gesicherte Forderung fällig ist oder nicht. Die Forderung ist bei mangelnder Fälligkeit aber entspr §§ 1133 S 3, 1127 II 2, 288 I 2 BGB abzuzinsen (*HHSp/Müller-Eiselt* Rz 15).

5 Die Klage auf vorzugsweise Befriedigung ist eine prozessuale **Gestaltungsklage.** Der Tenor des Urteils wird lauten, dass der Dritte vor dem Steuergläubiger aus dem Reinerlös zu befriedigen ist. Zur Frage eines Vorverfahrens und der Zulässigkeit der Klage gilt das Gleiche wie zu § 262 (s dort Rz 7 bis 10).

6 Pfand- und Vorzugsrechte sind die in den §§ 50 und 51 InsO (*TP/Seiler* § 805 Rz 9) aufgeführten Rechte, also insbes alle Vertragspfandrechte, gesetzl Pfandrech-

te und Pfändungspfandrechte. Ferner das kaufmännische Zurückbehaltungsrecht nach §§ 369, 370 HGB. Das Sicherungseigentum ist nicht nach § 293, sondern nach § 262 zu behandeln (sehr str, s § 262 Rz 17).

4. Vorrang. Das Recht auf bevorzugte Befriedigung besteht nur, wenn das Recht vorrangig ist. Zum Rang der Pfand- und Vorzugrechte s § 282 Rz 4.

§ 294 Ungetrennte Früchte

(1) [1] **Früchte, die vom Boden noch nicht getrennt sind, können gepfändet werden, solange sie nicht durch Vollstreckung in das unbewegliche Vermögen in Beschlag genommen worden sind.** [2] **Sie dürfen nicht früher als einen Monat vor der gewöhnlichen Zeit der Reife gepfändet werden.**

(2) **Ein Gläubiger, der ein Recht auf Befriedigung aus dem Grundstück hat, kann der Pfändung nach § 262 widersprechen, wenn nicht für einen Anspruch gepfändet ist, der bei der Vollstreckung in das Grundstück vorgeht.**

1. Inhalt. Die Vorschrift entspricht § 810 ZPO. Sie behandelt eine Ausnahme. 1
Die ungetrennten Früchte, auch **Früchte auf dem Halm** genannt, sind nach §§ 93, 94 BGB wesentliche Bestandsteile des Grundstücks. Sie unterliegen daher an sich nicht der Vollstr in das bewegliche, sondern in das unbewegliche Vermögen nach §§ 322ff. § 294 erweitert die Vollstr in das bewegliche Vermögen auf diese Früchte. Zur Versteigerung s § 304.

Dementsprechend sind die für das bewegliche Vermögen geltenden Vorschriften 2
des § 295 iVm §§ 811ff ZPO über die **Unpfändbarkeit von Sachen** für diese Früchte anwendbar. Im Rahmen des § 294 dürfen daher nicht gepfändet werden: nach § 295 iVm § 811 Nr 2 ZPO Früchte, die als Nahrungsmittel für den VollstrSchuldner, seine Familie und Hausangehörigen für die Dauer von vier Wochen erforderlich sind, ferner nach § 295 iVm § 811 Nr 4 ZPO Früchte, die als landwirtschaftliche Erzeugnisse zur Fortführung der Landwirtschaft des VollstrSchuldners bis zu der Zeit erforderlich sind, zu der gleiche oder ähnliche Erzeugnisse voraussichtlich gewonnen werden können. Letztere Früchte wären auch schon nach § 322 iVm § 865 I 1 ZPO, § 98 Nr 2 BGB als Zubehör des Grundstücks nicht pfändbar.

2. Früchte auf dem Halm. Wie sich aus § 294 I 2 ergibt, werden abweichend 3
von § 99 BGB nur solche Früchte erfasst, die periodisch geerntet werden, zB Ackerfrüchte, Obst, Gras usw, nicht aber Holz, Torf, Steine udgl (allgM, s *TK/Loose* Rz 2; *BLAH/Hartmann* § 810 Rz 3).

3. Voraussetzung der Pfändung. Voraussetzung der Pfändung ist, dass die 4
Früchte nicht durch Vollstr in das **unbewegliche Vermögen** nach §§ 20, 21, 148 ZVG (Zwangsversteigerung oder Zwangsverwaltung) in Beschlag genommen worden sind. Der Verstoß gegen das Pfändungsverbot nach Beschlagnahme macht die Pfändung anfechtbar aber nicht unwirksam (*TK/Loose* Rz 5; aA *Brockmeyer* in der 12. Aufl). Zu beachten ist, dass im Falle der Zwangsversteigerung (anders nach § 148 I ZVG bei der Zwangsverwaltung) bei Pachtverhältnissen an dem Grundstück nach § 21 III ZVG die dem Pächter zustehenden Früchte nicht erfasst werden. Sie können also ggü dem Pächter als VollstrSchuldner trotz Beschlagnahme des Grundstücks gepfändet werden (*TK/Loose* Rz 5).

4. Zeitpunkt der Pfändung. Die Pfändung darf frühestens einen Monat vor 5
gewöhnlicher **Reifezeit** erfolgen. Was gewöhnliche Reifezeit ist, bestimmt sich nach Fruchtart und Durchschnittserfahrung der betr Gegend und Lage. Wird vorzeitig gepfändet, ist die Pfändung anfechtbar. Der Mangel wird aber geheilt, wenn die Pfändung später den zulässigen Zeitpunkt erreicht (*TK/Loose* Rz 3), ohne vorher aufgehoben worden zu sein.

6 **5. Widerspruchsklage.** Abs 2 macht deutlich, dass trotz der Pfändungsmöglichkeit die Früchte weiter im Rahmen des unbeweglichen Vermögens haften. Wer ggü dem Pfändungspfandrecht **vorrangige Rechte** auf Befriedigung aus dem Grundstück hat, kann die Drittwiderspruchsklage nach § 262 erheben. Ein Realgläubiger kann auch das mindere Recht nach § 293 geltend machen (*BLAH/Hartmann* § 810 Rz 9).

7 **6. Recht auf Befriedigung aus dem Grundstück.** Wer ein Recht auf Befriedigung aus dem Grundstück und mit welchem Rang hat, ergibt sich aus **§ 10 ZVG:**

(1) Ein Recht auf Befriedigung aus dem Grundstücke gewähren nach folgender Rangordnung, bei gleichem Range nach dem Verhältnis ihrer Beträge:

1. der Anspruch eines die Zwangsverwaltung betreibenden Gläubigers auf Ersatz seiner Ausgaben zur Erhaltung oder nötigen Verbesserung des Grundstücks, im Falle der Zwangsversteigerung jedoch nur, wenn die Verwaltung bis zum Zuschlage fortdauert und die Ausgaben nicht aus den Nutzungen des Grundstücks erstattet werden können;

1a. im Falle einer Zwangsversteigerung, bei der das Insolvenzverfahren über das Vermögen des Schuldners eröffnet ist, die zur Insolvenzmasse gehörenden Ansprüche auf Ersatz der Kosten der Feststellung der beweglichen Gegenstände, auf die sich die Versteigerung erstreckt; diese Kosten sind nur zu erheben, wenn ein Insolvenzverwalter bestellt ist, und pauschal mit vier vom Hundert des Wertes anzusetzen, der nach § 74a Abs. 5 Satz 2 festgesetzt worden ist;

2. bei Vollstreckung in ein Wohnungseigentum die daraus fälligen Ansprüche auf Zahlung der Beiträge zu den Lasten und Kosten des gemeinschaftlichen Eigentums oder des Sondereigentums, die nach § 16 Abs. 2, § 28 Abs. 2 und 5 des Wohnungseigentumsgesetzes geschuldet werden, einschließlich der Vorschüsse und Rückstellungen sowie der Rückgriffsansprüche einzelner Wohnungseigentümer. Das Vorrecht erfasst die laufenden und die rückständigen Beträge aus dem Jahr der Beschlagnahme und den letzten zwei Jahren. Das Vorrecht einschließlich aller Nebenleistungen ist begrenzt auf Beträge in Höhe von nicht mehr als 5 vom Hundert des nach § 74a Abs. 5 festgesetzten Wertes. Die Anmeldung erfolgt durch die Gemeinschaft der Wohnungseigentümer. Rückgriffsansprüche einzelner Wohnungseigentümer werden von diesen angemeldet;

3. die Ansprüche auf Entrichtung der öffentlichen Lasten des Grundstücks wegen der aus den letzten vier Jahren rückständigen Beträge; wiederkehrende Leistungen, insbesondere Grundsteuern, Zinsen, Zuschläge oder Rentenleistungen, sowie Beträge, die zur allmählichen Tilgung einer Schuld als Zuschlag zu den Zinsen zu entrichten sind, genießen dieses Vorrecht nur für die laufenden Beträge und für die Rückstände aus den letzten zwei Jahren. Untereinander stehen öffentliche Grundstückslasten, gleichviel ob sie auf Bundes- oder Landesrecht beruhen, im Range gleich. Die Vorschriften des § 112 Abs. 1 und der §§ 113 und 116 des Gesetzes über den Lastenausgleich *vom 14. August 1952 (Bundesgesetzbl. I S. 446)*[1)] bleiben unberührt;

4. die Ansprüche aus Rechten an dem Grundstück, soweit sie nicht infolge der Beschlagnahme dem Gläubiger gegenüber unwirksam sind, einschließlich der Ansprüche auf Beträge, die zur allmählichen Tilgung einer Schuld als Zuschlag zu den Zinsen zu entrichten sind; Ansprüche auf wiederkehrende Leistungen, insbesondere Zinsen, Zuschläge, Verwaltungskosten oder Rentenleistungen, genießen das Vorrecht dieser Klasse nur wegen der laufenden und der aus den letzten zwei Jahren rückständigen Beträge;

5. der Anspruch des Gläubigers, soweit er nicht in einer der vorhergehenden Klassen zu befriedigen ist;

6. die Ansprüche der vierten Klasse, soweit sie infolge der Beschlagnahme dem Gläubiger gegenüber unwirksam sind;

7. die Ansprüche der dritten Klasse wegen der älteren Rückstände;

8. die Ansprüche der vierten Klasse wegen der älteren Rückstände.

(2) Das Recht auf Befriedigung aus dem Grundstücke besteht auch für die Kosten der Kündigung und der die Befriedigung aus dem Grundstücke bezweckenden Rechtsverfolgung.

(3) [1] Zur Vollstreckung mit dem Range nach Abs. 1 Nr. 2 müssen die dort genannten Beträge die Höhe des Verzugsbetrages nach § 18 Abs. 2 Nr. 2 des Wohnungseigentumsgesetzes

---

[1)] Jetzt idF der Bek v 2.6.1993 (BGBl I, 845) mit Änderungen.

übersteigen; liegt ein vollstreckbarer Titel vor, so steht § 30 der Abgabenordnung einer Mitteilung des Einheitswerts an die in Absatz 1 Nr. 2 genannten Gläubiger nicht entgegen. [2] Für die Vollstreckung genügt ein Titel, aus dem die Verpflichtung des Schuldners zur Zahlung, die Art und der Bezugszeitraum des Anspruchs sowie seine Fälligkeit zu erkennen sind. [3] Soweit die Art und der Bezugszeitraum des Anspruchs sowie seine Fälligkeit nicht aus dem Titel zu erkennen sind, sind sie in sonst geeigneter Weise glaubhaft zu machen.

§ 295 Unpfändbarkeit von Sachen

[1] Die §§ 811 bis 812 und 813 Abs. 1 bis 3 der Zivilprozessordnung sowie die Beschränkungen und Verbote, die nach anderen gesetzlichen Vorschriften für die Pfändung von Sachen bestehen, gelten entsprechend. [2] An die Stelle des Vollstreckungsgerichts tritt die Vollstreckungsbehörde.

1. Inhalt. Die Vorschrift behandelt die **Unpfändbarkeit** von Sachen. Sie verweist ausdrücklich auf die Vorschriften der §§ 811 bis 813 I bis III ZPO (Rz 7) sowie auf Beschränkungen und Verbote, die nach anderen gesetzlichen Vorschriften für die Pfändung von Sachen bestehen (zB § 836 ZPO Pfändungsbeschränkungen bei Erbschaftsnutzungen; weitere Bsp s *TK/Loose* Rz 5 f.). Ein Pfändungsverbot besteht auch für Sachen, die nicht veräußert werden dürfen (*HHSp/Müller-Eiselt* Rz 94; Abschn 37 VollzA). 1

2. Anwendungsbereich. Die Vorschr gilt nur für die **Vollstreckung wegen Geldforderungen.** Die Vollstreckung wegen Handlungen, Duldungen oder Unterlassungen nach §§ 328 ff oder die Erzwingung von Sicherheiten werden nicht erfasst (*HHSp/Müller-Eiselt* Rz 9). Außerdem muss es sich um die **Pfändung von Sachen** handeln. Die Vorschr findet daher an sich auch keine Anwendung auf die Pfändung von Herausgabeansprüchen nach § 318, da hier die Regelungen über Forderungspfändungen gelten. Es ist jedoch wegen des im § 295 zum Ausdruck kommenden allgemeinen Schutzzwecks mit der hM im Zivilprozessrecht anzunehmen, dass die Sache, um deren Herausgabe es geht, nicht zugunsten des VollstrSchuldners unpfändbar sein darf (BFH BStBl 76, 737; *TP/Seiler* § 847 Rz 2; vgl auch BFH/NV 98, 421). 2

Die Vorschr ist von Amts wegen anzuwenden. Wegen des sozialpolitischen Zwecks der Unpfändbarkeit ist ein **Verzicht** des VollstrSchuldners auf den Pfändungsschutz **unwirksam** (BayObLG NJW 50, 697; OLG Bamberg MDR 81, 50; *TK/Loose* Rz 10; *TP/Seiler* § 811 Rz 5; einschränkend *BLAH/Hartmann* § 811 Rz 5). 3

3. Maßgebender Zeitpunkt. Entscheidend ist nicht, ob die Unpfändbarkeit im Zeitpunkt der Pfändung gegeben ist, sondern ob diese im **Zeitpunkt des Rechtsbehelfs- oder Klageverfahrens** vorliegt, sodass auch spätere Änderungen zu berücksichtigen sind. Die Pfändung ist daher aufzuheben, wenn die Sache später unpfändbar wird (BFH/NV 12, 1936; *HHSp/Müller-Eiselt* Rz 21; *Koenig/Fritsch* Rz 3; *TK/Loose* Rz 11; s. auch *TP/Seiler* § 811 Rz 3a). 4

Umgekehrt kommt eine Aufhebung nicht mehr in Betracht, wenn die Sache zunächst unpfändbar war, der Mangel aber später geheilt worden ist (OLG Ddorf NJW 78, 2603 mwN; *HHSp/Müller-Eiselt* Rz 22; aA OLG Frankfurt NJW 78, 2397). 5

4. Rechtsschutz. In jedem Fall gilt, dass die Pfändung einer unpfändbaren Sache die Pfändung **nicht wirkungslos, sondern** nur mit dem Einspruch **anfechtbar** macht (OLG Ddorf NJW 78, 2603; *Koenig/Fritsch* Rz 49). 6

5. Vorschriften der ZPO, die entsprechend gelten 7

§ 811 ZPO Unpfändbare Sachen

(1) Folgende Sachen sind der Pfändung nicht unterworfen:

1. die dem persönlichen Gebrauch oder dem Haushalt dienenden Sachen, insbesondere Kleidungsstücke, Wäsche, Betten, Haus- und Küchengerät, soweit der Schuldner ihrer zu

einer seiner Berufstätigkeit und seiner Verschuldung angemessenen, bescheidenen Lebens- und Haushaltsführung bedarf; ferner Gartenhäuser, Wohnlauben und ähnliche Wohnzwecken dienende Einrichtungen, die der Zwangsvollstreckung in das bewegliche Vermögen unterliegen und deren der Schuldner oder seine Familie zur ständigen Unterkunft bedarf;
2. die für den Schuldner, seine Familie und seine Hausangehörigen, die ihm im Haushalt helfen, auf vier Wochen erforderlichen Nahrungs-, Feuerungs- und Beleuchtungsmittel oder, soweit für diesen Zeitraum solche Vorräte nicht vorhanden und ihre Beschaffung auf anderem Wege nicht gesichert ist, der zur Beschaffung erforderliche Geldbetrag;
3. Kleintiere in beschränkter Zahl sowie eine Milchkuh oder nach Wahl des Schuldners statt einer solchen insgesamt zwei Schweine, Ziegen oder Schafe, wenn diese Tiere für die Ernährung des Schuldners, seiner Familie oder Hausangehörigen, die ihm im Haushalt, in der Landwirtschaft oder im Gewerbe helfen, erforderlich sind; ferner die zur Fütterung und zur Streu auf vier Wochen erforderlichen Vorräte oder, soweit solche Vorräte nicht vorhanden sind und ihre Beschaffung für diesen Zeitraum auf anderem Wege nicht gesichert ist, der zu ihrer Beschaffung erforderliche Geldbetrag;
4. bei Personen, die Landwirtschaft betreiben, das zum Wirtschaftsbetrieb erforderliche Gerät und Vieh nebst dem nötigen Dünger sowie die landwirtschaftlichen Erzeugnisse, soweit sie zur Sicherung des Unterhalts des Schuldners, seiner Familie und seiner Arbeitnehmer oder zur Fortführung der Wirtschaft bis zur nächsten Ernte gleicher oder ähnlicher Erzeugnisse erforderlich sind;

4a. bei Arbeitnehmern in landwirtschaftlichen Betrieben die ihnen als Vergütung gelieferten Naturalien, soweit der Schuldner ihrer zu seinem und seiner Familie Unterhalt bedarf;

5. bei Personen, die aus ihrer körperlichen oder geistigen Arbeit oder sonstigen persönlichen Leistungen ihren Erwerb ziehen, die zur Fortsetzung dieser Erwerbstätigkeit erforderlichen Gegenstände;
6. bei den Witwen und minderjährigen Erben der unter Nummer 5 bezeichneten Personen, wenn sie die Erwerbstätigkeit für ihre Rechnung durch einen Stellvertreter fortführen, die zur Fortführung dieser Erwerbstätigkeit erforderlichen Gegenstände;
7. Dienstkleidungsstücke sowie Dienstausrüstungsgegenstände, soweit sie zum Gebrauch des Schuldners bestimmt sind, sowie bei Beamten, Geistlichen, Rechtsanwälten, Notaren, Ärzten und Hebammen die zur Ausübung des Berufes erforderlichen Gegenstände einschließlich angemessener Kleidung;
8. bei Personen, die wiederkehrende Einkünfte der in den §§ 850 bis 850b dieses Gesetzes oder der in § 54 Abs. 3 bis 5 des Ersten Buches Sozialgesetzbuch bezeichneten Art oder laufende Kindergeldleistungen beziehen, ein Geldbetrag, der dem der Pfändung nicht unterworfenen Teil der Einkünfte für die Zeit von der Pfändung bis zu dem nächsten Zahlungstermin entspricht;
9. die zum Betrieb einer Apotheke unentbehrlichen Geräte, Gefäße und Waren;
10. die Bücher, die zum Gebrauch des Schuldners und seiner Familie in der Kirche oder Schule oder einer sonstigen Unterrichtsanstalt oder bei der häuslichen Andacht bestimmt sind;
11. die in Gebrauch genommenen Haushaltungs- und Geschäftsbücher, die Familienpapiere sowie die Trauringe, Orden und Ehrenzeichen;
12. künstliche Gliedmaßen, Brillen und andere wegen körperlicher Gebrechen notwendige Hilfsmittel, soweit diese Gegenstände zum Gebrauch des Schuldners und seiner Familie bestimmt sind;
13. die zur unmittelbaren Verwendung für die Bestattung bestimmten Gegenstände.

(2) [1] Eine in Absatz 1 Nr. 1, 4, 5 bis 7 bezeichnete Sache kann gepfändet werden, wenn der Verkäufer wegen einer durch Eigentumsvorbehalt gesicherten Geldforderung aus ihrem Verkauf vollstreckt. [2] Die Vereinbarung des Eigentumsvorbehaltes ist durch Urkunden nachzuweisen.

§ 811a ZPO Austauschpfändung

(1) Die Pfändung einer nach § 811 Abs. 1 Nr. 1, 5 und 6 unpfändbaren Sache kann zugelassen werden, wenn der Gläubiger dem Schuldner vor der Wegnahme der Sache ein Ersatzstück, das dem geschützten Verwendungszweck genügt, oder den zur Beschaffung eines solchen Ersatzstückes erforderlichen Geldbetrag überlässt; ist dem Gläubiger die rechtzeitige Ersatzbeschaffung nicht möglich oder nicht zuzumuten, so kann die Pfändung mit der Maßgabe zugelassen werden, dass dem Schuldner der zur Ersatzbeschaffung erforderliche Geldbetrag aus dem Vollstreckungserlös überlassen wird (Austauschpfändung).

(2) [1] Über die Zulässigkeit der Austauschpfändung entscheidet das Vollstreckungsgericht auf Antrag des Gläubigers durch Beschluss. [2] Das Gericht soll die Austauschpfändung nur zulassen,

wenn sie nach Lage der Verhältnisse angemessen ist, insbesondere wenn zu erwarten ist, dass der Vollstreckungserlös den Wert des Ersatzstückes erheblich übersteigen werde. [3]Das Gericht setzt den Wert eines vom Gläubiger angebotenen Ersatzstückes oder den zur Ersatzbeschaffung erforderlichen Betrag fest. [4]Bei der Austauschpfändung nach Absatz 1 Halbsatz 1 ist der festgesetzte Betrag dem Gläubiger aus dem Vollstreckungserlös zu erstatten; er gehört zu den Kosten der Zwangsvollstreckung.

(3) Der dem Schuldner überlassene Geldbetrag ist unpfändbar.

(4) Bei der Austauschpfändung nach Absatz 1 Halbsatz 2 ist die Wegnahme der gepfändeten Sache erst nach Rechtskraft des Zulassungsbeschlusses zulässig.

§ 811b ZPO Vorläufige Austauschpfändung

(1) [1]Ohne vorgängige Entscheidung des Gerichts ist eine vorläufige Austauschpfändung zulässig, wenn eine Zulassung durch das Gericht zu erwarten ist. [2]Der Gerichtsvollzieher soll die Austauschpfändung nur vornehmen, wenn zu erwarten ist, dass der Vollstreckungserlös den Wert des Ersatzstückes erheblich übersteigen wird.

(2) Die Pfändung ist aufzuheben, wenn der Gläubiger nicht binnen einer Frist von zwei Wochen nach Benachrichtigung von der Pfändung einen Antrag nach § 811a Abs. 2 bei dem Vollstreckungsgericht gestellt hat oder wenn ein solcher Antrag rechtskräftig zurückgewiesen ist.

(3) Bei der Benachrichtigung ist dem Gläubiger unter Hinweis auf die Antragsfrist und die Folgen ihrer Versäumung mitzuteilen, dass die Pfändung als Austauschpfändung erfolgt ist.

(4) Die Übergabe des Ersatzstückes oder des zu seiner Beschaffung erforderlichen Geldbetrages an den Schuldner und die Fortsetzung der Zwangsvollstreckung erfolgen erst nach Erlass des Beschlusses gemäß § 811a Abs. 2 auf Anweisung des Gläubigers. § 811a Abs. 4 gilt entsprechend.

§ 811c ZPO Unpfändbarkeit von Haustieren

(1) Tiere, die im häuslichen Bereich und nicht zu Erwerbszwecken gehalten werden, sind der Pfändung nicht unterworfen.

(2) Auf Antrag des Gläubigers lässt das Vollstreckungsgericht eine Pfändung wegen des hohen Wertes des Tieres zu, wenn die Unpfändbarkeit für den Gläubiger eine Härte bedeuten würde, die auch unter Würdigung der Belange des Tierschutzes und der berechtigten Interessen des Schuldners nicht zu rechtfertigen ist.

§ 811d ZPO Vorwegpfändung

(1) [1]Ist zu erwarten, dass eine Sache demnächst pfändbar wird, so kann sie gepfändet werden, ist aber im Gewahrsam des Schuldners zu belassen. [2]Die Vollstreckung darf erst fortgesetzt werden, wenn die Sache pfändbar geworden ist.

(2) Die Pfändung ist aufzuheben, wenn die Sache nicht binnen eines Jahres pfändbar geworden ist.

§ 812 ZPO Pfändung von Hausrat

Gegenstände, die zum gewöhnlichen Hausrat gehören und im Haushalt des Schuldners gebraucht werden, sollen nicht gepfändet werden, wenn ohne weiteres ersichtlich ist, dass durch ihre Verwertung nur ein Erlös erzielt werden würde, der zu dem Wert außer allem Verhältnis steht.

§ 813 ZPO Schätzung

(1) [1]Die gepfändeten Sachen sollen bei der Pfändung auf ihren gewöhnlichen Verkaufswert geschätzt werden. [2]Die Schätzung des Wertes von Kostbarkeiten soll einem Sachverständigen übertragen werden. [3]In anderen Fällen kann das Vollstreckungsgericht auf Antrag des Gläubigers oder des Schuldners die Schätzung durch einen Sachverständigen anordnen.

(2) [1]Ist die Schätzung des Wertes bei der Pfändung nicht möglich, so soll sie unverzüglich nachgeholt und ihr Ergebnis nachträglich in dem Pfändungsprotokoll vermerkt werden. [2]Werden die Akten des Gerichtsvollziehers elektronisch geführt, so ist das Ergebnis der Schätzung in einem gesonderten elektronischen Dokument zu vermerken. [3]Das Dokument ist mit dem Pfändungsprotokoll untrennbar zu verbinden.

(3) Zur Pfändung von Früchten, die von dem Boden noch nicht getrennt sind, und zur Pfändung von Gegenständen der in § 811 Abs. 1 Nr. 4 bezeichneten Art bei Personen, die Landwirtschaft betreiben, soll ein landwirtschaftlicher Sachverständiger zugezogen werden,

sofern anzunehmen ist, dass der Wert der zu pfändenden Gegenstände den Betrag von 500 Euro übersteigt.

(4) …

§ 296 Verwertung

(1) [1] **Die gepfändeten Sachen sind auf schriftliche Anordnung der Vollstreckungsbehörde öffentlich zu versteigern.** [2] **Eine öffentliche Versteigerung ist**
1. die Versteigerung vor Ort oder
2. die allgemein zugängliche Versteigerung im Internet über die Plattform www.zoll-auktion.de.
[3] **Die Versteigerung erfolgt in der Regel durch den Vollziehungsbeamten.** [4] **§ 292 gilt entsprechend.**

(2) **Bei Pfändung von Geld gilt die Wegnahme als Zahlung des Vollstreckungsschuldners.**

Abs 1 neu gefasst durch G v 30.7.09 (BGBl I, 2474).

1 **1. Inhalt.** Die Vorschrift entspricht im Wesentlichen §§ 814 I und 815 III ZPO. § 814 ZPO stellt neben die öffentliche Versteigerung gepfändeter Sachen vor Ort gleichberechtigt die Versteigerung der Sachen im Internet. § 296 I schafft die entsprechende Regelung für die AO. Jedoch ist nach § 296 I 2 Nr 2 eine Versteigerung durch die VollstrBehörde im Internet nur auf der Zoll-Auktions-Plattform möglich. **Ausnahmen** von dem Gebot der öffentlichen Versteigerung sind in Abs 2 für die Pfändung von Bargeld, in § 300 III 2 bei Unterschreiten des Mindestgebots, in § 302 für Wertpapiere und in § 305 für Namenspapiere geregelt.

§ 296 ist für den Bereich der Bundesfinanzverwaltung durch **verwaltungsinterne Richtlinien** näher konkretisiert worden (VerwertR 77, VSF S 1625). Für die FinVerw sind nähere Regelungen in Abschn 51 ff VollzA enthalten.

2 **2. Anordnung der Versteigerung.** Die öffentliche Versteigerung ist von der VollstrStelle durch schriftlichen **Versteigerungsauftrag** anzuordnen. Bei Verstößen dagegen ist die Verwertung durch Versteigerung unzulässig. Anders als der VollstrAuftrag nach § 285 II ist der Versteigerungsauftrag wegen der Außenwirkung ein **VA** (*HHSp/Müller-Eiselt* Rz 12; *TK/Kruse* Rz 2). Dieser ist gem § 122 dem VollstrSchuldner bekannt zu geben.

3 **3. Öffentliche Versteigerung.** Öffentliche Versteigerung bedeutet sowohl für die Versteigerung vor Ort als auch für die Internetversteigerung einen öffentlichen Verkauf, bei dem das Publikum zur Abgabe von Geboten im gegenseitigen Wettbewerb aufgefordert wird (*HHSp/Müller-Eiselt* Rz 17). Öffentlich ist die Versteigerung nur, wenn **jeder zugelassen** ist, soweit es Raum und Ordnung gestatten (*BLAH/Hartmann* § 814 Rz 5).

4 **4. Rechtsnatur der Versteigerung.** Versteigerung ist die Zwangsübertragung des Eigentums kraft Hoheitsaktes durch den VollzBeamten. Es handelt sich somit nicht um einen Pfandverkauf iSv §§ 1228 ff BGB. Der Ersteher erwirbt Eigentum ungeachtet guten oder bösen Glaubens (hM, s BGHZ 55, 20; *HHSp/Müller-Eiselt* Rz 27). Alle Rechte, die an der Sache bestanden haben, erlöschen. Voraussetzung ist allerdings, dass die Vollstr überhaupt zulässig ist. Die Verwertung darf nicht dauernd oder auf Zeit ausgeschlossen sein und die Pfändung muss wirksam und darf nicht aufgehoben worden sein (RGZ 104, 300; hM, s *HHSp/Müller-Eiselt* Rz 27; *TK/Kruse* Rz 6; *Koenig/Fritsch* Rz 5; *TP/Seiler* § 817 Rz 9; aA *Brockmeyer* in der 12. Aufl).

5 Grundlegend anders ist die Rechtslage, wenn die FinBeh zur Pfandverwertung einen gewerblichen Versteigerer einschaltet. Dazu ist sie grds befugt, da die öffent-

liche Versteigerung nach Abs 1 des § 296 nur idR durch den Vollziehungsbeamten erfolgen soll. Wird eine gepfändete Sache auf Anordnung der VollstrBehörde durch einen privaten, öffentlich bestellten Auktionator versteigert, so vollzieht sich der Eigentumserwerb nach bürgerlich rechtlichen Grundsätzen. Gehört die Pfandsache nicht dem VollstrSchuldner und ist der Erwerber bösgläubig, dann kann er das Eigentum nicht allein durch das Vertrauen auf die Wirksamkeit der Vollstreckung erwerben (BGH WM 92, 1626).

5. Wegnahme von Geld. Abs 2 findet keine Anwendung auf freiwillig an den VollzBeamten gezahltes Geld, sondern setzt voraus, dass das Geld **gegen den Willen des Schuldners** weggenommen wird. Unter Geld iSv Abs 2 sind nur Euro und Cent zu verstehen, da nur dieses Geld unmittelbar der Berichtigung von Forderungen der FinBeh dienen kann. Ausländisches Geld, das nach § 286 ebenfalls wegzunehmen ist (s dort Rz 10), muss nach § 302 verwertet werden (*HHSp/Müller-Eiselt* Rz 38). Briefmarken können entspr § 296 II behandelt werden. 6

Das Geld, das mit Wegnahme nach Abs 2 als Zahlung gilt, geht unmittelbar in das Eigentum des VollstrGläubigers über (*Koenig/Fritsch* Rz 8; aA *TK/Kruse* Rz 11).

6. Rechtsschutz. Bis zur Beendigung der Verwertung kann der VollstrSchuldner gegen die im VollstrVerfahren getroffenen Verwertungsmaßnahmen ebenso wie gegen den Versteigerungsauftrag (s Rz 2) Einspruch einlegen. Unwirksam ist die Versteigerung nur, wenn sie unter wesentlichen Formverstößen wie Versteigerung ohne Versteigerungsauftrag oder unter Verletzung des Grundsatzes der Öffentlichkeit erfolgt ist (s Rz 2 und 3). In diesen Fällen hat der Ersteher kein Eigentum an der Sache erworben. 7

§ 297 Aussetzung der Verwertung

Die Vollstreckungsbehörde kann die Verwertung gepfändeter Sachen unter Anordnung von Zahlungsfristen zeitweilig aussetzen, wenn die alsbaldige Verwertung unbillig wäre.

1. Inhalt. Die Vorschrift behandelt die Aussetzung der Verwertung aus **Billigkeitsgründen.** Es handelt sich um einen Unterfall des § 258. Die VollstrBehörde kann daher auch ohne Anordnung einer Zahlungsfrist die Vollstr nach § 258 einstellen. 1

2. Unbilligkeit der alsbaldigen Verwertung. Die Vorschrift findet nur Anwendung, wenn die **alsbaldige Verwertung** unbillig wäre. Ist eine Verwertung schlechthin unbillig, gilt die Vorschrift nicht. Hier kann aber eine Anwendung des § 258 in Betracht kommen. Problematisch ist, dass nach der Regelung eine alsbaldige Verwertung insbes dann unbillig ist, wenn unverzüglich oder innerhalb der in Aussicht genommenen Zahlungsfrist die Zahlung des Schuldners zu erwarten ist, denn im Falle der Insolvenz des Schuldners droht die Anfechtung der Zahlung nach § 133 InsO (BGH NJW-RR 17, 107). 2

3. Anordnung einer Zahlungsfrist. Die VollstrBehörde muss bei der zeitweiligen Aussetzung eine Zahlungsfrist anordnen. Die Anordnung hat zwar stundungsartigen Charakter. Da es sich der Sache nach aber nicht um eine Stundung, sondern um einen VollstrAufschub nach § 258 handelt, fallen nicht Zinsen nach §§ 234, 237, sondern Säumniszuschläge nach § 240 an. 3

4. Rechtsschutz. Vorläufiger gerichtlicher Rechtsschutz kann entsprechend § 258 nur über den Antrag auf Erlass einer einstweiligen Anordnung (§ 114 FGO) erreicht werden (BFH BStBl 85, 194; BFH/NV 91, 393; 00, 588; vgl § 258 Rz 11). Ansonsten ist gegen die Ablehnung des VollstrAufschubs Einspruch (§ 347) und Klage beim FG gegeben. 4

§ 298 Versteigerung

(1) **Die gepfändeten Sachen dürfen nicht vor Ablauf einer Woche seit dem Tag der Pfändung versteigert werden, sofern sich nicht der Vollstreckungsschuldner mit einer früheren Versteigerung einverstanden erklärt oder diese erforderlich ist, um die Gefahr einer beträchtlichen Wertverringerung abzuwenden oder unverhältnismäßige Kosten längerer Aufbewahrung zu vermeiden.**

(2) [1] **Zeit und Ort der Versteigerung sind öffentlich bekannt zu machen; dabei sind die Sachen, die versteigert werden sollen, im Allgemeinen zu bezeichnen.** [2] **Auf Ersuchen der Vollstreckungsbehörde hat ein Gemeindebediensteter oder ein Polizeibeamter der Versteigerung beizuwohnen.** [3] **Die Sätze 1 und 2 gelten nicht für eine Versteigerung nach § 296 Absatz 1 Satz 2 Nummer 2.**

(3) **§ 1239 Absatz 1 Satz 1 des Bürgerlichen Gesetzbuchs gilt entsprechend; bei der Versteigerung vor Ort (§ 296 Absatz 1 Satz 2 Nummer 1) ist auch § 1239 Absatz 2 des Bürgerlichen Gesetzbuchs entsprechend anzuwenden.**

Abs 2 S 3 angefügt und Abs 3 neu gefasst durch G v 30.7.09 (BGBl I, 2747).

1 **1. Inhalt.** Die Vorschrift regelt **Einzelheiten** der Versteigerung gepfändeter Sachen. Der Zuschlag wird allerdings erst in § 299 behandelt. In der ZPO entspricht § 816 I, II, IV der Regelung.

2 **2. Wochenfrist.** Die Wochenfrist ist eine **Schutzfrist** für den VollstrSchuldner. Er soll Gelegenheit haben, die Versteigerung abzuwenden und seine Schuld freiwillig zu begleichen. Aber auch Dritten soll Gelegenheit gegeben werden, etwaige Rechte nach §§ 262, 293 wahrzunehmen.

Die Wochenfrist kann nur durch die Ausnahme nach Abs 1 abgekürzt werden. Es muss entweder das Einverständnis des VollstrSchuldners gegeben sein oder die **Abkürzung** muss **erforderlich** sein, um die Gefahr einer beträchtlichen Wertminderung abzuwenden oder unverhältnismäßige Kosten längerer Aufbewahrung zu vermeiden. Abkürzung ist erforderlich, wenn zB **Verderb der Sache** zu befürchten ist oder wenn aufgrund der Aufbewahrung hohe Aufbewahrungskosten oder Fütterungskosten entstehen.

3 **3. Öffentliche Bekanntmachung.** Eine öffentliche Bekanntmachung muss jeder öffentlichen Versteigerung vorausgehen. Ziel der öffentlichen Bekanntmachung ist es, dass möglichst viele Bieter erscheinen. Je nach Art der Pfandsachen und dem zu erwartenden Interesse können Anschlag am Dienstgebäude oder Inserat in Tages- oder Fachzeitungen zweckmäßig sein. Der Ort der Versteigerung ist nicht wie in § 816 II ZPO vorgeschrieben, sondern liegt im Ermessen der VollstrBehörde. Dies gilt nach § 299 II 3 nicht für die Versteigerung im Internet.

4 **4. Folgen von Verstößen.** Die Nichteinhaltung der Wochenfrist macht die Versteigerung nicht unwirksam, aber **anfechtbar.** Nach Abschluss der Verwertung werden Rechtsbehelfe allerdings gegenstandslos. Es können aber Ansprüche wegen Amtspflichtverletzung nach § 839 BGB, Art 34 GG in Betracht kommen (*HHSp/Müller-Eiselt* Rz 32).

5 Wird die Versteigerung vor Ort jedoch nicht öffentlich bekannt gemacht, ist sie wegen eines schweren Verfahrensverstoßes unwirksam (s § 296 Rz 2 bis 4; ebenso *HHSp/Müller-Eiselt* Rz 33; *TP/Seiler* § 816 Rz 5; aA *TK/Loose* Rz 8; *BLAH/Hartmann* § 816 Rz 12, die Anfechtbarkeit und Amtspflichtverletzung annehmen).

6 **5. Mitbietungsrecht der Beteiligten.** Der **Pfandgläubiger** und der **Eigentümer** können bei der Versteigerung nach Abs 3 iVm § 1239 I 1 BGB mitbieten. Die für die Versteigerung vor Ort geltende Einschränkung nach § 1239 II BGB, wonach das Gebot des Eigentümers (oder auch des Schuldners, wenn das Pfand für

eine fremde Schuld haftet) zurückgewiesen werden kann, wenn nicht der Betrag bar hinterlegt wird, passt nicht auf die nunmehr gleichgestellte Internetversteigerung. Diese Einschränkung gilt daher nach dem neu gefassten Abs 3 des § 298 für die Internetversteigerung nicht. Ersteht der Eigentümer bei der Versteigerung vor Ort oder bei der Internetversteigerung die Sache, so hält er die ihm schon gehörende Pfandsache lastenfrei (s § 296 Rz 4 und 5).

§ 299 Zuschlag

(1) [1]**Bei der Versteigerung vor Ort (§ 296 Absatz 1 Satz 2 Nummer 1) soll dem Zuschlag an den Meistbietenden ein dreimaliger Aufruf vorausgehen.** [2]**Bei einer Versteigerung im Internet (§ 296 Absatz 1 Satz 2 Nummer 2) ist der Zuschlag der Person erteilt, die am Ende der Versteigerung das höchste Gebot abgegeben hat, es sei denn, die Versteigerung wird vorzeitig abgebrochen; sie ist von dem Zuschlag zu benachrichtigen.** [3]**§ 156 des Bürgerlichen Gesetzbuchs gilt entsprechend.**

(2) [1]**Die Aushändigung einer zugeschlagenen Sache darf nur gegen bare Zahlung geschehen.** [2]**Bei einer Versteigerung im Internet darf die zugeschlagene Sache auch ausgehändigt werden, wenn die Zahlung auf dem Konto der Finanzbehörde gutgeschrieben ist.** [3]**Wird die zugeschlagene Sache übersandt, so gilt die Aushändigung mit der Übergabe an die zur Ausführung der Versendung bestimmte Person als bewirkt.**

(3) [1]**Hat der Meistbietende nicht zu der in den Versteigerungsbedingungen bestimmten Zeit oder in Ermangelung einer solchen Bestimmung nicht vor dem Schluss des Versteigerungstermins die Aushändigung gegen Zahlung des Kaufgeldes verlangt, so wird die Sache anderweitig versteigert.** [2]**Der Meistbietende wird zu einem weiteren Gebot nicht zugelassen; er haftet für den Ausfall, auf den Mehrerlös hat er keinen Anspruch.**

(4) [1]**Wird der Zuschlag dem Gläubiger erteilt, so ist dieser von der Verpflichtung zur baren Zahlung so weit befreit, als der Erlös nach Abzug der Kosten der Vollstreckung zu seiner Befriedigung zu verwenden ist.** [2]**Soweit der Gläubiger von der Verpflichtung zur baren Zahlung befreit ist, gilt der Betrag als von dem Schuldner an den Gläubiger gezahlt.**

Abs 1 neu gefasst, Abs 2 S 2 bis 4 angefügt durch G v 30.7.09 (BGBl I, 2474); Abs 2 S 1 (vom Gesetzgeber versehentlich doppelt eingefügt) aufgehoben, bish S 2 bis 4 werden S 1 bis 3 durch JStG 2010 v 8.12.10 (BGBl I, 1768).

1. Inhalt. Die Vorschrift regelt, wie die Pfandsache im Rahmen der Versteige- 1
rung **veräußert** wird. Dabei sind zwei Vorgänge zu unterscheiden, einmal der **Zuschlag,** der im Zivilrecht dem schuldrechtlichen Vertrag bzw dessen Zustandekommen vergleichbar ist, zum andern die **Aushändigung,** der im Zivilrecht die dingliche Eigentumsübertragung aufgrund des schuldrechtlichen Vertrags entspricht (Rz 6). Diese Parallelen zum Zivilrecht dürfen aber nicht zu dem Schluss verleiten, dass die Veräußerung im Rahmen der Versteigerung privatrechtl zu beurteilen sei. Die gesamte Veräußerung hat vielmehr **öffentlich-rechtlichen Charakter** (hM, s *BLAH/Hartmann* § 817 Rz 1).

Während bei der Versteigerung vor Ort der Zuschlag eine besondere Handlung (Erklärung) des Versteigerers zur Annahme des Gebots des höchsten Bieters erfordert, passt dies für die in § 296 I 2 Nr 2 zugelassene Internetversteigerung nicht. Wenn die Versteigerung nicht vorzeitig abgebrochen wird, ist hier nach § 299 I 2 der Zuschlag automatisch derjenigen Person erteilt, die am Ende der Versteigerung das höchste Gebot abgegeben hat. Diese Person ist dann nur noch von dem Zuschlag zu benachrichtigen. Für diese Benachrichtigung ist keine besondere Form vorgeschrieben; sie kann also zB auch durch E-Mail erfolgen.

2 **2. Anwendung des § 156 BGB.** Für das Zustandekommen des **öffentlich-rechtlichen Vertrags** verweist die Vorschrift auf § 156 BGB. Danach kommt bei einer Versteigerung „der Vertrag erst durch den Zuschlag zustande. Ein Gebot erlischt, wenn ein Überangebot abgegeben oder die Versteigerung ohne Erteilung des Zuschlags geschlossen wird."

3 Bei Versteigerungen gelten als **Vertragsantrag** die auf die Aufforderung des Versteigererers abgegebenen **Gebote,** als **Vertragsannahme** der **Zuschlag;** der Bieter hat daher keinen Anspruch auf den Zuschlag. Die Bindung an den Antrag durch das Gebot besteht bis zur Abgabe eines höheren Gebotes oder bis zum Schluss der Versteigerung. Wichtig für die Versteigerung sind die gesetzlichen und etwaige weitere Versteigerungsbedingungen, die der VollzBeamte nach Abschn 54 I VollzA nach Eröffnung des Versteigerungstermins bekannt zu geben hat (s zu den Versteigerungsbedingungen auch Abschn 53 VollzA). Die Beteiligten können abweichende Regelungen vereinbaren. Das geschieht idR dadurch, dass der Versteigerer solche feststellt und die Bieter durch die Tatsache des Mitbietens sich einverstanden erklären. Von den gesetzl Versteigerungsbedingungen darf der VollzBeamte jedoch nur hinsichtlich der Entrichtung des beim Zuschlag genannten Betrags (zB Einräumung einer Zahlungsfrist) und mit vorheriger Zustimmung der VollstrStelle abweichen (Abschn 54 II VollzA). Anhand der Rechtslage im bürgerlichen Recht lassen sich die in § 299 verwendeten zentralen Begriffe des Zuschlags und des Gebots näher bestimmen.

4 **3. Zuschlag.** Der Zuschlag ist die **Annahme** des Meistgebotes und führt zu dem Vertrag, der öffentlich-rechtlichen Charakter hat. Er kommt zwischen Staat und Meistbietendem zustande. Zum Zuschlag bei der Internetversteigerung s Rz 1.

5 **4. Meistgebot.** Das Meistgebot ist eine Prozesshandlung, **und zwar** das höchste abgegebene Gebot. Es gibt kein Recht auf Zuschlag (vgl *TP/Seiler* § 817 Rz 4).

6 **5. Eigentumsübergang.** Die Vorschrift des § 299 weist für den Eigentumsübergang anders als für den zu Grunde liegenden Vertrag nicht auf die entspr Vorschriften des BGB hin. Die §§ 929 ff BGB gelten daher nicht. Der **Eigentumsübergang** tritt allein **aufgrund der ordnungsmäßigen Aushändigung** der versteigerten Sache ein. Voraussetzung ist dabei bei der Versteigerung vor Ort, dass die Barzahlung geleistet worden ist und dass die Versteigerung nicht unter schweren Formfehlern (zB keine Öffentlichkeit) erfolgt ist (s § 296 Rz 2 bis 4, § 298 Rz 5).

Aushändigung ist bei der Versteigerung vor Ort die reale Übergabe der Sache. Es bestehen allerdings keine Bedenken, § 931 BGB ausnahmsweise dann entspr anzuwenden, wenn sich die Sache nicht am Ort der Versteigerung befindet. Hier muss die Übertragung des mittelbaren Besitzes genügen (*HHSp/Müller-Eiselt* Rz 18 mwN).

Bei der Interversteigerung gilt nach § 299 II 3 mit der Aushändigung an die zur Ausführung der Versendung bestimmte Person die Aushändigung als bewirkt. Es handelt sich um eine Schickschuld iSd BGB. Voraussetzung für die Aushändigung ist hier nach Abs 2 S 2, dass die Zahlung auf dem Konto der Finanzbehörde gutgeschrieben worden ist.

7 **6. Fehlen der Zahlungsbereitschaft des Meistbietenden.** Bei mangelnder Zahlungsbereitschaft des Meistbietenden kommt es nach Abs 3 nicht zur Aushändigung der Sache. Er wird auch anders als beim schuldrechtlichen Vertrag nicht am Vertrag festgehalten, sondern die Sache wird anderweitig versteigert. Der Meistbietende **haftet** aber **auf Ausfall,** auf den Mehrerlös hat er keinen Anspruch.

8 **7. Zuschlag an Vollstreckungsgläubiger.** Die Vorschrift des Abs 4, die die Ersteigerung durch den VollstrGläubiger betrifft, dürfte keine große Bedeutung

haben, weil die VollstrBehörde wohl kaum mitbieten wird. Eine Anwendung kommt allerdings in Betracht, wenn ein anderer Gläubiger nach § 308 II die Vollstr betreibt. Handelt es sich um einen Gläubiger, der die Vollstr nach den Regeln der ZPO betreibt, gilt nach § 817 IV das Gleiche.

§ 300 Mindestgebot

(1) [1] **Der Zuschlag darf nur auf ein Gebot erteilt werden, das mindestens die Hälfte des gewöhnlichen Verkaufswerts der Sache erreicht (Mindestgebot).** [2] **Der gewöhnliche Verkaufswert und das Mindestgebot sollen bei dem Ausbieten bekannt gegeben werden.**

(2) [1] **Wird der Zuschlag nicht erteilt, weil ein das Mindestgebot erreichendes Gebot nicht abgegeben worden ist, so bleibt das Pfandrecht bestehen.** [2] **Die Vollstreckungsbehörde kann jederzeit einen neuen Versteigerungstermin bestimmen oder eine anderweitige Verwertung der gepfändeten Sachen nach § 305 anordnen.** [3] **Wird die anderweitige Verwertung angeordnet, so gilt Absatz 1 entsprechend.**

(3) [1] **Gold- und Silbersachen dürfen auch nicht unter ihrem Gold- oder Silberwert zugeschlagen werden.** [2] **Wird ein den Zuschlag gestattendes Gebot nicht abgegeben, so können die Sachen auf Anordnung der Vollstreckungsbehörde aus freier Hand verkauft werden.** [3] **Der Verkaufspreis darf den Gold- oder Silberwert und die Hälfte des gewöhnlichen Verkaufswerts nicht unterschreiten.**

1. Inhalt. Die Vorschrift nennt zwei Werte, die bei der Veräußerung im Wege der Vollstr nicht unterschritten werden dürfen, und zwar die Hälfte des gewöhnlichen Verkaufswerts der Sache (Mindestgebot) und bei Gold- und Silbersachen zusätzlich der Gold- und Silberwert. Sie entspricht vollinhaltlich § 817a ZPO. 1

2. Mindestgebot. Das Mindestgebot ist in Abs 1 **legal definiert.** Gewöhnlicher Verkaufswert ist der Preis, der bei freiem Verkauf erfahrungsgemäß erzielt wird, wobei die allgemeinen wirtschaftlichen, örtlichen und zeitlichen Verhältnisse zu berücksichtigen sind. Der gewöhnliche Verkaufswert ist nach § 295 iVm § 813 ZPO schon bei der Pfändung der Sache zu schätzen. Zur Zuziehung von Sachverständigen s § 813 I 2 und III ZPO (abgedruckt unter § 295 Rz 7). Die Zuziehung eines Sachverständigen sollte überhaupt immer dann erfolgen, wenn es sich um wertvolle oder schwer zu bewertende Sachen handelt (s Abschn 51 V S 2 VollzA). Gegebenenfalls ist der Börsenmarktpreis anzusetzen. Gläubiger und Schuldner können geringeres Gebot vereinbaren (aA OLG Mchn NJW 59, 1832; wie hier *TP/Seiler* § 817a Rz 1). Es müssen aber auch etwaige andere Pfandgläubiger zustimmen. 2

3. Neuer Versteigerungstermin. Wird ein Mindestgebot nicht erreicht, darf der Zuschlag nicht erteilt werden. Das **Pfandrecht bleibt** bestehen. Es kann jederzeit ein neuer Versteigerungstermin auch an einem anderen Ort angesetzt werden, um weitere Verwertungsversuche zu machen. Es kann aber auch eine anderweitige Verwertung der gepfändeten Sachen nach § 305 angeordnet werden. Jedoch darf auch bei dem neuen Termin oder der anderweitigen Verwertung das Mindestgebot nicht unterschritten werden. Lässt sich auch bei einem weiteren Verwertungsversuch das Mindestgebot nicht erreichen, kann der VollstrSchuldner **mittels Einspruch** die **Aufhebung der Pfändung** verlangen (*HHSp/Müller-Eiselt* Rz 16). 3

4. Verstöße. Verstöße gegen die Vorschrift berühren die Wirksamkeit von Zuschlag und Ablieferung grds nicht. Sie können aber **Schadensersatzforderungen** nach § 839 BGB auslösen (vgl *TP/Seiler* § 817a Rz 3; vgl auch OLG Ddorf NJW- 4

RR 92, 1245). Anders ist es nur, wenn der VollzBeamte den Zuschlag unter dem Mindestgebot erteilt, obwohl der VollstrSchuldner dazu nicht sein Einverständnis erklärt hat. Dann erlangt der Ersteigerer kein Eigentum (*HHSp/Müller-Eiselt* Rz 10; *BLAH/Hartmann* § 817a Rz 6; str).

§ 301 Einstellung der Versteigerung

(1) **Die Versteigerung wird eingestellt, sobald der Erlös zur Deckung der beizutreibenden Beträge einschließlich der Kosten der Vollstreckung ausreicht.**

(2) [1] **Die Empfangnahme des Erlöses durch den versteigernden Beamten gilt als Zahlung des Vollstreckungsschuldners, es sei denn, dass der Erlös hinterlegt wird (§ 308 Abs. 4).** [2] **Als Zahlung im Sinne von Satz 1 gilt bei einer Versteigerung im Internet auch der Eingang des Erlöses auf dem Konto der Finanzbehörde.**

Abs 2 S 2 angefügt durch G v 30.7.09 (BGBl I, 2474).

1 **1. Inhalt.** Die Vorschrift regelt die **Einstellung** der Versteigerung nach Deckung der beizutreibenden Beträge und der Kosten. Sie entspricht §§ 818, 819 ZPO.

2 **2. Einstellung der Versteigerung (Abs 1).** Die Vorschrift setzt eine **Mehrheit** von zu versteigernden **Sachen** voraus. Der Erlös muss auch die Ansprüche von Gläubigern decken, die im Anschluss gepfändet haben (§ 307). Das gilt aber nur für diejenigen Anschlusspfandgläubiger, für die die Wochenfrist nach § 298 I nach der Anschlusspfändung abgelaufen ist.

3 **3. Erlös (Abs 2). Erlösempfang** durch den VollstrBeamten gilt als **Zahlung** des VollstrSchuldners. Der Staat wird Eigentümer des Geldes bei Ablieferung an den VollstrBeamten, nicht erst, wenn dieser das Geld an der Kasse abgeliefert hat (ebenso *HHSp/Müller-Eiselt* Rz 16; aA *TK/Loose* Rz 2). Anders als beim Pfandrecht im Zivilprozessrecht ist das Pfandrecht im StRecht mit der Zahlung des Erlöses an den VollstrBeamten erloschen. Es setzt sich an dem Erlös nicht fort. Nach Abs 2 S 2 ist bei einer Internetversteigerung der Pfandsache die Zahlung erfolgt, wenn diese auf dem Konto der Finanzbehörde gutgeschrieben worden ist.

4 **4. Hinterlegung des Erlöses.** Bei Hinterlegung des Erlöses nach § 308 IV gilt die Zahlung des VollstrSchuldners erst zu dem Zeitpunkt und in der Höhe als erfolgt, zu dem die VollstrBehörde einen Betrag aus dem Verteilungsverfahren erhält.

§ 302 Wertpapiere

Gepfändete Wertpapiere, die einen Börsen- oder Marktpreis haben, sind aus freier Hand zum Tageskurs zu verkaufen; andere Wertpapiere sind nach den allgemeinen Vorschriften zu versteigern.

1 **1. Inhalt.** Die Vorschrift enthält Besonderheiten der Verwertung gepfändeter Wertpapiere, die einen Börsen- oder Marktpreis haben. Sie entspricht § 821 ZPO.

2 **2. Begriff Wertpapiere.** Wertpapiere iSv § 302 sind nur solche, bei denen das **Recht aus dem Papier** dem **Recht am Papier** folgt (dh, das Recht nur durch Vorlage einer Urkunde ausgeübt werden kann), insbes Aktien, Investmentanteile, Immobilienzertifikate, Inhaberschuldverschreibungen, Pfandbriefe, Kommunalobligationen, ferner andere Banknoten als Euro, auch auf den Inhaber lautende Grund- und Rentenschuldbriefe. Keine Wertpapiere sind Sparkassenbücher, Hypothekenbriefe, Schuldscheine; diese sind Legitimationspapiere. Für sie kommt zwar eine Hilfspfändung in Betracht. Entscheidend ist hier aber die Forderungs-

pfändung nach § 309. Nicht unter § 302 fallen ferner Wechsel und andere durch Indossament übertragbare Papiere, die nach § 312 im Wege der Forderungspfändung gepfändet werden. Für sonstige Namenspapiere gilt § 302. Zu beachten ist bei Namenspapieren aber § 303.

3. Börsen- und Marktpreis. Wertpapiere mit Börsen- und Marktpreis sind zum Tageskurs zu verkaufen. **Bezahlnotiz** ist maßgebend, nicht Geld- oder Briefnotiz. Die Wochenfrist des § 298 I gilt beim freihändigen Verkauf nicht (*HHSp/Müller-Eiselt* Rz 23). 3

4. Papiere ohne Börsen- und Marktpreis. Das sind nicht an Börsen notierte Wertpapiere, Inhabergrundschuldbriefe und Lotterielose. Papiere ohne Börsen- und Marktpreis sind wie bewegliche Sachen zu versteigern oder nach § 305 zu verwerten (*TK/Loose* Rz 5). 4

§ 303 Namenspapiere

Lautet ein gepfändetes Wertpapier auf einen Namen, so ist die Vollstreckungsbehörde berechtigt, die Umschreibung auf den Namen des Käufers oder, wenn es sich um ein auf einen Namen umgeschriebenes Inhaberpapier handelt, die Rückverwandlung in ein Inhaberpapier zu erwirken und die hierzu erforderlichen Erklärungen an Stelle des Vollstreckungsschuldners abzugeben.

1. Inhalt. Die Vorschrift ermächtigt die VollstrBehörde, die für die Übertragung gepfändeter Namenspapiere erforderlichen Handlungen vorzunehmen. Sie entspricht den §§ 822 und 823 ZPO. Nicht unter die Vorschrift fallen Namenspapiere über Forderungen, die nach § 312 gepfändet werden. 1

2. Bedeutung. Die **Umschreibung** der auf den Namen lautenden Papiere ist für die Übertragung erforderlich, weil das verbriefte Recht demjenigen zusteht, dessen Name auf dem Papier angegeben ist. Die Übergabe des Papiers allein genügt nicht. Die VollstrBehörde setzt bei Übertragung von Namenspapieren das Indossament oder die Abtretungserklärung auf das Papier oder auf eine mit diesem verbundene Anlage. Bei Namensaktien hat die VollstrStelle nach Maßgabe des § 67 III AktG die Umschreibung im Aktienregister bewirken zu lassen und sodann das mit dem Vermerk der Umschreibung versehene Papier dem Ersteigerer oder dem Käufer auszuhändigen. 2

3. Rückverwandlung in Inhaberpapier. Die in § 303 2. Alt vorgesehene Möglichkeit, das Namenspapier in ein Inhaberpapier rückzuverwandeln, ist durch die Abschaffung des § 24 AktG zum 1.1.2015 obsolet geworden. Der Gesetzgeber hat die Regelung aufgehoben, da von dieser kaum Gebrauch gemacht wurde (RegBegr BR-Drs 22/15, 16). Jedoch bleiben nach der Übergangsvorschrift des § 26h II EGAktG für den Fall, dass die Satzung einer Gesellschaft einen Umwandlungsanspruch gem § 24 AktG in der bis zum 30.12.2015 geltenden Fassung vorsieht, diese Satzungsbestimmung weiter wirksam (*Bürgers/Körber/Lohse* AktG § 24 Rz 2). Insoweit findet § 303 2. HS für Altfälle weiter Anwendung. Sollte der Aussteller des Papiers jedoch die Rückverwandlung verweigern, muss die VollstrBehörde diesen vor den ordentlichen Gerichten auf Umwandlung verklagen. Sie sollte daher auch in Altfällen den praktikableren Weg der Umschreibung des Namenspapiers nach § 303 1. Alt beschreiten. 3

§ 304 Versteigerung ungetrennter Früchte

[1] Gepfändete Früchte, die vom Boden noch nicht getrennt sind, dürfen erst nach der Reife versteigert werden. [2] Der Vollziehungsbeamte hat sie abernten zu lassen, wenn er sie nicht vor der Trennung versteigert.

1 **1. Inhalt.** Die Vorschrift entspricht § 824 ZPO. Sie ist im Zusammenhang mit § 294 zu sehen. Die nach § 294 gepfändeten Früchte dürfen vor oder nach der Ernte, aber nicht vor der Reife versteigert werden.

2 **2. Bedeutung.** Es soll die vorzeitige Verwertung der Früchte vor der Reife verhindert werden. Reife ist **tatsächliche Reife.** Der Ersteher erwirbt Eigentum mit Barzahlung und Übergabeerklärung, abweichend von § 93 BGB. Die Früchte werden **nach der Pfändung wie bewegliche Sachen** behandelt (*BLAH/Hartmann* § 824 Rz 4). Sie verlieren bis zur Trennung aber nicht wirklich ihren Charakter als wesentliche Bestandteile des Grundstücks. Eine nach der Pfändung oder sogar nach der Eigentumsübertragung erfolgende Beschlagnahme durch Zwangsversteigerung oder Zwangsverwaltung geht daher, außer beim Pächter (§ 294 Rz 4), vor (*TP/Seiler* § 824 Rz 4). Der neue Eigentümer kann dann die Früchte nicht mehr ernten. Er kann aber sein Eigentum nach § 37 Nr 4 ZVG anmelden und notfalls im Wege der Drittwiderspruchsklage nach § 771 ZPO geltend machen.

§ 305 Besondere Verwertung

Auf Antrag des Vollstreckungsschuldners oder aus besonderen Zweckmäßigkeitsgründen kann die Vollstreckungsbehörde anordnen, dass eine gepfändete Sache in anderer Weise oder an einem anderen Ort, als in den vorstehenden Paragraphen bestimmt ist, zu verwerten oder durch eine andere Person als den Vollziehungsbeamten zu versteigern sei.

1 **1. Inhalt.** Die Vorschrift entspricht § 825 ZPO. Regelfall der Verwertung ist nach §§ 296 ff die Versteigerung. Jedoch lassen §§ 300 III 2 und 302 auch eine Verwertung durch freihändigen Verkauf vor. § 305 lässt allgemein aus Zweckmäßigkeitsgründen eine andere Art der Verwertung als die Versteigerung zu. Dadurch soll gewährleistet werden, dass ein möglichst hoher Erlös erzielt wird.

2 **2. Voraussetzung der anderweitigen Verwertung.** Erforderlich sind ein Antrag des VollstrSchuldners oder besondere Zweckmäßigkeitsgründe. Zudem muss die VollstrBehörde die besondere Verwertung anordnen. Der VollstrSchuldner hat **keinen Rechtsanspruch** auf anderweitige Verwertung, sondern nur auf eine fehlerfreie Ermessenentscheidung (*HHSp/Müller-Eiselt* Rz 7; *TK/Loose* Rz 9). Entscheidet die VollstrBehörde von sich aus, gilt § 91. Die Entscheidung der VollstrBehörde kann mit dem **Einspruch** angegriffen werden.

3 **3. Inhalt der Anordnung.** Die VollstrBehörde kann die Verwertung der Sache in **anderer Weise** (freihändiger Verkauf) oder an einem **anderen Ort** oder durch eine andere Person als den VollzBeamten anordnen. Die Verwertung durch eine andere Person (etwa einen Kunstauktionator) kann zweckmäßig sein, wenn es sich um Kunstgegenstände handelt. Ein anderer Ort für die Verwertung kann zweckmäßig sein, wenn zB Landmaschinen in einem Industrieort oder Industriemaschinen auf dem Lande oder Kunstgegenstände in dörflicher Umgebung versteigert werden. Da § 298 anders als § 816 II ZPO ohnehin keinen Versteigerungsort vorschreibt (s § 298 Rz 3), handelt es sich insoweit nur um eine Klarstellung.

4 **4. Rechtsnatur der Verwertung.** Übereignet der **VollzBeamte,** ist der Vertrag öff-rechtl Natur (vgl FG Thür BeckRS 1996, 12780), übereignet (auch mittels Versteigerung) eine **andere (Privat-)person,** so ist Vertrag privat-rechtl (vgl BGHZ 119, 75; *TP/Seiler* § 825 Rz 11 und *TK/Loose* Rz 7). Es gilt aber § 283, dh Gewährleistungsrechte sind ausgeschlossen.

§ 306 Vollstreckung in Ersatzteile von Luftfahrzeugen

(1) **Für die Vollstreckung in Ersatzteile, auf die sich ein Registerpfandrecht an einem Luftfahrzeug nach § 71 des Gesetzes über Rechte an Luftfahrzeugen**

erstreckt, gilt § 100 des Gesetzes über Rechte an Luftfahrzeugen; an die Stelle des Gerichtsvollziehers tritt der Vollziehungsbeamte.

(2) **Absatz 1 gilt für die Vollstreckung in Ersatzteile, auf die sich das Recht an einem ausländischen Luftfahrzeug erstreckt, mit der Maßgabe, dass die Vorschriften des § 106 Abs. 1 Nr. 2 und Abs. 4 des Gesetzes über Rechte an Luftfahrzeugen zu berücksichtigen sind.**

1. Inhalt. Die Vorschrift, für die es keine vergleichbare Vorschrift in der ZPO gibt, berücksichtigt die vollstreckungsrechtlichen Sondervorschriften des Gesetzes über die Rechte an Luftfahrzeugen (LuftFzgG) v 26.2.1959 (BGBl I, 57), zuletzt geändert durch Gesetz v. 31.8.2015 (BGBl I, 1474). 1

2. Bedeutung. Zu verstehen ist die Vorschrift im Zusammenhang mit § 322 I 1, wonach in die Luftfahrzeugrolle eingetragene Luftfahrzeuge oder nach Löschung in der Luftfahrzeugrolle noch im Register für Pfandrechte an Luftfahrzeugen eingetragene Luftfahrzeuge der **Vollstr in das unbewegliche Vermögen** unterliegen. Daraus folgt, dass sich das Registerpfandrecht (§ 1 LuftFzgG) nach § 322 I 2 iVm § 865 I ZPO wie eine Hypothek ua auf Bestandteile und Zubehör des Luftfahrzeugs erstreckt. Das Registerpfandrecht kann nach § 68 LuftFzgG auf Ersatzteile erweitert werden, die in das Eigentum des Luftfahrzeugeigentümers gelangt sind und in einem bestimmten Ersatzteillager im In- oder Ausland lagern. Nach § 322 I 2 iVm § 865 II ZPO (vgl auch § 294) kann trotzdem in die vom Registerpfandrecht erfassten Ersatzteile wie in das bewegliche Vermögen vollstreckt werden, solange sie nicht aufgrund der Vollstr in das unbewegliche Vermögen beschlagnahmt worden sind. 2

3. Sondervorschrift für die Verwertung. Für diese Vollstr in die Ersatzteile nach den Vorschriften für die Vollstreckung in das bewegliche Vermögen gelten nach § 306 besondere Vorschriften (für inl Flugzeuge § 100 LuftFzgG, für ausl Flugzeuge § 106 I und IV LuftFzgG). Sie beziehen sich insbes auf die Festsetzung des Mindestgebots und die Verteilung des Erlöses. Zuständig für die danach vorzunehmende Festsetzung des Mindestgebots ist nicht die VollstrBehörde, sondern das VollstrGericht, und zwar das für den Sitz des Luftfahrtbundesamtes zuständige Amtsgericht Braunschweig (*HHSp/Müller-Eiselt* Rz 10). 3

§ 307 Anschlusspfändung

(1) [1] **Zur Pfändung bereits gepfändeter Sachen genügt die in die Niederschrift aufzunehmende Erklärung des Vollziehungsbeamten, dass er die Sache für die zu bezeichnende Forderung pfändet.** [2] **Dem Vollstreckungsschuldner ist die weitere Pfändung mitzuteilen.**

(2) [1] **Ist die erste Pfändung für eine andere Vollstreckungsbehörde oder durch einen Gerichtsvollzieher erfolgt, so ist dieser Vollstreckungsbehörde oder dem Gerichtsvollzieher eine Abschrift der Niederschrift zu übersenden.** [2] **Die gleiche Pflicht hat ein Gerichtsvollzieher, der eine Sache pfändet, die bereits im Auftrag einer Vollstreckungsbehörde gepfändet ist.**

1. Inhalt. Die Vorschrift entspricht im Wesentlichen § 826 ZPO. Sie behandelt die nochmalige Pfändung einer bereits gepfändeten Sache wegen einer anderen Forderung als bei der vorhergehenden Pfändung. Die VollstrGläubiger von Erst- und Anschlusspfändung können gleich oder verschieden sein. Es muss sich aber immer um denselben VollstrSchuldner handeln (LG Berlin DGVZ 83, 93). **Zu unterscheiden** davon ist die **Nachpfändung,** bei der wegen derselben Forderung andere Sachen bei dem VollstrSchuldner gepfändet werden, weil die erste Pfändung unwirksam oder unzureichend war. Nicht unter die Vorschrift fallen 1 auch die Fälle der **Mehrpfändung** des § 308 V, in denen eine Sache für verschiedene Gläubiger gleichzeitig gepfändet wird.

2 **2. Durchführung der Anschlusspfändung.** Für die Anschlusspfändung bedarf es anders als nach § 286 **nicht** der **Inbesitznahme durch** den **VollzBeamten** oder der Anbringung eines Pfandsiegels. Es genügt die Erklärung der Pfändung in der Niederschrift nach § 291. Die in Abs 1 S 2 und Abs 2 vorgeschriebenen Anzeigen und Mitteilungen berühren die Wirksamkeit der Anschlusspfändung nicht. Entscheidend ist aber, dass es sich wirklich um eine Anschlusspfändung und nicht um eine Erstpfändung handelt. Das ist nur der Fall, wenn die vorausgegangene Pfändung zum Zeitpunkt der Anschlusspfändung wirksam ist. Da auch bei einer Anschlusspfändung statt des vereinfachten Verfahrens eine normale Pfändung nach § 287 zulässig ist, empfiehlt es sich in zweifelhaften Fällen, eine normale Pfändung vorzunehmen (Abschn 47 III VollzA; *TK/Loose* Rz 4; *BLAH/Hartmann* § 826 Rz 5).

3 Das **Verbot der Überpfändung gilt** bei der Anschlusspfändung **nicht.** Befindet sich die Sache im Gewahrsam eines Dritten, braucht dieser anders als nach § 286 IV nicht herausgabebereit zu sein, da sein Besitz durch die Anschlusspfändung nicht berührt wird (*BLAH/Hartmann* § 826 Rz 4; aA *TK/Loose* Rz 8; *TP/Seiler* § 826 Rz 2).

4 **3. Begriff der Anschlusspfändung.** Die Anschlusspfändung ist die Pfändung einer bereits gegen den gleichen Schuldner gepfändeten Sache. Sie gibt ein **selbständiges Pfandrecht** dem Range nach dem vorherigen Pfandrecht. Auch die Anschlusspfändung gibt dem Steuergläubiger ein Verwertungsrecht. Die Zuständigkeit für die Versteigerung, auch für die etwaige anderweitige Verwertung nach §§ 300 III 2, 302 oder 305 liegt aber allein bei dem Erstpfändenden. Der Erstpfändende muss die Verwertung betreiben, wenn dies der Anschlusspfändende verlangt (s § 308 Rz 4). Fällt die erste Pfändung weg, tritt die Anschlusspfändung an deren Stelle.

5 **4. Verständigung der Beteiligten.** Für die Übersendung von Abschriften der Pfändungsniederschrift an andere VollstrBehörden oder Gerichtsvollzieher, die frühere Pfändungen vorgenommen haben, ist die förmliche Zustellung nicht vorgeschrieben. Es kann jeweils der angemessene Weg der Übersendung von Abschriften der Niederschrift gewählt werden. Verstöße gegen die Verständigungspflicht führen nicht zur Unwirksamkeit der Anschlusspfändung (Rz 2). Das Unterlassen der Verständigung kann aber eine Amtspflichtverletzung sein, da die Anschlusspfändung bei der Verwertung unberücksichtigt bleibt, wenn der Verwertende davon nichts weiß (*TK/Loose* Rz 10).

§ 308 Verwertung bei mehrfacher Pfändung

(1) **Wird dieselbe Sache mehrfach durch Vollziehungsbeamte oder durch Vollziehungsbeamte und Gerichtsvollzieher gepfändet, so begründet ausschließlich die erste Pfändung die Zuständigkeit zur Versteigerung.**

(2) **Betreibt ein Gläubiger die Versteigerung, so wird für alle beteiligten Gläubiger versteigert.**

(3) **Der Erlös wird nach der Reihenfolge der Pfändungen oder nach abweichender Vereinbarung der beteiligten Gläubiger verteilt.**

(4) [1]**Reicht der Erlös zur Deckung der Forderungen nicht aus und verlangt ein Gläubiger, für den die zweite oder eine spätere Pfändung erfolgt ist, ohne Zustimmung der übrigen beteiligten Gläubiger eine andere Verteilung als nach der Reihenfolge der Pfändungen, so ist die Sachlage unter Hinterlegung des Erlöses dem Amtsgericht, in dessen Bezirk gepfändet ist, anzuzeigen.**

[2]Der Anzeige sind die Schriftstücke, die sich auf das Verfahren beziehen, beizufügen. [3]Für das Verteilungsverfahren gelten die §§ 873 bis 882 der Zivilprozessordnung.

(5) **Wird für verschiedene Gläubiger gleichzeitig gepfändet, so finden die Vorschriften der Absätze 2 bis 4 mit der Maßgabe Anwendung, dass der Erlös nach dem Verhältnis der Forderungen verteilt wird.**

1. Inhalt. Die Vorschrift behandelt die Verwertung in den Fällen von **Anschlusspfändungen** und **Mehrpfändungen** (zu den Begriffen s § 307 Rz 1). Sie entspricht und ergänzt § 827 ZPO. Geregelt wird nicht nur das Zusammentreffen verschiedener Gläubiger in VerwaltungsvollstrVerfahren, sondern auch das Zusammentreffen von Vollstreckungen nach der AO und der ZPO. Sie ergänzt insofern die ZPO, die keine solche Regelung enthält, sondern sich nur mit dem Zusammentreffen mehrerer Pfändungen nach der ZPO befasst. 1

2. Zuständige Vollstreckungsbehörde. Zuständig für den Zeitraum nach der Pfändung bis zum Abschluss der Verwertung ist gesetzlich der VollzBeamte oder Gerichtsvollzieher, der dieselbe mehrfach gepfändete Sache als **Erster** gepfändet hat. Es sind nicht nur VollzBeamte der FinBeh, sondern auch VollzBeamte der Gemeinden und anderer öff-rechtl Körperschaften und Anstalten gemeint. 2

Die beteiligten VollstrBehörden und Gerichtsvollzieher können sich über die Zuständigkeit **einigen.** Es ist dann aber die Zustimmung aller Gläubiger und des Schuldners erforderlich (*TK/Loose* Rz 2; *BLAH/Hartmann* § 827 Rz 5). 3

3. Betreiben der Versteigerung. Jeder der beteiligten Gläubiger kann die Zwangsvollstr betreiben, dh, er kann die zuständige VollstrBehörde oder den Gerichtsvollzieher, die die Erstpfändung vorgenommen haben, zur Versteigerung oder anderweitigen Verwertung zwingen. Der Erstpfändende der die Versteigerung oder anderweitige Verwertung durchführen muss, kann sich nicht darauf berufen, dass er Stundung gewährt oder die Vollziehung ausgesetzt hat (*TK/Loose* Rz 3). Nach § 308 II hat er für alle beteiligten Gläubiger zu verwerten. Beteiligt sind dabei nur Pfändungspfandgläubiger. Gläubiger, die andere Rechte, auch vertragliche Pfandrechte, an der Sache haben, müssen ihr Recht nach §§ 262, 293 bzw §§ 771, 805 ZPO verfolgen. 4

Bei gleichzeitigen Mehrfachpfändungen von verschiedenen VollzBeamten oder Gerichtsvollziehern (s unten Rz 6) besteht keine Zuständigkeitsregelung für die Versteigerung. Es kann also jeder der beteiligten VollzBeamten und Gerichtsvollzieher die Versteigerung durchführen, sodass letztlich derjenige zuständig ist, der zuerst mit der Verwertung beginnt, sofern es nicht zu einer Einigung über die Zuständigkeit kommt (Rz 3). 5

4. Erlös der Verwertung. Sind für die Forderungen der beteiligten Gläubiger mehrere Sachen gepfändet worden, so darf die Versteigerung erst eingestellt werden, **wenn die Forderungen aller Gläubiger** gedeckt sind. Reicht dazu der Erlös aller gepfändeten Sachen nicht aus oder ist nur eine Sache gepfändet worden, deren Versteigerungserlös nicht ausreicht, so ist zu unterscheiden zwischen den Fällen der Anschlusspfändungen und der Mehrpfändungen. Bei Anschlusspfändungen wird der Erlös nach Abs 3 nach der Reihenfolge der Pfändungen und bei Mehrpfändungen gem Abs 5 nach dem Verhältnis der Forderungen verteilt. Mehrpfändungen kommen in Betracht, wenn der VollzBeamte bei Amtshilfe die Forderungen mehrerer VollstrGläubiger pfändet oder mit einem Gerichtsvollzieher gleichzeitig bei einem VollstrSchuldner zur Pfändung eintrifft. Die VollstrGläubiger können sich über eine von Abs 3 und 5 abweichende Verteilung einigen. Zuständig für die Verteilung ist immer die VollstrBehörde und nicht der VollzBeamte. 6

5. Kosten der Versteigerung. Die Versteigerungskosten betreffen alle Gläubiger und sind deshalb **vorweg** abzuziehen. Die den einzelnen Gläubigern entstan- 7 denen Kosten der Zwangsvollstr teilen den Rang der Forderung des jeweiligen Gläubigers. Bei Streit über die Verteilung greift das Verfahren der ZPO ein. Das Amtsgericht, in dessen Bezirk gepfändet worden ist, hat die Verteilung unter entspr Anwendung der §§ 873 bis 878 ZPO vorzunehmen.

8 **6. Entsprechend anzuwendende Vorschriften der ZPO**

§ 873 ZPO Aufforderung des Verteilungsgerichts

Das zuständige Amtsgericht (§§ 827, 853, 854) hat nach Eingang der Anzeige über die Sachlage an jeden der beteiligten Gläubiger die Aufforderung zu erlassen, binnen zwei Wochen eine Berechnung der Forderung an Kapital, Zinsen, Kosten und sonstigen Nebenforderungen einzureichen.

§ 874 ZPO Teilungsplan

(1) Nach Ablauf der zweiwöchigen Fristen wird von dem Gericht ein Teilungsplan angefertigt.

(2) Der Betrag der Kosten des Verfahrens ist von dem Bestand der Masse vorweg in Abzug zu bringen.

(3) Die Forderung eines Gläubigers, der bis zur Anfertigung des Teilungsplanes der an ihn gerichteten Aufforderung nicht nachgekommen ist, wird nach der Anzeige und deren Unterlagen berechnet. Eine nachträgliche Ergänzung der Forderung findet nicht statt.

§ 875 ZPO Terminsbestimmung

(1) [1] Das Gericht hat zur Erklärung über den Teilungsplan sowie zur Ausführung der Verteilung einen Termin zu bestimmen. [2] Der Teilungsplan muss spätestens drei Tage vor dem Termin auf der Geschäftsstelle zur Einsicht der Beteiligten niedergelegt werden.

(2) Die Ladung des Schuldners zu dem Termin ist nicht erforderlich, wenn sie durch Zustellung im Ausland oder durch öffentliche Zustellung erfolgen müsste.

§ 876 ZPO Termin zur Erklärung und Ausführung

[1] Wird in dem Termin ein Widerspruch gegen den Plan nicht erhoben, so ist dieser zur Ausführung zu bringen. Erfolgt ein Widerspruch, so hat sich jeder dabei beteiligte Gläubiger sofort zu erklären. [2] Wird der Widerspruch von den Beteiligten als begründet anerkannt oder kommt anderweitig eine Einigung zustande, so ist der Plan demgemäß zu berichtigen. [3] Wenn ein Widerspruch sich nicht erledigt, so wird der Plan insoweit ausgeführt, als er durch den Widerspruch nicht betroffen wird.

§ 877 ZPO Säumnisfolgen

(1) Gegen einen Gläubiger, der in dem Termin weder erschienen ist noch vor dem Termin bei dem Gericht Widerspruch erhoben hat, wird angenommen, dass er mit der Ausführung des Planes einverstanden sei.

(2) Ist ein in dem Termin nicht erschienener Gläubiger bei dem Widerspruch beteiligt, den ein anderer Gläubiger erhoben hat, so wird angenommen, dass er diesen Widerspruch nicht als begründet anerkenne.

§ 878 ZPO Widerspruchsklage

(1) [1] Der widersprechende Gläubiger muss ohne vorherige Aufforderung binnen einer Frist von einem Monat, die mit dem Terminstag beginnt, dem Gericht nachweisen, dass er gegen die beteiligten Gläubiger Klage erhoben habe. [2] Nach fruchtlosem Ablauf dieser Frist wird die Ausführung des Planes ohne Rücksicht auf den Widerspruch angeordnet.

(2) Die Befugnis des Gläubigers, der dem Plan widersprochen hat, ein besseres Recht gegen den Gläubiger, der einen Geldbetrag nach dem Plan erhalten hat, im Wege der Klage geltend zu machen, wird durch die Versäumung der Frist und durch die Ausführung des Planes nicht ausgeschlossen.

§ 879 ZPO Zuständigkeit für die Widerspruchsklage

(1) Die Klage ist bei dem Verteilungsgericht und, wenn der Streitgegenstand zur Zuständigkeit der Amtsgerichte nicht gehört, bei dem Landgericht zu erheben, in dessen Bezirk das Verteilungsgericht seinen Sitz hat.

(2) Das Landgericht ist für sämtliche Klagen zuständig, wenn seine Zuständigkeit nach dem Inhalt der erhobenen und in dem Termin nicht zur Erledigung gelangten Widersprüche auch

nur bei einer Klage begründet ist, sofern nicht die sämtlichen beteiligten Gläubiger vereinbaren, dass das Verteilungsgericht über alle Widersprüche entscheiden solle.

§ 880 ZPO Inhalt des Urteils

[1] In dem Urteil, durch das über einen erhobenen Widerspruch entschieden wird, ist zugleich zu bestimmen, an welche Gläubiger und in welchen Beträgen der streitige Teil der Masse auszuzahlen sei. [2] Wird dies nicht für angemessen erachtet, so ist die Anfertigung eines neuen Planes und ein anderweites Verteilungsverfahren in dem Urteil anzuordnen.

§ 881 ZPO Versäumnisurteil

Das Versäumnisurteil gegen einen widersprechenden Gläubiger ist dahin zu erlassen, dass der Widerspruch als zurückgenommen anzusehen sei.

§ 882 ZPO Verfahren nach dem Urteil

Auf Grund des erlassenen Urteils wird die Auszahlung oder das anderweite Verteilungsverfahren von dem Verteilungsgericht angeordnet.

III. Vollstreckung in Forderungen und andere Vermögensrechte

§ 309 Pfändung einer Geldforderung

(1) [1] **Soll eine Geldforderung gepfändet werden, so hat die Vollstreckungsbehörde dem Drittschuldner schriftlich zu verbieten, an den Vollstreckungsschuldner zu zahlen, und dem Vollstreckungsschuldner schriftlich zu gebieten, sich jeder Verfügung über die Forderung, insbesondere ihrer Einziehung, zu enthalten (Pfändungsverfügung).** [2] **Die elektronische Form ist ausgeschlossen.**

(2) [1] **Die Pfändung ist bewirkt, wenn die Pfändungsverfügung dem Drittschuldner zugestellt ist.** [2] **Die an den Drittschuldner zuzustellende Pfändungsverfügung soll den beizutreibenden Geldbetrag nur in einer Summe, ohne Angabe der Steuerarten und der Zeiträume, für die er geschuldet wird, bezeichnen.** [3] **Die Zustellung ist dem Vollstreckungsschuldner mitzuteilen.**

(3) [1] **Bei Pfändung des Guthabens eines Kontos des Vollstreckungsschuldners bei einem Kreditinstitut gelten die §§ 833a und 850l der Zivilprozessordnung entsprechend.** [2] **§ 850l der Zivilprozessordnung gilt mit der Maßgabe, dass Anträge bei dem nach § 828 Abs. 2 der Zivilprozessordnung zuständigen Vollstreckungsgericht zu stellen sind.**

Abs 3 angefügt mWv 1.7.2010 und neu gefasst mWv 1.1.2012 durch Art 4 und Art 7 des G v 7.7.09 (BGBl I, 1707).

Übersicht

1. Inhalt. Die Vorschrift betrifft die Pfändung einer Geldforderung. Die **Einziehung der Forderung** wird in **§ 314** gesondert behandelt. Die Unterschei- 1 dung zwischen Pfändungsverfügung und Einziehungsverfügung entspricht der Regelung in der ZPO (vgl dort § 829 und § 835). Regelmäßig aber werden beide Verfügungen miteinander verbunden werden (vgl § 314 II).

Das Verfahren der Pfändung von Geldforderungen ist iÜ eng an die betr Vorschriften der ZPO angelehnt. Eine Vorpfändung wie nach § 845 ZPO gibt es allerdings nicht.

Zum am 1.7.2010 in Kraft getretenen **Gesetz zur Reform des Kontopfändungsschutzes** v. 7.7.2009 (BGBl I, 1707), das am 31.12.2011 außer Kraft getreten ist, s 13. Aufl.

2 **2. Begriff der Pfändung.** Die Pfändung ist ein **VA** (s näher § 281 Rz 3).

3 **3. Anwendungsbereich.** Die Vorschrift gilt für die Pfändung von **Geldforderungen.** Die Geldforderung kann auch auf andere Währung als Euro lauten, weil im Zweifel anzunehmen ist, dass die Forderung nicht auf Verschaffung ausl Geldsorten (dann gilt § 318), sondern auf Zahlung eines in anderer Währung als Euro berechneten Geldbetrags gerichtet ist (*Münzberg* in *Stein/Jonas* ZPO, 22. Aufl, Vor § 704 Rz 161). Hat der Drittschuldner allerdings seinen Wohnsitz oder Aufenthalt im Ausland, gilt die Regelung des § 9 VwZG über die Zustellung von VA im Ausland (vgl auch § 122 Rz 97). Wohnt der VollstrSchuldner im Ausland, der Drittschuldner dagegen im Inland, ist die Pfändung ohne Weiteres möglich (*TK/Loose* Rz 31).

4 **Nicht** unter die Vorschrift fallen **Geldforderungen, die** der **Vollstr in das unbewegliche Vermögen unterliegen.** Das sind nach § 1123 BGB Miet- und Pachtzinsforderungen für ein Grundstück, das mit einer Hypothek belastet ist. § 309 bleibt aber auch bei solchen Forderungen anwendbar, solange sie nicht zugunsten des Hypothekengläubigers in Beschlag genommen worden sind (§ 1124 II BGB). Die Beschlagnahme zugunsten des Hypothekengläubigers kann im Wege der Liegenschaftsvollstr (Anordnung der Zwangsverwaltung) oder durch Pfändung der Forderung geschehen (*Palandt/Bassenge* BGB, § 1123 Rz 3).

5 Für hypothekarisch gesicherte Geldforderungen und für Forderungen aus indossablen Wertpapieren gibt es Sondervorschr in den §§ 310 bis 312. Entspr gilt § 309 bei der Pfändung des Anspruchs auf Herausgabe von Sachen (§ 318) und bei der Vollstr in andere Vermögensrechte (§ 321).

6 Anders als bei der Pfändung von beweglichen Sachen (§ 307) gibt es für die Vollstr in Forderungen keine besonderen Vorschriften über die Anschlusspfändung. Sie erfolgt daher ebenfalls nach § 309 (*BLAH/Hartmann* § 829 Rz 43). Der Rang richtet sich gem § 282 III nach dem Zeitvorrang.

7 **4. Zuständigkeit.** Während bei der Pfändung von Sachen der VollzBeamte, dem die Pfändung obliegt, idR nur innerhalb seines FinBeh-Bezirks tätig werden darf und die VollstrBehörde daher bei außerhalb des Bezirks gelegenen Sachen nach § 250 um Amtshilfe ersuchen muss, bestehen bei der Pfändung von Forderungen solche Schranken nicht. Die Pfändung erfolgt durch die nach § 249 I 3 sachlich zuständige und nach §§ 17 ff örtlich zuständige VollstrBehörde. Das ist idR die FinBeh, die den **VA** über die zu vollstreckende Geldforderung erlassen hat, nach § 19 bei Steuern vom Einkommen oder vom Vermögen natürlicher Personen das **FA am Wohnsitz des VollstrSchuldners.**

8 **5. Pfändbarkeit.** Pfändbar ist jede Geldforderung, die besteht, wenn auch noch bedingt, befristet oder von einer Gegenleistung abhängig, es sei denn, es besteht ein Pfändungsverbot nach § 319 oder es ergibt sich aus sonstigen Gründen eine Unpfändbarkeit. Zu den Einzelheiten der Pfändungsverbote zB auch zu der Pfändbarkeit von **Sozialleistungsansprüchen** s Erläut zu § 319. Über die Fälle des § 319 hinaus können Forderungen von Eheleuten gegen den Ehepartner unpfändbar sein (FG Nds EFG 89, 389 zur Unpfändbarkeit des Ausgleichsanspruchs

bei Zusammenveranlagung). Besteht kein Pfändungsverbot, ist nach Auffassung des BFH die **Rechtmäßigkeit** einer Pfändungs- und Überweisungsverfügung nicht von der Klärung der Frage abhängig, ob die Forderung besteht (BFH BStBl 84, 740; BFH/NV 98, 1447) oder ob sie dem VollstrSchuldner zusteht (BFH/NV 86, 478) oder etwa abgetreten ist (BFH/NV 88, 344). Diese Auffassung ändert nichts daran, dass die Pfändung in solchen Fällen ins Leere geht und somit wirkungslos bleibt (BGH DB 86, 1717; 87, 778; NJW 88, 495; NJW-RR 90, 178; FG Köln EFG 05, 496; s auch unten Rz 17). Auch **künftige Forderungen** sind pfändbar, wenn und soweit sie bestimmt oder bestimmbar sind (Rz 17 ff). Unerheblich ist, ob die Höhe der Forderung noch ungewiss oder unbestimmt ist oder ob noch unklar ist, ob eine Forderung überhaupt entstehen wird (BFH BStBl 91, 869). Das Pfändungspfandrecht entsteht dann mit der späteren Entstehung der Forderung (s Rz 27). Zwischen VollstrSchuldner und Drittschuldner muss nur schon eine Rechtsbeziehung bestehen, aus der die künftige Forderung nach Art und Person des Drittschuldners bestimmt werden kann (BGHZ 53, 32; BGH NJW 03, 3774; BFH BStBl 91, 869; *BLAH/Hartmann* § 829 Rz 4 und 5). Die Pfändung der künftigen **Vergütung eines Arbeitnehmers** gilt daher nur für ein aktuell bestehendes Arbeitsverhältnis. Wird dieses beendet, entfällt auch die Wirkung des Pfändungs- und Überweisungsbeschlusses. Ein später zwischen denselben Arbeitsvertragsparteien neu abgeschlossener Arbeitsvertrag lässt für die darauf beruhenden Vergütungsansprüche den alten Pfändungs- und Überweisungsbeschluss nur dann wiederaufleben, wenn beide Arbeitsverhältnisse in einem inneren Zusammenhang stehen (BAG DStR 93, 1343). Dieser Zusammenhang wird durch § 313 III dahin konkretisiert, dass sich die Pfändung auf die Forderung aus dem neuen Arbeits- oder Dienstverhältnis erstreckt, wenn der Arbeitsvertrag zwischen denselben Arbeitsvertragsparteien innerhalb von neun Monaten neu abgeschlossen wird, nachdem das Arbeitsverhältnis geendet hat.

Kontokorrentguthaben (s §§ 355 ff HGB) werden mit dem bei Zustellung der 9
Pfändungsverfügung zu ziehenden Saldo erfasst (§ 357 HGB). Das Wesen der Kontokorrentabrede besteht nämlich darin, dass die in die laufende Rechnung aufgenommenen beiderseitigen Ansprüche und Leistungen am Tage des periodischen Rechnungsabschlusses durch Anerkennung des Saldos als Einzelforderungen untergehen; übrig bleibt alsdann nur ein Anspruch aus dem Saldoanerkenntnis, der als neue, auf einem selbständigen Verpflichtungsgrund beruhende, vom früheren Schuldgrund losgelöste Forderung an die Stelle der bisherigen Einzelforderungen tritt (sog **Zustellungssaldo**) (BGHZ 50, 279; 80, 172). Die Einzelforderungen sind als reine Rechnungsposten kontokurrentgebunden und damit nicht pfändbar (BFH BStBl 84, 419; BGHZ 80, 172; 84, 325, 371; BGH DB 85, 1018). Die Pfändung des Guthabens aus einem Kontokorrentverhältnis erstreckt sich nicht ohne Weiteres auch auf künftige Rechnungsabschlüsse. Auch der **künftige Saldo** ist zwar pfändbar, die Pfändung muss aber gesondert ausgesprochen werden. Sie richtet sich auch nicht nach § 357 HGB, sondern nach den allgemeinen Vorschriften über die Pfändung und Überweisung von Geldforderungen. Die Pfändung erfasst dann das sich beim nächsten vertraglichen Abschluss ergebende Guthaben (BGHZ 50, 279; 80, 172). Die Pfändung braucht sich nicht auf den ersten künftigen Habensaldo zu beschränken, sondern kann auch auf weitere künftige Habensalden erstreckt werden (vgl BGH NJW 82, 2192; FG RhPf EFG 80, 534 mwN). Bei der Pfändung der künftigen Kontokorrentguthaben verstößt der VollstrSchuldner nicht gegen das Verfügungsverbot, wenn er das Kontokorrentkonto zwischen den Rechnungsabschlüssen auch weiterhin mit Wirkung für den künftigen Saldo belastet.

Zur **Pfändung des Guthabens** eines Kontos des VollstrSchuldners **bei einem** 10
Kreditinstitut trifft Abs 3 durch Verweisung auf § 833a ZPO und § 850l ZPO eine eingehende Regelung (Rz 18).

Auch **Anderkonten** des VollstrSchuldners können gepfändet werden. Dem 12
Dritten bleibt dann der Weg des § 262 (*TP/Seiler* § 829 Rz 41, vgl auch § 262

Rz 16). Nicht pfändbar ist allerdings die bloße Verfügungsberechtigung über ein fremdes Konto aufgrund Bankvollmacht (FG Hess EFG 98, 531).

13 Bei **Kreditzusagen** einer Bank kann der Anspruch auf Auszahlung der Darlehensvaluta gegen die Bank gepfändet werden (*BLAH/Hartmann* Grdz § 704 Rz 69 und 90). Es muss aber eine konkrete Zusage vorliegen. Die Pfändung der Ansprüche auf Auszahlung bezieht sich nicht auf das Kontokorrentkonto oder ein anderes Konto des VollstrSchuldners und die daraus herrührenden Ansprüche gegen die Bank, sondern auf die Kreditzusage und die sich daraus ergebenden Kreditauszahlungsansprüche. Die Pfändung darf jedoch nicht einer bestimmten Zweckbindung des Darlehens iSv § 399 BGB widersprechen. Handelt es sich um einen Kredit für den Betrieb des VollstrSchuldners, wird idR nur die allgemeine Zweckbindung bestehen, dass der Kredit im Betrieb des VollstrSchuldners verwendet wird. Die Auszahlungsansprüche können dann wegen Betriebssteuern (zB LSt, USt), nicht aber wegen persönlicher Steuerrückstände (zB ESt, KiSt) gepfändet werden.

Str ist, ob auch die Kreditlinie beim sog **Dispositionskredit** (offene Kreditlinie) pfändbar ist (bejahend zB BGHZ 147, 193; BGH BFH/NV Beil 04, 329; OLG Köln ZIP 83, 810; ablehnend ua OLG Schleswig NJW 92, 579). Die bloße Duldung von Überziehungen ohne Zusagen begründet keine pfändbaren Forderungen (BGHZ 93, 315; 147, 193; differenzierend *Fritzsche* DStR 02, 265). Da es beim Abruf dieses Kredits um ein persönliches Gestaltungsrecht des Schuldners geht, entsteht das Pfandrecht erst nach Abruf des Dispos durch den Schuldner (BGH BFH/NV Beil 04, 325 und 329; vgl auch *TP/Seiler* § 829 Rz 49; BGHZ 147, 193; für allgemeine Pfändbarkeit eines privaten Dispositionskredites *Carl* DStR 88, 765). Das Abrufrecht des Dispositionskredites ist nicht pfändbar (BGH BFH/NV 04, 329; *Fritzsche* DStR 02, 265).

14 Pfändbar nach § 309 ist auch das **Sparguthaben.** Die Pfändung des Sparbuchs ist hierfür nicht erforderlich, aber auch nicht ausreichend. Sie geschieht allerdings meist zusätzlich im Wege der Hilfspfändung (s § 302 Rz 2). Für die Pfändung von Postbanksparguthaben gelten seit Außerkrafttreten des PostG aF mit Ablauf des 31.12.1997 keine Besonderheiten mehr. Sie werden wie normale Sparguthaben gepfändet. Pfändbar nach § 309 sind schließlich **Versicherungsansprüche** (zu beachten aber § 319 iVm §§ 850 III, 850b Nr 4; vgl FG Saarl EFG 01, 189) und ferner **Ansprüche gegen die öffentliche Hand.** Dazu gehören Steuererstattungsansprüche (vgl BFH BStBl 99, 439), die jedoch von der VollstrBehörde meistens mit den zu vollstreckenden Steueransprüchen aufgerechnet werden können (zu den Bestimmtheitsanforderungen bei Pfändungsverfügungen über Steuererstattungsansprüche s Erläut zu § 46).

16 Wie bei allen VollstrMaßnahmen ist auch bei der Forderungspfändung der **Verhältnismäßigkeitsgrundsatz** zu beachten (s Vor § 249 Rz 6). Eine sofortige Pfändung in ein Geschäfts- oder Privatkonto ist aber idR noch nicht unverhältnismäßig (*Rolletschke* DStZ 00, 287; einschränkend FG Brdbg EFG 98, 1450, 1451; 99, 62). Es muss aber immer ein Anhalt bestehen, das die Pfändung zu einem Erfolg der Befriedigung der Forderungen der FinBeh führen kann (näher Rz 20).

17 **6. Geldforderung des VollstrSchuldners.** Die Geldforderungen müssen dem VollstrSchuldner zustehen. Das ist grundlegend anders als bei der Sachpfändung, bei der nach § 286 nur Gewahrsam des VollstrSchuldners erforderlich ist. Eine Pfändung einer dem VollstrSchuldner nicht zustehenden Forderung geht ins Leere und ist daher (bis auf die Rechtsfolge des § 316) wirkungslos (s oben Rz 8).

18 **7. Regelung für Konten bei einem Kreditinstitut.** Der durch das Gesetz zur Reform des Kontopfändungsschutzes (s oben Rz 1) angefügte Abs 3 regelt durch die Verweisung auf § 833a und § 850l ZPO den Umfang der Pfändung eines Bankkontos. Danach umfasst die Pfändung des Kontos bei einem Kreditinstitut das am Tag der Zustellung des Pfändungsbeschlusses bei dem Kreditinstitut

bestehende Guthaben sowie die Tagesguthaben der auf die Pfändung folgenden Tage (s dazu Rz 38 f). Die Anordnung der Unpfändbarkeit des Kontos kommt ab 2012 nur noch bei Führung eines **Pfändungsschutzkontos** gem § 850l ZPO in Betracht (s dazu Rz 42).

8. Durchführung. Es ergeht eine schriftliche **Pfändungsverfügung.** Die in dem neuen § 87a IV für schriftlich zu erlassende VA auch zugelassene elektronische Form ist durch den neuen S 2 des § 309 I 2 ausdrücklich ausgeschlossen. Für die schriftliche Pfändungsverfügung ist Folgendes vorgeschrieben: 19

- **genaue Bezeichnung der gepfändeten Forderung.** Die Forderung muss in dem Pfändungsbeschluss so genau bezeichnet werden, dass ihre Identität eindeutig festgestellt werden kann (BGH NJW 83, 886; 88, 2544; BFH BStBl 90, 35; 99, 439; BFH/NV 98, 1447). Es muss auch für Dritte erkennbar sein, welche Forderung des VollstrSchuldners gegen den Drittschuldner Gegenstand der Pfändung sein soll. Deshalb muss der Rechtsgrund der gepfändeten Forderung wenigstens **in allgemeinen Umrissen** angegeben sein (BGH NJW 83, 886 mwN; BFH BStBl 90, 35; 99, 439; BFH/NV 98, 421, 1447). Welche Anforderungen jeweils zu stellen sind, hängt von den Verhältnissen des Einzelfalls ab (BFH/NV 98, 421). Übermäßige Anforderungen sind allerdings bei der Bezeichnung der Forderung, die gepfändet werden soll, nicht zu stellen, weil die VollstrBehörde idR die Verhältnisse des VollstrSchuldners nur oberflächlich kennt. Ungenauigkeiten bei der Bezeichnung der Forderung sind deshalb unschädlich, wenn sie nicht Anlass zu Zweifeln geben, welche Forderung des VollstrSchuldners gemeint ist (BGH aaO; BFH aaO).
- **den beizutreibenden Geldbetrag in einer Summe.** Nach § 309 II 2 ist in der an den Drittschuldner zuzustellenden Pfändungsverfügung der beizutreibende Geldbetrag in einer Summe, ohne Angaben der Steuerarten und der Zeiträume, für die er geschuldet wird, anzugeben (vgl dazu BFH BStBl 13, 475; BFH/NV 01, 141; FG Mster EFG 07, 1136). Diese Mindestangabe des beizutreibenden Geldbetrages ist für die Rechtmäßigkeit der Pfändungsverfügung unerlässlich. Das Steuergeheimnis steht dem nicht entgegen (BFH BStBl 01, 5). Dieses verlangt auch nicht, vor dem Erlass der Pfändungsverfügung beim Drittschuldner wegen des Bestandes einer Forderung des VollstrSchuldners anzufragen (BFH aaO). Verboten ist nur eine Forderungspfändung ins Blaue hinein, ohne dass hinreichender Anhalt dafür besteht, dass die Pfändung zur Befriedigung der Forderungen führen kann. In diesem Fall ist die Vollstreckung nicht verhältnismäßig (vgl Rz 16). Dem VollstrSchuldner selbst sind Angaben über Grund und Höhe sowie Entstehungszeiträume (VZ) der beizutreibenden Beträge zu machen (s Rz 23). 20
- **Verbot an den Drittschuldner,** an den VollstrSchuldner noch zu zahlen. Das Verbot ist für die Wirksamkeit der Pfändung wesentlich. Ein Verstoß macht die Pfändung unwirksam (*Koenig/Fritsch* Rz 40). 21
- **Gebot an den VollstrSchuldner,** sich jeder Verfügung über die Forderung, insbes ihrer Einziehung, zu enthalten. Das Fehlen dieses schriftlichen Gebots berührt die Wirksamkeit der Pfändung jedoch nicht (RGZ 112, 348). 22
- **Zustellung der Pfändungsverfügung an den Drittschuldner.** Die Zustellung erfolgt nach dem VwZG. IdR wird durch die Post mit Zustellungsurkunde zugestellt (Abschn 41 VII 1 VollstrA). Mit der Zustellung an den Drittschuldner ist die Pfändung nach § 309 II 1 bewirkt. Ist Drittschuldner eine **Gesamthandsgemeinschaft,** muss der Pfändungsbeschluss jedem Gesamthandsschuldner zugestellt werden. Die Pfändung wird erst mit der letzten Zustellung wirksam. Bei einer Gesellschaft bürgerlichen Rechts kann die Pfändung allerdings alternativ dadurch bewirkt werden, dass dem geschäftsführenden Gesellschafter ein Pfändungsbeschluss zugestellt wird, in welchem den Gesellschaftern verboten wird, an den Schuldner zu zahlen (BGH DStR 98, 1228). 23

24 – Die Zustellung der Pfändungsverfügung ist **dem VollstrSchuldner** nach § 309 II 3 **mitzuteilen.** Eine förmliche Zustellung an den VollstrSchuldner ist anders als nach § 829 II 2 ZPO nicht erforderlich. Das Unterlassen der Mitteilung macht die Pfändung zwar nicht unwirksam, aber anfechtbar (BFH BStBl 87, 251; BFH/NV 98, 1447). Eine Heilung ist anders als bei § 260 nicht möglich, da das Recht des VollstrSchuldners, Einwendungen zu erheben, beeinträchtigt würde, wenn ihm die Zustellung der Pfändung an den Drittschuldner nicht zeitnah mitgeteilt würde. Die Mitteilung muss regelmäßig innerhalb einer Woche erfolgen; andernfalls ist sie nicht zeitnah (FG Ddorf EFG 98, 1452).

26 **9. Wirkung der Pfändung.** Durch die Pfändung entsteht ein **Dreiecksverhältnis.** Das Verhältnis zwischen VollstrBehörde und VollstrSchuldner ist öff-rechtl Natur. Zwischen VollstrSchuldner und Drittschuldner bleibt bei Pfändung einer privatrechtlichen Forderung das Verhältnis privatrechtlich. Die VollstrBehörde muss daher nach Anordnung der Einziehung (§ 314) die gepfändete Forderung notfalls im Zivilrechtsweg verfolgen, wenn der Drittschuldner nicht zahlt. Zu beachten ist § 316 III iVm § 841 ZPO. Den dabei erhaltenen Titel muss sie nach der ZPO durch den Gerichtsvollzieher vollstrecken lassen. Sie kann ihn nicht selbst vollstrecken.

27 Die Wirkung der Pfändung tritt ein, Pfandverstrickung und Pfändungspfandrecht, wenn die **Pfändungsverfügung** dem **Drittschuldner** zugestellt ist. Die Forderung wird so gepfändet, wie sie bei Zustellung der Pfändungsverfügung besteht. Die Pfändung erfasst nicht nur die Hauptforderung, sondern **auch Nebenansprüche** auf Zinsen und **sonstige Nebenrechte** sowie Sicherungsrechte (zB Pfandrechte), die für die Forderung bestehen (BGH NJW 06, 217; *BLAH/Hartmann* § 829 Rz 58). Bei der **Pfändung einer zukünftigen Forderung** kommt es auf den Zeitpunkt der Entstehung der Forderung an. Erst zu diesem Zeitpunkt entsteht das Pfändungspfandrecht (und ist auch erst zu diesem Zeitpunkt iSd § 88 InsO erlangt oder anfechtungsrechtl iSv § 140 iVm § 131 InsO begründet), obwohl die Pfändung bereits mit der Zustellung an den Drittschuldner wirksam geworden ist (BFH BStBl 05, 543; BFH/NV 07, 388; BGH BFH/NV Beil 04, 325 und 329). Das Pfändungspfandrecht wirkt dann jedoch auf den Zeitpunkt der Pfändung mit der Folge zurück, dass Verfügungen des VollstrSchuldners über die künftige Forderung oder auch vorzeitige Leistungen des Drittschuldners ggü dem VollstrGläubiger unwirksam sind (BFH BStBl 05, 543; *HHSp/Beermann* Rz 62). Der (zurückliegende) Zeitpunkt der Wirksamkeit der Pfändung ist auch für den Rang des Pfändungspfandrechts vor solchen weiteren Pfändungen entscheidend, bei denen die Zustellung der Pfändungsverfügung erst später erfolgt ist (BFH BStBl 05, 543).

28 Die Pfändung erstreckt sich auf die **ganze Forderung,** auch wenn die dem Drittschuldner in der Pfändungsverfügung mitzuteilende Höhe des beizutreibenden Betrags (s oben Rz 19) geringer ist (BFH BStBl 01, 5). Darin liegt nicht ohne Weiteres ein Verstoß gegen das Verbot der Überpfändung (s § 281 Rz 4). Die VollstrBehörde kennt nämlich idR weder die Zahlungsfähigkeit des Drittschuldners noch dessen etwaige Einwendungen. Besteht allerdings darüber Klarheit, ist eine Teilpfändung vorzunehmen. Um eine solche handelt es sich dann, wenn die Forderung ausdrücklich „in Höhe" eines bestimmten Betrags gepfändet wird (BFH BStBl 05, 543; *TK/Loose* Rz 47; *BLAH/Hartmann* § 829 Rz 57; aA RGZ 151, 279). Bei der Teilpfändung bleibt ein pfändungsfreier Rest.

30 Aufgrund der Pfändung darf der **VollstrSchuldner keine Verfügungen** mehr über die Forderung vornehmen, die das Pfandrecht beeinträchtigen. Er darf daher zB nach Pfändung einer Kapitallebensversicherung auch nicht mehr Pfändungsschutz durch Ausübung eines Rentenwahlrechts herbeiführen (BFH BStBl 09, 592). Es handelt sich um ein relatives Verfügungsverbot iSv §§ 136, 135 BGB. Der

VollstrSchuldner darf aber weiterhin alles tun, was der Befriedigung des VollstrGläubigers dienlich ist, zB auf Feststellung der Forderung klagen, sie im Insolvenzverfahren anmelden, einen Arrest erwirken oder durch Kündigung die Fälligkeit herbeiführen (*Koenig/Fritsch* Rz 49).

Der **Drittschuldner** darf nicht mehr an den VollstrSchuldner zahlen. Leistet er trotzdem, erlischt im Verhältnis zum VollstrSchuldner die Forderung, weil dieser noch Inhaber des Anspruchs ist. Der VollstrBehörde ggü wird er jedoch wegen §§ 135, 136 BGB nicht befreit (*TP/Seiler* § 829 Rz 37). Nur, wenn er die Pfändung nicht kannte (zB bei Ersatzzustellung), wird er nach hM ausnahmsweise befreit (*TP/Seiler* aaO). IÜ kann der Drittschuldner nach § 372 BGB hinterlegen. **31**

Eine vor der Pfändung bestehende Aufrechnungsmöglichkeit des Drittschuldners bleibt im Rahmen des § 392 BGB erhalten (eingehend *Denck* NJW 79, 2375). IÜ kann der Drittschuldner nur aus eigenem Recht Einwendungen erheben, zB die Pfändungsverfügung sei unwirksam oder die gepfändete Forderung bestehe nicht. Er kann jedocht nicht geltend machen, dass die zu vollstreckende Forderung nicht besteht. Dieser Einwand steht nur dem VollstrSchuldner zu, der diesen nach § 256 außerhalb des VollstrVerfahrens zu verfolgen hat. **32**

10. Rechtsschutz. Der VollstrSchuldner kann die Pfändung mit dem Einspruch und der Anfechtungsklage anfechten, nicht jedoch sein unterhaltsberechtigter Ehegatte oder Lebenspartner. Dies gilt jedoch nicht für die Anordnung nach § 319 iVm § 850c IV ZPO, dass bei der Berechnung des unpfändbaren Teils der Unterhaltsberechtigte unberücksichtigt bleibt (FG Nds EFG 15, 740). Der VollstSchuldner kann zB geltend machen, dass die Pfändung unwirksam ist oder gegen Pfändungsverbote verstößt (*Koenig/Fritsch* Rz 56). Gegen die Rechtmäßigkeit der Pfändungs- und Einziehungsverfügung kann aber nicht eingewandt werden, dass die von ihr betroffene Forderung nicht besteht oder nicht dem VollstrSchuldner zusteht, da in diesem Fall die Pfändung ins Leere geht (BFH BStBl 84, 740; BFH/NV 98, 1447; FG Mchn EFG 14, 322; aA *TK/Loose Rz 57*; FG Mchn EFG 10, 1009). Die Anfechtung ist allerdings nur solange möglich, wie die gepfändete Forderung nicht aufgrund der Einziehungsverfügung bereits eingezogen worden ist (BFH BStBl 01, 525; FG Bln EFG 87, 197). Denn mit der Einziehung ist die Forderung erloschen, sodass an ihr auch kein Pfändungspfandrecht mehr bestehen kann. Die Pfändung hat sich erledigt. Für Einwendungen gegen den VA, der vollstreckt worden ist, gilt § 256. **Vorläufiger Rechtsschutz** gegen Forderungspfändungen ist nicht durch einstweilige Anordnung, sondern durch AdV zu gewähren (BFH/NV 98, 1447; näher § 361 Rz 8; vgl auch FG Brem 98, 1024; vgl aber auch BFH/NV 01, 425; FG Bbg EFG 00, 695). Ist die gepfändete Forderung aufgrund der Einziehungsverfügung bereits eingezogen worden, kann vorläufiger Rechtsschutz nur durch einstweilige Anordnung gewährt werden (FG Bln v 10.6.1996, 8173/96, wiedergegeben bei *Holdorf-Habetha* DStR 96, 1845; aA *Holdorf-Habetha* aaO). Die AdV setzt nämlich die Anfechtung des VA voraus, die bei der Pfändungsverfügung nach deren Erledigung in Folge Einziehung der Forderung nicht mehr möglich ist. Der ansonsten grds nur durch AdV zu gewährende vorläufige Rechtsschutz gilt auch, wenn der VollstrSchuldner bei Pfändung laufender Geldleistungen im Wege vorläufigen Rechtsschutzes die einstweilige weitere Auszahlung der Leistungen an ihn erreichen will. Die frühere gegenteilige Auffassung, wonach in solchen Fällen nur eine einstweilige Anordnung in Betracht komme (FG BaWü EFG 81, 432; 90, 324), hat das FG BaWü aufgegeben (FG BaWü EFG 94, 256). Nur wenn ausnahmsweise aus besonderen Gründen die Aufhebung der Pfändung insgesamt (des Pfändungsbeschlusses) im Wege vorläufigen Rechtsschutzes erreicht werden soll, wäre die einstweilige Anordnung der richtige Weg (FG Mster EFG 86, 302; FG BaWü EFG 94, 256; vgl auch BFH/NV 90, 77). **33**

34 Der **Drittschuldner** kann gegen formelle Mängel der Pfändung ebenfalls Einspruch einlegen und Anfechtungsklage erheben. Diese Mängel kann er nicht im Zivilrechtsverfahren geltend machen. Allerdings kann er sich dort auf die Nichtigkeit des Pfändungs- und Überweisungsbeschlusses berufen (BAG BB 89, 1128). Er kann im Einspruchsverfahren auch die Unpfändbarkeit der Forderung (zB nach § 319 iVm §§ 851 II ZPO und § 399 BGB) rügen (RG 146, 290; BAG NJW 77, 75; BGH MDR 78, 747; aA FG Hess EFG 98, 531; FG Mster EFG 07, 1136; vgl auch BFH/NV 98, 421). In den Zivilrechtsweg gehören auch Einwendungen gegen die Forderung, in die vollstreckt worden ist.

35 **11. Aufhebung der Pfändungsverfügung.** Über die Aufhebung der Pfändungsverfügung ist im Gesetz nichts gesagt. Die Pfändungsverfügung ist aufzuheben, wenn die Rückstände **bezahlt** sind. Nach Abschn 44 III 3 VollstrA ist die Pfändungsverfügung auch aufzuheben, wenn es nicht angebracht ist, gegen den Drittschuldner vorzugehen. Eine „Ruhendstellung" der Kontenpfändung ohne Aufhebung der mit der Pfändung bewirkten Verstrickung ist gegen den Willen des Drittschuldners unzulässig (BFH BFHE 258, 105).

37 **12. Pfändung von Kontoguthaben bei einem Kreditinstitut (Abs 3)**

§ 833a ZPO Pfändungsumfang bei Kontoguthaben

Die Pfändung des Guthabens eines Kontos bei einem Kreditinstitut umfasst das am Tag der Zustellung des Pfändungsbeschlusses bei dem Kreditinstitut bestehende Guthaben sowie die Tagesguthaben der auf die Pfändung folgenden Tage.

38 § 833a ZPO regelt ausdrücklich den Umfang der Pfändung eines Kontos bei einem Kreditinstitut. Unter die Vorschrift fallen alle Arten von Konten bei einem Kreditinstitut, neben den Girokonten also insbes auch Festgeldkonten und Sparkonten. Nach der Regelung reicht die Pfändung des Guthabens aus, um auch **künftige Salden einschl eines evtl Rechnungsabschlusssaldos** zu erfassen. Laut Gesetzesmotiven sollen dadurch schwerfällige Pfändungs- und Überweisungsbeschlüsse entbehrlich werden (BT-Drs 16/7615, 17 zu Art 1 Nr 3). Die Vorschrift bezieht sich ausschl auf die Pfändung des Guthabens, nicht dagegen auf in diesem Zusammenhang mitgepfändete Rechte aus dem jeweiligen zugrunde liegenden Vertragsverhältnis (BT-Drs 16/7615 aaO). Soll der Anspruch auf Durchführung von Überweisungen aus dem Konto mitgepfändet werden, muss dies weiterhin ausdrücklich ausgesprochen werden.

39 Da die Pfändung bei einem Girokonto, wenn sie alle Rechte umfasst, zu einer faktischen Kontensperre führt, verliert das Girokonto praktisch seine Zahlungsfunktion im bargeldlosen Zahlungsverkehr. Durch das Gesetz zur Reform des Kontopfändungsschutzes v 7.7.2009 (BGBl I, 1707) ist durch § 850k ZPO die **Situation für den VollstrSchuldner** dadurch verbessert worden, dass dieser ein **Pfändungsschutzkonto** einrichten kann, über das er in dem durch dieses Konto geschützten Rahmen auch bargeldlose Ausgaben tätigen kann (s § 319 Rz 24). Hinsichtlich der bis zum 31.12.2011 geltenden Übergangsregelung wird auf die Ausführungen der 12. Aufl verwiesen.

41 **§ 850l ZPO Anordnung der Unpfändbarkeit von Kontoguthaben auf dem Pfändungsschutzkonto**

[1] Auf Antrag des Schuldners kann das Vollstreckungsgericht anordnen, dass das Guthaben auf dem Pfändungsschutzkonto für die Dauer von bis zu zwölf Monaten der Pfändung nicht unterworfen ist, wenn der Schuldner nachweist, dass dem Konto in den letzten sechs Monaten vor Antragstellung ganz überwiegend nur unpfändbare Beträge gutgeschrieben worden sind, und er glaubhaft macht, dass auch innerhalb der nächsten zwölf Monate nur ganz überwiegend nicht pfändbare Beträge zu erwarten sind. [2] Die Anordnung kann versagt werden, wenn überwiegende Belange des Gläubigers entgegenstehen. [3] Sie ist auf Antrag eines Gläubigers

aufzuheben, wenn ihre Voraussetzungen nicht mehr vorliegen oder die Anordnung den überwiegenden Belangen dieses Gläubigers entgegensteht.

Nach dem Außerkrafttreten des § 883a II ab dem 1.1.2012 gibt es **Kontopfändungsschutz** nur über die Einrichtung eines Pfändungsschutzkontos nach § 850k ZPO. Während § 850k ZPO (s dazu § 319 Rz 24) für dieses Pfändungsschutzkonto die Freibeträge nach § 850c I 1 iVm § 850c II a ZPO der Pfändung ausnimmt, kann der VollstrSchuldner nach § 850l ZPO darüber hinaus erreichen, dass die Unpfändbarkeit des ganzen Kontos für zwölf Monate angeordnet wird. 42

Die Voraussetzung für die **Anordnung der Unpfändbarkeit** ist, dass die Pfändung des Kontos zu keiner oder nur zu einer geringfügigen Befriedigung des Gläubigers führt. Dies muss der VollstrSchuldner durch die rückwirkende Betrachtung der Eingänge in den letzten sechs Monaten nachweisen und durch die Prognose für die nächsten zwölf Monate glaubhaft machen. In den letzten sechs Monaten dürfen dem Konto ganz überwiegend nur unpfändbare Beträge gutgeschrieben worden sein. Da ein Interessenausgleich gefunden werden muss zwischen den Interessen des Gläubigers und denen des VollstrSchuldners, sind an die Prognose für die zukünftigen zwölf Monate **strenge Anforderungen** zu stellen. Die Gesetzesbegründung nennt als Beispiele Berufsunfähigkeit des VollstrSchuldners mit keiner kurzfristigen oder mittelfristigen Aussicht auf Besserung oder bei Hartz IV-Empfängern seit Längerem erfolglose Bemühungen um einen Arbeitsplatz (BT-Drs 16/7615, 17 zu Art 1 Nr 39). Die in Satz 2 des Abs 2 genannte Voraussetzung, dass die Belange des Gläubigers nicht entgegenstehen dürfen, dürfte für die FinVerw bei der Vollstr kaum zutreffen. Nach Satz 3 des Abs 2 ist auf Antrag des Gläubigers die Anordnung der Unpfändbarkeit des Kontos aufzuheben, wenn die Voraussetzungen nicht mehr vorliegen. 43

Abs 3 S 2 des § 309 ordnet an, dass für die Anordnung der Unpfändbarkeit des Kontos das nach § 838 II ZPO zuständige **VollstrGericht** (idR das Amtsgericht des allgemeinen Gerichtsstandes des VollstrSchuldners) über den Antrag zu entscheiden hat. Damit soll dem Umstand Rechnung getragen werden, dass von der Anordnung auch andere Gläubiger als die VollstrBehörde betroffen werden können. Dieses Gericht hat dann auch über die etwaige Aufhebung der Unpfändbarkeit des Kontos zu befinden. 44

§ 310 Pfändung einer durch Hypothek gesicherten Forderung

(1) [1] **Zur Pfändung einer Forderung, für die eine Hypothek besteht, ist außer der Pfändungsverfügung die Aushändigung des Hypothekenbriefs an die Vollstreckungsbehörde erforderlich.** [2] **Die Übergabe gilt als erfolgt, wenn der Vollziehungsbeamte den Brief wegnimmt.** [3] **Ist die Erteilung des Hypothekenbriefs ausgeschlossen, so muss die Pfändung in das Grundbuch eingetragen werden; die Eintragung erfolgt auf Grund der Pfändungsverfügung auf Ersuchen der Vollstreckungsbehörde.**

(2) **Wird die Pfändungsverfügung vor der Übergabe des Hypothekenbriefs oder der Eintragung der Pfändung dem Drittschuldner zugestellt, so gilt die Pfändung diesem gegenüber mit der Zustellung als bewirkt.**

(3) [1] **Diese Vorschriften gelten nicht, soweit Ansprüche auf die in § 1159 des Bürgerlichen Gesetzbuchs bezeichneten Leistungen gepfändet werden.** [2] **Das Gleiche gilt bei einer Sicherungshypothek im Fall des § 1187 des Bürgerlichen Gesetzbuchs von der Pfändung der Hauptforderung.**

Schrifttum: *s 13. Aufl.*

1. Inhalt. Die Vorschrift ist im Zusammenhang mit §§ 1153 II und 1274 BGB zu sehen. Danach kann eine durch Hypothek gesicherte **Forderung nicht ohne die Hypothek** (Ausnahme bei Höchstbetragshypothek nach § 1190 IV BGB) und 1 die Hypothek nicht ohne die Forderung übertragen oder verpfändet werden. Die AO lässt daher auch keine getrennte Pfändung zu, sondern stellt in § 310 neben § 309 zusätzliche Erfordernisse auf, die die Pfändung der Hypothek zusammen mit der Forderung gewährleisten.

2 **2. Geltungsbereich.** Unter § 310 fallen Verkehrshypotheken (§§ 1113 ff BGB), Sicherungshypotheken (§§ 1184 ff BGB) und Höchstbetragshypotheken (§ 1190 BGB). Auch bei Höchstbetragshypotheken ist also eine Pfändung der Forderung ohne die Hypothek nicht möglich, obwohl die Forderung nach § 1190 IV BGB ohne die Hypothek übertragen oder verpfändet werden könnte (*BG/Kögel* Rz 6; aA *TK/Loose Rz* 7 Pfändung nur nach § 837 III ZPO). Die Vorschrift gilt nach § 321 VI auch für die Vollstreckung in Reallasten, Grundschulden und Rentenschulden. Zu diesen Rechten, insbes auch zur Pfändung einer Eigentümergrundschuld, s § 321.

Die Vorschrift gilt nur, wenn zZt der Pfändung der Forderung eine **Hypothek** bereits **besteht.** Die Forderung wird nach § 309 gepfändet und die Sicherung nach § 310. Es ist also immer sowohl eine Pfändungsverfügung nach § 309 als auch ein Vorgehen nach § 310 erforderlich. Die in § 309 II vorgeschriebene Zustellung der Pfändungsverfügung an den Drittschuldner ist allerdings nach § 310 für die Wirksamkeit der Pfändung belanglos (*BLAH/Hartmann* § 830 Rz 3). Sie hat aber im Rahmen des Abs 2 des § 310 Bedeutung. Die Entstehung des Pfandrechts wird ggü dem Drittschuldner (nur ihm ggü) auf den Zeitpunkt der Zustellung zurückbezogen, wenn die Hypothek später durch die weiterhin erforderliche Briefübergabe bzw Eintragung in das Grundbuch entsteht (vgl *HHSp/Beermann* Rz 37; *TK/Loose* Rz 23).

3 **3. Drittschuldner.** Drittschuldner ist sowohl der persönliche Schuldner des VollstrSchuldners als auch der Eigentümer des belasteten Grundstücks.

4 **4. Wirksamkeit der Pfändung.** Die Pfändung ist wirksam, wenn der **Brief übergeben** wird, oder wenn der Brief durch den VollzBeamten weggenommen wird. Die VollstrBehörde muss **unmittelbaren Besitz** an dem Brief erlangen. Nicht genügend ist daher die nur vorübergehende Überlassung des Briefes, die Einräumung des mittelbaren Besitzes nach § 930 BGB oder die Abtretung des Herausgabeanspruchs (§§ 870, 931 BGB) sowie die Einräumung des Mitbesitzes nach § 1206 BGB, auch nicht eine Vereinbarung nach § 1117 II BGB (s *TK/Loose* Rz 16). Ausreichend ist aber die Hinterlegung des Briefes unter Verzicht auf Rücknahme, wenn die VollstrBehörde einverstanden ist (RGZ 135, 272). Ist der VollstrSchuldner zur Übergabe des Briefes nicht bereit und kann der Brief auch nicht durch den VollzBeamten weggenommen werden, kann gem § 315 II die Übergabe nach §§ 328 ff erzwungen werden (*BG/Kögel* Rz 20; aA *TK/Loose* Rz 14; *Koenig/Fritsch* Rz 7). Wenn sich der Brief im Besitz eines Dritten befindet, so kann die VollstrBehörde nach § 315 IV unmittelbar (im Zivilrechtsweg) den Anspruch des VollstrSchuldners auf Herausgabe geltend machen, ohne dass es eines gesonderten Pfändungs- und Überweisungsbeschlusses bedarf (*BG/Kögel* Rz 21; aA *Koenig/Fritsch* Rz 8). Die Pfändung wird erst wirksam, wenn der Dritte den Brief herausgibt. Bei Verlust oder Vernichtung des Briefes kann die VollstrBehörde den **Anspruch auf Kraftloserklärung** (§ 1162 BGB) und Ausstellung eines neuen Briefes ohne eine weitere Pfändung nach § 321 geltend machen. Das Recht des Hypothekengläubigers einen neuen Brief zu beantragen, geht mit der Pfändung nach § 310 auf den VollstrGläubiger über, sodass es keiner zusätzlichen Pfändung bedarf (BGH NJW-RR 12, 782; *BG/Kögel* Rz 22; *TK/Loose* Rz 15).

5 Bei der **Buchhypothek** ist die Pfändung wirksam, wenn der Pfändungsvermerk in das Grundbuch eingetragen ist. Eine Eintragungsbewilligung des VollstrSchuldners ist nicht erforderlich. Die Eintragung erfolgt aufgrund eines Ersuchens der VollstrBehörde nach § 38 GBO (OLG Zweibrücken FGPrax 13, 24; *HHSp/*

Beermann Rz 35). Dazu reicht es, dem Antrag der VollstrBehörde eine beglaubigte Abschrift der Pfändungsverfügung beizufügen (OLG Zweibrücken aaO). Einzutragen ist der VollstrGläubiger und nicht die VollstrBehörde (*TK/Loose* Rz 20). Eine vor Eintragung in das Grundbuch erfolgte Überweisung der mit der Buchhypothek gesicherten Forderung bleibt ebenso wie die Pfändungsverfügung unwirksam, solange nicht die Pfändung in das Grundbuch eingetragen ist (BGH WM 94, 2033).

5. Kein öffentlicher Glaube des Grundbuchs. Der öffentliche Glaube des Grundbuchs schützt nur den rechtsgeschäftlichen Erwerber (§ 892 BGB), **nicht** den **Pfändungspfandgläubiger** (*Palandt/Bassenge,* BGB, § 892 Rz 2). Die FinBeh kann also nicht gutgläubig Inhaber der Hypothek werden. 6

6. Rückständige Nebenleistungen. Nach Abs 3 gelten die Vorschriften nicht, soweit Ansprüche auf die in **§ 1159 BGB** bezeichneten Leistungen gepfändet werden. Für die Pfändung dieser Leistungen gilt allein § 309. 7

§ 1159 BGB Rückständige Nebenleistungen

(1) [1] Soweit die Forderung auf Rückstände von Zinsen oder anderen Nebenleistungen gerichtet ist, bestimmt sich die Übertragung sowie das Rechtsverhältnis zwischen dem Eigentümer und dem neuen Gläubiger nach den für die Übertragung von Forderungen geltenden allgemeinen Vorschriften. [2] Das Gleiche gilt für den Anspruch auf Erstattung von Kosten, für die das Grundstück nach § 1118 haftet.

(2) Die Vorschrift des § 892 findet auf die im Absatz 1 bezeichneten Ansprüche keine Anwendung.

7. Hypothek für Inhaber- und Orderpapiere. Die Vorschriften finden auch **keine Anwendung** bei einer Sicherungshypothek für Inhaber- und Orderpapiere. Hier erfolgt die Pfändung nach § 312 und bei Inhaberpapieren nach §§ 286 ff. 8

§ 1187 BGB Sicherungshypothek für Inhaber- und Orderpapiere

[1] Für die Forderung aus einer Schuldverschreibung auf den Inhaber, aus einem Wechsel oder aus einem anderen Papier, das durch Indossament übertragen werden kann, kann nur eine Sicherungshypothek bestellt werden. [2] Die Hypothek gilt als Sicherungshypothek, auch wenn sie im Grundbuch nicht als solche bezeichnet ist. [3] Die Vorschrift des § 1154 Abs. 3 findet keine Anwendung. [4] Ein Anspruch auf Löschung der Hypothek nach den §§ 1179a, 1179b besteht nicht.

§ 311 Pfändung einer durch Schiffshypothek oder Registerpfandrecht an einem Luftfahrzeug gesicherten Forderung

(1) **Die Pfändung einer Forderung, für die eine Schiffshypothek besteht, bedarf der Eintragung in das Schiffsregister oder das Schiffsbauregister.**

(2) **Die Pfändung einer Forderung, für die ein Registerpfandrecht an einem Luftfahrzeug besteht, bedarf der Eintragung in das Register für Pfandrechte an Luftfahrzeugen.**

(3) **[1] Die Pfändung nach den Absätzen 1 und 2 wird auf Grund der Pfändungsverfügung auf Ersuchen der Vollstreckungsbehörde eingetragen. [2] § 310 Abs. 2 gilt entsprechend.**

(4) **[1] Die Absätze 1 bis 3 sind nicht anzuwenden, soweit es sich um die Pfändung der Ansprüche auf die in § 53 des Gesetzes über Rechte an eingetragenen Schiffen und Schiffsbauwerken und auf die in § 53 des Gesetzes über Rechte an Luftfahrzeugen bezeichneten Leistungen handelt. [2] Das Gleiche gilt, wenn bei einer Schiffshypothek für eine Forderung aus einer Schuldverschreibung auf den Inhaber, aus einem Wechsel oder aus einem anderen durch Indossament übertragbaren Papier die Hauptforderung gepfändet ist.**

(5) **Für die Pfändung von Forderungen, für die ein Recht an einem ausländischen Luftfahrzeug besteht, gilt § 106 Abs. 1 Nr. 3 und Abs. 5 des Gesetzes über Rechte an Luftfahrzeugen.**

1 **1. Inhalt.** Die Vorschrift entspricht der in § 830a ZPO, § 99 I Nr 3, V des Gesetzes über Rechte an Luftfahrzeugen getroffenen Regelung. Danach werden Forderungen, die durch eine Schiffshypothek oder durch ein Registerpfandrecht an einem Luftfahrzeug gesichert sind, ganz ähnlich wie durch eine Buchhypothek gesicherte Forderungen gepfändet.

2 **2. Durchführung der Pfändung.** Der Pfändungsbeschluss wird durchgeführt, indem die Pfändung in das Schiffsbauregister oder das Register für Pfandrechte an Luftfahrzeugen **eingetragen** wird. Die Pfändungsverfügung ersetzt die Eintragungsbewilligung. Muss das Register **berichtigt** werden, zB, weil der Schuldner nicht als **Gläubiger** der Schiffshypothek oder des Registerpfandrechts eingetragen ist, kann es die VollstrStelle beantragen. Abs 4 entspr § 310 III. Die in Satz 1 des Abs 4 genannten Leistungen (§ 53 SchiffsRG und § 53 LuftFzgG) sind die gleichen wie in § 1159 BGB (rückständige Zinsen oder andere Nebenleistungen), die allein nach § 309 gepfändet werden.

§ 312 Pfändung einer Forderung aus indossablen Papieren

Forderungen aus Wechseln und anderen Papieren, die durch Indossament übertragen werden können, werden dadurch gepfändet, dass der Vollziehungsbeamte die Papiere in Besitz nimmt.

1 **1. Inhalt.** Die Vorschrift ist lex specialis zu § 309 für die Pfändung von Forderungen aus Wechseln und anderen Papieren, die durch Indossament übertragen werden. Sie entspricht inhaltlich voll § 831 ZPO. Die Pfändung von indossablen Papieren ergibt sich bereits aus § 286. Die indossablen Papiere sind **Wertpapiere** (zum Begriff s § 286 Rz 2 und § 302 Rz 2) und werden daher **wie bewegliche Sachen** gepfändet. Insoweit enthält § 312 nur eine Klarstellung. Die Stellung der Vorschriften im Rahmen der Bestimmungen über die Pfändung von Forderungen besagt aber darüber hinaus, dass die Verwertung dieser gepfändeten Papiere nicht nach den §§ 296 ff, sondern nach den Vorschriften über die Verwertung von Forderungen (§§ 314 ff) zu erfolgen hat (Rz 2). Für die Pfändbarkeit gelten § 319 iVm §§ 850 bis 852 ZPO (*TK/Loose* Rz 10).

2 **2. Geltungsbereich der Vorschrift.** Die Vorschrift gilt nur für indossable Papiere über Forderungen, dh nicht für **Namensaktien,** jedoch insbes für **Wechsel** und **Schecks** jeder Art (wegen Blankowechsel vgl *Schmalz* NJW 64, 141). Sie gilt weiter für kaufmännische Orderpapiere (§ 363 HGB).

3 **3. Durchführung der Pfändung.** Die Pfändung wird dadurch bewirkt, dass der VollzBeamte die **Papiere in Besitz** nimmt. Eine Pfändungsverfügung nach § 309 ist nicht erforderlich und auch wirkungslos. Es gilt § 286 III, dh der VollzBeamte hat dem VollstrSchuldner die Pfändung mitzuteilen (*TK/Loose* Rz 9). Nichtbeachtung berührt allerdings die Wirksamkeit der Pfändung nicht (s § 286 Rz 12). Für die Verwertung der Forderung aus dem indossablen Papier ist aber eine **Einziehungsverfügung** nach § 314 **notwendig.** Es muss also die Einziehung der Forderung verfügt werden (*TK/Kruse* Rz 11).

4 Nach dem Grundsatz, dass von der Pfändung von Sachen abzusehen ist, wenn sie offenkundig einem Dritten gehören (s § 286 Rz 7), hat die Pfändung der indossablen Papiere zu unterbleiben, wenn der VollstrSchuldner nach dem Inhalt des Papiers nicht Berechtigter ist (*TP/Seiler* § 831 Rz 1).

§ 313 Pfändung fortlaufender Bezüge

(1) **Das Pfandrecht, das durch die Pfändung einer Gehaltsforderung oder einer ähnlichen in fortlaufenden Bezügen bestehenden Forderung erworben wird, erstreckt sich auch auf die Beträge, die später fällig werden.**

(2) [1]**Die Pfändung eines Diensteinkommens trifft auch das Einkommen, das der Vollstreckungsschuldner bei Versetzung in ein anderes Amt, Übertragung eines neuen Amts oder einer Gehaltserhöhung zu beziehen hat.** [2]**Dies gilt nicht bei Wechsel des Dienstherrn.**

(3) **Endet das Arbeits- oder Dienstverhältnis und begründen Vollstreckungsschuldner und Drittschuldner innerhalb von neun Monaten ein solches neu, so erstreckt sich die Pfändung auf die Forderung aus dem neuen Arbeits- oder Dienstverhältnis.**

1. Inhalt. Die Vorschrift behandelt den Umfang der Pfändung von fortlaufenden Bezügen entspr den §§ 832 und 833 ZPO. Das Pfändungspfandrecht erstreckt sich ua auf **später fällige** Beträge. Es muss aber bereits ein konkretes Arbeitsverhältnis bestehen (s § 309 Rz 8). Zu beachten ist § 319 iVm § 850 ZPO (s § 319 Rz 6). 1

2. Anwendungsbereich. Die Vorschrift ist anwendbar bei einer einheitlichen Rechtsbeziehung, aus der **fortlaufend Leistungen** fällig werden, wie zB Arbeits- und Dienstverhältnisse, Ruhegehalt, Provision eines Handelsvertreters, Zinsen, Miete und Pacht (*BLAH/Hartmann* § 832 Rz 5 ff), aber auch fortlaufende Sozialleistungen, soweit nicht § 319 iVm § 54 SGB I entgegensteht (vgl BSG BB 88, 2180; *BLAH/Hartmann* § 832 Rz 8; s näher § 319 Rz 32 ff). Kurze Unterbrechung, insbes saisonbedingt sind unerheblich. Nach Abs 3 ist eine Unterbrechung bis zu 9 Monaten, aus welchen Gründen auch immer, unerheblich und erstreckt sich die Pfändung auch auf das neue Arbeits- oder Dienstverhältnis. 2

3. Wirkung der Pfändung. Sofern eine Gehaltsforderung oder ähnlich fortlaufende Bezüge wirksam gepfändet werden, erstreckt sich die Pfändung auch auf die **künftig fällig** werdenden Forderungen. Die künftig fällig werdenden Beträge werden automatisch erfasst, ohne dass es wie sonst bei künftigen Forderungen einer ausdrücklichen Bestimmung in der Pfändungsverfügung bedarf (*HHSp/Beermann* Rz 9; *TP/Seiler* § 832 Rz 2). 3

Nach Abs 2 erstreckt sich die Pfändung eines Diensteinkommens auch auf das Einkommen, das der VollstrSchuldner bei **Versetzung** in ein anderes Amt oder ein neues Amt oder einer Gehaltserhöhung zu beziehen hat. Bei Wechsel des Dienstherrn ist neu zu pfänden (vgl AG Stuttgart DGVZ 73, 61). Dienstherr ist, wer Lohn oder Gehalt zahlt (zB Bund, Land, AG). Kein Wechsel des Dienstherrn ist gegeben, wenn dieser lediglich die Rechtsform wechselt (zB Umwandlung in GmbH). 4

§ 314 Einziehungsverfügung

(1) [1]**Die Vollstreckungsbehörde ordnet die Einziehung der gepfändeten Forderung an.** [2]**§ 309 Abs. 2 gilt entsprechend.**

(2) **Die Einziehungsverfügung kann mit der Pfändungsverfügung verbunden werden.**

(3) **Wird die Einziehung eines bei einem Geldinstitut gepfändeten Guthabens eines Vollstreckungsschuldners, der eine natürliche Person ist, angeordnet, so gilt § 835 Absatz 3 Satz 2 und Absatz 4 der Zivilprozessordnung entsprechend.**

(4) **Wird die Einziehung einer gepfändeten nicht wiederkehrend zahlbaren Vergütung eines Vollstreckungsschuldners, der eine natürliche Person ist, für**

persönlich geleistete Arbeiten oder Dienste oder sonstige Einkünfte, die kein Arbeitslohn sind, angeordnet, so gilt § 835 Absatz 5 der Zivilprozessordnung entsprechend.

Abs 4 angefügt durch G v 7.7.09 (BGBl I, 1707); Verweisungen in Abs 3 und 4 geändert durch G v 12.4.11 (BGBl I, 615).

1 **1. Inhalt.** Die in der Vorschrift geregelte Einziehung einer gepfändeten Forderung entspricht der Überweisung zur Einziehung nach § 835 ZPO. Durch die getrennte Regelung der Pfändung und der Einziehung wird die unterschiedliche Bedeutung beider Rechtsinstitute klar herausgestellt. Die Einziehungsverfügung kann jedoch nach Abs 2 mit der Pfändungsverfügung verbunden werden, was regelmäßig der Fall sein wird. Für die Wirksamkeit der Einziehungsverfügung gilt § 309 II entsprechend, dh, die Wirksamkeit ist nur von der Zustellung an den Drittschuldner, nicht aber von der Mitteilung an den VollstrSchuldner abhängig (vgl § 309 Rz 23 und FG Saarl EFG 87, 395).

Durch das insoweit am 1.7.2010 in Kraft getretene **Gesetz zur Reform des Kontopfändungsschutzes** v 7.7.2009 (BGBl I, 1707) ist der in Abs 3 in Bezug genommene § 835 III 2 ZPO dahin geändert worden, dass bei Pfändung eines Guthabens bei einem Kreditinstitut erst vier Wochen nach der Zustellung der Einziehungsverfügung an das Kreditinstitut aus dem Guthaben an den Gläubiger geleistet werden darf. Durch Gesetz v 12.4.2011 (BGBl I, 615) wird zusätzlich auf den durch dieses Gesetz neu in § 835 ZPO eingefügten Abs 4 verwiesen. Danach darf bei Pfändung und Überweisung eines **künftigen Guthabens auf einem Pfändungsschutzkonto** (§ 850k ZPO, s dazu § 319 Rz 24) der Drittschuldner erst nach Ablauf des nächsten auf die jeweilige Gutschrift von eingehenden Zahlungen folgenden Kalendermonats an den Gläubiger leisten oder den Betrag hinterlegen. Außerdem wurde durch das Gesetz zur Reform des Kontopfändungsschutzes dem § 314 ein neuer Abs 4 angefügt, wonach bei nicht wiederkehrenden Vergütungen für persönlich geleistete Arbeiten oder Dienste oder sonstige Einkünfte, die kein Arbeitslohn sind, § 835 V ZPO entsprechend gilt.

2 **2. Wirkung der Einziehungsverfügung.** Die Einziehungsverfügung bewirkt **keinen Vermögensübergang** (BGHZ 82, 31). Sie steht auch nicht der Abtretung der Forderung gleich (RGZ 128, 85). Sie ist nur Grundlage für den Steuergläubiger, die Forderung im eigenen Namen geltend zu machen. Ohne die Einziehungsverfügung wird der Drittschuldner von seinen Leistungspflichten ggü dem eigentlichen Gläubiger nicht frei. Leistet er trotzdem an die VollstrBehörde, kann der Drittschuldner die Zahlung als ungerechtfertigte Bereicherung zurückfordern (BGH NJW 82, 173; 02, 2871; OLG Naumburg BeckRS 2012, 21419; vgl auch FG Köln EFG 12, 1017 zu irrtümlichen Zahlungen eines Drittschuldners über die eingezogene Forderung hinaus). Aufgrund der Einziehungsverfügung kann die VollstrBehörde die Leistung des Drittschuldners vor den ordentlichen Gerichten einklagen (Fall gesetzlicher Prozessstandschaft: *BLAH/Hartmann* Grundz § 50 Rz 27). Der VollstrGläubiger kann sogar nach dem gem § 316 anwendbaren § 842 ZPO (s § 316 Rz 6) zur Klageerhebung verpflichtet sein, wenn diese hinreichende Aussicht auf Erfolg hat (OLG Mchn BeckRS 2011, 27489). Allerdings kann auch der VollstrSchuldner auf Leistung an die VollstrBehörde klagen, um Schaden (zB Verjährung) von der Forderung abzuwehren (OLG Mchn aaO). Die VollstrBehörde kann die Leistung **nicht im Verwaltungswege** erzwingen (*TK/Loose* § 315 Rz 3; s auch § 309 Rz 26). Sie kann alle Rechte geltend machen, die im Recht des VollstrSchuldners begründet sind und den Zweck haben, die Leistung des Drittschuldners herbeizuführen (BGHZ 82, 31). Sie kann daher zB die Forderung kündigen (RGZ 76, 276), mit eigenen Forderungen aufrechnen (RGZ 58, 105), auf Feststellung oder Leistung klagen (dann zu beachten § 316 III iVm § 841 ZPO), nicht aber zB über die Forderung durch Erlass oder Abtretung verfügen,

Stundung oder sonstige Zahlungserleichterungen gewähren oder Vergleiche abschließen, es sei denn, dass sie die Forderung in voller Höhe auf die zu vollstreckende Forderung anrechnet (vgl *HHSp/Beermann* Rz 17).

3. Bankguthaben. Nach dem in Abs 3 in Bezug genommenen Abs 3 S 2 des § 835 ZPO darf bei der Einziehung von Bankguthaben des VollstrSchuldners das Geldinstitut **erst vier Wochen nach** der Zustellung der Einziehungsverfügung leisten oder den gepfändeten Betrag hinterlegen. Damit soll dem VollstrSchuldner die Möglichkeit gegeben werden, die Rechte aus den Pfändungsschutzbestimmungen der ZPO (s bei § 319) wahrzunehmen. Die Vier-Wochenfrist gilt allgemein für Bankguthaben natürlicher Personen (*HHSp/Beermann* Rz 36; *TK/Loose* Rz 8; *Hartmann* NJW 78, 609). Es kommt auch nicht auf die Art des Kontos an. Auch Spar- und Festgeldkonten fallen darunter (*TK/Loose* Rz 9). Die Entscheidung über die Aufhebung der Pfändung trifft die VollstrBehörde. 3

Wenn auch **künftige Guthaben** gepfändet werden, ist aufgrund der Verweisung des Abs 3 auf § 835 III 2 ZPO erst vier Wochen nach der Gutschrift von eingehenden Zahlungen auf dem Konto an den Gläubiger (hier die FinBeh) zu leisten oder der Betrag zu hinterlegen. Hierzu ist nach § 835 III 2 2. HS ZPO aber eine zusätzliche Anordnung des „Vollstreckungsgerichts" erforderlich, die nur auf Antrag des VollstrSchuldners ergeht. Da nach den Pfändungsvorschriften der AO kein Pfändungs- und Überweisungsbeschluss durch ein Vollstreckungsgericht, sondern durch die VollstrBehörde erlassen wird, muss diese einem entsprechenden Antrag des VollstrSchuldners stattgeben. 4

Die **Verweisung in Abs 3 auf § 835 IV ZPO** betrifft die Auszahlung von nicht pfändbaren Beträgen, die dem **Pfändungsschutzkonto** des Schuldners (§ 850k VII ZPO) zum Monatsende gutgeschrieben werden und die für den Folgemonat bestimmt sind **(sog Monatsanfangsproblematik).** Danach sollen Beträge, die der Existenzsicherung in einem bestimmten Monat dienen, den Empfängern auch dann in diesem Monat zur Verfügung stehen, wenn sie schon am Ende des Vormonats dem Konto des Schuldners gutgeschrieben worden sind (Bericht Rechtsausschuss Bundestag, BT-Drs 17/4776, 8 zu Art 3). Darunter fallen auch einmalige oder nicht regelmäßig wiederkehrende Zahlungseingänge (Bericht Rechtsausschuss Bundestag aaO zu Art 3 Nr 1a). Das Kreditinstitut darf erst nach Ablauf des nächsten auf die Gutschrift folgenden Kalendermonats an den Gläubiger leisten oder den Betrag hinterlegen. Welcher Betrag aus dem zurückgehaltenen Guthaben verfügbar ist, richtet sich nach den Freibeträgen in § 850k I bis IV ZPO (s dazu § 319 Rz 26). Die Schutzbestimmung in § 835 IV 2 ZPO zugunsten des Gläubigers, wonach das VollstrGericht auf Antrag des Gläubigers eine abweichende Anordnung treffen kann, wenn für den Gläubiger ein Härtefall gegeben ist, dürfte für die VollstrBehörde als Gläubiger kaum eine Rolle spielen. 5

Abs 4 verweist auf § 835 V ZPO und betrifft nicht wiederkehrende zahlbare Vergütungen für persönlich geleistete Arbeiten oder Dienste oder sonstige Einkünfte des VollstrSchuldners, die kein Arbeitseinkommen sind. Auch diese dürfen vom Drittschuldner an den VollstrGläubiger erst vier Wochen nach der Zustellung des Überweisungsbeschlusses geleistet werden, um dem VollstSchuldner Gelegenheit zu geben, einen Pfändungsschutzantrag nach § 850i ZPO zu stellen. Der Begriff der sonstigen Einkünfte, die kein Arbeitseinkommen sind, ist dabei autonom nach der ZPO und nicht nach den Bestimmungen des EStG auszulegen (BT-Drs 16/7615, 18 zu Nr 6). 6

Der entspr anzuwendende **§ 835 III 2 ZPO** lautet: 7

Wird ein bei einem Kreditinstitut gepfändetes Guthaben eines Schuldners, der eine natürliche Person ist, dem Gläubiger überwiesen, so darf erst vier Wochen nach der Zustellung des Überweisungsbeschlusses an den Drittschuldner aus dem Guthaben an den Gläubiger geleistet oder der Betrag hinterlegt werden; ist künftiges Guthaben gepfändet worden, ordnet das Vollstreckungsgericht auf Antrag zusätzlich an, dass erst vier Wochen nach der Gutschrift von eingehenden Zahlungen an den Gläubiger geleistet oder der Betrag hinterlegt werden darf.

8 Der entspr anzuwendende **§ 835 IV ZPO** lautet:

(4) [1]Wird künftiges Guthaben auf einem Pfändungsschutzkonto im Sinne von § 850k Absatz 7 gepfändet und dem Gläubiger überwiesen, darf der Drittschuldner erst nach Ablauf des nächsten auf die jeweilige Gutschrift von eingehenden Zahlungen folgenden Kalendermonats an den Gläubiger leisten oder den Betrag hinterlegen. [2]Das Vollstreckungsgericht kann auf Antrag des Gläubigers eine abweichende Anordnung treffen, wenn die Regelung des Satzes 1 unter voller Würdigung des Schutzbedürfnisses des Schuldners für den Gläubiger eine unzumutbare Härte verursacht.

9 Der entspr anzuwendende **§ 835 V ZPO** lautet:

(5) Wenn nicht wiederkehrende zahlbare Vergütungen eines Schuldners, der eine natürliche Person ist, für persönlich geleistete Arbeiten oder Dienste oder sonstige Einkünfte, die kein Arbeitseinkommen sind, dem Gläubiger überwiesen werden, so darf der Drittschuldner erst vier Wochen nach der Zustellung des Überweisungsbeschlusses an den Gläubiger leisten oder den Betrag hinterlegen.

§ 315 Wirkung der Einziehungsverfügung

(1) **[1]Die Einziehungsverfügung ersetzt die förmlichen Erklärungen des Vollstreckungsschuldners, von denen nach bürgerlichem Recht die Berechtigung zur Einziehung abhängt. [2]Sie genügt auch bei einer Forderung, für die eine Hypothek, Schiffshypothek oder ein Registerpfandrecht an einem Luftfahrzeug besteht. [3]Zugunsten des Drittschuldners gilt eine zu Unrecht ergangene Einziehungsverfügung dem Vollstreckungsschuldner gegenüber solange als rechtmäßig, bis sie aufgehoben ist und der Drittschuldner hiervon erfährt.**

(2) **[1]Der Vollstreckungsschuldner ist verpflichtet, die zur Geltendmachung der Forderung nötige Auskunft zu erteilen und die über die Forderung vorhandenen Urkunden herauszugeben. [2]Erteilt der Vollstreckungsschuldner die Auskunft nicht, ist er auf Verlangen der Vollstreckungsbehörde verpflichtet, sie zu Protokoll zu geben und seine Angaben an Eides statt zu versichern. [3]Die Vollstreckungsbehörde kann die eidesstattliche Versicherung der Lage der Sache entsprechend ändern. [4]§ 284 Absatz 5, 6 und 8 gilt sinngemäß. [5]Die Vollstreckungsbehörde kann die Urkunden durch den Vollziehungsbeamten wegnehmen lassen oder ihre Herausgabe nach den §§ 328 bis 335 erzwingen.**

(3) **[1]Werden die Urkunden nicht vorgefunden, so hat der Vollstreckungsschuldner auf Verlangen der Vollstreckungsbehörde zu Protokoll an Eides statt zu versichern, dass er die Urkunden nicht besitze, auch nicht wisse, wo sie sich befinden. [2]Absatz 2 Satz 3 und 4 gilt entsprechend.**

(4) **Hat ein Dritter die Urkunde, so kann die Vollstreckungsbehörde auch den Anspruch des Vollstreckungsschuldners auf Herausgabe geltend machen.**

Abs 2 S 4 geändert durch ZKAnpG v 22.12.14 (BGBl I, 2417).

1 **1. Inhalt.** Die Vorschrift behandelt die **rechtlichen Wirkungen** der Einziehungsverfügung und entspricht zum Teil § 836 ZPO. Sie ersetzt die förmlichen Erklärungen des VollstrSchuldners, von denen nach bürgerlichem Recht die Berechtigung zur Einziehung abhängt.

2 **2. Bedeutung der Einziehungsanordnung.** Die Einziehungsanordnung hat nur Wirkung, wenn die Pfändung wirksam ist. Zu ihrer Wirkung s iÜ § 314 Rz 2.

3 **3. Ersatz förmlicher Erklärungen.** Die Einziehungsverfügung ersetzt nach Abs 1 S 1 die nach bürgerlichem Recht für die Berechtigung zur Einziehung er-

forderlichen förmlichen Erklärungen des VollstrSchuldners. Sie ersetzt bei Wechseln und anderen indossablen Papieren (Pfändung nach § 312) das sog Inkasso- oder Prokura-Indossament (Art 18 WG) und kann auf das Papier gesetzt werden (*TK/Loose* Rz 7). Abs 1 S 2 stellt klar, dass die Einziehungsverfügung auch bei einer Forderung, für die eine Hypothek, Schiffshypothek oder ein Registerpfandrecht an einem Luftfahrzeug besteht, genügt.

4. Schutz des Drittschuldners. Abs 1 S 3 schützt den Drittschuldner, wenn er eine zu Unrecht ergangene Einziehungsverfügung erfüllt, ggü dem VollstrSchuldner. Danach gilt zugunsten des Drittschuldners die zu Unrecht ergangene Einziehungsverfügung ggü dem VollstrSchuldners solange als rechtmäßig, bis sie aufgehoben ist und der Drittschuldner hiervon erfährt. Dieser kann sich evtl wegen Amtspflichtverletzung schadlos halten. 4

5. Hilfspflichten des VollstrSchuldners. Abs 2 regelt die Hilfspflichten des VollstrSchuldners. Als solche werden genannt: 5

– Auskunftspflicht über die Forderung,
– Pflicht zur Erklärung zu Protokoll und Versicherung an Eides statt bei Nichterteilung der Auskunft,
– Herausgabe von Urkunden über die Forderung (auch bloße Beweisurkunden),
– Pflicht zur eidesstattlichen Versicherung bei Nichtvorfinden der Urkunden.

6. Erzwingung der Auskunfts- und Herausgabepflicht. Wiedersetzt sich der VollstrSchuldner seiner Verpflichtung nach Abs 2 S 1, die zur Geltendmachung der Forderung nötige Auskunft zu erteilen und die über die Forderung vorhandenen Urkunden herauszugeben, hat die VollstrBehörde nach Abs 2 S 2–5 die Möglichkeit, die Mitwirkungspflicht zu erzwingen. Erteilt der VollstrSchuldner die Auskunft nicht, ist er auf Verlangen der VollstrBehörde verpflichtet, sie zu Protokoll zu geben und seine Angabe an Eides statt zu versichern. § 284 Abs 5, 6 und 8 gelten sinngemäß, sodass die VollstrBehörde zur Erzwingung der Auskunft die Anordnung der Haft beantragen kann. Die VollzBeamte kann die **Urkunden wegnehmen oder die Herausgabe** nach den §§ 328 bis 335 **erzwingen.** Werden die Urkunden nicht aufgefunden, hat der VollstrSchuldner nach Abs 3 auf Verlangen der VollstrBehörde zu Protokoll an Eides statt zu versichern, dass er die Urkunden nicht besitzt und auch nicht weiß, wo sie sich befinden. 6

7. Herausgabeanspruch gegen Dritte. Befindet sich eine Urkunde im Besitz eines Dritten, so kann die VollstrBehörde den Herausgabeanspruch des VollstrSchuldners nach Abs 4 gegen den Dritten unmittelbar geltend machen. Einer gesonderten Einziehungsverfügung bedarf es anders als nach § 886 ZPO nicht. Der Anspruch muss notfalls im Zivilrechtsweg verfolgt werden (*TK/Loose* Rz 24). Die §§ 328 bis 325 gelten im Verhältnis zum Dritten nicht. 7

§ 316 Erklärungspflicht des Drittschuldners

(1) [1] **Auf Verlangen der Vollstreckungsbehörde hat ihr der Drittschuldner binnen zwei Wochen, von der Zustellung der Pfändungsverfügung an gerechnet, zu erklären:**

1. ob und inwieweit er die Forderung als begründet anerkenne und bereit sei, zu zahlen,
2. ob und welche Ansprüche andere Personen an die Forderung erheben,
3. ob und wegen welcher Ansprüche die Forderung bereits für andere Gläubiger gepfändet sei;
4. ob innerhalb der letzten zwölf Monate im Hinblick auf das Konto, dessen Guthaben gepfändet worden ist, nach § 850l der Zivilprozessordnung die Unpfändbarkeit des Guthabens angeordnet worden ist, und

5. **ob es sich bei dem Konto, dessen Guthaben gepfändet worden ist, um ein Pfändungsschutzkonto im Sinne von § 850k Abs. 7 der Zivilprozessordnung handelt.**

[2]**Die Erklärung des Drittschuldners zu Nummer 1 gilt nicht als Schuldanerkenntnis.**

(2) [1]**Die Aufforderung zur Abgabe dieser Erklärung kann in die Pfändungsverfügung aufgenommen werden.** [2]**Der Drittschuldner haftet der Vollstreckungsbehörde für den Schaden, der aus der Nichterfüllung seiner Verpflichtung entsteht.** [3]**Er kann zur Abgabe der Erklärung durch ein Zwangsgeld angehalten werden; § 334 ist nicht anzuwenden.**

(3) **Die §§ 841 bis 843 der Zivilprozessordnung sind anzuwenden.**

Abs 1 S 1 Nrn 4 und 5 angefügt, Nr 4 mWv 1.1.2012 geändert durch Art 4 und Art 7 des G v 7.7.09 (BGBl I, 1707).

1 **1. Inhalt.** Die Vorschrift regelt die Erklärungspflicht des Drittschuldners. Sie weicht insoweit von § 840 ZPO ab, als sie ausdrücklich bestimmt, dass der Drittschuldner zur Abgabe der Erklärungen durch ein **Zwangsgeld** angehalten werden kann. Gleichzeitig wird jedoch klargestellt, dass die Erklärungen des Drittschuldners auf die Frage, ob und inwieweit er die Forderung als begründet anerkenne und bereit sei, zu zahlen, weder ein Anerkenntnis iSv § 781 BGB noch ein sog deklaratorisches Schuldanerkenntnis darstellen. Damit kann der Drittschuldner auch diese Frage ohne jedes rechtliche Risiko beantworten.

Durch **Gesetz zur Reform des Kontopfändungsschutzes** v 7.7.2009 (BGBl I, 1707) ist die Aufzählung in Abs 1 durch zwei neue Nummern (4. und 5.) ergänzt worden. Nach Nr 4 hat der Drittschuldner nach der Pfändung des Guthabens auf einem Konto bei einem Kreditinstitut auch zu erklären, ob innerhalb der letzten zwölf Monate im Hinblick auf das Konto nach § 850l ZPO die Unpfändbarkeit des Guthabens angeordnet worden ist, und nach Nr 5, ob es sich um ein Pfändungsschutzkonto iSv § 850k VII ZPO handelt (vgl §§ 309 Rz 41 ff, 319 Rz 1 und 24).

2 Da nach § 309 III AO iVm § 833a ZPO die künftigen Tagessalden von der Kontopfändung mit umfasst werden (s § 309 Rz 18), ist auch die **Auskunft eines Kreditinstituts** über den Kontostand bei Pfändung von künftigen Kontokorrentguthaben erzwingbar (vgl BGH ZIP 83, 34).

3 **2. Form der Erklärung.** Der Drittschuldner kann die Fragen schriftlich oder mündlich zu Protokoll beantworten. Die Frage nach dem Anerkenntnis der Forderung und der Zahlungsbereitschaft braucht der Drittschuldner nur zu bejahen oder ganz oder teilweise zu verneinen. Eine Begründung für die Verneinung braucht er nicht zu geben (*TK/Loose* Rz 6; *Koenig/Fritsch* Rz 3; aA Foerste NJW 99, 904). Streitig ist, ob die Bejahung oder Verneinung eine Willenserklärung (so FG Mster EFG 02, 374) oder Wissenserklärung (so zu Recht BGH NJW 78, 44; BGHZ 83, 308; *TK/Loose* Rz 4; *Koenig/Fritsch* Rz 3) ist. Der Drittschuldner hat für seine Erklärung keinen Anspruch auf Kostenerstattung ggü dem Fiskus und dem VollstrSchuldner, da er eine eigene gesetzliche Verpflichtung erfüllt (BGH NJW 99, 2276; *TK/Loose* Rz 14). Allgemeine Geschäftsbedingungen der Kreditinstitute, in denen für die Bearbeitung der Pfändung des Fiskus ein Entgelt verlangt wird, verstoßen gegen § 307 I, II BGB (BGH NJW 00, 651; *Koenig/Fritsch* Rz 18). Die Ablehnung der Kostenerstattung durch die VollstrBehörde ist VA (FG BaWü EFG 94, 819).

4 **3. Schadensersatzpflicht des Drittschuldners.** Verletzt der Drittschuldner seine Mitwirkungspflicht, in dem er die **Auskunft verweigert oder verspätete, unrichtige oder unvollständige Angaben macht,** haftet er nach Abs 2 S 2 der

VollstrBehörde für den hieraus entstandenen Schaden. Diese Schadensersatzpflicht besteht nur bei Verschulden (BGHZ 79, 275; BGH MDR 83, 308; *BLAH/Hartmann* § 840 Rz 16; *TK/Loose* Rz 15). Die Beweispflicht für das Nichtverschulden liegt beim Drittschuldner (BGHZ 79, 225). Bei falschen Angaben kann außerdem StHinterziehung in Betracht kommen (BGHZ BStBl 76, 445).

4. Pflicht zur Streitverkündung

§ 841 ZPO Pflicht zur Streitverkündung 5

Der Gläubiger, der die Forderung einklagt, ist verpflichtet, dem Schuldner gerichtlich den Streit zu verkünden, sofern nicht eine Zustellung im Ausland oder eine öffentliche Zustellung erforderlich wird.

5. Verzögerte Beitreibung

§ 842 ZPO Schadenersatz bei verzögerter Beitreibung 6

Der Gläubiger, der die Beitreibung einer ihm zur Einziehung überwiesenen Forderung verzögert, haftet dem Schuldner für den daraus entstehenden Schaden.

6. Verzicht des Pfandgläubigers

§ 843 ZPO Verzicht des Pfandgläubigers 7

[1]Der Gläubiger kann auf die durch Pfändung und Überweisung zur Einziehung erworbenen Rechte unbeschadet seines Anspruchs verzichten. [2]Die Verzichtleistung erfolgt durch eine dem Schuldner zuzustellende Erklärung. [3]Die Erklärung ist auch dem Drittschuldner zuzustellen.

§ 317 Andere Art der Verwertung

[1]Ist die gepfändete Forderung bedingt oder betagt oder ihre Einziehung schwierig, so kann die Vollstreckungsbehörde anordnen, dass sie in anderer Weise zu verwerten ist; § 315 Abs. 1 gilt entsprechend. [2]Der Vollstreckungsschuldner ist vorher zu hören, sofern nicht eine Bekanntgabe außerhalb des Geltungsbereiches des Gesetzes oder eine öffentliche Bekanntmachung erforderlich ist.

1. Inhalt. Die Vorschrift entspricht § 844 ZPO. Danach kann die VollstrBehörde eine andere Weise der Verwertung anordnen, wenn die Einziehung der Forderung schwierig ist. Anders als nach § 305 bei der besonderen Verwertung von Sachen reichen bloße Zweckmäßigkeitserwägungen für die anderweitige Verwertung von Forderungen nicht aus (*BG/Kögel* Rz 4). Die Einziehung muss über das gewöhnliche Maß hinaus schwierig sein (Rz 2). Die Anordnung der anderweitigen Verwertung kann statt der Einziehungsverfügung nach § 314 ergehen. Ist vorher bereits eine Einziehungsverfügung ergangen, wird sie durch die Anordnung nach § 317 ersetzt (*HHSp/Beermann* Rz 10). In Satz 2 wird entspr dem Vorbild in § 844 II ZPO bestimmt, dass der VollstrSchuldner vor der Anordnung einer anderweitigen Verwertung grds anzuhören ist. 1

2. Voraussetzungen. Voraussetzungen für die anderweitige Verwertung sind, 2

- dass die Forderung **bedingt** ist, dh dass sie von einem zukünftigen ungewissen Ereignis abhängig ist (§ 158 BGB) oder
- dass die Forderung **betagt** ist. Betagt ist eine Forderung, wenn sie erst zu einem späteren Zeitpunkt fällig wird. Der betagten Forderung stehen künftige Forderungen gleich (vgl *TK/Loose* Rz 1) oder
- dass die Einziehung der Forderung **schwierig** sein muss. Wann dieser Fall vorliegt, bestimmt sich nach den Umständen des Einzelfalles. Die Einziehung ist aus anderen Gründen schwierig, wenn zB der Drittschuldner zahlungsunfähig ist oder wenn die Forderung von einer Gegenleistung abhängig ist und die Gegenleistung noch nicht erbracht wurde.

3 **3. Rechtsnatur der Anordnung.** Die Anordnung ist ein VA. Er kann ohne Antrag ergehen. Die Anordnung steht im Ermessen der VollstrBehörde und kann zB den freihändigen Verkauf oder die öffentliche Versteigerung enthalten. Auch Überweisung an Zahlungsstatt zum Schätzwert ist möglich. Dagegen ist die Frage, ob die Voraussetzungen für die anderweitige Verwertung vorliegen, eine Rechtsfrage, die gerichtlich voll nachprüfbar ist.

4 **4. Rechtsschutz.** Gegen die Anordnung ist der Einspruch gegeben.

§ 318 Ansprüche auf Herausgabe oder Leistung von Sachen

(1) **Für die Vollstreckung in Ansprüche auf Herausgabe oder Leistung von Sachen gelten außer den §§ 309 bis 317 die nachstehenden Vorschriften.**

(2) [1] **Bei der Pfändung eines Anspruchs, der eine bewegliche Sache betrifft, ordnet die Vollstreckungsbehörde an, dass die Sache an den Vollziehungsbeamten herauszugeben sei.** [2] **Die Sache wird wie eine gepfändete Sache verwertet.**

(3) [1] **Bei Pfändung eines Anspruchs, der eine unbewegliche Sache betrifft, ordnet die Vollstreckungsbehörde an, dass die Sache an einen Treuhänder herauszugeben sei, den das Amtsgericht der belegenen Sache auf Antrag der Vollstreckungsbehörde bestellt.** [2] **Ist der Anspruch auf Übertragung des Eigentums gerichtet, so ist dem Treuhänder als Vertreter des Vollstreckungsschuldners aufzulassen.** [3] **Mit dem Übergang des Eigentums auf den Vollstreckungsschuldner erlangt die Körperschaft, der die Vollstreckungsbehörde angehört, eine Sicherungshypothek für die Forderung.** [4] **Der Treuhänder hat die Eintragung der Sicherungshypothek zu bewilligen.** [5] **Die Vollstreckung in die herausgegebene Sache wird nach den Vorschriften über die Vollstreckung in unbewegliche Sachen bewirkt.**

(4) **Absatz 3 gilt entsprechend, wenn der Anspruch ein im Schiffsregister eingetragenes Schiff, ein Schiffsbauwerk oder Schwimmdock, das im Schiffsbauregister eingetragen ist oder in dieses Register eingetragen werden kann, oder ein Luftfahrzeug betrifft, das in der Luftfahrzeugrolle eingetragen ist oder nach Löschung in der Luftfahrzeugrolle noch in dem Register für Pfandrechte an Luftfahrzeugen eingetragen ist.**

(5) [1] **Dem Treuhänder ist auf Antrag eine Entschädigung zu gewähren.** [2] **Die Entschädigung darf die nach der** ***Zwangsverwalterordnung***[1)] **festzusetzende Vergütung nicht übersteigen.**

Abs 5 S 2 neu gefasst durch G v 9.12.04 (BGBl I, 3310).

1 **1. Inhalt.** Abs 1 bis 3 der Vorschrift entsprechen den §§ 846, 847 ZPO. Abs 4 geht ua auf § 847a ZPO zurück.

2 Die in der Vorschrift geregelte Vollstr in Ansprüche auf Herausgabe oder Leistung von Sachen (Fahrnis, Liegenschaften, Schiffe, Luftfahrzeuge) gehört zur Vollstr in das **bewegliche Vermögen.** Das gilt auch dann, wenn sich der Anspruch auf unbewegliche Sachen richtet. Die Wertgrenze des § 322 iVm § 866 III ZPO von 750 € gilt daher nicht. Bei bewegl Sachen findet die Vorschrift nur Anwendung, wenn der Dritte nicht zur Herausgabe bereit ist. Sonst gilt § 286 IV. Die Vollstreckung in den Anspruch auf Herausgabe führt nicht zur Vollstreckung in die Leistung oder Sache selbst (*BG/Kögel* Rz 1). § 318 regelt die hierfür geltenden Besonderheiten.

---

1) Richtig wohl: „Zwangsverwaltungsverordnung".

2. Anwendung der §§ 309 ff. Die Vorschrift trifft für die Pfändung der Ansprüche auf Herausgabe oder Leistung von Sachen lediglich **zusätzliche Regelungen** zu den §§ 309 bis 317. Zunächst gilt für die Pfändung der Ansprüche daher § 309 und bei indossablen Papieren § 310. Die Wirksamkeit der Pfändung richtet sich daher allein nach diesen Vorschriften. Die in § 318 II und III vorgeschriebene Anordnung der Herausgabe der Sachen an den VollzBeamten bzw an den Treuhänder ist für die Wirksamkeit der Pfändung ohne Bedeutung (allgM, s *Brehm* in *Stein/Jonas* ZPO, 22. Aufl, § 847 Rz 4; *TK/Loose* Rz 9). Aufgrund der Anordnung tritt bei beweglichen Sachen nur an die Stelle des Rechts bzw der Pflicht des Drittschuldners zur Hinterlegung oder zur gemeinschaftlichen Leistung an VollstrBehörde und VollstrSchuldner das Recht und die Pflicht, zur Herausgabe und Leistung an den VollzBeamten (*HHSp/Beermann* Rz 17; *Brehm* in *Stein/Jonas* ZPO, 22. Aufl, § 847 Rz 8). 3

Zu dem Inhalt der Pfändungsverfügung und den Voraussetzungen für ihre Wirksamkeit ist somit auf die Erläuterungen zu §§ 309 ff, insbes zu § 309, zu verweisen. Für die Verwertung des gepfändeten Anspruchs auf Herausgabe oder Leistung von Sachen ist folglich auch eine **Einziehungsverfügung** nach § 314 **erforderlich.** 4

3. Herausgabe und Leistung. Herausgabe bedeutet **Besitzübertragung;** Leistung bedeutet **Übereignung.** Die Ansprüche können dinglich oder schuldrechtl sein. Einer der bedeutsamsten Fälle ist der Anspruch auf Rückübereignung einer vom Schuldner sicherungsübereigneten Sache (vgl hierzu *Noack* DGVZ 72, 81), s näher § 321 Rz 2. 5

4. Bewegliche Sachen. Die Vorschrift ist anwendbar bei Herausgabe und Leistungsanspruch in Bezug auf bewegliche Sachen, auch von Wertpapieren. Die Sache darf zugunsten des Schuldners nicht unpfändbar sein (s dazu näher § 295 Rz 2; BFH BStBl 76, 737; *TK/Loose* Rz 4 mwN). Mit Pfändung des Anspruchs ist nur der Herausgabeanspruch, nicht die Sache selbst gepfändet. Der Drittschuldner darf nur an den **VollzugsBeamten** herausgeben. Ist der Drittschuldner trotz Pfändung des Herausgabeanspruchs nicht zur Herausgabe der Sache bereit, kann der VollzBeamte die Sache nicht wegnehmen oder pfänden. Die VollstrBehörde muss den Anspruch in dem dafür gegebenen Rechtsweg verfolgen (vgl § 309 Rz 26; § 314 Rz 2). Dabei ist § 316 III iVm § 841 ZPO zu beachten. Mit Herausgabe der Sache an den VollzBeamten erwirbt die VollstrBehörde ein Pfändungspfandrecht an der Sache (allgM, s *BLAH/Hartmann* § 847 Rz 7). Die Sache wird dann wie eine gepfändete Sache verwertet. Ist der **Anspruch auf Übertragung des Eigentums** gerichtet, geht mit der Herausgabe der Sache das Eigentum auf den VollstrGläubiger über (*TK/Loose* Rz 13). 6

5. Unbewegliche Sachen. Die Vorschrift gilt auch für Ansprüche auf Herausgabe von unbeweglichen Sachen und Ansprüche auf Eigentumsübertragung an unbeweglichen Sachen. So ist nach der Vorschrift zB pfändbar das vertraglich vorbehaltene Recht des Schenkers, vom Beschenkten den unentgeltlich übertragenen Grundbesitz jederzeit zurückfordern zu können (FG Nbg EFG 87, 597). Eine Pfändung eines Herausgabeanspruchs ist jedoch begrifflich ausgeschlossen, wenn der VollstrSchuldner in Besitz der Sache ist (BFH BStBl 76, 737). Bloßer Mitbesitz des VollstrSchuldners führt aber zur Anwendung des § 318 I und III und nicht zur Anwendung des § 321 (FG Nbg EFG 87, 597). Bei Pfändung eines Anspruches, der eine unbewegliche Sache betrifft, wird diese nicht an die VollstrBehörde, sondern an einen **Treuhänder,** den das Amtsgericht der belegenen Sache auf Antrag der VollstrBehörde bestimmt, herausgegeben. Die Treuhänderbestellung erfolgt durch das **Amtsgericht** nur auf Antrag der VollstrBehörde. Amtsgericht der belegenen Sache ist das Gericht, in dessen Bezirk das Grundstück liegt. Der Treuhänder ist zur Annahme seines Amtes frei. Die Vergütung bestimmt die VollstrBehörde 7 entspr § 153 ZVG. Die in Abs 5 S 2 genannte Zwangsverwalterordnung (richtig: Zwangsverwalterverordnung) gibt dafür nur gewisse Grundlagen, nennt aber außer zB bei der Verwaltung von Grundstücken, die durch Vermietung oder Verpachtung genutzt werden, keine bestimmten Beträge (s §§ 17 bis 21 der VO).

8 Die Pfändung eines Herausgabeanspruchs (zB wenn Eigentümer Nutzung einem Dritten überlassen hat) ist mit Herausgabe an den Treuhänder vollzogen und erledigt. Eine Sicherungshypothek entsteht nicht. Ist die Pfändung auf einen Anspruch **auf Übertragung des Eigentums** gerichtet, so ist dem Treuhänder als Vertreter des VollstrSchuldners aufzulassen. Mit Eigentumserwerb des Treuhänders entsteht kraft Gesetzes für den Gläubiger, dh die Körperschaft, der die VollstrBehörde angehört, eine Sicherungshypothek für die Forderung. Die Eintragung in das Grundbuch dient nur der Berichtigung des Grundbuchs (*HHSp/Beermann* Rz 33). Die Bewilligung hat der Treuhänder zu geben. Die Vollstr in die herausgegebene Sache erfolgt nach den Bestimmungen über die Zwangsvollstreckung in unbewegliche Sachen, dh durch Zwangsversteigerung oder Zwangsverwaltung.

9 **6. Schiffe etc.** Abs 3 gilt nach Abs 4 entspr, wenn der Anspruch ein im Schiffsregister eingetragenes Schiff, ein Schiffsbauwerk oder Schwimmdock, das im Schiffsregister eingetragen ist oder in dieses Register eingetragen werden kann, oder ein Luftfahrzeug betrifft.

§ 319 Unpfändbarkeit von Forderungen

Beschränkungen und Verbote, die nach §§ 850 bis 852 der Zivilprozessordnung und anderen gesetzlichen Bestimmungen für die Pfändung von Forderungen und Ansprüchen bestehen, gelten sinngemäß.

Übersicht

1 **1. Inhalt.** Die Vorschrift schreibt die sinngemäße Anwendung der Pfändungsverbote und -beschränkungen vor, die nach der ZPO und anderen Gesetzen bestehen (vgl auch oben § 309 Rz 8 ff).

Die danach sinngemäß geltenden Verbote und Beschränkungen der ZPO betreffen vor allem **Arbeitseinkommen** und ähnliche dem Lebensunterhalt dienende Einkünfte, und zwar §§ 850 bis 850k ZPO. Bei Forderungen aus **landwirtschaftlichen Erzeugnissen** und bei **Miet- und Pachtzinsen** wird die weitere Bewirtschaftung des landwirtschaftlichen Betriebs bzw des vermieteten oder verpachteten Grundstücks gesichert (§§ 851a und 851b ZPO). Ferner werden die Pfändung **nicht übertragbarer Forderungen** ausgeschlossen (§ 851 ZPO) und Besonderheiten bei **Pflichtteilsansprüchen** und Schenkungen geregelt (§ 852 ZPO). Von den in anderen Gesetzen als der ZPO enthaltenen Pfändungsbeschränkungen und -verboten ist hauptsächlich § 54 SGB I zu nennen, der die Pfändung von **Sozialleistungen** regelt (s näher Rz 40 ff).

Obwohl durch das insoweit am 1.7.2010 in Kraft tretende **Gesetz zur Reform des Kontopfändungsschutzes** v 7.7.2009 (BGBl I, 1707) § 319 selbst nicht geändert wurde, hat dieses Gesetz über die Verweisung auf die §§ 850 bis 852 ZPO tiefgreifende Auswirkungen auch auf den Pfändungsschutz nach der AO. So wurde durch die Neufassung des § 850i ZPO bewirkt, dass für sämtliche Einkünfte von nicht abhängig beschäftigten Personen Pfändungsschutz möglich ist. Vor allem aber wurde durch § 850k ZPO die Möglichkeit zur Errichtung eines **Pfändungsschutzkontos** geschaffen, auf welchem dem VollstrSchuldner der für die Pfändung von Arbeitseinkommen oder sonstigen Einkommen geltende monatliche Grundfreibetrag quasi automatisch pfändungsfrei gewährt wird, ohne dass es eines besonderen Antrags bedarf (BT-Drs 16/7615, 18 zu Nr 7; näher zum Ganzen s Rz 24 ff).

Missverständlich ist der Wortlaut des § 319 insoweit, als nur von **Beschränkungen und Verboten** der ZPO und anderer Gesetze die Rede ist. Die §§ 850 bis 852 ZPO, auf die verwiesen wird, enthalten in den §§ 850f II und 850h aber auch Erweiterungen der Pfändungsmöglichkeiten. Dies gilt vor allem für § 850h ZPO. Daraus kann jedoch nicht geschlossen werden, auf diese Erweiterungen könnten sich die FinBeh nicht berufen. Die Erweiterungen stehen im Zusammenhang mit den Beschränkungen und Verboten für die Pfändung des Arbeitseinkommens und werden daher mitumfasst (BFH BStBl 97, 308; iErg ebenso *Urban* Stbg 91, 132; *Strunk* BB 92, 1907; aA für § 850h ZPO *App* Stbg 90, 223). 2

Eine Besonderheit ergibt sich daraus, dass im VollstrVerfahren nach der AO die VollstrBehörde zugleich die Funktionen des VollstrGläubigers und des VollstrOrgans wahrnimmt. Dies hat zur Folge, dass die **Pfändungsverbote** und **-beschränkungen** von der VollstrBehörde **von Amts wegen zu beachten** sind (RGZ 151, 285; BFH BStBl 79, 429). Dies ist für die VollstrBehörde mit einer weitergehenden Ermittlungspflicht verbunden (*HHSp/Beermann* Rz 62; *Koenig/Fritsch* Rz 1; aA *BG/Kögel* Rz 6). Das gilt auch in den Fällen (§§ 850i, 850l, 851a und 851b ZPO), in denen nach der ZPO der Pfändungsschutz nur auf Antrag des VollstrSchuldners erfolgt und das VollstrGericht allenfalls (s §§ 851a II und 851b II ZPO) bei offenkundigem Vorliegen der Voraussetzungen für den Pfändungsschutz von der Pfändung absieht. Verletzt die VollstrBehörde Vollstreckungsschutzvorschriften, kommt ein **Amtshaftungsanspruch** nach § 839 BGB in Betracht (BGH BB 82, 1451; s auch § 32 Rz 7 ff). 3

Kann die VollstrBehörde aus ihren Akten oder anderweitig nicht feststellen, ob die Voraussetzungen für die Pfändbarkeit gegeben sind, kann es angebracht sein, den VollstrSchuldner zu hören. Die Anhörung steht in pflichtgemäßem Ermessen der VollstrBehörde. Sie ist jedoch zwingend geboten, wenn sie in der Vollstreckungsschutzvorschrift, wie zB in § 850b III ZPO, angeordnet worden ist, da ansonsten die Pfändungs- und Einziehungsverfügung rechtswidrig ist (vgl FG Sachs-Anh EFG 11, 943). 4

Die **Verletzung der Pfändungsverbote** und -beschränkungen macht die Pfändung nicht unwirksam, sondern nur **anfechtbar.** Es **entsteht** sowohl die **Pfandverstrickung** als auch ein **Pfändungspfandrecht** (Letzteres str, wie hier 5

BGH NJW 79, 2045; *Strunk* BB 92, 1907; *BLAH/Hartmann* Einf §§ 850–852 Rz 8; *TP/Seiler* § 850 Rz 5; *BG/Kögel* Rz 10; aA BAG NJW 77, 76; RGZ 151, 285). Die Unwirksamkeit der Pfändung ist nur bei wesentlichen Formverstößen oder bei Fehlen der Voraussetzungen für eine Vollstreckung überhaupt gegeben (BGH NJW 76, 851; OLG Ddorf NJW 78, 2603).

2. Begriff des Arbeitseinkommens

6 **§ 850 ZPO Pfändungsschutz für Arbeitseinkommen**

(1) Arbeitseinkommen, das in Geld zahlbar ist, kann nur nach Maßgabe der §§ 850a bis 850i gepfändet werden.

(2) Arbeitseinkommen im Sinne dieser Vorschrift sind die Dienst- und Versorgungsbezüge der Beamten, Arbeits- und Dienstlöhne, Ruhegelder und ähnliche nach dem einstweiligen oder dauernden Ausscheiden aus dem Dienst- oder Arbeitsverhältnis gewährte fortlaufende Einkünfte, ferner Hinterbliebenenbezüge sowie sonstige Vergütungen für Dienstleistungen aller Art, die die Erwerbstätigkeit des Schuldners vollständig oder zu einem wesentlichen Teil in Anspruch nehmen.

(3) Arbeitseinkommen sind auch die folgenden Bezüge, soweit sie in Geld zahlbar sind:
a) Bezüge, die ein Arbeitnehmer zum Ausgleich für Wettbewerbsbeschränkungen für die Zeit nach Beendigung seines Dienstverhältnisses beanspruchen kann;
b) Renten, die auf Grund von Versicherungsverträgen gewährt werden, wenn diese Verträge zur Versorgung des Versicherungsnehmers oder seiner unterhaltsberechtigten Angehörigen eingegangen sind.

(4) Die Pfändung des in Geld zahlbaren Arbeitseinkommens erfasst alle Vergütungen, die dem Schuldner aus der Arbeits- oder Dienstleistung zustehen, ohne Rücksicht auf ihre Benennung oder Berechnungsart.

Für die Pfändung des Arbeitseinkommens gilt § 313. Danach erstreckt sich das Pfandrecht auch auf Beträge, die später anfallen. Der Pfändungsschutz für Arbeitseinkommen gem § 850 ZPO ist von **Amts wegen** zu beachten (s Rz 3).

7 Unter **Arbeitseinkommen** fallen alle Bezüge aus einem jetzigen oder früheren oder uU sogar einem zukünftigen (vgl oben § 309 Rz 8) Arbeits- oder Dienstverhältnis im weitesten Sinne (vgl *TK/Loose* Rz 13; *BLAH/Hartmann* § 850 Rz 3). Nicht entscheidend ist, ob ein Arbeitsvertrag vorliegt, daher werden zB auch Bezüge eines Vorstandsmitglieds einer Aktiengesellschaft (BGH NJW 81, 2466) oder Ansprüche des Kassenarztes aus dem Kassenarztverhältnis (BFH BStBl 51, 58; OLG Ddorf MDR 53, 559; *BLAH/Hartmann* § 850 Rz 11) erfasst. Auch eine Sozialplanabfindung oder Kündigungsabfindung werden erfasst (BAG DB 92, 585; MDR 02, 764; LAG Hamm MDR 04, 714). Bezüge von selbständig Tätigen (Handwerkern, Ärzten usw) fallen iÜ unter § 850i ZPO (s unten Rz 23). Auf das Eigengeldguthaben eines Strafgefangenen finden die Pfändungsschutzbestimmungen keine Anwendung (BGH NJW 15, 2493; BFH BStBl 04, 389). Jedenfalls findet § 850c ZPO keine Anwendung (BFH aaO; s auch Rz 13).

8 **Fortgezahlte Bezüge** (bei Krankheit, Urlaubsentgelt und Urlaubsabgeltung; zur Unpfändbarkeit für die Dauer eines Urlaubs über das Arbeitseinkommen hinaus gewährten Bezüge s unten § 850a Nr 2 ZPO, Rz 10) gehören zum Arbeitseinkommen. Ebenso unterliegen Ansprüche aus Sozialleistungen mit Lohnersatzfunktion (Kurzarbeitergeld, Schlechtwettergeld, Wintergeld) der Einzelvollstr nach Maßgabe der §§ 850ff ZPO, da sie, soweit sie den pfändungsfreien Betrag übersteigen, gem § 53 III SGB I abgetreten und verpfändet werden können (LG Dortmund ZIP 81, 783; s dazu und zum Arbeitslosengeld näher unten Rz 18ff). **LSt-Erstattungsansprüche** sind kein Arbeitseinkommen und unterliegen nicht der Beschränkung der §§ 850ff (vgl BFH/NV 96, 10; 99, 738; 06, 1447; 10, 1856; s auch § 309 Rz 14). Das Gleiche gilt für USt-Vergütungsansprüche (BFH/NV 13, 712). Ferner stellen einmalige Kapitalleistungen aus einer Kapitalversicherung zur Versorgung des Versicherungsnehmers oder seiner Angehörigen keine durch §§ 850ff ZPO geschützten Renten dar (BFH BStBl 91, 747; 09, 592; BFH/NV

03, 1538; FG Brem EFG 99, 418). Anders ist es aber für Rentenzahlungen aus einer Kapitallebensversicherung (FG Saarl EFG 99, 1065). Sie fallen unter Abs 3 Buchst b oder uU unter § 851c oder § 851d. Besteht aber lediglich ein Rentenwahlrecht bei der Kapitallebensversicherung, so führt dies vor der Ausübung des Wahlrechts noch nicht zur Unpfändbarkeit, sondern das Wahlrecht wird von der Pfändung miterfasst (vgl auch § 309 Rz 30). Der Versicherungsnehmer kann daher das Wahlrecht nicht mehr ausüben, um Pfändungsschutz herbeizuführen (BFH BStBl 09, 592). Ändern ArbG und ArbN ihre ursprüngliche Lohnvereinbarung dahin, dass in Zukunft anstelle des monatlichen Barlohns vom ArbG eine Versicherungsprämie auf einen Lebensversicherungsvertrag zugunsten des ArbN (Direktversicherung) gezahlt werden soll (Gehaltsumwandlung), entstehen insoweit keine pfändbaren Ansprüche auf Arbeitseinkommen mehr (BAG HFR 99, 499). Nicht erfasst werden auch allgemein Kapitaleinkommen oder Forderungen aus Vermietung und Verpachtung und Verkauferlöse (BFH/NV 99, 443; 00, 6; FG BaWü EFG 99, 687). Bei Miet- und Pachtzinsen besteht Pfändungsschutz nur im Rahmen des § 851b ZPO (s Rz 34).

Der Anspruch auf **vermögenswirksame Leistungen** ist Arbeitseinkommen, 9
jedoch unübertragbar (§ 2 VII 2 Fünftes VermBG) sowie wegen § 851 ZPO unpfändbar. Kein Arbeitseinkommen, aber trotzdem nach § 13 III 2 Fünftes VermBG unübertragbar und daher nach § 851 ZPO unpfändbar, ist auch die Arbeitnehmersparzulage. Kein Arbeitseinkommen und frei pfändbar ist dagegen das angelegte Geld, insbes das Sparguthaben (LG Essen MDR 73, 323).

3. Absolut unpfändbare Bezüge

§ 850 a ZPO Unpfändbare Bezüge 10

Unpfändbar sind

1. zur Hälfte die für die Leistung von Mehrarbeitsstunden gezahlten Teile des Arbeitseinkommens;
2. die für die Dauer eines Urlaubs über das Arbeitseinkommen hinaus gewährten Bezüge, Zuwendungen aus Anlass eines besonderen Betriebsereignisses und Treugelder, soweit sie den Rahmen des Üblichen nicht übersteigen;
3. Aufwandsentschädigungen, Auslösungsgelder und sonstige soziale Zulagen für auswärtige Beschäftigungen, das Entgelt für selbstgestelltes Arbeitsmaterial, Gefahrenzulagen sowie Schmutz- und Erschwerniszulagen, soweit diese Bezüge den Rahmen des Üblichen nicht übersteigen;
4. Weihnachtsvergütungen bis zum Betrag der Hälfte des monatlichen Arbeitseinkommens, höchstens aber bis zum Betrag von 500 Euro;
5. Geburtsbeihilfen sowie Beihilfen aus Anlass der Eingehung einer Ehe oder Begründung einer Lebenspartnerschaft, sofern die Vollstreckung wegen anderer als der aus Anlass der Geburt, der Eingehung einer Ehe oder der Begründung einer Lebenspartnerschaft entstandenen Ansprüche betrieben wird;
6. Erziehungsgelder, Studienbeihilfen und ähnliche Bezüge;
7. Sterbe- und Gnadenbezüge aus Arbeits- oder Dienstverhältnissen;
8. Blindenzulagen.

Die aufgeführten Bezüge bleiben bei der Berechnung des pfändbaren Einkommens **außer Betracht** und dürfen nicht für sich allein gepfändet werden. Die Pfändung des Arbeitseinkommens erstreckt sich nicht auf sie. Das gilt auch dann, wenn darüber in der Pfändungsverfügung nichts gesagt wird (*HHSp/Beermann* Rz 35).

4. Bedingt unpfändbare Bezüge

§ 850 b ZPO Bedingt pfändbare Bezüge 11

(1) Unpfändbar sind ferner

1. Renten, die wegen einer Verletzung des Körpers oder der Gesundheit zu entrichten sind;
2. Unterhaltsrenten, die auf gesetzlicher Vorschrift beruhen, sowie die wegen Entziehung einer solchen Forderung zu entrichtenden Renten;

3. fortlaufende Einkünfte, die ein Schuldner aus Stiftungen oder sonst auf Grund der Fürsorge und Freigebigkeit eines Dritten oder auf Grund eines Altenteils oder Auszugsvertrags bezieht;
4. Bezüge aus Witwen-, Waisen-, Hilfs- und Krankenkassen, die ausschließlich oder zu einem wesentlichen Teil zu Unterstützungszwecken gewährt werden, ferner Ansprüche aus Lebensversicherungen, die nur auf den Todesfall des Versicherungsnehmers abgeschlossen sind, wenn die Versicherungssumme 3579 Euro nicht übersteigt.

(2) Diese Bezüge können nach den für Arbeitseinkommen geltenden Vorschriften gepfändet werden, wenn die Vollstreckung in das sonstige bewegliche Vermögen des Schuldners zu einer vollständigen Befriedigung des Gläubigers nicht geführt hat oder voraussichtlich nicht führen wird und wenn nach den Umständen des Falles, insbesondere nach der Art des beizutreibenden Anspruchs und der Höhe der Bezüge, die Pfändung der Billigkeit entspricht.

(3) Das Vollstreckungsgericht soll vor seiner Entscheidung die Beteiligten hören.

Die in der Vorschrift genannten Einkünfte bleiben bei der Berechnung des pfändbaren Einkommens außer Betracht. Die VollstrBehörde kann aber unter den Voraussetzungen des Abs 2 **konstitutiv die Pfändung zulassen.** In diesem Fall werden die Einkünfte wie pfändbares Arbeitseinkommen behandelt. Sie werden nach § 850 IV zusammengerechnet. Der Schuldner ist nach § 850b III ZPO vor der Zulassung der Pfändung zu hören. Verletzt die VollstrBehörde diese **Anhörungspflicht**, ist die Pfändungs- und Einziehungsverfügung rechtswidrig (vgl FG SachsAnh EFG 11, 943).

12 Von Abs 1 Nr 1 der Vorschrift werden auch Invaliditätsrenten, die auf vertraglicher Grundlage (Versicherungsvertrag) beruhen, erfasst (BGHZ 70, 206; BFH/NV 91, 261; FG SachsAnh EFG 11, 943). Unter die Nr 2 des Abs 1 fällt auch der Taschengeldanspruch eines Ehegatten gegen den anderen (FG Bln EFG 91, 589; sehr str, vgl *BLAH/Hartmann* § 850b Rz 6 mwN). Nicht unter die Vorschrift fallen Leistungen, die vom SGB erfasst werden (zB Renten aus der gesetzlichen Rentenversicherung oder Unfallversicherung). Für diese Leistung geht die Spezialbestimmung des § 54 SGB I vor (s dazu unten Rz 40 ff).

5. Umfang der Unpfändbarkeit

13 **§ 850 c ZPO Pfändungsgrenzen für Arbeitseinkommen**

(1) [1] Arbeitseinkommen ist unpfändbar, wenn es, je nach dem Zeitraum, für den es gezahlt wird, nicht mehr als
1133,80 Euro monatlich,
260,93 Euro wöchentlich oder
52,19 Euro täglich,
beträgt. [2] Gewährt der Schuldner auf Grund einer gesetzlichen Verpflichtung seinem Ehegatten, einem früheren Ehegatten, seinem Lebenspartner, einem früheren Lebenspartner oder einem Verwandten oder nach §§ 1615l, 1615n des Bürgerlichen Gesetzbuchs einem Elternteil Unterhalt, so erhöht sich der Betrag, bis zu dessen Höhe Arbeitseinkommen unpfändbar ist, auf bis zu
2511,43 Euro monatlich,
577,97 Euro wöchentlich oder
115,59 Euro täglich,
und zwar um
426,71 Euro monatlich,
98,20 Euro wöchentlich oder
19,64 Euro täglich,
für die erste Person, der Unterhalt gewährt wird, und um je
237,73 Euro monatlich,
54,71 Euro wöchentlich oder
10,94 Euro täglich
für die zweite bis fünfte Person.

(2) [1] Übersteigt das Arbeitseinkommen den Betrag, bis zu dessen Höhe es je nach der Zahl der Personen, denen der Schuldner Unterhalt gewährt, nach Absatz 1 unpfändbar ist, so ist es hinsichtlich des überschießenden Betrages zu einem Teil unpfändbar, und zwar in Höhe von drei Zehnteln, wenn der Schuldner keiner der in Absatz 1 genannten Personen Unterhalt

gewährt, zwei weiteren Zehnteln für die erste Person, der Unterhalt gewährt wird, und je einem weiteren Zehntel für die zweite bis fünfte Person. [2] Der Teil des Arbeitseinkommens, der 3475,79 Euro monatlich (799,91 Euro wöchentlich, 159,98 Euro täglich) übersteigt, bleibt bei der Berechnung des unpfändbaren Betrages unberücksichtigt.

(2a) [1] Die unpfändbaren Beträge nach Absatz 1 und Absatz 2 Satz 2 ändern sich jeweils zum 1. Juli eines jeden zweiten Jahres, erstmalig zum 1. Juli 2003, entsprechend der im Vergleich zum jeweiligen Vorjahreszeitraum sich ergebenden prozentualen Entwicklung des Grundfreibetrages nach § 32a Abs. 1 Nr. 1 des Einkommensteuergesetzes; der Berechnung ist die am 1. Januar des jeweiligen Jahres geltende Fassung des § 32a Abs. 1 Nr. 1 des Einkommensteuergesetzes zugrunde zu legen. [2] Das Bundesministerium der Justiz und für Verbraucherschutz gibt die maßgebenden Beträge rechtzeitig im Bundesgesetzblatt bekannt.[1)]

(3) [1] Bei der Berechnung des nach Absatz 2 pfändbaren Teils des Arbeitseinkommens ist das Arbeitseinkommen, gegebenenfalls nach Abzug des nach Absatz 2 Satz 2 pfändbaren Betrages, wie aus der Tabelle ersichtlich, die diesem Gesetz als Anlage beigefügt ist, nach unten abzurunden, und zwar bei Auszahlung für Monate auf einen durch 10 Euro, bei Auszahlung für Wochen auf einen durch 2,50 Euro oder bei Auszahlung für Tage auf einen durch 50 Cent teilbaren Betrag. [2] Im Pfändungsbeschluss genügt die Bezugnahme auf die Tabelle.

(4) Hat eine Person, welcher der Schuldner auf Grund gesetzlicher Verpflichtung Unterhalt gewährt, eigene Einkünfte, so kann das Vollstreckungsgericht auf Antrag des Gläubigers nach billigem Ermessen bestimmen, dass diese Person bei der Berechnung des unpfändbaren Teils des Arbeitseinkommens ganz oder teilweise unberücksichtigt bleibt; soll die Person nur teilweise berücksichtigt werden, so ist Absatz 3 Satz 2 nicht anzuwenden.

Die Vorschrift legt den unpfändbaren Teil des Arbeitseinkommens fest. Die nach Abs 2a erforderliche Anpassung ist durch die Pfändungsfreigrenzenbekanntmachung v 25.2.2005 (BGBl I, 493) erfolgt. Gem Pfändungsfreigrenzenbekanntmachung 2017 v 28.3.2017 (BGBl I, 750) ist ab 1.7.2017 eine weitere Erhöhung erfolgt. Diese Beträge sind in den oben in Abs 1 und in Abs 2 S 2 des Gesetzestextes genannten Zahlen wiedergegeben worden, obwohl sie nicht den eigentlichen Gesetzestext ausmachen. Für die Praxis ist dieser Teil in eine **amtliche Tabelle**[2)] umgerechnet worden (Abs 3), aus der sich für das jeweilige Gehalt und anhand der Zahl der unterhaltsberechtigten Personen der pfändbare Betrag ablesen lässt. Dabei ist immer vom Nettoeinkommen auszugehen, das sich nach § 850e ZPO errechnet. Auf das Eigengeldguthaben eines Strafgefangenen nach § 52 StVollzG findet die Vorschr keine Anwendung, sodass dieses in vollem Umfang pfändbar ist (BFH BStBl 04, 389; BGH NJW 15, 2493; s auch Rz 7).

Nach Abs 3 S 2 genügt in der Pfändungsverfügung die **Bezugnahme auf** diese **Tabelle** (Pfändung in Höhe des sich aus der Tabelle ergebenden Betrags). Die Zahl der Unterhaltsberechtigten braucht in der Verfügung nicht angegeben zu werden, da sie der Drittschuldner aus der Lohnsteuerkarte entnehmen kann (*BLAH/Hartmann* § 850c Rz 9). Der Drittschuldner darf dann davon ausgehen, dass der VollstrSchuldner den in der Lohnsteuerkarte angegebenen Personen auch tatsächlich Unterhalt zahlt. Wird tatsächlich kein Unterhalt gezahlt, kann die VollstrBehörde höher pfänden (BAG DB 83, 1263). Zu den berücksichtigungsfähigen Unterhaltsaufwendungen gehören grds nicht vertragliche Unterhaltsverpflichtungen. Die Ausgestaltung einer gesetzlichen Unterhaltsverpflichtung durch Vertrag – zB durch einen gerichtlichen Vergleich oder eine Scheidungsvereinbarung – wird jedoch erfasst (BFH/NV 99, 6). 14

Nach Abs 4 kann das FA anordnen, dass bei der **Berechnung des unpfändbaren Teils des Arbeitseinkommens** eine **unterhaltsberechtigte Person** ganz oder teilweise **unberücksichtigt bleibt.** Diese Anordnung kann von der unterhaltsberechtigten Person mit dem Einspruch angefochten werden (FG Nds EFG 15, 740). 15

---

1) Beträge in Abs 1 und 2 S 2 erhöht zum 1.7.2017 durch Bekanntmachung v 28.3.2017 (BGBl I, 750).

2) Abgedruckt in den Loseblattsammlungen „Schönfelder, Deutsche Gesetze" (Nr **100,** Anlage) und „Steuergesetze" (Nr **835,** Anlage).

6. Pfändbarkeit bei Unterhaltsansprüchen

16 **§ 850 d ZPO Pfändbarkeit bei Unterhaltsansprüchen**

(1) [1] Wegen der Unterhaltsansprüche, die kraft Gesetzes einem Verwandten, dem Ehegatten, einem früheren Ehegatten, dem Lebenspartner, einem früheren Lebenspartner oder nach §§ 1615l, 1615n des Bürgerlichen Gesetzbuchs einem Elternteil zustehen, sind das Arbeitseinkommen und die in § 850a Nr. 1, 2 und 4 genannten Bezüge ohne die in § 850c bezeichneten Beschränkungen pfändbar. [2] Dem Schuldner ist jedoch so viel zu belassen, als er für seinen notwendigen Unterhalt und zur Erfüllung seiner laufenden gesetzlichen Unterhaltspflichten gegenüber den dem Gläubiger vorgehenden Berechtigten oder zur gleichmäßigen Befriedigung der dem Gläubiger gleichstehenden Berechtigten bedarf; von den in § 850a Nr. 1, 2 und 4 genannten Bezügen hat ihm mindestens die Hälfte des nach § 850a unpfändbaren Betrages zu verbleiben. [3] Der dem Schuldner hiernach verbleibende Teil seines Arbeitseinkommens darf den Betrag nicht übersteigen, der ihm nach den Vorschriften des § 850c gegenüber nicht bevorrechtigten Gläubigern zu verbleiben hätte. [4] Für die Pfändung wegen der Rückstände, die länger als ein Jahr vor dem Antrag auf Erlass des Pfändungsbeschlusses fällig geworden sind, gelten die Vorschriften dieses Absatzes insoweit nicht, als nach Lage der Verhältnisse nicht anzunehmen ist, dass der Schuldner sich seiner Zahlungspflicht absichtlich entzogen hat.

(2) Mehrere nach Absatz 1 Berechtigte sind mit ihren Ansprüchen in der Reihenfolge nach § 1609 des Bürgerlichen Gesetzbuchs und § 16 des Lebenspartnerschaftsgesetzes zu berücksichtigen, wobei mehrere gleich nahe Berechtigte untereinander den gleichen Rang haben.

(3) Bei der Vollstreckung wegen der in Absatz 1 bezeichneten Ansprüche sowie wegen der aus Anlass einer Verletzung des Körpers oder der Gesundheit zu zahlenden Renten kann zugleich mit der Pfändung wegen fälliger Ansprüche auch künftig fällig werdendes Arbeitseinkommen wegen der dann jeweils fällig werdenden Ansprüche gepfändet und überwiesen werden.

Die Vorschrift verringert den Pfändungsschutz ggü Unterhaltsansprüchen. Sie hat daher für das VollstrVerfahren nach der AO **keine unmittelbare Bedeutung.** Mittelbare Bedeutung kann sie dann gewinnen, wenn Pfändungen nach der AO mit Pfändungen für Gläubiger solcher Unterhaltsansprüche zusammentreffen (s § 850e Nr 4 ZPO).

7. Berechnung des pfändbaren Arbeitseinkommens

18 **§ 850 e ZPO Berechnung des pfändbaren Arbeitseinkommens**

Für die Berechnung des pfändbaren Arbeitseinkommens gilt Folgendes:

1. [1] Nicht mitzurechnen sind die nach § 850a der Pfändung entzogenen Bezüge, ferner Beträge, die unmittelbar auf Grund steuerrechtlicher oder sozialrechtlicher Vorschriften zur Erfüllung gesetzlicher Verpflichtungen des Schuldners abzuführen sind. [2] Diesen Beträgen stehen gleich die auf den Auszahlungszeitraum entfallenden Beträge, die der Schuldner
   a) nach den Vorschriften der Sozialversicherungsgesetze zur Weiterversicherung entrichtet oder
   b) an eine Ersatzkasse oder an ein Unternehmen der privaten Krankenversicherung leistet, soweit sie den Rahmen des Üblichen nicht übersteigen.
2. [1] Mehrere Arbeitseinkommen sind auf Antrag vom Vollstreckungsgericht bei der Pfändung zusammenzurechnen. [2] Der unpfändbare Grundbetrag ist in erster Linie dem Arbeitseinkommen zu entnehmen, das die wesentliche Grundlage der Lebenshaltung des Schuldners bildet.

2a. [1] Mit Arbeitseinkommen sind auf Antrag auch Ansprüche auf laufende Geldleistungen nach dem Sozialgesetzbuch zusammenzurechnen, soweit diese der Pfändung unterworfen sind. [2] Der unpfändbare Grundbetrag ist, soweit die Pfändung nicht wegen gesetzlicher Unterhaltsansprüche erfolgt, in erster Linie den laufenden Geldleistungen nach dem Sozialgesetzbuch zu entnehmen. [3] Ansprüche auf Geldleistungen für Kinder dürfen mit Arbeitseinkommen nur zusammengerechnet werden, soweit sie nach § 76 des Einkommensteuergesetzes oder nach § 54 Abs. 5 des Ersten Buches Sozialgesetzbuch gepfändet werden können.

3. [1] Erhält der Schuldner neben seinem in Geld zahlbaren Einkommen auch Naturalleistungen, so sind Geld- und Naturalleistungen zusammenzurechnen. [2] In diesem Fall ist der in Geld zahlbare Betrag insoweit pfändbar, als der nach § 850c unpfändbare Teil des Gesamt-

einkommens durch den Wert der dem Schuldner verbleibenden Naturalleistungen gedeckt ist.

4. [1] Trifft eine Pfändung, eine Abtretung oder eine sonstige Verfügung wegen eines der in § 850d bezeichneten Ansprüche mit einer Pfändung wegen eines sonstigen Anspruchs zusammen, so sind auf die Unterhaltsansprüche zunächst die gemäß § 850d der Pfändung in erweitertem Umfang unterliegenden Teile des Arbeitseinkommens zu verrechnen. [2] Die Verrechnung nimmt auf Antrag eines Beteiligten das Vollstreckungsgericht vor. [3] Der Drittschuldner kann, solange ihm eine Entscheidung des Vollstreckungsgerichts nicht zugestellt ist, nach dem Inhalt der ihm bekannten Pfändungsbeschlüsse, Abtretungen und sonstigen Verfügungen mit befreiender Wirkung leisten.

Die Vorschrift bestimmt in Nr 1, dass bei der nach § 850c ZPO erfolgenden Berechnung des pfändbaren Teils des Arbeitseinkommens vom **Nettoeinkommen** auszugehen ist. Von vornherein außer Betracht bleiben daher nicht nur die in Nr 1 genannten unpfändbaren Bezüge nach § 850a ZPO, sondern auch sonstige unpfändbare Bezüge nach § 851 (zB vermögenswirksame Leistungen s Erläut oben zu § 850 ZPO, Rz 9) und die nicht zum Arbeitseinkommen zählenden Bezüge nach § 850b ZPO, sofern nicht von Abs 2 des § 850b ZPO Gebrauch gemacht wird.

Die in Nr 2 vorgeschriebene Zusammenrechnung gilt auch bei Bezügen von mehreren Drittschuldnern. Zu Nr 4 vgl Erläut oben zu § 850d ZPO (Rz 16).

8. Änderung des unpfändbaren Betrags

§ 850f ZPO Änderung des unpfändbaren Betrages 19

(1) Das Vollstreckungsgericht kann dem Schuldner auf Antrag von dem nach den Bestimmungen der §§ 850c, 850d und 850i pfändbaren Teil seines Arbeitseinkommens einen Teil belassen, wenn

a) der Schuldner nachweist, dass bei Anwendung der Pfändungsfreigrenzen entsprechend der Anlage zu diesem Gesetz (zu § 850c) der notwendige Lebensunterhalt im Sinne des Dritten und Elften Kapitels des Zwölften Buches Sozialgesetzbuch oder nach Kapitel 3 Abschnitt 2 des Zweiten Buches Sozialgesetzbuch für sich und für die Personen, denen er Unterhalt zu gewähren hat, nicht gedeckt ist,
b) besondere Bedürfnisse des Schuldners aus persönlichen oder beruflichen Gründen oder
c) der besondere Umfang der gesetzlichen Unterhaltspflichten des Schuldners, insbesondere die Zahl der Unterhaltsberechtigten, dies erfordern

und überwiegende Belange des Gläubigers nicht entgegenstehen.

(2) Wird die Zwangsvollstreckung wegen einer Forderung aus einer vorsätzlich begangenen unerlaubten Handlung betrieben, so kann das Vollstreckungsgericht auf Antrag des Gläubigers den pfändbaren Teil des Arbeitseinkommens ohne Rücksicht auf die in § 850c vorgesehenen Beschränkungen bestimmen; dem Schuldner ist jedoch so viel zu belassen, wie er für seinen notwendigen Unterhalt und zur Erfüllung seiner laufenden gesetzlichen Unterhaltspflichten bedarf.

(3) [1] Wird die Zwangsvollstreckung wegen anderer als der in Absatz 2 und in § 850d bezeichneten Forderungen betrieben, so kann das Vollstreckungsgericht in den Fällen, in denen sich das Arbeitseinkommen des Schuldners auf mehr als monatlich 3435,44 Euro (wöchentlich 781,11 Euro, täglich 151,05 Euro) beläuft, über die Beträge hinaus, die nach § 850c pfändbar wären, auf Antrag des Gläubigers die Pfändbarkeit unter Berücksichtigung der Belange des Gläubigers und des Schuldners nach freiem Ermessen festsetzen. [2] Dem Schuldner ist jedoch mindestens so viel zu belassen, wie sich bei einem Arbeitseinkommen von monatlich 3253,87 Euro (wöchentlich 739,83 Euro, täglich 143,07 Euro) aus § 850c ergeben würde. [3] Die Beträge nach den Sätzen 1 und 2 werden entsprechend der in § 850c Abs. 2a getroffenen Regelung jeweils zum 1. Juli eines jeden zweiten Jahres, erstmalig zum 1. Juli 2003, geändert. [4] Das Bundesministerium der Justiz und für Verbraucherschutz gibt die maßgebenden Beträge rechtzeitig im Bundesgesetzblatt bekannt.[1)]

Nach der Vorschrift kann die VollstrBehörde nach ihrem Ermessen die Pfändungsfreigrenzen unter den Voraussetzungen des Abs 1 heraufsetzen und unter den Voraussetzungen der Abs 2 und 3 herabsetzen (FG RhPf EFG 95, 300 mwN). Ein Grund für die Heraufsetzung sind zB **krankheitsbedingte persönliche Bedürf-**

1) Änderung der Beträge zum 28.3.2017 durch Bekanntmachung v 7.4.2017 BGBl I, 750.

nisse (vgl BFH/NV 99, 6). Jedoch sind bei der Berechnung des Sozialhilfebedarfs oder des Bedarfs für die Grundsicherung von Arbeitssuchenden iSv Abs 1 Buchst a der Vorschrift dann nicht die realen Mietkosten anzusetzen, wenn der VollstrSchuldner eine unverhältnismäßig große und teure Wohnung bewohnt und ihm deshalb ein Wohnungswechsel zuzumuten ist (FG Saarl EFG 00, 161 mwN). Die VollstrBehörde kann und muss ggf die Voraussetzungen des Abs 1 **auch ohne Antrag von Amts** wegen berücksichtigen, wenn sie Kenntnis davon hat (s oben Rz 3). Das Antragserfordernis nach Abs 1 bedeutet aber, dass der VollstrSchuldner eine entgegen der Vorschrift vorgenommene Pfändung nicht gleich mit dem Einspruch angreifen kann, sondern zunächst versuchen muss, bei der VollstrBehörde eine **Änderung der Pfändungsverfügung** zu erreichen.

20 Abs 2 kann für die VollstrBehörde, die (und nicht das VollstrGericht) darüber zu befinden hat (BFH BStBl 97, 308), in Fällen der StHinterziehung Bedeutung haben. Das gilt aber nur für die Hinterziehungszinsen (vgl FG BaWü EFG 87, 598; aA *HHSp/Beermann* Rz 75) und nicht wegen der hinterzogenen Steuer selbst, da der Steueranspruch nicht aufgrund §§ 823 oder 826 BGB sondern aufgrund der Verwirklichung des Steuertatbestandes entstanden ist (BFH BStBl 97, 308; BAG BB 89, 1128; aA *Urban* Stbg 91, 132). Ebenso wird der Haftungsanspruch aus § 71 iVm § 370 nicht erfasst (BFH BStBl 97, 308). Die Beträge in Abs 3 sind die durch die Pfändungsfreigrenzenbekanntmachung 2017 v 28.3.2017 (BGBl I, 750) angepassten Beträge (s dazu Rz 13).

9. Änderung der Unpfändbarkeitsvoraussetzungen

21 **§ 850 g ZPO Änderung der Unpfändbarkeitsvoraussetzungen**

[1] Ändern sich die Voraussetzungen für die Bemessung des unpfändbaren Teils des Arbeitseinkommens, so hat das Vollstreckungsgericht auf Antrag des Schuldners oder des Gläubigers den Pfändungsbeschluss entsprechend zu ändern. [2] Antragsberechtigt ist auch ein Dritter, dem der Schuldner kraft Gesetzes Unterhalt zu gewähren hat. [3] Der Drittschuldner kann nach dem Inhalt des früheren Pfändungsbeschlusses mit befreiender Wirkung leisten, bis ihm der Änderungsbeschluss zugestellt wird.

Die Vorschrift betrifft nur die Fälle, in denen die VollstrBehörde selbst den Pfändungsfreibetrag bzw den pfändbaren Teil des Arbeitseinkommens festgesetzt hat.

10. Verschleiertes Arbeitseinkommen

22 **§ 850 h ZPO Verschleiertes Arbeitseinkommen**

(1) [1] Hat sich der Empfänger der vom Schuldner geleisteten Arbeiten oder Dienste verpflichtet, Leistungen an einen Dritten zu bewirken, die nach Lage der Verhältnisse ganz oder teilweise eine Vergütung für die Leistung des Schuldners darstellen, so kann der Anspruch des Drittberechtigten insoweit auf Grund des Schuldtitels gegen den Schuldner gepfändet werden, wie wenn der Anspruch dem Schuldner zustände. [2] Die Pfändung des Vergütungsanspruchs des Schuldners umfasst ohne weiteres den Anspruch des Drittberechtigten. [3] Der Pfändungsbeschluss ist dem Drittberechtigten ebenso wie dem Schuldner zuzustellen.

(2) [1] Leistet der Schuldner einem Dritten in einem ständigen Verhältnis Arbeiten oder Dienste, die nach Art und Umfang üblicherweise vergütet werden, unentgeltlich oder gegen eine unverhältnismäßig geringe Vergütung, so gilt im Verhältnis des Gläubigers zu dem Empfänger der Arbeits- und Dienstleistungen eine angemessene Vergütung als geschuldet. [2] Bei der Prüfung, ob diese Voraussetzungen vorliegen, sowie bei der Bemessung der Vergütung ist auf alle Umstände des Einzelfalles, insbesondere die Art der Arbeits- und Dienstleistung, die verwandtschaftlichen oder sonstigen Beziehungen zwischen dem Dienstberechtigten und dem Dienstverpflichteten und die wirtschaftliche Leistungsfähigkeit des Dienstberechtigten Rücksicht zu nehmen.

Die Vorschrift fingiert bei sog Lohnschiebungen, dass ein Lohnanspruch dem Schuldner überhaupt oder in größerer Höhe als vereinbart zusteht (zur Geltung innerhalb des § 319 s Rz 2; zur Anwendung bei Wahl einer ungünstigen Steuerklasse s BGH BFH/NV Beil 06, 94). Es genügt die **objektive Sachlage.** Benachteiligungsabsicht von Seiten des VollstrSchuldners oder Drittschuldners ist nicht erforderlich (BGH NJW 79, 1602; *TP/Seiler* § 850h Rz 3).

11. Unpfändbarkeit bei sonstigen Vergütungen

§ 850i ZPO Pfändungsschutz für sonstige Einkünfte 23

(1) [1] Werden nicht wiederkehrend zahlbare Vergütungen für persönlich geleistete Arbeiten oder Dienste oder sonstige Einkünfte, die kein Arbeitseinkommen sind, gepfändet, so hat das Gericht dem Schuldner auf Antrag während eines angemessenen Zeitraums so viel zu belassen, als ihm nach freier Schätzung des Gerichts verbleiben würde, wenn sein Einkommen aus laufendem Arbeits- oder Dienstlohn bestünde. [2] Bei der Entscheidung sind die wirtschaftlichen Verhältnisse des Schuldners, insbesondere seine sonstigen Verdienstmöglichkeiten, frei zu würdigen. Der Antrag des Schuldners ist insoweit abzulehnen, als überwiegende Belange des Gläubigers entgegenstehen.

(2) Die Vorschriften des § 27 des Heimarbeitsgesetzes vom 14. März 1951 (BGBl. I S. 191) bleiben unberührt.

(3) Die Bestimmungen der Versicherungs-, Versorgungs- und sonstigen gesetzlichen Vorschriften über die Pfändung von Ansprüchen bestimmter Art bleiben unberührt.

§ 850i ZPO schützt wiederkehrend zahlbare Vergütungen für persönlich geleistete Arbeiten oder Dienste und sonstige Einkünfte, die kein Arbeitseinkommen sind. Damit werden alle Einkunftsarten des VollstrSchuldners erfasst. Der Begriff der Einkünfte ist dabei autonom und nicht etwa iSv § 2 EStG auszulegen (BT-Drs 16/7615, 18 zu Art 1 Nr 6). § 850i ZPO hat danach vor allem Bedeutung für **selbständig Tätige** (freie Berufe, zB Ärzte, Rechtsanwälte, aber auch Handwerker usw, zu Rechtsanwälten s auch Rz 25). Nach Abs 2 iVm § 27 Heimarbeitsgesetz gilt allerdings bei Bezügen iSd Heimarbeitsgesetzes grds § 850c ZPO. Unter § 850i ZPO fallen auch Bezüge eines Arbeitnehmers, die zwar Arbeitseinkommen iSv § 850 sind (s Rz 7), aber nicht zum laufenden Entgelt gehören und deshalb nicht von § 850c ZPO erfasst werden. So richtet sich der Pfändungsschutz von Kündigungsabfindungen oder Sozialplanabfindungen nach § 850i ZPO (BAG DB 92, 585).

Sind die Voraussetzungen des § 850i I ZPO offenkundig gegeben, so sind diese von der VollstrBehörde **von Amts wegen** zu berücksichtigen. Andernfalls ist ein Antrag des VollstrSchuldners erforderlich, um den Pfändungsschutz herbeizuführen (*TK/Loose* Rz 67).

Abs 3 stellt den Vorrang von Spezialvorschriften über die Pfändung in anderen Gesetzen klar. Vorrang haben damit vor allem §§ 54 und 55 SGB I (s dazu Rz 40 ff).

12. Pfändungsschutz bei besonders für diesen Zweck eingerichtetem Konto

§ 850k ZPO Pfändungsschutzkonto 24

(1) [1] Wird das Guthaben auf dem Pfändungsschutzkonto des Schuldners bei einem Kreditinstitut gepfändet, kann der Schuldner jeweils bis zum Ende des Kalendermonats über Guthaben in Höhe des monatlichen Freibetrages nach § 850c Abs. 1 Satz 1 in Verbindung mit § 850c Abs. 2a verfügen; insoweit wird es nicht von der Pfändung erfasst. [2] Zum Guthaben im Sinne des Satzes 1 gehört auch das Guthaben, das bis zum Ablauf der Frist des § 835 Absatz 4 nicht an den Gläubiger geleistet oder hinterlegt werden darf. [3] Soweit der Schuldner in dem jeweiligen Kalendermonat nicht über Guthaben in Höhe des nach Satz 1 pfändungsfreien Betrages verfügt hat, wird dieses Guthaben in dem folgenden Kalendermonat zusätzlich zu dem nach Satz 1 geschützten Guthaben nicht von der Pfändung erfasst. [4] Die Sätze 1 bis 3 gelten entsprechend, wenn das Guthaben auf einem Girokonto des Schuldners gepfändet ist, das vor Ablauf von vier Wochen seit der Zustellung des Überweisungsbeschlusses an den Drittschuldner in ein Pfändungsschutzkonto umgewandelt wird.

(2) [1] Die Pfändung des Guthabens gilt im Übrigen als mit der Maßgabe ausgesprochen, dass in Erhöhung des Freibetrages nach Absatz 1 folgende Beträge nicht von der Pfändung erfasst sind:

1. die pfändungsfreien Beträge nach § 850c Abs. 1 Satz 2 in Verbindung mit § 850c Abs. 2a Satz 1, wenn

a) der Schuldner einer oder mehreren Personen aufgrund gesetzlicher Verpflichtung Unterhalt gewährt oder
b) der Schuldner Geldleistungen nach dem Zweiten oder Zwölften Buch Sozialgesetzbuch für mit ihm in einer Gemeinschaft im Sinne des § 7 Abs. 3 des Zweiten Buches Sozialgesetzbuch oder der §§ 19, 20, 36 Satz 1 oder 43 des Zwölften Buches Sozialgesetzbuch lebende Personen, denen er nicht aufgrund gesetzlicher Vorschriften zum Unterhalt verpflichtet ist, entgegennimmt;

2. einmalige Geldleistungen im Sinne des § 54 Abs. 2 des Ersten Buches Sozialgesetzbuch und Geldleistungen zum Ausgleich des durch einen Körper- oder Gesundheitsschaden bedingten Mehraufwandes im Sinne des § 54 Abs. 3 Nr. 3 des Ersten Buches Sozialgesetzbuch;
3. das Kindergeld oder andere Geldleistungen für Kinder, es sei denn, dass wegen einer Unterhaltsforderung eines Kindes, für das die Leistungen gewährt oder bei dem es berücksichtigt wird, gepfändet wird.

[2] Für die Beträge nach Satz 1 gilt Absatz 1 Satz 3 entsprechend.

(3) An die Stelle der nach Absatz 1 und Absatz 2 Satz 1 Nr. 1 pfändungsfreien Beträge tritt der vom Vollstreckungsgericht im Pfändungsbeschluss belassene Betrag, wenn das Guthaben wegen der in § 850d bezeichneten Forderungen gepfändet wird.

(4) [1] Das Vollstreckungsgericht kann auf Antrag einen von den Absätzen 1, 2 Satz 1 Nr. 1 und Absatz 3 abweichenden pfändungsfreien Betrag festsetzen. [2] Die §§ 850a, 850b, 850c, 850d Abs. 1 und 2, die §§ 850e, 850f, 850g und 850i sowie die §§ 851c und 851d dieses Gesetzes sowie § 54 Abs. 2, Abs. 3 Nr. 1, 2 und 3, Abs. 4 und 5 des Ersten Buches Sozialgesetzbuch, § 17 Abs. 1 Satz 2 des Zwölften Buches Sozialgesetzbuch und § 76 des Einkommensteuergesetzes sind entsprechend anzuwenden. [3] Im Übrigen ist das Vollstreckungsgericht befugt, die in § 732 Abs. 2 bezeichneten Anordnungen zu erlassen.

(5) [1] Das Kreditinstitut ist dem Schuldner zur Leistung aus dem nach Absatz 1 und 3 nicht von der Pfändung erfassten Guthaben im Rahmen des vertraglich Vereinbarten verpflichtet. [2] Dies gilt für die nach Absatz 2 nicht von der Pfändung erfassten Beträge nur insoweit, als der Schuldner durch eine Bescheinigung des Arbeitgebers, der Familienkasse, des Sozialleistungsträgers oder einer geeigneten Person oder Stelle im Sinne von § 305 Abs. 1 Nr. 1 der Insolvenzordnung nachweist, dass das Guthaben nicht von der Pfändung erfasst ist. [3] Die Leistung des Kreditinstituts an den Schuldner hat befreiende Wirkung, wenn ihm die Unrichtigkeit einer Bescheinigung nach Satz 2 weder bekannt noch infolge grober Fahrlässigkeit unbekannt ist. [4] Kann der Schuldner den Nachweis nach Satz 2 nicht führen, so hat das Vollstreckungsgericht auf Antrag die Beträge nach Absatz 2 zu bestimmen. [5] Die Sätze 1 bis 4 gelten auch für eine Hinterlegung.

(6) [1] Wird einem Pfändungsschutzkonto eine Geldleistung nach dem Sozialgesetzbuch oder Kindergeld gutgeschrieben, darf das Kreditinstitut die Forderung, die durch die Gutschrift entsteht, für die Dauer von 14 Tagen seit der Gutschrift nur mit solchen Forderungen verrechnen und hiergegen nur mit solchen Forderungen aufrechnen, die ihm als Entgelt für die Kontoführung oder aufgrund von Kontoverfügungen des Berechtigten innerhalb dieses Zeitraums zustehen. [2] Bis zur Höhe des danach verbleibenden Betrages der Gutschrift ist das Kreditinstitut innerhalb von 14 Tagen seit der Gutschrift nicht berechtigt, die Ausführung von Zahlungsvorgängen wegen fehlender Deckung abzulehnen, wenn der Berechtigte nachweist oder dem Kreditinstitut sonst bekannt ist, dass es sich um die Gutschrift einer Geldleistung nach dem Sozialgesetzbuch oder von Kindergeld handelt. [3] Das Entgelt des Kreditinstituts für die Kontoführung kann auch mit Beträgen nach den Absätzen 1 bis 4 verrechnet werden.

(7) [1] In einem der Führung eines Girokontos zugrunde liegenden Vertrag können der Kunde, der eine natürliche Person ist, oder dessen gesetzlicher Vertreter und das Kreditinstitut vereinbaren, dass das Girokonto als Pfändungsschutzkonto geführt wird. [2] Der Kunde kann jederzeit verlangen, dass das Kreditinstitut sein Girokonto als Pfändungsschutzkonto führt. [3] Ist das Guthaben des Girokontos bereits gepfändet worden, so kann der Schuldner die Führung als Pfändungsschutzkonto zum Beginn des vierten auf seine Erklärung folgenden Geschäftstages verlangen.

(8) [1] Jede Person darf nur ein Pfändungsschutzkonto unterhalten. [2] Bei der Abrede hat der Kunde gegenüber dem Kreditinstitut zu versichern, dass er kein weiteres Pfändungsschutzkonto unterhält. [3] Das Kreditinstitut darf Auskunfteien mitteilen, dass es für den Kunden ein Pfändungsschutzkonto führt. [4] Die Auskunfteien dürfen diese Angabe nur verwenden, um Kreditinstituten auf Anfrage zum Zwecke der Überprüfung der Richtigkeit der Versicherung nach Satz 2 Auskunft darüber zu erteilen, ob die betroffene Person ein Pfändungsschutzkonto unterhält. [5] Die Erhebung, Verarbeitung und Nutzung zu einem anderen als dem in Satz 4 genannten Zweck ist auch mit Einwilligung der betroffenen Person unzulässig.

(9) [1] Unterhält ein Schuldner entgegen Absatz 8 Satz 1 mehrere Girokonten als Pfändungsschutzkonten, ordnet das Vollstreckungsgericht auf Antrag eines Gläubigers an, dass nur das von dem Gläubiger in dem Antrag bezeichnete Girokonto dem Schuldner als Pfändungsschutzkonto verbleibt. [2] Der Gläubiger hat die Voraussetzungen nach Satz 1 durch Vorlage entsprechender Erklärungen der Drittschuldner glaubhaft zu machen. [3] Eine Anhörung des Schuldners unterbleibt. [4] Die Entscheidung ist allen Drittschuldnern zuzustellen. [5] Mit der Zustellung der Entscheidung an diejenigen Kreditinstitute, deren Girokonten nicht zum Pfändungsschutzkonto bestimmt sind, entfallen die Wirkungen nach den Absätzen 1 bis 6.

Die Vorschrift bildet den **eigentlichen Kern** der am 1.7.2010 in Kraft getretenen Regelungen des Gesetzes zur Reform des Kontopfändungsschutzes (s dazu oben Rz 1). Das Pfändungsschutzkonto soll einerseits zu einem effektiveren Schutz des VollstrSchuldners führen. Andererseits soll aber auch der Aufwand der Banken und Sparkassen in einem vertretbaren Rahmen gehalten werden, sodass es nicht aus Anlass einer Kontopfändung zur Schließung von Konten kommt (vgl BT-Drs 16/7615, 1). 25

Die Führung eines Kontos als Pfändungsschutzkonto bewirkt nach **Abs 1** der Vorschrift für den VollstrSchuldner einen automatischen Pfändungsschutz in Höhe des monatlichen Freibetrags nach § 850c II 1 iVm § 850 IIa ZPO (Rz 13). Der VollstrSchuldner kann in Höhe dieses Freibetrags weiter über das Konto verfügen. Der durch das Gesetz v 12.4.2011 (BGBl I, 615) **eingefügte Satz 2** steht im Zusammenhang mit dem durch das gleiche Gesetz eingefügten Abs 4 des § 835 ZPO (s dazu § 314 Rz 5 und 8). Danach darf nach Pfändung künftiger Guthaben ein einem Pfändungsschutzkonto gutgeschriebener Betrag erst nach Ablauf des nächsten auf die Gutschrift folgenden Monats an den VollstrGläubiger geleistet oder hinterlegt werden. Die Vorschrift bestimmt, dass auch dieses zurückgehaltene Guthaben ein Guthaben iSd Satzes 1 ist. Der Freibetrag eines Monats kann sich somit aus dem im laufenden Monat vorhandenen Guthaben sowie aus dem Guthaben speisen, das an den Schuldner nach § 835 IV ZPO nicht ausgezahlt werden darf. Der Schuldner erhält also in keinem Fall einen doppelten Freibetrag (BT-Drs 17/4776, 9 zu Nr 2a, § 850k I ZPO). Soweit der Schuldner einen Freibetrag in einem Monat nicht ausnutzt, wächst der Betrag nach Satz 3 des Abs 1 dem folgenden Kalendermonat an. Nach Satz 4 des Abs 1 wirkt der automatische Pfändungsschutz selbst dann, wenn das Guthaben auf einem Girokonto gepfändet wird, das erst nachträglich innerhalb von vier Wochen nach der Zustellung der Einziehungsverfügung an das Kreditinstitut in ein Pfändungsschutzkonto umgewandelt wird. Wegen der Höhe der Freibeträge wird oben auf Rz 13 verwiesen. 26

Abs 2 bis 4 der Bestimmung regeln die Aufstockung des monatlichen Freibetrags in bestimmten Fällen (zB bei Unterhaltsgewährung oder bei der Entgegennahme von Sozialleistungen) und die Möglichkeit der Festsetzung anderer Freibeträge durch die VollstrBehörde. **Abs 5 und 6** haben Rechte und Pflichten des Kreditinstituts bei einem Pfändungsschutzkonto sowie Nachweispflichten des VollstrSchuldners für eine Erhöhung des Freibetrags zum Inhalt. 27

Die **Einrichtung des Pfändungsschutzkontos** ist in **Abs 7** geregelt. Nach Satz 1 des Abs 7 kann schon bei der Einrichtung des Girokontos die Führung als Pfändungsschutzkonto vereinbart werden. Diese Kann-Bestimmung schafft also keinen Kontrahierungszwang für das Kreditinstitut zur Einrichtung eines Girokontos, dass dann als Pfändungsschutzkonto geführt wird. Hat der Kunde allerdings schon ein Girokonto, hat er nach Satz 2 des Abs 7 einen Anspruch darauf, dass sein Konto in ein Pfändungsschutzkonto umgewandelt wird. Ist das Guthaben auf dem Girokonto bereits gepfändet, kann die Umwandlung zwar nur für die Zukunft ab dem vierten Tag nach der Erklärung des VollstrSchuldners verlangt werden (Satz 3 des Abs 7). Der Pfändungsschutz wirkt aber nach Satz 3 des Abs 1 zurück. 28

Ein Pfändungsschutzkonto kann **nur für natürliche Personen** eingerichtet werden. **Jede Person** darf auch **nur ein Pfändungsschutzkonto** haben (Abs 8 S 1). Bei gemeinschaftlich geführten Konten in der Form von „Und-“ oder von 29

„Oder-Konten" kann jeder Kontoinhaber die Führung eines Pfändungsschutzkontos verlangen. Eine Führung des Pfändungsschutzkontos als „Und-" oder als „Oder-Konto" ist nicht zulässig (BT-Drs 16/7615, 12 zu III.1.). Die Führung eines Pfändungsschutzkontos führt zur Einschaltung von Auskunfteien (zB SCHUFA; s Abs 8 S 3 und 4). **Abs 9** enthält Verfahrensregelungen für Fälle, in denen ein VollstrSchuldner (unberechtigt) mehrere Pfändungsschutzkonten führt.

13. Anordnung der Unpfändbarkeit des Pfändungsschutzkontos (§ 850l ZPO).

30 **§ 850l ZPO Anordnung der Unpfändbarkeit von Kontoguthaben auf dem Pfändungsschutzkonto**

[1]Auf Antrag des Schuldners kann das Vollstreckungsgericht anordnen, dass das Guthaben auf dem Pfändungsschutzkonto für die Dauer von bis zu zwölf Monaten der Pfändung nicht unterworfen ist, wenn der Schuldner nachweist, dass dem Konto in den letzten sechs Monaten vor Antragstellung ganz überwiegend nur unpfändbare Beträge gutgeschrieben worden sind, und er glaubhaft macht, dass auch innerhalb der nächsten zwölf Monate nur ganz überwiegend nicht pfändbare Beträge zu erwarten sind. [2]Die Anordnung kann versagt werden, wenn überwiegende Belange des Gläubigers entgegenstehen. [3]Sie ist auf Antrag eines Gläubigers aufzuheben, wenn ihre Voraussetzungen nicht mehr vorliegen oder die Anordnung den überwiegenden Belangen dieses Gläubigers entgegensteht.

Das Guthaben auf dem Vollstreckungsschutzkonto kann auf Antrag des Schuldners vom Vollstreckungsgericht **für die Dauer von bis zu zwölf Monaten** der Pfändung entzogen werden, wenn der Schuldner nachweist, dass dem Konto in den letzten sechs Monaten vor Antragstellung ganz überwiegend nur unpfändbare Beträge gutgeschrieben worden sind und dass auch innerhalb der nächsten zwölf Monate nur ganz überwiegend nicht pfändbare Beträge zu erwarten sind. Die Anordnung kann aufgrund überwiegender Belange des Gläubigers versagt werden, was bei der Vollstreckung durch die VollstrBehörde nicht zu erwarten ist. Allerdings kann diese beantragen, dass die Anordnung aufgehoben wird, wenn ihre Voraussetzungen nicht mehr vorliegen.

14. Unpfändbare Forderungen

31 **§ 851 ZPO Nicht übertragbare Forderungen**

(1) Eine Forderung ist in Ermangelung besonderer Vorschriften der Pfändung nur insoweit unterworfen, als sie übertragbar ist.

(2) Eine nach § 399 des Bürgerlichen Gesetzbuchs nicht übertragbare Forderung kann insoweit gepfändet und zur Einziehung überwiesen werden, als der geschuldete Gegenstand der Pfändung unterworfen ist.

Abs 1 der Vorschrift steht in **Wechselbeziehung** mit **§ 400 BGB,** wonach eine Forderung, die nicht pfändbar ist, auch nicht übertragbar ist. Nach § 851 ZPO sind Forderungen nicht pfändbar, wenn sie aufgrund gesetzlicher Vorschriften nicht übertragen werden können. Beispiele sind Ansprüche auf vermögenswirksame Leistungen (§ 2 VII 2 5. VermBG) oder die Rechte bzw Ansprüche nach § 717 S 1 BGB. Die in § 49b IV BRAO geregelte Einschränkung der Abtretung von Gebührenforderungen der Rechtsanwälte führt nicht zu einer Unübertragbarkeit iSv § 851 I ZPO. Diese Forderungen unterliegen daher grds der Pfändung (BFH BStBl 05, 422; vgl auch Rz 23).

32 Abs 2 lässt in den **Fällen des § 399 BGB** in bestimmten Grenzen die Pfändung und Überweisung von nicht übertragbaren Forderungen zu. Nach § 399 BGB kann eine Forderung nicht abgetreten werden, wenn die Leistung an einen anderen als den ursprünglichen Gläubiger nicht ohne Veränderung ihres Inhalts erfolgen kann oder wenn die Abtretung durch Vereinbarung mit dem Schuldner ausgeschlossen ist. Zweck des § 851 II ZPO ist es, Absprachen zwischen VollstrSchuldner und Drittschuldner zulasten von etwaigen VollstrGläubigern zu verhindern. Unpfändbar sind daher nur Ansprüche, die von **der Sache her zweckge-**

bunden sind oder bei denen sich der VollstrSchuldner dem Drittschuldner ggü **treuhänderisch** gebunden hat, die ihm zufließenden Mittel zu bestimmten Zwecken zu verwenden (BGH MDR 78, 747). Solche Ansprüche können nur im Rahmen ihrer Zweckbestimmung gepfändet werden (*BLAH/Hartmann* § 851 Rz 3 ff).

15. Pfändungsschutz für Landwirte

§ 851a ZPO Pfändungsschutz für Landwirte 33

(1) Die Pfändung von Forderungen, die einem die Landwirtschaft betreibenden Schuldner aus dem Verkauf von landwirtschaftlichen Erzeugnissen zustehen, ist auf seinen Antrag vom Vollstreckungsgericht insoweit aufzuheben, als die Einkünfte zum Unterhalt des Schuldners, seiner Familie und seiner Arbeitnehmer oder zur Aufrechterhaltung einer geordneten Wirtschaftsführung unentbehrlich sind.

(2) Die Pfändung soll unterbleiben, wenn offenkundig ist, dass die Voraussetzungen für die Aufhebung der Zwangsvollstreckung nach Absatz 1 vorliegen.

Die Vorschrift schützt Landwirte zusätzlich zu § 811 Nr 4 ZPO (s § 295 AO). Der VollstrSchutz wird auf Forderungen aus dem Verkauf der nach § 811 Nr 4 ZPO in bestimmten Grenzen unpfändbaren landwirtschaftlichen Erzeugnisse ausgedehnt.

16. Pfändungsschutz bei Miet- und Pachtzinsen

§ 851b ZPO Pfändungsschutz bei Miet- und Pachtzinsen 34

(1) [1] Die Pfändung von Miete und Pacht ist auf Antrag des Schuldners vom Vollstreckungsgericht insoweit aufzuheben, als diese Einkünfte für den Schuldner zur laufenden Unterhaltung des Grundstücks, zur Vornahme notwendiger Instandsetzungsarbeiten und zur Befriedigung von Ansprüchen unentbehrlich sind, die bei einer Zwangsvollstreckung in das Grundstück dem Anspruch des Gläubigers nach § 10 des Gesetzes über die Zwangsversteigerung und die Zwangsverwaltung vorgehen würden. [2] Das Gleiche gilt von der Pfändung von Barmitteln und Guthaben, die aus Miet- oder Pachtzahlungen herrühren und zu den in Satz 1 bezeichneten Zwecken unentbehrlich sind.

(2) [1] Wird der Antrag nicht binnen einer Frist von zwei Wochen gestellt, so ist er ohne sachliche Prüfung zurückzuweisen, wenn das Vollstreckungsgericht der Überzeugung ist, dass der Schuldner den Antrag in der Absicht der Verschleppung oder aus grober Nachlässigkeit nicht früher gestellt hat. [2] Die Frist beginnt mit der Pfändung.

(3) Anordnungen nach Absatz 1 können mehrmals ergehen und, soweit es nach Lage der Verhältnisse geboten ist, auf Antrag aufgehoben oder abgeändert werden.

(4) [1] Vor den in den Absätzen 1 und 3 bezeichneten Entscheidungen ist, soweit dies ohne erhebliche Verzögerung möglich ist, der Gläubiger zu hören. [2] Die für die Entscheidung wesentlichen tatsächlichen Verhältnisse sind glaubhaft zu machen. [3] Die Pfändung soll unterbleiben, wenn offenkundig ist, dass die Voraussetzungen für die Aufhebung der Zwangsvollstreckung nach Absatz 1 vorliegen.

Die Vorschrift schützt ausschl den Unterhalt und die Erhaltung des Grundstücks und nicht den Unterhalt oder die Vermögenserhaltung des VollstrSchuldners.

17. Pfändungsschutz bei Altersrenten

§ 851c ZPO Pfändungsschutz bei Altersrenten 35

(1) Ansprüche auf Leistungen, die auf Grund von Verträgen gewährt werden, dürfen nur wie Arbeitseinkommen gepfändet werden, wenn

1. die Leistung in regelmäßigen Zeitabständen lebenslang und nicht vor Vollendung des 60. Lebensjahres oder nur bei Eintritt der Berufsunfähigkeit gewährt wird,
2. über die Ansprüche aus dem Vertrag nicht verfügt werden darf,
3. die Bestimmung von Dritten mit Ausnahme von Hinterbliebenen als Berechtigte ausgeschlossen ist und
4. die Zahlung einer Kapitalleistung, ausgenommen eine Zahlung für den Todesfall, nicht vereinbart wurde.

(2) [1] Um dem Schuldner den Aufbau einer angemessenen Alterssicherung zu ermöglichen, kann er unter Berücksichtigung der Entwicklung auf dem Kapitalmarkt, des Sterblichkeitsrisi-

kos und der Höhe der Pfändungsfreigrenze, nach seinem Lebensalter gestaffelt, jährlich einen bestimmten Betrag unpfändbar auf der Grundlage eines in Absatz 1 bezeichneten Vertrags bis zu einer Gesamtsumme von 256.000 Euro ansammeln. [2]Der Schuldner darf vom 18. bis zum vollendeten 29. Lebensjahr 2.000 Euro, vom 30. bis zum vollendeten 39. Lebensjahr 4.000 Euro, vom 40. bis zum vollendeten 47. Lebensjahr 4.500 Euro, vom 48. bis zum vollendeten 53. Lebensjahr 6.000 Euro, vom 54. bis zum vollendeten 59. Lebensjahr 8.000 Euro und vom 60. bis zum vollendeten 67. Lebensjahr 9.000 Euro jährlich ansammeln. [3]Übersteigt der Rückkaufwert der Alterssicherung den unpfändbaren Betrag, sind drei Zehntel des überschießenden Betrags unpfändbar. [4]Satz 3 gilt nicht für den Teil des Rückkaufwerts, der den dreifachen Wert des in Satz 1 genannten Betrags übersteigt.

(3) § 850e Nr. 2 und 2a gilt entsprechend.

Die durch das Gesetz zum Pfändungsschutz der Altersvorsorge v 26.3.2007 (BGBl I, 368) in die ZPO eingefügte Vorschrift schafft einen Pfändungsschutz für bestimmte Verträge, die der Altersvorsorge Selbständiger dienen und die bisher der Einzelvollstreckung unterlagen (BFH/R 07, 2159; *TP/Seiler* § 851c Rz 1). Sie (insbes Abs 2) kann aber auch diejenigen schützen, die sich eine zusätzliche Altersvorsorge neben einer arbeitsbedingten Rente aufbauen (*BLAH/Hartmann* § 851c Rz 1). Abs 1 der sehr komplizierten Vorschrift regelt, welche Voraussetzungen die Altersvorsorgeverträge kumulativ erfüllen müssen, damit Zahlungen aus den Verträgen unter den Pfändungsschutz fallen. Kapitallebensversicherungen mit Einmalzahlungen im Erlebensfall scheiden daher aus dem Pfändungsschutz aus (FG Mchn BeckRS 2011, 96261). Abs 2 bestimmt den Umfang des Pfändungsschutzes des Vorsorgevermögens für Verträge der in Abs 1 bezeichneten Art, und aus Abs 3 ergibt sich, dass mehrere von einem Schuldner abgeschlossene Verträge der in Abs 1 bestimmten Art zusammenzurechnen sind.

18. Pfändungsschutz bei stl gefördertem Altersvorsorgevermögen

36 **§ 851d ZPO Pfändungsschutz bei steuerlich gefördertem Altersvorsorgevermögen**

Monatliche Leistungen in Form einer lebenslangen Rente oder monatlicher Ratenzahlungen im Rahmen eines Auszahlungsplans nach § 1 Abs. 1 Satz 1 Nr. 4 des Altersvorsorgeverträge-Zertifizierungsgesetzes aus steuerlich gefördertem Altersvorsorgevermögen sind wie Arbeitseinkommen pfändbar.

Das Verhältnis dieser ebenfalls durch das Gesetz zum Pfändungsschutz der Altersvorsorge v 26.3.2007 (BGBl I, 368) eingefügten Vorschrift zu § 851c ist nicht ohne Weiteres klar. Sie soll offenbar in ihrem Geltungsbereich Vorrang vor § 851c ZPO haben (*BLAH/Hartmann* § 851d Rz 1). Sie ist einerseits enger als § 851c ZPO, indem sie an die stl Förderung nach §§ 10 II Nr 2b, 10a und Abschn XI EStG anknüpft. Andererseits ist sie aber auch weiter, als sie auch Schuldner unabhängig davon erfasst, ob deren Rentenverträge unter § 851c ZPO fallen.

19. Beschränkt pfändbare Forderungen

37 **§ 852 ZPO Beschränkt pfändbare Forderungen**

(1) Der Pflichtteilsanspruch ist der Pfändung nur unterworfen, wenn er durch Vertrag anerkannt oder rechtshängig geworden ist.

(2) Das Gleiche gilt für den nach § 528 des Bürgerlichen Gesetzbuchs dem Schenker zustehenden Anspruch auf Herausgabe des Geschenkes sowie für den Anspruch eines Ehegatten oder Lebenspartners auf den Ausgleich des Zugewinns.

Die in der Vorschrift genannten Ansprüche sind unbeschränkt übertragbar und wären daher an sich nach § 851 ZPO ohne Weiteres pfändbar. Davon abweichend verhindert § 852 ZPO, dass die Ansprüche durch Pfändung und Einziehung entgegen dem Willen des Berechtigten geltend gemacht werden. Allerdings kann ein Pflichtteilsanspruch schon vor vertraglicher Anerkennung oder Rechtshängigkeit als in seiner zwangsweisen Verwertung aufschiebend bedingter Anspruch gepfändet werden. Der Anspruch ist dann ohne Einschränkung mit einem Pfandrecht belegt, darf aber erst verwertet werden, wenn die Voraussetzungen des § 852 I ZPO vorliegen (BGH NJW-RR 09, 997).

20. Ansprüche nach dem Sozialgesetzbuch. Für die Pfändung von Sozialleistungsansprüchen gilt die Spezialvorschrift des § 54 IV SGB I (Rz 40). Danach können Ansprüche auf laufende Geldleistungen wie Arbeitseinkommen nur eingeschränkt gepfändet werden. Diese Spezialvorschrift erfasst alle unter das SGB fallenden Sozialleistungen. Eine **Ausnahme** bilden die Ansprüche auf Sozialhilfe. Diesbezüglich enthält § 17 I 2 SGB XII ein Pfändungsverbot. 38

Bei der Pfändung von Sozialleistungsansprüchen im Zuständigkeitsbereich der Bundesagentur für Arbeit ist die Bundesagentur Drittschuldner. Der Pfändungs- und Überweisungsbeschluss kann an die Bundesagentur für Arbeit oder an die Geschäftsführung der zuständigen örtlichen Agentur für Arbeit zugestellt werden (OLG Karlsruhe RPfleger 82, 387). 39

21. Pfändbarkeit der Sozialleistungsansprüche

§ 54 SGB I Pfändung 40

(1) Ansprüche auf Dienst- und Sachleistungen können nicht gepfändet werden.

(2) Ansprüche auf einmalige Geldleistungen können nur gepfändet werden, soweit nach den Umständen des Falles, insbesondere nach den Einkommens- und Vermögensverhältnissen des Leistungsberechtigten, der Art des beizutreibenden Anspruchs sowie der Höhe und der Zweckbestimmung der Geldleistung, die Pfändung der Billigkeit entspricht.

(3) Unpfändbar sind Ansprüche auf

1. Elterngeld und Betreuungsgeld bis zur Höhe der nach § 10 des Bundeselterngeld- und Elternzeitgesetzes anrechnungsfreien Beträge sowie dem Erziehungsgeld vergleichbare Leistungen der Länder,
2. Mutterschaftsgeld nach § 19 Absatz 1 des Mutterschutzgesetzes, soweit das Mutterschaftsgeld nicht aus einer Teilzeitbeschäftigung während der Elternzeit herrührt, bis zur Höhe des Elterngeldes nach § 2 des Bundeselterngeld- und Elternzeitgesetzes, soweit es die anrechnungsfreien Beträge nach § 10 des Bundeselterngeld- und Elternzeitgesetzes nicht übersteigt,

2a. Wohngeld, soweit nicht die Pfändung wegen Ansprüchen erfolgt, die Gegenstand der §§ 9 und 10 des Wohngeldgesetzes sind,

3. Geldleistungen, die dafür bestimmt sind, den durch einen Körper- oder Gesundheitsschaden bedingten Mehraufwand auszugleichen.

(4) Im übrigen können Ansprüche auf laufende Geldleistungen wie Arbeitseinkommen gepfändet werden.

(5) [1] Ein Anspruch des Leistungsberechtigten auf Geldleistungen für Kinder (§ 48 Abs. 1 Satz 2) kann nur wegen gesetzlicher Unterhaltsansprüche eines Kindes, das bei der Festsetzung der Geldleistungen berücksichtigt wird, gepfändet werden. [2] Für die Höhe des pfändbaren Betrages bei Kindergeld gilt: …

Wichtig ist insbes Abs 4 der Vorschrift, der eine Pfändung von laufenden Geldleistungen **wie Arbeitseinkommen** zulässt. Pfändbarkeit wie Arbeitseinkommen bedeutet, dass die Pfändungsschutzbestimmungen der §§ 850a bis 850l ZPO Anwendung finden. Ebenso wie beim Arbeitseinkommen können auch **zukünftig entstehende** oder fällig werdende Ansprüche auf laufende Geldleistungen gepfändet werden (BFH BStBl 91, 869 mwN auch über abweichende Rspr; FG Mster EFG 91, 234).

Ansprüche auf einmalige Geldleistungen können jedoch nach § 54 II SGB I nur gepfändet werden, soweit nach den Umständen des Falles, insbes nach den Einkommens- und Vermögensverhältnissen des Leistungsberechtigten, der Art des beizutreibenden Anspruchs sowie der Höhe und der Zweckbestimmung der Geldleistung, die Pfändung der Billigkeit entspricht. Die Zweckbestimmung der zu pfändenden Geldleistungsansprüche steht idR einer Pfändung entgegen, wenn die Sozialleistungen bestimmte Mehraufwendungen (besondere Bedürfnisse, so BGH DB 85, 860) des VollstrSchuldners decken sollen. In den Fällen, in denen die 41

Zweckbestimmung der zu pfändenden Forderung der Pfändung nicht entgegensteht, müssen besondere Billigkeitsgründe für die Pfändung sprechen. Es ist eine Gesamtbetrachtung erforderlich, die auch die wirtschaftlichen Verhältnisse des Leistungsberechtigten in die Erwägungen einbezieht. Die VollstrBehörde muss die wesentlichen Billigkeitsabwägungen, die sie angestellt hat, angeben.

42 Das **Kindergeld** gehört nach Abs 5 des § 54 SGB I zu den für die VollstrBehörden nicht pfändbaren Forderungen. Es kann nur wegen gesetzlicher Unterhaltsansprüche eines Kindes, das bei der Festsetzung der Geldleistungen berücksichtigt wird, gepfändet werden. Dem entspricht die Regelung des § 76 EStG. Danach ist das Kindergeld zur Vollstreckung steuerlicher Forderungen ebenfalls unpfändbar.

§ 320 Mehrfache Pfändung einer Forderung

(1) **Ist eine Forderung durch mehrere Vollstreckungsbehörden oder durch eine Vollstreckungsbehörde und ein Gericht gepfändet, so sind die §§ 853 bis 856 der Zivilprozessordnung und § 99 Abs. 1 Satz 1 des Gesetzes über Rechte an Luftfahrzeugen entsprechend anzuwenden.**

(2) **Fehlt es an einem Amtsgericht, das nach den §§ 853 und 854 der Zivilprozessordnung zuständig wäre, so ist bei dem Amtsgericht zu hinterlegen, in dessen Bezirk die Vollstreckungsbehörde ihren Sitz hat, deren Pfändungsverfügung dem Drittschuldner zuerst zugestellt worden ist.**

1 **1. Inhalt.** Die Vorschrift gilt nur bei mehrfachen Pfändungen, **nicht** aber bei Zusammentreffen von **Pfändung und Abtretung.** In letzterem Fall kann der Drittschuldner gem § 372 BGB hinterlegen (vgl RG JW 34, 2333; *TK/Loose* Rz 2).

Verwiesen wird in der Vorschrift auf die Regelungen der ZPO über die mehrfache Forderungspfändung. Bei den Regelungen der ZPO ist zu unterscheiden zwischen mehrfacher Pfändung eines Anspruchs auf Geldleistungen, eines Anspruchs auf bewegliche Sachen oder eines Anspruchs auf unbewegliche Sachen.

2. Mehrfache Pfändung eines Anspruchs auf Geldleistungen

2 **§ 853 ZPO Mehrfache Pfändung einer Geldforderung**

Ist eine Geldforderung für mehrere Gläubiger gepfändet, so ist der Drittschuldner berechtigt und auf Verlangen eines Gläubigers, dem die Forderung überwiesen wurde, verpflichtet, unter Anzeige der Sachlage und unter Aushändigung der ihm zugestellten Beschlüsse an das Amtsgericht, dessen Beschluss ihm zuerst zugestellt ist, den Schuldbetrag zu hinterlegen.

Bei mehrfacher Pfändung ist der Drittschuldner berechtigt, den Schuldbetrag zu **hinterlegen.** Auf Verlangen der VollstrBehörde nach Zustellung der Einziehungsverfügung gem § 314 oder eines Pfandgläubigers, dem die Forderung gem § 835 ZPO überwiesen worden ist, muss der Drittschuldner hinterlegen. Die Pflicht besteht allerdings nur, wenn der Drittschuldner ohne die Pfändung verpflichtet wäre, an den VollstrSchuldner zu leisten. Der Drittschuldner hat also alle Einwendungen, die ihm auch sonst gegen den VollstrSchuldner zustehen (*TK/Loose* Rz 8). Hinterlegt wird zugunsten aller Pfandgläubiger. Mit der Hinterlegung erlischt das Schuldverhältnis, der Drittschuldner zahlt befreiend.

3 Wenn sich die Pfandgläubiger auf die Verteilung des hinterlegten Betrags verständigen, wird er an sie ausbezahlt, wenn sie sich gegenseitig die Auszahlung bewilligen. Voraussetzung ist allerdings, dass die Einziehungsverfügung zugestellt bzw Überweisungsbeschluss ergangen ist. Verständigen sich die Gläubiger nicht und reicht der hinterlegte Betrag zur Befriedigung aller Pfandgläubiger nicht aus, so sagt § 853 ZPO selbst über das weitere Verfahren zwar nichts aus. Die Vorschrift des § 320 AO enthält anders als § 308 IV 3 auch keinen Hinweis, dass die §§ 873 ff ZPO anwendbar sind. Dennoch findet das Verteilungsverfahren nach §§ 873 bis 882 ZPO Anwendung (*TK/Loose* Rz 13).

3. Mehrfache Pfändung eines Anspruchs auf bewegliche Sachen

§ 854 ZPO Mehrfache Pfändung eines Anspruchs auf bewegliche Sachen 4

(1) [1] Ist ein Anspruch, der eine bewegliche körperliche Sache betrifft, für mehrere Gläubiger gepfändet, so ist der Drittschuldner berechtigt und auf Verlangen eines Gläubigers, dem der Anspruch überwiesen wurde, verpflichtet, die Sache unter Anzeige der Sachlage und unter Aushändigung der ihm zugestellten Beschlüsse dem Gerichtsvollzieher herauszugeben, der nach dem ihm zuerst zugestellten Beschluss zur Empfangnahme der Sache ermächtigt ist. [2] Hat der Gläubiger einen solchen Gerichtsvollzieher nicht bezeichnet, so wird dieser auf Antrag des Drittschuldners von dem Amtsgericht des Ortes ernannt, wo die Sache herauszugeben ist.

(2) [1] Ist der Erlös zur Deckung der Forderungen nicht ausreichend und verlangt der Gläubiger, für den die zweite oder eine spätere Pfändung erfolgt ist, ohne Zustimmung der übrigen beteiligten Gläubiger eine andere Verteilung als nach der Reihenfolge der Pfändungen, so hat der Gerichtsvollzieher die Sachlage unter Hinterlegung des Erlöses dem Amtsgericht anzuzeigen, dessen Beschluss dem Drittschuldner zuerst zugestellt ist. [2] Dieser Anzeige sind die Dokumente beizufügen, die sich auf das Verfahren beziehen.

(3) In gleicher Weise ist zu verfahren, wenn die Pfändung für mehrere Gläubiger gleichzeitig bewirkt ist.

Bei der mehrfachen Pfändung eines Anspruchs, der eine bewegliche körperliche Sache betrifft, ist anstatt Hinterlegung die **Herausgabe an** den von der **VollstrBehörde** bezeichneten VollzBeamten (§ 318 II) oder den Gerichtsvollzieher notwendig. An die VollstrBehörde bzw den VollzBeamten wird herausgegeben, wenn diese zeitlich zuerst eine Pfändungs- oder Einziehungsanordnung zugestellt hat. An den Gerichtsvollzieher wird herausgegeben, wenn durch den zuerst zugestellten Pfändungsbeschluss Herausgabe an den Gerichtsvollzieher angeordnet worden ist.

Mit der Herausgabe gehen die **Pfandrechte** am Anspruch **auf die Sache** über und zwar in der Reihenfolge der Anschlusspfändungen (*BLAH/Hartmann* § 854 Rz 3). Die Sache ist daher wie eine nach der AO gepfändete Sache zu behandeln und zu verwerten. Es gilt § 308. 5

4. Mehrfache Pfändung eines Anspruchs auf unbewegliche Sachen

§ 855 ZPO Mehrfache Pfändung eines Anspruchs auf eine unbewegliche Sache 6

Betrifft der Anspruch eine unbewegliche Sache, so ist der Drittschuldner berechtigt und auf Verlangen eines Gläubigers, dem der Anspruch überwiesen wurde, verpflichtet, die Sache unter Anzeige der Sachlage und unter Aushändigung der ihm zugestellten Beschlüsse an den von dem Amtsgericht der belegenen Sache ernannten oder auf seinen Antrag zu ernennenden Sequester herauszugeben.

Bei mehrfacher Pfändung eines Anspruchs auf eine unbewegl Sache ist statt an die VollstrBehörde oder den Gerichtsvollzieher an einen Sequester (Treuhänder) herauszugeben. Die Rechtsfolgen der Herausgabe richten sich für die VollstrBehörde nach § 318 III. Die Sicherungshypotheken für die Pfandgläubiger entstehen in der Reihenfolge der Pfändungen (*BLAH/Hartmann* § 855 Rz 2).

5. Mehrfache Pfändung eines Anspruchs auf Schiffe

§ 855 a ZPO Mehrfache Pfändung eines Anspruchs auf ein Schiff 7

(1) Betrifft der Anspruch ein eingetragenes Schiff, so ist der Drittschuldner berechtigt und auf Verlangen eines Gläubigers, dem der Anspruch überwiesen wurde, verpflichtet, das Schiff unter Anzeige der Sachlage und unter Aushändigung der Beschlüsse dem Treuhänder herauszugeben, der in dem ihm zuerst zugestellten Beschluss bestellt ist.

(2) Absatz 1 gilt sinngemäß, wenn der Anspruch ein Schiffsbauwerk betrifft, das im Schiffsbauregister eingetragen ist oder in dieses Register eingetragen werden kann.

Die Regelung für die Pfändung von Ansprüchen auf Schiffe oder Schiffsbauwerke entspricht der für die Pfändung von Ansprüchen auf unbewegliche Sachen.

6. Klage bei mehrfacher Pfändung

8 **§ 856 ZPO Klage bei mehrfacher Pfändung**

(1) Jeder Gläubiger, dem der Anspruch überwiesen wurde, ist berechtigt, gegen den Drittschuldner Klage auf Erfüllung der nach den Vorschriften der §§ 853 bis 855 diesem obliegenden Verpflichtungen zu erheben.

(2) Jeder Gläubiger, für den der Anspruch gepfändet ist, kann sich dem Kläger in jeder Lage des Rechtsstreits als Streitgenosse anschließen.

(3) Der Drittschuldner hat bei dem Prozessgericht zu beantragen, dass die Gläubiger, welche die Klage nicht erhoben und dem Kläger sich nicht angeschlossen haben, zum Termin zur mündlichen Verhandlung geladen werden.

(4) Die Entscheidung, die in dem Rechtsstreit über den in der Klage erhobenen Anspruch erlassen wird, ist für und gegen sämtliche Gläubiger wirksam.

(5) Der Drittschuldner kann sich gegenüber einem Gläubiger auf die ihm günstige Entscheidung nicht berufen, wenn der Gläubiger zum Termin zur mündlichen Verhandlung nicht geladen worden ist.

Macht die VollstrBehörde von der Klagemöglichkeit nach § 856 ZPO Gebrauch, muss sie dem VollstrSchuldner nach § 316 III iVm § 841 ZPO den Streit verkünden. Wenn bereits ein anderer Pfandgläubiger die Klage erhoben hat, kann die VollstrBehörde nicht mehr selbständig Klage erheben, sondern nur noch die Rechte aus Abs 2 des § 856 ZPO geltend machen und sich der Klage als Streitgenosse anschließen (*TP/Seiler* § 856 Rz 2).

7. Pfändung von Ansprüchen auf Luftfahrzeuge

9 **§ 99 I Gesetz über Rechte an Luftfahrzeugen vom 26.2.59 (BGBl I, 57), zuletzt geändert durch Gesetz vom 8.12.10 (BGBl I, 1864).**

(1) [1]Die Vorschriften in §§ 58, 266, 325 Abs. 4, §§ 592, 720a, 787, 794 Abs. 1 Nr. 5, §§ 800a, 830a, 837a, 847a, 855a, 864, 865, 870a, ausgenommen dessen Absatz 3 Satz 1 zweiter Halbsatz, und in §§ 895, 938, 941 der Zivilprozeßordnung gelten sinngemäß mit der Maßgabe, daß an die Stelle des eingetragenen Schiffes das in der Luftfahrzeugrolle eingetragene Luftfahrzeug und an die Stelle der Schiffshypothek das Registerpfandrecht an einem Luftfahrzeug tritt; § 98 Abs. 2 Satz 2 gilt auch hierbei. [2]Die Zwangsvollstreckung in das Luftfahrzeug umfaßt nicht Ersatzteile, auf die sich ein Registerpfandrecht an dem Luftfahrzeug nach § 71 erstreckt.

Durch die Verweisung auf § 855a ZPO wird die Pfändung von Ansprüchen auf Luftfahrzeuge mit der Pfändung von Ansprüchen auf Schiffe gleich behandelt.

§ 321 Vollstreckung in andere Vermögensrechte

(1) **Für die Vollstreckung in andere Vermögensrechte, die nicht Gegenstand der Vollstreckung in das unbewegliche Vermögen sind, gelten die vorstehenden Vorschriften entsprechend.**

(2) **Ist kein Drittschuldner vorhanden, so ist die Pfändung bewirkt, wenn dem Vollstreckungsschuldner das Gebot, sich jeder Verfügung über das Recht zu enthalten, zugestellt ist.**

(3) **Ein unveräußerliches Recht ist, wenn nichts anderes bestimmt ist, insoweit pfändbar, als die Ausübung einem anderen überlassen werden kann.**

(4) **Die Vollstreckungsbehörde kann bei der Vollstreckung in unveräußerliche Rechte, deren Ausübung einem anderen überlassen werden kann, besondere Anordnungen erlassen, insbesondere bei der Vollstreckung in Nutzungsrechte eine Verwaltung anordnen; in diesem Fall wird die Pfändung durch Übergabe der zu benutzenden Sache an den Verwalter bewirkt, sofern sie nicht durch Zustellung der Pfändungsverfügung schon vorher bewirkt ist.**

(5) **Ist die Veräußerung des Rechts zulässig, so kann die Vollstreckungsbehörde die Veräußerung anordnen.**

(6) **Für die Vollstreckung in eine Reallast, eine Grundschuld oder eine Rentenschuld gelten die Vorschriften über die Vollstreckung in eine Forderung, für die eine Hypothek besteht.**

(7) **Die §§ 858 bis 863 der Zivilprozessordnung gelten sinngemäß.**

1. Inhalt. Die Vorschrift behandelt die Vollstreckung in andere Vermögensrech- 1
te als die in den vorstehenden Vorschriften angesprochenen, die nicht Gegenstand der Vollstreckung in das unbewegliche Vermögen sind. Sie entspricht den §§ 857 bis 863 ZPO.

2. Bedeutung. Sie umfasst **alle Vermögensrechte,** dh geldwerte Rechte, die 2
nicht Geld- oder Sachforderungen sind, zB Anteilsrechte an Gesellschaften, OHG und Kommanditgesellschaft, GmbH, Genossenschaft, Nachlass, Gesamtgut an Sachen und Rechten (s dazu aber unten Rz 9), Miteigentumsanteil (BFH/NV 98, 421), jedoch nicht Miteigentumsanteil an Grundstücken, der der Vollstreckung in das unbewegliche Vermögen unterliegt (§ 322 AO iVm § 864 II ZPO), Urheber-, Patent- und Verlagsrechte, Ansprüche aus einem Internet-Domain-Vertrag (BFH BStBl 17, 1035), beschränkte dingliche Rechte, sonstige Rechte, zB auf Bestellung und Übertragung von Rechten sowie Bestellung von Sicherheiten. Auch **Anwartschaftsrechte** auf das Eigentum an beweglichen Sachen und an Grundstücken fallen unter die Vorschrift. Es kann daher auch das Anwartschaftsrecht des Nacherben gepfändet werden (FG Brem EFG 92, 57). Der Anspruch auf Rückübereignung einer sicherungsübereigneten Sache ist nach § 321, und nicht nach § 318 zu pfänden, wenn sich die Sache im Gewahrsam des VollstrSchuldners befindet (BFH BStBl 76, 737; FG Brem EFG 94, 334). Sonst ist nach § 318 zu verfahren (s § 318 Rz 5). Die Unterscheidung ist wichtig, weil bei Pfändung des Herausgabeanspruchs nach § 318 die Sache selbst pfändbar sein muss (s § 295 Rz 2 und § 318 Rz 6). Bei Pfändung nach § 321 gilt dies nicht. Zur Verwertung der Sache, bedarf es in diesem Fall allerdings noch einer Pfändung der Sache selbst (Doppelpfändung). Erst dabei ist dann auch die Pfändbarkeit der Sache zu prüfen (BFH BStBl 76, 737; vgl auch FG Brem EFG 92, 57).

Es muss sich um **selbständige Rechte** handeln; so kann zB der Kfz-Brief als 3
unselbständiges Recht nur zusammen mit dem Hauptrecht gepfändet werden (BFH BStBl 76, 737). Es müssen pfändbare Rechte sein. Unpfändbar sind zB Familienrechte und familienrechtliche Ansprüche, das Namensrecht, Mitgliedschaftsrechte an Vereinen. Nicht zu den Vermögensrechten gehören ferner Handlungsmöglichkeiten wie Kündigungsrecht und Abtretungsrecht, Verfügungsberechtigung über ein fremdes Bankkonto (FG Hess EFG 98, 531) oder die Befugnis zur Ausübung eines Berufs oder Gewerbes sowie öff-rechtl Ansprüche auf hoheitliches Tätigwerden wie zB Eintragungen durch das Grundbuchamt (vgl *BLAH/Hartmann* § 857 Rz 7). Unselbständige Rechte müssen ggf zusammen mit den Hauptrechten gepfändet werden.

Zu den **unveräußerlichen Rechten,** die nach Abs 3 des § 321 insoweit ge- 4
pfändet werden können, als deren Ausübung einem anderen Überlassen werden kann, gehört zB der Nießbrauch (s § 1059 BGB). In der Einziehungsverfügung kann allerdings nicht das gepfändete Stammrecht, sondern nur das Ausübungsrecht überwiesen oder die Verwaltung nach § 857 IV 2 ZPO angeordnet werden (FG Mster EFG 07, 1136; s aber auch BGHZ 62, 133). Zu den pfändbaren unveräußerlichen Rechten gehört ferner zB das Gebrauchsrecht des Mieters oder Pächters, wenn der Vermieter oder Verpächter der Gebrauchsüberlassung zustimmt oder wenn er ein Überlassungsrecht (zB Untermiete) eingeräumt hat (*BLAH/Hartmann* § 857 Rz 14 und Grdz § 704 Rz 97). Letzteres gilt auch für beschränkt persönliche Dienstbarkeiten (s § 1092 BGB). Auch ein Jagdpachtrecht (das Jagdausübungsrecht) ist nur pfändbar, wenn der Verpächter eine generelle Erlaubnis erteilt hat, dass der Pächter die Nutzungsrechte aus dem Jagdpachtvertrag auf eine dritte Person übertragen darf (BFH/NV 88, 413 mwN).

5 **3. Drittschuldner.** Im Rahmen des § 321 ist Drittschuldner im **weitesten Sinne** zu verstehen. Es ist jeder Dritte, dessen Recht von der Pfändung berührt wird (zB Miterbe, Miteigentümer, der Vorbehaltsverkäufer, wenn Anwartschaftsrecht gepfändet wird – s *TP/Seiler* § 857 Rz 10a). Bei einer **Gesellschaft bürgerlichen Rechts** oder einer Personenhandelsgesellschaft ist im Falle der Pfändung eines Anteils am Gesellschaftsvermögens die Gesamthand Drittschuldner. Die Zustellung an den geschäftsführenden Gesellschafter reicht daher aus (BGH NJW 86, 1991; offen gelassen in BFH BStBl 87, 251 mwN). Wenn kein geschäftsführender Gesellschafter vorhanden ist, muss eine Zustellung ggü allen Gesellschaftern erfolgen (vgl BGH DStR 98, 1228 und § 309 Rz 22). Bei einer **GmbH** ist diese Drittschuldner der an ihr bestehenden Gesellschaftsanteile (FG Hamburg EFG 86, 608). Nur wenn ein solcher **Drittschuldner fehlt**, ist nach Abs 2 des § 321 Pfändung allein aufgrund Zustellung an den VollstrSchuldner wirksam. Es ist daher Vorsicht geboten. Die VollstrBehörde sollte eher zu viel als zu wenig tun (vgl *BLAH/Hartmann* § 857 Rz 11).

6 **4. Reallasten, Grundschulden und Rentenschulden.** Abs 6 verweist für die Vollstreckung in Reallasten (§§ 1105 ff BGB), Grundschulden (§§ 1191 ff BGB) und Rentenschulden (§§ 1199 ff BGB) auf § 310 (vgl daher Erläut zu § 310). Ist für eine Grund- oder Rentenschuld allerdings ein Grundschuldbrief auf den Inhaber ausgestellt, ist dieser nach § 286 zu pfänden und nach § 302 zu verwerten (s § 302 Rz 2). Bei Reallasten sind die Pfändungsbeschränkungen bzw -verbote der §§ 1110 und 1111 II BGB zu beachten. Zur Pfändung der in Abs 6 genannten Grundpfandrechte ist also außer der Pfändungsverfügung die Aushändigung des Briefes (vgl BGH NJW-RR 12, 782) oder die Eintragung im Grundbuch erforderlich. Anders als bei der Hypothek sind die Grundpfandrechte des Abs 6 aber nicht vom Bestehen einer Forderung abhängig. Die Pfändung einer Grundschuld erfasst daher nicht ohne Weiteres die zu Grunde liegende Forderung. Die Forderung kann selbständig nach § 309, auch zugleich mit der Grundschuld (in einer Verfügung) gepfändet werden. Die Pfändung einer **Eigentümergrundschuld** nach § 1163 BGB erfolgt nach den Regeln für die Pfändung einer Grundschuld. Hier reicht die Zustellung der Pfändungsverfügung an den VollstrSchuldner (aA *BLAH/Hartmann* § 857 Rz 23). Ist allerdings ein Brief ausgestellt, muss dieser weggenommen werden. Wenn sich der Brief im Besitz eines nicht zur Herausgabe bereiten Dritten befindet, muss die VollstrBehörde nach § 315 IV vorgehen (vgl BGH NJW 79, 2045). Anders als nach §§ 883, 886 ZPO, die bei der zivilprozessrechtlichen Vollstr anzuwenden sind (*TP/Seiler* § 830 Rz 6), bedarf es keines besonderen Pfändungs- und Überweisungsbeschlusses (s § 315 Rz 7). Schwierig wird das Verfahren bei der Pfändung von Eigentümergrundschulden, die durch teilweise Rückzahlung der hypothekarisch gesicherten Forderung entstanden sind, da hier Miteigentum am Anspruch auf Aufhebung der Gemeinschaft an dem Brief usw gepfändet werden muss (*Brehm* in *Stein/Jonas* ZPO, 22. Aufl, § 857 Rz 64; vgl auch *TK/Loose* Rz 19, die deshalb allein Zustellung der Pfändungsverfügung an den VollstrSchuldner ausreichen lassen wollen). Aus einer gepfändeten Eigentümergrundschuld kann in das Grundstück vollstreckt werden, obwohl § 1197 I BGB dem Eigentümer die Zwangsvollstr zum Zwecke seiner Befriedigung verbietet (BGH HFR 89, 216).

5. Pfändung und Verwertung einer Schiffspart

7 **§ 858 ZPO Zwangsvollstreckung in Schiffspart**

(1) Für die Zwangsvollstreckung in die Schiffspart (§§ 489 ff. des Handelsgesetzbuchs) gilt § 857 mit folgenden Abweichungen.

(2) Als Vollstreckungsgericht ist das Amtsgericht zuständig, bei dem das Register für das Schiff geführt wird.

(3) [1] Die Pfändung bedarf der Eintragung in das Schiffsregister; die Eintragung erfolgt auf Grund des Pfändungsbeschlusses. [2] Der Pfändungsbeschluss soll dem Korrespondentreeder

zugestellt werden; wird der Beschluss diesem vor der Eintragung zugestellt, so gilt die Pfändung ihm gegenüber mit der Zustellung als bewirkt.

(4) [1] Verwertet wird die gepfändete Schiffspart im Wege der Veräußerung. [2] Dem Antrag auf Anordnung der Veräußerung ist ein Auszug aus dem Schiffsregister beizufügen, der alle das Schiff und die Schiffspart betreffenden Eintragungen enthält; der Auszug darf nicht älter als eine Woche sein.

(5) [1] Ergibt der Auszug aus dem Schiffsregister, dass die Schiffspart mit einem Pfandrecht belastet ist, das einem andern als dem betreibenden Gläubiger zusteht, so ist die Hinterlegung des Erlöses anzuordnen. [2] Der Erlös wird in diesem Fall nach den Vorschriften der §§ 873 bis 882 verteilt; Forderungen, für die ein Pfandrecht an der Schiffspart eingetragen ist, sind nach dem Inhalt des Schiffsregisters in den Teilungsplan aufzunehmen.

6. Pfändung von Gesamthandanteilen

§ 859 ZPO Pfändung von Gesamthandanteilen 8

(1) [1] Der Anteil eines Gesellschafters an dem Gesellschaftsvermögen einer nach § 705 des Bürgerlichen Gesetzbuchs eingegangenen Gesellschaft ist der Pfändung unterworfen. [2] Der Anteil eines Gesellschafters an den einzelnen zu dem Gesellschaftsvermögen gehörenden Gegenständen ist der Pfändung nicht unterworfen.

(2) Die gleichen Vorschriften gelten für den Anteil eines Miterben an dem Nachlass und an den einzelnen Nachlassgegenständen.

7. Pfändung von Gesamtgutanteilen

§ 860 ZPO Pfändung von Gesamtgutanteilen 9

(1) [1] Bei dem Güterstand der Gütergemeinschaft ist der Anteil eines Ehegatten oder Lebenspartners an dem Gesamtgut und an den einzelnen dazu gehörenden Gegenständen der Pfändung nicht unterworfen. [2] Das Gleiche gilt bei der fortgesetzten Gütergemeinschaft von den Anteilen des überlebenden Ehegatten oder Lebenspartners und der Abkömmlinge.

(2) Nach der Beendigung der Gemeinschaft ist der Anteil an dem Gesamtgut zugunsten der Gläubiger des Anteilsberechtigten der Pfändung unterworfen.

8. Pfändungsbeschränkung bei Erbschaftsnutzungen

§ 863 ZPO Pfändungsbeschränkungen bei Erbschaftsnutzungen 10

(1) [1] Ist der Schuldner als Erbe nach § 2338 des Bürgerlichen Gesetzbuchs durch die Einsetzung eines Nacherben beschränkt, so sind die Nutzungen der Erbschaft der Pfändung nicht unterworfen, soweit sie zur Erfüllung der dem Schuldner, seinem Ehegatten, seinem früheren Ehegatten, seinem Lebenspartner, einem früheren Lebenspartner oder seinen Verwandten gegenüber gesetzlich obliegenden Unterhaltspflicht und zur Bestreitung seines standesmäßigen Unterhalts erforderlich sind. [2] Das Gleiche gilt, wenn der Schuldner nach § 2338 des Bürgerlichen Gesetzbuchs durch die Ernennung eines Testamentsvollstreckers beschränkt ist, für seinen Anspruch auf den jährlichen Reinertrag.

(2) Die Pfändung ist unbeschränkt zulässig, wenn der Anspruch eines Nachlassgläubigers oder ein auch dem Nacherben oder dem Testamentsvollstrecker gegenüber wirksames Recht geltend gemacht wird.

(3) Diese Vorschriften gelten entsprechend, wenn der Anteil eines Abkömmlings an dem Gesamtgut der fortgesetzten Gütergemeinschaft nach § 1513 Abs. 2 des Bürgerlichen Gesetzbuchs einer Beschränkung der im Absatz 1 bezeichneten Art unterliegt.

4. Unterabschnitt. Vollstreckung in das unbewegliche Vermögen

§ 322 Verfahren

(1) [1] **Der Vollstreckung in das unbewegliche Vermögen unterliegen außer den Grundstücken die Berechtigungen, für welche die sich auf Grundstücke beziehenden Vorschriften gelten, die im Schiffsregister eingetragenen Schiffe, die Schiffsbauwerke und Schwimmdocks, die im Schiffsbauregister eingetragen sind oder in dieses Register eingetragen werden können, sowie die Luftfahrzeuge, die in der Luftfahrzeugrolle eingetragen sind oder nach Löschung in der Luftfahrzeugrolle noch in dem Register für Pfandrechte an Luftfahr-**

zeugen eingetragen sind. [2]Auf die Vollstreckung sind die für die gerichtliche Zwangsvollstreckung geltenden Vorschriften, namentlich die §§ 864 bis 871 der Zivilprozessordnung und das Gesetz über die Zwangsversteigerung und die Zwangsverwaltung anzuwenden. [3]Bei Stundung und Aussetzung der Vollziehung geht eine im Wege der Vollstreckung eingetragene Sicherungshypothek jedoch nur dann nach § 868 der Zivilprozessordnung auf den Eigentümer über und erlischt eine Schiffshypothek oder ein Registerpfandrecht an einem Luftfahrzeug jedoch nur dann nach § 870a Abs. 3 der Zivilprozessordnung sowie § 99 Abs. 1 des Gesetzes über Rechte an Luftfahrzeugen, wenn zugleich die Aufhebung der Vollstreckungsmaßnahme angeordnet wird.

(2) **Für die Vollstreckung in ausländische Schiffe gilt § 171 des Gesetzes über die Zwangsversteigerung und die Zwangsverwaltung, für die Vollstreckung in ausländische Luftfahrzeuge § 106 Abs. 1, 2 des Gesetzes über Rechte an Luftfahrzeugen sowie die §§ 171h bis 171n des Gesetzes über Zwangsversteigerung und die Zwangsverwaltung.**

(3) **[1]Die für die Vollstreckung in das unbewegliche Vermögen erforderlichen Anträge des Gläubigers stellt die Vollstreckungsbehörde. [2]Sie hat hierbei zu bestätigen, dass die gesetzlichen Voraussetzungen für die Vollstreckung vorliegen. [3]Diese Fragen unterliegen nicht der Beurteilung des Vollstreckungsgerichts oder des Grundbuchamts. [4]Anträge auf Eintragung einer Sicherungshypothek, einer Schiffshypothek oder eines Registerpfandrechts an einem Luftfahrzeug sind Ersuchen im Sinne des § 38 der Grundbuchordnung und des § 45 der Schiffsregisterordnung.**

(4) **Zwangsversteigerung und Zwangsverwaltung soll die Vollstreckungsbehörde nur beantragen, wenn festgestellt ist, dass der Geldbetrag durch Vollstreckung in das bewegliche Vermögen nicht beigetrieben werden kann.**

(5) **Soweit der zu vollstreckende Anspruch gemäß § 10 Abs. 1 Nr. 3 des Gesetzes über die Zwangsversteigerung und die Zwangsverwaltung den Rechten am Grundstück im Rang vorgeht, kann eine Sicherungshypothek unter der aufschiebenden Bedingung in das Grundbuch eingetragen werden, dass das Vorrecht wegfällt.**

Schrifttum: *vor 2010 s 13. Aufl. Eickmann/Böttcher* Zwangsversteigerungs- und Zwangsverwaltungsrecht, 3. Aufl 2013.

Übersicht

1 **1. Inhalt.** Die Vorschrift regelt die Vollstr in das unbewegliche Vermögen. Dabei wird näher geregelt, was iEinz der Vollstr in das unbewegliche Vermögen un-

terliegt. Anders als § 281, der die Vollstr in das bewegliche Vermögen regelt, enthält § 322 also eine Abgrenzung des unbeweglichen Vermögens. Daraus ergibt sich als Umkehrschluss dann auch die Abgrenzung des beweglichen Vermögens. Es handelt sich um alle Gegenstände, die nicht der Vollstr in das unbewegliche Vermögen unterliegen (s § 281 Rz 2).

2. Unbewegliches Vermögen. Nach der Vorschrift gehören zum unbeweglichen Vermögen: 2

a) Grundstücke. Grundstücke sind abgegrenzte Teile der Erdoberfläche, die im Grundbuch gem § 3 GBO eingetragen sind (vgl *Palandt/Ellenberger* BGB, Überblick vor § 90 Rz 3).

b) Gleichgestellte Berechtigungen. Es geht um Berechtigungen, für welche die sich auf Grundstücke beziehenden Vorschriften gelten. Die wichtigsten Fälle sind Erbbaurechte (s § 11 Erbbaurechtsgesetz) und Wohnungseigentum (s WEG). Ferner gehören dazu bestimmte im EGBGB der landesgesetzlichen Regelung vorbehaltene Berechtigungen wie zB das Bergwerkseigentum (s Art 67 EGBGB). 3

c) Grundstücksbestandteile. Nach § 322 I iVm § 865 ZPO umfasst die Vollstr in das unbewegliche Vermögen auch die Gegenstände, auf die sich bei Grundstücken die Hypothek bezieht. Das sind nach § 1120 BGB wesentliche Bestandteile des Grundstücks, Erzeugnisse und Zubehör. Wesentliche Bestandteile eines Grundstücks sind nach § 94 BGB ua die mit dem Grund und Boden fest verbundenen Sachen (Ausnahme Scheinbestandteile nach § 95 BGB), insbes Gebäude. Zu den wesentlichen Bestandteilen der Grundstücke zählen auch die wesentlichen **Bestandteile der Gebäude.** Das sind nach § 94 II BGB die zur Herstellung des Gebäudes eingefügten Sachen, zB Fenster, Türen, Treppen, Zentralheizungsanlagen, Wasser- und Lichtleitungen, Waschbecken, Toiletten, Badewannen, idR aber nicht Lampen, Warmwasserboiler, Teppiche, Verkleidungen. Bei Maschinen, Einbaumöbeln udgl ist entscheidend, ob sie und das Bauwerk aufeinander abgestimmt sind (vgl *TK/Loose* Rz 11; *Palandt/Ellenberger* BGB, § 94 Rz 6). 4

Diese Bestandteile können, solange sie mit dem Grundstück oder Gebäude fest verbunden sind, nicht Gegenstand besonderer Rechte sein (§ 93 BGB) und daher immer nur von der Vollstr in das unbewegl Vermögen mitumfasst werden und nicht Gegenstand der Vollstr in das bewegliche Vermögen sein. Das wird in § 1120 BGB als selbstverständlich vorausgesetzt. Sie unterliegen nach § 1120 BGB aber auch dann noch der Vollstr in das unbewegliche Vermögen, wenn sie vom Grundstück oder Gebäude getrennt worden sind und mit der Trennung Eigentum des Grundstückseigentümers oder des Eigenbesitzers (§ 872 BGB) geworden sind. In diesem Fall unterliegen sie aber nach § 322 iVm § 865 II ZPO **auch** der **Vollstreckung in das bewegliche Vermögen,** solange nicht ihre Beschlagnahme im Wege der Vollstr in das unbewegliche Vermögen erfolgt ist. Das gilt allerdings nicht, wenn die Sachen mit der Trennung Zubehör des Grundstücks geworden sind (s Rz 7). 5

d) Grundstückserzeugnisse. Dazu gehören die unmittelbaren Früchte des Grundstücks wie Obst, Pflanzen, Bäume, aber auch die Ausbeute wie zB Kohle, Kies, Sand, Ton usw. Sie gelten nach § 94 BGB als Bestandteile des Grundstücks. Für die Vollstr in diese Erzeugnisse gilt daher das Gleiche wie bei den sonstigen Bestandteilen. In die sog Früchte auf dem Halm (periodisch geerntete Früchte) kann jedoch nach Maßgabe des § 294 schon vor der Trennung vom Boden wie in bewegliche Sachen vollstreckt werden (s Erläut zu § 294). 6

e) Grundstückszubehör. Das sind nach § 97 BGB bewegliche Sachen, die, ohne Bestandteile des Grundstücks zu sein, dem wirtschaftlichen Zweck der Hauptsache zu dienen bestimmt sind und zu ihr in einem dieser Bestimmung entsprechenden räumlichen Verhältnis stehen (BGH BB 79, 1740). Eine bloß vorübergehende Trennung ändert daran nichts (*BLAH/Hartmann* § 865 Rz 5). Bei- 7 spiele sind: Einrichtung einer Gastwirtschaft, Hotelomnibus, Maschinen im Fabrikgrundstück, Rohstoffvorräte, nicht aber Waren oder Fertigerzeugnisse einer Fabrik, ferner nach § 98 BGB bei einem landwirtschaftlichen Betrieb das zum Wirtschaftsbetrieb bestimmte Gerät oder Vieh sowie die landwirtschaftlichen Erzeugnisse, die zur Fortführung des Betriebs bis zur nächsten Ernte benötigt werden (s näher *Palandt/Ellenberger* §§ 97, 98 BGB).

Das Zubehör unterliegt **niemals der Vollstr in das bewegliche Vermögen** (§ 322 iVm § 865 II 1 ZPO), sondern immer nur der Vollstr in das unbewegliche Vermögen.

8 **f) Bruchteile von Grundstücken.** Miteigentumsanteile nach § 1008 BGB unterliegen wie Grundstücke der Vollstreckung in das unbewegliche Vermögen, nicht aber zB Gesamthandseigentum. Die Vollstr in den Miteigentumsanteils setzt sich nach § 864 II 2. Alternative ZPO auch dann noch fort, wenn ein Anteil belastet ist, der VollstrSchuldner aber später Alleineigentümer geworden ist (*TP/Seiler* § 864 Rz 6).

9 **g) Schiffe, Schiffsbauwerke und Schwimmdocks.** Es muss sich um **im Schiffsregister eingetragene** Schiffe handeln. Die Schiffsbauwerke und Schwimmdocks müssen ebenfalls im Schiffsregister eingetragen sein oder zumindest eingetragen werden können. Unter Schwimmdocks sind fertige und im Bau befindliche Schwimmdocks zu verstehen (vgl §§ 73a und 73b der Schiffsregisterordnung).

10 **h) Luftfahrzeuge.** Was Luftfahrzeuge sind, bestimmt sich nach § 1 II LuftVG. Die Luftfahrzeuge müssen in der Luftfahrzeugrolle oder im Register für Pfandrechte an Luftfahrzeugen eingetragen sein. Andernfalls unterliegen sie der Vollstr in das bewegliche Vermögen.

11 **3. Verweisung auf ZPO und ZVG.** Die Verweisung in Abs 1 auf die Vorschr der ZPO und des Gesetz über die Zwangsversteigerung und Zwangsverwaltung (ZVG) ist so gefasst, dass auf die Vollstr in das unbewegliche Vermögen **sämtliche** für die gerichtliche Zwangsvollstr geltenden Vorschr Anwendung finden. So erfolgt die Eintragung einer Sicherungshypothek nach Abs 1 iVm §§ 866, 867 ZPO (vgl FG Ddorf EFG 98, 714). Die ZPO enthält auch eine Regelung für die Vollstr in Schiffe, Schiffsbauwerke und Schwimmdocks (§ 870a). Für die Vollstr in Luftfahrzeuge gilt § 99 I LuftFzgG (abgedruckt unter Rz 9 zu § 320).

12 S 3 des Abs 1 ist im Zusammenhang mit § 257 II 3 und § 361 (s dort Rz 31 ff) zu sehen. Danach bleiben bei VollstrAufschub wegen Stundung und bei AdV die bereits ergriffenen VollstrMaßnahmen erhalten, wenn sie nicht besonders aufgehoben werden.

13 **4. Antragsteller.** Bei den Anträgen, die nach Abs 3 von der **VollstrBehörde** gestellt werden können, handelt es sich im Wesentlichen um den Antrag nach § 867 I ZPO auf Eintragung einer Sicherungshypothek, den Antrag auf Zwangsversteigerung nach § 15 ZVG und den Antrag auf Zwangsverwaltung nach § 146 iVm § 15 ZVG. Die Stellung eines solchen Antrags durch die VollstrBehörde ist der Rechtsnatur nach ein **Amtshilfeersuchen** (*TK/Loose* Rz 32, aA wohl BFH BStBl 88, 566; 90, 44). Das VollstrGer oder das Grundbuchamt können jedenfalls die erforderliche Bestätigung der VollstrBehörde über das Vorliegen der gesetzlichen Voraussetzungen für die Vollstr kraft ausdrücklicher Regelung in Abs 3 S 3 nicht nachprüfen (vgl dazu OLG Schleswig BeckRS 2012, 03280; OLG Mchn FGPrax 12, 251; OLG Hamm BeckRS 2013, 06723; *BLAH/Hartmann* § 867 Rz 9).

14 Aus der Rechtsnatur der von der VollstrBehörde gestellten Anträge folgt auch, dass es sich um einen **VA** handelt (ua BFH BStBl 87, 236; 88, 566; 90, 44; BFH/NV 94, 480; 08, 1990; vgl auch näher Erläut zu § 118 Rz 41; aA TK/Loose Rz 34). Das gilt auch für den Antrag auf Eintragung der Sicherungshypothek

(BFH/NV 97, 830; 99, 1471; näher § 118 Rz 42). Dagegen hat der VollstrSchuldner die Möglichkeit des Einspruchs. Gegen die aufgrund des Ersuchens getroffenen Maßnahmen des VollstrGerichts sind aber nur die **Rechtsmittel der Zivilvollstreckung** gegeben (BayObLG, BB 84, 1071; *TK/Loose* Rz 41), gegen die Maßnahmen des Grundbuchamtes die Rechtsmittel nach der GBO (OLG Schleswig BeckRS 2012, 03280).

5. Arten der Vollstreckung in das unbewegliche Vermögen. Die Vollstr in das unbewegl Vermögen erfolgt nach § 322 iVm § 866 I ZPO durch Eintragung einer **Sicherungshypothek** (Antrag auf Eintragung bereits Akt der Vollstr, BFH BStBl 83, 653), durch **Zwangsversteigerung** oder **Zwangsverwaltung.** Die Zwangsversteigerung und Zwangsverwaltung sind durch das ZVG geregelt. 15

6. Subsidiarität von Zwangsversteigerung und Zwangsverwaltung. Abs 4 ist als **Sollbestimmung** gefasst und trägt dem Grundsatz der Verhältnismäßigkeit Rechnung. Danach soll die Zwangsversteigerung und Zwangsverwaltung nur beantragt werden, wenn der Geldbetrag durch die Vollstr in das bewegliche Vermögen nicht beigetrieben werden kann. Der Antrag auf Zwangsversteigerung oder Zwangsverwaltung ohne vorherigen Versuch der Beitreibung durch Vollstr in das bewegliche Vermögen ist eine Ermessensentscheidung, die folglich begründet werden muss (FG BaWü EFG 91, 714; FG Saarl EFG 99, 156; vgl auch BFH/NV 06, 2024). 16

Für die Eintragung einer Sicherungshypothek gilt der Subsidiaritätsgrundsatz nicht. Hier ist aber die Untergrenze von mehr als 750 € (§ 322 iVm § 866 III ZPO) zu beachten. 17

IÜ gilt allgemein für die Vollstr in das unbewegliche Vermögen der von der VollstrBehörde bei allen VollstrMaßnahmen zu beachtende Grundsatz der **Verhältnismäßigkeit** (s Vorbem zu § 249 Rz 6). Eine Versteigerung eines Grundstücks wegen geringfügiger Abgabeforderungen verletzt grds den Verhältnismäßigkeitsgrundsatz (BGH BB 73, 682). 18

7. Sicherungshypothek nach Abs 5. Die Vorschrift hat nur Bedeutung für Steuern, die als **öffentliche Last** auf dem Grundbesitz ruhen (s dazu § 77 Rz 2). Das sind zB Grundsteuern (§ 12 GrStG). Die Vorschr gilt ferner für andere auf dem Grundbesitz ruhende öffentliche Abgabelasten, für die die AO gilt. Soweit ein zu vollstreckender Anspruch aufgrund des § 10 I Nr 3 ZVG als öffentliche Last Vorrang genießt (bei einmaligen Lasten die aus den letzten 4 Jahren rückständigen Beträge und bei wiederkehrenden Lasten die laufenden und die aus den letzten zwei Jahren rückständigen Beträge) kann eine Sicherungshypothek unter der aufschiebenden Bedingung eingetragen werden, dass der Vorrang entfällt. Diese Vorschrift ist deshalb bedeutsam, weil iAllg angenommen wird, dass für eine öffentliche Last eine Zwangshypothek nicht bestellt werden kann. Dies kann aber dann nicht gelten, wenn die **Rangstellung** des § 10 I Nr 3 ZVG **nicht mehr gegeben** ist. Für diesen Fall muss ein Bedürfnis anerkannt werden, den dann nur noch in der 7. Rangklasse zu befriedigenden Anspruch durch eine Zwangshypothek in der 4. Rangklasse zu sichern. 19

8. Die Zivilprozessvorschriften

§ 864 ZPO Gegenstand der Immobiliarvollstreckung 20

(1) Der Zwangsvollstreckung in das unbewegliche Vermögen unterliegen außer den Grundstücken die Berechtigungen, für welche die sich auf Grundstücke beziehenden Vorschriften gelten, die im Schiffsregister eingetragenen Schiffe und die Schiffsbauwerke, die im Schiffsbauregister eingetragen sind oder in dieses Register eingetragen werden können.

(2) Die Zwangsvollstreckung in den Bruchteil eines Grundstücks, einer Berechtigung der im Absatz 1 bezeichneten Art oder eines Schiffes oder Schiffsbauwerks ist nur zulässig, wenn der Bruchteil in dem Anteil eines Miteigentümers besteht oder wenn sich der Anspruch des Gläubigers auf ein Recht gründet, mit dem der Bruchteil als solcher belastet ist.

§ 865 ZPO Verhältnis zur Mobiliarvollstreckung

(1) Die Zwangsvollstreckung in das unbewegliche Vermögen umfasst auch die Gegenstände, auf die sich bei Grundstücken und Berechtigungen die Hypothek, bei Schiffen oder Schiffsbauwerken die Schiffshypothek erstreckt.

(2) Diese Gegenstände können, soweit sie Zubehör sind, nicht gepfändet werden. Im Übrigen unterliegen sie der Zwangsvollstreckung in das bewegliche Vermögen, solange nicht ihre Beschlagnahme im Wege der Zwangsvollstreckung in das unbewegliche Vermögen erfolgt ist.

§ 866 ZPO Arten der Vollstreckung

(1) Die Zwangsvollstreckung in ein Grundstück erfolgt durch Eintragung einer Sicherungshypothek für die Forderung, durch Zwangsversteigerung und durch Zwangsverwaltung.

(2) Der Gläubiger kann verlangen, dass eine dieser Maßregeln allein oder neben den übrigen ausgeführt werde.

(3) [1] Eine Sicherungshypothek (Absatz 1) darf nur für einen Betrag von mehr als 750 Euro eingetragen werden; Zinsen bleiben dabei unberücksichtigt, soweit sie als Nebenforderung geltend gemacht sind. [2] Auf Grund mehrerer demselben Gläubiger zustehender Schuldtitel kann eine einheitliche Sicherungshypothek eingetragen werden.

§ 867 ZPO Zwangshypothek

(1) [1] Die Sicherungshypothek wird auf Antrag des Gläubigers in das Grundbuch eingetragen; die Eintragung ist auf dem vollstreckbaren Titel zu vermerken. [2] Mit der Eintragung entsteht die Hypothek. [3] Das Grundstück haftet auch für die dem Schuldner zur Last fallenden Kosten der Eintragung.

(2) [1] Sollen mehrere Grundstücke des Schuldners mit der Hypothek belastet werden, so ist der Betrag der Forderung auf die einzelnen Grundstücke zu verteilen. [2] Die Größe der Teile bestimmt der Gläubiger; für die Teile gilt § 866 Abs. 3 Satz 1 entsprechend.

(3) Zur Befriedigung aus dem Grundstück durch Zwangsversteigerung genügt der vollstreckbare Titel, auf dem die Eintragung vermerkt ist.

§ 868 ZPO Erwerb der Zwangshypothek durch den Eigentümer

(1) Wird durch eine vollstreckbare Entscheidung die zu vollstreckende Entscheidung oder ihre vorläufige Vollstreckbarkeit aufgehoben oder die Zwangsvollstreckung für unzulässig erklärt oder deren Einstellung angeordnet, so erwirbt der Eigentümer des Grundstücks die Hypothek.

(2) Das Gleiche gilt, wenn durch eine gerichtliche Entscheidung die einstweilige Einstellung der Vollstreckung und zugleich die Aufhebung der erfolgten Vollstreckungsmaßregeln angeordnet wird oder wenn die zur Abwendung der Vollstreckung nachgelassene Sicherheitsleistung oder Hinterlegung erfolgt.

§ 869 ZPO Zwangsversteigerung und Zwangsverwaltung

Die Zwangsversteigerung und die Zwangsverwaltung werden durch ein besonderes Gesetz geregelt.

§ 870 ZPO Grundstücksgleiche Rechte

Auf die Zwangsvollstreckung in eine Berechtigung, für welche die sich auf Grundstücke beziehenden Vorschriften gelten, sind die Vorschriften über die Zwangsvollstreckung in Grundstücke entsprechend anzuwenden.

§ 870a ZPO Zwangsvollstreckung in ein Schiff oder Schiffsbauwerk

(1) [1] Die Zwangsvollstreckung in ein eingetragenes Schiff oder in ein Schiffsbauwerk, das im Schiffsbauregister eingetragen ist oder in dieses Register eingetragen werden kann, erfolgt durch Eintragung einer Schiffshypothek für die Forderung oder durch Zwangsversteigerung. [2] Die Anordnung einer Zwangsversteigerung eines Seeschiffs ist unzulässig, wenn sich das Schiff auf der Reise befindet und nicht in einem Hafen liegt.

(2) § 866 Abs. 2, 3, § 867 gelten entsprechend.

(3) [1] Wird durch eine vollstreckbare Entscheidung die zu vollstreckende Entscheidung oder ihre vorläufige Vollstreckbarkeit aufgehoben oder die Zwangsvollstreckung für unzulässig erklärt oder deren Einstellung angeordnet, so erlischt die Schiffshypothek; § 57 Abs. 3 des Gesetzes über Rechte an eingetragenen Schiffen und Schiffsbauwerken vom 15. November 1940 (RGBl. I S. 1499) ist anzuwenden. [2] Das Gleiche gilt, wenn durch eine gerichtliche Entscheidung die einstweilige Einstellung der Zwangsvollstreckung und zugleich die Aufhe-

bung der erfolgten Vollstreckungsmaßregeln angeordnet wird oder wenn die zur Abwendung der Vollstreckung nachgelassene Sicherheitsleistung oder Hinterlegung erfolgt.

§ 871 ZPO Landesrechtlicher Vorbehalt bei Eisenbahnen

Unberührt bleiben die landesgesetzlichen Vorschriften, nach denen, wenn ein anderer als der Eigentümer einer Eisenbahn oder Kleinbahn den Betrieb der Bahn kraft eigenen Nutzungsrechts ausübt, das Nutzungsrecht und gewisse dem Betriebe gewidmete Gegenstände in Ansehung der Zwangsvollstreckung zum unbeweglichen Vermögen gehören und die Zwangsvollstreckung abweichend von den Vorschriften des Bundesrechts geregelt ist.

§ 323 Vollstreckung gegen den Rechtsnachfolger

[1] Ist nach § 322 eine Sicherungshypothek, eine Schiffshypothek oder ein Registerpfandrecht an einem Luftfahrzeug eingetragen worden, so bedarf es zur Zwangsversteigerung aus diesem Recht nur dann eines Duldungsbescheids, wenn nach der Eintragung dieses Rechts ein Eigentumswechsel eingetreten ist. [2] Satz 1 gilt sinngemäß für die Zwangsverwaltung aus einer nach § 322 eingetragenen Sicherungshypothek.

1. Inhalt. Mit der Eintragung einer Sicherungshypothek, einer Schiffshypothek oder eines Registerpfandrechts an Luftfahrzeugen ist nach der ZPO die Zwangsvollstr aus dem Titel, aufgrund dessen die Sicherungshypothek eingetragen worden ist, eingeleitet aber nicht beendet, da der Gläubiger noch nicht befriedigt ist. Will er mit dem Rang der Sicherungshypothek die Zwangsversteigerung oder Zwangsverwaltung betreiben, muss er dazu einen besonderen dinglichen Titel erwirken (*TP/Seiler* § 867 Rz 12, 14). Davon abweichend bestimmt § 323, dass ein besonderer Duldungsbescheid der VollstrBehörde nur ergehen muss, wenn das Grundstück, Schiff oder Luftfahrzeug nach Eintragung der Sicherungshypothek veräußert worden ist. Ist das nicht der Fall, kann die Zwangsversteigerung oder Zwangsverwaltung aus dem VA betrieben werden, für den die Sicherungshypothek eingetragen worden ist. 1

2. Bestehenbleiben der Hypothek. Die Veräußerung des belasteten Grundstücks hindert die Vollstreckung aus der Zwangshypothek nicht. Der VollstrSchuldner bleibt persönlicher Schuldner. Der Erwerber ist nur dinglicher Schuldner. Er muss die Zwangsvollstreckung in das Grundstück dulden, hat aber ein Ablösungsrecht (§ 1150 iVm § 268 BGB). Er kann den für die Vollstreckung erforderlichen Duldungsbescheid mit dem Einspruch anfechten, dabei kann er allerdings nur geltend machen, dass der Anspruch, für den die Sicherungshypothek eingetragen ist, ganz oder teilweise gem § 47 erloschen sei (FG BaWü EFG 95, 701). Dies gilt nach Satz 2 auch für die Zwangsverwaltung einer nach § 322 eingetragenen Sicherungshypothek. 2

3. Rechtsgeschäftlich bestellte Sicherungshypotheken. Für rechtsgeschäftlich bestellte Sicherungshypotheken gilt die Vorschrift nicht. Sie verlangt ausdrücklich, dass die Sicherungshypothek im Zwangsverfahren eingetragen wurde. Aus einer rechtsgeschäftlich bestellten Sicherungshypothek kann die VollstrBehörde die Zwangsversteigerung oder Zwangsverwaltung nur mit dem Range der Sicherungshypothek betreiben, wenn sie einen zivilprozessualen dinglichen Titel hat. 3

5. Unterabschnitt. Arrest

§ 324 Dinglicher Arrest

(1) **[1] Zur Sicherung der Vollstreckung von Geldforderungen nach den §§ 249 bis 323 kann die für die Steuerfestsetzung zuständige Finanzbehörde den Arrest in das bewegliche oder unbewegliche Vermögen anordnen, wenn zu befürchten ist, dass sonst die Beitreibung vereitelt oder wesentlich erschwert**

wird. [2] Sie kann den Arrest auch dann anordnen, wenn die Forderung noch nicht zahlenmäßig feststeht oder wenn sie bedingt oder betagt ist. [3] In der Arrestanordnung ist ein Geldbetrag zu bestimmen, bei dessen Hinterlegung die Vollziehung des Arrestes gehemmt und der vollzogene Arrest aufzuheben ist.

(2) **[1] Die Arrestanordnung ist zuzustellen. [2] Sie muss begründet und von dem anordnenden Bediensteten unterschrieben sein. [3] Die elektronische Form ist ausgeschlossen.**

(3) **[1] Die Vollziehung der Arrestanordnung ist unzulässig, wenn seit dem Tag, an dem die Anordnung unterzeichnet worden ist, ein Monat verstrichen ist. [2] Die Vollziehung ist auch schon vor der Zustellung an den Arrestschuldner zulässig, sie ist jedoch ohne Wirkung, wenn die Zustellung nicht innerhalb einer Woche nach der Vollziehung und innerhalb eines Monats seit der Unterzeichnung erfolgt. [3] Bei Zustellung im Ausland und öffentlicher Zustellung gilt § 169 Abs. 1 Satz 3 entsprechend. [4] Auf die Vollziehung des Arrestes finden die §§ 930 bis 932 der Zivilprozessordnung sowie § 99 Abs. 2 und § 106 Abs. 1, 3 und 5 des Gesetzes über Rechte an Luftfahrzeugen entsprechende Anwendung; an die Stelle des Arrestgerichts und des Vollstreckungsgerichts tritt die Vollstreckungsbehörde, an die Stelle des Gerichtsvollziehers der Vollziehungsbeamte. [5] Soweit auf die Vorschriften über die Pfändung verwiesen wird, sind die entsprechenden Vorschriften dieses Gesetzes anzuwenden.**

Schrifttum: *vor 2010 s 13. Aufl. Gaul* Die Haftung aus der Vollziehung eines ungerechtfertigten Steuerarrestes oder Steuerbescheids, JZ 13, 760.

Übersicht

1 **1. Inhalt.** Die Vorschrift ist ähnlich den §§ 916, 917, 923 und 929 II ZPO. Geregelt wird der dingliche Arrest. Die Besonderheit ggü dem Arrestverfahren nach der ZPO besteht darin, dass die FinBeh als VollstrGläubiger den Arrest selbst anordnet und nicht das FG (Rz 10). Der persönliche Arrest ist in § 326 geregelt.

2 **2. Begriff des Arrests.** Arrest ist das Mittel zur Sicherung künftiger Geldvollstr (BStBl 13, 982). Der Arrest ist keine Befriedigungs-, sondern **Sicherungsmaßnahme,** er verhindert, dass der Stpfl einen bestehenden Zustand ändert, um die zukünftige Zwangsvollstreckung zu gefährden. Der Arrest hat daher nur vorläufigen Charakter (BFH BStBl 74, 119). Er ist auch nicht selbst Maßnahme der Vollstr, sondern bereitet diese nur vor (BFH/NV 03, 353). Es droht aber die Vollstr iSv § 69 IV 2 Nr 2 FGO, wenn das FA in Vollziehung der Arrestanordnung Gegenstände gepfändet hat (BFH/NV 04, 1414; aA FG Köln EFG 98, 1610). Da der Arrest keine Befriedigungsmaßnahme ist, liegt in der Beschlagnahme von Vermögenswerten im Wege des dinglichen Arrests auch keine Steuerzahlung. Für die Zeit nach der Beschlagnahme des Vermögens können daher Hinterziehungszinsen festgesetzt werden (BFH/NV 03, 353).

3. Voraussetzungen für den Arrest. Zulässig ist der Arrest nur zur Sicherung der Vollstr von Geldforderungen. Es muss feststehen oder zumindest die überwiegende Wahrscheinlichkeit bestehen (s dazu unten Rz 9), dass der **Arrestanspruch** besteht. Aus dem als wahrscheinlich angenommenen Tatbestand muss sich allerdings immer ein rechtl einwandfreier Anspruch ergeben (BGH WM 86, 204). Es muss sich um einen bestehenden Anspruch handeln (FG Mchn EFG 95, 954). Für künftige Ansprüche ist kein Arrest zulässig (*KSch/Wolf* Rz 8). Demgegenüber stellt die hM nicht auf einen bestehenden Anspruch ab, sondern darauf, dass der den Anspruch begründende Tatbestand iSd § 38 InsO (§ 251 Rz 23) bereits vollständig verwirklicht ist (*TK/Kruse* Rz 9; *HHSp/Hohrmann* Rz 17; *Koenig/Zöllner* Rz 6; iErg auch *BG/Tormöhlen* Rz 15). Danach sind Arrestanordnungen zB wegen ESt-Ansprüchen bereits vor Ablauf des VZ oder wegen Vorauszahlungen vor Ablauf des Voranmeldungszeitraums zulässig (*Bruschke* BB 96, 81). Diese Auffassung beruft sich auf die hM im Zivilprozessrecht. Dort wird ein Arrest für künftige Forderungen aber nur dann als zulässig angesehen, wenn die Forderung bereits einklagbar ist (OLG Ddorf NJW RR 94, 450; OLG Karlsruhe FamRZ 95, 823; *BLAH/Hartmann* § 916 Rz 10 mwN; *TP/Seiler* § 916 Rz 5). Übertragen auf das Steuerverfahrensrecht muss dies bedeuten, dass der Steueranspruch festsetzbar oder einforderbar ist. Das ist bei der ESt vor Ablauf des VZ oder zB bei USt-Vorauszahlungen vor Ablauf des Voranmeldungszeitraums nicht möglich. 3

Der Arrest dient der Sicherung einer **bestimmten** Steuerforderung. Deshalb kann weder das FA noch das FG im Klageverfahren den Arrestanspruch austauschen, weil andernfalls eine neue Arrestanordnung und damit ein ggü dem angefochtenen VA anderer VA erlassen würde (BFH BStBl 83, 401; *TK/Kruse* Rz 34). Daraus ergibt sich für die nach § 119 erforderliche Bestimmtheit der Arrestanordnung, dass die Ansprüche individuell bezeichnet sein müssen. Die betragsmäßige Bestimmung der einzelnen Abgabeforderungen ist nicht erforderlich. Es reicht die Angabe der Höhe der Arrestsumme aus (FG Mchn EFG 85, 478; vgl auch oben § 119 Rz 44). Die Höhe der Geldforderung braucht nach Abs 1 S 2 noch nicht bekannt zu sein. Die Forderung kann auch bedingt oder betagt sein. 4

Ein **Arrestgrund** ist gegeben, wenn bei objektiver Würdigung der gesamten Umstände die Besorgnis gerechtfertigt ist, dass ohne die Arrestanordnung die künftige Vollstr des Anspruchs vereitelt oder wesentlich erschwert wird (BFH/NV 95, 1037; *App* StBp 90, 154). Es geht also nicht nur darum, die VollstrMöglichkeiten als solche zu sichern. Die Möglichkeit zur Anordnung des Arrests soll vielmehr auch die Leichtigkeit der Vollstreckung, dh den schnellen und unmittelbaren Zugriff auf einzelne Vermögensgegenstände des Stpfl, gewährleisten (BFH/NV 95, 1037; FG Mchn EFG 09, 949). Die Absicht des Schuldners, den Arrestgläubiger zu benachteiligen oder Vermögensgegenstände seinem Zugriff zu entziehen, ist nicht erforderlich (BFH BStBl 78, 548). Die Regelung des § 917 II ZPO, wonach es als zureichender Arrestgrund anzusehen ist, wenn die Vollstr im Ausland erfolgen müsste, ist in die AO nicht übernommen worden. Dieser Umstand allein ist daher niemals ein Arrestgrund. Verbringt der Schuldner allerdings sein Vermögen ins Ausland, sodass im Inland kein Vermögen verbleibt, kann ein Arrestgrund gegeben sein (BFH BStBl 62, 258; 01, 464; 13, 983). IÜ sind Arrestgründe ua (vgl *App* StBp 90, 154): steuerunehrliches Verhalten, wenn Anhaltspunkte dafür sprechen, dass der Arrestschuldner auch die Vollstr der Steueransprüche vereiteln oder wesentlich erschweren werde (BFHE 56, 225); Verschwendungssucht oder leichtfertige Geschäftsführung des Schuldners, Verschleuderung, auffallende Belastung oder Veräußerung des Vermögens, uU Verkauf des wertvollsten Gegenstandes des Vermögens (BFH BStBl 01, 464), häufiger Wechsel des Wohnsitzes (*TP/Seiler* § 917 Rz 1), Vermögensumschichtung durch Rechtsformwechsel (zB Übertragung von unbelastetem Grundbesitz auf KG, deren alleiniger Komplementär der Stpfl ist), wenn eine wesentliche Erschwerung der Vollstr zu befürchten ist (BFH/NV 95, 5

1037), erhebliche Schmälerung des Betriebsvermögens durch Einbuchung von Scheinrechnungen (FG Saarl EFG 04, 242).

6 **Kein Arrestgrund** sind allein schlechte Vermögensverhältnisse (BFH BStBl 01, 464; 13, 983; *TK/Kruse* Rz 19; *TP/Seiler* § 917 Rz 2), daher auch nicht die Gefahr, dass eine spätere Vollstr mangels pfändbaren Vermögens erfolglos sein wird (FG BaWü EFG 66, 200). Es muss eine besondere Verschlechterung der Vermögenslage erst bevorstehen (BGH VersR 75, 763; BGHZ 131, 105; *BLAH/Hartmann* § 917 Rz 7 mwN) oder es muss zu befürchten sein, dass der Stpfl sich dem Zugriff der FinBeh entzieht. Einmalige Firmensitzverlegung oder die Nichtabgabe von StErklärungen (weil dann Schätzungsmöglichkeit) reichen nicht aus (FG Bbg EFG 96, 1078). Ebenso sind der dringende Verdacht der StHinterziehung oder sonstige stl Unzuverlässigkeit für sich allein keine Arrestgründe (BFH BStBl 01, 464, dort auch zum Verwertungsverbot von Kenntnissen aus unzulässiger Telefonüberwachung für Zwecke des Arrestes; vgl auch BFH BStBl 13, 983; zur Frage, ob im StStrafverfahren neben oder statt dem dinglichen Arrest nach § 111d StPO auch der Arrest nach § 324 AO eingesetzt werden darf, vgl *Kunz* BB 06, 1198; *Madauß* NZWiSt 13, 128). Ein Arrestgrund besteht auch nicht ggü dem zusammenveranlagten **Ehegatten,** auf den im Aufteilungsverfahren gem §§ 268 ff keine anteilige Steuer entfallen würde. Ist der Ehegatte nämlich bereit, für die aus der Einkunftserzielung des anderen Ehegatten entstandenen StSchulden einzustehen, besteht keine Gefahr der Erschwerung oder Vereitelung der Vollstr. Besteht andererseits diese Bereitschaft nicht, wird iErg eine Vollstr gegen diesen Ehegatten nicht möglich sein (FG Mster EFG 88, 216). Aus den gleichen Gründen darf gegen jeden Ehegatten ein Arrest auch nur in Höhe der auf ihn bei einer Aufteilung entfallenden Steuer angeordnet werden (FG Nds EFG 89, 612; FG Brem EFG 96, 307). Eine an beide Eheleute gerichtete Arrestanordnung ist zudem rechtswidrig, wenn Schuldner der in ihr aufgelisteten USt- und GewSt-Forderungen nur ein Ehegatte ist (FG Brem aaO).

7 Die Tatsachen, die den Arrestgrund auf den Zeitpunkt des Ergehens der Arrestanordnung belegen, können im Einspruchsverfahren oder im Klageverfahren **erweitert oder ersetzt** werden. Es können sogar solche Gründe nachgeschoben werden, die der FinBeh bei Anordnung des Arrests überhaupt nicht bekannt waren oder die erst später entstanden sind (BFH BStBl 83, 401). Maßgebend sind im Klageverfahren die tatsächlichen Verhältnisse im Zeitpunkt der letzten mündlichen Verhandlung (BFH BStBl 04, 392; FG BaWü EFG 90, 507; FG Mchn EFG 95, 954; s auch Rz 15).

8 Der **Arrestgrund fällt weg**, wenn ein vollstreckbares Leistungsgebot ergangen ist, die Frist des § 254 I verstrichen, der Schuldner gem § 259 erfolglos gemahnt worden und der Anspruch fällig ist (*TK/Kruse* Rz 21 mwN). Ergeht das Leistungsgebot erst nach Anordnung und Vollzug des Arrests, wird das Arrestverfahren in das normale **VollstrVerfahren übergeleitet** (BFH BStBl 68, 832; BFH/NV 95, 322; 01, 1530; BGH HFR 13, 73). Die Verwertung der im Arrestverfahren erlangten Sicherheiten erfolgt nach § 327. Die Arrestanordnung wird damit gegenstandslos und ein über die Anordnung schwebender Rechtsstreit ist in der Hauptsache für erledigt zu erklären (BFHE 93, 405; BFH/NV 97, 740; 01, 458). Einem neuen Rechtsstreit über die Arrestanordnung fehlt das Rechtsschutzbedürfnis (vgl BFH/NV 95, 322; aA *Blumers* BB 77, 190). Ein Rechtsschutzbedürfnis kann nur noch für Dritte bestehen, deren Rang durch den möglicherweise unrechtmäßigen Arrest verschlechtert worden ist. Außerdem kann der Stpfl, gegen den der dingliche Arrest angeordnet worden war, noch ein Rechtsschutzinteresse an einer Fortsetzungsfeststellungsklage haben, wenn er einen Schadensersatzprozess wegen der Arrestanordnung (s dazu unten Rz 16) führen will (FG Hess EFG 96, 414; vgl zum Rechtsschutzinteresse für eine Fortsetzungsfeststellungsklage gegen die erledigte Arrestanordnung auch BFH/NV 95, 322; 01, 458).

9 Arrestanspruch und Arrestgrund müssen im VollstrVerfahren nach der ZPO glaubhaft gemacht werden (§ 920 II ZPO). Das lässt sich auf das Arrestverfahren

nach der AO, wo die FinBeh selbst den Arrest anordnet, nicht übertragen. Hier kann aber ebenfalls nicht gefordert werden, dass Arrestanspruch (s dazu oben Rz 3) und Arrestgrund mit Sicherheit feststehen müssen. Es reicht aber auch nicht eine nur „hinreichende Wahrscheinlichkeit" (aA *TK/Kruse* Rz 24; ferner BFH HFR 63, 450; BFH BStBl 13, 983; BGH WM 86, 204; FG Mchn EFG 95, 954; 09, 949). Es muss zumindest eine **überwiegende Wahrscheinlichkeit bestehen** (FG Ddorf EFG 78, 60; FG BaWü EFG 90, 507; *Blumers* BB 77, 190). Abschn 54 I VollstrA fordert das „glaubhafte" Bestehen des Arrestanspruchs (vgl auch *Bruschke* DStR 03, 54; BFH BStBl 83, 401; FG Sachs EFG 93, 731; FG Hess EFG 96, 414).

4. Zuständigkeit für den Arrest. Nach Abs 1 ist abweichend von § 249 für die Anordnung des Arrests immer die für die StFestsetzung zuständige FinBeh zuständig. Die Vollziehung des Arrests ist dagegen Sache der VollstrBehörden (innerhalb der FÄ und HZÄ die VollstrStellen), die die Befugnisse nach §§ 249, 284 haben (*TK/Kruse* Rz 62). 10

5. Anordnung des Arrests. Die in Abs 2 vorgeschriebene Zustellung der Arrestanordnung richtet sich nach dem VwZG. Da die Anordnung nach Abs 2 S 2 unterschrieben sein muss, muss sie schriftlich ergehen. Die nach § 87a IV für schriftliche VA auch zugelassene elektronische Form ist nach S 3 des Abs 2 ausgeschlossen. Eine an beide Ehegatten gerichtete Arrestanordnung muss jedem Ehegatten gesondert zugestellt werden (FG Brem EFG 96, 307). Die **Begründung** des Arrests muss Arrestanspruch und Arrestgrund erfassen. Es müssen daher sowohl die Tatsachen angegeben werden, aus denen sich der Anspruch ergibt, als auch die Tatsachen, nach denen zu befürchten ist, dass ohne den Arrest die Beitreibung des Anspruchs vereitelt oder wesentlich erschwert wird. Bloße Wiedergabe des Gesetzeswortlauts genügt nicht (BFH BStBl 52, 90; *App* StBp 90, 154; *TK/Kruse* Rz 38). Die Begründung kann aber im Rechtsstreit bis zum Schluss der mündlichen Verhandlung nachgeholt werden (s Rz 7). Die Anordnung kann ohne vorherige Anhörung des Schuldners ergehen (*BG/Tormöhlen* Rz 36; *Schuhmann* DStZ 81, 500). 11

6. Vollziehungsfrist. Die Vollziehung der Arrestanordnung ist unzulässig, wenn seit dem Tag, an dem die Anordnung unterzeichnet worden ist, **ein Monat verstrichen ist.** Zur Wahrung der in Abs 3 S 1 genannten Frist reicht es aus, wenn **mit der Vollziehung** innerhalb der Frist **begonnen worden ist** (zB erfolgloser Pfändungsversuch, Vorladung zur eidesstattlichen Versicherung). In diesem Fall kommt nach Ablauf der Frist eine Aussetzung bzw Aufhebung der Vollziehung der Arrestanordnung nur noch gegen Sicherheitsleistung in Betracht. Eine erneute Vollziehung wäre nämlich wegen Ablaufs der Frist unzulässig, sodass die Arrestanordnung ihrer Wirkung beraubt würde (FG Köln EFG 88, 524). Eine Aufhebung der Vollziehung des Arrestes ohne Sicherheitsleistung kommt jedoch in Betracht, wenn mit Gewissheit oder großer Wahrscheinlichkeit für den Stpfl ein günstiger Prozessausgang zu erwarten ist (BFH BStBl 13, 983). Sind innerhalb der Frist VollstrMaßnahmen eingeleitet worden, so können nach Fristablauf noch andere, neue VollstrMaßnahmen vorgenommen werden (aA BGH DB 91, 224; *TP/Seiler* § 929 Rz 4). Sie müssen aber mit der fristgerecht eingeleiteten Maßnahme wirtschaftlich und zeitlich eine Einheit bilden (OLG Mchn NJW 68, 708; FG BaWü EFG 90, 507; *TK/Kruse* Rz 66). 12

Die Vollziehung ist nach Abs 3 S 2 auch **schon vor der Zustellung der Arrestanordnung an den Arrestschuldner zulässig.** Sie ist jedoch wirkungslos, wenn die Zustellung nicht innerhalb einer Woche nach der Vollziehung und innerhalb eines Monats seit der Unterzeichnung erfolgt. Bei Zustellungen im Ausland und bei öffentlichen Zustellungen kommt es für die Fristwahrung nach Abs 3 S 3 darauf an, dass die Arrestanordnung vor Fristablauf den Bereich der für die StFestsetzung zuständigen FinBeh verlassen hat, bzw dass bei öffentlichen Zustel- 13 lungen bis zu diesem Zeitpunkt der Aushang erfolgt ist. Hierdurch soll vermieden werden, dass als Folge einer Verzögerung der Zustellung – insbes bei Auslandszustellungen und bei Zustellungen durch öffentliche Bekanntgabe – die Vollziehung der Arrestanordnung möglicherweise wirkungslos ist.

14 **7. Abwendung der Vollziehung.** Der Schuldner kann die Vollziehung des Arrests durch Hinterlegung des gem Abs 1 S 3 in der Arrestanordnung zu nennenden Geldbetrags abwenden. Es ist nur die Vollziehung auszusetzen und rückgängig zu machen, **nicht** aber die **Arrestanordnung aufzuheben.** Andernfalls bestände für die Hinterlegung des Geldbetrags kein Rechtsgrund mehr (*TK/Loose* Rz 70). Über den Wortlaut des Abs 1 S 3 hinaus kann statt der Hinterlegung des Geldbetrags auch nach Maßgabe der §§ 241 ff Sicherheit geleistet werden (*TK/Loose* Rz 69).

15 **8. Rechtsschutz.** Die Arrestanordnung ist ein VA und kann daher mit dem Einspruch angefochten werden. Unabhängig davon kann sie aber auch nach § 45 IV FGO sofort mit der Klage angefochten werden. Das gilt auch für die Anordnung der Eintragung einer Sicherungshypothek als Arrest. Wird dagegen die Sicherungshypothek im Rahmen der regulären Vollstr nach § 322 iVm § 867 I ZPO durch Antrag an das Grundbuchamt angeordnet, findet § 45 IV FGO keine Anwendung (BFH/NV 99, 1229). Es können gegen die Arrestanordnung auch Einspruchsverfahren und Klage nebeneinander betrieben werden. Für die Zulässigkeit der Klage ist es auch dann nicht erforderlich, dass das Vorverfahren abgeschlossen ist (FG Ddorf EFG 78, 60; offen gelassen in FG Mster EFG 95, 583). Das FG wird dann jedoch entsprechend § 45 I 2 FGO warten müssen, bis über den außergerichtlichen Rechtsbehelf entschieden ist. Zur fehlenden Möglichkeit, im Einspruchsverfahren oder Klageverfahren den Arrestanspruch auszutauschen oder Tatsachen für den Arrestgrund nachzuschieben s oben Rz 4. Da im Gerichtsverfahren die Sach- und Rechtslage am Schluss der mündlichen Verhandlung maßgebend ist, hat das Gericht nur zu prüfen, ob der Arrest nach den im Zeitpunkt der Entscheidung bekannten Umständen gerechtfertigt ist (Rz 7; BFH BStBl 04, 392). Hat sich der dingliche Arrest mit Überleitung des Arrestverfahrens in das Beitreibungsverfahren erledigt, kann eine Fortsetzungsfeststellungsklage erhoben werden (FG Bln EFG 17, 186). Im Rahmen des Rechtsmittelverfahrens ist zu prüfen, ob der Arrest wegen des Vorliegens der Voraussetzungen des § 325 aufzuheben ist.

16 **9. Haftung bei unzulässigem Arrest.** Erweist sich die Anordnung des Arrests als von Anfang an ungerechtfertigt, so ist dem Schuldner unabhängig vom Verschulden des den Arrest anordnenden Beamten der aus der Vollziehung des Arrestes oder aus der Sicherheitsleistung entstandene Schaden zu ersetzen. Das ergibt sich aus der entsprechenden Anwendung von § 945 ZPO (BGH DB 86, 1670; BGHZ 30, 123; 63, 227; *Gaul* JZ 13, 760; wohl auch BFH/NV 95, 1037; FG Mchn EFG 95, 954; *TK/Loose* Rz 54; aA *Schwarz* FR 83, 181; *HHSp/Hohrmann* Rz 106; zweifelnd BGH HFR 13, 73). Der Gesetzgeber hat diese ZPO-Bestimmung nur deshalb nicht ausdrücklich in die AO übernommen, weil die Anwendung durch die Rspr ohnehin gesichert war und die Frage der Staatshaftung allgemein durch ein Staatshaftungsgesetz neu geregelt werden sollte (s Begr EAO 74, BT-Drs VI/1982 zu §§ 307 bis 309). Für den Schadensersatzanspruch ist der Rechtsweg zu den ordentlichen Gerichten gegeben (BGHZ 30, 77; 63, 277; BGH Rpfleger 81, 18; *Bruschke* DStR 03, 54; vgl auch BFH/NV 08, 1956). Ansprüche wegen Eingriffs in das Eigentum (enteignungsgleicher Eingriff) kommen nicht in Betracht (BGH WM 86, 204; NVwZ 98, 878).

17 Vorstehende Erwägungen gelten allerdings nicht, wenn nach Anordnung und Vollzug des Arrestes ein Steuerbescheid mit dem üblichen Leistungsgebot ergangen und dadurch das Arrestverfahren in das normale VollstrVerfahren übergeleitet worden ist (s Rz 8). Dadurch hat sich das Arrestpfandrecht in ein normales (rangwah-

rendes) Pfändungspfandrecht umgewandelt und es wird der StBescheid vollzogen. Durch die Vollziehung von (unrichtigen) StBescheiden entstandene Schäden können aber nicht nach § 945 ZPO ersetzt werden. Insoweit ist diese ZPO-Bestimmung nicht mehr anwendbar (BGH HFR 13, 73).

Gegenüber dem Schadensersatzanspruch nach § 945 ZPO kann iÜ ggf der Einwand des mitwirkenden Verschuldens nach § 254 BGB geltend gemacht werden (*TK/Loose* Rz 58), zB wenn der Betroffene durch Äußerungen ggü dem FA den Eindruck der Gefährdung der Vollstreckung erweckt hat (BGH NJW 78, 2024). 18

10. Bezugnahme auf §§ 930–932 ZPO sowie §§ 99 II und 106 I, III und V des Gesetzes über Rechte an Luftfahrzeugen

§ 930 ZPO Vollziehung in bewegliches Vermögen und Forderungen 19

(1) [1] Die Vollziehung des Arrestes in bewegliches Vermögen wird durch Pfändung bewirkt. [2] Die Pfändung erfolgt nach denselben Grundsätzen wie jede andere Pfändung und begründet ein Pfandrecht mit den im § 804 bestimmten Wirkungen. [3] Für die Pfändung einer Forderung ist das Arrestgericht als Vollstreckungsgericht zuständig.

(2) Gepfändetes Geld und ein im Verteilungsverfahren auf den Gläubiger fallender Betrag des Erlöses werden hinterlegt.

(3) Das Vollstreckungsgericht kann auf Antrag anordnen, dass eine bewegliche körperliche Sache, wenn sie der Gefahr einer beträchtlichen Wertverringerung ausgesetzt ist oder wenn ihre Aufbewahrung unverhältnismäßige Kosten verursachen würde, versteigert und der Erlös hinterlegt werde.

(4) Die Vollziehung des Arrestes in ein nicht eingetragenes Seeschiff ist unzulässig, wenn sich das Schiff auf der Reise befindet und nicht in einem Hafen liegt.

§ 931 ZPO Vollziehung in eingetragenes Schiff oder Schiffsbauwerk

(1) Die Vollziehung des Arrestes in ein eingetragenes Schiff oder Schiffsbauwerk wird durch Pfändung nach den Vorschriften über die Pfändung beweglicher Sachen mit folgenden Abweichungen bewirkt.

(2) Die Pfändung begründet ein Pfandrecht an dem gepfändeten Schiff oder Schiffsbauwerk; das Pfandrecht gewährt dem Gläubiger im Verhältnis zu anderen Rechten dieselben Rechte wie eine Schiffshypothek.

(3) Die Pfändung wird auf Antrag des Gläubigers vom Arrestgericht als Vollstreckungsgericht angeordnet; das Gericht hat zugleich das Registergericht um die Eintragung einer Vormerkung zur Sicherung des Arrestpfandrechts in das Schiffsregister oder Schiffsbauregister zu ersuchen; die Vormerkung erlischt, wenn die Vollziehung des Arrestes unstatthaft wird.

(4) Der Gerichtsvollzieher hat bei der Vornahme der Pfändung das Schiff oder Schiffsbauwerk in Bewachung und Verwahrung zu nehmen.

(5) Ist zur Zeit der Arrestvollziehung die Zwangsversteigerung des Schiffes oder Schiffsbauwerks eingeleitet, so gilt die in diesem Verfahren erfolgte Beschlagnahme des Schiffes oder Schiffsbauwerks als erste Pfändung im Sinne des § 826; die Abschrift des Pfändungsprotokolls ist dem Vollstreckungsgericht einzureichen.

(6) [1] Das Arrestpfandrecht wird auf Antrag des Gläubigers in das Schiffsregister oder Schiffsbauregister eingetragen; der nach § 923 festgestellte Geldbetrag ist als der Höchstbetrag zu bezeichnen, für den das Schiff oder Schiffsbauwerk haftet. [2] Im Übrigen gelten der § 867 Abs. 1 und 2 und der § 870a Abs. 3 entsprechend, soweit nicht vorstehend etwas anderes bestimmt ist.

(7) Die Vollziehung des Arrestes in ein nicht eingetragenes Seeschiff ist unzulässig, wenn sich das Schiff auf der Reise befindet und nicht in einem Hafen liegt.

§ 932 ZPO Arresthypothek

(1) [1] Die Vollziehung des Arrestes in ein Grundstück oder in eine Berechtigung, für welche die sich auf Grundstücke beziehenden Vorschriften gelten, erfolgt durch Eintragung einer Sicherungshypothek für die Forderung; der nach § 923 festgestellte Geldbetrag ist als der Höchstbetrag zu bezeichnen, für den das Grundstück oder die Berechtigung haftet. [2] Ein Anspruch nach § 1179a oder § 1179b des Bürgerlichen Gesetzbuchs steht dem Gläubiger oder im Grundbuch eingetragenen Gläubiger der Sicherungshypothek nicht zu.

(2) Im Übrigen gelten die Vorschriften des § 866 Abs. 3 Satz 1, des § 867 Abs. 1 und 2 und des § 868.

(3) Der Antrag auf Eintragung der Hypothek gilt im Sinne des § 929 Abs. 2, 3 als Vollziehung des Arrestbefehls.

§ 99 II Gesetz über Rechte an Luftfahrzeugen vom 26.2.59 (BGBl I, 57), zuletzt geändert durch Gesetz vom 8.12.10 (BGBl I, 1864).

(2) [1] Die Vollziehung des Arrestes in ein Luftfahrzeug, das in der Luftfahrzeugrolle oder im Register für Pfandrechte an Luftfahrzeugen eingetragen ist, wird dadurch bewirkt, daß der Gerichtsvollzieher das Luftfahrzeug in Bewachung und Verwahrung nimmt und ein Registerpfandrecht für die Forderung eingetragen wird; die Bewachung und Verwahrung unterbleibt, soweit nach den Vorschriften des Gesetzes über die Unzulässigkeit der Sicherungsbeschlagnahme von Luftfahrzeugen in der im Bundesgesetzblatt Teil III, Gliederungsnummer 310-12, veröffentlichten bereinigten Fassung eine Pfändung unzulässig ist. [2] In der Eintragung des Registerpfandrechts ist der nach § 923 der Zivilprozeßordnung festgestellte Geldbetrag als Höchstbetrag zu bezeichnen, für den das Luftfahrzeug haftet. [3] Im übrigen gelten die Vorschriften des § 867 Abs. 1 und 2 und des § 870a Abs. 3 Satz 1 erster Halbsatz, Satz 2 der Zivilprozeßordnung sinngemäß. [4] Der Antrag auf Eintragung des Registerpfandrechts gilt im Sinne des § 929 Abs. 2, 3 der Zivilprozessordnung als Vollziehung des Arrestbefehls.

§ 106 Abs 1, 3 und 5 Gesetz über Rechte an Luftfahrzeugen

(1) Es sind sinngemäß anzuwenden

1. auf die Zwangsvollstreckung in ausländische Luftfahrzeuge die Vorschriften für Luftfahrzeuge, die in der Luftfahrzeugrolle eingetragen sind,
2. auf die Zwangsvollstreckung in Ersatzteile, auf die sich das Recht an einem ausländischen Luftfahrzeug erstreckt, die Vorschriften für Ersatzteile, auf die sich das Registerpfandrecht an einem inländischen Luftfahrzeug nach § 71 erstreckt,
3. auf die Zwangsvollstreckung in eine Forderung, für die ein Recht an einem ausländischen Luftfahrzeug besteht, die Vorschriften über die Zwangsvollstreckung in eine Forderung, für die ein Registerpfandrecht im Register für Pfandrechte an Luftfahrzeugen eingetragen ist,

soweit sie nicht die Eintragung in der Luftfahrzeugrolle oder im Register für Pfandrechte an Luftfahrzeugen voraussetzen.

(2) …

(3) [1] Bei der Vollziehung des Arrestes in ein ausländisches Luftfahrzeug tritt an die Stelle der Eintragung eines Registerpfandrechts die Pfändung. [2] Die Pfändung begründet ein Pfandrecht an dem gepfändeten Luftfahrzeug; das Recht gewährt dem Gläubiger im Verhältnis zu anderen Rechten dieselben Rechte wie ein Registerpfandrecht.

(4) …

(5) Wird über ein Recht im Sinne des § 103 nach der Beschlagnahme verfügt und ist die Verfügung nach Artikel IV des Genfer Abkommens vom 19. Juni 1948 (Bundesgesetzbl. 1959 II S. 129) anzuerkennen, so ist sie dem Gläubiger gegenüber wirksam, es sei denn, daß der Schuldner im Zeitpunkt der Verfügung Kenntnis von der Beschlagnahme hatte.

§ 325 Aufhebung des dinglichen Arrestes

Die Arrestanordnung ist aufzuheben, wenn nach ihrem Erlass Umstände bekannt werden, die die Arrestanordnung nicht mehr gerechtfertigt erscheinen lassen.

1 **1. Inhalt.** Die Vorschrift hat ihr Vorbild in § 927 ZPO. Geregelt wird der Fall, dass eine Arrestanordnung rechtmäßig ergangen oder jedenfalls nicht angegriffen worden ist und **nachher** Umstände bekannt werden, die die Anordnung nicht mehr gerechtfertigt erscheinen lassen. Ist die Arrestanordnung angegriffen worden, ist im Rahmen des Rechtsmittelverfahrens zu prüfen, ob der Arrest wegen des Vorliegens der Voraussetzungen des § 325 nicht aufrecht zu erhalten ist (s § 324 Rz 15).

2 **2. Maßgebliche Umstände.** Die Änderung der Umstände kann betreffen den Arrestanspruch, zB Erlöschen, Obsiegen in einem steuergerichtlichen Verfahren, oder den Arrestgrund, zB Möglichkeit der Zwangsvollstr im Inland oder Abgabe einer eidesstattlichen Versicherung, Sicherheitsleistung. Die Arrestanordnung ist

auch dann aufzuheben, wenn sie nicht mehr vollziehbar ist zB wegen Ablaufs der Frist nach Abs 3 S 1 (BFH BStBl 58, 51; FG BaWü EFG 90, 507) oder wegen Eröffnung des Insolvenzverfahrens (*TP/Seiler* § 927 Rz 15). Die Eröffnung des Insolvenzverfahrens führt allerdings nicht zu einer Aufhebung nach § 325, wenn das FA die Arrestanordnung bereits vollzogen und dadurch ein Absonderungsrecht erhalten hat (BFH BStBl 04, 392). Eine teilweise Aufhebung (Beschränkung) ist geboten, wenn die Arrestanordnung innerhalb der Vollziehungsfrist im Wert nur erheblich unterhalb der Arrestsumme vollzogen worden und eine weitere Vollziehung nicht mehr möglich ist (FG BaWü aaO).

§ 326 Persönlicher Sicherheitsarrest

(1) [1] **Auf Antrag der für die Steuerfestsetzung zuständigen Finanzbehörde kann das Amtsgericht einen persönlichen Sicherheitsarrest anordnen, wenn er erforderlich ist, um die gefährdete Vollstreckung in das Vermögen des Pflichtigen zu sichern.** [2] **Zuständig ist das Amtsgericht, in dessen Bezirk die Finanzbehörde ihren Sitz hat oder sich der Pflichtige befindet.**

(2) **In dem Antrag hat die für die Steuerfestsetzung zuständige Finanzbehörde den Anspruch nach Art und Höhe sowie die Tatsachen anzugeben, die den Arrestgrund ergeben.**

(3) [1] **Für die Anordnung, Vollziehung und Aufhebung des persönlichen Sicherheitsarrestes gelten § 128 Abs. 4 und die §§ 922 bis 925, 927, 929, 933, 934 Abs. 1, 3 und 4 der Zivilprozessordnung sinngemäß.** [2] **§ 802j Abs. 2 der Zivilprozessordnung ist nicht anzuwenden.**

(4) **Für Zustellungen gelten die Vorschriften der Zivilprozessordnung.**

Abs 3 S 2 neu gefasst durch G v 29.7.09 (BGBl I, 2258) mWv 1.1.2013.

1. Inhalt. Die Vorschrift behandelt den **persönlichen Sicherheitsarrest.** Dieser führt zu einer Freiheitsentziehung. Deshalb kann seine Anordnung wegen Art 104 II GG **nur** durch den **Richter** erfolgen, während beim dinglichen Arrest aus Gründen der Sachnähe die FinBeh zuständig sind. Das Amtsgericht wird daher auch **nicht im Wege der Amtshilfe** tätig. Es hat die Voraussetzungen für die Anordnung des persönlichen Arrestes selbständig zu prüfen und notfalls aufgrund der Angaben der FinBeh (s Abs 2) eigene Ermittlungen anzustellen (*TK/Loose* Rz 6; *HHSp/Hohrmann* Rz 13). Es ist auch zuständig für die Aufhebung des Arrestes (§ 934 I ZPO). 1

2. Subsidiarität des persönlichen Arrests. Der persönliche Arrest ist nur subsidiär. Andere Mittel zur Sicherung dürfen nicht gegeben sein, namentlich der dingliche Arrest (vgl *TK/Loose* Rz 1). 2

3. Voraussetzungen für den persönlichen Arrest. Es müssen die Voraussetzungen des § 324 gegeben sein. Vorliegen muss daher ein **Arrestanspruch** und ein **Arrestgrund.** Für beides muss die **überwiegende Wahrscheinlichkeit** gegeben sein (s § 324 Rz 9). Wird der persönliche Arrest trotz Fehlens der Voraussetzungen angeordnet, gilt § 945 ZPO entsprechend (s § 324 Rz 16). 3

4. Zustellung und Vollziehung. Der Beschluss, durch den der Arrest angeordnet worden ist, hat die VollstrBehörde, die den Arrest erwirkt hat, nach § 922 II ZPO iVm § 326 III 1 zustellen zu lassen. Für die Zustellung gelten nach § 326 IV die Vorschriften der ZPO und nicht das VwZG. Die Vollziehung des Arrests obliegt dem Amtsgericht und dem Gerichtsvollzieher (§ 933 iVm § 909 ZPO). 4

5. Vorschriften der ZPO

§ 128 ZPO Grundsatz der Mündlichkeit; schriftliches Verfahren 5

(1)–(3) …

(4) Entscheidungen des Gerichts, die nicht Urteile sind, können ohne mündliche Verhandlung ergehen, soweit nichts anderes bestimmt ist.

§ 922 ZPO Arresturteil und Arrestbeschluss

(1) [1] Die Entscheidung über das Gesuch ergeht im Falle einer mündlichen Verhandlung durch Endurteil, andernfalls durch Beschluss. [2] Die Entscheidung, durch die der Arrest angeordnet wird, ist zu begründen, wenn sie im Ausland geltend gemacht werden soll.

(2) Den Beschluss, durch den ein Arrest angeordnet wird, hat die Partei, die den Arrest erwirkt hat, zustellen zu lassen.

(3) Der Beschluss, durch den das Arrestgesuch zurückgewiesen oder vorherige Sicherheitsleistung für erforderlich erklärt wird, ist dem Gegner nicht mitzuteilen.

§ 923 ZPO Abwendungsbefugnis

In dem Arrestbefehl ist ein Geldbetrag festzustellen, durch dessen Hinterlegung die Vollziehung des Arrestes gehemmt und der Schuldner zu dem Antrag auf Aufhebung des vollzogenen Arrestes berechtigt wird.

§ 924 ZPO Widerspruch

(1) Gegen den Beschluss, durch den ein Arrest angeordnet wird, findet Widerspruch statt.

(2) [1] Die widersprechende Partei hat in dem Widerspruch die Gründe darzulegen, die sie für die Aufhebung des Arrestes geltend machen will. [2] Das Gericht hat Termin zur mündlichen Verhandlung von Amts wegen zu bestimmen. [3] Ist das Arrestgericht ein Amtsgericht, so ist der Widerspruch unter Angabe der Gründe, die für die Aufhebung des Arrestes geltend gemacht werden sollen, schriftlich oder zum Protokoll der Geschäftsstelle zu erheben.

(3) Durch Erhebung des Widerspruchs wird die Vollziehung des Arrestes nicht gehemmt. Das Gericht kann aber eine einstweilige Anordnung nach § 707 treffen; § 707 Abs. 1 Satz 2 ist nicht anzuwenden.

§ 925 ZPO Entscheidung nach Widerspruch

(1) Wird Widerspruch erhoben, so ist über die Rechtmäßigkeit des Arrestes durch Endurteil zu entscheiden.

(2) Das Gericht kann den Arrest ganz oder teilweise bestätigen, abändern oder aufheben, auch die Bestätigung, Abänderung oder Aufhebung von einer Sicherheitsleistung abhängig machen.

§ 927 ZPO Aufhebung wegen veränderter Umstände

(1) Auch nach der Bestätigung des Arrestes kann wegen veränderter Umstände, insbesondere wegen Erledigung des Arrestgrundes oder auf Grund des Erbietens zur Sicherheitsleistung die Aufhebung des Arrestes beantragt werden.

(2) Die Entscheidung ist durch Endurteil zu erlassen; sie ergeht durch das Gericht, das den Arrest angeordnet hat, und wenn die Hauptsache anhängig ist, durch das Gericht der Hauptsache.

§ 929 ZPO Vollstreckungsklausel; Vollziehungsfrist

(1) Arrestbefehle bedürfen der Vollstreckungsklausel nur, wenn die Vollziehung für einen anderen als den in dem Befehl bezeichneten Gläubiger oder gegen einen anderen als den in dem Befehl bezeichneten Schuldner erfolgen soll.

(2) Die Vollziehung des Arrestbefehls ist unstatthaft, wenn seit dem Tag, an dem der Befehl verkündet oder der Partei, auf deren Gesuch er erging, zugestellt ist, ein Monat verstrichen ist.

(3) [1] Die Vollziehung ist vor der Zustellung des Arrestbefehls an den Schuldner zulässig. [2] Sie ist jedoch ohne Wirkung, wenn die Zustellung nicht innerhalb einer Woche nach der Vollziehung und vor Ablauf der für diese im vorhergehenden Absatz bestimmten Frist erfolgt.

§ 933 ZPO Vollziehung des persönlichen Arrestes

[1] Die Vollziehung des persönlichen Sicherheitsarrestes richtet sich, wenn sie durch Haft erfolgt, nach den Vorschriften der §§ 802g, 802h und 802j Abs. 1 und 2 und, wenn sie durch sonstige Beschränkung der persönlichen Freiheit erfolgt, nach den vom Arrestgericht zu treffenden besonderen Anordnungen, für welche die Beschränkungen der Haft maßgebend sind. [2] In den Haftbefehl ist der nach § 923 festgestellte Geldbetrag aufzunehmen.

§ 934 ZPO Aufhebung der Arrestvollziehung

(1) Wird der in dem Arrestbefehl festgestellte Geldbetrag hinterlegt, so wird der vollzogene Arrest von dem Vollstreckungsgericht aufgehoben.

(2) …

(3) Die in diesem Paragraphen erwähnten Entscheidungen ergehen durch Beschluss.

(4) Gegen den Beschluss, durch den der Arrest aufgehoben wird, findet sofortige Beschwerde statt.

6. Unterabschnitt. Verwertung von Sicherheiten

§ 327 Verwertung von Sicherheiten

[1] Werden Geldforderungen, die im Verwaltungsverfahren vollstreckbar sind (§ 251), bei Fälligkeit nicht erfüllt, kann sich die Vollstreckungsbehörde aus den Sicherheiten befriedigen, die sie zur Sicherung dieser Ansprüche erlangt hat. [2] Die Sicherheiten werden nach den Vorschriften dieses Abschnitts verwertet. [3] Die Verwertung darf erst erfolgen, wenn dem Vollstreckungsschuldner die Verwertungsabsicht bekannt gegeben und seit der Bekanntgabe mindestens eine Woche verstrichen ist.

1. Inhalt. Die Vorschrift behandelt die Verwertung von Sicherheiten, die die 1
VollstrBehörde zur Sicherung von Geldforderungen erlangt hat. Dies kann zwangsweise (nach § 324 oder § 336), nach Maßgabe der §§ 241 ff oder kraft Gesetzes nach § 76 (s § 76 Rz 1; vgl auch BGH BFH/NV Beil 05, 272) erfolgt sein. Alle diese Fälle werden von § 327 erfasst.

2. Umfang der Geldforderungen. Durch Satz 1 wird klargestellt, dass Si- 2
cherheiten nur zur Befriedigung derjenigen Forderung verwertet werden können, für die die **Sicherheit bestellt** oder sonst erlangt worden ist. Die VollstrBehörde kann sich also nicht auch noch wegen anderer Steuerforderungen gegen den Sicherheitsgeber aus den Sicherheiten befriedigen. Ist der Anspruch, für den die Sicherheiten geleistet worden sind, erloschen (zB durch Zahlung) und will die VollstrBehörde wegen anderer Forderungen in die Sicherheiten vollstrecken, muss sie sie unter den normalen Voraussetzungen pfänden (*TK/Loose* Rz 7).

3. Voraussetzungen der Verwertung. Der **Gegenstand,** der verwertet wer- 3
den soll, muss **pfändbar** sein. Das ergibt sich aus der Verweisung auf die Vorschrift des Abschnitts über die Vollstreckung (*TK/Loose* Rz 8; *Koenig/Zöllner* Rz 7). Außerdem muss die **Forderung fällig** sein.

Nach S 3 muss die **Verwertungsabsicht bekannt gegeben** worden sein und 4
mindestens **eine Woche** verstrichen sein. Die Nichteinhaltung der Schonfrist ändert nichts am Eigentumserwerb des Erstehers, kann aber Schadensersatzpflichten auslösen (RGZ 156, 359; *Koenig/Zöllner* Rz 9; vgl auch BGH BFH/NV Beil 05, 272). Die Bekanntgabe der Verwertungsabsicht ist eine **Sonderform des Leistungsgebots** nach § 254 (*TK/Loose* Rz 9). Es handelt sich ebenso wie beim Leistungsgebot um einen VA (BFH/NV 95, 558; BGH BFH/NV Beil 05, 272). Daher ist für die Verwertung von Sicherheiten kein Leistungsgebot nach § 254 erforderlich. Die Verwertungsankündigung ist auch dann erforderlich, wenn bei einer Steuerbürgschaft (§§ 241 I Nr 7, 244) ein Dritter in Anspruch genommen werden soll (vgl auch BFH/NV 95, 558). Sie muss auch in diesem Fall ggü dem VollstrSchuldner erfolgen. Dem Dritten darf sie nicht in Form eines VA mitgeteilt werden (BFH/NV 95, 558). Auch im Fall des § 76 bleibt es dabei, dass die Verwertungsankündigung ggü dem VollstrSchuldner zu erfolgen hat, auch dann, wenn ein Dritter Eigentümer der Waren ist, die der Sachhaftung unterliegen (BGH BFH/NV Beil 05, 272). Trotzdem wird auch der Eigentümer durch die Bekanntgabe-

pflicht geschützt, sodass ihm beim Unterlassen der Bekanntgabe der Verwertungsabsicht Amtshaftungsansprüche zustehen können (BGH aaO).

5 **4. Durchführung der Verwertung.** Die Verwertung erfolgt nach den allgemeinen Vorschriften. Sachen sind nach § 296 zu versteigern oder nach § 305 zu verwerten, Wertpapiere nach § 302. Bei Steuerbürgschaft muss der Dritte im ordentlichen Rechtsweg in Anspruch genommen werden. Hat die VollstrBehörde nur mittelbaren Besitz (zB bei Sicherungseigentum) muss sie die Sache pfänden und wegnehmen lassen (*TK/Kruse* Rz 16).

Dritter Abschnitt. Vollstreckung wegen anderer Leistungen als Geldforderungen

1. Unterabschnitt. Vollstreckung wegen Handlungen, Duldungen oder Unterlassungen

Vorbemerkungen zu § 328

1 Die Vollstreckung wegen Handlungen, Duldungen oder Unterlassungen wird in Anlehnung an die §§ 6 bis 16 VwVG innerhalb der vollstreckungsrechtlichen Vorschriften geregelt. Auffallend ist dabei, dass die AO anders als §§ 883ff ZPO keine ausdrücklichen Vorschriften über die Vollstr zur Herausgabe von Sachen kennt. In der AO, in der es um stl Ansprüche, dh in erster Linie um Geldforderungen geht, besteht für eine gesonderte Regelung kein Bedürfnis. Falls Sachen herauszugeben sind (s zB § 315 II), enthalten häufig die betr Vorschriften entsprechende Regelungen (s zB auch § 336). IÜ ist die Herausgabe einer Sache eine vom Pflichtigen vorzunehmende Handlung und kann daher nach §§ 328ff erzwungen werden.

2 Die Erzwingung von Handlungen, Duldungen oder Unterlassungen ist Teil des VollstrVerfahrens. Es gelten daher die allgemeinen Vorschriften für die Vollstreckung der §§ 249 bis 258, soweit sich nicht aus den §§ 328ff etwas anderes ergibt. Eine Besonderheit ist zB die von § 249 I 3 abweichende Regelung über die VollstrBehörde (s § 328 I 3). Anders als nach § 253 heißt ferner zB der zur Handlung, Duldung oder Unterlassung Verpflichtete nicht VollstrSchuldner, sondern Pflichtiger.

§ 328 Zwangsmittel

(1) [1]**Ein Verwaltungsakt, der auf Vornahme einer Handlung oder auf Duldung oder Unterlassung gerichtet ist, kann mit Zwangsmitteln (Zwangsgeld, Ersatzvornahme, unmittelbarer Zwang) durchgesetzt werden.** [2]**Für die Erzwingung von Sicherheiten gilt § 336.** [3]**Vollstreckungsbehörde ist die Behörde, die den Verwaltungsakt erlassen hat.**

(2) [1]**Es ist dasjenige Zwangsmittel zu bestimmen, durch das der Pflichtige und die Allgemeinheit am wenigsten beeinträchtigt werden.** [2]**Das Zwangsmittel muss in einem angemessenen Verhältnis zu seinem Zweck stehen.**

Schrifttum: *vor 2010 s 13. Aufl. Harder* Zwangsgeld gegen Insolvenzverwalter wegen Verletzung steuerlicher Pflichten, ZInsO 13, 227.

1 **1. Inhalt.** Die Vorschrift enthält in Abs 1 im Klammerzusatz einen **ausschließlichen Katalog** der Maßnahmen, die zur Erzwingung von Handlungen, Duldungen oder Unterlassungen getroffen werden dürfen. Die Maßnahmen können mit Ausnahme der Ersatzzwangshaft (§ 334) **auch gegen steuerpflichtige Körperschaften** getroffen werden. Sie sind dann gegen die Körperschaft zu richten. Nur

in Ausnahmefällen können die gesetzlichen Vertreter der Körperschaft in Anspruch genommen werden (BFH/NV 08, 1872, unter Berufung auf das zu Verspätungszuschlägen ergangene Urteil des BFH BStBl 91, 384). Andere Maßnahmen als Zwangsgeld, Ersatzvornahme oder unmittelbarer Zwang sind nicht zulässig. Das **Verzögerungsgeld** nach § 146 IIb ist kein Zwangsgeld, sondern ein Druckmittel eigener Art und fällt nicht in den Anwendungsbereich der §§ 328 ff (BFH BStBl 11, 855; FG SchlHol EFG 11, 846; FG RhPf EFG 11, 1942; näher Erläut zu § 146 Rz 66). Es steht jedoch in Konkurrenz zu diesem.

2. Anwendungsbereich. Die Ausschließlichkeit des Katalogs bedeutet aber nicht, dass diese Maßnahmen auch in allen Fällen der Erzwingung von Handlungen, Duldungen oder Unterlassungen ergriffen werden können. So kann zB die Versicherung an Eides statt gem § 95 VI nicht nach §§ 328 ff erzwungen werden. Für die eidesstattliche Versicherung nach § 284 im VollstrVerfahren gilt die Spezialvorschrift des § 284 VIII. Ein Vorgehen nach §§ 328 ff ist hier also ebenfalls nicht möglich (s § 284 Rz 26). Bestehen im Rahmen der Vorschriften über die Vollstr wegen Geldforderungen besondere Regelungen über die Erzwingung von Handlungen (zB auch §§ 315 II, 318 II), so sind diese maßgebend. VollstrBehörde ist dann anders als nach § 249 I 3 immer die Behörde, die das Leistungsgebot erlassen hat. 2

Für die Erzwingung von Sicherheiten gilt nach Abs 1 S 2 die Vorschrift des § 336. Insoweit handelt es sich nur um eine Klarstellung. Ein Vorgehen nach §§ 328 ff wird deshalb nicht ausgeschlossen (s Begründung EAO 74, zu § 311; ebenso *KSch/Wolf* Rz 3; *BG/Neumann* § 336 Rz 2; aA *TK/Drüen* § 336 Rz 2; *Koenig/Zöllner* § 328 Rz 16). 3

3. Voraussetzungen der Vollstreckung. Vollstreckt werden kann immer nur ein **VA**. Der Pflichtige muss daher durch einen VA zu der Handlung, Duldung oder Unterlassung aufgefordert worden sein (vgl BFH BStBl 99, 199). Es muss gem § 254 ein Leistungsgebot ergangen und eine Woche verstrichen sein. Zudem müssen die Voraussetzungen des § 251 gegeben sein. 4

Allgemein gilt für die Anwendung und Auswahl der Zwangsmittel der für alle VollstrMaßnahmen bedeutsame Grundsatz der **Verhältnismäßigkeit** (s Vorbem § 249 Rz 6). Das wird in Abs 2 der Vorschrift besonders hervorgehoben (vgl *App* StVj 92, 257). Grds wird die Festsetzung von Zwangsmitteln wie das Zwangsgeld nach § 329 jedoch nicht dadurch ausgeschlossen, dass der Adressat **im Ausland** ansässig ist (FG BaWü EFG 10, 1668). 5

4. Handlung, Duldung oder Unterlassung. Beispiele für erzwingbare **Handlungen** sind: Mitwirkungspflichten nach §§ 90, 93, 97, 135; Anzeigepflichten nach §§ 137 bis 139; Aufforderungen zur Beantwortung des Fragebogens zur Haftungsinanspruchnahme (FG Thür EFG 99, 745); Buchführungspflichten nach §§ 140 ff usw, zB Aufforderung zur Anfertigung und Abgabe des Jahresabschlusses (BFH/NV 94, 447); ferner zB allgemein die Abgabe von StErklärungen ordnungsmäßig und fristgerecht, soweit eine Verpflichtung dazu besteht (BFH BStBl 51, 209; BFH/NV 96, 13; 01, 1369) und durch VA zur Abgabe aufgefordert worden ist (s Rz 8 und § 118 Rz 42). Wird die Aufforderung zur Abgabe der StErklärung nach § 332 II 1 mit der Androhung von Zwangsgeld verbunden, liegt jedenfalls ein VA vor. Zu den erzwingbaren Handlungen zählen auch statistische Angaben nach § 150 V 1 in der StErklärung (BFH/NV 99, 897). **Nicht nach §§ 328 ff erzwingbar** sind Handlungsaufforderungen, die keine VA sind (Rz 4). Das gilt zB für das Verlangen auf Empfängerbenennung nach § 160 (BFH BStBl 86, 537) oder für die während der Ap vom Prüfer ggü dem Stpfl erlassene schriftliche Aufforderung, bestimmte Fragen zu beantworten oder genau bezeichnete Belege, Verträge und Konten vorzulegen, wenn diese Aufforderung ausschl der Ermittlung steuermindernder Umstände dient (BFH BStBl 99, 199; näher § 118 Rz 42). Anzumerken ist, dass der BFH gerade die Erzwingbarkeit nach 6

§§ 328 ff als das für die Unterscheidung zwischen bloßer Vorbereitungshandlung und VA maßgebliche Kriterium ansieht (BFH aaO; § 118 Rz 42 Außenprüfung). Wird der Stpfl während der Ap daher zu einem bestimmten Tun, Dulden oder Unterlassen aufgefordert, um auch evtl steuerbegründende oder -verschärfende Tatsachen zu ermitteln, handelt es sich idR um VA, die nach §§ 328 ff erzwingbar sind; s aber auch Rz 1 zum Verzögerungsgeld (BFH BStBl 10, 455; BFH/NV 05, 1226; vgl auch FG Mster EFG 01, 4).

7 Als erzwingbare **Unterlassungen** kommen zB in Betracht: verbotene Verfügung über Sachen und Forderungen nach §§ 76, 309 I (*HHSp/Hohrmann* Rz 12); nach § 5 StBerG untersagte geschäftsmäßige Hilfeleistung in Steuersachen (vgl FG Hbg EFG 00, 706). Als **Duldungspflichten** können erzwungen werden das Betreten von Grundstücken und Räumen gem § 99.

8 All diese Pflichten können nur erzwungen werden, wenn ihre Erfüllung dem Pflichtigen möglich und von seinem Willen abhängig ist (*HHSp/Hohrmann* Rz 17). Ein Verlangen auf Vorlage von Unterlagen darf sich auch nicht auf solche Unterlagen richten, deren Existenz beim Stpfl nicht erwartet werden kann (BFH BStBl 10, 455). Es muss zudem so bestimmt sein, dass aus der Sicht des Empfängers klar ist, was von ihm verlangt wird (BFH aaO). Ferner können von einem Pflichtigen keine Mitwirkungshandlungen erzwungen werden, durch die er gezwungen würde, sich selbst wegen einer von ihm begangenen **Steuerstraftat** oder Steuerordnungswidrigkeit zu **belasten** (§ 393 I 2; vgl BFH/NV 97, 166; 05, 503 und Erläut zu § 103). Ist daher erkennbar, dass die bisher unterlassenen Mitwirkungshandlungen den Tatbestand einer Steuerstraftat oder -ordnungswidrigkeit erfüllen können, so muss in der Androhungsverfügung und Festsetzungsverfügung auf § 393 I 2 hingewiesen werden (§ 393 I 4). Die Verpflichtung zur Abgabe einer eidesstattlichen Versicherung nach § 284 fällt nicht unter das Zwangsmittelverbot des § 393 I 2 iVm § 328 (BFH/NV 02, 305; BGH NStZ-RR 12, 372). Ihre Erzwingung richtet sich nach § 284 VIII. Ein Vorgehen der VollstrBehörde nach § 328 ist somit ohnehin nicht zulässig (s § 284 Rz 26).

9 **5. Rechtsnatur des Zwangs.** Die Zwangsmittel nach § 328 sind reine, in die Zukunft wirkende **Beugemittel.** Es ist nicht ihr Zweck, in der Vergangenheit begangenes Unrecht zu sühnen (BFH BStBl 81, 110; BFH/NV 97, 166). Dies zeigt auch § 335, wonach der Vollzug des Zwangsverfahrens einzustellen ist, wenn die Verpflichtung erfüllt wird. Die Einstellung ist aber nicht nur bei Erfüllung der Verpflichtung geboten, sondern auch dann, wenn die mit Zwangsmitteln verfolgte Handlung, Duldung oder Unterlassung nicht mehr benötigt wird (FG Brem EFG 91, 54) oder wenn sich der VA, dessen Durchsetzung mit Zwangsmitteln betrieben wird, auf andere Weise als durch Erfüllung erledigt (*App* BB 91, 1393). Ferner ist der Vollzug des Zwangsverfahrens einzustellen, wenn der Zweck, der mit dem Zwangsmittel erreicht werden soll, nicht mehr erreicht werden kann, weil zB der Pflichtige verstorben ist oder die rechtliche Existenz (etwa einer GmbH) erloschen ist (BFH/NV 97, 166). Es handelt sich demnach nicht um Strafe oder Buße. Daher gilt nicht das Legalitätsprinzip, sondern die Anwendung der Zwangsmittel steht im Ermessen der FinBeh (vgl BFH/NV 95, 754; 96, 530). Ferner ist **kein Verschulden** des Pflichtigen erforderlich (BFH/NV 93, 46; OLG Köln MDR 82, 589; FG BBg EFG 09, 714; *HHSp/Hohrmann* Rz 9; *TK/Drüen* Rz 29). Aus dem Streit im Zivilprozessrecht, ob für die Festsetzung von Ordnungsmitteln nach § 890 ZPO ein Verschulden notwendig ist (bejahend zB BVerfG NJW 81, 2457; BGH JR 91, 69; NJW 04, 505; ablehnend wohl *BLAH/Hartmann* § 890 Rz 21), lässt sich für das VollstrVerfahren nach der AO nichts herleiten. Bei § 890 ZPO geht es um die Ahndung von Ungehorsamsfolgen (vgl *TP/Seiler* § 890 Rz 15), bei allen Zwangsmitteln des § 328 aber um bloße Beugemittel (s § 335).

10 Strafe oder Buße und Zwangsmittel können deshalb auch nebeneinander verhängt werden oder nacheinander verhängt werden (hM, s *App* StVj 92, 257; *TK/*

Drüen Rz 31; *HHSp/Hohrmann* Vor § 328 Rz 34). Die Zwangsmittel können anders als Strafen auch juristische Personen treffen (Rz 1) (BFH BStBl 82, 141). Sie können gegen die juristische Person oder im Ausnahmefall gegen den nach § 34 Verpflichteten gerichtet werden (FG Brem EFG 00, 753; FG BaWü EFG 01, 542; vgl aber ferner FG Bln EFG 00, 1223; s auch Erläut zu § 34), (BFH/NV 08, 1872). In der **Insolvenz** sind Zwangsmittel gegen den (nach § 34 verpflichteten; vgl FG Hess EFG 13, 994) Insolvenzverwalter zur Durchsetzung der steuerlichen Erklärungspflichten weder unverhältnismäßig noch ermessensfehlerhaft. Das gilt auch, wenn nicht mit steuerlichen Auswirkungen der Erklärungen zu rechnen ist. Der Insolvenzverwalter muss dann ggf Nullerklärungen abgeben (BFH BStBl 13, 141; OLG Hbg BeckRS 2013, 01398; aA FG Hess EFG 13, 994, nach dem es sich um eine eigene Erklärung des Insolvenzverwalters handeln muss).

6. Rechtsschutz. Zu den **Rechtsbehelfen** gegen die VollstrMaßnahmen s Erläut zu §§ 332 und 333. 11

§ 329 Zwangsgeld

Das einzelne Zwangsgeld darf 25 000 Euro nicht übersteigen.

1. Inhalt. Der Begriff „Zwangsgeld" entspricht der Terminologie des VwVG und darf 25.000 € nicht übersteigen. 1

2. Mehrfache Festsetzung. Das Zwangsgeld darf zur Durchsetzung einer bestimmten Anordnung mehrfach festgesetzt werden. Dabei darf zwar jede einzelne Festsetzung den Betrag von 25.000 € nicht übersteigen. Jedoch kann bei mehrfacher Festsetzung dieser Betrag überstiegen werden (*App* StBp 91, 49; *HHSp/Hohrmann* Rz 4). Bei der erstmaligen Androhung ist der Höchstsatz idR ermessensfehlerhaft (*Koenig/Zöllner* Rz 5). Das Zwangsgeld kann nach einer Zuwiderhandlung des Verpflichteten wiederholt werden, auch wenn es nicht beigetrieben worden ist (BVerwG Buchholz 310 § 80 VwGO Nr 59; s auch § 332 Rz 6). 2

3. Ermessensentscheidung. Die Androhung und Höhe des Zwangsgeldes ist eine Ermessensentscheidung und wird durch VA festgesetzt (s § 332 Rz 3). Die Ermessenserwägungen müssen spätestens in der Einspruchsentscheidung dargelegt werden (*TK/Drüen* Rz 8). Insbesondere bedarf die Androhung des Höchstsatzes schon bei der ersten Zwangsmittelanwendung einer nachvollziehbaren Begründung und wird regelmäßig die Ausnahme sein (FG Brem EFG 98, 623). Unabhängig davon ist die Androhung und Festsetzung von Zwangsgeld jedoch davon, ob der Pflichtige zur Zahlung des Zwangsgeldes in der Lage ist. Denn im Falle der Uneinbringlichkeit des Zwangsgeldes kann das Amtsgericht nach § 334 Ersatzzwangshaft anordnen, wenn der Pflichtige bei der Androhung des Zwangsgeldes darauf hingewiesen worden ist (BFH/NV 01, 1369). 3

4. Rechtsschutz. Gegen die Anordnung der Festsetzung des Zwangsgeldes sind der Einspruch und die Anfechtungsklage gegeben. Einwendungen gegen den zu vollstreckenden VA sind ausgeschlossen (§ 256). 4

§ 330 Ersatzvornahme

Wird die Verpflichtung, eine Handlung vorzunehmen, deren Vornahme durch einen anderen möglich ist (vertretbare Handlung), nicht erfüllt, so kann die Vollstreckungsbehörde einen anderen mit der Vornahme der Handlung auf Kosten des Pflichtigen beauftragen.

1. Inhalt. Die Vorschrift entspricht wörtlich § 10 VwVG. Die in der Vorschrift geregelte Ersatzvornahme ist nur gegeben, wenn **ein anderer** mit der Vornahme 1 der Handlung beauftragt wird. Handelt die Behörde durch einen eigenen Bediensteten, handelt es sich um einen Fall des § 331 (*TK/Drüen* Rz 3).

2 **2. Ersatzvornahme nur bei Handlungen.** Die Ersatzvornahme kommt nur in Betracht bei Durchsetzung **vertretbarer Handlungen,** nicht bei Duldungen oder Unterlassungen. Dies betrifft zB die Aufstellung von Bilanzen oder die Fertigung von stl relevanten Aufzeichnungen (*Koenig/Zöllner* Rz 2); auch das Lesbarmachen von Daten (FG Ddorf DStRE 11, 842). Der Dritte, der die Ersatzvornahme vornimmt, tritt in Beziehungen zur Behörde, nicht zum Stpfl. Die Rechtsbeziehung zwischen Drittem und Behörde sind zivilrechtlicher Natur. Die der FinBeh durch die Beauftragung entstehenden Kosten sind Auslagen iSv § 344 I Nr 8.

§ 331 Unmittelbarer Zwang

Führen das Zwangsgeld oder die Ersatzvornahme nicht zum Ziele oder sind sie untunlich, so kann die Finanzbehörde den Pflichtigen zur Handlung, Duldung oder Unterlassung zwingen oder die Handlung selbst vornehmen.

1 **1. Inhalt.** Die Vorschrift entspricht wörtlich § 12 VwVG. Durch die Formulierung wird zum Ausdruck gebracht, dass unmittelbarer Zwang stets das letzte Mittel zur Durchsetzung des VA sein soll.

2 **2. Begriff.** Unmittelbarer Zwang ist Einsatz körperlicher Gewalt oder von Hilfsmitteln körperlicher Gewalt gegen Personen oder Sachen. Dies kommt hauptsächlich zur Durchsetzung unvertretbarer Handlungen in Betracht. Erfasst werden auch Duldungen oder Unterlassungen.

3 **3. Beispiele unmittelbaren Zwangs.** Zwangsvorführung des Stpfl, Öffnen von Behältnissen oder Räumen, um den Zutritt zur Bp oder zur Nachschau zu erzwingen.

4 **4. UZwG.** Für Vollzugsbeamte des Bundes gilt bei der Anwendung unmittelbaren Zwangs das Gesetz über den unmittelbaren Zwang bei Ausführung öffentlicher Gewalt durch Vollzugsbeamte des Bundes (UZwG) v 10.3.1961 (BGBl I, 165), zuletzt geändert durch G v. 24.5.2016 (BGBl I, 1217).

5 **5. Rechtsschutz.** Gegen die Androhung und Anordnung von unmittelbarem Zwang (§ 332) sind der Einspruch und die Anfechtungsklage gegeben. Nach der Durchführung der Zwangsmaßnahme kann das FG unmittelbar im Wege der Feststellungsklage angerufen werden. Vorläufiger Rechtsschutz wird im Wege der einstweiligen Anordnung (§ 114 FGO) gewährt.

§ 332 Androhung der Zwangsmittel

(1) [1]**Die Zwangsmittel müssen schriftlich angedroht werden.** [2]**Wenn zu besorgen ist, dass dadurch der Vollzug des durchzusetzenden Verwaltungsakts vereitelt wird, genügt es, die Zwangsmittel mündlich oder auf andere nach der Lage gebotene Weise anzudrohen.** [3]**Zur Erfüllung der Verpflichtung ist eine angemessene Frist zu bestimmen.**

(2) [1]**Die Androhung kann mit dem Verwaltungsakt verbunden werden, durch den die Handlung, Duldung oder Unterlassung aufgegeben wird.** [2]**Sie muss sich auf ein bestimmtes Zwangsmittel beziehen und für jede einzelne Verpflichtung getrennt ergehen.** [3]**Zwangsgeld ist in bestimmter Höhe anzudrohen.**

(3) [1]**Eine neue Androhung wegen derselben Verpflichtung ist erst dann zulässig, wenn das zunächst angedrohte Zwangsmittel erfolglos ist.** [2]**Wird vom**

Pflichtigen ein Dulden oder Unterlassen gefordert, so kann das Zwangsmittel für jeden Fall der Zuwiderhandlung angedroht werden.

(4) **Soll die Handlung durch Ersatzvornahme ausgeführt werden, so ist in der Androhung der Kostenbetrag vorläufig zu veranschlagen.**

1. Inhalt. Die Vorschrift entspricht § 13 VwVG. Bevor ein Zwangsmittel angewandt wird, muss dem Stpfl unter Androhung des Zwangsmittels eine **angemessene Frist** zur Vornahme der von ihm geforderten Handlung, Unterlassung oder Duldung gesetzt werden. 1

Die **Androhung des Zwangsmittels** entspricht etwa der Mahnung nach § 259 bei der Vollstr wegen Geldforderungen. Eine Mahnung braucht der Androhung daher nicht vorauszugehen. Die Androhung ist aber zusätzlich zu dem Leistungsgebot nach § 254 erforderlich, kann allerdings nach Abs 2 S 1 mit diesem verbunden werden (vgl BFH/NV 04, 159). Die Wochenfrist braucht daher nicht erst abgewartet zu werden, ehe das Zwangsgeld angedroht wird. Jedoch kann die Vollstreckung erst beginnen, wenn seit der Bekanntgabe des Leistungsgebots mindestens eine Woche verstrichen ist (BFH aaO). Anders als die Mahnung nach § 259 ist die **Androhung** des Zwangsmittels **zwingend.** Fehlt die Androhung, ist die Festsetzung eines Zwangsmittels (§ 333) rechtswidrig und muss aufgehoben werden (*HHSp/Hohrmann* Rz 5). Das Gleiche gilt, wenn die Androhung keine Frist oder eine unangemessen kurze Frist enthält. Eine solche Androhung ist rechtsunwirksam (differenzierend: *HHSp/Hohrmann* Rz 13). 2

2. Rechtsnatur der Androhung. Die Androhung eines Zwangsmittels ist ein selbständiger **VA** (BFH/NV 00, 549; *TK/Drüen* Rz 4; *HHSp/Hohrmann* Rz 25). Bei wiederholter Androhung gem Abs 3 gilt das für jede Androhung. Der VA der Androhung ist zu unterscheiden von der späteren Festsetzung des Zwangsmittels, die ebenfalls VA ist (s unten § 333 Rz 2; vgl auch FG Brem EFG 99, 529). Für die **Bekanntgabe** einer Zwangsmittelandrohung und Zwangsmittelfestsetzung gelten die allgemeinen Regeln über die Bekanntgabe von VA. Hat der Pflichtige einen Bevollmächtigten zur Entgegennahme von VA bestellt, sind daher idR die an den Pflichtigen gerichtete Androhung und Festsetzung an den Bevollmächtigten zu adressieren (FinMin Saarl DStR 01, 1350; vgl BFH BStBl 01, 463). 3

3. Inhalt und Form der Androhung. Die Androhung muss für jede zu vollstreckende Handlung, Duldung oder Unterlassung eines der drei möglichen Zwangsmittel und bei Zwangsgeld eine bestimmte Höhe androhen (Abs 2 S 2 und 3). Die FinBeh darf sich also weder die Wahl des Zwangsmittels vorbehalten, noch kann sie kumulativ gleichzeitig mehrere Zwangsmittel androhen (*TK/Drüen* Rz 7). Die Androhung muss nach Abs 2 S 2 getrennt für jede einzelne Verpflichtung ergehen. Dies kann auch in einem Schriftstück geschehen (BFH/NV 04, 159, 309; *TK/Drüen* Rz 10; aA *KSch/Wolf* Rz 5; *App* BB 91, 1393; s auch 13. Aufl). 4

Die Androhung muss **schriftlich** ergehen (§§ 332 I 1, 119 III). Nur bei Gefahr der Vereitelung des Vollzugs kann sie auch **mündlich** oder auf andere nach der Lage gebotene Weise erfolgen (zB im Grenzaufsichtsdienst der Zollverwaltung beim Anhalten eines schmuggelverdächtigen Fahrzeugs mit Winkerkelle bzw durch Warnschüsse). Dies gilt insbes dann, wenn die mündliche Androhung nicht verstanden oder nicht wahrgenommen werden kann (s BT-Drs 10/1636, 50). Zur evtl Hinweispflicht in der Androhung wegen des Verbots, jemanden zu zwingen, sich selbst zu belasten, s § 393 I 2 und § 328 Rz 8. 5

4. Wiederholte Androhung. Nach Abs 3 kann wegen derselben Verpflichtung eine erneute Androhung erfolgen, wenn die gesetzte Frist verstrichen ist, ohne dass der Pflichtige seiner Verpflichtung nachgekommen ist. Das angedrohte Zwangsmittel kann hierbei gewechselt oder die Androhung des Zwangsgeldes 6 erhöht werden (*TK/Drüen* Rz 17). Nicht erforderlich ist, dass das vorher angedrohte Zwangsmittel bereits nach § 333 festgesetzt oder sogar vollstreckt worden ist (FG Hess EFG 90, 154; OVG Berlin NJW 68, 1108; vgl aber auch FG Brem EFG 00, 721). Nach erfolgloser Androhung des Zwangsgeldes kann die FinBeh daher auch mit der Festsetzung des Zwangsgeldes gleichzeitig ein weiteres Zwangsgeld androhen (BVerwG Buchholz 310 § 80 VwGO Nr 59; FG Hess aaO; aA *App* StVj 92, 257). Geht es um ein Dulden oder Unterlassen, kann nach Abs 3 S 2 von vornherein für jeden Fall der Zuwiderhandlung ein Zwangsmittel angedroht werden.

7 **5. Rechtsschutz.** Als VA ist die Androhungen des Zwangsmittels mit dem Einspruch anfechtbar. Im Einspruchsverfahren muss eine selbständige Ermessensentscheidung getroffen werden (vgl auch § 329 Rz 3). Es geht nicht nur um die Überprüfung der Ermessensentscheidung in den Grenzen des § 102 FGO (FG Brem EFG 91, 54; 96, 463; 00, 1224; vgl auch BFH/NV 95, 754).

8 Bei wiederholter Androhung können einzelne der Androhungen selbständig angefochten werden. **Mängel des zu Grunde liegenden VA,** der vollstreckt wird, können nicht mehr geltend gemacht werden (§ 256), wenn dieser unanfechtbar geworden ist (BFH BStBl 82, 371; BFH/NV 96, 530; vgl aber auch BFH BStBl 10, 455). Ist der zu Grunde liegende VA noch anfechtbar, kommt es darauf an, ob der Einspruch gegen die Androhung so ausgelegt werden kann, dass er sich auch gegen diesen VA richtet. Das schließt allerdings auch umgekehrt nicht aus, dass der Einspruch gegen die Festsetzung auch als Einspruch gegen die Androhung angesehen wird (BFH BStBl 82, 371).

§ 333 Festsetzung der Zwangsmittel

Wird die Verpflichtung innerhalb der Frist, die in der Androhung bestimmt ist, nicht erfüllt oder handelt der Pflichtige der Verpflichtung zuwider, so setzt die Finanzbehörde das Zwangsmittel fest.

1 **1. Inhalt.** Die Vorschrift entspricht § 14 S 1 VwVG. Sie verlangt zusätzlich zu dem Leistungsgebot nach § 254 und der Androhung von Zwangsmitteln nach § 332 noch eine gesonderte Festsetzung des Zwangsmittels. Anders als für die Androhung der Zwangsmittel (§ 332 I 1) ist für die Festsetzung keine besondere Form vorgeschrieben. Die Festsetzung sollte jedoch aus Gründen der Rechtssicherheit schriftlich erfolgen. Es gilt § 119 und für die Bekanntgabe § 122.

2 **2. Rechtsnatur und Voraussetzungen.** Die Festsetzung des Zwangsmittels ist ebenso wie die Androhung (s § 332 Rz 3) ein selbständiger **VA** (FG Hess EFG 90, 154; FG RhPf EFG 95, 699; FG Brem EFG 99, 529). Die FinBeh hat dabei ein **Entschließungsermessen,** das unter dem Gebot der Verhältnismäßigkeit der Vollstreckung steht (Vor § 249 Rz 6). Die Ermessenentscheidung ist zu begründen. Die formularmäßige Bezugnahme auf die Androhung des Zwangsmittels reicht nach der Rspr aus (BFH/NV 95, 754; 96, 530; FG Brem EFG 96, 463; 98, 623; vgl auch FG Nbg EFG 01, 800). Die in der 13. Aufl vertretene gegenteilige Ansicht wird aufgegeben. Jedoch ist das Auswahlermessen der FinBeh auf das zuvor angedrohte Zwangsmittel (§ 332 I 1, 2) beschränkt (Rz 4).

3 Das Zwangsmittel darf nicht vor Ablauf der in der Androhung bestimmten Frist festgesetzt werden (FG Brem EFG 96, 463). Erforderlich ist ferner, dass der Pflichtige auch nach Ablauf der Frist **im Zeitpunkt der Festsetzung** des Zwangsmittels seine Verpflichtung noch nicht erfüllt hat oder ihr noch zuwider handelt. Die Festsetzung muss in einer angemessenen Frist nach Ablauf der Androhungsfrist erfolgen, innerhalb derer der Pflichtige noch nach Treu und Glauben mit der Durchsetzung der Zwangsmittel rechnen kann. Andernfalls kann die Annahme gerechtfertigt sein, dass die FinBeh auf die Durchsetzung des Zwangsmittels verzichtet (RFHE 6, 135; BFH/NV 01, 1369; vgl auch FG Hess EFG 99, 939).

Es darf nur das Zwangsmittel festgesetzt werden, das angedroht worden ist. Die FinBeh ist allerdings nicht gehindert, ein geringeres Zwangsgeld, als angedroht, festzusetzen. 4

3. Rechtsschutz. Gegen die Festsetzung des Zwangsmittels als VA sind der Einspruch und die Anfechtungsklage gegeben. Vorläufiger Rechtsschutz wird durch AdV gewährt (§ 361 AO, § 69 FGO). Der zu Grunde liegende VA, der mit der Festsetzungsverfügung durchgesetzt werden soll, kann mit dem Einspruch nicht angegriffen werden. Anderes kann nur gelten, wenn der zu Grunde liegende VA noch nicht unanfechtbar ist und der Einspruch als Rechtsmittel gegen diesen VA ausgelegt werden kann (s § 332 Rz 8). Aus einer verhältnismäßig späten Entscheidung der FinBeh über den Einspruch gegen die Festsetzung des Zwangsmittels lässt sich nicht auf die Verwirkung der festgesetzten Zwangsmittelansprüche schließen. Die Rechtslage ist also anders als in den oben (Rz 3) genannten Fällen, in denen die Zwangsmittelfestsetzung nicht in angemessener Zeit nach Ablauf der Androhungsfrist erfolgt (BFH/NV 01, 1369). 5

§ 334 Ersatzzwangshaft

(1) [1]**Ist ein gegen eine natürliche Person festgesetztes Zwangsgeld uneinbringlich, so kann das Amtsgericht auf Antrag der Finanzbehörde nach Anhörung des Pflichtigen Ersatzzwangshaft anordnen, wenn bei Androhung des Zwangsgelds hierauf hingewiesen worden ist.** [2]**Ordnet das Amtsgericht Ersatzzwangshaft an, so hat es einen Haftbefehl auszufertigen, in dem die antragstellende Behörde, der Pflichtige und der Grund der Verhaftung zu bezeichnen sind.**

(2) [1]**Das Amtsgericht entscheidet nach pflichtgemäßem Ermessen durch Beschluss.** [2]**Örtlich zuständig ist das Amtsgericht, in dessen Bezirk der Pflichtige seinen Wohnsitz oder in Ermangelung eines Wohnsitzes seinen gewöhnlichen Aufenthalt hat.** [3]**Der Beschluss des Amtsgerichts unterliegt der Beschwerde nach den §§ 567 bis 577 der Zivilprozessordnung.**

(3) [1]**Die Ersatzzwangshaft beträgt mindestens einen Tag, höchstens zwei Wochen.** [2]**Die Vollziehung der Ersatzzwangshaft richtet sich nach § 802g Abs. 2 und § 802h der Zivilprozessordnung und den §§ 171 bis 175 des Strafvollzugsgesetzes.**

(4) **Ist der Anspruch auf das Zwangsgeld verjährt, so darf die Haft nicht mehr vollstreckt werden.**

Abs 3 S 2 geändert durch G v 29.7.09 (BGBl I, 2258).

1. Inhalt. Die Vorschrift behandelt die **Umwandlung** eines **gegen eine natürliche Person** festgesetzten Zwangsgeldes in Ersatzzwangshaft im Falle seiner Uneinbringlichkeit. Für die Anordnung der Ersatzzwangshaft ist abweichend von § 16 VwVG das **Amtsgericht** zuständig. 1

2. Voraussetzungen der Anordnung. Das festgesetzte Zwangsgeld muss uneinbringlich sein. Hier sind **strenge Maßstäbe** anzulegen. Auch nach erfolglosen VollstrVersuchen muss noch gewissenhaft geprüft werden, ob noch irgendwelche VollstrMöglichkeiten (auch in das unbewegl Vermögen) bestehen. Erst, wenn das zu verneinen ist, darf die FinBeh die Ersatzzwangshaft beantragen und das Amtsgericht sie anordnen (*HHSp/Hohrmann* Rz 14). 2

Der Pflichtige muss bei Androhung des Zwangsgeldes auf die **Möglichkeit der Ersatzzwangshaft hingewiesen** worden sein. Andernfalls ist die Ersatzzwangshaft nur zulässig, wenn die Androhung des Zwangsgeldes nach § 332 mit Fristsetzung und nunmehr mit dem Hinweis auf die Möglichkeit der Ersatzzwangshaft wiederholt wird (*TK/Drüen* Rz 6). 3

4 Der Pflichtige muss im Zeitpunkt der Anordnung die Handlung, Duldung oder Unterlassung, die er schuldet, noch nicht erbracht haben. Sonst entfällt nach § 335 das Zwangsgeld und damit auch die Ersatzzwangshaft.

5 **3. Prüfung durch das Amtsgericht.** Das Amtsgericht hat nicht zu prüfen, ob der VA, zu dessen Vollstr das Zwangsgeld festgesetzt worden ist, rechtmäßig ist. Dafür ist allein das FG im Rahmen der FGO zuständig. Deshalb kann das Amtsgericht auch nicht prüfen, ob die Festsetzung des Zwangsgeldes rechtmäßig ist (*TK/Drüen* Rz 8; *HHSp/Hohrmann* Rz 20). Der Prüfung durch das Amtsgericht unterliegt, ob ein erzwingbarer VA vorliegt, ob der Pflichtige seiner Verpflichtung noch nicht nachgekommen ist und ob das Zwangsgeld uneinbringlich ist. Vor allem hat es im pflichtgemäßen Ermessen über die Voraussetzungen des § 328 zu befinden (*TK/Drüen* Rz 8).

6 **4. Vollziehung der Haft.** Die in Abs 3 für entsprechend anwendbar erklärten Vorschriften der ZPO betreffen hauptsächlich Haftbeschränkungen für bestimmte Personengruppen (zB Parlamentarier, Beamte). Wichtig ist, dass die Verhaftung des Pflichtigen nach § 802g II ZPO durch den Gerichtsvollzieher zu erfolgen hat.

7 **5. Rechtsbehelfe.** Der Antrag der FinBeh auf Anordnung der Ersatzzwangshaft durch das Amtsgericht ist **kein VA** (BFH/NV 87, 669; *HHSp/Hohrmann* Rz 16; *TK/Drüen* Rz 8; § 118 Rz 42; aA 13. Aufl). Gegen ihn ist jedoch effektiver Rechtsschutz durch Leistungsklage (auf Zurücknahme des Antrags) zu gewähren (§ 118 Rz 36; aA BFH/NV 87, 669). Das gilt jedenfalls bis zum Ergehen des Haftbefehls.

Der Beschluss des Amtsgerichts kann sowohl von der FinBeh als auch von dem Pflichtigen nach Abs 2 S 3 mit der sofortigen Beschwerde (Frist 2 Wochen) nach der ZPO (§ 567 ZPO) angegriffen werden. Gegen die Entscheidung des Beschwerdegerichts ist uU die Rechtsbeschwerde gegeben (§ 574 ZPO).

§ 335 Beendigung des Zwangsverfahrens

Wird die Verpflichtung nach Festsetzung des Zwangsmittels erfüllt, so ist der Vollzug einzustellen.

1 **Inhalt.** Die Vorschrift enthält einen sich aus dem Charakter des Zwangsverfahrens als **Beugemittel** ergebenden Grundsatz (s § 328 Rz 8, dort auch zu weiteren Einstellungsgründen). Sie gilt nur im Rahmen der Zwangsmittel nach § 328 (vgl § 328 Rz 1 und FG SchlHol EFG 11, 846) und ordnet nur die **Einstellung** des weiteren Vollzugs und nicht die Aufhebung bereits getroffener VollstMaßnahmen an. Bereits gezahlte oder beigetriebene Zwangsgelder erhält der Pflichtige nicht zurück (BFH/NV 07, 1142; 10, 385; FG BaWü EFG 95, 868; FG SchlHol EFG 11, 846; vgl aber auch FG Brem EFG 97, 781 zur Abbuchung im Lastschriftverfahren; vgl dazu auch Erläut zu § 47 Rz 5). Bereits entstandene Kosten für eine Ersatzvornahme schuldet er weiter.

2 Unter Einstellung des Vollzugs ist das Absehen von jeder Maßnahme zur Vereinnahmung des Zwangsgeldes zu verstehen, zB Annahme, Verbuchung, Mahnung, Aufrechnung, Beitreibung (vgl BFH BStBl 77, 838; BFH/NV 12, 57). Hieraus folgt, dass die Zwangsgeldbeträge, die erst nach der Erfüllung der Schuld gezahlt werden, von Amts wegen zurückerstattet werden müssen.

2. Unterabschnitt. Erzwingung von Sicherheiten

§ 336 Erzwingung von Sicherheiten

(1) **Wird die Verpflichtung zur Leistung von Sicherheiten nicht erfüllt, so kann die Finanzbehörde geeignete Sicherheiten pfänden.**

(2) [1] **Der Erzwingung der Sicherheit muss eine schriftliche Androhung vorausgehen.** [2] **Die §§ 262 bis 323 sind entsprechend anzuwenden.**

1. Inhalt. Die Vorschrift, die die Erzwingung von Sicherheiten regelt, setzt voraus, dass eine **Pflicht zur Bestellung von Sicherheiten** besteht. Hierunter fallen nicht die Fälle, in denen VA (zB Stundung nach § 222, AdV nach § 361 II) von der Sicherheitsleistung abhängig gemacht werden. Hier steht es dem Pflichtigen frei, ob er die Sicherheit erbringt, um den VA zu erreichen. Bedeutung hat die Vorschrift zB in den Fällen des § 222. 1

2. Erzwingung von Sicherheiten. Die Erzwingung der Sicherheiten erfolgt durch **Pfändung.** Pfändung ist dabei im weitesten Sinne zu verstehen. Der Hinweis auf die §§ 262 bis 323 umfasst nämlich auch die Vollstreckung in das unbewegliche Vermögen (§ 322). Es kommt daher auch die Eintragung einer Sicherungshypothek in Betracht (*TK/Drüen* Rz 4). 2

Statt der Pfändung oder, wenn diese nicht ausreicht, kann die FinBeh auch nach §§ 328 bis 335 vorgehen (s § 328 Rz 1). 3

Androhung und Pfändung nach § 336 sind selbständig **anfechtbare VA** (*TK/Drüen* Rz 2; *Koenig/Zöllner* Rz 9). Bei der Androhung handelt es sich aber nicht um einen unter § 69 FGO fallenden vollziehbaren VA. Vorläufiger Rechtsschutz kann daher nur im Wege der einstweiligen Anordnung nach § 114 FGO gewährt werden (BFH BStBl 79, 381). 4

Vierter Abschnitt. Kosten

§ 337 Kosten der Vollstreckung

(1) [1] **Im Vollstreckungsverfahren werden Kosten (Gebühren und Auslagen) erhoben.** [2] **Schuldner dieser Kosten ist der Vollstreckungsschuldner.**

(2) **Für das Mahnverfahren werden keine Kosten erhoben.**

Abs 1 neu gefasst durch G v 9.12.04 (BGBl I, 3310); Abs 2 S 2 aufgehoben durch AmtshilfeRLUmsG v 23.6.13 (BGBl I, 1809).

1. Inhalt. Die Vorschrift regelt die **Kostentragungspflicht** für VollstrKosten. 1

2. Anwendungsbereich. Die Regelung stellt klar, dass durch das **VollstrVerfahren** Kosten enstehen, die vom VollstrSchuldner zu tragen sind. Nach Abs 2 gilt die Kostenerhebung **nicht** für das **Mahnverfahren.** Unter Mahnverfahren ist die Mahnung nach § 259, ferner die der Mahnung entsprechende Androhung von Zwangsmitteln nach § 332 (vgl dort Rz 2) zu verstehen. 2

Wie § 346 II zeigt, muss dem Kostenschuldner der Kostenansatz in genauer Höhe bekannt gegeben werden. Die Kosten können dann nach den normalen Regeln für die Vollstr wegen Geldforderungen (§§ 259 ff) vollstreckt werden. Eines Leistungsgebotes bedarf es nach § 254 II nicht, wenn die Kosten zusammen mit der Hauptforderung vollstreckt werden. 3

Aus dem für alle VollstrMaßnahmen geltenden Erfordernis der Verhältnismäßigkeit der VollstrMaßnahmen (s Vor § 249 Rz 6) folgt, dass eine Kostenpflicht nur dann entsteht, wenn die kostenpflichtige **VollstrMaßnahme notwendig** ist (*HHSp/Hohrmann* Rz 14; *KSch/Wolf* Rz 2). Das ergibt sich auch aus § 346 I, da die Verletzung des Gebots der Verhältnismäßigkeit der Maßnahmen eine unrichtige Sachbehandlung ist (s § 346 Rz 2). 4

Die Kostenpflicht besteht weiter, wenn das Leistungsgebot für den Hauptanspruch später wegfällt, sofern die Vollstreckung selbst rechtmäßig war. Einwendungen gegen die Rechtmäßigkeit des Leistungsgebots betreffen nicht die Rechtmäßigkeit des VollstrVerfahrens (s §§ 256, 361), sodass die FinBeh zu Recht vollstrecken durfte (*KSch/Wolf* Rz 2; aA *HHSp/Hohrmann* Rz 16). 5

6 **3. Kostenarten.** Nach Abs 1 kommen als Kostenarten nur **Gebühren** und **Auslagen** in Betracht. Bei Gebühren handelt es sich um Gegenleistungen für den allgemeinen Aufwand, den das VollstrVerfahren erfordert (zB Beamtengehälter, Bürokosten, Reisekosten usw). Sie werden nach dem allgemeinen Kostendeckungsprinzip pauschal ohne Rücksicht darauf erhoben, ob und in welcher Höhe im Einzelfall ein Aufwand für das VerwHandeln entsteht (*HHSp/Hohrmann* Rz 7). Auslagen sind dagegen tatsächliche Aufwendungen im Einzelfall, die der VollstrBehörde zu ersetzen sind. Voraussetzung für die Erhebung von Auslagen ist, dass sie für die Vollstr notwendig angefallen sind (FG Bln EFG 92, 6; *HHSp/Hohrmann* Rz 8). Pauschalierung (zB bei Schreibauslagen) ist möglich (*HHSp/Hohrmann* aaO).

7 Soweit die Zivilgerichte für die Durchführung von VollstrMaßnahmen im Rahmen der AO zuständig sind (zB Anordnung der Erzwingungshaft), sind die Kosten nach dem Gerichtskostengesetz oder nach der Kostenordnung zu erheben (*TK/Loose* Rz 5).

8 **4. Kostenschuldner.** Kostenschuldner ist immer der VollstrSchuldner. Das ist nach § 253 derjenige, gegen den sich das VollstrVerfahren richtet, unabhängig davon, ob er auch Schuldner des zu vollstreckenden Steueranspruchs ist.

§ 338 Gebührenarten

Im Vollstreckungsverfahren werden Pfändungsgebühren (§ 339), Wegnahmegebühren (§ 340) und Verwertungsgebühren (§ 341) erhoben.

Die Vorschrift zählt **abschließend** die Gebührenarten auf, die dann in den folgenden Vorschriften näher bestimmt werden.

§ 339 Pfändungsgebühr

(1) **Die Pfändungsgebühr wird erhoben für die Pfändung von beweglichen Sachen, von Tieren, von Früchten, die vom Boden noch nicht getrennt sind, von Forderungen und von anderen Vermögensrechten.**

(2) **Die Gebühr entsteht:**

1. **sobald der Vollziehungsbeamte Schritte zur Ausführung des Vollstreckungsauftrags unternommen hat,**
2. **mit der Zustellung der Verfügung, durch die eine Forderung oder ein anderes Vermögensrecht gepfändet werden soll.**

(3) **Die Gebühr beträgt 26 Euro.**

(4) [1] **Die Gebühr wird auch erhoben, wenn**

1. **die Pfändung durch Zahlung an den Vollziehungsbeamten abgewendet wird,**
2. **auf andere Weise Zahlung geleistet wird, nachdem sich der Vollziehungsbeamte an Ort und Stelle begeben hat,**
3. **ein Pfändungsversuch erfolglos geblieben ist, weil pfändbare Gegenstände nicht vorgefunden wurden, oder**
4. **die Pfändung in den Fällen des § 281 Abs. 3 dieses Gesetzes sowie der §§ 812 und 851b Abs. 1 der Zivilprozessordnung unterbleibt.**

[2] **Wird die Pfändung auf andere Weise abgewendet, wird keine Gebühr erhoben.**

§ 339 neu gefasst durch G v 9.12.04 (BGBl I, 3310); Abs 3 Betrag geändert durch ZKAnpG v 22.12.14 (BGBl I, 2417).

1 **1. Inhalt.** Die Vorschrift behandelt die Pfändungsgebühr. Nach der Neufassung der Vorschrift durch Gesetz v 9.12.2004 (BGBl I, 3310) wird die Gebühr unabhängig vom Wert der gepfändeten Sache oder der Forderung einheitlich fest-

gesetzt. Durch die zusätzliche Aufführung von Tieren in Abs 1 wird nunmehr klargestellt, dass Tiere keine Sachen sind (BT-Drs 15/3677, 46). Durch das ZollkodexAnpG v. 22.12.2014 (BGBl 1, 2417) wurde die Pfändungsgebühr von 20 € auf 26 € erhöht, um diese an die durch das 2. Kostenrechtsmodernisierungsgesetz v 23.7.2013 (BGBl 1, 2586) erhöhten Vollstreckungsgebühren der privaten Zwangsvollstreckung anzupassen.

2. Entstehung. Die Gebühr entsteht, wenn sich die Ausführungshandlungen des VollzBeamten erkennbar auf bestimmte VollstrAufträge beziehen oder bei der Pfändung von Forderungen oder Rechten mit der Zustellung der Pfändungsverfügung. Sie entsteht nur einmal, wenn der VollzBeamte mehrere Pfändungshandlungen für denselben Auftrag ausführt (*BG/Neumann* Rz 9). Das ergibt sich aus Abs 2 Nr 1, wonach die Entstehung der Gebühr nicht an die einzelne Amtshandlung des Vollziehungsbeamten sondern an die Durchführung des VollstrAuftrags gebunden ist (*HHSp/Hohrmann* Rz 14). Dies gilt jedoch nicht, wenn sowohl Sachen als auch Forderungen gepfändet werden (*TK/Loose* Rz 4). Bei Forderungspfändungen und Pfändungen von anderen Vermögensrechten mittels Pfändungsverfügungen entsteht die Gebühr für jede Pfändungsverfügung auch dann, wenn mehrere Pfändungsverfügungen denselben Anspruch, aber verschiedene Drittschuldner betreffen (*BG/Neumann* Rz 9). 2

3. Bemessungsgrundlage. Die Gebühr ist nicht von einer Bemessungsgrundlage abhängig. Die einheitliche Festgebühr von 26 € orientiert sich an der entsprechenden Gebühr nach dem GvKostG. 3

4. Immer volle Gebühr. Auch bei einem erfolglosen Pfändungsversuch oder in den Fällen des § 281 III AO oder der §§ 812 und 851b ZPO wird eine volle Gebühr erhoben (Abs 4 S 1 Nr 3 und 4; vgl *BG/Neumann* Rz 11). 4

5. Abwendung der Pfändung. Es wird keine Gebühr erhoben, wenn sich der VollzBeamte an Ort und Stelle begeben hat und der VollstrSchuldner ihm nachweist, dass er seine Stundungsfrist eingehalten oder die Schuld bezahlt hat, bevor sich der VollzBeamte an Ort und Stelle begeben hat. Bei Abwendung der Pfändung durch Zahlung, nachdem sich der Gerichtsvollzieher an Ort und Stelle begeben hat, wird die volle Gebühr erhoben (Abs 4 S 1 Nr 1 und 2). 5

§ 340 Wegnahmegebühr

(1) [1] **Die Wegnahmegebühr wird für die Wegnahme beweglicher Sachen einschließlich Urkunden in den Fällen der §§ 310, 315 Abs. 2 Satz 5, §§ 318, 321, 331 und 336 erhoben.** [2] **Dies gilt auch dann, wenn der Vollstreckungsschuldner an den zur Vollstreckung erschienenen Vollziehungsbeamten freiwillig leistet.**

(2) **§ 339 Abs. 2 Nr. 1 ist entsprechend anzuwenden.**

(3) [1] **Die Höhe der Wegnahmegebühr beträgt 26 Euro.** [2] **Die Gebühr wird auch erhoben, wenn die in Absatz 1 bezeichneten Sachen nicht aufzufinden sind.**

Abs 3 S 2 angefügt, Abs 4 aufgehoben durch G v 9.12.04 (BGBl I, 3310); Abs 3 Betrag geändert durch ZKAnpG v 22.12.14 (BGBl I, 2417).

1. Inhalt. Die Vorschrift regelt die Wegnahmegebühr für bewegliche Sachen einschl Urkunden. 1

2. Fälle der Wegnahme. Die Vorschr nennt abschließend die VollstrHandlungen, für die eine Wegnahmegebühr erhoben wird. Es handelt sich im Wesentlichen um Wegnahme des Hypothekenbriefs, Wegnahme von Urkunden über eine gepfändete Forderung, Wegnahme einer Urkunde beim VollstrSchuldner bei der Pfändung eines Herausgabeanspruchs einer Sache (s *TK/Loose* Rz 2; *HHSp/* 2

Hohrmann Rz 5), Wegnahme von Urkunden über Vermögensrecht, Wegnahme im Wege des unmittelbaren Zwangs, Wegnahme von Sachen zur Erzwingung von Sicherheiten. Wegnahme liegt nicht vor, wenn der VollzBeamte einen im Gewahrsam des VollstrSchuldners belassenen gepfändeten Gegenstand zum Zweck der Versteigerung oder Verwertung abholt.

3 Die Wegnahmegebühr entsteht, wenn der VollzBeamte Schritte zur Ausführung des Wegnahmeauftrags unternommen hat. Sie wird nach Abs 1 S 2 auch dann erhoben, wenn der Vollstreckungsschuldner an den zur Vollstreckung erschienenen Vollziehungsbeamten freiwillig leistet.

4 Bei **Hilfspfändung** entsteht die Wegnahmegebühr nur, wenn die Hilfspfändung gerechtfertigt ist (vgl *TK/Loose* Rz 1; *HHSp/Hohrmann* Rz 7).

5 Nach Abs 3 S 2 wird die volle Gebühr auch dann erhoben, wenn die Sachen nicht aufzufinden sind. Grund hierfür ist, dass der Arbeitsaufwand für einen fruchtlosen Wegnahmeversuch sich nicht wesentlich von der erfolgreichen Wegnahme unterscheidet (vgl BT-Drs 15/3677, 47).

§ 341 Verwertungsgebühr

(1) **Die Verwertungsgebühr wird für die Versteigerung und andere Verwertung von Gegenständen erhoben.**

(2) **Die Gebühr entsteht, sobald der Vollziehungsbeamte oder ein anderer Beauftragter Schritte zur Ausführung des Verwertungsauftrags unternommen hat.**

(3) **Die Gebühr beträgt 52 Euro.**

(4) **Wird die Verwertung abgewendet (§ 296 Abs. 1 Satz 4), ist eine Gebühr von 26 Euro zu erheben.**

Abs 3 und 4 neu gefasst durch G v 9.12.04 (BGBl I, 3310); Zitat in Abs 4 geändert durch G v 30.7.09 (BGBl I, 2474), Abs 3 und 4 Betrag geändert durch ZKAnpG v 22.12.14 (BGBl I, 2417).

1 **1. Inhalt.** Die Vorschrift behandelt die Gebühr für die Versteigerung und die andere Verwertung von Gegenständen. Aus Abs 2 ergibt sich, dass die Vorschr im Wesentlichen nur die Verwertungshandlungen eines Vollziehungsbeamten und damit die **Verwertung von Sachen** und indossablen Wertpapieren betrifft. Für die Verwertung von gepfändeten Forderungen durch ihre Einziehung entsteht daher keine Verwertungsgebühr. Nur, wenn in den Fällen des § 317 eine andere Art der Verwertung in Form von Verkauf oder Versteigerung einer Forderung durch den VollzBeamten angeordnet wird, kann auch für die Verwertung von Forderungen eine Verwertungsgebühr anfallen (*HHSp/Hohrmann* Rz 5).

2 Die Höhe der Gebühr für die Verwertung gepfändeter Sachen ist unabhängig davon, ob die Verwertung durch Versteigerung oder zB nach § 305 in anderer Weise oder durch eine andere Person (zB durch Auktionator) erfolgt. Die Vollstr-Behörde kann die Unkosten dafür nicht als Auslagen geltend machen (*HHSp/Hohrmann* Rz 10; *TK/Loose* Rz 3). Die Verwertungsgebühr wird auch für die Verwertung von Sicherheiten nach § 327 erhoben.

3 **2. Abwendung der Verwertung.** Bei rechtzeitiger Abwendung der Verwertung nach §§ 296 I 4, 292 durch Zahlung fällt die ermäßigte Gebühr iHv 26 € an. Keine Gebühr entsteht, wenn die Verwertung abgewendet worden ist, bevor der VollzBeamte am Ort der Versteigerung erschienen ist (*TK/Loose* Rz 5; *BG/Neumann* Rz 8).

4 **3. Höhe der Gebühr.** Nach Abs 3 knüpft die Höhe der vollen Gebühr nicht an den Wert des Erlöses oder der zu vollstreckenden Beträge an, sondern beträgt einheitlich 52 €. Die Gebührenschuld entsteht nur einmal für die Durchführung

eines Verwertungsauftrags. Das gilt auch dann, wenn aufgrund verschiedener VollstrAufträge gepfändete Sachen eines VollstrSchuldners versteigert werden, und selbst dann, wenn sich die Versteigerung über mehrere Tage hinzieht, da es sich um eine „Aktgebühr" handelt, mit der die Kosten der Verwertung einschl der damit verbundenen Nebengeschäfte pauschal abgegolten werden (*HHSp/Hohrmann* Rz 14).

§ 342 Mehrheit von Schuldnern

(1) **Wird gegen mehrere Schuldner vollstreckt, so sind die Gebühren, auch wenn der Vollziehungsbeamte bei derselben Gelegenheit mehrere Vollstreckungshandlungen vornimmt, von jedem Vollstreckungsschuldner zu erheben.**

(2) [1] **Wird gegen Gesamtschuldner wegen der Gesamtschuld bei derselben Gelegenheit vollstreckt, so werden Pfändungs-, Wegnahme- und Verwertungsgebühren nur einmal erhoben.** [2] **Die in Satz 1 bezeichneten Personen schulden die Gebühren als Gesamtschuldner.s**

Abs 2 S 3 aufgehoben durch G v 9.12.04 (BGBl I, 3310).

1. Inhalt. Die Vorschrift regelt die Kostenerhebung bei der Vollstreckung gegen mehrere Schuldner. 1

2. Grundsatz. Abs 1 der Vorschrift setzt zunächst als selbstverständlich voraus, dass bei Pfändungen und Verwertungen, die sich gegen verschiedene VollstrSchuldner richten und die zeitlich und örtlich nichts miteinander zu tun haben, jeder VollstrSchuldner die Gebühr schuldet, die aus der gegen ihn gerichteten VollstrMaßnahme entstanden ist. Das ergibt sich ohne Weiteres aus § 337. Danach hat jeder VollstrSchuldner die Gebühren für die gegen ihn gerichtete VollstrMaßnahme zu zahlen. 2

3. Gesamtschuld. Abs 2 trifft eine Sonderregelung für die Gesamtschuld iSv § 44. Soweit die VollstrMaßnahmen gegen die Gesamtschuldner zeitlich und örtlich nicht im Zusammenhang stehen (zB Pfändungsversuch zunächst bei einem der Gesamtschuldner und am nächsten Tag bei dem anderen), ergeben sich keine Besonderheiten. Jeder hat die Kosten der gegen ihn gerichteten VollstrMaßnahme zu tragen. Wird dagegen gegen Gesamtschuldner (zB gegen Ehegatten) bei derselben Gelegenheit vollstreckt, wird die Gebühr nur einmal erhoben. Bei derselben Gelegenheit heißt, dass die Vollstreckungshandlungen wegen ihres räumlichen und zeitlichen Zusammenhangs als Einheit aufgefasst werden müssen. 3

In den **Aufteilungsfällen** der §§ 268 bis 278 tritt eine Ermäßigung der von den Gesamtschuldnern geschuldeten Gebühren nicht ein. Der Grund liegt darin, dass sich die Festgebühren durch die Aufteilung einer Steuerschuld nicht verringern (BT-Drs 15/3677, 47; vgl auch *BG/Neumann* Rz 3). 4

§ 343 *(weggefallen)*

Aufgehoben durch Gesetz v 19.4.2001 (BGBl I, 623).

§ 344 Auslagen

(1) **Als Auslagen werden erhoben:**

1. Schreibauslagen für nicht von Amts wegen zu erteilende oder per Telefax übermittelte Abschriften; die Schreibauslagen betragen unabhängig von der Art der Herstellung
   a) für die ersten 50 Seiten je Seite 0,50 Euro,
   b) für jede weitere Seite 0,15 Euro,

c) für die ersten 50 Seiten in Farbe je Seite 1,00 Euro,
d) für jede weitere Seite in Farbe 0,30 Euro.

[2]Werden anstelle von Abschriften elektronisch gespeicherte Dateien überlassen, betragen die Auslagen 1,50 Euro je Datei. [3]Für die in einem Arbeitsgang überlassenen oder in einem Arbeitsgang auf einen Datenträger übertragenen Dokumente werden insgesamt höchstens 5 Euro erhoben. [4]Werden zum Zweck der Überlassung von elektronisch gespeicherten Dateien Dokumente zuvor auf Antrag von der Papierform in die elektronische Form übertragen, beträgt die Pauschale für Schreibauslagen nach Satz 2 nicht weniger, als die Pauschale im Fall von Satz 1 betragen würde,

2. Entgelte für Post- und Telekommunikationsdienstleistungen, ausgenommen die Entgelte für Telefondienstleistungen im Orts- und Nahbereich,
3. Entgelte für Zustellungen durch die Post mit Zustellungsurkunde; wird durch die Behörde zugestellt (§ 5 des Verwaltungszustellungsgesetzes), so werden 7,50 Euro erhoben,
4. Kosten, die durch öffentliche Bekanntmachung entstehen,
5. an die zum Öffnen von Türen und Behältnissen sowie an die zur Durchsuchung von Vollstreckungsschuldnern zugezogenen Personen zu zahlende Beträge,
6. Kosten für die Beförderung, Verwahrung und Beaufsichtigung gepfändeter Sachen, Kosten für die Aberntung gepfändeter Früchte und Kosten für die Verwahrung, Fütterung, Pflege und Beförderung gepfändeter Tiere,
7. Beträge, die in entsprechender Anwendung des Justizvergütungs- und -entschädigungsgesetzes an Auskunftspersonen und Sachverständige (§ 107) sowie Beträge, die an Treuhänder (§ 318 Abs. 5) zu zahlen sind,
7a. Kosten, die von einem Kreditinstitut erhoben werden, weil ein Scheck des Vollstreckungsschuldners nicht eingelöst wurde,
7b. Kosten für die Umschreibung eines auf einen Namen lautenden Wertpapiers oder für die Wiederinkurssetzung eines Inhaberpapiers,
8. andere Beträge, die auf Grund von Vollstreckungsmaßnahmen an Dritte zu zahlen sind, insbesondere Beträge, die bei der Ersatzvornahme oder beim unmittelbaren Zwang an Beauftragte und an Hilfspersonen gezahlt werden, und sonstige durch Ausführung des unmittelbaren Zwanges oder Anwendung der Ersatzzwangshaft entstandene Kosten.

(2) **Steuern, die die Finanzbehörde auf Grund von Vollstreckungsmaßnahmen schuldet, sind als Auslagen zu erheben.**

(3) **[1]Werden Sachen oder Tiere, die bei mehreren Vollstreckungsschuldnern gepfändet worden sind, in einem einheitlichen Verfahren abgeholt und verwertet, so werden die Auslagen, die in diesem Verfahren entstehen, auf die beteiligten Vollstreckungsschuldner verteilt. [2]Dabei sind die besonderen Umstände des einzelnen Falls, vor allem Wert, Umfang und Gewicht der Gegenstände, zu berücksichtigen.**

§ 344 neu gefasst durch G v 9.12.04 (BGBl I, 3310); Abs 1 Nr 1 neu gefasst durch ZKAnpG v 22.12.14 (BGBl I, 2417).

1 Die Vorschrift, deren Abs 1 durch Gesetz v 9.12.2004 (BGBl I, 3310) und durch das ZollkodexAnpG v. 22.12.2014 (BGBl 1, 2417) an die zwischenzeitliche rechtliche und technische Entwicklung angepasst worden ist, regelt die Erhebung von Auslagen. Die Aufzählung der Auslagen ist **abschließend.** Andere Auslagen können nicht erhoben werden (FG Brem EFG 91, 590). Die Auslagen dürfen nur dann geltend gemacht werden, wenn die VollstrHandlungen ggü dem VollstrSchuldner notwendig waren (s dazu § 337 Rz 4; ferner FG Bln EFG 92, 6; *HHSp/Hohrmann* Rz 13).

Abs 2 stellt klar, dass Steuern, die die FinBeh aufgrund von VollstrMaßnahmen schuldet (zB § 13b UStG oder Zölle und Verbrauchsteuern), als Auslage erhoben werden (BT-Drs 15/3677, 47; *BG/Neumann* Rz 13.1). 2

Abs 3 betrifft nur Auslagen, die in einem einheitlichen Verwertungsverfahren ggü mehreren VollstrSchuldnern entstehen. 3

§ 345 Reisekosten und Aufwandsentschädigungen

Im Vollstreckungsverfahren sind die Reisekosten des Vollziehungsbeamten und Auslagen, die durch Aufwandsentschädigungen abgegolten werden, von dem Vollstreckungsschuldner nicht zu erstatten.

Inhalt. Die Vorschrift geht davon aus, dass die VollzBeamten für ihre Reisekosten pauschale Aufwandsentschädigungen erhalten. Diese werden durch die Gebühren abgegolten und dürfen daher nicht als Auslagen geltend gemacht werden. Dadurch wird gewährleistet, dass VollstrSchuldner nicht allein deswegen unterschiedlich behandelt werden, weil der Anreiseweg des VollzBeamten unterschiedlich lang ist.

§ 346 Unrichtige Sachbehandlung, Festsetzungsfrist

(1) **Kosten, die bei richtiger Behandlung der Sache nicht entstanden wären, sind nicht zu erheben.**

(2) [1] **Die Frist für den Ansatz der Kosten und für die Aufhebung und Änderung des Kostenansatzes beträgt ein Jahr.** [2] **Sie beginnt mit Ablauf des Kalenderjahrs, in dem die Kosten entstanden sind.** [3] **Einem vor Ablauf der Frist gestellten Antrag auf Aufhebung oder Änderung kann auch nach Ablauf der Frist entsprochen werden.**

1. Inhalt. Die Vorschrift schreibt die Nichterhebung von Kosten bei unrichtiger Sachbehandlung vor und regelt die Festsetzungsfrist für Kosten. Für die Aufhebung und Änderung von Kostenansätzen gelten die §§ 129 bis 132. 1

2. Unrichtige Sachbehandlung. Nach hM ist eine unrichtige Sachbehandlung dann gegeben, wenn eine VollstrMaßnahme rechtl unzulässig oder offensichtlich unnötig war. Dabei wird insbes zu den vergleichbaren Vorschriften der freiwilligen Gerichtsbarkeit (§§ 21 GKG und 7 I GVKostG) überwiegend die Auffassung vertreten, dass die rechtliche Unzulässigkeit einer VollstrMaßnahme allein nicht eine unrichtige Sachbehandlung bedeute, sondern dass es sich um offen zutage liegende Verstöße handeln müsse (vgl *HHSp/Hohrmann* Rz 6f; *TK/Loose* Rz 3, jeweils mwN). Dieser Auffassung, die also sowohl bei den Rechtsverstößen als auch bei unnötigen Maßnahmen auf **offensichtliche Verstöße** (evidente Verstöße) abstellt, kann nicht gefolgt werden. Die VollstrBehörden, die Gläubiger- und Vollstreckungsfunktion in sich vereinigen, sind zu einer sorgfältigen Beachtung der Rechtsnormen und des Grundsatzes der Verhältnismäßigkeit der VollstrMaßnahmen (vgl ua Vor § 249 Rz 6) verpflichtet. Die hM nimmt daher auch an, dass Gebühren und Auslagen **nur bei notwendigen VollstrMaßnahmen** erhoben werden können (s *HHSp/Hohrmann* § 337 Rz 14; § 344 Rz 13; *KSch/Wolf* § 337 Rz 2). Dann kann für § 346, der nur die Konsequenzen aus dieser Rechtslage zieht, nichts anderes gelten. Eine unrichtige Sachbehandlung liegt folglich immer dann vor, wenn sich herausstellt (zB aufgrund einer späteren Gerichtsentscheidung), dass eine VollstrMaßnahme rechtl nicht zulässig oder dass sie nicht notwendig war. Auf die Offensichtlichkeit kommt es nicht an (aA allerdings nunmehr auch BFH BStBl 05, 198). Es ist nicht einzusehen, dass zB bei gerichtlicher Feststellung, dass eine VollstrMaßnahme rechtswidrig war, die FinBeh trotzdem Gebühren und Auslagen für diese rechtswidrige Maßnahme erheben darf. Dagegen ist 2 keine unrichtige Sachbehandlung gegeben, wenn der vollstreckte Anspruch sich nicht als rechtmäßig erweist (s § 337 Rz 5). Ebenso kann die Aussetzung oder Aufhebung der Vollziehung nach § 361 nicht rückwirkend die Vollstreckungskosten beseitigen (s § 361 Rz 36).

3 **3. Kostenansatz.** Abs 2 geht davon aus, dass die Kosten in einem **selbständigen VA** festzusetzen sind. Er ist mit dem Einspruch anfechtbar.

4 **4. Frist.** Die Frist für den Ansatz der Kosten und für die Aufhebung und Änderung des Kostenansatzes beträgt nach Abs 2 S 2, 3 ein Jahr nach Ablauf des Kj, in dem die Kosten entstanden sind. Danach sind Änderungen der Kostenfestsetzung nach §§ 130–132 sowohl zugunsten als auch zulasten des VollstSchuldners ausgeschlossen (*BG/Neumann* Rz 14).

Siebenter Teil
Außergerichtliches Rechtsbehelfsverfahren

Vorbemerkungen zu §§ 347 ff

Während im allg Verwaltungsrecht das außergerichtliche Rechtsbehelfsverfahren (Widerspruchsverfahren) in der VwGO geregelt ist, wird im StRecht das außergerichtliche Rechtsbehelfsverfahren (Einspruchsverfahren) nicht in der FGO, sondern in der AO geregelt. Das Einspruchsverfahren wird im StRecht nämlich als Fortsetzung des Verwaltungsverfahrens und nicht als Bestandteil des gerichtlichen Verfahrens angesehen (s Rz 8). 1

1. Allgemeines. a) Entwicklung. Bis einschl 1995 gab es eine Zweiteilung des außergerichtlichen Rechtsbehelfsverfahrens in Einspruch und Beschwerde. Der 7. Teil der AO entsprach insoweit den früheren Bestimmungen der RAO. 2

Zum 1.1.1996 wurde die **Zweiteilung** des außergerichtlichen Rechtsbehelfsverfahrens durch das Grenzpendlergesetz v 24.6.1994 (BGBl I, 1395) **abgeschafft:** Einspruch und Beschwerde wurden zu einem einheitlichen außergerichtlichen Rechtsbehelf, dem Einspruch, zusammengefasst (Neufassung des § 348 und Streichung des § 349). Der Begriff „außergerichtlicher Rechtsbehelf" ist seitdem gleichbedeutend mit dem Begriff des „Einspruchs". Der Übergang der Entscheidung auf die nächsthöhere Behörde in den bisherigen Beschwerdefällen entfiel damit. Das schließt allerdings behördeninterne Regelungen nicht aus, wonach die Ausgangsbehörde vor bestimmten Einspruchsentscheidungen die Zustimmung einer höheren Behörde einzuholen hat. Im Gegensatz zu einem Rechtsmittel (zB Klage oder Revision) bleibt bei einem Rechtsbehelf die Instanz (FA, FK, ZA) unverändert.

b) Kostenfreiheit und Kostenerstattung. Anders als nach der RAO und nach dem VwVfG (§ 80 I 3 VwVfG) ist das außergerichtliche Rechtsbehelfsverfahren **nicht kostenpflichtig.** Damit soll die Gleichbehandlung von Verwaltung und Stpfl im Einspruchsverfahren erreicht werden. Beide Seiten haben ihre eigenen Kosten zu tragen. Die Kosten des Stpfl für seinen Bevollmächtigten sind allerdings nur dann stl **abziehbar,** wenn es sich um Betriebsausgaben oder Werbungskosten handelt; denn der Sonderausgabenabzug für Steuerberatungskosten nach § 10 I Nr 6 EStG aF ist ab VZ 2006 nicht mehr möglich (s hierzu BMF BStBl I 13, 459). 4

Der im Einspruchsverfahren obsiegende Stpfl erhält – anders als etwa im verwaltungsgerichtlichen Verfahren nach § 80 I 1 und 2 VwVfG – grds **keine Erstattung** der Kosten, die ihm durch die Beauftragung eines Bevollmächtigten entstanden sind. Dies ist angesichts der Kostenfreiheit mit dem GG vereinbar (BFH BStBl 96, 501; FG Mchn EFG 09, 1581). Allerdings gibt es im Kindergeldrecht gem § 77 EStG sowie in allen Fällen eines späteren Klageerfolgs auf Antrag eine Kostenerstattung nach **§ 139 III 3 FGO** für die Kosten des Einspruchsverfahrens; ausgeschlossen sind aber die außergerichtlichen Kosten für einen Einspruch eines Beraters in eigener Sache (BFH BStBl 77, 767) sowie die Kosten eines außergerichtlichen AdV-Antrags (FG BBg EFG 12, 1352). Eine Kostenerstattung kommt jedoch zivilrechtl nach § 839 BGB unter dem Gesichtspunkt einer **Amtshaftung** in Betracht, wenn das FA den Stpfl durch eine fehlerhafte Veranlagung zur Beauftragung eines Bevollmächtigten für die Einspruchseinlegung veranlasst (zu Einzelheiten s *Kohlhepp* DStR 06, 549; OFD München 10.5.2004, BeckVerw 63902). 5

c) Einspruchsverfahren als Teil des Verwaltungsverfahrens. Das Einspruchsverfahren stellt ein verlängertes Verwaltungsverfahren dar und gehört damit 8 noch nicht zum gerichtlichen Verfahren (vgl BFH/NV 07, 2069). Hierfür spricht neben der Anwendbarkeit der Verfahrensvorschriften über das Besteuerungsverfahren gem § 365 I auch die Kostenfreiheit (s Rz 4). Etwas mehr Nähe zum gerichtlichen Verfahren ist allerdings durch die seit 1996 bestehende Möglichkeit einer mündlichen Erörterung vor der Einspruchsentscheidung (§ 364a) geschaffen worden. Der angefochtene VA und die Einspruchsentscheidung bilden zusammen einen sog Rechtsverbund, sodass der VA in Gestalt der Einspruchsentscheidung zu beurteilen ist und idR als Einheit durch Klage angefochten wird (BFH BStBl 15, 115); nur bei der isolierten Anfechtungsklage (zum Begriff s § 367 Rz 22) ist ausschl die Einspruchsentscheidung Gegenstand der Klage. Das Einspruchsverfahren gegen einen Änderungsbescheid wird als verlängertes Änderungsverfahren bezeichnet und ist damit ebenfalls Teil des Verwaltungsverfahrens (vgl BFH BStBl 01, 124).

Obwohl das Einspruchsverfahren als verlängertes Besteuerungsverfahren behandelt wird, ist es zugleich **Vorverfahren für ein gerichtliches Verfahren** gem § 44 I FGO. In der Regel ist nach § 44 FGO eine Anfechtungs- oder Verpflichtungsklage nur zulässig, wenn das außergerichtliche Einspruchsverfahren durchgeführt worden ist und dabei ganz oder teilweise erfolglos geblieben ist. Von diesem Grundsatz gibt es folgende **Ausnahmen:** (1) Ein Einspruchsverfahren ist nicht vorgesehen (s § 348 Nr 1 und 2). (2) Die FinBeh stimmt einer Sprungklage gem § 45 FGO zu. (3) Die Voraussetzungen einer Untätigkeitsklage gem § 46 FGO sind erfüllt, weil die FinBeh über einen Einspruch ohne Mitteilung eines Grundes in angemessener Frist nicht entschieden hat. Bei Leistungs- und Feststellungsklagen iSv § 41 FGO ist ein Einspruchsverfahren hingegen nicht erforderlich.

10 **2. Anwendungsbereich.** Der Anwendungsbereich des Einspruchsverfahrens richtet sich nach den in § 347 genannten Angelegenheiten. Insbes ist der Einspruch nach § 347 I Nr 1 in Abgabeangelegenheiten iSv § 1 statthaft, zu denen nach § 1 I 1 auch die StVergütungen iSv § 155 IV gehören (s § 347 Rz 4). Über § 1 iVm § 3 III werden auch **Einfuhr- und Ausfuhrabgaben** der EU erfasst. Das Recht der EU enthält aber zum Teil eigenes Verfahrensrecht, das die Regelungen der AO verdrängt. Von Bedeutung ist hier insbes der seit 1.1.1994 und bis zum 30.4.2016 gültige **Zollkodex (ZK)** sowie ab 1.5.2016 der **Zollkodex der Union (UZK);** s § 1 Rz 15. Im neuen UZK ist das Recht auf Einlegung eines Einspruchs in Art 44 UZK und der Antrag auf AdV in Art 45 UZK geregelt; diese Regelungen enthalten nur einen Mindeststandard des Rechtsschutzes, der durch die §§ 347 ff näher konkretisiert wird (*HHSp/Tappe* Vor §§ 347–368 Rz 179, 182 sowie § 347 Rz 133 f); zur Bedeutung des ZK s 13. Aufl Rz 14.

15 **3. Abgrenzung.** §§ 347 ff regeln das förmliche Rechtsbehelfsverfahren. Es ist abzugrenzen von

- den in der AO nicht geregelten, aber nach Art 17 GG zulässigen, **nicht förmlichen Rechtsbehelfen** (Gegenvorstellung, Sachaufsichtsbeschwerde, Dienstaufsichtsbeschwerde), mit denen entweder disziplinarische Maßnahmen gegen den Mitarbeiter der FinBeh oder Weisungen ggü dem Mitarbeiter der FinBeh angestrebt werden (Dienstaufsichtsbeschwerde) oder aber eine sachliche Überprüfung der Maßnahme der FinBeh erreicht werden soll (Sachaufsichtsbeschwerde, Gegenvorstellung);
- dem Verpflichtungsantrag, einen VA aufzuheben oder zu korrigieren (§§ 129–132, 164 II, 165 II, 172–177), insbes dem sog Antrag auf schlichte Änderung gem § 172 I 1 Nr 2a (s § 172 Rz 36);
- der Mediation, die nicht nur im finanzgerichtlichen Verfahren zulässig ist (§ 155 FGO iVm § 278a ZPO), sondern auch im Einspruchsverfahren. Allerdings lehnt die Finanzverwaltung die Mediation grds ab, wenn bereits ein Erörterungstermin gem § 364a durchgeführt wurde und dieser erfolglos geblieben ist (FinBeh Hamburg 26.9.12, DStR 12, 2340).

16 Zwischen dem förmlichen Rechtsbehelf (Einspruch) und dem nicht förmlichen Rechtsbehelf (s Rz 15) bestehen folgende **Unterschiede** (Nr 1 zu Vor § 347 AEAO):
- Der förmliche Rechtsbehelf hindert den Eintritt der formellen und materiellen Bestandskraft.
- Er ist an eine Frist gebunden (§ 355).
- Er verpflichtet die FinBeh zur Entscheidung. Allerdings wird allg angenommen, dass nach Art 17 GG auch nicht förmliche Rechtsbehelfe, wenn sie schriftlich eingereicht werden, beschieden werden müssen. Dieser Bescheid ist dann jedoch kein VA, gegen den eine Klagemöglichkeit gegeben ist (BVerwG JZ 76, 682; *TK/Seer* Vor § 347 Rz 41). Nur, wenn die Eingaben einen beleidigenden herausfordernden Inhalt haben, sind sie unzulässig und brauchen nicht bearbeitet zu werden (BVerfGE 2, 225).
- Der förmliche Rechtsbehelf stellt eine Anfechtung dar und ermöglicht daher eine AdV gem § 361.
- Der förmliche Rechtsbehelf kann schließlich zur Verböserung führen (§ 367 II 2). Der Verböserung kann der Stpfl aber durch rechtzeitige Rücknahme des Einspruchs entgehen.

17 Da der förmliche Rechtsbehelf die Rechte des Stpfl umfassender wahrt als der nicht förmliche, ist in Zweifelsfällen ein förmlicher Rechtsbehelf (Einspruch) anzunehmen.

Erster Abschnitt. Zulässigkeit

§ 347 Statthaftigkeit des Einspruchs

(1) [1] **Gegen Verwaltungsakte**
1. **in Abgabenangelegenheiten, auf die dieses Gesetz Anwendung findet,**
2. **in Verfahren zur Vollstreckung von Verwaltungsakten in anderen als den in Nummer 1 bezeichneten Angelegenheiten, soweit die Verwaltungsakte durch Bundesfinanzbehörden oder Landesfinanzbehörden nach den Vorschriften dieses Gesetzes zu vollstrecken sind,**
3. **in öffentlich-rechtlichen und berufsrechtlichen Angelegenheiten, auf die dieses Gesetz nach § 164a des Steuerberatungsgesetzes Anwendung findet,**
4. **in anderen durch die Finanzbehörden verwalteten Angelegenheiten, soweit die Vorschriften über die außergerichtlichen Rechtsbehelfe durch Gesetz für anwendbar erklärt worden sind oder erklärt werden,**

ist als Rechtsbehelf der Einspruch statthaft. [2] **Der Einspruch ist außerdem statthaft, wenn geltend gemacht wird, dass in den in Satz 1 bezeichneten Angelegenheiten über einen vom Einspruchsführer gestellten Antrag auf Erlass eines Verwaltungsakts ohne Mitteilung eines zureichenden Grundes binnen angemessener Frist sachlich nicht entschieden worden ist.**

(2) **Abgabenangelegenheiten sind alle mit der Verwaltung der Abgaben einschließlich der Abgabenvergütungen oder sonst mit der Anwendung der abgabenrechtlichen Vorschriften durch die Finanzbehörden zusammenhängenden Angelegenheiten einschließlich der Maßnahmen der Bundesfinanzbehörden zur Beachtung der Verbote und Beschränkungen für den Warenverkehr über die Grenze; den Abgabenangelegenheiten stehen die Angelegenheiten der Verwaltung der Finanzmonopole gleich.**

(3) **Die Vorschriften des Siebenten Teils finden auf das Straf- und Bußgeldverfahren keine Anwendung.**

Schrifttum: *vor 2010 s 13. Aufl; Rätke* Einspruch gegen den richtigen Bescheid, BBK 12, 564; *Meier/Spohrer* Der Einspruch im Steuerrecht, 2012; *Bohn* Einspruchsverfahren im Kindergeldrecht, 2014; *Korn/Strahl* Checklisten für Änderungsanträge und Rechtsbehelfe – Höchstrichterliche Urteile mit steuerentlastender Tendenz und aktuelle Steuerstreitpunkte aus dem Jahr 2014, KÖSDI 14, 19118; *Marx* Einspruch und Klage im Steuerrecht aus entscheidungsorientierter Sicht, Ubg 15, 421.

Übersicht

1 **1. Inhalt.** Einspruch ist in **allen** Abgabenangelegenheiten gegeben, auf welche die AO Anwendung findet, sowie in den in § 347 I Nr 2 bis 4 AO genannten anderen Angelegenheiten. Inhaltlich werden die gleichen Angelegenheiten erfasst wie in § 33 FGO. Diese inhaltliche Übereinstimmung mit § 33 FGO ist erforderlich, weil das Einspruchsverfahren der AO die Vorstufe für das finanzgerichtliche Verfahren ist (s Vor §§ 347 ff Rz 8).

2 Im Gegensatz zur Rechtslage bis einschl 1995 gibt es keine Unterscheidung mehr in Einspruch und Beschwerde, die in § 349 aF geregelt war (s Vorbem zu §§ 347 ff Rz 2; s zur alten Rechtslage die Erläuterungen zu § 348 aF und § 349 aF in der 5. Aufl).

3 **2. Einspruch nur gegen Verwaltungsakte (Abs 1).** Der Einspruch ist nur gegen VA iSv § 118 (s Erläut dort) gegeben, zu denen auch StAnmeldungen iSv § 168 gehören (vgl BFH BStBl 98, 649). VA und daher mit dem Einspruch anfechtbar sind auch die Aufhebung, Änderung, Berichtigung, Zurücknahme oder Widerruf eines VA, ebenso die Ablehnung hierauf gerichteter Anträge, zB ein VA, mit dem ein Antrag auf Berichtigung nach § 129 abgelehnt wird. Hierzu gehören auch Entscheidungen über eine schlichte Änderung nach § 172 I 1 Nr 2 Buchst a (vgl AEAO zu § 347 Nr 2 mwN), wobei jedoch der Ausschluss des Einspruchs durch § 348 Nr 6 zu beachten ist (s § 348 Rz 9). Der Einspruch ist auch gegen die Aufhebung eines Vorbehalts der Nachprüfung statthaft (§ 164 Rz 59), es sei denn, die Aufhebung erfolgt in der Einspruchsentscheidung; dann muss Klage erhoben werden (BFH BStBl 84, 85). Ferner ist ein Einspruch auch gegen eine Billigkeitsentscheidung nach § 163 oder § 234 II, § 237 IV statthaft, selbst wenn diese mit der StFestsetzung verbunden ist (AEAO zu § 347 Nr 4). Auch gegen nichtige bzw unwirksame VA ist ein Einspruch statthaft, um den Rechtsschein des VA zu beseitigen (§ 125 Rz 23). Schließlich kann ein Einspruch auch gegen Anrechnungsverfügungen eingelegt werden (BFH BStBl 10, 382; s auch § 218 Rz 40 ff).

An einem VA fehlt es, wenn im StBescheid Säumniszuschläge ausgewiesen werden; denn diese werden nicht festgesetzt, sondern kraft Gesetzes gem § 240 verwirkt. Der Stpfl kann daher insoweit keinen Einspruch einlegen, sondern muss einen Abrechnungsbescheid gem § 218 II beantragen, gegen den dann der Einspruch statthaft ist (§ 240 Rz 43 ff). Ausgeschlossen ist der Einspruch nach § 363 III gegen die Ablehnung eines Antrags auf Aussetzung des Verfahrens bzw Ruhen des Verfahrens sowie gegen den entsprechenden Widerruf; insoweit ist nur eine Klage gegen die Einspruchsentscheidung statthaft (s § 363 Rz 34). Zu den VA gehört ferner auch die Ablehnung eines Realaktes (AEAO zu § 347 Nr 1). Gegen eine Kostenentscheidung in der Einspruchsentscheidung, die im Kindergeldrecht nach § 77 EStG möglich ist (s Vor §§ 347 ff Rz 5), ist nur eine Klage, nicht aber ein Einspruch statthaft (BFH BStBl 15, 844).

IÜ können auch Bescheide, die einem Einspruch **vollständig abhelfen,** mit dem Einspruch angefochten werden, sofern eine Beschwer gegeben ist (BFH BStBl 07, 736; FG Hess EFG 10, 840; s auch § 365 Rz 7). Trotz Vorliegens eines VA ist der Einspruch aber nicht mehr statthaft, wenn das Einspruchsverfahren durch eine wirksame Einspruchsentscheidung abgeschlossen ist (§ 348 Rz 3). Dies gilt auch dann, wenn es sich um eine Teileinspruchsentscheidung iSv § 367 IIa handelt, die vom FA innerhalb der Einspruchsfrist erlassen worden ist und mit der der Einspruch insoweit zurückgewiesen worden ist (BFH BStBl 15, 115). Trotz noch laufender Einspruchsfrist kann der Stpfl nicht erneut Einspruch gegen den StBescheid einlegen, sondern muss gegen die Teileinspruchsentscheidung Klage erheben (s § 367 Rz 41).

3. Abgabenangelegenheiten (Abs 1 Nr 1, Abs 2). Nach Abs 1 Nr 1 sind die Einsprüche gegen VA in allen Abgabenangelegenheiten gegeben, auf die die AO aus sich selbst heraus Anwendung findet (s auch Rz 5). Der unmittelbare Anwendungsbereich der AO ist in § 1 bestimmt. Daraus ergibt sich iVm § 3, dass die AO **für Steuern** (einschl Spielbank- und Troncabgaben, vgl Art 106 II Nr 5 GG) **und Zölle** (s Vorbem §§ 347 ff Rz 10), aber auch für **Steuervergütungen** iSv § 155 gilt; zu den StVergütungen gehören insbes die Altersvorsorgezulage gem § 96 I EStG, das Kindergeld nach dem EStG (§ 31 S 3 EStG), die ArbN-Sparzulage gem § 14 II des 5. VermBG, die InvZul gem § 14 InvZulG 2010 und die WoP gem § 8 I WoPG sowie – nach früherem Recht – die InvZul nach § 19 VI BerlinFG, die Bergmannsprämie nach § 5a I BergPG und die Eigenheimzulage nach § 15 I EigZulG. 4

In **Abs 2** werden die mit den Abgabenangelegenheiten zusammenhängenden Angelegenheiten definiert, auf die ebenfalls die Vorschriften über außergerichtliche Rechtsbehelfe Anwendung finden. Zu der in Abs 2 genannten „Verwaltung von Abgaben" gehören insbes auch Erhebungs- und Vollstreckungsmaßnahmen, die mit den in Rz 4 genannten Abgaben zusammenhängen. Die **Finanzmonopole** werden in Abs 2 2. HS den Steuern gleichgestellt. Es geht allerdings nur noch um das zum 31.12.2017 ausgelaufene Branntweinmonopol. 5

Die AO gilt iÜ aber **nicht** etwa für **Abgaben aller Art** (zB Gebühren, Beiträge, GewSt, die von den Gemeinden erhoben wird). Zu Einzelheiten s die Erläut zu §§ 1 und 3. Die Steuern müssen auf Bundesgesetzen oder Recht der EU (s dazu oben Vorbem §§ 347 ff Rz 10) beruhen und von Bundes- oder Landesfinanzbehörden verwaltet werden. Für die von den Gemeinden verwalteten Realsteuern gelten die Vorschriften der AO über das Einspruchsverfahren gem § 1 II Nr 6 nicht mit Ausnahme der §§ 351 und 361 I 2 und III.

4. Vollstreckung von Verwaltungsakten durch Bundes- oder Landesfinanzbehörden (Abs 1 Nr 2). Nach Abs 1 Nr 2 ist der Einspruch auch statthaft, wenn FinBeh des Bundes oder der Länder in anderen als von der AO unmittelbar erfassten Steuerangelegenheiten VA vollstrecken, dh für andere Behörden die Vollstreckung durchführen. Die Vollstreckung solcher anderer VA kann den FinBeh **durch Gesetz übertragen** sein. Wichtigstes Beispiel ist § 4 Buchst b VwVG, wonach alle öffentlich-rechtlichen Geldforderungen des Bundes von den VollstrBehörden der Bundesfinanzverwaltung vollstreckt werden, soweit nicht von einer obersten Bundesbehörde im Einvernehmen mit dem BMI besondere VollstrBehörden bestimmt sind. Das VwVG gilt gem § 66 I 1 SGB X auch für die Vollstreckung zugunsten der Sozialbehörden des Bundes und der bundesunmittelbaren Sozialversicherungsträger. § 66 I 1 SGB X erfasst sowohl Geldforderungen, für die der Sozialrechtsweg gegeben ist, als auch Forderungen, für die der Verwaltungs- 6 rechtsweg gegeben ist (vgl § 62 SGB X). Wird die Vollstreckung dieser Sozialforderungen nach § 4 Buchst b VwVG von den HZÄ durchgeführt, eröffnet § 347 I Nr 2 das Einspruchsverfahren nach der AO gegen VollstrHandlungen. Entsprechend ist nach § 33 I Nr 2 FGO der Finanzrechtsweg gegeben und der Verwaltungs- oder Sozialgerichtsweg verdrängt. Weitere Beispiele für § 347 I Nr 2 sind das EG-Beitreibungsgesetz (s Vorbem § 249 Rz 5 und § 117 Rz 55) und Art 25 VwZVG Bayern für Geldforderungen des Freistaates Bayern. Der Einspruch iSv Abs 1 Nr 2 kann sich aber immer nur gegen die Vollstreckungshandlungen und nicht gegen den zu vollstreckenden VA richten. Er kann auch immer nur so weit gehen, wie der Verantwortungsbereich der FinBeh als VollstrBehörde reicht, idR also nicht die Frage betreffen, ob die Voraussetzungen für die Vollstreckbarkeit des VA vorliegen.

7 Neben der Übertragung der Vollstreckung der VA durch Gesetz kommt auch die Vollstreckung aufgrund von Vereinbarungen und vor allem im Wege der Amtshilfe (Vollstreckungshilfe) in Betracht (vgl *BG/Bartone* § 347 Rz 60); denn die Durchführung der Amtshilfe richtet sich nach dem Recht der AO, und die FinBeh ist für die Art und Weise der Durchführung verantwortlich (s § 114, § 250 Rz 8).

8 **5. Öffentlich-rechtliche und berufsrechtliche Streitigkeiten über Steuerberatungsangelegenheiten (Abs 1 Nr 3).** Nach Abs 1 Nr 3 ist der Einspruch grds statthaft in den Streitigkeiten des Steuerberatungsrechts, die in § 164a StBerG genannt sind (s AEAO zu § 347 Nr 5). Aus dem Verweis in § 164a StBerG ergibt sich eine Anwendbarkeit des § 347 bei Streitigkeiten über die **Hilfeleistung in Steuersachen** (insbes Befugnis, Verbot und Untersagung der Hilfeleistung, Einschränkung der Werbung oder eines Erfolgshonorars, Angelegenheiten der Lohnsteuervereine) und über die **Berufsausübung,** insbes die StB-Prüfung, die Bestellung zum StB und die Anerkennung als Steuerberatungsgesellschaft sowie Rücknahme und Widerruf der Bestellung oder Anerkennung. Berufsrechtliche Streitigkeiten der **Wirtschaftsprüfer** gehen aber an die Verwaltungsgerichte. Weiterhin gilt § 347 auch bei Streitigkeiten über die Übergangsvorschriften und Bestandsschutzregelungen, zB für Alt-Gesellschaften, Bewerber aus den Neuen Bundesländern und Prozessagenten. Schließlich gilt § 347 auch bei Streitigkeiten über die Vollstreckung wegen Handlungen und Unterlassungen gem § 164a iVm § 159 StBerG. **Ausnahmen** von der Statthaftigkeit des Einspruchs ergeben sich aus § 348 Nrn 3 und 4 (s dazu § 348 Rz 6 und 7): Danach ist kein Einspruch gegen Entscheidungen im Zulassungsverfahren und der Prüfungsausschüsse für die Steuerberaterzulassung gegeben.

10 Ohnehin nicht von § 164a StBerG erfasst werden die Angelegenheiten, die mit der **Organisation des Berufs** zusammenhängen, insbes die Angelegenheiten der Berufskammer einschl Beitragsangelegenheiten. Ein Einspruch ist daher insoweit nicht statthaft.

11 **6. Gesetzliche Erweiterung (Abs 1 Nr 4).** Abs 1 Nr 4 weist auf die Möglichkeit hin, durch Gesetz das Einspruchsverfahren auch in anderen Angelegenheiten für anwendbar zu erklären. Hiervon ist im Bereich der **Gesetze zur Durchführung von Rechtsvorschriften der EU** durch § 34 I 5 MOG Gebrauch gemacht worden, der das Einspruchsverfahren in öffentlich-rechtlichen Streitigkeiten über Maßnahmen einer Bundesfinanzbehörde zur Durchführung einer gemeinsamen Marktorganisation und bei Entscheidungen der Marktordnungsstelle im Falle des § 19 MOG für statthaft erklärt. Die AO ist ferner nach § 8 II MOG auf Abgaben im Rahmen von Produktionsregelungen (zB Milchgarantiemengenabgabe) anzuwenden. Die Anmeldung, die für die Milchgarantiemengenabgabe maßgebend ist, gilt daher nach § 168 als StFestsetzung, gegen die nach § 347 der Einspruch und der Finanzrechtsweg gegeben ist (BFH BStBl 85, 553; FG Hbg EFG 85, 354).

Hingegen ist Nr 4 **nicht** bei Streitigkeiten über **StVergütungen** anwendbar; denn StVergütungen gehören zu den Abgaben iSv § 1 I (s Rz 4), sodass die Statthaftigkeit des Einspruchs bereits aus Abs 1 Nr 1 folgt (AEAO zu § 347 Nr 6; *Koenig/Cöster* § 347 Rz 23); an der in der 12. Aufl vertretenen Auffassung wird nicht mehr festgehalten.

Bei den **Landesgesetzen** verweisen verschiedene **Kirchensteuergesetze** auf die Regelungen der AO, sodass ein Einspruch statthaft ist; teilweise hängt dies aber davon ab, ob die KiSt durch die jeweilige *Landes*FinBeh verwaltet wird. Im Einzelnen ist ein Einspruch in den folgenden Bundesländern zulässig: in BaWü, soweit die KiSt durch die LandesFinBeh verwaltet wird (§ 17 II, § 21 KiStG BaWü), in Bayern (Art 18 I 1 KiStG Bay), in Bremen, soweit die KiSt durch die LandesFinBeh verwaltet wird (§§ 7 ff KiStG Brem), in Hamburg (§ 8 II KiStG Hbg), in MeVo, soweit die KiSt durch die LandesFinBeh verwaltet wird (§ 23 I 1, III KiStG MeVo), in NRW (§ 14 II 2 KiStG NRW), im Saarl (§ 16 I 3 KiStG Saarl), in Sachs (§ 13 KiStG Sachs) sowie in Thür (§ 9 I, § 11 KiStG Thür).

In den übrigen Bundesländern sowie in BaWü und Brem, soweit die KiSt in BaWü und Brem durch die Religionsgemeinschaften verwaltet wird, ist der Widerspruch nach §§ 68 ff VwGO statthaft (zu weiteren Einzelheiten und Beispielen s *HHSp/Tappe* § 347 Rz 201).

7. Untätigkeitseinspruch (Abs 1 S 2). a) Überblick. Ein Untätigkeitseinspruch ist nach Abs 1 S 2 statthaft, wenn die FinBeh über einen Antrag auf Änderung eines VA oder über einen Antrag auf erstmaligen Erlass eines begünstigenden VA nicht entscheidet; hierzu gehört auch der Fall, dass das FA trotz Abgabe einer StErklärung keine Veranlagung durchführt (BFH BStBl 13, 663). Der Untätigkeitseinspruch beschränkt sich damit auf **Verpflichtungsbegehren,** die im FG-Verfahren als Verpflichtungsklage iSv § 40 I 2. Variante FGO fortzuführen wären. Wird über einen Untätigkeitseinspruch ebenfalls nicht entschieden, kommt anschließend nach Maßgabe des § 46 FGO eine Untätigkeitsklage in Betracht (BFH/NV 14, 1723); es handelt sich dabei um einen Fall der sog doppelten Untätigkeit, weil weder ein Ablehnungsbescheid noch eine Einspruchsentscheidung ergangen ist. 12

Der Untätigkeitseinspruch ist hingegen **in Anfechtungsfällen nicht statthaft.** Er kann also nicht erhoben werden, wenn über einen Einspruch nicht entschieden wurde; dies ergibt sich ausdrücklich aus § 348 Nr 2. Hier kommt nur eine Untätigkeitsklage nach § 46 I FGO in Betracht.

Ein Untätigkeitseinspruch führt ebenso wie ein „regulärer“ Einspruch iSv Abs 1 S 1 zu einer Ablaufhemmung nach § 171 IIIa (BFH BStBl 13, 663; BFH/NV 16, 225).

b) Voraussetzungen. Voraussetzung für den unbefristet (§ 355 II) einzulegenden Untätigkeitseinspruch ist, dass die FinBeh über den Antrag ohne Mitteilung eines zureichenden Grunds innerhalb einer angemessenen Frist nicht entschieden hat. Die FinBeh muss also nicht nur einen zureichenden Grund für die Nichtentscheidung innerhalb einer angemessenen Frist über den Antrag haben; sie muss diesen Grund dem Stpfl auch mitteilen, es sei denn, der Grund ist dem Stpfl bereits bekannt. 13

Für die Auslegung des Abs 1 S 2 können die gleichen Grundsätze wie bei der Untätigkeitsklage nach § 46 FGO herangezogen werden (*HHSp/Tappe* § 347 Rz 210; aA *TK/Seer* § 347 Rz 27). Die **Angemessenheit** der Frist hängt von den Umständen des jeweiligen Einzelfalls ab. Grds ist ein Zeitraum von **6 Monaten** seit Einspruchseinlegung angemessen (§ 46 I 2 FGO). Bei besonderen Umständen kann aber auch eine kürzere Frist gerechtfertigt sein, zB bei Vorliegen einer eindeutigen Verwaltungsanweisung, bei einer geplanten Auswanderung oder laufenden Vollstreckungsmaßnahmen. Umgekehrt kommt eine längere Frist als 6 Monate in Betracht, wenn es sich um einen besonders schweren Fall mit großer Sachver- 14 haltsaufklärung oder unzureichender Mitwirkung seitens des Steuerpflichtigen handelt.

15 Ein **zureichender Grund** ist in laufenden Ermittlungen der Ap oder Steufa, in fehlenden StAkten, die im Einverständnis des Stpfl an eine andere FinBeh übersandt worden sind, oder in zu erwartenden Anweisungen oberster FinBeh zu sehen. Als nicht zureichend ist jedoch die Arbeitsüberlastung des FA, das Fehlen von Verwaltungsanweisungen, eine bevorstehende Gesetzesänderung oder ein angekündigter Nichtanwendungserlass anzusehen. Ein Untätigkeitseinspruch ist iÜ nicht zulässig, solange sich der Stpfl mit einer Zurückstellung der Entscheidung über seinen Antrag einverstanden erklärt hat.

20 **c) Entscheidung über den Untätigkeitseinspruch.** Wird der Einspruch **zu früh erhoben,** wird die Unzulässigkeit geheilt, wenn bis zur Einspruchsentscheidung eine angemessene Frist ohne Tätigwerden der FinBeh verstrichen ist (*TK/Seer* § 347 Rz 26; *HHSp/Tappe* § 347 Rz 213). Anderenfalls ist der Einspruch als unzulässig zu verwerfen.

21 Wird ein zulässiger, dh nach Ablauf einer angemessenen Frist erhobener Untätigkeitseinspruch durch eine **Einspruchsentscheidung** abgewiesen, in welcher der Erlass bzw die Änderung des VA abgelehnt wird, kann der Stpfl dagegen Verpflichtungsklage erheben. Ein erneuter Einspruch gegen die Einspruchsentscheidung ist unzulässig (aA FG Bln EFG 99, 940). Wird über den Untätigkeitseinspruch ebenfalls nicht in angemessener Frist entschieden, ist nach § 46 I FGO eine Untätigkeitsklage zulässig (Rz 12). Wird während der Anhängigkeit einer Untätigkeitsklage der VA erlassen, der aber dem Begehren des Klägers ganz oder teilweise nicht entspricht, verwandelt sich die Untätigkeitsklage in eine Anfechtungsklage (vgl BFH BStBl 09, 315 mwN).

22 Erlässt die FinBeh nach Einlegung des Untätigkeitseinspruchs den **Ablehnungsbescheid,** mit dem der Antrag auf Erlass bzw Änderung eines VA abgelehnt wird, muss nunmehr gegen den Ablehnungsbescheid Einspruch iSv Abs 1 S 1 – also kein Untätigkeitseinspruch – eingelegt werden (BFH/NV 17, 145); der Ablehnungsbescheid wird also weder Gegenstand des durch den Untätigkeitseinspruch eingeleiteten Einspruchsverfahrens iSv § 365 III (s § 365 Rz 13), noch stellt der Ablehnungsbescheid eine Einspruchsentscheidung dar (BFH/NV 06, 19; 07, 2238; FG Hbg EFG 11, 1546; *HHSp/Tappe* § 347 Rz 209; *BG/Bartone* § 347 Rz 76). Damit kommt es zu einem – verfahrensökonomisch unsinnigen – doppelten Einspruchsverfahren, wenn die FinBeh auf den Untätigkeitseinspruch mit einem Ablehnungsbescheid reagiert; dies stellt allerdings keinen Verstoß gegen Art 19 IV GG dar (BVerfG BFH/NV Beilage 07, 447; *Koenig/Cöster* § 347 Rz 29).

23 Erlässt das FA während des Verfahrens über den Untätigkeitseinspruch jedoch den begehrten VA **(Abhilfebescheid),** wird das Untätigkeitseinspruchsverfahren in der Hauptsache erledigt. Der Untätigkeitseinspruch erledigt sich damit immer im Einspruchsverfahren, wenn das FA tätig wird, und zwar unabhängig davon, ob es dem Antrag des Stpfl stattgibt und den begehrten VA erlässt oder ob es den Erlass des VA ablehnt (s Rz 22; BFH/NV 17, 145).

25 **8. Keine Statthaftigkeit im Straf- und Bußgeldverfahren (Abs 3).** Ausgenommen von der Anwendung der §§ 347 ff werden Straf- und Bußgeldverfahren nach den §§ 369 ff. Hier gelten für Rechtsmittel die Vorschriften der StPO und des OWiG. Dies gilt auch für das Klageverfahren, da der Finanzrechtsweg gem § 33 III FGO nicht gegeben ist.

Zum Straf- und Bußgeldverfahren gehören insbes Maßnahmen nach Einleitung des Strafverfahrens iSv § 397. Demgegenüber ist bei Maßnahmen vor Einleitung des Strafverfahrens grds der Einspruch statthaft; zu Einzelheiten bei der Abgrenzung s § 208 Rz 24 ff.

§ 348 Ausschluss des Einspruchs

Der Einspruch ist nicht statthaft
1. gegen Einspruchsentscheidungen (§ 367),
2. bei Nichtentscheidung über einen Einspruch,
3. gegen Verwaltungsakte der obersten Finanzbehörden des Bundes und der Länder, außer wenn ein Gesetz das Einspruchsverfahren vorschreibt,
4. gegen Entscheidungen in Angelegenheiten des Zweiten und Sechsten Abschnitts des Zweiten Teils des Steuerberatungsgesetzes,
5. (aufgehoben)
6. in den Fällen des § 172 Abs. 3.

Nr 6 angefügt durch JStG 2007 v 13.12.06 (BGBl I, 2878); Nr 4 neu gefasst und Nr 5 aufgehoben durch G v 4.8.08 (BGBl I, 666).

Schrifttum: *Geserich* (Teil-)Einspruchsentscheidung: Erneuter Einspruch innerhalb der Einspruchsfrist, NWB 14, 3790.

Übersicht

1. Inhalt. Die Vorschrift fasst die Fälle zusammen, in denen der Einspruch ausgeschlossen ist. Darüber hinaus schließen § 68 I 2 FGO und § 365 III AO den Einspruch gegen einen Bescheid, der einen angefochtenen VA während des Einspruchsverfahrens (§ 365 III AO, s dazu unten § 365 Rz 12) oder während des Klageverfahrens (§ 68 I 2 FGO) ändert oder ersetzt, aus. Ein solcher Änderungs- oder Ersetzungsbescheid wird automatisch Gegenstand des Einspruchs- bzw Klageverfahrens. 1

2. Einspruchsentscheidungen (Nr 1). Nach Nr 1 kann gegen Entscheidungen über den Einspruch kein weiterer Einspruch eingelegt werden. Dies gilt auch für eine Kostenentscheidung, die nach § 77 EStG im Kindergeldrecht zulasten des Einspruchsführers in der Einspruchsentscheidung getroffen wurde und jetzt nur noch durch eine Klage angefochten werden kann (BFH BStBl 15, 844). Der Stpfl muss nun Anfechtungsklage nach §§ 40, 44 FGO erheben, wenn es um die Anfechtung eines VA geht, oder Verpflichtungsklage gem §§ 40, 44 FGO, wenn die FinBeh in der Einspruchsentscheidung einen Antrag des Stpfl auf Erlass eines (begünstigenden) VA oder auf Korrektur eines StBescheids (zB nach § 173) abgelehnt hat. Eine Verpflichtungsklage ist auch dann geboten, wenn die FinBeh einen Untätigkeitseinspruch iSv § 347 I 2 durch Einspruchsentscheidung abgelehnt hat (s § 347 Rz 21), nicht aber, wenn die FinBeh im Einspruchsverfahren des Untätigkeitseinspruchs nunmehr einen Ablehnungsbescheid erlässt; hiergegen ist ein Einspruch statthaft (§ 347 Rz 22). 3

Auch nach Erlass einer **Teileinspruchsentscheidung** iSv § 367 IIa ist ein Einspruch nicht mehr statthaft; dies gilt selbst dann, wenn die Teileinspruchsentscheidung innerhalb der Einspruchsfrist erlassen worden ist und daher die Einspruchsfrist gegen den StBescheid noch läuft (BFH BStBl 15, 115). Trotz noch laufender Einspruchsfrist kann der Stpfl nur noch Klage gegen die Teileinspruchsentscheidung erheben (§ 347 Rz 3).

Ein erneuter Einspruch ist auch dann unzulässig, wenn die Einspruchsentscheidung eine zusätzliche erstmalige Beschwer für den Einspruchsführer oder einen

Dritten oder eine Verböserung iSv § 367 II 2 enthält (BFH BStBl 88, 377; FG Hbg EFG 06, 823; s auch § 350 Rz 12). Anders ist dies aber, wenn das Einspruchsverfahren durch einen Vollabhilfebescheid abgeschlossen wird, denn dann ergeht keine Einspruchsentscheidung mehr iSv Nr 1 (BFH BStBl 07, 736; s § 347 Rz 3).

4 **3. Nichtentscheidung über einen Einspruch (Nr 2).** Der Einspruch ist nach Nr 2 ausgeschlossen, wenn der Stpfl Einspruch eingelegt hat, die FinBeh aber über diesen Einspruch in angemessener Frist ohne Mitteilung eines zureichenden Grundes nicht entschieden hat. Hier muss die Untätigkeitsklage nach § 46 I FGO erhoben werden. Von der Untätigkeitsklage abzugrenzen ist der Untätigkeitseinspruch, der nach § 347 I 2 statthaft ist, wenn die FinBeh über einen Antrag auf Erlass oder Korrektur eines VA nicht entschieden hat, s § 347 Rz 12ff und oben Rz 3.

5 **4. Verwaltungsakte oberster Behörden (Nr 3).** Der in Nr 3 geregelte Ausschluss betrifft VA der obersten FinBeh des Bundes und der Länder. Zu diesen Behörden gehören das **BMF** gem § 1 Nr 1 FVG und die **FinMin** bzw **SenFin** der einzelnen Länder gem § 2 I Nr 1 FVG, **nicht** aber das BZSt, die Bundesmonopolverwaltung für Branntwein, das Bundesamt für zentrale Dienste und offene Vermögensfragen (jeweils § 1 Nr 2 FVG), das Zollkriminalamt und die Bundesfinanzdirektionen (§ 1 Nr 3 FVG) oder die Oberfinanzdirektionen (§ 2 Nr 3 FVG). Beispiele für VA oberster Behörden sind die Entscheidung einer obersten FinBeh eines Landes im Verfahren der Öffnungsklausel bzgl der Gemeinnützigkeit gem § 52 II 2 und 3 (BFH/NV 17, 928) oder die zollrechtliche Bestimmung eines Flugplatzes durch das BMF (BFH/NV 05, 819). Nicht unter Nr 3 fallen aber Kindergeldbescheide des BMF oder eines FinMin in ihrer Eigenschaft als Familienkasse gem § 6 II Nr 6 (*HHSp/Tappe* § 348 Rz 62).

Der Ausschluss des Einspruchsverfahrens durch Nr 3 wird ferner in Steuerberatungsangelegenheiten relevant, weil die oberste FinBeh des Landes für die Untersagung der Hilfeleistung in Steuersachen gem § 7 II iVm § 4 Nr 7 StBerG sowie für die Rücknahme der Prüfungsentscheidung gem § 39a I StBerG zuständig ist. Der Ausschluss durch Nr 3 wird aber faktisch durch den Ausschluss nach Nr 4 verdrängt, da dieser die überwiegende Anzahl anfechtbarer Maßnahmen bei Steuerberatungsangelegenheiten betrifft (s hierzu Rz 6ff). Nicht von Nr 3 erfasst werden Maßnahmen der OFD (zB die Anerkennung von LSt-Hilfevereinen gem § 15 I, § 27 StBerG), weil es sich nicht um eine oberste FinBeh handelt.

Der Ausschluss des Einspruchsverfahrens durch Nr 3 kann zwar seinerseits durch ein Gesetz eingeschränkt werden, das ein Einspruchsverfahren fordert (ebenso: § 68 I 2 Nr 1 VwGO, § 78 I 2 Nr 2 SGG); jedoch gibt es eine solche andere gesetzliche Regelung bisher nicht.

6 **5. Verwaltungsakte in Steuerberatungsangelegenheiten (Nr 4).** Das Einspruchsverfahren ist nach Nr 4 bei folgenden Steuerberatungsangelegenheiten ausgeschlossen bei: Entscheidungen über die **StB-Prüfung,** über die **Bestellung** von Steuerberatern und über die **Anerkennung** von Steuerberatungsgesellschaften gem §§ 35–55 StBerG (Zweiter Abschnitt des Zweiten Teils des StBerG) sowie bei Entscheidungen über den Bestandsschutz gem §§ 154–157b StBerG (Sechster Abschnitt des Zweiten Teils des StBerG). Diese Entscheidungen werden von der Steuerberaterkammer getroffen (zB nach § 40 I, § 49 III StBerG), sodass hiergegen unmittelbar Klage zu erheben ist. Im Gegensatz zur Nr 3 kommt es nicht darauf an, ob der VA durch eine oberste FinBeh erlassen worden ist. Zur Rechtsentwicklung der Nr 4 s 12. Aufl Rz 6.

7 Bei dem Ausschluss der Einspruchsmöglichkeit gegen Prüfungsentscheidungen bei der StB-Prüfung ist zu berücksichtigen, dass eine **gerichtliche Kontrolle** wegen des prüfungsspezifischen Entscheidungsspielraums der Prüfungsbehörden

nur eingeschränkt erfolgen kann (vgl BFH BStBl 99, 242; 03, 202; 04, 842). Um den Anspruch des Prüflings auf effektiven Schutz seines Grundrechts auf Berufsfreiheit nicht unzulässig einzuschränken (vgl BVerfGE 84, 34), wird daher ein eigenständiges verwaltungsinternes Kontrollverfahren unter maßgeblicher Beteiligung der ursprünglichen Prüfer für ein **Überdenken der Prüfungsentscheidung** durchgeführt (eingehend dazu BFH BStBl 00, 93; 03, 202; 04, 842); dieses Verfahren ist nunmehr in § 29 DVStBerG geregelt. Erhebt der Kläger mit der Anfechtungsklage gegen den Bescheid über das Nichtbestehen der StB-Prüfung substantiierte Einwendungen gegen die Bewertung seiner Prüfungsleistungen, so ist auf seinen Antrag das Klageverfahren auszusetzen, damit zunächst das verwaltungsinterne Kontrollverfahren durchgeführt werden kann (BFH BStBl 94, 50; BFH/NV 14, 1908; vgl auch BFH BStBl 94, 259). Hat der Prüfling bereits vor rechtzeitiger Klageerhebung das Überdenkungsverfahren beantragt und ist dieses Verfahren noch nicht abgeschlossen, ist das Klageverfahren ebenfalls auszusetzen, bis das Überdenkungsverfahren beendet wird.

Das Prüfungsverfahren ist in das Zulassungsverfahren und das eigentliche Prüfungsverfahren unterteilt. Einwendungen gegen Entscheidungen im Zulassungsverfahren können daher nicht mehr geltend gemacht werden, wenn der Bewerber sich, ohne die Entscheidung zu rügen, auf die Prüfung eingelassen hat. Gleiches gilt für eine Untätigkeitsklage, wenn über einen Antrag betr die Verlängerung der Bearbeitungszeit nicht entschieden wurde, bevor sich der Prüfling vorbehaltslos auf die Anfertigung der Aufsichtsarbeiten eingelassen hat (BFH BStBl 00, 550; s auch Erläut zu § 84).

6. Verwaltungsakte der Steuerberaterkammern (Nr 5 aF). Nr 5 ist auf- 8
grund der Neufassung der Nr 4 durch das Gesetz v 4.8.2008 überflüssig geworden; zu weiteren Einzelheiten s 12. Aufl § 348 Rz 8.

7. Allgemeinverfügungen nach § 172 III (Nr 6). Ausgeschlossen ist der 9
Einspruch nach Nr 6 gegen eine Allgemeinverfügung iSv § 172 III (§ 172 Rz 76). Dabei geht es um Anträge auf schlichte Änderung nach § 172 I 1 Nr 2 Buchst a die eine vom EuGH, BVerfG oder BFH nunmehr abschlägig entschiedene Rechtsfrage betreffen und durch Allgemeinverfügung iSv § 367 IIb iVm § 172 III zurückgewiesen werden. Gegen diese Allgemeinverfügung kann nur Klage innerhalb der Jahresfrist des § 367 IIb 5 erhoben werden; zu Allgemeinverfügungen s § 367 Rz 45 f.

§ 349 *(weggefallen)*

§ 350 Beschwer

Befugt, Einspruch einzulegen, ist nur, wer geltend macht, durch einen Verwaltungsakt oder dessen Unterlassung beschwert zu sein.

Schrifttum: *vor 2010 s 13. Aufl; Steinhauff* Auswirkungen von Vorläufigkeitsvermerken und Teil-Einspruchsentscheidungen auf den Rechtsschutz des Steuerpflichtigen, SteuK 11, 139; *Hagen* Rechtsbehelfsbefugnis in Einbringungsfällen nach § 20 Umwandlungssteuergesetz (UmwStG 2006), StW 12, 194; *Schüppen* Verfahrensrecht bei Umwandlungen, JbFfSt 13/14, 341; *Nöcker* Das Drama um den Nullbescheid, AO-StB 14, 54; *Gersch* Gemeinnützigkeitsrecht: Klage gegen Null-Bescheid, AO-StB 15, 95.

Übersicht

1 **1. Inhalt.** Die Beschwer ist eine Zulässigkeitsvoraussetzung für den Einspruch (BFH/NV 94, 785; 08, 9). § 350 entspricht weitgehend § 40 II FGO. Anders als nach § 40 FGO braucht aber keine Rechtsverletzung, sondern **nur** eine **Beschwer** geltend gemacht zu werden. Relevant wird dieser Unterschied bei Ermessensentscheidungen: Beschwert ist jemand bei Ermessensentscheidungen der Behörden bereits dann, wenn zwar die Grenzen des Ermessens nicht überschritten worden sind, gleichwohl aber innerhalb der Ermessensgrenzen eine dem Stpfl günstige Entscheidung möglich ist. Hier liegt also keine Rechtsverletzung vor, die im Klageverfahren nach § 102 FGO zum Erfolg führen würde. Ein Einspruch könnte hingegen erfolgreich sein, wenn die FinBeh zu einer anderen Ermessensausübung gelangt (BT-Drs VI/1982 zu § 333, 189; AEAO zu § 350 Nr 1).

2 Eine Beschwer bedeutet regelmäßig auch ein **Rechtsschutzinteresse** (Rechtsschutzbedürfnis) für das Einspruchsverfahren. Ein solches Rechtsschutzinteresse muss für jeden Einspruch gegeben sein. Besteht kein Rechtsschutzinteresse, ist der Einspruch unzulässig. Ein Rechtsschutzbedürfnis kann trotz bestehender Beschwer ausnahmsweise fehlen und deshalb den Einspruch unzulässig machen. Das kann zB der Fall sein, wenn der Stpfl nach Treu und Glauben (etwa wegen einer tatsächlichen Verständigung) an der Einlegung des Einspruchs gehindert ist (vgl FG Mster EFG 96, 1195). Problematisch ist, ob und wieweit das Rechtsschutzbedürfnis fehlt, wenn ein Steuerbescheid wegen einer verfassungsrechtlichen Streitfrage für vorläufig erklärt worden ist und in diesem Punkt mit dem Einspruch angegriffen wird (s dazu unten Rz 31).

3 **2. Geltendmachung der Beschwer.** Die Beschwer muss nicht wirklich vorliegen, sondern sie muss nur **schlüssig vorgetragen** werden (BFH BStBl 81, 698; BFH/NV 08, 9). Das wirkliche Vorliegen der Beschwer ist keine Frage der Zulässigkeit, sondern der Begründetheit des Einspruchs (BFH BStBl 71, 654). Die Schlüssigkeit der Beschwer ist von Amts wegen zu prüfen. Da jedoch die meisten SteuerVA ohne Weiteres eine Beschwer zum Inhalt haben, liegt in solchen Fällen in der bloßen Anfechtung des VA die Geltendmachung einer Beschwer, ohne dass es besonderer Ausführungen bedarf (BFH BStBl 73, 120). Aus diesem Grunde ist ein Einspruch gegen einen belastenden VA idR auch dann zulässig, wenn er nicht begründet wird. Eine Substantiierung des Einspruchs hinsichtlich der Beschwer ist vor allem nur dann erforderlich, wenn die Beschwer des Einspruchsführers anhand des angefochtenen VA nicht ohne Weiteres erkennbar ist (BFH BStBl 86, 243; FG Köln EFG 16, 129; FG Mchn EFG 91, 370; vgl auch BFH/NV 08, 9).

4 Beschränkt sich der Stpfl bei der Begründung seines Einspruchs ausschl und abschließend auf Einwendungen, die **nicht den Regelungsgehalt des angegriffenen VA** betreffen, so ist der Einspruch unzulässig. Der VA wird mit Ablauf der Einspruchsfrist bestandskräftig (FG Mchn EFG 88, 381). Hiervon ist allerdings die

Frage zu unterscheiden, ob ein Folgebescheid mit Einwendungen gegen den Grundlagenbescheid angegriffen werden kann (s dazu unten § 351 Rz 20ff). Hier ist der Einspruchsführer durch den aufgrund des Grundlagenbescheids ergangenen Folgebescheid eindeutig beschwert.

3. Objektive Beschwer. a) Grundsatz. Die Beschwer kann regelmäßig nur in dem Ergebnis eines VA und damit in dem **Tenor des VA** – insbes in der Höhe der festgesetzten Steuer –, nicht jedoch in den Gründen, die zu diesem Ergebnis geführt haben, liegen (BFH BStBl 72, 465; 75, 858); zur Ausnahme bei geltend gemachten Verlusten s Rz 19 sowie bei der Auswirkung auf außersteuerliche Fragen s Rz 13. Der Tenor ergibt sich bei Steuer- sowie bei Messbescheiden aus der festgesetzten Steuer bzw dem festgesetzten Messbetrag. Die Besteuerungsgrundlagen iSv § 157 II HS 1 wie zB die Höhe der Einkünfte gehören nicht dazu und entfalten daher keine Beschwer (zu Ausnahmen s Rz 13 und 19ff). An einer Beschwer fehlt es auch, wenn die FinBeh einen Bilanzansatz in der eingereichten Bilanz anders beurteilt, ohne dass das im Streitjahr Folgen für das Ergebnis der StFestsetzung hat (BFH BStBl 75, 206). Die Gründe stellen nur dann eine Beschwer dar, wenn sie ausnahmsweise für andere VA bindend sind, s Rz 13 und 19ff. Eine Beschwer kann sich auch aus einer Anrechnungsverfügung im Bescheid ergeben, wenn vorausgezahlte Steuern nicht angerechnet werden, s Rz 15 sowie § 347 Rz 3. Nicht zum Tenor eines VA gehören Säumniszuschläge, sodass ein Einspruch unzulässig ist, s § 347 Rz 3. 5

b) Mehrere VA in einem Bescheid. Ein Bescheid kann mehrere VA und damit mehrere Entscheidungsformeln enthalten und deshalb in mehrfacher Hinsicht eine Beschwer entfalten. Dann muss der Stpfl prüfen, gegen welchen VA er Einspruch einlegt. So kann in einem Bescheid neben der Steuer auch ein **Verspätungszuschlag** festgesetzt worden sein: Will der Stpfl den Verspätungszuschlag anfechten, muss er den Einspruch gegen die Festsetzung des Verspätungszuschlags richten (s § 152 Rz 43) und nicht lediglich die EStFestsetzung angreifen. Legt der Stpfl innerhalb der Einspruchsfrist nur gegen den EStBescheid Einspruch ein und erhebt er erst nach Ablauf der Einspruchsfrist auch Einspruch gegen den Verspätungszuschlag, ist der Einspruch gegen den Verspätungszuschlag verfristet und damit unzulässig; uU kommt aber eine Auslegung zugunsten des Stpfl in Betracht, wenn sich aus der innerhalb der Einspruchsfrist erfolgten Einspruchsbegründung ergibt, dass der Stpfl nur oder auch den Verspätungszuschlag angreifen wollte (s § 152 Rz 93). 8

Eine **einheitliche und gesonderte Gewinnfeststellung** enthält zahlreiche Feststellungen, die jeweils eine eigenständige Beschwer enthalten und daher gesondert durch Einspruch angefochten werden können (BFH BStBl 03, 194; 11, 878; BFH/NV 13, 381, 1940). Hierzu gehören: die Höhe der Einkünfte der PersGes, die Art der Einkünfte, die beteiligten Personen, die Beteiligungsquoten, die Höhe der Sonderbetriebseinkünfte des einzelnen Gesellschafters, ein etwaiger Veräußerungsgewinn des Gesellschafters iSv § 16 I Nr 2 EStG, die Tarifbegünstigung des Veräußerungsgewinns gem § 34 II Nr 1 EStG und die Feststellung eines Sanierungsgewinns gem § 3a IV EStG. Feststellungen enthalten auch negative sowie positiv-negative Feststellungsbescheide, in denen das Bestehen einer Mitunternehmerschaft oder die Mitunternehmerstellung einzelner Gesellschafter verneint wird (s § 352 Rz 30, 31). 9

Darüber hinaus kann der Bescheid über die einheitliche und gesonderte Feststellung – mit seinen vorstehend genannten Einzelfeststellungen – mit dem Bescheid über die gesonderte Feststellung des verrechenbaren Verlusts gem § 15a IV 5 EStG verbunden werden, sodass es für jeden von § 15a EStG betroffenen Gesellschafter zu einer weiteren Einzelfeststellung kommt, die ebenfalls selbständig anfechtbar ist (s auch § 352 Rz 35). Werden innerhalb der Einspruchsfrist einzelne Feststellungen nicht durch Einspruch angefochten, weil der Einspruch ausdrücklich nur auf andere Feststellungen beschränkt wird, werden sie bestandskräftig. Allerdings wird man einen Einspruch, der sich nicht auf einzelne Feststellungen bezieht, sondern den Bescheid insgesamt angreift, dahingehend auslegen müssen, dass er sich gegen sämtliche Feststellungen richtet. Richtet sich der Einspruch aber zB ausdrücklich nur gegen die Höhe der Einkünfte, kann nach Ablauf der Einspruchsfrist nicht auch noch die Feststellung über die Art der Einkünfte angegriffen werden. Zu beachten ist bei Bescheiden über die einheitliche und gesonderte Feststellung die Einschränkung der Anfechtungsbefugnis durch § 352, die allerdings von der Beschwer zu trennen ist.

12 **c) Beschwer durch Einspruchsentscheidung.** Die Beschwer kann auch erstmals in der Einspruchsentscheidung liegen. Dies ist der Fall, wenn gegen den Stpfl eine Einspruchsentscheidung ergeht, obwohl er keinen Einspruch eingelegt hat (BFH BStBl 85, 296; 94, 561; BFH/NV 96, 729 mwN).

Beispiel: Die Klaus Schmidt GmbH legt Einspruch ein; die Einspruchsentscheidung richtet sich aber an Herrn Klaus Schmidt. Der Adressat der Einspruchsentscheidung (Klaus Schmidt) kann dann unmittelbar gegen die Einspruchsentscheidung eine isolierte Anfechtungsklage erheben, die auf Aufhebung der Einspruchsentscheidung gerichtet ist. Ein Einspruch gegen die Einspruchsentscheidung wäre hingegen nicht statthaft (§ 348 Nr 1). Zu einer zusätzlichen Beschwer durch eine Einspruchsentscheidung kann es im Fall der Verböserung gem § 367 II 2 kommen (s § 367 Rz 6 ff).

13 **d) Beschwer aufgrund außersteuerlicher Fragen.** Das Einspruchsverfahren ist grds nur dazu bestimmt, stl Streitfragen zu klären (BFH BStBl 61, 38). Außersteuerliche Gesichtspunkte berechtigen grds nicht zur Anfechtung eines VA (vgl BFH/NV 86, 289, wo der Stpfl geltend gemacht hatte, die Veranlagungsart habe Einfluss auf die Bewilligung der Arbeitslosenhilfe). Ausnahmen von diesem Grundsatz hat die Rspr aber anerkannt, wenn und soweit den Besteuerungsgrundlagen eine (gesetzliche) Bindungswirkung für andere Bescheide zukommt, zB aufgrund einer Bindungswirkung der im StBescheid ausgewiesenen positiven Einkünfte für das BAföG (BFH BStBl 96, 654; 95, 628), für Beiträge zur IHK oder Handwerkskammer oder für den beamtenrechtlichen Beihilfeanspruch des Stpfl (BFH/NV 13, 1075). Dabei muss es sich nicht um eine gesetzliche Bindung handeln. Ausreichend ist, wenn die für die anderen Verfahren zuständigen Behörden vom FA festgestellte Besteuerungsgrundlagen aufgrund interner Richtlinien als bindend behandeln (FG Thür EFG 95, 814). Ein bloßes wirtschaftliches Interesse am Wegfall der festgestellten Besteuerungsgrundlage begründet aber keine Beschwer. Es muss sich immer um ein rechtl geschütztes Interesse handeln (BFH BStBl 78, 383; BFH/NV 95, 229).

14 **e) Beschwer durch zu niedrige Steuer.** Durch eine zu niedrige Steuer ist der Stpfl grds nicht beschwert. Er kann also nicht geltend machen, dass die Steuer höher hätte festgesetzt werden müssen. Ausnahmsweise kann der Stpfl aber durch eine zu niedrige Steuer beschwert sein, wenn die niedrige Steuer dazu führt, dass sich bei einer anderen Steuerart oder in einem Folgejahr höhere Steuern ergeben, weil zB das FA zu hohe AfA angesetzt hat, die das AfA-Volumen in den Folgejahren schmälert (BFH BStBl 16, 984; 12, 421; 10, 73; BFH/NV 10, 1830; 07, 1287). Dies gilt entsprechend auch bei einheitlichen und gesonderten Feststellungen (BFH BStBl 10, 720; BFH/NV 06, 22 mwN). Außerdem gelten die Grundsätze zur Beschwer durch Nullbescheide (s Rz 15) sowie zur Beschwer bei Bindung für außersteuerlicher Bereiche (s Rz 13).

15 **f) Beschwer bei Nullbescheiden.** Ferner liegt grds keine Beschwer vor, wenn zwar die Steuerpflicht bejaht, die Steuer aber auf 0 Euro festgesetzt wird (BFH BStBl 95, 362; 90, 91; BFH/NV 14, 1764; 13, 581; 07, 1164). Hiervon gibt es aber **Ausnahmen** (s auch AEAO zu § 350 Nr 4): **(1)** Ein Nullbescheid über KSt, der ggü einem gemeinnützigen Verein ergeht, enthält eine Beschwer, weil er inzident die Gemeinnützigkeit verneint (BFH BStBl 16, 1754; 00, 325; s aber auch

BFH BStBl 97, 139). Es kommt dann nicht darauf an, ob sich die Ablehnung der Gemeinnützigkeit für den Verein tatsächlich nachteilig auswirkt, weil der Verein ohnehin keine Spenden erhält (BFH BStBl 16, 1754). **(2)** Durch den Nullbescheid wird die Anrechnung von Steuern verhindert, sodass die Festsetzung einer höheren Steuer zu einer Anrechnung und damit zu einer Erstattung führen könnte (BFH/NV 13, 1581). **(3)** Es handelt sich um einen USt-Bescheid über 0, in dem der vom Stpfl geltend gemachte Vorsteuer-Überschuss und damit die negative USt (USt-Erstattung) nicht anerkannt wird (BFH/NV 15, 147; 90, 669). **(4)** Bei einem Bescheid über die einheitliche und gesonderte Feststellung für eine PersGes kann sich die Beschwer aus einer anderen Feststellung als der Feststellung der Einkünfte iHv 0 ergeben, zB aus der Art der Einkünfte (s Rz 9). **(5)** Es handelt sich nur deshalb um einen Nullbescheid, weil ein Verlustrücktrag berücksichtigt worden ist; die Beschwer ergibt sich daraus, dass durch Berücksichtigung weiterer Betriebsausgaben der Verlustrücktrag in geringerem Umfang in Anspruch genommen werden müsste und dadurch ein höherer verbleibender Verlust zum 31.12. des Folgejahres festgestellt werden könnte (BFH/NV 15, 305). **(6)** In dem Nullbescheid zur ESt sind Verluste nicht in voller Höhe anerkannt worden; die Beschwer ergibt sich aus der Bindungswirkung des EStBescheids bzw GewSt-Messbescheids für den Verlustfeststellungsbescheid gem § 10d IV 4 EStG bzw § 35b II 2 GewStG (BFH BStBl 17, 921; BFH/NV 17, 851); zu Einzelheiten s Rz 19 ff.

IÜ gelten die Grundsätze zur Beschwer aufgrund außersteuerlicher Bereiche (s Rz 13). 18

g) Beschwer aufgrund nicht anerkannter Verluste. Ein EStBescheid, der auf Null lautet, beschwert den Stpfl, wenn das FA den geltend gemachten Verlust nicht oder nur teilweise anerkannt hat; denn der EStBescheid hat seit der Neuregelung des § 10d IV 4 EStG idF des JStG 2010 eine **Bindungswirkung** für den Bescheid über die gesonderte Feststellung von Verlusten gem § 10d IV 1 EStG (BFH BStBl 17, 704, 921; 15, 829; BFH/NV 17, 100; 15, 812; FG BBg EFG 17, 1179, Rev BFH XI R 50/17; FG Ddorf EFG 16, 662; s auch § 351 Rz 27). Die Neuregelung gilt für alle nach dem 13.12.2010 abgegebenen Erklärungen zur Feststellung des verbleibenden Verlustvortrags (§ 52 XXV 5 EStG). Vor dem Inkrafttreten der Neuregelung bestand jedoch keine Bindungswirkung, sodass ein Einspruch gegen den Nullbescheid, in dem der Verlust nicht anerkannt worden ist, mangels Beschwer unzulässig war (BFH/NV 15, 305; 15, 812). 19

Der EStBescheid des Verlustentstehungsjahres entfaltet aber keine Bindungswirkung für den **Verlustrücktrag,** sondern nur für die gesonderte Feststellung des verbleibenden Verlustvortrags. Sofern der Stpfl einen Verlustrücktrag geltend macht, ist er daher nicht durch den EStBescheid des Verlustentstehungsjahres beschwert, auch wenn in diesem der rücktragbare Verlust nicht in voller Höhe anerkannt worden ist. Die Beschwer ergibt sich hier aus dem Ablehnungsbescheid für das Vorjahr, mit dem der Verlustrücktrag abgelehnt wird (BFH BStBl 10, 1009). Ein Verlustrücktrag ist daher für den Stpfl sinnvoll, wenn nachträglich ein Verlust geltend gemacht wird, der aber wegen der Bestandskraft des EStBescheids und des Verlustfeststellungsbescheids nicht mehr im Verlustentstehungsjahr berücksichtigt werden kann. Hier kann der Stpfl den Verlust gleichwohl im Wege des Verlustrücktrags im Vorjahr abziehen; lehnt das FA den Verlustrücktrag ab, ergibt sich die Beschwer aus dem Ablehnungsbescheid.

Beispiel: Im EStBescheid des A für 2016 ist ein Verlust aus Vermietungseinkünften nur iHv 10.000 € berücksichtigt und im Verlustfeststellungsbescheid zum 31.12.2016 übernommen worden. Beide Bescheide werden bestandskräftig. Nach Bestandskraft bemerkt A, dass sein Verlust aus Vermietungseinkünften richtigerweise 50.000 € beträgt. Er kann nun die fehlende Differenz von 40.000 € im Wege des Verlustrücktrags im VZ 2015 geltend machen. Lehnt das FA die Änderung des EStBescheids 2015 ab, zB wegen fehlender Belege, ist A durch den Ablehnungsbescheid beschwert und kann hiergegen Einspruch einlegen.

Zur Beschwer durch einen Nullbescheid, in dem sich die Nullfestsetzung aus einem Verlustrücktrag ergibt, s Rz 15 Bsp 5.

20 Außerdem kann der Stpfl durch die Feststellung eines **Verlustvortrags** nach § 10d IV EStG im Feststellungsjahr beschwert sein, wenn der Verlust zu niedrig festgestellt wird. Allerdings ist höchstrichterlich noch nicht geklärt, ob der Verlustfeststellungsbescheid nach § 10d IV 4 EStG ein „echter" Folgebescheid iSv § 351 II des Steuerbescheids ist, sodass ein Einspruch gegen den Verlustfeststellungsbescheid nach § 351 II unzulässig wäre. Der BFH hat diese Frage offen gelassen und geht davon aus, dass eine eigenständige Prüfung der betr Besteuerungsgrundlagen im Rahmen der Anfechtung des Verlustfeststellungsbescheids *grds* nicht mehr stattfindet (so BFH BStBl 17, 704). Daher sollte vorsorglich nicht nur der EStBescheid bzw KStBescheid oder GewSt-Messbescheid angefochten werden (s Rz 19), sondern auch Einspruch gegen den Verlustfeststellungsbescheid eingelegt werden.

24 Bei der **GewSt** einer PersGes ist die Frage, in welchem Umfang die Verluste den einzelnen Gesellschaftern zuzuordnen sind, erst im Jahr der Verlustanrechnung zu klären; ein Einspruch gegen den Verlustfeststellungsbescheid des Verlustentstehungsjahres iSv § 10a GewStG wäre mangels Beschwer unzulässig (FG BBg 07, 1719).

30 **h) Beschwer bei Vorbehalts- und vorläufigen Bescheiden.** Auch Steuerbescheide, die unter Vorbehalt der Nachprüfung (§ 164) stehen oder mit einem Vorläufigkeitsvermerk versehen sind (§ 165), begründen eine Beschwer. Sie sind daher vollinhaltlich mit dem Einspruch anfechtbar; eine Anfechtung lediglich des Vorbehalts- bzw Vorläufigkeitsvermerks ist nicht zulässig, da es sich jeweils um eine unselbständige Nebenbestimmung handelt (s § 164 Rz 55 und § 165 Rz 65).

31 Eine Beschwer besteht grds auch bei Bescheiden, die nach § 165 I 2 Nr 3 wegen **Streits über die Verfassungsmäßigkeit** einer angewendeten Norm für vorläufig erklärt worden sind. Soweit der Stpfl mit seinem Einspruch gegen den StBescheid aber ausschl diejenige Frage aufwirft, die bereits Gegenstand des Verfahrens vor dem BVerfG ist, fehlt es grds am Rechtsschutzbedürfnis (BFH/NV 08, 378). Denn der Stpfl kann die Klärung der Streitfrage durch das BVerfG grds abwarten, ohne dadurch unzumutbare Rechtsnachteile zu erleiden. Dies gilt auch trotz der sog Ergreiferprämie (auch Erfolgsprämie oder Fangprämie genannt, vgl *Schwenke* DStR 99, 404 und § 363 Rz 7), die nach dem BVerfG (BStBl 99, 182) nur dem konkreten Beschwerdeführer zuteil wird. Anderenfalls käme es entgegen dem Zweck des § 165 I 2 Nr 3 zu einer sinnlosen Überschwemmung der Gerichtsbarkeit mit Verfahren. **Ausnahmen** ergeben sich aber dann, wenn der Stpfl besondere Gründe materiell-rechtlicher oder verfahrensrechtlicher Art substantiiert geltend macht, dh tatsächlich neue Gesichtspunkte, Vertiefungen oder Besonderheiten des Sachverhalts geltend macht, um sie über das Einspruchsverfahren und dann die Finanzgerichtsbarkeit an das BVerfG heranzutragen (ähnlich BFH BStBl 11, 11; BFH/NV 08, 374; AEAO zu § 350 Nr 6; aA *Schwenke* DStR 99, 404; vgl auch § 363 Rz 7). IÜ verpflichtet Art 19 IV GG nicht dazu, Einspruchsverfahren möglichst lange offenhalten zu können, damit der Stpfl an künftigen Änderungen der höchstrichterlichen Rechtsprechung zu derzeit nicht streitigen Rechtsfragen teilhaben kann (BFH BStBl 13, 423).

34 **i) Beschwer bei Folgebescheiden.** Zwar ergibt sich auch aus Folgebescheiden eine Beschwer, soweit sie die Feststellungen aus einem Grundlagenbescheid übernehmen. Jedoch schränkt § 351 II die Anfechtungsbefugnis ein (s § 351 Rz 20ff).

35 **j) Wegfall der Beschwer.** Durch die Aufhebung des VA oder durch seine Änderung zugunsten des Stpfl entfällt die Beschwer (BFH/NV 93, 152). Die Beschwer entfällt auch durch eine Erledigung des VA in sonstiger Weise, zB bei Durchführung und Beendigung der Ap, deren Prüfungsanordnung durch Einspruch angefochten wurde (FG BaWü EFG 90, 459), ferner bei Überleitung des

Arrestverfahrens in das normale VollstrVerfahren und Verwertung des mit Arrest belegten Gegenstandes (Erledigung der Arrestanordnung, s § 324 Rz 8). In einem solchen Fall muss der erledigte VA mit der Fortsetzungsfeststellungsklage gem § 100 I 4 FGO angegriffen werden. Wird der angefochtene VA hingegen gem § 365 III ersetzt, entfällt zwar insoweit die Beschwer; jedoch beschwert nunmehr der ersetzende VA den Stpfl und wird Gegenstand des Einspruchsverfahrens (BFH BStBl 90, 804, zur Ersetzung eines Vorauszahlungsbescheids durch den Jahressteuerbescheid; BFH BStBl 17, 768, zur Ersetzung eines StBescheids durch einen Verlustfeststellungsbescheid; s auch § 365 Rz 8).

4. Subjektive Beschwer. a) Grundsatz. Beschwert durch einen VA ist derjenige, für den der VA gem § 124 II inhaltlich bestimmt ist oder der sonst von ihm betroffen ist (FG Nds EFG 01, 257). An einer Beschwer fehlt es zB beim Abtretungsempfänger, der gegen den StBescheid des Zedenten keinen Einspruch einlegen kann (§ 46 Rz 41). 40

b) Personengesellschaften. Personengesellschaften sind durch StBescheide, die **Betriebssteuern** betreffen (USt, GewStMessbetrag), beschwert, weil die PersGes StSchuldnerin ist (BFH BStBl 98, 319). Der Gesellschafter ist nicht beschwert. Der Einspruch muss deshalb durch die Gesellschaft eingelegt werden (s § 352 Rz 3). **Anders** ist dies bei Bescheiden über die einheitliche und gesonderte Feststellung von Besteuerungsgrundlagen, da dieser Bescheid die Gesellschafter betrifft; trotz der Beschwer kann der Gesellschafter aber grds keinen Einspruch gegen den Bescheid über die einheitliche und gesonderte Feststellung einlegen, weil seine Einspruchsbefugnis durch § 352 eingeschränkt ist (s § 352 Rz 1). Greift diese Einschränkung nicht, kann ein Beteiligter schon dann Einspruch einlegen, wenn der Feststellungsbescheid durch Bekanntgabe ggü anderen Beteiligten existent geworden ist (BFH BStBl 88, 855). Selbst wenn ein Gesellschafter nicht offizieller Adressat eines Gewinnfeststellungsbescheids ist, kann er gleichwohl durch den Bescheid belastet sein, wenn darin negativ festgestellt wird, dass er nicht Beteiligter des Gewinnfeststellungsverfahrens ist (BFH/NV 89, 560; s auch § 352 Rz 30, 31). Eine Beschwer ist bei Feststellungsbescheiden auch dann gegeben, wenn sich der Stpfl gegen die Art und die Zurechnung von Einkünften wehrt (FG RhPf EFG 85, 247; FG Mchn EFG 91, 370). 41

c) Zusammenveranlagung. Bei der Zusammenveranlagung ist grds jeder Ehegatte beschwert, und zwar auch insoweit, als die ESt auf Besteuerungsgrundlagen des anderen Ehegatten beruht. Denn der Zusammenveranlagungsbescheid besteht aus zwei StFestsetzungen gem § 155 III, für die beide Ehegatten Gesamtschuldner sind (BFH BStBl 87, 852; BFH/NV 08, 1136; aA FG Sachs 8 K 219/14, nv). Erhebt nur ein Ehegatte Einspruch, wird die StFestsetzung ggü dem anderen Ehegatten bestandskräftig und kann vollstreckt werden. Bei einem Einspruch gegen einen ESt- sowie gegen einen USt-Bescheid ist allerdings der nichtunternehmerisch tätige Ehegatte nur durch den EStBescheid beschwert, nicht jedoch durch den USt-Bescheid. Ein mit seinem Ehegatten zusammen zur ESt veranlagter Stpfl kann iÜ im Hinblick auf die Folgen einer Aufteilung der Steuerschuld schon dann beschwert sein, wenn das FA abweichend von der StErklärung seine Einkünfte erhöht und in gleicher Höhe die Einkünfte des Ehegatten mindert, sodass die Gesamtschuld gleich bleibt; die Beschwer entfällt jedoch, wenn ein Aufteilungsantrag nicht mehr möglich ist (BFH BStBl 87, 94; s auch § 268 Rz 3). Eine Beschwer fehlt ferner für denjenigen Ehegatten, dem der Bescheid nicht bekannt gegeben worden ist (BFH BStBl 84, 285). Zur Einspruchseinlegung nur durch einen der Ehegatten s § 357 Rz 10. 42

d) Beschwer von Drittbetroffenen. Beschwert durch einen VA kann auch ein durch den VA materiell beschwerter Dritter sein (FG BBg EFG 13, 536; vgl auch BFH BStBl 12, 5 und BFH/NV 11, 2122 zum Anwendungsbereich 48 des § 155 BewG im Rahmen einer Schenkung). Denn er kann von dem VA betroffen sein (s Rz 40). Folgende Fallgruppen der Drittbetroffenheit sind zu unterscheiden:

49 **ArbeitN** sind nicht durch eine LSt-Anmeldung beschwert, da sie ausschl Pflichten des Arbeitgebers betrifft; nur dieser ist VollstrSchuldner (FG BaWü EFG 92, 110). Es kommt nicht darauf an, ob es sich bei der vom ArbG angemeldeten LSt um eine StSchuld des Arbeitgebers oder Arbeitnehmers handelt (vgl dazu Erläut zu § 33). Anders ist dies beim LSt-Haftungsbescheid, soweit dieser Leistungen betrifft, die der ArbG an den ArbeitN erbracht hat (BFH BStBl 73, 780; FG BaWü EFG 92, 110; FG Mster EFG 97, 783).

50 Zu **Ehegatten** im Rahmen der Zusammenveranlagung s Rz 42. Bei einer Vollstr gegen einen der Ehegatten ist der andere Ehegatte nicht beschwert (FG Nds EFG 15, 740).

51 Bei **Einbringung** eines Betriebs, Teilbetriebs oder Mitunternehmeranteils in eine Kapitalgesellschaft nach § 20 UmwStG kann der Einbringende den StBescheid der aufnehmenden Kapitalgesellschaft anfechten, weil der von der aufnehmenden Kapitalgesellschaft für das übernommene Betriebsvermögen angesetzte Wert für den Einbringenden als Veräußerungspreis und als Anschaffungskosten der Gesellschaftsanteile gem § 20 III 1 UmwStG 2006 (entspricht § 20 IV 1 UmwStG 2002) gilt; die Drittanfechtungsbefugnis folgt aus der materiell-rechtlichen Bindung der KStFestsetzung der aufnehmenden Gesellschaft für die Besteuerung des Einbringenden (BFH BStBl 12, 421; BFH/NV 16, 959; 14, 921). Hingegen fehlt eine Beschwer für die aufnehmende Gesellschaft bei einer Verschmelzung einer Kapitalgesellschaft auf eine PersGes, wenn bei der verschmolzenen Kapitalgesellschaft ein zu hoher Verlustvortrag festgestellt wird (BFH/NV 15, 690) oder wenn eine Kapitalgesellschaft formwechselnd in eine PersGes umgewandelt wird (BFH/NV 14, 74; 13, 743).

52 **Gemeinden** sind durch einen StMessbescheid nicht beschwert. Die Gemeinden sind durch die nach Art 108 II und VI 2 GG getroffenen Regelungen über die Verwaltungszuständigkeiten an die von den LandesFinBeh erlassenen StMessbescheide gebunden und können daher diese Bescheide kraft verfassungsrechtlicher Aufgabenverteilung zwischen den Hoheitsträgern nicht angreifen (FG Köln EFG 13, 237 mwN). Anders ist dies in den Fällen des § 40 III FGO, da diese Bestimmung im Einspruchsverfahren entsprechend gilt (BFH BStBl 02, 91; FG Köln EFG 13, 237).

53 Im **Gemeinnützigkeitsrecht** hat der BFH Konkurrenten eine eigene Einspruchs- und Klagebefugnis zugebilligt (BFH BStBl 09, 126; 07, 243; 98, 63).

55 Bei der **KapESt** ist der Gläubiger der Kapitalerträge (zB Depotinhaber) berechtigt, die KapEStAnmeldung des Schuldners der Kapitalerträge (zB Bank) anzufechten (BFH BStBl 13, 682), nicht aber, einen Haftungsbescheid gegen den Schuldner zu beantragen (BFH/NV 05, 1073).

57 Beim **Kindergeld** wird nicht nur der Kindergeldberechtigte durch eine Ablehnung oder Aufhebung beschwert, sondern auch derjenige, der ein berechtigtes Interesse an der Gewährung des Kindergeldes hat. Zu diesem Personenkreis gehören der Abzweigungsberechtigte iSv § 74 I EStG (BFH/NV 10, 1291) und Auszahlungsberechtigte iSv § 67 S 2 HS 2 (FG Nds EFG 01, 257) sowie ein Sozialleistungsträger, an den das Kindergeld ausgezahlt wurde (BFH BStBl 01, 443).

60 Bei der **SchenkungSt** ist der Schenker durch den im Rahmen der Bedarfsbewertung ergangenen Bescheid über die Feststellung des Grundbesitzwerts nach dem BewG beschwert, weil er als Schenker für die SchenkungSt in Anspruch genommen werden kann (BFH BStBl 12, 5 zu § 155 BewG; zu dieser Bestimmung s auch BFH/NV 10, 842). Ist aber offensichtlich, dass die im Feststellungsbescheid getroffenen Feststellungen für einen Feststellungsbeteiligten keine stl Auswirkungen haben (zB wegen fehlender StPflicht), so fehlt dem Einspruch dieses Feststellungsbeteiligten das Rechtsschutzinteresse (FG Ddorf EFG 85, 251).

Der **Vergütungsschuldner** kann den gegen den Vergütungsgläubiger gerichteten Widerruf einer Freistellungsbescheinigung iSv § 50d II 1 EStG anfechten (BFH BStBl 09, 625). Denn der Vergütungsschuldner darf aufgrund des Widerrufs die vereinbarte Vergütung nicht mehr ungekürzt auszahlen, sondern ist bei einem Verstoß gegen seine nunmehr (erneut) bestehende Abzugs- und Abführungspflicht einem Haftungsrisiko ausgesetzt. Unter diesem Gesichtspunkt ist der Vergütungsschuldner mE auch durch die Ablehnung eines Antrags des Vergütungsgläubigers auf Erteilung einer Freistellungsbescheinigung beschwert (offen gelassen durch BFH BStBl 09, 625 mwN). 62

Außerdem kann der Vergütungsschuldner auch eine von ihm eingereichte, aus seiner Sicht unrichtige StAnmeldung anfechten, um so seine eigene StEntrichtungsschuld und als Vorfrage die beschränkte StPflicht des Vergütungsgläubigers zu überprüfen (BFH BStBl 14, 513; 05, 550; FG Köln EFG 17, 311, Rev BFH I R 69/16). Anderenfalls müsste er von der Abgabe der StAnmeldung absehen und würde einen Haftungsbescheid riskieren. Da es hierbei um die Anfechtung seiner eigenen StAnmeldung geht, handelt es sich allerdings um eine eigene Beschwer und nicht um einen Fall einer Drittbeschwer.

Schließlich kann der **Vergütungsgläubiger** die vom Vergütungsschuldner eingereichte StAnmeldung iSv § 50a IV EStG anfechten, weil sie dem Gläubiger die Möglichkeit nimmt, ggü dem Vergütungsschuldner die Zahlung der vollen Vergütung an sich (StSchuldner) zu verlangen (BFH BStBl 89, 449; FG Hbg EFG 97, 593). Der Vergütungsgläubiger kann aber nicht eine gegen den Vergütungsschuldner ergangene Außenprüfungsanordnung anfechten, da sich daraus keine rechtlichen oder tatsächlichen Verpflichtungen für den Vergütungsgläubiger ergeben (FG Mchn EFG 97, 1286). 63

§ 351 Bindungswirkung anderer Verwaltungsakte

(1) **Verwaltungsakte, die unanfechtbare Verwaltungsakte ändern, können nur insoweit angegriffen werden, als die Änderung reicht, es sei denn, dass sich aus den Vorschriften über die Aufhebung und Änderung von Verwaltungsakten etwas anderes ergibt.**

(2) **Entscheidungen in einem Grundlagenbescheid (§ 171 Abs. 10) können nur durch Anfechtung dieses Bescheids, nicht auch durch Anfechtung des Folgebescheids, angegriffen werden.**

Schrifttum: *vor 2010 s 13. Aufl; Rätke* Einspruch gegen den richtigen Bescheid BBK 12, 564.

Übersicht

1 **1. Inhalt.** Die Vorschrift schränkt die Anfechtungsbefugnis aufgrund der Bindungswirkung eines anderen VA ein. Dabei ergibt sich die Bindungswirkung in Abs 1 aus der Bestandskraft des vorherigen Bescheids, der durch den jetzt angefochtenen Bescheid geändert worden ist. In Abs 2 ergibt sich die Bindungswirkung aus einem Grundlagenbescheid, der dem jetzt angefochtenen VA (Folgebescheid) zu Grunde liegt. Die Vorschrift gilt über § 42 FGO auch im Klageverfahren.

2 **2. Voraussetzungen des Abs 1. a) Überblick.** Abs 1 schränkt die Anfechtungsbefugnis bei Änderungsbescheiden ein, wenn der geänderte Bescheid bereits unanfechtbar war. In diesem Fall kann der Bescheid grds nur noch in dem Umfang angegriffen werden, in dem der Änderungsbescheid zu einer Verschlechterung führt (s Rz 11 ff). Abs 1 soll im Interesse der Rechtssicherheit und des Rechtsfriedens verhindern, dass der Stpfl besser gestellt wird, als er bei Eintritt der Unanfechtbarkeit des geänderten, dh vorherigen StBescheids stand (BFH/NV 17, 100). Abs 1 gilt nicht nur für StBescheide, sondern auch für Mess- und Feststellungsbescheide (s Rz 15), nicht aber für Verspätungszuschläge (s Rz 3).

3 **b) Anwendbarkeit bei Änderungsbescheiden.** Abs 1 setzt voraus, dass sich der Einspruch gegen einen geänderten Bescheid richtet. Dies betrifft Bescheide, die nach §§ 172 ff, 164 II, 165 II geändert worden sind. Abs 1 gilt hingegen **nicht** bei der Rücknahme oder beim Widerruf von VA nach **§§ 130, 131** (BFH BStBl 84, 791; FG Ddorf EFG 08, 1345; AEAO zu § 351 Nr 3 S 1; *HHSp/Birkenfeld* § 351 Rz 32; aA *BG/Bartone* § 351 Rz 11; *TK/Seer* § 351 Rz 6 und 22). Die Vorschrift ist daher auf Verspätungszuschläge nicht anwendbar, da diese nur nach §§ 130, 131 korrigiert werden können (FG Ddorf EFG 08, 1345; aA FG RhPf EFG 13, 824; aA 13. Aufl Rz 2); auch auf korrigierte Haftungsbescheide ist § 351 I somit nicht anwendbar (BFH BStBl 84, 791). Ebenso wenig gilt Abs 1 bei Berichtigungen nach **§ 129** (aA *HHSp/Siegers* § 351 Rz 32; *BG/Bartone* § 351 Rz 11; *TK/Seer* § 351 Rz 8 und 21; AEAO zu § 351 Nr 3 S 2). Denn § 129 ist keine Änderungsvorschrift (BFH BStBl 89, 531; s auch § 129 Rz 35).

4 Die Anfechtungsbeschränkung nach Abs 1 findet ebenfalls keine Anwendung auf die Ausübung des **Wahlrechts nach § 26 I 1 EStG.** Bei einem Antrag auf Änderung der Veranlagungsart handelt es sich nämlich nicht um eine Anfechtung iSv Abs 1, sondern um ein Verpflichtungsbegehren, das auf Durchführung einer erneuten Veranlagung gerichtet ist; die Besteuerungsgrundlagen bleiben also unberührt. Das Wahlrecht kann daher noch in vollem Umfang und nicht nur insoweit, als der Änderungsbescheid reicht, bis zur Unanfechtbarkeit des Änderungsbescheids ausgeübt werden (BFH BStBl 05, 690; 02, 408; 93, 824; BFH/NV 13, 1071; 99, 160). Bis zu diesem Zeitpunkt können die Eheleute daher die einmal ausgeübte Wahl, vorbehaltlich rechtsmissbräuchlichen oder willkürlichen Verhaltens, frei widerrufen. Die auf Grund der Änderung des Wahlrechts ergehenden StBescheide können nunmehr allerdings nur unter Beachtung des Abs 1 angefochten werden (BFH BStBl 93, 824; BFH/NV 13, 1071; s auch BFH BStBl 92, 123 zum Wegfall des erneuten Wahlrechts nach Aufhebung des Änderungsbescheids). Abs 1 gilt jedoch für die Ausübung materiell-rechtlicher Wahlrechte, die sich auf die angefochtene StFestsetzung auswirken, zB nach § 6b EStG, § 16 IV EStG oder § 34 III EStG (BFH BStBl 16, 278, 967).

7 **c) Unanfechtbarkeit des geänderten Bescheids.** Die Beschränkung der Anfechtungsbefugnis gilt nur dann, wenn der geänderte Bescheid bereits unanfechtbar war. Für die Frage, ob der geänderte VA bereits unanfechtbar war, kommt es auf den Zeitpunkt des Erlasses des Änderungsbescheids und nicht auf den Zeitpunkt der Anfechtung des Änderungsbescheids an (BFH BStBl 81, 5; FG Mchn EFG 10, 1574).

Abs 1 meint an sich die **formelle Unanfechtbarkeit,** nicht die materielle Unanfechtbarkeit (BFH BStBl 16, 278; 07, 736; FG Nbg EFG 08, 352; FG Mchn EFG 10, 1574). Abs 1 gilt also nur, wenn im Zeitpunkt des Erlasses des Änderungsbescheids die Einspruchsfrist für den geänderten Bescheid bereits abgelaufen war, ohne dass Einspruch eingelegt worden war. Ergeht der Änderungsbescheid hingegen innerhalb der Einspruchsfrist des geänderten Bescheids, kann der Einspruch ohne die Beschränkung des Abs 1 erhoben werden (FG Mchn EFG 10, 1574); in diesem Fall verlängert sich faktisch die Einspruchsfrist um die für den Änderungsbescheid geltende Einspruchsfrist (FG Nbg EFG 08, 352).

Eine **Ausnahme** von dem Erfordernis der formellen Unanfechtbarkeit besteht aber bei geänderten Bescheiden, die unter dem **Vorbehalt der Nachprüfung** gem § 164 I standen oder **vorläufig** gem § 165 I waren. Hier findet Abs 1 keine Anwendung, auch wenn der nach § 164 II bzw § 165 II geänderte Bescheid innerhalb der Einspruchsfrist nicht mit einem Einspruch angefochten worden war (BFH BStBl 14, 266; 99, 335; 93, 824). Bei Bescheiden unter Vorbehalt der Nachprüfung muss der Vorbehalt aber im Zeitpunkt der Änderung noch wirksam gewesen sein und darf nicht wegen Ablaufs der Festsetzungsfrist unwirksam geworden sein (FG BaWü EFG 04, 1187). Bei vorläufigen Bescheiden kann Abs 1 mE nur dann ausgeschlossen und damit der Einspruch uneingeschränkt möglich sein, wenn die Änderung den vom Vorläufigkeitsvermerk erfassten Teil des Bescheids betrifft oder der Bescheid insgesamt vorläufig war (FG BBg EFG 08, 712; *Birkenfeld* DStZ 99, 349; offen gelassen von BFH BStBl 92, 588). 8

3. Rechtsfolgen des Abs 1. a) Anfechtungsrahmen bei Änderungsbescheiden zugunsten des Stpfl. Mit einer Anfechtung des nach §§ 172 ff geänderten VA soll nicht mehr erreicht werden können als die Beseitigung der durch die Änderungsbescheide eingetretenen Verschlechterung (BFH BStBl 78, 44; s auch BFH/NV 17, 100). Deshalb gibt es grds **keine Anfechtungsbefugnis** bei einem Änderungsbescheid, der sich zugunsten des Stpfl auswirkt, wenn die Voraussetzungen des Abs 1 erfüllt sind, insbes der geänderte Bescheid bereits unanfechtbar war und nicht unter einem Vorbehalt der Nachprüfung stand oder vorläufig war (BFH/NV 04, 156; FG Mchn EFG 10, 1574; zu den Voraussetzungen des Abs 1 s Rz 7 f). 11

Beispiel: Im Erstbescheid war eine ESt iHv 10.000 € festgesetzt worden; der Erstbescheid ist unanfechtbar und steht nicht unter dem Vorbehalt der Nachprüfung und ist auch nicht vorläufig. Das FA erlässt nun einen Änderungsbescheid mit einer ESt von nur 8.000 €. Der Stpfl kann gem Abs 1 keinen Einspruch gegen den Änderungsbescheid einlegen, weil die ESt im Änderungsbescheid niedriger ist als im bereits unanfechtbaren und nicht unter dem Vorbehalt der Nachprüfung stehenden und auch nicht vorläufigen Erstbescheid; die ESt iHv 8.000 € ist nämlich bereits unanfechtbar geworden.

Eine **Ausnahme** von der Anfechtungsbeschränkung ergibt sich aus dem 2. HS des Abs 1. Eine Anfechtungsbefugnis besteht, wenn sich aus den Vorschriften über die Aufhebung und Änderung etwas anderes ergibt. Dies ist insbes der Fall, wenn der Anwendungsbereich der Änderungsvorschrift, auf die das FA den Änderungsbescheid gestützt hat, str ist. 12

Beispiel (nach AEAO zu § 351 Nr 2): Ein StBescheid wird nach § 173 I Nr 2 zu Gunsten des Stpfl geändert. Der Stpfl kann mit dem Einspruch nun geltend machen, dass weitere Tatsachen, die zu einer weitergehenden Erstattung führen würden, unberücksichtigt geblieben sind.

b) Anfechtungsbefugnis bei Änderungsbescheiden zu Ungunsten des Stpfl. Die Anfechtungsbefugnis besteht bei Änderungsbescheiden, die zu einer Verschlechterung für den Stpfl führen, **nur im Umfang der Verschlechterung** („soweit die Änderung reicht"). Mit dem Einspruch kann daher nach Abs 1 allenfalls eine Minderung der Steuer auf den im vorherigen, unanfechtbaren Bescheid festgesetzten Betrag erreicht werden. 15

Beispiel: War im Erstbescheid eine ESt iHv 10.000 € festgesetzt worden und ändert das FA nach Eintritt der Unanfechtbarkeit die Steuer nun auf 12.000 €, beschränkt sich die Anfechtungsbefugnis auf eine Minderung der ESt um 2.000 €.

Der Anfechtungsrahmen des Abs 1 entspricht damit dem Saldierungsrahmen des § 177, wenn das FA den Fehler bereits bei Erlass des Änderungsbescheids bemerken würde (BFH/NV 15, 1334). Der Vergleich mit § 177 bedeutet aber auch, dass der Änderungsbescheid sowohl eine Änderung zugunsten als auch zu Ungunsten des Stpfl enthalten kann. Die Anfechtungsbefugnis ist dann nicht auf den Saldo beschränkt, sondern umfasst wie bei der getrennten Betrachtung nach § 177 (s AEAO zu § 177 Nr 2) den sich aus der Änderung zu seinen Ungunsten ergebenden Erhöhungsbetrag.

Beispiel: Im Erstbescheid war eine ESt iHv 10.000 € festgesetzt worden. Der Erstbescheid ist unanfechtbar und steht weder unter dem Vorbehalt der Nachprüfung, noch ist er vorläufig. Das FA erlässt nun einen Änderungsbescheid, wobei es die ESt zum einen um 8.000 € nach § 173 I Nr 1 erhöht und zum anderen nach § 173 I Nr 2 um 3.000 € mindert, so dass die ESt nunmehr 15.000 € beträgt. Da es sich um zwei Änderungen handelt, die gleichzeitig vorgenommen werden, kann sich der Stpfl jetzt im Einspruchsverfahren gegen die nach § 173 I Nr 1 vorgenommene Erhöhung im Umfang von 8.000 € wehren und so eine Herabsetzung der ESt auf 7.000 € erreichen. Der Stpfl steht dann im Erfolgsfall so, als ob das FA nur eine Änderung zu seinen Gunsten nach § 173 I Nr 2 vorgenommen hätte.

Bei geänderten **Feststellungsbescheiden** iSv §§ 179, 180 I 1 Nr 2 Buchst a können die nicht geänderten Feststellungen nicht mehr angegriffen werden, sondern nur die geänderten Feststellungen, soweit sie zu einer Verschlechterung geführt haben (s auch § 350 Rz 9 zu den einzelnen Feststellungen). Erhöht das FA in einem Änderungsbescheid die Höhe der festgestellten Einkünfte aus Gewerbebetrieb einer KG von 100.000 € auf 150.000 €, kann der Einspruch nur auf die Minderung der Einkünfte um 50.000 € gerichtet werden, nicht aber auf die Feststellung einer anderen Einkunftsart, zB auf Einkünfte aus selbständiger Tätigkeit. Abs 1 wirkt sich auch auf die gesonderte **Verlustfeststellung** nach § 10d IV 4 EStG aus, wenn der EStBescheid wegen Abs 1 nicht oder nur eingeschränkt angefochten werden kann; denn insoweit kann dann der Verlustfeststellungsbescheid auch nicht mehr geändert werden, auch wenn Abs 1 des § 351 in § 10d IV 4 HS 2 EStG nicht ausdrücklich erwähnt wird (BFH/NV 17, 100).

16 Abs 1 beschränkt die Erfolgsaussichten des Einspruchsverfahrens zwar auf den Erhöhungsbetrag der Festsetzung bzw Feststellung; er beschränkt aber weder die Art der Einwendungen noch den Umfang der Überprüfung durch das FA. Im Rahmen seiner Anfechtungsbefugnis kann der Stpfl daher **sämtliche Einwendungen** vorbringen, dh sowohl Einwendungen, die sich erst aufgrund des Änderungsbescheids ergeben (zB Wahlrechte, vgl BFH BStBl 16, 278), als auch Einwendungen, die er bereits gegen den ursprünglichen Bescheid hätte vorbringen können. Dies gilt auch dann, wenn die Einwendungen erst nach Unanfechtbarkeit des geänderten Bescheids entstanden sind, zB die Feststellung der Verfassungswidrigkeit einer zu Grunde liegenden Norm (*TK/Seer* § 351 Rz 14). Dies ist eine Konsequenz daraus, dass bei der StFestsetzung nur die festgesetzten Beträge, nicht jedoch die rechtlichen Begründungen bzw Besteuerungsgrundlagen in Bestandskraft erwachsen (BFH BStBl 64, 373; FG Sachs StuB 14, 778). Dementsprechend darf sich die Prüfung des FA auch nicht auf die vom Stpfl gegen den Änderungsbescheid geltend gemachten Gründe beschränken, sondern der Änderungsbescheid ist unter allen rechtlichen Gesichtspunkten zu überprüfen, dh auch unter solchen rechtlichen Gesichtspunkten, die den vorangegangenen geänderten Bescheid betreffen und im Änderungsbescheid nun fortwirken (BFH/NV 87, 433).

Das FA kann im Einspruchsverfahren gegen einen Änderungsbescheid, der nach Unanfechtbarkeit des Erstbescheids erlassen wurde, den Änderungsbescheid auch gem § 367 II verbösern, wenn die Verböserung ihre Grundlage in dem Änderungsbescheid hat (BFH BStBl 01, 124; FG Mchn EFG 12, 1711; näher § 367 Rz 7).

17 Eine **Ausnahme** von der Anfechtungsbeschränkung ergibt sich ebenso wie bei begünstigenden Änderungsbescheiden (s Rz 12) aus dem 2. HS des Abs 1. Der

Stpfl kann also einwenden, dass die Änderungsvorschrift nicht zutreffend angewendet worden ist, und hieraus eine Herabsetzung unter den ursprünglich festgesetzten Betrag erreichen. **Beispiel** (nach AEAO zu § 351 Nr 2): Ein StBescheid wird nach § 173 I Nr 1 zu Ungunsten des Stpfl geändert. Der Stpfl kann mit dem Einspruch nun geltend machen, dass Tatsachen iSd § 173 I Nr 2 unberücksichtigt geblieben sind, die die Mehrsteuern iErg nicht nur ausgleichen, sondern sogar zu einer Erstattung führen (vgl BFH BStBl 87, 297; BFH/NV 98, 451).

c) Entscheidung über den Einspruch. Der Einspruch ist als **unzulässig** zu verwerfen, soweit die Anfechtungsbeschränkung des Abs 1 greift (BFH BStBl 76, 438, zur Vorgängerregelung des § 232 RAO). 18

4. Bindungswirkung des Grundlagenbescheids (Abs 2). a) Überblick. 20
Die Anfechtungsbeschränkung des Abs 2 greift bei Folgebescheiden, die Feststellungen aus Grundlagenbescheiden übernehmen. Diese Feststellungen können nach Abs 2 nicht durch einen Einspruch gegen den Folgebescheid, sondern nur mit einem Einspruch gegen den Grundlagenbescheid angefochten werden. Im Gegensatz zu Abs 1 erfasst Abs 2 auch erstmalige (Folge-)Bescheide und nicht nur Änderungsbescheide. Typisches Beispiel für Abs 2 ist ein EStBescheid, in dem ein Gewinnanteil aus einer Beteiligung an einer PersGes angesetzt worden ist. Soweit der Stpfl den Gewinnanteil für überhöht hält, muss er Einspruch gegen den Grundlagenbescheid (Bescheid über die einheitliche und gesonderte Feststellung) der PersGes einlegen, nicht aber Einspruch gegen den EStBescheid als Folgebescheid.

b) Entscheidung in einem Grundlagenbescheid. Die Anfechtungsbeschränkung des Abs 2 gilt nur, wenn in einem Grundlagenbescheid eine Entscheidung getroffen wurde und diese Entscheidung in dem angefochtenen Bescheid (Folgebescheid) übernommen wurde. Der Begriff des Grundlagenbescheids ergibt sich aus § 171 X (s § 171 Rz 96 ff); zu praxisrelevanten Fällen des Abs 2 s Rz 26. 21

Voraussetzung für Abs 2 ist aber immer, dass überhaupt ein Grundlagenbescheid ergangen und dieser **Grundlagenbescheid wirksam** geworden ist. Der Einspruch gegen einen Folgebescheid (EStBescheid) ist daher zulässig, solange noch kein Grundlagenbescheid vorliegt und der Gewinnanteil des Stpfl aus seiner Beteiligung an einer PersGes im EStBescheid nach §§ 162 V, 155 II geschätzt worden ist (vgl BFH BStBl 85, 3; BFH/NV 89, 446). Ebenso ist der Einspruch gegen den Folgebescheid zulässig, wenn der Stpfl geltend macht, der zu Grunde liegende Grundlagenbescheid sei nicht wirksam, zB wegen einer unwirksamen Bekanntgabe oder wegen Nichtigkeit (BFH BStBl 86, 477; 88, 660; BFH/NV 13, 956; 06, 750; 96, 592).

c) Folgebescheid. Die Anfechtungsbeschränkung des Abs 2 setzt voraus, dass eine Entscheidung aus dem Grundlagenbescheid – gemeint ist idR eine Feststellung aus diesem Bescheid – in dem angefochtenen Folgebescheid übernommen worden ist. Der Einspruch bleibt daher zulässig, soweit er sich gegen sonstige Punkte des Folgebescheids richtet, zB gegen die Höhe der Sonderausgaben im EStBescheid (Folgebescheid) und nicht gegen die Höhe des aus dem Grundlagenbescheid übernommenen Gewinnanteils. 25

Die AO enthält keine generelle Erläuterung des Folgebescheids. Wie sich aus dem Zusammenhang der Vorschriften der §§ 182 I, 171 X, 175 I Nr 1 und § 351 II ergibt, verwendet die AO den Begriff Folgebescheid für VA, die die Regelungen eines Feststellungsbescheids, Steuermessbescheids oder eines sonstigen für die Festsetzung einer Steuer verbindlichen VA (Grundlagenbescheid) als bindend übernehmen (BFH BStBl 88, 600). Dabei ist zu beachten, dass Folgebescheide ihrerseits wieder Grundlagenbescheide für andere Folgebescheide sein können; so ist zB der GrStMessbescheid einerseits ein Folgebescheid des Einheitswertbescheids (BFH/NV 15, 7) und andererseits ein Grundlagenbescheid für den GrStBescheid; ebenso ist der Verlustfeststellungsbescheid gem § 10d IV EStG zum 31.12.2016 ein

Folgebescheid des Verlustfeststellungsbescheids zum 31.12.2015, aber ein Grundlagenbescheid für den Verlustfeststellungsbescheid zum 31.12.2017. Soweit sich der Einspruch in diesen Fällen gegen den Bescheid in seiner Eigenschaft als Folgebescheid richtet, greift die Anfechtungsbeschränkung des Abs 2.

26 Typische **Beispiele für Folgebescheide** sind: der EStBescheid als Folgebescheid des Feststellungsbescheids über die Einkünfte einer PersGes (BFH/NV 14, 1295; 16, 889); der Bescheid über die Feststellung des verrechenbaren Verlusts gem § 15a IV EStG als Folgebescheid des Gewinnfeststellungsbescheids einer PersGes (BFH/NV 15, 730); der EStBescheid, in dem ein Verlust aus dem Vorjahr abgezogen werden soll, als Folgebescheid des Verlustfeststellungsbescheids gem § 10d IV EStG zum 31.12. des Vorjahres; der Verlustfeststellungsbescheid zum 31.12. als Folgebescheid des EStBescheids desselben Jahres nach § 10d IV 4 EStG (BFH BStBl 16, 420, zur GewSt; s § 350 Rz 19); der Zinsbescheid als Folgebescheid des StBescheids (BFH BStBl 09, 117; BFH/NV 98, 807; FG BBg EFG 12, 358); der Bescheid über den SolZ als Folgebescheid des ESt- bzw KStBescheids (BFH/NV 14, 728; 12, 1901; BFH DStR 18, 1063); der KiStBescheid als Folgebescheid des EStBescheids (BFH/NV 08, 986); der GewStBescheid sowie der GewStZerlegungsbescheid als Folgebescheid des GewSt-Messbescheids; der GrStMessbescheid als Folgebescheid des Einheitswertbescheids (BFH/NV 15, 7); der GrESt-Bescheid als Folgebescheid der gesonderten Feststellung des Grundbesitzwerts nach § 8 II GrEStG (BFH/NV 17, 1, 1275); der EStBescheid als Folgebescheid einer Billigkeitsmaßnahme nach § 163 (BFH BStBl 17, 22).

27 Darüber hinaus kann Abs 2 auch aufgrund eines Verweises zur Anwendung kommen, zB nach § 10d IV 4 EStG (s § 350 Rz 19) oder § 35b II 2 GewStG: Der EStBescheid bzw GewSt-Messbescheid ist zwar kein Grundlagenbescheid für den Verlustfeststellungsbescheid zum 31.12. des laufenden Jahres, wird aufgrund des Verweises aber wie ein Grundlagenbescheid behandelt, sodass der jeweilige Verlustfeststellungsbescheid damit **als Folgebescheid** anzusehen ist. Der Stpfl muss daher den ESt- bzw GewSt-Messbescheid anfechten, wenn er eine höhere Verlustfeststellung begehrt (s § 350 Rz 19 f).

30 **d) Rechtsfolgen eines Einspruchs gegen den Folgebescheid.** Hat der Stpfl statt des Grundlagenbescheids den Folgebescheid angefochten, so ist der Einspruch idR **umzudeuten,** wenn sich innerhalb der Einspruchsfrist des Grundlagenbescheids aus der Begründung des Einspruchs ergibt, dass Einwendungen gegen den Grundlagenbescheid erhoben werden (vgl *HHSp/Siegers* § 351 Rz 137; *TK/Seer* § 351 Rz 53). Ggf kommt bei Fristversäumnis eine Wiedereinsetzung in den vorigen Stand (§ 110) in Betracht; allerdings wird bei steuerlichen Vertretern idR ein Verschulden zu bejahen sein (*Koenig/Cöster* § 351 Rz 46).

31 Scheidet eine Umdeutung und ggf Wiedereinsetzung in den vorigen Stand aus, ist der Einspruch gegen den Folgebescheid **unzulässig (str),** sofern darin nur Mängel des Grundlagenbescheids geltend gemacht werden (FG Nds EFG 82, 446; FG Hbg EFG 90, 282; FG Bln EFG 86, 610; *TK/Seer* § 351 Rz 54; *HHSp/Siegers* § 351 Rz 12 f; differenzierend *Koenig/Cöster* Rz 43 ff; aA FG Ddorf EFG 96, 129). Anders sehen dies der BFH und einzelne FG sowie die FinVerw, die den Einspruch bzw eine Klage für unbegründet halten (BFH BStBl 16, 420; 88, 142; BFH/NV 12, 776; FG Mster EFG 17, 1372. Rev BFH I R 50/17; FG Hbg EFG 05, 1282; AEAO zu § 351 Nr 4). Der BFH widerspricht damit seiner Auffassung im AdV-Verfahren; dort hält er einen AdV-Antrag der mit Zweifeln an der Rechtmäßigkeit der Entscheidungen im Grundlagenbescheid begründet wird, für unzulässig (BFH BStBl 88, 240; BFH/NV 86, 709; 88, 146). Praktische Auswirkungen aus diesem Streit, ob ein Einspruch unzulässig oder unbegründet ist, ergeben sich für das Einspruchsverfahren aber nicht. Anders ist dies im Klageverfahren; denn die Abweisung einer Klage als unzulässig kann einen Verfahrensfehler darstellen und damit zur Aufhebung des FG-Urteils sowie zur Zurückverweisung führen

(BFH/NV 11, 295). Der Rechtsgedanke des Abs 2 gilt auch bei einem AdV-Antrag für einen Folgebescheid, s § 361 Rz 76.

§ 352 Einspruchsbefugnis bei der einheitlichen Feststellung

(1) Gegen Bescheide über die einheitliche und gesonderte Feststellung von Besteuerungsgrundlagen können Einspruch einlegen:

1. zur Vertretung berufene Geschäftsführer oder, wenn solche nicht vorhanden sind, der Einspruchsbevollmächtigte im Sinne des Absatzes 2;

2. wenn Personen nach Nummer 1 nicht vorhanden sind, jeder Gesellschafter, Gemeinschafter oder Mitberechtigte, gegen den der Feststellungsbescheid ergangen ist oder zu ergehen hätte;

3. auch wenn Personen nach Nummer 1 vorhanden sind, ausgeschiedene Gesellschafter, Gemeinschafter oder Mitberechtigte, gegen die der Feststellungsbescheid ergangen ist oder zu ergehen hätte;

4. soweit es sich darum handelt, wer an dem festgestellten Betrag beteiligt ist und wie dieser sich auf die einzelnen Beteiligten verteilt, jeder, der durch die Feststellungen hierzu berührt wird;

5. soweit es sich um eine Frage handelt, die einen Beteiligten persönlich angeht, jeder, der durch die Feststellungen über die Frage berührt wird.

(2) [1] **Einspruchsbefugt im Sinne des Absatzes 1 Nr. 1 ist der gemeinsame Empfangsbevollmächtigte im Sinne des § 183 Abs. 1 Satz 1 oder des § 6 Abs. 1 Satz 1 der Verordnung über die gesonderte Feststellung von Besteuerungsgrundlagen nach § 180 Abs. 2 der Abgabenordnung vom 19. Dezember 1986 (BGBl. I S. 2663).** [2] **Haben die Feststellungsbeteiligten keinen gemeinsamen Empfangsbevollmächtigten bestellt, ist einspruchsbefugt im Sinne des Absatzes 1 Nr. 1 der nach § 183 Abs. 1 Satz 2 fingierte oder der nach § 183 Abs. 1 Satz 3 bis 5 oder nach § 6 Abs. 1 Satz 3 bis 5 der Verordnung über die gesonderte Feststellung von Besteuerungsgrundlagen nach § 180 Abs. 2 der Abgabenordnung von der Finanzbehörde bestimmte Empfangsbevollmächtigte; dies gilt nicht für Feststellungsbeteiligte, die gegenüber der Finanzbehörde der Einspruchsbefugnis des Empfangsbevollmächtigten widersprechen.** [3] **Die Sätze 1 und 2 sind nur anwendbar, wenn die Beteiligten in der Feststellungserklärung oder in der Aufforderung zur Benennung eines Empfangsbevollmächtigten über die Einspruchsbefugnis des Empfangsbevollmächtigten belehrt worden sind.**

Schrifttum: *vor 2010 s 13. Aufl; Steinhauff* Systemwidrige Erstreckung der Ewigkeitstheorie auf Rechtsbehelfsverfahren wegen einheitlicher und gesonderter Feststellungsbescheide, AO-StB 10, 182; *Dißars* Einspruchs- und Klagebefugnis bei einheitlicher und gesonderter Feststellung, NWB 11, 1715; *Stahl* Adressat und Rechtbehelfsbefugnis bei ausländischen Personengesellschaften – Fallstricke für Verwaltung und Steuerpflichtige, ISR 13, 210; *Rudolf* Einspruchsbefugnis als verfahrensrechtliche Hürde beim Streit um „Goldfinger Modelle", BB 14, 2216.

Übersicht

1 **1. Inhalt.** Die Vorschrift stimmt inhaltlich mit § 48 FGO überein, der die Klagebefugnis bei der einheitlichen Feststellung regelt; Abweichungen ergeben sich nur aus der Verwendung des Begriffs „Einspruchsbefugnis" bzw „einspruchsbefugt" in § 352 statt „Klagebefugnis" bzw „klagebefugt" in § 48 FGO. Bei Streitfragen zu § 352 kann daher auf die Rspr zu § 48 FGO zurückgegriffen werden. § 352 enthält eine Sonderregelung für Bescheide über die **einheitliche und gesonderte Feststellung** iSv § 179 II, die nicht auf Betriebssteuern übertragbar ist (s Rz 3 f). Die Regelung gilt damit insbes bei Gewinnfeststellungsbescheiden für PersGes. Inhaltlich richtet sich der Feststellungsbescheid zwar gegen alle beteiligten Gesellschafter, sodass diese an sich auch jeweils einspruchsbefugt wären (vgl BFH/NV 13, 1586). Abs 1 Nr 1 des § 352 **schränkt die Einspruchsbefugnis** jedoch aus Gründen der Verfahrensökonomie (BFH/NV 16, 164) **ein:** Nach dem Grundsatz des Abs 1 Nr 1 sollen nur die zur Vertretung berufenen Geschäftsführer oder gemeinsame Empfangsbevollmächtigte iSv § 183 zur Einlegung des Einspruchs befugt sein. Eine Einspruchsbefugnis der übrigen Gesellschafter besteht nur dann, wenn entweder die in Abs 1 Nr 1 genannten vertretungsberechtigten Geschäftsführer bzw Empfangsbevollmächtigten nicht vorhanden sind (Abs 1 Nr 2, s Rz 22), wenn die Vertretungsbefugnis des Abs 1 Nr 1 nicht mehr besteht (Abs 1 Nr 3, s Rz 25 ff), soweit die übrigen Gesellschafter von der Streitfrage persönlich betroffen sind (Abs 1 Nr 4 und 5, s Rz 30 ff und 35), bei Vollbeendigung (s Rz 9 f) oder wenn der Feststellungsbescheid dem einzelnen Gesellschafter nach § 183 II bekannt gegeben wird (s Rz 18 und 38).

Die Vorschrift steht in engem Zusammenhang mit **§ 360:** Haben nicht alle Einspruchsbefugten Einspruch eingelegt, sind sie nach § 360 III zum Einspruchsverfahren des Einspruchsführers hinzuziehen. Im Klageverfahren ist dann eine Beiladung nach § 60 III FGO vorzunehmen.

2 Verfassungsrechtliche Bedenken gegen die Einschränkung der Einspruchsbefugnis bestehen nicht (s die Nachw bei *Gräber/Levedag* FGO, § 48 Rz 2; s auch Begr zum EAO 74, BT-Drs VI/1982 zu § 335; vgl BFH BStBl 89, 326; 90, 1068).

3 **2. Keine Anwendbarkeit auf Bescheide gegen die Personengesellschaft als StSchuldnerin.** § 352 gilt nicht für Einsprüche gegen StBescheide, die sich gegen die PersGes als StSchuldnerin richten. Dies betrifft insbes Einsprüche gegen USt-Bescheide, GewSt-Messbescheide und GrESt-Bescheide (vgl § 2 I UStG, § 5 I 3 GewStG, § 13 I 1 Nr 6 GrEStG); hier ist die **PersGes selbst einspruchsbefugt,** die dabei nach Maßgabe der gesellschaftsrechtlichen Regelungen vertreten wird, zB als GbR durch alle Gesellschafter gem §§ 709 I, 714 BGB, als OHG durch die im Gesellschaftsvertrag genannten Geschäftsführer bzw – bei fehlender Regelung – durch alle Gesellschafter gem § 114 HGB und als KG durch den Komplementär gem §§ 161 II, 125 HGB (vgl BFH/NV 01, 1220).

4 Dies gilt selbst nach einer **Vollbeendigung** oder Auflösung der PersGes ohne Eintritt einer Rechtsnachfolge. Denn die PersGes besteht, soweit sie selbst StSchuldnerin ist, so lange fort, bis alle Ansprüche aus dem Steuerschuldverhältnis zwischen der Gesellschaft und dem FA abgewickelt sind (BFH BStBl II 13, 365; BFH/NV 01, 178). Nach Vollbeendigung wird die PersGes aber durch alle Gesell-

schafter vertreten, sodass der Einspruch von allen Gesellschaftern im Namen der PersGes zu erheben ist.

Anders ist dies, wenn es zu einer Rechtsnachfolge kommt, zB bei einer – nicht lediglich formwechselnden – Umwandlung oder bei Anwachsung nach Ausscheiden des vorletzten Gesellschafters: Hier geht die Einspruchsbefugnis auf den Gesamtrechtsnachfolger über, gegen den allerdings auch der StBescheid zu richten ist (BFH/NV 15, 995). Zur Vollbeendigung im Rahmen der einheitlichen und gesonderten Feststellung s Rz 9. Bei einer Insolvenz wird die PersGes, sofern sie StSchuldnerin ist, durch den Insolvenzverwalter vertreten; anders ist dies im Rahmen der einheitlichen und gesonderten Feststellung (s Rz 7).

Ferner gilt § 352 **nicht** in Fällen der lediglich **gesonderten Feststellung,** wie sich aus dem Wortlaut des Abs 1 ergibt (FG Ddorf EFG 16, 1892, Rev BFH IV R 28/16; s auch Rz 35 zu § 15a EStG). Schließlich gilt § 352 darüber hinaus nicht für **Kapitalgesellschaften,** weil ggü diesen keine einheitliche und gesonderte Feststellung ergeht.

3. Einspruchsbefugnis der vertretungsbefugten Geschäftsführer (Abs 1 Nr 1 1. Variante). a) Prozessstandschaft der Personengesellschaft. Die vertretungsberechtigten Geschäftsführer sind in allen Fällen zur Einlegung von Einsprüchen befugt. Nach Abs 1 Nr 1 legt die PersGes in Prozessstandschaft Einspruch für ihre Gesellschafter ein und wird dabei ihrerseits durch ihre vertretungsberechtigten Geschäftsführer oder durch ihren Empfangsbevollmächtigten vertreten (BFH BStBl 10, 631; 04, 964; BFH/NV 05, 162). Der Einspruch wird also im Namen der PersGes, vertreten durch ihren vertretungsberechtigten Geschäftsführer, erhoben. Eine Einspruchsbefugnis der PersGes aus eigenem Recht besteht hingegen nicht, weil sich der Gewinnfeststellungsbescheid inhaltlich nicht an die Gesellschaft, sondern an die einzelnen Gesellschafter richtet (s Rz 1). Die Regelung des Abs 1 Nr 1 gilt auch bei einer im Ausland ansässigen PersGes (BFH/NV 16, 164; FG BaWü 6 K 1607/11, nv). Hingegen gibt es bei einer Innen-GbR wie zB der atypisch stillen Gesellschaft keine vertretungsbefugten Geschäftsführer, sodass die Einspruchsbefugnis beim Empfangsbevollmächtigten gem Abs 1 Nr 1 2. Variante iVm Abs 2 liegt (BFH/NV 16, 1559; 08, 1101; s auch Rz 17). 6

Die Einspruchsbefugnis nach Abs 1 Nr 1 besteht selbst dann, wenn einzelne **Gesellschafter selbst** nach Abs 1 Nr 3 bis 5 oder wegen Einzelbekanntgabe nach § 183 II **einspruchsbefugt** sind (BFH BStBl 11, 878; BFH/NV 89, 281; 91, 648); dabei kommt es nicht darauf an, ob Interessen der Gesellschaft berührt sind (BFH BStBl 13, 313, 673; 12, 703; 04, 964; *TK/Brandis* § 48 FGO Rz 17). Das führt dazu, dass die PersGes ebenfalls Einspruch einlegen kann und dass sie, falls sie nicht selbst Einspruch eingelegt hat, nach § 360 III hinzuziehen ist.

Ebenso gilt Abs 1 Nr 1, wenn die PersGes in **Liquidation** geht, also durch Beschluss oder wegen Eröffnung des Insolvenzverfahrens aufgelöst wird. Die PersGes wird nun aber nicht mehr durch ihre vertretungsberechtigten Geschäftsführer sondern durch ihre Liquidatoren vertreten, die – wenn es sich um mehrere handelt – gemeinschaftlich handeln müssen (BFH BStBl 86, 68, 408; BFH/NV 11, 1167; FG Mchn EFG 15, 271) und die bei entsprechender Regelung im Gesellschaftsvertrag bzw Gesellschafterbeschluss identisch mit den bisherigen vertretungsberechtigten Geschäftsführern sein können. Hierzu gehört auch der Fall der **Insolvenz:** Die einheitliche und gesonderte Feststellung gehört zu den insolvenzfreien Angelegenheiten, vgl BFH BStBl 93, 265; 95, 194 (anders ist dies in Fällen, in denen die PersGes selbst StSchuldnerin ist, s Rz 3). Daher ist nicht der Insolvenzverwalter einspruchsbefugt. Vielmehr führt die Insolvenz zur Auflösung der PersGes, sodass die Liquidatoren die PersGes nach Abs 1 Nr 1 vertreten. 7

b) Keine Prozessstandschaft nach Vollbeendigung. Die von Abs 1 Nr 1 unterstellte Prozessstandschaft der PersGes endet mit der Vollbeendigung der PersGes. § 352 gilt nicht mehr, sodass die Einspruchsbefugnis aller Gesellschafter wie- 9 der auflebt; einspruchsbefugt sind damit alle Gesellschafter, die in dem Feststellungszeitraum beteiligt waren (BFH BStBl 15, 1046; BFH/NV 17, 1056; 15, 995; 14, 170). Dies gilt auch bei einer – nicht lediglich formwechselnden – Umwandlung (BFH BStBl 06, 847; BFH/NV 99, 291) oder Anwachsung nach Ausscheiden des vorletzten Gesellschafters (BFH/NV 02, 1593; 13, 376). Die Einspruchsbefugnis geht also nicht auf den Gesamtrechtsnachfolger über (BFH/NV 14, 170); anders ist dies in Fällen, in denen die PersGes StSchuldnerin ist (s Rz 3). Tritt die Vollbeendigung während des Einspruchsverfahrens ein, wird dieses gem § 239 ZPO analog unterbrochen und kann dann von den – nunmehr einspruchsbefugten – Gesellschaftern fortgeführt werden (BayLfSt 8.2.2016, BeckVerw 324317, Tz 5).

10 Eine Vollbeendigung liegt neben den genannten Fällen der – nicht lediglich formwechselnden – Umwandlung und Anwachsung insbes dann vor, wenn die Liquidation der PersGes abgeschlossen ist. Indiz für eine Vollbeendigung ist die Löschung im Handelsregister (BFH/NV 06, 966), aber auch die Vermögenslosigkeit der PersGes bei Auflösung, wenn eine Nachschusspflicht der Gesellschafter nicht in Betracht kommt (BFH/NV 09, 725).

Wird im Falle der Vollbeendigung gegen einen Gewinnfeststellungsbescheid im Namen der Gesellschaft Einspruch eingelegt, so ist zu prüfen, ob der Einspruch nicht im Wege der Auslegung als Einspruch der einzelnen Gesellschafter anzusehen ist (BFH BStBl 15, 1046 mwN).

12 **c) Vertretungsbefugte Geschäftsführer.** Die Vertretungsbefugnis kann sich aus dem **Gesetz** (zB §§ 709 ff bei der GbR; § 125 HGB bei der OHG; §§ 164, 161 II, 114 ff bei der KG) oder aus dem **Gesellschaftsvertrag** oder aufgrund einer **Vollmacht** ergeben (*TK/Brandis* § 48 FGO Rz 11). Abs 1 Nr 1 stellt allein auf das Vertretungsrecht ab, sodass der Vertretungsbefugnis keine Geschäftsführungsbefugnis im Innenverhältnis entsprechen muss. Eine Einspruchsbefugnis des Geschäftsführers besteht daher zB auch dann, wenn im Innenverhältnis nur Gesamtgeschäftsführungsbefugnis besteht (*Dißars/Dißars* BB 96, 773). Für die Einspruchsbefugnis des Geschäftsführers kommt es nicht darauf an, dass dieser auch Gesellschafter ist; denn Abs 1 Nr 1 spricht nicht von zu Geschäftsführern berufenen Gesellschaftern. Die Vorschrift unterscheidet somit nicht zwischen organschaftlicher Vertretung und rechtsgeschäftlicher Bestellung zum Geschäftsführer. Auch ein bei einer KG zum Geschäftsführer bestellter Kommanditist kann demgemäß unter § 352 I Nr 1 fallen (*Dißars/Dißars* BB 96, 773). Prokura reicht ebenso wie eine Handlungs- oder Generalvollmacht aus (BayLfSt 8.2.2016, BeckVerw 324317, Tz 1).

13 Bei einer Einzelvertretungsmacht kann jeder vertretungsberechtigte Geschäftsführer den Einspruch einlegen (BFH BStBl 72, 672). Kann das Vertretungsrecht nach dem Gesellschaftsvertrag nur **von mehreren Gesellschaftern gemeinsam** ausgeübt werden, können sie auch nur gemeinsam Einspruch einlegen (BFH BStBl 72, 672). Die vertretungsberechtigten Gesellschafter handeln dabei immer im Namen der Gesellschaft und nicht im eigenen Namen (BFH BStBl 86, 408; 88, 244). Das gilt auch im Falle der bürgerlich-rechtlichen gemeinschaftlichen Vertretungsberechtigung aller Gesellschafter (BFH/NV 04, 1371). Auslegungsschwierigkeiten können sich bei Gesellschaftergeschäftsführern ergeben, die eine Einspruchsbefugnis aus Abs 1 Nr 1 wie auch aus Nr 4 und 5 haben können. Hier muss durch Aufklärung ermittelt werden, ob sie im Namen der Gesellschaft oder im eigenen Namen handeln (*Koenig/Cöster* § 352 Rz 16). Bei sog Publikumsgesellschaften gilt nicht Abs 1 Nr 1 sondern Abs 1 Nr 2 (BFH/NV 04, 1371).

16 **4. Einspruchsbefugnis des Empfangsbevollmächtigten (Abs 1 Nr 1 2. Variante).** Sind vertretungsberechtigte Geschäftsführer nicht vorhanden, sind die Empfangsbevollmächtigten iSv § 183 einspruchsbefugt. Insoweit kann auf die Erläut zu § 183 verwiesen werden. Es kann auch ein Empfangsbevollmächtigter nur für einen Teil der Feststellungsbeteiligten bestellt werden (vgl Erläut zu § 183).

Hinsichtlich der übrigen Feststellungsbeteiligten gilt dann Abs 1 Nr 2. Auch der fingierte Empfangsbevollmächtigte nach § 183 I 2 wird erfasst. Empfangsbevollmächtigter kann auch ein Dritter (zB der Steuerberater) sein (zweifelnd *Dißars/Dißars* BB 96, 773).

Nach Abs 2 S 3 des § 352 müssen die Beteiligten in der Feststellungserklärung oder in der Aufforderung zur Benennung des Empfangsbevollmächtigten **belehrt** werden, dass mit der Erteilung einer Empfangsvollmacht auch die Einspruchsbefugnis des Empfangsbevollmächtigten verbunden ist. Der einzelne Beteiligte kann für seine Person der Einspruchsbefugnis des Empfangsbevollmächtigten **widersprechen** und innerhalb der Einspruchsfrist nach Bekanntgabe des Feststellungsbescheids an den Empfangsbevollmächtigten selbst Einspruch einlegen (Abs 2 S 2 HS 2); zu Einzelheiten des Belehrungsgebots und des Widersprucherechts s BayLfSt 8.2.2016, BeckVerw 324317, Tz 2.1 und 2.2). 17

Bei der **atypisch stillen Gesellschaft** richtet sich die Einspruchsbefugnis nach Abs 1 Nr 1 2. Variante, wenn ein Empfangsbevollmächtigter bestellt ist, nicht hingegen nach Abs 1 Nr 1 1. Variante, weil ein rechtsgeschäftliches Handeln für die stille Gesellschaft nicht in Betracht kommt (BFH BStBl 98, 401; BFH/NV 16, 1559); ist kein Empfangsbevollmächtigter bestellt, bestimmt sich die Einspruchsbefugnis nach Abs 1 Nr 2 und Nr 4 des § 352, s hierzu Rz 22.

Die Einspruchsbefugnis des Empfangsbevollmächtigten besteht nicht, wenn der FinBeh bekannt ist, dass zwischen den Beteiligten ernstliche Meinungsverschiedenheiten bestehen, und sie deshalb eine Einzelbekanntgabe gem § 183 II vornimmt oder vornehmen müsste (vgl BFH BStBl 04, 964; *HHSp/Siegers* § 352 Rz 135 ff; *Koenig/Cöster* § 352 Rz 36; aA *Dißars/Dißars* BB 96, 773). Obwohl der Wortlaut des § 352 II nicht auf § 183 II verweist, wäre es widersinnig, eine Bekanntgabe an den Empfangsbevollmächtigten iSv § 183 I zwar nicht mehr als zulässig anzusehen, ihm aber trotzdem noch eine Einspruchbefugnis zuzubilligen. 18

Die Einzelbekanntgabe an die Gesellschafter nach § 183 II ändert iÜ aber nichts daran, dass die Gesellschaft weiterhin nach Abs 1 des § 352 einspruchsbefugt bleibt (BFH BStBl 04, 964). Die Gesellschaft muss daher notwendig zum Einspruchsverfahren hinzugezogen werden (BFH BStBl 04, 964). Zur Einspruchsbefugnis im Fall der Einzelbekanntgabe s Rz 38.

5. Einspruchsbefugnis bei fehlenden vertretungsbefugten Geschäftsführern (Abs 1 Nr 2). Gibt es weder vertretungsbefugte Geschäftsführer noch Empfangsbevollmächtigte iSv Nr 1, kann nach Nr 2 jeder Feststellungsbeteiligte Einspruch einlegen, gegen den der Feststellungsbescheid ergangen ist oder hätte ergehen müssen. Relevant wird Nr 2 insbes bei der **atypisch stillen Gesellschaft,** wenn für diese kein Empfangsbevollmächtigter bestellt ist (BFH/NV 12, 598; 09, 597; s auch Rz 17); denn bei der atypisch stillen Gesellschaft als Innengesellschaft gibt es keinen vertretungsbefugten Geschäftsführer. Daher kann nach Nr 2 sowohl der Inhaber des Geschäfts als auch der stille Gesellschafter Einspruch einlegen, wenn kein Empfangsbevollmächtigter bestellt ist. Ist hingegen ein Empfangsbevollmächtigter bestellt, ist dieser nach Abs 1 Nr 1 2. Variante einspruchsbefugt (BFH/NV 12, 598). Außerdem kommt Nr 2 bei Erbengemeinschaften oder Miteigentümer-Vermietungsgemeinschaften in Betracht, wenn die Gemeinschaft weder einen Empfangsbevollmächtigten bestellt hat noch ein Empfangsbevollmächtigter nach § 183 I 2 fingiert worden ist (AEAO zu § 352 Nr 3 Buchst d). 22

ME gilt Nr 2 nicht bei der **Einzelbekanntgabe** des Feststellungsbescheids gem § 183 II (aA *Koenig/Cöster* § 352 Rz 50; s Rz 38). Ebenso wenig gilt Nr 2 bei Vollbeendigung der PersGes (aA *Koenig/Cöster* § 352 Rz 50, 55; *HHSp/Siegers* § 352 Rz 206). Denn hier kommt § 352 von vornherein nicht zu Anwendung (s Rz 9).

6. Einspruchsbefugnis ausgeschiedener Gesellschafter (Abs 1 Nr 3). Die Beschränkung der Einspruchsbefugnis besteht nach Nr 3 nicht mehr für Gesell- 25 schafter, die aus der Gesellschaft ausgeschieden sind, im Streitjahr aber noch beteiligt waren; dieser Gesellschafter ist nach Abs 1 Nr 3 einspruchsbefugt. Denn aufgrund des Ausscheidens entfällt die Prozessstandschaft der PersGes für den ausgeschiedenen Gesellschafter (s Rz 6); der ausgeschiedene Gesellschafter hat nämlich keine Möglichkeit mehr, auf die Einspruchseinlegung des geschäftsführenden Gesellschafters Einfluss zu nehmen (BFH BStBl 90, 333, 1068). Für die Einspruchsbefugnis des ausgeschiedenen Gesellschafters ist nicht erforderlich, dass der Feststellungsbescheid ihm ggü tatsächlich ergangen ist; vielmehr genügt es, wenn das FA den Feststellungsbescheid dem ausgeschiedenen Gesellschafter nach § 183 II im Wege der Einzelbekanntgabe hätte bekannt geben müssen, dies aber unterlassen hat und den Feststellungsbescheid nur der PersGes bekannt gegeben hat.

26 Der **Zeitpunkt des Ausscheidens** ist unerheblich: Der Gesellschafter kann also schon vor der Bekanntgabe des Feststellungsbescheids ausgeschieden sein, aber auch erst während der Einspruchsfrist ausscheiden (*HHSp/Siegers* § 352 Rz 207); scheidet der Gesellschafter hingegen erst nach Ablauf der Einspruchsfrist aus, ist er zwar einspruchsbefugt, sein Einspruch wäre aber verfristet (wohl aA *Koenig/Cöster* § 352 Rz 55). Jedoch ist dann seine Hinzuziehung gem § 360 III geboten *(HHSp/Siegers* § 352 Rz 208, 216).

27 Die Einspruchsbefugnis des ausgeschiedenen Gesellschafters **beschränkt** sich **auf Feststellungen,** die ihn in irgendeiner Weise betreffen können, zB die Höhe des Gesamtgewinns, weil dieser seinen Gewinnanteil beeinflusst; er ist aber nicht befugt, sich gegen Feststellungen zu wehren, die ausschl andere Gesellschafter betreffen, zB Sonderbetriebsausgaben eines anderen Gesellschafters, oder die Feststellungszeiträume nach seinem Ausscheiden betreffen (BFH/NV 17, 1093).

30 **7. Einspruchsbefugnis bei Streit über Beteiligung des Gesellschafters (Abs 1 Nr 4).** Eine Einspruchsbefugnis eines einzelnen Gesellschafters nach Nr 4 besteht, wenn streitig ist, ob er an der PersGes beteiligt ist oder wie hoch seine Beteiligungsquote war. Nr 4 erfasst damit nicht nur den sog positiven Feststellungsbescheid, bei dem sich der Gesellschafter dagegen wehrt, als Feststellungsbeteiligter mit einer bestimmten Beteiligungsquote im Bescheid genannt worden zu sein, sondern auch den **negativen Feststellungsbescheid:** Hier verneint das FA eine Gesellschafterstellung und damit eine Beteiligung am Verlust, sei es, weil es einen Beitritt des Gesellschafters nicht anerkennt, sei es, weil es eine Mitunternehmerschaft (zB wegen fehlender Mitunternehmerinitiative) oder die Voraussetzungen einer einheitlichen und gesonderten Feststellung ablehnt. Einspruchsbefugt ist dann nach Nr 4 derjenige, dessen Gesellschafterstellung verneint wurde; s aber auch Rz 31 zum positiv-negativen Feststellungsbescheid. Ist die gesamte Mitunternehmerschaft nicht anerkannt worden, können also neben der PersGes alle Gesellschafter Einspruch einlegen (BFH/NV 17, 751, 755).

31 Bei einem **positiv-negativen Feststellungsbescheid** wird die Beteiligung einzelner Gesellschafter anerkannt, hingegen die Beteiligung anderer Personen verneint. Hier können nach der Rspr alle Gesellschafter nach Nr 4 Einspruch einlegen, dh sowohl die Personen, deren Beteiligung nicht anerkannt wurde, als auch die stl anerkannten Gesellschafter (BFH BStBl 92, 865; BFH/NV 16, 164; 02, 1447; *HHSp/Siegers* § 352 Rz 223). Die Einspruchsbefugnis der stl anerkannten Gesellschafter ist mE zutreffend, soweit ein Gewinn festgestellt wurde; denn die Berücksichtigung eines weiteren Gesellschafters hätte bei dem bislang berücksichtigten Gesellschafter Auswirkung auf die Beteiligungsquote und würde zu einem geringeren Gewinnanteil führen. Bei der Feststellung eines Verlusts ist aber eine Beschwer des stl anerkannten Gesellschafters nicht erkennbar, wenn er geltend macht, dass noch ein weiterer Gesellschafter zu berücksichtigen sei.

32 Bei einem Streit über die **Beteiligungsquote** geht es um die Frage, in welchem prozentualen Umfang der Gesellschafter beteiligt ist. Hierzu gehört aber nicht der Fall, dass lediglich die Höhe des Gesamtgewinns streitig ist und dies mittelbar

Auswirkungen auf die absolute Höhe des Gewinn- bzw Verlustanteils hätte (s auch BFH/NV 18, 182; 16, 164).

8. Einspruchsbefugnis bei persönlicher Betroffenheit (Abs 1 Nr 5). Nr 5 greift bei Streitfragen, die die Gesellschafter persönlich angehen (BFH/NV 16, 164), zB bei einem Streit über die Höhe seiner Sonderbetriebseinkünfte (dh über Sonderbetriebseinnahmen und -ausgaben), über die Höhe eines Veräußerungsgewinns gem § 16 I Nr 2 EStG oder über die Tarifbegünstigung nach § 34 I Nr 1 EStG. Nr 5 gilt auch bei der Frage, ob der dem Gesellschafter zugewiesene Verlust lediglich verrechenbar gem § 15a IV EStG oder aber ausgleichsfähig ist (aA 13. Aufl). Zwar handelt es sich hierbei nur um eine gesonderte Feststellung (s Rz 4); jedoch wird diese nach § 15a IV 5 EStG mit der einheitlichen und gesonderten Feststellung in einem Bescheid verbunden, sodass jeder betroffene Gesellschafter gegen die gesonderte Feststellung des verrechenbaren Verlusts gem § 15a IV EStG Einspruch einlegen kann (s § 350 Rz 9). 35

Keine persönliche Betroffenheit iSv der Nr 5 liegt jedoch vor, wenn nur die Höhe des Gesamtgewinns str ist und sich hierüber mittelbar Auswirkungen auf die Höhe des Gewinnanteils des einzelnen Gesellschafters ergeben (BFH/NV 16, 164). Gleiches gilt bei einem Streit über die Art der Einkünfte (BFH/NV 18, 182) oder über die Auswirkungen der Feststellung auf den negativen Progressionsvorbehalt (BFH/NV 16, 164).

9. Einspruchsbefugnis bei Einzelbekanntgabe. Der einzelne Gesellschafter ist bei einer Einzelbekanntgabe iSv § 183 II stets und damit unabhängig vom Vorliegen der Voraussetzungen des Abs 1 Nr 2 bis 5 des § 352 einspruchsbefugt, weil an ihn ein belastender VA gerichtet worden ist (BFH BStBl 04, 964; BFH/NV 17, 266; FG Mster BeckRS 2017, 113311, und BeckRS 2017, 112995; aA FG BBg EFG 16, 871, Rev BFH IV R 17/16). Die Klagebefugnis ergibt sich insoweit nicht aus Abs 1 Nr 2 des § 352 (s Rz 22). 38

10. Bestellung eines Empfangsbevollmächtigten (Abs 2). Abs 2 steht im Zusammenhang mit der Einspruchsbefugnis des Empfangsbevollmächtigten gem Abs 1 Nr 1 2. Variante. Insoweit kann auf die Erläut zu Rz 16–18 verwiesen werden. 40

§ 353 Einspruchsbefugnis des Rechtsnachfolgers

Wirkt ein Feststellungsbescheid, ein Grundsteuermessbescheid oder ein Zerlegungs- oder Zuteilungsbescheid über einen Grundsteuermessbetrag gegenüber dem Rechtsnachfolger, ohne dass er diesem bekannt gegeben worden ist (§ 182 Abs. 2, § 184 Abs. 1 Satz 4, §§ 185 und 190), so kann der Rechtsnachfolger nur innerhalb der für den Rechtsvorgänger maßgebenden Einspruchsfrist Einspruch einlegen.

1. Inhalt. § 353 schränkt die Einspruchsbefugnis des Rechtsnachfolgers ein. Die Vorschrift zieht die für das Einspruchsverfahren notwendigen Folgerungen aus der quasi dinglichen Wirkung der in § 353 genannten Bescheide (Feststellungsbescheide jeglicher Art, GrStMessbescheide sowie Zerlegungs- und Zuteilungsbescheide über Grundsteuermessbeträge, vgl Erläut zu § 182). Diese Bescheide wirken nach §§ 182 II, 184 I 4, 185 und 190 unmittelbar gegen den Rechtsnachfolger. Aus § 353 ergibt sich nun, dass der Rechtsnachfolger an die Einspruchsfrist des Rechtsvorgängers gebunden ist, und zwar unabhängig von einer Bekanntgabe des Bescheids ggü dem Rechtsnachfolger. 1

Handelt es sich bei dem Rechtsnachfolger um einen Gesamtrechtsnachfolger, ergibt sich die Aussage des § 353 bereits aus § 45 (*Koenig/Cöster* § 353 Rz 3). § 353 hat daher nur Bedeutung für Fälle der Einzel- und Sonderrechtsnachfolge, zB für den Käufer eines Grundstücks. 2

4 **2. Voraussetzungen.** § 353 setzt eine Bekanntgabe des in der Vorschrift genannten Bescheids an den Rechtsvorgänger **vor** Eintritt der Rechtsnachfolge voraus. Wird der Bescheid hingegen erst nach Eintritt der Rechtsnachfolge dem Rechtsvorgänger bekannt gegeben, wirkt der Bescheid nicht ggü dem Rechtsnachfolger; denn nach §§ 182 II 2, 184 I 4, 185 und 190 muss im Fall des Eintritts der Rechtsnachfolge vor der Bekanntgabe des VA der VA ggü dem Rechtsnachfolger bekannt gegeben werden, damit er ihm ggü wirksam wird. In diesem Fall ergibt sich für den Rechtsnachfolger die Einspruchsfrist aus dem ihm ggü bekannt gegebenen Bescheid.

6 **3. Rechtsfolgen.** Für den Rechtsnachfolger gilt die Einspruchsfrist des Rechtsvorgängers. Läuft die Einspruchsfrist noch, muss der Rechtsnachfolger innerhalb der verbleibenden Einspruchsfrist Einspruch einlegen, um den Eintritt der formellen Bestandskraft zu verhindern. Haben sowohl Rechtsvorgänger als auch Rechtsnachfolger Einspruch eingelegt, sind die Einspruchsverfahren miteinander zu verbinden (*Koenig/Cöster* § 353 Rz 7).

Ist die Einspruchsfrist bereits abgelaufen und hat der Rechtsvorgänger keinen Einspruch eingelegt, muss sich der Rechtsnachfolger die formelle Bestandskraft des Bescheids zurechnen lassen und kann ihn nicht mehr anfechten. Hat hingegen der Rechtsvorgänger Einspruch eingelegt, ist eine Hinzuziehung des Einzel- bzw Sonderrechtsnachfolgers gem § 360 zu prüfen, während ein Gesamtrechtsnachfolger ohnehin in die Rechtsstellung des Rechtsvorgängers eintritt und das Einspruchsverfahren fortführt (AEAO zu § 353 Nr 4). Zu den Folgen für die Klagefrist s AEAO zu § 353 Nrn 5 und 6.

Ist der Bescheid bereits unanfechtbar, kann der Rechtsnachfolger prüfen, ob noch eine **Korrektur** des Bescheids in Betracht kommt, zB nach § 164 II bei einem Vorbehaltsbescheid oder durch einen Antrag nach § 22 III BewG bei Einheitswertbescheiden (FG BaWü EFG 95, 301).

§ 354 Einspruchsverzicht

(1) [1] **Auf Einlegung eines Einspruchs kann nach Erlass des Verwaltungsakts verzichtet werden.** [2] **Der Verzicht kann auch bei Abgabe einer Steueranmeldung für den Fall ausgesprochen werden, dass die Steuer nicht abweichend von der Steueranmeldung festgesetzt wird.** [3] **Durch den Verzicht wird der Einspruch unzulässig.**

(1a) [1] **Soweit Besteuerungsgrundlagen für ein Verständigungs- oder ein Schiedsverfahren nach einem Vertrag im Sinne des § 2 von Bedeutung sein können, kann auf die Einlegung eines Einspruchs insoweit verzichtet werden.** [2] **Die Besteuerungsgrundlage, auf die sich der Verzicht beziehen soll, ist genau zu bezeichnen.**

(2) [1] **Der Verzicht ist gegenüber der zuständigen Finanzbehörde schriftlich oder zur Niederschrift zu erklären; er darf keine weiteren Erklärungen enthalten.** [2] **Wird nachträglich die Unwirksamkeit des Verzichts geltend gemacht, so gilt § 110 Abs. 3 sinngemäß.**

Übersicht

1. Inhalt. Die Vorschrift entspricht § 50 FGO und regelt den Verzicht auf den Einspruch. In Abs 1 werden insbes der Zeitpunkt des Verzichts und die Rechtsfolgen behandelt. Abs 1a enthält die Möglichkeit, den Verzicht auf einen Teil der Besteuerungsgrundlagen zu beschränken. Abs 2 regelt die Form des Verzichts sowie die Voraussetzungen einer Rücknahme des Verzichts. 1

Abzugrenzen ist der Verzicht zum einen von der **Rücknahme** eines – bereits eingelegten – Einspruchs, die in § 362 geregelt ist. Zum anderen ist der Verzicht von einer **Verständigung** über schwierig zu ermittelnde tatsächliche Umstände abzugrenzen. Eine derartige Verständigung zwischen den Beteiligten kann auch ohne eine gesonderte Verzichtserklärung dazu führen, dass ein Einspruch, der die tatsächlichen Umstände angreift, nicht mehr zulässig ist (vgl auch BFH BStBl 07, 736; FG BaWü EFG 97, 784, 1283). Dabei ist es unerheblich, ob die Bindung aus der Annahme eines öffentlich-rechtlichen Vertrags oder aus den Grundsätzen von Treu und Glauben hergeleitet wird (vgl dazu *Rößler* DB 91, 2458). Ein Verzicht iSd § 354 liegt hierin nicht, da nicht insgesamt auf ein Rechtsbehelf in der betr Steuerangelegenheit verzichtet wird (BFH BStBl 91, 673; s näher § 78 Rz 4 f).

2. Verzicht auf Einlegung eines Einspruchs (Abs 1). a) Verzicht nach Erlass des VA (Abs 1 S 1). Der Verzicht auf die Einlegung eines Einspruchs ist bei allen VA **nach** deren **Erlass** zulässig. Weitere Voraussetzungen für den Verzicht bestehen nicht, außer den Formvorschriften nach Abs 2. 2

b) Verzicht bei StAnmeldungen (Abs 1 S 2). Bei StAnmeldungen iSv § 168 kann der Verzicht bereits bei Abgabe der StAnmeldung für den Fall ausgesprochen werden, dass die Steuer nicht abweichend von der Anmeldung festgesetzt wird. 3

c) Rechtsfolgen (Abs 1 S 3). Nach einem Verzicht ist ein späterer Einspruch gem Abs 1 S 3 unzulässig und daher durch Einspruchsentscheidung zu verwerfen. Gegen die Unzulässigkeit kann der Stpfl nur einwenden, dass der Verzicht unwirksam war, s Abs 3 S 2 (Rz 16). 4

d) Berechtigter. Verzichten kann derjenige, der einspruchsbefugt ist. Bei zusammen veranlagten Ehegatten kann jeder für sich den Verzicht erklären. Bei Bescheiden über die einheitliche und gesonderte Feststellung kann der Verzicht nur durch eine der in § 352 genannten Personen erklärt werden und wirkt dann nur im Umfang der Einspruchsbefugnis, in den Fällen des § 352 I Nr 3 bis 5 also nicht für andere Einspruchsbefugte. Eine Vollmacht für einen Angehörigen der steuerberatenden Berufe umfasst grds auch die Befugnis auf den Einspruchsverzicht (BFH BStBl 53, 288; s auch amtliche Vollmachtsmuster in BMF 1.8.2016 BStBl I, 662 Anl 1 Fn 6). 5

3. Verzicht bei Verständigungsvereinbarungen oder Schiedsverfahren nach DBA (Abs 1a). Nach Abs 1a besteht die Möglichkeit, durch **Teilverzicht** auf einen Einspruch einen abgrenzbaren Teil der Besteuerungsgrundlagen bestandskräftig werden zu lassen. Die Möglichkeit ist auf Besteuerungsgrundlagen begrenzt, die für Verständigungsvereinbarungen oder Schiedsverfahren nach DBA oder anderen internationalen Verträgen von Bedeutung sein können. Zweck der Regelung ist es zu vermeiden, dass durch die Durchführung von außergerichtlichen und gerichtlichen Einsprüchen der Beginn eines internationalen Verständigungs- oder Schiedsverfahrens unangemessen hinausgeschoben wird, weil manche 7

DBA oder internationale Verträge für den Beginn des Verfahrens eine Unanfechtbarkeit des StBescheids voraussetzen. Da der StBescheid im Umfang des Verzichts in (Teil-)Bestandskraft wächst, müssen die Besteuerungsgrundlagen, auf die sich der Verzicht bezieht, genau angegeben werden. Bei unklaren Angaben ist der Verzicht daher solange unwirksam, wie die genaue Bezeichnung nicht nachgeholt wird (zweifelnd *Helmschrott/Eberhard* DStR 94, 525). Abs 1a wurde durch das StMBG v 21.12.1993 (BGBl I, 2310) eingefügt.

10 **4. Erklärung des Verzichts (Abs 2 S 1). a) Zuständige Behörde.** Der Verzicht ist ggü der zuständigen FinBeh auszusprechen. Empfangsbehörde des Verzichts bei einem Zuständigkeitswechsel nach Erlass des VA ist das jetzt **zuständig gewordene FA.** Bei einer Zuständigkeitsvereinbarung gem § 26 S 2 ist der Verzicht ggü der das Verwaltungsverfahren fortführenden Behörde zu erklären (s dazu BMF v 10.10.1995 BStBl I, 664; *HHSp/Birkenfeld* § 354 Rz 51; aA *TK/Brandis* § 354 Rz 4, der § 357 II anwenden will).

11 **b) Form des Verzichts.** Der Verzicht kann schriftlich oder zur Niederschrift erklärt werden. Eine elektronische Einlegung, zB per E-Mail, ist daher nicht zulässig, weil anders als in § 357 I 1 eine elektronische Übermittlung in § 354 nicht genannt ist.

Der Verzicht muss zudem **eindeutig** sein. Das Wort „Verzicht" muss allerdings nicht genannt werden, sondern es genügen Umstände, aus denen sich der Verzicht zweifelsfrei ergibt (BGH NJW 89, 295). Der Verzicht darf nicht von einer Bedingung abhängig gemacht werden (*TK/Brandis* § 354 Rz 4) und keine weiteren Erklärungen enthalten (Abs 2 S 1 HS 2). Wegen des Verbots weiterer Erklärungen ist der schriftliche Einspruchsverzicht nur wirksam, wenn er in einer gesonderten Erklärung ausgesprochen und unterschrieben wird (BFH BStBl 84, 513).

16 **5. Keine Rücknahme des Verzichts (Abs 2 S 2).** Als öff-rechtl Willenserklärung kann der Einspruchsverzicht nicht zurückgenommen werden. **Anfechtung** wegen Irrtums ist **nicht möglich** (*TK/Brandis* § 354 Rz 5). Wird Unwirksamkeit des Verzichts geltend gemacht, etwa wegen Täuschung oder Drohung und sonstiger unlauterer Beeinflussung durch die Behörden oder weil die Rechtsmittelbelehrung fehlte, geht das nach Satz 2 iVm § 110 III nur binnen Jahresfrist seit dem Ende der Einspruchsfrist.

Zweiter Abschnitt. Verfahrensvorschriften

§ 355 Einspruchsfrist

(1) [1]**Der Einspruch nach § 347 Abs. 1 Satz 1 ist innerhalb eines Monats nach Bekanntgabe des Verwaltungsakts einzulegen.** [2]**Ein Einspruch gegen eine Steueranmeldung ist innerhalb eines Monats nach Eingang der Steueranmeldung bei der Finanzbehörde, in den Fällen des § 168 Satz 2 innerhalb eines Monats nach Bekanntwerden der Zustimmung, einzulegen.**

(2) **Der Einspruch nach § 347 Abs. 1 Satz 2 ist unbefristet.**

Schrifttum: *vor 2010 s 13. Aufl; Rätke* Die Berechnung der Einspruchsfrist, BBK 12, 614.

Übersicht

1 **1. Inhalt.** Mit § 355 beginnt der Abschnitt über die Verfahrensvorschriften zum Einspruchsverfahren. Die Norm legt den Beginn und die Dauer der Einspruchsfrist fest und unterscheidet ebenso wie § 354 I 1 und 2 zwischen VA und StAnmeldungen.

Die Frist von 1 Monat ist für schriftlich und mündlich erlassene VA maßgebend (FG Hbg EFG 89, 331). Die Dauer der Frist verstößt nicht gegen EU-Recht (BFH BStBl 11, 151). Sie gilt nicht für die Anfechtung nichtiger VA (s § 125 Rz 23); denn ein nichtiger VA kann keine Rechtswirkungen nach §§ 355, 358 haben (BFH BStBl 86, 834).

2 **2. Einspruchsfrist (Abs 1 S 1). a) Beginn der Frist.** Die Frist des Abs 1 S 1 beginnt in Fällen der **Bekanntgabe** mit Ablauf des Tages der Bekanntgabe (§ 122 II bis IV) bzw mit Ablauf des Tages der Zustellung (§ 122 V) des VA (s daher näher Erläut zu § 122). Bei einer Bekanntgabe nach § 122 II mit einfachem Brief bzw nach § 122 IIa bei elektronischer Übermittlung gilt die Bekanntgabe idR mit dem dritten Tag nach der Aufgabe zur Post als bewirkt (s § 122 Rz 50 ff und 70), und zwar auch dann, wenn der VA tatsächlich vorher zugeht. Bei einer Bekanntgabe des VA durch Bereitstellung zum Datenabruf gem § 122a tritt die Bekanntgabe am dritten Tag nach der Absendung der E-Mail über die Bereitstellung ein (§ 122a IV).

3 Die Drei-Tage-Frist **gilt** aber **nicht** in den folgenden Fällen: (1) Der VA geht tatsächlich erst später zu (§ 122 Rz 58 f); hier kommt es dann erst mit dem tatsächlichen Zugang zu einer Bekanntgabe (zur Beweislage s § 122 Rz 59). (2) Der letzte Tag der Drei-Tage-Frist ist ein Sonnabend, Sonntag oder Feiertag; hier gilt der VA analog § 108 III als am nächsten Werktag bekanntgegeben (s § 122 Rz 56 und § 108 Rz 6). (3) Die Bekanntgabe erfolgt per Zustellung (s Rz 5). (4) Der VA wird per Telefax bekannt gegeben; hier ist der Tag des Ausdrucks des Telefaxes beim Empfänger maßgeblich, nicht der Absendungsvermerk des FA (BFH BStBl 14, 748; BFH/NV 15, 657; s auch § 122 Rz 53 sowie § 366 Rz 8). (5) Der VA wird mit einfachem Brief ins Ausland übermittelt; hier gilt nach § 122 II Nr 2 ein Monatszeitraum statt des Drei-Tages-Zeitraums. Zu weiteren Einzelheiten bei Ausnahmen von der Drei-Tage-Frist s *Rätke* BBK 12, 614, 615. Ein Fehler bei der Bekanntgabe kann durch die Bekanntgabe der Einspruchsentscheidung geheilt werden (s § 122 Rz 17).

5 Bei einer **Zustellung** durch Empfangsbekenntnis gem § 122 V iVm § 5 VwZG erfolgt die Bekanntgabe grds an dem Tag, den der Empfänger auf dem Empfangsbekenntnis angibt (s § 122 Rz 91). Unterbleibt eine Datumsangabe oder eine Rücksendung des Empfangsbekenntnisses, gilt als Zustellungstag der Tag, an dem der Bescheid nach dem normalen Verlauf der Dinge in die Hände des Bevollmächtigten gelangt ist (BFH BStBl 90, 477); dies ist idR der dritte Tag nach Aufgabe des Empfangsbekenntnisses zur Post. Bei einer Zustellung durch Einschreiben mit Rückschein erfolgt die Bekanntgabe an dem Tag, der auf dem Rückschein angegeben wird (BFH/NV 16, 1250); hingegen gilt bei Einschreiben durch Übergabe der Drei-Tages-Zeitraum gem § 4 II 2 VwZG (s § 122 Rz 86 f). Bei einer Zustellung durch Postzustellungsurkunde gem § 122 V iVm § 3 VwZG erfolgt die Bekanntgabe an dem Tag, an dem der Zugang bewirkt wird (s § 122 Rz 79). Werden bei der Zustellung des VA zwingende Zustellungsvorschriften verletzt, so gilt der VA nach § 8 VwZG als in dem Zeitpunkt zugestellt, in dem der Empfangsberechtigte den VA tatsächlich erhalten hat (s § 122 Rz 105).

6 **Ohne wirksame Bekanntgabe** des VA (s § 122 Rz 60) beginnt keine Einspruchsfrist; denn der VA ist dann nach § 124 I nicht wirksam geworden. Eines

Wiedereinsetzungsantrags bedarf es daher nicht. Besteht aber trotz Unwirksamkeit der Bekanntgabe der Rechtsschein eines VA, kann der Stpfl hiergegen unbefristet Einspruch einlegen und anschließend – innerhalb der Klagefrist – Anfechtungsklage erheben; alternativ kann er unbefristet einen Nichtigkeitsfeststellungsantrag gem § 125 V oder eine Nichtigkeits- bzw Unwirksamkeitsfeststellungsklage gem § 41 I, II 2 FGO erheben.

7 Der Anlauf der Frist wird nicht im Hinblick auf **EU-Recht** gehindert, wenn der Einspruchsführer erst später von einer für ihn günstigen Entscheidung des EuGH Kenntnis erlangt hat (BFH BStBl 11, 151; BFH/NV 11, 742).

11 **b) Einspruchseinlegung vor Fristbeginn.** Grds ist ein bereits vor Bekanntgabe des VA eingelegter Einspruch unzulässig und muss wiederholt werden (BFH BStBl 74, 433; 83, 548; BFH/NV 10, 2014; *HHSp/Siegers* § 355 Rz 19; *TK/Seer* § 355 Rz 9). Dies betrifft insbes „vorbeugend" erhobene Einsprüche. Der Einspruch wächst nach der Bekanntgabe auch nicht in die Zulässigkeit hinein, sondern muss dann wiederholt werden.

12 Von diesem Grundsatz gibt es aber **Ausnahmen:** So ist die Einlegung des Einspruchs **vor Ablauf der Drei-Tage-Frist** unschädlich, wenn der VA dem Stpfl bereits tatsächlich zugegangen ist. **Beispiel:** Aufgabe des VA zur Post am Montag, Zugang beim Stpfl am Dienstag, Einspruchseinlegung am Mittwoch und Bekanntgabefiktion gem § 122 II Nr 1 am Donnerstag. Weil der VA tatsächlich schon am Dienstag zugegangen ist, kann der Einspruch am Mittwoch und damit vor der fingierten Bekanntgabe am Donnerstag erhoben werden (glA *HHSp/Siegers* § 355 Rz 19).

13 Ein vorher eingelegter Einspruch kann außerdem ausnahmsweise zulässig sein, wenn die FinBeh durch Übersendung von Unterlagen den Anschein eines StBescheids erweckt. Schließlich kann ein früherer Gesellschafter einer PersGes einen die Zeit vor seinem Ausscheiden aus der Gesellschaft betr Gewinnfeststellungsbescheid auch dann anfechten, wenn ihm dieser Bescheid nicht bekannt gegeben wurde und daher ihm ggü noch nicht wirksam geworden ist. Denn der Bescheid ist bereits mit der Bekanntgabe an den geschäftsführenden Gesellschafter oder an die verbliebenen Gesellschafter existent geworden (BFH BStBl 88, 855). Allgemein kann ein Feststellungsbeteiligter einen durch Bekanntgabe an einen Beteiligten existent gewordenen Feststellungsbescheid schon dann anfechten, wenn der Bescheid ihm selbst noch nicht bekannt gegeben worden ist (BFH BStBl 94, 3; BFH/NV 91, 507; s auch Erläut zu § 122 und § 183). Zur Einspruchsfrist bei Bekanntgabe an den Rechtsvorgänger s auch Erläut zu § 353.

16 **c) Berechnung der Frist.** Für die Berechnung der Frist gelten nach § 108 I die Vorschriften der §§ 187 bis 193 BGB entsprechend sowie § 108 II bis V. Die Frist beginnt gem § 108 I AO iVm § 187 I BGB am Tag nach der Bekanntgabe und endet gem § 108 I AO iVm § 188 II BGB nach einem Monat mit Ablauf des Tages, der seiner Zahl nach dem Tag der Bekanntgabe entspricht. **Beispiel:** Bescheid vom 1.6.2018 gilt als am 4.6.2018 (Montag) bekannt gegeben. Einspruchsfrist beginnt damit am 5.6.2018 um 0.00 Uhr und endet am 4.7.2018 (Mittwoch) um 24.00 Uhr.

Beginnt die Einspruchsfrist am 31.1., endet die Einspruchsfrist nach § 188 III BGB am 28.2. bzw in Schaltjahren am 29.2., da es keinen 31.2. gibt. Ist der letzte Tag der Einspruchsfrist ein Sonnabend, Sonntag oder Feiertag, verlängert sich die Einspruchsfrist auf den nächsten Werktag gem § 108 III; zu Feiertagen, die nicht bundesweit gelten, s § 108 Rz 7. Zu weiteren Einzelheiten der Fristenberechnung s § 108 Rz 5. Zu einer Verlängerung der Einspruchsfrist auf 1 Jahr kommt es in Fällen des § 356 II (s § 356 Rz 16).

Die Einspruchsfrist kann auch vorzeitig beendet oder unterbrochen werden: Zu einer Unterbrechung kann es bei Eröffnung des Insolvenzverfahrens kommen (§ 251 Rz 30; s auch AEAO zu § 355 Nr 3). Zu einer faktisch vorzeitigen Beendigung der Einspruchsfrist kommt es durch den Erlass einer (Teil-)Einspruchsentscheidung gem § 367 IIa während der Einspruchsfrist; denn nach Erlass einer (Teil-)Einspruchsentscheidung kann der Stpfl keinen weiteren Einspruch mehr einlegen, selbst wenn die Einspruchsfrist noch nicht abgelaufen ist (BFH BStBl 15, 115).

d) Wahrung der Frist. Die Einspruchsfrist ist gewahrt, wenn der Einspruch am letzten Tag der Frist bis 24.00 Uhr bei einer der in § 357 II genannten FinBeh eingeht (s auch § 108 Rz 11). Dabei erbringt der Eingangsstempel des FA auf dem Einspruchsschreiben als öffentliche Urkunde idR den vollen Beweis für Zeit und Ort des Eingangs des Einspruchs. Der Gegenbeweis ist möglich; mit ihm muss jedoch die Möglichkeit der Richtigkeit des Eingangsvermerks mit an Sicherheit grenzender Wahrscheinlichkeit ausgeschlossen werden (BFH BStBl 96, 19; BFH/NV 99, 745, 1460; einschränkend FG Bbg EFG 96, 205). Wirft der StPfl die Einspruchsschrift erst am frühen Morgen nach Fristablauf in den Hausbriefkasten des FA ein, so kann er nicht geltend machen, das FA habe bisher alle vor Dienstbeginn eingeworfenen Sendungen mit dem Eingangsstempel des Vortags versehen (FG Ddorf EFG 78, 106). Sind allerdings an dem Nachtbriefkasten des FA keine Vorrichtungen angebracht, die eine Kontrolle ermöglichen, ob der Einspruch vor 24 Uhr oder danach eingeworfen worden ist, muss das FA die am Morgen dem Briefkasten entnommenen Schriftstücke so behandeln, als seien sie noch vor Ablauf des Vortages eingeworfen (s § 108 Rz 11 und § 110 Rz 39). 17

IÜ trägt der Einspruchsführer die **Feststellungslast** dafür, dass er den Einspruch rechtzeitig erhoben hat (BFH BStBl 88, 111; BFH/NV 15, 852; 08, 22; FG BBg EFG 14, 1644). Dabei kommt ihm weder eine Anscheinsvermutung noch eine Zugangsfiktion zugute (BFH/NV 08, 22). Hat die FinBeh das Einspruchsschreiben aber vernichtet und kann deshalb der Stpfl den Nachweis des rechtzeitigen Eingangs nicht führen, kommt eine Beweiserleichterung oder gar Beweislastumkehr zugunsten des Stpfl in Betracht (BFH/NV 15, 852). Zur Wahrung der Einspruchsfrist bei Einlegung durch Telefax oder E-Mail s § 108 Rz 11; zu den entsprechenden Sorgfaltspflichten s § 110 Rz 20 und 42 ff.

e) Versäumung der Frist. Versäumt der Stpfl die Einspruchsfrist, ist der Einspruch als unzulässig zu verwerfen, es sei denn, es liegen Gründe für eine Wiedereinsetzung in den vorigen Stand gem § 110 bzw § 126 III vor. Mit Ablauf der Einspruchsfrist wird der VA **formell bestandskräftig**; er kann dann nur noch nach Maßgabe der Korrekturvorschriften (§§ 129–131, 164 II, 165 II, 172 ff) korrigiert werden. 20

Hingegen liegt keine Versäumung einer Einspruchsfrist vor, wenn die Einspruchsfrist nicht begonnen hat, weil zB der VA nicht bekannt gegeben worden ist (s oben Rz 6).

3. Sonderregelung für StAnmeldungen (Abs 1 S 2). Abs 1 S 2 enthält die notwendige Sonderregelung für die Anfechtung von StAnmeldungen iSv § 168. Maßgeblich für den Beginn der Einspruchsfrist ist gem Abs 1 S 2 1. Variante der Eingang der StAnmeldung beim FA oder – in Erstattungsfällen iSv § 168 S 2 – die Bekanntgabe der Zustimmung gem Abs 1 S 2 2. Variante. 22

Da StAnmeldungen idR elektronisch übermittelt werden müssen, gilt nach Abs 1 S 2 1. Variante der Tag der Übermittlung als Tag des Eingangs (vgl § 87a I 2), sodass am Folgetag die Einspruchsfrist beginnt. Wird eine StAnmeldung ausnahmsweise schriftlich übermittelt, weil eine Befreiung von der elektronischen Übermittlungspflicht erteilt worden ist, kann der Stpfl die Übermittlungsdauer in Anlehnung an § 122 II mit drei Tagen schätzen, wobei er statt der starren Regelung aber die konkreten Umstände in Betracht ziehen muss (*TK/Seer* § 355 Rz 16). 23

Bei Steueranmeldungen, die gem § 168 S 2 zu einer Steuervergütung oder zu einem Mindersoll führen, beginnt die Frist erst mit der **Bekanntgabe** der (form- 24 freien) Zustimmung der FinBeh zu laufen. Hierbei genügt jede Form des Bekanntwerdens beim Stpfl (BFH BStBl 96, 660). Bei einer schriftlichen Bekanntgabe, zB durch Übermittlung der Abrechnungsmitteilung, gilt hier die Drei-Tage-Frist des § 122 II Nr 1 analog (AEAO zu § 355 Nr 1); die Einspruchsfrist beträgt allerdings 1 Jahr gem § 356 II, wenn der schriftlichen Mitteilung keine Rechtsbehelfsbelehrung beigefügt worden ist (BFH BStBl 03, 904). Ohne schriftliche Mitteilung gilt die Auszahlung des Guthabens als frühestmöglicher Bekanntgabezeitpunkt (AEAO zu § 355 Nr 3).

27 **4. Frist für Untätigkeitseinspruch (Abs 2).** Nach Abs 2 ist ein Untätigkeitseinspruch iSv § 347 I 2 unbefristet (zum Untätigkeitseinspruch s § 347 Rz 12 ff). Hat der Stpfl also einen Antrag gestellt, über den das FA nicht binnen angemessener Frist und ohne Mitteilung eines zureichenden Grundes entschieden hat, kann der Stpfl nunmehr jederzeit einen Untätigkeitseinspruch einlegen. Eine zeitliche Grenze, etwa in Gestalt der Verwirkung, gibt es nicht (*TK/Seer* § 355 Rz 19; aA *Koenig/Cöster* § 355 Rz 23).

§ 356 Rechtsbehelfsbelehrung

(1) **Ergeht ein Verwaltungsakt schriftlich oder elektronisch, so beginnt die Frist für die Einlegung des Einspruchs nur, wenn der Beteiligte über den Einspruch und die Finanzbehörde, bei der er einzulegen ist, deren Sitz und die einzuhaltende Frist in der für den Verwaltungsakt verwendeten Form belehrt worden ist.**

(2) [1] **Ist die Belehrung unterblieben oder unrichtig erteilt, so ist die Einlegung des Einspruchs nur binnen eines Jahres seit Bekanntgabe des Verwaltungsakts zulässig, es sei denn, dass die Einlegung vor Ablauf der Jahresfrist infolge höherer Gewalt unmöglich war oder schriftlich oder elektronisch darüber belehrt wurde, dass ein Einspruch nicht gegeben sei.** [2] **§ 110 Abs. 2 gilt für den Fall höherer Gewalt sinngemäß.**

Schrifttum: *Böwing-Schmalenbrock* Steuerbescheide wegen unrichtiger Rechtsbehelfsbelehrung erst nach einem Jahr bestandskräftig?, DStR 12, 444.

Übersicht

1 **1. Inhalt.** Die Vorschrift bestimmt in Abs 1 den Inhalt der Rechtsbehelfsbelehrung für alle schriftlich oder elektronisch (s dazu §§ 87a, 122 IIa, 122a) ergehenden VA. Abs 2 enthält eine Verlängerung der Einspruchsfrist auf 1 Jahr, wenn die Rechtsbehelfsbelehrung fehlt oder unrichtig ist. Die Vorschrift soll verhindern, dass der Stpfl aus Unkenntnis über die einzuhaltenden Verfahrensvorschriften einen Einspruch verliert (BFH BStBl 76, 477).

2 **2. Rechtsbehelfsbelehrung (Abs 1). a) Voraussetzung für Beginn der Einspruchsfrist.** Nach Abs 1 muss einem VA, der schriftlich oder elektronisch ergeht, eine Rechtsbehelfsbelehrung beigefügt sein, damit die einmonatige Einspruchsfrist beginnt. Anderenfalls verlängert sich die Einspruchsfrist auf 1 Jahr gem

Abs 2. Eine fehlende Rechtsbehelfsbelehrung führt aber nicht zur Rechtswidrigkeit des VA (*Koenig/Cöster* § 356 Rz 4).

3 Aus Abs 1 ergibt sich **kein Gebot zur Beifügung** einer Rechtsbehelfsbelehrung; dieses ist vielmehr für StBescheide in § 157 I 3 und für Prüfungsanordnungen in § 196 geregelt. Im Übrigen handelt es sich bei der in § 366 genannten Rechtsbehelfsbelehrung, die einer Einspruchsentscheidung beizufügen ist, richtigerweise um eine Rechts*mittel*belehrung, weil ein Devolutiveffekt eintritt; denn infolge der Anfechtung der Einspruchsentscheidung wird das FG zuständig (§ 366 Rz 16).

5 **b) Belehrung bei schriftlichen und elektronischen VA.** § 356 greift bei schriftlichen und elektronischen VA. Zu den schriftlichen VA gehört auch die Zustimmung des FA nach § 168 S 2 zu einer StAnmeldung, die zu einer Erstattung oder Minderung der bisherigen Steuer führt (BFH BStBl 03, 904); zum Beginn der Einspruchsfrist s § 355 Rz 24. Einschränkungen ergeben sich bei schriftlichen Änderungsbescheiden, die bereits angefochten sind und kraft Gesetzes (§ 365 III bzw § 68 FGO) Gegenstand des Einspruchs- bzw Klageverfahrens werden; eine Rechtsbehelfsbelehrung ist hier nicht erforderlich (*Koenig/Cöster* § 356 Rz 8).

6 Auf mündlich erlassene VA findet die Vorschrift ihrem eindeutigen Wortlaut nach nicht Anwendung. Hier beginnt die Frist des § 355 auch ohne Rechtsbehelfsbelehrung (BFH/NV 05, 1180; s auch BFH BStBl 03, 904; FG Hbg EFG 89, 331). Ebenfalls nicht zu den schriftlichen bzw elektronischen VA gehört die StAnmeldung iSv § 168 S 1, die als StFestsetzung wirkt und der das FA nicht zustimmen muss; hier bedarf es daher keiner Rechtsbehelfsbelehrung (zum Beginn der Einspruchsfrist s § 355 Rz 23). Die Einspruchsfrist verlängert sich deshalb auch nicht auf ein Jahr (BFH BStBl 98, 649), sondern es gilt § 355.

8 **c) Beifügung der Rechtsbehelfsbelehrung.** Die Rechtsbehelfsbelehrung muss **in dem VA enthalten** oder unmittelbar mit ihm verbunden (beigefügt) sein. Die Belehrung in einer vorherigen Ankündigung des VA reicht nicht (FG Hbg EFG 92, 85). Für den Nachweis, dass einem schriftlichen VA eine Rechtsbehelfsbelehrung beigefügt war, gelten die allg Beweisregeln, insbes die des Indizienbeweises (BFH/NV 01, 322).

Werden zwei selbständige VA in einem Vordruck zusammengefasst (zB Grundstückseinheitswert und GrStMessbetrag), so muss sich die Belehrung unmissverständlich auf beide Bescheide beziehen (*TK/Seer* § 356 Rz 10). Nach Auffassung des BFH bedarf es jedoch keines Hinweises in der Rechtsbehelfsbelehrung, dass die Anfechtung einzelner Feststellungen, die eines selbständigen Schicksals fähig sind, nicht zugleich bewirkt, dass auch die übrigen Feststellungen angefochten sind (BFH BStBl 89, 822; BFH/NV 91, 726).

10 **d) Inhalt der Rechtsbehelfsbelehrung.** Die Rechtsbehelfsbelehrung muss nach Abs 1 belehren über den einzulegenden Rechtsbehelf (Einspruch), über den Empfänger des Einspruchs (die FinBeh und ihren Sitz) und über die Frist in der für den VA verwendeten Form (Beginn der Frist und Dauer der Frist, dh 1 Monat, vgl BFH/NV 87, 12; 96, 106); zu den Einzelheiten s Rz 11. Eine Belehrung über die **Form** des Einspruchs ist **nicht erforderlich** (BFH BStBl 14, 236), s Rz 12.

Es ist nicht erforderlich, dass die Rechtsbehelfsbelehrung auf den konkreten Einzelfall zugeschnitten ist. Es genügt vielmehr, dass dem Adressaten des Bescheids eine abstrakte Belehrung über die vorgeschriebene Anfechtungsfrist gegeben wird und die Übertragung der allg Kriterien auf den konkreten Einzelfall der Verantwortlichkeit des Rechtssuchenden überlassen bleibt (BFH/NV 87, 12; 88, 72; 92, 783).

11 Im Einzelnen gilt: Die Belehrung über den **Beginn der Frist** braucht nicht konkret auf den Einzelfall zugeschnitten zu sein, sondern es genügt die Wiedergabe des Wortlauts der einschlägigen Fristennorm, dh des § 357, und die verständliche Unterrichtung über die allg Merkmale des Fristbeginns (BFH BStBl 14, 236;

16, 863; BFH/NV 16, 1250; 17, 261). Eine vollständige Wiederholung des Gesetzestextes von § 357 ist aber nicht erfoderlich. Es muss auch nicht über die Bedeutung des § 108 III für die Ermittlung des Tages der Bekanntgabe des VA iSv § 122 II Nr 1 belehrt werden (BFH BStBl 06, 455). Ebenso wenig muss auf die Folgen einer unwirksamen Bekanntgabe für den Fristbeginn hingewiesen werden (BFH/NV 16, 732). Es ist kein Hinweis erforderlich, dass zur Fristwahrung die Absendung des Einspruchs nicht ausreicht (BFH/NV 17, 261). Außerdem muss die **Behörde** (mit Sitz) angegeben werden, bei der der Einspruch anzubringen ist. Nach dem BFH muss nicht die vollständige Postanschrift der FinBeh in der Rechtsbehelfsbelehrung genannt werden; vielmehr genügt es, wenn in der Rechtsbehelfsbelehrung die amtliche Bezeichnung der FinBeh und der Gemeinde, in der die FinBeh sitzt, genannt wird (zB FA Cottbus) und sich die vollständige Anschrift aus dem VA selbst ergibt (BFH/NV 16, 997 mwN; FG Köln EFG 17, 1319; aA *Koenig/Cöster* § 356 Rz 13). Ist aber eine Sitzverlegung der FinBeh während der Einspruchsfrist geplant, muss aus dem VA auch die neue Anschrift der FinBeh ersichtlich sein (OFD Hbg v 13.10.2016, BeckVerw 333404). Zum notwendigen Inhalt der Rechtsbehelfsbelehrung gehört nicht, wo der Einspruch nach § 357 II 2 und 3 auch angebracht werden kann (BFH/NV 95, 849).

12 Bzgl der **Form des Einspruchs** ist keine Belehrung erforderlich, weil dies nach Abs 1 nicht verlangt wird. Es ist allerdings unschädlich, wenn in der Belehrung zusätzlich die Vorschrift des § 357 I 1 wiedergegeben wird (BFH BStBl 14, 236; BFH/NV 15, 1074; 16, 1250; 17, 261). Bei einer solchen Wiedergabe des § 357 I 1 muss bei Bescheiden, deren Einspruchsfrist **nach dem 31.7.2013** endet, dann auch ein besonderer Hinweis erfolgen, dass Einspruch nicht nur schriftlich oder zur Niederschrift erklärt, sondern auch per **E-Mail** eingelegt werden kann (FG SchlHol EFG 17, 1405; offen gelassen von BFH/NV 14, 1010); denn seit dem 1.8.2013 ist die Möglichkeit, per E-Mail Einspruch einzulegen, durch § 357 I 1 (G v 25.7.2013 BGBl I, 2749) mWv 1.8.2013 gesetzlich zugelassen. Die konkrete E-Mail-Adresse der FinBeh muss aber nicht angegeben werden (FG Hbg EFG 17, 1062). Zur Rechtslage bei Bescheiden, deren Einspruchsfrist vor dem 1.8.2013 endete, s 13. Aufl.

13 Enthält eine Rechtsbehelfsbelehrung **zusätzliche Angaben,** so müssen auch diese Angaben richtig, vollständig und unmissverständlich sein (BFH BStBl 16, 863; BFH/NV 16, 1250). Eine Rechtsbehelfsbelehrung soll so einfach und klar wie möglich sein und muss dem verfassungsrechtlichen Anspruch auf wirkungsvollen Rechtsschutz gem Art 2 I iVm Art 20 III, Art 19 IV GG Rechnung tragen (BFH BStBl 14, 236; FG Köln EFG 14, 1759, 1760); zusätzliche Angaben dürfen daher nicht zu einer Überfrachtung und Verwirrung führen (BFH BStBl 06, 455; BFH/NV 15, 1074). Ob dies der Fall ist, bestimmt sich aufgrund einer Würdigung aller maßgeblichen Umstände des Einzelfalls sowie danach, wie der Erklärungsempfänger nach dem objektiven – nicht subjektiven – Verständnishorizont die Rechtsbehelfsbelehrung oder die ergänzenden Angaben nach Treu und Glauben und unter Berücksichtigung der ihm bekannten Umstände verstehen musste (BFH/NV 10, 448; FG Köln EFG 14, 1759). So ist ein zusätzlicher Hinweis in einem Kindergeldbescheid missverständlich, nach dem sich der Adressat auch formlos an seine zuständige Familienkasse wenden könne, wenn er mit der Rückforderung nicht einverstanden sei (FG Mster EFG 14, 622; offen gelassen von BFH BStBl 16, 863). Fehlt es danach an der Verständlichkeit, wird die Einspruchsfrist nicht in Lauf gesetzt, wenn hierdurch bei objektiver Betrachtung die Fristwahrung gefährdet erscheint (BFH BStBl 98, 742; BFH/NV 10, 2080; 07, 2064). Unschädlich ist eine Belehrung über § 365 III 1, selbst wenn im konkreten Fall der VA keinen anderen VA ersetzt hat (BFH BStBl 16, 863; aA FG Köln EFG 14, 1759, 1760).

14 Richtet sich der VA an einen **Ausländer,** muss die Rechtsbehelfsbelehrung weder in der ausl Sprache abgefasst sein (BFH BStBl 76, 440; FG Hbg BeckRS 2017,

94257), noch muss die Belehrung einen Hinweis auf § 87 IV enthalten (s § 87 Rz 5); ggf kommt Wiedereinsetzung in den vorigen Stand bei mangelnden Sprachkenntnissen in Betracht, s § 110 Rz 17.

3. Fehlende oder fehlerhafte Rechtsbehelfsbelehrung (Abs 2). Nach Abs 2 S 1 verlängert sich die Einspruchsfrist auf 1 Jahr ab Bekanntgabe des VA, wenn die Rechtsbehelfsbelehrung fehlt oder fehlerhaft ist. Fehlerhaftigkeit liegt vor, wenn die Belehrung in wesentlichen Aussagen unzutreffend oder derart unvollständig oder missverständlich gefasst ist, dass hierdurch **objektiv** die Möglichkeit zur Fristwahrung gefährdet erscheint (BFH BStBl 16, 863; BFH/NV 16, 997, 1250); zu den Einzelheiten s Rz 10 ff. Auf die subjektive Fähigkeit des Stpfl, die Rechtsbehelfsbelehrung zu verstehen, kommt es damit nicht an. Nicht entscheidend ist, ob die Unrichtigkeit zuungunsten oder zugunsten des Stpfl gegeben ist (BFH BStBl 84, 84) oder ob sie ursächlich für die verspätete oder unterbliebene Einlegung des Einspruchs war (BFH BStBl 15, 850). 16

Zwar nicht fehlerhaft, aber Grund für eine **Wiedereinsetzung** in den vorigen Stand kann eine Rechtsbehelfsbelehrung sein, die lediglich eine unklare Gesetzesformulierung (zB das Wort „angebracht" in der Belehrung über die Klagemöglichkeit) unreflektiert übernimmt und daher nicht einen auch für den Laien unmissverständlichen Inhalt hat (FG Köln EFG 85, 132).

4. Jahresfrist bei höherer Gewalt (Abs 2 S 2). Nach Abs 2 S 2 kann es zu einer Verlängerung der Jahresfrist kommen, wenn der Stpfl den Einspruch wegen höherer Gewalt nicht innerhalb der Jahresfrist des Abs 2 S 1 einlegen konnte. Der Verweis auf § 110 II bedeutet, dass der Stpfl in diesem Fall innerhalb eines Monats nach Wegfall der höheren Gewalt Wiedereinsetzung in die Jahresfrist beantragen kann. Zum Begriff der höheren Gewalt s § 110 Rz 120. 19

§ 357 Einlegung des Einspruchs

(1) [1] **Der Einspruch ist schriftlich oder elektronisch einzureichen oder zur Niederschrift zu erklären.** [2] **Es genügt, wenn aus dem Einspruch hervorgeht, wer ihn eingelegt hat.** [3] **Unrichtige Bezeichnung des Einspruchs schadet nicht.**

(2) [1] **Der Einspruch ist bei der Behörde anzubringen, deren Verwaltungsakt angefochten wird oder bei der ein Antrag auf Erlass eines Verwaltungsakts gestellt worden ist.** [2] **Ein Einspruch, der sich gegen die Feststellung von Besteuerungsgrundlagen oder gegen die Festsetzung eines Steuermessbetrags richtet, kann auch bei der zur Erteilung des Steuerbescheids zuständigen Behörde angebracht werden.** [3] **Ein Einspruch, der sich gegen einen Verwaltungsakt richtet, den eine Behörde auf Grund gesetzlicher Vorschrift für die zuständige Finanzbehörde erlassen hat, kann auch bei der zuständigen Finanzbehörde angebracht werden.** [4] **Die schriftliche oder elektronische Anbringung bei einer anderen Behörde ist unschädlich, wenn der Einspruch vor Ablauf der Einspruchsfrist einer der Behörden übermittelt wird, bei der er nach den Sätzen 1 bis 3 angebracht werden kann.**

(3) [1] **Bei der Einlegung soll der Verwaltungsakt bezeichnet werden, gegen den der Einspruch gerichtet ist.** [2] **Es soll angegeben werden, inwieweit der Verwaltungsakt angefochten und seine Aufhebung beantragt wird.** [3] **Ferner sollen die Tatsachen, die zur Begründung dienen, und die Beweismittel angeführt werden.**

Abs 1 S 1 und 2, Abs 2 S 4 geändert durch G v 25.7.13 (BGBl I, 2749); Abs 1 S 3 aufgehoben, bish S 4 wird S 3 durch G v 18.7.16 (BGBl I, 1679).

Schrifttum: *Rätke* Form und Inhalt des Einspruchs, BBK 12, 713; *Bergan/Martin* Einspruch mittels E-Mail ohne qualifizierte elektronische Signatur?, DStR 14, 2433; *Schießl* Auslegung und Umdeutung von Erklärungen eines Steuerberaters, DStR 16, 2550.

Übersicht

1 **1. Inhalt.** Die Vorschrift regelt in Abs 1 die erforderliche Form eines Einspruchs. Abs 2 legt iEinz fest, bei welcher FinBeh der Einspruch einzulegen ist und in welchen Fällen eine fehlerhafte Anbringung geheilt wird. Abs 3 enthält eine Sollvorschrift über die Angaben, die bei der Einlegung des Einspruchs gemacht werden sollen.

Die Änderung des § 357 durch das StRechtsmodernisierungsG v 18.7.2016 (BGBl I, 1679) führte zu einer Streichung des bisherigen S 3, der die Einlegung durch Telegramm regelte; hierdurch ist der bisherige S 4 zum aktuellen S 3 geworden. Zur Änderung des § 357 durch das G v 25.7.2013 s Rz 5 sowie 13. Aufl (dort Rz 1).

3 **2. Form des Einspruchs (Abs 1). a) Formvorschriften (Abs 1 S 1 und 2).** Der Einspruch ist schriftlich oder elektronisch (per E-Mail) einzureichen oder zur Niederschrift zu erklären; die Amtssprache ist deutsch gem § 87. **Schriftlichkeit** bedeutet Papierform; es ist aber keine eigenhändige Unterschrift erforderlich, wie sich aus Abs 1 S 2 ergibt. Zur Schriftform gehört auch das Telefax sowie das Computerfax (vgl BFH BStBl 15, 359; 14, 922; BFH/NV 14, 1185; AEAO zu § 357 Nr 1); zur Fristwahrung bei Übermittlung per Telefax s § 108 Rz 11; zu den entsprechenden Sorgfaltspflichten s § 110 Rz 42ff. Ebenfalls zulässig ist die Einlegung durch Telegramm; dies war bislang durch Abs 1 S 3 klargestellt, der aber aufgrund der fehlenden praktischen Bedeutung durch G v 18.7.2016 aufgehoben und durch den bisherigen S 4 ersetzt worden ist (s BT-Drs 18/7457, 91).

4 Die Erklärung eines Einspruchs zur **Niederschrift** erfordert das persönliche Erscheinen des Einspruchsführers oder seines Bevollmächtigten bei der zuständigen FinBeh, um persönlich vor dem Amtsträger den Einspruch zu Protokoll (Niederschrift) zu erklären. Behauptet ein Stpfl, er habe zur Niederschrift Einspruch eingelegt, muss er substantiiert angeben, an welchem Tag und bei wem die Einspruchseinlegung erfolgt sein soll (FG Mster EFG 99, 1266).

5 Mit der **elektronischen** Einlegung eines Einspruchs ist die Übermittlung des Einspruchs per E-Mail gemeint. Eine qualifizierte elektronische Signatur iSv § 87a III 2 ist nicht erforderlich, da auch bei schriftlicher Einreichung keine eigenhändige Unterschrift erforderlich ist (BFH BStBl 15, 790; AEAO zu § 357 Nr 1; aA *Fett/Martin* DStZ 07, 175). Die elektronische Einlegung wurde durch das G v 25.7.2013 (BGBl I, 2749) mWv 1.8.2013 eingeführt. Die Möglichkeit bestand aber auch schon vorher aufgrund des AEAO zu § 357 Nr 1 (aA FG Hess EFG 15, 676); insofern ist die gesetzliche Erweiterung nur eine Klarstellung gewesen (FG SchlHol EFG 17, 1405; BT-Drs 17/11473, 52 zu Art 7 Nr 4a). Zu den Anforderungen an eine ordnungsgemäße Rechtsbehelfsbelehrung s § 356 Rz 10ff. Zur elektronischen Einlegung gehört auch die authentifizierte Übermittlung einer StErklärung innerhalb der Einspruchsfrist des Schätzungsbescheids; hierin ist zugleich ein Einspruch zu sehen. Hingegen soll die elektronische Übermittlung einer StErklärung bzw -Anmeldung in nicht authentifizierter Form nach dem FG

Nds keinen wirksamen Einspruch darstellen (FG Nds EFG 14, 1257; vgl auch FG BaWü, EFG 15, 1815, zur wirksamen Antragstellung nach § 46 EStG bei Übermittlung in nicht authentifizierter Form); hier führt erst die anschließende Einreichung der komprimierten schriftlichen StErklärung zu einem wirksamen (schriftlichen) Einspruch, weil das FA erst aufgrund der nun ersichtlichen Telenummern die zuvor übermittelte Datei öffnen kann (s § 87a Rz 15); zur Frage der Wiedereinsetzung in den vorigen Stand s § 110 Rz 25.

6 **Nicht ausreichend** iSv Abs 1 sind: die Einspruchseinlegung durch SMS; ein mündlich vorgebrachter Einspruch, selbst wenn er schuldhaft nicht protokolliert worden ist (BFH/NV 89, 547; 94, 680; 02, 371); ein telefonisch zur Niederschrift erklärter Einspruch (FG Mchn EFG 00, 245).

9 **b) Bezeichnung des Einspruchsführers (Abs 1 S 2).** Aus der Einspruchsschrift, dem elektronischen Dokument oder der Erklärung zur Niederschrift muss sich hinreichend klar ergeben, wer den VA angreift. Der Einspruchsführer muss also nicht ausdrücklich bezeichnet werden – auch wenn dies für die Praxis unbedingt ratsam ist –, sondern der Einspruchsführer kann sich auch aus dem sonstigen Inhalt des Einspruchs oder den beigefügten Unterlagen (zB StBescheid) ergeben.

10 Bei Zusammenveranlagung muss feststehen, welcher Ehegatte sich beschwert fühlt und die Nachprüfung begehrt. Ein **von nur einem Ehegatten eingelegter Einspruch** hat nicht ohne Weiteres die Wirkung eines Einspruchs auch des anderen Ehepartners. Selbst wenn man in solchen Fällen eine Ermächtigung des den Einspruch einlegenden Ehepartners durch den anderen Ehepartner annimmt, muss der den Einspruch einlegende Ehepartner eindeutig zum Ausdruck bringen, dass er den Einspruch auch für den anderen Ehegatten einlegt (BFH BStBl 85, 296; 07, 823; BFH/NV 05, 553; 12, 1939; 13, 709; 15, 332; s auch FG Hbg EFG 16, 312, zum Einspruch gegen Kirchgeld in glaubensverschiedener Ehe); zu Einzelheiten s auch BayLfSt v 6.6.2014 DStR 14, 1499. Legt allerdings ein Ehegatte, der zugleich als StB tätig ist, gegen einen Zusammenveranlagungsbescheid Einspruch ein, so wirkt dies auch für den anderen Ehegatten, wenn er im Einspruchsschreiben als Betroffene beide Eheleute nennt. Unschädlich ist es dann, wenn er im Text nur die Ich-Form verwendet; denn durch diese Formulierung bringt er zum Ausdruck, dass er für die Ehefrau als bevollmächtigter StB handelt (FG Nbg EFG 86, 474).

11 Werden beide Ehegatten durch einen **gemeinsamen Bevollmächtigten** (zB Steuerberater) nach § 80 vertreten, ist bei Zusammenveranlagung im Zweifel davon auszugehen, dass der Bevollmächtigte Einspruch für beide Ehegatten einlegt. Das gilt auch bei anderen VA, die an mehrere Personen adressiert sind, wenn die mehreren Adressaten durch einen gemeinsamen Bevollmächtigten vertreten werden. Legt daher der gemeinsame Verfahrensbevollmächtigte gegen einen solchen VA Einspruch ein und verwendet er dabei zur Bezeichnung im Wesentlichen die gleiche Adressatenbezeichnung wie in dem angegriffenen Bescheid, so sind idR alle Adressaten des Bescheids als Einspruchsführer anzusehen (BFH/NV 96, 521). Anders kann das aber bei Zusammenveranlagungsbescheiden sein, wenn beiden Ehegatten je eine Ausfertigung unter ihrem eigenen Namen bekannt gegeben worden ist und der Bevollmächtigte den Einspruch dann nur unter dem Namen eines der Ehegatten einlegt (BFH/NV 96, 729); zur Auslegung von Erklärungen eines StBeraters s auch Rz 25ff.

14 **c) Unrichtige Bezeichnung des Einspruchs (Abs 1 S 3).** Durch die Streichung des bisherigen S 3, der die Einlegung durch Telegramm regelte (s Rz 3), durch das G v 18.7.2016 ist der bisherige S 4 ohne inhaltliche Änderung in den S 3 mWv 1.1.2017 verschoben worden. Nach S 3 ist es unschädlich, wenn der Einspruch nicht als solcher bezeichnet wird, sondern entweder eine ausdrückliche Bezeichnung als Einspruch fehlt oder aber eine fehlerhafte Bezeichnung wie zB Widerspruch oder Beschwerde enthält (FG Hbg EFG 90, 281) oder als Änderungsantrag bezeichnet wird. Ggf ist durch **Auslegung oder Umdeutung** der

wirkliche Wille des Stpfl analog § 133 BGB zu erforschen und zu ermitteln, ob ein Einspruch erhoben werden sollte (BFH/NV 16, 1676). Dabei ist davon auszugehen, dass der Einspruchsführer denjenigen Rechtsbehelf einlegen oder Antrag stellen wollte, der seinem materiell-rechtlichen Anliegen am ehesten zum Erfolg verhilft (BFH BStBl 09, 116; BFH/NV 16, 1676). Es muss ersichtlich sein, dass der Stpfl eine Beschwer geltend macht (vgl BFH/NV 86, 511) und deshalb eine Überprüfung des VA begehrt (FG Hbg EFG 90, 281).

Im Zweifel ist die Erklärung des Stpfl als Einspruch anzusehen, um zugunsten des Stpfl die Rechtskraft aufzuhalten (BFH BStBl 03, 505; BFH/NV 11, 295; 12, 1486). Geht zB nach Ergehen eines Schätzungsbescheids beim FA innerhalb der Einspruchsfrist die StErklärung ohne weitere Erklärung ein, so ist dies im Zweifel als Einspruch gegen den Schätzungsbescheid zu werten (BFH BStBl 03, 505). Das gilt sogar dann, wenn der Stpfl geltend macht, von dem Schätzungsbescheid keine Kenntnis zu haben (BFH/NV 05, 11). Eine bloße Ankündigung, den Rechtsbehelf einlegen zu wollen, reicht aber nicht aus. Zur Auslegung von Einsprüchen, die von Steuerberatern eingelegt werden, s Rz 18.

Ein Einspruch kann nicht wirksam unter einer **Bedingung** eingelegt werden. Insoweit ist aber ebenfalls im Wege der Auslegung zu ermitteln, ob wirklich eine Bedingung vorliegt. Ein vorsorglich eingelegter Rechtsbehelf steht nicht unter einer Bedingung und ist daher voll wirksam.

16 **d) Auslegung des Anfechtungsbegehrens.** Auch der Inhalt des Einspruchs und damit der Anfechtungsgegenstand ist auszulegen, wenn der angefochtene VA bzw die Streitjahre nicht genau bezeichnet sind, insbes wenn der Bescheid mehrere VA enthält (BFH/NV 17, 1411; AEAO zu § 357 Nr 4; s auch § 350 Rz 8f sowie § 152 Rz 93) oder wenn die Bezeichnung des VA der Einspruchsbegründung widerspricht (vgl BFH BStBl 09, 892). Auch hier gilt der Rechtsgedanke des § 140 BGB, sodass Anträge eines Stpfl umgedeutet werden können, wenn nicht zweifelh ist, welches Ziel der Stpfl letztlich erreichen will und dass er die richtigen Anträge gestellt hätte, wenn er die zutreffende verfahrensrechtliche Lage gekannt hätte (BFH/NV 05, 11). Ggf muss auch auf Umstände zurückgegriffen werden, die außerhalb der auszulegenden Erklärung liegen, jedoch einen Rückschluss auf den erklärten Willen erlauben (BFH/NV 87, 178; 99, 751; 02, 613). Entscheidend ist, wie die FinBeh als Erklärungsempfänger den objektiven Erklärungswert des Einspruchsschreibens verstehen musste (BFH/NV 98, 6). Dabei ist insbes eine rechtsschutzgewährende Auslegung geboten, wenn die verfahrensrechtliche Lage unübersichtlich ist (BFH/NV 06, 2035; FG Mchn EFG 11, 1016).

Beispiele für eine Auslegung:

1. Der Stpfl legt ausdrücklich gegen den EStBescheid Einspruch ein, die Begründung betrifft aber nur den Verspätungszuschlag, so dass der Einspruch nur gegen den Verspätungszuschlag erhoben worden ist (s § 152 Rz 93),
2. Der Einspruch richtet sich ausdrücklich gegen die Bescheid über ESt, KiSt und SolZ, während die Einspruchsbegründung nur die Verfassungsmäßigkeit des SolZ betrifft; hier richtet sich der Einspruch nur gegen den VA über SolZ (BFH BStBl 14, 234; AEAO zu § 357 Nr 4).
3. Der Einspruch richtet sich gegen den GewStBescheid, die Begründung betrifft aber die Höhe des Gewerbeertrags; hier ist auf Grund der Auslegung der GewStMessbescheid angefochten.

Hingegen ist eine Auslegung nicht zulässig, wenn sich der Einspruch gegen den KStBescheid richtet und auch die Begründung die Höhe des Gewinns angreift, nach Ablauf der Einspruchsfrist aber erstmalig noch Einwendungen gegen die Höhe der Zinsfestsetzungen erhoben werden (BFH/NV 02, 613). Ebenso wenig bedeutet ein Einspruch wegen KiSt im zusammengefassten Bescheid, dass gegen ESt Einspruch eingelegt wird (FG Ddorf EFG 79, 267).

17 Die Einspruchsschrift muss aber auslegungsfähig sein. Hieran fehlt es, wenn die Erklärung nach Wortlaut und Zweck einen eindeutigen Inhalt hat (BFH/NV 87,

359; BFH/NV 99, 591, 596; 01, 1220; 02, 613). Auch darf die Auslegung nicht zur Annahme eines Erklärungsinhalts führen, für den sich in der Erklärung selbst keine Anhaltspunkte mehr finden lassen (BFH BStBl 89, 822; BFH/NV 91, 429; 99, 591, 751; 02, 613). Der Bildungsgrad des Stpfl kann in diesem Zusammenhang eine gewisse Rolle spielen. Die Einspruchsbehörde hat ggf eine Klärung durch **Rückfrage** bei dem Stpfl herbeizuführen (BFH BStBl 58, 154).

Von einem **Angehörigen der steuerberatenden Berufe** sowie bei Rechts- 18 kundigen muss grds eine klare Ausdrucksweise bei der Einspruchseinlegung erwartet werden. Sie sind mit ihren Verfahrenserklärungen beim Wort zu nehmen, und es kann bei ihnen davon ausgegangen werden, dass sie sich über die rechtliche Tragweite ihrer Erklärungen im Klaren sind (BFH/NV 16, 1676). Eindeutige und unmissverständliche Erklärungen dürfen daher nicht umgedeutet oder ausgelegt werden. Nur wenn ihre Erklärungen nicht eindeutig sind, ist eine Auslegung möglich (vgl BFH BStBl 04, 964; BFH/NV 05, 325; 06, 2035; 11, 295; 16, 1676; BayLfSt 6.6.2014, DStR 14, 1499).

3. Anbringung des Einspruchs (Abs 2). a) Einlegung bei der zuständi- 20 **gen FinBeh (Abs 2 S 1 bis 3).** Der Einspruch ist nach Abs 2 S 1 bei der FinBeh anzubringen, **deren VA angefochten** wird; zum Begriff der Behörde s § 6. Auch bei einem Wechsel der örtlichen Zuständigkeit nach Erlass des VA muss der Einspruch bei der Behörde eingelegt werden, die ursprünglich zuständig war und den VA erlassen hat. Bei Feststellungsbescheiden und Messbetragsbescheiden ist die Einlegung des Einspruchs nach Abs 2 S 2 auch bei der FinBeh möglich, die für die Erteilung des Folgebescheids zuständig ist; eine vergleichbare Regelung enthält § 47 III FGO. Ebenso kann bei Erlass eines VA, den eine Behörde für die zuständige Behörde erlassen hat (zB die mit der Ap beauftragte andere FinBeh nach § 195 S 2; vgl dazu aber unten § 367 Rz 50), der Einspruch nach Abs 2 S 3 bei der zuständigen FinBeh eingelegt werden (vgl dazu *HHSp/Siegers* § 357 Rz 35 und 36). Zur Feststellungslast hinsichtlich der Fristwahrung s § 355 Rz 17.

b) Einlegung bei der unzuständigen FinBeh (Abs 2 S 4). Wird der Ein- 21 spruch bei einer unzuständigen Behörde eingelegt, so reicht es aus, wenn der Einspruch vor Ablauf der Einspruchsfrist bei einer der in Abs 1 S 1 bis 3 genannten FinBeh eingeht. Das **Risiko trägt der Stpfl.** Das gilt auch in dem Fall, dass ein Einspruch bei einem Wechsel der örtlichen Zuständigkeit entgegen § 357 II 1 bereits bei der nach § 367 I 2 zur Entscheidung berufenen anderen FinBeh eingelegt wird (AEAO zu § 357 Nr 3). Wenn sich die unzuständige Behörde allerdings unvertretbar lange Zeit für die Weiterleitung an die zuständige Behörde lässt, obwohl sie ihre Unzuständigkeit ohne nähere Prüfung erkennen kann, kommt Wiedereinsetzung in den vorigen Stand in Betracht (s § 110 Rz 23).

4. Inhalt des Einspruchs (Abs 3). Abs 3 stellt eine Sollvorschrift dar. Der 25 Stpfl soll den VA, gegen den er Einspruch einlegt, bezeichnen (S 1), einen Antrag stellen (S 2) und den Einspruch begründen sowie die Beweismittel angeben (S 3). Aus Abs 1 S 2 ergibt sich zudem, dass der Einspruchführer erkennbar sein muss (s Rz 9 ff). Die Wirksamkeit des Einspruchs hängt damit nicht von den Angaben iSv Abs 3 ab. Bezeichnet der Stpfl aber entgegen der Sollvorschrift des Abs 3 S 1 nicht den angefochtenen VA, muss im Wege der Auslegung ermittelt werden, wogegen sich der Einspruch richtet (s Rz 16 ff). Ohne Bezeichnung des VA geht der Stpfl damit das Risiko ein, dass der Einspruch anders ausgelegt wird.

Im Einspruchsverfahren besteht kein Antrags- bzw Begründungszwang, da es 26 sich bei den Bestimmungen des Abs 3 S 2 und 3 nur um Sollvorschriften handelt. Das Unterlassen der dort vorgesehenen Angaben kann jedoch Bedeutung hinsichtlich der amtlichen Ermittlungspflicht haben und diese begrenzen (§ 90 Rz 12). Nach § 364b kann auch eine Ausschlussfrist für die Begründung sowie für die zu bezeichnenden Beweismittel gesetzt werden.

27 Stellt der Stpfl einen Antrag gem Abs 3 S 2, ist die FinBeh hieran nicht gebunden (BFH BStBl 94, 785). Der Umfang des Antrags ist allerdings ohnehin anhand der Grundsätze des Beschlusses des GrS des BFH (BStBl 90, 327) zu ermitteln (BFH BStBl 92, 995). Danach ist idR nicht von einer bloßen Teilanfechtung eines StBescheids auszugehen (s BFH BStBl 92, 592; BGH DStR 11, 45). Auch nach Ablauf der Einspruchsfrist kann der Stpfl den Antrag seines fristgerecht eingelegten Einspruchs noch erweitern und zB noch weitere Streitpunkte, die denselben VA betreffen, geltend machen wie zB weitere Sonderausgaben oder Betriebsausgaben (AEAO zu § 367 Nr 3).

29 **5. Rechtsfolgen.** Mit Eingang des Einspruchs bei der zuständigen Behörde ist der Einspruch anhängig; ist die Einspruchsfrist gewahrt, tritt keine formelle Bestandskraft ein. Außerdem kommt es bei einem zulässigen Einspruch zu einer **Ablaufhemmung** nach § 171 IIIa (s § 358 Rz 3). Solange das Einspruchsverfahren nicht abgeschlossen ist, ist ein erneuter Einspruch unzulässig (FG Brem EFG 95, 332 mwN). Außerdem ist der Einspruch Voraussetzung für einen AdV-Antrag nach § 361 sowie nach § 44 FGO für eine nachfolgende Anfechtungs- oder Verpflichtungsklage. Neben dem Einspruch sind Anträge auf Gewährung von Billigkeitsmaßnahmen nach §§ 163, 227 zulässig (s § 363 Rz 6).

§ 358 Prüfung der Zulässigkeitsvoraussetzungen

[1] Die zur Entscheidung über den Einspruch berufene Finanzbehörde hat zu prüfen, ob der Einspruch zulässig, insbesondere in der vorgeschriebenen Form und Frist eingelegt ist. [2] Mangelt es an einem dieser Erfordernisse, so ist der Einspruch als unzulässig zu verwerfen.

1 **1. Inhalt.** Die Vorschrift stellt in Satz 1 klar, dass die Einhaltung der vorgeschriebenen Form und Frist gleichfalls zu den Zulässigkeitsvoraussetzungen gehört. Außerdem ergibt sich aus der Norm, dass die FinBeh bei Unzulässigkeit des Einspruchs nicht in der Sache entscheiden darf.

2 **2. Zulässigkeitsvoraussetzungen iEinz.** Zu den zu prüfenden Zulässigkeitsvoraussetzungen gehören: die Statthaftigkeit des Einspruchs gem §§ 347, 348, die Beschwer des Stpfl (§ 350), eine etwaige Einschränkung der Anfechtungsbefugnis gem § 351, die Einspruchsbefugnis des Stpfl nach § 352, die Wahrung der Einspruchsfrist (§§ 355, 353) einschl der Voraussetzungen für eine Wiedereinsetzung in den vorigen Stand gem § 110, die Einhaltung der Form (§ 357 I) und die Handlungsfähigkeit des Stpfl (§ 79 iVm § 365 I). Außerdem muss die FinBeh prüfen, ob der Stpfl auf die Einlegung eines Einspruchs verzichtet hat (§ 354 I 3) oder den Einspruch bereits zurückgenommen hat (§ 362 I 2).

3 **3. Prüfung der Zulässigkeit.** Die Prüfung der Zulässigkeitsvoraussetzungen ist sowohl vor Erlass der Einspruchsentscheidung als auch vor Erlass eines Abhilfebescheids vorzunehmen. Denn die Zulässigkeit ist im Einspruchsverfahren Sachentscheidungsvoraussetzung.

Sind die Zulässigkeitsvoraussetzungen **nicht vollständig erfüllt,** muss die FinBeh den Einspruch nach Satz 2 der Vorschrift als unzulässig verwerfen, ohne dass Ausführungen in materiell-rechtlicher Hinsicht erfolgen. Bei einem unzulässigen Einspruch darf die FinBeh den VA daher nicht nach § 367 II 2 verbösern (BFH/NV 15, 147). Die FinBeh darf aber auch **keinen (Teil-)Abhilfebescheid** gem § 172 I Nr 2 Buchst a erlassen (BFH BStBl 07, 83; FG Mchn EFG 05, 839). Sie kann nur prüfen, ob eine Korrektur aufgrund einer anderen Korrekturnorm (zB § 173) möglich ist; ein danach zulässiger Korrekturbescheid wird nicht Gegenstand des Einspruchsverfahrens gem § 365 III, weil der Einspruch unzulässig war (s § 365 Rz 6). Ein unzulässiger Einspruch löst iÜ keine Ablaufhemmung nach § 171 IIIa aus (s § 171 Rz 21).

Eine gegen die Verwerfung des Einspruchs als unzulässig gerichtete **Klage** ist im Falle ihrer Erfolglosigkeit vom FG nicht als unzulässig, sondern als unbegründet abzuweisen (BFH BStBl 84, 791; 01, 747; BFH/NV 96, 506; 00, 578). Will der Stpfl seine Klage auf die gerichtliche Überprüfung der Zulässigkeitsvoraussetzungen iSv § 358 beschränken, empfiehlt sich eine **isolierte Anfechtungsklage;** bei einem Klageerfolg – weil zB die FinBeh zu Unrecht von einer Fristversäumnis ausgegangen ist oder zu Unrecht Wiedereinsetzung in den vorigen Stand abgelehnt hat – hebt das FG die Einspruchsentscheidung auf, sodass das – nunmehr zulässige – Einspruchsverfahren von der FinBeh fortgeführt wird. Hat die FinBeh einen unzulässigen Einspruch als unbegründet oder als „jedenfalls unbegründet" zurückgewiesen, bleibt die Klage wegen der Unzulässigkeit des Einspruchs gleichwohl unbegründet (BFH/NV 09, 401; 11, 1835); die Zurückweisung des Einspruchs als unbegründet statt der Verwerfung als unzulässig stellt also keinen Verfahrensfehler dar (BFH/NV 87, 359). 4

Liegen hingegen **alle Zulässigkeitsvoraussetzungen** vor, ist idR in der Einspruchsentscheidung lediglich zum Ausdruck zu bringen, dass der Einspruch zulässig ist. Erforderlich ist aber nicht einmal dies. Es kann dann auch nur zur Begründetheit des Einspruchs Stellung genommen werden. Die Bejahung der Zulässigkeitsvoraussetzungen durch die FinBeh ist für das FG im Klageverfahren nicht zwingend. Es kann daher die Klage abweisen, wenn es die Einspruchsfrist – entgegen der Auffassung der FinBeh – für versäumt hält. 5

§ 359 Beteiligte

Beteiligte am Verfahren sind:
1. wer den Einspruch eingelegt hat (Einspruchsführer),
2. wer zum Verfahren hinzugezogen worden ist.

Die Vorschrift regelt, wer Beteiligter am Einspruchsverfahren ist. Die Stellung der Beteiligten im Verfahren und ihre Rechte ergeben sich aus anderen Vorschriften (s §§ 363 II, 365 II, 366). Die formale Beteiligtenstellung nach § 359 ist unabhängig davon, ob der Einspruchsführer wirklich einspruchsbefugt ist oder ob er der Stpfl ist. Der Beteiligtenbegriff im Einspruchsverfahren weicht von dem Begriff des Beteiligten im Besteuerungsverfahren (§ 78) und im Zerlegungsverfahren (§ 186) ab. Ein Beteiligter iSv § 359, insbes ein Hinzugezogener, ist zugleich Dritter iSv § 174 V 1, sodass eine Änderung seines StBescheids nach § 174 IV in Betracht kommt (BFH/NV 15, 1016; 14, 1122; s auch § 174 Rz 69 ff). 1

Nr 1 benennt den Einspruchsführer als Beteiligten, ohne dass es darauf ankommt, ob dieser Adressat des angefochtenen Bescheids oder einspruchsbefugt (vgl § 352) ist. Nr 2 bezieht sich auf § 360; ggü dem nach § 360 Hinzugezogenen muss daher auch eine Einspruchsentscheidung ergehen (s § 360 Rz 35 ff). 2

§ 360 Hinzuziehung zum Verfahren

(1) [1]**Die zur Entscheidung über den Einspruch berufene Finanzbehörde kann von Amts wegen oder auf Antrag andere hinzuziehen, deren rechtliche Interessen nach den Steuergesetzen durch die Entscheidung berührt werden, insbesondere solche, die nach den Steuergesetzen neben dem Steuerpflichtigen haften.** [2]**Vor der Hinzuziehung ist derjenige zu hören, der den Einspruch eingelegt hat.**

(2) **Wird eine Abgabe für einen anderen Abgabenberechtigten verwaltet, so kann dieser nicht deshalb hinzugezogen werden, weil seine Interessen als Abgabenberechtigter durch die Entscheidung berührt werden.**

(3) [1]**Sind an dem streitigen Rechtsverhältnis Dritte derart beteiligt, dass die Entscheidung auch ihnen gegenüber nur einheitlich ergehen kann, so sind sie**

hinzuzuziehen. [2]Dies gilt nicht für Mitberechtigte, die nach § 352 nicht befugt sind, Einspruch einzulegen.

(4) **Wer zum Verfahren hinzugezogen worden ist, kann dieselben Rechte geltend machen wie derjenige, der den Einspruch eingelegt hat.**

(5) **[1]Kommt nach Absatz 3 die Hinzuziehung von mehr als fünfzig Personen in Betracht, kann die Finanzbehörde anordnen, dass nur solche Personen hinzugezogen werden, die dies innerhalb einer bestimmten Frist beantragen. [2]Von einer Einzelbekanntgabe der Anordnung kann abgesehen werden, wenn die Anordnung im Bundesanzeiger bekannt gemacht und außerdem in Tageszeitungen veröffentlicht wird, die in dem Bereich verbreitet sind, in dem sich die Entscheidung voraussichtlich auswirken wird. [3]Die Frist muss mindestens drei Monate seit Veröffentlichung im Bundesanzeiger betragen. [4]In der Veröffentlichung in Tageszeitungen ist mitzuteilen, an welchem Tage die Frist abläuft. [5]Für die Wiedereinsetzung in den vorigen Stand wegen Versäumung der Frist gilt § 110 entsprechend. [6]Die Finanzbehörde soll Personen, die von der Entscheidung erkennbar in besonderem Maße betroffen werden, auch ohne Antrag hinzuziehen.**

Abs 5 S 2 und 3 geändert durch JKomG v 22.3.05 (BGBl I, 837); jeweils das Wort „elektronischen" gestrichen durch G v 22.12.11 (BGBl I, 3044).

Schrifttum: *vor 2010 s 13. Aufl; Bruschke* Hinzuziehung und Beiladung – Rechtsfolgen beachten, DStR 11, 753; *Kobor* Hinzuziehung zum Einspruchsverfahren und Beiladung zum Klageverfahren, SteuK 13, 49.

Übersicht

1 **1. Inhalt.** Die Vorschrift regelt die Zuziehung Dritter zum Verfahren des Einspruchsführers. Die Hinzuziehung im Einspruchsverfahren ist das Pendant zur Beiladung im Klageverfahren. Daher entsprechen Abs 1 bis 3 des § 360 dem § 60 I bis III FGO; Abs 5 des § 360 entspricht weitgehend § 60a FGO; nur Abs 4 des § 360 weicht von § 60 VI FGO ab (s Rz 35). Neben der Hinzuziehung nach § 360 ermöglicht noch § 174 V 2 eine Hinzuziehung des Dritten, wenn ihm ggü eine Änderung zu Ungunsten für den Fall ermöglicht werden soll, dass der Einspruchsführer mit einem Änderungsantrag oder Einspruch Erfolg hat (s § 174 Rz 69 ff).

Abs 1 regelt die einfache Hinzuziehung und Abs 3 die notwendige Hinzuziehung eines Dritten. Abs 2 schließt die Hinzuziehung eines Abgabenberechtigten, insbes von Gemeinden, aus, wenn dieser die Abgabe lediglich verwaltet. Abs 4 regelt die Rechtsfolgen der Hinzuziehung und Abs 5 enthält Vereinfachungsregelungen für Hinzuziehungen in Massenverfahren mit mehr als 50 Hinzuzuziehenden.

Durch die Hinzuziehung wird der Dritte Beteiligter des Einspruchsverfahrens gem § 359 Nr 2 und Adressat der Einspruchsentscheidung gem § 366. Der Hinzugezogene kann daher auch gegen die Einspruchsentscheidung klagen; klagt hingegen nur der Einspruchsführer, ist der Hinzugezogene im Klageverfahren nach § 60 FGO beizuladen; zur Klage eines Hinzugezogenen s Rz 39. Durch die Hinzuziehung kommt es zu einer Offenbarung der Verhältnisse des Einspruchsführers ggü dem Hinzugezogenen, soweit dies für das Einspruchsverfahren erforderlich ist (s Rz 35); diese Offenbarung ist nach § 30 IV Nr 1, II Nr 1 Buchst a gerechtfertigt. Der Hinzugezogene kann je nach Streitfall die gleichen oder aber die entgegengesetzten Interessen wie der Einspruchsführer haben. 2

2. Zweck. Die Hinzuziehung dient zum einen der Prozessökonomie, indem sie die Führung mehrerer Verfahren in der gleichen Angelegenheit überflüssig macht. Zum anderen soll sie verhindern, dass derselbe Sachverhalt im Verhältnis zu verschiedenen Stpfl jeweils unterschiedlich behandelt wird. 3

3. Allgemeine Voraussetzungen der Hinzuziehung. Die Hinzuziehung setzt ein anhängiges Einspruchsverfahren voraus. Der Einspruch darf nicht offensichtlich unzulässig sein (FG Hbg BeckRS 2015, 94695; s auch BFH BStBl 79, 632; BFH/NV 00, 446, jeweils zur vergleichbaren Voraussetzung für eine Beiladung). Zudem darf der Hinzuziehende nicht selbst Einspruch eingelegt haben. Eine Hinzuziehung scheidet im AdV-Verfahren iSv § 361 aus (BStBl 81, 99; s auch § 361 Rz 56). 4

4. Einfache Hinzuziehung (Abs 1). a) Rechtliche Interessen des Dritten. Die einfache Hinzuziehung setzt ein rechtliches Interesse des Dritten an der Entscheidung über den Einspruch voraus. Der Dritte muss zu den Verfahrensparteien oder dem Streitgegenstand in einer solchen Beziehung stehen, dass die Entscheidung seine steuerrechtliche Lage verändern kann (FG Hess 3 K 3677/04, BeckRS 2005, 26021102). Auf die Wahrscheinlichkeit einer derartigen Veränderung kommt es nicht an, sondern es genügt die Möglichkeit (BFH/NV 99, 819). Ein persönliches oder ein sonstiges nicht steuerliches Interesse genügt jedoch nicht. Für Abs 1 gelten die gleichen Grundsätze wie für eine einfache Beiladung nach § 60 I FGO (s Rz 1). 6

Ausdrücklich in Abs 1 genannt ist der potenzielle **Haftungsschuldner,** der zum Einspruchsverfahren des Stpfl hinzugezogen werden kann (BFH/NV 05, 1778). So kann der ArbN in einem Rechtsstreit zugezogen werden, den der ArbG gegen einen LSt-Haftungsbescheid führt und in dem es um die LSt für diesen ArbN geht (BFH BStBl 80, 210; *HHSp/Birkenfeld* § 360 Rz 75); s aber auch Rz 25 zu Fällen der notwendigen Beiladung im Verhältnis von ArbN zu ArbG. 7

Darüber hinaus kommt die einfache Hinzuziehung auch in Fällen der **Gesamtschuldnerschaft** iSv § 44 in Betracht, wenn nur ein Gesamtschuldner Einspruch einlegt. So können zB die folgenden Personen nach Abs 1 hinzugezogen werden (*HHSp/Birkenfeld* § 360 Rz 71ff): der Grundstücksverkäufer im Einspruchsverfahren des Grundstückserwerbers gegen den GrESt-Bescheid, der Schenker im Einspruchsverfahren des Beschenkten gegen den SchStBescheid; der Erbe im Einspruchsverfahren des Miterben gegen den ErbStBescheid. Hier liegt grds kein Fall einer notwendigen Hinzuziehung vor, da die Bescheide gegen Gesamtschuldner nicht einheitlich bleiben müssen (BFH/NV 06, 1849). 8

Bei zusammenveranlagten **Ehegatten** bzw Lebenspartnern ist vorab zu prüfen, ob der Einspruch des einen Ehegatten ausdrücklich auch für den anderen Ehegatten eingelegt worden ist oder im Wege der Auslegung auch für den anderen Ehegatten erhoben worden ist (s § 357 Rz 10); falls dies zu bejahen ist, haben beide Ehegatten Einspruch eingelegt, sodass eine Hinzuziehung nicht zulässig wäre (s Rz 4). Hat hingegen nur einer der beiden Ehegatten Einspruch eingelegt, kommt eine einfache Hinzuziehung des anderen Ehegatten in Betracht, und zwar 9 auch dann, wenn der hinzuziehende Ehegatte keine eigenen Einkünfte hat (AEAO zu § 360 Nr 3; BayLfSt 14.7.2014, BeckVerw 287399, Tz 3; *Kobor* SteuK 13, 49). Eine notwendige Beiladung scheidet nach dem BFH hingegen aus (s hierzu Rz 20).

13 **b) Verfahren.** In den Fällen des Abs 1 liegt die Hinzuziehung im Ermessen (§ 5) der FinBeh. Nach Auffassung der FinVerw kann – außer in Fällen der Zusammenveranlagung (s Rz 9) – von einer einfachen Hinzuziehung abgesehen werden, wenn absehbar ist, dass dem Einspruch stattgegeben werden kann oder eine einvernehmliche Erledigung wahrscheinlich ist (BayLfSt 14.7.2014, BeckVerw 287399, Tz 2). Im Fall der Zusammenveranlagung soll hingegen eine Hinzuziehung erfolgen, wenn Streit über die Zurechnung von Einkünften besteht oder wenn es entgegengesetzte Interessen der Ehegatten gibt (BayLfSt 14.7.2014, BeckVerw 287399, Tz 3).

Der Stpfl kann durch seinen Antrag eine Anregung zur Hinzuziehung geben. Nach Abs 1 S 2 ist dem Einspruchsführer rechtliches Gehör vor der beabsichtigten Hinzuziehung zu gewähren. Zu weiteren Einzelheiten s Rz 30. Zu den Rechtsfolgen einer unterlassenen einfachen Hinzuziehung s Rz 44.

15 **5. Hinzuziehung von Abgabenberechtigten (Abs 2).** Zu den von Abs 2 erfassten Abgabeberechtigten gehören insbes Gemeinden, die die GewSt verwalten, aber nicht am Einspruchsverfahren gegen den GewSt-Messbescheid beteiligt sind. Sie sind nicht deswegen hinzuziehen, nur weil sie die Abgabe verwalten. Anders ist dies aber bei einem Einspruch gegen den GewStZerlegungsbescheid iSv § 186: Hier sind die betroffenen Gemeinden notwendig beizuladen (s § 186 Rz 2).

18 **6. Notwendige Hinzuziehung (Abs 3). a) Grundsätze der notwendigen Hinzuziehung.** Die Hinzuziehung ist dann notwendig, wenn sich der Einspruch gegen einen VA richtet, der **gleichzeitig** mehrere Stpfl betrifft und deshalb ihnen ggü stets einheitlich sein muss. Über den Wortlaut des Abs 3 hinaus hat eine Hinzuziehung notwendig auch dann zu erfolgen, wenn der VA notwendigerweise und unmittelbar Rechte Dritter gestaltet, bestätigt, verändert oder zum Erlöschen bringt (BFH BStBl 93, 513). Da die Änderung eines solchen Bescheids in die Rechte sämtlicher Betroffenen unmittelbar eingreift, müssen sie, auch soweit sie keinen Einspruch eingelegt haben, an dem Verfahren beteiligt werden. Für Abs 3 gelten iÜ die gleichen Grundsätze wie für eine notwendige Beiladung nach § 60 III FGO (s Rz 1).

Neben den allg Voraussetzungen für eine Hinzuziehung (s Rz 4) setzt die notwendige Hinzuziehung zusätzlich voraus, dass der Einspruchsführer einspruchsbefugt ist, insbes also die Voraussetzungen des § 352 erfüllt (BFH BStBl 04, 964).

19 **b) Fallgruppen der notwendigen Hinzuziehung.** In der Praxis haben sich folgende Fallgruppen herausgebildet:

Bei Bescheiden über die **einheitliche und gesonderte Feststellung** von Besteuerungsgrundlagen sind – wie sich aus Abs 3 S 2 ergibt – alle einspruchsbefugten Personen iSv § 352, die nicht Einspruch eingelegt haben, sowie alle Personen, denen der Bescheid nach § 183 II einzeln bekannt gegeben worden ist (s § 352 Rz 38), notwendig hinzuziehen. Bei einem Einspruch gegen einen Gewinnfeststellungsbescheid, der von dem vertretungsberechtigten Geschäftsführer der PersGes gem § 352 I Nr 1 erhoben wird, ist also ein ausgeschiedener Gesellschafter iSv § 352 I Nr 3 notwendig hinzuziehen. Gleiches gilt für den umgekehrten Fall des Einspruchs durch einen Gesellschafter iSv § 352 I Nr 3 bis 5; hier ist dann die PersGes, vertreten durch ihren vertretungsberechtigten Geschäftsführer, notwendig hinzuziehen (BFH BStBl 04, 964; 80, 586; 72, 672). Die Hinzuziehung von Personen iSv § 352 I Nr 3 bis 5 hat aber dann zu unterbleiben, wenn die einspruchsbefugten Personen iSv § 352 I unter keinem denkbaren Gesichtspunkt von dem

Einspruch betroffen sein können, weil sie zB nicht am Ergebnis, dessen Höhe im Einspruchsverfahren streitig ist, beteiligt sind oder weil es nur um die Sonderbetriebseinkünfte eines anderen Gesellschafters geht (BFH BStBl 90, 780; 92, 559; BFH/NV 14, 70). Umgekehrt gilt dies aber nicht: Bei einem Einspruch durch eine einspruchsbefugte Person iSv § 352 I Nr 3 bis 5 ist stets die PersGes hinzuziehen, selbst wenn sie vom Ausgang des Verfahrens nicht betroffen ist (BFH/NV 09, 597 zu § 60 III FGO). Bei Streit über das Bestehen einer Mitunternehmerschaft, sind sämtliche angeblichen Mitunternehmer hinzuzuziehen (s § 352 Rz 30, 31). Bei Streit über Entstehung und Höhe eines Veräußerungsgewinns eines ausscheidenden Gesellschafters ist der den Anteil übernehmende Gesellschafter notwendig hinzuzuziehen (BFH/NV 90, 31). Bei einem Einspruch des atypisch stillen Gesellschafters gegen einen negativen Gewinnfeststellungsbescheid ist der Inhaber des Handelsgeschäftes notwendig hinzuzuziehen. Ist der Inhaber des Handelsgeschäftes in Insolvenz geraten, ist der Insolvenzverwalter hinzuzuziehen (BFH/NV 02, 1477).

Bei der **Zusammenveranlagung von Ehegatten** scheidet eine notwendige 20 Hinzuziehung grds aus (BFH BStBl 77, 870; 84, 196; BFH/NV 89, 690, 755; s aber auch BFH BStBl 69, 343, wonach eine notwendige Hinzuziehung in Betracht kommt, wenn der andere Ehegatte, der keinen Einspruch eingelegt hat, eigene Einkünfte hat und widerstreitende Interessen der Eheleute erkennbar sind); vielmehr genügt eine einfache Hinzuziehung (s Rz 9; vgl zum Problemkreis auch *Hellinger* BB 77, 1196; *Lippross* DB 84, 1853; *Eberl* DB 84, 2382). Erst recht scheidet bei der getrennten Veranlagung eine Hinzuziehung aus.

Hingegen ist eine Hinzuziehung notwendig, wenn ein Ehegatte nach einer be- 21 reits erfolgten Zusammenveranlagung sein **Veranlagungswahlrecht** ändert und eine getrennte Veranlagung beantragt und zwischen den Ehegatten Streit über die Zulässigkeit eines solchen Begehrens besteht (BFH BStBl 92, 916); denn die Veranlagungsart kann bei beiden Ehegatten nur einheitlich angewendet werden. Außerdem ist der Ehegatte in dem von dem anderen Ehegatten betriebenen Einspruchsverfahren gegen einen **Aufteilungsbescheid** notwendig hinzuzuziehen (BFH/NV 03, 195; FG Hbg BeckRS 2015, 94695; aA BFH/NV 17, 906, für den Fall der Aufteilung eines Erstattungsbetrags). Dies gilt aber nicht bei getrennter Veranlagung, wenn in einem Einspruchsverfahren über einen Abrechnungsbescheid darüber gestritten wird, in welcher Höhe die von den Eheleuten (wegen vorheriger Zusammenveranlagung als Gesamtschuldner) geleisteten Vorauszahlungen auf die festgesetzte Steuerschuld des den Einspruch führenden Ehegatten anzurechnen sind (BFH BStBl 94, 405).

Bei Eltern liegt ein Fall der notwendigen Hinzuziehung vor, wenn darüber ge- 22 stritten wird, ob der Kinderfreibetrag des einen Elternteils auf den anderen gem § 32 VI 6 EStG zu übertragen ist. Keine notwendige Hinzuziehung des anderen Elternteils ist in einem Einspruchsverfahren geboten, in dem es um die Ablehnung eines Antrags eines Elternteils auf die Gewährung von **Kindergeld** geht. Erhebt daher ein Elternteil Einspruch gegen die Ablehnung seines Antrags auf Gewährung von Kindergeld, ist der andere Elternteil selbst dann nicht hinzuzuziehen, wenn er bei Stattgabe des Einspruchs das bisher zu seinen Gunsten festgesetzte Kindergeld verliert (BFH BStBl 02, 578).

Beim Einspruch eines ArbN gegen den an den ArbG gerichteten **LSt-Haf-** 25 **tungsbescheid** ist eine notwendige Hinzuziehung des ArbG geboten (BFH BStBl 73, 780). Hingegen scheidet in den folgenden Fällen eine notwendige Hinzuziehung aus: beim Einspruch einzelner **Miterben** gegen die EStFestsetzung oder die Feststellung des GewStMessbetrags (BFH/NV 92, 516); beim Einspruch von Miterben gegen die Ablehnung eines Antrags auf Erlass von Säumniszuschlägen aus sachlichen in der Person des Erblassers liegenden Billigkeitsgründen (BFH BStBl 90, 360); bei der **Abtretung von Steuererstattungsansprüchen** (BFH/NV 06, 843 mwN).

30 **7. Verfahren.** Vor jeder Hinzuziehung ist der den Einspruch führende Stpfl von dieser Absicht in Kenntnis zu setzen und ihm **Gelegenheit zur Stellungnahme** zu geben. Für die einfache Hinzuziehung ist dies in Abs 1 S 2 ausdrücklich angeordnet. Diese Verfahrensweise ist jedoch auch bei der notwendigen Hinzuziehung einzuhalten, damit der Einspruchsführer die Möglichkeit erhält, durch Rücknahme seines Einspruchs die Hinzuziehung und die damit verbundene Offenbarung seiner stl Verhältnisse zu vermeiden. Die Aufforderung zur Stellungnahme ist kein VA.

31 Die Hinzuziehung sollte so früh wie möglich erfolgen (BayLfSt 14.7.2014, BeckVerw 287399, Tz 6). Die Hinzuziehung selbst erfolgt durch **VA,** der sowohl dem Einspruchsführer als auch dem Hinzugezogenen bekannt zu geben ist. Die Hinzuziehung kann sowohl durch den Einspruchsführer als auch durch den Hinzugezogenen durch Einspruch angefochten werden. IdR sollte die Hinzuziehungserklärung einen Hinweis auf die Rechte des Hinzugezogenen (Abs 4) und die Wirkung der Hinzuziehung enthalten. Dem Hinzugezogenen sind das Vorbringen der übrigen Beteiligten sowie das Ergebnis etwaiger von Amts wegen durchgeführter Ermittlungen mitzuteilen.

35 **8. Rechtsfolgen der Hinzuziehung (Abs 4). a) Wirkung der Hinzuziehung.** Der Hinzugezogene kann nach Abs 4 während des Einspruchsverfahrens **dieselben Rechte** geltend machen, wie derjenige, der den Einspruch eingelegt hat; eine Begrenzung erfolgt lediglich durch den Grundsatz der Akzessorietät (s Rz 36). Abs 4 weicht damit von § 60 VI FGO ab, der nur bei einer notwendigen Beiladung abweichende Sachanträge des Beigeladenen zulässt. Da die FinBeh nach § 367 II 1 den angefochtenen VA in vollem Umfang zu überprüfen hat und somit an die Anträge des Einspruchsführers nicht gebunden ist, kann der Hinzugezogene Einwendungen gegen den angefochtenen VA unabhängig von dem Vorbringen des Einspruchsführers geltend machen (BFH/NV 07, 869). Umgekehrt kann die FinBeh aber auch ggü einem notwendig Hinzugezogenen iSv Abs 3 eine **Verböserung** nach entsprechendem Hinweis gem § 367 II 2 vornehmen (BFH BStBl 90, 561; BFH/NV 09, 353); dies kann zB relevant werden, wenn die Gewinnverteilung zwischen dem Einspruchsführer und dem Hinzugezogenen streitig ist und die FinBeh der Auffassung des Einspruchsführers folgen will.

Darüber hinaus hat der Hinzugezogene das Recht auf Mitteilung der Besteuerungsgrundlagen gem § 364 und erhält damit auch Einblick in die stl Verhältnisse des Einspruchsführers, soweit dies für das Einspruchsverfahren erforderlich ist (s Rz 2); ihm können Kopien des mit dem Einspruchsführer geführten Schriftverkehrs übersandt werden (BayLfSt 14.7.2014, BeckVerw 287399, Tz 7). Weiterhin hat der Hinzugezogene einen Anspruch auf rechtl Gehör gem § 91 iVm § 365 I. Er kann zudem an einem Erörterungstermin gem § 364a oder an einer Inaugenscheinnahme gem § 98 iVm § 365 I teilnehmen. Außerdem ist ihm die Einspruchsentscheidung gem § 366 iVm § 359 Nr 2 bekannt zu geben (BFH BStBl 91, 605), die im Rubrum auch die Hinzugezogenen aufführen muss.

36 Die Rechtsposition des Hinzugezogenen wird iÜ aber durch den Grundsatz der **Akzessorietät** begrenzt (BFH BStBl 06, 576). Der Hinzugezogene kann seine Rechte nur in den Grenzen des durch den Einspruchsführer gesteckten Einspruchsgegenstands geltend machen. Der Hinzugezogene kann daher den Einspruch (des Einspruchsführers) nicht zurücknehmen, während der Einspruchsführer seinen Einspruch ohne Zustimmung des Hinzugezogenen zurücknehmen kann. Nach Rücknahme des Einspruchs durch den Einspruchsführer kann der Hinzugezogene das Verfahren nicht fortsetzen (BFH/NV 98, 14; 01, 320). Die FinBeh kann aber auch nach einer Einspruchsrücknahme ggü dem Hinzugezogenen nicht mehr verbösern (BFH BStBl 06, 576).

37 Durch einen **Vollabhilfebescheid** zugunsten des Einspruchsführers wird das Einspruchsverfahren abgeschlossen (BFH/NV 95, 469). Eine Zustimmung des

Hinzugezogenen bei einem Vollabhilfebescheid ist nicht erforderlich (AEAO zu § 360 Nr 4, wonach die Zustimmung nur dann erforderlich ist, wenn dem Antrag des Einspruchsführers der Sache nach nicht entsprochen wird; *BG/Bartone* § 360 Rz 56; *Koenig/Cöster* § 360 Rz 41; aA BFH HFR 64, 51; *HHSp/Birkenfeld* § 360 Rz 161); dies entspricht der Rechtslage im Klageverfahren, in dem die prozessuale Hauptsacheerledigung ebenfalls nicht von der Zustimmung des Beigeladenen abhängig ist (BFH BStBl 06, 418). Der Hinzugezogene kann nun aber gegen den Vollabhilfebescheid Einspruch einlegen, wenn er durch diesen beschwert ist (*Koenig/Cöster* § 360 Rz 41).

Anders ist dies bei einem **Teilabhilfebescheid,** der nicht dem Interesse des Hinzugezogenen entspricht. Hier ist die Zustimmung des Hinzugezogenen erforderlich (AEAO zu § 360 Nr 4; BayLfSt 14.7.2014, BeckVerw 287399, Tz 7). Verweigert der Hinzugezogene die Zustimmung, muss die FinBeh durch Einspruchsentscheidung entscheiden (BayLfSt 14.7.2014, BeckVerw 287399, Tz 7). Die FinBeh gibt dann dem Einspruch zum Teil statt (im Umfang des beabsichtigen, aber wegen der verweigerten Zustimmung nicht erlassenen Teilabhilfebescheids) und weist ihn iÜ als unbegründet zurück. Gegen diese Einspruchsentscheidung können dann Einspruchsführer – soweit der Einspruch iÜ als unbegründet zurückgewiesen worden ist – und Hinzugezogener – soweit er durch die Teilstattgabe beschwert ist – Klage erheben. 38

Die **Einspruchsentscheidung** erzeugt auch ggü dem Hinzugezogenen Bindungswirkung, da er gem § 359 Nr 2 Beteiligter ist. Zur Verböserung ggü dem notwendig Hinzugezogenen s Rz 35. Der Hinzugezogene kann Klage erheben. Dies gilt unabhängig davon, ob auch der Einspruchsführer klagt. Erhebt nur der Hinzugezogene Klage, wird der Einspruchsführer idR gem § 60 FGO beizuladen sein, sodass Einspruchsführer und Hinzugezogener ihre Positionen im Klageverfahren quasi tauschen. Klagt hingegen der Einspruchsführer gegen die Einspruchsentscheidung, wird idR der Hinzugezogene nunmehr beizuladen sein gem § 60; allerdings hängt die Entscheidung über die Beiladung nicht davon ab, dass der Beizuladende bereits zum Einspruchsverfahren nach § 360 hinzugezogen worden war (BFH/NV 14, 1012). 39

Nach dem Grundsatz der Akzessorietät (s Rz 36) wird der Streitgegenstand der Klage des Hinzugezogenen aber durch den Streitgegenstand des Einspruchsverfahrens beschränkt (BFH/NV 12, 2011). Außerdem kann der Hinzugezogene keine Klage mit dem Ziel der materiellen Überprüfung des VA erheben, wenn der Einspruch als unzulässig verworfen worden ist (BFH BStBl 01, 747). Die Klagebefugnis des Hinzugezogenen setzt daher die Einspruchsbefugnis des Einspruchsführers voraus (BFH BStBl 04, 964; vgl Rz 18 und Rz 45); zudem muss der Hinzugezogene nunmehr klagebefugt iSv § 48 FGO und beschwert iSv § 40 II FGO sein (BFH/NV 92, 157; 00, 960). Der Hinzugezogene ist auch dann klagebefugt, wenn die FinBeh dem Einspruch des Einspruchsführers abhilft, dem Hinzugezogenen die Einspruchsentscheidung bekannt gegeben worden ist und in der Einspruchsentscheidung bindende Feststellungen getroffen worden sind, die gem § 174 V iVm IV im Folgeänderungsverfahren für den Hinzugezogenen zu einer nachteiligen Korrektur führen können (BFH BStBl 09, 732; 10, 109).

b) Unterlassen der Hinzuziehung. Unterbleibt eine einfache Hinzuziehung, so führt dies lediglich dazu, dass der Nichthinzugezogene durch die Einspruchsentscheidung nicht gebunden wird. Eine unterlassene **notwendige** Hinzuziehung zum Einspruchsverfahren wird durch die Beteiligung am finanzgerichtlichen Verfahren, sei es als Beigeladener, die ggf durch den BFH nach § 123 I 2 FGO vorgenommen werden kann, sei es als Kläger, geheilt (BFH BStBl 89, 359, 851; 94, 282; BFH/NV 00, 1217). Das gilt selbst dann, wenn die notwendige Hinzuziehung bewusst unterlassen worden ist (BFH/NV 00, 579). Voraussetzung ist allerdings, dass die Einspruchsentscheidung zu keiner Änderung des Regelungsgehalts des 44 angefochtenen Bescheids geführt hat und auch keine Fehler iSv § 126 AO vorliegen (BFH BStBl 89, 851).

Ist der angegriffene VA in der Einspruchsentscheidung geändert worden (auch zugunsten des Stpfl, s Rz 38), muss die Bekanntgabe der Einspruchsentscheidung noch nachgeholt werden, um deren einheitliche Wirkung ggü allen am Verfahren zu beteiligenden Personen nachzuholen (BFH/NV 92, 46; 95, 318). Um dies nachzuholen, ist das Klageverfahren dann auszusetzen (BFH/NV 92, 46). Im Falle der Verböserung der Einspruchsentscheidung oder bei Verfahrensfehlern der FinBeh hat der Beteiligte ein berechtigtes Interesse an einer erneuten Entscheidung der FinBeh.

45 Ein zu Unrecht nicht Hinzugezogener kann sich hinsichtlich des Klageerfordernisses eines Vorverfahrens iSd § 44 I FGO **auf das Einspruchverfahren** des Einspruchsführers **berufen** (BFH BStBl 04, 964). Wurde also zB ein ausgeschiedener Gesellschafter iSv § 352 I Nr 3 zu Unrecht nicht zum Einspruchsverfahren der PersGes hinzugezogen, kann er gegen die Einspruchsentscheidung, die ggü der PersGes ergeht, Klage erheben, ohne zuvor selbst Einspruch einlegen zu müssen. Voraussetzung für die Zulässigkeit der Klage ist allerdings, dass der Gesellschafter nach § 352 einspruchsbefugt gewesen wäre (BFH BStBl 04, 964). Auch im umgekehrten Fall kann sich die fehlerhaft nicht zum Einspruchsverfahren des Gesellschafters hinzugezogene PersGes auf das Vorverfahren des Gesellschafters berufen (BFH 04, 964).

50 **9. Hinzuziehung bei Publikumsgesellschaften (Abs 5).** Die Regelung des Abs 5 betrifft nur notwendig Hinzuzuziehende iSv Abs 3. Sie entspricht weitgehend § 60a FGO und ermöglicht eine Verfahrensvereinfachung, wenn mehr als 50 Personen hinzuzuziehen sind. Insbes für „Publikumsgesellschaften" soll das Hinzuziehungsverfahren bei Streitigkeiten über die Gewinnfeststellung gestrafft und vereinfacht werden.

Die FinBeh kann hierzu nach Abs 5 S 1 anordnen, dass nur diejenigen Personen hinzugezogen werden, die dies innerhalb einer bestimmten Frist beantragen; die Frist muss mindestens drei Monate nach Veröffentlichung im Bundesanzeiger betragen (Abs 5 S 3). Diese Anordnung kann ihrerseits nach Abs 5 S 2 im Bundesanzeiger und je nach Verbreitung der Publikumsgesellschaft in regionalen oder überregionalen Tageszeitungen veröffentlicht werden, um eine Einzelbekanntgabe der Anordnung zu vermeiden; im Gegensatz zu Abs 5 S 2 ist im Rahmen des § 60a FGO eine Einzelbekanntgabe der Anordnung von vornherein ausgeschlossen. Ob die FinBeh den Weg der Einzelbekanntgabe oder den der Veröffentlichung in Bundesanzeiger und Tageszeitung wählt, liegt ebenso in ihrem Ermessen wie die Entscheidung, ob sie überhaupt von der Möglichkeit des Abs 5 Gebrauch macht (*HHSp/Birkenfeld* § 360 Rz 202).

51 Hinzuziehen sind bei einer **wirksamen Anordnung** iSv Abs 5 S 1 nur diejenigen Personen, die den Antrag auf Hinzuziehung fristgerecht gestellt haben, sowie diejenigen Personen, die erkennbar in besonderem Maße von der Entscheidung über den Einspruch betroffen werden (Abs 5 S 6); zu letzterem Personenkreis gehören zum einen Gesellschafter, deren Beteiligung deutlich höher ist als die der Mehrzahl der Gesellschafter (*BG/Brandt* § 60a FGO Rz 11) oder deren Beteiligung an der PersGes streitig ist (*HHSp/Spindler* § 60a FGO Rz 34). Ferner sind mE solche Gesellschafter hinzuziehen, die schon vor Veröffentlichung der Anordnung ihr Interesse an einer Hinzuziehung bekundet haben, auf die Anordnung aber – zB mangels Kenntnis von deren Veröffentlichung – nicht reagiert haben. Die Hinzuziehung selbst erfolgt durch VA, der dem einzelnen Hinzugezogenen ebenso bekannt zu geben ist wie dem Einspruchsführer (s Rz 31).

52 Personen, die keinen Antrag gestellt haben und auch nicht von Amts wegen nach Abs 5 S 6 hinzuziehen waren, werden durch die Entscheidung über den Einspruch nicht gebunden. In der AO gibt es nämlich **keine Regelung wie in § 110**

I Nr 3 FGO, wonach das Urteil auch Personen bindet, die keinen oder keinen fristgerechten Antrag auf Beiladung gestellt haben und daher nicht beigeladen worden sind; der Vorschlag einer Anpassung des Abs 5 an § 110 I Nr 3 FGO im Diskussionsentwurf zur „Modernisierung des Besteuerungsverfahrens“ (s DStR-Beihefter 14, 149, Anlage 5 Nr 5) ist vom Gesetzgeber nicht umgesetzt worden. Diese fehlende Bindung löst dann keine praktischen Probleme aus, wenn die Einspruchsentscheidung den angegriffenen VA nur bestätigt. Führt die Einspruchsentscheidung aber zu einer Änderung des angegriffenen VA zugunsten oder zu Ungunsten des Hinzuziehenden, bindet diese Änderung nur den Einspruchsführer und diejenigen Personen, die aufgrund ihres Antrags iSv Abs 5 1 hinzugezogen wurden. Für die nicht Hinzugezogenen ist hingegen nur der ursprüngliche VA bindend. Eine einheitliche Bindung ggü allen Feststellungsbeteiligten analog § 110 I Nr 3 FGO ist nicht möglich, da dafür jeder Ansatzpunkt in der AO fehlt. Die unterlassene Hinzuziehung ist kein Verfahrensmangel, wenn die Voraussetzungen des Abs 5 erfüllt waren. Der mangels Antrags nicht Hinzugezogene kann sich daher nicht auf das Einspruchsverfahren des Einspruchsführers berufen und mangels Vorverfahrens iSv § 44 FGO deshalb nicht gegen die Einspruchsentscheidung klagen (s Rz 45).

War die **Anordnung** iSv Abs 5 hingegen **fehlerhaft,** weil zB die Voraussetzungen des Abs 5 nicht vorlagen oder die Formerfordernisse nicht beachtet wurden, stellt die unterlassene Hinzuziehung einen Verfahrensmangel dar, sodass die in Rz 44f dargestellten Grundsätze gelten: Die zu Unrecht unterlassene Hinzuziehung kann durch die Beiladung im anschließenden Klageverfahren oder dadurch geheilt werden, dass das Gericht ordnungsgemäß von § 60a FGO Gebrauch macht. Da das Urteil dann alle notwendig Beizuladenden gem § 110 I Nr 3 bindet, also auch diejenigen, die keinen Antrag auf Beiladung gestellt haben, kann auf diese Weise jedenfalls im Klageverfahren auch eine Bindung ggü den zu Unrecht nicht hinzugezogenen Personen herbeigeführt werden. Außerdem kann sich der zu Unrecht nicht Hinzugezogene auf das Einspruchsverfahren des Einspruchsführers berufen (s Rz 45) und selbst gegen die Einspruchsentscheidung klagen. **53**

§ 361 Aussetzung der Vollziehung

(1) [1] **Durch Einlegung des Einspruchs wird die Vollziehung des angefochtenen Verwaltungsakts vorbehaltlich des Absatzes 4 nicht gehemmt, insbesondere die Erhebung einer Abgabe nicht aufgehalten.** [2] **Entsprechendes gilt bei Anfechtung von Grundlagenbescheiden für die darauf beruhenden Folgebescheide.**

(2) [1] **Die Finanzbehörde, die den angefochtenen Verwaltungsakt erlassen hat, kann die Vollziehung ganz oder teilweise aussetzen; § 367 Abs. 1 Satz 2 gilt sinngemäß.** [2] **Auf Antrag soll die Aussetzung erfolgen, wenn ernstliche Zweifel an der Rechtmäßigkeit des angefochtenen Verwaltungsakts bestehen oder wenn die Vollziehung für den Betroffenen eine unbillige, nicht durch überwiegende öffentliche Interessen gebotene Härte zur Folge hätte.** [3] **Ist der Verwaltungsakt schon vollzogen, tritt an die Stelle der Aussetzung der Vollziehung die Aufhebung der Vollziehung.** [4] **Bei Steuerbescheiden sind die Aussetzung und die Aufhebung der Vollziehung auf die festgesetzte Steuer, vermindert um die anzurechnenden Steuerabzugsbeträge, um die anzurechnende Körperschaftsteuer und um die festgesetzten Vorauszahlungen, beschränkt; dies gilt nicht, wenn die Aussetzung oder Aufhebung der Vollziehung zur Abwendung wesentlicher Nachteile nötig erscheint.** [5] **Die Aussetzung kann von einer Sicherheitsleistung abhängig gemacht werden.**

(3) [1] **Soweit die Vollziehung eines Grundlagenbescheids ausgesetzt wird, ist auch die Vollziehung eines Folgebescheids auszusetzen.** [2] **Der Erlass eines**

Folgebescheids bleibt zulässig. [3]Über eine Sicherheitsleistung ist bei der Aussetzung eines Folgebescheids zu entscheiden, es sei denn, dass bei der Aussetzung der Vollziehung des Grundlagenbescheids die Sicherheitsleistung ausdrücklich ausgeschlossen worden ist.

(4) **[1]Durch Einlegung eines Einspruchs gegen die Untersagung des Gewerbebetriebs oder der Berufsausübung wird die Vollziehung des angefochtenen Verwaltungsakts gehemmt. [2]Die Finanzbehörde, die den Verwaltungsakt erlassen hat, kann die hemmende Wirkung durch besondere Anordnung ganz oder zum Teil beseitigen, wenn sie es im öffentlichen Interesse für geboten hält; sie hat das öffentliche Interesse schriftlich zu begründen. [3]§ 367 Abs. 1 Satz 2 gilt sinngemäß.**

(5) **Gegen die Ablehnung der Aussetzung der Vollziehung kann das Gericht nur nach § 69 Abs. 3 und 5 Satz 3 der Finanzgerichtsordnung angerufen werden.**

Schrifttum: *vor 2010 s 13. Aufl; Schallmoser* AdV von Steuerbescheiden bei ernstlichen Zweifeln an der Verfassungsmäßigkeit einer Norm, DStR 10, 297; *Spilker* Verfassungsrechtliche Grenzen für die Anordnung einer Sicherheitsleistung im steuerrechtlichen einstweiligen Rechtsschutz, DStR 10, 731; *Beck* Faktischer Verlust des vorläufigen Rechtsschutzes (§ 361 AO) im Insolvenzverfahren?, ZInsO 12, 2353; *Bowitz/Lüdicke* Rechtsschutzbeschränkung bei der Aussetzung der Vollziehung bei verfassungswidrigen Steuergesetzen – Zugleich ein Beitrag zur Unvereinbarkeitserklärung des BVerfG im Steuerrecht, DStR 13, 791; *Bergmann* Rechtsschutz gegen aufgedrängte AdV und nachfolgende Zinsforderungen, DStR 13, 1651; *Prätzler/Stuber* Verfahrensrechtlicher Fallstrick bei der Aussetzung bzw. Aufhebung der Vollziehung von Umsatzsteuerbeträgen, BB 13, 1825; *Schüppen* Aufgedrängte Aussetzung der Vollziehung, Antrag auf Beendigung der Aussetzung, JbFfSt 13/14, 302; *Amler/Riegel* Zu lässig bei der Zulässigkeit? Zulässigkeitsprobleme bei AdV-Anträgen im FG-Verfahren, BB 15, 796; *Meinert* Der einstweilige Rechtsschutz vor den Finanzgerichten – aktuelle Aspekte und Fragestellungen, DStZ 15, 599; *Olgemöller* Aussetzung der Vollziehung von Abgabenbescheiden, AG 16, 393; *Tappe* Vorläufige Nichtanwendung von Steuergesetzen, StuW 16, 264; *Brete/Thomsen* Aussetzung der Vollziehung gegen Sicherheitsleistungen, NWB 17, 104.

Übersicht

1. Inhalt. Die Vorschrift regelt die AdV durch die FinBeh während des Einspruchsverfahrens. Daneben gilt auch bereits im Einspruchsverfahren § 69 FGO, wenn der AdV-Antrag von der FinBeh abgelehnt wird und nun noch während des laufenden Einspruchsverfahrens ein AdV-Antrag beim FG gestellt wird oder wenn im Einspruchsverfahren die Voraussetzungen des § 69 IV FGO erfüllt sind (s Rz 95 f). Im AdV-Verfahren gelten grds die Vorschriften für den Einspruch entsprechend, inbes §§ 351 und 352. Hingegen ist § 360 nicht anwendbar, sodass eine Hinzuziehung im AdV-Verfahren nicht erforderlich ist. Ebenso wenig gilt § 355, da es für den AdV-Antrag keine Frist gibt. 1

Für **Zölle** und sonstige auf Recht der EU beruhenden Einfuhr- und Ausfuhrabgaben enthält der Zollkodex der Union (UZK, s dazu näher § 1 Rz 15) in Art 45 eine eigenständige Regelung, die als Recht der EU § 361 verdrängt und ab dem 1.5.2016 gilt. Danach setzen die ZollBeh die Vollziehung der Entscheidung ganz oder teilweise aus, wenn sie begründete Zweifel an der Rechtmäßigkeit der angefochtenen Entscheidung haben oder wenn dem Beteiligten ein unersetzbarer Schaden entstehen könnte; dies entspricht § 361 II 2. Zur Vorgängerregelung des Art 244 ZK s 13. Aufl. 2

2. Zweck. Abs 1 schließt den sog Suspensiveffekt beim Einspruch aus haushaltsrechtlichen Gründen aus, sodass der VA ungeachtet eines Einspruchs vollzogen werden kann und die Steuer entrichtet werden muss. Im Gegensatz zum StRecht löst ein Widerspruch im Verwaltungsrecht zwar grds den Suspensiveffekt gem § 80 I VwGO aus; er ist aber ebenfalls ausgeschlossen bei der Anforderung von öffentlichen Abgaben und Kosten (§ 80 II Nr 1 VwGO). Der Gesetzgeber will daher allg im Steuer- und Abgabenrecht sicherstellen, dass der Haushalt nicht durch Einsprüche bzw Widersprüche beeinträchtigt wird. Damit soll auch verhindert werden, dass der Stpfl nur deshalb einen Einspruch einlegt, um eine **Stundungswirkung zu erreichen.** Zudem kann eine Abgabenleistung, von der sich später herausstellt, dass sie zu Unrecht erfolgt ist, ohne Schwierigkeiten durch Erstattung der Geldbeträge rückgängig gemacht werden. Anders ist dies nach Abs 4 bei VA, die die Berufsausübung einschränken: Hier bleibt es grds beim Suspensiveffekt. 3

Die AdV stellt einen Ausgleich für den Ausschluss des Suspensiveffekts dar (BFH BStBl 87, 320): Die Entrichtung der Steuer kann aber nur aufgrund einer Prüfung im Einzelfall vorläufig vermieden werden. Dies wird im StRecht durch die AdV nach Abs 2 des § 361 bzw § 69 II FGO und im Verwaltungsrecht durch die Wiederherstellung der aufschiebenden Wirkung gem § 80 V VwGO gewährleistet. Zu den verfahrensrechtlichen und finanziellen Vorteilen eines erfolgreichen AdV-Antrags s Rz 62.

3. Ausschluss des Suspensiveffekts (Abs 1). Abs 1 schließt den Suspensiveffekt aus (s Rz 3). Ein Einspruch gegen einen VA beeinträchtigt also nicht dessen Vollziehbarkeit; dies entspricht § 69 I 1 FGO. Einen Ausschluss des Suspensiveffekts enthalten ferner § 284 VI 3 und X 1 seit dem 1.1.2013. Im Gegensatz zu Abs 1 sieht jedoch Abs 4 bei der Gewerbeuntersagung einen Suspensiveffekt vor (s Rz 88 ff). 4

4. Voraussetzungen der Aussetzung der Vollziehung (Abs 2 S 1 und 2). a) Vollziehbarkeit des VA. Die AdV setzt zunächst voraus, dass es sich um einen 6 vollziehbaren VA handelt; dies ergibt sich implizit aus der Rechtsfolge des Abs 2, wonach die „Vollziehung“ ausgesetzt werden kann.

7 **aa) Vollziehbare VA.** Vollziehbar ist ein VA in jedem Fall dann, wenn er durch die Vollstreckungsstelle der FinBeh durchgesetzt werden könnte. Dies betrifft insbes erstmalige oder geänderte **StBescheide,** aus denen sich eine **Nachzahlung** ergibt. Auf die Höhe der festgesetzten Steuer kommt es nicht an. Es kann sich daher auch um einen USt-Änderungsbescheid mit einer USt iHv 0 handeln, der aber einen Erstattungsbescheid abändert, in dem eine negative USt wegen eines Vorsteuerüberschusses festgesetzt worden war, die nunmehr zurückgefordert wird (BFH BStBl 75, 239). Zu den vollziehbaren StBescheiden gehören auch: (1) StAnmeldungen iSv § 168 S 1, da sie einer StFestsetzung unter Vorbehalt der Nachprüfung gleichstehen; (2) StAnmeldungen iSv § 73e EStDV (Aufsichtsratsteuer und Steuer von Vergütungen iSv § 50a IV und V EStG), wobei hier aber zu beachten ist, dass sie nur ggü dem anmeldenden Vergütungsschuldner vollzogen werden können; mit einer AdV kann daher keine Erstattung der ausgesetzten StBeträge an den Vergütungsgläubiger erreicht werden (BFH BStBl 97, 700); (3) Vorauszahlungsbescheide bis zum Erlass des Jahressteuerbescheids (BFH BStBl 87, 344); (4) die Aufhebung des Vorbehalts der Nachprüfung nach § 164 III, soweit der Vorbehaltsbescheid eine Nachzahlung auswies.

Als vollziehbar gelten auch **Grundlagenbescheide,** insbes Gewinnfeststellungs- und Verlustfeststellungsbescheide, obwohl sie nicht durch die Vollstreckungsstelle der FinBeh vollstreckt werden können; sie werden aber durch den Erlass eines Folgebescheids „vollzogen“. Hier ist die Regelung des Abs 3 zu beachten; zur AdV von Grundlagenbescheiden s daher Rz 75 ff.

8 **Weitere vollziehbare VA** sind: Abrechnungsbescheide, die eine Zahlungsschuld feststellen (BFH BStBl 88, 43; BFH/NV 88, 617; s aber auch Rz 10 sowie § 218 Rz 40); Aufteilungsbescheide gem § 279, wobei § 277 zu beachten ist (näher § 279 Rz 2); Auskunftsverlangen gem § 93 ggü Dritten (s § 93 Rz 65; FG Ddorf DStRE 02, 1280; FG BBg EFG 13, 536); Außenprüfungsanordnungen iSv § 196 (BFH BStBl 03, 827); die Mitteilung nach § 141 II über die Verpflichtung zur Buchführung (BFH BStBl 80, 427); die Eintragung eines Freibetrags bei ELStAM bzw – nach früherem Recht – auf der LSt-Karte (BFH BStBl 09, 826; aA noch BFH DStZ 85, 259); der Ausschluss vom Bezug steuerbegünstigten Heizöls (FG Hbg EFG 80, 203); Leistungsgebote (BFH BStBl 76, 258); der Stundungswiderruf (BFH BStBl 82, 608); die Zurückweisung eines unbefugten Bevollmächtigten gem § 80 V aF, jetzt § 80 VII, VIII nF (BFH/NV 15, 473). Auch **Vollstreckungsmaßnahmen,** mit denen andere VA vollzogen werden, sind ihrerseits vollziehbar, sodass AdV in Betracht kommt, wenn ernstliche Zweifel an der Rechtmäßigkeit der Vollstreckungsmaßnahme – und nicht an der Rechtmäßigkeit des zu Grunde liegenden StBescheids (vgl § 256) – bestehen; zu den vollziehbaren Vollstreckungsmaßnahmen gehören zB die Forderungspfändung (FG BaWü EFG 94, 256), die Einziehungs- und Pfändungsverfügung oder die Anordnung der Abgabe der Vermögensauskunft sowie die Eintragungsanordnung (s Rz 4). Zu prüfen ist allerdings, ob die einzelne Vollstreckungsmaßnahme überhaupt ein VA ist; dies ist etwa beim Insolvenzantrag, beim Antrag auf Zwangsversteigerung eines Grundstücks oder auf Eintragung einer Sicherungshypothek fraglich (s § 118 Rz 42 „Verfahrenshandlungen“).

9 **bb) Nicht vollziehbare VA.** Bei nicht vollziehbaren VA kann vorläufiger Rechtsschutz nur durch einen Antrag auf Erlass einer einstweiligen Anordnung durch das FG gem § 114 FGO erlangt werden. An der Vollziehbarkeit fehlt es bei StBescheiden, wenn sie keine Nachzahlung, sondern eine **Erstattung** oder einen Nullbetrag (ohne Rückforderung eines bereits erstatten Betrags, s Rz 7) ausweisen, zB ein Erstbescheid über 0 oder ein StBescheid mit einer ESt von 10.000 €, auf die LSt von 10.000 € oder mehr angerechnet wird (BFH BStBl 82, 149, 240; 97, 136). Gleiches gilt für USt-Bescheide, die einen Negativbetrag (wegen eines Vorsteuer-

überschusses) ausweisen, wenn der Stpfl einen höheren Negativbetrag begehrt (BFH BStBl 75, 240).

Ebenfalls nicht vollziehbar sind **Ablehnungsbescheide,** mit denen der Antrag des Stpfl auf Korrektur eines VA zu seinen Gunsten gem §§ 129–131, §§ 164, 165, 172 ff abgelehnt wird (BFH BStBl 71, 110; BFH/NV 95, 409). Tenor des Ablehnungsbescheids ist nämlich eine Negation, die nicht durch die Vollstreckungsstelle der FinBeh vollzogen werden kann. Dies gilt auch bei einem Ablehnungsbescheid, mit dem die Herabsetzung von Vorauszahlungen abgelehnt wird (BFH BStBl 91, 643). Gleichfalls nicht vollziehbar sind Ablehnungsbescheide über Anträge auf Billigkeitsfestsetzung, Stundung oder Erlass iSv §§ 163, 222, 227 (BFH BStBl 70, 813; 82, 608). Die Vollziehbarkeit fehlt ferner bei Bescheiden, mit denen die Gewährung von Kindergeld (BFH/NV 02, 1491) oder einer StVergütung oder aber die Erteilung einer Freistellungsbescheinigung abgelehnt wird, zB nach § 44a V EStG (BFH BStBl 94, 899), § 48b EStG oder nach § 50a IV EStG (BFH BStBl 94, 835). Zu den Ablehnungsbescheiden gehört auch ein Abrechnungsbescheid, in dem die FinBeh die Aussage verneint, dass ihr Zahlungsanspruch erloschen sei (BFH/NV 06, 916; s aber auch Rz 8 sowie § 218 Rz 40). 10

Nicht vollziehbar sind **verbindliche Auskünfte** iSv § 89 II, verbindliche Zusagen iSv § 204 und LSt-Anrufungsauskünfte, in denen die FinBeh eine andere Rechtsauffassung als der Stpfl vertritt. Auch die Rücknahme oder der Widerruf einer positiven Auskunft bzw Zusage (BFH BStBl 15, 447) sowie die Ablehnung, eine Auskunft bzw Zusage zu erteilen, sind nicht vollziehbar. 11

Zur AdV bei Säumniszuschlägen s Rz 32 ff. Die Aufrechnung selbst ist kein VA (s § 118 Rz 42 „Aufrechnung") und schon deshalb nicht aussetzbar (zur Frage, ob die AdV einer Steuerforderung das FA hindert, mit dieser Forderung gegen einen Erstattungsanspruch aufzurechnen, s Rz 60).

b) Angefochtener VA. Der VA muss mit einem Einspruch oder mit einer Klage angefochten sein. Einspruch bzw Klage dürfen **nicht offensichtlich unzulässig** sein; denn bei offensichtlicher Unzulässigkeit ist der Bescheid bereits als unanfechtbar anzusehen (BFH BStBl 71, 110). Hat der Stpfl also verspätet Einspruch eingelegt, ohne dass eine Wiedereinsetzung in den vorigen Stand iSv § 110 in Betracht kommt, scheidet eine AdV aus. Wird der AdV-Antrag während der Einspruchsfrist gestellt und hat der Stpfl aber noch keinen Einspruch eingelegt, ist der AdV-Antrag mangels Anfechtung zunächst unzulässig, wird aber zulässig, wenn der Stpfl noch fristgerecht Einspruch einlegt. 13

Nicht ausreichend ist ein **Antrag auf Änderung oder Berichtigung** gem § 129, § 164 II, § 165 II, §§ 172 ff, weil dies keine Anfechtung darstellt. Der Antrag nach § 164 II 2 auf Änderung eines unter Vorbehalt der Nachprüfung stehenden VA ermöglicht daher keine AdV (AEAO zu § 361 Nr 2.2). Ist der Stpfl mit einem Vorbehaltsbescheid nicht einverstanden, sollte er daher Einspruch einlegen – und sich nicht mit der Änderungsmöglichkeit nach § 164 II zufrieden geben –, wenn er noch eine AdV beantragen will. 14

Nach endgültiger Erfolglosigkeit des Einspruchs und ggf der Klage kann bei Erhebung einer **Verfassungsbeschwerde** keine AdV mehr für die Zeit von Erhebung der Verfassungsbeschwerde bis zur Entscheidung darüber gewährt werden, weil das Einspruchs- sowie das finanzgerichtliche Verfahren beendet und die Verfassungsbeschwerde kein Einspruch iSd AO ist (BFH BStBl 87, 320; FG Hess BeckRS 2016, 95563).

c) Ernstliche Zweifel an der Rechtmäßigkeit. Die Vollziehung soll nach Abs 2 S 2 1. Variante bei ernstlichen Zweifeln an der Rechtmäßigkeit des VA erfolgen; die Regelung entspricht § 69 II 2 FGO. Ernstliche Zweifel an der Rechtmäßigkeit des VA bestehen, wenn aufgrund einer summarischen Prüfung neben den für die Rechtmäßigkeit sprechenden Umständen **gewichtige** gegen die Rechtmäßigkeit sprechende Gründe zutage treten, die Unentschiedenheit oder 16

Unsicherheit in der Beurteilung der Rechtsfrage oder Unklarheit in der Beurteilung der Tatfrage bewirken (BFH BStBl 17, 28; BFH/NV 15, 537, jeweils zu § 69 FGO). Für eine AdV genügt also eine Wahrscheinlichkeit von 50%, dass der VA rechtswidrig ist; es muss keine überwiegende Wahrscheinlichkeit einer Rechtswidrigkeit bestehen (BFH/NV 14, 1601). Die ernstlichen Zweifel können sich auch auf Teilfragen beziehen; dann ist teilweise auszusetzen. Die ernstlichen Zweifel können sich aus dem Sachverhalt oder/und aus der rechtlichen Bewertung ergeben.

17 Ist der **Sachverhalt** streitig oder noch nicht aufgeklärt, sollte im AdV-Antrag dargestellt werden, welche relevanten Unterschiede sich aus der Sachverhaltsfeststellung durch den Stpfl einerseits und aus der Sachverhaltsfeststellung durch die FinBeh andererseits ergeben oder welche relevanten Sachverhaltspunkte noch nicht aufgeklärt sind. Außerdem sollte der Stpfl darstellen, inwieweit er seine Mitwirkungspflichten gem § 90 erfüllt hat.

18 Geht es um die **rechtliche Beurteilung** des Sachverhalts, sind ernstliche Zweifel immer dann gegeben, wenn die maßgebliche Rechtsfrage noch nicht geklärt ist. Hierfür genügt es, wenn es unterschiedliche Auffassungen unter den Bundesgerichten oder unter den BFH-Senaten gibt (BFH BStBl 69, 145; 86, 490), wenn eine bisher höchstrichterlich nicht geprüfte Frage von den FG anders beurteilt wird als von der FinBeh (BFH/NV 08, 231) oder wenn die FinVerw eine BFH-Entscheidung nicht akzeptiert und zB einen Nichtanwendungserlass erlassen oder die Entscheidung (noch) nicht im BStBl veröffentlicht hat (vgl FG BaWü EFG 08, 1543). Gibt es noch keine Rspr des BFH zu der Streitfrage, können sich ernstliche Zweifel aus unterschiedlichen Auffassungen in der Literatur ergeben (s auch AEAO zu § 361 Nr 2.5.2).

Hängt die Rechtmäßigkeit davon ab, ob der Stpfl eine StHinterziehung begangen hat, ist zu prüfen, ob ernstliche Zweifel an der Begehung der Straftat bestehen (BFH BStBl 79, 570). Bei Schätzungsbescheiden ist für die Annahme ernstlicher Zweifel die Einreichung der StErklärung erforderlich oder substantiierte Einwendungen gegen die Schätzungshöhe, wobei hier strenge Anforderungen an die Substantiierung zu stellen sind. Der bloße Vorwurf einer willkürlichen oder überhöhten Schützung reicht nicht aus.

19 Geht es um die **Verfassungsmäßigkeit** der dem angefochtenen VA zu Grunde liegenden Norm, ist zu unterscheiden: AdV ist zu gewähren, wenn die zu Grunde liegende Norm vom BVerfG bereits für nichtig erklärt worden ist. Gibt es jedoch noch keine derartige Entscheidung des BVerfG, genügen Zweifel an der Verfassungsmäßigkeit der Norm allein noch nicht für eine AdV. Hier ist zusätzlich ein sog **berechtigtes (besonderes) Interesse** des Stpfl an der Gewährung vorläufigen Rechtschutzes erforderlich (BFH BStBl16, 846; 17, 28, 646; ebenso AEAO zu § 361 Nr 2.5.4). Es ist damit das Interesse des Antragstellers an der Gewährung vorläufigen Rechtsschutzes abzuwägen gegen den Geltungsanspruch des formell verfassungsmäßig zustande gekommenen Gesetzes und gegen das öffentliche Interesse an einer geordneten Haushaltsführung. Dabei stellt der BFH einerseits auf die Bedeutung und die Schwere des durch die Vollziehung des angefochtenen VA eintretenden Eingriffs beim Stpfl und andererseits auf die Auswirkungen der AdV auf den Gesetzesvollzug und das öffentliche Interesse an einer geordneten Haushaltsführung ab. Ein besonderes Interesse ist nach dem BFH in den folgenden Fällen zu **bejahen** (BFH BStBl 17, 28):

- dem Stpfl drohen im Fall des sofortigen Vollzugs irreparable Nachteile wie zB der Verlust der wirtschaftlichen Existenz;
- der BFH hat selbst bereits einen Vorlagebeschluss an das BVerfG gem Art 100 GG gerichtet, weil er die Norm für verfassungswidrig hält;
- das BVerfG hat eine ähnliche Vorschrift bereits für nichtig erklärt;
- das zu versteuernde Einkommen des Stpfl abzüglich der darauf zu entrichtenden ESt liegt unter dem sozialhilferechtl garantierten Existenzminimum;

– beim BFH ist ein Verfahren anhängig, das für die Beantwortung von Rechtsfragen vorgreiflich ist und das im Hinblick auf mehrere beim BVerfG anhängige Verfahren der konkreten Normenkontrolle ruht;
– es bestehen schwerwiegende Zweifel an der Verfassungsmäßigkeit der Norm, und eine AdV berührt nicht das öffentliche Interesse an einer geordneten Haushaltsführung (BFH DStR 18, 1020).

Außerhalb der vorstehend genannten Fälle wird ein mit Zweifeln an der Verfassungsmäßigkeit einer Norm begründeter Antrag auf AdV idR erfolglos bleiben (vgl allerdings auch BFH/NV 92, 246 zu einem erfolgreichen Antrag auf AdV wegen Zweifeln an der Verfassungsmäßigkeit einer Norm).

Die Rspr des BFH ist vielfach **kritisiert** worden (vgl *TK/Seer* § 69 FGO Rz 97; 20 *Schallmoser* DStR 10, 297, 300; *Habscheidt* BB 92, 1322; FG Ddorf EFG 91, 258; FG Nds EFG 92, 366). Auch der I. Senat des BFH hat ebenso wie das FG Mchn in jüngerer Zeit offen gelassen, ob an dem Erfordernis eines besonderen Aussetzungsinteresses festzuhalten ist (BFH BStBl 14, 947; BFH/NV 12, 1489; FG Mchn BeckRS 2014, 96404; BeckRS 2014, 96417). Zudem hat der BFH wiederholt eine AdV für geboten erachtet, wenn er oder ein anderes FG von der Verfassungswidrigkeit der Vorschrift überzeugt ist und die Vorschrift gem Art 100 I GG dem BVerfG vorgelegt hat (BFH BStBl 03, 663; 04, 367; BFH/NV 07, 914, 1116, 2270; 10, 1613). Darüber hinaus hat die Rspr sogar dann AdV gewährt, wenn der Vorlagebeschluss zu einer vorangegangenen Norm ergangen ist (BFH BStBl 05, 613; vgl auch FG Hbg EFG 05, 1951 zur Sicherheitsleistung in solchen Fällen) oder wenn ein Vorlagebeschluss bislang fehlt (BFH BStBl 14, 947) oder die Zweifel an der Verfassungsmäßigkeit schwerwiegend sind (BFH DStR 18, 1020). Allerdings hält das BVerfG das Erfordernis eines besonderen Aussetzungsinteresses für verfassungsgemäß (BVerfG HFR 92, 726; vgl auch BVerfG DB 10, 2534; NJW 12, 273).

Die zitierte Rspr des BFH (s Rz 19 und 20) ist uneinheitlich und lässt keine kla- 21 re Linie zur AdV wegen verfassungsrechtlicher Zweifel an der zu Grunde liegenden Norm erkennen. Ihr ist daher **nicht zu folgen.** Richtigerweise wird man zwar bloße verfassungsrechtliche Zweifel allein nicht ausreichen lassen, um AdV zu gewähren. Umgekehrt erscheinen aber auch die Anforderungen an ein berechtigtes (besonderes) Interesse überspannt, weil sie sich mit dem Gesetzeswortlaut des § 361 II, der lediglich ernstliche Zweifel verlangt und nicht auf die Belange der Haushaltsführung abstellt, nicht vereinbaren lassen. Die strengen Anforderungen des BFH haben etwa dazu geführt, dass ein AdV-Antrag gegen die Kernbrennstoffsteuer keinen Erfolg hatte (BFH BStBl 15, 207), das KernbrennstoffsteuerG vom BVerfG selbst später aber für verfassungswidrig erklärt wurde (BVerfG BB 17, 1365). Eine AdV wegen verfassungsrechtlicher Zweifel wird man mE daher bereits dann bejahen können, wenn es einen Vorlagebeschluss der BFH oder eines FG an das BVerfG zu der streitentscheidenden Vorschrift gibt (iE auch *TK/Seer* § 69 FGO Rz 96 f; *Lüdicke/Bowitz* DStR 13, 791, 796 ff; *Schallmoser* DStR 10, 297, 300; aA *Koenig/Cöster* § 361 Rz 57 ff). Eine Prognose, wie das BVerfG im Fall der Verfassungswidrigkeit voraussichtlich entscheiden wird, ist dann mE nicht erforderlich; es kommt für die AdV also nicht darauf an, ob das BVerfG voraussichtlich lediglich die Unvereinbarkeit der Norm mit dem GG aussprechen wird und dem Gesetzgeber eine Nachbesserungspflicht aufgibt (sog Weitergeltungsanordnung) oder ob das BVerfG die Norm für nichtig erklären wird (insoweit zutreffend BFH BStBl 14, 263). Die sich aus einer AdV ergebenden Probleme für die Haushaltsführung haben mE ihre vorrangige Ursache in den überlangen Verfahrensdauern des BVerfG, zB fast sechs Jahre im Verfahren zu § 8c I 1 KStG (BVerfG BGBl I 17, 1289).

Bei ernstlichen Zweifeln an der Vereinbarkeit der zu Grunde liegenden deut- 22 schen Norm mit dem **Recht der Europäischen Gemeinschaften** ist zu unterscheiden: Handelt es sich um einen vom UZK oder ZK erfassten VA, ist § 361 bereits nicht einschlägig (s oben Rz 2). Ist dagegen str, ob ein nicht unter den UZK bzw ZK fallender VA (zB nach dem UStG) mit Gemeinschaftsrecht vereinbar ist, muss bei ernstlichen Zweifeln AdV nach § 361 II 2 gewährt werden (BFH/NV 16, 1187; 15, 473; *HHSp/Birkenfeld* § 361 Rz 212). Solche Zweifel sind immer anzunehmen, wenn die betr Rechtsfrage bereits dem EuGH vorgelegt worden ist (BFH/NV 95, 398). Sie können aber auch gegeben sein, wenn eine Vorlage für erforderlich gehalten wird. Anders als bei Zweifeln an der Verfassungsmäßigkeit einer dem angefochtenen Bescheid zu Grunde liegenden Norm (s oben Rz 20f) fordert die Rspr bei Zweifeln an der Vereinbarkeit mit Gemeinschaftsrecht nicht die Geltendmachung eines berechtigten Interesses an der Gewährung vorläufigen Rechtsschutzes ggü dem öffentlichen Interesse an einer geordneten Haushaltsführung, wenn die Verletzung des EG-Vertrags ernstlich in Betracht kommt (BFH BStBl 06, 523; BFH/NV 16, 1187; DStR 98, 1046; FG Hbg EFG 13, 1513; einschränkend wohl FG Hbg DStRE 02, 60). Denn die Grundfreiheiten der EU gelten in ihren Mitgliedstaaten unmittelbar und sind daher von jedem Gericht zu beachten, ohne dass es hierzu eines Vorabentscheidungsersuchens bedarf (so auch AEAO zu § 361 Nr 2.5.5). Dagegen besteht für die Feststellung der Verfassungswidrigkeit eines Gesetzes die ausschließliche Zuständigkeit des BVerfG.

23 Die **Gefährdung des Steueranspruchs** ist kein Grund, die AdV abzulehnen. Die AdV kann dann von einer Sicherheitsleistung abhängig gemacht werden (vgl dazu AEAO zu § 361 Nr 9.2; s auch näher Rz 46ff).

25 **d) Unbillige Härte.** Nach Abs 2 S 2 2. Variante soll die Vollziehung auch dann ausgesetzt werden, wenn sie für den Betroffenen eine unbillige Härte zur Folge hätte, die nicht durch ein überwiegendes öffentliches Interesse geboten ist. Eine unbillige Härte liegt vor, wenn dem Stpfl durch die Vollziehung des VA Nachteile entstehen würden, die über die eigentliche Leistung hinausgehen und nicht oder nur schwer wieder gut zu machen sind oder wenn sogar die wirtschaftliche Existenz des Stpfl gefährdet wäre (BVerfG DStR 10, 2296; BFH BStBl 68, 538; BFH/NV 94, 422). Hierzu muss der Stpfl anhand aktueller Zahlen zur Vermögens- und Ertragssituation substantiiert darlegen, wie groß der konkrete Schaden aus einer sofortigen Vollziehung im Vergleich zu einer späteren Steuertilgung bei Gewährung der AdV wäre oder aus welchen Umständen sich die Gefährdung seiner wirtschaftlichen Existenz ergibt. Eine unbillige Härte ist idR auch in der Vollziehung von VA zu sehen, die auf Vornahme einer Handlung, Duldung oder Unterlassung gerichtet sind (sog Finanzbefehle, § 328), da der Vollzug einer solchen Anordnung nicht mehr rückgängig gemacht werden kann.

Hingegen ist die überlange Dauer des Verfahrens zur Erlangung einstweiligen Rechtsschutzes hinsichtlich des Grundlagenbescheids keine unbillige Härte, die eine AdV des Folgebescheids rechtfertigen könnte (BFH/NV 88, 146). Ebenso wenig vermögen verfassungsrechtliche Einwendungen gegen den Grundlagenbescheid die AdV des Folgebescheids zu rechtfertigen (BFHE 148, 84).

26 Eine AdV wegen unbilliger Härte ist aber **ausgeschlossen,** wenn **keine Zweifel an der Rechtmäßigkeit** des angefochtenen VA bestehen. In diesem Fall scheidet eine AdV selbst dann aus, wenn die Erhebung der Steuer eine unbillige Härte darstellen würde (BVerfG DStR 10, 2296; BFH BStBl 68, 538; BFH/NV 05, 490); allenfalls kommt eine Stundung gem § 222 in Betracht. Ein Stpfl, der seinen Antrag nicht nur mit ernstlichen Zweifeln an der Rechtmäßigkeit des VA begründet, sondern eine unbillige Härte geltend macht, riskiert für den Fall der AdV-Gewährung wegen ernstlicher Zweifel die Anordnung einer Sicherheitsleistung gem Abs 2 S 5 (s Rz 46).

31 **5. Aufhebung der Vollziehung (Abs 2 S 3).** Abs 2 S 3 regelt den Fall, dass der VA bereits vollzogen ist. Hier kommt statt einer Vollziehungssperre (Aussetzung der Vollziehung) die Aufhebung der Vollziehung in Betracht. Die FinBeh ist danach verpflichtet, den Zustand wiederherzustellen, der vor der Vollziehung bestand. Zur Rechtsentwicklung des Abs 2 S 3 s 12. Aufl Rz 22. Abs 2 S 3 entspricht § 69 II 7 FGO.

Abs 2 S 3 betrifft zunächst den Fall, dass die FinBeh den angefochtenen und vollziehbaren VA bereits vollzogen (vollstreckt) hat. Des Weiteren erfasst Abs 2 S 3 auch eine **freiwillige Zahlung** des Stpfl, die er geleistet hat, um eine Vollstreckung zu vermeiden (BFH BStBl 13, 390; 77, 838; AEAO zu § 361 Nr 7.2). Außerdem ermöglicht Abs 2 S 3 die Auszahlung einer Gegenforderung (zB Erstattungsforderung des Stpfl), gegen die das FA vor der Aufhebung der Vollziehung mit der Steuerforderung des FA, deren Vollziehung nunmehr aufgehoben worden ist, aufgerechnet hat (*Friedl* DStR 91, 5; aA BFH/NV 91, 172; vgl auch unten Rz 60). Allerdings kann das FA nunmehr aber gegen den Auszahlungsanspruch mit einer anderen Steuerforderung aufrechnen (BFH/NV 92, 440). Die Rückzahlungspflicht gezahlter Beträge gem Abs 2 S 3 besteht aber nicht, soweit die Leistungspflicht auf einem anderen VA beruht. Ergeht daher zB ein Änderungsbescheid zu Ungunsten des Stpfl und ist ernstlich zweifelhaft, ob der Änderungsbescheid wegen Festsetzungsverjährung noch ergehen durfte, so ist nicht der vorher aufgrund des geänderten Bescheids gezahlte StBetrag zurückzuzahlen (vgl BGH BStBl 80, 517).

Besondere Relevanz hat Abs 2 S 3 zudem für **Säumniszuschläge,** die kraft Gesetzes gem § 240 bei Nichtzahlung im Fälligkeitszeitpunkt verwirkt werden. Sie können nach Abs 2 S 3 rückwirkend aufgehoben werden (s auch BFH BStBl 87, 389; BFH/NV 90, 670; 94, 4). Danach kommt es für die Bestimmung des Zeitpunkts, von dem an die Wirkungen der Vollziehung (dh Säumniszuschläge) aufzuheben sind, darauf an, ab wann ernstliche Zweifel an der Rechtmäßigkeit des Bescheids erkennbar waren (BFH BStBl 87, 389; AEAO zu § 361 Nr 7.4). Der Umfang der Rückwirkung hängt somit davon ab, wann der AdV-Antrag gestellt und begründet worden ist. Ist er vor dem Eintritt der Fälligkeit gestellt und begründet worden, ist eine rückwirkende Aufhebung der gesamten Säumniszuschläge möglich, sodass iE keine Säumniszuschläge anfallen (AEAO zu § 361 Nr 8.1.1). Ist der AdV-Antrag hingegen erst nach Fälligkeit begründet worden, können nur die ab diesem Zeitpunkt verwirkten Säumniszuschläge rückwirkend aufgehoben werden (AEAO zu § 361 Nr 8.1.2). 32

Beispiel: Fälligkeit der Nachzahlung des EStBescheids 01 am 30.6.2002. A legt im Juni 02 Einspruch ein und stellt einen AdV-Antrag im Juni, den er noch im Juni (vor Fälligkeit) begründet. Das FA gewährt AdV im September 02, so dass für Juli und August Säumniszuschläge verwirkt werden. Da A den AdV-Antrag vor Fälligkeit gestellt und begründet hat, ist neben der AdV für die ESt auch die Aufhebung der verwirkten Säumniszuschläge rückwirkend ab 30.6.02 zu gewähren.

Für den Stpfl ist es somit ratsam, nicht nur die AdV des StBescheids, sondern sogleich auch die Aufhebung der seit Fälligkeit verwirkten Säumniszuschläge zu beantragen und den AdV-Antrag vor Fälligkeit zu begründen. Statt des Antrags auf Aufhebung der Vollziehung kann der Stpfl auch die „rückwirkende" AdV des StBescheids beantragen.

Sollte der Stpfl den Antrag auf Aufhebung der Vollziehung bzw auf rückwirkende Aussetzung zunächst nicht gestellt haben, kann er nach der AdV-Gewährung hinsichtlich des StBescheids einen **Erlass** der Säumniszuschläge gem § 227 beantragen, und zwar für den Beginn des Zeitraums, ab dem er den AdV-Antrag begründet hatte. Dies gilt auch dann, wenn der Stpfl alles Erdenkliche getan hat, um AdV zu erhalten, der AdV-Antrag gleichwohl aber zu Unrecht abgelehnt worden ist und der Einspruch später aber Erfolg hat; es liegt dann eine unbillige Härte vor, sodass die verwirkten Säumniszuschläge in voller Höhe – und nicht nur zur Hälfte – zu erlassen sind (BFH BStBl 15, 106; 16, 508; 17, 646; FG Köln EFG 17, 363, Rev BFH XI R 36/16); s auch Rz 42 zum Erlass von Säumniszuschlägen im Fall der Beschränkung der Aufhebung der Vollziehung nach Abs 2 S 4. 33

Hat der Einspruch keinen Erfolg und wird er durch Einspruchsentscheidung zurückgewiesen, muss der Stpfl auch im Fall der Aufhebung der Vollziehung Aussetzungszinsen nach § 237 leisten, obwohl § 237 nur die Aussetzung und nicht die 34

Aufhebung der Vollziehung nennt. Die Aufhebung der Vollziehung ist nämlich vom Regelungsgehalt der AdV mit umfasst und daher als eine besondere Form der Aussetzung anzusehen. Wegen der Rückwirkung der Aufhebung fallen die Zinsen bei der Aufhebung der Vollziehung rückwirkend an (so überzeugend FG Mchn EFG 86, 412). Wird die Aufhebung der Vollziehung ihrerseits aufgehoben, zB durch den BFH, entstehen die Säumniszuschläge wieder rückwirkend (BFH/NV 13, 416).

35 Die (rückwirkende) Aufhebung der Vollziehung muss **besonders angeordnet** werden. Ist in der Verfügung der FinBeh nur von AdV die Rede, kann im Zweifel nicht davon ausgegangen werden, dass es sich um eine Aufhebung der Vollziehung handelt (vgl BFH/NV 94, 4). Der Stpfl kann dann eine Änderung des AdV-Antrags zu seinen Gunsten beantragen und darauf hinweisen, dass über seinen Antrag auf Aufhebung der Vollziehung bzw rückwirkende Aussetzung nicht entschieden worden sei.

36 Bereits **getroffene VollstrMaßnahmen** sind nach Abs 2 S 3 ebenfalls aufzuheben (vgl BFH/NV 90, 670; AEAO zu § 361 Nr 7.4). Anders ist dies aber, wenn es sich bei der VollstrMaßnahme um einen VA handelt, der selbst angefochten worden ist, dh die Anfechtung nicht den zu Grunde liegenden StBescheid betrifft. Dann würde die Aufhebung der VollstrMaßnahme im Wege der Aufhebung der Vollziehung dazu führen, dass eine spätere Entscheidung in der Hauptsache ins Leere ginge (BFH/NV 91, 607).

VollstrKosten können durch eine Aufhebung der Vollziehung nicht rückwirkend beseitigt werden (BFH BStBl 70, 291; *HHSp/Hohrmann* § 346 Rz 13).

40 **6. Beschränkung der Aufhebung der Vollziehung (Abs 2 S 4).** Aus Abs 2 S 4 ergibt sich einerseits der Umfang der auszusetzenden Beträge, andererseits aber auch eine Beschränkung, weil eine Aufhebung der Vollziehung iSv Satz 3 nicht zu einer Erstattung von **Vorauszahlungen und anzurechnenden StAbzugsbeträgen** führen darf. Abs 2 S 4 entspricht § 69 II 8 FGO. Der BFH sieht die Regelung als verfassungsgemäß an (BFH BStBl 00, 57, 559). Die Einführung der Sätze 3 und 4 in Abs 2 durch das JStG 1997 v 20.12.1996 (BGBl I, 2049) ist eine Reaktion des Gesetzgebers auf die geänderte Rspr des BFH, nach der eine Aufhebung der Vollziehung zu einer Erstattung geleisteter ESt-Vorauszahlungen führen konnte (BFH GrS BStBl 95, 730; ferner ua BFH BStBl 96, 316; BFH/NV 96, 548).

41 Durch Abs 2 S 4 HS 1 wird sichergestellt, dass die AdV und die Aufhebung der Vollziehung lediglich zu einer Vollziehungssperre, aber nicht zu einer vorläufigen Erstattung festgesetzter und geleisteter Vorauszahlungen (zB ESt, USt, GewSt, KSt) und anzurechnender StAbzugsbeträge (zB LSt, KESt) führen darf. Die FinBeh darf also festgesetzte Vorauszahlungen und anzurechnende StAbzugsbeträge trotz ernstlicher Zweifel an der Rechtmäßigkeit des VA behalten. Als festgesetzt gelten Vorauszahlungen auch dann, wenn für den Vorauszahlungsbescheid AdV gewährt worden ist (BFH BStBl 00, 559), nicht aber freiwillig geleistete Vorauszahlungen, die somit erstattet werden können.

AdV und Aufhebung der Vollziehung sind somit auf den Nachzahlungsbetrag beschränkt, dh auf die festgesetzte Steuer, vermindert um die anzurechnenden Steuerabzugsbeträge und um die festgesetzten Vorauszahlungen (eingehend dazu *Birkenfeld* DStZ 99, 349).

Beispiel: Das FA setzt eine ESt iHv 20.000 € ggü A fest. Hierauf werden Vorauszahlungen iHv 4.000 € und LSt iHv 11.000 € angerechnet, so dass sich eine Nachzahlung von 5.000 € ergibt, die A entrichtet. A beantragt nun eine Aufhebung der Vollziehung iHv 7.000 € wegen ernstlicher Zweifel in diesem Umfang. Bei Erfolg dieses Antrags darf das FA nach Abs 2 S 4 nur 5.000 € erstatten (20.000 € festgesetzte ESt ./. 4.000 € Vorauszahlungen ./. 11.000 LSt), nicht aber 7.000 € (s auch AEAO zu § 361 Nr 7.2); zu weiteren Bsp s AEAO zu § 361 Nr 4.1–4.5.

42 Die Vorschrift des Abs 2 S 4 HS 1 beschränkt sich aber auf die vorläufige Erstattung von Vorauszahlungen und anzurechnenden StAbzugsbeträgen. In allen ande-

ren Fällen kann ein bereits gezahlter Betrag im Wege der Aufhebung der Vollziehung vorläufig zurückerstattet werden, zB bei Haftungsbescheiden oder GrESt-Bescheiden (*Koenig/Cöster* § 361 Rz 94). Außerdem schränkt Abs 2 S 4 nicht die Aufhebung der Vollziehung eines Änderungsbescheids ein, wenn dieser deshalb zu einer Nachzahlung führt, weil sich die Erstattung aus dem Erstbescheid, die sich aus Vor-auszahlungen oder StAbzugsbeträgen ergab, verringert (FG Mchn EFG 98, 1479). Ferner kann die Vollziehung eines auf § 164 II gestützten USt-Änderungsbescheids in vollem Umfang ausgesetzt oder aufgehoben werden, wenn in den Vorauszahlungsbescheiden keine positive USt festgesetzt worden ist. § 361 II S 4 bietet dann keine Rechtsgrundlage dafür, die AdV auf die Differenz zwischen der in dem Änderungsbescheid festgesetzten und der in dem (ursprünglichen) geänderten Bescheid festgesetzten USt zu beschränken (BFH BStBl 99, 335). Ansonsten sind nach der Rspr des BFH Säumniszuschläge aus sachlichen Billigkeitsgründen zu erlassen, die auf einer rechtswidrigen und deswegen aufgrund eines Einspruchs des Stpfl auf einer geänderten Jahressteuerfestsetzung beruhen, wenn der Stpfl insoweit die AdV der Vorauszahlungsbescheide erreicht hat und die weitere AdV dieser Beträge nach Ergehen des Jahressteuerbescheids allein an den Regelungen der §§ 361 II 4 AO und 69 II 8 FGO scheitert (BFH BStBl 15, 106; 10, 955; s auch Rz 33).

Nach Abs 2 S 4 HS 2 gilt die Beschränkung nicht, wenn die Aufhebung der Vollziehung zur **Abwendung wesentlicher Nachteile** erforderlich erscheint. Diese Einschränkung, die offenbar dem verfassungsrechtlichen Einwand mangelnden Rechtsschutzes begegnen soll, entspricht § 69 II 8 HS 2 FGO und lehnt sich an § 114 I 2 FGO an, wonach eine einstweilige Anordnung zulässig ist, um wesentliche Nachteile für den Stpfl abzuwenden. Zu prüfen ist damit, ob eine Versagung der Aufhebung der Vollziehung zu einer Bedrohung der wirtschaftlichen oder persönlichen Existenz des Stpfl. führen würde (BFH BStBl 84, 492; 00, 57; 04, 367; AEAO zu § 361 Nr 4.6.1). Darüber hinaus nimmt der BFH wesentliche Nachteile an, wenn ein unabweisbares Bedürfnis dies gebietet, um eine erhebliche, über Randbereiche hinausgehende Verletzung von Grundrechten zu vermeiden, die durch eine Entscheidung in der Hauptsache nicht mehr beseitigt werden kann (BFH BStBl 04, 367 mwN zu Aufhebung der Vollziehung wegen Zweifeln an der Verfassungsmäßigkeit einer dem BVerfG vorgelegten Norm). Das BMF wendet die Beschränkung nach Abs 2 S 4 HS 1 zudem nicht bei der AdV wegen vorweggenommener Werbungskosten für die Berufsausbildung an (BMF 15.1.2018, BStBl I, 2). 43

Keine Gründe für eine Aufhebung der Vollziehung zwecks Erstattung von anzurechnenden Steuerabzugsbeträgen KSt oder von festgesetzten Vorauszahlungen sind danach ein Zinsverlust (BFH BStBl 94, 899), eine wegen der Nichterstattung der Steuerbeträge notwendige Kreditaufnahme (BFH BStBl 84, 492; 00, 57), eine Zurückstellung betrieblicher Investitionen oder eine Einschränkung des Lebensstandards (BFH 84, 492).

7. Sicherheitsleistung (Abs 2 S 5). a) Voraussetzungen der Anordnung einer Sicherheitsleistung. Gem Abs 2 S 5 kann die FinBeh die AdV von einer Sicherheitsleistung abhängig machen (vgl auch Rz 23). Durch die Sicherheitsleistung sollen Steuerausfälle bei einem für den Stpfl ungünstigen Verfahrensausgang vermieden werden, wenn die Realisierung des StAnspruchs gefährdet ist. Die Möglichkeit der Einforderung einer Sicherheitsleistung dient allein dem Schutz des Fiskus und nicht dem Schutz eines Drittschuldners, der sich nicht an das ihm in einer Pfändungsverfügung auferlegte Zahlungsverbot gehalten und gepfändete Beträge an den VollstrSchuldner ausgezahlt hat (BFH/NV 06, 2024). 46

Die Gefahr von Steuerausfällen kann insbes aufgrund der wirtschaftlichen Verhältnisse des Stpfl bestehen (FG Mster EFG 03, 1177). Dies ist dann zu bejahen, wenn die wirtschaftliche Lage des Stpfl angespannt ist und er zB schon Erlass- oder Stundungsanträge gestellt hat (vgl BFH BStBl 67, 294) oder wenn sich das Vermögen im Ausland befindet und dort vollstreckt werden müsste (AEAO zu § 361 Nr 9.2.2). Außerdem kann eine Sicherheitsleistung geboten sein, wenn der Stpfl seinen AdV-Antrag mit einer unbilligen Härte begründet und selbst eine Existenzgefährdung darlegt (s Rz 26; AEAO zu § 361 Nr 9.2.3). Die Beweislast in diesen Fällen liegt beim FA (*Brete/Thomsen* NWB 17, 104, 105 f).

47 Von einer Sicherheitsleistung kann **abgesehen** werden, wenn der Stpfl im Rahmen zumutbarer Anstrengungen nicht in der Lage ist, Sicherheit zu leisten (BVerfG DStR 09, 2146; BFH/NV 96, 491; *Spilker* DStR 10, 731). Das gilt auch bei fortlaufend veranlagten Steuern wie LSt und USt (BVerfG DStR 09, 2146). Außerdem ist eine Sicherheitsleistung unzumutbar, wenn der Einspruch mit großer Wahrscheinlichkeit Erfolg haben wird (BFH BStBl 70, 127; BFH/NV 92, 409). Ferner scheidet eine Sicherheitsleistung aus, wenn die Vermögenslage des Stpfl bereits so schlecht ist, dass die StForderung des Fiskus ohnehin nicht mehr beitreibbar ist (BFH/NV 03, 1217). Die Beweislast für die vorstehend genannten Fälle, in denen von einer Sicherheitsleistung abgesehen werden kann, trägt der Stpfl (*Brete/Thomsen* NWB 17, 104, 106 f).

50 **b) Art und Höhe der Sicherheitsleistung.** Die Art der Sicherheitsleistung richtet sich nach §§ 241 ff. IdR wird eine Bankbürgschaft als Sicherheit gefordert werden. Die Höhe bestimmt sich nach der Höhe des StAnspruchs, dessen Ausfall vermieden werden soll, und muss ebenso wie die Art in der Anordnung angegeben werden.

52 **c) Rechtsfolgen der Anordnung.** Die Anordnung der Sicherheitsleistung macht die AdV von der aufschiebenden Bedingung abhängig, dass tatsächlich Sicherheit geleistet wird (BFH BStBl 00, 536; BFH/NV 91, 3); AdV und Anordnung der Sicherheitsleistung sind eine Einheit (BFH BStBl 79, 666). Die Aussetzung wird daher erst wirksam, wenn der Stpfl die Sicherheit geleistet hat (vgl auch BFH/NV 90, 161).

In der Anordnung einer Sicherheitsleistung auf einen unbeschränkt gestellten Antrag auf AdV liegt deshalb eine **teilweise Ablehnung** dieses Antrags, die nach § 69 IV 1 FGO den Zugang zum FG eröffnet (BFH BStBl 82, 135; BFH/NV 08, 1498; vgl Rz 96). Eine selbständige Anfechtung ist ausgeschlossen (s § 120 Rz 6). Stellt der Stpfl einen Antrag beim FG, weil die FinBeh eine Sicherheitsleistung angeordnet hat, überprüft das FG nur noch die Anordnung der Sicherheitsleistung, aber nicht die Voraussetzungen der – bereits gewährten – AdV. Das FG hat dabei ein eigenes Ermessen (vgl aber BFH/NV 06, 964). Legt der Stpfl hingegen Einspruch gegen die Anordnung der Sicherheitsleistung ein, hat die FinBeh nach § 367 II 1 auch zu prüfen, ob überhaupt die Voraussetzungen für die AdV vorliegen.

Geht es um die Aussetzung von Grundlagen- und Folgebescheiden (Abs 3), so obliegt die Entscheidung über die Sicherheitsleistung der für den **Folgebescheid** zuständigen Stelle (Abs 3 S 3); s hierzu Rz 84.

55 **8. Entscheidung über die AdV. a) Ermessensentscheidung.** Die Entscheidung über die Aussetzung ist ein begünstigender VA, der im Ermessen der FinBeh steht und nach § 119 II schriftlich, elektronisch, mündlich oder in anderer Weise erlassen werden kann (BFH/NV 14, 1093); idR ergeht die AdV aber schriftlich. Da es einen stillschweigenden VA nicht gibt, kann aus dem Ausbleiben von VollstrMaßnahmen nicht auf eine stillschweigende AdV-Gewährung geschlossen werden (BFH/NV 05, 1747). Der Stpfl hat bei Untätigkeit der FinBeh aber die Möglichkeit, einen AdV-Antrag beim FG gem § 69 IV 2 Nr 1 FGO zu stellen. Die Gewährung der AdV schafft keinen Vertrauenstatbestand im Hinblick auf den Ausgang des Einspruchsverfahrens; die FinBeh ist also trotz AdV-Gewährung nicht gehindert, den Einspruch als unzulässig zu verwerfen (BFH/NV 06, 1053).

56 **b) Entscheidung von Amts wegen oder auf Antrag.** Die AdV kann von Amts wegen (Abs 2 S 1) oder auf Antrag (Abs 2 S 2) gewährt werden. Eine AdV von Amts wegen kommt insbes dann in Betracht, wenn der Einspruch offensichtlich begründet ist, der Abhilfebescheid aber voraussichtlich nicht vor der Fälligkeit der Nachzahlung ergehen kann (AEAO zu § 361 Nr 2.1). Darüber hinaus sollte die FinBeh eine AdV von Amts wegen mE nur mit Zustimmung des Stpfl gewähren; denn das Risiko der Aussetzungszinsen gem § 237 (s Rz 62), die derzeit deutlich höher als die Marktzinsen sind (s hierzu BFH BStBl 14, 925), kann zu einer wirtschaftlichen Belastung des Stpfl führen, wenn der Einspruch später keinen Erfolg hat. Eine **„aufgedrängte" AdV** wäre daher ermessensfehlerhaft (so überzeugend FG Köln EFG 11, 105, von BFH/NV 12, 2004 aus anderen Gründen aufgehoben; *TK/Seer* § 361 Rz 3; *Bergmann* DStR 13, 1651).

Hat der Stpfl einen **Antrag** gestellt und ist eine der beiden Voraussetzungen des Abs 2 S 2 erfüllt – ernstliche Zweifel an der Rechtmäßigkeit oder unbillige Härte –, ist die FinBeh idR zur AdV verpflichtet (BFH BStBl 68, 199; 95, 814). Ein AdV-Antrag ist auch dann zulässig, wenn die Behörde dem Stpfl vorher bereits VollstrAufschub gewährt hat (FG Hbg EFG 80, 361).

Bei der Antragstellung sollte der Stpfl beachten, dass das AdV-Verfahren ein summarisches Verfahren ist, so dass nur **präsente Beweismittel** zulässig sind. Ein Antrag auf Zeugenvernehmung ist daher nicht ausreichend, wohl aber die Vorlage einer eidesstattlichen Versicherung eines Zeugen. Eine Hinzuziehung gem § 360 findet im AdV-Verfahren nicht statt (s Rz 1 sowie § 360 Rz 4).

c) Zuständige Behörde. Für die AdV ist die FinBeh zuständig, die den an- 57
gefochtenen VA erlassen hat. Ist jedoch zwischenzeitlich ein Zuständigkeitswechsel eingetreten, hat das neu zuständig gewordene FA über die AdV zu befinden (Hinweis auf § 367 I 2; FG BBg EFG 08, 1507; FG Mster EFG 09, 1663; 10, 1878). Die ursprünglich zuständige FinBeh kann das Verfahren jedoch nach Maßgabe des § 26 weiterführen, wenn dies unter Wahrung der Interessen der Beteiligten der Verfahrensvereinfachung dient und das neu zuständig gewordene FA zustimmt.

Bei Streit über die Rechtmäßigkeit einer Außenprüfungsanordnung, die nicht von der örtlichen zuständigen, sondern von einer nach § 195 S 2 beauftragten anderen FinBeh angeordnet wurde, ist für die AdV die beauftragte FinBeh zuständig; § 367 III 1 gilt nicht (s § 367 Rz 50). Wird die Prüfungsanordnung nicht von der nach § 195 S 2 beauftragten Behörde, sondern bereits durch die örtlich zuständige FinBeh erlassen, bleibt es aber bei der Zuständigkeit der örtlich zuständigen FinBeh für die AdV (vgl BFH/NV 08, 1874 zu § 69 FGO).

9. Wirkung der AdV. a) Rechtsfolgen. Die AdV gem Abs 2 S 2 wirkt nur 60
für die Zukunft (ex nunc), während die Aufhebung der Vollziehung gem Abs 2 S 3 auch zurückwirkt (ex tunc), s Rz 31 ff. Die AdV lässt die Wirksamkeit des angefochtenen VA unberührt. Es wird lediglich die weitere Vollziehung gehemmt und damit die aufschiebende Wirkung des Einspruchs hergestellt. Begonnene VollstrMaßnahmen (zB Pfändungen) bleiben erhalten (BGH NJW 13, 53), dürfen aber nicht weitergeführt werden (zB keine Verwertung gepfändeter Sachen; zur Forderungspfändung vgl § 309 Rz 33; insbes aber BGH BFH/NV 09, 542; DB 12, 1674). Auch eine **Aufrechnung** mit der ausgesetzten Steuerforderung, Haftungsforderung oder sonstigen Forderung der FinBeh gegen einen Gegenanspruch des Stpfl (zB Erstattungsanspruch) stellt eine Vollziehung dar und darf daher nicht mehr von der FinBeh vorgenommen werden (BFH BStBl 96, 55; BFH/NV 97, 257; FG Mster EFG 16, 1140; FG SachsAnh EFG 06, 1719; aA noch BFH BStBl 88, 366; BFH/NV 94, 218, 285).

Zur **Höhe** der AdV und der Beschränkung der AdV nach Abs 2 S 4 s Rz 40 ff. Auswirkungen, die sich auf andere Bescheide ergeben, sind nicht zu berücksichtigen (zB eine Änderung zuungunsten des Stpfl, wenn der angefochtene Bescheid wegen Unrechtmäßigkeit wegfällt). Die AdV des angefochtenen Bescheids kann daher nicht auf den Unterschiedsbetrag der einzelnen stl Auswirkungen begrenzt werden (BFH BStBl 95, 814). Die Möglichkeit, Sicherheitsleistungen in dieser Höhe anzuordnen, bleibt unberührt.

61 Für die Zukunft entstehen **keine Säumniszuschläge** mehr (BFH/NV 94, 4), auch wenn die Fälligkeit durch die AdV nicht hinausgeschoben wird (s § 240 Rz 18). Jedoch werden Säumniszuschläge noch für die Zeit verwirkt, in der die FinBeh über den AdV-Antrag entscheidet und deshalb mit der Vollstreckung stillhält (FG Hbg EFG 94, 731). Um diese Säumniszuschläge zu vermeiden, sollte der AdV-Antrag vor Eintritt der Fälligkeit gestellt und begründet werden, damit eine rückwirkende Aufhebung der Säumniszuschläge gem Abs 2 S 3 erreicht werden kann (s Rz 32); zum Erlass von Säumniszuschlägen bei zu Unrecht abgelehnter AdV s Rz 33.

62 Für die Zukunft entstehen **Aussetzungszinsen** gem § 237, falls der Einspruch keinen Erfolg hat. Aus diesem Grund sollte eine AdV von Amts wegen nur mit Zustimmung des Stpfl erfolgen, es sei denn, der Einspruch ist offensichtlich begründet, sodass kein Zinsrisiko iSv § 237 besteht (s Rz 56). Das Risiko von Aussetzungszinsen kann der Stpfl dadurch vermeiden, dass er trotz AdV-Gewährung freiwillig zahlt (s § 237 Rz 5); ein erfolgreicher AdV-Antrag verschafft dem Stpfl somit eine Option, die Zahlung nicht leisten zu müssen, aber gleichwohl zahlen zu dürfen; zudem ermöglicht er eine erste Erfolgseinschätzung über den Einspruch, insbes wenn die AdV vom FG gewährt wurde. Auf die Aussetzungszinsen werden Zinsen iSv § 233a angerechnet (§ 237 IV iVm § 234 III; BFH/NV 15, 785).

Außerdem unterbricht die AdV die **Zahlungsverjährung** gem § 231 I (s § 231 Rz 11). Insolvenzrechtl hat die AdV zur Folge, dass die ausgesetzte StVerbindlichkeit bei der Prüfung nach § 18 InsO nicht zu berücksichtigen ist (BGH DStR 14, 1559). Ein noch anhängiger AdV-Antrag gegen Aufforderung des FA zur Vorlage von Unterlagen gem § 200 kann sich bei der Entscheidung über die Höhe eines Verzögerungsgelds iSv § 146 IIb zugunsten des Stpfl auswirken (BFH BStBl 14, 819; s auch § 146 Rz 77).

65 **b) Dauer der AdV.** Die AdV wird grds **befristet,** und zwar bis einen Monat nach Abschluss des Einspruchsverfahrens, dh einen Monat nach Bekanntgabe der Einspruchsentscheidung oder einen Monat nach Zurücknahme des Einspruchs (AEAO zu § 361 Nr 8.2.1). Erhebt der Stpfl gegen die Einspruchsentscheidung Klage, muss er nach § 69 IV 1 FGO zunächst erneut einen AdV-Antrag bei der FinBeh stellen, dessen Erfolgsaussichten nicht schlecht sind, weil die FinBeh bereits schon einmal AdV gewährt hat; ein unmittelbar beim FG gestellter AdV-Antrag wäre hingegen unzulässig, weil die FinBeh noch keinen AdV-Antrag abgelehnt hat iSv § 69 IV 1 FGO, sondern die AdV lediglich befristet hat (BFH/NV 93, 260; 95, 701); s auch Rz 96. Auch die FG gewähren die AdV idR nur „bis einen Monat nach Bekanntgabe einer das Einspruchsverfahren abschließenden Entscheidung" (dh Einspruchsentscheidung oder Vollabhilfebescheid), wenn sie im Einspruchsverfahren angerufen werden (vgl BFH/NV 01, 1445; FG BaWü EFG 84, 564; vgl aber auch FG SachsAnh EFG 12, 1022).

Wird eine AdV ausnahmsweise nicht befristet, so besteht sie zwar grds bis zu ihrer Aufhebung fort; allerdings wird man im Wege der Auslegung idR zu dem Ergebnis kommen, dass sie mit der Unanfechtbarkeit des angefochtenen VA endet; denn die Vollziehung eines bestandskräftig gewordenen VA kann nicht mehr ausgesetzt werden (BFH/NV 99, 7). Das gilt auch in Fällen der AdV wegen unbilliger Härte (BFH/NV 95, 805; 00, 1237). Lediglich in Fällen des Abs 3 ist die AdV eines Folgebescheids auch dann noch möglich, wenn dieser schon bestandskräftig ist.

66 Hingegen soll eine Befristung „bis zum Abschluss des Rechtsbehelfsverfahrens" im Zweifel bedeuten, dass sich die AdV auch noch auf ein etwaiges anschließendes gerichtliches Verfahren erstreckt (BFH BStBl 97, 339) und daher in Wirklichkeit keine Befristung ist. Nach dem BFH fehlt hier die Bezeichnung, dass es um den

Abschluss des „außergerichtlichen" Einspruchsverfahrens geht; dagegen spricht aber, dass die Klage kein Rechtsbehelf sondern ein Rechtsmittel ist (s § 366 Rz 16). Die AdV eines Folgebescheids, die an die AdV des Grundlagenbescheids anknüpft und „bis zum Ablauf eines Monats nach Bekanntgabe der Einspruchsentscheidung bzw des geänderten Steuerbescheids" befristet ist, endet – wenn der Folgebescheid selbst nicht angefochten ist – einen Monat nach der Bekanntgabe des geänderten Folgebescheids, der aufgrund der Erledigung des Einspruchs über den Grundlagenbescheid ergeht (BFH/NV 98, 1322). Wird der Folgebescheid allerdings aus Gründen geändert, die nicht den Grundlagenbescheid, sondern nur den Folgebescheid betreffen, so bleibt die AdV hinsichtlich der vom Grundlagenbescheid abhängigen StFestsetzung bestehen (BFH/NV 06, 25).

Wird der **Einspruch** gegen den angefochtenen VA **zurückgenommen,** endet die AdV, ohne dass es einer gesonderten Aufhebung der Aussetzungsverfügung bedarf (BFH BStBl 86, 475); denn die AdV setzt nicht nur die Einlegung des Einspruchs, sondern auch dessen Anhängigkeit voraus. 67

Trotz AdV ist die FinBeh nicht gehindert, einen **Änderungsbescheid** zu erlassen (vgl FG Mchn EFG 97, 855; aA FG Köln EFG 99, 440). Ggf muss dann AdV für den Änderungsbescheid gewährt werden (AEAO zu § 361 Nr 8.2.2). Allerdings ist zunächst durch Auslegung zu ermitteln, ob und inwieweit sich die gewährte AdV des ursprünglichen Bescheids auch auf den Änderungsbescheid bezieht (FG SachsAnh EFG 06, 1719; unklar AEAO zu § 361 Nr 8.2.2). ME ist ein weiterer AdV-Antrag nur dann erforderlich, wenn der Änderungsbescheid zu einer Verböserung führt; wird dann insoweit kein weiterer AdV-Antrag gestellt, muss die sich aus dem Änderungsbescheid ergebende Erhöhung entrichtet werden, während die AdV für den bisherigen Nachzahlungsbetrag bestehen bleibt. 68

Neben der Befristung ist auch die Beifügung eines **Widerrufsvorbehaltes** zulässig: Die FinBeh behält sich damit vor, die AdV nach pflichtgemäßem Ermessen zu widerrufen, und zwar schon vor Erlass einer Einspruchsentscheidung. In einem solchen Widerrufsvorbehalt liegt ebenfalls keine teilweise Ablehnung des Antrags auf AdV iSv § 69 IV 1 FGO; der Widerrufsvorbehalt eröffnet also nicht den Zugang zum FG (BFH BStBl 00, 536), sondern erst der Widerruf selbst (BFH/NV 14, 10). 69

10. Grundlagenbescheid – Folgebescheid (Abs 3). a) Überblick. Abs 3 stellt zum einen klar, dass auch die Vollziehung eines Grundlagenbescheids ausgesetzt werden kann. Zum anderen bestimmt Abs 3, dass bei AdV des Grundlagenbescheids auch die Vollziehung des Folgebescheids auszusetzen ist (Abs 3 S 1). Trotz AdV des Grundlagenbescheids darf die FinBeh aber einen Folgebescheid erlassen (Abs 3 S 2), für den dann aber AdV von Amts wegen zu gewähren ist gem Abs 1 S 1. Abs 1 S 3 regelt die Sicherheitsleistung bei Grundlagen- und Folgebescheid. 75

b) AdV eines Grundlagenbescheids (Abs 3 S 1). Grundlagenbescheide (§ 171 X) gehören zu den vollziehbaren VA, obwohl sich aus ihnen keine Nachzahlung ergeben kann (s Rz 7); sie bilden aber die Grundlage für den Erlass eines – vollziehbaren – Folgebescheids, dessen Vollziehung nach Abs 1 S 1 von Amts wegen auszusetzen ist, wenn für den Grundlagenbescheid AdV gewährt wurde. Ein AdV-Antrag bzgl des Folgebescheids wäre somit nach dem Rechtsgedanken des § 351 II, der unmittelbar nur für Einsprüche und nicht für AdV-Anträge gilt, unzulässig, wenn die im AdV-Antrag erhobenen Einwendungen Feststellungen aus dem Grundlagenbescheid betreffen; eine Ausnahme besteht nur dann, wenn die Einwendungen die Wirksamkeit des Grundlagenbescheids (zB fehlende Bekanntgabe) betreffen oder wenn ein Grundlagenbescheid noch gar nicht ergangen ist (s § 351 Rz 21; AEAO zu § 361 Nr 6). Zu Beispielen für Grundlagen- und Folgebescheide s § 351 Rz 26 f und § 171 Rz 102 ff. 76

Als **Grundregel** gilt: Wenn ein Einspruch gegen einen Grundlagenbescheid zulässig ist, dh der Grundlagenbescheid eine Beschwer iSv § 350 enthält (s § 350 77

Rz 9), ist auch ein AdV-Antrag zulässig. AdV kann daher bei Gewinnfeststellungsbescheiden hinsichtlich jeder einzelnen Feststellung beantragt werden, zB bzgl der Höhe oder der Art der Einkünfte (s § 350 Rz 9). In gleicher Weise kommt AdV bei negativen Gewinnfeststellungsbescheiden in Betracht (BFH GrS BStBl 87, 637; BFH/NV 90, 435). Gleiches gilt für negative Feststellungsbescheide bei den Überschusseinkünften wie § 21 EStG (BFH/NV 91, 535). Die FinBeh stellt dann im Wege der AdV fest, dass vorläufig von niedrigeren Gewinnen bzw höheren Verlusten oder von einer anderen Einkunftsart auszugehen ist. Dies wird dann im Wege der AdV beim Folgebescheid (Abs 3 S 1) übernommen, sodass zB im EStBescheid des Gesellschafters AdV in der Höhe gewährt wird, in der sich die ESt bei Ansatz eines geringeren Gewinnanteils mindern würde. Bei einem AdV-Antrag gegen einen Bescheid über die einheitliche und gesonderte Feststellung richtet sich die Antragsbefugnis nach § 352 analog.

Ebenfalls kann AdV bei Bescheiden über die gesonderte Feststellung des verrechenbaren Verlusts nach § 15a IV EStG (BFH BStBl 88, 617) oder bei Verlustfeststellungsbescheiden beantragt werden, soweit sie Grundlagenbescheide für den Verlustvortrag und nicht lediglich Folgebescheide des Verlustfeststellungsbescheids des Vorjahres sind. Zu beachten ist, dass auch EStBescheide nach § 10d IV 4 EStG Grundlagenbescheide für den Verlustfeststellungsbescheid sind; soweit das FA also einen Verlust im EStBescheid nicht vollständig berücksichtigt hat und dementsprechend auch einen niedrigeren Verlust gesondert festgestellt hat, ist der AdV-Antrag gegen den EStBescheid als Grundlagenbescheid zu richten, selbst wenn die ESt auf Null lautet (s § 350 Rz 19).

78 Soweit AdV für den Grundlagenbescheid gewährt worden ist, ist nach Abs 3 S 1 auch die Vollziehung des Folgebescheids **von Amts wegen** auszusetzen. Ein AdV-Antrag bzgl des Folgebescheids wäre unzulässig (s Rz 76); dies gilt allerdings nicht, wenn sich die FinBeh weigert, trotz bestandskräftiger AdV des Grundlagenbescheids die Vollziehung des Folgebescheids auszusetzen. Dann ist es zulässig, einen AdV-Antrag beim FG nach § 69 FGO zu stellen und dieselben Einwendungen zu erheben wie gegen den Grundlagenbescheid (FG RhPf EFG 92, 151). Erst die Aussetzung des Folgebescheids unterbricht die Zahlungsverjährung (FG Brem EFG 07, 647).

Die Anfechtung des Folgebescheids ist für dessen AdV nicht erforderlich (AEAO zu § 361 Nr 6); denn bei einem Erfolg des Einspruchs gegen den Grundlagenbescheid wäre der Folgebescheid nach § 175 I 1 Nr 1 zu ändern. Der Zeitpunkt der AdV des Folgebescheids richtet sich nach dem Beginn der AdV für den Grundlagenbescheid (AEAO zu § 361 Nr 8.1.5); ist für diesen AdV rückwirkend gewährt worden, ist auch für den Folgebescheid rückwirkend AdV zu gewähren, sodass die Säumniszuschläge beim Folgebescheid rückwirkend entfallen (s Rz 32). S auch Rz 66 zur Dauer der AdV eines Folgebescheids.

79 Entsprechend Abs 3 S 1 ist im Rahmen der AdV der ESt auch der Vollzug von **Annexforderungen** wie Nachzahlungszinsen (BFH/NV 95, 680), Säumniszuschlägen (BFH/NV 03, 187) oder KiSt, sofern diese in dem jeweiligen Bundesland durch die FinBeh festgesetzt wird (BFH 98, 721; BFH/NV 03, 187), auszusetzen (allg BFH BStBl 98, 721); hierzu gehört aber nicht der Verspätungszuschlag.

82 **c) Zulässigkeit des Erlasses eines Folgebescheids (Abs 3 S 2).** Trotz der AdV des Grundlagenbescheids darf die FinBeh einen Folgebescheid erlassen. Allerdings greift dann sogleich Abs 3 S 1, sodass AdV für den Folgebescheid in dem Umfang zu gewähren ist, in dem die AdV für den Grundlagenbescheid gewährt worden ist.

84 **d) Sicherheitsleistung bei AdV des Folgebescheids (Abs 3 S 3).** Über die Sicherheitsleistung ist erst bei der AdV des Folgebescheids zu entscheiden; die Regelung des Abs 3 S 3 entspricht § 69 II 6 FGO. Bei der Entscheidung über die Anordnung der Sicherheitsleistung für den Folgebescheid sind nicht die Erfolgsaussichten des Einspruchs gegen den Grundlagenbescheid zu prüfen (OVG NRW BeckRS 2014, 59122; BeckRS 2014, 50815; OVG Sachs DÖV 13, 78; aA; FG Hess EFG 93, 128; *Koenig/Cöster* § 361 Rz 142); denn dem Grunde nach sind die Voraussetzungen einer AdV bereits bejaht worden, und zwar durch die für den Grundlagenbescheid zuständige FinBeh. Maßgeblich ist daher allein die Frage, ob der StAnspruch des Fiskus aus Sicht der für den Folgebescheid zuständigen FinBeh oder – bei der GewSt – aus Sicht der Gemeinde gefährdet ist (s Rz 46).

Die für die AdV des Grundlagenbescheids zuständige FinBeh kann in der AdV-Verfügung nach Abs 3 S 3 HS 2 anordnen, dass der Folgebescheid ohne Sicherheitsleistung auszusetzen ist. Dies kommt insbes dann in Betracht, wenn die für den Grundlagenbescheid zuständige FinBeh den Einspruch als wahrscheinlich erfolgreich einschätzt (AEAO zu § 361 Nr 9.2.4). Die Anordnung nach Abs 3 S 3 HS 2 muss vom Stpfl beantragt werden. Wird nur die AdV des Grundlagenbescheids beantragt, ist die FinBeh nicht verpflichtet, bei der AdV des Grundlagenbescheids auch eine Entscheidung bzgl der Sicherheitsleistung zu treffen (FG Mster EFG 05, 804). Um den Stpfl über die Möglichkeit einer Sicherheitsleistung nicht im Unklaren zu lassen, sollte in der AdV-Verfügung für den Grundlagenbescheid darauf hingewiesen werden, dass die AdV des (näher bezeichneten) Folgebescheids von einer Sicherheitsleistung abhängig gemacht werden kann.

Sieht die für den Grundlagenbescheid zuständige FinBeh von einer Anordnung iSv Abs 3 S 3 HS 2 ab, schränkt dies das Ermessen der für den Erlass des Folgebescheids zuständige FinBeh nicht ein (OVG NRW BeckRS 2014, 50815).

11. Untersagung des Gewerbebetriebs oder der Berufsausübung 88
(Abs 4). a) Suspensiveffekt eines Einspruchs (Abs 4 S 1). Abs 4 S 1 enthält eine Ausnahme von dem Ausschluss des Suspensiveffekts durch Abs 1 und entspricht damit dem außerhalb des Steuer- und Abgabenrechts geltenden Grundsatz, dass ein Einspruch aufschiebende Wirkung hat (vgl § 80 I VwGO; s auch Rz 4). Dies gilt aber nur bei VA, mit denen der Gewerbebetrieb oder die Berufsausübung untersagt wird. In diesen Fällen ist ein AdV-Antrag unzulässig, weil bereits der Einspruch zu einer Hemmung der Vollziehung führt. Nur wenn die FinBeh die Vollziehungshemmung des Einspruchs nach Abs 4 S 1 bestreitet oder die sofortige Vollziehbarkeit nach S 2 angeordnet worden ist, ist ein AdV-Antrag zulässig (BFH/NV 14, 10; BFH BStBl 98, 227).

Zu einer **Untersagung des Gewerbebetriebs** konnte es bis zum 31.12.2017 nach § 51a BranntwMonG kommen. Keine Bedeutung hat Abs 4 S 1 hingegen bei einer Untersagung des Gewerbebetriebs nach Art 244 UZK, da zollrechtl der Einspruch nach Art 45 I UZK (früher: Art 244 I ZK) keine aufschiebende Wirkung hat.

Eine **Untersagung der Berufsausübung** ist nach § 7 StBerG bei einer unerlaubten Hilfeleistung in StSachen möglich (FG Hbg EFG 00, 706). Bei weiteren Untersagungsmaßnahmen nach dem StBerG (zB nach §§ 20, 46, 55 StBerG) gilt ohnehin der Suspensiveffekt gem § 164a II 1 StBerG, sodass Abs 4 S 1 des § 361 insoweit nicht erforderlich ist. Abs 4 gilt ferner für die Untersagung der Fiskalvertretung aufgrund des Verweises in § 22e II UStG.

Weder von Abs 4 S 1 noch von § 164a II 1 StBerG erfasst wird hingegen die Zurückweisung eines Bevollmächtigten nach § 80 VII, VIII (*Koenig/Cöster* § 361 Rz 148, zu § 80 V aF). Auch der Widerruf einer Versorgererlaubnis nach § 4 IV StromStG wird nicht von Abs 4 S 1 erfasst und hat daher keine vollziehungshemmende Wirkung (BFH/NV 14, 10).

b) Anordnung der sofortigen Vollziehbarkeit (Abs 4 S 2 und 3). Nach 89
Abs 4 **S 2** kann die FinBeh die hemmende Wirkung des Einspruchs (Suspensiveffekt) im Einzelfall beseitigen und damit die sofortige Vollziehbarkeit anordnen,

wenn sie dies im öffentlichen Interesse für geboten erachtet und sie das öffentliche Interesse schriftlich begründet. Abzuwägen sind danach die öffentlichen Interessen an einem sofortigen Vollzug des VA mit dem individuellen Interesse des Adressaten des VA an einer Hemmung der Vollziehung; ist das öffentliche Interesse größer als das Individualinteresse und wird dies auch schriftlich begründet, ist eine Anordnung der sofortigen Vollziehbarkeit zulässig.

Abs 4 **S 3** regelt den Zuständigkeitswechsel und bestimmt, dass die nachträglich zuständig gewordene FinBeh auch über die Anordnung der sofortigen Vollziehbarkeit entscheidet.

95 **12. Rechtsschutz (Abs 5).** Gegen die Ablehnung eines AdV-Antrags durch die FinBeh kann der Stpfl einen AdV-Antrag beim FG gem § 69 FGO stellen, wie sich aus Abs 5 des § 361 ergibt; die Zugangsvoraussetzung beim FG gem § 69 IV 1 FGO ist aufgrund der Ablehnung des AdV-Antrags durch die FinBeh erfüllt. Der Stpfl kann gegen die Ablehnung des AdV-Antrags **alternativ oder zusätzlich** (vgl FG Hbg EFG 16, 1845) **auch** Einspruch einlegen; diese Rechtsschutzmöglichkeit eines Einspruchs wird durch Abs 5 nicht eingeschränkt, weil Abs 5 nur den Rechtsschutz beim FG einschränkt und eine Klage ausschließt. Die Einlegung (nur) eines Einspruchs hat aber den Nachteil, dass ein Einspruchsverfahren idR deutlich länger dauert als ein gerichtlicher AdV-Antrag nach § 69 FGO und dass gegen die anschließende Einspruchsentscheidung ohnehin nur ein AdV-Antrag beim FG nach § 69 FGO gestellt werden kann; denn eine Klage gegen die Einspruchsentscheidung ist nach Abs 5 ausgeschlossen (BFH/NV 11, 48). Der Stpfl kann iÜ auch zweigleisig vorgehen, indem er Einspruch gegen die Ablehnung des Antrags auf AdV einlegt und zugleich einen AdV-Antrag bei Gericht nach § 69 FGO stellt; für den AdV-Antrag besteht trotz des parallel laufenden Einspruchsverfahrens ein Rechtsschutzbedürfnis (*HHSp/Birkenfeld* § 361 Rz 807). Allerdings erledigt sich der gerichtliche AdV-Antrag, wenn die FinBeh dem Einspruch gegen die AdV-Ablehnung stattgibt.

96 § 69 FGO gilt damit bereits **im Einspruchsverfahren** neben § 361 (s Rz 1), wenn die AdV eines durch Einspruch angefochtenen VA begehrt wird. Beide Verfahren – nach § 69 FGO und nach § 361 AO – stehen nach Wortlaut, Systematik und Entstehungsgeschichte gleichwertig nebeneinander (BFH BStBl 85, 587 BFH/NV 10, 2298; FG BBg EFG 12, 1352). Der gerichtliche AdV-Antrag nach § 69 FGO setzt keinen Einspruch gegen die AdV-Ablehnung voraus. Zu beachten ist aber die **Zugangsvoraussetzung** des § 69 IV FGO, die sowohl bei der AdV gem Abs 2 S 2 als auch bei der Aufhebung der Vollziehung nach Abs 2 S 3 gilt (BFH BStBl 13, 390) und eine vorherige AdV-Ablehnung durch die FinBeh erfordert: Weder in der Befristung der AdV bis einen Monat nach Bekanntgabe einer das Einspruchsverfahren abschließenden Entscheidung (s Rz 65) noch in der Anordnung eines Widerrufsvorbehalts (s Rz 69) ist eine derartige Ablehnung zu sehen; der Stpfl muss also nach Erlass der Einspruchsentscheidung (über den Einspruch gegen den StBescheid) zunächst **erneut** einen AdV-Antrag bei der FinBeh stellen und darf erst nach dessen Ablehnung das FG gem § 69 FGO anrufen. Hingegen stellt die Anordnung einer Sicherheitsleistung gem Abs 2 S 5 bei einem uneingeschränkt gestellten Antrag eine Ablehnung iSv § 69 IV 1 FGO dar (s Rz 52). Ausnahmen von der Zugangsvoraussetzung ergeben sich aus § 69 IV 2 FGO, wenn die FinBeh in angemessener Frist über den Antrag nicht entschieden hat oder eine Vollstreckung droht. Zu weiteren Einzelheiten des § 69 IV FGO s *Gräber/Stapperfend* § 69 FGO Rz 145 ff.

§ 362 Rücknahme des Einspruchs

(1) [1] **Der Einspruch kann bis zur Bekanntgabe der Entscheidung über den Einspruch zurückgenommen werden.** [2] **§ 357 Abs. 1 und 2 gilt sinngemäß.**

(1a) [1] **Soweit Besteuerungsgrundlagen für ein Verständigungs- oder ein Schiedsverfahren nach einem Vertrag im Sinne des § 2 von Bedeutung sein können, kann der Einspruch hierauf begrenzt zurückgenommen werden.** [2] **§ 354 Abs. 1a Satz 2 gilt entsprechend.**

(2) [1] **Die Rücknahme hat den Verlust des eingelegten Einspruchs zur Folge.** [2] **Wird nachträglich die Unwirksamkeit der Rücknahme geltend gemacht, so gilt § 110 Abs. 3 sinngemäß.**

Schrifttum: *Ruff* Beendigung des Widerspruchsverfahrens durch Rücknahme des Widerrufs, KStZ 15, 69.

Übersicht

1. Inhalt. Durch die Rücknahme eines Einspruchs kann insbes eine **Verböserung** iSv § 367 II 2 sowie eine sonstige Korrektur zu Ungunsten des Stpfl, zB nach §§ 129, 164 II oder 173, **verhindert werden,** wenn die reguläre Verjährungsfrist bereits abgelaufen ist; denn dann beendet die Rücknahme des Einspruchs die aufgrund des Einspruchs eingetretene Ablaufhemmung nach § 171 IIIa (s § 367 Rz 19f). Die Rücknahme steht im Belieben des Einspruchsführers. Sie verstößt daher weder gegen den Grundsatz von Treu und Glauben, noch stellt sie eine illoyale Rechtsausübung dar (BFH BStBl 10, 720; BFH/NV 02, 745). Sie ist vom Verzicht auf einen Einspruch (§ 354) zu unterscheiden: Der Verzicht erfolgt vor, die Rücknahme dagegen nach Einlegung eines Einspruchs. 1

2. Voraussetzungen der Rücknahme (Abs 1). Die Rücknahme ist bis zur **Bekanntgabe der Einspruchsentscheidung** zulässig. Für den Zeitpunkt der Bekanntgabe gilt § 122 I Nr 2. Eine zulässige und damit eine Verböserung durch die Einspruchsentscheidung hindernde Rücknahme liegt daher noch vor, wenn die Rücknahmeerklärung bei der FinBeh vor Ablauf des dritten Tages nach Aufgabe der Einspruchsentscheidung zur Post eingeht. Das gilt auch dann, wenn die Einspruchsentscheidung dem Stpfl tatsächlich früher als drei Tage nach Aufgabe zur Post zugegangen ist (BFH/NV 02, 1409). 2

Die Rücknahme ist an die Form- und Zuständigkeitsvorschriften für die Einlegung des Einspruchs gebunden, wie sich aus Abs 1 S 2 iVm § 357 I und II ergibt. Sie muss daher schriftlich, elektronisch oder zur Niederschrift erklärt werden; bei einer elektronisch übermittelten Rücknahme ist eine qualifizierte elektronische Signatur nicht erforderlich (AEAO zu § 362 Nr 1). 3

Die Rücknahme muss zwar nicht ausdrücklich erklärt werden. Die betr Äußerung muss aber schon im Hinblick auf die mit der Rücknahme verbundene Folge des Verlusts des eingelegten Einspruchs mit hinreichender Deutlichkeit erkennen lassen, dass das Einspruchsbegehren nicht weiter verfolgt wird (BFH BStBl 01, 162; BFH/NV 87, 344, 359). Die Erklärung unterliegt dabei den Auslegungsregeln der §§ 133, 157 BGB (FG SchlHol EFG 04, 1743). Entscheidend ist danach, wie die FinBeh als Empfänger den objektiven Erklärungswert des Rücknahmeschreibens verstehen musste (FG Hbg BB 13, 150; FG BaWü DStRE 13, 441). Dabei sind auch Umstände in Betracht zu ziehen, die sich nicht aus dem Rücknahmeschreiben selbst ergeben, die jedoch der FinBeh und ggf den anderen Verfahrensbeteiligten bekannt sind (BFH BStBl 01, 162; vgl auch FG SchlHol EFG 04, 1743). Die Rücknahme kann auch Bestandteil einer als „Vergleich" mit der FinBeh bezeichneten Vereinbarung sein (BFH/NV 02, 7).

4 Eine **Teilrücknahme** des Einspruchs ist außer in den Fällen des Abs 1a (s Rz 7) zulässig, wenn der Einspruch mehrere selbständige VA betrifft (zB USt- und ESt-Bescheid oder auch mehrere Feststellungen in einer einheitlichen und gesonderten Feststellung, s § 350 Rz 9); dann kann der Einspruch gegen einen oder mehrere dieser VA zurückgenommen werden. Betrifft der Einspruch nur einen einzigen VA, ist zu prüfen, ob die „Rücknahme" lediglich eine Beschränkung des Einspruchsverfahrens darstellt, zB eine Einschränkung der begehrten StMinderung (s auch § 357 Rz 16); dies wird idR anzunehmen sein. IÜ ist eine Teilrücknahme nicht zulässig, weil die FinBeh die Sache nach § 367 II 1 stets in vollem Umfang prüfen muss (*TK/Brandis* § 362 Rz 6).

7 **3. Rücknahme bei Verständigungs- und Schiedsverfahren (Abs 1a).** Abs 1a dient demselben Zweck wie § 354 Ia. Er ermöglicht eine Teilrücknahme eines Einspruchs bzgl solcher Besteuerungsgrundlagen, die für Verständigungsvereinbarungen oder Schiedsverfahren nach DBA oder anderen internationalen Verträgen von Bedeutung sein können. Hierdurch soll vermieden werden, dass durch die Durchführung von außergerichtlichen und gerichtlichen Einsprüchen der Beginn eines internationalen Verständigungs- oder Schiedsverfahrens unangemessen hinausgeschoben wird. Das könnte ohne die Regelung des Abs 1a geschehen, weil manche DBA oder internationale Verträge für den Beginn des Verständigungs- oder Schiedsverfahrens die Unanfechtbarkeit des StBescheids voraussetzen. Die Besteuerungsgrundlagen, für die die Rücknahme wirken soll, müssen genau angegeben werden (Abs 1a S 2 iVm § 354 Ia 2). Solange dies nicht geschieht, ist die Rücknahme unwirksam (zweifelnd *Helmschrott/Eberhart* DStR 94, 525). Hinsichtlich der Besteuerungsgrundlagen, auf die sich die wirksame Rücknahme bezieht, erwächst der VA in Teilbestandskraft (s § 354 Rz 7). Abs 1a wurde ebenso wie § 354 Ia durch das StMBG v 21.12.1993 (BGBl I, 2310) eingefügt.

9 **4. Folgen der Rücknahme (Abs 2 S 1).** Aufgrund der Rücknahme wird das Einspruchsverfahren beendet, sodass der VA grds bestandskräftig wird. Die Rücknahme betrifft nach dem Wortlaut des Abs 2 aber nur den eingelegten Einspruch. Solange die Einspruchsfrist noch läuft, kann folglich ein neuer Einspruch eingelegt werden (FG BaWü DStRE 13, 441; AEAO zu § 362 Nr 2). Auch ein vor Rücknahme des Einspruchs eingelegter zweiter (zunächst unzulässiger) Einspruch wird wirksam, wenn der erste Einspruch zurückgenommen wird (FG Bln EFG 98, 860).

11 **5. Unwirksamkeit der Rücknahme (Abs 2 S 2).** Die Rücknahme ist unwirksam, wenn die Formvorschriften nicht eingehalten worden (s Rz 3) oder wenn sie unter einer Bedingung erklärt wird (vgl BGH HFR 08, 287; FG Hbg BB 13, 150). Weitere Beispiele für eine unwirksame Rücknahme sind: Vorübergehende Störung der Geistestätigkeit und daher fehlende Einspruchsfähigkeit bei der Rücknahme (BFH BStBl 77, 434; BFH/NV 02, 7); offensichtlich unrichtige Belehrung über die Erfolgsaussichten des Einspruchs bei Rechtsunkundigen (BFH BStBl 59, 294; 62, 107; 05, 1964), nicht aber bei fachkundigen Bevollmächtigten (BFH BStBl 69, 52; 05, 1964; FG BBg EFG 10, 2049); unzulässige Beeinflussung des Einspruchsführers (BFH/NV 02, 7; 05, 1964; vgl aber auch FG BBg EFG 10, 2049).

Der Vorbehalt der Berichtigung von Rechenfehlern ist keine eigentliche Bedingung, die die Rücknahme unwirksam machen würde (FG RhPf EFG 84, 106). Ferner machen andere sog unechte Bedingungen die Rücknahme nicht unwirksam. Es handelt sich um Bedingungen, die von rein „innerprozessualen" Ereignissen, dh von Ereignissen, über die das FA selbst entscheidet, abhängig sind. So kann der Stpfl die Rücknahme mit der aufschiebenden Bedingung verbinden, dass das FA die Steuer gem seinem Antrag nach § 172 ändere. Die Rücknahme wird dann allerdings erst wirksam, wenn das FA die Bedingung erfüllt (FG Ddorf EFG 09, 1090).

War die Einspruchsrücknahme unwirksam, ist das Einspruchsverfahren wieder aufzunehmen und über den Einspruch zu entscheiden (AEAO zu § 362 Nr 3). Zu den Rechtsfolgen einer wirksamen Einspruchsrücknahme s Rz 9.

Die Rücknahme kann **nicht widerrufen,** zurückgenommen oder wegen Irrtums angefochten werden (FG Ddorf EFG 95, 942; FG Mchn EFG 99, 654; FG BaWü EFG 06, 125; vgl auch BGH HFR 08, 287). Der Widerruf oder die Zurücknahme ist allerdings noch möglich, wenn diese gegenläufige Erklärung der FinBeh spätestens zeitgleich mit der Rücknahmeerklärung zugeht (BFH BStBl 07, 823). Beweispflichtig für den rechtzeitigen Zugang ist der Stpfl (FG Hbg DStRE 09, 1272; FG Mchn BB 09, 2636). 12

Die Unwirksamkeit der Einspruchsrücknahme kann nach Abs 2 S 2 in sinngemäßer Anwendung des § 110 III idR binnen eines Jahres – gerechnet vom Eingang der Rücknahmeerklärung bei der Behörde – geltend gemacht werden.

§ 363 Aussetzung und Ruhen des Verfahrens

(1) **Hängt die Entscheidung ganz oder zum Teil von dem Bestehen oder Nichtbestehen eines Rechtsverhältnisses ab, das den Gegenstand eines anhängigen Rechtsstreits bildet oder von einem Gericht oder einer Verwaltungsbehörde festzustellen ist, kann die Finanzbehörde die Entscheidung bis zur Erledigung des anderen Rechtsstreits oder bis zur Entscheidung des Gerichts oder der Verwaltungsbehörde aussetzen.**

(2) **[1] Die Finanzbehörde kann das Verfahren mit Zustimmung des Einspruchsführers ruhen lassen, wenn das aus wichtigen Gründen zweckmäßig erscheint. [2] Ist wegen der Verfassungsmäßigkeit einer Rechtsnorm oder wegen einer Rechtsfrage ein Verfahren bei dem Gerichtshof der Europäischen Union, dem Bundesverfassungsgericht oder einem obersten Bundesgericht anhängig und wird der Einspruch hierauf gestützt, ruht das Einspruchsverfahren insoweit; dies gilt nicht, soweit nach § 165 Abs. 1 Satz 2 Nr. 3 oder Nr. 4 die Steuer vorläufig festgesetzt wurde. [3] Mit Zustimmung der obersten Finanzbehörde kann durch öffentlich bekannt zu gebende Allgemeinverfügung für bestimmte Gruppen gleichgelagerter Fälle angeordnet werden, dass Einspruchsverfahren insoweit auch in anderen als den in den Sätzen 1 und 2 genannten Fällen ruhen. [4] Das Einspruchsverfahren ist fortzusetzen, wenn der Einspruchsführer dies beantragt oder die Finanzbehörde dies dem Einspruchsführer mitteilt.**

(3) **Wird ein Antrag auf Aussetzung oder Ruhen des Verfahrens abgelehnt oder die Aussetzung oder das Ruhen des Verfahrens widerrufen, kann die Rechtswidrigkeit der Ablehnung oder des Widerrufs nur durch Klage gegen die Einspruchsentscheidung geltend gemacht werden.**

Abs 2 S 2 geändert durch G v 20.12.08 (BGBl I, 2850); Abs 2 S 2 erneut geändert durch AmtshilfeRLUmsG v 26.6.13 (BGBl I, 1809).

Schrifttum: *vor 2010 s 13. Aufl; Nebe* Praxishinweise zum Ruhen von Einspruchsverfahren aus Zweckmäßigkeitsgründen nach § 363 II 1 AO, Stbg 10, 293; *Wedelstädt* Rechtsschutz in Fällen des Zweifels an der Vereinbarkeit einer Rechtsnorm mit höherrangigem Recht, DB 11, 788; *Noack* Keine Zwangsruhe und kein Anspruch auf Zustimmungsruhe bei Einsprüchen, die allein im Hinblick auf noch anhängige Musterbeschwerdeverfahren beim EGMR eingelegt worden sind, Stbg 12, 177; *Nebe* Der Rechtsschutz bei Musterverfahren soll eingeschränkt werden, Stbg 12, 252; *Nebe* Update: Praxishinweise zum Ruhen von Einspruchsverfahren aus Zweckmäßigkeitsgründen nach § 363 Abs. 2 Satz 1 AO, Stbg 14, 106; *Hendricks/Philip* Musterprozessvereinbarungen im Steuerrecht, DStR 15, 2589.

Übersicht

1 **1. Inhalt.** § 363 dient der Verfahrensökonomie, indem eine Verfahrensaussetzung bzw -ruhe ermöglicht wird, damit der Ausgang eines anderen Verfahrens abgewartet und ausgewertet werden kann (vgl auch BFH BStBl 14, 925).

Abs 1 der Vorschrift regelt die Aussetzung des Verfahrens (ohne Zustimmung des Einspruchsführers); er entspricht § 74 FGO. Abs 2 S 1 regelt hingegen das Ruhen des Verfahrens mit Zustimmung des Einspruchsführers und enthält eine ähnliche Regelung wie § 251 ZPO, der über § 155 FGO auch für die FGO gilt. Abs 2 S 2 und 3 sehen eine sog Zwangsruhe aufgrund eines Musterverfahrens oder einer Allgemeinverfügung vor; eine Zustimmung des Einspruchsführers ist nicht erforderlich. Damit soll den Problemen Rechnung getragen werden, die bei der Anhängigkeit von Musterprozessen insbes bei verfassungsrechtlichen Streitfragen (s dazu unten Rz 7 ff) auftreten. Abs 2 S 4 bestimmt die Voraussetzungen der Beendigung der Verfahrensruhe. Abs 3 betrifft den Rechtsschutz bei Ablehnung oder Widerruf.

2 Von der Aussetzung und dem Ruhen des Verfahrens nach § 363 zu unterscheiden ist die **Unterbrechung des Verfahrens,** zB durch Tod des Einspruchsführers oder Eröffnung des Insolvenzverfahrens über sein Vermögen. Darüber enthält die AO keine Regelung. Nach allg Meinung sind aber insoweit die §§ 239 ff ZPO entspr anzuwenden (AEAO zu § 251 Nr 4.1). Von der Aussetzung des Verfahrens nach Abs 1 ist zudem die AdV gem § 361 sowie die Aussetzung des Strafverfahrens nach § 396 zu unterscheiden. Zur Rechtsentwicklung des § 363 s 13. Aufl Rz 2.

4 **2. Aussetzung des Verfahrens (Abs 1). a) Voraussetzungen.** Die Entscheidung über den Einspruch muss ganz oder zum Teil vom Bestehen oder Nichtbestehen eines Rechtsverhältnisses abhängig sein. Dabei muss es sich um konkrete Rechtsbeziehungen des privaten oder öffentlichen Rechts zwischen verschiedenen Rechtspersonen handeln (*HHSp/Birkenfeld* § 363 Rz 74). Die vorgreifliche Entscheidung muss also irgendeinen rechtlichen Einfluss auf das auszusetzende Verfahren haben (BFH BStBl 90, 986).

5 **Beispiele,** die unter § 363 I fallen, sind: Entscheidung über eine StStraftat (BFH/NV 96, 149; 99, 3), wenn die Begehung der StStraftat Voraussetzung für den VA der FinBeh ist, zB für einen Haftungsbescheid nach § 71, für die Verjährungsdauer gem § 169 II 1 oder für Hinterziehungszinsen gem § 235 (s aber auch Rz 6); Entscheidung, ob Stpfl Eigentümer eines Grundstücks ist, ob eine Ehe oder Kindschaftsverhältnis oder Unterhaltsverpflichtung besteht, ob der Stpfl Erbe geworden ist, schwerbehindert ist oder Gesellschafter ist, ob Grundstück im Sanie-

rungsgebiet gem § 7h EStG liegt oder ob Gebäude ein Baudenkmal iSv § 7i EStG ist.

Nicht erforderlich ist, dass die FinBeh an die Entscheidung des Gerichts oder der anderen Behörde, die über das Bestehen oder Nichtbestehen des Rechtsverhältnisses zu entscheiden hat, gebunden ist (BFH BStBl 90, 986). Eine Aussetzung des Einspruchsverfahrens kommt aber gleichwohl auch dann in Betracht, wenn die ausstehende Entscheidung in einem Grundlagenverfahren getroffen wird, das nach seinem Abschluss zu einer Änderung des angefochtenen Folgebescheids gem § 175 I 1 Nr 1 führt (BFH BStBl 89, 343). Allerdings ist vor einer Aussetzung zu prüfen, ob der Einspruch gegen den Folgebescheid überhaupt nach § 351 I zulässig ist; dies wird nur dann zu bejahen sein, wenn der Grundlagenbescheid noch nicht erlassen ist oder seine Wirksamkeit streitig ist (s § 351 Rz 21).

Nicht unter § 363 fällt dagegen eine Entscheidung über die Festsetzung von Stundungszinsen nach § 243 I, wenn auch der Verzicht auf Stundungszinsen aus Gründen sachlicher Billigkeit nach § 243 II in Streit ist (BFH BStBl 98, 38). Auch ist die Entscheidung über eine Stundung oder einen Erlass der StSchuld nicht abhängig von der Entscheidung über den Einspruch gegen den StBescheid. Ebenso wenig hängt die Entscheidung der FinBeh von einem Urteil des Strafgerichts über die Begehung einer StStraftat ab, wenn die StHinterziehung keine Tatbestandsvoraussetzung für den angefochtenen VA ist (s Rz 5), sondern lediglich die vorgenommene Hinzuschätzung rechtfertigen würde; geht es nämlich im StStrafverfahren um die Vorklärung schwieriger steuerrechtlicher Fragen, ist die Finanzgerichtsbarkeit hierfür kompetenter als die Strafgerichtsbarkeit (*Gast-deHaan* DStZ 83, 254). Auch mögliche Rechtsänderungen sind kein Grund für die Aussetzung des Verfahrens (BFH BStBl 07, 129). Es genügt auch nicht, wenn es nur um gleiche Sach- oder Rechtsfragen geht, zB in Fällen desselben Stpfl in zugleich geführten Einspruchsverfahren wegen ESt und GewStMessbetrags (BGH DStR 06, 1203). 6

Reine Rechts- und Auslegungsfragen, die zB in einem Musterprozess anhängig sind, werden ebenfalls grds nicht von Abs 1 erfasst, sondern können allenfalls nach Abs 2 zum Ruhen des Verfahrens führen (BFH BStBl 74, 274; 75, 211). Eine Ausnahme besteht aber bei Rechtsfragen, die dem **BVerfG** vorliegen, wenngleich diese Ausnahme wegen der Ausweitung des Ruhens des Verfahrens nach Abs 2 S 2 bei Musterverfahren an Bedeutung verloren hat. Gleichwohl besteht bei Musterverfahren vor dem BVerfG eine Pflicht zur Aussetzung des Einspruchsverfahrens nach Abs 1, wenn das Musterverfahren vor dem BVerfG eine im Streitfall anzuwendende Norm betrifft, nicht als aussichtslos erscheint und der Einspruchsführer kein besonderes berechtigtes Interesse an einer Einspruchsentscheidung über die Verfassungsmäßigkeit der umstrittenen Norm hat (BFH BStBl 92, 408, 673; 13, 997; BFH/NV 93, 244; vgl aber auch BFH/NV 10, 924, wo der BFH einen bestehenden Ermessensspielraum hinsichtlich der Verfahrensaussetzung annimmt). Das besondere berechtigte Interesse ergibt sich nicht aus der sog Ergreiferprämie, die nur derjenige erhält, der selbst das Verfahren vor dem BVerfG betrieben hat (s § 350 Rz 31); denn ansonsten käme es zu einer Überschwemmung des BVerfG. 7

b) Entscheidung über die Aussetzung. Die Entscheidung über die Aussetzung erfolgt von Amts wegen. Es ist weder ein Antrag des Einspruchsführers noch seine Zustimmung erforderlich. Die Entscheidung ist dem Einspruchsführer aber mitzuteilen; zum Rechtsschutz gem Abs 3 s Rz 34f. 10

Die Entscheidung steht im **Ermessen der** FinBeh. Dabei sind verfahrensökonomische Gründe und die Interessen des Einspruchsführers gegeneinander abzuwägen. Stellt zB die FinBeh in einem Einspruchsverfahren betr ESt keine Erwägungen an, ob das Einspruchsverfahren wegen eines anhängigen Einspruchsverfahren gegen einen Grundlagenbescheid auszusetzen ist, liegt wegen Nichtausübung des Ermessens ein Ermessensfehler vor (FG Nds DStRE 04, 789). Sprechen iÜ alle Erwägungen ausschl oder doch ganz überwiegend für die Aussetzung des Verfahrens, so ist das Ermessen des FA auf Null reduziert, sodass eine Pflicht zur Verfahrensaussetzung besteht (vgl BFH BStBl 90, 986). Zur Pflicht, das Einspruchsverfahren wegen eines Musterverfahrens vor dem BVerfG auszusetzen, s Rz 7. Zu den **Rechtsfolgen** der Aussetzung s Rz 31, zum Rechtsschutz s Rz 34f.

12 **3. Ruhen des Verfahrens mit Zustimmung (Abs 2 S 1). a) Voraussetzungen.** Für das Ruhen des Verfahrens nach Abs 2 S 1 sind allein **Zweckmäßigkeitserwägungen** maßgebend. Anwendungsfälle sind vor allem gegeben, wenn die Voraussetzungen eines automatischen Ruhens nach Abs 2 S 2 und 3 nicht vorliegen, weil beim EuGH, dem BVerfG oder einem obersten Bundesgericht zwar keine Musterverfahren im Hinblick auf die sich im Streitfall stellende Rechtsfrage, aber Verfahren zu einer ähnlichen Rechtsfrage anhängig sind. Außerdem kann evtl ein Ruhen des Verfahrens zweckmäßig sein, wenn ein echter Musterprozess erst auf der Ebene der Finanzgerichte anhängig ist, jedoch noch keine Allgemeinverfügung nach Abs 2 S 3 des § 363 ergangen ist. Andere Gründe können zB der Abschluss eines Außenprüfungs- oder StStrafverfahrens oder das Abwarten von Verhandlungen mit Oberbehörden sein (vgl *TK/Brandis* § 363 Rz 7).

Weitere Voraussetzung für das Ruhen nach Abs 2 S 1 ist die **Zustimmung** des Einspruchsführers. Ohne Zustimmung kommt nur eine Aussetzung nach Abs 1 oder eine Zwangsruhe nach Abs 2 S 2 und 3 in Betracht. Erklärt der Einspruchsführer seine Zustimmung zum Ruhen des Verfahrens, kann er sich nachher nicht auf eine überlange Dauer des Einspruchsverfahrens berufen (BFH/NV 12, 174).

13 **b) Entscheidung über das Ruhen.** Ob die FinBeh das Verfahren nach Abs 2 S 1 ruhen lässt, ist ebenso wie die Aussetzung des Verfahrens eine **Ermessensentscheidung** (s dazu BFH BStBl 96, 20; BFH/NV 14, 355). Außer im Falle einer Ermessensreduzierung auf Null ist die FinBeh nicht gezwungen, einem Antrag des Einspruchsführers auf Ruhen des Verfahrens zuzustimmen (vgl BFH BStBl 94, 473). Eine Ermessensreduzierung auf Null ist nicht schon anzunehmen, wenn ein Musterprozess zu einer ähnlichen Rechtsfrage wie im Streitfall anhängig ist. Zu den Rechtsfolgen der Verfahrensruhe s Rz 31, zum Rechtsschutz s Rz 34f.

16 **4. Ruhen des Verfahrens kraft Gesetzes (Abs 2 S 2). a) Überblick.** Abs 2 S 2 regelt die sog **Zwangsruhe**, dh eine von der Zustimmung des Einspruchsführers unabhängige Verfahrensruhe. Hierin unterscheidet sich Abs 2 S 2 – ebenso wie Abs 2 S 3 (s Rz 24) – von dem Ruhen nach Abs 2 S 1 (s Rz 12). Das automatische Ruhen des Verfahrens tritt nach dem 2. HS des Abs 2 S 2 allerdings nur ein, soweit die Steuer nicht nach § 165 I 2 Nr 3 oder Nr 4 vorläufig festgesetzt worden ist (zum Inhalt und zur Reichweite eines solchen Vorläufigkeitsvermerks vgl BFH BStBl 11, 11 und § 165 Rz 23ff und 29).

17 **b) Voraussetzungen.** Es werden alle Musterverfahren erfasst, die wegen der **Verfassungsmäßigkeit** einer im Streitfall anzuwendenden Norm anhängig sind. Erfasst werden Musterverfahren vor dem EuGH, BVerfG oder einem obersten Bundesgericht; ein Musterverfahren bei einem FG genügt nicht. Zum Gerichtshof der Europäischen Union iSv Abs 2 S 2 gehört auch das dem EuGH vorgeschaltete „Gericht" der EU (EuG) gem Art 256 AEUV, da Art 256 AEUV ebenfalls zum Abschnitt 5 des AEUV gehört, der den „Gerichtshof der Europäischen Union" regelt. Angesichts des bisher schon klaren Wortlauts gilt Abs 2 S 2 aber nicht bei Verfahren vor dem Europäischen Gerichtshof für Menschenrechte (FG Mster EFG 13, 1288; FG Nds EFG 12, 294; FG Köln EFG 12, 2254, BT-Drs 17/13033, 200; offen gelassen in BFH/NV 14, 355; 13, 1934).

In dem Musterverfahren muss es entweder um die Verfassungsmäßigkeit einer Norm oder um die Verfassungsmäßigkeit der Auslegung einer Norm gehen (zur Beratungspflicht des Steuerberaters hinsichtlich derartiger Verfahren vgl BGH DStR 09, 450). Rechtserheblichkeit im Sinne einer Bindungswirkung für das Einspruchsverfahren ist nicht erforderlich, da Entscheidungen der obersten Bundesgerichte ohnehin nicht für andere Verfahren bindend sind. Es genügt eine präjudizielle Wirkung. In dem Musterverfahren muss sich aber die gleiche Rechtsfrage stellen wie in dem Einspruchsverfahren. Eine ähnliche Rechtsfrage oder eine Rechtsfrage, deren Entscheidung nur möglicherweise auch Bedeutung für das Einspruchsverfahren hat, reicht nicht. Hier kann nur ein Ruhen des Verfahrens nach Abs 2 S 1 in Betracht kommen (s Rz 12).

Das automatische Ruhen des Verfahrens tritt nur ein, wenn sich der Einspruchs- 18
führer zur Begründung seines Einspruchs **auf das Musterverfahren stützt,** zB auf die Vorentscheidung oder auf Argumente, die gegen die Vorentscheidung vorgebracht werden, oder auf Presseberichte (vgl FG BaWü EFG 08, 1352; AEAO zu § 363 Nr 2). Es muss sich aus dem Einspruch ergeben, auf welches konkrete Musterverfahren er sich stützt (BFH BStBl 07, 222; 11, 11; BFH/NV 06, 2017). Das kann auch der Fall sein, wenn nach Bekanntwerden des Musterverfahrens ein Einspruch eingelegt wird, der genau die gleiche Rechtsfrage und lediglich allg den Hinweis enthält, dass ein Musterverfahren anhängig sei. Nicht ausreichend ist, dass das Einspruchsverfahren erst aufgrund einer rechtlichen Prüfung die gleiche Rechtsfrage aufwirft wie der Musterprozess (ebenso *Szymczak* DB 94, 2254). Das ergibt sich daraus, dass sich das Wort „hierauf" in Abs 2 S 2 sprachlich auf den letzen Satzteil davor (das Musterverfahren) und nicht auf die weiter vorn im Satzteil stehende „Rechtsfrage" bezieht. Da es um ein automatisches Ruhen des Verfahrens geht, würde eine andere Auslegung auch zu außerordentlichen praktischen Schwierigkeiten führen.

Im BStBl II werden **Listen über** die beim EuGH, BVerfG und BFH anhängigen steuerrechtlichen Verfahren veröffentlicht, um der FinVerw sowie den Stpfl eine Prüfung zu ermöglichen, ob es aufgrund eines der in der Liste aufgeführten Musterverfahrens zu einer Zwangsruhe nach Abs 2 S 2 kommt. Die Zeitschrift EFG veröffentlicht zudem die Entscheidung der FG, die zu den in den Listen aufgeführten Revisionen beim BFH geführt haben, mit Gründen.

Die Zwangsruhe tritt nach Abs 2 S 2 HS 2 nicht ein, wenn die angefochtene 19
Steuer **vorläufig festgesetzt** wurde, und zwar entweder gem § 165 I 2 Nr 3 wegen anhängiger Musterverfahren beim EuGH, BVerfG bzw einem obersten Bundesgericht oder nach § 165 I 1 Nr 4 wegen eines beim BFH anhängigen Verfahrens zur Auslegung eines StGesetzes; nicht erfasst wird aber der Fall der Vorläufigkeit nach § 165 I 2 Nr 2a idF des G v 18.7.2016 wegen des möglichen Bedarfs für eine Neuregelung aufgrund einer Entscheidung des EuGH. Bei Vorläufigkeit iSv § 165 I 2 Nr 3 oder Nr 4 fehlt das Rechtsschutzbedürfnis für ein Ruhen des Verfahrens (BFH BStBl 13, 423). Auf die Rechtmäßigkeit des Vorläufigkeitsvermerks kommt es nicht an. Wird der Vorläufigkeitsvermerk erst nach dem Beginn der Zwangsruhe angebracht, führt dies zur Beendigung der Zwangsruhe (*HHSp/Birkenfeld* § 363 Rz 215); die FinBeh kann dann unmittelbar danach eine Einspruchsentscheidung erlassen (BFH BStBl 13, 423; s auch § 367 Rz 12).

c) Ruhen kraft Gesetzes. Die Zwangsruhe nach Abs 2 S 2 tritt kraft Gesetzes 20
ein. Es bedarf daher weder eines Antrags des Einspruchsführers noch einer besonderen Anordnung der FinBeh oder einer Mitteilung der FinBeh an den Einspruchsführer. Folgt die FinBeh hingegen nicht der Auffassung des Einspruchsführers, dass es ein Musterverfahren gebe, teilt es dem Einspruchsführer dies mit (vgl BayLfSt 26.1.2016 StEd 16, 91 Tz 6).

d) Umfang des Ruhens. Nach dem klaren Wortlaut des Abs 2 S 2 ruht das 21
Einspruchsverfahren **nur insoweit,** als es um die in dem Musterverfahren anhängige Rechtsfrage geht. Wegen etwaiger anderer Streitfragen, die davon trennbar sind, weil sie andere Besteuerungsgrundlagen betreffen (zB bei der ESt der Streit um die tatsächliche Höhe der Werbungskosten neben der Frage der Verfassungsmäßigkeit der Kürzung der außergewöhnlichen Belastungen um die zumutbare

Eigenbelastung), ruht das Verfahren nicht und ist daher fortzuführen (s BayLfSt 26.1.2016 StEd 16, 91). Der Gesetzgeber geht also davon aus, dass hinsichtlich des fortgeführten Verfahrensteils eine Teileinspruchsentscheidung gem § 367 IIa oder ein (Teil-)Abhilfebescheid ergehen kann (AEAO zu § 363 Nr 3). Voraussetzung für eine Teileinspruchsentscheidung ist nach § 367 IIa allerdings deren Sachdienlichkeit (vgl dazu BFH/NV 10, 1613; FG Hbg EFG 10, 374; s auch § 367 Rz 37 f). Zu weiteren Rechtsfolgen der Verfahrensruhe s Rz 31, zum Rechtsschutz s Rz 34 f.

23 **e) Beendigung der Verfahrensruhe.** Die Zwangsruhe nach Abs 2 S 2 endet naturgemäß **mit der Entscheidung des Musterverfahrens,** auf das in dem Einspruch Bezug genommen worden ist (vgl BFH BStBl 11, 11; BFH/NV 05, 556; FG BaWü EFG 08, 1352). Aufgrund der Beendigung kann eine Einspruchsentscheidung oder ein Abhilfebescheid ergehen. Eine Mitteilung über die Beendigung an den Einspruchsführer ist nicht erforderlich (BFH BStBl 13, 423; AEAO zu § 363 Nr 2). Handelt es sich um eine Entscheidung eines obersten Bundesgerichts und wird gegen diese Entscheidung Verfassungsbeschwerde eingelegt, setzt sich dadurch die Verfahrensruhe nicht automatisch fort, sondern erfordert eine Berufung auf diese Verfassungsbeschwerde (BFH BStBl 13, 423; 11, 11; FG BaWü EFG 08, 1352). Die Verfahrensruhe wird auch dann beendet, wenn beim EuGH, BVerfG oder dem betr obersten Bundesgericht noch Parallelverfahren anhängig sind. Ist auf das Musterverfahren im Einspruch nur in allg Form Bezug genommen worden, ohne es genau zu benennen, ist anzunehmen, dass die Verfahrensruhe mit der Leitentscheidung des EuGH, BVerfG oder obersten Bundesgerichts endet. Der Einspruchsführer kann sich nach der Beendigung aber nunmehr auf das oder die noch anhängigen Parallelverfahren berufen und dadurch erneut eine automatische Verfahrensruhe herbeiführen. Das muss jedoch im Interesse der Rechtsklarheit über den Verfahrensstand ausdrücklich geschehen, sofern dies nicht schon vorher erfolgt ist (FG BaWü EFG 08, 1352). Das geht solange, wie noch Verfahren zu der Rechtsfrage bei dem betr Gericht anhängig sind. Denn Abs 2 S 2 verlangt nur, dass ein Verfahren zu der Rechtsfrage anhängig ist, ohne darauf abzustellen, ob die Frage nicht schon zuvor durch das Gericht geklärt worden ist. Die FinBeh kann dann aber nach Abs 2 S 4 des § 363 vorgehen, s hierzu Rz 27 ff.

24 **5. Automatisches Ruhen des Verfahrens durch Allgemeinverfügung (Abs 2 S 3).** Durch Allgemeinverfügung kann nach Abs 2 S 3 unabhängig von der Anhängigkeit eines Musterverfahrens vor dem EuGH, BVerfG oder einem obersten Bundesgericht das automatische Ruhen des Verfahrens für bestimmte Gruppen gleichgelagerter Fälle angeordnet werden (sog **Anordnungsruhe**). Wie bei der Zwangsruhe nach Abs 2 S 2 ist auch hier eine Zustimmung des Einspruchsführers nicht erforderlich. Hinsichtlich des Umfangs und der Beendigung des Ruhens gelten die gleichen Grundsätze wie bei Abs 2 S 2 (s Rz 21 f).

Die Anordnungsruhe ist nur dann ermessensgerecht, wenn absehbar ist, dass alsbald ein Musterverfahren bei einem der obersten Gerichte wegen der gleichgelagerten Fälle anhängig wird. Andernfalls könnte durch eine solche Allgemeinverfügung der Rechtsschutz des Stpfl unabsehbar hinausgeschoben werden. Denn der Einspruchsführer hat möglicherweise keine Kenntnis von der Allgemeinverfügung, sodass er sich dann nicht veranlasst sieht, nach Abs 2 S 4 die Fortsetzung des Verfahrens zu beantragen, wenn er die Sache vorantreiben will. Zu den Rechtsfolgen der Verfahrensruhe s Rz 31, zum Rechtsschutz s Rz 34 f.

27 **6. Fortsetzung des Einspruchsverfahrens (Abs 2 S 4).** Unabhängig von der Beendigung der Verfahrensruhe durch die in dem Musterverfahren ergehende Entscheidung (s Rz 23, 24) kann durch Initiative des Einspruchsführers oder der FinBeh das Einspruchsverfahren nach Abs 2 S 4 fortgeführt werden. So kann die **FinBeh** dem Einspruchsführer **jederzeit mitteilen,** dass das Verfahren fortgeführt

wird. Diese Mitteilung stellt einen VA dar, da sie unmittelbare rechtsgestaltende Wirkung hat (BFH BStBl 13, 423). Der VA beruht auf Ermessen der FinBeh und ist daher nach § 121 durch Offenlegung der Ermessenserwägungen zu begründen (BFH BStBl 13, 423; 07, 222; BFH/NV 17, 1622). Ermessensgerecht kann die Fortsetzungsmitteilung sein, wenn der Einspruchsführer vorrangig bezweckt, von künftigen Änderungen der höchstrichterlichen Rechtsprechung zu derzeit nicht streitigen Fragen zu profitieren (BFH BStBl 07, 222). Ebenso kann die Fortsetzung ermessensgerecht sein, wenn die FinBeh das Einspruchsverfahren als weiteres gerichtliches Verfahren (Parallelverfahren) vorantreiben will, um dem BFH eine gewisse Bandbreite an vergleichbaren Fällen zu bieten (vgl auch AEAO zu § 363 Nr 4). Anderenfalls kann die Fortsetzungsmitteilung jedoch ermessensfehlerhaft sein, wenn die Rechtslage, die zur Verfahrensruhe geführt hat, noch nicht höchstrichterlich geklärt ist (FG Mster EFG 00, 911; offen gelassen in BFH BStBl 05, 125). Vor Erlass einer Einspruchsentscheidung ist dem Einspruchsführer rechtliches Gehör zu gewähren (AEAO zu § 363 Nr 4). Zum Rechtsschutz s Rz 34f.

Auch der Einspruchsführer kann jederzeit die Fortführung des Verfahrens **beantragen.** Dazu muss er weder ein berechtigtes Interesse an der Verfahrensfortführung nachweisen, noch seinen Antrag begründen. Die FinBeh hat keinerlei Spielraum zu einer Annahme oder Ablehnung. Der Antrag braucht daher nicht beschieden zu werden, sondern hat unmittelbar verfahrensgestaltende Wirkung, indem er das Ruhen des Verfahrens beendet. 28

Satz 4 gilt für alle drei vorangehenden **Sätze des Abs 2** und nicht nur für die Anordnungsruhe nach Abs 2 S 3 (BFH BStBl 07, 222; AEAO zu § 363 Nr 4; *HHSp/Birkenfeld* § 363 Rz 244; *Bergan/Martin* DStR 06, 1923; wohl auch BFH/NV 99, 1587; aA *Tiedchen* BB 96, 1033; *Löhlein* DStR 98, 282; vgl auch die Mittelmeinung von *Thouet/Thouet* DStZ 99, 87, die nur dem Einspruchsführer das Recht auf jederzeitige Wiederaufnahme des Verfahrens geben wollen). Für das Ruhen nach Satz 1 (angeordnetes Ruhen) bedeutet die Anwendbarkeit des Satzes 4 nur eine Klarstellung, da sich dies bereits entsprechend § 251 ZPO ergibt. Für Satz 2 kann aber nichts anderes gelten. Andernfalls würde eine unvertretbare Einschränkung des Rechtsschutzes des Einspruchsführers eintreten. 29

7. Rechtsfolgen der Aussetzung oder Verfahrensruhe. Die Wirkungen der Aussetzung oder des Ruhens des Verfahrens ergeben sich aus § 249 I, § 251 ZPO. Während der Dauer der Aussetzung oder des Ruhens des Verfahrens dürfen ggü den Beteiligten **keine Verfahrenshandlungen** ergehen, insbes keine Einspruchsentscheidung oder ein Abhilfebescheid (AEAO zu § 361 Nr 3; vgl auch *Koenig/Cöster* § 361 Rz 28f, wonach § 249 II nicht anwendbar ist; aA *BG/Werth* § 363 Rz 21; FG Köln EFG 94, 278). Anderenfalls sind diese rechtswidrig, nicht aber nichtig, da § 249 II ZPO nicht greift und die Voraussetzungen des § 125 I nicht erfüllt sind. Gegen eine Einspruchsentscheidung könnte der Einspruchsführer isolierte Anfechtungsklage erheben mit der Folge, dass die Einspruchsentscheidung durch das FG aufgehoben wird und sich die Sache wieder im ausgesetzten bzw ruhenden Einspruchsverfahrens befindet (BFH BStBl 13, 423; 07, 222; FG Hbg EFG 10, 374; FG Nds EFG 10, 1571). Trotz der Aussetzung bzw Verfahrensruhe läuft der Verzinsungszeitraum nach § 233a weiter (*Koenig/Cöster* § 363 Rz 30). Eine Festsetzungsverjährung kann nicht eintreten, weil bereits aufgrund des Einspruchs Ablaufhemmung nach § 171 IIIa eingetreten ist. 31

Soweit keine Verfahrensruhe eintritt, ist eine Teileinspruchsentscheidung bzw ein Teilabhilfebescheid zulässig, s Rz 21. Änderungsbescheide wegen anderer als der streitigen Fragen sind möglich.

8. Rechtsbehelfe (Abs 3). Zwar sind als VA anzusehen: die Ablehnung eines Antrags des Einspruchsführers auf Aussetzung oder Ruhen des Verfahrens, die Anordnung der Aussetzung bzw des Ruhens, der Widerruf der Anordnung (str, wie hier BFH BStBl 90, 944; FG Hbg EFG 77, 90; aA BFH BStBl 59, 311) und 34 die Fortsetzungsmitteilung der FinBeh nach Abs 2 S 4 (s Rz 27). Aufgrund des Abs 3 können aber die **Ablehnung** eines Antrags auf Aussetzung bzw Ruhen sowie der **Widerruf** der Aussetzung bzw des Ruhens nicht mit einem Einspruch sondern nur mit einer Klage gegen die Einspruchsentscheidung angefochten werden. Als Widerruf ist auch die Fortsetzungsmitteilung durch die FinBeh gem Abs 2 S 4 anzusehen, sodass gegen diese Mitteilung ebenfalls kein Einspruch statthaft ist (*BG/Werth* § 363 Rz 43). Das FG kann die Ablehnung bzw den Widerruf nur auf Ermessensfehler überprüfen (vgl BFH BStBl 13, 423). Lagen Ermessensfehler vor, kann dies dazu führen, dass der FinBeh die Kosten des späteren Klageverfahrens auferlegt werden, wenn der Rechtsstreit zu Ungunsten des Stpfl für erledigt erklärt wird (BFH/NV 99, 659; 03, 1010; *Thouet/Thouet* DStZ 99, 87 mwN).

35 Hingegen kann gegen die **Anordnung** der Aussetzung nach Abs 1 bzw des Ruhens des Verfahrens nach Abs 2 S 1 Einspruch eingelegt werden; allerdings ist für die Verfahrensruhe nach Abs 2 S 1 die Zustimmung des Einspruchsführers erforderlich (s Rz 12), sodass es effektiver ist, die Zustimmung zu verweigern, als nach erteilter Zustimmung Einspruch einzulegen. Zudem besteht mE kein Rechtsschutzbedürfnis für einen Einspruch gegen eine Verfahrensruhe nach Abs 2 S 1; denn der Einspruchsführer kann durch einen Antrag nach Abs 2 S 4 jederzeit die Fortsetzung des Einspruchsverfahrens erreichen (s Rz 28 f). Gegen die Zwangsruhe nach Abs 2 S 2 und S 3 ist kein Einspruch zulässig, weil die Zwangsruhe kraft gesetzlicher Anordnung eintritt (*BG/Werth* § 363 Rz 42); auch hier kann aber der Einspruchsführer einen Antrag auf Fortsetzung des Einspruchsverfahrens nach Abs 2 S 4 stellen.

§ 364 Mitteilung der Besteuerungsunterlagen

Den Beteiligten sind, soweit es noch nicht geschehen ist, die Unterlagen der Besteuerung auf Antrag oder, wenn die Begründung des Einspruchs dazu Anlass gibt, von Amts wegen mitzuteilen.

1 Die Vorschrift ist Ausfluss des **Rechts auf Gehör** (vgl § 91); sie ist daher zwingend zu beachten. Den Anspruch nach § 364 haben nur die Beteiligten am Einspruchsverfahren gem § 359, also auch die Hinzugezogenen. Erben haben daher keinen Anspruch auf Kopien der von den Kreditinstituten nach § 33 ErbStG eingereichten Anzeigen (BFH BStBl 10, 729). Der Einspruchsführer kann nicht auf die Möglichkeit der Akteneinsicht verwiesen werden (FG Ddorf EFG 07, 1053), zumal es keinen Anspruch auf Akteneinsicht gibt, sondern nur einen Anspruch auf ermessensfehlerfreie Entscheidung über die Gewährung von Akteneinsicht (s § 91 Rz 25 ff). Aus § 364 ergibt sich aber kein eigenständiges Akteneinsichtsrecht dergestalt, dass der Stpfl sein Begehren ausschl auf eine Akteneinsicht stützen könnte (BFH ZinsO 17, 718).

2 Die FinBeh muss **alle Unterlagen** mitteilen, die geeignet sind, das Ergebnis des Einspruchsverfahrens zu beeinflussen, wie zB Beweismittel und Beweisergebnisse, Bewertungs- und Schätzungsunterlagen, Berechnungsgrundlagen (vgl FG Ddorf EFG 07, 1053) oder Stellungnahmen des Bausachverständigen. Hierbei ist sicherzustellen, dass Verhältnisse eines anderen nicht unbefugt offenbart werden (AEAO zu § 364). Dem als Haftenden in Anspruch Genommenen ist der Inhalt der Akten insoweit zugänglich zu machen, als die zu offenbarenden Verhältnisse für die Heranziehung als Haftender erheblich sein könnten (BFH BStBl 73, 119).

4 Die **Verletzung des § 364** kann zum einen dazu führen, dass ein AdV-Antrag gegen den angefochtenen StBescheid Erfolg hat (FG Ddorf EFG 07, 1053). Zum anderen kann die Verletzung des § 364 in einem späteren Klageverfahren dazu führen, dass der FinBeh die Kosten nach § 137 FGO aufzuerlegen sind, wenn das Klageverfahren durch eine Mitteilung der Besteuerungsgrundlagen nach § 364 hätte vermieden werden können.

§ 364a Erörterung des Sach- und Rechtsstands

(1) [1] **Auf Antrag eines Einspruchsführers soll die Finanzbehörde vor Erlass einer Einspruchsentscheidung den Sach- und Rechtsstand erörtern.** [2] **Weitere Beteiligte können hierzu geladen werden, wenn die Finanzbehörde dies für sachdienlich hält.** [3] **Die Finanzbehörde kann auch ohne Antrag eines Einspruchsführers diesen und weitere Beteiligte zu einer Erörterung laden.**

(2) [1] **Von einer Erörterung mit mehr als 10 Beteiligten kann die Finanzbehörde absehen.** [2] **Bestellen die Beteiligten innerhalb einer von der Finanzbehörde bestimmten angemessenen Frist einen gemeinsamen Vertreter, soll der Sach- und Rechtsstand mit diesem erörtert werden.**

(3) [1] **Die Beteiligten können sich durch einen Bevollmächtigten vertreten lassen.** [2] **Sie können auch persönlich zur Erörterung geladen werden, wenn die Finanzbehörde dies für sachdienlich hält.**

(4) **Das Erscheinen kann nicht nach § 328 erzwungen werden.**

Schrifttum: *vor 2010 s 13. Aufl; Westermann* Mediation im außergerichtlichen Besteuerungsverfahren, Stbg 17, 27.

Übersicht

1. Inhalt. Die Vorschrift soll eine einvernehmliche Regelung ermöglichen, um Gerichtsprozesse zu vermeiden. Zu diesem Zweck wird die auch schon vor ihrer Einführung durch das GrenzpendlerG v 24.6.1994 (BGBl I, 1395) mögliche (aber eher ungewöhnliche) Erörterung der Sach- und Rechtslage zu einem Soll, wenn der Einspruchsführer die Erörterung nach Abs 1 beantragt. Das Soll gilt nach Abs 2 nicht, wenn die FinBeh mehr als 10 Beteiligte zu der Erörterung laden müsste. Der Erörterungstermin kann mit dem Bevollmächtigten durchgeführt werden (Abs 3). Eine Verpflichtung zur Wahrnehmung des Erörterungstermins besteht nach Abs 4 nicht. Im Klageverfahren ist ein Erörterungstermin nach § 79 I 2 Nr 1 FGO möglich und üblich. 1

2. Grundsätze des Erörterungstermins. a) Erörterung auf Antrag (Abs 1 S 1 und 2). Nach Abs 1 S 1 hat eine Erörterung auf Antrag des Einspruchsführers grds stattzufinden. Bei Antrag eines Hinzugezogenen gilt Abs 1 S 2 und 3 (s Rz 3f). **Ausnahmen** von der Pflicht zur Durchführung eines Erörterungstermins bestehen, wenn der Antrag offensichtlich nur der Verfahrensverschleppung dient. Ferner braucht die FinBeh die Sache nicht zu erörtern, wenn der Einspruchsführer noch keine StErklärung abgegeben hat (FG Mchn EFG 98, 1310), wenn das Verfahren ruht, wenn die FinBeh dem Einspruch ohnehin abhelfen will (*HHSp/Birkenfeld* § 364a Rz 64) oder wenn es sich um mehr als 10 Beteiligte handelt (s Abs 2 sowie Rz 6). 2

Nach Abs 1 **S 2** kann die FinBeh noch weitere Beteiligte iSv § 359 zum Erörterungstermin laden, dh weitere Einspruchsführer oder Hinzugezogene, nicht aber einspruchsbefugte Personen iSv § 352, die bislang weder Einspruch eingelegt haben noch hinzugezogen worden sind; sie können erst nach ihrer Hinzuziehung zum Erörterungstermin gem Abs 1 S 2 geladen werden. 3

Der Erörterungstermin wird durch eine **Ladung** anberaumt, wie sich aus Abs 1 S 2 und 3 sowie Abs 3 S 2 ergibt; die Ladung muss aber nicht zugestellt werden, sondern kann formlos erfolgen (*HHSp/Birkenfeld* § 363 Rz 105).

4 **b) Erörterung ohne Antrag (Abs 1 S 3).** Nach Abs 1 S 3 kann ein Erörterungstermin auch ohne Antrag des Einspruchsführers durchgeführt werden. Hiervon erfasst wird zB auch der Antrag eines Hinzugezogenen, da er kein Einspruchsführer iSv Abs 1 S 1 ist. Die Entscheidung, ob ein solcher Termin anberaumt wird und welche Einspruchsführer und Hinzugezogene (Beteiligte iSv § 359) geladen werden, liegt dann im Ermessen der FinBeh.

6 **c) Erörterung bei mehr als 10 Beteiligten (Abs 2).** Müsste die Erörterung mit mehr als 10 Beteiligten iSv § 359 (Einspruchsführer und Hinzugezogene) durchgeführt werden, kann die FinBeh selbst im Fall eines Antrags des Einspruchsführers iSv Abs 1 S 1 von der Durchführung absehen. Anders ist dies aber nach Abs 2 S 2, wenn die Beteiligten einen gemeinsamen Bevollmächtigten bestimmt haben; die FinBeh soll eine Frist zur Bestellung eines Bevollmächtigten bestimmen, mit dem die Sache erörtert werden soll.

7 **d) Teilnahme des Bevollmächtigen (Abs 3).** Die Beteiligten können nach Abs 3 S 1 entweder selbst zum Erörterungstermin erscheinen oder sich durch einen Bevollmächtigten vertreten lassen. Bei Sachdienlichkeit kann die FinBeh die Beteiligten auch persönlich laden – ggf zusätzlich zur Ladung des Bevollmächtigten; dies wird insbes dann in Betracht kommen, wenn es auf die persönliche Kenntnis der Beteiligten von Sachverhaltsdetails ankommt. Zur fehlenden Teilnahmepflicht s Rz 8.

8 **e) Freiwilligkeit (Abs 4).** Die Teilnahme am Erörterungstermin kann von der FinBeh nicht erzwungen werden, selbst wenn die Beteiligten nach Abs 3 S 2 persönlich geladen wurden. Die Nichtteilnahme an einem Erörterungstermin stellt keine Verletzung einer Mitwirkungspflicht gem §§ 90, 93 dar, sodass aus dem Nichterscheinen keine nachteiligen Folgen bei der Beweiswürdigung gezogen werden dürfen.

10 **f) Art und Weise sowie Ort der Erörterung.** Das Gesetz sagt nichts darüber aus, wie und wo die Erörterung ablaufen soll, so dass keine Einschränkungen hinsichtlich der Art und Weise sowie des Ortes bestehen. Regelmäßig wird es um eine Erörterung der Sach- und Rechtslage gehen, um möglichst durch gegenseitige Überzeugung den Sachverhalt zu klären oder um eine tatsächliche Verständigung zu erzielen (AEAO zu § 364a Nr 1) oder um zu einem Einvernehmen zu kommen. Die Erörterung muss nicht bei der FinBeh sondern kann zB auch im Büro des Bevollmächtigten oder beim Einspruchsführer persönlich (zB anlässlich einer Augenscheinseinnahme) stattfinden. Nach AEAO (Nr 5 zu § 364a) kann die Erörterung in geeigneten Fällen auch telefonisch durchgeführt werden. Ein spontaner Anruf beim Einspruchsführer oder bei seinem Bevollmächtigten stellt aber keinen Erörterungstermin iSv § 364a dar; für einen telefonischen Erörterungstermin ist es daher geboten, dass dieser vorab vereinbart wird, um dem Bevollmächtigten eine ausreichende Vorbereitung zu ermöglichen.

13 **3. Verletzung des § 364a.** Die **Ladung** zu der Erörterung hat keine Rechtswirkungen und ist daher **kein VA.** Es handelt sich um ein tatsächliches Vorgehen der FinBeh auf dem Weg zur Einspruchsentscheidung (*HHSp/Birkenfeld* § 364a Rz 106).

14 Die **Ablehnung eines Antrags** auf Erörterung nach § 364a ist zwar ein VA, aber als verfahrensleitende Verfügung **nicht anfechtbar,** weil hierfür das Rechtsschutzbedürfnis fehlt (BFH BStBl 12, 539; *HHSp/Birkenfeld* § 364a Rz 118; *TK/Seer* § 364a Rz 6; *Rößler* DStZ 95, 270; aA *Söffing* DStR 95, 1489; *Harder* DStZ 96, 397). Möglich wäre daher nur eine Klage gegen die Einspruchsentscheidung selbst, für die aber ebenfalls das Rechtsschutzinteresse fehlt (BFH BStBl 12,

539); dies gilt auch für eine isolierte Anfechtungsklage, weil idR kein berechtigtes Interesse besteht, dass die Sache nochmals im Einspruchsstadium erörtert wird (BFH BStBl 12, 539; BFH/NV 05, 2166). Selbst wenn man ein Rechtsschutzbedürfnis bejahen würde, müsste der Einspruchsführer bzw Kläger substantiiert darlegen, weshalb sein Vortrag während des Einspruchsverfahrens die FinBeh dazu hätte veranlassen können, eine Erörterung nach § 364a als sachdienlich zu erachten (BFH BStBl 12, 539).

Rechtsschutzlos ist der Einspruchsführer aber nicht: Bei einer unzureichenden Sachverhaltsaufklärung durch die FinBeh, für die eine abgelehnte Erörterung mitverantwortlich sein könnte, kann das FG den VA und die angefochtene Einspruchsentscheidung nach **§ 100 III 1 FGO aufheben** und die Sache an die FinBeh zurückverweisen. **15**

§ 364b Fristsetzung

(1) **Die Finanzbehörde kann dem Einspruchsführer eine Frist setzen**

1. zur Angabe der Tatsachen, durch deren Berücksichtigung oder Nichtberücksichtigung er sich beschwert fühlt,

2. zur Erklärung über bestimmte klärungsbedürftige Punkte,

3. zur Bezeichnung von Beweismitteln oder zur Vorlage von Urkunden, soweit er dazu verpflichtet ist.

(2) [1]**Erklärungen und Beweismittel, die erst nach Ablauf der nach Absatz 1 gesetzten Frist vorgebracht werden, sind nicht zu berücksichtigen.** [2]**§ 367 Abs. 2 Satz 2 bleibt unberührt.** [3]**Bei Überschreitung der Frist gilt § 110 entsprechend.**

(3) **Der Einspruchsführer ist mit der Fristsetzung über die Rechtsfolgen nach Absatz 2 zu belehren.**

Übersicht

1. Inhalt. Die durch GrenzpendlerG v 24.6.1994 (BGBl I, 1395) eingefügte **1** Vorschrift trifft eine **ähnliche Regelung** für das Einspruchsverfahren wie **§ 79b FGO** für das Klageverfahren. Die FinBeh kann dem Einspruchsführer eine Frist für die Begründung seines Einspruchs oder für die Klärung bestimmter Punkte oder zur Bezeichnung von Beweismitteln sowie für die Vorlage von Urkunden setzen. Nach Fristablauf ist der Einspruchsführer mit den Erklärungen und Beweismitteln, die erfolglos angefordert wurden, ausgeschlossen, sodass die FinBeh über den Einspruch entscheiden kann. Diese Regelung soll zur Beschleunigung des Einspruchsverfahrens beitragen und der Bekämpfung von in Verschleppungsabsicht betriebenen Einspruchsverfahren dienen, insbes bei Schätzungsfällen, in denen keine StErklärung abgegeben wird (BFH BStBl 04, 833).

2 Begleitet wird die Vorschrift durch den gleichzeitig eingeführten § 76 III FGO, der dem FG ebenfalls iVm § 79b III FGO die Möglichkeit gibt, die nach § 364b ausgeschlossenen Erklärungen und Beweismittel auszuschließen. In der Praxis läuft die FGO-Regelung aber häufig leer (s Rz 21).

3 **2. Ausschlussfrist (Abs 1). a) Grundsätze.** Abs 1 enthält **drei verschiedene Möglichkeiten** der Fristsetzung. Eine Ausschlussfrist kann also auf eine der drei Nrn des Abs 1 gestützt werden. Die Stufenfolge der Nrn 1 bis 3 kann auch hintereinander gewählt und insoweit mehrmals eine Frist gesetzt werden. So kann zB zunächst eine Frist nach Nr 1 und nach fristgerechtem Eingang der Einspruchsbegründung eine neue Frist nach Nr 2 gesetzt werden, wenn aufgrund der Begründung bestimmte Punkte klärungsbedürftig sind. Es können auch Stufen miteinander verbunden werden, zB die Aufforderung zur Klärung bestimmter Punkte und die zur Angabe von Beweismitteln. Es kann ferner, wenn sich nach Beantwortung einer Aufforderung nach Nr 2 weiterer Klärungsbedarf ergibt, für diese Klärung eine erneute Frist gesetzt werden. Eine wiederholte Fristsetzung wegen derselben Punkte, nachdem die erste Fristsetzung erfolglos war, ist dagegen nicht möglich, da es sich um eine Ausschlussfrist handelt.

Die Fristsetzung muss nach dem Wortlaut des Abs 1 **ggü dem Einspruchsführer** erfolgen. Dem Hinzugezogenen darf keine Frist gesetzt werden.

5 **b) Inhalt der Fristsetzung nach Abs 1 Nr 1.** Die FinBeh kann dem Einspruchsführer nach Abs 1 Nr 1 eine Frist mit ausschließender Wirkung setzen zur Angabe der Tatsachen, durch deren Berücksichtigung oder Nichtberücksichtigung er sich beschwert fühlt. Im Ergebnis werden damit konkrete Angaben zur Beschwer iSv § 350 und damit eine Kurzbegründung angefordert. Es genügt also nicht, nur auf die sich aus der StFestsetzung ergebende Beschwer zu verweisen.

Die Nr 1 des Abs 1 ist vor dem Hintergrund zu sehen, dass nach § 357 III kein Begründungszwang für einen Einspruch besteht (s § 357 Rz 26). Ohne Begründung des Einspruchs genügt die FinBeh ihrer Ermittlungspflicht, wenn sie den VA anhand der Akten auf Fehler überprüft. Setzt sie aber eine Ausschlussfrist nach Abs 1 Nr 1 und läuft diese erfolglos ab, kann die FinBeh nicht nur, sondern sie muss nach Aktenlage zum Zeitpunkt des Fristablaufs entscheiden. Wendet sich daher zB der Einspruchsführer gegen einen Schätzungsbescheid, so kann eine StErklärung, die er erst nach Ablauf der Frist abgibt, nicht mehr berücksichtigt werden. Zur Frage, ob auch die Abgabe einer StErklärung angefordert werden kann, s Rz 10.

7 **c) Inhalt der Fristsetzung nach Abs 1 Nr 2.** Nach Nr 2 kann der Stpfl zur Erklärung über **bestimmte klärungsbedürftige Punkte** aufgefordert werden. Die Regelung ist Ausfluss der Mitwirkungspflicht der Beteiligten nach § 90. Es geht um Fälle, in denen der Einspruch zwar begründet worden oder nach Aktenlage möglicherweise begründet ist, bestimmte Punkte aber noch unklar sind oder eines Beweises bedürfen. Hat der Einspruchsführer zB eine Rückstellung wegen Gewährleistungsverpflichtung geltend gemacht, könnte er nach Abs 1 Nr 2 aufgefordert werden, zum Umfang und zur Dauer seiner Gewährleistungsverpflichtung vorzutragen. Die Ausschlussfrist muss „bestimmte" Punkte betreffen, die einzeln bezeichnet werden müssen, sodass es dem Einspruchsführer möglich ist, die Anordnung ohne Weiteres zu befolgen. Der Einspruchsführer muss also erkennen können, mit welchen Punkten er nach Fristablauf nicht mehr gehört werden kann. Die Aufforderung zu einer allg Stellungnahme oder pauschal zur Vorlage von für erforderlich gehaltenen Unterlagen genügt daher nicht (vgl BFH BStBl 95, 545). Zudem dürfen die Punkte nur Tatsachen, nicht aber Rechtsausführungen betreffen.

Wird der Einspruchsführer unter Fristsetzung erfolglos zur Klärung aufgefordert, müssen die fraglichen Punkte als ungeklärt oder unbewiesen gelten. Nach den Regeln der objektiven Feststellungslast geht die Unaufklärbarkeit von steuermindernden Tatsachen grds zulasten des Stpfl (s näher § 88 Rz 61).

d) Inhalt der Fristsetzung nach Abs 1 Nr 3. Auch Nr 3 ist Ausfluss der Mitwirkungspflicht nach § 90. Nach Nr 3 kann die FinBeh die Bezeichnung von Beweismitteln oder die Vorlage von Urkunden anfordern und hierfür eine Ausschlussfrist setzen. Die Aufforderung gem Nr 3 1. Variante, **Beweismittel zu bezeichnen,** muss sich zwar auf eine bestimmte und damit genau bezeichnete Tatsache bzw Tatsachenbehauptung beziehen (zB Behauptung einer Garantieverpflichtung); die FinBeh muss aber das Beweismittel nicht genau bezeichnen, weil sie die in Betracht kommenden Beweismittel noch gar nicht kennen kann. Vielmehr ist es nun Aufgabe des Stpfl, Zeugen, Urkunden oder eidesstattliche Versicherungen (vgl § 92) so genau zu bezeichnen, dass die FinBeh die Beweise nun erheben kann, zB Auskünfte einholen kann. 8

Weiterhin kann die FinBeh den Stpfl nach Nr 3 2. Variante zur **Vorlage von Urkunden** iSv § 97 auffordern. Hierzu gehören insbes Verträge, Rechnungen, Fahrtenbücher oder Kontoauszüge. Hier ist die vorzulegende Urkunde so genau wie möglich zu bezeichnen (zB Spendenbescheinigung eines bestimmten Vereins, ein Vertrag mit einem bestimmten Vertragspartner oder eine bestimmte Rechnung, aus der ein Vorsteuerabzug geltend gemacht wird). Steht hingegen noch nicht fest, durch welche Urkunden der Beweis geführt werden könnte, ist eine Ausschlussfrist nach Abs 1 Nr 3 1. Variante zur Bezeichnung von Beweismitteln zu setzen. 9

Nach Abs 1 Nr 3 kann auch die **StErklärung** angefordert werden (*TK/Seer* § 364b Rz 12 und 15; *HHSp/Birkenfeld* § 364b Rz 50f, 60); sie fällt nicht unter Abs 1 Nr 1, weil sie nicht nur Tatsachen, sondern auch Rechtsauffassungen enthält und eine Urkunde darstellt (offen gelassen: *BG/Bartone* § 364b Rz 59; *Koenig/Cöster* § 364b Rz 14; AEAO zu § 364b Nr 1). Nach der Gegenauffassung darf keine Ausschlussfrist für die Abgabe einer StErklärung gesetzt werden (FG Nds EFG 97, 939; *Wagner* StuW 96, 169). Der Gegenauffassung ist allerdings zuzugeben, dass der BFH im Bereich des § 79b II FGO die Zulässigkeit einer Ausschlussfrist für die Abgabe einer StErklärung verneint, weil sie auch eine Verfahrenshandlung und Wissenserklärung darstellt (BFH/NV 12, 260). 10

e) Länge der Frist. Über die Länge der Frist enthält § 364b keine Regelung. Die FinBeh kann und muss die Frist daher den Umständen anpassen. Eine allg Richtschnur (zB 1 Monat) gibt es nicht (*Tiedchen* BB 96, 1033; aA *Rößler* DStZ 95, 270; *Söffing* DStR 95, 1489; vgl dazu eingehend FG Köln EFG 12, 1231). Die übliche Monatsfrist ist mE angemessen, wenn es sich um einen Schätzungsfall handelt; die FinVerw hält insoweit aber eine Fristsetzung von sechs bis acht Wochen für angemessen (BayLfSt 20.11.2013 BeckVerw 278619). Außerhalb von Schätzungsfällen sollte die Frist **mindestens einen Monat** betragen (AEAO zu § 364b Nr 2). Sie sollte länger sein, wenn besondere Umstände zu berücksichtigen sind (FG MeVo EFG 98, 798), zB wenn sich die Unterlagen im Ausland befinden. Eine Frist von 6 Wochen dürfte daher idR ausreichend sein (FG Saarl EFG 99, 1065). Eine Frist unterhalb eines Monats (zB fünfzehn Tage) ist hingegen idR unangemessen und unwirksam (FG Bbg EFG 98, 435). 12

Die Ausschlussfrist ist nach § 109 **verlängerbar,** wenn der Antrag rechtzeitig vor Fristende gestellt worden ist (*HHSp/Birkenfeld* § 364b Rz 91; *TK/Seer* § 364b Rz 29; *BG/Bartone* § 364b Rz 31; *Koenig/Cöster* § 364b Rz 23; AEAO zu § 364b Nr 4; aA *Szymczak* DB 94, 2254; *Söffing* DStR 95, 1489). Die FinBeh muss nicht vor Fristablauf, sondern kann auch erst nach Fristablauf über den Antrag entscheiden (*HHSp/Birkenfeld* § 364b Rz 91; vgl aber auch *BG/Bartone* § 364b Rz 33, der insoweit von einer Fristversäumnis ausgeht, aber eine Wiedereinsetzung für gerechtfertigt hält). 13

Wird der Verlängerungsantrag erst **nach Fristablauf** gestellt, scheidet eine (rückwirkende) Fristverlängerung aus (*HHSp/Birkenfeld* § 364b Rz 92; *TK/Seer* § 364b Rz 29; *BG/Bartone* § 364b Rz 32; *Koenig/Cöster* § 364b Rz 23; aA *Große* DB 96, 60; *Späth* DStZ 95, 363). Dem Einspruchsführer bleibt dann nur noch die Möglichkeit eines Antrags auf Wiedereinsetzung in den vorigen Stand gem Abs 2 S 3 iVm § 110.

15 **f) Ermessensentscheidung.** Die Fristsetzung steht im Ermessen der FinBeh. Hauptgesichtspunkt der Ermessenserwägungen muss das Ziel sein, das Einspruchsverfahren in angemessener Zeit zum Abschluss zu bringen. Die Fristsetzung ist daher idR ermessensfehlerfrei, wenn der **Einspruchsführer** das Verfahren nicht mit dem nötigen Engagement betreibt, sondern es **verzögert.** Hierzu zählt insbes der Fall der Nichtabgabe der StErklärung. Hier ist es mE nicht zu beanstanden, wenn die FinBeh unmittelbar nach Eingang des Einspruchs eine Ausschlussfrist nach Abs 1 Nr 3 (s Rz 10 und 12) setzt (aA FG Nds EFG 97, 939; wohl auch FG Köln EFG 14, 1559). IÜ setzt die Entscheidung zugunsten einer Ausschlussfrist nicht voraus, dass eine besondere Eilbedürftigkeit besteht, dass eine besonders hohe Steuerauswirkung zu erwarten ist oder dass der Stpfl schon wiederholt keine StErklärung abgegeben hat (FG Bbg EFG 97, 178; 98, 986).

16 **Ermessensfehlerhaft** ist die Fristsetzung hingegen, wenn die FinBeh selbst den Einspruch längere Zeit hat liegen lassen oder wenn abzusehen ist, dass der Einspruch nach Ablauf der Frist ohnehin nicht zügig entschieden werden kann (*Mack/Olbing* DStR 96, 445).

Da es sich bei der Fristsetzung um einen VA (s Rz 27) und zudem um eine Ermessensentscheidung handelt, ist nach § 121 I eine **Begründung erforderlich** (FG Köln EFG 12, 1231).

19 **3. Präklusionswirkung (Abs 2). a) Präklusion im Einspruchsverfahren.** Nach Abs 2 dürfen Erklärungen und Beweismittel, die nach Ablauf der Frist vorgebracht werden, nicht mehr zugunsten des Stpfl berücksichtigt werden; ein Ermessen besteht insoweit nicht. Der Einspruchsführer muss über die Präklusion aber nach Abs 3 belehrt worden sein (s Rz 25). Außerdem muss die Fristsetzung wirksam sein. Eine Änderung zum Nachteil des Stpfl ist jedoch gem Abs 2 S 2 iVm § 367 II 2 nach entsprechendem Verböserungshinweis möglich.

Eine Berücksichtigung der nach § 364b ausgeschlossenen Erklärungen und Unterlagen etc zugunsten des Stpfl ist nur noch nach Maßgabe der Korrekturvorschriften und damit außerhalb des Einspruchsverfahren möglich, zB nach § 164 II bei einem Vorbehaltsbescheid oder nach § 173 I Nr 2, wenn das Verschulden nach § 173 I Nr 3 S 2 unbeachtlich ist (*BG/Bartone* § 364b Rz 66; *TK/Seer* § 364b Rz 9 und 36; *von Wedelstädt* DB 96, 113; aA *Koenig/Cöster* § 364b Rz 37, wonach §§ 172, 173, 177 nicht anwendbar seien, weil der angefochtene VA aufgrund der Präklusion rechtmäßig sei; *von Groll* FS für Klaus Offerhaus, 837).

20 **b) Präklusion im Klageverfahren.** Nach dem BFH gilt die Präklusionswirkung des § 364b nur für das Einspruchsverfahren, sodass die FinBeh im Klageverfahren nicht mehr gehindert ist, die nach Ablauf der Ausschlussfrist bezeichneten Beweismittel oder vorgelegten Unterlagen etc zu berücksichtigen und einen **Abhilfebescheid** zu erlassen (BFH BStBl 04, 833; ebenso FG Sachs DStRE 10, 765). Es kommt dann zu einer Hauptsacheerledigung, und die Kosten sind dem Stpfl aufzuerlegen (s aber FG Köln EFG 14, 1559, nach dem eine Kostenteilung vorzunehmen ist, wenn die Angemessenheit der Frist zweifelh ist).

21 Erlässt die FinBeh während des Klageverfahrens keinen Abhilfebescheid, ist das FG an die Präklusion im Einspruchsverfahren nicht gebunden; denn nach § 76 III iVm § 79b III FGO **„kann“** es die nachgereichten Erklärungen und Beweismittel **zurückweisen.** Die Prüfung durch das FG vollzieht sich dabei in zwei Stufen (*Wagner* StuW 96, 169): Auf der ersten Stufe muss das FG über die Rechtmäßigkeit der Fristsetzung nach § 364b entscheiden, insbes also die Ermessensausübung

und Angemessenheit der Frist prüfen. Hält es die Fristsetzung für rechtswidrig, muss es die präkludierten Tatsachen, Urkunden oder Beweismittel im Klageverfahren zulassen oder die Sache nach Maßgabe des § 100 III FGO an die FinBeh zurückverweisen; die Verfahrenskosten sind dann der FinBeh aufzuerlegen.

Hält das FG die Fristsetzung durch die FinBeh dagegen für rechtmäßig, übt es auf der zweiten Stufe nach § 76 III FGO sein Ermessen aus, ob es den präkludierten Tatsachenvortrag, die Urkunden oder Beweismittel für das Klageverfahren zulässt (st Rspr, s ua BFH BStBl 98, 269, 399; 99, 26, 664; BFH/NV 05, 711). Eine Präklusion auch im Klageverfahren wird idR dann ausscheiden, wenn die nachgereichten Unterlagen bzw Erklärungen, insbes die nachgereichte StErklärung, **unstreitig** sind und deshalb der Sachverhalt gem § 79b III 3 FGO mit geringem Aufwand vom FG ermittelt werden kann (BFH/NV 05, 63; FG Köln EFG 04, 282). Der Klage ist dann stattzugeben. Gleichwohl trägt der Kläger die Kosten des Gerichtsverfahrens nach § 137 S 3 FGO iVm § 364b AO (BFH BStBl 04, 833); dies gilt auch dann, wenn die FinBeh den Erlass eines Abhilfebescheids zu Unrecht abgelehnt hat (FG Köln EFG 03, 1490; FG Köln EFG 04, 282; aA FG Bln EFG 04, 744, wonach das FA die Urteilsgebühr – nach altem Kostenrecht – tragen muss).

c) Präklusion im Revisionsverfahren. Bei der Frage, inwieweit der **BFH** die Entscheidung des FG nach §§ 76 III, 79b III FGO überprüfen darf, gilt der Grundsatz, dass der BFH an eine Entscheidung des FG, die präkludierten Unterlagen und Erklärungen zuzulassen, grds gebunden ist, während er eine ablehnende Entscheidung des FG auf Ermessensfehler überprüfen darf (vgl BFH BStBl 98, 269; BFH/NV 99, 67, 619; 05, 63). Wegen der weiteren Einzelheiten dieser revisionsrechtlichen Frage wird auf die einschlägige FGO-Kommentierung verwiesen (zB *Gräber/Herbert* § 76 FGO Rz 81; *TK/Seer* § 76 FGO Rz 137 f). 22

4. Belehrung (Abs 3). Die Präklusionswirkung tritt nach Abs 3 nur ein, wenn der Einspruchsführer bei der Fristsetzung über die Folgen belehrt worden ist. Auf die Möglichkeit der möglichen Präklusion im späteren Klageverfahren (s Rz 20 ff) muss nicht hingewiesen werden (FG Bbg EFG 97, 178; FG Saarl EFG 97, 651). 25

5. Rechtsbehelfe. Die Fristsetzung ist zwar ein **VA** (BFH/NV 03, 1436; *HHSp/Birkenfeld* § 364b Rz 96; *TK/Seer* § 364b Rz 26; *Koenig/Cöster* § 364b Rz 25; aA *BG/Bartone* § 364b Rz 42, 99; FG Saarl EFG 97, 651; FG Mchn EFG 98, 436; *Linssen* Inf 96, 100); denn durch die Fristsetzung wird eine Regelung für den Einzelfall mit möglicherweise sehr erheblichen Rechtswirkungen getroffen. Der VA ist aber **nicht selbständig anfechtbar,** weil es sich um eine verfahrensleitende Verfügung im Hinblick auf die Einspruchsentscheidung handelt und damit das Rechtsschutzinteresse an einer eigenständigen Anfechtung fehlt (*HHSp/Birkenfeld* § 364b Rz 98 ff; *TK/Seer* § 364b Rz 38; *Koenig/Cöster* § 364b Rz 27; FG Bbg EFG 97, 178, 1284; aA *Schneider* Inf 94, 748; *Spaeth* DStZ 95, 175; *Siegert* DStZ 95, 517; *Söffing* DStR 95, 1489; *Große* DB 96, 60; *von Wedelstädt* StuW 96, 186); insoweit gelten die gleichen Grundsätze wie zu § 364a (s § 364a Rz 14). Zudem würde die Anfechtungsmöglichkeit den mit der Ausschlussfrist verfolgten Zweck der Verfahrensbeschleunigung konterkarieren. 27

§ 365 Anwendung von Verfahrensvorschriften

(1) **Für das Verfahren über den außergerichtlichen Einspruch gelten im Übrigen die Vorschriften sinngemäß, die für den Erlass des angefochtenen oder des begehrten Verwaltungsakts gelten.**

(2) **In den Fällen des § 93 Abs. 5, des § 96 Abs. 7 Satz 2 und der §§ 98 bis 100 ist den Beteiligten und ihren Bevollmächtigten und Beiständen (§ 80) Gelegenheit zu geben, an der Beweisaufnahme teilzunehmen.**

(3) [1] **Wird der angefochtene Verwaltungsakt geändert oder ersetzt, so wird der neue Verwaltungsakt Gegenstand des Einspruchsverfahrens.** [2] **Satz 1 gilt entsprechend, wenn**
1. ein Verwaltungsakt nach § 129 berichtigt wird oder
2. ein Verwaltungsakt an die Stelle eines angefochtenen unwirksamen Verwaltungsakts tritt.

Übersicht

1 **1. Inhalt.** Abs 1 verweist auf die Vorschriften über das Besteuerungsverfahren und macht damit deutlich, dass das außergerichtliche Einspruchsverfahren ein verlängertes Verwaltungsverfahren ist (vgl BFH/NV 07, 2069; s Vor §§ 347 ff Rz 8). Damit gelten auch gem Abs 2 die Regelungen über die Beweisaufnahme und das Recht der Beteiligten, an dieser teilzunehmen.

2 Durch Abs 3 soll verhindert werden, dass der Einspruchsführer aus dem Einspruchsverfahren hinausgedrängt wird, wenn der ursprüngliche VA geändert oder durch einen neuen VA ersetzt wird (BT-Drs 10/1636, 51; vgl auch BFH/NV 99, 1333). Dieser Regelung entspricht § 68 FGO im Klageverfahren.

3 **2. Anwendbarkeit der Verfahrensvorschriften (Abs 1).** Zwar regeln die §§ 355 ff die Verfahrensvorschriften des Einspruchsverfahrens. Darüber hinaus bleiben aber die allg Verfahrensvorschriften anwendbar, die für den Erlass des angefochtenen VA gelten. Dies betrifft zum einen den Dritten Teil der AO und damit die §§ 78 ff, insbes die tatsächliche Verständigung (AEAO zu § 365 Nr 1), die Besteuerungsgrundsätze gem § 85, die Mitwirkungspflichten des § 90, das Recht auf rechtliches Gehör gem § 91, das jedoch durch §§ 364, 364a, 367 II 2 ergänzt wird, die Beweiserhebung gem §§ 92 ff (s auch Abs 2 des § 365), die Fristenberechnung, die bei der Anwendung des § 355 relevant wird, die Wiedereinsetzung in den vorigen Stand, die an verschiedenen Stellen im Abschnitt über das Einspruchsverfahren auch ausdrücklich erwähnt wird (s §§ 356 II 2, 360 V 5, 362 II 2, 364b II 3), die Amtshilfe sowie die Regelungen über die VA gem §§ 118 ff, insbes auch § 132 (s Rz 4). Allerdings werden der Beteiligtenbegriff des § 78 durch die spezielle Regelung des § 359 verdrängt und die Regelung über den Beginn des Verfahrens gem § 86 durch § 355 überlagert.

Zum anderen sind auch die Vorschriften über die Durchführung der Besteuerung im Einspruchsverfahren nach Abs 1 anwendbar; dies betrifft insbes die Regelungen über die StFestsetzung gem §§ 155 bis 168 und über die Feststellung von Besteuerungsgrundlagen gem §§ 179 ff sowie die Änderungsvorschriften der §§ 172 ff. Schließlich gilt auch die Ermessensregelung des § 5 im Einspruchsverfahren.

4 Besondere Bedeutung im Einspruchsverfahren hat § 132, nach dem die Vorschriften über Rücknahme, Widerruf, Aufhebung und Änderung von VA auch während des Einspruchsverfahrens gelten. Insoweit ist der Verweis in § 365 I überflüssig, weil bereits § 132 die Anwendung der Vorschriften über Rücknahme, Widerruf etc im Einspruchsverfahren ausdrücklich vorsieht. Dies umfasst neben der Möglichkeit einer Rücknahme und eines Widerrufs gem §§ 130, 131 auch die Berichtigung des angefochtenen VA gem § 129 (s § 132 Rz 1) sowie die Änderung oder Aufhebung nach §§ 164 II, 165 II, 172 ff während des schwebenden

Einspruchsverfahrens. Soweit nach diesen Vorschriften eine Änderung zu Ungunsten des Einspruchsführers erfolgt, handelt es sich grds nicht um eine Verböserung iSv § 367 II 2, für die ein Verböserungshinweis erforderlich wäre (FG BaWü EFG 04, 1187; s auch § 367 Rz 19f). Die FinBeh muss eine derartige Korrektur auch nicht im Rahmen des Einspruchsverfahrens (zB durch eine Teilabhilfe oder im Rahmen der Einspruchsentscheidung) wahrnehmen, sondern kann dies in einem weiteren Änderungsbescheid nachholen (BFH/NV 94, 786).

3. Teilnahme an Beweisaufnahme (Abs 2). Abs 2 gewährt den Beteiligten und ihren Bevollmächtigten und Beiständen Gelegenheit zur Teilnahme an der Beweisaufnahme in den Fällen, in denen 5

a) ein Auskunftspflichtiger an Amtsstelle mündlich (§ 93 V), nicht aber in sonstigen Fällen der Auskunftserteilung (FG Mster EFG 14, 885), Auskunft zu erteilen hat,
b) ein Gutachten gem § 96 VII 2 mündlich erstattet wird oder in denen
c) eine Beweisaufnahme nach den §§ 98 (Einnahme des Augenscheins), 99 (Betreten von Grundstücken und Räumen) oder 100 (Vorlage von Wertsachen) stattfindet.

Die Regelung ergänzt die über Abs 1 bereits anwendbaren Vorschriften über die Beweiserhebung gem §§ 93ff. Ein Verstoß gegen Abs 2 führt zum Verwertungsverbot (*TK/Seer* § 365 Rz 24).

4. Änderung oder Ersetzung des Verwaltungsaktes (Abs 3). a) Voraussetzungen. Der angefochtene VA muss **während des Einspruchsverfahrens** geändert oder ersetzt werden; der Einspruch muss aber zulässig sein (s auch Rz 13). Abs 3 ist nicht anwendbar auf Änderungen vor Einspruchseinlegung oder nach Beendigung des Einspruchsverfahrens (BFH BStBl 07, 236). Änderungsbescheide, die vor Einlegung des Einspruchs ergangen sind, müssen also angefochten werden (FG Nbg EFG 96, 1195). 6

Ein Änderungsbescheid, der nach Erlass einer Einspruchsentscheidung ergeht, muss ebenfalls durch einen Einspruch angefochten werden, sofern keine Klage gegen die Einspruchsentscheidung erhoben wird. Wird hingegen Klage gegen die Einspruchsentscheidung erhoben, wird der Änderungsbescheid nach § 68 FGO automatisch Gegenstand des Klageverfahrens, sodass ein Einspruch gegen den Änderungsbescheid gem § 68 S 2 unzulässig wäre. Nur wenn die Klage unzulässig wäre, wäre der Einspruch zulässig; jedoch ist dann die Einschränkung der Anfechtungsbefugnis nach § 351 I zu beachten (BFH BStBl 87, 303; s auch § 351 Rz 15ff).

Der Begriff der **Änderung** ist weit auszulegen (BFH BStBl 84, 791) und erfasst Änderungen nach §§ 164 II, 165 II, 172ff sowie aufgrund der Änderungsvorschriften in Einzelgesetzen, zB § 32a KStG, § 35b GewStG oder § 10d I 3 EStG. Unter den Begriff der Änderung fällt auch die Aufhebung eines Vorbehalts- oder Vorläufigkeitsvermerks gem §§ 164 III, 165 II 2. Auch Rücknahme und Widerruf iSv §§ 130, 131 gelten als Änderung iSv Abs 3. Die Berichtigung nach § 129 zählt nach der ausdrücklichen Erwähnung in Abs 3 S 2 Nr 1 ebenfalls hierzu. 7

Nicht von Abs 3 **erfasst** wird ein Vollabhilfebescheid, durch den das Einspruchsverfahren beendet wird (BFH/NV 04, 356; 13, 510; s auch § 367 Rz 26). Der Vollabhilfebescheid kann aber mit einem neuen Einspruch angefochten werden, sofern eine Beschwer gegeben ist (BFH BStBl 07, 736; FG BaWü EFG 12, 2085; s auch § 347 Rz 3). Ist dem Einspruchsbegehren nach Auffassung des Einspruchsführers anders als nach der Ansicht der FinBeh nicht voll entsprochen worden, muss er auf einer Einspruchsentscheidung bestehen und ggf Untätigkeitsklage nach Maßgabe des § 46 FGO erheben (s § 367 Rz 31). Auch der Ablehnungsbescheid, der im Rahmen eines Untätigkeitseinspruchs ergeht, ist kein Änderungsbescheid, s Rz 13.

8 Eine **Ersetzung** liegt vor, wenn der angefochtene VA in vollem Umfang aufgehoben, widerrufen oder zurückgenommen wird und an seine Stelle ein neuer VA tritt, der denselben Regelungsgegenstand betrifft, dh denselben Adressaten und dieselbe Steuerart bzw gleichen Lebenssachverhalt betrifft, aber einen anderen Tenor enthält (zB eine geringere Haftungssumme). Der Begriff der Ersetzung ist ebenso wie der Begriff der Änderung weit auszulegen (BFH BStBl 84, 791). Eine Ersetzung iSv Abs 3 ist daher zB in den folgenden Fällen zu bejahen: (1) Während des Einspruchsverfahrens gegen einen Vorauszahlungsbescheid ergeht der Jahressteuerbescheid, der nunmehr Gegenstand des Einspruchsverfahrens wird (BFH BStBl 00, 454; 11, 311; 12, 525; BFH/NV 14, 1692; AEAO zu § 365 Nr 2). (2) Das FA nimmt den angefochtenen Haftungsbescheid zurück und erlässt einen inhaltlich geänderten Haftungsbescheid ggü demselben Haftungsschuldner (BFH BStBl 09, 539). (3) Die Familienkasse hebt einen Abzweigungsbescheid auf und erlässt zugleich einen neuen Abzweigungsbescheid, der denselben Zeitraum betrifft und mit dem das Kindergeld zur Hälfte an den Grundsicherungsträger abgezweigt wird (FG Mster EFG 14, 1696).

Auch ein **unwirksamer** VA kann – wie sich aus Abs 2 S 2 ergibt – ersetzt werden, sodass der Ersetzungsbescheid automatisch Gegenstand des Einspruchsverfahrens wird.

12 **b) Rechtsfolgen.** Das **Einspruchsverfahren bleibt** nach Abs 3 **anhängig.** Gegen einen Änderungs- oder Ersetzungsbescheid braucht also nicht erneut Einspruch eingelegt zu werden (BFH/NV 08, 1901). Ein solcher **Einspruch** ist sogar **unzulässig** (BFH BStBl 01, 747 mwN); zu Ausnahmen s Rz 13. Unzulässig ist der Einspruch iÜ auch, wenn während des Einspruchsverfahrens ein Antrag des Einspruchsführers auf teilweise Änderung des angegriffenen Bescheids abgelehnt und gegen diese Ablehnung des Teilabhilfebescheids ein weiterer Einspruch eingelegt wird (BFH BStBl 95, 353; FG RhPf EFG 89, 385). Ebenso ist ein erneuter Einspruch unzulässig, wenn während des Einspruchsverfahrens ein unter dem Vorbehalt der Nachprüfung stehender oder vorläufiger Bescheid durch einen endgültigen Bescheid ersetzt wird (BFH BStBl 91, 147; BFH BStBl 03, 112; vgl auch FG Mchn EFG 97, 312 zu Besonderheiten bei der KfzSt). Ein nach Abs 3 unzulässiger Einspruch bleibt auch dann unzulässig, wenn der Einspruchsführer seinen vorherigen Einspruch gegen den Ausgangsbescheid zurücknimmt (FG Mchn BeckRS 2014, 95536). Nimmt die FinBeh den VA teilweise zurück oder widerruft sie ihn zum Teil, bleibt der VA iÜ bestehen und der Einspruch ebenfalls anhängig (BFH BStBl 82, 292). Wird der Änderungs- oder Ersetzungsbescheid aufgehoben, wird das Einspruchsverfahren gegen den geänderten bzw ersetzten Bescheid fortgesetzt (BFH/NV 15, 1338).

13 Von dem Grundsatz der Unzulässigkeit des Einspruchs gegen den Änderungs- bzw Ersetzungsbescheid gibt es aber **Ausnahmen:** So ist ein Einspruch gegen den Änderungs- bzw Ersetzungsbescheid zulässig, wenn der vorher eingelegte Einspruch (zB wegen Verfristung) gegen den geänderten bzw ersetzten Bescheid unzulässig war. Der Grundgedanke der Vorschrift greift dann nämlich nicht: Abs 3 soll verhindern, dass der Prüfung des angefochtenen Bescheids durch den Erlass eines Änderungsbescheids die Grundlage entzogen und der Einspruchsführer hierdurch aus dem Einspruchsverfahren gedrängt wird (BFH BStBl 00, 490; 01, 747). Weiterhin ist ein Einspruch zulässig, wenn die FinBeh nach Einlegung eines Untätigkeitseinspruchs nunmehr den Ablehnungsbescheid erlässt, mit dem der Antrag auf Erlass bzw Änderung eines VA abgelehnt wird; dieser Ablehnungsbescheid fällt nicht unter Abs 3, sodass gegen den Ablehnungsbescheid Einspruch eingelegt werden muss (s § 347 Rz 22).

§ 366 Form, Inhalt und Bekanntgabe der Einspruchsentscheidung

Die Einspruchsentscheidung ist zu begründen, mit einer Rechtsbehelfsbelehrung zu versehen und den Beteiligten schriftlich oder elektronisch zu erteilen.

Vorschr neu gefasst durch G v 18.7.16 (BGBl I, 1679).

Schrifttum: *Weidemann/Rheindorf* Die Übermittlung eines Widerspruchsbescheids und einer Einspruchsentscheidung, DVP 15, 55.

Übersicht

1. Inhalt der Vorschrift. Die Vorschr regelt Anforderungen an die Form der Einspruchsentscheidung und ist damit eine Spezialregelung zu § 119 II, der den Grundsatz der Formfreiheit von stl VA enthält (BFH/NV 15, 466). § 366 gehört systematisch zu § 367 oder hinter § 367. Besonderheiten bestehen für Allgemeinverfügungen iSv § 367 IIb (s § 367 Rz 46). 1

§ 366 wurde mehrfach geändert; s hierzu 13. Aufl. Durch das StRechtsmodernisierungsG v 18.7.2016 wurde die Vorschr mWv 1.1.2017 neu gefasst und regelt nun ausdrücklich auch die elektronische Erteilung (s Rz 9). 2

2. Bekanntgabe. a) Bekanntgabe durch einfachen Brief oder Übergabe. Die Einspruchsentscheidung ist bekannt zu geben. Die Bekanntgabe richtet sich nach § 122 und § 122a, da die Einspruchsentscheidung ein VA ist; die Anwendbarkeit des § 122 und § 122a wird zudem durch § 365 I klargestellt. Auch Übergabe an Amtsstelle oder Übermittlung durch Amtsboten ist nach § 122 möglich (BFH/NV 01, 887, 1529; s oben § 122 Rz 12). Zur Erteilung in Schriftform oder elektronischer Form, insbes bei Übermittlung durch Telefax s Rz 8f. Zu den Rechtsfolgen eines Verstoßes s Rz 20. 3

Die Einspruchsentscheidung muss **dem Einspruchsführer bekannt gegeben** werden (vgl § 124 I). Verstirbt ein Stpfl während des Einspruchsverfahrens, so muss die Einspruchsentscheidung an dessen Gesamtrechtsnachfolger ergehen. Eine an den verstorbenen Einspruchsführer (Erblasser) gerichtete Einspruchsentscheidung wäre unwirksam (BFH/NV 88, 213).

b) Bekanntgabe durch Zustellung. Eine Zustellung ist nicht erforderlich, gleichwohl aber möglich (vgl BFH/NV 05, 998). Die FinBeh kann damit zwischen Bekanntgabe per einfachem Brief und Zustellung wählen; die Entscheidung hierüber trifft sie nach pflichtgemäßem Ermessen (BFH/NV 01, 887; 07, 651). Entscheidet sie sich für eine Zustellung, richtet sich diese nach dem VwZG, wobei die FinBeh nach § 2 III VwZG die Wahl zwischen den einzelnen Zustellungsarten des VwZG hat. Sie kann durch die Post mit Zustellungsurkunde (§ 3 VwZG) oder mittels Einschreiben durch Übergabe oder mit Rückschein (§ 4 VwZG) oder bei Bekanntgabe an Angehörige der steuerberatenden Berufe selbst gegen Empfangsbekenntnis (§ 5 VwZG) zustellen. Zur Zustellung eines elektronischen Dokuments 4 s § 5 V ff VwZG. Hat der Stpfl einen Bevollmächtigten bestellt, ist § 7 VwZG uneingeschränkt zu beachten; diese Vorschr geht bei förmlichen Zustellungen den §§ 80 V, 122 I 4, 122a I vor. Außer in den Fällen des § 7 I 3 VwZG muss die Zustellung an alle Beteiligten erfolgen, bei Eheleuten, die gegen einen zusammengefassten Bescheid Einspruch eingelegt haben, also in je einer Ausfertigung an beide Ehegatten (BFH BStBl 95, 681). Hat ein StB gegen einen StBescheid im Namen des Stpfl, aber ohne Nachweis schriftlicher Vollmacht Einspruch eingelegt, so kann die FinBeh ihm als dem bestellten Vertreter iSd § 7 I 1 VwZG die Einspruchsentscheidung wirksam zustellen. Dies gilt selbst dann, wenn der Stpfl einen Rechtsanwalt mit der Anfertigung der Einspruchsbegründung und der späteren Klageerhebung beauftragt hat (BFH BStBl 86, 547). Vgl iÜ zur Zustellung und zur öffentlichen Zustellung Erläut zu § 122 und § 122a. Wird die Zustellung gewählt und ist diese dann wegen Verletzung der Zustellungsvorschriften unwirksam, kann nicht auf die Regelungen über die Bekanntgabe zurückgegriffen werden (BFH BStBl 94, 603).

8 **3. Form. a) Schriftform.** Die Einspruchsentscheidung muss schriftlich oder elektronisch erteilt werden; zu den Rechtsfolgen eines Verstoßes s Rz 21. Die Schriftform wird auch dadurch erfüllt, dass der Erlass oder die Aufhebung einer Einspruchsentscheidung zu Protokoll in der mündlichen Verhandlung vor dem FG erklärt werden (BFH/NV 01, 914). Auch eine Übermittlung durch **Telefax** bzw Computer-Fax (sog Ferrari-Fax) gilt als schriftliche Erteilung (BFH BStBl 14, 748; 03, 45; BFH/NV 15, 657). Es handelt sich also nicht um ein elektronisches Dokument, für das nach § 87a IV 2 eine qualifizierte elektronische Signatur erforderlich wäre. Für die Bekanntgabe ist aber der Ausdruck des Telefaxes beim Empfänger erforderlich. Scheitert der Ausdruck, ist eine Bekanntgabe nicht erfolgt und die Einspruchsentscheidung damit nicht wirksam geworden (§ 124 I). Auf die Verantwortung für den fehlenden Ausdruck (zB fehlendes Papier im Empfängergerät) kommt es dabei nach dem BFH nicht an, sofern der Empfänger den Ausdruck nicht bewusst verhindert hat. Die Beweislast für den Ausdruck des Telefaxes liegt somit bei der FinBeh (BFH BStBl 14, 748; BFH/NV 15, 657). Dies erscheint nicht überzeugend, weil die FinBeh nach § 122 II HS 2 nur „im Zweifel" die Beweislast trägt; ist die Absendung des Telefaxes aber ausweislich des OK-Vermerks erfolgreich gewesen, ergeben sich aus der bloßen Behauptung des Empfängers, das Fax sei bei ihm nicht ausgedruckt worden, mE noch keine „Zweifel" an dem unterbliebenen Ausdruck beim Empfänger.

9 **b) Elektronische Form.** Durch das G v 18.7.2016 wird nun auch die elektronische Erteilung ausdrücklich zugelassen. Die Änderung ist an die Neuregelung des § 157 I 1 angepasst und soll bewirken, dass Einspruchsentscheidungen nunmehr auch elektronisch erlassen werden können (BT-Drs 18/7457, 91). Allerdings war auch schon vor dem Inkrafttreten der Neuregelung eine elektronische Bekanntgabe nach Maßgabe des § 119 III 3, 4 iVm § 87a IV möglich (s Rz 8); allerdings erforderte dies stets eine qualifizierte elektronische Signatur oder eine Übermittlung durch De-Mail. Nunmehr kann die elektronische Bekanntgabe nicht nur nach § 122 IIa iVm § 87a VII erfolgen, der ebenfalls eine qualifizierte elektronische Signatur oder eine Übermittlung per De-Mail erfordert, sondern auch nach § 122a iVm § 87a VIII durch Bereitstellung zum Datenabruf und damit durch Übermittlung im ELSTER-Verfahren (s § 87a Rz 51).

11 **4. Bestimmtheit.** Für die Einspruchsentscheidung gilt § 119 I (BFH/NV 15, 466) und weitgehend auch § 119 III: Die Einspruchsentscheidung muss also inhaltlich hinreichend bestimmt sein und muss die in § 119 III genannten Angaben enthalten, wobei das Rubrum einer Einspruchsentscheidung auslegbar ist (BFH/NV 15, 466). Nicht anwendbar ist aber § 119 III 2 HS 2, da es sich wegen der nach § 367 II 1 bestehenden umfassenden Prüfungspflicht um eine individuelle Einzel-

fallentscheidung handelt, sodass ein formularmäßiger Erlass oder eine Erstellung mit Hilfe automatischer Einrichtung nicht möglich ist (aA FG Nbg EFG 92, 647; *Koenig/Cöster* § 366 Rz 5). Anders ist dies naturgemäß bei Einsprüchen, die nach § 367 IIb durch Allgemeinverfügung entschieden werden. Zum Inhalt der Begründung s Rz 14; zu den Rechtsfolgen eines Verstoßes gegen die Bestimmtheit s Rz 21.

5. Begründung. a) Sinn der Begründung. Die Beteiligten werden in die Lage versetzt, die für die Entscheidung maßgeblichen Gesichtspunkte zu erfahren. Die FinBeh wird gezwungen, das Für und Wider gründlich zu erwägen. Bei **Ermessensentscheidungen** umfasst die Begründung auch die Ermessensausübung, die in der Einspruchsentscheidung noch einmal überprüft werden soll und ggf anders ausgeübt werden kann; die im Einspruchsverfahren eingetretenen oder bekannt gewordenen Umstände sind dabei zu berücksichtigen. Im anschließenden Klageverfahren darf die FinBeh ihre Ermessenserwägungen nach § 102 S 2 FGO nur noch ergänzen, nicht aber erstmalig ausüben, austauschen oder vollständig nachholen. Das FG darf die Ermessensentscheidung der FinBeh nach § 102 S 1 FGO nur auf Ermessensfehler überprüfen, nicht aber durch eine eigene Ermessenentscheidung ersetzen. 13

b) Inhalt der Begründung. Die Begründung muss die zu Grunde liegenden **Erwägungen** in tatsächlicher und rechtlicher Hinsicht darlegen und dem Einspruchsführer zeigen, welche Berechnungen der Entscheidung zu Grunde liegen (FG RhPf EFG 96, 511). Es darf sich nicht lediglich um einen Standardtext handeln (FG Köln EFG 96, 571) oder um eine Bezugnahme auf ein unklares Erläuterungsschreiben (FG Ddorf EFG 00, 47); eine Ausnahme wird man mE aber machen können, wenn der Einspruch nicht begründet worden ist. Die Bezugnahme auf die rechtliche Würdigung des FG in einem im gleichen Verfahren ergangenen Aussetzungsbeschluss und auf eigene schriftsätzliche Rechtsausführungen im Aussetzungsverfahren genügt idR den Anforderungen an die Begründung der Einspruchsentscheidung, sofern die entscheidungserheblichen Vorschriften in der Einspruchsentscheidung selbst genannt sind (FG Mchn EFG 85, 351). IÜ genügt auch eine unzutreffende Begründung dem § 366 (BFH/NV 87, 359). Zur Begründung bei Ermessensentscheidungen s Rz 13. Zu den Rechtsfolgen eines Verstoßes gegen das Begründungserfordernis s Rz 22. 14

6. Rechtsbehelfsbelehrung. Der notwendige Inhalt der Rechtsbehelfsbelehrung und die Folgen ihres Unterbleibens ergeben sich aus § 55 FGO. Dabei handelt es sich streng genommen um eine Rechtsmittelbelehrung, da die in der Belehrung erwähnte Klage aufgrund des Devolutiveffekts ein Rechtsmittel ist, weil nämlich eine andere Instanz, das FG, über die Klage entscheidet. § 356 hingegen betrifft die Rechtsbehelfsbelehrung des angefochtenen VA und damit den Einspruch. Zu den Rechtsfolgen eines Verstoßes s Rz 23. 16

7. Folgen von Verstößen. Bei fehlerhafter **Bekanntgabe** der Einspruchsentscheidung (s Rz 3 f) beginnt die Klagefrist nicht zu laufen (vgl aber BFH/NV 88, 244 zur Verwirkung der Klagebefugnis); allerdings kann der Einspruchsführer gleichwohl Anfechtungsklage erheben, wenn die – unwirksame – Einspruchsentscheidung einen Rechtsschein erzeugt, insbes wenn die Wirksamkeit der Bekanntgabe streitig ist (BFH/NV 98, 232). Wird die Einspruchsentscheidung wegen Fehlens einer Seite unvollständig bekannt gegeben und dies innerhalb der regulären Klagefrist gerügt, so endet die Klagefrist erst einen Monat nach Bekanntgabe der fehlenden Seite (BFH BStBl 08, 94). 20

Bei Verletzung der **Form** (s Rz 8 f) ist die Einspruchsentscheidung nichtig und damit unwirksam gem §§ 125 I, 124 III, sodass das Einspruchsverfahren fortgeführt werden muss (*BG/Bartone* § 366 Rz 12). Hingegen führen Verstöße **gegen § 119** (s Rz 11) lediglich zur Rechtswidrigkeit, die nach § 127 bei gebundenen VA un- 21 beachtlich sind. Ob die Einspruchsentscheidung bei fehlender Begründung oder aus sonstigen Gründen im Klageverfahren isoliert aufgehoben werden kann, richtet sich nach § 100 FGO (zur isolierten Aufhebung wegen falschen Inhaltsadressaten vgl BFH/NV 99, 145).

22 Eine fehlende, unvollständige oder fehlerhafte **Begründung** (s Rz 13 f) führt nur zur Rechtswidrigkeit der Einspruchsentscheidung, nicht aber zur Nichtigkeit (BFH/NV 96, 871); auch hierbei ist § 127 zu beachten, nach dem Formfehler bei gebundenen VA irrelevant sind (BFH/NV 96, 606). Ist aber eine Sachaufklärung im Einspruchsverfahren unterblieben, kann das FG den VA und die Einspruchsentscheidung nach Maßgabe des § 100 III FGO aufheben, damit die FinBeh noch die erforderlichen Ermittlungen durchführen kann. Ist bei einer Ermessensentscheidung die Ermessensausübung auch in der Einspruchsentscheidung unzureichend gewesen, kann sie nach § 102 S 2 FGO im Klageverfahren nicht mehr nachgeholt werden (s Rz 13).

23 Bei einer fehlenden oder fehlerhaften **Rechtsbehelfsbelehrung** (s Rz 16) ergibt sich die Rechtsfolge aus § 55 II FGO, sodass die Klagefrist 1 Jahr beträgt.

§ 367 Entscheidung über den Einspruch

(1) [1]**Über den Einspruch entscheidet die Finanzbehörde, die den Verwaltungsakt erlassen hat, durch Einspruchsentscheidung.** [2]**Ist für den Steuerfall nachträglich eine andere Finanzbehörde zuständig geworden, so entscheidet diese Finanzbehörde; § 26 Satz 2 bleibt unberührt.**

(2) [1]**Die Finanzbehörde, die über den Einspruch entscheidet, hat die Sache in vollem Umfang erneut zu prüfen.** [2]**Der Verwaltungsakt kann auch zum Nachteil des Einspruchsführers geändert werden, wenn dieser auf die Möglichkeit einer verbösernden Entscheidung unter Angabe von Gründen hingewiesen und ihm Gelegenheit gegeben worden ist, sich hierzu zu äußern.** [3]**Einer Einspruchsentscheidung bedarf es nur insoweit, als die Finanzbehörde dem Einspruch nicht abhilft.**

(2a) [1]**Die Finanzbehörde kann vorab über Teile des Einspruchs entscheiden, wenn dies sachdienlich ist.** [2]**Sie hat in dieser Entscheidung zu bestimmen, hinsichtlich welcher Teile Bestandskraft nicht eintreten soll.**

(2b) [1]**Anhängige Einsprüche, die eine vom Gerichtshof der Europäischen Union, vom Bundesverfassungsgericht oder vom Bundesfinanzhof entschiedene Rechtsfrage betreffen und denen nach dem Ausgang des Verfahrens vor diesen Gerichten nicht abgeholfen werden kann, können durch Allgemeinverfügung insoweit zurückgewiesen werden.** [2]**Sachlich zuständig für den Erlass der Allgemeinverfügung ist die oberste Finanzbehörde.** [3]**Die Allgemeinverfügung ist im Bundessteuerblatt und auf den Internetseiten des Bundesministeriums der Finanzen zu veröffentlichen.** [4]**Sie gilt am Tag nach der Herausgabe des Bundessteuerblattes, in dem sie veröffentlicht wird, als bekannt gegeben.** [5]**Abweichend von § 47 Abs. 1 der Finanzgerichtsordnung endet die Klagefrist mit Ablauf eines Jahres nach dem Tag der Bekanntgabe.** [6]**§ 63 Abs. 1 Nr. 1 der Finanzgerichtsordnung gilt auch, soweit ein Einspruch durch eine Allgemeinverfügung nach Satz 1 zurückgewiesen wurde.**

(3) [1]**Richtet sich der Einspruch gegen einen Verwaltungsakt, den eine Behörde auf Grund gesetzlicher Vorschrift für die zuständige Finanzbehörde erlassen hat, so entscheidet die zuständige Finanzbehörde über den Einspruch.** [2]**Auch die für die zuständige Finanzbehörde handelnde Behörde ist berechtigt, dem Einspruch abzuhelfen.**

Abs 2a und 2b eingefügt durch JStG 2007 v 13.12.06 (BGBl I, 2878); Abs 2b S 1 geändert durch AmtshilfeRLUmsG v 26.6.13 (BGBl I, 1809).

Schrifttum: *vor 2010 s 13. Aufl; Steinhauff* Auswirkungen von Vorläufigkeitsvermerken und Teil-Einspruchsentscheidungen auf den Rechtsschutz des Steuerpflichtigen, SteuK 11, 139; *Carlé* Die Teileinspruchsentscheidung – § 367 Abs. 2a AO, AO-StB 13, 224; *Geserich* (Teil-)Einspruchsentscheidung: Erneuter Einspruch innerhalb der Einspruchsfrist, NWB 14, 3790.

Übersicht

1. Inhalt. Die Vorschrift regelt in Abs 1 sowie in Abs 3 die Zuständigkeit, in Abs 2 den Überprüfungsumfang einschl der Verböserungsmöglichkeit und den Abschluss des Einspruchsverfahrens sowie in Abs 2a und 2b besondere Formen der Einspruchsentscheidung. Systematisch gehört zu § 367 auch noch die Regelung des § 366, da es in § 366 um die Form der Einspruchsentscheidung geht. 1

2. Zuständige Behörde (Abs 1). Über den Einspruch entscheidet nach Abs 1 S 2 die FinBeh, die den VA erlassen hat; dies ist eine Regelung zur sachlichen Zuständigkeit (s § 16 Rz 1). Geht aber die **örtliche Zuständigkeit** gem §§ 17 ff nach Erlass des VA auf eine andere FinBeh über, wird diese nach Abs 1 S 2 zuständig; dieser Zuständigkeitswechsel wird auch in § 47 II 1 FGO (Anbringung der Klageschrift) sowie in § 63 II Nr 1 FGO (Passivlegitimation) geregelt. 2

Eine Zuständigkeitsvereinbarung nach § 26 S 2 bleibt aber nach Abs 1 S 2 HS 2 möglich. Außerdem gilt § 127 im Fall einer durch die unzuständige FinBeh erlassenen Einspruchsentscheidung (BFH/NV 90, 431). Eine weitere Zuständigkeitsregelung enthält Abs 3 (s Rz 50).

3. Überprüfung des angefochtenen VA in vollem Umfang (Abs 2 S 1). Abs 2 S 1 macht deutlich, dass das Einspruchsverfahren ein verlängertes Verwaltungsverfahren darstellt (s Vor §§ 347 ff Rz 8). Auf den Einspruch hat die FinBeh den angefochtenen VA umfassend zu prüfen, auch hinsichtlich der örtlichen und sachlichen Zuständigkeit (BFH BStBl 17, 642). Die FinBeh ist also weder an den Antrag noch an die Begründung des Einspruchs gebunden (BFH/NV 04, 1372). Die Überprüfungspflicht besteht auch dann, wenn der Einspruch nicht begründet worden ist; zur fehlenden Pflicht, den Einspruch zu begründen s § 357 Rz 26. Im Kindergeldrecht prüft die Familienkasse die Voraussetzungen des Kindergeldanspruchs auch für die Dauer des Einspruchsverfahrens (BFH BStBl 15, 850 mwN). 3

Ermessensentscheidungen sind ebenfalls voll zu überprüfen, sodass ggf eine neue Ermessensentscheidung zu treffen ist (BFH/NV 15, 1665; vgl § 366 Rz 13 sowie § 126 Rz 10 ff). Dabei ist eine Änderung der Sach- oder Rechtslage während des Einspruchsverfahrens zu berücksichtigen, zB die Einreichung der StErklärung im Einspruchsverfahren gegen den Verspätungszuschlag iSv § 152 aF (s § 152 Rz 87; vgl auch BFH/NV 11, 668; 12, 1936).

Bei der Anfechtung eines unter dem **Vorbehalt der Nachprüfung** stehenden VA bedeutet die Pflicht zur Überprüfung des VA im vollen Umfang nicht, dass die FinBeh zur Aufhebung des Vorbehalts der Nachprüfung gem § 164 III in der Einspruchsentscheidung verpflichtet ist; denn die FinBeh ist nur zu einer erneuten und nicht zu einer „abschließenden Prüfung" iSv § 164 verpflichtet (BFH BStBl 80, 527; BFH/NV 93, 684; AEAO zu § 367 Nr 5). Eine Einspruchsentscheidung, die den Vorbehalt der Nachprüfung oder Vorläufigkeitsvermerk unangetastet lässt, kann vom FG daher nicht mit der Begründung aufgehoben werden, der Sachverhalt sei noch nicht genügend geklärt (BFH/NV 88, 552). Der Vorbehalt der Nachprüfung (ebenso ein Vorläufigkeitsvermerk) bleibt sogar erhalten, wenn er in der Einspruchsentscheidung nicht ausdrücklich aufgehoben wird (BFH BStBl 85, 448).

4 Aus der Pflicht zur Überprüfung des VA in vollem Umfang ergibt sich auch das Recht der FinBeh zur **Beseitigung von Formfehlern.** Die FinBeh darf daher im Einspruchsverfahren einen inhaltsgleichen fehlerfreien VA erlassen (FG Nbg EFG 85, 269). Auch eine formell fehlerfreie Einspruchsentscheidung, die lediglich den angegriffenen VA bestätigt, heilt Formfehler dieses VA (vgl BFH/NV 89, 690; s auch § 17 Rz 3). Ein nichtiger VA kann aber nicht im Einspruchsverfahren durch einen verbösernden VA wirksam ersetzt werden (FG Hbg EFG 94, 571; vgl § 119 Rz 46). Die FinBeh kann aufgrund ihrer umfassenden Prüfungspflicht aber auch **materielle Fehler heilen,** wenn die zunächst bei Erlass des angefochtenen VA noch nicht gegebenen Tatbestandsvoraussetzungen erst während des Einspruchsverfahrens eintreten. Falls der VA vor Ablauf der Festsetzungsfrist angefochten und damit nach § 172 IIIa der Ablauf der Festsetzungsfrist gehemmt worden ist, werden in solchen Fällen die materiell-rechtlichen Mängel durch die Einspruchsentscheidung selbst dann geheilt, wenn die Tatbestandsvoraussetzungen für den angefochtenen VA erst nach Ablauf der regulären Festsetzungsfrist eintreten (BFH BStBl 01, 218).

Die umfassende Prüfungspflicht der FinBeh wird auch nicht durch den Eintritt der Festsetzungsverjährung beendet; denn aufgrund des § 171 IIIa kommt es infolge des Einspruchs zu einer umfassenden Ablaufhemmung (s § 171 Rz 21a); zur Rechtslage nach § 171 III 2 aF s 13. Aufl.

6 **4. Verböserung (Abs 2 S 2). a) Zulässigkeit der Verböserung.** Die FinBeh hat bei einem zulässigen Einspruch den VA auch iÜ in vollem Umfang erneut zu prüfen und kann diesen auch zum Nachteil des Stpfl oder des Hinzugezogenen (s § 360 Rz 35) ändern; dies bezeichnet man als Verböserung (sog reformatio in peius). Bei einem **unzulässigen Einspruch** ist eine Verböserung aber nicht möglich (BFH BStBl 92, 995; 07, 83; BFH/NV 14, 147; 15, 957; s auch § 358 Rz 3). Nach Abschluss des Einspruchsverfahrens, zB durch einen Vollabhilfebescheid oder nach einer Teileinspruchsentscheidung (s Rz 41), ist eine Verböserung ebenfalls nicht mehr zulässig (BFH/NV 15, 957). Eine Verböserung ist auch bei Gewinnfeststellungsbescheiden (BFH/NV 98, 282) und Ermessensentscheidungen möglich (BFH BStBl 16, 508; BFH/NV 15, 1665). So kann das FA im Wege der Verböserung die Gewährung eines Teilerlasses in der Einspruchsentscheidung, die den Einspruch gegen den Teilablehnungsbescheid betrifft, wieder rückgängig machen, ohne die Voraussetzungen des § 130 erfüllen zu müssen (BFH BStBl 16, 508). Die FinBeh hat auch im Falle einer nur teilweisen Anfechtung eines VA die Sache gem Abs 2 in vollem Umfang erneut zu prüfen (s Rz 3). Die Verböserung kann bis einschl der Einspruchsentscheidung erfolgen, dh entweder durch einen Änderungsbescheid während des Einspruchsverfahrens oder – so der Regelfall – durch die Einspruchsentscheidung selbst. Sie ist daher auch dann noch möglich, wenn

der Einspruchsführer wegen nach seiner Auffassung unangemessener Verzögerung der Einspruchsentscheidung Untätigkeitsklage nach § 46 I FGO erhoben hat (BFH/NV 93, 111). Ggü Hinzugezogenen darf eine Verböserung nur erfolgen, wenn über den Streitpunkt nur allen Beteiligten ggü einheitlich entschieden werden kann (BFH/NV 92, 436).

Erkennt die FinBeh bei der Überprüfung die Fehlerhaftigkeit des VA und die Auswirkung dieses Fehlers zugunsten des Stpfl, ist sie zu einer Verböserung sogar **verpflichtet** (FG Hbg BB 13, 150; s § 85 Rz 2). § 176 steht einer Verböserung nicht entgegen (s § 176 Rz 8). Von der Verböserung zu unterscheiden ist die Änderung des angefochtenen VA zu Ungunsten des Stpfl aufgrund von Korrekturvorschriften (s Rz 19f).

Die Überprüfung im vollen Umfang ist allerdings auf den **Einspruchsgegenstand beschränkt.** Sie darf daher nicht auf Personen, Steuergegenstände oder Zeiträume ausgedehnt werden, die von dem VA nicht erfasst werden (BFH BStBl 07, 600; BFH/NV 13, 1540) oder hinsichtlich derer der Einspruchsführer nicht einspruchsbefugt wäre (BFH BStBl 90, 561). Die FinBeh darf auch nicht einen anderen oder erweiterten Lebenssachverhalt (zB bei der GrESt einen anderen Erwerbsvorgang) zu Grunde legen als denjenigen, der Gegenstand des angefochtenen VA war (BFH/NV 93, 712; 94, 758; 10, 838). Bei Ablehnung eines Antrags auf Änderung eines StBescheids ist nur die Ablehnung dieses Antrags Regelungsgegenstand der Einspruchsentscheidung; es darf daher nicht zur Verböserung in Bezug auf den StBescheid als solchen kommen (FG Köln EFG 95, 409). 7

Im Einspruchsverfahren **gegen einen Änderungsbescheid** ist eine Verböserung nur beschränkt zulässig. Die Verböserung muss ihre Rechtsgrundlage in dem Änderungsbescheid haben; der bestandskräftige und geänderte Erstbescheid darf hingegen nicht in vollem Umfang in tatsächlicher und rechtlicher Hinsicht erneut überprüft werden (BFH BStBl 01, 124; FG BaWü EFG 04, 783; FG Mchn EFG 12, 1711). Wurde der Änderungsbescheid zB auf § 173 I Nr 1 wegen neuer Tatsachen gestützt, darf die FinBeh eine Verböserung vornehmen, wenn die neuen Tatsachen zu einer höheren Steuer als bislang im Änderungsbescheid festgesetzt führen. Erlässt die FinBeh hingegen **während** des Einspruchsverfahrens einen Teilabhilfebescheid, kann sie anschließend aber noch eine Verböserung vornehmen (BFH BStBl 07, 83; s Rz 25).

Die Verböserungsmöglichkeit endet **nicht** mit dem Eintritt der regulären **Festsetzungsverjährung;** denn durch die Einlegung des Einspruchs kommt es zu einer umfassenden Ablaufhemmung nach § 171 IIIa (FG Mster EFG 14, 86). Zur Rechtslage nach § 171 III 2 aF s 13. Aufl; diese Beschränkung der Ablaufhemmung gilt für § 171 IIIa aber nicht mehr (s auch § 171 Rz 21a und 22). 8

b) Begriff der Verböserung. Um eine Verböserung handelt es sich nach Abs 2 S 2, wenn der angefochtene VA zum Nachteil des Einspruchsführers geändert wird. Entscheidend ist, ob der Einspruchsführer durch die Einspruchsentscheidung schlechter gestellt wird, als er bei einer Rücknahme des Einspruchs stehen würde (FG Nds EFG 92, 644). Der Einspruchsführer ist im Fall der Verböserung grds auch der Stpfl, da anderenfalls eine Änderung des Bescheids nicht zu seinem Nachteil sein könnte; allerdings kann nach dem BFH über den Wortlaut des Abs 2 S 2 hinaus eine Verböserung auch ggü einem Hinzugezogenen iSv §§ 359 Nr 2, 360 erfolgen (BFH BStBl 90, 561; s auch Rz 6). Typischer Fall der Verböserung ist die **Erhöhung** der festgesetzten Steuer oder des festgesetzten Verspätungszuschlags. Dabei kommt es auf das Ergebnis an: Eine Verböserung liegt nicht vor, wenn das FA im Rahmen der Einspruchsentscheidung den Bescheid zwar teilweise zum Nachteil des Stpfl, insgesamt aber zugunsten des Stpfl ändert (BFH/NV 11, 426). 11

Als Verböserung ist auch die Verschlechterung der verfahrensrechtlichen Stellung des Einspruchsführers anzusehen, nicht aber die Verschlechterung der verfah- 12 renstaktischen Situation (BFH BStBl 13, 423; BFH/NV 10, 821). Daher ist die **Aufnahme eines Vorbehalts** der Nachprüfung in der Einspruchsentscheidung eine Verböserung (BFH BStBl 75, 592; AEAO zu § 367 Nr 5); anders ist dies aber grds bei einer Aufhebung des Vorbehalts (s Rz 20). Die verfahrensrechtliche Stellung des Einspruchsführers wird jedoch nicht verschlechtert, wenn das Verfahren nach § 363 wegen eines Musterverfahrens vor dem EuGH, EuG, BVerfG oder einem obersten Bundesgericht ruht und die FinBeh das Ruhen des Verfahrens dadurch beendet, dass sie den angefochtenen Bescheid insoweit für vorläufig erklärt (BFH BStBl 13, 423). Dies führt lediglich zu einer Beendigung der Verfahrensruhe (s § 363 II 2 HS 2 sowie § 363 Rz 19) und verschlechtert damit nur die verfahrenstaktische Position, nicht aber die verfahrensrechtliche Stellung. Ebenso wenig handelt es sich um eine Verböserung, wenn ein StBescheid, in dem bestimmte Besteuerungsgrundlagen **nicht** anerkannt worden sind, hinsichtlich dieser Besteuerungsgrundlagen für vorläufig erklärt wird; denn eine vorläufige Nichtanerkennung ist keine Schlechterstellung ggü einer endgültigen Nichtanerkennung. Der angefochtene StBescheid kann daher erstmals im Einspruchsverfahren mit einem Vorläufigkeitsvermerk gem § 165 versehen werden, ohne dass darin eine Verböserung zu sehen ist (FG Nds EFG 89, 352). Ferner stellt eine Teileinspruchsentscheidung iSv § 367 IIa keine Verböserung dar (BFH BStBl 12, 536).

15 **c) Verböserungshinweis.** Die FinBeh muss dem Stpfl nach Abs 2 S 2 Gelegenheit geben, zu der geplanten Verböserung Stellung zu nehmen (BFH BStBl 84, 177; 90, 414; BFH/NV 93, 599; 08, 730). Durch diesen Verböserungshinweis erhält der Stpfl die Möglichkeit, seinen Einspruch zurückzunehmen und damit die Verböserung zu verhindern (s aber Rz 19f). Die FinBeh muss klar zum Ausdruck bringen, dass die Einspruchsentscheidung zu einem ungünstigeren Ergebnis führen kann (FG Hess EFG 88, 60). In dem Hinweis müssen die Gründe angegeben werden, die zur Verböserung führen können (FG Nbg EFG 79, 161). Diese Gründe iVm der StFestsetzung müssen für den Einspruchsführer objektiv und nachprüfbar erkennen lassen, in welcher Beziehung und in welchem Umfang das FA seine der StFestsetzung zu Grunde liegende Auffassung geändert hat (BFH BStBl 84, 177; BFH/NV 93, 600). Der Hinweispflicht wird aber nicht schon dadurch genügt, dass das FA eine bestimmte Sachbehandlung im Bescheid als unzutreffend bezeichnet und den Stpfl auffordert, die Erfolgsaussichten seines Einspruchs zu überprüfen (FG BaWü EFG 79, 584).

16 Der Verböserungshinweis muss dem Einspruchsführer tatsächlich bekannt werden. Da der Hinweis kein VA ist, gilt nicht die Bekanntgabefiktion des § 122 II Nr 1 (FG Hbg EFG 15, 617). Zwischen Verböserungshinweis und Verböserungsentscheidung muss zudem eine **angemessene Frist** liegen, damit der Einspruchsführer sich äußern kann (FG Köln EFG 97, 47; *TK/Seer* § 367 Rz 31; vgl auch BFH BStBl 13, 669 zur Verböserung vor Ablauf der gesetzten Frist). Diese Frist braucht sich aber weder an der Einspruchsfrist und erst recht nicht an der Frist für eine Untätigkeitsklage nach § 46 FGO zu orientieren, sondern kann auch kürzer sein, wenn dies den Umständen angemessen ist (FG Nbg EFG 89, 206). Nach Erteilung des Verböserungshinweises darf eine verbösernde Entscheidung so lange nicht ergehen, als noch sachliche Rückfragen des Einspruchsführers unbeantwortet sind (BFH BStBl 84, 177; FG Köln EFG 97, 47).

19 **d) Entbehrlichkeit des Verböserungshinweises bei anderweitiger Änderungsmöglichkeit.** Ein Verböserungshinweis ist entbehrlich, wenn die Korrektur zu Ungunsten des Stpfl auch außerhalb eines Einspruchs aufgrund einer eigenständigen Korrekturnorm zulässig wäre (BFH BStBl 02, 2; 09, 587; BFH/NV 14, 847; 16, 869). Kann die FinBeh also den angefochtenen VA nach §§ 129–131, 164 II, 165 II, 172ff zu Ungunsten des Stpfl ohnehin korrigieren, kann der Stpfl dies nicht durch eine Einspruchsrücknahme verhindern; dann bedarf es auch keines Verböserungshinweises. **Beispiel:** Während des Einspruchsverfahrens gegen den EStBe-

scheid werden dem FA aufgrund von Kontrollmitteilungen bislang unversteuerte Einnahmen des Stpfl bekannt. Das FA kann den EStBescheid nach § 173 I Nr 1 ändern und die ESt entsprechend erhöhen. Ein Verböserungshinweis ist nicht erforderlich, weil die Änderung auf § 173 beruht und auch dann erfolgen kann, wenn der Einspruch zurückgenommen wird. Ein Verböserungshinweis wäre nur erforderlich, wenn ohne die Ablaufhemmung des § 171 IIIa bereits die **Festsetzungsverjährung** eingetreten wäre; denn dann kann der Stpfl durch eine Rücknahme des Einspruchs die Ablaufhemmung des § 171 IIIa beenden und damit die Änderung nach § 173 verhindern.

Weitere typische Beispiele für Änderungen ohne vorherigen Verböserungshinweis sind die Auswertung eines Grundlagenbescheids während des Einspruchsverfahrens nach § 175 I 1 Nr 1 zu Ungunsten des Stpfl oder die Änderung eines angefochtenen VA, der unter dem Vorbehalt der Nachprüfung steht, nach § 164 II zu Ungunsten des Stpfl (BFH BStBl 90, 414; BFH/NV 97, 314). Im Fall der Änderung nach § 164 II ist aber ebenfalls zu prüfen, ob ohne die Ablaufhemmung des § 171 IIIa bereits die Festsetzungsverjährung eingetreten wäre; denn dann kann der Stpfl den Einspruch zurücknehmen und damit die Ablaufhemmung des § 171 IIIa beenden, sodass der Vorbehalt der Nachprüfung wegfällt und eine Änderung nach § 164 II nicht mehr möglich ist. In diesem Fall müsste also ein Verböserungshinweis erfolgen (FG Köln EFG 97, 47). Auch eine Aufhebung des Vorbehaltsvermerks gem § 164 III kann ohne Verböserungshinweis erfolgen, soweit sich die Verböserung durch die Einspruchsrücknahme nicht vermeiden lässt (BFH BStBl 97, 5; 99, 26; 06, 576; BFH/NV 98, 816; 06, 228). Ist dies aber zweifelhaft, muss der Hinweis erfolgen (BFH BStBl 06, 576). 20

e) Rechtsfolgen bei unterlassenem Verböserungshinweis. Unterlässt die FinBeh den Verböserungshinweis, liegt ein wesentlicher Verfahrensmangel vor, der durch **isolierte Anfechtungsklage** geltend gemacht werden kann. Bei Erfolg dieser Klage kommt es zur isolierten Aufhebung der Einspruchsentscheidung nach § 100 I 1 FGO und damit zur Fortsetzung des Einspruchsverfahrens (vgl BFH BStBl 13, 669; BFH/NV 04, 1514; 12, 1630; FG Hbg EFG 15, 617; zum Teil aA FG Nds EFG 05, 296). 22

Der Einspruchsführer kann aber statt einer isolierten Anfechtungsklage auch eine **reguläre Anfechtungsklage** und damit materiell-rechtliche Einwendungen gegen die StFestsetzung erheben und die Herabsetzung der Steuer über die Verböserung hinaus beantragen (BFH/NV 04, 1514 mwN; 12, 1630); er stellt sich dann so, als ob die FinBeh den Verböserungshinweis erteilt hätte, er aber dennoch den Einspruch nicht zurückgenommen hätte. Dann hat das FG über den (weiter gehenden) Klageantrag und damit über die materielle Rechtmäßigkeit des angefochtenen VA sowie der Einspruchsentscheidung zu entscheiden.

Eine zB wegen unterbliebenen Verböserungshinweises unzulässige Verböserung kann nicht in einen Änderungsbescheid umgedeutet werden (BFH/NV 15, 147).

5. Abhilfe und Einspruchsentscheidung (Abs 2 S 3). a) Abhilfe. Die FinBeh kann dem Einspruch ganz oder teilweise abhelfen, wie sich aus Abs 2 S 3 ergibt. Die Abhilfe setzt voraus, dass der Einspruch zulässig ist (s § 358 Rz 3). Ob es sich um eine **vollständige Abhilfe** handelt, bestimmt sich nach dem Einspruchsbegehren im Zeitpunkt der Bekanntgabe des Abhilfebescheids (BFH/NV 13, 510); hat der Einspruchsführer zB sein Begehren von ursprünglich 50.000 € Gewinnminderung im Verlauf des Einspruchsverfahrens auf eine Gewinnminderung um 20.000 € eingeschränkt und erlässt das FA nun einen geänderten Bescheid, in dem der Gewinn um 20.000 € gemindert wird, handelt es sich um eine Vollabhilfe. Ein Vollabhilfebescheid liegt auch vor, soweit sich der Bescheid teilweise als dem Einspruchsführer als nachteilig erweist, er dieser Änderung aber nach § 172 I 1 Nr 2 Buchst a HS 1 zugestimmt hat (BFH BStBl 04, 2). Ist eine Steuer streitig, für die eine StAnmeldung iSv § 168 abzugeben ist (zB USt-Jahreser- 25 klärung), und reicht der Einspruchsführer während des Einspruchsverfahrens die StAnmeldung ein, der das FA gem § 168 S 2 zustimmt, so kommt es aufgrund der Zustimmung zu einer Vollabhilfe (BFH/NV 15, 957). Der Ablehnungsbescheid im Rahmen eines Untätigkeitseinspruchs gem § 347 stellt keine Abhilfe dar, sondern kann seinerseits mit einem Einspruch angefochten werden (§ 347 Rz 22). Zur Rechtslage bei einem Streit über den Umfang der Abhilfe s Rz 31.

26 Im Falle der völligen Abhilfe wird das Einspruchsverfahren durch Hauptsacheerledigung beendet, sodass keine Einspruchsentscheidung erforderlich ist und auch eine Verböserung iSv Abs 2 S 2 nicht mehr erfolgen kann (BFH/NV 15, 957). Gegen den Vollabhilfebescheid kann der Stpfl aber erneut Einspruch einlegen, wenn er nunmehr eine weitere Minderung der Steuer erreichen will (BFH BStBl 07, 736; FG BaWü EFG 12, 2085; s auch § 365 Rz 7). Das Einspruchsverfahren endet durch den Abhilfebescheid auch dann, wenn ein Dritter zu dem Verfahren hinzugezogen worden ist (BFH/NV 95, 469; vgl auch FG Mchn EFG 05, 1509).

27 Hilft die FinBeh dem Einspruch nur **teilweise** ab, wird das Einspruchsverfahren fortgeführt, da der Teilabhilfebescheid nach § 365 III Gegenstand des Einspruchsverfahrens wird (BFH/NV 13, 1101); ein erneuter Einspruch gegen den Teilabhilfebescheid wäre unzulässig (s § 365 Rz 12). Die FinBeh muss nun entscheiden, ob sie noch einen weiteren Teil- oder Vollabhilfebescheid erlassen will oder ob sie den Einspruch durch Einspruchsentscheidung zurückweist. Trotz eines Teilabhilfebescheids kann die FinBeh im weiteren Verlauf des Einspruchsverfahrens noch eine Verböserung vornehmen (BFH BStBl 07, 83; s Rz 7). Denn der Teilabhilfebescheid wird Gegenstand des Einspruchsverfahrens gem § 365 III und unterliegt damit der Überprüfung in vollem Umfang gem Abs 2 S 1 und folglich auch der Verböserungsmöglichkeit des § 367 Abs 2 S 2. Außerhalb des Einspruchsverfahrens (zB im finanzgerichtlichen Verfahren) richtet sich die Teilabhilfe nach § 172 I 1 Nr 2 (BFH BStBl 84, 414).

30 **b) Einspruchsentscheidung.** Einer Einspruchsentscheidung bedarf es nach Abs 2 S 3 nur insoweit, als die FinBeh nicht abhilft (s Rz 25 ff). Die Einspruchsentscheidung schließt das Einspruchsverfahren ab. Danach ist eine Verböserung nicht mehr zulässig, und eine Abhilfe kommt nur noch unter den Voraussetzungen einer Korrekturvorschrift (zB nach § 173) in Betracht, es sei denn, es kommt zu einem Klageverfahren, in dem eine Abhilfe wieder uneingeschränkt erfolgen kann (s Rz 27). Die Einspruchsentscheidung ist Zulässigkeitsvoraussetzung für die Anfechtungs- oder Verpflichtungsklage gem § 44 FGO; ein Einspruch gegen eine Einspruchsentscheidung ist nach § 348 Nr 1 nicht statthaft. Unterbleibt eine Einspruchsentscheidung, kann der Einspruchsführer nach Maßgabe des § 46 FGO Untätigkeitsklage beim FG erheben.

Zur Zurückweisung eines Einspruchs ohne Einspruchsentscheidung nach § 18a des Art 97 EGAO bis zum 1.1.2007 s 10. Aufl, dort Rz 26 bis 28.

31 Geht die FinBeh von einer vollständigen Abhilfe aus, während es sich aus Sicht des Stpfl nur um einen Teilabhilfebescheid handelt, ist eine Einspruchsentscheidung zu erlassen (FG Köln EFG 16, 249). Weigert sich die FinBeh, die Einspruchsentscheidung zu erlassen, kann der Stpfl eine Untätigkeitsklage nach § 46 FGO erheben.

32 Die Form und Bekanntgabe der Einspruchsentscheidung richtet sich nach § 366. Die Finbeh kann auch mehrere Einsprüche miteinander **verbinden** und durch eine einzige Einspruchsentscheidung zurückweisen, wenn nur eine einheitliche Entscheidung ergehen kann oder wenn die Verbindung zweckmäßig ist (s zB § 353 Rz 6); anders als in der FGO (vgl § 73 FGO) gibt es hierfür aber keine ausdrückliche Regelung in der AO. Soweit es sich um Einsprüche mehrerer Einspruchsführer handelt (zB mehrerer Gesellschafter derselben PersGes), ist § 30 zu beachten.

35 **6. Teileinspruchsentscheidung (Abs 2a). a) Zweck des Abs 2a.** Der durch das JStG 2007 eingeführte Abs 2a dient ebenso wie Abs 2b, § 363 II 2 und § 165

I 1 Nrn 3 und 4 insbes der Bewältigung von Masseneinsprüchen, wenn wegen einer Rechtsfrage ein Musterverfahren beim EuGH, BVerfG oder einem obersten Bundesgericht anhängig und zahlreiche Einspruchsführer von einem etwaigen positiven Ausgang des Verfahrens profitieren wollen (vgl BT-Drs 16/3368, 25 zu Nr 13b). Abs 2a ermöglicht in solchen Fällen eine Teileinspruchsentscheidung über die „individuellen" Streitfragen des Einspruchsführers, die nicht Gegenstand des Musterverfahrens sind. Diese individuellen Streitfragen können durch eine Teileinspruchsentscheidung beschieden werden, gegen die anschließend Klage erhoben werden kann. Die weiteren Fragen, die Gegenstand des Musterverfahrens sind und idR verfassungsrechtlichen Charakter haben, bleiben als Teil des Einspruchs anhängig und können nach einer abschlägigen Entscheidung im Musterverfahren durch das BVerfG, den EuGH oder BFH durch eine Allgemeinverfügung nach Abs 2b zurückgewiesen werden, sofern der Einspruchsführer den verbleibenden Einspruch nicht vorher zurücknimmt; bei einer stattgebenden Entscheidung im Musterverfahren kann die FinBeh dem verbleibenden Einspruch abhelfen (AEAO zu § 367 Nr 6.6).

Beispiel: Die A-GmbH legt gegen ihren KStBescheid Einspruch ein und macht zum einen Betriebsausgaben für eine Reise ihres Geschäftsführers nach Paris geltend und wendet sich zum anderen gegen die Mindestbesteuerung nach § 10d II EStG unter Hinweis auf das beim BVerfG hierzu anhängige Verfahren 2 BvL 19/14. Das FA kann den Einspruch wegen der Reisekosten durch Teileinspruchsentscheidung nach Abs 2a zurückweisen; hiergegen kann die A-GmbH dann klagen. Der Einspruch bzgl § 10d II EStG bleibt anhängig, bis das BVerfG über die Verfassungsmäßigkeit entscheidet. Anschließend kann das FA – je nach Entscheidung des BVerfG – dem Einspruch insoweit abhelfen und die Verlustverrechnung uneingeschränkt vornehmen oder den Einspruch zusammen mit weiteren zu § 10d II EStG anhängigen Einsprüchen anderer Stpfl durch Allgemeinverfügung nach Abs 2b zurückweisen.

Der Wortlaut des Abs 2a geht aber über die Bewältigung von Massenverfahren hinaus; Abs 2a setzt nicht voraus, dass der Einspruch einer von vielen Einsprüchen in parallel gelagerten Fällen ist (BFH BStBl 12, 536). So kommt eine Teileinspruchsentscheidung – unabhängig von anhängigen Musterverfahren – auch dann in Betracht, wenn ein Teil des Einspruchs entscheidungsreif ist, für den anderen Teil aber noch Ermittlungen zur Sach- oder Rechtslage erforderlich sind (AEAO zu § 367 Nr 6.1; vgl zB *HHSp/Birkenfeld* § 367 Rz 540). 36

b) Voraussetzungen des Abs 2a. Die FinBeh kann über „Teile" des Einspruchs entscheiden. Dies verlangt **keine Teilbarkeit** iSv § 98 FGO, wie sie für Teilurteile erforderlich ist; es ist also nicht erforderlich, dass es sich um einen selbständigen Streitgegenstand handelt. Vielmehr genügt es, dass es sich um einen Teil der Besteuerungsgrundlagen handelt (FG Mster EFG 16, 412). 37

Der Erlass einer Teileinspruchsentscheidung muss zudem nach Abs 2a S 1 **sachdienlich** sein. Die FinBeh hat die Sachdienlichkeit darzulegen (vgl BFH BStBl 11, 11; FG Hbg EFG 12, 925). Ist die Teileinspruchsentscheidung sachdienlich, entspricht es im Regelfall billigem Ermessen, eine solche Entscheidung zu erlassen. Wegen dieser Vorprägung des Erschließungsermessens bedarf es dann dazu keiner weiteren Begründung mehr (BFH BStBl 11, 11; FG Hbg EFG 12, 925). Ob der Erlass einer Teil-einspruchsentscheidung sachdienlich ist, bestimmt sich sowohl von den Interessen des Einspruchsführers als auch von den berechtigten Interessen der FinVerw her. Es sollte im Interesse des Einspruchsführers liegen, über entscheidungsreife Teile des Einspruchs alsbald eine Entscheidung zu erhalten, wenn sich die Entscheidung über die nicht entscheidungsreifen Teile angesichts schwieriger Sach- und Rechtsfragen noch verhältnismäßig lange hinauszögert. Nicht sachdienlich wäre es im Interesse des Einspruchsführers, wenn die Entscheidung scheibchenweise getroffen würde, nur um für die schwierigeren Fragen Zeit zu gewinnen. Auch Kostengesichtspunkte allein begründen keine Sachdienlichkeit (FG Thür EFG 15, 2030). Es muss nach wie vor das Bestreben der FinBeh sein, möglichst zügig über den Einspruch insgesamt zu entscheiden. Anzuerkennen ist allerdings auch ein berechtigtes Interesse der FinVerw daran, dass im Hinblick auf anhängige oder möglicherweise bevorstehende Gerichtsverfahren mit Breitenwirkung die Anfechtung des VA nicht bloß möglichst lange offen gehalten wird, um an allen etwaigen künftigen Entwicklungen teilzuhaben (AEAO zu § 367 Nr 6.2; BFH BStBl 96, 20; 07, 222; 11, 11; BFH/NV 99, 1587; FG Hbg EFG 10, 374; aA offenbar FG Nds DStRE 08, 1035; kritisch auch *Koenig/Cöster* § 367 Rz 63).

38 Wegen der Pflicht zur vollen Überprüfung des VA (s oben Rz 3) kann sich die Teileinspruchsentscheidung auch auf **sog unbenannte Streitpunkte** des VA beziehen, die also nicht ausdrücklich angefochten worden sind (BFH BStBl 12, 536; 15, 115). Begründet der Einspruchsführer seinen Einspruch also ausschl mit einem Hinweis auf ein Musterverfahren vor dem BVerfG, kann die FinBeh eine Teileinspruchsentscheidung erlassen, mit der alle weiteren – noch gar nicht streitigen – Punkte abschlägig entschieden werden; will der Einspruchsführer nun erstmalig weitere Streitpunkte geltend machen, muss er gegen die Teileinspruchsentscheidung Klage erheben. Dies gilt selbst dann, wenn die Einspruchsfrist gegen den VA noch läuft, weil die FinBeh die Teileinspruchsentscheidung innerhalb der Einspruchsfrist erlassen hat (BFH BStBl 15, 115). Nicht zulässig ist aber eine Teileinspruchsentscheidung, wenn sich die in dem Musterverfahren bei einem obersten Gericht anhängige Rechtsfrage in dem Einspruchsverfahren überhaupt nicht stellt (FG Nds EFG 08, 1931). Außerdem können in einer Einspruchsentscheidung nicht Fragen entschieden werden, die so von der Entscheidung in dem Musterverfahren vor den genannten Gerichten abhängig sind, dass die Teileinspruchsentscheidung ins Leere läuft, falls das Musterverfahren iSd Einspruchsführers entscheiden wird (vgl BFH/NV 10, 1613; FG Ddorf EFG 09, 1817).

Dem Einspruchsführer muss vor dem Erlass der Teileinspruchsentscheidung **kein rechtliches Gehör** gewährt werden; es handelt sich auch nicht um eine Verböserung, sodass kein Verböserungshinweis erforderlich ist (s Rz 12). Ebenso wenig muss vorher eine Ausschlussfrist nach § 364b gesetzt werden (BFH BStBl 12, 536).

41 **c) Rechtsfolgen des Abs 2a.** Gegen die Teileinspruchsentscheidung kann nur noch Klage erhoben werden, nicht aber erneut Einspruch eingelegt werden (§ 348 Nr 1; BFH BStBl 15, 115). Das FG darf dann nur über den Teil des VA entscheiden, der von der Teileinspruchsentscheidung erfasst ist (BFH BStBl 14, 979). Eine Verböserung hinsichtlich des von der Teileinspruchsentscheidung erfassten Teils des Einspruchs ist nicht mehr möglich.

Soweit die FinBeh nicht durch Teileinspruchsentscheidung entschieden hat, bleibt der Einspruch anhängig. Da der Einspruch insoweit idR ein Musterverfahren betrifft, wird das Einspruchsverfahren üblicherweise nach § 363 II 2 ruhen. Um den Regelungsgehalt der Teileinspruchsentscheidung einerseits und den Umfang des weiterhin anhängigen Einspruchsverfahrens andererseits erkennen zu können, muss die FinBeh nach Abs 2a S 2 in der Teileinspruchsentscheidung bestimmen, **welche Teile** des Einspruchs **nicht bestandskräftig** werden sollen, dh in welchem Umfang das Einspruchsverfahren fortgeführt wird. Die Bestandskraft ist damit negativ zu bestimmen. Verfassungsrechtliche Bedenken unter dem Gesichtspunkt des Bestimmtheitsgebotes lassen sich dagegen aber nicht erheben (BFH BStBl 12, 536), weil ein verfahrensrechtlicher Gegenstand auch negativ eingegrenzt werden kann. Diese negative Bestimmung wird idR den Teil des Einspruchs betreffen, der Gegenstand eines Musterverfahrens vor dem BVerfG, EuGH oder BFH ist; es genügt dann, wenn in der Teileinspruchsentscheidung das Musterverfahren mit Az und Streitfrage genau bezeichnet wird (vgl AEAO zu § 367 Nr 6.4).

42 Geht es in dem Einspruch hingegen **nicht um ein Musterverfahren** vor dem BVerfG, EuGH oder BFH, sondern hat die FinBeh die Teileinspruchsentscheidung deshalb erlassen, weil ein Teil des Einspruchs entscheidungsreif ist, während für den verbleibenden Teil des Einspruchs noch schwierige zeitaufwendige Ermittlungen zur Sach- und Rechtslage erforderlich sind (s oben Rz 36), hängt die Reichweite

der Bestandskraft der Teileinspruchsentscheidung von deren Tenor ab. Wenn sich ausdrücklich oder durch Auslegung aus dem Tenor ergibt, dass die nach § 367 IIa 2 genau zu bezeichnenden Besteuerungsgrundlagen nicht Bestandskraft gewinnen sollen (zB bei der ESt für einen bestimmten VZ die gewerblichen Einkünfte mit den dazu gehörigen Besteuerungsgrundlagen), so erwachsen die anderen Besteuerungsgrundlagen (in dem Beispiel die Besteuerungsrundlagen für die neben den gewerblichen Einkünften bestehenden Einkünfte aus nichtselbständiger Arbeit), über die in der Teileinspruchsentscheidung entschieden worden ist, in Bestandskraft. Dagegen kann nicht eingewendet werden, dass nach § 157 II die Bestandskraft von Besteuerungsgrundlagen außer bei der gesonderten Feststellung dem EStRecht fremd sei (vgl BFH BStBl 07, 83 mwN) und es zur Durchbrechung dieses Grundsatzes einer ausdrücklichen gesetzlichen Regelung bedurft hätte (so *Intemann* DB 08, 2005; *TK/Seer* § 367 Rz 66). Durch die Neuregelung in § 367 IIa wird hinreichend klar, dass der Gesetzgeber mit der Einführung der Teileinspruchsentscheidung genau diese Durchbrechung des Grundsatzes des § 157 II erreichen wollte (vgl BFH BStBl 11, 11; 12, 536; *Koenig/Cöster* § 367 Rz 67). Anderenfalls wäre die Neuregelung außer vielleicht in den Fällen der anhängigen Musterverfahren im Wesentlichen wirkungslos und damit sinnlos.

7. Allgemeinverfügung (Abs 2b). Die Allgemeinverfügung dient dazu, den von der Teileinspruchsentscheidung nicht erfassten Teil des Einspruchs, soweit er ein Musterverfahren vor dem BVerfG, EuGH oder BFH betrifft und nach § 363 II 2 geruht hat, zurückweisen zu können (s Rz 35). Diese Zurückweisung erfolgt nach der abschlägigen Entscheidung des BVerfG, EuGH oder BFH in dem Musterverfahren. Während allerdings § 363 II 2 die Verfahrensruhe schon bei Anhängigkeit von Musterverfahren bei irgendeinem der obersten Bundesgerichte anordnet, lässt Abs 2b Allgemeinverfügungen nur bei Entscheidungen des EuGH, BVerfG oder BFH zu. Nach Musterprozessen vor anderen obersten Bundesgerichten muss also jeweils eine eigene Einspruchsentscheidung ergehen. 45

Die Allgemeinverfügung beendet das Einspruchsverfahren nur dann, wenn über den übrigen Teil des Einspruchs schon durch Teileinspruchsentscheidung (s dazu oben Rz 41 ff) bestandskräftig entschieden worden ist (AEAO zu § 367 Nr 7.2) oder wenn sich der Einspruch nur auf den im Musterverfahren streitigen Punkt beschränkt hat. Ansonsten bleibt das Einspruchsverfahren anhängig, auch dann, wenn sich die Allgemeinverfügung auf sämtliche vom Einspruchsführer vorgebrachte Einwendungen erstreckt, weil normalerweise anders als bei der Teileinspruchsentscheidung die Besteuerungsgrundlagen nicht Teil der Einspruchsentscheidung sind (AEAO zu § 367 Nr 7.2). Allgemeinverfügungen sind zB ergangen zu Einsprüchen wegen der Nicht abziehbarkeit von Beiträgen zur Rentenversicherung als vorweggenommene Werbungskosten (BStBl I 16, 1404), gegen Zinsfestsetzungen nach §§ 233a, 236 I 1 (BStBl I 12, 12) oder gegen die StIdentifikationsnummer gem § 139b (BStBl I 13, 862). Zum Begriff der Allgemeinverfügung s § 118 S 2.

Die sachliche Zuständigkeit für die Allgemeinverfügung liegt nach Abs 2b S 2 bei der obersten FinBeh, bei den in Bundesauftragsverwaltung verwalteten größten Steuern, also ESt, KSt und USt, daher bei den Landesfinanzministerien. Trotzdem sind nach Abs 2b S 3 die Allgemeinverfügungen im BStBl und auf den Internetseiten des BMF zu veröffentlichen; Abs 2b weicht insoweit von § 366 ab. Maßgebend für den Zeitpunkt der Bekanntgabe ist nach Abs 2b S 4 der Tag nach der Herausgabe des betr BStBl. Gegen die Allgemeinverfügung ist nur eine Klage statthaft (§ 348 Nr 1); die Klagefrist beträgt nach Abs 2b S 5 – abweichend von § 47 FGO – ein Jahr. Wiedereinsetzung ist möglich. Die Jahresfrist des § 56 III FGO kommt erst ein Jahr nach dem Ende der versäumten Jahresfrist des Abs 2b S 5 zum Tragen (*TK/Seer* § 367 Rz 70). Die Klage gegen die Allgemeinverfügung ist nicht etwa gegen die oberste FinBeh zu richten, die die Allgemeinverfügung erlassen hat, sondern gegen die für das Einspruchsverfahren zuständige FinBeh (§ 367 IIb 6). 46

50 **8. Zuständigkeit bei Handeln für andere Behörde (Abs 3).** Abs 3 betrifft ua Fälle, in denen eine Zollstelle oder eine Grenzkontrollstelle aufgrund des § 18 FVG für ein FA handelt (zu weiteren Fällen s *HHSp/Birkenfeld* § 367 Rz 647). Abs 3 gilt nicht bei Beauftragung einer anderen FinBeh mit der Ap gem § 195 S 2, weil die beauftragte FinBeh nicht kraft Gesetzes sondern aufgrund eines Auftrags für die zuständige FinBeh tätig wird; es entscheidet daher die beauftragte FinBeh über den Einspruch sowie über die AdV (BFH BStBl 13, 570; 09, 507; HFR 09, 554; s auch § 195 Rz 14 sowie § 361 Rz 57; aA FG Mchn EFG 05, 579; FG Ddorf EFG 07, 982; FG Bbg EFG 08, 1507; FG SachsAnh EFG 09, 1714).

§ 368 *(weggefallen)*

Achter Teil
Straf- und Bußgeldvorschriften, Straf- und Bußgeldverfahren

Erster Abschnitt. Strafvorschriften

Vorbemerkung zu §§ 369 ff

Der Achte Teil der AO 1977 stimmt weitgehend mit dem Dritten Teil der RAO überein. Die Bundesregierung hatte insoweit von einer grundlegenden Erneuerung abgesehen, weil das StStrafrecht bereits durch die beiden Gesetze zur Änderung strafrechtlicher Vorschriften der Reichsabgabenordnung und anderer Gesetze v 10.8.1967 (BGBl I, 877) und v 12.8.1968 (BGBl I, 959) weitgehend reformiert worden war. Die Vorschriften des Achten Teils stellen keine abschließende Regelung des StStrafrechts dar. Vielmehr gelten, soweit im Achten Teil oder in anderen StGesetzen nichts Abweichendes bestimmt ist, das StGB, die StPO, das GVG und andere allgemeine Gesetze über das Strafrecht und das Strafverfahren sowie das OWiG.

§ 369 Steuerstraftaten

(1) **Steuerstraftaten (Zollstraftaten) sind:**

1. **Taten, die nach den Steuergesetzen strafbar sind,**
2. **der Bannbruch,**
3. **die Wertzeichenfälschung und deren Vorbereitung, soweit die Tat Steuerzeichen betrifft,**
4. **die Begünstigung einer Person, die eine Tat nach den Nummern 1 bis 3 begangen hat.**

(2) **Für Steuerstraftaten gelten die allgemeinen Gesetze über das Strafrecht, soweit die Strafvorschriften der Steuergesetze nichts anderes bestimmen.**

Schrifttum: *vor 2010 s 13. Aufl; Jäger* Stellung, Abgrenzung und Sanktionierung der Steuerhinterziehung im Strafrechtssystem, DStJG 38, 29 (2015); *Kokott* Bedeutung und Wirkungen deutscher und europäischer Grundrechte im Steuerstrafrecht und Steuerstrafverfahren, NZWiSt 17, 409; *Wulf* Emmissionszertifikate als ähnliche Rechtes im Steuerstrafrecht – wirklich kein Verstoß gegen Art 103 Abs 2 GG?, NZWiSt 17, 344.

§ 369 enthält eine Definition der Steuerstraftaten und erklärt im Abs 2 die allgemeinen Gesetze über das Strafrecht für anwendbar. Im Jugendstrafrecht gelten die allgemeinen Vorschriften des StGB nur insoweit, als das JGG nichts anderes bestimmt (§ 2 JGG). Abgesehen von den abgabenrechtlichen Sondertatbeständen haben die strafrechtlichen Regelungen der AO für das Strafrecht nur ergänzende Bedeutung. Sie enthalten im Wesentlichen Abweichungen von den Regeln des allgemeinen Strafrechts, zB über die Selbstanzeige. Die Bezeichnung einer Tat als Steuerstraftat hat Bedeutung für die Ermittlungsbefugnisse der FinBeh. Die mit Geldbuße bedrohten Zuwiderhandlungen gegen StGesetze werden als Steuerordnungswidrigkeiten (§ 377) bezeichnet. 1

Die Vorschrift des § 369 I Nr 1 erfasst Taten, die nach den StGesetzen strafbar sind. Die FinBeh sind regelmäßig nur insoweit für die Verfolgung zuständig. 2

Nicht zu den Steuerstraftaten gehören die Verletzung des StGeheimnisses (§ 30 AO iVm § 355 StGB), die Abgabenüberhebung (§ 353 StGB) sowie die Strafvereitelung (§ 258 StGB; Rz 7). 3

Nicht zu den Steuerordnungswidrigkeiten gehören zB berufsrechtliche Verstöße wie unbefugte Hilfeleistung in Steuersachen (§ 160 StBerG); für deren 4

Verfolgung gelten die Vorschriften der AO kraft Verweisung (§ 164 StBerG). Entsprechendes gilt für die Verletzung von Aufsichtspflichten (§§ 130, 131 OWiG).

5 **Bannbruch (§ 372 AO) ist aufgrund der konstitutiven Vorschrift des § 369 I Nr 2** Steuerstraftat (*JJR/Joecks* § 369 Rz 9 mwN; differenzierend *Kohlmann/Ransiek* § 369 AO Rz 31). Bannbruch begeht, wer Gegenstände entgegen einem Verbot ein-, aus- oder durchführt (§ 372 I). Anwendungsvoraussetzung ist, dass ein die Blankettvorschrift ausfüllendes Verbringungsverbot verletzt wurde (vgl *JJR/Jäger* § 372 Rz 2). Dabei dienen die Verbringungsverbote überwiegend nicht steuerlichen Zwecken (vgl *Mösbauer* wistra 96, 252). Ist das blankettausfüllende Verbot in anderen Vorschriften nur mit Geldbuße bedroht, liegt keine Steuerstraftat iSd § 369 I Nr 2 vor (vgl *JJR/Jäger* § 372 Rz 84).

6 **Wertzeichenfälschung** und ihre Vorbereitung wird durch **§ 369 I Nr 3** ausdrücklich zur Steuerstraftat erklärt, soweit die Tat Steuerzeichen betrifft. Die Notwendigkeit dieser Regelung ergibt sich daraus, dass der Tatbestand der Steuerzeichenfälschung (früher § 399 RAO) nicht mehr in der AO enthalten ist; das insoweit strafwürdige Verhalten wird seit dem Inkrafttreten des EGStGB von den allgemeinen Vorschriften über die Wertzeichenfälschung miterfasst (§§ 148–150 StGB).

7 **Die Begünstigung (§ 257 StGB) ist gem § 369 I Nr 4 Steuerstraftat.** Sie besteht in einem Beistandleisten mit dem Ziel, dem Straftäter die aus der Tat gezogenen Vorteile sichern zu helfen. Dagegen wird die Strafvereitelung (§ 258 StGB) in § 369 nicht zur Steuerstraftat erklärt. Demzufolge haben die FinBeh insoweit keine strafrechtlichen Ermittlungsbefugnisse.

8 Die Begünstigung besteht in einer Unterstützung des Täters nach der Tat. Für die Beurteilung einer Unterstützung als Begünstigung ist entscheidend, ob die Verwirklichung des Steueranspruchs unmöglich gemacht oder noch weiter erschwert wird, als dies bereits durch die erfolgte Hinterziehung geschehen ist (BGH wistra 99, 103).

9 **Ist die Vortat der Begünstigung eine StHinterziehung,** so liegen die Vorteile der Tat – abgesehen von Erstattungsfällen – regelmäßig in der tatsächlichen „Ersparnis" von Abgaben (BGH wistra 99, 103; 15, 236; NStZ 16, 731; 17, 361). Allerdings kann der Vorteil nur dann durch eine Begünstigungshandlung gesichert werden, wenn er zum Zeitpunkt der Begünstigungshandlung noch vorhanden ist (BGH wistra 99, 103). Demnach ist eine Begünstigungshandlung nach erfolgter StNachzahlung nicht mehr tatbestandsmäßig. Hilfestellung zur Verschleierung des aus vorangegangenen Hinterziehungen erworbenen „Schwarzgeldes" kann eine strafbare Begünstigung sein (BGH wistra 00, 340). Die Beihilfehandlung eines Bankmitarbeiters kann tateinheitlich mit Begünstigung nach § 369 I Nr 4, § 257 StGB zusammentreffen (vgl *Jäger* wistra 00, 344).

10 **Die Verweisung auf die allgemeinen Strafgesetze gem § 369 II** bedeutet, dass die im allgemeinen Strafrecht geltenden Rechtsgrundsätze auch im StStrafrecht Anwendung finden. Dazu gehören zB der Grundsatz in dubio pro reo (*JJR/Joecks* § 385 Rz 22), das Verbot strafbegründender Analogie sowie das Bestimmtheitsgebot (Art 103 II GG), dem im Bereich des Blankettstrafrechts und damit auch im StStrafrecht, besondere Bedeutung zukommt (vgl *GJW/Allgayer* § 369 Rz 30 ff.; *Jäger* DStJG 38, 29, 37; *Schulze-Osterloh* DStJG 6, 42; *Papier* DStJG 12, 61). Voraussehbarkeit und Berechenbarkeit der StLasten „fordern eine Einfachheit und Klarheit der gesetzlichen Regelungen, die dem nicht steuerrechtskundigen Pflichtigen erlauben, seinen – strafbewehrten (§ 370 AO) – Erklärungspflichten sachgerecht zu genügen" (BVerfG BStBl 1999, 182; vgl auch § 385 Rz 7 ff). Daneben sind auch im StStrafrecht die justiziellen Rechte der Charta der Grundrechte der Europäischen Union (Art 47 ff GRC) zu beachten (s dazu *Kokott* NZWiSt 17, 409).

11 Das **Gebot der Gesetzesbestimmtheit** aus Art 103 II GG verpflichtet den Gesetzgeber, die Voraussetzungen der Strafbarkeit so genau zu umschreiben, dass Tragweite und Anwendungsbereich der Straftatbestände für den Normadressaten

schon aus dem Gesetz selbst zu erkennen sind und sich durch Auslegung ermitteln und konkretisieren lassen (BVerfG NJW 02, 1779; wistra 10, 396, 402). Dies soll gewährleisten, dass jedermann vorhersehen kann, welches Verhalten verboten und mit Strafe bedroht ist (freiheitsgewährleistende Funktion). Andererseits soll sichergestellt werden, dass der Gesetzgeber selbst abstrakt-generell über die Strafbarkeit entscheidet. Insoweit enthält Art 103 II GG einen strengen Gesetzesvorbehalt, der es der vollziehenden und der rechtsprechenden Gewalt verwehrt, die normativen Voraussetzungen einer Bestrafung festzulegen (stRspr; vgl BVerfGE 75, 329, 340; BVerfG wistra 10, 396, 402 Rz 53 ff).

Maßgeblich für die Anforderungen des strafrechtlichen Bestimmtheitsgrundsatzes ist auch der **Adressatenkreis** der Norm. Denn das Gebot der Gesetzesbestimmtheit darf nicht übersteigert werden; die Gesetze würden sonst zu starr und kasuistisch und könnten der Vielgestaltigkeit des Lebens, dem Wandel der Verhältnisse oder der Besonderheit des Einzelfalles nicht mehr gerecht werden. Generalklauseln oder unbestimmte, wertausfüllungsbedürftige Begriffe im Strafrecht sind daher grds zulässig. Richtet sich die Vorschrift ausschl an Personen, bei denen aufgrund ihrer Ausbildung oder praktischen Erfahrung bestimmte Fachkenntnisse regelmäßig vorauszusetzen sind und regelt sie Tatbestände, auf die sich solche Kenntnisse zu beziehen pflegen, so begegnet die Verwendung unbestimmter Rechtsbegriffe unter dem Gesichtspunkt des Art 103 II GG dann keinen Bedenken, wenn allgemein davon ausgegangen werden kann, dass der Adressat aufgrund seines Fachwissens imstande ist, den Regelungsinhalt solcher Begriffe zu verstehen und ihnen konkrete Verhaltensanweisungen zu entnehmen (stRspr; vgl BVerfGE 48, 48, 57 sowie BVerfG wistra 10, 396 betr dynamische Verweisungen auf EU-Recht hinsichtlich der Festlegung von Milchquoten). 12

Auch **Blankettstrafgesetze,** wie sie im StStrafrecht vorhanden sind, werden durch den Bestimmtheitsgrundsatz des Art 103 II GG nicht verboten. Der Gesetzgeber kann darin die Beschreibung des Straftatbestandes ersetzen durch die Verweisung auf eine Ergänzung im gleichen Gesetz oder in anderen, auch künftigen Normen, die nicht notwendig von derselben rechtsetzenden Instanz erlassen werden. Die Voraussetzungen der Strafbarkeit müssen dann entweder im Blankettstrafgesetz selbst oder in dem in Bezug genommenen Gesetz hinreichend deutlich umschrieben sein. Zudem muss das Blankettgesetz hinreichend klar erkennen lassen, worauf sich die Verweisung bezieht (BVerfGE 143, 38; BVerfG wistra 10, 396; jeweils mwN). 13

§ 370 Steuerhinterziehung

(1) **Mit Freiheitsstrafe bis zu fünf Jahren oder mit Geldstrafe wird bestraft, wer**

1. den Finanzbehörden oder anderen Behörden über steuerlich erhebliche Tatsachen unrichtige oder unvollständige Angaben macht,
2. die Finanzbehörden pflichtwidrig über steuerlich erhebliche Tatsachen in Unkenntnis lässt oder
3. pflichtwidrig die Verwendung von Steuerzeichen oder Steuerstemplern unterlässt

und dadurch Steuern verkürzt oder für sich oder einen anderen nicht gerechtfertigte Steuervorteile erlangt.

(2) **Der Versuch ist strafbar.**

(3) [1] **In besonders schweren Fällen ist die Strafe Freiheitsstrafe von sechs Monaten bis zu zehn Jahren.** [2] **Ein besonders schwerer Fall liegt in der Regel vor, wenn der Täter**

1. in großem Ausmaß Steuern verkürzt oder nicht gerechtfertigte Steuervorteile erlangt,

2. seine Befugnisse oder seine Stellung als Amtsträger oder Europäischer Amtsträger (§ 11 Absatz 1 Nummer 2a des Strafgesetzbuchs) missbraucht,
3. die Mithilfe eines Amtsträgers oder Europäischen Amtsträgers (§ 11 Absatz 1 Nummer 2a des Strafgesetzbuchs) ausnutzt, der seine Befugnisse oder seine Stellung missbraucht,
4. unter Verwendung nachgemachter oder verfälschter Belege fortgesetzt Steuern verkürzt oder nicht gerechtfertigte Steuervorteile erlangt,
5. als Mitglied einer Bande, die sich zur fortgesetzten Begehung von Taten nach Absatz 1 verbunden hat, Umsatz- oder Verbrauchssteuern verkürzt oder nicht gerechtfertigte Umsatz- oder Verbrauchssteuervorteile erlangt oder
6. eine Drittstaat-Gesellschaft im Sinne des § 138 Abs. 3, auf die er alleine oder zusammen mit nahestehenden Personen im Sinne des § 1 Absatz 2 des Außensteuergesetzes unmittelbar oder mittelbar einen beherrschenden oder bestimmenden Einfluss ausüben kann, zur Verschleierung steuerlich erheblicher Tatsachen nutzt und auf diese Weise fortgesetzt Steuern verkürzt oder nicht gerechtfertigte Vorteile erlangt.

(4) [1] **Steuern sind namentlich dann verkürzt, wenn sie nicht, nicht in voller Höhe oder nicht rechtzeitig festgesetzt werden; dies gilt auch dann, wenn die Steuer vorläufig oder unter Vorbehalt der Nachprüfung festgesetzt wird oder eine Steueranmeldung einer Steuerfestsetzung unter Vorbehalt der Nachprüfung gleichsteht.** [2] **Steuervorteile sind auch Steuervergütungen; nicht gerechtfertigte Steuervorteile sind erlangt, soweit sie zu Unrecht gewährt oder belassen werden.** [3] **Die Voraussetzungen der Sätze 1 und 2 sind auch dann erfüllt, wenn die Steuer, auf die sich die Tat bezieht, aus anderen Gründen hätte ermäßigt oder der Steuervorteil aus anderen Gründen hätte beansprucht werden können.**

(5) **Die Tat kann auch hinsichtlich solcher Waren begangen werden, deren Einfuhr, Ausfuhr oder Durchfuhr verboten ist.**

(6) [1] **Die Absätze 1 bis 5 gelten auch dann, wenn sich die Tat auf Einfuhr- oder Ausfuhrabgaben bezieht, die von einem anderen Mitgliedstaat der Europäischen Union verwaltet werden oder die einem Mitgliedstaat der Europäischen Freihandelsassoziation oder einem mit dieser assoziierten Staat zustehen.** [2] **Das Gleiche gilt, wenn sich die Tat auf Umsatzsteuern oder auf die in Artikel 1 Absatz 1 der Richtlinie 2008/118/EG des Rates vom 16. Dezember 2008 über das allgemeine Verbrauchsteuersystem und zur Aufhebung der Richtlinie 92/12/EWG (ABl. L 9 vom 14.1.2009, S. 12) genannten harmonisierten Verbrauchsteuern bezieht, die von einem anderen Mitgliedstaat der Europäischen Union verwaltet werden.**

(7) **Die Absätze 1 bis 6 gelten unabhängig von dem Recht des Tatortes auch für Taten, die außerhalb des Geltungsbereiches dieses Gesetzes begangen werden.**

Abs 3 S 1 Nrn 1, 3 und 4 geändert, Nr 5 angefügt durch G v 21.12.07 (BGBl I, 3198); Abs 6 S 3 und 4 aufgehoben durch JStG 2010 v 8.12.10 (BGBl I, 1768); Abs 6 neu gefasst durch BeitrRLUmsG v 7.12.11 (BGBl I, 2592); Abs 3 S 2 Nrn 2 und 3 geändert durch G v 20.11.15 (BGBl I, 2025); Abs 3 S 2 Nr 6 angefügt durch StUmgBG v 23.6.17 (BGBl I, 1682).

Schrifttum: *vor 2010 s 13. Aufl; Feiß* Hinterziehung kommunaler Abgaben, PStR 10, 136; *Perleberg-Kölbel/Vollmer* Steuerstrafrecht in der Familie, FuR 10, 661; *Schützeberg* Steuerhinterziehung durch Wiedereinsetzung in den vorigen Stand, PStR 10, 95; *Weidemann* Replik: Steuerhinterziehung durch Wiedereinsetzung in den vorigen Stand, PStR 10, 143; *Wessing/Biesgen* Der 1. Strafsenat des BGH und das Steuerstrafrecht, NJW 10, 2689; *Möller* Europäisches Strafrecht und das Zollstrafrecht, ZfZ 11, 39; *Gehm* Der Tatbestand der Steuerhinterziehung im Licht des Rechts der EU, NZWiSt 13, 53; *Jäger* Stellung, Abgrenzung und Sanktionierung der Steuerhinterziehung im Strafrechtssystem, DStJG 38, 29 (2015); *Bode/Gralla*

Massenphänomen Steuerhinterziehung – Eine kriminalökonomische Betrachtung, ZWH 17, 7; *Schuhr* Strafrechtliche Relevanz der „Panama Papers" de lege lata: Untreue, Steuerhinterziehung, Geldwäsche etc NZWiSt 17, 265; *Bilsdorfer* Die Entwicklung des Steuerstraf- und Steuerordnungswidrigkeitenrechts, NJW 10, 1431; 12, 1413; 13, 1409; 14, 1424; 15, 1426; 16, 1425; 17, 1525; *Joecks/Jäger/Randt* Steuerstrafrecht, 8. Aufl 2015; *Rolletschke* Steuerstrafrecht, 4. Aufl 2012.

Rechtsprechungsübersichten: *Harms/Jäger* Aus der Rechtsprechung des BGH zum Steuerstrafrecht, NStZ 01, 181 und 236; 02, 244; 03, 189, 194; 04, 191; *Jäger* Aus der Rechtsprechung des BGH zum Steuerstrafrecht, NStZ 05, 552; 07, 688; 08, 21; 17, 453 und 517; *Ebner* Die wichtigsten Entscheidungen der Finanzgerichte zum Steuerstrafrecht, PStR 08, 119; 09, 258; 10, 272; 12, 303; 13, 313; 16, 16.

Weiteres Schrifttum vor Rz 5, 25, 30, 40, 60, 80, 110, 120, 130, 150, 170, 180, 190, 210, 230, 270, 275, 345, 360, 370, 390, 400, 410, 420, 440, 470.

Übersicht

1 **1. Inhalt.** Der Straftatbestand des § 370 I legt fest, welche Handlungen oder Unterlassungen den Grundtatbestand der StHinterziehung erfüllen (Rz 40 ff). Die Tathandlung besteht darin, dass den zuständigen Behörden über stl erhebliche Tatsachen unrichtige oder unvollständige Angaben gemacht werden (Nr 1) oder dass die Finanzbehörden pflichtwidrig über stl erhebliche Tatsachen in Unkenntnis gelassen werden (Nr 2). Daneben ist Tathandlung das pflichtwidrige Unterlassen der Verwendung von StZeichen (Nr 3). Ergänzungen des Grundtatbestandes enthalten die Abs 4 bis 7. Abs 4 enthält eine Definition zum tatbestandsmäßigen Erfolg der StHinterziehung (Rz 80 ff). Abs 5 stellt klar, dass Steuer- und Zollhinterziehung auch möglich ist, wenn das die StPflicht auslösende Verbringen von Waren verboten ist (Rz 145). Abs 6 dehnt den Tatbestand auf Einfuhr- und Ausfuhrabgaben bestimmter europäischer Länder aus (Rz 150). Abs 7 enthält eine Abweichung vom Territorialprinzip (Rz 160). Die Versuchsstrafbarkeit ist in Abs 2 geregelt (Rz 190). Abs 3 enthält eine erhöhte Strafdrohung für besonders schwere Fälle (Rz 275).

2 **Geschütztes Rechtsgut** des § 370 ist das öffentliche Interesse am rechtzeitigen und vollständigen Aufkommen jeder einzelnen StArt (BGHSt 36, 100, 102; 51, 356; BGH wistra 89, 226; BayObLG NStZ 81, 147; vgl auch *JJR/Joecks* § 370 Rz 26 ff mwN sowie *Jäger* DStJG 38, 29, 33; krit *Salditt* Tipke-FS S 475, ferner *Tipke* GmbHR 97, 8 ff, 16 betr VSt). Dagegen ist es nicht Zweck der Vorschrift,

die Erfüllung der stl Mitwirkungs- und Erklärungspflichten als solche zu sichern; ihre Verletzung ist lediglich Voraussetzung für jedes tatbestandsmäßige Verhalten (OLG Köln wistra 17, 363). § 370 ist **kein Schutzgesetz** iSd § 823 II BGB (BFH wistra 08, 477; BStBl 97, 308).

Auch **gesetzwidrige Einkünfte** (§ 40 AO) können Gegenstand einer StHinterziehung sein (BVerfG wistra 96, 227; *Stahl* KÖSDI 96, 10849). 3

2. Erfolgsdelikt, Blankettgesetz, Zeitgesetz

Schrifttum: *Hüls* Bestimmtheitsgrundsatz, § 266 StGB und § 370 Abs 1 Nr 1 AO, NZWiSt 12, 12; *Juchem* § 370 AO – ein normativer Straftatbestand, wistra 14, 300; *Bülte* Blankette und normative Tatbestandsmerkmale: Zur Bedeutung von Verweisungen in Strafgesetzen, JuS 15, 769; *Jäger* Steuerstrafrecht im Spannungsfeld zwischen dem Gebot unionsrechtskonformer Auslegung und dem Verbot strafbegründender Analogie, in *Bouffier u. a.*, Grundgesetz und Europa, Liber Amicorum für Herbert Landau zum Ausscheiden aus dem BVerfG, 2016 S 393; *Bülte* Emissionszertifikate als ähnliche Rechte auch im Steuerstrafrecht – kein Verstoß gegen Art 103 Abs 2 GG, NZWiSt 17, 161.

StStrafrecht ist „Blankettstrafrecht". Mit dieser vor allem in der Rspr verwendeten Formulierung (vgl BGH NStZ 07, 595; BVerfG NStZ 91, 88; NJW 95, 1883) soll zum Ausdruck gebracht werden, dass bei der Anwendung der StStrafgesetze stets ein Rückgriff auf die materiellen StGesetze erforderlich ist, aus denen sich ergibt, ob und in welcher Höhe ein StAnspruch besteht und welche steuerlichen Erklärungen mit welchem Inhalt abzugeben sind. Ausgehend von diesem Begriffsverständnis ist auch § 370 eine Blankettstrafnorm, und zwar nicht nur im Unterlassungstatbestand des Abs 1 Nr 2, der eine echte Blankettverweisung auf die in anderen StGesetzen normierten Erklärungspflichten enthält, sondern auch in Abs 1 Nr 1. Alle Tatbestände des § 370 enthalten normative Tatbestandsmerkmale, deren Auslegung einen Rückgriff auf andere StGesetze erfordert. So werden etwa die Merkmale „steuerlich erhebliche Tatsachen" und „Steuern verkürzt" iEinz durch die Vorschriften der StGesetze bestimmt. 5

Der Unterschied zwischen einem Blankettstraftatbestand und anderen Straftatbeständen besteht darin, dass die Blankettnorm nicht alle Tatbestandsmerkmale selbst enthält. Erst das Blankettstrafgesetz und die blankettausfüllenden Normen zusammen bilden die maßgebliche Strafvorschrift (vgl *Bülte* JuS 15, 769, 770). Aber auch die Auslegung normativer Tatbestandsmerkmale ist ohne Heranziehung der einschlägigen **Vorschriften des materiellen StRechts** nicht möglich. Daher muss der Strafrichter stets erst die im konkreten Fall anzuwendenden Tatbestandsmerkmale und die für diese bedeutsamen steuerrechtlichen Vorschriften ermitteln, bevor er im Wege der Beweiserhebung und Beweiswürdigung den maßgeblichen Sachverhalt feststellen und diesen unter den Straftatbestand subsumieren kann. Im Urteil ist die Sachdarstellung so zu wählen, dass das Rechtsmittelgericht die Rechtsanwendung des Tatgerichts nachvollziehen und überprüfen kann. Ist dies nicht der Fall, enthält das Urteil einen sachlichrechtlichen Mangel (*Jäger* StraFo 06, 477 mwN). Bloße Verweise auf Betriebs- oder Fahndungsprüfungsberichte genügen ebenso wenig wie die Begründung des Umfangs verkürzter Steuern mit dem Hinweis auf die Glaubwürdigkeit vernommener Finanzbeamter (BGH wistra 04, 425). Zur Darstellung der StHinterziehung in den Urteilsgründen s Rz 461 ff. 5a

Bei der Hinterziehung von Steuern auf im Ausland erzielte Einkünfte sind zur Klärung der Frage, welchem Staat das Besteuerungsrecht zusteht, ggf vorhandene **Doppelbesteuerungsabkommen** heranzuziehen (vgl BGH NZWiSt 16, 26, Rz 54). 5b

Verfassungsmäßigkeit. Der Straftatbestand des § 370 entspricht als Blankettstrafnorm (Rz 5) den Anforderungen des Grundgesetzes (BVerfG NStZ 91, 88; NJW 95, 1883). Blankettstrafgesetze genügen dem verfassungsrechtlichen **Bestimmtheitsgebot** (Art 103 II GG) nur dann, wenn sich die möglichen Fälle der 6

Strafbarkeit aufgrund eines Gesetzes voraussehen und vorausberechnen lassen (BVerfGE 57, 250; § 369 Rz 11), und zwar entweder aufgrund des Blankettstraftatbestandes selbst oder aufgrund der in Bezug genommenen Gesetze (vgl BVerfGE 143, 38), wie etwa der Einzelsteuergesetze. Bei der Auslegung einer Strafnorm dürfen die Gerichte nicht über den Inhalt der Norm hinausgehen, wobei der aus Sicht des Normadressaten zu bestimmende Wortsinn die äußerste Grenze zulässiger Interpretation ist (Art 103 II GG, **Wortlautgrenze,** Analogieverbot). S dazu näher § 369 Rz 11 ff. Auch Art 325 AEUV, der die EU und die Mitgliedstaaten verpflichtet, Betrügereien und sonstige gegen die finanziellen Interessen der EU gerichtete rechtswidrige Handlungen zu bekämpfen und einen effektiven Schutz dieser Interessen zu bewirken, erlaubt es nicht, gegen den Gesetzmäßigkeitsgrundsatz zu verstoßen, der die Prinzipien der Vorhersehbarkeit, der Bestimmtheit und des Verbots der Rückwirkung von Strafgesetzen beinhaltet (vgl EuGH v 5.12.2017 Rechtssache C-42/17, NJW 18, 217). Allein der Umstand, dass im Rahmen einer zur Ausfüllung des Straftatbestands der StHinterziehung die Auslegung eines in einem StGesetz enthaltenen unbestimmten Rechtsbegriffs (zB den der „ähnlichen Rechte" in § 3a IV UStG) erforderlich ist, führt weder zu einem Verstoß gegen das Analogieverbot des Art 103 II GG noch gegen den Grundsatz der Gesetzmäßigkeit gem Art 49 I EU-GRCh (vgl BGH v 10.10.2017 – 1 StR 447/14, wistra 18, 214).

6a Soweit der Straftatbestand des § 370 durch § 12 I MOG, also **Marktordnungsrecht,** ausgefüllt wird, ist der strafrechtliche Bestimmtheitsgrundsatz trotz der vorhandenen Verweisung auf Rechtsakte der EU noch hinreichend gewahrt (BVerfG v 29.4.2010 – „Milchquote", wistra 10, 396). Selbst Blankettgesetze dürfen auf (auch künftige) Normen anderer Instanzen verweisen, wenn die Voraussetzungen ausreichend deutlich und die Verweisungen hinreichend klar sind. Bei Verweisungen auf Rechtsverordnungen oder auf Unionsrecht müssen die Strafbarkeitsvoraussetzungen bereits aus dem Parlamentsgesetz voraussehbar sein. Dabei muss für die Frage der Vorhersehbarkeit berücksichtigt werden, an welchen Adressatenkreis sich eine Strafnorm wendet und über welche Fachkenntnisse dieser verfügt (BVerfG aaO). Bei der im konkreten Fall betroffenen Milchwirtschaft konnten Kenntnisse über das Marktordnungsrecht und Milchquoten im Sektor Milchwirtschaft erwartet werden.

6b Die **Auslegung des § 6a I 1 Nr 3 UStG** durch den BGH in Fällen der Verschleierung des Empfängers bei innergemeinschaftlichen Lieferungen (Rz 380), hinsichtlich deren das BVerfG zunächst Bedenken hatte (HFR 09, 1031), verstößt nicht gegen die Wortlautgrenze dieser Norm und ist auch sonst mit Art 103 II GG vereinbar (BVerfG HFR 11, 1145 = wistra 11, 458).

6c Werden vom BVerfG einzelne **blankettausfüllende Normen eines StGesetzes** für **verfassungswidrig** erklärt, fehlt zumeist eine wesentliche Grundlage für die Bestimmung des StAnspruchs; eine Bestrafung wegen StHinterziehung scheitert dann am Bestimmtheitsgebot des Art 103 II GG (vgl *Gast-deHaan* BB 91, 2490). Dies gilt erst recht, wenn das ausfüllende Gesetz insgesamt verfassungswidrig (zB VStG: BVerfGE 93, 121) und nichtig ist. Ordnet allerdings das BVerfG an, dass verfassungswidrige Normen befristet weitergelten, um dem Gesetzgeber in diesem Zeitraum die Schaffung einer verfassungsgemäßen Regelung zu ermöglichen, füllen die verfassungswidrigen Normen des materiellen StRechts als Zeitgesetze iSv § 2 IV StGB den Blankettstraftatbestand des § 370 aus. Die Hinterziehung solcher Steuern ist strafbar (vgl BGH wistra 02, 65; HansOLG Hamburg 01, 112; BFH/NV 00, 1012 – VerfBeschwerde nicht angenommen: Beschl v 10.5.2000 1 BvR 1242/00).

7 **Die Strafe und ihre Nebenfolgen bestimmen sich nach dem Gesetz, das zur Zeit der Tat gilt** (§ 2 I StGB, § 369 II). Wird das Gesetz, das bei Beendigung der Tat gilt, vor der Entscheidung geändert, ist gem § 2 III StGB das mildeste Gesetz anzuwenden. Dies ist dasjenige Gesetz, das bei einem Gesamtvergleich im konkreten Fall nach dessen Besonderheiten die dem Täter günstigste Beurteilung zulässt (*Fischer* § 2 StGB Rz 10). Auch die Änderung blankettausfüllender Normen kann zu einer Rechtsänderung iSv § 2 III StGB führen, es sei denn, die blankettausfüllenden Normen sind Zeitgesetze iSv § 2 IV StGB (BGH wistra 11, 70; BGHSt 34, 272; *GJW/Allgayer* § 369 AO Rz 39 mwN; vgl auch BGHSt 6, 30, 38).

Ein **Zeitgesetz** ist für seinen Regelungszeitraum auch dann anzuwenden, wenn es außer Kraft getreten ist, sofern die Taten während seiner Geltung begangen worden sind (§ 2 IV StGB). Etwas anderes gilt nur dann, wenn das Gesetz rückwirkend aufgehoben worden ist (BGH wistra 11, 70). Zeitgesetz ist ein Gesetz, für das die Geltungsdauer im Gesetz ausdrücklich festgelegt ist oder das jedenfalls von vornherein eine eindeutig bestimmte Befristung enthält (BGH wistra 11, 70). Die jederzeit bestehende Möglichkeit einer Verlängerung durch den Gesetzgeber steht der Einordnung als Zeitgesetz nicht entgegen (BGH aaO). Unter den Begriff des Zeitgesetzes fallen auch solche Gesetze, bei denen sich durch Gesetzesauslegung eine begrenzte zeitliche Geltung ableiten lässt (vgl *Samson* wistra 83, 235, 238 mwN). Auch die EU-Verordnungen über **Antidumpingzölle** sind Zeitgesetze (BGH wistra 11, 70). 8

Die Änderung einer Steuernorm hat bei den Veranlagungssteuern wegen des Grundsatzes der Abschnittsbesteuerung keine Wirkung für vorangegangene Besteuerungszeiträume. Auch für das Strafrecht maßgebend ist daher immer nur das StGesetz, das für den entsprechenden Zeitraum gilt. Die Frage, ob Angaben ggü der FinBeh falsch waren und ob dadurch eine StVerkürzung eingetreten ist, richtet sich somit allein nach den im Besteuerungszeitraum geltenden Besteuerungsvorschriften; Änderungen für einen späteren Zeitraum sind insoweit unbeachtlich (differenzierend *JJR/Joecks* § 369 Rz 27). Deshalb kann mit unrichtigen Angaben für vergangene Zeiträume eine StHinterziehung auch dann noch begangen werden, wenn die StNorm zum Zeitpunkt der Tatbegehung in dem dann angebrochenen Besteuerungszeitraum nicht mehr gilt. 9

Im Falle der **Nichtigkeit** einer blankettausfüllenden Norm, die nur durch das BVerfG ausgesprochen werden kann (s Art 100 I GG), kommt eine Bestrafung wegen vollendeter StHinterziehung nicht in Betracht, da es dann insoweit an einem StAnspruch fehlt, der verkürzt werden könnte. Gegen rechtskräftige Strafurteile, die auf der betr Norm beruhen, ist die Wiederaufnahme des Verfahrens (§ 79 I BVerfG) zulässig (vgl *Gast-deHaan* BB 91, 2490). Da das BVerfG auf Vorlage des BFH den die Besteuerung von privaten Spekulationsgeschäften bei Wertpapieren regelnden § 23 I Nr 1b EStG in der in den VZ 1997 und 1998 geltenden Fassung wegen eines strukturellen Erhebungsdefizits für mit dem Grundgesetz unvereinbar und nichtig erklärt hat (BVerfGE 110, 94 = NJW 04, 1022), ist insoweit eine Hinterziehung von ESt ausgeschlossen. Für die VZ ab 1999 ist die Besteuerung privater Spekulationsgewinne aus Wertpapiergeschäften verfassungsgemäß (BVerfG DStR 08, 197). Obwohl das sog Kontenabrufverfahren erst im Jahr 2005 in Kraft getreten ist, ist die Hinterziehung solcher Gewinne bereits für die VZ ab 1999 strafbar (BVerfG NJW 08, 2305). 10

Doppelbestrafungen auf europäischer Ebene werden vermieden durch Art 50 der Charta der Grundrechte der Europäischen Union. Daneben gewährt auch Art 54 des Durchführungsabkommens „Schengen II" (SDÜ; BGBl II 1993, 1013, in Kraft seit dem 26.3.1995) Schutz vor doppelter Bestrafung. Danach dürfen Straftaten, wegen deren in einem Partnerstaat eine rechtskräftige Verurteilung erfolgt und hinsichtlich deren die Strafe ganz oder teilweise verbüßt worden ist, nicht nochmals in einem anderen Partnerstaat verfolgt werden. Ein rechtskräftiger Freispruch hat dieselbe Wirkung (BGH wistra 01, 276). Ein bloßer „verwaltungsrechtlicher Vergleich" in einem anderen Mitgliedstaat löst keine Sperrwirkung aus (BGH wistra 99, 193 betr „transactie" nach belgischem Recht). Anders ist dies bei der endgültigen Einstellung von Ermittlungsverfahren durch die StA nach Erfül- 11 lung von Auflagen aufgrund von Vorschriften, die § 153a StPO entsprechen (vgl EuGH NStZ 03, 332).

12 Auslegungskriterium für den **Begriff der Tat iSv Art 54 SDÜ** ist nach der Rspr des EuGH die „Identität der materiellen Tat, verstanden als ein Komplex unlösbar miteinander verbundener Tatsachen, unabhängig von der rechtlichen Qualifizierung dieser Tatsachen oder von dem rechtl geschützten Interesse“ (EuGH NJW 05, 3412; BGH BGHSt 59, 120). Zum Begriff der Tat bei „Transit-Straftaten“ vgl BGH NJW 08, 2913 sowie *Jäger* NStZ 08, 21, 25.

15 **3. Anwendungsbereich. § 370 ist anwendbar auf Steuern iSd § 3.** Soweit die einzelnen Normen nichts anderes bestimmen (vgl zB § 370 VI) gilt dies nur für Steuern, die durch Bundesrecht oder EU-Recht geregelt sind (§ 1 I). Dazu gehören auch der SolZ sowie gem § 3 III Einfuhr- und Ausfuhrabgaben nach Art 5 Nrn 20 und 21 UZK (s auch Rz 150). Bezieht sich die Tat auf Verbrauchsteuern (dazu *JJR/Jäger* § 370 Rz 371 ff), hängen die anzuwendenden materiell-rechtl Steuernormen davon ab, ob es sich bei den Steuern im konkreten Fall um Einfuhrabgaben handelt oder nicht.

16 **Die Vorschrift des § 370 ist ferner anwendbar auf Prämien und Zulagen,** vgl § 8 II WoPG, § 5a II BergPG, § 14 III 5. VermBG. § 370 gilt auch für Abgaben zu Marktordnungszwecken iSv §§ 12 I, 35 MOG. **Nicht** anwendbar ist die Vorschrift auf die Investitionszulagen nach dem InvZulG. Insoweit greift der Tatbestand des § 264 StGB über den Subventionsbetrug ein. Für die Verfolgung einer Straftat, die sich auf eine Investitionszulage bezieht, sowie für die Begünstigung einer Person, die eine solche Straftat begangen hat, gelten aber die Vorschriften der AO über die Verfolgung von StStraftaten entsprechend (§ 7 InvZulG 05; § 14 InvZulG 07). Auf die Eigenheimzulage nach dem Eigenheimzulagengesetz ist § 370 nicht anwendbar (vgl BGH wistra 13, 270).

17 **Für Monopolabgaben** gilt der Straftatbestand des § 370 unmittelbar, da Monopolabgaben Verbrauchsteuern sind. Zu beachten ist dabei, dass das BranntwMonG am 1.1.2018 außer Kraft getreten ist.

18 **Für geringfügig Beschäftigte in Privathaushalten** trifft § 50e II EStG eine Sonderregelung. Danach wird die Nichtanmeldung von geringfügig Beschäftigten in Privathaushalten nicht als Straftat verfolgt. Da die Vorschrift aber nur die Nichtanmeldung und nicht auch die unvollständige Anmeldung erfasst, ist dem Gesetzgeber die von ihm beabsichtigte Entkriminalisierung solcher Verfehlungen nur unvollkommen gelungen (*Joecks* wistra 04, 441, 444).

19 **Keine Steuern sind die in § 3 IV aufgeführten steuerlichen Nebenleistungen,** also Verspätungszuschläge (§ 152), Zuschläge gem § 162 IV, Zinsen (§§ 233–237), Säumniszuschläge (§ 240), Zwangsgelder (§ 329) und Kosten (§§ 89, 178, 178a, 337–345) sowie Zinsen iSd UZK. Sie können daher auch nicht iSv § 370 „verkürzt“ werden. Eine erweiternde Auslegung der Strafnorm des § 370 über § 1 III kommt im Hinblick auf das Bestimmtheitsgebot des Art 103 II GG nicht in Betracht (BGHSt 43, 381). Auch verfolgen stl Nebenleistungen andere Zielsetzungen als Steuern.

20 **Kirchensteuern** sind keine Steuern iSd § 370 (vgl BGH wistra 08, 310). Die Länder haben zwar nach Art 4 III EGStGB die Möglichkeit, die Strafvorschriften der §§ 369 ff entsprechend anzuwenden; jedoch besteht nur noch in Sachsen eine Regelung, die auch insoweit auf die Vorschriften der AO verweist, dabei allerdings die Vorschriften über das Straf- und Bußgeldverfahren ausnimmt (§ 12 I SächsKiStG). Niedersachsen hat eine ähnliche Regelung mWv 24.12.2014 aufgehoben (NdsGVBl 14, 465). Ob statt wegen StHinterziehung eine Bestrafung wegen Betrugs in Betracht kommt, ist umstritten (s dazu § 386 Rz 8).

21 Die **Hinterziehung kommunaler Abgaben** ist nicht nach § 370, sondern nach den Kommunalabgabengesetzen der Länder strafbar (vgl zu § 7 KAG BaWü BGH HFR 15, 979).

4. Täter. a) Allgemeines

Schrifttum: *Reichling/Lange* Der Täterkreis der Steuerhinterziehung durch Unterlassen, NStZ 14, 311.

Täter (§ 25 I StGB) ist, wer selbst oder durch einen anderen alle Tatbestandsmerkmale erfüllt (vgl auch BGH wistra 87, 106). 25

Täter einer StHinterziehung durch aktives Tun (Nr 1) kann nicht nur der StSchuldner, sondern jeder sein, der die tatbestandlichen Voraussetzungen erfüllt („*Jedermannsdelikt*"; BGHSt 51, 356, 359 und 23, 319, 322). Als Täter kommt jeder in Betracht, der in der Lage ist, auf die Festsetzung, Erhebung und Vollstreckung der geschuldeten Steuer einzuwirken (*JJR/Joecks* § 370 Rz 31 mwN). Ausreichend ist, dass er durch unrichtige Angaben auf ein stl Verfahren Einfluss nimmt (vgl BGH aaO, BGHSt 51, 356, 359). Jedenfalls in der Variante des § 370 I Nr 1 ist die StHinterziehung kein Sonderdelikt, das die Eigenschaft, Stpfl zu sein, voraussetzt (*JJR/Joecks* § 370 Rz 30). Der Täterkreis reicht daher weiter als bei leichtfertiger StVerkürzung (vgl § 378 Rz 6). Bei gemeinschaftlicher Tatbegehung muss sich jeder Beteiligte den Tatbeitrag des oder der anderen als eigenen zurechnen lassen (§ 25 II StGB, BGH wistra 86, 263). Täter kann daher auch ein Drittschuldner sein, der eine falsche Drittschuldnererklärung oder eine falsche Versicherung an Eides Statt über aufrechenbare Schadensersatzforderungen abgibt (BGH NJW 76, 525). 25a

Die StHinterziehung ist ein Erklärungsdelikt. **Angaben iSv § 370 I Nr 1 macht,** wer eine Tatsache ggü den bezeichneten Behörden bekundet. Ggü den FinBeh dienen dazu idR die nach §§ 149 ff vorgesehenen Erklärungen, die der Stpfl (§ 33) oder sonst Erklärungspflichtige (zB §§ 34, 35) auszufüllen, zu unterschreiben (sofern dies vorgeschrieben ist, § 150 III, VII) und abzugeben hat (BGHR AO § 370 I Nr 1 Angaben 5). Wer eine StErklärung eigenhändig unterschreibt, dem sind die Angaben auch zuzurechnen. Ein Ehegatte, der die gemeinsame StErklärung lediglich unterschreibt, wird allerdings nicht schon allein durch die Unterschrift zum Täter in Bezug auf Angaben, die ihn nicht betreffen (vgl BGH wistra 08, 310; BFH BStBl 02, 501). Dagegen begeht ein Strohmann regelmäßig bereits dadurch eine tatbestandsmäßige Handlung, dass er die von ihm abzugebenden StErklärungen blind unterschreibt. Wenn ein Buchhalter, der Firmeneinnahmen aus nicht verbuchten Geschäften unterschlägt, es unterlässt, den Schadensersatzanspruch gegen sich zu aktivieren (vgl BGH ZfZ 61, 268), ohne dass der Geschäftsinhaber hiervon Kenntnis hat, so kann der Buchhalter als mittelbarer Täter einer StHinterziehung in Betracht kommen. 25b

Fehlt es an einer Unterschrift, etwa weil eine **StErklärung elektronisch** an das FA **übermittelt** wird (vgl § 150 VII), so ist sorgfältig zu prüfen, wem die Erklärung zuzurechnen ist. Auch insoweit gilt, dass derjenige, der eigenhändig eine unrichtige StErklärung elektronisch einreicht, regelmäßig alle Tatbestandsmerkmale in eigener Person erfüllt und schon deshalb Täter ist; ob er im eigenen oder im fremden Interesse tätig wird, ist insoweit ohne Bedeutung. Eine Ausnahme kann bei bloßen Übermittlungsboten bestehen, deren Aufgabe sich im reinen Übermittlungsvorgang für einen anderen ohne Befassung mit dem Inhalt der Erklärung erschöpft. Um die Stellung eines Boten zu erlangen, könnte auch die bei StB übliche Bestätigung über die Überprüfung der Angaben sowie der Freigabe der Datenübermittlung seitens des Erklärungspflichtigen für die jeweils angefertigte StErklärung genügen. In diesem Fall dürfte zwar die StErklärung auch dann dem Auftraggeber zuzurechnen sein, wenn der StB diese an das FA übermittelt. Hat er aber an der Erstellung der unrichtigen StErklärung mitgewirkt, kann er – je nach den Umständen des Einzelfalls – Mittäter oder Teilnehmer einer StHinterziehung seines Mandanten sein. Zu Fragen der Teilnahme vgl Rz 216 ff. 25c

Täter einer StHinterziehung durch Unterlassen (Nr 2 und 3) kann nach hM nur derjenige sein, den eine besondere Pflicht zur Aufklärung der Fi- 26

nanzbehörden trifft (vgl BGHSt 58, 218; BGH wistra 87, 147; 03, 100, 102 und 03, 344, 345; *JJR/Joecks* § 370 Rz 30).

26a Auch **Mittäter** einer Unterlassungstat kann – anders als bei einer StHinterziehung durch aktives Tun – nur sein, wen selbst eine Offenbarungspflicht trifft (BGHSt 58, 218). Die Richtigkeit dieser Ansicht wurde insbes im Hinblick auf die rechtlichen Folgen bei der Hinterziehung von Einfuhrabgaben infrage gestellt (vgl *Bender* wistra 2004, 368, 371; *Kuhlen* Jung-FS 2007 S 445, 455 ff; *Jäger* FS Amelung 2009, S 447 und in Leitner Finanzstrafrecht 2010, S 9, 16); denn es hängt lediglich von der Ausgestaltung des materiellen StRechts ab, ob eine StHinterziehung von Nr 1 oder Nr 2 des § 370 I erfasst wird. Ein steuernder Hintermann kann aber auch dann eine StVerkürzung „bewirken", wenn er selbst keine Angaben macht und auch nicht erklärungspflichtig ist, indem er gezielt die Unwissenheit einer anderen Person zur Verletzung einer an objektiven Gegebenheiten anknüpfenden Pflicht ausnutzt, die sonst ihn treffen würde.

26b In einem Grundsatzurteil v 9.4.2013 (BGHSt 58, 218 = wistra 13, 314) hat der **BGH** ausdrücklich **an seiner bisherigen Rechtsprechung festgehalten.** Er hat dabei klargestellt, dass auch der Unterlassungstatbestand des § 370 I Nr 2 grds von „Jedermann" verwirklicht werden kann („wer"). Ein Statusbegriff, wie er sonst häufig bei der Beschreibung tauglicher Täter bei Sonderdelikten zu finden ist, fehlt hier. Auch aus Struktur und Schutzzweck der Norm ergibt sich keine Beschränkung auf die Verletzung eigener steuerlicher Pflichten. Schließlich treffe es auch zu, dass es zuweilen allein von der Ausgestaltung der steuerlichen Normen abhängt, ob eine Tatbegehung durch aktives Tun oder eine solche durch Unterlassen in Betracht kommt, was – zB im Bereich der mittelbaren Täterschaft – erhebliche Auswirkungen auf die Strafbarkeit von Tatbeteiligten haben kann. Nach der Rspr des BGH bezieht sich aber das Merkmal „pflichtwidrig" in § 370 I Nr 2 allein auf das Verhalten des Täters. Eine andere Auslegung lasse der Wortlaut dieser Strafnorm nicht zu (vgl Art 103 II GG). Damit kommt eine **Zurechnung fremder Pflichtverletzungen** auch dann **nicht in Betracht,** wenn nach allgemeinen Grundsätzen Mittäterschaft vorliegen würde. Anders wäre dies dann, wenn der Gesetzgeber die Formulierung „wer bewirkt, dass die Finanzbehörden über stl erhebliche Tatsachen in Unkenntnis gelassen werden", gewählt hätte. Es bleibe daher dem Gesetzgeber vorbehalten, etwaige Ungereimtheiten im Anwendungsbereich der Tatbestände des § 370 I zu beseitigen.

27 Ob von Hinterleuten vorgeschobene **„Strohleute"** als Täter oder Gehilfen in Betracht kommen, hängt von den Umständen des Einzelfalls ab. Jedenfalls bei StHinterziehung durch Unterlassen ist die Tätereigenschaft von der Pflichtenstellung des Betroffenen abhängig. Wer bei einem Umsatz als Leistender anzusehen ist, ergibt sich regelmäßig aus den abgeschlossenen zivilrechtl Vereinbarungen (vgl BGHSt 58, 218, 233 sowie BGH NStZ-RR 18, 16 Rz 10, jeweils mwN aus der Rspr des BFH). Auch ein „Strohmann" kann Unternehmer und Leistender des UStG sein, sodass er zur Abgabe von StAnmeldungen gem § 18 I, III UStG verpflichtet ist (BGHSt 58, 218 Rz 71; BGH wistra 14, 190; 14, 444 und BGH NStZ-RR 18, 16 Rz 10). Unbeachtlich ist dagegen ein bloß „vorgeschobenes" Strohmanngeschäft (vgl BGH NJW 11, 1616 sowie BGHSt 58, 218; BGH wistra 14, 190; 14, 144; BGH NStZ-RR 18, 16, 18; jeweils mwN). Da den formellen Geschäftsführer – auch wenn er nur „Strohmann" ist – dieselben Pflichten wie den faktischen Geschäftsführer treffen, kommt er als Täter in Betracht (BGH v 14.4.2010 – 1 StR 105/10 BeckRS 2010, 10699; vgl auch BGH wistra 08, 153 und wistra 94, 228).

b) Steuerberater als Täter

Schrifttum: *Sieja* Strafrechtliche Beteiligung des steuerlichen Beraters an Steuerdelikten und Sicherungsinstrumente in der Steuerberatungspraxis, DStR 12, 991; *Podewils/Hellinger* Strafrechtliche Risiken für steuerliche Berater, DStZ 13, 662; *Guntermann* Die Verteidigung des steuerlichen Beraters gegen den Vorwurf der Teilnahme an einer durch den Mandanten begangenen Steuerhinterziehung, Stbg 14, 38; *Berger* Beihilfe des Beraters zur Steuerhinterziehung, PStR 17, 165. Vgl auch Schrifttum vor § 378.

Macht der StB ggü dem FA unvollständige oder unrichtige (§ 370 I Nr 1) **eigene Angaben** (in eigener Sache oder als Vertreter bzw Verfügungsbefugter des Mandanten) oder lässt er das FA pflichtwidrig in Unkenntnis über stl erhebliche Tatsachen (§ 370 I Nr 2), so kann er Täter der StHinterziehung sein. Zur Frage der Täterschaft bei elektronischer Übermittlung einer unrichtigen StErklärung an das FA im Auftrag des Mandanten s Rz 25c. Ein StB, der eine eigene StHinterziehung begeht, verstößt gegen die Pflicht zur Wahrung des Ansehens des Berufs gem § 57 II StBerG (vgl LG Hannover v 21.1.2002 – 44 StL 52/01, nv; Rz 274). Nach § 109 III 1 StBerG sind für die Entscheidung im berufsgerichtlichen Verfahren die tatsächlichen Feststellungen im Strafverfahren, auf denen die Entscheidung des Gerichts beruht, grds bindend (vgl dazu BGH v 28.9.2015 – StbSt (R) 2/15, BGHR StBerG § 109 Abs 3 Bindungswirkung 1). Gem § 90 StBerG dem StB drohende berufsgerichtliche Maßnahmen sind bei der Strafzumessung zu berücksichtigen (BGH wistra 16, 29). 30

Ein StB, der nach außen nicht in Erscheinung tritt, kommt als **Alleintäter** nicht in Betracht; ein evtl Mitwirkungsvermerk ist insoweit nicht relevant (BFH DStR 13, 2694; § 378 Rz 9; zur Mittäterschaft s Rz 32). Eine **Berichtigungspflicht** gem § 153 haben nur der Stpfl und die gem §§ 33, 34 für ihn handelnden Personen, nicht aber der StB und seine Mitarbeiter (§ 378 Rz 12; offengelassen in BFH DStR 13, 2694). 31

Zur Strafbarkeit des StB wegen **Beihilfe** zur StHinterziehung des Mandanten s Rz 225. Ob Beihilfe (§ 27 StGB) **oder Mittäterschaft** (§ 25 II StGB) in Betracht kommt, wenn der Stpfl in Absprache mit einem StB unrichtige Angaben macht, richtet sich nach allgemeinen strafrechtlichen Grundsätzen (vgl Rz 210 ff). Da es sich bei der StHinterziehung nicht um ein eigenhändiges Delikt handelt, kann ein StB auch dann Mittäter einer StHinterziehung sein, wenn sich seine Tätigkeit auf die Vorbereitung der StErklärung beschränkt und nicht er, sondern allein der Stpfl unrichtige Angaben macht (vgl dazu BFH DStRE 14, 1166 Rz 51). 32

c) Finanzbeamter als Täter. Auch Finanzbeamte können Täter einer StHinterziehung sein (BGHSt 51, 356 = wistra 07, 388; BFH DStRE 06, 177). Dass die Vorschrift auch auf Amtsträger anwendbar ist, ergibt sich bereits aus § 370 III 2 Nr 2 und Nr 3. Nach stRspr des BGH setzt der Tatbestand der StHinterziehung entgegen einer von Teilen der Literatur vertretenen Auffassung auch keine gelungene Täuschung des zuständigen Finanzbeamten voraus (BGHSt 37, 266, 285; BGH wistra 00, 64; NStZ 07, 596). 35

Bewirkt daher ein Finanzbeamter durch die **Eingabe erfundener Daten** in die EDV-Anlage des Finanzamts für fingierte Stpfl die Erstattung in Wirklichkeit nicht vorhandener StAnrechnungsbeträge, macht er sich nicht nur wegen Untreue (§ 266 StGB), sondern tateinheitlich auch wegen StHinterziehung strafbar (BGHSt 51, 356; BGH wistra 09, 398; BayObLG wistra 97, 313). In einem derartigen Fall muss der Tatrichter bei Verurteilung aus dem erhöhten Strafrahmen des § 370 III darauf Bedacht nehmen, dass damit regelmäßig das typische Unrecht des Straftatbestands des § 266 StGB abgegolten ist und nicht nochmals strafschärfend berücksichtigt werden darf (BGH wistra 98, 64). 36

Zur Strafrahmenverschiebung bei **besonders schweren Fällen** iSd § 370 III 2 Nr 2 s Rz 285. 37

5. Tathandlungen. a) Tathandlung gem § 370 I Nr 1

Schrifttum: *Peters* Steuerhinterziehung trotz Erklärung wahrer Tatsachen?, NZWiSt 12, 361; *Madauß* Steuerhinterziehung im steuerlichen Erhebungs- und Vollstreckungsverfahren sowie Vereiteln der Zwangsvollstreckung iSd § 288 StGB, NZWiSt 16, 468; *Reichling* Nichtbenennung von Zahlungsempfängern – zur Irrelevanz des § 160 Abs 1 S 1 AO, PStR 17, 289; *Roth* Verständigung in Steuer(straf)verfahren, Stbg 17, 124.

40 **Die Tathandlung des § 370 I Nr 1** besteht darin, dass der Täter ggü den FinBeh oder anderen Behörden über stl erhebliche Tatsachen unrichtige oder unvollständige **Angaben** macht. Wer einen Tatbestand eigenhändig verwirklicht, ist gemäß § 25 I StGB stets Täter und nicht Gehilfe. Falsche Angaben sind daher auch jedenfalls demjenigen als eigene zuzurechnen, der die alleinige Tatherrschaft über die (elektronische) Einreichung inhaltlich unrichtiger StErklärungen hat (BGH v 5.9.2017 – 1 StR 198/17, NZWiSt 12, 66). Eine StHinterziehung ist nicht bereits deshalb ausgeschlossen, weil die eingereichte StErklärung keine Unterschrift trägt (BGH wistra 15, 273, Rz 84).

40a Behörden, die als **Adressat** in Betracht kommen, sind nicht nur die in § 6 genannten Stellen, sondern auch Gerichte wie etwa das FG. Dies ergibt sich aus der Verweisung in § 369 II auf § 11 I Nr 7 StGB und die dort enthaltene Gleichsetzung von Gericht und Behörde. Der Behördendefinition des § 6 kommt kein Anwendungsvorrang zu, denn bei dieser Vorschrift handelt es sich nicht um eine Strafvorschrift der StGesetze iSd § 369 II (OLG Mchn NZWiSt 13, 31 mit zust Anm *Rolletschke* S 32; krit *Schmitz/Wulf* MüKo-StGB § 370 AO Rn 254). Zu den „anderen Behörden" zählen allerdings nur solche, die stl erhebliche Entscheidungen treffen. Das ist etwa beim Nachlassgericht nicht der Fall. Daher macht ein Erbe keine unvollständigen oder unrichtigen Angaben iSd § 370 I Nr 1, wenn er den Wert des Nachlasses dort wahrheitswidrig zu niedrig angibt (BFH/NV 02, 917). In Betracht kommt dann (versuchter) Prozessbetrug (§ 263 StGB).

41 **Strafbar ist die Verletzung von steuerlichen Erklärungspflichten;** dies kommt auch in Abs 4 zum Ausdruck, in dem das Tatbestandsmerkmal des Verkürzens näher umschrieben wird. Die bloße Nichtzahlung einer Steuer erfüllt den Tatbestand des § 370 nicht (BGH wistra 97, 302; vgl aber § 26b UStG). In der Tatvariante des § 370 I Nr 1 liegt die Verletzung der Erklärungspflichten im Machen unrichtiger oder unvollständiger Angaben. Unrichtige Angaben macht etwa, wer Vorsteuern aus Rechnungen geltend macht, die von Nichtunternehmern (vgl § 2 I UStG) ausgestellt worden sind (BGH wistra 03, 344). Wer die Existenz einer Firma vortäuscht und nicht getätigte Umsätze anmeldet, begeht ebenfalls eine tatbestandsmäßige Handlung (BGH wistra 03, 20). Der Tatbestand einer Hinterziehung von EStVorauszahlungen kann auch erfüllt sein, wenn der Stpfl durch unrichtige Angaben in der EStErklärung bewirkt, dass Vorauszahlungen für spätere VZ nicht in voller Höhe oder nicht rechtzeitig festgesetzt werden (BGH DStR 97, 1244). Nicht erforderlich ist, dass die Angaben in einer StErklärung gemacht werden. Stellt zB eine gemeinnützige GmbH unrichtige Spendenbescheinigungen aus, kann auch darin eine tatbestandsmäßige Handlung iSv § 370 I Nr 1 AO liegen (vgl *Flore* GmbH-StB 00, 339). Im grenzüberschreitenden Postverkehr kann im Hinblick auf Art 237 I A Buchst b ZK-DVO eine tatbestandsmäßige Handlung des Versenders dann vorliegen, wenn er der Post eine der Postsendung beigefügte unrichtige Zollinhaltserklärung bei den Zollbehörden vorlegen lässt. Täuscht der Versender in der Zollinhaltserklärung (CN 22) eine im Hinblick auf den Warenwert gem Art 135 V UZK iVm § 5 Nr 2 Buchst b ZollV befreite Postsendung (vgl dazu *Witte/Schulmeister* UZK Art 135 Rz 9) vor, damit diese von der Post nicht gestellt wird, macht er sich wegen pflichtwidrigen Vorverhaltens (Ingerenz) einer StHinterziehung durch Unterlassen strafbar, wenn er nicht selbst für die Anmeldung sorgt (dagegen für Strafbarkeit nach § 370 I Nr 1 *Weidemann* PStR 12, 42 und 13, 188).

41a Der Straftatbestand des § 370 I Nr 1 kann unter den Voraussetzungen des § 13 StGB auch **durch Unterlassen verwirklicht** werden, wenn der Täter eine Garantenstellung innehat, die ihn zur Verhinderung des Taterfolgs verpflichtet, nachdem ein anderer unrichtige Angaben gemacht hat (vgl BGHSt 43, 381, 396; *JJR/*

Joecks § 370 Rz 158ff; *Jäger* in Leitner, Finanzstrafrecht 2010, S 9, 20). Entgegen der Gegenansicht, die § 370 I 2 als abschließende Regelung für StHinterziehungen durch Unterlassen ansieht (*Wulf* Handeln und Unterlassen im StStrafrecht, 2001, 129ff, 139), ist ein Wille des Gesetzgebers, die Anwendbarkeit des § 13 StGB gerade für § 370 I Nr 1 auszuschließen, nicht erkennbar (vgl *Bülte* BB 10, 607, 610). Eine Strafbarkeit nach § 370 I Nr 1, § 13 StGB kommt etwa in Betracht, wenn der Inhaber eines Unternehmens nach bewusst falschen Angaben seines Prokuristen ggü dem FA nicht einschreitet (*JJR/Joecks* § 370 Rz 156). Für einen StB kann sich aus gefährdendem Vorverhalten, durch das die Position des Fiskus verschlechtert worden ist, eine Ingerenzgarantenstellung ergeben (*JJR/Joecks* § 370 Rz 238). Zur Begehung einer StHinterziehung in mittelbarer Täterschaft s Rz 214).

Eine **Täuschungshandlung setzt das Gesetz nicht voraus** (vgl BGHSt 51, 356; 24, 178, 182; BayObLG wistra 82, 283). Auch auf den Kenntnisstand des FA hinsichtlich der falschen oder unvollständigen Angaben kommt es nicht an; es genügt, dass die Angaben in anderer Weise als durch Täuschung für die StVerkürzung oder den nicht gerechtfertigten StVorteil ursächlich werden (BGH NStZ 07, 596 und wistra 13, 107). Dies gilt selbst dann, wenn der zuständige Veranlagungsbeamte des FA die positive Kenntnis aller Tatsachen hat, die für eine zutreffende StFestsetzung erforderlich sind, und zudem sämtliche Beweismittel iSv § 90 bekannt und verfügbar sind (BGH NStZ 11, 283 und wistra 13, 107; vgl auch BGH wistra 00, 63). Nichts anderes gilt, wenn erst das an das Täterhandeln anknüpfende Handeln der FinBeh (wie etwa eine Zustimmung der FinBeh zur StErstattung von USt gem § 168 S 2) eine zum Taterfolg führende StVerkürzung bewirkt (BGH wistra 13, 107). Denn die FinBeh dürfen der Ermittlungstaktik Vorrang vor der Verhinderung einer einzelnen Tatvollendung durch Ablehnung der Zustimmung gem § 168 S 2 geben. Straftäter haben keinen Anspruch darauf, dass die FinBeh rechtzeitig gegen sie einschreiten, um den Eintritt des Taterfolgs zu verhindern (BGH NJW 11, 1299 und wistra 15, 191; jeweils mwN). In dem aus Sicht des Täters erwartungsgemäß eingetretenen Taterfolg realisieren sich stets der durch Abgabe einer unrichtigen Erklärung in Gang gesetzte Kausalverlauf und die von § 370 rechtl missbilligte Gefährdung des StAufkommens (BGH wistra 13, 107). Die erweiterte Sachaufklärungspflicht bei Auslandsbeziehungen gem § 90 II gilt im Strafverfahren nicht (BGH wistra 95, 67). 42

Nur Angaben über „steuerlich erhebliche Tatsachen" sind strafrechtl relevant. Tatsachen sind dann stl erheblich, wenn sie zur Ausfüllung eines Besteuerungstatbestands herangezogen werden müssen und damit Grund und Höhe des StAnspruchs oder des StVorteils beeinflussen oder wenn sie die FinBeh zur Einwirkung auf den StAnspruch sonst veranlassen könnten (BGH wistra 03, 20). Dazu gehören auch die Tatsachen, die für eine Stundung oder Fortsetzung der Vollstreckung von Bedeutung sind (vgl *JJR/Joecks* § 370 Rz 186). Unrichtige Angaben, mit denen zunächst nur die Erteilung einer StNummer erstrebt wird, sind keine Angaben über stl erhebliche Tatsachen (BGH wistra 03, 20). Auch falsche Angaben über unzureichende oder fehlerhafte Beweismittel (zB formelle Nachweispflichten nach § 4 VII EStG) sind keine solchen Tatsachen (*Spriegel* wistra 98, 241). Demgegenüber beziehen sich in einer EStErklärung Angaben über Einkünfte auch dann auf stl erhebliche Tatsachen und haben nicht lediglich deklaratorischen Charakter, wenn diese Angaben (auch) in eine Gewinnfeststellungserklärung (§ 180 I Nr 2) aufgenommen werden mussten oder sogar wurden und deshalb ein Grundlagenbescheid mit Bindungswirkung für den StBescheid (§ 182 I 1) zu ergehen hatte (vgl § 155 II; BFH DStR 13, 1999). Umstände, die ein steuerliches Abzugsverbot für Betriebsausgaben gem § 4 V Nr 10 EStG begründen, sind ebenfalls stl erhebliche Tatsachen. Die Geltendmachung solcher Betriebsausgaben, ohne auf diese Umstände hinzuweisen, ist daher eine Tathandlung iSv § 370 I Nr 1 (vgl BGH NStZ 11, 37). Die bewusst wahrheitswidrige Vortäuschung eines ausl Wohnsitzes 43 zum Zwecke der Nichtbesteuerung von Einkünften ist ebenfalls eine tatbestandsmäßige Handlung (vgl FG BaWü v 19.4.2014 – 3 K 4628/10, PStR 15, 146). Steuerlich erheblich können auch innere Tatsachen sein (zum ernsthaften Vorhaben, ein begünstigtes Wirtschaftsgut anzuschaffen, als Voraussetzung einer Ansparabschreibung gem § 7g III EStG vgl KG Bln wistra 13, 245 sowie BGH wistra 17, 31).

44 Auch Angaben, die unrichtig oder unvollständig sind, weil ihnen eine **unzutreffende Rechtsauffassung** zugrunde liegt, sind unrichtig oder unvollständig iSd § 370 I Nr 1 (aA *JJR/Joecks* § 370 Rz 181, der danach differenziert, ob die Rechtsauffassung vertretbar ist). Weiß der Erklärende nicht, dass seine Rechtsauffassung unrichtig ist und geht er deshalb von der Richtigkeit seiner Angaben aus, fehlt ihm idR der Tatvorsatz (s dazu Rz 170 ff). Erkennt er aber, dass die rechtliche Relevanz von Sachverhaltselementen zumindest objektiv zweifelh ist, muss er auch diese Tatsachen ebenso wie alle anderen stl relevanten Tatsachen richtig und vollständig vortragen, wenn er vermeiden will, dass ihm zumindest bedingt vorsätzliches Handeln vorgeworfen wird (BGH wistra 00, 137; vgl auch BGH wistra 00, 217; BGHR AO § 370 I Vorsatz 6 iVm BVerfG wistra 08, 461; BGHR StGB § 16 I Umstand 5; krit aber iErg zustimmend *HHSp/Hellmann* § 370 AO Rz 86 f). Tut er dies, geht er auch dann kein Strafbarkeitsrisiko ein, wenn sich die von ihm vertretene Auffassung als falsch erweist. Denn er spielt dann „mit offenen Karten" und lässt die FinBeh nicht über stl erhebliche Tatsachen im Unklaren. Demgegenüber vertritt ein Teil des Schrifttums die Auffassung, der Stpfl (wie auch der StB) sei stets verpflichtet, sich an die höchstrichterliche Judikatur zu halten (zB *Danzer* DStJG 6, 67; *Blumers* StbJb 83/84, 319; *Meine* wistra 92, 81). Dem ist nicht zu folgen. Vielmehr darf der Stpfl auch abweichende Rechtsauffassungen vertreten und auf eine Änderung der Rspr hinarbeiten, wenn er auch die bei gegenteiliger Auffassung stl erheblichen Tatsachen vorträgt.

44a Nach der Rspr des BGH besteht eine **Offenbarungspflicht** für diejenigen **Sachverhalte, deren stl Relevanz objektiv zweifelh ist.** Ein solcher Fall liegt jedenfalls dann vor, wenn der Erklärungspflichtige eine Rechtsauffassung vertritt, die von der Rechtsprechung, von Richtlinien der Finanzverwaltung oder der regelmäßigen Verwaltungspraxis abweicht (BGH NStZ 00, 203). Diese Anforderungen stehen im Einklang mit dem Grundgesetz. Denn es ist dem Stpfl regelmäßig möglich und zumutbar, offene Rechtsfragen nach Aufdeckung des vollständigen und wahren Sachverhalts im Besteuerungsverfahren zu klären (vgl BVerfG wistra 10, 396, 404 und wistra 11, 458).

44b Mit § 150 VII 1 trägt der Gesetzgeber dem sich aus der Rspr des BGH ergebenden Erfordernis Rechnung, dass der Stpfl gerade auch bei einer elektronisch eingereichten StErklärung die Möglichkeit haben muss, der Erklärung eine von der Verwaltungsauffassung abweichende Rechtsansicht zugrunde zu legen, gleichwohl den FinBeh die davon betroffenen Lebenssachverhalte aber mitzuteilen. Die amtlich vorgeschriebenen **StErklärungs-Vordrucke** bzw Datensätze enthalten deshalb ab dem VZ 2017 ein Feld, in dem gekennzeichnet werden kann, wenn über die Angaben in der StErklärung hinaus weitere oder abweichende Angaben oder Sachverhalte berücksichtigt werden sollen oder wenn den in der StErklärung erfassten Angaben bewusst eine von der Verwaltungsauffassung abweichende Rechtsansicht zugrunde gelegt wurde. Diese Angaben sind in einer vom Stpfl zu erstellenden gesonderten Anlage zu machen, welche mit der Überschrift „Ergänzende Angaben zur StErklärung" zu kennzeichnen ist (vgl für die USt-Erklärung 2017 BMF v 4.10.2016, BStBl I, 1059). Die mit einer solchen Anlage ergänzte StErklärung kann dann aber von den FinBeh nicht mehr ausschl elektronisch verarbeitet werden.

45 **Wer unberechtigt eine Vorsteuer ausweist, schuldet den Betrag (§ 14c II UStG).** Der Rechnungsaussteller ist gesetzlich verpflichtet, auch die nach § 14c I UStG geschuldeten Beträge in seiner USt-Erklärung anzugeben und

abzuführen (§§ 18, 16 UStG). Erklärt er diese Beträge nicht, ist die StErklärung unvollständig iSv § 370 I Nr 1. Unterzeichnet der Täter Blankorechnungen, so schuldet er nach § 14c II UStG die darin ausgewiesene USt erst in dem Anmeldungszeitraum, in dem die Blankorechnungen mit USt-Beträgen versehen werden (BGH v 15.1.2014 – 1 StR 648/13, BGHR UStG § 14c II 2 ausgewiesener Steuerbetrag 1 = BFH/NV 14, 1342 [nur Leitsatz]).

Die Beschreibung von Methoden, wie Steuern hinterzogen werden können, ist keine Tathandlung iSv § 370 I. Sie kann aber in Abhängigkeit von den Umständen des Einzelfalls als Anstiftung (§ 26 StGB) oder Beihilfe (§ 27 StGB) zur StHinterziehung strafrechtl relevant sein. § 111 StGB stellt die öffentliche Aufforderung zu Straftaten unter Strafe; dafür genügt allerdings die bloße Befürwortung einer Tat nicht (BGHSt 28, 314). 46

Der Missbrauch von steuerlichen Gestaltungsmöglichkeiten iSv § 42 ist als solcher nicht strafbar (vgl BGH v 11.7.2008 – 5 StR 156/08, BGHR AO § 42 Missbrauch 2). Teilt der Stpfl aber der FinBeh die für die zutreffende Besteuerung der wirtschaftlichen Vorgänge stl erheblichen Tatsachen nicht mit, sind seine Angaben unvollständig iSv § 370 I Nr 1. Stellt er einen unrichtigen Sachverhalt dar, sind die Angaben unrichtig. Dieselben Grundsätze gelten für Scheingeschäfte iSv § 41 II AO, die regelmäßig deshalb zu einer Strafbarkeit wegen StHinterziehung führen, weil der Scheincharakter der Geschäfte verschleiert wird und die Besteuerungsgrundlagen des verdeckten Geschäfts nicht mitgeteilt werden (vgl BGH NStZ 08, 412; wistra 07, 112; 02, 221; 83, 202; OLG Ddorf wistra 89, 72). 47

(Form-)Unwirksame Rechtsgeschäfte sind gem § 41 I 1 für die Besteuerung maßgeblich, solange und soweit die Beteiligten das wirtschaftliche Ergebnis dieser Rechtsgeschäfte gleichwohl eintreten und bestehen lassen. Aus diesem Grund ist auch der Erwerb von Geschäftsanteilen aufgrund einer formunwirksamen Treuhandvereinbarung (§ 39 II Nr 1 S 2) stl als wirksam anzusehen, wenn die Beteiligten das Treuhandverhältnis gewollt und vollzogen haben. Behandeln sie es in StErklärungen gleichwohl als unwirksam, machen sie unrichtige Angaben iSv § 370 I Nr 1 (vgl BGHSt 58, 1). 47a

Unrichtige Angaben im Zusammenhang mit **Gewinnverlagerungen ins niedrigbesteuernde Ausland** können im Einzelfall den Tatbestand des § 370 I Nr 1 erfüllen (vgl BGH wistra 82, 108 – zu § 392 RAO –). Der Tatnachweis setzt die zum Teil sehr schwierige Feststellung der angemessenen internationalen Verrechnungspreise voraus. Zu den Anforderungen an den Tatnachweis vgl auch LG Frankfurt wistra 97, 152. 48

Das Vorlegen von Scheinrechnungen durch den Stpfl zur Verhinderung eines Benennungsverfahrens nach § 160 begründet noch keine Strafbarkeit wegen StHinterziehung (BGHSt 33, 383; BFH/NV 88, 199; FG Ddorf EFG 97, 588); denn die Geltendmachung tatsächlich angefallener und deswegen abzugsfähiger Betriebsausgaben oder Werbungskosten stellt keine Tathandlung dar (BGH NStZ 04, 575; vgl auch *Reichling* PStR 17, 289). Demgegenüber liegt in der Geltendmachung von Vorsteuern aus Scheinrechnungen grds ein Machen unrichtiger Angaben. Die Strafbarkeit eines unberechtigten Vorsteuerabzugs aus einer Scheinrechnung entfällt regelmäßig auch dann nicht, wenn der Aussteller der Rechnung die dort gesondert ausgewiesene USt an das Finanzamt abgeführt hat. Der im UStRecht geltende **Grundsatz der „Neutralität der MwSt“** steht einer Strafbarkeit nicht entgegen, wenn bei Verwendung einer Scheinrechnung mit gesondert ausgewiesener USt eine Gefährdung des StAufkommens gegeben ist (BGH wistra 01, 220; zur Berichtigung des geschuldeten StBetrags s § 14c II 3, 4 UStG). Kann der StBetrag berichtigt werden, ist dieser Umstand bei der Strafzumessung zu berücksichtigen (BGH wistra 02, 221). 49

Die **Ergänzung einer Rechnung** ohne gesonderten StAusweis durch den Rechnungsempfänger ist grds nicht zulässig. Der Besitz einer Rechnung mit gesondertem StAusweis ist materiell-rechtliche Voraussetzung des Anspruchs auf 50

Vorsteuerabzug (§ 15 I 1 Nr 1 S 2 UStG; BayObLG wistra 88, 76). Wird eine derart ergänzte Rechnung der StErklärung zugrunde gelegt, sind die gemachten Angaben unrichtig.

51 **Zur Hinterziehung von Umsatz- und LSt im Rahmen einer Strohmann-GmbH** vgl BGH wistra 98, 152.

52 **Eine StHinterziehung kann auch im Erhebungs- und Beitreibungsverfahren begangen werden** (BGH wistra 98, 180; 12, 482), etwa bei Erschleichung einer Stundung durch unrichtige Angaben über die Vermögensverhältnisse, durch Abwendung der Vollstreckung, indem der Stpfl Zahlungsunfähigkeit oder die Bereitschaft zur Abführung monatlicher Beträge (s BGH wistra 92, 300) vortäuscht usw. Die Erläuterung des Begriffs „Verkürzen" in Abs 4 schließt die Annahme einer Verkürzung außerhalb der StFestsetzung nicht aus.

53 **Die steuerstrafrechtlichen Folgen einer verdeckten Gewinnausschüttung** (ausf *Hardtke* StHinterziehung durch verdeckte Gewinnausschüttung, 1995) hängen von den Angaben in den StErklärungen ab. Eine verdeckte Gewinnausschüttung ist weder steuer- noch strafrechtl verboten und daher für sich allein keine StHinterziehung (vgl *Wassermeyer* BB 89, 1382, betr Ein-Personen-GmbH vgl *Wagner/Hermann* BB 99, 608), insbes dann nicht, wenn sie offen in der StErklärung ausgewiesen wird (BGH wistra 91, 27; *Weyand* INF 97, 457). Wird aber der wahre Sachverhalt durch unrichtige Angaben verschleiert, liegt darin eine Tathandlung (vgl BGH 07, 68; 04, 109; vgl auch BVerfG NJW 08, 3346). Die praktischen Schwierigkeiten in diesem Bereich bestehen in der Feststellung des Umfangs der verkürzten Steuern. Erforderlich ist daher stets eine sorgfältige Ermittlung, Bewertung und Darstellung der steuerrechtl Grundlagen für eine verdeckte Gewinnausschüttung (BGH wistra 04, 467). Wurde etwa eine verdeckte Gewinnausschüttung dadurch vorgenommen, dass private Anschaffungen von abnutzbaren Wirtschaftsgütern der Gesellschaft in Rechnung gestellt wurden, ergibt sich bei Verschleierung der verdeckten Gewinnausschüttung ggü den FinBeh der Hinterziehungsumfang nur aus den jeweils zu Unrecht geltend gemachten Abschreibungsbeträgen und nicht sofort aus dem vollen Rechnungsbetrag, wenn die Wirtschaftsgüter als Betriebsvermögen aktiviert worden sind (vgl BGH NStZ 16, 300).

54 **Die tatsächliche Verständigung,** deren Rechtsnatur noch immer nicht abschließend geklärt ist (§ 162 Rz 30), ist ein in der Praxis beliebtes Instrument zur Beseitigung von Meinungsverschiedenheiten zwischen Stpfl und FinBeh und damit zur Vermeidung langwieriger Rechtsstreitigkeiten. Die Nichteinhaltung einer tatsächlichen Verständigung durch den Stpfl erfüllt den Tatbestand des § 370 nicht (glA *Schmidt* DStR 98, 1733). Eine tatsächliche Verständigung ist auch kein gerichtliches oder außergerichtliches Geständnis iSd StPO (*Eich* Die tatsächliche Verständigung im StVerfahren und StStrafverfahren 1992, 67 mwN). Wenn allerdings der Stpfl bewusst eine unrichtige oder unvollständige tatsächliche Verständigung herbeiführt, kann dies eine StHinterziehung iSd § 370 I Nr 1 darstellen, wenn der Stpfl tatsächlich „Angaben" gemacht hat. Beschränkt er sich auf Hypothesen, soll allenfalls eine Unterlassung iSd § 370 I Nr 2 in Betracht kommen (*Salditt* StuW 98, 283).

b) Tathandlung gem § 370 I Nr 2

Schrifttum: *Alvermann/Talaska* Anzeige- und Berichtigungspflicht bei zuvor bedingt vorsätzlich abgegebener unrichtiger Steuererklärung, HRRS 10, 166; *Bülte* Die neuere Rechtsprechung des BGH zur Strafbewehrung von § 153 AO: Prüfstein für Strafrechtsdogmatik und Verfassungsrecht im Steuerrecht, BB 10, 607; *Leitner/Jäger* Finanzstrafrecht 2010, S 9; *Weidemann* Zur Anzeige- und Berichtigungspflicht nach § 153 AO, wistra 10, 5; *Wulf* Praxishinweise zur Berichtigungspflicht nach § 153 AO, Stbg 10, 295; *Biesgen/Noel* Die Berichtigung nach § 153 AO und der Nemo-Tenetur-Grundsatz, SAM 12, 182; *Jehke/Dreher* Was bedeutet „unverzüglich" iSv § 153 AO, DStR 12, 2467; *Obenaus* Drohende Strafverfolgung bei unpünktlicher Abgabe von Steueranmeldungen, Stbg 12, 97; *Webel* Das Verhältnis zwischen § 153 AO und § 371 AO, PStR 12, 218; *Rinjes* Steuerhinterziehung durch Unterlassen gem.

§ 370 Abs. 1 Nr. 2 AO – Strafbarkeitslücken und Reformbedarf, NZWiSt 14, 455; *Krug/Skoupil* Die steuerliche Korrekturpflicht nach § 153 AO bei im Rahmen von Internal Investigations erlangten Erkenntnissen zu korruptiven Handlungen in Unternehmen, NZWiSt 15, 453; *Madauß* Der steuernde Hintermann als Mittäter oder Teilnehmer einer Steuerhinterziehung des „Strohmannes" iSd § 370 Abs. 1 Nr. 2 AO, NZWiSt 16, 268; *Häger* Wegfall der Strafbarkeit wegen Steuerhinterziehung bei dem Finanzamt vorliegenden Daten, wistra 17, 369; *Deutschendorf* „Wegfall" der Strafbarkeit durch nachträgliche Beauftragung eines Steuerberaters, DStR 18, 14; *Radtke,* Besondere persönliche Merkmale gem § 28 StGB, JuS 18, 641, 646; *Rolletschke* Auswirkungen der elektronischen Datenübermittlung (§ 93c AO) auf die Strafbarkeit nach § 370 Abs 1 Nr 2 AO, NZWiSt 18, 185; *Roth* Steuerhinterziehung durch Unterlassen: bei Kenntnis der Finanzbehörden ausgeschlossen?, NZWiSt 17, 308; *Rübenstahl/Bittmann* Steuerstrafechtliche Risiken des Insolvenzverwalters und Risikominimierung durch Nacherklärung (§ 153 AO) und Selbstanzeige (§ 371 AO), ZInsO 17, 1991; *Webel* Zum Ausschluss der Strafbarkeit wegen vollendeter Steuerhinterziehung durch Unterlassen bei Kenntnis des Finanzamts von den wesentlichen steuerlich relevanten Umständen, wistra 17, 366; *Weidemann* § 370 Abs. 1 Nr. 3 AO im funktionalen Zusammenhang mit dem Erklärungsdelikt des § 370 Abs. 1 Nr. 2 AO, wistra 17, 136.

aa) Verstoß gegen steuerliche Erklärungspflichten. Gem § 370 I Nr 2 macht sich wegen Unterlassens strafbar, wer die FinBeh pflichtwidrig über stl erhebliche Tatsachen in Unkenntnis lässt. Verschweigt der Stpfl in seiner EStErklärung zB Schwarzeinnahmen, so macht er unvollständige Angaben (§ 370 I Nr 1), wenn er – wie dies bei StErklärungen regelmäßig der Fall ist – die Vollständigkeit seiner Angaben behauptet (*JJR/Joecks* § 370 Rz 184; aA *Weidemann/Weidemann* wistra 05, 207, die zu Unrecht auf das Unterlassen als angeblichen Schwerpunkt strafrechtl relevanten Handelns abstellen). Der objektive Tatbestand des § 370 I Nr 2 ist zB erfüllt, wenn der Stpfl entgegen § 149 keine StErklärungen abgibt. Zur Strafbarkeit wegen Unterlassens nach § 370 I Nr 1, § 13 StGB s Rz 41a. **60**

Bei § 370 I Nr 2 handelt es sich um ein **echtes Unterlassungsdelikt** (BGH wistra 07, 224, 227); die fakultative Strafrahmenverschiebung des § 13 II StGB findet daher keine Anwendung. Soweit in der Rspr des BGH § 370 I Nr 2 zum Teil als unechtes Unterlassungsdelikt bezeichnet wurde, sollte damit nur zum Ausdruck gebracht werden, dass sich die Tatbestandsverwirklichung nicht in einem schlichten Unterlassen erschöpft, sondern ein kausaler Erfolg hinzutreten muss (BGHSt 47, 138, 146), und dass der Täter pflichtwidrig gehandelt haben muss (vgl BGHSt 41, 1). **60a**

Eine Tathandlung gem § 370 I Nr 2 begeht, wer **die FinBeh** pflichtwidrig über stl erhebliche Tatsachen **„in Unkenntnis lässt".** Ein tatbestandsmäßiges In-Unkenntnis-Lassen liegt bereits dann vor, wenn StErklärungen pflichtwidrig (§ 149 AO) nicht oder nicht rechtzeitig abgegeben werden (vgl BayObLG NStZ 02, 552; *Roth* NZWiSt 17, 308). Soweit vertreten wird, in den Unterlassungstatbestand des § 370 I Nr 2 sei das ungeschriebene Merkmal der „Unkenntnis" der Finanzbehörde hineinzulesen (so etwa OLG Köln NZWiSt 17, 317), weil nur der in Unkenntnis gelassen werden könne, der keine Kenntnis habe, ist dem nicht zu folgen. Vielmehr liegt ein In-Unkenntnis-Lassen immer dann vor, wenn der Erklärungspflichtige pflichtwidrig die stl erheblichen Tatsachen nicht mitteilt (zutr LG Aurich v 8.11.2017, wistra 18, 179 Rz 39 ff mit abl Anm *Krug* NZWiSt 18, 190). Denn nur aufgrund einer solchen Mitteilung werden die FinBeh im dafür vorgesehenen Verfahren in die Lage versetzt, eine (zutreffende) Entscheidung über die Festsetzung bzw das Einfordern von Steuern zu treffen. Bei der in § 370 I Nr 2 bezeichneten Unkenntnis handelt es sich nicht um eine generelle Unkenntnis bei den im Falle einer stl Veranlagung zuständigen Finanzbeamten (so aber wohl das OLG Köln NZWiSt 17, 317), sondern um eine verfahrensbezogene (vgl *Roth* NZWiSt 17, 308). Wird aber pflichtwidrig keine StErklärung eingereicht, findet idR auch keine verfahrensbezogene Prüfung der stl erheblichen Tatsachen statt. Dies wird insbes bei der USt deutlich, bei der eine stl Prüfung durch einen Finanzbeamten überhaupt nur in den Fällen des § 168 S 2 zu erfolgen hat. IÜ besteht das Ver- **60b** fahren aus automatisierten Vorgängen, bei denen (ohne vorherige Prüfung durch Finanzbeamte) die StAnmeldung einer StFestsetzung unter Vorbehalt der Nachprüfung gleichsteht (§ 168 S 1).

60c Soweit aufgrund gesetzlicher Vorschriften **mitteilungspflichtige Stellen nach Maßgabe des § 93c** Daten elektronisch an die FinVerw übermitteln, gelten diese gem § 150 VII 2 als Angaben des Stpfl, sofern dieser in seiner StErklärung nicht abweichende Angaben macht. Erfasst sind etwa Rentenbezugsmitteilungen (§ 22a I EStG), LSt-Bescheinigungen (§ 41b I EStG) und Mitteilungen über Arbeitslosengeld (§ 32b III EStG). Eine StErklärung, die diese Daten nicht enthält, gilt daher gleichwohl als vollständig (vgl BT-Drs 18/8434, 112). Trotz dieser Fiktion ist aber die gänzliche Nichtabgabe einer StErklärung nicht als Machen unvollständiger Angaben iSv § 370 I Nr 1, sondern als Unterlassen gem § 370 I Nr 2 zu werten (vgl *Rolletschke* NZWiSt 18, 185; *Häger* wistra 17, 369, 371). Dies ergibt sich schon daraus, dass die Fiktion gem § 170 VII 2 nur eingreift, soweit der Stpfl nicht in einem dafür vorzusehenden Abschnitt oder Datenfeld der StErklärung abweichende Angaben macht; sie setzt also voraus, dass der StPfl eine StErklärung abgibt. Die elektronische Mitteilung anderer stl erheblicher Daten, für die diese gesetzliche Fiktion nicht gilt, führt zwar nicht dazu, dass es an einer Tathandlung fehlt; werden die übermittelten Daten aber der StFestsetzung zugrunde gelegt, tritt insoweit keine StVerkürzung iSv § 370 IV 1 ein.

60d Eine beim zuständigen Finanzbeamten vorliegende **Kenntnis** über die stl erheblichen Tatsachen ist iÜ für die Tatbestanderfüllung des Unterlassungsdelikts gem § 370 I Nr 2 allenfalls unter dem Gesichtspunkt einer **fehlenden kausalen Verknüpfung** zwischen Tathandlung und Taterfolg von Bedeutung. Insofern gilt nichts anderes als bei einer StHinterziehung durch aktives Tun aufgrund unvollständiger Angaben gem § 370 I Nr 1 (vgl dazu BGH wistra 00, 63). Entscheidet sich der mit dem konkreten Fall befasste Finanzbeamte in umfassender Kenntnis aller stl erheblichen Tatsachen und darüber hinaus auch der Beweismittel iSv § 90, die Steuer gleichwohl nicht oder nicht zutreffend festzusetzen bzw zu erheben, dann kann es bei dem Erfolgsdelikt der StHinterziehung durch Unterlassen am kausalen Zusammenhang zwischen Unterlassung und Taterfolg iSv § 370 IV fehlen. Die Tat könnte dann nur als versuchte StHinterziehung bestraft werden. Eine solche Kenntnis liegt aber jedenfalls dann nicht vor, wenn wegen der Verletzung der stl Erklärungspflichten beim FA überhaupt keine stl Prüfung durchgeführt wird. Dasselbe gilt, wenn der zuständige Finanzbeamte die für eine StFestsetzung erforderlichen Angaben erst ermitteln müsste, indem er aus ihm zugänglichen Akten, in denen sich etwa Kontrollmitteilungen befinden, die stl erheblichen Tatsachen zunächst zusammentragen und auf ihre Richtigkeit prüfen müsste (zutr *Roth* NZWiSt 17, 308 und *Webel* wistra 17, 366, 367). Es gelten mithin andere Maßstäbe als zum Merkmal des nachträglichen Bekanntwerdens in § 173 I Nr 1, bei dem es für die Kenntnis allgemein auf den Kenntnisstand der zur Bearbeitung des StFalls organisatorisch zuständigen Dienststelle ankommt und bei dem als bekannt gilt, was sich aus den dort geführten Akten ergibt oder dem zuständigen Bearbeiter sonst bekannt ist (vgl BFH DStRE 13, 51).

61 **Pflichtwidrig handelt,** wer eine Rechtspflicht zur Offenbarung stl erheblicher Tatsachen verletzt. Nach hM in Rspr und Schrifttum kann dabei Täter allein derjenige sein, der selbst zur Aufklärung stl Tatsachen besonders verpflichtet ist (vgl nur BGH v 9.4.2013 – 1 StR 586/12, BGHSt 58, 218; BGHR AO § 370 I Nr 2 Eingangsabgaben 1 = HFR 91, 177; BGH wistra 87, 147; 03, 100, 102 und 344, 345; BGH StV 18, 39 Rz 11 betr § 23 TabStG; *JJR/Joecks* § 370 Rz 30; zu den Bedenken gegen diese Rechtsauffassung im Hinblick auf die Verkürzung von Einfuhrabgaben s Rz 26a).

61b Die **steuerlichen Erklärungspflichten** ergeben sich zumeist aus den Einzelsteuergesetzen. Daneben bestehen Anzeigepflichten zB nach § 137 für Stpfl, die nicht natürliche Personen sind, nach § 138 für denjenigen, der einen Betrieb eröffnet, und nach § 139 für die Hersteller verbrauchsteuerpflichtiger Waren. Ein Taterfolg in der Form der StVerkürzung (s Rz 85 ff) liegt in diesen Fällen zB vor, wenn es die FinBeh aus Unkenntnis unterlässt, gegen den Stpfl Vorauszahlungen festzusetzen. Zum Verstoß gegen Abzugs- und Anmeldeverpflichtungen im Baugewerbe vgl *Hentschel* INF 02, 6. Erklärungspflichten iSv § 370 I Nr 2 sind auch die Anzeige- und die Berichtigungspflicht des § 153 (s dazu BGH v 11.7.2008 – 5 StR 156/08, BeckRS 2008, 15343 und BGHSt 53, 210; s auch Rz 63). Hinsichtlich der *KfzSt* besteht eine Erklärungspflicht *bei widerrechtlicher* und damit steuerbarer *Benutzung* eines Kraftfahrzeugs gem § 1 I Nr 3 iVm § 2 V KraftStG nach § 15 KraftStDV erst seit 20.7.17. Ob diese Norm im Hinblick auf den Verordnungscharakter eine Pflicht iSd § 370 I Nr 2 AO begründen kann, hat der BGH ausdrücklich offengelassen (BGH NStZ 18, 344).

Offenbarungspflichten und weitergehende Handlungspflichten können sich auch aus einer sich **aus pflichtwidrigem Vorverhalten** ergebenden Garantenstellung (Ingerenz) ergeben (BGH v 9.4.2013 – 1 StR 586/12, BGHSt 58, 218 Rz 97, und v 9.5.2017 – 1 StR 265/16 Rz 78, wistra 17, 390). Diese beruht auf dem allgemeinen Gedanken, dass derjenige, der durch sein Verhalten die Gefahr eines Schadens geschaffen oder mitgeschaffen hat, rechtl verpflichtet ist, den dadurch drohenden Schaden abzuwenden. Dabei ist es aber erforderlich, dass das vorangegangene Verhalten nicht nur gefahrschaffend oder -erhöhend, sondern zugleich pflichtwidrig war. Nicht jedes pflichtwidrige und zusätzlich gefahrverursachende Verhalten führt zu einer Garantenpflicht, sodass stets auf die Umstände des Einzelfalls hinsichtlich der Pflichtverletzung sowie des später eintretenden Erfolgs und ihres Verhältnisses zueinander abzustellen ist. Maßgeblich ist, ob die Pflichtwidrigkeit gerade in einer Verletzung eines solchen Gebots besteht, das dem Schutz des Rechtsguts zu dienen bestimmt ist (Pflichtwidrigkeitszusammenhang). Da die Korruptionsdelikte andere Rechtsgüter schützen, löst die Beteiligung an einer Bestechung für sich allein keine Garantenstellung für die Erfüllung stl Pflichten des Bestechenden. Die Nichtverhinderung oder -erschwerung der StHinterziehung des Bestechenden führt daher weder zu einer Strafbarkeit wegen StHinterziehung durch Unterlassen noch zu einer Beihilfe zur StHinterziehung durch Unterlassen. Es kommt aber StHinterziehung in mittelbarer Täterschaft in Betracht, wenn derjenige, der durch Bestechungshandlungen einen Betriebsausgabenabzug gem § 4 V I Nr 10 EStG auslöst, infolge regelhafter Abläufe bei der Verbuchung von Rechnungen die Geltendmachung der Beträge als Betriebsausgaben herbeiführt, weil er den Stpfl bzw Erklärungspflichtigen nicht über die Gründe informiert, die zum Abzugsverbot geführt haben (BGH wistra 17, 390, Rz 81; s dazu Rz 214). 61c

Die **Pflichtwidrigkeit** iSd § 370 I Nr 2 ist nach der Rspr des BGH **kein besonderes persönliches Merkmal** iSd § 28 StGB; denn die steuerlichen Pflichten treffen jeden, bei dem die tatsächlichen Voraussetzungen vorliegen, an die das Gesetz die Erklärungspflicht knüpft (BGHSt 41, 1; vgl dazu auch BGHSt 56, 153, 155 und 58, 115 Rz 9 = BGHR StGB § 28 I Merkmal 11 sowie BGH NZWiSt 16, 474 und BGH v 25.10.2017 – 1 StR 310/16, NStZ 18, 221, 223). Sähe man allerdings im Vertrauensbruch des Täters, der sich in einer besonderen sozialen Rolle mit Bezug zu straftatbestandlich geschützten Rechtsgütern befindet, den maßgeblichen Umstand, dann wäre dieser durch die in § 370 I Nr 2 in Bezug genommene Pflichtenstellung als besonderes persönliches Merkmal anzusehen (vgl *Radtke* JuS 18, 641, 646 mwN). Denn diese Stellung ergibt sich entweder aus gesetzlich besonders festgelegten steuerlichen Erklärungspflichten oder aus Aufklärungspflichten aus allgemeiner Garantenstellung (vgl BGHSt 58, 218 Rn 52). 61d

bb) Erklärungspflichtige Personen. Die einzelnen StGesetze bestimmen (§ 149 I 1), **wer zur Abgabe einer StErklärung** (§ 150) **verpflichtet ist** (zB §§ 25 III, 45a EStG; § 56 EStDV, § 18 I, III UStG, § 14a GewStG, §§ 18, 19 GrEStG). Zur Abgabe einer StErklärung ist auch verpflichtet, wer hierzu von der FinBeh aufgefordert wird (§ 149 I 2, zB iVm § 31 ErbStG). Voraussetzung für die Erklärungspflicht ist die Verwirklichung eines StTatbestands. Eine Aufforderung 62 zur Erklärungsabgabe ist daher – ungeachtet ihrer konstitutiven Bedeutung (vgl auch § 149 Rz 5 ff) – iErg strafrechtl ohne Bedeutung, wenn der Aufgeforderte nicht StSchuldner ist oder tatsächlich keine Steuer schuldet.

62a **Erklärungspflichtig** sind die Personen, die nach den Bestimmungen der jeweiligen StGesetze dazu verpflichtet sind oder zur Abgabe der Erklärung aufgefordert werden. Neben den Stpfl zählen dazu gesetzliche Vertreter und Vermögensverwalter (§ 34) sowie Verfügungsberechtigte (§ 35). Eine Verpflichtung, die FinBeh auf einen ohne eigenes Zutun gewährten StVorteil hinzuweisen (*HHSp/Hellmann* § 370 AO Rz 103 mwN), besteht für den Stpfl nicht. Im Insolvenzverfahren geht gem § 80 InsO die Verwaltungs- und Verfügungsbefugnis über das Vermögen des Schuldners auf den Insolvenzverwalter bzw Treuhänder über. Von da an hat dieser gem § 34 III als Vermögensverwalter des Schuldners auch dessen stl Pflichten zu erfüllen. Zur genauen Bestimmung der Abgabepflichten ist nach den Verfahrensabschnitten und den betroffenen StArten zu unterscheiden (vgl dazu BGH v 10.8.2017 – 1 StR 573/16, wistra 18, 42).

62b Als **Verfügungsberechtigter iSv § 35** erklärungspflichtig ist jeder, der nach dem Gesamtbild der Verhältnisse rechtl und wirtschaftlich über Mittel, die einem anderen zuzurechnen sind, verfügen kann und als solcher nach außen auftritt. Ein Auftreten nach außen erfordert eine Teilnahme am Wirtschafts- und Rechtsverkehr, die über die Beziehungen zum Rechtsinhaber hinausgeht. Keine Voraussetzung ist ein Auftreten gerade ggü den FinBeh oder in steuerlichen Angelegenheiten. Ein Auftreten nach außen liegt vielmehr schon dann vor, wenn der faktische Geschäftsführer sich ggü einer begrenzten Öffentlichkeit als solcher geriert, das Auftreten ggü der allgemeinen Öffentlichkeit aber weisungsabhängigen Personen überlässt (BGHSt 58, 218; BGH wistra 18, 80, Rz 18; BFH/NV 11, 81). Dies ist zB dann der Fall, wenn ein vorgeschobener „Strohmann" die Geschäftsabläufe und die finanziellen Mittel zugunsten eines Hintermannes völlig aus der Hand gegeben hat, der seine Rolle nur in einem begrenzten Umfeld offenbart, ggü den Vertragspartnern aber nicht in Erscheinung tritt (BGHSt 58, 218). Eine Zurechnung des Auftretens anderer nach außen nach den strafrechtlichen Grundsätzen der Mittäterschaft findet demgegenüber hinsichtlich der Voraussetzungen des § 35 nicht statt (BGH wistra 18, 80 Rz 20).

62c Auch der **faktische Geschäftsführer** einer juristischen Person ist, wenn er mit dem Anschein einer entsprechenden Berechtigung nach außen hin auftritt, schon nach § 35 AO wie ein formell bestellter Geschäftsführer zur Einhaltung der steuerlichen Erklärungspflichten verpflichtet (vgl BGHSt 58, 218 Rz 83; § 35 Rz 13 mwN).

63 **cc) Erklärungspflichten in besonderen Fällen.** Erklärungspflichten iSd § 370 I Nr 2 sind auch die **Pflichten aus § 153 zur Anzeige und Berichtigung** nachträglich als unrichtig oder unvollständig erkannter StErklärungen (s dazu *JJR/Joecks* § 370 Rz 259 ff und *Jäger* in Leitner, Finanzstrafrecht 2010, S 9, 18). Die Berichtigungspflicht aus § 153 trifft auch den Erben bzw sonstigen Gesamtrechtsnachfolger eines Stpfl (§ 153 I 2), da dieser sowohl in materieller als auch verfahrensrechtlicher Hinsicht in die abgabenrechtliche Stellung des Erblassers einrückt. Eine unrichtige oder unvollständige StErklärung des Erblassers führt selbst dann zu einer nach § 370 I Nr 2 strafbewehrten Berichtigungspflicht des Erben, wenn die StErklärung des Erblassers wegen dessen Demenz unwirksam war (BFH v 29.8.2017 – VIII R 32/15, NJW 18, 894). Eine Anzeige- und Berichtigungspflicht nach § 153 I Nr 1 besteht auch nach bedingt vorsätzlichen Falschangaben, wenn der Täter später zu der sicheren Erkenntnis gelangt, dass die Angaben unrichtig waren (BGHSt 53, 210; vgl auch OLG Hamburg wistra 93, 274). Scheidet wegen Vorliegens eines Sperrgrundes iSv § 371 II, § 378 III 1 AO eine Selbstanzeige mit sanktionsbefreiender Wirkung aus, kann dem Nemo-tenetur-Grundsatz (§ 393 Rz 26) dadurch Rechnung getragen werden, dass die erzwungene Berichtigung für ein Strafverfahren wegen der bedingt vorsätzlichen StStraftat nicht herangezogen

werden darf (Annahme eines Beweisverwendungsverbots, BGH aaO). Das Wissen, dass eine Anzeigepflicht ggü dem FA besteht, wenn die Voraussetzungen für eine gewährte StVergünstigung nachträglich weggefallen sind, wird allgemein als bekannt vorausgesetzt (BGH wistra 86, 219). Beim Tatvorwurf der StHinterziehung durch aktives Tun erfasst der prozessuale Tatbegriff und damit die Anklage auch ein Vergehen der StHinterziehung durch Unterlassen wegen unterlassener Berichtigung einer unvorsätzlich unrichtigen StErklärung gem § 153 I 1 Nr 1 (BGH wistra 08, 22). Hat ein Stpfl eine Herabsetzung von Vorauszahlungen beantragt, die sich später als unrichtig erweist, ist er zur Richtigstellung verpflichtet, wenn er die Unrichtigkeit vor Abgabe der Jahreserklärung erkennt (zum Tatnachweis vgl *Dörn* Stbg 98, 494). Eine Berichtigungspflicht besteht auch in den Fällen, in denen durch Dritte, zB Rentenversicherungsträger, gem § 93c elektronisch den FinBeh für den Stpfl ersichtlich falsche Daten übermittelt haben, denn die Angaben gelten gem § 150 VII 2 als Angaben des Stpfl (*Häger* wistra 17, 369, 371). Erkennt der Stpfl allerdings die Unrichtigkeit dieser Daten bereits vor Abgabe seiner StErklärung, macht er, indem er nicht bereits in seiner StErklärung die richtigen Angaben mitteilt (vgl § 150 VII 2 letzter HS), vorsätzlich unrichtige Angaben iSd § 370 I Nr 1.

Die Verpflichtung zur Anzeige und Berichtigung besteht auch für den **Gesamtrechtsnachfolger** und die nach §§ 34 und 35 für den Stpfl handelnden Personen. Maßgeblich für die Pflichten ist der Zeitpunkt, zu dem der Gesamtrechtsnachfolger von der Unrichtigkeit der abgegebenen Erklärung Kenntnis erlangt. Waren mehrere Erklärungen unrichtig oder unvollständig abgegeben, bestehen die Pflichten zur Anzeige und Berichtigung jeweils nebeneinander. Sie werden auch beim Erben nicht zu einer einheitlichen Pflicht, mit der Folge, dass bei einem Unterlassen, den Pflichten nachzukommen, die Beträge auch für die Frage der Verjährung („großes Ausmaß) nicht zusammenzurechnen sind, weil mehrere Unterlassungstaten in Tatmehrheit nebeneinander stehen. Zur Pflicht des Erben zur Berichtigung nach falschen Angaben des Testamentsvollstreckers s BGH wistra 08, 22. Auch den Insolvenzverwalter können gem § 153 I 2, § 34 III iVm § 80 InsO Berichtigungspflichten treffen (vgl dazu *Rübenstahl/Bittmann* ZinsO 17, 1991). 63a

Nach **§ 153 I 1 Nr 1** hat der StSchuldner nicht nur eine von ihm, sondern auch eine für ihn abgegebene Erklärung zu berichtigen, wenn er nachträglich erkennt, dass diese Erklärung unrichtig oder unvollständig ist und dass es dadurch zu einer Verkürzung von Steuern kommen kann oder bereits gekommen ist. Eine Berichtigungspflicht des Stpfl kann auch nach unrichtiger Anzeige eines grunderwerbsteuerpflichtigen Vorgangs durch einen Notar bestehen. Nach der Rspr des BGH sind die Angaben im Rahmen der Anzeige eines Notars, die der Notar aufgrund ihn selbst treffender gesetzlicher Pflichten, zB aus § 18 GrEStG, dem Finanzamt mitteilt, für den Stpfl abgegeben, wenn sie den Stpfl betr stl erhebliche Tatsachen zum Gegenstand haben (BGH v 11.7.2008 – 5 StR 156/08, BeckRS 2008, 15343; vgl auch BGH wistra 08, 22, 25 sowie BFH/NV 02, 917, 918). Denn der Notar erfüllt dadurch nicht nur eigene Verpflichtungen, sondern wirkt zugleich bei der Ermittlung des für die StFestsetzung ggü dem Stpfl maßgeblichen Sachverhalts mit (vgl § 90). 64

Steuerliche Berater sind nach § 153 grds nicht zur Berichtigung der Erklärung des Mandanten verpflichtet (hM; vgl BGH wistra 96, 184; offengelassen in BFH DStR 13, 2694); anders kann es sein, wenn der Berater oder seine Mitarbeiter die Unrichtigkeit zu vertreten haben oder wenn der Berater von seinem Mandanten zwar konkrete Angaben erhält, aber in Folge eigener Fahrlässigkeit eine fehlerhafte StErklärung erstellt hat (vgl *Joecks* INF 97, 21). 65

Aus der Vorschrift des § 42 AO ergeben sich keine eigenständigen strafbewehrten Anzeigepflichten iSd § 370 I Nr 2 („pflichtwidrig"). Die Rechtsfolge eines Missbrauchs von Gestaltungsmöglichkeiten iSd § 42 I S 2 ist allein, dass der StAnspruch so entsteht, wie er bei einer den wirtschaftlichen Vor- 66 gängen angemessenen rechtlichen Gestaltung entsteht (BGHR AO § 42 Missbrauch 2). StRechtliche Erklärungs- und Anzeigepflichten bestehen daher auch in den Fällen eines Missbrauchs von Gestaltungsmöglichkeiten nur dann, wenn sich solche unmittelbar aus den StGesetzen ergeben.

67 **Die Pflicht von Amtsträgern zur Anzeige von Steuerstraftaten gem § 116 I 1 AO** ist keine Erklärungspflicht iSd § 370 I Nr 2 AO; allerdings kann sich ein Amtsträger wegen Strafvereitelung durch Unterlassen (§§ 258, 13 StGB) strafbar machen, wenn er den erkannten Verdacht einer StStraftat nicht meldet (*Bülte* NStZ 09, 57).

68 Eine **Anzeigepflicht des Erben** nach § 30 I ErbStG besteht nicht, wenn der Erwerb auf einem vom Nachlassgericht eröffneten Testament beruht (BFH/NV 02, 917).

69 Die **Nichtanzeige einer Anteilsvereinigung** bei mittelbarem Erwerb grundbesitzender deutscher Kapitalgesellschaften durch inl Erwerber erfüllt den objektiven Tatbestand des § 370 I Nr 2 (*Fischer/Waßmer* StB 02, 265).

70 Im Fall der **Veräußerung vom FA gepfändeter Sachen** ist der Stpfl nicht verpflichtet, das FA über sein Vorhaben aufzuklären (vgl *Kretzschmer* DStZ 82, 304). Der Stpfl erfüllt aber ggf den Tatbestand des § 136 StGB (Verstrickungsbruch) oder des § 288 StGB (Vollstreckungsvereitelung).

72 **dd) Verstreichenlassen der Abgabefrist.** Ein pflichtwidriges Unterlassen iSd § 370 I Nr 2 ist erst dann gegeben, wenn die **Abgabefrist** für die StErklärung bzw die sonstige Erklärungsfrist **verstrichen** ist. Soweit die StGesetze nichts anderes bestimmen, sind StErklärungen, die sich auf ein Kalenderjahr oder einen gesetzlich bestimmten Zeitpunkt beziehen, spätestens sieben Monate danach abzugeben (§ 149 II 1). Mangels einer anderen gesetzlichen Regelung sind deshalb etwa ESt-, KSt- und GewStErklärungen sowie USt-Jahreserklärungen bis zum 31. Juli des dem VZ folgenden Kj abzugeben; die Frist zur Abgabe von USt-Voranmeldungen ergibt sich dagegen aus § 18 I iVm II UStG. Für die Besteuerungszeiträume bis einschl 2017 gilt § 149 II 1 noch in der bisherigen Fassung, nach der die StErklärungen spätestens fünf Monate nach dem maßgeblichen Zeitpunkt abzugeben waren (Art 97 § 10a IV EGAO).

72a Eine **längere Abgabefrist** besteht gem § 149 II 2 für Besteuerungszeiträume ab 2018 dann, wenn Personen, Gesellschaften ua iSv §§ 3 und 4 StBerG mit der Erstellung der dort genannten StErklärungen beauftragt wurden (Art 97 § 10a IV EGAO).

72b Eine **Fristverlängerung** für die Einreichung von StErklärungen ist gem § 109 I möglich. Ist die gesetzliche Frist durch die FinBeh im Einzelfall oder allgemein verlängert, ist diese Frist und nicht mehr die gesetzliche für den Zeitpunkt eines möglichen Pflichtverstoßes und damit für den Versuchsbeginn einer StHinterziehung durch Unterlassen maßgeblich.

72c Für die Besteuerungszeiträume bis 2017, für die § 149 III noch nicht galt, erfolgte jährlich eine **allgemeine Fristverlängerung** gem § 109 I bis zum 31. Dezember des Folgejahres für die Abgabe der StErklärungen zur ESt, KSt, GewSt und USt sowie der Erklärungen zur gesonderten oder gesonderten und einheitlichen Feststellung von Besteuerungsgrundlagen und Verlustvorträgen aufgrund gleichlautender Erlasse der obersten Finanzbehörden der Länder über StErklärungsfristen für den Fall, dass die vorbezeichneten StErklärungen durch einen **Steuerberater** oder einen anderen in den §§ 3 und 4 StBerG genannten Angehörigen der steuerberatenden Berufe angefertigt werden (vgl für das Jahr 2016 BStBl I 17, 46). Stets hatte aber das FA die Möglichkeit, die Erklärung mit angemessener Frist vor Ablauf der allgemein verlängerten Frist anzufordern (vgl Abschnitt II Abs 2 der gleichlautenden Erlasse, BStBl I 17, 46). Nun ergibt sich aus § 149 III eine Fristverlängerung bis Ende Februar des zweiten auf den Besteuerungszeitraum folgenden Kalenderjahres. Unter den Voraussetzungen des § 149 IV kann das FA unter Wahrung einer Frist von vier Monaten anordnen, dass die Erklärungen früher abzugeben sind.

Aufgrund des eindeutigen Wortlauts des § 149 III (wie schon der Erlasse) muss der **Auftrag** zur Anfertigung der StErklärung **erteilt** sein (BGH wistra 17, 234). Allein die Möglichkeit, noch einen StB zu beauftragen, oder der Wille dazu, hat keine Fristverlängerung zur Folge (vgl BGH wistra 13, 430; zum Versuchsbeginn gem § 22 StGB in solchen Fällen s Rz 195). Erfolgt die Beauftragung des StB lediglich zum Schein, erfasst die allgemeine Fristverlängerung diesen Fall nicht; eine individuelle Fristverlängerung durch die FinBeh gem § 109 I wäre aber auch in solchen Fällen wirksam. **72d**

Wird das **Mandatsverhältnis** zum StB vor Einreichung der StErklärung gekündigt oder sonst **vorzeitig beendet,** führt dies nicht zum sofortigen Wegfall der (allgemeinen) Fristverlängerung. Vielmehr ist dem Stpfl eine angemessene Frist zur Einreichung der StErklärung einzuräumen. Hat der Stpfl von sich aus den Auftrag an den StB zur Erstellung der StErklärung widerrufen, ohne unverzüglich einen neuen StB zu beauftragen, kann diese Frist auch kurz sein (vgl BGH wistra 13, 430). **72e**

ee) Suspendierung der Strafbarkeit in besonderen Fällen. Die Strafbarkeit der **Nichterfüllung** steuerlicher Erklärungspflichten kann im Hinblick auf den Nemo-tenetur-Grundsatz aus verfassungsrechtlichen Gründen gänzlich entfallen oder für eine bestimmte Zeit **suspendiert sein** (vgl § 393 Rz 26 ff). So ist etwa die Pflicht zur Abgabe einer USt-Jahreserklärung (für das Strafrecht) suspendiert, solange wegen des Verdachts der Abgabe unrichtiger USt-Voranmeldungen ein Strafverfahren anhängig ist (BGH wistra 01, 341). Auch sonst ist die stl Erklärungspflicht (strafrechtlich) suspendiert, wenn die Einleitung des StStrafverfahrens mitgeteilt worden ist (HansOLG Hbg NStZ 96, 537; zur Berichtigungspflicht aus § 153 vgl BGHSt 53, 210; s Rz 63). Das dem zugrunde liegende Verbot des Zwangs zur Selbstbelastung (vgl § 393 I 2 und 3) rechtfertigt jedoch für nachfolgende Besteuerungszeiträume und andere StArten weder die Nichtabgabe zutreffender noch die Abgabe unrichtiger StErklärungen (BGH wistra 01, 266; 02, 149). **73**

c) Tathandlung gem § 370 I Nr 3. Dieser Tatbestand enthält ein **Sonderdelikt für die pflichtwidrige Nichtverwendung von Steuerzeichen oder Steuerstemplern.** StZeichen und StStempler dienen dem Nachweis der Entrichtung einer geschuldeten Steuer. Eine StFestsetzung (§ 155) ist in diesen Fällen nur erforderlich, wenn die Festsetzung zu einer höheren Steuer führt (§ 167 I 2). Einziger Fall der Entrichtung durch StZeichen ist derzeit § 17 TabStG. Von der in den §§ 13, 22 RennwLottG vorgesehenen Möglichkeit der Besteuerung von Lotterien, Wetten und Ausspielungen durch Stempelzeichen hat das BMF keinen Gebrauch gemacht. Die pflichtwidrige Nichtverwendung von StZeichen oder StStemplern wird von § 370 I Nr 1 oder 2 nicht erfasst. **75**

Nach dem Wortlaut des § 370 I Nr 3 ist nur das Nichtverwenden von StZeichen und StStemplern mit Strafe bedroht. Die Vorschrift greift aber auch dann ein, wenn diese Zeichen **nicht rechtzeitig oder nicht in vorgeschriebener Höhe** verwendet werden; denn auch in diesen Fällen wird die Verwendung von StZeichen oder StStemplern pflichtwidrig unterlassen. **76**

Wertzeichenfälschung ist nicht nach § 370, sondern nach § 148 StGB strafbar. Die Wertzeichenfälschung ist StStraftat, soweit sie sich auf StZeichen bezieht (vgl § 369 I Nr 3). **77**

6. Taterfolg

Schrifttum: *Hild* Progressionsadäquate Berechnung vorsätzlicher Steuerhinterziehungsbeträge, Stbg 10, 357; *Gehm* Problemfeld Schätzung im Steuer- und Steuerstrafverfahren, NZWiSt 12, 408; *Radermacher* Umsatzsteuerjahreserklärung: Versuchte oder vollendete Steuerhinterziehung in besonderen Zustimmungsfällen gem § 168 Satz 2 AO, StBW 13, 458; *Kasiske* Tatbegriff und Zwangsmittelverbot bei wiederholter Steuerhinterziehung, HRRS 13, 115; *Wulf* Steuerhinterziehung im Beitreibungsverfahren, Stbg 13, 116; *Madauß* Statistischmathematische Methoden in Besteuerungs- und Strafverfahren, NZWiSt 14, 24; *Madauß* BGH-Beschluss vom 8.7.2014 und die Bedeutung der 3-Tagesfiktion des § 122 Abs. 2 Nr. 1 AO für die Zeitpunkte der Tatvollendung/Tatbeendigung, NZWiSt 15, 141; *Rolletschke* Anmerkung zu BGH, Beschluss v 14.3.16 – 1 StR 337/15, NZWiSt 16, 473; *Talaska* Update Abgrenzung Vollendung und Versuch, PStR 16, 42; *Ebner* Richtsatzschätzung bei „Schwarzeinkäufen" im Gastronomiegewerbe, HFR 17, 972.

80 **a) Allgemeines.** Ein Taterfolg liegt vor, wenn durch die in § 370 I bezeichneten Handlungen **Steuern verkürzt oder nicht gerechtfertigte StVorteile erlangt** wurden. Steuern sind namentlich dann verkürzt, wenn sie nicht, nicht in voller Höhe oder nicht rechtzeitig festgesetzt worden sind (§ 370 IV 1; vgl auch BGHSt 7, 336). Damit stellt das Gesetz in § 370 IV 1 die Vermögensgefährdung im Festsetzungsverfahren dem Vermögensschaden gleich (*JJR/Joecks* § 370 Rz 69). Eine StHinterziehung ist aber nicht nur im Festsetzungsverfahren möglich, sondern auch im Beitreibungsverfahren (BGH wistra 86, 26; 12, 482); die StFestsetzung spielt dann für die Frage der Tatvollendung keine Rolle. In einem solchen Fall ist die Steuer erst dann verkürzt, wenn die Ist-Einnahme hinter der Soll-Einnahme zurückbleibt (Rz 85).

81 Von der Tatvollendung ist die **Beendigung der Tat** (vgl Rz 200) zu unterscheiden. Der Beendigungszeitpunkt ist gem § 78 StGB maßgeblich für den Beginn der Verfolgungsverjährung (vgl dazu § 376) und hat Bedeutung für die Frage, bis wann noch Beihilfe zur StHinterziehung geleistet werden kann (vgl dazu Rz 216). Erst durch die Beendigung der Tat wird das Tatunrecht tatsächlich abgeschlossen (BGHSt 20, 196).

82 Bei einer zu niedrigen Schätzung ist die StVerkürzung mit der Bekanntgabe des Bescheids vollendet und auch beendet (BGH wistra 17, 73; vgl auch *Dörn* DStZ 02, 219). Ist die Schätzung zu hoch, liegt nur Versuch vor.

85 **b) Verkürzung von Steuern.** Die **StHinterziehung ist ein Erfolgsdelikt,** jedoch nicht notwendig ein Verletzungsdelikt (vgl BGH wistra 09, 114). Der Erfolg der StHinterziehung (idR die StVerkürzung) setzt im Festsetzungsverfahren nicht die wirkliche Verletzung des StAnspruchs oder die wirkliche Beeinträchtigung des StAufkommens voraus (*JJR/Joecks* § 370 Rz 69; krit *HHSp/Hellmann* § 370 AO Rz 58). Wegen der Legaldefinition des § 370 IV 1 genügt im Festsetzungsverfahren die Gefährdung des StAufkommens. Dies lässt auch die mehrfache Verwirklichung eines tatbestandlichen Erfolgs zu. In solchen Fällen ist allerdings zu prüfen, ob eine mitbestrafte Nachtat vorliegt (BGH v 10.10.2017 – 1 StR 447/14, wistra 18, 214 Rz 79ff). Tritt der tatbestandliche Erfolg nicht ein, kommt allenfalls versuchte StHinterziehung in Betracht, die ebenfalls strafbar ist (§ 370 II). Die Tatvollendung als solche wie auch der Zeitpunkt der Vollendung ist abhängig davon, ob die StStraftat sich auf eine Veranlagungssteuer oder eine Anmeldungssteuer bezieht. Außerhalb des Festsetzungsverfahrens ist eine Steuer erst dann verkürzt, wenn die Ist-Einnahme hinter der Einnahme zurückbleibt, die bei pflichtgemäßen Angaben von den FinBeh erzielt worden wäre (*JJR/Joecks* § 370 Rz 68). Die Fähigkeit zur Zahlung der geschuldeten Steuern kann daher insoweit Bedeutung erlangen.

90 **aa) Veranlagungssteuern. (1) StHinterziehung durch aktives Tun.** Bei Veranlagungssteuern ist im Festsetzungsverfahren die StHinterziehung durch aktives Tun vollendet, wenn aufgrund unrichtiger Angaben zu niedrige Festsetzungen vorgenommen werden. StVerkürzung ist das Zurückbleiben der Ist-Festsetzung hinter der Soll-Festsetzung (vgl *JJR/Joecks* § 370 Rz 34). Da bei Veranlagungssteuern die Festsetzung regelmäßig durch förmlichen Bescheid erfolgt (§§ 155, 157), ist die Tat vollendet, sobald der unrichtige StBescheid dem Stpfl bekannt gegeben wird (§ 124). Hierbei ist es unerheblich, ob das FA bei der Veranlagung den Angaben des Stpfl gefolgt ist oder eine Schätzung vorgenommen hat (vgl OLG Hamburg wistra 93, 274); dies hat lediglich Bedeutung für die Höhe der StVerkürzung.

Kausal für eine StVerkürzung sind unrichtige Angaben in einer EStErklärung auch dann, wenn von ihnen abweichende (zutreffende) Feststellungen in einem Grundlagenbescheid, dem gem § 182 I 1 Bindungswirkung zukommt, bei der StFestsetzung nicht berücksichtigt worden sind (BFH DStR 13, 1999).

Da es sich bei der **Bekanntgabefiktion des § 122 II** nach der Rspr des BFH nicht um eine Vermutung, sondern um eine gesetzliche Fiktion handelt (BFH BStBl II 01, 274; BFH/NV 02, 1409; BFH/NV 10, 818), die den Zeitpunkt des Wirksamwerdens eines StBescheids bestimmt, ist für den Zeitpunkt der Tatvollendung der Ablauf der Drei-Tages-Frist des § 122 II Nr 1 auch dann maßgeblich, wenn der StBescheid früher zugegangen ist (str; glA BGH wistra 15, 17 Rz 6; *RK/Rolletschke* § 370 AO Rz 183; *GJW/Rolletschke* § 370 AO Rz 93; MüKo-StGB-*Schmitz/Wulf* § 370 AO Rz 94 mit Nachweisen zum Streitstand). 90a

Auch eine **vorläufige StFestsetzung** (§ 165) oder eine Festsetzung unter dem **Vorbehalt der Nachprüfung** (§ 164) genügt. 91

(2) StHinterziehung durch Unterlassen. Im Fall der StHinterziehung durch Unterlassen (§ 370 I Nr 2) ist die Tat in dem Zeitpunkt **vollendet,** indem ein **Schätzungsbescheid mit zu niedrigen Festsetzungen** bekannt gegeben wird (BGH wistra 13, 65). 92

Ergeht kein Steuerbescheid, zB weil der Stpfl dem FA nicht bekannt ist, ist die StHinterziehung durch Unterlassen erst zu dem Zeitpunkt vollendet, zu dem bei ordnungsgemäßer Abgabe der StErklärung auch der unterlassende Täter spätestens veranlagt worden wäre (BGH wistra 99, 385). Nach der Rspr des BGH ist dies der Fall, wenn die **Veranlagungsarbeiten** im Veranlagungsbezirk des FA für die betr StArt im VZ im Großen und Ganzen **abgeschlossen** sind (BGHSt 30, 122; BGH v 2.10.2010 – 1 StR 544/09, BeckRS 2011, 00863, Rz 77; vgl auch BGH wistra 99, 385; NJW 81, 1970; OLG München wistra 02, 34; HansOLG Hamburg NJW 66, 843; *JJR/Joecks* § 370 Rz 57 ff mwN). Ob dies bereits der Fall ist, wenn 90% der Veranlagungen durchgeführt sind (so HansOLG Hamburg NJW 66, 843; wistra 93, 274 mit kritischer Anmerkung von *Dörn* wistra 93, 241) oder erst bei 95%, ist höchstrichterlich noch nicht abschließend geklärt. Solche Prozentwerte können aber lediglich Anhaltspunkte sein; maßgeblich sind die Verhältnisse im konkreten FA; dem Gericht steht ein Beurteilungsspielraum zu. Ebenfalls nicht abschließend geklärt ist (vgl *Rolletschke* NZWiSt 16, 473), ob der allgemeine Veranlagungsschluss im FA insgesamt oder beim zuständigen Veranlagungsbeamten maßgeblich ist. Ausgehend von der Prämisse, dass ausschlaggebend ist, wann der Stpfl bei ordnungsgemäßer Abgabe der StErklärung spätestens veranlagt worden wäre, dürfte auf den zuständigen Veranlagungsbeamten abzustellen sein (glA *Rolletschke* NZWiSt 16, 473). Wurde von den LandesFinBeh für das jeweilige FA ein allgemeiner Veranlagungsschluss festgestellt, kann dieser zugrunde gelegt werden, wenn keine Anhaltspunkte dafür bestehen, dass es beim zuständigen Veranlagungsbeamten zu erheblichen zeitlichen Abweichungen gekommen ist. 92a

Vom Ablauf der Erklärungsfrist bis zum Abschluss der Veranlagungsarbeiten liegt, wenn vorher kein Schätzungsbescheid ergeht, **lediglich versuchte StHinterziehung** (§ 370 II) vor. Ergeht ein Schätzungsbescheid erst nach dem allgemeinen Abschluss der Veranlagungsarbeiten, ist die StHinterziehung durch Unterlassen bereits beim allgemeinen Veranlagungsschluss vollendet (vgl BGH BStBl I 56, 441; BGH NJW 89, 1615; BGH HFR 91, 727; 92, 311; OLG Celle MDR 65, 504). 92b

In einer Entscheidung aus dem Jahr 2011 (wistra 12, 484) hat der BGH erwogen, für die Frage der Vollendung bei Unterlassungstaten nicht nur auf die Verhältnisse im FA, sondern auch auf die konkreten steuerlichen Verhältnisse des Stpfl abzustellen. Dabei hat er es für sachgerecht erachtet, jedenfalls bei einfach gelagerten Sachverhalten grds von einer *Bearbeitungsdauer von längstens einem Jahr* auszugehen, mit der Folge, dass Unterlassungstaten dann auch bereits vollendet wären. Die Annahme eines (bundesweit) einheitlichen Zeitraums von einem Jahr vom Ver- 92c suchsbeginn bis zur Tatvollendung hätte den Vorteil, dass der Vollendungszeitpunkt klarer vorhersehbar wäre und zudem StHinterzieher unabhängig von dem für sie zuständigen FA für die Frage der Tatvollendung gleich behandelt würden. Voraussetzung hierfür wären jedoch aussagekräftige Erhebungen zur Bearbeitungsdauer für StErklärungen der einzelnen StArten.

93 **(3) Eintritt des Taterfolgs.** Der Taterfolg ist eingetreten, wenn die Steuer **nicht, nicht in voller Höhe oder nicht rechtzeitig festgesetzt** wird (vgl § 370 IV 1). Das bedeutet, dass bereits die zu niedrige Festsetzung der Steuer den Verkürzungserfolg eintreten lässt, auch wenn der Fälligkeitstermin zu diesem Zeitpunkt noch nicht verstrichen ist. Zur tat- und schuldgerechten Aufteilung der StVerkürzung auf mehrere Personen s *JJR/Joecks* § 370 Rz 85 ff; zur umstr Frage der StHinterziehung trotz überschießender Anrechnungsbeträge vgl *Rolletschke* wistra 09, 332 und *Wulf* Stbg 09, 133.

94 **Ob und in welchem Umfang eine StVerkürzung eingetreten ist,** ergibt sich aus dem Vergleich zwischen der festgesetzten und der bei wahrheitsgemäßen Angaben geschuldeten Steuer (vgl BGH wistra 86, 23). Dabei bestimmt sich die geschuldete Steuer anhand der festgestellten Besteuerungsgrundlagen nach materiellem StRecht, während sich die Ermittlung der Besteuerungsgrundlagen nach strafprozessualen und nicht steuerrechtlichen Verfahrens- und Beweisgrundsätzen einschl gesetzlicher Vermutungen richtet. Dies kann im Besteuerungsverfahren bzw finanzgerichtlichen Verfahren und im Strafverfahren zu unterschiedlichen Ergebnissen über die Höhe der geschuldeten Steuern führen. Eine Bindung an bestandskräftige StBescheide besteht nicht. Werden die Auswirkungen auf das StAufkommen dadurch vermindert, dass ein zur Verdeckung der wirtschaftlichen Tätigkeit eines Hintermannes vorgeschobener Dritter Umsätze oder Einkünfte des Hintermannes stl als eigene erklärt, mindert dies die durch den Hintermann bewirkte StVerkürzung nicht; es kann aber im Rahmen der Strafzumessung Bedeutung erlangen. Ist bei StHinterziehung durch Unterlassen bis zum Zeitpunkt der Tatvollendung (Rz 92) kein StBescheid ergangen, ist die geschuldete Steuer in vollem Umfang verkürzt.

95 Auch **Art 190 I UZK** hat im Strafverfahren keine Geltung (vgl zu Art 70 I ZK BGH wistra 87, 292). Nach dieser Vorschrift soll aus Erleichterungsgründen abgabenrechtl der Einwand abgeschnitten werden, dass der nicht geprüfte Teil einer Ware von anderer und zollrechtl günstigerer Beschaffenheit sei, als die zur Probeuntersuchung entnommene Ware (BFHE 112, 93). Nur dann, wenn der Zollbeteiligte nachweist, dass der nicht geprüfte Teil der Ware anders beschaffen ist, ist die Vermutung des Art 190 I UZK zollrechtl als widerlegt anzusehen. Der Anwendbarkeit dieser Vorschrift im Strafprozess steht der dort geltende Grundsatz der freien Beweiswürdigung (§ 261 StPO) entgegen. Zur Bedeutung steuerlicher Beweislastregeln iÜ s *JJR/Joecks* § 370 Rz 74 ff.

96 **(4) Feststellung des Taterfolgs aufgrund einer Schätzung.** Die **Schätzung von Besteuerungsgrundlagen** ist nicht nur im Besteuerungsverfahren (§ 162), sondern auch im StStrafverfahren (§ 261 StPO) zulässig, wenn zwar feststeht, dass der Stpfl einen Besteuerungstatbestand erfüllt hat, aber ungewiss ist, welches Ausmaß die Besteuerungsgrundlagen haben (stRspr; vgl BGH HFR 17, 970 Rz 14; BGH NStZ 16, 728; wistra 14, 276; 92, 147; 86, 65). Bei der Entscheidung, welche Schätzungsmethode dem vorgegebenen Ziel, der Wirklichkeit durch Wahrscheinlichkeitsüberlegungen möglichst nahe zu kommen, am besten gerecht wird, kommt dem Tatgericht ein Beurteilungsspielraum zu (vgl BGH wistra 92, 147; 10, 148). Eine Schätzung ist unumgänglich, wenn über kriminelle Geschäfte keine Belege oder Aufzeichnungen vorhanden sind. In Fällen dieser Art hat der Tatrichter einen als erwiesen angesehenen Mindestschuldumfang festzustellen (BGH NStZ 10, 635, 636; StV 04, 578; NStZ 99, 581). Eine Schätzung ist auch bei Serientaten zulässig, wenn sich die Verteilung des Gesamtschadens auf die Einzelakte einer genauen Feststellung entzieht (BGH NStZ 10, 635).

Die **Schätzung obliegt dem Tatrichter.** Schätzungen der FinBeh darf er nur dann übernehmen, wenn er selbst von ihrer Richtigkeit unter Berücksichtigung der vom Besteuerungsverfahren abweichenden strafrechtlichen Verfahrensgrundsätze überzeugt ist (stRspr; vgl BGH v 13.7.2011 – 1 StR 154/11, BeckRS 2011, 19806; BGH wistra 11, 28; 10, 228; 07, 470; 92, 147; NStZ 07, 589; vgl auch *Joecks* wistra 90, 54; *JJR/Joecks* § 370 Rz 79 ff). Bei der Schätzung darf der Tatrichter auf steuerrechtliche Schätzungsmethoden zurückgreifen, wenn die **Verfahrensgrundsätze des Strafprozesses** gewahrt werden (vgl *Jäger* StraFo 06, 477 mwN). Er darf aber weder Betriebsprüfungs- oder Fahndungsberichte (BGH wistra 04, 185) noch das Berechnungsergebnis eines als Zeugen gehörten Finanzbeamten ungeprüft übernehmen noch darf er auf solche Beweismittel in den Urteilsgründen lediglich verweisen (BGH wistra 97, 302). In Betracht kommt aber der Rückgriff auf Steufa-Beamte, soweit diese als Zeugen etwa über das Ergebnis von Durchsuchungen, Betriebsprüfungen oder stl Sonderprüfungen berichten können. Es bedarf dann – etwa soweit die Höhe von unrechtmäßig geltend gemachten Vorsteuerbeträgen in Rede steht – nicht in jedem Fall der Verlesung der einzelnen Rechnungen oder Quittungen (BGH v 7.9.2017 – 1 StR 186/17, wistra 18, 91). Keinesfalls zulässig ist die Übernahme sog Sicherheitszuschläge durch die FinBeh bei nicht ordnungsgemäßer Buchführung. Ist der Gewinn gem § 4 EStG aufgrund einer Schätzung zu ermitteln, muss zunächst die Gewinnermittlungsmethode festgestellt werden, denn zu schätzen sind nicht die verkürzten Steuern, sondern die je nach Gewinnermittlungsmethode maßgeblichen Besteuerungsgrundlagen (BGH wistra 12, 29, 36, Rz 117). Zur Berechnung der StVerkürzung bei Ehegatten, die nicht als Mittäter handeln, s BayObLG NStZ 01, 318. 96a

Erweist sich eine konkrete Ermittlung als nicht möglich und kommen ausgehend von der vorhandenen Tatsachenbasis andere Schätzungsmethoden nicht in Betracht, darf der Tatrichter die Besteuerungsgrundlagen auch pauschal (vgl BGH v 10.8.2016 – 1 StR 233/16, ZWH 17, 133 = BeckRS 2016, 17112) und gestützt auf die **Richtsatzsammlung des BMF** schätzen (BGH NStZ 16, 728; wistra 15, 63 Rz 10; wistra 14, 276; 11, 28; 07, 345). Eine solche Vorgehensweise ist regelmäßig dann erforderlich, wenn Buchhaltungsunterlagen völlig fehlen. Bei der Ermittlung der Rohgewinnaufschläge muss sich der Tatrichter nicht an den untersten Werten der in der Richtsatzsammlung angegebenen Spannen orientieren, wenn konkrete Anhaltspunkte für eine positivere Ertragslage gegeben sind (BGH wistra 11, 28). Auch bei Zugrundelegung des Mittelsatzes aus der amtlichen Richtsatzsammlung muss der Tatrichter in den Urteilsgründen ausführen, aufgrund welcher Anknüpfungstatsachen er davon überzeugt ist, dass es sich um einen Betrieb handelt, bei dem jedenfalls dieser Mittelsatz erreicht ist (BGH HFR 17, 970 Rz 17). Jedenfalls müssen auch bei einer Schätzung nach der Richtsatzsammlung des BMF die festgestellten Umstände des Einzelfalls in den Blick genommen werden. Der Tatrichter muss erkennen lassen, dass er die örtlichen Verhältnisse und – soweit vorhanden – die Besonderheiten des Gewerbebetriebes in den Blick genommen hat (BGH HFR 17, 970 Rz 17). Soweit Zweifel verbleiben, darf der Tatrichter aber andererseits auch nicht ohne Weiteres einen als wahrscheinlich angesehenen Wert aus der Richtsatzsammlung zugrunde legen, sondern muss einen als erwiesen angesehenen Mindestschuldumfang feststellen (BGH HFR 17, 970 Rz 17; BGH NStZ 16, 728). Zur Schätzung bei StHinterziehungen im Taxigewerbe vgl BGH NStZ 16, 728. 96b

(5) Bestimmung des Schuldumfangs. Bei der LSt-Hinterziehung sind für die Berechnung der StVerkürzung die den tatsächlichen persönlichen Besteuerungsmerkmalen der ArbN entsprechenden Lohnsteuerklassen (§ 38b EStG) zugrunde zu legen. Zur Ermittlung der Bemessungsgrundlagen für die Berechnung hinterzogener LSt (und vorenthaltener Sozialversicherungsbeiträge) ist die Schätzung der Lohnsumme unter Anwendung eines Prozentsatzes bezogen auf den Nettoumsatz eines Unternehmens dann zulässig, wenn keine anderweitig verlässlichen 97

Beweismittel zur Verfügung stehen oder nur mit unverhältnismäßigem Aufwand und ohne nennenswerten zusätzlichen Erkenntnisgewinn zu beschaffen sind. Solange der ArbN dem ArbG schuldhaft den Abruf der elektronischen Lohnsteuerabzugsmerkmale nicht ermöglicht, ist die LSt nach der Steuerklasse VI zu ermitteln (§ 39c I 1 EStG; vgl zur mittlerweile abgeschafften Lohnsteuerkarte BGH wistra 86, 23). Die LSt-Klasse VI ist auch bei ArbN, die nebeneinander von mehreren ArbG Arbeitslohn beziehen, für die Einbehaltung der LSt aus dem zweiten und aus weiteren Dienstverhältnissen zugrunde zu legen. Die Regelung des § 39c EStG gilt jedoch nur für die Durchführung des laufenden LSt-Abzugs im jeweiligen Kj. Zur Strafzumessung bei LSt-Hinterziehung s Rz 412.

98 Wirken im Rahmen einer **Schwarzlohnvereinbarung** ArbG und ArbN zum Zwecke der LSt-Hinterziehung einverständlich zusammen, so liegt in der Vereinbarung, dass ein bestimmtes Arbeitsentgelt voll und ohne Abzüge ausgezahlt wird, keine Nettolohnabrede (BGHSt 38, 285, BGH wistra 93, 148; BFH BStBl 92, 113). Der BGH hat seine früher anders lautende Rspr (BGHSt 36, 166) aufgegeben, nachdem der BFH seine Rspr entsprechend geändert hat. Für die Beitragsverkürzung gem § 266a StGB gilt dagegen aufgrund der ausdrücklichen gesetzlichen Regelung in § 14 II 2 SGB IV bei Schwarzlohnvereinbarungen eine Nettolohnabrede als vereinbart (BGH wistra 09, 107 mit Anm *Röthlein* wistra 09, 113 zu Fragen der Schätzung). In solchen Fällen kann daher die Bemessungsgrundlage der LSt von der für die Sozialversicherungsbeiträge maßgeblichen abweichen. Im *Bereich des lohnintensiven Baugewerbes* sind bei illegalen Beschäftigungsverhältnissen Lohnquoten von zwei Dritteln des Nettoumsatzes möglich; diese können auch durch Schätzung bestimmt werden (BGH NStZ 10, 635, 636; wistra 09, 107; NStZ-RR 16, 244; vgl auch FG Köln EFG 13, 654). Die Schätzung kann sich auch auf den anzuwendenden LSt-Satz beziehen (BGH NStZ 11, 645). Bei der Ermittlung der Schwarzlohnsumme darf allerdings nicht vorschnell auf eine Schätzung der Lohnquote in Form eines Anteils an der Nettolohnsumme ausgewichen werden, wenn eine tatsachenfundierte Berechnung anhand der bereits vorliegenden und der erhebbaren Beweismittel möglich erscheint (BGH NStZ 10, 635).

99 Der auch für die **Strafzumessung bei Hinterziehung von Lohnsteuer** maßgebliche Umfang der StVerkürzung bestimmt sich bei Schwarzlohnvereinbarungen allein nach der StKlasse VI (BGHSt 56, 153; anders noch BGH wistra 01, 22 und wistra 97, 187; s auch Rz 466); dazu näher Rz 412.

100 Bei **verdeckten Parteispenden** hängt die Höhe der Verkürzung der ESt nicht davon ab, ob die Leistung die Partei ungekürzt erreicht (BGH wistra 87, 139).

101 **Die Höhe einer StVerkürzung als Folge einer verdeckten Gewinnausschüttung** ist, soweit in Altfällen noch das Anrechnungsverfahren anzuwenden ist, zunächst auf der Ebene der ausschüttenden Körperschaft und dann auf der Ebene des Begünstigten zu ermitteln (ausführlich *Hardtke* StHinterziehung durch verdeckte Gewinnausschüttung, 1995, S 66 ff). Hierbei konnte früher auf die Gliederung des verwendbaren Eigenkapitals grds nicht verzichtet werden (BGH NStZ 08, 412; vgl auch BGH wistra 09, 68). Seit Abschaffung des Anrechnungsverfahrens bedarf es dieser Vorgehensweise nicht mehr (s auch Rz 420 ff).

102 Zu den notwendigen tatrichterlichen Feststellungen bei einer Verurteilung wegen **Körperschaftsteuerhinterziehung** s BGH wistra 93, 109.

103 Zur Verkürzung von **Grunderwerbsteuer** s BGH NStZ 09, 273, von **Schenkungsteuer** s BGHSt 56, 298, 312, BGH wistra 13, 471 sowie BGH NZWiSt 15, 290 und von **Erbschaftsteuer** s BGH wistra 08, 22.

104 Zur Frage, ob man eine StHinterziehung bezogen auf Zinseinnahmen begehen kann, obwohl **Kapitalertragsteuer** einbehalten und abgeführt worden ist, vgl BFH BStBl II, 08, 659 und BFH/NV 08, 1391 mit Anm *Wulf* Stbg 09, 133; allgemein zur Bedeutung von **Steueranrechnungsbeträgen** für die Frage des Verkürzungsumfangs bei StHinterziehung s *JJR/Joecks* § 370 Rz 67 und *RK/Rolletschke* § 370 AO Rz 230 ff. Bei der Verkürzung von ESt durch Hin-

terziehung von **ESt-Vorauszahlungen** bemisst sich der Hinterziehungsumfang anhand von § 37 III 2 EStG materiell nach der zutreffenden Veranlagung, nicht rein formell in Anknüpfung an eine durch unrichtige Angaben erwirkte zu niedrige ESt-Festsetzung (vgl *Pflaum* wistra 18, 47, 48).

bb) Anmeldungssteuern. Da es sich bei § 370 um ein Erklärungsdelikt han- 105
delt, kommt es bei Fälligkeitssteuern – jedenfalls soweit sie, wie bei der USt (vgl § 18 I, III UStG), als **Anmeldungssteuern** ausgestaltet sind – nicht auf die Fälligkeit der Zahlung, sondern der StAnmeldung (vgl § 150 I 3) an, bei der der Stpfl die Steuer selbst zu berechnen hat. Liegt die StAnmeldung zum Fälligkeitszeitpunkt nicht vor, ist eine *StHinterziehung durch Unterlassen* (§ 370 I Nr 2) gegeben. Dies gilt für USt-Voranmeldungen (§ 18 I UStG) und USt-Jahreserklärungen (§ 18 III UStG) in gleicher Weise. Mit Ablauf der Abgabefrist ist die USt verkürzt (§ 370 IV 1), da die USt-Erklärung als StAnmeldung (§ 18 III 1 UStG) einer StFestsetzung unter Vorbehalt der Nachprüfung gleichsteht (§ 168 S 1). Gibt der Stpfl keine Erklärung ab oder reicht er die Erklärung verspätet ein, liegt eine vollendete Hinterziehung mit Fristablauf auch dann vor, wenn die FinBeh später eine StFestsetzung im Wege der Schätzung nach § 162 vornimmt. Die Tatvollendung tritt erst mit dem vollständigen Verstreichen der Abgabefrist und nicht schon im Laufe des letzten Tages der Erklärungsfrist ein (BGH wistra 11, 346). Dies hat, da die Tat zugleich beendet ist (Rz 200), Bedeutung für den Verjährungsbeginn. Eine etwaige, durch die Abgabe einer unrichtigen Anmeldung nach Ablauf der Erklärungsfrist durch aktives Tun (§ 370 I Nr 1) begangene StHinterziehung wäre deshalb eine neue Tat; sie stünde mit der Unterlassungstat (§ 370 I Nr 2) auch nicht in Tateinheit (vgl BGH wistra 09, 189).

Wird eine **StAnmeldung** – zB eine USt-Voranmeldung – rechtzeitig, aber **mit** 106
unrichtigem Inhalt beim FA eingereicht, ist zu differenzieren: Ergibt sich aufgrund der StAnmeldung eine Herabsetzung der bisher zu entrichtenden Steuer oder eine **Steuervergütung,** ist die StHinterziehung gem § 168 S 2 erst mit der Bekanntgabe der Zustimmung der FinBeh vollendet (vgl BGH wistra 14, 486; 13, 463; BGH NZWiSt 16, 350 und BGH wistra 18, 257 Rz 22). Dies ist zB bei einer unrichtigen USt-Voranmeldung der Fall, die (scheinbar) zu einem USt-Erstattungsanspruch führt (BGH wistra 00, 219; 88, 355). Im Falle der Zustimmung tritt die Tatvollendung selbst dann ein, wenn die FinBeh die Unrichtigkeit der StAnmeldung erkannt und lediglich aus ermittlungstaktischen Gründen zugestimmt hat (BGH wistra 13, 107). Eine USt-Jahreserklärung bedarf immer dann der Zustimmung gem § 168 S 2, wenn sie auf eine StVergütung gerichtet ist. Dies gilt auch dann, wenn der Saldo zwischen der Steuer aufgrund der Jahreserklärung und der vorangemeldeten Steuer positiv ist und deshalb zu einer StNachzahlung führt (vgl *Offenhaus/Söhn/Lange/Hildesheim* UStG, § 18 Rz 131; *Plückebaum/Malitzky/Widmann/Raudszus* UStG, § 18 Rz 77). In sonstigen Fällen liegt, wenn die StAnmeldung zu einer **Zahllast** führt, die aber zu niedrig ist, eine StHinterziehung durch aktives Tun (§ 370 I Nr 1) vor, da dann die StAnmeldung einer StFestsetzung unter Vorbehalt der Nachprüfung (§ 164) gleichsteht (vgl § 168 S 1). Maßgebend für den Eintritt der Verkürzung ist der Eingang bei der FinBeh (AEAO zu § 168 Nr 1 S 1). Bei Anmeldungssteuern liegt eine StVerkürzung sogar dann vor, wenn der Stpfl den Betrag zwar zahlt, aber keine Anmeldung einreicht (vgl *Franzen* DStR 65, 190). Um eine revisionsgerichtliche Nachprüfung zu ermöglichen, ob und ggf wann bei Einreichung einer unrichtigen StAnmeldung Tatvollendung eingetreten ist, müssen die Urteilsgründe genaue Angaben zum Inhalt der StAnmeldung und zu einer ggf erteilten Zustimmung des Finanzamts enthalten (vgl BGH v 5.6.2013 – 1 StR 64/13, BeckRS 2013, 10568).

Auch bei **geringfügigen Erstattungsbeträgen** bedürfen StAnmeldungen der 106a
Zustimmung durch die FinBeh, um einer Festsetzung gleichzustehen (§ 168 S 2). Weder die KleinbetragsVO noch eine Verwaltungspraxis, Erstattungsbeträgen bis zu 2500 € regelmäßig die Zustimmung zu erteilen und Beträge unter einem Euro

nicht auszuzahlen, können die Zustimmung der FinBeh ersetzen (BGH wistra 13, 463).

107 Von der Vollendung zu unterscheiden ist der Zeitpunkt der **Beendigung** der Tat (Rz 200), der vor allem für den Beginn der Verfolgungsverjährung von Bedeutung ist (§ 78a StGB). Der Umstand, dass der geschuldete StBetrag ggf nach § 14c II 3 UStG berichtigt werden kann, schiebt den Zeitpunkt der Beendigung der USt-Hinterziehung nicht hinaus (BayObLG wistra 02, 231). Wenn der Hinterzieher sein Tun weiterführt, um ihren Erfolg zu sichern, endet die StHinterziehung erst, wenn der erstrebte stl Vorteil gesichert ist.

108 **cc) Verkürzung von Einfuhrabgaben.** Bei Einfuhrabgaben erfolgt die Festsetzung nicht durch StBescheid, sondern durch **buchmäßige Erfassung** (vgl Art 104 I UZK, der Art 217 I ZK abgelöst hat) in Form der Eintragung in die Bücher oder in sonstige stattdessen verwendete Unterlagen durch die Zollbehörden (vgl EuGH ZfZ 13, 15). Nach der Erfassung wird der Abgabenbetrag dem Abgabenschuldner in geeigneter Form mitgeteilt (vgl Art 102 I UZK als Nachfolgevorschrift zu Art 221 ZK). Die Hinterziehung von Einfuhrabgaben ist daher vollendet, wenn die Einfuhrabgaben nicht, nicht rechtzeitig oder in nicht in voller Höhe buchmäßig erfasst werden (§ 370 IV 1 AO).

110 **dd) Steuerverkürzung auf Zeit.** Das Gesetz stellt die StVerkürzung auf Zeit („nicht rechtzeitig") tatbestandlich der StVerkürzung auf Dauer („nicht festgesetzt") ausdrücklich gleich. Der Unterschied liegt damit nicht in einer mengenmäßigen Verringerung des StErtrags, sondern lediglich darin, dass die **zeitliche Verkürzung** als Dauerschaden nur einen Verspätungsschaden bewirkt (ausführlich *JJR/Joecks* § 370 Rz 110ff; *HHSp/Hellmann* § 370 AO Rz 61). Dieser Unterschied ist allerdings nicht für die Tatbestandsmäßigkeit der StHinterziehung, sondern nur für die Strafzumessung und in bestimmten Fällen auch für die Konkurrenzen von Bedeutung.

111 Die **Abgabe falscher USt-Voranmeldungen** bewirkt ebenso wie deren Nichtabgabe eine StVerkürzung auf Zeit. Dabei tritt die Verkürzung bereits nach Ablauf des Voranmeldungszeitraums ein. Der Verspätungsschaden beschränkt sich in diesen Fällen der Höhe nach auf den Zinsverlust (BGH wistra 97, 186; 98, 67; 02, 185); denn erst die Abgabe der falschen Jahreserklärung bewirkt die endgültige StVerkürzung (BGH wistra 98, 67, HFR 97, 106). Dies bedeutet aber nicht, dass bei einer Hinterziehung auf Zeit der tatbestandsmäßige Erfolg lediglich in der Höhe der Hinterziehungszinsen zu erblicken wäre. Der Umfang der verkürzten Steuern oder ungerechtfertigt erlangten StVorteile bemisst sich vielmehr auch dann nach dem Nominalbetrag, wenn die Tathandlung in der pflichtwidrigen Nichtabgabe oder der Abgabe einer unrichtigen USt-Voranmeldung besteht (BGHSt 53, 221). Nach neuer Rspr des BGH ist das Verhältnis zwischen USt-Voranmeldungen und USt-Jahreserklärung eines der Gesetzeskonkurrenz in Form der mitbestraften Vortaten (s Rz 248; BGH v 13.7.2017 – 1 StR 536/16, wistra 18, 43, Rz 50). Unrichtige USt-Voranmeldungen sind daher regelmäßig durch die Aburteilung der zugehörigen USt-Jahreserklärung mitbestraft. Einer Verfahrensbeschränkung gem § 154a StPO, wie sie nach der bisherigen Rspr (vgl BGH wistra 02, 185; BGHSt 49, 359, 365; 53, 221, 228 Rz 32) in Betracht kam, bedarf es somit idR nicht mehr.

112 Die **Nachreichung** der Voranmeldung (vgl § 371 IIa) kann ebenso wie die Einreichung einer zutreffenden Jahreserklärung (vgl dazu *JJR/Joecks* § 370 Rz 248) eine Selbstanzeige sein (vgl BGH wistra 99, 29; § 371 Rz 80).

c) Erlangung nicht gerechtfertigter Steuervorteile

Schrifttum: *Wittig* Die Rechtsprechung zur Steuerhinterziehung durch Erlangen eines unrichtigen Feststellungsbescheids, ZIS 11, 660; *Wulf* Unrichtige Feststellungsbescheide als Taterfolg der Steuerhinterziehung? Stbg 11, 418; *Madauß* Der nicht gerechtfertigte Steuervorteil durch einen (Verlust)Feststellungsbescheid und dessen Bewertung im Rahmen der Strafzumessung, NZWiSt 13, 131; *Wittig* Zu den verfassungsrechtlichen Anforderungen an die Steuerhinterziehung durch Erlangen eines unrichtigen Feststellungsbescheids, HRRS 13, 393; *Joecks* Erschleichung von Steuervorteilen und Bezifferungsverbot, SAM 14, 78; *Langel/Stumm* Steuerverkürzung und Erlangung nicht gerechtfertigter Steuervorteile, DB 15, 2720; *Lemmer* Steuerhinterziehung durch ertragsteuerliche Verlustfeststellung – Lösungsmodelle praktisch bedeutsamer Fallkonstellationen, NZWiSt 16, 427; *Beyer* Steuerhinterziehung: Taterfolg bei steuerlichen Grundlagen- und Folgebescheiden, NZWiSt 17, 172.

Der Begriff des Steuervorteils wird im Gesetz nicht definiert (vgl aber BGHSt 25, 190, 202). § 370 IV 2 stellt lediglich klar, dass jedenfalls StVergütungen, die aufgrund eines steuerrechtl erheblichen Verhaltens dem Täter zu Unrecht gewährt oder belassen wurden, StVorteile darstellen. Die Vergütung von Vorsteuern ist damit ein StVorteil (BGHSt 36, 100; ferner BGHSt 40, 109). Unerheblich ist, ob es zu einer Auszahlung oder zu einer Verrechnung des Erstattungsbetrags kommt (vgl BGH wistra 12, 191). Auch der Bezug von Kindergeld als StVergütung (§ 31 S 3 EStG) ist StVorteil (BFH BStBl 17, 997 = BFH/NV 17, 1387; KG Bln NZWiSt 17, 355). **120**

Für die Annahme eines StVorteils ist es **nicht erforderlich,** dass der Vorteil **in Form eines Verwaltungsaktes** gewährt wird; auch die Niederschlagung nach § 261 oder die Einstellung der Vollstreckung nach § 258 kann ein StVorteil sein. Im Beitreibungsverfahren kann die Hingabe eines ungedeckten Schecks StHinterziehung in Form der Vorteilserschleichung sein, wenn die FinBeh dadurch veranlasst wird, von sonst Erfolg versprechenden Vollstreckungsmaßnahmen abzusehen. Dies gilt auch dann, wenn der Stpfl erst nach Hingabe des Schecks den Entschluss fasst, das Guthaben anderweitig zu verwenden. **121**

Ein **unrichtiger Feststellungsbescheid** zur einheitlichen und gesonderten Feststellung des Gewinns (§ 180) ist ebenfalls StVorteil (BGH wistra 09, 114 mit Anm *Jope* DStZ 09, 247; BGHSt 58, 50; BFH wistra 14, 151; *Hardtke* AO-StB 02, 92; *Hardtke/Leip* NStZ 96, 217, 219; aA *Beckemper* NStZ 02, 518, 520; *HHSp/Hellmann* § 370 AO Rz 299 ff; *Sorgenfrei* wistra 06, 370); denn der Feststellungsbescheid stellt einen Grundlagenbescheid (§ 171 X) dar und ist für die Folgebescheide bindend (§ 182 I 1). Der Annahme der Erlangung eines StVorteils bereits mit dem Feststellungsbescheid steht nicht entgegen, dass der Bescheid erst die Grundlage für die Berechnung der StSchuld bildet (BGH wistra 09, 114), sodass die beabsichtigte StVerkürzung erst mit der Festsetzung der unrichtigen Steuer im Folgebescheid bewirkt wird (BGH wistra 84, 142) und die Tat erst mit Bekanntgabe des Folgebescheids beendet ist. Auch ist eine betragsmäßige Bestimmung des Verkürzungserfolges nicht Voraussetzung der Tatbestandsmäßigkeit; denn für die Tatbestandsverwirklichung reicht die im Hinblick auf die Bindungswirkung des Feststellungsbescheids gegebene konkrete Gefährdung des StAnspruchs aus (BGH wistra 09, 114; *Hardtke* aaO; aA *Beckemper* aaO). Bei überhöhten Verlusten besteht der StVorteil in der Höhe der Verluste, die dem Stpfl zu Unrecht zugewiesen wurden, also in der Differenz zwischen den Verlusten, welche die FinBeh bei Kenntnis des wahren Sachverhalts anerkannt hätte, und den tatsächlich festgestellten Verlusten (*Patzelt* Ungerechtfertigte StVorteile und Verlustabzug im StStrafrecht, S 109). Die Feststellung eines zu hohen vortragsfähigen **Gewerbeverlusts** (§ 10a GewStG) ist ebenfalls nicht gerechtfertigter StVorteil iSd § 370 I AO (BGH v 2.11.2010 – 1 StR 544/09, BeckRS 2011, 00863 Rz 94 mit Anm *Meyberg* PStR 11, 31; vgl auch FG Mchn EFG 10, 1924). Dasselbe gilt für einen unrichtigen GewSt-Messbescheid (BGH NZWiSt 17, 66). *Langel/Stumm* vertreten unter Hinweis auf Rspr des BFH (wistra 13, 238) die Auffassung, dass die spätere „Nutzung" eines zu hoch festgestellten steuerlichen Verlusts wegen der Bindungswirkung eines bestandskräftigen Verlustfeststellungsbescheids keine weitere StHinterziehung darstelle (DB 15, 2720, 2723). **122**

Die Gewährung einer **Wiedereinsetzung in den vorigen Stand** (§ 110 AO) sowie die **Fristverlängerung** für die Abgabe der StErklärung (§ 109 AO) können **123** ebenfalls einen StVorteil bilden (vgl *JJR/Joecks* § 370 Rz 143; *Schützeberg* PStR 10, 95; aA für die Wiedereinsetzung OLG Hamm wistra 09, 80; *Weidemann* PStR 10, 143; zweifelnd *Kohlmann/Ransiek* § 370 AO Rz 433), wenn von dem Ergebnis des Verfahrens Grund, Höhe oder Fälligkeit einer StSchuld oder die Gewährung einer StVergütung abhängen können (*JJR/Joecks* aaO). Schwierig ist in diesen Fällen die betragsmäßige Bestimmung des StVorteils. Wegen der sich aus § 110 FGO ergebenden Bindungswirkung können auch auf unrichtigen Angaben beruhende finanzgerichtliche Entscheidungen einen nicht gerechtfertigten StVorteil herbeiführen (*Rolletschke* NZWiSt 13, 32).

124 **Weitere Beispiele für StVorteile:** Gewährung einer StBefreiung, Bildung eines LSt-Abzugsmerkmals in Form eines StFreibetrags, Herabsetzung einer StVorauszahlung (vgl OLG Stuttgart wistra 87, 263), Stundung einer Steuer (*JJR/Joecks* § 370 Rz 140). Zur Frage der StHinterziehung bei Erschleichung der Belassung eines offenen Mineralölsteuerlagers vgl BGH NStZ 15, 466 sowie zu § 9 MinöStG aF BGH wistra 93, 66. Vgl auch die Beispiele bei *Kohlmann/Ransiek* § 370 AO Rz 436.

125 **Der Vorteil darf nicht gerechtfertigt sein.** Ungerechtfertigt ist der Vorteil, wenn der Sachverhalt, der nach dem Gesetz die Voraussetzung für die Gewährung bildet, nicht vorliegt (*Kohlmann/Ransiek* § 370 AO Rz 440). Bei Vorteilen, deren Gewährung im Ermessen der FinBeh liegt (zB Stundung), ist der Vorteil stets ungerechtfertigt, wenn er aufgrund unrichtiger Angaben bewilligt wurde (BGHSt 25, 202).

7. Vorteilsausgleichsverbot (Kompensationsverbot)

Schrifttum: *Madauß* Kompensationsverbot bei Vorsteuern und die gesetzliche Neuregelung der Selbstanzeige – §§ 371 Abs 2 Nr 1, 398a, NZWiSt 12, 456; *Bülte* Das Kompensationsverbot: ein originär strafrechtliches Rechtsinstitut des Steuerstrafrechts, NZWiSt 16, 1 und 52; *Böhme* Das strafrechtliche Kompensationsverbot in der Umsatzsteuer, 2018.

130 **Ob die Steuer aus anderen Gründen hätte ermäßigt** oder der StVorteil aus anderen Gründen hätte beansprucht **werden können,** ist für die Beurteilung der Tat unerheblich (§ 370 IV 3). „Andere Gründe" sind Tatsachen, auf die sich der Täter zur Rechtfertigung seines Verhaltens im Strafverfahren beruft, obwohl er sie im Besteuerungsverfahren nicht vorgebracht hat, und die – hätte er sie dem FA vorgetragen – eine Ermäßigung der StSchuld begründet hätten (BGH wistra 87, 139). Es kommt also nicht darauf an, ob die aufgrund der unrichtigen Angaben festgesetzte Steuer der nach dem Gesetz geschuldeten tatsächlich entspricht. Ist dies der Fall, führt die Anwendung des Kompensationsverbots zur Bestrafung einer an sich versuchten Tat als vollendete. Bei bloßer abweichender rechtlicher Beurteilung ein und desselben Vorgangs greift das Kompensationsverbot nicht ein.

130a Der das Kompensationsverbot legitimierende **Zweck** ist nicht abschließend geklärt. Prozessökonomische Gründe allein dürften jedenfalls nach heutigem Rechtsverständnis für eine Rechtfertigung nicht mehr ausreichen. Etwas anders gilt für die Gefährdung des StAufkommens, die dann besteht, wenn die Ermäßigungsgründe später isoliert nachgeschoben werden können (vgl *Böhme* aaO, S 90 ff).

131 Die besondere **Bedeutung** des Abs 4 S 3 für die Praxis liegt darin, dass der Strafrichter zur Feststellung des tatbestandlichen Hinterziehungsumfangs nicht den gesamten StFall darauf überprüfen muss, ob sich nicht evtl aus bisher nicht berücksichtigten Umständen eine StErmäßigung ergibt, die den durch die Hinterziehung erzielten Vorteil wieder egalisiert (vgl BGH BStBl 61 I, 495). Eine besondere Vereinfachung des Strafverfahrens ergibt sich daraus jedoch nicht, wenn die Ermäßigungsgründe einen für die Strafzumessung relevanten Umfang erreichen (s dazu Rz 139).

132 Bei der **Hinterziehung von Umsatzsteuer** sind unterlassene Vorsteuerabzüge nach der bisherigen Rspr des BGH ein „anderer Grund" iSd Abs 4 S 3 (BGH GA 78, 278; GA 78, 307; wistra 96, 106; krit *JJR/Joecks* § 370 Rz 98 ff; vgl auch BFH

BStBl 94, 438). Im Hinblick auf die neuere Rspr des EuGH zum Zusammenhang von USt und Vorsteuer (vgl *Böhme* aaO S 172 ff) wird diese Rspr aber einer Überprüfung zu unterziehen sein. Anlass dazu könnte etwa das beim BFH anhängige Revisionsverfahren BGH 1 StR 642/17 geben. Jedenfalls sind die nicht angemeldeten Vorsteuern bei der Strafzumessung zugunsten des Angeklagten zu berücksichtigen (BGH wistra 85, 225). Deshalb muss das Urteil in solchen Fällen die Berechnung der verkürzten USt und die Behandlung der Vorsteuer erkennen lassen (BGH wistra 85, 225; 08, 153).

Nach der Rspr des BGH gilt das Kompensationsverbot nicht, wenn die 133
verschwiegenen steuererhöhenden Umstände in einem unmittelbaren wirtschaftlichen Zusammenhang mit ebenfalls verschwiegenen steuermindernden Umständen stehen (BGH wistra 82, 199; 84, 183). Dies ist insbes dann der Fall, wenn StMinderungen sich ohne Weiteres von Rechts wegen ergeben hätten, falls der Täter anstelle der unrichtigen die der Wahrheit entsprechenden Angaben gemacht hätte (vgl BGH MDR 79, 772; *Meine* wistra 91, 130 mwN). Das Kompensationsverbot hindert daher zB nicht, bei einer als Sonderausgabe geltend gemachten verdeckten Parteispende zu prüfen, ob sie eine Betriebsausgabe darstellt (BGH wistra 87, 139). Nicht vom Kompensationsverbot erfasst werden auch solche Umstände, die bei der Bestimmung des tatbestandlichen Schuldumfangs als Faktoren im Rahmen einer Schätzung berücksichtigt werden müssen (BGH wistra 12, 29 Rz 119).

Zur Frage, wann ein **unmittelbarer wirtschaftlicher Zusammenhang** 134
zwischen steuermindernden und steuererhöhenden Umständen gegeben ist, besteht eine unübersichtliche Kasuistik (vgl die Darstellung bei *JJR/Joecks* § 370 Rz 96).

Ein unmittelbarer wirtschaftlicher **Zusammenhang** liegt etwa vor zwischen 135
nicht verbuchten Geschäften einerseits und den Anschaffungskosten der verkauften Ware und den Provisionsaufwendungen für den Verkäufer andererseits (BGH StRK AO 77 § 370 R 1); ferner bei Betriebseinnahmen und den damit zusammenhängenden Betriebsausgaben (BGH GA 78, 307) oder Werbungskosten (BGH wistra 88, 356). Verkürzte USt hat der BGH wegen des unmittelbaren wirtschaftlichen Zusammenhangs zwischen Umsätzen, Gewinn und Gewerbeertrag bei der Ermittlung der verkürzten ESt zum Abzug zugelassen (BGHSt 7, 337, 346). Ein unmittelbarer Zusammenhang kann nach der Rspr des BGH auch zwischen einem StEntstehungs- und einem Befreiungstatbestand gegeben sein, wenn dieser nicht seinerseits ein weiteres verwaltungsrechtliches Prüfungsverfahren voraussetzt (BGH wistra 04, 147). Fehlt die erforderliche Bescheinigung einer anderen VerwBeh, sind idR aber bereits die materiellen Voraussetzungen der StFreiheit nicht gegeben (so zutr *JJR/Joecks* § 370 Rz 106). Bei der USt auf einen innergemeinschaftlichen Erwerb (§ 1 Nr 5 UStG) erfasst das Kompensationsverbot wegen des bestehenden unmittelbaren wirtschaftlichen Zusammenhangs den korrespondierenden Vorsteuerabzug gemäß § 15 I 1 Nr. 3 UStG nicht (BFH NZWiSt 14, 469 Rz 52). Zur Frage der Anrechnung erhobener EU-Quellensteuer als „anderer Grund" vgl *Bülte* BB 08, 2381.

Kein Zusammenhang besteht zwischen den nicht verbuchten Geschäften und 136
den Anschaffungskosten anderer als der „schwarz" verkauften Ware (vgl BGH StRK AO 77 § 370 R 3); ebenso wenig besteht ein Zusammenhang bei einer nachträglichen Berücksichtigung einer Ansparrücklage iSd § 7g III EStG im Besteuerungsverfahren (*Lilje/Müller* wistra 01, 205). Frühere Betriebsverluste stehen mit späteren Gewinnen in keinem Zusammenhang (BGH wistra 84, 183 gegen BayObLG wistra 82, 199; vgl auch *Meine* wistra 85, 9).

Für den von Amts wegen zu berücksichtigenden **Verlustvortrag** gilt das Kom- 137
pensationsverbot nicht (BayObLG wistra 82, 199; aA BGH wistra 84, 183).

Steuerliche Wahlrechte schließen das Kompensationsverbot grds nicht aus. Sie 138
können aber bei StHinterziehung durch Unterlassen Bedeutung erlangen (*JJR/Joecks* § 370 Rz 107; vgl auch *Beck* wistra 98, 131).

139 Ermäßigungsgründe, die vom Kompensationsverbot erfasst werden, haben zwar für den tatbestandsmäßigen Verkürzungsumfang keine Bedeutung, sind aber im Rahmen der **Strafzumessung** unter dem Gesichtspunkt der verschuldeten Auswirkungen der Tat zu berücksichtigen (BGH wistra 12, 29 Rz 120; BGH UStR 78, 151; wistra 96, 106). Bei USt-Hinterziehung sind ggf Vorsteuerbeträge zu schätzen. Dies gilt freilich nur, wenn es Anhaltspunkte dafür gibt, dass abzugsfähige Vorsteuern entstanden sind (vgl BGHSt 47, 343, 351; BGH wistra 08, 153; NStZ 04, 579, 580). Auch sonst ist der Umfang steuermindernder Umstände für die Strafzumessung erforderlichenfalls durch Schätzung zu bestimmen (BGH wistra 12, 29 Rz 120).

145 **8. Einfuhr, Ausfuhr, Durchfuhr.** Nach Abs 5 kann eine StHinterziehung auch im Hinblick auf Waren begangen werden, deren **Verbringen** (Einfuhr, Ausfuhr, Durchfuhr) **verboten** ist. Die Vorschrift stellt klar, dass Einfuhr- und Ausfuhrabgaben auch dann verkürzt werden können, wenn die Ware unter Verstoß gegen Verbringungsverbote (§ 372) eingeführt wurde. Zu den einzelnen Verbringungsverboten s § 372 Rz 5 ff.

146 **Abs 5 trifft keine Aussage dazu, ob überhaupt ein Steueranspruch entsteht,** der verkürzt werden könnte. Gem Art 83 II UZK (zuvor Art 212 S 2 ZK) ist das bei Falschgeld sowie bei vorschriftswidrig eingeführten Suchtstoffen und psychotropen Stoffen (Betäubungsmittel) nicht der Fall. Es entsteht daher insoweit keine Zollschuld und auch keine EUSt (vgl betr illegal eingeführter Betäubungsmittel EuGH ZfZ 1991, 106). Dem liegt der Gedanke zugrunde, dass auf Waren kein Zoll erhoben werden soll, die ihrer Natur nach in keinem Mitgliedstaat in den Wirtschaftskreislauf gebracht werden dürfen, sondern nach ihrer Entdeckung sofort zu beschlagnahmen und aus dem Verkehr zu ziehen sind (*Witte/Witte,* UZK, Art 83 Rz 5).

147 Eine Strafbarkeit als StHinterziehung ergibt sich auch **nicht aus der Vorschrift des Art 83 III UZK** (zuvor Art 212 S 3 ZK), nach der die Zollschuld als entstanden gilt, wenn im Strafrecht eines Mitgliedstaats vorgesehen ist, dass die Zölle als Grundlage für die Verhängung von Strafmaßnahmen herangezogen werden oder dass aufgrund des Bestehens einer Zollschuld strafrechtliche Verfolgungen eingeleitet werden. Da eine entsprechende nationale Regelung in § 370 nicht enthalten ist, hat Art 83 III UZK (zuvor Art 212 S 3 ZK) für das deutsche Strafrecht keine Bedeutung. Verstöße gegen Verbringungsverbote betr Betäubungsmittel sind daher allein nach dem BtMG zu ahnden (vgl § 372 II) bzw nach § 373 zu bestrafen.

9. Ein- und Ausfuhrabgaben, Umsatz- und Verbrauchsteuern anderer EU-Mitgliedstaaten

Schrifttum: *Leplow* Zoll- und Verbrauchsteuerstrafrecht: BGH-Rechtsprechung von Juni 08 bis Februar 11, PStR 11, 207; *Spatscheck/Höll* Die Beteiligung an der ausländischen Steuerhinterziehung und ihre Folgen im Inland, SAM 11, 64; *Möller* Europäisches Strafrecht und das Zollstrafrecht, ZfZ 11, 39; *Möller/Retemeyer* Neues aus dem Zoll- und Verbrauchsteuerstrafrecht, ZfZ 11, 288 und 13, 313; *Tully/Merz* Zur Strafbarkeit der Hinterziehung ausländischer Umsatz- und Verbrauchsteuern nach der Änderung des § 370 VI AO im JStG 2010, wistra 11, 121; *Weerth* Das Zollstrafrecht und das Zollordnungswidrigkeitenrecht der EU-27 – ein Vergleich der unterschiedlichen Sanktionierung und ein Ausblick auf den MZK, ZfZ 12, 173; *Harksen* Zoll und Einfuhrumsatzsteuer in der Praxis, BB 13, 2144; *Möller* Hinterziehung von Einfuhrumsatzsteuer, AW-Prax, 13, 27; *Weidemann* Unrichtige Angaben in der CN-Erklärung: Strafbarkeit des Versenders? PStR 13, 188; *Klötzer-Assion* Zollkodex – Modernisierter Zollkodex – Unionszollkodex – Fortschritt oder Rolle rückwärts im Europäischen Zollrecht? wistra 14, 92; *Leplow* Abweichungen im Zoll- und Verbrauchsteuerstrafrecht vom Besteuerungsverfahren, wistra 14, 421; *Lux* Einführung in den Zollkodex der Union (UZK), ZfZ 14, 178 (Teil I), 243 (Teil II), 270 (Teil III) u 314 (Teil IV); *Leplow* Anmerkung zu BGH v 14.10.15 – 1 StR 521/14, wistra 16, 77; *Möller/Retemeyer* Erlöschen der Zollschuld nach dem UZK: Was ist mit der Zollverkürzung?, PStR 18, 181.

Einfuhr- und Ausfuhrabgaben nach Art 5 Nrn 20 und 21 UZK sind gem § 3 III Steuern iSd AO. Die Hinterziehung in Deutschland entstandener Einfuhr- und Ausfuhrabgaben wird daher von § 370 I erfasst. Gem Art 5 Nr 20 UZK sind **Einfuhrabgaben** die für die Einfuhr von Waren zu entrichtenden Abgaben. Entsprechendes gilt für **Ausfuhrabgaben** iSd Art 5 Nr 21 UZK. Der am 9.10.2013 beschlossene Zollkodex der Union (UZK = VO [EU] Nr 952/2013 des Europäischen Parlaments und des Rates, ABl EU 2013 Nr L 269/1) hat insoweit mit Wirkung ab 1.5.2016 den bisherigen Zollkodex ersetzt (Art 288 II UZK). Zur bisherigen Definition der Einfuhr- und Ausfuhrabgaben in Art 4 Nrn 10 und 11 ZK s die 12. Aufl. 150

§ 370 VI 1 erweitert den Anwendungsbereich des § 370 I–III auf Einfuhr- und Ausfuhrabgaben, die von einem anderen Mitgliedstaat der EU verwaltet werden oder die einem Mitgliedstaat der Europäischen Freihandelsassoziation oder einem mit dieser assoziierten Staat zustehen (vgl dazu auch *JJR/Joecks* § 370 Rz 39 ff). Ursprünglich wurden in dieser Vorschrift die Europäischen Gemeinschaften genannt. Da infolge des Vertrags von Lissabon die EU mit eigener Rechtspersönlichkeit an die Stelle der EG getreten ist, war auch § 370 VI 1 entsprechend zu ändern; dies geschah am 7.12.2011 durch das Beitreibungsrichtlinien-Umsetzungsgesetz (BGBl I, 2592, 2615; vgl auch BR-Drs 253/11, 38, 105). Auswirkungen auf den Anwendungsbereich der Norm hatte diese Änderung nicht. Der ursprünglich in § 370 VI verwendete Begriff „Eingangsabgaben" entstammt dem deutschen Zollgesetz (§ 1 III), das mit In-Kraft-Treten des europäischen Zollkodexes (ZK) aufgehoben wurde. Er wurde vom Gesetzgeber entsprechend der neuen zollrechtlichen Terminologie durch den Begriff der „Einfuhrabgaben" ersetzt (StÄndG 2001, BGBl I, 3794, 3804). 150a

Einfuhr- und Ausfuhrabgaben nach nationalem Recht sind neben den im Unionszollkodex geregelten Abgaben **auch die Einfuhrumsatzsteuer (EUSt) und die anderen für eingeführte Waren zu erhebenden Verbrauchsteuern** (§ 1 III 3 ZollVG), wie etwa die Tabaksteuer (vgl *JJR/Jäger* § 370 Rz 376 ff). Der unionsrechtliche Begriff der Ein- und Ausfuhrabgaben ist somit enger als der nationale. Gleichwohl erfasst § 370 VI auch die EUSt sowie Verbrauchsteuern, die Waren aus Drittländern auferlegt sind (BGH wistra 01, 62 betr italienische EUSt; wistra 01, 263 betr Zigarettenschmuggel; glA *HHSp/Hellmann* § 370 AO Rz 134; aA *Schmitz/Wulf* wistra 01, 361; *Bender* wistra 01, 161). 151

Bei der **Einfuhrumsatzsteuer** (EUSt) handelt es sich insofern um eine besondere Art der USt, als sie im UStG nur unvollständig geregelt ist und durch die nach § 21 II UStG insoweit sinngemäß geltenden Zollvorschriften in wesentlichen Bereichen – darunter die Entstehung der StSchuld, die Bestimmung des StSchuldners und des Orts der StSchuldentstehung – aus dem sachlichen Regelungsbereich des UStG herausgenommen und durch das unionsrechtliche Zollrecht bestimmt wird (BFH BFHE 226, 205). Zur Gewährleistung der steuerlichen Neutralität der MwSt darf die EUSt im Verfahren der Umsatzbesteuerung (§ 18 UStG) sofort wieder als Vorsteuer abgezogen werden (vgl § 15 I Nr 2 UStG). Keine Abzugsvoraussetzung ist, dass die EUSt bereits entrichtet ist (EuGH v 29.3.2012 – C-414/10 *Véleclair SA,* Rz 27, DStR 12, 697; BGH wistra 14, 25). Den anders gefassten Gesetzeswortlaut hat der Gesetzgeber mWv 30.6.2013 geändert (BGBl I, 1809, 1833). 151a

Die sofortige Abzugsfähigkeit der EUSt als Vorsteuer der USt führt nicht dazu, dass die EUSt nicht verkürzt werden könnte. Denn diese wird nicht im Besteuerungsverfahren nach § 18 UStG festgesetzt, sondern nach den Vorschriften des Zollrechts in einem Zollverfahren (§ 21 II UStG, Art 101 ff, 158 UZK; für Zeiträume bis zum 30.4.2016 s Art 59, 217 ff ZK). Im Rahmen des Zollverfahrens bei der Einfuhr von Waren findet jedoch kein Vorsteuerabzug statt. Er kann vielmehr erst im Rahmen des Besteuerungsverfahrens nach § 18 UStG in den abzugebenden USt-Voranmeldungen und USt-Jahreserklärungen vorgenommen werden. 151b

Betroffen sind daher unterschiedliche Besteuerungsverfahren, die idR auch zeitlich auseinanderfallen. Eine Gefährdung für das USt-Aufkommen tritt aber bereits mit dem Verstoß gegen die steuer- und zollrechtlichen Erklärungspflichten bei der Einfuhr von Waren in das Bundesgebiet ein (BGH wistra 14, 25; vgl auch BGH wistra 12, 440).

152 **Die zweite Alternative des § 370 VI 1** dehnt den strafrechtlichen Schutz auf Einfuhrabgaben der EFTA-Staaten und der mit diesen assoziierten Staaten aus. Diese Regelung beruht auf Absprachen in den entsprechenden Freihandelsabkommen, in denen sich die Vertragspartner verpflichtet haben, Sanktionen gegen Personen zu ergreifen, die falsche Erklärungen betr eine Vorzugsbehandlung abgeben (*Bender/Möller/Retemeyer* C Rn 426). Eine solche Vereinbarung war notwendig, weil die Erklärungen des Ausführers über die Vorzugsbehandlung einer Ware im Ausfuhrstaat abgegeben werden und im Einfuhrstaat zur Gewährung einer Zollvergünstigung führen. Im Einfuhrstaat könnte aber der Ausführer nicht belangt werden. Deshalb ist es zur Unterbindung von Missbräuchen erforderlich, eine Ahndung im Ausfuhrstaat zu ermöglichen. Abs 6 betrifft jede Hinterziehung von Einfuhr- und Ausfuhrabgaben. Er ist bei EFTA-Staaten nicht einschränkend dahin auszulegen, dass nur solche Einfuhrabgaben erfasst würden, die aufgrund unrichtiger Verzollungsunterlagen (Ware stammt aus der EU und ist deshalb präferenzberechtigt) nicht erhoben werden (OLG Hamburg wistra 87, 266). Die Vorschrift macht keinen Unterschied zwischen Einfuhrabgaben mit Präferenzen und sonstigen Einfuhrabgaben. Diese wurden, soweit sie einem Mitglied der europäischen Freihandelszone zustehen, umfassend dem Schutz der deutschen Strafrechtsordnung unterworfen (*JJR/Joecks* § 370 Rz 39 ff).

153 Zu den verschiedenen **Erscheinungsformen** der Hinterziehung von Zöllen und anderen Einfuhrabgaben s *JJR/Jäger* § 370 Rz 448.

154 Auch das **„Durchschmuggeln"** einfuhrabgabenpflichtiger Waren wird von § 370 erfasst. Nationale Besteuerungsinteressen sind nur dann nicht tangiert, wenn die Waren nicht in den zollrechtl freien Verkehr gelangen (dazu *JJR/Jäger* § 370 Rz 449; vgl auch BGH NZWiSt 16, 23 Rz 21). Es muss aber in den Blick genommen werden, dass das Erhebungsrecht für vorschriftswidrig in das Unionsgebiet eingeführte verbrauchsteuerpflichtige Waren, die anschließend in einen anderen EU-Mitgliedstaat befördert worden sind, wo sie zu gewerblichen Zwecken in Besitz gehalten werden, auf den letztgenannten Mitgliedstaat übergeht (EuGH v 29.4.2010 – C-230/08 Rz 114, Slg 10 I, 3799 und v 8.3.2012 – C-333/11); dem Durchgangsmitgliedstaat kommt dann kein Erhebungsrecht für die Verbrauchsteuer mehr zu (EuGH v 5.3.2015 – C-175/14, ZfZ 15, 98). Dies schließt zwar eine Verurteilung wegen der im Durchgangsmitgliedstaat vor Weiterbeförderung hinterzogenen Verbrauchsteuern nicht aus; allerdings muss eine Bestrafung wegen Hinterziehung der Verbrauchsteuern mehrerer EU-Mitgliedstaaten, etwa im Wege einer Verfahrensbeschränkung, iErg vermieden werden (vgl BGH NZWiSt 16, 23 Rz 20 ff, mit Anm *Leplow* wistra 16, 77). Wird die Verurteilung gleichwohl auf die Hinterziehung der Verbrauchsteuern mehrerer EU-Mitgliedstaaten gestützt, ist im Rahmen der Strafzumessung zu berücksichtigen, dass nach dem unionsrechtlichen Verbrauchsteuersystem verbrauchsteuerpflichtige Waren nicht mit den Verbrauchsteuern mehrerer Staaten belastet sein dürfen (BGH wistra 10, 226, 227).

155 Rechtliche Probleme bei der Strafverfolgung im Hinblick auf die Verkürzung von Einfuhrabgaben wirft der Umstand auf, dass in vielen Fällen lediglich **StHinterziehung durch Unterlassen** gem § 370 I Nr 2 in Betracht kommt. Versteht man diesen Unterlassungstatbestand – wie die hM (dazu Rz 26) – als Sonderdelikt für den Erklärungspflichtigen, ist zu klären, wer verpflichtet war, eine entsprechende Erklärung abzugeben.

156 Wurde die einfuhrabgabenpflichtige Ware – zB Zigaretten – von Fahrern, die von dem Schmuggelgut keine Kenntnis hatten, ohne Gestellung (Art 5 Nr 33 UZK) über die sog grüne Grenze, dh nicht über einen offiziellen Grenzübergang,

in das Zollgebiet der EU eingeführt, stellt sich insbes die Frage nach der **Strafbarkeit der Hinterleute.** Nach der Rspr des EuGH (wistra 04, 376) und des BGH (wistra 07, 224) hängt in einem solchen Fall die Strafbarkeit der Hinterleute im Wesentlichen von der Art und Weise der Einfuhr sowie von Art und Maß der Kontrolle der Hinterleute über den konkreten Einfuhrvorgang ab. Entscheidend ist das Merkmal der Herrschaft über die eingeführte Ware. Eine derartige Herrschaft haben aber nicht nur der Fahrer und seine Begleiter im Fahrzeug, sondern kraft ihrer Weisungsbefugnis jedenfalls auch diejenigen Organisatoren des Transports, die beherrschenden Einfluss auf den Fahrzeugführer haben, indem sie die Entscheidung zur Durchführung des Transports treffen oder die Einzelheiten der Fahrt (zB Fahrtroute, Ort und Zeit der Einfuhr) bestimmen (vgl BGH wistra 16, 74 Rz 26 und BGH v 23.3.17 – 1 StR 451/16, BeckRS 2017, 110535 Rz 14, jeweils mwN sowie Rz 383b; vgl auch *JJR/Jäger* § 370 Rz 456 ff sowie *Jäger* FS Amelung aaO). Im Anwendungsbereich des Zollkodex der Union (UZK) bestehen ggü dem bisherigen Zollkodex erheblich erweiterte Gestellungspflichten. Nach Art 139 UZK trifft die Pflicht zur Gestellung neben dem Verbringer auch den Auftraggeber eines Transports und denjenigen, der die Verantwortung für die Beförderung in das Zollgebiet übernommen hat (insbes den Spediteur).

Wegen der unionsrechtlichen Bezüge muss bei Auslegungsschwierigkeiten ggf ein **Vorabentscheidungsverfahren** beim EuGH durchgeführt werden (Art 267 II, III AEUV). Dieses Verfahren ermöglicht zwischen dem EuGH und den Gerichten der Mitgliedstaaten einen Dialog von Gericht zu Gericht, mit dem die einheitliche Auslegung des Unionsrechts, seine Kohärenz, seine volle Geltung und seine Autonomie gewährleistet werden sollen (EuGH v 5.12.2017 – C-42/17, NJW 18, 217 Rz 22). Zum Umfang der Vorlagepflicht vgl EuGH NJW 83, 1257. Der EuGH ist insoweit gesetzlicher Richter iSv Art 101 I 2 GG. Wird die Vorlagepflicht missachtet, kann deshalb der verfassungsrechtliche Anspruch auf den gesetzlichen Richter iSv Art 101 I 2 GG verletzt sein. Allerdings ist nur der BGH als letzte nationale Instanz zur Vorlage verpflichtet (vgl *JJR/Jäger* § 370 Rz 453). 157

§ 370 VI 2 erweitert den Anwendungsbereich von § 370 I–V **auf Umsatzsteuern sowie** für bestimmte, in der in § 370 VI 2 in Bezug genommenen EG-Richtlinie näher bezeichnete Waren auch auf **harmonisierte Verbrauchsteuern.** Zunächst verwies die Norm auf die in Art 3 I RL 92/12/EWG des Rates v 25.2.1992 (ABl EG Nr L 76, 1) genannten Waren, die von einem anderen Mitgliedstaat der EG verwaltet werden. Da diese Richtlinie aber mit Wirkung v 1.4.2010 aufgehoben und durch die Richtlinie 2008/118/EG des Rates v 16.12.2008 (ABl EU Nr L 9, 12) ersetzt worden war, musste auch die Verweisung in § 370 VI 2 angepasst werden. Dies geschah erst im Rahmen des Beitreibungsrichtlinien-Umsetzungsgesetzes v 7.12.2011 (BGBl I, 2592; vgl auch BR-Drs 253/11, 38, 112). Für Straftaten, die vor dieser Gesetzesänderung begangen wurden, führte dies nicht zu einer Strafbarkeitslücke. Zwar verwies § 370 VI bis zur Änderung auf eine außer Kraft getretene Richtlinie. Dies ist aber unschädlich, weil es sich insoweit nur um eine Verweisung zur Begriffskonkretisierung, nicht aber um eine Verweisung auf eine blankettausfüllende Vorschrift handelt (glA *Tully/Merz* wistra 11, 121, 126). Für die Begriffskonkretisierung kommt es nicht auf die Geltung der in Bezug genommenen unionsrechtlichen Vorschrift an; der Bestimmtheitsgrundsatz (Art 103 II GG) ist auch dann nicht verletzt, wenn eine Begriffskonkretisierung von Merkmalen eines Straftatbestands durch Verweisung auf eine inhaltlich eindeutige Rechtsvorschrift erfolgt, die nicht (mehr) in Kraft ist (BGH wistra 14, 145). 158

Durch das **Jahressteuergesetz 2010** wurden mWv 14.12.2010 in § 370 die **Sätze 3 und 4 gestrichen** (zur Begründung vgl BT-Drs 17/2249, 88). Seitdem kann eine sich auf Abgaben iSv § 370 VI 2 beziehende StHinterziehung auch verfolgt werden, wenn – anders als früher – die Gegenseitigkeit der Strafverfolgung mit dem anderen Staat zur Zeit der Tat nicht verbürgt war. Nach früherer hM 159 handelte es sich bei dem Erfordernis der Verbürgung der Gegenseitigkeit – ebenso wie bei der als Vorbild dienenden Vorschrift des § 104a StGB – um eine objektive Bedingung der Strafbarkeit (*Keßeböhmer/Schmitz* wistra 95, 1, 4). Dies trifft indes nicht zu. Wie *Tully/Merz* überzeugend darlegen (wistra 11, 121, 122ff), ist die Gegenseitigkeitsverbürgung vielmehr eine Prozessvoraussetzung. Fehlt sie zum Zeitpunkt der Entscheidung, besteht ein verfahrensrechtliches **Verfolgungshindernis.** Aus der Rspr des RG zu §§ 102ff RStGB lässt sich nichts Gegenteiliges herleiten; denn in diesen Vorschriften ist die Gegenseitigkeitsverbürgung als Bedingung der Strafbarkeit und nicht der Strafverfolgung ausgestaltet (*Tully/März* aaO; vgl RGSt 38, 75). Seit der Aufhebung der Gegenseitigkeitsverbürgung als Prozessvoraussetzung können daher auch vor der Gesetzesänderung begangene Taten, sog **Altfälle,** grds noch verfolgt werden (glA *Tully/Merz* aaO). Das sich aus Art 103 II GG und § 2 StGB ergebende Rückwirkungsverbot steht dem nicht entgegen; es gilt nicht für das Verfahrensrecht (BGHSt 20, 22, 27; 46, 310). Einer Verfolgung dieser Taten könnte allenfalls das sich aus dem Rechtsstaatsprinzip ergebende Gebot der Rechtssicherheit in Form des Vertrauensschutzes entgegenstehen (vgl BGHSt 46, 310; BVerfGE 15, 313, 324), sofern das Vertrauen auf den Fortbestand des Gegenseitigkeitserfordernisses überhaupt geschützt werden sollte (vgl BVerfGE 25, 269 Rn 99 mwN). Die Schaffung schutzwürdigen Vertrauens auf die Nichtverfolgung sollte für die Täter mit dem Erfordernis der Gegenseitigkeitsverbürgung aber wohl nicht geschaffen werden (zutr *Tully/Merz* aaO). Vielmehr sollten andere Staaten zur Schaffung gleichartiger Regelungen veranlasst werden (vgl BT-Drs 12/2906, 45).

160 **10. Auslandstaten. § 370 VII erweitert die Strafbarkeit des § 370 auf außerhalb des Geltungsbereichs der AO begangene Taten.** Die Erweiterung ist unabhängig vom Recht des Tatorts. Diese Regelung entspricht dem § 6 StGB (Auslandstaten gegen international geschützte Rechtsgüter). Für Taten, die auf deutschen Schiffen begangen werden, gilt das deutsche Strafrecht unmittelbar (§ 4 StGB); § 370 VII ist insoweit nicht anwendbar (OLG Schleswig wistra 98, 30 mit Anm *Döllel* wistra 98, 70). Zumeist liegt bei StHinterziehung aber auch dann eine Inlandstat iSd § 3 StGB vor, wenn der Täter im Ausland gehandelt hat. Denn gem § 9 I StGB ist eine Tat an jedem Ort begangen, an dem der Täter gehandelt hat oder hätte handeln müssen oder an dem der zum Tatbestand gehörende Erfolg eingetreten ist oder nach der Vorstellung des Täters hätte eintreten sollen. Zum Ort der Tat bei Beihilfe oder Anstiftung s § 9 II StGB.

161 Nach § 153c II StPO kann die StA **von der Verfolgung von Straftaten absehen,** die außerhalb des räumlichen Geltungsbereichs des Gesetzes begangen wurden, wenn wegen der Tat im Ausland schon eine Strafe gegen den Beschuldigten vollstreckt worden ist und die im Inland zu erwartende Strafe nach Anrechnung der ausl nicht ins Gewicht fiele. Dies stellt eine Ausnahme vom Legalitätsprinzip dar. Wenn der Täter im Inland gehandelt hat, der Erfolg aber im Ausland eingetreten ist, ist die Tat als Inlandstat zu behandeln; § 153c StPO gilt dann nicht. Doppelbestrafungen auf europäischer Ebene werden vermieden durch Art 50 der Charta der Grundrechte der EU sowie durch Art 54 des Durchführungsabkommens „Schengen II". Vgl dazu Rz 11.

11. Subjektiver Tatbestand

Schrifttum: *Höll/Hinghaus* Vorsatz und Leichtfertigkeit bei Indizienbeweis, PStR 10, 223; *Weidemann* Vorsatz und Irrtum bei Lohnsteuerhinterziehung und Beitragsvorenthaltung, wistra 10, 463; *Ransiek/Hüls* Zum Eventualvorsatz bei Steuerhinterziehung, NStZ 11, 678; *Duttge* Ein neuer Vorsatzbegriff? HRRS 12, 359; *Joecks* Vorsatz und Leichtfertigkeit, SAM 12, 26; *Löwe-Krahl* Der subjektive Tatbestand des § 370 AO, PStR 12, 66; *Ransiek* Blankettstraftatbestand und Tatumstandsirrtum, wistra 12, 365; *Schuster* Das Verhältnis von Strafnormen und Bezugsnormen aus anderen Rechtsgebieten, 2012; *Höll* Der Vorsatz bei der Steuerhinterziehung – Kognitive und voluntative Anforderungen bei akzessorischen Tatbeständen, 2012; *Wulf*

Bedingter Vorsatz im Steuerstrafrecht – Abschied von der „Steueranspruchslehre“? Stbg 12, 19; *Solka* Vorsatz und Irrtum bei der Steuerhinterziehung, Bucerius Law Journal (BLJ) 13, 19; *Juchem* § 370 AO – ein normativer Straftatbestand!, wistra 14, 300; *Kuhlen* Vorsätzliche Steuerhinterziehung trotz Unkenntnis der Steuerpflicht? in: FS für Walter Kargl zum 70. Geburtstag, 2015, S 297; *Kuhlen* Vorsatz und Irrtum im Steuerstrafrecht in: Steuerstrafrecht an der Schnittstelle zum Steuerrecht, DStJG 38, 117 (2015); *Wedler* Der Rechtsirrtum im Steuerstrafrecht, NZWiSt 15, 99; *Roger* Weisheit und Praktikabilität der Steueranspruchstheorie im nationalen und internationalen Steuerstrafrecht StraFo 16, 497.

StHinterziehung kann nur vorsätzlich begangen werden (§ 15 StGB). 170
Vorsatz bedeutet, vereinfacht ausgedrückt, Kenntnis und Wollen der Verwirklichung der Merkmale des objektiven Tatbestands. Der Täter muss die nach Gegenstand, Zeit und Ort bestimmte Handlung zumindest in allen wesentlichen Beziehungen, wenn auch nicht in allen Einzelheiten der Ausführung, in seine Vorstellungen und in seinen Willen aufgenommen haben (vgl bereits RGSt 70, 258). Irrt er sich hierüber (ausf Rz 180ff), so befindet er sich in einem Tatumstandsirrtum, der den Vorsatz ausschließt (§ 16 StGB). Greift § 370 nicht ein, weil ein Tatvorsatz nicht festgestellt werden kann, so ist je nach Lage des Falles eine leichtfertige StVerkürzung gem § 378 in Betracht zu ziehen. § 378 wirkt in solchen Fällen wie ein Auffangtatbestand (BGH NStZ 88, 276; 00, 320, 321; HFR 10, 866; BGH wistra 11, 465).

Was zum **Inhalt des Vorsatzes** beim Straftatbestand der StHinterziehung ge- 171
hört, ist str. Nach hM, der auch der BGH sowie die finanzgerichtliche Rspr folgt, gehört zum Vorsatz der StHinterziehung, dass der Täter den *Steueranspruch dem Grunde und der Höhe nach kennt oder zumindest für möglich hält und ihn auch verkürzen will* (vgl BGHSt 5, 90, 91f; BGH wistra 86, 174; BGH HFR 10, 866, BGHR AO § 370 I Vorsatz 2, 4, 5; BGH wistra 11, 465; 09, 76; BGH NStZ-RR 18, 180 und BFH v 16.12.2008 – I R 23/07; FG Brem v 17.11.2016 – 4 K 30/15 [2], BeckRS 2016, 95816). Dass er die Höhe des Anspruchs lediglich erkennen kann, reicht dafür nicht aus (vgl BGH v 7.4.1978 – 5 StR 48/78, BeckRS 1978, 31115299). Der Täter muss wissen, dass er die Verwirklichung eines StAnspruchs beeinträchtigt oder einen StVorteil erlangt, auf den er keinen Anspruch hat (*JJR/Joecks* § 370 Rz 533). Nach hM muss er dabei die erforderliche „Parallelwertung in der Laiensphäre“ vornehmen (*JJR/Joecks* aaO), also eine zutreffende Wertung auf der Grundlage seines „Verständnishorizonts“ als Normadressat (vgl zu diesem Begriff *Papathanasiou* FS Roxin, 2011, S. 467). Die anzuwendenden steuerrechtlichen Vorschriften und ihre Auswirkungen auf den Verkürzungsumfang braucht der Täter allerdings nicht zu kennen (vgl BGH wistra 95, 191; 98, 225 zu den Grundsätzen des früheren KSt-rechtlichen Anrechnungsverfahrens gem §§ 27ff KStG aF); zur Bedeutung unzutreffender Rechtsauffassungen s BGH wistra 00, 137 und Rz 44.

Dieses Verständnis vom Inhalt des Vorsatzes bezogen auf den Straftatbestand der 172
StHinterziehung wird auch als **Steueranspruchstheorie** bezeichnet (vgl *RK/Rolletschke* § 370 AO Rz 373; *Kuhlen* DStJG 38, 117). Sie knüpft an der dem geltenden Recht zugrunde liegenden Schuldtheorie und dem daran ausgerichteten Inhalt von § 16 StGB für den Tatbestandsirrtum an. Danach muss sich der Vorsatz auf sämtliche Umstände beziehen, die zum gesetzlichen Straftatbestand gehören. Für den Vorsatz bedeutet dies, dass der Täter entsprechend den Grundsätzen über die „Parallelwertung in der Laiensphäre“ das Ergebnis der außerstrafrechtlichen steuerrechtlichen Vorschriften kennen muss, um vorsätzlich zu handeln. Tatgegenstand der StVerkürzung sei der staatliche StAnspruch. Um vorsätzlich zu handeln, müsse der Täter deshalb wissen, dass aus dem verwirklichten Sachverhalt ein StAnspruch zugunsten des Staates entstanden sei, der durch sein Erklärungsverhalten verletzt werde (vgl *Müko-StGB/Schmitz/Wulf* § 370 AO Rz 366; *GJW/Rolletschke* § 370 AO Rz 327; *JJR/Joecks* § 369 AO Rz 105; § 370 Rz 235; *Kohlmann/Ransiek* § 370 AO Rz 661; *Kuhlen* in FS für Walter Kargl zum 70. Geburtstag, 2015,

S 297, 298 und 301 mwN; Schuster [2012 aaO] S 188 f; vgl auch *Juchem* wistra 14, 300 und *Wedler* NZWiSt 15, 99).

173 Gegen die StAnspruchstheorie werden allerdings in der Literatur auch Bedenken erhoben. So wird etwa – ausgehend von der Annahme, dass es sich bei der StHinterziehung um einen **blankettartig ausgestalteten Straftatbestand** handele – eingewandt, dass die StAnspruchstheorie bei einem Irrtum des Täters nicht danach unterscheide, ob die Unkenntnis vom StAnspruch auf einem Irrtum hinsichtlich der tatsächlichen Voraussetzungen (Besteuerungsgrundlagen) oder auf einer unzutreffenden Vorstellung hinsichtlich der steuerrechtlichen Zusammenhänge (Besteuerungstatbestand, StSchuldnerschaft, Erklärungspflicht) beruhe (vgl *GJW/Allgayer* § 369 AO Rz 26 mwN). Während eine Fehlvorstellung über die Besteuerungsgrundlagen einen Tatumstandsirrtum (§ 16 StGB) begründe, müsse aber eine Fehlvorstellung über Inhalt und Reichweite eines Straftatbestandes ebenso wie eine Fehlvorstellung über die einen StStraftatbestand ausfüllenden steuerrechtlichen Vorschriften als Verbotsirrtum (§ 17 StGB) angesehen werden. StStrafrechtliche Tatbestände wiesen keine Besonderheiten auf, die insoweit eine Abweichung von den allgemeinen Grundsätzen rechtfertigen würden. Bei „blankettartigen" Tatbeständen, die durch andere Vorschriften ergänzt oder ausgefüllt werden müssen, bestimmten die anderen Vorschriften lediglich den Umfang der erforderlichen Tatsachenkenntnis; vorsätzliches Verhalten setze aber keine Kenntnis dieser Vorschriften voraus (*GJW/Allgayer* § 369 AO Rz 28 und § 16 StGB Rz 22). Es wird weiter kritisiert, der Hinweis in der Literatur, dass es sich bei den StStraftatbeständen um Straftatbestände mit „hochgradig" normativen Tatbestandsmerkmalen handele (vgl *HHSp/Hellmann* § 370 AO Rz 47, 232; *Kohlmann/Ransiek* § 370 AO Rz 27 f; *LK/Dannecker* § 1 StGB Rz 149), sei ein inhaltlich nicht begründeter dogmatischer Kunstgriff, der die Bedeutung der für das Strafrecht zwingenden steuerrechtlichen Vorgaben zu sehr relativiere. Dabei sei auch nicht ersichtlich, warum zwischen einem auf rechtlichen Fehlvorstellungen beruhenden Irrtum über die allgemeine Strafbewehrtheit, über die StPfl oder über den Verkürzungsumfang unterschieden werden sollte. Es erscheine widersprüchlich, dass aus vergleichbaren Irrtumskonstellationen je nach Ausfüllungsbedürftigkeit des konkret anzuwendenden Straftatbestandes unterschiedliche Rechtsfolgen abgeleitet würden (vgl *GJW/Allgayer* § 369 AO Rz 28). Nach Auffassung des AG Köln (NZWiSt 15, 105) kommt es bei normativen Tatbestandsmerkmalen für die Frage des Vorsatzes darauf an, ob der Täter die richtige Parallelwertung in seiner Laiensphäre vornehmen könne. Unerheblich sei insoweit dagegen, ob er tatsächlich eine rechtskonforme Wertung vornehme. Seien dem Täter die für eine zutreffende Wertung erforderlichen tatsächlichen Umstände bekannt und habe er gleichwohl kein Unrechtsbewusstsein, liege ein Verbotsirrtum (§ 17 StGB) und kein Tatbestandsirrtum vor.

174 Der **BGH** folgt – auch angesichts der vorgebrachten Kritik – weiter der „Steueranspruchstheorie" (vgl BGH NStZ-RR 18, 180 Rz 14). Er hat in seiner Rspr allerdings deutlich gemacht, dass im Falle einer Fehlvorstellung über die Reichweite von (steuerlichen) Normen – zB zum Ort der Lieferung gem § 3c UStG – im Einzelfall stets sorgfältig zu prüfen ist, ob es sich dabei um einem Tatbestandsirrtum (§ 16 StGB) oder einen den Vorsatz nicht berührenden Subsumtionsirrtum handelt, der allenfalls geeignet ist, einen Verbotsirrtum (§ 17 StGB) zu begründen (vgl BGH wistra 11, 465 Rz 23 mit Hinweis auf die Rspr zum Irrtum über die Arbeitgebereigenschaft bei § 266a StGB, NStZ 10, 337; vgl dazu auch BGH NStZ-RR 18, 180 Rz 14). Stets vorrangig ist allerdings die Prüfung auf der Ebene der Beweiswürdigung, ob überhaupt ein Irrtum über das Bestehen eines StAnspruchs gegeben war oder ob der Täter – was ausreicht (s Rz 175) – das Vorhandensein eines solchen StAnspruchs für möglich gehalten und billigend in Kauf genommen hat (vgl dazu auch *GJW/Allgayer* § 369 AO Rz 26). Denn nach der Rspr des BGH setzt der Vorsatz weder dem Grunde noch der Höhe nach eine sichere Kenntnis des Steueranspruchs voraus (vgl BGH wistra 11, 465 Rz 21). Der

Vorsatz erfordert gerade keine Kenntnis der einschlägigen steuerrechtlichen Bestimmungen – etwa der §§ 3a ff UStG für den Leistungsort. Für eine Verurteilung wegen vorsätzlicher StHinterziehung genügt es daher, dass sich das Tatgericht auf einer ausreichenden Tatsachengrundlage davon überzeugen kann, dass der Beschuldigte das Bestehen des StAnspruchs billigend in Kauf genommen hat.

Bedingter Vorsatz genügt. Für die Strafbarkeit wegen StHinterziehung bedarf 175 es keiner Absicht oder eines direkten Hinterziehungsvorsatzes; es ist ausreichend, dass der Täter die Verwirklichung der Merkmale des gesetzlichen Tatbestands für möglich hält und billigend in Kauf nimmt (Eventualvorsatz). Bedingt vorsätzliches Handeln setzt nach stRspr des BGH voraus, dass der Täter den Eintritt des tatbestandlichen Erfolgs als möglich und nicht ganz fernliegend erkennt (Wissenselement), weiter, dass er ihn billigt oder sich um des erstrebten Zieles willen zumindest mit der Tatbestandsverwirklichung abfindet (vgl BGH v 28.6.17 – 1 StR 624/16, wistra 18, 131 mwN). Der Hinterziehungsvorsatz setzt deshalb weder dem Grunde noch der Höhe nach eine sichere Kenntnis des StAnspruchs voraus (BGH HFR 10, 866; BGH wistra 11, 465 Rz 21; zu strenge Anforderungen dagegen OLG München NStZ-RR 11, 247 mit Anm *Roth* StRR 11, 235). Weitergehende Einschränkungen der Annahme eines Eventualvorsatzes ergeben sich auch nicht aus der *voluntativen Seite* des Vorsatzes (so auch *Ransiek/Hüls* NStZ 11, 678; vgl demgegenüber zur voluntativen Seite bei sonstigen Wirtschaftsstraftaten BGH wistra 08, 342; 08, 345). Ob der Täter will, dass ein StAnspruch besteht, ist für den Hinterziehungsvorsatz bedeutungslos. Hält der Täter die Existenz eines StAnspruchs für möglich und lässt er die FinBeh über die Besteuerungsgrundlagen gleichwohl in Unkenntnis, findet er sich also mit der Möglichkeit der StVerkürzung ab, handelt er mit bedingtem Tatvorsatz (BGH wistra 11, 465 Rz 26).

Der Täter handelt zB auch dann vorsätzlich, wenn er mit seiner unrichtigen 176 StErklärung primär einen Dritten, zB seinen Geschäftspartner, täuschen will. Wer Zweifel an der Richtigkeit seiner bisherigen umsatzsteuerlichen Abrechnungspraxis hat und USt-Verkürzungen für möglich hält, diese Praxis aber gleichwohl fortführt, ohne die Zweifel dem FA offen zu legen und sachverständigen Rat einzuholen, handelt ebenfalls mit bedingtem Vorsatz (vgl BGH wistra 95, 69). Die Absicht, durch Weglassen steuererheblicher Tatsachen eine – zB im Hinblick auf einen Nichtanwendungserlass – erwartete rechtswidrige StFestsetzung zu verhindern, schließt einen bedingten Hinterziehungsvorsatz nicht von vornherein aus (str; s die Nachweise bei Rz 44; aA zB *Dörn* Stbg 98, 158).

Nach Anklageerhebung ist die **Beweiswürdigung zum Tatvorsatz,** wie all- 177 gemein die Beweiswürdigung, ureigene Aufgabe des Tatrichters. Ihm allein obliegt es, das Ergebnis der Hauptverhandlung festzustellen und zu würdigen (BGHSt 21, 149, 151). Seine Schlussfolgerungen brauchen nicht zwingend zu sein, es genügt, dass sie möglich sind (BGHSt 29, 18, 20). Die Beweiswürdigung darf allerdings nicht lückenhaft sein; sie setzt eine Gesamtschau aller Tatumstände voraus (stRspr; vgl nur BGH v 28.6.17 – 1 StR 624/16, wistra 18, 131 und NStZ 01, 86, ferner FG RhPf DStRE 04, 1444).

Nach stRspr des BGH sind **entlastende Angaben des Angeklagten,** für de- 178 ren Richtigkeit oder Unrichtigkeit es keine (ausreichenden) Beweise gibt, nicht ohne Weiteres den Urteilsfeststellungen als unwiderlegbar zugrunde zu legen. Denn es ist weder im Hinblick auf den Zweifelssatz noch sonst geboten, zugunsten des Beschuldigten Umstände oder Geschehensabläufe zu unterstellen, für deren Vorliegen – außer der bloßen Behauptung des Beschuldigten – keine Anhaltspunkte bestehen (BGH NStZ-RR 10, 85; BGH wistra 11, 465 Rz 25 mit Anm *Meyberg* PStR 11, 308). Vielmehr muss der Tatrichter auf der Grundlage des gesamten Beweisergebnisses entscheiden, ob diese Angaben geeignet sind, seine Überzeugungsbildung zu beeinflussen (BGHSt 34, 29, 34). Dies gilt in besonderem Maße bei der Behauptung eines dem Angeklagten günstigen inneren Vorgangs – zB eines

Irrtums – ohne dass objektivierbare Tatsachen, in denen die angebliche innere Einstellung einen erkennbaren Niederschlag gefunden hätte, deutlich würden (BGH NStZ 94, 29), etwa bei der Behauptung des Ausstellers von Scheinrechnungen, er habe von der Pflicht zur Anmeldung der in den Scheinrechnungen gesondert ausgewiesenen USt keine Kenntnis gehabt (BGH wistra 98, 225). Zum Hinterziehungsvorsatz bei sog verdeckter Parteienfinanzierung vgl BGHSt 34, 272; die Kenntnis der FinBeh von einer rechtswidrigen Praxis bei der Behandlung von Spenden schließt den Vorsatz nicht aus (vgl BFH BStBl 91, 325; BGH wistra 91, 138).

179 **Zum Vorsatz der StHinterziehung durch Unterlassen** gehört Kenntnis derjenigen Tatsachen, welche die Pflicht zur Aufklärung der FinBeh begründen (*JJR/Joecks* § 370 Rz 504 mwN).

12. Irrtum

Schrifttum: *Meyberg* Bedingter Vorsatz und Irrtum über Steueranspruch, PStR 11, 308; *Ransiek* Blankettstraftatbestand und Tatumstandsirrtum, wistra 12, 365; *Solka* Vorsatz und Irrtum bei der Steuerhinterziehung, Bucerius Law Journal (BLJ) 13, 19; *Kuhlen* Vorsatz und Irrtum im Steuerstrafrecht in: Steuerstrafrecht an der Schnittstelle zum Steuerrecht, DStJG 38, 117 (2015); *Wedler* Der Rechtsirrtum im Steuerstrafrecht, NZWiSt 15, 99; *Beyer* Verteidigungsansätze bei Irrtümern über steuerrechtliche Erklärungspflichten, NWB 17, 1459; *Papathanasiou* Rechtsirrtümer im Strafrecht: Fehlvorstellungen über normativ geprägte Merkmale, jurisPR-StrafR 22/2017 Anm 4.

180 **Der Täter befindet sich in einem den Vorsatz ausschließenden Tatumstandsirrtum** (§ 16 StGB), wenn er sich über das Vorliegen eines Tatbestandsmerkmals irrt. Auch der Irrtum über ein *normatives Tatbestandsmerkmal,* zB die Verkürzung von Steuern, ist ein Tatbestandsirrtum. Daher handelt nach hM (vgl Rz 171) ohne Hinterziehungsvorsatz, wer über das Bestehen des in § 370 vorausgesetzten StAnspruchs (vgl BGH NStZ-RR 18, 180) oder über die Berechtigung zum Vorsteuerabzug irrt (vgl BGH wistra 86, 220). Von den rechtlichen Folgen eines Tatbestandsirrtums zu unterscheiden ist die Frage, ob ein solcher Irrtum überhaupt bestanden hat. Zur Beweiswürdigung gehören auch insoweit die unter Rz 178 dargestellten Grundsätze. Die bloße Lektüre eines Zeitungsartikels über die angeblich fehlende StBarkeit von Anlageerträgen begründet keinen Tatbestandsirrtum und schließt einen bedingten Hinterziehungsvorsatz nicht aus (BGH wistra 00, 217); auch Äußerungen namhafter Autoren in Fachzeitschriften machen eine Gesamtwürdigung des Wissensstandes des Beschuldigten und seines Wollens nicht entbehrlich (aA *Müller* AO-StB 03, 273). Ein Irrtum über die Steuerpflichtigkeit von Spekulationsgewinnen liegt nicht nahe, wenn der Stpfl den FinBeh auch Zinserträge nicht erklärt hat (BGH wistra 08, 21).

181 **Der umgekehrte Irrtum,** dh die irrige Annahme der Verwirklichung eines in Wirklichkeit nicht gegebenen (deskriptiven oder normativen) Tatbestandsmerkmals, ist ein untauglicher Versuch (BGH NStZ 08, 214; *Fischer* § 16 StGB Rz 12, 14), der bei StHinterziehung strafbar ist (§ 370 II). Ein solcher Fall liegt etwa vor, wenn der Stpfl glaubt, mit falschen Angaben Steuern zu verkürzen, dies aber wegen eines Freibetrags nicht der Fall ist. Zum umgekehrten Irrtum bei StHinterziehung durch Unterlassen vgl *JJR/Joecks* § 369 Rz 109. Wenn der Täter die Tatumstände richtig erkennt, jedoch irrig annimmt, er verhalte sich rechtswidrig, liegt ein strafloses Wahndelikt vor (sog umgekehrter Subsumtionsirrtum; vgl auch *Samson* DStJG 6, 99 und *Reiß* wistra 86, 199).

182 Ein **Verbotsirrtum** liegt vor, wenn dem Täter die Einsicht, Unrecht zu tun, fehlt; er hat dann kein Unrechtsbewusstsein. Konnte er diesen Irrtum nicht vermeiden, handelte er ohne Schuld und ist daher nicht wegen vorsätzlicher StHinterziehung strafbar (§ 17 S 1 StGB). Konnte er den Irrtum vermeiden, kann die Strafe nach § 49 I StGB gemildert werden (§ 17 S 2 StGB). Im Verbotsirrtum befindet sich zB, wer weiß, dass er steuerpflichtige Umsätze macht, aber glaubt, er brauche

keine USt-Voranmeldung abzugeben. Auch beim Eingreifen des Kompensationsverbots ist ein Verbotsirrtum möglich (vgl *JJR/Joecks* § 370 Rz 505). Der BGH hat offen gelassen, ob auch der Irrtum über das Bestehen eines StAnspruchs dann ein Verbotsirrtum sein kann, wenn er allein auf einer Fehlvorstellung über die Reichweite steuerlicher Normen beruht (BGH wistra 11, 465 Rz 23, s dazu auch Rz 174).

Ein Verbotsirrtum ist erst dann **unvermeidbar,** wenn der Täter nach den Umständen und nach der seinem Lebens- und Berufskreis zuzumutenden Anspannung des Gewissens die Einsicht in das Unrechtmäßige seines Tuns nicht zu gewinnen vermag, obwohl er alle seine geistigen Erkenntniskräfte eingesetzt und etwa aufkommende Zweifel durch Nachdenken oder erforderlichenfalls durch Einholung verlässlichen und sachkundigen Rechtsrats beseitigt hat. Gesteigerte Anforderungen bestehen dabei, wenn dem Handelnden bewusst war, dass er sich in einem rechtlichen Grenzbereich bewegte (vgl BGH BGHSt 58, 15 = wistra 13, 109 mwN). Dem Rat seines kompetenten steuerlichen Beraters kann er regelmäßig vertrauen, wenn der Sachverhalt von diesem umfassend geprüft worden ist (OLG Bremen NStZ 81, 265). Ein Verbotsirrtum ist aber nicht schon dann unvermeidbar, wenn ein Gewerbetreibender sich von den in der eigenen Rechtsabteilung tätigen Juristen über die strafrechtliche Unbedenklichkeit seines Verhaltens hat beraten lassen (KG JR 78, 166). Dasselbe gilt, wenn der Täter bei Tatbegehung auf ein ihm Straflosigkeit bescheinigendes anwaltliches Rechtsgutachten vertraut hat (BGH NStZ 13, 461). Eine solche Auskunft vermag die Schuld des Täters nur dann auszuschließen, wenn dieser nach Lage der Dinge von ihrer Verlässlichkeit ausgehen durfte. Bloße Gefälligkeitsgutachten, Gutachten mit „Feigenblattfunktion“ und vordergründig erkennbar mangelhafte Auskünfte des konsultierten Rechtsanwalts oder Beraters können die Unvermeidbarkeit eines Verbotsirrtums nicht begründen (BGH NStZ 13, 461 und wistra 13, 109). Der Rat eines Rechtsanwalts ist nicht ohne weiteres bereits deshalb besonders vertrauenswürdig, weil er von einer kraft ihrer Berufsstellung vertrauenswürdigen Person erteilt worden ist. Maßgebend ist vielmehr, ob der Rechtsrat aus Sicht des Anfragenden nach eingehender sorgfältiger Prüfung erfolgt und von notwendiger Sachkenntnis getragen ist. Dies ist nur dann der Fall, wenn der Beratende Kenntnis von allen bedeutsamen Umständen hat. Vor allem bei komplexeren Sachverhalten und erkennbar schwierigen Rechtsfragen ist regelmäßig ein detailliertes, schriftliches Gutachten erforderlich, um einen unvermeidbaren Verbotsirrtum begründen zu können (BGH wistra 13, 109). 183

Vom Verbotsirrtum zu unterscheiden ist der nach hM strafrechtl unbeachtliche sog **Strafbarkeitsirrtum,** bei dem der Täter weiß, dass sein Verhalten rechtswidrig ist, aber irrig glaubt, sein Verhalten sei nicht strafbar. Er handelt dann mit vollem Unrechtsbewusstsein (vgl *Schönke/Schröder/Cramer/Sternberg-Lieben/Schuster* § 17 StGB Rz 4 mwN). 184

Die **Erwartung, das BVerfG werde eine Steuernorm für verfassungswidrig und nichtig erklären,** stellt ebenfalls keinen strafrechtl relevanten Irrtum dar. Eine solche Erwartung ist weder schutzbedürftig noch schutzwürdig (vgl *Allgayer* wistra 07, 133). Andernfalls würde dem Stpfl eine Verwerfungskompetenz für Rechtsnormen eingeräumt, die nur dem BVerfG zukommt (vgl Art 100 I GG). Dem Stpfl, der StNormen für verfassungswidrig hält, ist zuzumuten, in seinen StErklärungen wahrheitsgemäße und vollständige Angaben zu machen. Er hat dann die Möglichkeit – ggf verbunden mit einem Antrag auf AdV (§ 361 AO, § 69 FGO) – gegen die auf seine Angaben hin ergangenen StBescheide Einspruch einzulegen sowie anschließend Klage zu erheben und dabei die Verfassungswidrigkeit der Normen geltend zu machen (BGH wistra 08, 21, bestätigt durch BVerfG wistra 08, 461). 185

13. Versuch

Schrifttum: *Wulf* Vollendete Steuerhinterziehung trotz voller Sachkenntnis der Finanzbehörde?, Stbg 13, 223; *Ceffinato* Zum Versuchsbeginn bei der Steuerhinterziehung durch Unterlassen, wistra 14, 88.

190 **Der Versuch einer StHinterziehung ist gem § 370 II strafbar.** Eine StStraftat versucht, wer nach seiner Vorstellung von der Tat zur Verwirklichung eines StStraftatbestands unmittelbar ansetzt (§ 22 StGB).

191 **Der Versuch setzt subjektiv den Vorsatz der StHinterziehung voraus** (§ 22 StGB). Bedingter Vorsatz reicht aus (BGHSt 22, 332); s dazu Rz 171. Der Täter muss also wissen und wollen, dass in Folge seiner Angaben die Steuer niedriger festgesetzt wird als gesetzlich geschuldet. Er muss wissen, dass er über stl erhebliche Tatsachen unrichtige Angaben macht und dass diese Angaben die StSchuld beeinflussen. Zur Abgrenzung des untauglichen Versuchs vom Wahndelikt bei einem Irrtum des Täters s Rz 181.

192 Der strafbare Versuch ist von der straflosen **Vorbereitung der Tat** abzugrenzen. Die Vorbereitung ist die vor dem Versuchsstadium liegende Tätigkeit, die zwar auf die Tatbestandsverwirklichung hinzielt, aber dazu noch nicht unmittelbar ansetzt (*Fischer* § 22 StGB Rz 5). Zu dieser Phase gehört der Entschluss, Steuern einer bestimmten StArt zu hinterziehen (*Mösbauer* DStZ 97, 577). Auch eine Absprache mit Lieferanten über den Austausch unrichtiger Rechnungen oder die Nichterteilung von Rechnungen (OR-Geschäfte) zum Zwecke einer wechselseitig unrichtigen oder unterlassenen Buchung von Geschäftsvorfällen, die sich umsatz-, ertrags- oder gewinnmindernd auswirkt, ist noch straflose Vorbereitung der StStraftat (vgl *JJR/Joecks* § 370 Rz 540). Vorbereitungshandlungen sind auch die unrichtige, unvollständige oder ganz unterlassene Aufnahme von Gegenständen des Anlage- oder Umlaufvermögens in die Buchhaltung oder die Aufstellung unrichtiger Bilanzen (*JJR/Joecks* aaO). Allerdings können bestimmte Vorbereitungshandlungen einen Bußgeldtatbestand erfüllen, zB das Ausstellen unrichtiger Belege (§ 379 I 1 Nr 1), oder, zB bei unrichtiger Bilanzerstellung, sogar einen nicht steuerlichen Straftatbestand. Der Versuch einer StHinterziehung durch Unterlassen (§ 370 I Nr 2) beginnt erst mit dem Verstreichenlassen der Abgabefrist, da der Täter vorher nicht zur Tatbegehung ansetzt (vgl BGH wistra 13, 430).

193 Auch das bewusst **unrichtige Ausfüllen und Unterschreiben** eines StErklärungsformulars **ist straflose Vorbereitungshandlung;** denn durch sie wird der StAnspruch noch nicht gefährdet. Hat diese StErklärung allerdings den Machtbereich des Stpfl verlassen, zB durch Aufgabe bei der Post, ist das Versuchsstadium erreicht (*Gribbohm/Utech* NStZ 90, 209; *Eschenbach* DStZ 97, 851 mwN). Dagegen dient das Erschleichen einer StNummer beim FA noch der Vorbereitung der Tat und stellt noch keinen Versuch dar. Die Schwelle zum Versuch wird erst durch die Einreichung falscher StErklärungen beim FA überschritten (BGH wistra 03, 20).

194 **Der Versuch beginnt** für jede StHinterziehung durch aktives Tun frühestens **mit der Einreichung der StErklärung.** Dies gilt selbst dann, wenn der Täter beabsichtigt, dieselben unrichtigen Angaben auch noch in StErklärungen für andere StArten (ESt, USt, GewSt etc) aufzunehmen. Ein unmittelbares Ansetzen zum Hinterziehen von Ertragsteuern ist daher noch nicht gegeben, wenn unrichtige Belege über Betriebsausgaben in die eingereichte USt-Voranmeldung eingeflossen sind und der Täter der USt-Hinterziehung dadurch dokumentiert hat, dass er auch die folgende Ertragsteuerhinterziehung will (so aber BGH BB 80, 1032 mit zustimmender Anmerkung *Meine* GA 78, 321 sowie *Schwarz/Pahlke/Webel* § 370 AO Rz 143; dagegen *JJR/Joecks* § 370 Rz 540).

194a Bei **mittelbarer Täterschaft** (Rz 214) kann unmittelbares Ansetzen zur Tatbestandsverwirklichung bereits dann vorliegen, wenn die Einwirkung auf das Werkzeug abgeschlossen ist. Es ist jedenfalls dann gegeben, wenn der Tatmittler in der

Vorstellung entlassen wird, dieser werde die tatbestandsmäßige Handlung nunmehr in engem Zusammenhang mit dem Abschluss der Einwirkung vornehmen. Demgegenüber fehlt es hieran, wenn die Einwirkung auf den Tatmittler erst nach längerer Zeit wirken soll oder wenn ungewiss bleibt, ob und wann sie einmal Wirkung entfaltet. In diesen Fällen beginnt der Versuch erst dann, wenn der Tatmittler, dessen Verhalten dem Täter über § 25 I StGB zugerechnet wird, seinerseits unmittelbar zur Tat ansetzt (BGH wistra 15, 29 Rz 40). Wird ein StB als undoloses Werkzeug eingeschaltet und muss dieser zunächst die ihm übergebenen Belege dateimäßig erfassen und verbuchen, liegt idR noch eine Vorbereitungshandlung vor (BGH wistra 94, 268). Die Aufbereitung der Daten ist dann als weitere Prüfungsstufe anzusehen, die der in der Einreichung der StErklärung bei den Finanzbehörden liegenden tatbestandsmäßigen Handlung vorgeschaltet ist (BGH wistra 15, 29 Rz 40). Ist dagegen vor der Abgabe einer USt-Anmeldung durch den StB lediglich noch die Addition von Rechnungsbeträgen erforderlich, kann die Schwelle zum Versuchsbeginn bereits überschritten sein (BGH wistra 15, 29).

Bei **pflichtwidriger Nichtabgabe von StErklärungen** beginnt eine versuchte StHinterziehung zu dem Zeitpunkt, in dem die StErklärung nach der gesetzlichen Frist oder gewährten Fristverlängerung spätestens hätte abgegeben werden müssen (BGH wistra 13, 430; OLG Ddorf wistra 87, 354). Ob in den Fällen des § 149 II ein Verstreichenlassen der gesetzlichen Abgabefrist dann nicht zum Versuch (§ 22 StGB) einer StHinterziehung durch Unterlassen führt, wenn der Erklärungspflichtige durch spätere Beauftragung eines StB (im Hinblick auf § 149 III bzw für VZ vor 2017 aufgrund der gleichlautenden Erlasse der obersten Finanzbehörden der Länder über StErklärungsfristen; vgl für das Jahr 2016 BStBl I 17, 46) noch (rückwirkend) eine verlängerte Frist erreichen könnte (s Rz 72b), ist str (bejahend *Schmitz* in FS Kohlmann, 2009, S 519, 528; *MüKo-StGB/Schmitz/Wulf* § 370 AO, Rz 440 sowie für den Fall, dass bereits ein konkreter Wille zur Beauftragung eines StB besteht, auch *RK/Rolletschke* § 370 AO Rz 407). Der BGH hat dies mit Recht verneint (BGH wistra 13, 430); denn die gesetzliche Frist ist solange für den Versuchsbeginn maßgeblich, bis sie – abgesehen von § 149 III – gem § 109 I allgemein oder im Einzelfall verlängert wird. 195

Der Versuch kann milder bestraft werden als die vollendete Tat (§ 23 II StGB). Der Strafrahmen bemisst sich dann nach § 49 I StGB. Kommt es im Fall einer StAnmeldung (§ 150 I 3) nur deshalb nicht zu einer Tatvollendung, weil der Täter einen Vergütungsbetrag geltend gemacht hat (vgl § 168 S 2), obwohl er einen zu zahlenden Betrag hätte anmelden müssen, liegt die Versagung der Strafrahmenverschiebung nahe, weil er auf diese Weise die rechtzeitige Festsetzung (vgl § 168 S 1) der Zahllast verhindert hat (vgl BGH NStZ-RR 16, 172). 196

Zur Strafzumessung, wenn der Täter sowohl **zur Verwirklichung** des Tatbestands als auch **eines Regelbeispiels** gem § 370 III 2 **ansetzt,** s Rz 277a. 196a

Die StHinterziehung ist kein „heimliches“ Delikt. Die Tat kann daher auch dann noch vollendet werden und ist nicht lediglich versucht, wenn zuvor die **FinBeh von der Tathandlung Kenntnis** erlangt hat. Es entspricht ständiger Rspr des BGH und des BFH, dass der Straftatbestand der StHinterziehung keine gelungene Täuschung beim zuständigen Finanzbeamten voraussetzt (BGHSt 37, 266, 285; BGH wistra 00, 63, 64; NJW 07, 2864; BFH BStBl 06, 356, 357). Bereits im Jahr 1999 hatte der BGH judiziert, dass die Kenntnis der FinBeh von der Tatbegehung allenfalls dann einer Tatvollendung entgegenstehen könnte, wenn bei dem für die Veranlagung zuständigen Beamten so detaillierte Informationen über die Besteuerungsgrundlagen vorhanden und zudem die Beweismittel iSv § 90 bekannt und verfügbar sind, dass ohne weitere Nachforschungen eine zutreffende und rechtzeitige StFestsetzung möglich wäre (BGH wistra 00, 63; für die Annahme von Versuch bei lückenloser Überwachung dagegen OLG Oldenburg wistra 99, 151). 197

198 **Fehlgeschlagen** ist der Versuch erst mit der Bestandskraft eines dem Täter ungünstigen StBescheids. Bis dahin bilden alle mit dem Ziel der StVerkürzung vorgenommenen Handlungen eine einheitliche versuchte StHinterziehung (BGHSt 38, 37). Tritt der Taterfolg ein, ist die Tat vollendet.

200 **14. Tatbeendigung.** Von der Tatvollendung ist die **Beendigung der Tat** zu unterscheiden. Diese ist gem § 78 StGB maßgeblich für den Beginn der Verfolgungsverjährung (vgl dazu § 376 Rz 20) und hat Bedeutung für die Frage, bis zu welchem Zeitpunkt noch Beihilfe möglich ist (vgl dazu Rz 218). Durch die Beendigung wird das Tatunrecht tatsächlich abgeschlossen (BGHSt 20, 196).

201 Bei **Hinterziehung von Veranlagungssteuern durch Unterlassen** ist – sofern kein Schätzungsbescheid ergangen ist – für die Beendigung (§ 376 Rz 28) ebenso wie für die Vollendung (Rz 92) entscheidend, wann der unterlassende Täter spätestens veranlagt worden wäre; dies ist erst mit dem **allgemeinen Abschluss der Veranlagungsarbeiten** der Fall (BGHSt 61, 180, 187; BGH wistra 02, 64 Rz 92; krit *JJR/Joecks* Rz 543 ff mwN); denn bis zu diesem Zeitpunkt ist auch bei unbekannten Stpfl mit der Möglichkeit eines Schätzungsbescheids zu rechnen. Die Tatbeendigung kann nicht vor der Tatvollendung liegen. Etwas anderes ergibt sich auch nicht aus dem Grundsatz in dubio pro reo. Der Auffassung, bei Hinterziehung von Veranlagungssteuern durch Unterlassen sei zugunsten des säumigen Stpfl ein früherer Tatbeendigungszeitpunkt anzunehmen und der Stpfl sei so zu behandeln, als ob er der Erste gewesen wäre, der veranlagt worden wäre (vgl OLG Hamm wistra 01, 474; *Joecks* Praxis des StStrafrechts, 1998, S 55; *Schmitz* FS Kohlmann, 2003, S 517), ist der BGH zurecht nicht gefolgt (wistra 02, 64); denn Zweifel, die zur Anwendung dieser Entscheidungsregel führen könnten, liegen bei einer festgestellten Nichtabgabe einer StErklärung nicht vor; auf den hypothetischen Verfahrensgang, der stattgefunden hätte, wenn der Stpfl eine StErklärung rechtzeitig abgegeben hätte, ist nicht abzustellen.

202 Bei Steuern, die als **Anmeldungssteuern** – und damit als Festsetzungssteuern Kraft Anwendung – ausgestaltet sind, ist eine durch die pflichtwidrige Nichtabgabe einer StAnmeldung begangene StHinterziehung bereits mit Ablauf der Erklärungsfrist vollendet (Rz 105) und damit regelmäßig zugleich beendet. Denn die StAnmeldung (vgl § 150 I 3 AO, § 18 III 1 UStG) steht einer StFestsetzung unter Vorbehalt der Nachprüfung gleich (§ 168 S 1 AO). Aus demselben Grund führt auch die Abgabe einer unrichtigen StAnmeldung zur sofortigen Tatbeendigung. Etwas anderes gilt allerdings für verspätet oder mit unrichtigem Inhalt abgegebene USt-Voranmeldungen (Rz 203).

203 Die **Umsatzsteuerhinterziehung** ist mit Abgabe einer unrichtigen USt-Voranmeldung noch nicht beendet; denn die Vorteile der Tat sichert sich der Täter dauerhaft erst durch die jährliche Veranlagung (BGH wistra 83, 70; BGH v 26.10.17 1 StR 279/17, wistra 18, 122 Rz 9). Wegen des Systems der Selbstveranlagung bei der USt (§ 167 I 1), bei dem eine Festsetzung per StBescheid lediglich dann erfolgt, wenn die Festsetzung zu einer abweichenden Steuer führt, sind die Vorteile der Tat – außer bei StVergütungen (§ 168 S 2) – regelmäßig bereits mit der Abgabe der USt-Jahreserklärung gesichert (BGH wistra 18, 122). Entsprechendes gilt für Unterlassungstaten; bei diesen ist die StHinterziehung mit Fristablauf für die USt-Jahreserklärung beendet (stRspr; vgl BGHSt 38, 165; BGH wistra 91, 215, 216; BGH wistra 09, 189; zum Verhältnis zwischen dem Unterlassen einer fristgerechten USt-Jahreserklärung und einer verspäteten Abgabe mit falschen Angaben vgl BGHSt 39, 233).

204 **Bei der LSt handelt es sich um eine Fälligkeitssteuer,** die ebenfalls als Anwendungssteuer ausgestaltet ist (§ 41 I 1 Nr 1 EStG) und bei deren Hinterziehung die rechtliche Vollendung und die tatsächliche Beendigung zusammenfallen (BGH wistra 83, 70; vgl auch § 50e II EStG).

15. Mittäterschaft, mittelbare Täterschaft und Teilnahme

Schrifttum: *Schaaf* Die mögliche strafrechtliche Verantwortlichkeit des steuerlichen Beraters, AO-StB 12, 34; *Sieja* Strafrechtliche Beteiligung des steuerlichen Beraters an Steuerdelikten und Sicherungsinstrumente in der Steuerberatungspraxis, DStR 12, 991; *Podewils/Hellinger* Strafrechtliche Risiken für steuerliche Berater, DStZ 13, 662; *Beyer* Anmerkung zu BGH v 6.9.16, NZWiSt 16, 478; *Madauß* Der steuernde Hintermann als Mittäter oder Teilnehmer einer Steuerhinterziehung des „Strohmannes" iSd § 370 Abs. 1 Nr 2 AO, NZWiSt 16, 268; *Berger/Teutemacher* Beihilfe des Beraters zur Steuerhinterziehung, PStR 17, 165.

Zur **Abgrenzung von Mittäterschaft und Teilnahme** gelten bei StHinterziehung die allgemeinen strafrechtlichen Grundsätze (vgl dazu *Fischer* Vor § 25 StGB Rz 3 ff). Zur Alleintäterschaft s Rz 25. 210

Mittäter ist, wer gemeinschaftlich mit einem oder mehreren anderen dieselbe Straftat als Täter begeht (vgl § 25 II StGB). Bei Beteiligung mehrerer handelt täterschaftlich, wer seinen eigenen Tatbeitrag dergestalt in die gemeinschaftliche Tat einfügt, dass sein Beitrag als Teil der Tätigkeit des anderen und umgekehrt dessen Tun als Ergänzung des eigenen Tatanteils erscheint (stRspr; vgl BGHSt 44, 34; BGH wistra 04, 105; 07, 112; 15, 188; *Fischer* § 25 StGB Rz 12 mwN). 211

Wesentliche Kriterien für eine täterschaftliche Beteiligung können der Grad des eigenen Interesses am Erfolg der Tat, der Umfang der Tatbeteiligung, die objektive Tatherrschaft und der Wille zur Tatherrschaft sein (stRspr; vgl nur BGHSt 37, 389, 291; 58, 218, 226 Rz 43; BGH NStZ-RR 15, 284, 285; BGH v 13.7.16 – 1 StR 94/16 Rz 17). Nicht erforderlich ist, dass der Mittäter von Anfang an in vollem Umfang in das Tatgeschehen eingeweiht gewesen ist (BGH wistra 05, 380 betr Mittäterschaft eines StB im Rahmen eines USt-Karussells). Die Herrschaft über die Abgabe und den Inhalt einer StErklärung ist gewichtiges Indiz, aber nicht allein ausschlaggebend für die Annahme von Mittäterschaft. Zur Theorie von der Erklärungsherrschaft vgl *Beyer* NZWiSt 16, 478 sowie *Kohlmann/Ransiek* Rz 107). Mittäter einer StHinterziehung durch aktives Tun kann auch jemand sein, der selbst weder StSchuldner noch sonst Stpfl in Bezug auf die hinterzogenen Steuern ist (BGH wistra 86, 263 betr unerlaubte Arbeitnehmerüberlassung). 212

Mittäter einer StHinterziehung durch *Unterlassen* kann nach hM nur sein, wer zur Aufklärung stl erheblicher Tatsachen besonders verpflichtet ist (vgl BGHSt 58, 218, BGH wistra 87, 147; 03, 100, 102 und 03, 344, 345; BGH v 23.3.17 – 1 StR 451/16, BeckRS 2017, 110535 Rz 11 betr § 23 TabstG; *JJR/Joecks* § 370 Rz 30; zur Kritik an der hM s Rz 26a). 213

Täter kann auch ein mittelbarer Täter sein, der sich zur Durchführung der Tat eines anderen als Werkzeug bedient (§ 25 I 2. Alt. StGB). Das Wesen der mittelbaren Täterschaft besteht darin, dass der Täter einzelne Merkmale des Tatbestandes nicht selbst verwirklicht, sondern sich dazu eines anderen bedient, den er aus einer überlegenen Stellung heraus „steuert", weil sich der Tatmittler zB in einem Tatbestandsirrtum befindet, fahrlässig handelt oä (vgl BGHSt 31, 84). Der Tatmittler ist in solchen Fällen (außer bei mittelbarer Täterschaft kraft Organisationsherrschaft) weder Täter noch Mittäter (vgl BFH BStBl 90, 340; *Fischer* StGB § 25 Rz 5 ff mwN). Mittelbare Täterschaft ist zB anzunehmen, wenn der ArbeitN den ArbG über den als Lohnsteuer vorzunehmenden StAbzug täuscht (vgl BayObLG GA 71, 23) oder wenn der Importeur die mit der Abwicklung der Zollformalitäten beauftragte Spedition über die Art oder Menge einfuhrabgabenpflichter Waren täuscht (vgl BGH v 27.6.18 – 1 StR 282/17). Sie kommt auch in Betracht, wenn derjenige, der durch Bestechungshandlungen einen Betriebsausgabenabzug gem § 4 V 1 Nr 10 EStG auslöst, infolge regelhafter Abläufe bei der Verbuchung von Rechnungen die Geltendmachung der Beträge als Betriebsausgaben herbeiführt, weil er den Stpfl nicht über die Gründe informiert, die zum Abzugsverbot geführt haben (vgl BGH wistra 17, 390). StHinterziehung in mittelbarer Täterschaft setzt aber voraus, dass überhaupt Steuern entstanden und verkürzt wurden. Führt das 214

Wissensdefizit des Werkzeugs dazu, dass der zugrunde liegende Vorgang im Hinblick auf eine Vertrauensschutznorm, zB § 6a IV 1 UStG, als steuerfrei anzusehen ist, fehlt es hieran (vgl BGH wistra 17, 233). Zum StB als Tatmittler s Rz 194a. Zur Frage der StHinterziehung in mittelbarer Täterschaft bei verdeckter Parteienfinanzierung vgl BFH BStBl 90, 340.

215 **Anstifter** ist, wer vorsätzlich einen anderen zu dessen vorsätzlich begangener rechtswidriger Tat bestimmt (§ 26 StGB). Zur Tat bestimmen bedeutet, in dem Täter den Tatentschluss durch irgendeine dafür ursächliche Anstiftungshandlung hervorzurufen (*Fischer* § 26 StGB Rz 3). Der Anstifter wird (anders als der Gehilfe, § 27 II 2 StGB) gleich dem Täter bestraft (§ 26 StGB). Zur Anwendbarkeit von § 28 StGB auf Teilnehmer s Rz 61d.

216 **Gehilfe** ist, wer vorsätzlich einem anderen zu dessen vorsätzlich begangener rechtswidriger Tat Hilfe geleistet (§ 27 StGB), die Tat also psychisch oder physisch gefördert hat. Hilfeleistung ist grds jede Handlung, welche die Herbeiführung des Taterfolges des Haupttäters objektiv fördert (BGHSt 42, 135, 136), ohne dass sie für den Erfolg selbst ursächlich sein muss (stRspr; vgl BGHSt 46, 107 = wistra 00, 340 sowie BGH wistra 17, 390, jeweils mwN). Gehilfenvorsatz liegt vor, wenn der Gehilfe die Haupttat in ihren wesentlichen Merkmalen kennt und in dem Bewusstsein handelt, durch sein Verhalten das Vorhaben des Haupttäters zu fördern (sog doppelter Gehilfenvorsatz). Einzelheiten braucht er nicht zu kennen. Ob der Gehilfe den Erfolg der Haupttat wünscht oder ihn lieber vermeiden würde, ist nicht entscheidend. Es reicht, dass die Hilfe an sich geeignet ist, die fremde Haupttat zu fördern oder zu erleichtern, der Hilfeleistende dies weiß (BGHSt 46, 107; BGH wistra 17, 390) und dabei billigend in Kauf nimmt, dass sich sein Beitrag als unterstützender Bestandteil in einer Straftat manifestieren wird (BGH NZWiSt 17, 398 mwN).

217 Es ist ausreichend, dass ein Gehilfe die Haupttat im **Vorbereitungsstadium** fördert, solange die Teilnahmehandlung mit dem Willen und dem Bewusstsein geleistet wird, die Haupttat zu fördern (BGHSt 46, 107 mwN), sofern die Haupttat später in das Stadium des strafbaren Versuchs gelangt (BGH wistra 86, 26; 92, 299). Der Strafbarkeit einer Beihilfehandlung steht auch nicht entgegen, dass zum Zeitpunkt ihrer Begehung ein fälliger StAnspruch noch gar nicht gegeben war, wenn dieser bei der Verwirklichung der Haupttat besteht (BGHSt 46, 107).

218 Beihilfe und sukzessive Mittäterschaft sind auch noch nach Tatvollendung möglich, **bis die Haupttat beendet ist** (Rz 200), dh ihren tatsächlichen Abschluss gefunden hat (BGH wistra 00, 425). Bei der Hinterziehung von Einfuhrabgaben ist dies erst dann der Fall, wenn die Ware in Sicherheit gebracht und „zur Ruhe gekommen" ist (BGH wistra 00, 425; 10, 226; 14, 486; NZWiSt 16, 23).

219 Wird durch den **Abschluss eines Scheinvertrags** eine Gehaltszahlung verschleiert, kann darin eine Beihilfe zur StHinterziehung des Gehaltsempfängers liegen (BGH wistra 02, 221). Beihilfe liegt auch vor, wenn auf Betreiben des Beteiligten Scheinrechnungen erstellt werden, die nach seinem Willen Eingang in die Buchführung des Stpfl finden und damit Grundlage unrichtiger Angaben über die Höhe der tatsächlich abzugsfähigen Vorsteuer werden (BFH/NV 02, 891). Beihilfe ist auch gegeben, wenn der Unterstützende dem Täter, der Schwarzgeschäfte tätigt, die Tat dadurch erleichtert, dass dieser annehmen kann, auch in der Buchführung des Unterstützers nicht in Erscheinung zu treten (BFH wistra 04, 313).

219a Wer ein **Kassensystem mit Manipulationssoftware** verkauft, die einzig darauf abzielt, Kassenabrechnungen zu manipulieren und damit Steuern zu verkürzen, begeht Beihilfe zur StHinterziehung des Verwenders der Software (FG RhPf NZWiSt 15, 154). Zur Beihilfe zur Hinterziehung von USt durch Eintragung falscher Personendaten in Fahrzeugpapiere, um damit die Voraussetzungen der Differenzbesteuerung gem § 25a UStG vorspiegeln zu können, vgl BGH NJW 15, 802.

Beihilfe durch Unterlassen setzt voraus, dass der Gehilfe für den Nichteintritt des Erfolgs einzustehen hat (§ 13 StGB). Eine entsprechende Garantenpflicht kann sich nur aus gesetzlichen Vorschriften ergeben. Denn eine allgemeine Pflicht zur Verhinderung von StHinterziehungen gibt es nicht (BGH wistra 17, 390 Rz 75; BFH HFR 01, 543). Die **Garantenpflicht** aus vorangegangenem Tun beruht auf dem allgemeinen Gedanken, dass derjenige, der durch sein Verhalten die Gefahr eines Schadens geschaffen oder mitgeschaffen hat, rechtl verpflichtet ist, den dadurch drohenden Schaden abzuwenden. Dabei ist es aber erforderlich, dass das vorangegangene Verhalten nicht nur gefahrschaffend oder -erhöhend, sondern zugleich pflichtwidrig war. Auch die Ingerenz ist nach dem Schutzzweck der die Pflichtwidrigkeit des Vorverhaltens begründenden Norm begrenzt. Dies führt dazu, dass nicht jedes pflichtwidrige und zugleich gefahrverursachende Verhalten zu einer Garantenstellung führt, sondern dass stets auf die Umstände des Einzelfalls hinsichtlich der Pflichtverletzung sowie des später eintretenden Erfolgs und ihres Verhältnisses zueinander abzustellen ist. Maßgeblich ist, ob die Pflichtwidrigkeit gerade in einer Verletzung eines solchen Gebots besteht, das dem Schutz des Rechtsguts zu dienen bestimmt ist (BGH wistra 17, 390 Rz 77 ff, mwN). Da bei den Korruptionstatbeständen das Rechtsgut der Funktionsfähigkeit staatlicher Verwaltung und Rechtspflege sowie die Lauterkeit des öffentlichen Dienstes im Vordergrund steht, wird derjenige, der gegen diese Strafgesetze verstößt, nicht zum Garanten für die inhaltliche Richtigkeit der StErklärungen desjenigen, aus dessen Vermögen die Bestechungsgelder stammen (BGH wistra 17, 390, Rz 80). StStrafrechtl hat dies zur Folge, dass allein die Beteiligung an einer Bestechung keine Garantenstellung für die Erfüllung der steuerlichen Pflichten des Bestechenden auslöst und damit die Nichtverhinderung oder -erschwerung der StHinterziehung weder zu einer Strafbarkeit wegen StHinterziehung durch Unterlassen noch zu einer Beihilfe zur StHinterziehung durch Unterlassen führt (BGH wistra 17, 390 Rz 81). Es kommt aber StHinterziehung **in mittelbarer Täterschaft** in Betracht, wenn derjenige, der durch Bestechungshandlungen einen Betriebsausgabenabzug gem § 4 V 1 Nr 10 EStG auslöst, infolge regelhafter Abläufe bei der Verbuchung von Rechnungen die Geldendmachung der Beträge als Betriebsausgaben herbeiführt, weil er den Stpfl nicht über die Gründe informiert, die zum Abzugsverbot geführt haben (BGH wistra 17, 390 Rz 81). 220

Für die Mitwirkung an anonymisiertem Kapitaltransfer ins Ausland ist die Frage der **Strafbarkeit von Bankmitarbeitern wegen Beihilfe** zur StHinterziehung lange kontrovers diskutiert worden (vgl die Nachweise bei LG Bochum NJW 00, 1430). Im Schrifttum wurde vor allem eingewandt, mit „berufstypischem" und damit sozialadäquatem Verhalten werde der strafrechtliche Bereich erst dann erreicht, wenn die für Banken geltenden Regeln verletzt würden, um rechtswidrige Ziele zu erreichen (*Hassemer* wistra 95, 41). Für einen Geldtransfer ins Ausland gebe es immer vernünftige Gründe (vgl *Joecks* WM Sonderteil 1/98 mwN). 221

Der BGH hat dieser Diskussion im Jahr 2000 dadurch ein Ende gesetzt, dass er unmissverständlich entschieden hat, dass als strafbare Hilfeleistungen nicht nur solche Unterstützungshandlungen in Betracht kommen, die bereits isoliert betrachtet rechtl missbilligt sind. Vielmehr können **auch äußerlich neutrale und als solche sozial- oder berufsadäquate Handlungen strafbare Unterstützungshandlungen** sein (BGHSt 47, 107; aA *Meyer-Arndt* wistra 89, 281; *Hassemer* wistra 95, 41 ff, 81 ff; *Ransiek* wistra 97, 41). Diese verlieren ihre Neutralität dadurch, dass sie zur Unterstützung einer strafbaren Handlung eingesetzt werden. Eine generelle Straflosigkeit von „neutralen", „berufstypischen" oder „professionell adäquaten" Handlungen kommt nicht in Betracht (BGH aaO). Zur erlaubnisbedürftigen Scheckwechseltätigkeit von Banken (§ 32 KWG) vgl *Hillenbrand/Brosig* wistra 03, 375. 222

Nach der Rspr des BGH kommt es entscheidend darauf an, ob die Beihilfehandlung die **Herbeiführung des Taterfolgs des Haupttäters objektiv för-** 223

dert (krit *Kudlich* NStZ 18, 329 für die Frage der objektiven Zurechnung bei Beratungsleistungen sowie bei der Herstellung bzw dem Vertrieb von Sachen, die nicht ausschließlich für die Tatbegehung verwendet werden sollen). Bei dem vom BGH entschiedenen Fall des Kapitaltransfers ins Ausland war dies gegeben, weil die Anonymisierung des Geldtransfers das Entdeckungsrisiko für die Nichtangabe der Kapitalbeträge in der StErklärung stark verringerte.

224 Schwierigkeiten bereitet nicht selten die **Feststellung des Beihilfevorsatzes** bei äußerlich **neutralen Handlungen.** Hierzu hat der BGH – auch um der Gefahr der Ausuferung einer konturlosen Beihilfestrafbarkeit entgegenzuwirken – folgende **Grundsätze** aufgestellt (BGHSt 46, 107 mit Anm *Jäger* wistra 00, 344; BGH NStZ 18, 328; wistra 17, 270 Rz 30; NStZ-RR 14, 316 Rz 30f): Zielt das Handeln des Haupttäters ausschl darauf ab, eine strafbare Handlung zu begehen, und weiß dies der Hilfeleistende, so ist sein Tatbeitrag als Beihilfehandlung zu werten. In diesem Fall verliert sein Tun stets den „Alltagscharakter"; es ist als Solidarisierung mit dem Täter zu deuten und dann auch nicht mehr als sozialadäquat anzusehen. Weiß der Hilfeleistende nicht, wie sein Beitrag vom Haupttäter genutzt wird, hält er es lediglich für möglich, dass sein Tun zur Begehung einer Straftat genutzt wird, so ist sein Handeln regelmäßig noch nicht als strafbare Beihilfehandlung zu beurteilen. Anders ist dies dann, wenn das von ihm erkannte Risiko strafbaren Verhaltens des von ihm Unterstützten derart hoch war, dass er sich „die Förderung eines erkennbar tatgeneigten Täters angelegen sein" ließ (krit *Samson/Schillhorn* wistra 01, 1). Der Solidarisierung mit dem Täter kommt daher in Fällen, in denen dessen Ziele nicht eindeutig erkennbar sind, für die Frage des Beihilfevorsatzes zentrale Bedeutung zu.

225 **Beihilfe durch einen StB** kann zB vorliegen, wenn dieser einen Antrag auf Herabsetzung von Vorauszahlungen stellt oder an USt-Voranmeldungen mitwirkt, obwohl er positiv weiß, dass die in den StAnmeldungen enthaltenen Angaben nicht korrekt sind (FG Nbg Stbg 04, 569). Ist in einem solchen Fall vorsätzliches Verhalten des Mandanten nicht nachzuweisen (vgl dazu *Dörn* BuW 99, 295), kommt gegen den StB sogar der Vorwurf der (mittelbaren) Täterschaft in Betracht. Hat er keine Kenntnis von der Unrichtigkeit der Angaben, droht ihm idR höchstens eine Geldbuße wegen leichtfertiger StVerkürzung (§ 378). Beihilfe zur StHinterziehung kann auch darin liegen, dass sich der StB an Maßnahmen zur Verschleierung von Geldflüssen beteiligt, etwa durch die Errichtung einer ausl Stiftung, damit dieser Einkünfte vor den deutschen FinBeh verheimlichen kann (vgl BGH NStZ 17, 356).

226 Umstritten ist, ob der StB Beihilfe zur StHinterziehung seines Mandanten leistet, wenn er sich nicht an der höchstrichterlichen Rspr (so zB *Danzer* DStJG 6, 67) oder Richtlinien und sonstigen Verwaltungsvorschriften der FinVerw orientiert (so zB *Meine* wistra 92, 81), sondern der StErklärung eine von ihm für richtig gehaltene und für den Mandanten günstige, aber **der Rspr** oder der Verwaltungspraxis **widersprechende Rechtsauffassung** zu Grunde legt. Im Schrifttum wird zum Teil die Auffassung vertreten, Angaben, die auf einer vertretbaren, wenn auch nach der Rspr unrichtigen Rechtsansicht beruhen, seien nicht unrichtig (vgl *Dörn* wistra 92, 241). Dieser Ansicht kann nicht gefolgt werden. Zwar ergeben sich Umfang und Grenzen der Pflichten des StB aus dem Inhalt des ihm von seinem Mandanten erteilten Auftrags und damit aus dem Beratervertrag (vgl OLG Karlsruhe wistra 86, 189). Gleichwohl darf der StB nicht an unrichtigen und unvollständigen Angaben ggü den FinBeh mitwirken. Er darf es nicht unterstützen, dass der Mandant Sachverhaltselemente verschweigt, deren rechtliche Relevanz eindeutig gegeben oder zumindest zweifelh ist. Dies ist nach der Rspr des BGH dann der Fall, wenn Tatsachen, die nach der eigenen Rechtsauffassung stl nicht erheblich sind, nach der Rspr, den Richtlinien der FinVerw oder der regelmäßigen Veranlagungspraxis stl bedeutsam sind (vgl BGH wistra 00, 137; Rz 44). Werden auch diese Tatsachen vorgetragen, darf der StB auch abweichende Rechtsauffassungen vertreten und den

Mandanten dabei unterstützen, auf eine Änderung der Rspr hinzuarbeiten. Ab dem VZ 2017 bieten die StErklärungs-Vordrucke die Möglichkeit von Ergänzungen in einer Anlage für den Fall, dass einer StErklärung eine von der Verwaltungsauffassung abweichende Rechtsansicht zugrunde gelegt wurde (s auch Rz 44a).

Ein Ehegatte, der lediglich die gemeinsame StErklärung mitunterzeichnet, wird nicht allein dadurch zum Teilnehmer einer StHinterziehung des anderen Ehegatten (BGH wistra 08, 310). Zwar müssen zusammenveranlagte Eheleute eine gemeinsame StErklärung abgeben (§ 25 III 2 EStG). Der Erklärungsgehalt der Unterschrift beschränkt sich jedoch auf Tatsachen, die den jeweiligen Ehegatten betreffen; nur insoweit werden „Angaben" (§ 370 I Nr 1) gemacht (BFH wistra 02, 353). Erschöpft sich die Mitwirkung des mitunterzeichnenden Ehegatten in seiner Zustimmung zur Zusammenveranlagung, ist er strafrechtl nicht verantwortlich für unrichtige Angaben des anderen Ehegatten. Unterstützt der Mitunterzeichnende hingegen die Tat des anderen Ehegatten, und sei es nur in Form einer Bestärkung des Tatentschlusses, kann Beihilfe (Rz 216) gegeben sein (*JJR/Joecks* § 370 Rz 523); bei gemeinschaftlichem Zusammenwirken kommt Mittäterschaft in Betracht. Insoweit sind die allgemeinen Regeln über die mittäter- oder gehilfenschaftliche Beteiligung anzuwenden (BGH wistra 08, 310). Zur Berichtigungspflicht von Ehegatten, die nachträglich die Unrichtigkeit einer von ihnen mitunterzeichneten StErklärung erkennen, vgl § 153 Rz 5. 227

16. Konkurrenzen

Schrifttum: *Rolletschke/Steinhart* Die steuerstrafrechtliche Konkurrenzlehre und ihre Auswirkungen insbesondere auf das Selbstanzeigerecht, NZWiSt 15, 71; *Jäger* Stellung, Abgrenzung und Sanktionierung der Steuerhinterziehung im Strafrechtssystem, DStJG 38, 29, 44 (2015); *Bülte* Ne bis in idem bei Schwarzarbeit und Nettolohnbarauszahlungen: Zum Strafklageverbrauch bei Nichtabführung von Sozialversicherungsabgaben nach Einstellung des Steuerstrafverfahrens, NZWiSt 17, 49.

a) Tateinheit (Idealkonkurrenz). Tateinheit liegt vor, wenn dieselbe Handlung mehrere Strafgesetze oder dasselbe Strafgesetz mehrmals verletzt (§ 52 StGB). Dies ist dann der Fall, wenn die tatbestandlichen, mehrere Strafgesetze oder dasselbe Strafgesetz mehrfach verletzenden Ausführungshandlungen in einem für sämtliche Tatbestandsverwirklichungen notwendigen Teil zumindest teilweise identisch sind (BGH v 24.8.17 – 1 StR 625/16 Rz 16, wistra 18, 257 und BGH v 22.1.18 – 1 StR 535/17, jew. mwN). In diesem Fall wird nur auf *eine* Strafe erkannt. Die Strafe wird dem Gesetz entnommen, das die schwerste Strafe androht. Für die Abgrenzung von Tateinheit und Tatmehrheit kommt es darauf an, ob die mehrfachen Gesetzesverletzungen durch dieselbe Handlung begangen wurden. Mehrere Unrichtigkeiten innerhalb derselben StErklärung sind Teile ein- und derselben Tat im materiellen Sinn (vgl BGH wistra 10, 310). Eine natürliche Handlungseinheit liegt auch dann vor, wenn sich der Tatbeitrag eines Tatbeteiligten im Aufbau und in der Aufrechterhaltung eines auf Straftaten ausgerichteten Geschäftsbetriebs erschöpft („uneigentliches Organisationsdelikt") und er darüber hinaus nicht an den einzelnen Taten – etwa durch Erstellung von Rechnungen oder Weiterleitung von Geldern – mitwirkt (vgl BGH wistra 11, 344; NStZ-RR 13, 279). Zwischen StHinterziehung (§ 370) und StHehlerei (§ 374) ist Wahlfeststellung zulässig (vgl BGHSt 4, 128 sowie § 374 Rz 51). 230

Bei **Hinterziehung von Steuern mehrerer Steuerarten oder Besteuerungszeiträumen** ist nach der Rspr des BGH jede einzelne unrichtige StErklärung grds als selbständige Tat iSv § 53 StGB zu werten. Von Tatmehrheit ist also dann auszugehen, wenn die abgegebenen StErklärungen verschiedene StArten, verschiedene Besteuerungszeiträume oder verschiedene Stpfl betreffen. Dies gilt nach neuer Rspr des BGH auch bei Übermittlung mehrerer StErklärungen durch einen einheitlichen äußeren Akt und selbst dann, wenn diese Erklärungen übereinstimmende unrichtige Angaben über die Besteuerungsgrundlagen enthalten. Die bisherige an- 231 ders lautende Rspr hat der BGH ausdrücklich aufgegeben (BGH v 22.1.18 – 1 StR 535/17). Danach konnte Tateinheit ausnahmsweise dann vorliegen, wenn die Hinterziehungen durch dieselbe Erklärung bewirkt oder wenn mehrere StErklärungen durch eine körperliche Handlung gleichzeitig abgegeben wurden. Entscheidend war nach dieser Rspr, dass die Abgabe der StErklärungen im äußeren Vorgang zusammenfiel (zB gemeinsamer Briefumschlag) und überdies in den Erklärungen übereinstimmende unrichtige Angaben über die Besteuerungsgrundlagen enthalten waren (vgl BGHSt 33, 163; BGH wistra 96, 62; 05, 30 mwN; 08, 266; 08, 384; 14, 443; NStZ-RR 17, 315). An dieser Rspr hält der BGH jedoch nicht mehr fest. Vielmehr hat er nun ausgeführt, dass das bloße zeitliche Zusammenfallen der Abgabe von mehreren StErklärungen, die rechtlich nicht miteinander verknüpft sind, in einem äußeren Akt Tateinheit iSv § 52 StGB nicht begründen kann. Eine für die Annahme von Tateinheit erforderliche Teilidentität der Ausführungshandlungen (vgl Rz 230) ist danach bei Abgabe mehrerer StErklärungen für verschiedene StArten und verschiedene Veranlagungszeiträume durch einen äußeren Akt, etwa des Versendens per Post in einem Brief, hinsichtlich der StHinterziehung gem § 370 I Nr 1 AO grundsätzlich nicht gegeben (BGH v 22.1.18 – 1 StR 535/17).

232 Seit Aufgabe der Rechtsfigur der fortgesetzten Handlung (Rz 250) genügt das **Vorliegen eines Gesamtplans** entgegen der früheren Rspr (vgl BGHSt 6, 81; BGH wistra 84, 177; 83, 187; 82, 226; BB 78, 1302) für die Annahme einer Tateinheit selbst dann nicht, wenn nach den Vorstellungen des Täters zu unterschiedlichen Zeitpunkten gemachte, aber übereinstimmende unrichtige Angaben über die Besteuerungsgrundlagen bei der Festsetzung unterschiedlicher Steuern Verwendung finden sollen.

233 Tateinheit kann auch bei Taten bestehen, bei denen die Ausführungshandlungen zugleich **unterschiedliche Steuerstraftatbestände** erfüllen, etwa StHinterziehung hinsichtlich Verbrauchsteuern – zB TabSt – und StHehlerei bzgl anderer Abgaben (vgl BGH wistra 07, 262; 08, 470 sowie § 373 Rz 70 und § 374 Rz 50).

233a Wird durch Tatbeiträge sowohl zur Hinterziehung von Einfuhrabgaben im Mitgliedstaat der Einfuhr in das Gebiet der EU als auch zur Hinterziehung deutscher Verbrauchsteuern Hilfe geleistet, liegt eine **einheitliche Beihilfe** vor, auch wenn die Haupttaten zueinander im Verhältnis der Tatmehrheit (§ 53 StGB) stehen (BGH NZWiSt 16, 23). Beihilfe zur StHinterziehung kann tateinheitlich auch mit Begünstigung iSd § 369 I Nr 4, § 257 StGB zusammentreffen, etwa wenn Erträge des ins Ausland transferierten Kapitals vor dem Transfer nicht versteuert worden sind (vgl *Jäger* wistra 00, 344). Die Beihilfe zur Straftat der Beschäftigung von Ausländern ohne die erforderliche Genehmigung gem § 11 I 1 SchwarzArbG kann Taten der Beihilfe zur Hinterziehung von LSt (§ 370 AO) einerseits und der Beihilfe zum Vorenthalten von Arbeitsentgelt (§ 266a StGB) andererseits nicht zur Tateinheit verbinden, wenn diese bei isolierter Betrachtung in Tatmehrheit zueinander stehen. Denn nach der Rspr des BGH tritt diese Wirkung dann nicht ein, wenn eine minder schwere Dauerstraftat jeweils mit schwereren Gesetzesverstößen zusammentrifft (vgl BGH v 25.10.17 – 1 StR 310/16, NStZ 18, 221 mwN).

234 Der Entschluss, für keine von unterschiedlichen Steuern eine StErklärung abzugeben, begründet für sich allein noch keine Tateinheit zwischen den einzelnen StHinterziehungen (BGHSt 18, 376, 379; BGH wistra 85, 66). Auch bei der **Steuerhinterziehung durch Unterlassen** (§ 370 I Nr 2) ist grundsätzlich im Hinblick auf jede StArt, jeden Besteuerungszeitraum und jeden Stpfl von selbständigen Taten iSd § 53 StGB auszugehen. Tateinheit ist insoweit nur dann ausnahmsweise anzunehmen, wenn die erforderlichen Angaben, die der Täter pflichtwidrig unterlassen hat, durch dieselbe Handlung zu erbringen gewesen wären (vgl BGH wistra 85, 66; 05, 30 mwN; BGH v 22.1.18 – 1 StR 535/17). Erfordert daher bei zwei Unterlassungsdelikten ein pflichtgemäßes Handeln des Täters ein Tätigwerden gegenüber zwei verschiedenen Adressaten, fehlt es an der für Tateinheit notwendigen gänzlichen oder teilweisen Deckung der „Ausführungshandlungen" (OLG Ddorf wistra 87, 191).

Handlungen im Vorfeld der Abgabe von StErklärungen, zB unrichtige Verbuchungen, **sind Vorbereitungshandlungen.** Die Ausführungshandlung beginnt erst mit der Abgabe der StErklärung (BGH wistra 86, 189, vgl Rz 194). Tateinheit kann nicht dadurch begründet werden, dass eine Teilidentität der Vorbereitungshandlungen vorliegt, wie etwa durch die Fälschung von Geschäftsbüchern zum Zwecke der StHinterziehung (vgl BGH NJW 85, 1967, 1968). 235

StHinterziehung (§ 370) kann auch in Tateinheit mit Urkundenfälschung stehen (§ 267 StGB). Die Hinterziehung von USt und die Urkundenfälschung durch Fälschung von Rechnungen stehen zueinander im Verhältnis der Tateinheit, wenn der Täter bei der Geltendmachung erhöhter Vorsteuern diese gefälschten Rechnungen einsetzt (BGH wistra 88, 345). Dasselbe gilt, wenn der Täter zum Nachweis seiner unrichtigen Angaben ggü dem Finanzamt gefälschte Urkunden vorlegt (BGH wistra 03, 429). 236

b) Tatmehrheit. Hat jemand mehrere Straftaten begangen, die gleichzeitig abgeurteilt werden, ohne dass Tateinheit vorliegt, so wird auf eine Gesamtstrafe erkannt (§ 53 StGB). Die Gesamtstrafe wird durch Erhöhung der verwirkten höchsten Strafe gebildet (§ 54 StGB). Wird ein rechtskräftig Verurteilter, bevor die gegen ihn erkannte Strafe vollstreckt, verjährt oder erlassen ist, wegen einer anderen Straftat verurteilt, die er vor der früheren Verurteilung begangen hat, ist gem § 55 StGB eine nachträgliche Gesamtstrafe zu bilden. Maßgeblich ist die Vollstreckungssituation zum Zeitpunkt der letzten tatrichterlichen Verhandlung (§ 55 I 2 StGB). Auch nach einer Aufhebung der Gesamtstrafe durch das Revisionsgericht ist dieser Vollstreckungsstand für die Bildung einer neuen nachträglichen Gesamtstrafe maßgeblich (BGH v 25.10.17 – 1 StR 136/17, BeckRS 2017, 133368 Rz 3 mwN). 240

Grundsätzlich bilden **mehrere unrichtige Erklärungen** zu verschiedenen Steuern **selbständige Taten** (Rz 231; BGH v 22.1.18 – 1 StR 535/17). Werden unrichtige, an unterschiedliche FÄ gerichtete StErklärungen gleichzeitig in einen Briefkasten eingeworfen und zur Versendung gebracht, liegt nach der Rspr des BGH Tatmehrheit und keine natürliche Handlungseinheit vor (vgl BGH wistra 05, 56; ablehnend *JJR/Joecks* § 370 Rz 724). Denn die Tathandlung der StHinterziehung gem § 370 I Nr 1 besteht darin, dass der Täter gegenüber den Finbeh oder anderen Behörden über steuerlich erhebliche Tatsachen unrichtige oder unvollständige Angaben macht. Die steuerliche Erheblichkeit wird angesichts des steuerrechtsakzessorischen Charakters der StHinterziehung aber durch die maßgeblichen steuerrechtlichen Bestimmungen geprägt. Damit kommt dem äußeren Vorgang des Versendens bzw. Übermittelns der Erklärung und deren Eingang bei der Behörde für die tatbestandliche Handlung als solche keine Bedeutung zu (BGH v 22.1.18 – 1 StR 535/17). Tatmehrheit kann auch vorliegen, wenn der Täter im Beitreibungsverfahren neue unrichtige Angaben macht (BGH wistra 12, 482 = BGHR AO § 370 I Konkurrenzen 22). Werden mehrere unrichtige StErklärungen elektronisch bei den FinBeh eingereicht, liegt schon deshalb Tatmehrheit vor, weil jede StErklärung elektronisch nur gesondert verschickt werden kann; die Ausführungshandlungen überschneiden sich daher nicht. 241

Bei der **Nichtabgabe** verschiedener StErklärungen (StAnmeldungen) gilt nichts anderes, auch wenn die Unterlassung von dem einheitlichen Vorsatz, den steuerlichen Pflichten für mehrere StArten und mehrere Besteuerungszeiträume künftig nicht nachzukommen, getragen wird (BGHSt 18, 376, 379; BGH wistra 14, 443). Unterlässt es der Täter, eine Mehrzahl verschiedener Handlungen vorzunehmen, zB die Abgabe von LSt- und USt-Anmeldungen, so liegt Tatmehrheit vor (vgl BGH HFR 80, 154). Eine rechtliche Einheit verschiedener Gesetzesverletzungen kommt bei der durch Unterlassung begangenen StHinterziehung (§ 370 I Nr 5) nur dann in Betracht, wenn die erforderlichen Angaben, die der Täter pflichtwidrig unterlassen hat, durch ein und dieselbe Handlung zu erbringen gewesen wären (BGH wistra 05, 30 mwN). 242

243 Die Abgabe einer **unrichtigen StErklärung nach** einer bereits beendeten **Unterlassungstat** ist ebenfalls eine neue, in Tatmehrheit stehende StHinterziehung. Soll sie lediglich die durch die Unterlassungstat erlangten Vorteile sichern, kann es sich um eine mitbestrafte Nachtat handeln (s Rz 247).

245 **c) Mitbestrafte Nachtat.** Eine mitbestrafte Nachtat ist eine selbständige strafbare Handlung, durch die der Erfolg einer Vortat (nur) ausgenutzt oder gesichert wird und der ggü der Vortat kein eigenständiger Unrechtsgehalt zukommt, etwa weil die Nachtat ein neues Rechtsgut verletzt oder der Schaden qualitativ über das durch die Vortat verursachte Maß hinausgeht; sie bleibt daher straflos (vgl BGH NJW 2015, 2354 Rz 29, BGHSt 60, 188 mwN; *Fischer* Vor § 52 StGB Rz 65). Strafbar ist sie allerdings dann, wenn die Vortat verjährt ist (BGHSt 60, 188 Rz 31; BGHSt 38, 366, 368).

246 Die Einreichung einer unrichtigen StErklärung zur **Sicherung der bereits erlangten Vorteile** aus einer durch Unterlassen begangenen Tat kann eine mitbestrafte Nachtat sein (BGHSt 60, 188; 38, 366, 368). Dies ist etwa dann der Fall, wenn der Täter lediglich eine Neufestsetzung verhindern möchte (BGHR AO § 370 I Nr 1 Mittäter 6 = wistra 93, 302). Übersteigt der Unrechtsgehalt der Nachtat den der Vortat, ist die Nachtat nicht mitbestraft. Keine mitbestrafte Nachtat liegt deshalb vor, wenn der Täter nach Hinterziehung von USt durch Unterlassen verspätete USt-Voranmeldungen einreicht und dabei einen ungerechtfertigten Vorsteuerabzug (§ 15 UStG) vornimmt.

247 Die Falschangabe in einer **Schenkungsteuererklärung,** keine Vorschenkungen erhalten zu haben, sichert die Vorteile der Hinterziehung vorangegangener Unterlassungstaten und ist insoweit mitbestrafte Nachtat. Soweit allerdings das Verschweigen von Vorschenkungen zur Anwendung eines zu niedrigen Schenkungsteuersatzes oder eines nicht gerechtfertigten Freibetrags führt, kommt der Nachtat eigenständiger Unrechtsgehalt zu; sie ist daher insoweit nicht mitbestraft (BGHSt 60, 188 Rz 28).

248 **d) Mitbestrafte Vortaten.** Nach neuer Rspr des BGH ist das **Verhältnis zwischen USt-Voranmeldungen und USt-Jahreserklärung** eines der Gesetzeskonkurrenz in Form der mitbestraften Vortaten (BGH v 13.7.17 – 1 StR 536/16, wistra 18, 43 Rz 50). Unrichtige USt-Voranmeldungen, die lediglich eine Verkürzung auf Zeit zur Folge haben, sind regelmäßig durch die Aburteilung der zugehörigen USt-Jahreserklärung mitbestraft. Denn erst durch die Jahreserklärung wird die endgültige Verkürzung der Steuer bewirkt (vgl BGH HFR 97, 106). Einer Verfahrensbeschränkung gem § 154a StPO, wie sie nach der bisherigen Rspr (vgl BGH wistra 02, 185; BGHSt 49, 359, 365; 53, 221, 228 Rz 32) in Betracht kam, bedarf es somit idR nicht mehr. Durch diese Rspr wird das rechtliche Verhältnis von USt-Voranmeldungen und USt-Jahreserklärung, wonach das endgültige materiell-rechtliche Schicksal der Vorauszahlungsschuld von der Festsetzung der Jahresumsatzsteuer abhängig ist (BFHE 234, 531 und BFHE 241, 451 Rz 32), in das materielle Steuerstrafrecht übertragen (*Pflaum* wistra 18, 47). Ein entsprechendes Verhältnis zwischen **ESt-Vorauszahlungen** und der ESt für das Jahr, für das sie zu entrichten sind, besteht nicht (glA *Pflaum* wistra 18, 47, 49). Entgegen einer in der Literatur vertretenen Ansicht (vgl *Pflaum* wistra 18, 47, 48) wird der Unrechtsgehalt der Hinterziehung von ESt-Vorauszahlungen für die Folgejahre nicht von der Hinterziehung für ein vorheriges Jahr erfasst.

250 **e) Fortgesetzte Handlung.** Der Anwendungsbereich der Rechtsfigur der fortgesetzten Handlung, die früher auch im StStrafrecht erhebliche Bedeutung hatte, ist durch die Entscheidung des Großen Senats für Strafsachen des BGH v 3.5.1994 (NJW 94, 1663) weitgehend entfallen. Eine fortgesetzte Handlung ist danach nur noch in Ausnahmefällen anzunehmen, nämlich wenn dies zur sachgerechten, dh dem Sinn des Gesetzes entsprechenden Erfassung des durch die mehreren Verwirklichungen des Straftatbestandes begangenen Unrechts und der Schuld

unumgänglich ist. Auch für das StStrafrecht hat der BGH nicht an der Rechtsfigur der fortgesetzten Handlung festgehalten (vgl BGHSt 40, 195).

f) Konkurrenzen bei Beihilfe. Ob bei Beihilfe Tateinheit oder -mehrheit anzunehmen ist, hängt von der Anzahl der Beihilfehandlungen und der vom Gehilfen geförderten Haupttaten ab. Tatmehrheit (53 StGB) ist anzunehmen, wenn durch mehrere Hilfeleistungen mehrere selbständige Taten gefördert werden, also den Haupttaten jeweils eigenständige Beihilfehandlungen zuzuordnen sind. Dagegen liegt eine Beihilfe im Rechtssinne und damit nur eine Tat vor, wenn der Gehilfe mit einer einzigen Unterstützungshandlung zu mehreren Haupttaten eines anderen Hilfe leistet (vgl BGH NStZ 00, 83; wistra 08, 217; NJW 13, 2211, 2213; wistra 16, 31; NStZ 17, 354 aE; Fischer § 27 StGB Rz 31 und vor § 52 Rz. 11). Dasselbe gilt wegen der Akzessorietät der Teilnahme, wenn sich mehrere Unterstützungshandlungen auf dieselbe Haupttat beziehen (BGHSt 46, 107, 116; BGH wistra 16, 31; vgl auch *Jäger* wistra 00, 344, 346). Hat ein Gehilfe den Haupttätern Scheinrechnungen überlassen, auf deren Grundlage diese unrichtige USt-Erklärungen, unzutreffende Lohnsteueranmeldungen sowie unrichtige Sozialversicherungsbeitragsnachweise abgegeben haben, hat er auf jeden Monat bezogen nur eine Tat begangen (BGH wistra 08, 217). Allein die Mitwirkung des Gehilfen bereits bei der Anbahnung des Gesamtgeschäfts, auf das die einzelnen Haupttaten zurückgehen, steht der Annahme von mehreren im Verhältnis der Tatmehrheit zueinander stehenden Taten der Beihilfe nicht entgegen (BGH NStZ 09, 159). 251

g) Konkurrenz mit Nichtsteuerdelikten. Beim Tatbestand der **StHinterziehung** gem § 370 AO handelt es sich um eine **abschließende Sonderregelung,** die gem ihrem gesetzgeberischen Zweck den allgemeinen Betrugstatbestand verdrängt und allenfalls dann eine tateinheitliche Begehung mit Betrug zulässt, wenn der Täter mit Mitteln der Täuschung außer der Verkürzung von StEinnahmen oder der Erlangung ungerechtfertigter StVorteile noch weitere Vorteile erstrebt; er geht deshalb dem allgemeinen Betrugstatbestand des § 263 StGB vor (BGHSt 36, 100; vgl auch *Jäger* DStJG 38, 29, 44 [2015]). Gleiches gilt im Verhältnis zum Subventionsbetrug nach § 264 StGB. 255

Bei **StHinterziehung** und **Nichtabführung** von Sozialversicherungsbeiträgen ist regelmäßig **Tatmehrheit** anzunehmen, weil der Täter mehrere, wenn auch gleichartige Handlungspflichten ggü verschiedenen VerwBehörden verletzt (vgl *JJR/Joecks* § 370 Rz 738; *Rolletschke* wistra 05, 211). 256

Zum Konkurrenzverhältnis von **Fälschung beweiserheblicher Daten** (§ 269 StGB) und StHinterziehung durch Erstellung und Übermittlung elektronischer Lohnsteuerbescheinigungen für fiktive Personen vgl BGH wistra 12, 435. 257

Die gewerbs- oder bandenmäßig begangene StHinterziehung ist taugliche Vortat einer **Geldwäsche** (§ 261 I 2 Nr 5 StGB), auch einer Eigengeldwäsche. Die Strafbarkeit wegen Beteiligung an der Vortat schließt gem § 261 IX 2 StGB aber die Verurteilung wegen Geldwäsche aus (vgl BGH wistra 17, 66), es sei denn, der an der Vortat Beteiligte bringt den Gegenstand der Geldwäsche in den Verkehr und verschleiert dabei dessen rechtswidrige Herkunft (§ 261 XI 3 StGB). Zur Strafbarkeit wegen leichtfertiger Geldwäsche (§ 261 V StGB) bei Annahme von Geschenken eines StHinterziehers vgl BGH v 13.7.2017 – 1 StR 536/16, wistra 18, 43 Rz 20. 258

h) Prozessualer Tatbegriff. Nach § 264 I StPO ist Gegenstand der Urteilsfindung die in der Anklage bezeichnete Tat, wie sie sich in dem Ergebnis der Hauptverhandlung darstellt. Tat in diesem (prozessualen) Sinne ist der vom Eröffnungsbeschluss betroffene Vorgang einschl aller damit zusammenhängenden und darauf bezüglichen Vorkommnisse und tatsächlichen Umstände, die geeignet sind, das in diesen Bereich fallende Tun der Angeklagten unter irgendeinem rechtlichen Gesichtspunkt als strafbar erscheinen zu lassen (BGH wistra 98, 152). Der prozessuale Tatbegriff umfasst den von der zugelassenen Anklage betroffenen geschichtlichen Vorgang, innerhalb dessen der Angeklagte einen Straftatbestand verwirklicht haben 260 soll. Somit bildet zunächst das tatsächliche Geschehen, wie es die Anklage beschreibt, den Rahmen der gerichtlichen Untersuchung. Ein einheitlicher geschichtlicher Vorgang liegt vor, wenn Vorgänge so miteinander verknüpft sind, dass keiner von ihnen für sich allein verständlich abgehandelt werden könnte und ihre getrennte Aburteilung als unnatürliche Aufspaltung eines einheitlichen Lebensvorgangs empfunden würde (BGHSt 13, 21; BGH NZWiSt 17, 74 Rz 14). Eine solche Verknüpfung muss sich aus den Ereignissen selbst ergeben; sie wird nicht allein dadurch begründet, dass eine Handlung zum besseren Verständnis der gesamten Umstände in der Anklageschrift erwähnt wird (BGH v 21.2.17 – 1 StR 296/16, wistra 18, 311 Rz 37 mwN). Für den erforderlichen inneren Zusammenhang reicht es zB nicht aus, dass eine StHinterziehung bei einer Anklage wegen Untreue (§ 266 StGB) als zusätzliches Indiz für die dem Angeklagten zur Last liegende Untreue herangezogen werden könnte. Eine einheitliche Tat iSd § 264 StPO wird bei mehreren sachlich-rechtl selbständigen Handlungen nicht schon dadurch geschaffen, dass eine Handlung zum Beweis der Täterschaft bei einer anderen dient oder dass sie aus sonstigen Gründen, etwa zum besseren Verständnis, in der Anklage miterwähnt wird (BGH wistra 18, 311 Rz 41 mwN).

260a Der Begriff der Tat im prozessualen Sinn ist **nicht identisch mit dem Tatbegriff des materiellen Rechts**. Auch die Tateinheit (§ 52 StGB) ist vom Tatbegriff des § 264 StPO und des Art 103 III GG zu unterscheiden (BVerfG NStZ 81, 230). Der prozessuale Tatbegriff hat Bedeutung im Strafverfahren für die Frage, welches Geschehen von einer Anklage erfasst ist (vgl BGH wistra 18, 311 Rz 37), und nach Abschluss des Verfahrens für die Reichweite des Strafklageverbrauchs sowie für das Verbot der Doppelbestrafung „ne bis in idem“ (vgl Art 103 III GG). Ein Strafverfahren muss daher wegen Verbrauchs der Strafklage eingestellt werden, wenn die (prozessuale) Tat bereits Gegenstand einer anderen Verurteilung gewesen ist (vgl BGHSt 23, 141; BGH wistra 16, 110, 111 Rz 6).

261 Eine **einheitliche Handlung iSd § 52 StGB** stellt stets zugleich eine Tat im prozessualen Sinne dar (BGH NStZ 84, 135; BGH wistra 91, 300; BayObLG NStZ 86, 173; *Meyer-Goßner/Schmitt* § 264 StPO Rz 6). Diese wird bei einem Urteil auch insgesamt vom **Strafklageverbrauch** erfasst (BGH wistra 16, 110, 111). So verbraucht zB der Freispruch vom Vorwurf einer im steuerlichen Rechtsbehelfsverfahren abgegebenen falschen eidesstattlichen Versicherung die Strafklage auch im Hinblick auf eine versuchte StHinterziehung, die damit in Tateinheit stehen würde (BGH NStZ wistra 91, 300). Auch die Verfahrenseinstellung nach § 153a I StPO zieht nach Erfüllung der Geldauflage (vgl § 153a I 5 StPO) den Strafklageverbrauch hinsichtlich aller tateinheitlich begangenen Taten nach sich, somit etwa bei Tateinheit von USt- und KStHinterziehung bzgl der KStHinterziehung nach Einstellung des Verfahrens gem § 153a StPO im Hinblick auf die USt-Hinterziehung (BGH wistra 16, 110). Bei Tatmehrheit wird eine Tatidentität iSd § 264 StPO nicht schon dadurch geschaffen, dass der Täter mehrere Straftaten in seinen Gesamtplan aufgenommen hat. Weder ein Gesamtplan noch ein zeitliches Zusammentreffen reichen für sich allein aus, zwei sachlich-rechtl im Verhältnis der Tatmehrheit zueinander stehende Handlungen als einheitliche Tat im prozessualen Sinne erscheinen zu lassen (BGHSt 23, 141; BGH NStZ 83, 87). Auch eine Gleichzeitigkeit oder Identität von Vorbereitungshandlungen reicht zur Annahme einer solchen Verknüpfung nicht aus (vgl BGH bei *Holtz* MDR 85, 92). Eine andere Auffassung würde gerade auf eine Begünstigung von Straftätern hinauslaufen, die durch Aufbau und Einsatz eines kriminellen Unternehmens bedeutende verbrecherische Energie entfalten (BGH wistra 87, 349; dagegen OLG Ddorf wistra 87, 191).

262 Bei **sukzessiver Tatausführung** ist für die Beurteilung, inwieweit Teilakte zu einer Tat im Rechtssinne verbunden werden, darauf abzustellen, ob die der Tatbestandsverwirklichung dienenden Teilakte in sich einen einheitlichen Lebenssachverhalt bilden. Nach der Rspr des BGH liegt bei Abgabe einer falschen StErklärung zum Zwecke der StVerkürzung prozessuale Tatidentität vor, wenn dieses Ziel nicht nur ggü der Veranlagungsstelle des FA, sondern in der Folge im Rechtsmittelverfahren – bis hin zum Abschluss des finanzgerichtlichen Verfahrens – weiter verfolgt wird. Der Zusammenhang der Tat wird in diesen Fällen hergestellt durch den gleichbleibenden Streitgegenstand und die Identität der Beteiligten im Besteuerungs- und im Rechtsbehelfsverfahren (BGH NJW 98, 1568, 1572 mit Hinweis auf BGHSt 38, 37, 40). Werden im Beitreibungsverfahren neue unrichtige Angaben gemacht, ist dies ein neuer Lebenssachverhalt (BGH wistra 12, 482).

IU stellen **zeitlich weit auseinanderliegende Handlungen** bei natürlicher 262a Betrachtung idR keinen einheitlichen geschichtlichen Geschehensablauf dar, der den Begriff der „Tat" iSd § 264 StPO kennzeichnet. Anders kann dies bei enger rechtlicher Verschränkung sein (vgl BGH NStZ 16, 296 mwN). Eine solche liegt zB vor, wenn der Täter entweder eine StHinterziehung durch aktives Tun begangen hat, weil er bewusst falsche Angaben gemacht hat, oder eine StHinterziehung durch Unterlassen begangen hat, weil er seine unbewusst abgegebenen falschen Angaben nach Entdeckung seines Fehlers nicht berichtigt (vgl § 153) hat (vgl BGH wistra 08, 22 mit Anm *Bauer* wistra 08, 374).

Die Nichtabführung von LSt und das Vorenthalten von Beitragsteilen 263 **zur Sozialversicherung** stellen auch dann keine einheitliche Tat iSd § 264 StPO dar, wenn die Unterlassungen auf einem Gesamtplan beruhen und sich auf LSt und Beitragsteile derselben ArbeitN beziehen. Der Unrechts- und Schuldgehalt der StVerkürzung und des Vorenthaltens bzw Veruntreuens von Arbeitsentgelt gem § 266a StGB lässt sich unabhängig voneinander beurteilen (vgl BayObLG NStZ 86, 173 gegen OLG Zweibrücken NJW 75, 128, 129). Verschleiert daher jemand im Rahmen seines Gewerbebetriebs laufend Lohnzahlungen, so sind LSt-Hinterziehungen einerseits sowie Vorenthalten von Beiträgen zur Sozialversicherung einschl der Arbeitsförderung andererseits mehrere Taten im prozessualen Sinne. Dies gilt auch dann, wenn der Täter den Betrieb von vornherein darauf angelegt hat, ArbeitN illegal zu beschäftigen (BGH wistra 87, 349).

Auch bei der Hinterziehung von LSt und USt handelt es sich nicht um 264 dieselbe Tat iSd § 264 StPO (OLG Köln wistra 86, 273). Die Verkürzungen von USt und von LSt sind nicht innerlich in einer Weise miteinander verknüpft, dass ihre getrennte Aburteilung als unnatürliche Aufspaltung eines einheitlichen Lebensvorgangs empfunden würde. Beide StArten knüpfen jeweils an völlig unterschiedliche Sachverhalte an, nämlich Umsätze und Leistungen eines Unternehmers einerseits und Einkünfte aus nicht selbständiger Arbeit andererseits (OLG Köln wistra 86, 273).

Bei der **USt-Hinterziehung** bilden nach der Rspr des BGH die USt-Voran- 265 meldungen eines Jahres und die anschließende USt-Jahreserklärung des nämlichen Jahres eine einheitliche Tat iSd § 264 StPO (BGHSt 49, 359). Dies gilt auch für Unterlassungstaten (BGH wistra 05, 145, 146). Wird das Verfahren nicht gem § 154a StPO beschränkt, erstreckt sich die Kognitionspflicht des Gerichts auf alle in Betracht kommenden USt-Hinterziehungen in dem von der Anklage erfassten Veranlagungszeitraum (BGH wistra 13, 430), unabhängig davon, ob sie in der Anklageschrift iEinz bezeichnet sind.

Die **Hinterziehung von EUSt** und die nachfolgende Hinterziehung von USt 266 sind nicht Teil derselben Tat im prozessualen Sinn (§ 264 StPO). Denn diese Steuern werden durch unterschiedliche Tathandlungen, zu unterschiedlichen Zeitpunkten, in unterschiedlichen Besteuerungsverfahren, bezogen auf unterschiedliche StNormen und ggü unterschiedlichen Behörden hinterzogen. Allein der Umstand, dass die Frage, ob und in welcher Höhe USt hinterzogen worden ist, auch von der Höhe der Vorsteuern abhängt, führt nicht dazu, dass der Schuldgehalt der USt-Hinterziehung und derjenige der vorangehenden Hinterziehung von EUSt nur gemeinsam gewürdigt werden könnten (BGH wistra 14, 25). Die Verurteilung der einen Tat löst daher keinen Strafklageverbrauch für die andere Tat aus (BGH aaO).

267 Zum Vorliegen einer prozessualen Tat bei der **Hinterziehung von Schaumweinsteuer** vgl BGH NStZ 16, 296.

17. Strafzumessung

Schrifttum: *Jope* Haftung des Täters und des Gehilfen einer Steuerhinterziehung nach § 71 AO, Stbg 10, 299; *Wegner* Strafmaß bei Verletzung der Buchführungs- und Aufbewahrungspflichten, PStR 10, 235; *Rolletschke* Die Strafzumessung bei Steuerhinterziehung (§ 370 AO), StRR 11, 355; *Matschke* Strafzumessung im Steuerstrafrecht, wistra 12, 457; *Füllsack/Bürger* Verschärfte disziplinarrechtliche Sanktionen bei Steuerhinterziehung, BB 12, 3201; *Jäger* Strafzumessung im Steuerstrafrecht, DStZ 12, 736; *Peters* Strafzumessung bei Steuerhinterziehung in Millionenhöhe, NZWiSt 12, 201; *Reichling* Die neuere Rechtsprechung des 1. Strafsenats des BGH zum Steuerstrafrecht, StraFo 12, 316; *Rolletschke* Rechtsprechungsgrundsätze zur Strafzumessung bei Steuerhinterziehung, NZWiSt 12, 18; *Moritz* Steuerhinterziehung und Voraussetzungen der Haftung gem § 71 AO, BB 13, 1562; *Talaska* Strafzumessungsstandards bei Steuerhinterziehung? – Versuch einer Systematisierung der Rechtsprechung, PStR 13, 184; *Jäger* Stellung, Abgrenzung und Sanktionierung der Steuerhinterziehung im Strafrechtssystem, DStJG 38, 29 (2015); *Berger* Strafzumessung in Steuerstrafverfahren, PStR 17, 110; *Schäfer/Sander/van Gemmeren* Praxis der Strafzumessung, 6. Aufl 2017.

270 **a) Allgemeines.** Sämtliche **Steuerstraftaten** werden nur mit Freiheitsstrafe oder wahlweise **mit Freiheitsstrafe oder Geldstrafe bedroht.** Allein mit Freiheitsstrafe bedroht sind die StHinterziehung in einem besonders schweren Fall (§ 370 III), der Schmuggel (§ 373) und die gewerbs- oder bandenmäßige StHehlerei (§ 374); in minder schweren Fällen kann auch bei Schmuggel (§ 373 I 2) und gewerbs- oder bandenmäßiger StHehlerei (§ 374 II 2) Geldstrafe verhängt werden. Gem § 47 I darf eine Freiheitsstrafe unter sechs Monaten nur verhängt werden, wenn besondere Umstände in der Tat oder der Täterpersönlichkeit dies zur Einwirkung auf den Täter oder zur Verteidigung der Rechtsordnung unerlässlich machen (s dazu Rz 310a). Ausgangspunkt jeder Strafzumessung im Strafverfahren gegen Erwachsene ist die gesetzliche Strafdrohung, dh der Strafrahmen.

271 § 370 I droht Freiheitsstrafe bis zu fünf Jahren oder Geldstrafe an. Besonders schwere Fälle iSd § 370 III sind mit Freiheitsstrafe von sechs Monaten bis zu zehn Jahren bedroht. Innerhalb des Strafrahmens ist die individuelle **Schuld des Täters Grundlage** für die Strafzumessung. Zudem sind die Wirkungen, die von der Strafe für das künftige Leben des Täters in der Gesellschaft zu erwarten sind, zu berücksichtigen (§ 46 I StGB). Die Strafzumessung bestimmt sich nach den sich aus § 46 II StGB ergebenden Maßstäben (s dazu Rz 330 ff).

272 Neben einer Freiheits- oder Geldstrafe droht den an einer StStraftat Beteiligten auch die **steuerrechtliche Folge der Haftung** gem § 71 für die verkürzten Steuern und die zu Unrecht gewährten StVorteile sowie für die Zinsen nach § 235 (vgl dazu *Jope* Stbg 10, 299; zur Haftung wegen Beihilfe zur StHinterziehung im Zusammenhang mit anonymisiertem Kapitaltransfer ins Ausland vgl auch BFH wistra 13, 240 mit Anm *Moritz* BB 13, 1562).

273 Bei Beamten stellen auch außerdienstliche StHinterziehungen ein **Dienstvergehen** dar, wobei nach der Rspr des BVerwG bei einem Hinterziehungsbetrag in siebenstelliger Höhe die Entfernung aus dem Beamtenverhältnis oder die Aberkennung des Ruhegehalts in Betracht kommt (BVerfG ZBR 11, 414; vgl auch Rz 349). Bei dienstlichem Bezug einer StHinterziehung kommt eine Entfernung aus dem Dienst auch unabhängig vom Hinterziehungsbetrag in Betracht, wenn dies – etwa bei einem Finanzbeamten mit Vorgesetztenfunktion – für die Frage des Vertrauens- oder Ansehensverlustes des Dienstherrn wegen besonderer Umstände des Einzelfalls gerechtfertigt erscheint (BVerwG v 27.12.17 – 2 B 18/17, NVwZ-RR 18, 439). Zu disziplinarrechtlichen Sanktionen bei StHinterziehung vgl auch *Füllsack/Bürger,* BB 12, 3201.

274 Ein StB, der eine eigene StHinterziehung begeht, verstößt gegen die Pflicht zur Wahrung des Ansehens des Berufs iSv § 57 II StBerG (Rz 30) und begeht damit

eine **Berufspflichtverletzung,** die mit berufsgerichtlichen Maßnahmen geahndet werden kann.

b) Besonders schwere Fälle (Abs 3)

Schrifttum: *Bach* Keine Steuerverkürzung „in großem Ausmaß“ bei Nichtabgabefällen, PStR 10, 11; *Lübbersmann* Indizwirkung „versuchter“ Regelbeispiele für § 370 III AO, PStR 10, 238; *ders* Besonders schwere Fälle: § 370 III AO und die Technik der Regelbeispiele PStR 10, 256; *Ochs/Wargowske* Zum „großen Ausmaß“ bei der Steuerhinterziehung – § 370 Abs 3 Satz 2 Nr 1 AO, NZWiSt 12, 369; *Pflaum* Keine Neujustierung der Steuerhinterziehung „großen Ausmaßes“, wistra 12, 376; *Rolletschke/Roth* Neujustierung der Steuerhinterziehung „großen Ausmaßes“ (§ 370 Abs 3 S 2 Nr 1 AO) aufgrund des Schwarzgeldbekämpfungsgesetzes? wistra 12, 216; *Sahm* Das „große Ausmaß“ – ein unbestimmbarer Rechtsbegriff, NStZ 13, 144; *Wulf* Steuerhinterziehung „in großem Ausmaß“ – Ein Zwischenfazit, SAM 13, 132; *Jäger* Stellung, Abgrenzung und Sanktionierung der Steuerhinterziehung im Strafrechtssystem, DStJG 38, 29 (2015); *Schott* Großes Ausmaß: BGH stellt einheitlich auf einen Hinterziehungsbetrag von 50 000 EUR ab, PStR 16, 63; *Peters* Das neue Regelbeispiel des § 370 Abs 3 Nr 6 AO (Verwendung von Drittstaatsgesellschaften), AO-StB 17, 248; *Rastätter* Strafzwecke und Strafzumessung bei der Steuerhinterziehung 2017; *Rolletschke/Roth* Steuerstrafrechtliche Änderungen durch das StUmgBG – neues Regelbeispiel in § 370 Abs 3 AO, wistra 17, 469; *Roth* Neues Regelbeispiel zu Briefkastenfirmen, PStR 17, 315; *Schäfer/Sander/van Gemmeren* Strafzumessung, 6. Aufl 2017, S 734 ff; *Böhme* Das strafrechtliche Kompensationsverbot in der Umsatzsteuer, 2018, S 105; *Rastätter* Strafmaßtabellen: Kritik, Nutzen und Verwendung, PStR 18, 202.

§ 370 III sieht eine Strafverschärfung für besonders schwere Fälle vor, 275 für die der Strafrahmen von sechs Monaten bis zu zehn Jahren Freiheitsstrafe reicht. Die hierbei vom Gesetz verwendete sog *Regelbeispielstechnik* kombiniert das Prinzip der unbenannten Strafschärfungen mit der tatbestandlichen Bestimmtheit von Qualifizierungen (*JJR/Joecks* § 370 Rz 561). Dies ist keine Besonderheit des StStrafrechts. Entsprechende Regelungen enthalten zB die Strafvorschrift über den Betrug (§ 263 III StGB) und den Subventionsbetrug (§ 264 II StGB).

Ein Fall ist dann besonders schwer, wenn er sich bei einer im Rahmen ei- 276 ner Gesamtwürdigung vorgenommenen Abwägung aller Zumessungstatsachen nach dem Gewicht von Unrecht und Schuld vom Durchschnitt der erfahrungsgemäß vorkommenden Fälle so weit abhebt, dass die Anwendung des Ausnahmestrafrahmens geboten ist (BGHSt 28, 319; *Fischer* § 46 StGB Rz 88 mwN).

Ein **Regelbeispiel** nach § 370 III 2 bezeichnet einen benannten Strafschär- 277 fungsgrund. Ist es erfüllt, stellt dies aber nur ein *Indiz* für das Vorliegen eines besonders schweren Falles dar („in der Regel“), dessen Indizwirkung innerhalb der stets vorzunehmenden Gesamtwürdigung der strafzumessungsrelevanten Umstände entkräftet werden kann (vgl BGH wistra 85, 228; NJW 09, 528; BGH BGHSt 61, 28). Umgekehrt kann die Gesamtwürdigung auch ergeben, dass ein sog unbenannter besonders schwerer Fall vorliegt, obwohl kein Regelbeispiel erfüllt ist (vgl BGH wistra 13, 28; BGHSt 61, 28), insbes wenn der Täter die Verwirklichung des Regelbeispiels vorhatte.

Beim **Versuch** der StHinterziehung (§ 370 II) ist die Strafe idR dem gem § 23 II, 277a § 49 I StGB gemilderten Strafrahmen des § 370 III 2 zu entnehmen, wenn der Täter sowohl zur Verwirklichung des Tatbestandes als auch des Regelbeispiels unmittelbar angesetzt hat (BGH wistra 10, 449; vgl auch BGHSt 33, 370, 374). Bei der versuchten StHinterziehung ist auch für die Indizwirkung des Regelbeispiels auf die subjektive Tatseite abzustellen (BGH aaO). Die Frage, ob in solchen Fällen ein benannter Strafschärfungsgrund gegeben ist, dürfte aber nur eine geringe praktische Bedeutung haben, weil andernfalls ein unbenannter besonders schwerer Fall nahe liegen würde und zudem letztlich eine Gesamtwürdigung der strafzumessungsrelevanten Umstände über den anzuwendenden Strafrahmen entscheidet.

Beim **Gehilfen** setzt die Annahme eines besonders schweren Falles nach 277b § 370 III eine eigenständige Bewertung aller Umstände einschl seines Tatbeitrages voraus. Maßgeblich ist, ob das Gewicht der Beihilfehandlung selbst die Annahme eines besonders schweren Falls rechtfertigt (BGH wistra 15, 235; 16, 31; 17, 104 Rz 26; 17, 400 Rz 20); es genügt nicht, dass sich die Tat beim Haupttäter als besonders schwer darstellt (BGH NStZ 09, 19; wistra 17, 104 Rz 26 mwN). Bei Unterlassungstaten kann der Umstand, dass eine – mangels eigener Erklärungspflicht – nur als Gehilfe strafbare Person Tatherrschaft hat, erheblich strafschärfend zu werten sein (BGH wistra 17, 400 Rz 20).

278 Kommt wegen Vorliegens eines besonders schweren Falles eine Verurteilung aus dem Strafrahmen des § 370 III in Betracht, muss in der Hauptverhandlung ein **Hinweis nach § 265 II StPO** erteilt werden, wenn nicht bereits in der Anklageschrift auf § 370 III hingewiesen worden ist (BGH NJW 80, 714).

279 Seit der Änderung des § 376 durch das Jahressteuergesetz 2009 v 19.12.2008 (BGBl I, 2794) **verlängert sich die Frist der Verfolgungsverjährung** von fünf Jahren auf zehn Jahre, wenn ein Regelbeispiel iSd § 370 III 2 Nr 1–5 erfüllt ist (s dazu § 376 Rz 11ff).

280 **Regelbeispiel: Verkürzung von Steuern oder Erlangen nicht gerechtfertigter StVorteile in großem Ausmaß (§ 370 III 2 Nr 1).** Das Gesetz bestimmt nicht, wann ein **großes Ausmaß** erreicht ist. Deshalb hat der BGH am 2.12.2008 (BGHSt 53, 71 = NJW 09, 528 mit Anm *Wulf* DStR 09, 459) in einem Grundsatzurteil hierzu Maßstäbe aufgestellt. Danach ist das Merkmal „in großem Ausmaß“ wie beim Straftatbestand des Betruges nach objektiven Maßstäben zu bestimmen; es liegt nur dann vor, wenn der Hinterziehungsbetrag **50 000 €** übersteigt; bei mehrfacher tateinheitlicher Verwirklichung des Tatbestands ist das Ausmaß des jeweiligen Taterfolgs zu addieren (BGHSt 53, 71, 85; 61, 28, 30). Diese Grundsätze gelten auch bei StHinterziehung durch Unterlassen (aA *Bach* PStR 10, 11) sowie dann, wenn lediglich Einkünfte verschwiegen werden (BGHSt 61, 28, 32). Zur Urteilsdarstellung s Rz 469.

281 Der BGH hat zunächst die Auffassung vertreten, dass die Wertgrenze für das „große Ausmaß“ höher, nämlich bei 100 000 € angesetzt werden kann, wenn das **Unterlassen** bzw Verschweigen nur zu einer – freilich tatbestandsmäßigen – Gefährdung des StAufkommens geführt hat (BGHSt 53, 71, 85 Rz 39). Er hat jedoch stets darauf hingewiesen, dass die Betragsgrenze von 50 000 € jedenfalls dann zur Anwendung kommt, wenn der Täter ungerechtfertigte Zahlungen erlangt hat („Griff in die Kasse des Staates“, vgl BGH wistra 12, 191), etwa bei StVergütungen im Rahmen von USt-Karussellen (BGHSt 53, 71, 85). Maßgeblich für das „große Ausmaß“ war dabei nicht die Höhe der Auszahlungen, sondern die der verkürzten Steuern (BGH wistra 13, 407 Rz 43). Einer Auszahlung steht die Verrechnung mit anderen StAnsprüchen gleich (BGH wistra 12, 191). Demgegenüber wurden in der Literatur teilweise Betragsgrenzen von 500 000 € oder noch höher für zutreffend erachtet. Dem ist der BGH allerdings entgegengetreten. In mehreren Entscheidungen hat er die Wertgrenzen von 50 000 € bzw 100 000 € aus BGHSt 53, 71 für das Vorliegen einer Hinterziehung in großem Ausmaß bekräftigt (BGHSt 57, 123; BGH NStZ 11, 643; BGH v 5.5.11 – 1 StR 168/11; BFH/NV 11, 1468 [nur Leitsatz]; BGH wistra 11, 396; 12, 151; 12, 191; 12, 350.

281a Mit Urteil v 27.10.2015 (BGHSt 61, 28) hat der BGH seine Rspr geändert und entschieden, dass für die Annahme einer Hinterziehung im großen Ausmaß **einheitlich** – also auch bei Unterlassen – **die Betragsgrenze von 50 000 €** gilt (BGHSt 61, 28; vgl auch BGH wistra 18, 224 Rz 21). Er hat dies damit begründet, dass das Merkmal „in großem Ausmaß“ in dem Sinne erfolgsbezogen ist, dass es an der **Höhe der verkürzten Steuer** (§ 370 IV) betragsmäßig und nicht an der Art des manipulativen Verhaltens anknüpft. Auch das Kompensationsverbot gem § 370 IV 3 AO findet nach der Rspr des BGH insoweit Anwendung (BGHSt 61, 28, 35 Rz 47, zustimmend *Böhme* aaO S 108 mwN, krit MüKo-StGB/*Schmitz*/*Wulf* § 370 AO Rz 498). Eine im Einzelfall möglicherweise geringere kriminelle Energie des Täters bei einem bloßen Unterlassen und andere handlungsbezogene Gesichtspunkte sind erst im Rahmen der Gesamtwürdigung der Umstände zur

Frage, ob die Indizwirkung des Regelbeispiels für einen besonders schweren Fall entkräftet wird, zu berücksichtigen. Andererseits kann auch die Art und Weise der Hinterziehung bei Nichterreichen des Schwellenwerts von 50.000 € zur Annahme eines unbenannten besonders schweren Falles führen. Auch eine spätere Schadenswiedergutmachung lässt das Regelbeispiel der StVerkürzung in großem Ausmaß unberührt (BGH wistra 12, 191).

Qualitative Besonderheiten, wie etwa, dass bei großen Geschäftsvolumina hohe StSchäden schneller erreicht werden als bei wirtschaftl Betätigung im kleinen Umfang, dass der Tatbestand der StHinterziehung regelmäßig bereits bei Gefährdung des StAufkommens verwirklicht wird, dass die Tatbestandsmäßigkeit weder direkten Vorsatz noch Bereicherungsabsicht voraussetzt und dass regelmäßig auch die bloße Untätigkeit den Straftatbestand der StHinterziehung erfüllt, weil die Abgabe von StErklärungen gesetzlich vorgeschrieben ist, lassen die Erfüllung des Merkmals des großen Ausmaßes unberührt (aA *Rolletschke* Stbg 08, 49). Die Relation von Geschäftsvolumen und StSchaden kann aber Bedeutung für das Gewicht des Hinterziehungsbetrags bei der Strafzumessung haben, auch schon bei der Gesamtwürdigung zu der Frage, ob trotz Vorliegens eines Regelbeispiels im Einzelfall ein besonders schwerer Fall gegeben ist. Zahlt der Täter die verkürzten Steuern später nach, ist dieser Umstand bei der Gesamtwürdigung, ob ein besonders schwerer Fall vorliegt, zu berücksichtigen. Für die Frage, ob ein „großes Ausmaß" iSv § 370 III 2 Nr 1 vorliegt, ist hingegen nicht auf den letztendlich verbleibenden „Verspätungsschaden" abzustellen. 282

Bei StHinterziehung durch **Erlangen nicht gerechtfertigter StVorteile** bedarf es der Bezifferung der sich aus ihnen ergebenden Auswirkungen auf den StAnspruch des Staates nicht (BGHSt 58, 50). Ein solches Erfordernis ergibt sich auch nicht aus Art 103 II GG; denn die Rspr des BVerfG zur Schadensbestimmung bei Untreue und Betrug ist auf diesen Fall nicht übertragbar. Während die §§ 266 und 263 StGB als tatbestandlichen Erfolg die Beeinträchtigung des strafrechtl geschützten Vermögens verlangen, stellt sich § 370 AO nicht notwendig als Rechtsgutsverletzungsdelikt dar und statuiert alternativ zwei tatbestandsmäßige Erfolge: die StVerkürzung und das Erlangen nicht gerechtfertigter StVorteile. Der Straftatbestand der StHinterziehung trägt damit auch dem StRecht Rechnung, das eine von der StFestsetzung getrennte Feststellung von Besteuerungsgrundlagen zulässt (§ 180). Da es sich bei der Höhe der hinterzogenen Steuern aber um einen bestimmenden Strafzumessungsgrund handelt (BGHSt 53, 71, 80), ist auch für Fälle der StHinterziehung durch Erlangen nicht gerechtfertigter StVorteile, die nicht in einer StVergütung bestehen, eine Wertgrenze zu bestimmen, ab der eine StHinterziehung „in großem Ausmaß" iSv § 370 III 2 Nr 1 anzunehmen ist (BGHSt 58, 50). In Betracht kommt dabei etwa, die Schwelle von 50 000 € auch hier heranzuziehen und als Bezugsgröße den aufgrund der zu niedrig festgestellten Besteuerungsgrundlagen höchstens gefährdeten StBetrag zugrunde zu legen. Rechtsprechung zur Bestimmung dieser Wertgrenze liegt allerdings noch nicht vor. 282a

Bis zur Änderung durch Gesetz v 20.12.2007 (BGBl I, 3198) hatte das Regelbeispiel des § 370 III 2 Nr 1 einen deutlich engeren Anwendungsbereich. Zusätzlich zum „großen Ausmaß" der Hinterziehung musste gleichzeitig auch das subjektive Merkmal des Handelns **aus grobem Eigennutz** erfüllt sein (BGH NStZ 85, 459; wistra 94, 228; 04, 229). Maßgeblich für das anwendbare Recht ist der Zeitpunkt der Tatbegehung (BGH NStZ 17, 356). Soweit der BGH in einem Beschluss v 30.6.2016 (wistra 17, 73) hinsichtlich des maßgeblichen Zeitpunkts auf die Tatbeendigung statt auf die Tatbegehung abstellt, ist dies missverständlich. Grob eigennützig handelt, wer sich bei seinem Verhalten von dem Streben nach Vorteil in besonders anstößigem Maße leiten lässt. Dabei muss das Gewinnstreben des Täters das bei jedem StStraftäter vorhandene Gewinnstreben deutlich übersteigen (BGHSt 33, 35; BGH wistra 84, 227; 85, 228; 91, 106; BGHR AO § 370 III Nr 1 Eigennutz 4; BGH wistra 13, 471 und BGH wistra 18, 224 Rz 20). Bei der Bewertung hat das 283

Tatgericht einen vom Revisionsgericht hinzunehmenden Beurteilungsspielraum (BGHSt 33, 35; BGH wistra 87, 71 und BGH wistra 18, 224 Rz 20). Erforderlich ist jedoch eine vom Tatgericht vorzunehmende Gesamtbetrachtung sämtlicher Tatumstände, namentlich der vom Täter gezogenen Vorteile, Art, Häufigkeit und Intensität der Aktivitäten und zu welchem Zweck er die erlangten Vorteile verwendet hat. Diese Umstände müssen im Zusammenhang gesehen und daraufhin überprüft werden, ob sie den Schluss auf groben Eigennutz des Täters rechtfertigen (BGHR AO § 370 III Nr 1 Eigennutz 3 mwN). Der erstrebte Vorteil muss dem Täter nicht unmittelbar zu Gute kommen, auch mittelbare Vorteile – etwa vermittelt über die Beteiligung als Aktionär – genügen (BGH wistra 13, 28). Der Umfang der StVerkürzung hat je nach den Umständen des Einzelfalls indizielle Bedeutung für den groben Eigennutz (vgl BGH wistra 93, 109; 93, 297; BGHR AO § 370 III Nr 1 Eigennutz 3). Grober Eigennutz kann auch darin liegen, dass sich ein Täter durch StHinterziehung einen Ausgleich für StSchulden schaffen will, denen er sich – zB durch Ausstellung von Scheinrechnungen – selbst ausgesetzt hat (BGHR AO § 370 III Nr 1 Eigennutz 1). Bei sehr hohen Hinterziehungsbeträgen liegt die Annahme eines (unbenannten) besonders schweren Falles gem § 370 III 1 nicht fern, auch wenn ein Regelbeispiel nach der zur Tatzeit geltenden Fassung nicht gegeben ist (vgl BGH wistra 13, 28 Rz 29; NStZ 09, 159 Rz 22).

284 Gem § 2 III StGB ist die bis 31.12.2007 geltende Fassung des § 370 III als milderes Recht auf alle „Altfälle" mit Tatzeitpunkten vor 2008 anzuwenden, jedenfalls sofern kein Fall des inzwischen aufgehobenen und daher nicht mehr anzuwendenden Verbrechenstatbestands des § 370a aF gegeben ist (zu den auch vom BGH geteilten Bedenken gegen die Verfassungsmäßigkeit dieses Straftatbestands vgl die Erläut zu § 370a in der 9. Aufl).

285 **Regelbeispiel: Missbrauch der Befugnisse als Amtsträger oder Europäischer Amtsträger (§ 370 III 2 Nr 2).** Aus diesem Regelbeispiel ist zu entnehmen, dass auch ein Amtsträger selbst Täter der StHinterziehung sein kann (BGH wistra 07, 388 Rz 35), zB wenn ein nicht zur Entscheidung befugter Bediensteter bescheinigt, dass bestimmte Belege vorgelegen hätten, aus denen sich eine StErmäßigung ergibt, oder wenn ein Betriebsprüfer steuerschädliche Feststellungen nicht in seinem Bericht vermerkt. Entgegen einer im Schrifttum weit verbreiteten Auffassung setzt der Tatbestand der StHinterziehung nicht die Unkenntnis des zuständigen Beamten von den wirklichen Besteuerungsgrundlagen voraus (Rz 23, 28 mN); demzufolge ist auch das Regelbeispiel Nr 2 nicht nur auf den unzuständigen Beamten anzuwenden (BGH wistra 00, 63; 07, 388; 13, 107). Veranlagt der Finanzbeamte anhand von ihm gefertigter falscher StErklärungen selbst, ist regelmäßig ein besonders schwerer Fall iSd § 370 III 2 Nr 2 gegeben (BGH wistra 07, 388; AG Lübeck wistra 04, 77). Zugleich ist idR der Tatbestand der Untreue (§ 266 StGB) tateinheitlich verwirklicht (BGH aaO; Rz 36). Die Erweiterung des Regelbeispiels auf Europäische Amtsträger iSv § 11 I Nr 2a StGB erfolgte mWv 26.11.2015 durch das Gesetz zur Bekämpfung der Korruption v 20.11.2015 (BGBl I, 2025, 2027).

290 **Regelbeispiel: Ausnutzung der Mithilfe eines Amtsträgers oder Europäischen Amtsträgers (§ 370 III 2 Nr 3).** Dieses Regelbeispiel setzt das Bewusstsein des Täters voraus, dass der Amtsträger seine Befugnisse missbraucht, indem er mithilft. Geht der Täter zB davon aus, dass der Amtsträger die Unrichtigkeit der Erklärung übersieht, erkennt er also gar nicht, dass der Amtsträger mithilft, greift der Strafschärfungsgrund nicht ein (vgl LG Saarbrücken wistra 88, 202). Das „Ausmaß der StVerkürzung" ist kein Merkmal dieses Regelbeispiels, kann aber bei der Gesamtwürdigung, ob ein besonders schwerer Fall gegeben ist, Bedeutung erlangen (vgl *Weyand* wistra 88, 184). Seit 26.11.2015 erfasst das Regelbeispiel auch Europäische Amtsträger iSv § 11 I Nr 2a StGB (Rz 285).

295 **Regelbeispiel: Verwendung nachgemachter oder verfälschter Belege (§ 370 III 2 Nr 4).** Darunter sind ausschl unechte Urkunden zu verstehen (BGH wistra 90, 26). Nicht erfasst werden lediglich sachlich unrichtige Belege, die dem

Täter zur Verfügung gestellt wurden, zB eine Gefälligkeitsrechnung über Bewirtungsspesen. Eine Verfälschung liegt zB vor bei eigenmächtiger Erhöhung eines Rechnungsbetrags.

Das Regelbeispiel erfasst nur die **fortgesetzte Begehung.** Erforderlich ist eine mehrfach wiederholte Begehungsweise. Der Täter muss mindestens zwei StHinterziehungen unter Vorlage unrichtiger Belege begangen haben, bevor ihn die schärfere Ahndung aus § 370 III 2 Nr 4 trifft (BGHSt 35, 347; BGH wistra 90, 26; 98, 365). 296

Verwenden liegt nicht schon dann vor, wenn der Täter den unrichtigen Inhalt der Belege in seine StErklärung einfließen lässt, zB indem er auf deren Grundlage unwahre Bilanzen aufstellt und unrichtige StErklärungen abgibt. In solchen Fällen kommt jedoch ein unbenannter besonders schwerer Fall (§ 370 III 1) in Betracht (vgl BGH wistra 89, 190; 89, 228). Ein Verwenden liegt vor, wenn der Täter die Belege beim FA einreicht oder einem Prüfer vorlegt (BGH MDR 83, 422). 297

Regelbeispiel: Handeln als Mitglied einer Bande, die sich zur fortgesetzten StHinterziehung verbunden hat (§ 370 III 2 Nr 5). Das Regelbeispiel kann nur von einem Bandenmitglied erfüllt werden, das die Tat **als Bandenmitglied** begangen hat, dh die Tat muss in die Bandenabrede einbezogen sein. Eine nach der ersten Tat für die Zukunft gefasste Bandenabrede macht die erste Tat nicht nachträglich zur Bandentat (BGH NStZ 06, 176). Nicht erforderlich ist es, dass die Tat unter Mitwirkung eines anderen Bandenmitglieds begangen worden ist. Auch muss es sich bei dem Bandenmitglied nicht um einen Stpfl handeln (BT-Drs 16/5846, 75). 298

Eine Bande besteht, wenn sich *mindestens drei Personen* mit dem Willen verbunden haben, künftig für eine gewisse Dauer Straftaten des im Gesetz genannten Deliktstyps zu begehen (BGHSt GrS 46, 321). Als Bandenmitglied ist dabei anzusehen, wer in die Organisation der Bande eingebunden ist, die dort geltenden Regeln akzeptiert, zum Fortbestand der Bande beiträgt und sich an den Straftaten als Täter oder Teilnehmer beteiligt (BGH v 9.6.2017 – 1 StR 45/15 Rz 5, BGHR AO § 370 III Nr 5 Bande 1 mwN). Die früher von der Rspr vertretene Auffassung (vgl nur BGHSt 23, 239), bereits zwei Personen – sogar Ehegatten (vgl BGH v 4.10.1966, zitiert bei *Dallinger* MDR 1967, 369) – reichten für eine Bande aus, hat der BGH ausdrücklich aufgegeben (BGHSt GrS 46, 321). Ein „gefestigter Bandenwille" oder ein „Tätigwerden in einem übergeordneten Bandeninteresse" ist nicht erforderlich; eine stillschweigende Übereinkunft zwischen den Beteiligten ist nicht erforderlich (BGHSt GrS aaO). Die Begehung von StHinterziehung muss auch nicht Hauptzweck des Zusammenschlusses sein (zutr GJW-*Bülte* § 370 Rz 343; aA MüKo-StGB/*Schmitz/Wulf* Rz 494; *Kohlmann/Schauf* § 370 Rz 1123.1). 299

Eine **fortgesetzte Begehung** ist geplant, wenn die Bande mehrere selbständige, iEinz ggf noch ungewisse StHinterziehungen begehen will. Liegen diese Voraussetzungen vor, ist bereits die erste Tat für die daran Beteiligten eine bandenmäßige (BGH wistra 04, 418). 300

Von dem Regelbeispiel werden nur Taten erfasst, die zur **Verkürzung von Umsatz- oder Verbrauchsteuern** geführt haben oder durch die der Täter nicht gerechtfertigte Umsatz- oder Verbrauchsteuervorteile erlangt hat. 301

Beim Verdacht einer StHinterziehung unter den Voraussetzungen des Regelbeispiels des § 370 III 2 Nr 5 besteht grds die **Möglichkeit der Überwachung und Aufzeichnung der Telekommunikation** gem § 100a II Nr 2 Buchst a StPO. 302

Regelbeispiel: Nutzung einer beherrschten Drittstaat-Gesellschaft zur Verschleierung (§ 370 III 2 Nr 6). Dieses Regelbeispiel wurde als gesetzgeberische Reaktion auf die sog Panama Papers durch das StUmgBG v 23.6.17 (BGBl I 17, 1682) mWv 27.6.2017 in § 370 III 2 eingefügt. Es setzt voraus, dass der Täter eine Drittstaat-Gesellschaft iSd § 138 III, auf die er alleine oder zusammen mit nahestehenden Personen iSd § 1 II AStG unmittelbar oder mittelbar einen beherrschenden oder bestimmenden Einfluss ausüben kann, zur Verschleierung steuerlich erheblicher Tatsachen nutzt und auf diese Weise fortgesetzt Steuern verkürzt oder 305 nicht gerechtfertigte Vorteile erlangt. Voraussetzung des Regelbeispiels ist, dass eine derartige Vorgehensweise zur Verschleierung steuerlich erheblicher Daten genutzt wird und dadurch fortgesetzt Steuern verkürzt oder nicht gerechtfertigte StVorteile erlangt werden. Der besondere Unrechtsgehalt dieser Vorgehensweise soll sich daraus ergeben, dass die gezielte Nutzung von Auslandsgesellschaften zur Verdeckung von Beteiligungsverhältnissen und zur fortgesetzten StHinterziehung eine aufwändige Vorbereitung und Organisation erfordere und dass darin deshalb eine hohe kriminelle Energie zum Ausdruck komme.

306 Das Vorliegen einer Drittstaat-Gesellschaft bestimmt sich nach der in § 138 III enthaltenen Definition. Drittstaat-Gesellschaft ist danach eine Personengesellschaft, Körperschaft, Personenvereinigung oder Vermögensmasse mit Sitz oder Geschäftsleitung in Staaten oder Territorien, die nicht Mitglieder der Europäischen Union oder der Europäischen Freihandelsassoziation sind. Für Briefkastenfirmen etwa in Liechtenstein oder Malta trifft dies nicht zu.

307 Dem Stpfl ist eine Person **nahestehend,** wenn

– sie an dem Stpfl mindestens zu einem Viertel unmittelbar oder mittelbar beteiligt (wesentlich beteiligt) ist oder auf den Stpfl unmittelbar oder mittelbar einen beherrschenden Einfluss ausüben kann oder umgekehrt der Stpfl an der Person wesentlich beteiligt ist oder auf diese Person unmittelbar oder mittelbar einen beherrschenden Einfluss ausüben kann (§ 1 II Nr 1 AStG) oder
– eine dritte Person sowohl an der Person als auch an dem Stpfl wesentlich beteiligt ist oder auf beide unmittelbar oder mittelbar einen beherrschenden Einfluss ausüben kann (§ 1 II Nr 2 AStG) oder
– die Person oder der Stpfl imstande ist, bei der Vereinbarung der Bedingungen einer Geschäftsbeziehung auf den Stpfl oder die Person einen außerhalb dieser Geschäftsbeziehung begründeten Einfluss auszuüben oder wenn einer von ihnen ein eigenes Interesse an der Erzielung der Einkünfte des anderen hat (§ 1 II Nr 3 AStG).

308 **Zur Verschleierung steuerlich erheblicher Tatsachen** (s Rz 43) muss der Täter die Drittstaat-Gesellschaft nutzen. Der Nachweis dieser Verschleierungsabsicht dürfte sich nicht selten als schwierig erweisen, zumal die Gründung und Unterhaltung von Gesellschaften im Ausland als solche zulässig ist. Vereinzelt werden auch verfassungsrechtliche Bedenken im Hinblick auf die erforderliche Bestimmtheit des Regelbeispiels erhoben (vgl *Peters* AO-StB 17, 248).

309 Der Täter muss den Taterfolg der StHinterziehung **fortgesetzt** herbeiführen. Erforderlich ist eine mehrfach wiederholte Begehungsweise. Der Täter muss also mindestens zwei StHinterziehungen begangen haben (Rz 296).

310 **c) Freiheitsstrafe.** Das Höchstmaß der Freiheitsstrafe beträgt bei StStraftaten fünf Jahre, bei StHinterziehung in einem besonders schweren Fall (§ 370 III), bei Schmuggel (§ 373) und bei gewerbs- oder bandenmäßiger StHehlerei (§ 374 II) zehn Jahre. Modifizierungen dieser Strafrahmen ergeben sich aus § 49 I StGB, dessen Anwendung zB bei Beihilfe (§ 27 S 2 StGB) und beim Fehlen besonderer persönlicher Merkmale (§ 28 I StGB) zwingend vorgeschrieben, beim Versuch (§ 23 II StGB), bei verminderter Schuldfähigkeit (§ 21 StGB) und bei Verbotsirrtum (§ 17 StGB) zugelassen ist. § 373 I 2 sowie § 374 II 2 sehen mildere Strafrahmen für minder schwere Fälle vor. Bei der Frage, ob ein minder schwerer Fall gegeben ist, sind – wenn nicht bereits unbenannte Milderungsgründe den Fall als minder schwer erscheinen lassen – auch vertypte Milderungsgründe in den Blick zu nehmen.

310a **Kurze Freiheitsstrafen** kommen **nur in Ausnahmefällen** in Betracht. Gem § 47 I StGB verhängt das Gericht eine Freiheitsstrafe unter sechs Monaten nur, wenn besondere Umstände, die in der Tat oder der Persönlichkeit des Täters liegen, die Verhängung einer Freiheitsstrafe zur Einwirkung auf den Täter oder zur Verteidigung der Rechtsordnung unerlässlich machen. Dies kann auch dann der Fall sein, wenn durch eine Vielzahl von Einzelfällen ein insgesamt hoher Schaden entsteht (BGH NStZ 04, 554; BGH v 23.11.17 – 1 StR 150/17, BeckRS 2017,

138155; v 5.9.95 – 1 StR 456/95 und v 6.6.94 – 5 StR 229/94, BeckRS 1994, 03854). In Fällen sachlich und zeitlich ineinander verschränkter Vermögensdelikte, von denen die gewichtigeren die Verhängung von Einzelfreiheitsstrafen von sechs Monaten und mehr gebieten, liegt regelmäßig die Verhängung kurzer Freiheitsstrafen nach § 47 StGB auch in den Einzelfällen mit geringen Schäden nahe, weil die Bewertung der Gesamtserie im Vordergrund steht (BGH v 23.11.17 – 1 StR 150/17, BeckRS 2017, 138155 sowie BGHR StGB § 47 I Umstände 8 und BGHSt 53, 221, 232). Hält das Tatgericht in keinem der Fälle einer Tatserie Einzelfreiheitsstrafen von sechs Monaten oder mehr für erforderlich, bedarf die Verhängung kurzer Freiheitsstrafen für Taten, die einen bestimmten Hinterziehungsumfang überschreiten, einer besonderen Begründung, wenn das Gericht bei geringeren Verkürzungsbeträgen Geldstrafen für ausreichend erachtet (BGH v 23.11.17 – 1 StR 150/17, BeckRS 2017, 138155).

Die Vollstreckung einer verhängten Freiheitsstrafe kann zur **Bewährung** ausgesetzt werden, wenn sie zwei Jahre nicht übersteigt (§ 56 StGB). Grds ist bei Freiheitsstrafen von nicht mehr als einem Jahr die Strafvollstreckung zur Bewährung auszusetzen, wenn zu erwarten ist, dass der Verurteilte sich schon die Verurteilung zur Warnung dienen lassen wird und nicht zu befürchten ist, dass er erneut Straftaten begeht (§ 56 I StGB). Liegen besondere Umstände vor, kann die Vollstreckung auch von Freiheitsstrafen bis zu zwei Jahren ausgesetzt werden (§ 56 II StGB). Bei Freiheitsstrafen von mindestens sechs Monaten wird die Vollstreckung nicht zur Bewährung ausgesetzt, wenn die Verteidigung der Rechtsordnung sie gebietet (§ 56 III StGB). Bei der Verursachung großer USt-Ausfälle aufgrund eines aufwändigen Täuschungssystems liegt dies nahe (vgl BGHSt 53, 311 = wistra 09, 359). 311

Voraussetzung einer Strafaussetzung zur Bewährung ist stets eine **günstige Sozialprognose** (§ 56 I 1 StGB). Es muss die durch Tatsachen begründete Wahrscheinlichkeit bestehen, dass sich der Verurteilte die Verurteilung zur Warnung dienen lässt. Ob dies der Fall ist, muss das Gericht auf der Grundlage einer Gesamtwürdigung aller Prognosegesichtspunkte feststellen. Dazu gehören insbes die Persönlichkeit des Verurteilten, sein Vorleben, die Umstände seiner Tat, sein Verhalten nach der Tat, seine Lebensverhältnisse und die Wirkungen, die von der Strafaussetzung für ihn zu erwarten sind (§ 56 I 2 StGB; dazu ausführlich *Fischer* § 56 StGB Rz 5 ff). Umstände, die insoweit von Bedeutung sein können, sind zB fehlende Vorstrafen des Täters, sein strafloses Verhalten nach der Tat, ggf sein hohes Alter, die Beendigung strafbaren Verhaltens aus eigenem Antrieb, ferner dass er die zur Begleichung der StSchulden erforderlichen Mittel zur Verfügung gehalten und die Steuern nachbezahlt hat, dass er die Tat zugegeben und sein Verhalten bereut hat, dass seit der Tat längere Zeit vergangen ist und der Täter lange Zeit unter dem Druck der drohenden Verurteilung gestanden hat. 312

Besondere Umstände iSv § 56 II StGB können auch bei einer Freiheitsstrafe von über einem Jahr, aber nicht mehr als zwei Jahren eine Strafaussetzung zur Bewährung rechtfertigen. Bei solchen Umständen handelt es sich um Milderungsgründe von besonderem Gewicht, die eine Strafaussetzung trotz des erheblichen Unrechts- und Schuldgehalts, der sich in der Strafhöhe widerspiegelt, als nicht unangebracht und als den allgemeinen vom Strafrecht geschützten Interessen nicht zuwiderlaufend erscheinen lassen (BGHSt 29, 370). Aus der Anforderung, dass Umstände iSv § 56 II StGB besondere sein müssen, ergibt sich, dass einzelne durchschnittliche Gründe eine Aussetzung nicht rechtfertigten. Nach stRspr des BGH genügt es allerdings, dass Umstände, die bei ihrer Einzelbewertung nur durchschnittliche oder einfache Milderungsgründe wären, durch ihr Zusammentreffen das Gewicht besonderer Umstände erlangen (BGH NStZ-RR 16, 9). Auch ein umfassendes Geständnis und die darin zum Ausdruck gekommene Schuldeinsicht und Reue können besondere Umstände iSv § 56 II StGB sein (BGH wistra 87, 211). Bei der Gesamtwürdigung, ob besondere Umstände vorliegen, darf fehlende Schuldeinsicht oder unterbliebene Schadenswiedergutmachung bei einem 312a leugnenden Täter nicht zu seinem Nachteil gewertet werden, da ihm sonst zulässiges Verteidigungsverhalten angelastet würde (vgl BGH NStZ 81, 343; wistra 87, 251). Auch bei der Entscheidung, ob eine (Gesamt-)Freiheitsstrafe von mehr als einem Jahr zur Bewährung ausgesetzt werden kann, muss grds zunächst geprüft werden (vgl BGH NStZ-RR 15, 373), ob zu erwarten ist, dass der Angeklagte sich schon die Verurteilung zur Warnung dienen lassen und künftig auch ohne die Einwirkung des Strafvollzugs keine Straftaten mehr begehen wird (§ 56 I 1 StGB).

313 Die nach § 56a StGB festzusetzende **Bewährungszeit** beträgt mindestens zwei und höchstens fünf Jahre. Dem Verurteilten können nach §§ 56b und c StGB Auflagen und Weisungen erteilt werden, die bei Nichterfüllung den Widerruf der Strafaussetzung nach sich ziehen können. Während Auflagen der Genugtuung für das begangene Unrecht dienen (§ 56b I 1 StGB), sollen Weisungen gem § 56c StGB Lebenshilfe für die Dauer der Bewährungszeit sein. Zu den nach § 56b II StGB möglichen Auflagen zählen die Anordnung der Wiedergutmachung des angerichteten Schadens, die Zahlung eines Geldbetrags an die Staatskasse oder eine gemeinnützige Einrichtung oder die Erbringung sonstiger gemeinnütziger Leistungen. Die Aufzählung der nach § 56c StGB zulässigen Weisungen ist nicht abschließend. Auflagen und Weisungen können nachträglich geändert werden (§ 56e StGB).

320 **d) Geldstrafe.** Die Geldstrafe wird in Tagessätzen verhängt, deren Höhe sich nach den persönlichen und wirtschaftlichen Verhältnissen des Täters richtet (§ 40 StGB). Trotz der Alternativfassung in § 370 I „Freiheitsstrafe oder Geldstrafe" ist es zulässig, neben der Freiheitsstrafe eine Geldstrafe zu verhängen, wenn sich der Täter durch die Tat bereichert oder zu bereichern versucht hat und die Verhängung einer Geldstrafe auch unter Berücksichtigung der persönlichen und wirtschaftlichen Verhältnisse des Täters angebracht ist (§ 41 StGB; vgl dazu BGH wistra 16, 189). Eine Bereicherung iSd § 41 StGB liegt auch dann vor, wenn die aus der Tat unmittelbar erlangten Vermögensvorteile nicht dem Täter, sondern einem Dritten zufließen, der Täter hierfür aber einen anderweitigen Vermögensvorteil erhält (BGH wistra 83, 252). An die Stelle einer uneinbringlichen Geldstrafe tritt Freiheitsstrafe, wobei einem Tagessatz ein Tag Freiheitsstrafe entspricht (§ 43 StGB). Das Mindestmaß einer Ersatzfreiheitsstrafe ist *ein* Tag (§ 43 StGB). Bei Bildung einer Gesamtstrafe (§ 54 StGB) kann die Zahl der Tagessätze bis zu 720 betragen (§ 54 II 2 StGB). Die Geldstrafe beträgt mindestens fünf und wenn das Gesetz nichts anderes bestimmt, höchstens 360 volle Tagessätze (§ 40 I 2 StGB). Ein Tagessatz beträgt mindestens einen und höchstens 30 000 € (§ 40 II 3 StGB). Zur Anpassung an die veränderten wirtschaftlichen Verhältnisse von Tätern, insbes von Wirtschaftsstraftätern, wurde die Obergrenze durch G v 29.6.2009 (BGBl I, 1658) von 5000 € auf 30.000 € angehoben.

321 **Die Zumessung der Geldstrafe erfolgt in zwei Schritten.** Zunächst wird die Anzahl der Tagessätze nach allgemeinen Strafzumessungsgesichtspunkten (§ 46 StGB) bestimmt, anschließend die Höhe eines Tagessatzes in Euro. Die Anzahl der Tagessätze ist regelmäßig unabhängig von den wirtschaftlichen Verhältnissen des Täters. Maßgebend für die Bemessung der Tagessatzzahl ist als bestimmender Strafzumessungsgrund insbes die Höhe der verkürzten Steuern bzw der zu Unrecht erlangten StVorteile (Rz 337; BGH NJW 09, 528; BGH HFR 79, 110; zur Strafzumessung iEinz s Rz 330 ff).

322 Für die Bestimmung der **Tagessatzhöhe** sind präventive Überlegungen sowie das Maß der Schuld unerheblich. Maßgeblich sind ausschl die tatsächlichen persönlichen und wirtschaftlichen Verhältnisse des Täters zum Zeitpunkt des Urteils (§ 40 II 1 StGB). Ausgangsgröße – wenn auch nicht allein entscheidend – ist das Nettoeinkommen, das der Täter hat oder haben könnte (§ 40 II 2 StGB). Für die Bemessung der Höhe eines Tagessatzes lassen sich keine starren Regeln aufstellen (BGHSt 27, 212; BGH NJW 77, 1439; *Fischer* § 40 StGB Rz 21). Insbes erschöpft sich die Festlegung der Tagessatzhöhe nicht in einem mechanischen Rechenakt,

sondern es handelt sich um einen wertenden Akt richterlicher Strafzumessung, der dem Tatrichter **Ermessensspielräume** hinsichtlich der zu berücksichtigenden Faktoren belässt (BGH wistra 18, 43; StraFo 17, 338; BGHSt 27, 212, 215; 27, 228, 230). Das Einkommen ist ein rein strafrechtlicher und nicht steuerrechtlicher Begriff, welcher alle Einkünfte aus selbständiger und nichtselbständiger Arbeit sowie aus sonstigen Einkunftsarten umfasst (BGH StraFo 17, 338). Zum Nettoeinkommen zählen auch Unterhalts- und Sachbezüge oder sonstige Naturalleistungen sowie der Mietwert des selbstgenutzten Eigenheims. Es gibt keine allgemeine Regel, dass das Nettoeinkommen eines allein verdienenden Ehegatten für die Bemessung des Tagessatzes gleichmäßig auf beide Ehegatten zu verteilen ist (BGHSt 27, 228). Maßgebend ist vielmehr die Teilhabe am Familieneinkommen (BGH StraFo 17, 338). Den Entschluss eines Partners, nicht berufstätig zu werden, hat das Strafgericht zu akzeptieren (vgl *Fischer* § 40 StGB Rz 9). Zur Frage, inwieweit Einkünfte der Familienmitglieder berücksichtigt werden dürfen vgl BGH wistra 93, 59. Zur Tagessatzhöhe bei einem SGB II-Empfänger s OLG Braunschweig v 19.5.2014 – 1 Ss 18/14, BeckRS 2014, 10852.

Von den anzurechnenden Einkünften abzuziehen sind damit zusammenhängende Ausgaben, wie beispielsweise Werbungskosten und Betriebsausgaben oder Sozialversicherungsbeiträge; ebenfalls sind idR außergewöhnliche Belastungen zu berücksichtigen (BGH StraFo 17, 338). Verpflichtungen, die idR jeder Täter hat – wie zB Aufwendungen für Wohnung, Verpflegung und Kleidung – bleiben unberücksichtigt. Angemessen zu berücksichtigen sind dagegen alle **Unterhaltsverpflichtungen** (OLG Celle NJW 75, 2029). Bei der Bemessung der Tagessatzhöhe sind Unterhaltszahlungen grds in ihrem tatsächlichen Umfang und nicht nur mit einem als angemessen erscheinenden fiktiven Betrag zu berücksichtigen (BayObLG NStZ 88, 499). Zur Berücksichtigungsfähigkeit von ausbildungsbedingten Kosten bei der Bemessung der Tagessatzhöhe vgl OLG Karlsruhe NStZ 88, 500. Der Umstand, dass der Täter zZt der Entscheidung keine Einkünfte hat, steht der Verhängung einer Geldstrafe nicht entgegen. Bei einer mehrere Monate andauernden Erwerbslosigkeit kann bei der Bestimmung der Höhe eines Tagessatzes idR von einem Nettoeinkommen ausgegangen werden, das dem durchschnittlich zu erwartenden Einkommen entspricht oder nahe kommt. Die Höhe des Arbeitslosengeldes II hat insofern regelmäßig nur geringe Bedeutung (vgl OLG Hamburg NJW 75, 2030). Zu den abziehbaren Belastungen iÜ vgl *Fischer* § 40 StGB Rz 13 ff. 323

Die Grundlagen für die Bemessung eines Tagessatzes können geschätzt werden. Macht der Täter keine oder unzureichende Angaben über seine Vermögens- und Einkommensverhältnisse, können seine Einkünfte, sein Vermögen und andere Grundlagen für die Bemessung eines Tagessatzes geschätzt werden (§ 40 III StGB). Dasselbe gilt, wenn die Ermittlung dieser Verhältnisse zu einer unangemessenen Verzögerung des Verfahrens führen würde bzw der erforderliche Aufwand nicht im Verhältnis zur Höhe der Geldstrafe stehen würde (BGH StraFo 17, 338). Eine Schätzung setzt dabei die konkrete Feststellung der Schätzungsgrundlagen voraus; bloße Mutmaßungen genügen nicht. Die Grundlagen, auf welche sich die Schätzung stützt, müssen festgestellt und erwiesen sein sowie im Urteil überprüfbar mitgeteilt werden (BVerfG NStZ-RR 15, 335). Das Gericht darf auch nicht vorschnell schätzen, wenn noch Ermittlungsansätze bestehen. Allerdings ist das StGeheimnis (§ 30) zu beachten; denn der Gesetzgeber des 2. StrRG hat für die Geldstrafenbemessung von einer Ausnahme vom StGeheimnis bewusst abgesehen (*JJR/Joecks* § 369 Rz 140; *MüKo-StGB/Radtke* StGB § 40 Rz 117). In StStrafverfahren gibt daher auch § 30 IV Nr 1 keine Befugnis zur Beiziehung von StAkten, die nicht Gegenstand des Strafverfahrens sind, allein für die Bemessung der Geldstrafe (str; glA *JJR/Joecks* aaO mwN). Auch wäre es unzulässig, den Angeklagten durch eine überhöhte Schätzung mittelbar zur Offenlegung seiner Vermögensverhältnisse zu zwingen (OLG Celle NJW 84, 185). Zur Geltung des StGeheimnisses bei der Bemessung von Geldstrafen vgl auch *Wieczorek* wistra 87, 173. 324

325 **Bei hoher Tagessatzanzahl kann die Höhe des einzelnen Tagessatzes herabgesetzt werden,** wenn sie zu einer unangemessenen wirtschaftlichen Belastung des Täters führen würde (BGHSt 26, 325, 331; 34, 93). Eine Senkung kommt im Einzelfall auch bei Einkommen am Rand des Existenzminimums ins Betracht, um einer progressiven Steigerung des Strafübels entgegenzuwirken (vgl KG BeckRS 2013, 04198 = OLGSt StGB § 40 Nr 16; OLG Stuttgart StV 09, 131 und NJW 94, 745; OLG Hbg NStZ 01, 655; NJW 78, 1171; LG Freiburg StV 91, 52 sowie OLG Hamm v 6.1.15, BeckRS 2015, 03030 = NStZ-RR 15, 139 [nur Leitsatz]). Dagegen rechtfertigt die freimütige Offenlegung des tatsächlichen Nettoeinkommens keine Herabsetzung der Tagessatzhöhe (BGH v 14.10.1980 – 1 StR 437/80).

326 **Das Vermögen ist bei der Ermittlung des Einkommens nur von eingeschränkter Bedeutung** (ausführlich *Fischer* § 40 StGB Rz 12; vgl auch BayObLG NJW 87, 2029). Kleinere und mittlere Vermögen, Eigenheime, Familienschmuck und illiquide Sachwerte bleiben außer Betracht. Große Vermögen können eine Rolle spielen, wenn sie zwar nicht zur Erzielung von Einnahmen, aber zur Wertsteigerung angelegt sind, Erträge also erzielbar wären (OLG Celle NStZ 83, 315). Die Geldstrafe dient nicht dazu, Vermögensteile wegzunehmen oder zu konfiszieren (OLG Hamm, NJW 68, 2258). Es soll Einkommen, nicht aber das Vermögen entzogen werden, aus dem das Einkommen fließt.

330 **e) Strafzumessung im engeren Sinn.** Im Rahmen der Strafzumessung sind **straferhöhende und strafmindernde Umstände** in ihrer Bedeutung und ihrem Gewicht **gegeneinander abzuwägen** (§ 46 II StGB; dazu allgemein *Fischer* § 46 StGB Rz 72 und zur StHinterziehung im Besonderen *Schäfer/Sander/van Gemmeren* Strafzumessung, 6. Aufl 2017, Rz 1837 ff). Exemplarisch nennt das Gesetz in § 46 II StGB als Strafzumessungstatsachen: die Beweggründe und Ziele des Täters, die Gesinnung, die aus der Tat spricht, und der bei der Tat aufgewendete Wille, das Maß an Pflichtwidrigkeit, die Art der Ausführung der Tat, das Vorleben des Täters, seine persönlichen und wirtschaftlichen Verhältnisse sowie sein Verhalten nach der Tat, besonders sein Bemühen, den Schaden wiedergutzumachen, sowie das Bemühen des Täters, einen Ausgleich mit dem Verletzten zu erreichen.

330a Der Tatrichter muss **in den Urteilsgründen** nicht sämtliche Strafzumessungsgründe, sondern nur die für die Strafe bestimmenden Umstände angeben (§ 267 III 1 StPO); eine erschöpfende Aufzählung aller Strafzumessungserwägungen ist weder vorgeschrieben noch möglich. Was als wesentlicher Strafzumessungsgrund anzusehen ist, ist unter Berücksichtigung der Besonderheiten des Einzelfalls vom Tatrichter zu entscheiden (stRspr; vgl nur BGH NStZ-RR 15, 240 und StraFo 17, 196). Die Höhe der verkürzten Steuern ist stets ein bestimmender Strafzumessungsumstand (BGH wistra 17, 400 Rz 15).

331 **Strafmildernd** fallen regelmäßig ins Gewicht Geständnis und Reue, fehlende Vorstrafen, eine lange Verfahrensdauer sowie dem Täter nicht anzulastende Verfahrensverzögerungen. Strafmildernde Gründe können zudem sein Krankheit, hohes Alter, stl Unerfahrenheit, geringer Bildungsgrad sowie eine „verunglückte" Selbstanzeige (§ 371 Rz 11). Auch das Verhalten des Täters nach der Tat kann sich entscheidend zu seinen Gunsten auswirken, etwa wenn er die verkürzten Steuern nachentrichtet, sich um Schadenswiedergutmachung bemüht, Prozessverschleppungen vermeidet etc. Wenn dem Täter sein betrügerisches Vorgehen durch sorgloses und nachlässiges Verhalten des FA erleichtert worden ist, kann dies bei der Strafzumessung ebenfalls berücksichtigt werden (BGH wistra 83, 145; s aber Rz 334a). Greift das Kompensationsverbot (§ 370 IV 3) ein, sind die für den Schuldspruch unbeachtlichen Ermäßigungsgründe bei der Strafzumessung mildernd zu berücksichtigen (Rz 139). Vom Täter erbrachte Aufwendungen, die der Errichtung einer Scheinkonstruktion dienten, mit denen stpfl Zuflüsse verschleiert werden sollten, sind nicht strafmildernd zu berücksichtigen. In ihnen kommt vielmehr höhere kriminelle Energie zum Ausdruck. Im Ausland für eine Verschleie-

rungskonstruktion (Stiftung) gezahlte KSt verringert daher weder die im Inland verkürzte ESt noch wirkt sie strafmildernd (BGH wistra 17, 104 Rz 18). Bei der gem § 370 VI strafbaren Hinterziehung ausl Verbrauchsteuern kann im Rahmen der Strafzumessung von Bedeutung sein, wenn für unrechtmäßig in den Verkehr gebrachte Waren ein höherer Steuersatz als bei legalem Handeln anzusetzen ist (vgl BGH v 19.12.17 – 1 StR 56/17 Rz 28).

Ein großer **Abstand zwischen Tat und Urteil** kann bei der Bestimmung der Rechtsfolgen unter drei verschiedenen Aspekten von Belang sein (BGH v 26.10.17 – 1 StR 359/17, wistra 18, 77 und BGH v 9.6.17 – 1 StR 45/17, StraFo 17, 374): Zum einen kann der Zeitraum bereits für sich strafmildernd ins Gewicht fallen. Unabhängig hiervon kann aber einer überdurchschnittlich langen Verfahrensdauer eine eigenständige Bedeutung zukommen, bei der insbes die mit dem Verfahren selbst verbundenen Belastungen des Angeklagten zu berücksichtigen sind. Schließlich kann sich auch noch eine darüber hinausgehende **rechtsstaatswidrige Verfahrensverzögerung** zugunsten des Angeklagten auswirken. Sie ist dergestalt zu kompensieren, dass ein bezifferter Teil der verhängten Strafe als vollstreckt gilt (BGHSt GrS 52, 124, 141; vgl dazu § 385 Rz 13a). Vgl iÜ G über den Rechtsschutz bei überlangen Gerichtsverfahren und strafrechtl Ermittlungsverfahren v 24.11.2011 (BGBl I, 2302) sowie § 198 GVG. Lediglich in ganz besonderen Ausnahmefällen kann eine rechtsstaatswidrige Verfahrensverzögerung zu einem Verfahrenshindernis führen, nämlich dann, wenn eine angemessene Berücksichtigung des Verstoßes im Rahmen einer Sachentscheidung bei umfassender Gesamtwürdigung nicht mehr in Betracht kommt (BGH wistra 17, 108 Rz 8 mwN). Die Organisationsentscheidung der StA, Tatvorwürfe der StHinterziehung und des Handeltreibens mit Betäubungsmitteln in getrennten Verfahren zu führen, führt grds auch dann nicht zu einem Verfahrenshindernis, wenn das Verfahren wegen StHinterziehung um drei Jahre rechtsstaatswidrig verzögert worden ist und eine nachträgliche Gesamtstrafenbildung zu einem „Drehtüreffekt" führt, weil der Täter nach Aussetzung des Strafrests zu einer nicht zur Bewährung aussetzungsfähigen Gesamtstrafe verurteilt wird. Diese Umstände sind aber bei der Kompensationsentscheidung wegen der rechtsstaatswidrigen Verfahrensverzögerung zu berücksichtigen (BGH wistra 17, 108). Für die Begründung der Kompensationsentscheidung genügt es, wenn das Revisionsgericht anhand der Ausführungen im Urteil iS einer Schlüssigkeitsprüfung nachvollziehen kann, ob die festgestellten Umstände die Annahme einer rechtsstaatswidrigen Verfahrensverzögerung tragen und sich die Kompensationsentscheidung innerhalb des dem Tatrichter insoweit eingeräumten Bewertungsspielraums hält (BGH wistra 17, 108, Rz 28). Zur Wahrung des Beschleunigungsgebots in Haftsachen im Revisionsverfahren vgl BGH v 24.1.18 – 1 StR 36/17, NJW 18, 1984. 332

Zwingend vorgeschriebene beamtenrechtliche Disziplinarmaßnahmen dürfen bei der Festsetzung der Strafe nicht unberücksichtigt bleiben (BGH NStZ 82, 507; StV 04, 71). Im Rahmen der Strafzumessung müssen auch mögliche **ehrengerichtliche** Folgen einkalkuliert werden (BGH wistra 86, 217). Die Nebenfolge des Verlusts der Beamtenrechte ist auch bei der Frage einer Strafrahmenverschiebung zu berücksichtigen (vgl BGH NStZ 88, 494). Ist der Täter StB und drohen ihm wegen der Tat gem § 89 I StBerG berufsgerichtliche Maßnahmen, die für ihn – wie etwa bei Ausschluss aus dem Beruf gem § 90 I Nr 5 StBerG – den Verlust der beruflichen oder wirtschaftlichen Existenz bedeuten können, so handelt es sich hierbei regelmäßig um einen zu berücksichtigende Strafzumessungsgrund (BGH NZWiSt 17, 39). 333

Eine **serienmäßige Tatbegehung** kann strafmildernd zu berücksichtigen sein, wenn die einzelnen Taten räumlich, zeitlich oder sonst besonders eng verschränkt sind. IÜ kann sich das Vorliegen einer Vielzahl gleichartiger Taten je nach den Umständen des Falles auf die Strafzumessung unterschiedlich auswirken. Allein die zunehmende Gewöhnung an die Begehung gleichartiger Taten wäre nicht strafmildernd (BGHR AO § 370 I Strafzumessung 24). Auch muss bereits bei der Be- 334 messung der Einzelstrafen die Gesamtserie und der dadurch verursachte Gesamtschaden in den Blick genommen werden (BGHSt 53, 221 = wistra 09, 355 Rz 29).

334a Vorwerfbares **Verhalten des Steuerfiskus** kann regelmäßig allenfalls dann zu einer milderen Beurteilung der StHinterziehung führen, wenn es das Täterverhalten unmittelbar beeinflusst und die Tatgenese den staatlichen Entscheidungsträgern vorzuwerfen ist (BGH wistra 13, 67 und BGHR AO § 370 I Nr 1 Angaben 10). Ob die FinBeh den Taterfolg hätte verhindern können, ist deshalb regelmäßig für die Strafzumessung ohne Bedeutung (vgl BGHR AO § 370 I Strafzumessung 23). Kommt Versäumnissen staatlicher Organe im Rahmen der Strafzumessung Bedeutung zu, muss in jedem Fall strafschärfendes Verhalten des Täters (etwa Skrupellosigkeit, Raffinesse oder Hartnäckigkeit) ins Verhältnis zum Verhalten der zum Schutze der staatlichen Vermögensinteressen berufenen Beamten gesetzt werden. Nutzt der Täter gezielt die Schwäche der Kontrollmechanismen der Finanzverwaltung aus, ist dies strafschärfend und nicht strafmildernd zu werten (BGH NStZ 15, 466 Rz 46). Auch besteht kein Anspruch des Straftäters darauf, dass die Ermittlungsbehörden rechtzeitig gegen ihn einschreiten, um seine Taten zu verhindern (BGH NStZ 15, 566 Rz 38; NStZ 07, 635; BGHR § 370 I Strafzumessung 23).

334b Die **Haftung** gem § 71 hat Schadensersatzcharakter und ist keine zusätzliche Sanktion. Die gesetzliche Pflicht, schuldhaft verursachten Schaden ersetzen zu müssen, kann sich deshalb regelmäßig nicht strafmildernd auswirken. Eine strafmildernde Berücksichtigung der möglichen Heranziehung käme allenfalls dann in Betracht, wenn der Betroffene tatsächlich mit seiner Heranziehung rechnen muss und dies für ihn eine besondere Härte darstellen würde (BGH wistra 13, 67 und wistra 17, 400 Rz 38 sowie BGH wistra 18, 214, 222 Rz 96).

335 **Straferhöhend** kann sich zB auswirken: die Höhe der verkürzten Steuern (BGH wistra 17, 400 Rz 16), StVerkürzung über einen längeren Zeitraum, einschlägige Vorstrafen, Einstellungen in früheren steuerstrafrechtlichen Ermittlungsverfahren nach § 153a StPO, Wahl komplizierter Gestaltungen, welche die Aufdeckung erheblich erschweren, besonders verwerfliche Art der Ausführung, zB falsche eidesstattliche Versicherung nach § 95 AO unter Verleitung Dritter zu StVerkürzung, Begehung weiterer StVerkürzungen nach Einleitung des Strafverfahrens, Vernichten oder Beiseiteschaffen von Beweismitteln, Beeinflussung von Zeugen. Auch die Verletzung von Buchführungs- und Aufbewahrungspflichten hinsichtlich geschäftlicher Unterlagen ist strafschärfend zu berücksichtigen (BGH wistra 11, 28; NStZ-RR 17, 315). Das Maß der Pflichtwidrigkeit kann straferhöhend ins Gewicht fallen bei Hinterziehung fremder Steuern (etwa LSt) oder solcher, für die der Täter treuhänderisch verantwortlich ist; strafmildernd hingegen, wenn es sich um Pflichten handelt, die vornehmlich von anderen zu erfüllen waren. Eine Häufung von Straftaten kann bereits bei der Festsetzung der Einzelstrafen berücksichtigt werden (BGHSt 24, 268, 271). Der Umstand, dass die hinterzogenen Steuern bisher nicht beglichen wurden, darf nicht strafschärfend gewertet werden, denn hierdurch würde rechtsfehlerhaft das Nichtvorliegen eines Strafmilderungsgrunds, nämlich einer Schadenswiedergutmachung, zum Nachteil des Täters berücksichtigt (BGH NStZ-RR 17, 217 Rz 8). Ebenso wenig darf straferhöhend berücksichtigt werden, dass der Täter den Ermittlungsbehörden seine Überführung nicht erleichtert hat, indem er keine auf sich hindeutenden Hinweise geschaffen oder solche hinterlassen habe (BGH NStZ-RR 17, 315). Aus generalpräventiven Gründen zum Schutz der Allgemeinheit durch Abschreckung darf eine schwerere Strafe als sonst angemessen nur dann verhängt werden, wenn eine gemeinschaftsgefährliche Zunahme solcher oder ähnlicher Straftaten, wie sie zur Aburteilung stehen, festgestellt worden ist (BGH v 7.3.18 – 1 StR 663/17, ZWH 18, 184). Zur Strafzumessung bei einem uneinsichtigen Täter im Falle der StHinterziehung vgl BGH wistra 93, 221.

Bei **Beihilfe** ist für die Strafzumessung – bei Berücksichtigung des Gewichts der Haupttat – vor allem das Gewicht der Beihilfe maßgeblich. Dabei kann bei Unterlassungstaten der Umstand, dass eine – mangels eigener Erklärungspflicht – nur als Gehilfe strafbare Person Tatherrschaft hatte, erheblich strafschärfend zu werten sein (BGH wistra 17, 400 Rz 20). 335a

Bei **Hinterziehung von Umsatzsteuer** ist, wenn die Gefährdung des StAufkommens beseitigt ist, die Möglichkeit der Berichtigung von Scheinrechnungen gem § 14c II 3–5 UStG im Rahmen der Strafzumessung strafmildernd zu berücksichtigen (vgl BGH 47, 343). Andererseits ist bei einem USt-Karussell der durch das System verursachte Gesamtschaden in die Strafzumessung einzustellen, wenn den einzelnen Beteiligten die Struktur und die Funktionsweise des Karussells bekannt waren (vgl BGH 47, 343; wistra 03, 140). Dient die unberechtigte Geltendmachung von Vorsteuer aus Scheineingangsrechnungen lediglich der „Neutralisierung" der USt aus Scheinausgangsrechnungen (vgl § 14c II UStG), kann diesem Umstand im Rahmen der Strafzumessung Bedeutung zukommen (BGH NStZ-RR 15, 339 Rz 9). Bei einem StAnspruch aus § 14c UStG handelt es sich auch im Hinblick auf die Strafzumessung nicht um eine Steuer minderer Qualität (BGH wistra 18, 214, 222 Rz 92). Es darf allerdings unter dem Gesichtspunkt der kriminellen Energie strafmildernd berücksichtigt werden, wenn aus Sicht des Täters der Staat iErg höhere Steuereinnahmen erzielte, als ihm bei korrekter Fakturierung zugestanden hätten (BGH wistra 18, 214, 222 Rz 94 ff). Hat der Täter Scheingutschriften erstellt, um sie anschließend zum unberechtigten Vorsteuerabzug einzusetzen, ist zu beachten, dass in einem solchen Fall der dem Fiskus durch die Erstellung und Verwendung der Scheingutschriften entstandene StSchaden in seiner Bedeutung für die Strafzumessung über die Höhe des unberechtigten Vorsteuerabzugs nicht hinausgeht; der für die Strafzumessung maßgebliche StSchaden ist nicht etwa deshalb doppelt so hoch, weil der gem § 14c UStG wegen der Ausstellung der Gutschriften geschuldete StBetrag, der der Möglichkeit eines unberechtigten Vorsteuerabzugs Rechnung tragen sollte, ebenfalls verkürzt wurde (BGH wistra 15, 33 Rz 10). 336

Hinterzieht der Täter nebeneinander USt und ESt, führt dies auch bei einer Gewinnermittlung gem § 4 III EStG nicht zu einer bei der Gesamtstrafenbildung auszugleichenden **Doppelberücksichtigung** der hinterzogenen USt; denn die Zahlung der USt (§ 11 II EStG) mindert den Gewinn stets in dem Kalenderjahr, in dem sie tatsächlich erfolgt, eine „Doppelbestrafung" liegt daher nicht vor (vgl BGH wistra 11, 269). 336a

Bestimmender Strafzumessungsgrund (§ 267 III 1 StPO) bei StHinterziehung ist stets die **Höhe der StVerkürzung** als verschuldete Auswirkung der Tat iSv § 46 II 2 StGB (BGH NJW 09, 528; wistra 98, 269, 270). Waren die verkürzten StForderungen nur aus formalen Gründen entstanden, ist dies allerdings strafmildernd zu berücksichtigen (BGH wistra 03, 100, 108). 337

Der Hinterziehungsbetrag ist ein bestimmender Strafzumessungsgrund, der eine an der Höhe der verkürzten Steuern ausgerichtete Differenzierung der Einzelstrafen nahelegt (BGH wistra 18, 214, 222 Rz 99). Allein das Ausmaß der StVerkürzung kann für die Strafbemessung jedoch **nicht** in dem Sinne ausschlaggebend sein, dass die Strafe gestaffelt nach der Höhe des Hinterziehungsbetrags schematisch und quasi **„tarifmäßig"** verhängt wird. Grundlage für die Zumessung der Strafe ist bei einer StHinterziehung – wie bei jeder anderen Straftat auch – die persönliche Schuld des Täters im Einzelfall (BGH NJW 09, 528 und wistra 17, 400 Rz 18 sowie BGH wistra 18, 214, 222 Rz 99). Die von der FinVerw zum Teil herangezogenen „Tarife" in Abhängigkeit von der Höhe des Hinterziehungsumfangs auf der Grundlage von **Strafmaßtabellen** (vgl zB *Rastätter* PStR 18, 202; *Birmann* DStR 81, 647; *Blumers* wistra 87, 1) sind daher für die Gerichte ohne Bedeutung. Sie können von den FinBeh bei der Antragstellung für Strafbefehle bei einfach gelagerten Fällen unter dem Gesichtspunkt der Gleichbehandlung allenfalls 340 dann verwendet werden, wenn andere gewichtige Strafmilderungs- oder Strafschärfungsgründe nicht vorhanden sind. Dies schließt nicht aus, dass bei StStraftaten, denen gleichgelagerte Begehungsformen zugrunde liegen, eine **Kategorisierung nach der Schadenshöhe** erfolgen kann. Zwar muss diese immer am Maß des der konkreten Tat immanenten Schuldumfangs orientiert sein. Allerdings kann bei Tatserien der durch die Einzeltat verursachte Verkürzungsumfang ggü der systematischen Vorgehensweise zur Erreichung einer Gesamthinterziehung dergestalt in den Hintergrund treten, dass Schwankungen bei den Verkürzungsbeträgen im Rahmen der fortgesetzten Tatbegehung bei der Bemessung der Einzelstrafen keine erhebliche Bedeutung mehr zukommt. Soweit dies der Fall ist, dürfen auch Taten mit unterschiedlichem Hinterziehungsumfang für die Bemessung der Einzelstrafen zu Gruppen zusammengefasst werden (BGH wistra 17, 400 Rz 32).

341 Nach der Rspr des BGH kommt der **Hinterziehung von Steuern in großem Ausmaß** (§ 370 III 1 Nr 1) – unabhängig von der Frage, ob die Regelwirkung einer besonders schweren StHinterziehung im konkreten Fall zur Anwendung kommt – **Indizwirkung für die zu findende Strafhöhe** zu (BGHSt 53, 71 = NJW 09, 528). Jedenfalls bei einem sechsstelligen Hinterziehungsbetrag wird daher die Verhängung einer Geldstrafe nur bei Vorliegen von gewichtigen Milderungsgründen noch schuldangemessen sein. Bei Hinterziehungsbeträgen in Millionenhöhe kommt eine aussetzungsfähige Freiheitsstrafe nur bei Vorliegen besonders gewichtiger Milderungsgründe noch in Betracht (BGH aaO; BGH NStZ-RR 07, 176, 178; BGHSt 57, 123). Ohne Bedeutung ist dabei, ob dieser Hinterziehungsumfang durch eine einzelne Tat oder durch mehrere Einzeltaten erreicht worden ist (BGH wistra 12, 350). Auch bei Hinterziehungsbeträgen unterhalb der „Millionengrenze" kann je nach den Umständen des Einzelfalls eine Freiheitsstrafe von über zwei Jahren in Betracht kommen (vgl BGH wistra 13, 31). In Fällen der Beihilfe hat das Gericht bereits bei der Strafrahmenwahl dem typisierten Strafmilderungsgrund der Beihilfe und den besonderen beihilfebezogenen Umständen, wie etwa dem Gewicht der Beihilfehandlungen, angemessen Rechnung zu tragen (BGH wistra 18, 214, 222 Rz 99).

f) Strafrahmenverschiebungen gem §§ 46a und 46b StGB

Schrifttum: *Rolletschke* Rechtsprechungsgrundsätze zur Strafzumessung bei Steuerhinterziehung, NZWiSt 12, 18.

345 **Gemäß § 46a StGB** kann die Strafe bei Täter-Opfer-Ausgleich (Nr 1) und in bestimmten Fällen der Schadenswiedergutmachung (Nr 2) nach pflichtgemäßem Ermessen des Gerichts unter Anwendung des § 49 I StGB gemildert werden. Wenn keine höhere Strafe als Freiheitsstrafe bis zu einem Jahr oder Geldstrafe bis zu dreihundertsechzig Tagessätzen verwirkt ist, kann das Gericht auch von Strafe absehen. Die Vorschrift ist über die Verweisungsnorm des § 369 II grds auch im StStrafrecht anwendbar (str; glA *JJR/Joecks* § 371 Rz 423; *Brauns* wistra 96, 214; *Schwedhelm/Spatscheck* DStR 95, 54; *Bornheim* PStR 99, 94; aA *Blesinger* wistra 96, 90, der § 371 ggü § 46a StGB für eine lex specialis hält).

346 **Die Anwendbarkeit des § 46a Nr 1 StGB ist im StStrafrecht ausgeschlossen,** da der in § 46a Nr 1 StGB vorausgesetzte Täter-Opfer-Ausgleich im Verhältnis zum Staat nicht in Betracht kommt (BGH wistra 01, 22; BayObLG wistra 96, 152).

347 Eine **Strafmilderung gem § 46a Nr 2 StGB** ist zwar grds denkbar, kommt aber nur in ganz besonders gelagerten Ausnahmefällen in Betracht (BGH wistra 10, 152). Für die Annahme eines solchen Ausnahmefalls ist allerdings die Zahlung der ohnehin geschuldeten Steuer nicht ausreichend. Vielmehr muss der Täter einen darüber hinausgehenden Beitrag erbringen und durch die Zahlung einen persönlichen Verzicht erleiden oder sogar in Not geraten (BayObLG wistra 97, 314; *JJR/Joecks* § 371 Rz 423). Veranlasst der Täter mithaftende Schuldner zur Zahlung,

liegt darin noch keine erhebliche persönliche Leistung, die eine Strafrahmenverschiebung rechtfertigen könnte (BGH wistra 10, 152). Dasselbe gilt, wenn der StGläubiger aus gepfändeten Gegenständen befriedigt wird, selbst wenn der zugrunde liegende Titel ein Schuldanerkenntnis ist (vgl BGH v 11.10.10 – 1 StR 359/10 Rz 15, BeckRS 2010, 28503).

Bei **Hilfe zur Aufklärung oder Verhinderung einer schweren Straftat**, 347a die mit einer im Mindestmaß erhöhten Freiheitsstrafe oder mit lebenslanger Freiheitsstrafe bedroht ist, kann das Gericht **gem § 46b I StGB** die Strafe unter Anwendung des § 49 I StGB nach pflichtgemäßem Ermessen mildern. Voraussetzung ist, dass sich die Aufklärung (§ 46 I 1 Nr 1 StGB) bzw Verhinderung (§ 46 I 1 Nr 2 StGB) auf eine Tat nach § 100a II StPO bezieht, die mit der eigenen Tat des Täters in Zusammenhang steht. Für die Einordnung als Straftat, die mit einer im Mindestmaß erhöhten Freiheitsstrafe bedroht ist, werden nur Schärfungen für besonders schwere Fälle und keine Milderungen berücksichtigt (§ 46b I 2 StGB). Von den StStraftaten erfüllen diese Bedingung gem § 100a II Nr 2 StPO nur die StHinterziehung unter den in § 370 III 2 Nr 5 genannten Voraussetzungen, Schmuggel nach § 373 sowie gewerbsmäßig oder als Mitglied einer Bande begangene StHehlerei (§ 374 II), nicht dagegen StHinterziehung in großem Ausmaß gem § 370 III 2 Nr 1. Zu den Katalogtaten gehören aber auch Taten der Urkundenfälschung unter den in § 267 III 2 StGB genannten Voraussetzungen (§ 100a II Nr 1 Buchst q StPO), die nicht selten im Zusammenhang mit StStraftaten begangen werden. Zu beachten ist, dass es sich bei dem gesetzlichen Milderungsgrund des freiwilligen Offenbarens gem § 46 I 1 Nr 1 StGB bei der Anlasstat nicht um eine Katalogtat iSv § 100a II StPO handeln muss; es genügt, dass diese Tat mit einer im Mindestmaß erhöhten Freiheitsstrafe erhöht ist. Allerdings muss gem § 46b I 1 Nr 1 StGB die offenbarte Tat mit der Anlasstat im Zusammenhang stehen. Hierfür reicht es jedoch aus, dass die eigene und die offenbarte Tat Teil eines kriminellen Gesamtgeschehens sind, bei dem ein inhaltlicher Bezug zwischen beiden Taten besteht (BGH v 12.10.17 – 1 StR 15/17, BeckRS 2017, 133053). War der Täter an der Tat beteiligt, muss sich im Fall der Aufklärungshilfe (Nr 1) sein Beitrag zur Aufklärung über den eigenen Tatbeitrag hinaus erstrecken (§ 46b I 3 StGB). Wenn der Täter keine Freiheitsstrafe von mehr als drei Jahren verwirkt hat, kann in Ausnahmefällen sogar von Strafe abgesehen werden (§ 46b I 4 StGB).

Die Anwendung des **§ 46b I StGB ist ausgeschlossen,** wenn der Täter sein 347b Wissen erst offenbart, nachdem die Eröffnung des Hauptverfahrens (§ 207 StPO) gegen ihn beschlossen worden ist (§ 46b III StGB).

18. Nebenfolgen. Eine **steuerrechtliche Haftung** ergibt sich für den Täter 348 oder Teilnehmer einer StHinterziehung aus § 71. Die Haftung stellt keine zusätzliche Strafsanktion dar, sondern soll den durch die Hinterziehung verursachten Vermögensschaden des StFiskus ausgleichen (BFH/NV 02, 891).

Hinzu kommt die Verpflichtung zur Zahlung von **Zinsen auf hinterzogene** 348a **Steuerbeträge** gem §§ 235, 238 (s dazu *JJR/Randt* § 370 Rz 626 ff).

Dem StStraftäter drohen zudem **verwaltungsrechtliche Nebenfolgen** und 349 **berufsrechtliche Konsequenzen.** So schreibt etwa § 35 I GewO bei Unzuverlässigkeit des Gewerbetreibenden die Untersagung der Ausübung eines Gewerbes vor. Diese gewerberechtliche Unzuverlässigkeit kann sich auch aus StRückständen ergeben (BVerwG v 9.4.1997, GewArch 99, 72 mwN). Daneben droht der Widerruf einer Waffenbesitzkarte (BVerwG GewArch 91, 118) und die Versagung eines Jagdscheins nach § 17 I Nr 2 iVm IV BJagdG. Mit disziplinarrechtlichen Folgen muss ein Beamter selbst dann rechnen, wenn er eine wirksame strafbefreiende Selbstanzeige abgegeben hat (vgl BVerwG DÖD 00, 290 = BeckRS 2000, 30439098 und BFH wistra 08, 224).

19. Einziehung von Taterträgen

Schrifttum: *Retemeyer/Möller* Straftaten sollen sich nicht lohnen – Vermögensabschöpfung bei Steuerstraftaten, PStR 16, 47; *Deutscher* Die Reform der strafrechtlichen Vermögensabschöpfung, StRR 17 Nr 9/4; *Hüls* Zur Reform des Rechts der Vermögensabschöpfung im Strafrecht, ZWH 17, 242; *Köhler* Die Reform der strafrechtlichen Vermögensabschöpfung, NStZ 17, 497 (Teil 1) und *Köhler/Burkhard* NStZ 17, 665 (Teil 2); *Maciewski/Schumacher* Endlich eine (steuerrechtliche) Lösung? – Verbleibender Abstimmungsbedarf zwischen Straf- und Steuerrecht nach der Reform der Vermögensabschöpfung, DStR 17, 2021; *Rettke* Einziehung und Vermögensarrest im Steuerstrafverfahren, wistra 17, 417; *Wengenroth* Die neue strafrechtliche Vermögensabschöpfung und das Besteuerungsverfahren, PStR 17, 310; *Korte* Vermögensabschöpfung reloaded, wistra 18, 1; *Madauß* Das neue Recht der strafrechtlichen Vermögensabschöpfung und Steuerstrafverfahren – Fragen aus der Sicht der Praxis, NZWiSt 18, 28; *Mückenberger/Hinz* Die neue Vermögensabschöpfung im Steuerstrafrecht BB 18, 1435; *Peters* Erste Praxiserfahrungen nach der Neuregelung der Vermögensabschöpfung im Steuerstrafrecht, AO-StB 18, 144; *Weidemann* Vermögensabschöpfung im Steuerstrafrecht, PStR 18, 8; *Wulf* Das neue Einziehungsrecht – ein Gesetz zur Entlastung der Finanzgerichtsbarkeit?, PStR 18, 150.

350 Hat der Täter oder Teilnehmer **durch eine rechtswidrige Tat oder für sie etwas erlangt,** so ordnet das Gericht gem § 73 I 1 StGB dessen **Einziehung** an (vgl auch § 399 Rz 75; § 401). Bis zur Reform der strafrechtlichen Vermögensabschöpfung durch G v 21.4.2017 (BGBl I, 22), in Kraft seit 1.7.2017, verwendete der Gesetzgeber hierfür den Begriff Verfall (Zur Reform der strafrechtlichen Vermögensabschöpfung durch G vom 21.4.2017, BGBl I, 22, s *Köhler* NStZ 17, 497 und *Deutscher* StRR 17 Nr 9/4). Insbes bei mehreren Tatbeteiligten oder der Hinterziehung zugunsten von Gesellschaften ist zu beachten, dass ein Vermögenswert nur dann iSd § 73 I StGB erlangt ist, wenn der Täter oder Teilnehmer die faktische Verfügungsgewalt über den Vermögensgegenstand erworben hat (BGH v 13.7.17 – 1 StR 31/17, BeckRS 2017, 120583 mwN). Dem Vermögen einer juristischen Person zugeflossene Vermögenswerte sind nicht ohne Weiteres durch den Täter iSd § 73 I StGB erlangt, selbst wenn dieser eine legale Zugriffsmöglichkeit auf das Vermögen hat (BGH NStZ-RR 17, 342 Rz 19). Für eine Verfallsanordnung gegen den Täter bedarf es in derartigen Fällen einer über die faktische Verfügungsgewalt hinausgehenden Feststellung, dass dieser selbst etwas erlangt hat, was zu einer Änderung seiner Vermögensbilanz geführt hat. Die eine solche Feststellung rechtfertigenden Umstände können etwa darin liegen, dass der Täter die juristische Person nur als einen formalen Mantel seiner Tat nutzt, eine Trennung zwischen der eigenen Vermögenssphäre und derjenigen der Gesellschaft aber nicht vornimmt, oder darin, dass jeder aus der Tat folgende Vermögenszufluss an die Gesellschaft sogleich an den Täter weitergeleitet wird (BGHSt 52, 227, 256).

351 Im Unterschied zu den bisherigen Verfallsvorschriften sind bei der Bestimmung des Werts des Erlangten nun die getätigten **Aufwendungen abzuziehen** (§ 73d I 1 StGB). Außer Betracht bleibt jedoch das, was für die Begehung der Tat oder ihre Vorbereitung aufgewendet oder eingesetzt worden ist, soweit es sich nicht um Leistungen zur Erfüllung einer Verbindlichkeit ggü dem Verletzten der Tat handelt (§ 73d I 2 StGB).

352 **Die Voraussetzungen des § 73 I StGB können auch bei der StHinterziehung gegeben sein,** da die Vorschriften über die Einziehung auch dann Anwendung finden, wenn der StFiskus Verletzter der Tat ist. Die Vorschrift des § 73 I 2 StGB aF, die der BGH als „Totengräber des Verfalls" bezeichnet hat (BGHSt 45, 235, 249), wurde vom Gesetzgeber ersatzlos gestrichen. Das erlangte „Etwas" besteht bei der StHinterziehung regelmäßig in den durch Nichterfüllung fälliger StAnsprüche ersparten Aufwendungen (BGH wistra 01, 96, 97), sodass lediglich die Einziehung des Werts der Taterträge (§ 73c StGB) in Betracht kommt. Nicht durch die Tat erlangt sind demgegenüber die Bezugsgegenstände von Verbrauchsteuern, etwa unversteuerte „Schmuggelzigaretten". Solche Gegen-

stände unterliegen nicht gem § 73 StGB der Einziehung, können als Bezugsgegenstände aber nach § 375 II AO eingezogen werden (BGH wistra 16, 412; 17, 144).

Umfang und Wert des Erlangten einschl der abzuziehenden Aufwendungen **können geschätzt werden** (§ 73d II StGB). Zur Bestimmung des erlangten „Etwas" bei StHehlerei durch Handel mit unversteuerten Zigaretten vgl BGH wistra 11, 394. 353

Ist die Einziehung des Gegenstandes nicht möglich, weil der Täter oder Teilnehmer diesen veräußert, verbraucht oder die **Einziehung** auf andere Weise **vereitelt** hat, so kann das Gericht gem § 74c StGB gegen ihn die Einziehung eines Geldbetrags anordnen, der dem Wert des Gegenstands entspricht (vgl BGH wistra 16, 412; 17, 144). Die Anordnung steht im Ermessen des Gerichts; als Nebenstrafe ist sie bei der Strafzumessung zu berücksichtigen (BGH wistra 16, 412 Rz 12). 354

Nach dem neuen Recht der Vermögensabschöpfung kann eine Doppelbelastung durch Einziehung und Besteuerung nur durch das StRecht vermieden werden, indem die durch die Einziehung eintretenden Vermögensabflüsse stl als Werbungskosten oder Betriebsausgaben abgezogen werden. Im Besteuerungsverfahren ist daher einer zu erwartenden Einziehungsanordnung bzgl Taterträgen bei noch nicht bestandskräftiger StFestsetzung durch Bildung einer gewinnmindernden Rückstellung Rechnung zu tragen (BFH BStBl II 01, 536). Liegen im Zeitpunkt der Einziehung bereits bestandskräftige StBescheide vor, können StNachzahlungen zur Vermeidung einer verfassungswidrigen Doppelbelastung nur im Rahmen der Entscheidung über die Einziehung der Taterträge als Aufwendungen (§ 73d StGB) berücksichtigt werden (vgl zur früheren Rechtslage [Verfall gem § 73 StGB] BGH BGHSt 47, 260). Dies setzt allerdings wegen des Vergangenheitsbezugs in § 73d I 2 StGB voraus, dass die StZahlung nicht als willentliche Entscheidung, sondern als Erfüllung einer gesetzlichen Verpflichtung angesehen wird (vgl *Maciewski/Schumacher* DStR 17, 2021, 2024). 355

Die Anordnung der Einziehung ist zwingend; allerdings kann das Gericht mit Zustimmung der StA von der Einziehung absehen, wenn das Erlangte nur einen geringen Wert hat, die Einziehung neben der zu erwartenden Strafe nicht ins Gewicht fällt oder das Verfahren über die Einziehung einen unangemessenen Aufwand erfordern oder die Entscheidung über die anderen Rechtsfolgen der Tat unangemessen erschweren würde (§ 421 I StPO). Die Geringwertigkeit wird wie bei §§ 243 II, 248a StGB bei Beträgen von bis zu 50 € anzunehmen sein (*Rettke* wistra 17, 417). Soweit der Anspruch, der dem Verletzten aus der Tat auf Rückgewähr des Erlangten oder auf Wertersatz erwachsen ist, erloschen ist, scheidet eine Einziehung aus (§ 73e I StGB). StAnsprüche erlöschen insbes durch Zahlung, Aufrechnung, Erlass und Verjährung (§ 47). Die Einziehung scheidet mithin dann aus, wenn der Anspruch aus dem Steuerschuldverhältnis gemäß § 232 AO durch Verjährung erloschen ist (*Rettke* wistra 17, 417). Zwar weist *Madauß* (NZWiSt 18, 28, 33) zutreffend darauf hin, dass jedenfalls der Regelungszweck des § 73e I StGB, den Täter, Teilnehmer oder Drittbegünstigten vor einer doppelten Inanspruchnahme zu schützen, in den Fällen eines Erlöschens des Steueranspruchs durch Festsetzungs- oder Zahlungsverjährung nicht erfüllt ist. Allerdings unterscheidet § 73e I StGB in seinem Wortlaut nicht nach dem Grund des Erlöschens. Möglicherweise hatte der Gesetzgeber bei § 73e StGB die Frage der Verjährung steuerlicher Ansprüche nicht im Blick. Der Erlass eines StBescheids, der eine niedrigere als die verkürzte Steuer ausweist, führt nicht zu einem Erlöschen des Anspruchs, auch nicht im Differenzbetrag. Ob eine tatsächliche Verständigung (§ 370 Rz 54) das Erlöschen einer StForderung iSv § 73e StGB bewirken kann (so *Peters* AO-StB 18, 144, 148), ist noch ungeklärt. Jedenfalls käme dies nur dann in Betracht, wenn die tatsächliche Verständigung eine Bindungswirkung auslöst, was nicht der Fall ist, wenn der StPfl die FinBeh bei den zugrunde liegenden Erörterungen täuscht und wesentliche Tatsachen verschweigt oder die tatsächliche Ver- 356 ständigung sonst zu einer unzutreffenden Besteuerung führt (vgl BFH/NV 06, 243 und BStBl 09, 121).

357 Zur Sicherung der Wertersatzeinziehung erlaubt § 111e StPO die **Anordnung des Vermögensarrests.** Dabei ist der Grundsatz der Verhältnismäßigkeit zu beachten (s dazu *Rettke* wistra 17, 417, 420). Die Möglichkeit der für die StFestsetzung zuständigen FinBeh, einen dinglichen Arrest gem § 324 anzuordnen, steht der Anordnung eines Vermögensarrests zur Sicherung der Wertersatzeinziehung nicht entgegen (§ 111e VI StPO). Beide Sicherungsinstrumente stehen gleichrangig nebeneinander.

358 **Einziehung von Taterträgen** kommt **nach § 73b StGB** unter den dort genannten Voraussetzungen auch **bei anderen Personen** in Betracht, die weder Täter noch Teilnehmer der StStraftat waren. Dies ist etwa in sog Verschiebungsfällen der Fall, bei denen die Vorteile aus der Tat einem Dritten unentgeltlich oder aufgrund eines bemakelten Rechtsgeschäfts zugewendet werden, um sie dem Gläubigerzugriff zu entziehen (§ 73b I Nr 2 StGB; vgl auch BGHSt 45, 235, 245 f und BGH wistra 10, 406 zu den bis Juni 2017 geltenden Verfallsvorschriften). Voraussetzung einer Einziehung beim Drittbegünstigten ist auch, dass dieser die Taterträge in einer ununterbrochenen Bereicherungskette ausgehend vom Tatbeteiligten erlangt hat (OLG Celle v 2.3.18 – 1 Ws 19/18, StraFo 18, 206). In der Zurverfügungstellung von Software, mit deren Hilfe Beträge aus USt-Hinterziehungen „gewaschen" werden können, kann ein Handeln für einen anderen liegen, das bei diesem gem § 73b I Nr 1 StGB eine Einziehung des durch die Tat Erlangten rechtfertigt (vgl zu § 73 III StGB aF BGH NStZ-RR 17, 342 Rz 26).

359 Die Einziehung von Taterträgen, die **durch Ordnungswidrigkeiten erlangt** wurden, richtet sich nach § 29a OWiG, s dazu § 377 Rz 14.

20. Besonderheiten bestimmter Hinterziehungsformen.

Schrifttum: *Peters/Pflaum* Steuerhinterziehung durch unangemessene Verrechnungspreise?, wistra 11, 250; *Stöber/Kleinert* Kein Erfordernis der Fremdverwaltung im Investmentsteuerrecht – Zu den Grenzen der Gesetzesauslegung im Steuer(straf)recht, BB 16, 278.

360 **a) Scheingeschäfte.** Auch im StStrafrecht gilt, dass Scheingeschäfte und Scheinhandlungen für die Besteuerung unerheblich, verdeckte Rechtsgeschäfte dagegen maßgeblich sind (§ 41 II). Ein Scheingeschäft liegt vor, wenn die Parteien einverständlich nur den äußeren Schein eines Rechtsgeschäfts hervorrufen, aber die mit dem Rechtsgeschäft verbundenen Rechtswirkungen nicht eintreten lassen wollen (BGH v 5.9.17, wistra 18, 224 Rz 14). Sie sind sich in einem solchen Fall einig, dass die mit den Willenserklärungen an sich verbundenen Rechtsfolgen tatsächlich nicht eintreten sollen und damit das Erklärte in Wirklichkeit nicht gewollt ist. Entscheidend ist dabei, ob die Beteiligten zur Erreichung des erstrebten Erfolges, zB der Vermeidung der Lohnsteuerlasten, ein Scheingeschäft für genügend oder ein ernst gemeintes Rechtsgeschäft für erforderlich erachtet haben (BGH v 5.9.17, wistra 18, 224 Rz 14). Die Beurteilung, ob ein Geschäft nur zum Schein abgeschlossen wurde, obliegt dabei dem Tatrichter (BGH NStZ 08, 412; wistra 02, 221, 223; 07, 112). Zur Abgrenzung verdeckter Gewinnausschüttungen gem § 8 III 2 KStG von Scheingeschäften und Scheinhandlungen bei Zahlungen an eine Schweizer „Briefkastenfirma" vgl BGH wistra 12, 477. Zum Begriff des Scheingeschäfts iSv § 41 II s auch BVerfG NJW 08, 3346.

b) Umsatzsteuerhinterziehung

Schrifttum: *Moosburger* Albert Collée die Dritte: BFH widerspricht BGH, Stbg 10, 76; *Bülte* Das Steuerstrafrecht im Spannungsfeld zwischen der Missbrauchsrechtsprechung des EuGH und dem nullum-crimen-Grundsatz am Beispiel der innergemeinschaftlichen Lieferung, BB 10, 1759; *Alvermann* Fahndungsbrennpunkt Umsatzsteuer, Stbg 11, 351; *Bülte* Zur Strafbarkeit der Verschleierung von Sanktionsansprüchen als Umsatzsteuerhinterziehung, HRRS 11, 465; *Jahn/Gierlich* Strafrechtliche Relevanz umsatzsteuerlicher Nachweispflichten nach dem Urteil des EuGH v 7.12.2010 – C-285/09 „R", SAM 11, 162; *Gehm,* Steuerliche und steuerstrafrechtliche Aspekte des Umsatzsteuerkarussells, NJW 12, 1257; *Gehm* Das Umsatzsteuer-Karussell im Licht der aktuellen Rechtsprechung, NWB 12, 3237; *Walter/Lohse/Dürrer* Innergemeinschaftliche Lieferung und Mehrwertsteuerhinterziehung in Deutschland und im EU-Ausland, wistra 12, 125; *Weber* Die Schuld im Umsatzsteuerkarussell und im Kettengeschäft, BB 12, 2440; *Grube* Darstellung und Analyse der neueren Rechtsprechung zum innergemeinschaftlichen Umsatzsteuerkarussell, MwStR 13, 8; *Kemper* Der Umsatzsteuerbetrug, MwStR 14, 640; *Madauß* Unberechtigter Steuerausweis in einer Rechnung nach § 14c UStG im Steuerrecht und Steuerstrafrecht, NZWiSt 14, 457; *Drüen* Zur Konkurrenz gesetzlicher und richterrechtlicher Instrumente im Kampf gegen Umsatzsteuer-Karusselle, MwStR 15, 841; *Gehm* Aktuelle strafrechtliche Aspekte beim Umsatzsteuerkarussell, StraFo 15, 441; *Kemper* Steuerbefreiung und Vorsteuerabzug im Umsatzsteuerkarussell und Kettengeschäfte – Eine steuerstrafrechtliche Einordnung NZWiSt 15, 441; *Madauß* Aspekte der Umsatzsteuerhinterziehung, NZWiSt 15, 23; *Madauß* Rechnung iSd § 14c II UStG und Leistungsbeschreibung, NZWiSt 15, 185; *Madauß* Urteil des EuGH vom 18.12.2014 in Sachen Italmoda – Was ist das Neue für die Praxis?, NZWiSt 15, 417; *Madauß* Vorsteuer aus Anzahlungen nach § 15 I 1 Nr 1 S 3 UStG, NZWiSt 15, 382; *Treiber* Die Bekämpfung von Steuerhinterziehungen als Rechtfertigungsgrund für die Einschränkung nationaler umsatzsteuerrechtlicher Vorschriften, MwStR 15, 626; *Jäger* Steuerstrafrecht im Spannungsfeld zwischen dem Gebot unionsrechtskonformer Auslegung und dem Verbot strafbegründender Analogie, in *Bouffier u. a.,* Grundgesetz und Europa, Liber Amicorum für Herbert Landau zum Ausscheiden aus dem BVerfG, 2016, S. 393; *Kemper* Die Bekämpfung der Umsatzsteuerhinterziehung – Versuch einer Bestandsaufnahme, DStZ 16, 664; *Krüger* Zur steuerstrafrechtlichen Vorfrage, wem die Leistungen von Prostituierten in einem Bordellbetrieb umsatzsteuerlich zuzurechnen sind?, NZWiSt 16, 127; *Schuska* Aktuelle Rechtsprechung des 1. Strafsenats des BGH zur Umsatzsteuerhinterziehung, MwStR 16, 786; *Wäger* Der Kampf gegen die Steuerhinterziehung; UR 16, 81; *Lohse* EuGH macht MIAS wortlos wertlos – Anmerkung zum EuGH-Urteil Plöckl, BB 16, 3031; *Bühler* Neue steuer(straf)rechtliche Entwicklungen im Edelmetallhandel-Bereich bei Umsatzsteuer-Hinterziehungsketten, wistra 17, 375; *Grommes* Eine verhängnisvolle Affäre – Zum manchmal schwierigen Verhältnis von Umsatzsteuervoranmeldungen und Umsatzsteuerjahreserklärung, NZWiSt 17, 201; *Kemper* Der „Missbrauch" und die Steuerhinterziehung bei der Umsatzsteuer – Die Umsetzung der „Missbrauchsrechtsprechung" des EuGH in Deutschland, UR 17, 449; *Madauß* Aktuelle EuGH-Rechtsprechung und Umsatzsteuerstrafrecht, NZWiSt 17, 221; *Madauß* „missing trader" und Briefkastengesellschaft/Domizilgesellschaft als Unternehmer, NZWiSt 17, 310; *Madauß* Steuerhinterziehung des Leistungsempfängers bei Einbindung in eine Steuerhinterziehung – Kriterien der Gut- bzw Bösgläubigkeit, NZWiSt 17, 177; *Schrömbges* Zur strafrechtlichen Bedeutung der sog. Betrugsbekämpfungsklausel des EuGH, wistra 17, 422; *Wäger* Das Zeitalter der Absichtsbesteuerung beim Vorsteuerabzug, UR 17, 41; *Webel* Zu der Frage, wann eine Umsatzsteuerhinterziehung durch Unterlassen vollendet ist, wistra 17, 235; *Wulf* Emissionszertifikate als ähnliche Rechte im Steuerstrafrecht – wirklich kein Verstoß gegen Art 103 Abs 2 GG?, NZWiSt 17, 344; *Wulf* Neuere Rechtsprechung des BGH zur Umsatzsteuerhinterziehung, SAM 17, 93.

aa) Allgemeines. Die Umsatzsteuer ist aufgrund ihrer Struktur als Anmeldungssteuer, bei der der Stpfl die Steuer selbst zu berechnen hat (§ 18 I, III UStG), ohne dass er mit der StAnmeldung Belege einreichen muss, und des Umstandes, dass die FinBeh aufgrund geringer personeller Ressourcen nur einen geringen Teil der StAnmeldungen einer Prüfung unterziehen können, **eine sehr hinterziehungsanfällige Steuer.** Die Formen der USt-Hinterziehung sind vielfältig. Häufige Erscheinungsformen sind die Nichterklärung oder nicht vollständige Erklärung von Umsätzen, die Erklärung von Umsätzen zum falschen StSatz, die Geltendmachung von StBefreiungen, obwohl die Voraussetzungen dafür nicht vorliegen, die Nichterklärung von unberechtigt ausgewiesener USt gem § 14c UStG, die Inanspruchnahme von StVergünstigungen und StBefreiungen ohne die vorgeschriebenen formellen Nachweise und die Vorsteuererschleichung in Lieferketten und USt-Karussellen (vgl *Nöhren* Die Steuerhinterziehung von Umsatzsteuer, 2005, S 135 ff). Die Vorsteuererschleichung geschieht durch Geltendmachung eines Vorsteuerabzugs, obwohl die Voraussetzungen des § 15 UStG nicht vorliegen. 370

370a Für die **Berechtigung zum Vorsteuerabzug** sind die Verhältnisse bei Bezug der Leistung maßgebend; deshalb schließt auch eine spätere Kenntnis von der zunächst unerkannten Einbindung in ein USt-Karussell den Vorsteuerabzug nicht aus (BGH NStZ 14, 331; 15, 289 Rz 10; BGH wistra 15, 147; 15, 188 Rz 32; BGH wistra 15, 189 Rz 15; BGH NZWiSt 16, 274). Die Ausübung des Vorsteuerabzugs setzt allerdings bei Lieferungen und Leistungen zudem den Besitz einer Rechnung nach den §§ 14, 14a UStG oder Gutschrift (§ 14 II 3 UStG) voraus (§ 15 I 1 Nr 1 S 2 UStG). Kommt es im Falle von StAnmeldungen (§ 150 I 3) nur deshalb nicht zu einer Tatvollendung, weil der Täter einen Vergütungsbetrag geltend gemacht hat (vgl § 168 S 2), obwohl er einen zu zahlenden Betrag hätte anmelden müssen, liegt die Versagung der Strafrahmenverschiebung wegen Versuchs (§ 23 II StGB) nahe, weil er auf diese Weise die rechtzeitige Festsetzung (vgl § 168 S 1) der Zahllast verhindert hat. Dies gilt insbes, wenn der Täter einen im Verhältnis zur geschuldeten USt geringen Vergütungsbetrag angemeldet hat (vgl BGH NStZ-RR 16, 172 Rz 18). Vor allem in Lieferketten und bei als solchen nicht ohne Weiteres erkennbaren Karussellgeschäften bereitet allein der Nachweis, dass die Voraussetzungen für einen Vorsteuerabzug nicht gegeben sind, den Ermittlungsbehörden erhebliche Anstrengungen. Die Möglichkeiten für eine USt-Hinterziehung und die Schwierigkeiten für einen Tatnachweis haben sich mit der Einführung des EG-Binnenmarktes zum 1.1.1993 durch das UStG 1993 (BStBl I, 345) noch erheblich vergrößert.

370b Die Frage, ob gegen **umsatzsteuerliche Erklärungspflichten** (§ 18 I, III UStG) verstoßen wurde, hängt insbes davon ab, wer als Unternehmer iSd § 2 UStG handelte, sowie ob und ggf zwischen welchen Personen Lieferungen und sonstige Leistungen ausgeführt wurden (§ 1 Nr 1 UStG). Auch die in Scheinrechnungen ausgewiesene USt (vgl § 14c II UStG) ist vom Aussteller geschuldet und anzumelden (§ 18 IVa, IVb UStG; vgl dazu BGH wistra 13, 277 Rz 26). Steuerliche Erklärungspflichten können sich auch aus § 34 für den gesetzlichen Vertreter und den Vermögensverwalter und aus § 35 für den Verfügungsberechtigten ergeben (s dazu BGHSt 58, 218 Rz 77). Im Falle einer umsatzsteuerlichen Organschaft gem § 2 II Nr 2 UStG treffen die steuerlichen Erklärungspflichten, die sich aus § 18 UStG ergeben, allein den Organträger (vgl BGH wistra 13, 463 Rz 41). Bei StHinterziehung durch Unterlassen in der Form der Nichtabgabe von USt-Voranmeldungen bedarf es tragfähiger Feststellungen zum Voranmeldungszeitraum (vgl § 18 II, IIa UStG), da dieser einen Kalendermonat oder ein Kalendervierteljahr umfassen kann (vgl BGH NZWiSt 17, 32 zu § 18 II 5 UStG).

370c Auch **„Strohleute"** können als Unternehmer iSd UStG gehandelt und Lieferungen ausgeführt haben (BGHSt 58, 218 Rz 71 ff mwN). Dies gilt grds auch für die Tätigkeit sog **missing trader,** selbst wenn bei ihnen von Anfang an beabsichtigt ist, auf der Grundlage ihrer Geschäfte USt zu hinterziehen (vgl BGH NZWiSt 13, 311). Anders ist dies bei einem „missing trader" dann, wenn seinem Handeln jeder wirtschaftliche Zweck fehlt und er allein zum Zwecke der StHinterziehung tätig wird (vgl GJW/*Bülte* § 370 AO Rz 393e). Steuerlich schuldet der „missing trader" USt gem § 14c UStG; das pflichtwidrige Unterlassen einer entsprechenden StAnmeldung erfüllt die Tatvariante des § 370 I Nr 2 (vgl *Madauß* NZWiSt 17, 315). Zur Strafbarkeit eines „steuernden" Hintermannes als Verfügungsberechtigten gem § 35 AO s BGHSt 58, 218 Rz 76 ff. Auch einer „Briefkastengesellschaft", die keine wirtschaftliche Tätigkeit entfaltet und nur eine verschleiernde Durchleitungsfunktion für hinter der Gesellschaft stehende Personen hat, fehlt die Unternehmereigenschaft iSv § 2 UStG (vgl *Madauß* NZWiSt 17, 310, 313 f).

370d Wer bei einem Umsatz als **Leistender** anzusehen ist, ergibt sich regelmäßig aus den abgeschlossenen zivilrechtlichen Vereinbarungen (vgl BFH/NV 11, 1541; 16, 80; BGH wistra 15, 189; 18, 80 Rz 10). Schuldner der USt aus einem Leistungsaustausch ist derjenige, der als leistender Unternehmer selbst oder durch einen Beauftragten nach außen aufgetreten ist, mithin derjenige, der aus dem Rechtsgeschäft mit dem Leistungsempfänger berechtigt und verpflichtet wird (vgl BFH/NV 10, 259; *Madauß* NZWiSt 17, 310, 315). Entscheidend für die Abgrenzung zwischen Vertretung und Eigengeschäft ist nach allgemeinen Auslegungsgrundsätzen (§§ 133, 157 BGH), wie der Käufer das Verhalten der handelnden Person verstehen durfte (Empfängerhorizont). Ein Handeln eines Vermittlers in fremdem Namen ist somit nur dann gegeben, wenn dem Leistungsempfänger beim Abschluss des Umsatzgeschäftes klar ist, dass er zu einem Dritten in unmittelbare Rechtsbeziehungen tritt (vgl *Madauß* NZWiSt 17, 310, 315 f). Daher kann ein Strohmann selbst dann eine Lieferung vornehmen, wenn er lediglich von Hintermännern in die Lage versetzt worden ist, dem Erwerber die Verfügungsmacht über die Ware zu verschaffen und er wegen des kollusiven Zusammenwirkens mit den Hintermännern im Verhältnis zu diesen nicht als Unternehmer anzusehen wäre (BGH wistra 18, 80 Rz 12).

Unbeachtlich ist ein (vorgeschobenes) Strohmanngeschäft als **Scheingeschäft** **370e** allerdings dann, wenn es nur zum Schein durchgeführt wird, weil beide Vertragsparteien einverständlich oder stillschweigend davon ausgehen, dass die Rechtswirkungen gerade nicht zwischen ihnen eintreten, sondern andere Personen treffen sollen (BGHSt 58, 218 Rz 72; BGH NStZ 14, 331, 333; NStZ-RR 14, 310, 312; wistra 15, 189 Rz 19; BGH wistra 18, 80 Rz 11), wie etwa bei kollusivem Zusammenwirken ohne handelstypisches Verhalten des „Strohmannes" (vgl BGH NJW 11, 1616). Handelt es sich bei einer vorgeblichen innergemeinschaftlichen Lieferung in Wirklichkeit um ein Scheingeschäft iSv § 41 II 1, weil der Empfänger nicht als Unternehmer handelt, kommt eine StHinterziehung des Verbringers in Betracht. Denn gem § 1a II 1 UStG gilt als innergemeinschaftlicher Erwerb gegen Entgelt (§ 1 I Nr 5 UStG) auch das Verbringen eines Gegenstandes des Unternehmens aus dem übrigen Gemeinschaftsgebiet in das Inland durch einen Unternehmer zu seiner Verfügung, sofern dies nicht nur zu einer vorübergehenden Verwendung erfolgt. Der Unternehmer gilt in einem solchen Fall als Erwerber (§ 1a II 2 UStG) und wird nach § 13a I Nr 2 UStG StSchuldner (vgl BGH wistra 18, 80 Rz 22).

Liegen die Voraussetzungen einer StHinterziehung nicht vor, weil die USt zwar **371** zutreffend angemeldet, **zum Fälligkeitszeitpunkt aber nicht oder nicht vollständig abgeführt** wurde, kann dies eine OWi der Schädigung des USt-Aufkommens gem § 26b UStG, bei gewerbs- oder bandenmäßigem Handeln sogar eine Straftat der gewerbsmäßigen oder bandenmäßigen Schädigung des StAufkommens gem § 26c UStG darstellen (vgl Rz 470 ff).

Das deutsche UStG ist die nationale Umsetzung der RL 2006/112/EG des Ra- **372** tes der Europäischen Union v 28.11.2006 über das gemeinsame Mehrwertsteuersystem (**Mehrwertsteuersystemrichtlinie,** ABl EU Nr L 347, 1). Sie hat die Sechste Richtlinie 77/388/EWG des Rates v 17.5.1977 zur Harmonisierung der Rechtsvorschriften der Mitgliedstaaten über die Umsatzsteuern (ABl EG Nr L 145, 1) abgelöst. Aufgrund der Struktur des § 370 AO als Blankettstraftatbestand sind diese Richtlinien und die dazu ergangene Rechtsprechung des EuGH auch im Strafrecht bei der Auslegung von Vorschriften des UStG zu beachten. Dies gilt auch für die vom EuGH für den Fall des Missbrauchs unmittelbar aus den EU-Richtlinien über die MwSt abgeleiteten (vgl EuGH v. 18.12.2014 – C-131/13 *Italmoda,* DStR 15, 573) Vorsteuerabzugsverbote und die Versagung einer Mehrwertsteuerbefreiung oder -erstattung im Rahmen einer innergemeinschaftlichen Lieferung (vgl BGH DStR 14, 365). Für das Verständnis der Entscheidungen des EuGH zum Mehrwertsteuerrecht ist zu beachten, dass der in § 370 enthaltene Begriff der StHinterziehung nicht deckungsgleich ist mit den vom EuGH verwendeten Begriffen der „Hinterziehung" und des „(Mehrwertsteuer-)Betruges.

Unzulässig ist die **missbräuchliche Berufung auf Unionsrecht,** denn die **372a** Bekämpfung von StHinterziehungen, StUmgehungen und etwaigen Missbräuchen ist ein Ziel, das von der RL 2006/112/EG anerkannt und gefördert wird (vgl

EuGH v 21.6.2012, DStRE 12, 1336, Rz 41, v 21.2.2006 – C-255/02 *Halifax*, Slg. 2006, I-1609 Rz 71 und v 18.12.2014 – C-131/13 *Italmoda* Rz 42f, DStR 15, 573). Nach der Rspr des EuGH gilt dies nicht nur dann, wenn der Stpfl selbst eine StHinterziehung begeht, sondern auch, wenn er wusste oder hätte wissen müssen, dass er sich mit dem betr Umsatz an einem Umsatz beteiligte, der in eine vom Lieferer oder von einem anderen Wirtschaftsteilnehmer auf einer vorhergehenden oder nachfolgenden Umsatzstufe der Lieferkette begangene StHinterziehung einbezogen war (EuGH v 18.12.2014 aaO Rz 50 mwN; vgl auch BGH wistra 14, 191; 15, 147). Dies gilt nach der Rspr des EuGH selbst dann, wenn das nationale Recht keine Bestimmung enthält, die eine solche Versagung vorsieht. Denn dann liegen bereits die Voraussetzungen des Vorsteuerabzugs nicht vor. Die Versagung des Vorsteuerabzugs ist damit eine Konsequenz, die als dem Mehrwertsteuersystem inhärent anzusehen ist (EuGH v 18.12.2014 *Italmoda* aaO Rz 59, 62). In ihr sieht der EuGH daher auch keine Sanktion (EuGH *Italmoda* aaO Rz 61).

372b Im Hinblick darauf, dass es sich somit hierbei um eine sich aus dem Mehrwertsteuersystem selbst ergebende Beschränkung von Rechten handelt, gilt sie **auch im StStrafrecht.** Da die Beschränkung systemimmanent ist, steht Art 103 II GG einer Berücksichtigung dieser Rspr im Blankettstrafrecht nicht entgegen (aA *Bielefeld* wistra 07, 9). Sie stellt keinen Verstoß gegen den Grundsatz der Gesetzmäßigkeit dar, zu dessen Verletzung auch die Pflichten aus Art 325 I und II AEUV nicht ermächtigen würden (vgl EuGH v 5.12.2017 – C-42/17, wistra 18, 117).

372c **bb) Der Begriff der Tat bei der Umsatzsteuerhinterziehung. USt-Voranmeldungen und USt-Jahreserklärung** des nämlichen Jahres haben ungeachtet ihrer steuerrechtlichen Verzahnung einen **eigenen Erklärungswert,** der auch durch die Zusammenfassung in der Jahreserklärung nicht deckungsgleich wird (vgl *Grommes* NZWiSt 17, 201). Deshalb haben Taten, die sich auf die einzelnen Erklärungen beziehen, auch jeweils einen selbständigen Unrechtsgehalt. Unrichtige USt-Voranmeldungen, die lediglich eine Verkürzung auf Zeit zur Folge haben, sind allerdings regelmäßig durch die Aburteilung der zugehörigen USt-Jahreserklärung als Vortaten mitbestraft (Rz 248; BGH wistra 18, 43 Rz 50). Zum prozessualen Tatbegriff (§ 264 StPO) bei der USt-Hinterziehung s Rz 265.

373 **cc) Umsatzsteuerkarusselle und Hinterziehungsketten.** Der **Begriff des Umsatzsteuerkarussells** ist gesetzlich nicht definiert. Deshalb werden im Schrifttum eine Vielzahl unterschiedlicher Sachverhaltsgestaltungen als USt-Karussell bezeichnet (vgl dazu *Nöhren* Die Hinterziehung von Umsatzsteuer, 2005, S 250ff; *RK/Rolletschke* § 370 AO Rz 470ff; *Rolletschke* StStrafrecht, 4. Aufl Rz 183ff). Bei USt-Karussellen handelt es sich zumeist um grenzüberschreitende Lieferketten, bei denen tatsächlich existierende Handelsware (zumeist hochpreisige kleine Ware wie zB Computerprozessoren oder Mobiltelefone, aber auch Ware mit hohem Handelsvolumen wie etwa Schrott) im Kreis bewegt wird (vgl EuGH DStR 06, 133; BFH BStBl II 05, 535). Der erste Beteiligte der Lieferkette im Inland, der sog *missing trader* (vgl BGH wistra 03, 344), tritt ggü dem FA nicht in Erscheinung oder führt die von ihm ausgewiesene und angemeldete USt nicht an das FA ab. Ziel der USt-Karusselle ist es, durch die Einschaltung von Unternehmen, die keine USt abführen, für deren Waren die Empfänger jedoch die ausgewiesene USt als Vorsteuer in Abzug bringen, USt zu sparen. Die durch die Nichtentrichtung ersparte USt wird dabei in die Kalkulation der Warenpreise einbezogen und führt so zu einer Verbilligung der Ware. Abgesehen von der Schädigung des StAufkommens sind die USt-Karusselle zusätzlich insofern volkswirtschaftlich schädlich, als auf den Marktpreis Einfluss genommen wird, indem die Ware billiger angeboten werden kann als von den steuerehrlich handelnden Wettbewerbern (vgl *Nöhren* aaO S 252f). Zur Beweiswürdigung bei der Geltendmachung fehlender Kenntnis von der Zwischenschaltung eines missing traders vgl BGH NStZ-RR 16, 47).

374 In der steuerstrafrechtlichen Literatur werden zum Teil auch reine **Scheinrechnungskreisläufe,** bei denen die Lieferungen nur auf dem Papier stattfinden, als

Karussellgeschäfte bezeichnet. In diesen Fällen liegt aber lediglich eine „einfache" StHinterziehung vor, weil der missing trader die in Rechnung gestellte USt nicht anmeldet, oder eine „normale" Vorsteuererschleichung, weil dem Rechnungsempfänger mangels Lieferung kein Vorsteuerabzug gem § 15 UStG zusteht (*Nöhren* aaO S 253). Dasselbe gilt, wenn statt der in Rechnung gestellten Ware minderwertige Ware geliefert wird (vgl BGH NJW 13, 1175).

Für reine **Kettengeschäfte** gilt das zu USt-Karussellen Gesagte entsprechend; der wesentliche Unterschied besteht dann darin, dass in diesen Fällen die Ware nicht im Kreis geleitet wird (BGHSt 53, 311). **375**

In Fällen fingierter Ketten- oder Karussellgeschäfte ist bei der **Strafzumessung** der aus dem Gesamtsystem erwachsene deliktische Schaden als verschuldete Auswirkung der Tat zugrunde zu legen, soweit den einzelnen Beteiligten die Struktur und die Funktionsweise des Systems bekannt waren (BGHSt 53, 311). In Fällen, in denen hinsichtlich derselben Waren mehrfach USt hinterzogen wurde, ist deshalb im Rahmen der Strafzumessung zu berücksichtigen, dass das StAufkommen des Fiskus nicht in der Summe der am Hinterziehungssystem beteiligten Firmen, sondern nur im Umfang des jeweils höheren Hinterziehungsbetrags gefährdet oder geschädigt wurde (BGHSt 53, 311; BGH wistra 17, 233 Rz 22). Sind bei Scheinrechnungsketten alle Umsätze – also sowohl die Eingangs- als auch die Ausgangsumsätze – fingiert, darf der Tatrichter in der Strafzumessung dem Umstand Rechnung tragen, dass der StFiskus hierdurch iErg nur in der Höhe der Differenz der zu Unrecht geltend gemachten Vorsteuerbeträge und der USt auf die ebenfalls vorgetäuschten Ausgangsumsätze, mithin im Umfang der Erstattungsbeträge (vgl § 370 IV 2) geschädigt ist (BGH wistra 18, 43 Rz 66). **375a**

Beruht die fehlende Erstattungsfähigkeit der Vorsteuer darauf, dass der Leistende die von ihm in Rechnung gestellte USt hinterzogen hat (Rz 372a), ist nach der Rspr des BGH bei der **Strafzumessung für einen Gehilfen,** der sowohl den Leistenden als auch den Leistungsempfänger bei der Hinterziehung von USt unterstützt hat, zu berücksichtigen, dass dem StFiskus bei wirtschaftlicher Betrachtung trotz zweifacher StVerkürzung kein Schaden in doppelter Höhe entstanden ist (BGH v 28.6.17 – 1 StR 677/16, BeckRS 2017, 119094 = StraFo 17, 377 Rz 9). **375b**

Zum **Leistungsort** beim grenzüberschreitenden Handel mit Treibhausgasemissionszertifikaten (CO_2-Zertifikate) vgl BGH wistra 18, 214. **375c**

dd) Steuerhinterziehung bei innergemeinschaftlichen Lieferungen. Innergemeinschaftliche Lieferungen, dh bestimmte Lieferungen in andere Mitgliedstaaten der EU, sind steuerfrei (§ 4 Nr 1 Buchst b UStG iVm § 6a UStG). Da auch bei innergemeinschaftlichen Lieferungen ein Vorsteuerabzug nach § 15 UStG möglich ist, die Ware nach Durchführung der Lieferung im Inland aber keiner Überprüfung mehr unterzogen werden kann, werden seit Einführung des EG-Binnenmarktes Warenverschiebungen zwischen Mitgliedstaaten der EU vermehrt zur Hinterziehung von USt genutzt. **376**

Soweit innergemeinschaftliche Lieferungen lediglich **vorgetäuscht** werden, die Ware aber im Inland veräußert wird, liegt eine bloße Nichterklärung steuerpflichtiger Inlandsumsätze vor. **377**

Schwieriger ist die Rechtslage in Fällen, in denen die Ware **tatsächlich in einen anderen EU-Mitgliedstaat geliefert** wird, der für eine USt-Befreiung gem § 6a III UStG, §§ 17a ff UStDV erforderliche Nachweis aber nicht erbracht wird. Nach früherer Rspr von BFH und BGH handelte es sich bei der Voraussetzung, dass das Vorliegen einer innergemeinschaftlichen Lieferung durch Belege nachgewiesen sein muss (§ 17a I 2 UStDV), um eine materielle Voraussetzung der StBefreiung. Bei fehlendem Nachweis war der Umsatz daher nicht steuerbefreit und eine fehlende Erklärung des Umsatzes als StHinterziehung strafbar (vgl BGH wistra 05, 308; BFHE 199, 80, 83 f; BFH/NV 04, 988, 989). **378**

Infolge der Entscheidung des EuGH v 27.9.2007 (C-146/05 *Collée,* DStR 07, 1811), dass die **Nachweisanforderungen grds keine materiellen Vorausset-** **379**

zungen für die Befreiung als innergemeinschaftliche Lieferungen sind, hat der BFH seine Rspr entsprechend geändert (DStR 08, 297) und klargestellt, dass die Regelungen des § 6a III UStG und §§ 17a, 17c UStDV lediglich bestimmen, dass und wie der Unternehmer die Nachweise zu erbringen hat.

380 Die geänderte steuerrechtliche Rspr führte aber nicht dazu, dass der Tatbestand der StHinterziehung bei innergemeinschaftlichen Lieferungen nur dann verwirklicht werden könnte, wenn entweder die Ware nicht ins Ausland verbracht wurde oder der Empfänger im anderen Mitgliedstaat kein Unternehmer war und die Ware daher nicht der Erwerbsbesteuerung unterlag (so aber *Wulf* Stbg 08, 328 ff). Denn sie betraf nicht Fälle der missbräuchlichen Berufung auf Gemeinschaftsrecht mit dem Ziel der StHinterziehung (vgl dazu BFH DStR 11, 1901 Rz 22 mwN). Vielmehr ist § 6a I 1 Nr 3 UStG nach der Rspr des BGH **unionsrechtskonform** dahingehend **auszulegen,** dass der Erwerb des Gegenstands einer Lieferung beim Abnehmer dann nicht den Vorschriften der Umsatzbesteuerung in einem anderen Mitgliedstaat iSd Vorschrift unterliegt, wenn die im Bestimmungsland vorgesehene Erwerbsbesteuerung der konkreten Lieferung nach dem übereinstimmenden Willen von Unternehmer und Abnehmer durch Verschleierungsmaßnahmen und falsche Angaben gezielt umgangen werden soll (= kollusives Verhalten), um dem Unternehmer oder dem Abnehmer einen ungerechtfertigten StVorteil zu verschaffen (BGHSt 53, 45 mit Anm *Bielefeld* DStR 09, 580; vgl dazu auch BGH NJW 11, 3797). Bereits im November 2008 hatte der BGH im Verfahren 1 StR 354/08 entschieden, dass die Lieferung von Gegenständen an einen Abnehmer im Übrigen Gemeinschaftsgebiet dann keine steuerfreie innergemeinschaftliche Lieferung darstellt, wenn der inl Unternehmer in kollusivem Zusammenwirken mit dem tatsächlichen Abnehmer die Lieferung an einen Zwischenhändler vortäuscht, um dem Abnehmer die Hinterziehung von Steuern zu ermöglichen (BGHSt 53, 45). Dies gelte auch dann, wenn mit der Lieferung ein Warenkreislauf in Gang gesetzt wird, dessen alleiniges Ziel es ist, die Ware durch Scheingeschäfte zu verbilligen. Wegen des im Unionsrecht verankerten Verbots missbräuchlicher Praktiken sei es dabei unerheblich, ob der Abnehmer Unternehmer ist oder sonst die Voraussetzungen des § 6a I 1 Nr 2 UStG erfüllt (BGH wistra 09, 238).

381 Dieser Auffassung ist die **finanzgerichtliche Rspr** zunächst nicht gefolgt (vgl FG BaWü v 11.3.09 – 1 V 4305/08 BeckRS 2009, 26026977; BFH DStR 09, 1693). Sie hielt es für ernstlich zweifelhaft, ob der StFreiheit einer innergemeinschaftlichen Lieferung entgegensteht, dass der inl Unternehmer bewusst und gewollt an der Vermeidung der Erwerbsbesteuerung seines Abnehmers mitwirkt. Zur Klärung der Rechtsfrage richtete der BGH deshalb ein **Vorabentscheidungsersuchen** an den EuGH (BGH wistra 09, 441).

382 Der spanische Generalanwalt teilte die Ansicht des BGH nicht. In seinen Schlussanträgen vertrat er die Auffassung, dass der Schutz vor betrügerischen Praktiken mit anderen Mitteln erreicht werden müsse, die mit dem USt-System besser vereinbar seien, als die Versagung von im System vorgesehenen StBefreiungen. Demgegenüber entschied der **EuGH,** dass der Ausgangsmitgliedstaat die **Steuerbefreiung** unter den Umständen des Ausgangsverfahrens **versagen** kann (EuGH v 7.12.2010 – C-285/09 „R", NStZ 11, 165 mit Anm *Lohse*). Sie müsse sogar versagt werden, wenn ernsthafte Gründe bestehen, dass der mit der fraglichen Lieferung zusammenhängende innergemeinschaftliche Erwerb im Bestimmungsland der Zahlung der USt entgehen könnte. Die Versagung der StBefreiung habe zu erfolgen, um zu vermeiden, dass der fragliche Umsatz jeglicher Besteuerung entgeht (EuGH aaO).

383 In Umsetzung des EuGH-Urteils v 7.12.2010 (NStZ 11, 165) stellte der BGH für Fälle, in denen bei innergemeinschaftlichen Lieferungen der Empfänger verschleiert wird, folgende **Maßstäbe** auf (BGH NJW 11, 3797):

– Verschleiert der Lieferer durch kollusives Verhalten mit dem wahren Erwerber einer innergemeinschaftlichen Lieferung dessen Identität, damit die Lieferung

auch im Bestimmungsland der Besteuerung entgeht, scheitert die StFreiheit gem § 6a UStG daran, dass der Erwerb im Bestimmungsland faktisch nicht den Vorschriften der Umsatzbesteuerung unterliegt (BGH NStZ 11, 165 Rz 14). Diese Auslegung steht im Einklang mit den Bestimmtheitsanforderungen des Art 103 II GG (BVerfG NJW 11, 3778 = wistra 11, 458).
– Darüber hinaus bleibt es auch dann bei der StPfl, wenn – obwohl die Voraussetzungen für die Steuerbefreiung objektiv vorliegen – der Stpfl unter Verstoß gegen die Pflichten zum Buch- und Belegnachweis (vgl § 6a III UStG, §§ 17a, 17c UStDV) die Identität des Erwerbers verschleiert, um diesem im Bestimmungsmitgliedstaat eine Mehrwertsteuerhinterziehung zu ermöglichen (BGH aaO Rz 21 ff; s auch BFH DStR 11, 1901 Rz 22 mwN = wistra 11, 470).

Ob die StFreiheit einer innergemeinschaftlichen Lieferung iSd § 6a UStG auch dann entfällt, wenn dem Unternehmer, der **nicht über die Identität des Abnehmers täuscht,** bekannt ist, dass die Person, die er nach seinen Belegen und buchmäßigen Aufzeichnungen als Abnehmer führt, seine steuerlichen Verpflichtungen im Bestimmungsmitgliedstaat nicht erfüllt, ließ der BGH zunächst offen (vgl BGH wistra 13, 463 Rz 65). Hierzu entschied dann aber der EuGH durch Urteil v 18.12.2014 (C-131/13 *Italmoda* DStR 15, 573 Rz 50, 64), dass die nationalen Behörden und Gerichte einem Stpfl im Rahmen einer innergemeinschaftlichen Lieferung das Recht auf Vorsteuerabzug, auf Mehrwertsteuerbefreiung oder auf Mehrwertsteuererstattung versagen müssen, sofern anhand objektiver Umstände nachgewiesen ist, dass dieser Stpfl wusste oder hätte wissen müssen, dass er sich durch den Umsatz, auf den er sich zur Begründung des betr Rechts beruft, an einer im Rahmen einer Lieferkette begangenen Mehrwertsteuerhinterziehung beteiligt hat. Dies gelte selbst dann, wenn das nationale Recht keine Bestimmungen enthalte, die eine solche Versagung vorsähen (s dazu Rz 372a). Im Hinblick darauf, dass es nach der Rspr des EuGH auch Art 325 AEUV nicht erlaubt, gegen den Gesetzmäßigkeitsgrundsatz zu verstoßen, der die Prinzipien der Vorhersehbarkeit, der Bestimmtheit und des Verbots der Rückwirkung von Strafgesetzen beinhaltet (vgl EuGH wistra 18, 117), ist allerdings im konkreten Einzelfall stets zu prüfen, ob die gebotene unionsrechtskonforme Auslegung steuerrechtlicher Normen in gleicher Weise auch bei Auslegung des Straftatbestands der StHinterziehung (§ 370 AO) vorgenommen werden darf oder ob Art 49 I EU-GrCh und Art 103 II GG einer solchen Auslegung entgegenstehen (Rz 6; vgl dazu auch *Jäger* in Bouffier u. a., Grundgesetz und Europa, aaO, S 393). **383a**

Hat ein Unternehmer eine Lieferung als steuerfrei behandelt, obwohl die Voraussetzungen nach § 6a I UStG nicht vorliegen, ist die **Lieferung gem § 6a IV UStG gleichwohl als steuerfrei anzusehen,** wenn die Inanspruchnahme der StBefreiung auf unrichtigen Angaben des Abnehmers beruht und der Unternehmer die Unrichtigkeit dieser Angaben auch bei Beachtung der Sorgfalt eines ordentlichen Kaufmanns nicht erkennen konnte. Ist dies der Fall, liegt mangels StEntstehung auch keine strafbare StHinterziehung vor (BGH wistra 17, 233). **383b**

Eine **Zurechnung des Wissens von Mitarbeitern** über Umstände, die für die Versagung einer USt-Befreiung – und damit für den objektiven Tatbestand einer StHinterziehung – von Bedeutung sind, findet nach der Rspr des BFH in analoger Anwendung des § 166 BGB auf das Unternehmen statt (BFH DStRE 10, 1263). Ob Tatvorsatz gegeben ist, richtet sich demgegenüber allein nach den Maßstäben des § 16 StGB. **383c**

ee) Steuerhinterziehung bei Ausfuhrlieferungen. Der für Ausfuhrlieferungen in Drittstaaten vorgeschriebene Nachweis durch Belege (§ 6 IV UStG) wurde früher in der Rspr von BFH und BGH als materielle Voraussetzung der USt-Befreiung angesehen. Sie fehlte auch dann, wenn der Nachweis stl noch zu einem späteren Zeitpunkt geführt werden konnte (vgl BFHE 130, 118). Eine StVerkürzung lag nach dieser Rspr nur dann nicht vor, wenn der Stpfl das FA in der StAnmeldung über den wahren Sachverhalt aufklärte und es in die Lage ver- **384**

setzte, die Vervollständigung des Nachweises zu überwachen (BGHSt 31, 248). Da die Nachweisanforderungen denen bei innergemeinschaftlichen Lieferungen (Rz 379) entsprechen, lag es nahe, auch hierin lediglich formelle Nachweisanforderungen zu sehen und die Rspr zu den innergemeinschaftlichen Lieferungen entsprechend anzuwenden. Nach Aufgabe seiner bisherigen Rspr sieht deshalb der BGH nunmehr in der Einhaltung der für Ausfuhrlieferungen iSv § 6 UStG vorgesehenen Nachweispflichten keine materiellrechtliche Voraussetzung der USt-Befreiung mehr (BGHSt 54, 133). Vgl auch BFH DStR 09, 1636.

385 **ff) Unberechtigter Vorsteuerabzug.** Eine USt-Hinterziehung kann auch dadurch begangen werden, dass in der StAnmeldung ein **Vorsteuerabzug** (§ 15 UStG) vorgenommen wird, obwohl die Voraussetzungen hierfür nicht gegeben sind. An den Abzugsvoraussetzungen fehlt es insbes dann, wenn die zugrunde liegende Warenbewegung keine Lieferung darstellt oder wenn der Lieferant oder der Empfänger kein Unternehmer ist oder nicht als solcher tätig geworden ist (vgl dazu BGH wistra 11, 264) oder wenn der Leistungsempfänger keine nach den §§ 14, 14a UStG ausgestellte Rechnung besitzt (§ 15 I Nr 1 UStG). Eine zum Vorsteuerabzug berechtigende unternehmerische wirtschaftliche Tätigkeit setzt voraus, dass sich der Handelnde wie ein Händler verhält (BGH NStZ 04, 578, 579; BFH BStBl II 11, 524; BFH BStBl II 87, 752). Ein Vorsteuerabzug ist im Hinblick auf § 17 II Nr 1 UStG auch dann unzulässig, wenn er für einen Anmeldungszeitraum geltend gemacht wird, in dem der StBetrag zu berichtigen war, weil das Entgelt für die in Rechnung gestellte Leistung uneinbringlich wurde. Dies gilt auch, wenn das Entgelt von Anfang an uneinbringlich war (BGH NZWiSt 17, 398).

385a Für die Frage der Versagung des Vorsteuerabzugs ist – in den nach Art 103 II GG zu beachtenden Grenzen des Wortlauts des deutschen UStG – auch die hierzu ergangene **Rspr des EuGH** zu beachten. Danach gilt Folgendes (vgl EuGH v 21.6.12 – C-80/11 und C-142/11, DStRE 12, 1336): Das Recht zum Vorsteuerabzug ist ein fundamentaler Grundsatz des durch das Unionsrecht geschaffenen Mehrwertsteuersystems. Es ist integraler Bestandteil des Mechanismus der Mehrwertsteuer und kann grds nicht eingeschränkt werden, denn das gemeinsame Mehrwertsteuersystem gewährleistet die Neutralität hinsichtlich der steuerlichen Belastung aller wirtschaftlichen Tätigkeiten unabhängig von ihrem Zweck und ihrem Ergebnis, sofern diese Tätigkeiten selbst der Mehrwertsteuer unterliegen. Für das Recht des Vorsteuerabzugs ist ohne Bedeutung, ob die Mehrwertsteuer, die für die vorausgegangenen oder nachfolgenden Verkäufe der betr Gegenstände geschuldet war, tatsächlich an den Fiskus entrichtet wurde. Allerdings müssen die materiellen und die formellen Voraussetzungen für die Ausübung des Rechts auf Vorsteuerabzug gegeben sein, insbes muss der Stpfl über eine Rechnung verfügen, die die Lieferung der Gegenstände belegt und den Anforderungen der RL 2006/112/EG entspricht (EuGH v 21.6.2012, DStRE 12, 1336, Rz 37–40, 52). Wird etwa statt hochwertiger Prozessoren minderwertige Ware geliefert, kommt deshalb mangels ordnungsgemäßer Rechnung kein Vorsteuerabzug gem § 15 I Nr 1 UStG in Betracht (BGH BeckRS v 19.12.12 – 1 StR 165/17, 2013, 04111).

385b Zu beachten ist, dass nach § 15 I Nr 1 S 3 UStG ein **Vorsteuerabzug aus Anzahlungen** und Vorausrechnungen auch dann in Betracht kommt, wenn die in Rechnung gestellte Lieferung oder sonstige Leistung zwar noch nicht erbracht, aber schon bezahlt wurde. Dies setzt aber voraus, dass der Rechnung zu entnehmen ist, dass die Leistungserbringung, die genau bestimmt sein muss, noch aussteht (BGH wistra 15, 273). Sie darf aus Sicht des Zahlenden auch nicht „unsicher" sein (BFH/NV 15, 708 iVm EuGH MwStR 14, 240).

385c **Unzulässig** ist auch beim Vorsteuerabzug die **missbräuchliche Berufung auf Unionsrecht;** denn die Bekämpfung von StHinterziehungen, StUmgehungen und etwaigen Missbräuchen ist ein Ziel, das von der Richtlinie 2006/112/EG anerkannt und gefördert wird (vgl EuGH DStRE 12, 1336, Rz 41; DStR 06, 420 Rz 71; 15, 573 Rz 42). Das Recht auf Vorsteuerabzug ist aber nur dann zu versagen, wenn aufgrund der objektiven Sachlage feststeht, dass es in betrügerischer Weise oder missbräuchlich geltend gemacht wird. Dies setzt voraus, dass aufgrund objektiver Umstände feststeht, dass der Stpfl, dem die Gegenstände geliefert bzw dem ggü die Dienstleistungen erbracht wurden, die als Grundlage für den Vorsteuerabzug dienen, *wusste oder hätte wissen müssen,* dass dieser Umsatz in eine vom Liefernden bzw Leistenden oder einem anderen Wirtschaftsteilnehmer auf einer vorhergehenden Umsatzstufe begangene StHinterziehung einbezogen war. Dann ist er nämlich für die Zwecke der Richtlinie 2006/112/EG als an dieser Hinterziehung Beteiligter anzusehen (EuGH DStRE 12, 1336, Rz 42–46).

Ist aufgrund objektiver Umstände nachgewiesen, dass der Stpfl wusste oder hätte wissen müssen, dass er sich durch den Umsatz, auf den er sich für die Geltendmachung des Vorsteuerabzugs beruft, an einer im Rahmen einer Lieferkette begangenen Mehrwertsteuerhinterziehung beteiligt hat, muss ihm nach der Rspr des EuGH der **Vorsteuerabzug auch dann versagt** werden, **wenn das nationale Recht keine Bestimmung enthält,** die eine solche Versagung vorsieht. Denn dann liegen bereits die Voraussetzungen des Vorsteuerabzugs nicht vor. Die Versagung des Vorsteuerabzugs ist damit eine Konsequenz die als dem Mehrwertsteuersystem als inhärent anzusehen ist (Rz 59; EuGH v 18.12.2014 – C-131/13 *Italmoda,* DStR 15, 573 Rz 59, 62). Im Hinblick darauf, dass es sich somit hierbei um eine dem Mehrwertsteuersystem immanente Beschränkung des Vorsteuerabzugs handelt, gilt diese **Versagung auch im StStrafrecht;** Art. 103 II GG steht dem nicht entgegen (s auch Rz 372b, 383a). 385d

Maßgeblich für die Frage, ob ein Beteiligter **wusste oder hätte wissen** müssen, dass er in eine StHinterziehung einbezogen ist, ist der Zeitpunkt der Lieferung; eine spätere Kenntnis schließt den Vorsteuerabzug nicht aus (BGH NStZ 14, 331; 15, 289 Rz 10; wistra 15, 147; 15, 188 Rz 32; 15, 189 Rz 15; BGH NZWiSt 16, 274; s auch Rz 370a). Bei der Prüfung, ob derjenige, der in einer solchen Situation einen Vorsteuerabzug geltend gemacht hat, wegen StHinterziehung strafbar ist, betrifft die Frage, **welche Kenntnis** er zum Zeitpunkt der Lieferung hatte, bereits den **objektiven Tatbestand** (zutr *Bühler* wistra 17, 375, 377; hierauf geht der BGH in seiner Entscheidung v 28.6.17 – 1 StR 624/16, wistra 18, 131, in der er eine defizitäre tatrichterliche Beweiswürdigung zum bedingten Tatvorsatz beanstandet, nicht näher ein). 385e

Eine **verschuldensunabhängige Haftung** bei Unregelmäßigkeiten bei einem vorgelagerten Umsatz **besteht nicht.** Der Wirtschaftsteilnehmer muss aber alle Maßnahmen treffen, die vernünftigerweise von ihm verlangt werden können, um sicherzustellen, dass der von ihm getätigte Umsatz nicht zu seiner Beteiligung an einer StHinterziehung führt. Liegen Anhaltspunkte für Unregelmäßigkeiten vor, kann der Wirtschaftsteilnehmer nach den Umständen des konkreten Falls verpflichtet sein, Auskünfte über einen anderen Wirtschaftsteilnehmer einzuholen, um sich von dessen Zuverlässigkeit zu überzeugen. Bestehen solche Anhaltspunkte nicht, ist er nicht (generell) verpflichtet, zu prüfen, ob der Aussteller einer Rechnung über die fraglichen Gegenstände verfügen konnte und seinen Verpflichtungen hinsichtlich der Erklärung und Abführung der MwSt nachgekommen ist; er muss auch nicht zum Nachweis entsprechende Unterlagen vorlegen (EuGH v 21.6.2012, DStRE 12, 1336, Rz 53 ff). 385f

Umstritten ist, ob in Fällen, in denen zwar die materiellen Voraussetzungen des § 15 UStG nicht vorliegen, **nach** den genannten und sich aus der Richtlinie 2006/112/EG ergebenden **Vertrauensschutzgrundsätzen der Vorsteuerabzug aber nicht versagt** werden darf, dieser in einem Billigkeitsverfahren (mit Ermessensreduktion auf Null) zu gewähren ist (so *Sterzinger* UR 12, 600) oder ob § 15 UStG analog anzuwenden ist (vgl *Rau/Dürrwächter/Stadie* § 15 Rz 149 ff und 568 ff; *Heidner* UR 02, 445, 450 f; *Neeser* UVR 08, 285, 287 f; *Englisch* UR 09, 181, 185). Eine StVerkürzung in Höhe des iErg berechtigten Vorsteuerabzugs scheidet in solchen Fällen jedenfalls aus. 385g

386 **gg) Unrichtige Gutschriften.** Die Entgegennahme einer Gutschrift (§ 14 II 2 UStG), in der tatsächlich nicht erbrachte Leistungen abgerechnet sind (Scheingutschrift), führt gem § 14c II 2 UStG zu einer StSchuld, die vom Gutschriftsempfänger anzumelden ist. Der Verstoß gegen diese Pflicht ist Tathandlung iSv § 370 I (vgl BGH wistra 14, 144; NZG 18, 214 Rz 72). Liegen die Voraussetzungen für einen Vorsteuerabzug (§ 15 I 1 Nr 1 UStG) aus einer Gutschrift nicht vor, kann deren Verwendung zum Vorsteuerabzug allenfalls beim Aussteller, nicht aber beim Gutschriftsempfänger zu einer StVerkürzung führen (BGH aaO). In der Einreichung einer USt-Voranmeldung, in der zum Vorsteuerabzug berechtigende stpfl Umsätze statt der tatsächlich vorliegenden, nicht zum Vorsteuerabzug berechtigenden anderen StBeträge (gem § 14c II 2 UStG) angemeldet werden, kann eine Beihilfe zu einer StHinterziehung des Ausstellers der Gutschriften liegen (BGH wistra 14, 144).

387 **hh) Umsatzsteuerhinterziehung „auf Zeit".** Bei der Hinterziehung von USt ist zwischen StVerkürzung „auf Zeit" („nicht rechtzeitig festgesetzt") und solcher auf Dauer zu unterscheiden. Die Abgabe falscher USt-Voranmeldungen führt zu einer StHinterziehung auf Zeit; erst die Abgabe der falschen Jahreserklärung bewirkt die endgültige StVerkürzung. Dies gilt auch, wenn keine Jahreserklärung abgegeben wird (vgl BGHSt 43, 270, 276; 38, 165, 171; BGH wistra 96, 105; 97, 262). Auch bei einer StHinterziehung auf Zeit besteht der tatbestandliche Hinterziehungsumfang im Nominalbetrag der verkürzten Steuern und nicht nur in den Hinterziehungszinsen (BGHSt 53, 221; s dazu Rz 111). Berichtigt der Täter – seinem Tatplan entsprechend – in der USt-Jahreserklärung seine unrichtigen Angaben und zahlt er die zunächst hinterzogenen Steuern nach, liegt zumeist eine wirksame strafbefreiende Selbstanzeige (§ 371 IIa) vor. War der Vorsatz des Täters nur auf eine StVerkürzung auf Zeit gerichtet und tritt ausnahmsweise keine Straffreiheit ein, ist der von Anfang an bestehende Wille zur Nachzahlung ebenso strafmildernd zu berücksichtigen wie die spätere tatsächliche Wiedergutmachung des StSchadens (BGHSt 53, 221, 231 Rz 41).

388 **c) Hinterziehung deutscher Einfuhrabgaben.** Während die Hinterziehung ausl Einfuhr- und Ausfuhrabgaben nur wegen der Erweiterung des Anwendungsbereichs in § 370 VI 1 in Deutschland strafbar ist, werden die deutschen Einfuhrabgaben als Steuern iSv § 3 III unmittelbar von § 370 I erfasst. Auch deutsche Verbrauchsteuern können Einfuhrabgaben sein, wenn sie beim Verbringen in das StGebiet der Bundesrepublik Deutschland entstehen. Zu den Einfuhrabgaben zählen sie aber nur dann, wenn sie bei der **Einfuhr**, dh beim unmittelbaren Verbringen von Waren aus einem Drittland in die EU, anfallen (BGH NStZ 11, 410; BGH wistra 11, 348). Bei den Einfuhrabgaben handelt es sich zumeist um die Zölle und die mit ihnen verbundenen Verbrauchsteuern (zB TabSt) sowie die Einfuhrumsatzsteuer. Zum Begriff der Einfuhrabgaben s auch Rz 150, § 372 Rz 6 und § 373 Rz 25. Die von Anfang an bestehende Absicht, nach der Hinterziehung von EUSt, die Ware weiterzuverkaufen und diesen Umsatz stl zu erklären, steht trotz der sofortigen Abziehbarkeit der EUSt als Vorsteuer (§ 15 I Nr 2 UStG) der Annahme eines Hinterziehungsvorsatzes nicht entgegen (vgl BGH wistra 12, 440).

388a Das **Verbringen** von Waren **aus einem anderen Mitgliedstaat der EU** nach Deutschland ist keine Einfuhr iSd Begriffs der Einfuhrabgaben (BGH NStZ 15, 469). Zoll fällt hierbei nicht an. Die Hinterziehung von Verbrauchsteuern und USt ist aber ebenfalls nach § 370 I strafbar. Einfuhrabgaben können auch beim Entziehen von zollpflichtigen Waren aus dem Zolllagerverfahren entstehen (vgl BGH v 25.8.10 – 1 StR 305/10, BeckRS 2010, 21588).

389 Strafbar ist auch die **Hinterziehung von Antidumpingzöllen** (BGH wistra 11, 70 mit Anm *Möller/Retemeyer* wistra 11, 143). Antidumpingzölle sind als Zölle Einfuhrabgaben iSv § 3 III (BFHE 217, 351). Obwohl es sich bei Antidumpingmaßnahmen um wirtschaftspolitisch motivierte Maßnahmen handelt, ergibt sich

ein Verbot der Bestrafung der Hinterziehung solcher Zölle nicht aus dem Allgemeinen Zoll- und Handelsabkommen (GATT 1994); denn die Strafbarkeit knüpft nicht an die Einfuhr an, sondern an die unrichtige Anmeldung der aufgrund von EU-Verordnungen entstandenen Antidumpingzölle (BGH wistra 11, 70). Eine Bestrafung für begangene Verstöße kann auch noch dann erfolgen, wenn die Antidumpingmaßnahmen bereits wieder außer Kraft getreten sind. Zwar verlangt § 2 III StGB, dass das mildeste Gesetz anzuwenden ist, wenn das bei Beendigung der Tat geltende Gesetz – dazu zählen auch blankettausfüllende Normen – vor der Entscheidung geändert worden ist. Diese Norm greift hier aber nicht ein, weil es sich bei den EU-Verordnungen über Antidumpingmaßnahmen um Zeitgesetze iSv § 2 IV StGB handelt (dazu Rz 8), die auch nach ihrer Aufhebung für den Regelungszeitraum fortgelten (BGH wistra 11, 70).

d) Verbrauchsteuerhinterziehung

Schrifttum: *Tully/Bruns* Selbstanzeige und Verbrauchsteuerstrafrecht, ZfZ 10, 294; *Höll* Neufassung des Tabaksteuergesetzes, PStR 11, 50; *Leplow* Zoll- und Verbrauchsteuerstrafrecht: BGH-Rechtsprechung von Juni 08 bis Februar 11, PStR 11, 207; *Middendorp* Verbringen von Tabakwaren des steuerrechtlich freien Verkehrs anderer Mitgliedstaaten, ZfZ 11, 197; *Möller/Retemeyer* Neues aus dem Zoll- und Verbrauchsteuerstrafrecht 2011, ZfZ 11, 288; *Tully/Merz* Zur Strafbarkeit der Hinterziehung ausländischer Umsatz- und Verbrauchsteuern nach der Änderung des § 370 VI im JStG 2010, wistra 11, 121; *Retemeyer/Möller* Strafrechtlich relevanter Schaden bei der Hinterziehung von Verbrauchsteuern, PStR 13, 49; *Weidemann* Tabaksteuerstrafrecht, wistra 12, 1 und 12, 49; *Seer* Die besonderen Verbrauchsteuern und die Umsatzsteuer – ein unabgestimmtes Konglomerat, ZfZ 13, 146; *Weidemann* Steuerschuldnerschaft und strafrechtliche Verantwortlichkeit bei Verbringung von Tabakwaren, wistra 13, 422; *Allgayer/Sackreuther* Anmerkung zum Beschluss des BFH vom 12.12.12 (VII R 44/11) – Zu dem Empfängerbegriff im Sinne des Tabaksteuergesetzes, NZWiSt 14, 235; *Leplow* Abweichungen im Zoll- und Verbrauchsteuerstrafrecht vom Besteuerungsverfahren, wistra 14, 421; *Mack* Steuerstrafrechtliche Aspekte im Energie- und Stromsteuerrecht, ZfZ 14, 294; *Weidemann* Anmerkung zum Urteil des EuGH vom 3.7.14 (C-164/13), wistra 14, 433; *Jäger* Stellung, Abgrenzung und Sanktionierung der Steuerhinterziehung im Strafrechtssystem, DStJG 38, 29 (2015); *Weidemann* Anmerkung zum Urteil des BFH vom 11.11.2014 (VII R 44/11), ZfZ 15, 111; *Fuchs* Tabaksteuer: Verkürzungsberechnung ad finitum, PStR 16, 38; *Ebner/Schlosser* Die Steuerzeichenverwendungspflicht des gewerblichen Verbringers von Tabakwaren, PStR 16, 118; *Leplow* Zur Strafbarkeit des Zigarettenschmuggels wegen Steuerhinterziehung im Durchfuhrland, wistra 16, 20; *Weidemann* TabSt: Der Tatbestand des § 370 Abs. 1 Nr. 3 AO, PStR 16, 219; *Ebner* Zur Hinterziehung von Schaumweinsteuer im Entnahme- und im Entziehungsfall, HFR 16, 575; *Ebner* Tabaksteuer-Hinterziehung durch Verbergen von nicht gestelltem Wasserpfeifentabak in einem Steuerlager – Anmerkung zu BGH, Beschluss vom 27.7.16 (1 StR 19/16), HFR 17, 183; *Jäger* Aus der Rechtsprechung des BGH zum Steuerstrafrecht, NStZ 17, 517, 520.

Zu den konkreten Erscheinungsformen der Steuerhinterziehung im Verbrauchsteuerrecht vgl auch *Bender/Möller/Retemeyer* Steuerstrafrecht – mit Zoll- und Verbrauchsteuerstrafrecht, C Rn 1378 ff.

Der Begriff der Verbrauchsteuerhinterziehung umfasst die **Hinterziehung von Verbrauchsteuern mit Ausnahme derjenigen, die als Einfuhrabgaben geschuldet werden** (§ 1 I 3 ZollVG); denn für diese gelten die Vorschriften über die Zölle entsprechend. Häufige Erscheinungsformen der Verbrauchsteuerhinterziehung sind das Entfernen von Waren aus einem StLager ohne entsprechende Angaben in einer StErklärung oder StAnmeldung, die Hinterziehung von Alkoholsteuer durch „Schwarzbrennen“, die Hinterziehung von Verbrauchsteuern durch Entziehen von Waren aus einem StAussetzungsverfahren oder durch Bezug oder Verbringen verbrauchsteuerpflichtiger Waren aus anderen EU-Mitgliedstaaten ohne entsprechende Angaben in einer StErklärung oder StAnmeldung. 390

Die einzelnen Verbrauchsteuergesetze stellen für die StEntstehung nicht allgemein auf den „Verbrauch“, sondern auf die **Überführung in den steuerrechtl freien Verkehr** – und damit auf einen *Realakt* – ab. Verbrauchsteuerpflichtige Waren befinden sich entweder im verbrauchsteuerrechtl freien Verkehr oder in einem 391

Verfahren der StAussetzung bzw in einem zollrechtlichen Nichterhebungsverfahren. Der Straftatbestand der StHinterziehung (§ 370 AO) setzt demgegenüber nicht an dem Realakt der Überführung in den steuerrechtl freien Verkehr, sondern an der Verletzung von *steuerrechtlichen Erklärungspflichten* an, die der Gesetzgeber an die StEntstehung geknüpft hat. Zu einer StEntstehung kommt es nicht bei steuerfreien Verwendungen. Hierbei handelt es sich um Verwendungen, die entweder von Gesetzes wegen – erlaubnisunabhängig – steuerbefreit sind oder die für die StBefreiung einer allgemeinen Erlaubnis oder einer (statusbegründenden) förmlichen Einzelerlaubnis bedürfen (zu den Einzelheiten vgl *Retemeyer/Möller* PStR 13, 49). Ist die Verbrauchsteuer – etwa durch Entnahme aus einem StLager, ohne dass sich ein StAussetzungsverfahren angeschlossen hat – entstanden, besteht kein Wahlrecht, diesen Vorgang nachträglich in ein StAussetzungsverfahren umzuwandeln, sodass die Steuer wieder wegfiele (vgl BFH ZfZ 13, 27). Ebenso wenig ist es möglich, dasselbe Steuersubstrat nacheinander zweimal in gleicher Weise zu hinterziehen (vgl BGH wistra 17, 74), denn eine verbrauchsteuerpflichtige Ware, die bereits in den steuerrechtl freien Verkehr überführt worden ist, kann nicht nochmals in den freien Verkehr überführt werden. Anders ist dies nur dann, wenn sie zuvor wieder wirksam in ein StAussetzungsverfahren aufgenommen wurde.

391a Im Falle der illegalen **Durchfuhr** verbrauchsteuerpflichtiger Waren sind nach der Rspr des EuGH in der Rs C-175/14 *Prankl* (wistra 16, 19) Verbrauchsteuern nur von dem Mitgliedstaat zu erheben, in dem die Waren entdeckt werden; die Durchfuhrstaaten sind hierzu nicht berechtigt. Die Strafbarkeit wegen StHinterziehung in einem Durchfuhrstaat wird hierdurch jedoch nicht berührt (NZWiSt 16, 23, 25). Allerdings ist zu beachten, dass verbrauchsteuerpflichtige Waren iErg nicht mit Verbrauchsteuern mehrerer Staaten belastet sein dürfen. Deshalb müssen sich etwa bei Durchleitung nicht versteuerter Tabakwaren durch mehrere EU-Mitgliedstaaten die Strafverfolgungsbehörden entscheiden, welche nationale Verbrauchsteuer sie als Anknüpfungspunkt für die Strafverfolgung heranziehen wollen. Die Singularität des Erhebungsrechts schließt es aus, dass einem an einer Verbrauchsteuerhinterziehung Beteiligten im Erstverfolgungsstaat darüber hinaus auch die Hinterziehung von Verbrauchsteuern aller anderen betroffenen Mitgliedstaaten vorgeworfen werden (BGH NZWiSt 16, 23, 25).

392 Erhebliche StAusfälle entstehen durch die **Hinterziehung von Tabaksteuer** (ausführlich dazu und zu den sich dabei stellenden konkurrenzrechtlichen Fragen *JJR/Jäger* § 370 Rz 376 ff und *Jäger* Amelung-FS S 447). Werden unversteuerte Zigaretten aus dem steuerrechtl freien Verkehr eines anderen Mitgliedstaats der EU ohne deutsche StZeichen nach Deutschland verbracht, wird der Tatbestand der StHinterziehung durch Unterlassen (§ 370 I Nr 2 AO) dann verwirklicht, wenn der StSchuldner nicht unverzüglich eine StErklärung abgibt (vgl zu § 23 I TabStG; BGH wistra 16, 412 Rz 5; BGH v 23.3.17 – 1 StR 451/16, BeckRS 2017, 110535 und BGH wistra 08, 470). Die Tat ist zu dem Zeitpunkt vollendet, zu dem bei rechtzeitiger Abgabe der StErklärung mit der Bekanntgabe der StFestsetzung zu rechnen gewesen wäre (BGH NZWiSt 16, 23).

392a **StSchuldner** ist, wer die Lieferung vornimmt oder die Tabakwaren in Besitz hält und der Empfänger, sobald er Besitz an den Tabakwaren erlangt hat (§ 23 I 2 TabStG). Beim gewerblichen Verbringen oder Versenden nach Deutschland entsteht die TabSt gem § 23 I 1 TabStG in dem Zeitpunkt, in dem die Tabakwaren im deutschen StGebiet erstmals zu gewerblichen Zwecken in Besitz gehalten werden (BGH wistra 16, 412 Rz 5; 17, 144 Rz 6; vgl auch BFH/NV 13, 1131).

392b Eine **Lieferung** nimmt nicht nur der vor, der die Tabakwaren selbst aus einem anderen Mitgliedstaat nach Deutschland transportiert; allerdings ist ein gewisses Maß an Herrschaft über die Tabakwaren beim Verbringen nach Deutschland erforderlich. So wird als **Verbringer** jedenfalls auch angesehen, wer kraft seiner Weisungsbefugnis beherrschenden Einfluss auf das Transportfahrzeug hat, indem er die Entscheidung zur Durchführung des Transports trifft oder die Einzelheiten der

Fahrt (zB Route, Ort, Zeitabfolge) bestimmt (vgl BGH v 23.3.17 – 1 StR 451/16, BeckRS 2017, 110535 Rz 14; BGH wistra 16, 74; NStZ 07, 590; 07, 592). Ausreichende Herrschaft hat etwa derjenige, der das Transportfahrzeug „pilotiert", (telefonisch) Fahrtrouten bestimmt oder die zu transportierenden Zigarettenmengen und deren Preis bestimmt (vgl BGH v 23.3.17 – 1 StR 451/16 Rz 19).

Der **Empfänger** wird erst StSchuldner, wenn er Besitz an den Tabakwaren erlangt (§ 23 I 2 TabStG; vgl dazu auch BGH wistra 15, 236). Die bloße Mitwirkung am Umladen genügt nicht zur Begründung einer StErklärungspflicht als Empfänger der Tabakwaren (BGH wistra 16, 74 Rz 16). Für den sprachlich anders gefassten § 19 TabStG in der bis zum 31.3.2010 geltenden Fassung, der nicht ausdrücklich auf den Besitz abstellte, war str, ob bei einem Verbringen nach Deutschland nur der erste Besitzer im Inland Empfänger der Tabakwaren sein konnte, den neben dem Verbringer ebenfalls eine stl Erklärungspflicht traf (vgl BGH wistra 10, 226 einerseits und BFH ZfZ 13, 138 sowie BFH wistra 15, 203 andererseits). Nach der Rspr des EuGH wäre eine Auslegung, mit der die Eigenschaft als Schuldner der Verbrauchsteuer auf den ersten Besitzer der Waren im Inland begrenzt würde, nicht richtlinienkonform (EuGH wistra 14, 433m Anm *Rüsken* ZfZ 14, 255; vgl dazu auch *JJR/Jäger* § 370 Rz 392ff und *Jäger* DStJG 38, 29 [2015]). 392c

Auch **Wasserpfeifentabak** unterliegt der Tabaksteuer. Seine Eigenschaft als Tabakware verliert er auch nicht dadurch, dass andere Stoffe beigefügt werden, wenn er sich weiterhin ohne industrielle Bearbeitung zum Rauchen eignet. Auf die Frage, ob das Tabakerzeugnis lebensmittelrechtl einwandfrei ist, kommt es für die Steuerbarkeit nicht an (BGH wistra 17, 74 mit Anm *Ebner* HFR 17, 183). 392d

Die Feststellung und **Berechnung der verkürzten Abgaben** ist **Aufgabe des Tatrichters**, nicht der als Zeugen gehörten Beamten der FinVerw (stRspr; BGH wistra 10, 228 mwN; s auch Rz 461). Zur Bestimmung des Kleinverkaufspreises bei Hinterziehung von TabSt s BGH wistra 14, 486 sowie § 373 Rz 92. 392e

Zur **Hinterziehung von Kaffeesteuer** vgl BGH wistra 11, 191 mit Anm *Weidemann* wistra 11, 309. 393

Zur **Hinterziehung von Schaumweinsteuer** vgl BGH NStZ 16, 296. Werden Schaumweine im Inland einem StAussetzungsverfahren entzogen, ist wegen der hierin liegenden Unregelmäßigkeit unverzüglich eine StAnmeldung über die dadurch entstandene deutsche Schaumweinsteuer abzugeben (§ 15 II iVm 14 I Nr 4 SchaumwZwStG). Geschieht dies nicht, liegt hierin ein strafbares Unterlassen iSv § 370 I Nr 2. Allerdings sind durch Unregelmäßigkeiten entstandene Schaumweinsteuern nicht in die monatlichen StAnmeldungen (vgl 15 I SchaumwZwStG) aufzunehmen (vgl BGH aaO). Führen die Unregelmäßigkeiten zu einer Hinterziehung ausl Verbrauchsteuern in einem anderen Mitgliedstaat der EU (vgl Art 10 der Verbrauchsteuersystemrichtlinie 2008/118/EG v 16.12.2008, ABl 2009 Nr L 9 S 12ff), kann die Tat ebenfalls in Deutschland verfolgt werden (§ 370 VI 2 AO). Dasselbe gilt für die Hinterziehung von **Biersteuer**. Die steuerlichen Erklärungspflichten ergeben sich aus § 15 BierStG; zur Strafbarkeit wegen Hinterziehung französischer BierSt gem § 370 I, VI vgl BGH wistra 16, 505. 394

Zur **Hinterziehung von Energiesteuer** durch zweckwidrige Verwendung steuerfrei erworbenen Dieselkraftstoffs s BGH NStZ 15, 466. 395

e) Illegale Beschäftigung

Schrifttum: *Thum/Selzer* Die Strafbarkeit des Arbeitgebers bei illegaler Beschäftigung im Lichte der neuen Rechtsprechung des BGH, wistra 11, 290; *Krumm* Illegale Beschäftigung und Beitragsvorenthaltung im Licht der höchstrichterlichen Rechtsprechung (§ 266a StGB), NZWiSt 13, 97; *Tuengerthal/Rothenhöfer* Die Strafbarkeit von Altfällen illegaler Beschäftigung von Rumänen und Bulgaren im Lichte des Europarechts, wistra 14, 417.

Durch **illegale Beschäftigung im Baugewerbe,** nicht selten unter Einschaltung sog „Serviceunternehmen" zur Verschleierung der Tätigkeit von Kolonnenschiebern, werden in großem Umfang Steuern und Sozialabgaben hinterzogen (vgl 400 dazu *Jäger* NStZ 07, 288, 289). Wie bei den sog USt-Karussellgeschäften sind Kettengeschäfte unter Einschaltung von Serviceunternehmen im Bereich der illegalen Arbeitnehmerüberlassung dadurch geprägt, dass zumindest die Betreiber der Firmen allein von dem Handel mit Scheinrechnungen leben und damit die „Steuerhinterziehung als Gewerbe" betreiben (vgl BGH wistra 05, 30, 31; *Joecks* wistra 02, 201, 203 f). Damit unterscheiden sich solche Erscheinungsformen der StHinterziehung gravierend von den Fällen, in denen ein Stpfl dem Fiskus rechtmäßig erzielte Einkünfte verschweigt, um sie ungeschmälert für sich verwenden zu können. Dies ist im Rahmen der Strafzumessung zu berücksichtigen (vgl BGH wistra 07, 145). Zur Hinterziehung von USt und ESt bzw KSt kommen weitere Schäden im Bereich der LSt und der Sozialabgaben (§ 266a StGB) sowie die Schädigung der – durch solches verbreitet mehr oder weniger stillschweigend geduldetes Verhalten immer stärker zurückgedrängten – legal arbeitenden Bauwirtschaft hinzu, deren Wettbewerbsfähigkeit beeinträchtigt wird (vgl insgesamt zu den sozialschädlichen Auswirkungen der illegal agierenden Subunternehmerketten im Baugewerbe den Bericht des Bundesrechnungshofs v 3.9.2003, BT-Drs 15/1495, 3, 10 ff). Zu den Fallkonstellationen der StHinterziehung unter Einschaltung von „Serviceunternehmen" vgl BGH wistra 07, 145 und 06, 189. Zur Bestimmung hinterzogener LSt und zur Schätzung der Besteuerungsgrundlagen bei **Schwarzlohnvereinbarungen** s Rz 98 und 411.

f) Lohnsteuerhinterziehung

Schrifttum: *Weidemann* Vorsatz und Irrtum bei Lohnsteuerhinterziehung und Beitragsvorenthaltung, wistra 10, 463; *Ransiek* Vorsatz des Arbeitgebers bei Vorenthalten von Arbeitsentgelt und Lohnsteuerhinterziehung, PStR 11, 74; *Thum/Selzer* Die Strafbarkeit des Arbeitgebers bei illegaler Beschäftigung im Lichte der neuen Rechtsprechung des BGH, wistra 11, 290; *Wulf* Zum Steuerschaden bei der Lohnsteuerverkürzung, Stbg 12, 266; *Wobst* Steuerhinterziehung durch Nichtangabe von Drittlohn (§ 38 Abs. 4 S. 3 Hs. 1 EStG)?, DStR 16, 2693; *Ebner* Steuerhinterziehung durch Nichtangabe von Drittlohn?, DStR 17, 1424 mit Duplik *Wobst* DStR 17, 2203 und Triplik *Ebner* DStR 17, 2205.

410 Eine LSt-Hinterziehung liegt vor, wenn der ArbG nicht gem § 41a EStG spätestens am zehnten Tag nach Ablauf des LSt-Anmeldungszeitraums (regelmäßig gem § 41a II EStG der Kalendermonat; zu Sonderfällen vgl BGH NStZ-RR 16, 244) eine LSt-Anmeldung abgibt oder wenn er in der Anmeldung zu niedrige Lohnsteuerbeträge angibt. Zur Hinterziehung von LSt bei lediglich zum Schein mit ausl Arbeitgebern geschlossenen Arbeitsverträgen vgl BGH v 21.11.12 – 1 StR 239/12, BeckRS 2012, 25387 Rz 5.

411 Wirken ArbG und ArbN im Rahmen einer **Schwarzlohnabrede** dergestalt zusammen, dass der ArbN ein bestimmtes Arbeitsentgelt ohne Abzüge erhält, weil der Arbeitslohn nicht in LSt-Anmeldungen aufgenommen wird, begründet allein dies nach der Rspr des BFH und BGH keine Nettolohnvereinbarung. Vielmehr ist der ausgezahlte Lohn der **Bruttolohn** (vgl BGH wistra 92, 259; 93, 148). Demgegenüber richtet sich die Berechnung der nach § 266a StGB vorenthaltenen Sozialversicherungsbeiträge in Fällen illegaler Beschäftigung nach der Vorschrift des § 14 II 2 SGB IV, die eine Nettolohnvereinbarung fingiert. Die Bemessungsgrundlage für die LSt kann daher in solchen Fällen von derjenigen für die Sozialabgaben abweichen. Im Bereich des lohnintensiven Baugewerbes sind bei illegalen Beschäftigungsverhältnissen Lohnquoten von zwei Dritteln des Nettoumsatzes möglich; diese können auch durch Schätzung bestimmt werden (BGH NStZ 10, 635, 636; wistra 09, 107; vgl auch BGH wistra 13, 277 Rz 55 sowie FG Köln EFG 13, 654). Sofern Anhaltspunkte bestehen, muss geklärt werden, ob und ggf in welchem Umfang geringfügig entlohnte Beschäftigungsverhältnisse iSv § 8 I Nr 1 SGB IV vorgelegen haben (vgl BGH wistra 13, 277 Rz 34ff; NStZ-RR 10, 376). Die Schätzung kann sich auch auf den anzuwendenden LSt-Satz beziehen (BGH NStZ 11,

645). Zur **Schätzung der Lohnquoten und Lohnsummen** sowie des LSt-Satzes bei illegalen Beschäftigungsverhältnissen s Rz 98.

Für die **Strafzumessung** richtet sich **bei der LSt-Hinterziehung** der dem Staat dauerhaft entstandene Schaden grds nach den Verhältnissen der einzelnen ArbN (BGHSt 56, 153). Allerdings ist danach zu differenzieren, ob lediglich eine *Hinterziehung auf Zeit* vorliegt, weil eine Veranlagung der ArbN und daran anschließend eine Anrechnung nach § 36 II Nr 2 EStG erfolgen sollte (BGHSt 56, 153 Rz 15). Zwar bestimmt sich auch in diesen Fällen der Umfang der verkürzten LSt nach deren *Nominalbetrag.* Für die Strafzumessung sind aber die tatsächlichen Verhältnisse der ArbN maßgeblich (BGHSt 56, 153 Rz 14; vgl auch BGH wistra 86, 23; HFR 93, 206), die erforderlichenfalls durch Schätzung zu ermitteln sind. Ist die Hinterziehung der LSt demgegenüber „auf Dauer" angelegt gewesen, etwa weil ArbG und ArbN eine Schwarzlohnabrede getroffen haben, nach der für das gesamte den ArbN gezahlte Gehalt weder LSt noch Sozialversicherungsbeiträge abgeführt werden sollten und nach der eine EStVeranlagung der ArbN nicht vorgesehen war, sind die Verhältnisse der ArbN für die Strafzumessung ohne Bedeutung. In diesen Fällen bedarf es deshalb im Falle der Verurteilung des ArbG weder Feststellungen zu den individuellen Besteuerungsmerkmalen der einzelnen ArbN, noch ist die Höhe der von den ArbN hinterzogenen ESt zu quantifizieren (BGHSt 56, 153). Der strafzumessungsrelevante Hinterziehungsumfang der LSt-Hinterziehung richtet sich dann nach der LSt-Klasse VI (BGHSt 56, 153; BGH wistra 14, 280; anders noch BGH wistra 01, 22 und wistra 97, 187). Bei Teilschwarzlohnabreden bemisst sich der Hinterziehungsumfang nach der LSt-Klasse, die sich aus den elektronischen LSt-Abzugsmerkmalen (§ 39 EStG) ergibt (früher war die vom jeweiligen ArbN vorgelegte LSt-Karte maßgeblich, vgl BGHSt 56, 153 Rz 17). Solange der ArbN dem ArbG schuldhaft den Abruf der elektronischen LSt-Abzugsmerkmale nicht ermöglicht, ist die LSt stets nach der StKlasse VI zu ermitteln (§ 39c I 1 EStG; Rz 97). 412

Treffen die Delikte **Hinterziehung von Lohnsteuer** (§ 370) **und Vorenthalten oder Veruntreuen von Arbeitsentgelt** (§ 266a StGB) zusammen, stehen sie auch dann im Verhältnis der Tatmehrheit zueinander, wenn sich die Taten auf denselben Tatzeitraum und dieselben ArbeitN beziehen (BGH NStZ 06, 227). Zu den Konkurrenzen bei der Beteiligung an der wiederholten LSt-Hinterziehung s BGH NStZ 11, 645. 413

g) Hinterziehung von Einkommensteuer. Abgesehen von der Erschleichung des Splittingtarifs durch Vorspiegelung der Voraussetzungen einer gemeinsamen Veranlagung von Ehegatten (§ 26 I EStG) besteht die Tathandlung bei der EStHinterziehung idR entweder im Verschweigen von Einkünften oder in der Geltendmachung tatsächlich nicht entstandener oder nicht abzugsfähiger Ausgaben. Ein häufiger Fall ist die unrichtige stl Behandlung von verdeckten Gewinnausschüttungen (Rz 420). Unrichtige Angaben liegen auch dann vor, wenn Betriebsausgaben trotz eines steuerlichen Abzugsverbots geltend gemacht werden (vgl BGH NStZ 11, 37; wistra 17, 390 zum Abzugsverbot des § 4 V 1 Nr 10 EStG). Zur Hinterziehung von ESt durch IT-Ingenieure bei Einschaltung von Abrechnungsgesellschaften vgl BGH NStZ 16, 292. 415

Die Entgegennahme von „Provisionen", „Kick-back-Zahlungen" oder sonstigen Zuwendungen ist auch dann ESt-pflichtig, wenn sich der Empfänger dadurch der **Bestechlichkeit** (§ 332 StGB), Vorteilsannahme (§ 331 StGB) oder Bestechlichkeit im geschäftlichen Verkehr (§ 299 StGB) bzw im Gesundheitswesen (§ 299a StGB) schuldig gemacht hat (vgl § 40). Liegt keine andere Einkunftsart vor, etwa Einkünfte aus Gewerbebetrieb (§ 15 EStG), handelt es bei den zugeflossenen Beträgen regelmäßig um Einkünfte aus sonstigen Leistungen gem § 2 I 1 Nr 7 iVm § 22 Nr 3 EStG (vgl BGH wistra 06, 20 zur EStHinterziehung nach Provisionsverteilungen im „System Schreiber", BGH wistra 17, 390 zu Rückflüssen aus 416

Schmiergeldzahlungen im Waffenhandel sowie BGH wistra 17, 104 zu Zuwendungen an einen Bankvorstand im Zusammenhang mit dem Verkauf von Anteilen an einer Formel-1-Gesellschaft). Eine (sonstige) Leistung iSv § 22 Nr 3 EStG ist jedes Tun, Dulden oder Unterlassen, das Gegenstand eines entgeltlichen Vertrags sein kann und das eine Gegenleistung auslöst (vgl BGH wistra 17, 390 Rz 27 mwN). Zum Verbot des Zwangs zur Selbstbelastung (sog Nemo-tenetur-Grundsatz), wenn der Stpfl mit Offenlegung des Zahlungsgrundes eine von ihm begangene Straftat oder OWi offenbaren würde, s § 393 Rz 26.

417 Zur Frage der Strafbarkeit eines Antrags auf Erstattung von KapESt bei sog **Cum-/Ex-Geschäften** mit ungedeckten Leerverkäufen von Aktien vgl LG Köln wistra 15, 404 mit Anm *Ebner* jurisPR-SteuerR 40/2015 Anm 1). Das BVerfG hat Verfassungsbeschwerden gegen Durchsuchungs- und Beschlagnahmeanordnungen im Zusammenhang mit Aktienkäufen über den Dividendenstichtag *(Cum-/Ex-Geschäfte)* nicht zur Entscheidung angenommen, weil die Annahme eines hierauf gestützten Tatverdachts der besonders schweren mittäterschaftlichen StHinterziehung verfassungsrechtl nicht zu beanstanden war (BVerfG HFR 17, 633 mit Anm *Ebner*).

h) Steuerhinterziehung bei verdeckten Gewinnausschüttungen

Schrifttum: *Mäschner* Steuerhinterziehung und Feststellungslast bei verdeckter Gewinnausschüttung, PStR 11, 92; *Madauß* Verdeckte Gewinnausschüttung und Steuerhinterziehung, NZWiSt 13, 207.

420 **Verdeckte Gewinnausschüttungen** iSd § 8 III 2 KStG sind Vermögensminderungen oder verhinderte Vermögensmehrungen, die durch das Gesellschaftsverhältnis veranlasst sind, sich auf die Höhe des Einkommens auswirken und in keinem Zusammenhang mit einer offenen Ausschüttung stehen (stRspr; vgl nur BFH BStBl I 89, 475; 90, 89; 99, 316; BGH DStRE 08, 169, 170, wistra 08, 310; BVerfG NJW 08, 3346; BGH NStZ 16, 300). Sie zählen zum zu versteuernden Einkommen der Körperschaft und führen nicht per se, sondern allenfalls dann zu einer StVerkürzung, wenn sie nicht erklärt werden. Zugleich sind verdeckte Gewinnausschüttungen auf der Ebene des Gesellschafters der ESt unterliegende Einkünfte aus Kapitalvermögen (§ 20 I Nr 1 S 2 EStG). Voraussetzung ist nach § 11 I EStG allerdings ein Zufluss beim Gesellschafter oder einer ihm nahestehenden Person, etwa auch einem Mitgesellschafter (BGH NZWiSt 12, 75). „Nahe stehend" sind nicht nur Angehörige iSv § 15 AO; eine Beziehung, die auf die außerbetriebliche Zuwendung schließen lässt, kann auch gesellschaftsrechtlicher, schuldrechtlicher oder rein tatsächlicher Art sein, wie etwa eine wechselseitige, auf jahrelange geschäftliche Zusammenarbeit zurückgehende Beziehung (BGH aaO). Eine verdeckte Gewinnausschüttung in Form einer verhinderten Vermögensmehrung kann auch dann anzunehmen sein, wenn ein Gesellschafter-Geschäftsführer Geschäftschancen, die der Kapitalgesellschaft zustehen, als Eigengeschäft wahrnimmt oder Kenntnisse der Gesellschaft über geschäftliche Möglichkeiten an sich zieht und für eigene Rechnung nutzt (BGHSt 58, 1 Rz 51). Wird der Zufluss aus einer verdeckten Gewinnausschüttung in der EStErklärung nicht angegeben, führt dies zu einer Verkürzung der ESt.

421 Bei der **Nichterklärung verdeckter Gewinnausschüttungen** können die Hinterziehungen von KSt und ESt als selbständige Straftaten nebeneinander stehen (vgl BGH wistra 08, 310).

421a Für VZ, für die noch das Anrechnungsverfahren anzuwenden war, musste bei einer gemeinsamen Aburteilung von KSt- und EStHinterziehung zur Vermeidung einer Doppelbelastung im Rahmen der Strafzumessung berücksichtigt werden, dass die auf die verdeckten Gewinnausschüttungen entfallende Körperschaftsteuer gem § 36 II EStG grds auf die EStSchuld anzurechnen gewesen wäre (BGH wistra 05, 144). Wurde nur wegen EStHinterziehung bestraft, bedurfte es mangels Gefahr einer Doppelbelastung demgegenüber keiner fiktiven Berechnung nach dem Anrechnungsverfahren (BGH wistra 07, 68; vgl auch *RK/Rolletschke* § 370 AO Rz 525). Nach der Rspr des BGH sollen diese Grundsätze auch für die Rechtslage seit Einführung des Halbeinkünfteverfahrens mit Wirkung ab dem VZ 2001 gelten, obwohl der Gesetzgeber mit der Reform der Unternehmensbesteuerung das Ziel verfolgt hat, die wirtschaftliche Doppelbelastung ausgeschütteter Gewinne sowohl auf der Ebene der Gesellschafter als auch auf derjenigen der Anteilseigner zu beseitigen (BGH NStZ 18, 345). Die vom Gesetzgeber vorgegebenen Instrumentarien zur Vermeidung einer wirtschaftlichen Doppelbelastung (vgl BT-Drs 14/2683, 94) hält der BGH strafzumessungsrechtlich nicht für ausreichend, ohne dies allerdings näher zu begründen. Da eine Anrechnung der KSt seit dem Systemwechsel vom Anrechnungs- zum Halbeinkünfteverfahren nicht mehr vorgesehen ist, hat diese Rspr letztlich zur Folge, dass ein Teil der StVerkürzung keine strafrechtliche Sanktionierung erfährt. Zur Frage einer möglichen Doppelbelastung unter Geltung des seit dem VZ 2009 anzuwendenden Teileinkünfteverfahrens hat sich der BGH noch nicht ausdrücklich geäußert (vgl BGH NJW 16, 1747).

Bis zur **Abschaffung des Anrechnungsverfahrens** war die Frage des Vorliegens einer StVerkürzung auf der Ebene der Gesellschaft abhängig von der *Gliederung des verwendbaren Eigenkapitals*. Allein auf der Grundlage der Höhe einer verdeckten Gewinnausschüttung konnte daher keine Aussage getroffen werden, ob und ggf in welchem Ausmaß KSt verkürzt wurde. Fehlten bei verdeckter Gewinnausschüttung in einem Strafurteil Ausführungen zur Eigenkapitalgliederung, war dieses lückenhaft und rechtsfehlerhaft (vgl BGH wistra 08, 310; 09, 68). Vgl zum Ganzen *Muhler* wistra 01, 89, 130 und *Schillhorn* aaO. 422

Zur **Abgrenzung** verdeckter Gewinnausschüttungen **von Scheingeschäften** bei Zahlungen an eine ausl „Briefkastenfirma" vgl BGH wistra 12, 477; zur Begründungspflicht bei Revisionsverwerfung ohne Hauptverhandlung in solchen Fällen s BGH wistra 17, 274. 423

Zu den **steuerstrafrechtlichen Folgen** einer verdeckten Gewinnausschüttung s auch Rz 53. 424

i) Hinterziehung von Erbschaft- und Schenkungsteuer

Schrifttum: *Sackreuther* Strafrechtliche Besonderheiten bei ErbSt-Hinterziehung, PStR 11, 254; *Eskandari/Bick* Wann beginnt die Verjährung bei der Hinterziehung von Erbschaft- und Schenkungsteuer, ErbStB 12, 108; *Berchner* Zu den Konsequenzen unzutreffender Angaben zu Vorschenkungen im Rahmen der Schenkungsteuererklärung (Entscheidungsanmerkung), NZWiSt 15, 293; *Ebner* Schenkungsteuerhinterziehung durch Falschangabe über Vor- und Nachschenkungen, HFR 15, 703; *Gehm* Hinterziehung von Schenkung- und Erbschaftsteuer; StBW 15, 788; *Jehke* Zur Steuerhinterziehung bei der Schenkungsteuer (Entscheidungsanmerkung), ZWH 15, 230; *Joecks* Steuerhinterziehung nach Steuerhinterziehung?, SAM 15, 167; *Milatz/Wegmann* Risiko der Nacherklärung bei Erbfällen, wistra 15, 420; *Ruhmannseder* Falschangaben zu Vorschenkungen in Schenkungsteuererklärung (Entscheidungsanmerkung), NJW 15, 2357; *Einemann* Verschiedene Tatbestandskonstellationen zur Verwirklichung der Erbschaftsteuerhinterziehung, ZEV 17, 316; *Madauß* Praxisprobleme im Bereich der Steuerhinterziehung von Erbschaft- und Schenkungsteuer NZWiSt 17, 347.

Das System der Erbschaft- und Schenkungsteuer ist von einem **zweistufigen Verfahren** geprägt. Auf der ersten Stufe steht die Verpflichtung der in den §§ 30 I und II, 33, 34 ErbStG genannten Personen, Anzeige zu erstatten. Erst nach besonderer Aufforderung müssen sie dann eine Schenkung- bzw Erbschaftsteuererklärung abgeben. Eine StHinterziehung kann auf beiden Stufen begangen werden. Die Zweistufigkeit lässt die Kausalität einer unterlassenen Anzeige für die StVerkürzung nicht entfallen (vgl *JJR/Joecks* § 370 Rz 336). 440

Eine Verurteilung wegen (versuchter) Hinterziehung von ErbSt setzt voraus, dass das Strafgericht **ausreichende Feststellungen zum Bestand und Wert des Nachlasses** im Zeitpunkt des Erbfalles trifft und die Besteuerungsgrundlagen in den Urteilsgründen darlegt (BGH wistra 17, 355). 441

442 Die in einer Schenkungsteuererklärung enthaltene unzutreffende **Angabe,** vom Schenker **keine Vorschenkungen** enthalten zu haben, stellt sowohl für die Besteuerung der Schenkung, auf die sich die Erklärung bezieht, als auch für diejenige der Vorschenkungen eine unrichtige Angabe über stl erhebliche Tatsachen iSv § 370 I Nr 1 dar (BGHSt 60, 188, Rz 14). Eine hierdurch im Hinblick auf eine Vorschenkung begangene StHinterziehung (§ 370 I Nr 1) ist ggü einer zuvor durch Unterlassen für diese Schenkung begangenen Hinterziehung von Schenkungsteuer (§ 370 I Nr 2) mitbestrafte Nachtat, deren Straflosigkeit entfällt, wenn die Vortat nicht mehr verfolgbar ist (BGHSt 60, 188, Rz 28). Die Offenlegung bislang nicht erklärter Vorschenkungen ist auch im Hinblick auf den Nemotenetur-Grundsatz nicht unzumutbar (BGHSt 60, 188, Rz 22). Es besteht die Möglichkeit einer Selbstanzeige; hilfsweise greift ein Verwendungsverbot. Nachschenkungen, also Schenkungen nach der zu besteuernden Schenkung und vor der Abgabe der zugehörigen Schenkungsteuererklärung, sind in dieser StErklärung nicht anzugeben (BGHSt 60, 188, Rz 36 f).

443 Zur **Berichtigungspflicht des Erben** gem § 153 nach unrichtigen Angaben des Testamentsvollstreckers vgl BGH wistra 08, 22. Zur Verjährung bei Hinterziehung von Erbschaft- und Schenkungsteuer s § 376 Rz 23a. Zur Strafzumessung bei Hinterziehung von Schenkungsteuer vgl BGH wistra 13, 471.

450 **21. Telekommunikationsüberwachung.** StHinterziehung ist unter den in § 370 III S 2 Nr 5 genannten Voraussetzungen (Rz 298) Katalogtat der **Überwachung der Telekommunikation;** dasselbe gilt für den gewerbsmäßigen, gewaltsamen und bandenmäßigen Schmuggel (§ 373 AO) sowie die StHehlerei im Falle des § 374 II (§ 100a II Nr 2 StPO). Die Anordnung einer Telekommunikationsüberwachung kommt allerdings nur in Betracht, wenn die allgemeinen Anordnungsvoraussetzungen des § 100a I StPO vorliegen. Erforderlich ist daher ein auf Tatsachen gestützter Verdacht einer solchen Straftat (§ 100a I Nr 1 StPO), die Feststellung, dass die Tat auch im Einzelfall schwer wiegt (§ 100a I Nr 2 StPO) und die Erkenntnis, dass die Erforschung des Sachverhalts oder die Ermittlung des Aufenthaltsorts des Beschuldigten auf andere Weise wesentlich erschwert oder aussichtslos wäre (§ 100a I Nr 3 StPO).

451 Lagen die Voraussetzungen für die Anordnung der Telekommunikationsüberwachung von Anfang an nicht vor, führt dies regelmäßig zu einem **Verbot der Verwertung** der aus der Überwachungsmaßnahme erlangten Erkenntnisse (vgl *Meyer-Goßner/Schmitt* § 100a StPO Rz 35 mwN). In der Revision kann die Unzulässigkeit der Verwertung nur mit einer Verfahrensrüge geltend gemacht werden, die den Anforderungen des § 344 II 2 StPO entsprechen muss. Hierzu ist es insbes erforderlich, dass der Revisionsführer dem Revisionsgericht sämtliche die Telekommunikationsüberwachung betr Beschlüsse des Ermittlungsrichters vorlegt; zudem muss er die bei Anordnung der Telekommunikationsüberwachung bestehende Verdachtslage unter vollständiger Vorlage der Aktenbestandteile, die für die Beurteilung der Verdachtslage zum Zeitpunkt der Anordnung der Überwachungsmaßnahme von Bedeutung waren, detailliert schildern.

452 Die sog **Quellen-Telekommunikationsüberwachung** (Quellen-TKÜ, vgl dazu BVerfG NJW 08, 822, 826), die auch bei Schmuggeltaten eingesetzt wird (vgl LG Hbg wistra 11, 155) hat der Gesetzgeber durch G v 17.8.2017 (BGBl I, 3012) in § 100a I 2 StPO ausdrücklich für zulässig erklärt (vgl dazu *Freiling/Rückert/Safferling* JR 18, 9). Hierbei muss zur Überwachung verschlüsselter Sprach- oder Textübertragung mittels Skype oder ähnlicher Programme von den Ermittlungsbehörden zunächst Software auf den Computer des Nutzers aufgespielt werden. Ob die Quellen-TKÜ auch bereits nach zuvor geltender Rechtslage zulässig war, ist umstritten (s dazu die Nachweise in der 13. Aufl).

460 **22. Anforderungen an Anklageschrift und Urteil. a) Anforderungen an die Anklageschrift.** Der prozessuale Tatbegriff, der den Rahmen der ge-

richtlichen Untersuchung bildet (s Rz 260), umfasst den von der zugelassenen Anklage betroffenen geschichtlichen Vorgang, innerhalb dessen der Angeklagte einen Straftatbestand verwirklicht haben soll (BGH NJW 18, 177 Rz 37). Die Anklage hat die dem Angeklagten zur Last gelegte Tat sowie Zeit und Ort ihrer Begehung so genau zu bezeichnen, dass die Identität des geschichtlichen Vorgangs klargestellt und erkennbar wird, welche bestimmte Tat gemeint ist; sie muss sich von anderen gleichartigen strafbaren Handlungen desselben Täters unterscheiden lassen. Es darf nicht unklar bleiben, über welchen Sachverhalt das Gericht nach dem Willen der StA urteilen soll (stRspr; vgl nur BGH wistra 95, 150). In der Anklage muss daher der Tatvorwurf in persönlicher, sachlicher und rechtlicher Hinsicht ausreichend abgegrenzt werden. Bei StStrafsachen können idR Tatablauf, Schuldumfang und Umfang der Tatbeteiligung mehrerer Täter an einer oder mehreren StStraftaten nicht schon durch die bloße Angabe der betroffenen StArt und der Summe der jeweils verkürzten Steuern hinreichend deutlich gemacht werden. Dazu gehört vielmehr die – wenn auch kurze – Darstellung der tatsächlichen **Grundlagen des materiellen Steueranspruchs,** über dessen Verkürzung entschieden werden soll, die Angabe, durch welches **Täterverhalten** und für welchen in Betracht kommenden **Steuerabschnitt** die Erklärungspflichten verletzt wurden, sowie ein Vergleich der gesetzlich geschuldeten Steuer mit derjenigen, die wegen der Tat tatsächlich festgesetzt wurde (zu den Anforderungen bei StHinterziehung durch Gewinnverlagerung ins Ausland vgl LG Frankfurt wistra 97, 152).

Die **Umgrenzungsfunktion** der Anklage iSv § 200 I 1 StPO ist aber bereits **460a** gewahrt und damit die Wirksamkeit der Anklage gegeben, wenn die Daten der StErklärungen, die StArten und die Veranlagungszeiträume so benannt werden, dass eine Unterscheidung von anderen denkbaren strafbaren Verhaltensweisen gesichert ist (BGH wistra 09, 465; vgl auch BGH NStZ-RR 17, 342 Rz 2). Weitere Sachverhaltsangaben sind ausschl für die Informationsfunktion der Anklage relevant. Insbes bedarf es nicht zwingend einer Berechnungsdarstellung der StVerkürzung im Anklagesatz (BGH wistra 17, 270 Rz 2). Denn die Verkürzungsberechnung könnte keinen Beitrag zur Individualisierung der Tat leisten (BGH wistra 09, 465; 12, 489; BGH v 9.1.18 – 1 StR 370/17, NStZ 18, 338).

Zu knappe Angaben in der Anklageschrift erschweren allerdings die Hauptver- **460b** handlung. Um den Angeklagten ausreichend zu informieren, kann das Gericht dann gehalten sein, eine Vielzahl tatsächlicher **Hinweise** zu geben (vgl *Meyer-Goßner/Schmitt* § 265 StPO Rz 23).

Liegen keine hinreichend verlässlichen Anknüpfungstatsachen für die nähere Be- **460c** stimmung der Bemessungsgrundlagen vor, kann auch bereits bei der Anklageerhebung eine durchschnittliche, an Wahrscheinlichkeitskriterien ausgerichtete **Schätzung** erfolgen (vgl BGH wistra 92, 147). Stützt sich die Anklage auf eine Schätzung, ist es mit Blick auf die Informationsfunktion der Anklageschrift regelmäßig angezeigt, im wesentlichen Ermittlungsergebnis (§ 200 II 1 StPO; Nr 112 RiStBV) die für eine nachvollziehbare Darstellung der Berechnung der Abgabenverkürzung erforderlichen Tatsachenfeststellungen sowie StBerechnungen oder Schätzungen anzuführen. Auch sollte die Schätzung bereits an den für das Gericht geltenden Maßstäben ausgerichtet werden. Für die *Wahrung der Umgrenzungsfunktion* der Anklage ist dies aber nicht erforderlich. Hält das zur Entscheidung über die Eröffnung des Hauptverfahrens berufene Gericht die Schätzung der Anklagebehörde für unstatthaft oder ungenügend, hat es demzufolge die für erforderlich erachteten Nachermittlungen (Nachberechnungen) entweder selbst vorzunehmen oder auf eine Mängelbeseitigung durch die Staatsanwaltschaft hinzuwirken. Die Ablehnung der Eröffnung des Hauptverfahrens kommt demgegenüber nicht in Betracht, es sei denn, es besteht kein hinreichender Tatverdacht, weil unklar bleibt, ob überhaupt eine StVerkürzung eingetreten ist (vgl BGH wistra 12, 489 mit Anm *Meyberg* PStR 13, 63). Soweit das OLG Celle (wistra 11, 434) der Auffassung ist, eine Anklage erfülle nicht die Anforderungen des § 200 I 1 StPO, wenn sie sich auf

Schätzungen stütze, obwohl eine tatsachenfundierte Berechnung der Besteuerungsgrundlagen möglich erscheine, verwechselt es die Anforderungen an die tatrichterliche Beweiswürdigung mit den inhaltlichen Anforderungen an eine wirksame Anklageschrift (zutr *Hunsmann* StRR 11, 389).

460d Allerdings ist die zuverlässige Klärung, ob eine für die Berechnung **verlässliche Tatsachengrundlage** beschafft werden kann, auch und besonders Aufgabe der Ermittlungsbehörden. Deshalb wäre es verfehlt und würde die Hauptverhandlung mit unnötigem Aufklärungsaufwand belasten, wenn sich die Ermittlungsbehörden bei Schwarzlohnzahlungen darauf beschränkten, die Lohnquote zu schätzen, ohne zuvor geklärt zu haben, ob eine tatsachenfundierte Berechnung möglich ist (BGH wistra 10, 148).

460e In Strafverfahren wegen einer Vielzahl gleichartiger Taten kann die **Verlesung** des Anklagesatzes dadurch vereinfacht werden, dass er nur insoweit vorgelesen wird, als in ihm die gleichartige Tatausführung, welche die Merkmale des jeweiligen Tatbestands erfüllt, beschrieben und die Gesamtzahl der Taten sowie der Gesamtschaden bestimmt sind (BGH GrS BGHSt 56, 109).

461 **b) Sachdarstellung in den Urteilsgründen.** Die Urteilsgründe müssen die für erwiesen angesehenen Tatsachen mitteilen, in denen die **gesetzlichen Merkmale der Straftat** gefunden werden (§ 267 I 1 StPO). Dies muss in einer geschlossenen Darstellung aller äußeren und inneren Tatsachen in so vollständiger Weise geschehen, dass in den konkret angeführten Tatsachen der gesetzliche Tatbestand erkannt werden kann (BGH wistra 17, 445). Dabei dient die Sachverhaltsdarstellung weder der Schilderung eines bis in verästelte Einzelheiten aufzuarbeitenden „Gesamtgeschehens" noch der Nacherzählung des Ablaufs der Ermittlungen oder der Dokumentation des Inhalts der Beweisaufnahme, sondern soll für den Leser die wesentlichen, die Entscheidung tragenden tatsächlichen Feststellungen und rechtlichen Erwägungen ohne aufwändige eigene Bemühungen erkennbar machen (BGH v 8.6.11 – 1 StR 122/11, BeckRS 2011, 17759). Zu den Anforderungen an die Sachdarstellung im Urteil bei StHinterziehung allgemein vgl auch *Jäger* StraFo 06, 477 mwN.

462 Für die **Darstellung einer StHinterziehung** in den Urteilsgründen ist es grds erforderlich, dass das Urteil erkennen lässt, welches stl erhebliche Verhalten des Angeklagten im Rahmen welcher Abgabenart und in welchem Besteuerungszeitraum zu einer SVerkürzung geführt hat und welche innere Einstellung der Angeklagte dazu hatte (BGH wistra 15, 147; 15, 477; 17, 445). Hierfür bedarf es regelmäßig der Angabe, wann der Angeklagte welche StErklärungen abgegeben hat, welche Umsätze oder Einkünfte er etwa verschwiegen oder welche unberechtigten Vorsteuerabzüge oder Betriebsausgaben er geltend gemacht hat sowie – für die Frage der Tatvollendung – ob und ggf mit welchem Inhalt StBescheide erlassen worden sind (BGH StraFo 07, 518). Schließlich ist in den Urteilsgründen auch festzustellen, welche Tatsachen eine zutreffende StErklärung hätte enthalten müssen und welche Steuer aufgrund des festgestellten Sachverhalts geschuldet war. Denn erst aus der Gegenüberstellung der geschuldeten und der festgesetzten Steuer ergibt sich die verkürzte Steuer (BGH NStZ 09, 639; vgl auch *Jäger* NStZ 17, 453, 456). Rechtlich bedenklich ist die Formulierung, ein Angeklagter habe bestimmte StBeträge „nicht abgeführt". Da die StHinterziehung nach § 370 I ein Erklärungsdelikt ist, erfüllt die bloße Nichtzahlung einer Steuer den Tatbestand nicht (vgl aber zur Strafbarkeit der gewerbs- oder bandenmäßigen Schädigung des USt-Aufkommens durch Nichtentrichtung der USt § 26c UStG; Rz 480).

463 Die Urteilsgründe müssen erkennen lassen, ob die in den verfahrensgegenständlichen StErklärungen enthaltenen Angaben unrichtig oder unvollständig waren und ob sie ggf zu einer StVerkürzung oder einem nicht gerechtfertigten StVorteil geführt haben. Dabei erstreckt sich die **richterliche Kognitionspflicht** nicht nur auf die in der Anklageschrift als Beleg für fehlerhafte Angaben angeführten Umstände. Vielmehr muss sich das Urteil dann, wenn nach dem Gang der Hauptverhandlung hinreichende tatsächliche Anhaltspunkte für andere Geschehnisse bestehen, aus denen sich die Unrichtigkeit der verfahrensgegenständlichen StErklärungen ergeben kann, auch mit diesen Umständen auseinandersetzen (BGH NStZ-RR 16, 47).

Liegt dem Angeklagten eine **StHinterziehung durch Unterlassen** (§ 370 I Nr 2 AO) zur Last, sind in den Urteilsgründen zunächst diejenigen Umstände festzustellen, aus denen sich ergibt, dass der Angeklagte zur Abgabe der fraglichen StErklärung verpflichtet war. Sodann sind die Tatsachen mitzuteilen, aus denen sich die Höhe der durch die pflichtwidrige Nichtabgabe der Erklärung hinterzogenen Steuer ergibt (BGH NStZ-RR 10, 376).

Sind **mehrere Tatbeteiligte** vorhanden, muss aus den Urteilsgründen erkennbar werden, welcher Lebensvorgang bei dem einzelnen Tatbeteiligten Gegenstand der Aburteilung sein soll (OLG Ddorf wistra 82, 159). **464**

Bei einer Verurteilung wegen **Beihilfe** zur StHinterziehung muss auch das **Gewicht des Tatbeitrags** des Gehilfen zum Ausdruck kommen (BGH wistra 15, 235) sowie, wenn der Haupttäter vom Gehilfenbeitrag unabhängig weitere Steuern verkürzt hat, in welcher Höhe die eingetretene StVerkürzung vom Gehilfen gefördert wurde (BGH wistra 09, 396). **465**

Zur **Berechnungsdarstellung** müssen die Urteilsgründe nicht nur die Summe der verkürzten Steuern, sondern auch deren Berechnung iEinz enthalten (BGH wistra 17, 445; 86, 23; OLG Ddorf wistra 87, 307, 356), und zwar für jede StArt und jeden StAbschnitt gesondert (BGH wistra 01, 266; Saarl OLG wistra 1995, 115) unter Angabe der Besteuerungsgrundlagen (BGH wistra 09, 398; 15, 476 und 477). Dabei sind jedenfalls die Parameter anzugeben, welche die Grundlage für die StBerechnung bilden (BGH v 13.7.11 – 1 StR 154/11, BeckRS 2011, 19806; wistra 15, 477; 17, 445; BGH NJW 09, 2546 mwN); dies gilt auch bei StHinterziehung durch Unterlassen (BGH NStZ-RR 10, 376). Der Tatrichter hat für jede StArt und jeden Besteuerungszeitraum unter Schuldgesichtspunkten so klare Feststellungen zu treffen, dass sowohl die dem Schuldspruch zugrunde liegenden Besteuerungsgrundlagen als auch die Berechnung der verkürzten Steuern der Höhe nach erkennbar werden (vgl *Jäger* NStZ 08, 22, 25). Mitzuteilen sind jedenfalls diejenigen Tatsachen, die den staatlichen StAnspruch begründen, und diejenigen, die für die Höhe der geschuldeten und verkürzten Steuern von Bedeutung sind (BGH wistra 16, 268). Denn bei der StHinterziehung ergibt erst der Vergleich der gesetzlich geschuldeten Steuer mit der tatsächlich angemeldeten bzw der sich aus der StErklärung ergebenden Steuer den verkürzten Betrag. Bloße tabellarische Aufstellungen, anhand deren sich die Berechnungen nicht nachvollziehen lassen, sind unzureichend (BGH wistra 13, 353 mit Anm *Meyberg* PStR 13, 195). Zu den Anforderungen an die Feststellung von Besteuerungsgrundlagen und die Berechnungsdarstellung vgl auch BGH NStZ 09, 639, 640 und BGH v 13.7.11 – 1 StR 154/11, BeckRS 2011, 19806. Zu den Anforderungen an ein tatrichterliches Urteil, in dem die Höhe der verschwiegenen Einkünfte durch eine Geldverkehrsrechnung bestimmt wird, vgl BGH wistra 86, 173. **466**

Bei einer Verurteilung wegen **Hinterziehung von Umsatzsteuer** muss sich den Urteilsgründen entnehmen lassen, wie sich die Mehrumsätze errechnen, hinsichtlich derer der Angeklagte USt hinterzogen haben soll. Die angenommenen Summen müssen sich zumindest auf der Grundlage der mitgeteilten Einzelparameter nachvollziehen lassen (BGH wistra 14, 102). Im Falle einer StAnmeldung (§ 150 I 3) ist zu beachten, dass diese nur unter den Voraussetzungen des § 168 einer StFestsetzung unter dem Vorbehalt der Nachprüfung gleichsteht; in Fällen einer beantragten StVergütung müssen daher die Urteilsgründe erkennen lassen, ob die Finanzbehörde zugestimmt hat (§ 168 S 2; vgl BGH wistra 14, 486; 16, 112; NStZ-RR 16, 172; BGH v. 8.6.17 – 1 StR 217/17, BeckRS 2017, 116308 und BGH v 24.8.17 – 1 StR 625/16, wistra 18, 257 Rz 22). **467**

468 Ermittlung und Darstellung des stl relevanten Sachverhalts können nicht durch den Hinweis auf ein Geständnis des Angeklagten ersetzt werden. Auch eine **Bezugnahme** auf Betriebsprüfungs- oder Fahndungsberichte **reicht nicht** (BGH wistra 04, 425). Durch die Bezugnahme auf ein eigenes früheres Urteil zum selben Tatkomplex können die notwendigen Darlegungen im Urteil ebenfalls nicht ersetzt werden (BGH NStZ-RR 07, 22). Die Urteilsgründe müssen vielmehr erkennen lassen, dass das Gericht die materiellen StAnsprüche, über deren Verkürzung zu entscheiden ist, dem Grunde und der Höhe nach vom Gericht selbständig geprüft hat. Das gilt auch in Schätzungsfällen (Rz 96). Daher müssen auch die **Schätzungsgrundlagen** in den Urteilsgründen für das Revisionsgericht nachvollziehbar mitgeteilt werden (BGH wistra 15, 63 Rz 10; 09, 398; 01, 308). Dasselbe gilt für Taten des Vorenthaltens und Veruntreuens von Arbeitsentgelt gem § 266a StGB (BGH wistra 18, 257 Rz 25). Zu den sich aus den unterschiedlichen Anforderungen an Anklageschrift und Urteil für die gerichtliche Praxis ergebenden Schwierigkeiten vgl *Welnhofer-Zeitler* NStZ 18, 342.

469 Eine ins Einzelne gehende **Berechnungsdarstellung** ist dann ausnahmsweise entbehrlich, wenn ein sachkundiger Angeklagter, der zur Berechnung der hinterzogenen Steuern in der Lage ist, ein Geständnis abgelegt hat (stRspr; vgl BGH v 13.7.11 – 1 StR 154/11, BeckRS 2011, 19806; BGH StraFo 07, 518; NStZ 06, 634, 635; wistra 06, 66; 01, 22; vgl auch BGH wistra 01, 266; *Jäger* StraFo 06, 477, 481; zu den Darstellungsanforderungen bei LSt-Hinterziehung vgl BGHSt 38, 285, 289f; BGH wistra 97, 187; 06, 425, 426). Ein bloßer Verurteilungskonsens aufgrund einer verfahrensbeendenden Absprache reicht dagegen als Basis für einen Schuldspruch nicht aus (BGH NStZ 06, 634, 635; wistra 04, 274). Eine Bezugnahme auf das Ergebnis rechtskräftig gewordener StBescheide kann die erforderliche Berechnungsdarstellung nicht ersetzen (BGH v 13.7.11 – 1 StR 154/11, BeckRS 2011, 19806).

469a Zu den notwendigen tatrichterlichen Feststellungen bei einer Verurteilung wegen **KStHinterziehung** vgl BGH wistra 93, 109. Sind bei der **Hinterziehung von USt** für eine „Scheinfirma", deren Zweck allein die Erlangung ungerechtfertigter Vorsteuererstattungen ist, sämtliche Rechnungen mit den darin ausgewiesenen Vorsteuerbeträgen fingiert und ergibt sich das Ausmaß der StVerkürzung ohne Weiteres als Saldo von USt und Vorsteuer, kann es als Grundlage der Strafzumessung ausreichen, in den Urteilsgründen den Saldo mitzuteilen (vgl BGH wistra 87, 71). Zu den Darstellungsanforderungen bei StHinterziehung durch **unberechtigte Geltendmachung von StErmäßigungen** iSv § 34g EStG vgl BGH wistra 11, 301 Rz 44.

469b Soweit Anlass besteht, müssen die Urteilsgründe ergeben, ob Steuern **in großem Ausmaß** verkürzt sind iSv § 370 III 2 Nr 1 (dazu Rz 280ff). Sie müssen auch erkennen lassen, weshalb ggf trotz Vorliegens dieses Regelbeispiels ein besonders schwerer Fall nicht angenommen worden ist (BGH NStZ 11, 643; vgl auch BGH BFH/NV 11, 1468).

470 23. Anhang: Schädigung des Umsatzsteueraufkommens

Schrifttum: *Gaede* Leerlauf der gewerbs- oder bandenmäßigen Schädigung des Umsatzsteueraufkommens?, PStR 11, 233; *Webel* Schädigung des Umsatzsteueraufkommens, PStR 12, 20; *Kemper* Ordnungswidrigkeitentatbestände des Umsatzsteuergesetzes, UR 14, 673; *Roth* Verfassungswidrigkeit des § 26c UStG wegen Verstoßes gegen das Zitiergebot, wistra 17, 1.

Weiteres Schrifttum vor Rz 370.

§ 26a UStG Bußgeldvorschriften

(1) Ordnungswidrig handelt, wer vorsätzlich oder leichtfertig

1. entgegen § 14 Abs. 2 Satz 1 Nr. 1 oder 2 Satz 2 eine Rechnung nicht oder nicht rechtzeitig ausstellt,

2. entgegen § 14b Abs. 1 Satz 1, auch in Verbindung mit Satz 4, ein dort bezeichnetes Doppel oder eine dort bezeichnete Rechnung nicht oder nicht mindestens zehn Jahre aufbewahrt,
3. entgegen § 14b Abs. 1 Satz 5 eine dort bezeichnete Rechnung, einen Zahlungsbeleg oder eine andere beweiskräftige Unterlage nicht oder nicht mindestens zwei Jahre aufbewahrt,
4. entgegen § 18 Abs. 12 Satz 3 die dort bezeichnete Bescheinigung nicht oder nicht rechtzeitig vorlegt,
5. entgegen § 18a Absatz 1 bis 3 in Verbindung mit Absatz 7 Satz 1, Absatz 8 oder Absatz 9 eine Zusammenfassende Meldung nicht, nicht richtig, nicht vollständig oder nicht rechtzeitig abgibt oder entgegen § 18a Absatz 10 eine Zusammenfassende Meldung nicht oder nicht rechtzeitig berichtigt,
6. einer Rechtsverordnung nach § 18c zuwiderhandelt, soweit sie für einen bestimmten Tatbestand auf die Bußgeldvorschrift verweist, oder
7. entgegen § 18d Satz 3 die dort bezeichneten Unterlagen nicht, nicht vollständig oder nicht rechtzeitig vorlegt.

(2) Die Ordnungswidrigkeit kann in den Fällen des Absatzes 1 Nr. 3 mit einer Geldbuße bis zu fünfhundert Euro, in den übrigen Fällen mit einer Geldbuße bis zu fünftausend Euro geahndet werden.

(3) Verwaltungsbehörde im Sinne des § 36 Absatz 1 Nummer 1 des Gesetzes über Ordnungswidrigkeiten ist in den Fällen des Absatzes 1 Nummer 5 und 6 das Bundeszentralamt für Steuern.

§ 26b UStG Schädigung des Umsatzsteueraufkommens

(1) Ordnungswidrig handelt, wer die in einer Rechnung im Sinne von § 14 ausgewiesene Umsatzsteuer zu einem in § 18 Absatz 1 Satz 4 oder Abs. 4 Satz 1 oder 2 genannten Fälligkeitszeitpunkt nicht oder nicht vollständig entrichtet.

(2) Die Ordnungswidrigkeit kann mit einer Geldbuße bis zu fünfzigtausend Euro geahndet werden.

§ 26c UStG Gewerbsmäßige oder bandenmäßige Schädigung des Umsatzsteueraufkommens

Mit Freiheitsstrafe bis zu fünf Jahren oder mit Geldstrafe wird bestraft, wer in den Fällen des § 26b gewerbsmäßig oder als Mitglied einer Bande, die sich zur fortgesetzten Begehung solcher Handlungen verbunden hat, handelt.

a) Entstehungsgeschichte. § 26a UStG wurde als Bußgeldvorschrift durch das BinnenmarktG v 25.8.1992 (BGBl I, 1548) eingeführt. 471

Durch das SteuerverkürzungsbekämpfungsG v 19.12.2001 (BGBl I, 3922) wurden §§ 26b und 26c in das UStG eingefügt. Die Aufdeckung zahlreicher Betrügereien mit enorm hohen Schäden in Form sog Karussellgeschäfte veranlasste den Gesetzgeber, umfangreiche Maßnahmen „zur Bekämpfung der Arbeitslosigkeit, zur Wahrung der Steuergerechtigkeit, zur Gewährung eines wettbewerbsneutralen USt-Systems und zur Sicherung des Aufkommens" (BT-Drs 14/6883) zu beschließen.

Mit § 26b UStG wurde eine Gesetzeslücke geschlossen. Offensichtlich hatten die Täter von USt-Betrügereien erkannt, dass schlichtes Nichtzahlen zwar Säumniszuschläge auslöst (§ 240), nicht aber den Tatbestand der StHinterziehung iSd § 370 erfüllt und auch nicht als OWi zu ahnden war. Nunmehr ist die verspätete Entrichtung von USt mit einer Geldbuße bis zu 50 000 € bedroht. Die Ordnungswidrigkeit iSd § 26b UStG tritt zurück, wenn die Handlung gleichzeitig Straftat iSd § 26c UStG ist (§ 21 I OWiG). 472

b) Tatbestand des § 26b UStG. Die Nicht- oder nicht vollständige Entrichtung in einer Rechnung ausgewiesener USt zum Fälligkeitszeitpunkt erfüllt den Tatbestand des § 26b UStG. Nach dem Gesetzeswortlaut kommt es nicht darauf an, ob die Zahlung aus Unachtsamkeit unterblieben ist. In derartigen Fällen dürfte es jedoch am subjektiven Tatbestand fehlen. Bei entschuldbarer Nichtentrichtung kann das Verfahren gem § 47 OWiG eingestellt werden (*Reiß* UR 02, 561, 567). 473

474 Die fällige USt muss in einer **Rechnung** iSd § 14 UStG ausgewiesen sein. Unternehmer, die lediglich Umsätze an Endverbraucher tätigen und keine Rechnungen mit offen ausgewiesener USt ausstellen, sind angesichts des Gesetzeswortlauts nicht betroffen. Fraglich bleibt der Anwendungsbereich des § 26b UStG für Unternehmer, die sowohl an Unternehmer als auch an Endverbraucher leisten. *Reiß* schlägt vor, nach dem Günstigkeitsprinzip anzunehmen, dass vorrangig die in Rechnungen offen ausgewiesene USt entrichtet wurde (UR 02, 561, 567). Rechnung ist „jede Urkunde, mit der ein Unternehmer oder in seinem Auftrag ein Dritter über eine Lieferung oder sonstige Leistung ggü dem Leistungsempfänger abrechnet" (§ 14 I UStG). Unter bestimmten Voraussetzungen gelten auch **Gutschriften** als Rechnung (§ 14 II 2 UStG). Ob die Rechnung alle Angaben des § 14 IV UStG enthalten muss, um die Rechtsfolgen des § 26b auszulösen, ist umstritten (verneinend *JJR/Joecks* § 370 Rz 754; einschränkend auf die Mindestvoraussetzungen, die zu einem Vorsteuerabzug berechtigen *Rau/Dürrwächter/Nieskens* UStG § 26b UStG Rz 17 und *RK/Kemper* § 26b UStG Rz 26). Da letztlich jedem Abrechnungspapier die Gefahr anhaftet, als Rechnung missverstanden und zum Vorsteuerabzug gebraucht zu werden, ist an den Begriff der Rechnung iSv § 14 I 1 UStG anzuknüpfen (glA *JJR/Joecks* § 370 Rz 754).

475 **Fällig ist die USt-Vorauszahlung** am 10. Tag nach Ablauf des Voranmeldungszeitraumes (§ 18 I 3 UStG). Bei einer Dauerfristverlängerung iSd § 46 UStDV verlängern sich die Voranmeldungs- und Entrichtungspflichten um einen Monat.

476 **Die subjektive Tatseite einer Ordnungswidrigkeit iSd § 26b UStG erfordert Vorsatz** (§ 377, § 10 OWiG). Bedingter Vorsatz reicht aus (*Göhler/Gürtler* § 10 OWiG Rz 2).

477 Eine **gleichzeitig bestehende Strafbarkeit wegen StHinterziehung gem** § 370 AO wegen Verstößen gegen die in § 18 I und III UStG geregelten Anmeldepflichten schließt die Anwendung von § 26b UStG aus (Subsidiarität). Führt allerdings eine Selbstanzeige gem § 371 AO zur Straffreiheit, kann die OWi nach § 26b UStG – wie dies auch bei § 380 AO der Fall ist (vgl *JJR/Jäger/Ebner* § 380 Rz 47) – wieder geahndet werden (str). Nach aA liegt in solche Fällen eine OWi nach § 26b UStG schon deshalb nicht vor, weil diese Norm vom Regelungsgehalt (*RK/Kemper* § 26c UStG Rz 66) oder vom gesetzgeberischen Willen (*JJR/Joecks* § 370 Rz 748) her überhaupt nur auf angemeldete Steuern anwendbar sei. Eine derartige Einschränkung ist allerdings weder dem Gesetzeswortlaut noch den Gesetzesmaterialien zu entnehmen (zutr GJW/*Bülte* UStG § 26c Rz 19 UStG).

478 Seit einem **Redaktionsversehen** des Gesetzgebers beim „Steuerbürokratieabbaugesetz" v 20.12.2008 (BGBl I, 2850) mWv 1.1.2009 verwies der Tatbestand des § 26b UStG hinsichtlich der Fälligkeit der Vorauszahlung fehlerhaft statt auf § 18 I 4 UStG auf § 18 I 3 UStG. Im Hinblick auf das Bestimmtheitsgebot gem § 3 OWiG iVm Art 103 II GG, nach dem der mögliche Wortsinn die äußerste Grenze der Auslegung markiert und eine Gesetzesanalogie unzulässig ist (vgl dazu BVerfG wistra 03, 255; *Göhler/Gürtler* § 3 OWiG Rz 6), führte dies dazu, dass der OWi-Tatbestand des § 26b UStG seitdem weitgehend leer lief (vgl *Gaede* PStR 11, 223). Zwar war das Vorliegen eines Redaktionsversehens für den betroffenen Verkehrskreis leicht erkennbar, da § 18 I UStG lediglich in Satz 4 eine Bestimmung über die Fälligkeit enthält. Gleichwohl war die Verweisung zu unbestimmt, weil der Wille des Gesetzgebers, welcher Fälligkeitszeitpunkt gemeint ist, in der Verweisungsnorm nicht hinreichend klar zum Ausdruck kam (aA *Webel* PStR 13, 20). Mit Wirkung vom 30.6.2013 hat der Gesetzgeber das Redaktionsversehen beseitigt und die Verweisung auf § 18 I 4 UStG geändert (BGBl I, 1809).

480 **c) Tatbestand des § 26c UStG. Die gewerbs- oder bandenmäßige Begehung einer Ordnungswidrigkeit iSd § 26b UStG ist gem § 26c UStG**

eine Straftat, die mit Freiheitsstrafe bis zu fünf Jahren bedroht ist. Gegen die Vorschrift werden im Hinblick auf das Zitiergebot aus Art 19 I 2 GG in der Literatur vereinzelt verfassungsrechtliche Bedenken erhoben (vgl *Roth* wistra 17, 1 sowie § 413 Rz 1).

Gewerbsmäßiges Handeln ist nach der Rspr des BGH die *Absicht, sich durch wiederholte Begehung von Straftaten der fraglichen Art eine fortlaufende Einnahmequelle mindestens von einiger Dauer zu verschaffen* (stRspr; BGHSt 1, 383; 10, 217; BGH wistra 87, 30; NStZ 94, 193; wistra 95, 60; NStZ 99, 187; NStZ 08, 282; Rz 10 zu § 373). Nicht erforderlich ist, dass der Täter vorhat, aus seinem Tun ein kriminelles Gewerbe zu machen. 481

Handeln als Mitglied einer Bande, die sich zur fortgesetzten Begehung von Handlungen iSd § 26b UStG zusammengeschlossen hat, qualifiziert die OWi zur Straftat. Der Begriff der Bande setzt den Zusammenschluss von mindestens drei Personen voraus (BGHSt GrS 46, 321; Rz 299). 482

Das **Verhältnis zur StHinterziehung** gem § 370 ist umstritten (zum Meinungsstand s *JJR/Joecks* § 370 Rz 747 ff). Ausgehend von der Entstehungsgeschichte des § 26c UStG ist davon auszugehen, dass allein § 370 und nicht § 26c UStG anwendbar ist, wenn eine Strafbarkeit nach § 370 AO gegeben ist (glA *JJR/Joecks* § 370 Rz 749; *Nöhren* Die Hinterziehung von Umsatzsteuer, 2005, S 69 ff; § 371 Rz 14); denn mit § 26c UStG wollte der Gesetzgeber lediglich eine Strafbarkeitslücke schließen, die besteht, wenn die USt ordnungsgemäß erklärt, aber gleichwohl nicht abgeführt wird (vgl BT-Drs 25/7471). 483

Die **Abführungspflicht** iSv § 26c UStG **ist kein besonderes persönliches Merkmal** iSv § 28 I StGB (BGH, Beschluss gem § 349 II StPO v 23.8.2006, 5 StR 231/06 – nach entsprechendem Antrag des Generalbundesanwalts). 484

Zur Möglichkeit einer Selbstanzeige in den Fällen gewerbs- oder bandenmäßiger Schädigung des USt-Aufkommens vgl § 371 Rz 26. 485

§ 370a *(aufgehoben)*

Der durch das Steuerverkürzungsbekämpfungsgesetz (StVBG) v 19.12.2001 in die AO eingefügte und mit Gesetz v 23.7.2002 abgeänderte **Verbrechenstatbestand** der gewerbs- oder bandenmäßigen StHinterziehung (§ 370a; s dazu die 9. Aufl) wurde durch das Gesetz zur Neuregelung der Telekommunikationsüberwachung und anderer verdeckter Ermittlungsmethoden sowie zur Umsetzung der RL 2006/24/EG v 21.12.2007 (BGBl I, 3198) wieder **aufgehoben.** Wegen des Meistbegünstigungsprinzips des § 2 III StGB ist § 370a auch auf Altfälle mit einem Tatzeitpunkt vor dem Jahr 2008 nicht mehr anwendbar.

§ 371 Selbstanzeige bei Steuerhinterziehung

(1) [1] **Wer gegenüber der Finanzbehörde zu allen Steuerstraftaten einer Steuerart in vollem Umfang die unrichtigen Angaben berichtigt, die unvollständigen Angaben ergänzt oder die unterlassenen Angaben nachholt, wird wegen dieser Steuerstraftaten nicht nach § 370 bestraft.** [2] **Die Angaben müssen zu allen unverjährten Steuerstraftaten einer Steuerart, mindestens aber zu allen Steuerstraftaten einer Steuerart innerhalb der letzten zehn Kalenderjahre erfolgen.**

(2) [1] **Straffreiheit tritt nicht ein, wenn**

1. bei einer der zur Selbstanzeige gebrachten unverjährten Steuerstraftaten vor der Berichtigung, Ergänzung oder Nachholung

a) dem an der Tat Beteiligten, seinem Vertreter, dem Begünstigten im Sinne des § 370 Absatz 1 oder dessen Vertreter eine Prüfungsanordnung nach § 196 bekannt gegeben worden ist, beschränkt auf den sachlichen und zeitlichen Umfang der angekündigten Außenprüfung, oder

b) dem an der Tat Beteiligten oder seinem Vertreter die Einleitung des Straf- oder Bußgeldverfahrens bekannt gegeben worden ist oder
c) ein Amtsträger der Finanzbehörde zur steuerlichen Prüfung erschienen ist, beschränkt auf den sachlichen und zeitlichen Umfang der Außenprüfung, oder
d) ein Amtsträger zur Ermittlung einer Steuerstraftat oder einer Steuerordnungswidrigkeit erschienen ist oder
e) ein Amtsträger der Finanzbehörde zu einer Umsatzsteuer-Nachschau nach § 27b des Umsatzsteuergesetzes, einer Lohnsteuer-Nachschau nach § 42g des Einkommensteuergesetzes oder einer Nachschau nach anderen steuerrechtlichen Vorschriften erschienen ist und sich ausgewiesen hat oder

2. eine der Steuerstraftaten im Zeitpunkt der Berichtigung, Ergänzung oder Nachholung ganz oder zum Teil bereits entdeckt war und der Täter dies wusste oder bei verständiger Würdigung der Sachlage damit rechnen musste,
3. die nach § 370 Absatz 1 verkürzte Steuer oder der für sich oder einen anderen erlangte nicht gerechtfertigte Steuervorteil einen Betrag von 25 000 Euro je Tat übersteigt, oder
4. ein in § 370 Absatz 3 Satz 2 Nummer 2 bis 6 genannter besonders schwerer Fall vorliegt.

[2] Der Ausschluss der Straffreiheit nach Satz 1 Nummer 1 Buchstabe a und c hindert nicht die Abgabe einer Berichtigung nach Absatz 1 für die nicht unter Satz 1 Nummer 1 Buchstabe a und c fallenden Steuerstraftaten einer Steuerart.

(2a) **[1] Soweit die Steuerhinterziehung durch Verletzung der Pflicht zur rechtzeitigen Abgabe einer vollständigen und richtigen Umsatzsteuervoranmeldung oder Lohnsteueranmeldung begangen worden ist, tritt Straffreiheit abweichend von den Absätzen 1 und 2 Satz 1 Nummer 3 bei Selbstanzeigen in dem Umfang ein, in dem der Täter gegenüber der zuständigen Finanzbehörde die unrichtigen Angaben berichtigt, die unvollständigen Angaben ergänzt oder die unterlassenen Angaben nachholt. [2] Absatz 2 Satz 1 Nummer 2 gilt nicht, wenn die Entdeckung der Tat darauf beruht, dass eine Umsatzsteuervoranmeldung oder Lohnsteueranmeldung nachgeholt oder berichtigt wurde. [3] Die Sätze 1 und 2 gelten nicht für Steueranmeldungen, die sich auf das Kalenderjahr beziehen. [4] Für die Vollständigkeit der Selbstanzeige hinsichtlich einer auf das Kalenderjahr bezogenen Steueranmeldung ist die Berichtigung, Ergänzung oder Nachholung der Voranmeldungen, die dem Kalenderjahr nachfolgende Zeiträume betreffen, nicht erforderlich.**

(3) **[1] Sind Steuerverkürzungen bereits eingetreten oder Steuervorteile erlangt, so tritt für den an der Tat Beteiligten Straffreiheit nur ein, wenn er die aus der Tat zu seinen Gunsten hinterzogenen Steuern, die Hinterziehungszinsen nach § 235 und die Zinsen nach § 233a, soweit sie auf die Hinterziehungszinsen nach § 235 Absatz 4 angerechnet werden, innerhalb der ihm bestimmten angemessenen Frist entrichtet. [2] In den Fällen des Absatzes 2a Satz 1 gilt Satz 1 mit der Maßgabe, dass die fristgerechte Entrichtung von Zinsen nach § 233a oder § 235 unerheblich ist.**

(4) **[1] Wird die in § 153 vorgesehene Anzeige rechtzeitig und ordnungsmäßig erstattet, so wird ein Dritter, der die in § 153 bezeichneten Erklärungen abzugeben unterlassen oder unrichtig oder unvollständig abgegeben hat, strafrechtlich nicht verfolgt, es sei denn, dass ihm oder seinem Vertreter vorher die Einleitung eines Straf- oder Bußgeldverfahrens wegen der Tat bekannt gegeben worden ist. [2] Hat der Dritte zum eigenen Vorteil gehandelt, so gilt Absatz 3 entsprechend.**

Abs 3 neu gefasst durch G v 28.4.11 (BGBl I, 676); Abs 1 und 2 neu gefasst, Abs 2a eingefügt, Abs 3 geändert und neuer S 2 angefügt durch G v 22.12.14 (BGBl I, 2415); Abs 2 S 1 Nr 4 geändert durch StUmgBG v 23.6.17 (BGBl I, 1682).

Schrifttum: *vor 2010 s 13. Aufl; Bülte* Der strafbefreiende Rücktritt vom vollendeten Delikt: Partielle Entwertung der strafbefreienden Selbstanzeige gemäß § 371 AO durch § 261 StGB?, ZStW 122 (2010), 550; *Gehm* Die strafbefreiende Selbstanzeige gemäß § 371 AO in der Diskussion, ZRP 10, 169; *Habammer* Die neuen Koordinaten der Selbstanzeige, DStR 10, 2425; *Hüls/Reichling* Die Selbstanzeige nach § 371 AO im Spannungsfeld zum Insolvenzrecht, wistra 10, 327; *Ransiek/Hinghaus* Tatbegriff und Selbstanzeige nach § 371 AO, StV 10, 711; *Rolletschke/Jope* Das neue „Selbstanzeigerecht“, StRR 10, 288; *Rolletschke* Selbstanzeige – Wohin geht die Reise? StRR 10, 411; *Roth/Schützeberg* Der BGH macht reinen Tisch, PStR 10, 214; *Rüping* Selbstanzeige und Steuermoral, DStR 10, 1768; *Tully/Bruns* Selbstanzeige und Verbrauchsteuerstrafrecht, ZfZ 10, 294; *Webel* Die Grundsatzentscheidung des BGH zu § 371 AO – Fragen über Fragen, PStR 10, 189; *Wessing* Nebenfolgen der Selbstanzeige, SAM 10, 99; *Wulf* Auf dem Weg zur Abschaffung der strafbefreienden Selbstanzeige?, wistra 10, 286; *Dikmen/Wollweber* Selbstanzeige und Honorar – Die gesetzlichen Gebühren nicht nur als Notlösung, Stbg 11, 29; *Ueberfeldt/Keller* Honorar des Steuerberaters bei Selbstanzeige, DStR 11, 92; *Beckemper* Nemo-tenetur-Grundsatz im Steuerstrafrecht – Verwertbarkeit einer gescheiterten Selbstanzeige?, ZIS 12, 221; *Madauß* Kompensationsverbot bei Vorsteuern und die gesetzliche Neuregelung der Selbstanzeige §§ 371 Abs 2 Nr 3, 398a AO, NZWiSt 12, 456; *Webel* Das Verhältnis zwischen § 153 AO und § 371 AO, PStR 12, 218; *Heuel/Beyer* Rettung „verunglückter“ Selbstanzeigen, AO-StB 13, 140; *Obenhaus* Die Selbstanzeige bei ausländischen Kapitaleinkünften, Stbg 13, 495; *Pump/Krüger* Selbstanzeige ist kein Strafaufhebungsgrund für sämtliche Straftaten – Die Rechtsrisiken bei der Selbstanzeige, DStR 13, 1972; *Reichling* Selbstanzeige und Verbandsgeldbuße im Steuerstrafrecht, NJW 13, 2233; *Rolletschke* § 371 AO vs § 24 StGB: Gibt es im Steuerstrafrecht noch einen Rücktritt vom Versuch?, ZWH 13, 186; *Weinbrenner* Selbstanzeige gemäß § 371 AO nF und Einspruch gegen den Steuerbescheid, DStR 13, 1268; *Heuel* Selbstanzeigefall „Erbfall“ bei der Einkommensteuer, wistra 15, 289 und 338; *Schauf/Schwartz* Noch Berichtigung oder schon Selbstanzeige? Der neue Anwendungserlass zu § 153 AO in der Diskussion, PStR 15, 248; *Hunsmann* Neuregelung der Selbstanzeige im Steuerstrafrecht, NJW 15, 113; *Schuster* Die strafbefreiende Selbstanzeige im Steuerstrafrecht – Auslaufmodell oder notwendige Brücke in die Steuerehrlichkeit?, JZ 15, 27; *Demuth/Jena* Devisenbesteuerung aus Sicht strafbefreiender Selbstanzeigen, DStR 16, 204; *Neuland* Berichtigung von Steuererklärungen im Unternehmen: Anwendungserlass zu § 153 AO, DStR 16, 1652; *Schwartz/Höpfner* AEAO zu § 153 AO neu geregelt, PStR 16, 210; *Weigell/Görlich* Steuerliche Korrekturerklärungen als Widerruf der Selbstanzeige?, DStR 16, 197; *Rolletschke/Roth* Die Selbstanzeige 2015; *Stahl* Selbstanzeige, 4. Aufl 2016, 2017; *Madauß* Steuerstrafrechtliche Einzelaspekte der Berichtigung nach § 153 AO, NZWiSt 16, 343; *Kemper* Berichtigung oder Selbstanzeige?, DStZ 17, 245; *Leitner/Brandl* Finanzstrafrecht 2017 – Grundsatzfragen der Selbstanzeige, 2017.

Schrifttum zu den Änderungen durch das Schwarzgeldbekämpfungsgesetz v 28.4.2011: *Beckemper/Schmitz/Wegner/Wulf* Zehn Anmerkungen zur Neuregelung der strafbefreienden Selbstanzeige durch das „Schwarzgeldbekämpfungsgesetz“, wistra 11, 281; *Erb/Schmitt* Ausschluss der Selbstanzeige bei Hinterziehungsbeträgen über 50 000 EUR, PStR 11, 144; *Füllsack/Bürger* Die Neuregelung der Selbstanzeige, BB 11, 1239; *Habammer* Die Neuregelung der Selbstanzeige nach dem Schwarzgeldbekämpfungsgesetz StBW, 11, 310; *Heuel/Beyer* Problemfelder der „neuen Selbstanzeige“ – 13 neue Fragen mit Antworten, StBW 11, 315; *Hunsmann* Die Novellierung der Selbstanzeige durch das Schwarzgeldbekämpfungsgesetz, NJW 11, 1482; *Mack* Kritische Stellungnahme zu den geplanten Einschränkungen der Selbstanzeige im Schwarzgeldbekämpfungsgesetz, Stbg 11, 162; *Obenhaus* Verschärfung der Selbstanzeige, Stbg 11, 166; *Rolletschke/Roth* Die neue Selbstanzeige: Lebensbeichte, Sperrtatbestände, Zuschlag, Vertrauensschutz, StRR 11, 171; *Rolletschke* Die neue Selbstanzeige, StRR 11, 254; *Rolletschke/Roth* Selbstanzeige: Verschärfte Anforderungen durch das Schwarzgeldbekämpfungsgesetz, Stbg 11, 200; *Prowatke/Felten* Die „neue“ Selbstanzeige, DStR 11, 899; *Schwartz* Zur Geringfügigkeitsgrenze bei § 371 AO nF, PStR 11, 122; *Zanzinger* Die Einschränkungen der Selbstanzeige durch das Schwarzgeldbekämpfungsgesetz – Klärung erster Zweifelsfragen, DStR 11, 1397; *Helml* Die Reform der Selbstanzeige im Steuerstrafrecht, 2013; *Rolletschke* Die „Klippen“ des neuen Selbstanzeigerechts, StRR 14, 331; *Seipl/Grötsch* Wiederaufleben der Selbstanzeigemöglichkeit nach Wegfall von Sperrgründen und die Selbstanzeige nach einer Teilselbstanzeige, wistra 16, 1.

Schrifttum zu den Änderungen durch das Gesetz zur Änderung der Abgabenordnung und des Einführungsgesetzes zur Abgabenordnung v 22.12.2014: *Rübenstahl* Selbstanzeige 3.0? – Der Entwurf des BMF eines Gesetzes zur Änderung der Abgabenordnung vom 27.8.2014 und der Regierungsentwurf vom 24.9.2014, WiJ 14, 190; *Neuendorf/Saligmann* Die geplante Neuregelung der Selbstanzeige und ihre Auswirkungen auf die Praxis, DStZ 14, 791; *Burkhard* Die Selbstanzeige ab dem 1.1.2015, StraFo 15, 95; *Grötsch/Seipl* Das Vollständigkeitsgebot einer Selbstanzeige nach der Neuregelung zum 1.1.2015, NStZ 15, 498; *Grötsch* Zeitlicher Anwendungsbereich der neuen Selbstanzeigeregelung, NZWiSt 15, 409; *Hunsmann* Neuregelung der Selbstanzeige im Steuerstrafrecht, NJW 15, 113; *Kemper* § 371 AO „Neu" – Ein Blick auf die seit dem 1.1.2015 geltende Regelung und die ersten erkennbaren neuen Verwerfungen, DStZ 15, 746; *Leibold* Steuersünder unter Druck – Strafbefreiende Selbstanzeige wurde verschärft – Spielräume bei der Strafzumessung werden enger, NZWiSt 15, 74; *Madauß* Gesetzliche Klarstellungen, fortbestehende und neue Probleme der Selbstanzeige iSd § 371 AO nF – der Versuch einer Bestandsaufnahme, NZWiSt 15, 41; *Michalsky* Die Neuregelung der strafbefreienden Selbstanzeige: ein Überblick, jM (juris Monatszeitschrift) 15, 211; *Rolletschke* Selbstanzeigerecht: Trial and error, StRR 15, 128; *Schwartz* Praxisfragen zur neuen Selbstanzeigeregelung zum 1.1.2015, PStR 15, 37; *Talsaka/Bertrand* Das neue Recht der Selbstanzeige – Die Rechtslage seit dem 1.1.2015 und die Auswirkungen für die Praxis, ZWH 15, 89; *Roth* Die Selbstanzeige im Steuerstrafrecht ZAP Fach 20, 599; *Wulf* Praxishinweise zum Anwendungsbereich der „Selbstanzeige zweiter Klasse" bei Beträgen von mehr als 25 000 € (§ 371 Abs 2 Nr 3 AO), Stbg 15, 160; *Wulf* Reform der Selbstanzeige – Neue Klippen auf dem Weg zur Strafbefreiung, wistra 15, 166; *Rübenstahl/Schwebach* Zur Vollständigkeit der Selbstanzeige des Gehilfen, wistra 16, 97.

Weiteres Schrifttum vor Rz 40, 111, 140, 150, 155, 210, 235, 240, und 245.

Übersicht

1. Inhalt und Wirkung. § 371 normiert in den Abs 1 bis 3 einen **persönlichen Strafaufhebungsgrund.** Liegen die Voraussetzungen von § 371 I vor, ohne dass Sperrgründe gem § 371 II eingreifen, wird der an einer StHinterziehung Beteiligte (Täter, Gehilfe oder Anstifter), der diese Voraussetzungen erfüllt, nachträglich straflos. Gem § 371 III tritt diese Wirkung für den jeweiligen Tatbeteiligten allerdings nur ein, wenn er die zu seinen Gunsten hinterzogenen Steuern sowie – außer im Fall des Abs 2a S 1 – die Hinterziehungszinsen binnen angemessener Frist entrichtet. Scheitert die Wirksamkeit der Selbstanzeige allein an den Sperrgründen gem § 371 II 1 Nrn 3 und 4, tritt zwar für die betroffene Tat keine Straffreiheit ein. Jedoch kann der Tatbeteiligte durch Zahlung eines weiteren, in § 398a I Nr 2 genannten Geldbetrags erreichen, dass gem § 398a von der Verfolgung der Tat abzusehen ist. 1

Die bei der strafbefreienden Selbstanzeige im Verzicht auf den staatlichen Strafanspruch liegende Privilegierung des StStraftäters ggü anderen Straftätern bedarf einer doppelten **Rechtfertigung.** Zum einen sollen aus fiskalischen Gründen bisher verborgene StQuellen erschlossen werden (BGHSt 35, 36; 12, 100 f; BGH wistra 04, 309, 310); zum anderen soll dem StHinterzieher ein Anreiz gegeben werden, zur StEhrlichkeit zurückzukehren (BGHSt 55, 180; vgl auch BGHSt 3, 375). Damit ist die Straffreiheit nicht die Belohnung für bessere Einsichten, sondern für die mit einer StNachzahlung verbundene Rückkehr zur StEhrlichkeit (BGHSt 55, 180 Rz 7 mwN; 56, 298, 317). Trotz der mit dem Rechtsinstitut der Selbstanzeige verfolgten fiskalischen Zwecke ist die Vorschrift entgegen einer weit verbreiteten gegenteiligen Auffassung (vgl BayObLG MDR 85, 519; *Keller/Kelnhofer* wistra 01, 369, 370) nicht weit, sondern **als Ausnahmevorschrift** wegen des Verzichts auf den staatlichen Strafanspruch **restriktiv auszulegen** (BGHSt 55, 180 Rz 17). Aus diesem Grund sind auch die Sperrgründe des § 371 II innerhalb der gem Art 103 II GG zu beachtenden Wortlautgrenze nicht etwa aus fiskalischen Erwägungen eng auszulegen (BGH aaO; aA OLG Celle wistra 00, 277; *Rüping* wistra 01, 121). 2

§ 371 ist verfassungsgemäß. Insbesondere beruht es nicht auf sachfremden, gegen den Gleichheitssatz des Art 3 GG verstoßenden Erwägungen, dass die Strafbefreiung auch mit fiskalischen Erwägungen begründet wird und dass der Gesetzgeber dem Täter eines Betruges die Möglichkeit einer strafbefreienden Selbstanzeige nicht eingeräumt hat (vgl auch BVerfGE 64, 251). 3

Für eine wirksame Selbstanzeige ist es **nicht erforderlich,** dass sie **freiwillig** abgegeben wird. Die strafbefreiende Wirkung einer Selbstanzeige kommt auch 4 demjenigen Täter zu Gute, der aus Furcht vor einer bevorstehenden Entdeckung handelt. Das Gesetz stellt auch hinsichtlich der Gründe, die eine strafbefreiende Selbstanzeige ausschließen (§ 371 II), auf objektive Umstände ab. Lediglich im Fall der Tatentdeckung (§ 371 II 1 Nr 2) wird der Ausschluss der strafbefreienden Wirkung einer Selbstanzeige zugunsten des Täters zusätzlich davon abhängig gemacht, dass er die Tatentdeckung kannte oder bei verständiger Würdigung der Sachlage mit ihr rechnen musste.

5 Die Selbstanzeige kann auch noch nach Tatvollendung zur Straffreiheit führen. Im Gegensatz dazu kommt der strafbefreiende **Rücktritt nach § 24 StGB nur im Versuchsstadium** in Betracht. Der Rücktritt führt zudem nur unter weiteren einschränkenden Voraussetzungen zur Straffreiheit. Der Täter muss freiwillig die weitere Ausführung der Tat aufgeben oder deren Vollendung verhindern (§ 24 I 1 StGB). Wenn die Tat ohne sein Zutun nicht vollendet wird, tritt die Straflosigkeit nur ein, wenn er sich freiwillig und ernsthaft bemüht, die Vollendung zu verhindern (§ 24 I 2 StGB). Weitere dem § 371 vergleichbare Vorschriften über die Strafaufhebung bei nachträglicher Schadenswiedergutmachung enthält das Strafgesetzbuch nicht (vgl aber § 264 V, § 264a III StGB betr Subventions- und Kapitalanlagebetrug; § 266a VI StGB bei Vorenthalten und Veruntreuen von Arbeitsentgelt).

6 Die **strafbefreiende Selbstanzeige** gem § 371 genießt ggü den Vorschriften des allgemeinen Teils des Strafgesetzbuchs über den Rücktritt vom Versuch **keinen Anwendungsvorrang** und schließt deshalb die Anwendung des § 24 StGB bei einem Rücktritt vom Versuch der StHinterziehung nicht aus (BGHSt 37, 340; aA *Rolletschke* ZWH 13, 186). Treten bei einer versuchten StHinterziehung die Vorschriften zueinander in Konkurrenz, findet die für den Täter günstigere Regelung Anwendung. So kommt vor Vollendung einer StHinterziehung grds ein Rücktritt vom Versuch durch Nachreichen einer zutreffenden StErklärung auch dann noch in Betracht, wenn in Geschäftsräumen bereits eine Ap durchgeführt wird und sowohl die Bekanntgabe der Prüfungsanordnung als auch das Erscheinen des Prüfers nach § 371 II Nr 1 Buchst a und c der strafaufhebenden Wirkung einer Selbstanzeige entgegenstehen (vgl dazu auch *Kottke* DStZ 98, 151; *Marschall* BB 98, 2496). Im Regelfall dürfte es in einer solchen Situation allerdings an der für die Strafaufhebung erforderlichen Freiwilligkeit des Rücktritts fehlen.

7 **Die Selbstanzeige ist ein persönlicher Strafaufhebungsgrund** (hM; vgl *JJR/Joecks* § 371 Rz 39 mwN). Sie wirkt daher nur zugunsten desjenigen, der in seiner Person die Voraussetzungen für die Strafbefreiung erfüllt. Vertretung bei der Abgabe der Selbstanzeige ist allerdings möglich.

8 Aufgehoben wird bei einer wirksamen Selbstanzeige nur die Möglichkeit der Bestrafung der Tat als StHinterziehung. **Sonstige Folgen** der Tat bleiben dagegen **unberührt.** So schließt etwa die strafbefreiende Wirkung der Selbstanzeige eines Beamten Disziplinarmaßnahmen gegen diesen nicht aus (§ 14 II BDG; BVerwG NJW 01, 1151, bestätigt durch BVerfG NJW 02, 1787; BVerwG v 28.7.2011 BVerwGE 140, 185). Welche Maßnahme iErg angemessen ist, hängt von den Umständen des Einzelfalles ab (OVG Münster NVwZ-RR 01, 775). Auch die fristlose Kündigung eines im öffentlichen Dienst Beschäftigten kann trotz Selbstanzeige gerechtfertigt sein (BAG NJW 02, 2582). Nach der Rspr des BVerwG kommt allerdings bei Beamten die Entfernung aus dem Beamtenverhältnis oder die Aberkennung des Ruhegehalts selbst bei Hinterziehungsbeträgen in siebenstelliger Höhe dann nicht in Betracht, wenn der Täter aus freien Stücken eine Selbstanzeige abgegeben hat und zur Wiedergutmachung des Schadens Willens und in der Lage ist. Anderes soll bei einer Selbstanzeige aus Furcht vor Entdeckung gelten, es sei denn, es treten zugunsten des Täters weitere Umstände von erheblichem Gewicht hinzu, etwa die alsbaldige Nachzahlung der verkürzten Steuern (BVerwGE 140, 185). Nach der Rspr des BFH dürfen die in einem Strafverfahren gewonnenen Erkenntnisse dem Dienstvorgesetzten gem § 125c BRRG auch dann offenbart

werden, wenn der Täter aufgrund einer Selbstanzeige straffrei bleibt (BFH wistra 08, 224; krit im Hinblick auf den „Nemo-tenetur-Grundsatz" *JJR/Joecks* § 371 Rz 394); nach der Rspr des BVerwG (NJW 10, 2229) bedarf es für die Weitergabe von StDaten aber eines hinreichenden Verdachts für ein schweres Dienstvergehen.

Tatsachen und Beweismittel, die im Wege einer Selbstanzeige offenbart werden, dürfen zur strafgerichtlichen **Verfolgung eines Allgemeindelikts** herangezogen werden, da niemand zur Abgabe einer Selbstanzeige verpflichtet ist (BGH wistra 04, 309; krit *Eidam* wistra 04, 412). Der Festsetzung von Hinterziehungszinsen steht eine wirksame Selbstanzeige ebenfalls nicht entgegen (§ 235 Rz 5; zur Festsetzungsverjährung insoweit vgl BFH BStBl II 08, 844). 9

Die Selbstanzeige hemmt gem § 171 IX AO für ein Jahr den Ablauf der steuerlichen Festsetzungsfrist. Die **Ablaufhemmung** beginnt, wenn die angezeigte StVerkürzung dem Grunde nach individualisiert werden kann, der Stpfl also StArt und Veranlagungszeitraum benennt und den Sachverhalt so schildert, dass der Gegenstand der Selbstanzeige erkennbar wird (BFH wistra 10, 356). 10

Eine sog **„verunglückte Selbstanzeige"**, zB wegen Unvollständigkeit, Vorliegens eines Ausschlussgrundes oder Nichteinhaltung der Zahlungsfrist, führt nicht zur Strafaufhebung, kann sich aber strafmildernd auswirken (§ 370 Rz 331). 11

2. Sachlicher Anwendungsbereich. § 371 gilt nur für die StHinterziehung („wird … nicht nach § 370 bestraft"), nicht für den Bannbruch (§ 372), den Schmuggel (§ 373) und die StHehlerei (§ 374). Ebenso wenig gilt § 371 für die Begünstigung (§ 257 StGB) nach einer StHinterziehung und die Wertzeichenfälschung, selbst wenn sie sich auf StZeichen bezieht (vgl § 369 I Nr 3); ferner nicht für nicht steuerliche Straftaten, auch wenn diese mit der StHinterziehung im engen Zusammenhang oder gar in Tateinheit stehen (zweifelnd *JJR/Joecks* § 371 Rz 51). 20

§ 371 gilt auch für **Einfuhr- und Ausfuhrabgaben** iSv § 370 VI 1 sowie die in § 370 VI 2 genannten **Umsatzsteuern und Verbrauchsteuern,** die von einem anderen Mitgliedstaat der EU verwaltet werden. Für die Frage der Vollständigkeit einer Selbstanzeige iSv § 371 dürften die in § 370 VI genannten Abgaben als jeweils selbständige StArt zu behandeln sein, auch wenn es sich um nationalen Steuern vergleichbare Steuern handelt. 21

Auch wenn die Selbstanzeige von anderen Mitgliedstaaten der EU verwaltete Steuern betrifft, kann für eine bei einer deutschen FinBeh eingereichte Selbstanzeige **nur in Deutschland Straffreiheit** erlangt werden. Eine etwaige Straffreiheit in anderen Mitgliedstaaten aufgrund von Selbstanzeigen richtet sich nach den dort geltenden Vorschriften. Ein Strafklageverbrauch kann durch eine im Inland eingereichte und auch wirksame Selbstanzeige in anderen EU-Mitgliedstaaten ebenfalls nicht erreicht werden, da dann gerade keine Strafe verhängt wird. 22

Für die StOWi der **leichtfertigen** StVerkürzung enthält § 378 III eine eigenständige Regelung über die Selbstanzeige (§ 378 Rz 40 ff). 23

Kraft Verweisung ist § 371 **entsprechend anwendbar** auf die Verkürzung von Abgaben zu Marktordnungszwecken (§ 12 I MOG) und die Hinterziehung von Abwasserabgaben (§ 14 AbwAG). Dasselbe gilt für die Wohnungsbauprämie (§ 8 II WoPG) und die Arbeitnehmer-Sparzulage (§ 14 III 5. VermBG). 24

Auf zu Unrecht in Anspruch genommene **Investitionszulagen** nach § 1 InvZulG 2005/2007/2010 ist § 371 nach hM nicht anwendbar (vgl *HHSp/Beckemper* § 371 AO Rz 30; *JJR/Joecks* § 371 Rz 47); zudem enthält § 264 V StGB eine Sonderregelung über die tätige Reue. 25

Keine Anwendung findet § 371 auf die **gewerbs- oder bandenmäßige Schädigung des USt-Aufkommens (§ 26c UStG).** Dies ergibt sich bereits aus dem Wortlaut des Gesetzes („wird … nicht nach § 370 bestraft"). Für eine analoge Anwendung ist ebenfalls kein Raum, da nach ordnungsgemäßer Anmeldung und bloßer Nichtzahlung der Steuern eine Berichtigung unrichtiger oder Ergänzung unterlassener oder unvollständiger Angaben von vornherein nicht möglich ist und 26 bei einer Nachzahlung bereits erklärter StBeträge auch keine neuen StQuellen erschlossen werden (glA *RK/Kemper* § 26c UStG Rz 71; *Reiter* „Nemo tenetur se ipsum prodere" und StErklärungspflicht, 2006 Fn 744; *Weyand* INF 2002, 183; *Nöhren* Die Hinterziehung von Umsatzsteuer, 2005 S 69 ff mit Hinweis auf die Entstehungsgeschichte des § 26c UStG; aA *JJR/Joecks* § 370 Rz 748; *Joecks* wistra 02, 201; *Lührs* BuW 2002, 711). Dass eine verbleibende Strafbarkeit gem § 26c UStG ggf den mit § 371 verfolgten Zwecken zuwiderläuft, steht dem nicht entgegen. Ist bereits die StAnmeldung unrichtig, greift § 370 und nicht § 26c UStG ein (str; glA *JJR/Joecks* § 370 Rz 748; *Nöhren* aaO S 69 ff); denn mit § 26c UStG wollte der Gesetzgeber lediglich eine Strafbarkeitslücke schließen, die besteht, wenn die USt ordnungsgemäß erklärt, aber gleichwohl nicht abgeführt wird (vgl BT-Drs 25/7471).

30 **3. Zeitlicher Anwendungsbereich.** Die Vorschrift des § 371 wurde seit Anfang des Jahres 2011 vom Gesetzgeber zweimal erheblich geändert.

31 **Bis zum Inkrafttreten des Schwarzgeldbekämpfungsgesetzes** (Rz 32) hatte die in § 371 I–III geregelte Selbstanzeige folgenden Regelungsinhalt:

„(1) Wer in den Fällen des § 370 unrichtige oder unvollständige Angaben bei der Finanzbehörde berichtigt oder ergänzt oder unterlassene Angaben nachholt, wird insoweit straffrei.

(2) Straffreiheit tritt nicht ein, wenn
1. vor der Berichtigung, Ergänzung oder Nachholung
   a) ein Amtsträger der Finanzbehörde zur steuerlichen Prüfung oder zur Ermittlung einer Steuerstraftat oder einer Steuerordnungswidrigkeit erschienen ist oder
   b) dem Täter oder seinem Vertreter die Einleitung des Straf- oder Bußgeldverfahrens wegen der Tat bekannt gegeben worden ist oder
2. die Tat im Zeitpunkt der Berichtigung, Ergänzung oder Nachholung ganz oder zum Teil bereits entdeckt war und der Täter dies wusste oder bei verständiger Würdigung der Sachlage damit rechnen musste.

(3) Sind Steuerverkürzungen bereits eingetreten oder Steuervorteile erlangt, so tritt für einen an der Tat Beteiligten Straffreiheit nur ein, soweit er die zu seinen Gunsten hinterzogenen Steuern innerhalb der ihm bestimmten angemessenen Frist entrichtet."

32 Durch das Gesetz zur Verbesserung der Bekämpfung von Geldwäsche und StHinterziehung **(Schwarzgeldbekämpfungsgesetz)** v 28.4.2011 (BGBl I, 676; s auch BR-Drs 166/11), in Kraft getreten am 3.5.2011, hat der Gesetzgeber erhebliche Einschränkungen bei der Selbstanzeige vorgenommen. § 371 I–III erhielt folgende Fassung:

„(1) Wer gegenüber der Finanzbehörde zu allen unverjährten Steuerstraftaten einer Steuerart in vollem Umfang die unrichtigen Angaben berichtigt, die unvollständigen Angaben ergänzt oder die unterlassenen Angaben nachholt, wird wegen dieser Steuerstraftaten nicht nach § 370 bestraft.

(2) Straffreiheit tritt nicht ein, wenn
1. bei einer der zur Selbstanzeige gebrachten unverjährten Steuerstraftaten vor der Berichtigung, Ergänzung oder Nachholung
   a) dem Täter oder seinem Vertreter eine Prüfungsanordnung nach § 196 bekannt gegeben worden ist oder
   b) dem Täter oder seinem Vertreter die Einleitung des Straf- oder Bußgeldverfahrens bekannt gegeben worden ist oder
   c) ein Amtsträger der Finanzbehörde zur steuerlichen Prüfung, zur Ermittlung einer Steuerstraftat oder einer Steuerordnungswidrigkeit erschienen ist oder
2. eine der Steuerstraftaten im Zeitpunkt der Berichtigung, Ergänzung oder Nachholung ganz oder zum Teil bereits entdeckt war und der Täter dies wusste oder bei verständiger Würdigung der Sachlage damit rechnen musste oder
3. die nach § 370 Absatz 1 verkürzte Steuer oder der für sich oder einen anderen erlangte nicht gerechtfertigte Steuervorteil einen Betrag von 50 000 Euro je Tat übersteigt.

(3) Sind Steuerverkürzungen bereits eingetreten oder Steuervorteile erlangt, so tritt für einen an der Tat Beteiligten Straffreiheit nur ein, soweit er die zu seinen Gunsten hinterzogenen Steuern innerhalb der ihm bestimmten angemessenen Frist entrichtet."

Motiv für die Gesetzesänderung war insbes, dass Voraussetzung der Strafaufhebung die Rückkehr des Täters zur StEhrlichkeit sein soll; bloßes Taktieren und „Reue“ in Abhängigkeit vom Stand der Ermittlungen dürften nicht belohnt werden (vgl BT-Drs 17/4182, 4; *GJW/Rolletschke* § 371 AO Rz 11 aE); iÜ hielt der Gesetzgeber aber am Rechtsinstitut der Selbstanzeige fest, das sich grds bewährt habe (BT-Drs aaO). Nach der bis dahin geltenden Rechtslage waren die Wirksamkeitsvoraussetzungen der Selbstanzeige für jede StHinterziehung isoliert zu prüfen; auch war der Täter nicht gezwungen, mehrere von ihm begangene Taten gleichzeitig aufzudecken, um nachträglich im Umfang der Aufdeckung Straffreiheit zu erlangen. Etwas anderes ergab sich auch nicht aus dem vom BGH in seinem Beschluss v 20.5.2010 (BGHSt 55, 180) verwendeten Begriff des „reinen Tisches“; denn der BGH gebrauchte ihn tatbezogen. Seit den Änderungen durch das Schwarzgeldbekämpfungsgesetz ist Wirksamkeitsvoraussetzung für jede einzelne Selbstanzeige, dass für alle noch nicht strafrechtl verjährten StHinterziehungen derselben StArt Selbstanzeigen abgegeben werden. In der Literatur werden hierfür Begriffe wie „Berichtigungsverbund“, „Selbstanzeigenverbund“ oder „gebündelte Selbstanzeigen“ verwendet. 33

Auch die **Sperrgründe** wurden durch das Schwarzgeldbekämpfungsgesetz **erweitert** (s dazu die 12. Aufl Rz 17). Zugleich stellte der Gesetzgeber klar, dass einer Teilselbstanzeige auch in Zukunft keine strafbefreiende Wirkung zukommt. 34

Durch das **Gesetz v 22.12.2014 zur Änderung der Abgabenordnung** und des Einführungsgesetzes zur Abgabenordnung (BGBl I, 2415) erhielt § 371 im Wesentlichen die nun geltende Fassung. Mit dieser Gesetzesänderung wurden weitere Verschärfungen (zB die Absenkung der Betragsgrenze im Sperrgrund des § 371 II 1 Nr 3 auf 25 000 € und die Einfügung von § 371 II 1 Nr 4 als neuen Sperrgrund), aber auch Einschränkungen in den Sperrgründen (zB in § 371 IIa für bestimmte StAnmeldungen) in das Gesetz aufgenommen. Durch das Steuerumgehungsbekämpfungsgesetz vom 23.6.2017 (BGBl I 1682) wurde dann noch mWv 25.6.2017 der Sperrgrund gem § 371 II 1 Nr 4 um den Verweis auf das neue Regelbeispiel eines besonders schweren Falls der StHinterziehung in § 370 III 2 Nr 6 ergänzt. 35

Für den **zeitlichen Anwendungsbereich** der einzelnen Fassungen des § 371 ergibt sich daraus Folgendes: 36

Für **vor der Verabschiedung des Schwarzgeldbekämpfungsgesetzes v 28.4.2011 abgegebene Selbstanzeigen** hat der Gesetzgeber die Wirksamkeit von Teilselbstanzeigen im Umfang der berichtigten, ergänzten oder nachgeholten Angaben rückwirkend normiert (Art 97 § 24 EGAO). Mit dieser die Täter begünstigenden Regelung hat er mit Wirkung allein für die Vergangenheit dem Umstand Rechnung getragen, dass die FinBeh bis zur Entscheidung des BGH v 20.5.2010 (BGHSt 55, 180) Teilselbstanzeigen überwiegend als wirksam angesehen haben. Art 97 § 24 EGAO hat folgenden Inhalt: 37

Art 97 § 24 EGAO Selbstanzeige bei Steuerhinterziehung und leichtfertiger Steuerverkürzung

Bei Selbstanzeigen nach § 371 der Abgabenordnung, die bis zum 28. April 2011 bei der zuständigen Finanzbehörde eingegangen sind, ist § 371 der Abgabenordnung in der bis zu diesem Zeitpunkt geltenden Fassung mit der Maßgabe anzuwenden, dass im Umfang der gegenüber der zuständigen Finanzbehörde berichtigten, ergänzten oder nachgeholten Angaben Straffreiheit eintritt. Das Gleiche gilt im Fall der leichtfertigen Steuerverkürzung für die Anwendung des § 378 Absatz 3 der Abgabenordnung.

Die aktuelle Fassung des § 371 gilt für alle nach dem 31.12.2014 bei den FinBeh eingereichten Selbstanzeigen. Eine Ausnahme gilt für den Sperrgrund der Nutzung einer beherrschten Drittstaatsgesellschaft zur Verschlechterung (§ 371 II 1 Nr 4 iVm § 370 III 2 Nr 6), der erst auf ab dem 25.6.2017 eingereichte Selbstan- 38 zeigen Anwendung findet (Art 97 § 1 XII 1 EGAO). Maßgeblich für die Wirksamkeit einer Selbstanzeige ist die bei deren Abgabe und nicht die zum Tatzeitpunkt geltende Fassung des § 371. Zwar wird in der Literatur teilweise geltend gemacht, dass es sich bei den Regelungen in § 371 I–III um materielles Strafrecht handele, sodass gem § 2 III StGB stets das für den Täter mildere Recht Anwendung finden müsse (vgl *JJR/Joecks* § 371 Rz 239; *Joecks* DStR 14, 2261, 2266 f; *Hunsmann* NJW 15, 118; *Wulf* wistra 15, 165). Diese Rechtsfolge ist jedoch nicht zwingend; denn der Gesetzgeber hat die Möglichkeit, die zeitliche Anwendbarkeit von Strafaufhebungsgründen abweichend zu regeln (vgl zB Art 97 § 24 EGAO). Ob er hiervon Gebrauch gemacht hat, sodass das geänderte Recht nur für „Neufälle" gilt und für „Altfälle" das bisherige Recht anwendbar bleibt, muss durch Auslegung des Änderungsgesetzes geklärt werden (vgl dazu *Schönke/Schröder/Eser/Hecker* § 2 StGB Rz 20). Für die Wirksamkeit von Selbstanzeigen lässt sich dem Gesetzgebungsverfahren der Wille des Gesetzgebers entnehmen, dass die neuen Regelungen grds für alle nach dem Inkrafttreten des Änderungsgesetzes eingereichten Selbstanzeigen gelten sollen (vgl BT-Drs 18/3439, 7); denn der Gesetzgeber wollte zur Erreichung des Ziels einer konsequenten Bekämpfung der StHinterziehung (BT-Drs 18/3018, 1) erkennbar eine sofort wirkende Verschärfung der Regeln über die strafbefreiende Selbstanzeige. Mit diesem Willen wäre es nicht vereinbar, wenn die Verschärfungen erst nach einigen Jahren Wirkung zeigen würden, weil „Altfälle" nicht erfasst würden.

39 Eine **Ausnahme** von dem Grundsatz, dass für die Wirksamkeit einer Selbstanzeige das bei seiner Einreichung geltende Recht maßgeblich ist, muss allerdings für diejenigen neuen Regelungen angenommen werden, bei denen – wie etwa in Abs 2 S 2 und Abs 2a – die **Sperrwirkung** ggü der vorangegangenen Gesetzeslage **wieder beschränkt** worden ist. Denn der Gesetzgeber wollte hiermit zum einen Rechtssicherheit für die Praxis schaffen (BR-Drs 431/14, 11 zu Abs 2a) und zum anderen eine für zu weit gehend erkannte Sperrwirkung von steuerlichen Prüfungen wieder zurücknehmen (BT-Drs 18/3018, 12 zu Abs 2 S 2). Er wollte bereits eingereichte Selbstanzeigen von der Beschränkung der Sperrwirkung in diesen Fällen nicht ausnehmen (BT-Drs 18/3439, 7).

4. Voraussetzungen für die Straffreiheit (§ 371 I)

Schrifttum: *Gaede* Vorzeitiger Abschied von der Teilselbstanzeige?, PStR 10, 282; *Sackreuther* BGH definiert Maßstäbe zur „Bagatellabweichung", PStR 11, 244; *Schwartz* Der praktische Fall: Die Selbstanzeige nach der Selbstanzeige, PStR 11, 150; *Schwartz* Praxisprobleme mit der zweiten Selbstanzeige: Tatentdeckung durch die Abgabe einer (unwirksamen) Teilselbstanzeige, wistra 11, 81; *Spatscheck/Höll* Geringfügigkeitsgrenze bei unbewussten Abweichungen in der Selbstanzeige, Stbg 11, 561; *Weinbrenner* Selbstanzeige gem § 371 AO nF und Einspruch gegen den Steuerbescheid, DStR 13, 1268; *Grötsch/Seipl* Das Vollständigkeitsgebot einer Selbstanzeige nach der Neuregelung zum 1.1.2015, NStZ 15, 498; *Rolletschke* Die Zehnjahresfrist des § 371 I n. F., ZWH 15, 339; *Wild/Kaufmann* Selbstanzeige: Zum Berichtigungsverbund von Kindergeld und Einkommensteuer, PStR 17, 294; *Handel* Die Stellvertretung bei der Selbstanzeige, DStR 18, 709.

40 **a) Gegenstand der Selbstanzeige.** Eine Selbstanzeige kann gem § 371 I nur dann strafbefreiend wirken, wenn für alle unverjährten StHinterziehungen einer StArt, mindestens aber zu allen StStraftaten einer StArt innerhalb der letzten zehn Kalenderjahre eine vollständige und richtige Selbstanzeige abgegeben wird. Aus der Anknüpfung an die Straftat der StHinterziehung ergibt sich, dass damit der Zeitraum der **strafrechtlichen Verfolgungsverjährung** (§§ 78 ff StGB) und nicht der steuerrechtlichen Festsetzungsverjährung (§§ 169 ff AO) gemeint ist (vgl auch *GJW/Rolletschke* § 371 AO Rz 36). Selbstanzeigen, die sich nur auf einzelne noch nicht verjährte Taten hinsichtlich derselben StArt beziehen, sind insgesamt unwirksam und führen auch nicht für diejenigen Taten zu einer Straffreiheit, hinsichtlich derer die Selbstanzeigen – isoliert betrachtet – vollständig waren. Gem § 371 II 2 können aber solche Taten wirksam von der Selbstanzeige ausgenommen werden,

für die ein Sperrgrund gem § 371 II 1 Buchst a oder c eingreift. Der Gesetzgeber verfolgte zunächst das Ziel, dass die Straffreiheit nur noch bei vollständiger Rückkehr zur StEhrlichkeit eintreten kann, ein „reiner Tisch" lediglich hinsichtlich einzelner Taten (vgl BGHSt 55, 180) im Gegensatz zur bis ins Jahr 2011 geltenden Rechtslage somit nicht mehr genügt. Letztlich wurde dann aber eine Regelung Gesetz, bei der die **Steuerstraftaten verschiedener Steuerarten** für die Frage der Straffreiheit aufgrund einer Selbstanzeige **isoliert betrachtet** werden. Der Stpfl kann also nachträgliche Straffreiheit für begangene EStHinterziehungen erlangen, auch wenn er eine ebenfalls begangene Hinterziehung von Schenkungsteuer nicht offenbart. Diese Einschränkung der für die Erlangung von Straffreiheit erforderlichen Rückkehr zur StEhrlichkeit ist dem Umstand geschuldet, dass sonst Selbstanzeigewillige allein wegen der großen Gefahr ungewollt unvollständiger Berichtigungserklärungen von einer Selbstanzeige abgehalten werden könnten.

Anknüpfungspunkt für die Wirksamkeitsanforderungen an die Selbstanzeige **41** ist zwar die jeweilige **hinterzogene Steuer,** sodass eine Selbstanzeige keine Wirksamkeit erlangen kann, wenn nicht für alle unverjährten StHinterziehungen derselben StArt, mindestens aber für alle StStraftaten einer StArt der letzten zehn Kalenderjahre vollständige Selbstanzeigen abgegeben werden. Bezugspunkt für die einzelne Selbstanzeige bleibt aber weiterhin die durch Stpfl, StArt und Besteuerungszeitraum umschriebene Tat (vgl BT-Drs 17/5067 [neu], 24). Die einzelne Selbstanzeige ist damit das Gegenstück zur Straftat und soll deren Folgen nachträglich beseitigen.

Bei **Tateinheit** (§ 52 StGB) muss sich die Selbstanzeige auf alle in Tateinheit **42** stehenden Taten beziehen, denn in einem solchen Fall sind die Taten durch ein und dieselbe Handlung begangen worden. Der Umstand, dass der Gesetzgeber für die Wirksamkeit einer Selbstanzeige die Abgabe von weiteren Selbstanzeigen verlangt, nämlich für alle noch nicht verjährten StHinterziehungen derselben StArt, rechtfertigt nicht den Schluss, der Gesetzgeber habe gerade bei Tateinheit – also innerhalb einer rechtlichen Einheit – Teilselbstanzeigen zulassen wollen, während er sonst Teilselbstanzeigen ausdrücklich die Wirksamkeit versagt hat. Verkürzt der Täter mit derselben Handlung Steuern zweier unterschiedlicher StArten, hat dies gem § 371 I zur Folge, dass die Selbstanzeige nur dann wirksam sein kann, wenn er für sämtliche unverjährten StHinterziehungen beider StArten Selbstanzeigen abgibt (vgl dazu auch BGH wistra 12, 191 Abschnitt 2e).

Den Begriff der **„Steuerart"** in § 371 I hat der Gesetzgeber nicht näher defi- **43** niert. In den Gesetzesmaterialien findet sich zu diesem Begriff die erläuternde Formulierung „einzelne hinterzogene Steuer" bzw „verkürzte Steuer" und die Nennung des Beispiels „Einkommensteuer" (BT-Drs 17/5067 [neu], 24). Ausgehend hiervon dürfte die StArt idR ausgehend vom jeweiligen StGesetz zu bestimmen sein. In dem genannten Beispiel müssten deshalb „alle verkürzten Einkommensteueransprüche der noch nicht verjährten Veranlagungszeiträume" (BT-Drs 17/5067 [neu], 24), mindestens aber der letzten zehn Kalenderjahre, offenbart werden. Unrichtige Angaben zum Bezug von Kindergeld als StVergünstigung (§ 31 S 3, § 62 ff EStG) betreffen die StArt ESt und sind bei einer sich auf diese StArt beziehenden Selbstanzeige mit zu berichtigen (zutr *Wild/Kaufmann* PStR 17, 294).

Im Schrifttum wird es teilweise für „erforderlich" gehalten, das Kriterium der **44** StArt einschränkend dahin auszulegen, dass damit nur dieselbe StArt **ein und desselben Stpfl** gemeint sei (vgl *Beckemper ua* wistra 11, 281, 283). Die Folge einer solchen Auslegung wäre, dass zB eine Selbstanzeige wegen Hinterziehung von vom Täter selbst geschuldeter ESt auch dann wirksam wäre, wenn er seine Teilnahme an der EStHinterziehung anderer Personen – etwa im Zusammenhang mit verdeckten Gewinnausschüttungen – nicht offenbaren würde. Auch wird die Frage diskutiert, ob nicht das Verfahren zur gesonderten und einheitlichen Feststellung von Besteuerungsgrundlagen als andere StArt iSv § 371 angesehen werden könnte (vgl *Beckemper ua* wistra 11, 281, 283). Solche Überlegungen sind aber eher auf pragmatische als auf systematische Erwägungen gestützt und finden weder im Wortlaut des Gesetzes noch in den Gesetzesmaterialien eine tragfähige Grundlage. Vielmehr ist der vom Gesetzgeber aufgestellte Grundsatz das Erfordernis der vollständigen Rückkehr zur StEhrlichkeit; die Beschränkung des Berichtigungserfordernisses auf Taten derselben StArt ist die Ausnahme.

50 **b) Form und Inhalt der Berichtigungserklärung.** Eine wirksame Selbstanzeige setzt voraus, dass unrichtige **Angaben berichtigt, fehlende nachgeholt und unvollständige Angaben ergänzt** werden. Der Umfang der zur Richtigstellung bzw Nachholung erforderlichen Angaben bezieht sich dabei auf den Tatbegriff des § 370 und damit auf die nach StArt, Besteuerungszeitraum und Stpfl bestimmte Tat (vgl BGH wistra 00, 219). Für die Wirksamkeit der Selbstanzeige muss sich diese aber auf alle strafrechtl noch unverjährten Taten und solche der letzten zehn Kalenderjahre bzgl derselben StArt beziehen. Erforderlich ist die Mitteilung der richtigen bzw noch nicht erklärten Besteuerungsgrundlagen, also der für die zutreffende Besteuerung notwendigen Tatsachen (*Schmitz* DStR 01, 1821 mwN); die rechtliche Beurteilung dieser Tatsachen obliegt demgegenüber dem FA (LG Stuttgart wistra 90, 72). Eines Hinweises auf eine ggf abweichende Rechtsauffassung bedarf es daher nicht, wenn die Angaben nun richtig und vollständig sind. Die Offenlegung nur der Quelle nicht erklärter Einkünfte ohne Angabe der Höhe reicht nicht aus (OLG Hamburg wistra 93, 274). Zwar müssen die Angaben nicht so erschöpfend sein, dass das FA auf der Stelle die Veranlagung durchführen könnte. Sie müssen aber in jedem Fall so geartet sein, dass die FinBeh auf ihrer Grundlage in der Lage ist, ohne langwierige Nachforschungen den Sachverhalt vollends aufzuklären und die Steuer richtig festzusetzen (BGHSt 55, 180; 3, 373, 376; BGH wistra 04, 309; DB 77, 1347). Genügen die Angaben – bei Anwendung eines strengen Maßstabs – diesen Anforderungen nicht, liegt keine wirksame Selbstanzeige, sondern nur die Ankündigung einer Selbstanzeige vor (BGHSt 55, 180).

50a Allerdings beziehen sich mE die Anforderungen des § 371 I nur auf die **vom Vorsatz umfasste Tat** iSv § 370; für leichtfertige und sonst unvorsätzliche Verstöße gelten die Vorschriften des § 378 bzw des § 153. Im Einzelfall kann sich die Beantwortung der Frage, ob bei Abgabe einer inhaltlich unrichtigen Erklärung bedingter Vorsatz vorgelegen hat (und damit eine Selbstanzeige in Betracht kommt) oder ob der Stpfl die Unrichtigkeit der Erklärung erst nachträglich erkannt hat (und deshalb gem § 153 verpflichtet ist, diese zu berichtigen), als schwierig erweisen. Mit einem Anwendungserlass v 23.5.2016 (DStR 16, 1218) will das BMF diese Abgrenzung erleichtern (vgl dazu *Beyer* NZWiSt 16, 234; *Neuling* DStR 16, 1652; *Wegner* SteuK 16, 289). Maßgeblich ist stets die im Einzelfall zu beantwortende Frage, ob bei Abgabe einer unrichtigen steuerlichen Erklärung bedingter Vorsatz vorgelegen hat. Zur Frage, ob in Fällen des Erlangens nicht gerechtfertigter StVorteile gem § 153 eine Berichtigung zu erfolgen hat, vgl *Neuling* DStR 16, 1652, 1655.

50b Eine Selbstanzeige kann sich auch aus **mehreren Erklärungen** zusammensetzen, solange noch kein Sperrgrund – etwa Tatentdeckung – eingetreten ist (vgl *JJR/Joecks* § 371 Rz 103).

51 Bei **Tateinheit** (§ 52 StGB) muss sich die Selbstanzeige auf alle in Tateinheit stehenden Taten beziehen, denn das Gesetz behandelt sie rechtl wie eine Tat. Der Umstand, dass der Gesetzgeber für die Wirksamkeit einer Selbstanzeige die Abgabe von Selbstanzeigen für alle noch nicht verjährten StHinterziehungen derselben StArt verlangt hat, rechtfertigt nicht den Schluss, er habe bei Tateinheit Teilselbstanzeigen zulassen wollen.

52 Auch in der **Abgabe einer StErklärung** kann eine Selbstanzeige liegen (BGH wistra 09, 189). In der Aufforderung an das FA, eine Bp vorzunehmen, liegt dagegen noch keine Selbstanzeige. Der Stpfl muss einen eigenen wesentlichen Beitrag

leisten, damit die Steuer richtig festgesetzt werden kann (BGHSt 3, 373). Die schlichte Vorlage von Buchführungsunterlagen genügt hierfür nicht (vgl *Marschall* BB 98, 2496); ausreichend kann aber die Vorlage von Kontounterlagen, Depotauszügen und Erträgnisbescheinigungen sein, aus denen die nachzuversteuernden Kapitalerträge ohne Weiteres ersichtlich sind.

Die nachzumeldenden Beträge kann der Selbstanzeigewillige auch durch **Schätzung** ermitteln (BGHSt 55, 180 Rz 35; BGH NJW 74, 2293). Um die Wirksamkeit einer Selbstanzeige nicht zu gefährden, kann es dabei sinnvoll sein, großzügiger zu schätzen. Die genaue Höhe der geschuldeten Steuern kann dann ggf im Einspruchsverfahren geklärt werden, wenn dadurch die Selbstanzeige nicht insgesamt infrage gestellt wird (Rz 91). 53

Eine **„Selbstanzeige in Stufen"**, bei der dem FA zunächst dem Grunde nach mitgeteilt wird, dass bestimmte Angaben unzutreffend waren und dass die fehlenden Zahlenangaben nachgeholt werden (vgl *Schmitz* DStR 01, 1821, 1826), ist in § 371 **nicht vorgesehen.** Wer sich nach einer StHinterziehung auf die Wirksamkeit einer solchen „Selbstanzeige" verlässt, handelt daher auf eigenes Risiko. Denn mit der Abgabe einer „gestuften Selbstanzeige" kann die Wirkung von Sperrgründen nach § 371 II – etwa einer Tatentdeckung – nicht umgangen werden (BGHSt 55, 180 Rz 35). Der Umstand, dass bei den FinBeh die Abgabe von Selbstanzeigen in Stufen zum Teil toleriert und nicht selten sogar gewünscht wird, ändert daran nichts. Dies gilt auch, soweit der Stpfl die zutreffenden Besteuerungsgrundlagen nicht ohne Weiteres ermitteln kann und ihm deswegen eine genau bezifferte Selbstanzeige zunächst gar nicht möglich ist. Ohne Bedeutung ist dabei, ob die Ursache dafür eine unzureichende Buchhaltung, fehlende Belege oder der Umstand ist, dass die Bank erforderliche Unterlagen, zB Erträgnisaufstellungen, nicht so schnell bereitstellen kann. Der zu einer Selbstanzeige Entschlossene ist daher gehalten, von Anfang an, also bereits „auf der ersten Stufe", die Angaben über die stl erheblichen Tatsachen – notfalls auf der Basis einer großzügigen Schätzung (Rz 53) – anhand der ihm bekannten Informationen vollständig zu berichtigen, zu ergänzen oder nachzuholen (BGHSt 55, 180 Rz 36). Eine „Selbstanzeige dem Grunde nach" genügt hierfür nicht. Sie schließt auch nicht aus, dass die FinBeh – wozu sie bei einem Anfangsverdacht sogar verpflichtet ist – mit Ermittlungen beginnt, bevor es dem Stpfl gelingt, die genauen Beträge zu beschaffen. 54

c) Selbstanzeigen für strafrechtlich nicht verjährten Zeitraum, mindestens für zehn Kalenderjahre. Die Selbstanzeige muss sich zumindest auf den **strafrechtl nicht verjährten Zeitraum** erstrecken (§ 371 I 2); denn ihr Ziel ist die Erlangung von Straffreiheit. Insoweit ist zu beachten, dass gem § 376 I idF des JStG 2009 (BGBl I 08, 2794) in den in § 370 III 2 Nr 1 bis 5 genannten Fällen besonders schwerer StHinterziehung die Verjährungsfrist *zehn Jahre,* in sonstigen Fällen der StHinterziehung – wie bisher in allen Fällen – *fünf Jahre* beträgt. Die Verlängerung der gesetzlichen Verjährungsfrist erfasste alle am 25.12.2008, als die Verjährungsregelung des § 376 I in Kraft getreten ist, noch nicht abgelaufenen Verjährungsfristen (§ 376 Rz 2). Maßgeblich für die Anwendung des § 376 I sind die zu diesem Zeitpunkt geltenden Regelbeispiele; auf die gesetzliche Fassung der Regelbeispiele zum Zeitpunkt der Tatbegehung kommt es insoweit hingegen nicht an (BGH wistra 13, 280). Hinsichtlich des Regelbeispiels gem § 370 III 2 Nr 6 erfasst die verlängerte Verjährung die Taten, die am 25.6.2017 noch nicht verjährt waren (Art 97 § 1 XII 1 EGAO). 55

Wurden innerhalb der letzten **zehn Kalenderjahre** weitere sich auf dieselbe StArt beziehende, aber bereits verjährte StHinterziehungen begangen, muss sich die Selbstanzeige auch hierauf erstrecken (§ 371 I 2). Der Gesetzgeber wollte damit einen weitgehenden zeitlichen Gleichlauf zwischen der steuerrechtlichen Verjährungsfrist und dem zu Zwecken der Strafbefreiung nötigen zeitlichen Umfang der Selbstanzeige erreichen (vgl *Hunsmann* NJW 15, 113). Von einer direkten An- 56 knüpfung des Vollständigkeitsgebots an die Vorschriften über die steuerrechtliche Verjährung hat er zur Vereinfachung der Regelung abgesehen.

57 Str ist in der Literatur, wie der **Begriff „zehn Kalenderjahre"** auszulegen ist. Zum Teil wird die Auffassung vertreten, gemeint sei der Zehnjahreszeitraum, dessen Endpunkt der Tag der Selbstanzeige ist (vgl *Hunsmann* NJW 15, 113). Andere wollen auf die bereits abgeschlossenen vollen Kalenderjahre abstellen (vgl *Joecks* DStR 14, 2261, 2262; iE auch *Rolletschke* ZWH 15, 339) und solche Zeiträume ausnehmen, für die steuerrechtl bereits Verjährung eingetreten ist (vgl *JJR/Joecks* § 371 Rz 78 mwN). Da nicht von Jahren, sondern von Kalenderjahren die Rede ist, dürften die der Selbstanzeige vorausgehenden vollen Kalenderjahre (1.1. bis 31.12.) maßgeblich sein. Auch wenn eine Beschränkung auf den steuerrechtl nicht verjährten Zeitraum dem zunächst vom Gesetzgeber Gewollten entsprechen dürfte, ist sie jedenfalls dem Gesetzeswortlaut nicht zu entnehmen. Da der Gesetzgeber letztlich von einer Anknüpfung an die steuerrechtlichen Verjährungsregelungen Abstand genommen hat, spricht einiges dafür, dass es auf den Eintritt der steuerrechtlichen Verjährung im Einzelfall nicht ankommen soll.

60 **d) Adressat der Selbstanzeige.** Richtiger Adressat der Selbstanzeige ist jede FinBeh iSd § 6 II. Dabei muss es – entgegen früherer Ansicht – nicht die sachlich und örtlich zuständige FinBeh sein (*Kohlmann/Schauf* § 371 AO Rz 275 ff). Wegen der Pflicht zur Weiterleitung an die im Einzelfall zuständige FinBeh (§ 111) kann der Stpfl davon ausgehen, die StQuelle „für den Fiskus als Ganzes" erschlossen zu haben (*HHSp/Beckemper* § 371 AO Rz 52). Auch Außenprüfer und Fahndungsbeamte kommen als Adressaten einer Selbstanzeige in Betracht (*HHSp/Beckemper* § 371 AO Rz 58 mwN). Ob nur eine FinBeh Adressat einer Selbstanzeige sein kann, ist höchstrichterlich noch nicht geklärt (ausdrücklich offengelassen für die StA in BGH wistra 03, 385). Im Schrifttum wird zum Teil vertreten, dass auch StA, Polizei und Gerichte aufgrund ihrer Mitteilungsverpflichtung (§ 116) zuständig sind (vgl *JJR/Joecks* § 371 Rz 121; *Kohlmann/Schauf* § 371 AO Rz 280). Darauf sollte sich der Stpfl jedoch nicht verlassen. Maßgebend für die Wirksamkeit der Selbstanzeige ist ihr rechtzeitiger Eingang „bei der FinBeh" (§ 371 I). Folglich kann der Stpfl Nachteile erleiden, wenn die Weiterleitung vergessen wird oder nicht rechtzeitig erfolgt.

65 **5. Einzelfragen zur Abgabe von Selbstanzeigen a) Unwirksamkeit von Teilselbstanzeigen.** Eine unvollständige Selbstanzeige ist als Teilselbstanzeige unwirksam. Eine Ausnahme von diesem Grundsatz besteht lediglich in den Fällen des Abs 2a für USt-Voranmeldungen und LSt-Anmeldungen (s dazu Rz 205). Unerheblich ist dabei, ob die Selbstanzeige bewusst oder unbewusst unvollständig abgegeben wird (vgl *GJW/Rolletschke* § 371 AO Rz 44e). Dies ergibt sich eindeutig aus dem Wortlaut des § 371 I, der eine Abstufung der Wirksamkeit nach dem Umfang der Berichtigung, Ergänzung oder Nachholung von Angaben nicht vorsieht und auch keine subjektiven Komponenten enthält. Hieran hat sich durch das Schwarzgeldbekämpfungsgesetz nichts geändert; denn das zuvor im Wortlaut des § 371 I enthaltene Wort „insoweit" bezog sich nicht auf den Umfang der gemachten Angaben, sondern allein auf den Umfang der Strafbefreiung (BGHSt 55, 180 Rz 9). Die Straffreiheit bezieht sich jedenfalls nur auf die StHinterziehung, nicht auch auf tateinheitlich oder tatmehrheitlich mitverwirklichte Nichtsteuerstraftaten. Eine Selbstanzeige nach einer zuvor abgegebenen unvollständigen Selbstanzeige führt unweigerlich zur Aufdeckung der früheren Selbstanzeige als unwirksame Teilselbstanzeige (vgl *Schwartz* wistra 11, 81). Beide Selbstanzeigen sind dann unwirksam; die Tat kann im vollen Umfang verfolgt werden. Der Umstand, dass der Täter selbst durch die zweite Selbstanzeige die Unwirksamkeit der ersten aufgedeckt hat, kann allein im Rahmen der Strafzumessung berücksichtigt werden. Keine Teilselbstanzeige idS liegt vor, wenn unrichtige Angaben, die bereits bei der Tatbegehung nicht vom Vorsatz umfasst und damit nicht Teil der Straftat der

StHinterziehung gem § 370 waren, nicht von der Berichtigung umfasst sind. Hinsichtlich solcher unrichtiger Angaben sind die Vorschriften der §§ 378 und 153 zu prüfen.

Vor der Verabschiedung des Schwarzgeldbekämpfungsgesetzes abgegebene Teilselbstanzeigen sind dagegen im Umfang der Berichtigung wirksam. Denn der Gesetzgeber hat der früheren Praxis der FinBeh, Teilselbstanzeigen als wirksam anzuerkennen, dadurch Rechnung getragen, dass er in Art 97 § 24 EGAO Selbstanzeigen, die bis zur Verabschiedung des Schwarzgeldbekämpfungsgesetzes 2011 abgegeben worden sind, Wirksamkeit im Umfang der berichtigten, ergänzten oder nachgeholten Angaben einräumt (Rz 37). Fraglich ist, ob auch eine nach der Verabschiedung des Schwarzgeldbekämpfungsgesetzes abgegebene weitere Selbstanzeige wirksam wäre, mit der die ursprüngliche gem Art 97 § 24 EGAO wirksame Teilselbstanzeige ergänzt wird. Dies ist zu bejahen, wenn die neue Selbstanzeige vollständig ist. Die frühere Teilselbstanzeige steht der Wirksamkeit der neuen nicht entgegen, wenn sie gem Art 97 § 24 EGAO wirksam ist, weil es dann insoweit an einer (noch) verfolgbaren Straftat fehlt. Die neue Selbstanzeige ist damit keine Teilselbstanzeige. 66

b) Erheblichkeit neuer Unrichtigkeiten. Enthält die Berichtigung **neue,** erhebliche **Unrichtigkeiten,** so ist sie als Selbstanzeige unwirksam (BGH BB 78, 698). Dies gilt jedoch idR dann nicht, wenn sich der Stpfl zu seinen Ungunsten geirrt hat (BGH NJW 74, 2293). Ob der Stpfl die unrichtige oder mangelhafte Berichtigung verschuldet hat, ist unerheblich (BGH DB 77, 1347). Ist der Täter ohne sein Verschulden nicht in der Lage, richtige Angaben zu machen, führt dies nicht zur Fiktion zutreffender Angaben (vgl LG Hbg wistra 88, 120). Auch wenn die verkürzten Steuern vom Täter überhaupt nicht ermittelt werden können, weil die Buchführung des Stpfl unzureichend ist, kommt eine Selbstanzeige mit strafbefreiender Wirkung nicht in Betracht (BGH BB 78, 2155). 68

c) Unschädlichkeit geringfügiger Abweichungen. Soweit in der Literatur darauf hingewiesen wird, dass die FinVerw, aber auch die Rspr, früher Fehlberechnungen oder -bewertungen bei iÜ vollständiger Selbstanzeige bis zur Höhe von 6–6,5% (vgl OLG Frankfurt NJW 62, 974; OLG Köln DB 80, 57; *Marschall* BB 98, 2496; *Koops* DB 99, 2184), teilweise sogar bis zu 10% toleriert hat (*Klos* NJW 96, 2336; *Kohlmann/Schauf* § 371 AO Rz 224), ist dafür nach der Änderung des § 371 I durch das Schwarzgeldbekämpfungsgesetz („in vollem Umfang") keine gesetzliche Grundlage mehr vorhanden. Allerdings ist der Gesetzgeber bei Verabschiedung des Schwarzgeldbekämpfungsgesetzes davon ausgegangen, dass **Bagatellabweichungen** weiterhin nicht zur Unwirksamkeit der strafbefreienden Selbstanzeige als solcher führen sollen. Vielmehr müssten wie bisher im praktischen Vollzug Unschärfen hingenommen werden (BT-Drs 17/5067 [neu] S 19). Dies entspricht der bisherigen Rspr des BGH, nach der eine Selbstanzeige auch dann zur vollständigen Strafaufhebung führt, wenn die Abweichungen in der Berichtigung oder Nacherklärung vom geforderten Inhalt der Selbstanzeige nur geringfügig sind (BGH wistra 1999, 27; BB 1978, 698). 70

Welcher **Maßstab** für die Rechtsfrage gilt, wann Differenzen der Angaben in einer Selbstanzeige ggü wahrheitsgemäßen Angaben nur „geringfügig" sind, sodass die Selbstanzeige als solche wirksam bleibt, hat der Gesetzgeber nicht konkret bestimmt. Mit Beschluss v 25.7.2011 (wistra 11, 428) hat deshalb der BGH hierzu Grundsätze aufgestellt. Danach ist jedenfalls eine Abweichung mit einer Auswirkung von mehr als fünf Prozent vom Verkürzungsbetrag iSd § 370 IV nicht mehr geringfügig. Wurden damit zB im Rahmen einer StHinterziehung Steuern im Umfang von 100 000 € verkürzt, so wären die Abweichungen in einer sich auf diese Tat beziehenden Selbstanzeige jedenfalls dann nicht mehr geringfügig, wenn durch die Selbstanzeige lediglich eine vorsätzliche Verkürzung von weniger als 95 000 € aufgedeckt würde. Allerdings führt nicht jede Abweichung unterhalb 71 dieser (relativen) Grenze stets zur Annahme einer unschädlichen „geringfügigen Differenz“. Vielmehr ist – in diesen Fällen – eine Bewertung vorzunehmen, ob die inhaltlichen Abweichungen vom gesetzlich vorausgesetzten Inhalt einer vollständigen Selbstanzeige noch als „geringfügig“ einzustufen sind. Diese wertende Betrachtung kann auf der Grundlage einer Gesamtwürdigung der Umstände bei Abgabe der Selbstanzeige auch unterhalb der Abweichungsgrenze von fünf Prozent die Versagung der Strafbefreiung rechtfertigen. Bei dieser Bewertung spielen neben dem Umfang der Abweichung auch die Umstände eine Rolle, die zu den Abweichungen geführt haben.

72 **Bewusst vorgenommene Abweichungen** dürften schon deshalb, weil sie nicht vom Willen zur vollständigen Rückkehr zur StEhrlichkeit getragen sind, idR nicht als „geringfügig“ anzusehen sein (vgl BGH wistra 11, 428).

73 Zum **Anknüpfungspunkt** für die Frage der **Geringfügigkeit,** wenn gem § 371 I zur Erlangung der Straffreiheit für mehrere Taten einer StArt Selbstanzeigen abzugeben waren, hat sich der BGH bislang nicht ausdrücklich geäußert (vgl BGH wistra 11, 428). Im Schrifttum wird für die Frage der Erheblichkeit von Abweichungen teilweise eine Gesamtbetrachtung der gem § 371 I bzgl aller (unverjährten) Taten einer StArt abgegebenen Selbstanzeigen für geboten angesehen (vgl *Schwartz* PStR 11, 122; *Hunsmann* NJW 11, 1482, 1484; *Spatscheck/Höll* Stbg 11, 561, 563; *Heuel/Beyer* StBW 11, 315, 316). Die Geringfügigkeitsgrenze würde dann anhand der Summe der Verkürzungsbeträge bestimmt. Zu hohe Angaben für einzelne Veranlagungszeiträume könnten dann im Wege einer „Saldierung“ bzw „Verrechnung“ zu geringe Angaben aus anderen Veranlagungszeiträumen kompensieren. Nur wenn die insgesamt erklärungsgemäß anfallende Steuer vom saldierten Verkürzungsbetrag um mehr als 5% nach unten abweicht, lägen unwirksame Selbstanzeigen vor (so etwa *Spatscheck/Höll* Stbg 11, 561). Für diese Auffassung könnte sprechen, dass der Gesetzgeber in § 371 I das Schicksal mehrerer Selbstanzeigen im Hinblick auf dieselbe StArt miteinander verknüpft hat. Die Gesetzessystematik spricht aber mehr für eine **tatbezogene Betrachtung** (glA *Rolletschke/Roth* Stbg 11, 200, 201). Der Gesetzgeber hat bei der Novellierung der strafbefreienden Selbstanzeige bewusst die Anknüpfung der Selbstanzeige am materiellen Tatbegriff beibehalten. Damit ist jede Selbstanzeige das „Gegenstück“ zur einzelnen Tat. Nur wenn alle gem § 371 I hinsichtlich einer StArt für unverjährte Taten abzugebenden Selbstanzeigen isoliert betrachtet wirksam sind, tritt für alle diese Taten Straffreiheit ein. Dementsprechend hat auch der BGH ausgeführt, dass „die Vollständigkeit und Wirksamkeit der Selbstanzeige für jede Tat im materiellen Sinn gesondert“ zu prüfen ist (wistra 11, 428, 430 Rz 63). Bei den Sperrgründen gem § 371 II 1 Nrn 1 und 2 verhält es sich iÜ ebenso: Die Sperrgründe sind tatbezogen („bei einer der StStraftaten“); ihr Vorliegen hindert aber – mit Ausnahme des Sperrgrundes gem § 371 II 1 Nr 3 und der sich aus § 371 II 2 ergebenden Einschränkungen – die Wirksamkeit der übrigen für dieselbe StArt abgegebenen Selbstanzeigen.

74 **Mehr als nur geringfügige Abweichungen** führen dazu, dass eine insgesamt **unwirksame Teilselbstanzeige** vorliegt. Eine solche ist idR strafmildernd zu berücksichtigen. War sie erkennbar vom Willen zur Rückkehr zur StEhrlichkeit getragen („fehlgeschlagene Selbstanzeige“), kann dieser Umstand auch zu einer deutlichen Strafmilderung, in besonderen Fällen sogar zu einer Einstellung gem § 153a StPO, führen. Dies gilt insbes in Fällen, in denen der Täter bei der Selbstanzeige versehentlich eine fehlerhafte Zuordnung von Erträgen zu den einzelnen Veranlagungszeiträumen vorgenommen hat.

80 **d) Selbstanzeige durch Abgabe einer zutreffenden Umsatzsteuerjahreserklärung.** Die Einreichung einer vollständigen und fehlerfreien USt-Jahreserklärung ist Selbstanzeige im Verhältnis zu den zuvor unterlassenen oder unrichtigen Voranmeldungen (BGH wistra 99, 27; vgl auch BGH wistra 09, 189 und wistra

18, 43 Rz 57 sowie *JJR/Joecks* § 371 Rz 94 f). Auch die nachträgliche Einreichung einer bis dahin unterlassenen StErklärung kann eine Selbstanzeige darstellen.

e) Selbstanzeige nach unrichtigen Einkommensteuervorauszahlungen. 85
Die Einreichung einer EStErklärung kann auch hinsichtlich etwaiger falscher ESt-Vorauszahlungen oder -Herabsetzungen gem § 37 III EStG eine Selbstanzeige darstellen (OLG Stuttgart wistra 87, 263; *Bilsdorfer* wistra 87, 265; *Kohlmann/Schauf* § 371 AO Rz 172; aA LG Stuttgart wistra 84, 197). Enthält die Jahreserklärung Einkünfte aus nichtselbständiger Arbeit, für die keine LSt einbehalten wurde, liegt darin allerdings nicht zugleich eine Selbstanzeige zugunsten des Abzugsverpflichteten; denn die Verpflichtungen zur Abgabe einer EStErklärung und zum StAbzug betreffen unterschiedliche StSubjekte (vgl *JJR/Joecks* § 371 Rz 97).

f) Widerruf der Selbstanzeige. Wird die Selbstanzeige widerrufen, führt dies 90
nach zutreffender hM zum Wegfall der Straffreiheit (glA *HHSp/Beckemper* § 371 Rz 84; so bereits RGSt 75, 261). Nach aA entfällt bei einem Widerruf wesentlicher Angaben einer Selbstanzeige zwar nicht deren strafbefreiende Wirkung; der Widerruf sei aber eine neue StHinterziehung, die sich als versuchte oder vollendete Tat darstellen könne (*JJR/Joecks* § 371 Rz 124 f; *Stahl* Selbstanzeige Rz 182).

Str ist, wann der Widerruf einer Selbstanzeige vorliegt (zum Meinungsstand vgl 91
Weinbrenner DStR 13, 1268 mwN). Da eine Selbstanzeige nur die Mitteilung der für die zutreffende Besteuerung notwendigen Tatsachen erfordert, stellt allein die **Einlegung eines Einspruchs** gegen die StFestsetzung keinen Widerruf dar, wenn damit eine rechtliche Überprüfung der StFestsetzung erstrebt wird, ohne dass die Angaben aus der Selbstanzeige in Zweifel gezogen werden. Anders kann dies aber sein, wenn der Tatsachenvortrag im Rechtsbehelf mit den Angaben in der Selbstanzeige in stl erheblichen Bereichen nicht vereinbar ist (*Weinbrenner* aaO). Waren die Angaben in der Selbstanzeige zulässig auf eine Schätzung gestützt, stellt es noch kein Abrücken von der Selbstanzeige dar, wenn der Anzeigeerstatter von ihm neu in Erfahrung gebrachte, der Wahrheit entsprechende Umstände vorbringt, die die Schätzungsgrundlagen konkretisieren (vgl auch *Simon/Vogelberg* S 199). Wird dabei aber die bisherige Schätzung grundlegend infrage gestellt, stellt allerdings auch dies einen Widerruf der Selbstanzeige dar (*Weinbrenner* aaO schlägt für Abweichungen nach unten im Verhältnis zur tatsächlich verkürzten Steuer einen Toleranzbereich von 5 % vor).

g) Zeitpunkt der Selbstanzeige. Der Zeitpunkt des Eingangs der Selbstan- 95
zeige, nicht der der Überprüfung, ist für die Frage des Vorliegens von Sperrgründen (§ 371 II) ausschlaggebend. Maßgeblich ist, wann das FA in der Lage war, von der Selbstanzeige Kenntnis zu nehmen (vgl BayObLG DB 81, 778). Mit dem Einwurf der Selbstanzeige in den Hausbriefkasten des FA ist eine Berichtigung erfolgt, unabhängig davon, ob ein Vertreter der Behörde von ihr tatsächlich Kenntnis erlangt hat (BayObLG StB 81, 184).

h) Selbstanzeige durch einen Bevollmächtigten. Die Abgabe einer Selbst- 100
anzeige durch einen Vertreter (StB oder sonstiger Vertreter) ist zulässig. Der Auftrag muss vor Erstattung der Selbstanzeige erteilt worden sein (BGHSt 3, 373); eine schriftliche Vollmacht muss aber nicht vorgelegt werden (*Schmitz* DStR 01, 1821). Im Hinblick auf das Erfordernis der Fristsetzung zur Nachzahlung gem § 371 III bedarf es auch bei der Selbstanzeige durch einen Vertreter der Angabe des Vertretenen; ausnahmsweise ist dies dann entbehrlich und verdeckte Stellvertretung möglich, wenn noch keine StVerkürzungen eingetreten oder StVorteile erlangt sind (BGH wistra 04, 309); vgl dazu auch *Handel* DStR 18, 709.

i) Ermittlungsverfahren nach Selbstanzeige. Nach einer Selbstanzeige ist 105
grds ein **steuerstrafrechtliches Ermittlungsverfahren einzuleiten;** denn sie begründet stets den Verdacht, dass die angezeigte Tat wirklich begangen worden ist (BFH BStBl II 08, 844; LG Hamburg wistra 88, 317; *JJR/Jäger* § 397 AO Rz 51; *Rolletschke* wistra 07, 89 und 02, 17). Die Gegenauffassung (*Krieger* DStR 02, 750;

Burkhard PStR 01, 46) lässt sich mit dem Legalitätsprinzip (§ 152 II StPO) nicht vereinbaren; denn die Selbstanzeige beseitigt als persönlicher Strafaufhebungsgrund die Straf- und damit Verfolgbarkeit erst dann, wenn sie sich – ggf nach intensiver Überprüfung – als wirksam erwiesen hat und gem § 371 III sowohl die hinterzogenen Beträge als auch die Hinterziehungszinsen entrichtet wurden (vgl BFH BStBl II 08, 844). Bis zur Zahlung dieser Beträge hat der Täter mit einer iÜ wirksamen Selbstanzeige nur eine Anwartschaft auf Straffreiheit erlangt. Häufig bleibt bei Eingang einer Selbstanzeige zunächst fraglich, ob die angezeigten Tatsachen vollständig sind oder ob eine Teilanzeige vorliegt, die keine strafbefreiende Wirkung entfaltet. In jedem Fall muss geklärt werden, ob Sperrgründe für die Wirksamkeit der Selbstanzeige eingreifen (vgl § 371 II). Die Selbstanzeige bildet daher allenfalls dann einen Grund, von strafrechtlichen Ermittlungen abzusehen, wenn an ihrer Wirksamkeit von Anfang an keine Zweifel bestehen und die verkürzten Steuern einschl der sich hieraus ergebenden Hinterziehungszinsen bereits nachentrichtet worden sind (vgl *JJR/Jäger* § 397 Rz 77; *Rolletschke* wistra 07, 89). Im Hinblick auf das Wirksamkeitserfordernis, die Selbstanzeige auf alle unverjährten StHinterziehungen derselben StArt, mindestens aber auf einen Zehnjahreszeitraum, zu erstrecken, dürften solche Fälle selten sein (ähnlich *HHSp/Beckemper* § 371 AO Rz 243). In den Fällen des § 398a AO ist schon deshalb ein Ermittlungsverfahren einzuleiten, weil in solchen Fällen die Selbstanzeige nicht zur Strafaufhebung, sondern nur und erst dann zu einem Verfolgungshindernis führt, wenn die in § 398a AO genannten Geldbeträge entrichtet worden sind.

108 **j) Prüfung der Selbstanzeige.** Die **Prüfungskompetenz,** ob eine Selbstanzeige wirksam ist und zur Strafaufhebung führt, liegt bei der zuständigen **Ermittlungsbehörde.** Wenn die FinBeh in den Fällen des § 386 II das Ermittlungsverfahren selbständig durchführt, prüft auch sie – freilich ohne Bindungswirkung – die Wirksamkeit einer Selbstanzeige und stellt ggf das eingeleitete Ermittlungsverfahren nach § 170 II StPO ein. In Fällen, in denen auch sonst eine Evokation der StA nicht fernliegt (§ 386 IV 2), hat die FinBeh jedoch vor der Verfahrenseinstellung die StA zu beteiligen (BGHSt 55, 180 Rz 38).

110 **6. Sperrgründe des § 371 II. a) Allgemeines.** Eine den Anforderungen des § 371 I entsprechende Selbstanzeige bewirkt gleichwohl keine Strafaufhebung, wenn vor der Berichtigung, Ergänzung oder Nachholung ein **Sperrgrund nach § 371 II** eingetreten ist. Muss sich die Selbstanzeige gem § 371 I auf mehrere StStraftaten erstrecken, entfällt die Strafaufhebung (außer bei den Sperrgründen gem § 371 II 1 Nrn 3 und 4) für alle diese Taten bereits dann, wenn hinsichtlich einer der Taten ein Sperrgrund nach § 371 II eingreift.

b) Prüfungsbezogene Sperrgründe (§ 371 II 1 Nr 1). aa) Bekanntgabe einer Prüfungsanordnung nach § 196 (Abs 2 S 1 Nr 1 Buchst a)

Schrifttum: *Wulf* Selbstanzeige trotz laufender Betriebsprüfung?, Stbg 13, 269; *Erb* Einschränkung des Vollständigkeitsgebots bei laufender steuerlicher Prüfung, PStR 18, 178.

111 Mit der Selbstanzeige sollen neue StQuellen erschlossen werden (s Rz 2). Diesen Zweck kann die Selbstanzeige aber dann nicht mehr erfüllen, wenn die Entdeckung der StQuelle ohnehin bevorsteht. Deswegen hat der Gesetzgeber mit dem Schwarzgeldbekämpfungsgesetz (Rz 32) den Sperrgrund der Bekanntgabe der Anordnung einer Ap nach § 196 eingeführt. In der seit 1.1.2015 geltenden Fassung dieser Norm wird die Sperrwirkung ausgelöst, wenn dem an der Tat Beteiligten, seinem Vertreter, dem Begünstigten iSd § 370 I oder dessen Vertreter eine Prüfungsanordnung gem § 196 bekannt gegeben wird.

112 Die **interne Anordnung** der Ap bewirkt die Sperrwirkung der Ap dagegen **noch nicht.** Lässt sich der Zugang der regelmäßig mit normaler Post versandten Prüfungsanordnung nicht nachweisen, bleibt als weiterer Sperrgrund das tatsächliche Erscheinen des Prüfers gem § 371 II 1 Nr 1 Buchst c.

Nach einer weit verbreiteten Auffassung (vgl zB *Wulf* Stbg 13, 269; *JJR/Joecks* § 371 Rz 208) gilt auch für den Sperrgrund des § 371 II 1 Nr 1 Buchst a die **Bekanntgabefiktion des § 122 I Nr 1 AO,** wonach die Prüfungsanordnung als schriftlicher Verwaltungsakt (frühestens) am dritten Tag nach der Aufgabe zur Post als bekannt gegeben gilt. Die Annahme, dass diese Fiktion auch bei den Sperrgründen des § 371 AO Anwendung findet, ist jedoch **nicht zutreffend.** Vielmehr handelt es sich bei § 371 AO um eine strafrechtliche Vorschrift, für die Fiktionen des StRechts nicht ohne Weiteres gelten. Auch die Motive des Gesetzgebers bei Schaffung des Sperrgrundes des § 371 II 1 Nr 1 Buchst a zeigen, dass dem an einer StHinterziehung Beteiligten gerade die Möglichkeit genommen werden sollte, nach Kenntniserlangung von einer Prüfungsanordnung noch eine wirksame Selbstanzeige abgeben zu können. Es kommt somit allein darauf an, wann die Prüfungsanordnung dem Täter oder seinem Vertreter tatsächlich zugegangen ist; bei Zweifeln gilt statt der steuerrechtlichen Bekanntgabefiktion der strafrechtliche Zweifelssatz. 113

Die Sperrwirkung ist seit 1.1.2015 beschränkt auf den sich aus der Prüfungsanordnung ergebenden sachlichen und zeitlichen **Umfang der angekündigten Außenprüfung.** Wurde hinsichtlich des Prüfungszeitraums keine StHinterziehung begangen, entfaltet die Prüfungsanordnung auch keine Sperrwirkung. Geht von der Prüfungsanordnung eine Sperrwirkung aus, erfasst diese nach der ausdrücklichen Regelung in § 371 II Nr 1 Buchst a andere unverjährte Taten derselben StArt, die von der Ap nicht erfasste Zeiträume betreffen, nicht. Für diese ist gem § 371 II 2 noch eine wirksame Selbstanzeige möglich. 114

Ob eine **rechtswidrige,** aber nicht nichtige **Prüfungsanordnung** die Sperrwirkung auslösen kann, ist str (vgl die Nachweise bei *JJR/Joecks* § 371 Rz 213). Der BGH hat für den Sperrgrund des Erscheinens eines Amtsträgers zur steuerlichen Prüfung (§ 371 II Nr 1 Buchst a aF) zutreffend darauf hingewiesen, dass für den Stpfl jederzeit eindeutig erkennbar sein muss, ob eine Selbstanzeige dazu führt, dass er in Bezug auf den offenbarten Sachverhalt straffrei wird. Ein Abstellen auf die Rechtswidrigkeit der Prüfungsanordnung oder der Prüfungsdurchführung oder auf die stl oder strafrechtliche Verwertbarkeit des Prüfungsergebnisses würde insoweit zu erheblichen Unsicherheiten führen, da solche Mängel in vielen Fällen nicht ohne Weiteres erkennbar sein werden und uU erst nach langdauernden Gerichtsverfahren feststehen (BGH wistra 05, 381). Dies gilt auch für den Sperrgrund der Bekanntgabe einer Prüfungsanordnung. Eine Prüfungsanordnung löst daher nur dann keine Sperrwirkung aus, wenn sie an so schwer wiegenden Mängeln leidet, dass sie nichtig ist. 115

bb) Erscheinen eines Amtsträgers zur steuerlichen Prüfung (Abs 2 S 1 Nr 1 Buchst c)

Schrifttum: *Erb* Wiederaufleben der Selbstanzeigemöglichkeit nach Abschluss einer Betriebsprüfung, PStR 10, 246; *Rau* Zu welchem Zeitpunkt die Möglichkeit der Selbstanzeige wieder auflebt, PStR 11, 12; *Möller* Prüfung nach dem SchwarzArbG und Selbstanzeige gemäß § 371 AO, PStR 12, 13; *Roth* Lohnsteuer-Nachschau: Selbstanzeigesperrgrund mit Breitenwirkung?, PStR 13, 180; *Seipl/Grötsch* Wiederaufleben der Selbstanzeigemöglichkeit nach Wegfall von Sperrgründen und die Selbstanzeige nach der Teilselbstanzeige, wistra 16, 1.

Die Straffreiheit ist ausgeschlossen, wenn ein Amtsträger der Finanzbehörde zur steuerlichen **Prüfung erschienen ist.** Die bloße Ankündigung der Prüfung ist noch kein „Erscheinen" und schließt als solche die Straffreiheit einer Selbstanzeige nicht aus (*JJR/Joecks* § 371 Rz 225 mwN). Bei Außenprüfungen stellt aber bereits die Bekanntgabe der Prüfungsanordnung einen Sperrgrund dar (§ 371 II 1 Nr 1 Buchst a). 120

Amtsträger der FinBeh (§ 7) sind Personen, die mit den in § 371 II 1 Nr 1 Buchst c genannten Funktionen betraut sind. Dazu gehören Außen- und Sonderprüfer, Steuer- und Zollfahnder sowie die mit der StAufsicht beauftragten Personen. Die Nachschau (s auch gem § 210 I) ist nun als eigenständiger Sperrgrund der 121

Selbstanzeige ausgestaltet (§ 371 II 1 Nr 1 Buchst e). Auch Verwaltungsangehörige der FÄ, die mit einer steuerlichen Prüfung betraut wurden, zB Veranlagungssachbearbeiter und Prüfer der „betriebsnahen Veranlagung" (§ 85 Nr 3 AEAO), gehören zu den Amtsträgern der FinBeh (*Bilsdorfer* INF 02, 72). Beamte anderer Behörden, zB Staatsanwalt und Polizei, sind dagegen nicht Amtsträger iSd § 371 II 1 Nr 1 Buchst c (*HHSp/Beckemper* § 371 AO Rz 149; *Kohlmann/Schauf* § 371 AO Rz 449). Erscheint aber die Polizei oder ein Staatsanwalt zur Überprüfung eines Anfangsverdachts eines StStraftat, liegt darin idR die Bekanntgabe der Einleitung eines Ermittlungsverfahrens; dies begründet ebenfalls einen Ausschlussgrund (§ 371 II 1 Nr 1 Buchst b).

122 **Erschienen** ist der Amtsträger, sobald er in Prüfungsabsicht den Prüfungsort (Wohn- oder Geschäftsräume) des Stpfl tatsächlich betritt. Der Begriff des „Erscheinens" ist vom Beginn der Prüfung unabhängig. Der Prüfer bleibt auch dann erschienen, wenn er die Prüfung unterbricht und sich wieder entfernt, zB, weil der Stpfl die geforderten Unterlagen nicht sofort vorlegen kann (*JJR/Joecks* § 371 Rz 226). Bedeutsam ist, wo bzw bei wem der Amtsträger erschienen sein muss, um die Sperrwirkung auszulösen. Wo die Prüfung stattfindet, entscheidet die FinBeh nach pflichtgemäßem Ermessen (vgl BFH BStBl II 84, 815; 87, 360). Sofern beim Stpfl ein geeigneter Geschäftsraum vorhanden ist, ist die Prüfung dort durchzuführen (§ 200 II, § 6 BpO 2000).

123 Hat der Stpfl **mehrere Betriebe,** kommt es für die Sperrwirkung darauf an, ob sich die Prüfung nur auf einen Betrieb erstreckt. Ist das nicht der Fall, löst das Erscheinen in einem Betrieb die Sperrwirkung auch hinsichtlich einer StHinterziehung aus, die der Stpfl in einem anderen Betrieb begangen hat (*JJR/Joecks* § 371 Rz 230 mwN). Entsprechendes gilt bei einer Konzernprüfung; richtet sich die Prüfung auch gegen die einzelnen Unternehmen, genügt ungeachtet der steuerrechtlichen Selbständigkeit der Unternehmen für die Wirkung des § 371 II 1 Nr 1 Buchst c das Erscheinen bei der Konzernspitze (*HHSp/Beckemper* § 371 AO Rz 155; aA *JJR/Joecks* § 371 Rz 231; *Kohlmann/Schauf* § 371 AO Rz 462).

124 Bei **Prüfungen an Amtsstelle** ist nicht das Betreten des FA entscheidend, sondern der Kontakt mit dem Prüfer (vgl BFH wistra 10, 313 zu § 7 StraBEG). Nach der Auffassung von *Joecks* ist erforderlich, dass der Stpfl im FA aufgrund einer Vorladung erscheint (vgl § 200 II 1) und die für die Prüfung erforderlichen Geschäftsunterlagen mitführt (*JJR/Joecks* § 371 Rz 228; aA *Kohlmann/Schauf* § 371 AO Rz 456 ff). *RK/Kemper* § 371 AO Rz 215 empfiehlt, die Selbstanzeige zwecks Vermeidung von Zweifeln nicht dem Betriebsprüfer, sondern einem anderen zuständigen Beamten (Amtsvorsteher, Sachgebietsleiter, Sachbearbeiter) zu übergeben.

125 **Zur Prüfung** muss der Amtsträger erschienen sein. Bloße Scheinhandlungen, die lediglich der Ablaufhemmung der Verjährung dienen sollen, reichen nicht aus (vgl die Erläuterungen zu § 171 IV), auch nicht das Erscheinen, ohne dass ernsthafte Prüfungshandlungen geplant sind (*Mösbauer* StBp 97, 57), oder die Terminvereinbarung (*Burkhard* wistra 98, 216). Sperrwirkung für eine Selbstanzeige besteht dagegen bei Betriebsbesichtigungen, Durchführung einer Vorbesprechung (aA *Stahl* aaO S 61) und sogar Verschiebung der Prüfung nach dem Erscheinen zur Prüfung. Erschienen ist der Amtsträger selbst dann, wenn der Stpfl die Prüfung verhindert. Zur steuerlichen Prüfung erscheint ein Amtsträger auch dann, wenn er an Ort und Stelle einzelne Maßnahmen zur Aufklärung eines bestimmten Sachverhalts durchführen, insbes gem § 97 Einsicht in die Unterlagen über ein Bankkonto nehmen will (BayObLG wistra 87, 77 betr betriebsnahe Veranlagung; aA *Marschall* BB 98, 2553).

126 Steuerliche Prüfung iSd § 371 ist jede rechtmäßige Maßnahme der FinBeh, die der Ermittlung und Erfassung der steuerlichen Verhältnisse eines Stpfl dient und das Ziel gehöriger, dh richtiger und vollständiger StFestsetzung verfolgt (vgl *Kohlmann/Schauf* § 371 AO Rz 469; einschränkend *Burkhard* wistra 98, 216). Hat ein

Finanzbeamter seine Befugnisse und seine Stellung zur Begehung von StHinterziehungen missbraucht, stellt auch die Prüfung der Veranlagungsarbeiten innerhalb eines FA durch die Innenrevision der Oberfinanzdirektion eine steuerliche Prüfung im Sinne dieser Vorschrift dar (BGH wistra 10, 152). Vorfeldermittlungen iSd § 208 AO sind zwar auch Prüfungsmaßnahmen. Sie schließen aber die Selbstanzeige nur so weit aus, wie der konkrete Auftrag des Prüfers reicht.

Die sachliche Reichweite der Sperrwirkung ist kraft ausdrücklicher Rege- 127
lung in § 371 II 1 Nr 1 Buchst c auf den sachlichen und zeitlichen Umfang der Ap beschränkt. Durch das Erscheinen eines Amtsträgers der FinBeh zur steuerlichen Prüfung wird daher die Straffreiheit nur für diejenigen StArten und Zeiträume ausgeschlossen, auf welche sich die Prüfungsanordnung nach § 196 erstreckt (vgl auch BayObLG wistra 85, 117; DStR 85, 668), sofern nicht ein anderer Sperrgrund eingreift. Für andere Taten bleibt gem § 371 II 2 eine wirksame Selbstanzeige möglich.

Nach **Erweiterung der Ap** beginnt insoweit die Sperrwirkung zu dem 128
Zeitpunkt, in dem der Prüfer die Räume des Stpfl betritt (FG Brem wistra 05, 196).

Der persönliche Umfang der Sperrwirkung bezieht sich regelmäßig auf 129
den zu prüfenden Stpfl, nicht auf außenstehende Dritte. Anders ist dies bei betriebsbezogenen StStraftaten von Mitarbeitern; diese können nach Erscheinen des Prüfers nicht mehr Gegenstand einer wirksamen Selbstanzeige sein, da sich für sämtliche an der Tat Beteiligten mit dem Erscheinen des Prüfers das Entdeckungsrisiko in einem Maße konkretisiert hat, dass eine Selbstanzeige nicht mehr als originäre Wiedergutmachungsleistung des Beteiligten angesehen werden könnte (*JJR/Joecks* § 371 Rz 232; vgl auch OLG Ddorf StB 82, 105). Ob die Sperrwirkung sich auch auf ausgeschiedene Mitarbeiter erstreckt, ist str (verneinend etwa LG Stuttgart wistra 90, 72), aber zu bejahen, da der Wortlaut des § 371 I 1 Nr 1 Buchst c nicht voraussetzt, dass der Amtsträger bei der konkreten Person erschienen ist. Die Ansicht, es sei bei ausgeschiedenen Mitarbeitern für die Frage der Sperrwirkung darauf abzustellen, ob diese von der Prüfung Kenntnis hatten (vgl *Joecks* § 371 Rz 232 mwN), übersieht, dass der Gesetzgeber eine solche Einschränkung der Sperrwirkung nur bei § 371 II 1 Nr 2 vorgenommen hat.

Auch eine rechtswidrige Prüfungsanordnung löst nach der Rspr des BGH 130
die Sperrwirkung aus (BGH wistra 05, 381, 383; vgl auch BayObLG wistra 87, 77); denn nach dem Willen des Gesetzgebers soll die Straffreiheit nicht eintreten, wenn die bisher verborgene StQuelle nach dem normalen Verlauf der Dinge alsbald bemerkt würde; deswegen stellt § 371 II 1 Nr 1 Buchst c auch auf das tatsächliche Erscheinen des Prüfers und nicht – wie § 371 II 1 Nr 1 Buchst a – auf die Prüfungsanordnung ab (BGH aaO); eine Ausnahme besteht nach der Rspr des BGH nur dann, wenn die Prüfungsanordnung nichtig ist, weil sie an besonders schwer wiegenden Fehlern leidet (BGH aaO).

Die Sperrwirkung endet nach hM mit dem Abschluss der steuerlichen Prüfung; 131
damit lebt für nicht aufgedeckte Taten die Möglichkeit einer strafbefreienden Selbstanzeige wieder auf (BGH wistra 94, 228; *Kohlmann/Schauf* § 371 AO Rz 520; *JJR/Joecks* § 371 Rz 356 mwN; *Erb* PStR 10, 246). Wann im Falle einer Ap die stl Prüfung als abgeschlossen anzusehen ist, ist allerdings str. Zum Teil wird auf die Absendung des StBescheids oder einer Mitteilung nach § 202 I 3 an den Stpfl abgestellt (vgl *Kohlmann/Schauf* § 371 AO Rz 523 mwN; vgl auch BGHR AO § 371 Selbstanzeige 1); teilweise wird der Zeitpunkt der Unanfechtbarkeit der aufgrund der Prüfung ergangenen Bescheide für maßgeblich angesehen (vgl *Rau* PStR 11, 12).

cc) Erscheinen eines Amtsträgers zu Ermittlungen (Abs 2 S 1 Nr 1 135
Buchst d). Zur Ermittlung einer Steuerstraftat oder einer Steuerordnungswidrigkeit ist ein Amtsträger erschienen, wenn er einem konkreten Anfangsverdacht nachgeht, nicht hingegen, wenn er zusammenhanglos ermittelt, zB iVm StVerfehlungen Dritter (*Marschall* BB 98, 2553).

136 Bei **Steuerfahndungs- und Zollfahndungsprüfungen,** bei denen regelmäßig keine Prüfungsanordnung vorliegen muss, richtet sich der sachliche Umfang der Sperrwirkung nach der Reichweite des Verfolgungswillens der Beamten; der Einleitungsvermerk hat insoweit Indizcharakter. Wird die Einleitung dem Stpfl bekannt gegeben (§ 397 III), ergibt sich die Sperrwirkung für die davon betroffenen StArten und Zeiträume bereits aus § 371 II 1 Nr 1 Buchst b. Eine Sperrwirkung nach § 371 II 1 Nr 1 Buchst d besteht für die von späteren Selbstanzeigen erfassten Sachverhalte nicht, wenn sie zum Zeitpunkt, in dem ein Amtsträger zur Ermittlung von StStraftaten erschienen ist, weder vom Ermittlungswillen des Amtsträgers erfasst waren noch **mit dem bisherigen Ermittlungsgegenstand in sachlichen Zusammenhang** stehen (BGHSt 55, 180 Rz 15; vgl auch BGH wistra 04, 309; 00, 219; wistra 83, 146). Die Sperrwirkung des § 371 II 1 Nr 1 Buchst d erfasst daher auch solche steuerlichen Sachverhalte, bei denen – soweit sie nicht bereits vom bisherigen Ermittlungswillen erfasst sind – unter Berücksichtigung des bisherigen Überprüfungsziels einerseits und den steuerlichen Gegebenheiten des beschuldigten Stpfl andererseits *bei üblichem Gang* des Ermittlungsverfahrens zu erwarten ist, dass sie ohnehin in die Überprüfung einbezogen würden (vgl *Jäger* wistra 00, 228). Das ist jedenfalls stets dann der Fall, wenn sich die neuen Tatvorwürfe lediglich auf weitere Besteuerungszeiträume derselben StArten bei identischen Einkunftsquellen erstrecken. Der Amtsträger erscheint dann auch zur Ermittlung zusammenhängender Taten (BGHSt 55, 180). Für das Eingreifen des Sperrgrunds kann es insoweit nicht darauf ankommen, ob der Stpfl nach Erscheinen des Amtsträgers den Wettlauf mit den Ermittlungsbehörden um die Rechtzeitigkeit gewonnen hat (vgl *Jäger* wistra 00, 228).

dd) Erscheinen zur steuerlichen Nachschau (Abs 2 S 1 Nr 1 Buchst e)

Schrifttum: *Beyna/Roth* Umsatzsteuernachschau contra Selbstanzeige – Unter welchen Umständen ist eine strafbefreiende Selbstanzeige gesperrt?, UStB 10, 310; *Hilbert* Die Lohnsteuer-Nachschau (§ 42g EStG), StB 13, 244; *Madauß* Lohnsteuer-Nachschau iSd § 42g EStG, Umsatzsteuer-Nachschau iSd § 27b UStG und Selbstanzeige iSd § 371 AO, NZWiSt 13, 424; *Roth* Lohnsteuer-Nachschau: Selbstanzeige-Sperrgrund mit Breitenwirkung?, PStR 13, 180; *Kaiser* Umsatzsteuer-Nachschau und Umsatzsteuer-Sonderprüfung, PStR 17, 1; *Roth* Kassen-Nachschau als Sperre für Selbstanzeigen, NZWiSt 17, 63.

140 Die **Nachschau aufgrund steuerrechtlicher Vorschriften,** insbes die USt-Nachschau nach § 27b UStG und die LSt-Nachschau gem § 42g EStG, ist nach der nun ausdrücklichen gesetzlichen Normierung in § 371 II 1 Nr 1 Buchst e ein eigenständiger Sperrgrund. Auf die umstr Frage, ob eine Nachschau auch eine stl Prüfung iSv § 371 II 1 Nr 1 Buchst c ist, kommt es daher nicht mehr an (s dazu die 12. Aufl Rz 57).

141 Auch die Nachschau nach § 210 im Rahmen der StAufsicht ist eine Prüfung idS (aA *Marschall* BB 98, 2553).

142 **Die USt-Nachschau ist ausdrücklich auf die USt beschränkt** (§ 27b I UStG). Wegen aller anderen StArten kann daher mit dem Erscheinen des Amtsträgers zur USt-Nachschau keine Sperrwirkung eintreten (ebenso *Burchert* INF 02, 293). Wird die USt-Nachschau nicht erkennbar auf bestimmte Zeiträume beschränkt, erfasst die Sperrwirkung alle Taten der USt-Hinterziehung. Wenn die bei der USt-Nachschau getroffenen Feststellungen hierzu Anlass geben, kann ohne vorherige Prüfungsanordnung zu einer Ap nach § 193 übergegangen werden (§ 27b III 1 UStG). Auf den Übergang zur Ap wird schriftlich hingewiesen (§ 27b III 2 UStG).

143 Für die mWv 30.6.2013 durch § 42g EStG eingeführte **LSt-Nachschau** gilt das Entsprechende. Sie ist ein Sperrgrund iSv § 371 II 1 Nr 1 Buchst e für alle strafrechtl noch nicht verjährten Hinterziehungen von Lohnsteuer (vgl BT-Drs 17/14821, 20). Zur LSt-Nachschau wird vertreten, dass sie auch die Wirksamkeit einer Selbstanzeige betr eine EStHinterziehung sperrte, weil die LSt lediglich eine besondere Erhebungsform der ESt sei (so *Roth* PStR 13, 180, 183).

Der **Sperrgrund** der Nachschau **entfällt,** sobald die Nachschau beendet ist (vgl BT-Drs 18/3018, 12). Greifen dann keine anderen Sperrgründe – etwa wegen Tatentdeckung (§ 371 II 1 Nr 2) – ein, lebt die Selbstanzeigemöglichkeit wieder auf. 144

Eine **Nachschau nach Landesrecht** für Steuern, die der Landesgesetzgebung unterliegen, wie etwa das Hamburgische SpielvergnügungsteuerG v 29.9.2005 (vgl § 11 HmbSpVStG – Spielvergnügungsteuernachschau), erfasst nur diese Steuern und entfaltet nur dann eine Sperrwirkung gem § 371 II 1 Nr 1 Buchst e, wenn das Landesrecht auf diese Vorschrift verweist (vgl zB AbgabeG Hbg). Zu Prüfungen durch die Finanzkontrolle Schwarzarbeit (FKS) vgl *Möller* PStR 12, 13. 145

c) Bekanntgabe der Einleitung eines Straf- oder Bußgeldverfahrens (Abs 2 S 1 Nr 1 Buchst b). Erst die Bekanntgabe der Einleitung eines Straf- oder Bußgeldverfahrens schließt die strafbefreiende Wirkung einer nachfolgenden Selbstanzeige aus, nicht die Einleitung als solche. Eine wirksame Selbstanzeige ist daher grds auch dann noch möglich, wenn dem FA zwar Unterlagen (zB Kontrollmitteilungen) vorliegen, die den Verdacht einer StStraftat begründen, der Stpfl aber um Auskünfte gebeten wird (ebenso *Braun* PStR 02, 86; zur Tatentdeckung s Rz 155). Der Begriff der „Tat" bestimmt sich nach StArt, Besteuerungszeitraum und Stpfl. Entscheidend ist nicht der materiell-rechtliche oder der strafprozessuale Tatbegriff. Abzustellen ist vielmehr auf die Abgabe einer falschen bzw auf die pflichtwidrige Nichtabgabe einer StErklärung (BGH wistra 00, 219 mit Anm *Jäger* wistra 00, 228). Die Einleitung des Strafverfahrens ist dem Beschuldigten spätestens mitzuteilen, wenn er dazu aufgefordert wird, Tatsachen darzulegen oder Unterlagen vorzulegen, die im Zusammenhang mit der Straftat stehen, derer er verdächtigt ist (§ 397 III). Eine förmliche Mitteilung sieht das Gesetz nicht vor. Die Bekanntgabe kann auch mündlich erfolgen. Aus rechtsstaatlichen Erwägungen sowie mit Rücksicht auf die schwerwiegenden Folgen für den Beschuldigten muss die Mitteilung so erfolgen, dass der Beschuldigte über die Tat, derer er verdächtigt wird, „ins Bild gesetzt" wird (vgl OLG Hbg wistra 87, 189; *JJR/Jäger* § 397 Rz 125). Dies kann auch durch schlüssiges Verhalten erfolgen, das objektiv als strafverfahrensrechtliche Maßnahme zur Ermittlung einer StStraftat zu deuten ist. Bei einer „eindeutigen Amtshandlung" (vgl *Mösbauer* DB 01, 836), zB der Übergabe eines Durchsuchungsbeschlusses (BGH wistra 00, 219, 225), bestehen hieran keine Zweifel. 150

Der **Umfang der sachlichen Sperrwirkung** iSd § 371 II 1 Nr 1 Buchst b bestimmt sich nach dem Inhalt der Mitteilung und den darin genannten StArten und Besteuerungszeiträumen (vgl *Mösbauer* DB 01, 836). Nach dem eindeutigen Wortlaut des Gesetzes sperrt allerdings die auch nur im Hinblick auf eine Tat erfolgte Bekanntgabe der Verfahrenseinleitung die Möglichkeit einer wirksamen Selbstanzeige für alle unverjährten Straftaten dieser StArt auch aus anderen Jahren (*JJR/Joecks* § 371 Rz 286). 151

Dem an der Tat Beteiligten oder seinem Vertreter muss die Einleitung bekannt gegeben worden sein. Erfasst sind daher auch die Teilnehmer (Anstifter, Gehilfen) an einer StStraftat. Bei der Bekanntgabe an den Vertreter wird nicht vorausgesetzt, dass der Vertreter eine Vollmacht zur Entgegennahme von Erklärungen besitzt. 152

Mitzuteilen ist, was dem Beschuldigten konkret zur Last gelegt wird (zB Nichterklärung von Kapitalerträgen); ein bloßer Hinweis auf die Abgabe unrichtiger EStErklärungen genügt idR nicht. Auch in zeitlicher Hinsicht muss die Bekanntgabe ausreichend konkretisiert sein (*Blesinger* wistra 94, 51). Die Angabe „in nicht rechtsverjährter Zeit" ist zu ungenau. Ist die Tat nach StArt, Besteuerungszeitraum und Stpfl bei der Bekanntgabe der Verfahrenseinleitung bestimmt, greift der Sperrgrund ein. 153

Ein **Wiederaufleben der Selbstanzeigemöglichkeit** tritt ein, wenn das Ermittlungsverfahren gem § 170 II StPO, § 398 AO oder § 153 StPO eingestellt 154 wird und die Einstellungsverfügung zu den Akten gelangt (abweichend *RK/Kemper* § 371 AO Rz 199: jedenfalls bei Mitteilung der Verfahrenseinstellung an den Beschuldigten).

d) Sperrgrund der Tatentdeckung (§ 371 II 1 Nr 2)

Schrifttum: *Schwartz* Tatentdeckung durch die Abgabe einer (unwirksamen) Teilselbstanzeige, wistra 11, 82; *Mückenberger/Iannone* Steuerliche Selbstanzeige trotz Berichterstattung über den Ankauf von Steuer-CDs, NJW 12, 3481; *Beyer* Medienberichte über den Erwerb einer Steuer-CD als Sperrgrund für die Selbstanzeige, NWB 15, 2357; *Schöler* Tatentdeckung beim Ankauf von Steuer-CDs, DStR 15, 503; *Wulf* Tatentdeckung durch Berichterstattung über CD-Ankauf?, SAM 15, 109; *Ebner* „Tatentdeckung" iSv § 371 Abs. 2 Satz 1 Nr. 2 AO bei Medienberichterstattung über den Ankauf einer Steuerdaten-CD, jurisPR-SteuerR 28/2016 Anm 2; *Webel* Die Un-Entdeckung der entdeckten Steuerhinterziehung – Zugleich ein Beitrag zur Wirksamkeit der Selbstanzeige nach der (Teil-)Selbstanzeige, NZWiSt 16, 337; *Roth* Ankauf von Steuerdaten-CDs – Update, Stbg 16, 300, 305; *Kelterborn/Wegner* Sperrung der Selbstanzeige nach Medienberichterstattung über den Erwerb einer Steuer-CD, ZWH 16, 155; *Engler* Zur Tatentdeckung als Sperrgrund einer strafbefreienden Selbstanzeige, DStR 17, 2260; *Hornig* Tatentdeckung: Panzergeschäfte und Fußballprofis vor dem Hintergrund des neuen BGH-Urteils, PStR 17, 253; *Wulf* Steuerstrafrechtliche Tatentdeckung durch ausländische Korruptionsermittlungen?, DB 17, 2377.

155 **aa) Tatentdeckung.** Für das Eintreten einer Sperrwirkung genügt das **vollständige oder teilweise Entdecken einer der Taten,** für die nach § 371 I eine Selbstanzeige abzugeben ist. Der Begriff der Tatentdeckung hat einen eigenständigen Bedeutungsgehalt; die „Tatentdeckung" kann mit den üblichen strafprozessualen Verdachtsgraden nicht gleichgesetzt werden (vgl BGHSt 55, 180 Rz 23; BGH wistra 17, 390). Das Merkmal der Tatentdeckung erfordert mehr als die Kenntnis von Anhaltspunkten, die zur Einleitung eines Ermittlungsverfahrens Anlass geben könnten, selbst wenn die Wahrscheinlichkeit späterer Aufklärung gegeben ist. Unerheblich ist auch der Zeitpunkt, zu dem die FinBeh zu dem Schluss kommt, es sei eine StVerkürzung vorgenommen worden (vgl *Marschall* BB 98, 2496).

156 Nach der Rspr des BGH ist die Tat dann entdeckt, wenn **bei vorläufiger Tatbewertung die Wahrscheinlichkeit eines verurteilenden Erkenntnisses** gegeben ist (BGHSt 55, 180; BGH wistra 17, 390 Rz 30; 00, 219; 88, 308; NStZ 83, 415). Dies erfordert eine doppelte, zweistufige Prognose. Zunächst ist die Verdachtslage zu bewerten. Aufbauend auf diese Bewertung muss der Sachverhalt, auf den sich der Verdacht bezieht, geeignet sein, eine Verurteilung wegen einer StStraftat oder einer StOWi zu rechtfertigen. Ist das Vorliegen eines Sachverhalts wahrscheinlich, der die Aburteilung als StStraftat oder StOWi rechtfertigen würde, ist die Tat entdeckt. Die Anforderungen an die Wahrscheinlichkeitsprognose dürfen nicht zu hoch angesetzt werden, weil sie auf einer noch schmalen Tatsachenbasis erfolgen muss (BGHSt 55, 180). Ein *hinreichender Tatverdacht* ist *nicht erforderlich,* vielmehr bildet die Entdeckung erst den Ausgangspunkt der dann gebotenen Ermittlungen (BGH aaO).

157 Hinsichtlich des **Begriffs der „Tat"** ist auf die Nichtabgabe bzw die Abgabe falscher StErklärungen abzustellen. Die einzelne Tat bestimmt sich insoweit folglich nach StArt, Besteuerungszeitraum und Stpfl (vgl BGH wistra 00, 219 mit Anm *Jäger* wistra 00, 228).

158 Die **Kenntniserlangung von einer „Steuerquelle"** stellt für sich allein noch keine Tatentdeckung dar (BGHSt 55, 180 Rz 28; BGH wistra 17, 390 Rz 31). Welche Umstände hinzukommen müssen, lässt sich nur im Einzelfall und nicht schematisch beantworten. In der Regel ist die Entdeckung einer Tat bereits dann anzunehmen, wenn unter Berücksichtigung der StQuelle oder der zum Auffinden der StQuelle bekannten weiteren *Umstände nach allgemeiner kriminalistischer Erfahrung* eine StStraftat oder StOWi naheliegt (BGHSt 55, 180 Rz 28). Hierauf gestützt lässt die FinVerw für die Annahme der Tatentdeckung bereits die Kenntnis von einer bestimmten für StDelikte typischen Gestaltungsart ausreichen (vgl etwa zu „Le-

bensversicherungsverträgen" OFD Karlsruhe v 18.7.2012, S 20702/4 – St 413; s dazu auch *JJR/Randt* § 388 Rz 13).

Allein die **Sicherstellung von Unterlagen,** aus denen sich uU ein Tatnachweis ergeben kann, ist noch keine Entdeckung; vielmehr bedarf es idR der Auswertung der sichergestellten Unterlagen (vgl *Jäger* wistra 00, 228). Stets ist die Tat entdeckt, wenn der *Abgleich* mit StErklärungen des Stpfl ergibt, dass die StQuelle nicht oder unvollständig angegeben wurde. Entdeckung ist aber auch schon vor einem Abgleich denkbar, etwa bei Aussagen von Zeugen, die zum Inhalt der StErklärungen Angaben machen können, oder bei verschleierten StQuellen, wenn die Art und Weise der Verschleierung nach kriminalistischer Erfahrung ein signifikantes Indiz für unvollständige oder unrichtige Angaben ist. Dies kann auch bei Verschleierung von Zahlungen über ausl Firmen und Konten der Fall sein (vgl BGH wistra 17, 390). **159**

Wird eine Tat entdeckt, aber für **verjährt** gehalten, liegt gleichwohl Tatentdeckung vor; denn durch eine Selbstanzeige könnte insoweit keine neue StQuelle mehr eröffnet werden. **160**

Die Person des Täters braucht nicht namentlich bekannt zu sein; entdeckt sein muss die „Tat", nicht der Täter (BGHSt 55, 180; BGH wistra 04, 309; 85, 74; 83, 415; aA *Marschall* BB 98, 2553; differenzierend *Dörn* 98, 175). Ebenso wenig ist erforderlich, dass die tatsächlichen **Besteuerungsgrundlagen** bereits soweit bekannt sind, dass der Schuldumfang verlässlich beurteilt werden kann (BGH wistra 00, 219, 226). Notwendig ist die Kenntnis vom Kern eines geschichtlichen Vorgangs, der die tatsächlichen Merkmale der StHinterziehung enthält. **161**

Nicht erforderlich für die Tatentdeckung ist auch, dass aufgrund der erkennbaren Tatsachen bereits ein **Schluss auf vorsätzliches Handeln** gezogen werden kann (BGHSt 55, 180; aA *Keller/Kelnhofer* wistra 01, 369). Weder aus dem Wortlaut noch aus dem Zweck des § 371 II 1 Nr 2 ergibt sich, dass der Gesetzgeber, soweit er auf die Entdeckung der Tat abstellt, lediglich die vorsätzliche StStraftat im Blick hatte (BGHSt 55, 180; vgl aber BGH wistra 04, 309; OLG Celle wistra 84, 116). **162**

Die Feststellung des FA, dass die **Frist für die Einreichung einer StErklärung oder Voranmeldung verstrichen** ist ohne Eingang einer StErklärung, bedeutet für sich allein nicht ohne Weiteres Tatentdeckung (vgl OLG Hbg NJW 70, 1385; OLG Hamm DB 63, 459), selbst wenn dem FA bekannt war, dass der Stpfl Umsätze erzielt und ArbN beschäftigt hat, sofern nicht hinlängliche Anhaltspunkte für das Bestehen einer StSchuld gegeben sind. Selbst ergangene Mahnungen und die Androhung von Zwangsmitteln reichen für sich allein nicht aus. Für das Verstreichenlassen einer Erklärungsfrist kann es vielzählige Gründe geben. Nicht allein die Kenntnis von der Nichtabgabe der StErklärung, sondern erst die Gesamtwürdigung des Sachverhalts entscheidet darüber, ob die Tat entdeckt ist. **163**

Auch der Umstand, dass es ein Stpfl zu **Schätzungen** und zu Haftungsbescheiden kommen lässt, rechtfertigt bei Veranlagungssteuern für sich allein noch nicht die Annahme, dass StHinterziehungen entdeckt sind, wenn in den Vorjahren die Schätzungen des FA jeweils zutreffend oder zu hoch waren (vgl BayObLG DStR 71, 87; OLG Celle wistra 84, 116; *JJR/Joecks* § 371 Rz 308). **164**

Ob eine Kontrollmitteilung zur Tatentdeckung führt, hängt von den Umständen des Einzelfalles ab. Wenn sie – ggf unter Heranziehung der StAkten – bei vorläufiger Bewertung die Wahrscheinlichkeit einer Verurteilung wegen StHinterziehung begründet, ist die Tat entdeckt (vgl LG Koblenz wistra 85, 204; *Winkelbauer* wistra 86, 100). Dies dürfte zB dann der Fall sein, wenn durch die Kontrollmitteilung das Vorhandensein gewerblicher Einkünfte aufgedeckt wird, die in der eingereichten StErklärung nicht erklärt waren. Fragt aber zB das FA aufgrund einer bei ihm eingegangenen Kontrollmitteilung bei dem Stpfl an, ob die in der Kontrollmitteilung erwähnten Beträge, zB Zinsen, in den entsprechenden Erklärungen erfasst sind, fehlt es ersichtlich an einer Tatentdeckung. **165**

166 Aus welcher **Quelle** die Erkenntnisse stammen, die zur Tatentdeckung geführt haben, ist weitgehend ohne Bedeutung. Lediglich dann, wenn rechtswidrig erlangtes Wissen einem Verwertungsverbot unterliegt, zB nach Anwendung unzulässigen Zwangs gem § 136a StPO, müssen bestimmte Tatsachen bei der Bewertung der Wahrscheinlichkeit einer Verurteilung außer Betracht bleiben (vgl *Wannemacher/Schmedding* Rz 2157 ff). Zur Verwertbarkeit von Erkenntnissen, die aus Daten stammen, die illegal bei Banken im Ausland erhoben worden sind vgl BVerfG wistra 11, 61 sowie § 399 Rz 36a. Geldwäscheaufzeichnungen gem § 8 GwG idF v 13.8.2008 (BGBl I, 1690) und Geldwäscheverdachtsanzeigen (§ 11 GwG) sind im Besteuerungs- und im StStrafverfahren verwertbar.

167 **Entdecker der Tat** kann grds jeder sein. In erster Linie kommen FinBeh (§ 6) und Strafverfolgungsorgane (StA) als Tatentdecker in Betracht, daneben aber auch Privatpersonen und andere Behörden. Bei Entdeckung durch andere Behörden und Gerichte ist zu berücksichtigen, dass diese gem § 116 zur Anzeige von StStraftaten verpflichtet sind. Die Sperrwirkung setzt jedoch voraus, dass damit zu rechnen ist, dass der Entdecker seine Kenntnis an die zuständige Behörde weiterleitet (BGH wistra 87, 293, 342).

168 Auch **Angehörige ausl Behörden** kommen **als Tatentdecker** in Betracht. Sie müssen allerdings die Tat entdeckt haben und nicht nur stl erhebliche Umstände, etwa eine „StQuelle" oder Daten, die im Wege des automatischen Informationsaustauschs übermittelt werden sollen. In Fällen internationaler Rechtshilfe kann sich die Lage, dass mit einer Weitergabe der Erkenntnisse über die Tat an die zuständige Behörde zu rechnen ist, nicht erst zu dem **Zeitpunkt** ergeben, in dem sich die ausl Behörden zur Bewilligung der Rechtshilfe entschließen. Sie kann auch schon mit dem Erlangen der Informationen über die Straftat zusammentreffen, wenn bereits zu diesem Zeitpunkt die Rechtshilfegewährung wahrscheinlich ist. Ob dies der Fall ist, hängt von den Umständen des Falles und davon ab, wie die jeweilige Praxis des betroffenen Staates bei der Rechtshilfe in Fiskalangelegenheiten ausgestaltet ist (BGH wistra 87, 293; 17, 390 Rz 33).

169 **Personen des Vertrauens** (Angehörige oder Mitarbeiter) sowie Bevollmächtigte (RA, StB etc) scheiden als Tatentdecker regelmäßig aus (BGH NStZ 88, 413).

175 **bb) Erkennen(-müssen) der Tatentdeckung. Einschränkendes subjektives Merkmal** für die Sperrwirkung der Tatentdeckung ist, dass der Täter von der Tatentdeckung wusste oder bei verständiger Würdigung der Sachlage damit rechnen musste. Das Rechnen-Müssen allein löst keinen Sperrgrund aus; erforderlich ist jedenfalls die tatsächliche Entdeckung.

176 Der Täter hat **Kenntnis von der Entdeckung** der Tat, wenn er aus den ihm bekannten Tatsachen den Schluss gezogen hat, eine Behörde oder ein anzeigewilliger Dritter habe von seiner Tat so viel erfahren, dass seine Verurteilung bei vorläufiger Beurteilung wahrscheinlich sei. Eine von ihm *lediglich vermutete Entdeckung,* die tatsächlich aber nicht stattgefunden hat, schließt die Straffreiheit nicht aus (*JJR/Joecks* § 371 Rz 325 mwN).

177 **„Mit der Entdeckung rechnen müssen"** bedeutet, dass der Täter aus den ihm bekannten Tatsachen den Schluss hätte ziehen müssen (es sich ihm also aufdrängen musste), dass eine bereits erfolgte Entdeckung der Tat nicht unwahrscheinlich ist. An die Tatsachengrundlage für diesen Schluss sind dabei keine hohen Anforderungen zu stellen (vgl BGHSt 55, 180, 189 Rz 33). Mit einem Umstand rechnen zu müssen, bedeutet nicht, ihn kennen zu müssen iSv sicher auf eine Tatentdeckung schließen zu können. Mit einer Tatentdeckung rechnen muss der Täter auch dann, wenn für ihn noch eine Unsicherheit besteht, dass die Entdeckung der Tat tatsächlich stattgefunden hat (OLG Hamm wistra 16, 116; OLG Schleswig wistra 16, 119). Denn nach dem Wortlaut des § 371 II 1 Nr 2 genügt, dass der Täter aufgrund der ihm bekannten Tatsachen konkrete Anhaltspunkte dafür hat, dass seine Tat jedenfalls zum Teil entdeckt sein könnte (zutr AG Kiel

DStR 15, 897). Es ist dabei nicht erforderlich, dass er die Entdeckung für wahrscheinlich hält; die Entdeckung darf nach seinem Kenntnisstand nur nicht äußerst unwahrscheinlich sein. Maßgebend für die „verständige Würdigung der Sachlage" ist die individuelle Erkenntnis- und Urteilsfähigkeit des Täters (*JJR/Joecks* § 371 Rz 323 mwN). Auch die über Medienberichterstattung bekannt gewordenen Umstände können als Tatsachengrundlage dafür ausreichen, dass der Täter mit einer Tatentdeckung rechnen muss (vgl BGH wistra 17, 390).

Tatsächliche Zweifel, ob dem Täter Umstände bekannt waren, aus denen er auf die Möglichkeit der Tatentdeckung schließen konnte, wirken nach dem Grundsatz *in dubio pro reo* zugunsten des Täters (ähnlich *JJR/Joecks* § 371 Rz 326; *Blumers* wistra 85, 85). 178

Nach einem **Ankauf von Steuer-CD** mit Kontodaten muss der Täter bereits dann damit rechnen, dass seine Taten entdeckt sind, wenn er aus der Presse erfahren hat, dass solche CDs aus dem entsprechenden Land angekauft worden sind. Es ist damit weder erforderlich, dass der Täter weiß, dass gerade von der Bank, bei der er seine Kontoverbindung hatte, stammende Daten angekauft worden sind, noch dass er annimmt, dass die Mehrheit der Daten dieser Bank angekauft worden sind (glA AG Kiel DStR 15, 897; aA *Dann* DStR 15, 898; *Schöler* DStZ 15, 503). 179

cc) Reichweite des Sperrgrundes der Tatentdeckung. Nach hM kommt es zu einem **Wiederaufleben** der Möglichkeit zur Selbstanzeige, wenn der Tatverdacht entkräftet und das Verfahren deswegen eingestellt wurde (*JJR/Joecks* § 371 Rz 354 ff; *Kohlmann/Schauf* § 371 AO Rz 766). Wurde das Verfahren trotz Tatentdeckung eingestellt, weil zu Unrecht von Verfolgungsverjährung ausgegangen wurde, dürfte dies erst dann gelten, wenn das stl Verfahren abgeschlossen wurde, denn erst dann kann eine Selbstanzeige wieder eine für den Fiskus neue StQuelle eröffnen. IÜ scheidet eine Selbstanzeigemöglichkeit nach Tatentdeckung aus, weil eine entdeckte Tat entdeckt bleibt, auch wenn sie nicht im vollen Umfang aufgedeckt wurde (nach aA soll die Selbstanzeigemöglichkeit auch bei Tatentdeckung wieder aufleben, wenn dem Täter nicht innerhalb eines bestimmten Zeitraums – etwa binnen sechs Monaten nach Tatentdeckung – die Einleitung eines Ermittlungsverfahrens bekannt gegeben worden ist, vgl etwa *MüKo-StGB/Kohler* § 371 AO Rz 288). 180

e) Sperrgrund großer Hinterziehungsumfang (§ 371 II 1 Nr 3). Durch das Schwarzgeldbekämpfungsgesetz (Rz 32) wurde mit § 371 II 1 Nr 3 erstmals eine **Betragsobergrenze** gesetzlich festgelegt, die bestimmt, ab welchem Hinterziehungsbetrag für eine Tat bei einer Selbstanzeige die Rechtsfolge der Straffreiheit nicht eintritt. Die Betragshöhe von **50 000 €** orientierte sich an der Rspr des BGH zu dem Regelbeispiel des § 370 III 2 Nr 1, nach der das Merkmal der StVerkürzung in großem Ausmaß bei 50.000 € erfüllt ist (BGH NJW 09, 528; BT-Drs 17/5067 [neu] S 21). 185

Maßgeblich ist allein der **Nominalbetrag** der Hinterziehung; auf den Umfang eines nach Schadenswiedergutmachung verbleibenden (Verzögerungs-)Schadens kommt es nicht an. Im Hinblick auf die Verweisung in § 371 II 1 Nr 3 auf § 371 I ist wie bei § 370 III 2 Nr 1 (§ 370 Rz 281a) maßgeblicher Verkürzungsumfang der des § 370 IV einschließlich des Kompensationsverbots aus § 379 IV 3 (str; zur Gegenansicht vgl *Böhme* aaO S 113 ff mwN). Bei Tateinheit sind die Verkürzungsbeträge zu addieren (vgl § 370 Rz 280; BGH wistra 12, 154; *Hechtner* NWB 11, 1044, 1047; *Rolletschke/Jope* wistra 09, 218, 221; *Wulf* DStR 09, 459, 464; krit *GJW/Rolletschke* § 371 AO Rz 119j mwN), weil für die Bestimmung der Wertgrenzen die materiellrechtlichen Konkurrenzverhältnisse maßgeblich sind (vgl BGH NJW 09, 528, 532). 186

Mit Wirkung vom 1.1.2015 hat der Gesetzgeber den **Schwellenbetrag** auf **25 000 €** abgesenkt. 186a

187 **Übersteigt der Hinterziehungsbetrag** einer einzelnen von der Selbstanzeige erfassten Tat den Betrag von **25 000 €,** dann tritt für diese Tat die Rechtsfolge der Straffreiheit nicht ein, weil der sich aus dem Hinterziehungsbetrag ergebende Schuldumfang für eine Strafaufhebung zu hoch ist. Das weitere Verfahren bestimmt sich dann *für diese Tat* nach der Vorschrift des § 398a, die unter den dort genannten Voraussetzungen ein Verfolgungshindernis vorsieht. Danach wird von der Verfolgung der StStraftat nur dann abgesehen, wenn der Tatbeteiligte innerhalb einer ihm bestimmten angemessenen Frist nicht nur die zu seinen Gunsten hinterzogenen Steuern nachzahlt und die Hinterziehungszinsen entrichtet, sondern einen zusätzlichen Geldbetrag zugunsten der Staatskasse zahlt. Die Höhe des Geldbetrags ergibt sich aus einem in § 398a I Nr 2 genannten Prozentwert, der in Abhängigkeit von der Hinterziehungssumme 10%, 15% oder 20% der hinterzogenen Steuer beträgt. Auch wenn der an der Tat Beteiligte diese Zahlung nicht leistet, berührt dies die Wirksamkeit der Selbstanzeige für die übrigen Taten nicht.

188 Die **Reichweite des Sperrgrundes** gem § 371 II 1 Nr 3 erfasst nur die einzelne Tat, bei der die Betragsgrenze von 25 000 € überschritten ist. Die Wirksamkeit der übrigen von der Selbstanzeige umfassten Taten wird hierdurch nicht berührt.

189 Der Sperrgrund gem § 371 II 1 Nr 3 gilt auch für **Teilnehmer,** die eine Selbstanzeige abgeben. Es bestehen keine Anhaltspunkte dafür, dass der Gesetzgeber gerade diesen Sperrgrund von der Anwendbarkeit auf Teilnehmer ausnehmen wollte, zumal auch die Tat eines Gehilfen bei einem Hinterziehungsumfang von mehr als 25 000 € regelmäßig einen großen Unrechtsgehalt aufweist.

190 Gegen den Sperrgrund des § 371 II 1 Nr 3 werden teilweise **verfassungsrechtliche Bedenken** geltend gemacht, weil sachliches Differenzierungskriterium allein die individuelle Schuld des Täters sein könne. § 371 II 1 Nr 3 stelle auf einen Verkürzungsbetrag ab, dem – obwohl nominell identisch – Taten mit einem erheblich unterschiedlichen Unrechtsgehalt zugrunde liegen könnten. So fänden die Besonderheiten von Fällen des Kompensationsverbots (§ 370 IV 3), der StHinterziehung „auf Zeit" und solchen „ohne materiellen StSchaden" keine Berücksichtigung (vgl *Beckemper ua* wistra 11, 281, 285). Diese Bedenken greifen aber nicht durch. Die Anknüpfung am tatbestandlichen Hinterziehungsumfang, einem bestimmenden Strafzumessungsgrund (vgl BGHSt 53, 71, 80), war für den Gesetzgeber zulässig. Die individuelle Schuld des Täters ist dann der konkreten Strafzumessung zugrunde zu legen. Zur Anwendbarkeit von § 153a StPO neben § 398a AO in besonders gelagerten Ausnahmefällen vgl § 398a Rz 27.

195 **f) Sperrgrund Regelbeispiel eines besonders schweren Falls (§ 371 II 1 Nr 4).** Für nach dem 31.12.2014 abgegebene Selbstanzeigen normiert das Gesetz auch für diejenigen Taten eine Sperrwirkung, in denen ein in § 370 III 2 Nrn 2 bis 5 (seit 25.7.2017: bis Nr 6) genannter besonders schwerer Fall vorliegt. Das Gesetz knüpft dabei an die Verwirklichung eines Regelbeispiels eines besonders schweren Falls an. Wie auch bei der verlängerten Verjährungsfrist gem § 376 I (s § 376 Rz 11) kommt es insoweit nicht darauf an, ob im Einzelfall ein besonders schwerer Fall vorliegt (glA *JJR/Joecks* § 371 Rz 349).

200 **g) Einschränkung der Sperrwirkung bei Ap (§ 371 II 2).** Mit der zum 1.1.2015 eingeführten Regelung hat der Gesetzgeber die Sperrwirkung der Ausschlussgründe gem § 371 II 1 Nr 1 Buchst a und c dahingehend begrenzt, dass die Sperrwirkung entgegen § 371 II 1 Nr 1 HS 1 nicht auf andere StStraftaten derselben StArt ausgedehnt wird. Für Jahre, auf die sich die Ap nicht erstreckt, bleibt daher eine wirksame Selbstanzeige möglich, sofern nicht ein anderer Sperrgrund eingreift.

205 **h) Einschränkung der Sperrwirkung bei Steueranmeldungen (§ 371 IIa).** Mit der Neuregelung in § 371 IIa hat der Gesetzgeber für **Umsatzsteuervoranmeldungen und Lohnsteueranmeldungen** das Vollständigkeitsgebot des

§ 371 I wieder aufgehoben (§ 371 IIa 1). Soweit im Hinblick auf diese StAnmeldungen Steuern hinterzogen wurden, sind daher wieder wirksame Selbstanzeigen – auch Teilselbstanzeigen – möglich, ohne dass für alle weiteren unverjährten Taten bzgl derselben StArt ebenfalls Selbstanzeigen abgegeben werden müssten. Zudem greift hinsichtlich dieser StAnmeldungen auch der Sperrgrund der Hinterziehung von Steuern im Umfang von mehr als 25 000 € (§ 371 II 1 Nr 3) nicht ein (§ 371 IIa 1). Schließlich hat der Gesetzgeber angeordnet, dass der Sperrgrund der Tatentdeckung (§ 371 II 1 Nr 2) insoweit keine Anwendung findet, als die Entdeckung der Tat darauf beruht, dass eine Umsatzsteuervoranmeldung oder eine Lohnsteueranmeldung nachgeholt oder berichtigt wurde (§ 371 IIa 2). An einer Teil-Berichtigung fehlt es, soweit unvollständige oder unrichtige Angaben durch neue unrichtige Angaben ersetzt werden. § 371 IIa setzt ebenso wie § 371 I eine Berichtigung voraus. Aus dem Umstand, dass unrichtige USt-Voranmeldungen im Verhältnis zu einer USt-Jahreserklärung desselben Jahres bei deckungsgleichen Unrichtigkeiten mitbestrafte Vortaten sind (BGH wistra 18, 43), ergibt sich nichts Abweichendes (aA *Pflaum* wistra 18, 47, 48). Erforderlich ist stets die Mitteilung der richtigen bzw noch nicht erklärten Besteuerungsgrundlagen (Rz 50).

Mit dieser **Gesetzesänderung** hat der Gesetzgeber den Umständen Rechnung getragen, dass viele BuStra-Stellen bei Selbstanzeigen im Hinblick auf Voranmeldungen überfordert waren (vgl dazu *JJR/Joecks* § 371 Rz 351; *Joecks* DStR 14, 2261, 2264; *Habammer/Pflaum* DStR 14, 2267, 2269) und für die Berichtigungswilligen in diesem Bereich oft nicht ohne Weiteres erkennbar war, ob nach einem Fehler eine Berichtigung nach § 153 erfolgen konnte oder eine Selbstanzeige erforderlich war, die dem Vollständigkeitsgebot des § 371 I standhielt. Die Gesetzesänderung sollte daher „Rechtssicherheit für die Praxis" schaffen (BT-Drs 18/3018, 13). 206

Die Regelung des § 371 IIa erfasst **nicht nur** Selbstanzeigen **nach strafbarem Unterlassen** der rechtzeitigen Einreichung einer StAnmeldung, sondern auch solche nach unrichtig eingereichten StAnmeldungen (zutr *JJR/Joecks* § 371 Rz 352). 207

Ausgenommen von der eingeschränkten Sperrwirkung sind StAnmeldungen, die sich auf das Kalenderjahr beziehen (§ 371 IIa 3), wie etwa die **Umsatzsteuerjahreserklärung.** Für die Vollständigkeit von sich hierauf beziehenden Selbstanzeigen ist es allerdings nicht erforderlich, dass die Voranmeldungen für Zeiträume, die dem entsprechenden Kalenderjahr nachfolgen, einbezogen werden (§ 371 IIa 4). 208

7. Erfordernis fristgerechter Nachentrichtung (§ 371 III)

Schrifttum: *Guntermann/Brasseler* Keine Straffreiheit ohne Nachzahlung – was „kostet" die Selbstanzeige? PStR 13, 203; *Weinbrenner* Selbstanzeige gemäß § 371 AO nF und Einspruch gegen den Steuerbescheid, DStR 13, 1268; *Roth* Selbstanzeige: Nachzahlungspflicht für strafrechtlich verjährte Zeiträume, Stbg 17, 420.

a) Erfordernis der Nachentrichtung. Fristgerechte Nachzahlung der zugunsten des jeweiligen Tatbeteiligten hinterzogenen Steuer sowie der Hinterziehungszinsen (§ 235) und der Zinsen gem § 233a, soweit sie auf die Hinterziehungszinsen angerechnet werden, ist Voraussetzung für dessen Straffreiheit. Bis dahin besteht nur eine Anwartschaft auf Straffreiheit (vgl LG Koblenz wistra 76, 79). Die wirksame Selbstanzeige hat einen Schwebezustand zur Folge. Der staatliche Strafanspruch ist auflösend bedingt durch die Nachzahlung der Steuer innerhalb der zu setzenden Frist (BGHSt 7, 336, 341; BayObLG wistra 90, 159). Ist der Täter wirtschaftlich nicht in der Lage ist, die zu seinen Gunsten hinterzogene Steuer vollständig nachzuzahlen, ist die Selbstanzeige insgesamt unwirksam. Da es sich bei der Nachzahlung um eine objektive Bedingung der Strafaufhebung handelt (vgl BayObLG wistra 90, 159), kommt eine „Teilwirksamkeit" einer Selbstanzeige nicht in Betracht (vgl *GJW/Rolletschke* § 371 AO Rz 167e). Eine gleichwohl abgegebene Selbstanzeige kann aber als Geständnis strafmildernd berücksichtigt werden. 210

210a Die **Nachzahlungsverpflichtung erstreckt sich** innerhalb des zehnjährigen Mindestberichtigungszeitraums (§ 371 I 2) auch auf strafrechtl verjährte Zeiträume (glA *Roth* Stbg 17, 420; *Rolletschke/Roth* Rz 451, *Kohlmann/Schauf* § 371 AO Rz 336; aA *Hüls/Reichling/Hüls/Reichling* § 371 AO Rz 207 und *TK/Seer* § 371 AO Rz 49 mit dem Hinweis darauf, dass ein ausdrücklicher Anknüpfungspunkt hierfür im Gesetzeswortlaut fehle). Dies ergibt sich aus der Anknüpfung des § 371 III an § 371 I und steht mit strafrechtlichen und verfassungsrechtlichen Grundsätzen im Einklang. So wie es bei einer Verurteilung zulässig ist, verjährte Straftaten strafschärfend zu berücksichtigen (BGH StV 16, 558), darf der Gesetzgeber den Verzicht auf den staatlichen Strafanspruch wegen noch verfolgbarer StHinterziehung davon abhängig machen, dass der Täter die Folgen auch der von ihm zuvor begangenen Taten wiedergutgemacht hat. Diese Auslegung des § 371 III entspricht auch dem Ziel des Gesetzgebers, dass aufgrund der Selbstanzeige die Folgen aller StVerkürzungen aus steuerrechtl (nicht strafrechtlich) noch nicht verjährten Zeiträumen beseitigt werden (vgl BT-Drs 18/3439, 6). Die Einführung einer festen Frist von zehn Jahren diente lediglich der Rechtsklarheit im Strafrecht (BT-Drs 18/3018, 10).

211 Eine **Zahlung unter Vorbehalt** erfüllt die Voraussetzungen des § 371 III AO nicht; denn eine solche führt nicht zum Erlöschen des StAnspruchs. Anders ist dies, wenn der „Vorbehalt" lediglich darin besteht, dass gegen die StFestsetzung Einspruch eingelegt werden soll, um eine Überprüfung der StFestsetzung herbeizuführen (vgl § 224 Rz 3). Denn dann wird nicht zum Ausdruck gebracht, dass die Zahlung nicht zur Tilgung der geschuldeten Steuer dienen soll. Nach Auffassung des LG Heidelberg (NZWiSt 13, 38) soll ein der Strafbefreiung entgegenstehender Vorbehalt dann gegeben sein, wenn der Täter den StAnspruch bereits dem Grunde nach in Zweifel zieht oder gar bestreitet, weil ihm dann der Wille fehlt, die StForderung zu tilgen. Rückt der Anzeigeerstatter von der Selbstanzeige ab, indem er die darin enthaltenen Angaben in Zweifel zieht, kann darin ein Widerruf der Selbstanzeige liegen (dazu Rz 90).

212 **Zugunsten des Täters** ist eine Steuer hinterzogen, wenn ihm aus der Tat unmittelbare wirtschaftliche Vorteile zugeflossen sind (BGH NJW 80, 248); um einen steuerlichen Vorteil muss es sich dabei nicht handeln (*JJR/Joecks* § 371 Rz 143 mwN). Zur Zahlung kann daher auch verpflichtet sein, wer nicht persönlicher Schuldner ist (vgl *RK/Kemper* § 371 AO Rz 384 mwN). Ein Stpfl, der die Tat selbst begangen hat, ist sowohl stl als auch wirtschaftlich unmittelbarer Nutznießer. Zweifel können bzgl der Frage entstehen, ob und inwieweit die Straffreiheit von der Entrichtung fremder Steuern abhängig ist (vgl dazu auch *Meine* wistra 83, 59). Der Gesellschafter-Geschäftsführer einer Einmann-GmbH erlangt einen unmittelbaren wirtschaftlichen Vorteil durch Hinterziehung der Steuern, welche die GmbH schuldet, weil bei wirtschaftlicher Betrachtungsweise das Vermögen der GmbH dem Gesellschafter zusteht (vgl *JJR/Joecks* § 371 Rz 145 mwN). Einen wirtschaftlichen Vorteil erlangt auch der ungetreue Angestellte, der für seinen ArbG unrichtige USt-Voranmeldungen abgibt und den hinterzogenen Betrag unterschlägt (BGH NJW 80, 248; aA *Reiß* NJW 80, 1291). Dagegen erlangt ein Angestellter oder GmbH-Geschäftsführer, dessen Stellung sich nicht von der eines sonstigen abhängigen Angestellten unterscheidet, keinen unmittelbaren Vorteil, wenn er die Hinterziehung zugunsten seines Arbeitgebers begeht, um seinen Arbeitsplatz zu erhalten (BGH wistra 87, 343; vgl auch OLG Stuttgart wistra 84, 239). Bei mehreren Gesellschaftern entspricht der unmittelbare wirtschaftliche Vorteil des handelnden Gesellschafter-Geschäftsführers seinem Gesellschaftsanteil (*Bilsdorfer* wistra 84, 135). Ein StB, der mit Hilfe einer StHinterziehung zugunsten eines Mandanten lediglich sein Mandat sichern will, erlangt keinen unmittelbaren Vorteil (OLG Hamburg wistra 86, 116); anders wenn er sich zB StErstattungen auf sein eigenes Konto überweisen lässt (*HHSp/Beckemper* § 371 AO Rz 96). Dass jeder von mehreren Tätern oder Teilnehmern stl als Gesamtschuldner für den vol-

len Betrag haftet (§ 71), ist für die Ermittlung des Vorteils iSd § 371 III ebenso unerheblich wie eine evtl Vertreterhaftung nach § 69 (BGH wistra 87, 343; aA bzgl einer Haftung nach § 69 BGH NStZ 85, 414). Ein anteiliger wirtschaftlicher Vorteil des (nur) angestellten Geschäftsführers kann zu bejahen sein, wenn er gewinnabhängige Leistungen erhält.

Steuerlicher Vorteil und wirtschaftlicher Vorteil können auseinanderfallen (BGH NJW 80, 248), zB wenn ein Buchhalter falsche USt-Erklärungen abgibt und die entsprechenden Beträge entnimmt. Kein wirtschaftlicher Vorteil des Buchhalters liegt dagegen vor, wenn er eine StHinterziehung zugunsten des Unternehmens begeht, um seinen Arbeitsplatz zu behalten, weil die Tat den wirtschaftlichen Zusammenbruch des Unternehmens hinausschiebt (BGH aaO; BGH wistra 87, 343). 213

Der Umfang der Entrichtungsschuld richtet sich nach dem **Nominalbetrag** der zugunsten des jeweiligen Tatbeteiligten hinterzogenen Steuern. 214

Der Nominalbetrag ist auch bei einer **StVerkürzung auf Zeit** der nachzuentrichtende Betrag (glA *Wannemacher/Schmedding* Rz 2215; *JJR/Joecks* § 371 Rz 152; *KvW/Blesinger* § 371 AO Rz 26a; *Schwabe* DB 07, 488; *Blesinger* DB 07, 485; vgl auch BGHSt 53, 221); nicht etwa nur der Zinsschaden des Fiskus als Verspätungsschaden (so aber *Albrecht* DB 06, 1696). Zu zahlen ist der gesamte Betrag der verkürzten Steuern, weil der Täter wirtschaftlich den Vorteil aus der Nichtzahlung und nicht nur den Vorteil aus der verspäteten Zahlung hat (so zutr *Wannemacher/Schmedding* aaO). Würde man den Ausgleich des bis zur Selbstanzeige entstandenen Zinsschadens ausreichen lassen, könnte der Täter den Differenzbetrag behalten und würde dennoch straffrei. Dies würde dem Normzweck der §§ 370, 371 widersprechen, deren Schutzgut der Anspruch des StGläubigers auf den vollen Ertrag der einzelnen Steuer ist. 215

Soweit die SVerkürzung lediglich auf der **Anwendung des Kompensationsverbots** des § 370 IV 3 beruht, bedarf es nach § 371 III keiner Nachzahlung. Da es in solchen Fällen an einer StSchuld fehlt, sind auch bei einer Selbstanzeige keine Steuern nachzuzahlen (*Wannemacher/Schmedding* Rz 2214). Ansonsten müssten StBeträge entrichtet werden, die der Fiskus mangels eines Rechtsgrundes zum Behaltendürfen wieder zurückerstatten müsste (§ 37 II 1; glA *JJR/Joecks* § 371 Rz 149). 216

Mit Wirkung ab 1.1.2015 hat der Gesetzgeber angeordnet, dass **weitere Voraussetzung** neben der Nachzahlung der verkürzten Steuern auch die **Entrichtung der Hinterziehungszinsen** nach § 235 und der Zinsen nach § 233a ist, soweit sie nach § 235 IV auf die Hinterziehungszinsen angerechnet werden. 217

In den Fällen des § 371 IIa 1, also bei Selbstanzeigen bezogen auf **Umsatzsteuervoranmeldungen oder Lohnsteueranmeldungen,** ist die Entrichtung von Hinterziehungszinsen keine Voraussetzung für die Straffreiheit (§ 370 III 2). 218

Sonstige **stl Nebenleistungen** (§ 3 III) werden von der Nachentrichtungspflicht nicht erfasst (BayObLG NStZ 81, 147; vgl auch § 370 Rz 19). 219

b) Nachzahlungsfrist. Die Frist zur Nachzahlung der hinterzogenen Steuern und zur Entrichtung der Hinterziehungszinsen muss angemessen sein. Bei ihr handelt es sich um eine **strafrechtliche Frist** (hM; vgl BFH BStBl II 82, 352; ferner *JJR/Joecks* § 371 Rz 142; *Erbs/Kohlhaas/Hadamitzky/Senge* § 371 AO Rz 20; *HHSp/Beckemper* § 371 AO Rz 101 f; *Kohlmann/Schauf* § 371 AO Rz 348; *Rolletschke* DStZ 99, 287 mwN). Danach ist die Frist allein nach strafrechtlichen Gesichtspunkten festzusetzen. Eine AdV (§ 361) wirkt sich damit auf die Nachzahlungsfrist nicht aus. Zuständig für die Fristsetzung ist das jeweilige Strafverfolgungsorgan (LG Hamburg wistra 88, 317), regelmäßig also die für die Strafverfolgung sachlich zuständige BuStra (Nr 11 IV, V AStBV) oder StA (vgl auch *Kohlmann/Schauf* § 371 AO Rz 369 f). 225

Die Bestimmung der Frist hat die zuständige Stelle **nach pflichtgemäßem Ermessen** vorzunehmen; dabei haben strafrechtliche, aus dem Zweck der 226

Selbstanzeige abgeleitete Erwägungen Vorrang vor wirtschaftlichen und steuerpolitischen Gesichtspunkten; die Kriterien für die Stundung gelten nicht (*JJR/Joecks* § 371 Rz 157 mwN). Im Allgemeinen wird eine Frist von mehr als sechs Monaten nicht in Betracht kommen (vgl AG Saarbrücken DStZ 83, 414 mit Anmerkung von *Bilsdorfer)*. Bei der Festsetzung der Nachzahlungsfrist müssen die persönlichen und finanziellen Verhältnisse des Täters Berücksichtigung finden, damit ihm die Möglichkeit gegeben wird – erforderlichenfalls durch Veräußerung von Anlagevermögen – nachträglich die steuerlichen Pflichten zu erfüllen (vgl LG Koblenz wistra 86, 79). Der zwischen Nachmeldung (Selbstanzeige) und Fristsetzung verstrichene Zeitraum, in dem der Täter sich bereits auf die zu erwartende Nachzahlung einrichten konnte, darf bei der Fristbemessung berücksichtigt werden. Abs 3 verlangt zur wirksamen Festsetzung keinen Haftungsbescheid (LG Stuttgart wistra 88, 36). Die Länge der Frist nach § 371 III ist auch unabhängig von der steuerlichen Frage, ob und ggf wie die hinterzogenen Steuern bei einem Haftungsschuldner realisiert werden können (vgl *Kramich* wistra 88, 37).

227 **Auch einem offensichtlich zahlungsunfähigen Täter ist eine angemessene Frist** zu setzen, damit er die Möglichkeit erhält, sich um Fremdmittel zu bemühen (vgl *JJR/Joecks* § 371 Rz 156). Kann der Täter die Nachzahlung nicht innerhalb einer vertretbaren Frist erbringen, so muss er die Bestrafung als Folge rechtswidrigen Tuns hinnehmen (OLG Karlsruhe BB 74, 1514).

228 **Eine unangemessen kurze Frist** ist unbeachtlich (LG Koblenz wistra 86, 79). Sie muss durch eine neue angemessene Frist ersetzt werden. Dabei darf die mittlerweile verstrichene Zeit berücksichtigt werden.

229 Für Rechtsmittel **gegen die Festsetzung einer Frist** zur Entrichtung verkürzter Steuern ist der **Finanzrechtsweg nicht** eröffnet (BFH BStBl 82, 352). Nach zutr hM ist allerdings aus Art 19 IV GG ein Rechtsmittel gegen die Fristsetzung gegeben (vgl *JJR/Joecks* § 371 Rz 165 mwN). Danach ist der Rechtsweg für jedermann offen, wenn er durch die öffentliche Gewalt in seinen Rechten verletzt ist. Im Hinblick auf den strafrechtlichen Charakter der Frist sind die ordentlichen Gerichte zuständig (vgl LG Koblenz wistra 86, 79; LG Hamburg wistra 88, 317; *JJR/Joecks* § 371 Rz 165 mwN). Zuständig ist das Gericht, bei dem das Hauptverfahren anhängig ist oder anhängig zu machen wäre (AG Saarbrücken wistra 83, 268). Das Gericht darf die Angemessenheit der Frist in vollem Umfang überprüfen (*HHSp/Beckemper* § 371 AO Rz 115).

8. Selbstanzeige des Teilnehmers

Schrifttum: *Roth* Der persönliche Anwendungsbereich des § 398a AO bei Selbstanzeige des Teilnehmers, NZWiSt 12, 23.

235 Auch **jeder Teilnehmer** kann gem § 371 Selbstanzeige erstatten. Dabei ist aber zu beachten, dass die Selbstanzeige persönlicher Strafaufhebungsgrund (Rz 7) ist. Die Wirkungen des § 371 kommen daher grds nur demjenigen zu Gute, der in seiner Person die Voraussetzung für die Strafbefreiung erfüllt; dies gilt auch für den Teilnehmer. Allerdings kann sie auch durch einen Vertreter, zB durch den StB, erstattet werden (BGHSt 3, 373). Dagegen ist eine Selbstanzeige durch einen Vertreter ohne Vertretungsmacht nicht wirksam (hM; vgl BayObLG NJW 54, 244; *JJR/Joecks* § 371 Rz 108). Anders ist dies, wenn die Selbstanzeige dem wirklichen oder mutmaßlichen Willen eines anderen Tatbeteiligten entspricht, zB wenn beide zur Selbstanzeige entschlossen waren und angenommen hatten, dass die Anzeige des einen auch zugunsten des anderen wirkt (*JJR/Joecks* § 371 Rz 109). Verdeckte Vollmacht genügt. Die Selbstanzeige durch einen Mittäter wirkt nicht ohne weiteres zugunsten der anderen Beteiligten (BGHSt BStBl 55 I, 359, siehe aber Abs 4). Die Möglichkeit der Selbstanzeige kommt auch dem Täter einer Begünstigung (§ 257 StGB) nicht zu Gute („nicht nach § 370 bestraft", vgl *JJR/Joecks* § 369 Rz 206). Hat der Hinterzieher OR-Geschäfte getätigt, die auch beim Geschäfts-

partner nicht verbucht werden, braucht er zur Selbstanzeige nur seine eigene Verfehlung aufzudecken; die Nennung des Geschäftspartners ist nicht erforderlich. Etwas anderes gilt, wenn er zugleich Mittäter bei der Tat des anderen ist. Weigert sich der Stpfl jedoch, den Namen des Geschäftspartners preiszugeben, kann er uU wegen Begünstigung nach § 257 StGB belangt werden (vgl hierzu *JJR/Joecks* § 371 Rz 68). Die Selbstanzeige wirkt auch nicht im Hinblick auf andere StVergehen oder nicht steuerliche Straftaten, die im Verhältnis zur StHinterziehung in Tateinheit oder Tatmehrheit stehen (BGHSt 12, 100 f), zB wenn der StHinterzieher zugleich zum Zwecke der StHinterziehung eine Urkundenfälschung begangen hat.

Ein Steuerberater, der eine StHinterziehung seines Mandanten entdeckt, ist mit Rücksicht auf die Mandantentreue sowie seine Verschwiegenheitspflicht (§ 203 StGB) gehalten, sich auf eine Empfehlung an den Mandanten zu beschränken, eine Selbstanzeige zu erstatten. Wenn der Mandant dieser Empfehlung nicht folgt, sollte der StB im eigenen Interesse die Niederlegung des Mandats in Erwägung ziehen. Verpflichtet dazu ist er nicht. Ist der StB selbst an der StHinterziehung beteiligt, so ist er nicht gehindert, trotz Weigerung seines Mandanten eine Selbstanzeige für seine eigene Person zu erstatten (*JJR/Joecks* § 371 Rz 114). Die unrichtige Beratung über eine Selbstanzeige kann Schadenersatzansprüche auslösen. Rät der steuerliche Berater fälschlich davon ab, Selbstanzeige zu erstatten, kann die Geldstrafe ersatzpflichtiger Schaden sein (RGZ 169, 267; BGHZ 23, 222). 236

Welche **inhaltlichen Anforderungen an die Selbstanzeige eines Gehilfen** zu stellen sind, ist höchstrichterlich noch nicht geklärt. Der Gehilfe, etwa ein Bankmitarbeiter, dürfte regelmäßig kaum in der Lage sein, die zutreffenden Besteuerungsgrundlagen des Stpfl mitzuteilen. Daher soll es genügen, wenn sich der Gehilfe der Selbstanzeige des Täters anschließt, zB der Bankmitarbeiter der Selbstanzeige eines Bankkunden (sog konzertierte oder kollektive Selbstanzeige, vgl *Feldhausen* PStR 98, 24; ablehnend *Ditges/Graß* BB 98, 1978; *Streck/Mack/Schwedhelm* AG 99, 78). Da die Selbstanzeige eines Tatbeteiligten regelmäßig zur Tatentdeckung und damit zur Sperrwirkung des § 371 II 1 Nr 2 zulasten der weiteren Tatbeteiligten führt, kann der Gehilfe in solchen Fällen Straffreiheit regelmäßig nur dann erlangen, wenn er sicherstellt, dass seine Anschlusserklärung zeitgleich bei der Behörde eingeht. Erstattet der Gehilfe aus eigener Initiative, also ohne sich dem Täter anzuschließen, Selbstanzeige, muss er jedenfalls diejenigen Umstände mitteilen, auf die sich seine strafrechtliche Verantwortung bezieht (*HHSp/Beckemper* § 371 AO Rz 79). Zudem muss er sein Wissen über die Haupttat offenbaren; dazu kann bei Beihilfe zur StHinterziehung im Zusammenhang mit Kapitaltransfer ins Ausland neben der Angabe der Kundennamen und von Art und Umfang des transferierten Kapitals auch die Offenlegung evtl Anonymisierungspraktiken gehören (vgl *Jäger* wistra 00, 344, 348). 237

Auch die **Sperrgründe** des § 371 II gelten für Selbstanzeigen von Teilnehmern. Dies gilt angesichts des eindeutigen Gesetzeswortlauts auch für den Sperrgrund des § 371 II 1 Nr 3, der keine Ausnahme für Teilnehmer enthält (glA *Roth* NZWiSt 12, 23). 238

9. Anzeige nach § 371 IV. § 153 normiert eine Berichtigungspflicht für bestimmte Personen, die nachträglich erkennen, dass bereits abgegebene Erklärungen unrichtig oder unvollständig waren. Berichtigungspflichtig sind neben dem Stpfl dessen Gesamtrechtsnachfolger und die für den Gesamtrechtsnachfolger und den Stpfl gem §§ 34, 35 handelnden Personen. StB sind nicht berichtigungspflichtig (BGH wistra 96, 184), es sei denn, sie sind vertretungs- oder verfügungsbefugt iS dieser Vorschriften. Eine Berichtigung durch den StB gegen den Willen des Stpfl kann sogar eine Berufspflichtverletzung sein (vgl *Kottke* DStR 96, 1350). Erwerber von Unternehmen sowie Sondernachfolger im Grundvermögen und Betriebsvermögen fallen nicht unter § 153. Aus der Fassung des § 371 IV ist zu schließen, dass 240 auch bei mehreren Stpfl (zB persönlich haftende Gesellschafter) die rechtzeitige Berichtigung auch dem anderen, der die Berichtigung bewusst unterlassen hat, zu Gute kommt. Fälle, in denen zunächst überhaupt keine Erklärung abgegeben wurde, werden von § 153 I nicht erfasst; in diesen Fällen besteht die ursprüngliche Erklärungspflicht weiter fort (zutr KG Berlin NZWiSt 17, 352, 353).

241 § 371 IV bildet ein **Verfolgungshindernis für einen Dritten,** der die in § 153 bezeichneten Erklärungen nicht, unrichtig oder unvollständig abgegeben hat, nicht jedoch einen Strafaufhebungsgrund. Das Verfolgungshindernis greift für diejenigen Personen ein, die die in § 153 bezeichneten Erklärungen abzugeben unterlassen haben oder unrichtig oder unvollständig abgegeben haben, wenn ein anderer nach § 153 Verpflichteter die Anzeige rechtzeitig und ordnungsgemäß erstattet hat. Zweck des § 371 IV ist es, zu verhindern, dass jemand, der nach § 153 eine Erklärung nachholt oder berichtigt, dadurch einen anderen, der die Erklärung nicht oder eine unrichtige Erklärung abgegeben hat, der Strafverfolgung aussetzt. Andernfalls könnte ein zur Berichtigung Verpflichteter mit Rücksicht auf den Dritten davon absehen, eine entspr Erklärung abzugeben. Um dies zu vermeiden, soll der andere von der Strafverfolgung verschont werden, es sei denn, dass ihm oder seinem Vertreter vorher wegen der Tat die Einleitung eines Straf- oder Bußgeldverfahrens bekannt gegeben worden ist (BT-Drs VI/82, 195).

242 **„Dritter“** iSd § 371 IV ist nur derjenige, der seine Pflichten nach § 153 verletzt hat, nicht auch derjenige, der die ursprüngliche Erklärung bewusst unrichtig abgegeben hat (str; glA KG Berlin NZWiSt 17, 352; OLG Stuttgart wistra 96, 190 mit krit Anm *Füllsack* wistra 97, 285; *Jarke* wistra 99, 286; *RK/Kemper* § 371 AO Rz 571; aA AG Bremen wistra 98; 316; LG Bremen wistra 98, 317; *Samson* wistra 90, 246; *JJR/Joecks* § 371 Rz 409; ausführlich zum Meinungsstand *HHSp/Beckemper* § 371 AO Rz 227 ff). Es widerspräche dem Sinn und Zweck sowie der Systematik der Regelung über die Selbstanzeige, wenn der Täter, der durch unzutreffende ursprüngliche Erklärungen eine StVerkürzung bewirkt hat, ohne eigenes Zutun durch eine ihn begünstigende Fremdanzeige (ohne Berichtigung) von einer strafrechtlichen Verfolgung selbst dann verschont bliebe, wenn einer eigenen Selbstanzeige ein Sperrgrund iSd § 371 II entgegenstünde.

243 **An die sog Fremdanzeige iSv § 371 IV werden geringere Anforderungen gestellt** als an die Selbstanzeige. Es wird nur die rechtzeitige Erstattung der Anzeige verlangt, nicht aber die erforderliche Richtigstellung (OLG Stuttgart wistra 96, 190; *HHSp/Beckemper* § 371 AO Rz 221). Unvollständige Fremdanzeigen sind auch für § 371 IV wirksam, soweit sie reichen (zutr *Rolletschke* NZWiSt 17, 354, 355; *GJW/Rolletschke* § 371 AO Rz 168a); ein Vollständigkeitsgebot, wie es § 371 I enthält, ist § 371 IV nicht zu entnehmen.

244 Hat der Dritte, dem die Anzeige zu Gute kommt, **zum eigenen Vorteil gehandelt**, so wird er nur dann strafrechtl nicht verfolgt, wenn er die entsprechende Steuer nachzahlt; Abs 3 ist entsprechend anzuwenden (§ 371 IV 2).

245 **10. Gesetz über die strafbefreiende Erklärung. Das Strafbefreiungserklärungsgesetz – StraBEG** – v 23.12.2003 (BGBl I, 2928), das bis zum 31.3.2005 sog strafbefreiende Erklärungen ermöglichte, ließ die Anwendbarkeit des § 371 im Grundsatz unberührt. Zum Begriff des Erscheinens in § 7 S 1 Nr 1 Buchst a StraBEG vgl BFH wistra 10, 313; zur Tatentdeckung iSd § 7 S 1 Nr 1 Buchst b StraBEG vgl BFH wistra 09, 201 sowie FG Ddorf EFG 11, 1744 und DStRE 11, 1229; zu sonstigen Einzelfragen s *JJR/Joecks* (6. Aufl 2005) § 1 StraBEG Rz 11 ff.

11. Das deutsch-schweizerische Steuerabkommen vom 21.9.2011

Schrifttum: *Holenstein* Regularisierung von „Altlasten“ als Voraussetzungen der Weißgeldstrategie, PStR 11, 263; *Joecks* Das deutsch-schweizerische Steuerabkommen – verfassungsgemäß?, wistra 11, 441; *Obenhaus* Das Steuerabkommen mit der Schweiz über unversteuerte Kapitalerträge, Stbg 11, 508; *Stahl* Selbstanzeige 3. Aufl 2011 Rz 727 ff; *Degen* Das Steuerabkommen zwischen Deutschland und der Schweiz – eine Alternative zur Selbstanzeige, BB 12, 28; *Samson/Wulf* Steuerstrafrecht und deutsch-schweizerisches Steuerabkommen, wistra 12, 245.

Das **Abkommen** zwischen der Bundesrepublik Deutschland und der Schweizerischen Eidgenossenschaft über Zusammenarbeit in den Bereichen Steuern und Finanzmarkt v 21.9.2011 enthielt Regelungen, nach denen deutsche Stpfl im Hinblick auf Vermögenswerte, die auf Konten oder Depots von schweizerischen Zahlstellen verbucht sind, über die Regelung des § 371 AO hinaus straffrei werden können, ohne dass die Person des StHinterziehers den deutschen FinBeh bekannt werden muss. Nach den Vorstellungen des BMF sollte das Abkommen, ein völkerrechtlicher Vertrag, zu Beginn des Jahres 2013 in Kraft treten. Das Abkommen ist jedoch in Deutschland nicht ratifiziert worden. Nachdem der Bundestag am 25.10.2012 die Ratifizierung des Abkommens beschlossen hatte, der Bundesrat am 23.11.2012 jedoch seine Zustimmung verweigerte, ist die Ratifizierung des Abkommens am 12.12.2012 im Vermittlungsausschuss endgültig gescheitert. Das Abkommen sah ua folgende Regelungen vor: 246

Nach Art 8 I des Abkommens sollte **keine Verfolgung von Steuerstraftaten** nach § 369 AO **und von Steuerordnungswidrigkeiten** nach § 377 AO stattfinden, soweit StAnsprüche im Wege der Nachversteuerung durch eine Einmalzahlung erloschen sind, die in Art 7 des Abkommens geregelt war. 247

Für den Fall, dass der Betroffene die Offenlegung seiner Bankbeziehung in der Schweiz ggü den deutschen Behörden wählt, sollte diese freiwillige Meldung ab dem Zeitpunkt der schriftlichen Ermächtigung an die schweizerische Zahlstelle zur Weitergabe der Informationen an die zuständige deutsche Behörde als Abgabe einer wirksamen Selbstanzeige nach § 371 AO bezogen auf die gemeldeten Konten und Depots gelten. Die Rechtsfolgen sollten sich dann nach § 371 AO oder § 398a AO ergeben (Art 10 des Abkommens). 248

Eine **Ausnahme** sollte dann bestehen, wenn die zuständigen deutschen Behörden bereits vor dem 21.9.2011 einen **Anfangsverdacht** im Hinblick auf nicht versteuerte Vermögenswerte der betroffenen Personen in der Schweiz hatten und diese Personen bei verständiger Würdigung der Sachlage zumindest damit rechnen mussten. Zu den Einzelheiten des Abkommens vgl *Joecks,* wistra 11, 441. 249

Auch **Beteiligte** an einer StStraftat oder StOWi sollten nach dem Abkommen dann straffrei werden, wenn die Tat vor Unterzeichnung des Abkommens (21.9.2011) begangen wurde (Art 17 des Abkommens). 250

Die **Sperrgründe** des § 371 AO sollten auf die von dem Abkommen erfassten Sachverhalte keine Anwendung finden. 251

Gegen das Abkommen wurden von Anfang an erhebliche **verfassungsrechtliche Bedenken** erhoben (s dazu *Joecks* wistra 11, 441). 252

§ 372 Bannbruch

(1) **Bannbruch begeht, wer Gegenstände entgegen einem Verbot einführt, ausführt oder durchführt.**

(2) **Der Täter wird nach § 370 Absatz 1, 2 bestraft, wenn die Tat nicht in anderen Vorschriften als Zuwiderhandlung gegen ein Einfuhr-, Ausfuhr- oder Durchfuhrverbot mit Strafe oder mit Geldbuße bedroht ist.**

Schrifttum: *vor 2010 s 13. Aufl*; *Beckemper* Der Bannbruch, HRRS 13, 443.

Übersicht

1 **1. Inhalt.** Die Vorschrift behandelt die verbotswidrige Einfuhr, Ausfuhr oder Durchfuhr von Gegenständen. **Verbringungsverbote** dienen überwiegend nicht steuerlichen, insbes gesundheits-, sicherheits- und wirtschaftspolitischen Zwecken. Die in § 372 vorgesehene Ahndung von Verstößen gegen diese Verbote wird deswegen nach den Bestimmungen der AO geahndet, weil die Grenzaufsicht und damit auch die Warenkontrolle traditionell den Zollbehörden obliegen. Die Pflicht für die Zollverwaltung zur Überwachung der Verbote und Beschränkungen für den Warenverkehr über die Grenze ergibt sich aus § 1 ZollVG. Verfahrensrechtl bewirkt die Zuwiderhandlung gegen die im nicht steuerlichen Bereich wurzelnden Verbote die **Ahndung als Steuerstraftat** (§ 369 I Nr 2) mit der Folge, dass die §§ 385–408 Anwendung finden. Der unmittelbare Anwendungsbereich des § 372 war seit jeher auf Verstöße gegen die Monopolgesetze beschränkt; durch Gesetz v 23.12.2003 (BGBl I, 2924, 2926) ist allerdings auch das letzte nationale Einfuhrverbot nach einem Monopolgesetz entfallen. Nunmehr ist § 372 unmittelbar nur noch auf Verbringungsverbote des EU-Rechts anwendbar, soweit das deutsche Recht keine Strafvorschriften für Verstöße zur Verfügung stellt (dazu *JJR/Jäger* § 372 Rz 87).

2 Vom Anwendungsbereich des § 372 werden aber auch solche Verstöße gegen Verbringungsverbote erfasst, die **nach nicht steuerlichen Spezialgesetzen** als Straftat oder als OWi bewehrt sind. Strafbewehrte Einfuhrverbote bestehen zB im BtMG, im WaffenG und im KrWaffenkontrG. Die Qualifizierung einer nicht steuerlichen Straftat als Bannbruch hat Bedeutung für die **Anwendung des § 373 II,** der eine Strafverschärfung vorsieht; die Tat bleibt Bannbruch, auch wenn sie in der einfachen Begehungsform nach nicht steuerlichen Gesetzen geahndet wird und/oder nur eine OWi darstellt (vgl BGHSt 24, 137, 139; *JJR/Jäger* § 372 Rz 84, 86). Die besonderen Verfahrensvorschriften der §§ 385–408 gelten nach der zutr hM auch dann, wenn Bannbruch iSd § 372 I in anderen Vorschriften mit Strafe bedroht ist (vgl *JJR/Jäger* § 372 Rz 98; *Kohlmann/Hilgers-Klautzsch* § 372 AO Rz 107; *Bender* ZfZ 92, 201; *Bender/Möller/Retemeyer* C Rn 619).

5 **2. Verbringungsverbot.** § 372 I definiert Bannbruch als **Verstoß gegen ein Einfuhr-, Ausfuhr- oder Durchfuhrverbot** für Gegenstände. Der Zweck des Verbots ist für die Anwendung des § 372 ebenso gleichgültig wie die Frage, ob sich das Verbot aus einem Gesetz oder aus einer VO ergibt. Verbote oder Beschränkungen bestehen zB zum Schutz der öffentlichen Sittlichkeit, Ordnung oder Sicherheit, zum Schutz der Gesundheit und des Lebens von Menschen, Tieren oder Pflanzen, des nationalen Kulturguts von künstlerischem, geschichtlichem oder archäologischem Wert oder des gewerblichen und kommerziellen Eigentums. Zu den Verboten und Beschränkungen iEinz s *Witte/Hoffmann,* UZK, Art 134 Rz 31 ff.

6 Die Bedeutung des Begriffs der **Einfuhr** richtet sich nach dem jeweiligen Verbotsgesetz (BGHSt 56, 162, 165 Rz 9). Der Begriff der Einfuhr kann nur in dem Sinn einheitlich definiert werden, dass es sich um das Verbringen eines Gegenstandes aus einem fremden Gebiet in das durch § 372 geschützte Gebiet (Banngebiet) handeln muss. IÜ ist durch Auslegung des im Einzelfall die Blankettnorm ausfüllenden Gesetzes zu ermitteln, ob eine Einfuhr vorliegt (vgl *JJR/Jäger* § 372 Rz 16). Einfuhr iSd §§ 370 ff ist nur das unmittelbare Verbringen von Ware aus einem Drittland in das Gebiet der EU, nicht jedoch das Verbringen von Ware (außerhalb eines gemeinschaftlichen Zollverfahrens) von einem Mitgliedstaat in einen anderen

(BGH wistra 11, 350; wistra 11, 191). Zur Einfuhr iSd Außenwirtschaftsgesetzes s § 2 XI AWG. Zum Banngebiet gehören regelmäßig auch *Freizonen* (Art 243 UZK). Soweit das jeweilige Verbotsgesetz auf das deutsche Wirtschaftsgebiet abstellt (zB § 4 II Nr 4, 6, 7 iVm § 4 I Nr 1 AWG aF), sind auch die österreichischen Gebiete Jungholz und Mittelberg erfasst; dagegen gehört das dem schweizerischen Zollgebiet angeschlossene Gebiet der Gemeinde Büsingen nicht zum deutschen Wirtschaftsgebiet (s dazu *JJR/Jäger* § 372 Rz 19). Im Fall von vorgeschobenen Zollstellen (vgl Art 135 IV UZK) aufgrund von Staatsverträgen kann die Tat auch schon **vor Überschreiten** der Hoheitsgrenze vollendet werden (vgl OLG Oldenburg ZfZ 74, 50).

Zum Begriff der **Ausfuhr** gilt das Gesagte entsprechend (vgl etwa § 2 III AWG). **Durchfuhr** ist das Verbringen von Gegenständen, ohne dass diese Gegenstände in dem Gebiet, in dem die Durchfuhr stattfindet, in den freien Verkehr gelangen (vgl § 2 IX Nr 1 AWG). Übersicht über **Ein-, Ausfuhr-** und **Durchfuhrverbote** bei *JJR/Jäger* § 372 Rz 40–65. 7

3. Tathandlung. Sie ist das verbotswidrige Verbringen. Unrichtige Angaben ggü einer Zollstelle sind keine Tatbestandsvoraussetzung. Zum Verbringenlassen s *JJR/Jäger* § 372 Rz 26. 10

4. Tatvorsatz. In subjektiver Hinsicht erfordert § 372 vorsätzliches Handeln. Der Tatvorsatz muss sich auch auf das Verbringungsverbot beziehen. Kennt der Täter das Verbot nicht, befindet er sich in einem Tatbestandsirrtum iSd § 16 StGB und handelt ohne Vorsatz. **Versuch** ist strafbar, vgl die Verweisung in Abs 2 auf § 370 II. Zur Abgrenzung von der straflosen Vorbereitungshandlung s *JJR/Jäger* § 372 Rz 71–73. Zur Frage der Beendigung der Tat vgl BGHSt 3, 40, 43 und *JJR/Jäger* § 372 Rz 74–79. 13

5. Keine strafbefreiende Selbstanzeige. Strafbefreiung durch Selbstanzeige kann nach § 371 für den Bannbruch nicht erlangt werden („wird … nicht nach § 370 bestraft"), einige Verbotsgesetze enthalten aber vergleichbare Vorschriften, zB § 22a V KrWaffenkontrG. 16

6. Subsidiaritätsklausel (Abs 2). Bestrafung nach § 370 I, II kommt nur in Betracht, wenn die Tat nicht nach anderen Vorschriften als Zuwiderhandlung gegen ein Einfuhr-, Ausfuhr- oder Durchfuhrverbot mit Strafe oder mit Geldbuße bedroht ist. Es reicht aus, dass eine entsprechende Norm besteht. Zum Verhältnis ggü einem Verstoß gegen ein Einfuhrverbot nach dem BNatSchG vgl zB OLG Ddorf NStZ-RR 97, 284. Auch eine Bußgeldvorschrift schließt die Bestrafung aus § 372 aus. Dies gilt nach hM selbst dann, wenn lediglich ein versuchter Bannbruch vorliegt, die entsprechende Bußgeldvorschrift aber den Versuch nicht ahndet, da sonst der vollendete Bannbruch als OWi, der bloße Versuch aber als Straftat geahndet würde (vgl die Nachweise bei *JJR/Jäger* § 372 Rz 85). Diese Auffassung lässt sich zwar nicht ohne weiteres mit dem Wortlaut des Abs 2 vereinbaren, der voraussetzt, dass die (konkrete) Tat mit Strafe oder Geldbuße bedroht ist (so zutr *Klein/Wisser* § 372 Rz 8 in der 9. Aufl). Zu einem von der Wertung her vertretbaren Ergebnis gelangt man aber nur dann, wenn man die Subsidiaritätsklausel des Abs 2 so auslegt, dass der Versuch des Bannbruchs nur dann nach § 370 I bestraft wird, wenn auch der vollendete Bannbruch aus dieser Vorschrift zu strafen wäre (vgl *JJR/Jäger* § 372 Rz 85; *HHSp/Hübner* § 372 AO Rz 98; *Kohlmann/Hilgers/Klautzsch* § 372 AO Rz 92). 20

7. Sonstige Konkurrenzfragen. Tateinheit ist möglich mit § 370 (vgl § 370 V), wenn bei verbotswidriger Einfuhr aus Drittländern zugleich Einfuhrabgaben (Zoll, Verbrauchsteuern, EUSt) hinterzogen werden. Die Subsidiaritätsklausel gilt nicht, wenn § 373 eingreift; § 373 ist selbst dann anzuwenden, wenn die Tat in einfacher Ausführung nur als OWi zu bestrafen wäre (vgl *JJR/Jäger* § 372 23

Rz 86; BGHSt 25, 215 zur Vorgängernorm des § 397 RAO idF v 12.8.1968, BGBl I 953). Tateinheit ist ferner möglich mit Schiffsgefährdung durch Bannware nach § 297 StGB.

25 **8. § 32 ZollVG. Auf Bannbruch** war bereits das bisherige sog Schmuggelprivileg des § 32 ZollVG aF, nach dem bei „Kleinschmuggel" unter bestimmten Voraussetzungen bei einem Hinterziehungsumfang von nicht mehr als 130 € lediglich ein Zollzuschlag erhoben wurde und iÜ ein Verfahrenshindernis bestand, nicht anwendbar (str; glA Dienstanweisung zum Zollschuldrecht VSF Z 09 01 idF v 2.5.2007, Abs 76; aA *Kohlmann/Hilgers/Klautzsch* § 372 AO Rz 115; *Bender/Möller/Retemeyer* C Rn 650f; *HHSp/Hübner* zu § 80 ZollG § 372 AO Rz 33). Eine Erstreckung des „Schmuggelprivilegs" auf Straftatbestände, die weder die Verkürzung noch die Gefährdung von Einfuhrabgaben, sondern – wie der Bannbruch – die Verletzung anderer Rechtsgüter zum Gegenstand haben, war vom Gesetzgeber erkennbar nicht gewollt. Dies hatte auch im Gesetzeswortlaut des § 32 I ZollVG aF Niederschlag gefunden, der auf die Höhe der verkürzten Einfuhrabgaben abstellte (vgl dazu näher *JJR/Jäger* § 32 ZollVG Rz 15).

26 Hieran hat sich durch die seit dem 16.3.17 (BGBl I, 425) geltende Neufassung des § 32 ZollVG – der nur als Opportunitätsvorschrift ausgestaltet ist („sollen") und Taten bis zu einem Hinterziehungsumfang von 250 € erfasst – nichts geändert, weil das Gesetz weiter daran anknüpft, dass durch die Tat selbst oder (neu) durch die Vor-tat Einfuhr- oder Ausfuhrabgaben oder Verbrauchsteuern verkürzt wurden oder deren Verkürzung versucht wurde. Durch die Klarstellung, dass es ausreicht, dass die StVerkürzung durch die Vortat erfolgt, wird die **StHehlerei** (§ 374) in den Anwendungsbereich des § 32 ZollVG **miteinbezogen** (BT-Drs 18/9987, 37f).

§ 373 Gewerbsmäßiger, gewaltsamer und bandenmäßiger Schmuggel

(1) [1] **Wer gewerbsmäßig Einfuhr- oder Ausfuhrabgaben hinterzieht oder gewerbsmäßig durch Zuwiderhandlungen gegen Monopolvorschriften Bannbruch begeht, wird mit Freiheitsstrafe von sechs Monaten bis zu zehn Jahren bestraft.** [2] **In minder schweren Fällen ist die Strafe Freiheitsstrafe bis zu fünf Jahren oder Geldstrafe.**

(2) **Ebenso wird bestraft, wer**

1. **eine Hinterziehung von Einfuhr- oder Ausfuhrabgaben oder einen Bannbruch begeht, bei denen er oder ein anderer Beteiligter eine Schusswaffe bei sich führt,**
2. **eine Hinterziehung von Einfuhr- oder Ausfuhrabgaben oder einen Bannbruch begeht, bei denen er oder ein anderer Beteiligter eine Waffe oder sonst ein Werkzeug oder Mittel bei sich führt, um den Widerstand eines anderen durch Gewalt oder Drohung mit Gewalt zu verhindern oder zu überwinden, oder**
3. **als Mitglied einer Bande, die sich zur fortgesetzten Begehung der Hinterziehung von Einfuhr- oder Ausfuhrabgaben oder des Bannbruchs verbunden hat, eine solche Tat begeht.**

(3) **Der Versuch ist strafbar.**

(4) **§ 370 Abs. 6 Satz 1 und Abs. 7 gilt entsprechend.**

Abs 1 S 1 Nr 1 und Abs 2 Nr 3 geändert, Abs 1 S 2, Abs 3 und 4 angefügt mWv 1.1.08 durch G v 21.12.07 (BGBl I, 3198).

Schrifttum: *Leplow* Zoll- und Verbrauchsteuerstrafrecht: BGH-Rechtsprechung von Juni 08 bis Februar 11, PStR 11, 207; *Möller* Europäisches Strafrecht und das Zollstrafrecht, ZfZ 11, 39; *Möller/Retemeyer* Neues aus dem Zoll- und Verbrauchsteuerstrafrecht, ZfZ 11, 288 und 13, 313; *Beckschäfer* Zur Frage der Strafzumessung beim Schmuggel in Millionenhöhe

(Anmerkung), ZWH 12, 282; *Beckschäfer* Zum gewerbsmäßigen Schmuggel durch unrichtige Zollanmeldung (Anmerkung), ZWH 12, 504; *Höll/Heinisch* Zur Frage der Strafzumessung bei Schmuggel in Millionenhöhe (Anmerkung), NJW 12, 2600; *Matschke* Strafzumessung im Steuerstrafrecht, wistra 12, 457; *Ochs/Wargowske* Zur Frage der Strafzumessung beim Schmuggel (Anmerkung), ZWiSt 12, 302; *Weerth* Das Zollstrafrecht und das Zollordnungswidrigkeitenrecht der EU-27, ZfZ 12, 173; *Weidemann* Tabaksteuerstrafrecht, wistra 12, 1 und 12, 49; *Möller* Hinterziehung von Einfuhrumsatzsteuer, AW-Prax 13, 27; *Zucker* Schmuggel in Millionenhöhe, AW-Prax 13, 187; *Leplow* Zur Strafbarkeit einer Verbrauchsteuerhinterziehung nach Wegfall des Steuererhebungsrechts im Durchfuhrstaat in Fällen des Weitertransports in eines anderes Mitgliedsland der EU und zu der Frage, wer als „Verbringer" einzustufen ist, wistra 16, 77; *Waschkewitz* Das Merkmal der Gewerbsmäßigkeit im Wirtschafts- und Steuerstrafrecht bei Handeln zum Vorteil eines Unternehmens – am Beispiel von Straftaten im Gesundheitswesen, wistra 15, 50; *Ebner* Tabaksteuer-Hinterziehung durch Verbergen von nicht gestelltem Wasserpfeifentabak in einem Steuerlager (Entscheidungsanmerkung), HFR 2017, 183; *Möller/Retemeyer* Eine Reform des Schmuggelprivilegs, ZfZ 17, 235; *Harms/Jäger* Aus der Rechtsprechung des BGH zum Steuerstrafrecht, NStZ 01, 236; 02, 244, 250; 03, 189, 194; 04, 191, 194; *Jäger* NStZ 08, 21.

Übersicht

1. Inhalt und Anwendungsbereich. Die Vorschrift sieht für den gewerbsmäßigen, gewaltsamen und bandenmäßigen Schmuggel ggü den Grundtatbeständen der StHinterziehung (§ 370) und des Bannbruchs (§ 372) eine **Strafverschärfung** in Form eines nach oben verschobenen Strafrahmens vor, der von sechs Monaten bis zu zehn Jahren Freiheitsstrafe reicht. Die in der Gesetzesüberschrift verwendete Bezeichnung „Schmuggel" deutet bereits auf die Beschränkung des Anwendungsbereichs auf die Hinterziehung von Einfuhr- und Ausfuhrabgaben sowie auf Bannbruch hin. In minder schweren Fällen ist die Strafe Freiheitsstrafe bis zu fünf Jahren oder Geldstrafe. Der Versuch ist strafbar (§ 373 III). Durch die Verweisung in Abs 4 auf § 370 VI 1 und VII wird der Anwendungsbereich des § 373 auf Einfuhr- und Ausfuhrabgaben erstreckt, die von anderen EU-Mitgliedstaaten bzw. EFTA-Staaten verwaltet werden, sowie auf im Ausland begangene Taten ausgedehnt. Abs 2 ähnelt der Vorschrift des § 244 StGB über den Diebstahl mit Waffen und den Bandendiebstahl. 1

Der früher verwendete Begriff der „Eingangsabgaben" wurde zur Anpassung an die im Zollkodex verwendete Terminologie (BT-Drs 14/7341, 19) aufgrund von Art 8 Nr 24 StÄndG 2001 (BGBl I, 3794) durch die Wörter **„Einfuhr- oder Ausfuhrabgaben"** ersetzt (vgl Art 4 Nr 10 und 11 ZK, jetzt Art 5 Nr 20 und 21 UZK; s dazu Rz 25). 2

3 Durch Art 3 Nr 4 im **Gesetz zur Neuregelung der Telekommunikationsüberwachung** und anderer verdeckter Ermittlungsmaßnahmen und zur Umsetzung der Richtlinie 2006/24/EG v 21.12.2007 (BGBl I, 3198) wurde § 373 mWv 1.1.2008 in mehrfacher Hinsicht geändert. Mit der ausdrücklichen Regelung der *Versuchsstrafbarkeit* in einem neuen Abs 3 wurde klargestellt, dass § 373 ein selbständiger Qualifikationstatbestand zu § 370 und zu § 372 ist. In einem neuen Abs 4 wird zudem auf *§ 370 VI 1 und VII verwiesen* (dazu Rz 26, 27). Um zu einer *Vereinheitlichung der Tatbestandsmerkmale bei Bandendelikten* zu gelangen, wurde in § 373 II Nr 3 auf das bisherige Qualifikationsmerkmal „unter Mitwirkung eines anderen Bandenmitglieds" verzichtet. Es genügt nun, dass der Täter als Mitglied einer Bande handelt, die sich zur fortgesetzten Hinterziehung von Einfuhr- oder Ausfuhrabgaben oder des Bannbruchs verbunden hat. Einer bandenmäßigen Vorgehensweise bedarf es nicht mehr. Durch *Anhebung des Strafrahmens* und durch Einführung eines milderen Strafrahmens für minder schwere Fälle wurden Wertungswidersprüche ggü § 370 III beseitigt. Nach § 373 aF reichte der Strafrahmen von drei Monaten bis zu lediglich fünf Jahren Freiheitsstrafe.

4 **Zweck** der Vorschrift ist eine Strafverschärfung für solche Fälle, in denen der Täter einen stärkeren gesetzwidrigen Willen entfaltet als ein Täter, der nur einer gelegentlichen Versuchung zum „Schmuggel" nicht widerstehen kann. Zugleich wird in Rechnung gestellt, dass der gewerbs- oder bandenmäßig handelnde Täter durch seine Bereitschaft zu wiederholter krimineller Begehung eine erhöhte Gefahr für Einfuhr-, Ausfuhr- und Monopolabgaben und der gewaltsam handelnde Täter eine erhöhte persönliche Gefahr für die im Zollgrenzdienst eingesetzten Beamten darstellt (*JJR/Jäger* § 373 Rz 7 mN).

9 **2. Qualifikationstatbestand.** § 373 enthält zu den Straftatbeständen der StHinterziehung (§ 370) und des Bannbruchs (§ 372) einen **Qualifikationstatbestand,** der den jeweiligen Grundtatbestand verdrängt (BGH NStZ 12, 637; wistra 15, 103; NStZ-RR 15, 340; wistra 18, 133 Rz 5; vgl auch Flore/Tsambikakis/*Schuster/Schultehinrichs* § 373 AO Rz 1; *Schwarz/Pahlke/Nikolaus* § 373 AO Rz 2; *JJR/Jäger* § 373 Rz 5). Dies wurde vom Gesetzgeber mit der Regelung der Versuchsstrafbarkeit in Abs 3 (Rz 3) ausdrücklich klargestellt (vgl auch BR-Drs 275/07, 177). Die bis dahin hM in Rspr und Schrifttum sah die Vorschrift des § 373 als unselbständige tatbestandliche Abwandlung an, die Strafschärfungsgründe für den Fall enthalte, dass die Hinterziehung von Einfuhrabgaben oder der Bannbruch unter erschwerten Begleitumständen begangen wird (vgl BGHSt 32, 95; BGH HFR 95, 227; wistra 87, 30; *Kohlmann/Hilgers-Klautzsch* § 373 AO Rz 10; *Klein/Wisser* in der 9. Aufl § 373 Rz 5; *RK/Kemper* § 373 AO Rz 4). Da die Tatbestandsmerkmale der Qualifikationsnorm vom jeweiligen Grundtatbestand (§ 370 oder § 372) abhängig sind, muss dieser in Urteilen bei den angewandten Vorschriften (§ 267 III 1 StPO) mit genannt werden.

10 Als **Qualifikationstatbestand der StHinterziehung** (§ 370) greift § 373 ein, wenn Einfuhr- oder Ausfuhrabgaben *gewerbsmäßig* (Abs 1), *gewaltsam* oder als *Mitglied einer Bande* iSv Abs 2 hinterzogen wurden.

11 **In den Fällen des Bannbruchs** (§ 372) führt § 373 zu unterschiedlichen Rechtsfolgen. Handelt der Täter *gewerbsmäßig,* kommt eine Bestrafung nach § 373 I nur in Betracht, wenn ein Bannbruch durch Zuwiderhandlung gegen die Monopolvorschriften vorliegt. Seit Aufhebung des Einfuhrverbots des § 3 BranntwMonG hat § 373 insoweit – abgesehen von Vorschriften nach dem Recht der EU – keinen Anwendungsbereich mehr. Für die übrigen Fälle des gewerbsmäßigen Bannbruchs hat der Gesetzgeber ein Strafschärfungsbedürfnis verneint (vgl Begründung zu § 356 des RegEntw, BT-Drs 6/1982, 196). Wird die Zuwiderhandlung gegen ein Verbringungsverbot bewaffnet oder als Mitglied einer Bande begangen, ist der Täter nach § 373 II zu bestrafen (*Kohlmann/Hilgers-Klautzsch* § 373

AO Rz 31; *JJR/Jäger* § 373 Rz 23; *RK/Kemper* § 372 AO Rz 29; *Schwarz/Pahlke/Nikolaus* § 372 AO Rz 15).

§ 373 ist auch anzuwenden, wenn eine Tat bei einfacher Tatausführung des Bannbruchs nach anderen Vorschriften als der AO und den Strafgesetzen mit Strafe bedroht ist oder nur als OWi geahndet werden kann (§ 372 Rz 23; BGHSt 25, 215 zur Vorgängernorm des § 397 RAO idF v 12.8.1968, BGBl I, 953; *JJR/Jäger* § 373 Rz 23; *Bender/Möller/Retemeyer* C Rn 636 ff; *HHSp/Engelhardt* § 373 AO Rz 23; *Kohlmann/Hilgers-Klautzsch* § 373 AO Rz 33 mit dem Ruf nach einer Korrektur durch den Gesetzgeber; aM *Thoss* aaO; *HHSp/Hübner* § 372 AO Rz 99). 12

§ 373 ist nicht anzuwenden in der Variante der Qualifikation des Bannbruchs (§ 372), wenn ein Verbotsgesetz für den Fall einer verbotswidrigen Einfuhr, Ausfuhr oder Durchfuhr unter erschwerenden Bedingungen als abschließende Sonderregelung bereits selbst eine erhöhte Strafe androht, wie etwa in § 30a II Nr 2 BtMG und § 22a KrWaffkontrG (vgl *Bender/Möller/Retemeyer* C Rn 639; *JJR/Jäger* § 373 Rz 24). 13

3. Gewerbsmäßigkeit. Gewerbsmäßiges Handeln ist nach der Rspr des BGH die *Absicht, sich durch wiederholte Begehung von Straftaten der fraglichen Art eine fortlaufende Einnahmequelle* von einiger Dauer und einigem Umfang *zu verschaffen* (stRspr; BGHSt 1, 383; 10, 217; BGH wistra 87, 30, NStZ 94, 193, wistra 95, 60, NStZ 99, 187, NStZ 08, 282, wistra 11, 462, NStZ 14, 271). Nicht erforderlich ist, dass der Täter berufsmäßig um des Erwerbs willen tätig wird oder dass er den Schmuggel wie einen Beruf betreibt und aus den Einkünften seinen Unterhalt ganz oder teilweise bestreitet; gewerbsmäßig bedeutet nicht gewerblich (OLG Stuttgart NStZ 03, 40). Gewerbsmäßigkeit setzt aber eigennütziges Handeln voraus, anderenfalls kann ggf Beihilfe zu einer fremden Tat vorliegen (vgl BGH ZfZ 54, 311; BGH HFR 94, 736). Geldwerte Vermögensvorteile, zu denen auch die Ersparnis notwendiger Ausgaben zählt (OLG Hamm ZfZ 57, 339; OLG Stuttgart NStZ 03, 40), reichen für die Annahme der Eigennützigkeit aus; es ist nicht erforderlich, dass es sich um die einzige oder überwiegende Erwerbsquelle handelt oder dass der Täter aus der Tat ein kriminelles Gewerbe gemacht hat oder machen will (BGH NStZ 95, 85). 16

Nicht erforderlich ist, dass sich die Einnahmen unmittelbar aus der Tathandlung ergeben; auch **mittelbare Vermögensvorteile genügen,** wenn der Täter oder Teilnehmer ohne weiteres auf diese Vorteile zugreifen kann (BGH wistra 87, 30; wistra 94, 230, 234; NStZ-RR 08, 282; wistra 08, 379; 11, 462). 17

Bezieht sich die Tat auf die Hinterziehung von **Einfuhrumsatzsteuer,** steht die Möglichkeit, diese als Vorsteuer wieder geltend machen zu können (§ 15 I 1 Nr 2 UStG), der Annahme von gewerbsmäßigem Handeln nicht notwendig entgegen; dies gilt selbst dann, wenn sich aus der maßgeblichen Sicht des Täters der persönliche Vorteil auf einen Liquiditätsvorteil beschränken sollte (BGH wistra 12, 440). 17a

Schon **eine einzelne Handlung** kann für die Annahme der Gewerbsmäßigkeit ausreichen, wenn der Täter die Absicht der Wiederholung hat (BGHSt 19, 63, 76; BGH wistra 95, 60; NStZ 99, 187; NStZ 08, 282; RGSt 58, 19). Dadurch werden die Handlungen rechtl aber nicht zu einer sog Sammelstraftat (vgl *JJR/Jäger* Rz 36 mwN). Die Aufgabe der Rspr über den Fortsetzungszusammenhang (BGH NJW 94, 1663 und 2368; vgl § 370 Rz 250) führt dazu, dass grds jede gewerbsmäßige Tat selbständig zu beurteilen ist. 18

Nur demjenigen Täter oder Teilnehmer ist die Gewerbsmäßigkeit zuzurechnen, bei dem sie vorliegt. Die Gewerbsmäßigkeit ist ein strafschärfendes besonderes persönliches Merkmal, auf das § 28 II StGB Anwendung findet (BGH wistra 87, 30 sowie unten Rz 58). 19

Mittäter eines gewerbsmäßigen Schmuggels aufgrund falscher Angaben ggü den Zollbehörden kann auch sein, wer den Schmuggel zwar nicht in eigener Person durchführt und selbst an der Grenze tätig wird, am Schmuggel aber als Hintermann beteiligt ist (vgl LG Hbg wistra 01, 68 mit Anm *Bender*). Zur Strafbarkeit 20 von Hintermännern bei StHinterziehung oder Schmuggel durch Unterlassen s *JJR/Jäger* § 370 Rz 456 und *Jäger* FS Amelung S 447, 456ff. Zwischen Vollendung und Beendigung, dh wenn geschmuggeltes Gut noch nicht in Sicherheit gebracht und seinem Bestimmungsort zugeführt wurde („zur Ruhe gekommen"), ist – sukzessive – Mittäterschaft möglich (BGH NStZ 00, 594).

25 **4. Hinterziehung von Einfuhr- oder Ausfuhrabgaben.** Die Begriffe Einfuhr- und Ausfuhrabgaben haben dieselbe Bedeutung wie in § 370 VI 1 (s auch § 3 III und § 370 Rz 150). Einfuhr-(Ausfuhr-)Abgaben sind in Art 5 Nr 20 (21) UZK definiert. Sie umfassen die für die Einfuhr (Ausfuhr) von Waren zu entrichtenden Abgaben. Zu den Einfuhr- und Ausfuhrabgaben gehören nach § 1 I 3 ZollVG neben den Zöllen insb die Verbrauchsteuern allgemeiner Art (EUSt) oder besonderer Art (Steuern auf Energieerzeugnisse, Tabak, Bier, Schaumwein, Schaumweinzwischenerzeugnisse, Alkohol, Kaffee), soweit diese auf der Grundlage der *Einfuhr aus einem Drittland* in das deutsche Erhebungsgebiet anfallen, und Abgaben zu Marktordnungszwecken, die aufgrund von Einfuhr- und Ausfuhrvorgängen erhoben werden (*JJR/Jäger* § 373 Rz 10ff mwN). Nicht zu den Einfuhr- und Ausfuhrabgaben gehören die Verbrauchsteuern auf inl Erzeugnisse sowie Erzeugnisse aus anderen Mitgliedstaaten der EU. Zu beachten ist, dass eine Verkürzung von Einfuhrabgaben nicht eintritt, wenn verbrauchsteuerpflichtige Waren aus dem freien Verkehr eines anderen EU-Mitgliedstaats nach Deutschland verbracht werden; denn darin liegt keine Einfuhr in die EU, sondern lediglich eine Beförderung zwischen zwei Mitgliedstaaten, bei der keine Einfuhrabgaben entstehen (BGH NStZ 15, 469). Zum Begriff der Einfuhr s auch § 372 Rz 6 und BGH wistra 11, 350; 15, 236.

26 **5. Hinterziehung ausländischer Abgaben.** Durch die ausdrückliche Verweisung in Abs 4 auf § 370 VI 1 wird der Anwendungsbereich des § 373 erweitert auf die Einfuhr- und Ausfuhrabgaben, die **von einem anderen Mitgliedstaat der EU verwaltet** werden oder die einem Mitgliedstaat der Europäischen Freihandelsassoziation oder einem mit dieser assoziierten Staat zustehen (s dazu die Erläut zu § 370 Rz 150ff).

27 Gem § 373 IV iVm § 370 VII ist § 373 auch auf **reine Auslandstaten** anwendbar, dh auf Taten die außerhalb des Anwendungsbereichs der AO begangen wurden (§ 370 Rz 160ff). Werden die Waren nach einer solchen Tat nach Deutschland weitertransportiert, lässt dies die im Einfuhrmitgliedstaat verwirklichte Strafbarkeit wegen Schmuggels und deren Verfolgbarkeit in Deutschland gem § 373 IV, § 370 VI unberührt (vgl BGH NStZ-RR 17, 217 Rz 5; wistra 16, 74).

28 Die **Abschöpfungen** wurden bereits nach dem im Rahmen der Uruguay-Runde geschlossenen Übereinkommen über die Landwirtschaft abgeschafft (VO v 19.12.1996, ABl EG 1997 Nr L 17, 1).

29 Zum **Entziehen aus zollamtlicher Überwachung** iSv Art 203 I ZK (Art 79 I Buchst a UZK) vgl BGH NJW 03, 907.

31 **6. Zuwiderhandlungen gegen Monopolvorschriften.** Jahrelang war der Bannbruch, der durch Zuwiderhandlungen gegen Monopolvorschriften (Branntwein) begangen wird, einziger Anwendungsbereich des § 373 I 1 2. Alt (vgl § 128 BranntwMonG). Durch Gesetz v 23.12.2003 (BGBl I, 2924, 2926) ist nun allerdings auch das letzte nationale Einfuhrverbot nach einem Monopolgesetz entfallen. Zu Verbringungsverboten des EU-Rechts vgl *JJR/Jäger* § 372 Rz 87.

34 **7. Qualifikationsmerkmale nach Abs 2.** Abs 2 enthält mehrere alternative Qualifikationsmerkmale, die an eine besondere Gefährlichkeit des Täters oder der Tatausführung anknüpfen. Nicht vorausgesetzt wird, dass der Täter gewerbsmäßig handelt.

a) Nr 1: Beisichführen einer Schusswaffe. Die Qualifikation knüpft allein an das Beisichführen einer Schusswaffe an, nicht an deren Verwendung. Der Gesetzgeber hat mit dem 6. StrafrechtsreformG v 26.1.1998 (BGBl I, 164, 704) bzw v 3.4.1998 (BGBl I, 702) bei den §§ 244 I Nr 1 und 250 I Nr 1 StGB das Qualifikationsmerkmal des Beisichführens einer Schusswaffe mit dem Beisichführen einer Waffe oder eines anderen gefährlichen Werkzeugs gleichgestellt. Diese Änderung wurde in § 373 II Nr 1 bislang systemwidrig nicht nachvollzogen. Das bloße Beisichführen eines gefährlichen Werkzeugs erfüllt das Qualifikationsmerkmal der Nr 1 daher nicht. 35

Es gilt der **strafrechtliche Schusswaffenbegriff,** der enger ist als der waffenrechtliche (vgl BGHSt 48, 197, 205). Schusswaffen sind Instrumente, mit denen aus einem Lauf mittels Explosionsgasen oder Luftdruck Geschosse gegen den Körper eines anderen abgefeuert werden können (vgl *Kohlmann/Hilgers-Klautzsch* § 373 AO Rz 56; *JJR/Jäger* § 373 Rz 45 mwN). Die Rspr hat sowohl Luftdruckwaffen (BGH zit bei *Dallinger* MDR 74, 547; BGH NStZ 00, 431) als auch Gaspistolen (BGHSt 24, 136; BGH NStZ 89, 476; OLG Ddorf NStZ 91, 40) genügen lassen. Maßgebend dürfte entspr dem Zweck der Strafschärfung die Eignung der Waffe sein, durch Schüsse körperliche Verletzungen hervorzurufen. Nach neuerer Rspr des BGH ist auch eine mit Platzpatronen geladene Schreckschusspistole als Schusswaffe anzusehen (vgl BGHSt GrS 48, 197, 201; BGH NStZ 06, 176 zu § 30a II Nr 2 BtMG). Jedenfalls muss die Schusswaffe funktionsfähig sein; eine Attrappe reicht daher nicht aus (BGHSt 20, 194). Es kommt nicht darauf an, ob der Täter die Waffe gebrauchen wollte oder nicht (vgl BGH NStZ 97, 345 zum „Mitsichführen" einer Schusswaffe beim Handeltreiben mit Betäubungsmitteln), sondern es wird abgestellt auf die besondere Gefährlichkeit des Mitführens einer Schusswaffe (BGHSt 24, 136), die bei einer defekten Waffe ebenso fehlt, wie wenn der Täter keine Munition mit sich führt (BGHSt 3, 229, 232; 44, 103). 36

Zum **Beisichführen** reicht es aus, wenn der Täter bei der Tat dem Beamten die Waffe entreißt und sie behält (BGH NJW 76, 248); es genügt, dass dem Täter die Schusswaffe zu irgendeinem Zeitpunkt während des Tathergangs zur Verfügung steht (BGH wistra 00, 352). Darüber hinaus unterliegen auch zum Tragen von Schusswaffen dienstlich Verpflichtete, wie zB Polizeibeamte (BGHSt 30, 44), der Strafschärfung (*JJR/Jäger* § 373 Rz 50 mwN). 37

Subjektiv ist Vorsatz des Täters oder Teilnehmers erforderlich, dh sein Wissen und Wollen, dass entweder er selbst oder ein (Mit-)Täter oder Teilnehmer bei der Tat eine funktionsfähige Schusswaffe einsatzbereit bei sich führt; bedingter Vorsatz genügt. Zu Irrtumsfragen s *JJR/Jäger* § 373 Rz 51. 38

b) Nr 2: Beisichführen einer sonstigen Waffe. Das Mitführen einer sonstigen Waffe oder eines sonstigen Werkzeugs oder Mittels erfüllt nur dann ein Qualifikationsmerkmal des § 373 II, wenn damit der **Widerstand** eines anderen **verhindert** oder **überwunden** werden soll. 40

Waffen sind bewegliche Gegenstände, die nach ihrer bestimmungsgemäßen Verwendung für Angriffs- oder Verteidigungszwecke gegen Menschen bestimmt und zur Verursachung erheblicher Verletzungen generell geeignet und bestimmt sind (vgl BGHSt 44, 103, 105; 45, 92, 93; BGH NStZ 99, 301; NJW 65, 2115), zB Hieb- und Stoßwaffen, Hierunter fallen auch geladene und schussbereite Schreckschusspistolen (vgl BGHSt GrS 48, 197, 201); diese sind nach neuerer Rspr aber bereits als Schusswaffen (Rz 36) zu qualifizieren (BGH NStZ 06, 176). Es gilt auch insoweit ein strafrechtlicher, vom Waffenrecht grds unabhängiger Waffenbegriff (vgl BGHSt 48, 197, 206; *Fischer* § 244 StGB Rz 3). Zu Beispielen s *JJR/Jäger* § 373 Rz 52. 41

Mittel sind zB Tränengas, chemische Mittel, mit Äther getränktes Taschentuch, Säuren, evtl auch Pfeffer. 42

43 Unter die sonstigen **Werkzeuge** fallen Sachen, die nicht als Waffe gedacht sind, aber als solche benutzt werden können, zB Schraubenschlüssel (BGH NJW 68, 2386), ggf auch ein Hund (BGHSt 14, 152). Werkzeug kann auch uU der Schuh am Fuß des Täters sein (BGHSt 30, 375). Wegen der weiten Fassung von Nr 2 kann es nicht darauf ankommen, ob der Gegenstand selbst objektiv gefährlich ist (BGH NJW 72, 1243; 76, 248; *JJR/Jäger* § 373 Rz 54; *Fischer* § 244 StGB Rz 25 mwN), selbst wenn der Täter nicht gewalttätig, sondern nur trickreich agiert (BGH NJW 89, 2549). Es macht keinen Unterschied, ob der Beteiligte sein Ziel durch Gewalt oder durch Drohung mit Gewalt erreichen will. Dem Überwinden von Widerstand wird das Verhindern von Widerstand gleichgestellt. Unter den Begriff des **anderen** fällt jeder, der den Täter an der Ausführung hindern will oder könnte. Gewalt gegen Sachen reicht nicht aus, vgl *JJR/Jäger* § 373 Rz 57.

44 Zum **subjektiven Tatbestand** gehört das Wissen und der Wille, den Gegenstand für den tatbestandsmäßigen Zweck gebrauchsfertig bei sich zu haben. Dies bedeutet, dass die Anwendung von Gewalt oder die Drohung mit Gewalt zur Verhinderung des Widerstands eines anderen den Zweck bilden muss, zu dem der Täter die Waffe, das Werkzeug oder das Mittel bei sich führt (*JJR/Jäger* § 373 Rz 57 f).

45 Auf **Mittäter und Gehilfen,** die selbst keine Waffe bei sich führen, ist § 373 II Nr 2 nur anzuwenden, wenn sie von der Waffe Kenntnis haben (BGHSt 3, 229, 233 f). Ist dies aber der Fall, ist ihnen die Waffe auch dann zuzurechnen, wenn sie an dem Teilabschnitt der Tat nicht körperlich mitgewirkt haben, an dem ein anderer Tatbeteiligter bewaffnet war; aus § 373 II ergeben sich keine Einschränkungen für die Zurechnung bei arbeitsteiligem Vorgehen (*JJR/Jäger* § 373 Rz 59 mwN). Weiß ein Tatbeteiligter nicht, dass ein anderer eine Waffe bei sich führt, kann er nur aus dem Grundtatbestand bestraft werden. Zu Fragen der Teilnahme s zudem Rz 57.

48 **c) Nr 3: Handeln als Mitglied einer Bande.** Der Begriff der **Bande** setzt den Zusammenschluss von mindestens **drei** Personen voraus, die sich mit dem Willen verbunden haben, künftig für eine gewisse Dauer mehrere selbständige iEinz noch ungewisse Straftaten des im Gesetz genannten Delikttyps zu begehen. Ein „gefestigter Bandenwille" oder ein „Tätigwerden in einem übergeordneten Bandeninteresse" ist nicht erforderlich (so klarstellend BGH GrS NStZ 01, 421). Die frühere Rspr, nach der unter bestimmten einschränkenden Voraussetzungen bereits zwei Personen eine Bande bilden konnten, hat der BGH ausdrücklich aufgegeben. Zur fortgesetzten Begehung von Schmuggeltaten haben sich Personen verbunden, wenn ihre Verbindung auf die Begehung mehrerer selbständiger, iEinz noch unbestimmter Straftaten gerichtet ist (BGH GA 57, 85). Eine feste Verabredung mit gegenseitigen Verpflichtungen braucht nicht vorzuliegen, eine Organisation mit bestimmter Rollenverteilung und einheitlicher Führung nicht eingerichtet zu sein (BGH GA 74, 308). Die lose Übereinkunft, bei Gelegenheit weitere ähnliche Taten zu begehen, reicht aus (BGH GA 74, 308).

49 **Mitglied einer Bande** ist jede Person, die an der bandenmäßigen Verbindung mit dem Willen beteiligt ist, an der Ausführung der beabsichtigten Straftaten selbst teilzunehmen, sei es als (Mit-)Täter oder Gehilfe (*JJR/Jäger* § 373 Rz 69 mwN). Nach BGH GrS NStZ 01, 421 kann sogar ein Nichtmitglied die unmittelbare Tathandlung als Hilfsperson ausführen, wenn iÜ mindestens ein Bandenmitglied an der Tat mitwirkt und diesem die unmittelbare Tatausführung des Nichtmitglieds als Täter zuzurechnen ist. Wer nur zur fortgesetzten Begehung von Schmuggel anstiftet, ist nicht Bandenmitglied und kann daher auch nicht wegen Anstiftung zu § 373 bestraft werden (vgl BGHSt 12, 220).

50 Eine **bandenmäßige Tatausführung** unter Mitwirkung anderer Bandenmitglieder **ist nicht erforderlich.** Durch Gesetz v 21.12.2007 (BGBl I, 3198) hat der Gesetzgeber in § 373 II Nr 3 auf das bisherige Qualifikationsmerkmal „unter Mit-

wirkung eines anderen Bandenmitglieds die Tat ausführt" verzichtet (Rz 3). Es genügt nun, dass der Täter *als Mitglied einer Bande,* die sich zur fortgesetzten Hinterziehung von Einfuhr- oder Ausfuhrabgaben oder des Bannbruchs verbunden hat, eine *solche Tat begeht.* Die Auffassung, dass die als Bandenmitglieder beteiligten Personen während der Ausführung der Tat zu irgendeinem Zeitpunkt zeitlich und örtlich zusammenwirken müssen (vgl BGH NStZ 99, 571), hat die Rspr bereits im Jahr 2001 aufgegeben (BGH GrS NStZ 01, 421).

Auch **Zollbeamte** können Mitglieder einer Bande iSd § 373 II Nr 3 sein, 51
wenn sie in eine Bandenabrede einbezogen sind und sich aktiv an den Taten beteiligen sollen (str; vgl *JJR/Jäger* § 373 Rz 65 mwN).

Subjektiv erfordert die Anwendung des § 373 II Nr 3, dass derjenige, der als 52
Täter oder Gehilfe an einem Schmuggel teilgenommen hat, wusste und wollte, dass er mit mindestens zwei weiteren Personen zu mehreren Schmuggeltaten verbunden war.

Bei der **Bandenmitgliedschaft** handelt es sich um ein **besonderes persönli-** 53
ches Merkmal iSv § 28 II StGB; daher kann ein Mittäter oder Gehilfe, der nicht selbst Bandenmitglied ist, nur wegen Beteiligung am Grunddelikt, nicht aber wegen des Bandendelikts als Qualifikationstatbestand bestraft werden (vgl BGH StraFo 08, 215; NStZ-RR 07, 279, 280; wistra 05, 228; *Fischer* § 244 StGB Rz 44).

8. Teilnahme. Beim Schmuggel ist **Beihilfe** auch nach der Vollendung der Tat 57
noch bis zu deren Beendigung möglich, dh bis zu dem Zeitpunkt, zu dem die Schmuggelware in Sicherheit gebracht und „zur Ruhe gekommen" ist, weil sie ihren Bestimmungsort erreicht hat (BGHSt 3, 40, 44; BGH NStZ 00, 594; wistra 07, 224). Bloßes Umladen bewirkt noch keine Beendigung der Tat (BGH wistra 07, 224, 225).

Bei Beihilfe ist die **Strafrahmenverschiebung** nach unten gem § 27 II 2, 58
§ 49 I StGB zwingend. Im Falle eines gewerbs- oder bandenmäßigen Schmuggels (§ 373 I bzw II Nr 3) ist dabei zu beachten, dass die Strafrahmenverschiebung aus dem Grundtatbestand vorzunehmen ist, wenn beim Gehilfen das *besondere persönliche Merkmal* (§ 28 II StGB) der Gewerbsmäßigkeit oder der Bandenmitgliedschaft nicht gegeben ist (Rz 19, 53). Auf die tatbezogenen Qualifikationsmerkmale des gewaltsamen Schmuggels (§ 373 II Nr 1 und 2) ist § 28 II StGB nicht anwendbar (BGH wistra 87, 30)

9. Versuch des Schmuggels. Der Versuch des Schmuggels ist **strafbar.** Dies 61
hat der Gesetzgeber durch Gesetz v 21.12.2007 (BGBl I, 3198, Rz 3) in § 373 III ausdrücklich klargestellt. Für die frühere Gesetzeslage hat die zutreffende hM die Strafbarkeit des Versuchs aus § 370 II iVm § 373 bzw iVm §§ 372, 373 hergeleitet (vgl *FGJ/Voß* 6. Aufl, § 373 Rz 42 mwN). Bei steuerlichen Einfuhrdelikten beginnt der Versuch idR mit der Vorlage einer wahrheitswidrigen oder unvollständigen Zollanmeldung (vgl BGH wistra 03, 389; vgl auch *Jäger* NStZ 04, 191, 195).

10. Schwarzhandel mit Zigaretten zum eigenen Bedarf. § 373 ist nicht 64
anzuwenden, wenn der Täter zum eigenen Gebrauch vorsätzlich oder fahrlässig Zigaretten in Verpackungen erwirbt, an denen ein gültiges StZeichen nicht angebracht ist, soweit der einzelnen Tat nicht mehr als 1000 Zigaretten zugrunde liegen (§ 37 I 2 TabStG).

11. Konkurrenzen. Im Verhältnis zu §§ 370, 372 geht § 373 als Qualifika- 68
tionstatbestand vor (Rz 9).

Für die **inneren Konkurrenzen** gilt, dass sich Abs 2 Nr 1 (Schusswaffen) und 69
Nr 2 (Waffen ua) tatbestandlich ausschließen. Ansonsten besteht zwischen den verschiedenen Begehungsformen, die unterschiedliche Unrechtstypen repräsentieren, nach hM Idealkonkurrenz (vgl *JJR/Jäger* § 373 Rz 104 mwN).

Für die Konkurrenzen iÜ gelten die allgemeinen Grundsätze. **Tateinheit** ist zB 70
gegeben im Verhältnis von Schmuggel und Urkundenfälschung (§ 267 StGB),

wenn gefälschte Belege zur Täuschung der Zollbeamten vorgelegt werden (BGHSt 26, 4), oder zwischen gewaltsamem Schmuggel und unerlaubtem Führen einer Schusswaffe (§ 52 I Nr 1 WaffG). **Tatmehrheit** liegt dagegen zwischen Schmuggel und StHinterziehung (betr deutsche Verbrauchsteuern) durch Unterlassen vor, wenn zB verbrauchsteuerpflichtige Waren vorschriftswidrig aus einem Drittland in den freien Verkehr eines Mitgliedstaates der EU verbracht worden sind und die Waren noch vor Beendigung des Schmuggels gem § 373 I, IV von dort unter Verstoß gegen stl Pflichten nach Deutschland gebracht werden (vgl BGH wistra 07, 224). Vgl zu den Konkurrenzen bei Schmuggel auch *JJR/Jäger* § 373 Rz 105f; *Allgayer/Sackreuther* PStR 09, 44, und *Jäger* FS Amelung, 2009, S 447.

71 Im Falle einer erfolgreichen illegalen **Durchleitung** verbrauchsteuerpflichtiger Waren durch Deutschland in einen anderen EU-Mitgliedstaat geht die Befugnis, die Verbrauchsteuer zu erheben, auf diesen Mitgliedstaat über (EuGH v. 5.3.2015 – C-175/14, *Prankl,* Rn 24, ZfZ 15, 98). Dieser Umstand lässt jedoch weder die Strafbarkeit des Schmuggels rückwirkend entfallen, noch führt er zu einer Strafmilderung, wenn das Verbringen in den anderen Mitgliedstaat ebenfalls eine Straftat darstellt (vgl § 373 IV, § 370 VI AO). Die Singularität des Erhebungsrechts schließt es aber jedenfalls für die Strafzumessung aus, einem Tatbeteiligten nebeneinander die Verkürzung der Verbrauchsteuern mehrerer EU-Mitgliedstaaten zur Last zu legen (vgl BGH NZWiSt 16, 23).

72 Mit dem Gesetz zur Verbesserung der Bekämpfung der Organisierten Kriminalität v 4.5.1998 (BGBl I, 845) wurden § 373 und § 374 II mit der Begründung in den Vortatenkatalog des § 261 I 2 Nr 3 StGB **(Geldwäsche)** aufgenommen, es handele sich um weitere für die Organisierte Kriminalität typische Straftatbestände (s BT-Drs 13/8651, 11). Gem § 261 I 3 StGB können auch die durch eine gewerbs- oder bandenmäßige StHinterziehung ersparten Aufwendungen Gegenstand einer strafbaren Geldwäsche iSd § 261 StGB sein. Für das Herrühren iSd § 261 I 1 StGB genügt es dabei, dass zwischen dem Gegenstand und der Vortat ein Kausalzusammenhang besteht, der Gegenstand also seine Ursache in der rechtswidrigen Handlung hat. So können etwa Zahlungen aus gewerbs- oder bandenmäßigem Schmuggel herrühren, weil ihnen durch die Schmuggeltat ersparte Aufwendungen zugrunde liegen (vgl zum Schmuggel durch bandenmäßige Verkürzung französischer Biersteuer als Vortat der Geldwäsche BGH NStZ 16, 623, Rz 18).

75 **12. Strafzumessung. a) Strafrahmen.** Der anzuwendende Strafrahmen richtet sich beim Schmuggel danach, ob ein **minder schwerer Fall** iSv § 373 I 2 gegeben ist oder nicht. In minder schweren Fällen ist die Strafe Freiheitsstrafe *bis zu fünf Jahren* oder Geldstrafe, sonst Freiheitsstrafe *von sechs Monaten bis zu zehn Jahren.* Damit entspricht der Regelstrafrahmen des § 373 dem eines besonders schweren Falls der StHinterziehung gem § 370 III 1. Liegen vertypte Milderungsgründe (zB gem § 27 S 2 oder § 23 II StGB) vor, die zu einem minderschweren Fall führen können, ist vorrangig zu prüfen, ob bereits unbenannte Strafmilderungsgründe die Annahme eines minder schweren Falles rechtfertigen; denn dann kommt wegen der vertypten Minderungsgründe eine weitere Strafrahmenverschiebung in Betracht.

76 Wäre bei Anwendung des Grundtatbestandes der StHinterziehung § 370 die Strafe dem **Strafrahmen für besonders schwere Fälle des § 370 III 1** zu entnehmen, entfaltet dieser eine **Sperrwirkung,** sodass ein minder schwerer Fall des Schmuggels gem § 373 I 2 regelmäßig ausscheidet. Der (erhöhte) Strafrahmen des § 370 III 1 kommt in solchen Fällen nur deshalb nicht zur Anwendung, weil zusätzlich ein Qualifikationsmerkmal des § 373 erfüllt ist. Es wäre aber sinnwidrig, diesen Strafrahmen allein deshalb nicht zur Anwendung zu bringen, weil zum Grundtatbestand zusätzlich ein Merkmal, das die Tat als Schmuggel qualifiziert, hinzukommt (BGH wistra 15, 103). Damit kommt bei Schmuggel mit Abgabenverkürzung in großem Ausmaß (vgl § 370 III 2 Nr 1) die Annahme eines minder schweren Falles allenfalls in besonderen Ausnahmefällen noch in Betracht. Ein solcher Ausnahmefall liegt jedenfalls dann nicht vor, wenn der Schmuggel in organisierten Vertriebsstrukturen stattgefunden hat (BGH wistra 12, 350 Rz 29 ff). Eine StVerkürzung in großem Ausmaß liegt bei einem Hinterziehungsbetrag von mehr als 50 000 € vor (BGH wistra 12, 350; BGHSt 61, 28; 53, 71; s auch § 370 Rz 280).

b) Strafzumessung im engeren Sinne. Die Strafzumessung innerhalb des im Einzelfall anzuwendenden Strafrahmens richtet sich nach den Maßstäben des § 46 StGB. 80

Bei **Schmuggel** mit einer Abgabenverkürzung **in Millionenhöhe** finden die von der Rspr zur StHinterziehung gem § 370 in Millionenhöhe entwickelten Grundsätze (s dazu § 370 Rz 341) entsprechend Anwendung (BGH wistra 12, 350). Demnach kommt auch bei Schmuggel mit einer Verkürzungssumme in Millionenhöhe eine (aussetzungsfähige) Freiheitstrafe von nicht mehr als zwei Jahren nur bei Vorliegen besonders gewichtiger Milderungsgründe noch in Betracht (BGH wistra 12, 350 Rz 34). 81

Das materiell-rechtliche **Konkurrenzverhältnis** der Schmuggeltaten ist dabei nicht ausschlaggebend. Es ist deshalb ohne Bedeutung, ob die Millionengrenze durch eine einzelne Tat oder erst durch mehrere gleichgelagerte Taten erreicht worden ist. Der in § 370 III 2 Nr 1 zum Ausdruck kommenden Wertung ist auch dann Rechnung zu tragen, wenn jede Tat für sich genommen die Grenze zum großen Ausmaß nicht überschreitet (BGH wistra 12, 350 Rz 37). 82

Zur **Strafzumessung** bei gewerbsmäßigem Schmuggel vgl auch BGH wistra 99, 348. Soweit § 373 den Grundtatbestand der StHinterziehung im Wege der Gesetzeskonkurrenz verdrängt, darf die gleichzeitige Verwirklichung des § 370 im Rahmen der Strafzumessung nicht berücksichtigt werden (BGH wistra 18, 133 Rz 7). Der Umstand, dass Einfuhrabgaben bisher nicht beglichen wurden, darf nicht strafschärfend gewertet werden, denn hierdurch würde rechtsfehlerhaft das Nichtvorliegen eines Strafmilderungsgrunds, nämlich einer Schadenswiedergutmachung, zum Nachteil des Täters berücksichtigt (BGH NStZ-RR 17, 217, Rz 8). 83

13. Verfahrensfragen. Ein **Absehen von der Verfolgung** gem § 32 I ZollVG in Fällen des „Kleinschmuggels" schließt § 32 II ZollVG in der seit 16.3.2017 geltenden Fassung (BGBl I, 425) für den Qualifikationstatbestand des § 373 ausdrücklich aus. Ein Verfahrenshindernis normiert die Neufassung des § 32 ZollVG im Gegensatz zur vorherigen Fassung ohnehin nicht mehr („sollen"); vielmehr handelt es sich nun um eine Opportunitätsvorschrift (zutr *Ebner* Steuerstrafrechtliche Bagatell-Entkriminalisierungtatbestände unter besonderer Berücksichtigung des mWz 16.3.2017 reformierten Schmugglerprivilegs in: Joecks-GS, 2017, S 401). Zum Strafklageverbrauch nach Art 54 SDÜ bei „Schmuggelfahrten" durch mehrere EU-Mitgliedstaaten s BGH NJW 08, 2931 und § 370 Rz 12. Zum Verhältnis von Art 54 SDÜ zu Art 50 EU-Grundrechtecharta vgl EuGH v 5.6.2014, wistra 15, 140 sowie BGHSt 56, 11. 90

Seit der Neufassung der Vorschriften über verdeckte Ermittlungsmethoden durch Gesetz v 21.12.2007 (BGBl I, 3198; Rz 3) ist Schmuggel Katalogtat für Maßnahmen der **Überwachung der Telekommunikation** (TKÜ; § 100a II Nr 2 Buchst b StPO). Zu den Folgen einer rechtswidrig angeordneten TKÜ vgl § 370 Rz 451 und *JJR/Jäger* § 373 Rz 111. 91

Anknüpfungspunkt für die **Berechnung** der hinterzogenen Abgaben ist in Fällen des Zigarettenschmuggels (und sich darauf beziehender StHehlerei) der allgemeine Laden-Kleinverkaufspreis, nicht der tatsächlich erzielte „Schwarzmarktpreis" (BGH wistra 04, 348). Ist ein Ladenpreis nicht vorhanden, ist der Kleinverkaufspreis von Markenzigaretten des unteren Preissegments maßgeblich (BGH BFH/NV 09, 699). 92

§ 374 Steuerhehlerei

(1) **Wer Erzeugnisse oder Waren, hinsichtlich deren Verbrauchsteuern oder Einfuhr- und Ausfuhrabgaben nach Artikel 5 Nummer 20 und 21 des Zollkodex der Union hinterzogen oder Bannbruch nach § 372 Abs. 2, § 373 begangen worden ist, ankauft oder sonst sich oder einem Dritten verschafft, sie absetzt oder abzusetzen hilft, um sich oder einen Dritten zu bereichern, wird mit Freiheitsstrafe bis zu fünf Jahren oder mit Geldstrafe bestraft.**

(2) [1] **Handelt der Täter gewerbsmäßig oder als Mitglied einer Bande, die sich zur fortgesetzten Begehung von Straftaten nach Absatz 1 verbunden hat, so ist die Strafe Freiheitsstrafe von sechs Monaten bis zu zehn Jahren.** [2] **In minder schweren Fällen ist die Strafe Freiheitsstrafe bis zu fünf Jahren oder Geldstrafe.**

(3) **Der Versuch ist strafbar.**

(4) **§ 370 Absatz 6 und 7 gilt entsprechend.**

Abs 1 geändert, Abs 2 und 3 eingefügt, bisheriger Abs 2 wird Abs 4 und neu gefasst durch G v 21.12.07 (BGBl I, 3198); Abs 4 geändert durch G v 22.12.14 (BGBl I, 2415); Abs 1 geändert durch G v 22.12.14 (BGBl I, 2417) mWv 1.5.2016.

Schrifttum: *Wegner* Steuerhehlerei bei Branntweingeschäften, PStR 10, 113; *Middendorp* Verbringen von Tabakwaren des steuerrechtlich freien Verkehrs anderer Mitgliedstaaten, ZfZ 11, 197; *Weidemann* Steuerhehlerei bei Einfuhr und Verbringen von Zigaretten, PStR 11, 224; *Gehm* Zur Steuerhehlerei vor Beendigung der Steuerhinterziehung (Entscheidungsanmerkung), NZWiSt 12, 228; *Kindler* Zur Frage der Möglichkeit der Steuerhehlerei auch vor Beendigung der Haupttat (Entscheidungsanmerkung), NStZ 12, 640; *Schiemann* Zur Frage der Steuerhehlerei vor Beendigung vorangegangener Steuerhinterziehung (Entscheidungsanmerkung), NJW 12, 1747; *Weidemann* Tabaksteuerstrafrecht, wistra 12, 49, 55; *Beckemper* Der Bannbruch, HRRS 13, 443; *Beckemper* Steuerhehlerei und sukzessive Beihilfe zur vollendeten, aber nicht beendeten Steuerhinterziehung (Entscheidungsanmerkung), wistra 13, 151; *Leplow* Anmerkung zu BGH v. 9.2.2012 – 1 StR 438/11, EWiR 13, 265; *Ebner* Anmerkung zu OLG Braunschweig v 13.3.15 – 1 Ss 84/14, jurisPR-SteuerR 29/2015 Anm 2; *Küper* Die Absatzhilfe des Hehlers zwischen Täterschaft und Beihilfe, JZ 15, 1032; *Wegner* Anmerkung zu OLG Braunschweig vom 13.3.15 – 1 Ss 84/14, PStR 15, 203; *Ebner* Absatzerfolg und Konkurrenzverhältnisse bei der Steuerhehlerei in Absatzfällen (Entscheidungsanmerkung), HFR 17, 441; *Fuchs* Steuerhehlerei durch inländischen Handel mit Solarmodulen?, PStR 17, 285; *Möller/Retemeyer* Eine Reform des Schmuggelprivilegs, ZfZ 17, 235; *Harms/Jäger* Aus der Rechtsprechung des BGH zum Steuerstrafrecht, NStZ 01, 236; 02, 244, 250; 03, 189, 194; 04, 191, 194; *Jäger* NStZ 08, 21; 17, 517, 523.

Übersicht

1. Inhalt und Anwendungsbereich. Der Tatbestand entspricht strukturell dem der Sachhehlerei gem § 259 StGB. Allerdings besteht das Tatunrecht hier nicht in der Perpetuierung einer rechtswidrigen Besitzposition, sondern in der **Restitutionsvereitelung** (vgl *JJR/Jäger* § 374 Rz 3), dh in der Aufrechterhaltung eines vom Vortäter geschaffenen steuerrechtswidrigen oder bannwidrigen Zustandes (vgl BGHSt 29, 239, 242; BGH wistra 08, 105, 106), § 374 dient damit auch dem Erhalt des Zugriffs auf die der Sachhaftung gem § 76 für die StSchuld des Vortäters unterliegenden Gegenstände. 1

Durch Art 4 Nr 5 des **G zur Neuregelung der Telekommunikationsüberwachung** und anderer verdeckter Ermittlungsmaßnahmen und zur Umsetzung der Richtlinie 2006/24/EG v 21.12.2007 (BGBl I, 3198) wurden in der Vorschrift des § 374 mWv 1.1.2008 mehrere, im Wesentlichen klarstellende Änderungen vorgenommen. Zum einen wurde der *Strafrahmen,* der nach der bisherigen Regelung durch eine Verweisung auf § 370 I, II und § 373 festgelegt wurde, zur Vereinfachung der Rechtsanwendung in § 374 I, II neu geregelt; dabei wurde die bandenmäßige StHehlerei als Qualifikationstatbestand ausgestaltet und in ihrem Unrechtsgehalt der gewerbsmäßigen gleichgestellt. Die *Versuchsstrafbarkeit* ist seitdem in § 374 III geregelt. Die Anwendbarkeit von § 370 VI 1, VII betr ausl Einfuhr- und Ausfuhrabgaben sowie Auslandstaten ergab sich – entsprechend der Regelung in § 373 IV AO – aus einer Verweisung in Abs 4 (Begründung BR-Drs 275/07, 178). MWv 1.1.2015 wurde die Verweisung in Abs 4 auf § 370 VI durch G v 22.12.2014 (BGBl I, 2415, 2416) im Wege der Streichung der bisherigen Einschränkungen auf Satz 1 inhaltlich erweitert. Es handelt sich um eine Folgeänderung zu einer im Rahmen des JStG 2010 erfolgten Änderung des § 370 VI (BT-Drs 18/3018, 13). § 374 erfasst seitdem auch Umsatzsteuern und harmonisierte Verbrauchsteuern, die von anderen EU-Mitgliedstaaten verwaltet werden. Durch G v 22.12.2014 (BGBl I, 2217) wurden mWv 1.5.2016 die im Tatbestand in Bezug genommenen Vorschriften des ZK durch die ab diesem Zeitpunkt maßgeblichen des UZK ersetzt. 2

Straffreiheit durch **Selbstanzeige** ist bei StHehlerei **nicht möglich** (*JJR/Jäger* § 374 Rz 67). 3

2. Gegenstand der Steuerhehlerei. Als Gegenstand der StHehlerei kommen nur **Erzeugnisse** und **Waren** in Betracht, hinsichtlich deren Verbrauchsteuern oder Einfuhr- und Ausfuhrabgaben nach Art 5 Nrn 20 und 21 des UZK (bzw bis 30.4.2016 iSd Art 4 Nr 10 und 11 ZK) hinterzogen worden sind oder Bannbruch begangen worden ist. Die Verwendung der Worte „Erzeugnisse oder Waren" erklärt sich aus dem unterschiedlichen Sprachgebrauch in den Zoll- und Verbrauchsteuergesetzen. Zum Begriff der *Einfuhr- und Ausfuhrabgaben* s § 370 Rz 150ff und § 373 Rz 25. 6

Abs 4 bestimmt ausdrücklich die **entsprechende Anwendung von § 370 VI und VII** (s dazu § 370 Rz 150ff und 160ff). Damit ist klargestellt, dass der Straftatbestand der StHehlerei als Vortaten auch reine Auslandstaten und die Hinterziehung von Einfuhr- und Ausfuhrabgaben erfasst, die von einem anderen Mitgliedstaat der EU verwaltet werden oder die einem Mitgliedstaat der Europäischen Freihandelsassoziation oder einem mit dieser assoziierten Staat zustehen. Seit 1.1.2015 erstreckt sich die Verweisung auch auf Umsatzsteuern und harmonisierte Verbrauchsteuern, die von anderen EU-Mitgliedstaaten verwaltet werden (Rz 2). Zu beachten ist, dass eine Verkürzung von Einfuhrabgaben nicht eintritt, wenn verbrauchsteuerpflichtige Waren aus dem freien Verkehr eines anderen EU- 7

Mitgliedstaats nach Deutschland verbracht werden; denn darin liegt keine Einfuhr in die EU, sondern lediglich eine Beförderung zwischen zwei Mitgliedstaaten, bei der keine Einfuhrabgaben entstehen (BGH NStZ 15, 469; § 373 Rz 25).

8 Die Strafbarkeit des § 374 erfasst nicht die sog **Ersatzhehlerei,** dh die Hehlerei an Sachen, die an die Stelle der tatbefangenen Sachen getreten sind (BGHSt 9, 137; *JJR/Jäger* § 374 Rz 9 mwN).

9 Im Rahmen des GrenzpendlerG v 24.6.1994 (BGBl I, 1395) hat der Gesetzgeber durch Einfügung des § 30a (jetzt: § 37) in das TabStG bestimmt, dass der Erwerb von **Tabakwaren** im Schwarzhandel, wenn sich die einzelne Tat auf nicht mehr als 1.000 Zigaretten bezieht, lediglich eine **OWi** darstellt. Insoweit finden die §§ 369 bis 374 AO keine Anwendung (§ 37 I 2 TabStG).

13 **3. Vortat.** Vortaten der StHehlerei können StHinterziehung (§ 370), Bannbruch (§ 372) und Schmuggel (§ 373) sein.

14 Voraussetzung der StHehlerei ist zunächst die Erfüllung aller **objektiven Merkmale** des Straftatbestandes der Vortat. Im Anwendungsbereich von § 374 IV kommt eine Strafbarkeit wegen StHehlerei nur dann in Betracht, wenn die verkürzten ausl Abgaben unter Beachtung des jeweiligen ausl Rechts als Einfuhr- oder Ausfuhrabgaben zu qualifizieren sind (vgl BGH 07, 595).

15 **Bannbruch** scheidet nach hM **als Vortat** dann aus, wenn die Subsidiaritätsklausel des § 372 II zur Anwendung kommt, der Täter also aufgrund der Sanktionsnorm eines anderen Verbotsgesetzes bestraft wird (vgl *Kohlmann/Hilgers-Klautzsch* § 374 AO Rz 23; *Schwarz/Pahlke/Nikolaus* § 374 AO Rz 11).

16 Auch die **nachfolgenden Hehler** sind nach § 374 zu bestrafen, denn das Gesetz stellt nur darauf ab, dass hinsichtlich der Waren StHinterziehung oder Bannbruch begangen worden ist. Es kommt nicht darauf an, dass der Hehler die Ware unmittelbar von dem Vortäter erwirbt (BGHSt 15, 53, 57); als StHehler wird auch bestraft, wer die Ware von einem Zwischenhehler erhält, der seinerseits wegen StHehlerei strafbar ist (BGH NJW 79, 2621; zu § 259 StGB vgl auch BGHSt 2, 262 und BGH wistra 99, 180). Zur Vortat bei der StHehlerei s auch OLG Hamm wistra 03, 237.

17 Der **Vortäter** muss mindestens mit **„natürlichem" Vorsatz** gehandelt haben (BGHSt 4, 78; *Kohlmann/Hilgers-Klautzsch* § 374 AO Rz 36; *JJR/Jäger* § 374 AO Rz 17); auf die Schuldfähigkeit kommt es nicht an (BGHSt 1, 47), auch nicht darauf, ob der Vortäter in einem unvermeidbaren Verbotsirrtum gehandelt hat (vgl *Fischer* § 259 StGB Rz 6). Handelt der Vortäter dagegen ohne Vorsatz, zB in einem Tatbestandsirrtum, scheidet Bestrafung wegen StHehlerei aus (BGHSt 4, 76).

18 Umstritten ist das **zeitliche Verhältnis** der StHehlerei **zur Vortat.** Die hM zu § 259 StGB und § 374 geht davon aus, dass die Vortat jedenfalls soweit abgeschlossen sein muss, dass sie vor Vollendung der Anschlusstat *vollendet* ist (vgl BGH NStZ 94, 486; StV 02, 542; wistra 11, 262; *Fischer* § 259 StGB Rz 8; *Schönke/Schröder/Stree/Hecker* § 259 StGB Rz 14). Deshalb sind Tatbeiträge, die vor der Vollendung der Vortat geleistet werden, nicht als StHehlerei, sondern je nach der Willensrichtung des Handelnden als Teilnahme an der Vortat oder als Beihilfe zur nachfolgenden StHehlerei strafbar (vgl BGH NStZ 94, 486 zu § 259 StGB). Da aber das Unrecht der StHehlerei im Gegensatz zur Sachhehlerei gem § 259 StGB nicht in der Perpetuierung einer rechtswidrigen Vermögensposition, sondern in einer Restitutionsvereitelung im Sinne der Gefährdung oder Vereitelung der nachträglichen Durchsetzung des StAnspruchs liegt (Rz 1), reicht es für die StHehlerei aus, dass die Erlangung der stl bemakelten Sache durch den Vortäter mit dem Verschaffen durch den Hehler zeitlich zusammenfällt (str; zum Tatbestand der Sachhehlerei vgl *Schönke/Schröder/Stree/Hecker* § 259 StGB Rz 14).

19 Entgegen einer weit verbreiteten Auffassung ist die **Beendigung der Vortat keine Tatbestandsvoraussetzung** des § 374 (vgl BGHSt 57, 151; *Fischer* § 259 StGB Rz 8; *JJR/Jäger* § 374 Rz 21; aM BayObLG wistra 03, 316; differenzierend

Kohlmann/Hilgers-Klautzsch § 374 AO Rz 26, *Schwarz/Pahlke/Nikolaus* § 374 AO Rz 28 ff sowie *Bender/Möller/Retemeyer* Rn C 676). Der Umstand, dass bis zur Beendigung der Vortat auch eine Teilnahme an der Vortat in Betracht kommt (BGH wistra 00, 425), schließt eine Hehlereihandlung vor Beendigung der Vortat nicht aus (vgl BGHSt 57, 151); die Abgrenzung der StHehlerei von der Teilnahme an der Vortat richtet sich nach der Willensrichtung des Handelnden (vgl NStZ 94, 486 zu § 259 StGB; glA *GJW/Tully* § 374 AO Rz 11; aA Flore/Tsambikakis/*Schuster/Schultehinrichs* § 374 AO Rz 14; vgl auch BGHSt 3, 41; 13, 403; 22, 206).

4. Tathandlungen der Steuerhehlerei. a) Ankaufen. Die Tathandlung kann bestehen in einem **Ankaufen,** einem Unterfall des Sichverschaffens (vgl BGH wistra 08, 105, 108). Die Voraussetzungen des Sicherverschaffens müssen daher vorliegen. Demgemäß genügt der Abschluss eines Kaufvertrags nicht; erforderlich ist vielmehr käufliches Erwerben der tatsächlichen Verfügungsmacht vom Vortäter oder dessen Mittelsmann (stRspr seit RGSt 73, 104; vgl BGH wistra 08, 105). 22

b) Sich oder einem Dritten verschaffen. Verschaffen iSd § 259 StGB ist die Herstellung einer vom Vortäter abgeleiteten tatsächlichen Herrschaftsgewalt über die Sache im einverständlichen Zusammenwirken mit dem Vorbesitzer (stRspr; vgl BGHSt 15, 53, 56; 27, 45; BGH NStZ-RR 05, 373; RGSt 64, 326). So stellt etwa der Erwerb eines Pfandscheins ein Sichverschaffen dar, wenn der Erwerber dadurch über die Sache voll verfügen kann (BGHSt 27, 160). Diese Grundsätze werden von der hM ohne Modifikation auf die StHehlerei übertragen (vgl *Kohlmann/Hilgers-Klautzsch* § 374 AO Rz 48). Sieht man aber den Unrechtsgehalt der StHehlerei darin, dass die Weitergabe der Sache die Restitution der durch die §§ 370, 372 AO geschützten Rechtsgüter erschwert (Rz 1), dann spricht alles dafür, auch die *eigenmächtige Übernahme* der Sache für die StHehlerei ausreichen zu lassen; denn hierdurch wird ebenfalls die Wahrscheinlichkeit der Beseitigung eines vom Vortäter geschaffenen steuerrechtswidrigen oder bannwidrigen Zustandes verringert (vgl *JJR/Jäger* § 374 Rz 31; aA *Kretschmer* NStZ 08, 379, 381 unter Hinweis auf den „kriminalpolitischen Charakter der Hehlerei, der im kriminogenen einvernehmlichen Zusammenwirken von Vortäter und Hehler" liege; zum Meinungsstand vgl *HHSp/Beckemper* § 374 AO Rz 39 ff). 23

Jedenfalls für den Tatbestand der StHehlerei stellt daher auch bloßes **Mitverzehren oder Mitgenießen** von Nahrungs- oder Genussmitteln ein Sichverschaffen dar; denn durch den Verzehr wird der vom Vortäter geschaffene steuerrechtswidrige Zustand in gleicher Weise perpetuiert wie durch eine andere Verwendungsform (vgl *Kohlmann/Hilgers-Klautzsch* § 374 AO Rz 52; *HHSp/Beckemper* § 374 AO Rz 38; *JJR/Jäger* § 374 Rz 32). 24

c) Absetzen. Das Absetzen der Ware ist die rechtsgeschäftliche Weitergabe, zB Verkauf an einen Dritten; es kommt nicht darauf an, ob dieser bösgläubig ist oder nicht (*Fischer* § 259 StGB Rz 15). Verpfändung soll ausreichen (RGSt 17, 392); Vermieten, Verleihen und In-Verwahrung-Geben dagegen nicht, da der Empfänger dadurch keine eigene Verfügungsmacht erlangt, sondern zur Rückgabe der Sache verpflichtet ist (vgl *Schwarz/Pahlke/Nikolaus* § 374 AO Rz 25; *RK/Kemper* § 374 AO Rz 32; Flore/Tsambikakis/*Schuster/Schultehinrichs* § 374 AO Rz 25). 27

Absetzen setzt das **Handeln für einen anderen** voraus (*RK/Kemper* § 374 AO Rz 32; *JJR/Jäger* § 374 Rz 34; *Fischer* § 259 StGB Rz 16). Steht der Täter nicht „im Lager" des Vortäters, setzt er die Ware nicht ab (BGH wistra 08, 105 mwN). Vortäter kann aber auch ein *Zwischenhehler* sein (BGH aaO). 28

Ein **Absatzerfolg** wurde in der früheren Rspr des BGH bei den Tatbestandsmerkmalen des Absetzens und der Absatzhilfe nicht für erforderlich gehalten (BGHSt 29, 239, 242 zu § 374; BGHSt 26, 358; 27, 45; 33, 44, 47; BGH NStZ 97, 493; NStZ-RR 00, 266 zu § 259 StGB). Im Jahr 2013 gab der BGH jedoch 29 seine bisherige Rspr zum Tatbestandsmerkmal des Absetzens in § 259 StGB mit der Begründung auf, dass die Hehlerei ein Erfolgsdelikt sei und deshalb für das Tatbestandsmerkmal des Absetzens einen Absatzerfolg voraussetze (BGHSt 59, 40; vgl auch BGH wistra 13, 427). Er wies dabei darauf hin, dass auch beim „Ankaufen" der Übergang der Verfügungsmacht verlangt werde. Da Umstände, die angesichts des identischen Gesetzeswortlauts eine unterschiedliche Auslegung des Begriffs des Absatzerfolgs bei der Hehlerei (§ 259 StGB) einerseits und StHehlerei (§ 374) andererseits rechtfertigen könnten, nicht ersichtlich sind, ist auch für die Verwirklichung des Tatbestandsmerkmals des Absetzens bei der StHehlerei gem § 374 AO ein Absatzerfolg erforderlich (vgl BGH NStZ 17, 359).

32 **d) Absatzhilfe.** Das Merkmal der Absatzhilfe erfasst diejenigen Handlungen, mit denen sich der Hehler an den Absatzbemühungen des Vortäters oder eines Zwischenhehlers **unselbständig beteiligt** (BGH wistra 07, 105; 08, 386). Der Sache nach ist die Absatzhilfe eine Beihilfe, die wegen der Straflosigkeit der Absatztat des Vortäters zur selbständigen Tat aufgewertet ist (BGHSt 26, 358, 362; BGH wistra 08, 386). Auch bei dieser Tatvariante ist Voraussetzung, dass der Täter „im Lager" des Vortäters, bei dem es sich auch um einen Zwischenhehler handeln kann (BGH JR 80, 213), steht (BGH wistra 08, 386). Es genügt nicht, dass der Helfer durch die Unterstützung mittelbar den Absatz des ursprünglichen Lieferanten fördert (BGH aaO). Unterstützt der Helfer nicht den Vortäter beim Absatz, sondern den Käufer beim Erwerb, kommt Beihilfe zur StHehlerei in Form des Ankaufens in Betracht (BGH aaO). Ist der Erwerber Zwischenhehler kann sich daran eine (täterschaftliche) Absatzhilfe anschließen, sobald der Absatz beginnt (*JJR/Jäger* § 374 Rz 44). Rathilfe in Bezug auf die konkrete Verwertung kann als Tathandlung ebenfalls ausreichen (BGHSt 9, 139).

33 Auch das Tatbestandsmerkmal der Absatzhilfe setzt entgegen der früheren Rspr des BGH (vgl Rz 29) einen **Absatzerfolg** voraus. Eine Erstreckung dieser Rechtsprechungsänderung zum Tatbestandsmerkmal des Absatzes in § 259 StGB auf das Tatbestandsmerkmal der Absatzhilfe im Straftatbestand der StHehlerei erfolgte zwar zunächst nicht (vgl BGH wistra 13, 428), weil Absatzhilfe auch als Hilfe bei den Absatzbemühungen verstanden werden kann und damit nicht notwendig als Erfolgsdelikt angesehen werden muss. Da aber die Absatzhilfe gemeinhin als eine zur selbständigen Tat aufgewertete Beihilfe zum Absatz verstanden wird (Rz 32), lag es nahe, für eine vollendete Absatzhilfe in gleicher Weise einen Absatzerfolg zu verlangen. Deshalb entschied der BGH, dass auch das Tatbestandsmerkmal der Absatzhilfe gem § 374 AO zur Vollendung der Tat den Eintritt eines Absatzerfolgs erfordert (BGH NStZ 17, 359 Rz 17). In vielen Fällen kommt es auf die Frage, ob die Absatzbemühungen erfolgreich waren, jedoch deshalb nicht an, weil der Tatbestand der StHehlerei bereits in der Tatvariante des (sich oder einem Dritten) Verschaffens verwirklicht wurde. In einem solchen Fall würde die Absatzhilfe als mitbestrafte Nachtat zurücktreten (BGH NStZ 17, 359; BGH v 8.12.16 – 1 StR 542/16, BGHR AO § 374 Konkurrenzen 5 = BeckRS 2016, 112681).

34 Nicht jede Unterstützung, die dem Vortäter **im Vorfeld von Absatzbemühungen** geleistet wird, erfüllt den Tatbestand der StHehlerei. Die Abgrenzung zur straflosen Vorbereitungshandlung richtet sich danach, ob die Hilfeleistung im Vorfeld eines iEinz noch nicht konkret absehbaren und auch noch nicht konkret geplanten Absatzes erfolgt oder sich in einen bereits festgelegten Absatzplan fördernd einfügt und aus der Sicht des Vortäters den Beginn des Absatzvorgangs darstellt (BGH wistra 07, 460; 08, 386). Die bloße *Zur-Verfügung-Stellung einer Lagermöglichkeit* für den Vortäter wie auch die Lagerung oder Verwahrung von Sachen, hinsichtlich deren Abgaben hinterzogen worden sind, stellt daher weder Absetzen noch Absatzhilfe für den Vortäter dar, wenn darüber hinaus weder konkrete Absatzbemühungen vorgenommen worden sind noch mögliche Abnehmer in Sicht sind (vgl BVerfG NStZ-RR 1996, 82; BGH NJW 89, 1490; OLG Ddorf wistra

01, 157). Handelt der Verwahrer dagegen zur Durchführung eines bereits feststehenden Absatzplanes, hat der Absatz regelmäßig bereits begonnen (vgl BGH NJW 89, 1490; wistra 05, 33; 07, 460).

Nach der Rspr des BGH kann StHehlerei in Form von Absatzhilfe auch **vor Beendigung der vorangegangenen Steuerhinterziehung** begangen werden (BGHSt 57, 151; s Rz 19). Denn die Absatzhilfe gehe der Übertragung der Ware auf den Empfänger regelmäßig voraus. Eine Verurteilung allein wegen Beihilfe zur StHinterziehung würde den nach gesetzlicher Wertung beim Tatbeteiligten eigenständigen Unrechtsgehalt, der in der Mitwirkung am Absatz liegt, nicht erfassen (BGH aaO). 35

5. Steuerhehlerei durch Unterlassen. Eine Tatbegehung durch Unterlassen ist bei jeder der Tatvarianten für Personen möglich, die eine besondere Rechtspflicht trifft, das Ankaufen, Verschaffen oder Absetzen von Schmuggelware zu verhindern (*JJR/Jäger* § 374 Rz 45 mwN). 37

6. Subjektiver Tatbestand. Der subjektive Tatbestand erfordert **Vorsatz;** dazu gehört das Bewusstsein, dass hinsichtlich der Ware eine StHinterziehung oder ein Bannbruch begangen worden ist. Bedingter Vorsatz reicht aus (BGHSt 7, 137). Erfährt der Erwerber den steuerrechtlichen Makel einer erworbenen Sache erst später, kommt StHehlerei nur in Betracht, wenn er danach eine andere Handlung begeht, welche die Merkmale des § 374 erfüllt (*JJR/Jäger* § 374 Rz 26). 40

Zum Vorsatz hinzutreten muss die **Absicht, sich oder einen Dritten zu bereichern;** ob es dazu kommt, ist nicht entscheidend (RGSt 56, 100). Bereicherung ist das Erlangen eines Vermögensvorteils, dh jede Verbesserung der Vermögenslage; daran fehlt es, wenn gleichwertige Leistungen ausgetauscht werden bzw der Erwerber die Sache anderswo zum gleichen Preis hätte kaufen können (BGH GA 80, 69; RGSt 58, 122; OLG Stuttgart MDR 77, 161; OLG Ddorf NJW 78, 60). Nicht erforderlich ist, dass die Bereicherung unmittelbar aus der Tathandlung stammt; mittelbare Vorteile genügen (vgl *JJR/Jäger* § 374 Rz 54 mwN). 41

7. Qualifikationstatbestände. § 374 II enthält als Qualifikationstatbestände der StHehlerei die gewerbsmäßige StHehlerei und das Handeln als Mitglied einer Bande, die sich zur fortgesetzten Begehung von Straftaten gem § 374 I verbunden hat. 42

a) Gewerbsmäßigkeit. Der Begriff der Gewerbsmäßigkeit entspricht dem des Schmuggels gem § 373 I (s § 373 Rz 16). 43

b) Handeln als Mitglied einer Bande. Nach § 374 II wird auch bestraft, wer eine Tathandlung iSv § 374 I begeht und dabei als Mitglied einer Bande handelt. Der Begriff der Bande entspricht dem des § 373 II Nr 3 (s § 373 Rz 48). Eine bandenmäßige Tatausführung unter Mitwirkung anderer Bandenmitglieder ist nicht erforderlich. 44

8. Versuch. Der Versuch der StHehlerei ist bei allen Tatbestandsvarianten **strafbar** (§ 374 III). Dies gilt auch für den untauglichen Versuch. 45

Die **Abgrenzung strafloser Vorbereitungshandlungen** vom strafbaren Versuch richtet sich nach allgemeinen Grundsätzen. Ein unmittelbares Ansetzen zum *Ankaufen* kann bereits dann vorliegen, wenn sich die Übergabe der Waren oder Erzeugnisse an den Käufer sofort anschließen kann und soll und eine Einigung über den Kaufpreis zustande gekommen ist, sodass die Verschaffung der Verfügungsgewalt unmittelbar bevorsteht (BGH wistra 08, 105, 106; *JJR/Jäger* § 374 Rz 64 mwN). Nach telefonischer Einigung steht der Umstand, dass die Ware erst über eine längere Distanz transportiert werden muss, für sich allein der Annahme eines unmittelbaren Ansetzen zur Tatbestandsverwirklichung nicht entgegen (BGH aaO mit abl Anm *Kretschmer* NStZ 08, 379, 382). Bei der Tatbestandsvariante des Absetzens ist die Grenze zum Versuch erst dann überschritten, wenn konkrete 46

Absatzbemühungen vorgenommen werden (BGH wistra 08, 105, 106; OLG Ddorf wistra 01, 157; *JJR/Jäger* § 374 Rz 65 mwN).

48 **9. Schwarzhandel mit Zigaretten zum eigenen Bedarf.** § 374 ist nicht anzuwenden, wenn der Täter vorsätzlich oder fahrlässig Zigaretten in Verpackungen erwirbt, an denen ein gültiges Zeichen nicht angebracht ist, soweit der einzelnen Tat nicht mehr als 1000 Zigaretten zugrunde liegen. Solche Fälle der Kleinhehlerei wurden zur OWi herabgestuft (§ 37 I 2 TabStG).

50 **10. Konkurrenzfragen.** Beteiligung an der Vortat als Anstifter oder Gehilfe schließt die Anwendung des § 374 nicht aus (vgl BGHSt 7, 134). Wer durch Ankauf von Schmuggelware oder sonstiges Sich-Verschaffen als Täter StHehlerei begangen hat, kann dagegen wegen des späteren Absatzes nicht mehr bestraft werden (mitbestrafte Nachtat; vgl *HHSp/Beckemper* § 374 AO Rz 70; *JJR/Jäger* § 374 Rz 82). Dasselbe gilt nach einem Sich-Verschaffen zum Zwecke der Zwischenlagerung (BGH v 8.12.2016 – 1 StR 542/16, BGHR AO § 374 Konkurrenzen 5). Absatzhilfe eines bis dahin nichtbeteiligten Dritten ist dagegen strafbare Teilnahme an der Nachtat (BGH NJW 75, 2109). Werden im Rahmen des Absatzes von Waren, hinsichtlich deren bereits Abgaben hinterzogen worden sind, durch den StHehler noch weitere Abgaben hinterzogen, steht die durch den Absatz begangene StHehlerei zu der nachfolgenden StHinterziehung auch dann in Tatmehrheit, wenn die StHinterziehung im Rahmen des (ggf grenzüberschreitenden) Absatzes begangen wird (BGH wistra 08, 470; vgl dazu die Beispiele bei *JJR/Jäger* § 374 Rz 81, *Allgayer/Sackreuther* PStR 09, 44 und *Jäger* FS Amelung 2009, 447).

50a **Tatmehrheit** liegt auch dann vor, wenn der **Steuerhehler** hinsichtlich des Gegenstandes, bzgl dessen er bereits eine Hehlereihandlung begangen hat, **selbst Steuerschuldner** wird und diese Steuer hinterzieht. Dies kommt etwa dann in Betracht, wenn der Erwerber von Zigaretten ohne StZeichen StSchuldner wird, weil er diese zu gewerblichen Zwecken in Besitz hält, und dann seiner Erklärungspflicht aus § 23 I 3 TabStG nicht nachkommt (vgl hierzu BFH/NV 15, 629 und EuGH v 3.7.2014 – C-165/13, wistra 14, 433 sowie *JJR/Jäger* § 374 Rz 85). Der Umstand, dass er in solchen Fällen durch die Inbesitznahme selbst zum StSchuldner wird, steht einer Verurteilung wegen gewerbsmäßiger StHehlerei gem § 374 II nicht entgegen (BGH v 21.6.17 – 1 StR 192/17, BeckRS 2017, 116052). Die Hinterziehung von ESt durch einen StHehler, der die Einnahme aus einer Veräußerung der von ihm hehlerisch erworbenen Ware nicht erklärt, ist ebenfalls eine selbständige Straftat (BGHSt 8, 34). Verschafft sich ein Täter in einem anderen EU-Mitgliedstaat Tabakwaren, hinsichtlich deren bei der Einfuhr in das Zollgebiet der EU bereits Einfuhrabgaben hinterzogen worden sind, und führt er diese Tabakwaren nach Deutschland ein, stehen die durch Unterlassen begangene StHinterziehung deutscher TabSt (§ 370 I 2 iVm § 23 TabStG) und die zuvor im Ausland durch aktives Tun begangene StHehlerei (§ 374 I, IV iVm 370 VI, VII) zueinander im Verhältnis der Tatmehrheit (BGH NStZ 15, 469).

51 **Wahlfeststellung zwischen Steuerhinterziehung (§ 370) und Steuerhehlerei (§ 374) ist zulässig (vgl BGHSt 4, 128).** Die ungleichartige Wahlfeststellung als prozessuale Entscheidungsregel erlaubt eine gesetzesalternative Verurteilung, wenn innerhalb des angeklagten Geschehens nach Ausschöpfung aller Beweismöglichkeiten der Sachverhalt nicht so weit aufgeklärt werden kann, dass die Feststellung eines bestimmten Straftatbestands möglich ist, aber sicher feststeht, dass der Angeklagte einen von mehreren alternativ in Betracht kommenden Tatbeständen verwirklicht hat, und andere Möglichkeiten gewiss ausgeschlossen sind (stRspr; vgl nur BGH GrS NJW 17, 2842 Rz 14). Diese Möglichkeit besteht auch bei den Straftatbeständen der StHinterziehung und der StHehlerei im Hinblick auf ihre rechtsethische und psychologische Vergleichbarkeit (vgl dazu BGH GrS aaO Rz 34).

Tateinheit kommt insb in Betracht mit §§ 257, 259 StGB (RGSt 57, 105), § 263 StGB (vgl *JJR/Jäger* § 374 Rz 89) und §§ 331, 332 StGB (BGHSt 5, 155). 52

Die gewerbsmäßig oder als Mitglied einer Bande begangene StHehlerei gem § 374 II ist taugliche Vortat einer **Geldwäsche** (§ 261 I 2 Nr 3 StGB). Auch in der Nutzung eines Bankkontos, auf das Erlöse aus dem Handel mit unversteuerten Zigaretten geflossen waren, kann eine Geldwäschehandlung in Form des Verwahrens oder Verwendens (§ 261 II Nr 2 StGB) liegen. Eine Bestrafung des Täters ist jedoch wegen der Vorrangklausel des § 261 IX 2 StGB ausgeschlossen, wenn der Täter der Geldwäsche bereits an der Vortat beteiligt war. Der persönliche Strafausschließungsgrund des § 261 IX 2 StGB greift aber nur dann ein, wenn die Beteiligung an der Vortat sicher festgestellt werden kann. Daran fehlt es, wenn der Tatrichter zwar vom Vorliegen einer Vortat ausgeht, diese sich aber nicht konkretisieren lässt und der Täter deshalb nicht verurteilt werden kann (BGH wistra 17, 66). Eine gesetzesalternative (wahldeutige) Verurteilung wegen StHinterziehung oder StHehlerei (s Rz 51) bei gleichzeitiger Verwirklichung des Tatbestands der Geldwäsche nach § 261 II Nr 1 StGB schließt im Hinblick auf § 261 IX 2 StGB einen Schuldspruch wegen Geldwäsche aus (vgl. BGHSt 61, 245 und BGH(GS) NJW 17, 2842, Rz 30, jeweils zur Wahlfeststellung bei Diebstahl oder Hehlerei). Zum Verhältnis der Geldwäsche zur gewerbsmäßigen StHehlerei als Vortat s auch BGH NStZ 00, 653. 53

11. Strafzumessung. Der Strafrahmen der StHehlerei (§ 374 I) reicht von Geldstrafe bis zur Freiheitsstrafe von fünf Jahren, im Falle der gewerbsmäßigen Begehung oder des Handelns als Mitglied einer Bande (§ 374 II) entspricht der Strafrahmen dem des Schmuggels (s § 373 Rz 75). 60

Bei der Strafzumessung im Falle einer StHehlerei sind insbes die vom Täter **verschuldeten Auswirkungen der Tat** (§ 46 II StGB) in den Blick zu nehmen. Besonderheiten bestehen beim Handel mit unversteuerten Zigaretten, wenn sowohl die Hinterziehung deutscher TabSt als auch die vorgelagerte Hinterziehung von Einfuhrabgaben in einem anderen EU-Mitgliedstaat Vortaten der StHehlerei sind. Sofern nicht das Verfahren gem §§ 154, 154a StPO auf die deutschen Abgaben beschränkt wird, muss bei der Strafzumessung beachtet werden, dass nach dem unionsrechtlichen Verbrauchsteuersystem Waren grds nicht mit den Verbrauchsteuern mehrerer Mitgliedstaaten der EU belastet sein sollen (BGH wistra 11, 348 und wistra 10, 226; BGH NZWiSt 16, 23, Rz 20 ff). Auch sind im Falle einer Durchleitung der Waren in einen anderen EU-Mitgliedstaat für die Erhebung der Verbrauchsteuer allein die Behörden desjenigen Mitgliedstaats zuständig, in dem diese Waren entdeckt worden sind (EuGH v 5.3.2015 – C-175/14; *Prankl,* ZfZ 15, 98; s dazu auch BGH NZWiSt 16, 23). Die in mehreren Staaten verkürzten Verbrauchsteuern dürfen daher nicht einfach als Schadenspositionen aufaddiert werden. 61

Der Umstand der **Haftung** für verkürzte Steuern nach § 71 AO muss beim StHehler im Rahmen der Strafzumessung allenfalls dann erörtert werden, wenn der StHehler im Gesamtgeschehen nur eine untergeordnete Rolle gespielt hat und an dem wirtschaftlichen Erfolg der Tat nur in geringem Umfang beteiligt war (vgl BGH wistra 07, 262, 265). Auch in einem solchen Fall kommt eine strafmildernde Berücksichtigung der Haftung aber nur dann in Betracht, wenn der Täter nach den maßgeblichen Umständen des Einzelfalls mit seiner Heranziehung rechnen muss und dies für ihn eine besondere Härte darstellen würde (BGH NZWiSt 13, 73). 62

Ob ein **minder schwerer Fall** des § 374 II 2 gegeben ist, muss vom Tatrichter auf der Grundlage einer Gesamtwürdigung aller für die Strafzumessung bedeutsamen Umstände festgestellt werden. Dabei ist die Prüfung, ob ein derart besonderer Ausnahmefall vorliegt, der die Anwendung des Regelstrafrahmens nicht mehr angemessen erscheinen lässt, daran auszurichten, ob das gesamte Tatbild – einschl aller subjektiven Momente der Täterpersönlichkeit – vom Durchschnitt der erfah- 63 rungsgemäß vorkommenden Fälle in einem solchen Maß abweicht, dass die Anwendung des Ausnahmestrafrahmens geboten erscheint. In die Gesamtwürdigung sind alle Umstände einzubeziehen, die für die Wertung von Tat und Täterpersönlichkeit in Betracht kommen, gleichgültig, ob sie der Tat innewohnen, sie begleiten, ihr vorangehen oder ihr nachfolgen (stRspr; vgl nur BGH NJW 17, 2776 mwN). Unabhängig davon rechtfertigt weder der Umstand, dass der vom StHehler gezogene Vorteil deutlich geringer als der StSchaden ist, noch derjenige, dass der Täter nicht dem Bereich der „Organisierten Kriminalität" angehört, die Annahme eines minder schweren Falls (OLG Braunschweig ZWH 15, 315 mAnm *Ebner,* jurisPR-SteuerR 29/2015 Anm 2 und *Wegner,* PStR 15, 203).

65 **12. Verfahrensfragen.** Ein regelmäßiges Absehen von der Verfolgung („sollen") kommt unter den Voraussetzungen des § 32 ZollVG in Betracht, wenn der Hinterziehungsumfang der Vortat 250 € nicht übersteigt. Die Erweiterung des sog. Schmuggelprivilegs, das zuvor ein Verfahrenshindernis normierte, auf Taten der StHehlerei gem § 374 I wurde erst mWv 16.3.2017 in das Gesetz aufgenommen (BGBl I, 425; s dazu BT-Drs 18/9987 S 38). Erfüllt die Tat den Qualifikationstatbestand des § 374 II, ist das „Schmuggelprivileg" wegen des erhöhten Unrechtsgehalts nicht anwendbar (§ 32 II ZollVG). Die StHehlerei ist beim Verdacht gewerbs- oder bandenmäßiger Begehung Katalogtat für Maßnahmen der **Telekommunikationsüberwachung** (§ 100a II Nr 2 Buchst c StPO; vgl dazu *JJR/Jäger* § 374 Rz 102 sowie § 370 Rz 450 ff). Die **Haftung des Steuerhehlers** bestimmt sich nach § 71. Zur Beweiswürdigung bei gewerbsmäßiger StHehlerei s BGH wistra 00, 307 und NStZ 17, 167. Zum Strafklageverbrauch nach Art 54 SDÜ bei „Schmuggelfahrten" durch mehrere EU-Mitgliedstaaten s BGH NJW 08, 2931 und § 370 Rz 12.

70 **13. Einziehung.** Die **Einziehung von Taterträgen** kommt auch bei der StHehlerei in Betracht (Zur Rückgewinnungshilfe zugunsten des Fiskus nach den bis Juni 2017 geltenden Verfallsvorschriften vgl. BGH wistra 11, 394 und NStZ 15, 469). Bei der Bestimmung des Werts des Erlangten (§ 73d StGB) bezogen auf „Schmuggelzigaretten" ist zu beachten, dass der StHehler durch den Ankauf oder das sonstige Verschaffen von unversteuerten Zigaretten zunächst nur die Waren und erst durch den anschließende Weiterverkauf den hieraus erzielten Erlös erlangt; die Aufwendungen des StHehlers für den Erwerb der Zigaretten bleiben dabei unberücksichtigt. Ist der StHehler auch Empfänger iSd § 23 I 2 TabStG, erspart er daneben die Aufwendungen für die beim Verbringen der Zigaretten in das deutsche StGebiet entstandene TabSt (BGH wistra 11, 394 und NStZ 15, 469).

§ 375 Nebenfolgen

(1) **Neben einer Freiheitsstrafe von mindestens einem Jahr wegen**
1. Steuerhinterziehung,
2. Bannbruchs nach § 372 Abs. 2, § 373,
3. Steuerhehlerei oder
4. Begünstigung einer Person, die eine Tat nach den Nummern 1 bis 3 begangen hat,

kann das Gericht die Fähigkeit, öffentliche Ämter zu bekleiden, und die Fähigkeit, Rechte aus öffentlichen Wahlen zu erlangen, aberkennen (§ 45 Abs. 2 des Strafgesetzbuchs).

(2) [1]**Ist eine Steuerhinterziehung, ein Bannbruch nach § 372 Abs. 2, § 373 oder eine Steuerhehlerei begangen worden, so können**
1. die Erzeugnisse, Waren und andere Sachen, auf die sich die Hinterziehung von Verbrauchsteuer oder Einfuhr- und Ausfuhrabgaben nach Artikel 5

Nummer 20 und 21 des Zollkodex der Union, der Bannbruch oder die Steuerhehlerei bezieht, und

2. die Beförderungsmittel, die zur Tat benutzt worden sind,
eingezogen werden. [2] § 74a des Strafgesetzbuchs ist anzuwenden.

Abs 2 S 1 Nr 1 geändert durch G v. 22.12.14 (BGBI I, 2417).

Schrifttum: *vor 2010 s 13. Aufl; Röth* Nebenfolgen strafrechtlicher Verurteilung, StraFo 12, 354; *Pump* Rechtsfolgen bei Verwendung von Manipulationssoftware (Zappersoftware), DStZ 13, 99; *Kirch-Heim* Anmerkung zu BGH, Beschluss vom 23.8.2016 (1 StR 204/16), NStZ 17, 362.

Übersicht

1. Zweck und Anwendungsbereich. Die Vorschrift des § 375 I sieht bei bestimmten StStraftaten die Möglichkeit vor, als Nebenfolge den Verlust der Amtsfähigkeit und der Wählbarkeit anzuordnen (vgl § 45 II StGB). Dadurch sollen öffentliche Ämter von ungeeigneten Personen freigehalten werden; zugleich soll den Verurteilten bewusst gemacht werden, dass Zuwiderhandlungen gegen staatliche Gesetze mit einer Repräsentation staatlicher Autorität nicht vereinbar sind (*JJR/Joecks* § 375 Rz 8). § 375 II ermöglicht bei StHinterziehung, Bannbruch und StHehlerei über die Fälle des § 74 I StGB hinaus die Einziehung von Sachen. 1

Der Anwendungsbereich des § 375 I erstreckt sich auf einen abschließenden Katalog von Straftaten; es sind dies die StHinterziehung (§ 370), der Bannbruch (§ 372) soweit die Strafe aus § 370 I oder II zu entnehmen ist, der gewerbsmäßige, gewaltsame und bandenmäßige Schmuggel (§ 373), die StHehlerei sowie die Begünstigung einer Person, die eine Tat nach den Nrn 1 bis 3 begangen hat. Unter den Begriff der Begünstigung fällt nur die sog sachliche Begünstigung nach § 257 StGB, die, soweit sie sich auf StStraftaten bezieht, selbst StStraftat ist (§ 369 I Nr 4), nicht aber die Strafvereitelung gem §§ 258, 258a (§ 369 Rz 7). Nicht zum Anwendungsbereich des § 375 I gehört auch die Verletzung des StGeheimnisses nach § 355 StGB, für die allerdings in § 358 StGB eine Sonderregelung über die Aberkennung der Fähigkeit, öffentliche Ämter zu bekleiden, besteht. Jugendlichen darf die Amtsfähigkeit und Wählbarkeit nicht aberkannt werden (§ 6 JGG). 2

Die **Einziehung auf der Grundlage von § 375 II** setzt voraus, dass eine bestimmte StStraftat, nämlich eine StHinterziehung (§ 370), ein Bannbruch nach § 372 II, § 373 oder eine StHehlerei (§ 374) begangen worden ist. Ein Bannbruch „nach § 372 II, § 373" liegt vor, wenn der Täter eines Bannbruchs mangels einer Straf- oder Bußgeldandrohung im Verbotsgesetz, dh dem Gesetz, das die Einfuhr, Ausfuhr oder Durchfuhr verbietet, nach § 370 I, II wegen StHinterziehung zu bestrafen ist, ferner wenn der Täter wegen gewerbsmäßigen Monopolbannbruchs (§ 373 I 2. Alternative) oder wegen gewaltsamen oder bandenmäßigen Bannbruchs (§ 373 II) strafbar ist. Damit kommt bei Bannbruch eine Einziehung auf der Grundlage von § 375 II nur in Betracht, wenn auch die Bestrafung aus der AO erfolgt. Wenn der Täter des Bannbruchs dagegen unmittelbar nach dem Verbotsgesetz bestraft wird, kann die Einziehung nur auf eine Vorschrift dieses Verbotsgeset- 3 zes oder eine Einziehungsvorschrift des StGB, zB §§ 74 I, 74d StGB, gestützt werden.

4 **Auf Ordnungswidrigkeiten ist § 375 nicht anwendbar.** Bei OWi dürfen als Nebenfolge der Tat Gegenstände nur eingezogen werden, soweit ein Gesetz dies ausdrücklich zulässt (§ 22 I OWiG). Dies ist bei StOWi nach den §§ 378-383b nicht der Fall.

8 **2. Aberkennung der Amtsfähigkeit und Wählbarkeit (Abs 1).** Voraussetzung für die Aberkennung der Amtsfähigkeit und Wählbarkeit ist die Verhängung einer Freiheitsstrafe von mindestens einem Jahr wegen einer oder mehrerer der in Abs 1 genannten Straftaten, gleichgültig ob als Täter, Anstifter oder Gehilfe begangen (*JJR/Joecks* § 375 Rz 18). Dies gilt auch, wenn die Tat mit einer anderen in Tateinheit zusammentrifft (*Flore/Tsambikakis/Ebner* § 375 AO Rz 17). Nicht ausreichend ist es, wenn die Jahresgrenze erst durch Bildung einer Gesamtstrafe unter Einbeziehung von Einzelstrafen für Taten erreicht worden ist, die dem Katalog des § 375 I nicht angehören (*HHSp/Beckemper* § 375 AO Rz 29; *JJR/Joecks* § 375 Rz 20). Ist aber wegen mehrerer in § 375 I bezeichneter Delikte, die in Tatmehrheit (§ 53 StGB) verwirklicht wurden, auf eine mindestens einjährige Gesamtfreiheitsstrafe erkannt worden, kann eine Nebenfolge gem § 375 I auch angeordnet werden, wenn die Einzelstrafen das dort geforderte Mindestmaß von einem Jahr Freiheitsstrafe nicht erreicht haben (vgl BGH NStZ 08, 283 zu § 358 StGB; *HHSp/Beckemper* § 375 AO Rz 29; *JJR/Joecks* § 375 Rz 20; aA *Kohlmann/Hilgers-Klautzsch* § 375 AO Rz 17). Ohne Bedeutung ist, ob die Strafe wegen vollendeter oder versuchter Delikte verhängt worden ist.

9 **Die Fähigkeit, öffentliche Ämter zu bekleiden und Rechte aus öffentlichen Wahlen zu erlangen,** kann das Gericht dem Verurteilten für die Dauer von zwei bis fünf Jahren aberkennen (§ 45 II StGB). Daneben kann auch gem § 61 Nr 6, § 70 StGB unter den dort näher beschriebenen Voraussetzungen ggf ein Berufsverbot verhängt werden (Rz 25). Der sog Amtsverlust nach Abs 1 ist verbunden mit dem Verlust der entsprechenden Rechtsstellung und Rechte. Er bezieht sich jedoch nur auf Ämter in Deutschland. Öffentliche Ämter sind Einrichtungen mit öff-rechtl abgegrenzten Zuständigkeiten zur Wahrnehmung von Verrichtungen, die sich aus der Staatsgewalt ableiten und staatlichen Zwecken dienen; kirchliche Ämter gehören dazu nicht (MüKo-StGB/*Radtke* § 45 StGB Rz 14). Mit dem Verlust der Rechtsstellung und Rechte ist auch der *Verlust des passiven Wahlrechts* verbunden; anders nur bei BT-Abgeordneten, bei denen der Ältestenrat entscheidet (§ 47 BWahlG). Für RAe, StB usw enthalten die entsprechenden Berufsordnungen Sonderregelungen.

12 **3. Einziehung (Abs 2). a) Allgemeines.** § 375 II ermöglicht bei Straftaten gem § 370, § 372 II, § 373 oder § 374 die Einziehung von Tatobjekten (Nr 1) und Beförderungsmitteln (Nr 2). Sie ist eine „Maßnahme" iSd § 11 I Nr 8 StGB. Soweit sie den Täter oder Teilnehmer trifft, ist sie Strafe, in den Fällen des § 74b I eine Sicherungsmaßnahme (*Fischer* § 74 StGB Rz 2 mwN). Ist die Einziehung – wie im Fall des § 375 II – nicht zwingend vorgeschrieben, ist der Grundsatz der Verhältnismäßigkeit zu beachten (§ 74f StGB). Gem § 369 II sind ergänzend die allgemeinen Bestimmungen über die Einziehung (§§ 74 ff StGB) heranzuziehen, soweit § 375 II nichts anderes bestimmt.

13 **Voraussetzung der Einziehung** ist, dass die **Gegenstände** zur Zeit der Entscheidung **dem Täter oder Teilnehmer gehören** oder zustehen (§ 74 III StGB). Gefährden Gegenstände nach ihrer Art und nach den Umständen die Allgemeinheit oder besteht die Gefahr, dass sie der Begehung rechtswidriger Taten dienen werden, können sie auch dann eingezogen werden, wenn der Täter oder Teilnehmer ohne Schuld gehandelt hat oder die Gegenstände einem anderen als dem Täter oder Teilnehmer gehören oder zustehen (§ 74b I StGB).

Die **Verweisung auf § 74a StGB** (§ 375 II 2) hat zur Folge, dass die Gegenstände – abweichend von § 74 III StGB – auch dann eingezogen werden können, wenn derjenige, dem sie zZt der Entscheidung gehören oder zustehen, mindestens leichtfertig dazu beigetragen hat, dass sie als Tatmittel verwendet worden oder Tatobjekt gewesen sind, oder sie in Kenntnis der Umstände, welche die Einziehung zugelassen hätten, in verwerflicher Weise erworben hat. In verwerflicher Weise erwirbt der, dem es auf die Vereitelung der Einziehung ankommt oder dessen Handeln in einem erhöhten Grad sittliche Missbilligung verdient, zB weil er daraus vorwerfbar Vorteile erstrebt (*Fischer* § 74a StGB Rz 8). 14

b) Einziehung von Tatobjekten (Abs 2 Nr 1). Als Tatobjekte unterliegen nach § 375 II Nr 1 der Einziehung **Erzeugnisse, Waren und andere Sachen,** auf die sich eine StStraftat gem § 370, § 372 II, § 373 oder § 374 bezieht, auch ohne dass sie Mittel oder Produkte der Straftat sind. Voraussetzung der Einziehung solcher Gegenstände ist allerdings, dass sich die Tat auf die Hinterziehung von Verbrauchsteuern oder Einfuhr- und Ausfuhrabgaben nach Art 5 Nrn 20 und 21 UZK bezieht. Hauptanwendungsbereich ist die Einziehung „geschmuggelter" einfuhrabgaben- oder verbrauchsteuerpflichtiger Waren (vgl zu unversteuerten Zigaretten BGH wistra 16, 412; 17, 144). 20

Ist die Einziehung des Gegenstandes nicht möglich, weil der Täter oder Teilnehmer diesen veräußert, verbraucht oder die **Einziehung** auf andere Weise **vereitelt** hat, so kann das Gericht gem § 74c StGB gegen ihn die Einziehung eines Geldbetrags anordnen, der dem Wert des Gegenstandes entspricht (vgl BGH wistra 16, 412; 17, 144). Die Anordnung steht im Ermessen des Gerichts; als Nebenstrafe ist sie bei der Strafzumessung zu berücksichtigen (BGH wistra 16, 412 Rz 12).

c) Einziehung von Beförderungsmitteln (Abs 2 Nr 2). Beförderungsmittel sind die Fahrzeuge und Tiere, die der Fortbewegung der Sachen gedient haben und nicht selbst Schmuggelware sind, nicht Beförderungsgegenstände wie Koffer und Taschen (vgl RGSt 68, 44). Eingezogen werden können nur Beförderungsmittel, die zur Ausführung der Tat benutzt worden sind. 25

Auch vorausfahrende oder nachfolgende **Begleitfahrzeuge,** die einen Transport unversteuerter Zigaretten oder anderer verbrauchsteuerpflichtiger Waren lotsen oder absichern sollen, sind Beförderungsmittel iSd § 375 II Nr 2 AO (BGH wistra 16, 412, Rz 15, BGHR AO § 375 II Nr 2 Beförderungsmittel 1; *JJR/Joecks* § 375 Rz 39). 26

d) Einziehung sonstiger Gegenstände. Der Einziehung gem § 375 II unterliegen nur die entsprechenden Waren und Beförderungsmittel, nicht aber die **Behältnisse** der Sachen (vgl BGHSt 7, 78). Diese können ggf nach § 74 I StGB eingezogen werden. 30

Gefälschte Steuerzeichen und die in § 149 StGB bezeichneten Fälschungsmittel sind in jedem Fall einzuziehen (§ 150 StGB). Die Einziehung ist hier zwingend vorgeschrieben (§ 74 III 2 StGB); der Grundsatz der Verhältnismäßigkeit (§ 74f StGB) gilt insoweit nicht. 31

Lediglich **zur Vorbereitung gebrauchte** oder zur Begehung oder Vorbereitung bestimmte **Gegenstände** können nach § 74 I StGB eingezogen werden. Dies gilt zB für nicht benutzte Beförderungsmittel. 32

e) Einziehung des Wertes. Die Anordnung der Einziehung eines Geldbetrags, der dem Wert von Tatprodukten, Tatmitteln oder Tatobjekten entspricht, ist gem § 74c StGB zulässig. Sie kommt dann in Betracht, wenn die Einziehung eines bestimmten Gegenstands nicht möglich ist, weil der Täter oder Teilnehmer diesen veräußert, verbraucht oder die Einziehung auf andere Weise vereitelt hat. Die Einziehung des Wertersatzes kann nach § 76 StGB auch nachträglich angeordnet werden; auch eine selbständige Anordnung ist nach § 76a StGB zulässig. 35

40 **4. Anordnung eines Berufsverbots.** Die Anordnung eines Berufsverbots kommt als sonstige Nebenfolge auch bei einer StHinterziehung in Betracht, wenn der Täter die Tat unter Missbrauch seines Berufs oder Gewerbes oder unter grober Verletzung der mit ihnen verbundenen Pflichten begangen hat (§ 369 II, §§ 70ff StGB).

41 Ein **Missbrauch von Beruf oder Gewerbe** iSd § 70 StGB liegt nur dann vor, wenn der Täter unter bewusster Missachtung der ihm gerade durch seinen Beruf oder sein Gewerbe gestellten Aufgaben seine Tätigkeit ausnutzt, um einen diesen Aufgaben zuwiderlaufenden Zweck zu verfolgen. Dazu genügt ein bloß äußerer Zusammenhang in dem Sinne, dass der Beruf dem Täter lediglich die Möglichkeit gibt, Straftaten zu begehen, nicht. Die strafbare Handlung muss vielmehr Ausfluss der jeweiligen Berufs- oder Gewerbetätigkeit sein und einen berufstypischen Zusammenhang erkennen lassen (stRspr; vgl nur BGHSt 22, 144; BGH wistra 03, 423 mwN); sie muss symptomatisch für die Unzuverlässigkeit des Täters im Beruf erscheinen (BGHR StGB § 70 I Pflichtverletzung 8; BGH v 23.2.17 – 1 StR 362/16, StraFo 17, 247 Rz 40).

42 Eine **Verletzung der mit dem Beruf oder Gewerbe verbundenen Pflichten** iSd § 70 StGB ist dann gegeben, wenn der Täter bei Tatbegehung gegen eine der speziellen Pflichten, die ihm bei der Ausübung seines Berufs oder Gewerbes auferlegt sind, verstößt (vgl BGH StV 08, 80; StraFo 17, 247 Rz 41).

43 Die erforderliche **Verbindung von Tat und Beruf** kann bei Hinterziehung betrieblicher Steuern insbes dann gegeben sein, wenn die StHinterziehung mit schwerwiegenden Verletzungen der Buchführungs- und Aufzeichnungspflichten verbunden war (BGH wistra 95, 22). Der Täter muss bei Begehung der Tat den Beruf oder das Gewerbe tatsächlich ausgeübt haben. Es genügt nicht, dass er im Rahmen einer nur vorgetäuschten Berufs- oder Gewerbetätigkeit, zB vorgetäuschte Kreditvermittlung, handelt (BGH wistra 01, 59). Ein Berufsverbot kann unter bestimmten Voraussetzungen auch vorläufig angeordnet werden (§ 132a StPO).

§ 376 Verfolgungsverjährung

(1) **In den in § 370 Absatz 3 Satz 2 Nummer 1 bis 6 genannten Fällen besonders schwerer Steuerhinterziehung beträgt die Verjährungsfrist zehn Jahre.**

(2) **Die Verjährung der Verfolgung einer Steuerstraftat wird auch dadurch unterbrochen, dass dem Beschuldigten die Einleitung des Bußgeldverfahrens bekannt gegeben oder diese Bekanntgabe angeordnet wird.**

Vorschr neu gefasst durch JStG 2009 v 19.12.08 (BGBl I, 2794); Abs 1 geändert durch G v 23.6.17 (BGBl I, 1682).

Schrifttum: *vor 2010 s 13. Aufl; Haas/Wilke* Steuerhinterziehung und Rechtsstaat – Zur Verlängerung der Verfolgungsverjährungsfrist durch das Jahressteuergesetz 2009, NStZ 10, 297; *Samson/Brüning* Die Verjährung der besonders schweren Fälle der Steuerhinterziehung, wistra 10, 1; *Wulf* Praxiswissen zur Strafverfolgungsverjährung, PStR 10, 13; *Kortz* Verjährung bei verschwiegenen Auslandskonten, Stbg 11, 357; *Haumann* Verfassungsmäßigkeit der Verjährung der Steuerhinterziehung nach § 376 Abs 1 AO?, AO-StB 12, 157; *Jeschkies* Bedeutung der Verjährung bei korrigierenden Erklärungen gemäß § 153 AO und § 371 AO, PStR 12, 310; *Satzger* Die Verjährung im Strafrecht, Jura 12, 433; *Spatscheck/Albrecht* Praxisprobleme der Strafverfolgungsverjährung bei Hinterziehungsdelikten, § 376 Abs 1 AO, Stbg 12, 501; *Bürger* Die Verjährungsregelung in § 376 Abs 1 AO im Berichtigungsverbund der Selbstanzeige, BB 13, 2592; *Mitsch* Unterbrechung strafrechtlicher Verjährung durch Bußgeldverfahren, NZWiSt 13, 1; *Ch. Dannecker* Zur Verfassungsmäßigkeit der verjährungsrechtlichen Anknüpfung an strafrechtliche Regelbeispiele der Steuerhinterziehung: Folgerichtigkeit als Verfassungsgebot für das Strafrecht?, NZWiSt 14, 6; *Reichling/Winsel* Die neuere (höchstrichterliche) Rechtsprechung zum Verjährungsbeginn bei ausgewählten Wirtschaftsstraftaten, JR 14, 331; *Rolletschke* Die Strafverfolgungsverjährung im Steuerstrafrecht, ZWH 14, 129; *Ebner* Aktuelle Gedanken zur Verfolgungsverjährung im Steuerstrafrecht, ZWH 15, 135; *Ebner* Verfolgungsverjährung im Steuerstrafrecht, Diss. 2015; *Mitsch* Verjährungsvielfalt bei der Steuerhinterziehung, NZWiSt 15, 8; *Madauß* BGH-Beschluss vom 8.7.2014 und die Bedeutung der 3-Tagesfiktion des § 122 Abs 2 Nr 1 AO für die Zeitpunkte der Tatvollendung/Tatbeendigung, NZWiSt 15, 141; *Geier/Karla* Verjährung im Strafrecht unter besonderer Berücksichtigung des Steuerstrafrechts, ZWH 16, 21; *Ebner* Mindmap zur Kompatibilität von § 78b Abs. 4 und § 376 Abs. 1 in Fällen „besonders schwerer" Steuerhinterziehung, ZWH 17, 44; *Grötsch* Gilt das Rückwirkungsverbot auch für Rechtsprechungsänderungen?, wistra 17, 198; *Baumhöfener/Madauß* Besondere Aspekte der Verjährung § 376 AO, NZWiSt 17, 27.

Übersicht

1. Allgemeines. § 376 ergänzt die allgemeinen, über § 369 II anwendbaren Vorschriften über die Strafverfolgungsverjährung (§§ 78 ff StGB). Bis zum 24.12.2008 enthielt die AO für die StHinterziehung (§ 370) keine eigenständige Regelung zur Verfolgungsverjährung. Deshalb galten allein die allgemeinen Regelungen des StGB mit der Folge einer grds fünfjährigen Verjährungsfrist (§ 78 III Nr 4 StGB). Da sich gem § 78 IV StGB die Verjährungsfrist nach der Strafdrohung des Grundtatbestandes richtet, blieben Schärfungen, die für besonders schwere Fälle vorgesehen sind, für die Länge der Verjährungsfrist ohne Bedeutung. Dies hat der Gesetzgeber durch das Jahressteuergesetz 2009 mit Wirkung ab 25.12.2008 geändert (BGBl I 2008, 2794), indem er durch eine Sonderregelung in der AO (§ 376 I) für die in § 370 III 2 Nr 1 bis 5 genannten Fälle besonders schwerer StHinterziehung die Frist für die Verfolgungsverjährung auf zehn Jahre erhöht hat (zur Begründung s BT-Drs 16/11055). Der bisherige § 376 wurde ohne inhaltliche Änderungen Abs 2. 1

Gem Art 97 § 23 EGAO gilt die Verlängerung der Verjährungsfrist in den in Abs 1 bezeichneten Fällen (Rz 1) **für alle** bei Inkrafttreten des Änderungsgesetzes am 25.12.2008 **noch nicht abgelaufenen Verjährungsfristen.** MWv 25.6.2017 wurde die verlängerte Verjährung auf Fälle des neu eingeführten Regelbeispiels gem § 370 III 2 Nr 6 erstreckt. Zu diesem Zeitpunkt bereits verjährte Taten werden nicht erfasst. 2

§ 376 II bestimmt über die Regelung in § 78c I 1 Nr 1 StGB hinaus, nach der die Bekanntgabe der Einleitung eines Strafverfahrens oder deren Anordnung die Verjährung **unterbricht,** dass bei StStraftaten die Verfolgungsverjährung auch durch die **Bekanntgabe der Einleitung eines Bußgeldverfahrens** oder die Anordnung dieser Bekanntgabe unterbrochen wird. Die Vorschrift berücksichtigt die besonderen Umstände bei der Aufdeckung von StStraftaten, bei der zunächst oft nur der Verdacht einer OWi (zB gem § 378) besteht. 3

2. Wesen und Wirkung der Verfolgungsverjährung. Die Verjährung dient dem Rechtsfrieden und stellt ein Verfahrenshindernis dar (BGHSt 2, 301). Sie schließt die Ahndung der Tat (§ 78 I StGB) aus. Dagegen führt die konventions- 5 widrige (rechtsstaatswidrige) Verletzung des Anspruchs auf eine gerichtliche Entscheidung binnen angemessener Frist (Art 6 I 1 MRK) nur in außergewöhnlichen Ausnahmefällen zu einem Verfahrenshindernis (stRspr; vgl nur BGHSt 46, 159). Neben der Berücksichtigung der langen Verfahrensdauer und der hierdurch verursachten Belastungen für den Angeklagten ist in solchen Fällen vielmehr in der Urteilsformel auszusprechen, dass zur Entschädigung für die überlange Verfahrensdauer ein bezifferter Teil der verhängten Strafe als vollstreckt gilt (BGHSt 52, 124), sofern nicht die bloße Feststellung der Verzögerung als Kompensation genügt (vgl BGH v 13.6.17 – 3 StR 48/17, BeckRS 17, 120765 Rz 8).

10 **3. Verjährungsfrist. Die allgemeine Verjährungsfrist bei Steuerstraftaten beträgt fünf Jahre** (§ 78 III Nr 4 StGB). Schärfungen für besonders schwere Fälle führen nach den allgemeinen Grundsätzen des StGB nicht zu einer Verlängerung der Verjährungsfrist (§ 78 IV StGB).

11 Für Fälle, die einem **Regelbeispiel eines besonders schweren Falles** nach § 370 III 2 Nrn 1–5 entsprechen, hat der Gesetzgeber diese Grundsätze im Jahressteuergesetz 2009 durchbrochen und eine **zehnjährige Verjährungsfrist** eingeführt (Rz 1). MWv 25.6.2017 hat er gleichzeitig mit der Anfügung eines sechsten Regelbeispiels die Verweisung des § 376 I auf dieses Regelbeispiel erweitert (BGBl 2017 I 1682). Nach dem erkennbaren Willen des Gesetzgebers kommt es allein darauf an, ob eine der namentlich aufgezählten Begehungsweisen der besonders schweren StHinterziehung vorliegt, nicht aber, ob sich die Tat nach der gebotenen Gesamtwürdigung aller Umstände – darunter auch Umstände nach der Tat, wie etwa die Nachzahlung verkürzter Steuern – im konkreten Einzelfall als besonders schwer darstellt (BGH wistra 13, 280; 13, 471; glA *Rolletschke/Jope* Stbg 09, 213; *Wulf* DStR 09, 459; *Wegner* PStR 09, 33; aA *Pelz* NJW 09, 470). Wollte man dies anders sehen, wäre die Verjährungsvorschrift des § 376 I kaum handhabbar, weil sich das Vorliegen eines besonders schweren Falles idR abschließend erst nach Abschluss der Beweisaufnahme feststellen lässt (vgl *Wegner* PStR 09, 33); zudem könnte der Täter durch positives Nachtatverhalten rückwirkend die Dauer der Verjährung beeinflussen (zutr *Rolletschke/Jope* aaO).

11a Die gem § 376 I auf zehn Jahre verlängerte gesetzliche Verjährungsfrist kann dazu führen, dass bei **Korruptionsstraftaten** eine Strafverfolgung wegen damit zusammenhängender StHinterziehungen noch möglich ist, wenn die Bestechungstaten bereits verjährt sind. Eine solche Situation kann etwa eintreten, wenn als Provisionen verschleierte Schmiergeldzahlungen entgegen § 4 V 1 Nr 10 EStG als Betriebsausgaben stl geltend gemacht worden sind (vgl die Sachverhaltskonstellation in BGH wistra 17, 390).

11b Str sind die **verjährungsrechtlichen Anforderungen an das große Ausmaß** im Falle von Tateinheit, soweit die Verjährung an das Regelbeispiel des § 370 III 2 Nr 1 anknüpft. Im Rahmen der Strafzumessung ist nach der Rspr des BGH (BGHSt 53, 71, 85) bei Tateinheit das Ausmaß der Verkürzung zu addieren. Für die Frage der Verjährung vertritt die hM die Ansicht, dass jede einzelne Gesetzesverletzung gesondert zu betrachten ist (vgl *HHSp/Bülte* § 376 Rz 47; *Hüls/Reichling/Asholt* § 376 AO Rz 30; *MüKo-StGB/Wulf* § 376 AO Rz 10; *Wulf* DStR 09, 459). Der BGH hat sich zu dieser Frage noch nicht geäußert.

12 Die zehnjährige Verjährungsfrist ist angesichts des eindeutigen Gesetzeswortlauts **nicht auf unbenannte besonders schwere Fälle** anzuwenden (glA *Rolletschke/Jope* Stbg 09, 213; *Wulf* DStR 09, 459, 462). Maßgebend für die Auslegung einer Gesetzesbestimmung ist allein der im Gesetz zum Ausdruck kommende objektivierte Wille des Gesetzgebers (vgl BVerfGE 79, 106).

13 Der Gesetzentwurf der BReg v 2.9.2008 (BT-Drs 16/10189) hatte zunächst vorgesehen, die Verfolgungsverjährungsfrist für jede Form der StHinterziehung auf zehn Jahre zu verlängern. Begründet wurde dies damit, dass zwischen der StFestsetzungsverjährung und der Strafverfolgungsverjährung eine erhebliche zeitliche

Diskrepanz bestehe, die durch eine Erhöhung der strafrechtlichen Verfolgungsverjährung auf ebenfalls zehn Jahre beseitigt werden solle. Mit der Ausdehnung der strafrechtlichen Ahndung auf einen längeren Zeitraum sollte zudem erreicht werden, dass das strafrechtliche Risiko für den StHinterzieher steigt. StHinterziehung könne so wirkungsvoller als bisher bekämpft werden (BT-Drs aaO S 113). Auf Empfehlung des Finanzausschusses des BT wurde die Verlängerung der Verjährungsfrist für die Strafverfolgung letztlich nur für die in § 370 III 2 namentlich aufgezählten Begehungsweisen (Regelbeispiele) beschlossen. Dies hat zur Folge, dass nunmehr, wenn der Täter mehrere StHinterziehungen begangen hat, **für jede Einzeltat geprüft** werden muss, ob eine fünfjährige oder eine zehnjährige Verfolgungsverjährung gilt. Früher begangene Taten, die einem Regelbeispiel eines besonders schweren Falles entsprechen, können also zeitlich nach später begangenen Taten verjähren.

Aus der ungewöhnlichen Verweisungstechnik der Anknüpfung verlängerter Verjährungsfristen an Regelbeispiele für besonders schwere Fälle, die sonst nur für die Strafrahmenbestimmung Bedeutung haben, ergaben sich Auslegungsschwierigkeiten. Es stellte sich die Frage, ob die verlängerte Verjährungsfrist auch für Taten gilt, die ein **Regelbeispiel** erfüllen, das **erst nach der Tatbegehung ins Gesetz aufgenommen** worden ist. Eine solche Konstellation kann im Hinblick auf die Gesetzesänderung durch Gesetz v 20.12.2007 (BGBl I, 3198) bei den Regelbeispielen des § 370 III Nr 1 und Nr 5 auftreten; denn durch dieses Gesetz wurde im Regelbeispiel der Nr 1 das einschränkende subjektive Merkmal des Handelns aus grobem Eigennutz aufgehoben und das Regelbeispiel der Nr 5 (Handeln als Mitglied einer Bande) neu geschaffen. Dasselbe gilt für das mWv 25.6.2017 eingeführte Regelbeispiel Nr 6, die Nutzung einer Drittstaat-Gesellschaft zur Verschleierung stl erheblicher Tatsachen (BGBl 2017 I 1682). 14

Nach dem ausdrücklichen Willen des Gesetzgebers erfasst die verlängerte Verjährungsfrist des § 376 I AO alle Taten der StHinterziehung, die **am Tag des Inkrafttretens dieser Vorschrift noch nicht verjährt** waren (Art 97 § 23 EGAO; vgl auch BGH wistra 13, 280; 13, 471 und BGH v 23.7.17 – 1 StR 451/16, BeckRS 17, 110535). 14a

Maßgeblich für die Anwendung der zehnjährigen Verjährungsfrist sind die **Regelbeispiele in der jeweils geltenden Fassung des § 370 III 2.** Mit der Verweisung auf Nr 1 bis 6 des § 370 III 2 hat der Gesetzgeber den Regelbeispielen für die Frage der Verjährung die Funktion von Tatbestandsmerkmalen zugewiesen. Eine Differenzierung nach der Fassung der Regelbeispiele in Abhängigkeit vom jeweiligen Tatzeitpunkt hat er dabei nicht vorgenommen. Es ist deshalb fernliegend, dass er teilweise auf eine frühere Rechtslage verweisen wollte. Für die Frage der Verjährung einer bei Inkrafttreten des § 376 I noch nicht verjährten Tat ist somit allein von Bedeutung, ob sie nach geltendem Recht einem der Regelbeispiele entspricht. Damit kommt eine zehnjährige Verfolgungsverjährung auch für Taten in Betracht, die bei Tatbegehung noch keinem Regelbeispiel entsprochen haben (BGH wistra 13, 280; 13, 471; 16, 196). 14b

Die Verjährungsfrist in Fällen der **Teilnahme** richtet sich nach derjenigen des Haupttäters. Bezieht sich die Teilnahmehandlung auf ein Regelbeispiel einer der in § 370 III 2 Nrn 1–6 genannten Fälle, so beträgt auch für den Teilnehmer die Verjährungsfrist zehn Jahre. Ebenso wenig wie beim Haupttäter kommt es dabei darauf an, ob sich die Tat nach der gebotenen Gesamtwürdigung aller Umstände im konkreten Einzelfall für den Gehilfen als besonders schwer darstellt. Es genügt, dass durch die Haupttat ein Regelbeispiel erfüllt worden ist. Allerdings dürfte die verlängerte Verjährungsfrist des § 376 I nicht eingreifen, wenn sich der Vorsatz des Gehilfen nicht auf die Verwirklichung eines Regelbeispiels erstreckt. Dem steht nicht entgegen. dass es sich bei den Regelbeispielen nicht um Tatbestandsmerkmale handelt, da sie ebenso wie jene einen erhöhten Unrechts- und Schuldgehalt typisieren (vgl BGH wistra 10, 449). 14c

15 Gegen die **Verfassungsmäßigkeit des § 376 I** werden mit der Begründung Bedenken erhoben, dass die Vorschrift gegen den Gleichheitssatz des Art 3 I GG verstoße, weil einerseits die Verjährungsregelung von der vergleichbarer Delikte wie des Betruges (§ 263 StGB) und der Untreue (§ 266 StGB) abweiche und zudem benannte (§ 370 III 2) und unbenannte (vgl § 370 III 1) besonders schwere Fälle hinsichtlich der Verjährung unterschiedlich behandelt würden (zur Kritik vgl *Bender* wistra 09, 215; *Wegner* PStR 09, 33; *Pelz* NJW 09, 470). Trotz dieser Ungleichbehandlung dürfte es aber noch im Rahmen des gesetzgeberischen Spielraums liegen, für die Frage der Dauer der Verjährungsfrist bei StStraftaten typisierend daran anzuknüpfen, ob ein Regelbeispiel eines besonders schweren Falles gegeben ist (BGH wistra 13, 280). Die Anknüpfung der Dauer der Verjährungsfrist an die Erfüllung von Regelbeispielen ist auch hinreichend bestimmt iSv Art 103 II GG (BGH wistra 13, 280; aA *Pelz* aaO). Dies gilt auch für das Regelbeispiel der Hinterziehung „in großem Ausmaß" (§ 370 III 2 Nr 1 AO). Denn bei Schaffung des § 376 I durch G v 19.12.2008 (BGBl I, 2794) konnte sich der Gesetzgeber auf die von der Rspr entwickelten Grundsätze zur Auslegung des Merkmals „in großem Ausmaß" (BGHSt 53, 71; § 370 Rz 280) beziehen. Damit ist die Reichweite der Verjährungsvorschrift für den Normadressaten (vgl dazu BVerfG wistra 10, 39) hinreichend erkennbar. Nach Auffassung von *Ch. Dannecker* (NZWiSt 14, 6, 13) ist der Bestimmtheitsgrundsatz des Art 103 II GG auf Verjährungsregelungen schon nicht anwendbar, weil er das Vertrauen auf die Grenzen der Strafbarkeit, nicht aber der Verfolgbarkeit schütze.

16 Im Hinblick auf die erhebliche Verlängerung der Strafverfolgungsverjährung in den Fällen des § 376 I wird im Schrifttum zum Teil vorgeschlagen, durch **teleologische Reduktion** Fälle, in denen nur ein geringfügiger Steuerschaden entstanden ist oder bei denen nur wegen des Kompensationsverbots des § 370 IV 3 (§ 370 Rz 130) überhaupt eine StVerkürzung angenommen wurde, aus dem Anwendungsbereich des § 376 auszunehmen. Einen Anknüpfungspunkt im Gesetz findet diese Auffassung allerdings nicht, zumal von den Regelbeispielen des § 370 III 2 nur die Nr 1 an das Ausmaß des StSchadens anknüpft.

17 **Die Verfolgungsverjährung ist für jede Straftat im materiellen Sinn gesondert zu bestimmen.** Dies gilt auch für gewerbsmäßig (§§ 373, 374) begangene Straftaten sowie dann, wenn mehrere Taten desselben Täters, etwa StHinterziehung (§ 370) und Untreue (§ 266 StGB) oder StHinterziehung und StHehlerei (§ 374), tateinheitlich zusammentreffen (vgl BGH NStZ-RR 09, 43). Es ist daher möglich, dass die eine Tat früher verjährt als die andere (BGH wistra 82, 188; NStZ 90, 81).

20 **4. Beginn der Verjährung.** Die Verjährung beginnt, sobald die Tat beendet ist (§ 78a StGB). Die Vollendung der Tat, dh die Erfüllung des gesetzlichen Tatbestandes reicht nicht aus. Beendet ist die Tat erst, wenn der Taterfolg eingetreten ist und das Tatunrecht seinen tatsächlichen Abschluss erreicht hat (vgl BGHSt 20, 196; *Fischer* § 22 StGB Rz 6). Bei der Fristberechnung ist der Tag, an dem die Tat beendet wurde, mitzuzählen (*Fischer* § 78a StGB Rz 6; zu den Besonderheiten bei Nichtabgabe einer StAnmeldung vgl Rz 38). Der Zeitpunkt der Tatbeendigung bei StHinterziehung hängt davon ab, ob es sich bei den verkürzten Steuern um Veranlagungssteuern oder um Fälligkeitssteuern handelt, ob der Tatbestand durch Tun oder Unterlassen verwirklicht wurde und ob die Tat im Festsetzungsverfahren oder zu einem anderen Zeitpunkt begangen wurde (vgl BGH wistra 00, 219; *Jäger* wistra 00, 227). Der Erfolgseintritt und der Beginn der Verjährung sind damit für die verschiedenen StArten und Begehungsformen unterschiedlich zu bestimmen. Zu anderen StStraftaten als StHinterziehung s Rz 50).

21 **a) Veranlagungssteuern.** Bei Veranlagungssteuern ist der durch positives Tun herbeigeführte Taterfolg der StVerkürzung eingetreten und die Straftat damit vollendet, wenn aufgrund unrichtiger oder unvollständiger Angaben die Steuer zu

niedrig festgesetzt und dies dem Stpfl bekanntgegeben worden ist (§ 370 Rz 90ff; *JJR/Joecks* § 376 Rz 26; *Kohlmann/Heerspink* § 376 AO Rz 71). Nach hM ist in diesem Zeitpunkt die Tat zugleich beendet, sodass mit der Bekanntgabe des unrichtigen Bescheids zugleich die Verjährung beginnt (BGH wistra 84, 142; *JJR/Joecks* aaO). Zwar verbleibt dem Täter der Vorteil der Tat endgültig erst mit dem Eintritt der steuerlichen Festsetzungsverjährung; da die Änderung von StBescheiden aber nicht den Regelfall darstellt, ist das Tatunrecht bereits mit Erlass des (ersten) unrichtigen Bescheids als beendet anzusehen. Die Bekanntgabefiktion des § 122 II ist nicht nur für den Zeitpunkt der Tatvollendung (s dazu § 370 Rz 90), sondern auch für den Verjährungsbeginn bedeutsam (str; glA BGH wistra 15, 17; *RK/Rolletschke* § 376 AO Rz 9; *GJW/Rolletschke* § 376 AO Rz 20; *Schmitz* FS Kohlmann, 2003, S 532f). Da ein tatsächlicher Zugang vor Ablauf der Drei-Tages-Frist des § 122 II Nr 1 für den Wirksamkeitszeitpunkt der Bekanntgabe rechtl bedeutungslos wäre, findet insoweit der In-dubio-pro-reo-Grundsatz keine Anwendung (aA *MüKo-StGB/Wulf* § 376 AO Rz 22).

Auch bei der **Körperschaftsteuer und** der **Gewerbesteuer** beginnt die Verjährung mit der Bekanntgabe des auf die unrichtige Erklärung hin ergehenden StBescheids. Spätere Änderungen des Bescheids, zB wegen eines Verlustrücktrags, wirken sich nicht aus (BGH wistra 01, 309). 22

Bei **Tateinheit** (zB betr Hinterziehung von ESt und GewSt) kann die Verjährung zu unterschiedlichen Zeiten beginnen, wenn die Taten wegen Bekanntgabe der StBescheide zu unterschiedlichen Zeitpunkten nicht gleichzeitig beendet werden (vgl BGHR StGB § 78 I Tat 1). 23

Bei der **Erbschaft- und Schenkungsteuer** kann mangels kontinuierlichen abschnittsbezogenen Veranlagungsverfahrens kein allgemeiner Veranlagungsschluss festgestellt werden. Im Falle der Hinterziehung durch Unterlassen ist die Tat deshalb dann vollendet und beendet, wenn die Veranlagung bei rechtzeitiger Anzeige der Schenkung oder Erbschaft frühestens bekannt gegeben worden wäre. Dies ist einen Monat nach Ablauf der Anzeigefrist der Fall (BGH wistra 11, 428 Rz 40ff). 23a

Führt der Steuerbescheid zu einer Steuererstattung, ist die Tat erst mit der Zahlung des Erstattungsbetrags beendet, wenn diese nach Bekanntgabe des unrichtigen StBescheids erfolgt. Denn erst durch die Auszahlung wird das Tatunrecht abgeschlossen (*JJR/Joecks* § 376 Rz 29; *GJW/Rolletschke* § 376 AO Rz 24; *RK/Rolletschke* § 376 AO Rz 14). Dass im Festsetzungsverfahren für die Tatvollendung schon die in der unrichtigen Festsetzung einer StErstattung liegende Gefährdung des StAufkommens genügt (§ 370 IV), bedeutet nicht, dass damit das Tatunrecht bereits seinen Abschluss gefunden hat (aA *MüKo-StGB/Wulf* § 376 AO Rz 24f). Insoweit gilt nichts anderes als beim Betrug, bei dem der Taterfolg auch bereits bei einer schadensgleichen Vermögensgefährdung gegeben ist (vgl BGHSt 46, 310; BGH wistra 01, 339). 24

Werden **im Feststellungsverfahren** unrichtige Angaben gemacht, beginnt die Verjährung nicht schon beim Erlass des unrichtigen Feststellungsbescheids (Grundlagenbescheids), der bereits einen StVorteil darstellt (vgl BGH wistra 09, 114 mit Anm *Jope* DStZ 09, 247; § 370 Rz 122), sondern erst mit der Bekanntgabe des Folgebescheids (BGH wistra 86, 257). Bei der Festsetzung einer (zu hohen) Verlustquote im gesonderten Gewinnfeststellungsbescheid für eine KG ist daher die Hinterziehung erst mit der Bekanntgabe des letzten EStBescheids für die Kommanditisten beendet (BGH NStZ 84, 414 mit Anm von *Streck* S 414f). Werden etwa in einer Abschreibungsgesellschaft StVerkürzungen zugunsten der Gesellschafter bewirkt, beginnt die Verjährung erst, wenn der letzte unrichtige EStBescheid ergeht (BGH wistra 86, 257). Erst dann hat das Tatgeschehen seinen Abschluss gefunden (str; vgl *Burkhard* DStZ 04, 443; *JJR/Joecks* § 376 Rz 33). 25

Der **Versuch** einer StHinterziehung im Festsetzungs- oder Feststellungsverfahren ist mit der Einreichung einer unrichtigen Erklärung beendet (RGSt 76, 334). 26

Zu diesem Zeitpunkt ist die Tätigkeit, die zum Taterfolg führen soll, abgeschlossen (vgl RGSt 72, 150; BGH wistra 88, 185).

27 Bei Hinterziehung einer Veranlagungssteuer **durch Unterlassen** ist die Tat vollendet und beendet, wenn vor dem allgemeinen Abschluss der Veranlagungsarbeiten ein zu niedriger *Schätzungsbescheid* ergeht und bekannt gegeben wird.

28 Ist kein Schätzungsbescheid ergangen, ist für die Beendigung ebenso wie für die Vollendung entscheidend, wann der unterlassende Täter spätestens veranlagt worden wäre; dies ist erst mit dem **allgemeinen Abschluss der Veranlagungsarbeiten** der Fall (BGHSt 47, 138, 146 = wistra 02, 64, 66 mwN; § 370 Rz 201; vgl auch OLG München wistra 02, 34; aA *JJR/Joecks* § 376 Rz 40ff mwN, *Kohlmann/Heerspink* § 376 AO Rz 92 ff), dh wenn das zuständige FA die Veranlagung der Steuer im betr Bezirk für den VZ allgemein, dh „im Großen und Ganzen", abgeschlossen hat (BGH NZWiSt 16, 470; § 370 Rz 92a mwN). Bis zu diesem Zeitpunkt ist auch bei unbekannten Stpfl noch mit einem Schätzungsbescheid zu rechnen. Noch nicht abschließend geklärt ist, ob auf den Zuständigkeitsbereich des FA oder des Veranlagungsbeamten abzustellen ist (s dazu § 370 Rz 92a und *Rolletschke* NZWiSt 16, 473). Die Tatbeendigung kann nicht vor der Tatvollendung liegen. Etwas anderes ergibt sich auch nicht aus dem Grundsatz in dubio pro reo. Der Auffassung, bei Hinterziehung von Veranlagungssteuern durch Unterlassen zugunsten des säumigen Stpfl einen früheren Tatbeendigungszeitpunkt anzunehmen und den Stpfl so zu behandeln, als ob er der Erste gewesen wäre, der veranlagt worden wäre (vgl OLG Hamm wistra 01, 474; *Joecks* Praxis des StStrafrechts, 1998, S 55; *Schmitz* FS Kohlmann, 2003, S 517; *Burkhard* DStZ 04, 443), ist der BGH zurecht nicht gefolgt (wistra 02, 64); denn Zweifel, die zur Anwendung dieser Entscheidungsregel führen könnten, liegen bei einer festgestellten Nichtabgabe der StErklärung nicht vor; auf den hypothetischen Verfahrensgang, der stattgefunden hätte, wenn der Stpfl eine StErklärung rechtzeitig abgegeben hätte, ist nicht abzustellen. Insoweit besteht kein Unterschied, ob der Stpfl dem FA bekannt ist oder nicht (aA *JJR/Joecks* § 376 Rz 45f; *Schmitz* aaO; *Wulf* wistra 03, 89).

29 **Wird die Berichtigungspflicht nach § 153 AO verletzt,** ist sowohl für die Tatvollendung als auch für die Tatbeendigung der Zeitpunkt maßgeblich, zu dem der unrichtige StBescheid geändert worden wäre, wenn die Berichtigung rechtzeitig erfolgt wäre (*JJR/Joecks* § 376 Rz 51).

35 **b) Anmeldungssteuern.** Bei Anmeldungssteuern steht die StAnmeldung einer StFestsetzung unter Vorbehalt der Nachprüfung gleich, es sei denn, die Anmeldung führt zu einer Herabsetzung der bisher zu entrichtenden Steuer oder zu einer StVergütung (§ 168). Dann steht die StAnmeldung einer StFestsetzung erst dann gleich, wenn die Finanzbehörde zustimmt (§ 168 S 2).

36 **In Erstattungs- und Vergütungsfällen** tritt der Taterfolg daher mit Bekanntgabe der Zustimmung des FA (§ 168 S 3; dazu BFH UR 97, 66) ein (BGH wistra 00, 219; BGH wistra 16, 112). Zu diesem Zeitpunkt ist die Tat auch beendet (BGH wistra 00, 219).

37 Bei **Abgabe einer unrichtigen Steueranmeldung mit positiver Zahllast** beginnt die Verjährung mit Eingang der unrichtigen Voranmeldung beim FA, und zwar auch dann, wenn die Anmeldung vor Fälligkeit abgegeben wird (*JJR/Joecks* § 376 Rz 34; *Kohlmann/Heerspink* § 376 AO Rz 83). Die Frage, ob noch die Berichtigung unrichtiger Rechnungen möglich ist, hat bei einer USt-Hinterziehung keinen Einfluss auf den Zeitpunkt der Tatbeendigung (BayObLG wistra 02, 231).

38 **Bei Nichtabgabe oder verspäteter Abgabe** einer StAnmeldung beginnt die Verjährung mit Ablauf der Abgabefrist (vgl BGH wistra 92, 93; 93, 113), bei einer Jahreserklärung daher am 1.6. des Folgejahres [bzw. 1.8. für Besteuerungszeiträume ab 1.1.2018], § 149 II. Der Tag des Fristablaufs wird nicht mitgerechnet, da die Unterlassungstat erst mit dem vollständigen Verstreichen der Einreichungsfrist be-

gangen ist (BGH wistra 11, 346). Fristverlängerungen – durch allgemeine Verwaltungsvorschrift oder aufgrund eines Einzelantrags – verschieben den Fristbeginn (BGH NZWiSt 13, 478). Dass steuerrechtliche Erklärungspflichten nach Ablauf der Anmeldefrist fortbestehen, steht der Beendigung der StHinterziehung nicht entgegen (BGH wistra 91, 215).

Bei der **Umsatzsteuerhinterziehung** ist die Tat mit der Abgabe einer unrichtigen USt-Voranmeldung noch nicht beendet; denn die Vorteile der Tat sichert sich der Täter dauerhaft erst durch die jährliche Veranlagung (BGH wistra 83, 70). Das gilt auch für Unterlassungstaten, bei denen die Tat mit Fristablauf für die USt-Jahreserklärung beendet ist (BGH wistra 92, 93; zum Verhältnis zwischen dem Unterlassen der fristgemäßen Abgabe einer USt-Jahreserklärung und deren verspäteter Abgabe vgl BGHSt 39, 233). 39

Auch bei der **Lohnsteuer** handelt es sich um eine Anmeldungssteuer. Bei ihrer Hinterziehung fallen die rechtliche Vollendung und die tatsächliche Beendigung zusammen (BGH wistra 83,70; vgl auch § 50e II EStG). 40

c) Bezug von Kindergeld. Für die Verjährung einer StHinterziehung mit ungerechtfertigtem Bezug von Kindergeld (StVergütung gem § 31 S 3 EStG) als Taterfolg sind nicht die monatlichen Zahlungen maßgeblich; die Verjährung beginnt erst mit der letztmals zu Unrecht erlangten Kindergeldzahlung. Denn aus dem das Kindergeldrecht beherrschenden Monatsprinzip (§ 66 II EStG) ist nicht herzuleiten, dass jede monatliche Auszahlung eine beendete Tat darstellt (vgl BFH DStRE 17, 1287; OLG Nürnberg NZWiSt 15, 421). 42

d) Steuerhinterziehung im Beitreibungsverfahren. Wird die StHinterziehung im Beitreibungsverfahren begangen, beginnt die Verjährung mit der Vollendung der Tat, es sei denn, durch die Tat wird eine StVergütung bewirkt. Dann ist die Tat erst beendet, wenn der Fiskus die schädigende Verfügung vornimmt (*JJR/Joecks* § 376 Rz 53). 45

e) Sonstige Steuerstraftaten. Auch bei den **sonstigen Steuerstraftaten** bestimmen sich die Tatbeendigung und damit der Verjährungsbeginn nach dem endgültigen Abschluss der Tat. 50

Bannbruch (§ 372) und **Schmuggel** (§ 373) sind – ebenso wie die Hinterziehung von Einfuhrabgaben – erst dann beendet, wenn die Ware in Sicherheit gebracht und „zur Ruhe gekommen" ist, weil sie ihren Bestimmungsort erreicht hat (BGHSt 3, 40, 44; BGH NStZ 00, 594; wistra 07, 224). Bloßes Umladen bewirkt noch keine Beendigung der Tat (BGH wistra 07, 224, 225). 51

Steuerhehlerei (§ 374), **Steuerzeichenfälschung** (§ 369 I Nr 3 AO iVm § 148 StGB) und **Begünstigung** (§ 369 I Nr 4) sind Delikte mit überschießender Innentendenz; sie sind erst beendet, wenn die im subjektiven Tatbestand vorausgesetzte Absicht realisiert wurde (*JJR/Joecks* § 376 Rz 36). 52

f) Mittäterschaft und Teilnahme. Die Verfolgungsverjährung hinsichtlich eines Teilnehmers (Gehilfe, Anstifter) **beginnt** erst mit der Beendigung der Haupttat (BGHSt 20, 227); denn strafbar wird die Mitwirkung des Teilnehmers erst durch die Begehung der Haupttat (*JJR/Joecks* § 376 Rz 57). Ob dies uneingeschränkt auch dann gilt, wenn mit einer einmaligen Handlung des Teilnehmers zu einer Serie von Haupttaten Beihilfe geleistet wird, ist höchstrichterlich noch nicht entschieden (vgl dazu *JJR/Joecks* § 376 Rz 58; *Jäger* wistra 00, 344; *Pelz* wistra 01, 11). Haupttaten, auf die sich der Gehilfenvorsatz nicht erstreckt, sind für den Zeitpunkt der Beendigung der Beihilfe unbeachtlich. 55

Bei **Mittäterschaft** ist die letzte Handlung eines Mittäters entscheidend für den Verjährungsbeginn (*RK/Rolletschke* § 376 AO Rz 33). 56

5. Unterbrechung der Verfolgungsverjährung (Abs 2). Die Unterbrechung der Verjährung bedeutet im Gegensatz zum bloßen Ruhen (Rz 90) die Beseitigung des abgelaufenen Teils der Verjährungsfrist. Nach jeder Unterbrechung be- 60 ginnt die Verjährungsfrist von neuem (§ 78c III 1 StGB). Mehrfache Unterbrechungen sind zulässig. Die Verfolgungsverjährung tritt aber spätestens ein, wenn seit Verjährungsbeginn das Doppelte der gesetzlichen Verjährungsfrist verstrichen ist (§ 78c III 2 StGB); dies ist grds nach Ablauf von zehn Jahren, in den Fällen des § 376 I aber erst nach zwanzig Jahren der Fall. Diese Regelung steht auch mit Art 325 I und II AEUV in Einklang, da die Verjährungsfrist lang genug ist, um auch bei „schwerem Mehrwertsteuerbetrug" wirksame Sanktionen zu verhängen (vgl dazu EuGH v 8.9.2015 Rs C-105/14 *Taricco,* wistra 16, 65). Der Katalog verjährungsunterbrechender Handlungen in § 78c I StGB iVm § 376 II ist abschließend.

65 **a) Unterbrechungshandlungen. Nur zum Zweck der Verfahrensförderung** dürfen **Unterbrechungshandlungen** vorgenommen werden, nicht aber, um nur den Eintritt der Verjährung zu verhindern. Beauftragt die StA die Kriminalpolizei, den Beschuldigten zu vernehmen, so unterbricht dies die Verfolgungsverjährung unabhängig davon, ob diese Anordnung notwendig oder zweckmäßig war und ob sie überhaupt durchgeführt wurde (BGH wistra 86, 24).

66 Um eine Verjährungsunterbrechung zu bewirken, ist eine **Konkretisierung** des Tatgeschehens nötig; die Tat muss soweit individualisiert sein, dass sie von denkbaren anderen oder gleichartigen Sachverhalten unterscheidbar ist (BGH 22, 375, 385).

67 **Unterbrechungshandlung ist gem § 78c I 1 Nr 1 StGB** die erste Vernehmung des Beschuldigten, die Bekanntgabe an den Beschuldigten, dass gegen ihn das Ermittlungsverfahren eingeleitet ist, oder die Anordnung dieser Vernehmung oder Bekanntgabe. Alle in Nr 1 aufgeführten Handlungen bilden eine Einheit und sind lediglich zur einmaligen Unterbrechung geeignet und stehen nur alternativ zur Verfügung; sie können nicht nach Bekanntgabe der Einleitung des Ermittlungsverfahrens zu einer nochmaligen Unterbrechung führen (BGH wistra 15, 17 mwN). Die Einleitung des StStrafverfahrens mittels eines Formblattes, in dem lediglich pauschale und zeitlich nicht präzisierte Vorwürfe gemacht werden, ist nicht geeignet, die Verjährung zu unterbrechen (OLG Hamburg wistra 87, 189; BayObLG wistra 88, 81).

68 **Die erste Vernehmung des Beschuldigten** unterbricht die Verjährung gem § 78c I 1 Nr 1 StGB, gleichgültig, ob durch den Richter, die StA, Polizei (Steufa) oder durch die Zollfahndungsämter (§§ 136, 163a StPO) und ob sich der Beschuldigte zur Sache äußert.

69 Die **Anordnung der Bekanntgabe der Einleitung des Ermittlungsverfahrens** unterbricht die Verjährung unabhängig davon, ob sie den Beschuldigten erreicht (BGHSt 25, 9). Die Unterbrechungswirkung tritt, wenn die Anordnung schriftlich ergeht, mit der Unterzeichnung der Anordnung ein (§ 78c II StGB). Sie kann aber auch mündlich oder durch schlüssige Handlung ergehen. Für die Wirksamkeit der Anordnung ist es dann ausreichend, dass sich für deren Zeitpunkt und Inhalt konkrete Anhaltspunkte aus den Akten ergeben (BGH wistra 18, 78). Da sämtliche Maßnahmen des § 78c I 1 Nr 1 StGB eine Einheit bilden (Rz 67), kann die Verjährung, sobald eine der dort genannten Unterbrechungshandlungen vorgenommen worden ist, nicht durch eine andere der in Nr 1 aufgezählten Maßnahmen erneut unterbrochen werden. Unterbricht mithin die Anordnung der ersten Vernehmung des Beschuldigten die Verjährung, löst die Durchführung der Vernehmung keine erneute Unterbrechungswirkung aus (BGH wistra 18, 78).

70 **Eine richterliche Vernehmung oder deren Anordnung** unterbricht die Verfolgungsverjährung auch dann, wenn es sich nicht um die erste Vernehmung handelt (§ 78c I 1 Nr 2 StGB).

71 Durch die **Beauftragung eines Sachverständigen** kann die Verjährung nur unterbrochen werden, wenn der Beschuldigte vorher vernommen oder ihm die Einleitung des Ermittlungsverfahrens bekannt gegeben worden ist (§ 78c I 1 Nr 3

StGB). Die Unterbrechungswirkung ist auf die vom Gutachtenauftrag erfasste Tat begrenzt (BGH wistra 96, 260).

Richterliche Beschlagnahme- oder Durchsuchungsanordnungen haben Unterbrechungswirkung (§ 78c I 1 Nr 4 StGB). Gleiches gilt für richterliche Entscheidungen, die diese aufrechterhalten sowie die richterliche Bestätigung einer nichtrichterlichen Beschlagnahme (BGH wistra 06, 306). 72

Erfüllt ein Durchsuchungsbeschluss die an ihn zu stellenden **verfassungsrechtlichen Mindestanforderungen** nicht, kann er die Verfolgungsverjährung nicht unterbrechen (BGH wistra 03, 382 und 00, 219 mit Anm *Jäger* wistra 00, 227). Dies ist zB dann der Fall, wenn der Beschluss weder die dem Beschuldigten zur Last gelegten Taten noch die beweiserheblichen Unterlagen hinreichend konkret bezeichnet (BGH wistra 00, 219; LG Frankfurt/Main wistra 00, 29). 73

b) Reichweite der Unterbrechung. Die sachliche Reichweite der Unterbrechung erstreckt sich auf die **Tat im prozessualen Sinn** (§ 264 StGB), also auf das gesamte Verhalten des Täters, soweit es nach natürlicher Auffassung einen einheitlichen Lebensvorgang darstellt (BGHSt 13, 320; 23, 141, 145; 32, 215, 216; *Meyer-Goßner/Schmitt* § 264 StPO Rz 2 mwN). Die Grenze der Unterbrechungswirkung ergibt sich aus dem objektiven Umfang der Tat, wie sie sich dem Gericht letztlich darstellt. Ohne Bedeutung ist dagegen, wie das die Unterbrechungshandlung vornehmende Strafverfolgungsorgan die Tat beurteilte und ob sich der Sachverhalt oder seine rechtliche Einordnung nachträglich ändern (BGH wistra 18, 78). 80

Wird in einem **Verfahren wegen mehrerer Taten** im prozessualen Sinn ermittelt, erstreckt sich die Unterbrechungswirkung grds auf alle Taten, die Gegenstand des Verfahrens sind. Dies gilt jedoch dann nicht, wenn der Verfolgungswille des tätig werdenden Strafverfolgungsorgans erkennbar auf eine oder mehrere Taten beschränkt ist (BGH wistra 00, 219; 06, 421, NStZ 07, 213 und BGH wistra 15, 390). Für die Bestimmung des Verfolgungswillens kommt es darauf an, was mit der jeweiligen Handlung bezweckt wird (BGH wistra 00, 219; 08, 421). Dabei ist neben dem Wortlaut der Verfügung auch der Sach- und Verfahrenszusammenhang von Bedeutung. In Zweifelsfällen ist der Akteninhalt zur Auslegung heranzuziehen (BGHSt 56, 146; BGH wistra 15, 390). Taten, die erst später in das Verfahren einbezogen werden, werden von der Unterbrechungswirkung nicht erfasst (BGH NStZ 90, 436; 96, 274). 80a

Bei Zweifeln gilt der Grundsatz **in dubio pro reo** (BGH NStZ 96, 274; *Fischer* § 78c StGB Rz 6). 81

Da sich die Unterbrechungswirkung einer verjährungsunterbrechenden Handlung auf die gesamte Tat im prozessualen Sinn erstreckt, werden von ihr sämtliche in **Tateinheit** stehende Straftaten erfasst (BGHSt 22, 105). Führt die FinBeh das StStrafverfahren selbständig und gibt sie in diesem Zusammenhang die Einleitung eines Ermittlungsverfahrens wegen StHinterziehung bekannt, so unterbricht diese Handlung daher auch die Verfolgungsverjährung wegen Urkundenfälschung, wenn es sich insoweit um dieselbe Tat iSd § 264 StPO handelt (OLG Braunschweig wistra 98, 71). Verjährungsunterbrechende Maßnahmen erfassen die StStraftat als Ganzes und nicht nur die vom Verdacht erfassten Teile, bei der ESt also nicht nur bestimmte Einkunftsarten (BGH wistra 09, 465). 82

Bei illegaler Arbeitnehmerüberlassung unterbricht der Erlass eines Durchsuchungsbeschlusses wegen des Verdachts der USt-Hinterziehung nicht die Verjährung hinsichtlich der LSt-Hinterziehung, weil die Hinterziehung von LSt eine prozessual selbständige Tat ist (BGH wistra 88, 23). 83

Persönlich wirkt die Unterbrechungshandlung nur ggü demjenigen, auf den sich die Handlung bezieht (§ 78c IV StGB). Daher muss sich die richterliche Handlung gegen einen bestimmten Täter richten (BGH StV 95, 585), der in den Ermittlungsakten als Tatverdächtiger bezeichnet ist (BGH wistra 07, 383; 18, 122 Rz 14). Der Täter muss zwar noch nicht namentlich bekannt sein; es müssen je- 84 doch zum Zeitpunkt der Untersuchungshandlung Merkmale vorhanden sein, die den Täter individuell bestimmen (BGH wistra 07, 383; „namentlich nicht bekannte Kapitalanleger"). Wegen der Bedeutung der Verjährung und der Rechtssicherheit ist es erforderlich, dass der Täter aufgrund bei den Akten befindlicher Unterlagen bestimmt werden kann (BGH wistra 18, 122 Rz 14).

85 Durchsuchungsbeschlüsse, die sich pauschal **gegen die Verantwortlichen einer Firma** richten, erfüllen nicht das Bestimmtheitsgebot des § 78c IV StGB (BGHSt 4, 135); anders ist dies bei einem Komplementär einer KG oder dem Gesellschafter-Geschäftsführer einer Einmann-GmbH (vgl auch *Heuer* wistra 87, 170).

86 Auch **bei richterlichen Beschlagnahme- oder Durchsuchungsanordnungen** wird die Verjährung nur ggü demjenigen unterbrochen, auf den sich die Handlung bezieht. Solche Anordnungen richten sich idR gegen jeden bekannten Tatverdächtigen, soweit sich nicht aus dem Zweck der Maßnahme oder ihrer ausdrücklichen Begrenzung etwas anderes ergibt (vgl LG Köln StV 90, 553). Eine Begrenzung ist aber nicht schon daraus zu entnehmen, dass im Rubrum des Erkenntnisses nur ein bestimmter Beschuldigter genannt wird (OLG Hamburg wistra 93, 272). Anhaltspunkte dafür, auf welche Personen sich die Unterbrechungshandlung bezieht, können aus dem Verfahrensstand zum Zeitpunkt der Maßnahme sowie aus einem etwaigen Antrag der zuständigen Verfolgungsbehörde gewonnen werden (vgl BGH GA 61, 239; OLG Hamm NJW 81, 24, 25). Richtet sich die Maßnahme ausschließlich gegen die formellen Geschäftsführer, wird die Verjährungsfrist für einen faktischen Geschäftsführer oder Verfügungsberechtigten iSv § 35 nicht unterbrochen, wenn gegen diesen der Verdacht einer strafrechtlichen Verantwortlichkeit zu diesem Zeitpunkt noch nicht bestanden hat (BGH wistra 18, 122 Rz 15).

87 Eine verjährungsunterbrechende Handlung gegen ein **Organ iSv § 30 I Nr 1 OWiG** wirkt im Hinblick auf Geldbußen gem § 30 OWiG auch ggü der vom Organ vertretenen juristischen Person (BGH wistra 17, 321).

90 **6. Ruhen der Verfolgungsverjährung.** Die Verjährung ruht, wenn das Strafverfahren gem § 396 I bis zum rechtskräftigen Abschluss des Besteuerungsverfahrens ausgesetzt worden ist (§ 396 III). Auch der Ablauf der absoluten Verjährungsfrist wird gehemmt (*JJR/Jäger* § 396 Rz 57 mwN; aM *Grezesch* wistra 90, 289). Die verjährungshemmende Wirkung der Aussetzung nach § 396 III tritt lediglich dann nicht ein, wenn die tatbestandlichen Voraussetzungen des § 396 I für eine Ermessensentscheidung nicht vorgelegen haben. Die Ausübung des Ermessens ist dagegen – abgesehen von Ermessensmissbrauch und Ermessensüberschreitung – gerichtlich nicht nachprüfbar (aA AG Münster wistra 03, 398; dagegen *Weidemann* wistra 04, 195).

91 Ein Ruhen der Verjährung tritt beim Straftatbestand der StHinterziehung, weil er für besonders schwere Fälle (§ 370 III) Freiheitsstrafe von mehr als fünf Jahren androht, auch ein, wenn das Hauptverfahren vor dem Landgericht eröffnet worden ist **(§ 78b IV StGB).** In diesen Fällen ruht die Verjährung ab Eröffnung des Hauptverfahrens für höchstens fünf Jahre. Erst das erstinstanzliche Urteil hemmt den Fristablauf bis zum rechtskräftigen Abschluss des Verfahrens (§ 78b III StGB). Die Vorschrift des § 78b IV StGB knüpft nicht an die rechtliche Bewertung der Tat in der Anklage oder im Eröffnungsbeschluss an, maßgeblich ist, ob der vom Gericht der Verurteilung zugrunde gelegte Straftatbestand eine abstrakte Strafdrohung für besonders schwere Fälle vorsieht (BGHSt 56, 146). Der in der Literatur vertretenen Auffassung, § 78b IV StGB sei im Hinblick auf die Vorschrift des § 376 I, der eine Rückausnahme zu § 78b IV StGB darstelle, weil er eine Verjährungsregelung für besonders schwere Fälle der StHinterziehung enthalte, einschränkend dahin auszulegen, dass er auf einfache Fälle der StHinterziehung nicht mehr anwendbar sei (vgl *Baumhöfener/Madauß* NZWiSt 17, 27, 28) ist der BGH nicht gefolgt (BGH NZWiSt 17, 230 Rz 7).

Bei der **vorläufigen Einstellung des Verfahrens** nach § 153a StPO gegen Auflagen oder Weisungen ruht die Verjährung während des Laufs der für die Erfüllung der Auflagen oder Weisungen gesetzten Frist (§ 153a III StPO). 92

7. Verjährung der Strafvollstreckung. Dafür gelten die §§ 79-79b StGB. 95

Zweiter Abschnitt. Bußgeldvorschriften

§ 377 Steuerordnungswidrigkeiten

(1) **Steuerordnungswidrigkeiten (Zollordnungswidrigkeiten) sind Zuwiderhandlungen, die nach diesem Gesetz oder den Steuergesetzen mit Geldbuße geahndet werden können.**

(2) **Für Steuerordnungswidrigkeiten gelten die Vorschriften des Ersten Teils des Gesetzes über Ordnungswidrigkeiten, soweit die Bußgeldvorschriften dieses Gesetzes oder der Steuergesetze nichts anderes bestimmen.**

Abs 1 und 2 geändert durch G v 17.7.17 (BGBl I, 2541) mWv 25.5.2018.

Schrifttum: *vor 2010 s 13. Aufl; Wenzel* Verwirklichung von Bußgeldtatbeständen durch Berater, StBW 10, 1176; *Wolter* Zur dreijährigen Verjährungsfrist nach den §§ 130, 131, 31 OWiG – ein Beitrag zur Gesetzesauslegung, GA 10, 441; *Krumm* Gewinnabschöpfung durch Geldbuße, NJW 11, 196; *Theile/Petermann* Die Sanktionierung von Unternehmen nach dem OWiG, JuS 11, 496; *Wegner* Steuerordnungswidrigkeiten: Risikofeld und Gestaltungsmittel der Verteidigung, PStR 11, 97; *Gehm* Der Verfall eines Vermögensvorteils im steuerlichen Bußgeldverfahren, NWB 12, 2149; *Retemeyer* Gewinnabschöpfung im Ordnungswidrigkeitenrecht, wistra 12, 56; *Reichling* Selbstanzeige und Verbandsgeldbuße im Steuerstrafrecht, NJW 13, 2233; *Röske/Böhme* Zur Haftung des Unternehmensträgers gemäß § 30 Abs. 1 Nr. 5 OWiG für deliktisches Handeln auf Betriebsebene, wistra 13, 48; *Altenburg/Peukert* Neuerungen im § 30 OWiG – Haftungsrisiken und -vermeidung vor dem Hintergrund gesetzgeberischen Überschwangs, BB 14, 649; *Hunsmann* Die Aufsichtspflichtverletzung (§ 130 OWiG) unter besonderer Berücksichtigung des Steuerrechts, DStR 14, 855; *Krumm* Die Abschöpfung der Tatvorteile im Bußgeldverfahren durch die Geldbuße, wistra 14, 424.

Übersicht

1. Begriff der Steuerordnungswidrigkeit. Die Umwandlung zahlreicher Steuervergehen in Steuerordnungswidrigkeiten durch das 2. AO-StrafÄndG v 12.8.1968 (BGBl I, 953) entsprach dem Bestreben, den Kreis strafrechtlicher Tatbestände einzuengen. Die Kriminalstrafe soll den Fällen vorbehalten bleiben, in denen sie als schärfste Form staatlicher Reaktion auf ein rechtswidriges Verhalten angemessen und erforderlich ist (*Göhler/Gürtler/Seitz/Bauer* Einl Rz 1 ff). § 377 ist die Parallelbestimmung zu § 369. Während § 369 I nur bestimmte, dort genannte Tatbestände zu StStraftaten erklärt, sind nach § 377 I alle Zuwiderhandlungen, die nach den StGesetzen mit Geldbuße geahndet werden können, StOWi. Zu ihnen gehören auch die ZollOWi. Gesetz idS ist jede Rechtsnorm, dh auch VO oder Satzung, sofern eine ausreichende Ermächtigungsgrundlage vorhanden ist (BVerfG NStZ 90, 394). 1

Zu den Steuerordnungswidrigkeiten zählen aus der AO die leichtfertige StVerkürzung (§ 378), die StGefährdung (§ 379), die Gefährdung von Abzugsteuern (§ 380), die Verbrauchsteuergefährdung (§ 381), die Gefährdung von Einfuhr- oder Ausfuhrabgaben (§ 382), der unzulässige Erwerb von Steuererstattungs- oder Vergütungsansprüchen (§ 383) und die Pflichtverletzung bei Übermittlung von Vollmachtsdaten (§ 383b). Hierzu gehörte bis zu dieser Aufhebung mWv 2

25.5.2018 (BGBl I 2017, 2541) auch der OWi-Tatbestand der zweckwidrigen Verwendung des Identifikationsmerkmals nach § 139a (§ 383a). StGesetze iSd § 377 sind aber nicht nur die genannten Tatbestände der AO, sondern auch die unbefugte Hilfeleistung in StSachen (§ 160 StBerG), eine Reihe von Verbrauchsteuerzuwiderhandlungen (zB § 30 BierStG, § 36 TabStG) und andere in Einzelsteuergesetzen enthaltene Vorschriften (zB §§ 50e, 50f EStG, §§ 26a, 26b UStG). Auch § 28 des Finanzkontenaustauschgesetzes (FKAustG v 21.12.2015, BGBl I, 2531), das Verstöße gegen die Meldepflichten nach diesem Gesetz zu OWi erklärt, wird erfasst. Denn auch diese – insbes Finanzinstituten auferlegten – Meldepflichten dienen steuerlichen Zwecken (glA *Rolletschke/Kemper/Roth* § 28 FKAustG Rz 4).

3 **Beim Zusammentreffen mehrerer Ordnungswidrigkeiten** gelten die dem allgemeinen Strafrecht weitgehend entsprechenden Regeln über Tateinheit (§ 19 OWiG) und Tatmehrheit (§ 20 OWiG).

4 **Ist die Handlung gleichzeitig Straftat und Ordnungswidrigkeit,** so wird nur das Strafgesetz angewandt (§ 21 OWiG). Die OWi verdrängt aber ausnahmsweise die Straftat, wenn der Bußgeldtatbestand als Spezialvorschrift anzusehen ist (vgl die Beispiele bei *Göhler/Gürtler* § 21 OWiG Rz 7) oder wenn im Bußgeldtatbestand dessen Vorrang ausdrücklich angeordnet wird (zB § 37 I 2 TabStG betr den Schwarzhandel mit Zigaretten).

5 **Für die Verfolgung gilt das Opportunitätsprinzip,** dh es steht im pflichtgemäßen Ermessen der Verfolgungsbehörde, ob sie eine Ordnungswidrigkeit verfolgt. Solange das Verfahren bei der Verfolgungsbehörde anhängig ist, kann es von ihr auch wieder eingestellt werden, § 47 I OWiG. Die Einstellung darf – anders als im Fall des § 153a StPO – nicht von der Zahlung eines Geldbetrags abhängig gemacht oder damit in Zusammenhang gebracht werden (§ 47 III OWiG). Im Gegensatz dazu gilt bei Straftaten das Legalitätsprinzip (§ 152 II StPO).

6 **Der Geldbuße** fehlt im Gegensatz zur Strafe ein „sozialethisches Unwerturteil" (BVerfGE 9, 167, 171; 27, 18). Ihr Zweck ist nicht darauf gerichtet, eine Tat zu „sühnen", sondern eine bestimmte Ordnung durchzusetzen (*Göhler/Gürtler* Vor § 1 OWiG Rz 9).

10 **2. Geltung des OWiG für Steuerordnungswidrigkeiten. Für Steuerordnungswidrigkeiten gelten die Vorschriften des Ersten Teils des OWiG,** soweit die Bußgeldvorschriften der StGesetze nichts anderes bestimmen (§ 377 II). Die Bußgeldvorschriften der AO weichen von den Bestimmungen des OWiG in folgenden Punkten ab: Verfolgungsverjährung (§ 384), Schuldform (Leichtfertigkeit statt Fahrlässigkeit in den §§ 378–381 und § 383b, anders § 382), Höhe der Geldbuße (zB §§ 378-383b; §§ 26a, 26b UStG; zu § 130 OWiG s Rz 17); für Verstöße nach Art 83 IV-VI der VO (EU) 2016/679 gilt (seit 24.4.2017) gem § 384a in Abweichung von § 377 II das OWiG auch dann, wenn eine StOWi vorliegt.

11 **Nur vorwerfbare Zuwiderhandlungen** können als OWi geahndet werden (§ 1 I OWiG). Vorwerfbar ist nur vorsätzliches Handeln, außer wenn das Gesetz fährlässiges Handeln ausdrücklich mit Geldbuße bedroht (§ 10 OWiG). Letzteres ist zB der Fall bei der leichtfertigen StVerkürzung (§ 378), bei der StGefährdung (§ 379), der Gefährdung von Abzugsteuern (§ 380), der Verbrauchsteuergefährdung (§ 381), bei der Gefährdung von Einfuhr- oder Ausfuhrabgaben (§ 382) sowie bei zahlreichen Einzelsteuergesetzen, zB § 37 TabStG (Schwarzhandel mit Zigaretten).

12 **Das OWiG kennt nur den Einheitstäter** (§ 14 OWiG), unterscheidet also nicht zwischen den verschiedenen Teilnahmeformen der §§ 25 ff StGB. Beteiligen sich mehrere an einer OWi, so handelt jeder von ihnen ordnungswidrig (§ 14 I 1 OWiG). Eine Beteiligung an der OWi eines anderen gem § 14 I OWiG setzt voraus, dass der andere vorsätzlich handelt (BGH wistra 83, 161; OLG Köln NJW 79,

826; *Göhler/Gürtler* § 14 OWiG Rz 5a ff; aA OLG Koblenz NStZ 82, 473). Ein steuerlicher Berater handelt regelmäßig nicht vorsätzlich, wenn er irrig einen unrichtigen Rechtsrat erteilt und damit die Verwirklichung eines Bußgeldtatbestands auslöst (*Göhler/Gürtler* § 14 OWiG Rz 3).

Die Bemessung der Geldbuße ist für StOWi abweichend von dem Regelrahmen des § 17 I OWiG besonders festgelegt. Das Höchstmaß beträgt bei OWi nach §§ 379, 381, 382 und § 26a UStG 5000 €, bei OWi nach §§ 383a, § 383b 10 000 €, bei Gefährdung der Abzugsteuern nach § 380 25 000 €, in den Fällen der §§ 378, 383 und § 26b UStG 50.000 €. Droht das Gesetz für vorsätzliches und fahrlässiges Handeln Geldbußen an, ohne im Höchstmaß zu unterscheiden (zB § 382), so kann fahrlässiges Handeln höchstens mit der Hälfte des angedrohten Höchstbetrags geahndet werden (§ 17 II OWiG). Grundlage für die Zumessung der Geldbuße sind die Bedeutung der OWi und der Vorwurf, der den Täter trifft (§ 17 III OWiG). Daneben können auch die wirtschaftlichen Verhältnisse des Täters in Betracht kommen. Ein etwaiger Bußgeldkatalog entbindet nicht von der Prüfung der individuellen Verhältnisse und deren Darlegung im Urteil (LG Ddorf wistra 90, 321). Die Geldbuße soll den wirtschaftlichen Vorteil, den der Täter aus der OWi gezogen hat, abschöpfen; um dies zu ermöglichen, darf sogar das gesetzliche Höchstmaß der Geldbuße überschritten werden (§ 17 IV OWiG). Wirtschaftlicher Vorteil ist nur der um die StBelastung verminderte Betrag, weil es mit Art 3 I GG unvereinbar wäre, sowohl für eine Abschöpfungsmaßnahme als auch für die Besteuerung mit Ertragsteuern den Bruttobetrag des Erlangten zugrunde zu legen (zutr *Göhler/Gürtler* § 17 OWiG Rz 43; vgl auch BVerfG wistra 90, 223 sowie *Meurer* BB 98, 1236). Allerdings kann der Bruttobetrag abgeschöpft werden, wenn die stl Veranlagung noch nicht bestandskräftig erfolgt ist; denn dann kann der Abschöpfungsbetrag im Besteuerungsverfahren gewinnmindernd berücksichtigt werden (BeckOK OWiG/*Sackreuther* § 17 OWiG Rz 126; *Göhler/Gürtler* § 17 OWiG Rz 43; *JJR/Jäger/Ebner* § 380 Rz 26; anders noch in einem obiter dictum BGH wistra 91, 268; dagegen mit Recht BGHSt 47, 260, 268). 13

Ein StB, der es durch einen von ihm erteilten Rat oder durch die von ihm veranlasste unzutreffende Darstellung stl bedeutsamer Vorgänge verschuldet, dass gegen seinen Mandanten wegen leichtfertiger StVerkürzung ein Bußgeld verhängt wird, kann verpflichtet sein, jenem den darin bestehenden Vermögensschaden zu ersetzen (BGH INF 97, 222). 13a

Nicht nur bei StStraftaten, sondern auch bei StOWi besteht gem **§ 30 OWiG** die Möglichkeit, eine **Geldbuße gegen eine juristische Person oder eine Personenvereinigung** zu verhängen. Grundlage für die Bemessung des Bußgelds ist der Vorwurf, der die Leitungsperson trifft. Sind mehrere Leitungspersonen beteiligt gewesen, kann nur eine Geldbuße gegen die juristische Person oder Personenvereinigung verhängt werden. Grundlage für die Bemessung der Geldbuße ist dann der Umfang der Vorwerfbarkeit aller an der Anknüpfungstat beteiligten Leitungspersonen (vgl BGH wistra 17, 390 Rz 111 ff). Bei der Bemessung des Bußgeldes ist auch in den Blick zu nehmen, dass dieses gem §§ 30 III, 17 IV 1 OWiG den wirtschaftlichen Vorteil, der aus der OWi gezogen worden ist, übersteigen soll (vgl BGH aaO Rz 118). Schließlich ist für die Bemessung der Geldbuße auch von Bedeutung, inwieweit die juristische Person oder Personenvereinigung ihrer Pflicht, Rechtsverletzungen aus dem Unternehmen zu unterbinden, genügt und ein effizientes Compliance-Management installiert hat. Dabei kann auch eine Rolle spielen, ob in der Folge des Verfahrens entsprechende Regelungen optimiert und betriebsinterne Abläufe so gestaltet worden sind, dass vergleichbare Normverletzungen zukünftig jedenfalls deutlich erschwert werden (vgl BGH aaO Rz 118). 13b

Als Nebenfolge einer Ordnungswidrigkeit kommt auch eine Einziehung von Gegenständen in Betracht (§ 22 OWiG). Voraussetzung ist allerdings, dass das Gesetz die Einziehung ausdrücklich zulässt, wie zB § 36 VII MOG. 14

Zur **Einziehung** des Werts von Taterträgen, die durch OWi erlangt worden sind, vgl § 29a OWiG, dazu *Göhler/Gürtler* § 29a OWiG Rz 1; OLG Celle wistra 11, 476 sowie *Retemeyer* wistra 12, 56.

15 **3. Verletzung der Aufsichtspflicht gem § 130 OWiG. Verletzung der Aufsichtspflicht in Betrieben und Unternehmen (§ 130 OWiG).** Wer als Inhaber eines Betriebes oder Unternehmens vorsätzlich oder fahrlässig die Aufsichtsmaßnahmen unterlässt, die erforderlich sind, um in dem Betrieb oder Unternehmen Zuwiderhandlungen gegen Pflichten zu verhindern, die den Inhaber als solchen treffen und deren Verletzung mit Strafe oder Geldbuße bedroht ist, handelt ordnungswidrig gem § 130 OWiG. Die Vorschrift soll eine Lücke schließen; sie greift als Auffangtatbestand nur ein, wenn der Betriebsinhaber nicht bereits wegen der zugrunde liegenden Zuwiderhandlung straf- oder ordnungswidrigkeitenrechtl verantwortlich ist (*Göhler/Gürtler* § 130 OWiG Rz 25 ff).

16 **Die Vorschrift des § 130 OWiG ist auch auf stl Pflichtverletzungen** anwendbar (str; glA *JJR/Joecks* § 377 Rz 62; *Kohlmann/Schauf* § 377 AO Rz 156; *RK/Hunsmann* § 377 AO Rz 165; aA *GJW/Sahan* § 377 AO Rz 18; *Suhr* StBp 70, 225 sowie *Reichling* NJW 13, 2233, 2235, der verkennt, dass § 130 OWiG nicht die Verletzung steuerlicher Pflichten, sondern die Desorganisation im Betrieb oder Unternehmen erfasst). Zweck der Vorschrift ist abzusichern, dass der Verletzung betriebsbezogener Pflichten durch geeignete Aufsichtsmaßnahmen vorgebeugt wird (*Göhler/Gürtler* § 130 OWiG Rz 3a, 9). Die Pflicht des Inhabers eines Betriebes oder Unternehmens folgt aus seiner garantenähnlichen Stellung als Betriebsinhaber (*Göhler/Gürtler* § 130 OWiG Rz 2).

17 **Tathandlung** des § 130 OWiG ist das Unterlassen geeigneter Aufsichtsmaßnahmen (vgl auch *Kohlmann/Ostermann* wistra 90, 124). Zu den erforderlichen Aufsichtsmaßnahmen gehören auch die Bestellung, sorgfältige Auswahl und Überwachung von Aufsichtspersonen (§ 130 I 2 OWiG). Der Begriff Aufsichtsmaßnahme ist im Gesetz nicht definiert. Anhaltspunkte für die Beurteilung im Einzelfall sind zB die Größe des Betriebs, die Anzahl der Beschäftigten, die innerbetriebliche Organisation usw (vgl Bsp und Rspr-Nachweise bei *Göhler/Gürtler* § 130 OWiG Rz 9 ff). Der Unternehmer kann sich seiner Aufsichtspflicht nicht dadurch vollständig entziehen, dass er eine Aufsichtsperson beauftragt. Er muss auch die Aufsichtspersonen überwachen (BGH NStZ 86, 34). Kennt er die für seinen Betrieb geltenden Vorschriften nicht, muss er innerbetriebliche Kontrollsysteme organisieren und diese extern, zB durch einen Angehörigen der steuerberatenden Berufe, überwachen lassen (BayObLG wistra 01, 478).

18 **Eine betriebsbezogene Pflicht** muss infolge unterlassener Aufsichtsmaßnahmen verletzt worden sein. Betriebsbezogen sind diejenigen Pflichten, die sich aus dem Wirkungskreis des Inhabers ergeben (als ArbG, Gewerbetreibender etc), regelmäßig also auch stl Pflichten, die mit dem Betrieb zusammenhängen (nicht aber zB KiStPflicht des Inhabers). Erfasst werden würde etwa, wenn ein Bankvorstand bei Geldtransfers ins Ausland seiner Aufsichtspflicht ggü Anlageberatern, Kassierern etc nicht im erforderlichen und zumutbaren Umfang nachgekommen ist. Bei solchen Pflichtverletzungen kommt gem § 30 OWiG (vgl dazu Rz 13b) auch die Verhängung einer Geldbuße gegen die juristische Person in Betracht (*Vogelberg* PStR 99, 8).

19 **Ursächlichkeit zwischen Zuwiderhandlung und Verletzung der Aufsichtspflicht** ist gegeben, wenn die Zuwiderhandlung bei „gehöriger" Aufsicht verhindert oder wesentlich erschwert worden wäre (§ 130 I 1 OWiG). Die gehörige Aufsicht umfasst die erforderlichen und zumutbaren Aufsichtsmaßnahmen (*Göhler/Gürtler* § 130 OWiG Rz 22). Die Anforderungen dürfen vor allem im LStRecht nicht überspannt werden, weil dem ArbG in diesem Bereich als „Erfüllungsgehilfe" des FA umfangreiche Pflichten auferlegt worden sind, die noch dazu ohne Entschädigung erfüllt werden müssen.

Das Höchstmaß der Geldbuße für eine Ordnungswidrigkeit iSd § 130 OWiG beträgt für Verletzungen der Aufsichtspflicht, die eine mit Strafe bedrohte Pflichtverletzung ermöglicht haben, eine Million Euro; bei Geldbußen gegen juristische Personen und Personenvereinigungen gem § 30 OWiG verzehnfacht sich das Höchstmaß der Geldbuße (§ 30 II 3 OWiG); bei Pflichtverletzungen, die mit Geldbuße bedroht sind, richtet sich das Höchstmaß der Geldbuße wegen der Aufsichtspflichtverletzung nach dem für die nicht verhinderte Pflichtverletzung angedrohten Höchstmaß (§ 130 III 3 OWiG). 20

Die OWi iSd § 130 OWiG ist keine Steuerordnungswidrigkeit, da sie nicht in einem Steuergesetz geregelt ist (§ 377 I). Für die Verfolgung ist jedoch, soweit eine steuerliche Pflichtverletzung zu Grunde liegt, die FinBeh zuständig (§ 131 III, § 36 I OWiG; § 386 I 2). 21

§ 378 Leichtfertige Steuerverkürzung

(1) [1] **Ordnungswidrig handelt, wer als Steuerpflichtiger oder bei Wahrnehmung der Angelegenheiten eines Steuerpflichtigen eine der in § 370 Abs. 1 bezeichneten Taten leichtfertig begeht.** [2] **§ 370 Abs. 4 bis 7 gilt entsprechend.**

(2) **Die Ordnungswidrigkeit kann mit einer Geldbuße bis zu fünfzigtausend Euro geahndet werden.**

(3) [1] **Eine Geldbuße wird nicht festgesetzt, soweit der Täter gegenüber der Finanzbehörde die unrichtigen Angaben berichtigt, die unvollständigen Angaben ergänzt oder die unterlassenen Angaben nachholt, bevor ihm oder seinem Vertreter die Einleitung eines Straf- oder Bußgeldverfahrens wegen der Tat bekannt gegeben worden ist.** [2] **Sind Steuerverkürzungen bereits eingetreten oder Steuervorteile erlangt, so wird eine Geldbuße nicht festgesetzt, wenn der Täter die aus der Tat zu seinen Gunsten verkürzten Steuern innerhalb der ihm bestimmten angemessenen Frist entrichtet.** [3] **§ 371 Absatz 4 gilt entsprechend.**

Abs 3 neu gefasst durch G v 28.4.11 (BGBl I, 676); Abs 3 S 2 eingefügt und S 3 geändert durch G v 22.12.14 (BGBl I, 2415).

Schrifttum: *vor 2010 s 13. Aufl; Höll/Hinghaus* Vorsatz und Leichtfertigkeit bei Indizienbeweis, PStR 10, 223; *Andresen/Kiesel* Weiße Einkünfte begründen keinen Tatbestand der Steuerordnungswidrigkeit, DStR 11, 745; *Joecks* Vorsatz und Leichtfertigkeit, SAM 12, 26; *Wegner* Verabschiedet sich der Gesetzgeber von der „Leichtfertigkeit" im Wirtschafts- und Steuerstrafrecht?, HRRS 12, 510; *Wenzel* Die Selbstanzeige nach § 378 Abs 3 AO im Spannungsverhältnis zur Selbstanzeige nach § 371 AO, StBW 12, 509; *Roth* Der Tatbestand der leichtfertigen Steuerverkürzung (§ 378 AO), ZAP Fach 20, 531; *Werth* Kann der Steuerberater Täter einer leichtfertigen Steuerverkürzung sein?, DStZ 14, 131; *Aichberger/Schwartz* Tax Compliance – Der Vorstand im Fokus, DStR 15, 1691 und 1758; *Kemper* Berichtigung oder Selbstanzeige? – Abgrenzung der Richtigstellung unrichtiger Angaben in Steuererklärungen nach § 153, § 378 Abs. 3 oder § 371 AO und der neue Anwendungserlass zu § 153 AO, DStZ 17, 245; *Madauß* Steuerstrafrechtliche Einzelaspekte der Berichtigung nach § 153 AO, NZWiSt 16, 343; *Stahl/Durst* Grenzbereich zwischen Berichtigung nach § 153 AO und Selbstanzeige nach §§ 371, 378 Abs. 3 AO, KÖSDI 17, Nr 4, 20253.

Übersicht

1 **1. Zweck und Anwendungsbereich. § 378 schützt als Bußgeldtatbestand** – ebenso wie der Straftatbestand des § 370 – den Anspruch des Staates auf den vollen Ertrag jeder einzelnen Steuerart (§ 370 Rz 2). Die objektiven Tatbestände der §§ 370, 378 sind weitgehend identisch (Ausnahme s Rz 6). Kann der Vorsatz nicht nachgewiesen werden, greift § 370 nicht ein. In derartigen Fällen kommt § 378 als Auffangtatbestand in Betracht (BGH wistra 88, 196; 11, 465 mwN; 16, 78 Rz 49). Die Gefährdungstatbestände der §§ 379–382 treten hinter § 378 zurück.

2 **Entsprechend anwendbar** ist § 378 auf Marktordnungsabgaben (§§ 12, 35 MOG) sowie bestimmte Prämien und Zulagen (vgl § 370 Rz 16).

6 **2. Täterkreis.** Der Täterkreis ist enger gezogen als der des § 370. Der Straftatbestand des § 370 ist jedenfalls in der Tatvariante des aktiven Tuns (§ 370 I Nr 1) ein „Jedermannsdelikt". Von § 378 wird dagegen nur der Stpfl selbst sowie derjenige erfasst, der die Angelegenheiten eines Stpfl wahrnimmt (zur leichtfertigen StVerkürzung eines Notars, der seiner Anzeigepflicht nicht nachkommt, vgl FG BaWü EFG 04, 867).

7 **Stpfl iSd § 378** sind die in § 33 bezeichneten Personen, also StSchuldner und Haftender; außerdem diejenigen Personen, die gem §§ 34, 35 den Stpfl gleichgestellt sind. Unter den Voraussetzungen des § 9 OWiG ist § 378 auch auf vertretungsberechtigte Organe einer juristischen Person und Mitglieder eines solchen Organs, vertretungsberechtigte Gesellschafter einer Personenhandelsgesellschaft sowie gesetzliche Vertreter anzuwenden. Das Gleiche gilt nach § 9 II OWiG unter den dort genannten Voraussetzungen für Betriebsleiter und besonders Beauftragte.

8 Das Tatbestandsmerkmal **„Wahrnehmung der Angelegenheiten eines Stpfl"** erfasst jede Person, die für den Stpfl tätig wird, dh auch denjenigen, der dem Stpfl bei der Erledigung seiner steuerlichen Angelegenheiten Hilfe leistet (vgl RGSt 57, 218). Finanzbeamte, die bei der Ermittlung der Besteuerungsgrundlagen oder bei Festsetzung und Erhebung der Steuer leichtfertig Fehler begehen, gehören nicht dazu (BGH ZfZ 57, 186).

9 Die **bußgeldrechtliche Verantwortlichkeit der steuerlichen Berater** (Steuerberater, Steuerbevollmächtigte, Wirtschaftsprüfer, vereidigte Buchprüfer, Rechtsanwälte) wird seit jeher kontrovers diskutiert. Sie kommt in Betracht, wenn der Berater bei Wahrnehmung der Angelegenheiten eines Stpfl, sei es als Berater oder bei Führung der Bücher für den Stpfl, die ihm im Rahmen des jeweiligen Auftrags obliegende Sorgfaltspflicht leichtfertig (grob fahrlässig) verletzt und durch das Machen von Angaben die Verkürzung von Steuern bewirkt, die der Auftraggeber schuldet (ausführlich mwN *JJR/Joecks* § 378 Rz 52). Nach § 378 handelt nur derjenige ordnungswidrig, der als Stpfl oder bei Wahrnehmung der Angelegenheiten eines Stpfl eine der in § 370 I bezeichneten Taten leichtfertig begeht. Der objektive Tatbestand des § 370 I setzt voraus, dass der Täter ggü den FinBeh oder anderen Behörden über stl erhebliche Tatsachen *unrichtige oder unvollständige Angaben* macht oder die FinBeh über stl erhebliche Tatsachen pflichtwidrig in Unkenntnis lässt. § 378 greift jedenfalls dann nicht ein, wenn der StB – sofern er nicht selbst Stpfl ist – keinerlei Angaben macht. Angaben macht er zB dann, wenn er eine StErklärung unterschreibt oder als Verfügungsbefugter auftritt. Ein StB, der lediglich im Innenverhältnis tätig wird, ist daher idR nicht gem § 378 verantwortlich (vgl BayObLG wistra 94, 34; OLG Braunschweig wistra 96, 319; OLG Zweibrücken NStZ-RR 09, 81 mit Anm *Wegner* PStR 09, 7; aA *Dickopf* StBeratung und strafrechtliche Risi-

ken, 1991 S 91 ff). Streitig war bislang, ob dies auch dann gilt, wenn die vom Stpfl unterzeichnete Erklärung einen Mitwirkungsvermerk des StB enthält (bejahend BayObLG aaO; OLG Zweibrücken aaO; *HHSp/Bülte* § 378 AO Rz 36; verneinend *Schlüchter* StBeratung im strafrechtlichen Risiko?, S 66). Der BFH hat dies im Jahr 2013 in Abkehr von seiner bisherigen Rspr eindeutig bejaht und eine bußgeldrechtliche Verantwortlichkeit bei rein vorbereitender Tätigkeit des Beraters ausdrücklich verneint (BFH DStR 13, 2694). Damit hat der BFH die Rspr (BFH wistra 03, 312) aufgegeben, nach der der StB schon dann als Täter in Betracht kommt, wenn er für den Stpfl den Gewinn fehlerhaft ermittelt und die StErklärung vorbereitet, auch wenn der Stpfl die vorbereitete Erklärung dann selbst unterschreibt.

Da zur berufsmäßigen Ausübung einer steuerberatenden Tätigkeit nur derjenige zugelassen wird, der in Bezug auf Vorbildung, Ausbildung, Erfahrung und Fähigkeiten strengen Anforderungen genügt, ist der **Maßstab für die anzuwendende Sorgfalt** bei steuerlichen Beratern erheblich höher als bei Stpfl, denen eine entsprechende Ausbildung und Berufserfahrung fehlt und die deshalb auf Hilfeleistung eines steuerberatenden Fachmanns angewiesen sind (*JJR/Joecks* § 378 Rz 52). Allgemeines Mindestmaß dessen, was der stl Berater an StRechtskenntnissen bei Ausübung seines Berufes anzuwenden hat, sind die von der BReg unter Berücksichtigung der Rspr herausgegebenen Steuerrichtlinien. Zudem kann von dem Berater erwartet werden, dass er die Rspr des BFH verfolgt (*JJR/Joecks* aaO). Die Frage, inwieweit der StB zur Prüfung der Unterlagen und sonstigen Angaben des Mandanten verpflichtet ist, richtet sich nach Art und Umfang des Beratungsvertrags. Zwar wachsen die Prüfungspflichten mit dem Umfang des Auftrages. Rspr und Literatur haben umfangreiche Kataloge von StB-Sorgfaltspflichten entwickelt (vgl die Nachweise bei *Duttge* wistra 00, 201), deren Gültigkeit zum Teil aber angezweifelt wird (vgl *Danzer* DStJG 6, 67 ff, 90). Jedenfalls gilt aber, dass der StB nicht Sachwalter des FA, sondern Beistand des Stpfl ist. Daher ist er grds nicht verpflichtet, seinem Mandanten mit Misstrauen zu begegnen (*JJR/Joecks* § 378 Rz 54 mwN). Zur Nachfrage beim Mandanten oder zu weiteren Nachforschungen ist er nur verpflichtet, wenn sich ihm Zweifel am Wahrheitsgehalt oder an der Vollständigkeit der Angaben des Mandanten aufdrängen oder aufdrängen müssen (s auch *Dörn* StBp 95, 25 ff und 29 ff). Der Berater handelt sorgfaltswidrig, wenn er Informationen übernimmt, deren tatsächliche Unrichtigkeit auch ohne besondere Nachprüfung offenkundig ist. Ob es für den Vorwurf der Leichtfertigkeit ggü einem StB besonderer Umstände bedarf, nach denen es sich dem Berater „in gesteigertem Maße" hätte aufdrängen müssen, dass sein Verhalten voraussichtlich eine StVerkürzung bewirken wird (so *Duttge* wistra 00, 201 mwN), ist zweifelhaft. Zur Auswahl und Überwachung von Hilfspersonen des StB vgl *Gotzens/Heinsius* Stbg 00, 209. Zur Frage der „Unrichtigkeit" von Angaben aufgrund von abweichenden Rechtsauffassungen s § 370 Rz 44. 10

Wahrnehmung setzt begrifflich ein gewisses selbständiges Handeln voraus (RG JW 31, 2311). Es scheiden daher als Täter bloße Auskunftspersonen des Stpfl aus, sofern sie nicht für den Stpfl Angaben machen, ferner Amtsträger der FinBeh. Eine vergleichbare Einschränkung des Täterkreises enthält § 370 nicht (vgl BGHZ ZfZ 55, 90 betr den Leiter einer LSt-Stelle; s näher § 370 Rz 30 ff). 11

Die Berichtigungspflicht nach § 153 I Nr 1 trifft den Stpfl und die gem §§ 34, 35 für ihn handelnden Personen, nicht hingegen den steuerlichen Berater und seine Mitarbeiter (BGH wistra 96, 184; aA OLG Koblenz wistra 83, 270; offengelassen in BFH DStR 13, 2694). 12

3. Tathandlung und Erfolg. Alle objektiven Tatbestandsmerkmale des § 370 müssen erfüllt sein. Die leichtfertige StVerkürzung kann also nur durch eine der in § 370 I Nr 1–3 umschriebenen Verhaltensweisen begangen werden. Der Täter muss unrichtige oder unvollständige Angaben gemacht, die FinBeh pflichtwidrig in Unkenntnis gelassen oder pflichtwidrig die Verwendung von Steuerzei- 16 chen oder -stemplern unterlassen haben. Fraglich ist, ob die Verletzung rechtsgeschäftlich begründeter Pflichten einen Tatvorwurf begründen kann, ob also auch Personen, die lediglich in Wahrnehmung der Angelegenheiten eines Stpfl (Rz 8 ff) handeln, Täter einer Unterlassung sein können. Die Frage ist mit der hM grds zu bejahen, allerdings nur insoweit, als die verletzte Pflicht zu den Hauptpflichten des Arbeits- oder Anstellungsvertrags gehört (*JJR/Joecks* § 378 Rz 24).

17 **Der tatbestandsmäßige Erfolg,** dh die Verkürzung der Steuern oder die Erlangung ungerechtfertigter StVorteile, ist – anders als nach § 370 im Hinblick auf die Versuchsstrafbarkeit (§ 370 II) – Ahndungsvoraussetzung.

20 **4. Subjektiver Tatbestand. Nur „leichtfertiges Handeln" erfüllt den Tatbestand des § 378.** Die §§ 370, 378 stehen zueinander in einem Stufenverhältnis (BGH wistra 88, 196). Leichtfertig handelt, wer die Sorgfalt außer Acht lässt, zu der er nach den besonderen Umständen des Falles und seinen persönlichen Fähigkeiten und Kenntnissen verpflichtet und imstande ist, obwohl sich ihm aufdrängen musste, dass dadurch eine StVerkürzung eintreten wird (BGH wistra 15, 191; 11, 465 und HFR 10, 866; BFH DStR 14, 1827 mwN; *Kohlmann/Heuel* § 378 AO Rz 61 mwN; vgl auch BGH wistra 98, 22 betr Leichtfertigkeit bei Geldwäsche). Nach der Rspr des BFH ist dies dann gegeben, wenn der Täter nach den Gegebenheiten des Einzelfalls und seinen individuellen Fähigkeiten in der Lage gewesen wäre, den aus den einschlägigen gesetzlichen Regelungen sich im konkreten Fall ergebenden Sorgfaltspflichten zu genügen. Hierzu ist eine Gesamtbewertung des Verhaltens des Täters erforderlich (BFH DStR 13, 2694; BFH/NV 11, 2092; 00, 1180). Es kommt nicht auf die Einsichtsfähigkeit eines Durchschnittsbürgers, sondern auf die des betr Täters an (BFH aaO). Bewusste Fahrlässigkeit ist für die Annahme von Leichtfertigkeit nicht erforderlich (BGH, BGHR AO § 378 Leichtfertigkeit 1; KG NZWiSt 17, 355; *JJR/Joecks* § 378 Rz 33 mwN). Die Leichtfertigkeit ist auch nicht zu verwechseln mit dem bedingten Vorsatz. Beim bedingten Vorsatz hält der Täter die Tatbestandsverwirklichung für möglich und nimmt sie billigend in Kauf (vgl BGHSt 7, 363). Bei der bewussten Fahrlässigkeit erkennt er zwar die Möglichkeit der rechtswidrigen Tatbestandsverwirklichung, vertraut aber darauf, sie werde nicht eintreten (vgl BGHSt 10, 369). Allgemein versteht man unter Leichtfertigkeit im strafrechtlichen Sinn eine „an Vorsatz grenzende grobe Fahrlässigkeit" (*JJR/Joecks* § 378 Rz 35).

21 Jeder Stpfl muss sich über diejenigen **steuerlichen Pflichten** unterrichten, die ihn im Rahmen seines Lebenskreises treffen. Dies gilt in besonderem Maße in Bezug auf solche steuerrechtlichen Pflichten, die aus der Ausübung eines Gewerbes oder einer freiberuflichen Tätigkeit erwachsen. Bei einem Kaufmann sind deshalb jedenfalls bei Rechtsgeschäften, die zu seiner kaufmännischen Tätigkeit gehören, höhere Anforderungen an die Erkundigungspflichten zu stellen als bei anderen Stpfl (BGH wistra 15, 191 und wistra 11, 465; vgl auch BFH DStRE 09, 877). In Zweifelsfällen hat er von sachkundiger Seite Rat einzuholen (BGH wistra 15, 191 Rz 30; wistra 11, 465). Sind mehrere Geschäftsführer bestellt, trifft auch bei einer unter den Geschäftsführern vereinbarten Aufgabenteilung grds jeden – und damit auch einen sog technischen Geschäftsführer – die Verantwortlichkeit für die Erfüllung der steuerlichen Pflichten der Gesellschaft (BFH/NV 95, 941 mwN; Hess FG v 17.5.2013 – 1 V 337/13).

22 Im Falle der **Beauftragung eines steuerlichen Beraters** ist der Stpfl verpflichtet, die ihm zur Unterschrift vorgelegte Erklärung auf ihre tatsächliche Richtigkeit zu überprüfen (vgl BFH DStR 13, 2694). Die bewusste Nichtachtung dieser Pflicht kann den Vorwurf der Leichtfertigkeit selbst dann begründen, wenn der Berater Angehöriger der rechts- und steuerberatenden Berufe oder Finanzbeamter ist (BayObLG wistra 02, 355). Jedoch darf der Stpfl im Regelfall darauf vertrauen, dass der StB die StErklärung richtig und vollständig vorbereitet, wenn er diesem die für die Erstellung der StErklärung erforderlichen Informationen vollständig

verschafft hat. Danach ist er grds nicht verpflichtet, die vom StB vorbereitete StErklärung in allen Einzelheiten nachzuprüfen (BFH DStR 13, 2694). Je mehr allerdings die Höhe des erklärten Einkommens von den wirklich zu versteuernden Einkünften abweicht, desto eher muss vom Stpfl erwartet werden, dass ihm diese Diskrepanz und damit der Fehler in der Erklärung auffällt (*JJR/Joecks* § 378 Rz 39 ff). Hat der Stpfl dem StB alle erforderlichen Informationen verschafft, liegt mangels Sachkunde nicht nur bedingter Hinterziehungsvorsatz (vgl FG Mchn BB 11, 2472), sondern auch Leichtfertigkeit eher fern.

Bei **rechtlichen Zweifeln** ist der Stpfl verpflichtet, sich bei qualifizierten Auskunftspersonen zu erkundigen (BFH DStRE 09, 877; OLG Celle wistra 98, 196); dies gilt auch für die Frage, welche Erklärungs- und Anzeigepflichten bestehen (BFH aaO). Das setzt freilich voraus, dass der Stpfl Zweifel hatte oder dass sich ihm Zweifel hätten aufdrängen müssen. Das wird nur in Ausnahmefällen anzunehmen sein. Andernfalls wäre angesichts der Unübersichtlichkeit des StRechts jede Abgabe einer StErklärung ohne StB leichtfertig. Die Notwendigkeit, von sachkundiger Seite Rat einzuholen, muss sich dem Stpfl regelmäßig dann aufdrängen, wenn er die erkannte StPflichtigkeit eines Geschäfts durch eine modifizierte Gestaltung des Geschäfts zu vermeiden sucht (vgl BGH wistra 11, 465) oder er sich sonst erkennbar in einem rechtlichen Grenzbereich bewegt (vgl zum Vorliegen eines unvermeidbaren Verbotsirrtums BGH wistra 13, 109). Zudem ist es Stpfl regelmäßig möglich und zumutbar, offene Rechtsfragen nach Aufdeckung des vollständigen und wahren Sachverhalts im Besteuerungsverfahren zu klären (BGH wistra 11, 465; BVerfG NJW 11, 3778 und wistra 10, 396, 404). Ein viel beschäftigter Geschäftsmann darf grds darauf vertrauen, dass ein sorgfältig ausgewählter und überwachter, in StSachen geschulter Angestellter die StErklärungen des Betriebs wie auch seine persönlichen vollständig und richtig vorbereiten wird. Dies entbindet ihn jedoch nicht von jeglicher eigenen Sorgfalt. Er muss sich wenigstens in angemessenen Abständen und in groben Umrissen über seine Einkommensverhältnisse auf dem Laufenden halten und im Rahmen dieser Kenntnis darauf achten, dass die Erklärungen frei von Fehlern sind, vgl § 150 II (s aber Rz 25). Im Bereich der verdeckten Parteienfinanzierung kann sich der Spender ebenfalls dann nicht auf eigene Unkenntnis berufen, wenn er nach seiner Stellung und Beziehung zum Spendenempfänger unschwer Einblick in dessen Verwendungspraxis gewinnen und sich Klarheit darüber beschaffen kann, ob Verdachtsmomente über eine satzungswidrige Verwendung der Spenden zutreffen (BGH NStZ 88, 276). 23

Die Feststellung der Leichtfertigkeit ist Tatfrage, mit der sich der Tatrichter unter Berücksichtigung der besonderen Umstände des Falles sowie der Kenntnisse und der Erkenntnismöglichkeiten des Täters auseinander zu setzen hat (OLG Celle wistra 98, 196, vgl auch BFH DStR 14, 1827). Auch bei einem steuerrechtl nicht vorgebildeten Arztehepaar kann Leichtfertigkeit vorliegen, wenn es in der EStErklärung und in der gem § 180 I Nr 2 Buchst a einzureichenden Gewinnfeststellungserklärung zu den Einkünften aus der gemeinsam betriebenen Arztpraxis unterschiedliche Angaben macht (BFH DStR 13, 1999). Ein StB handelt u. a. dann leichtfertig, wenn er seinem stl unerfahrenen Mandanten lediglich eine komprimierte EStErklärung zur Prüfung überlässt, ohne selbst den für die Abgabe einer vollständigen StErklärung maßgebenden Sachverhalt zu ermitteln (vgl BFH DStR 13, 1727). In Fällen der Versagung der StFreiheit innergemeinschaftlicher Lieferungen handelt der Unternehmer nur dann leichtfertig, wenn es sich ihm aufdrängen musste, dass er die Voraussetzungen des § 6a UStG weder beleg- noch buchmäßig noch objektiv nachweisen kann; das bloße Abstellen auf die Beleglage reicht nicht aus (BFH DStR 14, 1827). Zum leichtfertigen Nichterkennen, als „Buffer" in ein USt-Hinterziehungssystem eingebunden zu sein, vgl BGH wistra 15, 191. 24

5. Rechtswidrigkeitszusammenhang. Zwischen dem eingetretenen Erfolg und dem leichtfertigen Verhalten muss ein Rechtswidrigkeitszusammenhang 25

(Pflichtwidrigkeitszusammenhang) bestehen. Dieser entfällt, wenn die leichtfertige Pflichtverletzung die StVerkürzung zwar verursacht hat, dieser Erfolg aber auch bei sorgfältigem Verhalten eingetreten wäre (BGH NJW 82, 292 mwN; *JJR/Joecks* § 378 Rz 49 ff; *HHSp/Bülte* § 378 AO Rz 87). Etwaige Zweifel daran wirken sich nach dem Grundsatz in dubio pro reo (§ 385 Rz 14) zugunsten des Betroffenen aus (BGH NJW 58, 149). Der Rechtswidrigkeitszusammenhang ist gegeben, wenn dem FA in Folge der Verletzung einer Offenbarungspflicht entscheidungserhebliche Tatsachen nicht rechtzeitig bekannt werden (FG BaWü EFG 04, 867). Bei Einschaltung von Mitarbeitern sowie bei der Mitwirkung von StB muss aber feststehen, dass bestimmte Überwachungsmaßnahmen den Erfolg verhindert hätten.

27 **6. Opportunitätsprinzip.** Die **Verfolgung von Steuerordnungswidrigkeiten liegt im Ermessen der FinBeh** (§ 47 OWiG; § 377 Rz 5). Solange das Verfahren bei ihr anhängig ist, kann sie es einstellen (§ 47 I 2 OWiG). Entsprechendes gilt für das Gericht, allerdings ist die Einstellung regelmäßig abhängig von der Zustimmung der StA (§ 47 II OWiG).

28 **Gem § 33 IV ErbStG** „werden" Zuwiderhandlungen gegen bestimmte Anzeigepflichten von Kreditinstituten als StOWi geahndet. Der Wortlaut dieser Vorschrift legt es nahe, in entsprechenden Fällen eine Verfolgungspflicht anzunehmen. Entstehungsgeschichte und Zweck des Gesetzes zwingen jedoch zu dem Schluss, dass es sich um ein Redaktionsversehen des Gesetzgebers handelt, das Opportunitätsprinzip also auch in diesen Fällen gilt (*App* StV 90, 101).

31 **7. Konkurrenzfragen. Verletzt ein und dieselbe Tat mehrere Bußgeldvorschriften,** so liegt Tateinheit vor. Es wird nur eine Buße festgesetzt, deren Höhe sich nach dem Gesetz richtet, das die höchste Geldbuße androht (§ 19 OWiG).

32 Bei **Tatmehrheit** wird, anders als nach dem StGB, das eine Gesamtstrafe vorsieht (§ 53 StGB), für jede einzelne Handlung eine gesonderte Geldbuße verhängt (§ 20 OWiG); insoweit gilt das Kumulationsprinzip.

33 Das für das Strafrecht aufgegebene Rechtsinstitut des Fortsetzungszusammenhangs (s § 370 Rz 250) findet auch im Ordnungswidrigkeitenrecht keine Anwendung mehr (vgl *Göhler/Gürtler* Vor § 19 OWiG Rz 13). Für die Annahme einer **Dauerordnungswidrigkeit** ist daher weitgehend kein Raum mehr. Sie kommt nur noch dann in Betracht, wenn sich das Verhalten des Beteiligten als natürliche Handlungseinheit darstellt (*Kohlmann/Heuel* § 378 AO Rz 157), etwa dann, wenn sich der Täter eines in dauernder Unachtsamkeit bestehenden Gesamtverhaltens schuldig macht, aus dem mehrere bei gehöriger Achtsamkeit voraussehbare Gesetzesverletzungen von selbst ohne weiteres Zutun des Täters entspringen (vgl BayObLG wistra 93, 237). Im Ergebnis kommt damit eine Dauerordnungswidrigkeit nur noch bei Unterlassungstaten in Betracht (krit auch *JJR/Joecks* § 378 Rz 62).

36 **8. Geldbuße.** Mit einer **Geldbuße bis zu 50 000 €** kann die StOWi geahndet werden (§ 378 II). Das Höchstmaß der Geldbuße kann nach § 17 IV OWiG überschritten werden, um den wirtschaftlichen Vorteil, den der Täter aus der Ordnungswidrigkeit gezogen hat, abzuschöpfen (§ 377 Rz 13).

37 **Ein Mandant kann uU von seinem StB die Erstattung für ein von ihm zu zahlendes Bußgeld verlangen,** wenn dieser durch schuldhafte Verletzung seiner vertraglichen Verpflichtungen dem Stpfl nicht die gebotenen Hinweise erteilt hat, die eine (fahrlässige oder leichtfertige) StOWi verhindert hätten (vgl BGH NJW 97, 518; vgl auch OLG Koblenz DStR 81, 237).

40 **9. Selbstanzeige.** Die **Möglichkeit einer bußgeldbefreienden Selbstanzeige** eröffnet § 378 III. Der Täter wird nicht mit einer Geldbuße belegt, soweit er die unrichtigen oder unvollständigen Angaben bei der FinBeh berichtigt oder ergänzt oder die unterlassenen Angaben nachholt, die Gegenstand der OWi sind. Die Möglichkeit der Selbstanzeige besteht im gesamten Anwendungsbereich des

§ 378 (Rz 1, 2). Die Abgabe einer USt-Jahreserklärung mit richtigen Umsatzzahlen auch ohne gleichzeitige Nachholung der unterlassenen Voranmeldungen stellt eine bußgeldbefreiende Selbstanzeige dar (vgl OLG Hbg BB 85, 1779 mit Anm von *Koops;* vgl auch § 371 IIa 4). Eine wirksame Selbstanzeige nach § 378 III schließt die Verfolgbarkeit einer OWi nach § 379 nicht aus (s *JJR/Jäger* § 379 Rz 130); das ist verfassungsrechtl nicht zu beanstanden (BVerfG wistra 97, 297). Die Änderung im Gesetzeswortlaut des § 378 III durch das Schwarzgeldbekämpfungsgesetz (s dazu § 371 Rz 32) ist rein sprachlicher Natur (vgl BT-Drs 17/5067 [neu] S 25). Sie bringt allerdings besser als die vorherige Gesetzesfassung zum Ausdruck, dass – im Gegensatz zur Selbstanzeige nach § 371 – eine Selbstanzeige nach § 378 III auch bei (unbewusster) Unvollständigkeit im Umfang der Berichtigung, Ergänzung und Nachholung wirksam ist. Eine vollständige Berichtigung („reiner Tisch") wurde hier nicht als Wirksamkeitsvoraussetzung normiert, weil einem zur Selbstanzeige entschlossenen Täter einer leichtfertig begangenen OWi nicht notwendig das volle Ausmaß seines Pflichtenverstoßes bekannt geworden ist.

Nur die Bekanntgabe der Einleitung eines Straf- oder Bußgeldverfahrens sperrt – anders als nach § 371 – die bußgeldbefreiende Wirkung einer Selbstanzeige. Eine Selbstanzeige ist daher auch noch dann möglich, wenn ein Prüfer der FinBeh die Tat bereits entdeckt hat, zB im Rahmen einer Außenprüfung. Anders als in Fällen der vorsätzlichen StHinterziehung hindert die Bekanntgabe der Einleitung eines Straf- oder Bußgeldverfahrens die Wirksamkeit einer Selbstanzeige nicht etwa für alle unverjährten Jahre dieser StArt, sondern nur für die Jahre, die von der Bekanntgabe umfasst sind (*JJR/Joecks* § 378 Rz 74). 41

Äußerst umstritten ist, welche **Anforderungen an den Inhalt einer Selbstanzeige** zu stellen sind, wenn die Tat bereits entdeckt ist, aber ein Straf- oder Bußgeldverfahren noch nicht eingeleitet wurde. So soll es unzulässig sein, dass der Täter Feststellungen verwertet, die vom Prüfer aufgrund eigener Ermittlungen getroffen worden sind. Unschädlich soll demgegenüber sein, dass das gesamte Ausmaß einer leichtfertigen StVerkürzung im Zeitpunkt der Selbstanzeige bereits von einem Betriebsprüfer entdeckt war, sofern nur der Stpfl die Berichtigung oder Nachholung aus eigenen Quellen vornimmt (vgl BayObLG DB 81, 874; OLG Karlsruhe wistra 96, 117). Nicht ausreichend ist das bloße Anerkennen des Prüfungsergebnisses eines Außenprüfers. Denn dies kann keine honorierungsfähige Umkehrleistung darstellen, wenn man die Rechtfertigung der Selbstanzeige in einer Wiedergutmachung und der Rückkehr in die StEhrlichkeit sieht. Es bedarf eines wesentlichen Aufklärungsbeitrags, ohne den der Prüfer nicht oder nur unter Schwierigkeiten in der Lage gewesen wäre, die Steuer festzusetzen (zutr *HHSp/Bülte* § 378 AO Rz 119, 121; OLG Oldenburg wistra 98, 71; *Vogelberg* ZAP F 21, 39, 55; *Racknitz* wistra 97, 135). Erforderlich ist damit ein eigenständiger, vom Berichtigungswillen getragener Beitrag zur Richtigstellung der Angaben, der von den Ermittlungen der Behörde unabhängig ist und der Behörde bislang unbekannte Tatsachen offenbart (*HHSp/Bülte* § 378 AO Rz 117; aA BayObLG MDR 78, 865). Allerdings ist zu berücksichtigen, dass der Stpfl im Falle einer leichtfertigen StVerkürzung – anders als bei einer vorsätzlichen StHinterziehung – bei der Tat von der Unrichtigkeit oder Unvollständigkeit seiner Angaben keine Kenntnis hat und diese Kenntnis in aller Regel erst durch eine finanzamtliche Prüfung erhalten wird. Würde man für eine Selbstanzeige nach § 378 III nur die Mitteilung von solchen Tatsachen genügen lassen, von denen die FinBeh noch keine Kenntnis hat, wäre für eine Anwendung dieser Vorschrift nur noch wenig Raum (zutr OLG Karlsruhe wistra 96, 117). Es wird deshalb teilweise für ausreichend erachtet, dass der Täter gemeinsam mit dem Betriebsprüfer Prüfungsergebnisse erarbeitet, Inventuren richtig stellt oder bestimmte Vorgänge nachbucht (vgl *KvW/Blesinger* § 378 AO Rz 22). Auch soll es ausreichen, dass der Täter den Prüfer durch die Beibringung von Kontoauszügen bei der Gewinnfeststellung behilflich ist, wenn er anschließend das Prüfungsergebnis anerkennt. Ob dies genügt, ist jedoch Tatfrage; entscheidend ist, dass 42 sich das Handeln des Täters nicht im reinen Hinnehmen der Ergebnisse der Bp erschöpft, sondern Art und Ausmaß seiner Mitarbeit rechtfertigen, ihm die endgültig richtige Festsetzung der Steuer als seinen Erfolg zuzurechnen (*HHSp/Bülte* § 378 AO Rz 123; vgl auch *Jestädt* DStR 94, 1605; *Kohlmann/Schauf* § 378 AO Rz 136; *JJR/Joecks* § 378 Rz 72; *Dörn* wistra 94, 10 und Stbg 98, 461).

43 **Eine bußgeldbefreiende Selbstanzeige kann auch ggü einem Außenprüfer** während der Prüfung wirksam erstattet werden, und zwar auch für solche Steuern und Zeiträume, auf die sich die Prüfung erstreckt (BayObLG MDR 81, 427; wistra 85, 117). Die Anzeige braucht nicht beim Leiter des FA oder den von ihm zur Entgegennahme von Erklärungen bestimmten Stellen angebracht zu werden.

44 **Die Gefahr eines Missbrauchs der Selbstanzeige wird durch § 153 eingeschränkt,** wonach der Täter einer leichtfertigen StVerkürzung, sobald er die Unrichtigkeit der von ihm abgegebenen Erklärung erkennt, zu deren Berichtigung verpflichtet ist. Kommt er dieser Verpflichtung nicht unverzüglich nach, begeht er eine StHinterziehung und kann dann nur noch über § 371 Strafbefreiung erlangen; in einem solchen Fall ist eine strafbefreiende Selbstanzeige nach Entdeckung der Tat idR ausgeschlossen (§ 371 II 1 Nr 2).

45 **Eine durch einen Dritten für den Täter abgegebene Selbstanzeige** ist auch ohne ausdrückliche vorherige Bevollmächtigung wirksam, sofern der Täter die Erklärung genehmigt bevor ihm oder seinem Vertreter die Einleitung eines Straf- oder Bußgeldverfahrens bekannt gegeben worden ist (*JJR/Joecks* § 378 Rz 73; *HHSp/Bülte* § 378 AO Rz 109).

46 Die **Nachentrichtung** der zu den eigenen Gunsten verkürzten Steuern innerhalb einer dem Täter bestimmten angemessenen Frist ist **Wirksamkeitsvoraussetzung** für die Selbstanzeige (§ 378 III 3; s dazu § 371 Rz 210).

48 **10. Anzeige nach § 371 IV.** Nach einer wirksamen Anzeige iSv § 371 IV entsteht ein **Verfolgungshindernis für einen Dritten,** der die in § 153 bezeichneten Erklärungen nicht, unrichtig oder unvollständig abgegeben hat (§ 378 III 4).

50 **11. Verfolgungsverjährung. Abweichend von § 31 II OWiG tritt die Verfolgungsverjährung erst nach fünf Jahren ein** (§ 384). Bei Veranlagungssteuern ist die durch Nichtabgabe einer StErklärung bewirkte leichtfertige StVerkürzung dann vollendet und beendet, wenn die Veranlagungsarbeiten für die betr Steuer im Veranlagungsbezirk allgemein abgeschlossen sind (vgl § 370 Rz 92). Zu diesem Zeitpunkt beginnt die Verfolgungsverjährung. Zum Verjährungsbeginn bei außer Kraft getretenen Zeitgesetzen vgl OLG Karlsruhe NStZ 81, 264.

§ 379 Steuergefährdung

(1) [1] **Ordnungswidrig handelt, wer vorsätzlich oder leichtfertig**

1. Belege ausstellt, die in tatsächlicher Hinsicht unrichtig sind,
2. Belege gegen Entgelt in den Verkehr bringt,
3. nach Gesetz buchungs- oder aufzeichnungspflichtige Geschäftsvorfälle oder Betriebsvorgänge nicht oder in tatsächlicher Hinsicht aufzeichnet oder aufzeichnen lässt, unrichtig verbucht oder verbuchen lässt,
4. entgegen § 146a Absatz 1 Satz 1 ein dort genanntes System nicht oder nicht richtig verwendet,
5. entgegen § 146a Absatz 1 Satz 2 ein dort genanntes System nicht oder nicht richtig schützt oder
6. entgegen § 146a Absatz 1 Satz 5 gewerbsmäßig ein dort genanntes System oder eine dort genannte Software bewirbt oder in den Verkehr bringt

und dadurch ermöglicht, Steuern zu verkürzen oder nicht gerechtfertigte Steuervorteile zu erlangen. [2] **Satz 1 Nr. 1 gilt auch dann, wenn Einfuhr- und Ausfuhrabgaben verkürzt werden können, die von einem anderen Mitglied-**

staat der Europäischen Union verwaltet werden oder die einem Staat zustehen, der für Waren aus der Europäischen Union auf Grund eines Assoziations- oder Präferenzabkommens eine Vorzugsbehandlung gewährt; § 370 Abs. 7 gilt entsprechend. [3]Das Gleiche gilt, wenn sich die Tat auf Umsatzsteuern bezieht, die von einem anderen Mitgliedstaat der Europäischen Union verwaltet werden.

(2) **Ordnungswidrig handelt, wer vorsätzlich oder leichtfertig**

1. der Mitteilungspflicht nach § 138 Absatz 2 Satz 1 nicht, nicht vollständig oder nicht rechtzeitig nachkommt,

1a. entgegen § 144 Absatz 1 oder Absatz 2 Satz 1, jeweils auch in Verbindung mit Absatz 5, eine Aufzeichnung nicht, nicht richtig oder nicht vollständig erstellt,

1b. einer Rechtsverordnung nach § 117c Absatz 1 oder einer vollziehbaren Anordnung auf Grund einer solchen Rechtsverordnung zuwiderhandelt, soweit die Rechtsverordnung für einen bestimmten Tatbestand auf diese Bußgeldvorschrift verweist,

1c. entgegen § 138a Absatz 1, 3 oder 4 eine Übermittlung des länderbezogenen Berichts oder entgegen § 138a Absatz 4 Satz 3 eine Mitteilung nicht, nicht vollständig oder nicht rechtzeitig (§ 138a Absatz 6) macht,

1d. der Mitteilungspflicht nach § 138b Absatz 1 bis 3 nicht, nicht vollständig oder nicht rechtzeitig nachkommt,

2. die Pflichten nach § 154 Absatz 1 bis 2c verletzt.

(3) **Ordnungswidrig handelt, wer vorsätzlich oder fahrlässig einer Auflage nach § 120 Abs. 2 Nr. 4 zuwiderhandelt, die einem Verwaltungsakt für Zwecke der besonderen Steueraufsicht (§§ 209 bis 217) beigefügt worden ist.**

(4) **Die Ordnungswidrigkeit nach Absatz 1 Satz 1 Nummer 1 und 2, Absatz 2 Nummer 1a, 1b und 2 sowie Absatz 3 kann mit einer Geldbuße bis zu 5000 Euro geahndet werden, wenn die Handlung nicht nach § 378 geahndet werden kann.**

(5) **Die Ordnungswidrigkeit nach Absatz 2 Nummer 1c mit einer Geldbuße bis zu 10 000 Euro geahndet werden, wenn die Handlung nicht nach § 378 geahndet werden kann.**

(6) **Die Ordnungswidrigkeit nach Absatz 1 Satz 1 Nummer 3 bis 6 kann mit einer Geldbuße bis zu 25 000 Euro geahndet werden, wenn die Handlung nicht nach § 378 geahndet werden kann.**

(7) **Die Ordnungswidrigkeit nach Absatz 2 Nummer 1 und 1d kann mit einer Geldbuße bis zu 25 000 Euro geahndet werden, wenn die Handlung nicht nach § 378 geahndet werden kann.**

Abs 1 S 1 neu gefasst durch G v 28.4.06 (BGBl I, 1095); Abs 2 Nr 1a eingefügt durch JStG 2010 v 8.12.10 (BGBl I, 1768); Abs 1 S 2 u 3 geändert durch G v 26.6.13 (BGBl I, 1809); Abs 2 Nr 1b eingefügt durch G v 18.12.13 (BGBl I, 4318); Abs 1 S 2 HS 1 geändert durch G v 25.7.14 (BGBl I, 1266); Abs 2 Nr 1c eingefügt und Abs 4 neu gefasst durch G v 20.12.16 (BGBl I, 3000); Abs 1 S 1 und Abs 4 neu gefasst durch G v 22.12.16 (BGBl I, 3152); Abs 2 geändert, Abs 4 neu gefasst und Abs 5 bis 7 angefügt durch G v 23.6.17 (BGBl I, 1682)

Schrifttum: *vor 2010 s 13. Aufl; Wegner* Bank: Haftung bei Verletzung der Pflicht zur Kontenwahrheit, PStR 11, 34; *Gehm* Bußgeldbewehrung der Meldepflicht nach § 138 Abs. 2 AO, NWB 12, 1072; *Retemeyer* Irreführung der Verbraucher in der Gastronomie, NZWiSt 13, 241; *Kranenberg* Bußgeldverfahren bei nicht ordnungsgemäßer Kassenbuchführung, StBW 14, 507; *Beckschäfer* Gesetzgeberische Reaktion auf die „Panama-Papers", ZRP 17, 41; *Peters* Aktuelles aus der digitalen Außenprüfung, DStR 17, 1953; *Roth* Kassen-Nachschau als Sperre für Selbstanzeigen, NZWiSt 17, 63.

Übersicht

1 **1. Inhalt.** Die Vorschrift behandelt die **Steuergefährdung,** soweit sie nicht als Gefährdung der Abzugsteuern, der Verbrauchsteuern oder der Einfuhr- und Ausfuhrabgaben von den §§ 380–382 erfasst wird. Tatbestandsmäßig sind lediglich Handlungen, die zur Vorbereitung einer StVerkürzung oder zur Erlangung nicht gerechtfertigter StVorteile geeignet sind. Abs 1 behandelt die Ausstellung unrichtiger Belege, das Inverkehrbringen von Belegen gegen Entgelt, die Verletzung von Buchführungs- und Aufzeichnungspflichten sowie Verstöße gegen die Vorschriften über elektronische Aufzeichnungssysteme. Abs 2 hat die Verletzung der Meldepflichten bei Auslandsbeziehungen, Verstöße gegen die Pflichten zur Aufzeichnung des Warenausgangs, zur Datenerhebung und -übermittlung gem § 117c I, zudem die Verletzung von Berichts- und Mitteilungspflichten nach § 138 VI und § 138b I bis III sowie die Kontoführung auf falschen Namen zum Gegenstand. Abs 3 behandelt Zuwiderhandlungen gegen Auflagen iSv § 120 II Nr 4. Die Bußgeldvorschrift des § 379 I iVm IV gilt für die Wohnungsbauprämie (§ 8 II 1 WoPG), die Arbeitnehmersparzulage (§ 14 III 1 5. VermBG) und die Altersvorsorgezulage (§ 96 VII 1 EStG) entsprechend. § 379 I 1 Nr 4–6 über Verstöße gegen die Pflichten über Aufzeichnungen mittels elektronischer Aufzeichnungssysteme, § 379 I 1 Nr 3 – soweit er sich auf unrichtige Aufzeichnungen bezieht – sowie § 370 IV–VI sind erst für die Kalenderjahre ab 2020 anzuwenden (Art 97 § 30 I EGAO).

3 **2. Ausstellen unrichtiger Belege (Abs 1 S 1 Nr 1).** Abs 1 S 1 Nr 1 behandelt das Ausstellen sachlich unrichtiger Belege. Das sind alle Schriftstücke, die zum Beweis stl erheblicher Tatsachen geeignet sind und den Aussteller erkennen lassen (BGHSt 3, 82; 12, 100). Die Vorschrift erfasst die objektive Möglichkeit einer StVerkürzung. Ob der Empfänger des Belegs davon Gebrauch macht, ist ohne Bedeutung. Nicht erforderlich ist, dass es sich um Buchungsunterlagen handelt; auch Spendenquittungen, Kurbescheinigungen, Reisekostenabrechnungen uÄ sind Belege, selbst wenn sie außersteuerlichen Zwecken dienen (vgl *JJR/Jäger* § 379 Rz 18). Auch Eigenbelege können Belege sein, sofern sie als Buchungsunterlage in

Betracht kommen, zB wenn Entnahmen als Betriebsausgaben deklariert werden (*JJR/Jäger* § 379 Rz 20).

In tatsächlicher Hinsicht **unrichtig** ist ein Beleg, wenn er von den tatsächlichen Gegebenheiten, zB Ort und Datum, abweicht oder einen anderen als den wirklichen Sachverhalt bekundet. Die Frage, ob § 379 I 1 Nr 1 nur Belege erfasst, die eine schriftliche Lüge enthalten (vgl BGHSt 12, 100, 103), oder ob sich die Unrichtigkeit auch auf den Aussteller beziehen kann, ist ohne praktische Bedeutung; denn im Falle der Belegfälschung kommt gem § 21 OWiG ohnehin nur eine Verurteilung wegen Urkundenfälschung (§ 267 StGB) in Betracht. 4

Täter kann jeder sein, der sich oder einem anderen einen tatsächlich unrichtigen Beleg ausstellt. Das bloße Verwenden eines Belegs ist kein Ausstellen. Der Empfänger des Belegs kann Beteiligter iSd § 14 OWiG sein, es sei denn, dass sich seine Tätigkeit auf die Entgegennahme des Belegs beschränkt (vgl BGHSt 10, 386). In diesem Fall ist er lediglich notwendiger Teilnehmer (*JJR/Jäger* § 379 Rz 24). 5

Das **Ausstellen** setzt voraus, dass der Beleg in den Verfügungsbereich desjenigen gelangt, für den er bestimmt ist; denn erst dadurch wird diesem eine StVerkürzung ermöglicht. Ob dies durch Aushändigung des Belegs oder auf sonstige Weise erreicht wird, ist ohne Bedeutung (*JJR/Jäger* § 379 Rz 23). Wenn der Beleg unrichtig ist und auch der Name des Ausstellers gefälscht ist, kommt nach § 21 OWiG nur Bestrafung nach § 267 StGB in Betracht (*JJR/Jäger* § 379 Rz 22). 6

3. Entgeltliche Weitergabe von Belegen (Abs 1 S 1 Nr 2). Mit dem in Abs 1 S 1 Nr 2 durch Art 3 des Gesetzes zur Eindämmung missbräuchlicher StGestaltungen v 28.4.2006 (BGBl I, 1095) eingeführten OWi-Tatbestand soll die entgeltliche Weitergabe von Belegen, die den Käufern zB die ungerechtfertigte Geltendmachung von Betriebsausgaben bzw Werbungskosten ermöglichen, unterbunden werden. Erfasst werden auch inhaltlich richtige Belege, die aber vom Empfänger missbräuchlich verwendet werden können wie etwa Tankquittungen (*JJR/Jäger* § 379 Rz 29). „In-Verkehr-Bringen" ist jede Handlung, durch die eine Sache so aus der Verfügungsgewalt des Täters (oder eines Dritten) entlassen wird, dass ein anderer in die Lage versetzt wird, mit dieser nach Belieben umzugehen (*JJR/Jäger* § 379 Rz 30). Tatbestandsmäßig ist allein das entgeltliche Inverkehrbringen. Entgelt ist nach der Legaldefinition des § 11 I Nr 9 StGB jede in einem Vermögensvorteil bestehende Gegenleistung. 10

4. Unrichtige Verbuchungen und Aufzeichnungen (Abs 1 S 1 Nr 3). 15
Abs 1 S 1 Nr 3 erfasst unrichtige Verbuchungen und Aufzeichnungen, wenn sich die Pflicht zur Verbuchung oder Aufzeichnung aus dem Gesetz ergibt. Gesetz ist jede Rechtsnorm (§ 4), also auch eine VO, nicht dagegen eine Verwaltungsanweisung. Zur Frage, was buchungs- oder aufzeichnungspflichtig ist, vgl §§ 140, 142–144. Zu außersteuerlichen Buchführungsvorschriften vgl § 140 Rz 4 ff und die Nachweise bei *JJR/Jäger* § 379 Rz 53 ff. Als **Täter** kommt nicht nur der Stpfl in Betracht, sondern jeder, der die Möglichkeit hat, Buchungen vorzunehmen (*Mösbauer* wistra 91, 42). Eine unvollständige Buchung wird nicht erfasst; das Bestimmtheitsgebot (Art 103 II GG; § 3 OWiG) steht einer erweiternden Auslegung entgegen (vgl AG Münster NStZ 99, 573; *JJR/Jäger* § 379 Rz 44). Rückwirkende Bewilligung einer Erleichterung nach § 148 S 2 wirkt nicht als Rechtfertigungsgrund. Bei Übertragung der Buchführung auf einen anderen muss der Stpfl bei Auswahl und Überwachung die erforderliche Sorgfalt walten lassen. Die Verletzung von Aufbewahrungspflichten fällt nicht unter Nr 2, obwohl zB die Vernichtung von Büchern der Nichtaufzeichnung in der Wirkung gleichkommt (vgl *JJR/Jäger* § 379 Rz 39).

5. Verstöße gegen die Vorschriften über elektronische Aufzeichnungssysteme (Abs 1 S 1 Nrn 4–6). StHinterziehungen (vor allem in der Gastronomie) werden nicht selten **mit manipulierter Kassensoftware** vorbereitet, durch 20 die für die Buchhaltung im Rahmen der verpflichtenden täglichen Erfassung von Kasseneinnahmen und -ausgaben inhaltlich falsche Belege (zB Z-Bons) erstellt werden. Zum Einsatz kommen dabei ua auf dem Kassensystem selbst versteckte „Phantomsoftware", auf USB-Sticks gespeicherte Software und sog Zapper (über das Internet). Zur Bekämpfung dieser Hinterziehungsformen hat der Gesetzgeber mit dem Gesetz zum Schutz vor Manipulationen an digitalen Grundaufzeichnungen v 16.12.2016 (BGBl I, 3152) mit § 146a eine Ordnungsvorschrift für die Buchführung und für Aufzeichnungen mittels elektronische Aufzeichnungssysteme in die AO eingefügt und mit § 146b die gesetzlichen Voraussetzungen einer Kassen-Nachschau geschaffen (zur zeitlichen und sachlichen Anwendbarkeit dieser Vorschriften s § 146a Rz 2 und § 146b Rz 2). Erfasst werden elektronische oder computergestützte Kassensysteme oder Registrierkassen. Fahrscheinautomaten, Fahrscheindrucker, elektronische Buchhaltungsprogramme, Waren- und Dienstleistungsautomaten, Geldautomaten, Taxameter und Wegstreckenzähler sowie Geld- und Warenspielgeräte gehören nicht dazu (§ 1 KassenSichV). Um StHinterziehungen unter Verwendung manipulierter Kassensysteme auch bereits im Vorbereitungsstadium wirksam bekämpfen zu können, hat der Gesetzgeber bestimmte Verstöße gegen die Ordnungsvorschrift des § 146a I in § 379 I zu StOWi erklärt (§ 379 I 1 Nrn 4–6); sie sind erstmals **ab 1.1.2020** anzuwenden (Art 97 § 30 I EGAO). Die Vorschrift ergänzt den OWi-Tatbestand des § 379 I Nr 3 über die unrichtige Verbuchung oder Fertigung von Aufzeichnungen.

21 Ordnungswidrig handelt danach, wer ein in § 146a I genanntes Aufzeichnungssystem (pflichtwidrig) nicht oder **nicht richtig verwendet** (Nr 4) bzw nicht oder **nicht richtig schützt** (Nr 5).

22 Nach Nr 6 begeht eine StOWi, wer entgegen § 146a I 5 ein elektronisches Aufzeichnungssystem, Software für solche Systeme oder zertifizierte Sicherheitseinrichtungen, die den in § 146a I 1–3 nicht entsprechen, **gewerbsmäßig bewirbt** oder **in den Verkehr bringt.** „In-Verkehr-Bringen" ist jede Handlung, durch die eine Sache so aus der Verfügungsgewalt des Täters (oder eines Dritten) entlassen wird, dass ein anderer in die Lage versetzt wird, mit dieser nach Belieben umzugehen (*JJR/Jäger* § 379 Rz 30).

23 **Täter** der Nrn 4 und 5 kann jeder sein, der für die Verwendung oder Sicherung eines elektronischen Aufzeichnungssystems verantwortlich ist, idR also der Geschäftsinhaber (*BG/Meyer* § 379 AO Rz 21.6 und 21.10). Als Täter kommen auch die Kassenhersteller in Betracht.

25 **6. Eignung zur Steuerverkürzung.** Die **Tat** muss objektiv geeignet sein, Steuern zu verkürzen, bereits die abstrakte Gefahr einer StVerkürzung („Möglichkeit") reicht aus; die Absicht des Täters braucht sich darauf nicht zu erstrecken. Das Gleiche gilt für die nicht gerechtfertigte Erlangung von StVorteilen.

30 **7. Gefährdung von Einfuhr- und Ausfuhrabgaben sowie Umsatzsteuern anderer EU-Mitgliedstaaten.** Der Begriff der Eingangsabgaben wurde durch Art 8 Nr 27 des Gesetzes zur Eindämmung illegaler Beschäftigung im Baugewerbe v 30.8.2001 (BGBl I, 2267) an Wortwahl und Terminologie des Zollkodexes (Art 4 Nrn 10 und 11 ZK) angepasst. Nach der nun geltenden Definition des Unionszollkodexes sind Einfuhr-/Ausfuhrabgaben die für die Einfuhr/Ausfuhr von Waren zu entrichtenden Abgaben (Art 5 Nrn 20 und 21 UZK; vgl auch § 370 Rz 150). **Abs 1 S 2** erfasst nicht nur falsche Erklärungen zum Nachteil eines EU- oder EFTA-Staates, sondern auch solche zum Nachteil aller anderen Staaten, die für Waren aus der Europäischen Union aufgrund eines Assoziations- oder Präferenzabkommens eine Vorzugsbehandlung gewähren, wie zB die meisten Mittelmeerstaaten (BT-Drs 7/4292, 45). Erklärungen zum Nachteil der Mittelmeerstaaten werden lediglich als Ordnungswidrigkeit geahndet, da deren Rechts- und Verwaltungssystem nur bedingt mit dem der EU-Mitgliedstaaten vergleichbar ist. Zur Entstehungsgeschichte s *Bender* wistra 03, 34.

Mit der Anfügung von Satz 3 durch das USt-BinnenmarktG v 25.8.1992 (BGBl I, 1548) wurde, ebenso wie bei der StHinterziehung, der Anwendungsbereich der Vorschrift auf **Umsatzsteuern,** die von einem anderen Mitgliedstaat der EU verwaltet werden, erweitert (dazu ausführlich *JJR/Jäger* § 379 Rz 73 ff). 31

8. Verletzung bestimmter Handlungspflichten. a) Mitteilung über Auslandsbeziehungen (Abs 2 Nr 1). Verstöße gegen die Pflicht zur Mitteilung bestimmter Auslandsbeziehungen nach § 138 II 1 werden von Abs 2 Nr 1 erfasst (ausführlich *JJR/Jäger* § 379 Rz 80 ff). Auch die unvollständige Erfüllung dieser Pflicht stellt – im Gegensatz zur Regelung in Abs 1 S 1 Nr 3 (s Rz 15) – eine OWi dar. Die in Bezug genommene Vorschrift des § 138 II, welche die Mitteilungspflichten enthält, deren Verletzung eine OWi darstellt, wurde durch das StUmgBG v 23.6.2017 (BGBl I, 1682) mWv 25.6.2017 geändert. Nach Art 97 § 32 EGAO gelten die bisherigen Handlungspflichten für Sachverhalte, die bis zum 31.12.2017 verwirklicht worden sind, danach die der neuen Gesetzesfassung des § 138 II. Zu den Mitteilungspflichten iEinz s Erläut zu § 138. 35

b) Aufzeichnung des Warenausgangs (Abs 2 Nr 1a). Die in § 144 normierte steuerrechtliche Pflicht von gewerblichen Unternehmern und buchführungspflichtigen Land- und Forstwirten zur Aufzeichnung des Warenausgangs wird von Abs 2 Nr 1a bußgeldbewehrt abgesichert. Der OWi-Tatbestand wurde durch das JStG 2010 mWv 14.12.2010 eingeführt (BGBl I, 1768, 1793; BT-Drs 17/3549, 38). Zu den Aufzeichnungspflichten iEinz s Erläut zu § 144. 36

c) Erhebung und Übermittlung von Daten gem § 117c I (Abs 2 Nr 1b). Verstöße gegen die Pflicht zur Einhaltung von Regelungen über die Erhebung und Übermittlung von Daten, die gem § 117c I zur Erfüllung völkerrechtlicher Verpflichtungen zur Förderung der StEhrlichkeit getroffen worden sind, stellen gem Abs 2 Nr 1b OWi dar. Der OWi-Tatbestand wurde durch das AIFM-StAnpassungsgesetz mWv 24.12.2013 eingeführt (BGBl I 4318, 4333; BR-Drs 740/13, 42 und 127). Als **Täter** kommen bei Abs 2 Nr 1b nur diejenigen Personen in Betracht, die zur Erhebung und Übermittlung der Daten verpflichtet sind, insbes also Mitarbeiter der Finanzinstitute (*BG/Meyer* § 379 AO Rz 26.6). 37

d) Übermittlung eines länderbezogenen Berichts oder einer Mitteilung nach § 138a VI (Abs 2 Nr 1c). Abs 2 Nr 1c erklärt Verstöße gegen die Nichtübermittlung sowie die nicht vollständige oder nicht rechtzeitige Übermittlung eines länderbezogenen Berichts nach § 138a I, III oder IV zu OWi. Dasselbe gilt für Verstöße gegen die Mitteilungspflicht aus § 138a VI. Zu den Handlungspflichten iEinz s die Erläut zu § 138a. Abs 2 Nr 1c wurde durch das Gesetz zur Umsetzung der EU-Amtshilferichtlinie und von weiteren Maßnahmen gegen Gewinnkürzungen und -verlagerungen v 20.12.2016 (BGBl I, 3000) mWv 24.12.2016 in § 379 eingefügt. 38

e) Mitteilung nach § 138b I bis III (Abs 2 Nr 1d). Der OWi-Tatbestand des Abs 2 Nr 1d wurde durch das StUmgBG v 23.6.2017 (BGBl I, 1682) mWv 25.6.2017 in § 379 eingefügt. Er erklärt die Verletzung der Mitteilungspflicht aus § 138b I bis III zu OWi und erfasst Sachverhalte, die nach dem 31.12.2017 verwirklicht worden sind (Art 97 § 32 EGAO). Tatbestandsmäßig ist der Verstoß gegen die Pflicht Dritter zur Mitteilung über Beziehungen inl Stpfl zu Drittstaatsgesellschaften. Zur Mitteilungspflicht iEinz s Erläut zu § 138b. 39

f) Kontenwahrheit (Abs 2 Nr 2). Die Pflicht zur Wahrung der Kontenwahrheit nach § 154 I bis IIc wird von Abs 2 Nr 2 bußgeldbewehrt abgesichert. Zu den Pflichten iEinz s Erläut zu § 154 (s auch *JJR/Jäger* § 379 Rz 50 f). Die Vorschrift des § 154 hat seine jetzt geltende Fassung erhalten durch das StUmgBG v 23.6.2017 (BGBl I, 1682) mWv 25.6.2017. Zu den Schließfächern zählen nicht die Postschließfächer (*JJR/Jäger* § 379 Rz 100 ff). Zum Schutz der formalen Kon- 40 tenwahrheit in § 154 vgl BGH NJW 95, 261, zu den (geringfügigen) Modifikationen durch das GwG s *Kohlmann/Matthes* § 379 AO Rz 125.

45 **9. Zuwiderhandlung gegen eine Auflage zum Zwecke der Steueraufsicht (Abs 3).** Der OWi-Tatbestand des Abs 3 erfasst den Verstoß gegen Auflagen, die nach § 120 II Nr 4 einem Verwaltungsakt für Zwecke der besonderen StAufsicht (§§ 209–217) beigefügt worden sind. Täter ist der Adressat der Auflage.

50 **10. Subjektiver Tatbestand.** Die OWi-Tatbestände der **Abs 1 und 2** setzen voraus, dass der Täter **vorsätzlich** oder **leichtfertig** (§ 378 Rz 20) handelt; diese Voraussetzung bezieht sich sowohl auf die Unrichtigkeit des Belegs usw als auch auf die Eignung zur StVerkürzung.

51 Für die Verwirklichung des Tatbestands gem **Abs 3** genügt einfache **Fahrlässigkeit.**

55 **11. Konkurrenzen.** § 379 tritt als Gefährdungsdelikt hinter § 378 sowie § 370 zurück, sobald es zu einer Verletzung des geschützten Rechtsguts kommt (Abs 4 bis 7), vgl auch § 21 OWiG. Dies gilt auch, wenn die Tat nur als Beihilfe zur StHinterziehung geahndet werden kann (*JJR/Jäger* § 379 Rz 125). §§ 381 und 382 gehen als leges speciales dem § 379 vor.

60 **12. Geldbuße.** Die Geldbuße beträgt bei OWis gem Abs 1 S 1 Nrn 1 und 2, Abs 2 Nrn 1a, 1b und 2 sowie Abs 3 im Höchstfall **5 000 €** (Abs 4), bei leichtfertiger Begehungsweise in diesen Fällen **2 500 €**, vgl § 17 II OWiG.

61 Bei OWi gem Abs 2 Nr 1c kann die Tat mit einer Geldbuße bis zu **10 000 €** und solchen gem Abs 1 S 1 Nrn 3 bis 6 sowie Abs 2 Nrn 1 und 1d kann die OWi mit einer Geldbuße bis zu **25 000 €** geahndet werden (Abs 6 und 7). Leichtfertiges (bzw im Fall des Abs 3 fahrlässiges) Handeln kann auch in diesen Fällen nur mit der Hälfte des angedrohten Höchstmaßes der Geldbuße, dh mit **5 000 €** bzw **12 500 €** geahndet werden, vgl § 17 II OWiG. § 379 IV–VI ist erst für Verstöße ab **1.1.2020** anwendbar (Art 97 § 30 EGAO).

65 **13. Selbstanzeige.** Durch Selbstanzeige kann in den Fällen des § 379 eine Bußgeldbefreiung nicht erreicht werden; der Gesetzgeber hat auf eine solche Regelung bewusst verzichtet. Das ist insofern ungereimt, als beim vollendeten Delikt nach § 378 Selbstanzeige zulässig ist (vgl BGHSt 14, 378; vgl auch *Dörn* wistra 95, 9). Das Fehlen einer Vorschrift über tätige Reue in § 379 ist allerdings von Verfassungs wegen nicht zu beanstanden (BVerfG wistra 97, 297).

§ 380 Gefährdung der Abzugsteuern

(1) **Ordnungswidrig handelt, wer vorsätzlich oder leichtfertig seiner Verpflichtung, Steuerabzugsbeträge einzubehalten und abzuführen, nicht, nicht vollständig oder nicht rechtzeitig nachkommt.**

(2) **Die Ordnungswidrigkeit kann mit einer Geldbuße bis zu fünfundzwanzigtausend Euro geahndet werden, wenn die Handlung nicht nach § 378 geahndet werden kann.**

Schrifttum: *vor 2010 s 13. Aufl; Decker/Loose* Neuregelung des Steuerabzugs nach § 50a EStG ab 2009, IStR 10, 8; *Holthaus* Praxisprobleme bei der ab 2009 geänderten Besteuerung beschränkt steuerpflichtiger Künstler und Sportler, IStR 10, 23; *Köhler/Goebel/Schmidt* Neufassung des § 50a EStG durch das JStG 2009 – Ende einer Dauerbaustelle?, DStR 10, 8; *Romanowski* Fragen und Antworten zur Abgrenzung von Selbständigkeit und Scheinselbständigkeit, Stbg 14, 414; *Engelberth* Die Abgeltungswirkung des Kapitalertragsteuerabzugs – Steuerliche Beurteilung unterschiedlicher Fallkonstellationen, NWB 14, 1887; *Holthaus* Aktuelle Probleme mit der EU-Konformität des Steuerabzugs nach § 50a EStG, IStR 14, 628; *Korn* Geklärte und ungeklärte Fragen zur Abgeltungsteuer für Kapitaleinkünfte, KÖSDI 14, 18818.

Übersicht

1. Inhalt. Die Vorschrift behandelt die Verletzung einer Doppelverpflichtung bzgl Abzugsteuern („Einbehalten und Abführen"). Eine Ordnungswidrigkeit ist gegeben, sobald eine der beiden Verpflichtungen nicht erfüllt wird (vgl *JJR/Jäger/Ebner* § 380 Rz 21). § 380 ist **Blankettgesetz.** Die Handlungspflichten ergeben sich aus den Einzelsteuergesetzen, zB §§ 38 ff EStG (Lohnsteuer), §§ 43 ff EStG (Kapitalertragsteuer), §§ 48 ff EStG (Bauabzugsteuer), § 50a EStG iVm §§ 73a–73g EStDV (Aufsichtsrat- und Vergütungsteuer). Die Verpflichtung zum Steuerabzug ist verfassungsgemäß (vgl BVerfG NJW 77, 1282). Bei wirksamer Aufrechnung ggü dem FA mit Gegenansprüchen aus anderen StArten, die nur unter den engen Voraussetzungen des § 226 III, IV möglich ist, ist der objektive Tatbestand des § 380 nicht erfüllt (vgl *JJR/Jäger/Ebner* § 380 Rz 22). 1

Nicht anwendbar ist § 380 auf die VersSt, die pauschalierte LSt und die KiSt (vgl aber § 12 I 2 SächsKiStG, der für die KiSt dem Wortlaut nach lediglich die Anwendbarkeit der Vorschriften über das Straf- und Bußgeld*verfahren* ausschließt). 2

Während das bloße Nichtabführen von Abzugsteuern bußgeldrechtl geahndet wird (§ 380), stellt das Vorenthalten von Beiträgen zur **Sozialversicherung** gem § 266a StGB eine Straftat dar, unabhängig davon, ob Arbeitsentgelt gezahlt wird oder nicht (zu den Einzelheiten vgl *Fischer* § 266a StGB Rz 12). Zur Bedeutung der Unmöglichkeit der Beitragsentrichtung für die Strafbarkeit gem § 266a StGB vgl BGH wistra 11, 426. 3

2. § 380 ist Sonderdelikt und echtes Unterlassungsdelikt. Täter kann jeder durch Einzelsteuergesetze unmittelbar Verpflichtete sowie jeder gesetzliche oder gewillkürte (§ 9 II 1 OWiG) Vertreter sein. Sind mehrere Geschäftsführer vorhanden, kann eine interne Geschäftsverteilung für die Erfüllung steuerlicher Pflichten die Verantwortung zwar begrenzen, aber nicht aufheben (vgl BGH wistra 00, 137; *JJR/Jäger/Ebner* § 380 Rz 30 mwN; vgl auch BFH/NV 95, 941 und FG Hess v 17.5.13 – 1 V 337/13, BeckRS 2013, 95687). **Verpflichtet zum Einbehalten und Abführen** von Steuerabzugsbeträgen ist zB der ArbG hinsichtlich der LSt (§§ 38 ff EStG). Wann ein Arbeitsverhältnis vorliegt, folgt aus § 1 LSt-DV. Bei den LSt-Abzugsbeträgen handelt es sich um Teile des Lohnes, die dem zum Abzug Verpflichteten nicht gehören, sondern von ihm nur treuhänderisch verwaltet werden (BGHSt 2, 183). Unter Einbehalten ist die Nichtauszahlung der Beträge an den StSchuldner zu verstehen. Die Abführungspflicht des Unternehmers hinsichtlich vereinnahmter USt fällt nicht in den Schutzbereich des § 380, weil der Unternehmer insoweit selbst StSchuldner ist (vgl § 13a I Nr 1 UStG); s aber § 26b und § 26c UStG. Die §§ 51–58 UStDV über die Erhebung von Umsatzsteuer im Abzugsverfahren wurden mWv 1.1.2002 durch StÄndG 2001v 20.12.2001 (BGBl I, 3794) aufgehoben. 6

Bei Leiharbeitsverhältnissen ist der Verleiher, auch der illegale (vgl §§ 1, 9 AÜG), zum Einbehalten und Abführen der LSt verpflichtet. Der Entleiher ist zum StAbzug nur dann verpflichtet, wenn er selbst die Arbeitskräfte entlohnt (vgl BGH NJW 03, 1822; BFHE 135, 501; 163, 365; zur Haftung vgl § 42d VI EStG). 7

8 Die **Verpflichtung,** die Abzugsteuern richtig und vollständig **anzumelden,** ist nicht Gegenstand des § 380. Ein Verstoß gegen diese Verpflichtung ist ggf nach § 370 oder § 378 zu ahnden.

11 **3. Subjektiver Tatbestand.** Der subjektive Tatbestand erfordert **Vorsatz** oder **Leichtfertigkeit.** Die Unkenntnis eines Merkmals der blankettausfüllenden Einzelsteuergesetze lässt den Vorsatz entfallen (§ 11 I OWiG). Zum Begriff der Leichtfertigkeit vgl § 378 Rz 20. Der Abzugspflichtige kann sich nicht darauf berufen, dass seine Mittel nicht zur Zahlung der LSt ausgereicht hätten; er hat sicherzustellen, dass er neben dem Arbeitslohn auch die entsprechende LSt bezahlen kann; anderenfalls muss er die Nettolöhne entsprechend kürzen (vgl BGHSt 2, 338). Ist die Abführung wegen fehlender Mittel gänzlich unmöglich, kommt die Zurechnung der Vorwerfbarkeit eines Vorverhaltens in Betracht, das die Unmöglichkeit verursacht hat (*omissio libera in causa,* vgl BGHSt 47, 318; *Fischer* § 266a StGB Rz 15b).

14 **4. Versuch.** Eine versuchte OWi nach § 380 kann nicht geahndet werden (§ 13 II OWiG; § 377 II).

17 **5. Konkurrenzen.** Die Gefährdung der Abzugsteuern gem § 380 ist **subsidiär** ggü Verkürzungsdelikten nach §§ 370, 378. § 380 tritt auch dann zurück, wenn die Tat als leichtfertige StVerkürzung gem § 378 geahndet werden kann (§ 380 II). Bei Nichtabführung von Sozialversicherungsbeiträgen besteht Realkonkurrenz zwischen § 380 und § 266a StGB (vgl BGHSt 38, 285). Nach einer wirksam gem § 371 oder § 378 III erstatteten Selbstanzeige wird die Verfolgung einer an sich subsidiären OWi nach § 380 wieder möglich (vgl OLG Frankfurt NJW 68, 263; BayObLG NJW 81, 105; *JJR/Jäger/Ebner* § 380 Rz 51).

20 **6. Sanktion.** Der Tatbestand droht als Sanktion eine **Geldbuße** an. Die Ordnungswidrigkeit kann mit einer Geldbuße von mindestens 5 € bis zu höchstens 25 000 € bei vorsätzlichem und bis zu 12.500 € bei leichtfertigem Verhalten geahndet werden (§§ 380 II; 377 II AO, § 17 II OWiG). Bei der Zumessung der Geldbuße sind der sachliche Umfang der Tat, das vorwerfbare Verhalten des Täters sowie – in beschränktem Maße – auch seine wirtschaftlichen Verhältnisse zu berücksichtigen (§ 17 III OWiG). Die Geldbuße soll den wirtschaftlichen Vorteil, den der Täter aus der Ordnungswidrigkeit gezogen hat, übersteigen. Reicht das gesetzliche Höchstmaß hierzu nicht aus, so kann es überschritten werden (§ 17 IV OWiG). Zur Bestimmung des wirtschaftlichen Vorteils vgl *JJR/Jäger/Ebner* § 380 Rz 26. Nach Nr 104 III AStBV kann unter den dort genannten Voraussetzungen im Regelfall bei einem gefährdeten Abzugsbetrag von unter 5 000 €, wenn der Gefährdungszeitraum drei Monate nicht übersteigt, von unter 10 000 €, von einer Verfolgung abgesehen werden (vgl § 47 I OWiG).

22 **7. Keine Selbstanzeige.** Sanktionsfreiheit durch **Selbstanzeige** kann der Täter einer OWi nach § 380 nicht erlangen. Sie ist auch schon begrifflich nicht möglich, weil sich die Gefährdungshandlung nicht auf die Erklärungspflicht, sondern nur auf die Zahlungspflicht bezieht.

25 **8. Verjährung.** Die Verfolgung einer StOWi gem § 380 verjährt in fünf Jahren (§ 384).

§ 381 Verbrauchsteuergefährdung

(1) **Ordnungswidrig handelt, wer vorsätzlich oder leichtfertig Vorschriften der Verbrauchsteuergesetze oder der dazu erlassenen Rechtsverordnungen**

1. **über die zur Vorbereitung, Sicherung oder Nachprüfung der Besteuerung auferlegten Pflichten,**

2. über Verpackung und Kennzeichnung verbrauchsteuerpflichtiger Erzeugnisse oder Waren, die solche Erzeugnisse enthalten, oder über Verkehrs- oder Verwendungsbeschränkungen für solche Erzeugnisse oder Waren oder

3. über den Verbrauch unversteuerter Waren in den Freihäfen

zuwiderhandelt, soweit die Verbrauchsteuergesetze oder die dazu erlassenen Rechtsverordnungen für einen bestimmten Tatbestand auf diese Bußgeldvorschrift verweisen.

(2) **Die Ordnungswidrigkeit kann mit einer Geldbuße bis zu fünftausend Euro geahndet werden, wenn die Handlung nicht nach § 378 geahndet werden kann.**

Schrifttum: *vor 2010 s 13. Aufl*; *Esser* Das Alkoholsteuergesetz mit der verbrauchsteuerrechtlichen Anschlussregelung zum Ende des deutschen Branntweinmonopols, ZfZ 13, 225; *Klötzer-Assion* Zollkodex – Modernisierter Zollkodex – Unionszollkodex – Fortschritt oder Rolle rückwärts im Europäischen Zollrecht?, wistra 14, 92.

Übersicht

1. Inhalt. Die Vorschrift bietet im Interesse der Sicherung des Verbrauchsteueraufkommens die Möglichkeit, Pflichtverletzungen zu ahnden, die noch keine StVerkürzung zur Folge hatten oder bei denen ein auf StVerkürzung gerichteter Schuldvorwurf nicht besteht oder nicht bewiesen werden kann. 1

2. Verbrauchsteuerregelungen mit Rückverweisungsklausel. Die Vorschrift greift nur ein, soweit die **Verbrauchsteuergesetze** oder die dazu erlassenen Verordnungen auf sie verweisen. Der Anwendungsbereich des § 381 ist auf Verbrauchsteuern beschränkt, die nicht als Einfuhr- oder Ausfuhrabgabe erhoben werden; in solchen Fällen ist § 382 einschlägig, so zB für die EUSt (§ 21 I UStG). 3

Verweisungen auf § 381 enthalten zB folgende gesetzliche Vorschriften: § 36 AlkStG, § 30 BierStG, § 24 KaffeeStG, § 10 KernbrStG, § 35 SchaumwZwStG, § 36 TabStG. Daneben enthalten Verweisungen: § 52 BierStV, §§ 17 II, 139 IV, 161 V, 162 III, 163 II, 166 II, 168 III, 169 V, 171 IV, 174 IV, 229 VI BrennO, § 67 BrStV, § 111 EnergieStV, § 44 KaffeeStV, § 53 SchaumwZwStV, § 19 StromStV, § 60 TabStV. 4

3. Pflichten gem Abs 1 Nr 1. Hierunter fallen alle **Pflichten zur Vorbereitung, Sicherung oder Nachprüfung der Besteuerung,** dh auch die Buchführungspflichten, Anschreibepflichten, Pflichten über die Aufbewahrung, Sicherung von Waren uÄ. 6

4. Pflichten gem Abs 1 Nr 2. Erfasst werden Pflichten über die **Verpackung** und **Kennzeichnung** der verbrauchsteuerpflichtigen Erzeugnisse und Waren sowie **Verwendungs- und Verkehrsbeschränkungen.** Einen Verweis auf diese Vorschrift enthalten nur wenige Vorschriften, nämlich § 52 II BierStV, § 67 II BrStV, § 111 II EnergieStG, § 53 II SchaumwZwStV, § 36 II TabStG, § 60 II 8

TabStV. Verkehrsbeschränkungen beziehen sich auf das „In-Verkehr-Bringen“ der Ware, zB in § 16 I TabStG.

10 **5. Pflichten gem Abs 1 Nr 3. a) Regelung ohne aktuellen Anwendungsbereich.** Der Tatbestand des § 381 I Nr 3 hat derzeit **keinen Anwendungsbereich.** Erfasst werden an sich Pflichten aus Vorschriften über den **Verbrauch unversteuerter Waren in Freihäfen** (= Freizonen iSd Art 243 UZK, § 20 ZollVG). Solche Vorschriften existieren jedoch nicht mehr. Weder ist der Verbrauch unversteuerter Waren in Freihäfen verboten, noch gibt es Vorschriften, die gerade am Verbrauch in Freihäfen anknüpfen. Die Vorschrift des § 381 I Nr 3 hat aufgrund der Neuregelung des Zollrechts und vor allem des Verbrauchsteuerrechts vollständig an Bedeutung verloren.

11 Der Tatbestand des § 381 I Nr 3 basiert auf den früheren Fassungen der Verbrauchsteuergesetze, nach denen die Freihäfen nicht zum Erhebungsgebiet der Verbrauchsteuern gehörten. Das hat sich mit Vollendung des Binnenmarktes geändert. § 1 BierStG, § 2 BranntwMonG, § 1 EnergieStG, § 2 KaffeeStG, § 1 SchaumwZwStG und § 1 TabStG nehmen die Freihäfen nicht mehr aus. Sie gehören nun zum Steuergebiet. Damit besteht in Freihäfen auch kein Verbrauchs- und Verwendungsverbot (vgl Art 175 ZK aF) mehr.

12 Selbst wenn es noch Vorschriften über den Verbrauch in Freihäfen gäbe, würde dieser Verbrauch weitgehend von der konkurrierenden Regelung des § 382 erfasst. Denn immer dann, wenn auf einer Ware **Einfuhr- und Ausfuhrabgaben** iSd § 1 I ZollVG ruhen, geht **§ 382 als Spezialregelung** vor. Das ist grds bei eingeführten Nichtunionswaren der Fall, für die noch kein Zoll oder andere Einfuhrabgaben erhoben worden sind. § 381 setzt demgegenüber voraus, dass die Ware entweder nach der Einfuhr in den zollrechtl freien Verkehr übergeführt und demgemäß zumeist verzollt und mithin Unionsware geworden ist oder überhaupt nicht importiert worden ist.

15 **b) „Verbrauch“ im Freihafen.** Im Unterschied zur Regelung des § 381 I Nr 3 knüpfen die heutigen Verbrauchsteuergesetze nicht mehr an den Verbrauch, sondern an die **Überführung in den freien Verkehr** an. Diese Überführung kann auch im Freihafen geschehen, unterliegt dort aber keinen besonderen Vorschriften.

16 Aus Drittländern in die Freihäfen (dh in Freizonen) verbrachte Waren können gem Art 245, 247 UZK in den zollrechtl freien Verkehr übergeführt werden. Dabei werden sie regelmäßig auch in den steuerrechtl freien Verkehr überführt. Sie können jedoch auch unter StAussetzung in ein besonders eingerichtetes **Steuerlager** innerhalb des Freihafens verbracht werden. Damit unterliegen die Waren nicht mehr dem Zollrecht, sondern allein verbrauchsteuerrechtlichen Vorschriften. Dasselbe gilt für verbrauchsteuerpflichtige Unionswaren, die aus anderen Teilen des StGebiets in ein derartiges StLager gelangen.

17 Die StSchuld entsteht grds durch **Entfernen aus dem Steuerlager,** ohne dass sich ein weiteres StAussetzungsverfahren oder ein Zollverfahren anschließt (zB § 14 II Nr 1 BierStG; § 15 II Nr 1 TabStG). Hierbei handelt es sich aber nicht um einen Verbrauch iSv § 381 I Nr 3.

20 **6. Erfordernis der Rückverweisung.** Für die **Ahndung** ist erforderlich, dass in den Verbrauchsteuergesetzen oder den entsprechenden Verordnungen für einen bestimmten Tatbestand auf § 381 verwiesen wird. *Voß* (BB 96, 1695) vermisst bei den Verordnungen die nach Art 80 I GG erforderliche Ermächtigungsgrundlage und sieht das Zitiergebot (Art 80 I 3 GG) verletzt. Unter Hinweis auf den in Art 103 II GG, § 3 OWiG normierten Bestimmtheitsgrundsatz hält er insoweit die Verweisungen für nichtig (BB 96, 1696 f). Die Ermächtigungsgrundlage des § 381 I ist indes zwar nicht in den Präambeln, wohl aber in der Einleitung der OWi-Tatbestände zitiert. Weitergehende Anforderungen würden iErg darauf hinauslau-

fen, dass an die Rückverweisungstechnik des § 381 I strengere Anforderungen gestellt würden als an Blankettvorschriften, die an den Erlass einer Verwaltungsanordnung anknüpfen (vgl BVerfGE 75, 329 zu § 327 II Nr 1 StGB). Es ist daher verfassungsrechtl nicht zu beanstanden, dass die nähere Spezifizierung der in § 381 I umschriebenen Pflichtverstöße den Verbrauchsteuergesetzen und den verbrauchsteuerlichen Rechtsverordnungen überlassen bleibt (so auch *Schwarz/Pahlke/Webel* § 381 AO Rz 7 und *JJR/Jäger/Ebner* § 381 Rz 10), zumal es sich hier nur um OWi und nicht um Straftaten handelt und wechselnde und mannigfaltige Einzelregelungen erforderlich sind (s BVerfG aaO). Für vor dem 1.10.1968 erlassene Vorschriften vgl Art 97 § 20 EGAO.

7. Täter. Als **Täter** kommen der **Betriebsinhaber** und der **Betriebsleiter** (Beauftragter, vgl § 214) in Betracht, in den Fällen des mittlerweile bedeutungslosen Abs 1 Nr 3 auch jeder andere. Vgl auch die Bestimmung des § 9 OWiG über die Rechtsfolgen des Handelns für einen anderen sowie die Regelungen über gesetzliche Vertreter und Verfügungsberechtigte in den §§ 34f. 23

8. Sanktion. Die **Geldbuße** beträgt höchstens 5 000 €, bei leichtfertigem Handeln 2 500 €, vgl § 17 II OWiG. Eine **Selbstanzeige** hat keine sanktionsbefreiende Wirkung, da § 381 keine Verweisung auf § 371 oder § 378 enthält. 25

9. Konkurrenzen. § 381 hat Anwendungsvorrang vor § 379; die Vorschrift tritt jedoch ggü § 382, § 370 und – wie ausdrücklich in Abs 2 bestimmt – auch ggü § 378 zurück. 27

10. Verjährung. Die **Verjährungsfrist** beträgt nach § 31 II Nr 2 OWiG zwei Jahre; die Sondervorschrift des § 384 ist nicht einschlägig. 28

§ 382 Gefährdung der Einfuhr- und Ausfuhrabgaben

(1) **Ordnungswidrig handelt, wer als Pflichtiger oder bei der Wahrnehmung der Angelegenheiten eines Pflichtigen vorsätzlich oder fahrlässig Zollvorschriften, den dazu erlassenen Rechtsverordnungen oder den Verordnungen des Rates der Europäischen Union oder der Europäischen Kommission zuwiderhandelt, die**

1. **für die zollamtliche Erfassung des Warenverkehrs über die Grenze des Zollgebiets der Europäischen Union sowie über die Freizonengrenzen,**
2. **für die Überführung von Waren in ein Zollverfahren und dessen Durchführung oder für die Erlangung einer sonstigen zollrechtlichen Bestimmung von Waren,**
3. **für die Freizonen, den grenznahen Raum sowie die darüber hinaus der Grenzaufsicht unterworfenen Gebiete**

gelten, soweit die Zollvorschriften, die dazu oder die auf Grund von Absatz 4 erlassenen Rechtsverordnungen für einen bestimmten Tatbestand auf diese Bußgeldvorschrift verweisen.

(2) **Absatz 1 ist auch anzuwenden, soweit die Zollvorschriften und die dazu erlassenen Rechtsverordnungen für Verbrauchsteuern sinngemäß gelten.**

(3) **Die Ordnungswidrigkeit kann mit einer Geldbuße bis zu fünftausend Euro geahndet werden, wenn die Handlung nicht nach § 378 geahndet werden kann.**

(4) **Das Bundesministerium der Finanzen kann durch Rechtsverordnungen die Tatbestände der Verordnungen des Rates der Europäischen Union oder der Europäischen Kommission, die nach den Absätzen 1 bis 3 als Ordnungswidrigkeiten mit Geldbuße geahndet werden können, bezeichnen, soweit dies zur Durchführung dieser Rechtsvorschriften erforderlich ist und die Tatbestände Pflichten zur Gestellung, Vorführung, Lagerung oder Behandlung von**

Waren, zur Abgabe von Erklärungen oder Anzeigen, zur Aufnahme von Niederschriften sowie zur Ausfüllung oder Vorlage von Zolldokumenten oder zur Aufnahme von Vermerken in solchen Dokumenten betreffen.

Abs 1 einleitender Satzteil, Nr 1 und Abs 4 geändert durch G v 26.6.13 (BGBl I, 1809); Abs 1 Nr 1 geändert durch G v 25.7.14 (BGBl I, 1266).

Schrifttum: *vor 2010 s 13. Aufl*; *Neumann* Das Truppenzollrechtsänderungsgesetz, ZfZ 10, 113; *Peterka/Kamisch* Seezollhafen statt Freihafen – Aufhebung des Freihafens Hamburg und Umwandlung zu Seezollhafen, AW-Prax 12, 163; *Weerth* Das Zollstrafrecht und das Zollordnungswidrigkeitenrecht der EU, ZfZ 12, 173; *Weymüller* Bedeutung des europäischen Zollrechts für die Umsatzsteuer, ZfZ 14, 13.

Übersicht

1 **1. Inhalt.** § 382 dient dem Ziel der vollständigen Erfassung der Einfuhr- und Ausfuhrabgaben. Demgemäß werden Handlungen, welche die Verkürzung von Einfuhr- oder Ausfuhrabgaben vorbereiten können, mit Bußgeld bewehrt. Die Vorschrift erfasst nicht nur Zuwiderhandlungen gegen Zollvorschriften und dazu ergangene Rechtsverordnungen, sondern auch gegen Verordnungen des Rates oder der Kommission der EU. Der Blanketttatbestand wird konkretisiert durch *Rückverweisungsklauseln* in den entsprechenden nationalen Vorschriften.

2 Durch Art 26 Nr 8 JStG 1996 (v 11.10.1995, BGBl I, 1250, 1406) wurde Abs 1 Nr 3 um Zuwiderhandlungen in Freizonen ergänzt; zudem wurde der Anwendungsbereich des Abs 4 auf Tatbestände erweitert, die Pflichten zur Lagerung oder Behandlung von Waren betreffen (vgl Art 46 I, 47, 51 I, 52 ZK aF). Durch Art 8 Nr 28 wurde der Begriff der Zollgesetze ersetzt durch den Begriff „Zollvorschriften", womit im Anschluss an die Aufhebung des nationalen Zollgesetzes umfassend die Gesetzgebung auf dem Gebiet des Zollrechts bezeichnet ist (vgl Bericht BT-Finanzausschuss, BT-Drs 14/734). Durch das AmtshilfeRLUmsG (v 26.6.2013, BGBl I, 1809) wurde der Begriff der Europäischen Gemeinschaften durch den der Europäischen Union ersetzt.

5 **2. Zuwiderhandlungen gem Abs 1.** Abs 1 enthält eine **Bußgeldandrohung** für **Zuwiderhandlungen** gegen Zollvorschriften der Zollgesetze einschl der dazu ergangenen Verordnungen. Das neue Zollrecht enthält abschließende Verweisungskataloge in § 31 ZollVG und § 30 ZollV. In **§ 31 ZollVG** werden bestimmte Zuwiderhandlungen gegen die im ZollVG sowie in den EU-Verordnungen normierten Gebote und Verbote genannt, die Zoll-OWi darstellen. Daneben werden in **§ 30 ZollV** weitere OWi aufgezählt. Erfasst sind von Abs 1 Zuwiderhandlungen gegen Zollvorschriften für die zollamtliche Erfassung des Warenverkehrs über die Grenze des Zollgebiets der EU sowie über die Freizonengrenzen, für die Überführung von Waren in ein Zollverfahren und dessen Durchführung oder für die Erlangung einer sonstigen zollrechtlichen Bestimmung von Waren (s zu den Einzelheiten der Überführung in ein Zollverfahren Art 158 ff UZK) sowie Zuwiderhandlungen gegen Zollvorschriften für die Freizonen, den grenznahen Raum und die darüber hinaus der Grenzaufsicht unterworfenen Gebiete. Mit dem Gesetz zur Änderung des ZollverwaltungsG und anderer Gesetze v 20.12.1996 (BGBl I, 2030)

wurde die bisherige Begrenzung der §§ 31, 32 ZollVG auf „Zoll"straftaten bzw -OWi aufgegeben zugunsten einer Gleichstellung der Zölle mit den Verbrauchsteuern einschl der EUSt unter der Bezeichnung StStraftaten und StOWi (zur Begründung s BT-Drs 13/5737, 9 f).

Nach **§ 32 ZollVG** ist es möglich, leichte StStraftaten und StOWi, auch sofern sie nur versucht wurden, statt durch Strafe oder Bußgeld durch Erhebung eines **Zuschlags** zu „ahnden" (s *JJR/Jäger* Erläuterungen zu § 32 ZollVG). Die Beschränkung auf Taten im grenzüberschreitenden Reiseverkehr hat der Gesetzgeber mWv 16.3.2017 aufgehoben (BGBl I, 425). Anwendungsobergrenze ist ein von der Tat betroffener oder durch sie erstrebter Verkürzungsbetrag von 250 €. Es kann ein Zuschlag bis zur Höhe der festzusetzenden Steuern, höchstens jedoch bis zu 250 € erhoben werden; dies gilt auch dann, wenn nach § 398a oder § 153 StPO von der Verfolgung abgesehen wird (§ 32 III ZollVG). 6

Der Tatbestand der **Zuwiderhandlung** muss sich unmittelbar aus dem Gesetz (§ 31 ZollVG) oder einer Verordnung (§ 30 ZollV) ergeben; es reicht nicht aus, dass sich das Ge- oder Verbot aus einer entsprechenden Verfügung der FinBeh aufgrund eines Gesetzes ergibt. Eine OWi stellen auch Zuwiderhandlungen gegen die in Abs 1 bezeichneten unionsrechtlichen Pflichten dar. Dies gilt namentlich für die Nichtgestellung von eingeführten Nichtunionswaren. Die Anwendbarkeit des § 382 muss jedoch durch eine nationale Rechtsverordnung nach Abs 4 besonders bestimmt werden. Nach § 382 I kann die Gefährdung von Einfuhr- und Ausfuhrabgaben (vgl Art 5 Nr 20 und 21 UZK, § 1 I 2 und 3 ZollVG) nur dann als OWi geahndet werden, wenn in Rechtsvorschriften für einen bestimmten Tatbestand auf diese Vorschrift verwiesen wird. In § 31 ZollVG ist iEinz bestimmt, welche Verstöße gegen Zollbestimmungen ordnungswidrig iSd § 382 sind. Dies schließt jedoch nicht aus, die Verletzung der EU-VO als StStraftat zu verfolgen, wenn Einfuhr- und Ausfuhrabgaben nicht nur gefährdet, sondern verkürzt worden sind. § 382 tritt ggü § 370 zurück, weil die Bußgeldvorschrift nur subsidiär gilt (§ 377 II, § 21 I OWiG) bzw nach allgemeinen Regeln der Gefährdungstatbestand vom Verkürzungstatbestand verdrängt wird (*Fischer* Vor § 52 StGB Rz 41). 7

Mit der Formulierung **„bei der Wahrnehmung der Angelegenheiten eines Pflichtigen"** wird erreicht, dass im Versandverkehr nicht nur der Inhaber des Versandverfahrens, sondern stets auch der Beförderer (vgl zB Art 233 ff UZK) als Täter in Betracht kommt. Der Begriff der Wahrnehmung der Angelegenheiten eines Pflichtigen ist weit auszulegen (vgl RGSt 57, 218). Es ist auf die tatsächlichen Verhältnisse abzustellen, nicht auf eine im Innenverhältnis evtl bestehende Verpflichtung. 8

Zum Begriff der Freizone iSv **Nr 1** vgl Art 243 UZK, § 20 ZollVG. **Freizonen** sind Teile des Zollgebiets der Europäischen Union, die zu Freizonen erklärt worden sind. Sie sind vom übrigen Zollgebiet durch Einzäunung getrennt (Art 243 III UZK). In Deutschland bestehen Freizonen in Form der **Freihäfen** in Bremerhaven, Cuxhaven und Duisburg. Die rechtlichen Vorteile entsprechen denen von Freilagern (*Witte/Witte* Art 4 ZK Rz 2). 9

Die Überführung von Waren in ein **Zollverfahren** nach **Nr 2** ist in Art 5 Nr 16 und Art 158 ff UZK geregelt. Zollverfahren sind die Überlassung zum zollrechtl freien Verkehr, besondere Verfahren und die Ausfuhr (Art 5 Nr 16 UZK). Insbesondere die Inanspruchnahme der besonderen Verfahren (Versand, Lagerung, Verwendung und Veredelung, Art 210 ff UZK) bedarf oftmals der Bewilligung (Art 211 UZK). Der im Zollkodex aF verwendete Begriff der *zollrechtlichen Bestimmung* ist im Unionszollkodex nicht mehr enthalten. 10

§ 31 I a ZollVG sichert die Durchsetzung der Regelung in § 18 ZollVG über die **Benutzung der Amtsplätze.** 11

Zum **grenznahen Raum** iSv **Nr 3** s § 14 I, IV ZollVG und dazu die VO über die Ausdehnung des grenznahen Raumes und die der Grenzaufsicht unterworfenen Gebiete v 14.8.2014 (BGBl I, 1442). 12

16 **3. Zollvorschriften mit Rückverweisungsklausel.** Die Vorschrift ist nur bei entsprechender **Rückverweisung** anwendbar. Im Schrifttum wird teilweise bemängelt, für den Erlass von Verordnungen mit Rückverweisung fehle eine Ermächtigungsnorm; darüber hinaus sei die ZollV insgesamt wegen Verstoßes gegen das Zitiergebot des Art 80 I 3 GG nichtig (*Voß* BB 96, 1697, 1998). Dies trifft indessen nicht zu. § 382 I, II, IV enthält eine **ausreichende Ermächtigung** für die Rückverweisung in Zollvorschriften (vgl *HHSp/Rüping* § 382 AO Rz 12; *JJR/Jäger/Ebner* § 382 Rz 17 f) und wird auch in der Einleitung der ZollV zitiert. § 382 enthält sowohl Tatbestand als auch Rechtsfolge; lediglich zur näheren Spezifizierung der bereits in § 382 I umschriebenen Verhaltensweisen wird ergänzend auf die Zollvorschriften verwiesen.

18 **4. Verbrauchsteuern als Einfuhr- und Ausfuhrabgaben. Abs 2** regelt das Verhältnis von § 382 I zu § 381: Soweit die Zollvorschriften und die dazu erlassenen Rechtsverordnungen für Verbrauchsteuern sinngemäß gelten, kann die Gefährdung der Verbrauchsteuern, die dann insoweit als Einfuhr- bzw Ausfuhrabgaben zu behandeln sind, nur nach der Sondervorschrift des § 382 I geahndet werden (vgl BT-Drs 5/1812, 28). Am weitesten umgesetzt ist diese Angleichung für die Einfuhrumsatzsteuer (EUSt); denn für diese gelten die Vorschriften des Zollrechts mit Ausnahmen für den aktiven und passiven Veredelungsverkehr sinngemäß (§ 21 II UStG). In allen übrigen Verbrauchsteuergesetzen des Bundes werden nur bestimmte Zollvorschriften für anwendbar erklärt; es handelt sich jeweils um die Vorschriften für die Fälligkeit, den Zahlungsaufschub, das Erlöschen, ausgenommen das Erlöschen durch Einziehung, sowie die Nacherhebung, den Erlass, die Erstattung in anderen Fällen als nach Art 220 II Buchst b und Art 239 ZK und das StVerfahren. Im Einzelnen handelt es sich um folgende Vorschriften: § 22 III AlkStG, § 18 III BierStG, § 19b III EnergieStG, § 15 III KaffeeStG, § 18 III SchaumwZwStG, § 21 III TabStG (mit einer weiteren Einschränkung für die Entrichtung der Tabaksteuer mit StZeichen). IÜ enthalten die Verbrauchsteuergesetze abweichende Sondervorschriften mit der Folge, dass insoweit das Zollrecht nicht gilt, auch nicht § 382 I.

20 **5. Verordnungsermächtigung. Abs 4** ermächtigt das BMF, durch Verordnung die Tatbestände der in Abs 1 genannten Verordnungen des Rates der EU oder der Europäischen Kommission zu bezeichnen, die nach § 382 mit Bußgeld geahndet werden können. Eine solche Ermächtigung war notwendig, weil Abs 1 auf die Verordnungen des Rates oder der Kommission verweist und diese keine eigenen Bußgeldbestimmungen enthalten. Abs 4 nennt iEinz die Tatbestände, die für eine Bußgeldbewehrung in Betracht kommen. Es handelt sich um Pflichten zur Gestellung (Art 5 Nr 33 UZK) oder Vorführung (Art 304 UZK-DVO), Lagerung (Art 250 ff UZK) oder Behandlung von Waren, zur Abgabe von Erklärungen oder Anzeigen (dazu gehören Anmeldungen, zB gem Art 158 UZK, und Mitteilungen, zB gem Art 244 II 2 UZK), zur Aufnahme von Niederschriften sowie zur Ausfüllung oder Vorlage von Zolldokumenten oder zur Aufnahme von Vermerken in solchen Dokumenten.

22 **6. Subjektiver Tatbestand.** Im Gegensatz zu § 381 genügt nach § 382 bereits **einfache Fahrlässigkeit** zur Erfüllung des Tatbestandes. Diese Regelung erscheint im Hinblick darauf, dass eine OWi nach § 378, die eine StVerkürzung voraussetzt, Leichtfertigkeit erfordert, nicht ausgewogen (vgl hierzu *HHSp/Rüping* § 382 AO Rz 36; *JJR/Jäger/Ebner* § 382 Rz 32).

24 **7. Sanktion.** Die **Geldbuße** beträgt höchstens 5 000 €, bei leichtfertigem Handeln 2 500 €, vgl § 17 II OWiG. Eine **Selbstanzeige** hat keine sanktionsbefreiende Wirkung, da § 382 keine Verweisung auf § 371 oder § 378 enthält. Zur Nichtverfolgung leichterer Verstöße gemäß § 32 ZollVG s oben Rz 6.

8. Konkurrenzen. § 382 geht dem § 381 vor, tritt aber zurück, wenn eine StHinterziehung gem § 370 (§ 21 OWiG, § 377 II) oder eine leichtfertige StVerkürzung nach § 378 vorliegt (382 III). 26

9. Verjährung. Die Verjährungsfrist beträgt nach § 31 II Nr 2 OWiG zwei Jahre; die Sondervorschrift des § 384 ist nicht einschlägig. 28

§ 383 Unzulässiger Erwerb von Steuererstattungs- und Vergütungsansprüchen

(1) **Ordnungswidrig handelt, wer entgegen § 46 Abs. 4 Satz 1 Erstattungs- oder Vergütungsansprüche erwirbt.**

(2) **Die Ordnungswidrigkeit kann mit einer Geldbuße bis zu fünfzigtausend Euro geahndet werden.**

1. Inhalt. Die Regelung soll bestimmten Erscheinungsformen der Wirtschaftskriminalität, insbes Missbräuchen bei der LSt-Hilfe entgegentreten. Dem Gesetzgeber ging es vor allem darum, die Koppelung von anderen Geschäften, zB Kreditgeschäften, mit der steuerlichen Beratung von Arbeitnehmern zu unterbinden (vgl BT-Drs 7/2852, 47 f). 1

2. Tatobjekt. Gegenstand des OWi-Tatbestandes sind Erstattungs- und Vergütungsansprüche iSv § 37. Der Erwerb einer Forderung geschieht durch Abtretung. Der Erstattungs- oder Vergütungsanspruch geht jedoch nicht schon mit der Abtretung an den Abtretungsempfänger über, sondern erst, wenn der bisherige Gläubiger der zuständigen FinBeh die Abtretung anzeigt, vgl § 46 II. Das Gleiche gilt für die Verpfändung nach § 46 VI (§§ 1279–1290 BGB). Zur Form der Anzeige vgl § 46 III. 2

3. Tathandlung. Der OWi-Tatbestand sanktioniert Verstöße gegen die Verbotsnorm des § 46 IV 1, die den geschäftsmäßigen Erwerb von Erstattungs- und Vergütungsansprüchen verbietet. Es genügt zur Geschäftsmäßigkeit, dass der Täter selbständig und in Wiederholungsabsicht handelt (vgl BFH BStBl 99, 430; RGSt 77, 16; BT-Drs 7/2852, 47; § 46 Rz 25). Vereinzelte Abtretungen genügen nicht. Unzulässig ist der Erwerb zum Zwecke der Einziehung oder sonstigen Verwertung auf eigene Rechnung, dh zB Forderungskauf, Erwerb zum Zwecke der Einziehung oder Weiterveräußerung. Einziehung für Rechnung des Abtretenden fällt nicht darunter. Eine Sicherungsabtretung fällt ebenfalls nicht unter § 383 (vgl § 46 IV 2). 3

4. Geschäftsmäßigkeit. Das verbotene geschäftsmäßige Handeln ist ein **besonderes persönliches Merkmal** iSd § 9 OWiG (BayObLG NJW 94, 2303). Handlungen der Vertreter von juristischen Personen oder Personenhandelsgesellschaften werden den handelnden Personen zugerechnet, obwohl sie, weil nicht selbständig tätig werdend, insoweit nicht geschäftsmäßig handeln können (vgl § 9 I OWiG). 4

5. Subjektiver Tatbestand. Nur **vorsätzliches** Handeln wird von § 383 erfasst, § 10 OWiG. Der **Versuch** wird nicht geahndet (vgl § 13 II OWiG). Die Bußgeldandrohung betrifft iÜ auch nur den Abtretungsempfänger, nicht den Abtretenden. Dieser ist idR „notwendiger" Beteiligter und damit nicht Beteiligter iSv § 14 OWiG (vgl *Göhler/Gürtler* § 14 OWiG Rz 8). 5

6. Sanktion. Die Ordnungswidrigkeit kann mit einer **Geldbuße** von fünf bis 50 000 € geahndet werden (§ 383 II, § 377 II, § 17 OWiG). 6

7. Keine Selbstanzeige. Die Vorschriften über die strafbefreiende Wirkung einer **Selbstanzeige** sind **nicht** anwendbar. Anders als § 378 III enthält § 383 keine Verweisung auf § 371. 7

8 **8. Verjährung.** Die **Verjährungsfrist** beträgt drei Jahre ab Eingang der Abtretungsanzeige bei der zuständigen FinBeh (§ 377 II, § 46 III, § 31 II Nr 1 OWiG).

9 **9. Verweisungen.** Für die Altersvorsorgezulage (§ 96 VII 1 EStG) und die Prämien nach § 8 II WoPG und § 14 III 5. VermBG gilt § 383 kraft ausdrücklicher Verweisung entsprechend.

[bis 24.5.2018:]

§ 383a Zweckwidrige Verwendung des Identifikationsmerkmals nach § 139a

(1) **Ordnungswidrig handelt, wer als nicht öffentliche Stelle vorsätzlich oder leichtfertig entgegen § 139b Abs. 2 Satz 2 Nr. 1 und § 139c Abs. 2 Satz 2 die Identifikationsnummer nach § 139b oder die Wirtschaftsidentifikationsnummer nach § 139c Abs. 3 für andere als die zugelassenen Zwecke erhebt oder verwendet, oder entgegen § 139b Abs. 2 Satz 2 Nr. 2 seine Dateien nach der Identifikationsnummer für andere als die zugelassenen Zwecke ordnet oder für den Zugriff erschließt.**

(2) **Die Ordnungswidrigkeit kann mit einer Geldbuße bis zu zehntausend Euro geahndet werden.**

Vorschr eingefügt durch G v 9.12.04 (BGBl I, 3310); wieder aufgehoben durch G v 17.7.17 (BGBl I, 2541, 2255) mWv 25.5.2018.

1 **1. Zweck und Anwendungsbereich.** § 383a wurde eingeführt durch Art 8 Nr 14 Richtlinien-UmsetzungsG v 9.12.2004 (BGBl I, 3310). Die Identifikationsnummer des § 139b und die Wirtschafts-Identifikationsnummer nach § 139c unterliegen einer strikten Zweckbindung (BT-Drs 15/5974). Zuwiderhandlungen gegen diese Zweckbindung sollen nach dem Willen des Gesetzgebers (vgl RegEntw BR-Drs 605/04, 78) als StOWi mit Geldbuße geahndet werden. Der Anwendungsbereich ist auf nichtöffentliche Stellen beschränkt. Aufgrund der Möglichkeit öffentlicher Stellen, Zuwiderhandlungen mittels dienstrechtlicher Instrumentarien zu regeln (Disziplinarrecht) und der Strafbarkeit der Verletzung des StGeheimnisses (§ 355 StGB) sowie der Verletzung von Dienstgeheimnissen (§ 353b StGB), ist eine Bußgeldbewehrung für öffentliche Stellen nicht notwendig.

1a **1a. Zeitliche Geltung.** Im Rahmen des Gesetzes zur Änderung des Bundesversorgungsgesetzes und anderer Vorschriften (BGBl I, 2541) v 17.7.2017 hat der Gesetzgeber die Vorschrift des § 383a mwV 25.5.2018 aufgehoben. § 383a gilt mithin nur noch für Verstöße bis zum 24.5.2018. Grund dafür ist, dass Art 83 der VO (EU) 2016/679 die Verhängung von Bußgeldern bei Verstößen gegen diese VO abschließend regelt, sodass für § 383a kein Raum mehr ist (BT-Drs 18/12611, 95). S dazu auch § 384a idF ab 25.5.2018. Für OWi gem § 383a, die erst nach dem 24.5.2018 geahndet werden, wird § 4 III OWiG zu beachten sein.

2 **2. Objektiver Tatbestand. Zuwiderhandlung** ist die vorsätzliche oder leichtfertige *Erhebung oder Verwendung* der Identifikationsnummer oder der Wirtschafts-Identifikationsnummer entgegen den in § 139b II 2 Nr 1 oder § 139c II 2 genannten Zwecken, oder die vorsätzliche oder leichtfertige *Ordnung oder Zugriffserschließung* von Dateien nach der Identifikationsnummer entgegen den in § 139b II 2 Nr 2 genannten Zwecken. Jede Form der Nutzung der Identifikationsnummer entgegen der strikten Zweckbindung stellt ein Verwenden dar; die Ordnung oder Zugriffserschließung von Dateien ist lediglich ein Unterfall des Verwendens (*Schwarz/Pahlke/Webel* § 383a AO Rz 4).

3 **3. Subjektiver Tatbestand.** Die in § 383a bezeichneten Zuwiderhandlungen können nur vorsätzlich oder leichtfertig (dazu § 378 Rz 20) begangen werden; einfache Fahrlässigkeit genügt nicht. Vorsätzliches Handeln erfordert die Kenntnis

sämtlicher Tatbestandsmerkmale, also auch die Kenntnis der gesetzlichen Zweckbindung (*JJR/Lipsky* § 383a Rz 9).

4. Versuch. Der Versuch einer Zuwiderhandlung ist nicht sanktionsbewehrt (vgl § 377 II; § 13 II OWiG). 4

5. Geldbuße. Zuwiderhandlungen gegen § 383 I sind mit Geldbußen von 5 bis 10 000 € bedroht (§ 383 II; § 377 II; § 17 I OWiG). Handelt der Täter leichtfertig, ist das Höchstmaß der Geldbuße 5 000 € (§ 17 II OWiG). 5

6. Selbstanzeige. Die Möglichkeit einer bußgeldbefreienden Selbstanzeige besteht nicht, da § 383a keine Verweisung auf § 371 oder § 378 III enthält. Das in einer Selbstanzeige enthaltene Geständnis ist allerdings bei der Bemessung der Geldbuße oder der Entscheidung über die Einstellung des Verfahrens gem § 47 OWiG zu berücksichtigen (vgl *JJR/Lipsky* § 383a Rz 13). 6

7. Verjährung. Zuwiderhandlungen gem § 383a verjähren zwei Jahre (vgl § 377 II; § 31 II Nr 2 OWiG) nach Beendigung der Tat, dh nach Verwirklichung sämtlicher Tatbestandsmerkmale. 7

8. Verfolgungszuständigkeit. Die AO enthält keine ausdrückliche Regelung, wer für die Verfolgung eine OWi nach § 383a zuständig ist. Zwar haben gem § 409 iVm § 387 I die für die Verwaltung der jeweiligen Steuern zuständigen FinBeh auch die Verfolgungszuständigkeit für Zuwiderhandlungen. Dem Wortlaut nach ist § 387 I aber nicht unmittelbar anwendbar, weil § 383a keine spezifischen Steueransprüche und verwalteten Steuern zum Gegenstand hat (vgl *JJR/Lipsky* § 383a Rz 2). Es wird daher vertreten, dass sich deshalb über § 36 I Buchst b OWiG die Verwaltungszuständigkeit des BMF und damit auch dessen Verfolgungszuständigkeit für OWi ergebe (so *HHSp/Bülte* § 383a AO Rz 42), zumal auch keine Zuständigkeitsübertragung (§ 36 III OWiG) auf das BZSt vorgenommen worden sei (für dessen Zuständigkeit aber im Hinblick auf die Verwaltung des Identifikationsmerkmals durch das BZSt gem § 5 I Nr 22 FVG *Kohlmann/Matthes* § 383a Rz 26). Aus praktischen Gründen spricht allerdings mehr für eine Zuständigkeit der BuStra-Stellen der örtlichen FÄ, weil diese auch für die Verfolgung aller übrigen StOWi zuständig sind und die Verfolgung sachnäher und effektiver betreiben können als das BMF oder das BZSt (zutr *JJR/Lipsky* § 383a Rz 2; glA *GJW/Heine* § 383a AO Rz 18; *RK/Kemper* § 383a AO Rz 23; *Schwarz/Pahlke/Webel* § 383a AO Rz 18). Die Verwaltung der zur Zuständigkeit der FÄ gehörenden Steuern ist jedenfalls insoweit betroffen, als die Identifikationsnummern ihnen ggü verwendet werden. Im Ergebnis hat die Frage der Verfolgungszuständigkeit kaum praktische Auswirkungen, weil auch von einer sachlich unzuständigen Behörde erlassene Bußgeldbescheide idR wirksam sind (vgl § 387 Rz 6; *JJR/Lipsky* § 383a Rz 2). 8

§ 383b Pflichtverletzung bei Übermittlung von Vollmachtsdaten

(1) **Ordnungswidrig handelt, wer den Finanzbehörden vorsätzlich oder leichtfertig**

1. **entgegen § 80a Absatz 1 Satz 3 unzutreffende Vollmachtsdaten übermittelt oder**
2. **entgegen § 80a Absatz 1 Satz 4 den Widerruf oder die Veränderung einer nach § 80a Absatz 1 übermittelten Vollmacht durch den Vollmachtgeber nicht unverzüglich mitteilt.**

(2) **Die Ordnungswidrigkeit kann mit einer Geldbuße bis zu zehntausend Euro geahndet werden.**

Vorschr eingefügt durch G v 18.7.16 (BGBl I, 1679).

Schrifttum: *Baum/Sonnenschein* Modernisierung des Besteuerungsverfahrens – Teil 5: Neuerungen bei Vollmachten zur Vertretung im Besteuerungsverfahren und bei den amtlichen Vollmachtformularen, NWB 16, 2934; *Hunsmann* Pflichtverletzung bei Übermittlung von Vollmachtsdaten nach § 383b AO, PStR 18, 20.

1 **1. Inhalt.** Die FinBeh speichern in einer Vollmachtsdatenbank die ihr übermittelten Daten zur Vertretung in StSachen. Mit § 383b soll sichergestellt werden, dass **nur** dazu **befugte Personen** auf der Grundlage der nach Maßgabe des § 80a an die LandesFinBeh übermittelten Vollmachtsdaten einen **Abruf steuerlicher Daten veranlassen können.** Deshalb enthält diese durch das Gesetz zur Modernisierung des Besteuerungsverfahrens v 17.6.2016 (BGBl I, 1679) mWv 1.1.2017 in die AO eingefügte Vorschrift zwei Tatbestände, nach denen es eine StOWi darstellt, wenn den LandesFinBeh unzutreffende Vollmachtsdaten übermittelt werden, bzw wenn die FinBeh vom Bevollmächtigten nicht unverzüglich über den Widerruf oder die Veränderung einer Vollmacht unterrichtet werden. Sie erfasst tatbestandliche Handlungen, die nach dem 31.12.2016 begangen wurden. Die Regelung knüpft unmittelbar an die Vorschrift des § 80a an.

2 **2. Täter.** Der Tatbestand des **§ 383b I Nr 1** enthält keine Beschränkung auf einen bestimmten Personenkreis. Täter kann daher **jeder** sein, der in einem steuerlichen Verfahren unzutreffende Vollmachtsdaten übermittelt (glA *TK/Drüen* § 383b AO Rz 2; *Schwarz/Pahlke/Webel*, § 383b AO Rz 18 f; aA *Kohlmann/Heuel* § 383b AO Rz 6, nach dessen Auffassung nur der jeweils Bevollmächtigte als Täter in Betracht kommt).

3 Demgegenüber kann Täter einer Unterlassungstat gem **§ 383b I Nr 2** nur derjenige sein, den die Rechtspflicht zur unverzüglichen Mitteilung eines Widerrufs bzw einer übermittelten Vollmacht trifft. Dies ist gem § 80a I 4 allein **der Bevollmächtigte.**

4 **3. Tathandlungen. a) Übermittlung unzutreffender Vollmachtsdaten.** Nach § 383b I Nr 1 handelt ordnungswidrig, wer den LandesFinBeh nach amtlich vorgeschriebenem Datensatz über die amtlich bestimmten Schnittstellen **elektronisch Vollmachtsdaten** iSv § 80a I **übermittelt, die nicht der erteilten Vollmacht entsprechen.** Erfasst wird dabei insbes die Übermittlung von Vollmachtsdaten, obwohl keine Vollmacht erteilt wurde oder nachdem eine solche widerrufen worden ist. Unzutreffende Angaben zum Umfang einer Vollmacht iSv § 80a I 2 werden vom Wortlaut des Bußgeldtatbestands nicht erfasst; eine Analogie kommt im Hinblick auf § 3 OWiG nicht in Betracht.

5 Der Begriff der **LandesFinBeh** ist in § 2 FVG definiert; danach gehören dazu aus der LandesFinVerw die obersten Behörden, Ober- und Mittelbehörden wie auch als örtliche FinBeh die FÄ. Die Übermittlung von Vollmachtsdaten an BundesFinBeh wird von der Vorschrift nicht erfasst; allerdings soll es genügen, dass eine FinBeh des Bundes für die LandesFinBeh gem § 20 III 1 und 3 FVG die Entgegennahme von Vollmachtsdaten als technische Hilfstätigkeit übernimmt (*BG/Wargowske* § 383b Rz 11).

6 **b) Verspätete Mitteilung eines Widerrufs oder einer Veränderung der Vollmacht.** Gem § 383b I Nr 2 begeht der Bevollmächtigte eine OWi, wenn er den LandesFinBeh **nicht unverzüglich** nach amtlich vorgeschriebenem Datensatz **mitteilt,** dass der Vollmachtgeber die Vollmacht ihm ggü widerrufen oder verändert hat. Nicht erfasst wird der Fall, dass der Vollmachtgeber die Vollmacht direkt ggü der LandesFinBeh widerruft. Dasselbe gilt für den Widerruf oder die Änderung von Vollmachten, die nicht auf elektronischem Wege, sondern zB schriftlich übermittelt worden waren (*Schwarz/Pahlke/Webel* § 383b AO Rz 17); eine Analogie kommt im Hinblick auf § 3 OWiG nicht in Betracht.

4. Subjektiver Tatbestand. Die in § 383b bezeichneten Zuwiderhandlungen können nur vorsätzlich oder **leichtfertig** (dazu § 378 Rz 20) begangen werden; einfache Fahrlässigkeit genügt nicht. 7

5. Versuch. Der Versuch einer Zuwiderhandlung nach § 383b I ist nicht sanktionsbewehrt (§ 377 II; § 13 II OWiG). 8

6. Sanktion. Zuwiderhandlungen gem § 383b I sind mit Geldbußen von 5 bis 10.000 € bedroht (§ 383b II; § 377 II; § 17 I OWiG). Handelt der Täter leichtfertig, ist das Höchstmaß der Geldbuße 5 000 € (§ 17 II OWiG). 9

7. Selbstanzeige. Die Möglichkeit einer bußgeldbefreienden Selbstanzeige besteht nicht, da § 383b keine Verweisung auf § 371 oder § 378 III enthält. Das in einer Selbstanzeige enthaltene Geständnis ist allerdings bei der Bemessung der Geldbuße oder der Entscheidung über die Einstellung des Verfahrens gem § 47 OWiG zu berücksichtigen. 10

8. Verjährung. Zuwiderhandlungen gem § 383b verjähren zwei Jahre nach Beendigung der Tat (vgl § 377 II; § 31 II Nr 2 und III OWiG). Die Tat gem § 383b I Nr 1 ist mit dem Abschluss der Übermittlung beendet, die Unterlassungstat gem § 383b I Nr 2, sobald die Zeit für unverzügliches Handeln verstrichen ist. 11

9. Verfolgungszuständigkeit. Die AO enthält keine ausdrückliche Regelung, wer für die Verfolgung eine OWi nach § 383b zuständig ist. Zwar haben gem § 409 iVm § 387 I die für die Verwaltung der jeweiligen Steuern zuständigen FÄ auch die Verfolgungszuständigkeit für Zuwiderhandlungen. Jedoch betrifft die Verwaltung von Vollmachtsdaten nicht unmittelbar die Verwaltung von Steuern. Im Hinblick auf die Sachnähe dürfte die Zuständigkeit der BuStra-Stellen der örtlichen FÄ gegeben sein, weil diese auch für die Verfolgung aller übrigen StOWi zuständig sind und die Verfolgung effektiv betreiben können (*Schwarz/Pahlke/Webel,* § 383b AO Rz 30). Letztlich hat die Frage der Verfolgungszuständigkeit kaum praktische Bedeutung, weil auch von einer sachlich unzuständigen Behörde erlassene Bußgeldbescheide idR wirksam sind (vgl § 387 Rz 6; *JJR/Lipsky* § 383a Rz 2). 12

§ 384 Verfolgungsverjährung

Die Verfolgung von Steuerordnungswidrigkeiten nach den §§ 378 bis 380 verjährt in fünf Jahren.

Die Regelung des § 384 bestimmt, dass die Verjährungsfrist der **Verfolgungsverjährung** bei den StOWi der §§ 378 bis 380 mit fünf Jahren derjenigen der Straftat der (einfachen) StHinterziehung gem § 370 I (vgl § 78 III Nr 4 StGB; § 376 I) entspricht. IÜ gelten die allgemeinen Verjährungsvorschriften der §§ 31 I, III, 32f OWiG (§ 377 II). Für den Tatbestand der leichtfertigen StVerkürzung (§ 378) rechtfertigt sich die verlängerte Verfolgungsverjährung bereits daraus, dass sich diese Vorschrift von der StHinterziehung allein durch das subjektive Tatbestandsmerkmal der Leichtfertigkeit unterscheidet. Der Nachweis vorsätzlichen Handelns ist häufig schwer zu erbringen; ein Vorteil bei der Verjährung der Tat soll dem Täter hieraus aber nicht erwachsen. Die ggü sonstigen OWi verlängerte Verjährungsfrist ist für StOWi auch deshalb gerechtfertigt, weil stl Verfehlungen häufig erst nach Jahren aufgrund einer Bp aufgedeckt werden. Aufgrund ausdrücklicher Anordnung in den jeweiligen Gesetzen gilt § 384 für Altersvorsorgezulagen nach § 96 VII 1 EStG sowie Prämien nach § 8 II WoPG und § 14 III 5. VermBG entsprechend. 1

Die **Verfolgungsverjährung beginnt** mit Beendigung der Handlung (§ 31 III 1 OWiG). Tritt ein zum Tatbestand gehörender Erfolg später ein, so beginnt die Verjährung mit diesem Zeitpunkt (§ 31 III 2 OWiG). Maßgebend für 2 den Beginn der Verjährungsfrist ist nicht der Zeitpunkt der rechtlichen Vollendung der OWi, sondern der ihrer tatsächlichen Beendigung. Entscheidend ist der Zeitpunkt, zu dem die auf Tatbegehung gerichtete Tätigkeit ihren endgültigen Abschluss gefunden hat (*JJR/Jäger* § 384 Rz 13; *RK/Hunsmann* § 384 AO Rn 13).

2a Die Verjährung einer OWi der leichtfertigen StVerkürzung (§ 378) durch ungerechtfertigten Bezug von **Kindergeld** (StVergütung gem § 31 S 3 EStG) beginnt erst mit der letztmals zu Unrecht erlangten Kindergeldzahlung. Denn aus dem das Kindergeldrecht beherrschenden Monatsprinzip (§ 66 II EStG) ist nicht herzuleiten, dass jede monatliche Auszahlung eine beendete OWi darstellt (BFH BStBl 17, 997 mwN).

3 Die **Verjährung ruht,** solange nach dem Gesetz die Verfolgung nicht begonnen oder fortgesetzt werden kann, sofern dies nicht lediglich wegen eines fehlenden Antrags oder einer fehlenden Ermächtigung der Fall ist (§ 32 I OWiG).

4 Für die **Unterbrechung der Verjährung** gilt der Katalog des § 33 OWiG. Erfüllt eine Durchsuchungsanordnung die an sie zu stellenden verfassungsrechtlichen Mindestanforderungen nicht, kann sie die Verfolgungsverjährung nicht unterbrechen (BGH wistra 03, 382 und wistra 00, 219 mit Anm *Jäger* wistra 00, 227).

5 Die **Wirkung der Verfolgungsverjährung** ist das Entstehen eines **Verfahrenshindernisses.** Durch sie werden die Verfolgung der Ordnungswidrigkeit und die Anordnung von Nebenfolgen ausgeschlossen (§ 31 I OWiG).

§ 384a Verstöße nach Artikel 83 Absatz 4 bis 6 der Verordnung (EU) 2016/679

(1) **Vorschriften dieses Gesetzes und der Steuergesetze über Steuerordnungswidrigkeiten finden keine Anwendung, soweit für eine Zuwiderhandlung zugleich Artikel 83 der Verordnung (EU) 2016/679 unmittelbar oder nach § 2a Absatz 5 entsprechend gilt.**

(2) **Für Verstöße nach Artikel 83 Absatz 4 bis 6 der Verordnung (EU) 2016/679 im Anwendungsbereich dieses Gesetzes gilt § 41 des Bundesdatenschutzgesetzes entsprechend.**

(3) **Eine Meldung nach Artikel 33 der Verordnung (EU) 2016/679 und eine Benachrichtigung nach Artikel 34 Absatz 1 der Verordnung (EU) 2016/679 dürfen in einem Straf- oder Bußgeldverfahren gegen die meldepflichtige Person oder einen ihrer in § 52 Absatz 1 der Strafprozessordnung bezeichneten Angehörigen nur mit Zustimmung der meldepflichtigen Person verwertet werden.**

(4) **Gegen Finanzbehörden und andere öffentliche Stellen werden im Anwendungsbereich dieses Gesetzes keine Geldbußen nach Artikel 83 Absatz 4 bis 6 der Verordnung (EU) 2016/679 verhängt.**

Vorschr eingefügt durch G v 17.7.17 (BGBl I, 2541, 2555) mWv 25.5.2018.

1 **1. Zweck und Anwendungsbereich.** § 384a wurde mWv 25.5.2018 eingeführt durch Art 17 Nr 27 des G zur Änderung des Bundesversorgungsgesetzes und anderer Vorschriften v 17.7.2017 (BGBl I, 2541). Die Vorschrift dient der **Anpassung der AO an die VO (EU) 2016/679** zum Schutz natürlicher Personen bei der Verarbeitung personenbezogener Daten, zum freien Datenverkehr und zur Aufhebung der Richtlinie 95/46/EG (Datenschutz-Grundverordnung) v 27.4.2016 (ABl L 119 S 1 v 4.5.2016). Art 83 der VO (EU) 2016/679 regelt die allgemeinen Bedingungen für die Verhängung von Bußgeldern bei Verstößen gegen diese VO abschließend, sodass die bisher für Datenschutzverstöße geltenden steuerlichen Bußgeldtatbestände (§ 383a) nicht mehr bestehen bleiben konnten (BT-Drs 18/12611, 74 ff). Entsprechende Datenschutzverstöße werden danach nicht mehr als StOWi verfolgt, sondern als OWi nach dem BDSG.

§ 384a I stellt klar, dass **Art 83 der VO (EU) 2016/679** Regelungen in der AO oder den StGesetzen **vorgeht**, wenn eine rechtswidrige Verarbeitung personenbezogener Daten, die nach Art 83 dieser VO mit einer Geldbuße geahndet werden kann, gleichzeitig auch eine StOWi darstellt (BT-Drs 18/12611, 95). 2

§ 384a II erstreckt über einen Verweis auf § 41 BDSG **das OWiG auch auf Verstöße nach Art 83 IV–VI der VO (EU) 2016/679** im Anwendungsbereich der AO und weicht damit von der Regelung in § 377 II für StOWi ab (BT-Drs 18/12611, 95). 3

§ 384a III dient dem Schutz des Rechts, sich nicht selbst einer Straftat oder OWi bezichtigen zu müssen **(Nemo-tenetur-Grundsatz),** und übernimmt den Regelungsgehalt des bisherigen § 42a S 6 des BDSG, der als § 42 IV BDSD nF erhalten bleibt. Die Regelung stützt sich auf die Öffnungsklausel des Art 84 I der VO (EU) 2016/679, wonach die Mitgliedstaaten Vorschriften für Verstöße gegen diese VO festlegen und alle zu deren Anwendung erforderlichen Maßnahmen treffen (BT-Drs 18/12611, 96). 4

§ 384a IV schließt aus, gegen FinBeh und andere öffentliche Stellen **Geldbußen** nach Art 83 IV-VI der VO (EU) 2016/679 zu verhängen. Der Gesetzgeber macht damit von der Öffnungsklausel des Art 83 VII dieser VO Gebrauch, im Anwendungsbereich der AO national zu regeln, ob und in welchem Umfang gegen FinBeh und andere öffentliche Stellen Geldbußen verhängt werden können (BT-Drs 18/12611, 96). 5

2. Inkrafttreten. Die Regelung gilt ab 25.5.2018 und ersetzt die Vorschrift des § 383a, die zeitgleich außer Kraft tritt. Für StOWi gem § 383a, die erst nach diesem Zeitpunkt geahndet werden, ist § 4 III OWiG zu beachten. 6

Dritter Abschnitt. Strafverfahren

1. Unterabschnitt. Allgemeine Vorschriften

§ 385 Geltung von Verfahrensvorschriften

(1) **Für das Strafverfahren wegen Steuerstraftaten gelten, soweit die folgenden Vorschriften nichts anderes bestimmen, die allgemeinen Gesetze über das Strafverfahren, namentlich die Strafprozessordnung, das Gerichtsverfassungsgesetz und das Jugendgerichtsgesetz.**

(2) **Die für Steuerstraftaten geltenden Vorschriften dieses Abschnitts, mit Ausnahme des § 386 Abs. 2 sowie der §§ 399 bis 401, sind bei dem Verdacht einer Straftat, die unter Vorspiegelung eines steuerlich erheblichen Sachverhalts gegenüber der Finanzbehörde oder einer anderen Behörde auf die Erlangung von Vermögensvorteilen gerichtet ist und kein Steuerstrafgesetz verletzt, entsprechend anzuwenden.**

Schrifttum: *vor 2010 s 13. Aufl; Muhler* Möglichkeiten der Zusammenarbeit zwischen Finanzgericht und Strafjustiz, ZWH 12, 489; *Tormöhlen* Beweisanträge im Steuerstrafprozess, AO-StB 17, 237. Vgl auch vor Rz 25.

Übersicht

1 **1. Inhalt und Anwendungsbereich. Für das StStrafverfahren gelten die allgemeinen Vorschriften des Strafverfahrensrechts,** soweit in der AO nichts anderes bestimmt ist. Die AO verzichtet auf eine in sich abgeschlossene Regelung des Strafverfahrensrechts. Es gelten daher insbes die StPO, das GVG, das JGG, das BundeszentralregisterG, das Justizvergütungs- und -entschädigungsgesetz (JVEG) und die Konvention zum Schutze der Menschenrechte und Grundfreiheiten (MRK; abgedruckt bei *Meyer-Goßner/Schmitt* Anh 4). Von Bedeutung sind auch die Richtlinien für das Strafverfahren und das Bußgeldverfahren in der ab 1.2.1997 bundeseinheitlich geltenden Fassung (*Meyer-Goßner/Schmitt* Anh 12) und die speziell für das StStrafverfahren erlassenen Anweisungen für das Straf- und Bußgeldverfahren (Steuer) – AStBV (St) 2017 v 1.12.2016 (BStBl I, 1339). Für den Bereich der Rechts- und Amtshilfe sind zudem zu beachten das IRG, das Gesetz über die Durchführung der gegenseitigen Amtshilfe in Steuersachen zwischen den Mitgliedstaaten der Europäischen Union (EU-Amtshilfegesetz – EUAHiG), das Europäische Übereinkommen v 20.4.1959 über die Rechtshilfe in Strafsachen (EuRhÜbK), das Übereinkommen v 29.5.2000 über die Rechtshilfe in Strafsachen zwischen den Mitgliedstaaten der Europäischen Union (EU-RhÜbk) sowie die Richtlinien für den Verkehr mit dem Ausland in strafrechtlichen Angelegenheiten idF v 5.12.2012 (RiVASt). Nach Art 4 EU-RhÜbk gilt für die Erledigung von Rechtshilfeersuchen in der EU grds das Recht des ersuchenden Staates, sodass etwa bei Rechtshilfevernehmungen im EU-Ausland die Benachrichtigungspflicht aus § 168c V StPO zu beachten ist (BGH NStZ 07, 417).

2 **Für die Verfolgung einer Straftat nach § 264 StGB,** die sich auf eine Investitionszulage nach den InvZulG 2005, 2007 oder 2010 bezieht, sowie der Begünstigung im Zusammenhang mit einer solchen Straftat gelten die Vorschriften der AO über die Verfolgung von StStraftaten entsprechend (§ 7 InvZulG 2005; § 14 InvZulG 2007; § 15 InvZulG 2010).

3 Für **Abgaben zu Marktordnungszwecken** gelten zwar die Vorschriften der AO entsprechend (§ 12 I MOG); für das Straf- und Bußgeldverfahren enthält das MOG in den §§ 37, 38 MOG jedoch Sondervorschriften.

7 **2. Allgemeine Verfahrensgrundsätze.** Die von der Rspr des BGH und des BVerfG ausgeformten allgemeinen Strafverfahrensgrundsätze **gelten auch im Steuerstrafverfahren.** Die verfassungsrechtliche Pflicht des Staates, eine funktionstüchtige Rechtspflege zu gewährleisten, umfasst regelmäßig auch die Pflicht, die Einleitung und Durchführung von Strafverfahren sicherzustellen (BVerfGE 49, 24, 54). Andererseits darf aber der staatliche Strafverfolgungsanspruch nicht ohne angemessene Berücksichtigung der Grundrechte des Betroffenen durchgesetzt werden (BVerfGE 51, 324). Soweit Recht der Europäischen Union Anwendung sind auch die justiziellen Rechte der Charta der Grundrechte der Europäischen Union (GR-Charta) zu beachten (Art 47 ff, 51 I GR-Charta).

8 **Das Rechtsstaatsprinzip (Art 20 III GG) gewährleistet ein faires Verfahren** (BVerfGE 66, 313; vgl auch Art 6 MRK). Dieser Grundsatz ist einerseits Leitlinie für den Gesetzgeber bei der Ausgestaltung des Verfahrensrechts, andererseits Auslegungsrichtschnur für den Strafrichter (*KKStPO/Fischer* Einl 135). Das verfassungsrechtliche Gebot der Rechtsstaatlichkeit verlangt zB, dass bereits in einer Durchsuchungs- und Beschlagnahmeanordnung tatsächliche Angaben über die aufzuklärende Straftat gemacht werden (BVerfG NJW 92, 551).

9 **Der Grundsatz der Verhältnismäßigkeit,** der ebenfalls Verfassungsrang hat (BVerfG NJW 86, 767, 769), erlaubt eine Maßnahme nur, wenn sie zur Erreichung des angestrebten Ziels geeignet und erforderlich ist. Das ist nicht der Fall, wenn ein milderes Mittel ausreicht (BVerfGE 30, 293; 67, 157). Das mildere Mittel ist geeignet, wenn damit der gewünschte Erfolg erreicht werden kann (BVerfGE 33, 171). Durchsuchungen bei Banken hat das BVerfG als verhältnismäßig eingestuft beim Verdacht von StHinterziehungen in einer großen Anzahl von Fällen und

in einer Weise, die geeignet ist, die stl Belastungsgleichheit zu vereiteln (BVerfG wistra 94, 221; NJW 95, 2839; vgl auch § 399 Rz 29, 37).

Das Übermaßverbot begrenzt nicht nur die Anordnung, sondern auch die Vollziehung und Fortdauer eines iÜ zulässigen Eingriffs (BVerfGE 34, 238). 10

Jeder Betroffene hat Anspruch auf rechtliches Gehör (Art 103 I GG). Ihm muss Gelegenheit gegeben werden, sich dem Gericht ggü zu den gegen ihn erhobenen Vorwürfen zu äußern (BVerfGE 60, 210), Anträge zu stellen und Ausführungen zu machen (BVerfGE 36, 85). Auch muss das Gericht seine Ausführungen zur Kenntnis nehmen und in Erwägung ziehen (BVerfGE 65, 305). 11

Das sog Beschleunigungsgebot (Art 6 I 1 MRK) garantiert ein Recht des Angeklagten auf gerichtliche Entscheidung innerhalb angemessener Frist. Kriterien für die Prüfung, ob eine konventionswidrige (rechtsstaatswidrige) Verfahrensverzögerung vorliegt, sind vor allem die Gesamtdauer des Verfahrens, die Schwere des Tatvorwurfs, Umfang und Schwierigkeit des Falles, das Ausmaß der mit dem Andauern des schwebenden Verfahrens für den Betroffenen verbundenen persönlichen Belastungen und der Umfang der von den Justizorganen (und nicht dem Angeklagten) verursachten Verfahrensverlängerungen (EGMR wistra 04, 177; BVerfG NStZ-RR 05, 346). Beim Vorwurf der Beihilfe zur StHinterziehung ggü einem StB ist eine Verfahrensverzögerung besonders belastend; denn ein schwebendes Strafverfahren berührt ihn in seiner beruflichen Betätigung existentiell (BGH wistra 02, 299). Das Beschleunigungsgebot ist auch bei einer Aussetzung nach § 396 zu beachten (vgl EGMR v 21.12.2010 – 974/07; § 396 Rz 9). Die Idee, mittels eines gemeinsamen Erörterungstermins (§ 79 I Nr 2 FGO) vor dem Finanzgericht unter Beteiligung der Strafverfolgungsbehörden eine Verfahrensbeschleunigung zu erreichen (vgl *Muhler* ZWH 12, 489), dürfte in der Praxis im Hinblick auf die unterschiedlichen Verfahrensgrundsätze im Finanzgerichts- und Strafprozess kaum umsetzbar sein und birgt zudem die Gefahr einer im Strafverfahren unzulässigen Verständigung über den Schuldspruch (vgl § 257c II 1 StPO; zu den Grenzen einer zulässigen Verständigung im Strafverfahren vgl BVerfG v 19.3.2013, NJW 13, 1058). 12

Die konventionswidrige (rechtsstaatswidrige) Verletzung des Anspruchs auf eine gerichtliche Entscheidung binnen angemessener Frist (Art 6 I 1 MRK) führt **nur in außergewöhnlichen Ausnahmefällen** zu einem **Verfahrenshindernis** (stRspr, vgl nur BGHSt 46, 159). Im Falle einer sehr langen Verfahrensdauer kann im Einzelfall aber eine bloße Verwarnung mit Strafvorbehalt (§ 59 StGB; vgl BGH wistra 94, 345) oder gar ein Absehen von Strafe (§ 60 StGB; vgl BGH wistra 04, 337) in Betracht kommen. 13

Neben der strafmildernden Berücksichtigung der langen Verfahrensdauer und der hierdurch verursachten Belastungen für den Angeklagten im Rahmen der Strafzumessung ist bei einer **rechtsstaatswidrigen Verfahrensverzögerung** in der Urteilsformel des tatrichterlichen Urteils auszusprechen, dass zur Entschädigung für die überlange Verfahrensdauer ein bezifferter Teil der verhängten Strafe als vollstreckt gilt (*Vollstreckungslösung;* BGHSt GrS 52, 124). Sofern es zur Kompensation der Verfahrensverzögerung ausreicht, genügt im Urteil die Feststellung, dass das Verfahren rechtsstaatswidrig verzögert worden ist (vgl BGH v 13.6.17 – 3 Str 48/17, BeckRS 2017, 120765). Der Umfang der rechtsstaatswidrigen Verfahrensverzögerung ist in den Urteilsgründen darzulegen. Ist eine solche Verzögerung nicht ausreichend berücksichtigt worden, kann dies im Revisionsverfahren beanstandet werden. Es bedarf dann allerdings regelmäßig einer zulässig erhobenen (vgl § 344 II 2 StPO) Verfahrensrüge (BGH NJW 05, 518; wistra 07, 149), es sei denn die Verfahrensverzögerung ist erst nach Ablauf der Revisionsbegründungsfrist eingetreten (BGH wistra 04, 181). 13a

Eine **Geldentschädigung** wegen überlanger Verfahrensdauer nach dem Gesetz über den Rechtsschutz bei überlangen Gerichtsverfahren und strafrechtlichen Ermittlungsverfahren v 24.11.2011 (BGBl I, 2302) kann – nach rechtzeitigem Erheben einer Verzögerungsrüge – nur dann beansprucht werden, wenn das Strafgericht 13b oder die Staatsanwaltschaft die unangemessene Verfahrensdauer nicht auf andere Weise – etwa nach der *Vollstreckungslösung* (Rz 13a) – zugunsten des Beschuldigten berücksichtigt hat (§ 199 III, 198 II 2 GVG; vgl auch BGH NStZ 12, 653).

14 **Der Grundsatz „in dubio pro reo"** gilt auch im StStrafverfahren. Bei diesem Grundsatz handelt es sich allerdings nicht um eine Beweisregel, sondern um eine *Entscheidungsregel,* die nicht auf einzelne Elemente der Beweiswürdigung (Indiztatsachen) anzuwenden ist (stRspr; vgl BGH NJW 05, 2322, 2324; NStZ 06, 650; BGH NStZ-RR 17, 183 Rz 25). Sie greift erst dann ein, wenn dem Gericht nach durchgeführter Beweiswürdigung noch Zweifel verbleiben. Im StStrafverfahren sind die strafprozessualen Beweisgrundsätze zu beachten; steuerrechtliche Beweisregeln dürfen daher nicht ohne Weiteres dem Strafverfahren zugrunde gelegt werden. Auch Schätzungen aus dem Besteuerungsverfahren (§ 162) dürfen nicht ungeprüft ins Strafverfahren übernommen werden (vgl dazu *Jäger* StraFo 06, 477 mwN).

15 Das **Schweigerecht** und das Recht, nicht zur eigenen Überführung beitragen zu müssen („nemo tenetur se ipsum accusare"; s dazu die Erläut zu § 393), etwa durch die Vorlage belastender Unterlagen, ist Kernstück des von Art 6 I MRK garantierten fairen Verfahrens (EGMR NJW 02, 499).

20 **3. Beweissicherung.** Die FinBeh hat zugunsten des Beschuldigten für die Erhebung und Sicherung der Beweise Sorge zu tragen, deren Verlust zu befürchten ist (§§ 399, 402 AO, § 160 II, § 163 I StPO). Gegenstände, die als Beweismittel für die Untersuchung von Bedeutung sein können, sind sicherzustellen; ggf erforderliche richterliche Vernehmungen sind zu veranlassen. Zu den strafprozessualen Befugnissen der FinBeh s iEinz die Erläut zu § 399.

4. Internationale Amts- und Rechtshilfe

Schrifttum: *Holenstein* Wird die Rechtshilfe in Steuerstrafsachen durch die Amtshilfe nach OECD-Standard überflüssig?, PStR 11, 41; *Holenstein* Schweiz: Sukzessive Öffnung auch bei der Auslieferung in Steuerstrafsachen, PStR 12, 151; *Bülte* Verwertung von im Ausland erlangten Beweismitteln und Anwendungsvorrang des Unionsrechts als Grenze von Verfahrensrechten im nationalen Strafprozess, ZWH 13, 219; *Roth* Steuerfahndung: Internationale Gruppenanfragen ins Ausland, Stbg 14, 405; *Herrmann* Automatischer Informationsaustausch als Allheilmittel gegen Steuerhinterziehung?, PStR 15, 288; *Holenstein* Cum-Ex-Geschäfte: Wird die Schweiz Deutschland Strafrechtshilfe leisten?, PStR 15, 147; *Schomburg/Lagodny/Gleß/Hackner* Internationale Rechtshilfe in Strafsachen, 5. Aufl, 2012; *GJW/Heine* § 369 AO Rz 87 ff.; *Frommelt/Lampert* (Weitere) Zeitenwende in Liechtenstein – Aufgabe des generellen Fiskalvorbehalts bei der kleinen Rechtshilfe, ZWF 16, 87; *Krug/Püschel* Die internationale Rechtshilfe, PStR 17, 226, 259 und 278.

25 **Die Strafverfolgungsmacht des Staates endet an der Grenze** (BVerfGE 63, 343). Grenzüberschreitende Ermittlungen bedürfen daher im Einzelfall der Genehmigung des ausl Hoheitsträgers bzw einer allgemeinen zwischenstaatlichen Vereinbarung. Zu unterscheiden ist dabei die Amtshilfe (Rz 27 f) von der Rechtshilfe im Strafverfahren (Rz 29 ff). Die Bundesrepublik ist an einer Vielzahl bi- oder multinationaler Verträge beteiligt, die einen Auskunftsaustausch sicherstellen. Zentrale Bedeutung haben insoweit die **Doppelbesteuerungsabkommen,** die eine sog große Auskunftsklausel enthalten. Danach können alle Informationen übermittelt werden, die für die zutreffende Besteuerung in dem anderen Staat relevant sein können (vgl Art 26 OECD-Musterabkommen). Nach Art 27 **DBA Schweiz** in der ab 1.1.2004 geltenden Fassung leistete die Schweizerische Eidgenossenschaft Amtshilfe auch bei Betrugsdelikten, dazu zählen auch der Steuerbetrug und der Abgabebetrug nach Schweizer Recht, nicht aber einfache Fiskaldelikte. Die Steuerbehörden beider Länder können Informationen direkt austauschen (*Lotz* RIW 04, 276). Am 27.10.2010 wurde das Änderungsprotokoll zum DBA Deutschland/Schweiz über die internationale Amtshilfe bei den direkten Steuern unterzeichnet. Es lässt weitergehende Amtshilfe zu und sieht einen Informationsaustausch für die Steuerjahre und Veranlagungszeiträume ab 1.1.2011 vor. Auf dem Gebiet der

Mehrwertsteuer und der Verbrauchsteuern besteht mit der Schweiz zudem ein Betrugsbekämpfungsabkommen (ABl EU v 17.2.2009 Nr L 46/8), das Informationsaustausch bei Straftaten in diesem Bereich vorsieht. Mit dem Fürstentum **Liechtenstein** besteht für die Veranlagungszeiträume ab 1.1.2010 ein Steuerinformationsabkommen.

Zollzuwiderhandlungen betreffen häufiger als andere Straftaten grenzüberschreitende Sachverhalte. Die Zusammenarbeit der Strafverfolgungsbehörden ist daher auf diesem Gebiet besonders eng (vgl die Übersicht bei *Bender/Möller/Retemeyer* D Rn 152 ff). 26

Amtshilfe umfasst die gegenseitige Unterstützung von Behörden. Zwischenstaatliche Amtshilfe kann sowohl zur Verfolgung von Steuervergehen und -ordnungswidrigkeiten als auch zur Gewährleistung gesetzmäßiger Besteuerung in Anspruch genommen werden. Wird die FinBeh lediglich als Strafverfolgungsbehörde tätig, sind Auskünfte nach den Regeln über zwischenstaatliche Rechtshilfe in Strafsachen einzuholen. Wird die FinBeh mit dem Ziel der Ermittlung der Besteuerungsgrundlagen tätig, kann der Betroffene Rechtsschutz nach § 33 FGO in Anspruch nehmen. 27

Amtshilfe gewähren sich die **Mitgliedstaaten der Europäischen Union** nach der EU-Amtshilfe-Richtlinie 2011/16/EU, die durch das EUAHiG in innerstaatliches Recht umgesetzt worden ist (vgl § 117 Rz 150 ff). § 1 III EUAHiG lässt sowohl die Gewährung als auch die Inanspruchnahme zwischenstaatlicher Amtshilfe nach anderen Vorschriften zu. Die deutsche FinBeh kann daher auch über ihre Verpflichtung aus § 4 EUAHiG hinaus Kulanzauskünfte nach § 117 III erteilen. Die VO (EU) über die Zusammenarbeit der VerwBeh auf dem Gebiet der indirekten Besteuerung (Zusammenarbeits-VO) v 7.10.2010 (ABl EU v 12.10.2010 Nr L 268/1) regelt den Informationsaustausch zur Überwachung grenzüberschreitender Geschäfte für die USt. Daneben gewährleisten die §§ 18a–e, § 27a UStG einen grenzüberschreitenden Informationsaustausch. Die EU-Richtlinie 2014/107/EU v 9.12.2014 dient der Durchführung der globalen Standards der OECD für den automatischen Informationsausgleich über Finanzkonten vom Juli 2014 in der EU. Zur FATCA-USA-Umsetzungsverordnung v 23.7.2014 (BGBl I, 1222) und anderen zwischenstaatlichen Abkommen und Vereinbarungen als Schritte in Richtung eines automatisierten Finanzdatenaustauschs s *Herrmann* PStR 15, 288. 28

Die internationale Rechtshilfe in Strafsachen ist im Gesetz über die internationale Rechtshilfe in Strafsachen (IRG) idF v 27.6.1994 (BGBl I, 1537), zuletzt geändert durch G v 27.8.2017 (BGBl I 3295), geregelt. Man unterscheidet zwischen großer und kleiner Rechtshilfe. Große Rechtshilfe liegt vor bei Auslieferung in den ersuchenden Staat. Die kleine Rechtshilfe umfasst die Durchführung aller anderen Handlungen der Strafverfolgung. Nach § 74 IRG entscheidet über ausl Rechtshilfeersuchen und über die Stellung von Ersuchen an ausl Staaten um Rechtshilfe der BMJV im Einvernehmen mit dem Auswärtigen Amt und mit anderen Bundesministerien, deren Geschäftsbereich von der Rechtshilfe betroffen wird. Im Rahmen der Rechtshilfe in StStrafsachen ist dies das BMF. Die Entscheidungsbefugnisse können delegiert oder auf die Landesregierungen übertragen werden (§ 74 II IRG), die die Befugnisse weiter übertragen können. Im Verhältnis zu bi- oder multinationalen Übereinkommen über die Rechtshilfe in Strafsachen gilt das IRG nur subsidiär (§ 1 III IRG; vgl *Meyer-Goßner*/Schmitt Einl 215). 29

Das Europäische Übereinkommen über die Rechtshilfe in Strafsachen (EuRhÜbk) v 20.4.1959 (BGBl II 64, 1369, 1386; 76, 1799; 95, 736), ergänzt durch bilaterale Verträge, ist die Grundlage für den Strafnachrichtenaustausch im europäischen Bereich (Einzelheiten bei *Meyer-Goßner*/Schmitt Einl 215b). Das EuRhÜbk wird ergänzt durch das Übereinkommen über die Rechtshilfe in Strafsachen zwischen den Mitgliedstaaten der Europäischen Union (EU-RhÜbk) vom 29.5.2000 (BGBl II 05, 650) und das Schengener Durchführungsübereinkommen **(SDÜ)** v 19.6.1990 (BGBl II 93, 1013, 1045; 98, 1968). Das SDÜ gilt mitt- 30 lerweile als Teil des EU-Besitzstandes in den meisten EU-Mitgliedstaaten sowie in den weiteren Vertragsstaaten Island, Norwegen und Schweiz (s auch *Meyer-Goßner/* Schmitt Einl 216).

30a Die **Verwertbarkeit** mittels Rechtshilfe eines ausl Staats erlangter Beweise bestimmt sich auch in StStrafsachen nach inländischem Recht. Auf diesem Wege gewonnene Beweise unterliegen trotz Nichteinhaltung der maßgeblichen rechtshilferechtlichen Bestimmungen keinem Beweisverwertungsverbot, wenn die Beweise auch bei Beachtung des Rechtshilferechts durch den ersuchten und den ersuchenden Staat hätten erlangt werden können (BGHSt 58, 32). Ist die Rechtshilfe durch einen Mitgliedstaat der Europäischen Union geleistet worden, darf bei der Beurteilung der Beweisverwertung im Inland nur in eingeschränktem Umfang geprüft werden, ob die Beweise nach dem innerstaatlichen Recht des ersuchten Staates rechtmäßig gewonnen wurden. Dies gilt jedenfalls dann, wenn die dortige Beweiserhebung nicht auf einem inl Rechtshilfeersuchen beruht (BGHSt 58, 32). Zur Frage, ob im Hinblick auf die Rspr des EuGH (zB Urteil v 26.2.2013 – C-617/10 *Akerberg Fransson,* NJW 13, 1415) wegen des Anwendungsvorrangs des Unionsrechts überhaupt nur dann ein Beweisverwertungsverbot anzunehmen ist, wenn ein Verstoß gegen Unionsrecht einschl der Unionsgrundrechte gegeben ist, s *Bülte* ZWH 13, 219, 225.

31 **Nur auf Ersuchen von Justizbehörden** ist das Europäische Übereinkommen über die Rechtshilfe in Strafsachen anwendbar (Art 1 I EuRhÜbk). Wer Justizbehörde iS dieses Übereinkommens ist, kann nach Art 24 EuRhÜbk von jedem Vertragsstaat bestimmt werden. Aus der deutschen Erklärung zu Art 24 (BGBl II 76, 1799) folgt, dass Behörden der FinVerw einschl der Steufa-Stellen keine Justizbehörden sind. Deutsche FinBeh können deshalb Ersuchen nach dem EuRhÜbk nicht selbständig erledigen oder stellen. Sie müssen gem § 386 IV die jeweils zuständige StA einschalten. Besonderheiten können sich allerdings im Einzelfall aus Zusatzverträgen zu dem Übereinkommen ergeben, zB gem Art 4 Abs 2 des deutsch-österreichischen Zusatzvertrags (BGBl II 75, 1157; 76, 1818).

32 **Das österreichische Bankgeheimnis** steht der Gewährung von Rechtshilfe in StStrafsachen durch die Republik Österreich nicht entgegen (Österr VGH wistra 95, 38; zum Verfahren, auch betr Anwesenheit deutscher StFahnder vgl *Carl* wistra 95, 95). Anonyme Sparbücher dürfen nicht mehr angelegt werden. Seit dem 1.7.2002 darf von anonymen Sparbüchern erst nach Identifizierung abgehoben werden (*Scholtisek* DStZ 00, 744).

33 **Das Europäische Auslieferungsübereinkommen** (EuAlÜbk) v 13.12.1957 (BGBl II 64, 1371; 76, 778) iVm dem 2. Zusatzprotokoll v 17.3.1978 (BGBl II 90, 118) behandelt Fragen der Auslieferung. Der Anwendungsbereich ist durch Zusatzverträge auf weitere Staaten (zB die Schweiz und die Republik Südafrika) erweitert worden (vgl dazu die Entscheidungen des BGH zum Spezialitätsvorbehalt betr die Schweiz, BGHSt 57, 138, und Südafrika, BGH wistra 13, 71 sowie NJW 13, 1175). Auslieferungen innerhalb der EU richten sich nach dem **Rahmenbeschluss** des Rates v 13.6.2002 **über den Europäischen Haftbefehl** und die Übergabeverfahren zwischen den Mitgliedstaaten (ABl EU 2002 Nr L 190; vgl auch (*Meyer-Goßner/Schmitt* Einl 215a; ferner Rz 36).

34 **Deutsche Behörden gewähren zwischenstaatliche Rechtshilfe nach ihrem Ermessen** (*Carl* DStZ 93, 654). § 117 IV kann nicht herangezogen werden, weil sich diese Vorschrift nur auf die Amtshilfe für Zwecke der Besteuerung bezieht (BFH BStBl 87, 440). Nach § 59 III IRG ist die internationale Rechtshilfe nur dann zulässig, wenn sie auch deutschen Gerichten oder Behörden in entsprechenden Fällen ggü möglich wäre. Die Rechtshilfevereinbarung begründet nur Rechte und Pflichten der von dieser Vereinbarung betroffenen Staaten. Damit der jeweilige Staat seinen Verpflichtungen nachkommen kann, bedarf es einer entsprechenden Ermächtigungsgrundlage für die innerstaatlich durchzuführenden Maßnahmen (sog Transformationsgesetze).

Rechtshilfe in Steuerstrafsachen kann erst nach Einleitung des Strafverfahrens beantragt werden. Bei sog Vorfeldermittlungen nach § 208 I Nr 3 kommt nur Amtshilfe in Betracht. Zu den Voraussetzungen und Grenzen der Rechtshilfe, den dabei anzuwendenden Verfahren, zum Inhalt des Rechtshilfeersuchens, dessen Erledigung durch ausl Staaten, den dabei zu beachtenden Verfahrensgrundsätzen, der Frage der Unterrichtung des Beschuldigten und zur Verwertung der Auskünfte sowie zum Geheimschutz vgl auch *Carl* DStZ 93, 653. 35

Im Auslieferungsverkehr nach dem Europäischen Auslieferungsübereinkommen ist entgegen § 5 IRG die Auslieferung grds auch dann zulässig, wenn die Gegenseitigkeit nicht verbürgt ist. Sie ist insoweit in das Ermessen der Regierung gestellt (BGH NStZ 81, 263). Ist die Herausgabe der Gegenstände an die zuständige Stelle des ausl Staates nach § 66 I Nr 1 IRG bereits erfolgt, so ist ein Antrag nach § 61 I 2 2. Alternative IRG nur dann zulässig, wenn der Antragsteller an der Feststellung, dass die Voraussetzungen für die Leistung der Rechtshilfe nicht gegeben waren, ein berechtigtes Interesse hat (BGH wistra 85, 236). 36

Die Schweiz gewährt Rechtshilfe nach dem Gesetz über die internationale Rechtshilfe in Strafsachen (IRSG). Danach leistet die Schweiz auch weiterhin keine Rechtshilfe bei der Verfolgung einfacher Fiskaldelikte (über die Begründung vgl *Seelmann* NJW 98, 732). Eine Ausnahme macht Art 3 III 2 IRSG für Fälle des Abgabebetrugs. Nach der Rspr des Schweizerischen Bundesgerichts (vgl die Nachweise bei *Lotz* RiW 04, 276) deckt sich der Begriff mit dem Begriff des Abgabebetrugs iSd Art 14 II des Schweizerischen Bundesgesetzes v 22.3.1974 über das Verwaltungsstrafrecht. Danach liegt ein Abgabebetrug vor, wenn der Täter durch sein arglistiges Verhalten bewirkt, dass dem Gemeinwesen unrechtmäßig und in einem erheblichen Betrag eine Abgabe, ein Beitrag oder eine andere Leistung vorenthalten oder dass es sonst am Vermögen geschädigt wird. Das arglistige Verhalten kann in der Verwendung gefälschter, verfälschter oder inhaltlich unwahrer Urkunden liegen; der Gebrauch solcher Urkunden ist aber keine zwingende Voraussetzung für die Annahme eines Abgabebetrugs. Eine arglistige Täuschung setzt allerdings immer „besondere Machenschaften, Kniffe oder ganze Lügengebäude" voraus. Unter Umständen kann auch bloßes Schweigen arglistig sein (Schweizerisches Bundesgericht, wistra 98, 78). Die Abgabe falscher oder unvollständiger StErklärungen ist für sich allein kein Abgabebetrug mit der Folge, dass verschwiegene Kapitalerträge von Schweizer Bankkonten zwar StHinterziehung iSd § 370, nicht aber Abgabebetrug nach schweizerischem Recht sind, die Rechtshilfe also abgelehnt werden kann (vgl auch *Klos* wistra 98, 96; *Holenstein* PStR 05, 16). Ob eine Tat als Abgabebetrug zu qualifizieren ist, beurteilt sich ausschl nach schweizerischem Recht und dortigen Rechtsgrundsätzen. Deshalb bereitet die Subsumtion unter den Begriff des Abgabebetrugs dem deutschen Juristen nicht selten erhebliche Schwierigkeiten. Nach der Rspr des Schweizerischen Bundesgerichts liegt Abgabebetrug unter Verwendung falscher Urkunden iSd Art 3 III IRSG zB dann nicht vor, wenn ein deutscher Stpfl, der nicht buchführungspflichtig ist, seiner unrichtigen StErklärung eine unrichtige Einnahme-Überschussrechnung beifügt (wistra 99, 438). Demgegenüber stellt die Abgabeverkürzung durch planmäßige Verschleierung des Wohnsitzes mittels fingierter Mietverträge einen Abgabebetrug dar (Schweizerisches Bundesgericht 1A. 171/2004 v 12.8.2004 E. 3.3); dasselbe gilt für die Verwendung pro forma ausgestellter Rechnungen an nur zum Schein zwischengeschaltete Firmen im Hinblick auf den Gebrauch unwahrer Urkunden (Schweizerisches Bundesgericht BGE 111 lb 242 E.5c, S 250; vgl zur Kasuistik auch *Lotz* RiW 04, 276; krit *Hillenbrand/Brosig* Stbg 01, 165). In einer Pressemitteilung v 29.6.2011 hat der Bundesrat der Schweiz angekündigt, durch eine Änderung des Rechtshilfegesetzes ggü Staaten mit einer DBA gem OEDC-Musterabkommen den Vorbehalt, dass bei Fiskaldelikten keine Rechtshilfe geleistet wird, beseitigen zu wollen. Dies ist bislang nicht geschehen. 37

Im Rahmen der sog **kleinen Rechtshilfe** sieht Art 63 II IRSG als in Betracht kommende Rechtshilfemaßnahmen ua vor die Zustellung von Schriftstücken, alle 38

Arten von Beweiserhebungen wie die Herausgabe von Akten, die Durchsuchung von Personen und Räumen, die Beschlagnahme von Beweismitteln sowie die Einvernahme und Gegenüberstellung von Personen.

39 **Subventionsbetrug iSd § 264 StGB** gehört nicht zu den Fiskaldelikten (Schweizerisches Bundesgericht wistra 86, 177).

40 **Damit das Verbot der Rechtshilfe bei einfachen Fiskaldelikten nicht unterlaufen wird,** prüfen die schweizerischen Behörden selbst, ob ein nach schweizerischem Recht zu beurteilender Fall des Abgabebetrugs vorliegt. Sie sind dabei nicht an die Darstellung des Sachverhalts im Begehren der ersuchenden ausl Stelle gebunden, sondern dürfen die vorgetragenen Tatsachen überprüfen (*Seelmann* NJW 98, 732). Von der ersuchenden Stelle sind hinsichtlich der vorgetragenen Tatsachen „hinreichende Verdachtsmomente" darzulegen (*Lotz* RiW 04, 276).

41 **Die Schweiz hat sich seit dem In-Kraft-Treten des EuRhÜbk vorbehalten, Rechtshilfe zugunsten eines Verfolgten zu leisten,** vgl Art 63 V IRSG. Ob sie von dieser Möglichkeit Gebrauch macht, entscheidet die Schweiz nach eigenem Ermessen. Wegen dieses Vorbehalts müssen die Ermittlungen in einem deutschen StStrafverfahren auch auf die in der Schweiz befindlichen Beweismittel erstreckt werden. Entsprechende Beweisanträge können daher nicht mehr von vornherein gem § 244 III StPO wegen Unerreichbarkeit des Beweismittels abgelehnt werden (vgl *Habenicht* wistra 82, 221). Ist die Schweiz zur Rechtshilfe und ein in der Schweiz lebender Zeuge zum Erscheinen in der Hauptverhandlung bereit, muss seine Vernehmung durch das erkennende Gericht erfolgen, es sei denn, es liegt ein Fall des § 244 V 2 StPO vor. Ist der Zeuge nur zur Vernehmung in der Schweiz im Wege der Rechtshilfe bereit, kann von seiner Vernehmung wegen Unerreichbarkeit des Beweismittels abgesehen werden, wenn nur sein persönliches Erscheinen in der Hauptverhandlung zur Erforschung der Wahrheit beitragen kann. Von einer von einem Auslandszeugen angebotenen audiovisuellen Vernehmung darf das Gericht allerdings nur bei Vorliegen besonderer Umstände absehen und den Zeugen als unerreichbar ansehen (vgl BGH StraFo 16, 470 Rz 26 sowie BGHSt 55, 11; *Rose* NStZ 12, 18).

42 **Die im Rechtshilfeverfahren mit der Schweiz erlangten Beweise** dürfen wegen des Spezialitätsvorbehalts der Schweiz nur für die Verfolgung der Taten verwendet werden, für die die Rechtshilfe bewilligt wurde **(Grundsatz der Spezialität).** Die Verwendung für die Verfolgung von Taten in Bezug auf andere Steuern oder Abgaben ist ohne vorherige Zustimmung der schweizerischen Behörden nicht zulässig (§ 72 IRG; vgl auch Art 67 Schweizerisches IRSG). Die Einhaltung des Spezialitätsgrundsatzes durch Staaten, die mit der Schweiz durch einen Rechtshilfevertrag verbunden sind, wird nach dem völkerrechtlichen Vertrauensprinzip als selbstverständlich vorausgesetzt, ohne dass es der Einholung einer ausdrücklichen Zusicherung bedarf (Schweizerisches Bundesgericht BGE 115 F b 373). Bei der Erledigung von Rechtshilfeersuchen prüfen die schweizerischen Behörden auch, ob nach schweizerischem Recht eine Strafverfolgung in der Schweiz wegen absoluter Verjährung ausgeschlossen wäre. Ist dies der Fall, wird Rechtshilfe nicht gewährt. Zur Zulässigkeit der Verwertung von Unterlagen, die im Wege der Rechtshilfe in der Schweiz beschlagnahmt wurden, für ein Strafverfahren wegen Untreue und StHinterziehung vgl auch BGHSt 49, 317.

43 **Ladungen in Fiskalsachen an in der Schweiz wohnhafte Personen** zum Erscheinen als Zeugen vor deutschen Gerichten können nach dem schweizerischen RechtshilfeG zugestellt werden, wenn der Zeuge als Entlastungszeuge aufgeboten wird oder es sich um einen Fall von Abgabebetrug handelt. Die vorgeladene Person kann aber nicht zum Erscheinen in Deutschland gezwungen werden (vgl Art 8 EuRhÜbk).

44 **Liechtenstein** hat seinen generellen Fiskalvorbehalt bei der sog kleinen Rechtshilfe auf internationalen Druck hin im Jahr 2015 aufgehoben (vgl LGBl

2015 Nr. 367). Damit sind strafbare Fiskaldelikte auf der Basis der Gegenseitigkeit in Liechtenstein rechtshilfefähig. Inwieweit allerdings auch bei (einfacher) StHinterziehung, die nach liechtensteinischem Verständnis lediglich eine mit Buße zu ahndende Übertretung darstellt, Rechtshilfe geleistet werden wird, bleibt abzuwarten (vgl dazu *Frommelt/Lampert* ZWF 16, 87).

5. Vorspiegelungstaten. § 385 II räumt der FinBeh die Ermittlungskompetenz für Vorspiegelungstaten ein. Die Vorschrift sollte vor allem sicherstellen, dass die FinBeh für die Durchführung der Ermittlungen iSv § 402 I auch dann zuständig ist, wenn der gesamte Sachverhalt zum Zwecke der Erlangung einer StErstattung oder StVergütung lediglich vorgetäuscht worden ist, ohne dass ein StSchuldverhältnis bestanden hat. Diese Fälle sind früher von der Rspr als Betrug und nicht als StHinterziehung geahndet worden (vgl BGH NJW 72, 1287). Der BGH hat diese Rspr aber aufgegeben (BGH wistra 94, 194). In einigen Gesetzen, die – wie bei Wohnungsbauprämien und Sparzulagen – den steuerlichen Arbeitsbereich berühren, gelten die Vorschriften der §§ 385 ff und damit auch § 385 II aufgrund ausdrücklicher gesetzlicher Anordnung entsprechend (zB § 14 III 5. VermBG; § 8 II WoPG). 50

Im Rahmen des Anwendungsbereichs des § 385 II hat die FinBeh **kein Recht zu selbständigen Ermittlungen,** was durch den Ausschluss des § 386 II aus den insoweit für anwendbar erklärten Vorschriften deutlich wird. Die FinBeh nimmt daher nicht die Rechte und Pflichten wahr, die der StA im Ermittlungsverfahren zustehen (§ 383 I). Sie kann auch keinen Antrag auf Erlass eines Strafbefehls (§ 400) oder auf Anordnung von Nebenfolgen im selbständigen Verfahren (§ 401) stellen. 51

§ 386 Zuständigkeit der Finanzbehörde bei Steuerstraftaten

(1) [1]**Bei dem Verdacht einer Steuerstraftat ermittelt die Finanzbehörde den Sachverhalt.** [2]**Finanzbehörde im Sinne dieses Abschnitts sind das Hauptzollamt, das Finanzamt, das Bundeszentralamt für Steuern und die Familienkasse.**

(2) **Die Finanzbehörde führt das Ermittlungsverfahren in den Grenzen des § 399 Abs. 1 und der §§ 400, 401 selbständig durch, wenn die Tat**
1. **ausschließlich eine Steuerstraftat darstellt oder**
2. **zugleich andere Strafgesetze verletzt und deren Verletzung Kirchensteuern oder andere öffentlich-rechtliche Abgaben betrifft, die an Besteuerungsgrundlagen, Steuermessbeträge oder Steuerbeträge anknüpfen.**

(3) **Absatz 2 gilt nicht, sobald gegen einen Beschuldigten wegen der Tat ein Haftbefehl oder ein Unterbringungsbefehl erlassen ist.**

(4) [1]**Die Finanzbehörde kann die Strafsache jederzeit an die Staatsanwaltschaft abgeben.** [2]**Die Staatsanwaltschaft kann die Strafsache jederzeit an sich ziehen.** [3]**In beiden Fällen kann die Staatsanwaltschaft im Einvernehmen mit der Finanzbehörde die Strafsache wieder an die Finanzbehörde abgeben.**

Abs 1 S 2 redaktionell geändert durch G v 22.9.05 (BGBl I, 2809).

Schrifttum: *vor 2010 s 13. Aufl; Sediqi* Steuerstraftat und Allgemeindelikt, wistra 17, 259.

Übersicht

1 **1. Inhalt. Die Abgrenzung der Befugnisse zwischen StA und Ermittlungsbehörde im StStrafverfahren** wird in § 386 zusammenfassend geregelt. Das allgemeine Ermittlungsmonopol der StA wird durch die Regelungen des § 386 nicht durchbrochen, sondern nur modifiziert (*Kohlmann/Peters* § 386 AO Rz 23; aA *JJR/Randt* § 386 Rz 7: *„latent eingeschränkt"*). Wenn die FinBeh die Ermittlungen wegen einer StStraftat (zum Begriff s § 369) oder einer gleichgestellten Straftat selbständig führt, tritt sie im Rahmen ihrer gesetzlichen Befugnisse (§ 399 I; §§ 400, 401) an die Stelle der StA, die aber die Führung des Ermittlungsverfahrens jederzeit an sich ziehen kann (§ 386 IV 2). Grund für diese Regelung ist, dass die Ermittlungen in StStrafverfahren besondere stl Sachkunde erfordern, die gerade bei den FinBeh vorhanden ist; zudem ergeben sich Verdachtsmomente über StStraftaten meist im Besteuerungsverfahren. § 386 I 2 stellt klar, dass unter dem Begriff **FinBeh** iSd dritten Abschnitts der AO das Hauptzollamt (§ 1 Nr 3 FVG), das Finanzamt (§ 2 I Nr 4 FVG), das Bundeszentralamt für Steuern (BZSt; § 1 Nr 2; § 5 FVG) sowie die Familienkassen (§ 5 I Nr 11 FVG) zu verstehen sind (s auch § 387 Rz 1 und *JJR/Jäger* § 397 Rz 14 ff). Steuer- und Zollfahndung gelten insoweit nicht als FinBeh. Die Generalzolldirektionen einschl des Zollkriminalamts (§ 5a II 2 FVG) und die Zollfahndungsämter sind zwar Bundesfinanzbehörden iSd § 1 Nr 2 bzw 3 FVG, nicht jedoch FinBeh iSd § 386. Die OFD ist keine Ermittlungsbehörde, sie kann allenfalls im Wege der Dienstaufsicht tätig werden. Das BZSt kommt als Ermittlungsbehörde in Betracht, soweit ihm nach § 5 I FVG Aufgaben der Steuerverwaltung übertragen worden sind.

2 **Solange die FinBeh das Ermittlungsverfahren selbständig führt,** ist die StA nicht befugt, ihr für die Behandlung des Falles rechtl bindende Weisungen zu erteilen oder bestimmte Ermittlungen vorzuschreiben (*JJR/Randt* § 386 Rz 8). Ist die StA mit der Ermittlungsführung durch die FinBeh nicht einverstanden, muss sie die Strafsache an sich ziehen (§ 386 IV 2).

3 **Nur bis zur Erhebung der öffentlichen Klage reicht die Kompetenz der FinBeh zur selbständigen Strafverfolgung.** Sie besteht ferner nicht, wenn die Tat neben StGesetzen zugleich auch andere Strafgesetze verletzt (§ 386 II Nr 1; Rz 6) oder wenn die Sache an die StA abgegeben (§ 386 IV 1) oder von dieser an sich gezogen worden ist (§ 386 IV 2). Dasselbe gilt, sobald gegen einen Beschuldigten wegen der Tat ein Haftbefehl oder ein Unterbringungsbefehl erlassen ist (§ 386 III).

6 **2. Selbständige Ermittlungsbefugnis.** Voraussetzung für die Befugnis der FinBeh zur selbständigen Führung des Ermittlungsverfahrens gem **§ 386 II Nr 1** ist, dass die Tat **ausschl eine Steuerstraftat** darstellt. Bei tateinheitlichem Zusammentreffen mit anderen Straftaten (zB Urkundenfälschung) hat die StA das Ermittlungsverfahren zu führen; die ermittelnden Finanzbeamten haben dann lediglich die Befugnisse als Ermittlungspersonen der StA (§ 152 GVG) und sind damit nicht befugt, Anträge auf richterliche Ermittlungsmaßnahmen zu stellen (vgl auch BGH wistra 90, 59). Richterliche Beschlüsse, die gleichwohl ergehen, sind rechtswidrig (vgl *Rode* PStR 00, 269), aber nicht nichtig. StStraftat (zum Begriff s § 369) ist auch die in § 148 StGB geregelte Wertzeichenfälschung und deren Vorbereitung, soweit die Tat Steuerzeichen betrifft (§ 369 I Nr 3), und die Begünstigung (§ 257 StGB) einer Person, die eine StStraftat begangen hat (§ 369 I Nr 4), nicht aber die Strafvereitelung gem § 258 StGB im Zusammenhang mit einer StStraftat. Die Grundsätze über die Ermittlungszuständigkeit der FinBeh gem § 386 gelten auch für Straftaten gem §§ 263, 264 StGB mit Verstößen gegen die Prämien- und Zulagengesetze, soweit in diesen Gesetzen § 386 für entsprechend anwendbar erklärt wird (vgl zB § 9 InvZulG 2005, § 14 InvZulG 2007, § 15 InvZulG 2010; § 14 III 5. VermBG, § 8 II WoPG) Die Hinterziehung bezogen auf Altersvorsorgezulagen ist der StHinterziehung gleichgestellt (§§ 83, 96 VII EStG).

Die Ermittlungskompetenz der FinBeh besteht auch dann, wenn sich – von Anfang an oder im Laufe des Verfahrens – der Verdacht einer allgemeinen Straftat ergibt, die mit der StStraftat in Tateinheit steht (vgl BGHSt 36, 285; *JJR/Randt* § 386 Rz 27; *Pütz* wistra 90, 212); bei Tatmehrheit jedenfalls dann, wenn es sich um dieselbe Tat iSd § 264 StPO handelt (vgl OLG Braunschweig wistra 97, 71). Die FinBeh darf auch in solchen Fällen „den Sachverhalt" (§ 386 I 1) vollständig ermitteln und ist nicht auf Fälle beschränkt, in denen ausschl eine StStraftat vorliegt (aA OLG Frankfurt wistra 87, 32; *Bender* wistra 98, 93; *Rüping* DStR 02, 2020). Hierfür ist nicht die vorherige Abgabe der Sache an die StA erforderlich. Die FinBeh hat zwar in diesen Fällen nicht mehr die aus § 386 II abgeleitete selbständige Ermittlungskompetenz; sie ist aber zu unselbständigen Ermittlungen befugt (vgl *Sediqi* wistra 17, 259). Insoweit hat sie die Rechte und Pflichten wie die Behörden des Polizeidienstes nach der StPO, vgl § 402 I. Wie diese darf sie StStraftaten erforschen und alle keinen Aufschub gestattenden Anordnungen treffen, um die Verdunkelung der Sache zu verhüten (vgl § 163 I 1 StPO). Innerhalb dieses Rahmens kann die FinBeh wie die Polizei ohne einen besonderen Auftrag der StA tätig werden (vgl *HHSp/Rüping* § 386 AO Rz 13). Es findet lediglich keine Kompetenzerweiterung nach § 386 II statt. Die Verpflichtung, „die Verhandlungen" ohne Verzug der StA zu übersenden (vgl § 163 II StPO) und die StA spätestens hierdurch von der Tat in Kenntnis setzen, bleibt unberührt (vgl auch Rz 3). 7

Verletzt die Tat zugleich andere Strafgesetze und betrifft deren Verletzung Kirchensteuern oder andere öff-rechtl Abgaben, die an Besteuerungsgrundlagen anknüpfen, so ermittelt die FinBeh selbständig nach **§ 386 II Nr 2.** Die Vorschrift hat insbes Bedeutung für Beiträge an die Industrie- und Handelskammern oder Handwerkskammern, deren Höhe sich nach dem GewStMessbetrag richtet. Da es sich hierbei nicht um Steuern handelt, ist eine Hinterziehung dieser Abgaben als Betrug zu werten. Gleichwohl besteht auch insoweit die Ermittlungskompetenz der FA bei Tateinheit mit StStraftaten (*Mösbauer* wistra 96, 252). Würde eine solche Vorschrift in der AO fehlen, hätte dies zur Folge, dass in allen Fällen der Hinterziehung von ESt, die regelmäßig mit einer Verkürzung der KiSt einhergeht, die Ermittlungskompetenz auf die StA übergehen würde, womit die Ermittlungskompetenz der FinBeh praktisch wieder weitgehend beseitigt würde. Dies setzt freilich voraus, dass die Verkürzung von KiSt überhaupt strafbar ist. Dem Gesetzeswortlaut nach ist § 370 AO nur noch in Sachsen auf die KiSt anwendbar; auch dort ist allerdings die Anwendung der Vorschriften der AO über das Straf- und Bußgeld*verfahren* ausdrücklich ausgeschlossen (§ 12 I SächsKiStG). Alle anderen Länder haben von der Möglichkeit, die Strafvorschriften der §§ 369 ff entsprechend anzuwenden (Art 4 III EGStGB), keinen Gebrauch gemacht. Dies gilt seit dem 24.12.2014 auch für Niedersachsen (NdsGVBl 14, 465). Ob in diesen Bundesländern statt wegen StHinterziehung eine Bestrafung wegen Betruges in Betracht kommt, ist umstritten (bejahend *Rönnau* wistra 95, 48; mit ähnlicher Tendenz, iErg aber offenlassend BGH wistra 08, 310; verneinend *JJR/Randt* § 386 Rz 31 mwN). 8

3. Abgabe an die Staatsanwaltschaft (Abs 4). Die FinBeh kann die Strafsache jederzeit an die StA abgeben, ebenso kann auch die StA die Sache jederzeit an sich ziehen. Ob von diesen Möglichkeiten Gebrauch gemacht wird, ist nach pflichtgemäßem Ermessen zu entscheiden. Die unverzügliche Abgabe kommt nach Nr 22 AStBV insbes in Betracht, wenn eine Maßnahme der Telekommunikationsüberwachung beantragt werden soll, wenn die Anordnung der Untersuchungshaft geboten erscheint (§§ 112, 113 StPO), wenn die Strafsache besondere Schwierigkeiten aufweist, wenn neben der StStraftat auch nicht steuerliche Straftaten in einem einheitlichen Verfahren verfolgt werden sollen, wenn Freiheitsstrafe zu erwarten ist, die nicht im Strafbefehlsverfahren geahndet werden kann (§ 400), wenn gegen bestimmte bevorrechtigte Personen iSd Nrn 151–154 AStBV ermittelt wird oder wenn ein Finanzbeamter der Beteiligung verdächtigt wird. Die Evo- 12 kation durch die StA kann auch konkludent erfolgen. Eine ausdrückliche Übernahmeerklärung ist nicht erforderlich (LG Frankfurt wistra 93, 154). Die StA kann die Übernahme nicht ablehnen. Eine Rückgabe an die FinBeh ist nur im Einvernehmen mit der FinBeh möglich.

13 Damit die StA prüfen kann, ob Anlass besteht, das Verfahren an sich zu ziehen, **hat die FinBeh die StA frühzeitig** über solche Verfahren **zu informieren,** bei denen möglich erscheint, dass ein Haftbefehl zu beantragen ist, dass Anklage zu erheben ist, weil ein Strafbefehlsantrag nicht mehr in Betracht kommt, oder dass die Sache sonst besondere Bedeutung hat oder verfahrensrechtliche Schwierigkeiten aufweist (BGH NStZ 09, 514; s auch Nr 22 II AStBV). In solchen Fällen besteht die Pflicht zur frühzeitigen Benachrichtigung der StA auch dann, wenn zu klären ist, ob eine wirksame Selbstanzeige iSv § 371 gegeben ist (BGHSt 55, 180 Rz 38). Werden die Ermittlungen durch die FinBeh erheblich verzögert, weil die StA nicht rechtzeitig informiert wird, kann dies zumindest den objektiven Tatbestand des § 258 StGB erfüllen (vgl dazu BGH 09, 514 sowie BGH wistra 95, 143; 99, 336); denn eine lange Verfahrensdauer ist ein gewichtiger Strafmilderungsgrund. Im Falle unangemessener Verfahrensdauer aufgrund einer rechtsstaatswidrigen Verfahrensverzögerung kann zudem in einem Urteil auszusprechen sein, dass ein bestimmter Teil der schuldangemessenen Strafe als verbüßt gilt (vgl BGH GrS NStZ 08, 234; § 199 IV GVG).

14 **Das Steuergeheimnis** hindert bei einer Abgabe der StStrafsache an die StA regelmäßig nicht die mit der Abgabe verbundene Mitteilung über nicht steuerliche Straftaten. § 30 IV Nr 1 legitimiert die Offenbarung auch bei nicht steuerlichen Straftaten, soweit sie durch dieselbe Handlung wie die StStraftat begangen wurden (*HHSp/Rüping* § 386 AO Rz 73; aA *JJR/Randt* § 386 Rz 62 ff; *RK/Kemper* § 386 AO Rz 117: Offenbarung nur unter den Voraussetzungen von § 30 IV und V). Nach dem Grundsatz der Verhältnismäßigkeit dürfen jedoch nur Tatsachen offenbart werden, deren Mitteilung für das StStrafverfahren unbedingt erforderlich ist. Bei Tatmehrheit können Mitteilungen nur unter den Voraussetzungen des § 30 IV Nr 4 und V erfolgen (ausführlich *Hardtke/Westphal* wistra 96, 91).

15 Das Ermittlungs- und Anklagemonopol der StA wird durch ihr Evokationsrecht (§ 386 IV 2) gesichert. **Auch nach Übergabe an oder Übernahme durch die StA** kann diese die FinBeh nach § 161 StPO mit den Ermittlungen beauftragen. Die der FinBeh eingeräumte unselbständige Ermittlungskompetenz berührt das Ermittlungs- und Anklagemonopol der StA nicht, weil die FinBeh insoweit lediglich unterstützend für die StA tätig wird. Eine Kompetenzüberschreitung der FinBeh führt dazu, dass ein Strafbefehlsantrag des FA vom Amtsgericht als unzulässig zurückzuweisen ist; der Zuständigkeitsmangel allein begründet jedoch kein Verwertungsverbot nach einem gleichwohl erlassenen Gerichtsbeschluss (*HHSp/Rüping* § 386 AO Rz 85). Die FinBeh ist verpflichtet, die StA zu informieren, wenn sie dienstlich von einer Nichtsteuerstraftat erfahren hat und das StGeheimnis der Offenbarung nicht entgegensteht (vgl *HHSp/Hellmann* § 402 AO Rz 12 mwN). Im Rahmen ihrer Befugnisse und Möglichkeiten soll die FinBeh die StA auch bei der Verfolgung außersteuerlicher Straftaten unterstützen (Nr 140 IV AStBV).

16 **Eine Klage auf Aufhebung der Abgabe einer Steuerstrafsache** an die StA **ist ausgeschlossen.** Dies gilt nicht nur für den Finanzrechtsweg (vgl BFH BStBl 72, 286), sondern auch für den nach § 23 EGGVG eröffneten Weg zu den ordentlichen Gerichten, weil die Abgabe einer Strafsache an die StA nicht Justizverwaltungsakt, sondern eine nicht selbständig anfechtbare Prozesshandlung ist (*HHSp/Rüping* § 386 Rz 86; *JJR/Randt* § 386 Rz 50; vgl auch OLG Karlsruhe NJW 76, 1417).

20 **4. Begnadigungsrecht. Die Ausübung des Begnadigungsrechts** bestimmt sich nach Landesrecht (§ 452 StPO). Der Inhaber des Gnadenrechts wird durch die

Landesverfassungen bestimmt. IdR ist zuständig der Ministerpräsident, der diese Befugnis jedoch auf den Justizminister oder andere Stellen übertragen kann (*Meyer-Goßner/Schmitt* § 452 StPO Rz 2ff). Eine Übersicht über die Gnadenordnungen der Länder ist in *Schönfelder* Nr 90 als Anm zu § 452 StPO abgedruckt.

§ 387 Sachlich zuständige Finanzbehörde

(1) **Sachlich zuständig ist die Finanzbehörde, welche die betroffene Steuer verwaltet.**

(2) [1]**Die Zuständigkeit nach Absatz 1 kann durch Rechtsverordnung einer Finanzbehörde für den Bereich mehrerer Finanzbehörden übertragen werden, soweit dies mit Rücksicht auf die Wirtschafts- oder Verkehrsverhältnisse, den Aufbau der Verwaltungsbehörden oder andere örtliche Bedürfnisse zweckmäßig erscheint.** [2]**Die Rechtsverordnung erlässt, soweit die Finanzbehörde eine Landesbehörde ist, die Landesregierung, im Übrigen das Bundesministerium der Finanzen.** [3]**Die Rechtsverordnung des Bundesministeriums der Finanzen bedarf nicht der Zustimmung des Bundesrates.** [4]**Das Bundesministerium der Finanzen kann die Ermächtigung nach Satz 1 durch Rechtsverordnung, die nicht der Zustimmung des Bundesrates bedarf, auf eine Bundesoberbehörde übertragen.** [5]**Die Landesregierung kann die Ermächtigung auf die für die Finanzverwaltung zuständige oberste Landesbehörde übertragen.**

Abs 2 S 4 eingefügt durch G v 3.12.15 (BGBl I, 2178).

1. Allgemeines. Finanzbehörden iSd § 387 I sind das Hauptzollamt, das Finanzamt, das Bundeszentralamt für Steuern (BZSt) und die Familienkasse (§ 386 I 2). Die Zollfahndungsämter sind zwar FinBeh (§ 1 Nr 4 FVG), gelten jedoch gem § 386 I 2 für den dritten Abschnitt der AO nicht als solche. § 387 regelt die sachliche Zuständigkeit der FinBeh. Demgegenüber wird diejenige der Gerichte durch das GVG bestimmt (§ 1 StPO); sie ist in jeder Lage des Verfahrens von Amts wegen zu prüfen (§ 6 StPO). 1

Die Verwaltungskompetenz für die betroffene Steuer ist Voraussetzung für die sachliche Zuständigkeit der FinBeh (§ 387 I). „Betroffen" iSd § 387 I ist diejenige Steuer, die verkürzt worden ist bzw verkürzt werden sollte (s Rz 4). Zölle, die bundesgesetzlich geregelten Verbrauchsteuern einschl Einfuhrumsatzsteuer und Biersteuer, die Luftverkehrsteuer und die Kraftfahrzeugsteuer werden von den HZÄ verwaltet (Art 108 I GG, § 12 II FVG). Die FÄ verwalten die Besitz- und Verkehrsteuern, soweit die Zuständigkeit nicht gem Art 108 IV GG den Gemeindebehörden übertragen worden ist (§ 17 II FVG). Soweit dem Bundeszentralamt für Steuern (zB bei der Kapitalertragsteuererstattung gem § 5 I Nr 2 FVG) oder der Familienkasse (betr Kindergeld gem § 5 I Nr 11 FVG) die Verwaltung übertragen worden ist, folgt daraus auch deren Zuständigkeit für strafrechtliche Ermittlungen (vgl auch DA-KG 2017 Abschn S 8.1.5, BStBl I, 1006). Die bloße Mitwirkung an der Verwaltung durch eine andere FinBeh genügt nicht (zB § 18 FVG). 2

Sind für die Verwaltung einer Steuer **mehrere FinBeh** zuständig, so richtet sich die strafrechtliche Kompetenz nach § 390. 3

Betroffen ist diejenige Steuer, die verkürzt worden ist bzw verkürzt werden sollte (allgM; vgl *JJR/Randt* § 387 Rz 3 mwN). Bei StStraftaten, denen der unmittelbare Bezug zu einer Steuer fehlt (§ 369 I Nr 2–4), ist diejenige FinBeh zuständig, in deren gesetzlichem Aufgabenbereich der Verdacht entstanden ist (*HHSp/Rüping* § 387 AO Rz 11; *JJR/Randt* § 387 Rz 4). Unerheblich ist, welche FinBeh für die Durchführung des konkreten Besteuerungsverhältnisses zuständig ist. § 387 I regelt lediglich die sachliche Zuständigkeit eines bestimmten Zweiges der FinVerw (zutr *JJR/Randt* § 381 Rz 4 mwN); andernfalls wäre § 388 überflüssig. 4

Zuständigkeitsmängel führen nicht stets zur Unwirksamkeit der Ermittlungsmaßnahme bzw zur Unverwertbarkeit des Ermittlungsergebnisses. Vielmehr wird 5 der Fehler regelmäßig mit der Übernahme durch die zuständige Behörde (StA) geheilt (*Kohlmann/Hilgers-Klautzsch* § 387 AO Rz 57; *HHSp/Rüping* § 387 AO Rz 29; *JJR/Randt* § 387 Rz 23 ff); anders bei Prozessvoraussetzungen, die von Amts wegen zu prüfen sind (BGHSt 18, 326; LG Freiburg StV 00, 268). Stellt zB eine sachlich unzuständige FinBeh einen Strafbefehlsantrag, ist er als unzulässig zu verwerfen (*JJR/Randt* § 387 Rz 24). Erkennt der Richter die fehlende Zuständigkeit der FinBeh nicht, führt dies nicht zur Unwirksamkeit der richterlichen Entscheidung, wenn er selbst zuständig ist (*JJR/Randt* § 387 Rz 25). Der Betroffene kann allerdings die richterliche Entscheidung fristgemäß anfechten bzw bei einem Strafbefehl Einspruch einlegen.

6 **Für das Bußgeldverfahren wegen Steuerordnungswidrigkeiten** gilt § 387 AO kraft Verweisung (§ 409). Erlässt eine sachlich unzuständige Behörde einen Bußgeldbescheid, so ist das im Einspruchsverfahren nur bei absoluter (offenkundiger) Unzuständigkeit beachtlich (*Göhler/Gürtler* § 36 Rz 15 mwN).

7 **2. Konzentration der sachlichen Zuständigkeit. § 387 II gestattet die Konzentration der sachlichen Zuständigkeit für den Bereich mehrerer Finanzämter.** Die Übertragung bedarf einer RVO. Für die Bundesfinanzverwaltung ist das BMF zuständig, für die Landesfinanzverwaltung die Landesregierung (§ 387 II 2). Satz 4, der erst im Jahr 2015 durch das Gesetz zur Neuordnung der Zollverwaltung eingeführt worden ist, ermöglicht die Übertragung der Ermächtigung zum Erlass einer RVO nach Satz 1 vom BMF auf eine Bundesoberbehörde. Die obere Behörde wird dadurch in die Lage versetzt, die Zuständigkeiten nach Abs 1 innerhalb ihres Geschäftsbereiches und unter den Einschränkungen des Satzes 1 zu bestimmen (BR-Drs 256/15, 33). Soweit die Zuständigkeit der Landesregierung gegeben ist, kann sie die Ermächtigung auf die für die Finanzverwaltung zuständige oberste Landesbehörde übertragen (§ 387 II 5).

8 Die meisten **Länder** haben von der Möglichkeit der Konzentration der sachlichen Zuständigkeit Gebrauch gemacht und entsprechende Bußgeld- und Strafsachenstellen (Strafsachen- und Bußgeldstellen [BuStra bzw StraBu]) geschaffen, die als übergreifende Dienststellen für den Bereich mehrerer FÄ tätig werden (s die Übersicht bei *JJR/Randt* § 387 Rz 6). Lediglich Niedersachsen und Nordrhein-Westfalen haben Finanzämter mit ausschl bußgeld- und strafverfahrensrechtlicher Zuständigkeit errichtet.

9 Gegen die Eingliederung von BuStra und Steufa als **unselbständige Dienststellen** in das für die Besteuerung zuständige FA werden im Schrifttum im Hinblick auf die Rechte und Pflichten des Stpfl im Besteuerungs- und im Strafverfahren (§ 393) Bedenken erhoben. Dasselbe gilt für die Zusammenfassung von „Steuerpolizei“ (§ 404) und „Steuerstaatsanwaltschaft“ (§ 386 II, § 399 I); insoweit wird die Befürchtung geäußert, polizeiliche und staatsanwaltschaftliche Aufgaben würden nicht immer in der gehörigen Weise getrennt werden (vgl *Kohlmann/Hilgers-Klantzsch* § 387 AO Rz 55 mwN). So ist zB der Vorsteher des FA für StStrafsachen Dienstvorgesetzter der Beamten seiner Behörde. Gehört er aber selbst nicht der BuStra an, versteht es sich nicht von selbst, dass er befugt ist, den Angehörigen der Strafsachenstelle Weisungen im Zusammenhang mit der Durchführung von StStrafsachen zu erteilen (zur Kritik vgl *Streck* DStJG 6, 217; 222 Fn 15; *Weyand* DStZ 88, 191).

10 Beim **Vorsteher** eines für StFahndung und StStrafsachen zuständigen FA fällt die Aufgabe der Leitung polizeilicher Tätigkeiten mit der Aufgabe und Befugnis zur Ahndung von StOWi in einer Person zusammen. Dies ist zwar ungewöhnlich und kann im Einzelfall zu praktischen Schwierigkeiten bei der gleichzeitigen Wahrnehmung beider Funktionen führen. Diese sich als Folge der vom Gesetzgeber vorgenommenen Übertragung staatsanwaltschaftlicher Ermittlungskompetenzen auf die Finanzbehörde ergebende Aufgabenkumulierung ist aber noch nicht rechtsstaatlich bedenklich (iErg ebenso *RK/Kemper* § 387 AO Rz 26 ff mwN).

Zur Stellung der FinBeh, die **strafverfahrensrechtliche Kompetenzen** aufgrund einer sachlichen Zuständigkeitskonzentration **verloren** haben, s § 402 Rz 1 ff. 11

§ 388 Örtlich zuständige Finanzbehörde

(1) **Örtlich zuständig ist die Finanzbehörde,**

1. in deren Bezirk die Steuerstraftat begangen oder entdeckt worden ist,

2. die zur Zeit der Einleitung des Strafverfahrens für die Abgabenangelegenheiten zuständig ist oder

3. in deren Bezirk der Beschuldigte zur Zeit der Einleitung des Strafverfahrens seinen Wohnsitz hat.

(2) [1] **Ändert sich der Wohnsitz des Beschuldigten nach Einleitung des Strafverfahrens, so ist auch die Finanzbehörde örtlich zuständig, in deren Bezirk der neue Wohnsitz liegt.** [2] **Entsprechendes gilt, wenn sich die Zuständigkeit der Finanzbehörde für die Abgabenangelegenheit ändert.**

(3) **Hat der Beschuldigte im räumlichen Geltungsbereich dieses Gesetzes keinen Wohnsitz, so wird die Zuständigkeit auch durch den gewöhnlichen Aufenthaltsort bestimmt.**

1. Inhalt. Die AO enthält hinsichtlich der örtlichen Zuständigkeit der FinBeh (s § 387 Rz 1) bei der Ermittlung von StStraftaten und StOWi (s § 410 I Nr 1) eine abschließende Regelung. Sie ist im Gegensatz zur örtlichen Zuständigkeit der StA (§ 143 GVG) nicht von der örtlichen Zuständigkeit des Gerichts abhängig (vgl *JJR/Randt* § 388 Rz 2). Im Verhältnis zu den §§ 7–11 StPO enthält § 388 eine selbständige, auf die Besonderheiten des StStrafverfahrens zugeschnittene Regelung. Die Sondervorschriften über Straftaten auf Schiffen und Luftfahrzeugen (§ 10 StPO) sowie über Straftaten von Beamten im Ausland (§ 11 StPO) sind nicht entsprechend anwendbar (*JJR/Randt* § 388 Rz 7). Im Zweifel greift die Ersatzzuständigkeit nach § 24 ein. 1

2. Anknüpfungspunkt für die örtliche Zuständigkeit. Die örtliche Zuständigkeit knüpft gem § 388 I Nr 1 an den **Tatort oder Entdeckungsort** an. Eine Tat ist an jedem Ort begangen, an dem der Täter gehandelt hat oder im Falle des Unterlassens hätte handeln müssen oder an dem der zum Tatbestand gehörende Erfolg eingetreten ist oder nach der Vorstellung des Täters eintreten sollte (§ 9 StGB iVm § 369 II). Im Fall der Teilnahme (§§ 26, 27 StGB) ist die Tat auch an jedem Ort begangen, an dem der Teilnehmer gehandelt hat oder im Falle des Unterlassens hätte handeln müssen sowie an dem Ort, an dem nach seiner Vorstellung die Tat begangen werden sollte (§ 9 II 1 StGB). Hat der Teilnehmer an einer Auslandstat im Inland gehandelt, so gilt für den Teilnehmer das deutsche Strafrecht, auch wenn die Tat nach dem Recht des Tatorts nicht mit Strafe bedroht ist (§ 9 II 2 StGB). Bei StStraftaten ist mithin zB das FA zuständig, dem eine falsche StErklärung zugegangen ist bzw dem eine StErklärung hätte vorgelegt werden müssen (vgl *HHSp/Rüping* § 388 AO Rz 16; *JJR/Randt* § 388 Rz 9). Nicht entscheidend ist, wo die StErklärung ausgefüllt wurde. 2

Entdeckt ist eine Steuerstraftat, wenn Anhaltspunkte vorliegen, die eine vorläufige Tatbewertung iSd Wahrscheinlichkeit eines zu verurteilenden Ereignisses ermöglichen (BGHSt 55, 180; BGH wistra 85, 74; 93, 227; ferner § 371 Rz 156). Die Kenntniserlangung von einer „Steuerquelle" stellt für sich allein noch keine Tatentdeckung dar. Welche Umstände hinzukommen müssen, lässt sich nur im Einzelfall und nicht schematisch beantworten. In der Regel ist eine Tatentdeckung bereits dann anzunehmen, wenn unter Berücksichtigung der Steuerquelle oder der zum Auffinden der Steuerquelle bekannten weiteren Umstände nach allgemeiner 3 kriminalistischer Erfahrung eine StStraftat oder StOWi naheliegt (BGHSt 55, 180 Rz 28). Hierauf gestützt lässt die FinVerw für die Annahme der Tatentdeckung bereits die Kenntnis von einer bestimmten für StDelikte typischen Gestaltungsart ausreichen (vgl etwa zu „Lebensversicherungsverträgen" OFD Karlsruhe Verf v 18.7.2012 S 20702/4 – St 413; s dazu auch *JJR/Randt* § 388 Rz 13).

4 **Das für die Abgabenangelegenheiten (§ 347 II) zuständige FA** ist alternativ zuständig gem § 388 I Nr 2. Welches FA für das Besteuerungsverfahren sachlich zuständig ist, folgt aus dem FVG (§ 16; § 387 Rz 2 ff). Die örtliche Zuständigkeit (§ 17) bestimmt sich nach den Vorschriften der §§ 18–29.

5 Zuständig ist auch das **Wohnsitzfinanzamt** (§ 388 I Nr 3, vgl auch § 8 StPO). Der Begriff des Wohnsitzes bestimmt sich nach hM nicht nach § 8, sondern nach den §§ 7 ff BGB (*JJR/Randt* § 388 Rz 28; *Kohlmann/Hilgers-Klautzsch* § 388 AO Rz 59; *HHSp/Rüping* § 388 AO Rz 27; *RK/Kemper* § 388 AO Rz 26; *Wannemacher/Maurer* Rz 3038; *KvW/Blesinger* § 388 AO Rz 4). Zwar definiert die AO den Begriff des Wohnsitzes im Gegensatz zur StPO selbst, § 385 I verweist jedoch für das StStrafverfahren auf die allgemeinen Vorschriften des Strafverfahrensrecht.

6 **Bei mehrfacher Zuständigkeit** gilt der Grundsatz der Priorität (§ 390 I).

7 **3. Zuständigkeit bei Wohnsitzänderungen.** Bei **Wohnsitzänderungen** nach Einleitung des Strafverfahrens ist fakultativ auch das Besteuerungsfinanzamt des neuen Wohnsitzes zuständig (§ 388 II).

8 **4. Zuständigkeit bei fehlendem Wohnsitz im Inland. Der gewöhnliche Aufenthaltsort** ist gem § 388 III maßgeblich, wenn der Beschuldigte im Inland keinen Wohnsitz hat, und richtet sich nach § 8 II StPO (*JJR/Randt* § 388 Rz 36). Er besteht an dem Ort, an dem sich jemand freiwillig ständig oder für längere Zeit, wenn auch nicht ununterbrochen, aufhält (*Meyer-Goßner/Schmitt* § 8 StPO Rz 3). Diese Auslegung entspricht der Legaldefinition des § 9 S 1. Strafverfahrensrechtl begründet aber ein erzwungener Aufenthalt, zB bei Unterbringung in einer JVA oder Heilanstalt, anders als gem § 9 S 2 auch dann keinen gewöhnlichen Aufenthaltsort, wenn der Aufenthalt für längere Dauer berechnet ist (*Meyer-Goßner/Schmitt* § 8 StPO Rz 3).

§ 389 Zusammenhängende Strafsachen

[1]Für zusammenhängende Strafsachen, die einzeln nach § 388 zur Zuständigkeit verschiedener Finanzbehörden gehören würden, ist jede dieser Finanzbehörden zuständig. [2]§ 3 der Strafprozessordnung gilt entsprechend.

1 **§ 389 erweitert die örtliche Zuständigkeit** einer FinBeh auf zusammenhängende StStraftaten, für die nach § 388 eine andere FinBeh örtlich zuständig wäre. Die Vorschrift bezieht sich nur auf die örtliche Zuständigkeit. Eine Verbindung bei unterschiedlicher sachlicher Zuständigkeit scheidet aus.

2 **Ein persönlicher Zusammenhang** ist gegeben, wenn eine Person im Verdacht steht, mehrere prozessual selbständige StStraftaten begangen zu haben (§ 3 StPO). Bei mehreren in Tatmehrheit (§ 53 StGB) zueinander stehende Taten, die prozessual eine Einheit bilden (§ 264 StPO) folgt die Zuständigkeit bereits aus § 388 (*JJR/Randt* § 389 Rz 7 mwN).

3 **Ein sachlicher Zusammenhang** besteht, wenn bei einer Tat mehrere Personen als Täter, Teilnehmer oder der Begünstigung, Strafvereitelung oder Hehlerei beschuldigt werden (§ 3 StPO).

4 **Bei Zuständigkeitskonkurrenz** gilt der Grundsatz der Priorität (§ 390 I).

§ 390 Mehrfache Zuständigkeit

(1) **Sind nach den §§ 387 bis 389 mehrere Finanzbehörden zuständig, so gebührt der Vorzug der Finanzbehörde, die wegen der Tat zuerst ein Strafverfahren eingeleitet hat.**

(2) [1]**Auf Ersuchen dieser Finanzbehörde hat eine andere zuständige Finanzbehörde die Strafsache zu übernehmen, wenn dies für die Ermittlungen sachdienlich erscheint.** [2]**In Zweifelsfällen entscheidet die Behörde, der die ersuchte Finanzbehörde untersteht.**

1 Bei **mehrfacher Zuständigkeit** sollen die Ermittlungen von der FinBeh durchgeführt werden, die wegen der Tat zuerst ein Strafverfahren eingeleitet hat. Die Zuständigkeit der anderen FinBeh wird dadurch zunächst verdrängt; deren Zuständigkeit ruht aber nur, da sie gem § 390 II wieder aufleben kann (*HHSp/Rüping* § 390 AO Rz 3; *JJR/Randt* § 390 Rz 2). Die Regelung ist vergleichbar derjenigen, die für das Besteuerungsverfahren getroffen worden ist (§ 25).

2 § 390 gilt auch für das Bußgeldverfahren wegen **Steuerordnungswidrigkeiten** (§ 410 I Nr 1).

3 Die nach Abs 1 zuständige FinBeh kann jederzeit die Sache an eine andere zuständige FinBeh abgeben.

4 **Förmliche Rechtsbehelfe gegen die Übernahme des Verfahrens** durch eine andere FinBeh oder die Entscheidung der vorgesetzten Behörde stehen weder der FinBeh noch dem Beschuldigten zu (*JJR/Randt* § 390 Rz 21; *Kohlmann/Hilgers-Klautzsch* § 390 AO Rz 31 f). Der Beschuldigte kann eine Übernahme nicht erzwingen, allenfalls, zB wegen örtlicher Nähe, anregen.

§ 391 Zuständiges Gericht

(1) [1]**Ist das Amtsgericht sachlich zuständig, so ist örtlich zuständig das Amtsgericht, in dessen Bezirk das Landgericht seinen Sitz hat.** [2]**Im vorbereitenden Verfahren gilt dies, unbeschadet einer weitergehenden Regelung nach § 58 Abs. 1 des Gerichtsverfassungsgesetzes, nur für die Zustimmung des Gerichts nach § 153 Abs. 1 und § 153a Abs. 1 der Strafprozessordnung.**

(2) [1]**Die Landesregierung kann durch Rechtsverordnung die Zuständigkeit abweichend von Absatz 1 Satz 1 regeln, soweit dies mit Rücksicht auf die Wirtschafts- oder Verkehrsverhältnisse, den Aufbau der Verwaltungsbehörden oder andere örtliche Bedürfnisse zweckmäßig erscheint.** [2]**Die Landesregierung kann diese Ermächtigung auf die Landesjustizverwaltung übertragen.**

(3) **Strafsachen wegen Steuerstraftaten sollen beim Amtsgericht einer bestimmten Abteilung zugewiesen werden.**

(4) **Die Absätze 1 bis 3 gelten auch, wenn das Verfahren nicht nur Steuerstraftaten zum Gegenstand hat; sie gelten jedoch nicht, wenn dieselbe Handlung eine Straftat nach dem Betäubungsmittelgesetz darstellt, und nicht für Steuerstraftaten, welche die Kraftfahrzeugsteuer betreffen.**

Übersicht

1 **1. Zweck und Anwendungsbereich.** Die Vorschrift konzentriert die örtliche Zuständigkeit für gerichtliche Entscheidungen in StStrafsachen auf ein bestimmtes Amtsgericht, unter der Voraussetzung, dass das Amtsgericht sachlich zuständig ist („zentrales Amtsgericht"). Grundgedanke dieser Regelung ist, dass die Zuständigkeit für Rechtsmaterien, die eine besondere Sachkunde erfordern – wie das StStrafrecht – konzentriert werden sollte (*HHSp/Rüping* § 391 AO Rz 5 ff). Außerdem bildet ein sachkundiges Gericht ein Gegengewicht im Verhältnis zur sachkundigen FinBeh (vgl auch § 407). Im Verfahren gegen Jugendliche und Heranwachsende haben die Gerichtsstände der §§ 42, 108 JGG den Vorrang.

2 **Im Bußgeldverfahren** ist § 391 entsprechend anwendbar (§ 410 I Nr 2).

5 **2. Gesetzliche Konzentration.** Die gesetzliche Konzentration gem § 391 I setzt die sachliche Zuständigkeit des Amtsgerichts voraus.

6 **Das Amtsgericht ist sachlich zuständig,** sofern nicht im Einzelfall eine höhere Strafe als vier Jahre Freiheitsstrafe, die Unterbringung in einem psychiatrischen Krankenhaus oder die Anordnung der Sicherungsverwahrung zu erwarten ist oder die StA wegen der besonderen Schutzbedürftigkeit von Opferzeugen, des besonderen Umfangs oder der besonderen Bedeutung des Falles Anklage zum Landgericht erhebt (§§ 24, 25, 28 GVG).

7 Auch **außerhalb** der **Hauptverhandlung** richtet sich die sachliche Zuständigkeit des Amtsgerichts nach dem GVG (§ 1 StPO); hier entscheidet der Amtsrichter stets allein (§ 30 II GVG). Die Entscheidungen betreffen zB Untersuchungshandlungen (§§ 162, 165 StPO), also die Anordnung von Durchsuchungen und Beschlagnahmen (§§ 98, 105 StPO), Beweiserhebungen (§§ 115, 136, 166 StPO) und den Erlass eines Haftbefehls (§§ 114 ff, 125 ff StPO). Ferner ist der Amtsrichter zuständig für die Entscheidung über die Eröffnung des Hauptverfahrens (§§ 203, 204), für die Zustimmung zur Einstellung des Verfahrens durch die StA (§§ 153 I, 153a I StPO) und für den Erlass eines Strafbefehls (§ 407 StPO).

8 Die **Bestimmung der örtlichen Zuständigkeit** bestimmt sich zunächst nach den allgemeinen Vorschriften über den Gerichtsstand; danach sind maßgeblich zB Tatort (§ 7 StPO), Wohnsitz bzw Aufenthaltsort (§ 8 StPO) oder Ergreifungsort (§ 9 StPO).

9 Sind **mehrere Amtsgerichte örtlich zuständig,** gebührt nach § 12 I StPO demjenigen Amtsgericht der Vorzug, das die Untersuchung zuerst eröffnet hat. Ist dieses Amtsgericht nicht dasjenige, in dessen Bezirk das Landgericht seinen Sitz hat, so schreibt § 391 I AO vor, dass stattdessen dasjenige Amtsgericht örtlich zuständig ist, in dessen Bezirk das Landgericht seinen Sitz hat, sofern nicht durch Rechtsverordnung eine abweichende Regelung getroffen worden ist (*JJR/Randt* § 391 Rz 8).

10 Für das **Zwischenverfahren und Hauptverfahren** ist – vorbehaltlich einer abweichenden Regelung nach § 58 I GVG (Rz 15) – somit allein das Amtsgericht örtlich zuständig, in dessen Bezirk das Landgericht seinen Sitz hat (§ 391 I 1).

11 Im **Ermittlungsverfahren,** dh von der Einleitung der Ermittlungen (§ 397 AO, § 160 StPO) bis zu ihrem Abschluss (§ 170 StPO), gilt die Zuständigkeit des § 391 I 1 nur eingeschränkt, nämlich nur, soweit die Zustimmung des Gerichts zu einer Einstellung durch die StA nach § 153 I StPO oder § 153a I StPO erforderlich ist (§ 391 I 2). Diese Regelung gewährleistet, dass der stl versierte Richter, der auch sonst in StStrafsachen entscheidet, über die Verfahrenseinstellung nach dem Opportunitätsprinzip entscheiden kann. IÜ wird die Regelung durch eine andere Konzentrationsregelung ersetzt: Für richterliche Untersuchungshandlungen, zB Durchsuchungs- und Beschlagnahmeanordnungen oder Sicherstellungsmaßnahmen, ist örtlich das Amtsgericht zuständig, in dessen Bezirk die StA (bzw BuStra) oder ihre den Antrag stellende Zweigstelle ihren Sitz hat (§ 162 I 1 StPO – Ermittlungsgericht).

12 Es bestehen folgende **Ausnahmen:** Für den Erlass eines Haftbefehls oder Unterbringungsbefehls ist das Amtsgericht zuständig, in dessen Bezirk ein Gerichtsstand begründet ist oder der Beschuldigte sich aufhält (§ 125 I, § 126a II StPO). Beantragt die StA „daneben" mindestens eine weitere Untersuchungshandlung iSd § 162 I 1 StPO, kann sie sich auch an das Ermittlungsgericht ihres Sitzes wenden (§ 162 I 2 StPO). Für gerichtliche Vernehmungen und Augenscheineinnahmen ist auch das Amtsgericht zuständig, in dessen Bezirk diese Untersuchungshandlungen vorzunehmen sind, wenn die StA (bzw BuStra) dies zur Beschleunigung des Verfahrens oder zur Vermeidung von Belastungen Betroffener dort beantragt, zB weil einem Zeugen eine weite Anreise nicht zugemutet werden kann (§ 162 I 3 StPO). Die Zuständigkeit für die Vorführung eines Verhafteten richtet sich nach §§ 115, 115a StPO. Für die Vorführung eines vorläufig Festgenommenen ist der Amtsrichter des Festnahmeorts zuständig (§ 128 StPO). Zu weiteren Sonderregelungen s *Meyer-Goßner/Schmitt* § 162 StPO Rz 12.

15 **3. Erweiterte Zuständigkeitskonzentration.** Durch § 391 I wird die für die Landesregierungen bestehende Möglichkeit nicht eingeschränkt, gem § 58 I 1 GVG **durch Rechtsverordnung** einem Amtsgericht für die Bezirke mehrerer Amtsgerichte Entscheidungen bestimmter Art zuzuweisen **(„gemeinsames Amtsgericht")** und damit – auch für StStrafsachen – eine noch weiter gehende Zuständigkeitskonzentration zu erreichen. Die Zusammenfassung ist aber nur zulässig (Art 80 I 2 GG), wenn sie für eine sachdienliche Förderung oder schnellere Erledigung zweckmäßig ist (§ 58 I 1 StPO). Die Landesregierungen können diese Ermächtigung durch Rechtsverordnung auf die Landesjustizverwaltungen übertragen (§ 58 I 2 GVG).

17 **4. Abweichende Regelung der Zuständigkeit.** Durch Rechtsverordnung kann die Landesregierung eine von § 391 I abweichende Regelung über die örtliche Zuständigkeit der Amtsgerichte treffen (§ 391 II). Sie kann diese Ermächtigung durch Rechtsverordnung auf die Landesjustizverwaltungen übertragen. Zu den Einzelheiten der Länderregelungen s *JJR/Randt* § 391 Rz 16 ff. § 391 II 1 ist verfassungsgemäß (vgl BVerfG NJW 71, 795 zu § 426 RAO).

19 **5. Zuständigkeit der Wirtschaftsstrafkammern.** Bei den **Landgerichten** sind gem § 74c I 1 Nr 3 GVG die besonderen Spruchkörper der Wirtschaftsstrafkammern für Steuer- und Zollstrafsachen ausschl zuständig. § 74c III GVG ermächtigt die Landesregierung, StStrafsachen zur sachdienlichen Förderung oder schnelleren Erledigung des Verfahrens durch Rechtsverordnung einem Landgericht für die Bezirke mehrerer Landgerichte ganz oder teilweise zuzuweisen. Mehrere Länder haben von dieser Ermächtigung Gebrauch gemacht (vgl *JJR/Randt* § 391 Rz 25).

21 **6. Konzentration in der Geschäftsverteilung. Abs 3** bezweckt eine Zuständigkeitskonzentration für StStrafsachen innerhalb des örtlich und sachlich zuständigen Amtsgerichts.

22 Diese Vorschrift enthält in der Form einer Soll-Vorschrift die gesetzliche Weisung an das Präsidium des Amtsgerichts, StStrafsachen im Geschäftsverteilungsplan **einer bestimmten Abteilung zuzuweisen.** Hiervon darf nur abgewichen werden, wenn besondere Gründe dies rechtfertigen. Bestehen solche Gründe nicht und werden die StStrafsachen gleichwohl nicht einer bestimmten Abteilung zugewiesen, ist der Geschäftsverteilungsplan ermessensfehlerhaft. Umstritten ist, ob dies die Revision wegen nicht vorschriftsmäßiger Besetzung des Gerichts gem § 338 Nr 1 StPO begründen kann (bejahend: *HHSp/Rüping* § 391 AO Rz 24; *JJR/Randt* § 391 Rz 29; *Kohlmann/Hilgers-Klautzsch* § 391 AO Rz 81). Zwar sind grundsätzlich auch inhaltliche Mängel der Geschäftsverteilung revisibel (vgl *Meyer-Goßner/Schmitt* § 338 StPO Rz 7 und § 21e GVG Rz 25). Da jedoch § 391 III als Sollvorschrift ausgestaltet ist und dem Präsidium des Amtsgerichts ein vom Revi-

sionsgericht nicht überprüfbarer Ermessensspielraum verbleibt, kann das Revisionsgericht letztlich nur bei einer Ermessensreduktion auf Null eingreifen. Daran wird es regelmäßig fehlen.

24 **7. Zusammenhängende Straftaten.** Das für StStraftaten zuständige Amtsgericht ist auch dann allein zuständig, wenn die **Steuerstraftat mit anderen Straftaten in einem Verfahren** zusammen behandelt wird (Abs 4 1. Hs). Ein sachlicher Zusammenhang mit anderen Straftaten ist nicht erforderlich.

25 Eine **Ausnahme** von der Zuständigkeit des zentralen Amtsgerichts besteht jedoch dann, wenn die StStraftat **tateinheitlich mit einer Straftat nach dem BtMG zusammentrifft** (Abs 4 2. Hs). Grund für diese wortgleich mit der Zuständigkeit der Wirtschaftsstrafkammern am Landgericht übereinstimmenden Regelung des § 74c I 1 Nr 3 GVG ist, dass der Gesetzgeber in solchen Fällen die Kenntnis der örtlichen Drogenszene für wichtiger angesehen hat als die besondere steuerrechtliche Sachkunde des StStrafrichters (vgl BR-Drs 546/79, 39; BT-Drs VIII/3551, 48 ff; *JJR/Randt* § 391 Rz 34). Die Herausnahme der **Kraftfahrzeugsteuer** aus der Zuständigkeitskonzentration rechtfertigt sich darin, dass bei dieser Steuerart die rechtliche Beurteilung der Besteuerungsgrundlagen regelmäßig keine besonderen Schwierigkeiten bereitet (vgl *JJR/Randt* § 391 Rz 37).

§ 392 Verteidigung

(1) **Abweichend von § 138 Abs. 1 der Strafprozessordnung können auch Steuerberater, Steuerbevollmächtigte, Wirtschaftsprüfer und vereidigte Buchprüfer zu Verteidigern gewählt werden, soweit die Finanzbehörde das Strafverfahren selbständig durchführt; im Übrigen können sie die Verteidigung nur in Gemeinschaft mit einem Rechtsanwalt oder einem Rechtslehrer an einer deutschen Hochschule im Sinne des Hochschulrahmengesetzes mit Befähigung zum Richteramt führen.**

(2) **§ 138 Abs. 2 der Strafprozessordnung bleibt unberührt.**

Abs 1 2. HS geändert durch G v 24.8.04 (BGBl I, 2198).

Schrifttum: *vor 2010 s 13. Aufl; Braun* Der Steuerberater als Strafverteidiger, PStR 10, 187; *Rüping* Steuerberater als Wahlverteidiger, DStR 10, 1592; *Buse* Auswirkungen der Regelungen zur Verständigung im Strafverfahren auf das steuerstrafrechtliche Ermittlungsverfahren, Stbg 11, 414; *Reichling* Anmerkung zu OLG Hamm v 2.8.16 (4 RVs 78/16), wistra 16, 464; *Wollweber* Anmerkung zu OLG Hamm v 2.8.16 (4 RVs 78/16), DStR 16, 2824.

Übersicht

1 **1. Inhalt.** Nach § 137 StPO kann der Beschuldigte sich in jeder Lage des Verfahrens des Beistandes eines Verteidigers bedienen. § 392 erweitert den in § 138 I StPO genannten Kreis von Verteidigern um die **Angehörigen** der **steuerberatenden Berufe.** Diese können im Ermittlungsverfahren der FinBeh selbständig als Verteidiger tätig werden, iÜ sind sie zur Verteidigung nur in Gemeinschaft mit einem RA oder einem Rechtslehrer an einer deutschen Hochschule befugt. Mit Art 12g XI Nr 1 des 1. JustizmodernisierungsG v 24.8.2004 (BGBl I, 2198) wurde klargestellt, dass Rechtslehrer an deutschen Hochschulen, zu denen auch Fach-

hochschulen gehören, jedenfalls die Befähigung zum Richteramt vorweisen müssen. Anders die frühere Rspr (BVerwG NJW 75, 2356; 79, 1174; OLG Koblenz NStZ 81, 403), die Fachhochschullehrer im Hinblick auf deren anders gelagerten Bildungsauftrag und den begrenzten Wissenschaftsbezug von vornherein nicht zu den Rechtslehrern iSv § 138 I StPO zählte. Eine nach § 80 erteilte allgemeine Vollmacht reicht für die Wahl zum Verteidiger nicht aus, weil sich diese Vollmacht nur auf das StFestsetzungs- und das Erhebungsverfahren erstreckt. Voraussetzung für die selbständige Tätigkeit der Angehörigen der steuerberatenden Berufe ist, dass die *FinBeh das Strafverfahren selbständig durchführt* (vgl hierzu § 386 II). Dies ist zB der Fall im Strafbefehlsverfahren bis zum Übergang der Strafverfolgungskompetenz auf die StA, dh bis zum Einspruch oder zur Anberaumung der Hauptverhandlung, sowie im Verfahren über die Anordnung von Nebenfolgen und im selbständigen Verfahren nach § 401 bis zur Stellung des entsprechenden Antrags. IÜ können **nach § 138 II StPO auch andere Personen** als Rechtsanwälte und Hochschullehrer allein als Wahlverteidiger auftreten, wenn das Gericht dies genehmigt und kein Fall notwendiger Verteidigung gem § 140 StPO gegeben ist. Unter diesen Voraussetzungen ist es möglich, dass auch Angehörige der steuerberatenden Berufe in der Hauptverhandlung selbständig die Verteidigung durchführen (*Kohlmann/Hilgers-Klautzsch* § 392 AO Rz 41). Der Stpfl sollte es sich allerdings überlegen, ob ihm der StB im Strafverfahren nicht besser als Zeuge dienen kann (vgl *Bornheim* wistra 97, 214).

2. Alleinverteidigung durch Angehörige der steuerberatenden Berufe. 3
Die selbständige **Befugnis zur alleinigen Verteidigung endet** für die Angehörigen der steuerberatenden Berufe, mit Ausnahme der ohnehin zur Verteidigung in Strafsachen nach § 138 StPO zugelassenen RAe, in dem Augenblick, in dem die **StA** oder das **Gericht mit der Strafsache befasst** wird. Der Anwendungsbereich von § 1 II Nr 1 und § 33 S 2 StBerG, wonach das Tätigkeitsbild des StB auch die Hilfeleistung in StStraf- und Bußgeldsachen wegen einer StOWi umfasst, ist im Hinblick auf die Regelung in § 392 enger als der Wortlaut dieser Bestimmungen nahe legt. Da im Fall des Erlasses eines Strafbefehls das Gericht bereits mit der Sache befasst war (§ 408 III 1 StPO), sind StB und Steuerbevollmächtigte auch dann nicht befugt, als Alleinverteidiger gegen einen Strafbefehl Einspruch einzulegen, wenn gem § 401 die FinBeh den Antrag auf Erlass des Strafbefehls gestellt hatte (str; glA AG München v 11.4.2008, 1121 Cs 302 Js 52092/07, PStR 08, 206; *KKStPO/Maur* § 407 StPO Rz 31; *Reichling* wistra 16, 464; *RK/Rolletschke* § 392 AO Rz 19; *Rolletschke* StStrafrecht 4. Aufl Rz 750; aA *HHSp/Rüping* § 392 AO Rz 73 und *JJR/Randt* § 392 Rz 24 mit der Begründung, der Einspruch gegen den Strafbefehl gehöre noch in den Verfahrensabschnitt, in dem die FinBeh das Verfahren selbständig durchführt, und *Kohlmann/Hilgers-Klautzsch* § 400 AO Rz 166 mit der Begründung, der stl Berater lege den Einspruch als Vertreter des Beschuldigten ein). Im gerichtlichen Bußgeldverfahren über StOWi können Angehörige steuerberatender Berufe die Verteidigung nur in Gemeinschaft mit einem RA oder einem Rechtslehrer führen. Rechtsmittelerklärungen können sie allein nicht wirksam abgeben (OLG Hamm wistra 16, 43; OLG Hbg BB 81, 658; KG NJW 74, 916). Aus § 107 I StBerG, der sich nur auf berufsgerichtliche Verfahren bezieht, ergibt sich nichts anderes; für eine analoge Anwendung ist kein Raum (OLG Hamm wistra 16, 43).

3. Verteidigung. Der Beschuldigte kann sich des Beistandes eines Verteidigers bedienen (§ 137 I StPO). Solange die FinBeh aufgrund des § 386 II das Ermittlungsverfahren selbständig durchführt, kommen als Verteidiger außer Rechtsanwälten und Rechtslehrern (§ 138 I StPO) auch StB, Steuerbevollmächtigte, Wirtschaftsprüfer und vereidigte Buchprüfer in Betracht (§ 392 I AO). Ist ein StB selbst Beschuldiger, kann er sich nicht zu seinem eigenen Verteidiger bestellen (vgl *Reichling* wistra 16, 464 mwN). 5

6 Im steuerstrafrechtlichen Ermittlungsverfahren vor den FinBeh gilt auch für den StB das **Verbot der Mehrfachverteidigung** (§ 146 StPO), und zwar auch dann, wenn es um die Verteidigung von Ehegatten geht (*Weyand* wistra 88, 487). Zulässig ist dagegen die sog sukzessive Mehrfachverteidigung, dh die Übernahme oder Fortführung der Verteidigung des Beschuldigten, nachdem die des Mitbeschuldigten rechtskräftig abgeschlossen ist (BGH NStZ 94, 500; Meyer-Goßner/*Schmitt* § 146 StPO Rz 18). Für den Fall, dass der StB selbst der Beteiligung an der Tat verdächtigt wird, scheidet er entsprechend § 138a I Nr 1 StPO als Verteidiger aus.

7 Der gewählte Verteidiger hat sich auf Verlangen durch schriftliche **Vollmacht** auszuweisen, sofern der Beschuldigte die Bevollmächtigung nicht angezeigt hat oder er nicht zusammen mit dem Verteidiger erscheint.

8 Ist wegen der Schwere der erhobenen Vorwürfe oder wegen der Schwierigkeit der Sach- oder Rechtslage die Mitwirkung eines Verteidigers geboten, so hat der Beschuldigte – insbes, wenn er mangels finanzieller Mittel einen Wahlverteidiger nicht beauftragen kann – nach § 140 II StPO auch in amtsgerichtlichen Verfahren die Möglichkeit, sich durch einen von Amts wegen **beigeordneten Verteidiger** verteidigen zu lassen. Die Beiordnung geschieht durch den Vorsitzenden des zuständigen Gerichts. Ein Recht auf Beiordnung eines bestimmten Anwalts hat der Beschuldigte nicht (BVerfGE 39, 238). Gem § 142 I 2 StPO ist allerdings der vom Beschuldigten bezeichnete Verteidiger zu bestellen, wenn dem kein wichtiger Grund entgegensteht. Schon während des Vorverfahrens kann von der StA der Antrag auf Bestellung eines **Pflichtverteidigers** gestellt werden, wenn die Voraussetzungen des § 140 II StPO vorliegen. Zur Frage, wann bei einem Verfahren wegen StHinterziehung die Bestellung eines Pflichtverteidigers geboten ist, vgl OLG Celle wistra 86, 233 mit Anmerkung von *Molketin* und – zu pauschal – LG Essen StV 16, 15.

9 Das **Recht des Verteidigers zur Anwesenheit** besteht nicht nur bei einer richterlichen Vernehmung des Beschuldigten, sondern auch bei der richterlichen Vernehmung von Zeugen und Sachverständigen (§ 168c II StPO) und der richterlichen Augenscheinseinnahme (§ 168d I 1 StPO). Dies gilt auch für Auslandsvernehmungen in anderen EU-Mitgliedstaaten, da nach Art 4 EU-RhÜbk v 29.5.2000 für Rechtshilfeersuchen grds das Recht des ersuchenden Staates anzuwenden ist (BGH NStZ 07, 417). Bei Vernehmungen des Beschuldigten durch die StA oder BuStra hat der Verteidiger ebenso ein Anwesenheitsrecht (§§ 163a III 2, 168c I, V StPO), nicht dagegen bei Vernehmungen durch Polizei und Steufa (hM; *Meyer-Goßner/Schmitt* § 163 StPO Rz 16; s auch Nr 34 Abs 2 AStBV). Ihm kann jedoch, wie auch bei sonstigen Ermittlungshandlungen von BuStra und Steufa (zB Zeugenvernehmung, Durchsuchung), die Anwesenheit gestattet werden. Der anwesende Verteidiger hat ein Hinweis- und Fragerecht. Ungeeignete oder zusammenhanglose Fragen können jedoch zurückgewiesen werden. Ein Strafverteidiger darf, ohne sich dem Vorwurf einer Begünstigung auszusetzen, auch dann noch einen Freispruch anstreben, wenn er die Schuld des Angeklagten kennt, solange er sich jeder bewussten Verdunkelung des Sachverhalts und jeder Erschwerung der Strafverfolgung enthält und sich bei seinem Vorgehen auf verfahrensmäßig erlaubte Mittel beschränkt (BGHSt 2, 375, 377).

4. Akteneinsicht des Verteidigers

Schrifttum: *Wohlers/Schlegel* Zum Umfang des Rechts der Verteidigung auf Akteneinsicht gemäß § 147 I StPO, NStZ 10, 486; *Dornien* „Preisgabe" des Informanten: Elemente der Inquisition im Steuerstrafverfahren?, wistra 13, 374; *Gehm* Das Recht auf Akteneinsicht im Steuerstraf- sowie im Besteuerungsverfahren, StV 16, 185; *Lehmann* Einsicht in die Handakten der Staatsanwaltschaft?, GA 17, 36.

12 **Vor Abschluss der Ermittlungen** (§ 169a StPO) ist dem Verteidiger Einsicht in die Protokolle über die Vernehmungen des Beschuldigten, über richterliche

Untersuchungshandlungen, bei denen der Verteidiger anwesend sein darf, sowie in Sachverständigengutachten zu gewähren (§ 147 III StPO). Die Einsichtnahme in die übrigen Vorgänge sowie die Besichtigung von Beweisstücken kann verwehrt werden, wenn dies den Untersuchungszweck gefährden könnte (§ 147 II StPO).

Mit Abschluss der Ermittlungen ist dem Verteidiger uneingeschränkt Akteneinsicht zu gewähren und die Besichtigung von Beweisstücken zu gestatten. 13

Es gilt der „formelle Aktenbegriff" (BGHSt 30, 131, 138f; BGH StV 10, 228). Das Akteneinsichtsrecht erstreckt sich auf die Steufa-Akten ebenso wie auf die polizeilichen Spurenakten (BVerfGE 63, 45; BGHSt 30, 131) und die Vermerke des Außenprüfers über straf- oder bußgeldrechtliche Feststellungen (sog Rot- oder Grünbogen, dazu *Burkhard* StV 00, 526). Zu den Fallheften des Betriebsprüfers und des Steufa-Prüfers s ausführlich *Viertelhausen* wistra 03, 409, 413f. 14

Handakten sowie andere innerdienstliche Vorgänge, zB verwaltungsinterne Vermerke, die dem Gericht nicht vorgelegt werden, sind von der Akteneinsicht ausgeschlossen (vgl Nr 186 III RiStBV). Dies gilt jedoch nur, solange die Handakten keine be- bzw entlastenden Beweisstücke enthalten, die eigentlich dem Gericht gem § 199 II 2 StPO vorzulegen sind, sondern lediglich persönliche Aufzeichnungen der Vertreter der Strafverfolgungsbehörden, die die Beweisführung bzw Vorgehensweise betreffen; denn nur dann ist die Waffengleichheit gewährleistet. Sollen die Handakten der StA nicht dem uneingeschränkten Akteneinsichtsrecht der Verteidigung unterliegen, dürfen sie auch keine Unterlagen über in den Strafakten fehlende unmittelbar tatsachen- bzw rechtsfolgenrelevante Geschehnisse und Vorgänge beinhalten. Zusammenfassende Inhaltsangaben und Kurzübersetzungen abgehörter Telefongespräche sind keine internen Hilfs- und Arbeitsmittel der Polizei und unterliegen der Akteneinsicht (BGH StV 10, 228). 15

Das Akteneinsichtsrecht des Verteidigers **bezieht sich auf die vollständigen Akten und Aktenteile,** die die StA dem Gericht als möglicherweise bedeutsam für das Verfahren und die Entscheidung über die Schuld- und Straffrage zugeleitet hat, sowie solche, die das Gericht angelegt oder zur Erfüllung seiner Aufklärungspflicht (§ 244 II StPO) beigezogen hat. Es schließt auch die Einsicht in den **Auszug aus dem Bundeszentralregister** ein. Schließlich umfasst es nicht nur die Akten, die die StA dem Gericht mit der Anklageerhebung vorgelegt hat (§ 199 II 2 StPO), sondern auch alle sonstigen verfahrensbezogenen Vorgänge, die zu den Akten genommen worden sind, einschl sämtlicher Beiakten (vgl BGHSt 30, 131, 138; BVerfG NStZ 83, 131; *Meyer-Goßner/Schmitt* § 147 StPO Rz 15; s auch Nr 186 RiStBV). Sind dem Gericht zwischen Eröffnungsbeschluss und Hauptverhandlung oder während laufender Hauptverhandlung durch Polizei oder StA neue verfahrensbezogene Ermittlungsergebnisse zugänglich gemacht worden, ergibt sich für das Gericht aus dem Gebot der Verfahrensfairness (Art 6 MRK iVm § 147 StPO) die Pflicht, dem Angeklagten und seinem Verteidiger durch eine entsprechende Unterrichtung Gelegenheit zu geben, sich Kenntnis von den Ergebnissen dieser Ermittlungen zu verschaffen. Eines derartigen Hinweises bedarf es auch dann, wenn das Gericht die Ergebnisse nicht für entscheidungserheblich hält; denn es muss den übrigen Verfahrensbeteiligten überlassen bleiben, selbst zu beurteilen, ob es sich um relevante Umstände handelt (BGH NStZ 17, 549 mit Anm *Tully* NStZ 17, 550). 16

Auch die von den Ermittlungsbehörden sichergestellten (elektronisch gespeicherten) **Daten und Programme** auf Festplatten, Disketten und anderen Speichermedien unterliegen dem Akteneinsichtsrecht des Verteidigers. Zu weitgehend allerdings *Burkhard* DStR 02, 1794, der auch zum eigenen Gebrauch des Ermittlers erstellte Dateien und sogar die EDV des FA vom Akteneinsichtsrecht erfasst sehen will. Im Ergebnis liefe dies auf ein auf Misstrauen ggü den Ermittlungsbehörden gegründetes Durchsuchungsrecht des Verteidigers hinaus. 17

Das Akteneinsichtsrecht erstreckt sich **nicht** auf **persönliche Mitschriften** der Richter aus der Hauptverhandlung, die lediglich dem Gericht selbst dienen sollen 18

(OLG Karlsruhe NStZ 82, 299). Gerichtsinterne Akten unterliegen nur dann dem Akteneinsichtsrecht, wenn sie bewusst zu den Akten genommen werden; es reicht nicht, wenn sie lediglich versehentlich zu den Akten gelangen. Die Polizei ist verpflichtet, ihre „Verhandlungen" der StA zu übersenden, dh die von ihr angelegten Vorgänge der StA zumindest auf Anforderung zugänglich zu machen. Eine entsprechende Verpflichtung der StA ggü dem Gericht besteht nicht. Diese muss vielmehr prüfen, was sie zum Bestandteil der Akten gegen den Beschuldigten macht. Sie darf kein be- oder entlastendes Material zurückhalten, aber auch kein bedeutungsloses Material in den Akten belassen. Zum Grundsatz der Aktenvollständigkeit s *Meyer-Goßner/Schmitt* § 147 StPO Rz 14 mwN. Keine Akteneinsicht ist zu gewähren in Akten, deren Beiziehung lediglich angeordnet wurde, die aber tatsächlich nicht beigezogen wurden (BGHSt 49, 317).

19 Aus § 147 I StPO ergibt sich die **Befugnis des Verteidigers,** die **Akten,** die dem Gericht vorliegen oder diesem im Falle der Anklage vorzulegen wären, einzusehen sowie amtlich verwahrte **Beweisstücke** zu besichtigen.

20 Zu Verteidigungszwecken darf der Verteidiger **dem Beschuldigten mitteilen,** was er aus den Akten und Beweismitteln erfahren hat. Er darf auch Aktenauszüge und Abschriften dem Mandanten überlassen (BGHSt 29, 99, 102). Auch hier gilt indes, dass dadurch der Untersuchungszweck nicht gefährdet werden darf, zB bei einer bevorstehenden Durchsuchung (*Meyer-Goßner/Schmitt* § 147 StPO Rz 20f). In diesem Fall kann allerdings bereits dem Verteidiger die Akteneinsicht versagt werden (vgl § 147 II StPO). Auch bei Gefährdung des Untersuchungszwecks darf aber dem Verteidiger die Akteneinsicht in die in § 147 III StPO aufgeführten Schriftstücke nicht verweigert werden.

21 Der **Beschuldigte selbst** hat nach § 147 IV StPO dann, wenn er keinen Verteidiger hat, die Befugnis, die Akten einzusehen und unter Aufsicht amtlich verwahrte Beweisstücke zu besichtigen, soweit der Untersuchungszweck – auch in einem anderen Strafverfahren – nicht gefährdet werden kann und überwiegende schutzwürdige Interessen Dritter nicht entgegenstehen. Anstelle der Einsichtnahme in nicht elektronisch geführte Akten, können dem Beschuldigten auch Kopien aus den Akten bereitgestellt werden. Mit dieser mWv 1.1.2018 eingeführten Regelung (BGBl I 2017, 2208) gewährt der Gesetzgeber dem nicht verteidigten Beschuldigten zur Gewährleistung eines fairen Verfahrens (vgl BT-Drs 18/9416, 60) ein unmittelbares Einsichtsrecht in die Akten (s dazu auch *Satzger/Schluckebier/Widmaier/Beulke,* StPO, 3. Aufl 2017, § 147 Rz 48).

25 Der **Antrag** auf Akteneinsicht ist an die BuStra, nicht an die Steufa zu richten, nach Abgabe an die StA an diese. Es stellt einen Verstoß gegen Art 103 I GG dar, wenn die dem Verteidiger nach § 147 III StPO zustehende Akteneinsicht verweigert wird oder der Beschuldigte mit der Sachentscheidung überrascht wird, ohne dass vorher über den Antrag auf Akteneinsicht entschieden worden ist (BVerfG NJW 65, 1171).

26 Im **vorbereitenden Verfahren** entscheidet die StA auch dann über die Gewährung der Akteneinsicht, wenn sich die Akten zu einer richterlichen Handlung bei Gericht befinden (OLG Hamm NStZ 82, 348). Darüber hinaus entscheidet die StA nach rechtskräftigem Abschluss des Verfahrens. In den sonstigen Fällen liegt die Zuständigkeit beim Vorsitzenden des mit der Sache befassten Gerichts (§ 147 V 1 StPO).

30 **Rechtsschutz gegen die Versagung der Akteneinsicht** seitens der StA kann durch Beantragung einer gerichtlichen Entscheidung nach Maßgabe von § 147 V 2 StPO in drei Fällen erlangt werden: nämlich nachdem die StA den Abschluss der Ermittlungen in den Akten vermerkt hat, in den Fällen des § 147 III StPO und bei Inhaftierung bzw Unterbringung des Beschuldigten. IÜ ist lediglich der Rechtsbehelf der Dienstaufsichtsbeschwerde gegeben. Ein Antrag nach § 23 EGGVG kommt nur noch bei Verweigerung der Einsichtnahme in Spurenakten in Betracht (*Meyer-Goßner/Schmitt* § 147 StPO Rz 40; vgl auch OLG Rostock wistra 15, 446

mit Anm *Gehm* StV 16, 185). Nach BVerfG NJW 94, 573 ist dem Beschuldigten diese vorübergehende Einschränkung des Rechtsschutzes zuzumuten. Wird die Akteneinsicht in der Hauptverhandlung durch Gerichtsbeschluss versagt, kann dies, wenn dadurch die Verteidigung unzulässig beschränkt wird, auch mit der Revision gerügt werden (§ 338 Nr 8 StPO). Zu den Anforderungen an die Revisionsbegründung bei der Rüge der Beschränkung der Verteidigung wegen fehlender Akteneinsicht s BGH wistra 10, 232.

Lehnen FA und OFD nach **Einstellung** eines StStrafverfahrens die Einsichtnahme in eine vom FA geführte Akte ab, in der im Wesentlichen die Ermittlungsergebnisse einer Steufa-Prüfung enthalten sind, so ist für die hiergegen gerichtete Klage der **Finanzrechtsweg** gegeben (BFH BStBl II 77, 318). 31

5. Akteneinsicht in sonstigen Fällen. Will die FinBeh Akteneinsicht gewähren, hat sie zunächst zu prüfen, ob sich aus den Akten Verhältnisse anderer Personen ergeben, die dem **StGeheimnis** unterliegen. Haben die betroffenen Personen die FinBeh nicht von der Wahrung des StGeheimnisses entbunden, ist eine Offenbarung und somit eine Einsichtnahme nur zulässig, soweit die Beweisstücke der StA oder dem Gericht vorgelegt werden (§ 30 IV Nr 1; vgl dazu § 386 Rz 14). 35

Sachverständigen kann die StA bzw BuStra Akteneinsicht und Besichtigung der Beweismittel nach pflichtgemäßem Ermessen gewähren (§ 80 II StPO). 36

Die Gewährung von **Akteneinsicht an Dritte** im Strafverfahren ist umfassend in den §§ 474 ff StPO geregelt; Akteneinsicht ist nach § 475 II StPO bei Privaten (über einen RA) die Ausnahme, die Auskunftserteilung nach § 475 IV die Regel (*Meyer-Goßner/Schmitt* § 475 StPO Rz 4, 7). Zu den sonstigen Fällen vgl *Meyer-Goßner/Schmitt* § 478 StPO Rz 4. S iÜ ausführlich Nr 182 ff RiStBV.

Auch einem **Zeugen,** der nicht Verletzter ist (vgl § 406e StPO), kommt über seinen Anwalt ein Akteneinsichtsrecht allenfalls als Privatperson iSd § 475 StPO zu; ein „berechtigtes Interesse" wird allerdings zumeist nicht vorliegen (vgl OLG Ddorf NJW 02, 2806); der Ausschluss eines persönlichen Akteneinsichtsrechts in den §§ 406e, 475 StPO ist verfassungsrechtl nicht zu beanstanden (BVerfG NJW 03, 883). Der anwaltliche Zeugenbeistand leitet seine Rechtsstellung aus der des Zeugen ab; er hat keine eigenen Rechte als Verfahrensbeteiligter und keine weitergehenden Befugnisse als der Zeuge selbst (OLG Ddorf aaO). **Verletzte** (§ 406e I StPO) und Privatkläger (§ 385 III) haben über ihre Anwälte ein Akteneinsichtsrecht. Ein Verletzter, der nicht durch einen RA vertreten wird, ist selbst befugt die Akten einzusehen und amtlich verwahrte Beweisstücke unter Aufsicht zu besichtigen (§ 406e III). 37

6. Gemeinschaftliche Verteidigung. Die gemeinschaftliche Verteidigung mit einem RA (Abs 1 HS 2) ist nicht von einer Genehmigung abhängig, soweit StStrafsachen betroffen sind. Der stl Berater hat insoweit die gleichen Rechte wie der RA, das Recht auf Akteneinsicht (§ 147 StPO) sowie das Recht, Erklärungen in der Hauptverhandlung abzugeben (§ 257 II StPO). Erfasst das Verfahren auch Nichtsteuerstraftaten, bedarf die gemeinschaftliche Verteidigung mit einem RA insoweit der gerichtlichen Genehmigung gem § 138 II StPO, die im pflichtgemäßen Ermessen des Gerichts steht. Nach Auffassung des LG Hildesheim (DStR 10, 1592) soll die Zulassung erfolgen, wenn die anderen Straftaten in einem engen Zusammenhang mit den StStraftaten stehen, wie etwa bei Vorenthalten von Arbeitsentgelt und LSt-Hinterziehung. Zur Kostenerstattung bei gemeinschaftlicher Verteidigung von Rechtsanwalt und StB vgl § 408 Rz 3. 40

§ 393 Verhältnis des Strafverfahrens zum Besteuerungsverfahren

(1) [1]**Die Rechte und Pflichten der Steuerpflichtigen und der Finanzbehörde im Besteuerungsverfahren und im Strafverfahren richten sich nach den für das jeweilige Verfahren geltenden Vorschriften.** [2]**Im Besteuerungsverfahren**

sind jedoch Zwangsmittel (§ 328) gegen den Steuerpflichtigen unzulässig, wenn er dadurch gezwungen würde, sich selbst wegen einer von ihm begangenen Steuerstraftat oder Steuerordnungswidrigkeit zu belasten. [3]Dies gilt stets, soweit gegen ihn wegen einer solchen Tat das Strafverfahren eingeleitet worden ist. [4]Der Steuerpflichtige ist hierüber zu belehren, soweit dazu Anlass besteht.

(2) **[1]Soweit der Staatsanwaltschaft oder dem Gericht in einem Strafverfahren aus den Steuerakten Tatsachen oder Beweismittel bekannt werden, die der Steuerpflichtige der Finanzbehörde vor Einleitung des Strafverfahrens oder in Unkenntnis der Einleitung des Strafverfahrens in Erfüllung steuerrechtlicher Pflichten offenbart hat, dürfen diese Kenntnisse gegen ihn nicht für die Verfolgung einer Tat verwendet werden, die keine Steuerstraftat ist. [2]Dies gilt nicht für Straftaten, an deren Verfolgung ein zwingendes öffentliches Interesse (§ 30 Abs. 4 Nr. 5) besteht.**

(3) **[1]Erkenntnisse, die die Finanzbehörde oder die Staatsanwaltschaft rechtmäßig im Rahmen strafrechtlicher Ermittlungen gewonnen hat, dürfen im Besteuerungsverfahren verwendet werden. [2]Dies gilt auch für Erkenntnisse, die dem Brief-, Post- und Fernmeldegeheimnis unterliegen, soweit die Finanzbehörde diese rechtmäßig im Rahmen eigener strafrechtlicher Ermittlungen gewonnen hat oder soweit nach den Vorschriften der Strafprozessordnung Auskunft an die Finanzbehörden erteilt werden darf.**

Abs 3 angefügt durch JStG 2008 v 20.12.07 (BGBl I, 3150).

Schrifttum: *vor 2010 s 13. Aufl; Wulf/Ruske* Steine statt Brot – Die Feststellung der Verfassungswidrigkeit von § 393 II 2 AO ist aufgeschoben, Stbg, 10, 443; *Aue* Steuergeheimnis im Strafverfahren?, PStR 11, 29; *Kindler* Zu den Folgen eines Prüferfehlverhaltens nach § 10 BpO für das Steuerstrafverhalten, PStR 11, 44; *Pflaum* Voraussetzungen der Durchbrechung des Steuergeheimnisses zur Durchführung von Disziplinarverfahren, wistra 11, 55; *Madauß* Reichweite der Mitteilungspflicht nach § 4 Nr 5 S 1 Nr 10 S 3 EStG und Korruptionsbekämpfung, NZWiSt 13, 176; *Meyer-Mews* Reden ist Silber – Schweigen strafbar?, DStR 13, 161; *Jesse* Das Nebeneinander von Besteuerungs- und Steuerstrafverfahren, DB 13, 1803; *Kasiske* Tatbegriff und Zwangsmittelverbot bei wiederholter Steuerhinterziehung, HRRS 13, 225; *ders* Die Selbstbelastungsfreiheit bei verdeckten Befragungen des Beschuldigten, StV 14, 423; *Madauß* Außenprüfung und Steuerstrafverfahren, NZWiSt 14, 296; *Mellinghoff* Grundsätze und Grenzen im Besteuerungs- und Steuerstrafverfahren, Stbg 14, 97; *Rütters* Behördliche Mitteilungen nach § 31a AO und Freiheit vom Zwang zur Selbstbelastung, wistra 14, 378; *Spilker* Abgabenrechtliches Mitwirkungssystem im Spannungsverhältnis mit dem Nemo-tenetur-Grundsatz, DB 16, 1842; *Rudolph* Nemo tenetur und die Verwertbarkeit von Geschäftsunterlagen, StraFo 17, 183; *Schinkel* Strafprozessuale Verwendungsverbote, 2017; *Meyer-Mews* Verbrauchsteuerhinterziehung im Lichte des Nemo-tenetur-Grundsatzes, StraFo 18, 177.

Weiteres Schrifttum s vor Rz 60.

Übersicht

1. Inhalt. Die Vorschrift regelt das **Verhältnis** des **Besteuerungs-** zum **Steuerstrafverfahren.** Aus ihr ergibt sich, dass das Besteuerungsverfahren neben dem StStrafverfahren weiterläuft und beide Verfahren grds gleichrangig sind (vgl *HHSp/Hellmann* § 393 AO Rz 11 ff). Nur die Rechtsstellung des Stpfl ist verschieden, je nachdem, ob die Ermittlungen im Interesse der Besteuerung oder der Strafverfolgung geführt werden. Beide Verfahren lassen sich in der Praxis nur schwer voneinander trennen, zumal die Ermittlungen meist von denselben Beamten durchgeführt werden. Nach § 208 I sind die StFahnder nicht nur für die Erforschung von Straftaten (Nr 1), sondern auch für die Ermittlung der Besteuerungsgrundlagen in diesen Fällen (Nr 2) zuständig. Der Stpfl hat zwar im Strafverfahren das Recht, jede Aussage zur Sache zu verweigern (vgl insbes §§ 136 I 2, 163a III, IV StPO). Im Besteuerungsverfahren bleibt er aber auch nach Einleitung eines Strafverfahrens zur Mitwirkung weiter verpflichtet (vgl insbes §§ 90, 93 ff, 200); seine Mitwirkung kann nur nicht erzwungen werden (§ 393 I 2, 3). Praktisch läuft diese Regelung darauf hinaus, dass der Stpfl auch im Besteuerungsverfahren ein Auskunftsverweigerungsrecht hat; jedoch können, weil die Mitwirkungspflicht rechtl weiter bestehen bleibt, aus der Tatsache, dass er nicht mehr mitwirkt, gegen ihn stl nachteilige Folgerungen im Rahmen der Beweiswürdigung gezogen werden, zB im Rahmen einer Schätzung (§ 162; s auch Rz 20). Würde man in diesen Fällen die Mitwirkungspflicht des Stpfl beseitigen, so dürften, da ja keine Mitwirkungspflicht verletzt wird, gegen den Stpfl keine belastenden Unterstellungen vorgenommen werden. Das würde bedeuten, dass der strafrechtliche Grundsatz „im Zweifel für den Angeklagten" auch im steuerlichen Ermittlungs- und Aufsichtsverfahren gelten würde. Damit würde der Stpfl, der zugleich Beschuldigter ist, ggü den ehrlichen Stpfl bessergestellt werden. 1

Die Problematik dieser Vorschrift liegt darin, dass der Stpfl grds ggü der FinBeh eine **Offenbarungspflicht** hat. Eine solche Pflicht hätte er zB nicht, wenn er einem Polizisten gegenübertreten würde. Damit stellt sich im Besteuerungsverfahren in besonderem Maße das Problem, ob und wann der Stpfl über seine Rechte **belehrt** werden muss, wenn der Prüfer einen strafrechtl beachtlichen Sachverhalt entdeckt. Die Trennlinie zwischen der Tätigkeit als Betriebsprüfer und dem Beginn der Verfolgung einer **strafbaren Handlung** ist außerordentlich schwer zu ziehen. Im Allgemeinen wird man sagen können, dass Fragen des Betriebsprüfers, die dazu dienen, die Bp abzuschließen, dem Besteuerungsverfahren zuzurechnen sind. Erforscht dagegen der Prüfer die subjektive Seite eines möglicherweise strafrechtl relevanten Sachverhalts, liegt darin bereits ein Vorgehen mit strafrechtlicher Zielrichtung, wenn der Betriebsprüfer bereits den Verdacht einer Steuerstraftat geschöpft hat (vgl dazu *JJR/Jäger* § 397 Rz 68, 86). Die Gefahr, dass der Stpfl gezwungen wird, sich selbst wegen einer StStraftat zu bezichtigen, ist allerdings nicht 2 sehr groß. IdR wird der Stpfl wissen, wann eine derartige Gefahr besteht und sich entsprechend verhalten. Er wird mit großer Wahrscheinlichkeit alles vermeiden wollen, was einen strafrechtlichen Verdacht auf ihn lenken könnte. Insofern wird er insbes bei Fragen, die auf die subjektive Seite der Tat gerichtet sind, sich über die Bedeutung seiner Aussagen im Klaren sein.

5 **2. Unzulässigkeit von Zwangsmitteln (Abs 1).** Verboten ist die Anwendung von Zwangsmitteln nicht erst nach Einleitung des Strafverfahrens, sondern bereits dann, wenn der Stpfl gezwungen würde, sich selbst wegen einer von ihm begangenen StStraftat oder StOWi zu belasten (§ 393 I 2). Die Verpflichtung zur Mitwirkung in Bezug auf nicht steuerliche Straftaten bleibt dagegen bestehen; denn insoweit wird der Stpfl regelmäßig durch das StGeheimnis (§ 30) vor nachteiligen nicht steuerlichen Folgen geschützt. Zu der Problematik, die sich für den Stpfl durch die Möglichkeiten der Durchbrechung des StGeheimnisses ergeben können s § 30 Rz 161 ff. Teilt der Stpfl strafbare Handlungen, die stl von Bedeutung sind, zB Wirtschaftsstraftaten, dem FA mit, ist er durch die Regelung über das StGeheimnis vor einer Weitergabe dieser Kenntnisse an die Strafverfolgungsbehörden geschützt, sofern es sich nicht um gravierende Wirtschaftsstraftaten iSd § 30 IV Nr 5b handelt (dazu *JJR/Joecks* § 393 Rz 109 ff); werden solche Tatsachen erst durch ein StStraf- oder Bußgeldverfahren aufgedeckt, steht deren Weitergabe an die Strafverfolgungsbehörden nach § 30 IV Nr 4a zur Durchführung eines Strafverfahrens dagegen nichts entgegen.

6 Die Gefahr, dass zB ein Prüfer die Einleitung des StStrafverfahrens bewusst hinauszögert, um sich die Möglichkeit der Anwendung von Zwangsmitteln nach der AO zu erhalten, dürfte im Hinblick auf das Verbot der Anwendung von Zwangsmitteln nicht gegeben sein. Gleichwohl werden nicht selten Ermittlungsverfahren deswegen zu spät eingeleitet, weil der Betriebsprüfer eine laufende Außenprüfung nicht abbrechen will, wozu er aber nach § 10 I 1 BpO beim Verdacht einer StStraftat verpflichtet ist (s dazu *JJR/Jäger* § 397 Rz 86 sowie *Kindler* PStR 11, 44).

7 **Betretungs- und Besichtigungsrechte** dürfen wahrgenommen werden, auch die Durchführung einer Nachschau nach § 210 I ist durch Abs 1 S 2 nicht ausgeschlossen. Denn der Stpfl belastet sich durch die Erduldung solcher Maßnahmen nicht unmittelbar selbst wegen einer StStraftat; zweifelnd *JJR/Joecks* § 393 Rz 25.

8 Schwer zu beantworten ist die Frage, wie zu verfahren ist, wenn die FinBeh gar nicht erkennt, dass sich der Stpfl uU durch die Beantwortung einer Frage wegen einer StStraftat selbst belasten würde und daher dem untätigen Stpfl mit der Festsetzung eines Zwangsgeldes droht. Es erscheint angebracht, den Stpfl bereits bei der Androhung eines Zwangsgeldes stets über die sich aus § 393 I ergebende Rechtslage zu belehren. Der Stpfl müsste zumindest erklären, aus welchen Gründen er seine Mitwirkung verweigert; hierbei dürfen aber an den Inhalt einer solchen Erklärung keine zu hohen Anforderungen gestellt werden; denn es wäre mit der Regelung nicht vereinbar, wenn sich der Stpfl allein durch diese Erklärung wegen einer StStraftat belasten müsste.

10 **3. Verbot des Zwangs zur Selbstbelastung.** § 393 I 2–4 dient der Umsetzung des sich aus dem Grundgesetz ergebenden **Grundsatzes des Verbots des Zwangs zur Selbstbelastung** (Nemo-tenetur-Grundsatz), der dem Staat untersagt, den Rechtsunterworfenen zu einer Aussage zu zwingen, mit der er sich wegen einer von ihm begangenen StStraftat oder StOWi selbst belasten müsste (BVerfG wistra 88, 302; s auch Art 14 III des Internationalen Pakts über bürgerliche und politische Rechte, BGBl II 73, 1553). Da § 393 nicht alle denkbaren Fallkonstellationen erfasst, hat der BGH ausgehend von der Entscheidung in BGHSt 47, 8 einige Grundsätze zur Bedeutung und Reichweite des Nemo-tenetur-Grundsatzes im StStrafrecht aufgestellt (vgl zusammenfassend BGH NJW 05, 763 und *Jäger* NStZ 05, 552, 556 mwN sowie Rz 32).

a) Zwangsmittelverbot. Unzulässig iSd § 393 I 2 sind im Besteuerungsverfahren bei drohender Selbstbelastung nur die in § 328 erwähnten **spezifischen Zwangsmittel** (Zwangsgeld, Ersatzvornahme und unmittelbarer Zwang). Demgemäß verstößt eine von der FinBeh im Einspruchsverfahren gesetzte Ausschlussfrist nach § 364b entgegen *Streck/Spatscheck* (wistra 98, 339) nicht gegen das Zwangsmittelverbot, mag auch die Situation des sich gegen eine überhöhte Schätzung wehrenden Stpfl der Aufforderung zur Mitwirkung unter Zwangsmittelandrohung vergleichbar sein. Anderenfalls würde bereits der bloße Hinweis der FinBeh, mangels näherer Begründung des Einspruchs eine Entscheidung nach Aktenlage zu treffen, einen Verstoß gegen § 393 I 2 darstellen. Die Überprüfung des auf einer Schätzung beruhenden StBescheids hätte dann nach § 363 im sachferneren Strafverfahren zu erfolgen (dafür aber *Streck/Spatscheck* wistra 98, 340). 11

Das Verbot der Anwendung von Zwangsmitteln greift nur ein, wenn sich der Stpfl **selbst** wegen einer von ihm begangenen StStraftat **belasten** würde. Das Verbot gilt also nicht, wenn er zB einen seiner Angehörigen belasten würde; dies gilt jedenfalls, soweit der Stpfl in seiner Eigenschaft als Stpfl und nicht als Dritter um Auskunft ersucht wird. Verlangt zB ein Prüfer vom Stpfl Auskunft über bestimmte Geschäftsbeziehungen und müsste der Stpfl durch die Auskunft seinen Angehörigen wegen einer von diesem begangenen StStraftat belasten, so gilt das Verbot der Anwendung von Zwangsmitteln nicht. Der Stpfl könnte mit den Mitteln des Verwaltungszwangs, zB durch die Auferlegung eines Zwangsgeldes, gezwungen werden, die verlangte Auskunft zu geben. Hierbei ist allerdings zu beachten, dass die FinBeh möglicherweise durch die Anwendung von Zwangsmitteln das ihr eingeräumte pflichtgemäße Ermessen überschreitet; denn die Mitwirkungspflicht des Stpfl findet ihre Grenze in der Zumutbarkeit im Einzelfall (vgl §§ 90, 328 II). 12

Das Zwangsmittelverbot des § 393 I 2 greift auch dann nicht ein, wenn dem Stpfl die **Möglichkeit der** strafbefreienden **Selbstanzeige** (§ 371) offen steht und keiner der die Straffreiheit ausschließenden Sperrgründe des § 371 II vorliegt (BGH wistra 09, 465, 466; BFH wistra 12, 278). In dieser Situation besteht zwar keine Pflicht zur Abgabe einer Selbstanzeige; die Möglichkeit, durch eine Selbstanzeige aus eigener Kraft Straffreiheit erlangen zu können, beseitigt jedoch die Konfliktlage, mit wahrheitsgemäßen Angaben zu einer Selbstbelastung wegen einer verfolgbaren Tat gezwungen zu sein (*JJR/Joecks* § 393 Rz 23). 13

b) Zwangsmittel nach AO und StPO. Das **strafprozessuale Recht** des Beschuldigten, jede Auskunft zur Sache zu verweigern (§ 136 I 2 StPO), würde dem Stpfl kaum etwas nützen, wenn die FinBeh jederzeit auf die allgemeinen Vorschriften über die Mitwirkungspflichten des Stpfl zurückgreifen könnte, also den Stpfl unter Hinweis auf diese auch im StStrafverfahren weiter bestehenden Pflichten zur Mitwirkung zwingen könnte. Daher bestimmt Abs 1 S 3, dass die Mitwirkungspflicht des Stpfl vom Zeitpunkt der Einleitung des StStrafverfahrens an nicht mehr erzwungen werden kann. Vor Einleitung des Strafverfahrens ist der Stpfl in einer ganz ähnlichen Situation wie der zeugnis- bzw aussageverweigerungsberechtigte Zeuge. Es liegt daher nahe, bzgl der Gründe für die Verweigerung der Mitwirkung wie dort (§§ 52, 53, 55 StPO) Glaubhaftmachung ausreichen zu lassen (so auch *HHSp/Hellmann* § 393 AO Rz 100). Das Verbot der Anwendung von Zwangsmitteln schließt auch die Androhung von Zwangsmitteln aus, zB Androhung von Zwangsgeld. Ist das Strafverfahren nur wegen eines bestimmten Sachverhalts eingeleitet worden, zB wegen nicht erfasster Kasseneinnahmen, so können wegen der anderen Sachverhalte, die nicht Gegenstand des Strafverfahrens sind, weiterhin Zwangsmittel angewendet werden. Dies gilt aber nur insoweit, als nicht § 393 I 2 eingreift, dh soweit sich der Stpfl nicht durch seine Mitwirkung wegen einer von ihm begangenen weiteren StStraftat oder StOWi belasten würde. 14

Das Gesetz schließt nur die Anwendung von **Zwangsmitteln** des **Besteuerungsverfahrens** aus; die Anwendung von strafprozessualen Zwangsmitteln gegen 15 den Stpfl wird dagegen nicht gehindert, soweit die StPO derartige Zwangsmittel zulässt, zB Durchsuchung, Beschlagnahme usw.

17 **c) Freiwillige Mitteilungen.** Alles, was der Stpfl trotz der Regelung in § 393 für Zwecke des Besteuerungsverfahrens **freiwillig** mitteilt, kann auch für das StStrafverfahren verwendet werden und umgekehrt.

19 **d) Folgen der Nichtmitwirkung.** Nur die Anwendung von Zwangsmitteln ist verboten, dagegen bleiben rechtl die steuerlichen Mitwirkungspflichten bestehen (BFH wistra 15, 479). Das kann sich bei der **Beweiswürdigung** im Besteuerungsverfahren auswirken. Verfassungsrechtl dürften gegen diese rechtliche Folgerung keine Bedenken bestehen. Nur die mit Zwang durchsetzbare Auskunftspflicht ist als Eingriff in die Handlungsfreiheit und als Beeinträchtigung des Persönlichkeitsrechts iSd Art 2 I GG zu beurteilen (BVerfG NJW 81, 1431 = BVerfGE 56, 37 – Gemeinschuldnerbeschluss). Ein Zwang zur Aussage besteht wegen § 393 aber gerade nicht.

20 Kommt der Stpfl nicht mit Zwang durchsetzbaren steuerlichen Mitwirkungspflichten nicht nach, kann dies aber, ungeachtet des im Besteuerungsverfahren geltenden Untersuchungsgrundsatzes, zu einem steuerlichen Nachteil für den Stpfl führen, wenn es zu einer **Schätzung** gem § 162 kommt. Da Schätzungen „mit Sanktionscharakter" nicht zulässig sind (vgl *HHSp/Hellmann* § 393 AO Rz 76), stellt die Möglichkeit der Schätzung als solche keinen verbotenen Zwang zur Selbstbelastung dar (aA *Streck/Spatscheck* wistra 98, 340; dagegen *Hellmann* aaO).

21 Demgemäß ist auch die **Androhung** einer Schätzung keine **„Zwangs"**-Ausübung; denn der StHinterzieher darf stl nicht besser gestellt werden als der StEhrliche. Von einem Zwang zur Selbstbezichtigung könnte allenfalls dann gesprochen werden, wenn die FinBeh die Androhung einer **bewusst zu hohen Schätzung** (Strafschätzung) einsetzt, um den Stpfl zur Mitwirkung zu veranlassen.

22 Das Gesetz selbst sieht in § 393 I 4 vor, dass der Stpfl über die Rechtslage, die sich aus der Regelung des Abs 1 ergibt, **zu belehren** ist, soweit dazu Anlass besteht. Wenn die FinBeh den Stpfl daher auf die Möglichkeit einer belastenden Schätzung hinweist, erfüllt sie nur eine sich aus dem Gesetz ergebende Verpflichtung. Vgl hierzu Nr 29 S 5 AStBV, wonach der Eindruck vermieden werden soll, dass durch die Berücksichtigung der Mitwirkungsverweigerung im Besteuerungsverfahren und durch die Möglichkeit der Schätzung Druck auf den Stpfl ausgeübt werden soll. Der wirtschaftliche Druck einer evtl ungünstigen Schätzung ist kein verbotener Zwang zur Selbstbezichtigung.

23 Auch die Aufforderung zur Abgabe einer **eidesstattlichen Versicherung** im Rahmen einer Vermögensauskunft nach § 284 gehört nicht zu den unzulässigen Zwangsmitteln zur Durchsetzung einer Mitwirkung gem § 393 I 2 (BFH wistra 02, 191; BGH wistra 12, 482). Das BVerfG nimmt eine Verletzung des Grundsatzes der Selbstbezichtigungsfreiheit nur dann an, wenn strafrechtl verwertbare Aussagen unter staatlichem Zwang erlangt werden (NJW 05, 352). Dies ist aber nach Abs 1 S 2 und 3 gerade nicht der Fall.

24 Die in den jeweiligen Gesetzen vorgesehenen Maßnahmen des **Verwaltungsrechts,** wie zB Untersagungsverfügungen, Nichterteilung von Genehmigungen usw, dürfen getroffen werden. Dabei kann die Berufung auf das Auskunftsverweigerungsrecht für das Verwaltungsverfahren durchaus negativ gewürdigt werden. Die Auskunftsverweigerungsrechte schließen staatlichen Zwang bei Gefahr der Strafverfolgung aus, gewähren aber nicht Schutz vor anderen Rechtsnachteilen. Art 2 I GG schreibt keinen lückenlosen Schutz gegen staatlichen Zwang zur Selbstbezichtigung ohne Rücksicht darauf vor, ob schutzwürdige Belange Dritter beeinträchtigt werden.

26 **e) Nemo-tenetur-Grundsatz.** Unzumutbar und mit der Würde des Menschen unvereinbar wäre ein Zwang, durch eigene Aussagen die **Voraussetzungen für eine strafgerichtliche Verurteilung** oder die Verhängung entsprechender

Sanktionen **liefern zu müssen** (Freiheit von Zwang zur Selbstbelastung/Nemo-tenetur-Grundsatz; dazu BVerfG wistra 88, 302). Allerdings kennt die Rechtsordnung kein ausnahmsloses Gebot, dass niemand zu Auskünften gezwungen werden darf, durch die er eine von ihm begangene strafbare Handlung offenbaren muss, sofern seine Aussage nicht gegen ihn in einem Strafverfahren verwendet wird (BVerfGE 56, 37). Daher ist der Stpfl zur wahrheitsgemäßen Erklärung ohne Rücksicht auf die mögliche Aufdeckung von Straftaten und OWi verpflichtet, wenn seine erzwungenen Angaben in einem Strafverfahren nicht gegen ihn verwendet werden können.

Die **strafbewehrte Pflicht** zur Abgabe einer StErklärung ist aber dann **suspendiert,** wenn dem an der Tat Beteiligten oder seinem Vertreter die Einleitung eines StStrafverfahrens bekannt gegeben wird (vgl BGH NStZ-RR 99, 218). Eine Verfahrenseinleitung, von der der Tatbeteiligte und sein Vertreter keine Kenntnis haben, genügt nicht (BGH wistra 09, 465; 10, 312). Voraussetzung für die Suspendierung der Strafbewehrung ist allerdings, dass der Stpfl durch eine Selbstanzeige keine Straffreiheit mehr erlangen kann (BGH wistra 09, 465). Er ist daher solange strafbewehrt zur Abgabe einer wahrheitsgemäßen StErklärung verpflichtet, wie ihm die Möglichkeit einer strafbefreienden **Selbstanzeige** (§ 371) offensteht und keiner der Sperrgründe des § 371 II eingreift (BFH wistra 12, 278; Rz 13). 27

Der Nemo-tenetur-Grundsatz enthält primär das Verbot, einen Beschuldigten dazu zu zwingen, durch eigene **Aussagen** die Voraussetzungen für eine strafgerichtliche Verurteilung oder die Verhängung einer entsprechenden Sanktion zu liefern. Demgegenüber betreffen **gesetzliche Aufzeichnungs- und Vorlagepflichten** den Kernbereich der grundgesetzlichen Selbstbelastungsfreiheit selbst dann nicht, wenn die zu erstellenden oder vorzulegenden Unterlagen auch zur Ahndung von Straftaten oder OWi verwendet werden dürfen. Solche anderweitigen Mitwirkungspflichten können vielmehr nach der Rspr des BVerfG zum Schutz von Gemeinwohlbelangen verfassungsrechtl gerechtfertigt sein (BVerfG wistra 10, 341 Rz 56). 27a

Für den Fall der Einleitung eines StStrafverfahrens wegen unrichtiger oder fehlender **USt-Voranmeldungen** hat der BGH entschieden, dass dann auch die Strafbewehrung der Pflicht zur Abgabe der USt-Jahreserklärung (§ 18 III UStG, § 149 II) bis zur Beendigung des Strafverfahrens suspendiert ist (BGHSt 47, 8). Demgegenüber kommt bezogen auf die Pflicht zur Abgabe einer wahrheitsgemäßen USt-Jahreserklärung eine Berufung auf den Nemo-tenetur-Grundsatz nicht in Betracht, wenn die Vortaten der Einreichung unrichtiger USt-Voranmeldungen noch nicht entdeckt waren und deshalb insoweit eine strafbefreiende Selbstanzeige (§ 371) noch möglich war. 27b

Die Strafbewehrung ist auch dann suspendiert, wenn einem Stpfl, der bei einer Veranlagungssteuer nicht rechtzeitig eine StErklärung abgegeben und dadurch bereits eine **versuchte StHinterziehung durch Unterlassen** begangen hat, vor Tatvollendung die Einleitung eines entspr Ermittlungsverfahrens bekannt gegeben wird. Auch wenn er dann weiterhin für diese Steuer keine Erklärung abgibt, macht er sich nicht wegen vollendeter StHinterziehung strafbar, weil er ansonsten gezwungen wäre, mit einer inhaltlich richtigen StErklärung den mit der versuchten StHinterziehung erstrebten Hinterziehungsumfang selbst aufzudecken (BGH wistra 02, 150; aA unter Hinweis auf die Grundsätze der omissio libera in causa *Böse* wistra 03, 47; dagegen überzeugend *JJR/Joecks* § 393 Rz 48f). Insoweit konkretisiert § 393 I nur den allgemeinen Grundsatz, dass eine unzumutbare Handlung nicht erzwungen werden darf, weil die Zumutbarkeit normgemäßen Verhaltens bei jedem Unterlassungsdelikt vorliegen muss. 28

Zu **neuem Unrecht berechtigt das Verbot des Zwangs zur Selbstbelastung nicht,** zumal sonst ein Verstoß gegen den steuerlichen Gleichbehandlungsgrundsatz vorläge (BGHSt 47, 8; BGH NStZ 02, 436, 437). Der Stpfl hat daher kein Recht zur Nichtabgabe zutreffender oder zur Abgabe unrichtiger StErklärun- 29 gen für die nachfolgenden Besteuerungszeiträume (BGH wistra 02, 149; aA *Streck/Spatscheck* wistra 98, 341 f). Allerdings besteht ein strafrechtliches **Verwendungsverbot,** soweit die erzwungenen Angaben des Stpfl zu einer mittelbaren Selbstbelastung für die zurückliegenden strafbefangenen VZ führen können (BGH wistra 05, 148). Auf die rechtspolitische Problematik der Aufteilung von StErklärungspflichten auf Abschnitte verweist *Salditt* in NStZ 01, 544.

30 Aus dem Nemo-tenetur-Grundsatz kann **kein Recht auf Wiederholung** unrichtiger Angaben aus USt-Voranmeldungen in der zugehörigen Jahreserklärung hergeleitet werden. Auch wenn der Stpfl nach Einleitung eines Ermittlungsverfahrens wegen unrichtiger Angaben in USt-Voranmeldungen nicht mehr zur Abgabe einer Jahreserklärung für das nämliche Jahr gezwungen werden kann, berechtigt ihn weder der Nemo-tenetur-Grundsatz noch das Zwangsmittelverbot des § 393 I zur Abgabe einer unrichtigen USt-Jahreserklärung. Durch die Wiederholung der falschen Angaben in der Jahreserklärung will der Täter erreichen, dass die durch die falschen Voranmeldungen eingetretene StVerkürzung auf Zeit nunmehr zu einer endgültigen StVerkürzung wird. Dies stellt neues Unrecht dar. Das der Vorschrift des § 393 I 2 AO zugrunde liegende Verbot des Zwangs zur Selbstbelastung erlaubt aber **nur Passivität** (Schweigen), nicht jedoch die Vornahme verbotener Handlungen (vgl BGH NStZ 05, 517, 518; vgl auch BGH wistra 12, 482).

31 In die Gefahr einer Selbstbelastung können Stpfl auch dann geraten, wenn gegen sie zwar noch kein Ermittlungsverfahren eingeleitet worden ist, sie aber **Einkünfte aus Straftaten versteuern** müssen. Eine solche Situation kann etwa bei Bestechlichkeit bestehen. So sind zB Bestechungsgelder, die einem ArbN von einem Dritten gezahlt werden, regelmäßig sonstige Einkünfte iSv § 22 Nr 3 EStG (vgl BGH NZWiSt 16, 474). Sie sind daher vom Empfänger in seiner EStErklärung anzugeben. Nach der Rspr des BGH steht in Bestechungsfällen der Nemo-tenetur-Grundsatz der Pflicht zur Abgabe einer wahrheitsgemäßen StErklärung nicht entgegen, insbes wird die Erklärungspflicht nicht suspendiert, wenn mit einer wahrheitsgemäßen Erklärung allgemeine Straftaten – wie hier Bestechlichkeit – offenbart werden (BGH wistra 04, 391, 392). Insoweit ist der Stpfl durch das StGeheimnis (§ 30 AO) sowie das in § 393 II AO normierte begrenzte strafrechtliche Verwendungsverbot geschützt. Da das Gesetz aber in § 393 II 2 iVm § 30 IV AO eine Durchbrechung des StGeheimnisses für Straftaten vorsieht, an deren Verfolgung ein besonderes öffentliches Interesse besteht, hat der BGH ausgesprochen, dass in solchen Fällen eine *Reduzierung des Erklärungsumfangs* dergestalt in Betracht kommt, dass die Einkünfte nur betragsmäßig, nicht aber unter genauer Bezeichnung der Einkunftsquelle benannt werden müssen (BGH wistra 04, 391, 392; BGHSt 50, 299 – Kölner Müllskandal).

32 Die vom BGH aufgestellten **Grundsätze** zum Nemo-tenetur-Grundsatz im Besteuerungsverfahren lassen sich wie folgt zusammenfassen: Der Stpfl ist steuerrechtl zur Abgabe richtiger StErklärungen auch dann verpflichtet, wenn gegen ihn ein StStrafverfahren eingeleitet worden ist. Allerdings sind Zwangsmittel (§ 328 AO) im Besteuerungsverfahren insoweit unzulässig, als sich der Stpfl einer StStraftat oder StOWi selbst bezichtigen müsste. Verweigert der Stpfl (berechtigt oder unberechtigt) Angaben, darf das FA die Besteuerungsgrundlagen gem § 162 AO schätzen. Für denselben Zeitraum, für den ein Ermittlungsverfahren eingeleitet wurde, ist die strafbewehrte Pflicht zur Abgabe von StErklärungen suspendiert, wenn sich der Stpfl nicht auf rechtmäßigem Wege (Rücktritt oder Selbstanzeige) aus seiner rechtlichen Konfliktlage befreien kann. Für nicht vom Ermittlungsverfahren betroffene Besteuerungszeiträume bestehen die StErklärungspflichten unter Strafbewehrung auch dann fort, wenn ein inhaltlicher Zusammenhang mit dem Ermittlungsverfahren besteht. In keinem Fall berechtigt der Nemo-tenetur-Grundsatz zur Abgabe einer inhaltlich falschen StErklärung. Ebenso wenig erlaubt der Nemo-tenetur-Grundsatz die Wiederholung falscher Angaben. Es besteht allerdings ein strafrechtliches Verwendungsverbot hinsichtlich derjenigen Angaben, die

zu einer mittelbaren Selbstbelastung für die (zurückliegenden) bereits von einem Ermittlungsverfahren erfassten VZ und Steuerarten führen (vgl BGHSt 47, 8; 50, 299, 316f; BGH wistra 02, 149; 02, 150 mit Anm *Jäger* PStR 02, 49; BGH wistra 03, 129; 05, 148; 05, 229; NJW 05, 2723; *Jäger* NStZ 05, 552, 556 mwN).

Die **Vermögensauskunft gem § 284** als Vollstreckungsschuldner kann der Beschuldigte einer StStraftat nicht mit dem Hinweis auf ein noch nicht rechtskräftig abgeschlossenes StStrafverfahren verweigern. Denn die Vermögensauskunft betrifft nicht das stl Festsetzungsverfahren (§§ 155 ff), sondern soll im Vollstreckungsverfahren (§§ 249 ff) Vermögenswerte aufspüren, auf die dann zugegriffen werden kann. Vor einer mittelbaren Selbstbelastung im laufenden StStrafverfahren durch erzwungene Angaben zu seinen Vermögensverhältnissen wird der Beschuldigte durch ein sich unmittelbar aus dem Nemo-tenetur-Grundsatz ergebendes Verbot, die Angaben dort zu verwenden, geschützt (BGH wistra 12, 482). 33

4. Verwertungsverbot (Abs 1). Wenn der Stpfl unter Verstoß gegen § 393 I 2 und 3 **zur Mitwirkung gezwungen** worden ist, unterliegen die so festgestellten Sachverhalte nach den Grundsätzen der StPO (vgl § 136a III) einem **strafrechtlichen Verwertungsverbot** (vgl *JJR/Joecks* § 393 Rz 61). 35

5. Zwangsmittel ggü Dritten. § 428 RAO schloss die **Anwendung** von Zwangsmitteln **nach Einleitung** des StStrafverfahrens schlechthin aus, nicht nur ggü dem betr Stpfl. Demgegenüber wird nach § 393 I 2 die Anwendung von Zwangsmitteln nur ggü dem Stpfl selbst ausgeschlossen. Daraus ist zu schließen, dass ggü **Dritten** die Anwendung von Zwangsmitteln grds nicht unzulässig ist (*JJR/Joecks* § 393 Rz 38; BFH NJW 98, 1734, 1736). Das Zwangsmittelverbot wird aber allgemein als lückenhaft empfunden, weil es nach dem Wortlaut der Vorschrift nur die Fälle erfasst, in denen der Stpfl sich selbst belasten müsste. Nicht erfasst werden Personen, die keine Auskunfts- und Vorlageverweigerungsrechte nach §§ 101 ff haben. Hierbei handelt es sich um Beteiligte (§ 78), die materiell nicht stpfl sind, sowie die für einen Beteiligten/Stpfl Mitwirkungspflichtigen. Zur Vermeidung von Unzuträglichkeiten wird überwiegend unter Hinweis auf die Begründung des RegEntw (BT-Drs VI/1982) zu § 103 (S 137) und § 393 I (S 198) ein **Redaktionsversehen** des Gesetzgebers angenommen (vgl *HHSp/Hellmann* § 392 AO Rz 77 mwN). Die angenommene **Gesetzeslücke** in § 393 I 2 will die hM zum einen dadurch schließen, dass das Zwangsmittelverbot auf **alle** Personen erstreckt wird, die sich durch ihre Mitwirkung im Besteuerungsverfahren selbst der Gefahr steuerstrafrechtlicher Verfolgung aussetzen würden (*JJR/Joecks* § 393 Rz 38; *Reiß* S 261 f; *HHSp/Hellmann* § 393 AO Rz 77). Zum anderen wird vorgeschlagen, § 393 I 2 über seinen Wortlaut hinaus mit Rücksicht auf ein grundgesetzlich geschütztes Schweigerecht auf alle Angehörigen des Beschuldigten zu erstrecken. Mit Blick auf Art 6 I GG wird man einen solchen Schutz indes auf **nahe Angehörige** beschränken müssen, und zwar im Wege eines **Verwertungsverbots** (zutr *HHSp/Hellmann* § 393 AO Rz 81 f). Dagegen bleibt es iÜ bei der Regelung der §§ 101 ff, wobei allerdings unter rechtsstaatlichen Gesichtspunkten bei der Ermessensausübung der Frage der **Zumutbarkeit** besondere Bedeutung zukommt (vgl *KSch/Scheurmann-Kettner* Rz 12). 37

6. Belehrung des Steuerpflichtigen. a) Belehrungspflicht. Das Gesetz sieht eine Belehrungspflicht über die sich aus § 393 I ergebende Rechtslage vor. Die Belehrung ist zu erteilen, soweit dazu **Anlass** besteht. Der Finanzausschuss des BT (BT-Drs 7/4292, 46) hatte die Vorstellung, dass dem Stpfl schon möglichst frühzeitig (zu Beginn einer Prüfung schriftlich und in verständlicher Form) eine entspr Belehrung erteilt werden sollte, um ihn vor nachteiligen Folgen einer in Unkenntnis der Rechtslage abgegebenen Erklärung zu schützen. Hinweise über die wesentlichen Rechte und Mitwirkungspflichten bei der Ap (§ 5 II 2 BpO), die 40

Teil der Prüfungsanordnung (§ 196) sind, wurden mit BMF-Schreiben 20.7.2001 (BStBl I, 502f) veröffentlicht; vgl iÜ Nr 16 III AStBV.

41 **b) Folgen einer unterlassenen Belehrung.** Die bloße Unterlassung der Belehrung nach § 393 I 4 führte früher nicht zu einem **Verwertungsverbot** der so gewonnenen Erkenntnisse (BGHSt 22, 172; BGH NJW 83, 2205). Ein Verwertungsverbot wurde nur für solche Aussagen angenommen, die unter Verletzung des § 136a StPO zu Stande gekommen waren, namentlich im Falle der Täuschung des Stpfl, zB über seine Mitwirkungspflicht und deren Erzwingbarkeit, etwa wenn dem Stpfl vorgespiegelt wurde, die Vernehmung betreffe nicht ihn, sondern einen Dritten. Die Auffassung, dass bei Unterlassung der Belehrung nach § 136 I 2 StPO kein Verwertungsverbot bestehe, hat der BGH allerdings aufgegeben (BGHSt 38, 214; vgl auch § 399 Rz 8f). Der Verstoß gegen die Pflicht zur Belehrung des Beschuldigten über seine Aussagefreiheit löst daher nunmehr grds ein Verwertungsverbot hinsichtlich der daraufhin gemachten Angaben aus (vgl BGH NJW 05, 2723). Dies gilt nur dann nicht, wenn der Beschuldigte bei Beginn der Vernehmung auch ohne Belehrung sein Schweigerecht gekannt und trotzdem ausgesagt hat sowie bei Unkenntnis vom Schweigerecht, wenn der anwaltlich vertretene Beschuldigte später einer Verwertung nicht widerspricht (vgl BGH wistra 95, 271). Die Stellung des Stpfl vor Einleitung des StStrafverfahrens ähnelt der eines zur Auskunftsverweigerung berechtigten Zeugen (§ 55 StPO): Grds besteht zwar eine Aussage- und Mitwirkungspflicht, würde deren Befolgung allerdings zur Belastung führen, darf er die Angaben verweigern (Recht zur Passivität). Der BGH hat in diesem Zusammenhang bei unterlassener Belehrung kein Verwertungsverbot angenommen, weil § 55 StPO nicht dem Schutz des Angeklagten diene (vgl BGHSt 1, 39; 11, 213; 17, 245). Zugunsten des Zeugen, der durch § 55 II StPO geschützt werden soll, kann eine unterlassene Belehrung in einem später gegen ihn geführten Verfahren dagegen zur Unverwertbarkeit führen (BayObLG NJW 84, 1246 unter Hinweis auf die „Rechtskreistheorie" und das Rechtsstaatsprinzip). Wegen der Vergleichbarkeit zur Situation des Stpfl wird man hier bei unterlassener Belehrung grds ebenfalls ein Verwertungsverbot bejahen müssen (ähnlich *JJR/Joecks* § 393 Rz 60). *Hellmann* (S 377) weist im Hinblick auf die **Ursächlichkeit** der Nichtbelehrung für die Mitwirkung zutr darauf hin, dass der Stpfl ohne Belehrung nicht einmal wisse, ob er sich noch im Besteuerungsverfahren oder schon im Strafverfahren befinde. Demgegenüber ist sich der Beschuldigte bei Nichtsteuerstraftaten im strafrechtlichen Ermittlungsverfahren seiner Situation bewusst.

42 Das Verwertungsverbot kann ein neues, diesmal rechtmäßiges Prüfungsverfahren nicht hindern, sofern nicht inzwischen die Festsetzungsverjährung eingetreten ist. Das Verwertungsverbot des § 136a III StPO gilt iÜ nur für die entspr Aussage, nicht für Erkenntnisse, die aufgrund einer sonstigen Mitwirkung des Stpfl, zB Vorlage von Urkunden, gewonnen worden sind. Das Beweisverwertungsverbot erzeugt insofern **keine Fernwirkung.** Auch eine Fernwirkung dergestalt, dass die durch die Aussage bekannt gewordenen selbständigen Beweismittel nicht verwendet werden dürften, besteht nach der Rspr des BGH nicht (vgl BGHSt 34, 362). In der Literatur ist die Frage aber sehr umstritten. Zum Teil wird dort eine generelle Fernwirkung bejaht (vgl *Streck/Spatscheck* wistra 98, 338: Nur eine Gleichbehandlung der unmittelbar erlangten Angaben und der aus diesen unberechtigt erlangten Informationen erhobenen Beweismittel schaffe einen angemessenen Schutz der Betroffenen und garantiere die Einhaltung des Nemo-tenetur-Prinzips). Teilweise wird vorgeschlagen, anhand der Abwägungslehre von Fall zu Fall zu prüfen, ob ein Verwertungsverbot für Sekundärbeweise bestehe. Andere bevorzugen die „hypothetical clean path doctrine", nach der eine Verwertung solcher Beweismittel zulässig ist, die auch „auf sauberem Weg" hätten gefunden werden können (vgl *Beulke* ZStW 103, 669). Ein sich aus Art 6 III MRK ergebendes Verwertungsverbot wegen Verstoßes gegen das Fairnessgebot im Strafprozess dürfte nur in Aus-

nahmefällen eingreifen (vgl dazu EGMR NJW 10, 3145). Vgl zum Meinungsstand insgesamt *Meyer-Goßner/Schmitt* § 136a StPO Rz 31 sowie *Satzger/Schluckebier/Widmaier/Eschelbach*, StPO, 3. Aufl 2016, § 136a Rz 66f.

Besteht ein strafrechtliches Verwertungsverbot, weil der Stpfl über seine Mitwirkungspflicht getäuscht wurde, führt dies **nicht** zu einem **Verwertungsverbot im Besteuerungsverfahren** (*JJR/Joecks* § 393 Rz 67). Nach der Rspr des BFH hat auch der Verstoß gegen die Belehrungspflichten aus § 393 I 4 AO und § 10 I 3 BpO nicht die Unverwertbarkeit der Angaben des Stpfl im Besteuerungsverfahren zur Folge (BFH/NV 14, 487). Zum Einfluss von strafrechtlichen Verwertungsverboten auf das Besteuerungsverfahren vgl auch *Schützeberg* PStR 10, 22. 43

7. Verwendungsverbot (Abs 2). a) Verwendung von Steuerakten durch das Gericht oder die Staatsanwaltschaft. Abs 2 zieht die notwendige Konsequenz aus der Regelung über das **StGeheimnis** einerseits und der **Pflicht** des Stpfl, strafbare Handlungen stl relevanter Art ggü dem FA **zu offenbaren** andererseits. Er dient der einfachgesetzlichen Gewährleistung des verfassungsrechtlichen Gehalts des Verbots eines Zwangs zur Selbstbelastung im Strafprozess (zutr *Radtke*, Tagungsband zum 19. IWW-Kongress „Praxis StStrafrecht", 2017, S 67ff). Der Stpfl wird grds durch das StGeheimnis davor geschützt, dass die von ihm mitgeteilten Tatsachen an andere Behörden, insbes Strafverfolgungsbehörden, weitergegeben werden. Wer im Rahmen des Besteuerungsverfahrens wahrheitsgemäße Angaben macht, soll nicht befürchten müssen, dass er hinsichtlich der durch diese Angaben offenbarten Allgemeindelikte strafrechtl verfolgt wird (*Heerspink* wistra 01, 441). Im Rahmen der Durchführung eines StStrafverfahrens ist es aber uU nicht vermeidbar, dass aus den StAkten der StA oder dem Gericht Kenntnisse über nicht steuerliche Straftaten, die der Stpfl dem FA ggü offenbart hat, bekannt werden. StA und Gericht sind zwar ihrerseits an das StGeheimnis gebunden (§ 30 II Nr 1), diese Bindung bezieht sich aber nur auf das Verbot der unzulässigen Offenbarung; sie sind nach § 30 nicht gehindert, diese Tatsachen für die Verfolgung einer nicht steuerlichen Straftat gegen den Stpfl auszuwerten: Das Verwertungsverbot des § 30 II bezieht sich seinem Inhalt nach nur auf Betriebs- oder Geschäftsgeheimnisse (vgl § 30 Rz 57). Andererseits sind auch die FinBeh durch das StGeheimnis nicht gehindert, für Zwecke der Durchführung eines StStrafverfahrens die StAkten der StA oder dem Gericht vorzulegen, vgl § 30 IV Nr 1, § 386 IV. Dem Schutzgedanken des StGeheimnisses kann daher nur in der Weise entsprochen werden, dass für die sich aus den StAkten ergebenden Tatsachen oder Beweismittel, die auf das Vorliegen einer nicht steuerlichen Straftat schließen lassen, ein **Verwendungsverbot** gilt. In Rspr und Literatur wird allerdings hinsichtlich des Rechtscharakters des Verbots unterschiedlich beurteilt, ob es sich um ein Beweisverwertungsverbot (vgl *HHSp/Hellmann* § 393 AO Rz 158) oder ein umfassendes Verwendungsverbot (vgl BGH v 5.5.2004, BGHSt 49, 136, 145; *Kohlmann/Hilgers-Klautzsch* § 393 Rz 185; *Radtke* aaO S 67 ff) handelt. Zum Teil wird – ausgehend von bestimmten prozessualen Situationen – zwischen beiden Begriffen nicht näher differenziert (vgl BVerfG 10, 341; *JJR/Joecks* Rz 86 ff). Vereinzelt wird das Verbot auch als Verfolgungsverbot bezeichnet. Bereits dem Wortlaut „verwenden" nach handelt es sich um ein Verwendungsverbot. Auch von den Rechtsfolgen her, die sich von denen eines Verwertungsverbots unterscheiden (vgl dazu *Radtke* aaO) ist dies zutreffend, weil das Verbot den Stpfl vor einem Zwang zur Selbstbelastung mit strafrechtlichen Folgen (sog Nemo-tenetur-Grundsatz) als Ergebnis einer Durchbrechung des StGeheimnisses schützen soll; es stellt das Korrelat zum Fortbestehen erzwingbarer Mitwirkungspflichten im Besteuerungsverfahren dar (zutr *GJW/Bülte* § 393 AO Rz 58). Ausgehend von der Rspr des BVerfG greift das Verwendungsverbot nur dann, wenn eine Selbstbezichtigung zwangsweise herbeigeführt wurde oder erzwingbar wäre (vgl. BVerfGE 56, 37, 50 f). Zur Reichweite des Verbots iEinz s Rz 51. 45

45a Die **Prüfungskompetenz** für die Frage, ob ein Verwendungsverbot nach § 393 II AO im Hinblick auf eine Nichtsteuerstraftat oder OWi greift, liegt nicht bei der FinBeh, sondern bei der StA bzw der für die Verfolgung der OWi zuständigen Verwaltungsbehörde. Deswegen entfällt nach der Rspr des BFH die sich aus § 4 V 1 Nr 10 S 3 EStG ergebende Mitteilungspflicht der FinBeh vom Anfangsverdacht einer Straftat oder OWi wegen Zuwendung von Vorteilen auch dann nicht, wenn die FinBeh insoweit ein Verwendungsverbot nach § 393 II für gegeben hält (vgl BFH wistra 08, 434; vgl auch FG BaWü EFG 08, 760; *Madauß* NZWiSt 13, 176, 178).

46 **b) Tatsachen, die vor Einleitung des Strafverfahrens offenbart wurden.** Das Verwendungsverbot bezieht sich nur auf solche Tatsachen oder Beweismittel, die der Stpfl vor Einleitung des Strafverfahrens oder in Unkenntnis der Einleitung des Verfahrens in Erfüllung steuerlicher Pflichten offenbart hat, dh zu einem Zeitpunkt, in dem der Stpfl noch in vollem Umfang zur Mitwirkung verpflichtet war oder glaubte, verpflichtet zu sein.

48 **c) Begriff des Offenbarens.** Unter den Begriff des Offenbarens von Tatsachen fallen zunächst nur die Erklärungen des Stpfl im Besteuerungsverfahren (*HHSp/Hellmann* § 393 AO Rz 133). Die von dem Stpfl vorgelegten Urkunden wie Handelsbücher, Aufzeichnungen und sonstige Schriftstücke sowie die von ihm im Besteuerungsverfahren benannten Auskunftspersonen sind unter den Begriff der **Beweismittel** zu fassen (vgl *HHSp/Hellmann* § 393 AO Rz 132). Der Begriff des Offenbarens wird im Hinblick auf Sinn und Zweck der Vorschrift sehr weit verstanden. Nach hM ist alles, was der Stpfl durch eigenes Zutun oder sogar durch bloßes Dulden der Einsichtnahme in Bücher und Unterlagen der FinBeh zur Kenntnis gebracht hat, im Sinne dieser Bestimmung vom Stpfl offenbart worden (vgl *JJR/Joecks* § 393 Rz 71). Entscheidend für die Anwendung des Abs 2 ist, ob Quelle der Tatsachen oder Beweismittel die StAkten sind, nicht dagegen, auf welchem Wege die Tatsachen oder Beweismittel der StA oder dem Gericht bekannt geworden sind (OLG Stuttgart wistra 86, 191). Allerdings betreffen nach der Rspr des BGH Unterlagen, die aufgrund gesetzlicher Aufzeichnungs- und Vorlagepflichten den FinBeh zur Kenntnis gelangen und zB Gegenstand von Kontrollmitteilungen werden, den Kernbereich der Selbstbelastungsfreiheit selbst dann nicht, wenn die zu erstellenden oder vorzulegenden Unterlagen auch zur Ahndung von Straftaten oder OWi verwendet werden dürfen (BGH v 16.4.14 – 1 StR 516/13, BeckRS 2014, 11494, Rz 35).

49 Der Stpfl muss **in Erfüllung** einer **steuerlichen Pflicht** gehandelt haben (vgl hierzu BVerfG wistra 10, 341). Es stellt sich die Frage, ob darunter auch solche Angaben des Stpfl fallen, die zB in einem **Steuererstattungs- oder Vergütungsverfahren** gemacht worden sind. Grds ist davon auszugehen, dass der Stpfl nicht verpflichtet ist, eine StVergütung oder StErstattung zu beantragen (ebenso *JJR/Joecks* § 393 Rz 71; *HHSp/Hellmann* § 393 AO Rz 139). Macht er jedoch von dieser Möglichkeit Gebrauch, so entsteht für ihn die stl Pflicht, insoweit wahrheitsgemäße Angaben zu machen. Die **Vorlage gefälschter Urkunden** kann **nicht** in Erfüllung steuerlicher Pflichten erfolgen, da der Stpfl zur wahrheitsgemäßen Offenlegung der für die Besteuerung erheblichen Tatsachen (§ 90 I 2) bzw zur Erteilung von wahrheitsgemäßen Auskünften (§§ 93 I 1, III und 97) verpflichtet ist (*Maier* wistra 97, 53; *Jarke* wistra 97, 327). Nur wer wahre Angaben macht, erfüllt seine steuerrechtlichen Pflichten iSv § 393 II; insofern besteht ein Unterschied zu § 30 IV. Die Vorlage unechter Urkunden erfolgt gerade nicht in Erfüllung steuerrechtlicher Pflichten. Ganz allgemein findet der sog Nemo-tenetur-Grundsatz seine Grenze dort, wo es nicht mehr um ein bereits begangenes Fehlverhalten, sondern um die Schaffung neuen Unrechts geht (BGH NJW 02, 1134; NStZ 04, 582; s auch Rz 29). Aus dem Recht auf Passivität kann keine Rechtfertigung für neues Unrecht hergeleitet werden (BGH wistra 93, 66).

Auch im Rahmen einer **Selbstanzeige** gem § 371 kann nur derjenige durch § 393 II geschützt werden, der zur Wahrheit zurückkehrt (so auch *Joecks* wistra 98, 86; *Heerspink* wistra 01, 441; aA *Spriegel* wistra 97, 325, wonach jede abgegebene StErklärung, ob richtig oder falsch, in Erfüllung steuerlicher Pflichten erfolge). Unwahre Angaben erfüllen keine steuerrechtliche Pflicht iSd § 393 II. Zweifelh ist, ob derjenige, der im Rahmen einer Selbstanzeige ein mit der StHinterziehung gleichzeitig begangenes Allgemeindelikt aufdeckt, um künftig zu steuerehrlichem Verhalten zurückzukehren, durch § 393 II vor einer Verwendung der Angaben zu seinem Nachteil geschützt wird (so *JJR/Joecks* § 393 Rz 76). Nach der Rspr des BGH (wistra 04, 309) ist § 393 II 1 dahin auszulegen, dass diese Vorschrift auf die Fälle nicht anwendbar ist, in denen ein Stpfl im Rahmen einer Selbstanzeige gem § 371 den Ermittlungsbehörden mitteilt, dass er ggü dem FA falsche Angaben zur StFestsetzung gemacht hat (kritisch dazu *Eidam* wistra 04, 412). Den inneren Grund für das in § 393 II normierte Verwendungsverbot sieht der BGH in der Erzwingbarkeit der Pflichterfüllung; zur Abgabe einer Selbstanzeige könne der Täter einer StHinterziehung aber nicht gezwungen werden; darüber hinaus werde keine weitere StQuelle für den Staat offenbart. Die frühere Rspr des BayObLG, nach der § 393 II 1 schon dann anwendbar sein sollte, wenn der FinBeh auf Aufforderung gefälschte Belege übersandt wurden (wistra 98, 117), ist damit überholt. In den Fällen, in denen der Stpfl freiwillig seiner StErklärung gefälschte Unterlagen zum Beweis entstandener Werbungskosten vorgelegt habe, sah auch das BayObLG keinen Raum für ein Verwertungsverbot (NStZ 98, 575). Nach BVerfG NJW 05, 352 widerspricht es nicht dem verfassungsrechtlichen Schutz vor erzwungener Selbstbelastung, dass nach der Auslegung durch den BGH das Verwendungsverbot des § 393 II nicht eingreift, wenn der Stpfl eine allgemeine Straftat offenbart, die er zugleich mit der StHinterziehung begangen hat. Diese Auslegung des § 393 II hat allerdings zur Folge, dass das Ziel, sicherzustellen, dass derjenige, der im Besteuerungsverfahren wahrheitsgemäße Angaben macht, nicht befürchten muss, dass er hinsichtlich der durch diese Angaben offenbarten Allgemeindelikte strafrechtl verfolgt wird, für den Fall der Selbstanzeige nicht erreicht wird. 50

d) Fernwirkung des Verwendungsverbots. Die Reichweite des Verbots ist umstritten. Die Vertreter der Auffassung, dass es sich bei dem Verbot lediglich um ein Verbot zu Beweiszwecken handelt, lehnen überwiegend eine Fernwirkung ab. Nach ihrer Auffassung fallen unter das Verbot nur die Tatsachen oder Beweismittel selbst; andere Tatsachen oder Beweismittel, die unter Benutzung der aus den StAkten gewonnenen Erkenntnisse ermittelt oder aufgedeckt worden sind, könnten verwertet werden (vgl *Erbs/Kohlhaas/Hadamitzky/Senge* § 393 AO Rz 9; *HHSp/Hellmann* § 393 AO Rz 178 mwN). Nach dieser Auffassung sind die Strafverfolgungsbehörden durch § 393 II nicht gehindert, aufgrund des Akteninhalts eigene Nachforschungen anzustellen. Sie dürfen lediglich Beweismittel, die sich aus den StAkten ergeben, nicht unmittelbar für die Verfolgung einer nicht steuerlichen Straftat heranziehen. Demgegenüber werden einem Verwendungsverbot weitergehende Wirkungen beigemessen, die in der Literatur als „Fernwirkung" und „Frühwirkung" bezeichnet werden (vgl *Radtke* aaO S 88 ff). Bei der Fernwirkung geht es um den Ausschluss auch solcher Informationen, welche die Strafverfolgungsbehörden unter Nutzung einer dem Verbot unterliegenden Nutzung erlangt haben (*Radtke* aaO S 89; *Schinkel* Strafprozessuale Verwendungsverbote, S 204 ff). Unter dem Begriff der Frühwirkung wird die Frage diskutiert, ob die dem Verbot unterfallenden Informationen wenigstens als Anknüpfungspunkt, dh als Spurenansatz für die Durchführung eines Ermittlungsverfahrens, herangezogen werden dürfen (*Radtke* aaO S 89; *Schinkel* aaO, 217 ff). Da der Wortlaut des Verbots aus § 393 II 1 keine Beschränkung auf die Verwendung zu Beweiszwecken enthält und allein hierdurch auch kein wirksamer Schutz der Selbstbelastungsfreiheit gewährleistet werden könnte, muss sich aus dem Verbot der Verwendung der erlangten Kennt- 51 nisse auch ein Verbot der Heranziehung von auf erzwungenen oder erzwingbaren Angaben des Stpfl zurückgehenden Informationen als Spurenansatz ergeben, das von Amts wegen zu beachten ist (zutr *Radtke* aaO S 91f; glA *JJR/Joecks* § 393 Rz 90; *GJW/Bülte* § 393 AO Rz 83). Maßgebendes Kriterium ist, ob der Betroffene die Informationen in Erfüllung mit Zwangsmitteln durchsetzbarer Mitwirkungspflichten preisgegeben hat (vgl BVerfG v 27.4.2010, wistra 10, 341, 344). Ist dies der Fall, dürfen die Angaben nicht – auch nicht als Spurenansatz – verwendet werden. Der Einleitung eines Ermittlungsverfahrens steht das Verwendungsverbot demgegenüber nicht entgegen (zutr *Radtke* aaO S 93). Die Frage, ob es zur Aktivierung des Verbots eines Verwendungswiderspruchs bedarf (abl *Radtke* aaO S 91), weil der Stpfl über die Verwendung seiner Angaben disponieren kann (*GJW/Bülte* § 393 AO Rz 90), war bislang noch nicht Gegenstand obergerichtlicher Rechtsprechung. Zumindest im Revisionsverfahren bedarf allerdings die Geltendmachung eines Verstoßes gegen das Verwendungsverbot des § 393 II 1 einer Verfahrensrüge, die den Zulässigkeitsvoraussetzungen des § 344 II 2 StPO genügen muss (vgl BGH v 16.4.14 – 1 StR 516/13, BeckRS 2014, 11494, Rz 35); vgl zu § 97 I 3 InsO BGH v 26.7.17 – 3 StR 52/17, wistra 18, 49). Ein Verfahrenshindernis nimmt die Rspr nur unter solchen Umständen an, die es ausschließen, dass über einen Prozessgegenstand mit dem Ziel einer Sachentscheidung verhandelt werden darf. Diese Umstände müssen in Ansehung der im Rahmen des Rechtsstaatprinzips zu beachtenden Funktionsfähigkeit der Strafrechtspflege so schwer wiegen, dass von ihrem (Nicht-)Vorhandensein die Zulässigkeit des gesamten Verfahrens abhängt. Das ist bei Verfahrensfehlern in der Regel nicht der Fall. Aus dem Rechtsstaatsgedanken herzuleitende Verfahrenshindernisse stellen vielmehr eine seltene Ausnahme dar, weil das Rechtsstaatsgebot nicht nur auf die Belange des Beschuldigten, sondern auch das Interesse an einer der materiellen Gerechtigkeit dienenden Strafverfolgung schützt (BVerfG NJW 15, 1083, 1084 ff; BGH wistra 18, 49).

53 **e) Grenzen des Verwendungsverbots.** Das Verwendungsverbot bezieht sich nur auf die **Tatsachen** und **Beweismittel,** die aus den **Steuerakten** bekannt werden. Sind sie der Strafverfolgungsbehörde aus anderen Quellen bekannt, ist diese insoweit nicht an der Strafverfolgung gehindert. Zu den StAkten zählen sowohl die Akten der FinBeh als auch die Prozessakten des FG. StStrafakten, die von der FinBeh in ihrer Eigenschaft als Verfolgungsbehörde geführt werden, sind keine StAkten (*Kohlmann/Hilgers-Klautzsch* § 393 AO Rz 214; *RK/Roth* § 393 AO Rz 144; aA *JJR/Joecks* § 393 Rz 83). Allerdings erfasst der Schutzzweck des § 393 II 1 auch solche Aktenteile der StAakten, die im Original oder in Kopie zu den Strafakten genommen worden sind (*RK/Roth* § 393 AO Rz 145).

55 **f) Umfang des Verwendungsverbots.** Die Tatsachen und Beweismittel dürfen **nicht gegen** den **Stpfl** verwendet werden, bei gemeinsamer Veranlagung von Eheleuten gegen keinen der Ehegatten. Eine Verwendung **gegen andere Personen** ist demgegenüber nicht ausgeschlossen (*KSch/Scheurmann-Kettner* § 393 AO Rz 20). Die Regelung ist also weniger weit als die Regelung über das StGeheimnis in § 30. Während nach § 30 II grds auch Verhältnisse anderer Personen durch das StGeheimnis geschützt werden, werden diese im Rahmen des § 393 II nicht vor der Verfolgung wegen einer nicht steuerlichen Straftat geschützt, zB nicht der Hehler, der mit dem Stpfl in geschäftlichen Beziehungen gestanden hat. Wenn der Stpfl die Einnahmen aus diesen Geschäften ggü der FinBeh offenbart hat, ist er vor der Verfolgung wegen der Hehlereigeschäfte nach § 393 II geschützt, nicht aber sein Geschäftspartner, selbst wenn dieser die Einnahmen aus diesen Geschäften der Besteuerung unterworfen hatte. Dies soll nach *JJR/Joecks* (§ 393 Rz 87) nicht gelten, wenn es sich um Personen handelt, bei denen dem Stpfl ein Auskunfts- oder Zeugnisverweigerungsrecht gem §§ 101 ff AO bzw 52 ff StPO zustehen würde.

Strittig ist, ob **mit Steuerstraftaten rechtl konkurrierende Verstöße** gegen das allgemeine Strafrecht dem Verwendungsverbot des § 393 II 1 unterliegen. Hierzu vertrat das BayObLG (wistra 96, 353) die Ansicht, das Verbot gelte unabhängig davon, in welchem Konkurrenzverhältnis die StStraftat zur allgemeinen Straftat stehe. Der Gesetzgeber wolle insbes tateinheitlich mit StDelikten zusammentreffende allgemeine Straftaten – wie sich auch aus § 393 II 2 ergebe – nur unter den Voraussetzungen des § 30 IV Nr 5 verfolgt wissen. Das Schweigerecht des StSchuldners wäre illusorisch, wenn eine im Rahmen des Besteuerungsverfahrens pflichtgemäß erfolgte Selbstbezichtigung gegen seinen Willen zur Ahndung nicht steuerlicher Straftaten verwertet werden dürfte. *Maier* (wistra 97, 53) hält dies für unzutreffend; es bestünden sonst Schwierigkeiten, im Falle vorgelegter gefälschter Belege das Regelbeispiel eines besonders schweren Falls der StHinterziehung nach § 370 III 2 Nr 4 festzustellen. *Joecks* (wistra 98, 89) vertritt dagegen die Ansicht, dass zwar ein besonders schwerer Fall vorliegen könne, wenn wiederholt von einer unechten Urkunde Gebrauch gemacht werde, eine Verurteilung auch wegen tateinheitlich begangener Urkundenfälschung (§ 267 StGB) aber regelmäßig nicht möglich sei. Gegen BayObLG auch *Jarke* wistra 97, 325 sowie *Vogelberg* PStR 99, 59; dafür *Spriegel* wistra 97, 323 ff. 56

g) Zwingendes öffentliches Interesse. Das Verwendungsverbot gilt nicht für **Straftaten,** an deren Verfolgung ein zwingendes öffentliches Interesse (§ 30 IV Nr 5) besteht (§ 393 II 2), vgl hierzu § 30 Rz 182 ff. Die hM (vgl nur *JJR/Joecks* § 393 Rz 93 ff mwN sowie LG Göttingen wistra 08, 231) hält diese Regelung indes für verfassungswidrig, da sie iErg zu einer strafprozessualen Verwertung aufgrund staatlichen Zwangs gewonnener Auskünfte des Stpfl und damit zu einem Verstoß gegen den Nemo-tenetur-Grundsatz, also das Verbot des Zwangs zur Selbstbelastung, führe (für den Fall mittelbarer Selbstbelastung vgl auch BGH wistra 05, 148 mwN). Nach der hM greift das Verbot allerdings dann nicht ein, wenn der Stpfl mit der Verwendung einverstanden ist (*HHSp/Hellmann* § 393 AO Rz 147 mwN; *GJW/Bülte* § 393 AO Rz 90); anders die Regelung im § 136a III StPO. Dieser Fall ist damit nicht anders zu beurteilen, als wenn der Stpfl einer Durchbrechung des StGeheimnisses zustimmt. 57

Die **Frage, ob die Offenbarungs- und Verwenungsbefugnisse** der §§ 30 IV Nr 5, 393 II 2 **verfassungsmäßig sind,** hat bislang allerdings nur geringe praktische Bedeutung erlangt, da der Fall, dass sich ein Stpfl in Erfüllung gesetzlicher Pflichten eines Deliktes der Schwerkriminalität bezichtigt, eher selten vorkommt. Im „Volkszählungsurteil" hat das BVerfG ausgeführt (BVerfGE 65, 1 ff), dass ein überwiegendes Allgemeininteresse, das den freien Informationsaustausch zwischen Behörden rechtfertige, regelmäßig dann zu verneinen sei, wenn die Daten durch Selbstbezichtigung erlangt sind. Das LG Göttingen hielt § 393 II 2 für verfassungswidrig, weil sich durch § 393 II 1 ein umfassendes Verwertungsverbot mit Fernwirkung ergebe. Eine verfassungskonforme Auslegung sei nicht möglich; § 393 II 2 verletze die verfassungsrechtliche Selbstbelastungsfreiheit und den allgemeinen Gleichheitssatz, enthalte eine verfassungswidrige Zweckänderung der erlangten Informationen und verstoße gegen den Grundsatz der Normenklarheit. Das LG Göttingen legte deshalb mit Beschluss v 11.12.2007 (wistra 08, 231) gem Art 100 I GG dem BVerfG die Frage vor, ob § 393 II 2 mit dem Grundgesetz vereinbar sei. 58

Das **BVerfG** wies die Richtervorlage des LG Göttingen zwar als unzulässig zurück (wistra 10, 341), machte dabei jedoch weiterführende Hinweise zur Zulässigkeit der Verwertung von Informationen, die ein Stpfl dem FA im Rahmen des Besteuerungsverfahrens verschafft. Entscheidend ist danach zunächst eine Differenzierung zwischen verschiedenen Mitwirkungshandlungen. Denn das Verbot des Zwangs zur Selbstbelastung (Nemo-tenetur-Grundsatz) hat zum Kern, dass niemand gezwungen werden darf, durch **eigene Aussagen** die Voraussetzungen für 59 eine strafgerichtliche Verurteilung zu schaffen. Demgegenüber betreffen **gesetzliche Aufzeichnungs- und Vorlagepflichten** den Kernbereich der Selbstbelastungsfreiheit auch dann nicht, wenn die zu erstellenden oder vorzulegenden Unterlagen auch zur Ahndung von Straftaten oder OWi verwendet werden dürfen (vgl auch BGH v 16.4.14 – 1 StR 516/13, BeckRS 2014, 11494, Rz 35). Solche anderweitigen Mitwirkungspflichten können namentlich zum Schutz von Gemeinwohlbelangen gerechtfertigt sein (BVerfG aaO). Für die Frage, ob ein Verwertungsverbot besteht, ob die Mitwirkung nur erzwingbar war oder im Einzelfall auch tatsächlich erzwungen wurde s BVerfG aaO, insbes Rz 56.

8. Verwendungsbefugnis für strafprozessual gewonnene Erkenntnisse im Besteuerungsverfahren (Abs 3)

Schrifttum: *Geuenich* Gleichlauf von strafrechtlicher und steuerlicher Datenverwendung, BB 13, 3048; *Roth* § 393 Abs. 3 Satz 2 AO: Nutzung strafrechtlicher TKÜ-Daten im Besteuerungsverfahren, DStZ 14, 880; *Meyer-Mews* Die Verwendung im Strafverfahren erlangter Erkenntnisse aus der Telekommunikationsüberwachung im Besteuerungsverfahren, DStR 15, 204.

60 **a) Verwendung strafprozessual rechtmäßig erlangter Erkenntnisse.** § 393 III 1 erlaubt die Verwendung im Rahmen strafrechtlicher Ermittlungsverfahren gewonnener Erkenntnisse im Besteuerungsverfahren unter der Voraussetzung, dass die Erkenntnisse rechtmäßig gewonnen wurden. Satz 2 bestimmt iVm § 413, dass dies auch für Erkenntnisse gilt, die dem Brief-, Post- oder Fernmeldegeheimnis des Art 10 GG unterliegen. Ob die Erkenntnisse von der StA oder der FinBeh gewonnen wurden, ist insoweit ohne Bedeutung.

61 Die Regelung wurde mit dem Jahressteuergesetz 2008 (v 20.12.2007, BGBl I, 3150) in die AO eingefügt. Sie soll die Praxis der Verwertung strafprozessual erlangter Erkenntnisse im Besteuerungsverfahren gesetzlich wieder erlauben, die der BFH (wistra 02, 31) ohne eine solche Vorschrift für unzulässig erklärt hatte. Nach der Rspr des BFH unterlagen Aufzeichnungen, die unmittelbar aus einer Telekommunikationsüberwachung in einem Strafverfahren stammten, im Besteuerungsverfahren einem Verwertungsverbot, weil die AO weder eine Befugnisnorm für die Beschränkung des Fernmeldegeheimnisses, noch eine Vorschrift enthielt, die die Verwertung von Aufzeichnungen zuließ, die auf der Grundlage des § 100a StPO gewonnen wurden. Die fehlenden Befugnisnormen hat der Gesetzgeber nun geschaffen.

62 Ob der Gesetzgeber zugleich ein **Verwertungsverbot** für das Besteuerungsverfahren für die Fälle aussprechen wollte, in denen die Erkenntnisse unter Verstoß gegen strafprozessuale Verfahrensvorschriften (etwa das Schweigerecht des § 163 I 2) gewonnen wurden, ist der Regelung nicht zu entnehmen. Zwingend ist der Umkehrschluss aus § 393 III jedenfalls nicht. Vieles spricht dafür, dass der Gesetzgeber die nach bisher hM in solchen Fällen angenommene Verwertbarkeit im Besteuerungsverfahren nicht antasten wollte und lediglich zusätzlich die Verwertung solcher Erkenntnisse erlauben wollte, für die nach der Rspr des BFH (aaO) aus verfassungsrechtlichen Gründen eine Befugnisnorm erforderlich war (so zutr *JJR/Joecks* § 393 Rz 119). So führt etwa nach der Rspr des BFH ein rechtswidriger Durchsuchungsbeschluss auch nur dann zu einem Beweisverwertungsverbot im Besteuerungsverfahren, wenn die zur Fehlerhaftigkeit der Ermittlungsmaßnahme führenden Verfahrensverstöße schwerwiegend waren oder bewusst oder willkürlich begangen wurden (BFH wistra 13, 157; 15, 479), zumal § 393 AO nicht die Pflicht des Stpfl einschränkt, im Rahmen seines Besteuerungsverfahrens an der Sachaufklärung hinsichtlich der Besteuerungsgrundlagen mitzuwirken (BFH wistra 15, 479).

63 **b) Verwendung von dem Brief-, Post- oder Fernmeldegeheimnis unterliegenden Erkenntnissen.** Mit § 393 III 2 hat der Gesetzgeber klargestellt,

dass auch **eigene Erkenntnisse** der FinBeh und der StA aus der Überwachung der Telekommunikation bzw des Brief- und Postverkehrs im Besteuerungsverfahren verwendet werden können. Allerdings dürfen nach der Rspr des BFH Zufallserkenntnisse aus einer im Rahmen strafrechtlicher Ermittlungen angeordneten Telefonüberwachung, die sich auf einen nicht in § 100a StPO aufgeführten Straftatbestand beziehen, im Besteuerungsverfahren nicht verwendet werden (BFH wistra 13, 402; vgl dazu *Rolletschke* ZWH 14, 127).

Im Besteuerungsverfahren dürfen nach § 393 III 2 auch solche dem Brief-, Post- **64** und Fernmeldegeheimnis unterliegenden Erkenntnisse verwendet werden, über die nach den Vorschriften der StPO den FinBeh Auskunft erteilt werden darf. Auf welche Vorschriften die **Auskunftserteilung** der Strafjustiz an die FinBeh gestützt werden kann, ist umstr (vgl dazu *JJR/Joecks* § 393 Rz 123 ff und *RK/Roth* § 393 AO Rz 193 ff). In Betracht kommen § 406e und §§ 474 ff StPO. Der Gesetzgeber ist davon ausgegangen, dass dem Fiskus als Verletztem iSd strafprozessualen Vorschriften ein Auskunftsrecht zustehe (vgl BT-Drs 16/6290, 82). Eine Notwendigkeit, für die Auskunftserlangung durch die FinBeh einen RA einzuschalten (vgl § 406e I), hat er dabei ersichtlich nicht angenommen. Demgegenüber hat der BFH die Befugnis zur Auskunftserteilung allein aus § 474, § 477 II 2 abgeleitet (BFH wistra 13, 402). Auch *GJW/Bülte* § 393 AO Rz 113 sieht darin eine ggü § 406e StPO abschließende Sonderregelung (aA *Roth* DStZ 14, 880, 882 f).

Im Hinblick auf die **Zweckänderung** der Verwendung der gewonnenen Daten **65** werden in der Literatur teilweise verfassungsrechtliche Bedenken gegen § 393 III 2 erhoben (vgl *Roth* DStZ 14, 880).

§ 394 Übergang des Eigentums

[1] Hat ein Unbekannter, der bei einer Steuerstraftat auf frischer Tat betroffen wurde, aber entkommen ist, Sachen zurückgelassen und sind diese Sachen beschlagnahmt oder sonst sichergestellt worden, weil sie eingezogen werden können, so gehen sie nach Ablauf eines Jahres in das Eigentum des Staates über, wenn der Eigentümer der Sachen unbekannt ist und die Finanzbehörde durch eine öffentliche Bekanntmachung auf den drohenden Verlust des Eigentums hingewiesen hat. [2] § 10 Abs. 2 Satz 1 des Verwaltungszustellungsgesetzes ist mit der Maßgabe anzuwenden, dass anstelle einer Benachrichtigung der Hinweis nach Satz 1 bekannt gemacht oder veröffentlicht wird. [3] Die Frist beginnt mit dem Aushang der Bekanntmachung.

Satz 2 neu gefasst durch G v 12.8.05 (BGBl I, 2354).

Schrifttum: *vor 2010 13. Aufl; Köhler* Die Reform der strafrechtlichen Vermögensabschöpfung, NStZ 17, 497.

Übersicht

1. Zweck und Anwendungsbereich. Die Vorschrift ergänzt § 74 StGB über **1** die Einziehung von Tatprodukten, Tatmitteln und Tatobjekten bei Tätern und Teilnehmern, sie hat allerdings nur geringe praktische Bedeutung. Gem § 401 kann die FinBeh den Antrag stellen, die Einziehung bestimmter Gegenstände anzuordnen. Über den Antrag entscheidet das Gericht im selbständigen Verfahren (§ 436 StPO). Mit Rechtskraft der gerichtlichen Entscheidung geht das Eigentum an der eingezogenen Sache auf den Staat über (§ 75 StGB). § 394 dient der Vereinfachung des Verfahrens in den Fällen, in denen ein auf frischer Tat betroffener Schmuggler sich unter Zurücklassung des Schmuggelguts dem Zugriff der Zollbeamten entzogen hat. In diesen Fällen soll die FinBeh den Eigentumsübergang auf den Staat selbst herbeiführen können.

2 **2. Verfassungsmäßigkeit.** Umstritten ist, ob die Vorschrift mit dem Grundgesetz vereinbar ist. Die Vertreter der einen Auffassung sind der Ansicht, auch bei der vereinfachten Einziehung ggü einem Unbekannten handele es sich um eine strafähnliche Sanktion, deren Verhängung nach dem Grundgesetz dem Strafrichter vorbehalten sei; die in § 394 vorgesehene Einziehung durch eine VerwBeh verstoße gegen Art 14, 92 und 101 I 2 GG und sei daher verfassungswidrig (vgl *Hellmann* Das Nebenstrafverfahrensrecht der Abgabenordnung, 1995, S 72; *HHSp/Hellmann* § 394 AO Rz 5ff und in ZfZ 00, 2, 4 sowie *Erbs/Kohlhaas/Hadamitzky/Senge* § 394 AO Rz 1). Die Gegenauffassung beruft sich darauf, dass anders als bei der Einziehung ggü einem bekannten Täter (dazu BGH wistra 83, 188) hier keine Kriminalstrafe vorliege, weil eine Kriminalstrafe nach der Rspr des BVerfG (BVerfGE 22, 49, 79) ein persönliches Unwerturteil gegen eine namentlich bekannte Person voraussetze (vgl BbgVerfG NJW 97, 451; *JJR/Joecks* § 394 Rz 3f; *Kohlmann/Hilgers-Klautzsch* § 394 AO Rz 6). Maßgeblich ist daher, ob es notwendige Voraussetzung für das Vorliegen einer Kriminalstrafe ist, dass ein ethischer Schuldvorwurf gegen eine namentlich bekannte Person erhoben wird. Letztlich wird die Frage vom BVerfG zu klären sein, das allein die Verwerfungsbefugnis für nachkonstitutionelle Gesetze besitzt. Da sich die Maßnahmen nach § 394 gegen Unbekannte richten, ist es allerdings unwahrscheinlich, dass das BVerfG in absehbarer Zeit Gelegenheit zur Entscheidung hierüber haben wird.

5 **3. Übergang des Eigentums.** Der Übergang des Eigentums **tritt kraft Gesetzes ein,** wenn die folgenden Voraussetzungen gegeben sind:
- **Es muss eine Steuerstraftat begangen worden sein;** hierbei genügt es, wenn ein begründeter Verdacht vorliegt. Der Verdacht muss sich auch darauf beziehen, dass der Täter vorsätzlich gehandelt hat (glA *JJR/Joecks* § 394 Rz 5).

6 – **Auf frischer Tat betroffen** muss der Täter oder Teilnehmer sein (ebenso § 127 StPO). Das ist der Fall, wenn er bei der Begehung einer rechtswidrigen Tat oder unmittelbar danach am Tatort oder in dessen unmittelbarer Nähe gestellt wird. Die Beobachtung des Täters kann durch eine Privatperson geschehen (*JJR/Joecks* § 394 Rz 7). Der Täter braucht nicht von einer zur Wahrnehmung von Steuer-, Zoll- und Monopolgesetzen verpflichteten Person beobachtet zu werden, es gelten dieselben Grundsätze wie bei § 127 StPO (… „jedermann").

7 – **Der Verdächtige muss unerkannt entkommen sein,** dh er muss sich dem Zugriff der Strafverfolgungsbehörden in der Weise entzogen haben, dass gegen ihn kein Strafverfahren geführt werden kann.
- **Der Täter muss Sachen mitgeführt haben,** auf deren Einziehung wegen der mutmaßlich begangenen StStraftat erkannt werden könnte; die Sachen müssen sichergestellt worden sein. Auf die drohende Entziehung des Eigentums muss die FinBeh durch öffentliche Bekanntmachung hingewiesen haben.

8 – Die **Sicherstellung** von Gegenständen ist in §§ 94ff StPO geregelt. Man unterscheidet drei Formen der amtlichen Sicherstellung: die amtliche Inverwahrnahme (§ 94 I StPO), die Erzwingung der Herausgabe (§ 95 II StPO) und die Beschlagnahme (§ 94 II StPO). Sicherzustellen sind Gegenstände, die als Beweismittel für die Untersuchung von Bedeutung sein können, ferner Erzeugnisse, Waren und andere Sachen, auf die sich die Hinterziehung von Verbrauchsteuern oder Einfuhr- und Ausfuhrabgaben, der Bannbruch oder die StHehlerei bezieht, sowie die Beförderungsmittel, die zur Tat benutzt worden sind in Fällen, in denen eine StHinterziehung, ein Bannbruch oder eine StHehlerei begangen worden ist (§ 375 II). Voraussetzung für eine Sicherstellung ist eine Untersuchung (§ 94 I StPO). Dazu gehören alle strafrechtlichen Maßnahmen und An-

ordnungen, die wegen eines konkreten Anfangsverdachts getroffen werden (*Meyer-Goßner/Schmitt* § 94 StPO Rz 8).

9 **Die Befugnis zur Anordnung der Beschlagnahme** steht grds nur dem Richter zu, bei Gefahr im Verzug allerdings auch der StA und ihren Ermittlungspersonen (§ 98 I StPO). Auch die FinBeh hat diese Befugnis, soweit sie das Ermittlungsverfahren selbständig durchführt; dasselbe gilt für die einzelnen Bediensteten der FinBeh, wenn sie als Ermittlungspersonen der StA tätig werden (§ 399 II 2).

10 **Das Einziehungsverfahren** richtet sich nach den §§ 111b ff StPO. Nach § 111b I StPO können Gegenstände zur Sicherung der Vollstreckung beschlagnahmt werden, wenn die Annahme begründet ist, dass die Voraussetzungen der Einziehung vorliegen. Liegen dringende Gründe für diese Annahme vor, so soll die Beschlagnahme angeordnet werden.

11 Die **Beschlagnahme** bewirkt ein relatives Veräußerungsverbot zugunsten des Staates. Auch andere Verfügungen als Veräußerungen sind unzulässig (§ 111d I StPO, § 136 BGB). Im Insolvenzverfahren hat das Veräußerungsverbot keine Wirkung (§ 80 II InsO). Erfolgt die Beschlagnahme nach Eröffnung des Insolvenzverfahrens, ist sie obsolet (*Durst* KÖSDI 04, 14035 mwN). Die Beschlagnahme gemeingefährlicher Gegenstände hat ein absolutes Veräußerungsverbot zur Folge (§ 134 BGB; *Meyer-Goßner/Schmitt/Köhler* § 111d StPO Rz 3).

12 **In einer öffentlichen Bekanntmachung** muss der unbekannte Eigentümer auf den drohenden Verlust seines Eigentums hingewiesen werden. Hinsichtlich der Form der Bekanntmachung verweist § 394 S 2 auf die öffentliche Zustellung iSd VwZG. Gem § 10 VwZG ist das zuzustellende Schriftstück an der Stelle auszuhängen, die von der Behörde hierfür allgemein bestimmt ist. Es kann aber auch eine Benachrichtigung ausgehängt werden, in der anzugeben ist, wo das Schriftstück eingesehen werden kann (§ 394 S 2).

13 **Wird der Täter innerhalb der Jahresfrist bekannt,** so ist gegen ihn ein Strafverfahren durchzuführen, in dem auch über die Einziehung der Sachen zu entscheiden ist. Bleibt der Täter unbekannt, verfallen die Sachen dem Staat. Meldet sich ein Dritter, dem die Gegenstände gehören, ist zu prüfen, ob die Voraussetzungen für die Einziehung ihm ggü gegeben sind, vgl hierzu § 375.

14 Die Einziehung kann im **selbständigen Verfahren** angeordnet werden (vgl § 401).

15 **4. Rechtsschutz.** Meldet sich der Eigentümer der sichergestellten Sache innerhalb eines Jahres nach Aushang der Bekanntmachung nicht, geht das Eigentum auf den Staat über. Konnte der Betroffene im Einziehungsverfahren seine Rechte schuldlos nicht wahrnehmen, kommt ein Nachverfahren in Betracht (§ 433 StPO).

§ 395 Akteneinsicht der Finanzbehörde

[1] Die Finanzbehörde ist befugt, die Akten, die dem Gericht vorliegen oder im Falle der Erhebung der Anklage vorzulegen wären, einzusehen sowie beschlagnahmte oder sonst sichergestellte Gegenstände zu besichtigen. [2] Die Akten werden der Finanzbehörde auf Antrag zur Einsichtnahme übersandt.

1 Das Akteneinsichtsrecht der FinBeh nach § 395 entspricht dem Akteneinsichtsrecht des Verteidigers nach § 147 I StPO. Es soll die FinBeh in die Lage versetzen, die verkürzten StBeträge nachzuerheben und iÜ ihre Mitwirkungsrechte im Verfahren bei der StA und vor dem Gericht wahrzunehmen (vgl § 407). Im Bußgeldverfahren gilt § 49 II OWiG. Vgl auch die Anweisung in Nr 92 III AStBV, wonach die BuStra das Recht zur Akteneinsicht und zur Besichtigung sichergestellter Gegenstände nach § 395 auch im steuerlichen Interesse hat.

2 Mit dem StVÄG 1999 v 2.8.2000 (BGBl I, 1253) wurde ua die Erteilung von Aktenauskünften und Akteneinsicht für Nichtverfahrensbeteiligte umfassend neu geregelt (§§ 474–480 StPO). Ziel der Gewährung von Akteneinsicht und Auskünften ist danach die Übermittlung von Informationen für verfahrensübergreifende Zwecke. Nach § 474 I StPO erhalten auch die strafverfolgend tätige Polizei und die FinBeh, soweit sie bei StStraftaten als Ermittlungsbehörden tätig sind (§§ 386 II, 399 I) die erforderliche Akteneinsicht. Die Akteneinsicht erfolgt zu Zwecken der Rechtspflege, dh für einen Zweck, der nicht der Grund für die Erhebung der Information im Ursprungsverfahren war. Weitere Einzelheiten s § 474 II–VI sowie § 477 StPO.

3 Zu den dem Gericht vorzulegenden Akten gehören grds nicht die Handakten von StA, BuStra, Polizei und Steufa, wohl aber Beweisordner sowie Dateien und Programme, sofern sie schuldspruch- oder rechtsfolgenrelevante Umstände beinhalten und somit wegen des Grundsatzes der Aktenvollständigkeit Bestandteil der Akten werden (vgl *Meyer-Goßner/Schmitt* § 147 StPO Rz 13 ff).

4 Gegen die Ablehnung eines Akteneinsichtsantrags der FinBeh durch die StA ist die **Dienstaufsichtsbeschwerde** gegeben. Im Zwischen- und Hauptverfahren ist die Beschwerde gem § 304 StPO statthaft.

§ 396 Aussetzung des Verfahrens

(1) **Hängt die Beurteilung der Tat als Steuerhinterziehung davon ab, ob ein Steueranspruch besteht, ob Steuern verkürzt oder ob nicht gerechtfertigte Steuervorteile erlangt sind, so kann das Strafverfahren ausgesetzt werden, bis das Besteuerungsverfahren rechtskräftig abgeschlossen ist.**

(2) **Über die Aussetzung entscheidet im Ermittlungsverfahren die Staatsanwaltschaft, im Verfahren nach Erhebung der öffentlichen Klage das Gericht, das mit der Sache befasst ist.**

(3) **Während der Aussetzung des Verfahrens ruht die Verjährung.**

Schrifttum: *vor 2010 s 13. Aufl; Harms/Heine* Causa finita? Steuerrecht im Spannungsfeld der Gerichtsbarkeiten, FS Spindler, 2011, S 429, 433; *Meyberg* Aussetzung nach § 396 AO kann Schadensersatz begründen, PStR 11, 107; *Gehm* Die Aussetzung des Steuerstrafverfahrens gemäß § 396 AO, NZWiSt 12, 244; *Jesse* Das Nebeneinander von Besteuerungs- und Steuerstrafverfahren, DB 13, 1803; *Roth* Anmerkung zum Urteil des AG Köln v. 10.1.13 – 585 Ds 124/12, ZWH 13, 373; *Weidemann* Anmerkung zum Beschluss des LG Bremen v. 29.7.10 – 31 Qs 245/10, StV 13, 379; *Mellinghoff* Grundsätze und Grenzen im Besteuerungs- und Steuerstrafverfahren, Stbg 14, 97; *Sontheimer* Steuerhinterziehung bei steuerrechtlichen Streit- und Zweifelsfragen, DStR 14, 357; *Rolletschke* Anmerkung zum Beschluss des LG Halle v. 7.5.14 – 2 Qs 3/14, NZWiSt 14, 386; *Tormöhlen* Anmerkung zum Beschluss des LG Halle v. 7.5.14 – 2 Qs 3/14, AO-StB 14, 370; *Hild* Zu divergierenden Entscheidungen in streitidentischen Straf- und Steuerverfahren, wistra 16, 59.

Übersicht

1 **1. Inhalt und Zweck.** Nach dieser Vorschrift kann das **Strafverfahren ausgesetzt** werden, wenn die Beurteilung der Tat von der Vorfrage abhängt, ob ein StAnspruch besteht, ob Steuern verkürzt oder ob nicht gerechtfertigte StVorteile

erlangt sind. Die Verfolgung anderer Ziele als tragender Grund für eine Verfahrensaussetzung nach § 396 ist unzulässig. Im Bußgeldverfahren findet die Vorschrift entspr Anwendung (§ 410 I Nr 5). Zweck des § 396 ist, divergierende Entscheidungen im Straf- und im Besteuerungsverfahren zu vermeiden. Die Möglichkeit der Aussetzung steht in einem erheblichen Spannungsverhältnis mit dem Gebot zügiger Verfahrensdurchführung (vgl dazu *Meyer-Goßner/Schmitt* Einl 160; BGH GrS wistra 08, 137). Im Rahmen des dem Strafrichter eingeräumten Ermessens (Rz 8) ist daher häufig der Fortführung des Strafverfahrens ggü der Aussetzung der Vorzug zu geben (vgl zur Entstehungsgeschichte *JJR/Jäger* § 396 Rz 1). Nach rechtskräftigem Abschluss des Besteuerungsverfahrens kommt eine Aussetzung nach § 396 selbst dann nicht mehr in Betracht, wenn gegen die Entscheidung des BFH Verfassungsbeschwerde eingelegt ist (*JJR/Jäger* § 396 Rz 25).

2. Anwendungsvoraussetzungen. Die Ermittlung des Sachverhalts bleibt uneingeschränkt Aufgabe der Strafverfolgungsorgane. Eine Aussetzung kommt erst in Betracht, wenn die **Beurteilung der Tat als StHinterziehung** allein von der entscheidungserheblichen Vorfrage abhängt, ob Steuern verkürzt oder nicht gerechtfertigt StVorteile erlangt sind, und es damit nur noch um die Auslegung steuerlicher Rechtsnormen geht. Als nicht vorfragenrelevant scheiden daher Zweifel bzgl der Höhe hinterzogener Steuern (*Rolletschke* NZWiSt 14, 386, 387; *Schuhmann* wistra 92, 175) ebenso wie solche zur inneren Tatseite aus. 3

Identität der Verfahrensbeteiligten wird weder nach dem Wortlaut noch nach dem Sinn des § 396 vorausgesetzt (vgl *JJR/Jäger* § 396 Rz 15). Die Aussetzung soll die Klärung einer strafrechtl relevanten Vorfrage herbeiführen, die zwar in demselben Lebenssachverhalt wurzelt, aber für sich durchaus abstrakt zu formulieren ist. 4

3. Ermittlungsverfahren. Die Aussetzung kann **bereits im Ermittlungsverfahren** angeordnet werden. Hierdurch wird verhindert, dass das Ermittlungsverfahren auch bei einer unklaren Beurteilung der ihm zu Grunde liegenden Besteuerungsgrundlagen fortgesetzt wird und diese erst im strafgerichtlichen Verfahren geklärt werden (BT-Drs 6/1982, 199). Über die Aussetzung entscheidet im Ermittlungsverfahren die StA; sofern das Ermittlungsverfahren von der FinBeh selbständig durchgeführt wird, die FinBeh (vgl § 386 II). Eine besondere **Form** ist für die Aussetzungsverfügung nicht vorgeschrieben. Ein entsprechender Vermerk in der Ermittlungsakte genügt. Nach Erhebung der öffentlichen Klage entscheidet über die Aussetzung das Gericht durch Beschluss. Eine Begründung ist nicht zwingend, aber zweckmäßig (vgl dazu *JJR/Jäger* § 396 Rz 45). 6

4. Ermessen. Wegen der auch in § 396 zum Ausdruck kommenden uneingeschränkten **Vorfragenkompetenz** der Strafgerichte (*Harms/Heine* aaO S 432), die sich insbes darin manifestiert, dass selbst von einem rechts-(bestands-)kräftig abgeschlossenen Besteuerungsverfahren keine Bindungswirkung für die weitere Behandlung im Strafverfahren ausgeht (vgl BayObLG wistra 04, 239), hat der Gesetzgeber die Aussetzung bis zum Abschluss des Besteuerungsverfahrens nicht zwingend vorgeschrieben (zur fehlenden Tatbestandswirkung von StBescheiden vgl ausführlich *Wisser,* Die Aussetzung des StStrafverfahrens gem § 396 AO und die Bindung des Strafrichters, 1992, S 61 ff). Das Strafverfahren „kann" ausgesetzt werden, wenn die Voraussetzungen des § 396 I vorliegen. Die Aussetzung liegt damit im pflichtgemäßen Ermessen der Ermittlungsbehörden bzw des Strafgerichts (BVerfG NStZ 85, 126 und wistra 91, 175). 8

Gegenstand der Ermessensentscheidung ist nicht nur die Frage, ob das Strafverfahren ausgesetzt werden soll, sondern ggf auch, zu welchem Zeitpunkt und für welche Dauer dies geschehen soll (*JJR/Jäger* § 396 Rz 33). 9

Im Rahmen der **Ermessensausübung** sind alle Umstände, die im konkreten Fall für und gegen die Aussetzung des StStrafverfahrens sprechen, gegeneinander 10 abzuwägen. Zu berücksichtigen sind dabei zB die Bedeutung des Falles für den Beschuldigten, aber auch sein Anspruch auf zügige Durchführung des Strafverfahrens (Art 2 I iVm 20 III GG; Art 6 I 1 MRK). Dies gilt selbst dann, wenn der Beschuldigte die Aussetzung nach § 396 selbst beantragt und an einer zügigen Fortsetzung des Strafverfahrens erkennbar kein Interesse hat (EGMR v 21.12.2010 – 974/07, Rs W gegen Deutschland, mit Anm *Meyberg* PStR 11, 107). Zu berücksichtigen ist auch, dass die strafmildernde Wirkung des Zeitfaktors dem ebenfalls verfassungsrechtl verankerten Ziel effektiver Strafverfolgung widerstreitet. Würde eine länger dauernde Aussetzung dazu führen, dass im Falle einer Verurteilung eine schuldangemessene Bestrafung nicht mehr erfolgen könnte (vgl BGH wistra 06, 428, 429), dürfte dies der Aussetzung regelmäßig entgegenstehen. Auch in Haftsachen dürfte eine Aussetzung des Strafverfahrens mit der zwangsläufigen Folge der Aufhebung des Haftbefehls regelmäßig nicht in Betracht kommen (*JJR/Jäger* § 396 Rz 38). In der gerichtlichen Praxis wird die Bedeutung des Beschleunigungsgrundsatzes gem Art 6 I 1 MRK häufig übersehen (vgl LG Bremen StV 11, 616).

11 Für die Strafgerichte besteht auch bei schwierigen, ungeklärten steuerlichen Rechtsfragen **keine Rechtspflicht zur Aussetzung** (BGH wistra 1988, 196; *JJR/Jäger* § 396 Rz 32; *Kohlmann/Schauf* § 396 AO Rz 53; aA OLG Hamm NJW 78, 283). Auch unterschiedliche Auffassungen im Schrifttum über die steuerrechtliche Beurteilung der Vorfrage zwingen nicht zur Aussetzung des Strafverfahrens (BVerfG NStZ 91, 88). Allerdings ist, wenn im Einzelfall dazu Anlass besteht, von Amts wegen zu prüfen, ob das Strafverfahren ausgesetzt werden soll (vgl BVerfG wistra 85, 147).

14 **5. Andere Aussetzungsvorschriften (§§ 154d, 262 II StPO iVm § 385 I).** Andere Aussetzungsregelungen werden von der spezielleren Vorschrift des § 396 verdrängt, soweit die Anwendungsvoraussetzungen des § 396 vorliegen (zum Verhältnis zu anderen Aussetzungsvorschriften s auch *JJR/Jäger* § 396 Rz 16 ff). Wird das Verfahren nach anderen Vorschriften ausgesetzt, weil eine Aussetzung nach § 396 nicht in Betracht kommt, ruht die Verjährung nicht gem § 396 III. Die Gefahr **wechselseitiger Aussetzung** des behördlichen (§ 363) bzw gerichtlichen (§ 74 FGO) Steuerverfahrens und des Strafverfahrens (§ 396) besteht vor allem bei §§ 70 f, 169 II 2, 173 II, 235 sowie Art 97a § 3 I EGAO. In einem solchen Fall ist das StStrafverfahren fortzuführen, da Voraussetzung der Aussetzung nach § 396 ist, dass im Besteuerungsverfahren (in absehbarer Zeit) mit einer Entscheidung zu rechnen ist (vgl *JJR/Jäger* § 396 Rz 19).

16 **6. Anfechtung.** Bewilligende oder ablehnende Aussetzungsentscheidungen der Ermittlungsbehörden sind nach allgemeiner Ansicht nicht anfechtbar (*JJR/Jäger* § 396 Rz 48; *HHSp/Hellmann* § 396 AO Rz 76; *Kohlmann/Schauf* § 396 AO Rz 76). Die **Ablehnung eines Antrags auf Aussetzung** durch gerichtlichen Beschluss ist nicht mit der Beschwerde (§ 304 StPO), sondern erst zusammen mit dem Urteil im Wege der Berufung oder Revision anfechtbar. Denn die Ablehnung der Aussetzung ist eine der Urteilsfindung vorausgehende Entscheidung iSd § 305 S 1 (vgl OLG Hamm NJW 78, 283; OLG Karlsruhe wistra 85, 168; *JJR/Jäger* § 396 Rz 49 f; *HHSp/Hellmann* § 396 AO Rz 78; *Kohlmann/Schauf* § 396 AO Rz 79 f; *RK/Rolletschke* § 396 AO Rz 56; *Erbs/Kohlhaas/Hadamitzky/Senge* § 396 AO Rz 11; *Schwarz/Pahlke/Nikolaus* § 396 AO Rz 22; aM *Bernsmann* FS Kohlmann S 377, 385; *Schuhmann* wistra 92, 172, 175; *Weidemann* wistra 04, 195, 197 und StV 13, 379). Die **Beschwerde** gegen einen **Aussetzungsbeschluss** ist nach hM nur dann zulässig, wenn er nicht der Sachaufklärung dient und deshalb in keinem inneren Zusammenhang mit der Urteilsfindung steht (vgl OLG Dresden JR 08, 304; *Erbs/Kohlhaas/Hadamitzky/Senge* § 396 AO Rz 11; *JJR/Jäger* § 396 AO Rz 51; *Kohlmann/Schauf* § 396 AO Rz 78; *KKStPO/Kuckein* § 262 StPO Rz 9; aM *HHSp/Hellmann* § 396 AO Rz 77; *Weidemann* StV 13, 379). Dies ist dann der Fall,

wenn die tatbestandlichen Voraussetzungen des § 396 I nicht vorliegen und die Aussetzung daher nur verfahrensverzögernd wirkt (LG Halle NZWiSt 14, 385; LG Bremen NStZ-RR 12, 14). Eine solche Situation ist etwa gegeben, wenn die StRechtslage nicht zweifelh ist (vgl LG Halle aaO; *Tormöhlen* AO-StB 14, 370), wenn die Entscheidungserheblichkeit der steuerrechtlichen Vorfrage in Wahrheit nicht besteht (dazu *Schäfer* wistra 83, 168, 170) oder wenn die FinBeh ihrerseits erklärt hat, den Ausgang des Strafverfahrens abzuwarten (vgl OLG Karlsruhe NStZ 85, 227). Nach Ansicht des LG Halle (aaO) soll es für die Anfechtbarkeit des Aussetzungsbeschlusses auch genügen, dass der Beschluss entgegen § 34 Alt 1 StPO nicht mit Gründen versehen ist. Die Ermessensentscheidung, ob die Aussetzung zweckmäßig ist, kann hingegen durch das Beschwerdegericht nicht nachgeprüft werden (glA LG Halle NZWiSt 14, 385; LG Bremen NStZ-RR 12, 14; *Erbs/Kohlhaas/Hadamitzky/Senge* § 396 AO Rz 11). Wenn das FA das StStrafverfahren nach § 396 ausgesetzt hat, kann die StA nach § 386 IV 2 das Verfahren an sich ziehen und weiterbetreiben. Wenn das spätere finanzgerichtliche Urteil eine Verletzung des Steueranspruchs verneint, bildet diese Entscheidung keine neue Tatsache iSd **§ 359 Nr 5 StPO,** sodass ein **Wiederaufnahmeantrag** auf diese Bestimmung nicht gestützt werden kann (OLG Zweibrücken wistra 09, 488 mit Anm *Weidemann* wistra 10, 198; *Wisser* aaO [Rz 8] S 262 ff; vgl auch *JJR/Jäger* § 396 Rz 52 ff).

7. Ruhen der Verjährung. Das in § 396 III angeordnete Ruhen der Verjährung hemmt auch den Lauf der doppelten Verjährungsfrist iSd § 78c III 2 StGB mit der Folge, dass die **absolute Verjährung** nicht eintritt, wenn das Verfahren wegen Aussetzung nach § 396 ruht (BayObLG wistra 90, 293; OLG Karlsruhe wistra 90, 205; *JJR/Jäger* § 396 Rz 57; *Kohlmann/Schauf* § 396 AO Rz 87; *HHSp/Hellmann* § 396 AO Rz 82; *Wisser* aaO [Rz 8] S 256 f; aM *Grezesch* wistra 90, 289). Nach § 78c III 3 StGB wird die Zeit des Ruhens nach § 78b I StGB nicht in die absolute Frist eingerechnet. Entsprechendes gilt für § 396 III, auch wenn eine entsprechende (deklaratorische) Bestimmung in § 396 fehlt. Zur Bedeutung des Zeitpunkts der absoluten Verjährung im Rahmen der Ermessensausübung vgl BGH wistra 88, 263. 18

Das Ruhen der Verjährung gem § 396 III erstreckt sich auf die gesamte Tat im verfahrensrechtlichen Sinn des § 264 StPO, insbes auch auf allgemeine Straftaten, die mit der StStraftat in **Tateinheit** (§ 52 StGB) stehen, weil die Aussetzung ein StStrafverfahren betrifft und Abs 3 insoweit keine Einschränkung auf die stl Straftat vorsieht (glA *JJR/Jäger* § 396 Rz 59; *HHSp/Hellmann* § 396 AO Rz 86; *Kohlmann/Schauf* § 376 AO Rz 95; *Erbs/Kohlhaas/Hadamitzky/Senge* § 396 AO Rz 10; *Schuhmann* wistra 92, 172, 177; *RK/Rolletschke* § 396 AO Rz 61). 19

Die verjährungshemmende Wirkung der Aussetzung nach § 396 III tritt lediglich dann nicht ein, wenn die *tatbestandlichen Voraussetzungen* des § 396 I für eine Ermessensentscheidung *nicht vorgelegen* haben. Die Ausübung des Ermessens ist dagegen – abgesehen von Ermessensmissbrauch und Ermessensüberschreitung – gerichtlich nicht nachprüfbar (aA AG Münster wistra 03, 398; dagegen *Weidemann* wistra 04, 195). 20

2. Unterabschnitt. Ermittlungsverfahren

I. Allgemeines

§ 397 Einleitung des Strafverfahrens

(1) **Das Strafverfahren ist eingeleitet, sobald die Finanzbehörde, die Polizei, die Staatsanwaltschaft, eine ihrer Ermittlungspersonen oder der Strafrichter eine Maßnahme trifft, die erkennbar darauf abzielt, gegen jemanden wegen einer Steuerstraftat strafrechtlich vorzugehen.**

(2) **Die Maßnahme ist unter Angabe des Zeitpunktes unverzüglich in den Akten zu vermerken.**

(3) **Die Einleitung des Strafverfahrens ist dem Beschuldigten spätestens mitzuteilen, wenn er dazu aufgefordert wird, Tatsachen darzulegen oder Unterlagen vorzulegen, die im Zusammenhang mit der Straftat stehen, derer er verdächtig ist.**

Abs 1 geändert durch G v 21.8.04 (BGBl I, 2198).

Schrifttum: *vor 2010 s 13. Aufl; Buse* Der steuerstrafrechtliche Verdacht des Außenprüfers, DB 11, 1942; *Kindler* Zu den Folgen eines Prüferfehlverhaltens nach § 10 BpO für das Steuerstrafverfahren, PStR 11, 44; *Durst* Zum Verhalten bei Einleitung eines Steuerstrafverfahrens, PStR 12, 274; *Madauß* Außenprüfung und Steuerstrafverfahren – Anmerkung aus der Praxis, NZWiSt 14, 296; *Webel/Wähnert* Der Verdacht einer Steuerstraftat während der Außenprüfung, NWB 14, 3324; *Peters* Der strafrechtliche Anfangsverdacht im Steuerrecht, DStR 15, 2583; *Hofmann* Wegen mangelhafter Kassenbuchführung schätzt Prüfer die Einnahmen – ein Fall für die Strafgerichte?, PStR 16, 73; *Jahn* Wer oder was bestimmt das Unbestimmte? Anfangsverdacht und legales Verhalten, in Fischer/Hoven (Hrsg) Verdacht (2. Baden-Badener Strafrechtsgespräch), 2016 S. 147; *Madauß* Verdachtsmeldepflichten nach § 4 V 1 Nr 10 EStG für Korruptionstaten im wirtschaftlichen Verkehr, NZWiSt 16, 437; *Peters* Der strafrechtliche Anfangsverdacht im Steuerrecht – Kooperative Vorermittlungen in Grenzfällen, DStR 15, 2583; *Pflaum* Steuerstrafrechtliche Belehrungen, Mitteilungen und Hinweise nach der Abgabenordnung in der Außenprüfung, StBp 17, 163.

Übersicht

1 **1. Inhalt.** Die Vorschrift regelt die Frage, in welchem Zeitpunkt das Strafverfahren eingeleitet ist. Hierbei wird auf objektive Merkmale abgestellt. Zum Begriff der StStraftat vgl § 369; iÜ s Nrn 26–31 AStBV. Zur Entstehungsgeschichte des § 397s *JJR/Jäger* § 397 Rz 1.

3 **2. Einleitung des Strafverfahrens.** Die Verfahrenseinleitung iSd § 397 I ist gleichbedeutend mit dem Beginn strafrechtlicher Ermittlungen. Dabei ist die Verfahrenseinleitung die gesetzliche Folge einer Ermittlungsmaßnahme, nicht deren Voraussetzung. Das Abstellen auf **objektive Merkmale** dient dem Schutz des Verdächtigen davor, zu strafrechtlichen Zwecken mit steuerrechtlichen Mitteln ausgeforscht zu werden (vgl *JJR/Jäger* § 397 Rz 6). Denn der Stpfl hat im Besteuerungsverfahren und im Strafverfahren eine unterschiedliche Rechtsstellung (vgl § 393 I). Im Besteuerungsverfahren ist der Stpfl zur Mitwirkung, insb zur Erteilung von Auskünften verpflichtet. Die Erfüllung dieser Pflicht kann nach §§ 328 ff erzwungen werden. Im Strafverfahren besteht für den Stpfl keine Mitwirkungspflicht. Er kann schweigen und darf nicht gezwungen werden, an seiner Überführung mitzuwirken („nemo tenetur se ipsum accusare"). Die ihm vorgeworfene Straftat muss ihm nachgewiesen werden. Die Besonderheiten des steuerlichen Strafverfahrens liegen darin, dass die Ermittlungen im Besteuerungsverfahren und im Strafverfahren regelmäßig von derselben Behörde durchgeführt werden. Beide Verfahren können nebeneinander geführt werden. § 393 I stellt klar, dass auch nach Einleitung eines StStrafverfahrens die Pflichten des Stpfl im Besteuerungsverfahren unberührt bleiben; lediglich die Möglichkeit, die Mitwirkung zu erzwin-

gen, ist ausgeschlossen (§ 393 I 2). Diese Konstruktion ermöglicht, dass die Weigerung des Stpfl, an der Feststellung der Besteuerungsgrundlagen mitzuwirken, bei einer Schätzung nach § 162 berücksichtigt werden kann.

3. Zeitpunkt der Einleitung. Das Verfahren ist in dem Zeitpunkt eingeleitet, in dem eine funktionell zuständige Stelle gegen jemanden straf- oder bußgeldrechtl vorgeht. Mit der Einleitung eines steuerstrafrechtlichen Ermittlungsverfahrens treten zugunsten des beschuldigten Stpfl die Schutzwirkungen der §§ 393, 397 III ein. 5

Ein Verstoß gegen die Pflicht, die Einleitungsmaßnahme unverzüglich in den Akten zu vermerken (§ 397 II), hat keinen Einfluss auf Zeitpunkt und Folgen der Einleitung. 6

4. Einleitungsbefugnis. Als **einleitende Stellen** kommen nach der gesetzlichen Aufzählung in § 397 I, der keine rechtliche Rangfolge zugrunde liegt, in Betracht: die FinBeh, die Polizei, die StA, eine Ermittlungsperson der StA (vgl dazu *JJR/Jäger* § 397 Rz 27 ff), der Strafrichter. Zum Begriff der **FinBeh** vgl § 386 I 2 (dazu § 386 Rz 1 sowie *JJR/Jäger* § 397 Rz 14 ff). Welcher Amtsträger die Befugnisse der FinBeh zur Aufklärung von StStraftaten im Einzelfall auszuüben hat, ist eine Frage der innerdienstlichen Behördenorganisation. Auch wenn § 397 I im Gegensatz zu § 404 S 1 nur Behörden und nicht deren Beamte nennt, ist nicht nur die Behörde, sondern grds jeder Amtsträger in der Lage, eine Maßnahme zu treffen, welche die Rechtsfolge der Einleitung des Straf- oder Bußgeldverfahrens auslöst. Als tatsächlicher Vorgang ist die Verfahrenseinleitung rechtswirksam ohne Rücksicht auf die Befugnis des Amtsträgers im Innenverhältnis (*JJR/Jäger* § 397 Rz 15). Auch die Einleitung eines Straf- oder Bußgeldverfahrens durch einen Außenprüfer ist rechtswirksam. Der OFD und den obersten Finanzbehörden des Bundes und der Länder fehlt die Kompetenz, bei Zuwiderhandlungen gegen StGesetze im Einzelfall einzuschreiten. Davon unberührt bleiben Maßnahmen und Weisungen im Rahmen der Dienstaufsicht. Das Zollkriminalamt und die Zollfahndungsämter sind zwar Bundesfinanzbehörden iSd § 1 Nr 4 FVG, nicht jedoch FinBeh iSd § 386. Verfahrenseinleitende Maßnahmen können aber gem § 404 iVm §§ 4 I 1, 16, 26 ZFdG vorgenommen werden. Die Zollfahndungsbeamten sind Ermittlungspersonen der StA (vgl § 404 S 2). Zur Zuständigkeit der FK vgl DA-KG Abschn S 8.1.5 (BStBl I 16, 827). Ihr kommt lediglich innerorganisatorische Bedeutung zu. 9

Mit Rücksicht auf den Schutz des Stpfl ist es für die Wirkungen der Verfahrenseinleitung unerheblich, ob die sachlich und örtlich zuständige Einleitungsbehörde gehandelt hat, sofern eine der in § 397 I genannten Stellen tätig geworden ist. Dagegen versagt das Gesetz den Maßnahmen anderer als dieser Stellen die verfahrenseinleitende Wirkung mit den daran geknüpften Rechtsfolgen (*JJR/Jäger* § 397 Rz 37). 10

5. Verdacht als Einleitungsvoraussetzung. Nach dem Legalitätsprinzip müssen die in § 397 I genannten Stellen wegen aller verfolgbaren StStraftaten einschreiten, sofern zureichende Anhaltspunkte bestehen (§ 152 II StPO), und zur Aufklärung des Verdachts den Sachverhalt erforschen (§ 160 I StPO). Erforderlich sind „sachlich zureichende, plausible Gründe" (BVerfGE 59, 95) bzw konkrete, auf Tatsachen und Fakten beruhende Verdachtsmomente. Die Abgabe einer Selbstanzeige begründet stets den erforderlichen Anfangsverdacht (vgl BFH wistra 09, 166; *JJR/Jäger* § 397 Rz 51). Dagegen begründet die bloße Möglichkeit einer schuldhaften StVerkürzung noch keinen Verdacht (vgl Nr 26 II 2 AStBV). Ob ein Verdacht besteht, ist eine Rechtsfrage, bei deren Beantwortung ein **Beurteilungsspielraum** besteht (*JJR/Jäger* § 397 Rz 83 mwN). Hat ein Anfangsverdacht nicht bestanden, weil es an verdachtsbegründenden Tatsachen gefehlt hat, stellt dies die Wirksamkeit der Verfahrenseinleitung gleichwohl nicht infrage. 15

16 Die Inhaberschaft von **Tafelpapieren** begründet für sich allein keinen Anfangsverdacht für die Hinterziehung von ESt (BFH NJW 95, 2839). Anders verhält es sich aber, wenn konkrete Hinweise auf eine gezielte Anonymisierung vorliegen. So kann die Abwicklung von Tafelgeschäften mittels Barein- und -auszahlungen den Anfangsverdacht einer StStraftat begründen, wenn der Bankkunde solche Geschäfte bei einem Kreditinstitut tätigt, bei dem er auch seine Konten und/oder Depots führt (BFH NJW 01, 2997, bestätigt durch BVerfG NStZ 02, 371; vgl auch *JJR/Jäger* § 397 Rz 42).

17 Sog **Vorfeldermittlungen** der Steufa (vgl § 208 I 1 Nr 3; Nr 12 AStBV) sind geboten, wenn noch keine Anhaltspunkte für eine StStraftat oder StOWi gegeben sind, jedoch die Möglichkeit einer StVerkürzung in Betracht kommt. Zur Zulässigkeit von Sammelauskunftsersuchen vgl BFH NJW 09, 1998. Liegen Anhaltspunkte für eine StStraftat oder StOWi vor, reichen die Erkenntnisse jedoch nicht aus, um beurteilen zu können, ob ein Anfangsverdacht gegeben ist, sind im Hinblick auf das Legalitätsprinzip (§ 152 II StPO) **Vorermittlungen** durchzuführen. Es handelt sich um informatorische Maßnahmen zur Gewinnung von Erkenntnissen, ob ein Anfangsverdacht gegeben ist und ein Ermittlungsverfahren durchzuführen ist (vgl Nr 13 AStBV); auch sie stellen noch keine Einleitung eines Ermittlungsverfahrens dar. Allerdings dürfen sog **Flankenschutzfahnder,** die zulässig an Außenprüfungen teilnehmen, den Stpfl nicht zielgerichtet danach ausforschen, ob ein Anfangsverdacht besteht; erst recht dürfen sie bei bestehendem Anfangsverdacht nicht ohne Belehrung (§ 397 III) des Stpfl als Beschuldigten Beweismittel für eine StStraftat sammeln (*Meyer-Goßner/Schmitt* § 152 StPO Rz 3b; *JJR/Jäger* § 397 Rz. 93). Verdachtsmomente für ein StDelikt ergeben sich häufig im Rahmen der Ap (vgl dazu *JJR/Jäger* § 397 Rz 68). Deshalb hat nach § 10 I 1, 2 BpO (St) der Außenprüfer, wenn sich ein Anfangsverdacht für eine StStraftat oder StOWi ergibt oder auch nur die Möglichkeit erkennbar wird, dass ein StStrafverfahren durchgeführt werden muss, die BuStra zu unterrichten. Dem Stpfl ist die Einleitung eines Ermittlungsverfahrens vor Fortsetzung der steuerlichen Ermittlungen mitzuteilen (§ 10 I 3 BpO (St)). Besteht bei einem steuerlichen Mehrergebnis von unter 5000 € nur der Verdacht einer OWi, kann im Hinblick auf § 47 I OWiG idR von der Unterrichtung der BuStra abgesehen werden (vgl Nr 130 II 2 AStBV). Die Pflicht zur Belehrung nach § 393 I 4 bleibt unberührt.

18 Auch im Ausland durch Privatpersonen **rechtswidrig erlangte Steuerdaten** dürfen zur Einleitung eines Ermittlungsverfahrens herangezogen werden (BVerfG NStZ 11, 103). Selbst die Unzulässigkeit oder Rechtswidrigkeit einer Beweiserhebung führt nicht ohne weiteres zu einem Beweisverwertungsverbot (BVerfG NStZ 11, 103, 105).

19 **Verdachtsmeldepflichten**, die zur Einleitung eines Ermittlungsverfahrens führen können, ergeben sich auch aus § 4 V 1 Nr 10 S 2 und 3 EStG. Danach haben Gerichte, Staatsanwaltschaften und VerwBeh Tatsachen, die sie dienstlich erfahren und die den Verdacht einer Straftat oder OWi wegen Zuwendung von Vorteilen oder damit zusammenhängenden Aufwendungen begründen, den FinBeh auch zur Verfolgung von StStraftaten und StOWi mitzuteilen. Umgekehrt haben auch die FinBeh Tatsachen, die den Verdacht einer derartigen Straftat oder OWi begründen, der StA oder der VerwBeh mitzuteilen (vgl dazu *Madauß* NZWiSt 16, 437).

20 **6. Erkennbar strafrechtliche Maßnahme.** Die Einleitung ist ein tatsächlicher Vorgang, der äußerlich als solcher mit strafverfolgender Zielsetzung erkennbar ist. Maßnahme iSd § 397 I kann nur eine Handlung sein, die geeignet ist, dem Ziel der Bestrafung des Verdächtigen oder der Beseitigung des Verdachts näher zu kommen (vgl BFHE 222, 1; *JJR/Jäger* § 397 Rz 87). Maßnahmen, die nur der Aufklärung eines stl erheblichen Sachverhalts dienen sollen, reichen deshalb nicht aus. Eindeutig strafrechtlichen Charakter haben zB **Durchsuchungen** und **Beschlagnahmen,** vorläufige **Festnahmen** und Verhaftungen sowie die Verneh-

mung des Beschuldigten nach § 163a StPO. Dagegen ist ein Zeuge erst dann als Beschuldigter zu behandeln, wenn sich der Verdacht gegen ihn so verdichtet hat, dass er ersichtlich als Täter einer Straftat in Betracht kommt (BGH v 7.9.17 – 1 StR 186/17, wistra 18, 91). Die Ermittlungsbehörden haben insoweit einen Beurteilungsspielraum (BGHSt 37, 48, 51). Auch verdeckte Ermittlungen leiten das Strafverfahren ein. Die förmliche Einleitungsverfügung der StA stellt ebenfalls eine Maßnahme iSd § 397 I dar (BFH/NV 96, 451). Schwierig ist dagegen die Abgrenzung bei solchen Maßnahmen, die sowohl dem Besteuerungsverfahren wie dem StStrafverfahren zugerechnet werden können. Nach § 397 ist maßgeblich, ob die Maßnahmen erkennbar auf eine Strafverfolgung abzielen. Erkennbar bedeutet dabei nicht, dass die Strafverfolgung für den Täter erkennbar sein muss (BFH/NV 96, 451). Auch ist eine ausdrückliche Einleitung des Ermittlungsverfahrens nicht erforderlich, es reicht aus, dass zB der Betriebsprüfer eine Maßnahme trifft, die erkennbar darauf abzielt, wegen der Tat strafrechtl vorzugehen. Ist eine Ermittlungshandlung darauf gerichtet, eine Person einer Straftat zu überführen, kommt es nicht mehr darauf an, wie der Ermittlungsbeamte sein Verhalten rechtl bewertet. Denn auch ohne förmliche Verfahrenseröffnung ist die konkludente Zuweisung der Rolle als Beschuldigter möglich. Dies richtet sich danach, wie sich das Verhalten des ermittelnden Beamten bei seinen Aufklärungsmaßnahmen nach außen darstellt (BGH NStZ 15, 291).

Beispiel: Die Vorladung des Stpfl zwecks Aufklärung über bestimmte Bilanzfragen kann der Erlangung einer Auskunft im Besteuerungsverfahren dienen oder eine Beschuldigtenvernehmung nach §§ 136, 163a StPO sein. Das FA muss den Stpfl in diesem Fall darüber aufklären, in welcher Eigenschaft er gehört wird, und ihn ggf über seine Rechte belehren (§ 136a StPO; Nrn 29, 49 I AStBV). Für den Betriebsprüfer besteht eine solche **Belehrungspflicht** bereits nach § 10 BpO. 21

Eine **ohne** die vorgeschriebene **Belehrung** eingeholte Aussage des Stpfl macht die Aussage strafrechtl **unverwertbar** (BGHSt 38, 214 mit Hinweis auf die Sicherung der Grundlage der verfahrensrechtlichen Stellung des Beschuldigten sowie BGH NStZ 14, 291, 293); dies führt aber nach der Rspr nicht ohne Weiteres zu einer Fernwirkung in der Weise, dass die bei der Aussage bekannt gewordenen Beweismittel nicht benutzt werden dürften (vgl BGHSt 32, 362). Herrschend ist die *Abwägungslehre,* die zwischen der Schwere der begangenen Rechtsverletzung einerseits und der Bedeutung des Tatvorwurfs andererseits unterscheidet (vgl *Meyer-Goßner/Schmitt* § 136a StPO Rz 31; vgl auch § 393 Rz 41). 22

Nicht jede innerdienstliche Mitteilung der Veranlagungsstelle an die BuStra über den vagen Verdacht einer StHinterziehung leitet das StStrafverfahren ein; vielmehr stellt die Übersendung der Akten an die BuStra eine Vorbereitungshandlung dar, wenn diese erst prüfen soll, ob wirklich strafrechtliche Maßnahmen zu ergreifen sind. Gleiches gilt für den Hinweis in der Schlussbesprechung, dass die strafrechtliche Würdigung einem besonderen Verfahren vorbehalten bleibt (vgl § 201 II). Hält dagegen die BpStelle den Verdacht einer StHinterziehung für begründet und gibt sie deswegen die Akten an die BuStra ab, so ist das Strafverfahren damit eingeleitet, weil hier bereits eine intensive Prüfung durch das FA vorliegt (*JJR/Jäger* § 397 Rz 86). 23

7. Aktenvermerk (Abs 2). Der vorgeschriebene Vermerk über den Zeitpunkt der Maßnahme iSd Abs 1 ist kein Merkmal der Verfahrenseinleitung. Er hat lediglich deklaratorischen Charakter und dient der Beweissicherung der verfahrenseinleitenden Maßnahme. Für die Frage, wann das Verfahren tatsächlich eingeleitet worden ist, hat der Zeitpunkt der Vornahme des Aktenvermerks keine Bedeutung. Die getroffene Maßnahme ist konkret zu beschreiben, formelhafte Wendungen genügen nicht (*JJR/Jäger* § 397 Rz 120; vgl auch Nr 30 AStBV). **„Unverzüglich"** bedeutet ohne schuldhaftes Zögern (vgl § 121 I 1 BGB). Allerdings hat ein Verstoß gegen § 397 II keine verfahrensrechtlichen Folgen. 28

30 **8. Mitteilung über die Einleitung (Abs 3).** Auch der Zeitpunkt der Mitteilung über die Einleitung hat für den Zeitpunkt der Verfahrenseinleitung keine Bedeutung. Die Ermittlungsbehörde kann durchaus zunächst von einer Mitteilung absehen, etwa um den Untersuchungszweck nicht zu gefährden (vgl Nr 28 I 2 AStBV). Sie entscheidet hierbei nach pflichtgemäßem Ermessen. Eine Mitteilungspflicht besteht jedoch, sobald der Stpfl zur Mitwirkung an der Aufklärung aufgefordert wird, weil nach Einleitung des Strafverfahrens seine Mitwirkungspflicht entfällt (§§ 136, 163 StPO, § 393 I).

33 **9. Wirkungen der Einleitung. Durch die Verfahrenseinleitung ändert sich die Rechtsstellung des Verdächtigen;** zwar bleibt er Stpfl iSv § 33, er wird aber Beschuldigter und hat die ihm nach der StPO zustehenden Rechte. Die Rechte und Pflichten des Stpfl und der FinVerw richten sich dann nach den für das jeweilige Verfahren geltenden Vorschriften (§ 393 I). Soweit der strafrechtl relevante Sachverhalt auch für das Besteuerungsverfahren ermittelt wird, bleibt seine Mitwirkungspflicht zwar bestehen, seine Mitwirkung kann aber nicht erzwungen werden (§ 393 I); die besonderen Rechte der StAufsicht des FA nach §§ 209 ff bleiben erhalten, weil der Beschuldigte ggü anderen Stpfl nicht besser gestellt werden soll.

34 Wegen des verfassungsrechtlichen Gebots, dass niemand gezwungen werden darf, sich in einem Strafverfahren selbst zu belasten **(„nemo tenetur se ipsum accusare“),** steht es dem Beschuldigten im Strafverfahren frei, sich „zu der Beschuldigung zu äußern oder nicht zur der Sache auszusagen“ (§ 136 I 2 StPO). Bestehen hinsichtlich derselben Steuer und desselben Besteuerungszeitraums, für den ein Ermittlungsverfahren eingeleitet wurde, weitere Erklärungspflichten, ist wegen des „Nemo-tenetur-Grundsatzes“ die Strafbewehrung für die Nichtabgabe suspendiert (BGHSt 47, 8; BGH wistra 05, 148; vgl auch *Jäger* NStZ 05, 552, 556). Für *andere* als die von einem Straf- oder Bußgeldverfahren erfassten *Steuern und Besteuerungszeiträume* besteht hingegen die Strafbewehrung des Verstoßes gegen stl Erklärungspflichten unverändert fort (BGH wistra 05, 148). Das Zwangsmittelverbot berechtigt nicht zur Begehung neuen Unrechts, auch nicht in der Form der bloßen Nichtabgabe von StErklärungen (BGH wistra 02, 149). Vgl zur Reichweite des Zwangsmittelverbots auch *JJR/Jäger* § 397 Rz 141 ff.

35 Durch die Bekanntgabe der Einleitung des StStrafverfahrens wird auch die **Verfolgungsverjährung unterbrochen** (vgl §§ 78c I Nr 1 StGB, 369 II). Die Mitteilung der Verfahrenseinleitung auf fotokopierten Schreiben, die lediglich einen **allgemeinen formelhaften Text** und keine Hinweise auf eine tatsächliche Grundlage enthalten, sind regelmäßig allerdings nicht geeignet, die Verjährung zu unterbrechen (vgl OLG Hamburg wistra 87, 189). Derartige Schreiben müssen, um eine Unterbrechungswirkung hervorzurufen, den Beschuldigten „ins Bild setzen“, sodass dieser ersehen kann, dass und weshalb gegen ihn ein Ermittlungsverfahren eingeleitet worden ist (BGHSt 30, 215; *Fischer* § 78c StGB, Rz 9). Zumindest muss der betr Tatzeitraum angeführt werden. Der Beschuldigte muss ersehen können, dass und weshalb ein Ermittlungsverfahren gegen ihn eingeleitet worden ist. Eine zusammenfassende Kennzeichnung der vom Verdacht erfassten Straftaten genügt aber, wenn der Verfahrensgegenstand erst im Laufe der weiteren Ermittlungen seine Konkretisierung erfahren kann (BGHSt 30, 215).

36 Die Verfahrenseinleitung ist auch maßgebend für den Beginn der Festsetzungsfrist im Hinblick auf **Hinterziehungszinsen** (BFH/NV 96, 451). Sie hemmt den Anlauf der Frist zur Festsetzung von Hinterziehungszinsen gem § 239 I 2 Nr 3, es sei denn, sie stellt sich erkennbar als greifbar rechtswidrig dar (BFH BStBl II 08, 844).

37 Nach Bekanntgabe der Einleitung des Strafverfahrens ist eine strafbefreiende **Selbstanzeige** nicht mehr möglich (§ 371 II Nr 1 Buchst b, § 378 III).

38 Ein **Verstoß der FinBeh gegen die Mitteilungspflicht nach § 397 III** kann hinsichtlich der Tatsachen und Unterlagen, die der Beschuldigte nach Aufforde-

rung in Unkenntnis seiner Rechte dar- bzw vorgelegt hat, im Strafverfahren ein Verwertungsverbot begründen. Es gelten die vom BGH zur unterbliebenen Belehrung eines Beschuldigten bei seiner polizeilichen Vernehmung entwickelten Grundsätze (BGHSt 38, 214) entsprechend (dazu näher *JJR/Jäger* § 397 Rz 129).

§ 398 Einstellung wegen Geringfügigkeit

[1] Die Staatsanwaltschaft kann von der Verfolgung einer Steuerhinterziehung, bei der nur eine geringwertige Steuerverkürzung eingetreten ist oder nur geringwertige Steuervorteile erlangt sind, auch ohne Zustimmung des für die Eröffnung des Hauptverfahrens zuständigen Gerichts absehen, wenn die Schuld des Täters als gering anzusehen wäre und kein öffentliches Interesse an der Verfolgung besteht. [2] Dies gilt für das Verfahren wegen einer Steuerhehlerei nach § 374 und einer Begünstigung einer Person, die eine der in § 375 Abs. 1 Nr. 1 bis 3 genannten Taten begangen hat, entsprechend.

Schrifttum: *vor 2010 s 13. Aufl; Kaligin* § 153 AO – eine Universalnorm zur Beendigung von Steuerstrafverfahren?, Stbg 10, 500; *Hein* Die Einstellung des Strafverfahrens aus Opportunitätsgründen, JuS 13, 899; *Roth* Verständigung in Steuer(straf)verfahren, Stbg 17, 124.

1. Entstehungsgeschichte. Die Vorschrift ist als Folgeänderung des § 153 I 2 StPO idF des EGStGB durch Art 161 Nr 22 EGStGB in die RAO und dann auch in die AO aufgenommen worden. Nach § 153 I 2 StPO idF des EGStGB konnte die StA bei einem Vergehen, das gegen fremdes Vermögen gerichtet und nicht mit einer im Mindestmaß erhöhten Strafe bedroht war und das nur einen geringen Schaden verursacht hat, von der Verfolgung auch ohne Zustimmung des Gerichts absehen, wenn die Schuld des Täters als gering anzusehen war und kein öffentliches Interesse an der Verfolgung bestand. Da die StHinterziehung ein betrugsähnlicher Tatbestand zum Nachteil des Staates ist, erschien es angemessen, bei einer nur geringfügigen StVerkürzung oder StVorteilserschleichung die Möglichkeit der Einstellung des Verfahrens durch die StA im gleichen Umfang vorzusehen. 1

Durch das **Rechtspflegeentlastungsgesetz** v 11.1.1993 (BGBl I, 50) ist § 153 I 2 StPO neu gefasst worden. Die Einschränkung auf Vermögensdelikte ist entfallen. Voraussetzung für die Verfahrenseinstellung ohne Zustimmung des Gerichts ist nun nur noch, dass das Verfahren ein Vergehen zum Gegenstand hat, das nicht mit einer im Mindestmaß erhöhten Strafe bedroht ist und bei dem die durch die Tat verursachten Folgen gering sind. Die Einschränkungen des § 398 haben daher im Hinblick auf die Vorschrift des § 153 StPO keine Bedeutung mehr (*Meyer-Goßner/Schmitt* § 153 StPO Rz 20; *Weber-Blank* wistra 95, 134). 2

2. Voraussetzungen für die Verfahrenseinstellung wegen Geringfügigkeit. Adressat der Vorschrift ist die StA. Die FinBeh ist unter den Voraussetzungen des § 399 zur Einstellung gem § 398 befugt (vgl auch Nr 82 II AStBV). 3

Objektive Voraussetzung für die Einstellung nach § 398 ist die **Geringwertigkeit der StVerkürzung oder des StVorteils**. Welche Beträge als geringwertig anzusehen sind, ist umstritten. In der Praxis bestehen erhebliche regionale Unterschiede in der Auslegung dieses unbestimmten Rechtsbegriffs. Weitgehend geklärt scheint inzwischen zu sein, dass es auf das Verhältnis zwischen dem Verkürzungsbetrag und der gesetzlichen StSchuld ebenso wenig ankommen kann (vgl *JJR/Joecks* § 398 AO Rz 16; *KvW/Blesinger* § 398 AO Rz 3; *Erbs/Kohlhaas/Hadamitzky/Senge* § 398 AO Rz 4) wie auf die wirtschaftlichen Verhältnisse des Täters. Zur Herstellung einer vorhersehbaren und gleichmäßigen Anwendung der Vorschrift des § 398 bedarf es vielmehr absoluter Wertgrenzen. Im Schrifttum besteht erhebliche Uneinigkeit, bei welchen Beträgen diese Grenzen liegen sollen; diskutiert werden Beträge von 50 € in Anlehnung an die Rspr zu § 248a StGB (*HHSp/Hellmann* § 398 AO Rz 24; vgl auch *GJW/Allgayer* § 398 AO Rz 20: Ori- 4 entierung an den Wertgrenzen der Eigentums- und Vermögensdelikte), 250 € (*Erbs/Kohlhaas/Hadamitzky/Senge* § 398 AO Rz 4), Beträge im unteren dreistelligen Bereich (*JJR/Joecks* § 398 AO Rz 17) bis hin zu 2500 € (vgl *Kohlmann/Peters* § 398 AO Rz 28 ff). Angesichts des breiten Spektrums denkbarer StStraftaten erscheint es kaum möglich und sinnvoll, einen einheitlichen Grenzwert festzusetzen. Die Höhe des maßgeblichen Grenzwerts erfordert vielmehr eine differenzierende Betrachtung unter Berücksichtigung der Art der StStraftat, der Begehungsweise und der Besonderheit der jeweiligen Steuerart (vgl *JJR/Joecks* § 398 AO Rz 18; *Kohlmann/Peters* aaO). Der StA bzw – im Fall der selbständigen Ermittlungen gem § 386 II – der FinBeh bleibt daher ein nicht unerheblicher Beurteilungsspielraum bei der Festlegung der Betragsgrenze für die im Einzelfall vorliegende Konstellation. Im Hinblick darauf, dass die Tat bei Anwendung des § 398 völlig sanktionslos bleibt, erscheint aber die Anwendung dieser Vorschrift jedenfalls bei Verkürzungsbeträgen von mehr als 500 € rechtsstaatlich bedenklich. In Betracht kommt dann freilich die Möglichkeit einer Verfahrenseinstellung nach Erfüllung von Auflagen gem § 153a StPO.

5 Weiterhin setzt die Einstellung nach § 398 voraus, dass die **Schuld des Täters** als **gering** anzusehen wäre. Das ist der Fall, wenn sie bei einem Vergleich mit StStraftaten gleicher Art nicht unerheblich unter dem Durchschnitt liegt (vgl Nr 82 III 1 AStBV). Maßgeblich ist insoweit die individuelle Schuld des Täters. Erforderlich ist lediglich eine auf Tatsachen gestützte Prognose, dass die Schuld festgestellt und das Verfahren mit einer Verurteilung enden würde. Die Strafsache braucht deshalb nicht weiter als bis zu der Feststellung aufgeklärt zu werden, dass die Schuld des Täters voraussichtlich „als gering anzusehen wäre" (vgl Nr 82 III 4 AStBV). Ob ein öffentliches Interesse an der Verfolgung besteht, ist nach den Verhältnissen des Einzelfalles zu beurteilen. Dabei sind auch spezial- und generalpräventive Erwägungen zu berücksichtigen (*JJR/Joecks* § 398 AO Rz 21 mwN). Bestehen keine hinreichenden Verdachtsgründe für eine schuldhaft begangene Tat, ist das Verfahren nicht nach § 398, sondern nach § 170 II StPO einzustellen.

6 **Zu den Einstellungsmöglichkeiten nach der StPO** s § 399 Rz 86 ff und *JJR/Jäger* § 397 AO Rz 152.

§ 398a Absehen von Verfolgung in besonderen Fällen

(1) **In Fällen, in denen Straffreiheit nur wegen § 371 Absatz 2 Satz 1 Nummer 3 oder 4 nicht eintritt, wird von der Verfolgung einer Steuerstraftat abgesehen, wenn der an der Tat Beteiligte innerhalb einer ihm bestimmten angemessenen Frist**

1. **die aus der Tat zu seinen Gunsten hinterzogenen Steuern, die Hinterziehungszinsen nach § 235 und die Zinsen nach § 233a, soweit sie auf die Hinterziehungszinsen nach § 235 Absatz 4 angerechnet werden, entrichtet und**
2. **einen Geldbetrag in folgender Höhe zugunsten der Staatskasse zahlt:**
   a) **10 Prozent der hinterzogenen Steuer, wenn der Hinterziehungsbetrag 100 000 Euro nicht übersteigt,**
   b) **15 Prozent der hinterzogenen Steuer, wenn der Hinterziehungsbetrag 100 000 Euro übersteigt und 1 000 000 Euro nicht übersteigt,**
   c) **20 Prozent der hinterzogenen Steuer, wenn der Hinterziehungsbetrag 1 000 000 Euro übersteigt.**

(2) **Die Bemessung des Hinterziehungsbetrags richtet sich nach den Grundsätzen in § 370 Absatz 4.**

(3) **Die Wiederaufnahme eines nach Absatz 1 abgeschlossenen Verfahrens ist zulässig, wenn die Finanzbehörde erkennt, dass die Angaben im Rahmen einer Selbstanzeige unvollständig oder unrichtig waren.**

(4) [1]**Der nach Absatz 1 Nummer 2 gezahlte Geldbetrag wird nicht erstattet, wenn die Rechtsfolge des Absatzes 1 nicht eintritt.** [2]**Das Gericht kann diesen Betrag jedoch auf eine wegen Steuerhinterziehung verhängte Geldstrafe anrechnen.**

Vorschr eingefügt durch G v 28.4.11 (BGBl I, 676); neu gefasst durch G v 22.12.14 (BGBl I, 2415).

Schrifttum: *Beckemper/Schmitz/Wegner/Wulf* Zehn Anmerkungen zur Neuregelung der strafbefreienden Selbstanzeige durch das Schwarzgeldbekämpfungsgesetz, wistra 11, 281; *Hunsmann* Das Absehen von Strafverfolgung nach § 398a AO in der Verfahrenspraxis, DStR 11, 2519; *Hunsmann,* Die Novellierung der Selbstanzeige durch das Schwarzgeldbekämpfungsgesetz, NJW 11, 1482; *Hunsmann* Praxishinweise zur Einstellung nach § 398a AO, PStR 11, 227; *Mack* Kritische Stellungnahme zu den geplanten Einschränkungen der Selbstanzeige im Schwarzgeldbekämpfungsgesetz, Stbg 11, 162; *Mintas* Die Novellierung der strafbefreienden Selbstanzeige, DB 11, 2344; *Obenhaus* Verschärfung der Selbstanzeige, Stbg 11, 166; *Roth* Praxishinweis zur Einstellung nach § 398a AO, PStR 11, 227; *Roth* Steuerliche Absetzbarkeit des Strafzuschlags iSd § 398a Nr 2 AO, DStR 11, 1410; *Wollmann* Straffreiheit gem §§ 371, 398a zum Nulltarif?, ZInsO 11, 1521; *Joecks* Einstellung nach Selbstanzeige (§ 398a AO), SAM 12, 128; *Hunsmann* Rechtsschutz im Rahmen des Absehens von Strafverfolgung gemäß § 398a AO, NZWiSt 12, 102; *Roth* Der persönliche Anwendungsbereich des § 398a AO bei Selbstanzeige des Teilnehmers, NZWiSt 12, 23; *Roth* Keine Anrechnung von Teilzahlungen iS des § 398a Nr 2 AO auf die Strafe, PStR 12, 223; *Hunsmann* Auswirkungen des § 398a AO auf die isolierte Verbandsgeldbuße, PStR 13, 91; *Külz/Maurer* Die Unwägbarkeiten des § 398a AO und deren Auswirkungen in der Praxis, PStR 13, 150; *Roth* Klage auf Rückerstattung des Strafzuschlags iSd § 398a Nr 2 AO, ZWH 13, 7; *Bülte* § 398a AO im Licht des europäischen Grundsatzes ne bis in idem, NZWiSt 14, 321; *Helml* Die Reform der Selbstanzeige im Steuerstrafrecht, 2014, S 167 ff; *Joecks* Erschleichung von Steuervorteilen und Bezifferungsgebot, SAM 14, 78; *Joecks* Der Regierungsentwurf eines Gesetzes zur Änderung der Abgabenordnung und des Einführungsgesetzes zur Abgabenordnung, DStR 14, 2261, 2265; *Madauß* Selbstanzeige und Berechnung des Zuschlags nach § 398a AO, NZWiSt 14, 21; *Burkhard* Die Selbstanzeige ab dem 1.1.2015, StraFo 15, 95; *Grohmann* Anmerkung zum Beschluss des LG Aachen vom 4.8.2014 (86 Qs 11/14) – Zur Frage der Verfahrenseinstellung gemäß § 398a AO in Drittbegünstigungsfällen, NZWiSt 15, 153; *Hunsmann* Neuregelung der Selbstanzeige im Steuerstrafrecht, NJW 15, 113; *Hunsmann* Zur Bestimmung des Geldbetrages, der hinterzogenen Steuer und des Hinterziehungsbetrages in § 398a Abs. 1 Nr. 2 AO, NZWiSt 15, 130; *Madauß* Gesetzliche Klarstellungen, fortbestehende und neue Probleme der Selbstanzeige iSd § 371 AO nF – der Versuch einer Bestandsaufnahme, NZWiSt 15, 41; *Roth* § 398a Abs 4 AO – Verfall „wirkungsloser" Strafzuschläge und Anrechnung auf Geldstrafen in Selbstanzeigefällen, wistra 15, 295; *Schuster* Die strafbefreiende Selbstanzeige im Steuerstrafrecht – Auslaufmodell oder notwendige Brücke in die Steuerehrlichkeit?, JZ 15, 27; *Talaska/Bertrand* Das neue Recht der Selbstanzeige – Die Rechtslage seit dem 1.1.2015 und die Auswirkungen für die Praxis, ZWH 15, 89; *Wulf* Reform der Selbstanzeige – Neue Klippen auf dem Weg zur Strafbefreiung, wistra 15, 161; *Leipold* Der Deal im Steuerstrafprozess, 2016, S 151 ff; *Madauß* Praxisprobleme im Bereich der Steuerhinterziehung von Erbschaft- und Schenkungsteuer, NZWiSt 17, 347; *Roth* Bemessungsgrundlage für den Strafzuschlag-Prozentsatz des § 398a Abs. 1 Nr. 2 AO: „hinterzogene Steuer" oder „Hinterziehungsbetrag"?, wistra 17, 304; *Roth* Strafzuschlag nach § 398a AO: Kompensationsverbot durchgängig zu beachten, PStR 17, 244; *Webel* Anmerkung zu LG Hamburg, Beschluss v 20.3.17 – 620 Qs 10, 17, wistra 17, 286; *Böhme* Das strafrechtliche Kompensationsverbot in der Umsatzsteuer, 2018, 118 ff.

Übersicht

1 **1. Entstehungsgeschichte.** Die Vorschrift wurde durch das Schwarzgeldbekämpfungsgesetz v 8.4.2011 (BGBl I, 676; s dazu § 371 Rz 32) in die AO eingefügt. Vorangegangen war eine politische Diskussion über die Einführung eines Verwaltungszuschlags auf die Hinterziehungsbeträge bei StHinterziehung, um Hinterziehungsstrategien, welche die Möglichkeit einer Selbstanzeige (§ 371) einbeziehen, wirtschaftlich unattraktiv zu machen. Letztlich hat sich der Gesetzgeber für eine strafprozessuale Lösung und nicht für einen Verwaltungszuschlag entschieden. Danach führte eine Selbstanzeige bei einer Tat mit einem Hinterziehungsumfang von mehr als 50 000 € nicht mehr automatisch zu einer Strafaufhebung. Vielmehr sollte die Tat dann nicht verfolgt werden, wenn der Täter innerhalb einer ihm bestimmten angemessenen Frist zusätzlich zu den zu seinen Gunsten hinterzogenen Steuern auch noch einen Geldbetrag iHv 5% der hinterzogenen Steuern an die Staatskasse zahlt. Für Taten mit geringeren Hinterziehungsbeträgen wurde die Zahlung eines zusätzlichen Geldbetrags nicht vorgesehen und war auch nicht Voraussetzung für die Strafaufhebung. Bei der Festlegung der Betragshöhe von 50 000 € orientierte sich der Gesetzgeber an der Rspr des BGH zu dem Regelbeispiel des § 370 III 2 Nr 1 (StHinterziehung im großen Ausmaß), nach der das Merkmal des großen Ausmaßes bei einem Hinterziehungsbetrag von 50 000 € erfüllt ist (BGH NJW 09, 528; BT-Drs 17/5067 [neu], 21). § 398a sollte einen Anreiz dafür bieten, auch in den Fällen besonders schwerer StHinterziehung, in denen nach § 371 II Nr 3 eine Strafaufhebung allein durch Selbstanzeige und StNachzahlung nicht mehr in Betracht kommt, gleichwohl eine Selbstanzeige abzugeben und dadurch dem Fiskus bislang verborgene StQuellen aufzudecken (vgl BT-Drs 17/5067 [neu], 25).

Bis zum 31.12.2014 hatte die Vorschrift folgenden Inhalt:

„In Fällen, in denen Straffreiheit nur deswegen nicht eintritt, weil der Hinterziehungsbetrag 50 000 Euro übersteigt (§ 371 Absatz 2 Nummer 3), wird von der Verfolgung einer Steuerstraftat abgesehen, wenn der Täter innerhalb einer ihm bestimmten angemessenen Frist
1. die aus der Tat zu seinen Gunsten hinterzogenen Steuern entrichtet und
2. einen Geldbetrag in Höhe von 5 Prozent der hinterzogenen Steuer zugunsten der Staatskasse zahlt."

2 Mit Gesetz vom 19.12.2014 wurde die Regelung mit Wirkung ab 1.1.2015 verschärft (BGBl I 14, 888): Sie greift nun bereits ab einem Hinterziehungsbetrag von 25 000 Euro ein und sieht erhöhte und in Abhängigkeit vom Hinterziehungsbetrag gestaffelte Geldbeträge von 10% bis 20% vor. Die Vorschrift des § 398a ist nun auch dann anzuwenden, wenn der Sperrgrund des § 370 II 1 Nr 4 gegeben ist, weil ein in § 370 III 2 genannter besonders schwerer Fall der StHinterziehung vorliegt. Zur Klarstellung des persönlichen Anwendungsbereichs der Norm hat der Gesetzgeber den Begriff des Täters durch den des an der Tat Beteiligten ersetzt.

3 Bei der in § 398a vorgesehenen Geldzahlung handelt es sich **nicht** um eine **Rechtspflicht** des Tatbeteiligten, denn er kann frei entscheiden, ob er durch Er-

füllung der in § 398a normierten Bedingungen einseitig die weitere Verfolgbarkeit der Tat abwendet oder ob er sich einem Strafverfahren stellt. Letztere Möglichkeit, die eine Verfahrenseinstellung nach § 153a StPO nicht von vornherein ausschließt, gewährleistet die Einbeziehung aller einschlägigen Strafzumessungserwägungen iSv § 46 II StGB. Demgegenüber stellt die Vorschrift des § 398a allein auf den (bestimmenden) Strafzumessungsgrund des Umfangs der StHinterziehung ab.

2. Voraussetzungen der Verfahrenseinstellung. Die Vorschrift des § 398a hat drei Tatbestandsvoraussetzungen. Erstens muss eine Selbstanzeige vorliegen, deren Wirksamkeit lediglich an den Sperrgründen aus § 371 II 1 Nrn 3 und 4 gescheitert ist. Zweitens muss der Tatbeteiligte innerhalb einer ihm bestimmten angemessenen Frist die zu seinen Gunsten hinterzogenen Steuern entrichten sowie die Hinterziehungszinsen nach § 235 und die Zinsen nach § 233a entrichten (§ 398a I Nr 1). Drittens muss er innerhalb dieser Frist einen Geldbetrag an die Staatskasse zahlen, dessen Höhe in Abhängigkeit vom Hinterziehungsbetrag 10% bis 20% der hinterzogenen Steuer beträgt (§ 398a I Nr 2). Die Bemessung des Hinterziehungsbetrags richtet sich dabei nach den Grundsätzen des § 370 IV, zu denen auch das Kompensationsverbot des § 370 IV 3 gehört (§ 398a II). 5

a) Unwirksamkeit der Selbstanzeige nur wegen Sperrgründen gem § 371 II 1 Nr 3 oder 4 AO. Die Wirksamkeit der Selbstanzeige darf allein an den Sperrgründen aus § 371 II 1 Nr 3 und Nr 4 gescheitert sein. Wurde eine den Anforderungen des § 371 I entsprechende vollständige Selbstanzeige nicht eingereicht oder greifen andere Sperrgründe ein, ist § 398a unanwendbar. Dies bedeutet, dass der Tatbeteiligte nicht nur für die von den Sperrgründen aus § 371 II 1 Nrn 3 und 4 erfassten StStraftaten, sondern für alle unverjährten StStraftaten derselben StArt, mindestens aber für alle StStraftaten dieser StArt innerhalb der letzten zehn Jahre, vollständige und richtige Selbstanzeigen abgegeben haben muss, damit § 398a Anwendung finden kann. Gibt der Täter für die von den Sperrgründen gem § 371 II 1 Nrn 3 und 4 erfassten Taten keine Selbstanzeige ab, scheitern die übrigen Selbstanzeigen zwar nicht an § 371 II, aber an den Anforderungen des § 371 I. 10

aa) Sperrgrund des § 371 II 1 Nr 3. Dieser Sperrgrund greift ein, wenn **hinsichtlich der einzelnen Tat** iSd § 370 die StVerkürzung oder der erlangte StVorteil **25 000 € überschreitet.** § 398a kommt deshalb insoweit *nur bei vollendeten StHinterziehungen* zur Anwendung. Bis zum 31.12.2014 enthielt die Regelung den Schwellenwert von 50 000 €. Der Gesetzgeber hatte sich dabei an der von der Rspr hergeleiteten Betragsgrenze für das Regelbeispiel der StHinterziehung in großem Ausmaß (§ 370 III 2 Nr 1; vgl BGHSt 53, 71) orientiert. Diese Anknüpfung hat er nunmehr aufgegeben; er ist ersichtlich der Auffassung, dass der erhöhte Unrechtsgehalt der Hinterziehung eines größeren StBetrags schon ab einem Hinterziehungsumfang von 25 000 € eine Strafaufhebung allein aufgrund der Nachzahlung der hinterzogenen Steuern nicht mehr rechtfertigt. 11

Maßgeblich ist insoweit allein der **Nominalbetrag** der StVerkürzung bzw der erlangten nicht gerechtfertigten StVorteile (vgl dazu auch BMF, Plenarprotokoll 17/218, 27063). Die in der Literatur zum Teil vertretene Auffassung, dass insoweit in Fällen, in denen das Kompensationsverbot (§ 370 IV 3) greift oder nur eine StVerkürzung „auf Zeit“ vorliegt, nicht auf den tatbestandlichen Hinterziehungsumfang, sondern auf den strafzumessungsrelevanten Hinterziehungs- bzw Verzögerungsschaden abzustellen sei (vgl *GJW/Rolletschke* (1. Aufl) § 398a AO Rz 5, 8; *Külz/Maurer* PStR 13, 150; jeweils mwN), findet weder im Gesetzeswortlaut noch in den Gesetzesmaterialien eine Stütze (s auch Rz 27). 12

Der **Schwellenwert** des Sperrgrundes des § 371 II 1 Nr 3 von 25 000 € ist **zwingend.** Insbesondere besteht keine Toleranzspanne oder Unerheblichkeitsgrenze für geringfügige Überschreitungen. 13

14 Wird der **Tatbestand** der StHinterziehung mehrfach **tateinheitlich verwirklicht,** so sind die Verkürzungsbeträge für die Anwendung des Sperrgrundes des § 371 II 1 Nr 3 zusammenzurechnen (BGH v 15.12.2011 – 1 StR 579/11, NStZ 331, 332; aA *RK/Rolletschke* § 398a AO Rz 15; *TK/Seer* § 398a AO Rz 17). Es gilt insoweit nichts anderes als für das Regelbeispiel der StHinterziehung in großem Ausmaß (§ 370 III 2 Nr 1; s dazu BGHSt 53, 71). Damit ist insoweit auch ein ggf verkürzter Solidaritätszuschlag zu berücksichtigen (aA *RK/Rolletschke* aaO). Zur Addition der Verkürzungsbeträge bei Tateinheit s auch § 371 Rz 185.

14a Soweit gem § 371 IIa im Hinblick auf **USt-Voranmeldungen und LSt-Anmeldungen** wirksame Teilselbstanzeigen möglich sind, greift nicht nur der Sperrgrund des § 371 II 1 Nr 3, sondern auch die Vorschrift des § 398a AO nicht ein (vgl dazu *TK/Seer* § 398a AO Rz 6).

15 **bb) Sperrgrund des § 371 II 1 Nr 4.** Dieser Sperrgrund greift ein, wenn die Tat einem der in § 370 III 2 Nrn 2 bis 6 genannten Regelbeispiele eines besonders schweren Falls entspricht (§ 371 Rz 195).

20 **b) Entrichtung der zu eigenen Gunsten hinterzogenen Steuern sowie von Zinsen.** Gem § 398a I Nr 1 hat der Tatbeteiligte zunächst die *zu seinen Gunsten* hinterzogenen Steuern zu entrichten. Hinsichtlich der Frage, wann Steuern zugunsten eines Tatbeteiligten hinterzogen sind, gelten die zu § 371 III entwickelten Grundsätze entsprechend. Maßgeblich ist der tatsächlich zu zahlende Betrag; das Kompensationsverbot des § 370 IV 3 findet insoweit keine Anwendung (*JJR/Joecks* § 398a Rz 11; *TK/Seer* § 398a AO Rz 15). Zudem hat der Tatbeteiligte die sich aus § 235 ergebenden Hinterziehungszinsen sowie die Zinsen aus § 233a, soweit sie auf die Hinterziehungszinsen nach § 235 IV angerechnet werden, zu entrichten.

25 **c) Zahlung eines zusätzlichen Geldbetrags.** Nach § 398a I Nr 2 hat der Täter zusätzlich noch einen Geldbetrag in Höhe eines sich aus dieser Norm ergebenden Prozentsatzes der hinterzogenen Steuer zugunsten der Staatskasse zu zahlen.

26 **aa) Prozentsatz der hinterzogenen Steuer.** Die Höhe des Prozentsatzes bemisst sich nach der Höhe der hinterzogenen Steuern und beträgt bis zu einem Hinterziehungsbetrag von 100 000 € 10 %, jenseits davon bis zu einem solchen von 1 000 000 € 15 %, bei noch größeren Hinterziehungsbeträgen von 20 % des Hinterziehungsbetrags. Es handelt sich um einen sog Vollmengenstaffeltarif (*TK/Seer* § 398a AO Rz 16), da für die Bemessung des zusätzlich zu zahlenden Geldbetrags keine Aufteilung in Teilbeträge stattfindet, sondern die Höhe des Geldbetrags insgesamt nach demjenigen Prozentsatz aus § 398a I Nr 2 bemessen wird, der für die durch die jeweilige Tat insgesamt hinterzogene Steuer erreicht ist.

27 **bb) Bemessung des Hinterziehungsbetrags.** Gem ausdrücklicher Anordnung in § 398a II gelten für die Ermittlung des Hinterziehungsbetrags die Grundsätze des § 370 IV, mithin auch das Kompensationsverbot des § 370 IV 3 (vgl *Hunsmann* NZWiSt 15, 130, 133).

28 **Bezugsgröße** für den zusätzlich zu zahlenden Geldbetrag ist der **Nominalbetrag der hinterzogenen Steuern,** nicht nur – wie bei Nr 1 – die zugunsten des Tatbeteiligten hinterzogenen Steuern (vgl *Hunsmann* NZWiSt 15, 130, 130). Denn diese Zahlung bildet den Ausgleich für den erhöhten Unrechtsgehalt einer Tat, die wegen des Ausmaßes der Hinterziehung oder wegen der Verwirklichung eines Regelbeispiel für einen besonders schweren Fall gem § 370 III 2 Nrn 2 bis 6 regelmäßig einen erhöhten Strafrahmen rechtfertigt und deshalb eine Strafaufhebung gem § 371 I nicht mehr zulässt.

29 **Maßgeblich** ist auch insoweit der **tatbestandliche Hinterziehungsumfang** iSv § 370 IV, nicht lediglich der strafzumessungsrelevante Schaden, ein „wirtschaftlicher Schaden" oder gar nur ein „Verzögerungsschaden" (LG Hamburg wistra 17, 284; *Habetha* in Leitner/Rosenau, Wirtschafts- und StStrafrecht, 2017,

§ 398a AO Rz 20; *Hunsmann* NZWiSt 15, 130, 131; *Habammer/Pflaum* DStR 14, 2267, 2270; *Roth* wistra 17, 304 und PStR 17, 244; *Rolletschke/Roth*, Die Selbstanzeige, 2015, § 398a AO Rz 565; aA AStBV [St] 2017 Nr 82 IV; FinMin NRW v 12.1.2016, PStR 16, 147; *Böhme* aaO S 125; *Hüls/Reichling* StStrafrecht, 1. Aufl, § 398a AO Rz 21; *TK/Seer* § 398a AO Rz 20ff.; *Grötsch* wistra 2016, 341; *Geuenich* NWB 15, 29; *Webel* wistra 17, 287). Dies hat der Gesetzgeber nun in § 398a II ausdrücklich klargestellt. Er hat die Bestimmung der Höhe des zu zahlenden Geldbetrags weder an die Dauer der Verkürzung noch an den Umfang des dem Fiskus dauerhaft verbleibenden StSchadens geknüpft. Eine Differenzierung nach der Verkürzungsdauer oder der Höhe der verbleibenden Zahllast ist daher im Rahmen des § 398a nicht möglich. Der Versuch der Gegenauffassung, den in § 398a I Nr 2 und III verwendeten Begriffen „Hinterziehungsbetrag" und „hinterzogene Steuer" eine unterschiedliche Bedeutung beimessen zu wollen, wirkt gekünstelt und ist ersichtlich von dem Willen getragen, die ausdrückliche gesetzgeberische Entscheidung im Hinblick auf als ungerecht empfundene Ergebnisse zu korrigieren. Eine solche Korrektur wäre aber dem Gesetzgeber vorbehalten. Zwar ist grds das Übermaßverbot zu beachten. Dem kann jedoch durch das Verfahren gem § 153a StPO anstelle der Anwendung des § 398a ausreichend Rechnung getragen werden. Anwendungsfälle hierfür sind etwa kurzfristige StHinterziehungen „auf Zeit" bei hohem nominalen Hinterziehungsumfang. Dasselbe muss gelten, wenn die durch § 398a II vorgeschriebene Anwendung des Kompensationsverbots bei der Hinterziehung von Umsatzsteuer wegen der Nichtberücksichtigung hoher Vorsteuerbeträge zu nicht mehr sachgerechten Ergebnissen zur Höhe des zusätzlich zu zahlenden Geldbetrags führt (vgl dazu *Webel* wistra 17, 287).

Umstr ist, ob dann, wenn der **Tatbestand** der StHinterziehung mehrfach **tateinheitlich verwirklicht** wird, die Verkürzungsbeträge für die Bemessung des nach § 398a I Nr 2 zu zahlenden Geldbetrags wie bei § 371 II 1 Nr 3 (Rz 14; vgl auch BGH wistra 12, 191) zusammenzurechnen sind. Diese Frage kann Bedeutung für die Höhe des anzuwendenden Prozentsatzes erlangen. Eine Aufspaltung anhand der einzelnen verkürzten StAnsprüche innerhalb einer Tat iSv § 52 StGB erscheint auch hier fragwürdig (aA *Hunsmann* NZWiSt 15, 130, 132). Aus den Gesetzesmaterialien ergibt sich als Anknüpfungspunkt für die Bemessung des Geldbetrags „die jeweilige noch nicht verjährte Straftat (StArt und Besteuerungszeitraum)" (BT-Drs 18/3018, 14). Damit scheidet jedenfalls die Addition der Hinterziehungsbeträge mehrerer nicht in Tateinheit stehender Taten aus (zutr *Hunsmann* NZWiSt 15, 130, 131). 30

Der Geldbetrag ist lediglich aus dem Hinterziehungsumfang der **strafrechtlich noch nicht verjährten Taten** zu errechnen (*JJR/Joecks* § 398a Rz 19; *TK/Seer* § 398a AO Rz 15; vgl auch *Madauß* NZWiSt 15, 41, 49); strafrechtlich verjährte Taten, auf die sich gem § 371 I 2 die Selbstanzeige zur Wahrung des Vollständigkeitsgebots erstrecken muss, bleiben außer Ansatz. Zwar wäre es nicht von vornherein ausgeschlossen, verjährte Taten einzubeziehen, zumal es auch bei einer Verurteilung zulässig ist, verjährte Straftaten strafschärfend zu berücksichtigen (BGH StV 16, 558). Allerdings fehlt es insoweit an einer ausdrücklichen gesetzlichen Regelung und entsprechenden Hinweisen aus den Gesetzgebungsmaterialien. Hätte der Gesetzgeber eine Erstreckung auf strafrechtlich verjährte Taten gewollt, hätte er dies in der Vorschrift deutlich zum Ausdruck bringen müssen (zutr *JJR/Joecks* § 398a Rz 15). 31

Im Falle der **Erschleichung von StVorteilen** ist für die Bestimmung des Hinterziehungsbetrags danach zu unterscheiden, ob es sich bei ihnen um StVergütungen oder um andere StVorteile handelt. 32

Bei **Steuervergütungen** (§ 370 IV 2) ist deren Nominalbetrag als Hinterziehungsbetrag anzusetzen. 33

Bei der bis zum 31.12.2014 geltenden Fassung des § 398 AO (Rz 1) war fraglich, ob bei nicht gerechtfertigten StVorteilen, die allein in der zu **niedrigen Fest-** 34

stellung von Besteuerungsgrundlagen (vgl BGHSt 53, 99, 107 ff; BGHSt 48, 50) bestehen, überhaupt ein zusätzlicher Geldbetrag an die Staatskasse zu zahlen war. Zwar stellt ein mittels tatbestandsmäßiger Verhaltensweisen gem § 370 I erwirkter unrichtiger Feststellungsbescheid im Hinblick auf dessen aus § 182 I 1 resultierender Bindungswirkung einen nicht gerechtfertigten StVorteil und damit eine vollendete Tat (BGHSt 53, 99, 107 ff) dar. Jedoch werden im Verfahren über die einheitliche und gesonderte Feststellung von Besteuerungsgrundlagen lediglich die Besteuerungsgrundlagen festgestellt und noch keine Steuer festgesetzt, sodass sich der StVorteil auf eine – freilich tatbestandsmäßige – StGefährdung beschränkt. Es wurde teilweise bezweifelt, ob hinreichend klare Maßstäbe für die Bestimmung der „hinterzogenen Steuern" und damit eine konkrete Bezugsgröße für die Anwendung des in § 398a Nr 2 aF genannten Prozentsatzes vorhanden war. In diesem Zusammenhang wurde darauf hingewiesen, dass vor dem Hintergrund des Bestimmtheitsgebots des Art 103 II GG bereits vom Gesetzgeber klar geregelt werden müsse, unter welchen Voraussetzungen bei Abgabe einer Selbstanzeige Straffreiheit gem § 371 eintritt bzw ein Verfolgungshindernis gem § 398a gegeben ist. Mit der zum 1.1.2015 in Kraft getretenen Gesetzesänderung hat der Gesetzgeber nun klargestellt, dass sich die Bemessung des Hinterziehungsbetrags nach den Grundsätzen des § 370 IV richtet (§ 398a II).

35 **Rechtsprechung** des BGH zur Bestimmung des Hinterziehungsbetrags in Fällen der Erlangung nicht gerechtfertigter StVorteile in Form zu niedriger Feststellung der Besteuerungsgrundlagen besteht für § 371 II 1 Nr 3 und § 398a II noch nicht. Der BGH hat lediglich mit Beschluss v 22.11.2012 (Verfahren 1 StR 537/12, BGHSt 58, 50) klargestellt, dass das Regelbeispiel der Hinterziehung in großem Ausmaß (§ 370 III 2 Nr 1 AO) auch bei der Erlangung von nicht gerechtfertigten StVorteilen verwirklicht sein kann. Er hat dabei ausdrücklich offengelassen, ab welcher Wertgrenze bei StVorteilen, die sich der Sache nach in einer StGefährdung erschöpfen, von einer Hinterziehung in großem Ausmaß auszugehen ist.

36 Im Hinblick darauf, dass der Steuersatz niemals 100% betragen wird, darf jedenfalls der Umfang der zu niedrig festgestellten Besteuerungsgrundlagen nicht mit dem Hinterziehungsbetrag iSd § 398a II gleichgesetzt werden. Maßgeblich dürfte vielmehr sein, **in welchem Umfang das StAufkommen** durch die Tat **gefährdet** worden ist. Dies muss im Einzelfall festgestellt werden.

40 **d) Fristsetzung.** Dem an der Tat Beteiligten ist durch die Ermittlungsbehörde eine angemessene Frist zur Entrichtung der Steuern und zur Zahlung des Geldbetrags an die Staatskasse zu setzen. Zu den Einzelheiten der Fristsetzung, für die die zu § 371 III entwickelten Grundsätze entsprechend gelten, s § 371 Rz 225 ff.

45 **e) Rechtsschutz.** Ob gegen eine ergangene oder unterlassene Entscheidung nach § 398a eine Rechtsschutzmöglichkeit besteht, ist str. Eine ausdrückliche Regelung hierzu enthält § 398a nicht. Da es sich bei der Vorschrift des § 398a um eine strafprozessuale Vorschrift handelt, kommt kein finanzgerichtlicher, sondern allein strafrechtlicher Rechtsschutz in Betracht. Im Hinblick darauf, dass das Gesetz für § 398a keine ausdrückliche Rechtsschutzmöglichkeit vorsieht, wird unter Hinweis auf Art 19 IV GG zum Teil eine Anfechtungsmöglichkeit gem § 23 EGGVG oder analog § 98 II 2, § 161 III StPO für zulässig gehalten (vgl *Beckemper ua* wistra 11, 281, 288; *Külz/Maurer* PStR 13, 150, 153; *TK/Seer* § 398a AO Rz 26: § 304 StPO analog). Das LG Aachen (v 27.8.2014, wistra 14, 493 mit Anm *Reichling*), das LG Hamburg (wistra 17, 284 mit Anm *Webel*) und das AG Hamburg (v 28.11.2012 – 234 Gs 40/12) haben auf der Grundlage von § 98 II StPO analog Rechtsschutz gewährt. In Betracht kommt auch eine Inzidentprüfung der Voraussetzungen eines Absehens von der Verfolgung gem § 398a im Rahmen von Beschwerden gegen strafprozessuale Eingriffsmaßnahmen, etwa gegen Durchsuchungs- und Beschlagnahmebeschlüsse.

3. Rechtsfolgen. Die Vorschrift des § 398a regelt ein strafprozessuales **Verfolgungshindernis** (vgl LG Hamburg wistra 17, 285). Im Gegensatz zu § 371 enthält sie keinen persönlichen Strafaufhebungsgrund. 50

Hat der Täter die nach § 398a erforderlichen Leistungen erbracht, wird von der Verfolgung der StStraftat abgesehen; es besteht insoweit **kein Ermessen.** Auch eine Zustimmung durch das Gericht im Ermittlungsverfahren ist nicht erforderlich. Auf die weiteren von einer Selbstanzeige gem § 371 erfassten Taten, bei denen der Hinterziehungsbetrag 25 000 € nicht übersteigt oder bei denen ein Sperrgrund gem § 371 II 1 Nr 4 eingreift, ist § 398a StPO nicht anzuwenden. 51

§ 398a bezieht sich auf die einzelne Tat iSd § 370 (einschl der Fälle von Tateinheit), nicht in ihrer Gesamtheit auf alle Taten, auf die sich die Selbstanzeige nach § 371 I zu erstrecken hat (Rz 30). Es ist daher möglich, dass eine Selbstanzeige für einzelne Taten gem § 371 Straffreiheit zur Folge hat, für andere hingegen § 398a anzuwenden ist. 52

Das (idR dauerhafte) Verfolgungshindernis einer Zahlung der sich aus § 398a ergebenden Geldbeträge löst **keinen Strafklageverbrauch** aus (glA *JJR/Joecks* § 398a Rz 23 und *HHSp/Rüping* § 398a AO Rz 18); vgl § 398a III. 53

Die **Wirksamkeit der Selbstanzeige für die übrigen von ihr offenbarten Taten** wird nicht berührt, wenn der an der Tat Beteiligte in den Fällen des § 371 II 1 Nr 3 die in § 398a vorgesehenen Zahlungen nicht leistet oder nicht leisten kann. 54

Eine stl **Abzugsfähigkeit** der Geldzahlung gem § 398a I Nr 2 **besteht nicht** (glA *JJR/Joecks* § 398a Rz 26; *RK/Rolletschke* § 398a AO Rz 64). Bei dem Geldbetrag handelt es sich nicht um eine Steuer oder um eine stl Nebenleistung; er erfüllt vielmehr denselben Zweck wie die Geldzahlung gem § 153a StPO. 55

Die **Fortsetzung des Strafverfahrens** (Wiederaufnahme) ist die Folge, wenn der Tatbeteiligte innerhalb der ihm bestimmten angemessenen Frist die Zahlungen gem § 398a I Nr 1 oder Nr 2 nicht leistet. Die Tat ist dann unter Beachtung der Maßstäbe aus § 46 II StGB schuldangemessen zu ahnden. Eine bloße Verwarnung mit Strafvorbehalt (§ 59 StGB) scheidet dabei auch nach Nachzahlung der Steuern bei den für § 398a in Betracht kommenden Fällen im Hinblick auf das Gewicht der Sperrgründe gem § 371 II 1 Nrn 3 und 4 idR aus (vgl aber AG Stuttgart wistra 13, 488). 56

4. Voraussetzungen für das Verfolgungshindernis bei mehreren Tatbeteiligten. Ob die Vorschrift des § 398a in der bis zum 31.12.2014 geltenden Fassung (Rz 1) entgegen ihrem scheinbar eindeutig auf „Täter" beschränkten Regelungsbereich auch auf Teilnehmer einer StHinterziehung Anwendung fand, war str, aber zu bejahen (glA LG Aachen wistra 14, 493; vgl auch die ausführliche Darstellung bei *Roth* NZWiSt 12, 23). Mit der zum 1.1.2015 in Kraft getretenen Gesetzesänderung hat der Gesetzgeber klargestellt, dass § 398a auf **alle an der Tat Beteiligten,** also Täter, Anstifter und Gehilfen, Anwendung findet. 60

a) Steuernachentrichtung (Abs 1 Nr 1). Jeder an der Tat Beteiligte muss nur die „zu seinen Gunsten" hinterzogenen Steuern nachentrichten. Da der Gesetzgeber insoweit auf die entsprechende Formulierung in § 371 III zurückgegriffen hat, können die für diese Vorschrift entwickelten Grundsätze herangezogen werden. Damit ist etwa bei einem Teilnehmer einer StHinterziehung entscheidend, ob ihm bei wirtschaftlicher Betrachtungsweise ein unmittelbarer Vorteil aus der Tat zugeflossen ist (vgl *RK/Rolletschke* § 398a AO Rz 20; *Roth* NZWiSt 12, 23). Die Hinterziehungszinsen gem § 235 sind auch bei § 398a nur vom Zinsschuldner zu bezahlen. Zinsschuldner ist derjenige, zu dessen Vorteil die Steuern hinterzogen worden sind (§ 235 I 2). 61

b) Zahlung des zusätzlichen Geldbetrags gem Abs 1 Nr 2. Nicht nur der Täter, sondern jeder an der Tat Beteiligte muss für sich den sich aus § 398a I 62

Nr 2 ergebenden Geldbetrag entrichten, wenn er für sich die Rechtsfolge des § 398a, ein Verfolgungshindernis, herbeiführen will. Dies ergibt sich bereits aus der unterschiedlichen Formulierung der Nrn 1 und 2. Die in § 398a I Nr 2 enthaltene Bedingung bezieht sich nicht nur auf die zu den eigenen Gunsten hinterzogenen Beträge. Dieses Zahlungserfordernis ist auch sachlich gerechtfertigt, denn der Gesetzgeber hat mit dem Sperrgrund des § 371 II 1 Nr 3 deutlich gemacht, dass der Unrechtsgehalt der von § 398a erfassten Taten so hoch ist, dass allein die Nachzahlung der hinterzogenen Steuern eine Straffreiheit nicht rechtfertigen kann.

63 Sind **mehrere Täter und Teilnehmer** nebeneinander vorhanden, kann jeder einzelne von ihnen für sich die Rechtsfolge des § 398a nur dadurch herbeiführen, dass er selbst den Geldbetrag iHv 10%, 15% oder 20% der im Rahmen der jeweiligen Tat verkürzten Steuern in voller Höhe an die Staatskasse abführt (hM, vgl *TK/Seer* § 398a AO Rz 24 mwN). Da es sich bei dem Geldbetrag nicht um eine Steuer oder eine stl Nebenleistung handelt, sondern im Hinblick auf die persönliche Schuld des einzelnen Tatbeteiligten zu leisten ist, ist es rechtl nicht bedenklich, wenn der Staat bei mehreren Tatbeteiligten auch ein Mehrfaches des sich aus § 398a I Nr 2 ergebenden Prozentbetrags zusätzlich zu den verkürzten Steuern erhält. Bei der Regelung des § 153a StPO ist die Situation ähnlich (aA *Külz/Maurer* PStR 13, 150, 153). Auch dort ist nicht etwa deshalb eine niedrigere Geldauflage festzusetzen, weil mehrere Tatbeteiligte vorhanden sind.

65 **5. Wiederaufnahme des Strafverfahrens (Abs 3).** Das (idR dauerhafte) Verfolgungshindernis löst **keinen Strafklageverbrauch** aus. Stellt sich später heraus, dass die Voraussetzungen des § 398a von Anfang an nicht vorgelegen haben, weil etwa die Selbstanzeige in Wirklichkeit nicht vollständig (§ 371 I) war oder ein weiterer Sperrgrund neben Sperrgründen aus § 371 II 1 Nr 3 bzw 4 vorgelegen hat, kann das Verfahren wieder aufgenommen und die Tat verfolgt werden. Zum Teil wird zwar vertreten, § 398a III beschränke die Wiederaufnahmemöglichkeit auf die Fälle, in denen die FinBeh nachträglich erkennt, dass die Angaben in einer Selbstanzeige unvollständig oder unrichtig waren, und schließe eine Fortführung des Verfahrens beim nachträglichen Erkennen von Sperrgründen iSd § 371 II aus (*TK/Seer* § 398a AO Rz 30). Dieser Auffassung ist jedoch nicht zu folgen. Ein derartiges Verständnis des § 398a III entspricht nicht dem Willen des Gesetzgebers, der mit diesem nachträglich eingefügten Absatz klarstellen wollte, dass § 398a keinen Strafklageverbrauch auslöst. Zudem fehlt eine dem § 153a I 5 StPO entsprechende Regelung, sodass eine Einstellung des Verfahrens nach § 398a ebensowenig eine weitere Strafverfolgung hindert wie eine solche nach § 153 StPO oder § 398. Bei § 398a III handelt sich mithin um eine rein deklaratorische Regelung. die keine Beschränkung der Möglichkeiten einer Wiederaufnahme normiert. Die Fortführung des Verfahrens ist daher immer dann zulässig, wenn sich nachträglich herausstellt, dass die Voraussetzungen für ein Absehen von der Verfolgung gem § 398a von Anfang an nicht gegeben waren (vgl auch *JJR/Joecks* § 398a AO Rz 23 mwN).

70 **6. Anrechnung bei Wiederaufnahme (Abs 4).** Tritt die Rechtsfolge des § 398a I, das Vorliegen eines Verfolgungshindernisses, nicht ein, kann zwar das Verfahren fortgesetzt werden, der nach § 398 I Nr 2 gezahlte Geldbetrag wird jedoch nicht erstattet (Abs 4 S 1). Das Gericht kann diesen Betrag allerdings auf eine wegen StHinterziehung dann verhängte Geldstrafe anrechnen (Abs 4 S 2). Eine entsprechende Anrechnungsmöglichkeit für den Fall der Verhängung einer Freiheitsstrafe enthält § 398a IV jedoch nicht. Insoweit dürfte jedoch – auch im Hinblick auf Art 3 I GG – eine Anrechnung entsprechend § 56f III StPO auf die Freiheitsstrafe in Betracht kommen (vgl zur Vorschrift des § 153a StPO Meyer-Goßner/*Schmitt* § 153a StPO Rz 46).

7. Verfahrensfragen. Führt die FinBeh in den Fällen des § 386 II **das Ermittlungsverfahren** selbständig durch, ist die BuStra für die Fristsetzung gem § 398a zuständig. Wegen der Höhe der in diesen Fällen in Rede stehenden Hinterziehungsbeträge hat sie jedoch die StA zu beteiligen oder das Verfahren an die StA abzugeben (BGHSt 55, 180 Rz 38; *JJR/Joecks* § 398a Rz 22). 75

II. Verfahren der Finanzbehörde bei Steuerstraftaten

§ 399 Rechte und Pflichten der Finanzbehörde

(1) **Führt die Finanzbehörde das Ermittlungsverfahren auf Grund des § 386 Abs. 2 selbständig durch, so nimmt sie die Rechte und Pflichten wahr, die der Staatsanwaltschaft im Ermittlungsverfahren zustehen.**

(2) [1] **Ist einer Finanzbehörde nach § 387 Abs. 2 die Zuständigkeit für den Bereich mehrerer Finanzbehörden übertragen, so bleiben das Recht und die Pflicht dieser Finanzbehörden unberührt, bei dem Verdacht einer Steuerstraftat den Sachverhalt zu erforschen und alle unaufschiebbaren Anordnungen zu treffen, um die Verdunkelung der Sache zu verhüten.** [2] **Sie können Beschlagnahmen, Notveräußerungen, Durchsuchungen, Untersuchungen und sonstige Maßnahmen nach den für Ermittlungspersonen der Staatsanwaltschaft geltenden Vorschriften der Strafprozessordnung anordnen.**

Abs 2 S 2 geändert durch 1. Justizmodernisierungsgesetz v 24.8.04 (BGBl I, 2198).

Schrifttum: *Hentschel* Staatsanwalt und Polizist in Personalunion? – Zur Abschaffung fundamentaler Prinzipien des Strafverfahrensrechts bei der Verfolgung von Steuerstrafsachen, NJW 06, 2300; *Rolletschke* Die finanzbehördlichen Strafverfolgungsorgane, Stbg 06, 379; *Pawlik* Zur strafprozessualen Verwertbarkeit rechtswidrig erlangter Bankdaten, JZ 10, 693; *Mahlstedt* Die verdeckte Befragung des Beschuldigten im Auftrag der Polizei: informelle Informationserhebung und Selbstbelastungsfreiheit, 2011; *Dose* Übermittlung und verfahrensübergreifende Verwendung von Zufallserkenntnissen, Diss 2013; *Kaspar* Strafprozessuale Verwertbarkeit nach rechtswidriger privater Beweisbeschaffung, GA 13, 206.

Weiteres Schrifttum vor Rz 8, 13, 26, 36, 45, 50, 52, 60, 65a, 66, 75, 78, 90, 92.

Übersicht

1 **1. Bedeutung der Vorschrift. Führt die FinBeh die Ermittlungen nach § 386 II selbständig durch,** so hat sie die Rechte und Pflichten, die der StA im Ermittlungsverfahren zustehen. Zum Begriff der **FinBeh** iSd dritten Abschnitts der AO s § 386 Rz 1. Die FinBeh unterliegt dem Legalitätsprinzip (§ 152 II StPO), dh sie ist zur Verfolgung verpflichtet, kann aber unter den in den §§ 153-154f StPO und § 398 genannten Voraussetzungen das Verfahren auch einstellen. Für das Verfahren hat die FinBeh die AStBV (St) 2017 v 1.12.2016 (BStBl I, 1338) zu beachten. Bei Zuständigkeit mehrerer FinBeh weist § 399 II denjenigen FinBeh einzelne Kompetenzen und Pflichten zu, die an sich gem § 387 II ihre Ermittlungsbefugnisse verloren haben (vgl § 387 Rz 7).

2 Die Zollfahndungsämter und die mit der Steuerfahndung betrauten Dienststellen der Landes-FinBeh haben kein eigenes Ermittlungsrecht, sondern nach § 404 im Wesentlichen nur die Befugnisse, die den Ermittlungspersonen der StA, dh den Polizeivollzugsbehörden, zustehen. Die Behörden der Zollverwaltung in Gestalt der **Finanzkontrolle Schwarzarbeit** (FKS) haben grds ebenfalls die Befugnisse der Polizeivollzugsbehörden (§ 14 SchwarzArbG). Ihre Beamten sind Ermittlungspersonen der StA. Das gilt auch für Angestellte, die aus der Arbeitsverwaltung übernommen wurden, wenn sie das 21. Lebensjahr vollendet haben, am 31.12.2003 im Dienst der Bundesanstalt für Arbeit gestanden haben und dort mindestens zwei Jahre lang zur Bekämpfung der Schwarzarbeit eingesetzt waren (§ 14 I SchwarzArbG). Die Prüfungsaufgaben der FKS sind in § 2 SchwarzArbG normiert. Ob die FKS auch die Erfüllung allgemeiner steuerlicher Pflichten überprüfen darf, war im Gesetzgebungsverfahren umstritten (vgl *Joecks* wistra 04, 441). Schließlich wurde in § 2 II SchwarzArbG bestimmt, die Prüfung der Erfüllung steuerlicher Pflichten iSd § 1 II Nr 2 SchwarzArbG obliege den zuständigen Landesbehörden, jedoch seien die Behörden der Zollverwaltung zur Mitwirkung an Prüfungen der Landesfinanzbehörden berechtigt. Die (umfangreichen) Befugnisse der FKS iEinz ergeben sich aus § 3 SchwarzArbG (Personenüberprüfung) und § 4 SchwarzArbG (Prüfung von Geschäftsunterlagen).

3 **2. Befugnisse der FinBeh iAllg. Die FinBeh hat gem § 160 StPO den Sachverhalt zu ermitteln** und dabei alle be- und entlastenden Umstände zu berücksichtigen. Zu diesem Zweck kann sie von allen öffentlichen Behörden Auskunft verlangen und Ermittlungen jeder Art entweder selbst vornehmen oder durch Behörden und Beamte der Steufa vornehmen lassen (§ 161 StPO). Sie hat alle zulässigen Maßnahmen zu ergreifen, die geeignet und erforderlich sind, zur Aufklärung der Straftat beizutragen (BVerfG NStZ 96, 45). Zu Ermittlungen im Ausland s *JJR/Joecks* § 399 Rz 125ff.

4 **Zum Einschreiten verpflichtet** (§ 152 II StPO) ist die FinBeh (StA), sobald sie durch eine Anzeige oder auf anderem Wege von einem Tatverdacht Kenntnis erhält (§ 160 I StPO). Auch anonyme Anzeigen – im StStrafrecht nicht selten – können einen Verdacht begründen, sie sind aber „mit Vorsicht zu behandeln" (*Meyer-Goßner/Schmitt* § 160 StPO Rz 9; *JJR/Jäger* § 397 Rz 50; vgl auch Nr 8 RiStBV). Außerdienstlich erlangtes Wissen verpflichtet die FinBeh (StA) nur bei schweren Straftaten zum Einschreiten (vgl *JJR/Jäger* § 397 Rz 47; str).

5 **Die Anordnung von Zwangsmaßnahmen** (körperliche Untersuchungen, Beschlagnahmen, Durchsuchungen und vorläufige Festnahmen) ist grds dem Richter vorbehalten (§ 81a II [Ausnahme: Blutprobe bei Verkehrsdelikten], §§ 81c V, 98 I, 100 I, 105 I, 127 II StPO). Nur bei Gefahr im Verzug kann auch die StA (FinBeh) die Anordnung treffen.

Das Übermaßverbot (§ 385 Rz 10) bestimmt Art, Maß und Reihenfolge der einzelnen Ermittlungsmaßnahmen. 6

Über Auskunfts- und Aussageverweigerungsrechte vgl Rz 13 ff. 7

3. Vernehmungen

Schrifttum: *Bornheim* Rechte von Beschuldigten und Zeugen im Steuerstrafverfahren, PStR 99, 195; *Müller* Der Zeuge im Steuerstrafverfahren, AO-StB 07, 162.

a) Vernehmung des Beschuldigten. Spätestens vor Abschluss der Ermittlungen ist der Beschuldigte zu vernehmen (§ 163a I 1 StPO). In einfachen Sachen genügt es, dass ihm Gelegenheit gegeben wird, sich schriftlich zu äußern (§ 163a I 2 StPO). Bei der Vernehmung sind die §§ 136, 136a StPO zu beachten (Eröffnung, welche Tat ihm zur Last gelegt wird; Hinweis, dass es ihm freisteht, sich zu der Beschuldigung zu äußern und jederzeit einen von ihm zu wählenden Verteidiger zu befragen). Dem Beschuldigten ist Gelegenheit zu geben, die Verdachtsgründe auszuräumen (§§ 163a I und IV, 136 I und II StPO); das setzt deren Bekanntgabe voraus (BVerfG NStZ 84, 228). Wurde der Beschuldigte über sein Recht, einen Verteidiger zu konsultieren, nicht belehrt, besteht ein Verwertungsverbot (BGHSt 47, 172; OLG Hamm NStZ-RR 06, 47), es sei denn, der Beschuldigte hat seine Rechte gekannt. Die Freiheit der Willensentschließung darf nicht beeinträchtigt werden (§ 136a StPO). Wurde dem Beschuldigten vor seiner ersten Vernehmung die von ihm gewünschte Befragung seines gewählten Verteidigers verwehrt, sind seine Angaben auch dann **unverwertbar,** wenn er zuvor gem § 136 I 2 StPO belehrt worden war (BGHSt 38, 372; BGH wistra 93, 69). 8

Der Beschuldigte ist nicht verpflichtet, zur Sache auszusagen. Versäumt der StFahnder bei einer Vernehmung den nach § 163a IV 2, § 136 I 2 StPO gebotenen Hinweis auf das Schweigerecht, so führt das zu einem Verwertungsverbot der Aussage des Beschuldigten (BGHSt 38, 214). Das Verwertungsverbot besteht jedoch nicht, wenn feststeht, dass der Beschuldigte sein Schweigerecht auch ohne Belehrung gekannt und trotzdem freiwillig ausgesagt hat; ferner dann nicht, wenn der verteidigte Angeklagte in der Hauptverhandlung ausdrücklich der Verwertung zugestimmt hat. Zu Verwertungsverboten vgl ferner Rz 66 ff. 9

Ein Verstoß gegen die **Pflicht zur Belehrung über das Recht auf konsularischen Beistand** bei festgenommenen Beschuldigten ausl Staatsangehörigkeit gem Art 36 I b 3 WÜK (Wiener Übereinkommen über konsularische Beziehungen v 24.4.1963, BGBl II 69, 1585) begründet kein Verwertungsverbot (BGHSt 52, 110; 52, 48; vgl auch BGHSt 52, 38). Ob ein Urteil auf dem Pflichtverstoß beruht, ist nach allgemeinen Grundsätzen in Einzelfall zu prüfen (vgl BGHSt 52, 48). 9a

Informatorische Befragungen. Eine Person, die zum Kreis der Tatverdächtigen gehört, darf informatorisch zur Klärung der Frage angehört werden, ob gegen sie förmlich auch als Beschuldigte zu ermitteln ist (BGH NStZ 83, 86). Die Äußerungen aus einer informatorischen Befragung können dem Beschuldigten vorgehalten werden, wenn er später – nach ordnungsgemäßer Belehrung – zur Sache aussagt (BGH NStZ 83, 86). Nach der Rspr des BGH (NJW 80, 1533) ist iSd § 252 StPO ein Zeuge allerdings schon dann vernommen worden, wenn ihn die Polizei formlos (informatorisch) über den Ermittlungsgegenstand befragt hat. Trotzdem ist die sog informatorische Befragung zur Feststellung, wer als Beschuldigter und wer als Zeuge in Betracht kommt, keine Zeugenvernehmung ieS (vgl *Meyer-Goßner/Schmitt* Einl Rz 79; *Göhler/Gürtler* § 55 OWiG Rz 24). Deshalb dürfen nach ständiger Rspr die informatorisch erfolgten Äußerungen des Beschuldigten selbst gegen ihn verwertet werden (vgl BGHSt 22, 170). 10

Der Beschuldigte ist verpflichtet, auf Ladung der BuStra zu erscheinen (§ 163a III StPO), wenn diese das Ermittlungsverfahren selbständig durchführt; soweit erforderlich kann die BuStra eine Beschuldigtenvernehmung durch den Richter beantragen (§ 162 StPO). Der Verteidiger hat ein Anwesenheitsrecht. Er 11 ist rechtzeitig von dem Termin zu benachrichtigen (§ 163a III 2, § 168c I und V StPO). Der anwesende Verteidiger hat ein Hinweis- und Fragerecht (s auch Nr 34 IV AStBV). Der Beschuldigte muss vor der BuStra erscheinen, auch wenn er nicht aussagen will. Erscheint der Beschuldigte auf Ladung der BuStra nicht, kann die Ladung wiederholt oder der Beschuldigte darauf hingewiesen werden, man gehe davon aus, dass er keinen Wert auf eine Äußerung lege und dass das Verfahren nunmehr zur Erhebung der öffentlichen Klage an die StA abgegeben oder Strafbefehl beantragt werde. Ferner kann ihm nochmals Gelegenheit gegeben werden, sich schriftlich zu äußern (§ 163a I StPO). Sofern nicht eine richterliche Vernehmung beantragt oder der Beschuldigte zur Aufenthaltsermittlung ausgeschrieben wird, kann auch seine Vorführung angeordnet werden (§ 163a III 2, §§ 134, 135 StPO).

12 **Bei einer Vernehmung des Beschuldigen durch die Steufa** hat der Verteidiger kein Anwesenheitsrecht (vgl § 392 Rz 9). Ihm kann jedoch die Anwesenheit gestattet werden (Nr 34 II 2 AStBV). Erscheint der Beschuldigte auf Ladung der Steufa nicht, kann er durch die BuStra zum Erscheinen vor ihr geladen werden, wenn die FinBeh das Verfahren selbständig durchführt. IÜ kann wahlweise die Ladung wiederholt werden, dem Beschuldigten Gelegenheit zur schriftlichen Äußerung gegeben oder richterliche Vernehmung durch die BuStra beantragt werden.

b) Vernehmung von Zeugen

Schrifttum: *Rose* Die Ladung von Auslandszeugen im Strafprozess, wistra 98, 11; *ders* Auslandszeugen im Strafprozess: Aktuelle Gesetzeslage und jüngere Rechtsprechung, wistra 01, 290; *Priebe* Die Entbindung des Wirtschaftsprüfers und des Steuerberaters von der Schweigepflicht durch den Insolvenzverwalter, ZIP 11, 312; *Bittmann* Zur Befreiung eines für eine juristische Person tätigen Berufsgeheimnisträgers von der Schweigepflicht, wistra 12, 173; *Peters/Klingberg* Die Entbindung von der Schweigepflicht bei Wirtschaftsprüfern und gemischten Sozietäten durch juristische Personen, ZWH 12, 11.

13 **Zeugen sind verpflichtet, auf Ladung der BuStra vor dieser zu erscheinen** und zur Sache auszusagen (§ 161a I 1 StPO), wenn die FinBeh das Ermittlungsverfahren selbständig durchführt. Vor der Steufa muss der Zeuge nur dann zur Vernehmung erscheinen, wenn der Ladung ein Auftrag der StA oder der BuStra zugrunde liegt (§ 163 III StPO). Angehörige des öffentlichen Dienstes bedürfen für ihre Aussagen in dienstlichen Angelegenheiten einer Genehmigung ihres Dienstvorgesetzten (§ 54 StPO).

14 **Der Zeuge ist über sein Auskunftsverweigerungsrecht (§ 55 I StPO) zu belehren,** wenn Anhaltspunkte für ein solches Recht erkennbar sind (§ 55 II StPO). Die Belehrung muss spätestens erfolgen, sobald Anhaltspunkte dafür erkennbar werden, dass der Zeuge durch seine Aussage sich selbst oder einen nahen Angehörigen in die Gefahr der Verfolgung wegen einer Straftat oder Ordnungswidrigkeit bringen könnte. Die Gefahr einer Selbstbelastung, die das Auskunftsverweigerungsrecht begründet, besteht bereits, wenn die Ermittlungsbehörde aus der wahrheitsgemäßen Aussage Tatsachen entnehmen *könnte* (nicht müsste), die sie zur Einleitung eines Ermittlungsverfahrens veranlassen könnte (BVerfG StV 02, 177). Zur umfassenden Aussageverweigerung nach § 55 I StPO ist der Zeuge nur dann berechtigt, wenn nichts übrig bliebe, zu dem er ohne die Gefahr einer Verfolgung wegen einer Straftat oder OWi aussagen könnte (BVerfG wistra 10, 299). Ein Zeuge braucht bei der Ladung zur Vernehmung nicht darüber belehrt zu werden, dass er nicht verpflichtet ist, einer Vorladung zur Aussage bei der Steufa zu folgen, der kein Auftrag der StA oder BuStra zugrunde liegt.

15 **Erscheint der Zeuge auf Ladung der BuStra nicht,** können ihm die durch sein Ausbleiben verursachten **Kosten** auferlegt und gegen ihn ein Ordnungsgeld festgesetzt werden, wenn sein Ausbleiben ungenügend entschuldigt ist (§ 161a II 1, § 51 II 1 und 2 StPO). Ferner kann Vorführung des Zeugen angeordnet (§ 161a

II 1, § 51 I 3 StPO) oder die richterliche Vernehmung beantragt werden (§ 162 I 1 StPO). Die Festsetzung eines Ordnungsgeldes, die Auferlegung der Kosten und die zwangsweise Vorführung dürfen nur angeordnet werden, wenn in der Ladung auf sie hingewiesen wurde (§ 48 II StPO).

Die Vernehmung eines Richters als Zeuge ist grds zulässig (§ 22 Nr 5 StPO); er ist dann als Richter von der Mitwirkung ausgeschlossen. Zur Einführung dienstlicher Wahrnehmungen bedarf es aber idR keiner Vernehmung; zumeist genügt eine dienstliche Stellungnahme, die nicht zur Ausschließung des Richters gem § 22 Nr 5 StPO führt. Die Aufzeichnungen des Richters unterliegen der Amtsverschwiegenheit. Hiervon kann er durch den Dienstvorgesetzten entbunden werden (§ 54 StPO). Das Wissen eines V-Mannes, der dem Gericht infolge der Verweigerung der Auskunft über Person oder Anschrift nicht zur Verfügung steht, kann inhaltlich durch Vernehmung eines Beamten der Polizei in das Verfahren eingeführt und auch zum Nachteil des Angeklagten verwertet werden (BVerfG NJW 92, 168; BGHSt [GrS] 32, 115; *Meyer-Goßner/Schmitt* § 250 StPO Rz 5 mwN; zum Einsatz verdeckter Ermittler vgl § 110a ff StPO). 16

Bestimmte Angehörige haben ein Zeugnisverweigerungsrecht (§ 52 StPO). Darüber sind sie vor jeder Vernehmung zu belehren; sie können auf das Recht verzichten, diesen Verzicht aber jederzeit widerrufen (§ 52 III StPO). Richtet sich ein einheitliches Strafverfahren gegen mehrere Beschuldigte, steht der Zeuge aber nur zu einem von ihnen in einem Angehörigenverhältnis, so ist er zur Verweigerung des Zeugnisses ggü allen Beschuldigten befugt, soweit der Sachverhalt, zu dem er aussagen soll, auch seinen Angehörigen betrifft (BGH NStZ 87, 286; aM *Otto* NStZ 91, 220). Die Zeugnisverweigerung eines Angehörigen darf nicht gegen den Angeklagten verwertet werden (BGHSt 22, 113; 32, 140; 34, 324). Dies gilt auch dann, wenn der Angehörige nur Angaben macht, die für die Beurteilung der Tatfrage ohne Bedeutung sind, sich iÜ aber auf sein Zeugnisverweigerungsrecht beruft (BGH MDR 81, 157). IÜ ist teilweises Schweigen des Zeugen, insb die Nichtbeantwortung einzelner Fragen, ebenso der Beweiswürdigung zugänglich wie das teilweise Schweigen des Angeklagten (BGHSt 32, 140, 142; *Meyer-Goßner/Schmitt* § 261 StPO Rz 21). Das Zeugnisverweigerungsrecht erlischt, wenn das Verfahren gegen den Angehörigen rechtskräftig abgeschlossen (BGHSt 38, 96; vgl auch BGHSt 54, 1) oder wenn der Angehörige verstorben ist (BGH NJW 92, 1118). 17

Macht ein Zeuge in der Hauptverhandlung von seinem Zeugnisverweigerungsrecht Gebrauch, dürfen nach § 252 StPO auch seine früheren Aussagen nicht verlesen werden. Die Angaben dürfen auch nicht auf andere Weise verwertet werden, zB auf der Grundlage einer Vernehmung des Vernehmungsbeamten (BGHSt 21, 218; vgl auch BayObLG NJW 83, 1132; *Meyer-Goßner/Schmitt* § 252 StPO Rz 13). Frühere Äußerungen ggü Privatpersonen dürfen verwertet werden (BGH NJW 80, 1553). Der Begriff der Vernehmung ist weit auszulegen und umfasst auch die informatorische Befragung (vgl Rz 10). Eine Ausnahme von dem Beweisverbot besteht aber, wenn der Zeuge von einem Richter vernommen worden ist, der ihn nach § 52 III 1 StPO ordnungsgemäß über das Zeugnisverweigerungsrecht belehrt hat (BGHSt 32, 25, 31; 36, 384) oder nur deswegen nicht belehrt hat, weil der Zeuge das Angehörigenverhältnis verschwiegen hat (BGHSt 48, 294). Dann ist die Vernehmung dieses Richters zulässig; einer über die Belehrung über das Zeugnisverweigerungsrecht hinausgehenden weiteren Belehrung darüber, dass die Aussage verwertbar bleibt, wenn der Zeuge später das Zeugnis verweigert, bedarf es nicht (BGHSt [GrS] 61, 221; BGHSt 32, 25, 31; *Meyer-Goßner/Schmitt* § 252 StPO Rz 14a). War der Zeuge früher Beschuldigter in demselben oder einem anderen Verfahren, so ist seine damalige Einlassung unverwertbar, soweit er jetzt die Aussage befugt nach § 52 StPO verweigert (BGHSt 20, 384; 42, 391; *Meyer-Goßner/Schmitt* § 252 StPO Rz 11); dies gilt selbst dann, wenn er von dem damals vernehmenden Richter als Mitbeschuldigter nicht nur nach § 136 I StPO, 18 sondern überflüssigerweise auch wie ein Zeuge nach § 52 III 1 StPO belehrt worden ist (BGH GA 79, 144).

19 **Bei der richterlichen Vernehmung eines Zeugen** oder Sachverständigen ist der StA (BuStra), dem Beschuldigten und dem Verteidiger die Anwesenheit gestattet. Ihnen ist nach der Vernehmung Gelegenheit zu geben, sich zu erklären oder Fragen an den Vernommenen zu stellen (§ 168c II StPO).

20 **Ein sich im Ausland an einem bekannten Ort aufhaltender Zeuge** ist unerreichbar (§ 244 III 2 5. Variante StPO), wenn er nicht freiwillig erscheint und nur seine Vernehmung in der Hauptverhandlung zur Erforschung der Wahrheit beizutragen vermag, eine solche aber nicht möglich ist, weil die ausl Behörde eine Überstellung des Zeugen ablehnt (BGH NJW 83, 527). Die Möglichkeit einer kommissarischen Vernehmung im Ausland macht einen Zeugen, dessen Erscheinen vor Gericht nicht erzwungen werden kann, nicht stets erreichbar. Das Gericht muss aber prüfen, ob eine solche Vernehmung möglich und sinnvoll ist (vgl BGH NJW 91, 186; 00, 443, 447). Es darf die mögliche Herabsetzung des Beweiswerts der Aussage durch die besonderen Umstände einer solchen Vernehmung berücksichtigen und den Zeugen deswegen für unerreichbar halten, insbes wenn eine Gegenüberstellung oder der persönliche Eindruck von dem Zeugen erforderlich ist (BGHSt 13, 300; *Meyer-Goßner/Schmitt* § 244 StPO Rz 65 mwN). Dabei ist auch die Möglichkeit einer audiovisuellen Vernehmung nach § 247a StPO in Betracht zu ziehen (BGHSt 45, 188; BGH wistra 07, 112). Macht ein Gericht vom Ablehnungsgrund des § 244 V 2 StPO keinen Gebrauch, weil es seine Aussage zur Erforschung der Wahrheit an sich für erforderlich hält, darf es nur bei Vorliegen besonderer Umstände von einer von einem Auslandszeugen angebotenen audiovisuellen Vernehmung absehen und den Zeugen als unerreichbar ansehen (vgl BGH v 18.7.16 – 1 StR 315/15, StV 18, 6 Rz 26; BGHSt 55, 11; *Rose* NStZ 12, 18). Zeugen, die der Tatbeteiligung verdächtig sind, sind ggf im Wege der Rechtshilfe unter Hinweis auf den Strafverfolgungsschutz des Art 12 III EuRHÜbK zu laden (BGH NJW 83, 528; NStZ 98, 26).

21 **Bestimmte Berufsgeheimnisträger haben ein Zeugnisverweigerungsrecht** über das, was ihnen beruflich anvertraut oder bekannt geworden ist (§ 53 StPO); das gilt auch für ihre Hilfspersonen (§ 53a StPO). Dem RA und dem StB steht allerdings das Zeugnisverweigerungsrecht des § 53 I Nr 3 StPO nicht für Kenntnisse zu, die sie in ihrer Eigenschaft als Aufsichtsratsmitglieder einer Firma erlangt haben (OLG Celle NJW 83, 1573). **Banken** haben im Zivilprozess ein Zeugnisverweigerungsrecht gem § 383 I Nr 6 ZPO, eine vergleichbare Vorschrift fehlt aber in der StPO.

22 **Mitarbeiter von Presse und Rundfunk** können gem § 53 I Nr 5 StPO Auskünfte verweigern. Im Unterschied zur früheren Fassung dieser Vorschrift erfasst § 53 I Nr 5 StPO auch selbst Recherchiertes. Nach § 53 II 2 StPO entfällt aber das diesbzgl Zeugnisverweigerungsrecht, wenn die Aussage zur Aufklärung eines Verbrechens oder bestimmter dort enumerativ genannter Vergehen beitragen soll und die Erforschung des Sachverhalts oder die Ermittlung des Aufenthaltsorts des Beschuldigten auf andere Weise aussichtslos oder wesentlich erschwert wäre. Informanten und von diesen zugetragene Informationen muss der Zeuge aber auch in diesem Fall nicht preisgeben (§ 53 II 3 StPO; vgl dazu *Meyer-Goßner/Schmitt* § 53 StPO Rz 39 ff).

23 Soweit das **Post- und Fernmeldegeheimnis greift** (Art 10 GG; § 39 PostG, § 88 TKG), kann keine behördliche Auskunft verlangt werden; es gelten für die Beweiserhebung insbes § 99 StPO (Postbeschlagnahme) und § 100a StPO (Überwachung und Aufzeichnung der Telekommunikation) sowie § 100g StPO und § 100j StPO (Erhebung von Verkehrs- und Standortdaten einschl Vorratsdatenspeicherung) idF des Gesetzes zur Einführung einer Speicherpflicht und einer Höchstspeicherfrist für Verkehrsdaten (BGBl I 15, 2218; BT-Drs 18/5088). Am 22.6.2017 hat das OVG Münster in einer im einstweiligen Rechtsschutz ergangenen Ent-

scheidung (NVwZ-RR 18, 43) die Auffassung vertreten, dass die Vorschriften über die Vorratsdatenspeicherung gegen EU-Recht verstoßen.

4. Antrag auf Vornahme richterlicher Untersuchungshandlungen. Die BuStra kann die Vornahme richterlicher Untersuchungshandlungen, zB die eidliche Vernehmung von Zeugen, beim Amtsgericht beantragen (§ 162 StPO; betr Anträge durch die Steufa vgl Rz 27). Der Antrag auf Vornahme einer richterlichen Untersuchungshandlung soll regelmäßig nur dann gestellt werden, wenn dies aus besonderen Gründen erforderlich ist, zB weil der Verlust eines Beweismittels droht oder ein Geständnis festzuhalten ist (§ 254 StPO) oder wenn eine Straftat nur durch Personen bewiesen werden kann, die zur Verweigerung des Zeugnisses berechtigt sind. Zur Durchsuchung und Beschlagnahme berechtigt bereits ein Anfangsverdacht, jedoch ist hierbei der Grundsatz der Verhältnismäßigkeit zu beachten. 24

Der Antrag auf Vornahme einer richterlichen Untersuchungshandlung ist bei dem Amtsgericht zu stellen, in dessen Bezirk die StA (FinBeh) ihren Sitz hat (§ 162 I 1 StPO). Für richterliche Vernehmungen und Augenscheineinnahmen ist auch das Amtsgericht zuständig, in dessen Bezirk die Untersuchungshandlungen vorzunehmen sind, wenn die StA dies zur Beschleunigung des Verfahrens oder zur Vermeidung von Belastungen Betroffener dort beantragt (§ 162 I 3 StPO). 25

5. Durchsuchung und Beschlagnahme

Schrifttum: *Siegrist* Ermittlungen in Steuer- und Wirtschaftsstrafsachen – Quo Vadis?, wistra 10, 427; *Joecks* Die Verwertung „illegal" beschaffter Daten, SAM 11, 21; *Park* Durchsuchung und Beschlagnahme, 4. Aufl 2018.

Weiteres Schrifttum s vor Rz 36, 45.

a) Allgemeines. Durchsuchungen und Beschlagnahmen dürfen grds nur durch den Richter angeordnet werden (§ 98 I, § 105 I StPO). 26

Antragsbefugt ist die BuStra, nicht die Steufa. Die Steufa kann nicht wirksam einen Antrag auf Anordnung der Durchsuchung und Beschlagnahme stellen (*Park* aaO Rz 58 mwN). Hat eine unzuständige Behörde die Durchsuchungsanordnung veranlasst, ist diese – wenn nicht der Richter als Notstaatsanwalt tätig wird (§ 165 StPO) – rechtswidrig (vgl LG Freiburg StV 01, 268), nicht aber nichtig oder unwirksam. Leitet die BuStra einen von der Steufa vorbereiteten Antrag ohne eigene Prüfung lediglich weiter, ist zweifelhaft, ob überhaupt ein Antrag der BuStra vorliegt. 27

Der Antrag ist zu begründen. Die Begründung muss tatsächliche Angaben über den Inhalt des Tatvorwurfs enthalten (BVerfG DStRE 02, 1092). Bei Anträgen auf Durchsuchung bestimmt die Strafverfolgungsbehörde den Umfang des Tatsachenmaterials, aus dem sich der Anfangsverdacht ergibt. Es ist nicht Aufgabe des überprüfenden Gerichts, selbständig alle verfügbaren Akten auf Verdachtsmomente durchzusehen. In dem Antrag soll auch die Stelle angegeben werden, deren Beamte mit der Durchsuchung beauftragt werden sollen. 28

Die **Begründung eines Durchsuchungsbeschlusses** muss bei Verdacht einer StStraftat wenigstens die Art der hinterzogenen Steuern, den Tatzeitraum und eine gewisse Konkretisierung der Tatsachen enthalten, auf die sich der Vorwurf stützt (BVerfG NJW 92, 551; 99, 682). Ein Beschluss, der allein floskelhafte Formulierungen enthält (zB Wiedergabe der Gesetzestexte) und keine Angaben zum verdachtsbegründenden Sachverhalt, genügt den Anforderungen nicht und ist rechtswidrig (vgl LG Oldenburg wistra 87, 38; LG Koblenz wistra 04, 438; LG Wiesbaden NZWiSt 16, 444). Der konkrete historische Sachverhalt, der den Anfangsverdacht begründet, muss umrissen werden, da Eingriffe in Grundrechte messbar und kontrollierbar sein müssen (BVerfGE 42, 212; BVerfG DStR 17, 982). Außerdem sind die Art und der denkbare Inhalt der Beweismittel, denen die Durchsuchung gilt, anzugeben (BVerfG wistra 04, 295). Soweit eine genaue Be- 28a zeichnung des gesuchten Beweismaterials nicht möglich ist, sind die Beweismittel annäherungsweise zu beschreiben (vgl BVerfGE 42, 212). Ermittlungstaktische Gründe für ein Weglassen wesentlicher verdachtsbegründender Tatsachen sollten bei Erlass des Durchsuchungsbeschlusses aktenkundig sein, da ein „Nachbessern" im Beschwerdeverfahren grds nicht mehr möglich ist (vgl LG Berlin wistra 04, 319). Eine „Nachbesserung" ist nur zulässig, wenn es sich um Begründungsdefizite handelt, die außerhalb der unabdingbaren Umgrenzung von Tatvorwurf und Beweismitteln liegen (BVerfG wistra 05, 21). Ein Beschluss, in dem allein auf Auslandstransfers von Geld oder Wertpapieren verwiesen wird, genügt diesen Anforderungen nicht, wenn nicht zumindest in der Antragsbegründung Umstände des Transfers geschildert sind, aus denen sich ein Anfangsverdacht ergibt (vgl LG Bielefeld wistra 99, 155). Eine Verfassungsbeschwerde gegen Durchsuchungs- und Beschlagnahmeanordnungen im Zusammenhang mit Aktienkäufen über den Dividendenstichtag (sog *Cum-/Ex-Geschäfte*) nahm das BVerfG am 2.3.2017 nicht zur Entscheidung an, weil die Annahme eines hierauf gestützten Tatverdachts der besonders schweren mittäterschaftlichen StHinterziehung verfassungsrechtl nicht zu beanstanden war (BVerfG HFR 17, 633).

28b Ob **Durchsuchungsbeschlüsse gegen Dritte** (§ 103 StPO) wegen des StGeheimnisses knapper zu begründen sind, ist str (vgl *JJR/Joecks* § 399 Rz 90 mwN; *Burkhard* PStR 00, 7 und wistra 00, 118). Richtig ist, dass auch der Dritte Anspruch darauf hat zu erfahren, warum aufgrund des Verdachts einer StHinterziehung in seine Grundrechte eingegriffen wird. Andererseits sind beim Umfang der Beschlussbegründung auch die durch das StGeheimnis geschützten Interessen des Betroffenen zu berücksichtigen (glA *Kemper* PStR 05, 71; aA LG Koblenz wistra 04, 438).

29 **Der Grundsatz der Verhältnismäßigkeit,** abgeleitet aus dem Rechtsstaatsprinzip (Art 20 III GG), verlangt, dass eine strafprozessuale Zwangsmaßnahme zur Erreichung des angestrebten Ziels geeignet und erforderlich sein muss und der mit ihr verbundene Eingriff nicht außer Verhältnis zur Bedeutung der Sache und zur Stärke des bestehenden Tatverdachts stehen darf (BVerfG wistra 95, 139). Eine Zwangsmaßnahme ist nicht erforderlich, wenn andere, weniger einschneidende Mittel zur Verfügung stehen (BVerfGE 20, 162, 187; *Papier/Dengler* BB 96, 2541, 2594; vgl ferner Rz 37, 40).

30 **Bei Gefahr im Verzug** kann auch das FA oder der Steuerfahndungsbeamte eine Durchsuchung oder Beschlagnahme anordnen (§§ 98 I, 105 I StPO). Keiner Durchsuchungsanordnung bedarf es, wenn die Einsicht gestattet wird. Gefahr im Verzug besteht, wenn eine richterliche Anordnung nicht eingeholt werden kann, ohne dass der Zweck der Maßnahme gefährdet würde. Der Begriff „Gefahr im Verzug" (Art 13 II GG) ist ein unbestimmter Rechtsbegriff, dessen Auslegung der unbeschränkten gerichtlichen Kontrolle unterliegt (BVerfG wistra 01, 137). Dies bedeutet, dass den ermittelnden Beamten insoweit kein Beurteilungsspielraum eingeräumt ist und die Gefahr im Verzug mit Tatsachen begründet werden muss, die auf den Einzelfall bezogen sind. Um eine gerichtliche Nachprüfung zu gewährleisten, hat der handelnde Beamte die Voraussetzungen der „Gefahr im Verzug" zu dokumentieren. Er hat vor oder jedenfalls unmittelbar nach der Durchsuchung seine für den Einzelfall bedeutsamen Erkenntnisse und Annahmen in die Ermittlungsakten aufzunehmen (LG Saarbrücken wistra 04, 34: drei Tage nach der Durchsuchung ist zu spät). Unzulässig ist es, mit einem Antrag an das Gericht solange zuzuwarten, bis die Gefahr eines Beweismittelverlusts eingetreten ist, um dann „Gefahr im Verzug" anzunehmen; geschieht dies trotzdem, droht wegen grober Verkennung der Voraussetzungen des Richtervorbehalts ein Verwertungsverbot (BGH NStZ 07, 601). Mit der Befassung des zuständigen Ermittlungsrichters durch Stellung eines Antrags auf Erlass einer Durchsuchungsanordnung endet die Eilkompetenz der Ermittlungsbehörden. Sie kann nur dann neu begründet werden, wenn nach der Befassung des Richters tatsächliche Umstände eintreten

oder bekannt werden, die sich nicht aus dem Prozess der Überprüfung des Antrags ergeben, und hierdurch die Gefahr eines Beweismittelverlusts ohne die Möglichkeit einer rechtzeitigen richterlichen Entscheidung begründet wird (BVerfG NStZ 15, 529). Ist ein Gegenstand ohne richterliche Anordnung beschlagnahmt worden, soll innerhalb von drei Tagen die **richterliche Bestätigung** beantragt werden, wenn bei der Beschlagnahme weder der davon Betroffene noch ein erwachsener Angehöriger anwesend war oder wenn der Betroffene und im Falle seiner Abwesenheit ein erwachsener Angehöriger des Betroffenen gegen die Beschlagnahme ausdrücklich Widerspruch erhoben hat (vgl § 98 II 1 StPO).

In dem Antrag auf Beschlagnahmeanordnung sind die Gegenstände, die 31 beschlagnahmt werden sollen, so konkret anzugeben, dass Zweifel über die Reichweite der Beschlagnahmeanordnung nicht entstehen können. Dasselbe gilt für den gerichtlichen Beschlagnahmebeschluss (BVerfG NJW 92, 551). Lässt sich erst aufgrund der Durchsuchung bestimmen, welche Gegenstände zu beschlagnahmen sind, und ist aus diesem Grunde eine Beschlagnahme nicht angeordnet worden, kann ggf eine Beschlagnahme wegen Gefahr im Verzug in Betracht kommen.

Eine bestimmte Form ist für die Durchsuchungsanordnung nicht vorgeschrieben. 32 Sie kann daher auch mündlich, telefonisch, per Telefax oder sogar stillschweigend erlassen werden, wenn sie bei Gefahr im Verzug sogleich ausgeführt werden muss (vgl BVerfGE 103, 142, 154; BVerfG NJW 03, 2305, 2306; *Meyer-Goßner/Schmitt* § 105 StPO Rz 3; aA *Harms* DRiZ 04, 25 und StV 06, 215; differenzierend *RK/Kemper* § 399 AO Rz 50 ff). Allerdings sollte die (richterliche) Durchsuchungsanordnung stets schriftlich abgefasst werden (vgl BVerfGE 103, 142). Ist eine schriftliche Abfassung ausnahmsweise nicht möglich, muss die Anordnung unverzüglich in den Ermittlungsakten dokumentiert werden, damit eine richterliche Nachprüfung stattfinden kann (vgl auch BVerfGE 20, 225). Ein schriftlicher Durchsuchungsbeschluss ist dem Betroffenen nach § 35 StPO grds durch *Aushändigung einer Ausfertigung* vor der Durchsuchung bekannt zu geben (vgl Nr 63 I AStBV); im Einzelfall kann jedoch nach den das Ermittlungsverfahren beherrschenden Grundsätzen ausnahmsweise die Bekanntmachung der Gründe zurückgestellt werden, um den Untersuchungszweck nicht zu gefährden (BGH wistra 03, 69).

Die StA (BuStra) – aber auch die Steufa – hat das Recht, alle bei der Durchsuchung vorgefundenen Papiere 33 – soweit sie nicht offensichtlich bedeutungslos oder beschlagnahmefrei sind – daraufhin durchzulesen, ob sie als Beweismittel in Betracht kommen. Zu diesem Zweck können die Papiere mitgenommen werden. Die Befugnis der Steufa zur Durchsicht der Papiere gem § 110 I StPO ist in § 404 S 2 ausdrücklich bestimmt (§ 404 Rz 35; s ferner Rz 38).

Die Hinzuziehung eines Betriebsprüfers ist regelmäßig unbedenklich (vgl 34 OLG Bremen wistra 99, 74), wenn er vorher an die Steufa abgeordnet wurde (*Rolletschke* DStZ 99, 444).

Verfassungsbeschwerde gegen Durchsuchungs- und Beschlagnahmebeschlüsse 35 ist zulässig, aber im Verhältnis zu den Rechtsmitteln der StPO subsidiär (BVerfG wistra 05, 135). Bei besonders tiefgreifenden und folgenschweren Grundrechtsverstößen bejaht die Rspr ein Rechtsschutzbedürfnis im Fall von Durchsuchungen auch dann, wenn die Durchsuchung inzwischen abgeschlossen ist (zB BVerfG NJW 79, 154; StV 97, 393). Ein schwerwiegender Verstoß gegen Art 3 I GG liegt zB vor, wenn sich für die Anordnung keine plausiblen Gründe finden lassen, sodass sie bei verständiger Würdigung der das GG beherrschenden Gedanken nicht mehr verständlich ist und sich somit der Schluss auf Willkür aufdrängt (BVerfG NJW 91, 690). Die Beschlagnahme von Datenbeständen bei Berufsgeheimnisträgern kann gegen Art 12 I 2 GG verstoßen (BVerfG Stbg 02, 413). Ungeachtet der eingetretenen Erledigung ist stets zu prüfen, ob ein Rechtsschutzinteresse besteht. Ein solches Interesse ist bei einer Durchsuchung schon wegen des Eingriffs in das Grundrecht aus Art 13 GG zu bejahen (BVerfG StV 97, 393).

b) Durchsuchung

Schrifttum: *Matzky* Zugriff auf EDV im Strafprozess – Rechtliche und technische Probleme der Beschlagnahme und Durchsuchung beim Zugriff auf das Beweismittel „EDV", Diss 1999; *Kemper* Anforderungen an die Begründung eines Durchsuchungsbeschlusses nach § 103 StPO, PStR 05, 71; *Burhoff* Anforderungen an Durchsuchungsbeschluss bei einem Nichtbeschuldigten, PStR 07, 71; *Kemper* Die Voraussetzungen einer Wohnungsdurchsuchung in Steuerstrafsachen, wistra 07, 249; *Graulich* Die Sicherstellung von während einer Durchsuchung aufgefundenen Gegenständen – Beispiel Steuerstrafverfahren, wistra 09, 299; *Klein* Offen und (deshalb) einfach – Zur Sicherstellung und Beschlagnahme von E-Mails beim Provider, NJW 09, 2996; *Weiß* Online Durchsuchungen im Strafverfahren, 2009; *Buse* Zulässigkeit einer Durchsuchung nach richterlicher Anordnung, Stbg 10, 215; *Joecks* Die Verwertung illegal beschaffter Daten, SAM 11, 21; Anders Kontrollbesuche durch den „Flankenschutzfahnder", DStR 12, 1779; *Beyer* Grenzen für den Einsatz von Flankenschutzfahndern, NWB 13, 1733; *Dusch* Vermischung von Steufa und BuStra als rechtswidrige Konstruktion?, wistra 13, 129; *Roth* Der „Flankenschutz-Fahnder" – Ein unzulässiges Kontrollinstrument?, StBW 13, 320; *Zerbes/El-Ghazi* Zugriff auf Computer: Von der gegenständlichen zur virtuellen Durchsuchung, NStZ 15, 425; *Rabe von Kühlewein* Neue Regeln für Wohnungsdurchsuchungen, NStZ 15, 618; *Löwe-Krahl* Steuergeheimnis hindert Steuerfahndung an weiteren Ermittlungen, PStR 16, 235 *Lampe* Anforderungen an die Durchsicht von persönlichen Informationen bei Durchsuchungen, jurisPR-StrafR 3/2017 Anm. 5; *Peters* Anwesenheitsrechte bei der Durchsicht gemäß § 110 StPO: Bekämpfung der Risiken und Nebenwirkungen einer übermächtigen Ermittlungsmaßnahme, NZWiSt 17, 465; *Freiling/Safferling/Rückert* Quellen TKÜ und Online-Durchsuchung als neue Maßnahmen für die Strafverfolgung: Rechtliche und technische Herausforderungen, JR 19, 9; *Nadeborn/Krug* IT-Durchsuchung im Unternehmen, PStR-Sonderausgabe 2018, 1.

36 **Die Durchsuchung der Wohnung und anderer Räume, der Person und der ihr gehörenden Sachen** ist zulässig bei dem Tatverdächtigen zum Zwecke seiner Ergreifung oder der Auffindung von Beweismitteln, wenn zu vermuten ist, dass die Durchsuchung zur Auffindung von Beweismitteln führen werde (§ 102 StPO). Bei **anderen Personen** ist die Durchsuchung nur zum Zwecke der Ergreifung des Beschuldigten oder zur Verfolgung von Spuren einer Straftat oder zur Beschlagnahme **bestimmter** Gegenstände zulässig, wenn Tatsachen den Schluss rechtfertigen, dass die gesuchte Person, Spur oder Sache sich in den zu durchsuchenden Räumen befindet; diese Beschränkung gilt nicht für Räume, die der Beschuldigte während der Verfolgung betreten hat oder in denen er ergriffen worden ist (§ 103 StPO). Eine Durchsuchung bei Dritten ist nur möglich, wenn das konkrete Beweismittel, das gesucht werden soll, auch der Beschlagnahme unterliegt und nicht nach § 97 StPO beschlagnahmefrei ist (vgl auch *Joecks* WM Sonderbeilage 1/1998). Zum Teil werden im Schrifttum Bedenken gegen die Bestimmtheit der Norm und in der Folge Zweifel an der Verfassungsmäßigkeit des § 103 StPO geäußert (vgl *Papier/Dengler* BB 96, 2541, 2545). Ein Zeugnisverweigerungsrecht steht der Durchsuchung nicht entgegen. Ob Mehrfachdurchsuchungen in einem einzigen Beschluss angeordnet werden dürfen, ist str (bejahend LG Münster PStR 03, 125). Nach Ansicht des LG Hamburg (wistra 04, 36) ist die Anordnung einer Untersuchung dergestalt, dass die FinBeh für einen Zeitraum von drei Monaten regelmäßig die Tageseinnahmen überprüfen und entsprechende Aufzeichnungen sicherstellen darf, von der StPO nicht gedeckt. Vom Wortlaut des § 105 StPO dürften mehrere Durchsuchungen in einem Beschluss gedeckt sein. Nicht von der Hand zu weisen ist auch, dass eine Mehrfachanordnung den Betroffenen weniger stark belasten dürfte als eine Vielzahl von Einzelbeschlüssen (*Webel* wistra 04, 36).

36a Die Anordnung einer Durchsuchung erfordert zur Rechtfertigung eines Eingriffs in die Unverletzlichkeit der Wohnung den Verdacht, dass eine Straftat begangen wurde. Der erforderliche **Anfangsverdacht** setzt Verdachtsgründe voraus, die über vage Anhaltspunkte und bloße Vermutungen hinausreichen; eines hinreichenden oder gar dringenden Tatverdachts bedarf es nicht (BVerfG wistra 10, 404; BGH wistra 09, 197). Ausreichende Anhaltspunkte können sich auch aus einer von einer Privatperson erworbenen CD ergeben, die Daten von Stpfl enthält, die illegal bei Banken im Ausland, zB in Liechtenstein, erhoben worden sind (BVerfG v 9.11.2010, wistra 11, 61). In dem vom BVerfG entschiedenen Fall bedurfte es keiner Entscheidung, ob die Amtsträger nach innerstaatlichem Recht rechtswidrig oder gar strafbar gehandelt haben und ob die Beschaffung gegen Völkerrecht verstoßen hat. Denn die vom Landgericht vorgenommene Abwägung zwischen den Belangen der von der Durchsuchung Betroffenen und dem Interesse an einer wirksamen Strafverfolgung habe keine Grundrechte verletzt. Insbes sei nicht erkennbar, dass die unterstellten Rechtsverletzungen schwerwiegend, bewusst oder willkürlich gewesen seien und dass grundrechtliche Sicherungen planmäßig unberücksichtigt gelassen wären. IÜ handele es sich lediglich um die mittelbaren Wirkungen eines unterstellten Verfahrensfehlers (BVerfG aaO). Ergibt sich der Anfangsverdacht aus einer bei den FinBeh eingereichten Strafanzeige und kann ein Durchsuchungsbeschluss gegen den wegen StHinterziehung Angezeigten nur dann erlassen werden, wenn dem Ermittlungsrichter die Strafanzeige bekannt ist, dann hindert auch das StGeheimnis (§ 30 AO) die FinBeh nicht an der Herausgabe des Anzeigeschreibens an den Ermittlungsrichter. Zwar schützt das StGeheimnis grds auch Denunzianten (vgl. BFH BStBl 94, 552; BFH/NV 07, 853; Rz 29 zu § 30). Jedenfalls aber dann, wenn das Strafverfahren ohne die Weitergabe der Strafanzeige an den Ermittlungsrichter nicht geführt werden kann, weil ohne sie die Prüfung des Anfangsverdachts nicht möglich ist, rechtfertigt § 30 Abs. 4 Nr 1 AO die Herausgabe der Strafanzeige an StA und Gericht (vgl auch LG Saarbrücken wistra 07, 78; LG Lüneburg v 6.10.2015 – 26 Qs 195/15; *Löwe-Krahl* PStR 16, 235).

Zum Teil werden in der Finanzverwaltung sog **Flankenschutzfahnder** eingesetzt (vgl Schreiben des FM NRW v 8.3.2013), die für die Festsetzungsfinanzämter eine schnelle und einfach zu aktivierende Hilfe für mögliche Missbrauchsfälle zur Verfügung stellen sollen. Auch beim Einsatz solcher Fahndungsbeamter, deren Rechte und Pflichten sich nach § 208 I 1 Nr 2 und 3 sowie § 404 bestimmen, sind die für Durchsuchungen geltenden Voraussetzungen des § 105 StPO im Blick zu behalten. Insbesondere dürfen Flankenschutzfahnder bei Außenprüfungen Wohnungen dann nicht ohne Durchsuchungsbeschluss betreten, wenn bereits der Anfangsverdacht einer StStraftat besteht und sie zum Zwecke der Strafverfolgung tätig werden sollen (*Meyer-Goßner/Schmitt* § 105 StPO Rz 1). **36b**

Beim Erlass eines Durchsuchungsbefehls muss der Grundsatz der Verhältnismäßigkeit beachtet werden (vgl auch Rz 29). Die Anordnung muss nicht nur erforderlich, sondern auch zur Schwere der Straftat (wahrscheinlicher Verkürzungsbetrag) in angemessenem Verhältnis stehen (BVerfG wistra 04, 136 und DStRE 05, 791). Der Richter darf die Untersuchung nur anordnen, wenn er sich aufgrund eigenverantwortlicher Prüfung der Ermittlungen überzeugt hat, dass die Maßnahme verhältnismäßig ist (BVerfGE 96, 44). Die Unverhältnismäßigkeit einer Wohnungsdurchsuchung kann sich auch daraus ergeben, dass weitere zur Ermittlung zur Verfügung stehende Maßnahmen nicht ergriffen wurden (BVerfG StraFo 15, 614). Enthält der Durchsuchungsbefehl keine tatsächlichen Angaben über den Inhalt des Tatvorwurfs und lässt er weder die Art noch den denkbaren Inhalt der Beweismittel, nach denen gesucht werden soll, erkennen oder umschreibt er nicht die Räume, die durchsucht werden sollen, so wird er den *verfassungsrechtlichen Mindestanforderungen* nicht gerecht, wenn solche Kennzeichnungen ohne weiteres möglich und den Zwecken der Strafverfolgung nicht abträglich sind (vgl BVerfG NJW 76, 1735; NStZ 94, 349; vgl auch BVerfG NJW 09, 227). Im Hinblick auf Art 13 GG hat bereits der Richter bei der Durchsuchungsanordnung für eine angemessene Begrenzung der Zwangsmaßnahme Sorge zu tragen. Zugleich hat er die Pflicht, mit einer geeigneten Formulierung des Durchsuchungsbeschlusses im Rahmen des Möglichen und Zumutbaren sicherzustellen, dass der Eingriff in die Grundrechte messbar und kontrollierbar bleibt (BVerfG wistra 94, 221). Der Grundsatz der Verhältnismäßigkeit ist auch bei der Durchsuchung selbst zu beach- **37**

ten. Es ist zunächst dort zu suchen, wo die Suche am ehesten Erfolg verspricht; bei einem Berater kann es daher geboten sein, die Durchsuchung allein auf die Kanzleiräume zu konzentrieren (LG Bonn NJW 81, 292). Zur Durchsuchung einer Anwaltskanzlei in einem steuerstrafrechtlichen Ermittlungsverfahren vgl BVerfG NJW 09, 2518.

37a Genügt ein Durchsuchungsbeschluss den verfassungsrechtlichen Mindestanforderungen nicht, entfällt auch dessen **verjährungsunterbrechende Wirkung** gem § 78c I 1 Nr 4 StGB (BGH wistra 00, 219).

38 **Die Durchsicht der aufgefundenen Papiere** dient dazu, diese darauf zu prüfen, ob insoweit ein Antrag auf Beschlagnahme zu stellen ist oder ob die Papiere zurückzugeben sind (vgl LG Saarbrücken NStZ 16, 751 mwN). Zu den Papieren iSd § 110 StPO gehören auch Unterlagen, die auf Datenträgern gespeichert sind (Nr 69 I AStBV). Daher erstreckt sich die Durchsicht auch auf elektronische Speichermedien (§ 110 III 1 StPO). Daten, die für die Untersuchung von Bedeutung sein können, dürfen gesichert werden (§ 110 III 2 StPO). Beschlagnahmefreie Papiere (Rz 52 ff) sind ungelesen sofort herauszugeben. Wenn die Papiere zur Durchsicht mitgenommen werden, so stellt dies ebenso wie das Durchlesen noch keine Beschlagnahme dar; vielmehr dient dies dazu, dass eine Auslese getroffen werden kann, welches Papier als Beweismittel in Betracht kommt (*Meyer-Goßner/Schmitt* § 110 StPO Rz 2). Man bezeichnet diesen Vorgang mit dem Wort „Sicherstellung". Dementsprechend ist die Durchsuchung auch erst mit dem Abschluss der Durchsicht der Papiere **abgeschlossen** (OLG Karlsruhe MDR 80, 76; BGH NJW 73, 2035). Soweit eine Beschlagnahme erforderlich erscheint, muss sie gem § 98 StPO beim Richter beantragt werden. Die Beantragung der Beschlagnahme bei Gericht ist deswegen erforderlich, weil in diesem Fall Gefahr im Verzug nicht mehr gegeben sein kann (vgl LG Oldenburg wistra 87, 38). Für die Antragstellung beim Amtsgericht ist genügend Zeit, um die beweiserheblichen Papiere hinreichend zu bestimmen und die Beweisbedeutung für das Verfahren darzulegen. Bedeutungslose oder beschlagnahmefreie Papiere sind dem Inhaber ungelesen zurückzugeben (*Meyer-Goßner/Schmitt* § 110 StPO Rz 2). Ist streitig, ob Unterlagen, die bei einer Durchsuchung sichergestellt wurden, beschlagnahmefrei sind, hat der Betroffene während der Durchsuchung keinen Anspruch auf Prüfung der Beschlagnahmefreiheit durch einen Richter (LG Oldenburg v 7.2.2002 – 2 Qs 54/01, nv; Anm *Löwe-Krahl* PStR 02, 95).

39 **Ein Verzeichnis der in Verwahrung oder in Beschlag genommenen Gegenstände** ist dem Betroffenen auf Verlangen auszuhändigen (§ 107 StPO). Nach Nr 69 II AStBV soll es zulässig sein, dass dann, wenn eine Vielzahl von Einzelbelegen hierbei aufzuführen wäre, Sammelbezeichnungen, wie zB Karton, Schriftverkehr mit den Lieferanten oder Ähnliches, verwendet werden. Nach dem Wortlaut des § 109 StPO müssen allerdings die in Verwahrung oder in Beschlag genommenen Gegenstände genau bezeichnet werden (vgl auch *Krekeler* wistra 83, 46). Dies setzt der Möglichkeit der Vereinfachung bei Erstellung des Verzeichnisses deutliche Grenzen (vgl *Schuhmann* wistra 93, 97).

39a **Wohnungen und Räume iSd § 102 StPO** sind alle Räumlichkeiten, die der Verdächtige tatsächlich innehat, gleichgültig, ob er Allein- oder Mitinhaber ist und ob er das Hausrecht hat (*Meyer-Goßner/Schmitt* § 102 StPO Rz 7). Wenn Eltern Mitinhaber der tatsächlichen Herrschaft über Räumlichkeiten sind, die von ihrem Kind bewohnt werden, das einer Straftat verdächtig ist, verliert § 102 StPO nicht seine Bedeutung als Eingriffsgrundlage. Die Anordnung der Durchsuchung der Wohnung eines Beschuldigten erlaubt es indes nicht, Papiere zu durchsuchen, die ohne weiteres seinem Ehegatten zuzuordnen sind. Dies soll sogar dann gelten, wenn der Ehegatte einer Teilnahme verdächtig ist (LG Saarbrücken NStZ 88, 424).

40 **EDV-Anlagen und Computer** können in Betrieb genommen und beschlagnahmt werden. Sie zählen zu den „Gegenständen" iSd § 94 StPO (BVerfG DStRE 05, 791). Die Beschlagnahme von Computeranlagen kann allerdings einen exis-

tenzgefährdenden Eingriff in den ausgeübten Beruf (Gewerbe) darstellen. Daher gebietet der Verhältnismäßigkeitsgrundsatz in diesem Zusammenhang ein besonders maßvolles Vorgehen (*Spatscheck/Spatscheck* PStR 00, 188).

Gesucht werden aber nicht die körperlichen EDV-Gegenstände, sondern körperlich nicht wahrnehmbare Daten. Nach der zutr hM gehören allerdings auch die **Datenbestände** zu den „Gegenständen“ iSd § 94 StPO (vgl BVerfG wistra 05, 295; *JJR/Joecks* § 399 Rz 62; *Matzky* aaO S 218 ff; aA *RK/Kemper* § 399 AO Rz 74b ff; *Spatscheck/Spatscheck* PStR 00, 188). Fraglich ist aber, ob § 94 StPO insoweit als Eingriffsgrundlage der Verfassung noch entspricht (vgl *Matzky* aaO S 183 ff). Das BVerfG bejaht die Verfassungsmäßigkeit der Sicherstellung und Beschlagnahme von Datenträgern und Daten, wenn im Rahmen des Vertretbaren der Zugriff auf für das Verfahren bedeutungslose Informationen vermieden wird. Bei schwerwiegenden Verfahrensverstößen, vor allem gegen den Grundsatz der Verhältnismäßigkeit, nimmt das BVerfG ein Verwertungsverbot an (BVerfG DStRE 05, 791; ferner BVerfG wistra 05, 219 und BVerfGE 115, 166 betr Telekommunikation). Ein Online-Zugriff auf allgemein zugängliche Datenbestände – auch in sozialen Netzwerken – ist als sog reine Internet-Aufklärung ohne besondere Ermächtigungsgrundlage zulässig (*Flore/Tsambikakis/Webel* § 399 AO Rz 207; *JJR/Joecks* § 399 Rz 66; vgl auch BVerfGE 120, 351). 40a

Auch **E-Mails,** die auf dem Server einer Provider-Firma gespeichert sind, dürfen beschlagnahmt werden. Dies war früher str (verneinend zB LG Hagen v 23.9.1999 – 3 Qs 149/99). Da die E-Mail auf dem Server nur „ruht“, wurde die Zulässigkeit einer Beschlagnahme beim Provider nach § 94 StPO (*KK-StPO/Nack,* 6. Aufl 2008, § 100a Rz 19 ff) oder als Postbeschlagnahme gem § 99 StPO (*BeckOK StPO/Graf* § 99 Rz 9 ff [Stand 15.11.2008]; *Bär* MMR 08, 215, 218) aber zu Recht bejaht. Der BGH hat sich zunächst der Auffassung angeschlossen, dass die Sicherstellung von E-Mails bei E-Mail-Providern entsprechend den Voraussetzungen des § 99 StPO mit der Herausgabepflicht nach § 95 II StPO anzuordnen sei (BGH NJW 09, 1828). Dann hat das BVerfG (NJW 09, 2431 mit Anm *Klein* NJW 09, 2996) die Sicherstellung und Beschlagnahme von E-Mails nach § 94 StPO für zulässig erklärt, sodass der Anfangsverdacht einer einfachen Straftat genügt. Die Beschlagnahme des gesamten E-Mail-Bestandes verstößt regelmäßig gegen das Übermaßverbot (BGH NJW 10, 1297). Solange E-Mails im Rahmen der Telekommunikation „fließen“, kommt als Rechtsgrundlage für einen Zugriff nur § 100a StPO in Betracht (vgl *Meyer-Goßner/Schmitt* § 100a StPO Rz 6b; *Park* aaO S 114). Die Phasen des Verfassens einer E-Mail durch den Absender sowie deren Abspeicherung im „Posteingang“ beim Empfänger sind hingegen kein Kommunikationsvorgang; insoweit sind daher die Vorschriften über die Beschlagnahme (§§ 94 ff StPO) anwendbar (*Flore/Tsambikakis/Webel* § 399 AO Rz 202; *JJR/Joecks* § 399 Rz 71). 40b

Die Hinzuziehung von Zeugen ist erforderlich, wenn die Durchsuchung ohne Beisein eines Richters oder StA stattfindet (§ 105 II StPO). Dies gilt allerdings nur, wenn die Hinzuziehung möglich ist. Sie ist zB nicht möglich, wenn durch den mit der Hinzuziehung der Zeugen eintretenden Zeitverlust der Erfolg der Durchsuchung infrage gestellt würde (BGH wistra 86, 114). Der Verteidiger hat keinen Anspruch auf Anwesenheit bei der Durchsuchung, ihm kann aber die Anwesenheit gestattet werden. Sein Eintreffen braucht jedoch nicht abgewartet zu werden. Die Hinzuziehung von Durchsuchungszeugen ist zwingend vorgeschrieben, allerdings kann durch den Betroffenen auf die Hinzuziehung verzichtet werden. Ein **Verstoß** gegen diese Bestimmung führt nach überwiegender Ansicht nicht zu einem Verwertungsverbot (OLG Celle ZfZ 86, 88; *Meyer-Goßner/Schmitt* § 105 StPO Rz 11 mwN; aA für den Fall gezielter Verstöße, um die Position des Betroffenen zu beeinträchtigen *Park* aaO Rn 421). 41

Eine Durchsuchung, die unter Missachtung des Anwesenheitsrechts des Beschuldigten (§ 106 I 1 StPO) durchgeführt wurde, hat kein Verwertungsverbot 42

zur Folge (BGH NStZ 83, 375; aA *Krekeler* NStZ 93, 263). Auch eine widerrechtliche Beeinträchtigung des Beschuldigten in seinem Anwesenheitsrecht ändert nichts an der Rechtmäßigkeit der Durchsuchung oder der Beschlagnahme. Der Zweck des § 106 I 1 StPO besteht jedenfalls nicht darin, der Urteilsfindung Beweismittel zu entziehen. Es gibt auch keinen allgemeinen Grundsatz, wonach Fehler im Verfahren die Unverwertbarkeit der dabei gewonnenen Erkenntnisse begründen (s aber Rz 67 ff).

43 Eine Ermittlungsperson der StA kann die ihr zunächst einverständlich gestattete **Untersuchung fortsetzen,** wenn der Betroffene sein **Einverständnis zurückgezogen** hat und angesichts seines Verhaltens eine richterliche Anordnung ohne Gefährdung des Untersuchungszwecks nicht mehr eingeholt werden kann (BGH wistra 86, 114).

44 Gegen die **Art und Weise einer Durchsuchung** kann entsprechend § 98 II 2 die richterliche Entscheidung beantragt werden (BGHSt 44, 265; 45, 183; Rz 79).

44a Von der Durchsuchung als offene Maßnahme zu unterscheiden ist die sog. **Online-Durchsuchung**, bei der auch ohne Wissen des Betroffenen mit technischen Mitteln in ein von diesem genutzes informationstechnisches System eingegriffen und daraus Daten erhoben werden. Diese Ermittlungsmethode hat der Gesetzgeber durch G vom 17.8.2017 (BGBl I, 3202) unter engen Voraussetzungen für zulässig erklärt (§ 100b StPO). Voraussetzung ist der Verdacht einer der in § 100b II StPO näher bezeichneten schweren Straftaten (einschl des Versuchs solcher Taten), bei denen die Tat auch im Einzelfall besonders schwer wiegt und die Erforschung des Sachverhalts oder die Ermittlung des Aufenthaltsortes des Beschuldigten auf andere Weise wesentlich erschwert wäre. Bei StStraftaten handelt es sich nicht um besonders schwere Straftaten iSv § 100b II StPO.

45 **c) Beschlagnahme. Beschlagnahmt werden können Gegenstände, die als Beweismittel für die Untersuchung von Bedeutung sein können** (§ 94 StPO). Dasselbe gilt gem § 99 StPO für Postsendungen und Telegramme, die an den Beschuldigten gerichtet sind oder bei denen aus vorliegenden Tatsachen zu schließen ist, dass sie für ihn bestimmt sind, von ihm herrühren oder beweiserheblich sein können. Voraussetzung hierfür ist, dass sie sich im Gewahrsam von Personen oder Unternehmen befinden, die geschäftsmäßig Post- oder Telekommunikationsdienste erbringen oder daran mitwirken. Bei der richterlichen Beschlagnahmeanordnung muss zumindest andeutungsweise zum Ausdruck kommen, aufgrund welcher Umstände Anlass zu der Annahme besteht, der zu beschlagnahmende Gegenstand werde als Beweismittel zu benutzen sein (OLG Ddorf StV 83, 407). Die gesamte Buchführung ist allenfalls dann beschlagnahmefähig, wenn sie, wie zB im „amerikanischen Journal", in einem Buch enthalten ist. Etwas anderes gilt für Loseblatt-Buchführung und EDV-Buchhaltung. Deshalb muss der Beschluss darüber Auskunft geben, welche Konten und welche Buchungsbelege betroffen sind.

45a **Bei eingetretener Strafverfolgungsverjährung** (§ 376 Rz 1 ff) ist die Steufa befugt (§ 208 I Nr 3), Ermittlungen für die stl noch offenen (§ 169 II 2) Zeiträume anzustellen, jedoch nur mit Mitteln der Abgabenordnung. Eine Beschlagnahme ist insoweit nicht statthaft (FG Kassel wistra 97, 118; LG Köln wistra 97, 237 mit Anm *Stahl*).

46 Eine **Beschlagnahme** von Gegenständen zur Sicherung der Vollstreckung ist zulässig, wenn die Annahme begründet ist, dass die Voraussetzungen ihrer Einziehung vorliegen (§ 111b StPO). S dazu Rz 75.

47 Die Beschlagnahme **ist aufzuheben,** wenn ihr Grund weggefallen ist (vgl *Sieg* wistra 84, 172). Der Grundsatz der Verhältnismäßigkeit (Rz 29; § 385 Rz 9) gilt auch bei der Entscheidung über die Anordnung bzw Aufrechterhaltung einer Beschlagnahme im Ermittlungs- und Strafverfahren. Ggf müssen Kopien angefertigt und entweder die Kopien oder die Originale zurückgegeben werden (*Koch* wistra 83, 63).

§ 94 II StPO wird durch § 95 I StPO ergänzt, wonach der Besitzer des Gegenstands verpflichtet ist, diesen auf Verlangen vorzulegen und **auszuliefern.** Wird der Gegenstand freiwillig herausgegeben, kann er formlos sichergestellt werden. Zuständig für das Verlangen sind nach hM neben dem Richter die StA und ihre Ermittlungspersonen auch dann, wenn Gefahr im Verzug nicht besteht (LG Lübeck NJW 00, 348; *Meyer-Goßner/Schmitt* § 95 StPO Rz 2 mwN; aA LG Stuttgart NJW 92, 2646; LG Bonn NStZ 83, 327; *Braczyk* wistra 93, 58 mwN). Einer vorherigen Beschlagnahmeanordnung bedarf es nicht (vgl LG Stuttgart NJW 92, 2646; differenzierend LG Ddorf wistra 93, 199). Insbes dann, wenn mit einer freiwilligen Herausgabe der Gegenstände zu rechnen ist, wie etwa bei einer Bank hinsichtlich von als Beweismittel dienenden Kontounterlagen des Beschuldigten, sind regelmäßig von der StA zunächst die Unterlagen gem § 95 StPO herauszuverlangen, bevor der Antrag auf Anordnung der Beschlagnahme an den Ermittlungsrichter gerichtet wird. Auch Beamte der **Steufa** können bei Gefahr im Verzug als Ermittlungspersonen der StA (§ 404 S 2) die Herausgabe von Kontounterlagen verlangen (LG Arnsberg wistra 85, 205). 48

Beschlagnahmte Sachen werden in amtliche Verwahrung genommen. 49 Wenn sie für Zwecke der Strafverfolgung nicht mehr benötigt werden, sind sie an den letzten Gewahrsamsinhaber wieder **herauszugeben** (BGH NJW 79, 425). Der Betroffene hat allerdings keinen Anspruch auf Rücktransport durch die Ermittlungsbehörde (*Flore* PStR 00, 28). Für Streitigkeiten über die Herausgabe ist der Zivilrechtsweg gegeben (OLG Stuttgart wistra 02, 38). Bei fehlender Rückgabemöglichkeit können beschlagnahmte Beweisunterlagen vernichtet werden (*Dörn* wistra 99, 175).

d) Zufallsfunde

Schrifttum: *Burhoff* Keine Beschlagnahme von Zufallsfunden, PStR 00, 47; *Allgayer/Klein,* Verwendung und Verwertung von Zufallserkenntnissen, wistra 10, 130.

Zufallsfunde, dh Gegenstände, die zwar in keiner Beziehung zu der Straftat 50 stehen, wegen der die Durchsuchung stattfindet, aber auf andere, auch nicht steuerliche Straftaten hindeuten, sind einstweilen in Beschlag zu nehmen (§ 108 StPO; einschränkend betr EDV BVerfG DStRE 05, 791). Eine Verwertung allein auf dieser Grundlage ist aber unzulässig (vgl LG Freiburg NStZ 99, 582; *Burhoff* PStR 00, 47). § 108 StPO lässt die Beschlagnahme gerade durch solche Stellen zu, die sonst dazu nicht befugt sind (*Meyer-Goßner/Schmitt* § 108 StPO Rz 6); Gefahr im Verzug wird gesetzlich vermutet (BGHSt 19, 374, 376). Wenn die Steufa Zufallsfunde tätigt, sind diese in Beschlag zu nehmen, unabhängig davon, ob ein StDelikt oder ein Nichtsteuerdelikt vorliegt (vgl *Bilsdorfer* wistra 84, 8). Zur Verwertbarkeit von Zufallsfunden vgl auch BGH wistra 09, 196 und BVerfG NJW 09, 3225.

Die einstweilige Beschlagnahme von Unterlagen, die nicht zur Aufklä- 51 **rung des Tatverdachts** gegen den Beschuldigten dienen, ist unzulässig, wenn die Unterlagen nicht zufällig gefunden wurden, sondern planmäßig nach ihnen gesucht wurde (*Kniffka* wistra 87, 313; LG Bremen wistra 84, 241; LG Bonn NJW 81, 293). § 108 StPO enthält keine Rechtsgrundlage dafür, anlässlich einer Durchsuchung nach Gegenständen Umschau zu halten, die Anlass sein könnten, ein weiteres Strafverfahren einzuleiten (LG Arnsberg ZIP 84, 889). § 108 StPO lässt es auch nicht zu, bei einer Durchsuchung nach Gegenständen zu suchen, aus denen sich der Verdacht strafbarer Handlungen **anderer Personen** ergibt (LG Baden-Baden wistra 90, 118).

e) Beschlagnahme bei Zeugnisverweigerungsberechtigten

Schrifttum: *Siegrist* Ermittlungen in Steuer- und Wirtschaftsstrafsachen – Quo Vadis?, wistra 10, 427; *Tully/Kirch-Heim* Zur Entbindung von Rechtsbeiständen juristischer Personen von der Verschwiegenheitspflicht gemäß § 53 II 1 StPO, NStZ 12, 657; *Madauß* Entbindung eines Berufsgeheimnisträgers vom Zeugnisverweigerungsrecht durch eine juristische Person, NZWiSt 13, 262; *Gatzweiler/Wölky* Anmerkung zu OLG Köln v 1.9.15 – 2 Ws 544/15 (Entbindung von der Schweigepflicht durch Insolvenzverwalter), StV 16, 8; *Kirsch/Wick* Anmerkung zu OLG Köln v 1.9.15 – 2 Ws 544/15 (Entbindung von der Schweigepflicht durch Insolvenzverwalter), NZWiSt 16, 285; *Rudolph* Nemo tenetur und die Verwertbarkeit von Geschäftsunterlagen, StraFo 17, 183.

52 **Nach § 97 I StPO ist die Beschlagnahme unzulässig** im Hinblick auf schriftliche Mitteilungen zwischen dem Beschuldigten und zur Zeugnisverweigerung berechtigten Personen iSd §§ 52, 53 I Nr 1–3b StPO (Nr 1), bestimmte Aufzeichnungen solcher Personen (Nr 2) sowie andere Gegenstände einschl ärztlicher Untersuchungsbefunde, auf die sich das Zeugnisverweigerungsrecht dieser Personen erstreckt (Nr 3). Schriftwechsel zwischen einem Wirtschaftsprüfer und seinem Auftraggeber sind unabhängig davon beschlagnahmefrei, ob der Wirtschaftsprüfer im Zusammenhang mit der Erstellung von Jahresabschlüssen oder mit anderen Beratungsaufgaben tätig geworden ist (LG Bonn StV 02, 68). Soweit eine Beschlagnahme unzulässig ist, darf auch eine Durchsuchung nicht vorgenommen werden. Beschlagnahmeverbote können sich über § 97 StPO hinaus unmittelbar aus den Grundrechten ergeben, zB aus Art 2 I iVm Art 1 I GG zum Schutz der Persönlichkeitssphäre eines Betroffenen (vgl LG Kassel wistra 99, 315 betr Pflegschaftsakten des Amtsgerichts). Das Beschlagnahmeverbot iSd § 97 I Nr 3 StPO (betr andere Gegenstände, auf die sich das Zeugnisverweigerungsrecht der in § 53 I Nr 1–3b StPO Genannten erstreckt) setzt voraus, dass die zeugnisverweigerungsberechtigte Person Zeuge hinsichtlich des Gegenstandes sein kann. Nach dem Grundsatz der Unmittelbarkeit des Beweismittels kann sie aber nur dann Zeuge sein, wenn der Gegenstand (Schriftstück uÄ) allein die verkörperlichten eigenen Wahrnehmungen des Zeugen enthält (zB eine Gesprächsnotiz). Geschäftsunterlagen des Beschuldigten gehören daher idR nicht zu den Gegenständen iSd § 97 I Nr 3 StPO. Wegen der verfassungsrechtlichen Grenzen einer Beschlagnahme von **Datenbeständen bei Berufsgeheimnisträgern,** wenn der Eingriff sowohl Beschuldigte als auch Nichtbeschuldigte trifft, vgl BVerfG wistra 02, 378 sowie AnwBl 05, 578.

53 Str ist die **Frage der Beschlagnahmefreiheit von Geschäftsunterlagen, die sich bei einem StB befinden** (vgl dazu LG Dresden NJW 07, 2709 und die Darstellungen bei *Müller-Gugenberger/Bieneck/Häcker* Wirtschaftsstrafrecht, 6. Aufl 2015, § 93 Rz 13 ff und *Meyer-Goßner/Schmitt* § 97 StPO Rz 40). Grds gilt, dass nur solche Unterlagen dem Beschlagnahmeverbot des § 97 StPO unterliegen, die nach ihrem Aussagegehalt das Vertrauensverhältnis zwischen dem Auftraggeber und dem Zeugnisverweigerungsberechtigten betreffen (*KKStPO/Greven* § 97 StPO Rz 15). Nicht beschlagnahmefähig sind damit jedenfalls alle Unterlagen, die Grundlage eines Beratungsvertrags zwischen dem Mandanten und dem StB sind; denn darauf bezieht sich die Vertrauensbeziehung, die § 97 schützen will (vgl BGHSt 33, 148; *KK-StPO/Greven* § 97 StPO Rz 15). Nach Auffassung des OLG Frankfurt (NStZ 06, 302) sollen auch solche Unterlagen beschlagnahmefrei sein, die einem Verteidiger von einem Dritten zum Zwecke der Verteidigung übergeben wurden. Nicht beschlagnahmefrei sind Unterlagen, die dem Berufsträger nicht wegen seiner besonderen **beruflichen Eigenschaft** anvertraut worden sind, also nicht im Rahmen eines Beratungsverhältnisses, sondern lediglich zur „neutralen" Aufbewahrung oder gar zum Beiseiteschaffen.

54 Str ist auch, ob und ggf in welchem Umfang **Buchführungsunterlagen** beschlagnahmefrei sind (zum Meinungsstand s die Nachweise bei *Meyer-Goßner/Schmitt* § 97 StPO Rz 40). Nach hM sind Buchführungsunterlagen solange beschlagnahmefrei, wie sie vom StB für die Erstellung von Jahresabschlüssen und Vorbereitung von StErklärungen benötigt werden (vgl *Meyer-Goßner/Schmitt* aaO; aA zB LG München I wistra 85, 41 und 88, 326). Da iÜ ein Buchführungsprivileg der steuerberatenden Berufe nicht mehr besteht (vgl BVerfGE 54, 301;

59, 302), werden Buchführungsunterlagen jenseits davon als beschlagnahmefähig angesehen (vgl *Meyer-Goßner/Schmitt* aaO mwN). Auch die endgültig fertiggestellten Jahresabschlüsse unterliegen nicht dem Schutz des § 97 I Nr 3 StPO und sind beschlagnahmefähig (LG Stuttgart wistra 88, 40). Soweit der Kaufmann die Pflicht zur Buchführung mit den entsprechenden Aufbewahrungs- und Vorlegungspflichten (§§ 238 ff, 257 ff HGB) dadurch erfüllt, dass er die Führung der Bücher und die Aufbewahrung der Belege seinem StB überlässt, dieser also lediglich die gesetzlichen Pflichten des Kaufmanns erfüllt, stellt diese Dienstleistung des StB bereits keine steuerberatende Tätigkeit dar und begründet bereits deswegen keine Beschlagnahmefreiheit (LG Stuttgart, wistra 88, 40; BVerfG NJW 81, 33). Auch die Kontierung ist kein Fall der Steuerberatung; die dem StB insoweit überlassenen Unterlagen unterliegen daher nicht dem Beschlagnahmeverbot (LG Saarbrücken wistra 84, 200; LG Darmstadt NStZ 88, 286; LG Hildesheim wistra 88, 327).

Für **Handakten** (zum Begriff vgl auch § 66 III StBerG und § 51b IV WPO) 55
gelten dieselben Grundsätze wie für sonstige Geschäftsunterlagen (Rz 53; vgl dazu auch *Webel* PStR 09, 138).

Die Beschränkungen des § 97 I StPO für die Beschlagnahme gelten nur, wenn 56
sich die Gegenstände im **Gewahrsam** des zur Zeugnisverweigerung Berechtigten befinden. Mitgewahrsam genügt (BGHSt 19, 374). Hat allerdings der Beschuldigte Mitgewahrsam an sonst beschlagnahmefreien Unterlagen, entfällt das Beschlagnahmeverbot (BGHSt 19, 374; OLG Celle MDR 52, 376; LG Koblenz StBG 85, 7; *Meyer-Goßner/Schmitt* § 97 StPO Rz 12).

Notarielle Urkunden können, da sie nicht geheimhaltungsbedürftig sind, be- 57
schlagnahmt werden (LG Darmstadt wistra 87, 232; LG Freiburg wistra 98, 35).

Unterlagen über Anderkonten eines Notars dürfen zwar nicht beim Notar, 58
aber bei der Bank beschlagnahmt werden (LG Aachen NJW 99, 2381; aA LG Darmstadt DNotZ 91, 560). Dasselbe gilt für Rechtsanwaltsanderkonten (vgl LG Bremen v 25.9.2000 Qs 282, 00 nv; LG Chemnitz wistra 01, 399; aA AG Münster wistra 98, 237; vgl auch *Vogelberg* PStR 01, 116), weil sich die beim Kreditinstitut befindlichen Unterlagen nicht im Gewahrsam des Rechtsanwalts befinden (LG Würzburg wistra 90, 118; bestätigt durch BVerfG wistra 90, 98).

Testamente sind beschlagnahmefrei, es sei denn, sie enthalten Angaben über be- 59
gangene oder geplante schwere Straftaten (BGH wistra 94, 196; *Ost* wistra 93, 177).

Zum **Schutz zeugnisverweigerungsberechtigter Berufsgeheimnisträger** 59a
enthält die Vorschrift des **§ 160a StPO** für Ermittlungsmaßnahmen ein abgestuftes System von Beweiserhebungs- und Beweisverwertungsverboten. Die Vorschrift wurde durch G v 22.12.2010 (BGBl I, 2261) mWv 1.2.2011 auf alle Rechtsanwälte ausgedehnt (zu den Auswirkungen auf das Ermittlungsverfahren in StStrafsachen vgl *Siegrist* wistra 10, 427). Auf selbst beschuldigte Personen ist die Vorschrift des § 160a StPO nicht anzuwenden (BGHSt 53, 257, 262; zum Anfangsverdacht wegen Teilnahme oder Strafvereitelung vgl *JJR/Joecks* § 399 Rz 52). Dem § 160a StPO gehen die §§ 97, 100d V StPO als Spezialvorschriften für die Beschlagnahme und Wohnraumüberwachung vor (§ 160a V StPO). Für die Verwertung von beschlagnahmefreien Gegenständen gilt dies nicht, da § 97 StPO insoweit keine Sonderregelung trifft (*Meyer-Goßner/Schmitt* § 160a StPO Rz 17).

Die **Entbindung von der Verschwiegenheitspflicht** gem § 53 II StPO führt 59b
für die in § 53 I 1 Nr 2–3b StPO genannten Personen zur Aussagepflicht. Über die Entbindung von Berufsgeheimnisträgern juristischer Personen entscheidet allein die juristische Person und dort der Geschäftsführer bzw Vorstand. Beim Wechsel in Geschäftsführung oder Vorstand genügt die Erklärung des aktuell zuständigen Organs der juristischen Person; einer Erklärung des früheren Organwalters bedarf es nicht (hM; *Tully/Kirch-Heim* NStZ 12, 657; *Meyer-Goßner/Schmitt* § 53 StPO Rz 46a). Im Falle der Insolvenz entscheidet der Insolvenzverwalter über die Entbindung von der Schweigepflicht (str; glA OLG Nürnberg NJW 2010, 690; OLG

Köln StV 16, 8 mwN auch zur Gegenansicht; aA für den Fall, dass persönliche bzw private Interessen vom Mandatsverhältnis miterfasst waren, OLG Zweibrücken NZWiSt 17, 226).

f) Bankenfälle

Schrifttum: *Joecks* Die Stellung der Kreditwirtschaft im steuerstrafrechtlichen Ermittlungsverfahren gegen Kunden, WM Sonderbeilage 1/1998; *Tipke* Zur Steuerfahndung bei Banken und Bankkunden, BB 98, 241; *Kottke* Schleppnetzfahndung nach nicht deklarierten Inlandszinsen als Folge der Steuerfahndung bei Banken, INF 98, 648; *Ditges/Graß* EG-Rechtswidrigkeit der Fahndungswelle in deutschen Banken, BB 98, 1390; *Dörn* Aktuelle Rechtsprechung und Literatur zur Steuerfahndung bei Banken, Stbg 99, 319; *Siebel* Kontrollmitteilungen bei Bankdurchsuchungen: Banken und Bankkunden rechtsverletzt, Stbg 99, 325; *Cramer* Einstellung nach Einstellung – eine verfahrensrechtliche und verfahrenspraktische Notwendigkeit in den Massenverfahren wegen Beihilfe zur Steuerhinterziehung durch Bankmitarbeiter, wistra 99, 291; *Bülte* Die Abgeltungsteuer bei EU-quellenbesteuerten Kapitalerträgen als probates Mittel zur Vermeidung von Steuerstraftaten oder als Folge eines Rückzugsgefechts des Steuerstrafrechts?, BB 08, 2375.

60 **Die Besteuerung von Kapitaleinkünften** veranlasste deutsche Kapitalanleger schon ab Ende der 1980er Jahre, ihr Vermögen ins Ausland, vornehmlich nach Luxemburg, zu transferieren. Der Gesetzgeber versuchte, dem durch Erlass eines Amnestiegesetzes, durch das nicht nur auf Strafen, sondern weitgehend auch auf StNachforderungen verzichtet wurde, zu begegnen (Art 17 StRefG v 25.7.1988, BGBl I 88, 1093, 1128). Um „das Vertrauensverhältnis zwischen den Banken und ihren Kunden zu stärken" (BT-Drs 11/2536/95), wurde gleichzeitig der Bankenerlass durch Einführung des § 30a AO legalisiert (Art 15 StRefG). Die ebenfalls durch das StRefG 1990 eingeführte Quellensteuer auf Kapitaleinkünfte, die sog kleine Kapitalertragsteuer, löste jedoch eine so massive Kapitalflucht ins Ausland aus (StuW 89, 283), dass sie nur ein halbes Jahr überlebte und mit Wirkung ab 1.7.1989 wieder aufgehoben wurde. Mit Urteil v 27.6.1991 stellte das BVerfG die Verfassungswidrigkeit der Zinsbesteuerung ab 1981 wegen gleichheitswidriger Erhebungsregeln fest und forderte den Gesetzgeber auf, sich binnen angemessener Frist „auf die nunmehr geklärte verfassungsrechtliche Regelung einzustellen" (BVerfGE 84, 239). Mit dem daraufhin erlassenen ZinsabschlagG v 9.11.1992 (BGBl I, 1853) wurde ab 1.1.1993 der Sparerfreibetrag auf 6 000/12 000 DM erhöht und ein Zinsabschlag (Quellenabzug) von 30% (bei Tafelgeschäften 35%) eingeführt. Die Reaktion auf das ZinsabschlagG war eine nochmals verstärkte Kapitalflucht ins Ausland, vor allem auch ein Transfer von Tafelpapieren. Kurz darauf wurden die StFahnder aktiv. Zum VZ 2000 wurde dann der Sparer-Freibetrag auf 3 000/6 000 DM halbiert, später weiter reduziert und ab dem VZ 2009 mit dem Werbungskosten-Pauschbetrag zusammengeführt zu einem Sparer-Pauschbetrag von 801/1 602 € (§ 20 IX 1 und 2 EStG). Seit dem Jahr 2009 werden nun die Kapitaleinkünfte mit einem konstanten Steuersatz von 25% besteuert (sog Abgeltungsteuer; s dazu *Bülte* BB 08, 2375).

61 **Eine Durchsuchungsanordnung gegen ein Kreditinstitut gem § 102 StPO** setzt ebenso wie in anderen Fällen einen Anfangsverdacht voraus. Als Beschuldigter kommt daher nur eine natürliche Person in Betracht, von der aufgrund konkreter Tatsachen angenommen werden kann, dass sie die verfolgte Straftat begangen hat (ausführlich *Krekeler/Schütz* wistra 95, 296). Bezieht sich der Tatverdacht nur auf einzelne Mitarbeiter der Bank, zB den Wertpapierberater der Bank, kann sich eine Durchsuchung gem § 102 StPO nur auf solche Räumlichkeiten erstrecken, an denen dieser Beschuldigte Gewahrsam hat. Eine Durchsuchung aller Geschäftsräume der Bank kommt regelmäßig nur dann in Betracht, wenn der Beschuldigte als Organ der Bank gehandelt hat (*Joecks* WM Sonderbeilage 1/1998, 21). Das Rechtsstaatsgebot verlangt in jedem Fall, dass bereits in der Durchsuchungs- und Beschlagnahmeanordnung tatsächliche Angaben über die aufzuklärende Straftat gemacht werden (BVerfG NJW 92, 551; VfBbg NStZ-RR 98, 366;

Rz 28a). Insbes erkennbare Verschleierungsmaßnahmen rechtfertigen bei Kapitaltransfers ins niedrigbesteuerte Ausland den Anfangsverdacht einer Beihilfe zur StHinterziehung (vgl BGHSt 46, 107 mit Anm *Jäger* wistra 00, 344). Die Überweisung von einem bankinternen Konto mit Angabe der Bank des Kunden als Absender ist eine typische Verschleierungsmaßnahme (LG Bielefeld wistra 98, 362). Erfolgt der Transfer über ein kundeneigenes Konto und liegt deshalb eine Anonymisierung nicht vor, begründet allein der Kapitaltransfer ins Ausland keinen Anfangsverdacht (vgl LG Bielefeld DStRE 99, 616; BFH/NV 01, 709). Die Beihilfe eines Bankmitarbeiters zur StHinterziehung ist auch dann gem § 370 AO, § 27 StGB strafbar, wenn sie sich äußerlich in „neutralen" Handlungen erschöpft, der Bankmitarbeiter sich aber dadurch das strafbare Verhalten des hinterziehungswilligen Bankkunden angelegen sein lässt (vgl BGHSt 46, 107). Auffassungen im Schrifttum, berufstypisches Verhalten wegen sog professioneller Adäquanz als taugliche Beihilfehandlung auszuscheiden (zB *Hassemer* wistra 95, 41; *Löwe/Krahl* wistra 95, 124; *Ransiek* wistra 97, 41; *Joecks* WM Sonderbeilage 1/1988 15 ff), ist der BGH (aaO) nicht gefolgt.

Durchsuchungen bei Dritten (§ 103 StPO) sind – anders als in den Fällen des § 102 StPO – nur zulässig, wenn Tatsachen vorliegen, die den Schluss rechtfertigen, dass die Maßnahme zur Ergreifung des Beschuldigten oder zum Auffinden bestimmter Spuren oder Beweismittel führen wird. 62

Auch **Tafelgeschäfte mit Auslandsbezug** können den Anfangsverdacht einer StHinterziehung begründen. Der Transfer von Tafelpapieren ins Ausland begründet für sich allein allerdings keinen Anfangsverdacht. Anders ist dies aber bei einem anonymisierten Transfer (LG Münster v 18.11.1998 – 12 Qs 25/98 und v 25.1.1999 – 12 Qs 3/99; LG Bielefeld v 14.1.1999 – Qs 701/98) oder auch der Einlösung von Zinsscheinen im Ausland (vgl LG Detmold wistra 99, 434). 63

Bei **Tafelgeschäften im Inland** hängt es von den Umständen des Einzelfalls ab, ob ein Tatverdacht besteht. Die Inhaberschaft von Tafelpapieren nebst Einlieferung in die legitimationsgeprüfte Sammeldepotverwahrung rechtfertigt jedenfalls für sich allein keinen steuerstrafrechtlichen Anfangsverdacht (BFH NJW 00, 3157). Anders verhält es sich jedoch, wenn konkrete Hinweise auf eine gezielte Anonymisierung vorliegen. So kann die Abwicklung von Tafelgeschäften mittels Barein- und -auszahlungen den Anfangsverdacht einer StStraftat begründen, wenn der Bankkunde solche Geschäfte bei einem Kreditinstitut tätigt, bei dem er auch seine Konten und/oder Depots führt (BFH NJW 01, 2997, bestätigt durch BVerfG NStZ 371; LG Itzehoe wistra 99, 432; LG Detmold wistra 99, 434; vgl auch *JJR/Jäger* § 397 Rz 42 und AEAO zu § 154 Nr 3). Dies gilt insbes dann, wenn der für den Wertpapiererwerb erforderliche Geldbetrag zuvor erst vom Konto in bar abgehoben wird. Durch diese „anonymisierende Gestaltung" des Geschäfts wird der Wertpapiererwerb von dem bestehenden Kundenkonto abgekoppelt (LG Itzehoe wistra 99, 432). Ein Anfangsverdacht kann auch dann bestehen, wenn ein Depot auf den Geburtsnamen geführt wird, für stl Zwecke aber der Ehename verwendet wird (BVerfG wistra 2005, 21). Auf der Grundlage einer Gesamtwürdigung der Umstände kann sich ein Anfangsverdacht auch daraus ergeben, dass Tafelgeschäfte in bar und ohne Bezug zu einer Hausbank abgewickelt und die Tafelpapiere nicht in eine Depotverwahrung gegeben werden (BFH/NV 06, 709). 64

Zur Frage des **Anfangsverdacht als Voraussetzung der Einleitung eines Strafverfahrens** gem § 397s auch § 397 Rz 15 ff und *JJR/Jäger* § 397 Rz 38 ff. 65

6. Telekommunikationsüberwachung

Schrifttum: *Bittmann* Telefonüberwachung im Steuerstrafrecht und Steuerhinterziehung als Vortat der Geldwäsche seit dem 1.1.2008, wistra 10, 125; *Kramer* Telekommunikationsüberwachung und Verkehrsdatenabfrage bei Verdacht auf Steuerhinterziehung, NJW 14, 1561; *Freiling/Safferling/Rückert* Quellen-TKÜ und Online-Durschsuchung als neue Maßnahmen für die Strafverfolgung: Rechtliche und technische Herausforderungen, JR 18, 9.

65a StHinterziehung ist unter den in § 370 III 2 Nr 5 genannten Voraussetzungen (§ 370 Rz 298 ff) Katalogtat der **Überwachung der Telekommunikation;** dasselbe gilt für den gewerbsmäßigen, gewaltsamen und bandenmäßigen Schmuggel (§ 373) sowie die StHehlerei im Falle des § 374 II (§ 100a II Nr 2 StPO; s dazu § 370 Rz 450). Bei Internet-Telefonie ist dabei auch die sog Quellen-Telekommunikationsüberwachung zulässig (§ 370 Rz 452), was der Gesetzgeber nun in § 100a I 2, 3 StPO in der Fassung vom 17.8.2017 (BGBl I, 3203) ausdrücklich klargestellt hat. Zur Erhebung von Verkehrsdaten vgl § 100g I iVm § 100a II Nr 2 StPO. Zur Verwendbarkeit strafprozessual gewonnener Erkenntnisse im Besteuerungsverfahren s die Erläuterungen zu § 393 III.

7. Beweisverwertungsverbote

Schrifttum: *Coen* Ankauf und Verwertung deliktisch beschaffter Beweismittel im Steuerstrafverfahren aus völkerrechtlicher Sicht, NStZ 11, 433; *Pawlik* Zur strafprozessualen Verwertbarkeit rechtswidrig erlangter ausländischer Bankdaten, JZ 10, 693; *Bülte* Zur Verwertung von im Ausland erlangten Beweismitteln und Anwendungsvorrang des Unionsrechts als Grenze von Verfahrensrechten im nationalen Strafprozess, ZWH 13, 219; *Kaspar* Strafprozessuale Verwertbarkeit nach rechtswidriger privater Beweisbeschaffung, GA 13, 206; *Höring* Die Verwertung einer angekauften Steuerdaten-CD im strafrechtlichen Ermittlungsverfahren, DStZ 15, 341; *Roth* Ankauf von Steuerdaten-CDs – Update, Stbg 16, 300.

66 **Beweisverwertungsverbote** können sich aus Beweiserhebungen ergeben, die gegen ein Beweisthema- oder Beweismittelverbot verstoßen. Beweisverwertungsverbot bedeutet, dass die ermittelten Tatsachen nicht zum Gegenstand der Beweiswürdigung und Urteilsfindung gemacht werden dürfen (vgl BGHSt 31, 296; 31, 304). Wenn gesetzlich nicht ausdrücklich ein Verwertungsverbot angeordnet ist (wie zB in den §§ 136a, 252 StPO und § 393 II), führt eine rechtsfehlerhafte Beweiserhebung nicht zwangsläufig zu einem Verwertungsverbot (vgl BVerfG NJW 09, 3225; 00, 3557; NStZ 00, 489; 06, 46; NJW 07, 204; BGHSt 19, 325, 331; 38, 214, 219; 44, 243; vgl auch *KKStPO/Greven* vor § 94 StPO Rz 10 mwN und *Rüping* FR 00, 193). Die Strafprozessordnung stellt auch kein grundsätzliches Beschlagnahmeverbot für Fälle fehlerhafter Durchsuchungen auf, die zur Sicherstellung von Beweisgegenständen führen (BVerfG NJW 09, 3225).

67 **Allgemeinverbindliche Regeln,** unter welchen Voraussetzungen ein Beweisverwertungsverbot besteht, **gibt es bislang nicht** (vgl zu Systematisierungsversuchen *Meyer-Goßner/Schmitt* Einl Rz 55a mwN). Nach der Rspr bedarf deshalb die Entscheidung über die Verwertbarkeit eines gewonnenen Beweismittels stets einer Abwägung zwischen den schutzwürdigen Belangen des Betroffenen und dem mit Verfassungsrang ausgestatteten Interesse der Allgemeinheit an einer effektiven Strafverfolgung (sog *Abwägungslehre;* vgl BVerfG NJW 06, 1787; 07, 499, 503; StV 07, 226; BGHSt 38, 214, 219/220; 58, 84, 96; BGH NJW 08, 1090; NStZ 16, 111; *KKStPO/Greven* vor § 94 StPO Rz 10 sowie die Nachweise bei *Jahn* NStZ 07, 255); dabei ist auch das Gewicht des Verfahrensverstoßes und die Frage zu beachten, ob das Beweismittel auch auf gesetzmäßigem Wege hätte gewonnen werden können (vgl BGHSt 24, 130 f). Es kommt danach immer darauf an, ob höherwertige Rechtsgüter den Verzicht auf Beweismittel und Beweisergebnisse, mit denen die Überführung eines Straftäters gelingen könnte, unabweislich machen (vgl *Meyer-Goßner/Schmitt* Einl Rz 55a mwN). Auf Beweiserhebungsverbote, die *ausschl dem Schutz* des Staates (zB §§ 54, 96 StPO) oder *anderer Personen* (zB §§ 55, 81c StPO) dienen, kann sich der Beschuldigte nach der Rspr des BGH nicht berufen (BGHSt 1, 39; 11, 213; 53, 191). Zur Verwertbarkeit von im Ausland erlangten Beweismitteln und zum Vorrang des Unionsrechts insoweit vgl BGHSt 58, 32 sowie § 385 Rz 30a.

68 Aus einer fehlerhaften Durchsuchungsanordnung folgt nicht ohne weiteres die Rechtswidrigkeit einer Beschlagnahmeanordnung der aufgefundenen Beweismittel (vgl. LG Wiesbaden NZWiSt 16, 444, 446 mwN). Die Durchsuchung und die

Beschlagnahme sind getrennte Entscheidungsgegenstände; das Gesetz stellt kein grundsätzliches Beschlagnahmeverbot auf für fehlerhafte Durchsuchungen, die zur Sicherstellung von Beweisgegenständen führen (BVerfG NStZ 04, 216). Ein Beweisverwertungsverbot ist grds nur dann Folge einer fehlerhaften Durchsuchung, wenn die zur Fehlerhaftigkeit der Ermittlungsmaßnahme führenden Verfahrensverstöße schwerwiegend waren oder bewusst oder willkürlich begangen wurden (BVerfG NJW 09, 3225). IÜ ist maßgeblich, ob die Beweiserlangung bei hypothetisch rechtmäßiger Vorgehensweise möglich gewesen wäre (BVerfG NStZ 04, 216). Zur Frage der Verwertbarkeit von im Rahmen einer Durchsuchung erlangten Beweismitteln, die wegen grober **Verkennung der Voraussetzungen des Richtervorbehalts** rechtswidrig war, vgl auch BGH NStZ 07, 601.

Auch aus der **rechtswidrigen Erlangung eines Beweismittels durch einen Dritten** folgt nicht zwangsläufig die Unverwertbarkeit dieses Beweismittels im Strafprozess (vgl BGHSt 27, 355, 357; 36, 167; zur Rspr bei bestimmten Fallkonstellationen vgl auch *KKStPO/Fischer* Einl Rz 389 ff). Zur Frage der strafrechtlichen **Verwertbarkeit** des von staatlichen Stellen angekauften **„gestohlenen" Datenmaterials** Liechtensteiner und Schweizer Banken, das anschließend von den Finanzbehörden zum Datenabgleich und zur Einleitung von StStrafverfahren verwendet wurde vgl LG Bochum NStZ 10, 351; LG Ddorf wistra 11, 37; *Kölbel* NStZ 08, 241; *Kaspar* GA 13, 206, 219 ff; *Coen* NStZ 11, 433 aus völkerrechtlicher Sicht *(bejahend)*; *Junker* StRR 08, 129; *Kelnhofer/Krug* StV 08, 660; *Salditt* PStR 08, 84; *Schünemann* NStZ 08, 305, 309; *Sieber* NJW 08, 881; *Trüg/Habetha* NJW 08, 887; *Trüg* StV 11, 111 (jeweils *verneinend*); *Pawlik* JZ 10, 693 *(differenzierend)*. Haben staatliche Behörden die strafbare Beweisbeschaffung durch Private nicht gefördert und auch nicht im Falle vorheriger Kenntnis des Tatplans zumindest gebilligt, kann jedenfalls die bloße nachträgliche Entgegennahme strafbar erlangter Daten eine prozessuale Zurechnung des Verhaltens der Privaten nicht begründen. Ein „widersprüchliches Verhalten des Staates liegt darin nicht, denn die Einführung und Verwertung des Beweises ist ein objektiver prozessualer Vorgang, der mit keinerlei Element der Billigung der vorangegangenen Beweisbeschaffung verbunden ist und daher auch deren Bestrafung nicht ausschließt" (so zutr *Kaspar* GA 13, 206, 220 mwN aus dem Schrifttum). Auch aus der Schutzpflicht des Staates vor Übergriffen Privater auf wichtige grundrechtl geschützte Güter ergibt sich angesichts des hohen Schutzniveaus des Kriminalstrafrechts nicht ohne weiteres von Verfassungs wegen ein Verwertungsverbot zugunsten von StStraftätern (vgl *Kaspar* GA 13, 223). Durch das BVerfG ist mittlerweile geklärt, dass sich auch aus „gestohlenen" Daten ein Anfangsverdacht ergeben kann, auf den weitere Ermittlungsmaßnahmen gestützt werden können (BVerfG v 9.11.2010 – 2 BvR 2101/09, NStZ 11, 103). Denn selbst die Unzulässigkeit oder Rechtswidrigkeit einer Beweiserhebung würde nicht ohne weiteres zu einem Beweisverwertungsverbot führen (BVerfG aaO S 105); zum Meinungsstand vgl auch VerfGH RhPf v 24.2.2014 – VGH B 26/13, wistra 14, 240. Auch nach der Rspr des VerfGH RhPf folgt selbst aus einer rechtswidrigen oder gar strafbaren Erlangung eines Beweismittels durch eine Privatperson (hier den Anbieter einer Daten-CD) nur in Ausnahmefällen die Unverwertbarkeit des Beweismittels, weil auch die Erfordernisse einer funktionstüchtigen Strafrechtspflege in den Blick zu nehmen seien. Unzulässig wäre es aber, wenn staatliche Stellen gerade mit Blick auf die erhöhten Anforderungen an ein verfassungsrechtliches Verwertungsverbot in rechtswidriger oder gar strafbewehrter Weise Beweise erheben würden. Es sei daher denkbar, dass zukünftig gleichsam mosaikartig eine Situation entstehen könnte, die es gerechtfertigt erscheinen lässt, das Handeln eines privaten Informanten der staatlichen Sphäre zuzurechnen. Deshalb seien stets die Gesamtumstände in den Blick, zu nehmen. 69

Kein Verwertungsverbot besteht nach der Rspr des FG Köln nach dem staatlichen Ankauf privatdeliktisch erlangter Steuerdaten **für das Besteuerungsverfahren** (FG Köln DStRE 11, 1076). Der Ankauf sei keine behördliche Straftat. 69a

Eine Hehlerei gem § 259 I StGB scheide aus, weil Daten keine Sachen seien; der Straftatbestand des § 17 II Nr 2 UWG greife nicht ein, weil er nicht das Geheimhaltungsinteresse der Bankkunden schütze (vgl *Pawlick* JZ 10, 693, 701). Auch aus völkerrechtlichen Gründen bestehe kein Beweisverwertungsverbot (so auch *Coen* NStZ 11, 433).

69b In § 202d III 2 Nr 1 StGB hat der Gesetzgeber klargestellt, dass der mWv 18.12.2015 in das StGB eingefügte Straftatbestand der Datenhehlerei (§ 202d StGB, BGBl I 15, 2218) bereits tatbestandlich nicht auf Amtsträger anwendbar ist, sofern die Daten ausschließlich der Verwertung in einem Besteuerungsverfahren, einem Strafverfahren oder einem OWi-Verfahren zugeführt werden sollen.

70 Ob ein Beweisverwertungsverbot eine **Fernwirkung** hat, also auch andere Beweismittel unverwertbar macht, die erst aufgrund der unverwertbaren Beweiserhebung bekannt geworden sind, richtet sich nach der Sachlage und der Art des Verbots (vgl BGHSt 27, 355, 357; 29, 244, 249; 51, 1; *Meyer-Goßner/Schmitt* Einl Rz 57 mwN). Grds besteht keine Fernwirkung (BGHR StPO § 110a Fernwirkung 1; OLG Köln NZV 01, 137 mwN; *Meyer-Goßner/Schmitt* aaO).

71 Erkenntnisse, die die FinBeh oder die StA rechtmäßig im Rahmen strafrechtlicher Ermittlungen gewonnen hat, dürfen auch **im Besteuerungsverfahren verwendet** werden (§ 393 III). Dies bedeutet nicht im Umkehrschluss, dass rechtswidrig erlangte Ermittlungsergebnisse im Besteuerungsverfahren unverwertbar wären; vielmehr gelten insoweit für die Frage der Verwertbarkeit eigenständige Grundsätze (vgl dazu § 92 Rz 7 ff sowie § 393 Rz 62).

72 **8. Beschlagnahme und Auskunftsverlangen ggü Behörden. Der Begriff „Gegenstände" iSd § 94 StPO umfasst auch behördliche Akten,** soweit diesen eine mögliche Beweisbedeutung zukommt (vgl LG Bremen NJW 55, 1850; LG Hannover NJW 59, 351; LG Koblenz v 22.7.1982 – 105 Js (wi) 21604/82). Allerdings ist § 96 StPO zu beachten. Eine Sperrerklärung, die zulässig ist, wenn das Bekanntwerden der Akten dem Wohl des Bundes oder eines deutschen Landes Nachteile bereiten würde, steht einer Beschlagnahme entgegen (*Meyer-Goßner/Schmitt* § 96 StPO Rz 2).

73 Wird aber die Herausgabe von Behördenakten auch nach Gegenvorstellung **ohne Abgabe einer Sperrerklärung** der obersten Dienstbehörde oder offensichtlich willkürlich oder rechtsmissbräuchlich verweigert, so ist ihre Beschlagnahme zulässig (BGHSt 38, 237; *Meyer-Goßner/Schmitt* § 96 StPO Rz 2).

74 **Von den Unternehmen der Post- und Telekommunikation** können keine „behördlichen" Auskünfte verlangt werden. Die Postbeschlagnahme ist in § 99 StPO geregelt.

9. Sicherung der Einziehung

Schrifttum: *Deutscher* Die Reform der strafrechtlichen Vermögensabschöpfung, StRR 17 Nr 9/4; *Grewe* Das neue Recht der Vermögensabschöpfung, ZWH 17, 277; *Hüls* Zur Reform des Rechts der Vermögensabschöpfung im Strafrecht, ZWH 17, 242; *Köhler/Burkhardt* Die Reform der strafrechtlichen Vermögensabschöpfung, NStZ 17, 497 und 665; *Maciejewski/Schumacher* Endlich eine (steuerrechtliche Lösung? – Verbleibender Abstimmungsbedarf zwischen Straf- und Steuerrecht nach der Reform der Vermögensabschöpfung, DStR 17, 2021; *Rettke* Einziehung und Vermögensarrest im Steuerstrafverfahren, wistra 17, 417; *Wengenroth* Die neue strafrechtliche Vermögensabschöpfung und das Besteuerungsverfahren, PStR 17, 310; *Korte* Vermögensabschöpfung reloaded, wistra 18, 1; *Weidemann* Vermögensabschöpfung im Steuerstrafrecht, PStR 18, 8; *Madauß* Das neue Recht der strafrechtlichen Vermögensabschöpfung und Steuerstrafverfahren – Fragen aus der Sicht der Praxis, NZWiSt 18, 28; *Mückenberger/Hinz* Die neue Vermögensabschöpfung im Steuerstrafrecht, BB 18, 1435; *Wulf* Das neue Einziehungsrecht – ein Gesetz zur Entlastung der Finanzgerichtsbarkeit?, PStR 18, 150.

75 § 111b I 1StPO ermöglicht die **Beschlagnahme von Gegenständen** zur Sicherung der Vollstreckung, wenn die Annahme begründet ist, dass die Voraussetzungen der **Einziehung** (§ 73 ff StGB) vorliegen. Dabei genügt einfacher Tatverdacht (BT-Drs 13/8651, 9). Liegen dringende Gründe für diese Annahme vor, so soll die Beschlagnahme angeordnet werden (§ 111b I 2 StPO). Zu den Gegenständen gehören bewegliche Sachen, aber auch Rechte, wie zB Bankguthaben (LG Stuttgart NJW 95, 670). Die Vorschriften über die Einziehung finden auch dann Anwendung, wenn der StFiskus Verletzter der Tat ist. Die Vorschrift des § 73 I 2 StGB aF, die der BGH als „Totengräber des Verfalls" bezeichnet hat (BGHSt 45, 235, 249), wurde vom Gesetzgeber ersatzlos gestrichen.

Zur Sicherung der **Wertersatzeinziehung** (§ 73c StGB) kann unter denselben 76 Voraussetzungen der Vermögensarrest in das bewegliche und unbewegliche Vermögen des Betroffenen angeordnet werden (§ 111e StPO). Die Möglichkeit der für die StFestsetzung zuständigen FinBeh, nach § 324 einen dinglichen Arrest anzuordnen, steht der Anordnung eines Vermögensarrests zur Sicherung der Wertersatzeinziehung nicht entgegen (§ 111e VI StPO). Beide Sicherungsinstrumente stehen gleichrangig nebeneinander.

Zur Anordnung von Einziehung im selbständigen Verfahren vgl § 401. 77

10. Rechtsschutz bei strafprozessualen Eingriffen von StA (BuStra) und Polizei (Steufa)

Schrifttum: *Burhoff* Rechtsschutz nach Durchsuchung beim Beschuldigten im Steuerstrafverfahren, PStR 98, 114; *Achenbach* Anfechtbarkeit der erledigten richterlichen Anordnung einer Durchsuchung bei Presse und Rundfunk – BVerfG, NJW 98, 2131; *Laser* Das Rechtsschutzsystem gegen strafprozessuale Zwangsmaßnahmen, NStZ 01, 120.

Richterliche Durchsuchungs- und Beschlagnahmeanordnungen können 78 mit der Beschwerde angefochten werden (§ 304 StPO). Beschwerdeberechtigt ist, wer durch die Maßnahme in seinen Rechten verletzt ist. Das sind in erster Linie die Verfahrensbeteiligten (OLG Hamm wistra 98, 38). Gem § 304 II StPO sind auch andere Personen, welche durch die Entscheidung „betroffen" sind, beschwerdeberechtigt. Eine Unterscheidung zwischen mittelbar und unmittelbar Betroffenen ist nicht erforderlich (BGHSt 27, 175).

Über die Beschwerde entscheidet das Gericht, dessen Beschluss angefochten 79 worden ist, falls es die Beschwerde für begründet hält; andernfalls ist sie spätestens vor Ablauf von drei Tagen dem Beschwerdegericht vorzulegen (§ 306 II StPO). Die Entscheidung über die Beschwerde ergeht ohne mündliche Verhandlung (§ 309 I StPO).

Der Antrag auf gerichtliche Entscheidung nach § 98 II 2 StPO ist statt- 80 haft gegen Durchsuchungsanordnungen durch die Steufa oder BuStra bei Gefahr im Verzug (§ 105 StPO) sowie gegen die vorläufige Sicherstellung von Zufallsfunden gem § 108 I StPO.

Gegen einen die Anordnung bestätigenden Beschluss ist die Beschwer- 81 **de nach § 304 StPO gegeben.** Der Antrag nach § 98 II 2 StPO ist auch gegen eine bereits vollzogene Maßnahme statthaft, wenn wegen der erheblichen Folgen eines Eingriffs oder wegen Wiederholungsgefahr ein nachwirkendes Bedürfnis für eine richterliche Überprüfung besteht (BGHSt 28, 57).

Gegen die Art und Weise des Vollzugs einer richterlichen Anordnung 82 ist nach der Rspr des BGH ebenfalls der Antrag gem § 98 II 2 StPO auf richterliche Entscheidung zulässig, „wenn die beanstandete Art und Weise des Vollzugs nicht ausdrücklicher und evidenter Bestandteil der richterlichen Anordnung war" (wistra 99, 467; 00, 26). In anderen Fällen kann nach § 23 EGGVG die Zuständigkeit des OLG gegeben sein.

Im Hinblick auf das Gebot des effektiven Rechtsschutzes nach Art 19 IV GG ist 83 eine **Beschwerde gegen die Durchsuchungsanordnung** wegen des Gewichts des Eingriffs in das Grundrecht aus Art 13 GG auch dann zulässig, wenn die angeordnete Maßnahme bereits abgeschlossen ist (BVerfG wistra 97, 219).

84 Zur Zulässigkeit einer sofortigen **Verfassungsbeschwerde gegen Durchsuchungsbeschlüsse** vgl Rz 35.

85 Zur Überprüfung der Rechtmäßigkeit des Antrages der StA auf Erlass einer Durchsuchungs- oder Beschlagnahmeanordnung ist der Rechtsweg nach § 23 EGGVG nicht eröffnet (OLG Karlsruhe Justiz 80, 94).

86 **11. Abschluss des Ermittlungsverfahrens.** Die BuStra kann das selbständig durchgeführte Ermittlungsverfahren durch Einstellung, Antrag auf Anordnung von Nebenfolgen im selbständigen Verfahren, Antrag auf Erlass eines Strafbefehls oder durch Vorlage an die StA abschließen. Soll das Verfahren nicht eingestellt werden, ist der Beschuldigte spätestens vor dem Abschluss der Ermittlungen zu vernehmen (s oben Rz 8). In einfachen Sachen genügt es, dass ihm Gelegenheit zur schriftlichen Äußerung gegeben wird (§ 163a I 2 StPO). Einen Sonderfall regelt § 398a; danach ist nach einer Selbstanzeige, die allein wegen Vorliegens eines Sperrgrunds gem § 371 II Nr 3 oder Nr 4 unwirksam ist, unter den in § 398a genannten Voraussetzungen von der Verfolgung abzusehen (Rz 105).

87 **a) Einstellung nach § 170 II StPO. Bieten die Ermittlungen keinen genügenden Anlass zur Erhebung der öffentlichen Klage,** weil zB eine Verurteilung des Beschuldigten nicht mit Wahrscheinlichkeit zu erwarten ist oder sich der Verdacht als unbegründet erweist, wird das Verfahren eingestellt. Das Gleiche gilt, wenn der Verurteilung ein Verfahrenshindernis entgegensteht, zB weil die Tat verjährt ist (§§ 78 bis 78c StGB) oder die Voraussetzungen des § 32 I ZollVG (Nichtverfolgung bei Verkürzung von Einfuhrabgaben oder Verbrauchsteuern im Umfang von bis zu 250 Euro) gegeben sind. Das Verfahren ist auch dann einzustellen, wenn sich herausstellt, dass der Täter vom Versuch zurückgetreten ist (§ 24 StGB) oder wenn ein Rechtfertigungs-, Schuldausschließungs- oder Strafaufhebungsgrund (zB wirksame Selbstanzeige, § 371) besteht. Der Beschuldigte ist von der Einstellung zu unterrichten. Auf Antrag sind ihm regelmäßig auch die Gründe mitzuteilen (Nr 80 II AStBV).

88 **Strafklageverbrauch** tritt durch die Einstellung nach § 170 II 1 StPO nicht ein. Der Bestand der Einstellungsverfügung genießt auch keinen Vertrauensschutz; das Verfahren kann jederzeit wieder aufgenommen werden (*Meyer-Goßner/Schmitt* § 170 StPO Rz 9).

89 Zur **Wirksamkeit einer Selbstanzeige** nach vorheriger Einstellung des Ermittlungsverfahrens s Erläut zu § 371.

b) Einstellung nach § 153 I 1 StPO, § 398 AO

Schrifttum: *Cramer* Einstellung nach Einstellung, wistra 99, 291.

90 **Die BuStra kann mit Zustimmung des für die Eröffnung des Hauptverfahrens zuständigen Gerichts von der Verfolgung einer Straftat absehen,** wenn die Schuld des Täters als gering anzusehen wäre und kein öffentliches Interesse an der Verfolgung besteht (§ 153 I 1). Der Zustimmung des Gerichts bedarf es nicht bei einem Vergehen, das nicht mit einer im Mindestmaß erhöhten Strafe bedroht ist und bei dem die durch die Tat verursachten Folgen gering sind. Daneben besteht regelmäßig die Möglichkeit der Einstellung des Verfahrens gem § 398 (zum Verhältnis der beiden Vorschriften s § 398 Rz 2). In Ausnahmefällen kann auch eine überlange Verfahrensdauer im Hinblick auf Art 6 I 1 MRK eine Einstellung des Verfahrens nach §§ 153ff StPO gebieten (BVerfG wistra 93, 219; BGH wistra 92, 180). Die Schuld ist als gering anzusehen, wenn sie bei einem Vergleich mit StStraftaten gleicher Art nicht unerheblich unter dem Durchschnitt liegt. Eine Feststellung der Schuld ist nicht erforderlich; es genügt, dass für sie eine gewisse Wahrscheinlichkeit besteht. Zur Möglichkeit der Fortführung des eingestellten Verfahrens s *Meyer-Goßner/Schmitt* § 153 StPO Rz 37f.

91 **Die Erteilung oder Versagung der Zustimmung des Gerichts** zur Einstellung des Verfahrens nach § 153 I StPO ist nicht mit der Beschwerde anfechtbar

(LG Ellwangen JZ 80, 365; *Meyer-Goßner/Schmitt* § 153 StPO Rz 35). Auch die Weigerung der StA, einer Einstellung eines noch schwebenden Strafverfahrens gem § 153 StPO zuzustimmen, ist nicht im Verfahren nach den §§ 23ff EGGVG anfechtbar (OLG Hamm NStZ 85, 472).

c) Einstellung nach § 153a StPO

Schrifttum: *Dahs* § 153a StPO – ein „Allheilmittel" der Strafrechtspflege, NJW 96, 1192; *Kaligin* § 153 AO – eine Universalnorm zur Beendigung von Steuerstrafverfahren?, Stbg 10, 500.

§ 153a StPO erlaubt es der StA, vorläufig von der Erhebung der öffentlichen Klage abzusehen, wenn das für die Eröffnung des Hauptverfahrens zuständige Gericht und der Beschuldigte zustimmen, und gleichzeitig dem Beschuldigten Auflagen und Weisungen erteilt werden, zB die der Wiedergutmachung des Schadens. Auflagen und Weisungen haben keinen Strafcharakter, sie werden auch nicht im Bundeszentralregister eingetragen. Voraussetzung für die Einstellung nach § 153a StPO ist, dass ein hinreichender Tatverdacht besteht (*Meyer-Goßner/Schmitt* § 153a StPO Rz 7); ansonsten ist das Verfahren gem § 170 II StPO einzustellen. § 153a StPO bezweckt, die Strafrechtspflege durch vereinfachte Erledigungen im Bereich der Klein- und Mittelkriminalität zu entlasten (*Meyer-Goßner/Schmitt* § 153a StPO Rz 2). Die Schwere der Schuld darf der Einstellung nicht entgegenstehen. Unter den Voraussetzungen des § 153 I 2 StPO (nicht mit einer im Mindestmaß erhöhten Strafe bedroht und Folgen der Tat gering) kann die Einstellung auch ohne Zustimmung des Gerichts erfolgen (§ 153a I 7 StPO; *Meyer-Goßner/Schmitt* § 153a StPO Rz 9). Auch bei vorläufiger Einstellung ist ein nachträgliches objektives Verfahren grds möglich (*Meyer-Goßner/Schmitt* § 153a StPO Rz 59). Im Bußgeldverfahren gilt § 153a StPO nicht (vgl insoweit § 47 OWiG). 92

Soweit die FinBeh das Ermittlungsverfahren durchführt und Strafbefehlsantrag stellen kann, kann auch sie das Verfahren nach § 153a StPO einstellen. 93

Nach verspäteter oder unvollständiger Auflagenerfüllung ist eine erneute Einstellung nach § 153a StPO oder nach § 153 StPO grds zulässig. Es kommt hierbei auf das Verschulden an. Wenn nicht eingestellt wird, können erbrachte Leistungen nicht auf die Strafe angerechnet, aber bei der Strafzumessung berücksichtigt werden (vgl *Schmid* JR 79, 53). 94

Geldbeträge, die zur Erfüllung von Auflagen iSd § 153a I 2 Nr 2 StPO geleistet werden, sind ertragsteuerlich nicht abzugsfähig (§ 4 V Nr 10, § 9 V EStG), auch nicht als Spende iSd § 10b EStG (§ 12 Nr 4 EStG; BFH BStBl 91, 234). 95

d) Einstellung in sonstigen Fällen. Die StA kann nach § 153b StPO von der Erhebung der öffentlichen Klage absehen, wenn die Voraussetzungen vorliegen, unter denen das Gericht von der Strafe absehen kann. Dies ist nach § 60 StGB der Fall, wenn die Folgen der Tat, die den Täter getroffen haben, so schwer sind, dass die Verhängung einer Strafe offensichtlich verfehlt wäre, sofern nicht der Täter eine Freiheitsstrafe von mehr als einem Jahr verwirkt hat. 96

Von der Verfolgung von Auslandsstraftaten kann unter den Voraussetzungen des § 153c StPO abgesehen werden. Hierzu zählen auch StHinterziehungen gem § 370 VI, VII. 97

Die §§ 154, 154a StPO regeln die Fälle relativer Geringfügigkeit, bei denen die Straftat im Verhältnis zu einer damit im Zusammenhang stehenden anderen Straftat nicht ins Gewicht fällt. Falls die Bildung einer Gesamtstrafe in Betracht kommt, ist auf die Auswirkungen der auszuscheidenden Tat auf die zu erwartende Gesamtstrafe abzustellen. Nicht erforderlich ist, dass die Ermittlungen weitgehend abgeschlossen sind. 98

99 **Der Einstellungsbeschluss nach § 154 II StPO ist unanfechtbar** (BGHSt 10, 88; OLG Celle NStZ 83, 328; OLG Ddorf NJW 81, 833). Hat das Gericht gem § 154 II StPO das Verfahren beschränkt, darf es die ausgeschiedenen Teile der Tat ohne erneute Einbeziehung in das Verfahren nur dann im Rahmen der Beweiswürdigung gegen den Angeklagten verwenden, wenn es ihn vorher ausdrücklich auf diese Möglichkeit hingewiesen hat (BGH NJW 83, 1504.) Vorläufig ausgeschiedene Tatteile bleiben bis zur Rechtskraft der gerichtlichen Sachentscheidung rechtshängig und – nach Wiedereinbeziehung – auch verfolgbar (BGH wistra 88, 185).

100 **Die Möglichkeit der Beschränkung der Strafverfolgung nach § 154a StPO** erlaubt, abtrennbare Teile einer Tat von der Verfolgung auszunehmen. Die Hauptbedeutung der Vorschrift liegt darin, dass solche Tatteile oder Gesetzesverletzungen ausgeklammert werden können, die von vornherein besondere Beweisschwierigkeiten bereiten würden. Nach § 154a StPO ausgeschiedene Tatteile können gem § 154a III 1 StPO in jeder Lage des Verfahrens wieder einbezogen werden. Das hat im Hinblick auf § 264 StPO grds zu geschehen, wenn das Gericht ohne die Wiedereinbeziehung zum Freispruch kommen würde (BGHSt 22, 105; 29, 315) oder wenn ohne sie die Frage der Verjährung nicht abschließend beurteilt werden kann (BGH NJW 80, 2821).

101 Sind für dasselbe Kalenderjahr sowohl unrichtige **USt-Voranmeldungen** als auch eine unrichtige USt-Jahreserklärung eingereicht worden, ist eine Verfahrensbeschränkung gem § 154a StPO möglich (vgl BGH wistra 02, 185; BGHSt 49, 359, 365). Sie ist jedoch idR nicht erforderlich, da nach neuer Rspr des BGH das Verhältnis zwischen USt-Voranmeldungen und USt-Jahreserklärung eines der Gesetzeskonkurrenz in Form der mitbestraften Vortaten ist (BGH wistra 18, 43 Rz 50).

102 **e) Antrag auf Erlass eines Strafbefehls.** Bieten die Ermittlungen genügenden Anlass zur Erhebung der öffentlichen Klage und ist die Strafsache zur Behandlung im Strafbefehlsverfahren geeignet, kann Antrag auf Erlass eines Strafbefehls (§ 400) gestellt werden. Vorher ist dem Beschuldigten rechtliches Gehör zu gewähren und Gelegenheit zu geben, sich zu dem Ermittlungsergebnis zu äußern. Vgl iÜ § 400. Ist die Sache für das Strafbefehlsverfahren nicht geeignet, so sind die Akten der StA vorzulegen.

105 **f) Absehen von der Verfolgung der Tat nach Selbstanzeige.** Einen Sonderfall regelt die Vorschrift des § 398a. Danach ist nach einer Selbstanzeige, die lediglich aus den in § 371 II Nr 3 oder Nr 4 genannten Gründen unwirksam ist, von der Verfolgung abzusehen, wenn der Tatbeteiligte innerhalb einer ihm bestimmten angemessenen Frist die sich aus § 398a ergebenden Geldbeträge an die Staatskasse zahlt (s dazu die Erläut zu § 398a).

§ 400 Antrag auf Erlass eines Strafbefehls

Bieten die Ermittlungen genügenden Anlass zur Erhebung der öffentlichen Klage, so beantragt die Finanzbehörde beim Richter den Erlass eines Strafbefehls, wenn die Strafsache zur Behandlung im Strafbefehlsverfahren geeignet erscheint; ist dies nicht der Fall, so legt die Finanzbehörde die Akten der Staatsanwaltschaft vor.

Schrifttum: *Burkhard* Der Strafbefehl im Steuerstrafrecht, Frankfurt 1997; *Dißars* Der Antrag auf Erlass eines Strafbefehls als Abschluss eines Steuerstrafverfahrens, wistra 97, 331; *Burhoff* Der Strafbefehl im Steuerstrafverfahren, PStR 99, 52; *Hoffmann/Wißmann* Verurteilung durch Strafbefehl und berufsrechtliche Konsequenzen, PStR 00, 279.

Übersicht

1 **1. Allgemeines. Das Strafbefehlsverfahren ist ein summarisches Verfahren** (BVerfGE 3, 248). Es ermöglicht eine Straffestsetzung ohne Hauptverhandlung. Trotz fehlender mündlicher Verhandlung entspricht der Erlass eines Strafbefehls regelmäßig den Anforderungen des Art 6 EMRK (EGMR NJW 93, 717). Das vereinfachte Verfahren, in dem gegenwärtig die Mehrzahl aller Strafverfahren abgeschlossen wird (*Meyer-Goßner/Schmitt* § 407 StPO Vorbem 1), liegt nicht nur im Interesse der staatlichen Strafgerichtsbarkeit, sondern dient auch den Belangen des Beschuldigten. Gerade im Bereich des StStrafrechts haben die Beschuldigten häufig ein besonderes Interesse daran, den Fall kostensparend, ohne Zeitverlust und vor allem ohne öffentliches Aufsehen im schriftlichen Verfahren zu erledigen. Dies allein rechtfertigt allerdings die Durchführung des Strafbefehlsverfahrens nicht, wenn die Strafsache iÜ hierfür nicht geeignet ist (s Rz 5).

2 Das Strafbefehlsverfahren ist **mit dem Grundgesetz vereinbar** (BVerfGE 25, 158). Durch die Möglichkeit des Einspruchs (§ 411 StPO und Rz 13) mit anschließender Hauptverhandlung ist das Grundrecht auf rechtliches Gehör (Art 103 I GG) gewahrt (*Meyer-Goßner/Schmitt* § 407 StPO Rz 24 mwN).

3 **Voraussetzung für einen Strafbefehlsantrag** ist ein genügender Anlass zur Erhebung der öffentlichen Klage (§ 400 S 1). Dieser liegt vor, wenn nach den Ermittlungen hinreichender Tatverdacht besteht (§ 203 StPO, vgl auch § 170 I StPO betr Anklageerhebung). Dies ist der Fall, wenn bei vorläufiger Tatbewertung eine Verurteilung wahrscheinlicher als ein Freispruch erscheint (BGHSt 15, 155; 23, 304). Es handelt sich um eine Prognoseentscheidung der Anklagebehörde auf der Grundlage des gesamten Akteninhalts mit Beurteilungsspielraum; die Beweislage darf dabei nicht ausgeblendet werden (vgl *JJR/Joecks* § 400 Rz 5; vgl auch *Meyer-Goßner/Schmitt* § 203 StPO Rz 2; *HHSp/Hellmann* § 400 AO Rz 16 ff). Ein bloßer Anfangsverdacht (§ 397 Rz 15) genügt nicht. Hält die FinBeh entgegen der höchstrichterlichen Rspr einen Sachverhalt für straflos, darf sie das Verfahren nicht ohne weiteres einstellen. Sie muss vielmehr die Sache an die StA abgeben (§ 386 IV 1); diese muss dann, wenn sie die Auffassung der FinBeh teilt, durch Anklageerhebung versuchen, eine Änderung dieser Rechtsprechung herbeizuführen, weil die Einheitlichkeit der Rechtsanwendung und die Gleichheit vor dem Gesetz (Art 3 I GG) die Strafverfolgung gebieten (vgl *JJR/Jäger* § 397 Rz 84).

4 **Der Grundsatz in dubio pro reo** gilt in tatsächlicher Hinsicht bei der Prognoseentscheidung der FinBeh (StA) im Rahmen des § 400 nicht (OLG Karlsruhe NJW 74, 806 betr § 170 I StPO; *HHSp/Hellmann* § 400 AO Rz 18; *Dißars* wistra 97, 331 mwN).

5 **2. Eignung der Strafsache für das Strafbefehlsverfahren.** Das Verfahren muss **zur Behandlung im Strafbefehlsverfahren geeignet** sein. Es muss also ein Vergehen (§ 12 II StGB) behandeln. Auch ein besonders schwerer Fall der StHinterziehung iSd § 370 III bleibt Vergehen (§ 12 III StGB). In der Praxis stellen die FinBeh regelmäßig auch dann keinen Strafbefehlsantrag, wenn mit einem Einspruch des Beschuldigten zu rechnen ist. Allerdings ist in Nr 84 III 4 AStBV ausdrücklich bestimmt, allein diese Erwartung rechtfertige den Verzicht auf einen Strafbefehlsantrag nicht. StStrafverfahren mit *Hinterziehungsbeträgen in Millionenhöhe* sind für eine Behandlung im Strafbefehlsverfahren regelmäßig *ungeeignet,* auch im Hinblick auf das Informationsinteresse der Öffentlichkeit an der Wahrung der Gleichbehandlung vor Gericht (BGH wistra 09, 107).

6 **Als Rechtsfolgen der Tat dürfen durch Strafbefehl ua festgesetzt werden** Geldstrafe, Verwarnung mit Strafvorbehalt, Fahrverbot, Einziehung, Vernichtung, Unbrauchbarmachung, Bekanntgabe der Verurteilung und Geldbuße gegen eine juristische Person oder Personenvereinigung (§ 407 II Nr 1 StPO). Gem § 407 II 2 StPO dürfen im Strafbefehlswege auch zur Bewährung auszusetzende Freiheitsstrafen bis zu einem Jahr verhängt werden, wenn der Angeschuldigte einen Verteidiger hat. Ist der Angeschuldigte mittellos, hat der Richter ggf einen Pflichtverteidiger zu bestellen, wenn die FinBeh (StA) einen auf Bewährungsstrafe lautenden Strafbefehl beantragt hat. Eine Strafaussetzung zur Bewährung setzt eine Prognoseentscheidung voraus (§ 56 StGB). Dabei darf zulässiges Verteidigungsverhalten des Beschuldigten nicht zu dessen Lasten verwertet werden (BGH wistra 02, 464). Wenn zu erwarten ist, dass gegen den Strafbefehl kein Einspruch eingelegt wird, darf die regelmäßig im Verzicht auf einen Einspruch liegende Schuldeinsicht bereits beim Strafbefehlsantrag strafmildernd berücksichtigt werden. Gegen Heranwachsende darf eine Freiheitsstrafe nicht im Strafbefehlsverfahren festgesetzt werden (§ 109 III JGG).

7 **3. Ablauf des Strafbefehlsverfahrens. Antragsbefugt** ist gem § 400 S 1 die FinBeh. Steuer- und Zollfahndung haben diese Befugnis nicht (vgl *JJR/Joecks* § 400 Rz 7). Welcher Amtsträger der FinBeh den Antrag unterzeichnen muss und ob dieser jedenfalls die Befähigung zum Richteramt haben muss, bestimmt das Gesetz nicht. Das BVerfG erachtet in entsprechender Anwendung des § 142 I Nr 3 GVG iVm § 122 I DRiG eine dem Amtsanwalt vergleichbare Ausbildung (§ 2 RPflG) für genügend (wistra 96, 225; vgl auch BVerfG wistra 94, 263). Bedenken gegen die Zulässigkeit des Strafbefehlsantrags können jedenfalls dadurch vermieden werden, dass der Antrag von einem Beamten unterzeichnet wird, der die Befähigung zum Richteramt besitzt (vgl *JJR/Joecks* § 400 Rz 7 mwN; *Bilsdorfer* wistra 96, 226; *Dißars* wistra 97, 331).

8 **Form und Inhalt des Strafbefehls** ergeben sich aus § 409 I StPO. In der Praxis werden häufig Vordrucke benutzt. Ein Strafbefehl, der die Tat entgegen § 409 I Nr 3 StPO nicht ausreichend beschreibt, ist gleichwohl wirksam. Wird aber Einspruch (Rz 13) eingelegt, fehlt es an einer ausreichenden Verfahrensgrundlage; das Verfahren ist dann wegen Fehlens einer Prozessvoraussetzung einzustellen (BGHSt 23, 336, 340; *Meyer-Goßner/Schmitt* § 409 StPO Rz 4).

9 **Sachlich zuständig ist der Strafrichter** (Einzelrichter), weil per Strafbefehl nur eine Freiheitsstrafe von höchstens einem Jahr verhängt werden darf (Rz 6).

10 **Das Strafbefehlsverfahren** unterscheidet sich vom Strafverfahren im Wesentlichen dadurch, dass die vorherige Anhörung des Beschuldigten nach § 33 III StPO nicht zwingend erforderlich ist (s aber § 163a StPO und § 399 Rz 5 sowie Nr 84 IV AStBV) und eine Hauptverhandlung nur stattfindet, wenn der Beschuldigte gegen den Strafbefehl Einspruch einlegt (§ 411 StPO). IÜ hat der Richter Hauptverhandlung anzuberaumen, wenn er Bedenken hat, ohne eine solche zu entscheiden (§ 408 III 2). Die Vorlagepflicht der FinBeh gem § 400 S 2 besteht nur dann, wenn sich die Strafsache nicht zur Behandlung im Strafbefehlsverfahren eignet, nicht aber dann, wenn das FA das Strafverfahren in eigener Verantwortung mangels Tatverdachts einstellen will (*App* wistra 90, 261; s aber Rz 3). Der notwendige Inhalt des Strafbefehls ergibt sich aus § 409 StPO. Zur Kennzeichnung einer zu ahndenden StHinterziehung im Strafbefehl gehört idR die (kurze) Darstellung der tatsächlichen Grundlagen des materiellen StAnspruchs, über dessen Verkürzung entschieden werden soll, die Angabe wie und wann Erklärungspflichten verletzt wurden und ein Vergleich der gesetzlich geschuldeten Steuer mit der aufgrund der Hinterziehung festgesetzten (OLG Ddorf wistra 88, 365).

11 Dem Strafbefehl dürfen auch **Schätzungen,** die strafrechtlichen Grundsätzen genügen, zugrunde gelegt werden. Die Schätzungsgrundlagen und die Schätzung sind jedenfalls in den Akten so darzulegen, dass der Richter die Schätzung nach-

vollziehen kann (vgl auch *Burkhard* S 93ff); denn die Schätzung im Strafverfahren ist die ureigene Aufgabe des Gerichts (vgl dazu *Jäger* StraFo 06, 477 mN). Die für Urteile im Falle einer Schätzung geltenden Darstellungsmaßstäbe können nicht auf Strafbefehle übertragen werden (BGH wistra 09, 465). Zwar steht der Strafbefehl, wenn nicht rechtzeitig Einspruch erhoben wird, einem rechtskräftigen Urteil gleich (§ 410 III StPO); die Sachdarstellung muss hier aber keine revisionsgerichtliche Nachprüfung mehr ermöglichen. Auch § 409 I StPO fordert keine Darstellung zur Berechnung hinterzogener Steuern (näher *Meyberg* PStR 13, 63). Zu den Anforderungen an die Darstellung einer Schätzung in einer Anklageschrift vgl auch BGH wistra 12, 489.

Die Ablehnung des Erlasses eines Strafbefehls kann von der StA mit der sofortigen Beschwerde angefochten werden (§ 210 II StPO). 12

Gegen einen Strafbefehl kann der Angeklagte innerhalb von zwei Wochen seit Zustellung **Einspruch einlegen.** Macht er von diesem Recht Gebrauch, so wird ein Termin zur Hauptverhandlung anberaumt (§ 411 I StPO). In dieser muss die Anklage von der StA vertreten werden, eine Zuständigkeit der FinBeh besteht nicht mehr. Der Sachverhalt ist vollständig neu aufzuklären (§ 244 II StPO) und rechtl zu würdigen. Bei der Urteilsfällung ist das Gericht an den im Strafbefehl enthaltenen Ausspruch nicht gebunden; es kann auch eine höhere Strafe festsetzen (§ 411 IV StPO). 13

Rechtskräftige Strafbefehle stehen einem rechtskräftigen Urteil gleich (§ 410 III StPO; vgl aber Rz 17). 14

Die Wiederaufnahme eines durch rechtskräftigen Strafbefehl abgeschlossenen Verfahrens zuungunsten des Verurteilten ist wie bei Urteilen nur unter den Voraussetzungen des § 362 StPO möglich. Die nach § 373a StPO bestehende Möglichkeit der Wiederaufnahme, wenn sich die Tat nachträglich als Verbrechen darstellt, hat für StStraftaten keine Bedeutung, da § 370a als einziger Verbrechenstatbestand des StStrafrechts vom Gesetzgeber bereits nach wenigen Jahren zum 1.1.2008 wieder aufgehoben worden ist. § 373a StPO kann daher im StStrafverfahren nur dann Bedeutung gewinnen, wenn die StStraftat mit einem Verbrechen außerhalb des StStrafrechts eine (prozessuale) Tat bildet (*HHSp/Hellmann* § 400 AO Rz 72). Eine rechtl fehlerhafte Bewertung rechtfertigt in keinem Fall eine Wiederaufnahme (vgl *Meyer-Goßner/Schmitt* § 373a StPO Rz 2). 15

Hat der Strafrichter den Antrag auf Erlass eines Strafbefehls rechtskräftig abgelehnt, so ist auch ein **Bußgeldverfahren wegen derselben Tat** nur noch aufgrund neuer Tatsachen oder Beweismittel zulässig (BayObLG NStZ 83, 418). Denn das Gericht muss gem § 82 I OWiG den Tatvorwurf auch dann unter dem rechtlichen Gesichtspunkt von Ordnungswidrigkeiten prüfen, wenn es eine Straftat nicht für erwiesen hält. Ein Strafklageverbrauch tritt nur dann nicht ein, wenn die StA vor einer Ablehnung den Strafbefehlsantrag zurücknimmt oder wenn das Gericht nach § 408 III 2 StPO unter Hinweis auf die Veränderung des rechtlichen Gesichtspunkts im Hinblick auf die Ordnungswidrigkeit Termin zur Hauptverhandlung anberaumt hätte. Ein Strafbefehl, der keine Festsetzung von Rechtsfolgen enthält, ist unwirksam und unbeachtlich. Auch wenn gegen ihn kein Einspruch eingelegt wird, kann ein neuer Strafbefehl in Bezug auf denselben Tatvorwurf ergehen (OLG Ddorf wistra 84, 200). 16

Die berufsrechtlichen Konsequenzen einer Verurteilung durch Strafbefehl unterscheiden sich von einer Verurteilung durch Strafurteil. Tatsächliche Feststellungen in einem rechtskräftigen Strafurteil sind für die Berufsgerichtsbarkeit grds bindend (§ 118 III BRAO, § 109 III StBerG; vgl dazu auch BGH BGHSt 61, 92 und BGHR StBerG § 109 III Bindungswirkung 1; § 83 II WPO), nicht hingegen Feststellungen in einem Bußgeldbescheid oder Strafbefehl (BGH NStZ 99, 410). Beamte verlieren kraft Gesetzes ihre Beamtenstellung, wenn sie wegen einer vorsätzlichen Straftat rechtskräftig zu einer Freiheitsstrafe von mindestens einem Jahr (bzw bei bestimmten Delikten des ersten oder zweiten Abschnitts des beson- 17 deren Teils des StGB von mindestens sechs Monaten) verurteilt werden (§ 41 I BBG). Das gilt nicht bei einer Verurteilung durch Strafbefehl (BVerwG NJW 00, 3297). Eine Erledigung im Strafbefehlsverfahren kann daher für den Berufsträger von Vorteil sein, wenn er sich die Möglichkeit offen halten will, die Tat im Disziplinarverfahren zu bestreiten oder zumindest in einem milderen Licht erscheinen zu lassen (vgl auch *Hoffmann/Wißmann* PStR 00, 279).

§ 401 Antrag auf Anordnung von Nebenfolgen im selbständigen Verfahren

Die Finanzbehörde kann den Antrag stellen, die Einziehung selbständig anzuordnen oder eine Geldbuße gegen eine juristische Person oder eine Personenvereinigung selbständig festzusetzen (§§ 435, 444 Abs. 3 der Strafprozessordnung).

Vorschrift geändert durch G v 13.4.17 (BGBl I, 872).

Schrifttum: *Jäger* Kein Verfall bei Steuerstraftaten?, PStR 01, 6; *Durst* Sofortiger Zugriff auf Vermögensgegenstände bei Steuerhinterziehung, KÖSDI 04, 14035. Vgl auch § 88 II OWiG.

Übersicht

1 **1. Zweck und Anwendungsbereich.** Die FinBeh kann den Antrag auf selbständige Anordnung von Nebenfolgen stellen. **§ 401 erweitert die Befugnisse der FinBeh** im StStrafverfahren und entlastet damit die StA (*JJR/Joecks* § 401 Rz 2). Ob die Vorschrift nur klarstellende Bedeutung hat (so *HHSp/Hellmann* § 401 AO Rz 5), ist jedenfalls für den Anwendungsbereich des § 401 ohne Bedeutung.

3 **2. Selbständige Anordnung von Nebenfolgen.** Die Vorschrift bezieht sich auf die selbständige Anordnung der **Einziehung** (§ 435 StPO) und die selbständige Festsetzung einer **Geldbuße** gegen eine juristische Person oder eine Personenvereinigung (§ 444 III StPO).

4 **a) Allgemeines.** Voraussetzung für den Antrag im **selbständigen Verfahren** ist, dass die Nebenfolge gesetzlich zugelassen und die Anordnung nach dem Ergebnis der Ermittlungen zu erwarten ist (§§ 435 I, 444 III StPO). Die Möglichkeit einer **Geldbuße gegen eine juristische Person oder Personenvereinigung** ist gegeben, wenn jemand als vertretungsberechtigtes Organ der juristischen Person oder der Personenvereinigung eine Straftat begeht, durch die Pflichten der juristischen Person verletzt werden oder durch die die juristische Person oder Personenvereinigung bereichert worden ist oder bereichert werden sollte (§ 30 I OWiG). Zur Einziehung von Sachen eines Unbekannten, der auf frischer Tat betroffen wurde, vgl § 394.

5 **Nur auf Antrag** erfolgt die Entscheidung im selbständigen Verfahren (§§ 435 I, 444 III StPO). In dem Antrag auf Anordnung der Einziehung ist der Gegenstand oder der Geldbetrag, der dessen Wert entspricht, zu bezeichnen. Ferner ist anzugeben, welche Tatsachen die Zulässigkeit der selbständigen Anordnung begründen (§ 435 II StPO), also die tatsächlichen und rechtlichen Grundlagen der erstrebten Maßnahme (*Meyer-Goßner/Schmitt/Köhler* § 435 StPO Rz 8).

Für den Antrag gilt das Opportunitätsprinzip („… können"). Die FinBeh muss also nach pflichtgemäßem Ermessen prüfen, ob ein Bedürfnis für die selbständige Anordnung einer Nebenfolge besteht. 6

b) Einziehung. Die sachlichen Voraussetzungen der Einziehung ergeben sich aus §§ 73 ff StGB und 29a OWiG (s dazu auch § 370 Rz 350 ff). Bei StHinterziehung, Bannbruch nach § 372 II, § 373 oder StHehlerei können bestimmte Sachen, auf die sich die Straftaten beziehen sowie benutzte Beförderungsmittel gem § 375 II eingezogen werden (§ 375 Rz 12 ff). 10

Als **Taterträge unterliegen der Einziehung** das durch eine rechtswidrige Tat sowie das für sie erlangte „etwas" (§ 73 I StGB) und die daraus gezogenen Nutzungen (§ 73 II StGB). Auf die nach den bis Juni 2017 geltenden Vorschriften über den Verfall bedeutsame Abgrenzung des für die Tat Erlangten von dem aus der Tat Erlangten (vgl BGH wistra 12, 69) kommt es daher nicht mehr an. Im Gegensatz zur bisherigen Rechtslage (§ 73 I 2 StGB aF) scheidet die Einziehung von Taterträgen auch dann nicht aus, wenn dem Verletzten – etwa dem Steuerfiskus (BGH wistra 01, 96 mit Anm *Jäger* PStR 01, 6) – aus der Tat ein Anspruch erwachsen ist. 11

Die **Bestimmung des Werts des Erlangten** ist bei der Einziehung von Taterträgen (§ 73 I 1 StGB) sorgfältig vorzunehmen. Zu beachten ist, dass die Aufwendungen des von der Einziehung Betroffenen abzuziehen sind (§ 73d I 1 StGB). Außer Betracht bleibt jedoch das, was für die Begehung der Tat oder für ihre Vorbereitung aufgewendet oder eingesetzt worden ist, soweit es sich nicht um Leistungen zur Erfüllung einer Verbindlichkeit ggü dem Verletzten der Tat handelt (§ 73d I 2 StGB). 12

Eine Anordnung der selbständigen Einziehung ist nur zulässig, wenn wegen der Tat aus tatsächlichen Gründen keine bestimmte Person verfolgt oder verurteilt werden kann, wenn das Gericht von Strafe absieht oder wenn das Verfahren nach einer Vorschrift eingestellt wird, die dies nach dem Ermessen der StA oder des Gerichts oder im Einvernehmen beider zulässt (§ 76a I, III StGB). Die selbständige Einziehung ist auch dann zulässig, wenn die Verfolgung der Straftat verjährt ist (§ 76a II StGB). Bei Katalogtaten gem § 76a IV 2 StGB soll eine selbständige Einziehung stattfinden, wenn der Betroffene nicht wegen der Straftat verfolgt oder verurteilt werden kann (§ 76a IV 1 StGB). 13

c) Geldbuße gegen eine juristische Person oder Personenvereinigung. Die selbständige Anordnung einer Geldbuße gegen eine juristische Person oder Personenvereinigung kann gem § 401 die FinBeh selbst beantragen. Die Voraussetzungen hierfür sind in § 30 OWiG geregelt. Danach kommt die selbständige Anordnung einer Geldbuße in Betracht, wenn eine leitende Person eine Straftat oder OWi begangen hat, durch die Pflichten der juristischen Person oder Personenvereinigung verletzt worden sind oder die juristische Person oder Personenvereinigung bereichert worden ist oder bereichert werden sollte (§ 30 I Nr 1–5 OWiG). Daneben besteht gem § 130 OWiG die Möglichkeit, Inhaber von Betrieben mit einer Geldbuße zu belegen, wenn sie ihre Aufsichtspflichten verletzt haben und es dadurch zu einer Pflichtverletzung durch einen ArbN kommt. Wegen einer Pflicht, die den Inhaber als solchen trifft, vgl § 378 Rz 7. 17

Zu den der **juristischen Person** gleichgestellten Personenvereinigungen gehören der nichtrechtsfähige Verein sowie Personenhandelsgesellschaften (*Göhler/Gürtler* § 30 OWiG Rz 3 ff). Dasselbe gilt für die Gesellschaft bürgerlichen Rechts, soweit sie am Rechtsverkehr teilnimmt (Außen-GbR) und insoweit nach der Rspr des BGH (NJW 01, 1056; 02, 1207) rechtsfähig sowie aktiv und passiv parteifähig ist (*Göhler/Gürtler* § 30 OWiG Rz 5). 18

Ein selbständiges Verfahren gegen eine juristische Person oder eine Personenvereinigung findet nur in den Fällen des § 30 IV OWiG statt, dh wenn wegen der Straftat aus tatsächlichen Gründen keine bestimmte Person ver- 19 folgt oder verurteilt werden kann, oder wenn das Gericht von Strafe absieht oder das Verfahren nach einer Vorschrift eingestellt wird, die dies nach dem Ermessen der Verfolgungsbehörde oder des Gerichts zulässt.

20 Die **Festsetzung einer Geldbuße** gegen eine juristische Person oder Personenvereinigung schließt es aus, gegen sie wegen derselben Tat die Einziehung nach den §§ 73 oder 73c StGB oder nach § 29a OWiG anzuordnen (§ 30 V OWiG).

21 **Das Höchstmaß einer Geldbuße** bei StHinterziehung beträgt zehn Mio € (§ 30 II Nr 1 OWiG). Im Falle einer OWi bestimmt sich das Höchstmaß der Geldbuße nach dem für die OWi angedrohten Höchstmaß (§ 30 II 2 OWiG); verweist der OWi-Tatbestand auf § 30 II 3 OWiG, verzehnfacht sich dieses Höchstmaß.

25 **3. Zuständiges Gericht. Zuständig für die Entscheidung im objektiven Verfahren** ist das Gericht, das im Falle der Strafverfolgung einer bestimmten Person zuständig wäre (§ 436 I 1 StPO). Sachlich zuständig ist nicht zwingend das „Steuer-Amtsgericht" (vgl *RK/Schützeberg* § 401 AO Rz 14), sondern bei entsprechendem Tatvorwurf auch die Wirtschaftsstrafkammer des LG (*JJR/Joecks* § 401 Rz 11; *Kohlmann/Hilgers-Klautzsch* § 401 AO Rz 39; *HHSp/Hellmann* § 401 AO Rz 54). Örtlich zuständig ist auch das Gericht, in dessen Bezirk der Gegenstand sichergestellt worden ist (§ 436 I 2 StPO).

26 **An dem Verfahren zu beteiligen** sind diejenigen Personen, die von der Anordnung betroffen werden (§ 424 I StPO).

27 **Das Gericht entscheidet durch Beschluss,** gegen den die sofortige Beschwerde zulässig ist (§§ 434 II, 436 II StPO). Eine mündliche Verhandlung findet nur auf Antrag der StA (FinBeh), eines Beteiligten oder auf Anordnung des Gerichts statt. Die Beteiligten sind von dem Hauptverhandlungstermin zu benachrichtigen (§ 429 I StPO).

28 **Die Zuständigkeit der FinBeh endet** mit dem Antrag oder der Anordnung einer mündlichen Verhandlung, die von der StA wahrgenommen wird.

III. Stellung der Finanzbehörde im Verfahren der Staatsanwaltschaft

§ 402 Allgemeine Rechte und Pflichten der Finanzbehörde

(1) **Führt die Staatsanwaltschaft das Ermittlungsverfahren durch, so hat die sonst zuständige Finanzbehörde dieselben Rechte und Pflichten wie die Behörden des Polizeidienstes nach der Strafprozessordnung sowie die Befugnisse nach § 399 Abs. 2 Satz 2.**

(2) **Ist einer Finanzbehörde nach § 387 Abs. 2 die Zuständigkeit für den Bereich mehrerer Finanzbehörden übertragen, so gilt Absatz 1 für jede dieser Finanzbehörden.**

1 **Inhalt. Die Vorschrift regelt die Rechte und Pflichten der FinBeh** in den Fällen, in denen die StA das Ermittlungsverfahren durchführt (§ 386 III und IV; entspr § 63 OWiG).

2 **Ermittlungsverfahren.** Die Rechte und Pflichten der FinBeh aus § 402 I bestehen nicht nur in den Fällen des § 386 IV, sondern auch dann, wenn die StA in den Fällen des § 386 III das Verfahren führt (*JJR/Joecks* § 402 Rz 6). Aus dem systematischen Zusammenhang der §§ 386 ff ergibt sich, dass § 402 I allein auf das von der StA geführte Ermittlungsverfahren wegen StStraftaten anwendbar ist. Die FinBeh hat daher die Kompetenzen aus § 402 1 nicht, wenn die StA ein Verfahren allein wegen eines Allgemeindelikts führt. Eine weitere Beschränkung auf das StDelikt ergibt sich aus § 402 I jedoch nicht. Die FinBeh ist daher zur Erforschung

der (StStraf-)Tat im prozessualen Sinn berechtigt und verpflichtet, und zwar auch, soweit der Sachverhalt für die Verfolgung eines mit dem StDelikt tateinheitlich oder tatmehrheitlich zusammenhängenden Allgemeindelikts bedeutsam ist (so überzeugend *HHSp/Hellmann* § 402 AO Rz 11).

Sonst zuständige FinBeh ist diejenige FinBeh, die sachlich und örtlich zuständig wäre, wenn nicht die StA das Ermittlungsverfahren führte (*JJR/Joecks* § 402 Rz 6 mwN). 3

Die **Rechte** und **Pflichten des Polizeidienstes** folgen aus §§ 161, 163 StPO (s auch § 404). Die StA kann die FinBeh um Ermittlungshandlungen aller Art ersuchen (Ausnahme: eidliche Vernehmung). Die FinBeh haben nach § 163 StPO strafbare Handlungen zu erforschen und alle keinen Aufschub gestattenden Anordnungen zu treffen, um die Verdunkelung der Sache zu verhüten. Ihre Ermittlungen haben sie unverzüglich der StA mitzuteilen. Nach § 399 II 2 kann die FinBeh auch im Ermittlungsverfahren der StA bei Gefahr im Verzug Beschlagnahmungen, Notveräußerungen, Durchsuchungen und Untersuchungen nach den für die Ermittlungspersonen der StA geltenden Vorschriften der StPO vornehmen. 4

Bei Zuständigkeitskonzentration bleiben die Befugnisse der sonst zuständigen FinBeh erhalten (§ 402 II). Damit haben auch die straf- und strafverfahrensrechtl regelmäßig nicht geschulten Beamten der Besteuerungsdienststellen im staatsanwaltschaftlichen Ermittlungsverfahren strafprozessuale Befugnisse. Eine Beschränkung der Befugnisse auf die materielle StStraftat ergibt sich aus § 402 II gleichwohl nicht; auch für die Besteuerungsbehörde besteht daher die Pflicht zur Erforschung des gesamten geschichtlichen Vorgangs, also auch hinsichtlich tateinheitlich oder tatmehrheitlich mit dem StDelikt verbundener Allgemeindelikte (*HHSp/Hellmann* § 402 AO Rz 14; aA *Kohlmann/Hilgers-Klautzsch* § 402 AO Rz 7, 11). 5

§ 403 Beteiligung der Finanzbehörde

(1) [1] **Führt die Staatsanwaltschaft oder die Polizei Ermittlungen durch, die Steuerstraftaten betreffen, so ist die sonst zuständige Finanzbehörde befugt, daran teilzunehmen.** [2] **Ort und Zeit der Ermittlungshandlungen sollen ihr rechtzeitig mitgeteilt werden.** [3] **Dem Vertreter der Finanzbehörde ist zu gestatten, Fragen an Beschuldigte, Zeugen und Sachverständige zu stellen.**

(2) **Absatz 1 gilt sinngemäß für solche richterlichen Verhandlungen, bei denen auch der Staatsanwaltschaft die Anwesenheit gestattet ist.**

(3) **Der sonst zuständigen Finanzbehörde sind die Anklageschrift und der Antrag auf Erlass eines Strafbefehls mitzuteilen.**

(4) **Erwägt die Staatsanwaltschaft, das Verfahren einzustellen, so hat sie die sonst zuständige Finanzbehörde zu hören.**

Durch die Beteiligung der FinBeh bei Ermittlungshandlungen der StA oder der Polizei (§ 403 I 1) soll der besonderen Sachkunde der FinBeh Rechnung getragen werden. Um das Teilnahmerecht zu ermöglichen, sollen ihr Ort und Zeit der Ermittlungshandlungen rechtzeitig mitgeteilt werden (§ 403 I 2). 1

Nur der sonst zuständigen FinBeh stehen die Beteiligungsrechte gem § 403 zu. Zuständig ist diejenige FinBeh, die zuständig wäre, wenn nicht die StA nach § 386 III, IV die Ermittlungen selbst durchführen würde. Steufa und Zollfahndung sind insoweit nicht FinBeh (vgl § 386 I 2); sie sind auf die in § 404 eingeräumten Befugnisse beschränkt. 2

Dem Anwesenheits- und Fragerecht (§ 403 I 3) der FinBeh korrespondiert auf der Seite des Beschuldigten, dass neben einem RA als Verteidiger auch ein Angehöriger der steuerberatenden Berufe mitwirken kann (§ 392). 3

4 **Das Teilnahme- und Fragerecht besteht für solche richterlichen Handlungen,** bei denen der StA die Anwesenheit gestattet ist. Das ist zB der Fall bei Vernehmungen von Beschuldigten, Zeugen und Sachverständigen (§ 168c StPO) sowie bei der Einnahme richterlichen Augenscheins (§ 168d I StPO).

5 **Die StA hat das FA zu hören,** wenn sie erwägt, das Verfahren einzustellen (zu den hierfür in Betracht kommenden Fällen vgl §§ 153 ff StPO und § 399 Rz 87 ff). Dies gilt auch, ohne dass dies im Gesetz besonders erwähnt wird, wenn die StA von der Strafverfolgung absehen oder die Strafverfolgung beschränken will.

6 **Eine Verletzung der Beteiligungsrechte** der FinBeh schränkt weder die Verwertbarkeit der Ermittlungsergebnisse ein, noch beeinflusst sie die Rechtmäßigkeit einer abschließenden Entscheidung der StA gem § 403 IV (*JJR/Joecks* § 403 Rz 16 f). Die FinBeh kann lediglich Gegenvorstellung oder Dienstaufsichtsbeschwerde erheben (*Kohlmann/Hilgers-Klautzsch* § 403 AO Rz 38). Anders ist dies, wenn die Beteiligungsrechte des Verteidigers missachtet werden (vgl BGHSt 51, 150; BGH NJW 03, 3142, zustimmend BVerfG StV 06, 72, 77; *Meyer-Goßner/Schmitt* § 168c StPO Rz 6 mwN; zum Verwertungsverbot bei Rechtshilfevernehmungen ohne vorherige Benachrichtigung der Verteidigung vgl BGH NStZ 07, 417).

7 **Ein Klageerzwingungsverfahren** (§ 172 StPO) wegen der Beeinträchtigung ihrer Rechte kann die FinBeh nicht betreiben. Sie ist, da die StA Herrin des Verfahrens ist, nicht „Verletzte" iSd § 172 StPO (vgl *JJR/Joecks* § 403 Rz 18; *Kohlmann/Hilgers-Klautzsch* § 403 AO Rz 39; *RK/Kemper* § 403 AO Rz 16).

IV. Steuer- und Zollfahndung

§ 404 Steuer- und Zollfahndung

[1] Die Zollfahndungsämter und die mit der Steuerfahndung betrauten Dienststellen der Landesfinanzbehörden sowie ihre Beamten haben im Strafverfahren wegen Steuerstraftaten dieselben Rechte und Pflichten wie die Behörden und Beamten des Polizeidienstes nach den Vorschriften der Strafprozessordnung. [2] Die in Satz 1 bezeichneten Stellen haben die Befugnisse nach § 399 Abs. 2 Satz 2 sowie die Befugnisse zur Durchsicht der Papiere des von der Durchsuchung Betroffenen (§ 110 Abs. 1 der Strafprozessordnung); ihre Beamten sind Ermittlungspersonen der Staatsanwaltschaft.

Satz 2 2. HS geändert durch G v 24.8.04 (BGBl I, 2198).

Schrifttum: *Vogelberg* Organisation, Aufgaben und Befugnisse der Steuerfahndung, PStR 98, 97; *Rolletschke* Die Hinzuziehung eines Betriebsprüfers bei einer Durchsuchungsmaßnahme der Steuerfahndung, DStZ 99, 444; *Mösbauer* Steuerfahndung – ein besonderer Prüfdienst der Finanzverwaltung zur Bekämpfung der Steuerkriminalität, StB 03, 214; *Rolletschke* Die finanzbehördlichen Strafverfolgungsorgane, Stbg 06, 379; *Mack* Erscheinen der Steuerfahndung in der Beraterpraxis, DStR 11, 53; *Anders* Kontrollbesuche durch den „Flankenschutzfahnder", DStR 12, 1779; *Beyer* Grenzen für den Einsatz von Flankenschutzfahndern, NWB 13, 1733; *Dusch* Vermischung von Steufa und BuStra als rechtswidrige Konstruktion?, wistra 13, 129; *Roth* Der „Flankenschutz-Fahnder" – Ein unzulässiges Kontrollinstrument?, StBW 13, 320; *Kaligin* Keine Angst vor Betriebsprüfung und Steuerfahndung, 2. Aufl 2004; *Streck/Spatscheck/Talaska* Die Steuerfahndung, 5. Aufl 2017; *Webel* Steuerfahndung – Steuerstrafverteidigung, 3. Aufl 2015. S ferner Schrifttum bei § 208.

Übersicht

1. Inhalt. § 404 verleiht den FinBeh besondere (strafprozessuale) Befugnisse, soweit sie *im Rahmen der Fahndung* (§ 208 I Nr 1 und 3) tätig sind; hingegen ergeben sich die Befugnisse der Bußgeld- und Strafsachenstellen (BuStra bzw StraBu) aus § 399. Nur die *Aufgaben* der Steuer- und Zollfahndung sind in § 208 geregelt. Zollfahndungsämter und die Behörden, die die Aufgabe der Steufa wahrnehmen, haben danach eine Doppelfunktion (BFH BStBl 98, 231, 424). Zum einen treffen sie Feststellungen über Besteuerungsgrundlagen zur Vorbereitung der StFestsetzung und sind insoweit im Wesentlichen mit denselben Befugnissen ausgestattet wie sonstige Dienststellen und Beamte der FÄ im „normalen" Besteuerungsverfahren. Zugleich sind sie Strafverfolgungsbehörde (Ermittlungsbehörde). Besteuerungsverfahren und StStrafverfahren laufen regelmäßig nebeneinander her und werden von denselben Bediensteten durchgeführt; die beiden Verfahren sind jedoch ua wegen § 393 sorgfältig zu unterscheiden. Ist bereits Strafverfolgungsverjährung eingetreten, aber noch keine Festsetzungsverjährung, kann die Fahndung nur noch mit den in § 208 I Nr 2 den Fahndungsbehörden bzw -stellen verliehenen Befugnissen – dh den Ermittlungsbefugnissen der FÄ im Besteuerungsverfahren –, jedoch nicht mehr mit strafprozessualen Mitteln nach § 404 durchgeführt werden (*Tormöhlen* wistra 93, 175; vgl auch § 208 Rz 30 zur Frage der Aufgabennorm in diesem Fall). In einem solchen Fall sollte auch nach außen ein Auftreten als Strafverfolgungsbehörde vermieden werden (vgl BFH wistra 13, 157). 1

Nur soweit die Zoll- und Steuerfahndung als Strafverfolgungsbehörden (unter der Anleitung der FinBeh, vgl § 386 II, oder der StA) tätig werden, ergeben sich ihre Befugnisse aus § 404; diese Vorschrift wird allerdings insofern ergänzt durch § 208 I 2. § 404 betrifft also nur die zweite Funktion der Fahndung als Strafverfolgungsbehörde. Die nachfolgenden Erläuterungen gelten nur den strafverfahrensrechtlichen Befugnissen der Fahndungsbehörden. 2

Zur **Behördenorganisation** der Steufa und der Zollfahndung vgl näher § 208 Rz 10 ff. Während Zollfahndungsämter nach § 6 II Nr 5 örtliche Bundesfinanzbehörden sind, fehlt es für die Steufa an einem einheitlichen Organisationsmodell und einer Verselbständigung zur Behörde; sie ist unselbständige Dienststelle innerhalb der Finanzverwaltung. Demgegenüber wird der Bußgeld- und Strafsachenstelle des FA (BuStra) die unmittelbare Wahrnehmung staatsanwaltschaftlicher Aufgaben zuerkannt und ihr damit „de facto selbständige Behördenstruktur verliehen" (vgl *Cratz* wistra 86, 272; zur Kritik der bestehenden, iErg weitgehend auf eine konsequente Trennung von Fahndung und BuStra verzichtenden Strukturen *TK/Seer* § 208 AO Rz 8; *HHSp/Hellmann* § 399 AO Rz 3 f; *RK/Kemper* § 387 AO Rz 22 ff). 3

Zum **Rechtsschutz** gegen Fahndungsmaßnahmen s § 208 Rz 72 ff sowie § 399 Rz 78 ff. 4

2. Befugnisse der Fahndung. Während bei allgemeinen Strafsachen die strafprozessuale Ermittlungsfunktion von Anfang an ausschl bei der StA bzw der Polizei liegt, wird die Ermittlungszuständigkeit in StStrafsachen nach § 386 I 1 grds den FinBeh als eigene Aufgabe unter eigener Verantwortung übertragen; diese stehen 9 insoweit der StA gleich. Das **Ermittlungsmonopol der StA** wird also für den steuerlichen Bereich **durchbrochen.**

10 Den Zollfahndungsämtern (hierzu siehe auch § 26 ZFdG) und den Dienststellen der Steufa gibt § 404 im Strafverfahren wegen StStraftaten lediglich dieselben **Rechte und Pflichten wie den Behörden und Beamten des Polizeidienstes** nach den Vorschriften der StPO. Ähnlich wie die Polizeibeamten sind die Fahndungsbeamten nach §§ 386, 397 insbes berechtigt und nach dem Legalitätsprinzip verpflichtet, im Falle des Verdachts das Strafverfahren (Ermittlungsverfahren) von sich aus selbst einzuleiten und die zur Erforschung des Sachverhalts erforderlichen Maßnahmen zu treffen. Es handelt sich hierbei um das sog Recht und die Pflicht zum ersten Zugriff. Die Fahndungsbehörden stehen mithin der **Kriminalpolizei** im allgemeinen strafrechtlichen Ermittlungsverfahren gleich; sie sind hingegen, weil in § 386 I 2 als zur selbständigen Durchführung eines Ermittlungsverfahrens befugte Behörden nicht aufgeführt, nicht einer StA gleichgestellt, sondern *Ermittlungspersonen* der StA iSd § 152 I GVG und grds deren Weisungen unterworfen. Die Ermittlungsbefugnis der Fahndung ist aber gesetzlich begründet und begrenzt, nicht von der StA (oder der FinBeh) abgeleitet.

11 Auch **solange die FinBeh das Ermittlungsverfahren selbständig** (nicht auf Weisung der StA) **durchführt,** haben die Fahndungsbeamten die Befugnisse von Ermittlungspersonen der StA; sie sind dann nicht etwa „Hilfsbeamte der FinBeh" (*JJR/Randt* § 404 Rz 98); denn der Sinn der gesetzlichen Regelung besteht darin, in diesen Fällen die FinBeh an die Stelle der StA treten zu lassen und mit allen dieser zustehenden Befugnissen auszustatten, einschl der Weisungsbefugnis ggü den Fahndungsbeamten. Die StA hat in diesem Stadium des Verfahrens ggü den Fahndern noch keine Weisungs- und Aufsichtsrechte (s Rz 15).

12 Die Befugnisse werden den Fahndungsdienststellen selbst und zudem den einzelnen Beamten dieser Stellen verliehen. Diese **zusätzliche Erwähnung der Beamten** soll bedeuten, dass diese insoweit *selbständig* und ohne Auftrag ihrer Dienststelle tätig werden können und müssen. Die Rechte und Pflichten wie bei den Beamten des Polizeidienstes bestehen aber nur im Verfahren wegen StStraftaten. Nur mit dieser Einschränkung ist § 163 StPO (Behörden und Beamte des Polizeidienstes haben Straftaten zu erforschen und alle keinen Aufschub gestattenden Anordnungen zu treffen, um die Verdunkelung der Sache zu verhüten) entspr auf die Steuer- und Zollfahndung anzuwenden.

13 IÜ sind die **Fahndungsdienststellen und** die für die (ggü der StA) selbständige Erledigung von Straf- und Ordnungswidrigkeitensachen zuständigen **(BuStra-) Stellen** der FÄ und HZÄ voneinander **abzugrenzen,** weil nur die BuStra unmittelbar staatsanwaltschaftliche Funktionen wahrnimmt (vgl § 386 II), die Fahndung hingegen lediglich (auch bei Erfüllung ihrer strafrechtlichen Aufgaben) die Stellung einer Ermittlungsperson der StA hat. Dass auch die Fahndungsstellen idR Teil eines FA und jedenfalls FinBeh sind (missverständlich insofern § 386 I), ändert daran nichts.

14 Die insoweit beschränkten Befugnisse der Steufa bedeuten jedoch nicht, dass eine **personelle Trennung von Strafsachen- und Fahndungsstelle** in dem Geschäftsverteilungsplan des FA und bei der Verteilung der Zeichnungsbefugnisse vorgesehen werden müsste (so aber LG Freiburg wistra 87, 155) und die Beamten der Steufa nicht ggf zugleich als Bedienstete der BuStra des FA zuständig sein könnten. Der Leiter der Steufa ist jedenfalls befugt, bei Verhinderung des Leiters der BuStra als dessen geschäftsordnungsmäßiger Vertreter einen Antrag auf Erlass eines Durchsuchungs- und Beschlagnahmebeschlusses zu stellen (vgl LG Stuttgart wistra 88, 328). Die Vertretungsbefugnis für die FinBeh ist jedoch nicht generell umfassend, sodass die innerbehördliche Organisation von Strafsachen- und Fahndungsstelle von vornherein ohne Bedeutung wäre, solange vorgenannte Anträge nur namens des FA (und nicht der Steufa) gestellt werden (anders AG Kempten wistra 86, 271 mit iErg zustimmender Anmerkung von *Cratz:* Der Leiter des

Sachgebietes Steufa beim FA könne die Befugnisse seiner Behörde wahrnehmen, also auch die, die das FA auf dem Gebiet der Strafverfolgung habe; die innerdienstliche Geschäftsverteilung gehe das AG nichts an, anders nur, wenn die Fahndungsbeamten beim FA für den Bezirk eines anderen FA als Steufa zuständig seien und von ihnen insoweit Maßnahmen der Strafverfolgung selbständig ergriffen würden).

Erst wenn die Sache **an die StA abgegeben** worden ist oder von der StA an sich gezogen wurde (vgl § 386), endet die strafprozessual eigenständige Funktion der FinBeh; der Fahnder ist von da an – nach wie vor als Ermittlungsperson der StA mit den dieser zustehenden Befugnissen – auch *funktionell* als Organ der StA tätig und deshalb insoweit *nur deren* (fachlichen) Weisungen unterworfen. Erst wenn die Beamten der Fahndungsbehörde also auch funktionell Ermittlungspersonen der StA sind, sind sie verpflichtet, den Anordnungen der StA und den dieser vorgesetzten Beamten Folge zu leisten. Anderenfalls unterstehen sie wie sonst den Weisungen ihrer FinBeh (zur Gefahr eines Weisungsvakuums durch Wechsel der Ermittlungsrichtung zwischen strafrechtlichen und steuerverfahrensrechtlichen Zielen vgl *BG/Wannemacher/Seipl* § 404 AO Rz 28). Sie können jedoch von der StA um die Vornahme von Ermittlungen ersucht werden (§ 161 StPO), und zwar auch nach Abschluss des Ermittlungsverfahrens. 15

Die **Fahndung ist in keinem Fall** wie die StA oder die FinBeh selbst **Herrin des Ermittlungsverfahrens,** sondern stets unselbständiges Hilfsorgan; sie ist verpflichtet, nach § 163 II StPO nach Abschluss der Ermittlungen die Vorgänge ohne Verzug an die StA bzw gem §§ 386, 399 die BuStra zu übersenden. Sie kann das Verfahren nicht nach § 170 II einstellen oder die Einstellung nach §§ 153 ff StPO anregen (*Henneberg* DB 73, 1471). 16

Im **OWi-Verfahren** haben die Fahndungsbeamten an sich nicht die Stellung als Ermittlungspersonen der StA, weil diese Verfahren von der VerwBeh geführt werden und § 410 I Nr 9 nur § 404 S 1 und 2 1. HS in Bezug nimmt. Die FinBeh, der in diesem Falle nach §§ 410 I Nr 7, 399 II die entsprechenden Befugnisse zustehen, kann ihre Befugnisse jedoch auf den einzelnen Fahndungsbeamten übertragen (*KSch/Scheurmann-Kettner* § 404 AO Rz 12); die vorgenannte Differenzierung ist daher ohne wesentliche praktische Bedeutung (vgl *JJR/Randt* § 404 Rz 74). 17

3. Begrenzung auf stl Straftaten. § 404 gibt der Steufa gewisse **strafprozessuale Befugnisse und polizeiliche Pflichten,** erweitert aber nicht den Umfang der sachlichen Zuständigkeit der Steufa auf die Ermittlung *nicht steuerlicher* Strafsachen. Der Fahndungsbeamte würde seine Befugnisse überschreiten, wenn er auch in nicht steuerlichen Strafsachen ermitteln würde. Seine sachliche Zuständigkeit geht nicht weiter als die sachliche Zuständigkeit der Behörde, der er angehört. Daher könnte auch nicht die StA unter Berufung auf die Weisungsabhängigkeit des Fahndungsbeamten diesen für die Ermittlung nicht steuerlicher Strafsachen einsetzen, etwa nachdem die StA die Strafsache an sich gezogen hat. 21

Die **Ermittlungsbefugnis** der Fahndung besteht auch dann, wenn die verfolgte *Tat im prozessualen Sinn* (dh der geschichtliche Lebensvorgang, vgl zB BGHSt 13, 21; 32, 215; 45, 211) nicht nur ein StStrafgesetz verletzt, sondern auch die Voraussetzungen eines allgemeinen Strafgesetzes erfüllt (str; s auch § 386 Rz 7) sind. Dies gilt erst recht, wenn Tateinheit iSd § 52 StGB vorliegt, dh dieselbe Handlung im materiell-strafrechtlichen Sinn mehrere Strafgesetze, darunter ein StStrafgesetz, verletzt (vgl BGHSt 36, 283; zustimmend *Schwarz/Pahlke/Klaproth* § 404 AO Rz 52; aA *Reiche* wistra 90, 90 sowie *Rüping* DStR 02, 2020). Die Ermittlungsbefugnis der Steufa besteht auch, wenn die Strafdrohung in dem verletzten allg Strafgesetz die steuerstrafrechtliche übertrifft. 22

4. Abschließende Regelung der Befugnisse. Die Befugnisse der Zollfahndungsämter und Dienststellen der Steufa gehen – abgesehen von § 208 I 2, 3 – 25 nicht über den in § 404 umschriebenen Umfang hinaus, sondern sind dort *abschließend* geregelt.

26 Die Ämter und Dienststellen können also nicht anstelle der FinBeh (s § 400 S 1) Antrag auf Erlass eines Strafbefehls oder auf selbständige Einziehung stellen (§ 401); sie können nicht die Rechte der FinBeh im gerichtlichen Verfahren wahrnehmen (§ 407), können das Verfahren nicht nach § 153 I, § 153a, § 154d oder § 170 II StPO einstellen und nicht von der Verfolgung nach §§ 153b, 153c, 154, 154b, 154c StPO absehen, die Verfolgung auf einzelne Tatteile beschränken (§ 154a StPO) oder die Zustimmung zur Einstellung des Verfahrens oder Beschränkung der Strafverfolgung erteilen oder eine solche Entscheidung beantragen. Die Steufa hat kein selbständiges Recht, richterliche Ermittlungshandlungen (insbes Durchsuchungsbeschlüsse) zu beantragen (ganz hM, vgl OLG Stuttgart wistra 91, 190; LG Berlin wistra 88, 203; LG Freiburg wistra 87, 155; *Schwarz/Pahlke/Klaproth* § 404 AO Rz 21; *Rüping* DStR 02, 2020; vgl auch § 399 Rz 27) oder einen Antrag auf Beschlagnahme zu stellen (vgl LG Hildesheim BB 81, 356), denn diese Befugnis hat nur die StA bzw die BuStra, nicht aber die Steufa, weil sie nur die Befugnisse der Ermittlungspersonen der StA hat. Eine Beschlagnahmeanordnung des AG, die entgegen diesen Grundsätzen erginge, wäre unwirksam (vgl LG Hildesheim aaO; LG Frankfurt NJW 68, 118). Bei Eilbedürftigkeit bleibt jedoch die Möglichkeit, Durchsuchungen oder Beschlagnahmen ggf wegen Vorliegens von Gefahr im Verzug ohne richterliche Anordnung durchzuführen oder eine entsprechende Anordnung durch einen Richter als Notstaatsanwalt anzuregen (§§ 163 II 2, 165 StPO).

27 Die Regelung des § 161a StPO, wonach Zeugen und Sachverständige verpflichtet sind, auf Ladung vor der StA (FinBeh) zu erscheinen und auszusagen, gilt nur für die StA und die FinBeh, soweit diese staatsanwaltschaftliche Befugnisse wahrnimmt. Sie gilt zB nicht für die Steufa als Kriminalpolizei der FinVerw (*JJR/Randt* § 404 Rz 82). Auch aus der Eigenschaft der StFahnder als Ermittlungspersonen der StA ergibt sich nicht, dass auch sie die Befugnisse aus § 161a StPO haben. Allerdings sind Zeugen dann verpflichtet, auf Ladung bei der Steufa zu erscheinen und zur Sache auszusagen, wenn der Ladung ein Auftrag der StA zugrunde liegt (§ 163 III StPO).

31 **5. Ermittlungsbefugnisse wie die Beamten des Polizeidienstes (S 1).** Die Ermittlungsbefugnisse der Steufa und ihrer Beamten richten sich zunächst nach den Vorschriften der StPO über die Rechte und Pflichten des Polizeidienstes.

Dazu gehören:

- die Entgegennahme von **Anzeigen,** § 158 StPO.
- das Recht und die Pflicht, im Auftrag der StA (BuStra) von öffentlichen **Behörden Auskunft** zu verlangen und **Ermittlungen** jeder Art (ausgenommen die eidliche Vernehmung) durchzuführen, § 161 I StPO.
- die **Erforschung strafbarer StZuwiderhandlungen** sowie sonstige unaufschiebbare Maßnahmen zur Verhütung der Verdunkelung der Sache auch ohne Auftrag der StA („Recht des ersten Zugriffs"), § 163 I StPO.
- die **Vernehmung** von Beschuldigten, Zeugen, Sachverständigen, §§ 163a I, IV, V StPO (nicht zwangsweise Vorführung). Zu den Belehrungspflichten s § 163a IV StPO. Dem Beschuldigten sollte auf sein ausdrückliches Verlangen und seine Kosten eine Abschrift über seine Vernehmung übergeben werden, wenn der Untersuchungszweck dadurch nicht gefährdet wird (*Meyer-Goßner/Schmitt* § 163a StPO Rz 26).
- die **vorläufige Festnahme** von auf frischer Tat Betroffenen oder Verfolgten bei Fluchtverdacht oder Unklarheit über ihre Person, § 127 I StPO, und erkennungsdienstliche Behandlung (§ 81b StPO); s ferner § 164 StPO.
- die Festnahme von **Tatverdächtigen,** wenn Gründe für einen Haft- oder Unterbringungsbefehl bestehen und Gefahr im Verzug vorliegt (§§ 112, 126a, 127 II StPO).

– das Absehen von der **Anordnung** der **vorläufigen Festnahme** in den Fällen des § 127a StPO.
– die **Ausschreibung zur Festnahme** in Eilfällen, § 131 II StPO; die Zollfahndungsämter dürfen auch einen Suchvermerk im Bundeszentralregister niederlegen (§ 27 BRZG) und dort eine Auskunft einholen (§ 41 I Nr 4 BRZG), sonstige Fahndungsstellen nur, wenn sie als selbständige Behörden organisiert sind (str, glA *RK/Roth* § 404 AO Rz 149; vgl auch *Kohlmann/Matthes* § 404 AO Rz 135; zweifelnd *JJR/Randt* § 404 Rz 88).
– die **Sicherstellung** von Gegenständen, die der Einziehung unterliegen oder als Beweismittel in Betracht kommen, §§ 94, 98 I, 111b, 111e StPO.
– die Durchführung erkennungsdienstlicher Maßnahmen, § 81b StPO, Identitätsfeststellung, § 163b StPO.
– die Pflicht zur Übersendung der Verhandlungen an die StA, ggf das Gericht, § 163 II StPO.

6. Befugnis zur Durchsicht von Papieren und elektronischen Speichermedien (S 2 1. HS). Als weitergehende Befugnis ist der Fahndungsbehörde ferner die Durchsicht der Papiere des von der Durchsuchung Betroffenen (§ 404 S 2 AO iVm § 110 I StPO) gestattet (zur Verwertbarkeit von Zufallsfunden außerhalb der im Durchsuchungsbeschluss genannten Straftat vgl *Rüping* DStR 02, 2020). Die Befugnis zur Durchsicht der Papiere des Betroffenen soll vor allem die Prüfung ermöglichen, ob eine richterliche Beschlagnahme solcher Papiere zur Beweissicherung notwendig und daher zu beantragen ist (vgl LG Saarbrücken NStZ 16, 751 mwN). Die Durchsicht ist nur dann unzulässig, wenn feststeht, dass es sich um Papiere handelt, deren Beschlagnahme von vornherein ausgeschlossen ist. Entscheidend ist, ob die Beschlagnahmefreiheit offensichtlich und für einen Außenstehenden erkennbar ist. In welchem Umfang die inhaltliche Durchsicht des Materials notwendig ist, wie sie iEinz zu gestalten und wann sie zu beenden ist, unterliegt der Entscheidung der Ermittlungsbehörde, die hierbei einen Ermessensspielraum hat (vgl LG Saarbrücken NStZ 16, 751). Die Wahrung des Verhätnismäßigkeitsgrundsatzes unterliegt dabei richterlicher Überprüfung (zutr *Lampe* jurisPR-StrafR 3/2017 Anm. 5). Durch § 404 S 2 wird die Durchsicht abweichend von § 110 StPO den Fahndungsstellen erteilt, nicht den einzelnen Fahndungsbeamten, soweit diese nicht für die Fahndungsstelle in deren Auftrag (!) tätig werden (*JJR/Randt* § 404 Rz 96). Die Fahndungsbeamten haben diese Befugnis allerdings in ihrer Eigenschaft als Ermittlungsperson der StA. 35

Zu den **Papieren iSd § 110 I StPO** zählen Unterlagen und Aufzeichnungen aller Art, auch Tonträger, Filme, Mikrofilme, Magnetbänder, Disketten, CD-ROM, DVD, Festplatten und sonstige elektronische Datenträger und Datenspeicher, dh die sog technischen Papiere. Erfasst werden nicht nur geschäftliche, sondern auch private Unterlagen, wenn sie für das StStrafverfahren von Bedeutung sein können. Die Durchsicht eines elektronischen Speichermediums darf auch auf hiervon räumlich getrennte Speichermedien erstreckt werden, soweit auf sie von dem Speichermedium aus zugegriffen werden kann. Voraussetzung hierfür ist allerdings, dass andernfalls der Verlust der gesuchten Daten zu besorgen ist (§ 110 III 1 StPO). 36

Hingegen stehen der Fahndungsbehörde *nicht alle sonstigen* Befugnisse zu, welche eine StA bzw die FinBeh als „Steuerstaatsanwaltschaft" (also die BuStra) hätte. 37

7. Befugnisse als Ermittlungsperson der StA (S 2 2. HS). Alle Beamten der Fahndungsbehörde sind Ermittlungspersonen der StA (die Polizeibeamten des allg Polizeidienstes sind dies nur teilweise) und haben als solche daher neben den in Rz 31 genannten Rechten und Pflichten noch folgende – über die Befugnisse der Polizeibeamten, die nicht Ermittlungspersonen der StA sind, hinausgehende – Befugnisse: 40

41 **a) Körperliche Untersuchung.** Anordnung der körperlichen Untersuchung der Beschuldigten oder anderer Personen, falls durch die Einholung einer richterlichen Entscheidung der Untersuchungserfolg gefährdet wäre (§§ 81a II, 81c V StPO).

42 **b) Beschlagnahme und Vermögensarrest.** Anordnung der Beschlagnahme einziehbarer oder als Beweismittel in Betracht kommender Sachen bei Gefahr im Verzug (§ 94 II, § 98 I StPO). Man unterscheidet zwischen der **Beweisbeschlagnahme** nach § 94 StPO und der sog **vollstreckungssichernden Beschlagnahme** nach §§ 111bff StPO; Ziel: Einziehungsanordnung (§§ 73ff StGB) auch hinsichtlich des Wertersatzes, vgl § 370 Rz 350ff und § 399 Rz 45ff. Die Beschlagnahme wirkt wie ein Veräußerungs- und Verfügungsverbot (§ 111d I StPO). Eine richterliche Bestätigung binnen drei Tagen ist aber erforderlich (§ 98 II, III StPO). Die Befugnis zur Beschlagnahme gilt jedoch nicht für die Beschlagnahme des Postverkehrs des Beschuldigten (§§ 99, 100 StPO).

43 Von der Beschlagnahme nach diesen Vorschriften ist die Beschlagnahme zur Durchsetzung der Sachhaftung nach § 76 III sowie die Sicherstellung nach § 215 zu unterscheiden. Für die Beschlagnahme nach § 76 III, die keine Maßnahme der Strafverfolgung, sondern der Abgabeerhebung ist, ist nicht die Fahndung, sondern das HZA zuständig (BFH BStBl 87, 485). Die Beweismittelbeschlagnahme ist nicht vorrangig ggü der Beschlagnahme nach § 76 (aA *Litzig* ZfZ 77, 139).

44 Nach § 97 StPO sind Gegenstände, die sich im Gewahrsam von Personen befinden, die nach den dort aufgeführten Bestimmungen ein Zeugnisverweigerungsrecht haben (zB StB), von der Beschlagnahme ausgenommen (vgl hierzu § 399 Rz 52); die Beschränkungen der Beschlagnahme gelten nicht, wenn die Betreffenden einer Beteiligung an der Tat oder einer Begünstigung, Strafvereitelung oder Hehlerei in Bezug auf die Tat verdächtig sind oder wenn es sich um Werkzeuge oder Produkte der Straftat handelt, § 97 II 3 StPO. Zur Beschlagnahme von Buchhaltungsunterlagen in Händen des StB s § 399 Rz 54.

45 Für die Anordnung einer (mit einer Bankauskunft abzuwendenden) Beschlagnahme bei Banken nach §§ 94, 95, 103 StPO wegen StHinterziehung genügt „einfacher Anfangsverdacht", der zureichende tatsächliche Anhaltspunkte (§ 152 II StPO) voraussetzt.

46 **Vermögensarrest.** Ist die Annahme begründet, dass die Voraussetzungen der Einziehung von Wertersatz vorliegen, so kann zur Sicherung der Vollstreckung der Vermögensarrest in das bewegliche und unbewegliche Vermögen des Betroffenen angeordnet werden. Liegen dringende Gründe für diese Annahme vor, so soll der Vermögensarrest angeordnet werden (§ 111e I StPO). Er kann auch zur Sicherung der Vollstreckung einer Geldstrafe und der voraussichtlichen Kosten des Strafverfahrens angeordnet werden, wenn gegen den Beschuldigten ein Urteil ergangen oder ein Strafbefehl erlassen worden ist (§ 111e II StPO). Die Vollziehung des Vermögensarrests in einen Gegenstand hat die Wirkung eines Veräußerungsverbots iSd § 136 BGB.

48 **c) Notveräußerung.** Das Recht zur Notveräußerung gepfändeter oder beschlagnahmter Gegenstände ergibt sich aus § 111l StPO.

49 **d) Durchsuchung.** Die Durchsuchung ist zulässig bei Tat- oder Teilnahme-Verdächtigen im Fall von Gefahr im Verzug (§§ 102ff, 105 I StPO: grds ist für die Durchsuchung eine richterliche Anordnung erforderlich, es sei denn, es liegt Gefahr im Verzug vor, dazu BVerfGE 103, 142; BVerfG NJW 91, 690; EGMR NJW 93, 718), sowie unter den Voraussetzungen des § 103 StPO ausnahmsweise auch bei unverdächtigen Dritten (Einzelheiten siehe § 399 Rz 26ff, 36ff). Die bewusste Missachtung oder grobe Verkennung des Richtervorbehalts kann ein Beweisverwertungsverbot begründen; es darf daher mit einem Antrag an das Gericht nicht so lange zugewartet werden, bis die Gefahr eines Beweismittelverlusts eingetreten ist (BGHSt 51, 255, 285). Mit der Befassung des zuständigen Ermitt-

lungsrichters durch die Stellung eines Antrags auf Erlass einer Durchsuchungsanordnung endet die Eilkompetenz der Ermittlungsbehörden (BVerfG v 16.6.2015 NStZ 15, 529). Sie kann nur dann neu begründet werden, wenn nach der Befassung des Richters tatsächliche Umstände eintreten oder bekannt werden, die sich nicht aus dem Prozess der Prüfung des Antrags ergeben, und wenn vor der Möglichkeit einer rechtzeitigen richterlichen Entscheidung ein Beweismittelverlust droht (BVerfG NStZ 15, 529).

e) Sicherheitsleistung. Anordnung der Sicherheitsleistung **und Bestellung eines Zustellungsbevollmächtigten,** falls der Beschuldigte keinen festen inl Wohnsitz oder Aufenthalt hat und keine Haftgründe gegen ihn bestehen, sofern Gefahr im Verzug gegeben ist (§ 132 II StPO). 51

f) Überwachung der Telekommunikation. Die Möglichkeit der Telekommunikationsüberwachung besteht wegen des Verdachts einer Steuerstraftat nur unter den Voraussetzungen des § 370 III 2 Nr 5 AO (dh Betätigung als Mitglied einer **Bande,** die sich **zur fortgesetzten Hinterziehung von Verbrauch- oder Umsatzsteuer verbunden** hat), beim Verdacht eines gewerbsmäßigen, gewaltsamen oder bandenmäßigen Schmuggels und bei gewerbs- oder bandenmäßiger Steuerhehlerei (§ 100a II Nr 2 StPO). In allen anderen Fällen der StHinterziehung greift § 100a StPO nicht ein. Telekommunikationsüberwachung kommt allerdings auch dann in Betracht, wenn der Verdacht der Bildung einer kriminellen Vereinigung (§ 129 StGB) zur Begehung von StStraftaten besteht. 53

Zufallserkenntnisse, die anlässlich der Überwachung der Telekommunikation über andere Straftaten erlangt werden, dürfen nur unter den Voraussetzungen der Vorschrift des § 477 II 2 StPO verwertet werden; ihr liegt der Gedanke des hypothetischen Ersatzeingriffs zugrunde. Danach dürfen die durch diese Ermittlungsmaßnahme erlangten personenbezogenen Informationen ohne Einwilligung des Betroffenen in anderen Strafverfahren nur verwendet werden, soweit sich bei Gelegenheit der Auswertung Erkenntnisse über eine Katalogtat ergeben, zu deren Aufklärung eine Telekommunikationsüberwachung hätte angeordnet werden dürfen (zutr *KKStPO/Bruns* § 100a Rz 56). Zudem dürfen die Erkenntnisse aus einer rechtmäßig angeordneten Telekommunikationsüberwachung auch als Anknüpfungspunkt für (weitergehende) Ermittlungen wegen einer StStraftat, die nicht Katalogtat ist und auch nicht mit ihr im Zusammenhang steht, sowohl ggü dem Beschuldigten als auch ggü Dritten verwendet werden; dadurch gewonnene Beweise dürfen für eine StStraftat grds verwertet werden (vgl BVerfG NJW 05, 2766; BGH wistra 98, 269; OLG München wistra 06, 472; *Bruns* aaO Rz 68; *Allgayer* NStZ 2006, 643). Das Mitverfolgen eines Gesprächs mit Billigung des anwesenden Gesprächsteilnehmers ist keine Telefonüberwachung (vgl BGHSt 39, 335 = wistra 94, 68; BGHSt 42, 139 = wistra 96, 309). Im Rahmen strafrechtlicher Ermittlungen rechtmäßig erlangte Erkenntnisse dürfen gem § 393 III StPO auch im Besteuerungsverfahren verwertet werden (anders zur früheren Rechtslage BFH wistra 02, 31; BFH/NV 94, 173). 54

g) Vorläufige Festnahme. Ermittlungspersonen der StA sind zur vorläufigen Festnahme außer unter den Voraussetzungen des § 127 I StPO auch befugt, wenn die Voraussetzungen für den Erlass eines Haftbefehls oder Unterbringungsbefehls vorliegen und Gefahr im Verzug besteht (§ 127 II StPO). Der Festgenommene muss jedoch unverzüglich dem Amtsrichter zur Vernehmung und zum Erlass eines Haftbefehls vorgeführt werden. 55

V. Entschädigung der Zeugen und der Sachverständigen

§ 405 Entschädigung der Zeugen und der Sachverständigen

[1] Werden Zeugen und Sachverständige von der Finanzbehörde zu Beweiszwecken herangezogen, so erhalten sie eine Entschädigung oder Vergütung nach dem Justizvergütungs- und -entschädigungsgesetz. [2] Dies gilt auch in den Fällen des § 404.

S 1 geändert durch KostRMoG v 5.5.04 (BGBl I, 718).

Schrifttum: *Meyer* Zum Anfall der Dokumentenpauschale für die Überlassung großer Mengen elektronisch gespeicherter Daten, JurBüro 13, 9; *Meyer/Höver/Bach/Oberlack* Die Vergütung und Entschädigung von Sachverständigen, Zeugen, Dritten sowie von ehrenamtlichen Richtern nach dem JVEG, 27. Aufl 2017.

1 **1. Entstehungsgeschichte.** § 405 AO aF sah eine Entschädigung von Zeugen und Sachverständigen in StStrafverfahren nach dem Gesetz über die Entschädigung von Zeugen und Sachverständigen v 1.10.1969 (BGBl I, 1756) vor. Dieses Gesetz wurde durch das Justizvergütungs- und -entschädigungsgesetz (JVEG) idF des Kostenrechtsmodernisierungsgesetzes v 5.5.2004 (BGBl I, 718) abgelöst. Gleichzeitig wurde § 405 entsprechend geändert (Art 5 Nr 57 KostRMoG). Aufgrund des § 405 S 2 gilt das JVEG auch, wenn Zeugen oder Sachverständige durch die Steuer- oder Zollverwaltung herangezogen werden (*JJR/Joecks* § 405 Rz 3).

2 **2. Zweck.** Nach § 1 ZSEG aF wurde eine Entschädigung nur gewährt, wenn ein Zeuge oder Sachverständiger durch das Gericht oder durch die StA herangezogen worden war. Eine Vernehmung vor der Polizei oder durch die Ermittlungspersonen der StA führte danach an sich nicht zu einer Entschädigungspflicht. Ergänzend dazu begründete § 405 AO aF eine Entschädigungspflicht auch für die Fälle, in denen Zeugen und Sachverständige von den FinBeh herangezogen worden sind. Der Anwendungsbereich des JVEG hingegen erstreckt sich ausdrücklich auch auf die Beauftragung und Heranziehung durch FinBeh (§ 1 JVEG). Die Wiederholung in § 405 ist daher überflüssig (glA *RK/Roth* § 405 AO Rz 5).

3 **3. Inhalt.** Entschädigungen und Vergütungen nach dem JVEG erhalten Sachverständige, Dolmetscher, Übersetzer, ehrenamtliche Richter sowie Zeugen und Dritte. Die Entschädigung Dritter ist ausdrücklich in § 23 JVEG geregelt. Die Vorschrift betrifft insbes **Kreditinstitute,** die von den FinBeh im Rahmen von Ermittlungsmaßnahmen in Anspruch genommen werden. Für deren Entschädigungsanspruch ist es unerheblich, ob dem Auskunfts- oder Herausgabeersuchen eine Beschlagnahmeanordnung zu Grunde liegt (*JJR/Joecks* § 405 Rz 13). Der Arbeitsaufwand der Kreditinstitute für den Einsatz von Arbeitnehmern wird mit höchstens 21 € je Stunde bei höchstens 10 Stunden pro Tag vergütet (§ 22, § 19 II JVEG).

4 **Die Zeugenentschädigung** umfasst Fahrtkostenersatz (§ 5 JVEG), Entschädigung für Aufwand (§ 6 JVEG), Ersatz für sonstige Aufwendungen (§ 7 JVEG), Entschädigung für Zeitversäumnis (§ 20 JVEG), für Nachteile bei der Haushaltsführung (§ 21 JVEG) sowie für Verdienstausfall (§ 22 JVEG).

5 **Sachverständige, Dolmetscher und Übersetzer** erhalten ein Honorar für ihre Leistungen (§§ 9–11 JVEG), Fahrtkostenersatz (§ 5 JVEG), Entschädigung für Aufwand (§ 6 JVEG) sowie Ersatz für sonstige und für besondere Aufwendungen (§§ 7, 12 JVEG).

6 **Binnen einer Ausschlussfrist von drei Monaten** ist der Anspruch auf Entschädigung oder Vergütung geltend zu machen (§ 2 I JVEG). Er verjährt in drei Jahren nach Ablauf des Kalenderjahres, in dem die Frist zur Geltendmachung des Anspruchs begonnen hat (§ 2 III JVEG).

7 **Festgesetzt wird die Entschädigung** durch diejenige Stelle, welche den Anspruchsberechtigten herangezogen oder beauftragt hat (*JJR/Joecks* § 405 Rz 11).

Auf Antrag erfolgt die Festsetzung durch Gerichtsbeschluss (§ 4 JVEG). Gegen den Beschluss ist Beschwerde zulässig, wenn der Gegenstandswert 200 € übersteigt (§ 4 III JVEG). In den Fällen des § 107 ist der Einspruch statthaft (s § 107 Rz 12). Es kann daher im Einzelfall darauf ankommen, ob die FinBeh im Besteuerungs- oder im Strafverfahren tätig geworden ist.

3. Unterabschnitt. Gerichtliches Verfahren

§ 406 Mitwirkung der Finanzbehörde im Strafbefehlsverfahren und im selbständigen Verfahren

(1) **Hat die Finanzbehörde den Erlass eines Strafbefehls beantragt, so nimmt sie die Rechte und Pflichten der Staatsanwaltschaft wahr, solange nicht nach § 408 Abs. 3 Satz 2 der Strafprozessordnung Hauptverhandlung anberaumt oder Einspruch gegen den Strafbefehl erhoben wird.**

(2) **Hat die Finanzbehörde den Antrag gestellt, die Einziehung selbständig anzuordnen oder eine Geldbuße gegen eine juristische Person oder eine Personenvereinigung selbständig festzusetzen (§ 401), so nimmt sie die Rechte und Pflichten der Staatsanwaltschaft wahr, solange nicht mündliche Verhandlung beantragt oder vom Gericht angeordnet wird.**

Abs 2 geändert durch G v 13.4.17 (BGBl I, 872).

Schrifttum: Vgl § 407.

§ 406 I regelt die Rechtsstellung der FinBeh im Strafbefehlsverfahren. 1
Hat die FinBeh einen Strafbefehl beantragt (§ 400), nimmt sie die Rechte der StA so lange wahr, wie nicht die Hauptverhandlung anberaumt oder Einspruch gegen den Strafbefehl eingelegt ist. Die sachliche Zuständigkeit des FA endet somit, wenn das Strafverfahren in die Hauptverhandlung einmündet. Nach § 408 III 2 StPO hat der Amtsrichter Hauptverhandlung anzuberaumen, wenn er Bedenken hat, ohne Hauptverhandlung zu entscheiden oder wenn er eine andere als die beantragte Rechtsfolge festsetzen will und die FinBeh auf ihrem Antrag beharrt. In der Praxis prüft in einem solchen Fall allerdings zunächst die StA, ob sie die Sache nach § 386 IV 2 an sich ziehen und einen geänderten Strafbefehlsantrag stellen soll. Nach § 411 I StPO wird bei rechtzeitigem Einspruch Hauptverhandlung anberaumt.

§ 406 II regelt die Rechtsstellung der FinBeh in einem von ihr eingeleiteten selbständigen Verfahren. Ihre Stellung ist bei dem Antrag, die Einziehung 2
eines Gegenstandes selbständig anzuordnen oder eine Geldbuße gegen eine juristische Person oder eine Personenvereinigung selbständig festzusetzen, ähnlich derjenigen, die sie im Strafbefehlsverfahren einnimmt. Wegen der Einzelheiten zum Antragsrecht auf Anordnung von Nebenfolgen im selbständigen Verfahren vgl § 401.

Die Rechtsstellung der FinBeh endet im selbständigen Verfahren wegen der 3
Anordnung von Nebenfolgen (§ 406 II), wenn ein Verfahrensbeteiligter mündliche Verhandlung beantragt oder wenn das Gericht sie von Amts wegen anordnet (§ 436 II 1 iVm § 434 III1 StPO).

§ 407 Beteiligung der Finanzbehörde in sonstigen Fällen

(1) [1]**Das Gericht gibt der Finanzbehörde Gelegenheit, die Gesichtspunkte vorzubringen, die von ihrem Standpunkt für die Entscheidung von Bedeutung sind.** [2]**Dies gilt auch, wenn das Gericht erwägt, das Verfahren einzustellen.** [3]**Der Termin zur Hauptverhandlung und der Termin zur Vernehmung durch einen beauftragten oder ersuchten Richter (§§ 223, 233 der Strafpro-**

zessordnung) werden der Finanzbehörde mitgeteilt. [4] Ihr Vertreter erhält in der Hauptverhandlung auf Verlangen das Wort. [5] Ihm ist zu gestatten, Fragen an Angeklagte, Zeugen und Sachverständige zu richten.

(2) **Das Urteil und andere das Verfahren abschließende Entscheidungen sind der Finanzbehörde mitzuteilen.**

Schrifttum: *Joecks* Jura novit Curia? Judex non calculat? – der Finanzbeamte als Zeuge in der Hauptverhandlung, FS 50 Jahre Arbeitsgemeinschaft Fachanwälte für Steuerrecht, 1999, 661; *Harms* Die Stellung des Finanzbeamten im Steuerstrafverfahren, Schlüchter-GS, 2002, 451.

1 **Die Vorschrift regelt die Beteiligung der FinBeh im gerichtlichen Verfahren,** während § 403 die Rechtsstellung im Ermittlungsverfahren betrifft. Gem § 407 kann die FinBeh einen Vertreter in die Hauptverhandlung entsenden. Mit Rücksicht auf die abschließende Aufzählung des § 386 I 2 kann ein Beamter der Strafsachenstelle (BuStra), nicht aber der Steufa Vertreter in der Hauptverhandlung sein. Dem Vertreter der FinBeh ist auf Antrag (§ 407 I 4) das Wort zu erteilen. Er kann Fragen an Angeklagte, Zeugen und Sachverständige richten (§ 407 I 5). Der FinBeh ist auch Gelegenheit zur Stellungnahme zu geben, wenn das Gericht erwägt, das Verfahren einzustellen (§ 407 I 2).

2 **Das Gericht ist verpflichtet,** die FinBeh im StStrafverfahren zu beteiligen. Im Bußgeldverfahren kann das Gericht davon absehen, wenn die besondere Sachkunde der FinBeh entbehrlich erscheint (§ 76 II OWiG).

3 **Für die FinBeh begründet § 407 nur Beteiligungsrechte,** aber keine Verpflichtung zur Beteiligung. Dass sie regelmäßig ein eigenes Interesse haben wird, ihre besondere Sachkunde dem Gericht zur Verfügung zu stellen (vgl auch Rz 5), ist eine andere Frage.

4 **Dem Vertreter der FinBeh ist auf Antrag das Wort zu erteilen** (§ 407 I 4). Dieses Recht auf Gehör umfasst aber nicht das Recht, Beweisanträge zu stellen. Die FinBeh hat lediglich einen Anspruch darauf, dass ihr Gelegenheit gegeben wird, die Gesichtspunkte vorzubringen, die nach ihrem Standpunkt für die Entscheidung von Bedeutung sind.

5 **Die FinBeh hat ein Fragerecht.** Prozessanträge, zB Beweisanträge, kann sie nicht stellen. Insoweit ist sie auf eine Zusammenarbeit mit der StA angewiesen. Auch steht ihr kein eigenes Erklärungsrecht gem § 257 II StPO zu. Nicht zur Sache gehörende Fragen kann der Vorsitzende gem § 241 II StPO zurückweisen. Mit Rücksicht auf die besondere Sachkunde der FinBeh wird er aber im Hinblick auf die dem Gericht obliegende Fürsorgepflicht die Zielrichtung der Frage sorgfältig prüfen (*HHSp/Rüping* § 407 AO Rz 35).

6 **Die Vernehmung von Finanzbeamten als Zeugen,** und zwar sowohl der Fahndungsbeamten als auch der Vertreter in der Hauptverhandlung, ist zulässig und zumeist auch sinnvoll (*HHSp/Rüping* § 407 AO Rz 12f mwN). Zur Vermeidung von Beweiswürdigungsfehlern muss das Gericht allerdings klar zwischen der Aufklärung des *Sachverhalts* und der Klärung von *Rechtsfragen* unterscheiden (iura novit curia; vgl *Joecks* aaO). Nimmt der Vertreter der FinBeh vor seiner Vernehmung als Zeuge an der Hauptverhandlung teil, kann dies für die Würdigung seiner Zeugenaussage von Bedeutung sein (vgl auch *Werner* PStR 00, 36). Das Urteil muss erkennen lassen, ob der Tatrichter die StVerkürzung und den Schuldumfang aufgrund eigener Feststellungen ermittelt hat (BGH wistra 97, 302; 05, 307, 308; vgl zur Sachdarstellung im Urteil auch *Jäger* StraFo 06, 477). Eine Bezugnahme im Urteil auf den Fahndungsbericht genügt ebenso wenig wie die bloße Verweisung auf Aussagen eines Finanzbeamten in der Hauptverhandlung (BGH wistra 06, 110; NStZ 04, 577; NStZ-RR 01, 307; BayObLG wistra 99, 77).

7 **Auch das Revisionsgericht ist Gericht iSd § 407 I** (BGH v 17.12.2014, wistra 15, 192 Rz 38; *JJR/Lipsky* § 407 AO Rz 3). Zu den Kosten des Verfahrens

gehören daher auch, soweit entstanden, Auslagen für die Teilnahme des Vertreters der FinBeh an der Revisionshauptverhandlung (BGH aaO).

Die FinBeh ist von den Terminen zu benachrichtigen, damit sie ihre Rechte wahrnehmen kann (§ 407 I 3). Förmliche Ladungen sind jedoch nicht vorgeschrieben. 8

Abschließende Entscheidungen sind der FinBeh mitzuteilen (§ 407 II). Dadurch erhält sie die Möglichkeit, die steuerrechtlichen Folgen der Entscheidungen zu prüfen (zB §§ 71, 235, 169 II 2). 9

Verstöße gegen § 407 kann die FinBeh nur mit der Gegenvorstellung oder einer Dienstaufsichtsbeschwerde geltend machen. Angeklagter und StA, nicht aber die FinBeh, können einen Verstoß unter dem Gesichtspunkt der Verletzung der Aufklärungspflicht gem § 244 II StPO rügen. Aussicht auf Erfolg hat eine solche Rüge nur dann, wenn dargelegt wird, welche weitere Beweiserhebung nach der Anhörung des Vertreters der FinBeh erforderlich gewesen wäre, aus welchem Grund sich dies dem Gericht aufgedrängt hätte und zu welchem Ergebnis die Beweiserhebung geführt hätte. Vorzugswürdig ist es daher, in der Hauptverhandlung einen Beweisantrag iSv § 244 III StPO zu stellen, der eine hinreichend konkrete Beweistatsache benennt. 10

4. Unterabschnitt. Kosten des Verfahrens

§ 408 Kosten des Verfahrens

[1] Notwendige Auslagen eines Beteiligten im Sinne des § 464a Abs. 2 Nr. 2 der Strafprozessordnung sind im Strafverfahren wegen einer Steuerstraftat auch die gesetzlichen Gebühren und Auslagen eines Steuerberaters, Steuerbevollmächtigten, Wirtschaftsprüfers oder vereidigten Buchprüfers. [2] Sind Gebühren und Auslagen gesetzlich nicht geregelt, so können sie bis zur Höhe der gesetzlichen Gebühren und Auslagen eines Rechtsanwalts erstattet werden.

1. Inhalt. Die Vorschrift verweist hinsichtlich der Kosten des Verfahrens auf die entspr Regelung für das Strafverfahren. Ergänzend sind die Vorschriften der §§ 464–473a StPO sowie die §§ 74, 104 I Nr 13, 109 II JGG heranzuziehen (§ 385 I). Im Bußgeldverfahren gilt § 408 entsprechend (§ 410 Nr 12). 1

2. Kostenentscheidung. Nach § 464 StPO muss jedes Urteil, jeder Strafbefehl und jede eine Untersuchung einstellende Entscheidung eine Bestimmung darüber treffen, wer die Kosten des Verfahrens trägt. Zu den Strafverfahrenskosten zählen grds auch die Auslagen der Steufa (vgl § 464a I 2 StPO), nicht dagegen die der Ap als Teil des Besteuerungsverfahrens (vgl *JJR/Lipsky* § 408 Rz 9). Die Entscheidung über die **notwendigen Auslagen eines Beteiligten** trifft das Gericht in dem Urteil oder in dem Beschluss, der das Verfahren abschließt. Gegen die Entscheidung ist die sofortige Beschwerde zulässig (§ 464 III StPO). Diese wird allerdings gegenstandslos, wenn ein Rechtsmittel gegen die Sachentscheidung (zB Berufung, Revision) zum Freispruch, zur Verfahrenseinstellung oder zur Aufhebung der Entscheidung und zur Zurückverweisung der Sache führt (*Meyer-Goßner/Schmitt* § 464 StPO Rz 20). Zu den notwendigen Auslagen eines Beteiligten gehören nach § 464a II Nr 2 StPO die Gebühren und Auslagen eines Rechtsanwalts, soweit sie nach § 91 II ZPO zu erstatten sind. Die genaue Höhe wird auf Antrag im Kostenfestsetzungsverfahren ermittelt (§ 464b StPO). Die Kosten des Verfahrens und die notwendigen Auslagen des Angeschuldigten fallen der Staatskasse zur Last, wenn der Angeschuldigte freigesprochen, die Eröffnung des Hauptverfahrens gegen ihn abgelehnt oder das Verfahren gegen ihn eingestellt wird, § 467 I StPO. 2

3 **3. Begriff der notwendigen Auslagen.** § 408 erweitert für das Strafverfahren den Begriff der notwendigen Auslagen um die gesetzlichen Gebühren und Auslagen eines **steuerlichen Beraters,** der im Strafverfahren für den Stpfl tätig geworden ist. Zur Befugnis steuerlicher Berater zur **Verteidigung** vgl § 392. Die Vorschrift des § 408 enthält eine Ausnahme von dem Grundsatz, dass nur die Gebühren und Auslagen eines einzigen Verteidigers zu erstatten sind. Die für die gemeinschaftliche Verteidigung von RA und StB nach § 392 I 1. HS aufgewendeten Gebühren und Auslagen sind daher insgesamt notwendige Auslagen iSd § 464a II Nr 2 StPO. Umstritten ist, ob dies nur dann gilt, wenn die Hinzuziehung eines StB im Einzelfall notwendig ist (so KG NStZ 1982, 207). Dies ist mit der hM im Hinblick auf die von § 392 I 2. HS und § 408 vorausgesetzte Waffengleichheit der Verteidigung mit der strafrechtskundigen StA und der steuerrechtskundigen FinBeh abzulehnen (glA *JJR/Lipsky* § 408 Rz 15; *Kohlmann/Hilgers-Klautzsch* § 408 AO Rz 44; *Erbs/Kohlhaas/Hadamitzky/Senge* § 408 AO Rz 2; aA *KSch/Scheurmann-Kettner* § 408 AO Rz 7 mwN), zumal sich vielfach erst im Laufe einer Hauptverhandlung entscheidungserhebliche Fragen zu den im Einzelfall anzuwendenden Steuernormen herauskristallisieren, die der Beurteilung mit besonderer steuerrechtlicher Sachkunde bedürfen. Wegen des abschließenden Charakters des § 467a StPO (BGHSt 30, 152) findet eine Auslagenerstattung bei Verfahrenseinstellung durch die StA vor Erhebung der öffentlichen Klage nicht statt (vgl auch *JJR/Lipsky* § 408 Rz 10). Für Hochschullehrer als Verteidiger (vgl dazu OLG Ddorf MDR 95, 423) neben einem RA gilt § 408 nicht. Sind mehrere stl Berater tätig gewesen, so gilt auch für diese § 91 II 3 ZPO: Deren Kosten sind nur insoweit zu erstatten, als sie die Kosten **eines** RA nicht übersteigen oder als in der Person des RA ein Wechsel eintreten musste.

Vierter Abschnitt. Bußgeldverfahren

Vorbemerkungen zu § 409

1 **1. Steuerordnungswidrigkeiten.** Durch das **Zweite Gesetz** zur **Änderung strafrechtlicher** Vorschriften der Reichsabgabenordnung und anderer Gesetze (AOStrafÄndG) v 12.8.1968 (BGBl I, 953) wurde eine Anzahl leichterer StVergehen in StOWi umgewandelt. Zugleich trat das neue OWiG v 24.5.1968 (BGBl I, 481) in Kraft. Die AO enthält kein eigenständiges Verfahrensrecht über OWi. Sie beschränkt sich auf wenige Sonderregelungen und begnügt sich iÜ mit einer Generalverweisung (§ 410). Danach sind auf das Bußgeldverfahren wegen StOWi die verfahrensrechtlichen Vorschriften des OWiG (§§ 35 ff) anzuwenden. Neben diesen Vorschriften sind zahlreiche Sonderbestimmungen der AO über das Strafverfahren in StStrafsachen für entsprechend anwendbar erklärt worden (§ 410 I Nr 1 bis 12). Die entsprechende Anwendung der Vorschriften des StStrafverfahrensrechts folgt aus der Doppelstellung der FinBeh als Bußgeldbehörde und als Ermittlungsbehörde in StStrafsachen.

2 **2. Anwendbare Verfahrensvorschriften.** Auch das **OWiG** enthält keine erschöpfende Regelung des Bußgeldverfahrens; § 46 I OWiG erklärt vielmehr die Vorschriften der StPO, des GVG und des JGG subsidiär für sinngemäß anwendbar. Diese Verweisungstechnik macht das Verfahrensrecht in StOWi außerordentlich unübersichtlich.

3 **3. Reihenfolge.** Auszugehen ist von den §§ 409 bis 412; danach sind die Vorschriften der §§ 385 ff, soweit sie im Katalog des § 410 erwähnt sind, heranzuziehen. Schließlich sind die §§ 35 ff OWiG anzuwenden, zuletzt die in § 46 I OWiG genannten allgemeinen Gesetze.

4. Bußgeldtatbestände. Steuerordnungswidrigkeiten (Zollordnungswidrigkeiten) sind Zuwiderhandlungen, die nach den StGesetzen mit Geldbuße geahndet werden können (§ 377). Die Bußgeldtatbestände der AO befinden sich in den §§ 378–383b. Weitere in StGesetzen enthaltene Bußgeldtatbestände sind zB §§ 50e, 96 VII EStG und §§ 26a, 26b UStG. 4

5. Entsprechende Anwendung. Kraft ausdrücklicher Verweisung gelten die Vorschriften der §§ 409–412 entsprechend für § 8 II WoPG, § 29a BerlinFG und § 14 III 5. VermBG (vgl Nr 106 AStBV) sowie – eingeschränkt – gem § 164 S 2 StBerG bei OWi nach dem StBerG. Vgl auch die Anweisungen zum Bußgeldverfahren in Nrn 100–121 AStBV. 5

§ 409 Zuständige Verwaltungsbehörde

[1]Bei Steuerordnungswidrigkeiten ist zuständige Verwaltungsbehörde im Sinne des § 36 Abs. 1 Nr. 1 des Gesetzes über Ordnungswidrigkeiten die nach § 387 Abs. 1 sachlich zuständige Finanzbehörde. [2]§ 387 Abs. 2 gilt entsprechend.

Die für die Strafverfolgung sachlich **zuständige FinBeh** ist auch für das Bußgeldverfahren wegen StOWi zuständige VerwBeh iSd § 36 I Nr 1 OWiG. Danach ist sachlich zuständig die FinBeh, die die betr Steuer verwaltet. Nach § 409 iVm § 387 II kann die Zuständigkeit durch RechtsVO einer FinBeh für den Bereich mehrerer FinBeh übertragen werden. Zur Zuständigkeit bei Zusammentreffen oder Zusammenhang der StOWi mit einer anderen OWi oder einer Straftat s die Hinweise in Nrn 110f AStBV. Im Falle der Verletzung der Aufsichtspflicht iSv § 130 OWiG ist die FinBeh dann für die Verfolgung zuständig, wenn die nicht durch die gebotene Aufsicht verhinderte Zuwiderhandlung eine StStraftat oder eine StOWi ist (§§ 130, 131 III OWiG iVm § 410). Ermittelt die StA wegen einer Straftat, ist sie für die Verfolgung der Tat auch unter dem rechtlichen Gesichtspunkt einer OWi zuständig (§ 40 OWiG).

§ 410 Ergänzende Vorschriften für das Bußgeldverfahren

(1) **Für das Bußgeldverfahren gelten außer den verfahrensrechtlichen Vorschriften des Gesetzes über Ordnungswidrigkeiten entsprechend:**

1. die §§ 388 bis 390 über die Zuständigkeit der Finanzbehörde,
2. § 391 über die Zuständigkeit des Gerichts,
3. § 392 über die Verteidigung,
4. § 393 über das Verhältnis des Strafverfahrens zum Besteuerungsverfahren,
5. § 396 über die Aussetzung des Verfahrens,
6. § 397 über die Einleitung des Strafverfahrens,
7. § 399 Abs. 2 über die Rechte und Pflichten der Finanzbehörde,
8. die §§ 402, 403 Abs. 1, 3 und 4 über die Stellung der Finanzbehörde im Verfahren der Staatsanwaltschaft,
9. § 404 Satz 1 und Satz 2 erster Halbsatz über die Steuer- und Zollfahndung,
10. § 405 über die Entschädigung der Zeugen und der Sachverständigen,
11. § 407 über die Beteiligung der Finanzbehörde und
12. § 408 über die Kosten des Verfahrens.

(2) **Verfolgt die Finanzbehörde eine Steuerstraftat, die mit einer Steuerordnungswidrigkeit zusammenhängt (§ 42 Abs. 1 Satz 2 des Gesetzes über Ordnungswidrigkeiten), so kann sie in den Fällen des § 400 beantragen, den Strafbefehl auf die Steuerordnungswidrigkeit zu erstrecken.**

Übersicht

1 **1. Inhalt.** Die Vorschrift regelt, welche Verfahrensvorschriften der AO im Bußgeldverfahren anzuwenden sind.

2 **2. Zuständigkeit der FinBeh.** Zuständig für die Verfolgung von OWi ist die VerwBeh, soweit nicht die Zuständigkeit der StA bestimmt ist oder an deren Stelle für einzelne Verfolgungsmaßnahmen der Richter berufen ist (§ 35 I OWiG). Unter dem Begriff „Verfolgung" wird die eigenverantwortliche Ermittlungstätigkeit verstanden; „Ahndung" (§ 35 II OWiG) ist die Festsetzung der vom Gesetz für die OWi angedrohten Rechtsfolgen.

3 Die **sachliche Zuständigkeit** für die Verfolgung und Ahndung von StOWi ist in § 409 abweichend von § 36 OWiG geregelt. Für die Verfolgung von StStraftaten und StOWi ist daher sachlich dasselbe FA zuständig.

4 Die **örtliche Zuständigkeit** entspricht derjenigen bei StStraftaten (§§ 388 bis 390). Örtlich zuständig ist danach – abgesehen von den Ausnahmen gem §§ 389, 390 – die FinBeh, in deren Bezirk die StOWi begangen oder entdeckt worden ist, die für die Abgabenangelegenheit zuständig ist, oder in deren Bezirk der Betroffene zZt der Einleitung des Bußgeldverfahrens seinen Wohnsitz hat.

5 Nach dem OWiG besteht **keine ausschließliche Zuständigkeit der VerwBeh** im Bußgeldverfahren. ZB ist nach § 40 OWiG die StA im Strafverfahren für die Verfolgung der Tat auch unter dem rechtlichen Gesichtspunkt einer OWi zuständig. Nach § 41 I OWiG gibt die VerwBeh die Sache an die StA ab, wenn Anhaltspunkte für das Vorliegen einer Straftat gegeben sind. Nach § 42 I 1 OWiG kann die StA bis zum Erlass des Bußgeldbescheids die Verfolgung der OWi übernehmen, wenn sie eine Straftat verfolgt, die mit der Ordnungswidrigkeit im Zusammenhang steht. Der *Zusammenhang* kann ein sachlicher (Beteiligung mehrerer an einer Tat) oder ein persönlicher (mehrere Taten eines Täters) sein. Zu beachten ist aber, dass die FinBeh auch gleichzeitig Verfolgungsbehörde in StStrafsachen ist (vgl § 386), sodass insoweit eine Abgabe an die StA regelmäßig nicht in Betracht kommt.

6 Die FinBeh ist auch **für die Ahndung der OWi zuständig,** soweit nicht die Zuständigkeit des Gerichts gegeben ist (§ 35 II OWiG). Ein von einer sachlich unzuständigen Behörde erlassener Bußgeldbescheid führt zur Einstellung des gerichtlichen Verfahrens nach § 206a StPO (OLG Ddorf MDR 82, 957); anders ist dies bei örtlicher Unzuständigkeit (OLG Ddorf VRS 81, 384). Das Gericht ist zuständig nach Einspruch gegen den Bußgeldbescheid oder wenn die StA die Verfolgung wegen Zusammenhangs mit einer Straftat übernommen hat (§ 45 OWiG).

Wird die OWi nicht mit einer Geldbuße geahndet, so kann die Einziehung eines Geldbetrags bis zu der Höhe angeordnet werden, die dem Wert des Erlangten entspricht (§ 29a OWiG). Tatbestandsmäßiges und rechtswidriges Verhalten reicht insofern aus. Hat der Täter oder Teilnehmer durch eine rechtswidrige Tat oder für sie etwas erlangt, ist zwingend die Einziehung der Taterträge anzuordnen.

Soll bei einer OWi der durch sie erlangte wirtschaftliche Vorteil mit der **Geldbuße** abgeschöpft werden, so verlangt der allgemeine Gleichheitssatz, dass entweder die Geldbuße in Höhe des Abschöpfungsbetrags bei der Einkommenbesteuerung abgesetzt werden kann oder ihrer Bemessung nur der um die absehbare ESt verminderte Betrag zu Grunde gelegt wird (BVerfG BStBl II 90, 483). § 4 V Nr 8 S 4 EStG bestimmt daher, dass sich das Sanktionsabzugsverbot nicht auf die Abschöpfung des wirtschaftlichen Vorteils vor Steuern erstreckt. Bei der Bußgeldbemessung ist somit zu überprüfen, ob für den VZ, in dem die abzuschöpfenden Erlöse erzielt wurden, das Besteuerungsverfahren bereits durch einen bestandskräftigen Bescheid beendet wurde. Ist dies nicht der Fall, so bleibt die StLast bei der Festsetzung der Geldbuße unberücksichtigt. Der Betroffene kann dann den ihm auferlegten Bruttoabschöpfungsanteil bei den FinBeh gewinnmindernd geltend machen. Hierzu ist es jedoch erforderlich, dass sich aus den Gründen der Bußgeldfestsetzung ergibt, in welcher Höhe die Geldbuße ahndender und in welchem Umfang abschöpfender Natur ist. Ist demgegenüber das Besteuerungsverfahren endgültig abgeschlossen, so ist der auf § 17 IV OWiG entfallende Geldbußenanteil um die StLast zu mindern (BGH wistra 14, 228). Zur Zumessung der Geldbuße vgl auch Abschnitt S 10 der DA-KG 2017 v 13.7.2017 (BStBl I 1006). 7

3. Zuständigkeit der StA. Für das **Verfahren** wegen einer StOWi gilt, dass die FinBeh grds auch für die Verfolgung von StStraftaten zuständig ist (§ 386 II). Die Zuständigkeit für die Verfolgung von StOWi liegt nur dann bei der StA, wenn der Sachverhalt Anhaltspunkte für das Vorliegen einer StStraftat und einer OWi gibt und die Ermittlungen nicht gem § 386 II von der FinBeh geführt werden (vgl auch Nr 110 AStBV). Die StA hat das Recht, die Sache jederzeit an sich zu ziehen (§ 386 IV 2; sog Evokationsrecht). Verneint die StA das Vorliegen einer StStraftat, gibt sie die Sache wieder an die FinBeh zurück (§ 41 II OWiG). Das Gleiche gilt, wenn die StA das Verfahren nur wegen der Straftat einstellt oder in den Fällen des § 42 OWiG die Verfolgung nicht übernimmt, aber Anhaltspunkte für das Vorliegen einer OWi gegeben sind (§ 43 OWiG). Die VerwBeh ist an die Entschließung der StA gebunden, ob eine Tat als Straftat verfolgt wird oder nicht (§ 44 OWiG). 10

4. Stellung der FinBeh bei Verfolgung einer OWi durch die StA. Das sonst für die Bußgeldsache zuständige FA hat dieselben Rechte wie die Behörden des Polizeidienstes nach der StPO und die Befugnisse nach §§ 399 II, 402. § 402 entspricht iÜ der Regelung in § 63 OWiG über die Beteiligung der VerwBeh im allg Verfahren wegen OWi. Nach § 399 II 2 dürfen die zuständigen FinBeh Beschlagnahmen (§§ 94 ff StPO), Notveräußerungen (§ 111p II StPO), Durchsuchungen (§§ 102 ff StPO), Untersuchungen (§§ 81a ff StPO) und sonstige Maßnahmen (zB Festnahme gem § 127 II StPO) nach den für Ermittlungspersonen der StA geltenden Vorschriften anordnen, dh regelmäßig nur bei Gefahr im Verzug. Wegen des Verhältnismäßigkeitsgrundsatzes sind Maßnahmen nach § 81a I 2 StPO (körperliche Eingriffe, Blutproben) im Bußgeldverfahren nur eingeschränkt zulässig; lediglich die Entnahme einer Blutprobe und andere geringfügige Eingriffe kommen in Betracht. Im gerichtlichen Verfahren geht die Zuständigkeit von der VerwBeh auf die StA über (§ 69 III, IV OWiG nach Einspruch gegen den Bußgeldbescheid, § 85 IV OWiG im Wiederaufnahmeverfahren, § 87 IV OWiG im Nachverfahren [§ 433 StPO] gegen einen Bußgeldbescheid). Wenn die StA Verfolgungsbehörde ist, hat die FinBeh ein **Akteneinsichtsrecht** (§ 49 II OWiG). 13

15 **5. Zuständigkeit des Gerichts.** Sie ist für die Ahndung von StOWi gegeben: nach Einspruch gegen den Bußgeldbescheid (§§ 71 ff OWiG), nach Übernahme der Verfolgung durch die StA wegen Zusammenhangs mit StStraftaten (§ 45 OWiG), nach Antrag der FinBeh, den Strafbefehl auf die mit einer StStraftat zusammenhängende StOWi zu erstrecken (§ 410 II), im Wiederaufnahmeverfahren (§ 85 IV 1 OWiG), im Nachverfahren (§ 87 IV 2 OWiG), im Strafverfahren, soweit es auf den rechtlichen Gesichtspunkt einer StOWi ankommt (§ 82 OWiG). Zuständig ist das Amtsgericht (§ 68 OWiG) bzw das für die Verurteilung wegen der StStraftat zuständige Gericht. Für das Bußgeldverfahren ist die Zuständigkeit des Gerichts nicht in den §§ 7 ff StPO, sondern in § 410 geregelt. Danach ist ua § 391 anzuwenden, dh zuständig ist das Amtsgericht, in dessen Bezirk das LG seinen Sitz hat (BGH JZ 84, 104). Die Konzentrationsvorschrift des § 391 geht auch hier vor. Durch die Zuweisung aller betr Verfahren an das Amtsgericht, in dessen Bezirk das LG seinen Sitz hat, soll sichergestellt werden, dass sie durch Richter bearbeitet werden, die über besondere Fachkenntnisse verfügen. In Anlehnung an § 74c I Nr 3 GVG (Wirtschaftsstrafkammer beim LG) soll die Einrichtung besonderer Abteilungen für Steuerstraf- und Bußgeldsachen bei den Amtsgerichten (§ 391 III) eine (weitere, vgl § 391 II) Verbesserung der Rechtsfindung herbeiführen.

17 **6. Grundsätze des Bußgeldverfahrens.** Das Verfahren ist in Folge der Verweisung in § 410 weitgehend dem StStrafverfahren angeglichen. Die FinBeh hat als Verfolgungsbehörde, soweit nichts anderes bestimmt ist, dieselben Rechte und Pflichten wie die StA bei der Verfolgung von Straftaten (§ 46 II OWiG). Es gilt daher der Untersuchungsgrundsatz (§ 160 II StPO). Im Bußgeldverfahren gilt jedoch nicht das Legalitätsprinzip, sondern das Opportunitätsprinzip (§ 47 OWiG). Es unterliegt daher dem pflichtgemäßen Ermessen der Behörde, ob sie das Verfahren einleitet und ggf auch wieder einstellt. Dabei unterliegt die Verfolgungsbehörde der Weisungsbefugnis ihrer vorgesetzten Behörde. Ein Verfolgungszwang besteht nicht. Für das gerichtliche Verfahren gelten dieselben Grundsätze. Hält das Gericht eine Ahndung nicht für geboten, kann es das Verfahren mit Zustimmung der StA und nach Anhörung der FinBeh (§ 410 I Nr 11) einstellen. Zu den bei der Ausübung des pflichtgemäßen Ermessens zu beachtenden Grundsätzen s *Göhler/Seitz/Bauer* § 47 OWiG Rz 6 ff. Zu beachten ist insbes der Gleichheitsgrundsatz; der Betroffene kann sich jedoch nicht darauf berufen, dass die FinBeh in einem gleichgelagerten Fall das Verfahren eingestellt hat. Das Gericht kann auch eine höhere als die im Bußgeldbescheid festgesetzte Geldbuße verhängen; ein Hinweis nach § 46 I OWiG, § 265 II StPO ist nicht geboten (OLG Hamm NJW 80, 1587). Ein Einstellungsbeschluss des Gerichts, weil es die Ahndung nicht für geboten hält, ist unanfechtbar (§ 47 II 3 OWiG). Allerdings bedarf die Einstellung zumeist der Zustimmung der Verfolgungsbehörde (s § 47 II OWiG).

18 Eine Einstellungsverfügung der FinBeh führt nicht zum **Verbrauch** der **Verfolgungsmöglichkeit.** Auch ohne neue Gesichtspunkte kann das Verfahren jederzeit wieder aufgenommen werden; vgl § 170 II StPO, für den dasselbe gilt. Der Einstellungsbeschluss des Gerichts entfaltet demgegenüber beschränkte Rechtskraft (vgl *Göhler/Seitz/Bauer* § 47 OWiG Rz 59). Bei Einstellung nach §§ 153 II, 153a II StPO durch das Gericht hinsichtlich einer nicht steuerlichen Straftat, zB Diebstahl, tritt auch Strafklageverbrauch wegen einer damit evtl zusammenhängenden StOWi ein (vgl *Göhler/Gürtler* § 21 OWiG Rz 29). Nach § 84 I OWiG kann eine Tat nicht mehr als StOWi verfolgt werden, wenn insoweit bereits ein rechtskräftiger Bußgeldbescheid vorliegt. Wenn allerdings der Täter durch dieselbe Handlung eine Straftat begangen hat, steht die Rechtskraft des Bußgeldbescheids einer Verurteilung wegen dieser Straftat nicht entgegen (§ 84 I OWiG). Der Bußgeldbescheid ist dann nach § 86 I 1 OWiG in dem Urteil wegen der Straftat aufzuheben. Stellt eine Handlung sowohl eine StStraftat als auch eine OWi dar, ist es

nicht zulässig, nebeneinander auf eine Geldstrafe und eine Geldbuße zu erkennen. Vielmehr ist die OWi bei der Zumessung der Strafe zu berücksichtigen. Liegt ein rechtskräftiges Urteil über die Tat als OWi vor, so kann sie nach § 84 II OWiG wegen Verbrauchs der Strafklage nicht mehr als Straftat verfolgt werden. Bei mehreren Taten ist zu beachten, dass – wie bei der StHinterziehung (BGH NJW 94, 2368) – auch bei StOWi ein Fortsetzungszusammenhang regelmäßig nicht besteht.

Eine Reihe von **Zwangsmaßnahmen** sind im Bußgeldverfahren nicht zulässig, 19
zB Anstaltsunterbringung (§ 81 StPO), Verhaftung (§§ 112 ff StPO), Beschlagnahme von Postsendungen und Telegrammen sowie Auskunftsersuchen über Umstände, die dem Post- und Fernmeldegeheimnis unterliegen. Ein Klageerzwingungsverfahren findet nicht statt (§ 46 III 3 OWiG). Die Einziehung von Taterträgen ist ggf stl zu berücksichtigen, die Geldbuße hingegen nicht, soweit nicht bei ihr neben der Ahndung ein abschöpfender Teil gesondert ausgewiesen ist (s oben Rz 7).

7. Bekanntgabe im Bußgeldverfahren. Maßnahmen der VerwBeh, die nicht 22
mit einem befristeten Rechtsbehelf angefochten werden können, sind demjenigen, an den sie sich richten, formlos bekannt zu geben (§ 50 I 1OWiG). Im gerichtlichen Verfahren ergibt sich dies aus § 35 StPO iVm § 46 I OWiG. Zustellung ist erforderlich, wenn durch die Bekanntgabe eine Rechtsmittelfrist in Gang gesetzt wird (Bußgeldbescheid, § 67 OWiG; Kostenentscheidung; § 108 I OWiG, nachträgliche Einziehungsanordnung, § 100 II OWiG). Die **Zustellung** im Bußgeldverfahren wegen StOWi richtet sich immer nach dem VerwaltungszustellungsG (VwZG) des Bundes, auch wenn die Zustellung von LandesFinBeh vorgenommen wird (§ 412 I). Hierbei sind jedoch die besonderen Regelungen des § 51 II–V OWiG zu beachten. Hervorzuheben ist, dass auch bei Vorliegen einer schriftlichen Vollmacht des Verteidigers nicht zwingend Zustellung an diesen vorgeschrieben ist (vgl § 51 V 2 OWiG).

Wiedereinsetzung in den vorigen Stand bei Versäumung einer Rechtsbehelfs- 23
frist gegen den Bescheid einer VerwBeh richtet sich nach §§ 44–47 StPO (§ 52 I OWiG).

8. Rechtsstellung des Betroffenen. Die strafverfahrensrechtlichen Rechts- 26
standards, nämlich der Anspruch auf rechtliches Gehör, das Recht zur Stellung von Beweisanträgen, „in dubio pro reo" als Entscheidungsregel sowie das Recht, einen Verteidiger zu nehmen (§ 46 I OWiG iVm § 137 I StPO), gelten auch hier; eine entsprechende Hinweispflicht besteht jedoch nicht (§ 55 II OWiG). Ebenso wie im StStrafverfahren (§ 392) dürfen auch Angehörige der steuerberatenden Berufe solange allein die Verteidigung übernehmen, wie die FinBeh für die Verfolgung und Ahndung zuständig ist (*Kohlmann/Hilgers-Klautzsch* § 410 AO Rz 45).

9. Prozessvoraussetzungen und Prozesshindernisse. Die Regeln über Pro- 28
zessvoraussetzungen und Prozesshindernisse des Strafverfahrens gelten entsprechend im Bußgeldverfahren. Eine Immunität von Abgeordneten (Art 46 II GG) besteht jedoch nicht, weil sich diese nur auf Kriminalstrafen bezieht (hM, OLG Ddorf NJW 89, 2207; OLG Köln NJW 88, 1606; *Göhler/Seitz/Bauer* Vor § 59 OWiG Rz 42; *JJR/Jäger* § 397 Rz 78; krit ggü dieser auch der Bundestagspraxis entsprechenden Ansicht BeckOK GG/*Butzer* Art 46 GG Rz 13.1 mwN und *Maunz/Dürig/Klein* Art 46 GG Rz 62). Eine als StOWi mit Bußgeldbescheid rechtskräftig geahndete Tat kann später noch als StStraftat verfolgt werden (§ 84 II OWiG); in diesem Fall ist der Bußgeldbescheid aufzuheben (§ 86 I 1 OWiG; s auch oben Rz 18).

10. Durchführung des Ermittlungsverfahrens. Wegen § 410 Nr 7 iVm 30
§ 399 II 2 und § 127 II StPO ist bei Gefahr im Verzug vorläufige Festnahme zulässig (s oben Rz 13). Eine förmliche Vernehmung ist nicht zwingend vorgeschrie-

ben, jedoch kann sich ihre Notwendigkeit aus dem Grundsatz des rechtlichen Gehörs ergeben (*Kohlmann/Hilgers-Klautzsch* § 410 AO Rz 60). Die Äußerung kann auch schriftlich erfolgen. Es genügt, wenn dem Betroffenen Gelegenheit gegeben wird, sich zu äußern (§ 55 I OWiG). Die Anordnung der Versendung des Anhörungsbogens an den Betroffenen unterbricht diesem ggü die Verjährung, wenn er der OWi beschuldigt wird (OLG Hamm NStZ 81, 225); es reicht aus, wenn die Versendung elektronisch veranlasst wird (BGHSt 51, 72).

32 **11. Rechtsstellung Dritter.** Zeugen und Sachverständige sind verpflichtet, auf Ladung der BuStra zu erscheinen und zur Sache auszusagen (§ 161a I 1 StPO), sie können hierzu durch Ordnungsstrafen angehalten werden (§ 161a II StPO). Vor der Steufa müssen sie nicht erscheinen und aussagen (vgl Nr 47 I AStBV), es sei denn der Ladung liegt ein Auftrag der StA zugrunde (§ 163 III 1 StPO).

34 **12. Vorläufiger Charakter des Bußgeldbescheids.** Ebenso wie der Strafbefehl hat der Bußgeldbescheid vorläufigen Charakter. Bei Einspruch des Betroffenen wird der Bescheid hinfällig. Er begrenzt lediglich für das sich anschließende gerichtliche Verfahren den Untersuchungsgegenstand (*Kohlmann/Hilgers-Klautzsch* § 410 AO Rz 74) und hat nur noch die Bedeutung eines Angebots an den Betroffenen, das Verfahren durch Hinnahme der festgesetzten Rechtsfolgen zum endgültigen Abschluss zu bringen (*Göhler/Seitz/Bauer* Vor § 65 OWiG Rz 6ff).

36 **13. Einspruchsfrist gegen Bußgeldbescheid.** Die Frist zur Einlegung eines Einspruchs beträgt zwei Wochen nach Zustellung des Bußgeldbescheids (§ 67 OWiG). Die Einlegung kann schriftlich oder zu Protokoll bei der VerwBehörde, auch fernmündlich (BGH NJW 80, 1290) vorgenommen werden. Der Einspruch hat keinen Devolutiveffekt, dh das Verfahren geht nicht automatisch auf die höhere Instanz über. Ihm fehlt daher eine für ein Rechtsmittel typische Eigenschaft. Nach Einspruch hat die FinBeh zu prüfen, ob eine andere rechtliche Beurteilung geboten ist. Sie kann den Bußgeldbescheid zurücknehmen (§ 69 II OWiG), kann aber auch nach Rücknahme des Bescheids einen neuen Bescheid erlassen, für den das Verschlechterungsverbot nicht gilt. Hält die FinBeh am Bescheid fest, muss sie die Akten über die StA dem Amtsgericht vorlegen (§ 69 III OWiG). Mit dem Eingang der Akten bei der StA ist diese dann Verfolgungsbehörde (§ 69 IV OWiG). Über den Einspruch entscheidet das Amtsgericht.

38 **14. Verfahren vor dem Amtsgericht.** Das gerichtliche Verfahren richtet sich nach den Vorschriften der StPO über den Strafbefehl (§ 71 I OWiG). Die Entscheidung braucht jedoch nicht immer durch Urteil aufgrund mündlicher Verhandlung, sondern kann auch im schriftlichen Verfahren durch Beschluss ergehen (§ 72 OWiG). Der Betroffene muss in der Hauptverhandlung erscheinen (§ 73 I OWiG, vgl auch § 230 StPO), das Gericht kann ihn allerdings auf Antrag vom persönlichen Erscheinen entbinden (§ 73 II OWiG). Die StA ist nicht verpflichtet, an der Hauptverhandlung teilzunehmen (§ 75 I 1 OWiG); ist sie nicht vertreten, bedarf eine Verfahrenseinstellung nach § 47 II OWiG nicht ihrer Zustimmung (§ 75 II OWiG).

40 **15. Rechtsmittel gegen Entscheidungen im Bußgeldverfahren.** Auch hinsichtlich der Rechtsmittel finden grds die Vorschriften der StPO Anwendung (vgl §§ 296–303 StPO). Die StA ist als Verfolgungsbehörde zur Anfechtung gerichtlicher Entscheidungen befugt (§ 296 I StPO). Beschlüsse und Verfügungen mit selbständiger Bedeutung sind mit der Beschwerde anfechtbar. Dagegen sind die Vorschriften über Berufung und Revision im Bußgeldverfahren nicht anwendbar, weil in den §§ 79, 80 OWiG ein besonderes Rechtsmittel vorgesehen ist, die **Rechtsbeschwerde.** Diese ist auf bestimmte Fälle beschränkt, sie ist vor allem bei weniger bedeutsamen OWi ausgeschlossen. IÜ kann die Rechtsbeschwerde vom Beschwerdegericht zugelassen werden (§§ 79 I 2, 80 OWiG). Die Zulassung setzt

einen entsprechenden Antrag voraus (Zulassungsbeschwerde gem § 80 I OWiG). **Beschwerdegericht** ist regelmäßig das OLG (*Göhler/Seitz/Bauer* § 79 OWiG Rz 35). Das Beschwerdegericht entscheidet idR ohne mündliche Verhandlung durch Beschluss (§ 79 V OWiG).

Die **Rechtsbeschwerdefrist** beträgt eine Woche für die Einlegung beim Amtsgericht und einen weiteren Monat für die Begründung. Mit der Verkündung des Urteils oder mit der Zustellung des Beschlusses beginnt die Einlegungsfrist (§ 79 IV OWiG). Die Rechtsbeschwerde hemmt die Rechtskraft der Entscheidung (§ 343 I StPO, § 79 III OWiG). 41

16. Übergang vom Bußgeld- zum Strafverfahren (§ 81 OWiG). Das Gericht ist im Bußgeldverfahren an die rechtliche Beurteilung der Tat als OWi nicht gebunden. Es kann den Betroffenen wegen derselben Tat auch mit einer Strafe belegen. Der Betroffene ist jedoch zuvor auf die Änderung des rechtlichen Gesichtspunkts hinzuweisen. Mit dem Hinweis tritt der Übergang zum Strafverfahren ein. Nach diesem Übergang ist eine Rücknahme des Einspruchs nach der Rspr nicht mehr möglich (vgl BGH NJW 80, 2364; BayObLG DB 75, 2063). Damit wird allerdings eine zügige Erledigungsmöglichkeit abgeschnitten, die sonst bestehen würde, wenn sich der strafrechtliche Tatvorwurf nicht erweist und der Betroffene seinen Einspruch nicht aufrechterhalten will (vgl *Göhler/Seitz/Bauer* § 81 OWiG Rz 19). 44

17. Materielle Rechtskraft des Bußgeldbescheids. Nach Eintritt der Unanfechtbarkeit des Bußgeldbescheids tritt materielle Rechtskraft ein, dh der rechtskräftige Bescheid hindert die nochmalige Verfolgung der Tat als OWi. Eine Verfolgung der Tat als Straftat ist jedoch nicht ausgeschlossen (§ 84 I OWiG); dagegen steht ein rechtskräftiges Urteil über die Tat als OWi ihrer Verfolgung als Straftat entgegen (§ 84 II OWiG). Nach § 84 II OWiG hindert nur ein rechtskräftiges Bußgeldurteil die Verfolgung derselben Tat als Straftat. Demgegenüber wird im Schrifttum vertreten, dass die Verfolgung einer Tat als Straftat auch dann nicht mehr in Betracht komme, wenn die FinBeh das Verfahren selbständig betrieben und mit einem rechtskräftigen Bußgeldbescheid abgeschlossen habe (*Brenner* ZfZ 78, 269; *Kohlmann/Hilgers-Klautzsch* § 410 AO Rz 134.1; *JJR/Lipsky* § 410 Rz 21; *HHSp/Rüping* §§ 409, 410 AO Rz 35). Diese Auffassung verkennt, dass die eingeschränkte Rechtskraft nicht weiter reichen kann als die Entscheidungsbefugnis der FinBeh; diese hat aber keine Entscheidungsbefugnis in Strafsachen (glA *Göhler/Seitz/Bauer* § 84 OWiG Rz 3f sowie *Göhler* wistra 91, 91 und 91, 131). Zwar hat die FinBeh auch staatsanwaltschaftliche Befugnisse und kann sogar den Erlass eines Strafbefehls beantragen (§ 400); die Entscheidung über den Erlass trifft aber der Amtsrichter (§ 407 StPO). 46

18. Erstreckung des Strafbefehls auf eine StOWi (Abs 2). Die FinBeh kann, wenn sie den Erlass eines Strafbefehls beantragt (§ 400), zugleich beantragen, dass der Strafbefehl auf die StOWi erstreckt wird. Voraussetzung ist, dass ein Zusammenhang zwischen der StOWi und der StStraftat besteht. Bis zum Erlass eines Bußgeldbescheids kann auch die StA die Verfolgung der OWi übernehmen, wenn sie eine Straftat verfolgt, die mit der OWi zusammenhängt (§ 42 I OWiG). Ein solcher Zusammenhang besteht, wenn jemand sowohl einer Straftat als auch einer OWi oder wenn hinsichtlich derselben Tat eine Person einer Straftat und eine andere einer OWi beschuldigt wird. Der Strafbefehlsantrag ist hinsichtlich der OWi auf eine bestimmte Geldbuße zu richten (vgl *Göhler/Seitz/Bauer* § 64 OWiG Rz 2). Wenn bei mehreren Tätern einer nur eine OWi begangen hat, so bleibt dieser Betroffener iSd OWiG, auch wenn die Geldbuße im Strafbefehlsverfahren ausgesprochen wird. 48

§ 411 Bußgeldverfahren gegen Rechtsanwälte, Steuerberater, Steuerbevollmächtigte, Wirtschaftsprüfer oder vereidigte Buchprüfer

Bevor gegen einen Rechtsanwalt, Steuerberater, Steuerbevollmächtigten, Wirtschaftsprüfer oder vereidigten Buchprüfer wegen einer Steuerordnungswidrigkeit, die er in Ausübung seines Berufs bei der Beratung in Steuersachen begangen hat, ein Bußgeldbescheid erlassen wird, gibt die Finanzbehörde der zuständigen Berufskammer Gelegenheit, die Gesichtspunkte vorzubringen, die von ihrem Standpunkt für die Entscheidung von Bedeutung sind.

1 **1. Inhalt und Zweck.** Die Vorschrift bezweckt, den Sachverstand der Berufskammern für das Bußgeldverfahren nutzbar zu machen (BT-Drs 7/4292). Vor dem Erlass eines Bußgeldbescheids gegen einen Angehörigen der steuerberatenden Berufe ist deshalb der zuständigen Berufskammer Gelegenheit zu geben, die Gesichtspunkte vorzubringen, die aus ihrer Sicht für die Entscheidung von Bedeutung sind. Dabei verstößt es nicht gegen das StGeheimnis, wenn der zuständigen Kammer Einsicht in die Bußgeldakten des steuerlichen Beraters gegeben wird (§ 30 IV Nr 1 und 2). Soweit Teile der Akten einen Mandanten betreffen, ist Einsicht nur insoweit zu gewähren, als dies für die Beurteilung der Beschuldigung erforderlich ist (glA *JJR/Lipsky* § 411 Rz 13). Die Pflicht zur Unterrichtung der Berufskammer ist zwingendes Recht (vgl auch Nr 115 III AStBV). Da die Regelung nicht nur Schutzvorschrift für den Berufsangehörigen ist, darf die Unterrichtung der Berufskammer auch dann nicht unterbleiben, wenn der Berufsangehörige dies beantragt (str; glA *HHSp/Rüping* § 411 AO Rz 14; *Erbs/Kohlhaas/Hadamitzky/Senge* § 411 AO Rz 3; aA *JJR/Lipsky* § 411 Rz 10; *Kohlmann/Hilgers-Klautzsch* § 411 AO Rz 8; *RK/Kemper* § 411 AO Rz 12; *Schwarz/Pahlke/Webel* § 411 AO Rz 9). Unabhängig von § 411 sind nach § 10 StBerG der Steuerberaterkammer Tatsachen mitzuteilen, die den Verdacht einer Berufspflichtverletzung begründen.

2 Ob ein Berufsangehöriger leichtfertig gehandelt hat, kann zumeist nur anhand der sich aus dem Berufsrecht ergebenden Pflichten und deren Umfang beurteilt werden. Auch deswegen bedarf es der Beteiligung der zuständigen Berufskammern. Schließlich ist die Beteiligung der Berufskammer geboten, weil neben einer Strafe oder Geldbuße eine **berufsgerichtliche Ahndung** nur dann erfolgen soll, wenn dies erforderlich ist, um den Berufsangehörigen zur Erfüllung seiner Pflichten anzuhalten und das Ansehen des Berufes zu wahren (vgl §§ 115b BRAO, 92 StBerG).

5 **2. Anwendungsbereich. In Ausübung des Berufes** muss die StOWi begangen sein. Dies ist der Fall, wenn jemand durch Übernahme bestimmter Aufgaben dokumentiert, dass ihre Erledigung in den Tätigkeitsbereich fällt, dem er sich für Dauer, Zeit oder Wiederkehr verschrieben hat (RGSt 77, 15). Im Einzelfall kann die Abgrenzung schwierig sein, wenn zB Tätigkeiten ausgeübt werden, die zwar eine gewisse Rechtskenntnis erfordern, aber nicht zu den eigentlichen beruflichen Aufgaben gehören, zB Testamentsvollstreckung, Vormundschaft uÄ.

6 Bei der **Beratung** in **Steuersachen** muss die OWi begangen worden sein. Dies kann auch bei der Beantwortung von steuerlichen Fragen in einem anderen Zusammenhang der Fall sein, zB im Rahmen eines Strafverfahrens, oder bei der Beratung über stl günstige Vertragsgestaltungen.

9 **3. Keine Wirksamkeitsbedingung.** Die **Wirksamkeit eines Bußgeldbescheids** wird von einem Verstoß gegen § 411 nicht berührt (*HHSp/Rüping* § 411 AO Rz 22; *JJR/Lipsky* § 411 Rz 12). Die Anhörung der zuständigen Berufskammer kann nachgeholt werden, wenn sie bei Erlass des Bußgeldbescheids unterblieben ist (vgl § 126 I Nr 5).

§ 412 Zustellung, Vollstreckung, Kosten

(1) [1] **Für das Zustellungsverfahren gelten abweichend von § 51 Abs. 1 Satz 1 des Gesetzes über Ordnungswidrigkeiten die Vorschriften des Verwaltungszustellungsgesetzes auch dann, wenn eine Landesfinanzbehörde den Bescheid erlassen hat.** [2] **§ 51 Abs. 1 Satz 2 und Absatz 2 bis 5 des Gesetzes über Ordnungswidrigkeiten bleibt unberührt.**

(2) [1] **Für die Vollstreckung von Bescheiden der Finanzbehörden in Bußgeldverfahren gelten abweichend von § 90 Abs. 1 und 4, § 108 Abs. 2 des Gesetzes über Ordnungswidrigkeiten die Vorschriften des Sechsten Teils dieses Gesetzes.** [2] **Die übrigen Vorschriften des Neunten Abschnitts des Zweiten Teils des Gesetzes über Ordnungswidrigkeiten bleiben unberührt.**

(3) **Für die Kosten des Bußgeldverfahrens gilt § 107 Absatz 4 des Gesetzes über Ordnungswidrigkeiten auch dann, wenn eine Landesfinanzbehörde den Bußgeldbescheid erlassen hat; an Stelle des § 19 des Verwaltungskostengesetzes in der bis zum 14. August 2013 geltenden Fassung gelten § 227 und § 261 dieses Gesetzes.**

§ 412 Abs 3 neu gefasst durch G v 7.8.13 (BGBl I, 3154).

Für die Zustellung nach § 51 I 1 OWiG gelten die Vorschriften des VwZG, wenn eine VerwBeh des Bundes den Bescheid erlassen hat, iÜ die entsprechenden landesrechtlichen Zustellungsvorschriften. Diese Regelung hätte für das Bußgeldverfahren der FinBeh zur Folge, dass für Bußgeldbescheide der Zollbehörden das ZustellungsG des Bundes, für Bußgeldbescheide der LandesFinBeh bei den Besitz- und Verkehrsteuern das jeweilige LandeszustellungsG gelten würde. 1

Die Zustellung von Bußgeldbescheiden wegen Steuerordnungswidrigkeiten richtet sich daher – abweichend von § 51 I 1 OWiG – ausschl nach dem VwZG des Bundes, auch wenn der Bußgeldbescheid von einer LandesFinBeh erlassen worden ist. 2

Zustellung ist die Bekanntgabe eines schriftlichen oder elektronischen Dokuments in der im VwZG bestimmten Form (§ 2 I VwZG). Es ist daher auch die Zustellung elektronischer Dokumente zulässig, bei der eine „Übergabe" nicht stattfindet. Dokument ist der Oberbegriff für zustellungsfähige Mitteilungen (BT-Drs 15/5216, 11). Die ebenfalls anwendbaren Vorschriften des § 51 II–V OWiG betreffen die Frage, an wen zugestellt wird und wie zu verfahren ist, wenn der Betroffene einen Verteidiger gewählt hat. 3

Die FinBeh kann unter den verschiedenen Zustellungsarten weitgehend frei wählen (§ 2 III VwZG). In Betracht kommen Zustellung durch die Post mit Zustellungsurkunde (§ 3 VwZG) oder mittels eingeschriebenen Briefes (§ 4 VwZG) sowie Aushändigung des Bußgeldbescheids gegen Empfangsbekenntnis (§ 5 VwZG). Für bestimmte Fälle ist allerdings die elektronische Zustellung vorgeschrieben (§ 2 III 2, § 5 V 1 2. HS VwZG). Zustellungen der Deutschen Post durch Zustellungsurkunde sind auch nach deren Privatisierung wirksam (BFH/NV 98, 1497). Für die Zustellung im Ausland bestehen die in § 9 VwZG genannten Möglichkeiten, darunter auch die Zustellung durch Einschreiben mit Rückschein, soweit dies völkerrechtl zulässig ist (§ 9 I Nr 1 VwZG). 4

Für die Vollstreckung nach § 90 I und IV OWiG gilt das VwVG, wenn eine VerwBeh des Bundes den Bußgeldbescheid erlassen hat, iÜ gelten die Landesvollstreckungsgesetze. Das Gleiche gilt nach § 108 II OWiG für die Vollstreckung der Kosten des Bußgeldverfahrens. 5

Für die Vollstreckung von Bescheiden der FinBeh in Bußgeldverfahren gelten gem § 412 II 1 die Vollstreckungsvorschriften der AO (§§ 249 ff AO). Unberührt bleiben allerdings die übrigen Vorschriften über die Vollstreckung von Bußgeldentscheidungen, §§ 89 bis 104 OWiG (§ 412 II 2). 6

7 **Kosten des Bußgeldverfahrens.** Nach § 107 IV OWiG sind für die Niederschlagung der Kosten bei unrichtiger Sachbehandlung sowie für die Niederschlagung, den Erlass, die Verjährung und die Erstattung von Kosten § 14 II sowie die §§ 19–21 VwKostG in der bis zum 14.8.2013 geltenden Fassung anzuwenden, wenn eine VerwBeh des Bundes den Bußgeldbescheid erlassen hat. Anderenfalls gelten die entsprechenden landesrechtlichen Vorschriften.

8 **Nach § 412 III** sind diese Vorschriften des außer Kraft getretenen VwKostG des Bundes auch anzuwenden, wenn eine LandesFinBeh den Bußgeldbescheid erlassen hat. § 14 II VwKostG aF betrifft die Nichterhebung von Kosten im Falle unrichtiger Sachbehandlung, § 20 VwKostG aF die Verjährung von Kosten, § 21 VwKostG aF die Erstattung überzahlter oder zu Unrecht erhobener Kosten. An die Stelle des § 19 VwKostG aF treten die §§ 227 (Erlass) und 261 (Niederschlagung). § 222 (Stundung) wird in § 412 III nicht erwähnt, weil nach § 93 I OWiG über die Bewilligung von Zahlungserleichterungen die VollstrBehörde entscheidet. VollstrBehörde ist gem § 412 II die FinBeh.

Neunter Teil
Schlussvorschriften

§ 413 Einschränkung von Grundrechten

Die Grundrechte auf körperliche Unversehrtheit und Freiheit der Person (Artikel 2 Abs. 2 des Grundgesetzes), des Briefgeheimnisses sowie des Post- und Fernmeldegeheimnisses (Artikel 10 des Grundgesetzes) und der Unverletzlichkeit der Wohnung (Artikel 13 des Grundgesetzes) werden nach Maßgabe dieses Gesetzes eingeschränkt.

Soweit Grundrechte durch Gesetz oder aufgrund eines Gesetzes eingeschränkt werden, muss das Gesetz das Grundrecht unter Angabe des Artikels nennen (Art 19 I 2 GG). Diesem sog Zitiergebot (*Maunz/Dürig/Remmert* Art 19 I GG Rz 40 ff) trägt § 413 Rechnung. Sinn des Zitiergebots ist es, dafür zu sorgen, dass der Gesetzgeber nur solche Grundrechtsbeschränkungen vornimmt, die er auch bewusst will. Dieser Zweck wird erreicht, wenn bei jeder einschränkenden Vorschrift das betroffene Grundrecht angeführt oder wenn mindestens in einer „Sammelvorschrift", wie § 413, neben den betroffenen Grundrechten auch die einschränkenden Gesetzesbestimmungen genannt werden (*Maunz/Dürig/Remmert* Art 19 I GG Rz 44). Vereinzelt wird allerdings bezweifelt, dass die bloße Nennung der betroffenen Grundrechte in § 413 den Anforderungen des Art 19 I 2 GG gerecht wird (vgl *HHSp/Engelhardt* § 413 Rz 1). So wird etwa vereinzelt wegen Verstoßes gegen das Zitiergebot die Verfassungsmäßigkeit der Strafnorm des § 26c UStG bezweifelt (vgl *Roth* wistra 17, 1). 1

Die Grundrechte aus Art 2 II GG werden in der AO zB eingeschränkt durch § 284 VIII (Erzwingungshaft); § 326 (Persönlicher Sicherheitsarrest); § 399 II iVm §§ 81a, 81c StPO (Körperliche Untersuchung); § 404 iVm §§ 127 ff StPO (Festnahme). 2

Die Grundrechte aus Art 10 GG werden zB durch § 105 eingeschränkt. 3

Art 13 GG wird zB eingeschränkt durch § 99 (Betreten der Wohnung); § 200 III 2 (Befugnisse des Außenprüfers) sowie durch § 399 II (Durchsuchung). Eingriffe in den Schutzbereich des Art 13 GG enthält auch das **SchwarzArbG** v 23.7.2004 (BGBl I, 1842), das in § 3 die Zollverwaltung und die sie unterstützenden Stellen zum Betreten von Geschäftsräumen und Grundstücken ermächtigt. Da Verstöße gegen das Zitiergebot die Nichtigkeit der Vorschrift zur Folge haben (vgl *Maunz/Dürig/Remmert* Art 19 I GG Rz 47), das SchwarzArbG aber einen Hinweis auf die Einschränkung von Grundrechten nicht enthält, werden verfassungsrechtliche Bedenken gegen die im SchwarzArbG enthaltenen Eingriffsbefugnisse geltend gemacht (*v Briel* PStR 04, 226). 4

§ 414 *(gegenstandslos)*

§ 415 *(Inkrafttreten)*

Anlage[1)]
(zu § 60)

Mustersatzung für Vereine, Stiftungen, Betriebe gewerblicher Art von juristischen Personen des öffentlichen Rechts, geistliche Genossenschaften und Kapitalgesellschaften

(nur aus steuerlichen Gründen notwendige Bestimmungen)

§ 1

Der – Die – … (Körperschaft) mit Sitz in … verfolgt ausschließlich und unmittelbar – gemeinnützige – mildtätige – kirchliche – Zwecke (nicht verfolgte Zwecke streichen) im Sinne des Abschnitts „Steuerbegünstigte Zwecke" der Abgabenordnung.

Zweck der Körperschaft ist … (z. B. die Förderung von Wissenschaft und Forschung, Jugend- und Altenhilfe, Erziehung, Volks- und Berufsbildung, Kunst und Kultur, Landschaftspflege, Umweltschutz, des öffentlichen Gesundheitswesens, des Sports, Unterstützung hilfsbedürftiger Personen).

Der Satzungszweck wird verwirklicht insbesondere durch … (z. B. Durchführung wissenschaftlicher Veranstaltungen und Forschungsvorhaben, Vergabe von Forschungsaufträgen, Unterhaltung einer Schule, einer Erziehungsberatungsstelle, Pflege von Kunstsammlungen, Pflege des Liedgutes und des Chorgesanges, Errichtung von Naturschutzgebieten, Unterhaltung eines Kindergartens, Kinder-, Jugendheimes, Unterhaltung eines Altenheimes, eines Erholungsheimes, Bekämpfung des Drogenmissbrauchs, des Lärms, Förderung sportlicher Übungen und Leistungen).

§ 2

Die Körperschaft ist selbstlos tätig; sie verfolgt nicht in erster Linie eigenwirtschaftliche Zwecke.

§ 3

Mittel der Körperschaft dürfen nur für die satzungsmäßigen Zwecke verwendet werden. Die Mitglieder erhalten keine Zuwendungen aus Mitteln der Körperschaft.

§ 4

Es darf keine Person durch Ausgaben, die dem Zweck der Körperschaft fremd sind, oder durch unverhältnismäßig hohe Vergütungen begünstigt werden.

§ 5

Bei Auflösung oder Aufhebung der Körperschaft oder bei Wegfall steuerbegünstigter Zwecke fällt das Vermögen der Körperschaft

1. an – den – die – das – … (Bezeichnung einer juristischen Person des öffentlichen Rechts oder einer anderen steuerbegünstigten Körperschaft), – der – die – das – es unmittelbar und ausschließlich für gemeinnützige, mildtätige oder kirchliche Zwecke zu verwenden hat.
   oder
2. an eine juristische Person des öffentlichen Rechts oder eine andere steuerbegünstigte Körperschaft zwecks Verwendung für … (Angabe eines bestimmten

[1)] Anlage eingefügt als Anlage 1 durch JStG 2009 v 19.12.08 (BGBl I, 2794).

gemeinnützigen, mildtätigen oder kirchlichen Zwecks, z.B. Förderung von Wissenschaft und Forschung, Erziehung, Volks- und Berufsbildung, der Unterstützung von Personen, die im Sinne von § 53 der Abgabenordnung wegen … bedürftig sind, Unterhaltung des Gotteshauses in …).

Weitere Hinweise

Bei **Betrieben gewerblicher Art von juristischen Personen des öffentlichen Rechts,** bei den **von einer juristischen Person des öffentlichen Rechts verwalteten unselbständigen Stiftungen** und bei **geistlichen Genossenschaften** (Orden, Kongregationen) ist folgende Bestimmung aufzunehmen:

§ 3 Abs. 2:

„Der – die – das … erhält bei Auflösung oder Aufhebung der Körperschaft oder bei Wegfall steuerbegünstigter Zwecke nicht mehr als – seine – ihre – eingezahlten Kapitalanteile und den gemeinen Wert seiner – ihrer – geleisteten Sacheinlagen zurück."

Bei **Stiftungen** ist diese Bestimmung nur erforderlich, wenn die Satzung dem Stifter einen Anspruch auf Rückgewähr von Vermögen einräumt. Fehlt die Regelung, wird das eingebrachte Vermögen wie das übrige Vermögen behandelt.

Bei **Kapitalgesellschaften** sind folgende ergänzende Bestimmungen in die Satzung aufzunehmen:

1. § 3 Abs. 1 Satz 2:
   „Die Gesellschafter dürfen keine Gewinnanteile und auch keine sonstigen Zuwendungen aus Mitteln der Körperschaft erhalten."
2. § 3 Abs. 2:
   „Sie erhalten bei ihrem Ausscheiden oder bei Auflösung der Körperschaft oder bei Wegfall steuerbegünstigter Zwecke nicht mehr als ihre eingezahlten Kapitalanteile und den gemeinen Wert ihrer geleisteten Sacheinlagen zurück."
3. § 5:
   „Bei Auflösung der Körperschaft oder bei Wegfall steuerbegünstigter Zwecke fällt das Vermögen der Körperschaft, soweit es die eingezahlten Kapitalanteile der Gesellschafter und den gemeinen Wert der von den Gesellschaftern geleisteten Sacheinlagen übersteigt, …".

§ 3 Abs. 2 und der Satzteil „soweit es die eingezahlten Kapitalanteile der Gesellschafter und den gemeinen Wert der von den Gesellschaftern geleisteten Sacheinlagen übersteigt," in § 5 sind nur erforderlich, wenn die Satzung einen Anspruch auf Rückgewähr von Vermögen einräumt.

Sachverzeichnis

Die fett gedruckten Zahlen bezeichnen die Paragraphen der AO, die mageren Zahlen die jeweiligen Randziffern.

Einspruchsbefugnis

Mag

–, Ste
–, Ve
Ausk
–, gr
–, k
Aus
Bei
bil
C
J

JENNIFER MUNDY

Georges Braque *Printmaker*

TATE GALLERY

cover
The Fire Bird (Bird XIII) 1958 (no.59)

frontispiece
Georges Braque in his studio in Paris 1953
Photograph © Robert Doisneau/RAPHO 1993

ISBN 1 85437 117 2

Published by order of the Trustees 1993
for the exhibition at the Tate Gallery,
24 March – 27 June 1993

Published by Tate Gallery Publications, Millbank, London SW1P 4RG
Designed by Caroline Johnston
Colour separations for the catalogue have been
produced directly from the original prints
Typeset in Sabon by Status Graphics, London
Printed in Great Britain by Westerham Press, Edenbridge

Georges Braque *Printmaker*

Contents

Foreword

We are delighted to present this display of prints by one of the most influential painters of the twentieth century, Georges Braque. The exhibition covers the full range of Braque's output, from his earliest Cubist etchings to his late lithographs, and shows his achievement as a graphic artist.

Nearly all the prints come from Braque's own collection, and are his personal proofs. The exhibition includes unique examples of uneditioned works, as well as some trial proofs which throw light on Braque's working methods. Also shown are two etchings from the important and rare suite of illustrations Braque made in the early 1930s for an edition of Hesiod's *Theogony*, and a group of related drawings.

We should particularly like to thank Monsieur and Madame Claude Laurens for their enthusiasm for this project, for their advice and help, and for their generous support. Our thanks also go to Quentin Laurens and to the Galerie Louise Leiris.

The catalogue essay, written by Jennifer Mundy, Assistant Keeper in the Modern Collection, sets Braque's prints in the context of modern French printmaking. She has gathered much new information from Aldo Crommelynck, Henri Deschamps and Adrien Maeght, all of whom knew Braque well and assisted him in making prints. We are grateful to them for sparing time for such discussions.

It has been a great pleasure for us to be able to arrange an exhibition of these fascinating and beautiful prints for a British audience and our most grateful thanks go to all who have been involved.

Nicholas Serota
Director

INTAGLIO prints (from the Italian 'intagliare', meaning to carve or cut) are produced by such techniques as engraving, etching and aquatint. Their distinguishing feature is that the metal plates from which the works are printed are incised, or etched by acid. The plates are inked and paper is forced into the engraved or etched areas in the plates by the pressure of the printing press. Deep lines in the plate produce noticeably raised or embossed lines in the print.

DRYPOINT lines are scratched directly into the plate with a burin. This technique creates a burr which catches more ink than the shallow line itself. A drypoint line has a soft, velvety quality, unlike the crisp, hard lines of etching.

In HARD-GROUND ETCHING the plate is covered with a layer of wax, firm to the touch. The artist draws through this wax ground with an etching tool. When the plate is immersed in acid, the acid eats into the areas exposed by the artist's drawing, fixing the image. The longer the plate is exposed to the acid, the deeper the lines, and the darker the tones in the resulting print.

SOFT-GROUND ETCHING uses wax to which tallow has been added. This ground never quite hardens, and impressions can easily be made on it with textured materials.

AQUATINT is used to create areas of tone. The artist paints stop-out varnish on the parts of the plate where no tone is required. A layer of fine grains of resin is then applied to the plate either by hand or in a dust box, and is fixed by heat. When the plate is placed in an acid bath, acid bites tiny rings around each grain, and these hold sufficient ink to give the effect of a wash when the plate is printed. Subtle gradations of tones can be achieved by further stopping-out and biting of the plate.

In SUGAR OR LIFT-GROUND aquatint the plate is covered with resin as in ordinary aquatint. The artist then draws on it using a water-soluble ink containing sugar. A thin coating of wax ground is applied to the entire surface, and the plate soaked in water. The sugar solution lifts off, exposing the plate where the image was drawn. The plate is then etched in the normal way.

In traditional LITHOGRAPHY the artist draws on to the surface of a specially prepared stone or metal plate with a black greasy crayon or greasy liquid drawing medium. The image is chemically fixed or 'etched', and the stone or plate is then dampened and inked. The greasy areas repel water and attract ink, while the undrawn areas retain water and repel ink. The artist may prefer to work initially on special lithographic transfer paper. If so, the printer transfers the image from the paper onto a stone or plate.

When an image comprises several colours, a separate stone or plate is prepared for each. The artist generally makes a preparatory sketch or maquette. Outline tracings are made of the different colour areas, and these are then transferred to the stones or plates. The outlines (which do not appear in the final print) show the artist where to draw the different sections of the image.

Braque as Printmaker

JENNIFER MUNDY

Even during his lifetime, Georges Braque (1882–1963) was something of a national institution. His role as co-inventor, with Picasso, of Cubism had guaranteed him a place in art history; but it was the 'classical' quality of his later canvases, with their highly structured compositions and sublimated emotion, that led Braque to be revered as a quintessentially French artist. As the American journalist Janet Flanner wrote in the mid 1950s:

> The French speak about him differently from the way they speak about any other painter. They speak of his paintings in terms of what they consider his Gallic essences – his sensuousness, his economy in putting his pictures into focus, his infinitely civilised feeling for colour and the refinement of line ... He has represented two professions esteemed and revered, respectively, by the French as contributors to their civilisation. He has been artisan and he has been artist ...[1]

Even Braque's attachment to the everyday objects and décor in middle-class dining and sitting rooms – bowls of fruit, vases of flowers, musical instruments, tables, patterned wallpapers and marble fireplaces – seemed to many to reflect a typically French taste and aesthetic.

The 'national' character of Braque's work was signalled in his last years by a series of official honours. In 1952–3 he was commissioned, as Ingres and Delacroix had been before him, to decorate the ceiling of one of the major galleries in the Louvre. The panels, depicting black birds, silhouetted against a deep blue sky, and set in the ornate gilt work of the antechamber of Henri II, struck an uncompromisingly modern note – and were defended as such by Braque's admirers. In 1960 he was awarded the Grand Croix de la Légion d'Honneur; and the following year a retrospective exhibition of his work was held in the Louvre, the first time a living artist had been accorded such an honour. When he died in 1963, aged eighty-one, he received a state funeral, with André Malraux, then Minister of State for Cultural Affairs, reading the address. 'Braque expressed France,' he said, 'with a symbolic force so great that he is as legitimately at home in the Louvre as the angel in Rheims cathedral.'[2]

For his part, Braque evidently wanted his work to be seen as continuing the sober, intellectual aspects of the French tradition.[3] His early engagement with Cézanne was followed, in his middle years, by references to Corot's paintings of figures in studios, with their allusions to the ordered and meditative world of the artist. Intellectually, too, Braque was very much a product of traditional French culture: he knew the literary classics well, and said he admired the philosopher Descartes.[4] Yet, in some respects, Braque was a rather unlikely candidate for national honours: 'I've always had a horror of official painting', he declared in 1954, 'and it's still as intense as ever'.[5] He also lacked the prolific facility of his glamorous contemporaries, Picasso and Matisse: he worked slowly, often taking years to finish paintings; and by his own admission, he was no draughtsman, at least not in a traditional sense. In compensation, perhaps, he cultivated a strong artisanal pride in the methods and techniques used in making his images: he even ground his own pigments, for example.[6]

The idea of craftsmanship was central to Braque's work. Although he had always wanted to be an artist, he trained, like his father and grandfather before him, as a painter and decorator; and the skills he acquired in these early years (for example, in lettering and reproducing woodgrain and marble effects) were to be used throughout his career, often in self-conscious allusion to his beginnings. Braque seems to have enjoyed being a 'worker': his dealer Daniel-Henry Kahnweiler related how, in the early days of Cubism, Braque and Picasso would turn up at the gallery wearing labourers' overalls, cap in hand, demanding 'wages' from their 'boss'.[7] Braque's style of working – slow and meditative – was the very antithesis of the romantic notion of inspiration (a close friend, the poet Francis Ponge, compared Braque in his studio to a slow-moving mechanic in a provincial garage[8]). Braque's domestic and social life were suitably unflamboyant: although relatively wealthy by the early 1930s, owning a large house in Paris and a farmhouse in Normandy, and travelling between the two in sports cars, he avoided high society. He was, according to Janet Flanner, 'provincial, serious, unworldly', an artist who painted pictures 'that entered salons where he himself never set foot'.[9]

Braque's respect for craftsmanship underpinned his interest in the techniques of printmaking, and was one reason why the artisans with whom he collaborated held him in such high regard. Jean Signovert described their working relationship as 'more than close': Braque, he said, 'lent me his vision of the world, and he accepted my vision as a printer'.[10] Aldo Crommelynck recalled the interest of dealing with an artist who was so sensitive to the surface qualities of his etchings.[11] According to Fernand Mourlot, Braque worked unhurriedly, spending hours, sometimes days, on a single stone or plate: and he would allow months, even years to pass before he decided on any alterations. This slowness earned him the disparaging nickname 'the metal worker' from the painter Maurice de Vlaminck;[12] but it was an indication, at least, of the seriousness with which he approached the art of printmaking.

Most of Braque's prints were made after the Second World War, when he was already in his sixties. Prior to that, he had produced a number of fine and important etchings and lithographs; but his output was intermittent. Ten etchings and drypoints were completed between 1907 and 1913, although only two of these were editioned at the time. In the interwar years Braque's main work in this field was a suite of illustrations for a luxury edition of the ancient Greek text, *Theogony* by Hesiod. He devoted a great deal of time to this project, producing scores of preparatory drawings (see nos.77–92) and some additional etchings; but the prints were not published until much later.

A fresh phase in Braque's career as a printmaker sprang from his association with Fernand Mourlot (1895–1988). Towards the end of the 1930s, Mourlot (who wanted to encourage artists to take up the somewhat unfashionable medium of lithography) received a commission to make a lithograph of one of Braque's paintings for *Verve*, a new art magazine with high-quality illustrations.[13] Mourlot's copyist worked from a colour photograph, not the original; and it was with some trepidation that Mourlot visited Braque at his home in rue du Douanier (now rue Georges Braque), to seek the artist's acceptance for the proofs. Braque had a few criticisms to make, but, nonetheless, recognised the work as 'a Braque'; and in the ensuing conversation the two men discovered they had interests in common – boxing and the music hall. In the early 1940s Mourlot decided to publish a monograph on Braque, with fine quality reproductions of his recent works and a text by the poet Jean Paulhan; and Braque visited Mourlot's studio in rue de Chabrol, Montparnasse, to supervise the making of the reproductions. Mourlot later recalled his early dealings with Braque in a characteristically affectionate way:

> I shall always remember Braque coming to visit us, during the Occupation, in the atelier in rue de Chabrol on his prehistoric bicycle. He was a fine figure of a man, very tall ... extremely photogenic, a type of John Wayne! ...
>
> When he came to rue de Chabrol, he inspected the machines, asked the 'chromistes' [the skilled artisans who prepared the stones and plates for printing] questions, and greeted the workers: and when he had finished looking round, he left in high spirits. Each time I would say to him:
> – Listen, Monsieur Braque – I still called him Monsieur at that point – you ought to do a bit of lithography. I am sure you would like it. I'm convinced!
> Finally, he said he would:
> – A good idea. Why not?[14]

Working exclusively with the 'chromiste' Henri Deschamps, Braque produced a series of lithographs at Mourlot Imprimeurs based on ancient Greek themes, as well as such famous still lifes as 'Teapot and Lemons' (no.26) and 'Leaves, Colour, Light' (no.49). He later collaborated with a number of other printers, notably Georges Visat, whom Braque's publisher and dealer, Aimé Maeght, regularly employed. A growing interest in colour etching led to an association with Aldo Crommelynck, first at Lacourière Frères and then at Crommelynck et Dutrou: among the fruits of this partnership were 'Amaryllis' (no.60) and a suite of bird images for the volume *L'Ordre des oiseaux*. In the early 1950s Braque had a small intaglio press installed in his sculpture studio, and Signovert helped him pull prints on it. Adrien Maeght, son of Braque's dealer, was also one of his printers. In every case the printmaking process was a collaborative effort, and the contribution of each printer was profound.

Braque lived to see several exhibitions of his graphic work, including a full retrospective at the Bibliothèque Nationale, Paris, in 1960. After his death, however, his reputation as a printmaker underwent a slight decline. His creative achievement came to be overshadowed by the more emotionally explicit and technically inventive works of Picasso and Miró; while the innovations of a younger generation of printmakers soon made many prints of the 1940s and 1950s seem relatively unexciting. Furthermore, some artists and print specialists, particularly in America, questioned whether Braque's prints were 'autographic' – that is, if every mark on the plate or stone had been made by the artist himself. In fact, printers routinely helped artists with the more difficult or time-consuming processes and often performed minor work on the plates or stones; but the cult of 'originality' in printmaking led those involved to keep silent about the creative contribution made by printers.

Despite such queries and cavils about authenticity, Braque's prints remain striking and impressive. They testify to his willingness to push the techniques of printmaking to their limits in order to express his concerns as a painter. He once said of lithography, for example, 'I set out to do something new with it ... I made it almost like painting, rather than trying to produce simple touched-up drawings, as was traditional'.[15] To this end he focused above all on colour in his lithographs. The rich but sombre greys, browns and blacks, offset by touches of lemon-yellow and reddish-brown, of his early prints were followed later by intense, sometimes startling contrasts of brighter hues, associated more often with Pop Art. To his etchings Braque brought a very individual concern with surface texture: he bit his plates deeply to produce strong relief effects, and also experimented with varnish. In all his graphic work Braque seems to have relished the creative potential of printmaking technology, working through state after state of a particular print, and trying out different combinations of shapes and colours. 'It is not the finished product that is interesting', he once wrote in his notebooks, 'so much as the means of achieving it.'[16]

The Cubist Prints

Printmaking underwent something of a renaissance in the last quarter of the nineteenth century: Degas, Redon and Toulouse-Lautrec all made inventive use of print media, partly as a result of their eagerness to reach wider audiences and markets. In the first decades of the twentieth century, however, the momentum declined. Woodcuts enjoyed a brief vogue in the early 1900s, but there was little scholarly interest in or demand for original etchings or lithographs by contemporary artists much before 1950. (Picasso's prints were an exception: his prolific output merited a catalogue raisonné as early as 1933, although even he only worked intensively as a printmaker after the Second World War.)

In all probability, Braque was prompted to take up etching after a meeting with Picasso in November or December 1907 (the artists may also have met briefly the previous spring or summer, but it was only from the end of the year that their work began to follow parallel paths). In 1904–5 Picasso had executed a series of etchings of circus performers, using cross-hatching to create naturalistic effects of light and shadow. These had been printed by Eugène Delâtre, son of a famous nineteenth-century printer; and it was Delâtre who pulled the editions of the two Braque drypoints published in 1912. It was Delâtre, too, who, in all probability, printed the few trial proofs known to have been made from Braque's uneditioned works.

The first known print by Braque is a strangely melancholic standing nude (no.1). That he should have attempted a human figure – a subject already rare in his work – suggests that he might have been inspired by 'Les Demoiselles d'Avignon' (which he had seen in Picasso's studio), or, more generally, by the latter's preoccupation with the human form. (He may have known of the four states of a drypoint showing a standing nude that Picasso had executed in the first half of 1907.) Braque seems to have based his etching on an ink drawing, possibly made from life;[17] but he transformed the loose shading lines of the original sketch into laboriously worked areas of drypoint hatching, with velvety shadows that were almost independent of the contours of the figure. Both the drawing and the etching constituted early stages (and still relatively naturalistic ones) in the evolution of 'Large Nude', an oil painting he began in December 1907 and completed by June 1908.

Braque soon came to feel that he could not treat the human figure successfully: its requirements of character and emotion were incompatible with his vision of art as line and volume. In an interview given in 1910, he explained, 'I couldn't portray a woman in all her loveliness ... I haven't the skill. No one has. I must, therefore, create a new sort of beauty, the beauty that appears to me in terms of volume, of line, of mass, of weight, and through that beauty interpret my subjective impression'.[18] Braque turned increasingly to the genre of still life, using similar motifs over and over again until he no longer needed to work from a model; and this shift in subject matter was coupled with a stylistic evolution, and the emergence of Cubism.

With its schematic, and sometimes oblique references to the real world, Cubism gave Braque enormous creative freedom to construct images that were independent of nature. He once claimed, rather self-deprecatingly, that the purpose of Cubism was 'above all to put painting within the reach of my own gifts'.[19] However, as William Rubin of the Museum of Modern Art, New York, has pointed out, these gifts included a remarkable inventiveness in the use of materials, great sensitivity to the subtleties of light and space, and considerable intellectual rigour in handling complex pictorial ideas.[20]

Between 1909 and 1911 Braque executed nine etchings in a fully-fledged Cubist style (comparison of the two works called 'Composition', however, suggests that, initially, they were two halves of a single plate). The earliest of these Cubist prints were relatively small, but as his confidence grew, Braque proceeded to work also on a larger scale. Their subject matter was similar to that of his paintings – bottles and glasses, playing cards, dice and guitars. He also imported some of the characteristic tricks of Cubism – an illusionistic nail and its shadow, for instance, in 'Job' (no.4), and areas of woodgrain in 'Bass' (fig.1). However, the prints rank as fully independent creations,[21] executed with an increasingly sure sense of how to translate Cubist brushwork into the different qualities of line and texture available with drypoint and etching.[22] With the subtle play of light across their surfaces and their gossamer-fine areas of shadow, works such as 'Bass' and 'Pal' (no.6) have an almost painterly quality. Others, such as 'Job', show skilled control of the rich blacks available with drypoint.

A marked feature of these Cubist works was the inclusion of words: references for the most part to well-known brand names. The letters are perceived as flat, two-dimensional objects that emphasise and demarcate the different planes within a work. Braque later spoke (somewhat gnomically) of his use of letters

fig.1 **Bass** 1911 drypoint and etching. Printed by Georges Visat and published by Maeght éditeur (photograph by Prudence Cuming Associates)

as 'part of a desire to come as close as possible to a certain kind of reality'; while the poet Apollinaire, writing in 1913, suggested that the presence of words in Cubist paintings derived from the profusion of signs and advertising posters in modern cities.[23] Braque was perhaps aware of such connotations: as an adolescent he had fallen in love with the *fin-de-siècle* posters of Steinlen and Toulouse-Lautrec with their inventive lettering, and had gone so far as to steal them at night from hoardings.

Some of the words in the prints – such as 'Vin', 'Café', 'Gin', 'Bass' and 'Pal[e Ale]' – speak for themselves. 'Mura[d] Cair[o]' and 'Job' were brands of cigarettes and cigarette paper respectively. 'Old Tom' was a type of gin. However, an American art historian Burr Wallen has pointed out that in some cases the words have a second meaning. The final 's' of 'Paris', for example, in the print of that name is partially cut off, encouraging the word to be read as 'pari', the French for wager or bet. 'Job' was French slang for a 'dupe'. 'Fox' (no.5) referred to the English-style bar near the Gare Saint-Lazare, frequented by Apollinaire and his circle (it was here that Picasso first met the poet), and by race-goers travelling to Maisons-Lafitte. The 'crafty' associations of the word 'fox' are the same in English as in French, and it is possible that the number 75 refers to the slang phrase 'cinq et sept' for cheating at dice. In the same print 'Gin' could refer to the slang 'gininer' meaning to flirt, or 'femme ginginette', meaning a flirt, while the phallic shape in the centre of the composition, close to the heart on the playing card, adds a further sexual note. For Burr Wallen, these puns reflect 'the spicy atmosphere of the café scene, while they slyly wink at the element of the perverse gamesmanship and duplicity intrinsic to Cubist paradox'.[24]

'Fox' and 'Job' were the only prints of Braque editioned before the First World War, and they owed their publication to the young German-born dealer Daniel-Henry Kahnweiler (1884–1979). Kahnweiler was a print-lover, and had collected prints by major nineteenth-century artists before opening his own gallery. He aimed to emulate the dealer Ambroise Vollard who published fine quality, limited editions of major literary works, illustrated by leading contemporary artists (the first such was Verlaine's *Parallèlement*, with lithographs by Pierre Bonnard, of 1900). Following similar principles, but preferring to use new texts by contemporary authors, Kahnweiler began his publishing career in 1909 with Apollinaire's *L'Enchanteur pourrisant*, with illustrations by André Derain; and in 1911 he published Max Jacob's *Saint Matorel* with four etchings by Picasso. In the same year he commissioned Braque and Picasso to make two works apiece. Picasso produced a composition of a man's head and a still life; Braque 'Job' and 'Fox'. Picasso is thought to have worked on the still life and Braque on 'Fox' while both were staying together at Céret, a town at the foot of the Pyrenees, in August and early September 1911.[25] The size and imagery of the two works are strikingly similar, and provide, as the art historian Donna Stein has written, 'the clearest evidence of the artists' attempt to eliminate personal gesture and arrive at a common style'.[26]

These early prints by Braque and Picasso did not sell in any numbers. An auction catalogue of May 1923 shows that Kahnweiler (whose stock was sequestrated by the French government following the outbreak of war in 1914 and later dispersed in a series of sales) still had ninety-four and ninety-two proofs of Braque's 'Job' and 'Fox' out of the original editions of one hundred. The fact that there was no significant market for Braque's and Picasso's prints before the war helps explain why no further works were commissioned from them.

In all the interviews he gave on Cubism Braque never once referred to his early prints; nor, sadly, was he asked about them. Those who knew of the uneditioned pre-war works regarded them as historical curiosities. The plates lay forgotten in Braque's studio until 'discovered' in the late 1940s by William Lieberman, a curator preparing a Braque exhibition for the Museum of Modern Art, New York. They had been stored badly, and many were in poor condition. Lieberman marked with a wax crayon any imperfections he thought should be removed before printing,[27] and the Galerie Maeght published the eight works in editions ranging from twenty to fifty. The cross hammered on 'Bass' (not a normal cancellation mark) was burnished away, leaving a faint trace in the final print; but this apart, it is not clear what else was done to the plates before they were printed. Although always described as an original etching, 'Guitar on a Table' (no.2) is, in fact, a photogravure.[28] The plate was perhaps lost or so badly damaged that it could not be used; in any case, the publisher decided (undoubtedly with Braque's consent) to make a photogravure edition, based, presumably, on an early proof. Little more is known about this late editioning of the Cubist works: it is likely that Braque requested Maeght to publish them, but the extent to which he himself supervised their printing remains uncertain.[29]

Braque's first lithograph and the 'Theogony' series

If, as one author wrote in 1939, the condition of original printmaking in France before the First World War had been 'peu brillante',[30] matters improved only slowly in the interwar years. A new society of 'Peintres-Graveurs Indépendants', founded in 1923 by Raoul Dufy and J.-E. Laboureur, helped attract younger artists to printmaking and encouraged a renewal of interest in lithography. Such artists as Georges Rouault, André Dunoyer de Segonzac and Luc-Albert Moreau made important individual prints; but it was, above all, the French taste for expensive 'livres illustrés' that sustained the tradition of original printmaking during the 1920s and 1930s.[31] Commissioned by Vollard, Bonnard illustrated *Dingo* by Octave Mirabeau, Rouault made etchings for Vollard's own text *Les Réincarnations du Père Ubu*, and Dunoyer de Segonzac worked on Virgil's *Georgics*. Picasso executed some of his best prints of the period for Balzac's *Le Chef-d'oeuvre inconnu* and Ovid's *Metamorphoses*.

In the second half of the nineteenth century, the development of photographic processes of reproduction had made traditional methods of printing obsolescent. In France, however, a small number of traditional workshops survived; and they boasted techniques and skills, often passed from father to son, that could not be found in other countries. Down to the 1960s, artists from Europe and America came to Paris to learn printmaking. French printers may have guarded their professional secrets as jealously as printers elsewhere, but the atmosphere was much freer: artists were welcome to work in French print studios, and were allowed to observe and supervise the printing process.

Printing firms could not have survived producing fine art prints alone: commercial work and reproductions remained their staple business. Making copies of art works as individual prints, or for posters or books, provided an invaluable training for print-artisans; it was also regarded as a highly skilled profession. The Cubist artist Jacques Villon earned a living in the 1920s copying works by modern masters: his translation of a Braque still-life painting of 1923 into a coloured etching was widely recognised as a masterpiece in its own right. The printers with whom Braque collaborated – Deschamps, Crommelynck, even Aimé Maeght himself – had trained as copyists: and their skills, and understanding of fine art, helped cement the relationship of trust and respect that existed between artist and artisan.

Braque's first post-war print was a lithograph of a glass with a basket of fruit, executed in 1921 (no.7). It had the same shallow pictorial space as his earlier Cubist works, and the 'name-plate' below the image was a punning allusion to the use of words in Cubism. However, the style was markedly looser and less hard-edged, with form and colour functioning as almost separate elements. The grainy or atmospheric quality derived from Braque's use of lithographic transfer paper placed on a textured surface, possibly a canvas. This echoed the granular effect achieved by Braque in his pictures by mixing sand with the paint; and the play of light and dark within the image, as well as the choice of colours – brown and dark green, offset by a sharp lime green – were again typical of Braque's paintings of the period.

Colour lithography was unfashionable at this time, in part because it was associated with cheap chromolithographic reproductions.[32] Many artists preferred to work exclusively in black and white (possibly because they had to draw their images on the stones or plates using black lithographic crayon or ink), and often used lithography simply to produce multiple copies of monochrome drawings. The fact that Braque chose to make a colour lithograph is therefore both surprising and revealing: he wanted, he said, to make lithography 'like painting', and was accordingly prepared to put up with the delays involved in multiple colour printing, and to accept the considerable amount of technical assistance required.

For some years after the 1921 lithograph Braque found few opportunities for printmaking. He made three coloured woodcuts for the text of a one-act play by his friend, the composer Erik Satie, and a minor lithograph for an exhibition catalogue; but it was not until the 1930s that he again worked seriously as a printmaker. Although he found he could express his concerns as a painter quite easily in lithography, he had greater difficulty in developing an etching style suited to his post-Cubist work (he once said that he was 'heavy-handed' in drawing, with a tendency to make drawings like paintings[33]); and the two Cubist still lifes of a guitar and fruit on a table, *c.*1930 (nos.8, 9), were manifestly not the way ahead. However, his adoption in 1931 of a fluid, curvilinear style of drawing seems to have freed him from his inhibitions about draughtsmanship and 'correct' representation, and opened up fresh possibilities in etching.

This new style (prefigured in the growing curvilinearity of his paintings of the late 1920s) seems in large measure to have been inspired by Picasso. As early as *c.*1923 Picasso had executed a number of etchings showing figures with organically rounded forms; and curving shapes also dominated such paintings as his 'Brown Still Life', 1925 (coll. Musée National d'Art Moderne, Centre Georges Pompidou, Paris), drawn with the wooden point of a paintbrush through wet paint. In the late 1920s Picasso concentrated on figures (often bathers on a beach) made up of jumbles of curvilinear, seemingly three-dimensional, shapes. Under the influence of such works, Braque began to dissolve the human figure into a network of flowing, convoluted lines; he even attempted what seems to have been a deliberate parody of Picasso's style with his own series of bathers. However, from 1931, in a distinctive departure, Braque began to combine this new linear style with an explicitly archaic subject matter of winged figures, horses and chariots.

In the immediate post-war years Braque had responded to the European-wide revival of interest in classicism with scenes of basket-bearing women, loosely based upon caryatids in Hellenic and Roman art. The art and literature of the classical world, long perceived as integral to French culture, inspired avant-garde writers, musicians and artists through the interwar period and beyond. From *c.*1931, however, Braque became obsessed with the art and literature of the very early (and rather unfashionable) Geometric or Protoattic periods, *c.*900–600 BC. What prompted this fresh interest is not altogether clear. Braque was quite friendly with Christian Zervos, editor of the prestigious journal *Cahiers d'Art*, and with its chief critic, Tériade: it is possible that these men, both Greek, encouraged Braque to examine the earliest forms of European art. Terracotta craters, decorated with stick-figures, chariots and horses (figs.2, 3), and the later Etruscan bronze mirrors, with their more refined engravings of

fig.2 Crater Late Geometric Period *c.*750 BC *Musée du Louvre* (©Photo R.M.N.)

fig.3 Funerary vase Proattic Period *c.*680 BC *Musée du Louvre* (©Photo R.M.N.)

fig.4 Etruscan bronze mirror *c.*300 BC *Musée du Louvre* (©Photo R.M.N.)

fig.5 **Head** 1939 Painted and engraved plaster *Private collection, Paris* (photograph by Galerie Louise Leiris, Paris)

people in flowing drapes, surrounded by birds and plants (fig.4), were to inspire Braque as both a printmaker and sculptor for the remainder of his career (see, for example, fig.5). Perhaps, the workman-like nature of the objects, as well as their mythic and symbolic qualities, inspired Braque and encouraged him to develop his highly individual form of primitivism.[34]

The first examples of his new style were a group of carved plasters and a series of sixteen etchings for Hesiod's *Theogony*. (Three other related etchings are known. One was editioned in 1955; two others in 1981, nos.11, 12.) Braque was delighted to be approached by Vollard with the offer of a commission,[35] and immediately proposed the *Theogony*. According to Zervos, Braque had been drawn to this work as a result of his admiration for the poems of Pindar;[36] but in some ways, it was a surprising choice. The *Theogony* is not in any obvious sense a great work of literature, and appears somewhat pedestrian when compared with Homer's *Iliad* and *Odyssey*, also composed in the eighth century BC. After an introductory hymn to the Muses, the poem describes the creation of the world out of chaos, the wars between the gods, and the eventual triumph of Zeus. Various generations of divinities – some representing matter, such as Gaia (earth) and Ouranos (heaven), others concepts (Sleep, Blame, Sorrow, Love, Strife) – couple, fight, and murder unremittingly. The story is dramatic; but the drama is constantly undercut by the author's evident liking for genealogies and lists of sonorous names.

Except for the first of the sixteen etchings – which showed Hesiod receiving a branch from a Muse – Braque did not try to illustrate the text directly. The horses, chariots and birds have no specific source in the poem; and the names inscribed around the figures – Hera, Themis, Doris, Nike, Zelos (the z is inverted), Artemis, Gaia, Eurybia and Eros – are not those of the main protagonists. Braque's choice of subjects (particularly the horse and chariot motif) and his insistent use of profile were intended to evoke, in a generalised way, early Greek and Etruscan art, which he would have known from reproductions, or at first hand, from the collection in the Louvre. However, the illustrations, with their strong post-Cubist flavour, were closer in spirit than in substance to the text. As Werner Hofmann has written, Braque 'based his version of Hesiod's catalogue of the gods on a single symbolic idea – the genesis of linear form which emerges from chaos'.[37] The appropriateness of Braque's fluid, somewhat inchoate beings, to a text whose central themes were creation and disorder, led this to be recognised as one of the most successful of the 'livres illustrés' when it was finally published in 1955.

Although Braque made no attempt to mimic or even imitate archaic art in these prints, the fact of having looked at the linear decorations (painted and incised) on ancient Greek pottery, and the flowing lines engraved on Etruscan bronze mirrors, may well have sharpened his sense of etching as an art of incision. In this regard, it is perhaps significant that before working on the etchings, Braque made a number of engraved plaster plaques, with subjects similar to those of his Hesiod illustrations. In these reliefs, the design was drawn into black-painted plaster while it was still soft using a sharp point – a technique that parallels the action of an etcher who draws with a needle through a blackened wax ground on an etching plate.

Braque may well have been inspired to make his engraved plaques through the work of Stanley William Hayter, a British artist, then living in Paris. Hayter was keen to encourage interest in engraving and etching, and taught the traditional skills of printmaking in a studio, known from 1933 as Atelier 17. In time, this studio became famous, and was visited by many of the great artists of the day, including Picasso. Reviving a technique which he had found described in an early nineteenth-century manual, Hayter, from 1931, made plaster 'prints' by pouring plaster onto incised or etched plates. This simple method of taking impressions interested Hayter because it demonstrated the relief effects inherent in intaglio printing, and suggested a connection between modern printmaking and the very earliest forms of art. As Hayter wrote at the beginning of his chapter on plaster printing in *New Ways of Gravure* (1949):

> The first printers in history, or, rather, before the beginnings of history, were the men who found that a tool or a mould could be pressed into wet clay, leaving an impression or a cast. The Sumerians of 3000 B.C. had a fully developed technique of writing on clay with two simple arrow-shaped tools ... The same ingenious people made hollowed-out marks on cylinders to be rolled on the clay, which were developed from simpler seals merely pressed into it. The hollowing-out was, of course, 'intaglio' as we understand the expression since its first use in the sixteenth century. When an engraving is printed on a roller press with damp paper backed by the resilient woollen blankets a cast is made of the surface of the plate in exactly the same way that the clay was moulded by the carved surface of the Sumerian cylinder seal.[38]

There is no evidence that Braque ever visited Hayter's studio, but it is quite possible that he had heard of Hayter's experiments; and, like Hayter, he may well have seen a link between this innovative type of intaglio printing and the archaic Greek art he so admired.

Braque made and exhibited carved plasters on Greek themes through the 1930s, but the public had little opportunity to see any of his prints. He did two etchings for a monograph on his work by Carl Einstein, and he paid personally for the printing of a colour lithograph entitled 'Athene' (no.10).[39] However, the *Theogony* itself was still unpublished at the time of Vollard's death in a car crash in 1939 (Vollard was notorious for his procrastination, and had a total of twenty-five volumes awaiting publication when he was killed).

By the end of the 1930s, however, most, probably all, of the suite of sixteen etchings had been printed already in editions of fifty. At some point in the 1930s Braque signed and numbered in the lower right, using brown crayon, complete runs of ten of the sixteen plates. These may have been intended for sale as individual works. Some prints from the remaining six plates are known to have been signed in the lower left, also in brown crayon, and presumably at another occasion. After 1939 Vollard's stock passed to a dealer, who, it seems, sold a number of the prints unsigned. However, the Galerie Maeght was able to acquire many of the remaining *Theogony* prints, and Braque signed these in the early 1950s in pencil.

A distinguishing feature of all these prints was the presence of 'remarques' (lines at the edges of plates, normally made by artists to test the strength of the etching acid). These were used by Braque in the *Theogony* series for an extraordinary display of apparently semi-automatic doodling, with faces and birds – the origin of this important motif in Braque's work – appearing amid inchoate lines.

One of the plates had very few marks in the borders, and at least one proof of it was pulled after about three centimetres had been trimmed all round, perhaps as a trial to see how the print would look if the 'remarques' were eliminated. Adrien Maeght has said that Braque had the 'remarques' removed from all the plates sometime before 1939;[40] and this was how the plates were printed in 1955 when the Galerie Maeght finally published the *Theogony*.

Braque's Post-War Prints

In the last fifteen years of his life Braque began to work assiduously as a printmaker; and his reputation as an etcher and lithographer grew fast. His new prints were exhibited and promoted by the Galerie Maeght;[41] and the late editioning of some of his Cubist works, together with the delayed publication of the *Theogony*, revealed to the public that his enthusiasm for graphics was far from being just recent. Many regarded Braque as one of the greatest artists of his day, and the affection felt for his work guaranteed interest in his prints. For the English artist Patrick Heron, writing in 1953, they expressed the same qualities as the paintings: Braque, he wrote, 'heightens and elaborates the means of communication, until vision and material have become identical. The picture is not the vehicle of meaning: the picture is the meaning. Nowhere is this unity more obvious than in his graphic works. Their very simplicity, the fact that they lay bare to our gaze the actual processes of their conception and growth, points to this unity of ends and means.'[42]

Braque's enthusiasm for printmaking, together with the encouragement he received from his dealer Aimé Maeght – himself a printer with a deep love of graphic art[43] – would probably have been sufficient to ensure a substantial output of etchings and lithographs, regardless of the state of the market. However, it is hard to imagine that Braque or, indeed, any other major artist of the day would have turned to printmaking so readily had there not been a growing commercial interest in it. During the 1950s more and more collectors realised that while paintings by the great modern artists were beyond their reach, prints were still relatively affordable. New print dealerships began to spring up in the French capital; and in both Europe and America museum curators became seriously interested for the first time in exhibiting modern graphics.

This is not to deny, however, that the market was still relatively weak, certainly compared to the boom years of the mid 1960s and 1970s: Adrien Maeght recalls how in 1954 he tried to get other galleries to buy what is arguably Braque's best lithograph, 'Leaves, Colour, Light' (no.49), and succeeded in selling only two copies. The prices of prints by modern masters were quite low: a 1954 catalogue of the Galerie Berggruen in Paris (with prices marked in dollars for the convenience of American tourists) lists Bonnards from \$6 to \$180, Calders at \$8, Chagalls from \$6 to \$75, Dubuffets from \$12 to \$17.50, Kandinskys from \$5 to \$75, Klees from \$20 to \$250, Matisses from \$25 to \$200, and Mirós from \$6 to \$75. Interestingly, Braque's prints were amongst the most expensive, at between \$75 and \$300.[44] Although demand was not great, prints did sell: this helped pay for the commissioning of new works, and strengthened Paris's reputation as the print capital of the world.

No account of printmaking in this period would be complete without reference to the sizeable market in reproductions. In addition to original prints – that is, images conceived specifically for a print medium, and executed by the artist himself – Braque, Chagall, Miró, Léger and many others happily put their signatures to reproductions of their paintings, made more or less totally by copyists. Aimé Maeght was a key figure in this. According to his son, he felt that the post-war building programme would create a new demand for pictures to hang on walls: instead of the popular religious prints, known in the trade as 'bondieuseries', Maeght wanted to sell good quality reproductions of paintings by contemporary artists. These were handmade, usually by the same artisans as collaborated in the making of original prints. Often, as Maeght explained, the artists themselves were involved directly:

> Executed as etchings or lithographs, these prints are pulled on fine quality paper in limited editions of 100–300 ... In most cases, the artist himself chooses the works and the technique which seems appropriate. He even intervenes in the execution of the prints, watching and supervising the work of the engraver or the lithographer, and doing some parts with his own hand; he corrects the proofs and finally gives his seal of approval by signing each example. But the quality of the print rests first and foremost on the work of the engraver or lithographer ...[45]

That most School of Paris artists signed such hand-crafted reproductions (and, in a few instances also, prints that had been copied partly or wholly by artisans from maquettes) has been condemned by many print specialists. The practice did not trouble the contemporary French print-buying public, but it certainly generated a good deal of confusion subsequently. As Theodore Donson has written:

> In part because of a popular inclination to accept all signed limited editions as 'originals', the public cannot easily discern that the reproductions of Picasso and Braque paintings issued by Paris publisher Guy Spitzer are commercial photocopies; that woodcuts 'by' Rouault and Picasso were in fact executed after their designs by Georges Aubert, a copyist; that the colour aquatint plates for Picasso's 'Langouste' were made by Roger Lacourière; that certain 'Braque' colour aquatints were actually produced by Aldo Crommelynck, and certain 'Braque' etchings by Signovert; and that it was the master lithographer Mourlot himself and the talented 'chromistes' he employed and trained – Sorlier, Deschamps, and others – who devised a large number of colour plates after coloured trial proofs and other unique works of Chagall, Braque, Léger, Miró, Magritte, and others. And yet precisely what role the inventor did play in bringing these creations to life is still very uncertain.[46]

The contribution of the artisan has given rise to problems even with 'original' School of Paris prints. Aware that some printers may have lent more than just technical assistance, various authorities sought to impose definitions of 'originality' that hinged on the degree to which the artist worked unaided on the printing matrix, at least, insofar as the drawing of the image was concerned. In this period the Print Council of America, for example,[47] defined an original print as one in which the artist *alone* created the 'master image in or upon the plate, stone, woodblock or other material'. In 1961 it questioned Fernand Mourlot about the way in which Marc Chagall's lithographs were made, and though Mourlot's reply showed Chagall to be a conscientious printmaker, who spent a great deal of time at the workshop, overseeing the production of his prints, it also revealed that hands other than those of the artist had worked on the printing matrices. For colour lithographs, Chagall made a gouache or watercolour maquette from which a 'chromiste' took tracings, and did not develop his images directly on the stones or plates. Furthermore, as it required years of experience to judge how much of the greasy drawing medium to remove when making corrections, and as it was physically difficult to make corrections on the stones or plates on the old-fashioned presses, the 'chromiste' and not the artist typically did this work. (In fact, Mourlot's skilled 'chromistes' would often re-etch parts of the plate or devise supplementary plates, without even the supervision of the artist.)

Mourlot's account led the Print Council to conclude that Chagall's prints were not 'original'. For Mourlot, however – and in this he was speaking for most, if not all, French printmakers – it was only right and proper that an artist should benefit from a printer's skills. 'It would be a pity', he wrote, 'if an artist like Chagall did not make use of the milieu of the studio ... and of the help and experience offered him'. 'I have been able,' he added, 'to teach gifted youngsters the great skills of craftsmanship, but sadly I could never endow them with the talent of the great masters. I can honestly say and confirm that Chagall's colour lithographs are strictly speaking originals, and worthy of his artistic genius.'[48] In Mourlot's view, it was not the artist's technique, but rather his, and his publisher's, integrity that was the real guarantee of originality.

Those who knew Braque are agreed that he was an artist with exacting standards, who devoted the same care and attention to his printmaking as to other aspects of his work. This is not deny that a small number of his colour lithographs or, more rarely, his colour etchings, were based on existing paintings;[49] or that, especially at the very end of his life, he relied on trusted printers to execute parts of his prints: but, in general, Braque saw printmaking as a fully autonomous medium, worthy of an artist's complete engagement, and with its own distinctive demands and requirements. He felt, for example, that prints could not, or should not, be as intricate as paintings: hence his concentration on small-scale images, set against plain backgrounds. He also seems to have believed that etching was closer in style and spirit to drawing: hence the degree to which line dominates his etchings, at least before he began to collaborate with the aquatint specialist Aldo Crommelynck. Above all, he wanted to introduce texture to his work: many of his etching plates were so deeply bitten that they created raised lines and embossed areas on the paper; and he experimented with varnish to produce polished and translucent surfaces on his prints.

Not surprisingly, many of Braque's concerns as a printmaker derive from his work as a painter; but in some important ways printmaking appears to have opened up new possibilities. His drawings, for example, were usually regarded as no more than private notes, but in his simple etchings of the human figure and vases of flowers, always sensitively positioned in relation to the platemark, he displayed unsuspected qualities of draughtsmanship. In lithography, his economic use of colour led to an ever greater simplicity of imagery, to the point where some of his later works seem nearly abstract. Re-using the same shapes but different colour schemes, he began to develop the idea of prints as serial works: 'Bird of Passage', 'Birds in Flight' and 'The Three Birds in Flight' (nos.72–4), for example, seem curiously to anticipate the use of repeated motifs and strong, unmodulated colours in Pop Art. The potential of printmaking and the difficulties it presented seem to have fascinated Braque, and led him to view the medium, not as a diversion from painting, but as a challenging area of exploration in its own right.

Writing in 1972, the critic John Russell felt that Braque's late lithographs were sometimes better than his paintings, revealing 'the unencumbered touch of his hand, the natural pawmark which in his oil paintings could become overladen with a several-years' accretion of pigment'. He continued, 'The smudged velvet of the stone had a special attraction for [Braque]; and towards the end of his life there entered into sheet after sheet a valedictory element, as if one of the finest of European colourists was summoning his colour combinations, one by one, and letting them run free for the last time'.[50]

Lithography with Henri Deschamps

Mourlot Imprimeurs at 18 rue de Chabrol in the heart of Montparnasse in Paris became a celebrated centre of printmaking. The building had housed a print workshop for over a hundred years, and it had a special ambience (Mourlot described it in his reminiscences as 'very "Threepenny Opera"').[51] Matisse made some original lithographs here in the 1930s; but it became well known only after Picasso, acting on the recommendation of Braque, worked there during the winter of 1945–6. Soon nearly all the great and not-so-great names of Parisian art were tempted to try lithography at the rue de Chabrol; and they were inspired to do so by the enthusiasm and genial personality of Fernand Mourlot. Traditionally, artists had not attached much importance to who printed their works, and had sent their plates to a printer of their publisher's choice. Mourlot's dedication to the cause of fine art lithography changed this; and in the process he himself became a well-known figure in the history of modern graphics.

At the rue de Chabrol, as was customary, artists worked directly with a 'chromiste' (who was also known as a 'dessinateur'). The complexities of colour lithography were such that artists traditionally enjoyed a particularly close relationship with the 'chromiste': it was he who prepared the stones and plates (different artisans called 'essayeurs' and 'tireurs' proofed and editioned the works). Over a period of twenty years Braque built up a strong professional partnership with Henri Deschamps (b.1914), who helped in a great variety of ways, preparing the inks, offering advice about what was and was not technically possible, transferring designs onto plates, performing minor corrections and, when necessary, making supplementary plates. In everything he acted as a faithful and sensitive interpreter of the artist's wishes. It was, says Deschamps, a 'very close, very secret sort of relationship'.

Although Braque often worked directly on the lithographic stones and plates, fig.6 Braque with Henri Deschamps at Mourlot Imprimeurs in the 1950s

particularly in the early years, he also liked using transfer paper. It was standard practice for printers to transport even heavy lithographic stones between the artist's studio and the workshop, on a daily basis if necessary, but paper was obviously easier to handle. Transfer paper also had two further advantages: it did not require the image to be drawn in reverse; and it could be used to create textural qualities: a patterned surface under the transfer paper helped make the granular effect in 'Teapot on a Grey Background' (no.18), for example.

Braque tended to regard his colour lithographs as essentially black and white images to which colour was to be added. He would draw a skeleton outline of the subject in black, and paint the colour areas on a trial proof. Deschamps would make tracings of the different coloured areas, and then transfer them onto separate stones or plates.[52] Finally, Braque painted or drew on the printing matrices with lithographic ink, following the tracings. He noted any corrections to be made on the proofs (see fig.7). Sometimes he made these corrections himself, but normally the 'chromiste' did them: Deschamps claimed that if the artists had been forced to come to the workshop in person to make every minor alteration, most would have given up printmaking.

Braque was extremely concerned with colour relationships in his lithographs. He insisted on working on the various states until precisely the right tone had been achieved. In his 1963 catalogue of Braque's lithographs, Mourlot noted how hard it had been to achieve the precise shade of violet brown (and also the correct shape of the border area) in 'Grey Teapot' (no.19). To achieve the intense, almost hallucinatory black of 'Apples on a Black Background' (no.50), Braque used two different plates for the background (Deschamps recalls adding garlic juice to the inks to give the black a natural lustre, a nineteenth-century

fig.7 Early state of **Teapot and Lemons** 1949 (no.26). Braque has written instructions on this proof to guide Deschamps in making corrections

technique.) This concern with colour relationships was the most distinctive feature of Braque's lithographs. For Francis Ponge – an expert on lithography and a close friend – his great originality as a painter-lithographer was to have given prime importance to colour: in comparison, according to Ponge, Toulouse-Lautrec's lithographs were simply coloured drawings.[53]

Initially, Braque seems to have been fascinated by the possibility of working over and over again on the same image, varying minor details and experimenting with new colour combinations. Between 1946 and 1948 he produced no less than six versions of 'Helios' (see nos.16, 24, 25), an early Greek sun god (represented, by Braque, curiously, as a woman) driving a two-horse chariot, a subject that first appeared in his 1932 lithograph, 'Athene' (no.10).[54] Braque drew the 'skeleton' image on transfer paper; Deschamps then transferred the design to a stone or plate; and other matrices were used for the various borders – rounded, square, oval, and sometimes with two or three different bands of colour. With transfer paper, designs could be switched easily from paper to plate and back again: for the wood-engraving 'Persephone' (no.23), the figure of 'Helios' was copied onto transfer paper; Braque then drew a curvilinear design to replace the horses of the original work, and the new image was applied to a wooden block.

In keeping with his wish to make lithography 'like painting' Braque used no less than nine colours, including five different types of blue, for 'Helios V' (no.24). Later, however, he preferred to use fewer colours, and to exploit the subtle variations possible with overlapping tonal areas. This is shown in 'Leaves, Colour, Light', 1953–4 (no.49). The first state of the print was close to the painting 'The Double Bouquet', 1952, from which this image of leaves in a vase was taken: the pot was a solid grey, and the leaves had pronounced markings. Braque then reworked the design, simplifying certain areas, and restricting the numbers of colours to four in all. The final image is a marvel of economy: the use of two shades of black subtly distinguishes the central image from the border, while the white of the paper delineates form and conveys wonderfully the sensation of light. According to Mourlot, Braque regarded 'Leaves, Colour, Light' as the most important lithograph he ever made.[55]

From the beginning Braque seems to have wanted to give the mechanical and impersonal procedures of printmaking a human touch. In his first post-war lithograph, 'Phaethon' (no.15), he had the brown border area printed twice, moving the paper one millimetre to the left for the second printing so as to obtain a softened, 'handworked' edge; and in the borders of 'Teapot and Lemons' (no.26) he used two closely related shades of grey to enliven the area and suggest the effect of brushwork. The tentative penmanship of a group of still lifes of 1953 (see nos.47–8) again has a certain immediacy, and suggests the action of the artist's hand. According to Ponge, Braque wanted to use such human touches to counteract the static quality of images: a sense of fallibility and time, he said, was evoked, 'by a certain trembling, a certain simulated hesitation in the drawing ... [by] the poor alignment of image and colour, and sometimes of colour in relation to itself (particularly easy to achieve in lithography), like shadows cast by an object superimposing themselves on a page'.[56]

The relationship of form and colour was central to Braque's printed work as a whole, but particularly to his lithographs (for technical reasons, including the relative ease with which lithographic stones and plates are inked, lithography lends itself to multiple colour printing much more easily than etching). In 'Night Flight' and 'Bird Crossing a Cloud' (nos.57,56), for example, Braque used the same stylised image of a bird in flight. In the first, he countered the bird's implied movement with small brown rectangles on either side of the image, and used shades of grey to evoke a night sky. In the second, he balanced the 'cloud' shape encircling the bird with a rectangular frame, and evoked a quite different mood with stark contrasts of violet-blue, yellow and black. For Ponge, the subtle relationships of form and colour in Braque's lithographs had an essentially musical quality: they were, he wrote, like the 'antiphons and responses' in a church missal.[57]

Braque brought to lithography a rare concern with surface quality, not normally associated with this medium. The use of a thin layer of varnish to enliven the surface of a print was an old trick, but Braque took this practice to extremes, applying thick boat varnish to a number of his works. The amber glow of the varnish brought colour to what had been black and white prints, and, at the same time, gave a translucent quality, similar to stained glass windows, to otherwise opaque paper. In the case of 'Varnished Bird' (no.51), the smooth, almost ceramic quality of the surface helped to underline the image's allusions to ancient Greek pottery. In 'Head of a Girl', 1951, by contrast, Braque deliberately set out to give this delicate line drawing a particularly uneven surface. Adrien Maeght (who varnished the edition for Braque), recalls allowing the varnish almost to set (creating the small lumps visible on the print's surface), before mixing in fresh varnish and wax to create a heavy but malleable mixture. (The unvarnished example of 'Head of a Girl' included in this catalogue (no.30) is a working proof, and not part of the final edition.)

It was, it seems, Braque's interest in the surface quality of his prints that led him to take the extremely unusual step of combining intaglio with lithography (the German artist Käthe Kollwitz had also combined the two media at the beginning of the century). For the two works titled 'Thalassa' (nos.63–4), for example, Braque used lithographic inks on etching plates and, it appears, had parts of the images – the grey border and underlying red in the first, and the pale grey border and 'crayon' areas of shadow in the second – printed lithographically. Etching was also combined with lithography in 'Varnished Chariot' (no.53): once the lithographic image of the chariot in a box-like setting was printed, the edition was sent to an intaglio printer, who imposed a relief pattern, designed by Braque and reminiscent of embossed wallpaper, in the centre of each print. The varnish on this work – thin over the raised areas of the pattern, thicker in the hollows – created the illusion that colour was used in the intaglio printing. Here was an instance of the legerdemain of an artist-decorator who had introduced into Cubism fake woodgrain and trompe l'oeil shadow.

Etchings with Signovert

Between 1949 and 1952, Braque turned his attention briefly from lithography to etching. Quite what prompted this is not clear, but it may be that the commission in 1948 of a frontispiece (fig.8) for a new translation of Heraclitus, a favourite Greek author,[58] reminded him of the enthusiasm he had experienced when working on the *Theogony*.

To help Braque with his etchings, Maeght arranged for a young painter-printer, Jean Signovert, to assist with some of the technical aspects of preparing plates and printing. Little is known about Signovert today, but it seems clear that he did not see himself as a mere technician like Deschamps. In a short article he wrote in 1964, entitled 'Etching and Emulation (Honi soit qui mal y pense)', he suggested that his working relationship with Braque had been far from passive. 'For four years, the needle, the burin and acid created on the copper plates a host of faces, flowers, birds, as Braque had intended and conceived them. He lent me his vision of the world, but accepted my vision as an etcher.' Many of Braque's etchings, he said, were based on drawings: 'Each drawing was chosen according (one might say) to its potential as an etching, or else Braque drew it with a view to turning it into an etching ... And when Braque made an etching ... we worked in tandem, and were always frank and honest with each other'.[59]

Braque's collaboration with Signovert resulted in a series of small, often experimental works, many of which were never editioned and are known only through trial proofs (see, for example, 'The White Chariot', no.29). Braque used a press that he had installed specially in a studio near his home, and supervised the printing of the works in person, altering the inks and choice of paper even within editions. The prints from this period are distinguished by their rough, improvisatory quality: spots and spatters abound; lines are often thick and crude; and surfaces are strongly textured. It was a far cry from the precision and restraint of his recent colour lithographs, as if he were striving to find a more personal and direct form of expression than before.

Using zinc – which reacts to acid more quickly than copper and gives rise to a grainier quality of line – Braque bit his plates deeply, producing rich blacks. He experimented with adding colour to some of his prints by means of varnish (for example, he varnished ten of the edition of thirty of 'Basket of Flowers', no.33); or by using a second plate. To 'Flowers on a Stem' (no.52), which was not editioned, Braque added black crayon shading and a few extra petals to the fig.8 Frontispiece for *Héraclite d'Ephèse*, translated by Yves Battistini with preface by René Char, published in Paris 1948. Printer unknown

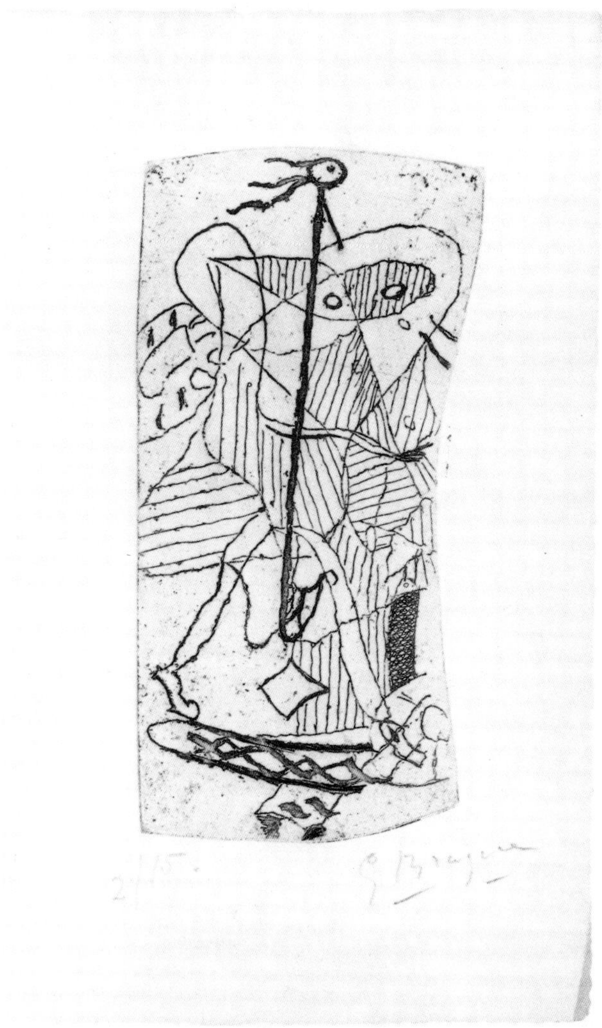

central part of the image; he also painted the back of the work with dark grey watercolour, thereby subtly modifying the colour of the cheap (and already creased) paper. In 'Flowers' (no.34), Braque created a rich surface tone by leaving on the plate an unusual amount of black ink into which he worked some brown ink in the middle and to one side of the flowers. The six working proofs for 'The Hunt' (nos.37–42), show Braque's willingness to try new techniques: he used paper cut-outs of the horse and spiral, which at one point he reversed to obtain a mirror image; he also experimented with selective inking of parts of the plate, and used stencils to create a relief effect. For the finished print, Braque used no less than three plates at once, at the centre of which rested a stencil, ink-soaked lengths of string or cotton, and paper cut-outs of the horse and spiral.

Braque's etchings in this period were dominated by issues of technique; their subject matter was often domestic and unambitious. Some of the most beautiful were simple images of flowers, showing an almost oriental economy of line and feeling for composition (an effect enhanced by the use of Japanese paper in 'Vase', no.28, for example). Even those that were inspired by ancient Greece seemed closer in style to the relatively humble designs found on archaic seals than to the great works of antiquity.

Why the relationship with Signovert ended is not clear. However, in the early 1950s Braque returned once more to lithography and thereafter worked with professional printers only. For a brief period he collaborated with Georges Visat,[60] who was responsible for the late editions of the Cubist prints, as well as for the *Theogony*; but from the mid 1950s Braque began to work with the young intaglio printer, Aldo Crommelynck. This led to a new phase of Braque's career as a printmaker.

Colour Etching with Crommelynck

While still a teenager, Aldo Crommelynck (b.1931) was apprenticed to the print workshop of Lacourière Frères,[61] though his real ambition was to be a painter. The workshop was run by Roger Lacourière, an established intaglio printer, who is credited with perfecting the technique of sugar-lift etching. Lacourière had worked with Matisse and Picasso before the war, and believed that the best way of learning the complexities of plate-making and printing was to translate painted images into colour etchings. (The workshop survived the difficult war period in part because Picasso allowed it to produce reproductions of one of his major paintings.) Crommelynck proved a gifted pupil, and progressed quickly to helping such artists as Matisse and Léger with original works.

Crommelynck recalls first being introduced to Braque *c.*1950 by his father, who was a playwright. He showed Braque his portfolio and asked permission to copy one of his paintings. A few years later while still at Lacourière, he assisted Braque with 'Black Bird on a Blue Background', 1955 (no.55), in which a bird with an elegantly curved neck flies above a loosely drawn ribbon of lozenges, a 'fill-in' device borrowed from Geometric Period Greek pottery. This work displays a certain fluidity of touch (already a hallmark of Crommelynck's use of aquatint), particularly in the blue sky of the background, a stylistic feature not found in Braque's earlier etchings or lithographs.

In 1955 Crommelynck set up his own business along with another printer, Robert Dutrou. Crommelynk produced a few works for Braque in 1956, but it was only from 1958 that the two men embarked on a serious partnership. Initially, Braque still thought of etching as a black and white image to which colour was added; but Crommelynck – who was a creative artist as well as a supreme technician – encouraged Braque to consider colour and form together.

'White Chariot', and its variant 'Black Chariot' (no.58) marked a further exploration of the technical problems that had interested Braque while working with Signovert. The outlines of the horses, chariot and figure are bitten deeply into the plate; and the presence of seemingly accidental marks and even finger-prints suggests an attempt to create an impression of deliberate casualness. In the first print, ink was applied only to the surface of the plate and not worked into the incised lines, which were printed 'blind'; but in the second work the central image was given a further, coarser aquatint, and ink forced into the lines (Crommelynck remembered the difficulty of ensuring there was sufficient ink in every part of the incised lines: for each success, he said, there were many fig.9 Braque with Aldo Crommelynck at the artist's Paris studio 1962, looking at an early state of one of the illustrations for *L'Ordre des oiseaux* (photograph by Mariette Lachaud)

failures). A second plate, inked in brown, provided the colour frame.

A marked change in Braque's approach to etching can be detected in 'Amaryllis' (no.60). Although the image started out as a freehand sketch (traces of the line drawing can still be seen in the print), the finished work is dominated by areas of colour, subtly balanced one against the other. In subject matter, and in its use of white paper to help define the image, 'Amaryllis' is the etching counterpart to 'Leaves, Colour, Light' (no.49).

'It occurred to me', Crommelynck later recalled, 'that in Braque's paintings the space separating the objects depicted was as important as the objects themselves, and that this had never been so with his prints ... Why not, I thought, do this with etchings? It is perfectly possible.'[62] Certainly, the forms in many of Braque's paintings are thinly painted, while the areas between them are enlivened by decorative or textural effects. Crommelynck showed Braque how to achieve similar results with his etchings, giving visual interest to the spaces around the central image through subtle use of aquatint.

According to Crommelynck, Braque was 'a perfectionist and an extremely patient one'.[63] Unlike Matisse or Picasso, both of whom liked quick results, Braque was happy to accept the long delays involved in multicolour printing. His plates were bitten as many as five or six times to achieve the required surface texture, and he enjoyed responding to unforeseen developments (the results of aquatint are never entirely predictable). Crommelynck felt that his chief contribution lay in suggesting new approaches and technical solutions; but it was, above all, his highly skilled use of aquatint that was crucial to the final look of

Braque's prints. In 'Amaryllis' (no.60), for example, the warm grey behind the vase has an extraordinary limpid quality, while the sand-coloured borders display a coarser, 'mineral' texture. Although he followed the artist's instructions, it was necessarily Crommelynck, and not Braque, who judged when and for how long the different plates used in such a print should be placed in the dust box or acid bath so as to achieve these different effects: Braque's role in this was to approve, or reject, the finished result.

Braque's enthusiasm for this new approach to colour was shown in the suite of etchings for *L'Ordre des oiseaux,* published in 1962. The aim of this volume (which was designed to mark the artist's eightieth birthday) was to bring together a series of bird images by Braque with a text by the recent Nobel Prize winner, Saint-John Perse (who in his writings often referred to birds). The author and illustrator worked in tandem, sending each other drafts and early proofs. In his text Saint-John Perse spoke about the bird as a universal symbol of physical and spiritual freedom. He described Braque's sleek birds as 'sickle-shaped wing[s] of dream', and 'nuclei of force and action': they were, he wrote, 'non-allusive and pure, free of all meaning'.[64]

This idea of the purity of the bird motif (which thus offered a stark but unspoken contrast to Picasso's heavily politicised image of a dove) reflected the artist's own views. In an interview given in the last months of his life, Braque commented:

> One summer, a few years ago, I was in the Camargue. I saw some huge birds flying above the waters. From that vision I derived aerial forms. Birds have inspired me, and I try to make the best use of them that I can in my paintings. While they interest me as living animal species, I have to bury in my memory their natural functions as birds. This concept, even after the shock of inspiration which has brought them to life in my mind, must fade, must be deleted, so that I can draw closer to my essential preoccupation: the construction of pictorial fact. Painting alone must impose its presence on what relates to it, and metamorphose it afresh; everything that goes to make up the picture must be integrated in this presence, and must efface itself before it.[65]

In the suite of etchings for *L'Ordre des oiseaux* (see fig.10), colour and form are nicely equipoised. As Alan Cristea of Waddington Graphics has written, 'The

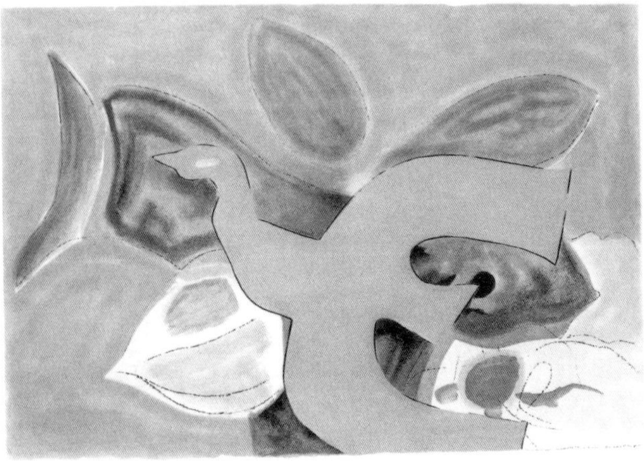

fig.10 Illustration in *L'Ordre des oiseaux* by Georges Braque and Saint-Jean Perse, published in 1962. Printed by Crommelynck

series represents a release from line; and "release" is the apposite word. The technical means at his disposal are freed from earlier constraint; the fusion of colour and form become quite uninhibited; Braque's bird, his symbol of freedom, is set free'.[65] Braque had long attempted to achieve an aesthetic and spiritual balance between form and colour; and the 'fusion' of the two elements in these late prints can perhaps be seen as his final triumph as a printmaker. However, the sensitive handling of some of these works – so different from the deliberate awkwardnesses of many of his other prints – perhaps suggests the intervention of Crommelynck, as much as any new resolution by Braque of the formal issues that had long guided his work.

Braque's Last Years

At the end of the 1950s Braque's health began to decline. He suffered from recurring bronchitis, and those who knew him have suggested that he was plagued by the effects of his war wounds (he had been left for dead on the battlefield in 1916 with a severe head injury). He continued to work when he was fit enough, and maintained a keen interest in printmaking; but it is clear that from the late 1950s he relied increasingly on his printers for help, even with basic drawing on the plates or stones.

Nevertheless, some of Braque's most striking images date from his last years. In 'The Bird in the Foliage', 1961 (no.70) the loosely brushed green circle and 'leaves' contrast powerfully with the impersonal newsprint, reproduced by photolithography. The newsprint suggests trees and also recalls Braque's use of newsprint in his early Cubist collages. The inclusion of the article with the headline 'Max Ernst, Quel Oiseau Êtes-Vous?' (Max Ernst, what bird are you?) seems a deliberate art-world joke, linking Braque's imagery with Ernst's vision of himself as a bird. According to Deschamps, however, it was Deschamps himself, not Braque, who chose the newsclippings and arranged them in imitation of an original collage by the artist.[67]

In his last years Braque made twenty-nine lithographs for a text by the poet René Char, a close friend. This was *Lettera amorosa*, published in March 1963. According to those involved in the project, Braque relied directly on the text for inspiration.[68] The line, 'Je ris merveilleusement avec toi. Voilà la chance unique', for example, gave rise to a series of five different images, among them a yellow sun and sunflower. Braque finally settled on a version showing a pure white disc, partly penetrated by green leaves, an image which he felt best encapsulated the spirit of Char's words.

In his final months, according to Mourlot, Braque was so weak that he could hardly concentrate on his work for this volume:

> Braque was tired, and Mariette Lachaud [his secretary and housekeeper] had to help him. She would say to him:
> – Monsieur Braque, perhaps you could put something there?
> He said yes, and did a little drawing ... At the workshop it was Deschamps – who

admired Braque and was much liked in return – who helped him. But he did not come very often any more, and in the end Deschamps did nearly everything, it has to be said ...[69]

Braque died in August 1963, and was buried in the little cemetery near his holiday home at Varengeville, Normandy. He did not live to see Mourlot's tribute to him as printmaker, *Braque lithographe,* which was published in October of that year; but he had at least known of its preparation. This volume, together with a number of recent exhibitions, belatedly drew the attention of the public to Braque's importance as a printmaker, and showed that though he may not have been as prolific as Picasso, he had, nevertheless, created a distinctive and impressive body of work.

A recurrent theme since the late 1920s in discussions of Braque's work was its 'Frenchness'. For his own generation, at least, it appears that Braque embodied certain important features of the French national spirit. Francis Ponge, in his preface to Mourlot's catalogue of the artist's lithographs, alluded to this. 'In France', he wrote, 'greatness is not measured in grand gestures, strident tones, violence or theatrical poses. Many of our masterpieces are of average size or even less than average size ... We relish restraint'. The strength of French art, he added, was its relative simplicity, its reliance not on the minutiae of realism but on the spirit or basic laws of nature. Braque, he said, exemplified this. 'In the guise of apparent description, of at times a simple still life', he wrote, '[Braque] always gives us something approaching an exemplar, a law, a device, an emblem, and not anything merely anecdotal: "This", he seems to say, "is how you can ... put yourself in touch with universal life".'[70]

Braque himself certainly believed that the function of art was to establish a moral, even metaphysical relationship with nature. The construction of a picture might be determined by the painter's concern with form and colour, but what really mattered was the artist's spiritual or poetic interpretation of reality. 'Art soars above material things', he wrote in his notebooks, 'while science gives you crutches.' 'I am much more interested in attaining unison with nature than with copying it'.[71]

Braque rarely discussed his subject matter, and scorned explanations of art. However, it seems reasonable to suggest that the gods and chariots of Greek myth, the dishes of fruit and vases of flowers of his own home, and the soaring birds, were all metaphors for aspects of the world that moved him. Meaning was inseparable from form, and form, he said, was 'malleable', and capable of metamorphosing into something unforeseen and unknown. In the contemplative calm of his studio, Braque found pleasure, perhaps even fulfilment, in the unpredictable process of making images. He would have seen no paradox in the description of his work by the poet Pierre Reverdy as 'a methodical adventure'.[72]

Notes

In writing this essay I have been helped by many experts in the field of twentieth-century printmaking. Pat Gilmour has been exceptionally generous with her time and her knowledge, and I am deeply grateful to her. She and Paul Coldwell were kind enough to comment on an early draft of the essay. In the course of my research I have had the good fortune to talk to Aldo Crommelynck, Henri Deschamps, Stanley Jones and Adrien Maeght about Braque as a printmaker. Their memories and insights were invaluable to me. Kasia Szeleynski and Brian McKenzie of the Tate Gallery's Conservation Department have been particularly helpful in elucidating Braque's techniques. I am also grateful to the following for their advice and assistance: Peter Black, Hervé and Frank Bordas, Sophie Bowness, Alan Cristea, Antony Griffiths, Libbie Howie, Quentin Laurens, Dora Vallier and Françoise Woiment.

1 Janet Flanner, *Men and Monuments: Profiles of Picasso, Braque, & Malraux*, New York 1990, pp.159–60.

2 André Malraux, 'To the Memory of Georges Braque', in Francis Ponge, Pierre Descargues, André Malraux, *G. Braque*, trans. Richard Howard, New York 1971, p.264.

3 Braque himself emphasised his 'Frenchness', sometimes by contrasting himself with the Spaniard, Picasso. For example, in an interview given in 1954, he said that at the time he and Picasso invented Cubism, they had been very close: 'As became clear later, Picasso is Spanish, and I am French. Everyone knows the differences that this entails. But in those years, the differences did not count' (in Dora Vallier, *L'Intérieur de l'art: Entretiens avec Braque, Léger, Villon, Miró, Brancusi (1954–1960)*, Paris 1982, p.34).

4 Flanner 1990, pp.166–7.

5 Vallier 1982, p.30.

6 Vallier 1982, p.48.

7 Daniel-Henry Kahnweiler with Francis Crémieux, *My Galleries and Painters*, trans. Helen Weaver, London 1971, p.45.

8 Francis Ponge, *Braque: Dessins*, Paris 1950, p.10.

9 Flanner 1990, p.158.

10 Jean Signovert, 'Gravure et émulation (Honi soit qui mal y pense)', *Nouvelles de l'Estampe*, Paris, no.8, 1964, p.224.

11 Conversation with the author in the studio of Aldo Crommelynck, Paris, 5 Aug. 1992. (Unless otherwise specified, all other references to Crommelynck's views relate to this conversation.)

12 Fernand Mourlot, *Gravés dans ma mémoire: Cinquante ans de lithographie*, Paris 1979, p.121.

13 In conversation with the author at Mourlot Imprimeur, Paris on 22 Oct. 1992, Henri Deschamps recalled that he and Mourlot had met Braque in the mid 1930s, before they worked on the reproduction for *Verve*. Braque, it seems, had been impressed by Deschamps's reproduction of a medieval manuscript, and had asked Mourlot and Deschamps to visit him in his studio where he told them that he would be interested in working with them one day.

14 Fernand Mourlot, *A même la pierre*, Paris 1979, unpaginated.

15 Quoted from 'Georges Braque: Sa vie raconté par lui-même', *Amis de l'art*, no.8, 1949, in *G. Braque: L'Oeuvre graphique*, exh. cat., Bibliothèque nationale, Paris 1960, [p.30].

16 *Georges Braque: Illustrated Notebooks 1917–1955*, trans. Stanley Appelbaum, New York 1971, p.65.

17 Braque is known to have used a female model in Feb. 1908, and he may also have used one in the preceding months (see William Rubin, *Picasso and Braque: Pioneering Cubism*, exh. cat., Museum of Modern Art, New York, Sept. 1989 – Jan. 1990, p.349.

18 Gelett Burgess, 'The Wild Men of Paris', *Architectural Record*, May 1910, p.405, quoted in Burr Wallen and Donna Stein, *The Cubist Print*, exh. cat., University Art Museum, University of California, Santa Barbara, 1981, p.24.

19 'Chez les artistes', *Bulletin de la vie artistique*, Paris, no.21, Nov. 1924, p.485.

20 Rubin 1989, p.17.

21 Braque used 'Fox' (no.5) as a basis for a painting, known as 'Bottle and Glass', 'Bar' or 'Bar Table', 1911 (coll. Kunstmuseum, Berne). See Wallen and Stein 1981, p.24.

22 There has been some doubt surrounding the medium of Braque's Cubist prints. The two published works of the period were certainly executed in drypoint alone, but the other works are generally described as etchings. However, examination of the prints shows that 'Paris' (no.3) was executed in drypoint alone, while 'Pal' (no.6) combines drypoint with etching.

23 See Wallen and Stein 1981, p.67.

24 Ibid.

25 However, see reservation expressed by Brigitte Baer in *Picasso: Peintre-graveur. Suite aux catalogues de Bernhard Geiser*, Berne 1988, p.75.

26 Ibid., p.23.

27 Ibid., p.32.

28 For details about hand photogravure, a technique used generally for small editions of high quality reproductions, particularly in France, see Felix Brunner, *A Handbook of Graphic Reproduction Processes*, Zurich 1975, pp.162–3, and Bamber Gascoigne, *How to Identify Prints*, 1986, nn.38,55k.

29 Dora Vallier (author of *Braque: L'Oeuvre gravé. Catalogue raisonné*, Paris 1982) lists Visat as the printer of the late editions of the Cubist works; and Adrien Maeght, in conversation with the author, confirmed that this was indeed the case. However, the printer Aldo Crommelynck insists that Braque commissioned him *c*.1957 to print some of these works, with instructions to take as many good quality prints as possible before the plates (which were not steel-faced) began to deterioriate. He remembers burnishing away the cross on 'Bass'. He delivered these to Galerie Maeght, but cannot find now the invoice that gives the date and the numbers of prints involved.

30 Claude Roger-Marx, *La Gravure originale en France de Manet à nos jours*, Paris 1939, p.63.

31 'Bibliophilia has this advantage: many artists, who would not have thought of making prints unless they had been made to learn the technique – which, from a distance, had seemed to them full of traps – now regularly practice it, unconstrained by the need to illustrate texts, freely and for pleasure', ibid., p.67.

32 However, as Gascoigne (1986, n.28b) writes, although the term 'chromolithograph' is used in a derogatory sense, it 'is of no use for defining a specific category of print, since the distinction between chromolithograph and colour lithograph can never be anything other than a value judgement, the printing method being the same'.

33 Quoted Flanner 1990, p.167.

34 Braque did not collect ancient artefacts, nor did he ever visit Greece. But he clearly treasured a number of Oceanic and African sculptures that he kept in his studio. Herschel Chipp writes that Braque 'must have felt a deep affinity for these designs since they are strikingly similar to some of the bird shapes in his paintings and also to many other of his decorative details' (*Georges Braque: The Late Paintings 1940–1963*, exh. cat., Phillips Collection, Washington D.C., Oct.–Dec. 1982, p.23).

35 '"It's Vollard", said Braque, "who has commissioned these drawings from me, and it's a pleasure to work with him, as money doesn't count for him. He has never done a book for profit. He'll redo a text, no matter what it is, for a missing letter, his editions often cost him a fortune".' Entry for 13 March 1934 in *René Gimpel, Diary of an Art Dealer*, trans. John Rosenberg, London 1966, p.427.

[36] Christian Zervos, 'Braque et la Grèce primitive', *Cahiers d'Art*, Paris 1940, p.3.

[37] Werner Hofmann, *Georges Braque: His Graphic Work*, London 1962, p.xii.

[38] S.W. Hayter, *New Ways of Gravure*, London 1966, p.134.

[39] According to Dora Vallier, in *Braque: L'Oeuvre gravé. Catalogue raisonné*, Braque altered the inks for 'Athene' (no.10) during the run, which explains the difference between various impressions. It is not known whether this print preceded or, more likely, was copied from a very similar painting of the same title (repr. Ponge, Descargues and Malraux 1971, p.58).

[40] Conversation with the author at the Galerie Maeght, Paris, on 21 Oct. 1992. (Unless otherwise specified, all other references to the views of Adrien Maeght relate to this conversation.)

[41] The Galerie Maeght held exhibitions of Braque's recent work, including prints, in June 1947, Jan. 1950, June–July 1952, Dec. 1954–Jan. 1955, April–May 1956, June–July 1959. On these, and other occasions, Aimé Maeght published some original prints and reproductive 'interpretations' of paintings in his gallery magazine *Derrière le miroir*.

[42] *L'Oeuvre graphique de Braque de 1910 à 1953*, exh. cat., Gimpel Fils, London, June 1953, [p.1].

[43] See *A Proximité des poètes et des peintres: Quarante ans d'édition Maeght*, exh. cat., Centre de Création Contemporaine, Tours, June–Sept. 1980, and *Maeght Editeur, Paris*, exh. cat., Redfern Gallery, London, Nov. 1966–Jan. 1967.

[44] Theodore Donson, *Prints and the Print Market: A Handbook for Buyers, Collectors, and Connoisseurs*, New York 1977, p.183.

[45] *Derrière le miroir: Dix ans d'édition 1946–1956*, Paris 1956, p.42, quoted by Vallier 1982, p.292.

[46] Donson 1977, p.20.

[47] The Print Council of America was perhaps the most outspoken on this issue of originality, but the same principles were espoused by other national bodies. In 1937 the French National Committee on Engraving, for example, declared: 'Proofs either in black or in colour, drawn from one or several plates, conceived and executed entirely by hand by the same artist, regardless of the technique employed, with the exclusion of any and all mechanical or photomechanical processes, shall be considered original engravings, prints, or lithographs. Only prints meeting such qualifications are entitled to be designated Original Prints.' The same definition was adopted by the French Chambre Syndicale de l'Estampe et du Dessin in 1965 (see *Nouvelles de l'Estampe*, Feb. 1965). My thanks to Pat Gilmour for bringing this to my attention.

[48] Letter to the Print Council of America, dated 13 Feb. 1962. I am very grateful to Pat Gilmour for letting me have copies of this correspondence, now held in the Archives of American Art, Washington D.C. She also brought to my attention the important and revealing essay by Charles Sorlier, Chagall's 'chromiste', in *Chagall Lithographe 1974–9*, Monte Carlo 1984, pp.9–14.

[49] Braque based only a few prints on paintings. 'Teapot and Lemons' (no.26) is perhaps the clearest example of a print that was based on a picture; but, as in 'Leaves, Colour, Light' (no.26), Braque often developed or subtly changed an image when he reworked it in print form. Some unique works might be seen as trial versions or preparatory states for prints. It is not clear, for example, whether 'Bird Crossing a Cloud' and 'Night Flight' (nos. 56–7) were made before or after paintings of the same subjects, also executed in 1957. An oil on paper version of 'The Bird and its Shadow I' (no.65), also of 1959, is known. 'Varnished Chariot' (no.53) is based on an original work, made with collaged embossed paper, ink and oil paint.

[50] *Georges Braque: Important Lithographs 1921–1963*, exh. cat., Lumley Cazalet, London, Oct.–Nov. 1972.

[51] Fernand Mourlot, *Braque-Paulhan*, Paris 1984, p.26. For accounts of the history of Mourlot Imprimeurs, see Fernand Mourlot, *The Original Posters*, London 1959; Charles Perussaux, 'Fernand Mourlot: Quarante années de lithographie', *Nouvelles de l'Estampe*, Paris, no.3, 1967, pp.78–82; and Fernand Mourlot, *Souvenirs et portraits d'artistes*, Paris 1973.

[52] According to Mourlot, Braque himself would occasionally transfer his images from paper to stone (*Original Posters*, 1959, p.14).

[53] Francis Ponge, *Braque lithographe*, with notes by Fernand Mourlot, Paris 1963, p.14.

[54] Braque never spoke about his interest in the art and literature of ancient Greece, but the fact that roughly a third of his prints have Greek subjects suggest its importance to him. Interestingly, many of the gods identified by name in his prints are not particularly well known, and lack identifying attributes. However, they all were worshipped in the pre-classical period. For example, Helios, the sun god who drove his chariot from east to west across the sky, was the object of a cult before he became identified with Apollo in the fifth century BC. Phaethon (see no.15) was Helios's son, killed by a thunderbolt sent by Zeus. Athena or Athene (see no.10) was another pre-Hellenic god, and was associated not only with Athens in Attica but also with Athens in Boeotia, where the poet Hesiod lived. Perhaps significantly, she was not only the goddess of war but also the patroness of arts and crafts.

[55] Ponge 1963, p.67.

[56] Ibid., pp.11–12.

[57] Ibid., p.12.

[58] Adrien Maeght recalls that, when he was still a teenager, Braque recommended him to read Heraclitus. Maeght still remembers passages of the text, which had a preface by one of Braque's closest friends, the poet René Char.

[59] Signovert 1964, p.225.

[60] For a brief discussion of Visat's work, see 'Répertoire des imprimeurs de gravures (Taille-douce, bois, linogravure)', *Nouvelles de l'estampe*, Paris, no.16, July–Aug. 1974, p.28.

[61] Ibid., p.23.

[62] Unpublished text of a conversation between Aldo Crommelynck and Alan Cristea, Feb. 1985. My thanks to Alan Cristea and Pat Gilmour for allowing me to see the transcript of the conversation.

[63] Pat Gilmour, 'Introduction', in *Aldo Crommelynck*, exh. cat., Waddington Graphics, March–April 1987, [p.6].

[64] Saint-John Perse, *Birds*, trans. Robert Fitzgerald, New York 1966, pp.36, 44 and 62.

[65] Jacques Damase, *Braque*, London 1963, p.74.

[66] *Georges Braque: Engravings and Lithographs 1911–1963*, exh. cat., Waddington Graphics, April–May 1985, [p.2].

[67] The print was based on a collage now in a private collection, Paris. A second collage, in which the newspaper clippings are arranged more dynamically, belongs to the Fondation Maeght, Saint-Paul, and is reproduced in *Georges Braque en Europe*, exh. cat., Galerie des Beaux Arts, Bordeaux, May–Sept. 1982, no.89.

[68] See Vallier, *Braque: L'Oeuvre gravé*, 1982, p.267.

[69] Mourlot 1979, p.123.

[70] Ponge 1963, pp.12–13.

[71] *Illustrated Notebooks* 1971, pp.19, 25.

[72] Pierre Reverdy, *Georges Braque: Une Aventure méthodique*, Paris 1950.

1 **Nude Study** 1907–8
27.7 × 19.7 (10⅞ × 7¾)

4 Job 1911
14.1 × 19.7 ($5\frac{1}{2}$ × $7\frac{3}{4}$)

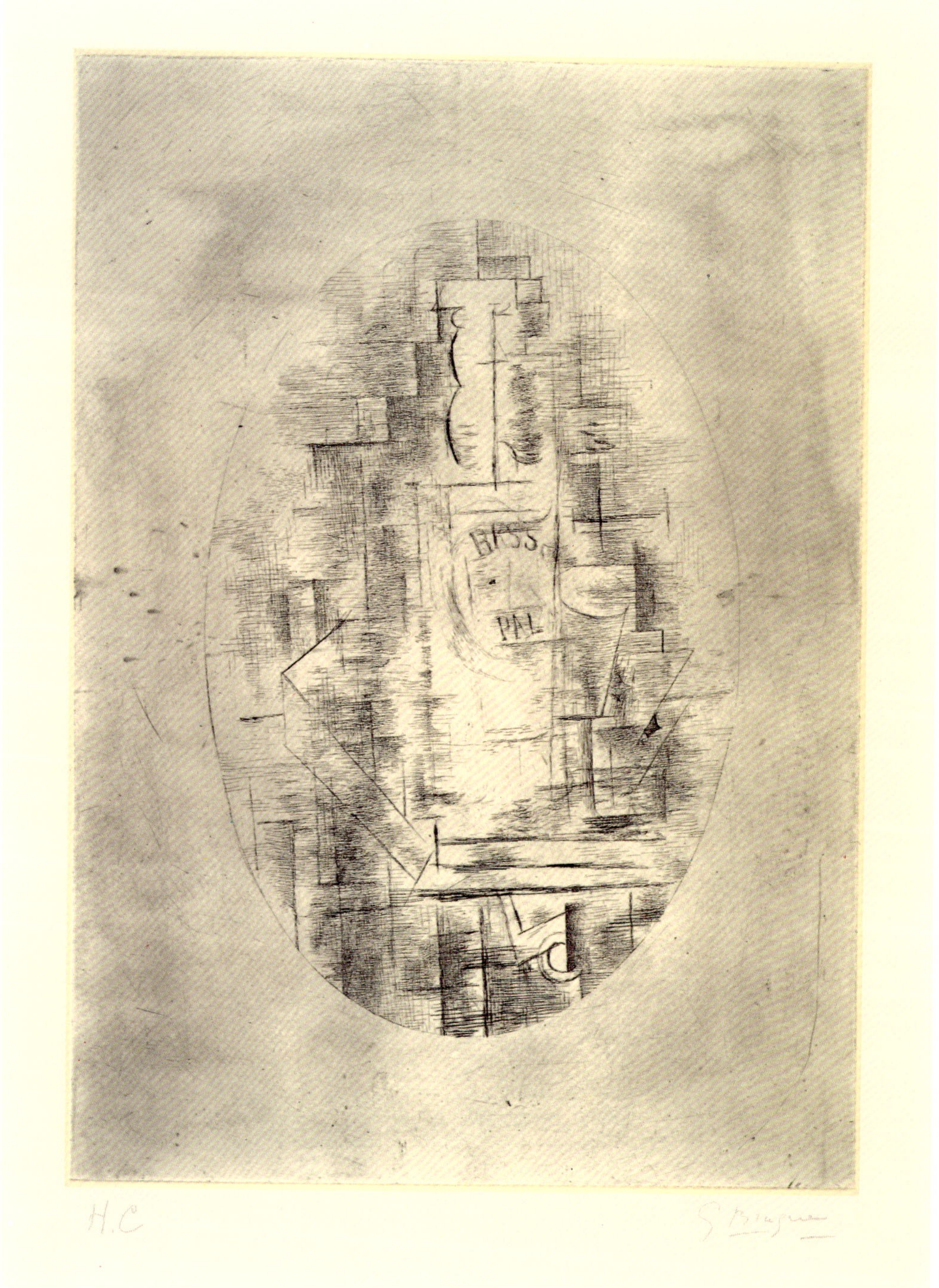

6 Pal (Bottle of Bass and Glass on a Table) 1911
45.6 × 32.7 (18 × 12⅞)

7 Still Life (Glass and Fruits) 1921
20.3 × 40 (8 × 15¾)

10 Athene 1932
36.6 × 30 (14 3/8 × 11 3/4)

12 Illustration for Hesiod's *Theogony* ?1932
36.6 × 29.9 (14 3/8 × 11 3/4)

15 Phaethon (Chariot I) 1945
30.5 × 43.5 (12 × 17⅛)

17 Teapot and Apples 1946
29.5 × 65.4 (11⅝ × 25¾)

19 Grey Teapot 1947
36.7 × 55 (14½ × 21⅝)

21 Helios IV 1947
57.2 × 46.5 (22½ × 18¼)

24 Helios V 1948
51 × 43 (20⅛ × 16⅞)

36 The Hunt 1952
29.3 × 39.5 (11½ × 15½)

26 Teapot and Lemons 1949
49.4 × 64.5 (19½ × 25⅜)

34 Flowers 1951
26.1 × 18.8 ($10\frac{1}{4} \times 7\frac{3}{8}$)

30 **Head of a Girl (working proof)** 1951
32.4 × 25 (12¾ × 9⅞)

46 Profile with Palette 1953
52 × 71 (20½ × 28)

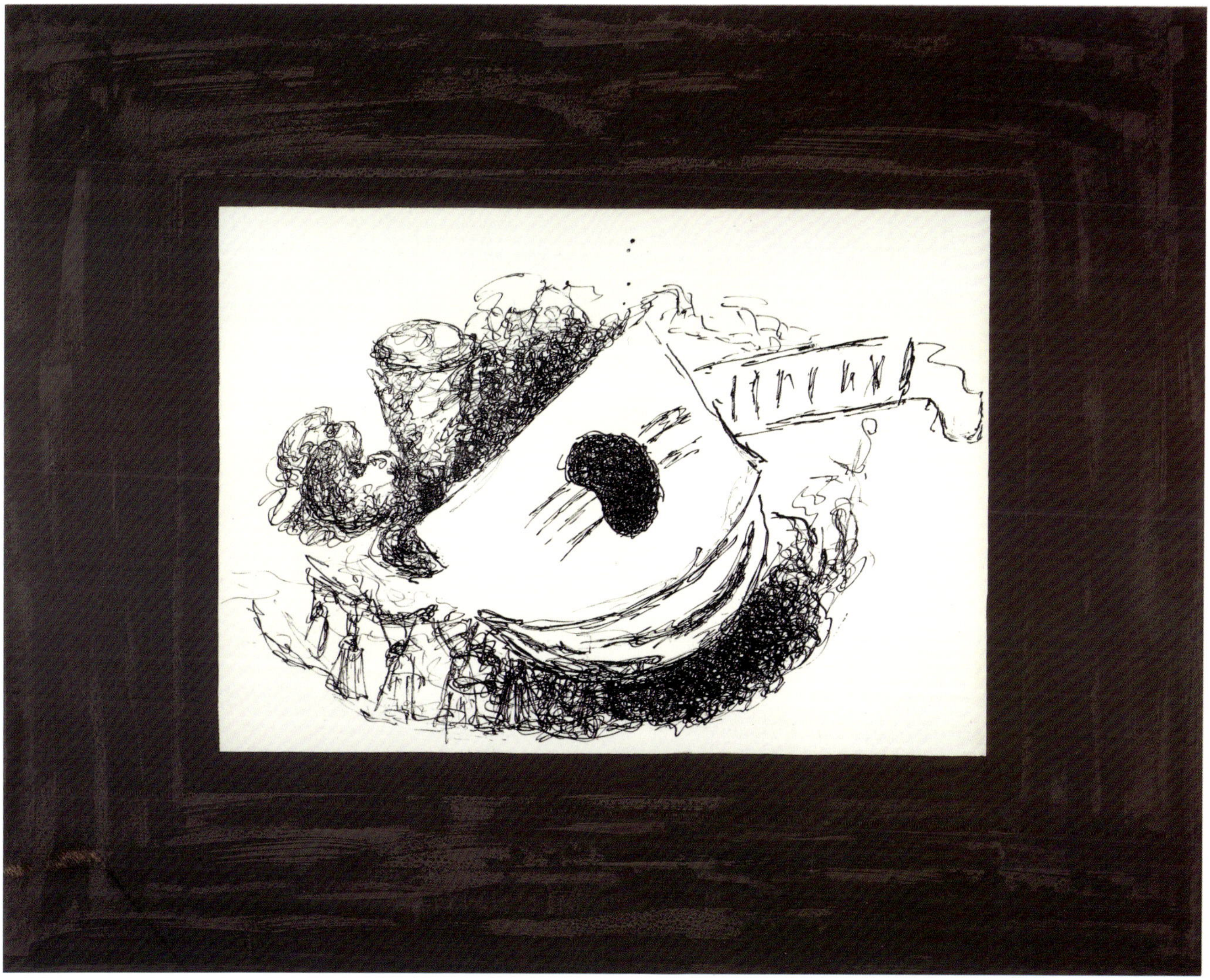

47 The Guitar 1953
60.5 × 76.5 (23⅞ × 30⅛)

53 **Varnished Chariot (The Chariot III)** 1955
32 × 42 ($12\frac{5}{8}$ × $16\frac{1}{2}$)

49 Leaves, Colour, Light 1953–4
97.5 × 60.4 (38⅜ × 23¾)

56 Bird Crossing a Cloud (Bird XI) 1957
41.2 × 69.5 (16¼ × 27⅜)

57 **Night Flight (Bird XII)** 1957
38.5 × 69 (15⅛ × 27⅛)

51 **Varnished Bird (Bird VII)** 1954
22.2 × 32.3 ($8\frac{3}{4}$ × $12\frac{3}{4}$)

58 **Black Chariot (Chariot V)** 1958
23.8 × 29.6 ($9\frac{3}{8} \times 11\frac{5}{8}$)

55 Black Bird on a Blue Background (Bird VIII) 1955
14.7 × 22.3 (5¾ × 8¾)

60 **Amaryllis** 1958
54.6 × 45.2 (21½ × 17¾)

65 The Bird and its Shadow I 1959
58.5 × 84.3 (23 × 33¼)

70 **The Bird in the Foliage** 1961
80.5 × 105 (31⅝ × 41⅜)

68 The Bird and its Shadow II 1961
33.4 × 58.6 (13 1/8 × 23 1/8)

73 **Birds in Flight** 1961
67.5 × 55.7 (26⅝ × 21⅞)

72 **Bird of Passage** 1961
59 × 41.3 (23¼ × 16¼)

74 The Three Birds in Flight 1961
73.5 × 57 (29 × 22½)

76 Equinox 1962
35 × 53.1 ($13\frac{3}{4} \times 20\frac{7}{8}$)

Catalogue

All works in the exhibition have been kindly lent from a private collection, except nos.4 and 5 which are lent by the Galerie Louise Leiris, Paris.

The measurements given below refer to the image size, and are in centimetres followed by inches in brackets, height before width. 'Inscribed' means inscribed by the artist's hand. 'E.P.' stands for 'épreuve d'artist', and 'H.C.' for 'hors commerce'. These terms indicate that the prints inscribed in this way are apart from the numbered edition, but are identical to it and are approved by the artist. Works illustrated in colour are marked with an asterisk. The illustrations do not necessarily show the full size of the paper on which the images are printed.

The Tate Gallery has the following prints by Georges Braque in its collection:
Woman with Mandolin 1945 (P08228)
The Bird 1946–9 (P01698)
Helios 1948 (L01457) on loan from a private collection
Profile with Palette 1953 (P77198)
Black Chariot 1958 (P77264)

1 **Nude Study*** 1907–8
Étude de nu
Etching 27.7 × 19.7 (10⅞ × 7¾)
Inscribed 'E.A.'
Printed by Visat and published by Maeght éditeur 1953

2 **Guitar on a Table** 1910
Guitare sur une table
Photogravure 13 × 19.4 (5⅛ × 7⅝)
Printed by Visat 1954

3 **Paris (Still Life on a Table)** 1911
Paris (Nature morte sur une table)
Drypoint 19.6 × 27.6 (7¾ × 10⅞)
Printed by Visat 1954

4 **Job*** 1911
Drypoint 14.1 × 19.7 (5½ × 7¾)
Signed
Printed by Delâtre and published by D.-H. Kahnweiler éditeur 1912

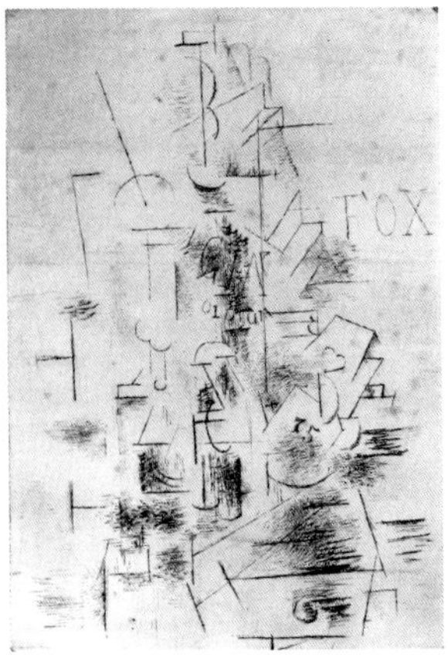

5 **Fox** 1911
Drypoint 54.3 × 39.8 (21⅜ × 15⅝)
Printed by Delâtre and published by
D.-H. Kahnweiler éditeur 1912

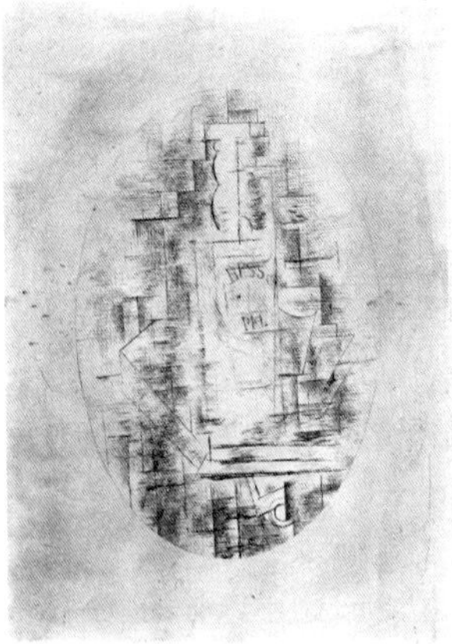

6 **Pal (Bottle of Bass and Glass on a Table)*** 1911
Pal (Bouteille de Bass et verre sur une table)
Etching with drypoint 45.6 × 32.7 (18 × 12⅞)
Inscribed 'H.C.' and signed
Printed by Visat and published by
Maeght éditeur 1954

7 **Still Life (Glass and Fruits)*** 1921
Nature morte (Verre et fruits)
Lithograph 20.3 × 40 (8 × 15¾)
Inscribed 'E.A.'
Printed by Charlot and published
by D.-H. Kahnweiler éditeur 1922

8 **Small Still Life I** *c.*1930
Petite nature morte I
Etching 13.1 × 10.7 (5⅛ × 4¼)
Printer and date of printing unknown

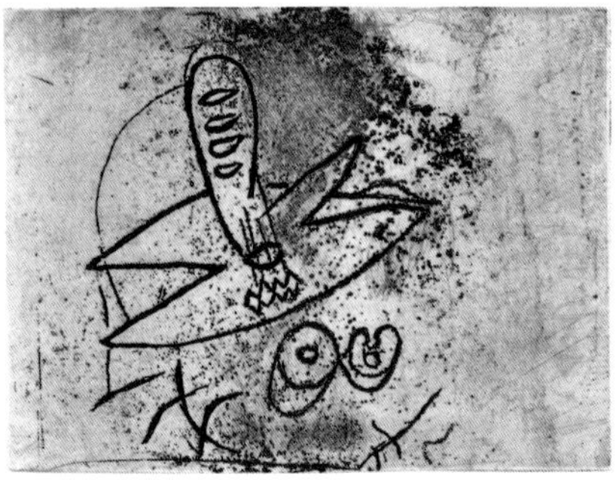

9 **Small Still Life II** *c.*1930
Petite Nature morte II
Etching 13.1 × 17.5 (5⅛ × 6⅞)
Printer and date of printing unknown

10 **Athene*** 1932
Athênê
Lithograph 36.6 × 30 (14⅜ × 11¾)
Inscribed 'E.A.' and signed
Printed by Berdon for the artist

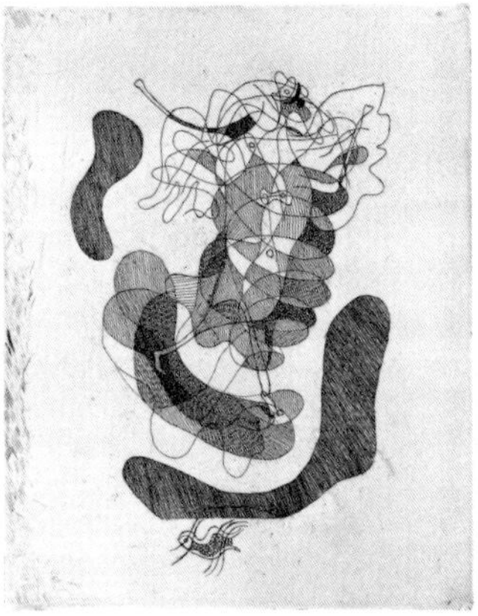

11 Illustration for Hesiod's *Theogony* ?1932
Etching with drypoint 37.6 × 29.6 (14¾ × 11⅝)
Inscribed '50/50' and signed
Printed by Galanis for Vollard
éditeur 1932–9

12 Illustration for Hesiod's *Theogony** ?1932
Etching 36.6 × 29.9 (14⅜ × 11¾)
Inscribed '35/50' and signed
Printed by Galanis for Vollard éditeur 1932–9

13 **Figure and Tree Stump** ?1932
Personnage et tronc d'arbre
Etching with drypoint 36.6 × 29.5 (14⅜ × 11⅝)
Printed by Crommelynck 1981

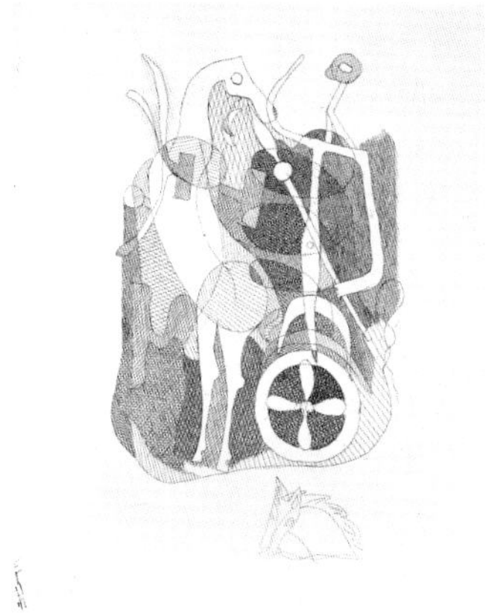

14 **The Greek Chariot** ?1932
Le Char grec
Etching with drypoint 37.6 × 29.5 (14¾ × 11⅝)
Printed by Crommelynck 1981

15 **Phaethon (Chariot I)*** 1945
Phaéton (Char I)
Lithograph 30.5 × 43.5 (12 × 17⅛)
Printed by Deschamps at Mourlot Imprimeurs

16 **Helios III (working proof)** 1946
Hélios III (épreuve de travail)
Lithograph 32.1 × 26.7 (12⅝ × 10½)
Printed by Deschamps at Mourlot Imprimeurs

17 **Teapot and Apples*** 1946
Théière et pommes
Lithograph 29.5 × 65.4 (11⅝ × 25¾)
Printed by Deschamps at Mourlot Imprimeurs

18 **Teapot on a Grey Background** 1946–7
Théière sur fond gris
Lithograph 31.7 × 50.3 (12½ × 19¾)
Printed by Deschamps at Mourlot Imprimeurs

19 **Grey Teapot*** 1947
Théière grise
Lithograph 36.7 × 55 (14½ × 21⅝)
Inscribed 'H.C.' and signed
Printed by Deschamps at Mourlot Imprimeurs and published by Maeght éditeur

20 **Grey Teapot (working proof)** 1947
Théière grise (épreuve de travail)
Lithograph 24.8 × 41.7
(9¾ × 16⅜)
Printed by Deschamps at Mourlot
Imprimeurs

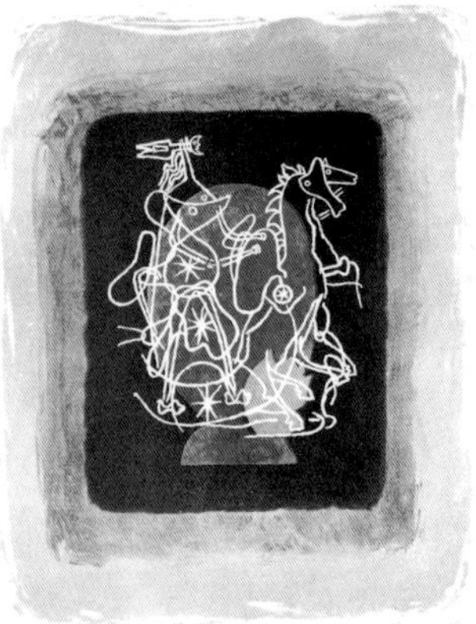

21 **Helios IV*** 1947
Hélios IV
Lithograph 57.2 × 46.5
(22½ × 18¼)
Printed by Deschamps at Mourlot
Imprimeurs

22 **The Swan** 1947
Le Cygne
Lithograph 26.1 × 24.6
(10¼ × 9⅝)
Printed by Deschamps at Mourlot
Imprimeurs

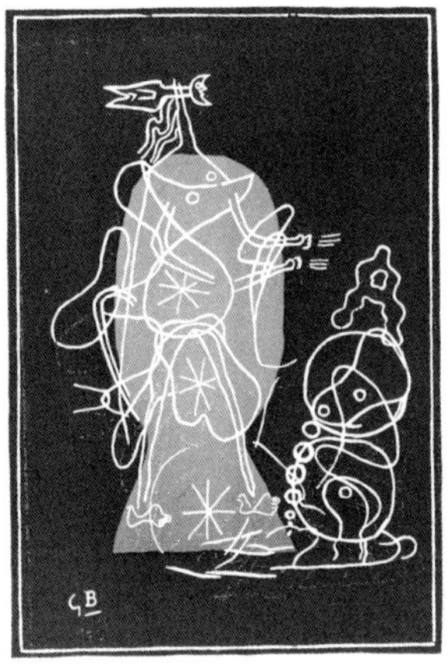

23 **Persephone** 1948
Perséphone
Wood-engraving 35 × 24.1
(13¾ × 9½)
Printed by Féquet et Baudier for the
artist

24 **Helios V*** 1948
Hélios V
Lithograph 51 × 43 (20⅛ × 16⅞)
Printed by Deschamps at Mourlot
Imprimeurs

25 **Helios VI** 1948
Hélios VI
Lithograph 47.4 × 41.7
(18⅝ × 16⅜)
Inscribed 'H.C.' and signed
Printed by Deschamps at Mourlot
Imprimeurs and published by
Maeght éditeur

26 **Teapot and Lemons*** 1949
Théière et citrons
Lithograph 49.4 × 64.5
(19½ × 25⅜)
Inscribed '67/75'
Printed by Deschamps at Mourlot
Imprimeurs and published by
Maeght éditeur

Etching 18.2 × 11.6 ($7\frac{1}{8} \times 4\frac{5}{8}$)
Printed by Signovert

27 **Green Head (working proof)** 1950
Tête verte (épreuve de travail)
Etching 32.6 × 21 ($12\frac{7}{8} \times 8\frac{1}{4}$)
Printed by Signovert

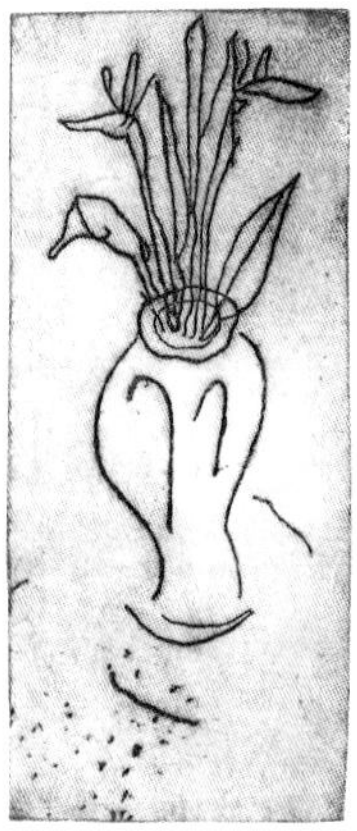

28 **Vase** 1950
Etching 24.5 × 10.6 ($9\frac{5}{8} \times 4\frac{1}{8}$)
Printed by Signovert

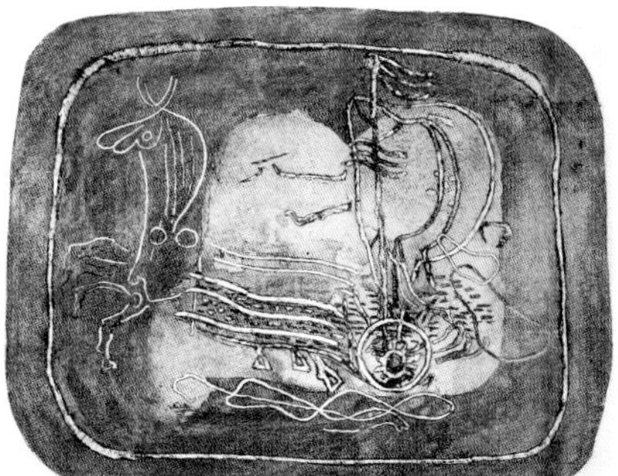

29 **The White Chariot** 1950–1
Le Char blanc
Etching 31.8 × 39.5 ($12\frac{1}{2} \times 15\frac{1}{2}$)
Printed by Signovert; not editioned

30 **Head of a Girl (working proof)*** 1951
Tête de jeune fille (épreuve de travail)
Lithograph 32.4 × 25 ($12\frac{3}{4} \times 9\frac{7}{8}$)
Printed by Deschamps at Mourlot Imprimeurs

31 **Greek Head** 1951
Tête grecque
Etching 17.6 × 22.3 ($6\frac{7}{8} \times 8\frac{3}{4}$)
Printed by Signovert

32 **Green Bouquet** 1951
Bouquet vert

33 **Basket of Flowers** 1951
Corbeille de fleurs
Etching with varnish and painted border 15.3 × 27.2 ($6 \times 10\frac{3}{4}$)
Printed by Signovert

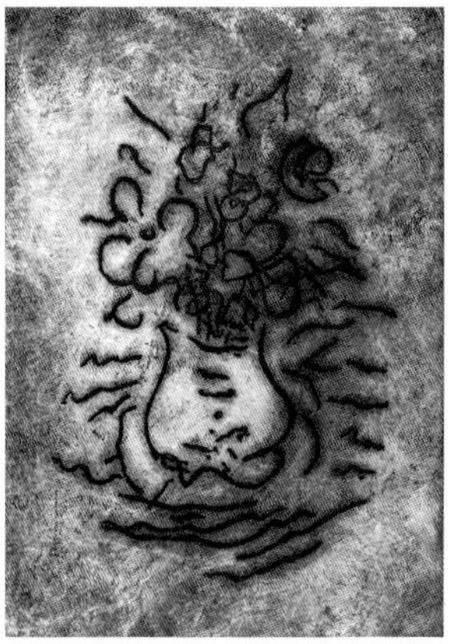

34 **Flowers*** 1951
Fleurs
Etching 26.1 × 18.8 ($10\frac{1}{4} \times 7\frac{3}{8}$)
Printed by Signovert

35 **Chestnut-coloured Bird I (Bird V)** 1952
Oiseau marron I (Oiseau V)
Etching 14.3 × 19.4 ($5\frac{5}{8} \times 7\frac{5}{8}$)
Inscribed 'E.A.' and signed
Printed by Signovert and published by Maeght éditeur

36 **The Hunt*** 1952
La Chasse
Etching 29.3 × 39.5 ($11\frac{1}{2}$ × $15\frac{1}{2}$)
Printed by Signovert

37 **The Hunt (working proof)** 1952
La Chasse (épreuve de travail)
Etching 18.8 × 27.8 ($7\frac{3}{8}$ × 11)
Printed by Signovert

38 **The Hunt (working proof)** 1952
La Chasse (épreuve de travail)
Etching 19.8 × 25 ($7\frac{3}{4}$ × $9\frac{7}{8}$)
Printed by Signovert

39 **The Hunt (working proof)** 1952
La Chasse (épreuve de travail)
Etching 19.8 × 25 ($7\frac{3}{4}$ × $9\frac{7}{8}$)
Printed by Signovert

40 **The Hunt (working proof)** 1952
La Chasse (épreuve de travail)
Etching 19.5 × 24.2 ($7\frac{5}{8}$ × $9\frac{1}{2}$)
Printed by Signovert

41 **The Hunt (working proof)** 1952
La Chasse (épreuve de travail)
Etching 20 × 24.6 ($7\frac{7}{8}$ × $9\frac{5}{8}$)
Printed by Signovert

42 **The Hunt (working proof)** 1952
La Chasse (épreuve de travail)
Etching 20.2 × 24.8 (8 × $9\frac{3}{4}$)
Printed by Signovert

43 **The Chariot (The Chariot II)** 1953
Le Char (Le Char II)
Lithograph 49.2 × 64.7
($19\frac{3}{8}$ × $25\frac{1}{2}$)
Printed by Deschamps at Mourlot
Imprimeurs

44 **The Chariot (The Chariot II) (working proof)** 1953
Le Char (Le Char II) (épreuve de travail)
Lithograph 19.4 × 26.6
($7\frac{5}{8}$ × $10\frac{1}{2}$)
Printed by Deschamps at Mourlot
Imprimeurs

45 **The Chariot (The Chariot II) (working proof)** 1953
Le Char (Le Char II) (épreuve de travail)
Lithograph 22.5×36.6
($8\frac{7}{8} \times 14\frac{3}{8}$)
Printed by Deschamps at Mourlot Imprimeurs

46 **Profile with Palette*** 1953
Profil à la palette
Lithograph 52×71 ($20\frac{1}{2} \times 28$)
Printed by Deschamps at Mourlot Imprimeurs

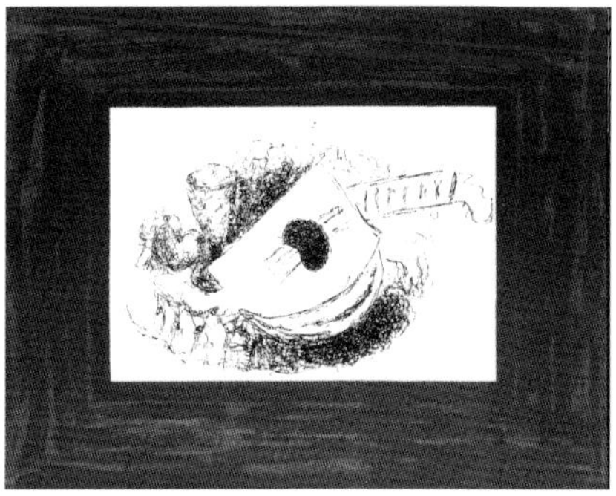

47 **The Guitar*** 1953
La Guitare
Lithograph 60.5×76.5
($23\frac{7}{8} \times 30\frac{1}{8}$)
Printed by Deschamps at Mourlot Imprimeurs

48 **The Oysters** 1953
Les Huîtres
Lithograph 32.7×50.5
($12\frac{7}{8} \times 19\frac{7}{8}$)
Printed by Deschamps at Mourlot Imprimeurs

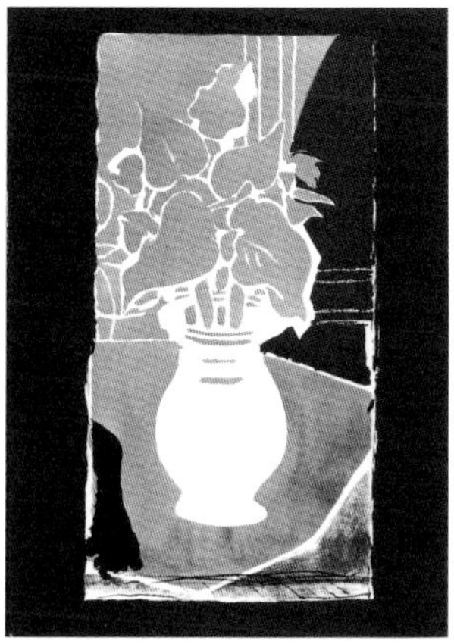

49 **Leaves, Colour, Light*** 1953–4
Feuilles, couleur, lumière
Lithograph 97.5×60.4
($38\frac{3}{8} \times 23\frac{3}{4}$)
Printed by Deschamps at Mourlot Imprimeurs

50 **Apples on a Black Background** 1954
Pommes sur fond noir
Lithograph 35.6×51.4 ($14 \times 20\frac{1}{4}$)
Printed by Deschamps at Mourlot Imprimeurs

51 **Varnished Bird (Bird VII)*** 1954
Oiseau verni (Oiseau VII)
Lithograph with varnish
22.2×32.3 ($8\frac{3}{4} \times 12\frac{3}{4}$)
Printed by Deschamps at Mourlot Imprimeurs

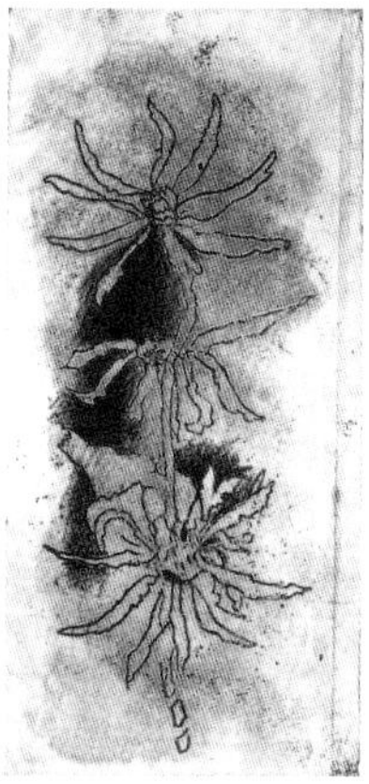

52 **Flowers on a Stem (working proof)** 1955
Fleurs sur tige (épreuve de travail)
Etching with charcoal 30.4×14.6
($12 \times 5\frac{3}{4}$)
Printer unknown; not editioned

53 **Varnished Chariot (The Chariot III)*** 1955
Char verni (Le Char III)
Lithograph with varnish 32×42
($12\frac{5}{8} \times 16\frac{1}{2}$)

Inscribed 'H.C.' and signed
Printed by Deschamps at Mourlot Imprimeurs and published by Maeght éditeur

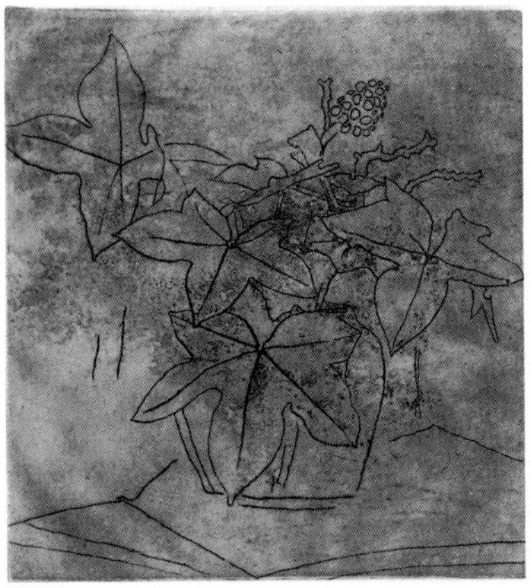

54 **Ivy** 1955
Le Lierre
Etching 36.5 × 33.9 (14⅜ × 13⅜)
Inscribed 'E.A.' and signed
Printed by Visat and published by Maeght éditeur

55 **Black Bird on a Blue Background (Bird VIII)*** 1955
Oiseau noir sur fond bleu (Oiseau VIII)
Etching 14.7 × 22.3 (5¾ × 8¾)
Printed by Crommelynck at Lacourière Frères

56 **Bird Crossing a Cloud (Bird XI)*** 1957
Oiseau traversant un nuage (Oiseau XI)
Lithograph 41.2 × 69.5 (16¼ × 27⅜)
Inscribed '3/75' and signed
Printed by Deschamps at Mourlot Imprimeurs and published by Maeght éditeur

57 **Night Flight (Bird XII)*** 1957
Vol de nuit (Oiseau XII)
Lithograph 38.5 × 69 (15⅛ × 27⅛)
Printed by Deschamps at Mourlot Imprimeurs

58 **Black Chariot (Chariot V)*** 1958
Char noir (Char V)
Etching 23.8 × 29.6 (9⅜ × 11⅝)
Inscribed 'H.C.' and signed
Printed by Crommelynck at Crommelynck et Dutrou and published by Maeght éditeur

59 **The Fire Bird (Bird XIII)** 1958
L'Oiseau de feu (Oiseau XIII)
Etching with varnish 37 × 34.5 (14⅝ × 13⅝)
Printed by Crommelynck at Crommelynck et Dutrou
Illustrated on cover

60 **Amaryllis*** 1958
Les Amaryllis
Etching 54.6 × 45.2 (21½ × 17¾)
Inscribed 'E.A.' and signed
Printed by Crommelynck at Crommelynck et Dutrou and published by Maeght éditeur

61 **At Sunset (Bird XVI)** 1958
Au couchant (Oiseau XVI)
Lithograph 48.5 × 65.5
($19\frac{1}{8} \times 25\frac{3}{4}$)
Printed by Deschamps at Mourlot Imprimeurs

62 **Star and Bird II** 1958–9
Astre et oiseau II
Lithograph 44.4 × 52.9
($17\frac{1}{2} \times 20\frac{7}{8}$)
Inscribed 'H.C.' and signed
Printed by Deschamps at Mourlot Imprimeurs and published by Maeght éditeur

63 **Thalassa I** 1959
Lithography and relief printing
10.5 × 26.2 ($4\frac{1}{8} \times 10\frac{3}{8}$)
Inscribed 'E.A.' and signed
Printed by Crommelynck at Crommelynck et Dutrou and published by Maeght éditeur

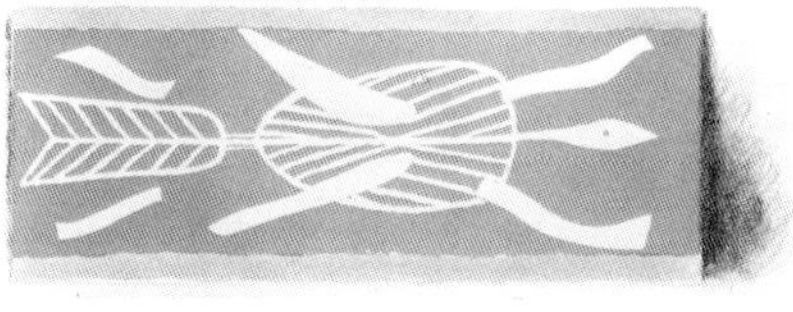

64 **Thalassa II** 1959
Lithography and relief printing
10.5 × 30.6 ($4\frac{1}{8} \times 12$)
Inscribed 'E.A.' and signed
Printed by Crommelynck at Crommelynck et Dutrou and published by Maeght éditeur

65 **The Bird and its Shadow I*** 1959
L'Oiseau et son ombre I
Lithograph 58.5 × 84.3 ($23 \times 33\frac{1}{4}$)
Printed by Deschamps at Mourlot Imprimeurs

66 **Gélinotte** 1960
Lithograph 22.5 × 36 ($8\frac{7}{8} \times 14\frac{1}{8}$)
Inscribed 'H.C.' and signed
Printed by Deschamps at Mourlot Imprimeurs and published by Maeght éditeur

67 **The Plough** 1960
La Charrue
Lithograph 30.1 × 48 ($11\frac{7}{8} \times 18\frac{7}{8}$)
Inscribed 'H.C.' and signed
Printed and published by Maeght éditeur

68 **The Bird and its Shadow II*** 1961
L'Oiseau et son ombre II
Etching 33.4 × 58.6 ($13\frac{1}{8} \times 23\frac{1}{8}$)
Inscribed 'H.C.' and signed
Printed and published by Maeght éditeur

69 **The Bird and its Shadow III** 1961
L'Oiseau et son ombre III
Etching 33.8 × 58.7 ($13\frac{1}{4} \times 23\frac{1}{8}$)
Inscribed 'H.C.' and signed
Printer unknown; published by Maeght éditeur

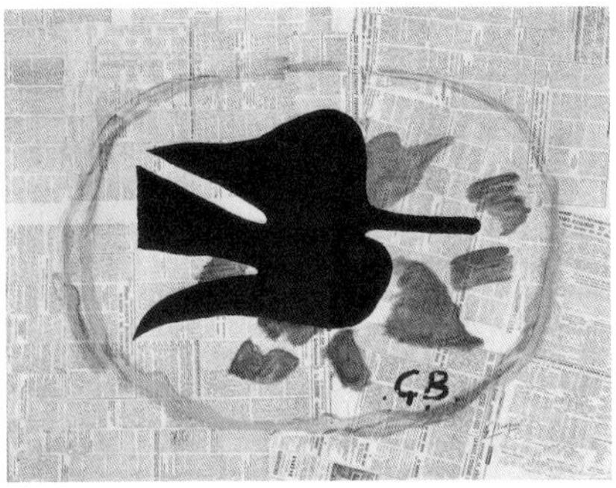

70 **The Bird in the Foliage*** 1961
L'Oiseau dans le feuillage
Lithograph 80.5×105
$(31\frac{5}{8} \times 41\frac{3}{8})$
Inscribed 'H.C.' and signed
Printed by Deschamps at Maeght
Imprimeur

71 **The Studio** 1961
L'Atelier
Lithograph 43.1×52.4 $(17 \times 21\frac{3}{8})$
Inscribed 'H.C.' and signed
Printed by Deschamps at Mourlot
Imprimeurs and published by
Musées Nationaux éditeur

72 **Bird of Passage*** 1961
Oiseau de passage
Etching 59×41.3 $(23\frac{1}{4} \times 16\frac{1}{4})$
Inscribed 'H.C.' and signed
Printed and published by Maeght
éditeur

73 **Birds in Flight*** 1961
Oiseaux en vol
Lithograph 67.5×55.7
$(26\frac{5}{8} \times 21\frac{7}{8})$
Inscribed 'H.C.' and signed
Printed and published by Maeght
éditeur

74 **The Three Birds in Flight*** 1961
Les Trois Oiseaux en vol
Etching 73.5×57 $(29 \times 22\frac{1}{2})$
Inscribed 'H.C.' and signed
Printed and published by Maeght
éditeur

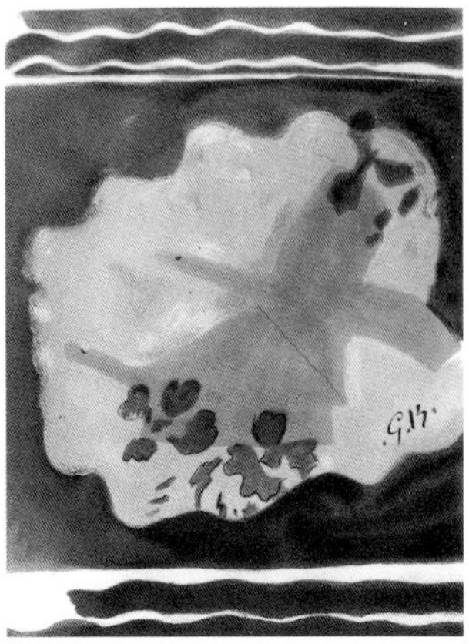

75 **Migration** 1962
Etching 23.6×17.6 $(9\frac{1}{4} \times 6\frac{7}{8})$
Inscribed 'H.C.' and signed
Printed and published by Maeght
éditeur

76 **Equinox*** 1962
Equinoxe
Lithograph 35×53.1 $(13\frac{3}{4} \times 20\frac{7}{8})$
Inscribed 'H.C.' and signed
Printed and published by Maeght
éditeur

77 Preparatory drawing for Hesiod's
Theogony *c.*1930–2
Crayon, gouache and Indian ink on
paper 34×21.5 $(13\frac{3}{8} \times 8\frac{1}{2})$

78 Preparatory drawing for Hesiod's *Theogony* *c.*1930–2
Crayon on paper 34 × 21.5 (13⅜ × 8½)

79 Preparatory drawing for Hesiod's *Theogony* *c.*1930–2
Crayon on paper 34 × 21.5 (13⅜ × 8½)

80 Preparatory drawing for Hesiod's *Theogony* *c.*1930–2
Crayon on paper 34 × 21.5 (13⅜ × 8½)

81 Preparatory drawing for Hesiod's *Theogony* *c.*1930–2
Crayon on paper 34 × 21.5 (13⅜ × 8½)

82 Preparatory drawing for Hesiod's *Theogony* *c.*1930–2
Crayon on paper 34 × 21.5 (13⅜ × 8½)

83 Preparatory drawing for Hesiod's *Theogony* *c.*1930–2
Crayon and red chalk on paper 34 × 21.5 (13⅜ × 8½)

84 Preparatory drawing for Hesiod's *Theogony* *c.*1930–2
Gouache and red chalk on paper 34 × 21.5 (13⅜ × 8½)

85 Preparatory drawing for Hesiod's *Theogony* *c.*1930–2

Crayon and red chalk on paper
34 × 21.5 (13⅜ × 8½)

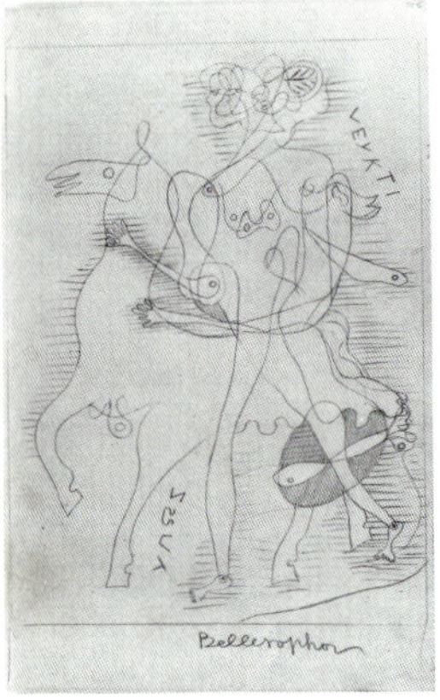

86 Preparatory drawing for Hesiod's
Theogony c.1930–2
Crayon and red chalk on paper
34 × 21.5 (13⅜ × 8½)

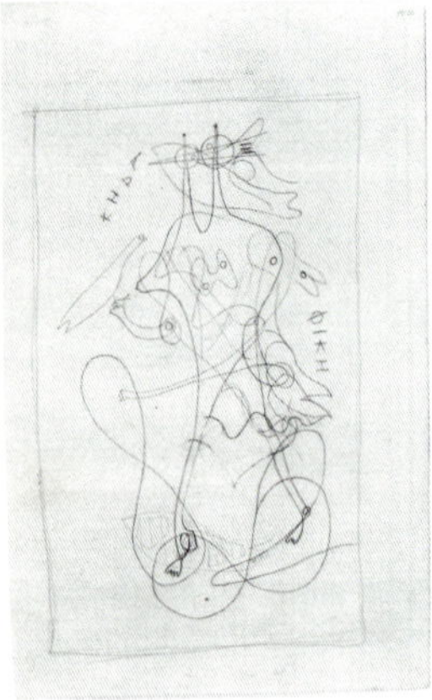

87 Preparatory drawing for Hesiod's
Theogony c.1930–2
Crayon and red chalk on paper
34 × 21.5 (13⅜ × 8½)

88 Preparatory drawing for Hesiod's
Theogony c.1930–2
Crayon on paper 35 × 22
(13¾ × 8⅝)

89 Preparatory drawing for Hesiod's
Theogony c.1930–2
Crayon on paper 34 × 21.5
(13⅜ × 8½)

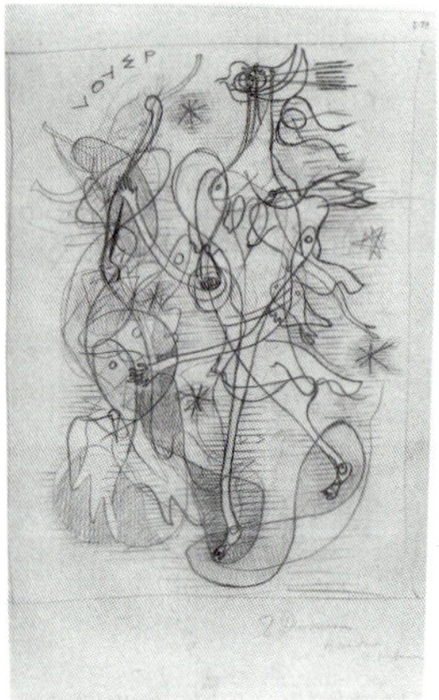

90 Preparatory drawing for Hesiod's
Theogony c.1930–2

Crayon on paper 35 × 22
(13¾ × 8⅝)

91 Preparatory drawing for Hesiod's
Theogony c.1930–2
Crayon on paper 34 × 21.5
(13⅜ × 8½)

92 Preparatory drawing for Hesiod's
Theogony c.1930–2
Crayon on paper 34 × 21.5
(13⅜ × 8½)